U0807674

荊楚文庫

熊十力集（一）

熊十力 著

郭齊勇 劉依平 主編

荊楚文庫編纂出版委員會

湖北教育出版社

荆楚文庫

熊十力集

XIONGSHILI JI

圖書在版編目（CIP）數據

熊十力集/ 熊十力著；郭齊勇，劉依平主編.
—武漢：湖北教育出版社，2023.11
（荊楚文庫）
ISBN 978-7-5564-4706-0
Ⅰ. ①熊…
Ⅱ. ①熊… ②郭… ③劉…
Ⅲ. ①熊十力（1885-1968）-哲學思想-文集
Ⅳ. ①B261.5-53
中國國家版本館 CIP 數據核字 (2023) 第011896號

責任編輯：黄佑志　裴曉雷　余欣然　劉　寧
　　　　　朱思思　萬　嬋　鄧珍珍　李晉陽
整體設計：范漢成　曾顯惠　思　蒙
美術編輯：李　楓　張岑玥
責任校對：朱鳳玲　黄　慧
責任督印：李　楓　劉牧原
出版發行：湖北教育出版社（中國・武漢）
地址：武漢市雄楚大街 268 號　　郵政編碼：430070
録排：武漢偉創偉業廣告有限公司
印刷：湖北新華印務有限公司
開本：720mm × 1000mm　1/16
印張：191.5　插頁：16
字數：2650千字
版次：2023年 11月第 1 版　2023年 11月第 1 次印刷
定價：780 .00元

ISBN 978-7-5564-4706-0

熊十力先生像

一九一七年攝於武昌。右爲熊十力，中爲熊氏岳父傅曉榛，左爲熊夫人及長女幼光

約一九二八年至一九三〇年間攝於南京。中爲熊十力，右爲湯用彤，左爲柳詒徵

以喻摄因。特对胜论及自宗古师有所规正。语其凭藉，则在五分。形式虽更，实质未甚異也。

可證聲生必滅。故應偏觀宗外餘處。有無是中所作無常相似之義。果其。於瓶於盆於燈於案種種法上。見是所作與無常。卽爲合云。聲亦如是、是所作性。結云。故聲無常。由斯體決、庶成定論。又復應知。既徵同喩、還當求異。設復有處所作是常。即前同喩、不足證成。聲是所作故無常。遮濫不盡。其前同喩、悉皆摧毀。故復偏觀宗外餘處。有無常住法亦是所作。果其於空等品上。見是常住與非所作。遂爲合云。聲不如是、是所作性。結云。故聲無常。即此異喩、遮濫己盡。如是所作性因、成立聲是無常宗。無不定過。即前體決、乃是眞宗。由合與結、宗方眞故。此五分義。頗合輓世名學內籀之術。今俗有詆因明爲無足與於邏輯者。無知妄談、何足選也。。五分始見正理經、其源蓋莫得而詳。至陳那改作三支。[illegible]取陳[illegible]

論 異法者、若於是處、說所立無、因遍非有。

解 異有三。初總顯。次別指。三釋成。此初也。處謂處所、除宗已外、有無法處。謂若有體、若無體法、但說無前所立之宗、前能立因亦遍非有、即名異品。理門頌云、宗無因不有。是名異法。

熊十力對《因明大疏刪注》的修改

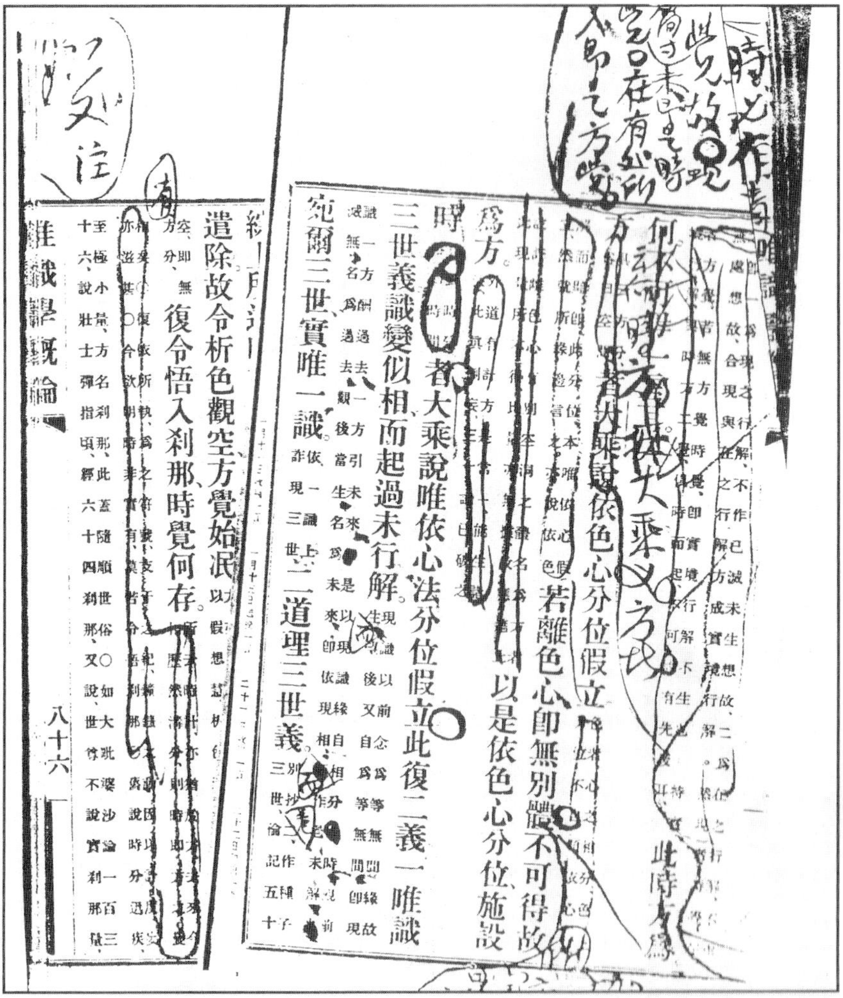

唯識學概論

八十六

遺除故令析色觀空方覺始泯……復令悟入刹那時覺何存。

……依色心分位假立。若離色心即無別體不可得故，以是依色心分位施設為方。

時者大乘說唯依心法分位假立。此復二義：一唯識三世義，識變似相而起過未行解，宛爾三世，實唯一識。二道理三世義。

熊十力對《唯識學概論》（一九二三年印本）的修改

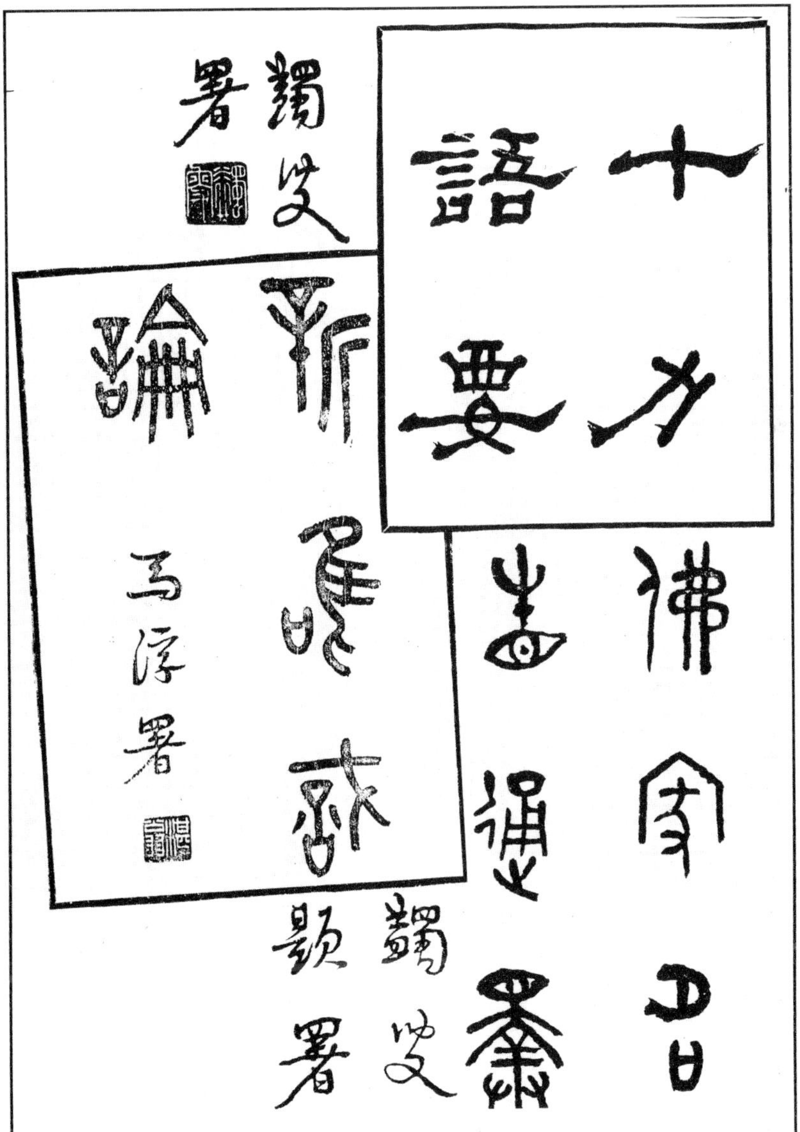

馬一浮先生爲熊十力著作所題書名

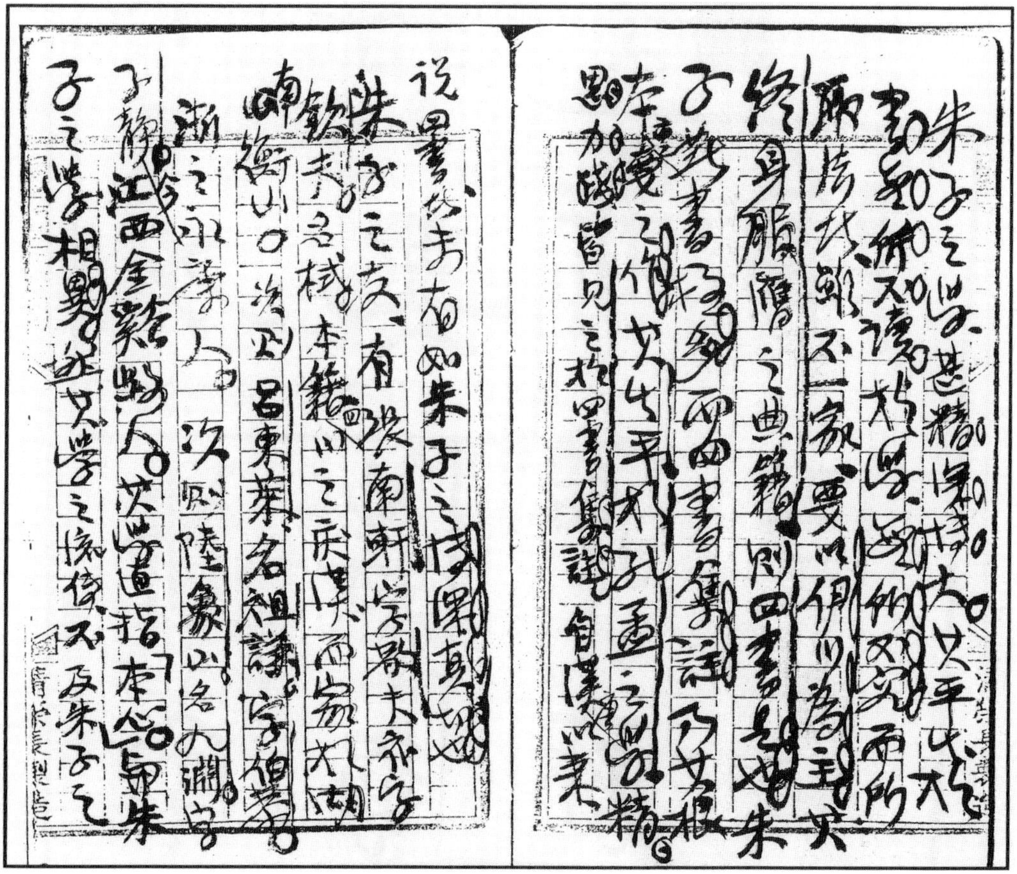

熊十力《中國歷史綱要》手迹

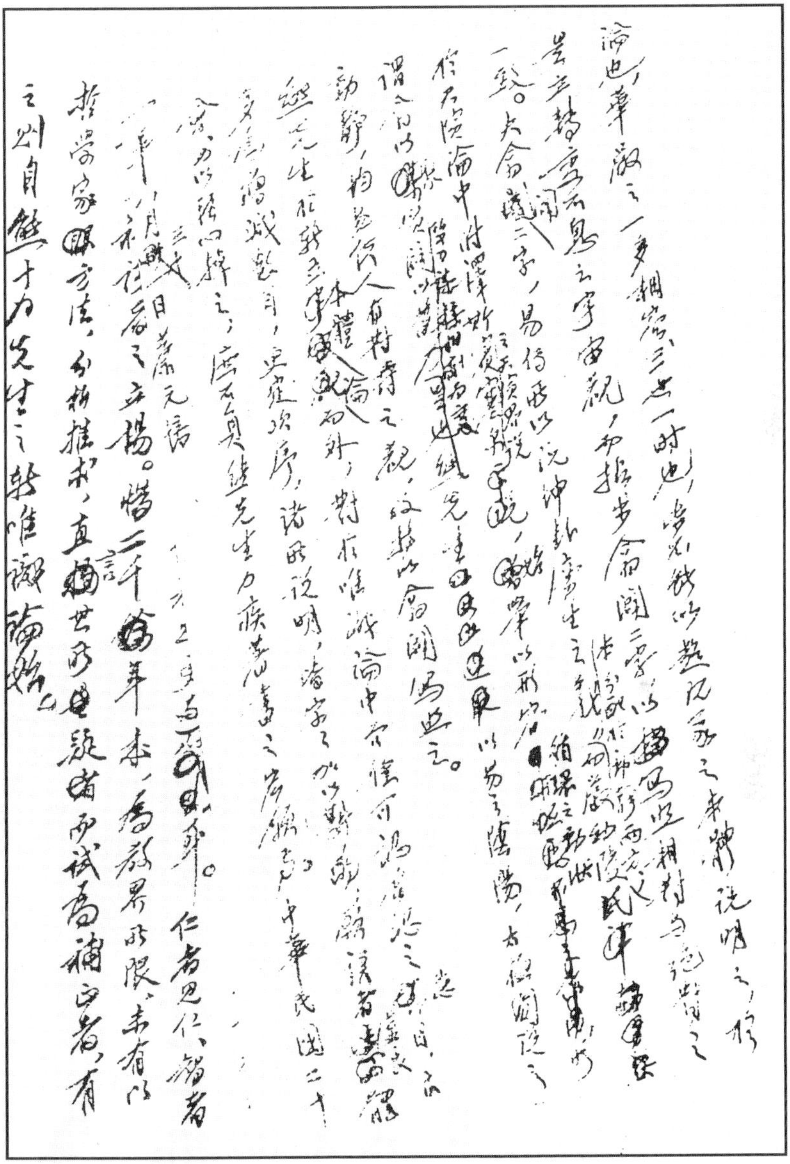

蔡元培先生一九三二年爲熊十力《新唯識論》所作序手迹

一九三〇年中秋前數日攝於杭州西湖廣化寺。前排右至左，一、邱希明，二、李笑春，三、周少猷，四、張立民。後排右至左，一、黃艮庸，二、熊十力，三、涂家英，四、易希文，五、张詩言

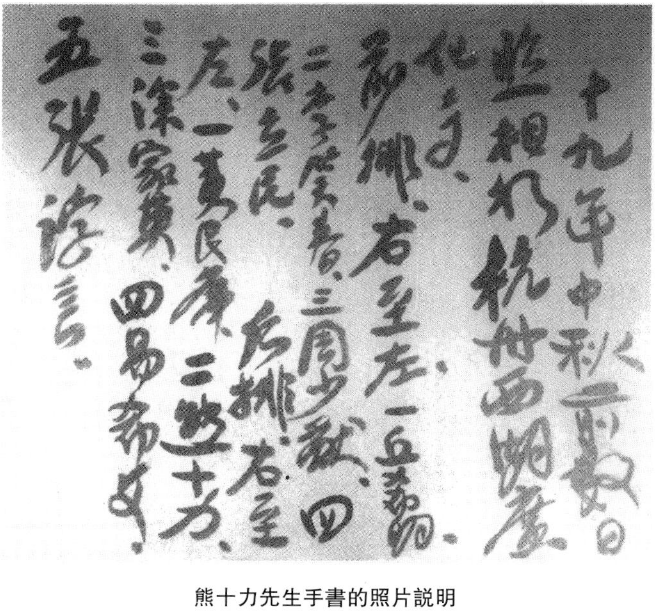

十九年中秋前數日
照相於杭州西湖廣
化寺、
前排、右至左一邱希明、
二李笑春、三周少猷、四
張立民、後排、右至
左、一黃艮庸、二熊十力、
三涂家英、四易希文、
五張詩言。

熊十力先生手書的照片説明

一九四八年春，馬一浮先生與復性書院同人歡迎熊十力、葉左文二先生，攝於杭州里西湖葛蔭山莊復性書院庭園内。前排右三爲熊十力、右四爲馬一浮、右五爲葉左文。後排右二爲丁安期、右三爲吴敬生、右四爲壽毅成、右六爲張立民

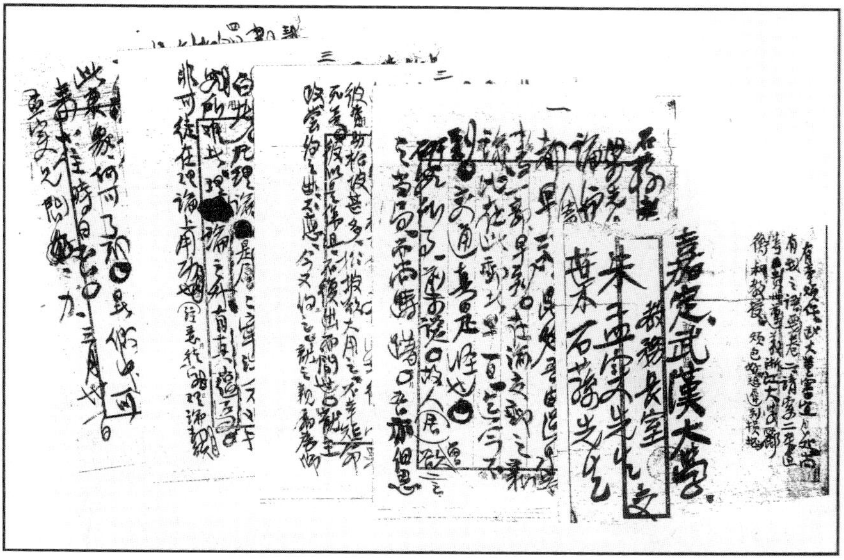

熊十力先生一九四二年三月三十一日由北碚給朱光潛、葉石蓀的一封信

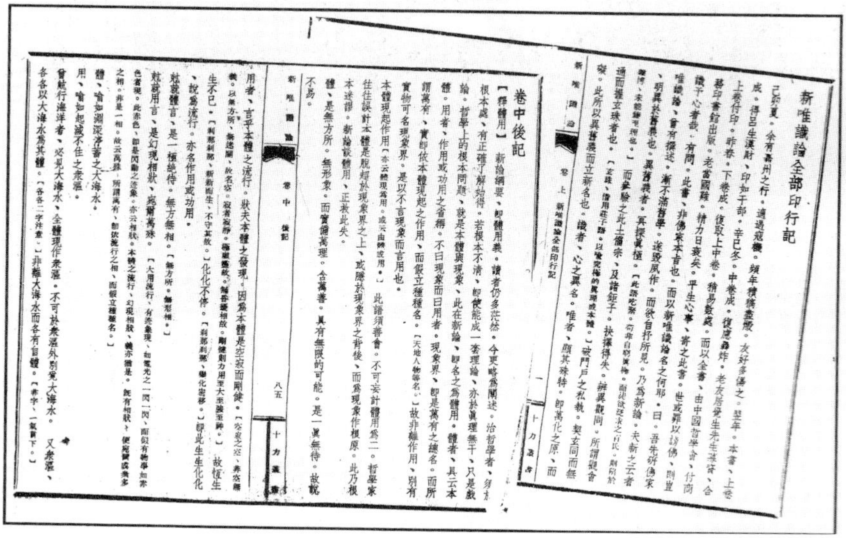

熊十力《新唯識論》一九四七年湖北十力叢書本舉隅

一九四七年，熊十力先生（後排中）在四川嘉定（今四川省樂山市）五通橋之黄海化學社附設哲學研究部與同人合影

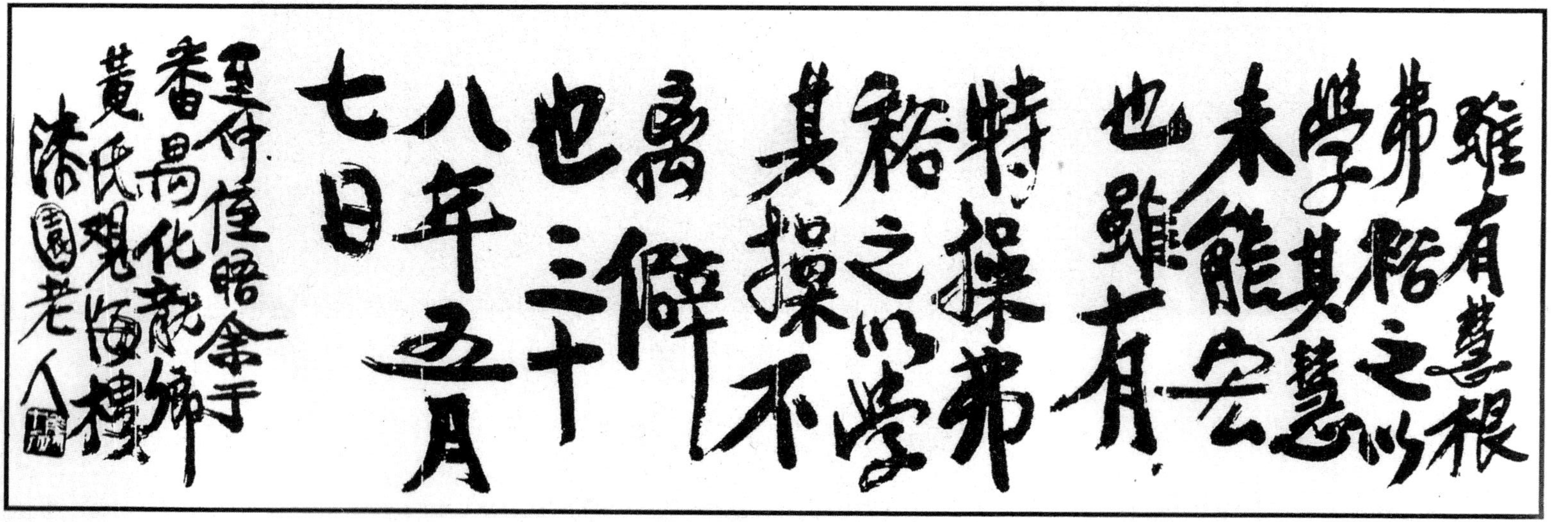

熊十力先生爲唐至中題詞（一九四九年五月七日）

《荆楚文庫》工作委員會
主　　任：王蒙徽
副 主 任：諸葛宇傑　琚朝暉
成　　員：韓　進　張世偉　丁　輝　鄧務貴　黄劍雄
李述永　趙淩雲　謝紅星　劉仲初　黄國斌
辦公室
主　　任：鄧務貴
副 主 任：趙紅兵　陶宏家　周百義

《荆楚文庫》編纂出版委員會
主　　任：王蒙徽
副 主 任：諸葛宇傑　琚朝暉
總 編 輯：馮天瑜
副總編輯：熊召政　鄧務貴
編委（以姓氏筆畫爲序）：　朱　英　邱久欽　何曉明
周百義　周國林　周積明　宗福邦　郭齊勇
陳　偉　陳　鋒　張建民　陽海清　彭南生
湯旭巖　趙德馨　劉玉堂

《荆楚文庫》編輯部
主　　任：周百義
副 主 任：周鳳榮　周國林　胡　磊
成　　員：李爾鋼　鄒華清　蔡夏初　王建懷　鄒典佐
梁瑩雪　丁　峰
美術總監：王開元

《荆楚文庫·熊十力集》編纂委員會

主　　編：郭齊勇　劉依平

委　　員：王晨光　朱浩浩　黄　蓋　彭　婷　劉莉莎

出版説明

湖北乃九省通衢，北學南學交會融通之地，文明昌盛，歷代文獻豐厚。守望傳統，編纂荆楚文獻，湖北淵源有自。清同治年間設立官書局，以整理鄉邦文獻爲旨趣。光緒年間張之洞督鄂後，以崇文書局推進典籍集成，湖北鄉賢身體力行之，編纂《湖北文徵》，集元明清三代湖北先哲遺作，收兩千七百餘作者文八千餘篇，洋洋六百萬言。盧氏兄弟輯録湖北先賢之作而成《湖北先正遺書》。至當代，武漢多所大學、圖書館在鄉邦典籍整理方面亦多所用力。爲傳承和弘揚優秀傳統文化，湖北省委、省政府决定編纂大型歷史文獻叢書《荆楚文庫》。

《荆楚文庫》以“搶救、保護、整理、出版”湖北文獻爲宗旨，分三編集藏。

甲、文獻編。收録歷代鄂籍人士著述，長期寓居湖北人士著述，省外人士探究湖北著述。包括傳世文獻、出土文獻和民間文獻。

乙、方志編。收録歷代省志、府縣志等。

丙、研究編。收録今人研究評述荆楚人物、史地、風物的學術著作和工具書及圖册。

文獻編、方志編録籍以 1949 年爲下限。

研究編簡體横排，文獻編繁體横排，方志編影印或點校出版。

《荆楚文庫》編纂出版委員會

2015 年 11 月

前　言

熊十力，一八八五年二月十八日（清光緒十一年乙酉正月初四）出生於湖北黄岡上巴河張家灣（今屬湖北省團風縣），一九六八年五月二十三日逝世於上海，享年八十四歲。族名繼智，本名升恒，字子貞、子真；辛亥革命前後曾使用叔恒、（周）定中等名。一九一二年更名爲十力，一九二四年以後著書作文多用此名。中歲自號健庵、觀生，晚年自號逸翁、漆園老人、空不空齋老人等。

一、生平與思想

熊十力幼年曾跟隨父親熊其相學習經史，父母逝世後，熊十力依長兄，邊務農邊自學，曾入私塾讀書半年，旋因張狂簡脱、難耐約束而棄學歸家。與蘄水（今湖北省浠水縣）人王漢和黄岡人何自新結成少年同志，矢志傾覆清廷，革新政治。一九〇三年至一九〇六年間，熊十力投身武昌新軍，旋考入陸軍特别小學堂。在此期間，他加入日知會、同盟會，並組織日知會外圍組織黄岡軍學界講習社，積極聯絡革命同志。事泄後，往來贛、鄂之間，以躲避偵緝。一九一一年辛亥革命爆發，熊十力參加了黄岡光復，旋即應革命同志之召，赴武昌任湖北都督府參謀部參謀。一九一三年二次革命失敗，熊十力被遣散。一九一七年七月，護法運動爆發，熊十力由江西至湖南參與戰争，身居前綫，親冒炮矢，幾乎身死。隨後赴粤，入孫中山幕參贊機要。熊十力痛感鼎革以還，世風日下，“革命成功，走狗當道……党人競權争利，革命終無善果”，“黨人絶無在身心上作工夫者”，“由這樣一群無心肝的人革命，到底革到什麼地方去呢”？於是棄政歸學，潛心研究中國思想，力圖以學問改造社會。

一九一七年和一九一九年，熊十力分别與蔡元培、梁漱溟建立了交往，並在梁漱溟介紹下，於一九二〇年入南京支那内學院跟隨歐陽竟無大師學習佛學。一九二二年秋，在蔡、梁二人的引薦邀約之下，熊十力出任北京大學特約講師，專門講授唯識學和因明學。他前後撰寫了多個版本的《唯識學概論》，並在此過程中“盛疑舊學，於所宗信極不自安，乃舉前稿盡毀之”，開始以《周易》哲學爲根柢，創建自己的新唯識論哲學體系。一九三二年十月，《新唯識論（文言文本）》在杭州出版，標志着熊十力哲學體系的確立。這部著作得到了馬一浮、蔡元培、張東蓀等著名學者的高度評價，也在當時的哲學界和佛學界投下了一枚思想的震撼彈，從而引發了一場曠日持久的“現代儒佛之争”。

一九三八年，熊十力移居重慶、嘉州（今四川省樂山市）等地，在艱苦的環境下始終從事著述。先後完成了《新唯識論（語體文本）》《讀經示要》《十力語要》等重要作品的創作，標志着熊十力哲學體系的最終成熟。一九四九年中華人民共和國成立後，僻居番禺的熊十力應邀北上，仍任北京大學哲學系教授。一九五四年遷居上海。一九五〇年開始，熊十力又陸續創作了《與友人論張江陵》《論六經》《新唯識論（壬辰删定本）》《原儒》《體用論》《明心篇》《乾坤衍》《存齋隨筆》等著作，迎來了又一個創作高峰。一九六八年春夏之交，熊十力感染肺炎，於五月二十三日與世長辭。

熊十力是現代新儒學的主要開創者，也是二十世紀中國最具原創性的哲學家和思想家。他的全部理論工作和思想成就，在於奠定了現代新儒學思潮的哲學基礎。在儒學價值系統崩壞的時代，面對着西學的猛烈衝擊，他以爲中華民族文化重立大本、重開大用爲學術理想，通過平章華梵、融通空有，以傳統批導現代、以現代批導傳統，重建了儒學的本體論，重建了人的道德自我，重建了中國文化的主體性。

熊十力認爲，哲學就是本體論。他所謂的“體”是“本心”“心體”“性體”，即人的生命存在的本體、宇宙萬物之本根及其生生不息的源頭活水，在一定意義上也是道德的本體和道德的主體。他的主要哲學觀點可以歸納爲：體用不二、心物不二、能質不二、天人不二。“體用不二”就是肯定生命的意義和人生的價值，是爲了在物欲橫流的世界重新尋找人生本質和宇宙本體。熊十力認爲，吾人與天地萬物所同具的仁心本體，内藴着極大的力量，可以創造、生化出整個人文世界。他高揚了仁心本體剛健、創生的特質，實際上是以積極的人生態度、生命意識和人本精神去面對世界、創造世界，同時又主張不被人們創造出來的物質世界和人文建制所異化、所遮蔽，以致忘却、淪喪了人之所以爲人的根柢。熊十力抓住了窮究宇宙實體的一本性這個核心，以本體論統攝了宇宙論、人生論、知識論、治化論，從而繼承了中國哲學的傳統。熊十力的“體用不二”之論，成爲整個現代新儒學思潮“重立大本、重開大用”和“保内聖，開新外王”的濫觴，亦成爲這一思潮的基本思想框架。

在熊十力生命精神和學術思想的感召之下，他的學生唐君毅、牟宗三、徐復觀沿着他開創的精神方向和奠立的形上學基礎而加以發皇、擴展、深化、揚棄。學界把他們師徒視爲現代新儒學思潮的中堅。進一步的詳細研究，則請參閲《熊十力哲學研究》（人民出版社二〇一一年版）和《熊十力傳論》（中國社會科學出版社二〇一三年版）二書。

二、各卷说明

湖北教育出版社二〇〇一年版《熊十力全集》（以下簡稱“全集本”），是在已故著名學者湯一介、蕭萐父二先生的領導下，由郭齊勇、景海峰、王守常、蔡兆華、李維武、王慶元、胡治洪學者共同完成的。該書發行以後，受到思想界、學術界的高度關注，直接推動了現代新儒學研究的發展。但受限於當時的文獻檢索條件和排印技術，仍有一些疏漏和遺憾。對熊十力的著作展開更全面的輯佚、校勘，爲讀者提供一個更加完善的《熊十力集》，是非常必要的。此次修訂，我們按照《荆楚文庫》的體例要求，搜集了目前已知的熊十力在中華人民共和國成立以前所撰寫的著作、書札、論文，在充分吸收全集本整理成果的基礎上，作了如下幾方面工作：一是精選底本，重新加以校理；二是補充校本，進行全面修訂；三是搜集亡佚，盡力加以補充。熊十力在中華人民共和國成立前所撰寫的各種著作，我們以寫作或出版年代爲主綫，同時也考慮分册的均匀，將修訂後的《熊十力集》分爲八册。

（一）

第一册收録了《心書》《唯識學概論（一九二三年）》和《因明大疏删注》三種著作。

《心書》是熊十力的處女作，於一九一八年自印行世，匯聚了熊十力一九一六年至一九一八年的筆札二十五則，於二〇〇一年收入全集本第一卷。今基本遵循全集本原貌，僅對個别錯訛字、標點進行了修訂。

《唯識學概論（一九二三年）》是熊十力早年在北大講授唯識學的第一部講義，是對印度唯識學的理論闡述和梳理，忠實於熊十力在南京支那内學院所學的世親、護法、玄奘、窺基、歐陽之學。據熊十力自存本的中縫記録，熊十力於一九二二年十月一日送稿四十五頁，以後陸續改校，直至一九二三年六月二十八日由北京大學定稿排印。熊十力自存本在此基礎上又有大量改動，並增加了眉批。全集本《唯識學概論（一九二三年）》，是根據熊十力自存本整理。整理者盡可能地恢復了北京大學排印本的原貌，並將作者批注改動以章節附注形式收入書後，同時還將原發表於一九二五年十二月南京支那内學院院刊《内學》第二輯的《境相章》作爲附録收入。此次整理，在汲取全集本校勘成果基礎上，以新發現的北京大學圖書館藏本爲參校，訂正了若干錯誤，并將一些有價值的校對信息一併納入章節附注。

《因明大疏删注》是熊十力在北京大學講授因明學的講義，删注唐代窺基《因明大疏》而成。是書於一九二五年秋冬隨講隨作，一九二六年由北京大學印製，並於一九二六年七月由商務印書館出版發行。全集本以北京大學印製本爲底本加以整理。此次修訂仍以北京大學印製本爲底本，以商務印書館出版發行本爲校本，同時參考了全集本的校勘成果。

（二）

第二册收録了《唯識學概論（一九二六年）》《唯識論》《尊聞録》《新唯識論（文言文本）》和《破破新唯識論》五種著作。

《唯識學概論（一九二六年）》是熊十力在北京大學講授唯識學的第二種講義，於一九二六年由北京大學印製。此書標明了熊十力學術立場的轉變，即已盛疑舊唯識學，並轉向自創的新唯識學。全集本根據湯一介先生家藏的、熊十力贈湯用彤先生的北京大學印製本進行整理。今汲取了全集本的校勘成果，對錯訛字和標點進行了進一步修訂。

《唯識論》是熊十力在北京大學講授唯識學的第三種講義，一九三〇年由公孚印刷所印製。該書延續了一九二六年《唯識學概論》的學術思想立場，對舊唯識學的批評更加尖鋭。全集本根據湯一介先生家藏的、熊十力贈湯用彤先生的公孚印刷所印製本進行整理。此次修訂汲取了全集本的校勘成果，僅對錯訛字和標點進行了修訂。

《尊聞録》匯集了熊十力一九二四年秋至一九二八年秋的論學語録與書札，由弟子高贊非謄抄整理，由另一弟子張立民删削編成，一九三〇年自印行世時，又補入一九三〇年书信一封。二〇〇一年收入《熊十力全集》。今以熊十力自印本爲底本，汲取了全集本的校勘成果，僅對錯訛字和標點進行了修訂。

《新唯識論（文言文本）》標志着熊十力哲學體系的確立。該書上半部分成於北平，多與林宰平先生討論；下半部分成於杭州，多與馬一浮先生討論。書成後，一九三二年十月由浙江省立圖書館發行，熊十力自存本在此基礎上，作出了一些修改和眉批。二〇〇一年收入《熊十力全集》時，編者將這些修改和眉批移作附注，同時增加了蔡元培先生《新唯識論序》。今仍以自存本爲底本，吸收全集本的校勘成果，並修正了部分字句和標點訛誤。

《破破新唯識論》是一部論戰性質的學術著作。《新唯識論（文言文本）》出版後，南京支那内學院學者劉定權於一九三二年十二月在《内學》第六輯發表《破新唯識論》，對《新唯識論（文言文本）》提出嚴肅批評。熊十力於一九三二年冬開始撰寫《破破新唯識論》，在反駁論敵、申述原意的同時，也進一步闡發了體用、翕闢諸義，完善了《新唯識論》思想體系。是書於一九三三年二月由北平斌興印書局代印、北京大學出版部代售（以下簡稱"斌興本"）。二〇〇一年收入《熊十力全集》。今以斌興本爲底本，吸收全集本的校勘成果，並對少量錯訛字和標點作出了修訂。

（三）

第三册收録了《十力論學語輯略》《佛家名相通釋》《中國歷史講話》《中國歷史綱要》四種著作。

《十力論學語輯略》收録了熊十力與張申府、湯用彤、張東蓀、張岱年、沈有鼎、王維誠、韓裕文、雲頌天、謝石麟、賴振聲和德國漢學家李華德（Walter Liebenthal）的書札，以及講詞、書面發言稿等，合計五十一篇。依據年代分爲兩編，一爲一九三二年冬至一九三三年的"壬申冬迄癸酉合編"；一爲一九三四年至一九三五年的"甲戌乙亥合編"。該書於一九三五年十月由北京出版社印行。一九四七年出版四卷本《十力語要》時，在該書基礎上增入一九四二年至一九四四年筆札、傳記文字若干，作爲《十力語要》卷一的内容。二〇〇一年收入《熊十力全集》時，以張岱年先生家藏北京出版社印行本爲底本作出了校勘整理。今仍以張岱年先生家藏北京出版社印行本爲底本，以《十力語要》本爲校本，吸收全集本的校勘成果，並對少量錯訛字、標點作出了修訂。

《佛家名相通釋》是詮釋佛學名相的著作，也是一部簡明的佛學辭典。該書原題《佛學名詞釋要》，北京大學出版組首先印行了該書的不分卷本。後又於一九三七年二月以《佛家名相通釋》爲題印行了二卷二册本（以下簡稱“通行本”），其内容與不分卷本相同，上卷據世親《大乘五蘊論》、安慧《大乘廣蘊論》綜述法相思想體系，講説五位百法；下卷據《百法明門論》《成唯識論》和窺基的《成唯識論述記》綜述唯識思想體系、解釋唯識諸名相，全書帶有“新唯識論”哲學體系的思想烙印。該書部分内容曾於一九三六年發表在北平《晨報》和《哲學評論》上。二〇〇一年收入《熊十力全集》時，以通行本为底本進行校勘整理，同時將一九五六年作者修改後的《撰述大意》納爲附録。今仍以通行本为底本，以一九三六年公開發表的内容爲校本，吸收全集本的校勘成果，對少量錯訛字和標點進行了修訂。

《中國歷史講話》是作者抗戰時期居四川璧山（今重慶市璧山區）時，與門人鄧子琴、錢學熙、陳亞三、劉公純等人講學的記録。全書分爲兩個部分：第一部分討論種族推原問題，闡發漢、滿、蒙、回、藏五族同源之旨；第二部分討論修中國通史問題，闡發民族精神。儘管所論未必科學，但蘊藏着作者爲各民族團結抗戰提供歷史依據的深刻用心。該書於一九三九年由中央陸軍軍官學校石印（以下簡稱“陸軍學校本”）。一九四〇年作爲“黄埔叢書”第三輯中的一種，由黄埔出版社重新排印（以下簡稱“黄埔本”）、正中書局代售，這一版本修正了陸軍學校本的一些排印訛誤。二〇〇一年收入《熊十力全集》時，以陸軍學校本爲底本加以校勘整理。今仍以陸軍學校本爲底本，以黄埔本爲校本，參考了全集本的校勘成果。

《中國歷史綱要》是熊十力未刊手稿，由熊十力門人鄧子琴教授保存，題目亦是鄧子琴教授所加。該稿被判定寫於熊十力居於璧山時期，是熊十力撰寫《中國歷史講話》之前，清理中國通史所形成的筆記，並非爲發表而作。今仍以手稿復印件爲底本，吸收了全集本的校勘成果。

（四）

第四册收録了《新唯識論（語體文本）》。

《新唯識論（語體文本）》是作者及其門人在《新唯識論（文言文本）》基礎上改寫而成，標志着熊十力哲學體系的完成。全書陸續改定，上卷於一九四〇年八月曾印二百本发行；上、中兩卷於一九四二年由北碚勉仁書院出版；一九四四年三月，全書上、中、下三卷作爲中國哲學會“中國哲學叢書甲集之一”，由重慶商務印書館出版，一九四七年三月該館在上海重印（以下簡稱“商務本”）。一九四七年冬，該書作爲“十力叢書”之一種印行於湖北，共三卷四册（以下簡稱“叢書本”），爲該書最好的版本，此後台灣廣文書局曾多次翻印叢書本。二〇〇一年收入《熊十力全集》時，以叢書本爲底本進行校勘整理。今仍以叢書本爲底本，以商務本爲校本，吸收全集本的校勘成果，對錯訛字、斷句和標點作出了修訂，並重製了所有圖表。

（五）

第五册收録了《讀經示要》。

《讀經示要》是繼《新唯識論》之後的又一部鴻篇巨制，反映了熊十力的文化哲學、政治哲學、歷史哲學和思想史觀。該書共三卷。一九四五年十二月，作爲中國哲學會“中國哲學叢書甲集之三”由重慶南方印書館出版（以下簡稱“南方本”），全書一册。一九四九年，由上海正中書局印成三卷三册綫裝本（以下簡稱“正中本”），爲《讀經示要》最好的版本。一九七〇年，台灣廣文書局出版了該書的重排版（以下簡稱“廣文本”），並於一九九〇年再版。二〇〇一年《熊十力全集》即以正中本爲底本加以點校整理。今仍以正中本爲底本，以南方本和廣文本爲校本，吸收了《全集》的校勘成果，修正了部分錯訛字句和標點。

（六）

第六册收録了《十力語要》。

《十力語要》是熊十力論文、論學書札的合集。該書卷一的主體部分曾以《十力論學語輯略》之名，於一九三五年由北京出版社印行，收入本書時，又增加了一九四二年至一九四四年所作若干筆札、傳記文字。卷二前半部分爲一九三七年至一九三八年文稿，後半部分爲一九四〇年後文稿，計書札二十四通、講詞二篇、學生記語三篇，熊十力弟子周通旦所作《熊先生哲學釋疑》一文也作爲附録收入，此卷曾由熊十力弟子周封岐印行四百部。卷三收入書信五十七通、講詞一篇、雜文一篇、學生記語三篇，多寫於一九四二年以後。又將弟子高贊非、張立民所編《尊聞録》作爲該書第四卷。一九四七年湖北省政府和武漢市政府助印“十力叢書”，始將四卷合爲一編（以下簡稱“叢書本”）。二〇〇一年《熊十力全集》以叢書本爲底本點校整理。今仍以叢書本爲底本，以《十力論學語輯略》《尊聞録》單行本和當時零星發表於報端、雜誌者爲參校，吸收全集本的校勘成果，並改正字词、標點方面的錯訛。

（七）

第七册收録了《中國哲學與西洋科學》《讀智論鈔》《十力語要初續》和《韓非子評論》四种著作。

《中國哲學與西洋科學》是熊十力主持黄海化學工業研究社附設哲學研究部講座的講詞，以比較中西文化、探討哲學與科學關係爲主要内容。原載《黄海化學社附設哲學研究部特輯》（以下簡稱“特輯本”）。特輯本首先是署名“孫學悟”（即孫穎川，是熊十力任教南開學校時的同事，時任研究社社長）的《緣起》，介紹講座的設立緣由及宗旨；其次是《講詞》，又題《中國哲學與西洋科學》；再次是《哲學研究部簡章》和《哲學研究部理事會簡章》。二〇〇一年收入《熊十力全集》時，以熊十力門人韓鏡清（亦作韓净清）教授提供的特輯本爲底本校勘整理。今仍以特輯本爲底本，吸收全集本的校勘成果，並改正一些文字、標點方面的錯誤。

《讀智論鈔》是熊十力讀《大智度論》的札記，於一百卷《大智度論》中擇其所需，以“按語”方式闡述其援佛入儒、締造《新唯識論》的基本觀念，以“括注”的方式表明自己的理解與詮釋。一九四七年七月，先在《東方與西方》雜誌上發表了一部分，題爲《讀智論偶鈔》；此文經擴充後，發表於一九四七年九月《世間解》雜誌第三期，題名爲《讀智論鈔》。此後熊十力又在《世間解》雜誌第四、五、六、七期陸續刊出其札記，第七期編輯注曰“來稿登完，全文容再續”，但從第八期直至一九四八年底該刊停辦，均未見繼續刊出。熊十力是否有完整札記，已不得而知。二〇〇一年《熊十力全集》將《世間解》各期所登載者匯歸一處進行整理。今仍以《世間解》各期所登載者爲底本，吸收全集本校勘成果，並改正字词、標點方面的錯誤。

《十力語要初續》是熊十力一九四七年至一九四九年間書札、論文、講詞的匯纂，亦收録了少量早期作品；附録《困學記》由熊十力義女熊仲光撰成，記載了其與父親論學的言語以及自己的讀書感受。該書一九四九年十二月由香港東昇印務局出版（以下簡稱“東昇本”），台灣樂天出版社一九七一年四月重新排印（以下簡稱“樂天本”），一九七七年八月台灣洪氏出版社據樂天本再版（以下簡稱“洪氏本”）。二〇〇一年《熊十力全集》根據洪氏本校勘整理。今以東昇本爲底本，以樂天本爲校本，以一九四七年至一九四九年零散發表在各報刊、雜誌者爲參校，對該書作出了重新校勘。

《韓非子評論》，作者署名爲“胡拙甫”（即胡哲敷），實際上是全面抗戰前熊十力在杭州爲胡拙甫講授《韓非子》一書的記録。抗戰入川，胡拙甫根據熊十力講詞，撰成《述熊正韓》一文，熊十力爲之改定，並删去“述熊”二字。一九五〇年一月，以《韓非子評論——原題“正韓”》爲名，登載在《學原》雜誌第三卷第一期（以下簡稱“學原本”）。

同年四月，香港人文出版社出版該書單行本，印製者爲東昇印務局（以下簡稱“人文本”）。一九七二年十一月，台灣蘭台書局重新排印，並爲各節增加了小標題（以下簡稱“蘭台本”）。一九七三年，台灣三信出版社根據人文本重新排印，並將其納入“新教養文庫”（以下簡稱“三信本”）；台灣學生書局亦於一九七八年、一九八四年兩度出版該書（以下簡稱“學生初本”“學生二本”）。二〇〇一年《熊十力全集》以學生二本爲底本加以點校。今考各本，學原本早出，但錯訛較多；人文本經熊十力親自修改校定，最爲善本，此後諸本均以人文本爲祖本。故今仍以人文本爲底本，以學原本、蘭台本爲校本，對該書作出了重新校勘。

（八）

第八册收録了熊十力書札和單篇論文，包括兩部分。

一是熊十力生前已刊書札、論文。全集本整理者竭盡全力，在各種報紙、刊物上搜求到熊十力生前刊布的書札、文稿等，萃爲一編。但受限於當時的條件，未免仍有缺憾。近二十年來，各種檔案文獻的公佈、電子數據庫的建成，爲查找文獻帶來了更多便利。此次修訂，我們依據中華人民共和國成立前登載在各報刊、雜誌上的刊本作出了重新校勘整理，訂正了校勘、標點方面的一些錯誤，同時還增補了新發現文獻八萬餘字。熊十力生前已刊文稿中，頗有一部分與《新唯識論》《十力語要》《十力語要初續》《讀經示要》相重。爲避免繁複，對於這部分文獻，如無整句、整段差異者，我們採取“存目”的方式，僅登録標題，並在“編者注”中説明文獻來源，不再收録原文。

二是熊十力生前未刊書札、文稿。在熊十力親友、門人及其後人的支持下，全集本整理者搜集到一大批往來書札和殘篇斷稿，在加以識別整理、考訂年代之後，悉數收入《熊十力全集》第八卷。此次修訂，絶大部分書札、文稿均依據熊十力手迹，重新校勘整理，訂正了校勘、考訂、排印方面的一些錯誤。在全集本基礎上，本册還增補了十三萬字的新發現文獻。這些文獻主要來自各學術機構、紀念館以及與熊十力有密切聯繫的學者後人處。需要指出的是，目前坊間也出現了一些署名“熊十力”的書札、手迹。爲存真計，我們從筆迹、内容、流傳等方面作出了綜合判斷，凡存疑或明確爲贋品者，都没有收入。

三、分工與致謝

此次修訂，由郭齊勇、劉依平任主編，負責審閲全部書稿。具體修訂工作主要由一批青年學者力任其事，他們均是中國哲學專業的博士、博士後，對熊十力的學術思想有所了解。具體的整理分工是：中國科學技術大學朱浩浩博士負責《心書》《唯識學概論》《因明大疏删注》《唯識學概論（一九二三年）》《唯識論》；武漢大學博士生黄蓋負責《尊聞録》《新唯識論（文言文本）》《破破新唯識論》《十力論學語輯略》《佛家名相通釋》；西安電子科技大學王晨光博士負責《新唯識論（語體文本）》《中國歷史講話》《中國歷史綱要》；華中師範大學劉莉莎博士負責《讀經示要》《中國哲學與西洋科學》；湖南師範大學彭婷博士負責《十力語要》《讀智論鈔》；暨南大學劉依平博士負責《十力語要初續》《韓非子評論》《論文書札》。

在搜集各種版本的熊十力著作、書札、手稿過程中，我們得到了北京大學圖書館、武漢大學圖書館、北京郭沫若紀念館等機構的鼎力支持，同時也得到了熊十力長孫熊申先生、梁漱溟先生後人、鍾泰先生哲嗣鍾斌先生、徐復觀先生哲嗣台灣東海大學徐武軍教授，以及方孝繼、王金聲、邵楠、孟永林、胡大勇、陳飛、歐陽濤等社會各界人士的盛情幫助；部分文字參考了内蒙古大學郭曉麗教授、延安大學李菲博士、上海古籍出版社編輯劉海濱博士等人的整理成果。此次修訂，得到了《荆楚文庫》編輯部領導、專家的指導幫助，湖北教育出版社編輯同仁爲本書的出版付出了艱辛的努力。劉依平博士協助我统稿、统校全书。在此一併致謝。

我們由衷地盼望，經過此次修訂，能爲海内外熊十力哲學的研究者和愛好者提供一個相對完善的文本。由於水平有限，其中一定還存在不少缺失和疏漏，尤祈專家、讀者不吝指正是幸。

郭齊勇

二〇二〇年十月八日

於武昌東湖珞珈

二〇〇一年版編者序

熊十力先生是二十世紀中國著名的哲學家和堅貞的愛國民主志士。原名繼智、升恒，字子真，曾化名周定中，晚年自號漆園老人、逸翁，湖北黄岡人。幼年家貧，勤讀自奮；青年投身於推翻帝制的反清、反袁革命；中年慨然脱離政界，潛心研究哲學。一九一八年發表第一部論著《心書》，蔡元培爲之序，許其“貫通百家，融會儒佛”。稍後由梁漱溟推薦入南京支那内學院從歐陽竟無深研佛法，首尾三年，逐步超邁舊説，發揮新義，博學精思，以建構其“新唯識論”的獨特體系，成爲“五四”以後卓立不苟、流譽海内外學林的一代哲人。

熊先生生於清末光緒十一年即一八八五年（甲午戰争前十年），卒於一九六八年（新中國成立後廿年）。他的一生，正當我們民族經歷着空前苦難，在苦難中覺醒奮起而屢遭挫折，又勉力克服艱危險阻而贏得進步的年代；同時，在文化領域，中西新舊各種思潮的匯合激蕩，也空前劇烈。正是這種特殊的歷史條件和文化背景，誕生了熊十力這樣充滿憂患意識的愛國者和民主鬥士，培育出熊十力哲學這樣獨具民族特色的辯證思維體系。這是我們民族的哲學智慧在苦難歷程中的升華，是我國近現代的哲學文化遺産中的珍品。

熊先生的學術創造，具有反映時代脈搏的深沉思想動力。他戎馬青春，投身於辛亥革命。辛亥之後，親見洪憲改元、張勛復辟，民主革命成果被封建軍閥所篡奪，而曾經革命的人，絶少在身心上用功夫者，憂時之思深，憤世之情急。如他自言：“吾年十六七，便以革命從戎……三十左右，因奔走西南。念黨人競權争利，革命終無善果；又目擊萬里朱殷，時或獨自登高，蒼茫望天，淚盈盈雨下，以爲禍亂起於衆昏無知，欲專力於學術，導人群以正見。自是不作革命行動，而虚心探中印兩方之學。”(《尊聞録》) 他以如此深摯的憂國情懷，棄政從學，轉入學術理論的鑽研，其内在動力，絶非消極的“逃世”“孤往”，而是滿懷悲願所激發的高度自覺的歷史責任感。如他晚年追述：“余傷清季革命失敗，又自度非事功材，誓研究中國哲學思想，欲明瞭過去群俗，認清中國何由停滯不進。故余研古學，用心深細，不敢苟且”。(《乾坤衍》) 熊先生作爲辛亥革命失敗的痛苦中覺醒之一員，他深研中國傳統學術，進行嚴肅的歷史反思，其明確的目的，就在於總結“中國何由停滯不進”“革命終無善果”的歷史原因和思維教訓。他主要從兩方面着眼，一方面着眼於對中國封建專制主義傳統遺毒的清理，對此他觀察敏鋭，愛憎分明，認定“兩千年專制之毒”，乃至《儒林外史》等所揭露的“一切人及我身之千醜百怪”，都需要大力清除；尤其歷代統治者標榜的“以孝治天下”“移孝作忠”等宗法倫理政治信條，“支持帝制，奴化斯民”，更必須徹底清算。新中國建立後，他仍反復叮嚀：“吾國帝制久，奴性深，不可不知。”(《熊十力與劉静窗論學書簡》) 另一方面，區别於一般菲薄固有文化，漠視優秀傳统的崇洋論者，熊先生又深入總結出辛亥革命失敗的原因之一，在於“清季革命思潮自外方輸入，自己没有根芽”(《原儒》)，即民主革命的理論在中國缺乏應有的根基和思想土壤。因而，他上下求索，試圖在傳統文化中去“掘發固有之寶藏”，竭力爲他心目中的民主革命理想——諸如否定神權，反對帝制，“樹立人權”，“宏大人道”，“蕩平階級”，“實行民主”，“同於大公”，“協於至平”等等，找到自己民族傳統中的“根芽”，賦予它們以民族化的理論形態和現代化的時代内容，借用古代的語言和傳統思維模式來表達新的時代精神。他對《周易》《春秋》《周禮》及《禮運》等儒家經傳的獨特解釋，以及對歷代政治學術的評論，幾乎全是圍繞民主革命和自由平等社會的理想設計這一主題。他采取這種“引古籌今”“六經注我”的方式所表達的思想内容，實際是對封建專制主義和封建蒙昧主義的尖鋭批判，是對東方近代化的理想價值和特殊道路的探索和追求，力圖使西方輸入的“自由、平等、人權”等民主革命理論得到系統地中國化，從而對先天不足的辛亥革命進行理論補課。儘管他對自己從儒經中發掘的所謂“革命”“自由”“民主”乃至“社會主義”等義藴的闡釋，往往是托古論今，不免穿鑿，但跳動在熊先生説經評史論著中的文化尋根意識却是時代的脈搏，深刻地表露了他對民主革命理想的忠貞，對社會主義的向往，對中華文化慧命和祖國的前途充滿信心。細讀熊先生書，無不有此感受，並自會得到崇高的精神激勵。

熊十力先生的學術創造，具有熔鑄百家、敢破敢立的思想特徵。他生當二十世紀前半葉風雨如磐的半殖民地舊中國，西化驚濤，復古逆流，相反相因，交互激蕩，使不少人迷惘不知所歸。熊先生正當此時進入學界，他没有隨波逐流，而是以異乎尋常的苦學精思，自循中國哲學啓蒙的特殊道路，自覺地把王陽明、王船山視爲自己的哲學先驅，把明清之際的啓蒙思潮視爲中西新舊文化遞嬗的樞紐，更廣博地揚榷古今，另開一條承先啓後、推陳出新的學術途徑。論者或把熊先生的學術道路簡括爲初由儒轉佛，出入空有二宗，旋又由佛返孔而歸宗於《大易》。這也并非無據。但熊先生治學立言的根本特點，不在學脈數變，而在於自有主宰，不囿成説，力破門户，强調“夏蟲井蛙，學者宜戒”，而主張博采兼綜，“以平等心究觀古今各大學派”，“析其異而觀其通，捨其短而融其長”，因而與當時的崇洋論者和復古論者都異其趣，與拉雜比附而浪言融通者亦卓爾不同。他雖自謙對現代科學與西方哲學了解不多，而就其博涉所及，確能以高一層次的哲學思路，通貫古今，平章華梵，衡論中西，出入於儒、佛、老、莊及宋明諸子，自立權衡，自創體系。其以“新唯識”或“體用論”爲名所自創的獨特的哲學體系，有人稱之爲“新佛家”或“新法相宗”，又有人稱之爲“新儒家”或“新陸王學”或“新易學”等。其實，作爲開拓性的哲學家，自當熔鑄豐富的先行思想資料，故其論著中，逐處遮破佛法，睥睨西學，痛斥奴儒，且明確自稱：“吾惟以真理爲歸，本不拘家派……然吾畢竟游乎佛與儒之間，亦佛亦儒，非佛非儒，吾亦只是吾而已矣。”（《新唯識論》語體本）這就難於以某種固有的學派範式去加以評定，或訶其乖違佛理，或贊其不墜儒宗，或美其歸宗《大易》，或疵其抨擊宋儒，似皆持論有據而與熊氏思想全貌實未必相應。熊先生的哲學思想，雖有其自爲經緯的嚴整系統，在其境論（本體論）、量論（認識論）、人生論、價值論中也各有其理性思辨的範疇體系，但熊氏哲學的根本精神，在於以“體用不二”爲致思途徑所展開的“本體與主體合一”“德慧與知識並重”“内聖與外王一貫”的思想，尊生主動，自强不息，高揚在文化創造、道德實踐中的主體性原則和“不爲物化”的“人道之尊”。不僅在後“五四”時期的中國哲學論壇上獨樹一幟，卓然成家，而且以其所達到的現代思維水平，以其所闡揚的人文精神與人文價值，既與二十世紀世界哲學思潮相匯通，又保持了“東方哲學的骨髓與形貌”，故得以蜚聲海内外，在中國和世界文化思想史上都具有一定的地位。熊氏哲學雖不免有其固有的理論矛盾和時代局限，但其博大體系中的人格光輝、智慧探索和多方面的學術貢獻，則是我國近現代哲學領域中極爲珍貴的思想遺産。

熊先生一生貧困坎坷，長年衰病流離，而以極其深摯而悲苦的憂患意識與文化責任感，勤奮講學，著述不倦，共寫出專著近三十種，發表論文、札記近百篇，與人論學書簡更不計其數，共約三百餘萬言。除自成體系的哲學巨著以外，尚有經學、史學、子學、佛學等多方面的學術成果。二十年代至四十年代曾刊印專著十數種，新中國成立後新印行八種，六十年代以後有的在臺灣、香港及海内外也曾重排或影印出版。但過去海内外已刊著作，印數既不多，編校又失之零散而不夠精善；至於熊先生生前未刊之遺稿、書札、流傳不廣的講義，及散見於報刊上的文字，更亟待搜集整理。一九八五年北京中華書局開始出版的《熊十力論著集》，稍經輯校，仍屬選集而非完璧。爲了保存這一份珍貴文化遺産，爲了提供研究現代中國思想及熊十力思想全貌的完整資料，我們在海内外許多師友和熊先生親屬的熱情支持下，決定廣搜窮索，重新序目編校，輯成《熊十力全集》，共分九卷，約計三百五十萬言，幸得湖北教育出版社慨然以保存鄉邦文獻自任，惠予排印出版。

這部《熊十力全集》，先專著，後論文、書札，擬大體按年代順排，足以展示熊先生思想的衍變、發展；擬收入已刊和未刊的全部論著及其原載的諸家序跋與附録；特别可貴的是，已搜集到的熊先生自存校訂本上的籤條、夾注、眉批等，將全面反映在校注或校記之中，力求完整和存真，旨在巨細無遺地向讀者展示熊先生學術思想的全貌。至於散見於報刊的論文札記和大量未刊的書信、題辭等，亦大體按年代編輯，無論宏篇或是片語，均收録在卷，以備檢索。當然，《全集》之“全”，只能是相對的，雖力求網羅無餘，總難免滄海遺珠。我們懇望熊先生生前友好、門人及其家屬，海内外專家和廣大讀者，能將所收藏的熊先生的佚文、書札、照片、手迹等，提供給我們，便納入本集的後出諸卷，使這部《全集》能夠日趨完善，不勝企望。

蕭萐父序於東湖荒齋

一九九〇年十月

總目録

荆楚文库

心　　書

朱浩浩　點校

目　録

熊子真《心書》序

蔡元培

黃岡熊子子真者，蓋績學篤行士也。丁戊之際，余創進德會於北京大學，熊子由遠道貽書贊助，極聲應氣求之雅，余固已識熊子之志行所在矣。已而復以其筆札所遺，彙而録之曰《心書》者，郵寄相示。余開緘讀之，愈以知熊子之所得者至深且遠，而非時流之逐於物欲者比也。自改革以還，綱維既決，而神奸之竊弄政柄者，又復挾其利禄威刑之具，投人類之劣根性以煽誘之，於是乎廉耻道喪，而人禽遂幾於雜糅。昔者顧亭林先生推原五胡之亂，歸獄於魏操之提獎污行，而今乃什伯千萬其魏操焉，其流毒寧有窮期耶？嗚呼！履霜堅冰至，是真人心世道之殷憂矣。今觀熊子之學，貫通百家，融會儒佛。其究也，乃欲以老氏清净寡欲之旨，養其至大至剛之氣。富哉言乎！遵斯道也以行，本淡泊明志之操，收寧静致遠之效，庶幾横流可挽，而大道亦無事乎他求矣。是則吾與熊子所爲交資互勉，相期以爲進德之階梯者，其即以是編爲息壤之誓言焉可也。七年十一月十五日蔡元培序。

自　　序

我生不辰，遘茲多難。殷憂切於苕華，慘痛興於常棣。形骸半槁，待盡何年？耿耿孤心，誰堪告語？自惟失學，筆札極稀，又隨手拋置，偶爾檢存，得如干首，實我生卅年心行所存，故曰《心書》。船山有言，唯此心常在天壤間，或有諒者。七年九月朔熊繼智。

船山學自記

余少失怙，貧不能問學。年十三歲，登高而傷秋毫，時喟然嘆曰：此秋毫始爲茂草，春夏時，吸收水土空氣諸成分，而油然滋榮者也。未幾，零落爲秋毫。剎那剎那，將秋毫且不可得，求其原質，亦復無有。三界諸有爲相，皆可作如是觀。頓悟萬有皆幻。由是放蕩形骸，妄騁淫佚，久之覺其煩惱，更進求安心立命之道。因悟幻不自有，必依於真。如無真者，覺幻是誰？泯此覺相，幻復何有？以有能覺，幻相斯起。此能覺者，是名真我。時則以情器爲泡影，索真宰於寂滅，一念不生，虛空粉碎，以此爲至道之歸矣。既而猛然有省曰：果幻相爲多事者，云何依真起幻？既依真起幻，云何斷幻求真？幻如可斷者，即不應起，起已可斷者，斷必復起。又捨幻有真者，是真幻不相干，云何求真？種種疑慮，莫獲正解，以是身心無主，不得安穩。乃忽讀《王船山遺書》，得悟道器一元，幽明一物。全道全器，原一誠而無幻；即幽即明，本一貫而何斷？天在人，不遺人以同天；道在我，賴有我以凝道。斯乃衡陽之寶筏、洙泗之薪傳也。船山書凡三百二十卷，學者或苦其浩瀚，未達旨歸。余以暗昧，幸值斯文，嘉其啓予，爰爲纂輯，歲星一周，始告録成，遂名《船山學》。故記其因緣如此。

余曩治船山學，頗好之，近讀餘杭章先生《建立宗教論》，聞三性三無性義，益進討竺墳，始知船山甚淺。然考《船山遺書》目録，有《相宗絡索》《八識規矩頌贊》二書。自鄧顯鶴、曾國藩之倫，皆莫爲刊行。諸爲船山作傳者，亦置弗道。吾臆船山晚年或於佛學有所窺，陋儒或諱其書不傳，未可知耳。丙辰夏子真識。

示韓濬

天字之義有四：以形氣言，一也；如《詩》言“旻天”“昊天”是。以主宰言，二也；如《書》稱福善禍淫之天，及《詩》所稱“上帝”者，皆是。以虛無言，三也；如《中庸》末章所稱“無聲無臭”之天是，與第二義不同：蓋一有人格，一無人格；一屬宗教，一屬哲學。以自然言，四也。如《易》言“天行健”，是今所謂天演也。四義中，後三皆本前一引伸之，而學術思想之變遷，亦於此可略識矣。《說文》：“天，巔也。至高在上，從一大也。”此言乎形氣已。初民以蒼蒼戴吾之上者爲大莫與京，能生能覆，故皈敬焉。古者，天子祭天。人智稍進，則於形氣而求真宰，以鈞陶萬有爲真宰之權能，故贊美曰天，而涵義較前迴異。又進，則知真理者“體物不遺”，《中庸》此語，獨云真如遍爲萬法實體。而了無名相，故《中庸》以“無聲無臭”形容之。雖亦名天，其義特妙，無神說也。《中庸》言鬼神曰“如在其上”云云，如在者，無在無不在，蓋即斯比諸沙之泛神說。泛神猶無神耳。無神，則無作者，故究形氣者，進言自然，遂贊天行之健。“君子自强不息”，以人持天也。輓近天演說張，形氣之秘機愈洩，斯以自然言天者貴矣。夫始制天字，用表至高在上之蒼穹耳，浸假則引伸爲真宰之名，又引伸爲虛無真理之目，又引伸爲自然之謂。至於後二義，於形上形下之故，漸有發明。然佛明因緣，則自然又成戲論；佛說唯心，與此云無神，精粗迴別也。

張純一《存藁》序

張君仲如，少治儒術，尚任俠。清未失政，與潛江劉敬菴，假武昌聖公會爲日知會，謀革命。因是交基督徒，探其教義，痛士習民風之敝，以爲革政不如革心。中國，數千年儒教之國也。儒術爲世主所熹，遂屈老墨而成一尊，以其言政教合一，干禄之學、功利之説争相緣附，役斯民於權利之壑。儒者雖諱言利，而爲利者易託焉，《易》曰：“崇高莫大乎富貴。”孟軻言有爲貧之仕，又云：仲尼三月無君，皇皇如也。雖言匪一端，義各有當，然此等處最易爲人假借，故人亦樂奉儒教。老曰：“人不婚宦，情欲減半。”墨翟自苦救人，皆不若儒術便人之私，故爲儒所抑，而吾國人乃終溺利禄中也。故言教者宜無與政，儒者若管寧、王船山其行至清，乃别派也。至今洪流横決，其禍滔天。故仲如以革心在革教，遂逃儒歸耶，匿迹滬瀆，不復與黨人政客往還矣。是時風氣未開，士大夫最鄙教侶。仲如幼補文學，老生夙器重之，至是乃爲人所唾，而仲如不顧也。余曩與仲如論禮，仲如曰：“儒者言禮，綱維人己，經緯萬端，善已。然嚴天澤之分，其弊也上專下窳。景教無差等，章太炎謂神教不平等，然獨尊一神者，於神之下實皆平等也。屈己爲群，寅亮天工，故莫不得所。耶穌自謂非以役人乃役於人，耑以服役利他爲訓，此耶教精神也。華盛頓服膺耶教者，微時常見一乳鳥失所哀鳴，即擇木棲鳥，凡三徙之，待其不鳴乃止。旁有嘲之曰：“若爲鳥之僕乎？”華盛頓曰：“我則安能？唯上帝能爲萬物之僕耳，吾其勉爲人類之僕耶。”觀此則美之共和奠於華氏，非偶然已。故耶教屈己利物之精神，非儒家所及也。夫親本始，薄形骸，肖所生，厚同類，淨嚴心土，光曜世界者，禮之意也，則吾景尊所尚矣。”又曰：“不以禮應物者，是先不以禮自處；不以禮自處者，是亡其所自也。”余既然其說，仲如復旁搜博探，默契元妙，頗融貫佛説，以發明《新約》義趣。常曰：“上帝即一真法界，祈禱具戒定等義。自修自證，絶佞媚之劣情。即心即神，泯自他之妄執。”其會心於耶氏者深哉。余廿年嚴憚之友，以仲如與同縣劉通子通爲最。子通天資卓絶，仲如踐履篤實，皆余所不逮。然仲如之學，於子通爲近，獨余向異其趣。近乃多同，常欲共席研摩，卒格於事勢。茫茫大地，契心幾人？并此寥寥者亦復難聚，惟有撑拳赤腳，獨往獨來於天地間而已。今夏，余自粵返里，道滬，過仲如。益感當世之變，而嘆仲如之歸依宗教爲知本也。比荷仲如以《存藁》見示，頗切實高明；而與子通往還諸牘尤爲精要。以其能明基督之道，有裨世教人心，故易其名曰《談道書》。急縱臾付梓，并序仲如生平，以告讀是書者。七年夏五熊繼智序。

復張君

承詢斷證，依實教説，單刀直入。《大疏》云：“照惑無本，即是智體。照體無自，即是證如。”謂迷時説惑，悟時説智。惑體智體，無二體故。故知妄惑性空，全是智體，即此智體，從緣無性。無性之性，全是真如。又即寂之照，曰智；即照之寂，曰如。寂照雙融，如智一體。實教斷證，大意如是。要惟上根，乃得契入。外道與佛之關係散見諸經論中。繼智牽於人事，未遑博考，良亦自愧。然餘杭《大乘佛教緣起考》所徵論，可謂扼要。鈔疏如别，試覽之。

大乘勝義，在先立如來藏識，非在先立法身。藏識是佛之因，法身是佛之果。因既成立，果乃可知。而此藏識之名，本由小乘無我，數論神我，相較而成。《究竟一乘寶性論》第三云："一切外道，執着色等非真實事，以爲有我。而彼外道取着我相，無如是我相虚妄顛倒。一切時無我，以是義故，説言如來如實知一切法無我，到第一彼岸，而如來無彼我，無我相，何以故？以一切時，如實見知，不虚妄故，非顛倒故。此以何義？以即無我，名爲有我，即無我者，無彼外道虚妄神我；名有我者，如來有彼得自在我。"今尋佛在世時，與數論師出入最數。若專立無我者，現見世人皆證有我。而説爲無，即有世間相違之過，非建立藏識，其能服數論之心耶？故知如來藏，阿賴耶識諸宗，原惟佛説也。又如勝論建立極微，有地、水、火、風、空、時、方、我、意九種。而佛家小乘，如有部經亦皆建立極微，以説四大，但不説空、時、方、我、意五者亦有極微耳。若佛説止此，則勝論猶今梨布涅知輩，説心物皆有原子。佛説如理化諸師，説實質方有原子，二者固無以相過也。非建立法空真如，亦何以鉗勝論之口耶？故知雙破二執，原唯佛説也。又如《吠陀》之説，以人爲梵天所生。《路歌夜多論》即順世外道。説鵝之白色，鸚鵡緑色，孔雀雜色，皆自然生，我亦如是。見《金七十論》。佛説既破自然，又破作者，而立因果鈎鎖之説。然作者易破，自然難破，因果相追，必有無窮之過。若建立一因爲始，更無他因者，即與自然説同。非説萬法因迷而起，復何以難彼也？故知"三界唯心"，原惟佛説也。真按：佛説何以勝外道而爲了義談，此處急須參透。

日知會王劉余何朱諸傳

謹案：民國元年，今大總統黎公，時以副總統領鄂都督事。於是年冬，特設武昌日知會調查紀録所，創修《日知會志》。以孫武、蔡濟民、季雨霖主所務，余亦兼編輯。搜集未竟。迄於癸丑，而南北戰事起，余退耕田里，日知會調查紀録所亦無形消滅，集稿散佚矣。案：日知會始名科學補習所，則發起於清光緒甲辰夏，至乙巳四月改組爲日知會，勢遂大，自是會員多有東渡或散布各省者。海外同盟會成於乙巳之秋，其中要人，多出日知會。如宋漁父，其最著也。當是時，日知會與同盟會内外策應。迄於丙午，日知會破壞，而會員繼起，分設共進會、文學社，再接再勵，故辛亥武昌一呼，光復舊物，非偶然已。日知會諸子，多不羈之才。而王漢、劉敬菴、余仲勉、何見田、朱元成皆天資過人，立身有本末。諸子但爲未及古人，自一時之雋也。而敬菴尤卓犖，乃皆以年少遭慘變，不得竟其學，展其才，惜哉！余自弱冠與諸子相從憂患，昔嘗論次其行事，以爲之傳。癸丑散佚，今不可憶。又年來心事惡劣，學殖荒落。玆爲諸子傳，蓋十不得彷佛其一二，聊以備國史之採云爾。

王漢，字竹菴，湖北圻水人。父兄皆名諸生。漢生而岐嶷秀茁，習儒術，年十六，通五經義，詩文多傷時語，喜讀兵書及豪俠傳，購劍自舞，人或以癡詆之。曾受學同縣何焜閣司馬。焜閣故受學於同縣熊光大孝廉，治姚江學，輒縱談時事，導諸生厲實行，救國危。漢聞之，瞿然有清世志。居無何，莅鄂，改名潮，字怒濤。時潛江劉敬菴、黄岡何見田、江陵朱元成聚鄂謀革命，均交漢，就漢決事。漢沈毅，少大言，諸人頗以此重之。桃源胡瑛，年少有機智，漢一見大悦，傾肝膽與交，常教瑛敦道義，厲志節。瑛語人曰：“漢誠迂士，然緩急可恃也。”未幾，清差鐵良搜括東南財賦。漢嘆曰：“東南民力竭矣！”一日謂其婦曰：“吾有老母，將以累君。”婦不解所謂。漢陰伺鐵良於鄂，圖槍斃之。既而以鄂距家近，恐累母及兄，遂令胡瑛與俱，尾鐵良後，行至河南彰德府，鐵良易車肩輿，乃急趨前擊之，不中，又擊之，又不中。衛兵追捕亟，漢反奔，知不免，引槍自斃。年二十三。胡瑛出其屍藁葬彰德城外。事在清光緒三十一年正月。初，何焜閣嘗語漢以《大易》需時義。漢拂然曰："人各需時，奈何？《需》之《象》曰'利涉大川'。大川，險也。唯涉險可以濟天下之險。"焜閣無以難之。漢往刺鐵良，婚纔數月。漢就義月餘，劉敬菴、何見田等組織日知會於武昌。又數月，吳樾刺清五大臣。又二年，徐錫麟刺清安徽巡撫恩銘。又七年，武昌起義，民國成，時人寖莫能言漢死事狀。民國元年，熊子真上其事於黎副總統，其潛德始表而出之。

劉敬菴，名貞一，又名大雄，以字行。湖北潛江人。明經淇之子也。兄弟四，敬菴最長。母金氏愛之逾於諸子。幼隨父讀，穎悟善記，書過目輒不忘。性沉静無譁，喜坐小樓静讀，寒暑不輟，非膳不下。夜輒凝神危坐，如老僧入定，父母以爲倦，促之寢，應曰："非倦也，特斂心默識耳。"識者知其非常人也。稍長，窺中原多故，志在澄清，投鄂軍爲兵士。值今大總統黎公治軍，識敬菴，拔入記室。敬菴卒去之，閑居訪求豪俊。清光緒甲辰夏，王漢、何見田、宋教仁、余仲勉、朱元成等，先後聚鄂謀革命。敬菴一見深相結，遂設科學補習所爲黨人機關。會黄興、劉揆一聚黨設華興會於長沙，擬乘是年清后壽期舉義。鄂黨曾派員赴湘聯絡，期發於湘，響應於鄂。九月，湘事洩，誅及於鄂。武昌知府梁鼎芬，由是封禁補習所，諸同志亡走。明年春，王漢刺清閱兵大臣鐵良，不中，死。敬菴憤甚，乃與同志復立日知會於武昌，軍人學子多入會。每開會演説，敬菴至誠惻怛，聲淚俱下，環聽者常數百人。數月，黨勢益熾，日知會支部林立。丙午，清廷調南北軍會操河洛。同志以是機可乘，議發難。敬菴以時機未至，力戒暴動。激烈派群起非難，至欲殺之，敬菴不爲動，務以新書報散布軍民，以道德勖同志。是年冬，萍鄉礦夫爲争工資畔，黨人暗操縱之，勢遂大。清諭湘鄂會兵痛勦，并詔捕黨人急。湖北巡警道馮啓鈞，爲功賞素仇黨人，未常一日忘日知會也。至是以東京留學生郭堯階偵探，知敬菴爲黨首，將逮敬菴。敬菴聞之曰："我不入地獄，誰入地獄。"不肯避。某生諫曰："公奈何輕一身，不爲後圖乎！"强之走，將抵黄陂，爲虜騎追獲，未幾，朱元成、張難先、殷勤道、吳保春、李亞東、胡瑛、季雨霖以次逮獄。時名捕者尚百餘人。初萍鄉舉事時，有劉家運者，指揮徒衆，抗清軍甚力。啓鈞以敬菴即家運，請於總督，將置之死。敬菴曾入聖公會充信徒，某教士因美公使，爲之寬於清外部及湖廣總督。得末減，然卒不獲釋。辛亥五月十八日，幽死於獄，年三十餘歲。敬菴終身不娶，不肉食，恬淡異常。少治六經佛老諸子學，通曉大義。後皈依耶教，力窮其奥。平生踐履篤實，立必齊足，坐必平身，行必端步，律己嚴，待人愛敬。非講道，言語不出諸口。事不適意，怒不形於色。視害己者無怨心，且以其無知而憫之。有病者，則爲之祈禱。嘗曰："凡人意思行爲，須時加檢點，必本信心而行。吾於時時事事，形形色色，無不親眼見得上帝。"其體道深切如此。敬菴在獄，囚徒多感化。一日，獄收一犯，凶惡甚，咸不敢近，獄吏尤憚之，移與敬菴處，和易過他囚。敬菴智勇深沉，能任重致遠，在鄂苦心經營，無赫赫之功，人思慕焉。民國元年，黎副總統請追贈敬菴大勳位，召其家屬厚恤之。

余仲勉，號簡齋，湖北麻城人。幼有異禀，從兄敬堂受學於余浩吾昆弟，略識周秦學術源流。少長，讀明末諸子書，慕船山、梨洲之風，慨然有繼述志。會清那拉后臨制，親貴擅柄，民生日瘁，國勢日蹙，仲勉益憤，乃挾書游長江上下，陰求豪俠之士，首事改革。甲辰夏，同劉敬菴、何見田設科學補習所於鄂。語在敬菴傳。是秋，馳赴日本，規設中國留學生會，從粤人某，學制炸彈及放射術，改字劍儕。乙巳秋，見孫文於東京，縱談時局，多中肯要，遂策成同盟會，聚黨徒數千人，風動中外。孫文大奇之，以湖北黨務委。未幾，清廷授意於日本政府，頒布取締留學生規則。陳天華憤懣投海死。天華者，仲勉石交也，欲與俱殉，友人責以後事，乃已。尋與王博沙回滬，創設中國公學，爲收集黨人地。復入鄂，通日知會，謀益亟。時日知會附設學校，及武昌翻譯學校，皆黨人機關，以仲勉掌教職。仲勉痛刺時事，無所避，諸生聞感泣下。丙午秋，萍鄉舉義，仲勉與劉敬菴、朱元成、何見田、胡瑛等，謀爲桴鼓應，而軍資無出。適益陽李某佐職來鄂，因沔陽郭堯階入黨，言六合銻礦公司存款可挹注。仲勉遂約同志，往漢口某紙廠，訂立合同。事甫就，爲堯階所聞。堯階故留學東京，好冶游，私赴某紙廠，取其款，懼同志弗容，陰洩其事於清巡警道馮啓鈞。啓鈞委之爲偵探隊長，轉導捕黨人。劉敬菴、朱元成、張難先、胡瑛等皆逮獄。仲勉令其妻善事敬菴母，而陰欲招死士轟炸官署，出敬菴等於獄，事未就，而聲益張。仲勉叔子敦，友人孫楷臣、彭華卿、屈競存，乃促仲勉暫避地，行抵滬，入公學。公學，黨人麇集地也。諸同志以湖北事敗疑仲勉。適某君竊視其日記，疑盡釋，遂推爲公學幹事。明年春，清南洋大臣端方，偵得情實，懸五千元購其頭。仲勉疾走日本。時中國留東者尚萬人，率塗飾徼逐，仲勉獨岸然不隨流俗爲轉移，因改名誠，字季穆，一意孤行，不復事交游矣。諸同志争引重，舉爲湖北同盟分會會長。仲勉恒言當世人心風俗敗壞，上無禮，下無學，賊民興，必喪。以故憂時甚深，與人言，輒涕泗嗚咽。及遭黨禁，漂零島國，又以不得事父爲憂。後以疾篤歸國。易簀時，猶口誦《道德經》，言某字疑誤，遣人索書於余祖言，及祖言持書至，已氣絶矣。卒年二十有六。無子。仲勉爲人，志行堅苦，其學泛濫百家，而以老氏爲歸。於并時人，獨尊餘杭章炳麟太炎。弱冠舉於鄉，後悔之。既卒二年，武昌起義，同志哀思不已。初仲勉家中落，同縣曾耀先時時資之。耀先者，血性好義士也，有《死書》數卷。先仲勉卒。

何見田，又名自新，字季達，湖北黄岡人。豁達不羈，或呼爲醉俠。少喪父。母邱氏督之嚴。穎悟過人，讀書善自發新解。年十餘歲，補博士弟子員。叔父質夫令就學於圻水何焜閣，講求義理經世之學。時滿清那拉后擅制，政亂民流，國土日削。見田讀黎洲《原君》，因謂治道貴振民權，任自由，而嫉宋儒誤以尊君解《春秋》。遂與蘄水王漢、同縣熊子真之倫，爲新學會，日聚年少高談，非堯舜，薄周孔，無所避。諸學究目爲中魔。居無何，游鄂，西上荆湘，入巴蜀，遍交其地俠客力士。逾年返鄂，與劉敬菴圖改革，密定進行方略。一曰以武昌爲根據，二曰提倡民氣，三曰運動軍隊，四曰組織機關。議既定，大集同志，設日知會於武昌高家巷，聲勢幾震東南。時孫文亦成同盟會於東京，使吳崑導法人歐吉羅，赴鄂聯合。其後武昌能以一隅肇造民國者，多日知會力也。清光緒三十二年冬，萍鄉舉事不成，大興黨獄。虜名捕見田，掠其家。見田與熊子真俱走江右，出没德安、建昌間，角巾野服，自號盧江道人。見田故多病，及遭黨禁，奮志爲學，僛益甚。數年歸，卒於黄岡，年二十九。民國元年，熊子真、詹大悲、胡瑛，合詞請於黎副總統，以見田從祀武昌烈士祠。

朱元成，號松坪，字子龍，湖北江陵人。父墨香，以學行重於鄉。元成幼喪父母，祖母撫之成立。事祖母以孝聞。爲學務實用，精輿地算術，治史志，識興廢，嫉異族如仇讎。弱冠游鄂，與王漢、劉敬菴、何見田圖光復，先後設科學補習所、日知會於鄂。同志議運動軍隊，元成獨抗聲曰："不入虎穴，焉得虎子。"遂入工程營爲兵。工程營者，鄂督張之洞所創建，號爲新軍者也。同志皆謂元成壯士，諸軍自此多義士矣。乙巳冬，馳赴日本，聯合同盟會。其明年，萍鄉事起，孫文令元成與胡瑛返鄂，謀起兵應之。事洩逮獄。當被逮時，湖北巡警道馮啓鈞，武昌知府梁鼎芬，召對獄簿，元成供認不諱，馮、梁處之酷刑。丁未三月，竟死於獄。或謂馮啓鈞陰鴆之。其族侄友英，含殮歸葬。元成爲人敦厚寡言，勇於任事。卒年三十二。

某報序言

報章者，國民喉舌之司，所以監督政府，指導社會，責任重矣。故其議論時事，則有《春秋》之志焉。太史公曰《春秋》以道名分，名者所以正物。世之衰也，庶物淩亂，各逾其軌，而成攘奪戕殺之局。名正，則分定，物得其所，而莫不發舒，斯文明矣。仲尼救衛之亂，先以正名，《春秋》志也。正名之要，莫大乎明是非。《春秋》寓褒貶，別善惡，而亂賊懼，致世太平，有以也。世之亂，先亂其是非。前清之世，朝廷無是非，而草野有之；小人無是非，而君子有之。故亂矣，而未至於極也。民國以來，上無道揆，下無法守，朝不信道，工不信度，君子犯義，小人犯刑，上無禮，下無學，賊民興，上下交征利，不奪不饜，是故上下之間，無是非可言。然而彼亦一是非，此亦一是非矣。嗜欲之薰蒸，害氣之充周，視眩而聽熒，曹好而黨惡，圖私利，忘大禍，修小怨，結繁冤，一夫唱之，萬夫和之，不崇朝，而喧闐流沔，溢於四海，惡業既滋，不可瘳矣。載胥及溺，何是非足云。常謂談吾國今日事，當如佛祖説法，隨説隨掃，不立一説。民國五年之間，各種制度，各種人物，無一不經試驗，而無一可加然否。自三五以降，吾國之不道，而至於無是非，未有如今日。故亂極而不知反也。夫吾國變亂所成，原因複雜，勿論其他，而士大夫業報紙者，淆亂是非，實爲戎首。以朋黨之實，冒政黨之名；入主出奴，則愛憎成乎心；利用勢力，則得失昏其智。師成心者，偏執不反；智昏者，怙惡不悛。偏執長忿，怙惡流毒。黑白不分，搏擊快意，習爲挑撥，工於飾僞，流言孔章，而無在不與國民真意相反。雖托於輿論，群情固莫之許，貞士目以横議；而陰鷙之流，卑鄙之夫，反有以受報紙之責言爲快意者矣。至此，而後舉國上下，敢於爲非。即有一二自愛不甘爲非者，而以在漩渦之中，四周壓力所迫，欲不爲非而不得矣。至此，而後舉國無是非可言也。抑至此，而或有一二獨秉真心者，欲有所言，則言未發而禍已至矣。嗚呼恫哉！吾輩試静坐凝目而思，自世變以來，業新聞者之造孽於國，當不在梟桀與悍帥之下矣。或曰：今之世，衆狙朝三暮四，群非而無一是，即欲斷以《春秋》之法，將何所施。曰：惡是何言。夫群力交推，衆流匯集，屈伸相報，勝負迭乘，而隨時皆有可精之義，可執之中，故曰賾而不可亂也。其在乘權處勢者，有見於此，而擇善固執，足以立臻蕩平。否則士大夫主持清議，甄别淑慝，亦可以作社會之氣，而奪奸盜之魄。故曰：“不知《春秋》，前有讒而不見，後有賊而不知。”言是非不可不辨也。本報將持斯志，以與國人揚搉之。

復吳貫因　癸丑

孔學末流，誠如來諭。默觀時事，正未得安枕也。自古仁智之流，撥亂反治，一本於大經之正。正經何？正其心，而曲盡萬物之理，需衆志之孚，以定國是，使元氣昭蘇，沈痾自愈。故曰“經正則庶民興”也。今之執政，不學無術，私心獨斷，以逆流爲治，以武力剥削爲能，欲玩天下於掌上，其禍敗可立俟。頗聞時賢委蛇其側，縱别具深心，竊恐轉入漩渦。吳康齋之詩曰：“佇看風急天寒夜，誰是當門定脚人。”足下之明，當能察此。河山修阻，覿面未期，翹首燕雲，曷勝惆悵！

與某參謀

憶昔江干釋甲，俱隱故山，雖詩興室遠之嗟，而彼此過從，猶相慰藉。“遠覽并峰頭立馬，闕疑同月下論文”，妙景豪情，堪回溯也。近維大亂甫定，政局更新。弟壯志未銷，爰覽上都之勝；吾兄應賢藩弓召，亦暫憩都門。三千里外，舊雨欣逢。“舞劍惜中原風景，投壺數天下英雄”，結懷盡吐，樂可知也。所恨飄萍偶聚，頓唱離歌。兄命駕以出關，弟驅車而返里。昔年袍澤，今日參商。白雲在天，瞻望何及。辱承厚愛，宜竭鄙懷。黑省接壤强鄰，神州屏翰，外交内治，無往非艱。畢公揚歷三邊，勳勤懋著，龍江開府，實作長城。吾兄既受明知，勉圖報效。趙充國之碩畫，端在屯田；程不識之治軍，唯資嚴謹。勿疏小故而動鄰交，無虚邊地而爲敵有。卑無高論，或取於斯。明知高明之見，必越尋常；聊盡獻曝之忱，無忘私誼。關山遼闊，臨穎神馳。

賀然圭傳

賀然圭，黄岡人也。少讀《論》《孟》，解大義。遭兵亂窮困，遂廢儒業，治稼穡，終身南畝。智與業精，習與神會，觀天之時，察地之利，盡物之性，播種唯宜，壅溉盡適，以是所收常倍他農。竟數年，起家素封矣。或叩其術，然圭曰："吾有術乎哉？吾志定神壹，用力不紛，故陰陽寒暑，高下燥濕，百谷所宜，莫不察也。順物自然，物莫不阜也。吾何術焉？"君子曰："然圭學稼也，而進乎道矣。"

答李君

示及是非無據，所見甚卓。輓世唯物之説勝，功利之習熾，又值東西學説，匯流交錯，互相衝突，人心靡所依止，妄動以赴競争之壑。争必有所托，故仁義托於五伯，文明人道托於今日競争殘酷之群雄，孰與正其是非哉？昔孟軻、莊周，並生戰國。莊周憫物論之紛紜，作《齊物論》；孟軻拒邪説，其學以知言養氣爲歸。而齊物者，一往平等之談，非獨等視有情，無所優劣。唯其名相雙遣，斯分别自除；染浄都忘，故一真不立。能所之情既泯，是非之辨不生，絶僞托之門，斷紛争之本，所謂元同者也。世無大覺，邪孽競煽，元談不可以應機，則知言而不淆於衆竅，養氣而不靡於横流，亦足尚焉，然非小知之所喻矣。孟子憫戰國之馳功利而引於物，故直指心性以立教，乃至悟澈萬物皆備之真我，已近七識境界矣。當時功利權謀之術，污濁之風，孟氏獨力矯之。必如孟氏而後可謂知言養氣也。

問津學會啓

黄州府治西北八十里，今黄岡縣孔夫子河地，有碑石，文曰："孔子使子路問津處。"元初掘土得之。宋遺老龍仁夫先生，即其地建夫子廟，復廓爲書院，名曰問津。歲時會文，集圻黄人士，講學於其中，此問津書院之所由來也。圻黄之地，襟江控淮，於江漢爲屏藩。嘗自爲風氣，民物殷實。其士大夫好爲高深之思，自得精華，不事枝葉。遇衰世，則俠義文學之士，奮然而興，以獨立不懼、遁世無悶相高尚。古稱光黄之間多異人，有由然矣。夫古今言哲理者，最精莫如佛，而教外别傳之旨，尤爲卓絶。自達摩東度，宗風獨盛於蘄黄。蘄水三祖、三祖燦得法後駐錫蘄水之清泉寺，見《黄州府志》。蘄春四祖、黄梅五祖，迭相授受，獨成中國之佛學。黄梅傳慧能、神秀，遂衣被南北，永爲後世利賴。有明心學興，姚江一派陽儒陰釋，既不自居於釋，畢竟不可謂儒，故稱爲心學。黄岡郭氏、善甫先生爲陽明高弟，陽明嘗延爲其子師，而《明儒學案》不載，蓋先生不務聲譽故也。黄安耿氏、圻春顧氏，并爲荆楚大師。儒家者流，則梅先生長公之焕，甄先生錦石淑，均以勁節立衰朝。而甄先生劾權閹，忤東林黨，江夏熊公之死，葉向高、鄒元標之徒實主之。逞意氣之私，而不恤人亡國瘁，船山所以詆王學末流爲妖孽也。甄公以救江夏罷官，遂終身不出。尤内守深沈，絶無當世氣矜之習。杜于皇先生，志節堅苦，詩文本諸血性，以遺老爲東南學者所宗。于皇弟蒼略、子杜和尚，皆才奇而行晦。和尚走西南，密謀舉義不就，飲恨以終。王子雲、官撫宸、顧黄公、熊渭公，博學高節，亦于皇流亞。清虜入中夏二百餘年，楚人不忘國耻，于皇諸老之賜也。清世，曹本榮、劉子壯之倫，以膚學事虜，風義始淩替。然非明之故臣，又持躬廉讓，比於今之媚勢取權者獨賢。其餘篤行畸節之士，與夫著書立説者，志乘多有之。《明史》有傳者，已五十餘人，即此可見其盛。尚考先賢學術，宗趣互殊，各有獨到，如五音輻輳，異曲同工；八寶莊嚴，仙佛齊現，亦可謂大觀矣。今夫天日月星辰晝夜迭運，大地山川草木衆象森羅，唯其并育并行，所以不相悖害。學派之紛歧，亦若是焉已耳。自清虜嚴講學結社之禁，而學術式微。楚士又好爲一意孤行，不近標榜，蘄黄尤甚。故先哲流風，亦以莫爲顯揚而日就澌滅。前賢之遺澤既斬，後嗣之趨向益迷。世變以來，士大夫乃有以不健全之思想，妄逞其無等之欲，邪孽競煽，害氣充塞，將使先人文化，隨國土俱潰。而楚士之汩流揚波，哺糟啜醨者，亦所在皆是。此可爲痛哭者也。丁巳春，問津書院理事某君，怵世變之方殷，仰先賢之遺範，擬就書院設學會，即以問津名之，期於發皇舊德，保存國粹，挽回叔季之頽流，儻所謂“風雨如晦，鷄鳴不已”者歟！議既成，不鄙不學，而屬啓於繼智。繼智以爲近世學者之患，皆物爲之累，而氣不自振；奸生於心，而詖辭以禍世。邦人君子，儻返求諸先哲，由諸祖以證唯心勝義，而不滯於物；上溯諸儒氣節文章之盛，而求無愧於先；慎獨而可示於衆，樂群而不私於己；日漸月漬，成爲風氣，世亂其有瘳乎！是故略述前徽而爲之啓。

外舅傅曉榛先生與王藹庭丈，屬爲此啓，然學會尚未成也，姑存此文。子真識。

記梁君説魯滂博士之學説

頃見梁漱溟引法博士魯滂之説，比合佛旨，融相入性，科學家執心外有物，庶開其蔽爾。按魯君説："以太渦動，形成原子，非物質之以太，能變成岩石鋼鐵。力與物質，同一物而異其形式。質力非不滅者，質力之相續滅，則歸於萬物第一體不可思議之以太。"此其大旨也。梁君説其義曰："所謂第一本體，不可思議之以太者，略當佛之如來藏或阿賴耶。《起信論》云'不生不滅，與生滅和合，非一非異'，'能攝一切法，生一切法'者也。魯君所獲雖精，不能如佛窮了。以太渦動，形成原子，而成此世界。此渦動，即所謂忽然念起。何由而動，菩薩不能盡究，故魯君亦莫能知，莫能言也。世有問無明何自來者，此渦動，便是無明。其何自，則非所得言。渦動不離以太，無明不離真心。渦動形成世界，心生種種法生。然雖成世界，猶是以太，故《起信論》云：'是心從本已來，自性清淨。而有無明，爲無明所染，有其染心。雖有染心，而常恒不變。'又云：'因無明風動，心與無明，俱無形相，不相捨離。而心非動性，無明滅，相續則滅。'此相續，即質力不滅之律。然渦動失，則質力隨滅。真按：證以此方《大易》之言，即所謂《易》不可見，而乾坤熄。《易》以變易爲義，即魯云渦動。故無明滅，相續則滅也。然'所言滅者，唯心相滅，非心體滅。如風依水，而有動相。若水滅者，則風相斷絶，無所依止。以水不滅，風相相續。唯風滅故，動相隨滅，非是水滅。'《起信論》。蓋滅者，謂質力之相續滅，而消歸於以太，非以太滅。《楞嚴》云：'如水成冰，冰還成水。'《般若》云：'色即是空，空即是色。’色謂質礙，即此之物質。唯魯君亦曰：‘非物質之以太，能變成岩石鋼鐵。’真按：萬法當體真實，山河全露法身。又曰：‘力與物質，同一物而異其形式。’《楞嚴正脈疏》云：‘權外多計性爲空理，而不知内有空色相融。’又云‘深談如來藏中，渾涵未發，色空融一如此。’魯君亦可謂能深談者矣。”

與張素武

書至，適在紛擾中，比覆，未知作何語，甚悔甚悔。大論以肉體不死立宗，極善。然所據以爲斷者，乃謂肉體變化於宇宙間，有聚散，無消滅，論者所徵，神氣離合聚散，我物無常等。故無死，此猶張載、王夫之之舊説耳。船山宗張子，以物之生死，由太虚理氣渾然之實體變動而有聚散，聚而生物，散則物死，大化周流不已，然能化與所化祇是一體。故船山曰：“不是陰陽五行之外别有個天。”其説爲主動，與近世柏格森之旨略近，非善讀者不能得之，以其言皆散見也。如若所云，肉體既聚散無常，豈無常之物，而可謂不死？請更論之。死之定義，依佛家小乘，説五蘊滅壞爲死，肉體唯是色蘊。今之所論，即此色蘊可滅與否，經云：“是法住法位，世間相常住。”《肇論》云：“事各性住於一世。”則色蘊不滅明矣。尋夫事相常住之旨，豈謂相滅，而有實體不滅哉？又豈滅已，還起他相，故不滅哉？夫惟全理成事，事事皆真，當體常住，非於事外求理，故即相以見不滅爾。試即色蘊爲徵，譬如一人，昔爲朱顔，今成白首，以今望昔，可説朱顔爲已滅不？不也。何以故，今對昔有故，如無昔者，則無有今。昔既不無，朱顔自住在昔，亦猶白首自住在今，同不滅故。以今望後，白首住今，亦復如是。故通三世爲一際，一切物常住，無起亦無滅。仲尼曰：“回也見新，交臂非故。”新故之云，順俗爲言，意明凡物互相依住。《華嚴》無盡緣起義，宜細參。交臂之喻，見無起滅徵朕也。一切法無起滅，色法惡有滅，是故説言肉體不死。

鈎　王

儒者尚法治，獨推王船山。案其言預定奕世之規，置天子於有無之外，以虚静統天下。《讀通鑑論·晉論》。遠西虚君共和之治，此先發之矣。值世網密，微辭以見意，思深哉。船山處異族專制之下，不敢倡言民主，而思想實及之。船山固東方之孟德斯鳩也。黄宗羲《明夷待訪録》，非其倫已。

讀《孟子》

子輿論政，重教養，貴民。當時列强對内行武斷政策，對外持侵略主義，故孟氏提倡民權。以學者爲社會之中堅，而懼夫生心害政。故游説横議，諸持淺薄之論及挾異端者，皆與之力辯。以公孫衍、張儀爲妾婦之道，謂“善戰者服上刑”，又以楊墨爲禽獸，唯攻墨爲過。識卓哉！當亂世，閲歷人事至深，斯言之切也。

罪　言

國有亂人，而奸雄乘之；國有武夫縱横，而游士倚之，游士分兩種：甲、政客之挾陰謀以利用軍人者；乙、非政客，謂軍幕客食僚佐是也。必亡無疑也。道國之經，曰正德、利用、厚生，相其民以自求多福。亂人興，武夫逞，則國之經制破壞，民被禍而國危矣。然亂人躁動，武夫恃血氣，均少遠慮，救之不患無道。有姦雄出，刈夷亂人；有如雲之游士，憑依方鎮，然後國亡不可救。何也？奸雄游士，皆縱一己之欲壑，不惜以民生國命爲殉，倍甚亂人武夫也。奸雄操術深，應機捷，利用人類之劣根性，威劫利餌以便自恣。游士無恒心，吸拒縱横陰陽喜怒之變，百出不窮。二者交乘，名義任其所托而名亡，法律隨其所援而法壞。名亡，則是非泯；法壞，則利害昏。熏染所及，相率爲盗賊，爲妖孽，尚誰與立國哉？是故范曄黜姦雄，而孟軻賤游説之士。

讀陸贄《請還田緒所寄撰碑文馬絹狀》

陸敬輿事庸猜之主，值藩鎮數叛，卒能綏靖。雖執政未久，唐室賴以弗傾，賢者固不可測哉。及讀《請還田緒所寄撰碑文馬絹狀》，然後知其馭世之經也。案《狀》曰：“田承嗣阻兵犯命，靡惡不爲，竟逭天誅。田緒尚干宸嚴，請頌遺愛。臣備位台輔，未能滌除奸慝，而又飾其愧詞，以贊凶德，納彼重賂，以襲貪風，情所未安，事難固强。”又曰：“仲尼修《春秋》而亂賊懼，褒貶苟明，亦足助理。”觀此，則敬輿所以綏難者可知已。自昔武人跋扈，靡不亡國。何者？狼子野心，各擁方鎮而握兵符，大者連衡，小者合縱，剥朘兆庶，蓄育爪牙，一旦興戎，元黄遍地。勢敵則負隅，情激則賣國。凶猘之性，寧有顧忌哉？然此輩率起自臧獲盗賊，非有智計過人，遇衰世憑傅以興。在朝執政與之表裏，士大夫相依以得志，贊襄策畫，彼始有輕天下之志，而敢於横行爾。倘社會有健全之輿論，政府無姦回爲内援，自有以消凶暴之氣，而生其是非之心，則糾糾之夫，皆國家干城之倚，又何患耶？如敬輿待田緒，碑文不輕假，絹馬不苟受，静而自正，剛而無欲，使獷悍之徒，知名義不可犯，士大夫不可褻，則欲自恣不得也，故敬輿馭世之經在是矣。後世乃有上下并援武人以肆志，自速其國之亡，有識者所爲痛心也。

思　　曾

曾滌生誦法程朱，以書生奮起立功名，味止足之戒，勇退自全，而國民之蒙其福利者亦至矣。滌生起自鄉團，用使湘軍之威，南逾嶺表，北度沙漠，收束爲難，兹可想見。然事平遣散，將士帖服，唯其平日自矢忠貞，急公義，遺私利，將士熏陶有素，故能消積威於俄頃，化兵氣爲祥符，非偶然也。使滌生怙權私利於上，其下相畔援，則武人縱横，民亦勞止，國之亡也忽諸。李少荃提挈淮軍，遞嬗爲北洋派，以是知滌生遠矣。蔡松坡功蓋天下，觀所著《曾胡治兵語録》，抑取法乎上也。世人以曾、胡戴满清爲病，然爾時民族民權諸義未明，無怪其然也。其爲人自可法。

諸葛武侯《出師表》書後

王船山謂劉備忮刻，專任親故；武侯浸淫申韓術，治蜀不務教養。人之云亡，邦國殄瘁。嗚呼！船山之論允矣。余觀武侯《出師表》曰："鞠躬盡瘁，死而後已。"其辭哀惋，亦自知身死國與俱殄爾。

熊持危傳

熊持危，字海澄，湖北黄岡人。少負志略，年十餘歲，從軍奉天，入學講武堂。畢業，調赴山西，任新軍尉。辛亥武昌光復，持危首事響應，攻娘子關，下之。時各省獨立，省界甚嚴，持危不得志於晉，還鄂任第一師副官。元年八月，鄂軍馬隊變，持危助平之，都督黎公即命收拾殘餘，領其衆。二年春，鄂軍悉遣散，持危失職。是秋，南北難事底定，袁世凱以湯薌銘爲湖南都督，持危往依之，就職都督府三等副官。四年冬，世凱叛國，稱皇帝，改元洪憲。雲南出師討賊，各省志士集上海，議分道起兵。蔡濟民中將，奉孫中山密令規湖北，熊持中佐之。持中，持危兄也。以爲圖鄂宜先定湘，密電持危問計。持危遣使赴滬，密道北軍困於戰地，省城空虚，同志義憤可用。約期，屬持中赴湘舉事，持中以籌餉愆期，持危恚甚。其黨陰洩謀於薌銘，薌銘召持危對獄，直認不諱。薌銘不欲殺之，軍法課長某持之力，遂處槍斃。婦張氏聞之自縊。湘人哀憤。五年十二月，持中赴湘，以持危、張氏遺骨，歸葬於黄州赤壁上首聚寶山。湘督譚延闓以其遺像入祀長沙烈士祠。

張翊辰、李專遺事

三世之事，信而有徵，如羊祜之識金鐶，崔咸之徵墨誌，事載本傳，寧皆誣妄？輓近麻城有張翊辰次常、李專静甫，并能追憶往事。言前世俱圻州醫士張某子，專爲兄，翊辰則弟也。兄弟同日患痘死，兄年十歲，弟僅八歲。死時，俱靈魂從頭腦破裂出，立釋肉體苦痛。頃之，不忍父母慟，復撞頭腦入，又出，乃不可入。兄弟陰依其母，母弗覺。數年，俱之麻城，兄先投生李氏，是爲專；弟後專生三年，投生張氏，是爲翊辰。翊辰伯父文藻，清選拔貢生。李氏延爲專師，文藻携翊辰偕就學。翊辰時年八九歲，專年十二三，兩兒故未一面，驟見呼兄弟，痛哭相持抱不解，兩家父母争怪詫，固問之，翊辰、專俱云云。專叔父久春好奇，遂率專、翊辰，同訪圻州張氏。張夫婦俱存，專、翊辰直前呼父母，以次識其家舊時器具，張夫婦大駭。久春爲具道所以，乃泣下沾襟。張夫婦後生一子，久春屬與專、翊辰結爲兄弟，俱就其家教之。圻州張氏子，後爲邑諸生。專光緒壬午科舉人。翊辰光緒乙酉科選拔貢生，後官河南商城知縣，民國初，猶健在。翊辰與余妻祖傅雨卿學正，同纂修《黄州府志》，屢自言其事。專在時，吾家太晶孝廉識之，亦云然。此事見聞極確，故記之。他所聞尚多，以非耳目親及，不敢載也。按《八識頌》曰："受熏持種根身器，去後來先作主公。"是投胎不自産時也。内典説"産時投生者爲奪胎生"云。顔之推曰："形體雖死，精神猶存，人生在世，望於後身，似不相屬，及其没後，則與前身，似猶老少朝夕耳。凡夫蒙蔽，不見未來，故言彼生與今，非一體也。若有天眼，鑒其念念隨滅，生生不斷，豈可不怖畏耶？"无生居士言："學佛者當自信輪迴始，此處信不及，則佛之教義全盤推翻。"月霞比丘亦云然。蔣智由觀雲嘗謂："佛氏既言輪迴，又明無我，無我則誰爲輪迴之主體？"不知《八識頌》明言"去後來先作主公"矣！餘杭章先生則謂："唯其無我，所以輪迴。"此義甚深，學者宜細參之。真理不明，人心靡所皈依。世變愈亟，人欲横流，不知爲自作自受，良可悼憫。近者，伍秩庸先生嘗自述與幽靈交通事，蓋非誣妄之談。余恐世人信心未牢，故記張翊辰、李專事爲勸誘耳。

馬讓三傳

馬讓三，名雲翼，以字行，黄岡人也。爲學以堅苦克勵爲宗。少時便棄舉業，治博物算術。家貧，講樹畜，耐勤勞，致數千金。嘗曰："儒者不問家人生産作業，故尚空談，逐禄利，游手交構，而天下之禍日亟。"識者嘆爲至言。自奉儉約，布衣大袖，糲飯菜蔬自甘。歲時盤飧食客，品數有限，然甚雅潔。居恒滑稽混俗，獨臨義利之界，嚴峻不苟。民國初元，始開選舉，黨人挾巨金購票，諸選民懷票争致金錢。讓三憤曰："民意没於利，共和其危乎！"遂拒金裂票去，其行事多類此。傷世亂，亢懷嘉遁，推迹楚風之變自張之洞，恒語人曰："吾楚明季以豐功偉節動天下，江夏熊公，江陵張公，應山楊公，天門胡石莊先生，其著也。清初，孝感熊賜履，始以僞學事虜，風誼少衰。輓近南皮督鄂，宏奬學校，短於核實。諸華士剽竊新聞，揣摩風氣，禄利徵逐自此厲，楚其不競矣！"常欲論次鄉先賢，爲舊德傳，亡何染疾，以戊午八月卒，年四十九。

熊子真曰：讓三父某，篤行君子也，嘗命讓三從余先君其相文學游。適文學公下世，讓三以不逮事爲恨，始交余伯兄仲甫，交誼之篤，有古人風。猶憶先母高太夫人病疫，親族不敢至，讓三省視，累日不忍去。及卒，爲治喪，夜與余兄弟宿太夫人殯前。數日始去，竟不染疫。余兄弟貧不聊生，清季流寓江西德安，墾荒自給，讓三馳念切至。壬癸以來，伯兄，六弟强，五弟剛，相繼卒。讓三聞而哭，又以書解余痛，然凄慘不可卒讀，反益余痛。夫勢交利合者，相締以猥賤，勢窮利盡，則反眼不相識。唯相契於不可知之地，飢渴疾痛，常相關而出於不覺，有時絮絮話家故，無不盡之情，乃真朋友之樂爾。讓三不幸短命死，余既自傷孤零，又悼古誼淪喪，故備書所感，以質世之君子。

憂問

問曰：吾國自勝清道咸以降，恒有新舊二派，然二派思潮，皆應世界潮流以遞變，終非畫若鴻溝。所謂新派者，其始言洋務而已，浸假則言立憲，又進言革命與民主共和，至此而止矣。所謂舊派者，始唾棄洋務，繼且力仿新政，清末各督撫皆以新政自粉飾。進而預備立憲，改革後，密唱虚君共和，亦至此而止矣。夫二派思潮所止，或則民主共和，或則虚君共和，名義固殊，究實言之，真能行虚君共和，即民主共和，抑何不可？二派所持，非甚相遠，然而相争以成大亂，何哉？夫《易》之爲道，趣時應變，而以仁義立本。《易》曰："立天之道曰陰與陽"，"立人之道曰仁與義"。動而無本，蔑不傾矣。孟子憫戰國，欲正人心而道仁義，誠知本也。凡争起於利害不齊，仁以平物我之情，義以知彼此之分，則齊其不齊而争泯。失義亡分，則不齊；失仁縱情，則窮於齊，乃相争以大亂。今吾國人浸淫滿清污俗，利禄蕩其廉耻，而自私自利之習成。登庸濫，而僥幸之風長；專錮久，而智昏。爲新爲舊，同怵於外人，而貌襲以相應，實無改其貪賊險詐濁亂荒淫之心理。靈台既蔽，一切學説皆逢惡之媒，一切政法皆濟奸之具。滅絶仁義，自胡清已然矣。迄於民國，而偉人之淫縱，袁氏之盗竊，藩鎮之駼戾，率天下以不仁不義，淫情軼分。利獨，而衆不齊；衆不齊，將無獨利，此其時矣。是故吾國今日之亂，不緣新舊思潮異趣；仁義絶而人理亡，國無與立也。今欲明仁義之本，又群詆爲迂闊，無以遏邪説暴行而挽其横流，吾國吾種，其終亡滅乎？抑尚有他道以救之也？

草此稿竟，或曰共和國體畢竟與吾國歷史不合，故不利於行爾。曰：何爲其然？尚考春秋之世，社會恒有中堅人物，主清議而持國政，如仲尼譏季氏伐顓臾，史不載魯伐顓臾事，或因仲尼之言終止。鄭商人弦高却秦師。則當時學者與實業家，各能發揮其能力，以贊國事矣。又春秋貴人人有士君子之行，誅奸雄而退英雄，英雄者，務揣摩時勢，鼓舞群情，而急功利者也，常導一世於狂迷。如今世列强，竭脂膏以擴軍備，棄生命於沙場，其始實由少數英雄之徒，鼓吹競争，遂成時行，轉生誤會，乃構此大禍爾。大抵衆生因迷惑而有生，英雄如幻師作幻術。聖人相物之宜，去泰去甚，而爲於無爲，則非英雄所知矣。英雄者，社會之不祥物也。英雄不死，鬥詐不止。使人人有自知、自立、自由、自重之精神，則無有尸英雄之名者矣。《春秋》志太平，不獎英雄，桓、文、管、趙，皆被譏焉。若奸雄，則亂賊是也，《春秋》誅之。奸雄與英雄之辨，他日當論之耳。純持民本主義。秦漢以下，領土大，而政府干涉之範圍狹，教育實業諸要政，任民間自爲，蔚然稱盛，其自營之力，誠有足多。彼以共和爲不合吾國歷史者，豈非妄自菲薄哉！特自宋明以來，國人漸失其固有之長，明太祖作法於涼，終明世上無禮下無學，吾國衰亡之因，種於明者尤多。滿清則摧殘益甚。今日之亂，猶胡清餘孽爾。子真識。

至　言

政治根柢在社會，社會良惡，著見風俗。故先王觀風以知治，《兔罝》《漢廣》，周用崛興，《青衿》《溱洧》，鄭始式微，其徵驗不爽也。後世於詩之外有小説，益能曲盡社會情僞，可增徵驗。友人鄂城劉伯垂芬言："讀《儒林外史》而知清世士習之可醜，其衰宜矣。"余夏間游滬，過書肆，偶思購汪容甫《述學》，遍索不可得，唯見列肆盡誨淫誨盗之小説爾，斯可恫矣。門人燕添溟耻，因言近來詩人多習爲淫辭艷語，亦妖徵也。道家之術，盛於西漢，承戰國暴秦之後，棲神淡泊，養其清剛，故漢時國力最澎張，其治近古，有明效矣。漢初，道家者流，於上有蕭何、曹參、張良、文帝，於下有黄石公、即圯下老人，子房之師，世稱黄石公。四皓、子房能爲惠帝致四皓，蓋同爲道家故也。案《子房傳》，謂吕澤曰："公誠能無愛金玉璧帛，令太子爲書，卑辭安車，因使辨士固請，宜來。"夫四人者，高帝所不能致，豈愛金玉，又豈辨士所能説？金玉也，辨士也，子房必别有用意處。或以安排使令與馳説之徒，使朝野震驚於四皓之爲太子來，以悚高帝之聽耳。蓋公之倫。司馬談父子，亦希踪柱史，此其略可徵者也。自武帝、董仲舒出，始定一尊於儒，而毒流後世。武帝有材勇，不學，武功資民力，固前人所涵育爾。仲舒迂怪，其細已甚，不足道，然其衣鉢不絶於今，何哉？

昔儒頌東漢名節，清季黨人益張之，差有其風。戊戌政變，譚、康諸子喋血，同盟會興，益踔厲敢死矣。雖然，尚名無本，其病氣矜，下流乃無拳無勇，職爲亂階，此所以有今日也。昔者宣聖蓋憂名教，特於《易》言精義入神；孟子以集義養浩然之氣，立本焉爾。然名義本世間觀待道理，何以故？依義立名，亦依名詮義故。是以義可以名假也，義可假，則非本甚明。其惟元聖，亡名，小仁義，體清浄，冥極無爲，即不動真體。尚已。由其道，下者亦能强固神志。故西漢尚黄老，任俠往往在民間。高帝雄猜，懾於四皓而不敢易儲，其時民氣之盛可見。哀平之變，則張禹賤儒開其先也。權德輿言，亡西京者張禹，亡東京者胡廣。東漢黨錮諸公，名節雖若可稱，然考《抱朴子》所徵論，其末流濁亂滋甚。《抱朴子・外篇・漢過篇》曰："歷覽前載，逮乎近代，俗微道敝，莫劇漢末也。"此雖多斥奄尹。然又云："懶看文書，望弋空名者，謂之業大志高；結黨合譽，行與口違者，謂之以文會友。"斯則譏黨錮諸公矣。又云："聞之漢末，諸無行背叛禮教而縱肆邪僻，訕毀真正，中傷非黨，口習醜言，身行敝事。凡所云爲，使人不忍論也。"故不百年而胡禍興。清季士大夫以掛名黨籍爲榮，蹈死不悔，然試深迹其瑕眚，則校《抱朴子》所以刺漢者，有過之無不及。袁氏因得乘其敝而夷之，禍亂乃無寧日，哀哉！察其所以，蓋叔世學絶道喪，諸黨魁初興，又嘗爲一切破壞之説，往往以愛國美名，作士大夫敢死之氣，即所謂名節也。其流爲無拳無勇而階亂，則非始願所及。無深根寧極之道，而以名義鼓人，惡得不如此哉！今者亂極，不可别美惡好醜，故名窮。名窮宜返本。夫惟載其清浄，休乎無爲之宅，自本自根，可行已信，莊子語。郭注云："行者信己可得行也。"憨山云："日用皆真體流行，信有真實之體可信。"遺名歸真，合氣於神，則亂不自生。至精不可以被物，持戒而鎮之以樸。自頃紹興蔡先生之北京大學進德會，案進德會之等第，甲種會員不嫖、不賭、不娶妾；乙種會員於前三戒外，加不作官吏，不作議員二戒；丙種會員於前五戒外，又加不吸烟、不飲酒、不食肉三戒。爲道日損，足以勝物，養其清剛，毋爲亂階，庶幾老氏之遺矣。

邇者餘杭章先生嘗曰："鄙人自處，唯欲振起姚江學派，以挽今世頽靡巽懦之習。"丁巳夏《與民友會書》。迹先生行誼，固佛之俠者，何取托於姚江哉？近人頌明季節義，歸功姚江者，蓋祖黄宗羲。宗羲學行，固不逮衡陽遠甚。衡陽嘗痛心於明季士大夫以氣矜亡國，力詆姚江，其説實非過激。王守仁有術智，未能忘功名，而以聖自居。此即我執，爲無窮禍根。故其黨多氣矜。觀輓世予聖之士，其偏執妄逞，何嘗不誦法姚江也。要之輓明士風近季漢，今不可取則。

箴名士

自六朝以降，始有所謂名士者。迄於唐宋，而韓愈、元稹、白居易、蘇軾兄弟，并以文采風流傾動朝野，聲施後世，吸其流者不絶。惟衡陽之聖，痛中夏覆亡，推迹士習之壞自名士，而於二蘇、元、白之倫，攻之不遺餘力。案其言曰："此輩類皆酒肉以溺其志，嬉游以蕩其情，服飾玩好書畫以喪其守。凡此非得美官厚利，則不足以厭其所欲。而精魄既摇，廉耻遂泯，方且號於人，以爲清流之津徑。而輕薄淫佚之士，樂依之以標榜。爲名士如此而能自樹立，以爲國之楨幹、民之蔭藉者，萬不得一。文章之用，以顯道義之殊塗，宣生人之情理。簡則難喻，重則增疑。故工文之士，必務推蕩宛折，暢快宣通，而後可以感人。於是游逸其心於四維上下古今巨細，隨觸而引伸。一如其不容已之藏，乃爲當世之所不能舍，則蘇軾所謂行雲流水，初無定質者是也。始則覃其心以達其言，既則即其言以生其心。而淫佚浮曼矜夸傲僻之氣，日引月趨，以入於酒肉嬉游服飾玩好書畫之中。而必争名競利，以求快其欲。抑且博覽六籍，詭遇先聖之緒説，以濟其辨。則陳民情，策國事，皆其所可。沈酣以入，痛快以出，堂堂乎言之，若《伊訓》《説命》《七月》《東山》之可與頡頏矣。今之打電報著政論者，鮮不如此。乃有道者，沈潛以推致其隱，則立心之無恒，用情之不正，皆可即其述古昔稱先王之中，察見其詖淫。況其濫於邪説，侈於游冶者，尤不待終篇，而知其爲羊羶蟻智之妄人哉！”船山之責名士如此，可謂洞見癥結。乃至今謬種流傳，士大夫相率爲浮華淺薄，淫佚流蕩，而無精湛之思，淡泊之操，此言學言治之所以終於無幸也。夫名者實之賓，救名之敝莫如實。古者大學造士，始教以格物，尚徵驗而有條貫，故其言中倫而行中慮。實學廢，文辭興，然後有名士，是以顧寧人恥之也。

跋

右子真《心書》一卷，文辭簡約，獨抒精華，諷世情深，質直而忠厚。識者謂其立言有宗，過《潛夫論》，蓋不阿也。余竊怪子真年少從軍，謀斃某帥，幾罹不測，辛亥參鄂軍府，義氣激昂，似非能沈潛於學問思索中者，今所造竟若此。觀其貌，訥訥不能言，豈所謂孤懷獨往者哉！子真近流寓匡廬西麓，題壁有“數荊湖過客，濂溪而後我重來”句，可以想見其襟懷矣。七年十二月八日丁去病謹跋。

荆楚文庫

唯識學概論

（一九二三年）

朱浩浩　點校

此書區爲二部：部甲，《境論》。法相相者相用。法性性者體性。目之爲境，是所知故。部乙，《量論》。量者量度，知之異名。雖談所知，知義未詳。故《量論》次焉。量論者，猶云認識論。以其名從東譯，又本自哲學家，此不合用，故創立斯名。又《境論》雖自所知以言，據實而云，乃爲量論發端，則此書通作量論觀可也。子真識。

目　録

緒　言

唯識學者，昔人以爲即法相學，於内學佛教佛學諸名詞，不如内學爲諦。内學者，内證之學也。諸宗最爲晚出。宜黄歐陽先生作《瑜伽師地論》序，始别出此學於法相之中。餘杭章氏謂其識足以獨步千祀，見所作《内學院緣起》。可謂知言。在昔釋迦崛興天竺，興感夫生死，吾友梁漱溟先生所著《東西文化及其哲學》，引《佛本行經》云云，可資參考。而歸趣於菩提。覺義。既豁然澈悟，以其悲願，化道群倫，遂爲内學開山。此學與世間宗教及哲學特異之處，吾他日别爲詳論，此姑不述。迹厥聲教，本無殊趣。由佛本願，欲令衆生皆得證大菩提，故其爲教，未有殊趣。聞者機感不齊，斯有大小乘異。如《阿含》等唯被小機，《般若》等唯被大機。小乘之學，發展先於大乘。言其流别，則自大天判爲二：一、大衆部，二、上座部。大天之世約當佛滅後百餘年間。大衆部復分爲九，上座部析爲十一，合二十部。諸部繁衍，約當佛滅後四百年間。參考《異部宗輪論》。其間持論雖紛，而通執法有。有者，有其遍計所執。後龍猛或譯龍樹。菩薩興於南天竺，約當佛滅後六百年頃。造《大智度》等論，宣説法空，空者，空其遍計所執。是爲大乘。其弟子提婆菩薩造《百論》等，宏闡旨要，然末流沉空，將資矯正。北天竺有無着菩薩者，當佛滅後九百年間出世。旁治小教，《瑜伽·本地分》詳小乘義。董理大乘，以其對治空見，世遂目其學爲有宗，即法相宗。而區龍猛、提婆之學爲空宗，即法性宗。自是大乘乃分爲二。附識一。無着弟世親或譯天親。有部出家，廣造小論。聞《十地經》，悔小悟大，涕泣謝過。無著因造《攝大乘》授之。《攝大乘》者，於法相中獨提一品以談，即唯識學也。世親既爲作釋，更造《唯識二十論》《唯識三十頌》。《三十頌》乃世親晚年所作，釋文未竟而卒。十大論師繼起，法海波瀾，至爲壯闊。十師者，親勝、火辨、難佗、德慧、安慧、净月、護法、勝友、勝子、智月是也。親勝、火辨當佛滅後九百年間，蓋與世親同時。餘八論師，約當佛滅千一百年後。其間護法、南印度達羅毗荼國王之子。安慧，南印度羅羅國人，護法同時先德。學窮大小，妙解因明。聲德尤振。安慧原本空宗，樹義多偏。安慧於空宗撰述，有《大乘中觀釋論》等。其治唯識，說相見二分爲遍計所執，猶著空見。護法吸納衆流，護法之思想於安慧諸師既有取舍，於空宗清辨尤多借鑒。折衷至允。校其名實，則護法宜稱今學，安慧厥號古師。《述記》於安慧往往被以古師之名，可證。逮我玄奘大師西度，研治此學，獨宗護法，護法釋《唯識頌》成，以授玄鑒居士曰："我滅之後，凡有來觀，即取金一兩。脱逢神穎，當可傳通。"及奘師西度，居士遂以授之。授意弟子窺基錯綜群言，譯成《成唯識論》。基序云："斯本彙聚，十釋群分，今總詳譯，揉爲一部。商榷華梵，徵詮輕重，陶甄諸義之差，有叶一師之製。"奘師尚有《真唯識量》《會中論》《制惡見論》等，多不傳。基師更輔以《述記》，網羅宏富，自是此學東被，蔚爲大觀。奘門諸賢既逝，亦鮮有從事者焉。

附識一：無着製作甚富。其著者有：《瑜伽師地論》《十地經論》《攝大乘論》《辨中邊頌》《集論》《顯揚論》《金剛經論》《莊嚴經論》。《瑜伽論》亦云《大論》，稱爲慈氏菩薩説，乃法相、唯識二家之所本也。日人橘惠勝《支那佛教思想史》云：《大論》一書依西藏傳説，則爲西元四、五世紀之獅子尊者所作。見原書四三五葉。按此事既無確證，未足徵信。唯據所説獅子尊者之時代，雖未决定爲第四世紀，亦相差未多，其人必無着弟子師子覺也。無着之世，當佛滅後九百年間，即西元第四世紀。師子覺本傳法相學，窺基《雜集論述記》一"無着集《阿毗達磨經》所有宗要，括《瑜伽師地論》一切法門，而造《集論》，覺師子稟承先訓"云云，即其傳法相之證。藏人遂誤爲彼作耳。奘師致疑舊譯，親冒萬險，西走天竺，其學精博謹嚴，必不以僞托之書，歸之無着也。《辯中邊論》本頌，舊本訛爲世親説，奘師新譯始正之。見基《記》一第五葉。則奘師嚴於考訂可知。

部　甲

境　論

識相篇

唯識章

唯識一名，略有三義，世或不解，以爲唯有一識名唯識，即大誤。故應疏决，以發論端。附識一。一者不離義。法無孤起，諸心心數，心數者，心所之異名。俱有相依，此有二義：一者心與心俱有相依，謂一身有八識，其前七識則通以第八識爲根本依。二者心數與心俱有相依，謂八識各各有相應心數。説識此云識者，通心、心數言，餘準知。不離識。由識此言識者，謂一切心、心數自體分。變異，似所緣相，名爲色此言色者具三義：一有對，二變壞，三有方分。等，第六所緣獨影境，第八所緣種子，非色法故，遂置等言。説色舉色，隱賅種子等。不離識。玄奘唯識量，以色不離識楷定，如眼識起時，挾色相起，耳識起時，挾聲相起，故説不離，不離即非外也，後《境識章》，更詳斯義。色心分位，色上分位，如長短方圓輕重等。心上分位，如世識、處識、數識、因果識等。假假法有三，分位假居一，詳見《大論》。依實色法心法，於俗諦中説名實有。故，説分位假法不離識。問：色上分位，應説不離色。答：色不離識故，色上分位不離識。識此言識者，亦攝色等相分，四分合名一識。如後別説。之實性，性者體也。字曰真如，説真如不離識。《三十論》二“不同餘宗，離色心等，有實常法，名曰真如”云云，餘宗謂化地部。參考《述記》卷十一。總略五法，一心、二心數、三色、四分位、五真如。皆不離識。不離義復有三：一者不一故不離，如八識等行相各别，何可言一？餘準可知。二者不異故不離，謂即用顯體。三者無外故不離，謂攝境從心。妙義紛綸，智者詳焉。顯識最勝，故説名唯。二者交遍義。唯識之言，有深意趣，識言總顯一切有情，各有八識。此中八識，但約人言，其他有情前六或不悉起。彼識如某甲八識。此識，如某乙八識。不雜此識不入於彼識之内，彼識不入於此識之内，云不雜。而相網，網者遍義。相網者，此識周遍法界，彼識亦周遍法界，如衆燈光，同處各遍，而不相障也。是爲交遍。難曰："識外有識，應不名唯。"曰：唯言遮遮者遮撥。境，此言境者，謂外道小乘所執離識實境。而不遮識。識謂他身識。自識具云自身識。許有，他識具云他身識。寧無，義不孤建，於後《本識章》内。方詳。夫不言交遍，則衆生將共本，章太炎《建立宗教論》"一切衆生同此阿賴耶識，是故此識非局自體，普遍衆生，唯一不二"云云。若爾，唯識之談，與言梵天神我者真無有異。俟於《本識章》辨之。章氏《齊物論釋》其謬尤多，蓋涉獵法相唯識，以緣飾蒙莊，終於兩失。宇宙爲畢同，[1] 夫衆生共本，即同一宇宙矣。然據實言之，則人各一宇宙，不可同也。如頃者吾在北京，其與吾并在北京者，奚翅千萬人？吾與此千萬人固人人心中各一北京，而各人之北京，同處各遍，實不相雜。如吾之北京，寂曠虚寥，當涂者不可入也；[2] 當塗者之北京，喧惱逼熱，吾亦不可入也。若是，而謂人同一宇宙，可乎？説人各有八識者，斯諦論已。懸的投矢，言理者之患，莫大乎强不齊以爲齊，内典喻之爲懸的投矢。射者方謂衆矢出於一的，而不知其私懸一的以投之，非衆矢有通由之的。戲論何益？三者破執義。法性離言，心行路絶。識唯唯字倒用。寧立。以對破衆生迷執，假説唯識。原夫凡外計有實我，小宗如犢子部等，亦計有我，此唯叙凡外者，凡外通故。爲説五藴假名，謂依色心五藴集聚，假名曰我。小乘之徒，又計有實法，一説部於諸藴法，説爲但有假名，頗接近大乘空教。今此據多分以言，略而不簡。説法無自性，無自性者，猶云無實自體，諸有爲法，緣生如幻，大乘以此破小。不了義大乘，復蹈惡取空，清辨之徒，言性相皆無，以所執空爲真理，故以惡取呵之。以是攝法歸識，色心諸有爲法，真如無爲法，總説不離識。詳前。遣空有有者，有我法。執。唯有識故，説我法如實是無。亦唯有識故，但空依識所起我法執，而識性相非空。故唯識之言，空有雙遣。若使諸執盡除，唯識亦自不立。諸聞唯識教者，教者言教。以爲實有建立，有識可唯，則亦成法執，同於所破。參考《論》本二、《述記》十一。上來三義，略釋唯識，雖未盡理，然執大象、秉樞要，庶幾來學，研討有資。

附識一： 識能緣。者對境有爲、無爲法，爲所緣緣，即通名境。受稱，而有多名。略舉之則曰心、曰意、曰了別、曰分別、曰現行，現有三義：一現在，非過、未故。二現有，非無體故。三顯現，非沉隱故。行者相狀義、遷流義。皆其異名也。現行二字有時虛用，或目色法者，不在此例。唯心意二名雖通八識，謂八個識通名心或意。而約偏勝義。第八獨名心，集起勝故；《論》説集起名心，集諸種子，起現行故。第七獨名意，思量勝故。此義深詳，請咨《攝論》。《所知依分》。

諸識章

有情各有八識，略如前説。八識云何？一眼識、二耳識、三鼻識、四舌識、五身識、六意識、七末那識、八阿賴耶識。第八復有多名，此姑不述。此八各有相應，相應者，亦心所之異名。心所與心王叶合如一，故云爾也。義詳《轉識章》。舉識攝所，如舉眼識，即攝眼識相應觸等法。餘識準知。參考《三十論》一第二葉、《述記》二第十八葉。故不別言。諸識行相，眼識以了別色境爲行相，耳識以了別聲境爲行相，乃至第八以受持爲行相，歷然差別。具如後述，別見《轉識章》《本識章》。今獨詳其義界。此言界者，類也。明諸識同具之義，曰義界。夫言識義界者，當上本之天親。天親《三十頌》，則以爲識者能變之謂。色法是所變，真如不變，皆此所遮。亦復區爲三種。[3] 初能變識，謂阿賴耶；第二能變，謂末那識；第三能變，謂眼識乃至意識。釋見《成唯識論》。然此土古師此土言唯識者，有古學、今學之分。古學大成於真諦。真諦優禪尼國人也，梁、陳間來華，從事翻譯，盛弘《攝論》，世稱真諦及其前所出諸譯爲舊譯，所談諸義爲古學。唐玄奘法師游學印度，承護法菩薩而弘唯識法相，譯書極富，世稱新譯。其弟子窺基盛事著述，號百部疏主，是爲今學開山。猶存歧義，不可不辨。盡古師唯以第八識爲能變；真諦譯《顯識論》，現存。三界但唯有識。何者是耶？三界有二種識：一者顯識，謂第八。二者分别識，謂前七。云云。此則以前七爲能緣，緣者，緣慮義。餘準知。能變僅屬第八。第八名顯識者，即謂其能變現色心等法。又基師《中邊述記》言："真諦法師似朋一意識師此師執諸識用别體同，故云。參考《三十論》一第一葉，《述記》二第三葉，《攝論·所知相分》。意。"見《辨相品》。既朋一意識師，則餘七唯除第八。非能變益明。若然，前七識不變相分，即心外取境，同於小宗之見，唯識云何成立？一切心、心所，皆不外取，方成唯識故。故校以天親之説，則短長可識已。

《頌》中略説識爲能變，《三十論》復釋言：能變有二種：一因能變，二果能變。詳見《論》本二第七葉，《述記》十二第十至十五葉。基師解第一，因通現具云現行，餘準知。種，具云種子，餘準知。轉變名變。轉者生義起義。次解，謂有緣法識生必有所緣，大乘緣無不生心也。能變現者，名果能變，果謂識。識生必有種子爲其親因，故識望種，得果名。即自證分識體。現起相見二分也。按基解多分違《論》。《論》云："一因能變，謂第八識中，等流異熟二因習氣。"習氣者種子異名。義詳《功能章》。下文逐釋習氣來源，由前七現行熏生，無關本文主旨。俟《四緣章》因緣中詳之。又云："二果能變，謂前二種習氣力故，〔4〕有八識生，現種種相。"下文遂釋二果得名，由前二因别異。即《論》文自"等流習氣爲因緣故"至"名異熟果，果異因故"爲止。細按《論》文，實分因果二種能變。因變中但有種生現義，基解轉變無失，云通現行即非，果變中有現種種相能所緣相，各各無量，故云種種。如眼識相分，刹那衆色俱轉，見分亦爾。餘識準知。一語，基解自證分變現相見，亦合。《論》本建立種子爲識舉識即攝色法，是識相分故。因，此第一種能變；因變。識自體亦名自證分。〔5〕上有現起似能所緣所緣名相，能緣名見，遮執實有，故置似言。〔6〕用，自證是體，相見是用，體用俱時，非次第起。〔7〕此第二種能變。果變。本唯一事，一識説爲相見自證三分，體用同時顯現，〔8〕是爲一事。義説二變，相見依自證起説果變，三分同種或别種生，説因變。則疏於審事者所不悟也。難曰："據因變義，應成唯種，寧名唯識？"答言：一切法不離識，方成唯識。非唯識言，便謂識無種子，同無因論。然復異彼自性神我等外因邪計，何謂外因？俟《功能章》解之。種離本識，本識者，第八識之異名。無別體故，種子依止第八識自體分，非離識有。故名唯識。《頌》以能變釋識，《論》更析能變以因果，義無乖反，興難唐勞。變復云何？則如下云。

能變章

詮實性曰不變，性者體也。顯大用曰能變。能變依於不變，而有其變。〔9〕略顯變義爲三：一者，非動義。常俗之言變也以動，動必有所至，由此之彼曰動。此實無至。吾將於後文，更談頓起、頓滅義，則計動之邪，不攻自破。二者，活義。俗計不動者便是死物，〔10〕然此雖不動，却非枯死。頑石不轉，焦土不生，云何而有帝網重重？又此活言，但遮死物，亦非表是活物。說是一物，即不中。故取象鳶魚，便乖至理。漢儒《中庸》，以鳶飛魚躍，形容道妙，與柏格森言流轉，同一邪計。蓋略言之，〔11〕無作者義是活義。若有作者，當分染净，若是其净，不可作染；若是其染，不可作净。染净不俱，云何世間有二法可説？又有作者，爲常、無常？若是無常，不名作者；若是其常，常即無作。又若立作者成就諸法，即此作者還待成就，展轉相待，過便無窮。又凡作者，更須作具，倘有常模，便無妙用。反復推徵，作者義不得成。由此，變無適主，故活義成。緣起義是活義。附識一。雖無作用，而有功能。功能者，體是虚幻，猶如雲氣；緣合能招，亦如風輪。雲峰幻似，刹那移形，唯活能爾，頓滅頓起。風力廣大，蕩海排山，唯活能爾，有大勢力。圓滿義是活義。於一字中持一切義，於一名中表一切義。攝億劫於刹那，涵無量於微點，都無虧欠，焉可溝分？了此活機，善息分別。交遍義是活義。法萬不齊，而各如其所如。故説萬法皆如，彼此俱足，封畛奚施？非同多馬，一處不容；乃若衆燈，交光相網。故水火既濟而不侵，六根相依而互用，唯活則然。幻有義是活義。法若定實，即成不變。諸有爲法，色法心法，通名有爲。猶如光影、陽焰、水月、谷響，而莫不成其倏然宛然之幻相，浮虚不實，轉易斯神。無盡義是活義。無始漏無漏諸雜染法，皆謂之漏，取喻漏器，不能容純善也。無漏，有漏之反。功能，即種子。一一周遍法界。若異生位，有漏起現，具云現行。無漏隱伏。登地以去，至金剛心，有漏種現盡斷，無漏流行，盡未來際，一類相續。猶復刹那四道，謂無間等四，見《大論》。勝用不測，功德無邊，難可鑽仰。豈有斷滅，漫同死道？如上略説活義粗盡。三者，不可思議義。此不可之云，既非不能，又異不必。道上人行，窗前蝶舞，此爲不必思議，非有不可思議。又依俗諦，劫初生人，其狀何若？設當其際，自能目擊；此在今日特爲不能思議，亦非不可思議。思者，心行相。心所游履曰行。議者，言説相。此是意識虚妄分别，不能如實證知境相。故不可思議之云，直須超出虚妄分别範圍云爾。嚴又陵譯《天演論》解不可思議四字，未妥。諸有不了變義是不可思議者，或計運轉若機械，或規大用有目的。機械往復，目的預定，并非是變。亦有唯許衝動勝能，則難悟轉依，沈淪曷極！轉依者，依謂所知依，第八識爲雜染、清浄兩種種子所依，故説爲依。所應可知，名所知依。此本《攝論》。轉捨雜染，轉得清浄，謂之轉依。諸言衝動者，不知有清浄種。人之生也，固若是芒乎？斯則莊生所以發嘆。世有欲本生物學或其他科學之見地以説明變義者，長夜漫漫，何時旦也。

上來三義，略釋變義。今次説識所變。此在唯識，本爲今古師興諍之義。諸師皆以説明二執所依，便於除遣。參考《論》本一、《述記》卷二。本指不二，立論乃殊。比析異同，有三師義：第一古大乘師，多説唯有，識自證分，[12]無相見分。見《述記》十五第十葉。彼解《三十頌》云："變謂識體，即自證分。轉似二分。二分體無，遍計周遍計度，曰遍計。所執。如依手巾，變生於兔，幻生二耳。二耳體無，依手巾起。"按此喻與其本計不合，彼計二分是所執，則等空華之實無。巾兔二耳，亦依巾起，乃是依他幻有。此安慧等計。第二師者，依《攝論》説唯二義，但立相見以爲依他，不説自證分也。相分體性，言體性者，取複詞便稱耳。他言體相或境相者，準此可知。雖依他有，由見變爲，故名唯識。此難陀等計。第三師者，説識自證，是依他性。轉似相見二分非無，亦是依他。此護法計。親光《佛地論》與護法同。三義雖别，基師獨取護法爲正義。謂一識體，即自證分，亦云自體分。

現起二用：即見有能緣用，相有質礙用等。實根塵相分，即有質礙，自餘不爾，故致等言。俟《境識章》詳之。用不離體，體必有用。安慧源出空宗，故計二分是所執，則用空而體亦頑空。難陀相見依他，此義非妄。然二分無所依體，亦不應理。別詳《四分章》。故護法言，實爲正義。附識二。然復應知，如是相見自證三分，外有第四，攝入自證，故不別開。又二分義，本諸師集矢之的。體相有無，雖經難陀、護法先後論定，而功能同異，亦復各家有殊。今此不詳，俟於《功能章》論之。

復次變義，爲漸爲頓？應知變者，頓起頓滅，無有漸義。云："何一切行遷流不息曰行，言一切行者，猶云諸有爲法。纔生即滅耶？如《莊嚴論》有十五義，成立其相；有九因，成內十四相；有十四因，成外十相。"此云內外者，隨俗說心內色外故。今此總略述之：一者，諸行相續流，名起。若非纔生無間即滅者，纔生即滅，非從生至滅中間有少微間隙也，故云無間。應無諸行相續流。若汝言"物有暫時住，次時先者滅、後者起，可名相續"者，此亦不然。由暫住時，後起無故。二者，凡物前滅後起，必藉因緣；若離因緣，則無體故。若汝言"彼物初因，能生後時多果"者，不然。初因作業，即便滅盡，豈得與後諸果作因？若汝言"初因起已更不起"者，建立此因，復何所用？若汝言"起已未滅，後時方滅"者。彼至後時，誰爲滅因？三者，若汝復執"是能起因，復爲滅因"者，不然。起滅相違，同共一因，無此理故。譬如光暗不并，冷熱不俱，此亦如是。是故起因非即滅因。四者，若汝言"諸行起已，得有住"者，爲行自住，爲因他住？若行自住，何故不能恒住？若因他住，彼住無體，何所可因？二俱不爾，是故纔生即滅義成。五者，若汝執"住因雖無，壞因未至，是故得住。壞因若至，後時即滅，有如火變黑鐵"者，不然。壞因畢竟無有體故。火變鐵譬，我無此理。鐵與火合，黑相似滅，赤相似起，能牽赤相似起，是火功能，實非以火變於黑鐵。又如煎水至極少位，後水不生，亦非火合水方無體。水得火緣，另生其相。六者，佛說有爲法、色心諸法，有起滅故，名有爲。有爲相，一向決定，所謂無常。若汝執"諸行起已非即滅"者，是有爲法，則有少時而非無常，便墮非一向相。難曰：“纔生即滅者，得非總是滅耶？”答：應知頓滅，實是頓生。七者，若汝言“若物刹那刹那新生者，云何於中作舊物解耶？”應説由相似隨轉，得作是知。譬如燈焰，相似起故。起舊燈知，而實差别，前體無故。八者，若汝言：“云何得知後物非前耶？”應説由滅盡故。若住不滅，則後刹那與初刹那住無差别。由有差别故，知後物而非前物。九者，若汝言“物之初起，非即變異者”，不然。内外法體，後邊不可得故。内心纔起若不即滅者，即此心法應有後邊可得。今我此心，念念生滅，了無此彼邊際。外法亦然。析物至極微，若更析之，便心相變似虚空現，不作色相現，誰爲後邊？又如此方名家亦云：“一尺之棰，日取其半，千古不竭。”若有後邊，則應可竭也。由初起即變，漸至明了。譬如乳至酪位，酪相方顯，而變體微細，難可了知，相似隨轉，謂是前物。如初刹那乳纔生即滅，第二刹那有似前乳續生，名相似隨轉。然第二刹那亦纔生即滅，第三刹那復相似隨轉，餘準可知。至前後相似之程度，恒視所遇之緣以爲差。故初刹那乳滅已，經多刹那隨轉，遂至酪位。酪於乳相，則相似幾等於零，緣爲之也。又酪位以往，若不遇異緣，則續生多似前相。脱遇異緣，如被人啖，則是酪前刹那滅已，後刹那續生者，非似前酪相。推此而言，則宇宙者，變動不居，亦非若縱綫直往。强爲擬之，乃若曲綫然，步步改觀也。科學家有謂物質不滅，則視宇宙爲重複，便是大過。以故纔生即滅義得成。十者，若汝許心是纔生即滅。彼心起之因，謂眼根也。色塵也。等等者，謂餘根塵。諸行。彼果謂心。纔生即滅故，其因眼色等諸行。亦爾。由不可以常因起無常果故。十一者，彼眼等諸行，亦是心果，故纔生即滅義得成。由不可以無常因起常果故。此中言心與根塵互爲因果，乃依俱有因言，非因緣義。如是十一義，略明梗概。觀者會通，知其趣也。此土深了生滅者莊周郭象其選也《莊子·大宗師》云：“夫藏舟於壑，藏山於澤，謂之固矣。然而夜半有力者負之而走，昧者不知也。”郭子玄釋之曰：“夫無力之力，莫大於變化者也。故乃揭天地以趨新，負山嶽以捨故。故不暫停，忽已涉新，則天地萬物無時而不移也。世皆新矣，而目以爲故。舟日易矣，而視之若舊。山日更矣，而視之若前。今交一臂而失之，皆在冥中去矣。故向者之我，非復今我也。我與今俱往，豈常守故哉？而世莫之覺，謂今之所遇，可係而在，豈不昧哉！”子玄斯解，渺達神旨，故不暫停一語，正吾宗所謂纔生即滅也。晚世獨有王船山頗窺及此，其書具在，學者可取觀之。恐繁不述。

夫異生僻執，有計諸法是常，有計諸法是斷，斯二皆過。故説纔生即滅，念念盡故非常，新新生故非斷。一刹那頃，大地平沉，即此刹那，山河盡異。此理平常，非同語怪。又即依據是理，諸法無實動義。一刹那纔生即滅，前不待後，此不至彼，各住本位。雖復幻相遷流，實則自性湛寂。《肇論·物不遷》一篇，雖宗三論，讀者亦可參考。由此，遮遣動見，離斷常過。是諸聖者内證正智所行境界，非世人尋思戲論所及也。

附識一：諸法無作者、無作用、無實自性，唯依托衆緣而起，故名緣起。緣者，由義，藉義。凡法此由彼有，此即藉彼，亦或彼此互爲由藉。或言緣生者，義同。更有異門，説緣起是因義，緣生是果義。詳見《大論》五十六。緣復有四，一因緣，二等無間緣，三所緣緣，四增上緣。如别章説。此中意取功能爲因緣耳。

附識二：謂一識體，現起二用者。無性《攝論釋》"《解深密經》佛告慈氏'無有少法能取少法。'謂一切法、作用、作者，皆不成故。但法生時，緣起諸法威力大故。即一體上有二影生，更互相望，不即不離。見帶相起，相仗見生。諸心心所，由緣起力，其性法爾如是而生"法爾，猶言自然。問："諸行如何生？"答："衆緣和合故生。"復問："何故緣合便生？"答："法爾如是而生。"過此有問，不須置答。云云。可資參考。

四分章

一切心此言心者，不攝心所，餘準知。心所，各各有相見等四分。前談變義，略及未詳。今明緣義，緣者緣慮也。應更確陳。昔世尊於《十地經》中總説三界唯心，此言心者，亦攝心所。餘準知。本未剖析。佛滅度後，小乘始熾，大乘繼興，勢成水火。小宗至謂大乘經非佛語。故大乘之徒，意欲摧小，不得不從事量論，以相制勝。當無着時，小大之諍已劇，因天親悔小，特爲造《攝論》成立大乘，始建相見二分。難陀據此，未有發明。陳那創立三分，護法承之，遂使小乘量論根本動摇。三分義者，改小乘行相義，立相分，爲所量；又即以彼行相名見分，爲能量。小乘所謂行相者，即能緣上所緣之相，而是能緣攝。大乘既改小宗行相義，而立相分，又即以小宗行相名見分，故大乘行相之名，通於相見也。復因彼所謂事者立自證，事者體也。即爲量果。《三十論》云："執有離識所緣境者，彼説外境是所緣。相分名行相；見分名事，是心、心所自體相故。"此中相見云云，非是小乘許有見相分名也，乃大乘從旁質定。若曰：我之相分是所緣，彼乃名爲行相，以爲非是所緣，乃是能緣上所緣之相，即能緣攝也。我之能緣見分，彼乃名事，以爲是心、心所自體相也。"達無離識所緣境者，則説相分是所緣，見分名行相，相見所依自體名事，即自證分。"詳此，則大乘三分義，與小乘關係，可以概見。然以何義成立三分？今次當説。

初成相分義者。自識謂見分，後隨文準知。親所緣，唯是自識所變。所變，謂相分。《述記》載有多量：一云，如緣青時，若心、心所上無所緣相貌，應不能緣當正起時自心所緣之境，宗也。許無所緣相故，因也。如餘所不緣境或如餘人境。喻也。次云，我餘時緣聲等心，亦應緣今色，宗。許無所緣相故，因。如今緣自青等之心。由彼之説，即緣青之心上不變似青相，故以爲喻。三云，除所緣色外諸餘法，亦應爲此緣色心緣，宗。無所緣相故，因。如現自所緣色。喻。略舉三量，已足見義。皆以反證相分定有。心謂見分，下準知。親所緣，定是不離自心之境，謂相分是心之所變，故不離心。故唯識義成。當時大乘建立相分，實爲破小乘心外取境之利器。吾將於《境識章》更詳論焉。

次成見分義者，古師安慧等相見俱無，[13]清辨亦云："若約勝義，諸法皆空，唯有虚僞，如幻化等。"即亦不許有能緣相。即見分。果爾，見分不成，云何唯識？故今師破之。[14]量云：若心、心所，無能緣相，應不能緣，宗。無能緣相故，因。[15]如虚空等。喻。又量：汝虚空等應是能緣，宗。無能緣相故，因。如心、心所。喻。此翻覆爲量，以反證見分定有也。又諸外道小乘，雖皆許有能緣，然計有實作用。此亦不爾，可勘《論》文。《三十論》七第十五葉"謂識生時，無實作用，非如手等親執外物，日等舒光親照外境”云云。此所以破外小也。疏見《述記》四十三第十四葉。〔16〕復有說：“鏡亦能緣，猶如識者。”今人羅素言照相器能見物，意乃類此。斯不應理，非能慮故。俟談所緣緣時詳之。見《四緣章》。

又次成自證分義者。上述相見本非截然兩物，截然者，相離義。相托見生，見帶相起故。帶有二義，解見《四緣章》所緣緣中。然二分功用殊，即應別有一所依體，故立自證分。又在大乘，以心得自憶，證有自證。〔17〕若無自證者，應不自憶心、心所法。何以故？心昔、現在，曾不自緣。既過去已，如何能憶此已滅心，以不曾被緣故。見分不得同時自緣。若立自證者，則自證緣見，即是自心緣自心；若無自證者，則唯持一念分別心，〔18〕即不曾被緣也。如不曾更境，必不能憶故。雖曾時心自證分曾時緣故，〔19〕如曾所更境，今能憶之。有量云：今所思念過去不曾更心等，〔20〕應不能憶，宗。不曾更故，〔21〕因。如不曾更色等。色聲等境，心曾更歷者，〔22〕方乃得憶。不爾，便無從憶，此世所共許，故得爲喻。反證必已曾緣成自證分定有也。

如上三分義，陳那《集量論》方始顯發。〔23〕陳那已前，則有二分名。見《攝論》，如前已說。然安慧出陳那後，唯成自證，不立相見。及至護法始依陳那決定三分，又別立第四，即於自體分上有自緣用，名證自證分。〔24〕至奘師創明挾帶義，正智緣如，亦有體相。俟《量論》五詳之。自此四分義立，大乘量論，根據乃成。

復次，四分缺一，便不成量。所以者何？《三十論》言：所量、能量、量果別故。如以尺量物時，物爲所量，尺爲能量，解數之智，名爲量果。心、心所量境，類亦應然。相分爲所量，見分爲能量，自證爲量果。具能、所量及量果故，始得成量也。然量須具能所，此猶易知。云“何須立自證爲量果耶？”若無自證，但具見相，如尺量物，無解數智，空移尺度，不辨短長，云何成量？問：“見分何不自爲果耶？”曰：見分同時不自知故。必須自證緣見，證知是見，緣如是相，即爲量果。若爾，即立三分已足，何須第四？爲成第四，故立量云：第三分心，應有能緣之心，宗。心分攝故，因。猶如見分。喻。又量，第三爲能量，應有量果，宗。能量攝故，因。猶如見分爲能量，喻。故須第四。問：“見分不爲第三果，何耶？”曰：諸禮内二分是體。自緣，皆證自相，果唯現量。見緣相分，或量非量，故不應立見分爲果。《述記》有多伏破，此姑不述。由此，第四理應建立。然第四、第三，互爲量果，不須增立，無無窮過。又四分中，初唯所緣，相分之心，無能緣用。後三通能、[25]所緣，見唯緣相。第三能緣第二第四，證自證唯緣第三，不通第二，以其爲自證分所緣也。略如左表：

相	所量	見	所量
見	能量	自證	能量
自證	量果	證自證	量果
自證	所量	證自證	所量
證自證	能量	自證	能量
自證	量果	證自證	量果

又此四分，前二名外。相分似外，故名外；理實無心外境，但心變似外境現。見分緣外，即以用外故，亦名爲外。後二名内。自證是體，故名内；證自證從體攝，亦名内。然見分外緣，故通三量。現、比、非。三四内緣，問：“見分名外。第三緣見，應名緣外。”答：見分是能緣攝故，亦説爲内。故自證緣見，是内緣。由親挾所緣，故皆現量攝。有難：“佛果位及因位五八識，見分唯是現量，即得爲第三果，不須第四。”此不應理。外内定故，用不可淆雜故。見分緣外，用外也，《述記》十五第二十一葉：“若緣真如非外緣，以見分用外故，亦不得緣。”不得復爲緣内果。又天竺古師，有説佛位三分謂見分及内二分。互緣一切法，名遍緣者。見《述記》四十六第二十葉。若爾，相分或無。然以理準，根本智緣真如，自有體相。[26]後得見分反緣自證，有説作影像緣，謂見分托自證分爲本質，變一影像而緣之。則仍是相分。自證緣相，證自證緣前二，相、見。例此應知。故此四分，佛位亦然。倘肆奇談，便當謝絶。

隨一心起，具有四分。每一個心所起，亦爾。即此四分，定不異時。普光《百法疏》云：“此四分中，有前後相緣，故得有所緣緣。”此非正義。普光與陳那同隨經部因果異時，故許五識後念見分，緣前念相分。既非現境生五識，即是前念相分所熏之種，生今現行色識。後念識帶彼前相生，故前相是所緣也。經部計五識後念見，緣前念相。政由五見了境，[27]刹那已入過去，獨散意識相應念數，繼起極速。彼乃不辨，以爲猶是五識現量境也。此在今心理學上，當名爲似感覺耳。然經部計非是，何容一念而有二時。前已滅故，理不至後。又彼不許有賴耶，第八識之異名。即無持前相種者，彼色心前六識。是間斷法故。經部已見破於大乘，普光之徒，獨襲其訛，不可解也。

一切心、心所，各各四分合成，四分相望，不即不離。據功用别，名爲非即；四用一體，名爲非離。雖相别種，仗見生故，非不一體。又此四分，或攝爲三，第四攝入自證分故；即唯有相、見、自證三分。或攝爲二，後三俱是能緣性故，皆見分攝；即唯有見相二分，然此與《攝論》及難陀等之主張不同，彼未分析四分而主唯二，此則先行分析，而後馭之以簡也。或攝爲一，相離見無别體故，總名一識。此言識者，通心、心所。據義各别，[28]抉擇隨文。[29]

附識：小乘量果即是見分，行相爲能量，外境爲所量，參閲《述記》十五第十七葉。斯已迷謬唯識。其在遠西，有勃蘭泰那者，以對象爲心理特徵。其説以爲無論何種心理現象，必有對象，愛必有所愛，恨必有所恨云云。羅素來華講演曾及之。勃蘭泰那之弟子馬恩農，析心理元素爲三：一作用，二主象，三對象。即如對燈起想，想即作用；當小乘之見。心中似燈相現，此謂主象；小乘説此爲能緣上所緣之相，名爲行相。外界之燈，是爲對象。小乘之境。此其持論，適與小乘冥符。後來實在論師，專重對象，遂不立主象。然復有兩派：甲派猶許有作用，乙派遮作用，唯成成者，成立。對象。今人羅素即主乙説。羅素言："如想天壇，心中便現出天壇，何待作用？又此作用，實驗不及，即在理論，亦無須爾爾。恒人習言我想，緣我字於文法上乃屬主詞，取便稱謂，遂成串習，故作用名。但從主詞之我，蜕化而來。如云天下雨，明知雨者非天，但由主詞習用，故作是説。我想亦然。”羅素《心之分析》第一講。按羅素此計，實出馬恩農下。即如我想之云，若以唯識相稽，雖無有我，而有我執，七則恒行，六除五位無心，餘亦不間。故我想言，非不成立。羅素本不了此。又在文法，主詞不盡無實所指。今云羅素還英國，即未可以天下雨爲例，謂無羅素其人。又以想天壇言，如無此心作用，應不想天壇時，天壇恒現心中。若云作用不可實驗者，羅素固嘗許有認識認識。上兩字虛用，下兩字實用。謂如對燭，起於燭知，俱時之心，知此燭知。《心之分析》第九講。若爾，作用已可實驗，云何復言不可？羅素又引詹姆士說："顏料陳諸商店，唯是備購之物；設章施繪事，五采奪目，遂發心情。故心與物但隨排列變異，非由原料不同。”同前第二講。今應詰彼：心有深思，采色當前，視若無睹，則亦何說？迹羅素之論，本毗於唯物。羅素欲以心之現象，歸入物理公律之下，謂"如習慣及聯想等，將來或可用腦筋之變化說明之"云云。见前書第十一講。尚考天竺數論諸師，有說心此言心者，即第六意識。根是肉團者，參閱《義林·五根章》。斯足方其妄耳。今此非欲擿羅素之短，朋於勃蘭泰那、馬恩農。以羅素計無作用，即大乘能緣見分亦不成，過失最重，故偏責之。若馬恩農、勃蘭泰那與小乘一例之見，固大乘所已破矣。

復次大乘五識及俱意境，定現量攝。頗聞人言，如羅素所說感覺，不曾攙憶想等，即是五識現量。誠以理準，亦可云爾。然羅素不許感覺即知識，則與大乘現量相違。羅素言"人有說感覺即爲知識者，如憑欄仰面，忽見友來，即此一見，便已成知；又如聞聲，方聞之頃亦即是知。此一說也，雖吾嚮者嘗云然，已非近來所信。由見及聞，得生知識，理固非妄。然但以見等自身爲知識，則期期以爲不可。若作是說，必分能見、所見，能見爲心理作用，所見爲對象，即於作用上發生知識；如是，則感覺即知識義成。然持此說者，須先成立作用及對象，今此作用義，則吾前講所已破也"云云。羅素《心之分析》第十一講。詳此，則羅素所以不許感覺即知識者，實緣遮撥作用故耳。然羅素遮撥作用，本不應理，前已破訖。若以唯識相按，每一心起，具有四分，每一心所起，亦爾。則感覺非不爲知識也。羅素復言“恒人見燭光，以爲見屬心，燭光是物，兩者截然不同。若據實際經驗，方見光時，未加推想，即無光覺。是見光與光本一件事，實不可分”云云。同前第十二講。此言無分別，即不成知識也。然約大乘義以明感覺，則不受難。大乘所緣緣，有挾帶義。故正見光時，即見此見字，名詞，具云見分。挾相具云相分，謂光也。起，見挾相起，正羅素所云不可分之一事，事不孤生，必由緣會，故相見居事之兩端，羅素未悉也。冥證境謂能緣親挾所緣體相，冥合若一。故，名無分別；非同無作意等，名無分別。俟部乙詳之。故感覺即知識，理非不成。然此本凡夫所不能知之境，宜羅素謂非知識耳。又一刹那感覺，率爾墮境。墮謂創緣。如物著地，曾未預知，乃云率爾。獨散意識，獨簡五俱，散簡定中。繼起尋求，念數相應。念數亦云念心所。窺基《百法疏》“念者，於曾習境，令心明記不忘爲性”云云。羅素所云推想，乃在此時。由此決定，染淨遂著，等流無間。率爾、尋求、決定、染淨、等流五心，俟《轉識章》詳之。此尋求已去，殆即羅素所云知識。然此則或比或非，不得自相，自相者體也。故非真知。大乘建立現量，正爲遮此。諸法真妄，由量刊定，量論依止四分義，而得建立。樹義精確，未有匹也。

功能章

四分燦著，豈曰無因，故次之以功能。略顯功能，八門分別：一、建立所由，二、名義，三、體性，四、來源，五、類别，六、感果，七、斷，八、無漏。

一、建立所由者，大乘樹義，多緣外小，所謂功能，實由借鑒。據《中觀頌》：“諸法不自生，亦不從他生，共生亦無性，亦不無因生。”宋釋惟淨譯本。《對法》釋云：“自種有故不從他，言色心諸法，各從自種而生，不從他生，即破大自在天計也。待衆緣故非自作，破我作。無作用故非共生，破有部作用義。有功能故非無因。”破無因論，成立功能。詳此，則大乘功能義，與當時外小，不無關係，已可概見。《攝論》亦言〔30〕“於阿賴耶識即藏識。中，若愚第一緣起，所云緣起者因義，〔31〕即謂功能，愚者謂不了。〔32〕或有分别自性自性亦云冥性，本爲非物非心，〔33〕今人有謂其即物質者非也。數論計此能生一切法。爲因，爲因者，謂爲色心諸行之因。文有隱略，讀者宜詳，下準知。或有分别夙作爲因，尼乾子等有此計，若在大乘業種是增上緣，非因緣。又刹那滅，非過去有體，故異彼。〔34〕或有分别自在變化爲因，婆羅門計有主宰一切之大梵天。或有分别實我爲因，僧佉等計。或有分别無因無緣，自然外道及無因論師並空見等。復有分别我爲作者，勝論。我爲受者。數論。譬如衆多生盲士夫，未曾見象，復有以象説而示之。彼諸生盲，有觸象鼻，有觸其牙，有觸其耳，有觸其足，有觸其尾，有觸脊梁。諸有問言：象爲何相？或有説言象如犁柄，或説如杵，或説如箕，或説如臼，或説如帚，或有説言象如石山。若不解了此緣起性，無明生盲，亦復如是”云云。蓋大乘建立功能，爰立藏識爲其依止。即此功能作有爲諸法因緣，無因既遮，外因亦遣。外因者，謂於自識外，計有實物爲諸行因，若上述自性神我等計是也。我宗功能爲藏識攝持，故乃異彼。自龍猛一《頌》引厥端緒，無着《攝論》更成所知依，第八識亦名所知依，參考《無性釋》。幽關洞闢，妙義斯繁，洵可樂也。然有難言：“藏識亦是功能所變，云何藏識得爲功能依止？”此如《本識章》釋。

二、名義者，有大勢力，熾然能生，故名功能。如日、星、大地，如聲、如光，如人、如蟲，如視、如聽，如貪、如瞋。一切現行色心法，俱由各自功能轉變，宛爾幻有。若離各自功能，無别自相。故功能者，推顯至隱而言之也。又復有多異名，從其生現，名之種子；從其由現識熏令生長，故名熏習，亦稱習氣。功能所自有二：一者本有，二者新熏，説見後。《三十論》二第七葉，説等流異熟二因習氣，由現識熏令生長。蓋就新熏言生，就本有由熏增盛言長。故本有種亦名熏習或習氣，不但新熏種有此名。〔35〕又熏習言，非是前法自性不滅，留至後念，但法自性，頓滅頓起。猶如香滅，餘臭續生，有似前香。此非實物，故亦名氣分。即其隨逐有情，眠伏藏識，名曰隨眠。體非輕安，名曰粗重。自餘異名，恐繁不述。

三、體性者，《攝論》成立功能，始以六義顯其體性。見《所知依分》。有難："《瑜伽》第五已説有七種子，故非由《攝論》成立者。"此難非是。《瑜伽》但泛説及之耳。其持論著系統者，則自《攝論》始也。云何六義？一、刹那滅。謂此功能自體，纔生無間即滅，非生已可容暫住。由暫住時，無轉變故，即是常法，不可説有能生用也。若外道計有自性神我等常法，爲諸行因，即此所破。二、果俱有。雖刹那滅，然非已滅乃生其果。由此功能殊勝，正轉變位，能取與果。能爲因義，名爲取果。若果起時，因付於果，名爲與果。言正轉位者，簡異過未，轉已名過去，未轉名未來。即種因也。生現，果也。因果同時，相依俱有，不同經部前法望後法爲因。又一身中自八識聚，聚者類也。種望現，定俱不離，故得爲因。種子搏附第八現識自體分。前七現識以第八自體分爲根本依，即以第八自體分上種子爲因緣依。若離自八識聚，計有外因，亦此所破。三、恒隨轉。刹那滅者，非滅已即斷。由此功能自性，前滅後生，刹那刹那，連言之者，顯其相續，便是長時。相似隨轉。轉者生起義。如第一刹那滅已，第二刹那有似前性，隨即生起。然復當知，前後刹那中間，非有少微間隙。此刹那義，唯是幻義，未可以常情測也。故未得對治，其性一類，前後相似，故名一類。相續無斷。由斯，轉易間斷諸色心法，此言心者謂前七識。六識間斷，第七有轉易。色法間斷易知。不能持種，此遮經部計。故應建立賴耶。四、性決定。雖恒隨輯，[36]而此功能溯其從來，實由無始現識，熏令生長。生長二義見前注。故隨前熏時現行因力，善等性決定。因緣辦果，辦者成辦。無雜亂失，《論》有誠文，不勞繁述。參考《三十論》二第十四葉，《述記》十四第八葉。五、待衆緣。謂此功能既非實物，亦無作用，唯任運轉。[37]任運者，無主宰義，無作意義，無實動義。此中理趣，難可擬儀。故待衆緣和合，乃有取與果用。取與解見上。如自然外道及大梵，時、方等計，[38]俱不待緣，或緣恒非無。有部計。此即遮之。參閲《三十論》一第九葉，《述記》六第八至十一葉。六、引自果。雖遇緣合，非唯一因生一切果，遮大自在等計。亦非色心互爲因緣。色心相望，有增上緣等，如《四緣》中説。[39]有部計爲因緣，即是倒見。但諸色法種子，親生色法現行，心法種子親生心法現行。法相釐然，因果不亂。後類別門及《四緣章》，[40] 更宣其義。上來已說六義粗盡。然復應知，此中正以生滅恒轉二理，即六義中第一及第三。顯功能體性，餘但别遮，非正顯也，唯前六義外，宜更加交遍一義，一一功能同處各遍，理準定然。[41]

又功能所依，唯第八識自體分，[42] 以自體分是受熏處故。由此，功能離本識無别體。雖依第八識體，而是此識相分，第八見分恒取此爲所緣，以其爲識體上義用分之，故成相分也。[43] 義者境相義。諸法莫不有體相用，法體雖一，相用可多。今言功能，歸諸相用，即以第八識體爲其所依之體也。然此功能，約二諦分别：唯依世俗，可名實有；推入勝義，即是虚幻假法。由無定實，故可轉移，至理冲玄，彌驗於此。

復次，功能於三性中何性所攝？三性者：善、惡、無記。就其爲本識攝持言，即隨本識，唯名無記。非善非惡名無記。就其自體言，即通三性。上兩“其”字，并爲功能之代字。言功能通三性者，非謂一個功能可通三性。此中功能本泛稱之辭，即通一切功能而言。如泛言人，即通一切人而言也。諸功能由前七現行善等熏習。此云熏習，勿作功能之别名看，係虚用，他處隨文領取。善法熏令生長者，生長見前。定善性攝；惡法熏令生長者，定惡性攝；無記準知。向上由善，有漏善能引生無漏善故。退墜由惡。熏習秉權，[44] 如何勿慎。

四、來源者。[45]《攝論》建立功能，雖言熏習，探源未詳。世親而後，十師迭起，遂以此爲興諍之事。略舉其概：一、護月唯本，沿襲古説，以諸功能法爾本有，不從熏生。二、難陀唯新，謂由無始現行熏習故有。三、護法師并取本有新熏。三師樹義，各引《經》《論》證成，唯護法折中最允。此姑不述。如實論者，現行强盛勢用，此勢用不可休歇。[46] 刹那有生，還成第八中種，故新熏義堅立不摇。又此無始能熏之現，必有本有爲其親因。若本有不立，成無因過。由此，本新并建，極爲應理。

護法雖分别本新，復以熏習爲此二共依。《三十論》述其義云：“然本有種，亦由熏習令其增盛，方能得果。”種生自後種成現，名得果。又云：“内種必由熏習生長。”見《論》二第十四葉。内種即功能，以隨俗假論外麥等名外種，故目功能爲内種。《述記》十四疏：法爾種子必由熏長，新熏熏生。查考第十二葉。[47]法爾種謂本有。此言本有及新熏種，唯以熏習爲生長依，[48]故通本新俱得别名之爲熏習等。此言熏習者，名詞。等者，謂習氣氣分諸名。實護法最精之誼。然熏習復依何義建立？今次當説。按《攝論》始明所熏四義，《三十論》更立能熏四義，合有八義，陳之如次。

初、所熏四義者：一堅住性。若法始終從無始之始，至究竟之終。一類相續，性唯無記名一類，恒轉名相續。能持習氣，乃是所熏。經部色心轉易間斷，云何可熏？附識一。二、無記性。若法平等，無所違拒，能容習氣，方是所熏。沈麝極香，蒜薤極臭，俱無容納。唯中容境，可受熏習。賴耶無記，故受善惡熏。三、可熏性。若法自在，體是虚浮，能受習氣，乃是所熏。虚浮，不實之謂，遮無爲法也。《三十論》云："性非堅密。"《述記》訓爲"體是虚疏"，似均不善。有爲無爲之辨，非可以疏密相形也。心所依心，非自在也。真如堅實，不生滅故名堅實，[49]簡異虚浮。無受熏義。附識二。[50]四、與能熏共和合性。若與能熏同時同處，不即不離，乃是所熏。他身識及自識，前後刹那無和合義，故非所熏。遮經部前念之識熏後念類。識類之義詳《三十論》三第十六葉，《述記》二十一第十三葉以下。唯第八心王心對心所名王，心所依之以爲主故。具此四義，可是所熏，即彼第八心王。自體分，是受熏處。以有容受，必是其體故。見分是識體上能緣用，受熏必體非用。

次能熏四義者。一、有生滅。若法非常，常法即無生滅用。能有生長習氣作用，熏生熏長二義見前。乃是能熏。二、有勝用。此復二義：一能緣勢用。由心分别，帶境相起。故諸色法，爲相分熏，非能緣熏。取喻河流。能緣熏，如水流，相分熏如隨流水草沙泥等。二强盛勝用。作意籌度，不任運起，故是能熏。非異熟心等，有如是用。即第八現，不爲能熏。第八及六識中劣異熟無記心、心所，雖有能緣而不能熏。但强盛心、心所托之變相而熏於種。三、有增減。若有勝用，復高下不定，可增可減，乃是能熏。佛四智品與極劣異熟無記，此即遮之。[51]諸論説佛果位中，善法圓滿，理不更增新種。四、與所熏和合而轉。義同所熏第四，不勞重釋。唯七轉識及彼心所[52]有轉易故名轉識。有勝勢用而增減者，具此四義可是能熏。如是能熏與所熏識俱生俱滅，熏習義成。非異時可相熏，故能熏所熏，定俱生滅。令所熏中種子生長，如華熏苣藤，故名熏習。苣藤者，胡麻之粒大色黑者也。天竺用之製油，先雜以華，然後榨取。蓋華與苣藤同生同滅，故能熏生香氣，令苣藤受持，而香氣依止苣藤，亦復與同生同滅也。苣藤爲所熏，喻賴耶，華爲能熏，喻七現識。香氣喻新熏種。

復次，能熏識何分爲能熏？《述記》雖説爲自體分，見《述記》十四第二十一葉。理實四分攝爲二，謂相見。即見是能熏，相托見熏耳。〔53〕然諸相見熏習，有爲因緣熏生，有爲增上緣熏長。請談熏生。能熏識前七心所。〔54〕見各生自種，〔55〕如眼識見分，熏生自眼識見分種，不生他耳識等見分種，餘準可悉。此義易知，相分熏者復有三義：一、相與見同種，俟《境識章》詳之。〔56〕又不仗質起，如獨散意識緣龜毛等。有謂緣龜毛等相分仗名言爲質，然無實體故，不説爲質耳。此相隨見攝，不別生種。〔57〕二、相與見共種，亦與質共種。如第七緣我，此相從兩頭質見。爍起，得熏生本質，即第八見種。又如獨散意識構畫青等境，如設取一叢青草等。〔58〕即由第八相器界爲質，能起影像相。〔59〕意識中有似青草相現，名爲相分。對本質云影像。此相准帶質境，詳《境識章》。亦能生質即第八種。〔60〕種。〔61〕三、相與見別種，與質同種。此言同種者，謂相種與質種同類，〔62〕非謂相質共一種生。如五及俱意相，皆與本質即第八相器界。〔63〕爲同類種生。故所熏種爲影像種〔64〕，於像於相分，〔65〕望於本質而得此名。即無異爲本質種。〔66〕此相種與質種既爲同類，故此相熏生之種入本識中。後時得遇緣生五或俱意相，亦得遇緣生第八相也。此義自昔友吕秋一先生發之。〔67〕問："影像本質將共一種生耶？" 答：不必。無始已來，種極多故。又甲種逢緣生第八相，俱時不更逢緣生五或俱意相。乙種逢緣生俱意相，俱時不更逢緣生五或第八相。一種一時不於兩處生故。

次，熏長者，現行相見，既各有勢用，但相分勢用不自起，須托見分以熏，詳上能熏四義中。熏生新種，俱云新熏種，即此熏生新種時，亦熏發本種，俱云本有種，令其長盛。氣類相牽，理何可詰？〔68〕有説："熏長之時，不定熏生者。"〔69〕此必不然。現行若無强盛勢用，不能熏生新種，又何能熏長本種耶？思之思之。〔70〕

復次，熏生。能熏現行，從種生時。即能爲因，復熏成種。三法展轉，因果同時，略如左圖。欲聞其詳，後《四緣章》。當别論。

一剎那頃	本種	因
	現行	果 因
	新種	果

又熏長者。非如今人柏格森言流轉：前法延至現在，立遷未來。此本有種，頓滅頓起，[71]無有前法可以綿延。又柏氏取喻河流，時時加入新質。此云熏長，亦不如是。本種具云本有種。勢用，以熏習爲增上緣，而得增盛。非有新物滲加本種自體。故熏種言，[72]應善思擇。

難曰："熏長熏生，種當無量。"曰：輕意菩薩《意業論》云："世尊於《深密大乘經》中説，阿陀那心識即藏識。此中心識連書者取複詞，[73]便稱耳。深細不可量，無量諸種子，其數如雨滴。"見《大論倫記》五十一第七葉。非若大梵一尊，何須有量。一切功能，依熏習生，依熏習長。萬化鴻鈞，即此一念，可不慎與！

五、類别者。[74]有依體類辨，有依熏習辨。今先辨體類，此中義異，天竺古有二家：一、相見同種家；二、相見别種家。同種家者，謂一識體，[75]轉似二分相用而生，如一蝸牛變生二角。故相見離體，具云識體即自體分。[76]更無别性，是識謂自體分。用故。别種家者，謂見分是自體分之義用，義者，相也。故離體更無别種，即一識體，轉似見分别用而生。唯相分或隨見種，此言見者，亦攝内二分，義見前。[77]或自有種，而依見種乃自生現。相種仗見種而起，見種挾相種而生。如上二家，互相乖兢。據實論之，内二分爲見分體，與見一種，義極决定。由此，相見對辨，作用差别，性有不同，如五八識，緣實根塵。此中舉五識，隱攝俱意。見有緣慮，相無緣慮；見非質礙，相有質礙。法相釐然，不可混亂。現證如是相，説有相種；現證如是見，説有見種。如實稱量，無諸過患。若以異作同解，妄猜無據，即智者所應呵斥。故别種家言，於理爲勝。然有難言："相别有種，何名識變？"曰：不離識故。由識變時，相方生故，即由見種，挾帶相種，俱時起故。如造色境，此言造色境者，謂五塵。詳見《境識章》。由心分别，境相即生，非境分别，心方得生。故非唯境，但言唯識。由此，相見别種，義極成就。今人羅素説心物本一種原料，排列不同，故成差異。柏格森亦以心物同出一元，由其緊張，爲精神性，由其弛緩，有廣袤性。此皆妄情猜度，難爲印可。

次依熏習辨者，一切相見功能，由熏習生長。義見前文。《攝論》始立三種熏習：一、名言熏習，二、我見熏習，三、有支熏習。見《所知相分》。《義演》十九倭國本。"問：此三熏習爲定同别。答：其義不定。後二熏習，定是名言。名言自有非後二者，即諸無記而非執者，及無漏熏種，皆非後二熏習故"云云。此則於一切相見功能，依據熏習，此中熏習二字虚用，勿作功能之别名看。義説三種。然《三十論》二，説等流異熟二因習氣。見《論》二第七葉。其等流習氣即名言，異熟習氣即有支，不説我見。《述記》十二疏：我見熏習種子，於名言中别離出故。《論》以我見攝入名言，遂不别開。云云。今即據此，分名言有支，略述如次：

一、名言熏習。此復有二：一、表義名言，以聲界能詮之名言。此名言，通攝自發名言，及聞他人所發名言。顯心色諸法，而熏成之種，名名言種。然名自體非能熏。心、心所隨名，變似五蘊三性等法，而熏成種。色法一，心法四，合名五蘊。詳見《五蘊論》。三性，善、惡、無記。如能詮名，詮青色境。對青色境立青色名，即青色之名爲能詮，其境爲所詮，餘準知。若於爾時，心、心所見，謂第六。隨名變似青色而緣，雖隨名而變似青相，據實即托青色境即第八相爲本質。即於相分熏成質謂第八相。種，參閲前文相分熏之三義中第二義。見分内二分攝入見。後準知。熏成自第六心、心所。見種。又如能詮名，詮極微等假法。大乘不許有實極微。心舉心即攝心所。隨其名，變似極微等相而緣，此相唯從見變起，即隨見攝。參閲前文相分熏之三義中第一義。亦於見分熏成見種。餘準可知。云何名能詮顯諸法？言名，亦賅句文。聲上有音韵屈曲，依此假立名句文，即名句文聚集能詮顯諸法。名，詮召法勝，總説爲名。召者，呼召之義。如云聲是無常。聲之一名即以呼召法體；無常亦一名也，即以呼召此法體上之義。詮者，解喻也，擇言也。句文詮召諸法，必依於名，故名爲勝。然唯第六識即獨散意識。能緣其名，能發其名，餘皆不緣，亦不能發。緣名言，發名言，必資尋伺，尋者推尋。伺者伺察，比尋爲細。故唯第六能也。二、顯境名言。即不依於能詮之名言，而依於七心界見分等之了境。等者，等内二分，唯相分，無了境用。見分等本非名言，然其了境亦有似於名言之詮義，故得此名。如眼識親緣青色境時，眼識見分仗第八相爲質，變似青色境相，此相與見别種。義詳《境識章》。即起青色行解；第七疏緣八見，第八見，七不得親取，須托之變相故云疏緣。恒起我相行解。若六識中分别我執，則是表義名言。此行解相，同言説相。即此顯於境而熏種，亦名名言種也。難曰：“相分非顯境，其所熏種，應不名顯境名言。”曰：相分熏，本托見分起，故相從見説，亦顯境名言攝。

隨二名言，所熏成種，作有爲法各别因緣，一切見種親生一切見分法，一切相種親生一切相分法。是爲名言種。《攝論》言説熏習，但有第一義，缺顯境。

二、有支熏習。有者，三有、三界異名。支者，因義分義，即三有因，生善惡趣差别之因也。本名業種，業者，造作爲義。善惡之造作，熏成種子，是爲業種。此於異熟果爲因，此言因者，實增上緣。能令異熟果善惡趣别，趣者往義。有六趣：即人趣、天趣、畜趣等，或云六道。故亦名有支。如實論者，業種即是思種。第六思數種。第六相應思數，以造作爲性，驅心、第六心王。心數謂與思數俱起而相應第六心王之他心數。令成善惡，非餘心心數具此勝能。即此思數第六相應。依身語意，造作善惡，思復三種：初審慮思，次決定思，三動發勝思。前二與意俱作動意，〔78〕故名意業，亦是發身語業，遠近相行。動發勝思，正發身語者是身語業體也。〔79〕參考《述記》八第十二葉。熏自思第六相應。種。善惡之造作，勢用既盛，非可休歇，還熏成種，理何可疑？此思種自體，本是名言，以其功用不一，能生自果，善思種親生善思數，惡思種親生惡思數，名生自果。又能助他類羸劣無記種，如第八及前六中劣無記名言種。令生現行，故一思種隨用異名。一方名名言種，不名業種；約生自果言。一方名業種，又不名名言種也。約助他言。然業受果有盡，謂受一期異熟果報已，後不再感。名言生果無窮。體恒隨轉，故通長劫之中，每一逢緣即便生果，生非止一次，故言每一。欲詳分別，宜探諸論。附識三。

六、感果者。[80]由前名言有支二種習氣，感得等流異熟二果。

等流果者，謂名言習氣《三十論》二，説名等流習氣者，從果爲名。爲因緣。八識眼識乃至賴耶識。體相，差別而生，如眼識見種，親生眼識見分。此中言見，亦攝内二分，後準知。其指眼識相種，[81]親生相分，耳識乃至第八準知。此中唯約相見別種者言。詳《述記》云："夫因緣者，辦自體生，辦者，成辦，謂果法自體由因法親成辦之。性相隨順。"果似因，名隨順。見《述記》十四第八葉。故相種不起緣慮現，謂見分。見種不起質礙現。謂相分。如世胡麻實，此實俗亦名種，俟《四緣章》辨之。[82]終不生豆，豆實亦復不産胡麻。果定似因，故號等流。等言相似，流謂流類，更有别解，非此所述。

然復應知，若多同類種，類有二義：一者，體類。如眼識種望耳識等種，體類異也，又如眼識見種望自相種，亦體類異也。二者，性類。謂一切種有善等性差別也。勢力齊等，俱逢緣合，可許此類共生一果。如一麥中有多極微，可許同生一芽等果，非許一一微各各生果故。參考《述記》十八第九至十葉，《成業論》同。由此，一刹那頃，現行眼識，相見二分，内二分攝入見，故説唯二。各從百千同類種，俱時而轉。即多同類見種爲因，[83]共生一個見分果，多同類相種爲因，共生一個相分果。餘耳識等。準可知。

難曰："色心功能差別，見及内二分，説名爲心；實根塵相分，説名爲色，皆順俗爲言也。[84]云何相依起用？"曰：色心相望無因緣，色心各有種故。而有增上緣。識種以根及塵種爲增上緣，而自生現。俱時根及塵種亦以識種爲增上緣，而自生現。凡言種者皆勢力義。勢力非一，乃攙和而各起現行，所謂至賾而不可亂也。哲學家有排一元論者，則大謬也。[85]又色於心爲所緣緣。詳《四緣章》。自此以往，不可復詰。設問：何故色於心爲增上？[86]何故色於心作所緣緣？此皆不可推窮者。

次，異熟果。以具二種得名：一、真異熟，唯第八識。第八識名異熟識者感異熟因，[87]此因即業種。性通善惡。一切業種有善有惡，各隨前熏時現行因力所熏成。而果第八現行望業因名果。唯無記。即果望因，異類而熟，得異熟名。窺基解異熟有三義：一、異時而熟；二、變異而熟；三、異類而熟。詳《述記》二第十葉，[88]此中正取類一義。二、異熟生。謂前六識無記心，亦云報心。從異熟起，第八爲總果，是果之主，能引餘果，故六别報，依總報起。名異熟生。别從總稱，故有此名。合具異熟、異熟生二種，名異熟果。此中異熟生不取第七者，以其非異熟種生。因位爲染，[89]有覆故。[90]果位無漏，故不取也。《述記》十二第十四至十五葉“有問：六識善等三性法，應名異熟生，并從真異熟起故。答曰：不然。若法是異熟，從異熟起者，名異熟生”云云。基師取答義爲正，本文從之。

又異熟識，説名總報。隨總報業省稱總業，於業種中分總别也。力，感善惡趣依正報。人天趣名善，畜等趣名惡。正報謂根身，如人或畜等身。依報謂器界，山河大地雖人畜等共依之，實則各是各之依報，如一水，天見寶蓮池，人見清凉水，游魚見安宅，餓鬼見爲火。簡異於别，故得總名。

異熟生，説名别報。異熟生之名，[91]本謂前六無記心，此從異熟識得名。異熟識爲總報體，故前六識中别報即依異熟生説之。此處不可泥解，若謂别報即唯六無記心便離[92]通。由别報業，感别報果，《義演》云：“别報業者，謂當造業時心不猛利，任運造善惡等。此業能感别報果。”此依總報起，《義演》云：“第八最初受生，由總報果是主，先生，後引生别報果也。”能成就圓滿總報果事，亦望於總，得其别名。

上來略釋異熟果名。云何建立此果？有爲諸法，本來差别，故一切種乃通三性。善、惡、無記。善惡均有能生勝用，獨無記種勢力羸弱，非有資助不能生果。第八名言種，唯是無記。不通善惡，故言唯是。第八現識無記，以其親因名言種無記故。故待業種爲增上緣，令自第八。種力增，方生現行。有待起用，用乃不滯，非同神我，是常是一。前六無記名言種，亦須業助，復可例知。[93]第七雖名無記，而是有覆，故非此例也。由此，業於名言，牽令生果，[94]即此果以業爲因。異熟果遂以建立。異熟果名義詳前。

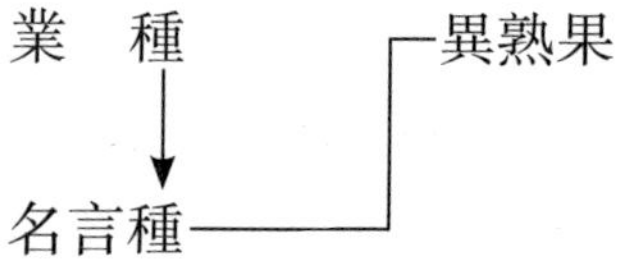

難曰："業增名言生果，[95]其義得聞，云何依此説總别報？"曰：業因，氣類感召，必其相似，如水流濕，如火就燥。故總業即能感總報果之業種。能令第八受生，善惡趣别，得總報果。省稱總果。

又總果先生必引餘果即别報果。以滿之。引如作模，滿如填彩；引唯第八，滿通前六。第七介八六之間，非根本故，不名引。恒内緣故，無外感故，不名滿。據實而言，引滿俱通因業種。果。報。因中，總業名引，别業名滿；果中，總報名引，别報名滿。《述記》有文，此略不詳。參《述記》十二第十四葉。

復次，内宗言報，世學所諱，[96]以其事之不可實驗。不悟世俗實驗唯限五官，此不測之功能，本非睹聞所及，便不可待以相破。[97]又恒情以耳目所狎習爲至常，[98]異此則謂之語怪。今如吾方據案執筆疾書，以何能此，豈非天下之至怪至怪者耶？然而人不吾奇，習見故耳。實則斯人之常習，皆所不解，妄以不解爲解，則反以真解爲不解也。報之爲言，本感應之理。此理雖著於尋常日用之間，恒情不喻。長嘯深谷，空中生響，往往粗解物理學者，以爲能言其事。實則聲浪何故非斷？云何遇緣續響？雖今古智人皆莫能明。志士當亂世，即遠棲幽僻，猶若日夕萬變奔赴，[99]此中氣類相召，孰明其故？至地獄人天，唯心所造，則功能謂業種。招感，其理益微，學者於内宗所云，設難起信，即默然於所不知可耳。又在大乘成立總報，故建三界欲、色、無色。六趣人、天、畜生、阿修羅、地獄、餓鬼。顯其差别。界趣輪迴之談，本小宗共許，[100]大乘承之不改。[101]此事似荒遠難稽，然以理推徵，若許有欲界、人趣、畜趣；其他界趣，亦應許有。蘇軾云：三頭六臂，人説爲奇，其實無所謂奇。等頭耳，不過是三；等臂耳，不過是六。何奇之有？故自理論言之，三界六趣其説非不成也。然内籍所談諸天及地獄等情狀，世或執爲實境，則又非某所知矣。[102]又不應説，彼爲虚構，此爲定實。如執有實人，即是偏遍。約俗諦，森羅萬象；約真諦，了無一物。謂無遍計所執。諸有智者，應知理思。[103]

復次，業種本思種異名。體是名言，以其有助他用，別名爲業，已如前説。此與外小所計不同，故須簡之。一、無慚等計業皆宿作，過去有體，化地部、薩婆多等略同。參考《述記》四十七第四葉。今此不爾。由過去無間滅現行熏習故。[104]言此業種由過去無間滅之現行思所熏生也。現行思自性纔生無間即滅，故云無間滅。[105]此種念念前滅後生，恒現在有，無別過去實法。二、順世外道説一切果唯現業所得，作時即受。此復異是。諸善惡業熏成第八中種刹那等流，平等而流曰等流。展轉相資，業種彼此互資，故云展轉。以漸成熟。如感餘生業種熟時，值前異熟具云異熟果。[106]方盡，即能復生後異熟。《述記》四十七第八葉。"由感當來餘生業種熟故，於今身中前異熟果受盡時，[107]即是此身臨終之位，彼所熟業復別能生後異熟果。即先果盡時，後果之種熟。故後果得生，所以生死不斷絶也"云云。故業種感果，如手放箭，遠有所至。無有現業方作，即能受果。

問："名言感果，爲速爲遲？"曰：名言種者，此念熏已，即能生果，不同於業。問："業受果，何故必須多時？"曰：如總業種，其後熏者，以前業種勢力未盡，便遇對抗，未即成熟，別業準知。但別業種可於現生受果，不唯當來。然現生受者，亦非方作便受，須經後時。又業受果，云何有盡？名言生果，云何無窮？《述記》有文，恐繁不述。見《述記》四十七第七葉。

如前所説，等流異熟二果，一體之上，所望有異，故應別立。等流，約現果體相言；異熟，約現果分位言。又等流望自類功能親生而立，異熟望異類功能感召而立。[108]更有異門，區爲正果、殘果。此皆依分位上別義説之。由種望俱時現，如六處等，爲其生因；遠望枯喪尸骸，爲其引因。即現在身，望生因名正果；後枯喪尸骸，望引因名殘果。此本天親攝論無性別釋，未遑博取。《述記》兼收，足資探討。參考《述記》十四第十二葉。

前來略説感果已訖。又復當知，此因果法，若唯任運，此言任運，即隨順義，謂人隨順有漏。終古不更。既相隨順，則因果鈎連，勢同機械。若有遷移，轉依位中，捨染得淨，是名遷移。終須仗力。力謂自力。有漏善爲增上緣，引發無漏種子，由此轉依，又非機械。故以斷義次焉。

七、斷者。無始相續，此云相續，乃有情或人或身之異名。見《二十唯識論》。所謂人者，本依五蘊假立其名。此五蘊及其功能相依俱有，而不散失，復恒隨轉，故亦説名相續。法爾本有有漏、無漏兩種功能，爲其藏識攝持。染淨既殊，兩敵不并，有漏流行，無漏沉隱。唯此染分，謂有漏。如狂如醉，如怨如害，見《瑜伽師地論·真實品》。是故應斷。

論説斷義，略有三種：一、自性斷；二、離縛斷；三、不生斷。見《三十論》八第十二葉，《述記》四十九第十二至十六葉，自性斷者，謂染污法即有漏。自體應斷。無漏對治起時，染污現種斷時。明來暗去，定非先後。非先來明、後去暗，亦非先暗去、後明來。喻能斷、所斷同時。俟《量論》詳之。即通見修，并有此斷。修行證果位次，有十一地。十地各有入住出三心。初地入心名見道，初地住心以去至十地之終，名修道。

離縛斷者，若法是善無記，不障聖道。於聖道中不爲障，體非暗法故，即通五蘊也。但於見道位中，緣彼煩惱，雜彼煩惱斷時，説名離縛斷。緣彼斷，謂斷能緣煩惱，即所緣境説名得斷。雜彼斷，謂第七有漏，六識由此成有漏性，名染污依。第七斷染時，六識第法名爲得斷。金剛心後，十地終金剛心無間道，俟《量論》詳之。方究竟盡。謂斷彼種體，即有漏善種亦斷。佛善心所，别有淨種也。不生斷者，謂斷彼依，令永不起。此通因謂業，果，謂報。亦見所斷。由因惑業無故，惡趣總報果不生。又即所依總果無故，惡趣别報善業不起現。詳見《述記》四十九第十五葉。

如是三斷中，後二所未捨者，離縛中，有漏善無記種未捨。不生中，别報善業，雖所依果無，而不復生，但彼種體尚存。金剛無間，每地有入住出三心，一心中有加行、無間、解脱、勝進四道，此舉十地終金剛心無間道也。一切頓斷。

難曰："諸色心功能，法爾有染有淨，何須捨染？"由此染法，隨順流轉，沉淪生死之謂。諸苦繁殖，故當捨之。捨即斷義。復别有計，功能體非可斷，本由有漏引生無漏，有漏現行善法爲增上緣，引發無漏種令生現行。

無漏若起，有漏永伏。由此，主賓易位，令有漏種勢力損壞，如麥遇火暵，遂失勢用，無性《攝論》有此譬。永住不生法中，故名爲斷，非彼種體，而是可斷。此一説也，始吾嘗以爲然，近乃知其非是。一切功能，由現識熏令生長，即唯依自力改造。改造云者，如悉破舊棟宇，而更新建樹也。非舊棟宇不廢，而可言新建樹。故有漏無漏，不可并存。又此功能依他性攝，體非定實。《瑜伽》説依他法，同於幻夢，光影谷響，水月影像及變化等，猶如聚沫，猶如水泡，猶如陽焰，猶如芭蕉，虚僞不堅，見《真實品》。是故可斷。若言種體不滅，但損勢用，勢用既損，不獲恒轉，即非生滅，由不恒轉即常法故。如何名種？若言此種自類等流，又不應説已損勢用。反復推徵，種體應斷，此義極成。

復次，世人誤解斷義，謂是一切滅盡不生。此乃倒見，不可無辨。原夫有漏斷時，即無漏生時，則斷者生之改進。又有漏有對治故斷，而別無對治可斷無漏，此無漏法，法爾絶對，更無能對治，故不斷也。故無漏法，刹那刹那，生生不息，盡未來際。此言際者，不際之際，盡即無盡。又若無姓有情，見後文。缺對治故，彼有漏生，一類相續，前後相似名一類。復無窮盡。

生義是用義，大用流行，充塞法界，法界是體，用依於體，而遍全體，無有虧欠。神變無方，烏容思議？世有小心，妄臆滅生。滅之不能，迷亂爲苦，酖飲甘露，豈不悲哉！案《攝論》云："斷謂菩薩無住涅盤，生死涅盤，兩無住着，故立此名。以捨雜染，不捨生死，轉依爲相。"第八識爲雜染、清浄兩種功能所依。轉捨雜染分，轉得清浄分，故名轉依。見彼果斷分。玄文足徵，大義斯炳，爇兹慧炬，鑒彼昏城，誰有智者，而甘長夜。王船山《易傳》有云："不憚玄黄之血，天地以雜而成功。"至哉斯言，有所傷者有所成也。若擬斷義於不生，其見且出船山下。孰謂大雄無畏勇猛精進者，乃與愚癡同其廢滅耶？章太炎《五無論》以斷生爲言，斯則斷見，外道之談，不可傳於佛法。

上來七門，宣説有漏粗盡。

八、無漏者。爲述如次：

一、體性。具有七義：一、刹那滅，二、果俱有，三、恒隨轉，四、性決定，

五、待衆緣，六、引自果，七、交遍。此中性决定，謂因果唯是無漏善。準有漏種，勿贅可知。

唯此無漏，具云無漏種。自性清浄，與賴耶第八染位名賴耶。性别，亦以賴耶自體分爲其依止。若爲賴耶所緣與否，諸師迄無定論。《述記》於此，則以不緣爲正義也。《倫記》亦云："謂心指有漏見。弱、境謂無漏種。强，故不得緣。如《攝論》正聞熏習，即新熏無漏種。非賴耶所緣，仍依於本識，賴耶亦名本識。以强勝故。若爾，云何名唯識？以念念隨滅故，亦名唯識。此無漏種與本識俱生俱滅，不離識故，名唯識也。設許緣，何過？賴耶緣境，爲相縛相者境相，縛者纏縛。末那未轉，而有二執，第八隨之成染，遂有相縛。所縛。若緣無漏，即非相縛，故知不緣也。"見《倫記》五十二。此解盡理，今即依之。

又約二諦，此無漏種亦依世俗説名實有。例彼有漏，異乃有同。

二、名義，勢用勝故，亦名功能或種子。望於有漏，而置亦言。現識熏令生長故，亦名熏習或氣分。得名習氣可知。自餘粗重諸名，非此所具。

三、來源。〔109〕自護法、親光，始以本具云本有種。新具云新熏種。〔110〕并建。古師不立本有種。自大衆、一説、説出世、鷄胤四部，并諍無漏無因緣。大乘古師近之。〔111〕然以人有出世心，〔112〕即清浄心。不可無因生，亦不應由染種生，於是有三説以起。〔113〕

（一）分别論者，心混師等。〔114〕即心性爲因。〔115〕其説以心性本浄，如水本清。爲客塵煩惱所染污；如水被攪濁。離煩惱時，轉成無漏。故無漏法，非無因生。意云：本浄心性爲因故。《無垢稱經》有此説也。此師之説，當時盛行。及至護法遂質定其心性之言爲目心體。〔116〕凡言體者有二義：一、約諸行自體，如言水體，正目於水，顯其非水。二、約諸行實體，譬以輕氣養氣爲水之實體。此言心體，本即目心當第一義。〔117〕而難云云："汝許客塵煩惱滅時，有漏心相，轉爲無漏。此無漏相，即前無漏心體所顯，非前體滅。是則相雖轉變，而體常一。以上言體皆是目心。應同數論。責彼説心，同數論也。數論謂大等相轉變，其體常一。此以違自宗破也。"〔118〕更有多難，恐繁不述。參考《述記》十三、第二十葉以下。

（二）古師立真如爲諸法因。此乃古學共許，非一家言。[119]護法復破之。《述記》十三第二十葉：“此真如體既許爲因，應有取與，以體前後無轉變故。無取、無與，故不爲因。按取謂因之趨勢，與謂果起由因付與故。又《述記》十四第二葉：《瑜伽》第五云唯無常法爲因，非常法也。舊人云真如是諸法種子者，非也。”其所出處蓋宗護法。[120]

（三）《攝論》立熏習，《所知依分》[121]：又出世心昔未曾習，從何種生？是故應答：從最清浄法界等流正聞熏習種子所生云云。[122]法界，謂真如。最清浄者，狀詞。等流者，謂從法界所起教法。無倒聽聞，如是教法故名正聞。依此正聞所起熏習是名熏習，能生出世心，[123]亦云種子。

上述三義，護法破前二，立本有；依後一，《攝論》。立新熏。《攝論》聞熏，本約有漏位立，以其有熏增無漏功能令起現行之義，故謂護法據以立新熏種。[124]《論》文足徵，不勞繁述。參考《三十論》二、《述記》十三。親光《佛地》亦云：“如是四智相應，心品種子，無始法爾本有，不從熏生，名本性住種姓。發心已後，外緣熏發，漸漸增長，名習所成種姓。”故無漏種，本新并建，經二家護法、親光。論定，卒莫易也。自本有義明，真如爲因之説遂破，尤爲此學最大改革，未可忽耳。又無漏種亦有智種、識種分别。蓋四智相應心品，正智是主，浄識兼心、心所言。則爲相應法。《佛地論》三：“問：正智當言實有、當言假有？答：當言俱有。此中智是實有。若智眷屬即助伴義。諸心心法，即浄識。亦名爲智，説之爲假，故有二種。此中無漏心心法等，智爲主故，皆説名智”云云。準此，《論》雖總説無漏種，實則正智浄識，主伴攸分，各自有種，不容淆亂。

四、類别。[125]依熏習辨，《三十論》説有名言，[126]唯無有支。無我見不待言。[127]《義演》云：“八地以上菩薩，無漏意識，聽法緣名等，熏無漏種子也。”又云：“若至佛果，即無名言熏習。”《佛地論》三“乃至證得金剛喻定。從此已後，雖數現行，不復熏習更令增長。功德圓滿，不可增故。持種浄識，既非無記，不可熏故”云云。故名言熏習唯除佛果位也。

問："何故無有支熏習？"曰：聖者不造總報業。[128]無總報故，別報亦無可知。雖化有情，隨趣生死，起惑潤生；然是故留，非著生死，無有支熏習之理。至於佛位，雖復現化作生死身，業煩惱等，似苦集諦，實是無漏道諦所攝。四諦者，苦、集、滅、道。集爲苦因，苦爲集果。滅者寂滅。道者聖道，由滅證道。隨世俗相，名五蘊、十二處六根六塵。十八界，六根、六塵、六識。而實非是蘊處界攝。離戲論故，離諸相故，詳見《佛地論》三第十二葉。以此説無業種也。

又約體類辨。相見功能同異，例同有漏，如前可按。然無漏感果，[129]唯有等流。無有支故，不感異熟果。其義易知，等流果義，説見前。《述記》十三第二十六七葉"問：此無漏種，本有既多，後生果時，何者能生、何者不生？答：其同類多，[130]隨遇緣合，即便能生"云云。[131]故不別論云。

復次，無漏功能，略説具有二義：一、轉依義，二、無盡義。

轉捨有漏，轉得無漏，故謂轉依。此復二義：一、幻義。空宗破賴耶爲不失法，吉藏《中觀疏》。由不了本宗時量是幻，無有過、未。何以言之？處夢謂經年，寤乃須臾頃，故時雖無量，攝在一刹那。無始漏無漏種，刹那等流，俱屬氣分，都無實物。一刹那頃無漏對治起，即此刹那，有漏現種斷，如光暗不并，冷熱不俱。誰謂賴耶是過未不失法？世有聞"賴耶恒轉如流"一語，即以柏格森所謂真時相傳者，斯真倒妄。又復當知，無漏纔起，無間即滅，彼有漏。既捨已，此亦無得。此無漏法，纔生即滅，不可把捉，其幻如此，故云無得。猶如幻師，驅諸幻敵，故轉依義，方便安立。唯識歸無所得，未嘗執有，空宗攻之，便爲大過。二、引義。異生異聖人之生類，名異生。無始，有漏流行，無漏隱伏，云何轉依？是故應説引義。鶴鳴九皋，其子和之，一人向隅，滿坐不歡。連聲之器，擊一響餘。凡玆牽引之理，微妙難言，苟不遺小，斯足喻大。有漏聞熏，於有漏位，聽聞正法，而起熏習，爲有漏善。此本《攝論》。熏發無漏種，增盛能生，由增上緣，故此引彼。有漏善引無漏善，同類故。有漏不滅，無漏奚生？現行易位，刹那開導。前法開避，引導後法。由無間緣，故前引後，若無引義，一向唯染，轉依何成？

上來以引義幻義，成立轉依。今次當説無盡。此無漏種，法爾清淨，唯是絶待，更無對治，即不斷盡。相似隨轉，名不斷盡，非是常一名不斷盡。功能斷否？唯視對治有無。故闡提染用不斷，大覺淨用不斷也。故一切如來，無漏種爲因，本願力爲緣，盡未來際，利樂有情，殊勝功德，常無窮盡，何言功德？功者力也，即謂願力。德者得也，力不唐捐故復言得。盡未來際，利樂有情，故功德無窮盡。此非逃遁厭倦之夫所可測也。是爲無盡義。

復次，無始時來，一切有情，有五種姓：一、聲聞種姓，二、獨覺種姓，三、如來種姓，四、不定種姓，五、無有出世功德種姓。省稱無種姓，亦名無姓人，亦名闡提。謂其全障，對治不起，畢竟無成佛期。《聲聞地》以五義建立，爲奘師所據，基師《法華玄贊》更衍其義。當時餘宗據餘經中宣説一切有情之類皆有佛性，皆當作佛。以是與本宗相諍，如台宗有《法華五百問》。論戰之烈，斯足珍怪。基師之弟子慧沼著《慧日論》，盛弘師説。蓋中土先德，以此爲一大事矣。如實論者，體無差別，用乃萬殊。有畢竟無障之佛，即應有畢竟有障之闡提。即無性有情。清淨雜染，相依建立。衆生流轉無盡，如來功德無盡。參考《佛地論》二第八九葉。安有化城，可以息肩。世有誤解平等，一法界平等，諸有爲法差别。三界平等，凡聖差别。實緣於以欣厭之情，妄測法界之廣大。染淨皆一法界之用，俶詭陸離，亦云衆妙。雖是其染，無復有過，以其本來自爾。然而人情封執，恒本其日常欣厭之習，以言真理，一若不許法界之有染用而後始洽於懷者。是猶曰大地皆平夷，而無險阻也。此諸小心，所爲求生淨土而苦濁世，不可不闢其妄也。

附識一：經部計色心受熏持種。色即根身，謂扶根塵。心即前六識。彼不立賴耶。然六識五位無心，根身有壞失，同是間斷法，如何受持？能受持者，必是恒轉。轉表非常，恒言遮斷。不爾，方間斷時，一切色心種應失，後色心法便不生，理何可通？又六識見道以去，金剛心前。中間入觀無漏現行，出觀有漏現行，故有轉易。若言六受持者，初地入觀無漏，則有漏種應失。無漏現不持染種，如極香物不可容臭。故説轉識不能受持也。第七例知。

附識二：心所受熏有何過？恐頓生六果故。心王是一，心所有五，各各受熏，[132]即熏六種，故應生六果。能持必是一故。詳見《述記》十八，恐繁不述。

附識三：大乘建立名言及業種，以說明人生，義至閎渺。小乘無功能義，則有十二緣生之論，然十二支中，無明居首。《緣起經》云：“初無明，有十一殊勝，非餘法故。”其重視之，有以也。數論有三德，曰勇、塵、暗。無明當彼之暗，[133]可以知其與數論有淵源也。此土莊生有言：“人之生也，固若是芒乎？”芒，惑也。伏曼容釋《易》之《蠱》曰：“萬事起於惑。”本宗言無明發業。亦有相印合者矣。大乘說無明支通現行及種爲體，見《述記》四十七第十七葉。蓋大乘既立種子，故說無明有種，此其與小乘及餘宗異者也。又十二支，以愛依愛數立愛支。《楞嚴經》說人生之有，以愛想同結，致可玩也。取依一切煩惱立取支。《瑜伽》說一切煩惱令生相續故。取者要求義，由貪等煩惱勢力要求無已，故說爲取。爲能潤，生生不息者，由愛取勢力爲滋潤故。此則人生之秘，未可推尋。總之，十二支唱於小乘，而大乘亦復承用。參考《三十論》八第七葉以下，《述記》四十七第十五葉已下。其義解精微，學者不可不察也。吾他日當更論之。

四緣章

功能任運，體是虛幻，無實作用，故曰任運。藉待象緣，故次之以四緣。現證如是有爲法，如是緣起，依托衆緣而起，名緣起。都無自性，遂說四緣，稱實而談，非同妄構。

四緣云何？

一、因緣。[134]《三十論》七“因緣，謂有爲法，親辦自果。[135]此體有二：一、種子，二、現行”云云。參考《述記》四十四第一葉以下。此在唯識，界域最嚴，列舉條流，唯有其三：一、種生種，[136]二、種生現，三、現生種。[137]以次述焉。

云何種生種？無量功能，依止藏識大海，《規矩頌》云“浩浩三藏不可窮”，故喻如海也。爲藏識攝持，攝持即是相分。刹那刹那，前滅後生。微論有漏無漏，未有對治，便恒隨轉。無漏功能，法爾清静，更無對治，故不斷。有漏功能若對治不起亦不斷。功能斷否，唯視對治有無。説見前章。故此功能，自類相生，類有二義，[138]解見《功能章》。前種勢用，親生後種，故後種是前種之自類。前種後種因緣性，[139]因果異時。[140]由此，功能非斷、非常，宛爾生滅，前念種滅，後念種生，幻有遷流，乃云宛爾。成其勝用。體是生滅，故有能生勝用，若是常住法者，即非能生。所以異於自性神我等計也。哲學家言一元二元多元者，并無此中因緣義。

云何種生現？功能通有漏無漏言之。恒轉非斷非常故言恒轉。若逢緣合，方起現行。如不待緣，應有實作用，又應一切時，恒生一切法，理何可通？[141]現行是用，功能是體。體用固不離，而實不即。[142]如心現行。能緣慮，心種不爾；色現行。有質礙，色謂第八識等實根塵相分。色種不爾。參考《述記》十四第三葉。以故，體用條然，條然，各别貌，《三十論》説："種望現，名異類。"《瑜伽》亦云："他性，以體用分之故也。"然復當知，體用定相隨順，如色種不生緣慮用，心種不生質礙用。故所生現，望能生種，亦説名自類。從言異路，義解非一。法爾俱有。附識一。如眼識，第一刹那種生現，問："種生現，待緣有幾？"曰：根塵相種，能緣見種，俱時更互相望用，[143]但緣合幻生。體用并時呈顯，猶如炷焰。燈炷生焰，炷焰并時相依而有。[144]即此刹那，種、現俱生俱滅已。唯種子自體，依止第八識中，前刹那滅，後刹那隨轉，終古不斷。若現行自體，則於前刹那與其自種俱滅已，後刹那便不隨轉，即由他現續生，成其不斷。他現者，後刹那種所生現也。然前後刹那相續之間不有間隙，[145]此處不容妄情猜度。[146]第二刹那種生現，其理亦爾。眼識如是，耳識乃至第八識準知。[147]

種 ○一刹那○二刹那○三刹那

　　↓　　↓　　↓

現 ○　　○　　○

種望現是因緣性，即體謂種。用謂現。决定相似。如心種定生心法現行，不生色現；色種定生色法現行，不生心現。法相釐然，寧可淆亂？

昔天竺小乘計色心展轉互爲因，晚世學者亦有以心爲色因，如遠西唯心論。或色爲心因。如唯物論。又或執有因非心非色，如中立一元論。此皆似比無據，現證如是色法，比知此色自有因緣；現證如是心法，比知此心自有因緣。誠非臆測無根之談。反此，則爲似比。戲論唐功。

又復當知，心種色種，類各無量。色種異類，各生其現；心種異類，各生其現。有爲諸法非一非常，成其幻化，此至俶詭不測者也。

云何現生種？七現行識，唯除第八，説見《功能章》。有勝勢用，而增減者皆是能熏。此能熏識，一刹那頃從自種生，即此刹那，有勝功力，能熏本識，生自類種。所生種與能生現，體性相似，故名自類。如眼識無漏現行見分，定熏生眼識無漏見種是也。餘準知。故現望種，謂其所生之種。是因緣性。

然天竺古師有以現行説名功能。《三十論》八：《論》説因緣依種子立，現行亦能親辦自果，如外麥等亦立種名。詳見《論》本八第三葉，《述記》四十五第十四葉。按《攝論》已説外種，蓋順俗取譬耳。實則外麥等種望内識相種，即是現行果法，不得名種矣。世俗誤解，何可不辨。云云。此則名相雜亂，非正義也。雖因緣依種子立，不可説因緣即種子。《論》以親辦自果，明因緣義，極爲應理。若現生種，親辦果故，斯是因緣。豈謂現能爲因，便得名種？《述記》十二據不正義，以釋因能變。見《述記》十二第十葉以下。淆現於種，非小失也。《論》言因能變，乃建立種子爲識生之因耳，若現亦名種，則法相淆亂。至因緣中有現生種一義，所以明新熏種之來源，别爲一事，焉可并談？太賢《學記》二第二十四葉雖不取基疏，然其詞義隱晦，未暢厥指。

難曰："現不名種，如何説因緣依種立？"曰：現行爲因，即熏成種，非不依種立。

又經部計前法爲後法因，故因果異時。大乘説種生現，現生種，彼此俱有，故因果同時。種生現，體用俱時呈顯，説見上。現生種者，非現滅已方生，若已滅者便無能生勢用。即此現從種生時，有勝勢用，别生一法，還爲第八中種。準此，則三法同時，彼此對待也。三法者，一本有種，二現行，三新熏種。前後不許并，非彼此不得并也。因果時分同異，昔爲本宗與餘部力諍之事。詳見《論》本三第五至七葉"賴耶恒轉門"、同四第八至九葉"種子依"中。實則各據一義，不相水火可耳。

上述因緣，唯有三種。因緣以親辦自果爲義，異此不名因緣。

因　緣

種生種　種生現　現生種

非　因　緣

種望異種　如甲種望乙種

種望異現　如甲種望乙種所生現

現望異種　如甲現望乙現所生種

現望現種　前現望後現。或此現望彼現，如根塵識同時相望

小乘六因，詳《俱舍》。依現行立。彼無功能，雖説爲因緣，實是增上緣耳。《述記》四十四第四十五葉，《對法》論因緣中説六因是因緣，即現望現。

二、等無間緣。初因緣依種子立，今此第二，依現行立。現行終古無盡，闡提有漏，現行無盡；佛無漏現行無盡。七八俱恒，[148]六除五位無心，餘亦不斷。[149]以等無間緣有此勝用，故次因緣説之。案八現識，言識攝心所。各各見、自證，是此緣體。不言第四者，攝入自體分故；不言相分者，相托見起故，無緣用故。《義演》云，此緣約四義辨："一、前聚於後，[150]二、自類無間，三、等而開導，四、令彼復念心、心所。[151]定生。"見《義演》十五。其一、簡同時或後時，唯前聚心、心所[152]聚，類也，如眼識前念心、心所，對後念即名前聚。望後聚心、心所爲緣。[153]俱時無二念，并後不開導前，故并簡也。[154]

其二，顯非他識爲緣。如眼識，前刹那滅已，引後自類眼識。令生。乃至第八識，刹那刹那開前導後，是爲自類無間。[155]云："何八識不互爲緣？"曰："一身八識，容俱時轉，七八相望恒俱轉。前六與七八相望，則有時俱轉，有時不俱轉，故言容耳。[156]故不得互爲此緣。"難陀、安慧執異類

識作等無間緣，不知異類既容俱轉，即無互相開導之理。參考《述記》二十七第一葉以下及四十四第六葉以下。“若爾，心與心所異類俱轉，如何望後并得互爲緣？”[157] 曰：心所與心相應，和合似一，依緣事處同故，已説如前。[158] 非可離别令其殊異，不應例同異識，故得互作等無間緣。又無間者，前爲後緣，順次相生，名爲無間，例若眼識，自第一念、第二念以往，無有越次。非不許有間斷。如眼識前後相望，雖中經百年等斷，有眼識望後眼識。亦爲緣。乃至第六亦爾。[159] 唯七八俱恒，無有斷時。

其三，顯緣義。[160] 云開導者，開，避義與後處義；導，招引義。[161] 前法例如前念眼識。避其處，[162] 即望後爲招引，令彼後念眼識。得生，心有緣法，謂能緣慮法。方具此二。開也，導也。餘色法等，皆此所遮。色法唯有開義，無導引力，不相應假，無爲無前義，故開導二義俱無。[163] 又等言，有兩義：一、體等。如眼識，前念心王唯一，俱時無二心王。受等心所亦各唯一，俱時無二受等。後念王所，亦復各各唯一。耳識乃至第八例此。每一心、心所，前後皆無多類并生，名爲體等。二、用等。前念一心王，有勝勢用，能齊引後念心、心所令起。又即前念一心所，有勝勢用，亦能齊引後念心、心所令起。由此，王所和合似一，爲因望後[164] 齊等開導，故名用等。此簡相似沙門義，彼以心引心，受數引受數，想數引想數，望餘不齊引也。[165]

其四，前法開導，後果定生。如極重睡眠、悶絶等位，六識中斷而後得生，即前滅識爲之開導。若無果後念識望自前念識而得果名。定生，便非此緣。[166] 上來四義，顯此緣訖。《三十論》依等無間緣，説開導依，然復當知，等無間緣，心、心所俱是，開導依唯心王得名。《述記》云：“所依是爲主義，心所不名所依也。”[167]

如是等無間緣，八識有漏無漏，分别云何？若第八識有漏無間，[168] 前爲後緣，次第而轉，名無間，有無漏生。[169] 登地以去，至金剛心，有漏頓斷，無漏頓生，即前有漏心、心所開避其處，引導後無漏心、心所令生，乃等無間緣之妙用。無漏起已，定無生有漏者。以此無漏，必不斷故。由斯第八有漏無漏，不互爲緣。此言緣者，謂等無間，後準知。五識例此。

若第七識，十地位中，入法空觀，無漏心生；出法空觀，有漏心生。即有漏無漏，容互爲緣。觀前有漏心，引生觀時無漏心，出觀後有漏，又由前觀時無漏心引生。有漏無漏，迭爲前後，故互爲等無間緣也。善與無記，《述記》四十四第十五葉，即此有漏無漏相生，以辨性别。第七有漏位是無記性，無漏位是善性。相望亦爾。

若第六識，有漏無漏、善不善等，第六有漏通三性，無漏唯善。各容互作等無間緣。論説入見道時，初起無漏，此在色界或欲界。恐繁不述。

若前五識，十地位中，第八未轉無漏，五定有漏。彼五色根是異熟識有漏。相分攝。根有漏故，識亦有漏。[170]若言有漏五根發無漏識，此不應理，《論》有誠文。有説入地得成所作智，此不正義。故五識無漏，同第八俱時轉，不與有漏互爲緣。謂等無間緣。善等相生，準第六知。

又復當知，前七轉識與第八識金剛無間，有漏種現，刹那斷盡。自此以往，俱是無漏相續，恒無有斷。故六七漏無漏，容互爲緣。等無間緣。此説因位，應如理思。

三、所緣緣。《三十論》云“謂若有法，是帶己相，心或相應，所慮所托。此體有二，一親二疏”云云。今即據此，爲釋如次：

云有法者，謂有體法。真如無爲。實有，依他色心諸有爲法，皆依托衆緣而起，故名依他起。他者，緣義。幻有，俱爲有體，真如非生滅，故名實有，依他雖幻，不等空華之無。唯望真如，不名實耳。故有力用，牽生識等，等謂正智。言牽生者，心不孤起，如見必托俱時相而起，即説此見爲相之所牽生也。得名爲緣。所緣緣，下準知。[171]

若遍計所執，都無自性，即不名緣。如云瓶，即所執。實則眼識所證，唯白；身識所證，唯堅。本無有瓶，迨獨散意識起，乃追緣堅白等，而作瓶解。故此瓶者，妄情遍計。所執，猶如空華。意識雖妄作瓶解，有所緣義，而非是緣，瓶體實無故也。有是緣非所緣，有是所緣非緣。説見陳那《觀所緣緣論》，可試尋之。

難曰：“瓶所執。無體，不能牽生識，何得説爲所緣？”曰：無體所緣，依有體緣，於有體法上，妄增益而有，即依堅白等增益瓶相。所執。

有瓶解故，是所緣也。[172]

若第六緣空華時，豈無所緣緣義耶？[173]曰：空華者，即依自識謂見分。所變相分而起所執。於相分上妄作華解故。所執空華。無體，非所緣緣。[174]約相分論，其體是有，能令見分托彼相分。生解，爲見所托是緣義，見對彼作如實解或不如實解，有所緣義。[175]即是所緣緣也。附識二。

有體法爲緣，令能緣識等得生，已如前説。次云是帶己相者。今據基説，[176]是指下文心、心所言。[177]《述記》“誰帶己相，謂心或此相應法”云云。相應，謂心所。“或”者，不[178]定義，如眼識心王，或時與善等相應而緣於境，或時與貪等相應緣境，餘識相應準知，故言或也。又《瑜伽·真實品》云：“分别正智，通心及心所法。”蓋有漏心、心所總説名識，轉依位中即得智名。浄識亦從智爲名，如《佛地論》三説。[179]己即爲緣者，爲緣之依他及無爲法，并對於能帶之心、心所而名己。[180]相有二釋，體相、相狀。此云相狀，唯目影像相，對本質名之故也，然克指其體而名體相。至下自知。帶亦有二釋，挾帶、變帶。故帶己相言，有其二義。

第一義者，謂能緣心、心所。變帶所緣相狀，名爲相分，對疏緣本質云影像相。或云親相分。此有仗質不仗質，其仗質者，若前五見，仗第八相器界。[181]變相色聲等塵境。[182]而緣，[183]第六見仗第八相見等此言等者，謂餘心法及無爲法。變相而緣；第七見仗第八見變相我相。而緣。乃至他心智緣他心，其理亦爾。此中據陳那義，以不能親取自心外法，故言變相。例若第八所變器界相分，望五見即名外法，故五見不得親緣，須托之變相也。若後得智緣真如亦變相，[184]唯據義有别，蓋一切心、心所，以真如爲其實體，本非外法，故根本智即親緣，後得辨[185]别力强如後見變相緣之耳。[186]所變名影像相，即以所仗名本質。試取近事爲例。日者，吾起座徘徊，檻外梧桐彌望青青。此青青者乃吾眼識兼心所言。見分仗第八所變塵相本質。變似青相相分。而緣之，眼識所變色塵相分，與其本質即第八識所變色塵相分，一處同遍，稱不相礙也。[187]非能親取自心眼識。外法也。唯相托質起，決定似質，斯乃不測之符耳。次不仗質者，如第六獨散意識。緣過、未等法時，過去已滅，[188]未來未生，俱是無體。即自心第六。見分變似過未影像，非仗質起。緣龜毛兔角等等者，謂空華等。亦爾。由此，前七相分仗質或否，皆由見變爲，此中云見，即攝入自證分。[189]故名變帶。此義本以陳那《觀所緣緣論》爲根據，然陳那破小宗許五識緣外色，但明仗質變相一義也。

第二義者，謂能緣挾帶所緣體相而起。如見緣相，親挾此相，不更托此相而重變相以緣也。故相見相望，中無間隔。亦復以此，能所冥合，得成證量。即現量。見緣相如是，自證緣見，内二分互緣，正智緣如，真理例然。[190]由此，能緣親挾附所緣體相而緣，故名挾帶。挾者，逼近親附義。[191]

如上二義，云何各别建立？昔者小宗不許有相分，故以外境爲所緣，以能緣上有似所緣之相，名行相，爲能緣攝。大乘自陳那出，乃造《集量論》，即改小宗行相名相分，亦云影像相。[192]爲所緣。《述記》十五第九葉："以影像相爲行相者，出《集量》文"。按《集量》始成立三分，故改小行相爲影像相，對破心外有境。亦復依此，造《觀所緣緣論》，對破小宗自心親取外境。《論》云[193]："謂能緣識，帶彼相起。"彼者本質，帶者變帶，相者影像相，又云相分。言識托質，變似質之相也。《論》又云："如是諸識，唯内境相，爲所緣緣，理善成立。"内境相，謂相分也。是爲第一義也。

自陳那之論出，大乘師言所緣緣者，率皆依據。其後有正量部師般若鞠多者，小宗之傑也，欲破大乘，乃設難言："汝大乘宗無分别智，即正智。不似真如相起，應非所緣緣。"意云：大乘師以能緣上變似所緣相，名相分，説爲所緣。縱令此説誠諦，而大乘經論不許正智緣如有似如之相。若爾，即真如非所緣緣也。鞠多此難，可謂悍極。大乘師被此難已，經十二年，遂至絶救。此蓋孤秉舊聞，無由獨創。爰乃奘師，神悟爽拔，始以陳那所明，别爲一事，陳那但以變帶義成立相分。更陳己義，難破鞠多，即第二義是也。奘師本有《制惡見論》，今已佚亡。《述記》載其難鞠多云："汝不解我義，首標我義與陳那異其義界。[194]帶者挾帶，相者體相，謂正智等生時，等者謂器識。[195]挾帶真如體相起，與真如不一不異，有能緣所緣，故不一也；能所冥合，故不異也。非相非非相。[196]不異故非相也，[197]不一故非非相也。[198]故此真如是所緣緣。"鞠多被難，鉗口卷舌。即陳那義，亦別有據而不可搖。斯乃奘師之奇績矣。

然復當知，《論》言帶己相者，本唯第一義。基譯此論，揉集十家，雖裁斷由己，而十家所本無者，自不容妄增。奘師出十家後，故其説與十家無涉。若陳那出護法前，其思想多爲護法所承也。《述記》以二義一變帶，二挾帶。爲釋。其第二義近取奘師，雖《論》所未有，補記缺略，功極巨焉。參考《述記》四十四第十九至二十葉。然《述記》之文，散無友紀。

帶相二義既如上述，又次云所慮所托者，蓋有體法能爲緣，令心、心所帶己相而起。己，即爲緣者。帶相具二義，并如前説。後準知。藉使帶己相者，此者字，即謂心、心所。不以己相爲所慮，則心、心所功用，同於鏡等，等謂水等。但爲能照耳。誠如此，設有難云："若有體法，是能爲緣，令能照法帶己相起，説此爲緣之有體法。爲彼能照法。所緣緣者，若字至此長讀爲一逗，假以牒大乘義也。即鏡等所照外質，此外質言，對鏡中影得名。亦能爲緣，令鏡等帶己相起。鏡中影，即是帶外質己相。鏡等外質，應是鏡等所緣緣。"《述記》四十四第二十葉，載有此難。今人羅素亦言照相器能見物，義復近此，蓋照相器所攝之影，亦是帶外質己相也。此難若無以解之者，將謂心言心亦賅所，[199]下準知。與鏡等色法不異，唯識云何成立？即由此故，説所慮義，便顯此心不同於色。蓋有法具云有體法。爲緣，能令彼帶己相起，己即爲緣者，對能帶之彼而名己，參觀前文。亦須彼能慮於此，此謂己相。方是所緣。此云緣者，緣慮義。餘隨文準知。爲所緣緣於能緣者，名所緣緣。鏡等能照非能慮，即鏡等外質，望鏡等不爲所慮。若爾，縱許爲緣，無所緣義，如何得成所緣緣？陳那分別緣與所緣，二支缺一，便不名所緣緣，最宜深玩。鏡等外質於鏡等容有緣義。然非鏡等之所緣，以鏡等非能慮故。即缺一支，故不名所緣緣也。

難曰："若言心爲能慮者，無分別智，應非能慮。"答言：無分別云者，以離妄分別故，説名無分別非謂無緣慮，名無分別。《攝論》有文，此姑不述。夫心是能慮，不唯能照。故其功用，絶異色法。鏡等或扶根塵固是色法，浄色根亦色法也。若言能照，色心同得；照者，感應義，雖色亦能。若言能慮，唯心非色。慮者，明了義或分別義，故心獨具。此義後文《轉識章》。更詳之。古師安慧等不立見分，便無以解所緣也。

已釋所慮，所托云何？心不孤起，托境方生。若疏所緣，則前五見托第八相器界。爲本質，第六見或托第八相見等爲本質，或者不定義，第六相分，有不仗質故也，下言或者準此。等者，等餘心法及無爲法。[200]第七見托第八見爲本質，第八見或托第六定果色等爲本質。[201]等者謂他人扶根塵及界器。[202]若親所緣，則見以相爲所托，自證以見爲所托。内二分互緣，正智緣如，所托準知。凡爲所托者，定有體法。遍計所執，如空華等，即非所托，無體故也。復次，此中所慮所托，實據陳那之論。《觀所緣緣論》。陳那以具二支一、所緣義，二、緣義。名所緣緣。今此云所慮者，即所緣義。云所托者，即緣義。會而觀之，精粗見矣。自陳那分別緣與所緣，《三十論》據此以言所慮所托，其源流自可索也。然以所慮言所緣，則《三十論》中之創解，用補陳那之缺。案《觀所緣緣論》言極微非所緣，眼等識無彼相故云云。詳此，則陳那但以帶相一義，即變帶義，説爲所緣也。若爾，心之帶相，便同鏡等，如前所難，下逮奘師挾帶義，其失正等。《述記》四十四第二十葉“古師大師二釋皆有妨難”者，此也。其言古師，謂陳那等；大師，謂玄奘也。《三十論》言所慮，《述記》疏：“所慮即所緣義”，蓋《述記》宗護法，以所慮言所緣，異乎陳那等以變相爲所緣矣。然太賢《學記》六第三十葉云：“相於心現，故云所慮。”[203]仍朋陳那等也。若爾，何以解前[204]鏡等難？賢記好與基疏立異，其見實時出基下甚遠。

上來分疏，今總略爲釋。此中謂若至所托。意云：若有體法，是帶己相之心、心所，所慮所托者，是所緣緣也。一切有爲心法及色法即根塵。無爲真如。法，皆此緣攝。出體已竟，[205]出體者，出示此法體相，所以别於餘法。此中出所緣緣體，至爲精審。唯識家每釋一法，必嚴出體。學者知此，則其措思持論，必無渾而不分之病矣。次辨差别。[206]

此體有二，一親二疏者，[207]陳那《觀所緣緣論》隱判親疏，猶少明文。《觀所緣緣論》云：“所緣緣者，謂能緣識帶彼相起，及有實體，令能緣識托彼而生。”詳此，則所緣緣者，必具二義：一、識生須有所托，二、即托彼變相。所變者自是親所緣緣，所托者自是疏所緣緣。至《三十論》此二分别乃始昭揭，析理詳明，後起者勝矣。

親所緣緣，詳其義界，《論》《三十論》。説有三：一與能緣體不相離。

此復有二：一、能緣親變名不離，見變相是。此中云見，攝内二分。二、能緣親挾名不離。凡爲四句分别：[208]一、體挾體，謂内二分互緣。此中兩言體者，并謂用之體也。二、體用之體。挾用，謂自證緣見。三、用挾用，謂見緣相。[209]四、用挾體。此言體者謂體之體。謂正智緣如。四句義見《宗鏡録》。[210]詳夫不離義者，所以顯心外無境，完成唯識之旨。護法著論於前，玄奘立量於後，奘師真唯識量見存。兩聖同揆，庶幾觀止，説第一義竟。二是見分等内所慮。此中等言，謂自證等。内者，謂此所慮法，非心外法也。如見以相爲所慮，自證以見爲所慮。餘準可知。三是見分等内所托，合具三義。前一、明親義，第二、明所緣義，第三、明緣義。是爲親所緣緣。

親所緣緣		能緣
相分	唯第八所變根器及五識俱意等所變色等相，説名色法	見分
見分	此及後二唯名心法[211]	自證分
自證分		證自證分
證自證分		自證分
真如	理實真如爲正智所緣時，亦相分所攝[212]	根本智見[213]

疏所緣緣，義亦有三：一與能緣體相離，非能緣親變，亦非親挾故。他身識望自身識相離，親變親挾二義具缺故。自身八識相望亦爾，又後得緣如時，變似如相，即如望後得，乃成相離。中隔以相，缺親挾義故。二爲質能起内所慮。内所慮三字作名詞讀，謂相分也，下文内所托亦然。三爲質能起内所托。於一相分上，所慮所托義别，[214]故須分别説也。又復應知，質爲緣，直接起彼影像相，即間接起彼能緣心；彼能緣心仗質變相，則直接以相爲所慮所托，即間接以質爲所慮所托。具此三義，是爲疏所緣緣。

見……能　　緣
↓
相……親所緣緣
↓
質……疏所緣緣

《義演》十六“疏中影像相分，是帶本質之相。帶，猶似也。如云面熱似火，此相亦爾，似本質故，不同親中見分上相也，見分上相與見分不相離故。此相攝屬本質，以離見分故，疏緣故，緣此相時即緣本質故，本質望見分名疏所緣，故知不是親緣中攝”云云。按此云親中見分上相者，謂無質相；云疏中影像相分者，謂有質相。據理而言，凡有質相，雖托質以起，然必由見杖質變爲此相，故相雖似質，而非即質，從見變故，説不離見。今以之攝屬本質謂爲離見，此直小宗不立相分之計耳，豈大乘義耶？若云此相與質同種者，是固别爲一事，不可以其與質同種之故，遂計爲離見，不許爲親所緣也。如理誤解，至於此極，亦復可怪。

親疏二緣，唐宋以來率多謬解。延壽《宗鏡録》七十，以變帶爲疏，挾帶爲親。即與如理《義演》不許有質相爲親緣者，同一巨謬。實則《述記》以變帶義，明相不離見；以挾帶義，明能緣所緣不相離。皆所以成親所緣緣耳。非可强判爲分釋親疏二者也。

一切心、心所，皆有親所緣緣。若無相分，見分不生。如緣無時，無字名詞。亦心變作無之影像。影像即相分。疏所緣緣，有無不定。如緣龜毛兔角，雖無本質，心亦生故。餘準可知。

若約識辨疏緣有無，《三十論》七《述記》四十四。研討攸資。此姑不詳。

八識	疏所緣緣有無
第八識	一切位有無不定
第七識	未轉依位定有，已轉依位非定有
第六識	一切位有無不定
前五識	未轉依位定有，已轉依位非定有

復次疏所緣緣，非離親所緣緣别有其體。望他能緣，名疏；望自能緣，仍名爲親。如第八相器界。望五見他能緣。是疏，望第八見自能緣。即親。乃至他心智緣他心，其理亦爾。他心見分，望我之他心智見分是疏，而望彼自證分即親。以故一切心、心所皆無外取，唯識義成。

四、增上緣。據《三十論》，此有三義：一、有體法。有爲色法、心法。無爲真如。皆有體故，是此緣攝，所執無體，即非緣也。問："依假法得成緣不？" 答言：此復二釋。有義通假。如《對法》云："住持增上者，謂命根力，衆同分住。" 此文爲證。附識三。有義，前説非是。《對法》命根衆同分爲增上者，隨他説故。[215] 謂命根所依種子衆同分所依諸法也。[216] 應立量云：增上緣體，應非是假。宗。緣所攝故。因。如餘三緣。喻。今取後義爲勝。二、有勝勢用。唯有體法，故有勝用，乃得爲緣。此用[217] 非是取與果用，此中取與，約因望俱時果名與，能有後果名取。但不障者即其力也。不障即名增上，若扶助力强，名增上可知。[218] 今有軍官，走馬覽營地形勢，馳騁遐志，[219] 周察俞精。夫精察爲果，必以其人之才識歷練爲因，然使不遇良騶，驅策維艱，則視察能事必有未盡。又雖名驥，復有待於鞍具、芻秣等等。假其所需，有一不備不精，亦將蒙其不利。以是徵知，若馬、若鞍具、芻秣，其於軍官此際所爲而不障者，皆爲增上勝用。又如吾今立足處所，兩足所履之土，固吾所待以立；實則自此兩足所履以外，推之全地乃至日局，皆與吾之立足有關。假令五步之外山崩川竭，又或餘緯越軌，衝碎地球，皆以危害吾之立足。故知吾今者立足於此，即由全地乃至日局，俱有增上勝用，自餘均可類推。三、能於餘法或順或違。試取近事爲例，[220] 若霜雪於禾等，等餘草木。多能牽令轉青色等爲枯喪等。轉者，改轉。禾等枯喪位，其以前青色等皆滅，〔221〕義説爲轉，非謂前青等不滅可轉爲後枯喪等。又霜雪於枯喪等，但爲增上緣，非辦體親因，故致牽言，問：“霜雪非青色等滅之因耶？”曰：據理即非大乘，滅不待因故。滅若待因，不名滅故。〔222〕即此霜雪，望枯喪等爲順緣，望前青色等作違緣。此中妨難，下文自釋，餘準可知。善法起，順還滅，違流轉。惡法翻此。流轉者，逐生死流，塵勞不息之謂。還滅者，流轉之反。一順一違，斯以顯其非一非常之妙用之不測也。然復當知，此中義分順違，據實違緣云者，非與滅法爲緣。如前舉例，枯喪等望前青色等是相違法。霜雪與枯喪等爲緣時，前青色等已滅。今云霜雪與作違緣者，彼前青色等。即滅無，望誰爲緣？由此枯喪等。是彼前青色等。之相違法，既與此枯喪等。爲緣，即義説爲彼〔223〕前青色等。之違緣。一事向背，義説爲二，霜雪與枯喪等爲增上緣，是爲一事。向背者，一事之兩面。與枯喪等爲緣，是向義；令枯喪等起，違前青色等不令相續，是背義。由此二義説順違也。若不了此，將謂順違二緣義相對待，如何解增上緣也？增上緣本扶助之義，若誤解違緣義者，將謂此違礙彼，説此爲彼增上違緣，〔224〕寧復可通？綜上三義，出體已竟。

增上緣用，一順一違，此順違用，於四處轉。四處云何？生、住、成、得。

一、生者，謂一法心法或色法。生。緣合故生。徵之心法，若前五識，雖因緣等具，等者，謂等無間緣及所緣緣。定須有根等爲增上緣。此中等言，謂空明作意分别依染淨或根本依，〔225〕至後自知。其識始生。故有漏根順有漏識令生，即違無漏識令不生。餘可類推。又若色法，如世所知，淮橘成枳。此蓋橘之變相似枳，前橘相滅已，續生異前，義説爲變。非謂前相轉成後相。假説名枳。而此枳生，有能生勢用爲因。現世言生物進化者，〔226〕或侈談天擇，而置物之能生因於不論。此如秋楓紅葉不曾墜地，淺者以未遭厲風吹之爲其存在之因，遂成大過。風力未加，不障楓紅存在，名增上緣，未可以不障者，目爲楓紅存在因緣，理至爲明，〔227〕習焉不察，何哉？〔228〕河北水土空氣等爲增上緣，順枳令生，即違前淮橘相使不續生，此其一例也。

二、住者，凡法生已便住。謂法生時，持體能依。問：“持體何義？”

答：如一青色具時不捨青相而爲黄等，此謂任持自體。心法準知。俱時生法，亦復持體，爲其所依。所依於能依增上令住。順現法令住，即違前滅法令不住。如草木等依地住，色法依大種住，諸識依根住。詳《對法》五。問："法纔生即滅，云何説住？"答：相似相續故，前不至後，此不至彼，各住本位，應説名住。又世俗不了生滅，於其似續之相貌上，妄執爲常，亦隨順説住。

三、成者。此復爲二，謂成立、成辦。詳《大論》五。成立，謂立論者所知勝解愛樂爲先，先者因義，即增上緣因。宗、因、喻三支法式。爲建立，大衆敵論者爲和合，如是種種增上，令所生義成。[229]此中種種法，於所成義，若聲無常等爲增上緣，則是順也。望餘非所成義，若聲常等義説違緣。[230]成辦，謂工巧智爲先，先義見上。劬勞爲建立，處具處所、作具。爲和合，如是種種爲增上，令工巧業成辦。此中順違準知。

四、得者，謂證得涅盤。此雖以無漏種爲因，此言因者即因緣因。亦必依如理作意及善友等爲增上，方令證得涅盤。順還滅法令得，即違流轉法令不得。又得法通三性，普光《百法疏》"得者，於三性法假立獲得，名之爲得"是也。今此且約無爲説。

如是四處皆有增上緣，[231]於彼四處。起用。又復應知，此增上用隨事雖多，如前，生住成得隨舉一事莫不待增上之用，故云多也。而勝顯者二十二根。發生之謂根。五根能引生識，故名。乃至無漏三根能引生無漏道，亦得此名。恐厭繁文，此姑不述，學者欲詳，有《三十論》。詳《述記》四十五。

又前三緣，亦是增上。如因緣望所生果，即有增上義。餘二緣準知。然今此緣除彼前三。取餘，三外之餘法。雖無一法非所緣緣，一切有爲及無爲法皆是所緣緣。然此諸法正被緣頃，方是所緣緣攝。若不緣處，增上緣攝。如眼識正緣西山色時，餘東南山不緣處即增上緣攝也。

如上四緣，依處云何？初因緣，依功能立。次依無間滅，前念已滅，名無間滅，無間義詳前。立等無間緣。前云此緣依現行立者，顯現行相續故。義各有據，亦不相違。依境界即有爲及無爲法。立所緣緣，依所餘前三之餘。立增上緣。

復次四緣，約種現分別，略有三門。

一、本識中種，容作三緣生現。除等無間。

種	爲緣	生	現
見種、相種	因緣	親生	見分、相分
一切種	所緣緣	引生	第八見 第六見
一切種	增上緣	引生	一切相見

表中引生義有二：一、引起名引，凡所緣緣望所生果皆此義也。二、助力或不障名引，凡增上緣望所生果皆此義也。問：“助力名引，其義固爾，不障名引，理復云何？”答：舉例明之，張人於李人，雖復漠不相關，而可説張於李有引生義，以張不障礙李之生故。設張一旦手刃李，李即不生矣。故張不障李之生，即於李有引生義，而李之生，望張名增上果。此自色心諸行，推之人群生活之事，莫不有此增上義也，學者思之。〔232〕有種于現能助力〔233〕，如根種於識種，助令生現，即根種望現行心法是增上緣。識種於根種，亦助令生現，即識種望現行色法，〔234〕是增上緣。作意種望識及根相〔235〕例可知。又雖無助力，但不障生，若甲識種望乙識現，亦名增上也。

二、現行相望，即現生現。容作三緣，無因緣故，此復析以五類：

（一）自身識、他身識，更互相望，凡有二緣。

自身識 他身識	爲緣	生	他身識 自身識
自見 自相（唯第八）	所緣緣	引生	他見
他見 他相（唯第八）	所緣緣	引生	自見
自見相 他見相	增上緣	引生	他見相 自見相

所緣緣中，自身第八識所變塵相，爲他身第八見疏緣。他於自，亦爾。表内注明。餘易了知，不煩縷述。

（二）自八識聚自身八識。相望，增上緣定有，等無間緣定無，唯所緣緣義有無不定。因緣前已除訖。

所緣緣
第八於前七有。五緣八相、七緣八見。六通緣八相見故。
前七於第八無。第八不托七識而生故。[236]
第七於前五無。五唯緣八相故，於第六有。意緣一切法故。
前六於第七無。七唯緣八見故。
第六於前五無。五唯緣八相故。
前五於第六有。意緣一切法故。
前五自相望無。《述記》五力劣不能爲緣故云云。

《論》説意識遍緣十八界，即通自他識皆得緣也。緣自者，即第六見緣相、自證緣見，内二分互緣。及後念見緣前念見是也。緣他者，即第六疏緣前五、第七、第八諸相見等是也。問："何謂十八界？"答：六根、六塵、六識，名爲十八界。據實言之，云六根、六識者，亦攝第七、第八，不可不知。

（三）自身八識，一一自類，如眼識前後相望，名爲自類，餘準可知。前後相望。第六容作三緣，餘七前五及第七、第八識。唯二。[237]

八識自類	爲緣	生	八識自類
第六前念	等無間緣	引生	自第六後念
第六前念見	所緣緣	引生	自第六後念見
第六前念相見	增上緣	引生	自第六後念相見
餘七各自前念	等無間緣	引生	餘七各自後念
餘七各自前念相見	增上緣	引生	餘七各自後念相見

八識除第六外，餘七不能自緣前念識聚，唯緣現境，故除所緣緣。更有異義，恐繁不述。

（四）同聚異體如一眼識中，俱時[238]心、心所，一一更互相望，[239]雖是同聚，而是別體。展轉相望，定有增上緣。有義，亦有所緣緣，詳《述記》四十六第十七葉，同十一第二十一葉，又同十六第二十四葉。

（五）四分相望，容作二緣。

四分	爲緣	生	四分
相分	所緣緣　增上緣	引生	見分
見分	增上緣	引生	相分
見分	所緣緣　增上緣	引生	自證分
自證分	增上緣	引生	見分
自證分	所緣緣　增上緣	引生	證自證分
證自證分	所緣緣　增上緣	引生	自證分
相分及見分	增上緣	引生	自證及證自證
自證及證自證	增上緣	引生	相分及見分

如上五類，分別現行染識爲緣訖。[240]

三、現，此字爲一逗，通八識言也。緣種現生，已如前説。前第一門，約種生現，有三緣。第二門約現生現，以五類分之，亦總有三緣。種，一逗。亦理應緣現種起。此中現，謂前七能熏。後準知。現種於種，各作幾緣，且爲二表。

（一）現於種。約現生種説。

現	爲緣	生	種
前七現	因緣 增上緣	親生 引生	親種〔241〕
前七現	增上緣	引生	非親種〔242〕

現望親種〔243〕爲因緣，以親生故。俱時亦爲增上緣，由現望所生種，有助力義故，説名增上。現望非親種〔244〕爲增上緣引生，復有二義。如現熏長本有種〔245〕，助力名引。望餘不熏之種，〔246〕不障名引。

（二）種於種。約種生種説。

種	爲緣	生	種
種	因緣 增上緣	親生 引生	自後種
種	增上緣	引生	異種

種子定無等無間緣及所緣緣者，以此二緣，唯望現行法立故。如左圖。種非現行，故非二緣果。

甲圖

（因）等無間緣即前念現行，（果）後念現行。

乙圖

（因）所緣緣即現行色等，（果）現行能緣心。

上述三門，若種爲第八識攝持。若現，眼等乃至第八識。互爲緣生。所以遮執實有，明爲幻化。義海淼其無源，論峰峻而難仰，其諸小知，何以窺焉。

已説四緣，更有生識九緣，攝歸此四。九緣云何？一、空，二、明，光。三、根，眼等六根。四、境，境界即一切有爲、無爲法作所緣緣者。五、作意，遍行心所之一。六、根本依，第八識。七、染浄依，第七識。八、分别依，第六識。九、種子。

如是九緣。八識各具幾緣，分别如左：

一、眼識，依肉眼。具九緣而生。

二、耳識，依八緣而生，除明。理實空亦應除。詳下注。

三、鼻識，依七八緣而生，[247]除明及空。

四、舌識，依七緣而生，除明及空。

五、身識，依七緣而生，除明及空。

六、意識，依五緣，謂根、第六依第七識爲根，亦以第七爲染浄依。境、作意、根本依、種子。

七、末那識，依四緣，謂根、第七依第八爲根，亦以第八爲根本依。境、作意、種子。

八、阿賴耶識，亦依四緣，謂根、第八依第七識爲根，亦以第七爲染浄依。境、作意、種子。

八識具緣，已如上述，宜各加一等無間緣，依次配屬。

眼耳必依空緣，鼻舌身則除之，何也？據大小乘義，由根取境，[248]離合用殊。鼻舌身三，境合方取，如香合鼻，鼻即感香，味於舌、觸於身，其事亦爾。即以境合方取，不立空緣。眼耳二根，境離方取。天山萬里，遥入眼簾；空中震雷，乃達耳鼓，即以境離得取，説有空緣。問："光綫入眼，聲浪達耳，寧非合取？"答言：光綫但屬明緣，是增上緣攝。此中離取合取，唯約所緣緣説。義界未分，何勞妄難？如伸右指爲所緣緣、眼根取據，[249]實不由合，以指合眼，眼反不見，[250]故合取義，在眼必無。至云聲浪接耳應合取，斯則諦實之談。無爲守文者所拘可也。[251]

九緣中，[252]空、明、根、境、作意五者，義同小乘。自餘大乘所加。九緣攝入四緣，一心生時，定具此四，心所準知。

所説四緣，必應有果。此果分别，當復云何？

果有五種。一者等流，依因緣立，定似因性。此復二别：一、自類相續異時，此中以平等而流，名等流。前後相續故言流，前後一類云平等。謂種生種。二、異類相依同時，此中，等言相似，流，謂流類。相似流類，名等流。謂種生現，及現生種。《述記》四十三第十八葉等流果唯二，於因緣中除現，此明一切種故，云云。理實現爲因緣生種，此種是現等流果。不爾，現望誰爲因。義見前文，本章因緣中。不勞繁述。且系以圖。

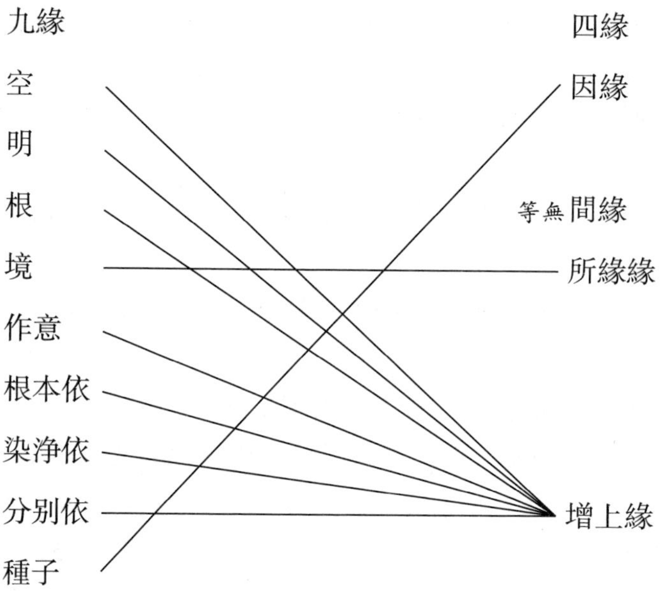

甲（種生種）圖

前念見種（因）➛後念見種（等流果）
前念相種（因）➛後念相種（等流果）

乙（種生現）圖

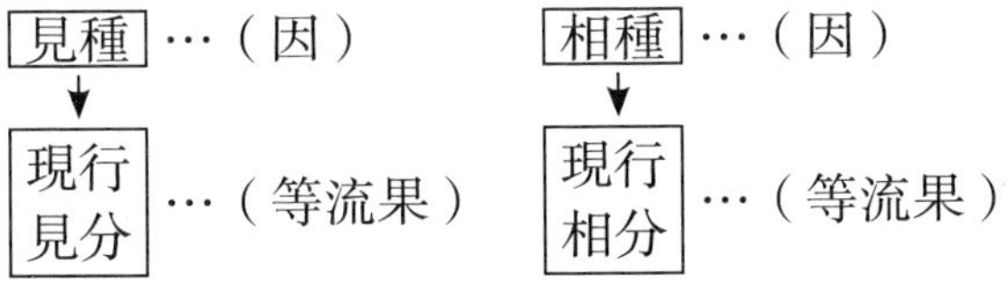

丙（現生種）圖

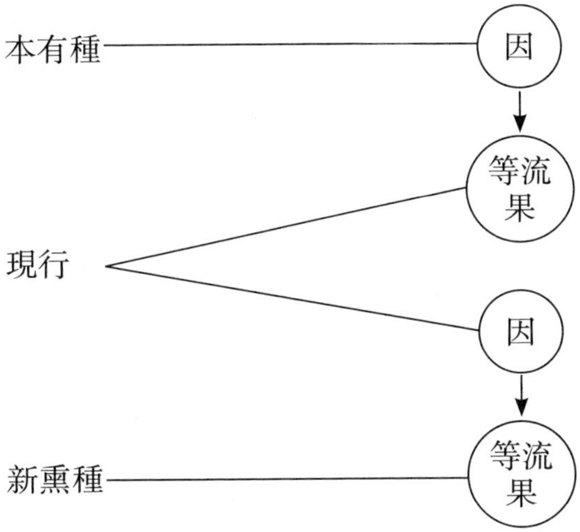

丙圖三法展轉，因果同時。《三十論》喻“如炷生焰，焰生燋炷。”詳《述記》十四第二十二葉。炷爲因生焰，焰望炷爲果。焰又爲因，復生燋炷，即此燋炷望焰爲果。三法皆是同時，現從種生，又復生種，亦三法俱時而有。帝綱重重，斯稱衆妙。現望現何故無因緣義耶？吾友林宰平先生言：“若許前念現親生後念現者，則唯現行恒轉，乃成無因論。以不説現有種故。”此説甚諦。然有難云：“大乘建立種爲現因，其本有種，亦復何因？”答言：此不應齊責，請以喻明。今有言張人自生，不因祖父生者，世必詆爲狂惑。言張人以祖父爲因故生者，則莫不審其爲如實之談。然張人太初始祖更無其祖，以一切生物展轉推求，至原生物更無其原故。現必因種，[253] 而本有種更無其因，理亦如是。[254] 不可推因至窮，遂謂無因。猶不可推祖至窮，遂云無祖。

二者異熟，依增上緣立，與因異性，感第八名言種，令生現行之業種，通善惡，而第八現唯是無記，故果性異因。立異熟名。異類而熟故名。此義推詳，前文《功能章》感果中。[255] 可按。[256]

三者士用，容四緣得。非此果一一皆四緣所得，故言容。[257] 然復有二：

一、人士用。謂等流異熟二因，名言種爲等流因，業種爲異熟因。所生現行，即色心五蘊集聚假者。[258] 假名士夫，[259] 其士夫所作，自念慮之微至事業之著，總名爲所作。[260] 説爲士用果。士夫之用，故名。[261] 即前二因遠望士夫所作，二因望士夫爲近，望此士夫所作故遠。名生此果也。

二、法士用。謂諸作者假諸作具因緣法爲作者，餘緣法爲作具，從喻爲名。所辦事業。

略舉六例心法五，色法一。[262] 以見其概。

心法例一

名言種（因緣）……作者↘

業種（增上緣）…………作具→異熟識（士用果）

心法例二

識種（因緣）……作者↘

作意種（增上緣）…　作具→現行心法（士用果）

⋮

根塵種（增上緣）……

心法例三

種〈因緣……作者↘
　　增上緣………作具↗後自類種（士用果）

前種於後自類種爲因緣，俱時亦爲增上緣，如前表列種生種處可按。此依因緣義説作者，依增上緣義説作具。

心法例四

現行〈因緣……作者↘
　　　增上緣………作具↗新熏種（士用果）

此中現行，謂前七能熏識現望所生種爲因緣，俱時亦爲增上緣。如前種生種例。

心法例五

無漏種（因緣）……………………作者
無漏現之前念有漏現（等無間緣）
無漏現（增上緣）
無爲法（所緣緣）　　}作具→證得無爲（士用果）

無爲可證而非種之果，然《述記》四十三第二十葉云，亦有展轉證得之義，此所本也。[263] 蓋由無漏種起現行方獲證得無爲，故云展轉。

色法例一[264]

穀等種（因緣）…………………………作者↘
人工作具水土空氣歲時[265]（增上緣）……作具→穀等（士用果）

穀等種望本識中相種，即是現行，不可名種。今順世俗故以種名。又此以穀等種假名因緣，實亦增上緣攝。

四者增上，容四緣得，除餘四果，前三及第五。皆此果攝。通一切有爲、無爲法。上述四果，即一心法生時隨所望別，[266] 義説爲四，如第八現識望親因名言種，説等流果。望增上業種，説異熟果，望因法具云因緣法，謂功能。逢緣餘緣法。[267] 現起作用，因緣法爲作者，餘緣法爲作具，故心等法生。由是説緣生有實作用，不可。説緣生不有作用，亦不可。説士用果。望餘果所不攝法，説增上果。又有異門第八現望第七種，名增上果。八以七爲根故。望作意種，名士用果。第八作意心所種，警發第八心種令生現故。法無孤起，義匪一端。然復當知，此約染識，説有四果。浄識唯三，但除異熟。此中取第八現爲例，餘準可知。又若色法，得説三果，謂等流、如穀望穀種，假名等流果。士用、增上，如穀望人工、作具，説名士用果，望水土、空氣、歲時，説名增上果。應如理思。

五者離繫，謂無漏斷障二障。〔268〕所證無爲。此説無爲，約無漏斷障所顯，不同前士用果中解。

如上五果，隨應安立，善巧絕倫。〔269〕往昔外道有計諸法，常有説諸法斷。空宗末流，談空惡取故。〔270〕唯識家言因遮常，言果遮斷，非斷非常，幻滅幻生，宛爾相有，雖幻非空。此其旨也。有難非斷非常義應不攝離繫者，不知所隨能轉，言攝亦得。〔271〕問："從因感果中間亦隔時分不？"答言：不也。若許隔者是法已斷，無復有果。人情對畛，〔272〕計有新起，必須經時。則未知緣起法者，〔273〕有大勝用，頓滅頓起，情計終不相應。我宗説，〔274〕從因感果，定不隔時。若種生種，此言生者，因緣生也。或現生現，此言生者，等無間及增上緣生。前因滅位，後果即生，如秤兩頭，低昂時等。《三十論》有此喻，其觀物入微，舉類邇而見義遠。俗士何由悟其玄旨。〔275〕若種生現，及現生種，俱時而起，無間從因至果定無間隙也。何疑？世俗不了頓起頓滅義，故疑因果之間必歷時分。

上來已説四緣及於五果。附識四。學者不悪緣起道理，則離識無境，義非難喻，將繼此論之。〔276〕

附識一：〔277〕不生滅是體，生滅是用。用中復分體用：功能是用之體，現行是用之用。

附識二：《唯識二十論述記》四第三十至三十二葉，辨所緣緣云："遍計所執，説凡夫境。"意説凡夫若心起執，必變爲依他内影像相分。按此中内言，顯影像相非外，乃内識之相分。又此相分，是依他性攝，故冠以依他二字。此性性者體也，謂依他相分體。離言及離假智。謂妄分别。識有執故，執此以爲色聲法等，不稱所變離言影像。説能執心，名爲遍計。遍計所取，名爲所執。此謂所執。是無法，不能與識作所緣緣。所變影像，體是有法，與能遍計作所緣緣，亦不違理。但是凡夫起能執心，當情顯現，名凡夫境，非説爲境故，即是所緣緣。但作所緣，不能作緣，當情現故，無體性故。如見於繩，眼識無執，是現量攝，得法自性，但見青等離言之境。意識於此，亦自變爲離言影像。不知此影像非繩非非繩，非蛇非非蛇，遂執爲蛇，不稱影像。説此執心，名能遍計，體是有法。所變影像，體亦有法，名所遍計。遍計所取，當情所現，情有理無，理者諦理，此所執境，妄情上有，理實無故。説爲所執，遍計性成。此唯凡夫所行之境，名非聖境。非許無法作所緣緣。録此備考。

附識三：窺基《百法疏》："命根者，依業所引第八種上連持色心不斷功能，假立命根耳。衆同分者，類相似故，有人法之別。人同分者，如天同分、人同分。法同分者，如心同分、色同分等。依人法類，假立此名。"

附識四：世學如科學、哲學。所云因果，自吾宗觀之，唯相當於增上果義。此稍治唯識者，所易明也。然即物察理，往往一增上果，而全宇宙爲之因。學者即果尋因，初不必計及全宇宙，恒自其最近者以爲推徵。設秤物之重量爲如干，若地心吸力、若氣壓，固皆爲其致此之因。即至迥色之空，或太陽系統以外之他恒星，亦無不與此有關者。故曰，一果而全宇宙爲之因也。然學者於此，但取其近緣，若地心吸力、若氣壓，以明此果之因，則能事已畢。吾人常能由一知二，或由甲知乙者，率此道也。

境識章

昔者小乘外道，并許離識之外别有色等實法，爲色等識各别境。此其所持，最順恒情，而實違理。故不可勿論也。今先破外小，次明自宗之義。破外小中，有通有别。且通破者，外小共有四事，難議離識無境，證非唯識。

一者，處定。設無外境，許有識生，云何此識有處得生，非一切處，如緣西山識，於此山處生，餘處則不生？云何二字至此一氣讀之。應立量云：緣西山識，於餘處應生。宗也。執境實無，識得生故。因也。如緣西山處。喻也。返證無離識實境，則處定不成也。

二者，時定。若無外境，而識得生，即緣西山處識，於非緣此山時應生。宗也。執境實無，此識生故。因也。如緣此山時。喻也。返證無離識實境，則時定不成也。

三者，人不定。若無外境，許有識生，多人同一時、於一處，應定一人見，餘不能見。宗也。執唯識故。因也。如眩翳人見髮等，决定一眩翳人。見，餘非眩翳人。不見。喻。意云：眩翳所見髮，本無有實，故决定隨眩翳者見，餘人不見。若色等外境，爲各人妄識所現，〔278〕亦無有實，應决定隨一人見，餘人不見。此以眩翳喻妄識，髮等喻境。今此不爾。多人俱時於一山處皆能共見，非如眩翳所見髮等决定隨一眩翳人見。是爲人不定。

四者，作用。若無外境，許有識生，云何眩翳人所見髮等，無髮等用，非眩翳者所見髮等，有髮等用？髮有爲髻等用。量云：眩翳所見髮等應有用。宗也。執無實境，此識生故。因也。如餘髮等。即非眩翳所見。此則返徵實境方有用耳。

當時外小以爲上述四事，若無離識實境，皆不應成。此則凡情之執，實不稱量。知境不如實，名不稱量。欲解其蔽，取譬非遠，且舉夢喻。夢中無實境，而或有處見村園等，非一切處。應立量云：非夢時境雖無實，而所見事，其處亦定。宗也。許如是境皆無實故。因也。如夢中所見。喻也。

又夢境雖無實，而即此處，於或時見村園等，非一切時恒見。比量準前處中可知。

又以幻覺喻。如群翳觀燈，皆共見有燈輪。此燈輪雖無實境，而非定唯一見。量云：同於一時，同於此處，而人不定，其理得成。宗也。許無實境故。因也。如群翳所見燈輪。喻也。

又如夢中，夢兩交會，境雖無實，而有虚妄作用。如男損精，女損血等。等者，謂肢分勞倦出汗等用。

由此，雖無離識實境，而處定等四事皆成。故彼外道小乘。引此，四事。爲證不成，此通破訖。

次別破者，由諸外小復有於色等境，以慧分析，説實有極微。此如近人析物質即色等境。爲元子電子矣。若其流別，略可得言。如勝論者外道。執有分色。此師説父母極微合生子微，子微名爲有分，有細分故，其本微但名爲分。然粗有分色。異本微細分色，而實有其體。唯此爲眼識等境。古薩婆多師自下小乘。執實多微各别爲境。此師意説，如色處等爲眼識等境時，其實極微一一各别爲眼識等境。所以者何？一一極微，體是實有。若多微和合，成阿耨色以上粗顯境，但是和合假法。五識緣實不緣假，須有實體方能引生識故。經部師執實多微和合爲境。一處相近名和，總成一物名合。此師説一一實微，非五識境，五識上無極微相故。若多微和合成阿耨色以上粗顯境，體雖是假，五識之上有此相，故爲五識境。正理師新薩婆多。執實多微和集爲境。和義見前。不爲一體名集。此師説諸極微一處相近，展轉相資，各各成其大相。如多極微集成山等，多微相資，即一一微各有山等量相，故與五識作所緣緣。此并非理，應别破之。

難勝論云：汝有分色體，異汝諸細分色，本微。實不可取，宗也。許實句色故，因也，勝論有六句義，第一實句，有九實，謂地、水、火、風、空、時、方、我、意。參考《述記》五第六葉以下及《二十論述記》三第三葉。如細分色。《述記》九實一一有細分，此細分色，既非五識所取，即有分色亦然，同是實地等色故。故以爲喻。次難古薩婆多云：各别極微，非五識所緣。宗。眼等識上無極微相故，因。如眼根等。此本《觀所緣緣論》。喻但取少分。五識不緣五根，故以爲喻，但非以根與極微相例，大乘根是有，而無實極微也。

又難經部云：汝和合色於識前五。非是緣，宗也。彼和合色。體實無故，因也。猶如第二月。此喻也。經部不説和合色有實體，蓋以古薩婆多極微各别被難，遂執和合爲五識境。大乘即以和合無實體故，明其非生識之緣。參考《述記》七第十四至十六葉，并《觀所緣緣論》。

又難正理師云：汝相資極微，應不與五識爲其所緣，宗。即極微相故，因。如不和集相資時。此師以經部和合被難，轉計極微相資。不知極微和集相資之時，與不和集不相資時，其體是一，如何相資能爲大物？由此，五識上無極微相，故非所緣。此本陳那説。更有餘義，恐繁且止。參考《述記》七第十八至二十葉。

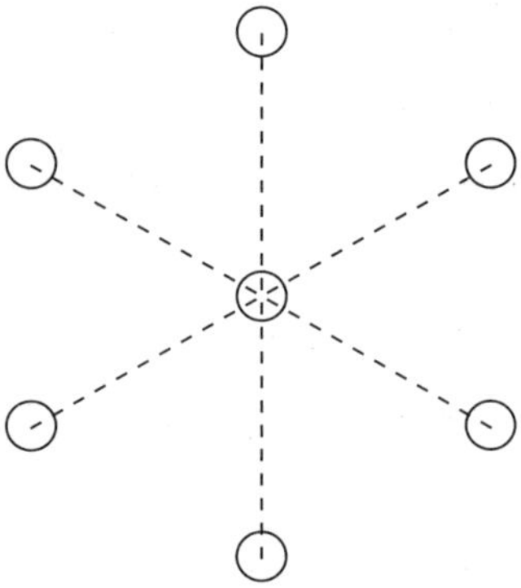

復次，諸言有實極微者皆不應理。所以者何？汝曹有云：阿耨色合七微成，中間一微，四方上下有六微，則中間極微與外六微合，應成六分，與六合故。所合既六，故能合應成六。一處不容有餘處故。如中一微之東分，與東方處微合，更不容餘五方處微，其西等準知。既中一極微，許成六分，以此例餘，皆有方分。極微有方分，必更可析。云何説爲實有？然復有計，微相圓故，所擬東非是東，西等亦爾，無有方分。薩婆多義。此亦不然。若極微無方分者，便非色法。應立量云：極微應不成色，宗。不可示其東西等故，因。猶云無廣袤性。如心、心所。喻。成極微非色已。又汝粗色即諸極微，粗色外無極微，極微外無粗色。當復立量云：汝粗色應不成色，宗。體即極微故，因。如汝極微非色。喻。成粗色非色已。遂立量云：手觸壁等應無對礙，宗。非色法故，因。如虚空等。喻。如上三比量，返證極微定有方分。有方分故，必可分析，便非實有。由此説微相是圓，義亦不成。既無實極微，云何更擬次是圓相？故以有無方分徵詰，斯極微無實，易以明矣。

問："若無極微者，佛亦不應説。"答言：爲執粗色有實體者，佛説極微，令其除析，非謂諸色實有極微。《大論》五十四：佛説極微有五勝利，一以與二空爲方便故云云。《義林章》此中意説"修法空觀，要析諸色，先至極微。斷諸煩惱，得入空故"云云。諸修唯識觀者，於粗色相，以慧除析。析者分析，除者除執，外小亦分析，而不能除執，此以除言簡之。至不可析，假説極微。大乘説極微有方分，非不可析，以更析便不名色，故云不可析。至下自知。不同小乘説有實體，名不可析也。如吾頃所憑之案，若依彼堅相鬆相等，一一以思除析，漸次除至不可析，假名極微。如思析面爲綫，析綫爲點，至點更析，則空而非色，故説此名不可析。然點綫面，本形學名詞。此中强借用之耳。此猶有方分。極微體即是分，方亦分也。若更析之，便心相變似虚空現，不作色相現，故説極微是色邊際。此則大乘義也。外小極微亦以慧分析而建立，然執有實體。大乘則無實極微，但依所析色而假説之。一誠一妄，語豈同年。

上來已辨，極微非是實法。經部師等等，餘正量部等。則復轉計，更以現量證外境有，以爲諸法由量刊定有無。一切量中，現量爲勝，有三量故，言一切；取現境故，證自相故，説現勝。故舉此爲徵。如世人言，我今見色乃至觸觸，下觸字，名詞謂色法。若無離識實境，寧有此覺，我今現證如是境耶？其爲説如此。夫言法之有無，宜以現量楷准，此誠締論。獨其所謂現量者，則以眼接色乃至身觸觸，而有色等覺云爾，故亦説名現覺。斯爲近似亂真之説也。據實言之，有色等覺時，即執心外别有其色，内外已分，不名現量。所以者何？眼等五識及俱意，現量證境時，不曾外執，無計度故。三分别，詳《轉識章》。後時意識分别，乃判内外，參考《述記》四十三第十一葉。故色等覺，唯在散位意識。覺意識虚妄分别。與正見，五識及俱意現量。二時不俱。則此覺時，能見五識及俱意。已入過去，寧許有是現量證外境有？應立量云：起此覺時必非現量，是散心位，宗也。能見已無故。因也。如散心位緣於過去百千劫事。喻也。又我所謂現量，既不執外，斯乃證外境無，異汝所云。此對正量部説。又汝覺時境，請以夢等喻。等者，等幻覺。如夢等時，雖無外境，而亦得有此覺。我今現見如是色等，餘時現覺，應知亦爾。此對經部説。故汝現量，爲證不成。參考《二十唯識論述記》。

破現量已，復别有難。謂如夢境，非心外實有，世能自知。若覺時境亦非心外實有者，世何不自知？應答彼言：如處夢中，不知夢境非外實有，覺時乃知。世間妄分别，串習昏熱，如在夢中。此染分别，不稱之實理，説爲虚妄。無始以來，數數熏發，謂之串習。覆蔽稱昏，毒惱名熱。諸有所見，皆非實有。未得真覺，恒不自知；至真覺時，根本智起。方知之耳。然諸夢者，終安其夢，此釋迦所爲發嘆於長夜也。

以上諸師異計，亦別破訖。餘所不詳，具《三十論》。破順世及數論梵天等計，詳《述記》六。又清辨俗諦境有，計同外小，例破可知。

次明自宗義者。上來廣破外小，明無離識實境。斯但有遮，何可無表？故應説有不離識之境，而後唯識義成。所以者何？諸有爲法，靡不相待。所云識者，本對境受稱。若無境相，焉起分別？故唯識言，義亦攝境，以境不離識，説識名唯。此則吾宗本義，余於篇首《唯識章》。略明梗概。今更詳所以，學者擇焉。

一切有情，各有八識。言八識者，謂眼等乃至第八。又凡言識，義兼心所。[279]而此諸識，皆爲能變。此前文所已明者也。詳見《諸識章》及《能變章》。[280]斯義既了，而後可談境不離識之故。夫境者非佗，即識所變之相分也。此相千條萬緒，如眼識一刹那頃有無量青等相轉，餘準可知。而自識變以言，無過二類：一、因緣變，二、分別變。

因緣變者，由能緣心，言心亦賅心所，此中唯除第八心所。[281]任運而起，非作意籌度曰任運。其所變相仗質或否，五及俱意等定仗質，第八即不定。而不與見同種生，定有自種爲因緣。相別有種，故有實用。此言用者，體也，猶云有實體耳。

分別變者，相別無種，但隨分別心、心所見分。勢力故變。此亦仗質或不仗質，第七仗質，第六不定仗質。而隨見攝，説無實用。若約四分別顯，則相與見同種生者，亦依他性攝，即有實用，但非如色等有礙用耳。今以此相隨見攝，故云無實用。從言異路，義非一端。

如是二類，約八識分。[282]若第八相，[283]以種子從自前念種生，問："本有種從自前念種生，新熏種應説從現行生，何可無分？"答言：一切本有及新熏種，俱爲藏識攝持，念念等流，其後念種各以自前念種爲因緣，理無可疑。此中非譚種子來源，何須分別本新？汝難固不應理。[284]故有勢用。[285]如根器從大種及造種生，故有礙用。[286]七相一分，[287]從質第八見分。種生，[288]有似主宰常一用。雖似主宰常一用現，而實非主宰常一。[289]五識與俱意所變色等，各依大種及造種生，〔290〕造種爲因緣，大種增上。亦有礙用。〔291〕第六定果色，隨何繫定，即由何繫大種所造，繫者，繫屬義，界繫之略稱，如身在欲界名欲繫。〔292〕復有礙用。以上因緣變攝。〔293〕若第六一分，〔294〕除五俱意及定心所變。第七一分，七見所變。〔295〕及第八五數，有質無質獨影，詳見後文。皆分別變攝。

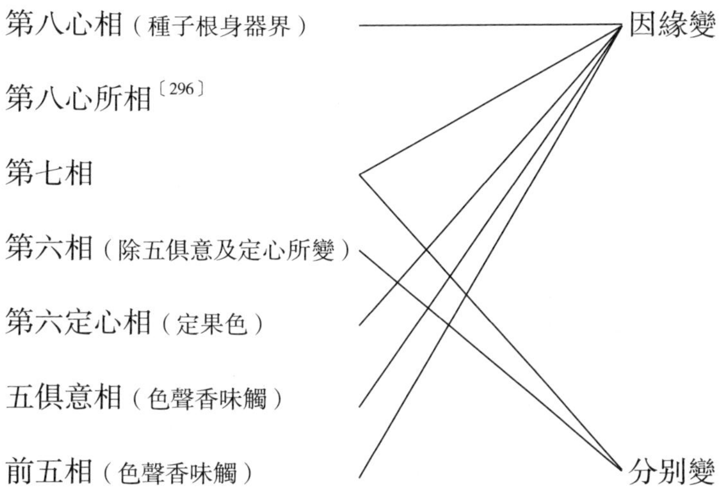

《述記》十六第二十葉，釋分別變“謂作意生心，是籌度心”云云。同第二十二葉，雖任運起：“而無勝力，所變之相，非實種生，名分別變。”詳此，則分別變者，以相別無種爲其義界。無論籌度心或任運心，凡所變相無别種者，皆分別攝。參考《樞要》五第四五葉。

定果色者，謂定心所變色等境。《大論》五十三：“勝定力故，於一切色皆得自在。”《義林義章記》十五：“此定果色，是彼定前加行心果，由加行心，先期欲變，後方變也。”《大論》五十四：“勝定果色，若依此繫定，即由此繫大種所造。”又云：“此色勝定力故，先起大種，然後造色變異而生。”餘詳《雜集述記》五。〔297〕

惟相見種，或同或別，故諸相分有因緣變，有分別變，不倚一端。然印土諸師於二分種，嘗有唯同唯別之争，此不可不察也。唯同論者，以爲相若別種，既與識殊，何名識變？故相與見，應同種生。此復二師：一師唯據新熏種立論，説三法同種生。二師更建本有種，説兩法同種生。據一師義，如眼識起時，緣於色境，即熏生一種。眼識見分種。〔298〕此種有三功用：一生自眼識。見分，二生自相分，三生本質。參考《義燈》卷二、《樞要》卷三。若爾，有八識不遍失，三法同種義，非遍於八識皆有之，即其義非能立也。如第八塵相，器界。望眼識見分有本質，〔299〕與眼識見分同種生，即不與自第八識。見同種生，故三法相見質。同種義不遍也。第二師起，遂救其失。謂此眼識，其新熏種，但生自相見，即兩法同種生。若相所仗質，即第八相，乃與第八見同種生，第八種唯本有故。《了義證》卷二："兩法同種者，但自相見，或雖有質，質本有生，不能熏故。"此所本也。既許第八相見同種，無不遍失。雖爾，此師不許第八有新熏，則違《阿毗達磨經》。《阿毗達磨經》者，唯識所宗。經説前七識能爲因，熏生第八親種。見《攝大乘》及《三十論》所引頌。亦復成過。參考《了義燈》二。

唯別論者，説相無緣慮，見有緣慮，故慮非慮別，〔300〕應不同種生。但相不孤生，托見方生，説名識變。玆所樹義，抑未盡理。實根塵相，與見別種，誠如所云。餘獨影境，寧可一例？如意識緣空華，空華無實，但識上變似華相，此似華相，即與見同種生。緣極微等，大乘極微無實，已見前文。〔301〕其理亦爾。概云別種，云胡可信？

惟護法師者，説相見二分隨其所應，種或同別。〔302〕如緣空華等，相見同種；緣實根塵，則相別有種。同別合論，斯無有過。

設有問言："相別種者，何名唯識？"應答彼言：不離識故，一切種離本識無別體故。又相種以見種爲增上緣，而得生現；相分。見種亦以相種爲增上緣，而得生現。見分。既見相種，同時更互緣生，故二現行，定不相離。如眼識起時，色相俱起；耳識起時，聲相俱起；鼻識起時，香相俱起；舌識起時，味相俱起，身識起時，觸相俱起；乃至第八識起時，種子、根身、器界俱起。言乃至者，隱攝五俱意及第六定心相。又第七一分因緣變者亦此所攝。〔303〕見相倏然宛然，而定俱不離，説名唯識。問："何故不言唯境？"答言：見爲能緣，相爲所緣。由此能緣，證有所緣。能緣勢用勝故，但名唯識，不名唯境。迹護法義，調和唯同、唯別二家，而依別種，説因緣變；依同種，説分別變，可謂如實稱量矣。[304]

復次，相雖無量，而依性別，性者體也。説爲三境：謂性境、此言性者實也。帶質境、獨影境。

性境者，謂若有相具足五義：[305] 一、有實用，解見前。二、從自種生，三、或仗質，四、現量所證，五、性與繫界繫。不隨心。故名性境。首言謂若有相者，此中但約色法，不及無爲，復除種子，故以若有言簡之。設遍舉者，無爲亦名性境，然唯具三義：一、有實用，是諸法實體故；二、現量所證，正智得彼自相故；三、性不隨心，自性本淨故。不從種生，更非仗質，故無彼二。第八相如種子復是性境，此具四義：一、從前念種生，二、勢用實有，三、八見現證，四、不隨心一繫。[306] 初有實用，如色即礙用，[307] 義易了知。

二從自種生者，謂前五相及俱意相，乃至第八根身器界，[308] 言乃至者，隱攝第六定果色。如是衆相，通名色法。於俗具云俗諦。實有。[309] 此諸實色，由何得生？故應分别説大種、造種。[310]

前六除散意。塵境并第八根，乃云造色。造色得名，後詳。理實各自有種，應説造種。《對法》："所造色者，謂眼等五根，色聲香味所觸一分，及法處所攝色。"詳《雜集述記》四。准此，造色通假實，今唯約實法言。第八器界此云器界，唯約第八所變而言，若通説者，則眼識及俱意所變色塵，耳識及俱意所變聲塵，乃至身識及俱意所變觸塵，俱托第八器界爲質，亦器界所攝也。亦名爲大。大復差别，地水火風。堅勁義是地大義，流濕義是水大義，温熱義是火大義，輕動義是風大義。設此諸大，無有功能，云何突生？故復説有大種。

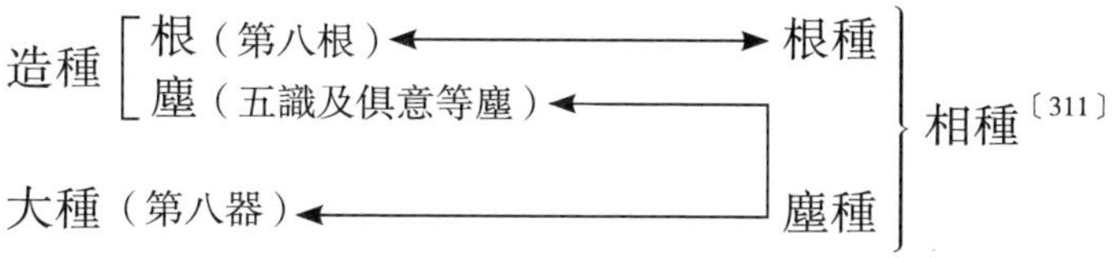

《瑜伽》第三"由諸内外大種造色種子，皆悉依附内相續心"云云。諸大造中，唯根名内，餘皆名外也。内相續心謂第八。

大種造種，勢用相懸，言其殊勝，則唯大種。蓋大種勢用有二：一、與自現四大。爲因，因緣因。由諸大種，同處各遍，如多燈光同一室處，而各周遍其處，皆不相障。遇緣各生其現。故堅勁、流濕、温熱、輕動，諸大相網，都無虧欠。網者遍義。相網者，謂即於一處諸法交遍也。衡陽之聖知此矣，其言《易》曰："乾坤各有十二位，坤非有陰而無陽，乾非有陽而無陰也。"按陰陽爲虛字，以明諸法交遍之理。世儒作實字解，謂之二氣，斯方士之談。交遍者，衆妙義，大用充周義，如藥丸然，隨取一分，味味具足。驗之生物，有截其一部，其肢體仍得長育完具，良有以爾。亦復不相入爲一體，燦然衆相，區以別矣。

二、與造色根及塵。爲因，此即增上緣因。所謂生、依、立、持、養五因。

（一）生因者，亦云起因。謂諸造色雖自種生，若離大種必不能起。《瑜伽》第三：問："諸法皆從自種而起，寧説大種能生諸色，乃至長養耶？"答言：由諸大種、造色種，皆悉依附内相續心。第八自體分。諸大種未生諸大，造色種終不能生。要大種先生大，造色種方生造色。爲前導故，説彼大種。[312]能生，故名生因。《瑜伽》六十六同此。夫造色者，通根塵言。第八變根，造色。定須變器諸大。爲其依持受用。五識等塵造色。仗第八器諸大。爲質，方得變起。故《論》説言，大種先生大，器界。造色種方生造色。根塵。理實造色定與大俱時生，無有先後。言大先生者，以造種待大種增上，義説爲大先造耳，非實有先後也。若言有先後者，則其先者當在何世，後之距先，又經如干時分耶？倘不能説明之，即不應持有先後矣。設有説言：諸大生於昨午，造色之生，後於諸大三刹那。雖立説者無據以甄其必然，而反對者亦無據以證其不然。昨午已入過去，其然否皆非當前所得驗故也。若爾，則其説爲能立乎？恐未然也。將如此土名家所云："能勝人之口，不能服人之心爾。"縱言先者，不必於昨午；言後距先，不必三刹那。要其失，則視此矣。惟現前造色，現前諸大，相依俱有。故説大造俱時生，過此以往，未之或知也。晚世哲學家有説有機物之生，後於無機物者。逞臆懸譚，烏乎稱量？

（二）依因者，謂諸造色，依據大種，方乃得生。故舍大種此云大種者，非目諸大種子，乃現行諸大之通稱。蓋大種一名，通乎種現也，詳《義林章記》九第三葉及《大論》三。無别處住。《瑜伽》第三："由造色生已，不離大種處而轉，故名依因。"《義林章》九分别即質造、離質造，而以依因約即質説，其義待商，今且置之。

（三）立因者，即隨轉因。由大變異，能依造色，諸大爲所依，造色爲能依。隨變異故。能造諸大對造色名能造。所造，即造色。安危必同。故大變時，造隨變異。此中造色謂根。大謂扶根塵，扶根塵即器界攝故。

（四）持因者，即是住因。謂諸大從大種生，雖纔生即滅，生已便滅無稍留時。而恒隨轉。前滅後生，故云隨轉。新新不斷，遂説爲恒。故能持造色，令其相續。《義林章》九，謂由大種，此中大種，通種現言。大種生大，方能持造，義説種亦能持。諸所造色，相似相續生，持令不絶故。造色續生，由大持力。大爲能持，造爲所持，造色與大，俱生俱滅故。不爾，造色應有間斷。《瑜伽》第三："由隨大種，等量不壞。等者前後相似義，不壞者相續義，更有别解，此略不詳。遂名持因。"有説大種通前六塵者，不知大能持造，前六間斷，焉有此能。

（五）養因者，即是長因。謂由大種，養彼造色，令增長故。由大親養造色增長，故名長因。根造色也，必須大養之令長。郭子玄曰："人之生也，形雖七尺，乃舉天地以奉之，故天地萬物，凡有所者，不可一日而相無也。一物不具，則生者無由得生。"其言雖近，乃有深指。

如上所述，大種生大，大之得名，一、形相大故，二、與諸造色爲所依處故，三、成壞世界，作用大故。俱時增令造種生造，如左圖。

造不從大種通種現言下准知。生，而依大種而生，遂得造名。造色者，具云所造色。《義林章》九"相依而有，立以造名"云云。由依大種生故，説爲大種所造。然有問言："造望能造大種，爲定相屬，爲不爾耶？"案《瑜伽》五十四："依大種處，大種，通種現言。有造色生，説名爲造。"《義林》注："但大種處所造色，即以此大種名爲能造，非定相屬。"又此聚中有彼大種謂現。造色可得，當知此中即有彼法大與造。故。諸大種謂現。同聚，諸大一處同遍，説爲同聚。且以水言，從其流濕即有水大，從其温熱即有火大，熱則化氣而輕動即有風大，冷復成冰而堅勁，即有地大。水大種子逢緣生現行水大，其水大相增盛時，令餘火大等相隱，非有水大處無火大等也。餘準可知。所有一切造色，相依有者，皆可名造。互得造義，非定屬義。斯則應理之談。《義林章》九"問：爲一大種造一造色，爲造多耶？爲多大種造多造色，爲造一耶？答：相依而有，立以造名，造一造多，理皆無妨"云云。義亦有關，附存於此。

又復當知，造色與大，有二不相離。一、同處不相離，《攝決擇》説："要大種生，先據處所，後造色起，不離彼處，名爲造故。"由造依大生，義説先後，實無先後。可勘前文。此言大造同在一處，不相障礙。如一色處阿拿色，諸大阿拿與造色阿拿，隨應所有，并相涉入，若衆燈光，交遍一處。又如一眼根阿拿色，亦諸大阿拿，此謂扶根塵。與造色阿拿，此謂浄色。隨應所有，并相涉入，若衆燈光，交遍一處。二、和雜不相離。即凡同處不相離阿拿色，能造諸大。所造造色。相涉入者。雖一處住，而其體各别故，復云和雜。《瑜伽雜集》言大造種者，棼不易理，唯識諸籍，於此復少明文。今以大種屬第八，然後大種於造色爲五因之義，的然易明。學者細按吾前文，當豁如也。《雜集述記》四第二十七至二十八葉"所觸有二：一者，能造如前已説，今辨所造。故言一分"云云。有舉此爲能造四大即五及俱意觸處所攝之證，而謂吾以大種屬第八爲非是。不知就身根所取言，能造四大，自是身根所取，《雜記》有明文，不可非也。就身識及俱意所緣言，則唯是造色。能造四大爲本質，五及俱意不親緣。故前六中觸，自有造種。大種當屬第八，於理何疑，他日容别論之。

又大造體性，别以二類，曰根曰塵。大第八器。及造一分，造色通根塵，此言一分者，除第八根，唯取前六色等塵也。同塵性故，通得塵名。望造中根，第八根。遂判爲二。根塵。塵唯所取，根通能所。根望塵名能取，望識亦名所取。清浄色者，根獨得名。雖似塵有對，對者礙也。而特微妙，浄色根，雖説爲有對，實迥不同塵。故有勝用。能發識故。世俗不辨根塵勢力之殊，今之言生理者，不了有凈色根。生理奥窈，云胡可窮。

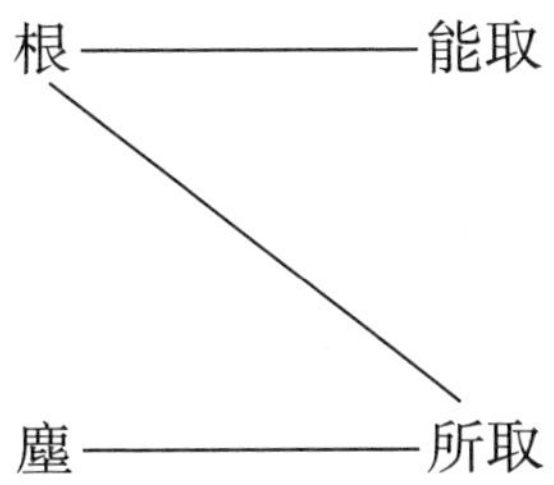

三、或仗質者，根塵性境，藉質唯塵。〔313〕若前五塵，仗第八器界。起；若俱意塵，仗五塵展轉托第八器相。而起；〔314〕第八定果色準知。〔315〕若第八塵，仗他識起。他身第八識所變器，自第八托爲質。唯第八根，定不仗質，執爲内故非可待餘。前六塵，亦得説仗他人識所變爲質。如俱意緣張人，實非能親緣張人，乃仗自五塵，展轉仗自第八，又展轉仗張人身中第八識所變扶根塵爲質，變相而緣。若爾，即質有多重。曰：多亦無礙，法相非一故。

四、現量所證者。《顯揚論》説："現量者有三種相：一、非不現見相，《論》自釋有四種義，殊冗雜。今釋非不現見相者，此境現前顯現，非過、未無。亦非有被礙不可見。即識於此境，分明現證，故云爾也。〔316〕二、非思構所成相，若涉思構，即現境已入過去。如五及俱意前刹那取現境，後刹那獨散意方起思構，便非復前刹那現境。〔317〕三、非錯亂所見相。"錯亂有七種：一、想錯亂，謂於非彼相起彼相想，如於陽焰鹿渴相，起於水想。二、數錯亂，謂於少數起多增上慢，如翳眩者於一月處，見多月象。三、形錯亂，謂於彼形起餘形增上慢，如於旋火，見有輪形。四、顯錯亂，謂於彼顯色，起餘顯色增上慢，如於非黄色，悉見黄色。五、業錯亂，謂於無業，起有業增上慢，〔318〕如執捲馳走，見樹奔流。六、心錯亂，謂於所錯亂義，心生喜樂。七、見錯亂，謂於所錯亂義，妄想堅執。誠以諸識於境，現量證時，親得自性。如青色自性，本非青非非青。眼及俱意，正緣彼頃，亦不起青非青行解相。即心與境，冥會無間，渾然一體而轉，名得自性，故説非錯亂等相。眼眼識。俱意緣色如是。耳耳識。俱意緣聲，〔319〕乃至第八緣根塵等，皆應準知。現量親證，方稱性境。性者實也，現量方證實境，當下即是，求索便乖。[320]凡夫雖有現量，曾不自知。僧肇有言："夫人情之惑也久矣，目對真而莫覺。"

五、性與繫不隨心者，且先談性。凡屬性境，多不隨心三性不定，如實五塵，唯無記性。不隨心謂五識。通三性。雖無記心，謂五識中無記。緣五塵境，可云同性。心境俱是無記性故。而實相五塵。見五識。各守自性，非境隨心成無記。餘準可知。次繫不隨者，如明了意識緣香味境時，其香味二境，唯欲界繫，不隨明了意識通上界繫。餘義推詳，請咨《樞要》。詳《樞要》卷三第二三葉。

如上五義，色法根塵。全具，是爲性境。餘非色法，若真如等[321]義不具五，亦性境攝。觸類旁通，其詳可略。性等三境，本唯依相分立。然《義燈》云："四分相望爲所緣者，亦得名相，雖非相分，而是境相。"準此，則見及內二分爲所緣時，亦得説爲性境。故性境名義寬廣，通色心及無爲法。據理而言，凡法有實用，及爲現量證者即屬性境，此其所以寬廣也。

> **附識：**性境中前六能熏，爲熏自種，爲亦熏質種？曰：據理通熏，若不熏質，第八無新熏種故。若爾，即一相分，熏生二種，一爲自種，一爲質種耶？曰：否。相分與質爲同類故。即此相分，熏生一種，此種入本識是爲塵種。或時隨緣生自能熏後念現，或時隨緣生本質法故，義説相分亦熏質種。[322]

帶質境者，《述記》四十四第十九葉："能緣之心，有似所緣之相名帶。第七見仗第八見爲質，變似我相，故云帶質。"第七相分，雜種所生。見《述記》卷四第八葉。一分與質同種，一分與見同種，兩頭見及質。爍起，立帶質名。以故此相，判性不定。若從見説，有覆無記；若從質説，無覆無記。異性攙和，而成一物，斯爲至詭。又復此相，唯非量境。第七緣時，不得自性，第七相，似其本質即第八見，本非實我。然七見橫計爲我，即不得自性。[323]不稱質故。七疏緣本質第八見，八見本非實我。七執之爲我，故不相稱。[324]具此數義，帶質境所以建立。

> **附識：**帶質境爲雜種生，一分因緣變者，力能熏質種，一分分別變者，望於彼分（因緣變者），有和合及相似義故，即與之共熏質種。問："第七緣我，云

何此相熏成質種耶？”答言：帶質相有，而我實無。所謂我者，本見分之上妄作此行解。即以相帶質起故，還熏質種，我實無故，不復熏種能生我。[325]

獨影境者，獨散意識第八心數，相唯從見。[326] 奘師頌云“獨影唯從見”[327]。從見義者，略説有三：一、從見同一種生，二、從見同一界繫，三、從見同善等性。非異見而有實用，[328] 性境即異見而有實用，獨影境反之。遂被此名。然復有二：一、有質獨影，二、無質獨影。

有質獨影者，雖相唯從見，[329] 從見有三義，注見上，後仿此。[330] 然見變相，有所仗質，故以爲名。如第八俱心所與心相應名俱。[331] 獨等緣心亦云心王。相，[332] 根器種。[333] 實仗心相爲質，而變影緣之。質有實用，而影無實用，以影唯從見種生故，下準知。第六獨散。緣第八等相見亦緣前五第七及自前念見，故置等言。及緣他心他人心。見，仗質變影。此例僉同。

附識一： 常途説有質獨影，亦名帶質。如《義燈》云“有性境不隨心亦帶質通情本，謂散意識與五同緣，即於此時并緣第八等”。此其文義隱晦，初學難解。按散意者，第六意識，一方獨起構畫，名爲散意；一方仍與同時新生五識俱，亦名俱意。故一意識，就俱意方面言之，則取性境；就散意方面言之，則取帶質境。《燈》説蓋如此。唯其所謂帶質者，即指散意緣第八等，則有未妥。蓋帶質境一名，當爲第七相分之專名。七恒内執，故境應特殊。《述記》説七相爲雜種生，以有似常一用故。獨影雖仗質，而種唯從見，無實用故。此二者之判也。若散意緣第八等，其相分即有質獨影攝，不得謂爲帶質矣。《燈》以之并爲一談，即非正義。《宗鏡録》六十八説：“帶質者，心緣心是。”又云：“散位獨頭意識，若緣自身現行心心所時，是帶質境。”則亦不以帶質專屬第七，其失與《燈》同。然俗或名有質獨影爲似帶質者，似言置簡，理亦無妨。

附識二： 或云：“散意仗質，容據曾有而言，如俱意與五識，前念緣塵即於前念謝滅，後時散意方起，變似過去塵相而緣之，即托過去法爲質，故所仗質應言曾有。”其爲説如此。設有難言：“過去法即無，如何得仗爲質？”則説者必瞠目結舌而無以應矣。言理者，有差之毫釐，謬以千里者，此類是也。故前説必加修正，方足解難。據實而言，俱意與五識滅時，即散意生時。刹那刹那，前滅後生，如秤低昂。故散意纔起，即緊接俱意，得仗少分實塵爲質。言俱意已入過去，散意不相接而得爲質者，〔334〕即爲倒妄。疏家如此不詳，遂令説者滋誤。然《宗鏡録》六十八第四葉云："獨頭意識初刹那緣五塵，少分緣實色，亦名性境。"此則爲不正義。〔335〕散意初刹那與俱意緊接，遂得仗彼少分實色爲質，而變影緣之，〔336〕非能親緣實色也。故俱意所緣名性境，散意所緣名有質獨影境。問："散意唯仗俱意爲質，不仗五八耶？"曰：亦展轉仗五八爲質。〔337〕"若爾，既有多質，設許熏實種爲一爲多？"〔338〕曰：質皆同類，即此熏一種。〔339〕此種入本識中，有時隨緣生第八現，有時隨緣生五或俱意現。思之可悉。

附識三：第六緣自前念見時，所變影相亦有質獨影攝。前滅後生，原不隔時。故後念見，得仗前念見爲質，而變影緣之云爾。〔340〕

附識四：《義林章記》十五第二十至二十一葉："遍計所起，不明了意識（亦名獨散意，亦名散意）獨緣根境，（不與五俱，云獨緣，然言緣者，實是疏緣）構畫所生，熏種爲因，後生根境，以因從果，以影從質，亦於法處不别説之。"同第二十一至二十三葉"一者影像色，諸有極微，並獨散意，構畫根境，鏡像水月，如是等類，同皆無實，心之影故，同立一門"云云。詳此，則以散意無質獨影，爲有質獨影境，故此影像，立以色名。又舊説有質獨影，亦名帶質。《樞要》三第四葉"如第六識緣過未五藴，得是獨影，亦得説是帶質之境，熏成種子，生本質故"云云。夫帶質與有質獨影之分，吾已辨之矣。乃若散意構畫根境，如緣鏡像水月，或緣過、未五藴之類。過未藴本無，鏡像水月，復非實有，唯是能緣心上妄作此行解耳。斯不得名爲有質獨影也。然其必以有質獨影名之，且以帶質境名之者。《樞要》固云："熏成種子，生本質故。"《義林》亦言："熏種爲因。"是其立義之所據也。然今所欲辨者，即獨散意識是否可熏質種？以理推徵，縱真爲有質獨影相分，亦不應别熏種，以此相分，從見分同一種生，即隨見分，熏成見種，理無可疑。倘許能熏質種者，第六遍緣十八界。許緣第八見及根塵相，熏種無失。若許緣第八自體分上功能，亦熏種者，即犯無窮過，詳《宗鏡録》四十八第十四葉。又如第七及五見皆自能熏，設許散意疏緣亦熏彼種者，過復無窮。緣自前念見，熏種成過，其理亦爾。準此以談，散意不應熏質種，决定决定。即彼散意所變影像，除緣俱時餘心法，仗有實質，及緣五塵，初刹那緊接俱意五識，仗少分實質者外。餘緣過未藴及緣鏡像等類，不得名爲有質獨影及帶質境，義復決定。若爾，第八或無新熏種耶？曰：第八見種由第七熏。第八塵種，五及俱意熏。其根種無新熏，唯本有故。自基師以來，主張散意熏質種，遂不惜以無質獨影，强名帶質，以傅會其熏種之談。種種糾棼，相沿千載。吾夙疑之，質之吾友林宰平，而後斷然非之也。[341]

無質獨影者：相唯從見，復不仗質，故以爲名。此境唯在第六散意。萬念紛綸，相爲無量，略示方隅。[342]如緣過未即現在心，變似過未相而緣之，此相是現在，但心上妄作過未行解。及緣無爲、石女、空華、瓶衣等物，五識及俱意但得五塵，本不曾得瓶衣等物。唯第六散意見分之上變似瓶衣等相而緣之耳。不相應行、極微自性、神我、梵天，外道説有梵天等，即心上變似其相，而妄執爲有。大乘破彼之時，心隨彼梵天等名，變似其相，唯不執有耳。乃至緣無，無字名詞。如心起無物想時，即變似無相而緣之。每一心生，言心亦兼心所。俱時變似，所緣相貌。如緣過未至此爲一句。是爲無質獨影。[343]

附識一：散意緣無爲,《樞要》三，説此相分爲獨影境。日本僧高範云：“無爲不生不滅法，無引起相分之力，故此相分偏依能緣心分别力安立，故獨影境。”《了義燈》一：“後得緣如，相是何攝？答：或帶質境攝，從質名無爲，從見名有爲，以許無爲依識假立。有漏緣如，準此。”又云：“若約種辨，即唯從見。”今依《樞要》及高範説，散意緣如相分，攝屬無質獨影,《燈》説帶質境攝，非也。吾友黄居素、陳證如並主真如非疏所緣緣。樹義精審，此姑不述，則變相緣如爲無質獨影，明矣。

附識二：第六緣不相應行法，如心作得法行解時，必變似得法之相，此相偏依能緣心思構而起，故爲無質獨緣。《百法明門論》説不相應行，略有得等二十四法，其中不無可增省者。坊間有基、光二師《百法疏》本，殊不佳，亦可閲。

附識三：無質獨影相分，本不别熏種。頃有問言：“如緣空華相分，即名無質獨影，空華本無，故不熏種，而似空華相非無，云何不許别熏種耶？”答曰：此相從見，非異見而有自性，即隨見分熏成見種，故云不别熏種也。[344]

綜上所述，有質無質獨影境，許通三量。第八心數，唯現。[345]八數任運，於所緣影像相分，不作是此非非此等行解，稱其本質，即得自性。[346]第六獨散，初剎那率爾心，亦現量攝，餘通比非，應如理思。

如上三境，六八通二，第八心王性境，心所獨影境。第六俱意及定中性境獨散及夢中獨影境。[347] 五七唯一。五唯性境，第七唯帶質境。《樞要》誤解帶質，有二合三合之談，不可從也。《樞要》三第三葉至第四葉："有二合者。五識所緣自地五塵，是初性境，亦得説是帶質之境。第六識緣過未五蘊，得是獨影，亦得説是帶質之境。熏成種子，生本質故。有三合者。如因第八緣定果色，心所所緣，唯是獨影。心王所緣，是實性境，亦得説爲帶質之境，第六所變定果之色爲本質故。"詳此，則獨影與性境，通得以帶質境名之，而三境名相淆亂矣，惡可據哉？延壽《宗境録》雖博聞，而膚亂無條理，其言三境，亦不足依也。

三境攝屬二變：性境及帶質一分，是因緣變；獨影及帶質一分，是分别變。《樞要》有文，見《樞要》五第五葉。此堪抉擇。

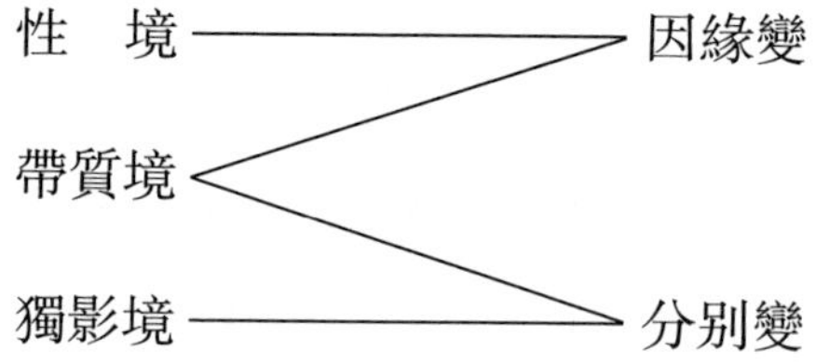

附識：《述記》十六第二十三葉："性境不隨心，因緣變攝；獨影帶質，皆分别變。"此與《樞要》五頗異，今不取之。基師説帶質境，往往自爲矛盾耳。

復次，諸有爲相[348] 略有四義：一、頓變義。如實根塵，隨其形量大小，宛爾頓現。本非實物，故言宛爾。若吾頃者注目而視近旁之爐，理實爐相，第一剎那，依識頓現。即此剎那滅已，第二剎那，似前爐相，復依識頓現。亦即此剎那滅已。第三剎那，似前爐相，又復依識頓現。世俗觀物，以爲漸變者，則以經多剎那，相似相續，有若積漸而成耳。剎那剎那，無非頓現。不疾而速者，幾也，則莫尋其間矣。前後剎那，曾無間隙可得。不怒怒，作動也。《齊物》"怒者誰耶"。而威者，神也。《解深密》云："由緣起法有大威力故。"則莫得其朕矣。難言哉，頓變也。深了頓變義者，則知凡物不由積小成大，而極微之論，不足成立。《述記》七第二十一至二十二葉，略釋此義，可參考之。

朱元晦《中庸》第二十六章注云："然天地山川，實非由積累而後大。"解亦精到，能會斯旨。元晦聰明，誠有足多者。

二、互遍義。自識具云自身八識。各變，色聲等相，他識具云他身八識。各變，色聲等相，[349]同遍一處，而不相礙。即如講室懸牌，吾與座中諸人，嘗以牌爲一物，吾儕共見矣。不悟本無離識實境，安得多人共見一物？更自思唯，則此惑不難解也。大乘以諸識皆不親緣外境，説無離識實境。諸識各自所緣，爲各自所變，故無共見一物之理。斯義詳前，玆無繁述。由吾眼識仗自第八塵相爲質，變似牌相。俗云牌者，乃依識所變似牌之相分，假立牌名。實則此相與其本質相類，無所謂牌與非牌也。俱時，他人眼識，亦仗彼第八塵相爲質，變似牌相。而各牌相，同遍一處，吾儕妄計，則謂共見一物已耳。夜半鐘聲，衆夢初覺。各人聲相，原非一物，復如前例。是故互遍義立，而外境之執始破。

三、衆同分義。如前所舉，多人牌相、聲相，雖復同遍一處。設不相似者，即應多人俱時於一處各自緣牌相等，等者謂聲相等。不同作牌相等解。今既不爾，以是徵知，決定相似，故復説衆同分。相似名同，非同一之謂。分者類也。説見《百法》。又《楞嚴》有群翳觀燈，共見燈輪喻，則以業同故相似耳。

四、隨轉義。識帶境生，境仗識現。識有執故，緣境起縛。《義燈》七："由第七識二執爲本，令諸識中不能亡相，爲相所拘，説名相縛。"《倫記》五十二："由有末那故，第六起相縛，謂由末那計第八爲我故。第六緣境起法執，執蘊等，緣境起縛，名爲相縛。相縛體即六塵，所緣皆縛也。"又由有此[350]末那故，八識緣境，皆有縛起，即諸論云，謂境界相，能生縛也。轉無漏時，境亦隨轉。能緣殊勝，於境自在。究竟位中，無漏見種，挾帶無漏相種以行，即浄土莊嚴，自在示現。然如來浄土與衆生穢土，同處各遍，而不相入已耳。此非奇談也，即等是凡夫其心境雖屬同分，而亦不無差別，如畫師詩人，與鄙夫凶豎，决不齊其天宇，世所印可，何獨疑於如來浄土乎？設有問言："唯識所談何事？"[351]應答彼言：談境隨心轉事，凡愚不了，妄執外境，拘礙自心，哀此長夜，何時可旦！

復次，散意緣境，以意及五識，[352]現量證境時，無外境想。後念散意起位，緊接前念俱意等滅位，即仗俱意等少分實境爲質，變影而緣，乃作外想矣，然此影質不俱時，雖前後緊接，而生滅位異故。〔353〕俱時而有時覺、方覺。散意所變影相本非實境，但見分上作實境行解，而實境行解起時，定有方覺時覺俱起。所以者何？實境行解，析言之，即一爲現之行解，不作已滅未生想故；二爲在之行解，不作無處想故。合現與在之行解，方成實境行解。然現者時覺，在者方覺，若無方覺時覺，即實境行解不生也。持實境行解與時方二覺，俱時而起，不可説有先後耳。〔354〕此時方爲何？不可毋一言耳。〔355〕

方具云方分，俗云空間。者，大乘説，依色心分位假立。色者，心之相分、色上分位不自顯，依心行解而顯，即此分位，本唯依心假立，然就所緣邊言之，亦説依色。〔356〕若離色心，即無別體，不可得故。設許離色心有別空洞之體名爲方者，此現量所不得，比量亦無據，故應遮止。〔357〕以是依色心分位，施設爲方。外道有計方是常一，能生諸法，此真倒妄。《三十論》已破之。〔358〕

時具云時分，俗曰時間。者，大乘説，唯依心法分位假立。此復二義：一、唯識三世義。識變似相，而起過未行解。現識以前念爲等無間緣故生，望後又自爲等無間，即現識一方酬過去，一方引未來，是以現識緣自相分時，觀前滅無，名爲過去，觀後當生，名爲未來。即依現相而作過未解也。宛爾三世，實唯一識。依一識上詐現三世。二、道理三世義。《别抄》二，作種子三世，《倫記》五十三，作法相三世，《述記》十八，作道理三世，今從《述記》。依識功能一切識名有功能。生滅義故，假設三世差别。功能念念前滅後生，已滅名過去，方生名現在，當生名未來。現在功能是過去果，是未來因，即依一功能上假立三世。或此二外，更説神通，恐濫妄緣，〔359〕遂以云爾。《述記》十八第二十三葉："由聖者功能各殊，既非妄心，所見皆實，但由智力，非是妄識之所變也。"又云："雖有唯識道理二種，無别神通，恐濫妄緣，故分三種。"《倫記》五十三第二十三葉神通三世者，即禪定他心通，此皆證解云。實則約種現言，二義已足。唯識三世義，依現行立；道理三世義，依種子立。《别抄》無三，不立神通三世。良有以也。

綜上所述，時方無實，是色心上分位假法故。義極決定。唯衆生妄執，未易遣除，故令析色觀空，方覺始泯。方亦依色，不唯依心，諸瑜伽師以假想慧，析色至極微，更析便空，即無方分。復令悟入刹那，時覺何存。所云時計，亦猶於方，去來今相，歷然溝分，則時即方之變相矣。復依所執，爲之符號，支干之紀，鐘表之動，因以計度，妄亦滋甚。今欲明時非實有，莫若令悟刹那。舊説時分迅疾，至極小量，方名刹那，此蓋隨順世俗。如《大毗婆沙論》一百三十六説："壯士彈指頃，經六十四刹那。"又説：世尊不説實刹那量，無有有情堪能知故。此言刹那分限，不可測知，雖足以遮凡情之執，然不謂刹那非時也。設有説刹那勢速，（《百法疏》：迅速流轉名勢速）應字真時者，則返同時計外道，心外有法，過且無邊。如實義者刹那非目時分。《述記》十八説"念者刹那之異名"，斯爲了義。念念生滅，其來無始，其去無終，即現在一念，爲億劫以前之果，爲億劫以後之因。依一念生滅，假説過現未，而實無有時分可得。故了刹那義者，則計時之妄，可以袪矣。[360]善巧方便，智者須詳。

前談境相，遂及時方，餘不相應，詳見《百法明門論》。亦可類推。學者既了離識無境，則諸識性相，性者自性，相者行相，説見後。應更推詳。先轉識。《瑜伽》六十三"識有二種：一者阿賴耶識，二者轉識。此復七種，所謂眼識乃至末那識"云云。故轉識者，前七之通名也。轉者轉易，十地位中，前七入觀無漏，出觀有漏，有轉易故，立轉識名。問："金剛心後，[361]第八亦由有漏轉成無漏，云何不名轉識？"答：第八一轉即永轉，非前七例，故轉識名不通第八。本識阿賴耶識。次之。[362]

轉識章

將談轉識，先以二事：識謂一切心、心所。有所依，宜陳梗概，一也。識謂前五乃至第八心王。有助伴，心所之異名。略明義界，二也。

初識所依，是名爲根。法相家建立五根，總曰根身。爲第八相分，成五識所依。成者成立之稱，云何五根？謂眼根、眼者，照了導義。《瑜伽》三："屢觀衆色，觀而復捨，故名爲眼。"梵云斫芻，斫者行義，芻者盡義。謂能於境行盡見，行盡見諸色故，名行盡。翻爲眼者，體用相當，依唐言譯。耳根、耳者能聞之義，梵云戍縷多。《瑜伽》三："數數於此聲至能聞，故名爲耳。"鼻根、鼻者能嗅義，梵云揭邏拿。《瑜伽》三："數由此故，能嗅於香，故名爲鼻。"舌根、舌者，能嘗能吮能除飢渴義。梵云時乞縛。《瑜伽》三："能除飢羸，數發言論，表彰呼召，故名爲舌。”身根。身者積聚義，依止義，梵云迦耶。《瑜伽》三：“諸根所隨，周遍積集，故名爲身。”《對法》：“眼根者謂四大種所造。根有自種，不從大生，而依大而生，故名大種所造。説見《境相章》。基師《雜集論述記》四第十二葉：‘大所造者，遮勝論執五大即根。’此解甚是。然勝論下無等字，文疏略也。順世數論諸師，其説亦近勝論，應并遮故。眼識所依，清净色爲體。清净色言，簡異大衆部等五根即以肉團爲性，詳基師《雜集述記》。[363]耳根者，謂四大種所造，耳識所依，清净色爲體。鼻根者，謂四大種所造，鼻識所依，清净色爲體。舌根者，謂四大種所造，舌識所依，清净色爲體。身根者，謂四大種所造，身識所依，清净色爲體。”詳此所言根者，即是净色。具云清净色。復依何義建立？基師《義林》：“根者，增上義，出生義。或云發生者，義同。與眼等識，爲威勢增上，爲因出生，因者，增上緣因，非因緣因。故名爲根。”見《義林》九。安慧《五藴論》“根者，最勝自在義，此義亦見《俱舍·分别根品》，蓋安慧之所本也。普光《俱舍記》十一解最勝自在，有二義：一云，最勝自在，即是有大勢用。此則唯約用説。二云，根體勝故，名爲最勝，根用勝故，名爲自在。此則約體用分疏，然第一解爲正。《俱舍·界品》明體，《根品》明用。今此《根品》中文，即唯談根用，不應涉及根體也。主義。所言主義，與誰爲主？謂即眼根，與眼識爲主，生眼識故。生者，增上緣生，非因緣生。如是乃至身根，與身識爲主，主者，專司義。生身識故。”見《地婆訶羅》譯本。諸所陳義，燦然可觀。總略而談，則根者，以其勢用熾盛，義當建立，無可疑也。根體即净色，最微妙故，世所不了，但由生識勢用，比知是有。然此根所儲之勢用，其盛大至不可測。火藥炸發，勢用雖猛，猶可較測。根之勢用，終無一壓可爲喻况。[364]如眼根發生俱時眼識，而取色相，有能言其力之幾何者，萬世一遇，猶旦暮也。

又復應知，清净色根，與扶根塵，同處各遍，和合似一。世所謂肉體或肉眼等者，大乘説名扶根塵，又名根依處，即器界攝。扶根塵者，以能扶根塵。[365]或以扶作浮便誤。宋明人有作浮塵根者，斯真倒妄。大乘凡言根者，即是净色，别無所謂浮塵根也。稱名稍濫，失理滋遠，可勿辨？而根相微妙，世不了故，遂難印忍。其在唯識，亦復以此聚訟。如難陀等師，説五識功能，是名五根；無别净色，爲眼等根。即以世親《二十唯識》、此論有頌云：“識從自種生，似境相而轉，爲成内外處，佛說彼爲十。”難陀釋言，彼頌意說，世尊爲成十處，故說五識種爲眼等根，五識相分爲色等境，故眼等根即五識種。見《三十論》四。按頌言内外處者，謂眼等五根爲内處，色等五塵爲外處也。難陀所釋，亦符頌文。唯自種言，《義燈》四有三解，《述記》二十六亦分三種，恐繁不述。陳那《觀所緣緣論》此論有頌云：“識上色功能，名五根應理，功能與境色，無始互爲因。”據難陀等釋此頌，色識自種，名色功能。所云色識者，實通五識而言之。五識功能，悉依附第八識自體分上，故云識上色功能也。即此功能，說爲五根，陳那以是爲正理，故次云名五根應理也。又功能與境色互爲因者，據難陀釋云：“種與色識常互爲因，能熏與種，遞爲因故。”見《三十論》四。此則釋境色爲色識，即是能熏。功能爲因，生色識，色識復爲因，熏生功能，故云爾也。《述記》二十六釋此頌，頗不一義。然其文詞凌亂晦澀，當別爲疏理，此姑不詳。而爲依據。安慧以理教相違破之，廣陳九難，一、諸聖教說，十八界各別有種。若五根即五識種者，十八界種應成雜亂。二、聖教說，五根皆是色蘊内處所攝。今汝執五根即是五識種者，若即見種，五根應識蘊攝，若即相種，五根應外處攝，故復違教。三、若五根即五識種者，五根應是五識因緣，如何《大論》等說爲增上緣攝耶？四、若五根即五識種，應根識繫異，可勘《論》文。五、依教及理，五根唯無記，五識種通善惡。今汝執五識種即五根，則五根應非唯無記矣。六、種爲賴耶攝持，而非執受，根則爲賴耶執受，教理共成。若五識種即五根者，五根亦應非有執受，如何可通？七、大乘說意識以末那爲根，若許五根即五識種，應意識種即是末那，此寧應理？八、若五根即五識種者，則俱有依與因緣依，應無有别。九、聖教說，五根通現種，若執唯是種，便違一切教。如是九難，具見《三十論》四及《述記》二十六。然《西明要集》疑此非安慧說，而判屬火辨。慧沼則據《述記》斷爲安慧說，謂疏主既是此翻揉者，故能深達，可不勞疑云。詞峰甚峻。護法假朋《二十唯識》等文，說能感五識之業種名爲五根。則虚言無實，安慧呵責護法云：“彼有虚言，都無實義。”流於詭辨繁瑣。安慧復申十難，詳《述記》二十六第九葉以下。抑可謂博辯已。然護法固非贊同難陀說者，其爲難陀所引二《論》設救，非必故與安慧相反，姑縱，故縱也。令安慧益盡其詞已耳。

難陀說五識種即五根，則以根爲種之異名，實不許有浄色根也。安慧之破難陀也，其詞雖辯，固猶未了難陀本意，而云衹爲名詞之諍耳。[366]原安慧所謂根者，正目淨色。難陀則無别淨色爲眼等根。其説五識種亦名根者，自非安慧之所謂根也。據實而言，安慧與難陀之諍，在根之有無而非種即是根與否。設難陀亦許有淨色根者，則根與種非爲一物，又何待剖？然安慧斤斤焉辨種之不可爲根，不悟難陀所言根者，與己殊指。此所以雖辯而無當，至護法乃如射者中的矣。彼以難陀之撥無淨色根也，則依教理，以證其定有。教者聖言量，理者比量。其説曰：藏識變似根等，亦變器世間及根依處，故置等言。有聖教量，爲楷定故，不可撥無，一也。許五塵爲五識變者，應許五根爲藏識變，二也。根相雖非現量得，大乘説根是第八識境，亦現量得，佛智緣時，亦現量緣。然此非世共悉。今依世間，説非現量得。參考《述記》十一第二葉。而由發識用，比知是有，《三十論》四："以有發生五識用故。"《述記》二十六第十一葉疏云："以有發生五識用故，比知有根，以果比因故。"非肉團即扶根塵。能發識故，故應别有淨色，三也。護法以此三義，《三十論》四："又諸聖教，處處皆説，阿賴耶識變似色根"，至"非謂色根即識業種"。《述記》二十六第十至十一葉，稱爲護法正義也。證成淨色根。而後難陀之説無以立。向者聚訟之端，至此始有定讞。

附識：大乘淨色根，本用小宗之名，而異其實。如《俱舍論》言："眼根極微，在眼星上傍布而住，如香荾花，亦説如頗胝迦。耳根極微，居耳穴内，旋環而住，如卷樺皮。鼻根極微，居鼻頞内，背上面下，如雙爪甲。舌根極微，布在舌上，形如半月。身根極微，遍住身分，如身形量。"其爲説如此。若以唯識相稽，則根從自種逢緣頓現，非由極微合成。又此根相，依世間説，現量不證，故不擬其形狀。准此，大小同言淨色根，其持義精粗，又迥乎相異也。

已説五根，意根云何？[367]大乘意根一名，有廣義狹義之殊。狹義者，專指第六所依末那。廣義者，乃合第六根及七八根通名意根也。今此言意根者，自屬廣義。後準知之。[368]第六意識，五同法故，見《攝論·所知依分》。[369]世親疏云："譬如眼等五識，必有眼等五根爲俱有依，如是意識亦應决定有俱有依。"應有所依，大小共許。至所依爲何，則諍端遂啓。經部[370]等有立色根，即胸中色物，亦云肉團心。爲第六依。則與今人言腦筋者義相和會。言胸中色物與言腦筋者雖異，其以意識所依爲色根則同。餘部不許色根，而立無間滅識爲意根。無間滅識者，即前念識。後念生時，前念已滅，故立此名。無間義者，謂前望後，自類無間。如意識第一念滅已，第二念續生，非第二念有餘識爲間隔也。縱第二念意識不生，必至第三念方生，而第一念望第三念，仍名無間。以第二念中意識自不生，非由餘識爲間隔故。即第三念意識乃以第一念意識爲緣故生。參考《四緣章》等無間緣中。世親初研小學，造《俱舍論》即作是説。《俱舍論》一“分別界品”云：“即六識身，無間滅已，能生後識，故名意界。”又云：“如五識界，别有眼等五界爲依。第六意識，無别所依，爲成此依，故説意界。”按界者體義，此言意根體即無間滅識，與大乘説意根體即末那者截然不同。學者詳之。其後向大，更造《五蘊》，猶存舊義。《五蘊論》言意界者，謂即彼識無間滅等，此則仍存《俱舍》義也。迹《俱舍》立意根，一反色根之説，其樹義已有進矣。意識第六識。行相寬廣，周遍計度。分别力强。其所依根，必勢用極猛利者，固非色根能爾也。净色雖有大勢用，比識則劣。唯其所謂意根者，即取無間滅識，即六識各自前念爲體，則以小宗本唯立六識故耳。乃大乘立八識，始説末那爲意根，而以小宗所謂無間滅識者，作等無間緣所依止性。無着爲世親造《攝大乘》，即已言之。見《所知依分》。自是而意根體即末那，遂成大乘定論。

第六根
- 小乘
  - ……色根（胸中色物）
  - ……意根（無間滅識）
- 大乘 ……意根（末那識）

意根者，以第六根體即意，故名。然小乘説無間滅識名意，大乘説第七末那識名意。二者名同實殊，不可濫也。

説第六根已，七八云何？第七以第八爲所依根，《大論》五十一説“由有本識，故有末那”。《楞伽經》九頌云：“阿賴耶爲依，故有末那轉。”《述記》二十六：“八若無時，七亦無故。”此極言七定依八也。第八亦以第七爲所依根。《大論》六十三説“藏識恒與末那俱時轉”，又説“藏識恒依染污”，染污即第七也。述記二十六：“第七若無，八不轉故”。此極言八定依七也。七八互爲根故，更無孤起之一法也。上述諸根，爲表如左：

眼根（浄色）
耳根（浄色）
鼻根（浄色）
舌根（浄色）
身根（浄色）
第六根（大乘意即第七識）
第七根（第八識）
第八根（第七識）

大乘經論，説六根或六處者，即以七、八根攝入第六意根，總略言六，實不止六。如《三十論》四“若決定有境爲主令心、心所取自所緣，乃是所依，即内六處”云云。此言六處者，其意處亦攝七八根，舉此方隅，餘可類推。

諸根各具四義：一、決定。所依根若無，能依心、心所定不起。二、有境。根體定是能照或能緣法。五根體即浄色，能照境故名有境，意根體即末那等，能緣境故名有境。唯此能照或能緣法，方有力用，得爲根也。餘扶根塵等，體非有境，不得爲根。三、爲主。即有自在力。最殊勝力，名自在力。心所依王，便非自在，故不爲根。心王是主，有自在力，方爲根也。如第六意根，即是第七心王爲體。七八準知。又浄色根，亦得説爲自在，非同扶根塵之頑鈍也。四、令能依心、心所五根爲所依，五識爲能依。意根末那爲所依，意識爲能依。七八互爲能所依。取自所緣。如五識取自所緣五塵境，即由五根增上，令其自取也。餘準可知。凡此四義，具《三十論》見《論》本四，《述記》二十六。唯識談根，止此云爾。

次識助伴，是名心所。具云心所有法。心爲能有，觸等法數，心之所有，故名心所有法，又名心數或相應。心所義界，依據唯識，爲説如次。

一曰恒依心起。心若無時，心所不生，依心勢力，方得生故。二曰與心相應。所具云心所。依心起，亦復與心協合如一，名爲相應。相應有五義：一、所依同，俱依一根故。如眼識心所與眼識心王，俱依一眼根。餘準可知。然《俱舍光記》[371]十七，説“五識及相應法各有二種依，一、同時依止根。二、無間滅意根”云云。此非大乘義，今不取。二、所緣同，俱緣一境故。《義演》有二解：一云約本質，説同一境，約相分，即不同一，心、心所各別變相故。一云相分相似亦名同一。二解任取。三、行相相似。相實各別，但相似故。此言行相者，大乘所謂相分。如眼識心、心所緣青時，即各别變作青之相分也，小乘有説心、心所同一行相者，此非正義。四、時同。定俱時生，無有先後。其心纔生，心所俱時依生。《俱舍光記》十七，謂“心、心所必定同一刹那”是也。五、事等。事之爲言體也。於一聚相應心、心所中，如心體是一，諸心所法，各各亦爾。如眼識一聚相應心、心所中，其心王體是一，斷無一法於一時而有二體俱行，如一人於一生中無二身并轉故，觸等心所，其體亦各各是一，例同心生。故心、心所法，體各是一，有齊等義，即説爲等。眼識如是，餘識準知。事等一義本無深解，近人或横生臆説，斯可怪也。五義相應，理善成立。五義見《俱舍》。《瑜伽》五十五説：“由四等故，説名相應，謂事等、處等、時等、所依等。”處即所緣也。《三十論》三説同。《述記》三十二亦云：“時依緣事，四義具故，説名相應。”《瑜伽》等以行相相似一義，攝入處等中，故止四義也。然《俱舍》分析較細，今從之。唯《俱舍》行相，説爲能緣攝，不同大乘相分義。《俱舍·光記》十七，可爲參考。今此并依大乘義解釋，學者詳之。三曰繫屬於心。以心爲主，所繫屬之。故心望所而得王名，以心是所之主故。心有自在力，爲所名詞。所依故。原夫法無孤起，法若有孤起者，則是緣生之義不成，緣生義深，智者須詳。纔一識例如眼識。生，主伴重重。眼識心王是主，其觸等心所是伴。主一伴多，相依而有，故曰重重。有主無伴，不成差别。觸等行相分殊，故説世界無量。有伴無主，寧非散漫？如眼識心所既多，若無心王以爲統一，即零星散漫，何得相依起用耶？以是於一識中，復分王所，王即心，[372]具云心所。而以所繫屬於王焉。《述記》於主伴義未有發明，其失非小。綜上三義，則何謂心所，可以明矣。第三義正顯心所得名，以所繫於心，[373]故名心所有法。

又心所行相，此中行相即謂行解。復有四家異説。一、心唯取境之總相，所唯取别。二、心唯取總，所取總别。三、心、心所俱取總别。四、心取總别，所唯取别。見《演秘》。四家雖異，準諸唯識，則以第二家爲正義也。《三十論》言：心於所緣，唯取總相，心所於彼，所緣，亦取别相。置亦言者，伏取總故。此則刊落餘家之説。《辯中邊》亦云："唯能了境總相，名心。亦了差别，差别相者，如順違等，可樂相名順，翻此名違。名爲受等諸心所法。"《辯相品》。《瑜伽》卷三。《顯揚》卷十八。爲説皆同。按唯取總者，如言緣青，即唯了青，不更分别。取總别者，即於彼青言於彼青者，即顯取總。更取順違等相。取别。唯識説心唯取總，如畫師作模。所取總别，猶弟子於模填彩。如緣青時青之了别爲模，於青更分别順違等，便是於模着彩。斯所謂能近取譬者哉。有説第一家心唯取總，所唯取别，似較第二家義爲勝。且《阿毗達磨論》二："唯總分别色等境事，説名爲識。若能分别差别相者，即名受等諸心所法。"此文可證。然説者自誤。今且詰彼：若心所不取總，則所謂取差别相者，將於何而取差别耶？若言於色等境事取差别者，王所非可同一行相，則所兼取總可知矣。又《阿毗達磨》雖言心所能分别差别相，而不置唯言，則未遮取總。非第一家可引爲據。又大小乘師亦有不立心所者，如覺天等説受想行等即心，非别有體。但隨心功用，立心所名。如隨心領納功用，施設受數之名；隨心取像功用，施設想數之名；隨心造作功用，施設思數之名。餘皆準知。經部師説唯有受想思即行。三心所，更不許有餘心所，故置唯言。以佛説五藴，爲其誠證。經部計五藴唯有受想思三心所，不曾説有餘心所故。然唯識家言，心、心所作用不同，體性應别，不可説一心轉變成差别法。如現在緣青之一念，有總了青之作用，亦有於青更分别順違等之諸作用。即此一一作用，各有自性，非是一法之所轉變。世間許乳等色法轉變爲酪等，心法無如是事。此心至神，不獨前念後念，新新而起，截然異體。即現前一念，有種種作用可得，自非一物。又行藴攝餘心所全，參考世親、安慧兩《五藴論》。非唯思數。斯足以破彼封執，申兹正義。豈伊爝火，能障日出？依勝義説，心、心所法非即非離。用别故非即，緣生故非離。理極深妙，世智難思。

心所法略有五十一種。分爲六位：一、遍行有五，二、别境有五，三、善有十一，四、煩惱有六，五、隨煩惱有二十，六、不定有四。

遍行五數。即觸等五，數者，心所異名。一切心可得，具四一切，見下文。故名遍行。别境五數。即欲等五。緣别别境而得生故，名爲别境。《雜集論述記》六："所緣事境，多不同故，能有别境，立别境名。"

善十一數。即信等十一。唯善性攝，與善心相應。故以善名。

煩惱六數。即貪等六。性是根本煩惱攝故，遂名煩惱。《述記》一："煩是擾義，惱是亂義。能生諸惑，乃稱根本。"

隨煩惱二十數。即忿等二十。煩惱之隨，名隨煩惱。普光《百法疏》："忿等諸惑，隨貪等起，名隨煩惱。"

不定四數。即睡眠等四。於善染等，皆不定故，立不定名。《述記》三十二："謂於善、染、無記三性心皆不定故。"《雜集論述記》六："非如觸等定遍心故，非如欲等定遍地故。"

六位心數，唯遍行具四一切。曰一切處，處者三性，三性之處皆得起故。一切地，地者三地：一、有尋有伺地，二、無尋唯伺地，三、無尋無伺地，或説三界九地者，未審。一切時，謂一切心生時皆有故。一切耶。亦云一切俱遍行五數，恒俱起故。餘皆不爾，略如左圖：

一切處	一切地	一切時	一切耶	遍　行
一切處	一切地	○○○	○○○	别　境
○○○	一切地	○○○	○○○	善
○○○	○○○	○○○	○○○	染煩惱及隨
一切處	○○○	○○○	○○○	不　定

《三十論》五"别境唯有初二一切，善唯有一，謂一切地。染四皆無。不定唯一，謂一切性。"云云。疏見《述記》三十二。圖中，凡非一切者皆用圈。

諸心數法，由瑜伽師，修唯識觀，於彼諸心數。一一照察，稱實而談。迹其六分法，分六位故，名六分法。不外以善染或云惡。無記非善非惡。

三性爲標準。唯以修行爲要歸故也。趣入無漏，唯善是資。

一切心數，相者體也。用云何？又於八識，别别配屬，各具多少？俟後詳之。

上述二事。一、諸根概要，二、心所名義。今次正詳轉識，而六識先焉。言識亦兼心所，下同。六識者：一、眼識，二、耳識，三、鼻識，四、舌識，五、身識，六、意識。

六識隨根立名，以依、依眼之識，故名眼識，乃至依意之識，故名意識。發、眼所發之識，故名眼識。乃至意所發之識，故名意識。屬、屬眼之識，故名眼識，乃至屬意之識，故名意識。由識種隨逐根種而得生故。助、助眼之識，故名眼識。乃至助意之識，故名意識。如如眼之識，故名眼識，乃至如意之識，[374] 故名意識。五義勝故。或許從境立名者，了别色之識名爲色識，了别聲之識名爲聲識，乃至了别法之識名爲法識。亦所不遮也。

隨根立名	隨境立名
眼識	色識
耳識	聲識
鼻識	香識
舌識	味識
身識	觸識
意識	法識

六識性相云何？性者自性，體相之異名。相者行相，作用之殊稱。《雜集論》説："六識者，眼識乃至意識。眼識者，謂依眼緣色，了别爲性。具云自性。耳識者，謂依耳緣聲，了别爲性。鼻識者，謂依鼻緣香，了别爲性。舌識者，謂依舌緣味，了别爲性。身識者，謂依身緣觸，身根所取境界，非唯一類，總説名觸，了别爲性。意識者，謂依意末那。緣法，法有二説：一云一切法。二云十二處中法處。然第一説勝。了别爲性。"此中顯性，義亦兼

相。識之自性即是了别，其行相亦即是了别也。《三十論》五："識六之通稱。以了境爲自性故，即復用彼了境。爲行相故，能了别境名爲識故。如契經説，眼識云何？謂依眼根，了别諸色。乃至意識云何？謂依意根，了别諸法。"此即雙顯六識性相，唯六識以了境爲性相也，斯同爲外取已。

意識行相周遍，眼識唯了别色，乃至身識唯了别觸，皆不周遍，唯意識了别一切法，《攝論》所謂無邊行相而轉。隨其功用差别，略説爲二：曰五俱意識，省稱俱意，又名明了意識。曰獨散意識。省稱散意，又省稱獨頭意。按舊分意識爲四：一、五俱意識，二、獨散意識，三、夢中意識，四、定中意識。今無後二者，定中離染，此據凡位，姑置不談。夢中，則舊止列名，義復未詳。無從别述。

五俱意識者五識起時，意識定與之俱，依此立俱意名。《解深密》佛告廣慧："有識，指下文眼識。眼根也。及色境也。爲緣，生眼識。根境爲緣，眼識得生，此就識一方面言之也。理實根境識三，俱時互爲緣生。非謂先有存而不滅之根境二法，待其合而後生識也。此中稍有誤解，便於此學全盤都錯，近人有於此類文義不留心者可戒也。與眼識俱一頓。隨行一義。同時二義。同境三義。以上釋俱有三義。有分别意識轉。意識分别力勝，故名分别意識。同時者，意眼二識同一刹那生。同境者，如眼識緣青，俱意亦緣青。青境雖各别變，而相似故，説爲同境。有識，指下文耳鼻舌身四識。耳鼻舌身，及聲香味觸爲緣，生耳鼻舌身識。與耳鼻舌身識俱，隨行同時同境有分别意識轉。準上解。廣慧，若於爾時，一眼識轉，即於此時，唯有一分别意識與眼識同所行轉。若於爾時，謂眼識生時。二、耳識。三、鼻識。四、舌識。五身識。諸識身轉，諸識身者如言眼識身乃至身識身。即於此時，唯有一分别意識與五識身同所行轉。"此言五識若同時并轉，即一意識能與五識俱。而自其與眼識俱之方面言之，則爲眼識家俱意識。自其與耳識俱之方面言之，則爲耳識家俱意識，自其與鼻識俱之方面言之，則爲鼻識家俱意識。自其與舌識俱之方面言之，則爲舌識家俱意識。自其與身識俱之方面言之，則爲身識家俱意識。意識功用不一，有如此者。又《大論》五十五有分别心、意識。無分别心，五識。同緣現境云云。此皆説有俱意。《三十論》承之，遂爲定論。迹俱意之用有三：一曰助五。具云五識。五無分别，非如塵法無分别，以無計度等分别，故云爾也。必由俱意助五，令其了境，如師導令弟子解義。弟子解義由自，而必資師引。五識了境由自，而必資意引。法喻相當。若無俱意，五定不生，以力劣故也。二曰極明了。見《大論》五十五。俱意與五，同取現境，現者現實，新起之境，非已滅故，俱意與五，其相分同是性境，詳前章。分明證故，現量證境，無一毫模糊。非如散意緣久滅事。散意緣過去境故。基師云："五識賴意引而方生，意識由五同而明了。"言其相依之切也。就心理學所謂感覺而言，一青色之感覺起時，即眼識與俱意，同所行轉，近人於此，便渾而不分。三曰能引後念意識令起。《集量論》説："五識俱時，必有意識。即此意識，能引第二尋求意識生。"見《述記》二十七第七葉。綜上三義，俱意故應建立。

獨散意識者，不與五俱，故説爲獨；意識緣一切法，五識無時，散意得獨起，想維籌度，力用殊勝。如晨起而思昨日所嘗之腰首，停午而憶曩時所見之梅花，彼眼舌二識，已久滅無，而散意得起焉。又或冥搜哲學上之問題，色聲等識皆不現行，散意獨起，亦一例也。行相粗動，亦名爲散。名義易了，此不繁述。

已説六識性相，次述所緣。眼識唯緣色塵。色復三種：曰顯、形、表。青黄赤白，是爲顯色；長短方圓，乃稱形色；《成業論》言："諸色聚中，見一面多，便起長覺，見一面少，便起短覺。見四面等，便起方覺；見諸面滿，便起圓覺。見中凸出，便起高覺；見中坳凹，便起下覺。見面齊平，起於正覺；見面参差，起不正覺。"皆言形色。取捨屈申，遂云表色。《雜集論述記》四："屈申等色，表自内心，開示於他，故爲表色。"顯色實，有質礙故。餘色形色、表色。假。是分位故。此其大較也。

附識： 内學言色者有三：一、質礙名色，如五根五塵（四大攝入五塵）。二、顏色名色，如青黄赤白，專指眼識所緣質礙法。三、取像名色，如形表等。三種廣狹有異，學者隨文取義。

耳識唯緣聲塵。聲復多種，今説爲三：《瑜伽》卷一第四葉、卷三第七葉，分别此聲，至爲繁碎。《雜集》分爲十一種仍未簡要。曰有情佛及衆生通得此名。聲、非情聲、俱聲。有情聲，如語言嗚呼等聲。《瑜伽》三説鳥獸等聲、男聲、女聲、喧雜聲、有義聲、無義聲、受持讀誦聲、論議决擇聲、請問聲、説法聲、聖言聲、非聖言聲。聖言聲者，見言見，不見言不見；聞言聞，不聞言不聞；覺言覺，不覺言不覺；知言知，不知言不知。非聖言聲者，不見言見，見言不見；不聞言聞，聞言不聞；不覺言覺，覺言不覺；不知言知，知言不知。此皆有情聲攝。非情聲，如風林駛水等聲。俱聲，如人籟人吹笛也，見《齊物論》。等聲。

鼻識唯緣香塵。香亦有三，曰好香、惡香、平等香。好香者，謂與鼻合時，於蘊相續有所順益。蘊相續者人之代名詞，下准此。惡香者，謂與鼻合時，於蘊相續有所違損。平等香者，謂與鼻合時，無所損益。此引安慧《五蘊論》文，《瑜伽》繁碎，弗從。

舌識唯緣味塵。略説有甘味、酢味、鹹味、辛味、苦味、淡味。

身識唯緣觸塵。觸塵最寬，此除能造，能造觸即大種，是第八相分，身根雖得親取，身識不親緣，故除之。唯取造觸，具云所造觸。身識托大種爲本質而變觸塵。即此觸塵，望大種名所造觸，遂名大種爲能造觸。依造觸品類分位，假設滑、澀、輕、重、軟、煖、急、冷、飢、渴、飽、力、劣、悶、癢等觸。參考《瑜伽》一及三。又《瑜伽》五十四説："滑澀等觸，當知皆是大種差別，隨諸大種品類分位，於彼假設滑澀等性。"其不言依造觸，而言隨大種者，攝影從質故。義不相違也。

意識緣法。前五皆置唯言，此不云唯，取境寬故。法，謂一切法。

六識緣境，於一時緣，多少不定。《大論》五十一説："如一眼識，於一時間，於一事境，唯取一類無異色相；如唯取青色。或於一時，頓取非一種種色相，如青黄赤白等。如眼識於衆色如是。耳識於衆聲，鼻識於衆香，舌識於衆味，亦爾。又如身識，或於一時，於一事境，唯取一類無異觸相；或於一時，頓取非一種種觸相。如是分别意識，於一時間，或取一境相，或取非一種種境相。當知道理亦不相違。"此與薩婆多説有異。薩婆多不許一時緣多境，謂如眼識本方緣青，忽然黄色來奪，礙彼眼識不於青生。以無邊執之談也。然識謂六識。取境，爲作意不？作意者，即於境有所偏注，然親所緣境，非離識而先存，但作意生，其境俱時頓起。依《大論》三，説有能生作意正起。能生作意者，由四因故：一由欲力。謂若於是處，心有愛着，心則於彼多作意生。二由念力。謂若於彼，已善取其相，已極作想，心則於彼多作意生。三由境界力。謂若彼境界，或極廣大，或極可意，正現在前，心則於彼，多作意生。四由數習力。若於彼境界，已極串習，已極諳悉，心即於彼，多作意生。如行通衢者，汽車前來，眼識便了，餘境乃不了。由爾時俱意與眼識多於汽車作意，故識於汽車而生，不於餘境生。此其作意，一由境界力，相猛利故；二由數習力，前此諳悉汽車能違害生命故。舉此一例，以見其餘。雖其爲説不必詳，要之大端甚諦。問曰："若識於境作意，故於彼謂境。而生者爲境先在、在爲境與識俱生？"答言：親所緣境，定不離能緣識有，必俱生滅。設許境先在者，識尚未生，境於何有？試設想一離識而有之境，終不得成，以現量既不證，比量亦無從立故。相見緣生，二分更互爲緣而生，非有條然各别之實體，頑然固存。無有少法能孤起故。然復有難："眼識不緣瓶等時，豈遂無瓶等耶？"瓶等無體，本依色聲等塵，妄計爲有，不可説爲五識境。然今就世間極成言，理亦無妨。此則俗情覆蔽，展轉生迷。眼識不緣瓶等時，即瓶等本無，理何可怪？然彼瓶等。自有功能，五識及俱意相分，雖仗質起，而皆自有功能，故性境攝，詳《境相章》。但緣闕不顯。潛伏藏識。故云不顯。顯則名現行瓶等法；不顯但是藏識中功能。然方其爲藏識中功能，則現行瓶等法實無也。又彼瓶等。本質非無。五識及俱意相分，皆仗第八相分爲本質。義詳《境相章》，第八相分無不轉時也。以眼識於餘處如衣等處。轉故，於彼瓶等。本質，疏緣不及，即影像不生。影像謂瓶等。眼識瓶等相分，望其本質即第八相，便名影像。方眼識緣瓶等，即由疏緣本質，故瓶等影像得生。其不緣瓶等時，即於彼本質不曾疏緣，故瓶等影像不生。今此不遮瓶等本質，亦不説無功能，復何疑難？

又五識緣境，梵土舊諍假實。色等名實，等者，等聲香味觸。五塵同是性境，性者實也。色上長等名假。具云分位假。一師説五識緣實不緣假，現量證境，無名言種類等分别故。如眼識緣青，親得自相，自相者體也，能緣親挾所緣，冥合無間。既不起此青之行解，自無長等覺。故説五識，定不緣假。

二師説五識假實并緣，以緣假之時，必緣其實，假依實有故。如緣形色，即長等。假實合取。

然兩師義，第一爲正。彼計緣形色，假實合取，爲在五識者，實不應理。俱意與眼識同緣青，引生後意，後念意識。方取形色。意起迅疾，行相難分，謂在眼識，實則眼識不曾緣形色也。

六識取境，前五皆局，眼識局於色，耳識局於聲，乃至身識局於觸。唯第六遍，通緣一切法故。此由第六分別殊勝。《雜集論》説唯意識有三分別：一、自性分別，二、隨念分別，三、計度分別。

自性分別者，謂於現在所受諸行，自相自相猶言自性。行分別。自性者體義，即目境體。於現境起分別故，名自性分別。

隨念分別者，謂於昔曾所受諸行，追念行分別。

計度分別者，謂於去來今不現見事，思構行分別。

尚考《瑜伽》，於意地立七分別。見《瑜伽》一："本地分"中"意地"第二之一。《雜集》創説三分別，始歸簡要。然亦別存七分別之談，與《瑜伽》頗有出入，此姑不詳。參考《雜集論述記》十一第五至八葉，《成唯識論述記》三十九第十五至十九葉，東刻《了義燈》五末第四十至四十四葉。要之三分別已足攝七，七分別中多依計度分別之上而別説之。而意識行相之至遍，已於此可徵也。

又在《攝論》，許五識有自性分別。《三十論》亦依《攝論》。《雜集》不説自性亦通五識，彼説三分別皆唯在意識故。而於七分別中，説五識爲任運分別。《雜集》二："任運分別者，謂五識身，如所緣相，無異分別，於自境界，任運轉故。任運轉者，此識不由强思推度而起，親挾境體，冥冥證故。"兩論若相違矣。實則《雜集》任運即是《攝論》之自性，但名詞異耳。諸言分別者，勘定體相，分別之體相爲何，必須勘定。爲過尋伺尋伺二心所，俟後詳之。與非尋伺二種。《瑜伽》五説，諸尋伺必是分別，有分別非尋伺。據此，以核兩論同異，較然可辨。《攝論》許自性分別在五識者，自不取尋伺爲體。尋伺唯與意識相應，五識無尋伺俱。《雜集》三分別中自性，即尋伺爲體，此依俱意相應尋伺，説自性分別故。固與《攝論》自性異。《述記》三十九第十九葉："自性分別亦有二種：一即是五識，二是意識相應尋伺。"其七分別中任運，以非尋伺爲體，五識任運證境，故非尋伺。復與《攝論》自性同。審此，則五識唯有此外無有曰唯有。一自性分別，或名任運分別，其行相固不如意識之遍且粗也。唯識諸師或以五識有任運分別，遂主張五識有尋伺相應。蓋誤以《雜集》

七分別中任運，即是《瑜伽》七分別中任運爾。其致誤之由，則以不了分別自有非尋伺故也。今詳《瑜伽》任運，是意識相應尋伺。《雜集》任運是五識，即體非尋伺。二者名同實異，不可并爲一談。《述記》三十九第十五至十九葉，於此問題，辨析甚繁，而詞多晦。

意識有隨念、計度二分別故，即緣無法。無者有之反。《大論》五十二説："有性者，性者體也，如色等是有體法，名有性。安立有義，能持有義。安立者，施設之異名，持謂任持。如色等是有性法，於彼施設爲有，即彼能任持不捨自性，非於有之時可捨有爲無。[375]若無性者，安立無義，能持無義。如空華是無性法，於彼施設爲無，即彼亦能任持不捨自性，非於無之時可捨無爲有。[376]故皆名法。有無皆能任持，故皆名法。法之一名，本是任持、軌範二義，今但言任持名法者，以言任持即兼軌範義故，法能任持，即是有軌範可令人生解也。由彼意識，於有性義，若由此義而得安立，即由此義，[377]起識了別。於無性義，若由此義而得安立，即以此義，起識了別。若於二種，有及無。不由二義，有及無。起了別者，不應説意緣一切義，取一切義，義之言境，[378]謂若意識於有無二種法，設唯於有之一境起了別，不於無之一境起了別者，即意識非能緣一切境，取一切境，以不緣無故。設作是説，便應違害自悉檀多。悉檀多者，宗義。又不應言，如其所有，謂於有法，則如其所有而説有。非有亦爾，亦爾者，攝上文也，謂於無法，則如其所無而説無。是如理説。又不[379]至此爲一句。是故意識，於去來事，非實有相，過去已滅無，未來未生無故。[380]緣彼謂去、來諸無法。[381]爲境。由此故知，意識亦緣非有爲境。[382]復有廣大言論道理，由此證知，有緣無無法。識。謂如世尊微妙言説，若内若外及二中間，都無有我。此我無性，妄計有我，實無其體。非有爲攝，非無爲攝，有爲無爲兩不攝者，明我本無故。共相觀識，共相無體，而意識能作共相觀，故説意識爲共相觀識。非不緣彼境界而轉。彼境界者，謂我。我本無也，而意識於彼得生，以於我無而説無，即此識於無法之上而生故。[383]此名第一言論道理。又於色香味觸，如是如是，生起變異，安立飲食、車乘、衣服、嚴具、室宅、軍林等事。此飲食等，離色香等，都無所有。飲食者，本以目所飲所食之物，飲即湯等，食即米等。理實色香等是有，湯米等是無。俗計有湯米等實物，此真倒妄。眼識但得色，鼻識但得香，舌識但得味，均不曾得若湯若米。湯米等本無其物，意識依色香味等法上起增益執，妄計爲湯米等其物耳。[384]飲食如是，衣服乃至軍林等，皆可類推。此無有性，非有爲攝，非無爲攝。共相觀識，非不緣彼境界而轉，是名第二言論道理。[385]又撥彼執梵天等爲邪見，原文舉例，世不易了，若爲解釋，又嫌詞費，今改用梵天爲例，與原意無差。若梵天等是有，即如是見，應非邪見。何以故？彼如實見，如實説故。此爲反詰之詞，意云：執梵天者，定是邪見，以梵天本無故。此若是無。[386]諸邪見者緣此境界，識應不轉，此亦反詰之詞，言梵天既是無，識應不於彼而生，今諸邪見者，既於彼無法而識得生，以是證知意識緣無。是名第三言論道理。”晚世笛卡兒以爲意識中能有上帝之概念，即證明上帝之存在。其説倒妄已極，誠不足辯，笛氏不深了意識有緣無用，因爲此囈語耳。[387]上述數例，已足證成意識緣無。意識之特徵，亦在此耳。

六識各有五心。如眼識隨其分位，説有五心；乃至身識隨其分位，説有五心；意識亦隨其分位，説有五心。五心者：一、率爾心，二、尋求心，三、決定心，四、染净心，五、等流心。

率爾心者，初墮於境，創起緣境，名爲初墮。境復差别，如五及俱意即性境，散意即獨影境。名率爾墮心。此唯一刹那頃。此以一刹那爲一念。六識率爾心，皆唯一念。有説意識率爾通多念起者，此非正義，初墮境故名率爾，後念即尋求矣。尋求心者，率爾初緣，未知何境，爲了知故，次起尋求。有欲俱轉，希望境故。欲數與心俱轉，於境起希望故。更有念俱，憶所曾習，過去所經之境，名曾習境。以爲比擬。於現境不了，方起尋求，即有念數與心俱起，以曾習境與現境比擬，比擬者求其同異也。尋求起已，猶未了知，更起尋求，便通多念。決定心者，既尋求已，了知先境，決定心起時，即尋求心已入過去。故後念決定心，以前念尋求心所尋求之境爲先境。理實境隨心，刹那生滅。決定心之境，本唯現在，以其似於前心之境而隨轉故，故依現境而作先境解。次起決定，印解境故。《義林》二説決定多念相續者，質不應理。決定之次念，於境或住善、或住惡、或住捨，即是染净心。染净心者，決定既已了知境界差别。於順住善，順者違之反，心於順境，不起瞋等。而生樂受，名住善。於違住惡，違者順之反，心於違境，便起嗔等，而生苦受，名住惡。於中容境非順非違。住捨，非善非惡名捨。染净心生。染净唯一念，次念即是等流故。有説五識染浄心通多念起者，亦不應理。等流心者，前後相似名等相續名流。成染浄已，次念順前而起，順者隨順，似前心故。故名等流。即此等流，容多念起。容者不定。等流起已，次念若遇異緣，即創觀新境，又成率爾，前念等流便不相續，若無異緣，即有多念相續，故置容言。然復應知，如是五心，唯率爾、尋求，定無間生。尋求已後，或時散亂。《瑜伽》有文，此姑不詳。

五心中，有前三率爾、尋求、決定。迭起，經多刹那，事緒究竟，後二染浄、等流。方轉，五心始具。試以例明。

今聞諸行無常四聲，四字各爲一聲。在意、耳[388]二識，於諸聲至，創緣即名率爾。率爾心已，必有尋求，續初心率爾。起。尋求未了，數數尋求，即有許多尋求心，刹那刹那相續而起。未決定知諸所目故。不知諸字所指目者爲何。

緣諸字至尋求已，忽行聲至。於行字上，復起率爾、尋求，尋求行字爲目一切行，爲目某一法耶？爰及決定。決定知諸目一切行故。決定知此行字，係目一切行以行字前有諸字目之故。理實緣行字時，諸字已滅，然有熏習，連帶解生。前念緣諸字之心纔起，即有熏習流入藏識，等流不絶。故後念緣行字，其前諸字熏習，現起爲念數，而與緣行字之心俱轉。即此緣行字之心，得因過去諸字熏習與現在行字連帶，而生解也。

緣行字至尋求已，忽行聲至。於行字上，復起率爾、尋求，尋求行字爲目一切行，爲目基本一法耶？爰及決定，決定知諸目一切行故。決定知此行字，係目一切行以行字前有諸字目之故。現實緣行字時，諸字已滅，然有熏習，連帶解生。前念緣諸字之心纔起，即有熏習流入藏識，等流不絶。故後念緣行字，其前諸字熏習，現起爲念數，而與緣行字之心俱轉。即此緣行字之心，得因過去諸字熏習與現在行字連帶，而生解也。

緣行字至決定已，忽無聲至。於無字上，更起率爾，亦起尋求，尋求諸行所無爲何。雖緣無字時，諸字行字并滅，而有熏習連帶，復如前説。

緣無字至尋求已，忽常聲至。於常字上，復起率爾、尋求、決定，遂至等流。創起緣常，是爲率爾。方在緣常，其前諸字、行字、無字，雖復并滅，以皆有熏習，等流不絶故。逮此緣常心起，念數俱轉。即過去多字謂諸行無。熏習，連帶現在字，謂常字。於一刹那，集聚顯現。故率爾後，即起尋求，諸行所無，果爲無常耶？方尋求時，必於諸行一一觀其同，復於餘觀其異，如虚空是常，即諸行之異品故。求異求同，猶未决定。旋起决定，於無常義，便深印解。於諸行見彼無常，於虚空見彼常。以是彙同别異，决定知諸行是無於常。决定起已，染净、等流，方以次轉。由决定已，遂於諸行無常義，發起正信。善性攝故，名染净心。次念便是等流。是故緣常字時，五心完具。即所緣四聲，從諸至常，經多刹那，事緒究竟。又復應知，一一心生，各具引力。如緣緒字率爾心生，能引次念尋求心起。即此尋求，又能引第三念尋求心起。第三尋求，復能引第四念緣行字率爾心起。餘可類推。若無引力，前心纔起即滅，後心應不生。此義推詳，前文《四緣章》等無間緣中。應檢。

又依前例，始從緣“諸”，終至緣“常”，率爾等心，一一新新而起。所歷刹那之多，若紀以干支，奚止歷億、兆、京、垓年歲？然心起神速，長劫攝入一念。凡言一念者，復有二種：一以一刹那爲一念。如率爾但一刹那，説名一念，尋求等心例此。二以多刹那爲一念，如緣諸字，從率爾至多數尋求心，總名一念。乃至緣常字，從率爾至多數等流心，亦總名一念。又如約前後通緣諸行無常四字，即有許多心，復總名一念。舉例於此，學者隨文簡擇。如萬里悠長，縮爲方寸之圖，雖曰攝極長於極短，猶不足以喻心之疾轉矣。明儒李二曲嘗云“一念萬年”，亦返觀深得之言。

上述五心，六識通具。頃有舉《瑜伽》爲難者，以謂《瑜伽》説五識無尋求等，即五心唯在第六。意識。又意識起尋求等，非是現量。若五識亦有尋求等者，如何説五識唯現量耶？故知《瑜伽》持義爲正。此其所難，實未盡理。設五識率爾滅已，無有尋求等起，則是五識唯一刹那，不得相續。徵之事實，固不爾爾。如眼識緣青，由意引生。刹那刹那，連言之者，顯前後相續。專注未捨。恒觀於青，未休睹來，名爲未捨。云何不許多念相續？原夫意與五俱，意識相續，即率爾心後，尋求等心以次相續。下仿此。五識應然。唯就量言，乃不一致。意識尋求等心，行相粗動，此言粗動者，發現散著名動，分別强盛名粗。故有名言詮別，不得自相。五識尋求等心，行相深深者深隱，極暖昧故。細，極微劣故。尚無名言詮別。故意識非現量時，五識儘是現量。又《瑜伽》不説五識有尋求等者，以無粗動行相，説之爲無，要非無深細者。據此，六識通具五心，義不容遮。基師《述記》《義林》論次及此，所持甚締。《述記》二十七，取安慧義，張五識相續。《義林》二，説五心通六識有。而説理仍有未審，故令學者猶滋疑慮耳。

又諸識通八識言。托衆緣生，已如前説。見《四緣章》。五識所藉緣多，不可恒具。故起時少，不起時多。《三十論》言五識種類相似，故總説之。種類相似者，有五義：一、俱依色根，二、同緣塵境，三、俱但緣現在，四、俱現量得，五、俱有間斷。

意識所藉緣少，意與五，藉緣多少？參考《四緣章》九緣中。唯除五位，五位無心下詳。一切時具，故斷時少，唯五位斷。現起時多。

凡識通八識言。依緣而生，若不自在，然從因緣，仗餘緣法。《四緣章》九緣攝入四緣壹段，宜參觀之。刹那頓起，作用義成。因緣法爲作者，餘緣法爲具故。即識功能逢緣而顯其作用也。詳《四緣章》五果中法士用。諸經論説無作用者，爲破梵天神我等，故如是云。若了緣生，亦得説有作用。豈同機械，瞽目而推？又一刹那作用顯現，作用體即功能，逢緣故顯現。望前爲相續，而不由前所豫定。望後爲能引，而非於後可逆測。能引故非無的。當來之生，不可範以已成之形，名不逆測。刹那刹那，新新不住，復殊機械，叠矩重規。故又不可説爲不自在。

又六識行相，同屬粗動。此言粗動者，唯取外境名粗，浮囂名動。又粗者行相易知，動者由緣外境數加轉易。詳《述記》四十。而第六識，自能思慮，有尋伺故。五無尋伺，説非思慮。有難："五非思慮，何謂能緣？"曰：思慮即是分別異名。分别有二種：一、尋伺爲體，二、非尋伺爲體。《瑜伽》説諸尋伺，伺必是分別。分別自有非尋伺者，是爲典據。今此言思慮者，以尋伺爲體，故五識非。義匪一端，奚勞唐難。故五唯外轉，緣外境故名外轉。意亦内緣。意識與五俱時，即緣外境。獨起思構爲内緣。此其特異，應致研尋。五識轉時，但可説爲一種動作。意俱尋伺，方成思慮。有如紅色現前，眼識發生緣用，爾時能緣與所緣冥會，渾然一體而轉，即此説爲一種動作，本無所謂思慮。唯與眼識同時意識，有尋伺俱，方於紅色，尋求伺察，而有此是紅色之行解，思慮作用始成。蓋此云是云，必廣經推校。言此，則有其非此者。言是，則有其所否者。斯二行解，賦予於紅色之上，即紅色經思慮作用之構造，而特爲顯明。此則意識所以殊勝，而五識上無此作用也。

六識有五位，俱不現起，名爲五位無心。五位者何？一、無想天。外道所謂想者，唯前六識想，非第七、八，彼不了有七、八故。詳《述記》四十第十四葉。外道有以想爲生死因，遂起厭患，而修彼無想天。定。由定力定故，能違礙不恒行心、心所令滅。七、八恒行。前六皆緣爲不恒行。想滅爲首，遂名無想。前六心、心所皆滅，何獨名無想？以想心所首滅故，加行位偏厭想故。

二、無想定。《三十論》七："謂有異生，伏遍净貪，未伏上染。遍净者，謂第三禪天，第四禪以上染猶未伏。由出離想，即作涅盤想也。作意爲先，令不恒行心、心所滅。想滅爲首，立無想名。"《瑜伽》十二説："問：以何方便，入此等至？等至者，定之異名。答：觀想如病如癰如箭，入第四定，修厭背想作意。於所生起種種想中厭背而住，唯謂無想寂静微妙，於無想中持心而住。如是漸次，離諸所緣，心便寂滅。"

三、滅盡定。諸已離無所有處染者，無學或有學聖。由止息想作意爲先，《述記》四十一第一葉："止息想者，謂二乘者厭患六識有漏勞慮，或觀無漏心粗動，若菩薩等亦欲發生無心寂静，似於涅盤功德故起。"令不恒行，謂前六。恒行染污即第七。心心所滅，立滅盡名。

四、極重睡眠。疲極等緣，所引身位，《述記》四十一第十七葉："睡無心時，即不自在相、沉重相、無心相，異餘位故，名身分位。"六識通不現行，故立此名。睡眠，是心所之一。云極重睡眠，即非眠心所。以此位中，前六心、心所俱不行故。然由二義，假説睡眠。一、由眠心所加行力，令入無心。二、此無心位身分沉重不自在，似有彼眠心所時。以是假説無心時身之分位名眠，實非眠心所也。

五、極重悶絶。風熱等緣，所引身位，六識亦不現行，故立此名。又正死生時，亦無意識，無五識不待言。即悶絶攝。《述記》四十一第十八葉："死生二位，於五位中，即悶絶中攝。以生死苦逼，極悶絶故。"

如上五位，六識雖復不轉。然彼功能，潛伏藏識，等流不已。度逢緣合，便起現行。

綜前所述，六識諸義，其間凡舉識言，亦攝心所。如言眼識，即攝眼識相應觸等法。乃至言身識，即攝身識相應觸等法。又如言意識，即攝意識相應觸等法。前諸識章，已標斯例，此復申明之。識不孤生，定有相應故。然心所法，總分六位，前已别標。六識則通六位心所全具之。今爲一一詮次焉。

初遍行五法。一曰觸。《三十論》言："觸，謂三和分别變異，令心心所觸境爲性，受想思等所依爲業。"業者業用。此則涵括衆義，至爲精審。《瑜伽》《顯揚》《中邊》《雜集》《五藴》諸論説觸，皆欠審諦，恐煩不述。今準彼論，而爲略釋。

根、境、識三法，更相隨順，《述記》十七第二葉"正三和體，謂根、境、識。體異名三。不相乖反，更相交涉，名爲隨順。如識不生，而境或起，名爲乖反。又如耳根、眼識、香境，三法乖反，不名三和。若相順者，三必俱生，既不相違，故名隨順。根可爲依，境可爲取，識二所生，可依於根而取於境"云云。是謂三和。

觸與三和，俱時而有。由二義故：一、觸依三和故生，若非三法和合者，觸豈得孤生耶？二、觸令三法和合。若非觸能和合三法者，則三法條然各别，誰爲和合之乎？《論》即以此二義，説觸謂三和。實則觸别有體，非即三和。《論》更有文，證成觸實。《論》云"然觸自性，是實非假"云云。詳《論》文三及《述記》十七。校以經部，語不同年。經部説"三和成觸，觸即三和，是假非實"云云。蓋有體名實，無體名假。三和成觸，則觸無自體，但依三法上假立。不知觸數即是能和合之作用，自有其體，豈可曰和合即觸？且觸若非實者，即三法離散，亦孰令和合耶？故經部説，不應道理，大乘破之宜已。三和合位，和合位言，一簡未合。三法功能未逢緣時，即現行三法未起，自無所謂合。二簡已滅，現行三法，刹那滅已，亦無所謂合。皆有順生心所力用，名爲變異。順生者，三法之上皆有力用，得令隨應所有諸心所，俱時相依而生，故名順生，即此力用名變異。

觸亦有順生餘心所力用，似三變異故，説名分别變異。此言分别者，猶云似也，非了别義。《述記》十七："分别即是領似異名，如子似父，名分别父。"領亦似也。

由觸謂三和，謂者假名之詞，本不許觸即三和，已如前説。故次顯示觸之自性，既非觸即三和，則觸自體云何，必須顯示。曰令心、心所觸境此言觸者猶云取。爲性。令之云者，以觸能和合心及餘心所，使不離散，各别行相，此言行相者，作用義。心、心所作用各别，非是一法故。同趣猶取也。一境，約本質名一境。又心、心所相分，雖各别變，而同處交遍，極相似故，亦名一境。即顯觸有如是自性。《述記》“設無觸者，其心、心所各各離散，不能同緣”云云。

由分别變異，故説受想思等所依爲業。等者，等餘心數。一心生時，不獨觸等五數俱，更有餘數與俱。如一念善心生，其相應心數，除遍行五定有不計外，更有善數中某數，及别境或不定中某數，俱時并轉。一念惡心生，其相應心數，除遍行五定有不計外，更有本隨煩惱中某數，及别境或不定中某數，俱時并轉。一念無記心生，其相應心數，除遍行五定定不計外，更有别境中某數，及不定中某數，俱時并轉。此發其凡，學者審思之。若觸無有順生餘心數力用者，寧得爲受等所依耶？又復推尋論指，以受等所依，顯觸業者，極爲應理。今如軍興，雖有主率，喻心王。若無傳導之隊，喻觸數。軍中有傳導之隊，所以通將率士卒之聯絡，正如觸能和合。又傳導隊能令士卒隨順進趣，亦如觸能順生餘心所。卒伍喻餘心所。既衆，紛亂何依？以是相例，觸爲餘心數所依，即其莫大業用。此中據《三十論》本義而推明之，《論》文有伏難會違，疏見《述記》十七，此不復詳。俗有不理《論》文，妄以心理學所謂感覺相當於此之觸數者，支離不可究詰。

二曰作意。《述記》：“由作動意，立作意名。”作意心所者，謂能警心及餘心所。然非心等起已方警。等者等餘心所。若既起者，更何須警？由作意種，於俱時應起心等種，警覺令起，言應起者，心、心所種子，各各無量，均潛伏藏識，自類等流，待緣起現，緣缺即不起。猶如堅牢，藏多囚徒，有囚會緣得出，餘不會緣，即不得出。故會緣之種，望未會緣之種，名爲應起。即此應起之種，可警令起，非警一切種。然此應起之種，其起必藉警者。如夢中醒，必猛力一撑，方醒。心等種起，必有一發動之力也。又言俱時者，能警作意，與所警心及餘心所，是同聚法故，决定同一刹那頓起。非如甲球衝乙球動，甲先起衝，乙後方動也。引之趣境。引者，引發義。趣者，取也，向也。心、心所取境，皆有定向。如取青時，定向於青，故得取也。然心及餘心所，各各趣自境，但須作意心所之勢力爲之引發耳。《百法》基疏：“言作意者，謂警覺應起心種爲性，言心亦攝心所，下同。引心令趣自境爲業。”義原《識論》。即《三十論》。今此所據，《正理》《雜集》，雖有異解，《識論》廣破，可勿復陳。

又作意行相最寬。除了境之總相外，於境上衆多别相，亦無弗了。《瑜伽》三：識能了别境之總相，作意了此所未了相。基師疏云“此者即識所取總相。作意取此總相及亦取識所未了相。未了相者，即是别相，即餘心所所取之别相，皆識所未了。作意一法，獨能取彼衆多别相”云云。由警覺作用，即作意。於一切作用謂心及餘心所。爲引發，故遍了一切作用所行處。取喻政府，心作用如元首，作意作用如總揆，餘心所作用如諸部。如緣青時，心總取青，如元首但持大體，餘心所於青上各取别相，如諸部各有分職。作意取總，亦取一切别，如總揆能持大體，復周知各部之事。又作意警心及餘心所，亦如總揆之弼元首而率諸部。《述記》三十二第三葉，以縣令喻心，縣丞喻作意，縣尉喻餘心所。雖其詞有未審，亦可參考。一念心生，言心即攝心所。本許多作用之複體。而此複體，又不爲機械，則作意有活力遍運之。作意即是警覺力。警覺力者，爲興奮、爲發動、爲伸張、爲勇鋭、爲緊疾、爲周遍、爲自在。具此衆義，吾故名之曰活力。願有智者於此研尋。作意相具云行相。寬，以此。《瑜伽》叙遍行五法，作意爲初。《識論》則以觸先作意，此依《識論》然五法本非次第起，但《瑜伽》約和合力勝，觸乃先明。《識論》約警力勝，作意初説。各據一門，不相違也。

三曰受。受數者，領納順違等境相爲性，順者順益。違者違損。等者，等俱非之境，非順益非違損故，名俱非。起欲爲業。《三十論》説起愛爲業。《百法》基疏作起欲爲業。今從基疏。

云何領境？具云領納境相。謂此受數，於所緣順違等相，定攝爲已有，不共餘故。餘者，謂心及餘心所，彼皆不取順違等相故。如緣青時，心總取青，不於青上别取順違等相。餘心所行相各别，思之可悉。《正理》異義，如《識論》破，此不復詳。

云何起欲？欲者希求，亦心所之一。謂於樂受，即領順益境。未得有合欲，已得則有不乖離欲；於苦受，即領違損境。未得有不合欲，已得復有不乖離欲；於捨受，即領俱非境。即無二欲，未得無合欲，已得亦無離欲故。雖受能起欲，亦復不定。欲心所不在遍行之列，於捨受即不起。故受業非遍也。

不起欲時，受業無故。

又《瑜伽》以受次觸説。由觸取可意等相，等者，等不可意及俱非相。俱非者，非可意非不可意故。與受取順益《瑜伽》三作攝受。等相，極相似故。觸之可意與受之順益相似，觸之不可意與受之違損相似，觸之俱非與受之俱非相似。然此二觸受。行相，淺深自別。觸可意等相較淺，受順益等相較深。雖言相似，不謂全同。

四曰想。想數者，於境取像爲性，《瑜伽》三："想云何？謂了像。"施設種種名言爲業。《瑜伽》三："想作何業？謂於所緣令心發起種種言説爲業。"

言取像者，復分有相無相想。《雜集》説想有多種，今略爲二：曰有相想，曰無相想。雖襲彼名，取義稍別。有相想者，想極明利，能於境取分齊相故，名爲取像。此言相者，共相也。假智所詮，不親著境之自相故。後言相者準知。云分齊者，如謂此青，言青遮餘非青，即青有分齊。青之中有衣青、華青等，置此言遮餘青，即此青有分齊。更於此青上取長等相，亦有分齊可知。無相想者，其想任運，如於色起想，而不曾構畫色分齊相。謂於色之青等及其長等分齊相，皆不加分別。以非於色不起想故，猶於色自相起證解故。亦名取像。

言施設名言者，由意俱想猶云與意識相應之想數。即有相想，取境分齊相故，遂起種種名言。如想謂此是火非非火，便發起名言，此是火云云。想形於内，必依聲氣之動，以達於外，有想，故有名言。想取境分齊相，名言亦定有分齊，其功用正相等。蓋名言因想生，想則多於外境轉。言外境者，隨俗假説爲外。異生受用外境，不能不起分別。以故意俱想，特趨明利。明利者，分別粗猛之謂。《廣五蘊論》説："云何想？謂能增勝取諸境相。增勝取者，謂勝力能取。如大力者，説名勝力。"此蓋就意俱想言之也。以此想能明利取境，故稱勝力。恒於境取分齊相，而名言亦因之有分齊。想猶畫圖，想取境分齊相，即不得境自相。如證火自相時，不起火非火分別。若取分齊相，即作此是火非非火之分別，故非復得火自相。猶畫師於素紙作圖，便令素紙自相隱覆，不可親得。名言則如臨摹，摹者必肖本圖。其能事皆盡於分別也。諸論雖總説想以起名言爲業。據實能起名言者，唯屬意俱想。餘識俱想，皆不起名言。故知想業不遍。《述記》十七，有文可據。今人有妄計凡想皆非現量者，殆由誤解想業，以爲凡想皆起名言耳。

今此剖析無濫，學者應思。近有隨順世典，訓想爲意象或概念者，此則未妥。如五俱無相想，現量取境，何得說爲意象概念？即以之訓意俱有相想，而其涵義淺深廣狹，亦復互殊。毫釐之差，遂謬千里，如何弗戒！總之凡學術著系統者，其名詞不容與餘家相濫。唯識精嚴尤甚，談者不宜援附。

五曰思。思數者，令心造作爲性。言心，亦攝心所。下仿此。於善品等役心爲業。等者，等惡品及無記品。

云何令心造作？心、心數法，定不廢然而起。有造作故起，若言無所造作者，即不應起。又造作即起，以即於起上說造作義。由思數造作力，令心及餘數造作故。造作故非廢然。蓋一聚心心數，如一眼識起，其心心數，和合似一，名爲一聚。耳識等準知。本即協和造作。其間必有爲發踪指示者，則思數實尸之耳。

云何於善品等役心？所謂造作，定有傾向。或是善性，或是惡性，或無記性，皆其傾向焉耳。思數者，於善品中，即驅役心及餘數令造善；於惡品中，即驅役心及餘數令造惡；於無記亦爾。善等傾向顯著，等者，等惡及無記。以有思數故也。

上述五數，具四一切，故名遍行。說見前文。雖方面殊，非次第起。遍行五種作用，即是於一完然宛然之全體上，有此五方面，非可離别令其孤行。若許次第起者，則是觸等作用，可一一單獨而起，如何應理？自非燭察幽隱，本〔389〕足與議也。五法配屬於心理學之知情意，則受相當於情，想相當於知，作意觸思相當於意。别境以下準思。

次别境五法。一曰欲。欲數者，《論》說："於所樂境，希望爲性，勤依爲業。"見《三十論》五。《瑜伽》《雜集》文稍異也。

言所樂者，復有三解：一謂可欣境。於可欣事欲見欲聞、欲覺欲知，故有希望。此說於可厭及中容境，一向無欲。二謂所求境。隨意可欣可厭而起希求，於可欣事上未得希合，已得願不離，於可厭事上未得希不合，已得願離，故皆有欲。此說於中容境，一向無欲。三謂欲觀境。於一切事欲觀察者便有欲生，如得奇書，急欲觀覽，此際欲生，熾然易見。若不欲觀，隨因境勢任運者，〔390〕如前六中劣無記心，即全無欲。

如上三義，廣狹攸殊，然不謂欲爲遍行，則其一致。

兼而收之，斯無妨耳。

言勤依者。由起欲故，方發勤勵，即説勤者，以欲爲依。然勤義有二：一、勤謂勤劬，如勤作諸惡者是。二、勤謂精進。《雜集》説爲正勤者是。前依不善欲，後唯善欲爲依。此其辨也。

二曰勝解。勝解數者，於決定境，印持印者印可，持者執持。爲性，不可引轉爲業。謂於所緣境審擇判決，遂起印持，印持作用，與審擇判決作用，俱時而起。審擇判決者，知也，印持者，情意與知相應者也。此事如是，非不如是。即此正印持頃，更有異緣不能引轉，令此念中別生疑惑。異緣不可引轉者，約正印持之一念説，不約前後相望而言。如前念由邪教力於有我義印持，即此印持一念，説爲異緣不可引轉。後念由正教力於無我義印持，即此印持一念，復説異緣不可引轉。舉此方隅，學者應悉。故勝解者，唯於決定境乃得有此。決定境者，從能緣心説，即謂現比或似比時心。現比量於境決定，固不待言。似比不稱境，亦名決定者。如見繩謂蛇，雖不稱境，而爾時心實於境決定爲蛇。非有疑故，亦非於境不審決故。又如由濁流比上流雨，實則濁流亦有他因，上流不曾有雨。此量亦不稱境，而爾時心實於境決定爲雨。非有疑故，亦非於境不審決故。若似現者據實即是似比所攝，〔391〕可不别言。猶預心中，全無解具云勝解。起，非審決心，心於境雖無疑慮，亦不曾起審擇判決者，名非審決心。即是非量所攝。世言非量，或唯舉似現比。實則似現比者，非於境不起量度，但不稱境名非。更有純爲非量者，即散心於泛所緣，有不曾起量度者是已，今此名之非審決心。勝解亦無。以故勝解非遍行攝。至勝解由生，則或緣於教，教者教示，或言説。内教、外道教，通得教名。如外道於梵天等義印持，即由邪教力生勝解。如佛弟子於無我等義印持，即由正教力生勝解。或緣於理，勝解之生，亦由邪正理力。見《三十論》五。理者，知見於所行境安立道理。所安立者理，能安立者知見。知見有邪正，故説理有邪正。如於所作法，見彼無常，此中所安立無常義爲正理，能安立見爲正見。如於無常見常，此中所安立常義爲邪理，能安立見爲邪見。《三十論》唯言邪正理者，從所安立爲言。據實即顯能安立之邪正見也。《述記》三十三第九葉“理者有此道理”云云。詞義渾淪，難爲索解。迹《論》言邪正理，本謂邪正知見。正知見者，謂現或比。然此中唯就比言，下别説證故。比量於境決定，故有勝解生，邪知見者謂似比，以於境決定，亦有勝解生。總之邪正見起而於境審擇判決者。俱時有勝解生，即於境印可執持者是也。或緣於證。證者，如修禪定，或五八等現量心。現量心中有勝解，定印境故。有别説邪證者，此中不取。據實而言，理爲最寬，教亦依理故也。如聞邪教而印持有我義者，以教爲緣，仍由己計量而入邪理，即依自邪見起勝解故。如聞正教而印持無我義者，以教爲緣，仍由己比度而入正理，即依自正見起勝解故。

三曰念。念數者，於曾習境《瑜伽》《雜集》并作串習事。令心及餘數明記《瑜伽》三作明了記憶。不忘爲性，定依爲業。《雜集》作不散亂爲業。

曾曾者已往。所受境，名之曾習。境有二義：一、相分名境，二、心望能緣，亦得境名。如見爲自證所緣時，即見分名境。此通體類，曾近親取，名受彼體。彼謂境。受彼體者，謂親取境之體也。若曾遠取不著，名受彼類。如自證緣見及正智緣如，名受彼體。如有漏位中，聞真如名即思唯如相，名受彼類。又如親緣西山，名受彼體。若不親取西山，但聞彼名，擬度其相，名受彼類。

即曾受境，或體或類，雖入過去，由念力故，數數憶持，令不忘失。是故現前了别，得以過去爲其根據。如今者緣筆，在初刹那率爾創緣，此爲新境，固猶未知是何。次刹那以往，尋求決定，則有念起，即知此新境者，於曾習境中是筆非餘。蓋曾親緣筆，即受彼體。或曾聞筆名即受彼類，故起於念。準此，則念者於後起新境之上，賦以過去相似經歷之符契也。有情能據已知以知所未知者，由念故爾。設無念者，則過去所更，一切忘失，斯有情之知識亦微矣。

至若念起之因，則分現種。現復四義：據憶曾時心，偏説自體爲因，現行自體分能爲因，生後時念。以見分是自體上之用。自體緣自見分，即是自心緣自心。心曾自緣，故能作後憶因。詳見《四分章》。一也。據憶曾時境，此中境謂相分。於一個憶念中，一方説爲憶曾時心，又一方説爲憶曾時境。如云我憶昨見梅花，此中梅花謂昨時所受之境，見謂昨時能受之心。偏説想數爲因，由想能取境分齊相故，遂能爲因，生後時念，令所憶境亦有分齊。如憶梅花，梅花者遮餘非梅花，即有分齊也。凡憶記中境，〔392〕無不有分齊者，就此言之，念亦以想爲因。二也。又約總説因，即是一聚心心所，不復於一聚心心所中，特取想爲因；亦不復於心心所各析四分，特取各各自體爲因。即總説一聚心、心所爲因，生後時念。至於後時記起，亦祇説爲一個憶念，不須分別所憶爲曾時心或境云。三也。前二義分言之，第三義總言之，先開後合，理極須然。復約勝説因，乃屬第六一聚心心所，此攝上文，言前所謂一聚心、心所者，非就他識而云也，乃謂第六一聚心、心所能爲因，生後時念耳。蓋記憶力用，在第六爲最勝。五識雖許有念相應而甚微劣，故此約勝，唯談第六。四也。如上四義，蔽以一言，曰第六現爲因，此中現言，即第六一聚心、心所之都稱。令後時念起云爾。然復應知，若無前現，後念不生，是事固爾。但此終屬一端之義。盡理而言，應次於現，更談彼種。原夫現者，纔起即滅，未容暫住。現既滅已，復餘何物，而起爲念，由現方起，具能生用，別有所生，如芬香物，有餘臭遠騰。流入藏識，是名習氣，亦字之種。此即現之等流，等流果義見前。依住藏識，刹那刹那，生滅不已。種之自體，是生滅不斷者，如於初刹那纔生即滅，第二刹那相似續生。雖第二刹那，復纔生即滅，第三刹那又相似續生。自此以往，總是生滅不斷。唯其爲生滅滅生而不斷也，故變化無方，而不可説爲一物，强名之習氣而已。或時逢緣，如作意根境等緣。現起爲念，故説念因，應詳於種。蓋由現生種，種復起念，即念近以種爲親因，遠以現爲增上因，言增上者，現不親生後時念故。此不可無分也。正理師説今念爲後念因，與近人柏格森之言記憶者略近，校以唯識，皆不應理。

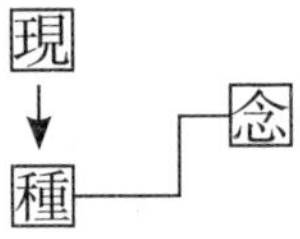

又念爲定所依者，由念於境，明了記憶，令心不散亂，是以云然。如曾聞佛名，後時念起，專注所緣，故心得定。然唯善念生定，非謂一切，若散心中，念曾習惡事，即不生定。此亦待反觀而後知。

又念非遍行者，於曾未受境全不起念，設曾所受，不能明記，即念未生。曾所受者，雖有習氣，潛伏藏識。若未逢緣現起，即爾時心，無彼念相應，故不能明記。故念必非遍行攝也。

四曰定。梵云三摩地，此云等持。定數者，於所觀境令心及餘數專注不散爲性，智所依爲業。

專注不散者，《瑜伽》説名心一境。言心亦攝心所，下同。心一境者，繫心專注一境之謂也。然如何名一境？如何名專注？不爲詳釋，義復難明。以一境言，有説前後同一所緣，是名一境。如初刹那緣諸行無常義，第二刹那重觀諸行無常，即前後一境。若如此説，專注必是前後一境。設前後境别即無專注，云何見道歷觀諸諦，刹那刹那有三摩地？三摩地者定數異名，專注即其用也。據理。此云一境者，不論前後所緣一異，但約一刹那所緣，名爲一境。又專注言，義復云何？頃有説者，心於一境轉時，不更别緣，是爲專注。不知一刹那心於一境轉，法爾住一境，勢不别緣。若專注義不過爾爾，則亦何足以顯定數之用？《述記》三十三："但深取境，假定方能。"斯則剴切之言。蓋專注者，不流散義。流者流動，散者弛散，沉掉生，即流散。由定數力，令心等於一境轉時，等者等餘數。勢用凝聚，凝者不流，聚者不散。譬彼冥渤，長夜瀾翻，而實停然未駛。此定亦爾，能令心等雖於境轉，而得凝聚。遂能深取所緣。於境深了，無模糊錯誤，名深取。心若流散，不深取境，如水攪濁，而不鑒物。《述記》於此，爲得其指。又復應知，心不專注者，便無定俱，故定非遍行。小師異説，如小乘正理師等。破詳《識論》。

智所依者，由定令心專注不散，依斯便有無漏智生。決擇名智。於一切法無疑惑故。《雜集論》言："心處静定，知如實故。"然此據多分言，非謂一切，如世愚夫爲止散心，繫心眉間，凡愚習静，或唯緣眉間，令心不散。唯有專注，而無決擇。此例不一。雖定能生智，亦不盡然也。

五曰慧。慧數者，於所觀境簡擇爲性，斷疑爲業。如緣聲時未知常、無常，即起推求。瓶等所作，皆是無常。虚空非所作而唯是常。於是決知聲亦所作，故亦無常。推求以往，由推求得決定知故，置以往言。總名簡擇。決知境故，復説斷疑。然斷疑言，乃約勝慧。此中勝慧，仍約有漏位説，非無漏慧。非謂疑心，遂無慧俱。然則慧非遍行何耶？愚昧心中無有簡擇，愚者愚癡，昧者暗昧。愚而不極昧者，或可有慧。若高等動物，容不徽劣簡擇也，[393]但愚而亦昧之心，便全無慧俱。又有昧而不愚者，亦復無慧。如藏識深細而不明著，名之爲昧。無惑俱故，不可謂愚。然以其昧，故無簡擇。説爲遍行，即不應理。正理僻執，固大乘所當訶斥已。詳《述記》三十三第十六葉。

又復應知，分别此慧略有二種：生便即得者，曰生得慧；加行所起者，曰加行慧。加功而行，曰加行。由加行故，勝慧方生，即加行位所生慧，曰加行慧。《瑜伽》七十七復説有三慧，曰：聞所成慧、思所成慧、修所成慧。此皆加行慧所攝也。《述記》三十三第二十四葉“或加行慧，聞、思、修所成，即彼類故”云云。若唯生得，應無所待，一切慧成。如不待加行，一切慧成，無此理也。設許唯有生得無加行者，即墮邊執。若唯加行，生便無慧，後起何依？加行慧屬後起，必用生得慧爲依，方乃得起，設許唯有加行無生得者，亦墮邊執。故以二種，差别建立。哲學家有以知識爲先天所固有者，相當於此之生得慧；有以知識爲待經驗而起者，相當於此之加行慧。

欲等五數，緣四境生，欲緣所樂境，勝解緣决定境，念緣曾習境，定及慧緣所觀境。勢不定俱。言不定者，五數容俱起，亦多不俱起故。俱起者，如於所樂决定境中，起欲及勝解也。不俱起者，如於所觀唯起簡擇，馳散推求，有慧無定，是也。《識論》有文，此不復詳。參考《論》文五、《述記》三十三第十七葉以下。

又是五數，約六識謂前六。辨。於意識中，五或俱起，或一一别生，此在諸師，悉所共許。至五識有無，雖復興諍，衡其得失，言有者是。所以者何？五識緣境，由意引生微劣希望，但不顯著，乃云微劣。應説有欲。又由意引，亦有微劣印境義故，説有勝解。五識雖不念曾受境體，而由意引，亦於現境上有微劣念。五識緣現境時，即念曾受境類，以現在境是過去境之類故。五識及俱意皆於現境上起念，俗以記憶爲過去境者便誤。復有意引微劣專注現境義，故説有定。雖於所緣不能推度，而有意引微劣簡擇，故説有慧。此則欲等五數，五識容有，何可云無？今心理學家有以感覺爲精神作用之原素者，然彼所謂五官感覺，乃相當於此之五識。五識有遍行别境等心所相應。其作用繁複如是，談感覺者未悉也。

三、善十一法。一曰信。信數者，於實、實者實有，諸法若事若理説爲實有。德、能，深忍忍謂勝解，即信之因，由解忍可，方起信故。然解與信，卻是俱時，非解先而信後也。樂欲，言樂欲者，即謂欲心所。欲者信之果，由信方起希望欲故。然信與欲復是俱時，非信先而欲後也。心浄爲性，對治不信，樂善爲業。實、德、能三，爲信所緣。《義燈》五："實德能三，定是信境。"境即所緣。於實起信，謂於一切法，若事若理，深忍故信；設信明日下雨，此在今日爲無其事，然據經驗推徵，有是理故，又如信虚空，空雖體無，而有空理故。於德起信，謂於如來浄德，深信愛樂；愛樂即欲，由信起欲故。又此中但舉信佛言，據實亦攝信法及僧。於能起信，能謂能力，謂於諸善，世間及出世間善法。自信有力，能得能成，而起希望。希望即欲，信之所生。綜上三境，實、德、能。皆有信生。於實中言深忍故信，此就信之因言，亦隱攝信之果，信必生樂欲故。於德中言愛樂，於能中言希望，此就信之果言，亦隱攝信之因，信必起於忍可故。文互影顯，學者宜知。此信體澄清，能令心及餘數得浄。如清水珠，能清濁水。斯篤信所以可貴[394]《述記》三十四第五葉："如貪愛等染心所内，唯有不信，自相渾濁。復能渾濁心及餘數，令成染污。如極穢物，自穢穢他。信正翻彼不信渾濁，故以浄爲信之相也。"

信
- 因相——忍
- 自相——浄
- 果相——欲

二曰慚。慚數者，崇重賢善爲性，對治無慚，止息惡行爲業。如於自身，生自尊愛增上。作是意言，我如是身，乃作諸惡。方起此慚，即是崇善也。

三曰愧。愧數者，輕拒暴惡爲性，《述記》有惡者名暴。對治無愧，止息惡行爲業。如因世間譏毁增上，遂乃輕惡類而不親，拒惡業而不作，即此拒惡，言拒惡，亦攝輕暴。説名爲愧。《述記》三十四第十葉"慚愧二法體性别，一性能崇善，一性能拒惡。善心起時，必有此二，故得俱起"云云。

四曰無貪。無貪數者，謂貪對治，無貪即貪數之對治。令深厭患，《廣五蘊論》："遍知生死諸過失故，名爲厭患。"無著爲性，作善爲業。《識論》："作善爲業。"《五蘊論》："惡行不起所依爲業。"今從《識論》。貪數行相深廣，無貪翻彼，其用殊勝。翻者反義，無貪即對治貪，故爲貪之反。貪相深廣難治。唯無貪有勝力用，故能對治。

五曰無瞋。無瞋數者，謂瞋對治，無恚爲性，《百法光疏》："於諸有情，心無損害，慈愍在懷，名曰無瞋。"作善爲業。瞋數行相深廣，無瞋翻彼，其用殊勝。

六曰無癡。無癡數者，謂癡對治，明解爲性，《述記》三十四第十三葉："無癡於理及一切事明解不迷。"作善爲業。原無癡以慧爲其因相，由慧方生明解，故説無癡以慧爲因。還以慧爲其果相，明解復生浄慧，故無癡還以慧爲果。《集論》遂説無癡以慧爲體。《集論》舉無癡之因及果，以顯無癡自體，説詳《識論》。無癡能對治癡，如光破暗，勝用難思。

又《瑜伽》五十七説："大悲以彼無瞋無癡二法爲體。"此則慈愍與明解合流，方名大悲，世俗言愛者，稽以唯識則是癡與貪之合流，而不得與大悲相比傅，其詳當别論之。究極無漏，常無窮盡。

七曰精進。一作勤。精進數者，勇悍爲性，《三十論》六，説於修善斷惡勇悍爲性。對治懈怠，滿善爲業。此相差别，略説有五：一、被甲精進。最初發起猛利樂欲，名之被甲，如著甲入陣，有大威勢。古代戰士著甲，故以爲喻。二、加行精進。次起堅固策勤方便，基云："堅固其心，自策勤也。"名之加行。三、無下精進。又次爲證得，不自輕蔑，亦無怯懼，名無下。基云："不自卑下更增勇鋭。"四、無退精進。又次能忍受諸苦，猛利而前，名無退。世親《識論》七第十葉：心雖無怯，逢生死苦，心或退轉，爲對治彼，故立無退。五、無足精進。又次，更蘄大果，不爲少得，便生喜足，名無足。世親《攝論》：有雖逢苦能不退轉，而得少善，便生喜足，由此不證無上菩提，故次無足。原夫精進唯善性攝者，以其念念高勝離一切染。基云進謂進成聖者身故。若惡增長以望於善，即名墜墮。精進必趣無上菩提，無上正覺之義。故唯是善也。

八曰輕安。輕安數者，遠離粗重，一切能障定之法，名爲粗重。調暢身心，堪任爲性，言堪任者，有所堪能，有所任受。對治昏沈，轉依轉有二義，轉去、轉得。令所依身轉去粗重，轉得安隱，故名轉依。爲業。然此輕安，欲界有無，頗爲諸師聚訟。基師依《瑜伽》文，以無爲正。《述記》三十五第十三葉然返覆文理，不言欲界得有輕安云云。斯則守文而過，理實欲界，但無上界勝妙輕安，非無欲界輕安。如坐禪者，雖不得定，亦微有調暢義故。即欲界有輕安，義自極成。

九曰不放逸。不放逸數者，即無貪、無瞋、無癡、精進四法，於所斷修，所斷謂惡，所修謂善。防修於性，防修者，於所斷惡法防令不起，所修善法修令增長，故名防修。對治放逸，滿善一切世出世善。爲業。精進遍策發一切善心，《解深密經》言："我説精進遍於一切。"無貪等三，無貪、無瞋、無癡三法。普依持一切善心。依持者。無貪等三法，普爲一切善心所依，即由彼三法，持令一切善心增長也。故依此四功用，假立不放逸。正理異義，順正理師説不放逸别有自體。大乘所遮。大乘破正理，詳《述記》三十四第二十一葉。

十曰捨。捨數者，即無貪、無瞋、無癡、精進四法，令心言心亦攝餘數。平等、正直、無功用住爲性，對治沉掉，昏沉、掉舉。静住爲業。謂依四法，離沉没等，等謂掉舉。最初獲得心平等性。心沉没或掉舉，名不平等。若離沉掉，即是平等。由心平等，不待勉勵，但順前轉，《集論》云："自然相續故。"無高無下，高者掉舉，下者沉没。故次獲得心正直性。由心正直念念相續，不慮染生，任運恒時，住無功用，最後獲得心無功用住性。此捨依四法假立，亦無别體，如不放逸。

十一曰不害。不害數者，即依無瞋，於有情不損惱爲性，能對治害，悲愍爲業。此依無瞋一分假立，由無瞋上有一分拔苦之義，假立不害。非别有體。

如上十一法，前六識中皆得俱起，如眼識中，信等十一法俱起；乃至身識中，信等十一法俱起；第六意識中，信等十一法俱起。雖天竺諸師有不許俱起者，要非正義也。又《識論》六許信等十法俱起。唯除輕安一法，以輕安欲界不遍故。今此許欲界有輕安，故許十一法俱起。於一念善上，有多相故。如信是淨相，慚是崇善相，乃至不害是無損惱相。有説五識無輕安者，斯不應理。由定引故，五有輕安，不相違也。五識由定中意識所引，非無調暢。又此十一與别境五，皆得相應，思之可知。信等欲等，互不相違，故得相應。然此中唯舉别境者，以遍行五法，遍四一切，故不須說。不定四法至後詳之。

四、煩惱六法。一曰貪。貪數者，於境貪之所緣，總名爲境。起愛，愛者貪之因相。染着爲性，《集論》説貪者愛爲體，蓋舉貪之因，以顯其自相。理實染着爲貪之自相。《識論》六及《瑜伽》八，並云貪者染着爲體，今從之。能障無貪，生苦爲業。苦者貪之果相。《緣起經》説："貪有四種：一、愛，二、後有愛，三、喜貪俱行愛，四、彼彼喜樂愛。"《大論》五十五釋曰："愛云何？謂於自體親暱藏護。此言衆生於己生命深爲愛着，此愛極難形容，强狀其情，曰於自體親暱藏護。衆生即以此愛潤生。後有愛云何？謂求當來自體差別。世有持斷見者，以謂死後當斷滅，宜若無後有愛可言。然其人固有此後有愛爲之陰驅潛率而不自覺耳。籍曰不然。則明知當來斷滅而胡爲厚愛其生耶？夫其歷今日之生，而更希明日之生，則愛力非斷見所移，既有徵矣。今日之生方盡，即明日之生方有，愛力不竭故也。然則後有愛爲有生所同，無可疑已。喜貪俱行愛云何？謂於現前或於已得可愛色聲香味觸法，起貪着愛。彼彼希望愛云何？謂於所餘即不現前或非已得者，名所餘。可愛色等，起希求愛。"此明貪相差別，亦已審諦。《瑜伽》又説十貪：謂事貪、事者體義，有情於自體染愛耽著，云事貪。見貪、樂着諸見名爲見貪，諸邪見或邊執見者皆有此貪。貪貪、《倫記》五十九第十五葉："未得境是無故，貪心自現境相而貪，故名貪貪。"慳貪、於財利等堅着不捨，名慳貪。蓋貪、《倫記》云："於前已所受用過去境生戀著，即有蓋覆義故，名蓋貪。"惡行貪、樂着諸染，名惡行貪。子息貪、一云男女貪。理實子息貪與男女貪，應析言之。親友貪、親友於己順益故，緣之起貪。資具貪、田宅、財貨、食色，乃至勢位、名譽，通稱資具。樂着一切資具，名資具貪。有無有貪。《倫記》云："有無有貪即常斷二見貪也。"據此則有無有貪者，即是於見貪中别出之。一切見中，常斷二見衆生尤易深著，故别而言之也。實亦見貪所攝。衆生有見貪，故其執不易破，法人黎朋有所謂感情之判斷者，即原於見貪也。斯則剖别貪相，至昭晰矣。十貪見《大論》五十五。由貪勢用貪之勢用，即是愛力。發業謂能發起身語意業。潤生，由貪愛爲加行故，潤曾諸業，令起現行。故異生之生，貪愛所潤。令衆苦生，所以名爲常害也。貪等亦名常害，常能爲害故，見《大論》八。

貪	因相……愛	
	自相……染著	
	果相……苦	

二曰瞋。瞋數者，於諸有情，憎恚爲性，於有情言，顯瞋之境，理實於非情亦起瞋。此但舉勝者説故。能障無瞋，不安隱性，惡行所依爲業。瞋略有三：一、有情瞋。於有情起瞋，故名。如從他聞，昨者某甲毀我己身起瞋之一。及我親友，起瞋之二。讚我怨家，起瞋之三。遂於彼情所，謂某甲處。有三瞋生，是其例也。如嫉妒他人名聞利養，乃至因族類之異而起瞋者，皆名有情瞋。二、境界瞋。《倫記》五十九：緣山河大地起瞋，名境界瞋。於不可意境，即生瞋故。詩人寫愁，大地穹蒼，丹霞皓月，皆其所憎。三、見瞋。於他見生瞋故。見瞋者，於有情瞋中別離出之。孟軻有云："楊氏爲我，是無君也；墨氏兼愛，是無父也。無父無君，是禽獸也。"孟軻因墨主兼愛、楊主爲我，緣彼異見，遂生瞋心，而以禽獸詆之，即所謂見瞋也。然以群生有見瞋故，則有睿哲獨到之見，衆乃不喻，而共瞋之者矣。又凡物論不齊，是非蜂起，禍極於玄黄而無悔者，亦見瞋爲之也。《識論》有言："瞋必令身心熱惱，故不安隱。起諸惡業。故與貪等俱得火名。"瞋與貪等均名爲火，燒所積集諸善根薪故。見《大論》八。

三曰癡。癡者，無明之異名。癡數者，於諸理事，迷暗爲性；凡對道理上生起煩惱，如於無我計我，而生貪愛，即是迷理。亦對法體上生起煩惱，如執第八見爲我，而生貪愛，即是迷事。能障無癡，一切雜染所依爲業。凡癡數視其相應王、所如何，區爲二種：與七識前七。相應，亦與貪等惑俱者曰相應無明。此攝恒行不共無明。《大論》五十八"又此無明總有二種：一、相應無明，二、獨行無明"云云。《倫記》六十五："依此文判，末那無明即相應攝。"兼迷理事，與六識相應，不與貪等惑俱者，曰獨行無明。此復有二：一、不與忿等十隨惑俱，名主獨行，但迷理。二、與忿等隨惑俱，名非主獨行，亦兼迷理事。獨行無明，以不與貪等惑俱故，亦名獨行不共無明。今但名獨行無明。斯則約舉統類，猶未委悉者已。《瑜伽·本地分》乃稍詳癡相差别，但约六識相應者說。凡有十九無知。無知亦癡之異名。其略曰："於前際無知云何？謂於過去諸行，起不如理分別，謂我於過去爲曾有耶、爲曾無耶？曾何體性、曾何種類？所有無知。於後際無知云何？謂於未來諸行，起不如理分別，謂我於未來爲當有耶、爲當無耶？當何體性、當何種類？所有無知。於前後際無知云何？謂於内，起不如理猶預，謂何等是我、我爲何等？今此有情從何所來，於此没已，當往何所？所有無知。於内無知云何？謂於各别諸行，即色心諸蘊。起不如理作意，謂之爲我，所有無知。於外無知云何？謂於外非有情數諸行，即色聲等塵。起不如理作意，謂爲我所，所有無知。於内外無知云何？謂於他相續諸行，他相續者，猶言他人或他有情。起不如理分別，謂怨親中，非親非怨名中。所有無知。於内非我而計爲我，由計我故，於我以外諸有情，或見爲順而親之，或見爲違而怨之，或見非順違而爲中焉，此謂於内外無知。於苦無知云何？謂於苦是苦性，或不思唯，或邪思唯，或由放逸，所有無知。異生見爲可樂者，大氐於苦不了是苦，横計是樂。五色令人目盲，五聲令人耳聾。樂聲色者，不辨聾盲之苦。於因無知云何？謂起不如理分别，或計無因，自然外道或無因論師作是計。或計自在世性等爲因，自在者謂大自在天，世者，時間外道計時間爲諸行因。性者，謂數論自性。所有無知。晚世哲學家有一元衆元諸論，皆是於因無知。於佛無知云何？謂於佛菩提，或不思唯，或邪思唯，或由放逸，或由疑惑，或由毁謗，所有無知。於法無知云何？謂於正法善説性，如來以種種方便，令諸衆生趣求無上菩提，如是教法，名爲正法。宣説此法，名爲善説。剋指正法善説之體性，故置性言。或不思唯，或邪思唯，或由放逸，或由疑惑，或由毁謗，所有無知。”詳彼十九無知，據勝者説。但約六識相應無明勝者説之。理實癡相，類别甚繁，未可枚舉。更有總略，而談五愚：愚亦癡之異名。一、義愚，通攝一切所有無知。二、見愚，如於因無知，即見愚攝。哲學家探尋宇宙人生，探尋愈深，迷暗愈增，皆見愚也。三、放逸愚，如起邪解邪行。四、真實義愚，如迷二空理。五、增上慢愚。《倫記》五十九：“景云：所得世間善根，謂得聖道，起增上慢。”即一切得少爲足者，皆此愚攝。如是五愚，所包絡者至廣。前十九無知，皆可攝入五愚。《勝鬘經》又依别義，即依見修所斷。通取六識相應癡，析以五住地，此五種癡，能生起一切煩惱，如地能生萬物，故名住地也。曰見一處住地、此唯分别起，見道位中，一時頓斷，名見一處。曰欲愛住地、欲界之癡，立欲愛名。自此至第五皆修道所斷。曰色愛住地、色界之癡，立色愛名。曰有愛住地、無色界之癡，立有愛名。破外道計爲涅槃，爲名有愛。曰無明住地。是相極微細，唯佛能斷故。前四煩惱障，能發諸業；第五所知障，不能發業。見《述記》四十八第一葉。癡相差別，略如上述。原夫癡之異名，乃曰無明。無明者有實體性，非是明無，若言由明無故名無明者，則無明便屬分位而無體性。亦非邪智，參考《大論》五十六。按邪智者，即是薩迦耶等見。然彼諸見不離無明，非無明即是諸見。由迷暗勢力現起故。迷暗勢力謂癡之功能，癡相類別甚多，即每一癡相有自功能，方乃現起，非唯一功能轉成多種癡相也。勝用無邊，能起貪等，等者，謂其餘煩惱及隨煩惱。一切煩惱皆由癡增上，而得起故。爲諸惑之導首，負有情而長驅，此中有情謂異生。一切異生，由無明發業，以有其生，故常爲迷暗繫之而趨。雖旋嵐轉嶽之猛，未足以喻其烈也。

四曰慢。慢數者，依止我見，高舉爲性，能障不慢，生苦爲業。慢相差別略有七種：一、慢，二、過慢，三、慢過慢，四、我慢，五、增上慢，六、卑慢，七、邪慢。

於劣謂勝，如於材智劣於己者，即謂我勝彼。於等謂等，如於材智等於己者，即謂我與彼相等。令心高舉，言心，攝心所，下準知。總説爲慢。設有難言："方劣言勝，方者比方。方等言等，稱量而知，何失名慢？" 應答彼言：此慢於境轉時，非但稱量，而能令心高舉染惱；高舉即是染惱，持重言之耳。不同明鑒照物，壹任澄明。以故過重，爲錫慢名。

於等謂勝，如於材智等於我者，而謂我勝彼。於勝謂等，如於材智勝於我者，而謂我與彼相等。妄進一階，慢過重前，斯名過慢。

於勝已者，反計已勝，高前過慢，名慢過慢。

於五取蘊，隨計爲我，自恃高舉，名爲我慢。五蘊名取者，取有二義：一、執取。謂一切有情由貪着故，執取現在五蘊爲自體，令不捨離。二、引取。謂一切有情由欲愛故，引取當來五蘊也。

於未證得者，謂已證得，於少證得，謂已證多，心生高舉，名增上慢。

於他多分勝己謂己少劣，於他無劣謂我極劣，並名卑慢。雖自知卑劣而猶起慢，故名卑慢。頗有難言：“如於他人多分勝者，我顧自謂少分不及，心有高處，卑慢誠然。若自居極劣，謂他無劣，心無高處，豈成卑慢？”應知彼於勝者之前，反顧己身，雖知極劣，其心還復深自尊重，慢相隱微，非是全無，故成卑慢。

於無德中言無德者，謂諸惡行違功德故。謂己有德，恃惡高舉，名爲邪慢。

慢多者，不敬有德，《雜集·述記》六：“敬者，或信或捨或慚所攝。”造諸惡行，即身語意諸惡業。故能招苦。然修道謂修道位。聖者猶起我慢，則對治之難也。

五曰疑。疑數者，依止無明，猶豫爲性，於所知不決，如立衢路，名之曰疑。能障真智爲業。印土諸師有説疑體即慧，簡擇不決，説爲疑故。有説疑別有體，令慧不決，非即是慧。據理而言，後説爲勝。猶豫疑之體相。簡擇，慧之體相。體相異故，不可謂同，但疑容有慧俱耳。疑心起時，亦有推求，推求即慧。故疑容與慧俱。又世智尊疑，以爲疑者不厭反覆推尋，固可由之以得理。不悟推尋屬慧，原非是疑，但疑得與慧俱。推尋而得，疑實無功；推尋不得，乃多疑之罪已。多者不盡之詞。至理昭著，近在眉睫，如理思唯，思唯即慧。以無顛倒，稱實而知，故名如理。是稱相應。然慧方起用，疑亦俱來，疑令慧紛，紛者然否不決之謂。遂難如理。蓋理不滯迹，唯慧可以無私遇之，疑挾其近習以乘慧，則慧眩其目，故任疑者終疑，必不可入正理。此嘗與吾友林宰平言之也。原疑依癡即迷暗。起，癡勢本盛，而慧時欲破其迷暗，則又盤旋於疑網之中。以在有漏，慧用尚劣，故疑易乘，自非真慧現行，未有不曠劫長疑者已。世俗言學多主懷疑，吾謂學者但當盡其簡擇之能事，徒疑無益。衆生一向狐疑，豈勞公等提倡耶？

六曰惡見。一名不正見。惡見者，依止癡等，顛倒推度，染慧爲性，慧由癡等惑引令成染，故名染慧，義詳後。能障正見，招苦爲業。此見差別，略説有三：

一、薩迦耶見。義即身見，亦即我見。又身者自體之異名，應言自體見。於五取蘊注見前。執我、我所者是也。依蘊計執爲我者，《述記》四説，有總有別。遍依識蘊而執之爲我，名別緣五蘊爲我。通依五蘊而執之爲我，名總緣五蘊爲我。由依蘊執我故，遂亦執我所，我之所有，名我所故。如依色蘊而執爲我之根身、我之資具，依受蘊而執爲我之領納，依想蘊而執爲我之取像，依行蘊而執爲我之造作，依識蘊而執爲我之了別。此皆依蘊而執我所。第六意識，内外門轉，於一念頃宛爾外馳，宛爾内顧。内顧外馳爲一心上之兩面。内顧即我執，外馳即我所執。外馳則若有實物，内顧則宛如常一，不稱所緣，過乃在執。夫心不孤起，必有所緣。所緣者何？由能緣心，仗五蘊法爲質，變自影像，即影爲親所緣，質爲疏所緣。而彼能緣，於所緣影質，不能稱實而知。乃妄作我、我所解，而深取着，是名爲執。所執之我、我所本無，而我、我所執之所依以起者，即所緣影質，此固未嘗無也。世俗以爲我見，乃意識作用間統一之形式，固未了我見之所由起爾。

二、邊見。亦云邊執見。又略分二，曰常邊、斷邊。常邊者，由我見增上力故。計有現前諸物攀援不捨，俱時亦復，追憶過去，希冀未來，由斯發起常見，以謂萬物常住。筆日更矣，而視之若舊；指日易矣，而視之若前。此皆墮常邊也。今人羅素嘗謂諸行有暫時而無永久，乃吾人依日常實用之便利，嘗連續其片片段段之經驗，而爲永久云爾。此其持論雖已超越恒情，然不悟永久之執，原依我見而起。又其暫時之云，亦違吾宗剎那滅義，非真能察變者。斷邊者，由我見增上力故，於所取物怙常不得，更計爲斷。大風卒起，忽爾止息；瀑河彌漫，忽爾空竭；萬木敷榮，颯然衰瘁。[395]世間果有何物可以恒存？則又離常邊而墮斷邊已。迹世所謂物者，稱實而談本無少物，唯是一變一變之勢用。諸行於前剎那纔起便滅，名爲一變；後剎那續前而起，亦無間即滅，又名爲一變。變變相續，非斷非常。而衆生染慧，由我執故，令慧成染。於變不得證知，乃於非物取物，執爲斷常，二邊更墮。染慧恒墮二邊，有時離常，即復墮斷；有時離斷，即復墮常。故云更墮。更者迭也。哲學家探窮宇宙人生，而不能捨其常斷二邊之見，所以長夜昏迷。如蠶縛繭，了無出期。嗟爾狂慧，染慧，猶如病狂也。其何可任。《識論》邊見，本列舉當時外道諸論，今不復據，但約恒人邊見爲言。識者當諒此意。其有樂徵故説，則《述記》三十六，及《瑜伽》《婆沙》諸文，皆可檢尋。

三、邪見。又略爲二，曰增益見、損減見。增益見者，於本無事妄構爲有。如於色等法上，增益瓶相，世所謂瓶者，據實言之，眼識所取唯白色，乃至身識所取唯堅觸，本無有瓶，意識妄分別故，遂於色等法上增益瓶相耳。轉增益瓶無常相。乃至於五取蘊，增益我相，轉增益我常無常相。外道有計我是常，即增益我常相；有計我當斷滅，即增益我無常相。又於緣起法不如實知故，妄增益梵天自性等相。晚世哲學家一元、多元諸論，凡所計執，皆由增益。譬彼病目，幻起空華。損減見者，於本有事妄計爲無。治故籍者，於古人確實之紀事或不信忍。如孟軻說《武成》之篇，判流杵爲淫詞。以仁人伐暴，不應有此事故。徵以仲尼武未盡善之談。《詩》《書》皆有殷頑抗周之事，則武王與紂仁暴且未易分，遽謂武之仁，斷無流杵事，適墮損減見耳。生長僻陋者，聞殊方異物則擬之齊諧志怪。即俗爲徵，既已如此。若夫清淨法界法爾本然，不容增減。而衆生不自證得，妄撥爲無，斯上智所以惻然悲閔。大抵損減依三事生：諸法實性無上無容，衆生染慧，拘礙垢污，照了不及，遂起損減，一也。理境至廣、至深、至微，除前諸法實性，餘或廣、或深、或微一切理境。染慧鈍劣，皆弗周徹，遂起損減，二也。事不現前，謂過去及當來，染慧推校未精，遂起損減，三也。凡增益見，以無爲有；凡損減見，以有爲無。鹿迷焰而狂奔，鹿熱渴則迷陽焰爲水而奔赴之，增益見猶是也。瞽背光而長暗。光本非無，瞽者不見光則謂之無，損減見猶是也。增損二執，更起迭用，有情於是乃大苦。《識論》：邪見，本列舉外道諸論，今此不爾，但義亦相會。

如上三見，一我見、二邊見、三邪見。邪見最寬，一切謬解，皆邪見攝。我、邊二見，約勝别談，故不攝於邪見。又復應知，綜前惡見，皆依慧假立。慧者，即别境中慧數，依慧上别用，假立惡見。原夫未轉依位，即有漏位。諸慧自體，每一念慧，由自功能現起，即慧之體相。念念各别，非唯是一，遂名諸慧。性唯無記。不違染故，非善性攝；善中無癡，能對治癡，慧非癡之對治，故云不違染。體非即障，應不名惡。凡惡法自體即是障，故能障聖道令不起。慧者簡擇，就簡擇自體言，固非即是障。但由癡等惑引故，令簡擇成顛倒，方名爲障。非可説障爲慧所固具也。《識論》慧通三性，實未應理。《百法光疏》亦依《識論》，謂别境五法，皆通三性。然欲等通三性，吾無間然。至謂慧亦如欲等，通惡及有漏善，則未知其可。然慧自體，是無記故，無逆無違，乃能隨順善染諸法。有漏善心、心所起時，慧數得與之相應；染心、心所起時，慧數亦得與之相應。由善增令成浄，浄者明浄，慧與善心心所相應時，由彼善法引令慧相明浄增盛。即此慧復能引生俱時或後念無癡。前言無癡以慧爲因者，以此。由染增令成惡，惡者毁責之詞。慧與染心心所相應，爲其所引，而成邪謬，故以惡名毁責之，非謂惡見定是惡性。《識論》六亦云："俱生我邊二見，唯無記攝。"學者宜詳焉。以故惡見，離慧無體。有難："有漏慧唯無記者，何可引生無漏善慧耶？"答言：有漏慧由定或精進等善法增盛故，能引生有漏善中無癡。即此無癡，復能引生無漏善慧。非有漏慧直引無漏。然慧相詳談，俟諸量論。

綜前六煩惱，有是俱生，與生俱生，故曰俱生。有分别起。由思察而生，名分别起。俱生復分爲二：一、本來俱生。衆生無始已有此生，實由無始已有此惑。惑者，煩惱之異名。昔光尼問佛："爲生先煩惱有，生者謂衆生之生。爲煩惱先生有？若言生在前者，云何説言因煩惱故方得有生？若煩惱在前，此誰所作？復住何處？"佛答光尼："煩惱與生，俱時而有。於湛然真常之中，忽然惑起即忽然有生。雖復生因惑有，而生與惑一時頓俱，無有前後。等是空華，焉得横分次第耶？雖無前後，要因煩惱得有生，終不因生而有煩惱。"因惑有生，不因生而有惑，故生非可厭，而惑乃當斷。問："生因惑有，斷惑非即以斷生乎？"答：此據衆生之生，説因惑有，豈其斷惑遂無有生。外道復就始有爲難，佛還就彼無始而答。以上見《涅盤經》。此惑無始法爾與生俱有，故曰俱生。二、等流俱生。此言等者相似義，相似而流名等流。衆生自有生來，歷劫現惑，雖復各各刹那壞滅，而通有熏習等流不已。是故今劫以過去惑習隨逐故，不假惡緣，不由籌度，常任運起，雖非本具，有生以後，新熏隨逐方起，故非本來固具。亦是俱生。分别起者，待籌度方起。意識籌度時，由三緣故，引令惑生，遂名此惑，曰分别起。三緣云何：一、惡友力，所謂惡友者，不限於所承之師，所信之友已也。群衆有其錮蔽之惡俗，則尤爲惡友之大者。天下有真理所在，皎然易明，而役於群俗者，終其身大惑不解。若夫前識之倫，大心之士，離群而特出者，又曠劫不可一遇，此則慈尊所以有無盡之悲。二、邪教力，凡學説之不究於真實者，皆謂之邪。三、不如理作意。前二屬外緣，第三屬内緣。《識論》於第三本云自審思察。然泛言思察，即不得説爲惑緣。今依《瑜伽》卷八説疑及邊見等文，以不如理作意爲第三緣。作意者，即前遍行心所之一。若如理作意，能引同聚心、心所如理思察，則惑無自生。唯不如理作意，方引令同聚心、心所起不如理分別，如於無常計常等，乃名爲惑耳。夫作意者爲一聚心、心所全體之動之幾也，故必於此致慎，而世之足與語此者鮮矣。逢緣創起，故異俱生。分別俱生，義如上述。六煩惱中，有通此二，通二者，如貪有任運而起者，即俱生貪；有由籌度而起者，即分別貪。瞋癡乃至我、邊見，皆可準知。有唯分別，條其流類，而爲二圖。

（甲圖）

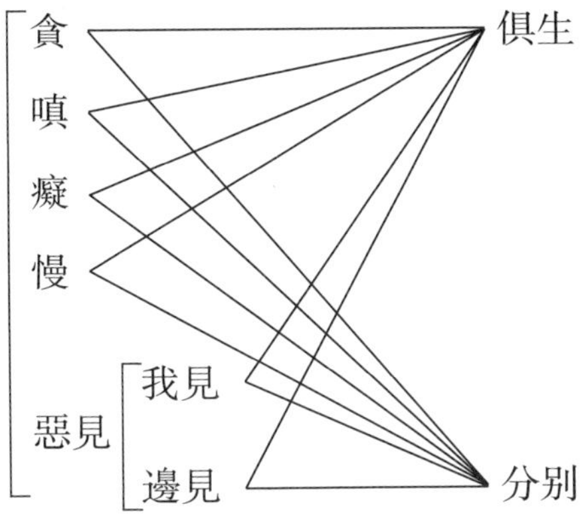

（乙圖）

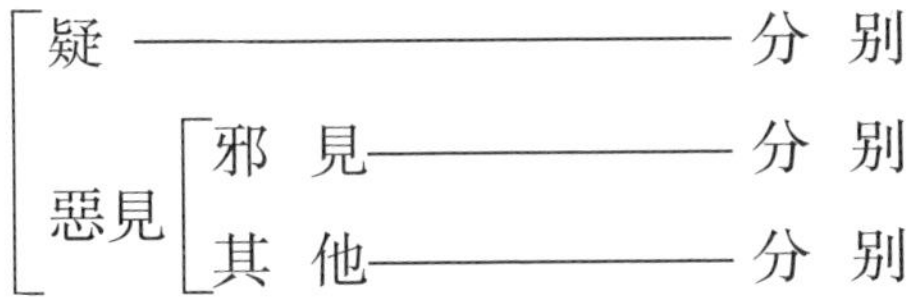

復有異義："俱生邊見，唯有於斷。如《瑜伽》言：'學現觀者，起如是怖，今者我，我何所在耶？'謂得現觀者，入無我觀已，分別我執即斷。出觀之時，便生恐怖云：今者我，我何所在耶？緣彼一向堅執有我，於入觀時，分別我執驟斷。及出觀之一剎那，即是執心繼起，返緣前剎那觀心，遂起我斷見，而怖之云云。初句今者我之我字，直是不假籌度而出，即俱生我見。次句我何所在耶之我字，則是從籌度而生。正由於不如理作意爲之緣，方起如是我見。故次句之我即分別我見。此我何所在之云，即是於分別所執之我上計爲斷，亦即分別斷見。今論者不察，乃舉此以爲俱生斷見之證。又如禽獸等，若遇違緣，皆恐我斷，而起驚怖。故知斷見，通於俱生。若常見者，其相粗顯，必惡友等力，引令生起。以是俱生，在常非有。”其爲説如此。然俱生通斷，我本無諍。彼引《瑜伽》，反成非據。我何在耶一語，已是分別。汝何勿思？至禽獸怖斷，證是俱生，義固無違。但執此類徵禽獸亦復執我常存，熾然造集長時資具。如蜂蟻等，熾然造集長時窟穴資具及飲食資具。蓋其執我常存之見，恒任運起，故嘗陰驅潛率，令其造集而不已也。頃有難言：“禽獸但有造集之動作可見而已，若由動作而比度其有計我、計常諸見之隱於後，得毋虛構耶？”此其持論，直以有情之動作等於機械之運轉。又必限於官感所接，而後信其非虛。如斯之心習，更何足與談理。此其人固習於浮淺之美國學人之説，置之可耳。豈此常見，不屬俱生？禽獸等常見不由籌度而生，唯有俱生。當知邊見，爲斷爲常，并通俱生，何可承其一而否其一耶？

復次，六煩惱自類相應云何？貪與瞋疑，决不俱起。於可愛境，不生憎故；於猶預境，無染着故。

貪與慢，不定俱起。或俱或不俱，故言不定。於他起愛，必不相陵；於所恃我，亦復深愛。貪與我慢俱故。

貪與諸見，我、邊等見。皆得相應。於自所見，必樂著故。

瞋與慢疑，容有俱起。容者不盡之詞。所蔑所憎，其境可同。如慢他時，必於他起瞋；唯我慢自恃，定無瞋俱。久思不决，憎或乘焉。

瞋與諸見，容有相應。於所推求，或憎恚故。

慢於境定，疑則不然。慢則於他勝負决定知，故名境定。疑則於他勝負未决。故慢與疑，無相應義。於他勝負尚猶預故，自不起慢。

慢與諸見，俱起無違。於自所見，恒高舉故。《識論》説慢與斷見不俱生，執我斷時，定無陵他而自恃故。此不應理。聖者猶有我慢。凡外起我斷見時，未必遂無我慢。

疑不審決，雖復俱慧，終與見違。見雖慧上別用，而審決故，理不容疑。見既審決，豈得同時更容疑起。

癡與貪等惑，等者，謂瞋、慢、疑、惡見等。皆定相應。一切惑生，必由癡故。

凡一識於一刹那頓起，其宛然一體之上，如初刹那頓起之眼識一聚心、心所，總名一體，此於初刹那便滅。第二刹那頓起之眼識一聚心、心所，亦總名一體，仍於第二刹那滅。第三刹那以往準知。眼識如是，耳等識皆可類推。必無自相乖返之行相。故貪等相望，有俱不俱焉。世俗有計愛憎可俱起者，此乃誤以多刹那心爲一體故也。蓋心起迅速，刹那刹那差別而轉，彼乃不察迭移屢更之次第也。[396]

此六煩惱與別境五，相應云何？遍行具四一切，故不待問。貪瞋癡慢，容與五數俱起，容者不盡之詞。如貪或時與五數俱起，或時亦弗與五數俱起。貪如是，瞋癡慢皆可例知。皆不相違故。有難“貪等不得有定”者，此不應理。定者專注義，貪等亦嘗專注一境，即由定數作用引令專注故。得有定俱明矣。

疑於五數，唯除勝解，即與餘四數皆容俱起。不決定故。故與勝解相違。見於五數，唯除慧，亦與餘四數皆容俱起。非異慧故。見之自體即慧，不可説自體與自體相應。

此六煩惱，意識通具。五識唯三，曰貪瞋癡。如眼識於可意境，任運生愛，名爲貪；於不可意境，任運生憎，名爲瞋；於一切境任運生迷，名爲癡，眼識如是，耳識乃至身識準知。五無分別，以無粗猛分別故，説爲無分別。故無慢等也。然五貪等，唯任運起。唯有俱生貪等。基存異義，弗可據已。《述記》三十七第七葉“五識中亦有分別所起貪等，由意識分別貪等之所引故”云云。按基師順《瑜伽》文，故存斯解。不知分別行相粗猛，五識安得有此耶？

附識：有難“五識不應有貪瞋癡”者，余報之書云：貪瞋癡者，但是動作，而非思辯。與來問所謂五識任運者，初無乖返。貪等動作，即是任運於境轉故。設問：“動作爲有意義爲無意義？”

吾則曰：即動作，即意義。雖然，固不可以世俗所謂機械動作相擬耳。五識於色等境任運起貪等時，此貪等即是行於境之一種動作，亦即是行於境之一種意義。意義者，爲心法之特徵。世俗談五官感覺者，或不了此。

此六煩惱，復有分位差別如忿依瞋上一分之用别立，餘可例知。及其等流此言等流者同類義。如無慚等别有體，以其勢用非勝，必依俱時或前念貪等煩惱爲因，方得生故，即無慚等是貪等煩惱之同類。相隨而生，名隨煩惱。以隨貪等煩惱而生，故名。將更論之。

五、隨煩惱二十法。一曰忿。忿數者，依對現前不順益境，瞋之一分憤發爲性，能障不忿，執仗爲業。仗者器械。如於他有情，或他見起瞋者，他有情於己爲不饒益事，或他見與己違反者，皆對之起瞋。若極憤發，威勢至猛，烈焰狂風，曾無足喻。於此之時，必有身、語二不善業從其忿心，直發於外，勃然莫之能禦。甚乃醜詆騰於文書，執仗至於合衆。其端至微，其流甚廣，喧鬨流沔，四海瀾翻，喋血踐尸，動以千萬。此則忿心之害，鉅徵乎人類歷史攻戰之事，細察之禽獸微蟲爪牙格鬥之間，所隨在可見者也。

二曰恨。恨數者，由忿爲先，懷惡不捨，結怨爲性，能障不恨，熱惱爲業。結恨者，於前所忿境不能含忍，故恒令身心熱惱。恨亦瞋之一分，但勢用深猛，較前忿位又過之矣。

三曰惱。惱數者，忿恨爲先，追觸追者，謂追往惡；觸者，謂觸現違緣。暴熱，於所追觸而起暴熱，暴者凶暴，熱者謂凶惡之毒若烈火内煎也。很戾爲性，很戾者，凶毒至極，毫無迴向慈善之幾。能障不惱，蛆螫爲業。惱亦瞋之一分，其勢用較恨位尤烈。忿、恨、惱，三法皆瞋之差别，離瞋無三法自體。

四曰覆。覆數者，依貪癡分，謂依貪之一分及癡之一分。於所作罪隱藏爲性，能障不覆，憂悔爲業。《雜集述記》七："覆藏罪者，或近或遠法爾憂悔，心不安穩。"有謂此覆，癡一分攝。一以文證，《瑜伽》卷五十五。《對法》皆作是説。二以理徵，覆罪招苦，曾不知懼。故是癡也。此其所持，但爲得半。諸覆罪者，亦有恐失財利名譽，謂無貪分，如何盡理？故覆依貪癡假立，離貪癡分，即無覆之自體。誠不容疑。

五曰嫉。嫉數者，殉自名利，不耐他榮，妒忌爲性，《顯揚》云：“於他所有功德、名譽、恭敬、利養、心妒爲嫉。”能障不嫉，憂戚爲業。嫉與喜違，懷嫉妒者，聞見他榮，深結憂戚，恒不安隱，故無喜悦。《顯揚》云：“喜是不嫉。”然嫉亦瞋之一分，離瞋無別嫉之體相。

六曰慳。慳數者，耽著財法，資具榮位等事，皆名爲財。一切學術，皆名爲法。不能惠捨，秘吝爲性，能障不慳，鄙畜爲業。慳悋者心多鄙猥，悋澀畜積，非所用物，亦恒聚積。慳者貪之一分，離貪，無別慳之體相。

七曰誑。誑數者，爲獲利養，資具、權位、名譽、恭敬及一切便己事，皆名利養。矯現不實，詭詐爲性，能障不誑，惡依爲業。言惡依者，一切惡行依誑起故。諸矯誑者希圖利養，必由貪故；詐作僞事，必由癡故。由迷暗故，方起詐僞，若無癡，則詐僞無容生。誑依貪癡假立，非別有體。誑之行相，不可勝窮。歷史所紀，權要陰謀，臣妾譏惑，宦途污詐，方術神怪，士類標榜，工商售僞，兵家奇計，外交縱横，皆誑也。下逮齊民，匹耦相處，亦多行誑。如《孟子》載齊人乞食墦間而驕其妻妾曰：“所與飲食者，盡富貴也。”此緣希圖妻妾恭敬，始爲此誑。然今之學人有矯稱遠西顯學以取譽流俗者，與乞人詐稱富貴之情，復無少異。又徵之民族心理，則有豪强兼并小弱，而詭談正誼，矯托文明，斯亦誑之最著。總之衆生一向貪癡流行，即欺騙虛僞所以熾盛而無已。大覺鑒此，如何勿悲？

八曰諂。諂數者，爲罔他故，矯設方便，險曲爲性，能障不諂爲業。凡諂者，必無真見，不自樹立，耽着利譽，權位、榮寵、資具，皆利也。譽者，名譽。患得患失。於是習爲揣摩，多設羅網。或偵一人好惡，恣爲詭遇；或伺群衆風尚，巧與迎合。秉政之夫，承學之士，每如此矣。此所以爲險曲矣。然諂依貪癡假立，亦猶於誑。諂者無真見故，是癡分。耽利譽故，是貪分。

九曰害。害數者，於諸有情心無悲愍，損惱爲性，損者損害，惱者逼惱。能障不害爲業。衆生由有害故，慘毒横溢。禽獸無不相吞噬，人獵禽獸而食，又殘同類。害亦瞋之一分，非別有體。

十曰驕。驕數者，貪癡我慢一分，耽醉傲逸爲性，耽醉者，昏迷異名，即癡之一分。傲者，心恃高舉，即我慢之一分。逸者，悦豫，即貪之一分。依此三分，假立爲驕。能障不驕，染依爲業。驕者，生長一切染污法，能令善根不起。《唯識》説驕於盛事生。《對法》説：隨一榮利之事，如族姓色力聰叡財富自在等事，皆令驕生。族謂族類，姓謂姓望，色謂妍美，力謂强盛，聰謂易悟，叡謂明敏，實貨曰財富，縱任曰自在。兩論所談，等無差異。然驕之行相最寬，不唯於盛事始生。人固有不知己爲何等，不知即癡分。於己所有，雖非盛事，亦心懷高處，恃我所故，即我慢分。深自悦豫。悦豫者染著貌，即是貪分。無知少年，頑固老朽，辭氣驕逸，不可一世，則其例之著者已。又《唯識》《對法》，驕唯貪分，亦不應理。驕必昏迷，即是癡分；必恃我所，即我慢分；必生染著，有貪無疑。驕依三法假立，此義極成。

十一曰無慚。無慚數者，輕拒賢善爲性，能障於慚，惡依爲業。惡依者，由無慚故，一切惡行依之生長。凡人不自貴愛，貴者尊貴、愛者愛惜。甘居污下，必於賢德善道，輕忽抵拒，輕忽之，必抵拒之也，輕拒定相連屬。而莫肯率由。猶如糞土，喻無慚者。曾不任圬，圬喻賢善。亦若簧音，喻賢善。對牛喻無慚。難鼓。

十二曰無愧。無愧數者，崇重暴惡爲性，能障於愧，惡依爲業。凡人於世間正論都無敬畏，即一切暴行惡德皆其所欣然崇重，而若將不及已。鷄鳴而起，孳孳何心？如狼貪，如狐疑，如鹿豕癡，如豺虎厲，如魑魅魍魎，昏昏冥冥，陷溺深淵億萬千仞。問誰大力，翻然知愧？

無慚無愧，通謂不耻。經論皆以不耻過惡爲此二數之通相。拒善崇惡二相仍别，但二數必俱起，隨一染心生時，皆有拒善崇惡二方面故。然皆實有，《瑜伽》五十五説爲實有。不由假立。非依貪等分位假立故。

十三曰掉舉。掉舉數者，囂動爲性，能障捨及奢摩他爲業。奢摩他者，止義。此依不正尋求，或復追念曾所經見戲樂等事，方起囂動。由囂動力，能令同聚心、心所於境不寂静而轉。有説掉舉亦假有者，如《識論》破。《雜集》等説掉舉依貪之一分假立，《識論》則謂離貪等有别自體。

十四曰昏沈。昏沈數者，瞢重爲性，瞢者瞢瞢，重者沈重。能障輕安及毗鉢舍那爲業。毗鉢舍那者，觀義。由癡增上，令瞢重生。此瞢重力，能令同聚心、心所無堪任。無所堪能，無所任受，名無堪任。人愚劣者，瞢重相增。下逮極劣動物，意識作用若不顯現，亦瞢重極盛使然。昏沈離癡等有別自性，如《識論》説。

十五曰不信。不信數者，渾濁爲性，能障於信，惰即懈怠。依爲業。於染法起邪忍者，邪忍，即别境中勝解之属於惡性者。即不信因；於染法起邪樂欲者，邪樂邪欲者，即别境中欲之屬於惡性者。即不信果。不信正翻於信。於實德能此三詳前信中。不忍不樂不欲，故懈怠依之而起矣。

十六曰懈怠。懈怠數者，懶墮爲性；能障精進，增染爲業。精進有二義：一曰勝進，健而高往，如日方升，油然迥然，峻極無上。油然者，生生不息義；迥然者，高遠義。二曰精純，如金出礦，如米遺秕，真浄離垢，勝用難思。懈怠亦二義：一曰退墜，心無策勵，怖畏升進，如流趨下勢不可挽。二曰雜染，心惰弛故，起縛猶境。心惰弛則猶境之拘礙而起執自縛。諸雜染法，依之滋長。凡於染法而策勤者正是懈怠。違精進故，方滋長染。懈怠精進兩敵不并猶如明暗曾不俱生。

十七曰放逸。放逸數者，縱蕩爲性，障不放逸，增染爲業。依止懈怠及貪瞋癡，無有防修功用。於浄法不能修，於染法不能防，名爲無有防修功用。防修衹是一事上之兩面，非於修善之外别有防惡一段工夫也。假立放逸，非别有體，三毒普爲一切染法所依。貪瞋癡名三毒。懈怠滋長一切染，頹蕩縱恣此四爲甚。

十八曰失念。失念數者，於諸所緣不能明記爲性，能障正念，散亂所依爲業。依止懈怠、不信、昏沈、癡，假立失念。離懈怠等四法即無别失念之體性。心惰弛故，勢用若斷，懈怠起時，心若無勢用者然，故言若斷。若斷者，非真斷也。不信昏沈，皆可類知。不憶曾受；心渾濁故，勢用若斷，不憶曾受；心瞢重故，勢用若斷，不憶曾受；心迷暗故，無明解用，不憶曾受。故失念一數，依四法立。掉舉等起時，亦能忘念，然不依掉舉等上立失念者。以四法忘念最勝，故偏依四法立。《識論》説依癡及念者，亦依念者，由染污念於善不能明記，説此種失念，依染污念而立。非盡理也。

十九曰散亂。散亂數者，於諸所緣令心紛馳爲性，馳者馳流，紛者紛亂。能障正定，謬解所依爲業。散亂離貪等實有，躁擾即其別相。躁者散義，擾者亂義。或說依貪等立者，非也。散亂與掉舉有異，掉令心於境囂。囂者浮舉，若巨波掀起。亂令心於境紛。一心紛馳衆境，聲色名利，宛爾雜乘，行相紛紜，愚者恒不自照。一切染污心生時，掉亂常俱。然或由念定力制伏，念者念數，定者定數，此二得與掉亂俱生。如繫猿猴，得令暫住。住者止也。念力定力增故，掉力亂力微，故心得暫止其紛囂也。掉亂之勢盛已。一僧爲余言"初習静坐，欲攝心令住，苦恒不得住，若大海潮力猛然壓來"云。蓋念定方欲制伏掉亂，而其力猶未盛，則掉亂必出其力以與之抗。斯時念定方面益增努力，乃足以制伏掉亂，否則反爲掉亂所制矣。

二十曰不正知。不正知數者，於所觀境，謬解爲性，能障正知，起惡行爲業。此但慧之一分爲體。不正知即慧上别用故。《識論》六説不正知以慧及癡爲體者，非是。由癡等增上，等者謂貪等惑，及無慚、無愧、掉舉、昏沈、散亂等隨惑。令慧於境錯謬邪解，名不正知。問："不正知與本惑中邪見何别？"答：彼是根本，行相深細；此隨彼起，行相轉粗。粗細雖殊，要皆慧上别相而已。諸不正知，不皆發惡行，如誤解大地爲静而非動者，此亦不正知也，固無所謂發惡行矣。行者，業之異名。而惡行則未有非起於不正知者。如今凶猘擁重兵，以不了知殺盜淫戒之不可犯，遂發起身語意種種惡業。此可懼也。

右二十法，七是實有，無慚、無愧、昏沈、掉舉、不信、懈怠、散亂，凡七法并離貪等有别自體，故通名實有。十三法除無慚等七法。皆假有。如忿即瞋上别相，離瞋無别忿之體。忿如是，餘十二法均可類知。假法者，貪等分位；實法者，貪等等流。根本既强，貪等六法對隨而名根本。隨亦滋長。忿等二十法對根本名隨。有情惑縛，惑者煩惱之異名。固若結繩。有情由本惑隨惑，重重錮縛，若繩結在身，牢固不解。孰是智人，忍此終古？

此二十法，通俱生、分别。隨俱生煩惱即貪等。勢力起者，俱生攝故；隨分别煩惱即貪等。勢力起者，分别攝故。俱生分别二義詳前。

忿、恨、惱、覆、嫉、慳、誑、諂、害、驕，此十，多不俱起，《識論》六説："此十展轉相望，定不俱起。"吾謂不盡然。如誑與諂，容有於一刹那心中俱起者。云十不俱，此約多分。行相猛者，各爲主故。十中猛者，互不和雜。無慚、無愧二法，起必相俱，復遍染心。謂與忿等十法及掉舉等八法，皆得俱起。

掉舉、昏沈、不信、懈怠、放逸、失念、散亂、不正知，此八容俱，八法展轉相望，容俱起。亦遍染心，八法與忿等十及無慚無愧二，皆容俱起。互不相違故。有難："掉舉相高，昏沈相下，高下相違，如何容俱？"答言：昏掉别體，俱起無違。雖復高下有殊，若一增盛一微劣者，仍不相違，故容俱起。但無有昏掉并盛而得俱耳。

此二十法。無慚等十，無慚至不正知，凡十法。多與本惑俱起。根本煩惱省稱本惑。忿等十，不與見疑相應。見者慧分，疑相沉細。忿等於境粗猛而轉，故無見及疑俱。忿、恨、惱、嫉、害，與慢癡俱，與貪不并。忿等五法，皆是瞋分。一刹那心於一境上，斷無憎愛并生者，故忿等不與貪并。慳與癡慢俱。覆者，貪癡互俱。依貪與癡，假立覆數。故此覆者，其癡之一分與貪俱，即其貪之一分與癡俱，名爲互俱。誑諂與驕，亦足準知。

二十隨俱云隨煩惱或隨惑。與别境五法，行相無違，便得相應。唯不正知與慧無所謂相應，不正知體即是慧故。失念一法，有依染念上假立者，此與念亦無所謂相應。

第六意識隨惑通有，五識但容九法俱。《識論》少别，應更研詳。據《識論》六："五識但無忿等十，以彼行相粗猛。五識望彼即細，故不俱。若無慚等十，五識容有，遍不善故。"吾謂五識止有無慚至散亂九法。除不正知，故無十也。五識容有微劣慧，已如别境中説。然隨中不正知，行相轉粗。此唯在意識，非五識有如是粗慧故。

六、不定四法。此四法，非如觸等定遍一切心故，不名遍行；非如欲等定遍三地故，不名别境；非如信等定唯善故，不名善；非如貪等定唯染故，不名煩惱及隨煩惱。由斯立不定名。一曰悔、二曰眠、或云睡眠。三曰尋、四曰伺。

悔數者，於已作未作善不善事，追悔爲性；障止爲業。依止慚愧，於善事，惡先不作；於不善事，惡先已作。此悔善性攝。惡者，嫌也厭也。凡於先已作或未作事而起嫌惡者，即是追悔。《識論》等説嫌惡爲因，悔爲果者，則是翻弄名詞而已。依止無慚無愧，於不善事，惡先未作；於善事，惡先已作。此愧不善性攝。悔者，令心悵快不安，故能障止。善悔，離慚愧無别自體。染悔，離無慚無愧，無别自體。《成唯識論》七説悔别有體性者，非是。

眠數者，令身不自在，昧略爲性，障觀爲業。眠相差别，略有二種：一半覺眠，二夢位眠。且談夢者，應先徵詰夢中意識，有無五識俱轉？此在《識論》無文可考。《楞嚴經》説：如重睡人，眠熟床枕。其家有人於彼睡時，持練舂米。其人夢中聞聲，別作他解，或爲擊鼓，或爲撞鐘。據此，則夢意具云夢中意識。容有五識俱轉。言容有者，不盡之詞。夢中五識不轉，即五根不取境。而意識獨起作用者，其事恒有，曾視友人之病，心知其危，不忍絶望，夜則夢見友人病愈，方夢醒時，亦不覺五根有何接觸，則純爲意識獨構矣。然夢位眠，必依憶念。《大毗婆沙論》三十七："夢所見事，皆是曾更。問：若爾，云何夢見有角人耶？豈曾有時見人有角？答：彼於覺時，異處見人，異處見角；夢中昏亂，見在一處。故無有失。"人與角非未曾更，故言曾更者，無失。此即明言依念。又以理徵，夢眠亦復依欲，覺時希望起已。希望即欲。便有熏習，等流隱伏。等流者不斷義。乘夢騰躍，世固不乏其例。《論語》記孔子夢見周公。蓋凡人於其所愛敬之先哲精誠遥契，而希望一親其謦咳，此覺時之欲。自有熏習，等流不已。忽於夢中涌現，宛若親見其人也。有僧自言夢中見佛者，亦此例耳。又吾鄉某翁言：前清應茂才試，輒下第。一夕，夢試獲中，及期果然。此夢亦依求試之欲，其後試而竟中，特偶合耳。又夢眠亦用思想爲體，思想種種夢境相故。《識論》一師曾作是説。參考《述記》三十九第七葉。猶復應知，夢眠定依懈怠昏昏沈。亂，散亂。由三法增盛故，三法者，懈怠、昏沈、散亂。覺時亦有此三，但夢位則增盛。令思想與念錯亂而轉。如前所引見有角人，聞舂練聲變爲鐘鼓，[397] 皆其徵也。欲之熏習，夢中詐現，詐現者，本無實事，妄見爲有。亦由懈怠昏亂則然。覺時懈怠昏亂力微，而定力勝。定者專注不散，故心不錯亂。夢位則無定，唯是懈怠昏亂而已。夢眠行相，奥渺難言，如上所陳，但堪略睹。夢眠亦有不可以常理測者。丁巳復辟變後，余于役荆襄，遂及湘粤，歷八月餘，未通家問。一夕忽夢見吾五弟僵卧吾榻，已氣絶。吾撫之痛哭，忽然而醒，情極愴惻。時在廣州也。然弟年尚少，平日殊不覺其當夭。又數月，歸家，則弟竟於吾夢之前數日死。嗚乎！天倫之感，無間存没。此豈可謂之偶合耶？半覺眠者，亦依懈怠等，令心不明利，然眠相宛爾似起。寤相猶未全捨，若明若昧，故謂半覺。總之，眠心所，依餘數假立，餘數者，謂懈怠、昏沈、散亂、思、想、欲、念。義極成就。《識論》説别有體，斯何可據。眠離念等無别體，故通三性。依善念等者，即善性攝；依染念等者，即惡性攝。無記性準知。

尋數者，尋謂尋求。於意言境第六心、心所取境時，其行解相，同言説相，故名意言。意識所取之境，名意言境。此境即是其相。粗轉爲性，淺推度名粗。安不安住所依爲業。令心匆遽，即不安住。令心徐緩，即安住故。

伺數者，伺謂伺察。於意言境，細轉爲性，深推度名細。安不安住所依爲業。尋伺皆依思慧假立。離思慧無别尋之體，亦復離思慧無别伺之體。《顯揚論》一："尋者，謂或時由思，於法造作；或時由慧，於法推求。"伺如尋説？此則思慧若不俱轉。然惠沼釋此，以爲據增相説，意云：《顯揚》言或時由思者，思相增盛故，非謂其無俱生之慧也。又言或時由慧者，慧相增盛故，非謂其無俱生之思也。義極符順。當知每念尋，合用思慧爲體；每念伺，亦合用思慧爲體。

尋伺通相，唯是推度推度。推度略有二術：察其曲而知其全，執其微以會其通，此一術也。據公理以斷衆事，設定數以逆未然，此又一術也。二術互相爲用，乃成推度。然以二術操之至熟，則常若無所資於是者。人心思慧之能事，所爲不可測耳。

又尋伺之用，有消有息，於諸法别别共相而轉。共相非一，故云别别。如瓶共相也，衣亦共相也；堅共相也，煖亦共相也；無常共相也，苦亦共相也。世界秩然，如大網罟，網罟者，爲至紛繁而有秩序之全體。名言詮表，于是滋多，息之用也。於諸法一一作無相觀，無相者，亦可説爲諸法最大共相，更無共相與之對待。蓋無者，非真無也。諸法皆如，所謂無相。此義俟《識性篇》詳之。隨順證智，實性離言，證智必假尋伺爲方便故。消之用也。

然則尋、伺何别耶？曰：思慧於境推度，初念行解尚淺，後乃入深。淺者全體計畫，猶如作模。深者於全體計畫之中又復文理密察，文理，謂分畛也。親切有味，如依模填采，令媚好出。附説一。蓋後念思慧續初念思慧而起，歷位異故，非復一相。初淺後深，故非一相。深推度位，目之爲伺；淺推度位，名之以尋。

附説一：世俗以爲推度之用，先觀於分，後理其全。此大誤也。實則吾人於境，纔起推度是即全體計畫。此全體計畫本藉憶念緣合呈現，方其呈現也，固在變動不居之中，且有趨於分畛之勢焉。次念以往，則分畛以漸至明著。然此分畛在未抵於明著之歷程中，固挾全計畫以趨進，而又時時得以其力左右全計畫而增損之，迄於分畛明著。則其時，相與俱轉之全計畫，大概爲初念之等流，此以相似而流，名等流。可也；或悉反於其初念，亦可也。而心工之所以不測者，亦在是耳。

於一念尋中，復分初、中、後三位，於一念伺中亦爾。尋之初位，計畫萌動，尚爲渾然曖昧之全體，行相不猛利，故令心徐緩。尋之中位，猶是初位等流。唯尋之後位，以迄伺之初中位，正由淺入深，即自全體趨於分畛。爾時行相猛利，令心匆遽，如獵人之有所追逐者然。至伺之後位則分畛已明，猛利行相遂入過去，心復徐緩。尋伺業用，若循環已。尋以徐緩始，伺以徐緩終故。

如上四法，悔、眠、尋、伺。復以六事勘定：一、此四相望，悔眠二法容并生，行相不相違故。尋伺定不俱起。前念思慧於境粗轉名尋，後念思慧於境細轉名伺，前後何可言俱？二、此四與別境，行相不違，方得俱轉。三、此四與善十一數，或得相應。四、此四與本惑亦容俱起。五、此四與隨惑有俱不俱。悔不與忿等十法俱起。六、此四，意識通具，唯眠數亦五識有。《識論》不説五識有眠數。吾謂夢中意識或時有五識俱轉，故許眠數五識亦有。然五識相應眠與意識相應眠，體性非一。意識眠妄分別故，名爲非量；五識眠得自相故，仍是現量。《楞嚴經》説夢中聞舂練聲變爲鐘鼓者，此但意識妄解。其時五識親得聲之自相，并未起舂練聲解，更不作鐘鼓聲解也。或説尋伺與五識俱者，義弗可從。尋伺者推度，五識不推度，故無尋伺俱。

如上六位心所，性類差別：善、惡、無記。順益名善，心寂静相，隨順清净本然，故名爲順。無逼迫相，名之爲益。違損名惡，心不寂静相，弗順清净本然，故名爲違，逼迫相故，名之爲損。非善非惡，是名無記。無記又二，有覆、無覆。覆謂覆障，體即染法，能障聖道故説爲覆。又蔽心令不净名覆。信等十一，唯善性攝；貪等六、忿等二十，唯染性攝。染者謂惡，貪等唯染者，就欲界言。若上界貪等，亦通無記。餘通三性。餘者，謂遍行五、別境五、不定四。通三性者，如遍行法，有是善性，即與善心、心所相應者是。有是惡性，即與染心、心所相應者是。有是無記性。

附：境相章[1]

諸有爲法靡不相待，所云識者本對境受稱，若無境相，焉起分别?故唯識言，義亦攝境，以境不離識，説識名唯。此則吾宗本義。今詳所以，學者擇焉。

一切有情各有八識，言八識者，謂眼等乃至第八。又凡言識，義兼心所。而此諸識皆爲能變。斯義既了，而後可談境不離識之故。夫境者非他，即識所變之相分也。此相千條萬緒，如眼識，一刹那頃有無量青等相轉，餘準可知。而自識變以言無過二類：一因緣變，二分别變。

因緣變者，由能緣心，言心亦賅心所，此中唯除第八心所。任運而起，非作意籌度曰任運。其所變相仗質或否，五及俱意等定仗質，第八即不定。而不與見同種生，定有自種爲因緣。相别有種，故有實用。如色能礙等。

分别變者，相别無種，但隨分别，心心所見分。勢力故變。此亦仗質，或不仗質，第七仗質，第六不定仗質。而隨見攝，説無實用。

如是二類約八識分。若第八相，如種子，從自前念種生，故有勢用；如根器，從大種及造種生，故有礙用。七相一分，從質第八見分。種生，有似常一用。五識與俱意所變色等，各依大種及造種生，造種爲因緣，大種增上。亦有礙用。第六定果色，隨何繫定即由何繫大種所造，復有礙用。以上因緣變攝。若第六一分，除五俱意及定心所變。第七一分，七見所變。及第八五數，有質無質獨影，詳見後文。皆分别變攝。

---

① 此係熊十力的單篇論文，原載一九二五年十二月出版的南京支那内學院年刊《内學》第二輯，原題爲《境相章（附帶質境説）》。内容與《唯識學概論》一九二三年印本中的《境識章》之後半部分相同，然有所修訂、删節，更爲精煉。特作附録，以便研究者對參。注意，最後數段是《内學》編者關於帶質境的看法。

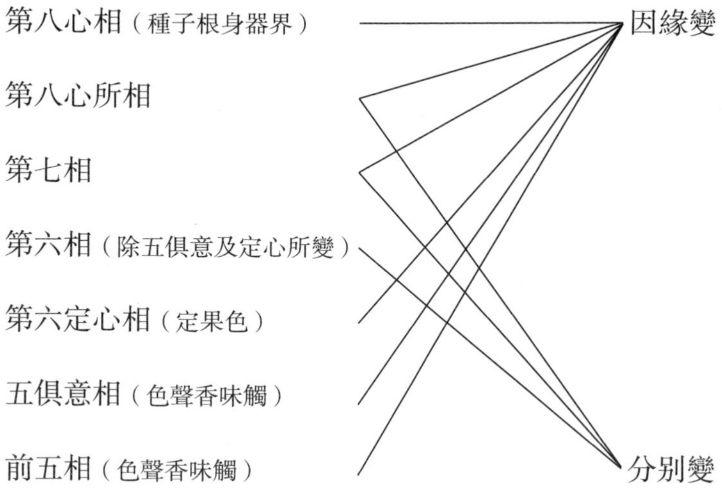

惟相見種，或同或別，故諸相分有因緣變，有分別變，不倚一端。然印土諸師於二分種，嘗有唯同唯別之争，此不可不察也。唯同論者以爲相若別種，既與識殊，何名識變，故相與見應同種生。此復二師：一師唯據新熏種立論，説三法同種生；二師更建本有種，説兩法同種生。據一師義，如眼識起時緣於色境，即熏生一種。此種有三功用：一生自眼識。見分；二生自相分；三生本質。參考《義燈》二及《樞要》三。若爾，有八識不遍失。如第八塵相器界。望眼識見分名本質，與眼識見分同種生，即不與自第八識。見同種生，故三法相見質。同種義不遍也。第二師起，遂救其失，謂此眼識其新熏種但生自相見，即兩法同種生。若相所仗質即第八相，乃與第八見同種生，第八種唯本有故。既許第八相見同種，無不遍失。雖爾，此師不許第八有新熏，則違《阿毗達磨經》，經説前七識能爲因熏生第八親種，見《攝大乘》及《三十論》所引頌。亦復成過。參考《了義燈》二。

唯別論者，説相無緣慮，見有緣慮，故慮非慮別，應不同種生。但相不孤生，托見方生，説名識變。兹所樹義，抑未盡理。實根塵相，與見別種，誠如所云，餘獨影境寧可一例？如意識緣空華，空華無實，但識上變似華相，此似華相即與見同種生。緣極微等，大乘極微無實。其理亦爾。概云別種，云胡可信？

惟護法師者，説相見二分隨其所應種或同別。如緣空華等相見同種，緣實根塵則相別有種。同別合論斯無有過。

設有問言：相別種者，何名唯識？應答彼言：不離識故，一切種離本識無別體故。又相種以見種爲增上緣而得生現，見種亦以相種爲增上緣而得生現，既見相種同時更互緣生，故二現行定不相離。如眼識起時色相俱起，耳識起時聲相俱起，鼻識起時香相俱起，舌識起時味相俱起，身識起時觸相俱起，乃至第八識起時種子根身器界俱起，見相絛然宛然，而定俱不離，説名唯識。問：何故不言唯境？答言：見爲能緣，相爲所緣，由此能緣證有所緣，能緣勢用勝故，但名唯識，不名唯境。迹護法義，調和唯同唯別二家，而依別種説因緣變，依同種説分別變，可謂如實稱量矣。

復次相雖無量而依性，體性。別説爲三境：謂性境、此言性者實也。帶質境、獨影境。

性境者，謂若有相具足五義：一有實用，二從自種生，三或仗質，四現量所證，五性與繫界繫。不隨心，故名性境。首言謂若有相者，此中但約色法，不及無爲，復除種子，故以若有言簡之。設遍舉者，無爲亦名性境。然唯具三義：一有實用，是諸法實體故；二現量所證，正智得彼自相故；三性不隨心，自性本浄故。不從種生，更非仗質，故無彼二。第八相如種子，復是性境，但具四義：一從前念種生，二勢用實有，三八見現證，四不隨心一繫。初有實用，如色即礙用，義易了知。

二從自種生者，謂前五相及俱意相，乃至第八根身器界，如是衆相通名色法，於俗俗諦。實有。此諸實色由何得生，故應分別説大種造種。

前六除散意。塵境并第八根，乃云造色，理實各自有種，應説造種。《對法》："所造色者，謂眼等五根，色聲香味所觸一分，及法處所攝色。"詳《雜集述記》四。準此，造色通假實，今唯約實法言。第八器界此唯約第八所變而言。若通説者，則眼識及俱意所變色塵，耳識及俱意所變聲塵，乃至身識及俱意所變觸塵，俱托第八器界爲質，亦器界所攝也。亦名爲大。大復差别，地水火風。堅勁義是地大義，流濕義是水大義，温熱義是火大義，輕動義是風大義。設此諸大無有功能，云何突生，故復説有大種。

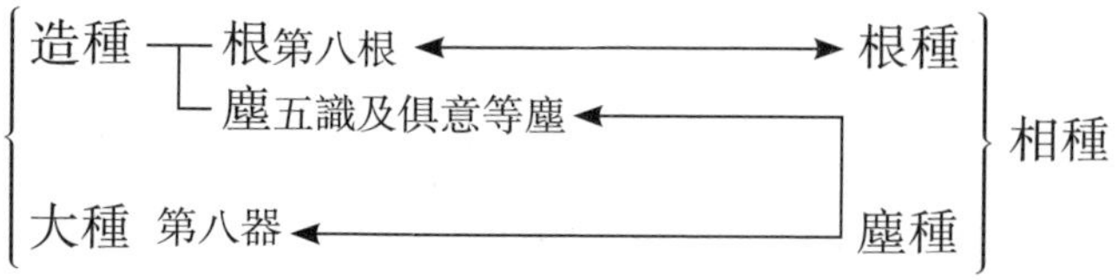

大種造種勢用相懸，言其殊勝則唯大種。蓋大種勢用有二：一與自現四大。爲因。因緣因。由諸大種同處各遍，如多燈光同一室處，而各周遍其處，皆不相障。遇緣各生其現，故堅勁、流濕、温熱、輕動，諸大相網都無虧欠。網者遍義。相網者，謂即於一處諸法交遍也。衡陽之聖知此矣。其言《易》曰："乾坤各有十二位，坤非有陰而無陽，乾非有陽而無陰也。"按陰陽爲虚字，以明諸法交遍之理。世儒作實字解謂之二氣，斯方士之談。交遍者，衆妙義，大用充周義。如藥丸然，隨取一分味味具足。驗之生物，有截其一部，其肢體仍得長育完具，良有以爾。亦復不相入爲一體，燦然衆相，區以别矣。

二與造色爲因，增上緣因。所謂生依立持養五因。

生因者，亦云起因。謂諸造色雖自種生，若離大種，必不能起。《瑜伽》第三："問：諸法皆從自種而起，寧説大種能生諸色，乃至長養耶？答言：由諸大種造色種皆悉依附内相續心，第八自體分。諸大種未生諸大，造色種終不能生，要大種先生大，造色種方生造色，爲前導故，説彼大種。能生，故名生因。"《瑜伽》六十六同此。夫造色者，通根塵言。第八變根，造色。定須變器，諸大。爲其依持受用。五識等塵，造色。仗第八器諸大。爲質，方得變起。故《論》説言：大種先生大，器界。造色種方生造色。根塵。理實造色定與大俱時生，無有先後，言大先生者，以造種待大種增上，義説爲大先造耳，非實有先後也。若言有先後者，則其先者當在何世，後之距先又經如干時分耶？倘不能説明之，即不應持有先後矣。設有説言，諸大生於昨午，造色之生後於諸大三刹那。雖立説者無據以甄其必然，而反對者亦無據以證其不然，昨午已入過去，其然否皆非當前所得驗故也。若爾，則其説爲能立乎，恐未然也。將如此土名家所云能勝人之口不能服人之心爾。縱言先者不必於昨午，言後距先不必三刹那，要其失則視此矣。惟現前造色現前諸大相依俱有，故説大造俱時生，過此以往，未之或知也。

次依因者，謂諸造色依據大種方乃得生，故捨大種此非目諸大種子，乃現行諸大之通稱，蓋大種一名通乎種現也，詳《義林章》九第三葉及《大論》三。無別處住。《瑜伽》第三，由造色生已不離大種處而轉，故名依因。《義林章》九，分別即質造離質造，而以依因約即實説，其義待商，今且置之。

三立因者，即隨轉因，由大變異，能依造色，諸大爲所依，造色爲能依。隨變異故。能造諸大對造色名能造。所造即造色。安危必同，故大變時造隨變異。此中造色謂根。大謂扶根塵，扶根塵即器界攝故。

四持因者，即是住因，謂諸大從大種生，雖纔生即滅，而恒隨轉，前滅後生故云隨轉，新新不斷遂説爲恒。故能持造色令其相續。《義林章》九："謂由大種，通種現言，大種生大方能持造，義説種亦能持。諸所造色相似相續生，持令不絶故。"造色續生，由大持力。大爲能持，造爲所持，造色與大俱生俱滅故。不爾，造色應有間斷。《瑜伽》第三："由隨大種等量不壞，等者前後相似義。不壞者，相續義。更有別解，此略不詳。遂名持因。"有説大種通前六塵者，不知大能持造，前六間斷，焉有此能。

五養因者，即是長因，謂由大種養彼造色令增長故。由大親養造色增長，故名長因。根造色也，必須大養之令長。郭子玄曰："人之生也，形雖七尺，乃舉天地以奉之。故天地萬物凡有所者，不可一日而相無也，一物不具，則生者無由得生。"其言雖近，乃有深旨。

如上所述，大種生大，大之得名，一形相大故，二與諸造色爲所依處故，三成壞世界作用大故。俱時增令造種生造，如下圖：

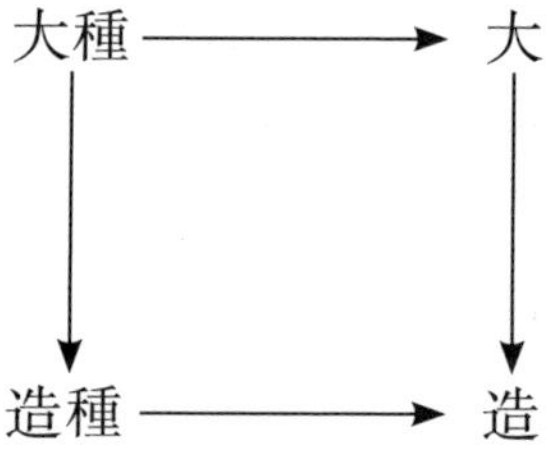

造不從大種通種現，下同。生，而依大種而生，遂得造名。造色具云所造色，《義林章》九“相依而有，立以造名”云云。由依大種生故，説爲大種所造。然有問言，造望能造大種爲定相屬，爲不爾耶？案《瑜伽》五十四：“依大種處有造色生説名爲造。《義林》注：“但大種處所造色即以此大種名爲能造，非定相屬。”又此聚中有彼大種，謂現。造色可得，當知此中即有彼法，大及造。故諸大種同聚，諸大一處同遍，説爲同聚。且以水言，從其流濕即有水大，從其温熱即有火大，熱則化氣而輕動即有風大，冷復成冰而堅勁即有地大。水大種子逢緣生現行水大，其水大相增盛時令餘火大等相隱，非有水大處無火大等也。餘準可知。所有一切造色相依有者，皆可名造，互得造義，非定屬義。”斯則應理之談。《義林章》九“問：爲一大種造一造色爲造多耶，爲多大種造多造色爲造一耶？答：相依而有立以造名，造一造多理皆無妨”云云。義亦有關，附存於此。

又復當知，造色與大有二不相離。一同處不相離，《攝决擇説》：“要大種生，先據處所，後造色起，不離彼處，名爲造故。”由造依大生，義説先後，實無先後，可勘前文。此言大造同在一處，不相障礙。如一色處阿拏色，諸大阿拏與造色阿拏隨應所有并相涉入，若衆燈光交遍一處。又如一眼根阿拏色，亦諸大阿拏此謂扶根塵。與造色阿拏，此謂淨色。隨應所有，并相涉入，若衆燈光交遍一處。二和雜不相離，即凡同處不相離阿拏色能造諸大。所造造色。相涉入者，雖一處住，而其體各别，故復云和雜。《瑜伽雜集》言大造種者，棼不易理，唯識諸籍於此復少明文。今以大種屬第八，然後大種於造色爲五因之義，的然易明。學者細按吾前文當豁如也。《雜集述記》四第二十七至二十八葉“所觸有二：一者能造如前已説，今辨所造故言一分”云云。有舉此爲能造四大即五及俱意觸處所攝之證，而謂吾以大種屬第八爲非是。不知就身根所取言能造四大自是身根所取,《雜記》有明文，不可非也。就身識及俱意所緣言，則唯是造色。能造四大爲本質，五及俱意不親緣。故前六中觸自有造種，大種當屬第八，於理何疑，他日容别論之。

又大造體性，别以二類：曰根、曰塵。大第八器。及造一分，除第八根，唯取前六色等塵。同塵性故，通得塵名。望造中根，第八根。遂判爲二。根塵。塵唯所取，根通能所。根望塵名能取，望識亦名所取。清净色者，根獨得名，雖似塵有對，礙也。而特微妙，迥不同塵。故有勝用。能發識故。世俗不辨根塵勢力之殊，生理與奥窈，云胡可窮?

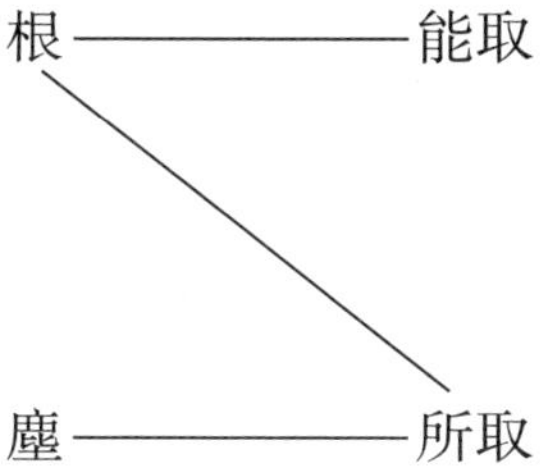

三或仗質者，根塵性境藉質唯塵。若前五塵，仗第八器界。起。若俱意塵，仗五塵展轉托第八器界。而起。第六定果色準知。若第八塵，仗他識起。他身第八識所變器，自第八托爲質。第八根種皆不仗質，執爲内故，非可待餘。前六塵亦得説仗他人識所變爲質。如俱意緣張人，實非能親緣張人，乃仗自五塵展轉仗自第八，又展轉仗張人身中第八識所變扶根塵爲質，變相而緣。若爾，即質有多重。曰：多亦無礙，法相非一故。

四現量所證者,《顯揚論》説："現量者有三種相：一非不現見相，此境現前顯現非過未無，亦非有被礙不可見，即識於此境，分明現證，故云爾也。二非思構所成相，若涉思構，即現境已入過去，如五及俱意前刹那取現境，後刹那獨散意方起思構，便非復前刹那現境。三非錯亂所見相。"錯亂有七種，即謂想錯亂、數錯亂、形錯亂、顯錯亂、業錯亂、心錯亂、見錯亂。誠以諸識於境現量證時，親得自性。如青色自性本非青非非青，眼及俱意正緣彼頃，亦不起青非青行解相，即心與境冥會無間而轉，名得自性，故説非錯亂等相。眼眼識。俱意緣色如是，耳耳識。俱意緣聲，乃至第八緣根塵等，皆應準知。現量親證方稱性境，性者實也，現量方證實境，當下即是，求索便乖。凡夫雖有現量，曾不自知。僧肇有言“夫人情之惑也久矣，目對真而莫覺。”

五性與繫不隨心者，且先談性。凡屬性境，多不隨心，三性不定。如實五塵，唯無記性，不隨心謂五識。通三性。雖無記心，謂五識中無記。緣五塵境，可云同性，而實相五塵。見五識。各守自性，非境隨心成無記，餘準可知。次繫不隨者，如明了意識緣香味境時，其香味二境唯欲界繫，不隨明了意識通上界繫。餘義推詳，請咨《樞要》。詳《樞要》三第二三葉。

如上五義，色法根塵。全具，是爲性境。餘非色法若真如等，義不具五，亦性境攝，觸類旁通，其詳可略。性等三境，本唯依相分立，然《義燈》云：“四分相望爲所緣者亦得名相，雖非相分，而是境相。”準此則見及内二分爲所緣時亦得説爲性境。故性境名義寬廣，通色心及無爲法。據理而言，凡法有實用及爲現量證者，即屬性境，此其所以寬廣也。

附識：性境中前六能熏，爲熏自種，爲亦熏質種？曰：“據理通熏，若不熏質，第八無新熏種故。若爾，即一相分熏生二種：一爲自種，一爲質種耶？”曰：否！相分與質爲同類故，即此相分熏生一種，此種入本識是爲塵種。或時隨緣生自能熏後念現，或時隨緣生本質法，故義説相分亦熏質種。

帶質境者，按《述記》四十四第十九葉：“能緣之心有似所緣之相名帶。”第七見仗第八見爲質，變似我相，故云帶質。第七相分，一分與質同種，一分與見同種，兩頭見及質。爍起立帶質名。以故此相，判性不定，若從見説有覆無記，若從質説無覆無記，異性一物，斯爲至詭。又復此相唯非量境，第七緣時不得自性，第七相似其本質即第八見，本非實我，然七見横計爲我，即不得自性。不稱質故。七疏緣本質第八見，本非實我，七執之爲我，故不相稱。具此數義，帶質境所以建立。

附識：帶質境一分因緣變者，力能熏質種。一分分别變者，望於彼分，因緣變者。有和合及相似義故，即與之共熏質種。問："第七緣我，云何此相熏成質種耶？"答言：帶質相有，而我實無，所謂我者本見分之上妄作此行解，即以相帶質起故還熏質種，我實無故不復熏種能生我。

獨影境者，獨散意識，第八心數，相唯從見，奘師《述有頌》云："獨影唯從見。"從見義者，略説有三：一從見同一種生，二從見同一界繫，三從見同善等性。非異見而有實用，與性境反。遂被此名。然復有二：一有質獨影，二無質獨影。

有質獨影者，雖相唯從見，然見變相有所仗質，故以爲名。如第八俱心所與心相應名俱。觸等緣心心王。相。根器種。實仗心相爲質，而變影緣之。質有實用，而影無實用，以影唯從見稱生故，下準知。第六獨散。緣第八等相見，及緣他心見，仗質變影，此例僉同。

無質獨影者，相唯從見，復不仗質，故以爲名。此境唯在第六散意。萬念紛綸，相爲無量，略示方隅，如緣過未，即現在心變似過未相而緣之，此相是現在，但心上妄作過未行解。及緣無爲、石女、空華、瓶衣等物，五識及俱意但得五塵，本不曾得瓶衣等物，唯第六散意見分之上變似瓶衣等相而緣之耳。不相應行，極微、自性、神我、梵天，外道説有梵天等，即心上變似其相而妄執爲有。大乘破彼之時，心隨彼梵天等名，變似其相，唯不執有耳。乃至緣無，無相。每一心生，兼心所。俱時變似所緣相貌，是爲無質獨影。

綜前所述，有質無質獨影境許通三量。第八心數，唯現。八數任運，於所緣影像相分不作是此或非此等行解，稱其本質，即得自性。第六獨散，初刹那率爾心亦現量攝，餘通比非，應如理思。

如上三境，六八通二，第八心王性境，心所獨影境。第六俱意及定中性境，獨散及夢中獨影境。五七唯一。五唯性境，第七唯帶質境。《樞要》誤解帶質，有二合三合之談，不可從也。《樞要》三第三葉至第四葉："有二合者，五識所緣自地五塵是初性境，亦得説是帶質之境。第六識緣過未五蘊得是獨影，亦得説是帶質之境，熏成種子生本質故。有三合者，如因第八緣定果色，心所所緣唯是獨影，心王所緣是實性境，亦得説爲帶質之境，第六所變定果之色爲本質故。"詳此，則獨影與性境通得以帶質境名之，而三境名相淆亂矣，惡可據哉？延壽《宗鏡録》雖博，而膚亂無條理，其言三境，亦不足依也。

三境攝屬二變，性境及帶質一分是因緣變，獨影及帶質一分是分别變，《樞要》有文，卷五第五葉。此堪抉擇。

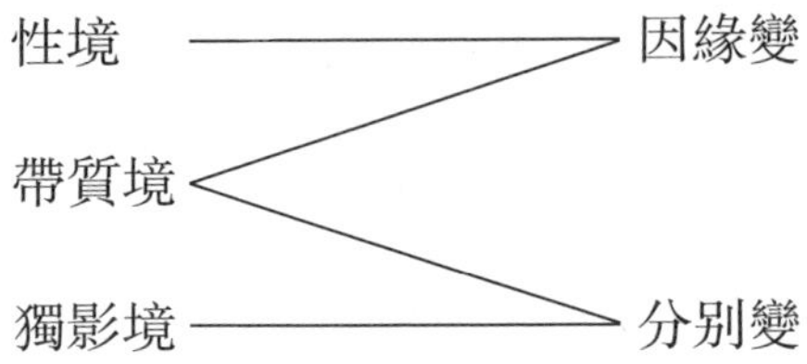

附識：《述記》十六第二十三葉："性境不隨心，因緣變攝，獨影帶質皆分别變。"此與《樞要》五頗異，今不取之。

復次，諸有爲相略有四義：一、頓變義。如實根塵隨其形量大小宛爾頓現。本非實物，故言宛爾。若吾頃者注目而視近旁之爐，理實爐相第一刹那依識頓現。即此刹那滅已，第二刹那似前爐相復依識頓現。亦即此刹那滅已，第三刹那似前爐相又復依識頓現，世俗觀物以爲漸變者，則以經多刹那相似相續，有若積漸而成耳。刹那刹那無非頓現，不疾而速者幾也，則莫尋其間矣。前後刹那，曾無間隙可得。不恖恖，作動也。《齊物》："恖者誰耶？"而威者神也，《解深密》云："由緣起法有大威力故。"則莫得其眹矣。難言哉，頓變也。深了頓變義者，則知凡物不由積小成大，而極微之論不足成立。《述記》七第二十一至二十二葉略釋此義，可參考之。朱元晦《中庸》第二十六章注云："然天地山川實非由積累而後大。"解亦精到，能會斯旨。二、互遍義。自識具云自身八識。各變色聲等相，他識具云他身八識。各變色聲等相，同遍一處而不相礙。即如講室懸牌，吾與座中諸人嘗以牌爲一物，吾儕共見矣。不悟本無離識實境，安得多人共見一物，更自思惟則此惑不難解也。大乘以諸識皆不親緣外境説無離識實境，諸識各自所緣爲各自所變，故無共見一物之理，斯義另詳，兹無繁述。由吾眼識仗自第八塵相爲質變似牌相，俗云牌者，乃依識所變似牌之相分假立牌名，實則此相與其本質相類，無所謂牌與非牌也。俱時他人眼識亦仗彼第八塵相爲質變似牌相，而各牌相同遍一處，吾儕妄計則謂共見一物已耳。夜半鐘聲，衆夢初覺，各人聲相，原非一物，復如前例。是故互遍義立而外境之執始破。三、衆同分義。如前所舉，多人牌相聲相雖復同遍一處，設不相似者，即應多人俱時於一處，各自緣牌相等不同作牌相等解。今既不爾，以是徵知決定相似，故復説衆同分。相似名同，非同一之謂。分者類也，説見《百法》。四、隨轉義。識帶境生，境仗識現，識有執故，緣境起縛。《義燈》七："由第七識二執爲本，令諸識中不能亡相，爲相所拘説名相縛。"《倫記》五十二："由有末那故第六起相縛。謂由末那計第八爲我故，第六緣境起法執執蘊等，緣境起縛名爲相縛，相縛體即六塵，所緣皆縛也。又由有此末那故，八識緣境皆有縛起，即諸論云謂境界相能生縛也。"轉無漏時，境亦隨轉，能緣殊勝，於境自在。究竟位中，無漏見種挾帶無漏相種以行，即浄土莊嚴自在示現。然如來浄土與衆生穢土同處各遍，而不相入已耳。此非奇談也，即等是凡夫，其心境雖屬同分，而亦不無差别。如畫師詩人，與鄙夫凶豎決不齊其天宇，世所印可，何獨疑於如來浄土乎？設有問言，唯識所談爲何事？應答彼言：談境隨心轉事。凡愚不了，妄執外境，拘礙自心，哀此長夜，何時可旦。

學友熊十力君近在北大講學，編《唯識學概論》，每段稿成，輒郵寄共賞。其論三境一章尤饒創解，不厭尋研。爰爲節載於此，并録編者解帶質境之説於末，以質讀者。别有關於大造之討論，則更後出之。《内學》編者識

舊説帶質境由見質兩頭鑠起，此應有辨。帶質境特由質之增上力起，又能熏成質種，故判爲質種所生，間接生起。非真質種與見種合生此一雜物也。又帶質境熏質種，亦應有辨。帶質相分本屬别分，與見别用，熏成功能亦異。以其極似質也，判爲質種，即隨質種收也。後經勝增上緣如業感等，此質種勢力增盛乃得生質。如第七緣八見是相分心無受熏持種用，而熏成質種後生第八即有彼用，亦以此。

至於有質獨影與帶質之辨在一帶實質，一有質而不實。如但云仗質而變，則二者無以異矣。獨影有質不實，乃爲有質獨影。此義自《樞要》發之，《義燈》更判爲四句，遂瞭然如指諸掌。今舉其質如次：

（一）無爲；此以不起用爲虚質。

（二）他界法；此以自不現行爲虚質，又他心等亦爲此類。

（三）第八心所相分。此以其爲獨影境故不實。

由此言之，則第六緣第八相見緣根等。皆帶質也，非有質獨影也。第八觸等不能仗第八相爲質，王所質必同一故。則無質獨影也，非有質也。

三境有二合三合之義，爲《樞要》《義燈》中最難解者，以其説三境定義本甚明白，而經此例一舉，乃全墮於五里霧中也。然觀《學記》則甚易知，蓋二三合中有義是假説也。假説則不必具備某境定義之全，而亦得某境之名矣。若其實際，則決無二三種境合而爲一者也。例如第六緣過未蘊爲獨影與帶質合境，其實爲帶質，而亦假説爲獨影也。獨影是假説者，因無現行之實法爲質，與獨影之定義合，而能熏質種則非獨影也。帶質是實者，以種爲質是實質，又熏相分，種判屬於質，全與帶質之定義相合也。云以種爲質者，此據法相三世之理，於種子之已現將現邊，立過去未來，緣過未蘊即仗此種蘊種子而變過未相，熏成種子亦即爲過未蘊種。此非熏成彼蘊法，乃熏成一種過未蘊法之言詮種子，故熏種與仗質同一，真是帶質境也。

以上所談，純守唐人家法，以三境説是唐人獨創，即應依唐人之説解之也。

【校記】

〔1〕“畢”，原作“異”，今據北京大學圖書館藏《唯識學概論》（以下省稱“北大圖書館本”）改。

〔2〕“不”上，原衍“之”字，今據北大圖書館本删。

〔3〕此句後改爲：“八識復攝爲三。”按，北大圖書館本即作“八識復攝爲三”。

〔4〕“習”，原誤作“心”，今據北大圖書館本改。

〔5〕此注後經作者删去。

〔6〕此注後經作者全删。

〔7〕“第”，原誤作“言”，今據北大圖書館本改。

〔8〕“同”，北大圖書館本作“俱”。

〔9〕整理者按，作者在《能變章》上加有眉批云：“離自心而純爲外果獨在，五實法能作色心諸法之因，是名外因。”

〔10〕“俗”上，北大圖書館本有“常”字。

〔11〕作者批注：“識是一切種之體。”

〔12〕“師”，原脱，今據北大圖書館本補。

〔13〕此處後改爲：“次成見分，安慧諸師不立相見。”

〔14〕此處後改爲：“此爲陳那、護法一派所不許，故立量破之。”

〔15〕“因”，原脱，今據北大圖書館本補。

〔16〕“記”，原誤作“見”，今據北大圖書館本改。

〔17〕此處後改爲：“又次成自證分。此有二義：一者相見，二分功用。既殊用即應别有一所依體。舊有喻云：如一蝸牛變生二角。此喻不必善，要依自體，方已用故。（加小注：自體是一，相見是二，相見是二用故。）”

〔18〕“唯持”，北大圖書館本作“昔時”。

〔19〕此處後改爲：“唯心昔、現在時有自證分，於爾時緣故。”

〔20〕此處後改爲：“不曾緣心。”

〔21〕此處後改爲：“不曾緣故。”

〔22〕“心”，北大圖書館本作“必”。

〔23〕此處後改爲：“陳那造《集量》，方始論定。”下面“陳那已前，……不立相見。”作者自行删去。

〔24〕此處後改爲：“即於自體分上有自緣用故，是名證自證分。”以下“至奘師……亦有體相。”作者自行删去。

〔25〕“通”，原脱，今據北大圖書館本補。

〔26〕整理者按：作者在自存本上加有眉批云：“此説從遍智來，佛到大意智爲遍智。”

〔27〕“政”，原誤作“致”，今據北大圖書館本改。

〔28〕“據義各别”四字，後改作“開合一致”。

〔29〕整理者按，作者在“抉擇隨文”下面加有：“余對於四分説之批評，略見《破破論》中。”

〔30〕此處後改爲：“已無着《攝論》有言。”

〔31〕“所”，北大圖書館本作“此”。

〔32〕“謂”，北大圖書館本作“猶云”。

〔33〕此處後改爲：“本爲非物非心之體。”

〔34〕“彼”下，北大圖書館本有“多也”二字。

〔35〕“名”下，北大圖書館本有“也”字。

〔36〕“輯”，疑當作“轉”。

〔37〕此處後改爲：“既非實法，亦非神我等。有實作用。今此功能唯是任運而轉。”

〔38〕“方”，北大圖書館本作“力”。

〔39〕“中”，北大圖書館本作“章”。

〔40〕“《四緣章》”後改爲：“《四緣》中詳玩後《四緣章》。”

〔41〕“此中正以生滅恒轉二理……理準定然。”後經作者删去。

〔42〕此處“第八識”後改爲“第八心王”。

〔43〕此處後改爲：“故成第八相分也。”

〔44〕“秉”，北大圖書館本作“乘”。

〔45〕此處後改爲：“三、釋由。”

〔46〕“不”，原脱，今據北大圖書館本補。此注後經作者塗去。

〔47〕“查考”，北大圖書館本作“見”。

〔48〕此處後改爲：“新熏種依熏習方生。”

〔49〕此注後改爲：“不故名堅實。”

〔50〕此處後加注：“心所不受熏。”參考《述記》十八。

〔51〕“與極劣異熟無記，此即遮之”十一字，後經作者删去，改爲“且不起熏習”。

〔52〕“唯七轉識”後改爲“唯有轉識”。下面“及彼心所”四字，後删去。

〔53〕此處後改爲："四分既攝爲二，即見分是能熏，相分則仗托見分之力而亦能熏也。"

〔54〕"心"下，北大圖書館本有"心"字。

〔55〕此處後改爲："見分各各熏生自種。"

〔56〕此注後改爲："俟三境條評之。"

〔57〕"生"下，北大圖書館本有"相"字。

〔58〕"取"，北大圖書館本作"想"。此注後經作者塗去，改爲："如追思曾時所見青草等。"

〔59〕此處後改爲："即由第八器界相分爲質故，起此影像相。"

〔60〕"種"，北大圖書館本作"相"。

〔61〕此處後改爲："此相不帶質境相，亦能熏生本質相種。"

〔62〕"質種"下，北大圖書館本有"爲"字。

〔63〕此處後改爲："如五識及俱意相，皆與本質即第八器相。"

〔64〕此處"影像種"，後改爲："自相種。"

〔65〕"於像於"，北大圖書館本作"影像者"。

〔66〕整理者按，作者在自存本上加有眉批："（一）八識不能熏，見分爲七見所緣而生之相分，熏生種子。（二）相分爲五及俱意所緣之相，重生種子。"

〔67〕"昔"，北大圖書館本作"吾"。

〔68〕此處"氣類相牽，理何可詰"，後作者改爲："是名熏長。"

〔69〕此處後改爲："熏生之時，不定熏長。"

〔70〕此處後改爲："現行既有强盛勢用，熏生新種，即於此時定能熏長本種。"

〔71〕"頓起頓滅"四字，後經作者删去，改爲"前滅後生，相似相續"。

〔72〕"熏"，北大圖書館本作"長"。

〔73〕"書"，北大圖書館本作"言"。

〔74〕此處後改爲："四、釋類别。"

〔75〕此處作者後加小注云："即自證分。"

〔76〕“分”，原誤作“身”，今據北大圖書館本改。

〔77〕此處後經作者塗去，字迹模糊。

〔78〕“俱”下，北大圖書館本有“故”字。

〔79〕此處作者後改爲：“前二名意業，亦是發身語業之因。至動發勝思，不發爲身業語業矣。”

〔80〕此處後改爲：“五、釋感果。”

〔81〕“指眼識”三字，後經作者塗去，字迹模糊。

〔82〕“俟《四緣章》辨之”六字，後經作者塗去，字迹模糊。

〔83〕“見種”，原脱，今據北大圖書館本補。

〔84〕注末“皆順俗爲言也”六字，後經作者塗去。

〔85〕注末“哲學家有排一元論者，則大謬也。”十三字，後經作者塗去，字迹模糊。

〔86〕“於心”，北大圖書館本作“心相”。

〔87〕“第八識”，北大圖書館本作“第八”。

〔88〕“詳”下，北大圖書館本有“見”字。

〔89〕“爲”，北大圖書館本作“唯”。

〔90〕此注“有覆故”三字，後經作者塗去，字迹模糊。

〔91〕“之”，北大圖書館本作“一”。

〔92〕此處“離”字疑是“難”字之誤。

〔93〕此處後改爲：“前六識中無記名言種，亦須業種助，準第八可知。”

〔94〕“令”，北大圖書館本作“今”。

〔95〕此處後改爲：“業種增助名言種生果。”

〔96〕此處後改爲：“復次佛家言果報，世難慧信。”下面“以其事……不測之功能。”經作者删去。

〔97〕“待”，北大圖書館本作“持”。

〔98〕“耳目”，北大圖書館本無此二字。

〔99〕“志士當亂世……萬變奔赴。”經作者删改爲：“其所以出其言善，則重之外應之；其言不善，則重之外違之。”

〔100〕“宗”下，北大圖書館本有“所”字。

〔101〕此小注後經作者塗去，字迹模糊。

〔102〕此處後改爲：“則又非某所敢知，不如闕疑爲善。”

〔103〕“又不應説……應如理思。”後概被作者删去。

〔104〕此處後改爲：“由過去現行思數。”

〔105〕此小注，後經作者全部删去。

〔106〕此處正文後改爲：“值前異熟果”。下面小注都被作者删去。

〔107〕“受”下，北大圖書館本有“用”字。

〔108〕“異”，原脱，今據北大圖書館本補。

〔109〕此處後改爲：“釋由”。

〔110〕此注後經作者删去，字迹不甚清楚。

〔111〕此注末“近之”後改爲“近是”。復又塗去，將末句改爲：“大乘古師皆亦不立本有種。”

〔112〕此處後改爲：“然復有三師則以人有出世心。”

〔113〕此處後改爲：“遂倡如下三説。”

〔114〕“混”，北大圖書館本作“溷”。

〔115〕“心性”下，有小注“性者體也”四字，後經作者删去，字迹模糊不清。按：北大圖書館本即有此“性者體也”四字小注。

〔116〕“爲目心體”四字，後經作者删去。

〔117〕此小注，後經作者全部删去。

〔118〕此處作者後加小注：“謂其違反佛家自宗義故。”

〔119〕“古”，原誤作“治”，今據北大圖書館本改。此小注被作者塗去，字迹模糊。

〔120〕“其所出處”，北大圖書館本作“其所引據”。此小注末後改爲：“凡此所云，蓋宗護法。”

〔121〕此處後改爲：“詳《所知依分》有云。”

〔122〕“浄”，原誤作“静”，今據北大圖書館本改。

〔123〕“能”上，北大圖書館本有“即此熏習”四字。

〔124〕注末“新熏種”後改爲“新功能”。

〔125〕此處後改爲：“釋類别。”

〔126〕此處後改爲：“《識論》説有名言種子。”

〔127〕此處後改爲：“唯無有支種子。”下面小注經作者删去。

〔128〕此處後改爲：“何故無有支熏習？據《佛地論》云，聖者不造總報業。”

〔129〕此處後改爲：“無漏功能果。”

〔130〕“多”，北大圖書館本作“種”。

〔131〕此處“其義易知”及以下小注經作者全部删去，改爲：“又無漏功能無窮無盡，不同有漏功能斷滅也。”

〔132〕“熏”，原誤作“爾”，今據北大圖書館本改。

〔133〕“當”，原誤作“常”，今據北大圖書館本改。

〔134〕此處後加有：“緣有四，而因居其首，即因即緣，故曰因緣。”

〔135〕此處作者有眉批云：“按親辦自果者，果法體由因法親成辦。易言之，即因法親生自家果法。因爲因法爲能生，果法爲所生。”

〔136〕此處後加有：“謂前念種望後念種爲因緣故。”

〔137〕此處後加有：“謂現行望種子而爲因緣故。”

〔138〕“有”，北大圖書館本作“用”。

〔139〕“前種後種”，北大圖書館本作“前望後是”。此處後改爲：“即由前種望後種而作因緣。”

〔140〕“因果異時”四字，後經作者删去。

〔141〕此注末四字，後改爲“若爾便同”。

〔142〕“固不離，而實不即”，北大圖書館本作“雖復非異而亦非一”。

〔143〕“相望”下，北大圖書館本有“望爲增上緣相種，托見種而生，見種挾相種而生，俱無實作”二十三字。

〔144〕“相”，北大圖書館本作“互”。

〔145〕“相續之間不”，北大圖書館本作“推移之間非”。

〔146〕此注末二句，後經作者塗改爲“然前後刹那相續之際定無間隙，若

有間隙即中斷故”。語氣比較肯定，意思更爲明白。

〔147〕“第八識”，北大圖書館本作“第八”。

〔148〕“七八俱恒”下，作者後加有“無有斷時”四字。

〔149〕此處後改爲：“六識除五位無心，餘時亦不斷。”

〔150〕此處後改爲：“前念於後。”

〔151〕此注後改爲：“後念心。”

〔152〕此處後改爲：“第一義，簡同時或後時，唯前念心。”以下小注全經作者删去。

〔153〕此處後改爲：“望後念心爲等無間緣。”

〔154〕此處後改爲：“同時無二心并起，後念心望前念心，無有開導，故并簡别。”

〔155〕此處後改爲：“耳識乃至第八識，皆應燮和，是爲自類無間。”

〔156〕此注末四字，後改爲：“故道容言。”

〔157〕此處後改爲：“間曰：心興心所，異類而俱轉，亦得互爲此緣否？”

〔158〕注末“已説如前”四字，係作者修改後之新注。原注經作者塗污，難以辨認，似是“别詳《轉識章》”五字。按：北大圖書館本即作“别詳《轉識章》”。

〔159〕此處後改爲：“前念眼識望後念眼識仍爲等無間緣，耳識乃至第六皆應類知。”

〔160〕此處後改爲：“第三、正緣義。”按：北大圖書館本無“其”字。

〔161〕此處後改爲：“云何開導？開者避義與後處義；導者，招引義。”

〔162〕此處後改爲：“前法開避其處。”

〔163〕此注後改爲：“色法雖有開義，而無導引力，故非此緣。”

〔164〕此處後改爲：“互能望後而爲因。”

〔165〕此處後改爲：“相似沙門以心、心所亦各各引自後念，不許齊引，今此則遮彼説。”按此處原注被塗黑，修改後之新注，亦甚潦草，二者均有難辨之處。

〔166〕此處後改爲：“故若非彼果定生，如何得説前爲後緣？”

〔167〕此小注後經作者全部删去。

〔168〕此處後改爲："答曰：若第八識雖復有漏無間。"

〔169〕此處後改爲："而登地以去，有無漏生。"按：北大圖書館本"有無漏生"爲大字。

〔170〕此處後改爲："五識亦有漏。"

〔171〕此段後删改爲："有法者，謂是有體法，具有力用能牽生識。如色等境能牽引眼識等令起，即此境望緣識而名所緣緣。"

〔172〕"若遍計所執……是所緣也。"此兩段後經作者全部删去。

〔173〕此處後改爲："問曰：'意識緣空華時，空華無體，如何得有所緣緣義？'"

〔174〕此處後改爲："所變相分，妄作華解。華本無體，非所緣緣。"

〔175〕"能令見分托彼生解"删去，後改爲："此望能於見分而爲境界。"

〔176〕"説"，北大圖書館本作"記"。

〔177〕"有體法爲緣……已如前説。次"，後經作者删去，改爲："云何是帶己相？'是'字指下文'心'言。"

〔178〕整理者按：此處"不"字係整理者所加。因原字經作者塗黑，無從辨認。疑似"無"字。而"無定義"容易誤會爲"没有定義"。故改爲"不定"義。作者後在葉下改爲："介詞，猶如及也。"最後關於"或者"一注，全被删去。可見作者對著作之認真。

〔179〕此注後改爲：《述記》四十四云："誰帶己相，謂心或此相應法，相應謂心所。"以下所注全部删去。

〔180〕"己即爲緣者"及其下小注，後經作者删去。

〔181〕此處小注"器界"二字，後經作者塗去。

〔182〕此處小注"色聲等塵境"五字，後經作者塗黑，無從辨認。

〔183〕此處作者後加小注云："五識仗第八器界相爲本質而變色聲等親因分。"

〔184〕"真"，北大圖書館本無此字。

〔185〕此處被作者塗黑，無從辨認，從字迹模糊中，疑似"辨"字。

〔186〕“如後”，北大圖書館本作“始從”。此注後經作者全部删改爲：“此中據陳那義，以不能親取自心外法，故言變相。後得智緣真如，因分别力强，亦從自見變似真如之相緣之，非親證真如。”

〔187〕“稱”，北大圖書館本作“而”。注末“稱不相礙”四字，後改爲：“和合似一。”

〔188〕“滅”，原誤作“來”，今據北大圖書館本改。

〔189〕“分”，北大圖書館本無此字。

〔190〕“真”，北大圖書館本作“其”。

〔191〕此段後改爲：“第二義者，謂能緣挾帶所緣體相而起。挾帶者，逼近親附義，謂能所不分，冥合若一故，如四分中自證緣見，内二分互緣皆名挾帶。”又上有眉批云：“現量證境是挾帶，又正智緣如亦是挾帶。”

〔192〕“亦”，北大圖書館本作“一”。

〔193〕“云”，北大圖書館本作“言”。

〔194〕“我義”下，北大圖書館本有“者显”二字。

〔195〕“器識”，北大圖書館本作“净識”。

〔196〕此處後改爲：“真如非相非非相。”

〔197〕“也”，北大圖書館本無此字。

〔198〕此注後改爲：“真如不是一件物事，故云非相。然真如是諸法實性，雖不可以物事推觀，而是絶對的真實，故云非非相。”

〔199〕“賅”下，北大圖書館本有“心”字。

〔200〕“及”，原誤 作“用”，今據北大圖書館本改。

〔201〕“第六定果色等”後改爲：“他身識及他人根身器界”。其下小注，後被全部删去。

〔202〕“及”下，北大圖書館本有“異”字。

〔203〕“故云”，北大圖書館本作“故名”。

〔204〕此處經作者塗去，後改爲：“何以解心識獨如鏡等之難。”

〔205〕“出體已竟”及其下小注，後經作者删去。

〔206〕“次辨差别”，後經作者删去。

〔207〕此處後改爲："云何此體有二，一親二疏？謂此緣體有親疏差別故。"

〔208〕此字被作者塗黑，難以辨認，疑似"凡"字。此句後改爲："約有四句分別。"

〔209〕此處後加小注："自證是體，見分是用。"

〔210〕此注後改爲："正智是用，真如是體，上四句義見《宗鏡録》。"

〔211〕此處後改爲："此及後之内二分，唯名心法。"

〔212〕此處後改爲："真如爲正智所緣時，亦得相分所攝。"

〔213〕此處後改爲："正智見分。"

〔214〕"托"，原誤作"得"，今據北大圖書館本改。

〔215〕此處後改爲："隨假法所依之實法而説故。"

〔216〕此處後改爲："謂命根所依業種子增上衆同分所依色心諸法。"

〔217〕"此用"後改爲："此所謂用"。以下經作者删改甚多。字迹潦亂，難以辨認。

〔218〕"名增上可知"，北大圖書館本作"名爲增上可知"。

〔219〕"遐"，北大圖書館本作"適"。

〔220〕"試取近事爲例"後經作者删去，改爲小注云："餘法即所增上果法。"

〔221〕"等"，原脱，今據北大圖書館本補。

〔222〕此注後經作者全部删去。

〔223〕"彼"，原脱，今據北大圖書館本補。

〔224〕"即此霜雪望枯喪等爲順緣……如何解增上緣也。"後作者删改爲："即此霜雪枯喪爲切近助因，即是順義，時令前青色不起，即相違義，故説增上緣有順違二用。若無順違，何成此緣？"其中小注，一併删去。

〔225〕"或"，北大圖書館本作"依"。

〔226〕"現"，北大圖書館本作"晚"。

〔227〕"理至爲明"，北大圖書館本作"此理至明"。

〔228〕此注後經作者删去。

〔229〕"生"，北大圖書館本作"立"。

〔230〕此注後改爲："種種增上緣，於所成義若聲無常等爲相順，即望其餘非所成義若聲常等爲相違。"

〔231〕"是"，原脱，今據北大圖書館本補。

〔232〕此處後改爲："附説一、表中種子爲所緣緣，引生第八識見分及第六識見分，以種子唯第八見親緣，第六意識思維種子義時，亦是疏緣第八中種，自餘五識及第七，皆不緣種也。"

〔233〕此處後改爲："附説二。"

〔234〕此處後改爲："現行見分、相分色法。"

〔235〕此處後改爲："餘一切種望異類現行相、見法相。"

〔236〕"托"，原脱，今據北大圖書館本補。

〔237〕此處正文後改爲："餘七識唯有二緣。"按："七"，原作"者"，今據北大圖書館本改。"前五及第七第八識"，北大圖書館本爲小字，且無"識"字。

〔238〕"俱時"後改爲："現前一念。"

〔239〕"更"，北大圖書館本作"别"。

〔240〕此處後加注："此皆據因位説。"

〔241〕"親種"後改爲"所生種"。

〔242〕"非親種"後改爲"非所生種"。

〔243〕"親種"後改爲"所生種"。

〔244〕"非親種"後改爲"非所生種"。

〔245〕此處後改爲："如現熏長性類相同之本有種。"

〔246〕此處後改爲："望餘異性不熏之種。"

〔247〕"八"，北大圖書館本無此字。

〔248〕此處後改爲："諸識依根取境。"

〔249〕"據"，北大圖書館本作"彼"。此處後改爲："如吾伸右指對汝眼作所緣緣，汝眼識了别吾指，實不由合，若吾以指合汝眼，汝將失明。"

〔250〕此處後改爲："若吾以指合汝眼，汝將失明。"

〔251〕此處後改爲："耳根由合方取，斯符理實，勿拘妙義。"

〔252〕"九"上，北大圖書館本有大字"若以九緣攝入四緣，則如左圖"

十二字。後緊接下圖。

〔253〕“現”，原誤作“理”，今據北大圖書館本改。

〔254〕“理”，原誤作“現”，今據北大圖書館本改。

〔255〕“章”，原誤作“等”，今據北大圖書館本改。

〔256〕此處後改爲：“此義詳前，無妨覆按。”

〔257〕“故言容”三字，後改爲“故置容言”。

〔258〕“即色心五藴，集聚假者。”後改爲：“即五藴是。”

〔259〕此處後加小注：“士夫猶言人也。”

〔260〕“爲所作”後改爲“所作”。

〔261〕“名”，北大圖書館本無此字。

〔262〕此處後改爲：“心法有五，色法唯一。”

〔263〕“此所本也。”後移至此注之末，改爲：“即此所本也。”

〔264〕此處作者後加小注云：“吾屢言之矣，構造論學其談緣生頗似。觀其士用果中之法士用，以因緣爲作者，餘緣爲作具。足證吾之評判爲不誣。”《新論》第三十六葉《功能章》中小注。

〔265〕此處後改爲：“人工作具水土空氣歲時等等。”

〔266〕“即”，北大圖書館本無此字。

〔267〕“餘緣法”後改爲：“等無間緣乃至增上緣。”

〔268〕此注“二障”後被删去。

〔269〕“善巧絶倫”四字後被删去。

〔270〕“空宗末流，談空惡取故。”九字，後被删去。

〔271〕此注二十三字後被删去。

〔272〕“人”上，北大圖書館本有“又”字。

〔273〕“則未知緣起法者”，後改爲：“然諸智者説緣生法。”

〔274〕“情計終不相應。我宗説”，後删去，改爲“故”字。

〔275〕“俗士何由悟其玄旨。”後删去。

〔276〕“上來已説四緣及於五果，附識四，學者不悉緣起道理，則離識無境，義非難喻，將繼此論之。”後改爲：“上來説四緣、五果已訖，次談唯識所變境。”

〔277〕附識二上眉批云：“低一字寫《新論·唯識章》中亦説緣生，而明遮詮之旨，則與《識論》根本異趣，至四緣義《新論》以不取護法所謂種子義故，即談因緣不同《識論》，又不許以心爲集聚法故，（即不析成八聚心心所）…”（下被裝訂所遮）

〔278〕“各人”，原誤作“各爲”，今據北大圖書館本改。

〔279〕此注後改爲：“凡言識者兼心所。”

〔280〕此注後經作者删去。

〔281〕此注後經作者删去。

〔282〕此處後改爲：“約有八識分别。”

〔283〕此處後改爲：“若第八相分。”

〔284〕此注後經作者全部删去。

〔285〕此處後改爲：“故有實用。”

〔286〕此處後改爲：“以有對礙，名實用。”

〔287〕此處後改爲：“若第七相分半。”

〔288〕此處後改爲：“從其本質（即第八）見種生。”

〔289〕此注後經作者删去。

〔290〕此處後改爲：“各依大種生。”

〔291〕此處後改爲：“有實用。”

〔292〕此注後經作者全部删去。

〔293〕“第六定果色……以上因緣變攝。”經作者删改爲：“亦以有對礙故名，如是等相均因緣變攝。”

〔294〕此處後改爲：“分别變者，謂第六一分。”

〔295〕此注後改爲：“第七相分雖半依本質，而有一半依見，故言一分。”

〔296〕“因緣變”與“第八心所相”原有連綫，今據北大圖書館本删。

〔297〕此注後删改爲：“附記二：根所與種子是第八心王親相分，其心所法不得親緣根種，須變影像，但器界之一部分應許心所亦自有器相之種，即心所器根，亦是因緣變攝理論爾故。”

〔298〕此處後改爲：“即熏生一個見分種。”又下面小注經作者删去。

〔299〕此處“有”字後改爲“爲”字。

〔300〕此處後改爲：“故慮與非慮既别。”

〔301〕此注後改爲：“大乘説極微無實故。”

〔302〕此處後改爲：“説相見二分種子隨其所應或同或别。”

〔303〕此注後被作者删去。

〔304〕此處後改爲：“可謂善爲折中。”

〔305〕此處後改爲：“謂前六及第八相分，是色性故，第六俱意等相分亦色法、具足五義。”

〔306〕此注後全部删去。

〔307〕此處後改爲：“謂色是對礙法故。”

〔308〕“乃至第八根身器界”，後改爲“第八根器”，其下小注全部删去。

〔309〕此處後改爲：“於中定説實有。”

〔310〕“故應分别説大種、造種”改爲：“諸論説有大種、造種，各見上卷色蘊中。”

〔311〕“前六塵境……故復説有大種。”以及其後列表三行，後全部删去。按：表中“造種”與“大種”前，北大圖書館本有一豎綫。

〔312〕“説”，原脱，今據北大圖書館本補。

〔313〕此處後改爲：“根塵皆性境，而唯塵法有所仗質。”

〔314〕“相”，北大圖書館本作“界”。

〔315〕“八”，北大圖書館本作“六”。此注後經作者删去。

〔316〕此注後改爲：“謂此境現前顯現，非識於境，分明現證。”（餘被删去）

〔317〕此注後改爲：“若涉思構，即非現境。”（餘被删去）

〔318〕注中“慢”字出現四處，後都被删去。

〔319〕此處後改爲：“眼識與俱意緣色，如是，耳識與俱意緣聲。”

〔320〕此注後經作者删去。

〔321〕此處後改爲：“若真如等爲所緣時。”

〔322〕此處附識，後經作者删去，很多字迹難以辨認。

〔323〕此處後改爲：“即不得此相是自性。”

〔324〕此處後改爲：“而七執之爲我，故不稱質。”

〔325〕此注後經作者全部删去。

〔326〕此處後改爲：“所要相分唯從見起。”

〔327〕“奘師”下，北大圖書館本有“述有”二字。

〔328〕此處後改爲：“此相非異見而有實用。”

〔329〕此處後改爲：“雖相從見起。”

〔330〕此注後經作者删去。

〔331〕“心相應”，原誤作“不相應”，今據北大圖書館本改。

〔332〕此處後改爲：“如第八相應觸等緣心王根種相。”

〔333〕此注後改爲：“王根種。”

〔334〕“相接而得”下，北大圖書館本有“仗”字。

〔335〕此處後改爲：“此非正義。”

〔336〕此處後改爲：“而變影以緣之。”

〔337〕此注後僅保存“《宗鏡録》六十八第四葉云……展轉仗五八爲質”。前後概經作者塗去。

〔338〕“實”，北大圖書館本作“質”。

〔339〕“此”，北大圖書館本作“唯”。

〔340〕“云爾”二字後被删去。

〔341〕“附識四”後經作者全部删去。

〔342〕“萬念紛綸，相爲無量，略示方隅。”十二字，後被删去。

〔343〕“如緣過、未……是爲無質獨影。”後删改爲：“如緣過去未來或緣無法時，是爲無質獨影。”

〔344〕“附識一”“附識二”“附識三”，後經作者删去。

〔345〕此處“唯現”後改爲：“唯是現量。”“上”，北大圖書館本作“前”。

〔346〕此處後改爲：“不作是此非，此等解相稱其即質名得自性。

〔347〕此處後改爲：“第八心王唯性境，心所亦獨影境。第六俱意及定中性境，獨散及夢中均獨影境。”

〔348〕此處後改爲："諸有境相。"

〔349〕"相"，北大圖書館本作"和"。

〔350〕"此"字後被塗去。

〔351〕"談"下，北大圖書館本有"多"字。

〔352〕"以"，北大圖書館本作"俱"。

〔353〕此注後經作者删去。

〔354〕此注後經作者删去。

〔355〕此處後删改爲："如緣青色時，必有青色境，現在之覺故。現簡過未，即是時覺。在，有處所義，即是方覺。"

〔356〕此注後經作者删去。

〔357〕此注後經作者删去。

〔358〕此注後經作者删去。

〔359〕此處後改爲："簡異妄談。"

〔360〕此處後改爲："故刹那非有實分也。"

〔361〕"後"，原誤作"復"，今據北大圖書館本改。

〔362〕此處整段經作者删去，其上有眉批云："時相、方相既遣，而實境之執亦自滌除。"

〔363〕"詳"，原脱，今據北大圖書館本補。

〔364〕"壓"，當爲"物"。

〔365〕"能扶根塵"，北大圖書館本作"能扶助根故名"。

〔366〕"云"，北大圖書館本無此字。

〔367〕此處後改爲："説五根已，次第六根。"

〔368〕此後經作者删去。

〔369〕"所"，原脱，今據北大圖書館本補。

〔370〕"經部"後改爲"上座部"。

〔371〕普光：《俱舍論記》。

〔372〕"復分王所，王即心"，北大圖書館本作"復分王，即心所"，均爲大字。

〔373〕“繫”下，北大圖書館本有“屬”字。

〔374〕“乃”，原脱，今據北大圖書館本補。

〔375〕此處後改爲：“今於彼説爲實有者，即以彼能任持自性不捨失故。”

〔376〕此處後改爲：“今説彼爲無，即以彼亦能任持自性，非於彼無之時可捨無爲有故。”

〔377〕“由”，北大圖書館本作“以”。

〔378〕此處後改爲：“義者境也。”

〔379〕“又不”原爲“若於”。“又不至此爲一句”，是作者仔細修改的。按：北大圖書館本“又不”即作“若於”。

〔380〕此處後改爲：“未來，未生無，皆非實有。”

〔381〕此處後改爲：“彼者謂去來非實有。”

〔382〕此處後加小注：“即緣無法爲境。”

〔383〕此處後改爲：“而意識於彼得起焉，此非緣無而何？”

〔384〕此處後改爲：“妄計有湯米等其物，此以無爲有也。”

〔385〕此處後加小注：“意識作湯米等想，亦是緣無法。”

〔386〕此處後改爲：“此既是無。”

〔387〕此注後經作者全部删去。

〔388〕“耳”字原爲“眼”字，作者自行修改爲“耳”字。

〔389〕“本”字疑是“未”字之誤。

〔390〕“運”下，北大圖書館本有“緣”。

〔391〕“即是”下，北大圖書館本有“比或”二字。

〔392〕“記”，北大圖書館本作“念”。

〔393〕“不徽”，北大圖書館本作“有微”。

〔394〕此處上面作者加有眉批云：“定信三善根，精進、不放逸。三月廿七日午後記。”

〔395〕“瘁”，北大圖書館本作“悴”。

〔396〕“察”下，北大圖書館本有“其”字。

〔397〕“練”，原誤作“鍊”，今據北大圖書館本改。

荆楚文库

因明大疏删注

朱浩浩　點校

目　録

揭　旨

簡端揭旨，略有二事。一者，吾刪注窺基大師《因明大疏》甫脱稿，頗有要義，格於體制，書中未暢，須於篇首揭之。二者，此之刪注，既自爲例，而訂文察義，所歷甘苦，亦有可言者，當舉其旨明告學人。

竊窺要義，總略談三：一曰現量但約五識，二曰比量三術，三曰二喻即因。

云何現量但約五識耶？現量一詞，現量亦云證量，亦云現知。迹其所自，當出因明。本就五根取境，而立此名。尼耶也宗，外道之一。舊云那耶，此翻正理。劫初足目，肇開此宗。因明開山，建立量諦，首曰現知，謂眼見色耳聞聲等，名現知故。勝數兩宗，皆立現量，義復近此。數論宗《金七十論》頌説現量云“對塵解證量”。釋曰“證量者，是智從根塵生”云云。意説五根於五塵境有證解生，是名證量。勝論宗《十句論》云：“現量者，於至實色等、根等和合時，有了相生，是名現量。”《成唯識述記》云“此宗意説眼根舒光，至於色境，方始取之，如燈照物。聲香味觸四境來至於根，方始取之。故遠見打鐘，久方聞聲，聲來入耳，方可聞也”云云。爰及大乘《瑜伽》《顯揚》等論，稱説現量相貌，蓋亦據五識而談。《顯揚》十一“現量者，有三種相，一非不現見相，《論》自釋云：‘謂由諸根不壞，作意現前時，無障礙等。無障礙者，復有四種：一非覆障所礙，二非隱障所礙，三非映障所礙，四非惑障所礙。覆障所礙者，謂黑暗無明障，不澄淨色之所覆隔。隱障所礙者，謂或藥草力，或咒術力，或神通力之所隱蔽。映障所礙者，謂少爲多物之所映奪，故不可見。或飲食等爲諸毒藥之所映奪，或髮毛端爲餘塵物之所映奪，如是等類，無量無邊。又如能治映奪所治，令不可得，如無相觀力映奪衆相。惑障所礙者，謂幻化所作，或相貌差別，或復相似，或内所作，目眩昏懵，悶亂酒醉，放逸癲狂，如是等類，名爲惑障。若不爲此四障所礙，名無障礙。’二非思構所成相，此謂現量所取境界，非是思構所成也。三非錯亂所見相。”《論》自釋云：“錯亂略有七種：一想錯亂，謂於非彼相起彼相想，如於陽燄相起於水想。二數錯亂，謂於少數起多增上慢，如翳眩者於一月處見多月像。三形錯亂，謂於此形起餘形增上慢，如於旋火見彼輪形。四顯錯亂，謂於此顯色起餘顯色增上慢，如爲迦末羅病，損壞眼根，於非黄色悉見黄相。五業錯亂，謂於無業起有業增上慢，如執拳馳走，見樹奔流。六心錯亂，謂即於前五種所錯亂義，心生喜樂。七見錯亂，謂於前五種所錯亂義，妄想堅執。若非如是錯亂所見者，即名現量。"《瑜伽》等説，大概從同。準此，現量本義但約五識明證現境爲言，别無玄解。其後大乘引申以言定心現量，或佛位現量，則是摹擬智相，深妙難知。凡情强測，癡人説夢，貧子談金，惘迷虚揣，夫何益矣！關於現量義，吾所著《唯識論》部乙别詳之。然因明現量，但作比依，比量推知，必有現量爲根據故。設無現據，比亦懸虚。又復應知，現量既是比量所依，即此現量必非至人獨得之境，而當爲世所共有。五識現量，世共有故，由斯比量，可用爲依。《論》説現量，本但舉五識，《疏》復廣以四類。詳見本書説二量處。據大乘義，《疏》釋爲詳；談因明理，《論》非故略。《疏》舉四類現量中，第二俱意，第三自證，事實上本爲世俗所有。然世俗於此不分析故，《論》略不言。至定心現量，則世俗一向無之，自不須談也。

云何比量三術耶？比量有二類。一爲自義比，自心推度，唯自開悟。二爲他義比，説自所悟，曉喻於他，即三支是。今此但約自義比説。窮理致知，是唯比量，因明精采，於焉獨寄。粤稽大乘，古師嘗立五種：一相，相者相狀。二體，體者體性。三業，業者業用。四法，法者軌範。五因果。若由此故有彼，即説此爲彼因，彼爲此果。相比量者，謂隨其所有相狀相屬，或由現在及先所見，推度境界。如見幢故，比知有車，由見烟故，比知有火，名相比量。體比量者，謂現見彼自體性故，比類彼物不現見體，或現見彼一分自體，比類餘分。如以現在比類過去，或以過去比類未來，或以現在近事比遠，或以現在比於未來，如是等類，名體比量。業比量者，謂以作用，比業所依。如見遠物無有動摇，鳥居其上，由是等事，比知是杌；若有動摇等事，比知是人。見比於眼，由有見色之業用故，比知有眼根能發生識也。餘準知。聞此於耳，乃至識比於意，由意識有思慮等業用故，比知别有心法而爲意根。如是等類，以業比度，名業比量。法比量者，謂以相鄰相屬之法，比餘相鄰相屬之法。如屬無常，比知有苦，以屬苦故，比空無我，以屬生故，比有老死，如是等類，名法比量。因果比量者，謂以因果展轉相比。執因求果，或即果窮因，故云展轉。如見有行，比至餘方，見至餘方，比先有行，是名因果比量。見《瑜伽師地論》十五,《顯揚》等論亦同。詳此五種，於比量方法，未有發明。又五量之分，難爲楷式，舉例徒淆，抑何可哂！如見幢比車，得言相比，又何不可屬體比？幢亦車體上之一分故。且又得言業比，由載幢用比有車故。且又得言法比，幢屬車故。且又得言因果比，車爲能載，幢爲所載，説車爲因，目幢爲果，故由幢果得比車因。審此，則五種比量之分，實無所據。迹古師本意，蓋以相、體、業、法、因果，爲比量所藉以構成，由有相故、體故、業故、法故、因果故，心依於此，成其比量。遂乃以是分類云爾。過此以往，發揮未及。逮至陳那，肇基鴻緒，顯因三相，比量方法，的然可明。因三相者，一遍是宗法性，二同品定有性，三異品遍無性。廣如《論》《疏》説，實則三相之義，蓋可詮之爲比量三術。初相陳因，但云設臆，次乃彙同，第三簡異。簡者簡别。三術者備，證義圓成。篝燈兀坐，聞有聲來，聲浪奔騰，知是無常。此豈漫然，良由比度。而此比度，略由三術。初臆無常，因所作故，即以此因，遍在聲上，設聲有非所作者，此因便非，必須更作他臆，今無不遍，此臆或然。次乃彙同，歷觀聲外餘處有無所作，亦是無常。又次簡異，復驗聲外餘處有無其常，亦是所作，乃果於瓶於空，同有異無，於瓶等見是所作與無常，名同品定有。於空等見是其常而非所作，名異品遍無。合證所作，無常必隨，聲所作故，應是無常，即前設臆，至此決定。夫是三術，晚世名家，方知顯發。而在印土，導源蓋遠，要至陳那，始綜綱紀。或謂如由所作知聲無常，豈待徵驗瓶空耶？曰：當其於聲知所作無常時，舊所習知瓶空上之義，由憶念力刹那集顯，乃若不待徵驗，實則非不待徵驗而知。又凡思惟應有任運作意之分，此所云若不待徵驗者，就任運言之耳。若作意思惟，固必經設臆而博求徵驗也。

云何二喻即因耶？《大疏》有言：“古因明師，因外有喻。如勝論云：聲無常宗，所作性因，同喻如瓶，異喻如空。不舉諸所作者皆無常等，貫於二處，等者，謂異喻云，若是其常，見非所作。二處者，瓶空二處。故因非喻，瓶爲同喻體，空爲異喻體。陳那已後，説因三相，即攝二喻。陳那顯同喻體云：‘若是所作，便見無常。’即此同喻，是因之第二相同品定有性。顯異喻體云：‘若是其常，見非所作。’即此異喻，是因之第三相異品遍無性。以故二喻即攝於因。蓋古師以瓶空爲喻體，陳那反之，唯以因之後二相爲喻體，而不以瓶空爲喻體，但名瓶空爲喻依，以因之義依瓶空而顯故。故瓶等名同喻依，空等名異喻依。陳那與古師天地懸隔，其辨在此，學者真當細心求之。二喻即因，俱顯宗故，所作性等，貫二處故。"

古師三支	陳那三支實即宗因二支
聲無常宗，	聲無常宗，
所作性因，	所作性因，
猶如瓶等同喻，	若是所作，便見無常，如瓶等，
猶如空等異喻。	若是其常，見非所作，如空等。

陳那變古，獨此一事，堪稱大事。經此改革，思有其術，理以之明，慧日當空，彌天撥霧。略陳其要，爰以兩端：一曰於物辯義。義之爲言共相，格物致知，觀共相故。智囿實物，而絶貫通，窒礙僻堅，伊何窮理！常人但觀一一實物，而鮮能作共相觀。維孩稚亦然，叩以所知，必舉實物對，雖在學人亦或如此。王伯安因《大學》言格物，而去竹園格竹，七日不得其理，遂致大病。以其觀物而不知取共相故也。古師二喻，但舉其物，瓶空爲二喻體故。陳那取義，於瓶等上，正取所作無常相似之義爲同喻體；於空等上，正取常非所作之義爲異喻體。兩相持校，長幼天淵。二曰不以譬喻而爲證明。義有憑依，須經實測。陳那以瓶等爲喻依，大有精意。如所作無常等義，設無瓶等可徵，由何憑依，見其有此？陳那雖以喻攝因，而仍三支，存其喻依，此見陳那深心所寄。後來法稱輩，直謂喻分可全廢，其見乃下。吾嘗有言，立義不根事實，如鳥畫虛空，漫爾驚文章。懸空構畫，矯立譬喻，如言尊主，取譬天高，此土《易傳》，以天高地下證君民貴賤有定位。如成神我，喻如臥具，數論宗以臥具爲人用，證明眼等必爲神我用。横以比況，證成臆説，此在思唯，最稱大蠹。古師瓶空二譬，證聲無常，此有何能，可爲誠證？《疏》引《理門》"是故但有類所立義，然無功能"等

文，此段甚精，從來講者，不知留意。義晦千載，智眼難期。若作喻依，陳那以瓶空改作喻依。據以測義，義不虚構，信有其徵。綜上兩端，足知陳那改喻，於思唯界，掃蕩縱横，除一切障，葱嶺翔空，大觀足暢。吾嘗言：陳那述作，特詳量論。猶今云認識論或方法論。《緣論》《觀所緣緣論》。《因明》，《正理門論》。此土俱來。四十餘部，惜未備至。《集量》有翻，而竟亡佚。但《唯識疏》時見稱引。窺豹一斑，嘗鼎一臠，求其全者，如何如何？

上來已説要義略盡。次及删注，擇二而談：一者，何爲取《大疏》耶？二者，何爲亦删亦注耶？

將明《大疏》重要，不可不知《因明入正理論》，是所依故。《因明入正理論》者，以後簡稱《入論》。本繼陳那《因明正理門論》以後簡稱《正理》，或《理門》，或《門論》。而作。案《大疏》云："陳那所造四十餘部，其中要最，《正理》爲先。"又云："陳那以外道等等者謂内宗古師。妄説浮醫，遂申趣解之由，名爲《門論》。天主一作商羯羅主。以旨微詞奥，恐後學難窮，乃綜括紀綱，以爲此論。即《入論》。作因明之階漸，爲正理之源由，稱之爲入"。基師叙《入論》緣起蓋如此。推迹奘師翻譯因明書籍，獨取陳那師弟大小二論，《理門》亦名大論，《入論》亦名小論。其間抉擇，諒有權衡。誠以古今學派，紐於陳那，大乘因明學分今古，陳那以前爲古學，陳那師弟爲今學開山。陳那精要，匯歸《正理》。《入論》者，則又《正理》之要删，簡明博大，肯綮總攬。基師稱其纂二悟之妙，鳩群籍之玄，奥義咸殫，深機并控，匪唯提綜周備，實亦易葉成功。此蓋親承奘旨，當未過譽。唯是義繁文約，孤譯無疏，行將霾秘終古，難以鑽研。唐賢疏述，雖累十家，獨有基文，世稱《大疏》，夫豈無故！略抉其長，提控紀綱，妙得論旨，徵文選義，雖有繁蕪，經緯堪尋，仍殊濫漫，其善一。義實異古，論但直申，先無别破，如古説能立有八，或四或三，《入論》唯以因喻爲能立。然但直申自義，不會環列古義而别破之。諸如此例，在論中屢見不一見也。殊使讀者，探稽未廣，莫測源流。《大疏》則詳徵古義，環列洋灑，今古沿革，略可推原，其善二。《理門》奥旨，抉擇無遺，《理門》廢譬喻聖教等量，唯立現比，又以喻攝於因，此其根本義，《大疏》無不采摭。然世俗徒頌美陳那廢教量，不知譬喻量尤當廢。法户樞機，舍此莫屬，其善三。綜是三者，《大疏》重要，何待致論！陳那、天主、玄奘、窺基，薪火無間，遺文足徵，勝範鴻徽，於焉傾取。

更談删注，亦有由來。吾嘗以爲治法相典籍，當理大端，捐其苛節。苛節者，謂懸空或瑣碎之推析。蓋有宗末流，往往鋪陳名相，辯析繁瑣，將令學者浮虛破碎，莫究其原。自非神勇睿智，闊斧大刀，縱横破陣，便當陷没，出拔無期。吾嘗言：讀相宗一本十支，正如披沙揀金，披沙愈多愈深，而得金愈樂愈妙。讀世間哲學或宗教典籍，衹可披沙得沙耳。然或者以爲佛書字字皆金，則是謗佛，必未曾得金者也。《大疏》雖備三善，然舛詞碎義，時復錯見，學者病焉。若豁神思，必應删削。唯是臨筆，輒求語意貫穿易曉，遂有改易原文，頗屬創例。吾友閩侯林宰平（志鈞）以爲事異存真，且慢古德，非董理故籍所宜。其説信善，吾無以難。然删訂者，爲利始學計，義當從權。且删本原本并行，夫何憂失真矣。嘗謂基師，譯筆宏整，如《成唯識論》等。韵語沈雄，如《唯識述記序》等。獨爲疏記，乃多凌亂無序，不易解了。意者百部，但取材纂類，未及刊定也歟？基師卒年才逾五十，而疏號百部，必未經詳定可知。即如《大疏》終卷，解能破似破，義例不具，明是未成之作。吾友丹陽吕秋逸《因明講要》，於能似破，搜討頗詳，讀者自宜參看。又在删本，科文可略，内典有科判名句章段者，此名科文，其法至精至密。今此仍存者，則以决判精嚴，垂範始學，特爲揭出。思唯方法精密者，文法亦自精密。印度因明、聲明二學俱時發達，此土如清代諸儒，治學特重方法，而文法之學，亦自此成立。凡斯删定，備有權衡。乃若注釋，復嘗難阻。觸及例證，義涉各宗。徵引繁博，固嫌支蔓。訓釋過簡，又懼奄昧。綜練顯了，其事已難。疏文質直，絶少虚字，屬辭比事，復務周納，體制違俗，以故難了。援筆爲注，詞義斟酌，幾經往返，恒難暢意。間遇險澀，不過數字，一髮全身，竟日短趣。注之爲事，不便馳驟，此復乾枯，因明偏詳論辯之術，多陳法式，頗少冲旨，非若唯識等屬在内明，廣大深妙。又且增苦，是則删非得已，注亦愈艱。千載而下，《大疏》可讀。方魯勝之訂《墨辯》，意實同符；擬稷若之讀《儀禮》，敢爲導窾。

此書創始，特緣北京大學授課而作。隨講隨書，自秋涉冬，以畢其事。覽之，仍多未愜，異時有暇，容當審理。

中華十四年十二月三十日黃岡熊十力識於北京十刹海東梅廠廣大堅固瑜伽精舍

凡　例

一、此書所據原本，係金陵刻經處清光緒年間松岩上人校刊本，原名《因明入正理論疏》（世稱《大疏》）。

二、書中改易原文處，或時注明，或時未注，讀者務取原本對勘。

三、注中有時援引舊解者，必舉其書名或人名，或存用疏主自注者，亦標原注字樣，皆以別於己注。

四、原本分爲八卷（合訂僅二本），今總成一本，不分卷數。

附讀法二則

一、基師文字，辭氣樸重，讀者必須心氣澄定，方可悟入。凡佛家經論及著名疏記，譯述者皆神解超特，從其大心深心静心，而流爲文字，讀者亦必具相當之心情，始可與之相應。世俗好以淺見謗深語，如犬吠堯，何足算也。因明雖少冲旨，然《大疏》文字，辭氣樸重，自非心氣粗浮者可入。

二、初讀不了，勿便置之，一往直前，了一義便記取一義，於所不了，但知存疑。存疑非易事，淺人讀書，若明若昧，猶如夢境，全説不出疑問來。如此讀竟，又往復數番，則凡宗廟百官之富美，莫不盡見。此不獨讀因明書宜然，一切内外典籍，皆須以此法讀之。

此次北大講義課所印本，注中多用“十力注”字樣，或時不用，刻擬一律不用爲簡，且歸劃一。又書中尚有錯誤，俟出版時更正。十力附白

因明大疏删注

因明論者，源唯佛説。文廣義散，備在衆經。故《地持》云：“菩薩求法，當於何求？當於一切五明處求。”十力注：五明者，一内明，二因明，三聲明，四醫方明，五工巧明。詳見《大論》三十八。求因明者，爲破邪論，安立正道。劫初足目，創標真似，十力注：佛家因明學，雖就自宗推源佛説，然迹其本始，仍屬外宗。佛氏蓋因外宗而别詳之。足目學派即外宗也。爰暨世親，咸陳軌式。雖綱紀已列，而幽致未分。故使賓主對揚，猶疑立破之則。有陳那菩薩者，是稱命世，賢劫之一佛也。匿迹岩藪，棲慮等持，等持者，定也。觀述作之利害，審文義之繁約。於是覃思研精，作《因明正理門論》。其弟子商羯羅主，善窮三量，妙盡二因，生了二因。啓以八門，謂八義。通以兩益，自悟，他悟。考核前哲，規模後穎，總括綱紀，爲《因明入正理論》云。

梵云醯都、費陀、那耶、鉢羅吠奢、奢薩怛羅。醯都，言因。費陀，云明。那耶，稱正理。鉢羅吠奢，翻入。奢薩怛羅，論也。唐云《因明正理入論》。今順此方言，稱《因明入正理論》。依此標名，合爲五釋。

一云，明者，五明之通名。五明見上。因者，一明之别稱。入正理者，此論之别目。因體有二，所謂生了，廣如下釋。今明此因義，故曰因明。入者，達解。正理者，諸法本真。十力注：諸法自性差别，法爾如是，名爲本真。法爾，猶言自然也。自性者，體義。如直斥色法之體而名之，是爲自性。差别者，即此色法體上所有無常及無我等義是也。由明此二因，入解諸法之正理。

二云，因明者，一明之都名。入正理者，此軸之别目。因謂立論者言，建本宗之鴻緒；明謂敵證者智，照義言之嘉由。非言無以顯宗，含智義而標因稱。非智無以洞妙，苞言義而舉明名。立破幽致，稱爲正理。智解融貫，名之爲入。由立論者，立因等言。敵證智起，解立破義。明家因故，名曰因明。依主釋也。

三云，因者言生因，明者智了因。由言生故，未生之智得生；由智了故，未曉之義今曉。所曉宗稱正理，所生智名爲入。因與明異，俱是因名。正理入殊，咸爲果稱。由言生因故，敵者入解所宗；由智了明故，立者正理方顯。應云正理之入，亦入正理之因明。并依主釋也。

四云，因明者，本佛經之名。《正理》者，陳那論之稱。《入論》者，天主教之號。教者言教，非今俗名宗教之謂。因謂智了，照解所宗。明謂明顯，因即是明，持業釋也。正理簡邪，即諸法本真。陳那以外道等妄説浮翳，遂申趣解之由，名爲《門論》。天主以旨微詞奥，恐後學難窮，乃綜括紀綱，以爲此論。作因明之階漸，爲正理之源由，稱之爲入，故依梵語曰《因明正理入論》。依主釋也。

五云，因明正理，俱陳那本論之名。入論者，方是此論之稱，由達此論，故能入因明正理也。或因明者，即入論名，正理者，陳那教稱，由此因明論，能入彼正理故。

論者，量也，議也。量定真似，議詳立破，决擇性相，教誡學徒，名之爲論。欲令隨論，生因之明，而入正理，故説此論。或此辨説因明正理之能入，立此論名。或依能入正理因明，而説此論。

商羯羅主菩薩，梵云商羯羅，塞縛彌，菩提薩埵。商羯羅者，此云骨璅。塞縛彌者，此云主。菩提薩埵，義如常釋。唐音應云骨璅主菩薩。外道有言，成劫之始，大自在天，人間化導，二十四相，匡利既畢，自在歸天。事者傾戀，遂立其像。像其苦行，疲悴饑羸，骨節相連，形狀如璅，故標此像，名骨璅天。菩薩之親，少無子息，因從像乞，便誕異靈。用天爲尊，因自立號。以天爲主，名骨璅主。亦稱天主。即是《因明入正理論》之作者也。

頌：能立與能破，及似，唯悟他；現量與比量，及似，唯自悟。

一部之中，大文有二。初一頌及長行，標宗隨釋分。末後一頌，顯略指廣分。十力注：《論》首韵語開宗明義是爲頌。釋此頌文名曰長行，即《論》之正文也。最終又以一頌結之。故《論》之全部判以二分，初一頌及諸長行，總稱標宗隨釋分，結尾但一頌，名顯略指廣分。

初分有二。前之一頌，舉類標宗。條貫義類，舉標《論》宗。後諸長行，隨標別釋。於前所標，隨應釋故。

初頌之中，彰悟有二，明義有八。悟他、自悟，《論》各別顯。四真、能立、能破、現量、比量，對四似而名四真也。四似，似能立、似能破、似現量、似比量，名爲四似。即爲八義。一者能立，因喻具正，宗義圓成，顯以悟他，故名能立。原注：陳那能立，唯取因喻，古兼宗等也。因喻二義：一者具而無闕離七等故；二者正而無邪離十四等故。宗亦二義：一者支圓，能依所依，皆滿足故；二者成就，能依所依，俱無過故。由此論顯真而無妄，義亦兼彰具而無闕，發此誠言，生他正解。宗由言顯，故名能立。由此似立，决定相違。雖無闕過，非正能立。不能令他正智生故也。

十力注：基注離七等故者，九句因中唯二與八爲正因，餘七皆過。又離十四等故者，似因，十四過大類爲三，不定不成及與相違。又能依所依者，法爲能依，有法爲所依，如後當知。

二者能破，敵申過量，善斥其非，或妙徵宗，故名能破。原注：此有二義，一顯他過他立不成，二立量非他他宗不立。諸論唯彰顯他過破，理亦兼有立量徵詰。發言申義，證敵俱明，敗彼由言，故名能破也。

三者似能立，三支互闕，多言有過，虚功自陷，故名似立。原注：此有二義：一者闕支，宗因喻三，隨應闕減；二者有過，設立具足，諸過隨生。僞立妄陳，邪宗謬顯，興言自陷，故名似立。

四者似能破，敵者量圓，妄生彈詰，原注：敵無過量，妄生彈詰，十四過類等。所申過起，原注：自量有過，謂爲破他，僞言謂勝。故名似破。

文説與字，表多體相違。原注：立破真似體義有異，説與字者，顯體相違。置及似言，並顯通能立破。原注：顯前能立，有似能立。顯彼能破，有似能破。舉真等似，故稱及也。宗義各定，邪正難知。原注：未共許故。由况既彰，原注：由，因也。况，喻也。彰者顯也。是非遂著。原注：宗能成立曰是，不成曰非。著者明也。真似言興，是非宗曉。功成勝負，彼此俱明。原注：能立能破，由自發言，功既成勝，證敵俱解。似立似破，自功成負，由他指述，證立俱明。故從多分，皆悟他也。《理門論》云："隨其所應，爲開悟他，說此能立及似能立。能立、悟敵及證義者，十力注：立者、敵者、證者，凡有三方。立敵對諍，證者同聞證義，由能立言令敵者證者皆悟。由自立者。發言，生他敵證。解故。似立、悟證及立論主，立者若爲似立，必遭敵破。由此證者及立者俱悟也。由他敵者。顯己，立者。證者解生，故言隨應。能破似破，準知亦爾"。此《論》下文，能立能破，皆能悟他。似立似破，不能悟他。正與彼《理門》。同，故此頌中，據其多分，皆悟證者，言唯悟他，不言自悟。十力注：問："似立似破，亦令自悟，云何悟他攝？"答：悟他之言，不唯悟敵，悟證者亦名悟他。凡諸能立、能破、似立、似破，皆有令證者悟之義。即此證者悟，較諸立者自悟及悟敵，偏號多分。今似立破，亦隨多分說爲悟他，不言自悟。又真立破，唯悟於他。似雖亦自，亦自悟也。從真能立、能破。名唯。以似隨真，名唯悟他。

五者現量，行離動摇，明證衆境，親冥自體，自體者，謂所緣境之自體。故名現量。原注：能緣行相，不動不摇，自唯照境，不籌不度，離分別心，照符前境，明局自體，故名現量。然有二類，一定位，二散心。定心澄湛，境皆明證，隨緣何法，皆名現量。一切散心，若親於境冥得自體，亦皆現量。

六者比量，用已極成，證非先許，共相智决，故名比量。原注：因喻已成，宗非先許。用已許法，成未許宗。如縷貫華，因義通被，共相智起，印决先宗。分別解生，故名比量。雖將已許，成未許宗，智生不决，非比量攝。

七者似現量，行有籌度，非明證境，妄謂得體，名似現量。原注：散心有二，一有分別，二無分別。諸似現量，遍在二心。有分別心妄謂分明得境自體，無分別心不能分明冥證境故，名似現量。論據决定，唯說分別，非無分別心，皆唯現量故。

十力注：基注無分別心亦似現者。按智周云："如泛緣地水等，不作餘分別，亦自謂證彼地水等自相故。此無分別心是似現量也。"詳此云無分別者，唯約第六識說。意識泛爾取境，行相微劣，籌度不著，名無分別。豈可以此泛緣者，名證自相耶？

八者似比量，妄興由因也。况，喻也。謬成邪宗，相違智起，名似比量。原注：妄起因喻，謬建邪宗，順智不生，違解便起。所立設成，此彼乖角，異生分别，名似比量。

及似等言，等者，謂與字也。皆準前釋。

法有幽顯。原注：幽，微也。顯，著也。若現量境，理幽事顯；若比量境，所立爲幽，能立爲顯。智周《記》“現量境理幽事顯者，色等之上，有無常及空等理，名之爲幽，色等則事，名爲顯也”。行分明昧。原注：行謂能緣心之行相。真現比於境，幽顯俱明；似現比於境，幽顯俱昧。十力注：有難：色等境上所有無常等理，五識不緣，如何言現量於境，幽顯俱明耶？答：由五識親證事故，雖不緣理，然於事無倒，於理亦得言明。周《記》有文，義應可取。

故此二現、比量。刊定，唯悟自非他。雖自不曉，無以悟他，理應頌中，後他先自。但以權衡之制，本以利人，故先悟他，後方自悟。

十力注：商羯羅秉陳那造此《論》，其爲説特詳立破，先悟他而後自悟，僅以現比二量，爲立破所依已耳。於此可見因明之學注重論辯，學者儻欲詳佛家量論（即今所謂方法論或認識論），必不可以求之因明爲已足，而當於内明潜探博究之也。内明者，《瑜伽》三十八説：“諸佛語言，名内明處。”即通目三乘教理，名内明。

又頌中八義，據實而言，但有七種，真似相形，故義成八。似現似比，總入非量，即唯七義。《疏》有明文，此姑不録，學者可勘原本。

論：如是總攝諸論要義。

自下，隨標别釋，於中有三：初總綰群機，次依標隨釋，後且止斯事。方隅略示，顯息繁文，此即初也。

如是者，指頌所説。總攝者，以略貫多。諸論者，今古所制一切因明。要義者，立破正邪，紀綱道理。

論：此中宗等多言，名爲能立。

自下，依標隨釋，於中分六：一明能立，二明似立，三明二真量，四明二似量，五明能破，六明似能破。

問：何故長行，牒前頌文，不依次釋，又與前頌，開合不同？

答：略有三釋。一云，前頌標宗，二悟類别，立破真似，相對次明。所以八義，次第如是。長行廣釋，逐便即牒。性相求之，何須次牒？頌以真似各别，開成八義。長行，以體類有同，現量、比量，俱是真量，名爲類同。似現、似比，體即非量，名爲體同。合成六段，頌分八義，而長行則以二真合明，二似合明，故止六段。亦不相違也。

二云，頌中以因明之旨，本欲立正破邪，故先能立，次陳能破。所申無過，立破義成。所述過生，何成立破？故立破後，次陳二似。刊定法體，要須二量。現量則得境親明，比量亦度義無謬。故先現量，比量後陳。刊定之則雖成，謬妄還難楷準。故對二真，次明二似。故頌八義，次弟如是。長行，同於《理門》所説。以因明法，先立後破。免脱他論，智周《記》“意云自立道理，免被他斥，脱其過失，即真能立”。摧伏他論，爲勝利故。立義之法，一者真立，正成義故；二者立具，立所依故。真因喻等，名爲真立。現比二量，名爲立具。故諸先師，正稱能立。《顯揚》十一、《瑜伽》十五皆説能立有八種，現量比量并名能立云。陳那以後，非真能立，但爲立具，陳那則以現比二量，但名立具，非真能立也。能立所須。立具爲能立之所須故。故能破前，先明二量。親疏能立，因喻等正成義故，名親能立，二量即立具，亦名疏能立。皆有真似。故真立後，即明似立。二真量後，明二似量。立義成已，次方破他。故後方明，能破似破。

三云，真立似立，真量似量，各有别體。若真能立，若能立具，皆能立故，先首明之。能破之境，體即似立。似破之境，即真能立。須識立境，方可申破。立已方破，故後明之。開合别明，體類同故，詳第一釋。長行與頌，由此不同。十力注：合觀三釋，全書脉絡分明，讀者無忽。

初解能立中，大文有三：初舉體釋義，次示相廣陳，後總結成前，簡擇同異。初中復二：一舉體，二釋義。此舉體也。

總舉多法，方成能立。梵能立義，多言中説。故《理門論》陳那指彼天親《論》云：“故此多言，於《論式》等，説名能立。”十力注：《論式》者，即天親所造三論之一。陳那立一因二喻爲多言，名能立，引天親《論式》等文以證之。言此中者，起論端義。凡發論端，泛詞標舉，故稱此中起論端義。十力注：《疏》更有釋，恐繁削之。

宗是何義？所尊、所崇、所主、所立之義。

等者，等取因之與喻。

天親以前，宗爲能立。十力注：應云天親以前，宗等爲能立。等因喻故，今不言等者，《疏》文略也。古師本以宗因喻三，俱是能立。陳那但以因之三相，因同異喻，應云及因之同異喻。而爲能立。以能立者必多言故。多言，顯彼所立便足故。問：既須多言，云何但說因喻二法以爲能立？答：陳那釋云：因有三相，一因二喻，豈非多言！《疏》文卷一，原本堪詳。今言宗等名能立者，略有二釋。一云，宗是所立，因等能立，若不舉宗以顯能立，不知因喻誰之能立，恐謂同古自性差別二之能立。

十力注：古師以宗因喻三法爲能立，宗法中之自性差別乃爲所立。意云：宗法是總，於中自性差別則是其別，以總非别故。故宗與因喻望自宗別中自性差別而爲其能立，即自性差別望其總宗及因喻爲所立。古師既以宗法中之自性差別爲所立，不言宗是所立，故今若不標定因喻爲宗之能立，則恐聞者不察，仍謂同古，以自性差別爲所立，而以因喻爲自性差別之能立也。

今標其宗，顯是所立，即能立之因喻，是此所立宗之能立。雖舉其宗，意取所等之一因二喻爲能立體。《論》文於宗字下，置以等言，即目因喻。雖則標舉其宗，而意實正取因喻爲宗之能立體，即明宗爲此能立之所立也。若不爾者，即有所立濫於古釋，能立亦濫彼能立過。爲簡彼失，故舉宗等。

二云，陳那等意，先古皆以宗爲能立，自性差別二爲所立。陳那遂以二爲宗依，非所乖諍，說非所立。十力注：如聲是無常宗，聲自性也，無常差別也。此二雖是宗依，而非興諍之處。何者？但舉聲，固立敵所許也，但舉無常，亦立敵所許也。既非所諍，何成所立？陳那斥之，允矣哉！所立即宗，有許不許，所諍義故。十力注：如聲是無常宗，此即諍端，以有不許聲是無常者故。立者用因喻以成立，敵所未許之宗，故宗是所立也。《理門論》云："以所成立性說，是名爲宗。"此《論》亦言："隨自樂爲所成立性，是名爲宗。因及二喻，成此宗故，而爲能立"。陳那、天主，二意皆同。但以稟先賢而爲後論，文不乖古，舉宗爲能。唯等之一言，義別先師。十力注：原文頗晦，稍有删削。實取所等因喻爲能立性，故能立中，舉其宗等。

十力注：以上二釋，皆能曲達論主之意，然其周折費詞已足苦人。蓋由論主本意，其文應云：此中因喻多言名爲能立，然以不欲顯乖古文，致成諍競之故，遂順古爲言舉其宗等。而於等字之中，特含微意藉伸亡義已耳。自來新義之立，恒恐被嘩於泥古者之口，立説之所以難也。然則何以徵論主之意耶？曰：釋家蓋由論主餘處之文，推尋得此。如第二釋，舉《理門論》以所成立性説，是名爲宗。此《論》言“隨自樂爲所成立性，是名爲宗”云云。以是證知，陳那、天主本意，宗但所立，即此中舉宗，非是能立，貌順古而實非也。讀書於一字一義，須博觀其全而刊定之，蓋可忽哉！又能所立義，本爲法式上之解釋，古今沿革，得失攸關，故兩相對照，爲圖如左：

- 古學
  - 所立：自性（宗中之聲）差別（宗中之無常）
  - 能立：
    - 宗（聲是無常宗）
    - 因（所作性故因）
    - 喻（如瓶等喻）
- 今學
  - 所立：宗（聲是無常宗）
  - 能立：
    - 因（所作性故因）
    - 喻（如瓶等喻）

問：“何故能立要在多言，一二之言定非能立？”答：《理門論》言：“又比量中，唯見此理，若所比處，此相定遍。於餘同類，念此定有。於彼無處，即非其所比之處。念此遍無。是故由此生決定解。”因之三相，既宗法性，同有異無。顯義圓具，必藉多言。故説多言，名爲能立。又一二之言，宗由未立。多言義具，所立方成。若但説因，無同喻比，義不明顯，何得見邊？世智極際，莫起異知，謂曰見邊。若但同無異，雖比附宗，能立之因，或返成異法。無異止濫，何能建宗？設有兩喻，闕遍宗因。宗法既自不成，宗義何由得立？果宗不立，因比徒施。空致紛紜，競何由消？故詳今古，能立具足，要藉多言。

論：由宗因喻多言，開示諸有問者，未了義故。

釋能立義，《理門》亦云：“由宗因喻多言，辨説他未了義。”諸有問者，謂敵證等。未了義者，立論者宗。其敵論者，一由無知，二爲疑惑，三各宗學，未了立者立何義旨，而有所問。故以宗等如是多言，成立宗義。除彼無知、猶預、僻執，令了立者所立宗義。

論：此中宗者。

自下，示相廣陳。於中有三：初示宗相，二示因相，三示喻相。

初中復三：初牒章，次示相，後指法。此即初也。

論：謂極成有法，極成能別。

次示相有四：一顯依，二出體，三簡濫，四結成。此顯依也。

一切法中，略有二種：一體，二義。且如五蘊、十力注：蘊者，積聚義。色受想行識，名爲五蘊。質礙之謂色，领納之謂受，取像之謂想，造作之謂行，了別之謂識。前一色法，後四皆心法。依此色心五蘊積聚，假名曰有情或人云。色等是體，等者，謂受等四。此上有漏無漏等義，名之爲義。有漏謂雜染，無漏謂清浄。今依因明，體之與義，各有三名。

體三名者：一自性，《瑜伽論》等古師所説自性是也。二有法，即此云有法者是。三所別。如下宗過中名所別不成是。義三名者：一差別，《瑜伽》等古師所説差別是。二法，下相違中云法自相相違因等是。三能別。此云能別者是。

《佛地論》云："彼因明論，諸法自相，唯局自體，不通他上，名爲自性。如縷貫華，貫通他上，諸法差別義，名爲差別。此之二種，不定屬一門。十力注：準相違中，有法及法，復各別有自性差別，云不定屬一門。不同大乘，以一切法不可言説一切爲自性，自性亦云自相，後準知。可説爲共相。"不同至此爲句。

十力注：《疏》引《佛地論》，稍省原文。今考彼《論》卷六"彼因明論立自共相，與此少異。彼説一切法上實義皆名自相，以諸法上自相共相，各附己體，不共他故。若分別心立一種類，能詮所詮，通在諸法，如縷貫華，名爲共相。此要散心分別假立，是比量境。一切定心離此分別，皆名現量"云云。

如可説中，五蘊等爲自，無常等爲共。色蘊之中，色處爲自，色蘊爲共。色處之中，青等爲自，色處爲共。青等之中，衣華爲自，青等爲共。衣華之中，極微爲自，衣華爲共。如是乃至離言爲自，極微爲共。離言之中，聖智内冥，得本真故，名之爲自，説爲離言，名之爲共。共相假有，假智起分別故，名假智。變故。自相可真，現量親依，聖智證故。除此以外，説爲自性，皆假自性，非真自性。非離假智及於言詮故。今此因明，但局自體，名爲自性。通他之上，名爲差別。

準相違中，有法及法，復各別有自性、差別。謂言所陳，一作帶。名爲自相，不通他故。意所許義，名爲差別，以通他故。詳見後四相違中。

今憑因明，總有三種：一者局通，局體名自性，狹故；通他名差別，寬故。二者先後，先陳名自性，前未有法可分別故；後説名差別，以前有法可分別故。三者言許，言中所陳名自性，意中所許名差別，言中所申之別義故。

十力注：《疏》釋自共相，文義紛淆，至不可理，即《佛地論》，亦未能詳。考之他處，又無精解。余以爲稽諸經論，察類秉要，凡言自共，當分三種，義各有據，不容淆雜一處而譚。三種云何?

一於量中，凡由分別心，於境安立分齊相貌者，此爲共相，比量境及非量境皆是也。自相，則有二義：一約世俗，凡有體顯現，得有力用，引生能緣者，是謂自相。二約勝義，凡離假智及詮，恒如其性，謂之自相。恒如其性者，謂一一法，法爾本然，不由想立，不由詮顯。自相雖有二義，而皆現量境也。

二於名言中，凡概稱者爲共相，特舉者爲自相。如於色中，而特舉其青，則青爲自，而色爲共。於青中，而特舉衣青華青，則衣青華青爲自，而青爲共。此一例也。

三於因明法中，立一義類，通在多法。如以因法貫通宗喻，若縷貫華，此爲共相。特舉一法，匪用通他，是爲自相。

自性差別二名，已如前釋。

次釋自性亦名有法，差別亦名法者。法有二義：一能持自體，十力注：謂能任持自體而不失也。二軌生物解。十力注：軌謂軌範，物者人也，言具有軌範，可令人生解也。故諸論云，法謂軌持。前持自體，一切皆通。後軌生解，要有屈曲。十力注：要有聲韵屈曲，以顯義也。初之所陳，前未有説。十力注：如聲是無常宗，此聲法體，居在先陳，先陳之前，更未有説故。逕挺持體，未有屈曲生他異解。十力注：先陳之聲，但是逕挺任持自體，尚無後陳無常多言，既是直爾一名，故云未有屈曲。於此之時，自不能令他敵者及證者，生起常或無常之異解也。後之所陳，前已有説。可以後説分别前陳，方有屈曲，生他異解。其異解生，唯待後説。十力注：先陳後陳已具，有多聲故云屈曲。由後説分别前陳聲是無常，非是其常，便生軌解。故初所陳，唯具一義，能持自體，義不殊勝，不得法名。後之所陳，具足兩義，能持復軌，義殊勝故，獨得法名。前之所陳，能有後法，復名有法。十力注：此中釋法者，與諸論有異。諸論但泛説法之一名具軌持二義，故以法者爲廣被一切有爲無爲、若體若義之最大公名也。今此中唯約宗以辨軌持，宗之前陳直立法體，但具持義，必至後陳，始有屈曲，既立法義，方生軌解。故謂後陳，具足軌持，乃名爲法，此其所以異諸論也。

又次釋自性亦名所别，差别亦名爲能别者。立敵所諍，不在先陳。諍先陳上有後所説，以後所説别彼先陳，不以先陳别於後。故先陳自性，名爲所别。後陳差别，名爲能别。

若爾，此三名皆有失，十力注：難者發端。其失者何？十力注：《疏》主返詰，令彼縱言之。

難初名云：若體名自性，義名差别者，何故下云，如數論師，立我是思，我爲自性，思爲差别。彼文便以義爲自性，體爲差别。我無我等，分别思故？十力注：有我無我，是思上之差别義，思則此義所依之體也。今如立我是思之文，便以義爲自性，體爲差别，以此難破體名自性義名差别之説也。

答：十力注：《疏》主答也。此因明宗，不同諸論。此中但以局守自體，名爲自性，不通他故。十力注：先陳之聲，只是直爾任持自體，局在本位，云不通他。義貫於他，如縷貫華，即名差别。先所陳者，局在自體；後所説者，義貫於他。十力注：後陳之無常，隨其能立之所作性因，而貫通於同喻瓶等之上，故云通他。貫於他者，義對衆多；局自體者，義對便少。以後法解前，不以前解後，故前陳名自性，後陳者名差别。十力注：《疏》文原本，三難以次前叙，三答以次後述，今此將三難三答如次分屬，使問答語氣較易清楚。

難次名云：若具一義，得有法名，若具二義，但名法者。如數論師立我是思，何故思唯一義，乃名爲法，我具二義，得有法名？十力注：難者意以思是自性，唯具持體一義，我是差别，應具軌持二義也。

答：先陳有法，立敵無違。此上十力注：謂有法上。别義，兩家乖競。

乖競之義，彼此相違。可生軌解，名之爲法。彼此無軌，非所諍競。逕挺自體，無别軌解，但名有法。談其實理，先陳後説，皆具二義。依其增勝，論與别名。故前陳者名有法，後陳者名法。故《理門論》云："觀所成故，立法有法，非德有德。"法與有法，一切不定。但先陳皆有法，後説皆名法，觀所立故。非如勝論，德及有德，一切決定。十力注：勝論立實德業，實謂地水火風空等，德謂色味香等，即實上所具有也。業如别説。勝論以實爲能有，德屬所有，一向決定。今此法與有法，則一切不定，唯視所立。

難後名云：若以後陳，别彼前説。前爲所别，後爲能别。如世説言，青色蓮華。但言青色，不言蓮華，不知何青，爲衣、爲樹，爲瓶等青？唯言蓮華，不言青色，不知何華，爲赤、爲白，爲紅等華？今言青者，簡赤等華。言蓮華者，簡衣等青。先陳後説，更互爲簡。互爲所别，互爲能别。此亦應爾。後陳别前，前陳别後。應互名爲能别所别。

答：前陳者，非所乖諍。後説於上，彼此相違。今陳兩諍，但體上義。故以前陳名爲所别，後名能别，亦約增勝，以得其名。

十力注：《瑜伽》十五説所立有二：一立法體，二立法義。體之與義，各有三名，既如《疏》説。今取一例，列示如左：

聲	是	無常（宗）
體		義
自性		差别
有法		法
所别		能别
前陳		後陳

極者至也，成者就也，至極成就，故名極成。

有法、宗之前陳。能别，宗之後陳。但是宗依，而非是宗。此依十力注：有法與能别二依。必須兩宗共許，至極成就。十力注：兩宗謂立敵兩家。爲依義立，宗體方成。所依有法能别。若無，能依宗也。何立？由此宗依，必須共許。共許名爲至極成就。至理有故，法本真故。十力注：設數論對佛家立神我爲受者，宗之有法曰神我，佛家既不許有，即此宗無由立。又如佛家對數論立聲滅壞。宗之能別曰滅壞，數論本不許世間有滅壞法，即此宗亦無由立。若許有法能別二種，非兩共許，便有二過。

一成異義過。謂能立本欲立此二上不相離性，合和之宗，不欲成立此宗之所依。所依，若非先兩共許，便須更立此不成之依。則能立乃成於異義，非成本宗。十力注：如前第一例，宗之有法神我，敵者不許有，更何論其爲受者否耶？立者必須更舉因喻，以成立神我。如此，則非成本宗矣。又如前第二例，宗之能別曰滅壞，敵者不許有，即無從論聲之是滅壞與否，立者必更舉因喻，以成立滅壞之義。如此，則亦非成本宗矣。故宗所依，必須共許。依之宗性，方非極成，極成便是立無果故。十力注：依之宗性以下，意謂有法及能別，爲宗之所依，固須極成。而宗則反此，須是不極成也。由宗不極成，立者乃得以因喻成立此宗。若此宗一向共許極成，便不須立。故云極成便是立無果。

更有餘過。若許能別非兩極成，缺宗支故，非爲圓成。因中，必有是因同品非定有性之過，必缺同喻。同喻皆有所立不成，異喻一分或遍轉過。

若許有法非兩極成，缺宗支故，亦非圓成。能別無依，是誰之法。因中亦有所依，隨一兩俱不成，義皆詳後。由此宗依，必依共許。

問："既兩共許，何故不名共成，而言極成？"答：自性差別，乃是諸法至極成理。由彼不悟，能立立之。十力注：故以因喻成立之耳。能立謂因喻。若言共成，非顯真極。又因明法，有自比量及他比量能立能破，十力注：自比能立，他比能破，義皆詳後。若言共成，應無有此。又顯宗依，先須至於理極究竟。能依宗性，方是所諍。故言極成，而不言共。

問："宗依十力注：有法與能別。須兩許，言成簡不成。十力注：言極成者以簡別於不極成也。因喻必共成，十力注：因喻必共許極成也。言極簡不極。十力注：謂於因喻亦應言極成，以簡別於不極成也。何因猶言故也。因喻不標極成，獨於宗依致極成簡？"答：《理門論》云："此中宗法，十力注：謂因法也。以是有法宗上之法，故名宗法，解見因三相中。唯取立論及敵論者決定同許。於同品中，有非有等，亦復如是。”十力注：謂喻亦須決定同許也。故知因喻，必須極成，但此論略耳。十力注：以上多删易原文，讀者對勘。

論：差别性故。

出宗體，差别者，謂以一切有法及法互相差别。性者體也。此取二中互相差别不相離性，以爲宗體。如言色蘊無我，色蘊者，有法也；無我者，法也。此之二種，若體若義，互相差别。謂以色蘊簡别無我，色蘊無我，非受蘊無我，及以無我簡别色蘊，無我色蘊，非我色蘊。以此二種互相差别，合之一處，不相離性，方是其宗。十力注：《疏》以有法及法二互差别不相離性爲宗體，可謂深得《論》旨。吾友吕秋逸嘗駁之，以爲主語不能反解叙述語，故差别義，無有相互。此在邏輯，主語範圍比叙語狹，則誠不能反解。如曰人是動物，不可反曰動物是人，以動物不盡是人故。至若範圍相等，則且適可反解。如曰王夫之先生爲《船山遺書》作者，亦可反曰《船山遺書》作者是王夫之先生。實則因明所謂二互差别者，本就體義相對而明其互相限制。如曰軍閥政客官僚是狗馬，主語軍閥政客官僚，即對於叙語狗馬而差别之，明其不屬於他。叙語狗馬，亦對於主語軍閥政客官僚而差别之，明其是狗馬之軍閥政客官僚也。吕君所駁者，其爲義各别，何可并爲一談？吕君又言：不相離性，在因明中，乃謂因不離宗。説宗中有，嫌於相混。不知此言宗中有法與法不相離，彼言宗因不相離，何至相混耶？

問：“先言能别，唯在法中，何故今言互相差别？”答：立敵相形，法爲能别。如聲是無常宗，聲屬有法，無常屬法，以法上無常能别此有法上聲是無常聲故。立敵所諍在此，故法名能别。體義相待，互通能所。如前宗，聲是體，無常是義，體義相對而互相限制，即是互爲能别所别。對望有異，亦不相違。二者各據一義，何所謂相違耶？

論：隨自樂爲所成立性。

此簡濫失。隨自者，簡别於宗。樂爲所成立性者，簡别因喻。故《理門論》云：“隨自意，顯不顧論宗，隨自意立。樂爲所立，謂不樂爲能成立性。若異此者，説所成立似因似喻，應亦名宗。”參看神泰《理門論疏》卷一。

凡宗有四：一遍所許宗，如眼見色，彼此兩宗皆共許故。

二先業禀宗，如佛弟子，習諸法空，鵂鶹弟子，立有實我。

三傍憑義宗，如立聲無常，傍憑顯無我。

四不顧論宗，隨立者情，所樂便立。如佛弟子立佛法義，或若善外宗，樂之便立，不須定顧。《義範》云：“《疏》有二意：一隨立者情所樂便立等者，此即唯立自宗所愛樂義，於餘三宗，非所愛樂，决定不立。唯隨自意不顧彼三，故此第四，名不顧宗。二若善外宗樂之便立等者，此據就彼外宗立量破斥，於彼敵論不須顧戀，亦名不顧宗。”

此中前三，不可建立。初遍許宗，若許立者，便立已成。先來共許，何須建立？

次禀業者，若二外道，共禀僧佉，對諍本宗，亦空無果，立已成故。次義憑宗，非言所諍，此復何用。本諍由言，望他解起。傍顯别義，非爲本成，故亦不可立爲正論。然於因明，未見其過。既於因過，説法差别相違之因。即傍準宗，可成宗義。然非正立。

今簡前三，皆不可立。唯有第四，不顧論宗，可以爲宗，是隨立者自意所樂，前三皆是自不樂故。

樂爲所成立性，簡能成立者。能成立法者，謂即因喻。因喻成立自義，亦應名宗。但名能立，非所成立。舊已成故，不得名宗。因喻必是先已共許至極成就，故得據之以成新宗，而因喻非宗。今顯樂爲新所成立，方是其宗。雖樂因喻，非新成立。立便相符，故不名宗。既爾，似宗、似因、似喻，應得名宗。先所未成，應更成故。此問也。當時所競，方是真宗。因喻時申，故須簡别。因喻與宗，同一時申，名爲時申。由同一時，互有濫故。故於宗言爲所成立，簡别因喻。能立所立，不相濫故。似宗因喻，雖更可成，非是所樂。屬第二時，所可成故。非今所諍，《疏》故非宗。此解，依《理門論》。

問：“何獨宗標所成立性，因喻不説能成立也？”答：宗言所立，已顯因喻是能成立，顯法已周，更不須説。又宗違古，古以宗爲能立故。言所成立，以别古今。今以宗爲所立，故與古違。因喻不違，不説能立言以簡别也。

論：是名爲宗。

此結成也。

論：如有成立聲是無常。

指法也，如佛弟子，對聲論師，立聲無常。聲是有法，無常爲能別。彼此共許有聲及無常，名極成有法，極成能別，爲宗所依。彼聲論師不許聲上有此無常。今佛弟子合之一處，互相差別不相離性，云聲無常。聲論不許，故得成宗。既成隨自，隨自意故。亦是樂爲所成立性，故名真宗。恐義不明，指此令解。

論：因有三相。

上示宗相，此示因相。此相，略以四門分別：一出體，二釋名，三辨差別，四明廢立。十力注：《疏》分四門，今此唯節取前二。

初出體者，因有二種：一生，二了。

如種生芽，能別起用故，名爲生因，故《理門》云："非如生因，由能起用。"《理門》中釋了因云："非如生因，由能起用。"故知此因，有能起用，即名生因。

如燈照物，能顯果故，名爲了因。

生因有三：一言生因，二智生因，三義生因。言生因者，謂立論者立因等言，能生敵論決定解故，名曰生因。故此前云，此中宗等多言，名爲能立。由此多言，開示諸有問者未了義故。

智生因者，謂立論者發言之智。正生他解，實在多言。智能起言，言生因因。智爲言生因之因也。故名生因。

義生因者，義有二種：一道理名義，二境界名義。道理義者，謂立論者言所詮義。生因詮故，名爲生因。境界義者，爲境能生敵證者智，亦名生因。即立者言所詮道理。望敵者證者能緣之智而名爲境，此境能引生敵證者智，故名生因。根本立義，擬生他解。他智解起，本藉言生。故言爲正生，智義兼生攝。以上明三生因，下明三了因。

智了因者，謂證敵者，證者，敵者。能解能立言，了宗之智。照解所說，名爲了因。故《理門》云："但由智力，了所說義。"

言了因者，謂立論主能立之言。由此言故，敵證二徒，了解所立。了因因故，名爲了因。非但由智了能照解，亦由言故，照顯所宗，名爲了因。故《理門》云："若爾，既取智爲了因，是言便失能立義。此亦不然。令彼憶念本極成故。"因喻舊許，名本極成。由能立言，成所立義，令彼智憶本成因喻。故名了因。十力注：舉例明之，若是所作，便見無常，瓶等所作故，瓶等是無常，今聲所作，故亦無常。此理本至顯明，然立論主成立聲是無常，而敵論者乃不許何耶？蓋所作故無常之理，雖是敵者夙所徵驗，共許本成，但彼疏忽蒙昧，不能據所本成者以推之當前之聲。今立者説所作因，瓶等喻之多言，以引起敵者之智，令其憶本成因喻，貫通宗上，得有新知，而許聲是無常。此立論主能立之言，所以不失爲能立也。

義了因者，謂立論主，能立言下所詮之義，十力注：即上云道理名義。爲境，能生他敵證。之智了。十力注：即上云境界名義。了因因故，名爲了因。亦由能立義，成自所立宗，照顯宗故，亦名了因。故《理門》云："如前二因，於義所立。"立者之智，久已解宗。能立成宗，本生他解。故他智解，正是了因。言義兼之，亦了因攝。

分別生了，雖成六因。正意唯取言生智了，由言生故，敵證解生。由智了故，隱義今顯。故正取二，爲因相體。兼餘無失。

次釋名者，因者所由，釋所立宗義之所由也。或所以義，由此所以，所立義成。又建立義，能建立彼所立宗故。或順益義，由立此因，順益宗義，令宗義立，是故名因。

示因相中有五：一標舉，二徵數，三列名，四別釋，五示法。此即初也。十力注：因三相之相，《疏》解爲向爲邊，此未及録，可勘原本。吾友吕秋逸釋相即表徵，甚是。

論：何等爲三？

徵數也。

論：謂遍是宗法性，同品定有性，異品遍無性。

列名也，遍是宗法性，此列初相。顯因之體，以成宗故。必須遍是宗之法性。此中宗言，唯詮有法。本以法及有法合名爲宗，然今此中宗言，唯取有法名宗，讀者辨之。有法之上所有别義，名之爲法。此法有二：一者不共有，宗中法是。宗中之法，立敵不共許有法上所有故。二者共有，即因體是。《理門論》云“此中宗法，唯取立論及敵論者决定同許”。參看《理門泰疏》。意以因體共許法，成宗中之不共有法。故此二法，皆是有法之上别義。故今唯以有法名宗。《理門論》云：“豈不總以樂所成立合説爲宗，意云：談因明者，總是以隨自樂爲所成立性即法及有法和合名爲宗也。云何此中乃言宗者唯取有法？此中單取有法一分名宗，故可疑也。此無有失。以其總聲，於别亦轉。有法爲宗之一分，名之爲别。宗之總名，亦得於别有法上轉。如言燒衣，衣是總名，今言燒衣，即其一分，亦言燒衣。以此例言，宗之一分有法，亦得名宗。或有宗聲，唯詮於法。”宗之後陳名法，亦是宗之一分。而有處舉宗聲者，唯取宗中法以名宗，與此以有法名宗，其例一也。

今因名法，宗之法性，唯依主釋。性者體也，此唯義性，非是體性。十力注：此中性者，言義理也，不同他處以目法之自體者名性。義相應故，如所作因，有三相之義，與宗相順名相應。餘二同異喻。亦然。亦義與宗相順。此共許因，唯得遍是有法宗性。以宗之法，因也。即成宗法故。此中宗法，謂後陳法。《疏》原本，成字在即字上，難通，蓋錯簡也。不遍是宗法後陳。之性，因犯兩俱不成過故。義詳後。又不欲成宗有法故。因法唯遍有法，故得以成立宗之法，卻非以因法成宗之有法。

《理門》頌云：“但由法因法。故成其法，宗後陳法。如是成立於有法。”謂有法因法，二俱極成。如宗之有法聲及所作性故因，此二俱共許極成。宗中之法，謂無常。敵先不許。十力注：此語有病，應改云：“宗中之法，敵先不許有法上有。”蓋敵非不許無常，乃不許無常屬有法聲上耳。但得共許因，在宗中有法之上，成不共許宗中之法，十力注：意云以共許因，遍在共許之有法宗性，故得成所不共許有之法。如是資益有法義成，十力注：如是以因法成立宗之法時，亦兼成立宗之有法，但不可以因法正成有法。何得因不在共許中耶？十力注：不共許中者，即宗之法。此法，立者許有法上有，敵不許有，名不共許。因法必須遍在宗之有法，以有法是立敵共許故。因在共許法中，方可用之以成所未許，故非可在不共許中。許在彼中，不共許中。何所成立？

若共許之因，依不共許法。宗後陳。凡所立因，皆有他隨一所依不成過？宗後陳法，敵不共有，因若依彼，即有隨一所依不成過。不説有法而爲所依，但以其法而爲所依。法非共許。縱唯立許，豈定無此過？如立聲是無常宗，所作性故因，無常滅義，所作生義。聲有滅者，以有生故。一切生者，皆有滅故。聲既因生，明有果滅。若因所作，不遍聲宗，豈得遍在無常上有？一切正因中，皆應有兩俱不成。無常之上，本無生故。生應在聲上，以聲有生必有滅，故聲是無常義成。無常者由于生，而非生即在無常之上。約聲而談其相屬之理法，則聲有生故無常；約生與無常而談其義相，則生滅相反也。由此故知因，但是宗有法之法，非法法也。因非宗後陳法之法。

問：稱爲宗法，即已是因，何須言遍？初既言遍，因義已明，何須復云是宗法性？

答：若因不遍宗有法上，此所不遍，便非因成。秋篠云：若立宗寬，立其因狹，非因成宗。如外道師，立一切卉木應有心識，以有眠覺故，如合歡樹。此因不遍宗有法上，便非能成宗。蓋宗有法一切卉木便寬，其眠覺因，非一切卉木上有，即狹也。有所不立，顯皆因立，是故稱遍。如聲上無常，敵未許，名有所不立。今言遍者，顯此不立，因皆能立。若但言遍，不言宗法，即不能顯因是有法宗之法性，能成於法。

又因於宗過，名爲不成。於二喻中，俱有俱無，名爲不定。於二喻中，有無相違，名曰相違。義皆詳後。若唯言法性，不言遍者，因於宗過即是不成。或兩俱不遍，或隨一不遍，或猶豫不遍，或所依不遍，全分一分等，隨應有之。至後當知。爲簡此失，是故言遍。

若但言遍，不言宗法。不知此因，誰家之因，爲顯是宗有法之因，成於宗法，成宗之後陳法。故言法性。宗之有法性。

但遍有法，若有别體，若無别體，并能成宗。義相關故，必是宗法。如立量云：十力注：原本舉薩婆多對大乘立命根實量，初學難解，故易之如次。

此山谷處有火，宗

有烟故，因

猶如餘有烟處，喻

豈以山處宗之有法。與烟因也。别體，即非正因？故有别體。如上述因中烟，即離宗有法中山處有别體故。若無别體，智周《後記》云：“若無别體因，即所作因，聲外無體，名無别體。”義相關帶，必是宗法。皆得説爲宗之法性，非無體是，非有體非。智周《後記》云“總意而言，離有法外，别有體者，義相關涉，得爲因。不離有法，名無别體，亦得爲因。所以言‘非無體是，非有體非’”。

言同品定有性者，顯第二相。同是相似義，品是體類義，相似體類，名爲同品。

十力注：《疏》以體類釋品，似不妥。應云：品者義類，義之類故。蓋言同者，非取法之自體，但取法體上所有之義。如瓶上有是所作與無常義，聲上亦有所作與無常義，義類相似。故言同品，實非取瓶與聲名同品。

故《理門》云“此中若品，與所立法，鄰近均等，説名同品。以一切義皆名品故”。彼言意説，雖一切義皆名爲品，今取其因正所成法，宗之後陳法是因正所成也。若言所顯，法之自相，若非言顯，意之所許，但是兩宗所諍義法，皆名所立。隨應有此所立法處，説名同品。言陳意許，如下相違中説。

問：“何故此因，於宗異品皆説遍字？三相中，初言遍是宗法性，後言異品遍無性。於同品上獨説定言？”答：因本成宗，不遍成者非立。異喻止濫，不遍止者非遮。成不遍故，不成過生。遮不盡故，不定等起。此初後言遍之所以。同喻本順成宗，宗成即名同喻。豈由喻遍，能順所立，方成宗義？若因於異品有，同品半有半無，即此因於異有故，成不定過，非因於同不遍爲失。即九句内，後三句中，初後句是。後三中句，後三句中之中句。正因所攝，於異品中止濫盡故。初後二句，不定過收，皆止異品濫不盡故。由此同品，説定有性。宗及異品中，皆説遍也。其九句者，《理門論》云“宗法於同品，謂有非有俱。於異品各三，有非有及二”。言宗法者，謂宗之法，即因是也。於同品者，謂能立因於同品喻，成其三種：一有，二非有，三亦有亦非有，彼名爲俱。此三種因，於異品喻上，亦各有三：一有，二非有，三亦有亦非有，彼名及二。且同品有、異品三者，謂因於同品有，異品亦有，於同品有，異品非有，於同品有，異品有非有。如是因於同品非有，異品亦三。於同品有非有，異品亦三。故成九句。

一同品有，異品有。如聲論師立聲爲常，所量性故，喻如虛空。此中常宗，瓶爲異品。所量性因，於同異品，皆遍共有。

二同品有，異品非有。如勝論師立聲無常，所作性故，喻如瓶等。無常之宗，空爲異品。所作性因，於同品有，於異品無。

三同品有，異品有非有。如勝論師立聲勤勇無間所發，無常性故，喻如瓶等。勤勇之宗，以電空等而爲異喻。無常性因，於同品亦有。於異品喻，電等上有，空等上無。此初三句。中三句者：

一同品非有，異品有。如聲論師立聲爲常，所作性故，喻若虛空。此中常宗，瓶爲異喻。所作性因，於同品空上無，於異品瓶上有。

二同品非有，異品非有。如聲論師對佛弟子，立聲爲常，所聞性故，喻若虛空。此中常宗，瓶爲異喻。所聞性因，同異品中，二俱非有。

三同品非有，異品有非有。如聲論師立聲爲常，勤勇無間所發性故，喻若虛空。此中常宗，以電瓶等爲異品。勤勇之因，於同品空，一向非有，於其異品，瓶等上有，電等上無。此中三句。後三句者：

一同品有非有，異品有。如聲論師立聲非勤勇無間所發，無常性故，喻若電空。此非勤宗，瓶爲異喻。無常性因，於同品電上有，空上非有。異品瓶中一向是有。

二同品有非有，異品非有。如勝論師立內聲無常，勤勇無間所發性故，喻若電瓶。此無常宗，空爲異喻，勤勇之因，於同品瓶等上有，電等上無，異品空中一向非有。

三同品有非有，異品有非有。如聲論師對勝論師立聲爲常，無質礙故，喻若極微及大虛空。此中常宗，以瓶樂等而爲異喻。無質礙因，於其同品虛空上有，極微上無，亦於異品瓶等上無，樂受等有。樂受，即快樂之情，心所之一也。

是名九句。然《理門論》料簡此云“於同有及二，在異無是因。翻此名相違，所餘皆不定”。於同有者，謂能立因，於同品有。言及二者，於同品中亦有非有。在異無者，此能立因，於同品有，在異品無，及同品中亦有非有，於異品無。言是因者，此之二句，皆是正因。於九句中，第二初三句中第二。第八後三句中第二。兩句所攝。

翻此名相違者，翻此二正因，即名相違。翻初因云，於同非有，於異品有。翻次因云，於同非有，於異品中亦有非有。即九句中，第四第六兩句所攝，皆相違因，是法自相相違因故，攝餘不盡。所餘皆不定者，餘之五句，皆爲不定。謂九句中，第一、第三、第五、第七、第九句。第一句者，共不定攝。第三句者，異品一分轉，同品遍轉。第五句者，不共不定。第七句者，同品一分轉，異品遍轉。第九句者，俱品一分轉。此等諸句，至下當知。

異品遍無性者，顯第三相。異者別義，所立無處，即名別異。品者聚類，聚亦類也，但複詞耳。非體類義。十力注：《疏》釋同品之品爲體類，異品之品爲聚類，此自爲紛歧耳。實則兩品字皆應作類解，義之類故。同品異品，祇就因所立有無而說。若處有此所立義，説彼相似名同品；若處無此所立義，説彼別異名異品。

許無體故，不同同品體類解品。十力注：智周《後記》“此中意説，同品必須所立宗，因有體無體皆須相似。異即不爾，但止其相濫良盡，是真異喻也。非要有體無體皆同。故言許無體故，不同同品體類解品也”云云。吾以爲喻有體無體與宗因相似與否，此是別一問題，可在喻中説明。今解因相中品字，何須夾雜此義致起體類聚類紛歧之解耶？

隨體有無，但與所立別異聚類，即名異品。十力注：應云，但是處無其所立，即爲別異聚類，名之異品。今云但與所立別異聚類名異品者，便與古師第二義混。

古因明云，與其同品相違或異，説名異品，如立善宗。不善違害，故名相違。苦樂、明暗、冷熱、大小、常無常等，一切皆爾。要別有體，違害於宗，方名異品。此以與同品相違名異，古師第一義也。

或説與前所立有異，名爲異品。如立無常，除無常外，自餘一切苦無我等，慮礙等義，皆名異品。此以與宗别異故名異，古師第二義也。智周《後記》："此與第一義何别耶？答：初狹後寬。初解狹者，如立無常，但是常者，即是異喻。第二解寬者，如立聲無常，所作性因，瓶爲同喻，空爲異喻，即聲上無我等義，亦復是異。所作性因，於彼無我等上亦許有故，即此因於異品有，成其不定。準此，若與所立别異即名異者，應一切量無有正者。故今應依陳那所説。但是所立宗無之處，即名異品，非要一切别異方名異也。"

陳那以後，皆不許然。如無常宗，無常無處，即名異品，如立無常宗，其空等品上但無此所立無常宗義，即名異品。不同先古。

設不言異品遍無，此因將成不定等，非定成宗。今顯此因，定成於宗。同品定有，於異品上決定遍無，故説異品遍無性也。

十力注：《疏》解同品，區爲宗同品、因同品，於異品亦爾。詞義糾紛，此姑不録。吕秋逸《因明講要》嘗駁之，甚是。

論：云何名爲同品異品？

别釋有二：初問、後答。此問也。

論：謂所立法，均等義品，説名同品。

答：前徵問也。有二，初同後異。同中復二：一總出體，二别指法。此出體也。所立法者，所立謂宗，自性差别，不相離性，總合名宗。爲因所成，故名所立。法謂能别。均謂齊均，等謂相似。義謂義理，品謂品類。此義總言，謂若一物有與所立宗中法，原本作總宗中法，今去總字。此中宗言，乃目於總。讀者自知隨文取義，何須增置總言？齊均相似義理品類，説名同品。十力注：原文略有删改。

若與所立宗相似一切義品，名同品者，若爾，應一切名同。如立聲是無常，其異品虚空上無我，與聲意許無我相似，應名同品。此第一難。若與所立宗中有法相似義品，名爲同品，即一切宗多無同品，如聲有法，瓶非同故。聲與瓶體不相似，瓶即四塵，可燒可見，聲不然故。此第二難。爲遮此二，標所立法而簡别之。若處有敵所正諍之因所立法相似義品，即名同品。十力注：今取其與敵所諍之因所立法有相似之義品，方名同品，即非取一切相似名同。此遮第一難。又相似者正取其義，非取瓶與聲之體名同。復遮第二難也。原本文句亦略有删易。

論：如立無常，瓶等無常，是名同品。

此別指法，如立宗中，陳無常法。瓶等之上亦有無常，故瓶等聚，聚者，類也。名爲同品。此中但取因所成法聚，名同品也。十力注：實非取瓶等名同品，但取瓶等上有因之所成無常義，名爲同品。從義所屬，故舉瓶等耳。

論：異品者，謂於是處無其所立。

解異品亦二：初總出體，次別指法。此初也。處謂處所，即除宗外餘一切法。體通有無。謂若諸法處，無因之所立，即名異品。《理門》亦云："若所立無，説名異品。"但無所立，即是異品。《瑜伽》説言："異類者，異類，猶異品也。謂所有法即所立法。望所餘法，即所立無處。其相展轉，少不相似。"故非一切全不相似，但無隨應因所成故。

論：若有是常，見非所作，如虚空等。

此別指法。如立無常宗，所作性爲因，若有處所。是常法聚，見非是所作。如虚空等，説名異品。

論：此中所作性，或勤勇無間所發性。

示法也，於中有三：初舉兩因，次成三相，後顯所成。此初也。

此中者，發端義。雙舉兩因者，略有三義：一對二師，二釋遍定，三舉二正。

對二師者，聲論師中總有二種。一聲生論，二聲顯論。一聲從緣生，即常不滅。此聲生師。二聲本常住，從緣所顯，今方可聞，緣響若息，還不可聞。此聲顯師。聲生亦爾，緣息不聞，緣在故聞。生顯二師俱計緣響息故聲不聞，非聲體無名爲不聞。智周《後記》："問：生顯二計何别？答：顯師聲性本有，故常，顯發之後，其聲亦常。生師謂聲從緣生已，方是常住，此其别也"。此二師，皆有一分一切内外異性，一體多體，能詮别故。智周《前記》："且聲生中有其二類：一執内外聲皆常，二執内聲常、外聲無常。第二復有二類：一者執内聲常，其體是一，如大乘真如；二者執内聲是常，其體是多，一一法上有一聲體，如薩婆多無爲，體有多故。此二類，俱不執外一分無常聲是一是多，俱執内聲爲一多故。聲顯師中亦有四類，壹準聲生，無别。"

若佛弟子，對聲生論，謂對生師執内外聲皆常者。立聲無常，所作性因，便具三相。十力注：所作即生義，聲皆從緣生故，聲生師亦共許。即此因遍是有法聲宗性，瓶等上定有因之所立無常義，空等上遍無因之所立，故三相皆具。

對聲顯論，言所作性，隨一不成。顯師聲性本有，不許是所作故。一許一不許，名隨一不成。若對聲顯，言勤勇因，便具三相。勤勇解見下。如對顯師，立内聲是無常，勤勇所發因，立敵共許此因遍在有法内聲之上。其同品瓶等定有因所立無常義，異品空等遍無因之所立，三相亦具。顯師原不許外聲是所作，而許内聲是勤勇發，由斯立者先用勤勇因成一切内聲爲無常，方可以此爲喻而成外聲無常。對聲生論，立一切聲皆是無常，勤勇爲因。宗法非遍，兩俱不成。十力注：此中宗之有法一切聲，即該内外聲。立者敵者共許内聲是勤勇發，無許外聲有勤勇者，故云宗法非遍。立敵皆不許此因得成外聲是無常，即是兩俱一分不成。《疏》但言兩俱，不言一分，略也。

今顯對聲生，所作爲因。若對聲顯，勤勇爲因。又立内外聲皆無常，因言所作。若立内聲無常，因言勤勇。爲對計别，故陳二因。

釋遍定者，所作性因，成無常宗，三相俱遍。

勤勇因成，同定餘遍。智周《記》："以勤勇因，成内聲無常。瓶電爲同喻，瓶有電無，即同品定有，而非遍有。餘二皆遍，謂遍是宗法及異品遍無。"顯順成宗，因定亦得。今顯示因順成宗，同品定有即得。不要三遍，因之第二相，但須定有，不須亦遍故。故舉二因。

舉二正者，顯九句中，此中所作，彼第二因。此勤勇因，彼第八句。陳那説二，俱是正因。具三相故，今雙陳之。

所作性者，因緣所作，彰其生義。

勤勇無間所發性者，勤勇謂策發，體即作意。十力注：作動意，故名作意。原本舉精進等，似不必。作意通三性，且爲一切心所之導首，舉此已足。由作意故，擊嚌輪等風，乃至展轉擊咽喉唇舌等，勇鋭無間之所顯發。此言内聲是勤勇發也。云何勤勇因亦通外瓶等耶？蓋由作意故。擊手筋等力，乃至轉擊四塵以造作瓶等，故勤勇因，瓶等上有。

論：遍是宗法，於同品定有，於異品遍無。

顯成三相。如上所説，生顯二因，應云：對生顯立之二因。皆具三相，故成正因。篠山云："謂此二因，要具三相，方是正因，闕則似因。"

論：是無常等因。

顯因所成，等者，等取空無我等。此上二因，不但能成宗無常法，亦能成立空無我等。隨其所應，非取一切。

若所作因，成立聲亦是苦。此以無漏法，清净心。而爲異品。清净離染，無苦故也。所作因，於其異品一分上轉，便爲不定。無漏法是因之所立苦法之異品，然無漏法爲因緣所作，即此因於異品一分轉，故成不定。此所成聲，應云：此所作性，因所成立之聲是苦宗。爲如於瓶，所作性故，體是其苦。爲如自宗道諦等法，謂無漏法。所作性故，體非是苦。

此既正因，此者，謂如上所説二因。無不定過。故此言等，隨其所應。智周《後記》："所作性因，隨成苦等，乃犯不定，由此隨應，除苦以外，即無其過。"

故《瑜伽》説同異喻云少分相似及不相似，不説一切皆相似，一切皆不相似。不爾一切，便無異品。

因狹，若能成立狹法，如勤勇狹因，成得無常狹宗。其因亦能成立寬法，即前狹因亦得成無我寬宗，無我通所作與非所作，故寬也。同品之上雖因不遍，於異品中定遍無故。前狹因成無我寬宗，取瓶空雙爲同喻，但定有即得，雖無異喻，因無濫故。

因寬，若能成立寬法，此必不能定成狹法。若舉所量性寬因，唯得成無我寬宗，不可成得無常狹宗。於異品有，不定過等，隨此生故。是故於此，應設劬勞也。勸勉後徒，驗識臧否，故披斯《疏》，應設劬勞。秋篠云：因成於宗，略有四句。一寬因成狹宗，如所作因成於内聲。二狹因成寬宗，如勤勇因成内外聲。三寬因成寬宗，如所作性因成於内外聲。四狹因成狹宗，如勤勇因成於内聲。此四例中，勤勇成内外聲非正，餘三容是。

論：喻有二種。

示喻之相，文段有三：初標舉，次列名，三隨釋。此初也。

梵云達利瑟致案多，達利瑟致云見，案多云邊。由此比況，令宗成立究竟名邊。他智解起，照此宗極，名之爲見。故無著云："立喻者，謂以所見邊與未所見邊，和合喻屬能立，宗是所立，能立所立共相隨順，名爲和合。正説。”因及喻無過，此爲正説。師子覺言：“所見邊者，謂已顯了分。未所見邊者，謂未顯了分。以顯了分，顯未顯了分，令義平等，所有正説，是名立喻。”今順方言，名之爲喻。喻者，譬也，况也，曉也。由此譬况，曉明所宗，故名爲喻。

前雖舉因，亦曉宗義。未舉譬况，令極明了。今由比况，宗義明極。故離因立，獨得喻名。十力注：若約三相，喻亦名因；若約三支，因喻可別。

論：一者同法，二者異法。

列名也，同者相似，法謂差別，十力注：《義範》云“有法宗上所有因法，名爲差別”。非也。差別者，即宗之後陳法，此法亦名差別也。共許自性，十力注：宗之前陳自性，是立敵之所共許，故云。名爲有法。自性亦名有法也。此上差別，所立名法。十力注：智周《後記》釋云：“此上差別所立名法者，謂所作性因，即是有法聲上差別所建立法。”秋篠則又謂無常宗法與所作因法，俱是此有法上差別所立，故名爲法。以此二法皆於有法上而所安立故。吾謂二家之説皆嫌牽强。今釋此上差別所立名法者，此者有法，即宗之前陳聲是。有法之上所有差別義，即宗之後陳無常是。敵者先不許聲上有無常，今立者以所作性因成立之，即名此因之所立無常爲法。以是有法上所有之法故。由斯説言，此上差別所立名法也。智周、秋篠附會基公因同品之説，故其釋此文也，失之牽强而不覺耳。

今與彼所立差別相似，名同法。十力注：彼者謂因法，若有與因所立差別義相似之義，是名同品。無彼差別，名爲異法。異者別也。思之可知。

十力注：此中《疏》釋，義頗圓足。更無須分立宗同異品、因同異品，名義紛歧，轉增糾轕。乃基公不能自持其説，必欲多立名詞，玆足怪也！吕秋逸《因明講要》，雖斥基公之失，然其解同異品義，似猶未盡。吾以爲論説同異品，唯就所立有無爲言，足徵精意。蓋言所立者，正目宗法，即兼顯其能立之因法。若處有所立法，説名同品，即此同品，正取宗同，兼顯亦不離因。若處無此所立，説名異品，即此異品，正取宗無，兼顯亦無其因。以故但言同品異品，義極周到。更析爲宗同異、因同異，便苦支離。蓋於宗因各立同異，則必無常宗唯取常，無常法爲同異品。所作因唯取作，非作法爲同異品。若此，則何以見無常與所作之定相，屬著而不離乎？學者欲悉此中得失，應披原本。

論：同法者，若於是處顯因同品決定有性。

隨釋有二：一解同，二解異。解同有二：初總顯，次別指。此初也。十力注：《疏》以因同品爲名詞，解作因同品處決定有宗，甚謬。同品當屬下，謂顯示因之同品定有性，即顯因之第二相也。《疏》文煩蕪，今不録。

論：謂若所作，見彼無常，譬如瓶等。

別指法也，如立聲無常宗。所作性因，瓶爲同喻。此中指法，以相明故。智周《後記》："相者義相。將此同喻義相，證宗無常，令宗義立，所以言以相明故。"合結總陳，合結後解。若是所作。其立敵證等，視彼無常。十力注：所作生義，無常滅義。諸有生處，決定有滅。立敵證三，皆共見故，非由一己，妄情臆測。如瓶等者，舉其喻依有法，結也。喻依者，喻中分喻體及喻依。因三相中後二相，爲同異喻體，如瓶空等，則喻依也，有法説見下。

前宗以聲爲有法，無常所作爲法。十力注：前立聲是無常宗，宗之前陳聲，即是有法。宗之後陳無常，及所作性因，皆是屬着於有法聲上之法。即此法之一字，非用爲宗中後陳差別之異名。學者詳之。今喻以瓶等爲有法，所作無常爲法。十力注：喻中亦應準前聲是無常宗之作法，而立宗言。瓶等是無常，因云所作性故。如此，則瓶等是宗之有法，所作無常爲屬着於有法瓶等上之法。思之。正以所作無常爲喻，正取宗外餘處有無所作無常之義，爲同異喻故。兼舉瓶等喻依，合方具矣。等者，等取盆甖等。

《理門論》云："若爾，喻言應非異分，顯因義故。"此設爲古師難云，若汝言二喻即是因後二相者，喻言應離因外非有，所以者何？以喻言即是顯因義故。古因明師，因外有喻。如勝論云："聲無常宗，所作性因，同喻如瓶，異喻如空。"不舉諸所作者皆無常等貫於二處，故因非喻。不説喻體，即因相故。瓶爲同喻體，空爲異喻體。陳那已後，方説因三相即攝二喻，二喻體即是因後之二相。二喻即因，俱顯宗故。所作性等貫二處故。

十力注：古師説喻在因外，今師陳那等説喻即因後二相，比列於左，則得失較然矣。

古師	今師
聲是無常宗	聲是無常宗
所作性故因	所作性故因
同喻如瓶等	若是所作見彼無常喻如瓶等
異喻如空等	若是其常見非所作喻如空等

古師難云：若喻亦是因所攝者，喻言應非因外異分，顯因義故，應唯二支，何須二喻？陳那釋云“事雖實爾，然此因言，唯爲顯了是宗法性，非爲顯了同品異品有性無性，故須别説同異喻言”。以上陳那《理門論》。意答：喻體實是因爾，不應别説。然立因言，正唯爲顯宗家法性，是宗之因。非正爲顯同有異無，順返成於所立宗義。因之第二相，同品定有，即是順成所立宗義。因之第三相，異品遍無，即是返成所立宗義。然但舉所作性因，不别説二喻，則所言因者，祇足顯其是宗之因，不能正顯此因之同有異無二相，順返成於所立宗義。此徒舉其因所以未足也。故於因外，别説二喻。顯因有處，宗必隨逐。但舉其因，已顯宗不離因。並反成故，令宗義成。復舉其喻者，并以反成因之同有異無二相，方令所立宗義圓成。

彼復難言：彼者，古師。若唯因言所詮表義，説名爲因，斯有何失？基云：如所作言，所詮表義，唯名爲因，瓶同空異，名喻非因，斯有何失？復問彼言：復有何得？陳那問也。彼古答言：别説喻分，是名爲得。陳那復難：應如世間所説方便，與其因義都不相應。基云：如世間外道勝論師等，亦説因外别有二喻，汝於因外説喻亦爾。二喻非是正因，但爲方便助成因義。此喻方便既與因别，則與因義都不相應。古師復云：若爾，何失？縱同外道，亦何過耶？如外道説，有五根識，佛法亦有，非爲失故。陳那難云：此説，但應類所立義，無有功能，非能立義。基云：若説瓶體空體爲喻，但應以瓶類於所立無常之義，既喻不言諸所作者皆是無常，則舉瓶證聲，乃無有功能，其喻便非能立之義。

又若以瓶即爲喻體，瓶即四塵，可燒可見，聲亦應爾。若如我説，若是所作，見彼無常，譬如瓶等。此即正取所作無常義同。舉義所依，故言瓶等。便無一切皆相類失。所言同者，本非取瓶與聲一切皆相類，故無失也。汝既不然，故有前過。

陳那又難：又因喻別，此有所立同法異法，終不能顯因與所立宗也。不相離性，是故但有類所立義，然無功能。基云：因喻既別，同喻但有所立無常，異喻無此。汝同喻不説諸所作者皆是無常，異喻不雙無，終不能顯所作性因與所立無常宗不相離性。是故但有類所立義，然無功能，非能立義。古師復問：何故無能？陳那難云：以同喻中，不必宗法因也。宗義宗後陳無常也。相類，此復餘譬所成立故，應成無窮。基云：汝既不言諸所作者皆是無常，故彼同喻不必以因宗法及無常宗義相類，但云如瓶。他若有問，瓶復如何無常？復言如燈。如是展轉，應成無窮，是無能義也。我若喻言，諸所作者皆是無常，譬如瓶等，既以宗法宗義相類，總遍一切瓶燈等盡，不須更問。故非無窮，還成有能。

又難言：若唯宗法是因性者，其有不定，應亦成因。基云：若唯以所作遍宗法性，是其因性，同有異無，但喻非因，是故瓶空喻，非是因者。即不定因，應亦成因，但有遍宗性，而無後二相故。反復推徵，二喻實非因外異分。二喻體即是因之後二相故。但據偏勝，由立三支以比況堅成宗義，故勝也。别得喻名。十力注：原文略有删易。陳那以喻攝於因，變更古義，實著殊績。蓋二喻即顯因後二相，因不妄立，必求同求異，於同定有，於異遍無，其因既正，方成宗義。是故言因即已攝喻也。然則何不但立宗因二支耶？曰：别設喻支，爲顯因相，以堅成宗義。能立功能，於斯始著。

問：因陳所作，已貫瓶中，同喻再申，豈非鄭重？答：因雖總説，宗義未明，指事明前，非爲鄭重。智周《後記》："再三重陳，名爲鄭重。"

古師合云：瓶有所作性，瓶是無常。聲有所作性，聲亦無常。今陳那云諸所作者皆是無常，顯略除繁，喻宗雙貫，何勞長議，故改前師。《後記》："議者，語也。總意而言，不煩多語，義成即得，故改前師也。"

古師結云：是故得知聲是無常，今陳那云譬如瓶等，顯義已成，何勞重述？故於喻中，雙陳因宗二種，明矣。喻云：若是所作，見彼無常，即雙陳因宗二種也。至後當知。

十力注：古師量式，元是五分，曰宗、因、喻、合、結。陳那省其合、結，但立三支。請舉一例，比列兩式。

五分依《正理》疏列		三支依本論列
聲是無常	宗	聲是無常
所作性故	因	所作性故
猶如瓶等、於瓶見是所作與無常	同喻	若是所作、見彼無常、猶如瓶等
聲亦如是、是所作性	合	
故聲無常	結	
猶如空等、於空見是常住、與非所作	異喻	若是其常、見非所作、猶如空等
聲不如是、是所作性	合	
故聲無常	結	

如右兩式，繁簡攸殊。實則五分之義，已極精審，三支之所本也。五分者，實示吾人以思唯之術，而可由之以入正理者也。姑仍前例，以明其指。長風鼓竅，悚爾聞聲，是聲也，爲常無常，從是觀察，須爲臆決，於是臆決此聲是乃無常。即此臆決，名之爲宗。方其臆決，豈曰漫然！謂聲無常，必有其由。故出因云，所作性故。所作生義，無常滅義。有生之物，法爾必滅，聲有生故，亦必有滅。以其生因，斷知滅果。如是臆決，理或不爽，然猶未也。設無同喻，云何可證聲生必滅？故應遍觀宗外餘處，有無是中所作無常相似之義。果其於瓶、於盆、於燈、於案種種法上，見是所作與無常，即爲合云：聲亦如是，是所作性。結云：故聲無常。由斯臆決，庶成定論。又復應知，既徵同喻，還當求異，設復有處所作是常。即前同喻，不足證成聲是所作故無常，遮濫不盡，其前同喻，悉皆摧毁。故復遍觀宗外餘處，有無常住法亦是所作。果其於空等品上，見是常住與非所作，遂爲合云：聲不如是，是所作性。結云：故聲無常。即此異喻，遮濫已盡。如是所作性因，成立聲是無常宗，無不定過。即前臆決，乃是真宗。由合與結，宗方真故。此五分義，頗合輓世名學内籀之術。今俗有詆因明爲無足與於邏輯者，無知妄談，何足選也。五分，始見《正理經》，其源蓋莫得而詳。至陳那改作三支，以喻攝因。特對勝論及自宗古師，有所規正。語其憑藉，則在五分，形式雖更，實質未甚異也。

論：異法者，若於是處，説所立無，因遍非有。

解異有三：初總顯，次别指，三釋成。此初也。處謂處所，除宗已外，有無法處。謂若有體，若無體法，但説無前所立之宗，前能立因亦遍非有，即名異品。《理門》頌云："宗無因不有，是名異法。"

論：謂若是常，見非所作，如虚空等。

别指法也。返顯義言，於常品中，既見非作。明所作者，定見無常。同成宗故，同品所以順成宗也。先因後宗。前於同品中説，若是所作，見彼無常，先順因，後順宗也。異法離前，異品，即離於前所成無常宗義故。宗先因後。此中於異品説，若是其常見非所作，先離宗、後離因也。若異離中，因先宗後。如言非作，定是常住。翻成本來非諍空常住，空是常住，立敵本來無諍。今若言非作定是常住者，其語勢反若對本來非諍之空常住而成之也。非是離前成於無常之宗義也。

同既成立，先因後宗。異既離前，隨宗先後。意欲翻顯前成立義。今者宗無，因既不轉，明因有處，宗必定隨。異但説離，離成即得，言異品但離前所成無常宗義即得也。必先宗無，後因無也。故《理門》云："説因宗所隨，宗無因不有。"

如空等者，此舉喻依，以彰喻體。等者，等取虚空以外常法，謂非擇滅等也。用《略纂》語，非擇滅，詳《百法明門論》。

論：此中常言，表非無常。非所作言，表無所作。

釋成義，顯異無體，成第三相，十力注：原本無第字，今依《後記》補之，謂成因之第三相也。正因所攝。

因明之法，以無爲宗，十力注：以無爲宗者，謂無體宗。無體宗者，有法無體，能别復遣。如佛家立神我是無宗，有法神我，本無是物，能别曰無，即對於神我而遮遣之。故此宗是無體宗也。更有别義，恐煩不述。無能成立。十力注：此言無體因喻，能成無體宗也。無體因者，謂彼因言，但遮於有。如立神我是無宗，因云不可得故。此不可得因，但遮於可得，而别無所表，故此因無體。無體喻者，謂彼喻是無體法，即前宗因而爲喻云，如兔角等。此喻無體，思之可知。

以有爲宗，十力注：以有爲宗者，謂有體宗。此復爲二：有法有體，能别别遮。如立心心所非質礙宗，有法心心所本是有體，能别質礙之上，冠以聯詞曰非，即是遮也。然能別雖遮，卻不遣有法，故此宗是有體宗也。其次，有法有體，能別復表。如立聲是無常宗，有法聲是有體法，能別無常之上，冠以聯詞曰是，實表聲體爲無常之法也，此宗自是有體宗。有能成立。十力注：此言有體因喻能成有體宗也。有體因者，謂彼因言，匪是其遮，而有所表。如聲是無常宗，因云所作性故，此所作言，不但遮於非所作，實乃表有因緣所作義也，故此因是有體。有體喻者，謂彼喻是有體法，即前宗因而爲喻云，猶如瓶等。此喻有體，思之可知。

十力注：原本無"以有爲宗，有能成立"二語，似脱落也，今爲補出。此下云"有無皆異"。若單承上文"以無爲宗，無能成立"二語，似不可通。細玩下文，亦以有無對明，讀者宜詳。

有無皆異。十力注：有法以無法爲異法，無法以有法爲異法，故言皆異也。

如《論》云：和合非實。宗也。許六句中，隨一攝故。因也。如前五句，喻也。前破五句體非實有，故得爲喻。此中以無而成無故，應以有法而爲異品。無其體故。於無法上無彼有法體故。

十力注：勝論師立六句義，一實、二德、三業、四大有、五同異、六和合。彼計六種皆是實物，大乘一一破斥，詳《成唯識》等論。今此破和合句，立和合非實宗。有法和合，本是無體。能別曰非實，復爲遮遣，故此是無體宗。因云：許六句中隨一攝故。勝論六句義，佛法都不許爲實有。今此因，但遮於非六句所攝法，別無表故，是無體因，與宗相順。喻云：如前五句。前五既是所破，喻亦無體，復順成宗。又復應知，宗有法和合是別，因法之六句是總，此因以總成別，亦是一例。

還以無法而爲異云，諸是實者，非六句攝，無其異體。諸實有之法，非六句所攝者。六句是無法，無法則是有法之異體故。

若無爲宗，有非能成。智周《前記》："此意有體因喻，不能成無體宗。"因無所依，意云：有體因不可依無體宗。喻無所立。《前記》："舉喻既是有體，不與宗相似，故言無所立也。"故可有爲異，《前記》："言可以有體法爲其異法也。"異於無故。

十力注：無體因喻成無體宗，此是正理，然亦不可拘定。其在破量，亦得用有體因喻成無體宗也。如大乘破經部立極微非實宗，有方分故因，如瓶等喻。此宗之有法極微大乘不許爲有體，能別曰非實，即是遮遣。《義範》説此非無體宗，謬也。因云有方分，不但遮於無方分，實表有有方分，故因有體。瓶等喻，有體可知。原經部執有實極微，一一和合而成瓶等粗色，其瓶等粗色，即是和合假法而非實有。但彼復計極微有方分，而瓶等有方分，彼亦不遮，故大乘曲就彼計，以有方分因、瓶等喻，破彼極微實有之執也。意云：汝許瓶等有方分，而非實有，即汝所執實極微，亦應如之。此量，在大乘雖以有體因喻成無體宗，但用之破量，則曲就彼説之範圍内，以其矛攻其盾，故無過。

以有爲宗，有爲能成，順成有故。無非能立，無體因喻，即非有體宗之能立。因非能成，喻無所立。

故有無并異，皆止濫故。篠山云："有體無體，互爲異品。"

無常之宗，既是有體。所作因法。瓶等，同喻。有皆有體故。爲能立。

故於異品，若薩婆多立，有體空爲異。若經部等立，以無體空爲異。但止宗因諸濫盡故，不要異喻必有所依。

同喻能立，成有必有，十力注：成有體宗，同喻必有體，如立聲是無常宗。設無瓶等有體法爲同喻，則所作無常義，由何憑依？見其同有。義若虚構，於物無驗，如鳥畫虚空，漫爾驚文章。因明之法，同喻成有必有，其義精矣。成無必無。十力注：成無體宗，同喻順宗，但爲遮用，故亦無體。表詮遮詮，二種皆得。智周《後記》："意云：同喻有體，具遮表二，若無體同喻，但有遮而無表也。問：何意不同？答：如大乘對薩婆多云，第六意識非真異熟，以間斷故，如電光等，此即是有體同喻，具遮具表也。遮非真異熟，表有第八真異熟也。若如陳那破勝論師有非是有，此即但遮而非是表。何以然者？意但遮大有應非有，不别表有體也。"

異喻不爾，有體無體，一向皆遮。性止濫故。智周《前記》："若言異喻但遮非表者，何故《論》云表非無常等？答：此是遮表，非詮表也，亦不相違。"十力注：遮表之表，即遮義；詮表之表，是表義。

故常言者，遮非無常宗，非所作言。表遮表之表。非所作因，不要常，非作，别詮二有體。意顯異喻通無體故。

《理門論》云："前是遮詮，詮即表也。後唯止濫。由合同喻。及離，異喻。比度義故。"前之同喻，亦遮亦詮。由成無以無，成有以有故。後之異喻，一向止濫，遮而不詮。由同喻合，比度義故。由義喻離，比度義故。

彼《理門論》。復結云："由是雖對不立實有大虛空等，而得顯示無有宗處，無因義成。"

古説聲無常宗，異喻如虛空。《理門》難云："非異品中不顯無性，有所簡別，能爲譬喻。"此下所云，即《疏》主申釋之詞。謂於無常異品。應言，謂若是常，見非所作，如虛空等。正以常爲異品，兼非所作。空爲喻依，要此簡別，顯異品無。返顯有所作因，無常宗必隨逐。汝但云如空者，今返難云，非於異品不顯無宗及無因性，即有簡別故，能爲異喻。長讀文勢，義道亦遠。《後記》："此所引《理門》云'非異品中'至'能爲譬喻'，一非字直通於下，須長讀之，其義方得顯著也。"

論：如有非有，説名非有。

如有者，設舉大凡之詞。非有者，如名可知。説名非有者，但非於有，非有所目。智周《前記》："如言彼處無此物，但顯物無，非有所目。"恐異喻遮義不明，故以例顯。十力注：此中《疏》有兩釋，次釋又分二義，今取次釋中第二義也。原本須對勘之。

中道大乘，一切法性，皆離假智及言詮表。言與假智，俱不得真。一向遮詮，都無所表。唯於諸法共相而轉，十力注：此言共相者謂如相。因明之法，即不同彼。然共相中可有詮表義，十力注：此言共相者，謂一切比量境。同喻成立有無二法。有成於有，可許詮即表。也。無成於無，即可遮也。異喻必遮。故言此遮，非有所表。異不同同。異喻不同同喻。理如前説。

《理門論》云"問言：爲要具二譬喻言詞，方成能立。爲如其因，但隨説一。"此問二喻，爲要具説二，方成能立，成所立宗。爲如所作，勤勇二因，但隨説一，即成能立，成所立宗。彼《理門論》。有答言："若就正理，應具説二。應具説二喻也。由是具足，顯示所立不離其因。顯宗不離因。以具顯示同品定有，異品遍無，能正對治相違不定。"此上《理門》文。由具顯二，具顯二喻。故能顯示宗不離因。亦顯同品定有，異品遍無。二喻既足，故能正除相違不定二過。相違之因，同無異有。不定之因，二有二無。故説二喻具，以除二過。

彼《理門論》。復又言："若有於此，一分已成。《後記》：兩喻之中，隨解於一，名一分已成。如下言有已解同，應但説異等，此是釋一分已成之所以也。隨説一分，亦能成立。"謂於二喻，有已解同，應但説異。有已解異，應但説同。不具説二，亦成能立。

聲謂有法，所作性因，依此聲有。若敵證等聞此宗因，謂聞説無常宗及所作性因。如其聲上兩義同許，即解因上二喻之義。謂於聲上所作無常兩義同許，即已解因上之二喻也。同異二喻，俱不須説。或立論者，已説一喻，義準顯二。敵證生解，《後記》"如有一人，舉因舉同喻，而即義準解於異喻也"。但爲説一。

此上意説，二俱不説。或隨説一，或二具説。隨對時機，一切皆得。

論：已説宗等如是多言開悟他時，説名能立。

總結成前也。於中又二：初總結成，後别牒結。此即初也。陳那舉宗等，取其所等一因二喻，名爲能立。宗是能立之所立，故於能立，總結明之。

論：如説聲無常，是立宗言。

下别牒結能立，文勢有四。此文初也。牒前宗後指法云，如有成立聲是無常者，此是所諍立宗之言。

論：所作性故者，是宗法言。

第二文也。牒前因後指法云，此中所作性者，是宗之法能立因言。由是宗法，故能成前聲無常宗，名爲因也。故者所以，是標宗之所以也。

論：若是所作，見彼無常，如瓶等者，是隨同品言。

第三文也。牒前同喻後指法云，謂若有所作因，見有無常宗，猶如瓶等，是無常宗隨同品之言，雖所作因，舉聲上有，以顯無常。無常，猶未隨所作因。今舉瓶上所作故無常，顯聲無常，亦隨同品，義決定故。故所作因，通聲瓶兩處。十力注：原文分宗同品、因同品，今略有删改。

論：若是其常，見非所作，如虛空者，是遠離言。

第四文也。牒前異喻後指法云，若是其常，離所立宗。見非所作，離能立因。如虛空者，指異喻依。此止於前宗因二濫，名遠離言。十力注：離者别離，遠亦離也。異喻於宗及因，通遠離故。

論：唯此三分，説名能立。

此簡異古師。古師説八爲能立，或説宗等爲能立，今説一因二喻爲三能立，故異古也。《理門論》云："又比量中，唯見此理，若所比處，此相審定。遍是宗法性也。於餘同類，念此定有。同品定有性也。於彼無處，念此遍無。異品遍無性也。是故由此，生决定解。"即是此中唯舉三能立。十力注：一因二喻名三能立，二喻體即是因後二相故。

十力注：外道及古師於立破前，加審察支。《婆沙》二十七云"若不審他宗，不應説過"，是此義也。如佛家審聲論師云：汝立聲爲常耶？聲師答云：如是，聲是常住，無觸對故，譬如虛空。佛家審定彼宗已，即反詰云：汝何所欲，汝豈不見聲是無常、所作性故、如瓶等耶？從此方得説彼因中不定過失，如是審察，立之爲支。陳那《集量論》破此繁立云："由汝父母生汝身故，方能立義，或由證義人及床座等，方得立論，豈并立支耶？"如是駁難，可謂至讖。然審察立支，固不可，但在實際，其義自存。

論：雖樂成立，由與現量等相違故，名似立宗。

次解似立，文段有二：初别解似，後結非真。

初中有三：一解似宗，二解似因，三解似喻。

解似宗復有二：初牒前總顯，後列指釋結。此即初也。文軌云："樂所成立義統真似，雖復樂爲所立之宗，然與現量等九義相違，故似非真也。"《略纂》云："與現等九相違故，名似立宗。"

論：現量相違，比量相違，自教相違，世間相違，自語相違。

下列指釋結有三：初列名，次指法，後釋結。此初也。

列名有二：初隨舊列，舊謂天主。後隨新列。新謂下之四種，論主新立。此隨舊也。此中現量等五，陳那舊已説故。

論：能别不極成，所别不極成，俱不極成，相符極成。

此隨新列，陳那唯立前五，天主又加此四。

論：此中現量相違者，如説聲非所聞。

自下隨列指法，隨前所列，指法明之。此中簡持唯且明一。現量體者，立敵親證法自相智，十力注：親證法自相智者。自相者，體義。親者，謂能緣智於所緣法體，冥合若一，能所不分。證者，知義，雖能所不分，而非無能緣所緣，由能緣智於所緣境，冥冥證故，無籌度分別。是名親證法自相智。以相成宗，本符智境。十力注：立者以因三相，成所立宗，本須符應現量智之境，方無邪謬。立宗已乖正智，即現量智。令智謂比量智。那得會真？耳爲現體，《義範》云“問：‘現量體者，謂證自相智，云何色根，名爲現體？’答：如《瑜伽》第十五説：‘如是現量，誰所有耶？答：略説四種所有，一色根現量’”云云。故知耳等色根，得爲現體，非唯智也。彼此極成。立者、敵者、證者，共許耳根是現量體，耳識依之親取境故。聲爲現得，本來共許。耳聞聲時，即是親證聲自相故，立敵本來共許。今隨何宗所立，但言聲非所聞，便違立敵證智，故名現量相違。

此有全分一分四句。

全分四句者，有違自現非他，立者全違自現，非違他現。如勝論師對大乘云同異大有，非五根得。勝論六句義，見前注。彼宗自許現量得故。十力注：《前記》云：“勝論本計大有能有一切物，但觀境時，即現量得大有。其同異能同能異一切物，但觀境時，亦即現得同異。”今立宗言，同異大有非五根得，故違自現。雖此亦有違教，相符。十力注：勝論宗本説同異大有是現量得，今自云非得，故違自教。又大乘爲勝論之敵者，本不許勝論之同異大有是現量得，今勝論自立宗言非五根得，便立敵所已許，故有相符之失。今者但彰違自現量。

有違他現非自，立者全違他現，非違自現。如佛弟子對勝論云，覺樂欲嗔，非我現境。彼宗説爲我現得故。勝論説覺樂等爲我現得，今佛家對彼立非我現境，故違他現。雖此亦有自能别不成，今此但取違他現量。

十力注：《疏》舉此例，大謬。細檢佛家此宗，更有兩失，不止違他現過。兩失者：一自能别不成，佛家本不許有我，今宗之能别曰我，故是自能别不成。二違自現，宗之有法，曰覺樂欲嗔，覺通心心所，樂即受，欲與嗔在佛家亦均是心所。佛家大乘説一切心心所皆爲自證分現證，特不以爲我之所現得耳。雖非我之所得，而未始不許覺樂欲嗔是現境。今宗言非現境，便有違自現失。云何可言違他現非自耶？

有違共現，自他皆違，名共。謂論所陳。即此中論文云，如説聲非所聞。一切皆許聲所聞故。立敵本共許聲是所聞，今立者忽言非所聞，便全違自他現量，名違共現。雖此亦有違教世間，此非所聞宗，亦違自教，内外教莫不許聲是所聞故，亦違世間，以世間極成聲是所聞故。今者但取違共現量。

有俱不違。如前所説，聲是無常。

一分四句者，有違自一分現，非他。如勝論立，一切四大，非眼根境。彼説風大及諸極微，非眼根得。三地水火三大也。粗可得。地等三大由彼極微合成粗色，則眼根可得。今説一切，違自一分，十力注：勝論本計，於一切四大中有非眼根得。有眼根可得，今言一切非眼根境，并未簡别其可得之一分，故違自一分現。雖此亦有違教等失，今取違現。

有違他一分現，非自。如佛弟子對勝論云，地水火三，非眼所見。彼説粗三是眼所見，極微非見，但地等三極微非可見耳。故違一分。

有俱違一分現，立者，於自於他，俱違一分。如勝論師對佛弟子立色、香、味，皆非眼見。唯色眼見，彼此共知。餘皆非見，名違共一分，雖此亦有一分違教相符。言色非見，亦即違教；言香味非見，過犯相符。今者但取俱違一分。

俱不違一分者，如佛弟子對數論云，汝自性、我體，皆轉變無常。雖違彼教，非現量故。《後記》云："自性我體皆轉變無常者，自他皆不違現量也，故言俱不違一分。"十力注：數論説有自性及神我，是實是常，爲諸法之因，然非現量得。佛弟子本不許有自性神我，今對數論説彼自性我體轉變無常，雖違彼教，而俱不違現，以彼此皆不曾許自性神我是現量得故。

此二四句中，全分、一分，各有四句，故二也。違他，及俱不違，并非過攝。立宗本欲違害他故。違他非過，况俱不違。《前記》云："量既不違，即非過收。"違自及共，皆是過收。現比量者，立義之具。今既違之，無所準憑，依何立義？

論：比量相違者，如説瓶等是常。

比量體者，謂敵證者，敵者、證者。藉立論主能立衆相而觀義智，以敵證者藉立論主能立衆相而觀於所立宗義之智，爲比量體。衆相，詳下比量中。宗因相順，他智順生。宗既違因，他智返起。故所立宗，名比量相違。此中意言，彼此共悉瓶所作性，决定無常。今立爲常。宗既違因，令義乖返。義乖返故，他智異生。由此宗過，名比量相違。十力注：此有全分一分四句，準現量説，故不録。

論：自教相違者，如勝論師立聲爲常。

自教有二：一若立所師，對他異學，自宗業教。謂對他異學，立自宗中所禀業教。二若不顧論，立隨所成教。《後記》："隨入他宗，立他宗義，亦不得違他之教也。"

今此但舉自宗業教，對他異學。凡所競理，必有據憑。義既乖於自宗，所競何有憑據？勝論自宗，明聲無常，今立爲常，故違自教。

論：世間相違者，如説懷兔非月，有故；又如説言人頂骨淨，衆生分故，猶如螺貝。

世間者，遷流義名世，墮世中故名間。此有二種：一非學世間，除諸學者，所餘世間所共許法。世間知能學藝政俗等事，總名非學世間。以對三乘出世之法，總名非學世間所攝。二學者世間，即諸聖者所知粗法。《後記》："三乘教法，總名學者世間。"若深妙法，便非世間。《後記》："真如理法名爲深妙，便非世間之所攝也。"

初非學世間者，即此所言月是懷兔、人頂骨不淨，一切共知月有兔故，《西域記》七："昔狐兔猿共爲親友，行仁義時，天帝欲試，爲饑渴人，兔燒身供養。帝傷嘆良久曰：吾感其心，不泯其迹，寄之月輪，傳於後世。故西竺咸言，月中之兔，由斯而有。"世間共知死人頂骨爲不淨故。若諸外道對佛弟子，有法不簡擇，簡擇義下詳。但總説言懷兔非月，宗也。以有體故，因也。如日星等。喻也。雖因喻正，宗違世間，世間共許懷兔是月，今説懷兔非月，故違世間。故名爲過。然論但有宗因，無喻。《後記》："論文如説懷兔非月有故者，懷兔是有法，非月是法，有故者是因。故據《論》文，即但有宗因。"

如迦婆離外道，此名結鬘，穿人髑髏，以爲鬘飾。人有誚者，遂立量言："人頂骨淨宗，衆生分故因，猶如螺貝喻。"能立因喻雖無有過，十力注：據《纂要》，此因喻亦有不定過，因云衆生分故者，爲如肉等，衆生分故，是不净耶？又世間不必共許貝等是浄，故喻亦不定。宗違世間共爲不浄，是故爲失。

凡因明法，所能立中，能立謂因，所立謂宗。若有簡别，便無過失。若自比量，以許言簡，顯自許之，無他隨一等過。十力注：立者抗他，據自義辯。避他不許，置自許言，以爲簡擇。不爾，便有隨一不成等過。若有簡者，量無過失，他雖未曉，自義不摇。《倫記》五十四第三葉，立自比量云："如我所言，過未無法亦應名法（宗）。有所持故（因），如現在法（喻）。"宗之有法過未無法之上，簡言如我所説，即是自許。此一例也。（因云有所持故者，能持自體義是法義，今此無法亦能任持無之自體，非於無時捨其無相而爲有故。）

若他比量，汝執等言簡，無違宗等失。十力注：他比量者，立者隨就他宗，逞威斥破。此略有二：一者直破。直舉他義，立量破之。方其舉他，簡言汝執。如《理門論述記》二第三葉，立他比量云："神我是無，（宗），不可得故，（因），猶如兔角，（喻）。"宗之有法神我之上，應簡言汝執，今此無文者，省略故也。蓋神我本佛家所不許，宗之有法上，若無簡擇，但言神我，即有自所别不成過。（自所别不成者，宗之有法，亦名爲所别。此宗之所别曰神我。立者自既不許，故是自所别不成也。）以汝執言簡，即無失。

二者設破。據他宗義，而爲推論，假設他量，刊定矛盾，有簡無簡，或隨文勢。《唯識述記》十五第十葉，破安惠正量部等不立相分義，立他比量云："如緣青時，若心心所上無所緣相貌，應不能緣當正起時自心所緣之境，宗；許無所緣相故，因；如餘所不緣境，喻。"宗之有法，如緣青時若心心所上無所緣相貌，爲設定之詞。不須簡言汝執，因云："許無所緣相故。"許者，猶云汝執。文無汝字，省略也。因中，無所緣相，正出他計，故必有簡。此一例也。

《述記》四第三葉，破吠世等實我，立他比量云："汝等實我應不能作業（宗），許無思慮故（因），猶如虚空（喻）。"宗之有法曰實我，與前量有法之語勢不同，故簡言汝等。汝等者，猶言汝等所執也。因中言許，亦如前例。

《述記》六第十四葉，破順世等極微，立他比量云："所執極微應不名細（宗），與粗量等故（因），如粗果色（喻）。"宗所執言，猶云汝所執。因中亦應置簡，以宗上簡别，既足貫因，故從省略。此在自他共三種比量中，均有其例，試披《論》《疏》，應可研詳。他比諸例，多不勝窮，此示方隅，恐煩姑止。

若共比量，以勝義等言簡，無違世間自教等失。十力注：共比量者，立義曉他，證成正理。非就他宗爲破，所以異於他比量也。亦非由逢他攻難，自方設救，所以異於自比量也。即兼取立自曉他二義，名共比量。共比簡言，略有其二：一者立義若超世俗，應以真性等言爲簡。如奘師立唯識量云："真故極成色，不離於眼識宗。"有法色上，首言真故者，猶言真性故也。真謂勝義，性謂義性，義有義之性故。昔見一人，説此真性即謂真如體性者，鑄九州鐵，不足成此大錯。學不勞心，逞臆妄解，往往如是。《疏》釋此云："明依勝義，不依世俗。"又云："亦顯依大乘殊勝義立，非依小乘。"此釋盡理。小乘同非學世間，并許色離識有。今説爲不離識，若有法上無簡擇，將有違世間及小乘教等失。既言真性爲簡，即無有過，以立者據義別故。非可以世間及小乘義相衡論。原大乘所以成唯識義者，非唯有識而無色等境之謂，正以色等境非離於識之外而有。此中道理幽深，别詳《成唯識論》。今於因明，但論作法，學者宜知。

二若立敵所指，一分不同。必簡極成，即仍前例。宗有法色上，除簡真性外，復言極成者，蓋眼識所行色境，固立敵所共許極成之色。然有法上若不簡言極成，但總説言色，則小乘有後身菩薩染污色，及一切佛身有漏色，皆立者自所不許。宗中無簡，便有自一分所别不成過。反之，大乘有十方佛色，及佛無漏色，立者自許，而他又不許。宗中無簡，便有他一分所别不成過。然則色之一言，自他所指，既各有一分不同，更從何議其不離識耶？今簡言極成，即除去自他各一分不極成之色，故無有失。《疏》中引奘師唯識量，釋文晦澀，不易爬梳，今此削而不録。宋永明《宗鏡録》五十一，東僧鳳潭《瑞源記》四，雖復徵集衆説，而多逞臆，猶待權衡。他日有暇或爲約解，以利初學云爾。隨其所應，各有標簡。

十力注：今人每謂佛家因明説世間相違、自教相違諸過，爲束縛思想之道，此妄談也。因明所標宗因諸過，本斟酌乎立敵對辯之情而立，用是爲辯論之則，非所以立思想之防，文義甚明，可覆按也。浮淺之徒，援思想自由之新名詞，妄行攻詰，不思與所攻詰者渺不相干。輓世士夫，蟻智羊羶，剽竊西洋膚表，一唱百和，遇事不求真解。談學術、論群治，無往不然。盲俗既深，牢不可破。吾以孤懷，游乎昏世，衆棘怵心，叢錐刺目，茫茫天壤，搔首何言！百感在心，不覺其言之蔓。

論：自語相違者，如言我母是其石女。

宗之所依，謂法有法，有法是體，法是其義，義依彼體，不相乖角，可相順立。今言我母，明知有子，復言石女，明委無兒。我母之體與石女義，有法及法不相依順。自言既已乖返，對敵何所申立？故爲過也。石女，正翻應爲虚女。今順古譯，存石女名。《理門論》云“如立一切言皆是妄”，謂有外道立一切言皆是虚妄。陳那難言：“若如汝説諸言皆妄，則汝所言稱可實事，既非是妄。一分實故，便違有法一切之言。若汝所言自是虚妄，餘言不妄，汝今妄説非妄作妄，汝語自妄，他語不妄，便違宗法言皆是妄。故名自語相違。”

論：能别不極成者，如佛弟子對數論師立聲滅壞。

上明舊似，下明新似。新似有二：初三闕依，後一義順。

今佛弟子對數論師，立聲滅壞。有法之聲，彼此雖許。滅壞宗法，宗中之法，亦名能别。他數論。所不成，世間無故。十力注：數論説世間無滅壞法，彼宗立自性及神我，體是常住。復説二十三諦，雖是無常，而是轉變，非有滅壞。唯識疏説，二十三諦初從自性轉變而生，後變壞時還歸自性。但是隱顯，非後無體。體皆自性，更無别體。總無别依，應更須立。《後記》：“宗之後陳能别，名爲别依。别依不成，總宗無依。故言總無别依，須更成立也。”非真宗故，是故爲失。

此有全分、一分四句。

全四句者，有自能别不成，非他。立者自能别全不成，非敵不成。如數論師對佛弟子云：色聲等塵，藏識變現。有法色等，雖此共成。藏識變現，自宗非有。藏識，亦名阿賴耶識。數論本不許有藏識，今宗之能别曰藏識變現，故是自能别不成。

有他能别不成，非自。立者所立宗之能别，敵者非有故，即是他能别不成，非立者自不成。如《論》所陳，立聲滅壞。佛弟子對數論立聲滅壞，宗之能别曰滅壞。立者自成，以大乘説諸行纔生即滅故。而數論不許有滅壞法，即此能别，於他不成。覆按前文可也。

有俱能别不成。如數論師對佛弟子説色等法，德句所收，彼此世間，無德攝故。勝論立六句義，見前注。數論及佛家，都無六句義，故皆不許世間色等法是德句所攝。今宗之能别曰德句所收，不但立者數論自能别不成，即敵者佛家亦不成，故言俱能別不成也。

一分四句者，有自一分能別不成，非他。如薩婆多對大乘者，説所造色，大種藏識二法所生。十力注：大種者，即地水等四大。在外道小宗，即指客觀存在之世界而言。大乘建立藏識，則不以大種爲客觀存在之物，而説爲藏識變現之相分。又説大種亦有功能。詳拙著《唯識論》。所造色者，謂眼等根、色等塵，依大種而生，故望大種，得所造名。一分藏識，自宗無故。薩婆多雖説有大種，而不許有藏識，今宗之能別曰大種藏識二法，即有自一分能別不成。

有他一分能別不成，非自。如佛弟子對數論師，立耳等根，滅壞有易。原本，即金陵刻經處刻本，作滅壞有易。倭刻《瑞源記》，作滅壞有礙。今從原本。有易，彼宗可有，一分滅壞無故。易者變易，數論説耳等根有變易，而不許有滅壞。今佛家對數論立耳等根滅壞有易。其能別上，一分有易之義，雖他所有，一分滅壞之義，乃他所無。即他一分能別不成。

有俱一分能別不成。如勝論師對佛弟子，立色等塵，皆從同類及自性生。同類所生，兩皆許有。勝論宗許有同類因，《十句論》曰“色味香觸同類爲因者，謂二微果等和合”云云。佛家亦許有同類因，《俱舍》云“同類因者，謂相似法與相似法爲同類因”。自性所起，兩皆無故。數論自性，勝論及佛家皆不許有。故能別上一分自性之義，立敵俱無，即俱一分能別不成。

此二四句，唯俱成是。初四句中第四句，曰俱非能別不成。後四句中第四句，曰俱非一分能別不成。《疏》皆無明文者，欲令讀者準知之耳。《義範》曰：唯俱非能別不成句，定是。其俱非一分能別不成句，通是及非。謂若俱非一分不成，而是俱全成者，即當前四句中第四句，故定是。若俱非一分不成而是俱全不成者，即當前四句中第三句，故非也。餘皆非攝。

論：所別不極成者，如數論師對佛弟子，説我是思。

即前數論立神我諦，體爲受者。由我思用五塵諸境，自性便變二十三諦，故我是思。是思宗法，彼此共成，佛法有思是心所故。思者，造作義。佛家説思是諸心所之一。唯有法我，佛之弟子，多分不立。除正量等，餘皆無故，理如前説。

此有全分、一分四句。

全四句者，有自所别不成，非他。立者自所别全不成。如佛弟子對數論言，我是無常，是無常法，彼此許有。宗之法曰無常，立敵皆許有。數論不許二十三諦是常住法故。有法神我，有法亦名所别。自所不成。立者自宗本不許有神我故。今此有法，不標汝執，是故宗過，有簡便無。若佛家對數論云：汝所執神我，應是無常。宗之有法上有簡擇，便無自所别不成過，此義詳前。

有他所别不成，非自。如數論者對佛弟子，立我是思。佛家不許有我者，數論對彼，立我是思，即此所别，於他全不成也。

有俱所别不成。立敵俱不成也。如薩婆多對大衆部，立神我實有。實有可有，但泛言實有，即兩宗莫不有所謂實有者也。我兩無故。薩婆與大衆，兩皆不許有神我，今宗之有法曰神我，故是俱所别不成。

一分四句者，有自一分所别不成，非他。如佛弟子對數論言，我及色等，皆性是空。色等許有，我自無故。我者，則是立者自宗所無。宗無簡别，爲過如前。宗之有法，曰我及色。其我之一分，自宗既不許有。宗中無簡，即有自一分所别不成過。

有他一分所别不成，非自。如數論師對佛弟子，立我色等，皆并實有。佛法不許有我體故。思之可知。

有俱一分所别不成。立敵俱一分不成故。如薩婆多對化地部，説我、去來，皆是實有。世可俱有，去來世，兩宗俱許有。我俱無故。宗有法上，去來世之一分，雖兩俱有。我之一分，兩俱無故，即是俱一分所别不成。

此二四句，唯俱不違，俱非所别不成者，名俱不違。非是過攝，餘皆是過。

上二過中，初過即能别不成過。亦名所依不成，能别有故。後過即能别不成過。亦名能依不成，所别有故。《前記》"此指前宗依中，極成有法，極成能别，爲前後也"，即以有法爲初也。不據《論》文以明先後。

論：俱不極成者，如勝論師對佛弟子，立我以爲和合因緣。

前已偏句，一有一無，如能别不成，所别定成，即能别不成爲壹偏句。能别無，所别有，名一有一無。如所别不成，能别定成，即所别不成爲壹偏句。所别無，能别有，亦名一有一無。今兩俱無，謂所别與能别俱無。故亦是過。

勝論師嗢露迦，造六句論。六句者：一實，二德，三業，四大有，五同異，六和合。

實有九種：謂地，有色味香觸諸德名地。水，有色味觸液潤諸德名水。火，有色觸二德名火。風，有觸德名風。空，唯有聲德名空，别有空大，非迴色空等。時，遲速等時。方，東西等方。我，若是覺樂苦等九德，和合因緣能起智相，名我。意。若是覺樂苦等九德，不和合因緣，能起智相，名意。

德有二十四：謂色，眼所取一依名色。味，舌所取一依名味。香，鼻所取一依名香，觸，皮所取一依名觸。數，一非一名數，非一者，二以上數。量，短長等量。别性，實等差别故。合，二物先不至而今至者，名合。此有三：曰一業生，以手打鼓，手有動作，所生之合業是動作也。曰俱業生，兩手相合，皆動作故。曰三合生，如芽等生，無有動作，與空等實合時所生之合也。離，與合相反名離。彼性，依一二等數，時方等實，遠覺所待，名爲彼性。此物是一，彼物是二等，故屬於數。此時彼時，故屬於時。此方彼方，故屬方等。此性，彼性之反曰此性。覺，覺有二：一現二比。根與境接，有了相生，此了相是現量體。由見同故，比見不相違法，如見烟比有火；不見同故，比見相違法，如見雹時比禾稼損，見禾稼損比有風雹。此爲比量。樂，適悦名樂。苦，逼惱名苦。欲，希求色等名欲。嗔，損害名嗔。勤勇，欲作事時，先生策勵，即發動勢是也。重性，墜墮之因，名爲重性。液性，流注之因，名之液性。潤性，地等攝因名潤。行，行有二種：一念因，現比智行所生數習差别。二作因，攢擲等業所生勢用也。法，此有二種：一能轉，謂得可愛身因，即得生死勝身之因。二能還，謂離染緣正智喜因，即出世間之因，正智之因也。非法，能得生死，不可愛身，苦邪智因，名爲非法。聲。耳所取一依名聲。

業有五：謂取，若於上下虚空等處，極微等先合後離之因，名爲取業。捨，取業之反。屈，遠處先離近處今合之因名屈。伸，屈業之反。行。有質礙實，先合後離之因，名行業。

有體是一，實德業三，同一有故。

同異體多，實德業三，各有總别之同異故。

和合唯一，能令實等不相離，相屬之法故。

《俱舍鈔》曰："六句義，一實者，通以九法爲體，是常；世界成即聚，不增；壞即散爲極微，不滅。與德句中二十四法爲所依。二德者，通以二十四法爲體，此則依前九實。三業者，通以五法爲體，離前實德外，别有五法，令實德作業。四大有者，即前實德業不能自有，由别有一大有有之。五同異者，離實德業外，有别自性，人與人同，人與畜異，由别有同異令同異也。六和合者，能令實等不離而相屬故。”

十八部中上首名戰達羅，此云惠月，造《十句論》。此六加四，廣如勝論宗《十句論》并唯識疏解。勝論後分十八部，如《别鈔》記。

彼《十句論》。説地水各并有十四德，《十句論》曰：如是九實，地由幾德，説名有德。由十四，謂色、味、香、觸、數、量、别性、合、離、彼性、此性、重性、液性、行。水由十四，謂色、味、觸、數、量、别性、合、離、彼性、此性、重性、液性、潤性、行。火有十一，謂色、觸、數、量、别性、合、離、彼性、此性、液性、行。風有九德，謂數、量、别性、合、離、彼性、此性、觸、行。空有六德，謂數、量、别性、合、離、聲。時方各五，時有五德，謂數、量、别性、合、離。方亦爾。我有十四德，謂數、量、别性、合、離、覺、樂、苦、欲、嗔、勤勇、法、非法、行。意有八德。謂數、量、别性、合、離、彼性、此性、行。

和合因緣者，《十句論》云：“我云何，謂是覺、樂、苦、欲、嗔、勤勇、法、非法等和合因緣，起智爲相，名我。”《演秘》釋云：“由我能令覺等九德和合，而能起智，故舉所和及所起智，以顯我體。”《義範》曰：“問：我十四德，何故唯與九德爲和合因緣？答：覺樂等九，是能遍法故，和合此九，方能起智決擇是非。數量等五，雖亦是我之德，非能遍法，故不説之。”謂和合性，和合諸德與我合時，我爲和合因緣，和合始能和合，令德與我合，不爾便不能。《前記》云：“此意即説和合之和合覺樂等法與我合時，由何而得和合。由我爲因緣，和合始能令覺等與我和合，若我不爲因，覺等終不能和合。”《義範》曰：“由我證境，理須九德，故爲和合因緣。”

我之有法，此謂佛弟子。已不成，和合因緣，宗之法。此同上。亦非有，故法、有法，兩俱不成。十力注：勝論師對佛弟子，立我爲和合因緣宗。我，是宗之有法，亦名所别，和合因緣，是宗之法，亦名能别。然佛弟子，本不許有我，亦不許有和合之因緣，故此宗在他方面（即敵論者佛弟子）便是所别與能别兩俱不極。（凡言不極成者，皆得省言不極。）

此中，謂宗之後陳法中也。不偏取和合，亦不偏取因緣，總取和合之因緣，故名不成。不爾便成，十力注：《前記》曰“和合之因緣者，即我是也”。由此，佛弟子不成，設宗之能别，但曰因緣，即佛弟子亦許，故云不爾便成。自亦許有。十力注：宗中和合之因緣，在立者勝論自亦許有。十力注：勝論六句義，明諸法相依而有，異乎遠西哲學家一元二元諸陋説。數千載上，有此超絶之解，斯已奇矣！學者若封執於名相之間，必謂是六句義者，何如是繁碎？則小知不可以達神旨，無怪其然。又九實中，我意二實者，皆心法也。意，即今所謂意識。我則潛伏於意之里面，而與覺等九德合，故能起智。此與今者德人杜里舒之言心理，亦略近耳。

論：相符極成者，如説聲是所聞。

新似有二：十力注：原本作古似今似，吾改爲舊似新似者，此中宗過有九。前五，陳那舊有，後四，《論》主新立。故應但分新舊，明義所出。若言古今，或生誤解。蓋因明學分今古，陳那以前爲古學，陳那師弟爲今學。若此中亦言古今，恐其相混。上三明闕依，此一明義順。

對敵申宗，本諍同異，依宗兩順，枉費成功。凡對所敵立聲所聞，必相符故。論不標主。《論》中但云：如説聲是所聞，不標誰對誰立，故言不標主。其義易知。

此有全分、一分四句。

全四句者：有符他非自，如數論師對勝論者，立業滅壞。

有符自非他，如勝論師對數論師立業滅壞。

有俱相符，如聲是所聞。

有俱不符，如數論師對佛法立業滅壞。音石詮云：“數論不許滅壞，於自不符。佛法既許，於他是符。然言俱不符者，以立敵俱不立業句故也。”

一分四句者：有符他一分非自，如薩婆多對數論立我意實有。説意爲實，兩不相符。《後記》：“此云意者，勝論宗中所有意也。立敵俱不許有勝論意如二極微，名兩不相符。”立我實有，符他一分。數論有我故。

有符自一分非他，如薩婆多對大乘立我及極微，二俱實有。我體實有，兩不相符。極微有實，符自一分。大乘極微無實，故不符他。

有俱符一分，如薩婆多對勝論立自性及聲，二俱無常。自性無常，兩不相符。立敵俱不建立自性。聲是無常，兩符一分。

有俱不符一分，如薩婆多對大乘立我體實有。實則兩俱全不符也。

此諸句中，符他、兩符，不論全分、一分。皆是此相符。過。符自全分，或是真宗。《後記》："立量本欲違他順己，縱符於自，非過所攝。然不以符自爲一向即真，故言或也。"并俱不符，或是所别能别不成，俱不極成，違教等過。皆如理思。

論：如是多言，是遣諸法自相門故，不容成故，立無果故，名似立宗過。

此隨指釋結也。如是多言，牒前九過，下之三故，釋過所由。名似立宗，總結成也。

是遣諸法自相門故，釋立初五相違所由。此中意説，宗之有法，名爲自相，局附自體，不通他故。立敵證智，名之爲門，由能照顯法自相故。立法有法，立法與有法合之一處名之爲宗。擬生他順智。本擬生他順宗之智也。今標宗義，他智解返生，異智既生，正解不起，無由照解所立宗義，故名遣門。

又即自相名之爲門，以能通生敵證智故。謂能通生敵者證者之智。凡立宗義，能生他智，可名爲門。前五謂現量等五種相違。立宗，不令自相正生敵證真智解故，名遣諸法自相之門。《義心》曰："後解似有誤，何者？既即自相名之爲門，《論》云遣門，豈遣有法耶？學者更爲詳之。"

十力注：宗之有法，名自相。宗之後陳差别義，名之爲門，以能生敵證智故。前五相違之宗，不能令敵證智順宗而起，即是遣彼宗自相上所有義門，故名遣門。如立聲非所聞，聲爲自相，非所聞是宗之後陳差别義，此違耳根現量，故令敵證之智返起。而作聲是所聞解，不順宗義矣。是則此所遣者，即是自相上所有之差别義，非遣自相。故《疏》之後解非也。又在似宗，敵證之智返起，乃是正解。《疏》之前解"異智既生，正解不起"云云，豈於似宗不生異智、反爲正解乎？此又誤也。總之基師兩誤，皆由謬解門字之故。《論》云自相門者，本謂自相之門，今訓門爲宗之後陳差别義，即自相上之義也，於《論》無違。

不容成故者，容謂可有，宗依無過，宗可有成。依既不成，更須成立。故所立宗不容成也。故似宗内，立次三過。宗之前陳有法，亦名所别；宗之後陳法，亦名能别。所别能别，并是宗依。依若不極，宗豈容成？故次明所别不極成、能别不極成、俱不極成三過。

立無果者，果謂果利。對敵申宗，本争先競。返順他義，所立無果。由此相符，亦爲過失。

結此九過，名似立宗。非真能立故。

論：已説似宗，當説似因。

下解似因，文分爲二：初結前生後，後依標正解。此初也。

論：不成不定，及與相違，是名似因。

下依標釋爲二：初列三名，後隨别釋。此初也。

能立之因，不能成宗，或本非因，不成因義，名爲不成。《略纂》三："不成有兩解，一云因體不成，名不成因。其因於宗，俱不許有，隨一不容，或復猶豫無宗可依，如此之因，皆體不成，名不成因。不成即因，名不成因也。二云因不證宗，名不成因。不成之因，名不成因也。"

或成所立，或同異宗，無所楷準，故名不定。《前記》："或成所立云云者，即成宗或同或異，此名不定也。"《略纂》："不定有兩解：一云因體不定，名不定因，不定即因，名不定因也。以不定因，同異品有，非定一品轉故，名不定因。雖復同有異無，然爲敵量乖返，因喻各成，兩因猶豫，亦名不定。二云令宗不定，名不定因，此不定之因，名不定因也。"

能立之因，違害宗義，返成異品名相違。《略纂》："此亦二解：一云宗因兩形爲相，因返宗故名違。相違即因，名相違因。二云常與無常，兩相返故，名爲相違。與相違法爲因，名相違因，相違之因，名相違因，即同品無、異品有也。"

雖因三相，隨應有過。俱不能成宗，應皆名不成。

若後二相，俱有俱無，異全同分，同全異分，俱分難準，不能定成一宗，令義無所決斷，與名不決定。

若後二相，同無異遍，異分同無，不成所立，返成異品，與名相違。若是初相，於宗有失，不能成宗，無别勝用，與名不成。

論：不成有四：一兩俱不成，二隨一不成，三猶預不成，四所依不成。

下隨別釋有三：初不成，次不定，後相違。初文有二：初標數列名，後隨列別釋。此初也。

凡立比量，因後宗前，將已極成，成未共許。彼此俱謂，因於有法非有。不能成宗故，名兩俱不成。

一許一不許因於有法有，非兩俱極成故，名隨一不成。

説因依有法，决定可成宗。説因既猶豫，其宗不定成，名猶豫不成。

無因依有法，有法通有無。有因依有法，有法唯須有。《後記》："如無體因所依有法，有法得通有體無體。若有體因所依，必有體故也。"《廣百論》首卷："因有三種：一有體法，如所作性等。二無體法，如非所作等。三俱二法，如所知性等。"準此，宗法亦有三種：有體因必依有體宗，如所作因，依聲有法。所作者，表其生義。聲有體故，得有生滅。若有法無體，依誰説生？故曰有因依有法，唯須有也。無體因通依有無宗。若依無體有法者，如神我是無宗，不可得故因。又即此因，成蘊中無我宗。宗有法蘊，是有體，不可得因，即無體也。俱二者，如所知性因，成一切法無我宗。因言所知，即通有無。有法曰一切法，有無皆通，亦可知也。因依有法無，有體因依無體有法，即所依無。無依因不立，名所依不成。

故初相過，立此四種。

論：如成立聲爲無常等，若言是眼所見性故，兩俱不成。

自下別釋，如勝論對聲論，立聲無常宗，眼所見因。凡宗法因，意云宗有法上所有之因法。宗者，謂有法。必兩俱許，依宗有法，而成隨一不共許法。今眼見因，勝聲二論，皆不共許聲有法有。立者勝論與敵者聲論，皆不許宗有法聲之上有眼見因故。非但不能成宗，自亦不成因義。因自體不成故。立敵俱不許，名爲俱不成。

此不成因，依有有法，謂此因依有體之有法也。合有四句。

一有體全分兩俱不成，如論所説。眼見因，是有體因。然立敵俱全不許此因在有法聲上有，故名有體全分兩俱不成。

二無體全分兩俱不成，如聲論師對佛弟子立聲是無常，實句攝故。

此實攝因，兩説無體，立者聲師與敵者佛家，俱不許有勝論實句義故。故實攝因，是無體因。共説於彼有法無故。立敵共説有法聲上全無實攝因，故名無體全分兩俱不成。

三有體一分兩俱不成，如立一切聲皆常宗，勤勇無間所發性因，立敵皆許此因於彼外聲無故。思之可知。

四無體一分兩俱不成，如聲論師對佛弟子説聲常宗，實句所攝、耳所取，因。耳所取一分因，立敵皆許於聲上有。實句所攝一分因，兩俱無故，於聲不轉。思之可知。

此四皆過，不成宗故。

論眼見因，不但成聲無常爲失，成聲之上無漏等義，一切爲過，故宗云等。《論》云："如成立聲爲無常等。"

論：所作性故，對聲顯論隨一不成。

能立因也。共許，不須更成，可成所立。既非共許，應更須成，故非能立。宗與前同，同前聲無常宗。故唯叙因。

若勝論師對聲顯論，立聲無常，所作性因。其聲顯論説聲緣顯，不許緣生，聲顯師説：聲性本有，但從緣而顯，非從緣所生。所作既生，由斯不許，故成隨一。立敵兩家，一許，一不許，名隨一。非爲共因。

問：亦有傳釋，所作通顯，云何此因名爲隨一？答：依文釋義，深達聖情。理外浪加，未可依據。此之所作，對聲顯論不成。故所作言，必唯生義。

此隨一因，於有有法，略有八句。

一有體他隨一，如論所説。所作者，表其生義，故此因是有體。然敵者不共許，名他隨一不成。

二有體自隨一，如聲顯論對佛弟子，立聲爲常，所作性故。聲顯既説聲性本有，不許聲上有所作義，故是自隨一不成也。

三無體他隨一，如勝論師對諸聲論，立聲無常，德句攝故。聲論不許有德句故。敵者聲論既不許有德句，故此因是無體他隨一不成也。

四無體自隨一，如聲論師對勝論，立聲是其常，德句攝故。思之可知。

五有體他一分隨一，如大乘師對聲論者，立聲無常，佛五根取故。大乘佛等諸根互用，互用者，如耳等根可見色，眼等根可聞聲等也。於自可成。立者大乘自許此因聲上有故。於他一分，四根不取。聲論但許耳根取故。

六有體自一分隨一，如聲論師對大乘者，立聲爲常，説次前因。次前因者，即前有體自隨一中所作性因。聲論師分爲二：一生師説聲從緣生，二顯師説聲但從緣顯，非生。今此所作性因，在立者聲論師中顯師方面，便是自一分隨一不成。

七無體他一分隨一，如勝論師對聲論者，立聲無常，德句所攝，耳根取故。耳根取因，兩皆許轉。立敵俱許因中耳根取義，於有法聲上遍轉故。德句攝因，他一分不成。敵者聲論，不許有德句義故。

八無體自一分隨一，如聲論師對勝論者，立聲爲常，説次前因。此次前因，謂前無體自隨一中德句攝因。

此中諸他隨一全句，自比量中説自許言；諸自隨一全句，他比量中説汝許言。一切無過，有簡别故。義詳前注。若諸全句無有簡别，及一分句，一切爲過。

如《攝大乘》卷三。説："諸大乘經，皆是佛説。宗也。一切不違補特伽羅無我理故。此因也。補特伽羅，譯云數取趣，言數數往來諸趣也。趣者六趣，亦云六道。數取趣者，即指人或衆生而言。補特伽羅無我者，言一切衆生實皆無我也。此以大乘經一切不違無我理成立大乘經是佛説。如《增一》等。喻也。此對他宗有隨一失，他宗不許大乘不違無我理故，説有常我爲真理故。設許不違，亦有不定，六足等論，皆不違故。而爲不定。"嵩岳《疏》説："此不違無我理之因，對小乘諸師有二種過。一他隨一不成，不許大乘不違無我，以其亦説真我義故。二有不定過，六足論等，雖順無我，非佛説故。"十力注：初過中，小乘難言，大乘亦説常樂我浄，故非是不違無我理也。次過中，以小乘論有六足等，雖順無我，而非佛説。今大乘以不違無我因，證成佛説，故是不定也。

故有大名居士，聲德獨高，道穎五天，芳傳四主。時賢不敢斥其尊德，號曰抱跋迦，此云食邑。學藝超群，理當食邑。即勝軍論師也。《慈恩傳》：勝軍本蒜剌他國人，從賢愛學因明，從安慧學聲明及大小乘論，從戒賢學瑜伽論，從難陀學唯識論。外籍群言，四吠陀，天文地理，醫方術數，無不窮覽根源，究盡枝葉。既學統内外，德爲時尊。戒日王嘗請爲師，封烏荼國八十大邑，辭而不受。奘師西度，就之首末二年，學唯識論等。四十餘年，立一比量云：諸大乘經，皆佛説，宗；兩俱極成非佛語所不攝故，因；如《增一》等阿笈摩，喻。此即改《攝論》中比量也。《後記》：阿笈摩者，此云教也。注在《唯識決擇》中。

兩俱極成非佛語所不攝者，立敵共許非佛語所不攝，則非外道及六足等教之所攝故。十力注：非佛語三字，作一名詞。佛語，與非佛語，兩相反者也。此大乘經，若爲非佛語之所攝，則不得成立大乘經是佛説。今因言非佛語之所不攝，故可以成立大乘經是佛説也。然非佛語之上，必簡言極成者，蓋泛稱非佛語，則有極成不極成。《義範》云："極成非佛語者，謂外道教。凡説外道教爲非佛語，彼此共許故。其不極成之非佛語者，如大乘及小乘一分，許薩婆多之《發智論》爲非佛語，而薩婆多不共許也。又如小乘皆許大乘經爲非佛語，而大乘亦不共許也。凡不共許，皆名不極。故今者此因，言非佛語。若不簡極成，則立敵所指非佛語，既有不同。即此因體已不成，何可證成宗義耶？"時久流行，無敢徵詰。

大師謂玄奘也。至彼而難之曰：且《發智論》，薩婆多師自許佛説，亦餘小乘餘小乘者，即謂薩婆多之許發智是佛説者。《前記》云："爲對不許佛説家得餘名。"及大乘者，兩俱極成非佛語，所不攝。豈汝大乘許佛説耶？十力注：此中意云，《發智論》在小乘中薩婆多部既自許爲佛説，即此許是佛説之一分小乘，及汝大乘不共許者，相對而稱兩俱。此兩俱所共許極成之非佛語中，不得攝《發智》，以大乘許《發智》爲非佛語，而薩婆多不共許，即非兩俱極成故。若爾，兩俱極成非佛語所不攝之因，在《發智論》上亦有，豈汝大乘亦許《發智》是佛説耶？此因對薩婆多有不定過，故爲此詰難。《疏》文晦澀，費解極矣！

又誰許大乘兩俱極成非佛語所不攝，是諸小乘及外道兩俱極成非佛語所攝。唯大乘者許非彼攝，因犯隨一。十力注：因中簡言極成，明爲立敵兩宗共許，毫無所疑，何必更言兩俱？且泛稱兩俱，則可不作立敵兩俱解，亦可解作小乘對外道名兩俱也。在小乘對外道，便可説大乘經是兩俱極成非佛語之所攝，以外道與小乘本共許大乘經非佛説故。由此，奘師難勝軍云：誰許大乘經是兩俱極成非佛語之所不攝耶？汝豈言小乘外道之兩俱極成非佛語所不攝耶？夫以小乘對外道名兩俱，則小乘應許大乘經是兩俱極成，非佛語之所攝矣。大乘許非彼攝，即此因對小乘有隨一不成過。然則兩俱之言，易生誤解，何如删之爲得耶？

若以《發智》亦入宗中，違自教。因犯一分兩俱不成，因不在彼《發智》宗故。十力注：此中意云，此極成非佛語所不攝之因，既對《發智論》無簡别。汝若立大乘經《發智論》俱是佛説，以爲宗者，此因，對小乘之許《發智》是佛説者而言，大乘但有違自教失。以大乘本不許《發智》是佛説，今成此宗故違自教。若對小乘之不許《發智》是佛説者而言，此因即犯一分兩俱不成過。立敵共許此因，於宗中一分大乘經上有，一分《發智論》上無，故言一分兩俱不成也。不以爲宗，故有不定。十力注：若不以《發智》入宗者，此因便有不定過，如下文所難也。

小乘爲不定言，假設小乘難也。爲如自許《發智》兩俱極成非佛語所不攝故，《前記》云："爲如自許《發智》者，即謂大乘自許。"汝大乘教非佛語耶？十力注：因言兩俱極成非佛語所不攝，於極成之外，更無簡别，即此因亦許在《發智論》上有。然立者本不許《發智》是佛語，故此逼之云：汝大乘經，爲如汝所自許之《發智論》是兩俱極成非佛語之所不攝，而仍非佛語耶？爲如《增一》等兩俱極成非佛語所不攝故，汝大乘教并佛語耶？十力注：前既逼已，此又縱之，令其展轉成不定過也。

若立宗《後記》意云申言出過，名爲立宗，非指有法與法和合不相離性名之立宗。爲如發智極成非佛語所不攝，薩婆多等，便違自宗自許是佛語故。十力注：上述小乘以不定過向大乘興難，首云爲如自許《發智》等。何故於《發智》之上，必設爲大乘自許之言耶？蓋薩婆多等小乘，將難大乘，必先自語無過，始可難人。倘小乘不設大乘自許之言，而直向大乘出不定過云，爲如《發智》兩俱極成非佛語所不攝故，諸大乘經非佛語耶？在薩婆多等小乘本許《發智》是佛語者，今對大乘作此語勢，便與自宗一向自許《發智》是佛説者相違。由此應設爲大乘自許之言，即無有失。故爲不定言，爲如自許設爲大乘之自許也。發智極成非佛語所不攝，汝大乘經非佛語耶？以不定中，亦有自他及兩俱過，今與大乘爲自不定故。不定過中，有自不定，有他不定，有兩俱不定，今此是出大乘自不定過也。

由此大師玄奘。正彼勝軍。因云，自許極成非佛語所不攝故，簡彼

《發智》等非自許故，便無玆失。奘師改此因，將勝軍量中兩俱之言删去，復於極成之上兼以自許言簡。即《發智論》，不在立者大乘宗自許之中，則此因乃爲諸大乘經上所有，非《發智論》上得有。由斯，此因，對小乘餘部，以極成非佛語所不攝爲言，對薩婆多部言自許極成非佛語所不攝故。一切無過。唯識亦言，諸大乘經，至教量攝，宗也。樂大乘者許能顯示無顛倒理契經攝故，因也。樂大乘者許，猶此所云自許也。因言能顯示無顛倒理之契經所攝，以證是佛説也。如《增一》等。喻也。《增一》等，是至教量攝，大小共許，故以爲喻。言至教量攝者，即顯是佛所説也。以諸因中皆應簡別，并如前説。十力注：以上之文，詞澀而思密，至不易解，學者切須細心求之。

十力注：《疏》原本卷五，第四葉左"凡因明法，若自比量，宗因喻中，皆須依自，他共亦爾"云云。由此有難：奘師所改勝軍量，明是共比，云何因中置自許言？豈不乖因明法？答：因言極成，正顯因體。明知此因，是依於共，兼以自許簡濫，故無有失。奘師用此例非一，唯識量中，因言自許，正可參稽。然共量因，設唯依自，當知是過。

論：於霧等性，起疑惑時，爲成大種和合火有，而有所説，猶預不成。

西方濕熱，地多藂草。既足螽虻，又豐烟霧。時有遠望，屢生疑惑。爲塵爲烟，爲蚊爲霧。由此論文，於霧等性。

火有二種：一者性火，性者實也。如草木中極微火大。火大者，四大中之一。二者事火，炎熱騰焰，烟照飛烟。《前記》云："此有六義，顯其事火：一有焰，二有熱性，三騰焰，騰者飛舉也，四有烟，五有照顯，六飛烟，飛烟者令烟飛舉。具此六義，故名事火。"其前性火，觸處可有，立乃相符。十力注：性火即火大，諸論説温熱義是火大義。自大小乘以至外道，皆建立火等四大，以説明器界之成立。火大既觸物皆有，故不須立。其後事火，十力注：事火者，即俗所謂能燃之火，事者境相義。此火有相狀故，立以事名。有處非有，故今建立。

凡諸事火，要有地大爲質，爲依。《前記》云："火望薪炭爲質，是地大。"十力注：《論》説堅勁義是地大義。事火者，即以薪等地大爲質爲依。風飄動焰，《前記》云："焰動爲風大。"水加流潤故。《前記》云："焰流及金汁等，并是潤，爲水大，熱性即火大。”爲成大種和合火有，十力注：言大種和合火者，大種者，亦大之異名。如上所説，地水風等四大種和合，假名爲事火，離四大種和合，無别實火故。故總説言，大種和合火。爲成二字，須貫通下句而有所説，一氣讀之。言爲成立此大種和合火之爲有，而有所説也。有彼火故。十力注：此正釋大種和合火五字，依四大種和合，而有事火，故云有彼火故。《前記》云：能有者即四大種，所有者即事火是也。

如有多人，遠共望彼，或霧或塵，或烟或蚊，皆共疑惑。其間或立有事火宗云，彼所見烟等下宗之有法。似有事火。宗之法。

而有所説者，謂立彼因。《理門論》云：“以現烟故，因也。喻如廚等，喻也。此因，不但立者自惑，不能成宗，亦令敵者於所成宗，疑惑不定。夫立共因，成宗不共，欲令敵證決定智生。十力注：夫立量者，立共許之因法，以成所不共許之宗法，欲令敵證生決定智故。於宗共有疑，宗言似有火，即立敵共有疑也。故目於霧等性，起疑惑時，更説疑因，不成宗果。決智不起，是故爲過。”

論：虚空實有，德所依故。對無空論，所依不成。

如勝論師對經部立，虚空實有宗，德所依因，凡法宗之後陳。有法，宗之先陳。必須極成，詳前。不更須成，宗方可立。况諸因者，皆是有法宗之法性。標空實有，有法已不成。《後記》云：“有法曰虚空，對無空論，已不成也。”更復説因，因依於何立，《後記》云：“因是有法之因，有法不成，因更無所依之處。”故對無空論，《順正理論》云：“彼上座部及餘一切譬喻部師，咸作是説。虚空界者，不離虚空；然彼虚空，體非實有。故虚空界，體亦非有。此有虚言，而無實義。”十力注：光法師云“薩婆多宗，虚空實有，别有空界謂竅隙。體是明暗顯色差别，亦是實有，與虚空别”云云，《順正理論》即破此也。因所依不成。

問：勝論師説空有六德：數、量、别性、合、離與聲，詳前。經部不許。云何今説德所依故，他隨一因？問者之意，勝論師對經部立空實有宗，德所依因，非獨因有所依不成。此因經部不許，亦合有他隨一不成，如何舉所依不成耶？答：示法舉略，非顯唯有所依不成，無他隨一。既具二過，所依不成及他隨一不成。體即隨一所依不成。

論：不定有六：一共，二不共，三同品一分轉、異品遍轉，四異品一分轉、同品遍轉，五俱品一分轉，六相違決定。

釋不定有三：初標，次列，後釋。此初二也。

因三相中，後二相過，於所成宗及宗相違二品之中，不定成故，名爲不定。若立一因，於同異品皆有，名共；皆無，名不共。同分異全，是第三。同全異分，是第四。同異俱分，是第五。若二别因，三相雖具，各自決定，成相違宗，令敵證智，不隨一定，名相違決定。

初五過中，唯第二過是因三相，第二相失。於同品，非定有故。餘四，皆是第三相失，謂於異品非遍無故。後一并非，至下當知。

論：此中共者，如言聲常，所量性故。常無常品，皆共此因，是故不定。

下别顯六，初共也。如聲論者對佛法者，立聲常宗，心心所法所量度性爲因，空等常法爲同品，瓶等無常爲異品，故釋共義。同異品中，此因皆遍，二同異品二。共有故，名爲不定。

論：爲如瓶等所量性故，聲是無常；爲如空等所量，性故。聲是其常。

狹因能立，通成寬狹兩宗。故雖同品，而言定有，非遍。寬因能立，唯成寬宗。今既以寬成狹，由此因便成共。共因不得成不共法。若有簡略，則便無失。如聲論師對勝論師，立聲無常宗，耳識所量性故因，因言耳識，即是簡略，無共不定。故《理門》云："諸有皆共，無簡别因，此唯於彼俱不相違，是疑因性。"此説共不定諸有立因，於同異品皆共有性，無有簡别。如聲常宗，所量性因，二品皆有。

然宗有二：一寬，二狹。如立聲無我，名寬，聲外一切皆無我故。立聲無常，爲狹，除聲以外，有常法故。同品亦二：此謂因亦有寬狹二者也。同品二字，疑誤，應改作因。所量、所知、所取等名寬，無有一法非所量等故。無有一法非所量等，故所量等因是寬因也。勤勇、所作性等名狹，更有餘法非勤勇發、非所作故。思之可知。若立其狹，常無常宗。若立狹宗者，如云聲是無常，無常以外，有常法故。即無常宗是狹宗也。又如立虚空是常，常法以外，有無常法故，即此常宗是狹宗也。説前寬因，所量因，或所知因，或所取因。同異二品，如聲是無常狹宗，瓶等爲同品，空等爲異品。因皆遍轉，所量性等寬因，於同品瓶等上，異品空等上，皆遍轉故。故成不定。此因於異品有，故成不定也。若望寬宗，其義可立。如無我寬宗，則用所量等寬因成立之，亦可也。唯説狹因，可成狹宗，如勤勇狹因，可成内聲無常狹宗；所作狹因，可成内外聲無常狹宗。亦可成寬。即上説二狹因，亦可成無我寬宗。異品無故，以一切法皆無我故，云異品無。可成正因。其因既無異品相濫，故是正因。

如聲論師對勝論，立聲常爲宗，耳心心所，所量性故，耳心心，猶言耳識也。猶如聲性。有此簡略，即便無失。

故此與不共，二不定共與不共名二不定。差别，彼謂不共。於一切品，都無故。

論：言不共者，如説聲常，所聞性故。常無常品，皆離此因，常無常外，餘非有故。是猶預因。

第二不共。如聲論師對除勝論，立聲常宗，耳所聞性爲因。此中常宗，空等爲同品，電等爲異品，所聞性因，二品皆離。於同異品皆非有故。離常無常，更無第三非常非無常品，有所聞性，故釋不共云。離常無常二品之外，更無餘法是所聞性，故成猶預。不成所立常，亦不返成異品無常。

故除勝論師亦立有聲性，謂同異性等，并所聞性。若對彼宗，非無同喻。故除勝論，對立成過。參看後相違决定中。

論：此所聞性，其猶何等。

猶者，如也。夫立論宗，因喻能立。因與喻皆爲能立也。舉因無喻，因何所成。其如何等，可舉方比。因既無方，明因不定。不能生他决定智故。問：舉因能立，立未成宗。無喻順成，其宗不立。因無同喻順成，故其宗不立也。宗既順先不立，此因應非不定。《後記》云："初立其宗，未舉其因，其宗未立。後舉因時，擬成於宗。由闕同喻，成宗不得。宗仍順先未舉因時，一致不成，名爲順先不立也。"然則此因，但不成宗而已，何名不定耶？答：因闕同喻，宗義無能可成，因闕同喻，故此因無能，未可成宗也。亦不返成異宗。由此，名爲不定。非是定能成一宗義故，不與其定名。《義心》云："因闕同喻宗義無因可成，亦不返成異宗，由此名爲不定。既不定能成一宗義，得不定名，非是令宗不定，名不定也。"

論：同品一分轉，異品遍轉者。如説聲非勤勇無間所發，無常性故。

第三釋同分異全也。若聲生論，本無今生，是所作性，非勤勇顯。生師説聲性本無，從緣所生，即内聲亦非勤勇所顯。若聲顯論，本有今顯，勤勇顯發，非所作性故。顯師説一切聲性本有，即此内聲，亦由勤勇顯發，非新生故。今聲生對聲顯，立聲非勤勇無間所發宗，無常性因。此因，雖是兩俱全分兩俱不成，今取不定，亦無有過。《後記》云："聲生聲顯，俱不許無常性因於聲上轉，即是因中兩俱不成之過。然雖不成，指法而已，且求不定。"音石詮云："問：如下疏言，若有兩俱不成，必無不定，此無常性因，有兩俱不成，何故今取指法求不定耶？答：《義範》曰：彼下卷意，且約三中，唯闕初相，名爲不成。後二相中，偏闕一相，名爲不定。二相俱闕名爲相違，非盡理説。不是前後自相違害，據其實理，得有兩俱不成，兼餘過也。"

論：此中非勤勇無間所發宗，以電空等，爲其同品；此無常性，於電等有，於空等無。

非勤勇宗，電光等并虚空等，皆是同品。并非勤勵勇鋭無間所發顯故。無常之因，電有空無，故是同品一分轉也。

論：非勤勇無間所發宗，以瓶等爲異品，於彼遍有。

此顯異全，因於異品上全有也。瓶是勤勵勇鋭無間因四塵泥所顯發故，無常之因，於彼遍有。

論：此因以電瓶等爲同品故，亦是不定。十力注：此無常性因，如成聲非勤勇發宗，以電等爲同品，此因於電等上有。如成聲是勤勇發宗，以瓶等爲同品，此因於瓶等上亦有。故説此因，是不定也。《疏》中據此處《論》文，遂分立宗同品、因同品名目，其謬已甚，故不録。

論：爲如瓶等，無常性故，彼是勤勇無間所發，爲如電等，無常性故，彼非勤勇無間所發。

指不定相也。彰無常因，能成前聲，或是勤勇，或非勤勇，何非不定？

此亦有三：如小乘等對大乘立他比量云，汝之藏識，非異熟識，十力注：藏識者，第八識之異名。以其含藏一切功能，故名藏識。藏者，藏也。異熟識者，亦第八識之異名。第八名爲異熟識者，由先善惡業勢力爲因，引生現行第八識爲果，而現行第八識之自體，非善非惡，名爲無記。故《唯識疏》説，因通善惡，果唯無記。果望於因，其性異類，而得成熟，故名異熟也。小乘不立第八識，故宗之有法藏識，以汝言簡。執識性故。如彼第七等。十力注：因中言執者，猶云汝執指大乘所執也。喻中言彼者，亦謂大乘，亦是簡言汝執之意，小乘本無第七識，故須簡也。又此因，乃以彼例此，其意蓋云：汝大乘第七識，既是識性，而非異熟，汝所執藏識，亦識性故。應如第七，亦非異熟，蓋大乘本不許第七是異熟。今小乘欲就大乘計中，以彼之矛攻彼之盾，故爲此量也。然因中有不定過，如下所説。

此非異熟識宗，以除異熟六識外，十力注：大乘説前六識通善惡無記三性，以前六識中，善等三性，容前後間雜而起故。若起無記時，便是異熟，非謂六識遍是異熟。此義深詳，具如《成唯識論述記》。餘一切法而爲同品。謂除異熟六識外，若第七識及六識中，善或惡、乃至色聲等法，皆非異熟識故，即此宗之同品。執識性因，於第七等有，於色聲等無。執識性因，於其同品一分第七識等上有，一分色聲等上無，故是同品一分轉也。異熟六識而爲異品，非異熟識宗，便以異熟識爲異，思之可知。執識性因，於彼遍有。執識因性，於其異品異熟六識之上遍有，名爲異品遍轉。故是他他比量。同分同品一分轉也。異全。異品遍轉。

如薩婆多對大乘立自比量云：我之命根，定是實有。十力注：命根者，《廣五蘊論》説："謂於衆同分，先業所引住時分限爲性。"衆同分者，同前論説，"謂諸群生各各自類相似爲性"。如人與人同，名人同分是也。人之生也，由其先所造業力，勢無散失，引起今生。即彼今生，於衆同分中，隨業所引住時分限，説名命根。住者，如人從初生已，至未滅期，總名爲住。住之時，或長或短，壹視其先業所引。故云先業所引住時分限也。命根之名，今俗多誤解，故依《廣五蘊論》略詮如此。大乘説命根是分位假法，自屬諦論。而薩婆多等小乘，乃謂命根實有，即謂爲一種實作用也。今薩婆多對大乘，立命根是實有宗。爲避免大乘不許故，故於宗之有法命根上，簡言我之，即簡自許也。許無緣慮故，如許色聲等。此因，亦是以彼例此。意云：色聲等無緣慮，而是實有，命根無緣慮，亦定是實有也。然此因有不定過，如下所説。

此實有宗，以餘五蘊無爲等爲同品。五蘊者，一色蘊，二受蘊，三想蘊，四行蘊，五識蘊。無爲者，真如之異名。五蘊及無爲，大小乘共許爲實有。無緣慮因，於色等有，等者，謂無爲。於識等無，無緣慮因，於其同品一分色等上有，一分識等上無，即是同品一分轉。以瓶盆等而爲異品。薩婆多等説瓶盆等是由極微和合而成，極微是實有，瓶盆等非實有。無緣慮因，於彼遍有。此實有宗，既以非實有之瓶盆等爲異品，今無緣慮因，則於瓶盆等上遍有，是名異品遍轉。故是自自比量。同分異全。準前釋。

如《論》所陳，即此中《論》文所云，如説聲非勤勇無間所發，無常性故。即是共共比量。同分異全。覆按上文可也。

論： 異品一分轉，同品遍轉者，如立宗言，聲是勤勇無間所發，無常性故。

第四釋異分同全。謂聲顯論對聲生立，是勤勇無間所發宗，無常性因。

論： 勤勇無間所發宗，以瓶等爲同品，其無常性，於此遍有。

此顯同全，一切轉故。

論： 以電空等爲異品，於彼異品。一分電等是有，空等是無。

此顯異分，半有轉故。無常性因，於其異品一分電等上有，即成不定過也。

論： 是故如前，亦爲不定。

此結不定，是因，不但能成於聲如瓶盆等，是勤勇發。亦能成聲，如電光等，非勤勇發。是故如前，成二品故，亦爲不定。

此亦有三：如大乘師對薩婆多立他比量云，汝執命根，定非實有，許無緣慮故，緣慮者，即思慮義。如所許瓶等。薩婆多許瓶等非實有，故得爲喻。

非實有宗，以瓶等爲同品，無緣慮因，於彼瓶等。遍有，即同品遍轉。以餘五蘊無爲爲異品。無緣慮因，於彼異品。一分色等上有，心、心所無，受想行三蘊，是心所法，識蘊是心法。心、心所法皆有緣慮，故無緣慮因，於此不轉。此因，唯於異品一分色等之上有故，名異品一分轉。故是他他比量。異分，異品一分轉。同全。同品遍轉。

大乘若云，我之藏識，是異熟識，許識性故，如異熟六識。

異熟識宗，以異熟六識而爲同品，許識性因，於此遍有。即同品遍轉。以除異熟六識，餘一切法而爲異品。許識性因，於彼一分非業果心有，業果心，即異熟心；非業果心，即非異熟心，如第七識等是也。於彼一分色等上無，故是自自比量。異分同全。

如前所說，勝軍論師成立大乘真是佛語，兩俱極成非佛語所不攝故，如《增一》等。

此中佛語宗，以《增一》等而爲同品，大小乘兩俱極成非佛語所不攝因，於此遍有。同品遍轉。以發智六足等而爲異品，兩俱極成非佛語所不攝因，於發智有、詳前。於六足無。即異品一分轉。亦此因過攝。

如《論》所陳，即此中《論》文云："聲是勤勇無間所發，無常性故。"即是共共比量。異分、同全。

論：俱品一分轉者，如説聲常，無質礙故。

第五俱分。因於同異二品名一分轉，名俱品一分轉。聲勝二論，皆説聲無質礙，無質礙故，空大空大者，五大之一。爲耳根，《前記》云："勝聲二論，俱説空爲耳根，何以故？空無障礙故，若有障礙，是即不聞，故取空爲耳根。"亦無質礙。意説聲無質礙故，空大爲耳根，亦無質礙也。今聲論對勝論立聲常宗，無質礙因。

論：此中常宗，以虛空極微等爲同品，無質礙性，於虛空等有，於極微等無。

此顯同分。二宗聲論、勝論。俱説，地水火風，四大。極微常住，《二十唯識疏》云："地水火風，是極微性，若劫壞時，此等不滅，散在處處，體無生滅，説爲常住。"粗者無常。極微所成粗色，便是無常。劫初成，體非生；劫後壞，體非滅。二十空劫，散居處處。後劫成位，兩合生果，如是展轉，乃至大地。所生皆合一，能生皆離多。極微衆多，其體非一。廣如《二十唯識疏》中解。

此空言等，等彼時等，極微言等，等取彼意等。如極微，亦有礙故。故此常宗，虚空極微爲同喻。無質礙因，於空等有，極微等無，故是同分。同品一分轉也。

論：以瓶樂等爲異品，於樂等有，於瓶等無。

此顯異分，彼二宗中，皆説覺樂欲嗔等爲心心所。此二十力注：此二者，論所舉樂等及瓶等二也。非常，爲常異品。彼二非常，乃爲此常宗之異品。無質礙因，於樂等中有，於瓶等上無，故是異分。異品一分轉也。

並前，合顯俱一分轉。以此異分，并前同分，合顯俱品一分轉。

論：是故此因，以樂以空爲同法故，亦名不定。

結不定，無質礙因，空爲同品，能成聲常。樂爲同品，能成無常。由成二品，是故如前，亦爲不定。十力注：如成聲常宗，空爲同品無質礙因，得成此宗。如成聲無常宗，樂爲同品無質礙因，亦得成此宗。故是不定。

論：相違決定者。

第六相違決定，具三相因，各自決定，成相違之宗，名相違決定。相違之決定，《後記》云："意云相違即宗，決定是因，不得名爲相違，相違之因，屬主爲名，第六轉攝。"決定令相違，《後記》云："由因能令宗法相違也，還是相違宗之決定也。第三轉攝，雖由於因，宗方相違。此《論》文中，正明因過。因不得名相違，從相違主以得其名，名相違決定也。"第三第六兩轉，俱是依主釋也。

論：如立宗言，聲是無常，所作性故，譬如瓶等。

此乃勝論對聲生論立，義如前説。若對聲顯，隨一不成。

論：有立聲常，所聞性故，譬如聲性。

此乃聲生對勝論立，若對餘宗，説所聞性，是前所説不共不定。對餘宗説，此因便無同喻，以餘宗不説有聲性故。

勝論聲性，謂同異性。實德業三，各别性故。實中如地等，别有地等性。德中如聲等，别有聲等性。業可類推。本有而常，聲等性本有而常也。大有共有，非各别性，不名聲性。依《廣百論》，大有亦名聲性，今此不爾。《莊嚴軌》曰："問：大有句義，何故不名聲性？答：聲之同異，唯與聲爲性，不通餘法，故是聲性。大有通一切，不名聲性。"篠山《鈔》云："泛言聲性，有通有别。通者，大有體一是常，一切共有，亦是色等性故，不得偏名爲聲性也。别者，謂同異性，體多而常，諸法别有故，聞聲時亦聞同異性故。”當知《廣百》，依通性説，今約别性，亦不違也。以上須參看前述勝論六句義中。

聲生説聲，總有三類：一者響音，雖耳所聞，不能詮表。如近坝語，别有響聲。二者聲性，一一能詮，各有性類，《後記》云：“聲性，隨能詮聲，許有多也。”離能詮外，别有本常，不緣不覺。新生緣具，方始可聞。《後記》云：“聲性，緣未具時，耳根不取，名不緣不覺。覺者，起耳緣時，名之爲覺也。不緣者，無緣也。總意而言，要須緣具，聲性之上，方有可聞。若不然者，但住本常，不緣不覺。”不同勝論。《後記》云：“勝論但取同異性名爲聲性，聲生説緣具不具，有聞不聞。”三者能詮，即前第二中所云一一能詮是也。離前二有，離前響音及聲性二者，而别有此能詮也。雖響及此，能詮。二皆新生。響不能詮。今此新生聲是常住，今聲生對勝論立聲常宗，有法之聲，即新生聲。以本有聲性爲同喻。

兩宗聲生、勝論。雖異，并有聲性可聞，且常住故，總爲同喻。不應分别何者聲性，如立無常。所作性因，瓶爲同喻。豈應分别何者所作，何者無常。若繩輪所作，打破無常，聲無瓶有。若尋伺所作，由意中尋伺力故，擊咽喉等發聲，故説聲是尋伺所作。緣息無常，尋伺或咽喉等緣不起用時，聲緣便息，爾時聲滅，名無常。聲有瓶無。若爾，一切皆無同喻，故知因喻之法，皆不應分别。由此聲生，立量無過，十力注：《明燈鈔》云：“勝論聲性，謂同異性也。聲論别有本性是常。兩宗所説聲性雖異，而不應分别。蓋因喻之法，依總相而立。如所作因，不分别繩輪所作，或咽喉所作，但取聲及瓶上有是所作之總相，以爲因法。此亦如是。不分别立者聲生所説聲性如何，敵者勝論所説聲性如何，但取兩宗所説聲性之總相，以爲同喻，由依總相立，故無有過。”若分别者，便成過類分别相似。《理門論》云：分别同法差别，由此分别，顛倒所立，説名分别相似等。

論：此二皆是猶預因故，俱名不定。

結成不定也。二因，十力注：二因者，前所舉勝論對聲生立聲無常宗，所作性因；聲生對勝論立聲常宗，所聞性因。此二也。皆不能令他敵證生決定一智，故如前五，俱是不定。《略纂》曰：“此雙結兩宗，因皆有過。一有法聲，其宗互反，因喻各立，何正何邪？故俱猶預。名因不定。”《理門論》頌，結四相違及不定云：“觀宗法審察，若所樂違害，成躊躇顛倒，異此無似因。”參考《理門論》。由觀察宗法，令審察者智成躊躇，名不定因。

二因雖皆具足三相，令他不定，與不定名。論説此二，俱不定攝故。不應分别前後是非，不必分别前宗之因爲非，後宗之因爲是也。凡如此二因，二皆不定故。凡有與此相類似之二因，其二亦皆不定也。古有斷云，如殺遲棋，後下爲勝。若爾，聲强，勝論應負。然《理門論》傍斷聲勝二論義云：“又於此中，現教力勝，故應依此，思求决定。”彼説此因，二皆不定。然斷聲論先立聲常，所聞性因。勝論後説所作性因，云聲無常。可如殺遲棋，先下負，後勝。今此本《論》。與彼，《理門論》。前後相違，《理門》前聲後勝，此《論》前勝後聲。故不應爾。十力注：《明燈鈔》云：主賓立破，理有是非，豈得俱失，而無勝負？古有斷云：如殺遲棋，後下爲勝。若爾，則聲論應强，勝論墮負。然此不容一概而論，至理是非，須傍依現見或至教力斷。故應思求違順，决定真似，由此當知，勝是聲非。由世共現見聲是無常故，當知《理門》，非但如殺遲棋後下爲勝而已。况今此《論》，先勝後聲，與《理門》前聲後勝相違，知古斷意，未必應爾。

又彼外難，所聞性因，若對有聲性，應爲正因。意云所聞性因，對立有聲性者説，既不缺同喻，故應是正也。《論》主非之，令依現教。現，謂世間見聲間斷，有時不聞，衆緣力起。聲逢緣有，暫有還無，即無常也。教謂佛教，教者，言教。説聲無常，佛説勝故。由此二義，依世現見無常及佛説無常二義也。勝論義勝。

又釋迦佛現證諸法，見聲無常。依現説教，教説無常。佛現量親證聲相無常，即依現量而起言教，説聲無常。故勝論先，《論》主以勝論立聲無常，契佛現教，故先之也。不應依於外道常教。外道常教，違佛説故，不應依從。

又諸外道不許佛勝者，應依世間現有至實可信之説。意云：若外道不許佛説爲最勝者，即應依世間至實可信之説也。聲逢緣有，暫有還無，世間可信者，所共説教，故勝論先，聲論墮負。

彼謂《論》主也。且斷於聲勝二義，聲負，勝先。非諸决定相違，皆先負後勝。古師斷云：如殺遲棋，後下爲勝者，其説大非。

若爾，便決定，云何名不定？設難云：若如上説，聲負勝先，則勝論因便是決定，云何亦名不定耶？由此《論》主此《論》之作者，説名《論》主。恐謂一切決定相違，皆後爲勝。故結之云，二俱不定。十力注：《疏》言《論》主恐謂一切決定相違，皆後爲勝，故結云二俱不定。此明《論》文雖舉二不定，意實偏責聲生一方面，以彼所聞因，正是不定故。非顯勝論所作因亦有不定過也。《論》説二俱不定，爲對古師斷後爲勝者而發。諸家解疏，多未了此，臆説紛紜，只亂人意。蓋勝論以所作因，成聲無常，此因既具三相。聲論以所聞因，成聲是常，其因亦三相皆具。然則何以辨其邪正耶？《論》主之意，欲令依世間現見爲斷。則勝論因，不唯法式上無過，而乃本於實測。聲論因，但合法式，而不根諸事實，故聲論應負。詳此，則陳那、天主頗有注重實測之精神。基師蓋深知其意，後來解家，遂無足語此者矣。

論：相違有四：謂法自相相違因，法差別相違因，有法自相相違因，有法差別相違因等。

解相違有三：初標，次列，後釋。此初二也。

相違因義者，謂兩宗相返。此之四過，不改他因，能令立者宗成相違。下詳。與相違法而爲因故，十力注：如立聲常宗，所作性因，無常即常宗相違法。今此所作因，非與本所立常宗爲因，乃與無常法而爲因故，即與相違法爲因。名相違因。由因但與相違法爲因故，即名此因曰相違因。非因違宗，名爲相違。此中不約因違宗義，以名相違也。

十力注：自相差別二名，已見前能立中極成有法極成能別處。此中《疏》又復述，故削而不録。唯法有法，皆有自相差別，前但略陳，初學難曉，今更以例明之。如立聲無常宗，宗之有法曰聲，此言所陳，即是自相。於聲之上有可聞不可聞等義，必有其一爲意中所許，方名有法差別。宗之法曰無常，此言所顯，名法自相。於無常之上，有滅壞無常或轉變無常等義，必有其一爲意中所許，方法差別。舉此一例，以便反隅。

宗有法 ┌……（言陳）……自相
　　　 └……（意許）……差別

宗　法 ┌……（言陳）……自相
　　　 └……（意許）……差別

論：此中法自相相違因者，如説聲常，所作性故，或勤勇無間所發性故。

下别釋四。

初文有三：初標牒名，次顯宗因，後成違義。此初二也。

問：相違有四，何故初説法自相因？答：正所諍故，宗之法自相，是立敵兩宗正所諍故，故應初説也。此有二師，如聲生論，立聲常宗，所作性因。聲顯論立勤勇無間所發性因。聲顯立内聲常宗，勤勇發因。

論：此因唯於異品中有，是故相違。

此成違義，由初常宗，空等爲同品，瓶等爲異品。所作性因，同品遍非有，異品遍有。九句因中第四句也。應爲相違量云，聲是無常，所作性故，譬如瓶等。

由第二宗，聲顯内聲是常宗也。空爲同品，以電瓶等而爲異品，勤勇發因，於同遍無。空上無勤發因。於異品，電無，瓶等上有。九句因中第六句也。十力注：應爲違量云，内聲是無常，勤勇無間所發性故，喻如瓶等。

此之二因，返成無常，違宗所陳法自相故，十力注：生顯二師皆立聲常宗，宗之後陳曰常，即是法自相。今所作或勤勇因，返成無常，便違本所立宗之法自相也。名相違因。故《理門》云："於同有及二，在異無是因。返此名相違，所餘皆不定。"詳前九句因中。此所作性因，翻九句中第二正因，彼九句中第二句。同品有，異品非有。此同非有，異品有故。此勤勇因，翻九句中第八正因。彼同品有非有，異品非有。此同非有，異品有非有故。上已數論，略不繁述。此一似因，《前記》云："即是此四相違中，法自相相違因是也，即所作因或勤勇因是也。"因仍用舊。喻改先立，後之三因，因喻皆舊。由是四因，因必仍舊，喻任改同。

論：法差别相違因者，如説眼等必爲他用，積聚性故，如卧具等。

準前亦三，此初標牒名。二顯宗因。也。凡二差别謂法差别及有法差别也。名相違者，非法有法上除言所陳，餘一切義，皆是差别。要是兩宗各各隨應因所成立，意之所許，所諍别義，立敵所諍也。方名差别。因令相違，名相違因。十力注：此段文義，學者非細心思之，恐不易了。今仍取前所舉例，申明之。如立聲是無常宗，聲上有可聞、不可聞，有質、無質種種義，非可概名有法差别。無常之上有一期無常，刹那無常，轉變無常，滅壞無常種種義，非可概名法差别。蓋立者對敵興諍，乃用所作性因，以成立聲無常宗。其言所陳有法自相曰聲，而意中許聲是可聞，即此可聞義，名有法差别。非聲上一切義，皆名有法差别。又言所陳法自相曰無常，而意中許無常是滅壞，即此滅壞義，名法差别。非無常上一切義，皆名法差别。舉此一例，餘應準知。故《疏》説言："隨應因所成立，意之所許，所諍别義，方名差别。"

此中義説，若數論外道對佛弟子，意欲成立我爲受者，此言我者，謂實我也，下皆準知。受用眼等。若我爲有法，立我爲宗之有法也。受用眼等。便有宗中所别不成，有法亦名所别，佛家不許有我，今數論對彼立我，故是他所别不成。積聚性因，兩俱不成。若我爲有法，立敵俱不許有積聚因，數論説我是常，故不許有積聚因也。佛法不許有實我，何論有因耶？如卧具喻，所立不成。思之可知。

若言眼等必爲我用，能别不成，以我爲宗之能别，敵者佛家不許有我，故不成也。闕無同喻。積聚性因，違法自相。如立眼等必爲我用宗，積聚性因，我用即宗之法自相，此積聚因返成相違。卧具喻，有所立不成。

若成眼等爲假他用，相符極成。十力注：假他者，即假我之謂也。依眼等根，假名曰我，佛家亦許，故不須立，立便相符。

由此方便矯立宗云，眼等必爲他用。十力注：他者，在立者數論師意中，即指實我而目之也。何故不直言我，而名之以他耶？依數論計，我有二種：一者實我，即彼二十五諦中神我諦也。體既常住，故非積聚。二者假我，即眼等根積聚成身，假名爲我。以其假相，動作施爲，似我相故。即彼二十三諦中攝也。假我，佛法亦立；實我，則佛法所不許。今數論對佛家，欲成眼等根爲實我所受用，宗中若言我者，即犯種種過，已如上說。故彼方便矯立宗云，眼等必爲他用，意欲令佛家承許眼等但是資具，而必爲他之所受用。他者誰？即實我是也。此蓋方便矯托寄意，冀令他曉耳。

眼等有法，宗之有法曰眼等。指事顯陳，爲他用法，宗之法曰爲他用。方便顯示。意立，必爲法差別不積聚他實我受用。十力注：不積聚他者，隱目實我，數論神我是常，非積聚性故。其積聚他者，隱目假我，以本無有我，但依眼等積聚法，假名爲我故。數論立眼等必爲他用宗，他用者，即宗之法自相，於他用之上有積聚他用，或不積聚他用等義。今數論意中許是不積聚他用，即此不積聚他用，是宗之法差別。故《疏》云："意立，必爲法差別不積聚他實我受用。"若顯立云，不積集他用，能別不成。敵者佛家不許有不積聚他故。所立亦不成，亦闕無同喻。因積聚性因。違法自相，故須方便立。方便立者，謂言所顯法自相，但曰他用，意中所許法差別，則是不積聚他用也。

積聚性因，積多極微成眼等故。

如卧具喻，其床座等，是積聚性。彼此俱許爲他受用，故得爲同喻。因喻之法，不應分別，故總建立。參看前相違決定中。

論：此因，如能成立眼等，必爲他用。如是亦能成立所立法差別相違積聚他用。

此成違義有二：初舉所違法差別因，後釋所由。此初也。

初文又二：此因如能成立眼等必爲他用，此牒前因能立，因能立者，重複言之，因即能立。所立法自相。如是亦能下，又顯此因能與彼法差別爲相違因。

其數論師，眼等五法，即五知根。十力注：五知根者，謂眼耳鼻舌皮。皮根能觸，相當於佛家所謂身根。卧具床座，即五唯量所集成法。十力注：五唯量者，謂聲觸色味香。不積聚他，謂實神我，體常，本有。其積聚他，即依眼等所立假我，無常轉變。然眼等根，不積聚他實我不積聚他，即謂實我。今言不積聚他，又言實我者，重複言之耳。此等詞例，相宗書中常見。用勝。親用於此，受五唯境故。十力注：依數論計，神我用眼等，其用殊勝。所以者何？神我親用此眼等，以受用聲等五唯境故。《義範》云："眼等根，是彼神我用五唯境時，親所須具。故言實我用勝。"

由依眼等，方立假我。故積聚我即假我。用眼等劣。《義範》云：“雖藉眼等積成假我，然非假我親所依據，故眼等根，假我用劣。”十力注：《注鈔》駁《疏》云：“眼等即是假我，復誰爲能用而以眼等爲所用耶？故知不爾。用即神我，復何勝劣。此言眼等依假我立，離眼等外，無别假我體。即不應説假我用眼等，以本無别假我體爲能用故也。由斯，依數論計，但是神我用眼等而已，更無假我之用相形，從何校勝劣耶？”《注鈔》之意如是，吾以爲大謬已。既依眼等積聚，名爲假我，積聚是總，眼等是别，總有作用，能用於别，如國家依人民立，國家得用人民。《疏》言積聚假我用眼等，理非不成，《注鈔》駁之，妄也。

其卧具等，必其神我須思量受用。故從大等次第成之。十力注：大者五大，謂地水火風空。等者謂五唯等。數論雙建自性及神我，此二皆是常住法也。由神我思受用境故，自性方生五大五唯，成床座等也。

然以假我安處所須，方受床座。故於卧具，假他用勝，實我用劣。假他，即假我。假我親用卧具，故勝。實我疏用卧具，故劣。疏者何？實我親用眼等，即由眼等，以用卧具，故言疏也。此前所説，前文引數論所説也。積聚性因。如能成立數論所立法自相，所立謂宗，即數論立眼等必爲他用宗，此宗之法自相，但曰爲他用，未言不積聚他用。故積聚性因，成法自相亦無過。如是亦能成立法差别之相違宗。

彼法自相，曰爲他用。此爲他用之上，有積聚他用，及不積聚他用等義。立者意之所許，是不積聚他用，此爲法差别。

陳那仍用彼因，返成法差别即不積聚他。之相違法，不積聚他用以積聚他用爲相違法。云眼等，必爲積聚他用勝。

卧具等，是積聚性故。既爲積聚假我用勝，眼等亦是積聚性故，應如卧具亦爲積聚假我用勝。十力注：以上原文晦澀，今略有删易。若不作此勝用難者，其宗即有相符極成。他宗眼等亦許積聚假他用故。思之可知。

十力注：以假我於眼等用勝，而難數論，《論》無明文，《疏》主創發。清幹諸家，頗於《疏》義，有所翻違，吾謂過矣。《疏》主立義，可謂善發陳那之旨也。立量違他，必審察他之本計，而自立於不敗之地。推詳數論所計，積聚他假我，用卧具勝，用眼等劣；不積聚他實我，用眼等勝，用卧具劣，彼之本計如是。今檢彼對佛弟子，立眼等必爲他用宗，積聚性因，如卧具等喻。彼宗，意許法差别，是不積聚他用，以此是對敵所諍故。然彼積聚性因，則於法差别不集聚他上無，於法差别之相違法積聚他上有，故此因，是法差别相違因也。但彼因雖有過，而敵者違量亦不易成。設陳那不約假我用眼等勝，以難，而直申量云，眼等必爲集聚他用，因喻同前。此雖以彼因喻，返成相違，而陳那量，亦犯相符過。何足違害數論所立？原數論亦許假我用眼等，陳那若復立之，即有相符之失也。今《疏》主設爲陳那難數論量云眼等必爲集聚他用勝，因喻仍數論之舊。意説，卧具等是集聚性故，既爲假我用勝，眼等亦是集聚性故，應如卧具亦爲假我用勝。由是，此量無相符過，方與數論而作相違。審此，則《疏》主設難，可謂解紛挫鋭，詞峰峻極者矣。何得以《論》無明文，妄與之反耶？此中意義，委曲繁密，《疏》文亦復艱澀，學者於此，每紛勞於名詞之間，而不獲得其條貫及精思所在，故爲之剖析如此，覽者宜盡心焉。

但可難言假他用勝，不得難言實我用劣，違自宗故。佛法不許有實我故。共比量中，無同喻故。《後記》云準數論師所立量，乃是共比，佛弟子對之作違量即亦是共。若云眼等實我用劣，佛法既不許有實我，即犯自能别不成等過，又無有同喻，如何成共比量耶？若他比量，一切無遮。十力注：若佛弟子對數論立他比量云：汝眼等應實我用劣宗，積聚性故因，如汝許卧具喻。此於宗中實我之上，置汝言簡，喻中置簡亦爾。故無有過，不須遮也。

論：諸卧具等，爲積聚他所受用故。

此釋所由，成比量云，眼等必爲積聚他用勝，積聚性故。如卧具等，諸非積聚他用勝者，必非積聚性，如龜毛等。故今難云，諸卧具等，兩宗共許爲積聚他受用勝故。論雖無勝字，量義意必然，不須異求，應作此解。

論：有法自相相違因者，如説有性、非實、非德、非業，有一實故，有德業故，如同異性。

準前作三，此即初二，標名舉宗因。

勝論師鵂鶹者，爲其弟子五頂説六句義法，參看前俱不極成中。説實德業，彼皆信之。至大有句，彼便生惑。鵂鶹言有者，能有實等，離實德業三外别有。體常是一，鵂鶹説實德業三種之外，别有大有。其體是常是一，由此，能令一切實德業依之以有故。故云有者，能有實等。弟子不從。云實德業性不無，即是能有，豈離三外，别有能有。五頂意云：地等九實，色等二十四德，取等五業，其各各體性非無，即已是有，何得於實德業之外，又别立大有耶？

鵂鶹次説同異句義，次前大有句而説也。能同異彼實德業三。此三之上，各各有一總同異性，隨應各各有别同異。《前記》云："同異有二：一總同異，二别同異。總同異中復爲二：一總同，二總異。初總同者，如實句中，法體雖九，同是實故，名爲總同。次總異者，實中九法，總異德業，名爲總異。德業二中，總同總異，一準實説，其義易解。别同異中亦爲二：一别同，二别異。初别同者，如實句中，地水火等一一極微，各各不同，名之爲别。同是實故，名爲别同。次别異者，實中九法各各不同，名之爲别。别即是異故，名爲别異。德業二中，别同别異，均可類推。"如是三中，實德業三。隨其别類，皆有總别。實德業中，隨指一法，名爲别類。如地者，即實中之别類也。此地實之上，有總同異，有别同異，餘準可知。諸同異性，體常衆多。依鵂鶹説，離實德業之外，别有同異性，其體是常是多。由别有同異性故，方能令實德業有同有異。

復有一常能和合性，和合實德業令不相離，互相屬著。和合體性，是常是一。《明燈鈔》曰："大有、和合、約法通性，皆名爲一。"

五頂雖信同異、和合，然猶不信别有大有，鵂鶹便立論所陳量。此量有三，實德業三，各别作故。今指彼論，謂勝論也。故言如説。

十力注：鵂鶹對五頂立三量，具如左：

有性非實宗，有實故因，如同異性喻。

有性非德宗，有德故因，如同異性喻。

有性非業宗，有業故因，如同異性喻。

有性有法，非實者法，合名爲宗。法與有法，合而爲宗。此言有性，鵂鶹五頂兩所共許實德業上能非無性，十力注：鵂鶹對五頂本欲成立大有是離實等而有，以五頂未共許故，遂方便矯立有性非實等爲宗。有法曰有性者，只約實德業當體不無之義，名爲有性，而不直言大有。故《疏》説"鵂鶹五頂兩所共許"云云。鵂鶹欲令五頂悟有性非即實等，方信有離實等之大有，故如是矯立宗也。故成所别。若説大有，所别不成。宗之有法，亦名所别。五頂既不信有大有，鵂鶹若立大有爲有法，即有他所别不成過。因犯隨一，由宗有他所别不成過故，因亦犯他隨一所依不成之過。此之有性，體非即實。

因云，有一實故。顯九實一一皆有，故云一實，能有一一實故。十力注：基公謂因中言有一實者，所以簡别有二實或多實、無實，此故作麻煩也。今皆削而不録。鵂鶹以三量鼎立，曰非實、非德、非業。其初因所言一實者，明是實句中一一實，更何待簡耶？基公蓋以後之二因，不置一言，遂乃望文生義，不知初因言一，後二可省。《略纂》有云“九實一一自體不無有之所有，名有一實，德業少一一言”。準知，應云有一實故，有一德故，有一業故，文中略故，唯實言一也。沼公不從師説，非無義據。守文之徒，何足談此！又《略纂》言“九實一一自體不無有”者，即顯因中所言之有，只約九實一一自體上不無之義，名之爲有。鄭重言之，即因言有者，但是不無之有，非是大有之有也。此義下詳。

名有一實有德業者，亦有無有，十力注：因言有者，有無之有，即以不無名有。非大有也。若是大有，因成隨一，十力注：鵂鶹對五頂立因，若言大有爲能有者，其因便有他隨一不成過，以五頂不信有大有故。因須共許極成，他既未信大有，立者如何可以爲因耶？同異非喻，若因言大有，即同異非可爲同喻，同異非是大有故。能立不成。因犯隨一，又闕同喻，即是能立不成。故知鵂鶹量中言有，非是大有也。

但言有一實，更不須徵即實離實之有一實。十力注：此有一實之有，只約九實一一自體上不無之義，名之爲有。更不應問此有，是離實之有乎？抑即實之有乎？設言即實之有，敵者五頂雖許，而立者鵂鶹自所不成。設言離實之有，即是顯有大有，立者雖成，敵又不許。故知鵂鶹此因所言有者，雖意實存於别有大有爲能有，而言中止可彰於九實一一自體上不無之有，抑欲以一一實體上不無之有，隱寓别有能有。但在言陳，不容顯分即實離實耳。此中用意甚微，學人索解，須如其分。又原本此句之前，有如佛法言，有色有漏一段文，似謂因所言有，直是即實之有，則與此處矛盾，今削而不録。

如同異性喻，同異雖體不名有，同異性不名大有性，當體立名，曰同異故。而體不無之義共許。今取此不無之義爲能有故，亦有一實。十力注：引《纂要》文，補綴於此。《義範》曰：“同異性，能令實德業有同有異，故能有於一一實等也。”

此非實句爲一宗已。上釋有性非實宗，是爲第一。非德非業後二宗法，第二宗之法曰非德，第三宗之法曰非業。有法同前。同前第一宗，立有性爲有法也。此二因云，有德業故。有性非德宗，有德故因；有性非業宗，有業故因。謂有彼德之與業。三因一喻，如同異性。三因同用一喻，曰同異性。此於前三，實德業。一一皆有，亦如有性。十力注：鵂鶹以謂，有性，能令實德業體性不無故，説有性能有於實德業。同異，能令實德業體性有同有異故，説同異能有於實德業，亦如有性之爲能有。是故爲喻。十力注：鵂鶹意云：同異能有於實德業，同異非即實德業。有性能有於實德業，有性非即實德業。

鵂鶹既陳三比量已，五頂便信。法既有傳，鵂鶹入滅。勝論宗義，由此悉行。

陳那菩薩，爲因明之準的，作立破之權衡，重述彼宗，載申過難，故今先叙彼比量也。

論：此因如能成遮實等，如是亦能成遮有性，俱決定故。

此成違義有二，初牒彼鵂鶹。因，有一實故等三因。能成遮有性，即實等。遮者遮撥。等謂德業。後如是下。顯此因，亦能令彼。鵂鶹所立有性非實等宗。有法自相相違。

謂前三宗，言有性非實、一宗。非德、二宗。非業。三宗。有性，是前三宗。有法自相。今陳那仍用彼因喻，總爲一量破之云：所言有性、應非有性，宗；有一實故、有德業故，因；如同異性，喻。

同異能有於一實等，等德及業。同異非有性，有性能有於一實等，有性非有性。十力注：同異性，是鵂鶹六句中之一。雖非即實等，亦非即大有，鵂鶹矯立爲同喻，故成相違。釋所由云，此因，既能遮有性非實等，遮有性即實等，而説爲非實等。亦能遮有性非是大有性，亦能遮彼有性，而言有性非是大有性。兩俱決定故。《後記》云：“本立者，似立決定。出過者，真破決定。非是立敵俱真決定，名兩俱決定也。”本立者，謂鵂鶹量，出過者，謂陳那量。

論：有法差別相違因者，如即此因，即於前宗有法差别作有緣性。

下文亦三，此即初二，標名舉宗因。

彼鵂鶹仙，以五頂不信離實德業别有有故，下有字是名詞，謂大有也。即以前因，有一實等三因。成立前宗。有性非實等三宗。言陳有性，是有法自相。意許差别，爲有緣性。意中所許作有緣性，是有法差别。

十力注：作有緣性者，緣者緣慮義。勝論宗現比智等爲能緣。有緣性者，即所緣境之異名。由境爲因，引起能緣故，遂説境名有緣性。據鵂鶹義，實德業本非即大有，亦非從大有生，然必依大有而有。設無大有爲依，實德業亦不能自有。由此，説實德業依大有爲體，即得爲所緣境，以引起能緣。能緣緣於實德業時，亦俱緣於大有，故説大有作有緣性。《疏》解殊多糾轕，今不録。

論：亦能成立與此相違，作非有緣性。如遮實等，俱决定故。

此成違義也。謂即此因，亦能成立與前宗有法差别作有緣性之相違法，而作非大有有緣性。作非大有有緣性者，易詞以云，即非有大有作所緣境性。量云，有性，應作非大有有緣性，宗也。有一實故，有德業故，因也。如同異性。喻也。同異有一實等，而作非大有有緣性，有性有一實等，應作非大有有緣性。能緣緣於同異時，同異即是所緣境性，非可以同異境性，别作大有境性解。故云同異作非大有有緣性。然有一實等因，於同異上有，故可以同異之有此因，而作非大有有緣性。例彼有性有此因，亦應作非大有有緣性。不遮作有緣性，泛言作有緣性，即無可遮。但遮作大有有緣性，鵂鶹意許大有作所緣境性，故可遮也。故成意許别義相違。不爾，違宗。有性，可作有緣性故。宗之有法曰有性，本取立敵共許實德業上不無之義，即此有性，可作有緣性，理不容遮。若遮此者，便有違宗之失。故應但遮作大有有緣性也。文言雖略，義核定然。《論》文無大有者，但言略耳。

論：已説似因，當説似喻。

解似喻有二：初結前生後，次依生正釋。此初也。

論：似同法喻，有其五種：一能立法不成，二所立法不成，三俱不成，四無合，五倒合。

自下依生正釋有二：初標列，後别解。標列有二：初標列同，後標列異。此初也。

因名能立，宗法名所立。同喻之法，必須具此二。因貫宗喻，喻必有能立，令宗義方成。喻必有所立，令因義方顯。今偏或雙於喻非有，故有初三。

喻以顯宗，令義見其邊極。不相連合，所立宗義不明，照智不生，故有第四。

初標能以所逐，《前記》云："即説因宗所逐也，因爲能立故。"有因，宗必定隨逐。初宗以後因，乃有宗以逐其因。返覆能所，令心顛倒。共許不成，他智翻生，故有第五。

依增勝過，但立此五。故無無結及倒結等，以似翻真故，亦無合結。謂以似量翻真量故，非但無有無結等過，亦無合結，此乃真似相翻之義也。

論：似異法喻，亦有五種：一所立不遣，二能立不遣，三俱不遣，四不離，五倒離。

此標列異，異喻之法，須無宗因。離異簡濫，方成異品。既偏或雙，於異上有，故有初三。

要依簡法，簡別離二，異喻須離宗及因故。令宗決定，方名異品。既無簡法，令義不明，故有第四。

先宗後因，可成簡别。先因後宗，反立異義。非爲簡濫，故有第五。翻同立異，同既五過。異不可增，故隨勝過，亦唯五立。

論：能立法不成者，如説聲常，無質礙故，諸無質礙，見彼是常，猶如極微。

下别釋中，初同後異。同中有二，初别解五，後總結非。解初不成有二，初舉體，後釋不成。此初也。

舉彼宗因者，顯似喻體。如聲論師對勝論立聲是常宗，兩俱許聲體無質礙。以勝論師，聲是德句，德句無礙。聲論雖無德句，然以其聲隔障等聞，故知無礙。

論：然彼極微，所成立法常性是有。

釋不成中有二：初明所立有，後辯能立無。此初也。聲勝論，俱計極微體常住故。十力注：所立謂宗，此言極微喻上能有於宗法常義。

論：能成立法無質礙，無。以諸極微質礙性故。

釋能立無，聲勝論計極微質礙，故無能立。能立者，謂無質礙因法。今極微既是質礙，故此喻上無能立也。

論：所立法不成者，謂説如覺。

解所立不成，宗因同前，但別舉喻，謂説如覺。覺者，即心、心法之總名也。十力注：心、心法者，心謂心王，心法謂心所。小乘説識有六，大乘説識有八，每一識中，又分王所。所者，心上所有之法，如心上有發動勢故，名作意心所，有苦樂等，名受心所，餘不勝舉。心王，則心所之統攝者也。

論：然一切覺，能成立法無質礙，有。

以心、心法皆無礙故。謂如覺喻上，得有無質礙因也。

論：所成立法常住性，無。以一切覺皆無常故。

釋所立無，以如覺喻上，無宗法常義，云所立無。喻上常住實非所立。即同於彼所立謂宗。能立謂因。二種法者，即是其喻。從所同爲名，故名所立。十力注：如聲常宗，其同喻上若有宗法常住義，雖得云有所立，然據實論之，同喻，非但同於宗法，必同於因及宗，方是同喻。

論：俱不成者。

解第三過，文有三：初總牒，次別開，後釋成。此初也。能所立雙無，名俱不成。

論：復有二種，有及非有。

此別開列也。有，謂有彼喻依。無，即無彼喻依。

論：若言如瓶，有俱不成，若説如空，對無空論，無俱不成。

此釋成，以立聲常宗，無質礙因，瓶體雖有，常無礙無。瓶體上無有常義及無礙義。虚空體無，二亦不立。二者，謂常義與無礙義。虚空喻上，都無此二，故云不立。有無雖二，如瓶喻依是有，如空喻依是無。皆是俱無。瓶空二喻之上，都無其所立常宗及能立之無礙因法，名爲俱無。問：虚空體無，常可不有，虚空既已無體，更何從有所謂常耶？空體非有，無礙豈無？意云空體既無，即空上非無彼無礙因法。答：立聲常宗，無質礙因，宗因俱表。十力注：金陵刻經處本，無宗因俱三字，今依倭刻本補之。宗之法曰常，即表聲是常法也。因云無質礙，非但遮於質礙法，實表有無質礙之法也。虚空不有，故無礙無。無礙法者，其體本有，但有而非礙耳。今虚空者，體既本無，更何所謂無礙耶?

問：真如常有，故説爲常。虚空恒無，何非常住？又虚空無，何非無礙？答：立宗法，略有二種：一者，但遮非表，如言我無，但欲遮我，不别立無，喻亦遮而不取表。

二者，亦遮亦表，如説我常，非但遮無常，亦表有常體，喻即雙有遮表。

依前喻無體，有遮亦得成。如前我無宗，如兔角等喻，但遮無表，亦得成宗。依後但有遮，無表，二立闕。二立者，能立因及所立宗也。如後亦遮亦表之宗，若取無體法爲同喻，但遮無表，即有二立皆闕之過。

今立聲常，是有遮表。將空爲喻，對無空論，但有其遮，而無有表，故是喻過。十力注：此下破文軌等難，陳義猥瑣，概從删削。

論：無合者。

解第四過，文有四：一牒章，二標體，三釋義，四示法。此初也。

論：謂於是處無有配合。

標無合體，謂於是喻處。若不言諸是所作，見彼無常，猶如瓶等。即不證有所作處，無常必隨。即所作無常，不相屬着，是無合義。由此無合，縱使聲上見有所作，不能成立聲是無常，故若無合，即是喻過。

若云，諸是所作，見彼無常，猶如瓶等。即能證彼無常，必隨所作性。聲既有所作，亦必無常隨。即相屬着，是有合義。

論：但於瓶等，雙現能立所立二法。

此釋義也，謂但言所作性故，譬如瓶等。有所作性，及無常性。

論：如言於瓶，見所作性及無常性。

此示法也。若如古師，立聲無常，以所作故，猶如於瓶。即别合云，瓶有所作，瓶即無常。當知聲有所作，聲即無常。故因喻外，别立合支。陳那菩薩云：諸所作者，即合聲上所作之性，見彼無常，猶如瓶等。瓶等所作，有無常，即顯聲有所作，非常住。即於喻上義立合言，何須别立於合支?

論：倒合者。

解第五過，文有其二：初牒、後釋。此初也。

論：謂應説言，諸所作者，皆是無常。

釋中有二，初舉正合，後顯倒合，此初也，宗因可知。謂聲無常宗，所作性故因。

論：而倒説言，諸無常者，皆是所作。

正顯倒合，謂正應以所作證無常，今翻無常證所作，故是喻過。即成非所立，有違自宗，及相符等。本以所作證無常，今反以無常證所作，故違自所立宗。又所作既立敵共許，今成所作，便犯相符。如正喻中，已廣分別。

論：如是名似同法喻品。

此總結非也。

論：似異法中，所立不遣者。

下解似異五過，爲五。此即第一，於中又三：初簡牒，次指體，後釋成。此初也。簡有二重：一簡似同，云似異中。二簡自五，以似異中。過有五種，先明所立不遣故，故似異法中所立不遣者，即牒也。

論：且如有言，諸無常者，見彼質礙，譬如極微。

此指體也。宗因如前，仍前所舉聲常宗，無質礙故因，同喻如空。此中不舉，但標似異，即此中所標極微喻。所立不遣，此類非一。隨明於一，故云且也。或不具詞，似五明一，似異五過，且明其一。故亦云且。

論：由於極微，所成立法常住不遣，彼立極微是常住故。

釋成有二：初所立有，後能立無。此初也。

聲勝二論，俱計極微常故，不遣所立。異喻須先遮遣所立，今聲論對勝論立聲常宗，取極微爲異喻，實則聲勝二論，俱計極微是常。即此喻不能遮遣所立常宗。

論：能成立法無質礙，無。

明能立無，準所立有，亦應言彼立極微有質礙故，文影略爾。無質礙因，極微喻上亦無，但所立不遣，故爲過耳。

論：能立不遣者。

解第二過有三：初牒章，次指體，後釋成。此初也。

論：謂説如業。

指體也。

論：但遣所立。

此釋所立無，以彼計業是無常故。故此喻遮遣所立聲常宗也。

論：不遣能立，彼説諸業無質礙故。

辯能立有，準前應言，彼説諸業，體是無常。無質礙故。無質礙因，業上既有，故此喻不遣能立，是爲過也。

論：俱不遣者。

解第三過，文亦有三，此即牒也。

論：對彼有論，説如虚空。

此指體也，即聲論師對薩婆多等，立聲常，宗也。無礙，因也。異喻如空。

論：由彼虚空，不遣常性，無質礙故。

釋成有二：初明二立有，二立者，能立因與所立宗也。虚空喻上，既有宗法常義及因中無礙義，故不遣二立。後約計釋成。此初也。

論：以説虚空，是常性故，無質礙故。

約計釋成也，兩宗俱計虚空實有，遍常遍者周遍，常者恒常。無礙，所以二立不遣也。

論：不離者。

解第四過，文分爲二：初牒章，後示法。此初也。

論：謂説如瓶，見無常性，有質礙性。

此示法，離者，不相屬著義。十力注：如聲常宗，無質礙因，異喻雙離宗因。應云：若是無常，見彼質礙。如此，則將質礙屬著無常，返顯無礙屬著常住，故聲無礙，定是其常。今如古師舉喻，但云如瓶等，見無常性，有質礙性，此則以無常性與有礙性，各别説之。不顯無常屬有礙性，即不能明無宗之處，因定非有，何能返顯有無礙處定有其常？不令常住性與無礙性互相屬著，故爲過也。原文晦，不録。

《莊嚴疏》云："離者，不相屬著也。若言諸無常者，見彼質礙，如瓶等者，此即顯常宗無處，異品無常，與無礙因不相屬著。即是離義。由此返顯聲有無礙，定與常義更相屬著。故異喻須離。今既但云於瓶見無常性，有質礙性，此但雙現宗因二無，不明無宗之處，因定非有，故是不離。由此，不能返顯無質礙因與常宗更相屬著，故是過也。”

論： 倒離者。

解第五過，文有二，如前科。此初也。

論： 謂如説言，諸質礙者，皆是無常。

示法，宗因及同喻，皆悉同前。異喻應言，諸無常者，見彼質礙。即顯宗無，因定非有。常宗無處，其無礙因亦定非有。返顯正因，除其不定及相違濫。亦返顯有因宗必隨逐。謂返顯有無礙因，其常宗必隨逐也。今既倒云，諸有質礙，皆是無常。即以質礙因，成非常宗。不簡因濫，返顯於常。此有二過，已如前辯。前示喻相中已辯也。

論： 如是等似因喻言，非正能立。

此結非真也。言如是者，即指法之詞。復言等者，顯有不盡。向辯三支，皆據申言而有過故。未明缺減，非在言申，故以等。《前記》云：“似宗因喻三支過中，《論》文之中除四相違，自餘諸過，各據言陳，未明意許。今言等者，等彼意許。又缺減過。《論》文之中，言陳意許，俱并不説。又缺過中，有分有全，《論》亦不明。今此等言并皆等彼諸過失。”孝仁云：“未明缺減者，謂有體缺，即似宗等。而尚未明其無體缺，非言陳有故。故言等。”復云似宗因喻者，此牒前三，總結非真，故是言也。等言先似宗因喻者。若喻下言等，恐謂離前似宗因喻，别有似支，故於前等。故於似宗因喻之前，置等言也。

論： 復次爲自開悟，當知唯有現比二量。

上已明真似立，次下明二真量。是真能立之所須具故，文分爲四：一明立意，二明遮執，三辯量體，四明量果，或除伏難。此即初二也。與頌先後次第不同，如前已辯。

問：若名立具，應名能立，即是悟他。如何説言爲自開悟？答：此造論者，欲顯文約義繁故也。明此二量，親能自悟，隱悟他名及能立稱。次彼二立明，二立者，真能立，及似能立。顯亦他悟疏能立。猶二燈二炬互相影顯故。《理門論》解二量已云：“如是應知悟他比量，亦不離此得成能立。”故知能立必藉於此量，顯即悟他。明此二量，親疏合説。

通自他悟及以能立，此即兼明立量意訖。

當知唯有現比二量者，明遮執也。唯言是遮，亦决定義。遮立教量及譬喻等，决定有此現比二量，故言唯有。十力注：古師説量，略有六種，現及比外，復有第三曰聖教量，或名聲量，觀可信聲而比義故。復有第四，曰譬喻量，如不識野牛，言似家牛，方以喻顯故。又有第五，曰義準量，謂若法無我，準知必無常，無常之法必無我故。又有第六，曰無體量，入此室中，見主不在，知所往處，如入鹿母堂不見苾蒭，知所往處。陳那廢後四種。問：古立有多，今何立二？答：《理門論》云："由此能了自共相故，非離此二，自相、共相。别有所量，爲了知彼，更立餘量。"非字至此爲句。故依二相，唯立二量。依自相立現量，依共相立比量。

問：陳那所造因明，意欲弘於本論。《前記》云："本論者，即《瑜伽》《對法》等是也。"解義既相矛盾，何以能得順成？答：古師從詮及義，智開三量。《前記》云："義者，境也，即自共二相。詮，謂能詮即至教也。緣自相智，名現量；緣共相智，名比量；緣至教，即名至教量。古師約詮及義，分三量也。"陳那已後，以智從理，唯開二量。《前記》云："所緣之理不過自共二種，能緣之智但分現比。"若順古并詮，可開三量。若順古師，并取詮義對辨，亦可開三。廢詮從旨，古亦唯二。《前記》云："旨，即理是也。"當知唯言，但遮一向執異二量外，别立至教及譬喻等，故不相違。十力注：《疏》主似朋古師，不妨别立至教，故云順古并詮，可開三量。又"但遮一向執"云云，足徵其意不欲全違於古。吾謂《疏》主此解未審也。至教本應攝入比量，由觀聲教而比義故，何須離比别立？詳《莊嚴疏》云："今陳那意，唯存現比，自餘諸量，攝在比中。何以爾者？夫能量者，要對所量，所量既唯自共二相，能量何得更立多耶？故自悟中，唯有二量。"嵩山賓亦云："外人不肯信佛教是正，故不得立至教爲量。"此皆善解陳那之旨。

論： 此中現量。

下辯體有二：初辯現量體，後明比量體。辯現量中，文復分四：一簡彰，二正辯，三釋義，四顯名。此即初也。言此中者，是簡持義。向標二量，且簡比量，簡别於比量也。持彰現量，故曰此中。

論： 謂無分别。

此正辯也。言現量者，謂無分別。問：何智於何境，離何分別？喚下文也。

論：若有正智，於色等義。

此釋義也。文復分三：初簡邪，二定境，三所離。此初二也。

若有正智，簡彼邪智。謂患翳目，見於毛輪第二月等，雖離名種等所有分別，而非現量。故《雜集》云："現量者，自正明了無迷亂義。此中正智，即彼無迷亂，離旋火輪等。"旋火見有輪形，此即迷亂，正智必離此等也。

於色等義者，此定境也。言色等者，等取香等，義者境義。凡言義者，有二解：一道理名義，二境界名義。此中言義者，即境界義。

離諸瞙障，即當《雜集》明了。雖文不顯，義必如是。謂於色等義下，應有離諸瞙障一語，《論》雖無文，據義須有。不爾，簡過不盡。如智不邪，亦無分別，緣彼障境，應名現量故。十力注：五識現量緣境，本無迷亂，以俱時意識迷亂分別，遂若迷亂亦在五識也。《雜集》云：如患迦末羅病，損壞眼根，令眼識見青爲黄。此《疏》亦云患翳目，見毛輪第二月等。《義心》以此謂五識容有錯亂。其説固有未審，慧沼弟子如理，則又謂以手按眼，見第二月，其時五識但見本圓月，由意識於眼根門中妄見第二月也。又由眼根病故，意識於根門中見青爲黄，實則眼識但見於青，此説亦未究理。唯斯義深詳，須論相質，關涉既繁，此難殫述，别見吾著《唯識論》中。

論：離名種等所有分别。

此所離也，謂有於前色等境上，雖無瞙障，若有名種等分别，亦非現量。故須離此名言分别，種類分别，諸門分别，等者、等取諸門分别也。《理門論》云："遠離一切種類名言假立無異諸門分别。"名言，即目短爲長等，皆非稱實，名爲假立。十力注：《前記》云："名言者，謂一切目短爲長，呼青爲黑等。但由名言，假有詮名，以爲共相，皆非稱實，名爲假立。"《義範》云："設詮色爲色，目長爲長，豈稱實耶？答：詮色爲色，目長爲長，既是假詮，亦非現量。然有遮表，稍稱實故。不同以短爲長，全非稱實，故偏舉之。《義範》説是也。"或名言者，謂一切名言。不止目短爲長等，即通一切名句文皆是。

依此名言，假立一法，貫通諸法，名爲種類。如立色之一法，貫通一切青黄赤白。種類同故，名爲無異；如青黄赤白，同是色故，故不異。種類差別故，復言諸門。如色與聲等，種類不一。或復世間即攝外道。所有横計安立諸法，名爲諸門，計者計度，不稱境故，名爲横計。計非一故。世間種種横計，故有諸門。故須離此所有分別，方爲現量。十力注：名種等者，本應通取一切非量及比量心所有言詮爲解。《疏》中列舉勝論等外道説，未免徵於曲而遺其全。今此頗有删易原文之處，學者幸審思之。

然離分别，略有四類：一五識身，此言身者，自體之異名，剋指五識自體而言之，云五識身。二五俱意，十力注：意識與五識俱者，名五俱意。眼識緣色，耳識緣聲，乃至身識緣觸時，皆有意識與之俱起，由意引五，令趣境故。此五俱意，容是現量。三諸自證，十力注：諸自證者，謂一切心、心所之自證分。陳那説一切心、心所各各有相、見、自證三分。自證是體，相見即一體上所起二用。相分現似外境，見分緣之，俱時自證亦緣見。然見緣相，通現比非量，自證緣見，則唯是現量。四修定者。十力注：謂定中意識，是現量也。

此言於色等義，是五識故。十力注：《疏》但舉五識，理應兼言俱意，俱意與五識同緣色等，可是現量故。《理門論》引頌云："有法非一相，根非一切行，十力注：有法，謂色等是有體法。色等之上有所作無常等義，義即共相。其義非一，云非一相。根者五根，體是浄色，亦云色根。五根不行於色等之共相，云非一切行，意識方緣共相故。唯内證離言，是色根境界。"十力注：此言唯有内證，而離名言之自相，是色根所行也。内證離言者，能緣親得所緣法體，能所不分，冥會而證，名爲内證。此雖明證，然不起言詮，故説離言。《莊嚴》云："五識緣境，與根必同。故約色根境界，以顯五識内證。"

次云：十力注：《理門論》文。"意地亦有離諸分别，唯證行轉，《前記》云：第六意識與五識俱者，及第八識於所緣境，皆唯證自相行解而轉，名爲現量。又於貪等諸自證分，十力注：貪者，貪心所。等者，等瞋癡等心所。如意識相應貪等心所，其見緣相，即是非量。以分别此相是外境，而起愛染等故。至自證緣見，唯是現量。以不於見分之上起妄分别，但冥證故。諸修定者，離教分别，十力注：在定位中，離前聞思教相分别，於境唯是親證。皆是現量。"十力注：次云至此。明現量有三：一意地，二諸自證，三定中。合前頌言五識，共有四種現量。此上引《理門論》也。

問：此論言於色等，但是五識。何不同彼《理門論》。亦有餘三？答：言，此亦同彼。《理門》於色等境，且明五識，以相顯故。此偏說之，彼論廣明，故具說四。《莊嚴》云："問：《理門》現量，既有四種，何故此中唯明五識？答：此論簡略，唯明五識，《理門》委言，故有四種。"

問：別明於五，五根非一，各現取境，可名現現別轉。餘三，如何名現別轉？答：各附體緣，不貫多法，名爲別轉。十力注：能緣於所緣體，冥合若一，名爲附體而緣。此於所緣，不起共相分別，名不貫多法。文同《理門》，義何妨別。《前記》云："《理門》云現現別轉者，謂五根各現取境也。此《論》言現現別轉者，謂四類心各附體緣也。四類心者，即前所舉一五識、二俱意、三諸自證、四定心是也。故文同義別。"按：《前記》順《疏》解，實則此《論》但舉五識，不曾別以四類心也。

問：言修定者離教分別，豈諸定心内不緣教耶？答：雖緣聖教，不同散心計名屬義，計義屬名。兩十力注：名及所詮義。各別緣，名離分別。非全不緣，方名現量。《義斷》曰：以不如名定執其義，亦不謂義定屬其名，云離分別。

論：現現別轉故，名現量。

顯名也，此四類心，見前。或唯五識，現體非一，名爲現現。十力注：若約四類心言現體者，即此四類現體非一，故名現現。若約五識言現體者，即此五現體非一，名爲現現。義并詳前。各附境體，離貫通緣，十力注：前所謂各附體緣，不貫多法也。名爲別轉。由此現現，各各別緣，故名現量。十力注：更附一解，設約每一識言，即每一識中，刹那刹那皆現證境，亦得云現現別轉也。前念識與後念識，各別證故。如眼識，前刹那緣白，即此刹那，識與白俱滅，後刹那識起緣白，非復是前刹那之識與白也。

故者，結上所以。是名現量，顯其名矣。雖無是字，準解比量，具合有之。十力注：下云是名比量，故此應有是字。

論：言比量者。

下明比量，文分爲四：初牒量名，二出體，三釋義，四結名。此初也。

論： 謂藉衆相而觀於義。

此出比體。謂若有智，藉三相因，而方觀境義也。因相有三，故名爲衆。

論： 相有三種，如前已説，由彼爲因於所比義。

此下釋義有三：初釋前文，次簡因濫，後舉果顯智。此初文也。言相有三，釋前衆相，離重言失，故指如前。由彼爲因，釋前藉義，由即因由，藉待之義。於所比義，此即釋前而觀於義。前談照境之能，曰之爲觀；後約籌慮之用，號之曰比。言於所彰，結比故也。

論： 有正智生。

此簡因濫，謂雖有智，藉三相因，而觀於境。猶預解起，此即因失。由此説因，雖具三相，有正智生，方真比量。十力注：如前相違决定中，聲論之因，雖具三相，然不能令正智生，故非正因。

論： 了知有火，或無常等。

此即舉果顯智，明正比量。智爲了因，火無常等是所了果。以其因有現比不同。果亦兩種，火無常别。了火從烟，現量因起。了無常等從所作等，比量因生。此二十力注：謂所作因及烟。望智俱爲遠因。十力注：所作因望解無常之智爲遠因，烟望解火之智爲遠因。藉此二因，緣因之念，爲智近因。十力注：念者記憶。憶本先知所有烟處，必定有火，憶瓶所作，而是無常。故能生智，了彼二果。故《理門》云："謂於所比審觀察智，從現量生，或比量生，及憶此因與所立宗不相離念。由是成前舉所説力，《前記》云：'敵者念力，能令立者所立宗成，舉宗所説有力也。敵者既解立者宗，故知立者所立義成有力也。'念因同品定有等故，是近及遠比度因故，俱名比量。"

問：言現量者，爲境爲心？答：二種俱是。境，現所緣，從心名現量，十力注：心現能緣，故名現量；境現所緣，故從心名現量。或體顯現，爲心所緣，名爲現量。

問：言比量者，爲比量智，爲所觀因？答：即所觀因，及知此聲所作因智。此未能生比量智果，知有所作處即與無常宗不相離。能生此者，念因力故。

問：若爾，現量、比量，及念，俱非比量智之正體，何名比量？答：此三能爲比量智之近遠生因，因從果名。故《理門》云："是近及遠比度因故，俱名比量。"又云："此依作具、作者而説。如似伐樹，斧等爲作具，人爲作者。彼樹得倒，人爲近因，斧爲遠因。有云斧親斷樹爲近因，人持於斧，疏非親因。此現比量爲作具，憶因之念爲作者。或復翻此，《前記》云：'謂憶因之念爲作具，現比量爲作者。'隨前二釋，《前記》云：'前喻中斧人二種不定，今此中，作具、作者亦復不定。'故名比量。"

論：是名比量。

結名也。由藉三相因，比度知有火無常等故，是名比量。

論：於二量中，即智名果，是證相故。如有作用而顯現故，亦名爲量。

此明量果也。亦除伏難，謂有難云：如尺秤等爲能量，絹布等爲所量，記數之智爲量果。汝此二量，現比。火無常等爲所量，現比量智爲能量，何者爲量果？

或薩婆多等難：我以境爲所量，根爲能量，十力注：彼以根爲能見等，不許識見，故根爲能量。依根所起心及心所，而爲量果。汝大乘中，即智爲能量，復何爲量果？

或諸外道等執，境爲所量，諸識爲能量，神我爲量果。十力注：彼計神我爲能受者知者等故。汝佛法中，既不立我，何爲量果？智即能量故。

論主答云：十力注：總答以上諸難。於此二量，即智名果。即者，不離之義。即用此量智，還爲能量果。彼復問：云何即智復名果耶？答云：夫言量果者，能智知於彼，十力注：能智者，謂現比二量。彼者，謂自共二相。現量智知於自相，比量智知於共相。即此量智，能觀能證彼二境相故，所以名果。十力注：此中意云，能量智能分明知於所量境，即此能量智分明知故，亦名量果。彼之境相，於心上現，名而有顯現。假説心之一分，名爲能量，云如有作用。既於一心，以義分能所，故量果又名爲量。

或彼所量即於心現，不離心故，亦名爲量。以境亦心，依二分解。十力注：二分者，謂難陀師等立二分義，即每一識析爲相見二分也。《莊嚴》云："相分爲所量，見分爲能量，即此見分審决明白亦爲量果。"

或此中意，約三分明。能量者見分，量果即自證分。體不離用，即智名果，是能證彼見分相故。十力注：見分相者，指見分之自體而名之。如有作用而顯現者，簡異正量，彼心取境，如日舒光，如鉗鉗物，親照境故。十力注：正量説心"親照外境"，"如日舒光"云云，則以心與境爲條然各别之二實物，故是邪執。今者大乘，依自證分，起此見分取境功能，及彼相分爲境生識。十力注：此言依自證分上起見分及相分也。相分能爲境界，牽生能緣見分，故云爲境生識。見分對於所緣相分境，而有緣慮用，故云取境功能。是和緣假，十力注：自證變起相見，即三分俱時顯現，良由衆緣和合，有此三分假現耳。不可説爲實物。如有作用。十力注：三分互爲緣起，似有作用，而不可執爲實。自證能起故，言而顯現故，十力注：自證是體，相見是用，一體之上現起二用，故《論》説"而顯現故"。不同彼執直實取。十力注：不同正量執有實能取心與實所取境故。此自證分亦名爲量，亦彼見分。或此相分，亦名爲量，不離能量故。十力注：相分亦名爲量者，以相非離見而獨存，故隨能量亦名量。如色言唯識，十力注：言唯識者，非謂無色，以色非離識而有，故言唯識。此順陳那三分義解。

論：有分别智，於義異轉，名似現量。

下明二似量，真似相形，故次明也。於中有二：初似現，後似比。似現之中，復分爲二：初標，後釋。此即初也。標中有三：一標似現體，二標所由，三標定名。

有分别智，謂有如前帶名種等諸分别起之智，不稱實境，别妄解生，名於義異轉。名似現量，此標似名。

論：謂諸有智，了瓶衣等分别而生。

此下釋也。謂諸有了瓶衣等智，不稱實境，妄分别生，名分别智。十力注：眼識所證唯色相，耳識所證唯聲相，乃至身識所證唯觸相，本無瓶衣等。世人緣色等相，執爲有實瓶衣等，故此智不稱實境，由妄分别而生，即名此曰分别智。準

《理門》言，有五種智，皆名似現。一散心緣過去，十力注：散心者，即意識。凡位散亂，異定位故，名爲散心。二獨頭意識緣現在，十力注：謂意識不與五識俱者，名獨頭意識。即五識不行時，意識獨起思構是也。三散意緣未來，十力注：散意亦即意識。四於三世諸不决智，十力注：此不决智，亦屬意識。五於現世諸惑亂智。十力注：此惑亂智，亦屬意識。謂見杌爲人，睹見陽炎，謂之爲水。及瓶衣等，名惑亂智。皆非現量，是似現收。或諸外道，及餘有情，謂現量得故。故《理門》云："但於此中，了餘境分，十力注：了者，解也，於此中而作餘境分之解，如於杌中而見爲人之類是也。不名現量。"由此，即説憶念、比度、悕求、疑智、惑亂智等，十力注：基云惑亂智下言等者，是向内等，離此，更無可外等故。案向内等者，結詞也。向外等者，等其餘也。於鹿愛等，十力注：西域共呼陽炎爲鹿愛，以鹿熱渴，望見澤中陽炎，謂之爲水，而生愛故。等者，等彼見機謂之爲人、病眼空華、毛輪、二月、瓶衣等故。皆非現量，隨先所愛分别轉故。十力注：以上并引《理門論》文，讀者細心思之自得。五智，如次可配憶念等。《前記》云："五智如次配憶念等者，一憶念，配散心緣過去；二比度，配獨頭意識緣現在；三悕求，配散意緣未來；四疑智，配於三世不决智；五惑亂智，配於現在諸惑亂智。是也。"

問：此緣瓶等智，既名似現，現比非量，三中何收？答：非量所攝。問：如第七識，緣第八執我，可名非量。泛緣衣瓶，既非執心，何名非量？答：應知非量，不要執心，十力注：心於境起染執者，其爲非量，自不待言。然非量行相最寬，非但限於執心也。但不稱境，别作餘解，即名非量。以緣瓶心，雖不必執，但惑亂故，謂爲實瓶，故是非量。

問：既有瓶衣，緣彼智起，應是稱所知，何名分别？

論：由彼於義，不以自相爲境界故。

此釋所由。由彼諸智，於四塵境，不以自相爲所觀境，於上增益别實有物，而爲所緣，名曰異轉。此意，以瓶衣等，體即四塵。依四塵上，唯有共相，無其自體，十力注：瓶衣等者，由能緣心依於四塵體之上而取分劑相貌。即唯有共相，本無實瓶衣等自體故。此知假名瓶衣，不以本自相四塵爲所緣。但於此共相瓶衣假法而轉，謂爲實有，故名分别。

論：名似現量。

釋定名也。由彼瓶衣，依四塵假。但意識緣共相而轉，實非眼識等現量所得，而自謂眼見瓶衣等，名似現量。又但分别執爲實有，謂自識現得，亦名似現。不但似眼現量而得，名似現量。此釋盡理，前解局故。

論：若似因智爲先，所起諸似義智，名似比量。

此解似比，文亦有二：初標，後釋。此即初也。於中有三：初標似因，次標似體，後標似名。

似因，及緣似因之智，爲先。十力注：先猶因也。生後了似宗智，名似比量。

問：何故似現，先標似體，後標似因。此似比中，先因後果。答：彼之似現，由率遇境，即便取解，謂爲實有。非後籌度，故先標果。此似比量，要因在先，後方推度。邪智後起，故先舉因。

論：似因多種，如先已説，用彼爲因。

下釋也。如先所説四不成，六不定，四相違，及其似喻，皆生似智之因，并名似因。前已廣明，恐繁故指。

論：於似所比，諸有智生。

釋前所起諸似義智，如於霧等，妄謂爲煙，言於似所比。邪證有火，於中智起，言有智生。

論：不能正解，名似比量。

此釋名也。由彼邪因，妄起邪智，即如前例，不能正解彼火有無，名似比量。

論：復次若正顯示能立過失，説名能破。

解真能破，文分爲三：初總標能破，次辨能破境，後兼顯悟他、結能破號。此即初也。

他立有失，如實能知，十力注：於他立之失，能如其實而知之也。顯之令悟，名正顯示能立過失，其失者何？

論：謂初能立，缺減過性，立宗過性，不成因性，不定因性，相違因性，及喻過性。

此辨能破境，即他立失。分二：初辯闕支，次明支失。《前記》云："宗因喻三，隨闕一體，即名闕支。""雖言所陳，義不相關預，故名支失。"

謂初能立缺減過性者，此即初辨缺支。或總無言，十力注：此無體缺也，舊有二解。一云：設雖有言，而非立論之言，亦名無言。如《瑜伽》十五説"論墮負者，謂有三種：一捨言，二言屈，三言過。捨言，謂立論者以十三種詞，謝對論者，捨所言論。何等名爲十三種？謂立宗者謝對論者曰：我論不善，汝論爲善；我不善觀，汝爲善觀；我論無理，汝論有理；我論無能，汝論有能；我論屈伏，汝論成立。我之辨才唯極於此，過此以上，更善思量，當爲汝説。且置是事，我不復言。以如是等十三種詞。謝對論者，捨所言論，捨所論故，當知被破，爲他所勝，墮在他後，屈伏於彼。是故捨言，名爲墮負"。此云無言者，即彼捨言。二云：設陳其宗，不申因喻。如數論者立我是思，無因喻故，名爲無言。詳此兩解，猶未盡理，余以爲言者，謂宗因喻三支之言。三支俱缺，亦名無言。如敵者或未立若何三支，破者亦得隨就敵者宗義，而設量破之是也。或言無義，十力注：此有體缺也。因之三相，爲能立。設申其因，不具三相，既無義理，即缺減過。過重先明，故云初也。《注鈔》云："或言無義名缺減者，不然。所説無義，即在言申中過，何得缺減中明。"此之缺減，約陳那因三相爲七句者。闕一有三，十力注：於三相中缺一相者，有三句也。闕二有三，十力注：於三相中缺二相者，有三句也。第七闕三。十力注：第七句説三相俱缺也。

闕一有三者，一、缺初相。如數論師對聲論立聲是無常，眼所見故。聲無常宗，瓶盆等爲同品，虛空等爲異品。此眼所見因。但缺初，而有後二。

二、缺第二相。聲論對薩婆多，立聲爲常，所聞性故。虛空爲其同品，瓶盆等爲異，此所聞性因。但缺次相。

三、缺第三相。同前宗喻，所量性因，唯缺第三。十力注：所量因，於異品瓶盆等上亦有故。

闕二有三者，一、闕初二相。如聲論對佛弟子，立聲非勤發，眼所見故。虛空等爲同，瓶盆等爲異，此眼所見因。缺初二相。《前記》云："眼所見因，異品瓶盆等上應有。何故不説此因缺第三異品遍無性耶？答：佛法許眼但見四塵，不見瓶盆等，故此因於異不轉。”

二、缺初及第三相。如立我常，對佛法者，因云，非勤發。虛空爲同，電等爲異，因缺所依，十力注：宗有法之我，佛法不許，故因缺所依。故無初相。電等上有，缺第三相。

三、缺後二相。諸四相違因，即缺後二。十力注：其因，於同品無，於異品有故。

全缺者。十力注：上述二三成六，此爲第七句。如聲論對勝論，立聲常，眼所見故。虛空爲同，盆等爲異，三相俱闕。十力注：以上頗刪易原文，讀者對勘原本。

立宗過性等下，十力注：等者，謂不成因性等也。别明支過。此等或於能破，立所破名。故《理門》云：“能立缺減能破，十力注：由彼能破，對於能立缺減而爲其能破故，故得此名。立宗過性能破等。”十力注：準上可知。

論：顯示此言，開曉問者，故名能破。

兼顯悟他，結能破號。立者過生，敵責言汝失。立證俱問其失者何？名爲問者，敵能正顯缺減等非，明之在言，名顯示此。因能破言，曉悟彼問，令知其失，捨妄起真。此即悟他，名爲能破。此即簡非，兼悟他，以釋能破名。簡雖破他，不令他悟，亦非能破。

論：若不實顯能立過言，名似能破。

此明似能破，文分爲三：初標似能破，次出似破體，後結似破名、辯釋所以。此初也。

論：謂於圓滿能立，顯示缺減性言。於無過宗，有過宗言。於成就因，不成因言。於決定因，不定因言。於不相違因，相違因言。於無過喻，有過喻言。

此出似能破體。立者量圓，妄言有缺。十力注：立者量圓，破者乃妄言其有缺也。因喻無失，虛語過言，十力注：立者宗無過，破者乃妄謂彼宗有過。立者因無不成之過，破者乃妄謂爲不成。立者因無不定失，破者乃妄謂爲不定。立者因無相違失，破者乃妄説爲相違。立者喻無過，破者乃妄説有過。不了彼真，不了立者量是真能立也。興言自負。十力注：破者對真能立，妄興攻詰之言，徒自負而已矣。由對真立，名似能破。準真能破，思之可悉。

論：如是言説，名似能破。

結似能破名，辯釋所以。於中分二：初結名，後釋。此初也。

如是者，指前之詞。言説者，即於圓滿能立，顯示缺減性言等。如此等言，名爲似破。

問：何故於圓滿能立，顯示缺減性言等，爲似能破？

論：以不能顯他宗過失，彼無過故。

釋所以。夫能破者，彼立有過，如實出之。十力注：如實而出彼立之過也。顯示敵十力注：謂所破者。證，十力注：謂同聞證義者。令知其失。能生彼智，十力注：能生敵者證者之智也。此有悟他之能，可名能破。彼實無犯，十力注：立者量不犯過。妄起言非。十力注：破者妄起言非。以不能顯他宗之過，何不能顯，彼無過故。由此立名，爲似能破。

論：且止斯事。

方隅略示，顯息繁文。論斯八義，真似實繁。略辨，爲入廣之由。具顯，恐無進之漸故。今略説之，云且止斯事。

頌：已宣少句義，爲始立方隅，其間理非理，妙辯於餘處。

一部之中，文分爲二。此即第二，顯略指廣。上二句顯略，下二句指廣。略宣如前少句文義，欲爲始學立其方隅。八義之中，理與非理，如彼《理門》《因門》《集量》，具廣妙辯。

荊楚文庫

熊十力集（二）

熊十力 著
郭齊勇 劉依平 主編

荊楚文庫編纂出版委員會
湖北教育出版社

荊楚文庫

唯識學概論

（一九二六年）

朱浩浩　點校

目　　録

緒　言

此書凡爲二論：曰境論、法相、法性，總名爲境。以是知解所行故。量論。量者，量度。知之異名。境論有二：一、法相篇，二、法性篇。法相、法性二名，見《華手經》等。法相者，猶言一切法相用。法性者，猶言一切法實體。性者，體也。量論有二：一、分别篇，二、正智篇。分别、正智二名，見《楞伽經》及《大論》等。俗言理智，略當分别。正智者，證體之智。凡不及知。觀境誠妄，率視其量。故此二論，綺互作焉。

唯識學者，在佛家諸宗，最爲晚出。歷小大之殊塗，閱空有之衆妙，然後此學始作，固非儻至也。

追維釋迦，崛興天竺，興感夫生死而歸趣於菩提。無始以來，一切衆生，淪溺生死海中，執取浮漚，以爲現實境界。纏綿宛轉，有若春蠶作繭自縛。昏昏而生，夢夢而死，故於生死問題，漠然無感。偶感焉，亦不切至。唯我釋尊，淵然惻然，感發真摯，聖懷高遠，具本行經。然世乃有以爲釋氏怖死，故由怖死而怖生。抑有進之曰：非自怖死，實不忍他死。要之以凡情擬議，皆爲無當。釋尊悲情流露，雖緣自他生死而發，卻於自他生死毫無怖畏。即云不忍他死，而此悲情亦非於他有所偏繫。若有怖畏或偏繫，便是凡情盲動，非激而狂，必流於萎。奚足以證菩提乎？故知悲情深純，但是勃爾向上。悲情必與明解俱，故迥異凡情。佛法所以歸趣菩提，菩提者明覺也。又復應知，真正哲學，必自唯一問題而出發，曰人生問題。即此問題，分析以窮之，愈繁密，愈幽遠。然問題之發動與進展，恒由悲情與以活力。故哲學者，非但出於驚奇心。此意深長，他日别爲書詳論。既豁然澈悟，以其悲願，化導群倫，始開萬世學統。

迹厥聲教，本無殊趣。如來一切言教，唯欲令衆生證大菩提，故未有殊趣。聞者機感不齊，斯有大小乘異。聞者對於説者，必有一種機勢相感，以引起説者應機而發其所藴。然聞者根器有大小，機感因之不齊。如來説教，或於一會唯對小機；

或於一會唯對大機；或於一會通對大小機。隨其所應，而教有淺深，即分大小乘。至龍樹、提婆、無著、世親時，大小乘教始興諍論。大乘以小宗爲不了義經，小宗則以大乘經爲非佛語。吾意大乘諸經，蓋必有本，爲佛弟子所結集，而後來大乘師從之推演增益，非復舊觀，如《般若》等是。又必有爲後來大乘師特别矯托者，如《華嚴》等，疑非本有。然近人或疑大乘經概無出自佛説者，則又偏聽小宗之過。若佛氏絶不曾説及大乘教理，後人又何從依托耶？吾儕深信大乘教理確已窮至究竟，若非如來修行禪定等法得不思議智慧，誰能有此證解？設謂大乘師自得之，而托於佛以誘世，則觀大乘師與外道劇争，當時佛家未獨盛也。何足托耶？

小乘學發展，先於大乘。綜其流别，原唯二部：一、大衆部，二、上座部。小乘凡二十部。蓋佛滅後百餘年間，有大天菩薩，始唱五事，以説阿羅漢不遣所知障，未爲究竟。時衆議乖諍。諸後進比丘朋、大天者，相聚爲大衆部。反之者，皆長老宿德，别爲上座部。其後大衆部分出八部，并本部有九。上座部分出十部，并本部有十一。合二十部。諸部繁衍，約當佛滅後四百年間。詳《異部宗輪論》。大衆則多近空觀，而如理綦難。正智境界，離妄分别，方名如理。上座則多持有義，而如幻未了。如幻者，無實物義，非固定義。小宗以虚妄分别所執爲有，故不了如幻也。爲山庶幾九仞，功虧何止一簣。乃若蓽路藍縷，以啓山林。小歷艱難，事極且反。大資權藉，應運而興。勝事奇緣，誰何足怪？佛滅後四百年間，小宗由兩本部，而分爲二十。相與殫精空有，備極其盛。未幾而大乘乃興。蓋始宏大乘之馬鳴，即以佛滅後五百年頃出世也。佛滅後小乘流行，或以其較近於當時一般人之智解。及成爲風會，則大乘教典，無人過問。如此土自唐以後，趨尚談禪，法相典籍霾秘千年，曾何足異。故小宗演進，而後大乘教典流通。一由所藉者厚，一由物極必反故也。

詳夫大乘，自馬鳴誕登王路，初顯法空。馬鳴以外道皈佛教，爲脅尊者弟子。後創宏大乘。其述作最著者，有《尼乾子問無我經》。提法空要領，而談因緣生法，俗有真無。次則《大宗地玄文本論》。其一切諸法俱非位，談《大般若經》法無自性之義。實始宏大乘之一人。龍樹或譯龍猛。菩薩接踵南天。龍猛，南印度人，约當佛滅後六百年頃出世。造《大智度》等論，宏闡空義。其弟子提婆造《百論》等，宏大而破外小。玄風益暢。龍則析薪，提克負荷。般若勝義，於焉觀止。

夫空者，遣有之執。而空復不可執，一往談空，末流將病。後來清辯論師造《掌珍論》，即蹈沉空之弊。無著菩薩者，當佛滅後九百年頃出世。奮起北印。即小宗上座部思想流行之地。始從小乘，無著從上座分部化地出家。超入大宗。既捨有以趣空，捨小乘有執，入大乘空觀。復遮空而明有。空前之有不可有，空後之有不可空。空前之有，爲虛妄分別所執之有，故不可有。破其虛妄分別所執之有，而仍非無，是爲空後之有，此不可空。是故以茲有教，輔彼空輪。義既炳於中天，功實齊乎龍樹。

爰有世親或譯天親。菩薩者，無著之弟也。先從有部出家，廣造小論，謗誹大乘。後聞《十地經》，悔小悟大，涕泣謝過。無著因造《攝大乘論》省稱《攝論》。授之。《攝論》要最，成立賴耶。蓋以小宗但立六識，世親一向溺小，於深細義，攀援不及。經云："阿那佗識甚深細，我於凡愚不開演。"賴耶亦名阿那佗識。乘其悔悟，而爲開演。世親既秉《攝論》，遂乃神悟天拔，創唯識學。粗控維綱，瑜伽百法，舉不離識，作《百法明門論》。心外有境，心外無境，大小諍端，作《二十唯識論》。兩論簡略，聊且發端。其有窮大致精，簡持立言，超百氏而獨高，破盡一切外道小乘之執。握千聖之玄鑒，則在《唯識三十頌》。簡稱《三十頌》。《三十頌》乃世親晚年所作。釋文未竟，印度論文體制，先以韵語總括全書意義，名之爲頌。次依頌作釋文，名曰長行，即論之正文也。遽升睹史。洪綱固已標舉，密意悵其未宣。猶足深慶，十大論師，繼作釋論。十師者：一、親勝，二、火辨，三、難佗，四、德慧，五、安慧，六、凈月，七、護法，八、勝友，九、勝子，十、智月。親勝、火辨當佛滅後九百年頃，蓋與世親同時。餘八論師，約當佛滅後千一百年間出世。安慧則德慧弟子。勝友、勝子、智月，皆護法門人也。法海泱泱，波瀾壯闊。其間護法、安慧，兩敵堪競。護法，南印度人。基師稱其爲天親以後之一人，如日月麗天，溟渤紀地。安慧，亦南印度人。基師稱其扇徽猷於小運，飛蘭蕙於大乘。安慧原出空宗，説猶近古。安慧於空宗撰述，有《大乘中觀釋論》等。其言唯識，不立相見二分，猶著空見。基師《述記》每於安慧被以古師之名。護法吸納衆流，義乃創今。護法之思想，於安慧諸師，既有取舍；於空宗清辨，尤多借鑒。細按《述記》可知。若以護法學與安慧相校，應稱爲今學。

逮我玄奘大師西度，殫精群學，靡不窮究根柢，披盡枝葉。其於唯識，尤所深造，流聞五天。印人尊之爲大乘天。祇以瘁於譯事，未遑制作。晚乃授意弟子昉、尚、光、基，移譯《十釋》。前舉十大論師各有《三十頌釋論》。今省稱《十釋》。基師獻議，揉爲一部。奘師久而遂許。基乃錯綜群言，譯成《成唯識論》。窺基法師《成唯識論樞要》卷一："初功之際，《十釋》別翻，昉、尚、光、基四人同受。潤飾執筆，檢文纂義，既爲令範，務各有司。數朝之後，基求退迹。大師固問，基殷請曰：群聖制作，各馳譽於五天。雖文具傳於貝葉，而義不備於一本。情見各異，禀者無依。况時漸人澆，命促慧舛。討支離而頗究，攬殊旨而難悟。請錯綜群言，以爲一本。楷定真謬，權衡盛則。久而遂許。故得此論行焉。大師禮遣三賢，獨授庸拙。此論也，括衆經之秘，苞群聖之旨，何滯不融，無幽不燭；仰之不極，俯之不測，遠之無智，近之有識。雖復本出五天，然彼無兹糅釋。直爾十師之別作，鳩集猶難。况更攄此幽文，誠爲未有。"詳此，則基師糅集，自有獨到。然十師本義，遂難盡窺，亦不無失已。有謂印土先賢論著，嘗有互相重復之處。十師釋論，不必都有異義。若糅集扼要，寧非幸事。吾以爲此乃愚妄之談也。夫各家述作，雖其取材，或有同者。而各有用意，各有組織，則不能謂之同。隨舉一例，如《百法明門論》，雖略録《瑜伽》本地分中名數，然作者意在説明一切法皆不離識，以成立唯識義。則不謂之創作不得也。此例蓋不可勝舉。昔儒有云，凡著書者雖采前人之説，必自成一家之言。豈以十師各無獨到而可自成一家之學耶？更輔以《述記》，綱羅宏富。於本論外，别爲《述記》。凡論中不盡之義、與夫衆説之待搜羅、己意之當發抒者，皆可於《記》中見之。此則傳譯最善之法，今人所宜取則。自是此學東被，蔚爲大觀。然基師糅集，獨宗護法。《述記》有言："制此謂三十頌。釋者，雖十論師，於中護法，聲德獨振。故此論題，特以標首。此師所説，最有研尋。於諸義中，多爲南指，邪徒失趣，正理得方。迥拔衆師，類超群聖者，其唯護法一人乎。"見《成唯識論述記》一。準此，則東土唯識，衍於基師。奘師於學，無所不窺。而精神所寄，似在《般若》。觀其譯《般若經》成，慶慰逾恒，可以知其趣已。基師於《成唯識論》贊揚備至。故此學提倡，彼有力焉。基師所學，宗於護法。奘命《十釋》別翻，基請糅譯，久而後許。可知奘於十師，初無偏尚。獨宗護法，則自基師。導揚之效，誠在當時。《成唯識論章疏》目録，今可考者猶百餘種。可見唐人研究之盛。參糅之功，基師自謂："不立功於參糅，可謂失時者也。"見《樞要》一。鮮及後世。其猶漢武董生，黜九流而尊一孔。將何以尋法流之繁衍，窺玄源之廣大，可謂失計者也。

余從《成唯識論》觀護法持議，可謂周密。調和衆説故周，系統謹嚴故密。然審其理趣，終多未愜。有宗善巧，即用顯體。體不可説，故即用以顯。施設用義，施設者，建立之别名。方便遮執。如説緣生，遮執實物，遮者，撥也、遣也。對執有實物者，而説緣生義，以遮遣之也。義止於此。若不了施設是方便者，將計緣合，猶如機件輻湊，其惑已甚，慈尊不救。護法談用，往往近機械觀。剖焉而配合，離焉而互倚。森羅萬象，仍自不渾然一體。非可取萬象而一一離之，然後使之互相依倚也。其何以明不測之神，而顯如如之體？余始治其説而疑，疑積而求悟，久之乃若有所獲。先是辛壬之際，嘗造《唯識學概論》。新知未豁，故訓是式，既成前半，遂以捐棄。頃爲此書，乃於前師謂護法等。特有彈正。蓄意五載，方敢下筆。先爲緒言，後入本論。於此緒言，初述此書結構，次談此學源流，而畢以吾造此書略歷。世亂如麻，群盜鬥都門，彈雨慘淡天地沉。吾乃發願，願歷盡百千磨難，所學不厭。普爲含識，求正知見。

中華十五年仲春，熊十力識於北京西郊萬壽山

唯識論卷第一

境論一

法相篇

唯識章

初發論端，略以二義：一曰，遮執外境；外道小乘，以眼識取於色境，耳識取於聲境，乃至意識取於一切法境，遂計有實外境，離識而存。封畛頑然，惑執紛然。如處長夜，達旦無期。是故假説唯識以遮之也。二曰，識亦非實。非如世俗唯心論者執爲有實體故，故言非實。

且談第一。匯外小計，外小者謂外道小乘。一一别破。據《二十論》，外小初有四事，難議離識無境，證非唯識。唯識論者，説離識無實外境，故成唯識。外小乃興難議，以證其非。一者，處定。設無外境，許有識生，云何此識，有處得生，非一切處？如緣西山識，於此山處生，餘處則不生。應立量云：緣西山識，於餘處應生。宗也。執境實無，識得生故。因也。意云：如汝唯識家所執，彼境實無而緣彼境之識得生故。如緣西山處。喻也。意云：如汝唯識家所執，即西山處實無，而緣西山識得生。餘處亦實無，緣西山識，應於餘處生。返證無離識實境，則處定不成也。

二者，時定。若無外境，許識得生，云何此處有時識起，非一切時？量云：緣西山處識，於非緣此山時應生。宗也。執境實無，此識生故。因也。如緣此山時。喻也。返證無離識實境，則時定不成也。

三者，人不定。若無外境，許有識生，多人同一時，於一處，應定一人見，餘不能見。宗也。執唯識故。因也。如眩翳人見髮等，決定一眩翳人。見，餘非眩翳人。不見。喻也。意云：眩翳所見髮，但由妄識現，本無有實，故決定隨眩翳者見，而餘人不見。若色等外境，爲各人妄識所現，亦無有實，應決定隨一人見，而餘人不見。此以眩翳喻識，髮等喻外境。今此不爾，多人俱時於一山處皆能共見，非如眩翳所見髮等，決定隨一眩翳人見。是爲人不定。

四者，作用。若無外境，許有識生，云何眩翳人所見髮等，無髮等用，非眩翳者所見髮等、有髮等用。髮有爲髻等用。量云：眩翳所見髮等應有用。宗也。執無實境，此識生故。因也。如餘髮等。謂非眩翳所見。此則返徵實境方有用耳。

當時外小，以爲上述四事，若無離識實境，皆不應成。乃在我宗，復有反證，令彼外小。失據。蓋嘗舉夢爲徵，夢中無實境，而或有處，見村園等，非一切處。應立量云：非夢時境雖無實，而所見事，其處亦定。宗也。許如是境皆無實故。因也。如夢中所見。喻也。

又夢境雖無實，而即此處，於或時見村園等，非一切時恒見。比量準前處中可知。

又如群翳觀燈，俱時共見燈輪。此燈輪雖無實境，而非定唯一人見。量云：同於一時，同於此處，而人不定，非定唯一人見，故名人不定。其理得成。宗也。許無實境故。因也。如群翳所見燈輪。喻也。

又如夢中，夢兩交會，境雖無實，而有虛妄作用。如男損精，女損血等。

綜前所述，雖無離識實境，而處定等四事皆成。外小引證，引四事證有離識實境也。以故唐勞。

前難雖破，謬執猶紛。蓋外小諸師，復有於粗色境，如大地等或瓶等。推求其本，而説有實極微。此如近人析物質即粗色境。爲元子、電子矣。撮其流别，略得四家：一、勝論師外道。執有分色。其説以爲諸本極微合生諸子微，諸子微名爲有分、有彼分故。其本微但名爲分。然粗有分色、異本微細分色，而實有其體。唯此爲五識境。

二、古薩婆多師自下小乘。執實多微各別爲境。衆多極微，皆有實體，云實多微。如色處爲眼識境時，實則一一極微各別爲眼識境。所以者何？一一極微，體是實有，故得爲識所緣。若多微和合，成阿耨色以上粗顯境，但是和合假法。如瓶或山等，皆合多極微而成，名爲和合假法，彼無自體故。五識緣實不緣假，此言緣者，攀援思慮之義。識之取境，即是於境攀援，起思慮故。他處準知。須有實體方能引生識故。

三、經部師執實多微和合爲境。一處相近名和，總成一物名合。此説一一實微，非五識境，五識上無極微相故。若多微和合，成阿耨色以上粗顯境，體雖是假，五識之上有此相故，故爲五識境。

四、正理師執實多微和集爲境。和義見前。不爲一體名集。此説諸極微一處相近，展轉相資，各各成其大相。如多極微集成山等，多微相資，即一一微各有山等量相，故與五識作所緣緣。

上來四家，互逞戲論，出量摧破，彼不得遁。

難勝論云：汝有分色體，異汝諸細分色，實不可取。宗也。許實句色故。因也。勝論有六句義，一曰實句。彼許地等粗有分色，及其本微細分色，皆是實句所攝。如細分色。細分色是實句色故，而非五識所取；有分色是實句色故，應亦不可取。

難古薩婆多云：各別極微，非五識所緣。宗也。眼等識上無極微相故。因也。如眼根等。喻也。五識不緣五根，乃立敵所共許，故以爲喻。五根後詳。

難經部云：汝和合色於識非是緣。宗也。此言緣者，藉義。他處準知。識不孤生，必有緣藉，如青相爲緣，方引生了別青之眼識是也。今此言經部和合色，非是五識生起之緣。彼和合色。體實無故。因也。和合假法，自無實體。猶如第二月。喻也。如人在月下，以手捏目，見第二月。此非眼識見，乃是意識虚妄分別。其理後詳。經部師亦不説第二月有實體爲五識緣故，故得爲喻。

對正理師，乃申四難：一者，二位無差難。極微和集位與不和集不相資位，其體是一，如何相資，能爲大物發生五識？量云：汝相資極微應不與五識爲其所緣，宗也。即極微相故，因也。如不和集相資時。喻也。

二者，量等相齊難。如俱以一俱胝極微作瓶甌，俱胝者，數名。此云億。瓶甌應無别，以極微頭數相資等故。今既瓶甌二相各别，故知非是相資量等，方爲五識緣。量云：彼瓶爲一俱胝極微成者，應與此一俱胝極微所成甌無有差别，宗也。有一俱胝極微相資相故，因也。如此一俱胝極微所成之甌。喻也。

三者，微相失本難。如前第二難，彼設救言：此瓶甌等，微量既齊，即相資相應等，但由行列不同，遂令見别者。汝執極微本是團圓之相，今和集位，一一極微應捨本圓相，行列既别，相資亦殊，即是極微失圓相故。量云：瓶等相資之極微應非圓相體，宗也。即相資相故，因也。如相資相。喻也。

四者，行相互通難。行相者，能緣之識，行於境相，故名行相。彼執所緣即極微者，則緣瓶等識，應即緣極微之心。心者，識之别名。有量云："緣大瓶等識，應即緣極微之心（宗）。彼執所緣即極微故（因），如緣極微心（喻）。"何故緣瓶等但作瓶等解，不作極微解耶？若言方緣微時，微雖細相，瓶雖相粗，以體一故，彼緣瓶粗相之識，即是緣微細相之識者。若言至此爲句。若爾，汝緣色境之識，眼識。應亦即緣餘聲等境，宗也。許相違法得俱緣故，因也。如粗細境。喻也。

既申别難，還當總破。諸言有實極微者，皆不應理。所以者何？極微不能無方分，有方分故，應更可析，可析者便非實極微。若言微相圓故，所擬東非是東，西等亦爾，無有方分者。此薩婆多計。此亦不然。極微無方分，便非色法。應立量云：極微應不成色，宗也。不可示其東西等故，因也。猶云無廣袤性。如心心所。喻也。成極微非色已。又汝粗色即諸極微，粗色外無極微，極微外無粗色。當復立量云：汝粗色應不成色，宗也。體即極微故，因也。如汝極微非色，喻也。前成極微非色已，故得爲喻。成粗色非色已。遂立量云：手觸壁等應無對礙，宗也。非色法故，因也。如虚空等。喻也。如上三比量，返證極微定有方分。有方分故，必更可析。物之可析者，還即和合假法，便無實極微。由此，説微相是圓，義亦不成。既無實微，云何更擬此是圓相？

又如汝等所執，七微合成阿耨色。中間一微，四方上下有六微。如是七微，復與餘多數七微。合，輾轉成大地等或杌等。今應問汝：極微有觸無觸？觸者，互相逼近義。若極微無觸者，毗婆沙師説諸極微無相觸義。即每一阿耨色所有七微，其間相距，或如日局。今吾所憑之杌，其所有極微，實如無數日局，吾身將墜其中，不當太倉一粟。設謂極微雖無觸，但彼極微。所成聚色有觸者。聚色亦名粗色。既異極微無别聚色，極微無觸，聚觸者誰？當立量云：聚色應無觸，宗也。即極微故，因也。猶如極微。喻也。若極微有觸者，中間一微與外六方微觸時，應成六分，所觸既六，能觸應成六故。一處無容有餘處故。如中一微之東分，與東方處微觸，更不容餘五方處之五微故。餘準可知。設言中一微與外六微互相糅住，同一處所，故不爲六分者。既一微處容六微住，即此七微合成阿耨色時，量無增長。若爾，一切聚色，并應如極微量。云何聚色可見？遂立量言：汝聚色應不可見，宗也。即微處故，因也。猶如極微。喻也。是故許極微觸與不觸，俱有大過，即實極微，理不應成。

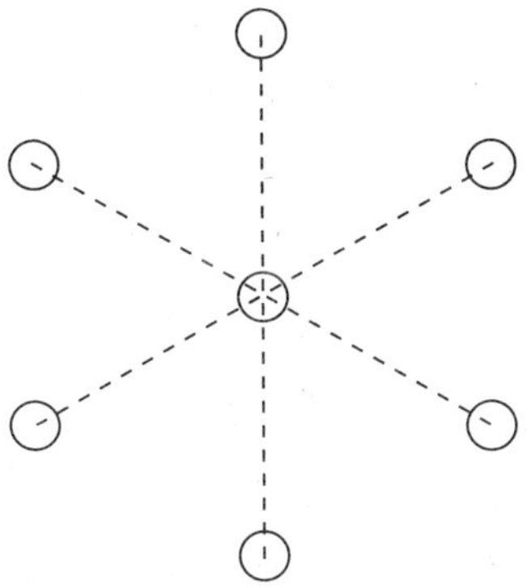

迹凡情遍計，本執有頑然實物，離識而存。如所見之瓶乃至所觸之地，此在吾眼識乃至身識以外，確爾顯現，絶不容疑。迄極微之論出，則以爲外界顯現，殊非如吾人所執瓶及地等實物，乃祇有實極微。此若已破一重執者。實則極微之執，又與瓶及地等實物之執，俞穴相通，源流不二，同執有離識實境故。格以唯識之義，則相見緣生，後詳。既無心外之境。心者，識之别名。境非離心而存，故云心外無境。即所謂相者，稱實而談，唯是刹那刹那，新新而起不可量之變動，刹那刹那，都無故物，故曰新新。了無少分實法可得。無少分云者，彰其全無。此極微之論，所以見擯於吾宗。談理究竟，毋苟而已。

又復應知，大乘不許有實極微，而亦方便假説。《瑜伽》五十四，佛説極微，有五勝利，一以與二空爲方便故。《義林》云："此中意説，修法空觀，要析諸色，先至極微，斷諸煩惱，得入空故。"按二空者，人空、法空。《成唯識論》一。爲執粗色有實體者，佛説極微，令其除析，非謂諸色實有極微。諸瑜伽師，以假想慧，於粗色相，漸次除析，至不可析，假説極微。雖此極微，猶有方分，未析至空，故有方分也。而不可析。若更析之，便似空現，不名爲色。故説極微，是色邊際。邊際者，是窮盡義。此中言不可析者，與小乘異。小乘以極微有實體故，故名不可析。此則依色法以想慧除析之，至不可析，假名極微。所謂不可析者，以想慧漸次分析，達於最後之度，必至空而無色。今設定析至將鄰於空，而空相尚未現，即以此度説爲不可析，而假名之爲極微。由此，極微是色邊際，以過所此再析便非色故。如吾頃憑之案，吾以想慧除析，初析面爲綫，復析綫爲點，至點更析，則點必無有。而心相變似虚空現，不作色相現。故析至點處，便是不可析，假名極微。然點綫面，本形學上名詞，此中强借用之耳。詳此，則大乘假説極微，以與外小衡校，一誠一妄，語不同年。

破極微已，復有異執。經部等師，更以現量證外境有，以爲諸法由量刊定有無。一切量中，現量爲勝，有三量故，言一切。取現境故，證自相故，説現勝。故舉此爲徵。如世人言，我今見色乃至觸觸，下觸字，名詞，謂一切塵境。若無離識實境，寧有此覺，我今現證如是境耶。其爲説如此。夫言法之有無，宜以現量楷準，此誠諦論。獨其所謂現量者，則以眼接色乃至身觸觸而有色等覺云爾，故亦説名現覺。斯則近似亂真之説。據實言之，有色等覺時，即執心外别有其境，内外已分，不名現量。所以者何？眼等五識及俱意現量證境時，俱意後詳。於境不執爲外，以無計度分別故。後時散亂意識，起虚妄分別，乃執有外境，故色等覺，唯在散亂意識。覺意識分別。與正見，五識及俱意現量。二時不俱，則此覺時，能見五識及俱意現量。已入過去，寧許有是現量證外境有。應立量云：起此覺時必非現量，是散心位，宗也。能見已無故，因也。如散心位緣於過去百千劫事。喻也。且我所謂現量，既不執外，斯乃證外境無，異汝所云。

又復應知，心法及境，皆念念滅。刹那刹那，都無故物。汝言現覺色等之時，非但能見眼等現識成已滅無，有五種無，而已滅無居一焉。即所見現境，亦復與彼能見俱時落謝。是則汝所云色等現覺，實已不及現境，此已滅故。復立量言：起此覺時必非現量，是散心位，宗也。境已無故，因也。如散心位緣於過去百千劫事。喻也。

又如夢等時，等謂幻覺。雖無外境而亦得有此覺。我今現見如是色等，餘時謂非夢非幻時。現覺，應知亦爾。量云：除夢等外，所有現覺，緣非外境起，宗也。非外境三字，作一名詞。許現覺故，因也。如夢等現覺。喻也。夢中意識唯是非量，大小乘所共許。

上來已説現量爲證不成，彼復宛轉設救：一者舉憶持，記憶。仍成現量，證外境有，謂由過去眼等五識及俱意，於爾時現受外色等境，今時意識方能憶持。先若未受，今何所憶？先時五識俱意，若未受外色等境，則今時意識復何所憶耶？由憶持故，應許過去世五識俱意是有非無，即此識五及俱意。於過去世現所受境，亦決定有。由斯許曾現識，現量有曾境，曾者，過去之謂。下準知。是義極成。今時意識，憶曾現量境，既作外解，故知外境實有，義亦極成。

二者，仍以夢徵，信有外境。夢覺二識，若同無外境者，世能自知夢境非有，其覺時境亦無，例應復自知。今故應詰：夢心無有境，覺時便知無，覺識境既無，何不知非有？既不自知覺境非有，寧復能知夢境定無？返復推徵，應信覺時識，外境定實有。

如上二難，俱不應理。且釋初難。汝以今識憶識。憶持，決定由過去識五及俱意。於爾時現受外色等境者，是義不然。我宗但許過去五識等等者謂俱意。緣即識之境。即識者，不離識之謂。境依心起，非是離於心外而有，故云即識之境。此境與彼能緣識同時生已便滅，無暫住時故。而有熏習，喻如香滅，騰其餘臭。無間傳來。熏習念念生滅相續，曾不散失。今時意識乃於此位能憶前境，是名憶持。非由曾時識緣外境故，後方有憶。又在意識行追憶時，識上必變似前境之相，如過去五識等緣桃花，今意識追憶，識上必變似前桃花之相。此相非外，識所變故。但意識虛妄分別，不稱所緣，妄執爲外。此既後時意識妄計，云何以此證先現見實有外境？

復釋次難。夢境非心外實有，必覺時方知。如處夢中，終不自知夢境非有。其覺識境，亦非心外實有，必真覺時方知。世間虛妄分別，串習昏熱，如在夢中。衆生染識，名爲虛妄分別。無始以來，數數熏發，省爲串習。覆蔽稱昏，毒惱名熱。諸有所見，皆非實有，顛倒虛妄所顯現故。未得真覺，恒不自知。至真覺位，方能如實了知心外無境。既許眠夢得世覺時，知先夢境非有，應從虛妄得真覺時，知先顛倒所現境亦無。義既相齊，何勞興難。

上來所說，恐猶未喻，應更徵詰。汝外小。所執外色等境，爲體是一、爲體是多？若言是多，即復返於前所破之極微，極微衆多故。然此極微，前雖破訖，聊復申言。夫極微論者，皆妄計積小成大，此爲以人工猜擬法爾，法爾，猶言自然也。何可相應？細縷千條，微綫萬緒，聚成布帛；衆磚衆石，多瓦多椽，乃至無數竹頭木屑，合成大廈；一甑之飯，聚無數粒；一盂之水，集無量滴；散沙握以成撮，群息吹而蕩風。凡兹串習之事，想慧夙所浸淫；遂於不思議變，自識所取之境，非是離於自識而爲客觀存在之實物，如一刹那頃眼識緣瓶等。此瓶等者，即此刹那現起之一變而已。此變不可思議，故云不可思議變。亦依串習，而爲横計。此極微之論所以興。原夫境依識變，境界與識同時相依而變起故，故非離識而存。其用至神，刹那刹那，新新而轉。轉者，生起之義。豈假多微，方成大物？若大地或瓶等境，果爲積多微以成者，極微常住，即大地或瓶等境，應是常住，恒無滅壞，恒無創新。徵之事實，夫豈固爾？若言極微自體是動變者，則應但許有此動變，更無極微其物。往復推徵，極微既不應成，即境體是多，義非能立。多既有過，設言是一，又復非理。如堅等境，唯是一物，曾無隔别，若有多體，便相隔别；既是唯一，故無隔别。則應世間無有漸次行大地義。以地一故，纔下一足，已至一切，如何可説有漸次行？又境若是一，應復手執無隔障物。無有一物一時之中，此邊彼邊有手至未至，以是一故。然今有筆有此，汝計是一，但以手執時，則復有至未至，如何成一？又境既一，無有離間，若一駱駝至一處所，餘駱駝或馬等，亦應俱至其所，以境一故，不容離間故。今者多駱駝馬等互不相到，此不至彼處，彼不至此處，名互不相到。境若一者，此云何釋？綜上三難，皆有理據，故言境一，義不極成。彼復救言：諸境自體非不爲一物，但由能依作用不齊，令所依境相狀差别。且如吾人經行大地，地實是一，人行一步二步乃至多步，其步所經，令地成别。又如以手執筆，筆非不一，吾手得其上邊，不得下邊，遂令筆分上下兩物。駱駝馬等處所有别，例此可知。故汝所難，不足遮我。彼之自救如此。然細檢其失，略談以二：一違正理。如前第一例，汝言地實是一，但由行步不一，故令地别者，此實倒見。應知行者，本爲相續而不可分之動。動力生滅相續，而實無有分段。正由所依地境非是一物，段段差别，成多地故。吾人遂由行動所經多地，妄計行動爲可割畫，緣此分一步二步乃至多步，實則行動唯是相續而不可分。若可分者，一步二步乃至多步，其間各各獨立，各各静止，段段片片，不相連續，憑何貫穿得成行動？吾人若證會行動自相，而除其所經許多地段之想念，必能了知行動實無可割畫。而分爲一步二步等者，特緣於以許多地段之想念，增益於行動自相之上，故有此妄分耳。是則非因行步不一，方令地别。唯由不了地非一物，妄分行動爲若干步。即此一例，汝之所執，已乖正理。餘例同乖，何勞虚設。二違自義。汝本計境體是一，若是一者，即不可分析。今汝言，由能依作用不齊，今所依境，相狀差别者。則汝境相狀，既可分析成多，應不名一。如汝行十步，所經地段，亦被析爲十，非復一相。故汝此計，定違自義。綜前所説，境一、境多，兩俱有過。以故汝計，外境實有，理不容成。破彼計已。設復問言：爾唯識宗亦許有即識之境，此境爲一爲多耶？應答彼言：如我宗義，諸識所取，境各别故，可説爲多；一切法皆如故，一切色法、一切心法，談其實性同謂真如。故云一切皆如。可説爲一。又復應知，汝計離識之境爲實物有，外小言有外境者，即同俗計有彼瓶等實物之有。質言之，即看作有呆板固定之物是也。故説一説多，進退違理。我宗許不離識境，爲如幻有。如幻者，取俗語詮之，即没有實在東西之謂也。如幻之有，迥出情計。若隨世諦，一多無礙；一不礙多，多不礙一，兩説皆得。若隨真諦，一多俱泯。諸法如相，即是無相，無一切虚妄分別所執相故。若爾，多不可説，一豈容立。斯固如實之談，未可以凡情較量耳。

迹外小執有實境，外於吾心而存在。此乃世俗所公認，以爲確然赫斯，明著無疑。今吾宗於此，一概遮撥俗情疑怖，以爲徒侈大其心，納外於内，成偏至之論。實則吾宗如實了知本無内外。設有内外對峙，則兩相疏隔，不可相親，不可冥喻。今萬境倏然宛然，現起於吾分别之中，分别者，即心之異名。灼然同體相親而冥喻，夫何心境内外之分乎？此理昭揭，不但大覺夙所現證；即在凡位，亦可依五識及俱意現量、無倒思唯模準現量而思唯，屏除妄情偏計之參入，名無倒。而證其如此，以現量無外執故。言不執外，即亦無内可知。内外者，以相待始别。智不依現，任情猜卜；横執外境，如翳生華。由此，乃有抛卻自家無盡藏，以尋求宇宙實體，如古代哲學。或推明宇宙現象，如近世諸現象論。妄自執持，以爲學術不過爾爾者。理不究竟，空洞何依。宇宙者，萬有之都稱也。哲學家不了自心以外無宇宙。現象論者，但逞空泛知識，披枝自畫；實體論者，衹隨遍計，妄執空華。吾嘗言遠西哲學，實無足以當哲學者。徒知向外推尋，竟昧自家現成物事。不知衆里尋他千百度，回頭驀見那人正在燈火闌珊處。此意甚深，學者須於唯識道理有全盤了解，方可談此。其猶愚人，懷寶自迷而窮餓，對日自掩而昏晦。哀此沉淪，曷其有極！

前已遮境。遮撥外小所執心外實境也。此中樹義、本根據《二十論》。然取材之間，權衡取捨，引申觸類，不必悉與舊義比切。讀者量之。今應破識。非謂識無，乃破外小所執之識也。外小執識爲實物有，外小計識之有，乃如實物之有。如勝論者，以意與地水火風等并列爲九實之一；自餘外道亦計心有實作用；小乘諸師，許心外有境，即以心與境同視爲實物。《成唯識論述記》卷二第五葉“執離心外有别實境，亦執離彼境有别實心”云云。小乘正如此也。我説唯識，得毋濫彼。外小。應知大乘，識是緣生，此言緣者，藉義，由義，與緣慮義别。他處準知。大乘説識是衆緣所生法也。正遣彼執。蓋大乘如實了知所謂識者，唯是幻相遷流。幻相者，詐現無實，亦非空無。生滅滅生，變動不居，是以謂之幻相也。然此理妙萬有而無方，不容直爾表詮。姑且假説緣生，對彼實物之執，椎擊破碎，令生正悟。此在遮詮，方便善巧，庶幾絶倫。然言緣生矣，則必分析爲若干緣基，每一種緣，命之緣基。而後互緣以生之義始見，乃果無實物也。緣基約略舉四：一、因緣，二、等無間緣，三、所緣緣，四、增上緣。釋此四義，以次縷列。

因緣者，舊以親辦自果爲義。見《成唯識論述記》四十四。辦者，成辦，謂因法親成辦自己之果法。其説是也。

今於此中，唯取法爾功能爲識因緣，功能者，用義，亦勢力義。此爲恒轉如瀑流，勢用自爾，更無所待，故言法爾。護法以習氣功能爲同物而異其名，吾不敢苟同。習氣者無始時來熏習是也。另詳《功能章》。何故説識有因緣耶？一者，凡法不可偶爾而起故。若許偶爾起者，現見世間何不實有空華石女兒？凡有者，不能自無而之有，乃法爾道理之所昭示。計有出於無者，此是邪見，非如理説。後文别論。今若不立功能爲識因緣者，此識便是無而忽有，不應道理。二者，若汝言根境二法能生識者，根者，眼耳等根。境者，色聲等境。義不極成。當知根境識三，俱時顯現，更互相依。所謂宇宙者，祇是根境識相依顯現，無定實物。識依根生，而不從根生，識仗境生，而不從境生，由三法互依故。三法者，根、境、識。既三法更互相依，即三法之中無有一法能爲因緣生餘二法者。又若許根境能生識者，則以色法起緣慮用，根境皆是色法。即此色法翻成不可知，不可知者，猶言神妙。應不名色法。往復推徵，決定有法爾功能，親爲因緣，生起現識。現者，現行，亦識之别名。言現識者，複合而爲一詞，後仿此。分别宛然，分别，亦識之别名也。烏容突起，無因戲論，過患無邊。

附識： 所謂識者，非可偶爾突起，從無肇有。故説功能，爲其因緣，以遮無因邊見。在理論方面，祇合説到如此而止。若謂因功能。果現識。爲條然各别，同時并有之二物，則剖析雖嚴，未免以法爾道理，作死物觀。《大智度》三十二説“求之轉深，入於邪見”，正謂此也。實則現識衹是功能之現起，如眼見色，此之一見，即是功能之現起耳。不可别爲能所二物。説因爲能生，説果爲所生，此緣言説方便施設。在事實上，豈可判以能所二物。舊説果俱有義，護法等説功能亦名種子，此是能生因，現識乃爲所生果，其果與因，同時并有，故名果俱有。彼以因果看作二物，故言俱有耳。所以成爲戲論。而吾説與前師所以異者，學人須審詳之。參考《成唯識述記》十四及四十四。

等無間緣者，略有三義：一者前爲後緣。此言緣者，等無間緣，文省略也。後準知。一識俱時無二念并，如一念眼識，同時無二念並起。後不開導前。如後念眼識，對於前念眼識不得爲開導。開導之義見下。故唯前念識望後念識爲此緣，非彼同時或後時有此緣用。非一識同時自望有此緣用，俱時無二念并故；亦非後念識望前念識有此緣用，後不開導前故。

二者自類無間。七識本非異體，七識者，謂從眼識乃至末那識。七識同依賴耶而起。賴耶者，非斷非常，謂之恒轉。其自身即是法爾勢力，又攬無始時來一切熏習，與固有勢力相爲糅和，故又得名之爲功能或習氣。由此賴耶現起種種作用，是爲七識。故此七識者非離賴耶别有獨立之體。此與護法等之説全異，至後方詳。然行相别故，不可説一。行相，謂緣慮之作用。識者，即剋就行相而目之也。即此七識各各前念滅已，引後自類令生，各各兩字，須一氣貫下讀之，如眼識前念滅已，即引後念眼識令生；耳識前念滅已，即引後念耳識令生；鼻識乃至末那識，皆可類推。是爲自類無間。亦復當知，此無間者，顯前爲後緣，一類相續，於彼中間，不容異類，入來間隔，故名無間。如眼識，前後一類相續，中間無有耳識等入眼識處而間隔之也。雖眼識或時間斷，亦由眼識自不起，非由異類識間隔之令不起也。餘耳識等，皆可準知。非無間言，謂無間斷。若言以無間斷名無間者，則五識及意識皆有不起時，即於義不遍。如眼識，前後相望，雖中經百千劫斷，其前滅位眼識，仍與百千劫後續起之眼識爲緣。以中斷位，非有異類間隔故。

三者等而開導。言開導者，導，招引義。開義有二：一避義，二與後處義。前法開避其處，前念識纔起即滅，不至後位，故説開避其處。招引後法令生，故成緣義。由具開導，得爲此緣。復有難言：“前法開避，即是已滅。彼滅無體，云何招引？”應知前法正起位，即有望後招引之勢，非彼滅已，方爲招引。若言後法續前，不相緊接，間斷時久，疑非招引所及者，不知勢用遠引，如手放箭，遠有所至。此理豁然，復何足疑。又等之爲言，是等流義，由前引後，平等而流故。故知後法，仍是前類。此中與舊説頗有異處。因於心心所之解釋，不取護法諸師，故一切關連之義，皆須變更。讀者量之。

綜上三義，則知等無間緣，開前導後，方滅方生。前法方滅時，即後法方生時，生滅在一刹那。如秤兩頭，此低彼昂，同在一時。心識複詞。所以遷流不息，唯有新新，都無故故，其機之不測如此。設有計心識爲由過去至現在復立趨未來者，則是墮於常見，不了我所説開導義。

所緣緣者，略有四義：一有體法，此乃概括之詞。若其爲如何之有體法，此中不復分别。如色法有礙，固名有體；心法無礙，亦名有體；乃至真如爲一切色法心法之實體，而又不可以色等相求者，亦名有體法。二爲識仗托，三爲識挾帶，四爲識所慮。

有體法者，爲緣之法，此中緣者，謂所緣緣。以下準知。必是有體，方有力用，能牽生識，如白色，能牽令眼識同時俱起是也。故成緣義。法若是無，無者，即非有體。何得爲緣？世俗有計地或瓶等得爲緣者，此倒見也。所謂塊然之地、頑然之瓶，世間本無此物，其以爲有者，特妄情所執耳。今試問汝儕，所得於地或瓶者果何物？則必曰視之有色，乃至觸之有堅等也。於堅言等者，等彼冷暖滑澀等性。若爾，汝眼識及俱意，但得於色，不得地與瓶。乃至汝身識及俱意，但得於堅等，亦不得地與瓶。誠以汝五識等現量滅謝，等者，等俱意也。散意識方起，散意識者，凡位意識散亂故。遂追憶色及堅等境，妄構爲地或瓶等實物。是故色及堅等境，誠有非無，方得爲緣。妄情所執地或瓶等，此非有體，緣義不成。

或復問言：“若有體法方爲緣者，則意識緣空華時，豈無所緣緣耶？”應知意識此時變似所緣影像，即獨影境。妄作華解。若無影像者，華解依何而起？華雖本無，識上所現影像不無。不無，即有體之謂。即此影像，成所緣緣，非無此緣識得生故。非字，一氣貫下讀之。

又復有計五識後念、以前念境爲所緣緣者，唐賢普光曾作是説。此亦非理。一切法頓起頓滅，無暫時住故。前念境即於前念滅，何容留至後念爲後識境耶？如眼識前念青境，實不至後，後念青境乃是新生耳。誠以五識現量，刹那已入過去。一刹那頃，五識與所了境，同生同滅故。後念意識繼起迅速，由念勢力，念者記憶，乃心所之一。能憶前境，即於意識變似前境之影像而緣之。此影像即心上所現，本非前境，而此心乃妄以自所現影作前境解也。彼乃不辨，以爲猶是後念五識取於前境，此在因明，乃云似現。實則前境已滅即非有體，如何成所緣緣？此説違理，故宜刊正。

爲識仗托者，即有體法望能緣識爲所仗托，令彼謂識。得生。識不孤起，須托境故。如眼識必仗托青等境，方乃得起。親則托影，疏則托質，識之緣境，有親有疏，如眼識緣青等時，眼識上必變青等之影像，而親緣之。但此影像之後面，仍有實塵相焉。説爲本質，眼識托此，方變影像。然眼識既親緣影像，即本質是其所疏緣也。影與質，皆境也，即皆爲眼識之所托。此示方隅，學者應思。必有所托，故成此緣。若識無其所托者，憑何成立所緣緣耶？

附識：此上二義，皆本陳那。陳那《觀所緣緣論》云："所緣緣者，謂能緣識，帶彼相起。此言帶者，變似之義，非挾帶義。相即相分，乃自識所變之境，説見陳那《集量論》。彼相之彼，即指相而目之也。此中之意，即謂能緣識上變似所緣相分而起，實無外境也。明智旭解甚謬。及有實體，自識所變相分，非是無故，名有實體。此實體言，切須善解，不可如世俗計有實在東西也。令能緣識，托彼而生。"彼者，相分。謂此相分爲識所仗托也。此有一事須辨者，即陳那及其他諸師，皆以相分一名，爲八個識各各所變境之通稱。吾今者則以相分爲根身，及器界之專名。至七識所變境，應但名影像，不名相分。此與舊説大異，俟後詳之。今此獨取彼文後二義，一有實體，二令識托彼而生。不取其前帶相義者。蓋陳那論意，實重在成立不離識之境，以對破小乘外境。此中但明緣義，用意自别。此中有體法及爲識仗托二義，通親疏緣而説。陳那則不涉及疏緣，唯成立親所緣緣故。問此何不破外境耶？曰：

如別處説故。

爲識挾帶者，謂所緣境爲彼能緣之所親挾。能所逼附，冥若一體，故名挾帶。如五識等現量證境時，等者，等俱意。能緣、所緣，渾爾而不可分。由境爲緣，所緣緣。令彼能緣親挾己體故。己者，設爲境之自謂也。

附識： 挾帶之義，發於奘師。往者正量部師有般若鞠多者，小宗之英儁也。嘗造《謗大乘論》，謂大乘真如非所緣緣。意云：大乘説無分别智緣真如時，不變相分。既無相分，如何成所緣緣耶？若如此難，則大乘真如將等空華之無，以不成所緣緣故。然大乘師被此難已，經十二年，無人能救。及奘師西度，戒日王爲設十八日無遮大會時，奘師造《制惡見論》，乃謂正智無分别智。起時，即挾帶真如之體相而起，故真如是所緣緣。鞠多遂伏，不敢抗論。奘師《制惡見論》係用梵文，今無考也。吾嘗言，由挾帶義，而知現量於境，不作外想者，非無境也。外境實無，而不離識之境確有。又能緣親挾境體，冥冥證故，非無識也。近人談感覺者，以爲正見光時未起推想，見與光是一件事，遂不許有能見之識。此乃大誤，當别論之。奘師此義，深澈理極，遮一切邪計，豈徒折鞠多之難而已乎？

爲識所慮者，前之三義，不足成所緣緣。可以故？若有體法但爲識所托所帶即得成所緣緣者，則應外質人等。望鏡等照用作所緣緣。外質是有體法故，鏡等照用起時，亦以外質爲所托所帶故。鏡等照用依外質同時顯現，故有所托義。又挾附外質影像而起，故有所帶義。此若許然，即境望識作所緣緣與外質望鏡等作所緣緣，兩義齊等。由此應許識亦猶如鏡等，所緣緣義不異故。爲遮此失，復言所慮。由境有體，能引令識托彼帶彼緣慮於彼，上三彼字皆謂境，緣慮即思慮之義。方許望識作所緣緣。外質望鏡等缺所慮義故，以鏡等非能慮故。即望鏡等不成所緣緣。以所緣緣具所慮義，影顯識爲能慮，不同鏡等色法，故説唯識，理不輕摇。

附識： 思慮作用乃心識之特徵，不可以色境與色境相互之作用説明思慮。昔者印人有言鏡等能緣，猶如識者，今人羅素亦云照相器能見物，此皆戲論。鏡等與照相器皆能於所對境而現其影像，然此影像固是色像，乃無有思慮作用於其間，以色法之因，終不能產非色法之果故也。近人乃有不許心識爲有者，將何以説明思慮乎？理本至近而索之愈遠，凡情迷妄，往往如是。又思慮屬心之行解，此與心上所現影像，本不爲一事。影像舊亦云相。羅素輩未能辨此，故説照相器能見物也。然唐人言唯識者，於此已有不了。備云："但心清淨故，一切諸相於心顯，故名取境。"見金陵刻《解深密經》注六第七葉。太賢云："相於心現，故名所慮。"見《成唯識論學記》六第三十七葉。此皆不悟心之取境，有其行解，但云心上現影而已。若爾，鏡等能緣，照相器能見之説，又何可遮耶？如斯膚妄之談，其當刊正久矣。

綜上四義，明定所緣緣義界，庶幾無失。然此緣體，蓋有二種，一親二疏。

識上現影，影者俱云影像。不論有質無質，如五識及俱意緣五塵，識所變影像，仗有本質。如意識緣空華時，識上亦必變影，此乃無本質者。別詳《境相章》。皆是親所緣緣。

若所緣法，望於能緣，而爲本質，令彼影像同時現起，此即疏所緣緣。識仗質而變似其影以緣之，故質成疏。

識……（能緣）
↓
影……（親所緣緣）
↓
質……（疏所緣緣）

附識：《成唯識論》定疏緣俱云疏所緣緣。義界曰與能緣體相離，此甚謬也。如色等本質，既與眼等識爲疏所緣緣，則不得説爲截然相離。假其兩體相離，則内外劃若鴻溝，本不相涉，如何名緣？詳護法立論，以八識爲各各獨立之體。故色等本質屬第八相，自眼等識望之，即是外法，所以説爲相離。然將八識割得太死，衹成戲論。

增上緣者，增上猶俗言加上也，舊訓爲扶助義，謂若此法雖不從彼法生，然必依彼法故有，即説彼法爲此法之增上緣。略有二義。一者有勝用。爲緣之法此中緣者即增上緣，後準知。必具勝用，方與果法而作增上。果法者，如彼法爲此法之增上緣，即説彼爲因法，此爲果法也。所謂勝用者，不徒於果法爲密邇之助，但不障者即其力也。取徵現事，如吾立足於此，五步之内所有積土，固於吾立足，親爲增上。直接爲助，故言親也。即此五步以外，推之全地，乃至日局，亦皆與吾立足攸關。假令五步以外，山崩河決，又或餘緯越軌，衝碎員輿，斯皆障害吾之立足。故知吾今者立足於此，即由全地乃至日局，俱有增上勝用。由不障害，即其勝用。準此，則增上緣者寬廣無外，勢不勝窮。然求一事之增上因，增上緣望所增上法，而得因名。則恒取其切近，遺其疏遠，不定遍舉也。今如一念眼識生時，其所待之增上緣何限，然根緣、根者，眼根；緣者，增上緣；眼根是根識之增上緣故。空緣、空者，空隙，亦眼識之增上緣，障隔則眼識不生故。明緣、明者，光也，亦眼識增上緣。分别緣、分别，謂意識。眼識起時，必以同時意識爲增上緣，無意識引令趣境，則眼識不生故。習氣緣，吾分功能習氣爲二，不同護法。眼識者，即是功能現起，方其現起，而習氣亦同時增上也。舊説眼識有貪等心所法，以於境任運生愛等故。吾謂貪等即舊薰習氣顯現，習氣不可説爲因緣，只是增上緣。此與護法説天地懸隔，俟《功能章》詳之。則關係切至，爲所必察耳。舉此一例，餘耳等識增上緣。應推詳。

附識：增上緣義最寬。世學如科學。所云因果，自吾宗觀之，唯相當於此，以其但明關係故也。頃有問言："若如公説增上緣者，則將隨舉一事皆以全宇宙爲之因乎？"曰：理實如是，但學者求一事之因，初不必計及全宇宙，恒自其最近者以爲推徵。設秤物之重量爲如干，若地心吸力，若氣壓，固皆爲其致此之因，即至迥色之空，或太陽系統以外之他恒星，亦無不與此有關者，故曰一事而全宇宙爲之因也。然學者於此，但致詳其近緣若地心吸力，若氣壓，以明此事之因，則能事已畢。吾人常能由一知二或由甲知乙者，率此道也。

二者，能於餘法或順或違。隨舉一事，以明此義。若霜雪於禾等增上，能牽令轉青色爲枯喪，轉者，改轉也。禾等枯喪之位，其以前青色皆滅，義説爲轉，非謂前青色不滅可轉爲後枯喪也。又枯喪之起，自有親因，霜雪於彼，但爲增上緣，故言牽也。世學談生物適應環境者，多忽略生物自身之親因，便爲大過。問霜雪非青色滅之因耶？曰：凡法之滅也，法爾自滅，何待於因？滅若待因者，應不名滅，當説爲生，有因便是生故。即此霜雪，望枯喪爲順緣，望前青色作違緣。一順一違，幾之所不容測也。然復當知，此中義分順違，據實違緣云者，非與滅法爲緣。如前所説，霜雪與枯喪爲緣時，前青色已滅。今云霜雪與彼前青色。作違緣者，彼既滅無，望誰爲緣？由枯喪是前青色之相違法，既與枯喪爲緣，即義説爲前青色之違緣。一事向背，義説爲二也。霜雪與枯喪爲增上緣，是爲一事。向背者，一事之兩面。與枯喪爲緣，是向義。既順枯喪令起，即違前青色令不續起，是背義。由此二義，説順違也。例此而談，習氣等爲識增上緣時，順生有漏識，即違無漏識令不生。有漏者，染污義。無漏者，清净義。順違之幾，其可忽歟！

上述四緣，分析現識，説名緣生，對破外小執爲實物。識若定實，應不可析。今説緣生，分析此識，而爲四緣，則非實物明矣。夫緣生者，本唯遮遣之詞，不表構成之義。如對不了芭蕉無實體者，爲取蕉葉一一披剥，令知非實。此但遮遣彼執，非表蕉由衆葉構成。護法、窺基之説緣生也，直以現識從衆緣和合故生。衆緣者，以緣有四，名之爲衆。蓋易遮遣之詞，而作進一層之説明。所謂進一層説明者，破執爲第二義，顯識構成爲第一義。即以衆緣和合，顯識所由構成，次乃以緣合破執爲實也。遮遣翻此，但假説四緣，徑破實物之執而止，絶不欲顯識從衆緣構成。二者用意懸殊，奚翅霄壤。夫言識因衆緣構成者，此乃變形之執耳。本依識上差别義，假立衆緣。由識自體不從無而有故，立因緣。由現識望過去故，立無間緣。由識上現似所取境故，立所緣緣。除前三外，依種種關係，立增上緣。今返計衆緣和合而構成識，則取已分析者復爲拼合，非變形之執而何？又若許緣會而構成識者，則衆緣會逢之時，應如機件輻輳，如何成識？然彼亦慮及此，乃以士用義救。士者，士夫，猶言人也。用者，作用。士用者，以下所舉因緣爲作者至假諸作具云云，即因緣名士用因，如人有宰制一切事物之作用也。謂因緣爲作者，餘緣爲作具。餘緣者，謂增上、所緣、無間三緣。作者假諸作具，成辦事業，雖復有待，作者待作具，非是超越對待世界，故云有待。而自具宰制之力，不必受限。則非機械之謂矣。此雖善自解紛，然構成之見，根本已謬。計現識從衆緣構成，則與計瓶等集多極微成者，同一謬執。當知現識是不思議變力，宛爾幻現，不應於彼作如何構成想。若作是想，便已計有實物；既非實物，寧可作如何構成想耶？綜上所述，應知緣生之言，但對彼執識爲實物者，正爲遮遣，不表識由衆緣構成。設有難言："若唯是遮，豈非空見？"應答彼言：但遮執實，不遮緣生幻有，云何墮空？唯我所謂緣生者，不以衆緣和合成識，名爲緣生。乃分析現識，而發見其不爲一實物，祇此衆相幻現，衆相者，許多作用相依故。故假立四緣，説名緣生。詳夫大乘立説，隨在皆寓遮遣之意。所以者何？世尊一大發明，本爲宇宙究竟理。宇宙者，本心境諸法之總名，但吾宗不許有心外之境，本來無内外故。究竟理者，即謂真如，此是宇宙實體，然非超脱現前宇宙而爲其原因之謂，俟《法性》篇詳之。吾嘗言：哲學之任務，即在引人以趣入究竟理，使人生不至永劫淪陷於迷妄與空虚之苦境，哲學所發明者唯此一大事。除此以外，皆可讓諸科學。哲學若不能盡此任務者，則祇足目爲戲論或繁瑣浮泛知識，不足謂之哲學。此意深長，將另爲一書明之。此理不滯於物，物者，情計之所執，而此理則超乎情計也。故未可以言説直表。言説所以表物，至理無有方所，固非言説所及。唯因衆生種種迷執，而設種種遮詮，令生正悟。真理本自顯著，不隨人情迷執而有隱没。但人情迷執，便自蔽於真理之前。有遮其執者，或將豁然以通。是故衆生迷執無邊，大覺言説無邊。凡言皆以遮執，非於遮執外，可著一言。既言説皆爲遮用，即實未嘗言。佛説："我成佛來，不説一字。"《大般若》卷四百廿五。此是事實，豈故作妙語哉！雖佛滅後，弟子承了義教者，散爲空有兩輪，而此旨實不應有異。舊説空宗以遮爲表，有宗即用顯體。其談有宗似猶未盡。但云即用以顯，則且計用上果可建立矣。不知體上固無可建立，用上又何容建立？設計用上可建立者，則一談用時，開口便死，何足顯體？如言唯識者，以爲實可建立唯識實有。則已執死此識，更何從了其如如之實體耶？故有宗談用，所有施設，原爲遮執，故出權宜。如言唯識，所以遮外境也。而非建立唯識實有，故又説緣生，以遮執爲實者。誰云有宗談用，直表非遮？吾前言，施設用義，方便遮執。見卷首緒言。必於即用顯體之下益以此語，而後無病。以用義施設，爲遮執之方便，故可即用而顯體也。上考聖文，豁然無所疑殆，蓋唯識歸無所得。世親《三十頌》明啓秘鑰，則知談用者，於無可建立而假有施設，其意存乎遮執明矣。護法、窺基何嘗見不及此。然終不免滯於名相，以累神解。吾非故薄前賢。護、基兩師學，今幸足徵。審其脈絡，理其綱維，則知其逞於懸空或繁瑣之辯析，以構成嚴密之系統，計著名相，病自不淺。然此特取其短處言之耳。要其大處深處，豈後賢敢曰易窺？學者研古學，切勿掉以輕心也。此或矯清辯之空，而不恤太過。《成唯識論述記》嘗引清辯之説而駁之。余以爲清辯談空，乃對執而言其空。護法非之，不悟彼唯遮執而無建立。護法則有建立矣。大乘空有之争，或至護法、清辯時始劇耳。上來因論緣生之爲遮詞，而推明其旨。非勤無益之辯，實乃渉義所存。學者了此，則向下不妨更有言説。

> **附識：**空有二宗立説，皆主遮詮，固矣。然俯順群機，則有宗爲善。以其於無可建立而假有施設，不壞世間解故也。有宗談用，即能爲科學留地位，以科學即依用上安立故。若夫實有建立者，如遠西唯心唯物等論。則又出於遍計之所執，遍計者，周遍計度。意識虚妄分別，故名遍計也。不與真理相應。先哲所以有眚目見空華之喻也。

綜上二事，執境爲外，既已遮遣；執識爲實，又復破除。世間從來邪解，以色法、心法視若實物者，將可自此而豁然以悟乎！然此中所云，猶未達於色心問題之根柢。恐聞者不深究其所以也，故次詳於轉變。

轉變章

吾嘗言，諸行闃其無物，行者，乃幻相遷流之義，此作名詞用。色法心法，總稱諸行。滯迹者則見以爲有實，以爲有實物也。達理者姑且假説轉變。轉變一詞，見《成唯識論述記》。轉者，起義。今此言轉變者，取複詞便稱耳，實則但舉一變字可也。又吾談變義，頗不據前師，學者勿庸執舊説相繩。夫動而不可禦，此言動者，非俗所謂動。俗以物之移轉爲動，此則以忽然幻現爲動，非謂有實物由此轉至彼處。詭而不可測者，其唯變乎！誰爲能變？設初問。如何是變？設次問。變不從恒常起，恒常非是能變故。真實者，真如異名，此謂能變之實體，而非即能變，以能變是用故。變不從空無生，空無莫爲能變故。空無者，即無物之謂，則何爲能變乎？凡計無能生有者，皆倒見也。爰有大用，其名恒轉。恒言非斷，轉表非常。非斷非常，即刹那刹那捨其故而創新不已。此所謂生力也，經喻之如大瀑流。淵兮無待，無有因故。湛兮無先，非本無而後有，故云無先。有先則是本無。處卑而不宰，卑者，言其深細不可知也，非如常途所云高卑之卑。無實作用故，不可説爲神我或梵天等故，故云不宰。守静而弗衰。静者，言其未嘗有作意以造作事業也，非如常途所云不動之謂。弗衰者，言其生生不息，而幻現衆象也。此則爲能變耳矣！上答初問。變復云何？此牒前次問，以下即答也。恒轉有屈申二行，此言行者，動勢義。屈申祇是兩種動勢，而非兩種實體，所以異乎二元之論也。同時相感，是名爲變。變不孤起，孤即無待，無待則非變。復無實物，若有實物，亦無所謂變。故一屈一申方是變也。屈申皆動勢，即無實物。一屈一申，即非孤起動。無勢不一，乃以反而相濟，故謂之變。申者，闢而健往，闢者，開發義。健者，精剛自勝，即自在或自由義。往者，施也，謂其有似主宰用而爲能施也。然無實主宰者，故言似耳。依此假説心法。屈者，翕而順來，翕者，斂縮義，斂縮故幻似形礙，實則本無形礙也。順者，頽墜義，不自在義。來者，受也，以其絶無主宰用，但對彼一分能施而爲受動故。依此假説色法。以故，色無實事，此言事者體義。言色法無實自體，即無實物之謂，下準知。心無實事，祇有此變。

大哉變乎！頓起頓滅，曾無少法，可容暫住。言無些少實法可暫住也。無少云者，顯其全無。《阿含經》言："佛語諸比丘，諸行如幻，是壞滅法，是暫時法，此言暫時者，對執常住者而言之耳。實則亦無暫時可説，以不容於此起時分想故。刹那不住。"刹那説見後。以理推徵，誠如聲量。佛依現證而起言説，名爲聲量。何故諸行纔生無間即滅耶？纔生無間即滅者，謂諸行纔生即滅，不容暫住。然不可説生滅之間，有最小時分爲之間隙也，故復云無間。此即頓起顿滅之謂也。一者。諸行相續流名起。相續流者，前滅後生，而無斷絶之謂。相續流故，名之爲起。起者，生義。若非纔生無間即滅者，應無諸行相續流。前不滅則後不生，故無諸行相續流。若汝言："物有暫時住，次時則先者滅後者起，故可名相續者。"此亦不然。由暫住時，後起無故。此下雜引數義，略依《莊嚴經論》而引申之。

二者。若汝言："諸行起已，得有住者，爲行自住，爲因他住。"若行自住，何故不能恒住？若許諸行得自住者，則彼應常住不壞。若因他住，彼住無體，何所可因？若言諸行依他而住者，則是無自體。能依之自既無，所依之他豈有。然則何所可因耶？二俱不爾，自住他住二説俱不然也。是故纔生即滅義成。既不容住，故知纔生即滅也。

三者。若汝言："住因雖無，壞因未至，是故得住。壞因若至，後時即滅，言後時者，對其先之暫住未滅時而言也。有如火變黑鐵者。"此言變者，變壞義。與他處言變者不同，喻意云火爲鐵上黑相壞滅之因。此壞因未至，則黑相暫住，壞因若至，黑相便滅。世俗以爲凡法之滅，必待於因，若未逢滅因，即得暫住也。此復不然，壞因畢竟無有體故。壞因無體者，易言之，即無壞因之謂耳。滅不待因，吾於前章談增上緣中已言之矣。火變鐵譬，我無此理。鐵與火合，黑相似滅，此云似者，猶言宛爾。宛爾而滅，説名似滅。下似字準此。赤相似起，黑相滅時，即是赤相起時。能牽赤相似起，是火功能，實非以火壞鐵黑相。世俗以火爲黑相之壞因，實乃大誤。黑相之滅，祇是法爾自滅，非待火壞滅之也。唯火之起也，則赤相與之俱起。由此説火有牽起赤相之功能可也，説火爲黑相之壞因則不可。又如煎水至極少位，後水不生，亦非火合，水方無體。水相之滅也，只自滅耳，豈火相滅之哉。由此纔生即滅，義極決定，以滅不待因故。

四者。若汝言："若物纔生即滅，即是刹那刹那滅，便已墮邊見者。"邊者偏執，即非正見，以偏執滅故。不然。應知刹那刹那滅，實即刹那刹那生。一方説爲滅滅不停，一方説爲生生不息。理實如是，難可窮詰。

五者。若汝言："若物刹那刹那新生者，云何於中作舊物解？"應說由相似隨轉，如前刹那法，纔生即滅。次刹那有似前法生起，亦即此刹那便滅。第三刹那以下，皆應準知。故刹那刹那，生滅不已，名爲相似隨轉。得作是知。由後起似前故，得起舊物之知。譬如燈焰，相似起故，起舊焰知，而實差別，實則前焰後焰有差别也。前體無故。後焰起時，前焰之體已滅故。若汝言："縱許燈焰念念滅，豈不現見燈炷如是住耶？"應知汝見非見。汝所謂現見燈炷如是住者，實是意識顛倒分別，非現見也。由炷相續，刹那刹那，有壞有起，汝不如實知故。忽其刹那生滅相續之實，乃見爲住而不滅，即不如實而知也。若汝言："諸行刹那如燈焰者，世人何故不知？"應説諸行是顛倒物故。諸行，謂色心法也。本無實色及實心法，而世人於此横生計執，故説諸行是顛倒物也。相續刹那隨轉，此不可知，此理本不可以凡情推度而知。而實別別起。前後刹那變動不居，了無一物當情。世人謂是前物，生顛倒知。

六者。若汝言："物之初起，非即變異者。"此云變異者，前後差别之謂。世俗計物初起，得住而不滅，即於前後刹那無有差别。故云非即變異。不然。内外法體，後邊不可得故。内法者，心法之異名。外法者，色法之異名。本無内外，但隨俗假説之耳。凡法若得住而不滅者，應有後邊可得。今我此心念念生滅，既無初端可尋，亦無後邊可得。色法亦然。析物至極微，更析之則無所有。唯是相續不斷之變而已，何有後邊。由初起即變，漸至明了。譬如乳至酪位，酪相方顯。而變象微細，難可了知，相似隨轉，謂是前物。由乳位至酪位，非可一蹴而至也，中間經過無量刹那生滅相似隨轉。唯是相似之程度，則刹那刹那隨其俱起相依之諸法，如熱如空氣等，逐漸微異。蓋凡後一刹那與其前一刹那，無有全肖者。至於酪位，則由多刹那微異之遞積，而其異相乃特著矣。世俗於此不察，以爲乳之初起便住不滅，後時成酪，乳相方滅，不知酪位以前之乳，已經無量生滅，原非一物。特由相似程度未驟形其懸殊，故謂是前物耳。以故纔生即滅義得成。

七者。若汝言："諸行往餘處名去，故知得住者。"此言去者，猶世俗所謂動也。凡物由此處轉至彼處，是名爲去。以有去故，知非纔生即滅。若生已不住，依誰説去？世俗皆爲此計。不然。汝執諸行爲實物，能由此處轉至彼處，故名爲去。此中言轉者，乃運轉或移轉義也。此則以日常習用械器之見，推論法爾道理。迷離顛倒，抑何足談？如我所説，諸行唯是刹那刹那，生滅滅生，幻相宛然，無間相續。前後刹那生滅滅生，恒無間斷而相續也。假說名去，而實無去。由生滅無間相續故，假説名去，非有實物住而不滅，歷先後時從此處轉至彼處也。故實無去。故汝言住，取證不成。

附識：此言無去者，即無動之謂，此言動者，即世俗所謂之動，以由此處轉至彼處名爲動故。然不可以傅於世間哲學家積動成静之説。彼執有實物，亦執有實時方，時者，時間。方者，空間。以爲物先時静住於甲方，後時由甲轉至乙方，即静住於乙方。積行後之動，而實皆静住，便不得謂之爲動，故飛箭雖行，其實不行也。此則展轉堅執，執時、執方、執有静住之物，轇轕一團，不可救藥。難以語於無方無體之變矣。方者，方所。體者，形體。無方無體，猶言無實物也。吾宗方量既空，本無實方，具如後説。時量亦幻，吾宗所言刹那，非是世俗時間義，亦如後説。念念生滅，此云念者，非世俗所謂之念，乃依生滅不斷，而假説每一生滅爲一念頃。實則生滅滅生，不可劃分間隙，即念念之間，無有間隙，不可以世俗時間觀念應用於此處也。何物動移？何物静住？纔生即滅，未有物也。依誰説動？依誰説住？凡計有動、有住者，皆由妄執有時方及有實物故耳。此所以迥異世間一切之見。學者必會吾説之全，超然神解，方莫逆於斯耳。

八者。諸行必漸大圓滿。此言圓滿者，非止境之謂，乃形容其盛大之致耳。諸行本變化無恒，何所謂止境？此意深長，當别談之。如心力由劣而勝，官品由簡而繁，皆漸大圓滿之象也。若初起即住不滅者，則一受其成形而無變，此言變者，變異義。如何得有漸大圓滿？若汝言："不捨故而足創新，故積累以到今，今拓展而趨來，來者，未來。如轉雪球，益轉益大者。"此復不然。汝計有積留，即已執物，豈足窺變。變者運而無所積，此言運者，遷流義、幻現義。有積則是死物，死物便無漸大圓滿，是故應如我説，諸行不住，刹那刹那，脱故創新，變化密移，馴至殊勝！此言殊勝者，漸大圓滿之謂。

九者。若汝計執："諸行爲常爲斷，世俗之見，恒出入常斷二邊。如一木也，今昔恒見，則計爲常；忽焉睹其燼滅，遂又計爲斷。皆有大過。"應知諸行纔生即滅，念念盡故非常，此言盡者，滅盡義也。新新生故非斷。一刹那頃，大地平沉，即此刹那，山河盡異。此理平常，非同語怪。《莊子·大宗師》云：“夫藏舟於壑，藏山於澤，人謂之固矣。然而夜半有力者負之而走，昧者不知也。”郭子玄釋之曰：“夫無力之力，莫大於變化者也。故乃揭天地以趨新，負山岳以捨故。故不暫停，忽已涉新，則天地萬物無時而不移也。世皆新矣，而目以爲故。舟日易矣，而視之若舊。山日更矣，而視之若前。今交一臂而失之，皆在冥中去矣。故向者之我，非復今我也。我與今俱往，豈常守故哉？而世莫之覺，謂今之所遇，可係而在，豈不昧哉！”子玄斯解，渺達神旨，故不暫停一語，正吾宗所謂纔生即滅也。大法東來，玄學先導，非偶然已。

綜前所説，則知諸行倏忽生滅，等若空華，不可把捉。世俗執有實色、實心，兹成戲論。吾前不云乎，心法者，恒轉之申也；恒轉即生力之謂也。色法者，恒轉之屈也。屈申相感之謂變。此其生滅宛然，宛然者，幻有貌。生滅滅生，幻現而無實也。雖則如幻而實不空。奇哉奇哉，如是如是變。

至神殊詭者，夫惟屈申耶？申若故用其屈以利於申，心必依色根、仗色境而顯其功用，是申之故用其屈也。而不無蹉跌矣。心或沉懵而化於物，即不異色也，是申欲用屈而蹉跌。屈若將引其申以化於屈，色或縛心而令心化於物也。而終非拘礙矣。心於所緣色境，畢竟能改造之而使境隨心轉，是屈終不礙申也。一屈一申之交，交者，言乎屈申之相感也。乃所謂變也，乃所謂生也。生者，猶俗言生命也。然屈以利申，試徵之人，則其心力較勝，而根境皆足資心力之發展，屈以利其申故也。則爲變之常，申者，恒轉之固本然性也。屈以利申，則順其固本然性，故謂之常道。生之盛。唯申也，見生之盛大。申若化屈，如最下劣之生物，其心識入於沉懵而不顯現，非果無心也，申之化於屈故也。斯乃變之奇，奇者，反常之謂。屈者，非恒轉之固本然性也，乃所以利其申也。本以屈利申，乃屈勝而申且與之俱化，此所謂以糟粕累其神明，非變之反常而何哉？生之衰。申不可見，生亦幾乎熄矣。變必不能有常而無奇。或奇或常者，本用之萬殊，莫之使，未有造物主也。故莫之齊。既無造物主矣，夫孰齊一之乎？所以恣其俶詭陸離，極天下之至奇而無所於過。奇者，自奇也，未有使之然也，何所歸過乎？

吾舊著論，嘗以三義明變。略曰：一者，非動義。此言動者，世俗所謂之動也。世俗之言變也以動。動者，物由此方通過餘方，良由俗諦，起是妄執。變未始有物，即無方分可以斠劃。猶如吾手，轉趣前方，轉者轉移，趣者趣往，皆動義。實則衹有刹那刹那别别頓變無間似續。無間似續者，恒無間斷而相似相續也。假説手轉而無實手由此趣前，本無實在之手，由此方以趣往前方也。云何神變，輒作動解。變本至神不測，何可作動想？《中庸》曰“不動而變”，可謂深達奥窔。此當是晚周諸儒語，非漢人所能傅益。又今人柏格森之言動也，以爲是乃渾一而不可分。世俗於動所經過方分，可以劃割，遂計此動亦可劃割，是其謬也。柏氏此論，不許雜劃割方分之想以言動，幾近於吾宗之談變而異乎世俗之所謂動矣。然但言動爲渾一不可分，而不言刹那刹那生滅相續，則是動體能由前刹那轉至後刹那，此猶是執物與計常之邪見耳。豈可附於吾説哉！此非止毫釐之差也。

二者，活義。活之爲言，但遮頑空，不表有物，非表有活動之物，如所謂神我等也。説是一物即不中。蓋略言之，無作者義是活義。作者，猶此云造物主。外道有計大梵天爲作者，有計神我爲作者，吾宗皆不許有。若有作者，當分染净。若是其净，不可作染；若是其染，不可作净。染净不俱，云何世間有二法可説？又有作者，爲常、無常？若是無常，不名作者；若是其常，常即無作。又若立作者成就諸法，即此作者，還待成就，展轉相待，過便無窮。又凡作者，更須作具，倘有常模，便無妙用。反復推徵，作者義不得成。由此，變無適主，故活義成。幻有義是活義。雖無作用，此言作用者，猶云作者用。而有功能。功能者，體是虚僞，猶如雲氣；闃然流動，亦若風輪。此言流動者，幻現義、遷流不息義；然非實物，故云闃然。闃然者，無物之貌。雲峰幻似，刹那移形，唯活能爾，頓滅頓起。風力廣大，蕩海排山，唯活能爾，有大勢力。吾宗談法相，曰幻、曰虚、曰妄、曰僞，皆稱實之言，不含勝義，亦不含劣義。宋明儒家一面執死有實人，一面執死有實天地萬物，遂於幻妄等字上，附以劣義，而以是詬病佛家。無知自封，謗毁真正，可哀孰甚。吾云幻有義是活義。此意深微，千載幾人會得。圓滿義是活義。於一字中持一切義，如一人字，必含一切人及一切非人，否則此字不立。故言人字時，即已攝持全宇宙而表之，不能析爲斷片，謂此唯是此，而無有彼也。若真可析，則非圓滿。以不可析故，圓滿義成。於一名中表一切義。準上可解。攝億劫於刹那，劫者，時也。涵無量於微點，都無虧欠，焉可溝分？了此活機，善息分別。王船山云：“大化周流，如藥丸然。隨抛一丸，味味具足。”此已有窺於圓滿之義。驗之生物，有截其一部，其肢體仍得長育完具者，良有以爾。交遍義是活義。物萬不齊，而各如其所如。故説萬法皆如，彼此俱足，封畛奚施？非同多馬，一處不容；乃若衆燈，交光相網。張人之宇宙、李人之宇宙，同在一處，各各遍滿，而不相礙也。故甲乙非和而不離，非和者，甲之宇宙，乙不得入；乙之宇宙，甲亦不得入。如俗謂吾與群盗，同在北京。實則吾也、群盗也，乃人人各一北京。吾之北京，寂曠虚寥，群盗不可入也。群盗之北京，喧惱逼熱，吾亦不可入也。不離者，吾之北京，群盗之北京，乃同處各遍而不相障也。小大遺踪而咸適，世説大鵬止乎天池，小鳥搶榆枋之間，此徒自踪迹以判大小耳。苟遺踪而得理，則無小無大，均於自適也。唯活則然。轉易義是活義。捨雜染，得寂静；捨顛倒，得正覺，是名轉易。由心轉故，境即俱轉。如心戚戚者，其當前萬境，莫不逼惱。心坦蕩者，其當前萬境，莫不自在。境隨心轉，此理不虚。法若定實，即不可轉。現前心境，猶如光影，陽焰、水月、谷響，狀其不實也。倏然宛然，幻現其相。浮虚不實，轉易斯神。若有實心實境，則應固定而無轉易。以有轉易故，知心境皆幻化也。無盡義是活義。大用不匱，法爾萬殊。衆生無量，世界無量。一切不突爾而有，一切不突爾而無。是故諸有生物，終古任運，不知其盡。此中任運者，言其因任變化，自爾無休歇也。如上略説活義粗罄。

三者不可思議義。此云不可，本遮遣之語。既非不能，又異不必。將明不可之由，必先了知思議相。思者，心行相。議者，言説相。心行者，心之所游履曰行。言説者，謂心之取像，如計此是青非非青等，斯即言説相。此是染慧，即意識取物之見。染慧，謂俗智，有雜染故，略當於世所謂理智。取物之取，猶執也。意識發起思議，必有構畫，若分析物件然，是謂執物。蓋在居常生養之需，意識思議所及，無往而不執物，所以謂之染慧也。夫以取物之見，移而推論無方之變，無方者，變未始有物，即無有方所。則恣爲戲論，顛倒滋甚。故不可思議之云，直以理之極至，非思議所可相應。易言之，即須超出染慧範圍，唯由明解可以理會云爾。明解即無癡。見《心所章》。理會一詞俟《量論》詳之。諸有不了變義是不可思議者，或計運轉若機械，或規大用有鵠的，此則邀變之輪廓而執爲物。邀者，有意期之也。變無物也，即無輪廓，然以生滅相似相續，故幻似輪廓焉。愚者邀而執之以爲有物也。故回溯曾物，過去名曾。宛如機械重叠，逆臆來物，來者，未來。儼若鵠的預定。斯乃以物觀變而變死，皆逞思議之過也。於所不可用處而用之，曰逞。

附識：此章爲全篇主腦。前後諸章，皆發明之，而吾與護法立説根本歧異，亦於此畢見。學者於護法學或未疏討，即不足以知吾説所由異者，故粗陳護公義旨，以資參校。護公建立八識，識亦名心。然《成唯識論》有時言識，亦攝心所在内。讀者宜知。又分五十一心所，心所者，心上所有之法。非即是心，蓋亦爲獨立之體焉。而於每一心、每一心所，皆析以三分。護法談量，雖立四分，然其談變，仍承用陳那三分義，故此但説三分。三分者，一相分、二見分、三自證分。試取耳識爲例。聲，相分也。了聲之了，見分也。相見非條然各别，必有所依之體，是爲自證分。相見是用中用，自證是用中體，所謂一體二用是也。每一心，由三分合成。每一心所，亦由三分合成。如舉眼識，實則非是單一體，乃爲各别之心及心所複合而成一聚。其心是一，心所則有多。而心及心所，又各各由三分合成。眼識如是，自餘諸識，均可類推。唯是一切心、心所，通名現行。現者，顯現義。行者，相狀義。現行不無因而生，故復立種子爲其因。每一現行心法，有自種子爲因。每一現行心所法，亦有自種子爲因。現行既有差别，現行八聚心、心所，相用各别故。種子足徵萬殊。輕意菩薩《意業論》云“無量諸種子，其數如雨滴”見《瑜伽倫記》五十一第七葉。是也。種現既分，種現亦各有自體。故其談變也，亦析爲二種，即以種子爲因能變，由種子爲因，生起現行故。然《成唯識論述記》十二解因能變有歧義，余别有文辨之。現體爲果能變。現體者，謂一切心各各自證分，及一切心所各各自證分是也。凡現皆爲種所生之果，故通錫以果名。由諸自證分各各變現相、見二分，故諸自證通名果能變。此其大略也。《成唯識論述記》卷十二第十至十五葉，説因果二種能變。其卷二第十八至廿二葉，説識體變二分，即同卷十二之果能變。然皆辨析名相而已。迹護公立因果變，若剖析静物，别無發揮。彼於因變中則以種爲能變，現爲所變；於果變中則以自證爲能變，相、見二分爲所變。乃將能所看作二物，即若取已成之物或静物，從而析爲斷片者然，是何足以明變耶？又能變一詞，吾書中雖亦用之，然與彼意迥別。吾言能變，則剋指變體，誠以所謂屈申、生滅相續、宛爾衆相幻現者，實即爲充周不息之全體故。既剋就全體而言，則非有所變與之爲對，若有對，則是析成一物矣。此須會吾説之全而後知之也。彼唯用分析之術，乃不能不陷於有所謂已成之斷片相狀，而無以明無方之變。其操術固然。嘗謂護公持論條理繁密，人鬢魚網猶不足方物。審其分析排比，分析者，如八識也、五十一心所也、三分也，皆析爲各各獨立之體。此一例也。餘義亦皆析如牛毛。排比者，如三分説本爲量論上之問題，而護法則以主張一切心、心所各各獨立之故，勢不得不排比整齊，於是謂八識、五十一心所，各各爲相、見、自證三分。此一例也。自餘法數，亦務爲穿鑿排列。鈎心鬥角，可謂極思議之能事。治其説者，非茫無頭緒，即玩弄於紛繁之名相而莫會玄旨。縱別有會心，亦終不能破陣而游。斯學東來，未久遂墜，有以也夫。

功能章

前之談變也，推極而言，實曰恒轉。前章云：“恒轉有屈申二行，同時相感，是名爲變。”恒轉者，功能也。功能亦謂生力。此乃前所未詳，故次明之。將詳説功能。竊有根本之義，上來頗未直顯，宜特著此中。原佛家生觀，則以一切有情之生，皆從無始時來法爾而有，念念生滅，相似隨轉，盡未來際，亦不散失。從則以至散失爲句。句中一切兩字及皆字一氣貫下，讀者宜思。念念兩字，解見前章。是故群生雖同分而不同源，同分者，同即似義，分即類義，類相似故，名同分。一切衆生雖有其類似，而實各各自生，非同一生源而出。宇宙乃各足而互相網，吾宗實不許有所謂宇宙，此言宇宙者，隨俗假説故。他處準知。由衆生各各自生故，即是各各有一完整之宇宙，故曰各足。衆生宇宙，同在一處，各各遍滿，而不相障，名互相網。此自上哲證真之談。余耽玩有素，疑怖萬端，忘懷理度，終於净信。忘懷者，遣除妄情計度。理度者，順理推觀。斯論創造，奉此準繩。故所謂大用云、恒轉云、功能云，此三名者，所命之物實同。但其物有多義，即依義異，而多爲之名。以彼熾然顯現故，名大用；非斷非常故，名恒轉；是生力故，名功能。實則三名所被之物既同，即隨舉一名，亦攝餘二也。乃就衆生各具而言，不約有情共本爲説。有情者，衆生之别名。有人聞説功能，遂計功能唯一，以謂衆生同自一恒轉功能而出發，因持衆生同源之説。此乃大誤。實則一切衆生，各各有自功能也。既標斯旨以提綱，爰舉功能而論列。

尚考護法業已立功能義，然吾今之言功能，則與彼截然殊旨。姑陳其概。一曰：功能者當體受稱，非因緣之目。護法功能亦名種子，以是爲現法因緣，現法猶云現行，即一切心、心所之都稱。蓋護法言：一切心、心所，各各有相、見、自證三分，以其萬象森羅，故通名現行也。所謂親辦自果是也。功能爲現行之因，現行爲功能之果。辦者成辦。此言功能因法，親成辦自己之現行果法也。參考《成唯識論述記》并吾所著隨録。不悟現法本無實物，護法所謂一切心、心所之見分、自證分，亦通名心法。所謂第八乃至五識之根塵相分，亦總稱色法。然色心唯是假説，都無實體，吾固已於前章明之。何乃更責其因。責者，求也。詳夫尋因之見，恒緣於著物。著者，取著也，本來無有實物，但由妄想取著故。凡日用所需，如飲食游處，一切資具，皆自人工成辦，以想慧串習於此，遂移而推論法爾道理。則計宇宙人生，亦有真宰神工，特司成辦，而爲原因。此梵天神我諸説所由起也。護法雖遮撥主宰，梵天神我皆主宰義也，護法并破之。然已冥冥執取現法，而推求其因，此中冥冥者，猶俗所謂無形中也。執取云云，言其計執現法，如構畫實物然也。則與前計相衡，前計者，謂前所舉梵天神我諸説也。異貌同心，未能應理。同心者，言其用思之涂術相同也。誠以尋因既緣著物。若乃理之極至，不可以物推觀，於此尋因，適成顛倒。哲學家往往以因果觀念用於不可用之處，恣爲顛倒而不悟。又乃言因，本以遮偶爾。然如護法之説，則因種無量，因種者，此言爲因之法，即是種子。故連舉之。護法以種子爲功能之别名，此叙彼計，故言種也。彼計種子各别，乃無量數云。眠伏賴耶，賴耶，俱云阿賴耶識。必待衆緣和合，方生現法。護法談種子有六義，一曰待衆緣。待衆緣者，謂一切種子藏伏賴耶，其數無量，不能於一時俱起而生現法。若甲種遇緣生現，丙丁等種不遇緣合，即勢用隱伏，不得生現也。則是種何故逢緣，仍不得不歸之偶爾。其説卒以自陷。總之吾宗所明者，迥超物象。吾宗所明者，乃爲人生或宇宙真際，此非可以推觀物象者得之也。護法執現推種，妄計因果，計種爲因，計現爲果。固已冥滯於物。護法雖依聖量而言破執，然尋其立說，則已於無形中成滯物之見，實不得遣執矣。余以爲所謂現法，但是隨情假說。現法者，色心耳。然色心無實，但依恒轉屈申假立，如前已說。據實而言，祇此功能恒轉，大用無邊。恒轉，本功能之别名，今并舉之。功能又名恒轉者，以其生滅相續，非斷非常也。用則渾爾宛爾，渾爾者，言其爲全體而不可分也。宛爾者，言其屈申幻似色心衆相，而無有實色心法也。憑何虚構一分爲能作因，一分爲所辦果？是故今言功能，無對果以命名，本非有果爲對待故。乃斥體而立號。斯與護法，異以天淵。

二曰：凡功能皆爲全體，非可剖分。護法以功能爲可析，則上祖無著、世親之説，而沿其誤。無著《攝大乘論》明種子六義。種子即功能之異名。第四曰决定，第六曰引自果。世親釋云："言决定者，謂此種子各别决定，言各别者，以種子爲各各獨立之體故，不從一切一切得生，上一切兩字，通指各種子。下一切兩字，通指各現法。意云，非一切種子，各各能遍生一切現法也。從此物種還生此物。此物種子還生此物，而不生彼物，所以成决定也。引自果者，謂自種子，但引自果。引者，引生。如阿賴耶識種子，此言阿賴耶識者，亦攝彼心所在内。唯能引生阿賴耶識，此以種子依八聚心、心所而分。如稻穀等，唯能引生稻穀等果。"見金陵刻世親《攝論釋》卷二第十一葉。此則以功能摸擬物種，析爲個别。物種者，謂世間稻穀等種子。《瑜伽》《攝大乘》等論，均説爲外種，外者俗云外物，亦猶此云物種也。尚亦僅析八聚，但説八聚心、心所各各有自種也。未更委細。至於每一心種子，每一心所種子，又復可析否？則此中無文。護法承之，析分愈密，乃謂諸心、心所，相、見種别云。試就眼識一聚心、心所而言，其心之見分及自證分，同是能緣性，故同一種子謂之見種。心之相分，唯是所緣性，即自有種子，謂之相種。心種既分相、見，其每一心所之種，相、見攸分，與心同例。眼識一聚心、心所，既各各有相見種。耳、鼻、舌、身識乃至第八阿賴耶識，諸聚心、心所，各各有相見種。均應準知。總略而言，一切心、心所種，祇是千條萬緒諸之相種、見種，各各獨立而已。護法之計蓋如此。夫其破析功能，無量枚數，勢若散沙，伊誰摶控？彼亦慮此，彼者謂無著、世親、護法等。故乃建立阿賴耶識以攝持之。阿賴耶者，藏義、處義，以是一切種子所藏處故。此識亦名藏識，以含藏一切種子故。亦名本識，以是餘七識之根本依故。問：護法等計，賴耶是餘七識根本，故得攝持七識種，賴耶有自種，復誰爲攝持？答言：彼計賴耶仍持自種，所以者何？賴耶自種爲能生因，賴耶爲所生果。因果同時，曾無先後，故能生法還依所生法而住。彼義如是。説者謂藏識海，浩浩難窮，祇以含藏衆有故爾。實則舊師之説功能，無過凡情計度。功能别稱種子，已爲象物之詞。賴耶義訓爲處，本亦取諸倉庫。自來言唯識者，恒以賴耶爲種所藏處喻之倉庫。且如彼説，衆多種子待緣生現，則宇宙似極微之偶會，極微，猶今言元子也。人生亦二元之互合。護法以一切種子分爲相、見兩大類，即是二元論。其爲戲論甚明。竊謂功能本依大用流行，以爲之目。是其圓滿周遍，圓滿即無分段，周遍即無形礙。不可物物。下物字，讀如夏官校人物馬而頒之之物，即視義。言不可以實物視之也。雖復幻現屈申，宛似色心衆相。言宛似者，以本非有實色心法故。而實全體渾然，烏容解剖。此既非物，何得解剖。故知種子之名，徒爲妄傅。舊以功能别名種子，便與世間物種齊觀，此實是妄。别尋藏處，亦倒見也。舊師析功能爲衆粒，故别立現法即賴耶，以爲含藏處所。不知功能非物，何須藏處。

附識：客有難曰：護法主張一切有情之宇宙，各各由多種起現，起者，生義。頗似多元論者。公遮彼説，乃以凡功能皆爲全體，言凡言皆者，通一切衆生各各所具功能而總舉之故也。是持一元論耳。此中不約一切衆生各各功能更互相對而談。但總説一切衆生功能皆爲全體，即一切衆生各各宇宙是一元也。必欲納萬有於一元，又惡乎可？答曰：我但假説功能，以明萬有如是如是幻化。雖則法法皆成，實乃一法不立。何所謂元？諸凡言元者，皆邪計也。

三曰：功能有生滅，無增減。功能者，法爾性具之全體，此云性具者，猶云固有，以非本無而今有故。然非凝爾堅住不滅。凝爾，固定貌。若是堅住，亘古恒常，元無動變，何名功能？動變之動，亦是變義，非俗所謂動也。復言變者，取複詞便稱耳。誠以功能自體，猶如幻化，此言功能自體，猶云功能之本身。後仿此。刹那刹那，生滅滅生，無間似續。似續者，謂功能於前刹那纔生即滅，後刹那相似相續而生也。似故非常，以後起似前，非前不滅得住至後故。續故非斷，由前滅時即後生時，無斷絶故。又似之爲義，略從三方面言之：一以量言，前後剎那不增不減，曰量似。二以性言，前後剎那皆是無漏，曰性似。三以變言，通多剎那其相似之度，雖逐漸低減，然實前後各極其妙，即此各妙，仍曰變似。無間者，前後剎那生滅之間，無有間隙也。設有間隙即已中斷，後便不生。故不可以常途時分之想，應用到此。譬閃電而無駐，類空華以詐現，無實物故不積，非頑空故不斷。念念滅盡曰不積，新新而生曰不斷。不積者，正以無實物耳，有物則有積。不斷者，雖無物而非頑空，幻力熾然，念念捨故創新，曾無休歇。故乃因其詭妄，目以恒轉。詭妄者，大用不滯之謂詭，自體無實之謂妄。恒轉者，恒言非斷，轉表非常。功能亦名恒轉，即以非斷非常故。又前章約恒轉變似色心諸行，而談其倏忽生滅，無實色心。此中乃斥指恒轉之本身唯是倏忽生滅，不可看作實體。斯意難言，願學者忘懷以體之。然復應知，功能雖生滅不居，要自平等而流，量無增減。前後一類名平等。功能前後一類相續，其全量法爾無增無減。若許減者，便可減之至盡，是墮斷見。若許增者，其增有極無極。極者至也、止也，謂止於最高限度而無以復加也。言無極者，犯無窮過。言有極者，功能便有限量。君子不器，奚況大用無方，何乃以器猜度。有限量者，即是器故。實則功能法爾具足恒沙妙用，始終等流，始終者，始謂無始之始，終謂無終之終。等流義俟後詳釋。不可言增，不可言減。全體流行，本無衰歇，誰令減之？全體流行，本無不足，何從增之？生滅相續，新進不已，曰流行。流行即是衆妙畢具之全體，非可分故，故曰全體流行。唯功能轉變，幻似諸行，轉變者複詞，轉亦變也。變者，屈申相感之謂也。申則幻似心法，屈則幻似色法，非果有實色心法也。想慧計執，宛爾分段，故有增減。想者取像，慧者推求，此二心所，俗云理智。想慧不能如實了變，而計執爲色心諸行，則恍若有分段，有分段便有增減。宛爾者，不實貌。若泯諸行相貌，遣除想慧妄執，即泯矣。而斥言功能自體，斯即幻力熾然，法爾渾全，夫何增減之有哉？渾全者，言渾然全體流行也。法爾者，猶言法爾如是，莊生所謂惡乎然、然於然也。乃若護法亦言功能生滅，而不説無增減。護法宗無著，言種子有六義，第一曰剎那滅，第三曰恒隨轉，即謂功能是生滅法。詳《成唯識論述記》十四。迹其析爲多種，詳前。復主熏生無量。熏生義見後。直謂新舊衆種堆積，舊謂本有種，新謂新熏種。護法以種子爲功能之别名，此敘彼計，故沿用之耳。正墮俗計。

附識：衡陽王子之言性也，可謂深了生滅矣。其説曰："夫性者，生理也，日生則日成也。則夫天命者，豈但初生之頃命之哉？但初生之頃命之，是持一物而予之於一日，俾牢持終身以不失；天且有心以勞勞於給與，而人之受之，一受其成形而無可損益矣。力按：損益之義，則與吾説乖異，學者思之。夫天之生物，其化不息。初生之頃，非無所命也。何以知其有所命？無所命，則仁、義、禮、智無其根也。幼而少，少而壯，壯而老，亦非無所命也。何以知其有所命？不更有所命，則年逝而性亦日忘也。""形日以養，氣日以滋，理日以成；方生而受之，一日生而一日受之。受之者有所自授，豈非天哉？故天日命於人，而人日受命於天。力按：若以吾説通之，天者非客觀存在之實體，乃法爾本然之謂。授者非從他授之謂。既無客觀存在之天，即無有他爲授者。吾之性，法爾生生不已，莫之爲而爲，亦可假説爲天授也。故曰：性者生也，日生而日成之也。""生之初，人未有權也，不能自取而自用也。唯天所授，則皆純粹以精者矣。天用其化以與人，則固謂之命矣。已生以後，人既有權也，能自取而自用也。自取自用，則因乎習之所貫，爲其情之所歆，於是而純疵莫擇矣。"力按：船山蓋主衆生共一生源而出，故以天代表生理之一元，而性則生理之分賦於各人者，故有天人之辨也。此與吾宗義天地懸隔，學者思之。"惟命之不窮也而靡常，故性屢移而異。抑唯理之本正也而無固有之疵，故善來復而無難。未成可成，力按：方生不已故。已成可革。力按：現在不住故。性也者俩，豈一受成形，不受損益也哉！故君子之養性，行所無事，而非聽其自然；斯以擇善必精，執中必固，無敢馳驅而戲渝已。"以上節《尚書引義》卷三"習與性成説"。又曰："已消者，皆鬼也；力按：消者，滅義。鬼者滅之形容詞，非俗所謂鬼物也。且息者，皆神也。力按：息者，生義。神者，生之形容詞，非神我之謂。然則自吾有生以至今日，其爲鬼於天壤也多矣。已消者，已鬼矣，且息者固神也；則吾今日未有明日之吾，而能有明日之吾者不遠矣。以化言之，亦與父母未生以前一而已矣。"以上節《思問録》。綜前所述，則知性者，即生滅不已之生力，而非可懸擬一恒常不變之理體以爲性。此誠王子獨到之解，爲宋明諸儒所不能論，故表而出之。

四曰：功能習氣非一。護法立説最謬者，莫如混習氣爲功能也。彼計一切功能，綜度由來，可爲二別。一者本有，謂無始法爾而有故。二者始起，本無而新生之，曰始起。謂前七識一向熏生習氣故。前七識者，謂眼識乃至第七末那識。以此七對第八識而言，故曰前也。一向者，以無始時來念念熏故，故通溯言之曰一向。習氣者，習謂慣習，氣者氣勢，猶言力也。習氣者，猶言慣習力。熏者熏發，謂前七識起時，各各能發生習氣以潛入第八識中，令其受持勿失而復爲新功能也。又護法談功能，以本有始起并建。其説實有所本，今此不詳，但歸之護法者，以彼爲集大成者故也。其説彌近理而大亂真。夫功能者，原唯本有，無别始起。所以者何？功能爲不可分之全體，具足衆妙。無始時來，法爾全體等流，曾無虧欠，等流者：等言平等，即謂前後一類，流謂遷流，此言功能本身念念生滅相續，平等而流，不斷絶也。豈待新生，增益自體。功能原不待有新生之分子增益其自體之内也。設本不足，還待隨增，何成功能？故知本始并建，只爲戲論。迹護法根本謬誤，則在混習爲能，功能亦省稱能，習氣亦省稱習，後準知。故説本外有始。由不辨能習之殊故，故説習氣爲始起功能，以别於本有功能。若了習氣非可混同功能者，則知功能唯是本有而無所謂始起也。尋彼所謂習氣，我亦極成。但習氣緣起，與其嚴密分析，説爲前七識各别熏生，寧可泛言有情過去一切經驗之儲蓄。言儲蓄者，以過去法有餘勢相續不失，故假説儲蓄，非如世俗所計保留實物之謂也。過去每一經驗，雖曰刹那已往，每一經驗正起時之心境，纔生即滅故。而皆有餘勢，宛成傾向，等流不已，故名習氣。過去法雖滅而有餘勢者，借喻顯旨，如轉車輪，經止之時，有餘動力。等流義見前，習氣亦是生滅相續，故言等流也。此理驗之吾生，曾更不失，信而有徵。曾者過去，更者更歷，猶言經驗。不失者，俗言不失掉。準此，則習氣决不可混同功能。嘗以爲能習二者，表以此土名言，蓋有天人之辨。天者非客觀存在之實體之目，乃相當於吾宗所云法爾道理。人者非人類或有情之目，乃就俗所謂生命或生活方面而爲言也。功能者，天事也。法爾如是，曰天事。習氣者，人能也。無始有生以來，自成其能，曰人能。今心理學所言本能，相當於此之習氣。以人混天，則察於生之成象，而昧於生之本然。悠悠千祀，迷謬相承，良殷悼嘆。故推校能、習差違，差者差別，違者違異。舉其三義，着於左方。

一者，功能即活力，習氣有成型。功能者，生之寶藏。功能實即生命之本身，而此云寶藏者，乃假說之以形容其豐富盛大耳，非謂功能超越於生命之外而爲其從出之府也。談其勢用，唯是精剛勇悍，任而直前。精者，純潔無染。剛者，至健不撓。勇者，鋭利而極神。悍者，堅固而無不勝。任者，莫之爲而爲也。直前，如名可思。其自體恒備衆妙，變動不居，故謂之活力也。習氣者，自生之無始成形而始起。隨逐有情，忽兮若機括，乃以爲生之具。忽兮者，幻起貌。機括者，猶言發動機也，不必含劣義。下文所舉有漏性者方是劣義。有漏習氣之爲機括也，則拘滯於形軀。若無漏習氣之爲機括也，則以善其生之用，而無所滯矣。兩者均可說爲機括性，而所以爲機括性者，則迥乎不同。隨逐有情者，謂習氣與有情之生命，恒相隨逐而不捨離也。有情者，乃人或衆生之別名。故其力之發也，恒一定而不可禦，故謂之成型也。此中成型，猶言方式，不定含劣義。

附識：世學談人生者，往往持機械觀。此徒泥於生之成形，而未能理會生之寶藏。吾前者已言，功能者生之寶藏，斯則未成形而法爾已具。言未成形者，非謂於生之成形之外，別有功能獨立也。功能即是生命之本身，實無未成形之一時，設有之，則是離於具有生命之生類，而別有空洞獨立之功能也。豈不謬乎？今此言未成形，直乃將自家生命本身即功能者，推出於自家日常沉溺現實之生活以外，忘形而理會其本來，則果未有成形也。未成形者，不可問其何自而有，故是法爾已具也。守成形而昧法爾，是將偏任頑冥機括，以障活力之源，生理之絶久矣。頑冥機括者，謂有漏習氣。世學談人生者益紛，而人乃無以爲生。絶學無憂，老聃有先見哉。

二者，功能唯無漏，習氣亦有漏。唯者，此外無有之謂。漏謂染法，取喻漏器，順物下墜。有漏無漏，相反得名。亦者，伏無漏二字，言習氣不唯是無漏而亦通有漏也。純浄升舉是無漏義，純浄者，純謂粹美，浄者清浄。升舉謂向上性。此中雖以純浄升舉四字釋無漏義，然有時但舉一浄字亦得。雜染沉墜，是有漏義。雜染者，染即染污，雜者粹美之反。沉墜，如名可知。此中雖以雜染沉墜四字釋有漏義，然有時但舉一染字亦得。功能者，法爾神用不測之全體，乃謂性海。光明晃曜，原唯無漏，是以物齊聖而非誣，行雖迷而可復。一切衆生從其本具無漏性海而言，即皆是神聖而非惡濁。微蟲螻蟻皆有佛性，豈誣談乎？行迷可復者，以本來自浄，無有惡根故。若護法計功能通有漏無漏者，護法析功能爲個别，而總分有漏無漏兩大類，故概稱功能即通此二。則是鄙夷生類，堅執惡根。彼許本有有漏功能，即斯人天性固具惡根。其愚悍亦甚矣！惟夫習氣者，緣無始成形已來無量時劫，一切經驗餘勢等流，萬緒千條展轉和集，如惡叉聚，無始者，不能舉其初際，故云無始。凡情分别事物計有初際，若乃理之不可以凡情度者，則無初際可畫，只説無始之始而已。他處言無始者，準知。成形者，生命之流行必自成獨立之體，故幻作形軀也。他處言成形者，準知。時劫者，複詞，劫亦時也。一切經驗云云者，總舉之詞，蓋每一經驗正起時之心境，雖則刹那不住，而必有餘勢等流，如前已説。展轉者，相互之謂。和集者，一處相近名和，不爲一體名集。無量習氣同附著於生命之流，故言和也。然非渾一而無分辨，故言集也。惡叉聚者，果實有不可食者，俗名無食子，落在地時，多爲聚故，梵名惡叉聚。此喻習氣頭數衆多，互相叢聚也。其性不一，有漏無漏，釐然殊類。推原習氣染浄，本即過去生活遺痕。染浄者，染謂有漏，浄謂無漏。言過去生活者，猶云過去經驗。遺痕者，即前所謂餘勢等流者是也。過去生活若唯被拘於形軀，即此生活遺痕幻有傾向，成有漏習。拘於形軀者，謂於維護形軀之頑冥生活而外，更無餘裕向上自在以順生命之自性而發展也。過去生活若能役形軀而不爲所拘，即本活力運用形軀，恒有餘裕自在，以遂其生之自性之發展，如是生活遺痕幻有傾向成無漏習。凡習染浄由來，大較如此。乃若染浄亦各有分族，族者，類也。略舉其要，染習談三，浄習談四。染習三者：一曰貪習，二曰嗔習，三曰癡習。此三行相寬廣，如後心所中説。行相者，行謂發現，相者相貌。談貪等發現之相貌，曰行相。舊解有别，此姑不述。浄習四者：曰戒，曰慈，曰定，曰勇。勇者，精進之異名。此四名義，散見佛家經論，吾會而列之，説四浄習。戒者，順真故，離染故，名之爲戒。順真者，具云隨順真理。戒者，非如俗説有所禁止之謂，乃向無上殊勝真理之鵠的而進也。順真所以離染，故就所離，立以戒名。慈者，柔愍故，利樂群生故，名之爲慈。柔愍者，柔謂柔和，愍者憐愍，儒家所謂惻隱者是也。定者，離沉掉故，能生明故，名之爲定。離沉掉者，沉謂昏沉，掉謂掉散，定離此二。明者正智，依定方生，故此於定，言能生明。勇者，猛利前進故，能無倒故，名之爲勇。倒者，顛倒。懈怠方生顛倒，精進則正覺所依，故此於勇，言能無倒，非勤於世俗利害得失之争者可謂勇也。此四習者，皆能隨順本具清浄性海，亦名無漏。性海即謂功能，已見前文。功能者，在人則爲其所以生之理，故曰性。生力無窮，喻如海。隨順云云者，以此四習皆超越於被拘形骸之頑冥生活，而具向上浄性，故是與法爾功能隨順。然生類劣下者，則唯有漏習一向隨增，浄習殆不可見。吾前不云乎：功能者，天事也。習氣者，人能也。人乘權而天且隱，故成形已後之積累，不易盡順其本來。積累謂習氣也。無始成形已後，一切習氣屢起不絶，故假説積累。本來者，即前云本具清浄性海也。夫生自成形以爲用，乃用之而積累或乖其自性，有漏習增，故曰不易盡順其本來。此則生之猛進所必有之險阻耳。然造浄習而捨有漏，以創新生幾，俾順其生之自性而發展，權在乎我。豈險阻所得陷哉？愚者睹成象昧本幽，因衆生染習流行，遂以測生理之固有污疵。果爾，則吾於生類將終抱無涯之戚。然嘗試徵之人類，則通古今文史詩歌之所表著，終以哀黑暗、蘄高明，爲多數之意向。足知生性本浄，運於無形，未嘗稍息。悠悠群生，雖迷終復，道之云遠，云如之何！此亦大覺所以不捨。如來不捨衆生。

附識：吾主功能無漏，習氣通漏無漏，有漏亦省稱漏。義止於此，更不夾雜善惡之義於其間。此復與護法絶異。護法以漏無漏配屬三性。此言性者，與儒家所言性命之性異義。儒家之性則謂人物固具之生理，亦可云生力也。此中性者，猶俗言性質，如云火性炎上，水性流濕之性。三性者：善、惡、無記是也。其配屬如别圖。惡、無記二性中無漏全無，圖中以白圈表之。尋彼所謂三性標準，則以能招樂果名善，能招苦果名惡，俱非名無記。俱非者，非善非惡之謂也。余以爲無記之談，最無理據。天下只有善惡兩塗，更無中立之境。當别爲文論之。獨善惡二性，唯可就行爲上而建立。吾人之行爲，方有善不善可論。若夫功能與習氣，皆可説爲行爲之源泉，而非是行爲。雖有染浄堪言，要無善惡可傳。不容於染浄之上，更傅加以善惡之義故。此則護法所不省也。吾土儒先，於性上説善惡，亦以行爲與性混爲一談，其失與護法等。

善　性	有漏功能
	無漏功能
惡　性	有漏功能
	○○○○
無記性	有漏功能
	○○○○

三者，功能不斷，習氣可斷。可者，僅可而未盡之詞也。功能者，生力也。生力者，無始本有，非一向都無，突爾而有故。既從無始等流，以至現在；當知現在不住，向前等流，盡未來際，以本非從無肇有，即不應自有入無故。等流見前。盡者，無盡之盡。際者，無際之際。護法説有染分可捨。護法析功能爲各各獨立之體，又區別一切功能性質爲有漏無漏兩大類，已如前説。染分者，猶言有漏類，分者類也，捨者斷也。彼計成佛則有漏盡斷，唯無漏不斷故。此緣未了功能爲完整而純净之全體，妄欲自爲割裂，若斯戲論，亮不足道。習氣者，本非法爾固具，唯是成形已後長途屢轉之衆流，儲爲種種能性，故名習氣。衆流者，即前所謂一切經驗之餘勢也。能性者，猶俗言可能性，每一經驗之餘勢，即具一種發展之可能性故。屢轉者，轉即起義，其起不止一時，不限一類，故曰屢轉。迹生之前進不息，恒利用已往各種經驗爲其依據，兹習氣所以起也。及習氣已成，昧者據以測觀，則且見爲未有；而不知其因形流蕩，正如萍飄蓬轉，了無根柢。因形流蕩者，習氣緣成形已後而始起，故曰因形。流蕩者，謂其既起，則前後恒與形相屬著，等流而不易斷絶也。了無根柢者，以非本有故也。惟習氣無本，無本者，猶言無根柢，牒上文也。故吾人得以自力擴充之，亦得以自力斷絶之。如依净習努力擴大，則染習以漸伏而至永斷。故非先斷染而後擴净也，亦非於擴净外，別有斷染一段工夫。只是用力擴充其净則染自斷，功無異用，效乃兼收。故净之擴由自力也，染之斷亦何非自力哉？斷於此者，如染習是。以有增於彼。如净習是。故概稱習，即總一切習而言之。則僅曰可斷，而不謂可盡斷也。君子之學，無事於能，功能不待修爲故。有事於習。增長净習，乃顯勝能。功能有殊勝用，本自不息。但染習障之，則隱蔽而不顯耳。唯净習與功能相順，足令顯發也。吾生息息向上，即吾之宇宙息息創

新，盛矣哉！然惟人有抉擇，能用習而不用於習，故得捨染趣淨。抉擇者，正智也。正智與淨習互爲因果，以正智資淨習而生，淨習亦資正智而始發展故。若生類極劣者，則一任染習縛之長驅，而無由得斷。其猶豕乎，繫以鐵索，有倖斷之日乎？是故習者，雖非一成而不可斷，卒之染習亦不易斷。生也若芒，莊生所以浩嘆。

綜前所說，能習差違，較然甚明。護法必欲混而同之，未知其可。若如我義，不寵習以混能，亦不貴能而賤習。唯習有染淨，而後人生得自奮於光明，始有價值。不然，則所謂大雄無畏者，又何以稱焉？

附識：《瑜伽·聲聞地》説衆生中有畢竟不成佛之闡提，義至宏遠。奘師據之，以授基師。基師乃造《法華玄贊》，盛暢其旨。當時餘宗，據餘經中宣説一切有情皆有佛性，皆當作佛。餘經者，謂《法華》已外諸經。以是與慈恩宗相争，如台宗作《法華五百問》，論戰之烈，斯足珍怪。基師之弟子慧沼，著《慧日論》，復揚師説，則先德重視此案可知已。余以爲闡提本具功能，何嘗異佛。但爲染習重錮，始終不得自拔，故無成佛期耳。設有難言："何故不許一切有情皆得成佛耶？"應答彼言：衆生不齊，莫爲主宰故。衆生凡聖殊塗，不能齊一，莊生所謂："咸其自取，而怒者其誰耶？"怒者使義，無主宰即無使者。法界廣大，無所不有故。有畢竟出纏之佛，即有畢竟在纏之闡提。必欲執一端以衡之，謂衆生皆當成佛，此特出於人情歆厭之私耳，豈足以窺法界之廣大哉。又乃衆生有沉淪不已，如來亦功德無盡。大心之士，必不厭捨闡提世界而求淨土矣。

上來辯析功能，梗概略具。吾前已説，功能者，本就有情所各具者而通言之爾。如甲有情，元無所謂實人或實物，只是一團功能，其來無始，其去無終。一團者，顯此功能爲獨立而完整之全體，假説一團。下準知。如乙有情，亦無所謂實人或實物，只是一團功能，其來無始，其去無終。故生界者，實即無量功能，各各交遍，都無終始。大用法爾萬殊，故説功能無量。各各交遍者，謂各各功能互遍滿於法界而不相障故也。乃世俗徒自生之形制以觀，形制者，猶言形軀或形體，生命必構成形制以自表現故也。則滯於一期之形，計有終始。一期者如人自初生位以迄於死位，所歷如干時分，説爲一期。形者，具云形制。而不了生之自性即功能者，不從一期形始，亦不隨一期形終。形者，生之具耳。而生之自性即功能，此固不可以形物推求。睹形而遺其所以形，是惡知生之情。此中情者，猶言情實。

諸不了有情各具功能者，謬計橫生，略談以二：其一，則以有情之生，只由生殖質之分裂與移轉。生殖質，謂生殖細胞。世俗以爲有情生殖細胞之一部分分裂而移轉於子，其子以此自成獨立之生機體，即有生命也。此緣常途觀物之見，移而推論俶詭奧妙之生理。雖甚洽凡情，而極無義據。夫生之特徵略有二：一者，必爲獨立之全體。每一有情之生命，必自爲獨立之全體，以故有情恒内顧而執爲自我。又如人或動物軀體之一部，微受刺創，其全部頓呈患苦不安之狀，此亦可徵其生命之爲全體，故感通靈妙，無有限隔也。二者，於前進不測之中，而隱有無窮之願欲，與努力之鵠的。此不唯人類爲然，即在微蟲，觀其保護身形之力用，足以徵其有無窮之願欲與努力之鵠的也。斯二者，有生之秘機，如謂爲若干生殖質之所爲乎？則是生殖質者，固已神矣。談生殖質者，本以遮神秘之論，而卒不得不歸於神，斯不亦迂乎？其次，乃知生之緼不可純以頑物猜度，則且許有生之動力，即由胚胎相禪綿延不已之力。并謂各生物之具有此力，實發自同源焉。此中所謂生之動力，亦省稱生力。吾亦嘗名功能爲生力矣，然與此中所云生力，截然殊旨。吾所謂功能者，則以目生命之自性，乃超越乎生物體而獨立者。此中所云生力，則謂生物體中有潛蓄之動力而已，别無深旨。同源者，猶言一源，同者同一之謂。案法人柏格森言生物之異種同官，乃由同源生力之潛留，并舉人目與蚌目之構造相同，以證其説。是説也，只注目於生物之構造，而見爲生機流衍已耳。生物者，依形軀而假爲之名耳。生命必構成形軀以爲資具，及形軀成，而生命之名遂立焉。實則未了生之自性，超越乎生物之構造而獨立。實則未了四字，一氣貫至句尾讀之。夫欲窮生命之緼，而乃從生物之構造以觀之，則必滯迹而難通。故下者持機械觀，稍諦審者亦只知不可以機械明之，而説有動力，終是浮光掠影之談。蓋生物學之所窮者，畢竟是生物，而不是生命之自性，故其所得終有限耳。若其同源之談，直由習見衆條共幹，因以推生理之當爾，尤爲戲論。余以爲生之自性，必不可以慧推析。慧者，俗云理智。唯由明解内證，方乃豁然見得自家元是靈光獨耀，迥脱根塵。明解即無癡心所也，乃精純圓徹無上之慧用，吾人必改轉其一向沉溺現實之生活，以馴至寂静境界現前，方有此湛深海圓明之智光耳。靈光至根塵，係古靈禪師語，根塵者，軀體之謂也。此言自家生命，元是超脱軀體而亘古獨立也。我之生如是，我以外一切有情之生，亦莫不皆爾，以均與我爲同分故，同分者，類似之謂，曾見前。我以外一切有情皆與我爲同分，我之生命亘古獨立，故我以外一切有情之生命，亦各各亘古獨立。然復應知，吾宗所謂有情，乃舉佛及人天以至螻蟻諸微蟲等，凡有情識者，皆名有情，皆爲同分。此則平等一如，迥異乎餘宗以人類爲中心之陋見矣。是他心智所證知故，頗有難言："我所得内證者，唯是我之生命而已，我以外一切有情之生命，我如何知之而乃許其各各亘古獨立耶？"答曰：我以外一切有情之生命，是我之他心智所證知，夫何疑惑哉。他心智者，我有能知他心之智，名他心智。此不唯菩薩等有之，即在凡夫，均有相對之認識或了解他人生活之智，亦應説爲他心智。此爲事實之所不可遮者。又不違理故。理者，謂比量所成道理。生命不是一物，即不可分散，故我與一切有情之生命，各各亘古獨立，此不違理者一也。又生命不應孤零無與，故許我有獨立之生命者，應許我以外一切有情亦各各有獨立之生命，如是乃得互相增上而不孤，此不違理者二。然則并育而不相害，至賾而不可亂者，其生之不測乎。並育不相害者何耶？有情之相攻害者，乃其生之自性錮蔽不顯，而徇軀體之動耳，非其生之本然也。若就其本然言之，則一切生命各各交遍法界，而不相障害也。言物競者，幾以競争爲出於生物之天性，惑之甚也。故吾所謂有情各具功能者，乃至剴切而非荒誕，不下帶而道存矣。概稱有情，即舉一切之有情而通言之，他處準知。一切有情之生命，各各亘古獨立，即是各具功能。蓋一切有情各各生命之自性，通説名爲功能故也。設有計功能爲宇宙之大生力，而一切有情之生皆以此爲其同源者，則是人已墮邪見，不了我所説義。世有大心之士，必超然有悟於斯。凡夫心量卑狹，明解不啟，故智慮所及，不越現實之域，而於生命之自性，反茫然全不理會。

余窮究生之自性，而豁然有悟，法爾本然之理，不宜據形物之理以推觀。此中法爾本然之理，即就生之自性而言也。夫生之自性必不因形物而有，若許因形物而有者，即形物是本。若爾，宇宙元是一大機械，如何有生？然生既不因形物而有，又不能問其由來，故説爲法爾本然之理也。此中形物之理，即謂生物學所詮之理，如説明生物之構造與機能及其他種種理是也。形物之理，即象而著。此理唯限於形物之所有故。本然之理，昭而無象。此理超脱形物而有故。人情恒了其即象而著之理，則據之以推其昭而無象之理，乃不可得，而直謂之無。實則昭而無象者未嘗無，唯用其即象而著者以爲推，故無由發見耳。夫人情以所可得爲理之有，所不可得爲理之無。而不悟理之所不可得者，非其理之本無，乃人自封於其所可得之理，因以推之特殊之理而不得，遂計爲無。真理之難明，物論之不齊，豈不以此哉。

夫功能者，明解之所證會，染慧固不能了。泛稱功能，即總一切有情所各具者而通詮之者也。他處準知。明解與染慧均見前。誠以染慧恒取物，而功能則幻化不測，非可以物推求故也。幻化者，無實物故。不測者，妙用不滯故。功能只是幻化不測之生力，故非世俗所謂神我或靈魂者可相比附。蓋言我、言靈，皆擬爲有主宰有人格者，而吾所云功能，殊不爾也。又乃如實了知功能者，恰如其實際而了知之，曰如實了知。則能悟入諸行無實，以諸行唯依功能屈申而假立故。諸行者，色心二法之通名，曾見前。功能者，約屈申而目其全體也。屈申者，約功能而彰其動勢也。動勢一屈一申，相反相成，至詭異矣。而實爲渾爾不可分之全體，幻化不測，故説名功能也。又依申故，假説爲心法；依屈故，假説爲色法。而世遂執有實色實心，則乃無以了其本爲幻化不測之全體矣。然既依屈申假立諸行，即便假興詮表，故以次論境色、心識，而暢前此未盡之旨云爾。境色者，複詞也，色即是境故。心識亦複詞也，識亦名心故。前《轉變章》已言色心依屈申假立，而未及詳焉。

附識：護法功能，頗有多名。亦名爲種子，以能生現法故，故立此名。亦名爲習氣或熏習，護法以第八識中種子，依其由來分爲本有及始起兩類，而謂本有由前七識熏令長盛，始起則由前七識所熏生，故立習氣等名也。亦名爲粗重。此乃有漏種之别名。更復隨義設名，此不具舉。今者吾所立功能，既與護法截然異旨，則種子、習氣、熏習、粗重等名，概不可以命吾之功能。又吾既區别能習，詳前。即以粗重爲染習之異名可也。染習見前。若吾功能，唯别稱恒轉而已。

境色章

夫色界者，析而言之則有二：曰根，根者，攝持義，與舊解取義有别也。曰器。器者具云器界，猶言物界也。二者同爲恒轉之屈行，行者動勢義，見《轉變章》。本非截然分離之二物，以其勢用有異，故須分别言之。且先談根。

附識：此章談根與器，但直抒己意，取便文事。而吾與護法不同之點，未暇校論。恐讀者不便，姑附數語於此。初根者，護法及餘師，并析以五：曰眼根、耳根、鼻根、舌根、身根是也。吾謂根者，不應定析以五，只是具有複雜之施受作用之體而已。五根之分，乃擬肉體或肉眼等官而分之耳。然彼所謂根者，本非肉體或肉眼等官之目，乃復舉以相擬，似不應理。夫能見、能聞乃至能觸，固皆憑藉根力，而根不必可分爲各各獨立之機體如所謂眼耳等也。施受義，此章别有一段文詳之。又護法許五根各各有自種子，依藏識變現，而爲藏識相分。吾既遮撥彼之種子義，即彼藏識亦是虚立。故所謂根各有種，及爲藏識相分諸義，皆相連而廢棄也。次器界者，護法則以藏識及五識等各各所變五塵四大等相分，通説名器界。五塵者，色、聲、香、味、觸。四大者，地、水、火、風。又許此等相分，各各有自種子，此皆與吾義不合。吾不許諸識爲各各獨立之體，如《心識章》説。吾遮撥護法之種子義，詳《功能章》。又四大之説，本隨順當時外道或世間之説，今不足據。吾所謂器界者，乃爲綜舉物塵全體之名耳。一切物塵，本爲互相關係之全體，此章别有一段文申明此旨也。總之吾説與護法説，截然異其系統。學者綜會吾説之大全而審觀焉可也。

根者，其生之攝持乎？生之表現，必構爲特立之形以攝爲自體，持而不捨，故謂攝持。此中言形者，無形之形。生之獨立自主，恒進行不已，原非漫無趨向。攝持者，即爲生之自主而有趨向之表示。攝持即謂根也。生命自構成根而攝持之，即自爲獨立之體，而以表現自力，此根所以爲生之自主之表示也。生命具有趨向而前進，必利用根以爲其前進之鋒芒，此根所以爲有趨向之表示也。生無休止，即其攝持永不散失，是故内體可死，而根則亘古等流，無有死期。等流者，生滅相續而不斷絶之謂也。曾見前。

大哉根乎！其與器界互相涉入，而爲器界之中心乎！根之與器互相涉入，所以成爲一體而非相離也。根者，體非心識，亦非物塵，幻似妙色，故强以净色名之。舊説根之體是净色。净色者，以微妙故名。然復應知，本非有實净色，但是恒轉屈行，幻似妙色而已。又舊説此色，除如來親證外，凡夫皆不得憑五識現證，唯是由意識比知云。此根具有極複雜之施受作用，而憑藉扶根塵以顯。舊説肉體或肉眼等官，名扶根塵。以其體是物塵，不同净色，但能扶助根故，故予此名。今所謂神經系統者，乃於扶根塵之構造發明甚精，昔人未留意扶根塵之構造，故不曾言及神經系統也。方其攬扶塵爲一體，自居於器界之中心。扶根塵亦省稱扶塵。環繞於其四圍之物塵，本爲無限，一切物塵，皆得乘間以其勢用親觸於此中心。物界之各部分，本皆與此中心有關繫。然因分位疏遠或他故，則有似不相及者。故物塵之以其勢用親觸於此中心，可謂之乘間也。而此中心於諸物塵，因其來觸而接收之，以發爲適當之反應。又嘗能自發動作，以御乎物塵。御者，能利用其饒益，而轉化其違礙故。故根者，即是施與受之專司，受則容萬物而不亂，施則付萬物而無窮。此所爲居宇宙之中心，而具無上威勢也。然則吾生與宇宙，豈果有内外乎哉？吾書中言宇宙者有二義：其一則以爲萬有之都稱，即綜心物兩界而總名之者也。其二則以爲物界或器界之代語，乃狹於前義矣。此中宇宙一詞，即屬第二義。根爲物界之中心，而非相離，即是吾之生命與宇宙，本無有内外可分也。

夫根雖非物非心，乃其力用殊勝，固有似於心也。然亦但似之而已，非可全同也。生之健往之勢，固利用根爲前進之鋒芒，而因以幻現了别，睹有前物。即此了别，説名爲心。生之健往之勢者，即所謂恒轉之申行也。了别者，即此健往之勢在前進中焕發之光采，此義俟《心識章》詳之。吾於《轉變章》説，心法非實有，乃唯依恒轉之申行而假立者，以此故也。前物者，猶言當前境物也。若乃根之進行，復賴了别以爲啓導，如或不爾，狂瞽無相，何可奔馳？故根從心，而同以物塵爲所行之境，乃不憂物之難御。惟物塵於心，嘗若有誘惑之情，則亦因心之憑依乎根而得奏其技。何者？心執有自體，則迷暗生矣。自體者謂根也。以此根者，即是生命之所自構而攝爲自體故，如前已說。心或於自體而起執爲我，則迷以逐物，而不勝其害也。夫衆生無往而不迷以逐物，其所爲如此，則以執著自體，乃恒感不足，而求滿其欲求故耳。是故根者，心依而用之以轉物，心利用根而健往，則能使物隨心轉也。亦依而執之以化於物。心依根以起執，則乃迷暗而化於物故。夫生命之表現，必構爲根，以攝爲自體，此吾前者所已言也。乃心則於此而起執，其情隱微，自無始有生，便忽然起執，亘古恒與生俱，甚深難窮，豈世智之所及信哉。操心物衰王之機者，其惟根乎？

夫根者，世俗所難忍。忍者即可義。彼所共許極成者，乃吾所謂扶根塵耳。實則扶塵即器界攝，世所共許極成之軀體，在吾宗則謂之扶根塵。塵者物塵，此乃攝屬於器界。勢難以此説明生活現象。物塵可剖析，生活則恒爲完整而自主之體，其相違一也。物塵爲機械性，生活則變動不居，此言變動者即創新義。不居者，即自由而不主故常之謂。其相違二也。略徵此二，則以塵釋生，便見不可。諸堅執物塵者，應知物塵只如其所顯現之狀而止。何當更賦以神秘力，反令失其塵性。設以生活現象爲物塵之作用者，則是物塵本具不可思議性，豈成爲物塵乎？總之，如量智觀，吾人決不能印忍宇宙元祇大堆物塵，即以生理爲物塵之副産物。此中生理，即用爲生命之别名，與常途言生理之意義有别。他處準知。如此粗笨之思想，適足徵斯人之一向癡愚，溺物不返，莫求自了。吾人當力拔於纏錮之中，啓發明解，庶有以證會生理之迥超物象耳。生命實超越乎物塵而獨立，非是物塵之作用。此唯明解所證，非染慧所度。夫生理者，奮進不已者也。亘古無有休歇，曰不已。惟其奮進不已，故必厚集其勢，以作鋒芒。所謂根者，即生之所攝爲自體者，乃是厚集其勢，用爲奮進之鋒芒耳。生活之藴奥，豈不在斯乎？

昔者吾嘗以七事推徵，而嘆生機之秘，非許有根，則無以明也。一事。今人言有機體由細胞集合而合。俗言有機體，相當於吾宗所謂扶根塵。然此多數細胞，何以能爲密精之組織，通力合作，而無散漫或衝突之虞。若非許有生之攝持，以爲細胞之控馭者，此事將如何解説耶？攝持即謂根也，詳前。二事。細胞合成之有機體，本即物塵。而乃生機洋溢，截然殊異外塵，此非生之攝持與以活氣，豈能爾哉？外塵者，有機體外之一切物塵，對有機體而名外塵。三事。遺傳之發明，足證乙機體在稟胎位，得甲機體某部特殊影響爲助緣，而起類似之變異。乙謂子，甲謂親。有機體亦省稱機體。遺傳者，非是親體之某種質性得以移轉於子胎内而令其恒留也，只是子胎受親體某部分如世所謂染色體之特殊影響，而起類似之變異耳。唯其變異有隱顯之殊，或始隱而終顯者有之矣。機體本屬物塵，一切物塵現象，皆非獨立固定之體。故一物之特質，恒視夫其關連密切之諸物而取得也。不可以此證乙之生，由甲機體所分賦。設以遺傳現象，證明子之生命即由親之機體所分賦者。不悟親之機體既是物塵，如何能以一部分物塵，産生另一完整之生命乎哉？故應許生之獨立，即應許有攝持。如乙之生命元是亘古獨立，則必有攝持以爲其獨立之表現也審矣。四事。有機體亦是器界之一部分，然能使器界隨己而轉。己者，設爲有機體之自謂。有機體能利用或改造環境，即是使器界隨轉。又乃感物靈妙，宿留印象，雖極殊詭複雜，而不模糊凌亂。吾人於所感之物，雖其已逝，然猶能於憶念中喚起其印象。此印象之儲存，固憑藉機體特別之部分即所謂腦髓者是也。此緣生之攝持攬彼以爲一體，陰驅潛率，故有如是勝用。彼者謂有機體。若不爾者，此既器界之一部分，唯是塵性，寧有殊能。唯物論者迷信物塵有殊能，則物塵亦等於神耳。五事。有機體之構造，如神經系統或眼等官。精巧絶倫。或爲簡擇所需，如腦髓作用即在使動作得以延緩或抑止，而簡擇藉之以發焉。此中簡擇，相當於俗言理智。或爲趨避必具，趨安避危曰趨避。或爲莊嚴攸資，其布置詳審，幾於一爪一毛都無虚設。若非有生之攝持爲動因者，此豈偶爾所臻乎？六事。世以生物應境，機體遞變，甄明進化。應境，具云適應環境。不悟變異有内動力，必不純因外界偶爾遭值。又此但甄生物遞變，明其積累，前後偶爾之變，次第相積，曰積累。不足以彰進化。余以爲進化者，生之進行，在缺憾中念念捨故創新，隱趨向於圓滿之地，此其義也。此中念者，刹那之别名，與常途言念慮之念有别，詳《轉變章》。趨向云云，則以生命進行，於缺憾中未能即得圓滿，要自有此趨向耳。又言隱者，以此趨向或不顯著，而不可云無也。原夫生之本然，自無所謂缺憾。生命之本然者所謂法爾如是，元自圓滿，無一毫虧欠。乃其自爲攝持，利用之以奮進，因利用而起執著。攝持者，因生命進行，必厚積其勢，以作鋒芒，故自構爲攝持，已如前說。然生命以利用故而有攝持，遂依攝持起自我執。以攝持者，即是攝爲自體故，由此向外進取故，故於此起我執也。此處必須與前文參看。追求無饜，遂恒感缺憾。由執我故，故於物起追求，由於物追求故，故有缺憾。生命之有攝持而利用以奮進也，利用而有執著也，執著而有追求也，追求而有缺憾也，凡此皆從無始，一齊并有，即是同時相依而有，非次第而有故。然夫自爲攝持而利用以奮進者，此固生命法爾固具之力用矣。而執著、追求、缺憾三者，雖分析言之，實止爲執著一事耳。執著者，則非生命所法爾固具，只是無因而有之惑耳。設問此惑何故無因而有？則仍答以無因而有，畢竟不可説惑有因故。然亦以缺憾故，促其迴向圓滿。缺憾者，執著耳，此非生命之本然也。違其本然，豈有能安者乎？若乃生之奮進求自脱於缺憾之中，其所需之勢力甚大。而攝持爲發展勢力之具，必隨奮進之勢力而盛顯其用，益使奮進之勢力在不測之長塗得展其光采。依此奮進之光采假名曰心。前已略言及之。及夫光采朗耀足以破執著之梏，始可達圓滿之岸。進化之蘄向在此耳。光采朗耀者，謂明解之極詣。夫進化者，生之秘機也。而世且未知生，惡足與言生之進化哉？夫機體者，生之攝持活動之踪迹耳。於此可以徵其積累，終無當於進化，何可無辯。世所謂物種或機體之變遷，只是次第偶起，連排續列而已。故謂積累也，一切自然現象皆爾，乃至人類歷史亦然。凡此説爲進化，隨俗假詮則可，要非正義。唯生命莫不蘄求圓滿而創進，斯真爲進化耳。七事。習氣之有，如前已説。見《功能章》。此習氣者，必以生之攝持爲其依止，亦即以生之攝持爲其司導。司者，主司，即管理義也。導者，引導。原夫生之成形，而習氣遞起。成形一詞，屢見《功能章》。成者構成，前所謂生命自構爲特立之形也。成形者，本謂攝持，然亦兼攝扶塵而言之也。遞起者，習氣非唯限於一次所起，無始已來生命用其成形，進行於無已之長途，屢次經歷皆有等流故。故言遞起，參看《功能章》。及其起已，則恒附著於生之攝持，相與隨轉。攝持相續不絶，習氣亦依攝持與之相續不絶。雖在染習，未受對治，恒隨不捨。對治者，謂浄習擴充光大，則染習以漸伏而至斷絶也。然對治終古不起，則染習終古不斷，即恒隨逐攝持而不相捨離。故謂攝持，習氣依止。謂攝持爲習氣之所依止也。然一切習，如惡叉聚、交遍攝持，成爲無量機括。惡叉聚，見《功能章》。交遍者，謂一切習，各各遍滿於攝持之上故。

即此無量機括，各各以類相從，構成多數動能之體系。動能者，以儲有活動之能，尚未發爲粗顯運動，故言動能。每一動能之體系，由許多習即許多機括構成之。故其勢甚强，其發甚敏，由此欲新造净習，以抗舊有染習，其事恒難。吾人生活在此種情形之下，必須絶大之努力，而此種努力，實即生命衝破一切難關以表示其自性之爲奮進故耳。此多數動能之體系，同處各遍，同處者，謂同依止於攝持上故。各遍猶言交遍。皆不安潛伏而欲顯現，其賴以保任均衡而無潰决者，則以有攝持爲之總攬故耳。總攬猶云管理。又乃攝持進行，嘗能就許多動能體系，而擇其有利於現境者，導之使其顯發。且嘗依生之奮進之光采所啓迪，而爲奮進之助力，以抑制其爲障之動能體系，令漸伏或永斷。奮進之光采，謂心也，曾見前。爲障之動能體系，謂染習也。故有攝持，乃以爲習氣司導。綜上七義，皆非世俗所謂形軀者，可以説明。形軀一詞，有廣狹二義。廣義，則合根與扶塵兩方面而言之也；狹義，則但爲扶塵之目，即世俗所執之身體是也。學者宜隨文準知。今此言形軀者，乃唯是狹義。則根之建立，豈荒誕無稽哉？

根與器界，無始俱有，非器先存，非根孤立。俱有者，謂同時并有故。何以徵之？由器於根，得爲三因，故知定俱。一者依因。謂根起用，分明有器界爲依故。此分親疏。約親依言，扶塵即是器界之特别部分，而爲根之所依，其構造愈複雜，則根憑藉之以愈顯其勢用。約疏依言，則器界之一切部分，皆爲根所依。二者持因。謂器與根作扶持，共安危故。亦分親疏，準上可知。然文中且據親持説之，以扶塵與根冥附爲一體安危必同故。三者養因。謂器能資益根，令長養故。夫根者，本法爾任運，乃無形之形也，豈待長養而後大哉。今此言長養者，蓋謂助其勢用顯發耳，非以其自體本微而養之使大也。此中亦分親疏：約親養言，則扶塵具有儲蓄與宣泄種種機能，而成爲精利之資具，以長養乎根者也。約疏養言，則器界一切物塵，由根之所待以長養。郭子玄曰：“人之生也，形雖七尺，乃舉天地以奉之。故天地萬物，凡所有者，不可一日而相無也。一物不具，則生者無由得生。”其言雖近，乃頗有深旨。夫根器二者，本爲生之故翕之兩面。生者，生命也。生命者，探本而言其自性，則所謂功能恒轉者是已。翕者，即所謂恒轉之屈行也。故者，有所利用而爲之，以恒轉之本性是申非屈，而乃有屈者，特故爲之以利其申耳。申者生命之奮進也。蓋必用其屈而爲根者，以爲奮進之鋒芒；必亦用其屈而爲器者，以爲奮進之抵抗，而藉以顯其戰勝之功，是以言夫故翕也。一方翕作内持，淵乎無礙，成自體故，所謂根也。成自體故者，約生命之表現而言。則根者，生命所自構爲特立之形，而攝爲自體者也，故即以根爲生命之自體。内持者，内自執持，恒不捨其自體故。根者無形之形，非有質礙，故是淵深難測。一方翕似外現，宛然有物，爲資用故，所謂器也。器界與根，本非截然分離，乃幻似外物而現，由對内持，故幻似外現耳。然愚者執之以爲實有外界，哀哉！宛然者，本非實物，幻似而有，故曰宛然。資用者，生命因有根爲自體，不能不以器界爲其所資需受用，然因資用而起執著，則器遂以此能縛生命，而爲其奮進之抵抗也。此二者，生之所以内畜其鋭，而外乘以有功，故見其奮進也。根者自體，故言内畜其鋭，生命即用此以奮進。用器而不縛於器，使消其抵抗，而運與隨轉，故曰外乘以有功。然生亦因是行乎險阻。夫生之本然，元無方體，無内外，固是圓滿自在。無方體者，以其本性非如實物，故無有方所，無有形體也。雖於蕩然無物之中，幻現根器，而非可於根執爲實我，非可於器執爲實物，此唯幻化，即畢竟空，故曰無内外也。本性無待無倚，曰圓滿。本性無累，説爲自在。乃自無始翕爲根器，即已忽然起執。忽然者，不能問其由來，蓋即在無始幻現根器之時，生命忽爾不守本性，此便是執，非别有執之原因。設問何故不守本性？此不應答，只此已説明故，問者不能解故。依根執爲内我，而墜與物同，則異以幾希。纔依根而堅執爲有實内我，即此一念執起，生命便沉墜而下同乎物，其異於物塵者，特幾希之間耳。依器執爲外物，而冥與物交，則引之俱化。由於根而執爲有實内我故，同時即於器而執爲有實外物，由於器起執故，而器亦遂果爲外物。冥者頑也，生命墜墮而近乎物，故説爲頑冥也。以此而與外物相交，則所謂物交物，乃爲物塵引之俱化，而物塵亦遂爲生命奮進之抵抗。夫惟物相攻取，執我而取物，即是物與物相攻取也。故缺憾滋生，背圓滿故。繫縛固結，違自在故。利用之未能，而險阻已至者，其生之憂患乎。生命之表現，必故翕爲根器，所以利用也。然執著即緣利用而生，此所謂"反者道之動"歟！然而生終恃其幾希之存，不至全化於物，亦且念念滅故創新。畢竟於無端重閉之中，留一隙光明，得以猛力縱横，脱然超出。無端重閉者，生命因妄執而化於物，以自閉錮，積重難拔，要非有使之然者，只是無端而有此妄執耳。終乃知根器皆惟奮進之利用，而妄執無預其本然。然則生之不憚玄黄，以顯健行之偉績，豈不奇哉！此中特據人類而談，唯人能有幾希之存，不全化於物，故終可破執而顯其本然。若動物則執著深而幾於全物塵化矣。夫有情無始一念妄執，即拘滯僻礙，而成乎物，可畏也哉。然執即是物，破執即生，君子爲學，可以知所從事矣。《易》曰："龍戰於野，其血元黄。"龍喻乾之健行。健行者，生命之本性也。生命與退墜之魔奮鬥，戰於野之象也，以奮鬥而顯其健行之功，雖玄黄無傷也。

附識： 一切生命，皆無斷絶，前已言之也。詳《功能章》。根者，生命之所攝爲自體，其往來諸趣者以此也。趣者，往義。佛家説有六趣，謂天趣、人趣、畜趣等。生命以有根爲自體故，得投胎而往來諸趣也。又六趣亦云六道。故張人與李人之扶塵皆可死，扶塵即謂肉體。而其生命則皆不斷。問曰："世所謂生物者，賅動植而爲言，若依佛家而言生命，則植物爲有生命否耶？"答曰：佛家所謂有情者，即是具有生命。情者情識，有情謂有心識。植物名爲無情，即屬器界，乃生命之所表著，而非即具生命。其義如此。蓋昔者無繫外道，説樹等外物亦有生命。見《瑜伽師地論》卷八第五葉。而佛家不之許。雖復有説植物有心識者，乃佛家則以其證據不完足而遮之矣。余以爲所謂生物界，本以人類爲中心，豈惟植物無生命哉。即在動物，除高等者外，其下等者恐亦有生機而無生命。生命一詞，在世俗似即綜生活現象而言，其意義頗空泛，在吾書中則其義不止此，乃謂有超越軀殼而爲生活之内因者，此可會吾説之全而觀之也。吾於正文中不爲界説。則以此等名詞，包含至廣，不容簡詞陳界，故非會通其全，鮮不別生誤解。又此二字，正文中恒省稱一生字，然往往隨時注明。蓋生機者，植物與下等動物所同具，而生命則爲人類或高等動物之所特有。高等動物即謂其神經發達，心識作用著現者。人類之有生命，非可舉證據申明，如世俗所謂靈魂與記憶前生等事，多托諸傳聞或記載，信僞難徵。即令現有親驗其事者，亦不能舉以示人而蘄其共信。何者？凡爲證明之事實，必彼此可以共徵，今此則無由共徵故也。亦非可徒用理論成立，每人或每物之生命，皆亘古獨立，在理論上本非不可成者。然理論本爲不得已之一種方便，無從直揭其事，必人共信。故我以理論成立之，人亦得故作相反之理論以攻破之也。此唯訴諸各人之自明自證。佛家禪定或神通之境，固吾人所不能有。然第使吾人嘗有清明在躬、志氣如神之生活，必能灼然確然見得我生元是昭昭靈靈，獨立不倚，無始無終。自非物蔽甚深固執邪見之徒，斷無肯信自家渾是一包膿血裹一大塊骨頭。用陳白沙語。故人類之有生命，本爲不容疑之事理。若夫高等動物，其心識作用，頗亦著見，則許其有生命，於理無違。乃若植物與動物之下等者，世俗或并許其有心識，而許下等動物有心識者，尤爲世間共所極成。此足以徵人情之習於膚近，而不暇求理事之真。夫心識之特徵，即在簡擇作用。簡擇即俗云理智也。此爲光采內發，而不同乎機械之動作者，此不可不察也。簡擇者，本於人類爲特著。在高等動物中雖不顯，然頗時見其端倪，故可謂之有心識也。若下等動物與植物，吾人惡從得其簡擇之徵耶？若從其生機現象如營養作用與運動作用等而推論其有心識者，則磁之吸引、水之就下，乃至一切物塵，莫不有互相欣合或互相抵拒之性，將皆可謂之有心識矣。此豈應理乎？總之，心識以簡擇作用爲徵，絶不可混同於機械之活動作用。凡物具有心識者，雖簡擇未顯，亦必略具其萌蘖。如不爾者，不得許以有心識。植物與動物下等者全無簡擇之徵，故無心識。既無心識，即無生命。故如吾説，物之有生命者，决定有生機，如人或高等動物是。而有生機者，不必有生命。如植物及下等動物，此無生命，唯屬器界。蓋嘗論之：生命從無始而同時幻現根器；或即於爾時忽然起念，此念即前所謂執著之念。欲攬器界之一部分爲扶塵，則必先散布其力，以潛運器界之一部分，幻成生物。此即生物所由始。方生物之發展未完，即植物及下等動物時期。生命或猶未便攬之以爲扶塵也。迨高等動物初現之期，蓋即在生命攬爲扶塵之日。易言之，即生命出現於生物界之日。何以徵之？植物與下等動物，無所謂內部生活，其生機皆向外發散，其活動爲機械性。故雖有生機，猶不見其有生命之徵也。下等動物之生機，只表見於軀殼，無所謂內部生活與植物全同。高等動物以至人類則其生力爲集中而非外散，故其內力充實，有内部生活可言，此其有生命審矣。人類能不爲物役，而保任其昭昭靈靈，即生命已皎然呈顯。吾爲此説，世人必目爲怪誕或大膽之臆想。然吾竊謂世人如不迷信有不可知之外世存在，無論哲學上唯物唯心抑爲心物二元之變相論調，要皆信有不可知之外界存在，而同反於吾所謂各人或各物之生命獨立。而返觀昭然生活之自己，則必不肯信吾之生命爲外界存。

荆楚文庫

唯識論

朱浩浩　點校

目　録

導　言

此書凡爲二論：曰境論、常途言境者，本指物界而言。此中則以綜觀法相、法性一切義理，總名爲境。以是知解所行故。量論。量者，量度。知之異名。境論有二：一、法相篇，二、法性篇。法相、法性二名，見《華手經》。法相者，即目色心諸法也。法性者，謂諸法實體。性者，體也。量論有二：一、分别篇，二、正智篇。分别、正智二名，見《楞伽經》及《大論》。俗言理智，略當分别。正智者，證體之智。凡不及知。觀境誠妄，率視其量。故此二論，次第作焉。

唯識宗者，在佛家諸宗，最爲晚出。歷大小之殊塗，閲空有之衆妙，然後本宗始作，固非儻至也。

追維釋迦，崛興天竺，興感夫生死而歸趣於菩提。既豁然澈悟，以其悲願，化導群倫，始開萬世學統。無始以來，一切衆生，淪溺生死海中，執取浮漚，以爲現實境界。纏綿宛轉，有若春蠶作繭自縛。昏昏而生，夢夢而死，故於生死問題漠然無感。偶感焉，亦不切至。唯我釋尊，淵然惻然，感發真摯，聖懷高遠，具本行經。然世乃有以爲釋氏怖死，故由怖死而怖生。抑有進之曰：非自怖死，實不忍他死。要之以凡情擬議，皆爲無當。釋尊悲情流露，雖緣自他生死而發，卻於自他生死，毫無怖畏，毫無繫著。若有怖畏或繫著，便是凡情盲動，非激而狂，必流於萎。奚足以證菩提乎？故知悲情深純，但是勃爾向上。悲情必與明解俱，故迥異凡情。佛法所以歸趣菩提，菩提者，明覺也。又復應知，真正哲學，必自唯一問題而出發，曰人生問題。即此問題，分析以窮之，愈繁密，愈幽遠。然問題之發動與進展，恒由悲情與以活力。故哲學者，非但出於驚奇心也。

迹厥聲教，本無殊趣。佛氏一切言教，唯欲令衆生證大菩提故。學者展轉聞持，因資先導，遂各本自得，益相發抒。後起理論愈精，漸分大小乘。

小乘學發展，先大乘蓋四百餘年。綜其流别，原唯二部：一、大衆部，二、上座部。佛滅後百餘年間，有大天菩薩，始唱五事，以説阿羅漢不遣所知障，未爲究竟。時衆議乖諍。諸後進比丘朋、大天者，相聚爲大衆部。反之者，皆長老宿德，别爲上座部。其後大衆部分出八部，并本部有九。上座部分出十部，并本部有十一。詳《異部宗輪論》。大衆則多近空觀而如理綦難。正知境界，離妄分别，方名如理。上座則多持有義，而如幻未了。如幻者，無實物義。小宗以虚妄分别所執爲有，故不了如幻也。爲山庶幾九仞，功虧何止一簣。夫惟篳路藍縷，以啓山林。小開緒業，勢極有反。大資權藉，應運而興。勝事奇緣，誰何足怪？佛滅後四百年間，小宗由兩本部而分爲二十部。相與殫精空有，備極其盛。未幾而大乘乃興。蓋始宏大乘之馬鳴，即以佛滅後五百年頃出世也。

詳夫大乘，自馬鳴誕登王路，初顯法空。馬鳴以外道皈佛教，爲脅尊者弟子。後創宏大乘。其述作最著者，有《尼乾子問無我經》。提法空要領，而談因緣生法，俗有真無。次則《大宗地玄文本論》。其一切諸法俱非位，談《大般若經》法無自性之義。實始宏大乘之一人。龍樹或譯龍猛。菩薩，接踵南天。龍樹南印度人，當佛滅後六百年頃出世。造《大智度》等論，宏闡空義。其弟子提婆造《百論》等，宏大而破外小。玄風益暢。龍則析薪，提克負荷。般若勝義，於焉觀止。

夫空者，遣有之執。而空復不可執，一往談空，末流將病。後來清辯論師造《掌珍論》，即蹈沉空之弊。無著菩薩者當佛滅後九百年頃出世。奮起北印即小宗上座部思想流行之地。始從小乘，無著蓋從上座分部出家。超入大宗。既捨有以趣空，捨小乘有執，入大乘空觀。復遮空而明有。空前之有不可有，空後之有不可空。空前之有，謂未空其妄執之有，故云不可有。若乃空其所執，而法體自非無，是謂空後之有。此不可概持空見。是故以兹有教，輔彼空輪。義既炳如中天，功實齊乎龍樹。

爰有世親或譯天親。菩薩者，無著之弟也。先從有部出家，廣造小論，謗誹大乘。後聞《十地經》，悔小悟大，涕泣謝過。無著因造《攝大乘論》省稱《攝論》。授之。《攝論》要最，成立賴耶。蓋以小宗但立六識，世親一向溺小，於深細義，攀援不及。經云："阿那佗識甚深細，我於凡愚不開演。"賴耶亦名阿那佗識。乘其悔悟，而爲開演。世親既秉《攝論》，遂乃神悟天拔，唱論唯識。粗控維綱，瑜伽百法，舉不離識，作《百法明門論》。心外有境，心外無境，大小諍端，作《二十唯識論》。兩論簡略，聊且發端。其有窮大致精，簡持立言，超百氏而獨高，破盡一切外道小乘之執。握千聖之玄鑒，則在《唯識三十頌》。亦簡稱《三十頌》。《三十頌》乃世親晚年所作。釋文未竟，遽升睹史。印度論文體制，先以韵語總括全書意義，名之爲頌。次依頌作釋文，名曰長行，則論之正文也。洪綱固已標舉，密意悵其未宣。猶足深慶，十大論師，繼作釋論。十師者：一、親勝，二、火辨，三、難佗，四、德慧，五、安慧，六、凈月，七、護法，八、勝友，九、勝子，十、智月。親勝、火辨，當佛滅後九百年頃，蓋與世親同時。餘八論師，約當佛滅後千一百年間出世。安慧則德慧弟子，勝友、勝子、智月，皆護法門人也。法海泱泱，波瀾壯闊。其間護法、安慧，兩敵堪競。安慧原出空宗，説猶近古。基師《述記》每於安慧被以古師之名。護法吸納衆流，義乃創今。護法之思想，於安慧諸師，既有取舍；於空宗清辨，尤多借鑒。細按《述記》可知矣。故以護法學與安慧相校，應稱爲今學。

逮我玄奘大師西度，殫精群學，靡不窮究根柢，披盡枝葉。其於唯識，尤所深造，流聞五天。印人尊之爲大乘天。衹以瘁於譯事，未遑制作。晚乃授意弟子昉、尚、光、基，移譯《十釋》。前舉十大論師，各有《三十頌釋論》。今省稱《十釋》。基師獻議，揉爲一部。奘師久而遂許。基乃錯綜群言，譯成《成唯識論》。基師《成唯識論樞要》卷一："初功之際，《十釋》别翻，昉、尚、光、基四人同受。數朝之後，基求退迹。大師固問，基殷請曰：群聖制作，各馳譽於五天。雖文具傳於貝葉，而義不備於一本。情見各異，禀者無依。請錯綜群言，以爲一本。楷定真謬，權衡盛則。久而遂許。故得此論行焉。大師禮遣三賢，獨授庸拙。此論也，括衆經之秘，苞群聖之旨；何滯不融，無幽不燭；仰之不極，俯之不測；遠之無智，近之有識。雖復本出五天，然彼無兹糅釋。直爾十師之别作，鳩集猶難。况更摭此幽文，誠爲未有。"詳此，則基師糅集，自有獨到。然十師本義，遂難盡窺，亦不無失已。更輔以《述記》，網羅宏富。於本論外，别爲《述記》。凡論中不盡之義，與夫衆説之待搜羅、己意之當發抒者，皆可於《記》中見之。此傳譯最善之法。自是此學東被，蔚爲大觀。然基師糅集，獨宗護法。《述記》有言："制此謂《三十頌》。釋者，雖十論師，於中護法，聲德獨振。故此論題，特以標首。此師所説，最有研尋。於諸義中，多爲南指；邪徒失趣，正理得方。迴拔衆師，類超群聖者，其唯護法一人乎？”見《成唯識論述記》一。準此，則東土唯識，衍於基師。奘師於學，無所不窺。而精神所寄，唯在《般若》。觀其譯《般若經》成，慶慰逾恒，可以知其趣已。基師於《成唯識論》贊揚備至。故此學提倡，彼有力焉。基師所學，宗於護法。奘命十釋别翻，基請糅譯，久而後許。可知奘於十師，初無偏尚。獨宗護法，則自基師。導揚之效，誠在當時。《成唯識論》章疏目録，今可考者猶百餘種。可見唐人研究之盛。參糅之功，基師自謂："不立功於參糅，可謂失時者也。”見《樞要》一。鮮及後世。其猶漢武、董生，黜九流而尊一孔。將何以尋法流之繁衍，窺玄源之廣大，可謂失計者也。

綜上所述，則知唯識者，更小大空有之遞衍。而其論始出，肇端無著、世親，而集大成於護法。故基師移述唯識，以護法爲正統，厥有由矣。基師尊護法爲正統，自有所據。但九師之籍，不復譯傳，終爲其短。

吾昔治護法學，嘆其宏密，吸納衆流，而組成博大謹嚴之系統。然復病其鑿。護法立説，只用分析排比之術。構畫雖密，不必應理。又且矯清辨之空，而不免於過，故嘗欲别探真際。懷此既久，博求之内外載籍，復役役不自得。終乃屏棄書册，滌除情計，游神於無。無者，謂不有妄情計慮雜之也。極覽衆物，而不取於物相；深觀内心，而不取於心相。乃至不取非物非心之相。由是覆尋般若，而會其玄旨於文言之外。恍然吾之所喻，實有以遥契乎釋迦、龍猛群聖之心也者。踴躍歡喜，如承授記，願竭微明，聊復申論，名曰《唯識論》。庶幾上匡護法，不爲好異，下質方來，將有莫逆者乎！

此書文字力求質實深簡。不質不實，則不能求理道之真。將狹膚駁或籠統之見，造爲浮詞。不深，則不能會衆理而窮其極致。不簡，則説理不能扼要，反以繁詞蔽冲旨。而恒懼不達至理，不可泥物而談。而文字本以儀物，今欲用此以明深妙之理，其難一矣。深妙者，謂究竟道理，非妄情計度所及曰深。不可遺物而求之，亦不可執物而求之，曰妙。凡人心量所函，用文言表示，終有制限，不得盡發中藏。《易》曰："書不盡言，言不盡意。"其難二矣。讀書者，所以貴好學深思，心知其意。友人或請用語體文，不悟理之深妙，决非猥雜常言可以形寫。必須遣字命詞，嚴整簡賅，含蓄不盡，方可曲達深致。世人有見於淺，無見於奥，不信有語體文所不能達之理境。逞其狂誕，云如之何？或乃謂佛祖説法，豈非話言，何故成文，不堪語體？當知説者、聞者，心機相感，迥出語言之表。又説者亦有身手動作，藉表意量，輔辭説之不逮。如禪家之舉手或揮麈等是也。若夫文字，則與對語異情，何可概相衡比。禪宗語録，多不可解。以當時説者與聞者間相感之機，無由叙述。徒直録其語，故難解也。故知修辭立誠，華靡諒在所黜，而亦不宜下比俚語。念時俗文敝，并論及之。

附申：

此書用自注，以濟行文之困。或有要義須申，不便分繫句讀下者，則於某段尾别出爲附識。亦注之例。每下一注，皆苦心所寄。然時或矜慎太過，失之繁瑣。寧貽譏大雅，毋令意義晦失。

此書於佛家本爲創作。書中所用名詞，有承舊名，有採世語，而涵義皆不必如其本來。舊名謂佛典中名詞，世語謂時俗新名詞。讀者須綜會吾説之全體，而後一一名詞之涵義無誤解焉。凡專家論著，其所有一切名詞，悉依從其學説之系統，以各得確切之涵義，必不容泛濫故也。然則何以有承於舊名，有採於世語乎？名者公器，本乎約定俗成，不能悉自我制之也。舊名之已定者與世語之新成者，皆可因而用之，而另予以新解釋，此古今言學者之所同於不得已也。

此書前卷，初稿次稿，以壬戌、丙寅，先後授於北京大學。今此視初稿，則主張根本變異；視次稿，亦易十之三四云。

唯識論卷一

境論一

法相篇

辯　術

夫學，有以甄明事物之關係爲臬極者，有以求盡生理之本然爲究竟者。本然者，本謂本來現成，不由始起。然者如如，遠離戲論。此蓋以爲生之實性或本體之形容詞也。吾嘗言，學問有二種：一曰知識之學，止於甄明事物之關係也。世所謂科學者屬之。二曰智慧之學，所以求盡生理之本然也。而佛學屬之。唯此云智慧者，梵言般若。本非今俗所云理智，俟《量論》别釋。若世所謂哲學者，就其别於科學而言，即應屬智慧之學。然審核夫哲學家攻苦之所發抒，則實徘徊歧路，而距智慧之途甚遠，即未嘗盡哲學之本務。由其如此，故世俗亦不了哲學。至有謂哲學爲對於科學而作綜合與評判者，不悟哲學根本業務，在啟示人類以人生最終鵠的。即返得實性，圓明寂静，而毋墜於迷亂虚誑之生活，故曰智慧之學也。但哲學雖主智慧，原不廢知識，故亦用其最精純之知識於事事物物。即於俗所謂宇宙之各方面，以行考察。因此得以根據各科學之系統，而作深密之評判與夫綜合而更進爲本體之探討。特其真實著力處卻不在此，而當開發其自明實性之智慧耳。夫有智慧爲本，則知識莫非智慧之流。而徒事知識，則智慧之機芽永伏，只逞空泛理論，而於人生實性即自家本體，終不自明，長在迷亂虚誑中度其生活而已矣。此無始時來，衆生所以長處火宅也。豈不大可哀耶！此豈非言哲學者之責耶？又如世說，哲學果僅爲對於科學而作綜合與評判者，則哲學徒爲科學之附庸，何足獨立成一種學術耶？余於此一大公案，心所欲言又不忍不言者甚多，俟異日别爲書。前者之學，其術以慧爲用，以官能所得實測爲據。凡以辨析事物間相互之關係，齊此則止矣。舊言慧者有二種：一緣事慧，或云分别，相當於俗言理智。二證體慧，具稱智慧，或云正智。吾今以慧名專屬前，後者則省言智。後者之學，其術雖未始遺慧，畢竟以智爲本。夫生之本然者，體物不遺，體物者，謂此本然實性，遍爲萬物之體，而無有一物能遺此以成其爲物也。然復當知，物者，凡俗情計之所執耳。若了實性，即本無一物。但以凡情執有，故且隨俗假説物，而明其非遺實性以有體也。而實非物。豈容以物測之。故辨物之慧，恒滯物而見有封畛。則生之實性，無方無相，必非慧之所及矣。雖復以慧遣除物相，隨順人觀實性，終屬觀想，不足親證。惟由明解殊勝力故，方乃内自證知，真實不虚。此理雖存乎吾人，必實踐而後能實喻故。明解，謂智也。凡夫本有，而不顯發，必由修爲，始得擴充耳。如《量論》説。學異故術不齊，惡可執其一術，以衡量一切之學哉？夫慧與智，吾將詳之《量論》，今此不能悉也。則且直探生理藴奥，而假説唯識，以袪世俗之惑。

唯　　識

生者，健行無礙之全體，本無内外可劃。而世俗妄見有實外境，亦或妄計有實内心。内外忽爾隱分，妄分内外而不自覺曰隱。心境凝然執實，妄分内外，而迷失全體，故起邊執。或執内心實有，或執外境實有，而大惑不解。則生理遂不可窺矣。情見僻執，故不可返以窺生之本然。是故啓生之秘，假説唯識以空境。識即心之别名。境執既空，識執亦遣，庶幾乎深窮生之實性哉！

今先遮境執。遮者遮撥，對執外境者而遮撥之也。則且尚徵往昔外道小師之論爲凡俗所習稱者，而逐破之。外小通執有實境界，離識獨存固已。然計度境性，復不一致。覈綜流别，蓋略以二：曰粗色論、曰極微論。粗色論者，謂即識所取山河大地或瓶等粗色境，是乃離識實有。今俗猶持此也。粗色論，本世俗所通執者。外道頗有持此，即如數論之正宗。雖計萬物從一自性始生，然生出已後，均爲實有。略同世間之見。極微論者，於粗色境推析其本，説有實微，亦離識有。極微亦省名微。近人立元子電子，亦其流也。故今叙述兩論本旨，而爲駁議如次。

粗色論，直計現前粗色境離識實有。不悟此境若離自識便無有物。由分别起，境方起故，分别即識。境離分别，寧知是有？今有一境於此，視之而白，觸之而堅，即由意綜合堅白等相，命之爲瓶。由粗色論，本謂瓶境離識實有，自我觀之，則是瓶境。設離其視觸綜合諸識相，果復有何物哉？故知識所取境，不離識有，識念念滅，即境亦刹那不住。彼執離識實有粗色境者，乃古今愚夫之所共迷，無足深辯者矣。

極微論，外道已有倡之者。如勝論順世等。逮佛家小師，而其説益盛。今此略外談小。於小又但舉三師：一、古薩婆多師，二、經部師，三、正理師。三師并主極微離識實有。然極微如何而爲五識所緣境，則解説竟互異。將比次而論焉。所緣之緣，舊訓爲緣慮義。以識之取境即是於境攀緣思慮故。後凡言緣者，皆準知。

古薩婆多師，執實多微各别爲境，衆多極微，皆有實體，云實多微。如瓶等爲眼識境時，實即一一極微各别爲眼識境。所以者何？一一極微，體是實有。若多微和合，成瓶等粗顯境，但是和合假法。瓶等合多極微而成，即無實自體，故名和合假。五識緣實不緣假，須有實體方能引生五識故。

經部師，執實多微和合爲境。一處相近名和，總成一物名合。此説一一實微，非五識境，五識上無極微相故。若多微和合成瓶等粗顯境，體雖是假，五識之上有此相故，故爲五識境。

正理師，執實多微和集爲境。和義見前，不爲一體名集。此説諸極微一處相近，展轉相資，各各成其大相。如多極微集成山等，多微相資，即一一微各有山等量相，故與五識作所緣緣。下緣字藉義。

如上三師，悉依五識現見，以説明極微實有。言若成趣，義實違真。窺基兩《唯識論述記》，遂已迭申詰難，爰堪採撮，用遮僻執。

難古薩婆多曰：各别極微，非五識所緣。宗也。眼等識上無極微相故，因也。如眼根等。喻也。佛家所謂五根，乃就發現五識等之諸勢力而立名，非謂肉體或肉眼等。凡夫五識不能取五根，此乃古薩婆多與大乘所共許者，故得爲喻。五識上無五根相，五根非五識所緣；五識上無極微相，極微亦非五識所緣。如是證成極微非五識所緣，則古薩婆多極微在量論上之根據，固已摧破矣。

難經部曰：汝和合色，於識非是緣。此言緣者，藉義。後準知。識不孤生，必有緣藉，如青色爲緣，方引生了別青之眼識是也。此中意云，經部所謂和合色如瓶等者，固非是五識生起之緣也。彼體實無故，彼者，謂和合色。猶如第二月。以手捏目，見第二月。經部師亦不説第二月有實體作五識緣，故得爲喻。

對正理師，乃申四難：一者，二位無差難。極微和集位與不和集相資位，其體是一，如何相資能爲大物發生五識？量云：汝相資極微應不與五識爲其所緣，即極微相故，如不和集相資時。

二者，量等相齊難。如俱以一億極微作瓶甌，瓶甌應無别，以極微頭數相資等故。今既瓶甌二相各别，故知非是相資量等方爲五識緣。量云：彼瓶爲一億極微成者，應與此一億極微所成甌無有差别，宗也。有一億極微相資相故，因也。如此一億極微所成之甌。喻也。

三者，微相失本難。如前第二難，彼設救言：此瓶甌等，微量既齊，即相資相應等，但由行列不同，遂令見别者。此亦不然。汝執極微本是團圓之相，今和集位，一一極微應捨本圓相，行列既别，相資亦殊，即是極微失圓相故。量云：瓶等相資之極微應非圓相體，即相資相故，如相資相。

四者，行相互通難。行相後詳。彼執所緣即極微者，則緣瓶等識，應即緣極微之心。何故緣瓶等但作瓶等解，不作極微解耶？設言方緣微時，微雖細相，瓶雖相粗，以體一故，彼緣瓶粗相之識，即是緣微細相之識者。設言至此爲名。若爾，汝緣色境之識應亦即緣餘聲等境，許相違法得俱緣故，如粗細境。

上對三師，載申别難。雖復足抑其諍論，猶未窮攻其固執。故應進以二事，深至總詰。一事，汝立實極微，爲有方分，爲無方分？若言極微有方分者，既有方分，應更可析，可析者便非實極微。若言微相圓故，所擬東非是東，西等亦爾，無有方分者。薩婆多作是計。此亦不然。

極微無方分，即非色法。遂立量云：極微應不成色，不可示其東西等故，猶如心法。成極微非色已。又汝粗色即諸極微，粗色外無極微，極微外無粗色。當復立量云：汝粗色應不成色，體即極微故，如汝極微非色。成粗色非色已。遂立量云：手觸壁等應無對礙，非色法故，如虚空等。如上三比量，返證極微定有方分。有方分故，必更可析。物之可析者，還即和合假法，曽無實極微。由此，説微相是圓，義亦不成。既無實微，云何更擬此是圓相？

二事，汝説極微有觸無觸？觸者，互相逼近義也。若言極微無觸者，則汝等本計，七微合成阿耨色，中間一微，四方上下有六微。如是七微，復與餘多數七微。合，輾轉成大地或杌等。誠如此説，設極微不相觸。即每一阿耨色所有七微，其間相距，或如日局。今吾所憑之杌，其所有極微，實如無數日局，吾身將墜其中，不當太倉一粟。毗婆沙師説諸極微無相觸義。儻謂極微雖無觸，但彼極微。所成聚色有觸者。既異極微無别聚色，極微無觸，聚觸者誰？當立量云：聚色應無觸，即極微故，猶如極微。聚色亦名爲和合色。若言極微有觸者，則如前舉汝計，其中間一微與外六方微觸時，應成六分。所觸既六，能觸應成六故，又一處無容有餘處故。如中一微之東分，與東方處微觸，更不容餘五方處之五微故。設言中一微與外六微互相糅住，同一處所，故不爲六分者。既一微處，容六微住，即此七微合成阿耨色時，量無增長。若爾，一切聚色，并應如極微量，云何聚色可見？遂立量言：汝聚色應不可見，即微處故，猶如極微。是故許極微觸與不觸，俱有大過，即實極微，理不應成。

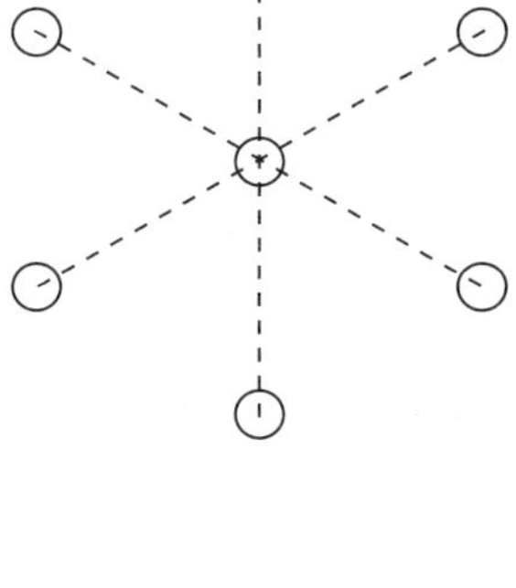

迹凡夫遍計，本執有粗色境離識而存。如所見之瓶乃至所觸之地，此在吾眼識乃至意識以外，確爾顯現，絶不容疑。迄極微之論出，則以爲外界顯現，殊非如吾人所執瓶及地等實物，乃僅有實極微。此若已破一重執者。實則極微之執，又與瓶及地等實物之執，俞穴相通，源流不二，同執有離識實境故。若如我説，境不離識。識幻現時，境即幻起。故境及識，稱實而談，唯是刹那刹那新新而起不可量之變動，都無少分實法可得。刹那刹那，都無故物，故曰新新。無少分云者，彰其全無也。此極微之論，所以見擯於吾宗。談理究竟，毋苟而已。

又復應知，大乘不許有實極微，而亦方便假説。《瑜伽》五十四，佛説極微，有五勝利，一以與二空爲方便故。《義林》五云："此中意説修法空觀，要析諸色，先至極微，斷諸煩惱，得入空故。"《成唯識論》一。爲執粗色有實體者，佛説極微令其除析，非謂諸色實有極微。諸瑜伽師，以假想慧，於粗色相，漸次除析，至不可析，假説極微。雖此極微猶有方分，未析至空，故猶有方分也。而不可析。若更析之，便似空現，不名爲色。故説極微，是色邊際。邊際者，是窮盡義。此中言不可析者與小乘異。小乘以極微有實體故，故不可析。此則依色法而以想慧除析之，至不可析，假名極微。所謂不可析者，以想慧漸次分析，達於最後之度，必至空而無色。今設定析至將鄰於空，而空相尚未現，即以此度説爲不可析，而假名之爲極微。由此，極微是色邊際，以過此再析便非色故。如吾頃所憑之案，吾以想慧除析，初析面爲綫，復析綫爲點，至點更析，則點必無有。而心相變似虛空現，不作色相現。故析至點處，便是不可析，假名極微。然點綫面本形學上名詞，今此蓋借用之耳。詳此，則大乘假説極微，以與外小衡校，一誠一妄，語不同年。

如上廣破粗色極微諸論。將以申兹正見，悟彼邪執。然人情封著，難以滌除，則有展轉推度，不捨本計。如經部等師，更以現量證外境有，以爲諸法由量刊定有無，一切量中，現量爲勝，故舉此爲徵。如世人言，我今見色，乃至觸觸，下觸字，名詞，謂一切塵境。若無離識實境，寧有此覺，我今現證如是境耶？其爲説如此。夫言法之有無，宜以現量楷準，此誠諦論。獨其所謂現量者，則以眼接色乃至身觸觸而有色等覺云爾，故亦説名現覺。斯則近似亂真之説也。據實言之，有色等覺時，即能見已無，不名現量。所以者何？眼等五識現量證境時，於境不執爲外，以無計度分别故。後時散亂意識，起虚妄分别，乃執有外境，故色等覺，唯在散亂意識。覺意識分別。與正見，五識現量。二時不俱，則此覺時，能見五識現量。已入過去，寧許有是現量證外境有。應立量云：起此覺時必非現量，是散心位，能見已無故。如散心位緣於過去百千劫事。至我所謂現量，既不執外，斯乃證外境無，異汝所云。

又復應知，心法及境，皆念念滅。刹那刹那，都無故物。汝言現覺色等之時，非但能見現識成已滅無，即所見現境，亦復與彼能見，俱時落謝。故汝所云色等現覺，實已不及現境，此已滅故。復立量言：起此覺時，必非現量，是散心位；境已無故；如散心位緣於過去百千劫事。

又如夢等時，等謂幻覺。雖無外境，而亦得有此覺。我今現見如是色等，汝能以此許夢等時，實有色等外境否耶？汝若不許，則於餘時現覺，何因定執此境離識實有？不其惑歟！餘時，謂非夢幻等時。

如吾前述，遮彼現量，義據甚明。而彼或不喻，復設難以自救。一者，舉憶持，記憶。仍成現量，證外境有。謂由過去眼等五識，於爾時現受外色等境，今時意識方能憶持。先若未受，今何所憶？由憶持故，應許過去世五識是有非無，即此識於過去世現所受外境，亦决定有。由斯，許曾現識，現量曾有境，是義極成。曾者，過去之謂。

二者，仍以夢徵，信有外境。夢覺二識，若同無外境者，世能自知夢境非有，其覺時境亦無，例應復自知。今故應詰：夢心無有境，覺時便知無；覺識境既無，何不知非有？既不自知覺境非有，寧復能知夢境定無？返復推徵，應信覺時識，外境定實有。

觀彼自救，雖設二難，但逞膚談，不研理實。何足難我？姑先釋初難。汝以今識憶持，决定由過去識於爾時現受外色等境者，是義不然。我宗但許過去五識緣即識之境。即者，不離之謂。此境與識同時生已便滅，無暫住時。而有習氣，無間傳來。今時意識乃於此位能憶前境，是名憶持。非由曾時識緣外境故，後方有憶。又在意識行追憶時，識上必現似前境之相，如過去眼識緣桃花，今時意識追憶，識上必現似前桃花之相。此相非外，識所現故。但意識虚妄分别，不稱所緣，妄執爲外。此既後時意識妄計，云何以此證先現見實有外境？

復釋次難。夢境非心外實有，必覺時方知。如處夢中，終不自知夢境非有。其覺識境，亦非心外實有，必真覺時方知。世間虚妄分别，串習昏熱，如在夢中。諸有所見，皆非實有，顛倒虚妄所顯現故。未得真覺，恒不自知。至真覺位，方能如實了知心外無境。既許眠夢得世覺時，知先夢境非有，應從虚妄得真覺時，知先顛倒所現境亦無。義既相齊，狐疑何謂。

夫迷情攸滯，則計無謂有；妄見所著，則習非勝是。故外境本無，而執有者乃不自知其非。雖經往復博辯，猶待鄭重陳辭。爰總對外小，而更詰曰：汝執外色等境，爲體是一、爲體是多耶？若言是多者，此即復返於前所破之極微，極微衆多故。然此極微，前雖破訖，聊復申言。夫極微論者，皆妄計積小成大。此爲以人工猜擬法爾，何可相應？法爾猶言自然。細縷千條，微綫萬緒，聚成布帛；衆磚衆石，多瓦多椽，乃至無數竹頭木屑，合成大厦；一甑之飯，聚無數粒；一盂之水，集無量滴；散沙握以成撮，群息吹而蕩風。凡兹串習之事，想慧夙所浸淫；逐於不思議變，亦依串習而爲横計。此極微之論所以興。原夫境識同依變假立，變化至神，刹那刹那，新新而轉，幻似衆相。轉者生起義也。豈有實物，假多微成？若大地或瓶等境，果積多微以成者，極微常住，即大地或瓶等境應是常住，恒無滅壞，恒無創新。徵之事實，夫豈固爾？若言極微自體是動變者，則應但許有此動變，更無極微其物。往復推徵，極微既不應成，即境體是多，義非能立。

多既有過，設言是一，又復非理。如堅等境，唯是一物，曾無隔别，若有多體，便相隔别；既是唯一，故無隔别。則應世間無有漸次行大地義。以地一故，纔下一足，已至一切，如何可説有漸次行？又境若是一，復應手執無隔障物。無有一物一時之中，此邊彼邊有手至未至，以是一故。然有筆於此，汝計是一，但以手執時，則復有至未至，如何成一？

又境既一，無有離間，若一駱駝至一處所，餘駱駝或馬等亦應俱至其所，以境一故，不容離間故。今者多駱駝馬等互不相到，此不至彼處，彼不至此處，故名互不相到。境若一者，此云何釋？綜上三難，皆有理據，故言境一，義不極成。彼復救言：諸境自體非不爲一物，但由能依作用不齊，令所依境，相狀差別。且如吾人經行大地，地實是一，人行一步二步乃至多步，其步所經，令地成別。又如以手執筆，筆非不一，吾手得其上邊不得下邊，遂令筆分上下兩物。駱駝馬等，處所有別，例此可知。故汝所難，不足遮我。彼之自救如此。然細檢其失，略談以二：一違正理。如前第一例，汝言地實是一，但行步不一，故令地別者，此實倒見。應知行者，本爲相續而不可分之動。動力生滅相續，而實無有分段。正由所依地境非是一物，段段差別，成多地故。吾人遂由行動所經多地，妄計行動爲可割劃，緣此分一步二步乃至多步，實則行動唯是相續而不可分。若可分者，一步二步乃至多步，其間各各獨立，各各静止，段段片片，不相連續，憑何貫穿得成行動？吾人若證會行動自相，而除其所經許多地段之想念，必能了知行動實無可割劃。而分爲一步二步等者，特緣於以許多地段之想念，增益於行動自相之上，故有此妄分耳。是則非因行步不一，方令地別。唯由不了地非一物，妄分行動爲若干步。即此一例，汝之所執，已乖正理。餘例同乖，何勞虚設。二違自義。汝本計境體是一，若是一者，即不可分析。今汝言，由能依作用不齊，令所依境，相狀差別者。則汝境相狀，既可分析成多，應不名一。如汝行十步，所經地段，亦被析爲十，非復一相。故汝此計，定違自義。

綜前所説，境一、境多，兩俱有過。以故汝計，外境實有，理不容成。破彼計已，設復問言：爾唯識宗亦許有即識之境，此境爲一爲多耶？應答彼言：如我宗義，妄識所取，境各别故，可説爲多；一切法皆如故，可説爲一。又復應知，汝計離識之境爲實物有，故説一説多，進退違理。外小言有外境者，即同俗計有彼瓶等實物之有。質言之，即看作有呆板固定之物是也。我宗許不離識境爲如幻有。如幻者，取俗語詮之，即没有實在東西之謂也。如幻之有，迥出情計。若隨世諦，一多無礙；一不礙多，多不礙一，兩説皆得。若隨真諦，一多俱泯。諸法如相，即是無相，無一切虛妄分別所執相故。若爾，則多不可説，一豈容立。斯固如實之談，未可以凡情較量耳。

迹外小執有實境，外於吾心而存在。此乃世俗所公忍，以爲確然赫斯，明著無疑。今吾宗於此，一概遮撥。俗情疑怖，以爲徒侈大其心，納外於内，成偏至之論。實則吾宗如實了知本無内外。設有内外對峙，則兩相疏隔，不可相親，不可冥喻。今萬境倏然宛然，現起於吾分别之中，灼然同體相親而冥喻，夫何心境内外之分乎？此理昭揭，不但大覺夙所現證；即在凡位，亦可依五識現量，無倒思唯，而證其如此，以現量無外執故。模準現量而思惟，屏除妄情遍計之參入，名爲無倒。無外執者，即亦無内可知也。内外者，以相待始别故。智不依現，任情猜卜；横執外境，如翳生華。由此，乃有拋卻自家無盡藏，以尋求宇宙實體，如古代哲學。或推明宇宙現象，如近世諸現象論。妄自執持，以爲學術不過爾爾者。理不究竟，空洞何依？其猶愚人懷寶自迷而窮餓，對日自掩而昏晦，哀此沉淪，曷其有極。哲學家不論近世現象論，古代實體論，要皆徒知向外推尋，全昧自家現成物事。不知衆里尋他千百度，回頭驀見，那人正在燈火闌柵處。此意甚深，學者須於唯識道理有全盤了解，方可談此。

附識：象山悟心外無宇宙，陽明亦云心外無物。陽明語録“先生游南鎮，一友指岩中花樹問曰：‘天下無心外之物，如此花樹，在深山中自開自落，於我心亦何相關？’先生曰：‘你未看此花時，此花與汝心同歸於寂。你來看此花時，則此花顔色一時明白起來。便知此花不在你的心外’”云。此皆深窮實性，與梵方大乘若合符契。諸儒從自家生活裏會得此理，不肯馳務論議。故非高材睿智，精思力踐，罕能喻其神旨。末流之弊，耽空籠統，非其本師之過也。

已遮境執，次除識執。夫執有外境，故假説唯識以遮之。若復妄執内識爲實物有，外小計識之有，乃如實物之有。則亦與執境同過。故在大乘，説識緣生，除其邪執。緣者，藉義。衆相不實，相藉待故，名之以緣。生者，顯現義，衆緣幻現故。蓋大乘如實了知所謂識者，本無實物。如其實而知之，不至有少微謬解，曰如實了知。而以人情迷執，欲與之直爾表詮是事何若，此終不可能。唯有權破其執，使之自悟。故且假説緣生，對彼實物之執，椎擊破碎，令生正解。若此遮詮，方便善巧，庶幾絶倫。然言緣生矣，固必析爲若干緣基，每一種緣，命之緣基。而後知衆相幻現，果無有實物也。緣基約略舉四：一、因緣，二、等無間緣，三、所緣緣，四、增上緣。釋此四義，以次縷列。

因緣者，舊説謂若實法，親生自果，方名因緣。因者，原由義也。此不應理。如世現見一切物象，皆相待故有，而不可於中得一親生自果之因。因緣亦省稱因。即嘗見有甲故有乙，畢竟不可滿證甲定親生乙，亦不可滿證乙定從甲親生，甲乙唯是相待故有。設其相待之情忽更，則雖有甲而不必有乙，即甲不定親生乙，此觀物稍審者所共知矣。據此，則以親生自果言因緣者，即其因緣不足以解釋物象，何勞虛立。若乃吾宗護法之倫，必定因緣界訓，曰親生自果，其將何所取義歟？原夫護法本建立種子，以説明心識，遂妄設一親生自果之因緣以目種子。護法許有八識，每一識生皆有種子，如眼識種子親生眼識，乃至阿賴耶識種子親生阿賴耶識。故種子爲能親生識之因緣，識爲種子所親生之果云。蓋護法不了心識爲流行不息之全體，而妄析成八聚，如各立之静片然。故轉求其所從生，而建立種子，説爲親生自果之因緣。此子輿氏所謂用知而鑿者也。熊十力曰：吾非印許護法種子論者。故言因緣，不敢苟同舊説。吾姑爲因緣界訓曰：若法方起，原爲自動，即依自動，假説因緣。豈謂别有實法，親生自果，方予因名。夫識者，念念新新而起，即是念念新新之自動。何以言其爲自動耶？識以了别爲特徵，雖憑官能俱起，而不與官能齊其鈍，即非官能副産物；雖藉境界俱起，而不與境界同其礙，即非境界副産物。故識起即其自動，不由他動。山林之畏佳，大木百圍之竅穴，因有鼓之者而動，其動也終窮。動以自己故不窮，雷雨之動滿盈，唯其自也。雷雨者，象動力之盛大。見屯卦。自動之謂因，因孰有大於此者乎？

等無間緣者，謂識前爲後緣，行相無間，等而開導，故立此緣。云何前爲後緣？識者動而不居，前念識方滅，後念識即生，故説前識望後爲緣。

云何行相無間？識者動而趣境，雖體無封畛，而行相固殊。見色聞聲，乃至了法，各別行相，不相間礙，前滅引後，是事恒然。行相者，識行於境之相，即識於境起解之相也。相者，無相之相，如見色與聞聲不同，即識上行相之殊，非如舊説以眼等八識爲各各獨立之體。間者，隔礙義。無量行相，容俱起故，故名無間，此亦與舊言無間者迥異其旨。

云何等而開導？導之爲言，是招引義。開義有二：一避義，二與後處義。前法開避其處，招引後法令生，故成緣義。由具開與導之兩義故，方成此緣。若兩義中隨缺一義者，即不名緣。此本舊説。復有難言："前法開避，即是已滅。彼滅無體，云何招引？"應知前法正起位，即有望後招引之勢，非彼滅已，方爲招引。又前念滅時，即後念生時，生滅中間，更無時分可容間斷。然則變化密移，疇覺之歟。舊説識亦有間斷者，因依識之行相而剖析爲各各獨立之體，故妄計見色等行相不顯現時，即是眼等識間斷也。復言等者，即等流義，由前引後，平等而流，故置等言。

覆綜前説，則知等無間緣，開前導後，方滅方生。心識所以遷流不息，唯有新新，都無故故。其德之至健，幾之至神者乎！設有不明開導，但計心識爲由過去至現在復立趨未來者，則猶墮於常見而未聞勝義也。

所緣緣者，略有四義：一有體法，二爲識所托，三爲識所帶，四爲識所慮。

有體法者，爲緣之法，必是有體，方有力用，能牽生識，如白色非空而無物，故能牽令眼識同時俱起。故成緣義。法若是無，何得爲緣？世俗有計瓶等得爲緣者，此倒見也。所謂頑然之瓶，世間本無此物，其以爲有者，特妄情所執耳。今試問汝儕，所得於瓶者果何物？則必曰視之有白，乃至觸之有堅等也。若爾，汝眼識但得於白，不曾得瓶，乃至汝身識但得於堅等，亦不曾得瓶。誠以汝五識現量滅謝，散意識方起，遂追憶白及堅等境，妄構爲瓶等實物。散意識者，謂凡位意識散亂故。是故白及堅等境，誠有非無，方得爲緣。妄情所執之瓶等，此非有體，緣義不成。

或復問言："若有體法方爲緣者，如意識緣空華時，豈非無所緣緣耶？”應知意識此時現似所緣影像，妄作華解。華雖本無，識上所現似華境之影像，彰彰不無。即此影像以不無故，亦名有體。得隨境攝，成所緣緣，非無此緣識得生故。

又復有計五識後念，以前念境爲所緣緣者，唐賢普光曾作是說。此亦非理。一切法頓起頓滅，無暫時住故。前念境即於前念滅，何容留至後念爲後識境耶？如眼識前念青境，實不至後，後念青境乃是新生耳。誠以五識現量，刹那已入過去。一刹那頃，五識與所了境，同生同滅。後念意識繼起迅速，由念勢力，念者記憶。能憶前境，即現似前境之影像而緣之。此影像即心上所現，本非前境，而此心乃妄以自所現影作前境解。彼乃不辨，以爲猶是後念五識取於前境，此在因明，乃云似現。實則前境已滅即非有體，如何成所緣緣？此説違理，故宜刊正。

爲識所托者，即有體法，望能緣識爲所仗托，令彼謂識。得生。識不孤起，須托境故。如眼識，非仗托青等色境，必不孤起。五唯托塵，意則托影，必有所托，方成此緣。五識唯托塵境而起，謂眼識唯托色塵，耳識唯托聲塵，乃至身識唯托觸塵是也。意識不得現證塵境，其籌度一切法時，嘗利用想與念，詐現似所緣境之影像，以爲所托焉。想念後詳。

爲識所帶者，謂所緣境爲彼能緣之所挾帶。能緣即識。能緣冥入所緣，宛若一體，故名挾帶。如五識現量證境時，能緣所緣，渾爾而不可分。如眼識現見白色時，不起分别或推想，即此見與白色渾成一事，無能所可分。由境爲緣，令彼能緣親挾己體故。己者，設爲境之自謂也。挾帶義發於奘師。時正量部有般若鞠多者，嘗難及大乘所緣緣義，戒日王請奘師爲設十八日無遮大會。奘師造《制惡見論》破鞠多，論中即申挾帶義也。其文今不傳。

爲識所慮者，前之三義，不足成所緣緣。何以故？若有體法但爲識所托所帶即得成所緣緣者，則應外質望鏡等照用作所緣緣。外質是有體法故，鏡等照用起時，亦以外質爲所托所帶故。鏡等照用依外質同時顯現，故有所托義。又親挾外質影像而起，故有所帶義。此若許然，即境望識作所緣緣，與外質望鏡等作所緣緣，兩義齊等。由此，應許識亦猶如鏡等，以所緣緣義不異故。爲遮此失，復言所慮，由境有體，能引令識托彼帶彼，緣慮於彼，方許望識作所緣緣。上三彼字皆謂境，緣慮即思慮。以所緣緣具所慮義，影顯識爲能慮，不同鏡等色法，故説唯識，理不輕摇。

附識：思慮作用乃心識之特徵，不可以官品與境色相互之作用説明思慮。以非思慮之因，終不能産思慮之果故。昔者印人有言鏡等能緣，猶如識者，今人亦有云照相器能見物，此皆戲論。鏡等與照相器只能於所對境現其影像，然此影像固現似色像，乃無有思慮作用於其間也。何可等心識於色法乎？理本至明而索之愈晦，凡情迷妄，往往如是。夫思慮屬心之行相，此與心上所現影像，本不爲一事。世俗未能辨此，故説照相器能見物也。然唐人言唯識者，於此已有不了。備云："但心清浄故，一切諸相於心顯，故名取境。"見《解深密經》注六第七葉。太賢云："相於心現，故名所慮。"見《成唯識論學記》卷六第三十七葉。此皆不悟心之取境，有其行相，但云心上現影而已。若爾，鏡等能緣，照相器能見之説，又何可遮耶？如斯膚妄之談，其當刊正久矣。

綜上四義，明定所緣緣界訓，庶幾無失。然舊於此緣判親疏者，其説原主八識分立。尋彼義據，不足極成。識所取境，皆不離識而有，但應許境於識作所緣緣，何須更判親疏？然舊説主張八識爲各各獨立之體，則親疏遂分。如眼識親所緣緣，即自所變相分是也。其疏所緣緣，即第八識相分。眼識托此以爲本質，而變自相分云。護法八識各各有相分本質爲親疏緣。名相瑣繁，此姑不述，述亦短趣。若爲治舊學者解紛排難，當爲别録云耳。

增上緣者，略有二義。增上，猶俗言加上也，舊訓爲扶助義，謂若此法雖不從彼法生，然必依彼法故有，即説彼法爲此法之增上緣。一者有勝用。爲緣之法必具勝用，方與果法而作增上。果法者，如彼法爲此法之增上緣，即説彼爲因法，此爲果法也。所謂勝用者，不徒於果法爲密邇之助，但不障者，即其力也。取徵現事，如吾立足於此，五步之内所有積土，固於吾立足親爲增上。直接爲助，故言親也。即此五步之外，推之全地，乃至日局，亦皆與吾立足攸關。假令五步以外山崩河決，又或餘緯越軌，衝碎員輿，斯皆障害吾之立足。故知吾今者立足於此，即由全地乃至日局，俱有增上勝用。由不障害，即其勝用。準此，則增上緣者寬廣無外，勢不勝窮。然求一事之增上因，增上緣望所增上法，而得因名。則恒取其切近，遺其疏遠，不定遍舉也。今即心法爲徵，如一念眼識生時，其所待之增上緣何限，然官品緣、官品者，眼官或神經，乃眼識所憑依以發現者，故是增上緣也。空緣、空者，空隙，亦眼識增上緣，障隔則眼識不行故。明緣、明者，光也，闕明緣不能了諸色境故。習氣緣，舊説眼識有貪等心所法，以於境任運生愛等故。吾謂貪等即過去習氣之顯現也。則關係切至，在所必察，此一例也。

附識：增上緣義最精。世學如科學。所云因果，自吾宗觀之，唯相當於此，以其但明事物相互之關係故也。頃有問言："若如公説增上緣者，則將隨舉一事皆以全宇宙爲之因乎？"曰：理實如是，但學者求一事之因，初不必計及全宇宙，恒自其最近者以爲推徵。設秤物之重量爲如干，若地心吸力，若氣壓，固皆爲其致此之因，即至迥色之空或太陽系統以外之他恒星，亦無不與此有關者，故曰一事而全宇宙爲之因也。然學者於此，但致詳其近緣，若地心吸力，若氣壓，以明此事之因，則能事已畢。吾人常能由一知二或由甲知乙者，率此道也。

二者，能於餘法或順或違。隨舉一事，以明此義。若霜雪於禾等增上，能牽令轉青色爲枯喪，轉者改轉也。禾等枯喪之位，其以前青色皆滅，義説爲轉，非謂前青色不滅可轉爲後枯喪也。又枯喪之起，有自動因。霜雪於彼，但爲增上緣，故言牽也。世學談生物適應環境者，多忽略生物自身之動因，便爲大過。問："霜雪非青色滅之因耶？"曰：凡法之滅也，法爾自滅，何待於因。滅若待因者，應不名滅，當説爲生，以有因便是生故。即此霜雪，望枯喪爲順緣，望前青色作違緣。一順一違，幾之所不容測也。然復當知，此中義分順違，據實違緣云者，非與滅法爲緣。如前所説，霜雪與枯喪爲緣時，前青色已滅。今云霜雪與彼前青色。作違緣者，彼既滅無，望誰爲緣？由枯喪是前青色之相違法，既與枯喪爲緣，即義説爲前青色之違緣。一事向背，義説爲二也。霜雪與枯喪爲增上緣，是爲一事。向背者，一事之兩面。與枯喪爲緣，是向義。既順枯喪令起，即違前青色令不續起，是背義。由此二義，故説順違耳。例此而談，習氣等爲識增上緣時，順生有漏識，即違無漏識令不生。順違之幾，其可忽歟！有漏者，染污義。無漏者，清淨義。

上述四緣，由識起即自動義故，立因緣。由前念能引義故，立等無間緣。由有所取境故，立所緣緣。除前三外，依種種關係，立增上緣。詳此四緣，本以分析現識，假名緣生，對破外小執爲實物。識若定實，即自體頑然獨存。今分析此識，而説四緣，明其爲緣生，則是無實物亦彰矣。夫緣生者，本唯遮遣之詞，不表構成之義。如對不了芭蕉無實體者，爲取蕉葉，一一披剥，令知非實。此但遮遣彼執，非表蕉由衆葉構成。護法、窺基之説緣生也，直以現識從衆緣和合故生。衆緣者，以緣有四故，名之爲衆。蓋易遮遣之詞，而作進一層之説明。所謂進一層説明者，破執爲第二義，顯識構成爲第一義。即先以衆緣和合，顯識所由構成，次乃以緣合破執爲實也。遮遣翻此，但假説四緣，徑破實物之執而止，絶不欲顯識從衆緣構成。二者用意懸殊，奚翅霄壤。夫言識因衆緣構成者，此乃變形之執耳。本破執有實識，假析衆緣。今返計衆緣和合而構成識，則取已分析者復爲拼合，非變形之執而何？又若許緣會而構成識者，則衆緣會逢之時，應如機件輻輳，如何成識？然彼亦慮及此，乃以士用義救。士者，士夫，猶言人也。用者，作用。舊説因緣亦名士用因，喻如人有宰制一切之作用。謂因緣爲作者，餘緣爲作具。餘緣者，謂增上、所緣、無間三緣。作者假諸作具，成辦事業，雖復有待，作者待作具故。而自具宰制之力，不必受限。則非機械之謂矣。此雖善自解紛，然構成之見，根本已謬。計現識從衆緣構成，則與計瓶等集多極微成者，同一謬執。當知現識是不思議變力，宛爾幻現，不應於彼作如何構成想。若作是想，便已計有實物；既非實物，寧可作如何構成想耶？綜上所述，應知緣生之言，但對彼執識爲實物者，正爲遮遣，不表識由衆緣構成。設有難言：“若唯是遮，豈非空見？”應答彼言：但遮執實，不遮緣生幻有，云何墮空？唯我所謂緣生者，不以衆緣和合成識，名爲緣生。乃分析現識，而發現其不爲一實物，只此衆相幻現，故假立四緣，説名緣生。詳夫大乘立説，隨在皆寓遮遣之意。所以者何？世尊一大發明，本爲宇宙究竟理。此言宇宙者，乃心境諸法之總名。究竟理者，即謂宇宙本體或人生實性。吾嘗言：哲學之任務，即在引人以發現究竟理，使人生自得根據與活力，不至長此迷妄虛誑以漂流。哲學所發明者唯此一大事。除此以外，皆可讓諸科學。哲學若不能盡此任務者，只足目爲戲論，成繁瑣浮泛知識，即未盡哲學本務。此理不滯於物，物者，情計之所執，而此理則超乎情計也。故未可以言說直表。言說所以表物，至理無有方所，固非言説所及。唯因衆生種種迷執，而設種種遮詮，令生正悟。真理本自顯著，不隨人情迷執而有隱没。但人情迷執，便自蔽於真理之前。有遮其執者，或將豁然以通。是故衆生迷執無邊，大覺言説無邊。凡言皆以遮執，非於遮執外，可著一言。既言説皆爲遮用，即實未嘗言。佛說："我成佛來，不説一字。"《大般若》卷四百廿五。此是事實，豈故作妙語哉！雖佛滅後，弟子承了義教者，散爲空有兩輪，而此旨實不應有異。舊説空宗以遮爲表，有宗即用顯體。其談有宗，似猶未善。夫言即用顯體者，固云體用自别，但用不離體，乃即用而體顯。不知體上固無可建立，又安有别用可建立乎？設計有别用可建立者，則用已與體對，談用何足顯體？如唯識舊師，建立種子實有。若爾，既已執實種子矣。更何從見體耶？故知即用顯體，乃護法派解嘲之詞，不足爲有宗立論之旨。而遮詮善巧，亦空有共循之軌。豈有宗宣義，直表無遮？竊以爲有宗顯體，不妨於無可建立而假有施設，即依體上故説爲用，而無别於體之用。上考聖文，豁然無所疑滯，蓋唯識歸無所得。豈有别於體之用可容建立哉？世親《三十頌》明啓秘鑰，護法、窺基何嘗見不及此。然終不免落於虛妄分别，以累神解。吾非故薄前賢，護、基兩師學，今幸足徵。審其脈胳，理其綱維，則知其逞於懸空與繁瑣之辯析，何曾出虛妄分别窠臼哉。此或矯清辯之空，而不恤太過。《成唯識論述記》嘗引清辯之説而駁之。余以爲清辯談空，乃對執而言其空。護法非之，不悟彼唯遮執而無建立。護法則有建立矣。大乘空有之争，或至護法、清辯時始劇耳。上來因論緣生之爲遮詞，而推明其旨。非勤無益之辯，實乃渺義所存。學者了此，則向下不妨更有言説。

今且綜前陳以觀。執境爲外，既悉遮遣，執識爲實，又復破除。世間從來邪解，以色法心法視若實物者，將可自此豁然以悟乎！然此中所云，猶未達於色心問題之根柢。恐聞者不深究其所以也，故次詳於《轉變》。

附識：吾談用義，與舊説用義，截然不同訓。舊學如護法諸師，以用對體立，直將體用説爲兩實。體固實有，用亦實有，此兩種實有，果爲如何關係，彼亦莫能詳也。蓋彼唯於用建立爲實有，復不得不於體建立爲實有，遂陷於兩種實有之矛盾論而不覺耳。宜黄歐陽先生《唯識抉擇談》，以體用各分二重。體上二重者：曰體之體，謂一真法界；曰體之用，謂二空所顯是也。用上二重者：曰用之體，謂種子；曰用之用，謂現行是也。詳此言體之體與用之體，明將體用看作兩種實有。蓋乃根據護法義以立言，非憑臆造。今吾所謂用者，則絶不表有實有法以之與體相對而言也。吾用字係體之形容詞，乃即於體而假説爲用，形容其非頑空，即以表示轉變。而對彼執有實色實心者，正爲遮遣，亦隱令彼悟非頑空。夫悟非頑空，則仍不妨隨俗假詮心色。而遮執實心實色，則諸行之相既空，將其於體也，自不難喻。吾所謂用者，於無可建立而假有施設，此區區密意也。自下諸章，悉本斯意以作焉。

轉　　變

吾嘗言，諸行闃其無物，行者，幻相遷流義，此作名詞用。色法心法總稱諸行。滯迹者則見以爲有實，以爲有實物也。達理者姑且假説轉變。轉變一詞，見《成唯識論述記》。言轉變者，取複詞便稱耳，實則但舉一變字可也。然吾談變義，頗不據前師，學者勿執舊説相會。夫動而不可禦，詭而不可測者，其唯變乎！此言動者，非俗所謂動。俗以物之移轉爲動，此則以忽然幻現爲動，非有實物由此轉至彼處。誰爲能變？設初問。如何是變？設次問。變不從恒常起，恒常非是能變。觀夫萬變不窮，知非離此而别有恒常之體。古代梵天神我諸計，要皆爲戲論。故變不從空無生，空無莫爲能變故。無始時來，已刹那刹那變而未有休歇。過去之變，無留迹也，故假説空無。豈復離此變而别有空無之一境爲變之所從出哉？爰有大用，其名恒轉。恒言非斷，轉表非常。非斷非常，即刹那刹那捨其故而創新不已。

此生理之至秘也。淵兮無待，無有因故。湛兮無先，非本無而後有，故云無先。有先則是本無。處卑而不宰，卑者，言其深細不可知也，非如常途所云高卑之卑。不宰者，無實作用故，不可説爲神我梵天等故。守静而弗衰。静者，言其未嘗有作意以造作事業也，非如常途所云不動之謂。弗衰者，言其生生不息而幻現衆象也。此則爲能變者哉！能變者，即剋指轉變不息之全體而强形容之以爲能耳。實非離此轉變不息之全體而别有其能，故吾言能變，無所變與之爲對。此與護法異以天淵者也。學者須綜吾説之全而觀焉。已上答初問。變復云何？牒前次問。恒轉自有屈伸二行，同時相感，是名爲變。此言行者，動勢義。屈伸只是兩種動勢，而非兩種實體，所以異乎二元之論也。變不孤起，孤即無待，無待非變。復無實物，若有實物，則亦無所謂變。故一屈一伸方是變也。一屈一伸，其勢不一，反而相濟，故成乎變耳。已上答次問。申者，闢而健往，依此假説心法。闢者，開發義。健者，精剛自勝即自在或自由義。往者，施也，謂其有似主宰用而爲能施也。屈者，翕而順來，依此假説色法。翕者，斂縮義，斂縮故幻似形礙，實則本無形礙也。順者，頽墜義，不自在義。來者，受也，以其絶無主宰用，但對能施方面而爲受動故。以故，色無實事，心無實事，只有此變。事者，自體義。色法、心法都無實自體故。

大哉變乎！頓起頓滅，曾無少法，可容暫住。言無些少實法可暫住也。無少云者，顯其全無。《阿含經》言："佛語諸比丘，諸行如幻，是壞滅法，是暫時法，此言暫時者，對執常住者而言之耳。實則亦無暫時可説，以不容於此起時分想故。剎那不住。"剎那見後。此義確爾不虚，俗情顧莫之省。尋檢義據，聊與徵明。

一者。諸行相續流名起。若非纔生無間即滅者，應無諸行相續流。相續流者，前滅後生而無斷絶之謂。相續流故，名之爲起。起者，生義。纔生即滅，不容稍住，故説無間。前不滅則後不生，故諸行若非纔生即滅者，便無相續流。若汝言："物有暫時住，次時則先者滅後者起，故可名相續者。"此亦不然。由暫住時，後起無故。自下數義，依據《莊嚴經論》而引申之。

二者。若汝言："諸行起已，得有住者，爲諸行自住，爲因他住。"若諸行自住，何故不能恒住？若許諸行得自住者，則彼應常住不壞也。若因他住，非離諸行别有作者可説爲他，誰爲住因？二俱不爾，自住，因他二説俱不然也。故纔生即滅義成。既不容住，故知纔生即滅。

三者。若汝執："住因雖無，壞因未至，是故得住。壞因若至，後時即滅，有如火變黑鐵者。"後時者，對其先之暫住未滅時而言耳。此言變者，變壞義，與轉變之變不可同訓也。喻意云，火爲鐵上黑相壞滅之因。此壞因未至，則黑相暫住，壞因若至，黑相便滅。世俗謂凡法之滅，必待於因，若未逢滅因，即得暫住也。此復不然，壞因畢竟無有體故。壞因無體者，易言之，即無壞因之謂耳。滅不待因，吾於前章談增上緣中已言之矣。火變鐵譬，我無此理。鐵與火合，黑相似滅，似者，猶言宛爾。赤相似起，黑相滅時，即是赤相起時。能牽赤相似起，是火功用，實非以火壞鐵黑相。俗以火爲黑相之壞因，實乃大誤。黑相之滅只是法爾自滅，非待火壞滅之也。唯火之起也，則赤相與之俱起。由此，説火有牽起赤相之功用可也，説火爲黑相之壞因則不可也。又如煎水至極少位，後水不生，亦非火合，水方無體。水相之滅也，只自滅耳，豈由火相滅之哉。由此，纔生即滅，義極決定，以滅不待因故。

四者。若汝言："若物纔生即滅，即是刹那刹那滅，便已墮邊見者。"邊者，偏執。偏執滅故。不然。應知刹那刹那滅，實即刹那刹那生。一方説爲滅滅不停，一方説爲生生不息。理實如是，難可窮詰。

五者。若汝言："若物刹那刹那新生者，云何於中作舊物解？"應説由相似隨轉，如前刹那法，纔生即滅。次刹那有似前法生起，亦即此刹那便滅。第三刹那以下，皆應準知。故刹那刹那，生滅不已，名爲相似隨轉。得作是知。由後起似前故，得起舊物之知。譬如燈焰，相似起故，起舊焰知，而實差別，實則前焰後焰有差別也。前體無故。後焰起時，前焰之體已滅無故。若汝言："縱許燈焰念念滅，豈不現見燈炷如是住耶？"應知汝見非見。汝所謂現見燈炷如是住者，實是意識顛倒分别，固非現見也。由炷相續，刹那刹那，有壞有起，汝不如實知故。忽其刹那生滅相續之實，乃見爲住而不滅，即不如實而知也。若汝言："諸行刹那如燈焰者，世人何故不知？"應説諸行是顛倒物故。本無實色及實心法，而世人於此横生計執，故説諸行是顛倒物也。相續刹那隨轉，此不可知，此理本不可以凡情推度而知。而實别别起。世人謂是前物，生顛倒知。

六者。若汝言："物之初起，非即變異者。"不然。内外法體，後邊不可得故。内法者，心法之異名。外法者，色法之異名。本無内外，但隨俗假説之耳。凡法若得住而不滅者，應有後邊可得。今我此心念念生滅，既無初端可尋，亦無後邊可得。色法亦然。析物至極微，更析之則無所有。唯是相續不斷之變而已，何有後邊？由初起即變，漸至明了。譬如乳至酪位，酪相方顯，而變象微細，雖可了知，相似隨轉，謂是前物。以故纔生即滅義得成。由乳位至酪位，非可一蹴而至也。中間經過無量刹那生滅相似隨轉。唯是相似之程度，則刹那刹那隨其俱起相依之諸法，如熱如空氣等，逐漸微異。蓋凡後一刹那與其前一刹那，無有全肖者。至於酪位，則由多刹那微異之遞積，而其異相乃特著矣。世俗於此不察，以爲乳之初起，便住不滅，後時成酪，乳相方滅。不知酪位以前之乳，已經無量生滅，原非一物。特由相似程度未驟形其懸殊，故猶謂是前物耳。

七者。若汝言："諸行往餘處名去，故知得住者。"此言去者，猶俗所謂動也。凡物由此處轉至彼處，是名爲去。以有去故，知非纔生即滅。若生已不住，依誰説去？世俗皆爲此計。不然。汝執諸行爲實物，能由此處轉至彼處，故名爲去。此言轉者，搬移義，非轉變之轉。此則以日常習用械器之見，推論法爾道理。迷離顛倒，抑何足談？如我所説，諸行唯是刹那刹那，生滅滅生，幻相宛然，無間相續。恒無間斷而相續也。假説名去，而實無去。由生滅無間相續故，假説名去，非有實物住而不滅，歷先後時從此處轉至彼處也。故實無去。故汝言住，取證不成。

附識：此言無去者，即無動之謂，然不可以傅於世間哲學家積動成静之説。彼執有實物，亦執有實時方，時者，時間。方者，空間。以爲物先時静住於甲方，後時由甲轉至乙方，即静住於乙方。積先後之動，而實皆静住，便不得謂之爲動，故飛箭雖行，其實不行也。此則展轉堅執。執時、執方、執有静住之物，轇轕一團，不可救藥。雖以語於無方無體之變矣。方者，方所。體者，形體。無方無體，猶言無實物也。吾宗方量既空，本無實方，具如後説。時量亦幻，吾宗所言刹那，非世俗時間義，亦如後説。念念生滅，此云念者，非常途所謂之念，乃依生滅不斷，而假説每一生滅爲一念頃。實則生滅滅生，不可劃分間隙，即念念之間，無有間隙，不可以世俗時間觀念應用於此處也。何物動移？何物静住？纔生即滅，未有物也。依誰説動？依誰説住？凡計有動、有住者，皆由妄執有時方及有實物故耳。此所以迥異世間一切之見。學者必會吾説之全，超然神解，方莫逆於斯耳。

八者。諸行必漸大圓滿。此言圓滿者，非止境之謂，乃形容其盛大之致耳。諸行本變化無恒，何所謂止境？此意深長，當别談之。如心力由劣而勝，官品由簡而繁，皆漸大圓滿之象也。若初起即住不滅者，則一受其成形而無變，如何得有漸大圓滿？若汝言："不捨故而足創新，故積累以到今，今拓展而趨來，如轉雪球益轉益大者。"來者，未來。此復不然。汝計有積留，即已執物，豈足窺變。變者運而無所積。此言運者，遷流義，幻現義。有積則是死物，死物便無漸大圓滿，是故應知我説，諸行不住，刹那刹那，脱故創新，變化密移，馴至殊勝！殊勝者，即漸大圓滿之謂。

九者。若汝計執："諸行爲常爲斷，世俗之見，恒出入常斷二邊。如一木也，今昔恒見，則計爲常；忽焉睹其燼滅，遂又計爲斷。皆有大過。"應知諸行纔生即滅，念念盡故非常，盡者，滅盡。新新生故非斷。一刹那頃，大地平沉，即此刹那，山河盡異。此理平常，非同語怪。《莊子·大宗師》云："夫藏舟於壑，藏山於澤，人謂之固矣。然而夜半有力者負之而走，昧者不知也。"郭子玄釋之曰："夫無力之力，莫大於變化者也。故乃揭天地以趨新，負山岳以捨故。故不暫停，忽已涉新，則天地萬物無時而不移也。世皆新矣，而目以爲故。舟日易矣，而視之若舊。山日更矣，而視之若前。今交一臂而失之，皆在冥中去矣。故向者之我，非復今我也。我與今俱往，豈常守故哉？而世莫之覺，横謂今之所遇，可係而在，豈不昧哉？"子玄斯解，渺達神旨，故不暫停一語，正吾宗所謂纔生即滅也。大法東來，玄學先導，信非偶然已。

綜前所説，則知諸行倏忽生滅，等若空華，不可把捉。世俗執有實色、實心，兹成戲論。吾前不云乎，心法者，恒轉之申也；色法者，恒轉之屈也。屈申相感之謂變。故乃生滅宛然，宛然者，幻有貌。生滅滅生，幻現而無實也。雖爾如幻，而實不空。奇哉奇哉，如是如是變。

至神殊詭者，夫惟屈申耶？申若故用其屈以利於申，心不孤起，必憑官能仗境界，方顯功用，是乃申之故用其屈也。而不無蹉跌矣。心或沈瞢而化於物，是申欲用屈而蹉跌。屈若將引其申以化於屈，色固嘗縛心而令心化於物也。而終非拘礙矣。心於色境，畢竟能改造之而使境隨心轉，屈終不礙申也。一申一屈之交，乃所謂變也，乃所謂生也。交者，言乎屈申之相感也。然屈以利申，試徵之人，則其心力較勝，而官境皆足資心力之發展，屈以利其申故也。則爲變之常，申者，恒轉之固然也。屈以利申，則順其固然，故謂之常道。生之盛。唯申也，見生之盛大。申若化屈，如下劣生類，其心識入於沈瞢而不顯現，非果無心也，申之化於屈故也。斯乃變之奇，奇者，反常之謂。夫屈者，非恒轉之固然也，乃所以利其申也。本以屈利申，乃屈勝而申且與之俱化，此所謂以糟魄累其神明，非變之反常而何哉。生之衰。申不可見，生亦幾乎熄矣。變必不能有常而無奇。或奇或常者，本用之萬殊，莫之使，未有造物主也。故莫之齊。既無造物主矣，夫孰齊一之乎。所以恣其俶詭陸離，極天下之至奇而無所於過。奇者自奇，未有使之然也，何所歸過?

吾舊著論，嘗以三義明變。略曰：一者，非動義。此俗所謂之動，與吾所云變動之動異訓。世俗之言變也以動。動者，物由此方通過餘方，良由俗諦，起是妄執。變未始有物，即無方分可以斠畫。猶如吾手，轉趣前方，轉者轉移，趣者趣往，皆動義也。實則只有刹那刹那別別頓變無間似續。恒無間斷，相似相續。假説手轉而無實手由此趣前，本無有實在之手，由此方以趣往前方也。云何神變，輒作動解。變本至神不測，何可作動想?《中庸》曰："不動而變。"可謂深達奧窔，此當是晚周諸儒語，非漢人所能傅益。又近人柏格森之言動也，以爲是乃渾一而不可分，世俗於動所經過方分，可以劃割，遂計此動亦可劃割，是其謬也云云。柏氏此論，不許雜劃割方分之想以言動，幾近於吾宗之談變，而異乎世俗之所謂動矣。然但言動爲渾一不可分，而不言刹那刹那生滅相續，則是動體能由前刹那轉至後刹那，此猶是執物與計常之邪見耳，豈可附於吾説哉！此非止毫釐之差也。

二者，活義。活之爲言，但遮頑空，不表有物，説是一物即不中。蓋略言之，無作者義是活義。作者猶云造物主。外道有計大梵天爲作者，有計神我爲作者，吾宗皆不許有。若有作者，當分染浄。若是其浄，不可作染；若是其染，不可作浄。染浄不俱，云何世間有二法可説? 又有作者，爲常無常？若是無常，不名作者；若是其常，常即無作。又若立作者成就諸法，即此作者還待成就，展轉相待，過便無窮。又凡作者，更須作具，倘有常模，便無妙用。反復推徵，作者義不得成。由此，變無適主，故活義成。幻有義是活義。雖無作用，作用者具云作者造作之力用。而有功能。功能者，體是虛僞，猶如雲氣，閴然流動，亦若風輪。此言流動者，幻現義，遷流不息義，然非實物，故云閴然。閴然者，無物之貌。雲峰幻似，刹那移形，唯活能爾，頓滅頓起。風力廣大，蕩海排山，唯活能爾，有大勢力。吾宗談法相，曰幻、曰虛、曰妄、曰僞，皆稱實之言，不含勝義，亦不含劣義。宋明儒家一面執死有實人，一面執死有實天地萬物，遂於幻妄等字上，附以劣義。而以是詬病佛家，無知自封，謗毀真正，可哀孰甚。吾云幻有義是活義。此意深微，千載幾人會得。圓滿義是活義。於一字中持一切義，如一人字，必含一切人及一切非人，否則此字不立。故言人字時，即已攝持全宇宙而表之，不能析爲斷片，謂此唯是此而無有彼也。若真可析，則非圓滿。以不可析故，圓滿義成。於一名中表一切義。準上可解。攝億劫於刹那，劫者，時也。涵無量於微點，都無虧欠，焉可溝分。了此活機，善息分別。王船山云："大化周流，如藥丸然。隨抛一丸，味味具足。"此已有窺於圓滿之義。驗之生物有截其一部，其肢體仍得長育完具者，良有以爾。交遍義是活義。物萬不齊，而各如其所如。故說萬法皆如，彼此俱足，封畛奚施？非同多馬，一處不容；乃若衆燈，交光相網。張人之宇宙，李人之宇宙，同在一處，各各遍滿，而不相礙。故甲乙非和而不離，非和者，甲之宇宙，乙不得入；乙之宇宙，甲亦不得入。如俗謂吾與群盜同在北京，實則吾也，群盜也，乃人人各一北京。吾之北京，寂曠虛寥，群盜不可入也。群盜之北京，喧惱逼熱，吾亦不可入也。不離者，吾之北京，群盜之北京，乃同處各遍而不相障也。小大遺踪而咸適，唯活則然。世說大鵬止乎天池，小鳥搶榆枋之間，此徒自踪迹以判大小耳。苟遺踪而得理，則無小無大，固均於自適也。轉易義是活義。捨雜染，得寂静；捨顛倒，得正覺。是名轉易。由心轉故，境即俱轉。如心戚戚者，其當前萬境莫不逼惱。心坦蕩者，其當前萬境莫不自在。心轉境亦轉，此理不虛。法若定實，即不可轉。現前心境，猶如光影、陽焰、水月、谷響，狀其不實。倏然宛然，幻現其相。浮虛不實，轉易斯神。若有實心實境，則應固定而無轉易。以有轉易故，知心境皆幻化也。無盡義是活義。大用不匱，法爾萬殊。衆生無量，世界無量。一切不突爾而有，一切不突爾而無。是故諸有生物，終古任運，不知其盡。此中任運者，謂因任變化，自爾無休歇也。如上略説活義粗罄。

三者不可思議義。此云不可，本遮遣之語。既非不能，又異不必。將明不可之由，必先了知思議相。思者，心行相。議者，言説相。心行者，心之所游履曰行。言説者，謂心之取像，如計此是青非非青等，斯即言説相。此是染慧，即意識取物之見。染慧，謂俗智，有雜染故，略當於世所謂理智。取物之取，猶執也。意識發起思議，必有構畫，若分析物件然，是謂執物。蓋在居常生養之需，意識思議所及，無往而不執物，所以爲染慧也。夫以取物之見，移而推論無方之變。無方者，變未始有物，即無方所。則恣爲戲論，顛倒滋甚。故不可思議之云，直以理之極至，非思議所可相應。易言之，即須超出染慧範圍，唯由明解可以理會云爾。明解即無癡也，見《心所》章。諸有不了變義是不可思議者，或計運轉若機械，或規大用有鵠的，此則邀變之輪廓而執爲物。邀者，有意期之也。變本無物，即無輪廓，然以生滅相似隨轉，故幻似輪廓焉。愚者邀而執之以爲有物也。故回溯會物，過去名會。宛如機械重叠，逆臆來物，來者，未來。儼若鵠的預定。就大用流行方面言，無所謂鵠的，以本來無物故。就人生或生物方面言，則其前進於不測之長途中，仍隱有趨向，可假説爲鵠的。蓋鵠的者即其奮進之策略耳。斯乃以物觀變而變死，皆逞思議之過也。於所不可用處而用之，故曰逞。

附識：此章爲全篇主腦。前後諸章，皆發明之。而吾與護法立説根本歧異，亦於此畢見。學者於護法學或未疏討，即不足以知吾説所由異者，故粗陳護公義旨，以資參校。護公建立八識，識亦名心也。彼以爲心者，蓋即許多獨立體之組合耳。易言之，宇宙者，即許多分子之積聚耳。又各分心所，心所者，心上所有之法。八識各各有相應之心所。此諸心所，亦各成獨立之體。而於每一心、每一心所，皆析以三分。護法談量，雖立四分，然其談變，仍用陳那三分義，故此但説三分。三分者，一相分、二見分、三自證分。試取耳識爲例。聲，相分也。了聲之了，見分也。相見必有所依之體是爲自證分。每一心，由相等三分合成。每一心所，亦由相等三分合成。唯是一切心、心所，通名現行。現行者，略釋之，則以相狀顯現故名。此得爲分名，亦得爲總名。分名者，隨一心、心所得名現行是也。總名者，通一切心、心所各各相等三分，森羅萬象，得總説爲現行界，略當於俗所謂現象界也。現行不無因而生，故復建立種子爲其因。每一現行心法，有自種子爲因。每一現行心所法，亦有自種子爲因。現行既有差別，現行八聚心、心所，體相各別故。種子足徵萬殊。輕意菩薩《意業論》云："無量諸種子，其數如雨滴。"見《瑜伽倫記》卷五十一第七葉。是也。種現既分，彼計種現各有自體。故其談變也，亦析爲二種，即以種子爲因能變，由種子爲因，生起現行故。現體爲果能變。現體者，通目一切心、心所之自證分，此對因法種子而得果名也。果能變者，謂諸自證分各各能變現相、見二分故。此其大略也。《成唯識論述記》卷十二第十至十五葉，説因果二種能變，其卷二第十八至二十二葉，説識體變二分，同卷十二之果能變。迹護公立因果變，乃若剖析静物，實於變義無所窺見。彼於因變中則以種爲能變，現爲所變；於果變中，則以現體爲能變。相、見二分爲所變。總之，能所各别，猶若取已成之物從而析爲斷片者然，是何足以明變也哉。彼唯用分析之術，乃不能不陷於有所謂已成之斷片相狀，而無以明無方之變。其操術固然。嘗謂護公持論條理繁密，人鬢魚綱，猶不足方物。審其分析排比，分析者，如八識也、五十一心所也、三分也，皆析爲各各獨立之體。此一例也。餘義亦皆析如牛毛。排比者，如三分説，本爲量論上之問題，而護法則以主張一切心、心所各各獨立之故，勢不得不排比整齊，於是謂八識、五十一心所，各各爲相、見、自證三分。此一例也。自餘法數，亦務爲穿鑿排比。鉤心鬥角，可謂極思議之能事。治其説者，非茫無頭緒，即玩弄於紛繁之名相而莫控維綱。縱深入其阻，又不易破陣而游。斯學東來，未久遂墜，有以也夫。

功　　能

前之談變也，斥體爲目，實曰恒轉。於轉變不息之全體而析言其動勢，則説爲一屈一申之變。直指轉變不息之全體而爲之目，則曰恒轉，恒轉者，功能也。此乃前所未詳，故次明之。

將詳説功能。竊有古今之一大謎焉，不可不先揚榷之者。曰：諸有生物，其生也，原各各獨化，都無終始，不隨形以俱盡乎？抑宇宙有大生焉，肇基大化，品物流行；故生物稟此成形，其形盡而生即盡乎？此言宇宙者，外界之異名，乃隨俗假説耳。大生者，不必謂宗教家所立之神，凡哲學家計有外界獨存之實體者皆是也。由前之説，則生界爲交遍；交遍者，無量生命各爲獨化，同在一處，各各遍滿，而不相障礙，仍爲互相維繫之全體焉。由後之説，則生界爲同源。計有大生之實體，爲一切有生所從出故。由前之説，則有生皆無待而自足；由後之説，則有生將外藉而憑虚。如吾之生，若非自有，而藉外界獨存之大生偶爾分賦者，則吾生直等於石火之一瞥已耳。謂吾生非自有，而索源於外矣。外源之有，吾又何從徵之哉？前説，佛家主之；後説，世間多持之。吾嘗徘徊兩説之間，累然而不釋也。轉復寧息推求，曠然自喻，吾生之富有，奚由外鑠。《易》曰“富有之謂大業”，言乎生活力之深固與盛大也。息騎驢覓驢之妄，吾之生也，獨化已耳。不自明，而尋來源於外，非騎驢覓驢而何？悟懸的投矢之非。納群生於虚立之大源，與投衆矢於故懸之鵠的，有以異乎哉？遂乃印持前説，略無猶豫。事不可以物徵，生非即物。理實在乎自信。自明而自信耳，豈迷信哉？故所謂大用云、恒轉云、功能云，之三名者，所表之事實則一。熾然不匱曰大用，非斷非常曰恒轉，具衆妙故曰功能。實自衆生同分爲言，固非有情共本之説。既標斯旨以明宗，爰舉功能而論列。同分者，同即似義，分即類義，類相似曰同分。此言同分者，則謂衆生各具之實性，皆相似而無差别，故可總括而爲言也。有情者，衆生之别稱，以有情識故名。

尚考護法業已建立功能，然吾今之言此，則與彼截然殊旨。姑陳其概。一曰：功能者即實性，非因緣。護法計有現行界，現行界詳前注。自下省稱現界。因更計有功能沉隱而爲現界本根，字曰因緣。此巨謬也。夫其隱因顯果，判以二重；功能隱也，而爲現界之因。現界顯矣，而是功能之果。因果非一，故云二重。體能相所，析成兩物。功能是體，爲能生故。現界是相，爲所生故。能所並立，釐然兩物。顯而著相者，其猶器乎？隱而有體者，其猶成器之工宰乎？護法亦以因緣喻如作者。妄執紛綸，空華幻結，以此除執，誰謂能除？護法亦依《般若》而言觸無所得，但按其立義，實未能除執。余以爲現界自性本空，自性猶言自體。唯依妄情執取故有。現界者，乃意想之所安立耳。以俗語表之，即觀念或概念之妄結耳。若了現界實無，則知因緣亦莫從建立，唯由妄情所執現界空故，而本有不空實性，方乃以如理作意得深悟入。本有者，法爾本然，不由意想安立故。實性者，本體之異名。作意者，觀照義。正智觀照，契應正理，遠離顛倒戲論，故曰如理作意。元來只此實性，别無現界與之爲對，不取色相，不取心相，乃至亦不取非色非心之相，遠離一切意想境界，冥然所遇即真矣，寂然本體呈露矣。寧復有所對可説爲現界哉？是故我説功能，但依實性立稱，不以因緣相釋。現界已無，説爲誰之因緣？斯與護法，異以天淵。

附識：護法一方面許有如如之本體；一方面又許有現界而推求其原，遂立功能作因緣，以爲現界之體焉。然則現界體相與如如本體，將爲如何關係乎？實則護法所持之因緣論，與古代哲學之本體論，同一謬誤。本體一詞，吾宗與哲學家所稱，絶不同義。哲學所謂本體者，有超越現界而爲其原因之義，略當於護法所持之因緣云耳。若吾宗所謂如如本體，則不見有現界，即遣除凡情所執之宇宙，而當前莫不皆真。故謂本體也，兩義懸殊，豈止天壤。夫執取現界，而計有隱於其背後之體以爲因者，則已落於妄情分别之中，更何從悟如如本體哉？護法之學，根本固迷。吾所爲駁斥之者，誠有所不得已耳。雖獲罪夙德，亦何敢辭！

二曰：凡功能皆爲全體，非可剖分。護法功能亦名種子，析若衆粒。則上祖無著、世親之説，而沿其誤。無著《攝大乘論》明種子六義，第四曰決定，第六曰引自果。世親釋云："言決定者，謂此種子各别決定，不從一切一切得生，意云，非一切種子各各能遍生一切法也。從此物種還生此物。此物種子還生此物，而不生彼物，所以成決定。引自果者，謂自種子但引自果。引者，引生。如阿賴耶識種子，唯能引生阿賴耶識，如稻穀等，唯能引生稻穀等果。"見世親《攝論釋》卷二第十一葉。此則以功能模擬物種，析爲個别。尚亦僅析八聚，未更委細。但説八識各有自種。護法承之，析分愈密，乃謂諸心、心所，相、見種别云。護法以一切心、心所，各各析爲相等三分，已見前注。然彼亦將三分總成二分，即以自證分攝屬見分，而與相分對待，故只二分也。準此，則一切心、心所各各爲相、見二分，即二分容各有種，如藏識等相、見種定别故。夫其破析功能，無量枚數，勢若散沙，伊誰摶控？彼亦慮此，故乃建立阿賴耶識以攝持之。説者謂藏識海，浩浩難窮，只以含藏衆有故爾。阿賴耶者，藏義、處義，以是一切種子所藏處故。此亦名藏識，以含藏一切種子故。亦名本識，以是餘七識之根本依故。問："護法等計，賴耶是餘七識根本，故得攝持七識種。賴耶有自種，復誰爲攝持？"答言：彼計賴耶仍持自種。所以者何？賴耶自種爲能生因，賴耶爲所生果。因果同時，曾無先後，故能生法還依所生法而住。彼義如是。實則舊師之説功能，無過凡情計度。功能别稱種子，已爲名象物之詞。賴耶義訓爲處，本亦取諸倉庫。且如彼説，衆多種子待緣生現，如相種必待見種爲緣，方生相分現行故。則宇宙似極微之偶會，人生亦二元之互合，其爲戲論甚明。護法約一切種子自體總分相、見兩類，可謂二元論。竊謂功能，本依大用流行，以爲之目。是其圓滿周遍，圓滿即無分段，周遍即無形礙。不可物物。下物字讀如夏官校人物馬而頒之之物，即視義。言不可以實物視之也。雖復幻現屈申，宛似色心衆相。而實全體渾然，烏容解剖。故知種子之名，徒爲妄傳。别尋藏處，亦倒見也。功能非物，何須藏處。

三曰：功能有生滅，無增減。功能者，法爾性具之全體，性具者，猶云固有，非本無而今有故。然非凝爾堅住不生滅。若是堅住不生滅者，亘古頑固恒常，元無動變，何名功能？誠以功能者，本即屈申動變不息，説爲其體。故知生滅滅生，新新靡間。譬閃電而勿駐，類空華以詐現，無實物故不積，非頑空故不斷。念念滅盡曰不積，新新而生曰不斷。遂乃因其詭異，目以恒轉。前章即恒轉而析言其屈申幻似色心諸行，實乃倏忽生滅，無實色心。此中乃直指恒轉即綜屈申之全體而談其倏忽生滅，顯非離變而别有不變體。然復應知，功能雖生滅不居，要自平等而流，量無增減。前後一類名平等。量者强設之詞耳，功能實不可以定量言也。若許減者，便可滅之至盡，是墮斷見。若許增者，其增有極無極。言無極者，犯無窮過。言有極者，功能便有限量。君子不器，奚況大用無方，何乃以器猜度。有限量者，即是器物。實則功能法爾具足恒沙妙用，始終等流，不可言增，不可言減。等流者，等言前後一類。流者，遷流。平等而流曰等流。全體流行，本無衰歇，誰令減之？全體流行，本無不足，何從增之？唯屈申動勢，幻似諸行，申則幻似心法，屈則幻似色法。想慧計執，宛爾分段，故有增減。想者取像，慧者推求。由此計執色心諸行，則恍若有分段，有分段便有增減也。若泯諸行相貌，必除想慧妄執，方得泯耳。而直斥功能以言，斯即幻力熾然，法爾渾全，夫何增減之有哉？乃若護法亦言功能生滅，而不説無增減。迹其析爲多種，見前。復主熏生無量。熏生後詳。直謂新舊衆種堆積，正墮俗計。

附識：衡陽王子之言性也，可謂深了生滅矣。其説曰："夫性者，生理也，日生則日成也。則夫天命者，豈但初生之頃命之哉？但初生之頃命之，是持一物而予之於一日，俾牢持終身以不失；天且有心以勞勞於給與，而人之受之，一受其成形而無可益矣。力按：損益之義，與吾説異。夫天之生物，其化不息。初生之頃，非無所命也。何以知其有所命？無所命，則仁、義、禮、智無其根也。幼而少，少而壯，壯而老，亦非無所命也。何以知其有所命？不更有所命，則年逝而性亦日忘也。""形日以養，氣日以滋，理日以成；方生而受之，一日生而一日受之。受之者有所自授，豈非天哉？故天日命於人，而人日受命於天。力按：若以吾説通之，天者非客觀存在之實體，乃法爾本然之謂。授者非從他授之謂。既無客觀存在之天，即無有他爲授者。吾之性，法爾生生不已，莫之爲而爲，亦可假説爲天授也。故曰：性者生也，日生而日成之也。""生之初，人未有權也，不能自取而自用也。唯天所授，則皆純粹以精者矣。天用其化以與人，則固謂之命矣。已生以後，人既有權也，能自取而自用也。自取自用，則因乎習之所貫，爲其情之所歆，於是而純疵莫擇矣。"力按：船山蓋主衆生共一生源而出，故以天代表生理之一元，而性則生理之分賦於各人者，故有天人之辨也。此亦與吾宗異義，學者思之。"惟命之不窮也而靡常，故性屢移而異。抑唯理之本正也而無固有之疵，故善來復而無難。未成可成，力按：方生不已。已成可革。力按：現在不住。性也者，豈一受成侀，不受損益也哉！故君子之養性，行所無事，而非聽其自然；斯以擇善必精，執中必固，無敢馳驅而戲渝已。”以上節《尚書引義》卷三“習與性成説”。又曰：“已消者，皆鬼也。力按：消者，滅義。鬼者，滅之形容詞，非俗所謂幽靈也。且息者皆神也。力按：息者，生義。神者，生之形容詞，非神我之謂。然則自吾有生以至今日，其爲鬼於天壤也多矣。已消者，已鬼矣；且息者，固神也。則吾今日未有明日之吾，而能有明日之吾者不遠矣。以化言之，亦與父母未生以前一而已矣。”以上節《思問録》。綜前所述，則知性者，即生滅不已之生力，而非可懸擬一恒常不變之理體以爲性。此誠王子獨到之解，爲諸雅儒所不能論，故表而出之。

四曰：功能習氣非一。護法立説最謬者，莫如混習氣爲功能也。彼計一切功能，綜度由來，可爲二别。一者本有，謂無始法爾而有故。二者始起，謂前七識一向熏生習氣故。本無而新生之曰始起。前七識者，謂眼識乃至第七末那識。以此七對第八識而言，故曰前也。一向者，以無始時來念念熏故，通溯言之曰一向。習謂慣習。氣者，氣勢。習氣者，謂慣習所成勢力。熏者，熏發，謂前七識起時，各各能發生習氣以潛入第八識中，令其受持勿失而復爲新功能也。護法談功能，以本有始起并建，其説實有所本，今此但歸之護法者，以彼爲集大成者故。其説彌近理而大亂真。夫功能者，原唯本有，無别始起。所以者何？功能爲不可分之全體，具足衆妙。無始時來，法爾全體等流，會無虧欠，豈待新生，遞相增益。設本不足，還待隨增，何成功能？故知本始并建，只爲戲論。迹護法根本謬誤，則在混習爲能，故説本外有始。由不辨能、習之殊故，故説習氣爲始起功能，以别於本有功能。若了習氣非可混同功能者，則知功能唯是本有而無所謂始起也。尋彼所謂習氣，我亦極成。但習氣緣起，護法雖嚴密分析，説爲前七識各别熏生，猶未明其故。所以熏生之故，彼竟不詳。自我觀之，實緣有情有儲留過去一切作業以利將來之欲，遂使過去一切作業，通有餘勢，宛成傾向，等流不已，即此説爲習氣。作業，猶言造作。自作意之微，至身語發動之著，通名作業。餘勢者，如過去某種作業，雖刹那便滅，但自有續生而不斷之潛勢，説名餘勢。傾向者，每一作業之餘勢，皆有起而左右將來生活之一種嚮往故。等流不已。如文可思。此理驗之吾生，曾更不失，信而有徵。

曾者過去，更者更歷。準此，則習氣決不可混同功能。嘗以爲能習二者，表以此土名言，蓋有天人之辨。天者，非謂有外界獨存之實體，乃相當於吾宗所云法爾道理，即就人生實性方面言之也。人者，以衆生自無始有生已來，凡所自成其能而儲留以支配其一己生活者。於此言之，則謂之人耳。功能者，天事也。習氣者，人能也。以人混天，則察於生之成象而昧於生之本然。悠悠千祀，迷謬相承，良殷悼嘆。故推校能、習差違，舉其三義著於左方。差者，差别。違者，違異。

一者，功能即活力，習氣有成型。功能者，生之寶藏。功能即生之實性而云寶藏者，乃假説之以形容其豐富盛大耳，非謂功能超乎生而爲其從出之府也。其神用之盛也，精剛勇悍，任而直前。精者，純潔無染；剛者，至健不撓；勇者，鋭利而極神；悍者，堅固而無不勝；任者，莫之爲而爲也；直前者，不滯。此固盡性者之所可自得而自喻也，故謂之活力也。功能者，相當於此土先哲所言性。《中庸》以盡性爲言。盡者，極深窮大而實現諸己，使此理之在我者無一毫虧欠，説之爲盡。夫功能即性也，人之所以生之理也，是本來固具也。然人不能盡之，則但爲形役，即困於形而不見夫本來固具之理。此理遂若非其人之所有，故人亦不能自信其有也。世之談人生者，往往持機械觀而不信有無窮活力之大寶藏。人類之自絶其生理也，久矣夫。習氣者，自生之無始成形而始起。無始者，疑夫遠有所始矣，而實不能執時分以推之，故云無始。成形始起者，生之表現，必構爲形軀，於是而命之曰生物矣。生物有作業，遂有習氣，故非法爾本有。暨夫起已，則隨逐有情，儼若機括，待觸即發，以爲生之資具。故其力之行也，恒一定而不可禦，故謂之成型也。機括者，猶言發動機也，不必含劣義。下文所舉有漏性者方是劣義。有漏習氣之爲機括也，恒受役形軀。若無漏習氣之爲機括也，則以順其生之本然之妙用，而不爲形役矣。兩者均可説爲機括性，而所以爲機括者，則又迥乎不同也。隨逐者，謂習氣與有情之生命，恒相隨逐，而不捨離也。成型，猶言方式，不定含劣義。

二者，功能唯無漏，習氣亦有漏。唯者，此外無有之謂。漏謂染法，取喻漏器，順物下墜。有漏無漏，相反得名。亦者，伏無漏二字，習氣不唯是無漏而亦通有漏故。純净升舉是無漏義，雜染沉墜是有漏義。功能者，法爾神用不測之全體，乃謂性海。光明晃耀，原唯無漏，是以物齊聖而非誣，行雖迷而可復。無惡根故。若護法計功能通有漏無漏者，護法析功能爲衆粒，已如前說。彼計諸功能，有是有漏性，有是無漏性，故概稱功能即通此二。則是鄙夷生類，堅執惡根。其愚悍亦甚矣！彼許本有有漏功能，即是斯人天性固具惡根。惟夫習氣者，緣無始成形已來無量時劫，一切作業餘勢等流，萬緒千條展轉和集，如惡叉聚，其性不一，有漏無漏，釐然殊類。時劫，複詞，劫亦時也。展轉，相互之謂。和集者，一處相近名和，不爲一體名集。無量習氣，同附著於生命之流，故言和也。然非渾一而無分辨，故言集也。惡叉聚者，果實有不可食者，俗名無食子，落在地時多爲聚故。梵名惡叉聚，喻習氣頭數衆多，互相叢聚也。推原習氣染淨，本即過去生活遺痕。過去生活，即依過去作業言之。遺痕，即過去作業之餘勢等流者是。過去生活，若唯被拘於形軀，即此生活遺痕，幻有傾向，成有漏習。拘形軀者，謂於維護形軀之頑冥生活而外，更無餘裕向上自在，即不能順其生之本然以發展故。過去生活若能役形軀而不爲所拘，即本活力主宰形軀，恒有恒裕自在，得順其生之本然以發展。如是生活遺痕，幻有傾向，成無漏習。凡習染淨由來，大較如此。乃若染淨亦各有分族，略舉其要，染習談三，淨習談四。染習三者：一曰貪習，二曰嗔習，三曰癡習。此三行相寬廣，如後心所中説。三者皆因拘執形軀故起。淨習四者：曰戒，曰慈，曰定，曰勇。此四名義，群經散見，會而通之，説四淨習。戒者，順真故，離染故，名之爲戒。隨順真理曰順真。戒者，非如俗説有所禁止之謂，乃向無上殊勝真理之鵠的而進也。順真所以離染，故對染而立戒名。慈者，柔愍故，以他爲自故，名之爲慈。柔，謂柔和。愍者，憐愍，儒云惻隱。以他爲自者，唯菩薩能之。蓋慈之擴大，至於自他無一毫間隔，則通感無窮，應乎真極矣。定者，離沉掉故，能生明故，名之爲定。沉謂昏沉，掉謂掉散，定離此二。明者正智，依定方生，故此於定，言能生明。勇者，猛利前進故，能無倒故，名之爲勇。懈怠方生顛倒，精進則正覺所依，故此於勇，言能無倒，非勤於利害得失之争者可謂勇。此四習者，皆能隨順本具清淨性海，亦名無漏。淨習不流於拘執形軀之頑冥生活，而具向上性，故乃與功能隨順。然生類劣下者，則唯有漏習一向隨增，淨習殆不可見。吾前不云乎：功能者，天事也。習氣者，人能也。人乘權而天且隱，故成形已後之積累，不易盡順其本來。積累謂習氣也。無始成形已後，一切習氣屢起不絕，故假説積累。有漏習隨起，故曰不易盡順其本來。此亦生之健行所必有之險阻也。然造浄習而捨有漏，以創新生幾，俾順其生之本性而發展，權在乎我。豈險阻所得陷哉。愚者睹成象昧本幽，有漏習氣順形軀而動，勢若機械，故云成象。生之本然者，隱而難測，故云本幽。因衆生染習流行，遂以測生理之固有污疵。果爾，則吾於生類將終抱無涯之戚。然嘗試徵之人類，則通古今文史詩歌之所表著，終以哀黑暗、蘄高明，爲多數之意向。足知生性本浄，運於無形，未嘗稍息。悠悠群生，雖迷終復，道之云遠，云如之何！此亦大覺所以不捨。如來不捨衆生。

附識：吾主功能無漏，更不夾雜善惡之義於其間，此復與護法絶異。護法以有漏無漏功能區别三性。此言性者，與儒家性命之性異訓。儒家之性則謂人物固具之生理，相當於吾所謂功能。此中性者，猶言性質。三性者：善、惡、無記是也。其區别如圖。惡、無記二性中，不攝無漏，圖中以圈表之。彼計各個功能，性質不同。無漏唯善，有漏則有善、惡、無記三品故。問：有漏善與無漏善何别？答言：彼計無漏純善，有漏善不純浄故。尋彼所謂三性標準，則以能招樂果名善，能招苦果名惡，俱非名無記。非苦非樂名爲俱非，非善非惡名爲無記。或問苦樂以何爲標準？曰：依佛家義，苦樂不以物質上之享受滿足與否爲衡，而以其作業所成習氣影響於生命自身之退墜與否，即順其本然與否爲斷。退墜便違其本然，即苦也。不退墜便順其本然，即樂也。此義精確不移。但所謂苦樂俱非之境，則無理據。須知不樂即苦也，斷無有中立之境。又尋儒家孔、顔樂處，則知其於苦樂標準，亦與佛家爲近。余以爲無記之談，最無理據。不善即惡，實無中立。獨善惡二性，唯可就吾人之作業上而建立。作業見前。習氣者，作業之所成，亦可説善惡。無漏習唯善，有漏習唯惡。以凡屬人爲，便有招苦招樂義，可論其善惡故。若夫功能者，清浄本然，既無所謂招苦招樂，復何善惡足言？斯護法所不省也。吾土儒先，於性上説善惡，不知性運而無爲，不當以善惡論，其失與護法等。運者生生不息，乃謂天性。爲者作爲，即作業之謂，此人能也。天性本浄，無所謂善惡。而人之自成其能者，或順其性，或拂其性，斯有善不善可言耳。

- 善　性
  - 有漏功能
  - 無漏功能
- 惡　性
  - 有漏功能
  - ○○○○
- 無記性
  - 有漏功能
  - ○○○○

三者，功能不斷，習氣可斷。可者，僅可而未盡之詞也。功能者，生力也。生力者，無始本有，非一向都無，突爾而有故。既從無始等流，以至現在；當知現在不住，向前等流，盡未來際。以本非從無肇有，即不應自有入無故。盡者，無盡之盡。際者，無際之際。護法説有染分可捨。護法區别一切功能性質爲有漏無漏兩大類，已如前説。染分，猶言有漏類，分者類也，捨者斷也。彼計成佛則有漏盡斷，唯無漏不斷故。此緣未了功能爲完整而純净之全體，妄欲自爲割裂，若斯戲論，亮不足道。習氣者，本非法爾固具，唯是成形已後，長途屢轉之衆流，儲爲種種能性，故名習氣。衆流者，即前所謂一切作業之餘勢也。能性者，猶言可能性，每一作業之餘勢，即具一種發展之可能性故。屢轉者，轉即起義，其起不止一時，不限一類，故曰屢轉。迹生之前進不息，恒利用已往各種作業爲其依據，兹習氣所以起也。及習氣已成，昧者據以測觀，則且見爲本有；而不知其因形流蕩，正如萍飄蓬轉，了無根柢。因形流蕩者，謂習氣緣成形已後而始起，既起則恒與形相屬著等流而不易斷絶也。了無根柢者，以非本有故也。惟習氣無本，無本者，猶言無根柢。故吾人得以自力擴充之，亦得以自力斷絶之。如依净習努力擴大，則染習以漸伏而至永斷。故非先斷染而後擴净，亦非於擴净外别有斷染一段工夫。只是用力擴充其净則染自斷，功無異用，效乃兼收。故净之擴由自力也，染之斷亦何非自力哉。斷於此者，如染習是。以有增于彼。如净習是。故概稱習，則僅曰可斷，而不謂可盡斷也。君子之學，無事於能，功能不待修爲。有事於習。增長净習，乃顯勝能。功能本健行不息，但染習障之，則隱蔽而不顯耳。唯净習與功能相順，足顯發之也。吾生息息向上，即吾之宇宙，息息創新，盛矣哉！然惟人有抉擇，能用習而不用於習，故能捨染趣浄。抉擇者，正智也。正智與浄習互爲因果，以正智資浄習而生，浄習亦資正智而始發展故。若生類極劣者，則一任染習縛之長驅，而無由得斷。其猶豕乎，繫以鐵索，有倖斷之日乎？是故習者，雖非一成而不可斷，卒之染習亦不易斷。生也若芒，莊生所以浩嘆。

綜前所説，能習差違，較然甚明。護法必欲混而同之，未知其可。若如我義，不寵習以混能，亦不貴能而賤習。唯習有染浄，而後人生得自奮於光明，始有價值。不然，則所謂大雄無畏者，又何以稱焉？

附識：《瑜伽·聲聞地》説衆生中有畢竟不成佛之闡提，義至宏遠。奘師據之，以授基師。基師乃造《法華玄贊》，盛暢其旨。當時餘宗，據餘經中宣説一切有情皆有佛性，皆當作佛。餘經者，謂《法華》已外諸經。以是與慈恩宗相争，如台宗作《法華五百問》，論戰之烈，斯足珍怪。基師之弟子慧沼，著《慧日論》，復揚師説，則先德重視此案可知已。余以爲闡提本具功能，何嘗異佛。但爲染習重錮，始終不得自拔，故無成佛期耳。設有難言："何故不許一切有情皆得成佛耶？"應答彼言：衆生不齊，莫爲主宰故。衆生凡聖殊塗，不能齊一，莊生所謂："咸其自取而怒者其誰耶？"怒者，使義。無主宰，即無使之者。法界廣大，無所不有故。有畢竟出纏之佛，即有畢竟在纏之闡提。必欲執一端以衡之，謂衆生皆當成佛，此特出於人情歆厭之私耳，豈足以窺法界之廣大哉。又乃衆生有沉淪不已，如來亦功德無盡。大心之士，必不厭捨闡提世界而求浄土矣。

上來辯析功能，梗概略備。夫功能者，本就有情所各具者而通言之爾。如甲有情，元無所謂實人或實物，只是一團功能，其來無始，其去無終。一團者，顯此功能爲獨化而盛大之全體，假説一團。如乙有情，亦無所謂實人或實物，只是一團功能，其來無始，其去無終。故生界者，實即無量功能，各各交遍，都無終始。乃世俗徒自生之形制以觀，形制猶言形軀，生命必構成形制以自表現故。則滯於一期之形，計有終始。一期者，如人自初生位以迄於死位所歷若干時分，説爲一期。而不了生之實性即功能者，不從一期形始，亦不隨一期形終。睹形而遺其所以形，是惡知生之情。

諸不了有情各具功能者，謬計橫生，略談以二：其一，則以有情之生，只由生殖質之移轉。生殖質，謂生質細胞。世俗以爲親體生殖細胞之一部分移轉而成子體，故子得有生命。此緣常途觀物之見，移而推論俶詭奧妙之生理。雖甚洽凡情，而極無義據。夫生之特徵略有二：一者，必爲獨立而完整之全體。從生理上徵之，有情機體之構造精備，生機洋溢，自成一獨立而完整之全體。二者，於前進不測之中，而隱有無窮之願欲，與努力之鵠的。斯二者有生之秘機，如謂爲若干生殖質之所爲乎？則是生殖質者，固已神矣。談生殖質者，雖欲遮神秘之論，而卒不得不歸於神，斯不亦迂乎？其次乃知生之組，不可純以頑物猜度，則且許有生之動力，即由胚胎相禪綿延不已之力。并謂各生物之具有此力，實發自同源焉。同源猶言一源，同者同一之謂。案：法人柏格森氏言生物之異種同官，乃由同源生力之潛留，并舉人目與蚌目之構造相同，以證其説。是説也，只注目於生物嬗變之迹，而未悟生之實性不可泥迹而求。若其同源之談，直由習見衆條共幹，因以推生理之當爾，尤爲戲論。余以爲生之實性，必不可以慧推析。唯由明解内證，方乃豁然見得自家元是靈光獨耀，迥脱根塵。易言之，即我之生，超越形骸，炯然獨化而無盡已耳。明解見前。吾人必改轉其一向沉溺之生活，而得寂静境界現前，方有此瑩徹之明解耳。靈光云云，係古靈禪師語。我之生如是，我以外一切有情之生，亦莫不皆爾。以均與我爲同分故，同分見前。是他心智所證知故，頗有難言："我所得内證者，唯是我之生命而已，我以外一切有情之生命，我如何知之？"答曰：我以外一切有情之生命，是我之他心智所證知，夫何疑惑哉。他心智者，我有能知他心之智，名他心智。此不唯菩薩等有之，即在凡夫亦有對於他人生活之了解，得説爲他心智。此固事實之所不可遮者。又不違理故。生命非同物質，即無聚散，故許我與一切有情之生命各各獨化，都無聚散，此不違理也。然則并育而不相害，至賾而不可亂者，其生之不測乎。有情之相攻害者，乃其生之實性錮蔽不顯，而徇形軀之動耳，非其生之本然也。若就其本然言之，則一切生命，各各交遍法界，不相障害也。言物競者，幾以競争爲出於生物之天性，惑之甚也。故吾所謂有情各具功能者，乃至剴切而非荒誕，不下帶而道存矣。世有大心之士，必超然有悟於斯。一切有情之生命，各各無盡，故説各具功能。蓋一切有情各各生命之實性，通名爲功能故也。設有計功能爲宇宙之大生力，而一切有情之生皆自此分賦者，則是人已墮邪見，不了我所説義。

蓋嘗窮究生之實性，而豁然有省，法爾本然之理，不宜據形物之理以推觀。法爾本然之理，即謂生之實性。形物之理，基於官能之歷驗而知。本然之理，則超乎官能歷驗之範圍。雖其理不離形物以有，要不滯於形物之表，故不可以形物求之也。人情恒了其官能所及歷驗之理，則據之以推其官能不及歷驗之理，乃不可得，而直謂之無。實則官能不及歷驗者未嘗無，唯用其官能所及歷驗者以爲推，故無由發見耳。夫人情以所可得爲理之有，所不可得爲理之無。而不悟理之所不可得者，非其理之本無，乃人自封於其所可得之理，因以推之特殊之理而不得，遂計爲無。真理之難明，物論之不齊，豈不以此哉。横渠、船山并謂《大易》不言有無，解極精透。

夫功能者，明解之所證會，染慧固不能了。誠以染慧恒取物，而功能則幻化不測，非可以物推求故也。幻化者，神變無方。不測者，妙用不滯。功能只是幻化不測之生力，故非世俗所謂神我或靈魂者可相比附。蓋言我、言靈，固皆擬爲有人格者，而吾所云功能，殊不爾也。又乃如實了知功能者，則能悟入諸行性空，以諸行唯依功能屈申而假立故。參致《轉變》章。諸行者，色法心法之通名也。亦詳前注。然既依屈申假立諸行，即便假興詮表。故以次論色法、心法，而暢前此未盡之旨云爾。隨俗假詮耳，若究其本然，則色心之相都空，何所詮説哉？

附識：護法功能，頗有多名：亦名爲種子，能生故名。亦名爲習氣或熏習，本有種由識熏令長盛，始起種爲識所熏生，故通名習氣等也。亦名爲粗重。粗重但是有漏種之别名，顯其體非精純，故予此名，更復隨義設名，此不具舉。今者吾所立功能，既與護法截然異旨，則種子、習氣、熏習、粗重等名，概不可以命吾之功能。又吾既區别能、習，詳前。即以粗重爲染習之異名可也。染習見前。若吾功能，唯别稱恒轉而已。

色　法

世言色法，以有對礙爲義。對礙，猶言質礙。有對礙，故可剖析已。剖析。

荆楚文库

尊聞録

黄　蓋　點校

目　録

序

張立民

《尊聞録》者，吾友高君贊非所記黄岡熊先生語也。贊非游於師門者最久，而年事亦最少，每於先生平居談話，必細心領會，而輒私竊記之。積之既久，蓋不期而有十萬餘言。其志學之篤，用心之深，同門未有及之者也。自丙寅已來，先生腦病忽厲，背脊且虚，心情焦苦殊甚。贊非尊人磵莊先生，深以先生未及著述爲懼，輒欲將贊非所記先生語，亟付梓人。蓋以爲先生平日所言，雖多爲初學而發，固未盡其藴蓄於萬一，然善觀者，察曲而見全，聞一而得十，迹邇而會遠，則先生規模宏闊，神解卓特，不輕於信，不輕於疑，不蔽於先人，不摇於外來，不依於天，不依於地，不依於古，不依於今，入乎佛而出乎佛，同情乎儒而未始專守乎儒，卓然獨得，夐然孤往。觀於此録之所存，亦未嘗不可以得其仿佛於一二也。磵公既以此意請於先生，先生怫然曰："豈慮吾將不起耶？何必爾。"磵公曰："非此之謂也。先生之言，固字字稱心而出，何苦自守過隘，不推此心以示人乎？"會重慶陶開士先生亦以是爲言。先生乃屬不肖就斯録而加以揀擇焉。不肖既追隨函丈，得朝夕承教將事，於是首去其談時事者，次則凡關於高深學理之談話，記得不差者便存之，其未能達意者，先生病中既不能勞慮，愚亦不敢妄事竄易，則概行删去之。故今兹所存，視原稿則已大減。贊非既掌教河南村治學院，兵戎間隔，亦未便通函商榷。幸先生道履漸康，得以請質疑滯，而無妄參私意之戾矣。録成，暫印百五十部，分贈友好。謹誌其顛末於此。又贊非抄存先生手札數首，亦别爲附録繫之卷尾云。

十九年二月張立民識於杭州西湖廣化寺。

附先生手教：

録中輪回問題，所記甚粗略。此事在吾心理上經過曲折，極繁複。吾近來意思，只是存而不論。世有净信，見此録必大詈我。然吾終望有善根人，能發心努力現世，努力做個人，便是菩薩道。立民以此語揭之卷首可也。十力

尊聞録

郯城　高贊非記述

孝感　張立民校訂

此册記黄岡熊十力先生語。不肖隨侍先生，於今五年。每親承誨諭，亦時與聞酬對朋舊、訓示學生之辭，不自度頑鈍，輒爲記述，積十萬餘言。體制規語録，元無義類。行文兼白話，只期辭達。家大人見之，錫名《尊聞録》。曰：尊其所聞則高明矣。是予小子所不敢墜也。民國十七年中秋贊非謹識。

十三年秋，謁先生於曹州，始稟學焉。先生曰：爲學始於辨志，志者心之所存主。心存主乎誑耀勢利，則小人之歸也。心存主乎發强剛毅，則大人之基也。是其界劃甚明，而人恒忽忽焉習熟於卑近而不之察也。汝切須内省而辨之於微，勿安於習而貪徇物之易，以率性爲難。則辨之必明，而毋入於卑近矣。

一友説《莊子》曰：人之生也，固若是芒乎？芒，惑也。生與惑俱。人遇事求知而生不可知，有知其所以生而始生者乎？先生曰：子之説非是。夫生不由知，固也。若乃知生不由知，則已是知也。

先生嘗曰：吾人窮理，觸處求解，便觸處成疑。疑復求解，困而莫捨。一事求解，關繫無量，條件未具，不堪遽釋，故解待疑，其解方確。事事相關，解此一事，又引他事，展轉相引，事則無窮。求解無窮，疑亦無窮。解底範圍推廣，疑底範圍與之俱廣。

先生自言，始爲輪回論者之信徒，其初所作《唯識書》，雖於護法諸師之理論多所破斥，而對於佛家根本觀念，即輪回觀念，固與護法同其宗主而莫之相悖也。《唯識書》第三稿中，有一段首揭此義云："竊有古今之一大謎焉，不可不先揚榷之者。曰：諸有生物，其生也，原各各獨化，都無終始，不隨形以俱盡乎？抑宇宙有大生焉，肇基大化，品物流行，故生物禀此成形，其形盡而生即盡乎？原注：此言宇宙者，外界之異名，乃隨俗假説耳。大生者，不必謂宗教家所立之神，凡哲學家計有外界獨存之實體者皆是也。由前之説，則生界爲交遍。原注：交遍者，無量生命各爲獨化，同在一處，各各遍滿，而不相障礙，仍爲互相聯貫之全體焉。由後之説，則生界爲同源。原注：計有大生之實體爲一切有生所從出故。由前之説，則有生皆無待而自足；由後之説，則有生將外藉而憑虛。原注：如吾之生若非自有，而藉外界獨存之大生偶爾分賦者，則吾生直等於石火之一瞥已耳。謂吾生非自有而索源於外矣，外源之有，吾又何從徵之哉？前説佛家主之，後説世間多持之。吾嘗徘徊兩説之間，累然而不釋也。轉復寧息推求，曠然自喻，吾生之富有，奚由外鑠？原注：《易》曰‘富有之謂大業’，言乎生活力之深固與盛大也。息騎驢覓驢之妄，原注：吾之生也，獨化已耳。不自明而尋來源於外，非騎驢覓驢而何？悟懸的投矢之非，原注：納群生於虛立之大源，與投衆矢於故懸之鵠的，有以異乎哉？遂乃印持前説，略無猶豫。事不可以物徵，理實在乎自信。”據此，則先生對於輪回説之堅持可見矣。一日，忽毁其稿，悵然曰：吾書又須改作矣。時居北京西郊萬壽山大有莊，腦病已劇。值寒雪，驅車入城就醫，余隨侍。林宰翁來視。先生曰：吾打破輪回觀念矣。宰翁曰：尊書那段文字，説得恁地好，如何又打破了？先生怫然曰：且莫説閑話，吾急待商量。今若依據佛家而言生命，則一切有情之生命，各各無始無終，即各各有迥脱形骸之神識，輪回之義，以此建立。若誠爾者，則植物與下等動物將有神識焉否耶？設計有者，則復生現象如何解釋？復生者，謂如某種生物，若切斷其體爲數段，則每段皆成獨立之生機體，此名復生。何者，一物之生命既無始無終，即有獨立之神識，則將其機體割去一部時，其所割去之部，應不得自成一生機體，以每一物之神識，必不隨機體割裂而分化故。設云無量神識，遍滿宇宙，當將某物之機體割去一部，即時另有神識附著其間，故仍别成一生機體者，此則視神識之發現過於忽然，誠難印許。佛家雖不許植物有神識，然其謂胎卵濕化四生皆爲有情，則固許下等動物有神識也。既許下等動物有神識，則下等動物中有復生現象，將如何解釋耶？吾以此對於輪回之信仰，完全失其所據。兄能釋此難否？宰翁笑曰：新生復生，新生謂如結胎而生者是。同是忽然。吾人於新生不謂無神識，乃致疑於復生之不當另有神識，何哉？此事，要信只合篤信下去，不信亦由人。仔細推求，極是自苦。因此事萬不可以理智解決也。先生曰：不妨細理會。宰翁曰：吾夙昔對此極苦過心來，情感上總覺信得及，亦足安慰。理智推求，又没證據。初與兄會面，猶好提出此問題，亦頗憶否？年來將此付之不問，問了終無答案，何必虚問。又吾儕有一日之生，盡一日之人道，亦不必待有輪回而後安慰也。先生曰：言有輪回，不過將我之生命上推之至於無始，下推之極於無終。誠如其説，則長劫輪回，不知曾幻作許多衆生身，是即有無數之我。若無輪回，則我獨出長劫中之某一期，更無第二之我。如是，則我之價值，豈不更重大？我之生活意義，豈不更優美？宰翁笑曰：誠然誠然。

吾因先生變更輪回觀念，恐其《唯識書》不復作，乘間致問。先生曰：將另造《新唯識論》也。復問：近來主張如何？曰：只是方便顯示本體。本體無從直揭，故須方便。問：或言先生之學，乃融會貫穿於此土三玄及梵天般若之間，然歟？先生曰：亦説得似。又曰：唯識更張，是一大事。若精力不虧，得就此業，極於真理有所係也。又問：般若之旨可得聞歟？先生曰：此難爲汝言也。般若只是破執，然徒在知解上做工夫亦不相干，須是自見本心。禪家實通般若，不了禪而學般若，不會有入處。但對汝説此，亦是閑言語。然汝且置之腦中，將來若能進而用力於禪家與般若，好自理會，或於吾今者之説有默契也。不然者，吾終是閑言語。

暑假隨師南下，寓杭州西湖法相寺。師病中不得執筆，猶時運思。一日問之曰：師昔不主衆生同源説，今若作《新唯識論》將如何？師曰：吾舊宗護法唯識，則以實體爲交遍，而非是一體。由今思之，此不應理。只是一體，那得多元？吾今者仍持同源説也。復問：同源之説可徵乎？曰：此固可於生物學上舉其徵，如柏格森哲學是已。我卻不用拿生物學來做根據。我是直接反求諸心，見得此意。記得我少時看王陽明《大學問》，自以爲解得，由今思之，當時確是以不解爲解，如今倒是真解得。《大學問》篇云："大人之能以天地萬物爲一體也，非意之也，其心之仁本若是。其與天地萬物而爲一也，豈唯大人，雖小人之心亦莫不然，彼顧自小之耳。是故見孺子之入井而必有怵惕惻隱之心焉，是其仁之與孺子而爲一體也；孺子猶同類者也，見鳥獸之哀鳴觳觫而必有不忍之心焉，是其仁之與鳥獸而爲一體也；鳥獸猶有知覺者也，見草木之摧折而必有憫恤之心焉，是其仁之與草木而爲一體也；草木猶有生意者也，見瓦石之毀壞而必有顧惜之心焉，是其仁之與瓦石而爲一體也。是其一體之仁也，雖小人之心亦必有之，是乃根於性而自然靈昭不昧者也。"詳此，則同源之義，有明徵矣。所謂與萬物而爲一體之仁者，仁即源也。我與萬物所同焉者也，是無形骸之隔，物我之間，故痛養相關也。否則根本互不相通，見孺子入井乃至見瓦石毀壞，其有惻隱與顧惜之心也哉？至理只在當身，人乃由之而不著焉，習矣而不察焉。道在邇而求諸遠，事在易而求諸難，所以爲學者之大患也。吾乃今日於此見得真切有味。同源之説，無復疑矣。復問：師今日見地，果自陽明入乎？曰：難言也。謂吾自陽明入，不若謂吾自得而後於陽明之言有深入也。程子曰："吾學雖有所授，而天理二字却是自家體認出來。"古今幾人會得此意？

問：先生初不主同源説，以謂若由其説，則吾人生命將外藉而憑虚。引見前文。今日意思云何？先生曰：我昔時極是錯誤，如今自不是那般意思。問：近來意思可得聞歟？先生曰：這道理好難説。在人情計度，則以爲説到同源，好像是外於萬物而别建立一個公共的大源，叫他做宇宙實體，我與一切人和物都從他分賦而出生，如大海中幻起許許多多的浮漚一般。每一浮漚是大海水所分賦的，所以浮漚自己不實，乃外藉大海水而暫時幻現者。所以，我底生命不是我元來自具自足。舊稿外藉而憑虚之説，蓋即此意。如上所説，若道那般話竟是麽，則已墮入邪見，不可救藥了。欲道那般話不是呢，我也没有好語言來説明我今者之所謂是，以别於那般話之不是了。因爲語言是實際生活的工具，是表示死物的符號。這道理是迥超實際生活的，是體物不遺而畢竟非物的，如何可以語言來說得似？雖復善説，總不免把他説成呆板的物事了。大抵同源云者，雖已承有萬物公共的大源，而他謂公共的大源，下皆準知。畢竟不是外於萬物而别爲空洞獨立之一物。他是遍爲萬物實體，無有一物得遺之以成其爲物者，萬物皆以他而成其爲萬物，我固萬物之一，即亦以他而成其爲我。所以，我與一切人和物，雖若殊形，而語及實性，則是渾然一體。性者體之異名。一體故無内外。無内外故，亦無彼此。無奈人生來便把形骸執着了，執即是惑。易言之，即起我執了。此處吃緊。既執有我，同時即妄分别有與我對待之一切人和物。於是，内我而外人，内我而外物，則忽爾有内外矣。我也，人也，物也，互相對待，即忽爾有彼此矣。從兹已往，封畛釐然，遂不能返會到本來一體上去。若是除去計我之執，這内外彼此等疆界，便一齊打破，立時了悟本來一體，并無奇怪。即如前舉漚海喻，只是把浮漚分别執之爲一個一個，即妄執有漚之相，遂以爲無量漚外有大海水，所以成邪見。若是不執漚相，便於無量漚而洞見舉體是大海水，了無内外彼此可以分劃。這豈不是正見麽？所以，吾今者之見，與昔日那般話，所辨只在毫釐。總之，吾人若能破妄執，返會到本來一體上去，即是安住於實體。安住者，自守而不遷之意，非謂我與實體爲二，以我安住在他裏面。此須善會。吾人由妄執故，遂化於物而失其本體，便是遷了，安住則反是。到此，自本自根，尚何外藉之有，尚何憑虚之有？若不了此，抛却自家無盡藏，將弱喪而不知歸。此等人生活浮虚，直是救他不得。

問：人生設有輪回，似亦足慰。先生曰：吾學在見體。人能安住於實體，超越個體的生存，即没有爲達個體生存之目的，而起之利害計較。易言之，即不爲生存而生存。如此，無恐怖，無挂礙，何待有輪回爲之安慰？輪回觀念卻是要求個體恒存的觀念。宰平先生昨又説，這便是要求自我生存的不斷，即所謂計常之見。吾亦曰，佛家言無我，其實大有我在。

問：人情總難抛卻個體觀念，若無輪回，則個體的生命等於曇華一現，奈何？先生曰：個體本是實在的，如我和你在此，是分明顯現着，那是夢幻泡影的？問：其如死後没有何？先生曰：是須談三世義。過去、現在、未來。三世，説有便都有，説無便都無。説無者，謂過去已滅故無，現在不住故無，未來未生故無。若爾，三世都無，輪回亦是虚立。説有者，謂過去實有於過去，現在實有於現在，未來實有於未來。如此，則汝個體的生命實有於現在世中，是亘古不磨的。準此以談，死後有無，不必與輪回有關。

先生曰：自省思慮不易放下，或發一問題不得解决，即留滯胸中，左右思維，旁求之事事物物，冀得其徵。然理之至者，非可離於事物而求之，更非可泥於事物而求之。人但知不可離事物而求理，惡知其不可泥事物而求理哉？吾嘗因一疑問，多端推徵，往復不决。心力漸疲，而游思雜慮乘之以起。然有時神悟焕發，不慮而得。亦有推徵既倦，不容不休，久之措心於無，忽爾便獲。更有初機所遇，本無差謬，後漸推求，轉生疑惑，旋因息慮，偶契初機。總之，窮理所病，唯一泥字。泥則神累而解不啓。泥者，全由吾人在現實生活方面所有知識，早於無形而深遠之途徑中組成複雜之活動體系，爲最便於現實生活之工具，此工具操之已熟，故於不可應用之處亦陰用之而不覺，此所以成乎泥而爲真理之賊也。

《易》有太極，太極即乾元也。非更有爲乾元之所從出者名太極也。乾道，進進也，變動不居也，生生不息也，故謂之元。坤實非元，其體即乾也。

乾爲神，坤爲器。以在人者言之，形體器也，屬坤；心則神也，屬乾。神者固器之體，器成則神即器而存，故不可離器而求神。凡有質，皆器也，即皆神也。然器有畛域，神則無畛域。一器别具之神，與宇宙統體之神，實不可得而分隔也。昧於此者，乃以器之有畛域，而疑神之亦有畛域，此神我神識諸説所由作也，是大惑也。器成而礙，不能不毁。然器有成毁，無斷滅，如花有凋謝，而花之類不絶。神者萬物之統體，乃生生無熄，時時捨其故而更新也。一器之成也，即資於統體之神而成其體焉。既成，則猶息息資於統體之神以相續，及其頑鈍而不能復資於神以續成，則毁矣。故器之既毁，而猶冀有個别之神不隨此器俱毁者，則未知此器未毁已前，雖若有别具之神，而實即是統體之神。固不可以器之成其個别，而疑神之亦爲個别矣。神必著見而成乎器，宇宙未有蕩然無器之一日也。然執器者，則昧乎神。

老氏言玄牝，與《易》言太極義通。

《論語》記孔子"五十而知天命"。又曰："五十以學《易》，可以無大過矣。"足徵孔子到五十知命，故其治《易》也，實足以發明此理，無復過誤也。子貢曰："夫子之言性與天道，不可得而聞也。"非聞之而真有得者不能出此言也。然則夫子固嘗言性與天道，子貢既聞之而有得矣。今考之《論語》，罕載性道之言，豈其絶無紀述歟？以理推之，當不其然。蓋性與天道之談，别載《易傳》故也。《繫詞》等作，當是孔子親筆。七十子或有附益耳。自夫子贊《易》，而後《易》始爲哲學思想之書。故求孔子學者必於《易》。

莊子深於《易》者也，實孔學之支流。莊子談變化極精，直自《易》出。

一友極能注意自家生活，然未免失之緊迫。時或追尋人生有無意味，或自苦究何爲而生。先生慮其成病也，乃語之曰：在生活上追求意味，此是由於有我之私無形在裏面作祟。務須放下一切追求。不然，被他糾纏到死不得解脱。若問何爲而生，此問無理。生豈有所爲乎？有所爲者，是人意之私，不可以推求生理也。至生活之安定不安定，此大須注意。汝之本心自是安定，如何而有不安定耶？吾不欲向汝深談理道，但勸汝自見本心，順本心而行即安，違其本心即不安。若問何謂本心，則汝不須窮索。我責汝飽食終日無所用心，汝即時羞惡起來，只此羞惡之端，是汝良知，是汝本心，是汝生理，亦是天地之根。汝自見得透，自信得過，便隨順行去。日用間，吃飯、穿衣、看書、散步、應事接物，乃至臨難處危，一一順此本心行去，平平穩穩。《禮》所謂"臨財毋苟得，臨難毋苟免"，《論語》所謂"居處恭，執事敬，與人忠"，陽明所謂"事父便知孝，事兄便知弟"，皆此心也。誠如是，尚何危殆不安之有耶？又吾每教汝看書，汝便自較量云，看了某書，强索些空洞知識，毫無趣味，是於吾生活有何干係。汝這種見地，大是謬戾。須知汝心不在事物中，而亦不離開事物以獨存。事事物物都是仗托汝心而成其爲事物；汝心復是仗托事物而現起方名爲心。一物之理未究，一事之理未窮，汝便將自家元來廣大底心剥蝕了，狹小了，如之何其可哉？空洞也，没趣味也，無干係也，都是喪心之病，猶不悟耶？

陳聚英初見師，請示看何書。師語之曰：且勿遽説看何書，汝欲堂堂巍巍作一個人，須早自定終身趨向，將爲事業家乎，將爲學問家乎？如爲學問家，則將專治科學乎，抑將專治哲學或文學等乎？如爲事業家，則將爲政治乎，或爲農工等實業家乎？此類趨向決定，然後萃全力以赴吾所欲達之的，決不中道而廢。又趨向既定，則求學亦自有專精。如趨向實業，則所學者，即某種實業之專門知識也；趨向政治，則所學者，即政治上之專門知識也。大凡事業家者所學必其所用，所用即其所學。此不可不審也。如趨向哲學，則終身在學問思索中，不顧所學之切於實用與否，荒山敝榻，終歲孜孜，人或見爲無用，而不知其精力之綿延於無極，其思想之探賾索遠，致廣大，盡精微，灼然洞然於萬物之理，吾生之真，而體之踐之充實以不疑者，真大宇之明星也。故寧静致遠者，哲學家之事也。雖然，凡人之趨向，必順其天才發展。大鵬翔乎九萬里，斥鷃搶於榆枋間，各適其性，各當其分，不齊而齊矣。榆枋之間，其近不必羨乎遠也。九萬里，其遠不必驕於近也。天付之羽翼而莫之飛，斯乃不盡其性，不如其分，此之謂棄物。吾向者欲以此意爲諸生言之，又懼失言而遂止也。汝來請益，吾故不憚煩而言之，然吾所可與汝言者止此矣。汝能聽與否，吾則以汝此後作何工夫而卜之也。若猶是昏昏懵懵，漫無定向，徘徊復徘徊，蹉跎復蹉跎，歲月不居，汝其虚度此生矣。

有柳君者問曰：先生屢教人於學問或事業求一成，得毋功利之見耶？先生曰：是何言哉？功利者，有所爲而爲也。學問與事業之期成，則人自充實其生活之力量，只盡己而已。豈有所爲而爲哉？先儒云“盡己之謂忠”，凡人無一成者，只是不忠。

學人即以學問爲其興趣，作事者即以事業爲其興趣。努力於學問或事業之場，勤奮增愉快，愉快增勤奮，此謂嘉興美趣，此謂豐富之生活。若人求學作事而有競名趨勢逐利等念，則是有所爲而爲之，即心溺於鄙細，便没興趣，而淪於枯槁之生活，是可哀已。

劉念僧問：聲生論師説聲從緣生已，便是常住，此何所據？先生曰：以今日留聲機驗之，聲生家言似有相當理由。然格以大乘之義，則留聲機中之聲，亦非常住，只是刹那刹那生滅相續。此聲於前刹那生已便滅，後刹那有似前聲相續而起，非前聲能住至後。俗不了此，乃計常住。故聲生説，畢竟不符正理。

先生曰：人謂我孤冷，吾以爲人不孤冷到極度，不堪與世諧和。

事不可意，人不可意，只有當下除遣。若稍令留滯，便藏怒蓄怨，而成爲嗔癡習氣，即爲後念種下惡根，永不可拔。人只是自己對於自己作造化主，可不懼哉，可不懼哉！

偶見師於案頭書紙云：説話到不自已時，須猛省而立收斂住。縱是於人有益之話，但説到多時，則人必不能領受，而自己耗氣已甚。又恐養成好説話之習慣，將不必説、不應説、不可説之話，一切縱談無忌，雖曰直率，終非涵養天和之道。而以此取輕取侮取忌取厭取疑於人，猶其末也。吾中此弊甚深，悔而不改，何力量薄弱一至是哉！

漱師閲同學日記，見有記時人行爲不堪者，則批云含蓄爲是。先生曰：梁先生宅心固厚，然吾儕於人不堪之行爲，雖宜存矜憐之意，但爲之太含蓄，似不必也。吾生平不喜小説，六年赴滬，舟中無聊，友人以《儒林外史》進，吾讀之汗下。覺彼書之窮神盡態，如將一切人及我身之千醜百怪，一一繪出，令我藏身無地矣。準此，何須含蓄，正唯恐不能抉發痛快耳。太史公曰：不讀《春秋》，前有讒而不見，後有賊而不知。亦以《春秋》於讒賊之事，無所不言，言無不盡，足資借鑒也。吾惡惡如《春秋》，不能爲行爲不堪者含蓄。故與梁先生同處多年，而言動全不一致。汝儕亦各自行其是可也。

一日，師聞人言，將買鷄而殺之。師曰：買已殺者可也。取一生物而殺之，不必也。其人曰：此不澈底之殺生也。師默然久之曰：設責吾不澈底戒肉食，則吾唯有自承其罪，拊胸沉痛而已。若以不澈底殺生爲可非笑者，此何忍聞？使殺生而可澈底做去，則人之類其絶久矣。留得一分殺生不澈底之心，即宇宙多一分生意。願與世人共策勵也。

一友讀李恕谷書，師過之，某因問先生對恕谷有無批評。先生曰：吾看船山、亭林諸先生書，總覺其惇大篤實與天地相似，無可非議。他有時自承其短，而吾并不覺他之短。看李恕谷書，令我大起不快之感。説他壞，不好説得，説他不壞，亦不好説得。其人馳鶩聲氣，自以爲念念在宏學，不得不如此。然船山正爲欲宏學而與世絶緣。百餘年後，船山精神畢竟流注人間。而恕谷之所以傳，乃附其師習齋以行耳。若其書，則不見得有可傳處。然則恕谷以廣聲氣爲宏學者，毋亦計之左歟？那般虜廷官僚，胡塵名士，結納雖多，惡足宏此學。以恕谷之聰明，若如船山絶跡人間，其所造當未可量，其遺留於後人者，當甚深遠。恕谷忍不住寂寞，往來京邑，揚譽公卿名流間，自荒所業。外托於宏學，其中實伏有馳鶩聲氣之邪欲而不自覺。日記雖作許多懇切修省語，只是在枝節處留神，其大本未清，慧眼人不難於其全書中照察之也。恕谷只是太小，所以不能如船山之孤往。吾於其書，覺其一呻一吟、一言一語，無不感覺他小。習齋先生便有惇大篤實氣象，差可比肩衡陽、昆山。凡有志根本學術者，當有孤往精神。

師語雲頌天曰：學者最忌懸空妄想，故必在周圍接觸之事物上用其耳目心思之力。然復須知，宇宙無窮，恃一己五官之用，則其所經驗者已有限。至妄想所之，又恒離實際經驗而不覺。船山先生詩有云"如鳥畫虚空，漫爾驚文章"。此足爲空想之戒。故吾儕必多讀古今書籍，以補一己經驗之不及。而又必將書籍所發明者反之自家經驗而辨其當否。若不爾者，又將爲其所欺。

頌天可謂載道之器，惜其把知識看輕了。他也自責不立志，卻没理會志非徒立，必見諸事。少年就學時，則窮理致知是一件大事。此卻靠讀書補助。於此得著門徑，則志氣日以發舒，否則空懷立志，無知能以充之，畢竟是一個虚餒的漢子。吾觀汝儕平日喜談修養話頭，而思想方面全未受訓練，全未得方法，并於無形中有不重視之意。此吾所深憂也。觀頌天昨日所書，仍是空説不立志，而於自己知識太欠缺，毫不感覺。充汝輩之量，只是做個從前那般道學家，一面規行矩步，一面關於人生道理，也能説幾句懇切語、穎悟語。談及世道人心，亦似惻隱滿懷，實則自己空疏迂陋，毫無一技之長。尤可惜者，没有一點活氣。從前道學之末流，只是如此。吾不願汝儕效之也。

先生戒某君曰：吾一向少與汝説直話，今日宜披露之。汝只是無真志。有真志者不浮慕，脚踏實地，任而直前。反是，則昏亂人也，庸愚人也。汝於自家身心，一任其虚浮散亂，而不肯作鞭辟近裏工夫。頌天知爲己之學，而汝漠然不求也。嘗見汝開口便稱羅素哲學，實則汝於數學、物理等知識，毫無基礎。而浮慕羅素，亦復何爲？汝真欲治羅素哲學，則須在學校切實用功，基本略具，始冀專精。爾時近於數理哲學，則慕羅素可也，或覓得比羅素更可慕者亦可也。爾時不近於數理哲學，則治他派哲學或某種科學亦可也。此時浮慕羅素何爲耶？汝何所深知於羅素而慕之耶？君子於其所不知，蓋闕如也。至其所篤信，則必其所真知者矣。不知而信之，驚於其聲譽，震於其權威，炫於社會上千百無知之徒之展轉傳説，遂從而醉心焉，此愚賤污鄙之尤。少年志學，寧當爾哉？天下唯浮慕之人最無力量，决不肯求真知。吾不願汝爲此也。汝好名好勝，貪高騖遠，不務按步就班着工夫。一日不再晨，一生不再少，行將以浮慕而畢其浮生，可哀也哉。

先生一日立於河梁，語同學云：吾儕生於今日，所有之感觸，誠有較古人爲甚者。古之所謂國家興亡，實不過個人争奪之事耳。今則已有人民垂斃之憂，可勝痛乎？又吾人之生也，必有感觸而後可以爲人。感觸大者，則爲大人。感觸小者，則爲小人。絶無感觸者，則一禽獸而已。曠觀千古，感觸最大者，其唯釋迦乎？以其悲願攝盡未來際無量衆生而不捨，感則無涯矣。孔子亦猶是也。“鳥獸不可與同群，吾非斯人之徒與而誰與？”何其言之沉切也。“老者安之，朋友信之，少者懷之。”程子謂其量與天地相似，是知孔子者也。

爲學，苦事也，亦樂事也。唯真志於學者，乃能忘其苦而知其樂。蓋欲有造於學也，則凡世間一切之富貴榮譽皆不能顧，甘貧賤，忍澹泊，是非至苦之事歟。雖然，所謂功名富貴者，世人以之爲樂也。世人之樂，志學者不以爲樂也。不以爲樂，則其不得之也，固不以之爲苦矣。且世人之所謂樂，則心有所逐而生者也。既有所逐，則苦必隨之。樂利者逐於利，則疲精敝神於營謀之中，而患得患失之心生，雖得利，而無片刻之安矣。樂名者逐於名，則徘徊周旋於人心風會迎合之中，而毁譽之情俱，雖得名，亦無自得之意矣。又且所逐之物，必不能久，不能久則失之而苦益甚。故世人所謂樂，恒與苦對。斯豈有志者所願圖之乎？唯夫有志者不貪世人之樂，故亦不有世人之苦，孜孜於所學，而不顧其他。迨夫學而有得，則悠然油然嘗有包絡天地之概。斯賓塞氏所謂自揣而重，正學人之大樂也。既非有所逐，則此樂乃爲真樂，而毫無苦之相隨。是豈無志者所可語者乎？

有張君者，謂佛家教人禁欲。先生曰：此大謬之言也。欲可禁乎，欲能禁而絶乎？人心者非頑然一物，其間前念方滅，後念即起，遷流不息，亦如河海之流而無窮也。今欲人欲之不起，惟務抑之遏之，不知欲之起也無已，抑之遏之亦無已。是非如治水之壅塞其流，終將使之决於一旦，滔天而不可挽乎。吾意佛家教人，不應如此。蓋不在禁欲，惟務轉依。轉依者，轉移此心之傾向也。知欲之不可禁，惟移此心之傾向而令其依於善，則念念向上，將邪欲不禁而自伏除。譬之治水者，順流疏决以就正道，則流既暢，而泛濫之禍自免也。他日，先生又曰：儒者亦有把人欲看做是天理之敵人而必欲克去之者，此亦大錯。夫欲曰人欲，則亦是人之欲也。人之欲，其可盡去乎？使人之欲而可盡去，除非人不生也。人既有生，便不能無人欲，如何盡去得？大抵人欲所應去者，只是不順理之欲。吾人見得天理透，只是良知不汩没耳。使天理常作得吾身之主，則欲皆從理，而飲食男女莫非天理中事矣。

佛以大雄無畏，運其大悲。見種種顛倒癡愚衆生，種種苦惱逼迫境界，都無憤激，都無厭惡，始終不捨而與之爲緣，盡未來際，曾無息肩。其悲也，其大雄無畏也。吾儕憤世嫉俗，不能忍一時之亂，幽憂愁苦，將荒其業，此實淺衷狹量之徵。故知抱悲心者，必先養大雄之力。不能大雄無畏而徒悲，則成爲陰柔鬱結，而等乎妾婦之量已。

社會只是各種勢力匯聚而相激相蕩。這邊勝了，那邊便負，難道他好壞。好壞之見，出於自家主觀。遇着利害衝突的方面，以主觀而判斷他底好壞，如何靠得住？

人類不齊，智愚善惡廉污靈蠢種種差别，萬不能盡納於至善之境。然而聖哲之心，總期一切人趨歸至善。要其用力之方，則亦只就當躬所及接者，積誠以動之。其所不接者，以心量涵之而待其自感。有效與否，要自不計。

凡人言動間，自覺欲情流露，自知慚愧，此則無害。若自己流露於不覺而爲他人所覺者，則他人代爲慚愧而自己反不知，斯可畏耳。人非力學，難言去俗。知識道德高一分，俗情方去一分。

人生本來是好的，絶没有夾雜一點壞的。其所以有不好者，因爲他梏於形，囿於習，纔與宇宙隔絶，把本來的好失掉了。

人生在社會上呼吸於貪染、殘酷、愚癡、污穢、卑屑、悠忽、雜亂種種壞習氣中，他的生命，純爲這些壞習氣所纏繞，所蓋覆。人若稍軟弱一點，不能發展自家底生命，這些壞習氣便把他底生命侵蝕了。浸假而這些壞習氣檢直成了他底生命，做他底主人翁。其人縱形偶存，而神已久死。

凡人當自家生命被侵蝕之候，總有一個創痕。利根人特别感覺得。一經感覺，自然奮起而與侵蝕我之巨賊相困鬥，必奏廓清摧陷之功。若是鈍根人，他便麻木，雖有創痕，而感覺不分明，只有宛轉就死於敵人之前而已。

馮炳權問：每聞人説，有時心中理欲交戰，豈一念中理欲并起而交抗耶？先生曰：一念無理欲并起，乃是前後念迭起，人不之察，以爲仍是一念中事耳。如初念本循理，次念計較生，即欲之動也。又次念或不以從欲爲然，此即天理偶現。又次念或憚於從理，即欲復熾。如是理欲迭起，至最後一念，或理勝欲，或欲勝理。常人心情，大抵如是，但念之起滅甚速，彼往往以多念爲一念也。

凡人敬慎之畏不可無，怯弱之畏不可有。自審有一分怯畏，須將根拔去。

聖賢自有至情，大奸雄亦復多情。奸雄如不多情，何能收籠群倫爲之效命哉？其多情，非盡僞也。盡僞必不能使人。曹操既貴，不忘死友之女。祭喬玄文，感懷知己，一往情深。其他吊舊之詞，亦令百世下讀者可歌可泣，豈可以僞爲哉？特不能率性以治情，其情日以流於雜妄，故不得爲聖賢耳。以是知人未有無情而足爲人者也。唯昏惰人乃斲其情。

智大者必富幽情。探賾索遠，極深研幾，解悟所至，情味俱永。情薄則無以資解之深到。

爲學最忌有賤心與輕心。此而不除，不足爲學。舉古今知名之士而崇拜之，不知其價值何如也，人崇而已亦崇之耳。此賤心也。輕心者，己實無所知，而好以一己之意見衡量古今人短長，譬之閱一書，本不足以窺其藴，而妄曰吾既了之矣。此輕心也。賤心則盲其目，輕心且盲其心。有此二者，欲其有成於學也，不可得矣。

先生嘗自言，當其爲學未有得力時，亦曾盲目傾仰許多小大名流。言已而微笑。予因問曰：先生對昔日所盲目傾仰者，今得毋賤之惡之耶？先生曰：只合憐他，賤惡都不是。

潘從理問：有某君者言，任事者必愚，智深者利害分明，即不肯任事。先生曰：不知某君所謂智者爲何如之智，其所謂愚者爲何如之愚也。仲尼謂寧武子愚不可及，武子之愚，非世俗所謂愚。以其不作一己利害計較，對凡人之小慧而言，乃假説爲愚，所謂正言若反也。武子之愚，實乃超出俗情，無私無礙，神全而鑒無不周，故可任重而不疑，履危蹈難而不避。若乃世俗愚夫直任凡情衝動，於事理毫無了别，但憑其血氣方剛，因緣時會，亦得奮躍以有功。漢高所謂功狗，正謂此輩。然名之爲功狗，則功不由己，而當歸諸發蹤指示者亦明矣。發踪指示者人也，大智者也。高帝但以之許蕭何，近之矣。亡友劉子通曰：大事業家之頭腦，與大哲學家及大科學家之頭腦一般複雜，只應用不同。可謂知言。若不辨乎此，將以武子之愚與諸兵子之愚并論，自非無目，孰有睹大明而擬諸爝火之微芒也哉？

世俗所謂智者，大抵涉獵書册，得些膚泛知識，歷練世途，學了許多機巧。此輩元來無真底藴，無真知見。遇事只合計較一己利害，其神既困於猥瑣之地，則不能通天下之故，類萬物之情，只是無識之徒。凡人膽從識生，今既無識，便無膽，如何做得大事。

唯不計利害，纔能看得利害分明。常人計較利害，其神已昏，那得分明。不計利害底人，亦有差等。略言之，仁人以至誠任天下之重，死生以之，更計甚利害。諸葛公便是此等人。光武、宋祖，亦近於仁。次則英雄豪傑，雖無仁人之至誠，要其大體上總是趨向正路坦途，不過功名心重，所謂伯者一流人，他卻富於責任心，敢以身任天下之重，故亦將死生置之度外，所以不眩於利害，神解超脱，明燭萬幾。漢高、唐太、明祖輩，皆此類也。蕭何、張子房之徒，亦其次也。唐太宗是晚周已後第一有大規模有大雄圖底人物。即漢高、明祖，初舉事時，亦俊偉不易及，迄成功後，血氣衰而慮患又深，始多敗行，然明祖卻狹小，不敢望漢高。

中國古來之道德信條，其繫於人心者，常使賢者不忍干，不肖者不敢犯。蓋數千年來所積之勢力，中於人心之深如是。乃近日歐風東來，舊有之道德信條，國人視之廢然無足重，遂使不肖者有所借口，公然冒大不韙而不顧，是其不敢之情絶。浸假習僞以爲正，而賢者不忍之心亦將竊乎無存，樊籬決而人欲肆，天下滔滔，日趨於禽獸而不知，可無痛乎！今人動口説舊道德不足保存，此緣不辨道德與倫理之分，故無知而横決。夫倫理有隨時制宜者，可云有新舊。如夫婦之倫，古者丈夫擄掠婦女爲淫樂而已，無所謂匹偶之重也。後聖制禮以明人道，始尊伉儷。此隨時制宜，有新舊之異也。古者有朋友一倫，師弟之誼，未聞特異。中世聖人隆道術而尊師教，遂著在三之義。此又制時之宜而新舊異也。至於人權明，帝制革，而君臣之倫以廢。今日居官任職，長屬之分，必不可擬於古之君臣。舉此數例，以徵倫理實分新舊。若夫道德則異是，乃貞於性而通萬變以不易焉。如忠之爲道德也，古者以之忠於君，今可謂其舊而不適用乎。毋自暴棄，所以忠於己。執事敬，所以忠於職務。爲國民争得平等自由，所以忠於民衆。爲人類倡明真理，所以忠於人類。準此以談，忠之爲道德也，其可謂古之所以事君者，今不宜存乎？先儒云“發己自盡之謂忠”，如此訓忠，甚好。發字大有力，兼生發與發散兩義。而所謂己者，言乎己之所存也。發己者，發其所存也。本乎己所固具之良知良能，與凡學之所得，知之所及，思之所通，心之所信，當其不得不發，如草木底生力發不自已一般。沛然發之而無所餒。易言之，直是盡他一己生得與繼長底整個的生活力，油然暢發，極充實而無所虚，無所僞，無所餒，所以謂之忠也。忠之道德，如有一息之絶於人，則人類滅矣。此何所謂新舊之異耶？曾子任重道遠，死而後已，諸葛鞠躬盡瘁，死而後已，都是發己自盡，都是個忠。一友問曰：大哉先生之説忠也。然曾子曰“爲人謀而不忠乎”，爲人謀者，不必盡關鉅計，遇一細事，亦矜矜求忠耶？先生曰：汝誤矣。吾所謂忠者，只是自家生活力充實不已，而其著見於日用酬酢者，自然隨其所感，無鉅無細，而莫非充實不已之全體流行，絶無些子虚餒。這個體段，已是内外融一。元來不曾立心在事上去較量，於事無較量，即不以事爲外來；事既非外，則心亦不名爲内，這便是内外融一的全體。讓他隨在迸發，渾是個忠。若不到此境界，自然要在事上去較量鉅細。纔於事起較量，卻已内外隔礙，辨不得忠來。即在他認爲鉅計，勉强做得濟事，亦是依仿揣摹，貌似忠而實不由乎忠也。然初學且未要説到内外融一，最好學曾子底三省。曾子只是把他認爲要緊的三件事，時時警醒此心，存之於豫，久存而熟，即便擴充得開。問：曾子卻以忠爲三省之一，與先生言忠自不同。曰：義有廣狹，儘可會通。交友之信，即忠也，傳習亦忠也。乃至萬善，皆忠也。

賴典麗云，嘗聞諸先生曰：吾人做學問，是變化的，創造的，不是拉雜的，堆積的。此如吾人食物，非是拉雜堆積一些物質而已。食後必消化之，成爲精液，而自創新生機焉。若拉雜堆積之物，則是糞渣而已。學問亦然。若不能變化創新，則其所謂學問，亦不過糞渣的學問而已。

先生因事責某友，遂誡同學云：對人不可隨便看作無意思無主張。被人作如是看者，亦不宜輕受。凡人隨時隨事總要有力量。一言一行，不可苟且。有苟且，便當知改。不如是而能成人者，未之有也。來此共學，大家醜處錯處，不妨公開，互相磨勵，以底於成。人未至聖，孰能無過，在相諒相戒而已。

先生昨在曹州，因一事誤疑梁漱溟先生，大怒。梁先生亦不辯。先生蓋久之而後自知其誤，以告陶開士先生。開翁曰：疑而不匿，悟而能改，觀過知仁矣。

天下有真愚人，無真惡人。所以無明是萬惡之首。佛家説無明，即愚之異名。此意深微，千古幾人真會得。他要説會得，只是他底會得。問：不見古今惡人都是愚人。先生曰：如袁世凱不爲華盛頓，卻學朱温，你道他是大惡是大愚。聞之，豁然有省。

惡莫大於俗，俗莫偷於膚淺。這是船山真知實見語。只此求解人不易。清末以來，許多名流以其膚淺的知識，胡亂鼓吹，胡亂倡導，真正造惡不細。梁任公頗自承有些誤人，亦是不可及處。

先生游圓明園故址，吾隨侍。先生語我曰：昔余不信人生有自由，因爲一個人在未生已前，早經旁的東西把他底生命規定了。你若不信，試想你底一切知慮情感及行爲，那有一點一滴不受社會上學藝、政教、風俗、習慣，與其他各種固有的勢力底陶鑄。易言之，你底整個的人生，都是社會造就的。社會是一個鴻爐，也是一個造化主。他在你未生已前，早先安排了種種模型，使你生來便投入模型中。你底種種活動，無非依着這模型做些填實工夫。如此説來，人生那得有自由？問：先生今日意思如何？先生曰：如今又覺得人生真自由。何以故？自由是相對的名詞，在限制之中，而有自强、自動、自創，以變更不合理的限制底餘裕，這纔叫自由。若是無限制，又從何見出自由？社會底種種模型，因然制限了我人底生命，但是我人如果不受他底固定的不合理的限制，儘可自强起來，自動起來，自創起來，破壞他底模型，變更他底限制，即是另造一個新社會，使我和我底同類都得展擴新生命。如此，豈不是人生有大自由麼？又曰：中土聖哲是主張人生有自由，如《易》與《中庸》説聖人範圍天地，曲成萬物，及位育參贊等功用。你看他主張個人自由的力量多麼大。晚近諸儒也嘗道，個人有轉移風會的能力和責任，亦是主張自由。我們若是把個人屈伏於社會，使得大家湊成一副死機器，便與宇宙變動不居的生機太相違戾，是大不幸的事。

問：若極端主張個人自由，莫亦有弊否？先生曰：且如汝一身，五官百體，那可有一部分失掉他的作用？社會元來是複雜的，是千差萬别的，不是單純的。各個人任他底意志和思想技能自由的充分發展，即是各方面都無欠缺，成功一個發育完全的社會，如何不好？又曰：如果抹殺了個人的自由，則社會裏之各分子，其最大多數變成機件，將由一部分特殊勢力崛起而擺弄之。芻狗萬物，莫此爲甚。又曰：社會每爲暴力劫持之，以轅轢個人，使個人敢怒而不敢言，是極悲慘事。

問：先生既主張個人自由，卻贊許聖人曲成萬物，及儒先轉移風會等説，在聖人或哲人有如此偉大底功用，誠哉其自由矣，而被曲成被轉移者，得毋爲其芻狗耶？先生曰：就人底本性説，元無差别。然人之形，則各自天成而不能齊等。天者，自然之謂。故智愚仁不肖，各因形限，如智愚即由腦筋襞積繁簡分。千差萬别。人類中，大智大仁不常出，下愚極不肖亦不必過多，唯中材居大多數耳。無論人類若何進化，這種差等，係根據於造化無心而法爾不齊之生理以成區别，終是無從去掉的。法爾猶言自然。若以爲將來進化時代之愚不肖，比於現在之愚不肖有進焉，則理之所可。設謂將來進化時代，其人皆大仁大智，一味平等，而無所謂中材及愚不肖者，是非癡人説夢乎？據此以談，則總總人類之中，竟未得有泯除差等之一日，而所謂愚不肖或中材之人，即皆賴有聖哲爲之曲成焉轉移焉，此事理之所固然而無容疑也。要其所以曲成之轉移之者，其道如何，則《中庸》一語盡之，曰："以人治人，改而止。"《朱子集注》曰："君子之治人也，即以其人之道，還治其人之身。其人能改，即止不治。蓋責之以其所能知能行。"《語録》曰：人人不自有許多道理，只是不曾依得這道理，卻做從不是道理處去。今欲治之，不是將他人底道理去治他，又不是分我底道理與他。他本有此道理，我但因其自有者，還以治之而已。又曰：未改已前，是失卻人道。既改，便是復得人道了，更何用治他？朱子解釋此義，極爲精審。準此，則所謂曲成之轉移之者，不是以一己私意去作弄他，或宰制他，只是以其人自有底道理，還以治其人之身，能改則止。如此，何曾芻狗萬物？若是以己意去作弄他，宰制他，使得他没有自己，那纔是芻狗他了。至如被曲成、被轉移者，雖藉他人提撕扶助，而確是以自力尋得自有底道理而自踐之，及其成功，與聖哲無殊。這是多大的自由，又何曾做過芻狗來？問：人既限於形，何以治之而能改？先生曰：人底本性，元不因形之偏而有差失。先生又云：形之所以成其爲形者，性也。形既成矣，便是性之所表著，而形不即是性，然性自在形中，與相默運。離形無别性在，如稻禾之所以成其爲稻禾者，以穀核中一點生機也。稻禾既成矣，便是生機之所發見，而稻禾不即是生機，然生機自在稻禾中，與相默運。離稻禾無别生機在。形性之分極難會，故强取譬以明之。只要人能努力，他底本性是好的，是可以改其愚不肖而進於仁且智的，形自然限他不得。唯中材已下之人，很容易安於暴棄，難得不受形限，所以須要有人治他。問：人既有形限，何以得相感通？先生曰：形雖有限，性是一體，不曾爾我性上可分疆界。一體如何不感通？先生又曰：歷史上底英雄思想，是以一己私意或野心去作弄或宰制他人。這纔叫芻狗萬物，是進化時代所不應有的。

問：極端的個人自由主義，恐流於爲我，而不知有社會，如何？先生曰：社會即個人的總體。個人與個人之間，無形地默默地有一種鈎鎖，所以聚總得攏而成功一個社會。這鈎鎖，就是人的天性，或曰本性。元來無形骸之間，無爾我之分。社會賴有此鈎鎖，作他成立的根本條件。雖則許多學者底眼光里，不肯承認有此鈎鎖。然這道理，不因人的承認纔有，亦不因人的不承認便無。我也不説社會所以成立，除此根本條件外，再不得有其他的條件。人生來有實際生活，利害問題，非常重要，也是驅率他去做合群的勾當。所以，利害問題，亦是社會成立的條件之一，但不是社會成立的根本條件。如稻禾之成，須具種子、水、土、空氣、日光、人工等條件，而種子獨爲根本條件，故根本條件之意義極嚴格。然而許多學者的眼光，只看利害，不曾思量有超越利害的天性。這樣，隳棄人生之所固有，低減人生之無上價值，生心害政，適足陷社會於混亂，或分崩的慘運。話到此，似牽遠了。我以爲，個人只要不汩没他底天性，儘管自由，决不至流於爲我之私，害及社會。須知自由便順着他底天性去發展，所以他底生活力充實，不受任何逆理的阻遏。至如爲我之私，正是生活力欠充實，纔落到小己底利害上作計較，這是因爲不自由纔顯現出來的。故汝所慮，個人自由，其流爲我，决無是處。

先生曰：印度外道有説植物有生命、有知覺。佛家力破之。實則外道所説近是。一友曰：佛家戒傷生，設許植物有生命，便非絶食不可，此其所以不許之故歟？先生笑曰：莫須有此意。又曰：佛家不肉食自好，若謂植物有生命，將亦不可食，則未免太不近理。天下事那可推類至盡？推到盡頭，便没行處。又曰：植物供動物滋養，也是造化之妙。先生徐曰：不是有造化者。問：人食動物，畢竟不合歟？先生曰：看他和人一般感覺痛癢，似不應食之。且人食動物之習慣，自是從獸性遺傳得來。

今人都不感覺他底本心陷溺已深的痛癢。

今人都失掉了本心，只一味逞嗜欲，奢淫無度，貪求無厭。使意氣。安其危，利其災，樂其所以亡者。

問：昨聞先生講唯識，説人各一宇宙。此理初聆之似茫然，後來静思得之，卻甚平常。如甲乙二人同時比肩并立看着一杯子，實則甲看的是甲底杯子，乙看的是乙底杯子。因甲和乙雖同時站在一列的空間，但左右底距離已不同，而各人神經感觸的速率亦不同，光綫的接觸互相差殊。所以，甲乙兩人的杯子，實在不爲一個。只此便是人各一宇宙底道理，先生以爲如何？曰：這段話自是。卻須知吾所謂人各一宇宙者，是據染識分上說。此識受了染污故名。染識便各不相通，所謂人心不同如其面者即此。若論清凈本心，便是一體流通，那得互相隔障成許多宇宙。且如稷思天下有饑者猶己饑之也，禹思天下有溺者猶己溺之也，汝道禹稷是與天下人爲各一宇宙否？

一友問：佛書言，成佛則五官可以互用，似太神話。先生曰：理亦平常，何神之有？且如眼之爲官，利於視不利於聽，耳之爲官，利於聽不利於視。官之有所利有所不利，非天然也。只是生物發達到能用視聽的時候，因色聲關係於他的實際生活太密切，所以專用眼視色，專用耳聽聲。同時，眼耳兩官亦遂各如其所專用而構成之。實則眼有視能，即有聽能，乃至觸能。耳有聽能，即有視能，乃至觸能。鼻舌身官，以此類推。

林宰平先生曰：希臘至今二千年，一個心物問題，鬧得不休。先生曰：盡未來際，還鬧不休。宰翁去，一友問先生，對心物問題有解決否？先生曰：吾自有解。曰：可得聞歟？先生曰：俟《新唯識論》出，讀過此書，方好商量。問：先生既已解得，剛纔卻與宰翁說永遠鬧不休，何故？先生曰：豈只我今日解得，古來自有多少人解得，卻有一般不得解的人還在那邊狐疑猜想，胡亂地鬧個不休。我自信我解得了，卻不敢必人之相信。問：哲學家談本體者，其說紛紜不定，足見本體并没有客觀性的實在，只憑各人腦筋杜撰出來。先生曰：哲學家杜撰另是一事，本體卻是實在的。然而不是一物，未可說爲客觀性，不依想立，亦未可說爲主觀性。哲學家用知識去探尋本體，畢竟我們知識的能力可否得着他，這裏大是疑問。如果因爲知識得他不着，便道他不是實在的，這樣未免太粗心了。又曰：哲學家若徒用知識去推度實體是如何如何，自然錯誤了。又曰：說到實體，元無内外可分，把他看作外面底物事，從而推求他，自不相應。雖始學不能不在知識路上轉折幾番，要未可長自誤，卻須做鞭辟近裏切己工夫，到深造自得、居安資深、左右逢源的時候，纔忽然見得自身有一個主宰，不是神識的意義，勿誤會了。這個意義，向深處説，便深之極，若就淺處説，亦復尋常。只人不肯居下流一念，便是這主宰發現。渾然與物同體，不見天地萬物是外，不見己身是內。此內外兩無，不是以意爲之，直是事實如此。且如開眼見着山河草木，他元不離眼見，故非外。既無外，則無内。健行不息。實體即是健行不息的，天以此而成其爲天，地以此而成其爲地，一切有形無形的物事，皆以此而成其爲物事，乃至孔子亦以此而成其爲孔子，所以發憤忘食，樂以忘憂，不知老之將至。孔子是見得他底實體，自然如此。尋常人只是物質化了，把他底實體汨没了，和他道孔子這般生活，他也不理會。所謂“等閑識得東風面，萬紫千紅總是春”者，差可形容。這種真理，是人人固有的，只爲百姓日用而不知，學者求知而每不得其用力之要，故能自知而自信者亦寡矣。“不識廬山真面目，只緣身在此山中”。汝計爲没有客觀性的實在者，亦有以也。立民按：此段卻是東土哲學正法眼藏。

一友問：哲學家每有反對知識者，尊意云何？先生曰：哲學不應取反知主張。生物進化至人類，知識纔發達。如欲反知，是將率人類而爲混沌氏，未見其可也。張立民因問云：昔嘗聞先生曰，哲學科學各有領域。科學站在經驗的範圍内，把一切事物看作客觀獨存的，用理智去摹準他，率循他底定律法則等等而甄明之，猶如摹繪準確不妄。剖析他，所以是純粹知識的。哲學所有事者，要在剥削經驗界的一切雜染，而證會實體。證會者，蓋吾之良知，即是實體。良知炯然自知，便云證會。此知無分别相，不於實體作外想故，所知能知是一事而不可分故，故陽明指良知爲實體，此體是自明的故。斯則知識在所必擯，以知識從經驗界發生，是行於物理世界的，不得冥極實體故。冥極實體者，謂若證會實體時，即已蕩然離一切相，無内無外，無我無物，蓋通物我内外冥會一源，至極無待，故言冥極。雖世有主張哲學是綜合各科學的原理，進而爲實體之探討，故亦是知識的云云。然而爲此説者，不辨哲學科學之異趣，卻把實體看作外界物事，用知識去推尋，如何能證會得實體。極其能事，不過竊取各科學底材料，以意穿鑿，而組成一個系統，自圓其説，著之文字，號爲一家之學而已。這段話，乃我所舊聞諸先生者，今乃謂哲學不應取反知主張，然則今是而昨非歟？先生曰：言説隨機，異其詳略，未嘗是今而非昨也。夫冥極實體，廓然無物，此蓋明智之極詣，决非知識所臻。於此言之，反知可也。而學者不到此詣，便不信有此詣，輒在知識窠臼宛轉自足，人生徒淪陷於經驗界，恒化於物，而不得超脱，乃困而不求通，迷而不知復。則且聞人言，有迥超知識之明智境地，而即詆之以爲神秘，其以反知爲大駭，固其所也。然復須知，所言反知，只就冥極實體處説，謂此爲明智所證之境，知識效力不得及此，故反知自有限度，要不容極端排斥他了。原來所謂明智，就是個證體之智，證者證會，見前。换句話説，智即本體。此語吃緊，明智亦省稱智。大抵中土學者靡不歸趣於智。上稽晚周，雖百家蜂起，要以儒、道、名、法爲大宗。法家務在用世，名家競尚思辨，斯二者無與於智。法家後來亦有宗道家以談本體者，《管子》及《韓非》書中並見之。《管子》雖僞書，要是法家所托。韓非《解老》，縱不出韓非手，亦必韓非之後學所加入者。道家者，其言要以識本體，故主智而反知已。莊子談體到親切處，亦拈出真知二字與人自會。真知即明智之謂。若乃知識，則莊子所極端反對者，老氏亦爾。儒家自仲尼，其學亦以識本體爲極。而明顯此體以示人，則曰貞觀貞明。貞觀貞明者，智也。《易》曰："天地之道，貞觀者也；日月之道，貞明者也。"此則以貞觀貞明言本體，而假天地日月之象以明之爾。《易》者象也，設象以見意義。唯尼父規模恢宏，智以統知，本末融攝，明智本也，知識末也。明智恒爲主，則知識莫非明智之用。而未始唱反知之論，故其弟子多能通六藝者。迄夫宋明諸儒，推本孔門，和會於釋老，壹皆即智以言本體。依智不依識一語，爲佛家諸宗所共守之法印。其所謂識，便相當於世間知識。其所謂智，雖與此土儒道不必同旨，要之，智皆就體上説，是固有的，是超知識的，則大概不相殊也。周程啓其緒，《通書》與《識仁》《定性》諸篇，都没有説由知識可以得到本體的，卻都是主智的。易言之，智即是本體。如《通書》以誠、神、幾言本體，雖不曾明提出智字，實則言誠而智在其中。所謂誠則明也，神者言乎智用之妙也。幾者善端將見，亦即智而言也。《識仁篇》説存久自明，仁亦智也。《定性書》説天地之常以其心普萬物而無心，聖人之常以其情順萬事而無情，恰好寫出一個智底體段來。末後談工夫下手處，要於怒時觀理之是非，正是指出智來做用功把柄。至陽明而集其大成，始拈出良知二字。良知，智也。中土底形而上學，到陽明手裏，纔發揮盡致了。人只見他易簡，不知他所以得到易簡者，卻甚繁難。談至此，可知我所以説出明智底來歷。這個不是要守傳統思想，因爲本體決不是由知識可以得到的。須知本體不能看作外面的物事，只可在你本心之明處撲着他。本心之明，即謂明智。又復當知，本心即明，而言本心之明者，因説話要用個主詞故。所以前面説，智即本體，這個道理千萬要虛心去理會。你若悟得智即本體，應該明白反知底意思了。因爲知本體的是智，而智還即是本體。若要得到這個智，只要不墜失本體而已。這工夫全在存養。《孟子》所謂“反身而誠”，《記》所謂“莊敬日强”，《識仁篇》所謂“以誠敬存之”，皆是也。如此説來，卻用不着知識。豈唯用不着，知識直是障礙這個道理的。因爲知識是行於物理世界，不免物質化的，而這個道理卻不可以物推觀，正須屏開知識，措心於虛，方始會得。記得李延平稱道吕與叔《中庸解》一段甚好，頗足發明這個道理。吕云：“謂之有物則不得於言，謂之無物則必有事焉。不得於言者，視之不見，聽之不聞，無聲形接乎耳目而可以道也。必有事焉者，莫見乎隱，莫顯乎微，體物而不可遺者也。學者見乎此，則庶乎能擇乎中庸而執之隱微之間，中庸就是智之形容詞，這智是不偏倚於一物的，故謂之中，是歷萬變而其則不可易的，故謂之庸。不可求之於耳目，不可道之於言語。然有所謂昭昭而不可欺，感之而能應者。正惟虛心以求之，則庶乎見之。”學者且熟玩這段話。大抵學者一向爲知識蔽塞，無緣識得這個道理，卻要教他莫將知識來推度這裏。須知這裏正是不可求之於耳目，不可道之於言語，那是知識所及的物事？我所謂反知者，就是在這裏説反知。然而我底反知，也便止於這裏。所以，反知有個限度，不同老莊極端反知的。何故不可極端反知，現在要把這意思説明。我們若識得本體，即已發現自家固有的明智了。這個明智，固是渾然虛明，無知而無不知。無思、無爲、寂然不動，故謂無知。能發萬善，能起萬行，能應萬感，故謂無不知。如此説來，好似只返求諸固有的明智而已，一切具足，何待要後起的經驗得來底知識去填補他？黄梨洲譏朱派學者全靠外來聞見以填補其靈明。殊不知纔作如是解，便已墮入偏見去。説明智無不知者，只道他有這個功能，若是我們孤守這個智，正使保聚凝攝令其常惺惺，而卻不向經驗的世界裏去徵驗推度許多事物之理，如此無所事於知識，不審明智對於這許多事物之理，自然會知道否？明智雖有其無所不知的功能，而辨析事物之理，畢竟要靠經驗得來底知識，這是毫無疑義的。所以極端反對知識，是大謬特謬的主張。不過吾人若不曾識得明智，而徒事知識，則不免玩物喪志之病。若已見得明智，即一切知識也是明智固有的功能所應物而發的，易言之，知識便是明智之用了。他日，先生又語予云：孫卿批評莊子，説他明於天而蔽於人，可謂一語道破。莊子纔於本體有所見，便玩弄光景去，莊子言天即謂本體。卻未將這個道理融浹到人生日用裏來。知識不可得着本體，莊子於此見得甚徹，此所謂明於天。人生在經驗的世界內，少不得知識，如果孤恃着固有的明智，不去窮盡事物之理，即本體上亦有障塞不可通行處，這便是他蔽於人。晚世物理明，而人道亦多新發見，皆知識所創獲。否則猶如塞陋之世，將視貧之受制於富，女之受抑於男，爲人道之當然，豈非斯人明智的本體尚有所障塞而不可通行者乎？問：陽明反知否？曰：陽明言致良知。他下一致字，是要致之於事事物物的。如此，卻未棄知，只是由本及末。智是大本，將這智推致之事物上而得其理，便成知識，而此知識卻是末。不過陽明底弟子便失掉師門宗旨，都走入反知路向去。聰明者爲狂禪，謹厚者亦只務踐履而憚於求知。這是王學底大不幸事。

哲學，大别有兩個路向：一個是知識的，一個是超知識的。超知識的路向之中，也有二派：一極端反知的，如此土道家是。一不極端反知的，如此土晚周儒家及程朱陽明諸儒是。西洋哲學，大概屬前者。中國與印度哲學，大概屬後者。前者從科學出發，他所發見的真實，只是物理世界底真實，而本體世界底真實，他畢竟無從證會或體認得到。後者尋着哲學本身底出發點而努力，他於科學知識亦自有相當的基礎。如此土先哲於物理人事亦有相當甄驗。而他所以證會或體認到本體世界底真實，是直接本諸他底明智之燈，易言之，這個是自明理，這個理是自明的，故曰自明理。不倚感官的經驗而得，亦不由推論而得，所以是超知識的。又復應知，屬於後一路向底哲學家，有用邏輯做他底護符。如佛家大乘空有兩宗都如此。更有一意深造自得，而不事辨論，竟用不着邏輯的。中國哲學全是如此。

莊生云："知止乎其所不知，至矣。"此謂本體是知之所不知處，知即止於此而不可妄求也。這話説得好。"吾生也有涯，而知也無涯，以有涯求無涯，殆矣。"此話易引人入惰廢，殊醜差。

李笑春問：王陽明言"心即理"，此義如何？曰：伊川首言"性即理"也，至陽明乃易其詞，而唱"心即理"之論。其時爲朱子之學者，則宗朱子《大學格物補傳》，而主理在物，非即心，以詆陽明。於是陽明益自持之堅，以與朱派之學者相非難。實則朱子《格物補傳》，亦宗伊川。伊川嘗説"在物爲理"，陽明卻道這話不通，要於在字上添一心字，説"心在物爲理"纔是云。原來伊川言"性即理"，自與認識論無關。伊川謂性即實理，便就本體説。後來陽明説"心即理"，纔涉及認識論，而他卻嚴密有組織。他説心之發動名意，意之所着處爲物，既無心外之物，矧有心外之理。照他底説法，物是與心俱在的，不是離心獨存的。語録時見此意。心寂則物與之俱寂，心起則物與之俱起。心寂時無分别，心即是渾然純一的理，同時令物成爲有此純一的理底物。心起時有分别，心即成功了這一起底分殊的理，同時令物成爲有此分殊的理底物。立民按：這段話引申得煞好，不可粗讀過。所以，他不許外心而求物理，因爲在物之理即是心，除了心便没有理。陽明壁壘森嚴，雖不肯作理論的文字以發表其思想，而我們由他底語録中可考見他底哲學，是有精整偉大的系統的。他底學説雖不免有缺憾，而朱派的攻擊，都是胡塗地亂嚷，全不中他底病。在他底哲學上不許物離心獨存，是當然的。但物只不離心而仍非無物。他底極端的"心即理"説，未免太過。没有心，固無以見物之理，然謂"心即理"，則理絶不因乎物，如何得成種種分殊。即如見白不起紅解，見紅不作白了，草木不可謂動物，牛馬不得名人類，這般無量的分殊，雖屬心之裁别，固亦因物的方面有以使之不作如是裁别而不得者也。而陽明絶對的主張"心即理"，何其過耶。又講哲學者，應該認定範圍。物不離心獨存，此在哲學另是一種觀點。若依世間底經驗説來，不妨承認物是離心獨存的，同時不妨承認物自有理的。因爲現前事物，既不能不假定爲實有，那末，不能説他是詭怪不可把捉的，不能説他是雜亂無章的，他自有定律法則等等，令人可以摹準辨析的。即此定律法則等等名之爲理，所以物自有物之理，而非陽明所謂即心的。伊川“在物爲理”之説，按之物理世界，極是極是，不須陽明於在字上添一心字，心不在，而此理自是在物的。陽明不守哲學範圍，和朱派興無謂之争，此又其短也。吾今日因汝之問而答之，嘵嘵不已者，則以“心即理”與“理在物”，直是朱子陽明兩派方法論上之一大諍戰。主“心即理”者直從心上着工夫，而不得不趨於反知矣。主“理在物”者便不廢致知之功，卻須添居敬一段工夫，方返到心體上來。朱學以明體不能不有事於格物，主張甚是。王學力求易簡直捷，在哲學上極有價值，惜不爲科學留地位。

立民問：先生嘗言，明智雖是人固有的，卻因形拘習囿，錮蔽甚深，不得顯發。然立民以爲明智之存乎人者，固未嘗有一瞬之或熄，似不當謂其絶無顯發時也。如太陽爲陰曀所蔽，然陰曀中亦非絶無陽光者。先生曰：此説固是。然陰曀中底微陽，與皎日比較，這個差别太遠了。顯發云者，如皎日麗天，更無些子蔽障。取喻不能盡符。陽光顯發之後，仍屢有蔽障起，若明智顯發，則不再受錮蔽矣。陰曀中底微陽，不曾顯發，畢竟是陰曀世界。明智乍動於錮蔽之中，如夢寐不相接續，如何説得顯發。佛説衆生無始已來顛倒，凜凜可畏。只爲將固有的明智錮蔽了，所以如是顛倒。

立民問：知識的來源，自是先天底理性的活動力，先生純歸之經驗，何也？曰：先天底理性的活動力，本不可否認，他當然是明智的功能。没有他，不會成功知識。我非不解此事。然而我以知識來源歸之經驗者，此必有故。汝試設想，若把我們底日常經驗剥奪得乾乾浄浄，空賸下先天底理性的活動力，看他會發生知識否。須知經驗的所有，就是模型。所有，謂所經驗的，詳後注。知識便依着這模型摹寫出來。没有經驗的模型，哪能憑空制造知識？至於先天底理性的活動力，可以説是摹寫的畫師，不過畫師摹寫底時候，他底自身也沒入模型中去了，易言之，他也化作模型了。所以絶不是明智之本然。在理論上，經驗似應分能所。能經驗的，可説即理性的活動力，而所經驗的，就是客觀事物底自相或共相。而事實上，則能隨所轉，直是有所無能。因此説到經驗，只有經驗的所有。或曰吾人對於經驗的所有，不過是一種意義，此言不是事物底自相、共相親現於腦際故也。何不可説經驗唯是能知？殊不知，這種意義完全物化了，謂此意義全現似物之相，即其自身已化於物。畢竟是所非能。總之，知識是從經驗而發生，并隨經驗擴張而滋長。若乃理性的活動力固埋沒於經驗的所有之中，不曾超脱於其外。所以説，經驗是知識底唯一來源。問：知識既是從經驗得來的，是不能超物的，如此豈不爲明智之障？曰：這個障，是事勢所不能免的。人底理性何曾甘埋沒於經驗界，不過他在實際生活方面，不得不順應周圍底事物。元來只合恰恰順應，卻因順應而遂埋沒於其中，便是人生底大不幸了。然而人自有本來的明智，只要錮蔽不過於深重者，便時有一種曠觀，游履高明，能照見他底知識是化於物的，是限於經驗界的。這個曠觀，就是明智的乍現，只惜暫而不常，不是明智顯發的境地。若涵養有素，常得明智現前，則不妨於經驗界極盡其知識之能事，而亦自有超脱的氣味。

先生曰：《論語》“君子無終食之間違仁，造次顛沛必於是”，這是何等精進的工夫，何等充實的生活。人不宜妄自菲薄，要振作起來，亦無難事。立民因問仁即明智否，曰：仁智不二，只是本心顯現。從其無私説爲仁，從其不惑説爲智，其實一也。

笑春問：明智與良知説不異否？曰：本無異旨。彼此見到真處，何堪立異？然吾不仍良知之説而言明智者，則亦有故。良知一詞，似偏重天事，明智則特顯人能。《易》曰“聖人成能”。這個意義，非常重要。人只要自成其爲人之能，此語吃緊。不可説天性具足，只壹意撥除障蔽就夠了。先儒以爲良知本來自足，但把後天底染污滌盡，而其本體之明自然顯現。宋明儒者都是偏於這般主張，此與晚周儒大不同處，當别論。我也承認天性是具足的，是無虧欠的。無奈人之生也，形器限之。他既限於形，就難把他具足的性顯現出來。你看自然界從無機物到生物，乃至從動物到人類，從人類到其間底聖智，一步一步漸漸改造他底形，解放他底形之限，完成他自己底能，纔得顯現他底性。如果没有成能工夫，從何處見性來？老實説，成能纔是成性。性之顯乎人者具足與否，就看其人成能之小大强弱。成能小而弱者，其性分便虧損。成能大而强者，其性分便充實。此中言强者，不是强暴之强，乃日進於高明而不退墜之謂。若强暴之强，正是颠倒退墜，正是弱也。這是從自然界底進化可徵明的。先儒多半過恃天性，所以他底方法只是減。明道説：學者今日無可添，只有可減，減盡便没事。此雖明道一人之言，實則宋明儒大概都作這種工夫。他們以爲只把後天底染污減盡，天性自然顯現。這天性不是由人創出來。若如我説，成能纔是成性，這成的意義就是創。而所謂天性者，恰是由人創出來。此非我之私見。上稽晚周故籍，《易》曰“聖人成能”，又曰“成之者性也”，又曰“成性存存，道義之門”，乃至孟子言性善，而主擴充，荀卿言性，而曰善者僞也，僞，爲也，非虚僞。都可與吾説相印證。夫天性是固有的，何可説由人創得，且是具足的，又何待人創得？不知固有具足云者，原夫人之所以生之理，初非有待於外，而誘焉自生，不謂之固有具足焉不得也。若乃當其有生而即性以成形，形既成矣，而日趨於凝固，性且受範於其所成之形，而流行或滯，則形有餘而性若不足矣。況復人有是形，而其惑也忽與形俱起，則又聽役於形體，以與物相靡。目靡於色，耳靡於聲，口靡於味，意念靡於貨財等等，由此化於物，將他固有具足的天性剥喪了。雖剥未至盡，也不過保留一綫殘餘，如草木摧折之餘，僅有一點萌蘖。所以，《大易》立乾坤，以陽顯天性，以陰顯形體，陽數奇，陰數偶，陽少陰多。蓋人生總受限於形體，形累日甚，結果把他所以成是形者之天性，剥喪到最少，甚或等於零了。人只有一副頑固的形，他底天性、本心、明智，不過是殘餘的萌蘖，所以唯物論者不承認有心了。吾人若不積極的利用這點萌蘖去努力創生，若火始燃，若泉始達，而徒消極的減去染污之足爲害者，則安可望此萌蘖之滋長盛大，若火勢燎原，若泉流洋溢成江海乎？減的工夫亦不可少，然一味注意減，則不可。或問：宋明諸大師豈徒用力於減而不知創者乎？曰：此固難言。若全不解創，他如何生活得下去。即以其文言考之，自有時説到創的意思。不過他們底根本主張，總是偏於減的。所以他們的末流，不免空虚迂固，抑或狂廢，絶少活氣。吾儕今日求爲己之學，只有下創的工夫。凡言創者，皆有所依據憑藉以爲創也，不是突然憑空撰出甚物事而始謂之創也。汝自有殘餘的天性底萌蘗，幸未斬絶，此便是汝所可依據憑藉以爲創者。這個萌蘗如絲之端緒，握着這端緒，便創出無限經綸來。若不去創，則端緒雖具，也没有經綸。創只要不懈怠。若問何得不懈怠，且思如何是懈怠。當知懈怠，即無心也。心者即前所説萌蘗，無心即無這萌蘗了。纔覺得心亡失，没感發，没新機，即已化於物而鄰乎槁死，便努力振作，直從枯木生華、死灰發燃一般，將令新新不竭，有施於四體不言而喻之樂矣。故夫人之有是天性也，本心也，明智也，自人創之而已。若過恃固有具足，而徒以減除物欲爲功，則夫物欲者亦斯人生生之具，豈其皆惡害而皆可減哉？縱減到至處，亦將明於天而蔽於人矣。故吾之爲學也，主創而已。此乃吾所切驗而亦徵之孔孟遺訓以得其符者也。故吾言明智與陽明良知説有不同者，彼以良知爲固有具足，純依天事立言，而明智則亦賴人之自創，特就人能言也。故陽明可以説草木瓦石有良知，而吾不能謂草木瓦石有明智也。此其與陽明異也。然吾之説明智，又有與陽明不異者，何也？明智之端緒，即斯人殘餘的天性底萌蘗，此在陽明謂之良知。陽明初言致良知，蓋亦見其爲萌蘗，故言致也。後來他卻説向深處去了。故據端緒而言，亦可曰明智與良知殊名同實也，吾不能與陽明異也。昔者陽明自謂見到良知，爲千古之一快，見《書魏師孟》卷。以其理之至近而神，故人恒易忽而難悟也。近故易忽，神故難悟。嗚乎，人有生而顧昧於其所以生之理，而不知求之，有亡其鷄犬，則知求之，是獨何心哉？立民按：宋已來儒者都是明於天而蔽於人，故用功多著意於消極方面。先生揭明形之累性，而歸於創性，却不須絶欲以見性，真發前賢所未發。

先生常教人努力向上，立民因問曰：如何是向上？曰：且思如何是向下。夫過徇軀殼之欲以喪其心者，是謂向下。軀殼之欲，未即是惡，未即成喪心之害，而其終於惡，終於爲喪心之害者，則以過徇故耳。過徇者，自溺而無節，亦必損人傷物以求逞無饜之欲，乃以自戕其生理而不覺也。則不累於軀殼而有以識其本心萌蘖處，常使之展擴得開者，斯爲向上。學者未遽識得本心，且努力將自家胸量放開。放開胸量，纔識本心。又曰：須是本心作得主，則欲皆從心而一裁於義以莫不至當。戴氏言欲當爲理，卻未省欲如何當。

本心雖是一點萌蘖，擴充得開，天地變化，草木蕃。

一日先生語同學曰：日常用力，涵養得凝聚清肅氣象，即見萌蘖的心，息息滋長。一人問：誰見得？曰：心自見。曰：刀不自割，指不自指，如何心自見？曰：刀不自割，指不自指，所以心自見。其人益惑。先生曰：汝道心是頑然一物否？

李笑春問：先生所言本心，心理學家卻不承認，奈何？曰：本心者，生生不息的實體也，是人之所以生之理也，是人之一身之主也。人人固有之，而不能自發見之。昔者朱子蓋亦辛勤用力，年三十七，而後稍有以自明。《與張欽夫書》曰：“驗之於日用之間，則凡感之而通，觸之而覺，蓋有渾然全體應物而不窮者。是乃天命流行，生生不已之機，雖一日之間，萬起萬滅，而其寂然之本體則未嘗不寂然也。”又曰：“而今而後，乃知浩浩大化之中，一家自有一個安宅，正是自家安身立命主宰知覺處。”先生曰：此言一人之心自是一個完整的實體，無有虧欠，切莫誤會到神我或神識上去。又曰：“通天下只是一個天機活物，流行發用，無間容息。”又曰：“即夫日用之間，渾然全體，如川流之不息，天運之不窮耳。”朱子懇切言之如此，學者以其言而反之於己，抑其粗心浮氣而驗之於操存之間，當不難自見之而自信之矣。然此所謂心，既即本體，自屬哲學範圍，殊與心理學不相涉，其不能承認也固宜。問：先生言心主乎身，然自心理學觀之，則所謂心者，似是腦筋底副產物，何其相反太甚耶？曰：心底發見，固必憑藉神經系統，未可即以心作用爲腦筋底副產物也。腦筋只是物質已耳，心力何等靈妙。深廣的思想，精嚴的論理，幽邃的情感，這些形容不到的神秘，豈是一塊物質產得出來。尤可異者，愚夫愚婦都知道他不過數十寒暑底生涯，而他總有充盈的生意，作無窮無盡的計劃。許多學問家、事業家、藝術家等等，相信天地終歸毀壞，人類一切偉大莊嚴的創造，將與天地同毁。然而他并不以此灰心，仍努力創造不已，滿腹無窮無盡的希望。這種古怪，又豈是物質發生底？如果物質是這樣玄之又玄，衆妙之門，那末物質真是大神，便不成爲物質了。人人有個心，爲他一身底主宰，這是絶對不容疑。心理學家預先拿定神經系統以爲説明心作用底根據，而用治物理的方法來甄驗他，分析他，結果自然把心作用講成物質作用了。學問殊塗，須各認他面目，不要作無謂抵觸。

友人或疑明智之説。先生曰：明智者，元來只是萌蘖的心底一點微明，卻因日常存養工夫精純不懈的長養，他底勢用便逐漸增盛以至圓滿無虧。如西沉之日，漸升自東，初小如盤，漸達中天，大明遍照。這不是無而忽有，儻然突來的東西。人人有這家珍，只是不曾發掘，所以不敢自信。又曰：吾人亦間有絲毫不假推度直下明白那事理的時候，這也可説是明智的乍現，只不得繼續。這個就是前所説底微明，尚未成功爲明智，卻也不妨叫做明智，因爲明智便是從他擴大的。記得《象山語録》有云：某昔見人，一見便知其是不是，後又疑其恐不然，最後終不出初一見。王船山《易傳》説：人底初念是最明了的。章實齋也説：道理有最初突然識得，及經多番思考，轉益昏眩，後來還覺入識最初，終不可易。他三人所説底話，我自家也覺得如此。那個最初之知，以是創起，初念之動，故云創起。或距創起不遠，過去憶念未甚參入，亦無粗動推想，直是明白純凈，燭理照境，自爾分明。這個相貌，不妨强説爲明智底相貌。只未擴展得開，故不能繼續。或曰：佛家根本智，亦是這個否？曰：佛家似説得高玄，不欲援擬。又曰：我已説過最初之知了，還要附説一句，你們要得到那最初之知，須先理會得自家嘗有個初念没有，若是清明在躬底人，他底心是念念皆新，即念念皆初。所以，神解明利，對於已前未發見底或種道理、或種事情，如今碰着了，就在最初碰着底一會兒，把他迎刃而解。這個最初之知，就是由他念念皆初，故能如此。至若一般人底心，念念是舊習纏縛，即没有初念，那得有最初之知呢？言已，聞者悚然。立民按：末段難得解人。

先生語立民、笑春曰：日常每覺得精神散漫，即没有心在，只是完全物質化了。所以，收斂精神是爲學切要工夫。這工夫雖少不得静坐，然而好用思想底人，静坐反不妙。纔坐着，腦筋裏便有許多思慮紛紛跳躍起來，不由人制伏得。我嘗以此爲苦，始知静者不是討個静境便得。往往静室瞑目端坐底人，實住在甚囂塵上底世界。後來轉向動中理會静的意思，始有入處。每日把静坐的時間，改用之於動，或臨流觀水，或登高蒼茫望天，漸覺思慮澂清，煞有滋味，時有所悟，卻不曾勞索。從此確信《大易》變動不居底道理，可以應用無窮。學者如果屏動求静，便成大錯。須知静者只是動之静，動而不紛不亂之謂静也，絶不容有屏動之静也。周濂溪説："動而無静，静而無動，物也；動而無動，静而無静，神也。"這話極透。卻向你們道，還要解釋。濂溪意謂，物件是死的東西，如使他動時，他只是動，便没静。如使他静時，他只是静，便没動。至若動而無動，則是即動即静也。静而無静，則是即静即動也。此動静合一之妙，非可以物推測，乃神之不可度思者也。然而我要解釋的，卻是動静字義。物底動，是依使他動底力之大小，經歷若干時間，通過若干空間，纔叫動。物底静，是依地心吸力使他安止於其所占據的空間而不移，纔叫静。至若以神言動静，則此動静兩字與在物上説底動字静字，其意義完全不同。凡字底引申義與本義，往往有絶對的不相侔者，此語言演變之勢也。這動字静字，都不含有時空的意義，更没有旁底力使他動静，他就是自己如此而即動即静，即静即動的，所以謂之神。動以言其非固定的物事，直是變化不窮。静以言其極變化不窮，而又有則而不可亂也。順自然之則而不亂，故静。只此謂之神。這神不是宗教上底神，蓋即形容吾心之妙而已。若乃動静乖分，隨有所滯，則是喪其心而失其所以神，故下同乎物耳。又曰：記得張東所敘陳白沙先生爲學云，自見聘君歸後，静坐一室，雖家人罕見其面，數年未之有得，於是迅掃夙習，或浩歌長林，或孤嘯絶島，或弄艇投竿於溪涯海曲，捐耳目，去心智，久之然後有得焉。蓋主静而見大矣。白沙即於動中得静。

問：儒先言“變化氣質”，大抵從偏處下自克之功，先生以爲然否？曰：如令自克，亦未必佳，何不從他偏處引令向上。如偏處在剛，此屬血氣之剛，不是道氣之剛。也是他體質上底一種長處，正不須消磨，只使他利用這偏長底剛去進德修業便佳。若偏處在柔，亦是他生來底長處，叫他矯拂這柔去學剛强，卻恐失其故步，亦不濟事，盡教他努力德業，成就一個温柔敦厚底人，豈不甚善。總之，先儒處處有減的精神，所以對於氣質偏處，要克要矯，這樣極有弊。

問：好名心極難克去，如何？曰：好名心底本質，就是個好美，正是天性底發現，不容説壞得。“見賢思齊焉，見不賢而内自省也。”這個纔是真好美的心，亦即是真好名的心。如此直須擴充，豈容克去。若夫不務實而求炫於外者，這不是能好名底人，只是庸凡卑屑人，力量不足，虧乏於内，誑耀於外。這個正是一種虧空的表現，迹似好名而實不知好名者也。好名近於知耻，知耻由於有力，故曰知耻近乎勇。

窮理到極處，説爲不可名，卻已名了他；説爲不可道，卻已道了他；説爲不可思議，卻已思議了他。

問《易》曰：“不疾而速，不行而至”，何義也？先生以手上下指之曰：天地，空中一大物也。你以爲他是漸長底么，實則他是刹那刹那、別別頓起，就和那電光一閃一閃似的了。他起得這般速，卻不曾着力，故曰不疾而速。他纔起，就是至了。常識以爲凡言至者，必行而後至。行者，歷如干時通過如干空間之謂。他這個頓起，元不曾有所經行，不可夾雜時空底觀念去推想他，故曰不行而至。莊子曰變化密移，疇覺之歟，此蓋神之不測也。

先生欲俟《新唯識論》成書後，次爲書評判佛學。大抵先勘定佛家根本主張，而後其系統雖博大而無不可窮其藴也，其條理雖紛繁而無不可究其歸也，其議論雖圓妙而無不可測其向也。先生嘗言，唐已後言佛者務爲八面玲瓏，而實陷於浮泛亂雜。兹舉其根本迷謬之點，佛家主張有迴脱形骸之神識，因欲超生。超生見《慈恩傳》。推其歸趣，本屬非人生的。而佛者之徒則恣爲圓融之論，以謂不捨世間。不知佛氏固亦不捨世間，要其義則以成佛已後，須度衆生云爾，豈即人生主義之謂耶？於此主旨，一有模糊，則其他言説，莫不可任意圓融，四通八達。此言佛者所以爲有識者所厭棄也。夫各家學説，自非絶對無相通處，吾亦豈不云然。但系統不堪紊亂，未可以節取之同，而忽其全體之異。若乃博涉諸家之後，而融會貫穿於無形，此正古人所謂别有會心之境。如動植等養料入口後，經胃消化而成爲體中精液，斯則自有創新，而非雜取各家陳言以爲比附勾通者所及喻也。今日言古學者無不樂爲浮亂，而佛學尤甚。且佛家之弊不自今始，唐已下則皆然矣。先生蓋深惡之，殆欲一掃其弊。次爲書論述中國哲學思想。大抵以問題爲經，家派爲緯。問題則隨時代而有初民先發及後來繼續進展，抑或向不經意而後應境創發，皆一一窮其所以焉。則此土哲學之根柢與其進展之序，大端可睹矣。先生嘗言，凡人思想，大抵先具渾淪的全體，而後逐漸明瞭以及於部分之解析。故哲學發端，只是一個根本問題，曰宇宙實體之探尋而已。方其探尋不獲，而欲罷不能，孜孜求進，卻因此一個根本問題，而劈分無數問題來。若其人善疑，富於勇氣不肯輕捨者，則其所劈分之問題必愈多。及夫析理入微，豁然大通，纔把元來一個根本問題解決了。到此便見得道理平鋪地顯現地不勞探尋，前此直是枉費氣力，然欲不枉費，卻没奈何。又曰：哲學家談實體者，各有所見，仁智淺深，千差萬别。此等差别，不須厭棄，直大可玩味。各人所見，雖錯誤亦必有其所以錯誤之故，須理會得來。又曰：凡人對於實體之探尋，其動機則有二：一曰求真之欲，主乎知也；二曰人生之感，發乎情也。情之至而真知出，則足以究極真理而踐之不貳。至其失也，則易以接近於宗教，如佛家大乘學，實哲學上最高之詣，而不能脱宗教思想。否則亦流於偏重倫理觀念。如中國哲學，若三玄可謂致廣大、盡精微矣，然其言無不約之於人事。即程朱陸王諸大師，其思理亦莫不廣淵深邃，蓋亦博涉物理事變而後超然神解，未可忽視。然而彼等絶不發抒理論，只有極少數深心人，可由其零散語録，理會其系統脈絡及其精微之蘊而已。蓋彼等不惟不作理論文字，即其語録，亦只肯説倫理上底實踐工夫。此等精神固甚好，然未免過輕知識，則有流於偏枯之弊。若乃純粹主知者，則又徒逞空洞的和形式的理論與浮泛的知識，而毫不歸宿於人生所日用踐履之中，則吾不知人間學術必於科學外而另有所謂哲學者，其本務果何在也。故私懷嘗謂中國他無所見長，唯有哲學比於西人獨爲知本。誠當捨己之短，求人之長，抑宜以己之長，救人之短。又曰：時人好言方法，後生唐慕，而卒莫知所運用。余以爲學者須自發問題，不徒能發之已也，若旋發旋失，與不發等，直須一發便成爲問題，不容放下。如此認真，則解决問題之方法自出，否則日日空言方法，終不於自家相干。然則先生之書雖未及作，而玩其自得之辭，可知其於此土先哲必有獨見，而不容已於言者矣。又次爲書略論中國文化。依據歷史，不侈空談，大旨期於復活晚周精神而擴大之，冀將有所貢獻於世界。凡先生所苦心自得，欲布之書，以俟來者，意念誠摯，固非外人所及喻。近年病苦，忽患腦部及背脊空虚，時覺思想滯塞，以此鬱鬱，恒悼所志將不獲申。是秋復病疫，卧德國醫院，先生慮將不起，因友人來省視，先生與語以不及著述爲懼。立民曰：學之顯晦，亦有其時，任之可也。先生曰：此理吾亦了然。吾即著書，天地間何嘗增得些子？吾不著書，天地間又何嘗減得些子？

問偏重知識底人，他底生活上亦自有意味，何必如先哲所謂涵養本原而後爲是耶？先生曰：無知識底田夫野老，他底生活或者比富於知識底學問家更好得多。然則我們何不推尊山夫野老，去從他游，而還在這裏講甚涵養工夫。須知這個道理，是人人固有的，只是一般人行不著，習不察耳。譬如醉人，也同醒人一般舉手動足，卻於自家舉動不著不察，在他醉時并不自覺得昏迷之苦，及一旦醒來，纔知自憐了。又曰：這道理不可向不見底人開口，須你自家有個見處，纔好商量。人只是被許多知識錮閉，不曾超脱得開。易言之，即被許多見網籠罩住，見網者，見即是網故。無緣見得本來面目。

一人言於先生曰：科學尚實驗，佛家道理何嘗不經實驗。先生曰：安得出此鄙言。若單言佛家道理，不由虚構，他自有實驗的工夫，此話卻不妨説。若必以之與科學的實驗比并爲言，則吾不知何所取義。他兩個底實驗，明明不同，毋庸較量。如説牛羊吃草，人卻也吃飯，這個比并語，有何意味。今人多有這般胡亂話，此病不小。

問宗教，先生曰：人類思想由渾而之晝。宗教在上世，只是哲學、科學、文學、藝術等等底渾合物。後來這些學術發達，各自獨立，宗教完全没有領域了。如今還有一部分人保存着他底形式，只是迷信神與靈魂，和原人底心理一般。這也無足怪。天地間有進化的現象，亦有保持原狀的現象。如生物進化到人類，卻還有原生物存在。問：宗教何以是哲學等等底渾合物？曰：宗教底神與靈魂，便屬本體論上底一種説法。後來哲學進步，則談本體者始有唯心或唯物或非心非物等等説法，故哲學實自宗教出來。宗教底解釋事物，大抵歸於神的創造，這個即果求因的觀念，便是科學思想底發端。宗教有事神底種種儀文，如祭器等莊嚴具，及舞蹈，即藝術底起源。宗教有贊頌禱祝之詞，則文學自此始。如上所説，宗教是哲學、科學等等底渾合物，明白無疑。

鍾伯良治中國文化史，先生語之曰：漢魏及李唐兩次大變端，極須注意。漢魏之際，是中國文化寖衰而將變底時機，李唐之世，是印度佛化統一中國成功底時期。兩漢承周秦餘烈，民德不偷，是時民俗，任俠尚義，故武帝衛霍能用之以夷胡虜。國力極盛，北逐强胡，西通西域，西南拓地亦復廣遠。推迹政治，則地方制度之良，吏治之美，饒有民治精神，器不楛惡，工藝足稱，商旅遠涉異域，不避險難，可謂盛矣。獨以大一統之故，天下習於一道同風，朝廷又開禄利之塗以奬經術，於是思想界始凝滯而少活動，則衰象已伏於此時矣。又自光武宏奬名教，士大夫皆思以氣節自見，始於激揚，終於忿矜，氣宇日以狹小。晚周先民，各用其思而莫不淵廣，各行其是而莫不充實，不尚衆寵，不集一途，浩蕩活潑雄於創造之風，於斯盡矣。夫標名教而使人矯拂天性以奔赴之，歷久則非人之所能堪也。故曹氏父子興，始倡文學，恣情欲，尚功利，求不仁不孝而有治國用兵之術者，其爲漢氏之反動思想也甚明。文學者，本以摇蕩情感，倡之者既主於邪僻，絶無深根寧極之道。則率一世以爲猖狂混濁，逞獸欲而失人性者，勢所必然而莫之能御也。故五胡乘中夏無生人之氣，得入而據之，以恣其殺戮，所以招致者漸也。故夫中國文化自兩漢盛時已伏衰象，迄於曹魏而破壞遂不堪矣。是時中國民性固已稍頹，然奮厲之氣，猶有存者。則魏晉間文學披靡之餘，乃復有上探晚周思想，玄言宏廓深遠，名、數、禮故、音律、醫術，精擅者亦衆，工藝復極其巧。魏馬鈞爲木人，能令跳丸，擲劍，緣絙倒立，出入自在。嘗試作指南車，又爲發石車，飛擊敵城，使首尾電至。又作翻車灌水，更入更出鈞巧若神變，惜未盡試所作，傅玄序而嘆之。見《魏志·杜夔傳》。又魏世爲陵云臺，先平衆木輕重無錙銖相負，揭臺高峻，常隨風動摇，終無傾倒。見《世説·巧藝篇》。略徵一二事，足見當時製造已極精矣。至其社會政治思想，則盛倡自由。鮑生之論則爲無政府主義者導先路。郭象《莊注》亦曰："伯夷之風，使暴虐之君，得恣其毒，而莫之敢亢也。"見《讓王篇》。向秀明治道之極，在於物暢其性，而惡夫爲治者之自任而宰物。其言閎深，異乎嵇康輩祇爲憤辭者矣。郭象《莊注》，原出向秀。漢世帝制之勢已高嚴，自漢已降，而奸雄草竊，迭起不窮，生靈塗炭，慘酷已極。此自由之聲，所爲疾呼，然内亂未弭，五胡又乘之，真人道之大厄也。要之六代衰亂，實漢氏之結果，而曹魏亦助長焉。中國文化在漢世頓呈凝滯不進之狀，思想界已僵固而無活氣，空以名教寵章，牢籠天下，其積弊之深，必將發泄於後，固事理所必至者。曹操雖反名教，然彼實生於思想涸竭之世，而純爲名教陶鑄之人物。值漢德衰，不能明白以自樹立，乃僞托文王之迹。故雖富於機智，而識見不能超特，局量不能寬宏，氣魄不能偉大，畢生精力盡耗於猜忌與掩飾之途。其卑小如是，比於新室，已不足當僕圉。及司馬氏效之，其細益甚。故石勒小胡猶得竊笑於其後。識者觀魏晉開基，已卜世運升降之機矣。魏晉已下，大領袖人物遂不多見，故民質日以脆弱。是時所幸者，則思想界承兩漢積衰之後，而所呈奇偉之觀。自玄家逮於衆藝，紛紛崛起，辨物理、達神旨，浸淫返於九流。是《易》所謂"窮則變"之兆。蓋中夏民族，本偉大之民族也。所資者深，所藴者厚，宜其剥極而必復也。此轉變之機勢，雖經胡塵蹂躪，不少衰息，延及隋氏，遂一南北而紓禍亂。迄乎初唐，威武廣被於四夷，文教普及夫群蠻，固泱泱大風也。此豈一二君相之力驟致於一旦者。蓋六代已來，哲人藝士之努力所藴蓄於社會者深且大故也。夫自漢魏之際，肇始變化，爰及隋唐，國力既盛，宜其文化日益發展，不至夭殤。然而初唐之盛未幾，社會復歸混濁，政治亂於武夫。六代已來之學藝造端雖宏，至此而一切斬焉絶迹。此何以故？則印度佛教思想正於初唐之世而告統一中國之成功，是以舉中國之所固有者而盡絶之也。此治中國文化史者所萬不可忽視之一大變也。佛法東來，本在季漢之世，僧徒多來自西域，初亦不能盛行。唐窺基法師《唯識述記序》："在昔周星閟色，至道鬱而未揚。漢日通暉，像教宣而遐被，多覿葱右之英，罕聞天竺之秀。音韵壤隔，混宫羽於華戎；文字天懸，昧形聲於胡晉。"據此，可想見推行之困難矣。及羅什來華，以其精通三藏，又門下多材，盛事翻譯，玄風始暢。然猶乘三玄餘焰，附之以彰，未能獨旺也。蓋佛法東來，得饜乎國人之心者，雖原因不一，而主要之因，則以玄家喜談形而上，三玄於形而上之理，只是引而不發，魏晉玄家纔偏重及此耳。極與佛家接近，故迎合甚速也。如遠公著《法性論》曰："至極以不變爲性，得性以體極爲宗。"羅什見論而嘆曰："邊國人未有經便暗與理合，豈不妙哉。"遠公故玄家，而特歆浄土以逃於佛，其理解固未嘗得力於佛也。羅什之言可證。又僧肇著《般若無知論》，羅什覽之曰："吾解不謝子，文當相揖耳。"肇公此論，亦不出玄家見地。當時玄家既接近乎佛，而佛者亦樂援玄以自進，故佛法未遽獨盛也。時國内釋子頗多堅苦卓絶，隻身渡窮塞，犯瘴癘，履萬險，求法天竺者甚衆。然發生重大影響於祖國者，蓋亦罕見。及唐玄奘西渡，研精群學，在印土已有大乘天之稱，回國已後，而太宗以英偉之帝，竭力贊護，於是聚集英俊，大開譯場，高文典册，名理燦然，沃人神智。况復死生問題，足動情懷，則自漢魏已來緩兵進攻於中國思想界之佛法，至此得玄奘與太宗之雄略，大張六師，一鼓作氣，遂舉中國而統一於印度佛化之下。自此儒道諸家，寂然絶響。此蓋中國文化中斷之會也。佛法既盛，不獨士大夫翻然景從，而其勢力直普遍齊民，愚夫愚婦莫不響風而化，禱祀殷勤。蓋社會觀感所繫，不在學校而在寺宇，不在師儒而在僧徒矣。漢魏之際，方變而上復晚周，萌芽驟茁，遽折於外來之佛教。此固當時華梵間不可思議之遇合，不可阻遏之潮流。佛法急圖東展，而中國之玄學與其環境又恰與之應合。然佛教徒亦未免過於傾向外化，而將固有學術思想摧抑太甚。如佛道論衡，詆毀《老》《莊》，其詞多頑鄙不足一笑。僧徒既不習國學，又妄以褊心嫉異己，此所以造成佛教大一統之局。由今觀之，不得不謂爲吾國文化史上之大不幸也。夫佛家雖善言玄理，然其立教本旨，則一死生問題耳。因怖死生，發心趣道。故極其流弊，未來之望强，現在之趣弱，治心之功密，辨物之用疏。果以殉法，忍以遺世。六代僧徒多有焚身殉法者，然莫肯出而救世。淪於枯静，倦於活動。渴望寄乎空華，求生西天。盲修絶夫通感。近死之夫，不可復陽。此猶有志苦修者也。若夫托僞之流，競權死利，患得患失，神魂散越，猶冀福田，拜像供僧，誦佛修懺，其形雖存，其人已鬼。復有小慧，稍治文學，規取浮名，自矜文采，猥以微明，涉獵禪語，資其空脱，掩其鄙陋，不但盗譽一時，抑乃有聲後世。蘇軾、錢謙益、龔自珍皆是此流。今其衣鉢，授受未已也。至於不肖僧徒，游手坐食，抑或粗解文辭，内教世語，胡亂雜陳，攀緣勢要，無復廉耻，等諸自檜，亦無譏焉。是故自唐已來，佛教流弊，普遍深中於社會，至今方蔓衍未已。民質偷惰，亦有由來。凡在有知，宜相鑒戒。然則佛法可絶乎？曰：惡，是何言？昔者佛法獨盛，故其末流之弊愈滋。今則勢異古昔，扶衰不暇，而可令其絶乎？佛家卓爾冥證，萬事一如。事事皆如，故曰一如，所謂一葉一如來也。蕩然無相而非空，寂然存照而非有。智周萬物，故自在無挂礙；悲孕群生，惟大雄無恐怖。雖悲而無怖於險難。仰之莫測其高，俯之莫極其深，至哉佛之道也。是故會通其哲學思想，而滌除其宗教觀念，則所以使人解其縛而興其性者，豈其遠人以爲道也哉。

中國文化，既被佛家傾覆了，直到兩宋時代，大儒輩出，纔作中國文化復興運動。他們都推本於晚周底儒家，定孔子爲一尊，卻無形地踵了董仲舒、漢武帝底故步。魏晉人上追晚周，派別卻多。後人提及六朝，便以清談家了之，而不肯細察當時學術流別。宋人比之，似覺規模狹隘，然而他們所以宗主儒家，也有道理。儒家有兩個優點：一是大中至正，上之極廣大高明，而不溺於空無，下之極切實有用，而不流於功利。二是富於容納性，他底眼光透得遠大，思想放得開闊，立極以不易爲則，應用主順變精義。儒家根本思想在《易》。規模極宏，方面儘多，善於採納異派底長處，而不專固，不傾軋。他對於道家、法家等等，都有相當的攝受，這也是不可及處。《大學》格物致知的主張與名家不相忤。荀子言禮治，亦有法家影響。《周禮》言政治經濟，也有法家精神。《易·繫傳》談治理，大致在輔萬物之自然，絶不自任以治物。儒家各派都守這個原理，是與道家相通的。我和宰平在北海快雪堂，曾談到儒家這兩個優點。他也和我同意。所以宋儒特別提出儒家來，做建設中國文化底基礎。他們在破壞之餘，要作建設事業，自然須有個中心勢力，不容如魏晉思想那樣紛歧。因此，宗主儒家，尚不算他們規模狹隘之徵。現在把他們幾個重要人物，略説一下。先説周濂溪先生。他早年與方士有點關係，後來走上正路。他底著述，是以《周易》爲根據。然唯《通書》深純，明道之學自此出，而猶未盡其藴。《太極圖説》似無取，朱子雖尊之比於六經，也是朱子底神秘罷了。濂溪先生冲和灑脱，毫無渣滓，他底弟子程伯淳、程正叔兄弟，便不似他。伯淳，自昔尊之同於仲尼。我覺得在《論語》中尋玩孔子底襟抱，只是一味老實，毫無矜尚，易言之，只是無我。伯淳胸中似隱伏着一個聖人。至於正叔先生，可以説是有教主的氣味了。兩程先生都好講究氣象，遂成爲宋明已來儒者底一種流行。大家在威儀容止上檢點，做些矯揉造作工夫。凡人飾於外者，愈虧於内。把元來充實活潑的力量阻遏住，不由他自然發泄，要在外面做個盛德之容，縱不入於虛僞，也要減少活氣。我願今人有志儒術者，不要學那般儒者氣象。我以爲人底氣象最難能的，是平易二字。平易無奇，只是自然，自然纔是大氣象。這段話截止。再説他兩人底著作。大程只有語録筆札之屬，然而他底《識仁篇》和答張子厚先生底《定性書》，字雖不多，卻是有不廢江河萬古流的價值。孟子以“萬物皆備於我”言仁，《識仁篇》便從此發揮出來。此篇顯示本體和存養的工夫，極明白透切。實則即工夫即本體。包含極大，鑽研不盡。俗學無目，見他字句不多，隨便看過，真是可惜。《定性書》比《識仁篇》更廣大。因爲所與言的是張子，心機觸發處自是不同尋常。明道平生學術有這兩篇短文，也發抒盡致了，并不須要大部著作。正叔先生除語録及雜文外，有《易傳》一書，是他平生精力所萃。明道之學自孟子出。正叔得力於孟子者固深，而尤其服膺曾子甚切。他底“涵養須用敬，進學在致知”底主張，卻從曾子得來。他語録中時常提到曾子。因曾子生平臨深履薄，是主敬的，又相傳曾子作《大學》，《大學》卻注重格物致知。正叔用功於《四書》甚深，他底《易傳》大抵根據《四書》講去。我讀他底《易傳》時，年在二十四五，後來并未重玩。當時只有三點最注意，至今猶在心頭。一是“乾卦”中説“以形體謂之天，以主宰謂之帝”一段。當初很怪他形體二字不通，即掩卷去理會這道理，過數日纔有悟。若離開形體去言天和帝，那便成了神教。其時彷佛得到所謂泛神論底意義，便高興極了。二是“坤卦”中説“行地無疆，謂健也。乾健坤順，坤亦健乎？曰，非健何以配乾，未有乾行而坤止也”。我在此覺得他尚未見到真切，然卻引發我底感悟。蓋我即於此悟得坤以乾爲體，所以坤亦健。坤之言元，實即乾元也。不成坤又别是一個源頭。三是“復卦”中説“先儒皆以静爲見天地之心，蓋不知動之端，乃天地之心也”。非知道者孰能識之？這也是他一個大發明，我十分同意。正叔於心理學研究甚精，其説散在語録，卻須綜會解釋出來。正叔思想深沉，語録至堪尋索，只被不知者把他看做老生常談了。已説二程，次則張子厚先生。這是一位敦大篤實的學者，謙虚盛德，更不可及。二程門下都把他當做二程底弟子，後來朱元晦也跟着如此説，只合一笑。他倡地動説，在科學不發達的中國，可謂爲一個大發明。他著底《正蒙》一書，確是有系統的著作，爲漢已來所僅見。他底思想與二程絶對不同。因爲他底形而上學，是主張氣爲實體的，也可叫做氣一元論。我嘗説他是儒家底唯物論派。他確是有别致的。他底學説爲二程所掩，没有人真識得。直至明末，纔得王船山先生，算是他底私淑弟子。船山宗氣一元論，推衍其説，以爲神者氣之靈，理者氣之理，見《讀四書大全説》及《易傳》等書。確是子厚先生底本旨。他兩人雖以氣爲實體，卻不看重氣底本身，而偏看重氣之靈和氣之理。他們以爲天之道，人之性，就在這氣之靈和氣之理上説。這神和理雖即氣之發現，而倒是主宰乎氣的。若是氣没有發現出這神和理來，他也就是頑冥的物事了。所以他們許這神和理是至誠的，是真實的，是人得之以成性的。如此説來，他們這唯物論，卻不主張機械論，此又異乎西洋唯物論者矣。他們既許有氣及氣所發現的神和理是誠是實，便説佛家畢竟是沉空而極力反對，和他不并立了。也兼反對老氏之無。是時更有一位思想家，王介甫先生，氣魄雄偉，博學多通。他底學術，原本《周官》，特注重經濟問題。及其爲相，便立青苗等法，鋭意實行，被一般守舊的君子反對，遂至政策失敗，後人益以言利爲戒，他底學風竟絶了。我讀他底書時，年紀尚輕，記得有幾處文字很表現他底民權思想。今手中無書可查。他《上神宗皇帝書》有云："天命不足畏，祖宗不足法，人言不足恤。"漢已來儒者没有敢如此道。還有胡安定先生，年輩稍先於二程，雖不必是思想家，然其行誼純實，襟懷豁達，深明經術，練習政事，且長於教授，成就人才甚衆。其在當時，有裨文化，厥功甚偉，固一代大師也。又有史學家司馬君實先生，寬博純厚，渾然天成，其學本之《春秋》，當時實與二程相爲羽翼。總之，北宋中興儒家思想底大人物，首推周程二程。張四先生，四先生底人格都偉大，都是堅實得很的人。思想都宏深。他們爲學，壹是歸於涵養本原，而極盡其明庶物、察人倫底功用，直是本末交修。這種爲學底態度，我以爲一切人應該取法的。他們努力於文化底精神，我們應該繼續不懈的。蓋自佛教入中國已來，輪回之説普遍於社會，鬼神和命運的迷信日益强盛。佛教分明是多神教，不過他底説法很巧妙，他把旁底神教如大自在天等極力撥倒，所以人説他是無神論。殊不知人家底神打倒了，他底神又出來。試問十方三世諸佛，非多神而何？又如人人有個不死的神識，非多神而何？所以信佛教者必信鬼神，其教義固如是。若乃三世因果之談，則爲世俗命運觀念所依據，這個影響極壞。人生屈伏於神權，沉淪於鬼趣，僥倖於宿定。貪求世間利樂者，則妄計命運或可坐致，人情僥倖大抵如此。這不能不説是佛教之賜。三百篇，是中國先民底思想的表現，都是人生的，現世的，無有迷於神道者。如《二南》於男女之際，及凡日常作業，習勞之間，寫出和樂不淫與仁厚清肅勤厲之意，表現人生豐富的意義、無上的價值。孔子曰“人而不爲《周南》《召南》，其猶正牆面而立也歟”。其得力於是者深矣。故迷信鬼神之風，非吾先民所固有也。古時雖重祭祀，特由慎終追遠與崇德報功以致其仁孝不容已之心耳。戰國迄漢世方士始假神怪以騙人主，然民間不必被其風。自佛教東來，而後迷信普遍於社會。幸有諸先生崛起，倡明儒家之學，以至誠立人極。《通書》闡發此旨。形色不得呵爲幻妄，日用壹皆本於真實。念慮之微，事爲之著，無往非至誠所發見。原吾生之始，則此生非用其故。若有神識，則是故物傳來。是生本創新，而新乃無妄而皆誠。故君子至誠無息，以其日新而日生。迄夫形盡於百年，則雖生隨形盡，而曾有之生，曾有之誠，其價值則亘古常新，而不以百年盡也。又何待有個别的實物遺於當來而後爲快乎？神識即個别的實物。若果有之，則生生者將皆用其故，而莫或創新，造化亦死機爾，豈其然哉？是故杜絶神怪，以至誠建人極，道盡於有生，未知生，焉知死。知止於不知，生何自來，此不可説。所謂不知也，然已曰不知，豈真不知哉？故冥會於斯，而存誠以踐形，則生之所自，即生是已。知至此而止矣，何必以私意推求，妄執有個别的實物若神識者，以爲吾生之所自哉？物我同乎一體，而莫不各足，物各足於其性。顯微徹夫一實，而無有作僞。仰不愧，俯不怍，至誠塞乎天地。飲食男女，凡生人之大欲，皆天則之實然。循其則而不過不流，故人欲即天性，而不可醜惡。尼父曰：“道不遠人，人之爲道而遠人，不可以爲道。”至哉斯言乎！自周張二程諸儒崛興，紹宣聖之緒，而後知人生之尊嚴而不可褻侮也，人生之真實而不爲幻化也，人生之至善而不爲穢濁也，人生之富有而無所虧欠也。本性具足，故發爲萬善而通感不窮。故鬼神既遠，人性獲伸，這是諸儒莫大的功勞。然而他們卻有短處，現在不妨略爲説及。他們涵養本原的工夫，雖説紹述孔氏，卻受佛家禪宗影響太深，不免帶着幾分絶欲的意思。實則欲亦依性故有，不一定是壞的東西，只要導之於正便得。如孟子教齊宣王好色好貨，都可推己及人，使天下無曠夫無怨女，及使百姓同利，這欲何嘗不可推擴去做好的？如果要做絶欲工夫，必弄得人生無活氣，卻是根本錯誤。或謂今人縱欲已極，正要提倡絶欲以矯之。不知講學唯求其理之真而已，如何存得一個矯弊的意思。矯又成弊。俟鳥獸之風息，人道反諸正，將皆投諸真理之懷抱，而何至縱欲無已乎？我輩服膺儒先，不要漫無揀擇。他們因爲主張絶欲，故用功亦偏於主静。如伊川見人静坐，便嘆其善學。静坐本是他們共同的主張，後來李延平更看得重要，嘗曰："學問之道不在多言，但默坐澂心，體認天理，若見，雖一毫私欲之發，亦退聽矣。久久用力於此，庶幾漸明，講學始有力耳。"在他們底理論，動静是一致的。所謂即動即静、即静即動的。他們根本不承認是廢然之静。這個理論，我也未嘗否認。不過道理是很古怪的，往往差之毫釐，謬以千里。這個差謬大須注意。静中固然不是没有動，但吾人纔多著意在静，便已把日常接觸事物底活動力減卻許多。此語吃緊。所以他們雖復高唱格物致知，而其弟子已沈禪悦而憚於求知。他們雖復不忘經世致用，而卒以養成固陋偷敝的士習。因爲他們把主静造成普遍的學風，其流弊必至委靡不振，這個是不期然而然的。後來陳同父、葉水心一輩人，纔起來反抗他們底學説。同父思想雖粗，卻甚可愛。那時候確少不得同父一派底功利思想。同父云：禹無功，何以成六府？乾無利，何以具四德？如之何其可廢也。同父和朱晦翁辯論底幾篇書，極有價值。最要緊的是兩個意思，一是反對他們尊古卑今而否認進化的思想，二是反對他們自信未免於狹，而又把道理説得太高，所以誤視三代已下底人都是盲眼。同父是個文學家，只惜氣力太虚浮，畢竟振作不起來。水心思想較同父精細，而開張似不及之。他卻懷疑百端，又好抨擊古今人，然其言多有理致，固非務爲浮薄者。他是一個批評家，頗似漢王仲任之流，然本領不大，雖博辯而無宏規足以自樹。故雖有一時摧陷之功，終亦不能別闢生路。總之，周程諸儒，雖復樹立儒家赤幟，而實受禪宗影響太深，未能完全承續儒家精神。雖則學術不能不受時代化，亦不能不容納異派底思想，而他們卻於儒家有未認清處，所以骨子裏還是禪的氣味多。他們主静和絶欲底主張，都從禪家出來的。這兩個主張，遺害社會卻不小。因爲群衆是要靠士大夫領導的。而當時士大夫都去做絶欲和主静底工夫，玩心無形之表。用超世的眼光看他，誠然超越人天，大可敬服。用世間的眼光看他，不能不説是近於枯槁了。所以兩宋時代，社會都無氣力，甘受胡人底蹂躪，中夏自此一衰而不可復振。現在話説多了，不能不截止。若要深談，自非著書不可。然而我還要補説一句，我覺得晚周儒家底思想，應該發明而使之普及世界。宋明儒在形而上學底成績，確有補助晚周儒家的功勞，也當採取。

問：宋明儒絶欲工夫，卻能保持非功利的生活，於此見得人生無上價值，似未可反對也。先生曰：此須識我立言意思。我不是主張縱欲的，但用功去絶欲，我認爲方法錯誤。只要操存工夫不懈，使昭昭明明的本心常時提得起，則欲皆當理，自不待絶了。如果做絶欲工夫，勢必專向内心去搜索敵人來殺伐他。功力深時，必走入寂滅，將有反人生的傾向。否則亦好執意見以爲天理，因爲他一向孤制其心，少作致知的工夫，結果自非拿他底意見來做天理不可。宋明末葉底理學家，都是好鬧意見，至國亡而猶不悟。舉一個例子，如吾家襄愍公，清乾隆帝常思之曰，明朝不殺熊廷弼，我家不得入關。可見襄愍在當時是關係中國存亡底一個人。而黄宗羲《明儒學案》上良知大家鄒元標者，就是甘心亡國以殺害我襄愍公底主要犯。元標頑獷不足責，宗羲以遺老自命，於此事亦爲元標文其奸。可見宗羲把意見做天理了。宗羲最不光明，《原君》篇係竊人之説以爲己説。孔孟都没有教人絶欲。孔子舉“克己復禮”之目，曰“非禮勿視，非禮勿聽，非禮勿言，非禮勿動”，只是教顔子在視聽言動間操存此心，不流入非禮處去便是了。這工夫何等切近，何等活潑。而伊川、元晦卻要把克字訓爲克殺之克，説克己是克盡己私，卻要瞑目内觀去搜索己私的根苗來把他克殺浄盡了，不知《論語》原文儘明白，何嘗説到這個意思。至於孟子教人集義以養浩然之氣，集義便是致知，便於事事物物知明處當。分明不是離事物而孤求之心。只集義養氣，則欲不待絶而自無違理之欲了。所以我覺得宋明儒底方法不對，還是上求之孔孟爲好。

一人言，世界終有末日，人類終當傾向佛家寂滅之説。先生曰：汝見一切人都死否？其人曰：自古皆有死。先生曰：人當死時，他底世界還存在否？其人默然。先生曰：汝底世界底末日已不遠，何不早去求寂滅。時座中有李君者言曰：佛家寂滅卻不是斷盡了也，先生恐亦多饒舌。先生斥之曰：我不解寂滅的意義，汝卻會解得。寂滅本是污染斷盡，不是教本體也都空了。然而他這個境界，切不可和宋儒“人欲浄盡，天理流行”之説一般理會。他卻是超脱輪回而證得佛果底境界，易言之，便是非人生的境界。我們本人生主義底眼光看去，他這個寂滅，恰似斷盡了之謂也。所以儒先反對佛家寂滅，亦有道理。

先生登杭州南高峰，慨然曰：六代雖衰亂，猶能産出唐太宗如許偉大局量偉大材略底人物。太宗即位已後，本大公之心，求人共治，不私不忌，當時本無甚人才，他卻善陶鑄而用之，又能謙虚而盡人之善，故能創一代盛治。唐季迄五代，雖復淩夷，而宋祖出於其間，其寬仁大度猶可敬服。所以收拾五代昏亂之局，自宋已後，遂無領袖人物可説。明祖稍奮起，而狹小猜刻已甚，終明世無善治，其摧殘民質，較女真、蒙古、東胡蓋無讓焉。故民族力量稍損至此。余因問：伊川卻痛詆太宗何也？先生曰：伊川極狹小，用一孔之見衡人。孔子稱管仲以仁，許齊桓以正，便是大氣象。伊川又不取《禮記・儒行》篇，不知此正是儒者精神，所謂俠者，即是儒之分派。伊川卻要士大夫都奄奄無生氣便好。

近來社會上有一種流行的議論，以爲政界底領袖人物必定是狡詐險譎卑劣的，否則不能任天下事。如歷史所載聖帝明王，實則没有如他所頌諛的那樣明聖。遠者勿論，即如漢唐宋明諸祖，哪個不是狡譎卑劣的東西。這般議論，我時聞諸相識之口。他們全是根據現代底頑猾，以推論歷史上底人物，而敢於武斷政界領袖必定出於狡詐險譎卑劣的。這樣，不僅是推理的錯誤，而實有生心害政之憂。因爲這般議論，既流行於社會，即已無形的成了社會底信條。而狡狠卑劣之狗盜，一旦因緣時會，而盜據領袖的地位，將依據此信條，而以無所不爲者，爲事勢之當然。乃至凶於國，凶於家，災及其身，而猶不悟其失。又凡屈服於狗盜之下者，亦將依據此信條，而視狗盜之狡詐險譎卑劣，爲彼應有盡有之長技，毫不足怪，因甘受宰割而不思反抗。這是何等可憂的事！須知人群不能一息離政治而生活。吾嘗說，世界將來進化到無政府時代，仍不能說無政治。因爲人群相生相養，總要有一種組織，這種组織就叫做政治。在群品未進、政制尚低、倚望領袖底時代，而居領袖地位底人，如果只要狡詐險譎卑劣，而不必需要道德，則政治何得不敗壞，人群亦何所賴以維繫。故孔子删書，稱述二帝三王之德業，蓋乃信而有徵，不僅欲爲後人樹之模範也。老莊目擊列强殘民以逞，因極詆前王，無所許可。是徒憤於時主，故武斷一切，斯與今人議論同一錯誤。儒者何嘗不非桀紂，輕五伯，然卒不泯賢聖之績。若謂人主皆壞物，則是天下真可以無道馭之，非教猱升木而何？漢唐宋明諸祖，所以開基致治，自非偶然。漢高欲易太子，及老衰將死，謀實行之，卒因四皓而不果。夫其衰竭之餘，猶敬服善類，顧畏天下清議，而毅然取消其生平深藏之一念而不敢恣，此豈恒人所可能者。唐太宗勵精圖治，求諫以防私意之漸，周諮以悉閭閻之情。陸宣公奏議，多述其行事。故當時國威之隆，文化之盛，後莫能繼。其領導之功，不可忘也。宋祖寛仁，嘗一日罷朝，坐便殿，不樂者久之。左右請其故，曰：爾謂爲天子容易耶？適乘快指揮一事，故不樂耳。其兢兢業業不敢有一毫恣肆，類如此。明祖能率吾民以脱離蠻族壓制，功德不細。然以不學之故，卒流於狹小，其立政規模便差。然晚世頑獼之所爲，又明祖之所不屑爲也。

某君云：先儒言人者天地之心，此即人類中心觀念，自達爾文進化論出，其説已不能成立。先生曰：汝未之思也。人類中心觀念，本不可摇奪。只是舊的解釋錯誤，自達氏進化論出，乃予以新解釋耳。今站在進化的觀點上説，自然界從無機物而生物，而動物，而人類層層進化。人類進至最高級，他漸减卻獸性，而把宇宙底真善美發展出來。易言之，宇宙底真理，在人類上纔表現得完足。所以説人者天地之心，所以人類中心觀念，得進化論而益有根據。

同學請説“克己復禮”一章，先生曰：人方越乎禮，即此便是己，克己則已復於禮矣。故克己復禮是一回事，卻分做兩層來説，意義纔完足。下文請問其目，并没有分别是克己之目，抑是復禮之目。可見克復是一回事，不可打做兩截了。這章書，先儒解得很糟，今將字句一爲分疏。伊川説，須是克盡己私，皆歸於禮，方始是仁。實則克之義爲勝，元來不含盡義。《朱子語録》："聖人下個克字，譬如相殺相似，定要克勝得他。"此云相殺，便與伊川言盡者同。己字，朱子訓爲身之私欲，伊川説爲私意。愚謂意欲未即是私，必意欲爲習所移物所引而流於邪僻，方是私意私欲。記者詞雖略，然證以下文非禮勿視等言，則可反會得非禮之視聽言動，便是意欲爲習移物引而流於邪僻，只此叫做私意私欲，只此謂之己。克己者，只是此心恒時操存而不放逸，有以克勝乎這個己，令他不得乘隙而起，故名克己。不是待他起來方克殺去，朱子克殺之云，必是起了方殺。亦不曾説向寂滅處去，要照察這個己的根苗將他克殺浄盡。伊川説克盡己私，勢必除斷欲根而入於寂滅。夫子指出克復的條目，就是"非禮勿視，非禮勿聽，非禮勿言，非禮勿動"，分明教顔子在視聽言動間着工夫，不要流入非禮處去，這工夫就是個操存，極切近、極活潑。若如程朱之説，勢必收視返聽向心窩裏搜殺敵人令其浄盡。孔子分明没有説到此。

佛化東來，經過三期變化。初期以附會中國固有者爲吸收之便利，六朝人托於三玄，以此也。如肇公《般若無知論》，純以道家爲骨子，而傅以佛典中語耳。《物不遷論》，可謂極有價值之創作，文約義深，廣大備矣，然亦原本《大易》，不必盡從佛典來也。次期極端求佛家真面目，奘公西度而後，廣出諸經論，大乘空有兩宗，鉅典略備。學人研尋，始有準繩，不事附會。三期求華儒道。梵佛家。融和而别爲創造，禪宗首啓其機，至宋明儒而此種運動益劇，然其結果不必好，因吾儒底人生態度，參不得佛家意思故。

清季學人都提倡王船山民族主義。革命之成也，船山先生影響極大。然船山民族思想，確不是狹隘的種界觀念，他卻純從文化上着眼。以爲中夏文化是最高尚的，是人道之所以别於禽獸的，故痛心於五胡遼金元清底暴力摧殘。他這個意思，要把他底全書融會得來，便見他字字是淚痕。然而近人表彰他底民族主義者，似都看做是狹隘的種界觀念，未免妄猜了他也。他實不是這般小民族的鄙見。須知中夏民族元來没有狹隘自私的種界觀念，這個觀念，是不合人道而違背真理且阻礙進化的思想，正是船山先生所痛恨的。

船山志在中夏文化之復興。而以蠻族暴力與印度佛教思想，視爲有一致排斥之必要。

邱希明先生曰：孟氏有言“《春秋》作而亂臣賊子懼”。彼已公然冒大不韙而爲亂賊，豈以文士摇筆而加誅貶爲懼耶？先生曰：太史公云“不知《春秋》，前有讒而不見，後有賊而不知”，可謂達聖心者。聖人所以作《春秋》，蓋明著讒賊之詭謀穢術，使其纖悉畢露，盡人知之，然後其技無可售，其姦不得逞。孟氏所謂亂賊懼者，殆亦此意，特辭略耳。《春秋》文成數萬，其指數千，今之所傳，蓋非其本。夫子當時已不便筆之於書，而散爲口説。公穀之徒，蓋多傳之。顧輾轉授受，不能無變易耳。道家剌前王，非禮而薄仁義，則取王者所假托以號召天下之美幟而毁之已耳。其劇烈過《春秋》。蓋儒道二宗，并深詳人間黑暗，勿使得匿，不得匿，故不得逞也。夫非以搏擊爲快也。是其惻隱之仁，堅貞之志，聰睿之慧，足以爲大宇之智炬，人類之福音，非晚世曲謹小儒所及測也。希明先生曰：大哉言乎，史遷已後，未有達斯旨者。朱元晦作《綱目》，書莽大夫揚雄死。悻悻而施筆伐，何嘗於前聖作史之本意哉。先生曰：子雲劇秦美新，意存諷刺，故懼而投閣耳，其心則猶可諒也。

明季王船山、顔習齋、顧亭林諸鉅儒，都是上溯晚周儒家思想，而不以宋明諸師底半傾佛化爲然。這個精神極偉大，吾儕當繼續努力。

附録熊先生手札

高贊非抄

與林宰平

上午寫一紙未郵，午後得來書，甚喜。大端清得，弟未以之自喜。謂不欲改混亂，此語半是半不是。十力並無真實力量，只是感情作主。此等藥石之言，非吾兄誰肯發者？弟正在此處自省耳。感情所以易動者，習氣鼓於中故也。多一分習氣，便減一分力量。吾兄之所云，誠有以也。矜勝，則悟至而不能實體之以使理爲已有。憤甚，則悲心乍動而易間，無以擔蒼生之罪福。此弟所時以自懼，而世人豈識之哉？連年隱念時艱，終徘徊審顧不敢輕圖天下事，仍決意作學人者，此意兄或未窺也。即就學問方面言，弟亦勉强自持。《唯識》舊稿，輟而弗出，亦恐出後則無心於改造矣。凡此勉强而不輕試之念，唯自察其力量之有未實而徐徐求所以充實之耳。混亂之在根本者，指習氣言。弟確已發見而未始不欲改之。兄言不欲改，此半不是也。混亂之形於枝節者，弟確不欲在此處對治，兄言不欲改，此半是也。弟邇來爲學，自信不拘文字而求道理，誠有其可自信，而不必自喜。兄或未察也。敝書十二葉小注，諒兄弗肯同意，午節在北海白塔下嘗言之。此意自是弟所珍重，雖一世誚爲頑固，所不敢辭。

與梁漱溟凡五札

胸中時若有千言萬語，急欲迸發，纔把筆則已呼喚不出，靈機鼓動，氣力不足以申引暢發之也。賤體太虧，如何如何。

真正人生之感，不是凡夫所有，其感是悲情，不是凡情。如來當初出家之感，與其最後成佛時情感，仍是一般，所謂徹始徹終也。如當初一感未真，那會幾年工夫便爾成佛。我往者之感，兄向者之感，頌天近者之感，都是凡情。不過此等凡情，大不易得。蓋由外緣有所引發，回向真處。但是向真，不是真機勃爾自露，猶如浮雲裹透露日光耳。此等情機發動，若得著路，便一直向上，生機不絶。不遇著路，則宛轉間不激而狂，必流於萎。頌天昨秋已來，憤鬱不解，如尚聽其自然，必萎敗矣。

連年病廢，心情昏亂。昨與孑老及某輩緘，偶述近況，及已前所經，頗露窘苦難堪之狀。已發而悔，繼思之，此又何足深悔。平生心事皎如白日，只堪自信，何須求諒於不相干之人。然孑老自足知我，未堪一例抹煞也。世事至此，已如船山所云，害已成而不可挽，挽則横流。在此惡勢周流六虚之會，於此於彼，形式雖殊，惡流則一。即有善良，加入一方，恒隨流轉，勢不自由。惟有超然静立乎惡流之外，而隱有所持，雖哀矜而不容驟挽，藏之於慎密，而持之以悠久，則造化在我而默運於無形矣。此力之所志，而實未能逮，終必顛連倒跌而强起以疾赴之者也。吾兄今日自居局外，但盡友誼，可謂得宜。任潮、證如，與吾儕夙抱，原自不同。即其經過以言，亦只好努力始終撑拄其間，結果只是做一日和尚撞一日鐘，成敗利鈍，不能計爾。

手示敬悉。公開二字，是我生來之良能。然我慢之重，亦積習太深。黄河萬里，拖泥帶水而行，本素所自喻。然今且將老矣，又病矣，病益爲拖帶之緣。今欲自行克治，尤以養好此病爲先着，否則一切修養説不上。黄梅前身見四祖，四祖以其年老乏精力，囑再來。此雖神話，然修養須精力好纔辦得，自可於此故事中會意也。頌天得力處當有之，但恐易緣時又復故態。此事大不易言。須此心從事上磨練得勿忘勿助方是到家。若現在養病期間，屏除一切外誘，借典册警惕，引發静氣，纔得一段清明，此未足據。吾年來病困，兼以時事刺激，引起心緒惡劣。然屏棄書籍已久，静觀萬事萬物之變，亦時有所得，倉卒不能言也。

昨訊有欲言未言，終覺不合。承示頌天函似有念念不遷之説，真自欺語也。尼父七十不逾矩，方是不遷之實，後生談何容易。又引先儒收放心之談，而云只不放便收。不知吾儕有生已來，此心便嘗放失而不覺，對治已放，故説收。終古是收字工夫，豈容掉以輕心，高談妙悟。吾所努力，唯欲先做到不自欺一段工夫，以圖復我久放之心，凜然求孟氏所謂視民如傷望道未見之念，看吾心真實有此痛癢否。不此之務，而高言禪悦，猥以浮明，托於竊似，居以不疑，此晚世狂禪與陸王末流，所以獲罪而不自逭也。此片務轉頌天。

與嚴立三

凡人心思，若爲世俗浮淺知識及膚濫論調所籠罩，其思路必無從啓發，眼光必無由高尚，胸襟必無得開拓，生活必無有根據，氣魄必不得宏壯，人格必不得擴大。力一切言論，總是要人反省，承認自家無知，必將平日所習見習聞於世俗名流之一切浮泛知識、膚濫理論，剥得乾乾净净，纔可由此努力以接近善知識而深研真實學問。力所以説話便好罵人，全是悲心行乎不容已，非吾兄所疑爲褊心嫉俗之謂也。然力亦只是口頭便及之，卻决不於文字上批評時賢，此正不敢不自重之意，賢者察之。

答友人

去家難。兄其有細人之情耶、否耶？吾以兄之所難爲細人之情也。恐局外高談，而不了兄之處境，則將謂棄其骨肉，是而可忍，孰不可忍哉？足下若自謂非細人之情也，則須返檢念慮之微，其果有妻子之私，而願爲之鞠躬盡瘁歟？抑實逼處此，且任坦蕩之懷，盡所得爲，毋相棄，亦毋過慮歟？又於家人兒女外，此心更有痛癢相關處歟？明明在上，赫赫在下，鳶飛戾天，魚躍於淵，何拘何礙，而以有生之年，盡於禽犢之愛。古今衆生，皆如此矣。吾不敢謂兄其然，吾不敢信兄之不盡然。弟秋節後，爲侄輩亦大有所苦，若瑣瑣奉告，又太累耳，不如無言。

與彭雲谷

別來時於從理處藉悉近況，得來書更諗其詳。吾無以教子，唯即前所欲譚而未盡者，鄭重明之。所謂人群，所謂社會，無實物也，只是無量勢力摩蕩運行而已矣。質言之，只是變而已矣。此意在寧時，已略談一度。吾儕一方在萬變中旋轉，而行乎其不自知，推於其不容已，固若機械矣。一方又爲變化之原動力，而於寓變之大流中，恒得以吾之力左右其間，故吾人又有自由，而非純然機械也者。先世仁人任士，毅然側然，以擔荷天下轉移風會爲己任，豈唐大無稽，侈陳志事哉，誠有其實效也。吾子若識得此意，固將履變化之途而充惻隱之仁，裕宏毅之智，以期於不撓不惑。《傳》曰："取法乎上，僅得乎中，取法乎中，斯爲下矣。"吾與子語上而不語下，幸勿妄自菲薄。居常總宜留心體察人情事變，尤當抽暇讀書，藉作指導。讀書又略分兩面：一關於應用之知能，若政治、經濟種種問題，非有精研，則不能致用；一關於立己之德慧，欲自培植，必資觀感，故須留心偉人文集，若近代曾、胡及前世陸宣公、諸葛武侯、王陽明、熊襄愍、楊椒山、張江陵之倫，其仁心誠意之所昭宣，精神毅力之所流布，明慧剛斷之所垂示，莫不散在簡篇，可以探索，苟能會心於文字之外，則德慧之薰發，有不知其所以然者。《易》曰"君子多識前言往行以蓄其德"，《論語》"温故而知新"，皆此意也。足下勿以作事不暇讀書自諉。曾文正在軍中猶日必讀史寫字。足下事務縱繁瑣，較彼身爲大將者，整暇冗忙之相去，豈可以道里計哉？《記》曰：君子不使其躬儳焉如不終日。今人無論作事或閑居，皆令其身心惰散，無安頓處，即儳焉不可終日之謂也。曾有志士而忍如此。吾與人相與無久暫，以平等心，説老實話，吾子其熟察之也。

答陶開士凡二札

得贊非轉到惠書，知又被火。天下遭際之奇，固有如是古怪者耶？審觀書辭，雖在艱困中，不曾改其坦蕩之度，足徵學有得力處也。船山《俟解》有云："堂堂巍巍，壁立萬仞，心氣自爾和平，如强壯有力者，雖負重行赤日中，自能不喘，力大氣必和也。"王龍溪家爲火焚，其往來書牘言之不置，平生講良知，至此躁氣浮動，其所謂良知者，非良知也。吾謂龍溪大抵未能破除迷信，以謂失火殆由神譴，此亦與佛家業報之説相通。在凡夫中無所主，平日自省不切，自勘不明，故未能自信而炫於禍福。若夫中有主而自修密自知明者，則不邇於神道矣。子疾病，子路請禱，子曰："丘之禱久矣。"自了自信，堅固熾然，不可摇奪。細人何足測其情哉？來書業重天譴之云，弟以爲不須作此説。火能爲炎，物理之常，何得有天，何所謂譴？平叔頃在此，并主兄出門教學，聞見較闊，心機較活，壽命較易延長。弟已五年不回家，中心藏之，何日忘之。一兄、一弟、兩姊，皆窮病。欲濟其厄，不獨無力，縱設法解其困，又恐以此害之。鄉間得一飽者，幾能免於匪禍乎！今之世變，往代所無，不知古人處此，更有何道。愴然獨念，亦只有付之無可奈何。知其無可奈何而安之若命，莊先生獲我心歟！爲吾兄計，若拳拳手足而不忍遠離，徒以憂鬱厚自傷損，終無補於彼。何若珍重擔當道義之身，屏絶家鄉煩苦，出門因聲氣應求，而廣善以延其生理。若有大心，當知得失取捨。仁者慎勿自誤。

毁人不當，於人無干，自形其陋。譽人不當，於人無干，自彰其淺。譽人不當者，復有過不及之殊。彼其實不足，而吾譽之太甚，斯過譽也。彼其實有餘，而吾譽之不稱，斯又不及之譽也。過與不及，皆君子之所耻，以其識淺不足以衡人故也。孟子自命知言，他是何等識力。伊川輩論人，便往往差誤。何况今日凡夫眼孔瑣瑣如蚊者乎？

與梁任公

秘魔岩傾談方樂，適爲游客所阻，未免敗興。《唯識書》經北大印至四十五葉，頃托宰兄轉致，便中省覽，幸有以教也。書中談變義處，宰兄初嘗有疑，以爲心法可云刹那生滅，色法或不爾。如此見解，正是滯迹。不知色法亦是變化密移，唯有新新，都無故故。力與宰兄議論數番，渠近亦見得此理。不審先生於此有疑否耳？

與陳證如

前囑看各書，不審實行否。自來擔天下大事者，必有渾含之氣象，深沉之思慮，廣大之規模，整暇之情致。老弟書詞，嘗露褊急浮淺態度，此殆心不自主而爲事所牽也。弟本樸實人，才略殊不足，唯當裕之以學。《傳》曰“物有本末”。爲學有本，發皇志願，此其本也。志不虛大，願不虛立，日用云爲動静語默之際，須時時有心在。覺得浮，便收拾。覺得躁，便鎮攝。覺得有一毫虛僞，便皈誠。覺得有一毫畏葸顧忌，便發强剛毅。心也者，與萬物萬變相酬酢者也。不於此處加培養，縱有知識技能，亦不濟事。願留心陽明之學，作一番立本工夫，或堪投大遺艱。吴康齋詩曰：“伫看風急天寒夜，誰是當門定脚人。”唯心定而後脚立得定耳。

贊非案：先生此札，似在十三四年間。其後證如先生有與先生論良知書略云：良知之在於人人之心，是斷無不知是，非斷無不知非，知是知非，既人人之所同，其爲周遍顯易如此。宜乎人生日用所踐履之中無不能順其良知之本然者。而實乃不爾，蓋人恒放失此良知之心而莫或操存，則失其所以易矣。放失者，非謂其遽泯滅也，謂其錮蔽之深而不得發現也。既不得發現，則失其所以顯矣。錮蔽者，以人各有其習氣，即各有其僻執，如是而人各以其習氣或僻執者爲心，則千差萬别，所謂人心不同如其面，而所同然之良知之心遂致汩没，則失其所以周遍矣。由是乃知良知雖至周遍顯易，而其致知之功，實天下之至難能至難行也。非有真實切己之志，則不足與言此學。云云。先生得此書，謂其把致良知致字，看得吃緊，甚善，故附存之。

與或人凡二札

《新唯識論》，須從頭另造，原稿可就者甚少。吾十年來精力盡萃此書。在此歐化時代，唯物思潮汹涌之際，吾所爲者極不合時宜。然掉背孤行，以亢乎往古來今而無所悔，則吾志也。

夫學必博求之而後大，實踐之而後深，後生何敢妄自矜持？來函疑余孤寂，尤不相干。八寶莊嚴，宗廟之美，百官之富，吾既皆備，何孤寂之有哉？若乃宇宙無量，群生異習，咸其自己，不齊故齊，莊義葳蕤，吾所夙契者矣。然曠懷言理，固自爾爾，至誠通物，恒欲云云。斯理之玄，古今聖智莫能自解。尼父欲無言，又曰吾黨小子，莫知所裁，此何心哉？佛説吾是如語者，實語者，不誑語者，反復自明，唯恐人之不見信，是何心哉？愛我若慈父，教我若嚴師，晉世清流，用譏儒者，不知此正儒家真切處也。吾病劇矣，性不絶人，來無不談，能虚能受，馳驅坦途；不受不虚，彼自有以，吾亦任彼。洪河載舟，堂坳載芥，用法眼觀，同其有載，何所判於大小哉？吾有事在，夏令不宜吾病，愛我者不來。

與某生凡二札

護法《唯識論》，近於機械，此説固是。然出於足下之口，則全不相干。凡反對古代大人物之説者，必始也於其人之苦心孤詣，與其學説之大綱衆目，一一理會清晰，且咀嚼有味，興高采烈，直與其人之思想合而爲一，到此境矣，忽然百尺竿頭，頓不滿於前之所欣。則此反對爲有價值，而亦無負於古人，自己方是真得力真受用處。此何易言哉？今人粗心浮氣，纔了人家一二皮毛，便已開口批評，試問自己有何見地，胸中有何生涯？寡淺不若堂坳，且欲蕩芥爲樂，以測大海泛舟之事，此可哀而不足鄙也。此習不戒，將欲入學，吾未前聞。

足下一向少作真實工夫，故於物情事理，猶欠分曉，只落在世俗拘礙與惰散路徑去。此吾所爲深憂者也。吾昔所期望於子者甚遠，不幸今已墮落而無一成。以吾年來函牘提撕，而子之狹陋褊淺如故，毫未有所感發興起，然且以良民自許。良民者，庶民也。庶民者，禽獸也。飢則思食，渴則思飲，血氣旺則思排泄，此外無感觸，無蘊蓄，故於禽獸無別也。此豈大丈夫所願爲者乎？凡暴棄已甚之人，只有反而自覓其心。諸葛武侯誡外甥書曰：“使庶幾之志，揭然有所存，惻然有所感。”此非大菩薩不能爲此語，非志希大菩薩者不能如實了解此語。此未可以了解文字者了解之也。須灼然發現自己淵深惻隱、包絡天地孕育群物、廣大無邊、不可思議之心體，乃識得此中理趣。凡夫心靈一向汩没，昂然七尺之軀，息息與物爲構，即是一塊硬物質與許多硬物質相攻取，孟子所以謂之物交物也。若此，烏知所謂揭然有所存，惻然有所感者乎？此吾子所以萬劫沉淪也。

答湯錫予

細勘佛家神識之義，明是個體輪轉，不必爲之作圓妙無着之説，以避人攻難。世俗靈魂觀念，蓋亦與此相近。無論陳義精粗，其爲死後猶有物，均也。力嘗不契此説，欲主大化流行之義，以功能爲萬物之統體，而無所謂個人獨具之神識。唯人生所造業力，則容暫時不散，此世俗幽靈之事實，所以不盡無耳。

答張俶知凡二札

吾向者望人亦太過。望人過者，其失望愈多。失望愈多，則内將無以自堪，而外將輕人以至乎絶人，斯人已皆病矣。吾每見人，與之言，剌剌不休。言之無效，又自苦。且多言損氣，嘗引起身體上之疾病。率是以往，恐遂自損其生，而引道一綫之幾，更屬何人，念此不寒而慄。繼自今，唯務澹放天懷，自得而不必私之於己，愛人而勿流於沾滯之情，太和涵攝，人己相得於無形。此道也，吾所未能而勉企也。

吾自兒時多病，嘗起怕死之念。三十左右，此念又經一度熾然。大約此念起時，能轉一新方向，便可無虞，所謂死中得生也。若此念牽纏，而不能放於日新自得之場，其死必矣。吾望共學諸子，時以一種新鋭之氣，互相感召，將必有開拓無窮之新生命。

答馬乾符凡二札

與子别後，訊問極稀，胸間總少閑適趣味，無所足告耳。來書每欲屏事以養心，此大不可。心非是孤孤另另獨立之一物。事之著見，即心之著見也。屏事而求心可乎？静坐，事也，只任昭昭靈靈之心而静坐，即事即心也。讀書，事也，只任昭昭靈靈之心而讀書，即事即心也。教課，事也，只任昭昭靈靈之心而教課，即事即心也。吃飯穿衣，事也，只任昭昭靈靈之心而吃飯穿衣，即事即心也。一切仰觀俯察，純任昭昭靈靈之心以通萬象之感，是故天下莫非事也，即莫非心也，惡可屏事而求心乎？酷熱寫此，不能盡意。

來書收到。日常涵養工夫，切忌收斂太緊，總宜時時有活氣，坦然直往。不怕有壞念起，只要覺得，便當下斬斷，切勿隨順。至於求知之功，不蘄捷獲，不厭煩瑣，不憚强探，循序無躐等，析理無籠筒，真積力久，不患不忽然貫通也。贊非按：乾符先生，太原人，天資甚高，自勵極切，不幸短命死矣。先生深痛惜之。

示張立民

立民昨談，現在從不知天高地厚傲然自足裏，忽然起了一個空虚與恐慌，此中是生死關頭，能向上求進便生，否則死。此段話大有意思。中外古今學者，殆無不經過從不知天高地厚傲然自足之中忽起空虚與恐慌，然後向上求進，以成就其人格與學問者。唯在空虚與恐慌之階段，卻甚危險，非有大力量即不能向上求進以生，只有陷於空虚恐慌以死。你既感覺到此，便須萬分努力，生死之機，自操而已。

凡人若非下愚，中資已上即各有天才。世間各種學問，其難易標準，唯隨學人之天才而定。有某種學問，自一輩人看來若絶非難事者，而卻有他方面底大聰明人硬不了解。又有某種學問，在許多人看來以爲神秘奇怪，而卻有人看得易入。故人之爲學，必自審其天才近於何學，不可胡亂幹去，亟須留意也。古人有言，士别三日，便當刮目。或曰，一日千里。此皆實話。唯擇其天才所近而努力焉，自有此效。汝雖欲治哲學，卻未知汝天才近於哲學否。且哲學派别亦複雜，又宜自度天才近於何派。佛學須神解卓特，章太炎謂爲貴族之學，可謂知言。世人喜談佛法，猥以糊塗，托於玄妙，有識所厭也。

凡科學上之大發明家，皆屬上智，不消説得。然其理既經發明之後，則凡在中資，皆可循其方法，一步一步經實驗與推理而逐漸了解，但患不肯用笨工耳。若哲學家所窮究者，其理不離乎事事物物，而實不滯乎事事物物。故非神解卓特，則未有不終其身於膚泛支離的知識中，而無以窺真理之奥也。

與黄存之

凡人當時時有策勵振作氣象，不可有一毫瞢懂散漫，此在自己留心反省也。健行者，生命之本然。吾人纔有一息不上進，便化於物，而瞢懂散漫矣。每日須常有清明意趣，超然神解，直湊單微。有所不能究了，則懸爲疑問，隨時隨地研索。讀書，必返諸自家經驗，有所抉擇。如不爾者，雖讀萬卷書，無益也。

答王平叔、黄艮庸

平叔懷鬱而有疾，時或强力挣扎，而不能有恒。激發興趣，則怡悦進趣，操之過急，又忽焉傷沮，此大可慮也。艮庸今年來訊，屢表疾痛，以子懷抱清簡，未更世務，此行盡目所見，盡耳所聞，皆刺心事，固不能無悶苦也。人間世本來如此，知之而不能無憂，憂之而不可或過。顔之推曰：“楊朱之徒，世謂冷腸，墨翟之流，世謂熱腹。腸不可冷，腹不可熱，要當以仁義爲節制耳。”此言極有理趣。

示郝心亮、李敬持

讀書必心有所存，然後於古人精意之流於文字者，能觸目而起深切之感。或遇指着自己病痛處，而惻然傷，怵然懼，惶然羞。或遇觸發平日所絶不能窺，抑或略窺而不能深透底道理，忽焉不覺手之舞足之蹈。如此，方是能讀書者。汝儕且漫讀書，須先理會此心。

與高礀莊

大作看過，其中精透語雖不少，然以云論，則難言也。若不作論文看，尚有可取。倘欲名論，便没意趣。梵天論體，博大深沉，包羅萬象。吾土周秦諸子，其文皆論，一本衆幹，枝葉扶疏，方之梵制，蓋無讓焉。賈生《過秦》，稱名爲論，實則當列雜文之儕。自爾已來，作者不興，鴻論遂絶。韓愈之徒，思理短淺，適比牧豎。雜文薄有氣勢，妄自驚寵，後來迂儒小生，無知逐臭，更相崇尚，始開古文之宗。單篇鄙制，競冒論名。吾嘗以爲中土學術思想，自唐已下，日就堙塞。推求其故，雖不一端，而文體劣陋，實乃最大之因。語曰：工欲善事，必先利器。文字者，發表學思之利器也。累世之人，相習於油腔滑調之古文，詞無容納，議乏條貫。方其舉筆，不必平日夙有問題，實事求是，精以周察，廣以總攬，深以達微，率爾吐詞，繳繞字句之間，足以尸文宗，傳後世，夫誰不願爲如此者乎？故古文風行，而晚周六代盛唐學術思想之盛，曠乎其不可聞焉。盛唐儒家無人，而佛家乃如日中天。韓愈輩蟻智羊羶，實始作俑，此罪不可逭也。吾兄志正而好學，宜深維流俗之所以失，學未成熟，有所偶獲，隨時筆札，勿庸襲名爲論。必力戒苟且，而後可幾於大人之學矣。酷熱甚倦，不能多陳。

示高贊非

汝與某生，年事相懸，不能以同門之故，而妄作兄弟稱呼也。昔見一後生致函長者，自稱以弟，乃曰忘形。不知人倫有禮，忘形而不容泯分。心情無礙，是謂忘形。先後無序，則爲泯分。忘形故宇宙太和，泯分即社會混亂。末俗滅禮，不可不知。

昨與伯良、從理談及交游間稱謂之宜，頗關禮數，今以示子。先進後進，相爲嬗續，人道所以弗替也。凡有齒長於我，雖不必有盛德可稱，而其行己亦無虧辱者，則我宜以先進禮之。縱彼謙光下逮，不以長者自居，而在我切不可有一毫苟且。當呼彼以先生，而自稱名焉。如此不亢不卑，分之宜也。今後生無耻，苟遇無名無勢者，不顧齒德懸殊，輒以同等稱之，此自形其污賤也。魏晉人恣爲通脱，交游略無少長分際，然卒甘臣妾於胡虜。

後進守分而不敢犯，先進亦忘分而不敢亢焉。故長者對年少稱之以兄，而自稱曰弟也。即在姻戚，除舅甥等直接親屬外，自餘尊長對卑幼，書函皆可自稱弟而呼彼以兄也。長不凌幼，下同而相濟，人道之和也。

同志曰朋，同道曰友。古人朋友之義，極爲嚴格，所以預在五倫。晚世朋友之交，或不必志與道之同符也，往往因同學同事等關係而情感投契，誼均手足，始終無間，此亦人情之至，人道之樂耳。朋友互相稱以兄，禮也。然有初交即序齒，而長者對年少直以弟畜之，則親極而文殺也。

朋友之義，繫於兩人相與之際。然推恩好以上禮其親，下逮其子者，情之隆也，義所予也。然上禮必有辨。友之親，齒在父行，德又可尊，則以父執視之，稱爲世伯可也。忽齒德而不親，則同人道於牛馬。齒德二者若缺其一，則不得用伯父之稱，相見以賓禮遇之可也。與友函問，曰尊大人可也，毋自褻也。今人訂交，向友問其親，輒不辨其德，遽稱曰老伯，此所恒見也。稱之者愛敬不自中心，受之者又何以自安。市道也，不可行。

凡往來相識而實不必有朋友關係者，只宜泛稱彼以先生，而自具名焉，似不必遽作兄弟稱呼。

示高佩經

讀書時，須自見得吾有解處卻是真解，吾不解處是真不解。如此方是能讀書人。若似解似不解，一任含糊過去，則不治之病也。

與鄧子琴、宋莘耕、張諄言

每見青年問學，開口必曰方法，此極可惜。須知學問方法，必待學成而後能明其所以。至求學時代，則全仗自家一副精心果力，暗中摸索，方方面面，不憚繁難，經歷許多層累屈折，如疑惑、設計、集證、決斷、會通、類推等等，其間所歷困難與錯誤，正不知幾許，窮年屹屹，而後有成。一旦豁然，回思經歷，方自見有其所循之方法，可舉於告人者。然亦略舉大端而已，至其甘苦隱微，終不能揭示於人，莊子斲輪之説是也。今日後生開口便問方法，至於自家是否具有真實心力，則一向怠慢，不曾反省。譬如懦夫自無能行之力，空訪路途，其能舉步否耶？吾每遇人詢吾學方法，皆默然不答。彼昧吾旨，轉相誚訕，吾亦任之。世間妄人，可教誡耶？又在京時，曾與諸君談及讀書，冗忙，苦未盡意，今且重申。凡讀書者，須有主觀方面之採獲，有客觀方面之探求。先言主觀。讀書胸中預有模範，如作屋者，棟梁未建，基局已定，是謂模範。有計畫，則任讀何書，隨在有足供吾之觸類而融通者。若無模範，無計畫，而茫焉讀古今人書，讀一書即死守一書之文義，讀兩書即死守兩書之文義，是謂書蠹，何關學問？次論客觀。某一學派之大著，必自有其獨到之精神，必自有其獨立之系統。讀者既有其主觀之採獲，遂謂得彼之真，窺彼之全也，如是必以主蔽客也。故必屏除一己所觸類融通者，而對彼之宏綱衆目，爲純客觀之探求。方見吾與彼之異，及吾與彼并其他諸家之異。益徵理道無窮，宇宙無量，而免於混亂或管窺之誚矣。讀書不即是學問，而學問必有待於讀書。此意自是二三子所知，願各努力而已。吾來杭忽忽二十餘日，每夜分十二時，大咳不已，略無佳趣。此病不知何日得轉機也。

與侄非武

非武：汝尚在做夢乎？不看新舊書，不作日記，汝知識全無，長成一副小流氓樣子，汝將來何以立身，何以吃飯？吾教汝課外暫將《曾文正公集》《資治通鑒》各買一套，苦心攻讀，請雲谷講。於此二書，通其文字，解其義理，則於持身涉世之常經，審事察變之弘軌，皆可以資興發矣。現在之世事，根據過去之世事演變得來。不能鑒古，何足知今？凡古代大人物之精神，流露於其著作中。後人讀古書，而默會古代大人物之精神，則於不知不覺之間，感懷興起，力求向上，不甘暴棄，而以與小人或禽獸爲伍者，爲最痛心事。使心胸開拓，魄力偉大，日用間事事是精心毅力流行，則已上追古代偉大人物而與之爲一矣。吾最恨汝好修飾，柔弱委靡，成女人模樣。吾見汝面，則痛不能言。汝在雲谷處，讀書不懂，盡可請問，雲谷斷不至厭煩，斷不至疏外。書中典故，雲谷縱有不了處，而典故所表示之意義，雲谷自可按索上下文而得之。無論如何，雲谷總足以教汝。汝當虚心請教，謹守規矩。我家幾世治學守禮，若至汝而墜，真傷心事也。吾思汝父一生行善，將何以報之乎？吾兄弟六人，汝父居長，六爺早逝，五爺又已逝且十年。汝親兄弟六七人，汝兄居長，未讀書。自汝而下，大者十歲八歲，小者二三歲，目前窮困已極，衣食爲難，皆有不能讀書之勢。吾又病夫，精力短促，念先人之遺芳，睹子侄之零落，吾心戚戚有餘痛也。吾先文學府君，孤寒勵學，講程朱學於舉世陷溺八股之代，以作紳士行敲詐爲子弟及生徒戒，至今鄉人誦其風範。吾平生恭守先訓，幸未有大辱也。吾長兄仲甫處士，初治宋學，繼讀《金剛經》而好焉，即戒肉食，體弱不堪素食，憔悴以死。此真難行之事，吾愧吾兄也。吾仲兄及諸弟，皆以貧故不能學。仲兄深達物情，四弟天資較鈍，五弟六弟，皆有大聰明，發言卓特，惜以貧苦早喪。蓋嘗嚴冬衣被不完，體力受創，故死之速也。吾年來若稍服暖衣，則默念亡弟，中心飲泣，不敢告人。汝習奢侈，不了吾心之痛，何其喪心若是哉！汝年亦二十零耳，已往之失不足校，及今改行，足成完人。吾年十六七，便以革命從戎，狂野不學。三十左右，因奔走西南，念黨人競權争利，革命終無善果，又目擊萬里朱殷，時或獨自登高，蒼茫望天，淚盈盈雨下，以爲禍亂起於衆昏無知，欲專力於學術，導人群以正見。自是不作革命行動，而虚心探中印兩方之學。自恨前此一無所知，至遇人不敢仰首伸眉，其衷懷之愴痛甚深也。余信學問之事，不由天啓，不由人授，唯自心之誠發不容已，將夙昔習染痛切蕩除，而胸無滯礙，則天地萬物之理自爾貫通而不知其所以。古人所謂至誠所感，金石爲開，至此始信其非妄語也。汝其念哉！及今憤發，其成就可限量哉！但患汝不發真心耳。吾所欲爲汝説者，萬千心事，但恐汝難了解，又病體未健，不能多寫，姑止於此。《傳》曰：我欲托之空言，不如見之行事也。故上述先德，下道吾之歷練，冀汝有所感焉。人之異於物者，以其能感也。汝而不感，則草木禽獸矣。余復何言，亦已焉哉。

與文德揚

入院已來，覺得如何？汝好用思，病因亟須減省。學問成否，姑置度外。天下道理無窮，盡古今哲人所知者而通計之，亦不過爾爾。學者唯本其平平淡淡落落實實之心，而盡力所及，不迫不倦以求知，切勿慕學問家之名。人之所以自尊自樂者，唯其在己有實得於心者而已。

與鄧子琴

昨臺城之游，子琴問吾不令贊非治哲學之故。適吾病困，不耐説話。念此意不可終秘，聊裁數行，以酬前問。吾嘗言哲學思想，夫人而有之也，不待學也。哲學，則不必夫人而能之也。學之不善，不唯自害，亦社會上之臭穢物也。人生而有知，非草木之頑然，非土石之塊然，即其對於宇宙人生莫不有相當之解釋，而隱然自視其生活爲有價值、有意義。七八齡之牧童，登高而發其天籟。静心聆之，則哲學思想於是乎在。而且比學人所推度者，爲純實而無妄。故曰哲學思想，夫人而有之也，不待學也。至若條達綜貫其思想以爲哲學，此則天才睿智之事。必其仰觀俯察、近取遠觀之餘，知顯而不昧於隱，索隱亦必據夫顯；析微而不暗乎大，窮大亦必盡其微；迹邇而以推之遠，致遠要不泥乎邇。極天下之至有，而蕩其執，有而無也；無者，無迷執也。會天下之至變，而貞於一，變亦常也。體神化不測之妙於日用踐履之中，無所襲於古今，無所異於庸衆，而自巍然爲宇宙真理之擔負者。如是，則可謂能治哲學者已。今世學子，徒終日搜求中外哲學書籍而攻讀焉，辨析其文字，推明其論證，空襲糟粕，都無精英，治哲學愈久，聞見愈駁雜，思想愈糊塗。此輩胸羅雜亂知識，生活上既無根據，又不能練習世事，以濟時用。故此類哲學家，實社會上之穢臭物也。今者禽獸横行，民無死所。稍有人心，仰視天、俯視地，何以爲懷？與其馳逞於雜亂知識之中而無當於哲學，何不樸實頭地求一材一藝之長，期效用於社會。贅非者，爲當世之哲學家自無不足，而吾不忍其爲此。子琴若得吾不忍之心焉，則亦慎擇所學也夫。

與胡炯

爲人之道，志必欲高而脚必欲低。兩者不可任失其一。志欲高者，不暱於世間榮華，而嘗存乎遠大，不爲物引，不爲境移，超然萬物之表。脚欲低者，審才智之所堪，得自處之善道，盡性安分，循實而行。唯有超然之志，故無出位之思焉。

答或人

名物度數，固亦有賴於考據之學。至於玄覽而妙物爲言，不限於一部分之事理故。深造而歸於自得，則其學必有在於考據之外者。先生又舉陳蘭父調和漢宋，則與力意殊不必合。蘭父雖潔行，通聲律，要自於思想界無能爲役。若簡竹居先生者，力固欽其高誼，惜未見其書。

與余越園凡二札

來教敬悉。尊書《龍游縣志》創見極多，而物價表尤爲可貴。任公序稱卓識有過實齋章氏，無溢美也。然弟猶思略貢芻蕘，則以爲縣志之作，宜於地方政治制度，有專篇爲系統之論列，稱之爲政制考。如鄉鎮區市各有長，由民間公選，稟請縣官札委，其行政組織釐然不紊。又時因公共利害，有紳耆會議之舉，更有許多不成文之公共規約。并當詳訪而著之此篇，爲言自治者鑒觀焉。愚者千慮，或有一得。願兄俯察。比得來書，倉卒寫報，未能盡意。

政制考名稱不甚妥，弟亦有此感想。唯典制二字，復有未能包舉者。定名之不易也如是夫。近欲改名治法考，未知尊意云何？如猶不可，須再熟思也。且縣志所當注意者，不獨地方行政組織及各種會議并一切公共規約而已。如人民對於貪官污吏及政府苛稅，用暴力抵抗，或採和平辦法以相拒絶者，各縣時有其事。修志者務須博採詳徵，紀載其事之本末。又如時平則有豪强兼併之酷，如侵佔田地及放債苛息等等。世衰則有流民暴亂之慘，亦不可不分别調查詳確，悉心記注。凡此，都須各爲作考，但名稱尚待酌。使留心經濟問題者得以覽焉。其他或更有當措意者，倉卒不能細也。

與某院長

逕啓者：黄梅宛君思演，年十五六，補博士弟子員。始游江漢，頗治船山、梨洲諸大儒書，又窺世變，苦思焦慮，密圖改革。辛亥已前，曾在漢口規設《商務》《大江》諸報，灌輸革命思潮。鄂軍兵士，人手一紙，受影響至深。故武昌首義，易於反掌。至今峙立舊督署前之紀念豐碑起義烈士劉堯澂，及前駐漢軍政分府詹大悲，并該報主筆。自餘有功之人，鮮不與該報有關係者。而蕩盡家産以創辦《商務》《大江》諸報之宛思演，竟始終不爲世所知。元二之交，袁世凱叛形未著，舉世且爲所欺。思演與張萶天樾等，早識朱温，乃就漢口規設《震旦民報》，持讜論，昌正氣，大揭袁逆陰私，並力攻附逆之黎元洪。張方遇害一案，世凱除異己爲盜國計，迹已著矣。天下方瞶然莫之抗，獨《震旦報》聲其罪。黎元洪以是封閉《震旦》，萶天憤鬱下世。思演遂潛迹田里，絶足城市，忽忽將二十年矣。家資既盡，妻子窮餓，甘之如飴。最近世變愈劇，黄梅地方糜爛，士人不堪立足，思演益無生理。在思演誠能安命，而社會待遇仁賢，要自不宜冷酷。竊謂湖北省立圖書館，可添設指導員壹名，備閱覽者之詢問，月薪定爲二百元，聘請思演充任。思演堅苦卓絶，其身長隱，其名長晦，求之前世，蓋介之推、陳仲子之倫。圖書館本學人聚集之所，思演常在其間，可爲士林矜式，其所補益甚大。爲此函請台端函屬湖北教育廳長，將此議提出省政府，爲省立圖書館增加此項薪俸，唯他人不得援例加入，以杜浮濫之弊。事屬養賢，義關諷俗，敢瀆高明，尚希垂察。

與韓佯生凡二札

吾子自離北庠，壹意田居，絶無向外馳逐念頭，此正爲學有得力處，堪勵末俗，何慰如之。今日青年，都不耐處鄉間，紛紛出門圖禄利，乃大可慮耳。吾連年病苦，頃來杭州，暫寓西湖香山洞，亦無客中飄泊之感，不足勞念。

峰頭夕照，松濤怒號，此境奇絶，使人樂而不能言其樂也。吾子山居，想常得此佳趣。

答友人

所舉時人移述唯物思想之小册子，暇時當購閱。弟固喜留心反對方面之議論者。大抵學問家，各欲完成其系統，則不能不偏。而宏通者，則嘗留心偏見之減除，而於自家系統之中，勢又不能泛濫。則唯有慎重立言之分際，常留餘地以處人，此其所以爲通也。小智者，則務在某種學問底系統之下，拾其膚表，而持之以武斷一切。此正今日俗子之蔽。弟之《新唯識論》，雖從印土嬗變出來，而思想根柢，實乃源於《大易》，旁及柱下漆園，下迄宋明鉅子，亦皆有所融攝。囊括萬有，要歸於認識本心。而此所謂心，固與西洋唯心論者之心，截然不爲同物。此意未可以簡單言之也，更難爲不知者道也。此學不能向禽獸講，亦難爲一般人講，唯中材而能有志者，乃可期之共學耳。吾有生，而固有所以生之理，此理在日用間流行不息，即所謂主乎身而不爲形役之本心。昧於此者，則失其所以爲人。賢兄長此紛擾於世俗知識之中，於本原處更没理會，此大可懼耳。弟近數年來，對於佛家思想，追求益切，故於其根本主張，即所謂輪回問題者，深心參究，不肯放鬆。蓋於此没理會，而徒籠統談些玄理，佛學家者大抵如此。抑或於法相唯識之統系與條貫，及夫一名一義之微，無不條達綜明，要皆是在文字言説中頭出頭没而已。謂已參透真理而約之於己，則誰欺乎，其欺天乎？前語蒙君文通云：輪回問題，不可看輕。當知輪回雖就染識而言，要其斷染而得净識，仍是不斷。佛家固無有對於個人之生命而持斷見者，否則，何所事於修證乎？不修證，而染識的個體生命尚存，修證而染識斷，更無所有，則彼亦何取於是乎？明乎此，則知佛家始終主張有迥脱形骸底個體的生命。是故本此以言實體，則實體不是一元的，而是交遍的。《金剛經》説："非一合相。"本此以言人生趨向，則是傾於寂滅，易言之，即是非人生的。彼所謂十地菩薩，便已不是人底生活，何况成佛。此義須另詳。此略舉大義而言也。要其全盤思理，皆從其根本主張而出發。所以我對於那個根本主張，特别苦心參究，而最終之結果，則仍表同情於儒家底人本主義，以此爲大中至正，而無賢智之過焉。此年來心事所略可言者。殘病中運思不能細，筆語不足達意，唯兄察之。

又頑軀表面并無病容，唯腦部及背脊仍感空虚，迄未恢復。中醫切脈，皆云命脈若有若無，以爲難久。唯左手脈尚好。然弟一切不計，且清心寬養，好自振作，看後效何如。若壽命果得延長，則信乎心理的勢力，可以起生理的廢墜也。立民案：此一首，係先生最近答友人者，乃於印刷中加入之。十九年夏記。

荊楚文庫

新唯識論

（文言文本）

黄　蓋　點校

目　録

序

佛法傳入中國，二千餘年。六朝隋唐，譯經論至富，中國佛教徒所著論説註解語録，亦有汗牛充棟之觀。在佛教徒之立足點，以信仰爲主，與其他宗教家無異，對于經論，一字一句，皆視爲神聖不可侵犯；其有互相矛盾之點，則以五時説教方便法門等調劑之而已。其非佛教徒，而且斥佛教爲異端者，則又有兩種態度：其一，並不讀佛教之書，而以佛教徒之無人倫無恒業爲詬病，以焚其書、人其人、廬其居爲對待方法，韓昌黎之徒是也。其二，讀佛家之書而好之，且引以説儒家之《大學》《中庸》《孟子》之義，而又以涉佛爲諱，如程朱、陸王兩派之宋明理學家是也。

現今學者，對於佛教經論之工作，則又有兩種新趨勢：其一，北平鋼和泰、陳寅恪諸氏，求得藏文、梵文或加利文之佛經，以與中土各譯本相對校，臚舉異同，説明其故；他日整理内典之業，必由此發軔；然今日所着手者，尚屬初步工夫，于微言大義，尚未發生問題也。其二，歐陽竟無先生之内學院，專以提倡相宗爲主，相宗者，由論理學心理學以求最後之結論，與歐洲中古時代之經院哲學相類似；内學院諸君，尚在整理闡揚之期，未敢參批評態度也。當此之時，完全脱離宗教家窠臼，而以哲學家之立場提出新見解者，實爲熊十力先生之《新唯識論》。

熊先生寢饋於宋明諸儒之學説甚深，而不以涉佛爲諱，研求唯識論甚久，頗以其對於本體論尚未有透徹之説明，乃發願著論以補充之；近歲多病，稍間則構思削稿如常，歷十年之久，始寫定《境論》一卷，其精進如此。

熊先生認哲學（即玄學）以本體論爲中心，而又認本體與現象决不能分作兩截，當爲一而二、二而一之觀照，《易》之兼變易與不易二義也。莊子之齊物論也，華嚴之一多相容、三世一時也，皆不能以超現象之本體説明之，於是立轉變不息之宇宙觀，而拈出“翕闢”二字，以寫照相對與絶對之一致。夫翕闢二字，《易傳》所以説坤卦廣生之義，本分配於動静兩方；而嚴幼陵氏於《天演論》中，附譯斯賓塞爾之天演界説，始舉以形容循環之動狀，所謂翕以合質，闢以出力，質力雜糅，相劑爲變是也。熊先生以《易》之陰陽，《太極圖説》之動静，均易使人有對待之觀，故特以翕闢寫照之。

熊先生於新立本體論而外，對於唯識論中各種可認否認之德目，亦多爲增減數目，更定次序。諸所説明，皆字字加以斟酌，願讀者虚衷體會，勿以輕心掉之，庶不負熊先生力疾著書之宏願焉。

中華民國二十一年八月三十一日蔡元培

此等非佛教徒，完全以孔教徒自命，而又完全以佛家經論爲純粹宗教性質，故態度如此。其實，佛典中宗教色彩固頗濃厚，而所含哲學成分，亦復不少。蓋宗教本以創教者之哲學思想爲基本，猶太、基督等教，均有哲理，惟佛教則更爲高深耳。仁者見仁，智者見智，視讀者之立場。惜二千年來，爲教界所限，未有以哲學家方法，分析推求，直言其所疑，而試爲補正者。有之，則自熊十力先生之《新唯識論》始。[①]

① 蔡元培先生應熊十力之請，爲其所著《新唯識論》撰寫序文。原稿撰就後，他又在序文後用毛筆加寫“此等非佛教徒”一段。此據蔡元培手稿，由高平叔整理，見《蔡元培哲學論著》，河北人民出版社，一九八五年版。

序

夫玄悟莫盛於知化，微言莫難於語變。窮變化之道者，其唯盡性之功乎。聖證所齊，極於一性。盡己則盡物，己外無物也；知性則知天，性外無天也。斯萬物之本命，變化之大原，運乎無始，故不可息；周乎無方，故不可離。《易》曰："乾道變化，各正性命。"性與天道，豈有二哉？若乃理得於象先，固迥絶而無待；言窮於真際，實希夷而難名。然反身而誠，其道至近；物與無妄，日用即真。睽而知其類，異而知其通，非天下之至精，其孰能與於此！惑者纏彼妄習，昧其秉彝，迷悟既乖，聖狂乃隔，是以誠僞殊感，而真俗異致。見天下之賾，而不知其不可惡也；見天下之動，而不知其不可亂也。遂使趣真者顛沛於觀空，徇物者淪胥於有取。情計之蔀不袪，智照之明不作，哲人之憂也。唯有以見夫至賾而皆如，至動而貞夫一，故能資萬物之始而不遺，冒天下之道而不過，浩浩焉與大化同流，而泊然爲萬象之主，斯謂盡物知天，如示諸掌矣。此吾友熊子十力之書所爲作也。十力精察識，善名理，澄鑒冥會，語皆造微。早宗護法，搜玄唯識，已而悟其乖真。精思十年，始出《境論》。將以昭宣本跡，統貫天人，囊括古今，平章華梵。其爲書也，證智體之非外，故示之以《明宗》；辨識幻之從緣，故析之以《唯識》；抉大法之本始，故攝之以《轉變》；顯神用之不測，故寄之以《功能》；徵器界之無實，故彰之以《成色》；審有情之能反，故約之以《明心》。其稱名則雜而不越，其屬辭則曲而能達，蓋確然有見於本體之流行，故一皆出自胸襟，沛然莫之能禦。爾乃盡廓枝辭，獨標懸解，破集聚名心之説，立翕闢成變之義，足使生、肇斂手而咨嗟，奘基撟舌而不下。擬諸往哲，其猶輔嗣之幽讚《易》道，龍樹之弘闡中觀。自吾所遇，世之談者，未能或之先也。可謂深於知化，長於語變者矣！

且見晛則雨雪自消，朝徹則生死可外，誠諦之言既敷，則依似之解旋折。其有志涉玄津，猶縈疑網，自名哲學，而未了諸法實相者，睹斯文之昭曠，亦可以悟索隱之徒勤，亟迴機以就己。庶幾戲論可釋，自性可明矣。彼其充實不可以已，豈曰以善辯爲名者哉？既謬許予爲知言，因略發其義趣如此，以竢玄覽之君子擇焉。

馬　浮

緒　言

本書擬爲二部，部甲曰《境論》。所量名境，隱目自性，此中境者，以所量名。隱指自性而名以境故。自性即實體之代語，參看本書《明宗章》註。不斥言體而云境者，對《量論》説，此是所量故。然衹是將自家本來面目推出去説爲所量耳。自性離言，本非言説可及。假興詮辨，故有《境論》。部乙曰《量論》。量者，知之異名。量境證實，證實者，證得其實故。或不證實，應更推詳，量爲何等，其證實與不證實所由分者，應更致詳於量底本身爲何。故次《量論》。

書中用自註，以濟行文之困。或有辭義過繁、不便分繫句讀下者，則别出爲附識，亦註之例也。每下一註，皆苦心所寄，然時或矜慎太過，失之繁瑣。又間用語體文，期於意義明白。註文不能務爲高簡，恐反失用註之意也。

本書於佛家，元屬創作。凡所用名詞，有承舊名而變其義者，舊名，謂此土故籍與佛典中名詞，本書多參用之，然義或全異於舊，在讀者依本書立説之統紀以求之耳。如恒轉一名，舊本言賴耶識，今以顯體，則視舊義根本不同矣。此一例也，餘準知。有採世語而變其義者。世語謂時俗新名詞。自來專家論述，其所用一切名詞，在其學説之全系統中，自各有確切之涵義而不容泛濫，學者當知。然則何以有承於舊名，有採於世語乎？名者公器，本乎約定俗成，不能悉自我制之也。舊名之已定者與世語之新成者，皆可因而用之，而另予以新解釋，此古今言學者之所同於不得已也。

本書纔成《境論》，而《量論》尚付闕如。《境論》創始於民十之冬，民國十年，省稱民十。後皆仿此。中間易稿無數，迄今始爲定本，歷時幾十有一年。世變日亟，疾病交摧。十年來，患腦病、胃墜，常漏髓，背脊苦虚，近方有轉機。《量論》欲賡續成之，亦大不易。談理一涉玄微境地，非曠懷冥會，不能下筆。述作之業，期於系統精嚴，又非精力不辦也。

《境論》初稿，實宗護法。民十一授於北庠，纔及半部。翌年，而余忽盛疑舊學，於所宗信極不自安。乃舉前稿盡毀之，而《新論》始草創焉。余於斯學，許多重大問題，常由友人閩侯林宰平志鈞時相攻詰，使余不得輕忽放過。其益我爲不淺矣。

《境論》文字，前半成於北都，後半則養痾杭州西湖時所作。十年病廢，執筆時少，息慮時多，斷斷續續，成兹《境論》，故文字精粗頗有不一致者。自來湖上，時與友人紹興馬一浮商榷疑義，《明心章》多有資助云。《明心上》談意識轉化處，《明心下》不放逸數，及結尾一段文字，尤多採納一浮意思云。

此書評議舊義處，首叙彼計，必求文簡而義賅，註語尤費苦心。欲使讀者雖未研舊學，亦得於此而索其條貫，識其旨歸，方了然於新義之所以立。

部甲（境論）

明　　宗

今造此論，爲欲悟諸究玄學者，令知實體非是離自心外在境界，及非知識所行境界，唯是反求實證相應故。實證即是自己認識自己，絕無一毫蒙蔽。是實證相應者，名之爲智，不同世間依慧立故。云何分別智、慧？智義云者，自性覺故，本無倚故。吾人反觀，炯然一念明覺，正是自性呈露，故曰自性覺。實則覺即自性，特累而成詞耳。又自性一詞，乃實體之異語。賅宇宙萬有而言其本原，曰實體。剋就吾人當躬而言其本原，曰自性。從言雖異，所目非二故。無倚者，此覺不倚感官經驗，亦復不倚推論故。慧義云者，分別事物故，經驗起故。此言慧者，相當於俗云理智或知識。此二當辨，詳在《量論》。今此唯欲方便略顯體故，學者當知。世間談體，大抵向外尋求，各任彼慧，搆畫摶量，虛妄安立，此大惑也。真見體者，反諸內心。自他無間，徵物我之同源；內心之內，非對外之詞，假説爲內耳。此中心者，即上所言自性。蓋心之一名，有指本體言者，有依作用言者，切不可混。學者宜隨文抉擇。語曰“一人向隅，滿座爲之不樂”，此何以故？蓋滿座之人之心，即是一人之心，元無自他間隔故耳。足知此心即是物我同源處，乃所謂實體也。動靜一如，泯時空之分段。此心卻是流行不息，而又湛寂不亂。於其流行不息，假以動名。於其湛寂不亂，假以靜名。即動即靜，無流轉相，時間無可安立。即靜即動，復無方所，空間不得安立。至微而顯，至近而神；沖漠無朕，而萬象森然；故云至微而顯。不起於坐，而遍周法界。華嚴偈云：“隨緣赴感靡不周，而常處此菩提坐。”此喻心雖近主乎一身，而實遍全宇宙無有不周也，故假以明至近而神之義。是故體萬物而不遺者，即唯此心，見心乃云見體。體萬物者，言即此心遍爲萬物實體，而無有一物得遺之以成其爲物者，故云爾。然此中直指心爲體，卻是權説，參考《明心章》。然復應知，所言見心，即心自見故。非别以一心見一心也。《中庸》所謂“誠者自成”，《易》所謂“自昭明德”，《論語》所謂“默而識之”，皆即心自見義。心者不化於物，此中義趣，若浮泛解去，便絕不相干。心之所以可説爲體者，正以其不物化耳。今於吾人生活上理會，只在生活力之剛健足以勝物而不爲物引處，可説這裏才是心，亦即説這裏才是體。若其人陷於物欲不能自拔，即是完全物質化，而消失生命，便不曾有心，便失掉了固有的本體，只是一堆死物質。故是照體獨立，而可名爲智矣。心既是不物質化的，所以是個覺照精明之體而獨立無倚的，因此把他名之曰智。吾人常能保任此智而勿失之，故乃自己認識自己，而無一毫錮蔽焉。[1] 云何自己認識自己？以此認識離能所、内外、同異等分别相，而實昭昭明明，内自識故，故非空洞無物，亦非混沌。故假説言自己認識自己。自己亦是假設之詞。由斯義故，得言見心，亦云見體。由斯義故者，即上所説自己認識自己義是也。今世之爲玄學者，棄智而任慧。智是人人所固有的，而不知所以保任之，故謂之棄。既棄之，故不了自家元來有此也。然此言棄智之智，與老氏所言棄智，絕非同物。老氏所棄之智，乃謂知識，即吾所云慧。故其談體也，直以爲思議所行境界，思者思搆，議者論議。論議則有封畛，思搆則有影像。而所謂體者，固不可以影像求之，不可以封畛測之也。然而任慧者不悟，則且視爲思議所行之境。爲離自心外在境界。既以爲思議所行之境，便視爲離自心而外在的境界了。易言之，即一往向外求理，如觀物然，自“故其談體”至此，明任慧乃如是也。所謂慧者，本是從向外看物而發展的。因爲吾人在日常生活的宇宙裏，把官能所感攝的都看作自心以外的實在境物，從而辨别他，處理他。慧就是如此發展來。所以慧只是一種向外求理的工具。這個工具，若僅用在日常生活的宇宙即物理的世界之内，當然不能謂之不當。但若不慎用之，而欲解決形而上的問題時，也用他作工具，而把實體當做外在的境物以推求其理，那就大錯

① 整理者按，作者在一九三五年北京出版社出版的《十力語要》末葉“附告《新唯識論》初版改定處”，將“而可名為智矣”句的“而”和“矣”字删去，又將“吾人常能保任此智”至“而無一毫錮蔽焉”句改定為：“智故有返緣用，所謂自己認識自己，非如鏡等物不能自鑑故。”

而特錯了。明儒王陽明、黄梨洲譏世儒爲“求理於外”，在他底玄學方面説，確有特見。而自來學者多不了其立言自有不踰之範圍，亦大可惜。但此義詳談，當在《量論》。而不悟此理唯在反求，反諸本心，昭然不容瞞昧。直是一毫爲己之私不許藏匿，此心惻然知其不可，故知此心至真至實，渾然與天地萬物同體。而所謂己私，原屬形氣上後起之妄，自與本體上了不相干。故反諸本心，即已見體矣。只堪自識，自識者，即前云自己認識自己，所謂内證離言是也。遂乃搆畫摶量，虚妄安立。如一元、二元及多元等論。以是馳逞戲論，至於没齒而不知反。宇宙既等空無，思議所搆的實體世界，同於捏目生華故。人生杳無根據，不見體，則人生亦是泡影。不亦大可哀耶！然則明慧用之有限，故似除知；慧只行於物理世界，其效用有限，而不可以見體。故在玄學上，不得不排除知識，而實非一往除知，故言似也。示玄覽之攸歸，宜崇本智。玄覽，老氏語，此借用爲玄學的窮究之意，與原義不必符。本智者，以智是根本故名。善反，則當下便是，勿須窮索；反之一義，最宜深玩。止觀雙運，方名反求。順性，則現前即真，毋庸欣寂。其諸本論之宗極歟。夫提示旨歸，如上略備。辯彰唯識，兹後宜詳。故次《明宗》而談《唯識》。

唯　　識

唐窺基法師序《唯識》曰：“唯遮境有，執有者喪其真；識簡心空，此言成立識者，所以簡别於心空之見也。彼許識不空故，心亦識之異名。滯空者乖其實。”見《成唯識論述記序》。此非了義。夫妄執有實外境，誠爲喪真，不可無遮。而取境之識，是執心故，即妄非真，云何而可不空？若以妄識認爲真心，計此不空，是認賊作子，過莫大焉。今謂妄境唯依妄識故有，而實非境，觀識則了境無，於是遮境無過。此中境者，均謂所執外境。妄識亦依真心故有，而實乖真，識者，依作用得名。以作用幻現而無自體故，又雜習染故，所以説之爲妄。夫用依體起，故説妄識依真心故有。然用之起也，既不能無習染之雜，故至乖其真，而有妄執外境之咎。證真則了識幻，故應説識是空。真心依本體得名。見體，則可了知用之刹那幻現，本無實法可得；至習染無根，元爲虚詐。然不見體者，則直以作用之與習染夾雜流行者認爲實在，此過之大也。由斯義趣，先以唯識遮境執，次乃除彼識執。

初遮境執。此在唯識舊師，盛有發明。古時外道小師，並執有實外境，離識獨存。小師謂小乘師。舊師一一破斥，乃令惡見之徒，見不正，名惡見。聞而失據。其辨證精嚴，稍見基師兩記，《二十論》及《三十論述記》。名理斐然，猶資研討。綜觀外小境執，略檢二計，以相質定。曰應用不無計。此在實際生活方面，因應用事物的串習，而計有外在的實境，即依妄計所由，以爲之名。曰極微計。此實從前計中別出言之，乃依所計爲名，極微是所計故。應用不無計者，謂或別計有瓶、盆等法，離識實有；此雖俗計，然外小實根據於此。或總計有日用宇宙，離識實有。此依俗計，而鍛鍊較精，以爲吾人日用間所接獨的萬象，喚做宇宙，這是客觀存在的，不須靠著自識去識他才有他的。外小都屬此計。極微計者，於物質宇宙推析其本，説有實微，亦離識有。極微亦省名微。近人立元子、電子，亦其流也。故今依據舊師，逐駁如次。

應用不無計者，或計現前有多粗色境，如瓶等物。離識獨存，此即俗計。不悟此境若離自識便無有物。由分別起，境方起故；分別即識。若離分別，此境即無。如世所計瓶，視之而白，觸之而堅，即由意綜合堅白等相，命之爲瓶。在計執粗色者，本謂瓶境離識實有；若乃實事求是，則此瓶境設離其視觸綜合諸識相，果復有何物哉？故知瓶境，理實全無。或復難言："瓶等粗色，於理不無。視之有白，觸之有堅，故乃綜合堅白等相而得瓶，奚謂外瓶亡實，從識妄構耶？"答曰：如汝所難，縱令堅白等相果屬外物，不即在識，而此堅及白等，要自條然各別，從何可得整個之瓶？汝意綜合堅白等相以爲瓶境，即此瓶境純由汝意虚妄構成，離識何曾有如是境？矧復以理推徵，堅白等相屬外物否，極難置斷。如汝所計瓶白相，是誠在外，不從識現。若爾，此白應有定相，云何汝視或遠或近，白便差殊？况復多人並視，得白各異。是知白非外有，隨能視識而現其相。故瓶白在外，難得其徵。又汝謂瓶堅不由識現，此復無據。堅若在外，亦應有定相。今汝觸瓶堅，少壯老衰所得堅度，前後不同，一人之身，自少迄衰，前後屢易，實是無數人，但從其相續而視爲一人耳。各人觸堅，更不一致，是知堅非外有，亦隨觸識而現其相。故堅相在外，如白無徵。據此，則堅白等相均從識現，綜合爲瓶，純由意計。意識虚妄計度。外粗色境，理定不成。計有心外粗色境者，此於理不得成立故。

如上所破，雖遮俗計，復有知解精者，能不定執瓶等個別實物，終計離識實有外界。彼計日用宇宙自離識而實有。故或難言："瓶等粗色，許非實有，我亦無諍。堅白等相，雖從識現，豈無外因而識得現？若無外因識得現者，應不視時識恒現白，亦不觸時識恒現堅。今既不爾，堅白等相，自有外因，理當成立。"應答彼言：識現堅白等相，有境爲因，是義可許。但此爲因之境，定不離識獨在。云何不離？以境與識爲一體故。一體，故得交感。由交感故，假説境於識有力爲因，令帶己相。帶者似義，見《識論述記》。己者，設爲境之自謂。此言由境有力爲因，方令識現似境之相也。如是言因，義應許有。今汝言外因，便不應理。何以故？汝計外因者，許離内識而獨在故。内外離隔，兩不相到，兩不相親，既無交感之方，焉有爲因之義？故汝計有外界爲因，得令内識現堅白相者，悉汝妄計，義不應許。僻執外界與彼計執一一粗色境者，根柢無殊，妄習起故。

前所陳義，雖甚易知，然人情封著，難以滌除，恒滯近習，不達神旨。如往世小師，曾以現量證外境有，以爲諸法由量刊定有無，一切量中，現量爲勝，故舉此爲徵。如世人言："我今見色，乃至觸觸，下觸字，名詞，謂一切境界。若無離識實境，寧有此覺，我今現證如是境耶？"其爲説如此。夫言法之有無，宜以現量楷準，此誠諦論。獨其所謂現量者，則以眼接色乃至身觸觸而有色等覺云爾，故亦説名現覺。斯則近似亂真之説也。據實言之，有色等覺時，即能見已無，不名現量。所以者何？眼等識現量證境時，於境不執爲外，以無計度分別故。後時意識起，虚妄分別，乃執有外境，故色等覺，唯在意識。覺意識分别。與正見，感識現量。二時不俱，則此覺時，能見感識現量。已入過去，寧許有是現量證外境有？應立量云：起此覺時必非現量，是散心位；意識散動，名以散心。

能見已無故；如散心位緣過去百千劫事。緣者思慮。至我所謂現量，既不執外，斯乃證外境無，異汝所云。

又汝言現覺色等之時，其能見現識於前剎那成已滅無，即所見現境，亦復與彼能見俱時謝落。故汝所云色等現覺，實已不及現境，此境已滅故。復立量言：起此覺時必非現量，是散心位；境已無故；如散心位緣過去百千劫事。

又如夢等時，等謂幻覺。雖無外境而亦得有此覺。我今現見如是色等，汝能以此許夢等時，實有色等外境否耶？汝若不許，則於餘時現覺，何因緣故，定執此境離識實有？餘時，謂非夢幻時也。

在昔大乘，如前遮詰。彼乃不伏，設難自救。一舉憶持，仍成現量，證外境有。憶持者，記憶之代語。謂由過去眼等識，於爾時現受外色等境，今時意識方能憶持。先若未受，今何所憶？由憶持故，應許過去世感識是有非無，即此識於過去世現所受外境，亦決定有。由斯許曾現識，現量曾有境，是義極成。曾者，過去義也。

次以夢徵，仍信有外境。夢覺二識，若同無外境者，世能自知夢境非有，其覺時境亦無，例應復自知。今故應詰：夢心無有境，覺時便知無，覺識境既無，何不知非有？既不自知覺境非有，寧復能知夢境定無？返復推徵，應信覺時識外境定實有。

今勘彼二難，但逞膚談，不研理實。姑先釋初難。汝以今識憶持，決定由過去識於爾時現受外色等境者，是義不然。應知過去感識，緣非外境，我非不許。非外境者，以與識不離故。如世虛妄分別所執爲離識實境者，與此所謂境不相應故。然過去識，緣非外境，剎那俱滅，識是剎那生滅，境亦剎那生滅，無有暫住法故。但由想力有遺習故，想者心所之一，詳《明心下章》。心緣境時，想與心相應而於境取像。此想力用不唐捐故，必有習氣遺留，故所緣境之像賴以保存也。今時意識，由念勢力令習現起，習者前念想之遺習。得憶前境，是名憶持；念者記憶，爲心所之一，見《明心下章》。非由曾時識緣外境故，後方有憶。汝以憶持證先現見實有外境，理實不然。如實説者，汝舉憶持但可證有過去現識，曾現受非外境，實無有如汝所計外境爲曾所現受故。故汝舉證，祇自唐勞。

復釋次難。夢境非心外實有，必覺時方知。如處夢中，終不自知夢境非有。其覺識境，亦非心外實有，必真覺時方知。世間虛妄分別，串習蒙昧，如在夢中。諸有所見，皆非實有，未得真覺，恒不自知。至真覺位，方能如實了知絶無如世所執外在實境。非不許有境，但不許有如世所執外在實境耳。既許眠夢得世覺時，知先夢境非有；應從虛妄得真覺時，知先妄習所執境亦無。義既相齊，何庸疑難。

上來酬對，已足匡迷。極微計者，復當勘定。梵方外道，本已創說極微，逮佛家小師，則其說益盛。今此雖不暇詳稽，要其大端相近，可以略言。諸立極微者，大抵執極微是團圓之相，而以七微合成阿耨色。中間一微，四方上下有六微。如是七微，復與餘多數的阿耨色。合，輾轉成几等或大地，乃至無量世界。毗婆沙師說諸極微無相觸義。無觸者，不得互相逼近故，距離遠故。如彼說者，吾今所憑之几，其所有阿耨色實如無數日系，然吾身實憑焉而不憂其墜陷，其俶詭有如此。

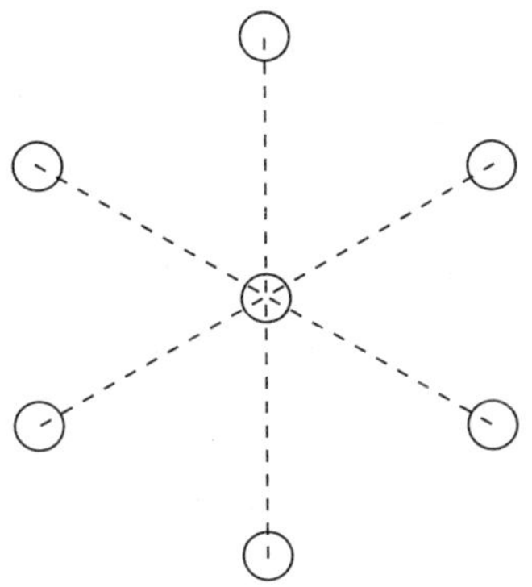

大乘不許有實極微，詰難外小，恒以有無方分相逼。若言極微有方分者，既有方分，應更可析，可析者便非實極微。若言微相圓故，所擬東非是東，西等亦爾，無有方分者，薩婆多作是計。此亦不然。極微無方分，即非色法。遂立量云：極微應不成色，不可示其東西等故，猶如心法。成極微非色已。又汝粗色即諸極微，粗色外無極微，極微外無粗色。當復立量云：汝粗色應不成色，體即極微故，如汝極微非色。成粗色非色已。遂立量云：手觸壁等應無對礙，非色法故，如虛空等。如上三比量，返證極微定有方分。有方分故，必更可析。物之可析者，必無實自體。由此，汝説極微實有，義不得成。

當時小師，如古薩婆多師、經部師、正理師。是三師者，又主極微或極微所成和合色，爲感識所親得之境，證成極微實在。至極微如何而直接成爲感識境，則薩婆、正理解説互異。大乘復一一遮之，略如下述：

古薩婆多師執實多微各别爲境，彼計衆多極微，皆有實體，云實多微。如瓶等爲眼識境時，實即一一極微各别爲眼識境。所以者何？一一極微體是實有，若多微和合，成瓶等粗顯境，但是和合假法。瓶等合多極微而成，即無實自體，故名和合假。眼識緣實不緣假，須有實體方能引生眼識故。感識緣實不緣假，見《明心上章》。

大乘遮曰：各别極微，縱許得爲感識緣，彼計極微有實體，得爲引生感識之緣藉故。此姑縱之詞。定非感識所緣。非是感識所緣慮故。何以故？識於所緣起緣慮時，識上必現彼所緣境相故。今眼等識上無極微相，故知極微非感識所緣。

經部師執實多微和合爲境。一處相近名和，總成一物名合。此説一一實微，非眼等識境，眼等識上無極微相故。若多微和合而成瓶等粗顯境，體雖是假，眼等識上有此相故，故爲眼等識境。

大乘遮曰：汝和合色於識非是緣。此言緣者，藉義。識不孤生，必有緣藉，如青色爲緣，方引生了别青之眼識是也。此中意云，經部所謂和合色如瓶等者，固非眼等識生起之緣。何以故？彼體實無故。彼者謂和合色。此無實體，是假法故。凡爲所緣緣者，必有實體方能爲緣引生識故，非無體法得爲此緣故。參看後文所緣緣中。

正理師執實多微和集爲境。和義見前。不爲一體名集。此説諸極微一處相近，輾轉相資，各各成其大相。如多極微集成山等，多微相資，即一一微各有山等量相，故與眼等識作所緣緣。上緣字，緣慮義。下緣字，緣藉義。

大乘遮曰：極微和集位與不和集相資位，其體是一，如何相資能爲大物發生感識？量云：汝相資極微應不與感識爲其所緣，即極微相故，如不和集相資時。又如汝説者，亦有量等相一過。如俱以一億極微作瓶甌，瓶甌相應同一，以極微頭數相資等故。今既瓶甌二相各别，故知非是相資量等方爲感識緣。

薩婆、正理，並主極微爲感識所可親得。其持論初不本之實測，而出於思構，故大乘一一難破之，彼亦無以自救。或有問言："外小創發極微，頗近晚世科學思想，而大乘獨一往遮撥，何耶？"余曰：大乘本玄學之見地，以遮撥實微，固其宜也。外小若僅在世間極成之範圍内假説極微實有，世間極成義者，即在實際生活方面或經驗界，假定萬象爲實有。略見《大論・真實品》。固亦與科學在經驗之範圍内假定元子、電子爲實有者，同其旨趣。顧自玄學言之，則對於世間或科學所假定爲實有之事物，不能不加以駁正。何則？玄學所求者爲絶對真實。所謂實體。世間或科學所假定爲實有之事物，從玄學觀察，即泯除其實有性，而齊攝入絶對真實中故也。若於現象而洞見其實體，即現象本非實有，只此實體是唯一實在。或曰："所謂極微或元子、電子者，不可説爲實體歟？"曰：惡。是何言？實體者，所謂太易未見氣也。本《易・乾鑿度》。《易》具變易、不易二義。雖變動不居，而恆如其性，故即變易即不易也。佛家以不變不動言如，似偏顯不易義，而未若《大易》以即變易即不易言之爲更妙也。此體本不可名，姑强以易名之耳。太者，贊辭。未見氣者，此體至虚，而不屬於有。夫氣，則有之至希至微者也。氣之未見，所謂無聲無臭至焉者也。善談體者莫如《易》。玄奘《上太宗表》云："百物正名，未涉真如之境。"以此議《易》，奘師實不解《易》也。虚而不可迹，不可以迹象求。故無不充周，若有迹象，即有方所，則不能充周也。圓滿之謂周，不息之謂充。故遍爲萬有實體，充周故爲萬有實體。其得以極微或元子、電子言之耶？其得以實體爲細分之集聚耶？勝論外道説極微亦名細分，彼計心物皆有極微，似即以極微爲實體。吾國今日學子，甚傾心唯物之論，頗遇人言實體不必説得玄妙，只是元子、電子而已。

總前說而觀之，大乘遮撥外境，甚有義據。夫識對境彰名，纔言識，便有境。如何可言唯識無境耶？原夫境識以義用分，義用者，因其作用不一故，即義分境與識。而實全體流行，非可截然析成兩片也。唯其非頑然之體，故幻現能所相貌。名識爲能，是能知故。名境爲所，是所知故。但就相貌言，則能所相待，不可說能生於所，亦不可說所生於能。然能所偕同而無封畛可得，尋不著境識間底界劃故。則雖欲離析之而固無從也，所謂全體流行者以此。夫由吾自身以迄日星大地乃至他身，自身已外，有一切衆生身。皆境也。自身境與自識不離，夫人而知之。自身境者，以自身望自識，亦是境故，是所知故。日星大地乃至他身等境，皆爲自識所涵攝流通而會成一體，初無内外可分。乃人盡昧焉，以爲此皆離自識而獨在者，果何據耶？日星高明不離於吾視，大地博厚不離於吾履，履即觸識。他身繁然並處不離於吾情思，是故一切境相與識同體，感而遂通，其應如神，以其一體本無離隔故也。據此，則唯識爲言，但遮外境，不謂境無，以境與識同體不離，故言唯識。唯者特殊義，非唯獨義。識能了境，力用殊特，說識名唯，義亦攝境。豈言唯識，便謂境無？然或有難言："信如境不離識者，則科學上所發見日用宇宙，即自然界。所有定律公則等等，純爲客觀事實，雖自識不曾了別及之，而此事實之爲信有自若也。如缺乏科學知識者，即於科學上所發見底事實多了別不及，而其事實之爲信有自若。必言境不離識者，於義何取？"余曰：理之難言，爲其多泥於一曲也。唯識不謂無境，即所云定律公則等等，何嘗不許有此事實，只是不必問此事實耳。這些事實底研究，可以讓諸科學，故玄學不必問也。至若識於當境了别，固名境不離識，當境者，當前之境故。然了别不及之境，要亦識量所涵。但了别之部分，或因作意力故而特别顯現。作意見《明心下》。了别不及之部分，只沉隱於識野之陰，識遍照故，假言識野。陰者，形容了别不顯現處。固非與識截然異體，不相通貫；如其作意尋求，此境亦得豁然明著。以是徵知，凡所有境，當了别不及時，實未曾離識獨在。汝以科學上定律公則等等，縱了别不及，其信有自若，以是證成外境，毋亦未窺理要而泥於一曲乎！

夫境不離識義者，豈惟梵方大乘夙所創明，即在中土先哲，蓋亦默識於斯而不肯衍爲論議耳。徵其微言，約略可見："合内外之道"，《中庸》之了義也；合内外者，即是心境渾融之詣。蓋誠明之心通感天下萬有而無礙，所謂境隨心轉，無有對待紛擾之相。"萬物皆備於我"，子輿氏之密意也；會物歸己，正是唯識了義。若有物與我爲對，則我亦是一物耳。既物莫非我，則我亦無待以立也。而言我者，假爲之名耳。物我之相都亡，是立於無對者也，到此方信得自家生命元來無限。若其落於物我對待之中者，則是自喪其無限之生命而成乎一物已耳。"仁者渾然與物同體"，程伯子之實證也；伯子之言，同己於物，然與孟氏意同。"宇宙不外吾心"，陸象山之懸解也。慈湖《己易》盛弘師説。逮於陽明昌言"心外無物"，門下詰難，片言解蔽。語録有云："先生遊南鎮。一友指巖中花樹問曰：'天下無心外之物，如此花樹在深山中自開自落，於我心亦何相關？'先生曰：'汝未看此花時，此花與汝心同歸於寂。汝來看此花時，則此花顔色一時明白起來，便知此花不在汝心外。'"其持説精到如此。故知理有同然，華、梵哲人，所見不異。程、陸、王諸師，稍涉禪家語録，並不曾窺法相唯識典籍，而所見適與之符。然大乘諸師多流於分析名相，如《二十》等論成立唯識以遮外境，全用形式邏輯，雖復名理可觀，而空洞的論調嫌多，頗近詭辨。凡大乘論文幾都不免此病。至中土諸師不肯馳逞論議，其宏大淵微之蘊偶流露於筆札語録，雖單辭片語，往往意思深遠，玩索不盡，特非解人則莫之悟耳。原夫唯識了義，要在會物歸己，而實際敻焉無待；物即是己，則己亦絕待也，特假名爲己耳。實際者，本體之代語。會物我於一原，即敻絕而無待之本體於是乎顯現矣。人生之真實而非虚幻，即在此耳。攝所歸能，而智體炯然獨立。心能分别境，亦能改造境故，故説爲能。境但爲心之所分别，及隨心轉故，故説爲所。智體者，智即本體，故云智體。智義見《明宗章》。若切近言之，即本心是已。設問何謂本心？應答彼言：人人隱微間有個自鑒之明，不可欺瞞者，即本心也。只此是人生所固有的神明而不曾物質化的，故説爲本體。所以遮彼外執，執有外境，名以外執。欲令悟兹本根。本根即謂本體。執則内外紛歧，執有外境，則外塵與内心相對，外物與内我相對，而一切紛歧，不相連屬。悟則内外融釋。悟無外境，則一切紛歧之相俱以泯除，故云融釋，言一切相都消融釋散而無有所執也。夫萬物皆感而遂通，萬有皆思之所及，故一言乎識即已攝境，一言乎境便不離識。境識爲不可分之全體，顯則俱顯，識於境分别顯現時，境亦與之俱顯。寂則俱寂，識於境不起分别時，是之謂寂，境亦與之俱寂。一體同流，豈可截然離之乎？必謂境離識而外在，是將自家生命與宇宙析成二片也，有是理乎？

夫境識同體，本無内外，然世皆計執有外境何耶？人生不能捨離實際生活，無弗資萬物以遂其生長者。郭子玄曰："人之生也，形雖七尺，乃舉天地以奉之。故天地萬物凡所有者，不可一日而相無也。一物不具，則生者無由得生。"其言雖近，乃有遠旨。然人以資物爲養之故，遂乃習於取物，習字吃緊。而妄計物爲心外之境，役心以馳求之。迄串習既久，則即以習爲心而逐物不反，無有厭足，其外物之執乃益堅。執之相貌，略分總、别。别執有一一實物，如瓶盆等。方分空相，由斯而起。如依瓶而計執有東西等分位，此即空間相也。總執有實外界，所謂日用宇宙。混同空相，由斯而起。混同者，十方虚空渾是空洞而無異相故，故云混同。人心總執有實外界，遂計有個空空洞洞的空間，故萬有於中顯現。空相起故，時相即俱。横竪異故，假析時空。於横的方面計有空間相，於豎的方面計有時間相。理實時相即是空相，形式不異。過、現、未三世相，歷然溝分，猶復紀之以符號，如爲干支以紀時數。表之以器具，如鐘錶上之分秒等。故分段時相，實空相之變形也。起外境執時，空時相定俱起。若不執有外瓶等實物者，則方分空相將於何起？若不執有實外界者，則混同空相亦自不起。空相無故，即時相亦無。以理推徵，故知空時相實隨外境之執以俱起也。空時相起故，外境執乃益堅，由有空時相故，更增外境以實在性。輾轉增迷，人情所以無悟期也。

已遮境執，次除識執。夫執有外境，故假説唯識以遮之。不離識之境，理應許有。然世所執離識而獨存之外境，則本無有，特由妄識計執以爲有耳，故説外境唯識所現。假説者，以非實有識可唯故，其義見下。若復妄執内識爲實有者，則亦與執境同過。蓋識對境而得名，則其形著也，不唯祇作用幻現，凡言識或心者，本依作用立名，然復有别義，亦不妨假目本體。詳《明心章》。實乃與妄習恒俱。取境之識，恒挾妄習以俱起。習云妄者，以無根故耳。此識既雜妄習，所以亦成乎妄而不得爲真心之流行也。此處吃緊。故識無自性，亦如外境空而無物。自性猶言自體，蓋所謂識者，非有獨立存在的自體故。或曰："外境實無，故說爲空，而識以作用幻現故名，即非全無，云何亦說爲空耶？"曰：外境以本無故，說之爲空。識以無自性故，說之爲空。空之情雖異，而其爲空則同也。故彼執識爲實有者，與執外境等是迷謬。維昔大乘雖說唯識以破境執，然又慮夫執識爲實者，其過與前等也，故乃假說緣生，以明識相虛幻無實。緣者，藉義。衆相互相藉待，故說爲緣。生者，起義。識相不實而幻起故，姑說爲生。識相，即是衆緣互待而詐現者，故說幻起。夫識若果爲實有者，即是有實自體。有自體故，便無待而恒現成。今說緣生，既明識相即衆緣相。易言之，即此識相唯是衆緣互待而詐現，捨此無別識相可得。詐現者，謂雖有相現而不可執爲實故，故名之爲詐。故識者，有待而非現成，元無自性，自性見上。此非實有，義極決定。云何衆緣？曰因緣、因爲諸緣之一，而於諸緣爲最重要，故首列之。等無間緣、所緣緣、增上緣。今當以次釋諸緣義。

因緣者，舊說謂有爲法，親辦自果，方乃名因。見《三十論》七及《述記》四十四第一葉以下。有爲法者，即斥爲因之法而言之。有能生力用，故名有爲。辦者，《記》云成辦，因親生果如成辦事業，故云成辦也。詳此所云，因親辦果，是因於果，有創生義，親辦云者，即是因能親創果故。亦有決定義。即因於果，能決定成辦故，方云親辦。如是言因，固與科學上舊有之因果觀念甚相吻合。其錯誤既已有正之者，可無贅論。今所當辯者，迹舊師樹義，本建種子爲因體。所謂因者，非空洞而無所指目之詞，故言因則必有爲此因的法體。《三十論》七說此體有二，其一曰種子，詳《述記》四十四第一葉以下。今此中談識相緣生，故但舉種子爲因體云。彼計心識現起，厥有來由，心識合稱者，以取複詞便舉故。故立種子爲因，建立種子，以明心識來由。而以心識爲種子所親辦之果。《三十論》七因緣中說種生現義，現者具稱現行，乃心識之代語，即言種子爲因而親生心識也。種子法爾分殊，彼計種子是個別的。法爾，猶言自然。心識於焉差別，差別者，不一義。彼說一人有八識，謂眼識、耳識乃至賴耶識，此八爲各各獨立之體，即由其所從生之種子不同故。此所爲以親辦自果言因緣也。據彼所說，種子是個別的，必不許雜亂生果。故眼識種子爲因而親辦自家眼識果，耳識種子爲因而親辦自家耳識果，乃至賴耶識種子爲因而親辦自家賴耶識果。參考《攝大乘》世親釋種子六義引自果條。顧彼不悟心識爲流行無礙之全體，而妄析成八聚，此已有擬物之失，彼析心爲八個，如析物質爲分子等，是不悟心無方相而妄以物質比擬之也。① 又復計心從種生，能所判分，其謬滋甚。舊説種子六義，其一曰："果俱有者，言種子是能生因，而心識是所生果，此果與因同時並有，故云果俱有。"詳此即以心與種判作能所兩法，若親與子爲兩體者焉，其謬不亦甚乎？

吾於舊師種子論既當辨正，詳《功能章》及《明心上》章末。故言因緣亦不敢苟同。今改定因緣界訓曰：心識現起，現讀發現之現，亦即起義。元爲自動而不匱故，假説因緣，不匱者，動勢相續，不憂匱乏也。非謂由有種故，定能生識，方予因名。"非謂"至此爲句。夫識者，念念新新而起，即是念念新新而自動。念念新新云云者，心法遷流不息，念念滅故而生新，故通前後而言之曰念念新新云云。何以言其爲自動耶？識無方相，無方所，無形相。唯以了别爲特徵；雖憑官體故起，此言官體，綜五官與神經系統而言。憑者，憑藉。心本至虚而資官體以運行，故説爲憑藉。而實主宰乎官體，故非官體副産物；耳目等官接物而不足以亂其心者，則以心爲官體之主宰故耳，以故不可説心作用爲腦筋底副産物。雖藉境界故起，識起必有所緣境界。而足轉化乎境界，色聲等境界皆不足以溺心，而心實仗之以顯發其聰明之用，是心於境界能轉化之而令其無礙。故非境界副産物。或言感官或神經系受色聲等境界刺激而起反應，即此反應説爲心作用，其實無所謂心也。如此説者，是心作用亦爲境界刺激力所生底副産物。然心既能轉境而不隨境轉，徵其自在殊勝，則此説之無理可知。是固驗知識起，本即自動。驗知者，内自體驗而知之。忽乎莫測其端，動無端故。茫乎莫見其形，動無形故。廓然無物，動而已矣，無有實物可得，故爲幻現。而又熾然非空。動勢猛熾，雖幻而不空也。所以遮彼謬執心作用爲官境副産物者，而説識起元爲自動，自動之言，正以對破謬執。即依自動義故，假説爲因。自動方是本因。若如舊立種子爲能生因者，則是世俗執物之見，何足明心？世俗計稻等物皆從種生，今計心法亦爾，豈非大謬。然復應知，説識起是爲自動者，原不謂心有自體。若心有自體，便等於世間所執神我靈魂，同計有實物故。蓋且剋取動勢而名心識，故

① 整理者按，作者在自存本上加有眉批："心無方所無形相。"

是幻現而本無自體也。所謂心識者，元來没有獨立的自體。易言之，即無實物，他只是一種動的勢用而已。吾人内自體驗見得如此，因把這個動的勢用爲他安立名字，就叫做心或亦名識。剋取云云者，言此中但直取動的勢用而名心識，元不涉及本體。易言之，即依作用以立心識之名，而與《明心章》以本體言心識者，涵義絶異。此等義理分際不同之處，學者務隨文審擇焉可也。又蓋且者，不遍之詞，本章所言識，乃對境之識，故且依作用而名之，非一往如此説。或有難言："既云自動，疑有自體，若無自體，説誰自動？"不悟自動之言，但顯此動勢不從官體生，亦不從境界生。何以故？官境只是物質，不能以物質而産生非物質之作用故。若物質而能産生非物質的作用者，即物質便成神秘而不成爲物質矣。故自動言，義兼遮表，不容立難。遮撥謬執此動的勢用爲從官境生者，而動的勢用非物質之作用，即於此而表示明白，故云義兼遮表。

等無間緣者，謂識前爲後緣，行相無間，等而開導，故立此緣。

云何前爲後緣？識者動而不居，前念識方滅，後念識即生，故説前識望後爲緣。

云何行相無間？識者動而趣境，雖體無封畛，而行相固殊。見色聞聲，乃至了法，各别行相，不相間礙，前滅引後，是事恒然。行相者，識行於境之相，即識於境起解之相也。如見色與聞聲不同，即識上行相之殊，非如舊説以眼等八識爲各各獨立之體。間者隔礙義。無量行相，容俱起故，故名無間，此亦與舊言無間者迥異其旨。

云何等而開導？導之爲言，是招引義。開義有二：一避義，二與後處義。前法開避其處，招引後法令生，故成緣義。由具開與導之兩義故，方成此緣。若兩義中隨缺一義者，即不名緣。此本舊説。復有難言："前法開避，即是已滅。彼滅無體，云何招引？"應知前法正起位，即有望後招引之勢，非彼滅已，方爲招引。又前念滅時，即後念生時，生滅中間，更無時分可容間斷。然則變化密移，疇覺之歟？舊説識亦有間斷者，因依識之行相而剖析爲各各獨立之體，故妄計見色等行相不顯現時，即是眼等識間斷也。復言等者，即等流義，由前引後，平等而流，故置等言。

綜前所説，則知等無間緣，開前導後，方滅方生。心識所以遷流不息，唯有新新，都無故故。其德之至健，幾之至神者乎。設有不明開導，但計心識爲由過去至現在復立趨未來者，則猶墮於常見而未聞勝義也。

所緣緣者，略有四義：一有體法，二爲識所托，三爲識所帶，四爲識所慮。

有體法者，爲緣之法，必是有體，方有力用，能牽生識，如白色非空而無物，故能牽令眼識同時俱起。故成緣義。法若是無，何得爲緣？世俗有計瓶等得爲緣者，此倒見也。所謂頑然之瓶，世間本無此物，其以爲有者，特妄情所執耳。今試問汝儕，所得於瓶者果何物？則必曰視之有白，乃至觸之有堅等也。若爾，汝眼識但得於白，不曾得瓶，乃至汝身識但得於堅等，亦不曾得瓶。誠以汝感識現量滅謝，散意識方起，遂追憶白及堅等境，妄構爲瓶等實物。散意識者，謂凡人意識散亂故。是故白及堅等境，誠有非無，方得爲緣。妄情所執之瓶等，此非有體，緣義不成。

或復問言："若有體法方爲緣者，如意識緣空華時，豈非無所緣緣耶？"應知意識此時現似所緣影像，妄作華解。華雖本無，識上所現似華境之影像，彰彰不無。即此影像以不無故，亦名有體。得隨境攝，成所緣緣，非無此緣識得生故。

又復有計感識後念以前念境爲所緣緣者，唐賢普光曾作是計。此亦非理。一切法頓起頓滅，無暫時住故。前念境即於前念滅，何容留至後念爲後識境耶？如眼識前念青境，實不至後，後念青境乃是新生耳。誠以眼等識現量，刹那已入過去。一刹那頃，感識與所了境同生同滅。後念意識繼起迅速，由念勢力，念者記憶。能憶前境，即現似前境之影像而緣之。此影像即心上所現，本非前境，而此心乃妄以自所現影作前境解。彼乃不辨，以爲猶是後念感識取於前境，此在因明，乃云似現。實則前境已滅即非有體，如何成所緣緣？此説違理，故宜刊定。

爲識所托者，即有體法望能緣識爲所仗托，令彼得生。彼者謂能緣識。識不孤起，須托境故。如眼識非仗托青等色境，必不孤起。感唯托塵，意則托影，必有所托，方得成緣。感識唯托塵境而起，謂眼識唯托色塵，耳識唯托聲塵，乃至身識唯托觸塵是也。至於意識籌度一切法時，嘗利用想與念，詐現似所緣境之影像以爲所托焉。想念皆心所法，見《明心下章》。

爲識所帶者，謂所緣境爲彼能緣之所挾帶。能緣即識。能緣冥入所緣，宛若一體，故名挾帶。如感識現量證境時，能緣所緣，渾爾而不可分。如眼識現見白色時，不起分别或推想，即此見與白色渾成一事，無能所可分。此由境爲緣，令彼能緣親挾己體故。己者，設爲境之自謂。挾帶義發於奘師。時正量部有般若毱多者，嘗難及大乘所緣緣義，戒日王請奘師爲設十八日無遮大會。奘師造《制惡見論》破毱多，論中即申挾帶義也。其文今不傳。

爲識所慮者，前之三義，不足成所緣緣。何以故？若有體法但爲識所托所帶即得成所緣緣者，則應外質望鏡等照用作所緣緣。外質是有體法故，鏡等照用起時，亦以外質爲所托所帶故。鏡等照用依外質同時顯現，故有所托義。又親挾外質影像而起，故有所帶義。此若許然，即鏡望識作所緣緣與外質望鏡等作所緣緣，兩義齊等。由此應許識亦猶如鏡等，以所緣緣義不異故。爲遮此失，復言所慮。由境有體，能引令識托彼帶彼緣慮於彼，方許望識作所緣緣。上三彼字皆謂境，緣慮即思慮。以所緣緣具所慮義，影顯識爲能慮，不同鏡等色法，故説唯識，不言唯境。於俗諦中許有識，亦許有不離識境，但識爲能慮，境屬所慮，故特尊識而説識名唯。

附識：思慮作用乃心識之特徵，不可以官品與境界相互之關係説明思慮。思慮若是官境之合所生，應非了知性故。昔者印人有言鏡等能緣，猶如識者，今人亦有云照相器能見物，此皆戲論。鏡等與照相器只能於所對境而現似其影像，然此影像仍隨境攝，固無有思慮作用於其間也，何可等心識於色法乎？理本至明而索之愈晦，凡情迷妄，往往如是。夫思慮屬心之行相，行相者，思解貌。此與心上所現影像，本不爲一事。世俗未能辨此，故説照相器能見物也。然唐人言唯識者，於此已有不了。備云："但心清浄故，一切諸相於心顯，故名取境。"見《解深密經註》六第七葉。太賢云："相於心現，故名所慮。"見《成唯識論學記》卷六第三十七葉。此皆不悟心之取境，有其行相，但云心上現影而已。若爾，鏡等能緣，照相器能見之説，又何可遮耶？如斯膚妄之談，其當刊正久矣。

綜上四義，明定所緣緣界訓，庶幾無失。然舊於此緣判親疏者，其説原主八識分立。尋彼義據，不足極成。識所取境，皆不離識而有，但應許境於識作所緣緣，何須更判親疏？然舊説主張八識爲各各獨立之體，則親疏遂分。如眼識親所緣緣，即自所變相分是也。其疏所緣緣，即第八識相分，眼識托此以爲本質，而變自相分云。護法八識各各有相分、本質爲親疏緣，名相瑣繁，此姑不述，述亦短趣。若爲治舊學者解紛排難，當爲别録云爾。

增上緣者，略有二義。增上，猶言加上，舊訓爲扶助義。謂若此法雖不從彼法生，然必依彼法故有，即説彼法爲此法之增上緣。一者有勝用。爲緣之法必具勝用，方與果法而作增上。果法者，如彼法爲此法之增上緣，即説彼爲因法，此爲果法也。所謂勝用者，不徒於果法爲密邇之助，但不障者即其力也。取徵近事，如吾立足於此，五步之内所有積土，固於吾立足親爲增上。直接爲助，故言親也。即此五步之外，推之全地乃至日局，亦皆與吾立足攸關。假令五步以外山崩河決，又或餘緯越軌，衝碎員輿，斯皆障害吾之立足。故知吾今者立足於此，即由全地乃至日局，俱有增上勝用。由不障害，即其勝用。準此，則增上緣者寬廣無外，勢不勝窮。然求一事之增上因，增上緣望所增上法，而得因名。則恒取其切近，遺其疏遠，不定遍舉也。今即心法爲徵，如一念色識生時，其所待之增上緣何限，感識了色亦名色識，了聲亦名聲識，乃至了觸亦名觸識。然官緣、官者，謂眼官與神經系，乃色識所依以發現，故是增上緣。空緣、空者，空隙，亦色識增上緣，障隔則色識不行故。明緣、明者，光也，闕明緣不能了諸色境故。習氣緣，色識生時必有習氣與之增上，如乍見仇讎面目，即任運起嗔，便是舊習發現。蓋習氣即是心所，故望心爲增上緣，能助心以取境故。參看《明心章》。則關係切至，在所必舉也。餘識生時，皆應準知。餘識，謂聲識乃至意識是也。聲識生時，必有耳官及習氣等爲增上緣，乃至意識獨起思搆時，亦必有習氣等爲增上緣。習氣種類無量，一切心生時皆有習氣爲增上緣云。

附識：增上緣義最精。世學謂如科學。所云因果唯相當於此，以其但甄明事物相互之關係故也。頃有問言："若如公説增上緣者，則將隨舉一事皆以全宇宙爲之因乎？"曰：理實如是，但學者求一事之因，初不必計及全宇宙，恒自其最近者以爲推徵。設秤物之重量爲如干，若地心吸力，若氣壓，固皆爲其致此之因，即至迴色之空或太陽系統以外之他恒星，亦無不與此有關者，故曰一事而全宇宙爲之因也。然學者於此，但致詳其近緣，若地心吸力，若氣壓，以明此事之因，則能事已畢。吾人常能由一知二或由甲知乙者，率此道也。

二者，能於餘法或順或違。餘法猶言他法。隨舉一事，以明此義。若霜雪於禾等增上，能牽令轉青色爲枯喪，轉者改轉也。禾等枯喪之位，其以前青色皆滅，義說爲轉，非謂前青色不滅可轉爲後枯喪也。又枯喪之起，有自動因，霜雪於彼但爲增上緣，故言牽也。世學談生物適應環境者，多忽略生物自身之動因，便爲大過。問："霜雪非青色滅之因耶？"曰：凡法之滅也，法爾自滅，何待於因？滅若待因者，應不名滅，當說爲生，以有因便是生故。即此霜雪，望枯喪爲順緣，望前青色作違緣。一順一違，幾之所不容測也。然復當知，此中義分順違，據實違緣云者，非與滅法爲緣。如前所說，霜雪與枯喪爲緣時，前青色已滅。今云霜雪與前青色作違緣者，彼既滅無，望誰爲緣？由枯喪是前青色之相違法，既與枯喪爲緣，即義說爲前青色之違緣。一事向背，義說爲二也。霜雪與枯喪爲增上緣，是爲一事。向背者，一事之兩面。與枯喪爲緣，是向義。既順枯喪令起，即違前青色令不續起，是背義。由此二義，故說順違耳。例此而談，如善習爲心增上緣時，順生淨識，即違染識令不生。惡習爲心增上緣時，順生染識，即違淨識令不現。順違之幾，其可忽歟！淨識者，善心也。染識者，不善心也。心豈有不善耶？惡習發現而蔽其心，以成其惡。此時心無權而唯以惡習爲心焉，故說爲不善心也。若善習有力現起，以扶助本心之善，則違彼不善心而令不得起。

上述諸緣，由識起是自動義故，立因緣。心識者何，只是一種動的勢用而已。這個動的勢用雖依藉腦筋與外境底刺激力而發出，要不是物質底副產物，遂乃說爲自動。即以此義，假說因緣。由前念能引義故，立等無間緣。前念識能引生後念識故，故立此緣。由有所取境故，立所緣緣。於俗諦中不謂無境，但不許有離識獨存的外境，而不離識之境非無。所以說識起必有所取境，而得立此緣。除前三外，依種種關係，立增上緣。如官體與習氣等等，皆於心識作用爲扶助故，故立此緣。詳此諸緣，本以分析心識，假説緣生，令知心識唯是幻現而非實有。若識果實有者，即有自體。或用心識複詞，或單言心，或單言識，唯隨文便。他處準知。今分析此識而説爲衆緣互相藉待，幻現識相，則識無自體甚明。故緣生言，非表識由衆緣和合故生，乃對彼執識爲實有者，善爲遮遣。如對彼不了芭蕉無自體者，爲取蕉葉，一一披剥，令知非實。此義亦爾。或復有難："説緣生故，明識無自體，即識相空。然衆緣相爲復空否？"今答彼言：假設緣相，明識相空。識相空故，緣相亦空。衆緣相待，唯幻現故。如因緣相，便是動的勢用。這個勢用曾無暫住，非幻現而何？若等無間緣相，即謂前念識，此亦不暫住，非幻現而何？若所緣緣相，即色聲等境界，此實剎那生滅，固是幻現。若增上緣相，如官體等，既屬色法，即莫非剎那生滅。至習氣念念遷流，生滅不住，尤不待言，故知同屬幻現。夫諸緣相唯幻現故，即無自體。無自體故，即是皆空。爰假施設，以遮執故。假設衆緣，乃對彼執識爲實有者而遮撥之也。

夫言説有遮詮、表詮。表詮者，直表其事，如在暗室而對彼不睹若處有几者，呼告之曰若處有几。遮詮者，因有迷人於暗中几妄惑爲人爲怪，怪者鬼怪。乃從所惑而遣除之，即以種種事義，明其如何非人，以種種事義，明其如何無怪，而不復與直説是几，卒令彼人悟知是几。故緣生言，但對彼不悟識自性空者，自性即自體之代語。方便遣執，因迷者執識實有故，故乃分析諸緣而説衆緣互待，幻現識相，是名緣生。以此遣除其執，乃方便説法也。故是遮詮，對執而施破，所以爲遮詮。如或以爲表詮者，將謂緣生爲言，表示識由衆緣和合故生，是反墮於執物之見，寧非甚謬。俗計物體由分子集合而成，今若計識從衆緣和合故生者，便同一謬見。故知辭有遮表，不可無辯。詳夫玄學上之修辭，其資於遮詮之方式者爲至要。蓋玄學所詮之理，本爲總相，所謂妙萬物而爲言者是也。總相者，言其遍爲萬物實體。妙萬物者，言其不屬部分，不屬形質也。以其理之玄微，玄者，懸也。其理虛懸無所不冒，而不可以物求之也。微者，無方所，無形相，所謂神也。故名言困於表示。云困，則不止於難也。名言緣表物而興，字之本義都是表示實物的，雖引申而爲極抽象之詞，總表示一種境象。今以表物之言而求表超物之理，總相的理，是玄微的，是超物的。往往說似一物，兼懼聞者以滯物之情，滋生謬解，故玄學家言，特資方便，常有假於遮詮。此中奥隱曲折，誠有非一般人所可喻者。古今爲玄言者衆矣，其極遮詮之妙者，宜莫如釋氏，而空宗尤善巧。唯其見理洞徹，故其立辭無礙也。獨至有宗，始漸違遮詮之方式而主於即用顯體。此其失不在小，吾今兹不能不略辨之。

蓋云即用顯體者，固謂用亦實法，但不離體，乃即用而體顯。不知體上固無可建立，又安可於用上建立乎？設計用爲實法而可建立者，則用已與體對，談用何足顯體？有宗自無著肇興，談用猶以分析。如《瑜伽論》及《辯中邊雜集》等論，其談蘊處界等法皆屬談用，然只是分析而談，原與建立有異。至於世親始立識爲能變，以之統攝諸法，下逮護法、窺基，衍世親之緒而大之，乃於能變因體加詳。能變因體，即謂種子。要之，皆於用上建立，世親以一切法攝歸於識而尊識爲能變。其所謂能變法者，即對不變之真如而名用。世親既立識以統攝諸法，便是於用上建立爲實有也。護、基兩師於種子義發揮加詳，蓋以識名現行，是乃有而非無，而種子則爲現行識所從生之因，亦即爲現行識之體，是固明謂用有自體矣。此亦於用上建立，實根據世親之思想而衍之者也。而不悟其有將體用截成兩片之失，世親等所謂現行識與其種子是生滅法、是能變法、是用，而真如是不生滅法、是不變法、是體，固明將體用打作兩片看。如何可言即用顯體？既於用上建立，便把用說成實在了，從何顯得體來？故有宗之學，至護、基而遂大，亦至護、基而益差。差者，差失。竊謂體不可以言說顯，而又不得不以言說顯，則亦毋妨於無可建立處而假有施設，即於非名言安立處而强設名言。蓋乃假名以彰體，體不可名而假爲之名以彰之。下章恒轉功能諸名，所由施設。稱體而用已賅。一稱夫體，而用即賅備，豈其頑空可以名體哉！用之爲言，即言乎體之流行，狀夫體之發現。發現非有物也，流行非有住也，故不可於用上有所建立。以所言用者，本無實法故。此中義趣須細玩《轉變章》始可得之。是故權衡空有，監觀得失，豈其妄托知言，聊且自明微旨。因論緣生之爲遮詮，而縱言及此。

綜前所說，首遮境執，明色法之非外；此中色者，猶言物質，與眼識所取顏色之色，其涵義廣狹迥異。他處準知。次除識執，明心法之無實。執緣境之心以爲實在而不知其爲緣生如幻，世俗之大惑也。然色非外而胡以復名爲色？如前所言，既不許有客觀存在的色界，則其所謂不離識之色者，根本不是色法，而胡爲復以色名之耶？心無實而何乃復字以心？心非實有，則所云心者，但假名耳。然由何義而立此假名？俗之所許，真豈無依？色法心法皆世俗所許有者，然俗所共許，亦或有真理爲所依托，否則不應憑空而許有色心萬象。故次詳於《轉變》。

轉　變

蓋聞諸行闃其無物，行者，幻相遷流義，此作名詞用。色法心法，總稱諸行。滯迹者則見以爲有實，以爲有實物也。達理者姑且假説轉變。轉變一詞，見《成唯識論述記》。言轉變者，取複詞便稱耳，實則但舉一變字可也。然吾談變義，本不據前師，學者勿執舊説相會。夫動而不可禦，詭而不可測者，其唯變乎！此言動者，非俗所謂動。俗以物之移轉爲動，此則以忽然幻現爲動，非有實物由此轉至彼處。誰爲能變？故設初問。如何是變？故設次問。變不從恒常起，恒常非是能變故。觀夫萬變不窮，知非離此而别有恒常之體。古代梵天、神我諸計，要皆爲戲論。變不從空無生，空無莫爲能變故。無始時來，已刹那刹那變而未有休歇。過去之變無留迹也，故假説空無，豈復離此變而别有空無之一境爲變之所從出哉？爰有大物，其名恒轉。大物者，非果有物，假名耳。如《中庸》所謂“其爲物不貳”之物，亦假名也。恒言非斷，轉表非常。非斷非常，即刹那刹那舍其故而創新不已。此生理之至秘也。淵兮無待，無有因故。湛兮無先，非本無而後有，故云無先。有先則是本無。處卑而不宰，卑者，狀其幽隱而無形相，非高卑之卑。不宰者，以遍爲萬物實體，非超物而存，故不同神我、梵天等邪計。守静而弗衰。静者，湛寂義。弗衰者，非頑空故。此則爲能變者哉！能變者，狀詞，即剋指轉變不息之實體而强形容之以爲能耳，故未有所變與之爲對。宇宙元來只此新新無竭之變，何曾有所變物可得哉？答初問訖。變復云何？牒前次問。一翕一闢之謂變。兩一字，顯動力之殊勢耳，非謂翕闢各有自體，亦不可説先之以翕而後之以闢也。原夫恒轉之動也，相續不已。此言動者，變之别名耳。前一動方滅，後一動即生，如電之一閃一閃無有斷絶，是名相續，非以前動延至後時名相續也。動而不已者，元非浮游無據，故恒攝聚。恒字吃緊。惟恒攝聚，乃不期而幻成無量動點，勢若凝固，名之爲翕。俗不了動點，故執有實極微或原子、電子耳。凝固者，言其趨勢有如此，而非果成凝固之質也。翕則疑於動而乖其本也。恒轉者，雖有而非物。翕則勢若凝固而將成乎物矣。故知翕者，恒轉動而將失其自性也。然俱時由翕故，俱時者，謂與翕同時。常有力焉，健以自勝，而不肯化於翕。以恒轉畢竟常如其性故。唯然，故知其有似主宰用，本無作意，因置似言。乃以運乎翕之中而顯其至健，有戰勝之象焉。即此運乎翕之中而顯其至健者，名之爲闢。一翕一闢，若將故反之而以成乎變也。答次問訖。夫翕凝而近質，依此假説色法。夫闢健而至神，依此假説心法。以故色無實事，心無實事，只有此變。事者體義，色法心法都無實自體故。

附識：翕闢理趣，深遠難言。兹更出筆札四則，繫之左方。

所謂恒轉，從他翕的勢上看卻似不守自性了。易言之，即似物質化了。唯物論者所以錯認實體是物質的。同時，從他闢的勢上看，他確是順着他底自性流行，畢竟不曾物質化。那翕的勢，好似他要故意如此，以便顯出他唯一底闢的勢。不如此，便散漫無從表現了。説闢爲心，説翕爲色。色者，即身軀與所接屬之萬物是也。若無這身和物，從何見得心來？由此便可理會翕闢之故。

漢儒談《易》曰："陽動而進，陰動而退。"夫陽爲神、爲心，陰爲質、爲色。詳彼所云，則動而進者，心也；動而退者，色也。宋、明諸師言升降、上下、屈伸等者，義亦同符。今云翕闢，與進退義復相印證。翕則若將不守自性而至於物化，此退義也。闢則恒不失其健行之自性，化無留迹而恒創，德以常新而可貞，故能轉物而不化於物，此進義也。

説翕爲色，説闢爲心。心主乎身，交乎物感而不至爲形役以徇物，所謂闢以運翕而不化於翕也。是則翕唯從闢，色唯從心。翕闢畢竟無異勢，即色心畢竟非二法。

造化之幾不攝聚則不至於翕，不翕亦無以見闢。故攝聚者坤道也。坤道以順爲正，終以順其健行之本性也。夫本體上不容着纖毫之力，然而學者必有收攝保聚一段工夫，方得覿體承當，否則無由見體。故學者工夫，亦法坤也。

大哉變乎，頓起頓滅，曾無少法因容暫住。言無些少實法可暫住也。無少云者，顯其全無。《阿含經》言："佛語諸比丘，諸行如幻，是壞滅法，是暫時法，此言暫時者，對執常住者而言之耳。實則亦無暫時可說，以不容於此起時分想故。刹那不住。"此云刹那不住，故知上言暫時法者，非果許有暫時法也。今人羅素以暫時的爲真實，猶是計執耳。此義確爾不虛，俗情顧莫之省。尋檢義據，聊與徵明。

一者，諸行相續流名起，若非纔生無間即滅者，應無諸行相續流。相續流者，前滅後生而無斷絕之謂。相續流故，名之爲起。起者，生義。纔生即滅，不容稍住，故説無間。前不滅則後不生，故諸行若非纔生即滅者，便無相續流。若汝言"物有暫時住，次時則先者滅後者起，故可名相續"者，此亦不然。由暫住時，後起無故。自下數義，依據《莊嚴經論》而引申之。

二者，若汝言"諸行起已，得有住"者，爲諸行自住，爲因他住？若諸行自住，何故不能恒住？若許諸行得自住者，則彼應常住不壞也。若因他住，非離諸行別有作者可說爲他，誰爲住因？二俱不爾，自住，因他，二説俱不然也。故纔生即滅義成。既不容住，故知纔生即滅。

三者，若汝執"住因雖無，壞因未至，是故得住。壞因若至，後時即滅，有如火變黑鐵"者，後時者，對其先之暫住未滅時而言耳。此言變者，變壞義。喻意云火爲鐵上黑相壞滅之因。此壞因未至，則黑相暫住，壞因若至，黑相便滅。世俗謂凡法之滅，必待於因，若未逢滅因，即得暫住也。此復不然，壞因畢竟無有體故。壞因無體者，易言之，即無壞因之謂耳。滅不待因，吾於前章談增上緣中已言之矣。火變鐵譬，我無此理。鐵與火合，黑相似滅，赤相似起，黑相滅時，即是赤相起時。能牽赤相似起，是火功用，實非以火壞鐵黑相。俗以火爲黑相之壞因，實乃大誤。黑相之滅只是法爾自滅，非待火壞滅之也。唯火之起也，則赤相與之俱起。由此説火有牽起赤相之功用可也，説火爲黑相之壞因則不可也。又如煎水至極少位，後水不生，亦非火合，水方無體。水相之滅也，只自滅耳，豈由火相滅之哉。由此纔生即滅，義極決定，以滅不待因故。

四者，若汝言“若物纔生即滅，即是刹那刹那滅，便已墮邊見”者，邊者偏執，偏執滅故。不然。應知刹那刹那滅，實即刹那刹那生。一方説爲滅滅不停，一方説爲生生不息。理實如是，難可窮詰。

五者，若汝言“若物刹那刹那新生者，云何於中作舊物解？”應説由相似隨轉，如前刹那法，纔生即滅。次刹那有似前法生起，亦即此刹那便滅。第三刹那以下，皆應準知。故刹那刹那，生滅不已，名爲相似隨轉。得作是知。由後起似前故，得起舊物之知。譬如燈燄，相似起故，起舊燄知，而實差別，實則前燄後燄有差別也。前體無故。後燄起時，前燄之體已滅無故。若汝言：“縱許燈燄念念滅，豈不現見燈炷如是住耶？”應知汝見非見。汝所謂現見燈炷如是住者，實是意識顛倒分別，固非現見也。由炷相續，刹那刹那，有壞有起，汝不如實知故。忽其刹那生滅相續之實，乃見爲住而不滅，即不如實而知也。若汝言：“諸行刹那如燈燄者，世人何故不知？”應説諸行是顛倒物故。本無實色及實心法，而世人於此横生計執，故説諸行是顛倒物也。相續刹那隨轉，此不可知，此理本不可以凡情推度而知。而實别别起。世人謂是前物，生顛倒知。

六者，若汝言“物之初起，非即變異”者，不然。内外法體，後邊不可得故。内法者，心法之異名。外法者，色法之異名。本無内外，但隨俗假説之耳。凡法若得住而不滅者，應有後邊可得。今我此心念念生滅，既無初端可尋，亦無後邊可得，色法亦然。析物至極微，更析之則無所有。唯是相續不斷之變而已，何有後邊？由初起即變，漸至明了。譬如乳至酪位，酪相方顯，而變相微細，難可了知，相似隨轉，謂是前物。以故纔生即滅義得成。由乳位至酪位，非可一蹴而至也，中間經過無量刹那生滅相似隨轉。唯是相似之程度，則刹那刹那隨其俱起相依之諸法，如熱、如空氣等，逐漸微異。蓋凡後一刹那與其前一刹那，無有全肖者。至於酪位，則由多刹那微異之遞積，而其異相乃特著矣。世俗於此不察，以爲乳之初起便住不滅，後時成酪，乳相方滅，不知酪位以前之乳，已經無量生滅，原非一物。特由相似程度未驟形其懸殊，故猶謂是前物耳。

七者，若汝言“諸行往餘處名去，故知得住”者，此言去者，猶俗所謂動也。凡物由此處轉至彼處，是名爲去。以有去故，知非纔生即滅。若生已不住，依誰説去？世俗皆爲此計。不然。汝執諸行爲實物，能由此處轉至彼處，故名爲去。此言轉者，搬移義，非轉變之轉。此則以日常習用械器之見，推論法爾道理，迷離顛倒，抑何足談？如我所説，諸行唯是刹那刹那，生滅滅生，幻相宛然，無間相續。恒無間斷而相續也。假説名去，而實無去。由生滅無間相續故，假説名去，非有實物住而不滅，歷先後時從此處轉至彼處也。故實無去。故汝言住，取證不成。

附識：此言無去者，即無動之謂，然不可以傳於世間哲學家積動成静之説。彼執有實物，亦執有實時方，時者時間。方者空間。以爲物先時静住於甲方，後時由甲轉至乙方，即静住於乙方。積先後之動，而實皆静住，便不得謂之爲動，故飛箭雖行，其實不行也。此則輾轉堅執，執時、執方、執有静住之物，謬執一團，不可救藥。難以語於無方無體之變矣。方者方所。體者形體。無方無體，猶言無實物也。吾宗方量既空，本無實方，俟詳《量論》。時量亦幻，吾宗所言刹那，非世俗時間義，亦詳《量論》。念念生滅，此云念者，非常途所謂之念，乃依生滅不斷，而假説每一生滅爲一念頃。實則生滅滅生，不可劃分間隙，即念念之間，無有間隙，不可以世俗時間觀念應用於此處也。何物動移？何物静住？纔生即滅，未有物也。依誰説動？依誰説住？凡計有動、有住者，皆由妄執有時方及有實物故耳。此所以迥異世間一切之見。學者必會吾説之全，超然神解，方莫逆於斯耳。

八者，諸行必漸大圓滿。如心气由劣而勝，官品由簡而繁，皆漸大圓滿之象。若初起即住不滅者，則一受其成形而無變，如何得有漸大圓滿？若汝言“不捨故而足創新，故積累以到今，今拓展而趨來，如轉雪球，益轉益大”者，來者，未來。此復不然。汝計有積留，即已執物，豈足窺變。變者運而無所積，此言運者，遷流義，幻現義。有積則是死物，死物便無漸大圓滿。是故應如我説，諸行不住，刹那刹那，脱故創新，變化密移，馴至殊勝！殊勝者，即漸大圓滿之謂。

九者，若汝計執“諸行爲常爲斷”，世俗之見，恒出入常斷二邊。如一木也，今昔恒見，則計爲常；忽焉睹其燼滅，遂又計爲斷。皆有大過。應知諸行纔生即滅，念念盡故非常，盡者，滅盡。新新生故非斷。一刹那頃，大地平沉，即此刹那，山河盡異。此理平常，非同語怪。莊子《大宗師》云："夫藏舟於壑，藏山於澤，人謂之固矣。然而夜半有力者負之而走，昧者不知也。"郭子玄釋之曰："夫無力之力，莫大於變化者也。故乃揭天地以趨新，負山嶽以舍故。故不暫停，忽已涉新，則天地萬物無時而不移也。世皆新矣，而目以爲故。舟日易矣，而視之若舊。山日更矣，而視之若前。今交一臂而失之，皆在冥中去矣。故向者之我，非復今我也。我與今俱往，豈常守故哉？而世莫之覺，謂今之所遇，可係而在，豈不昧哉！"子玄斯解，渺達神旨，故不暫停一語，正吾宗所謂纔生即滅也。大法東來，玄學先導，信非偶然已。

綜前所説，則知諸行倏忽生滅，等若空華，不可把捉。世俗執有實色、實心，兹成戲論。遠西唯心論者執有實心，唯物論者執有實色。原夫色心諸行都無自體，談其實性乃云恒轉。色法者，恒轉之動而翕也；心法者，恒轉之動而闢也。翕闢本動勢之殊詭，蓋即變之不測，故乃生滅宛然，雖爾如幻而實不空。奇哉奇哉，如是如是變！翕闢，皆動勢也。不一之謂殊詭。宛然者，幻現貌。

吾舊著論，嘗以三義明變。略曰：一者，非動義。此俗所謂之動，與吾所云變動之動異訓。世俗之言變也以動。動者，物由此方通過餘方，良由俗諦，起是妄執。變未始有物，即無方分可以斟畫。猶如吾手，轉趣前方，轉者轉移，趣者趣往，皆俗動義。實則只有刹那刹那別別頓轉無間似續。恒無間斷，相似相續。假説手轉，而無實手由此趣前，本無有實在之手，由此方以趣往前方也。云何神變，輒作動解？變本至神不測，何可作動想？《中庸》曰"不動而變"，可謂深達奧窔。此當是晚周諸儒語，非漢人所能傳益。又近人柏格森之言動也，以爲是乃渾一而不可分。世俗於動所經過方分，可以劃割，遂計此動亦可劃割，是其謬也云云。柏氏此論，不許雜劃割方分之想以言動，幾近於吾宗之談變，而異乎世俗之所謂動矣。然但言動爲渾一不可分，而不言刹那刹那生滅相續，則是動體能由前刹那轉至後刹那，此猶未免執物與計常之見耳，豈可附於吾説哉！此非只毫釐之差也。

二者，活義。活之爲言，但遮頑空，不表有物，説是一物即不中。蓋略言之，無作者義是活義。作者，猶云造物主。外道有計大梵天爲作者，有計神我爲作者，吾宗皆不許有。若有作者，當分染净。若是其净，不可作染；若是其染，不可作净。染净不俱，云何世間有二法可説？又有作者，爲常無常。若是無常，不名作者；若是其常，常即無作。又若立作者成就諸法，即此作者還待成就，輾轉相待，過便無窮。又凡作者，更須作具，倘有常模，便無妙用。反復推徵，作者義不得成。由此，變無適主，故活義成。幻有義是活義。雖無作者，而有功能。功能者，體是虚僞，猶如雲氣，功能者，無有實物可得，故以虚僞形容之耳。若自其清净絶待，遍爲萬物實體而言，又當説爲真實。從言異路，義匪一端。闃然流動，亦若風輪。此言流動者，幻現義，遷流不息義，然非實物，故云闃然。闃然者，無物之貌。雲峰幻似，刹那移形，唯活能爾，頓起頓滅。風力廣大，蕩海排山，唯活能爾，有大勢力。此中幻有，非與實有爲對待之詞。不固定故，不可把捉故，説之爲幻。此幻字不含勝義，亦不含劣義，學者切須如分而解。真實義是活義。大哉功能，遍爲萬物實體！極言其燦著，一華一法界，一葉一如來。法界，實體之異名。如來，本佛號之一，此則以目實體。帝網重重，無非清净本然，即覿目而皆真實。非天下之至活，孰能與於此？帝網重重，以喻世界森羅萬象。圓滿義是活義。洪變唯能，能者功能。圓神不滯。秋毫待之成體，以莫不各足。無有一物得遺功能以成體者，雖秋毫且然，况其他乎？秋毫舉體即功能，則秋毫非不足，他物可知已。蓋泯一切物相而剋指其體，則同即一大功能而無不足也。宇宙無遍而不全之化理，王船山云：“大化周流，如藥丸然。隨抛一丸，味味具足。”此已有窺於圓滿之義。驗之生物，有截其一部，其肢體仍得長育完具者，良有以爾。吾人思想所及，又無往不呈全體，吾人於一刹那頃，思想及於某種事理，在表面上若僅有某種意義而不及全宇宙，實則此刹那之思想中已是全宇宙呈顯，特於某種意義較明切耳。故乃於一字中持一切義，如一人字，必含一切人及一切非人，否則此字不立。故言人字時，即已攝持全宇宙而表之。不能析爲斷片，謂此唯是此而無有彼也。若真可析，則非圓滿。以不可析故，圓滿義成。於一名中表一切義。準上可解。矧復攝億劫於刹那，劫者，時也。涵無量於微點，都無虧欠，焉可溝分？了此活機，善息分別。交遍義是活義。神變莫測，物萬不齊。不齊而齊，以各如其所如，因説萬法皆如。彼此俱得，封畛奚施？太山與毫毛，厲與西施，其順變化之途而各適己事，自得均也。區小大，别好醜，皆情計之妄耳，豈可與測變化之廣大哉？極物之繁，同處各遍，非如多馬，一處不容，乃若衆燈，交光相網。張人之宇宙，李人之宇宙，同在一處，各各遍滿而不相礙。故我汝不一而非異，不一者，我之宇宙汝不得入，汝之宇宙我亦不得入。如我與汝群盜同在北京，實則我也，汝群盜也，乃人人各一北京。我之北京寂曠虚寥，群盜不可入也。群盜之北京喧惱逼熱，我亦不可入也。非異者，我之北京，群盜之北京，乃同處各遍而不相障也。高下遺蹤而咸適，唯活則然。世説大鵬高止乎天池，小鳥下搶榆枋之間，此徒自踪跡以判高下耳。苟遺踪而得理，則無高無下，固均於自適也。無盡義是活義。大用不匱，法爾萬殊。衆生無量，世界無量。一切不突爾而有，一切不突爾而無。是故諸有生物，終古任運，不知其盡。此就一切物之實體而言。斯非突有，亦不突無，故説無盡。如上略説活義粗罄。

三者，不可思議義。此云不可，本遮遣之語。既非不能，又異不必。將明不可之由，必先了知思議相。思者，心行相。議者，言説相。心行者，心之所游履曰行。言説者，謂心之取像，如計此是青非非青等，斯即言説相。此是染慧，即意識取物之見。染慧，謂俗智有雜染故，略當於世所謂理智。取物之取，猶執也。意識發起思議，必有構畫，若分析物件然，是謂執物。蓋在居常生養之需，意識思議所及，無往而不執物，所以爲染慧也。夫以取物之見，迻而推論無方之變，無方者，變未始有物，即無方所。則恣爲戲論，顛倒滋甚。故不可思議之云，直以理之極至，非思議所可相應。易言之，即須超出染慧範圍，唯由明解可以理會云爾。明解即無癡也。詳心所中。諸有不了變義是不可思議者，或計運轉若機械，或規大用有鵠的，此則邀變之輪廓而執爲物。邀者，有意期之也。變本無物，即無輪廓，然以生滅相似隨轉，故幻似輪廓焉。愚者邀而執之以爲有物也。故回溯曾物，過去名曾。宛如機械重叠；逆臆來物，來者未來。儼若鵠的預定。自宇宙化理言之，固無所謂鵠的，法爾任運，無作意故。若就人生或生物以言，則其奮進於不測之長途中，仍隱寓有要求美滿之趨向，可説爲鵠的。蓋鵠的者即其奮進所由耳。斯乃以物觀變而變死，皆逞思議之過也。於所不可用處而用之，故曰逞。

附識：此章爲全篇主腦。前後諸章，皆發明之，而吾與護法立説根本歧異，亦於此畢見。學者於護法學或未疏討，即不足以知吾説所由異者，故粗陳護公義旨，以資參校。護公建立八識，識亦名心也。彼以爲心者，蓋即許多獨立體之組合耳。易言之，宇宙者，即許多分子之積聚耳。又各分心所，心所者，心上所有之法。八識各各有相應之心所。此諸心所，亦各成獨立之體。而於每一心、每一心所，皆析以三分。護法談量，雖立四分，然其談變，仍用陳那三分義，故此但説三分。三分者，一相分、二見分、三自證分。試取耳識爲例。聲，相分也。了聲之了，見分也。相見必有所依之體，是爲自證分。每一心，由相等三分合成。每一心所，亦由相等三分合成。唯是一切心、心所，通名現行。現行者，略釋之則以相狀顯現故名。此得爲分名，亦得爲總名。分名者，隨一心、心所得名現行是也。總名者，通一切心、心所各各相等三分，森羅萬象，得總説爲現行界，略當於俗所謂現象界也。現行不無因而生，故復建立種子爲其因。每一現行心法，有自種子爲因。每一現行心所法，亦有自種子爲因。現行既有差别，現行八聚心心所，體相各别故。種子足徵萬殊。輕意菩薩《意業論》云“無量諸種子，其數如雨滴”見《瑜伽倫記》卷五十一第七葉。是也。種現既分，彼計種現各有自體。故其談變也，亦析爲二種，即以種子爲因能變，由種子爲因，生起現行故。現體爲果能變。現體者，通目一切心、心所之自證分，此對因法種子而得果名也。果能變者，謂諸自證分各各能變現相、見二分故。此其大略也。《成唯識論述記》卷十二第十至十五葉説因果二種能變，其卷二第十八至廿二葉説識體變二分，同卷十二之果能變。迹護公立因果變，乃若剖析静物，實於變義無所窺見。彼於因變中則以種爲能變，現爲所變；於果變中則以現體爲能變，相、見二分爲所變。總之，能所各别，猶若取已成之物從而析爲斷片者然，是何足以明變也哉？彼唯用分析之術，乃不能不陷於有所謂已成之斷片相狀，而無以明無方之變。其操術固然。嘗謂護公持論條理繁密，人鬒魚網猶不足方物。審其分析排比，分析者，如八識也，五十一心所也，三分也，皆析爲各各獨立之體。此一例也。餘義亦皆析如牛毛。排比者，如三分説本爲量論上之問題，而護法則以主張一切心、心所各各獨立之故，勢不得不排比整齊，於是謂八識、五十一心所各各爲相、見、自證三分。

此一例也。自餘法數，亦務爲穿鑿排比。鈎心鬥角，可謂極思議之能事。治其説者，非茫無頭緒，即玩弄於紛繁之名相而莫控維綱，縱深入其阻，又不易破陣而遊。斯學東來，未久遂墜，有以也夫！

功　　能

前之談變也，斥體爲目，實曰恒轉。於轉變不息之本體而析言其動勢，則説爲一翕一闢之變。直指轉變不息之本體而爲之目，則曰恒轉。恒轉者，功能也。此乃前所未詳，故次明之。

尚考護法業已建立功能，然吾今之言此，則與彼截然殊旨。姑陳其概。

一曰：功能者即實性，非因緣。護法計有現行界，因更計有功能沉隱而爲現界本根，字曰因緣。現行界，亦省稱現界，義詳前註。此巨謬也。夫其因果隱顯，判以二重；功能爲現界之因，隱而未顯。現界是功能之果，顯而非隱。兩相對待，故云二重。能所體相，析成兩物。功能爲能生，其體實有。現界爲所生，其相現著。截然兩片，故非一物。顯而著相者，其猶器乎？隱而有體者，其猶成器之工宰乎？護法固以因緣喻如作者。以上敘彼計訖。妄執紛綸，空華幻結，以此除執，誰謂能除？護法亦依《般若》而言觸無所得，但按其立義，實未能除執。余以爲現界自性本空，自性猶言自體。唯依妄情執取故有。現界者，即世俗所執色心諸行之總名耳。若將情見或意想所執取之色相、心相一切剥落，更有何物可名現界哉？若了現界實無，則知因緣亦莫從建立。唯由妄情所執現界空故，而本有不空實性，方乃以如理作意得深悟入。本有者，法爾本然，不由意想安立故。實性者，本體之異名。作意者，觀照義。正智觀照，契應正理，遠離顛倒戲論，故曰如理作意。元來只此實性，别無現界與之爲對。不取色相，不取心相，乃至亦不取非色非心之相，遠離一切意想境界，冥然所遇即真矣，寂然本體呈露矣，寧復有所對可説爲現界哉？是故我説功能，但依實性立稱，不以因緣相釋。現界已無，説爲誰之因緣？斯與護法，異以天淵。

附識：吾宗千言萬語，不外方便顯體。顯者，顯明之也。本體難設言詮，故須方便。見到體時便無現界。即如凡情執有山河大地等相，智者了知此等相都無自性，即是皆空。如實義者，森羅萬象，無非清淨本然，即於萬象之上而一一皆見其是清淨本然，卻非謂萬象渾然成一合相，始名清淨本然。此處切勿誤會。清淨本然者，本體之代語。實未曾有如世間情見所執山河大地等相可得故。豈等空見論者蕩然一無所有，但謂如世間情見所執山河大地等相不可得耳。如世如字，對下等相，爲指似之詞。故見體則知現界本空，非故作妙語。悟《般若》者，當印斯旨。

護法唯未見體，故其持論種種迷謬。彼本説真如爲體已，又乃許有現界而推求其原，遂立功能作因緣，以爲現界之體焉。若爾，兩體對待，將成若何關係乎？夫現界者，隨俗假説故有。若據勝義，即現界諸相元無自體，故不應作現界相想，而現前莫非真體呈現矣，安有現界可得乎？如其執取現界，又計有隱於現界背後之體以爲因者，是則唯憑情識妄構，種種建立，惑相紛紜，從何覿體？寧非作霧而以自迷歟！至於真如一名，大乘舊以爲本體之形容詞。古譯如如，以其非戲論安足處所故。後譯作真如，似稍失本義。原其廣除相縛，情計所執諸相，總名相縛。而後微示本體非空，以其難爲之名，狀曰真如。此固人天勝義也。然自護法説來，則真如遂成戲論矣。彼既許有現界，又許有現界因緣之體，明是層層相縛，則其所謂真如體者，不過又增一重相縛耳。護法之學，昔無彈正，吾所爲辯之者，誠有所不得已耳。雖獲罪宿德，亦何敢辭！

二曰：功能者，一切人物之統體，非各别。護法之立功能也，固不以衆生爲同源，宇宙爲一體。其説以謂每一有情之生，皆有自功能爲因，而此功能亦名種子。體性差别，數極無量，殆如衆粒。有情者，人或衆生之異名。體性差别者，不一之謂差别。護法本以功能爲現界因緣，而於現界則析成許多獨立之體，即將一人之全宇宙總分爲八識，每一識又析作相、見、自證三分，已見前註。然亦將自證攝屬見分，以與相分對待成二。如眼識二分，相分即色境，見分即了别是已。耳識等準知。據此，則現界千差萬别，當由其因緣不一，故説功能衆多，其體差别。又彼計諸功能復有染淨或善惡等之異其性，故説性差别。若爾，勢等散沙，伊誰摶控？爰建阿賴耶識，是作含藏。彼計一人有八識，阿賴耶爲第八識。阿賴耶者，藏義，處義，以是無量種子所藏處故。阿賴耶者，因自種起，賴耶亦析作相、見二分。相分者，略舉之則根身乃至日局員輿等器界皆是也。見分，舊説爲深細不可知。賴耶二分，各有自種爲因，必有因緣方得起故。復持自種及餘種，自種者，賴耶自家種子也。餘種者，謂眼識、耳識、鼻識、舌識、身識、意識、末那識，各各有自種子也。賴耶含藏萬有，凡自種及餘眼識等種，皆爲所攝持，恒不散失。問："賴耶持餘識種，於義可成，賴耶既因自種起，如何能持自種"？答曰：彼計賴耶自種爲因，而賴耶爲果。無始已來，因果恒俱時而有，非是因先果後，以故果得持因。故號一切種子識。所以生生不息。此識無始時來，念念生滅，前後變異其體非是恒常。而恒相續，定無間斷，未嘗隨形骸以俱盡。故喻如暴流。暴流非斷非常，前水引後，故非斷；後水續前，故非常。迹護法功能又名種子，析爲個別，攝以賴耶，攝者總持義。阿賴耶識亦省稱賴耶。不悟種子取義，既有擬物之失，擬稻等物種故。又亦與極微論者隱相符順。外道小宗計有實微，其數衆多。此亦計有實種，數復無量。宇宙豈微分之合？人生詎多元之聚？故彼功能，終成戲論。若其持種賴耶流轉不息，流轉者相續義。直謂一人之生自神識，迥脱形軀，從無始來恒相續轉而不斷絶，則亦與神我論者無所甚異。神識者，第八識染净之通名。舊説第八識在凡位則名賴耶，以攝藏染種故；及入聖位，此識唯持净種，則不復名賴耶而號爲無垢識矣。要之，可以神識一名，爲其染净之都稱。又此識雖自後來大乘建立，然小乘已有與此相當之義，見《成唯識論》。大抵佛家各派，無不謂各個人之生命都無始無終者。世人皆言佛家無我，不知佛家固極端之多我論者。其以無我爲言，蓋謂於我而不起執著，斯所以異於神我論者耳。夫云有情業力不隨形盡，理亦或然。業者，造作義。佛家以爲凡人種種造作，皆有餘勢不絶，名爲習氣，亦云業力。《大智度論》五云："業力最大故，積聚諸業，乃至百千萬劫中不失、不燒、不壞。是諸業能久住。如須彌山王尚不能轉是諸業，何况凡人？"詳此所云業力或習氣，既許久住，將謂其恒存爲種族間或社會間之共業乎？此於義雖復可通，而佛氏本意殊不如此。彼直謂一人所有一切業力或習氣，揉雜而成一團勢力。其人雖死，而此一團勢力恒不失不散，爲其人死後不斷之生命也。粗略言之如此，蓋亦理之所可或有耳。顧如神識之説，即群生本來法爾一齊各具，則是衆生界原有定數，而所謂宇宙實體將爲分子之集聚，適成機械論而已。豈其然乎？今若承許業力或習氣恒不散失，則於《二十論》所謂化生之義爲近。然生曰幻化，畢竟無實自體，畢竟是後起的，非本來有此各別底物事也。至如神識之説，便是群生本來法爾一齊各具，此於理極不合。

已破他計，須申自義。我所説功能，本與護法異旨。蓋以爲功能者，即宇宙生生不容已之大流。言大流者，顯非個别物故。此體綿綿若存，原無聲臭可即；冥冥密運，亦非睹聞所涉；泊爾至虚，故能孕群有而不滯；孕之云者，不得已而設爲之辭耳。實則群有即是功能呈露，非謂功能超越於群有之外而爲其孕之之母也。湛然純一，故能極萬變而莫測。天得之以成天，地得之以成地，人得之以成人，物得之以成物。芸芸品類，萬有不齊。自光線微分，野馬細塵，乃至含識，壹是皆資始乎功能之一元而成形凝命，莫不各足，莫不稱事。斯亦譎怪之極哉！故觀其殊，即世界無量；會其一，則萬法皆如。斯理平鋪，烏容議擬。夫品物流行，明非斷片各立；如萬物一體義不成，便似許多斷片各各孤立。豈其然乎？宇宙幻化，徵其圓神不滯。幻化者，活義，非毁詞。故知功能無差别，方乃遍萬有而統爲其體，非是各别多能，别與一一物各自爲體。多能，具云衆多功能。是義決定，奚用狐疑？

三曰：功能習氣非一。護法立説最謬者，莫如混習氣爲功能也。彼計一切功能，綜度由來，可爲二别。一者本有，謂無始法爾而有故。二者始起，謂前七識一向熏生習氣故。本無而新生之曰始起。前七識者，謂眼識乃至第七末那識。以此七對第八識而言，故曰前也。一向者，由無始時來念念熏故，通常言之曰一向。習謂慣習，氣謂氣勢。習氣者，謂慣習所成勢力。熏者熏發，謂前七識起時，各各能發生習氣以潛入第八識中，令其受持勿失而復爲新功能也。護法談功能，以本有始起並建。其説實有所本，今此但歸之護法者，以彼持説始嚴密故。其説彌近理而大亂真。夫功能者，原唯本有，無别始此。所以者何？功能爲不可分之全體，具足衆妙。無始時來，法爾全體流行，曾無虧欠，豈待新生，遞相增益。設本不足，還待隨增，何成功能？故知本始並建，徒爲戲論。迹護法根本謬誤，則在混習爲能，故説本外有始。由不辨能、習之殊故，故説習氣爲始起功能，以别於本有功能。若了習氣非可混同功能者，則知功能唯是本有而無所謂始起也。尋彼所謂習氣，我亦極成。但習氣緣起，護法雖嚴密分析，説爲前七識各别熏生，彼計眼識熏生眼識習氣，爲後念眼識種子。耳識乃至第七識亦爾。而猶未明其故。所以熏生之故，彼猶未詳。若深論者，實緣有情有儲留過去一切作業以利將來之欲，遂使過去一切作業，通有餘勢，宛成傾向，等流不已，即此説爲習氣。作業，猶言造作。自意念微動，乃至身語發動之著，通名作業。餘勢者，如過去某種作業，雖刹那不住，仍自有續起而不斷之潜勢，説名餘勢。傾向者，每一作業之餘勢潜伏，皆有起而左右將來生活之一種嚮往故。等流者，等言相似，流謂流行，如香滅已尚有餘臭，刹那刹那似前而起流行不絶，是其譬也。此理驗之吾生，凡所曾更，曾者過去，更者經驗。不曾喪失，信而可徵。若過去經驗不能保留，吾人便不能生活。是故習氣自爲後起，决不可混同功能。嘗以爲能習二者，表以此土名言，蓋有天人之辨。天者，非謂有外界獨存之神，乃即人物之所以生之理而言也。人者，以衆生自無始有生已來，凡所自成其能而儲留之以自造而成其爲一己之生命者。於此言之則謂之人耳。功能者，天事也。習氣者，人能也。以人混天，則將蔽於形氣而昧厥本來。習氣隨形氣俱始。如人生有了此身及身所接之物理世界，總名形氣。吾人具此形氣以生，習氣便與之俱始。若夫功能者，則所以成乎此形氣而爲形氣之主宰，故狀其靈妙可字以神，言其發而有則亦云爲理。所謂人生本來者即此，而蔽於形氣者不之知也。悠悠千祀，迷謬相承，良殷悼歎。故推校能、習差違，差者差别，違者違異。舉其三義，著於左方。

一者，功能即活力，習氣有成型。功能者，生之寶藏。功能即實體，而説爲寶藏者，乃以形容其豐富盛大云爾。其神用之盛也，精剛勇悍，任而直前。精者純潔無染。剛者至健不撓。勇者鋭利而極神。悍者堅固而無不勝。任者莫之爲而爲也。直前者周流不息。此固盡性者之所可反躬而自喻也，故謂之活力也。功能者，相當於此土先哲所言性。《中庸》以盡性爲言。盡者，親知實踐而實現諸己，使此理之在我者無一毫錮蔽虧欠，説之爲盡。夫功能即性也，人之所以生之理也，是本來固具也。然人不能盡之，則但爲形役，即困於形而不見夫本來固具之理。此理遂若非其人之所有，故人亦不能自證其有也。世之談人生者，往往持機械觀而不能自信有無窮活力之大寶藏。人類之自絶其生理也久矣夫。習氣者，自形生神發而始起。暨夫起已，則隨逐有情，儼若機括，待觸即發，以爲生之資具。吾人固有生機之運行，本以習氣爲資具，而結果則以資具當作生命底本身了。此非反觀深切者不能知也。故其力之行也，恒一定而不可禦，故謂之成型也。上言機括者，猶云發動機也，不必含劣義，至後所舉有漏習氣方具劣義。有漏習氣之爲機括也，恒受役於形軀而動焉。王陽明所謂隨軀殼起念，正謂此也。若無漏習之爲機括也，則以順其生理本然之妙用而不爲形役矣。兩者勻可説爲機括性，而所以爲機括者，則又迥乎不同也。隨逐有情者，謂習氣即成爲有情之生命，不斷捨故，假説隨逐。成型，猶言方式，亦不必含劣義。

二者，功能唯無漏，習氣亦有漏。唯者，此外無有之謂。漏謂染法，取喻漏器，順物下墜。有漏無漏，相反得名。亦者，伏無漏二字，習氣不唯是無漏而亦通有漏故。純浄升舉是無漏義，雜染沉墜是有漏義。功能者，法爾神用不測之全體，乃謂性海。光明晃曜，原唯無漏。是以物齊聖而非誣，微塵、芥子同佛性故。行雖迷而可復。無惡根故。若護法計功能通有漏無漏者，護法析功能爲個别，已如前説。彼計諸功能有是有漏性，有是無漏性，故概稱功能即通此二。則是鄙夷生類，堅執惡根，其愚悍亦甚矣！彼許本有有漏功能，即是斯人天性固具惡根。惟夫習氣者，從吾人有生已來經無量劫，一切作業餘勢等流，萬緒千條輾轉和集，如惡叉聚，其性不一，有漏無漏，釐然殊類。劫者時也，輾轉相互之謂。和集者，一處相近名和，不爲一體名集。無量習氣互相附著成爲一團勢力，故言和也。然又非渾合而無分辨，故言集也。惡叉聚者，果實有不可食者，俗名無食子，落在地時多成聚故，梵名惡叉聚，此喻習氣頭數衆多，互相叢聚也。推原習氣染浄，本即吾人生活遺痕。良以生活内容不外一切作業。若使自計慮至動發諸業，計慮，謂意業，乃深細盤結而未著於外者。動發即見之身口而形諸事爲，此業便粗。壹是皆狥形軀之私而起者，此業不虚作，必皆有遺痕儲爲潛勢，成有漏習。遺痕者，如貪欲初動甚微，即是意業之一。此業雖當念遷滅，然必有餘勢續起不絶者，故名遺痕。潛勢者，即前業遺痕成爲潛伏的勢力，故名潛勢。若使自計慮至動發諸業，壹是皆循理而動而不拘於形軀之私者，此業不虚作，必皆有遺痕儲爲潛勢，成無漏習。凡習染浄由來，大較如此。乃若染净亦各有分族，略舉其要，染習談三，净習談四。

染習三者：一曰貪習，二曰瞋習，三曰癡習。此三爲染根本，一切染法皆依此三而起，云染根本。如後心所中說。三者皆因拘執形軀故起。净習四者：曰戒，曰慈，曰定，曰勇。此四，依善心所略舉而談。戒即不放逸，慈謂無嗔，定即定心所，勇者精進。戒者，念念不顛倒故，恒離染故，名之爲戒。戒底工夫精純，便即本體擴充。慈者，柔愍故，以他爲自故，名之爲慈。柔者柔和，愍者憐愍，所謂惻隱之心是也。《瑜伽論》言“菩薩以他爲自”，與儒先言“仁者渾然與物同體”，意思一般。定者，離沉掉故，能生明故，名之爲定。沉謂昏沉，掉謂掉散，定離此二。明者本智，依定方生，故此言能生明。勇者，猛利前進故，能無倒故，名之爲勇。前進者，向上義，不隨染義。無倒者，懈怠方生顛倒，精進則正覺所依，故此言能無倒。此四習者，皆是隨順本具清净性海，亦名無漏。或復有難：“戒等即性，等者謂慈、定、勇。云何而以習言耶？”應知此心發用處即有爲作，以有爲作名之爲習。戒等只是依心而起底功用，是有所爲作的，故是習。參看《明心下》觸數中。習之於性，有順有違。順性爲净，違性爲染。戒等只是順性而起，故説爲净習。净習者，性之所由達也。雖復名習而性行乎其中，然不可即謂之性。净習染習，勢用攸殊，此消彼長，净長則染消，染長則净消。順吉逆凶。净則於性爲順，全生理之正，故吉。染則於性爲逆，既乖其生理，故凶。然生品劣下者，則唯有漏習一向隨增，净習殆不可見。吾前不云乎：功能者，天事也。習氣者，人能也。人乘權而天且隱，故形氣上之積累，不易順其本來。習與形氣俱始，故是形氣上之積累。染習則恒與形氣相狎，而違拂其固有生理。净習雖與天性相順，然欲長養之也又極難，故云不易盡順本來。愚者狃於見迹，見讀現。見迹，謂染習。而不究其原，不窮性命之原。因衆生染習流行，遂以測生理之固有污疵。護法立本有有漏功能，與儒生言性惡者同一邪見。果爾，即吾於衆生界將長抱無涯之慼。然嘗試徵之人類，則通古今文史詩歌之所表著，終以哀黑闇、蕲高明爲普遍之意向，足知生性本净，運於無形，未嘗或息。悠悠群生，雖迷終復，道之云遠，云如之何！險阻不窮，所以徵其剛健；神化無盡，亦以有夫剥極。使無剥者，則宇宙只平平帖帖地一受其成型而不變，何有神化之妙耶？愚者困夫迷途，先覺垂其教思，義亦相依。若有小心，妄測宇宙之廣大，必將恐怖而不可解。《易》道終於《未濟》，不爲凡愚説也。

附識：此稿初出，懷寧胡淵如教授於友人黄梅湯用彤處得讀之，謂湯君曰："熊子能習之分，可謂善已。衡以儒宗故言，能者其猶義理之性，習者其猶氣質之性歟！"予曰：此未可比擬也。能者，固是清净本然，於所謂義理之性爲符。習者，人心凡所造作之餘勢潛行不息，亦云串習力，此與氣質俱始，而習不即是氣質也。氣質者，形生而才具，故名氣質。形者形軀，才者能也。形生而能即具焉，故形能不異，而亦不一。然能之發現，因形爲其型範而有劑限。如生而較靈或較蠢，及其偏柔或偏剛等等，皆從其形生時而具此種種趨勢。此謂才能，非功能之能。所謂氣質，即形與才之通名。此其成就，出於造化之無心，元非有生自力之所造作，故不可謂之習也。凡習之起，必依於氣質，而亦得以習矯正氣質之偏也。是氣質非即性也，而氣質所以凝成之理便謂之性，此中理字，隱目本體。故不可離氣質而言性矣。伊川言義理之性，只是就氣質中指其本然之善而爲之名。易言之，乃就氣質所以凝成之理而言之耳。故義理之性即是氣質之性，非有二也。明儒多有譏伊川之言爲二本者，此未得伊川意。氣質之性，本自横渠發之，二程皆用其説。明道亦言："論性不論氣不備，論氣不論性不明，二之則不是。"明性即具此氣中而無乎不在，不可離而二之也。《論語》"性相近也"章，朱子《集註》曰："此所謂性，兼氣質而言也。"其下一兼字者，正以即此氣質之中而本然之性存焉。就氣質言，則通塞不一其品。就此氣質之本然之性言，則其所具之理，本無弗同也。然不言同而言近者，正以此性既非離氣質而别爲一物。性即是凝成此氣質者，但氣質之凝成，變化萬殊，難以齊一。且既已凝成，亦自有權能，雖爲本性表現之資具而不能無偏，固不得悉如其性矣。故性乃隨其氣質之殊而有顯發與否之異。蓋有氣質甚美而所性之全得以顯發者，亦有氣質不美而所性之全不克顯發者，故不能謂之同。然其所争只在能充分顯發與否，而非本有差别，故云相近。《集註》釋性，謂兼氣質而言，可謂深得孔子之旨。夫人性既相近，而聖狂若是其遠者何也？此中狂者昏惑義，非與狷對稱之狂。此則習爲之也。習順其性而克變化氣質，則日進於高明矣！習違其性而錮於氣質之偏，則日究乎污下矣！故謂習相遠也。因論習氣與氣質之分，而縱言及此。《論語》“性相近也”章，擬別爲解説，此不及詳。

三者，功能不斷，習氣可斷。可者，僅可而未盡之詞也。功能者，體萬物而靡不貫，本無定在，故乃無所不在。窮其始則無始，究其終則無終。執常見以擬議，便成巨謬；執斷見以猜卜，尤爲大過。或復計言：“如人死已，形銷而性即盡，盡者滅盡。豈是人所具功能得不斷耶？”性盡即是功能斷故。應答彼言：形者，凝爲獨而有礙；獨者，成個體故。性者，貞於一而無方。此言一者，非算數之一，乃絕對的也。無方者，無有方所故。人物之生也，資始於性性謂功能。而凝成獨立之形。形者質礙物，固非復性之本然已。但此性畢竟不物化，其凝成萬有之形，即與衆形而爲其體。自衆形言，形固各别也。自性言，性則體衆形而無乎不運，乃至一而不可剖，不可壞。不可剖與壞者，貞也，性之德也。若乃人自有生以後，其形之資始於性者，固息息而資之。形非一成不變，故其資始於性也，乃息息而資之耳。非僅禀於初生之頃，後乃日用其故，更無所創新也。易言之，是性之凝爲形而即以宰乎形、運乎形者，實新新而生，無有歇息之一期。然形之既成，乃獨而有礙之物，故不能有成而無壞，但不可以形之成乎獨且礙而疑性之唯拘乎形，遂謂形壞而性與俱盡耳。性者，備衆形而爲渾一之全體，流行不息。形雖各獨而性上元無區别。一己與人人乃至物物，據形則各獨，語性惟是一體。形雖有礙，而性上元無方相。方相者，形也。性則所以成乎此形者，而不可以方相求之。以形之必壞而疑性亦與形俱盡者，是不知性者大化流行，原非有我之所得私。執形以測性，隨妄情計度而迷於天理之公，死生之故所以難明耳。故功能無斷，理之誠也。如其有斷，乾坤便熄，豈其然哉！

習氣者，本非法爾固具，唯是有生以後種種造作之餘勢，無間染净，造染則有染勢，造净則有净勢。無分新舊，舊所造作者，成爲舊有之勢。新所造作者，成爲新有之勢。輾轉叢聚，成爲一團勢力。浮虚幻化，流轉宛如，宛如者，流動貌。雖非實物而諸勢互相依住，恒不散失。儲能無盡，儲能，猶言儲備種種能力。實侔造化之功；王船山云："習氣所成，即爲造化。"應機迅速，是通身物之感。物感乎身，而身應之，即由習氣應感迅速。故知習氣雖屬後起，而恒輾轉隨增，力用盛大。吾人生活内容，莫非習氣。吾人存中形外者，幾無往而非習。此可反躬自明者。吾人日常宇宙，亦莫非習氣，各人底宇宙不同，即由各人宇宙由自己習氣形成之故。如吾人認定當前有固定之物，名以書案，即由乎習。若捨習而談，此處有如是案乎？無如是案乎？便有許多疑問在。則謂習氣即生命可也。然則習氣將如功能亦不斷乎？曰功能決定不斷，如前説訖。習氣者，非定不斷，亦非定斷。所以者何？習氣分染浄，上來已説。染浄相爲消長，不容並茂，如兩傀登場，此起彼僕。染習深重者，則障浄習令不起，浄習似斷。又若浄習創生，漸次强勝，雖復有生以來染恒與俱，而今以浄力勝故，能令染習漸伏乃至滅斷。始伏之，終必斷。斷於此者，以有增於彼。柒增則浄斷，浄增則染斷。故概稱習，則僅曰可斷，而不謂定斷也。爲己之學，哲學要在反求諸己，實落落地見得自家生命與宇宙元來不二處。孔子曰"古之學者爲己"，正就哲學言。無事於性，性上不容着纖毫力。有事於習。修爲是習。增養浄習，始顯性能，極有爲乃見無爲，性是無爲，習是有爲。習之浄者順性起故，故極習之浄而徵性之顯。盡人事乃合天德。人事以習言，天德以性言。準上可解。習之爲功大矣哉！然人知慎其所習而趣浄捨染者，此上智事。凡夫則鮮能久矣！大抵一向染習隨增，而浄者則於積染之中偶一發現耳。如乍見孺子入井而惻隱之心，此即依性生者，便是浄習偶現。若乃生品劣下者，則一任染習縛之長驅，更無由斷。其猶豕乎？縶以鐵索，有倖斷之日乎？故知染習流行，儻非積浄之極足以對治此染，則染習亦終不斷。要之，浄習若遇染爲之障，便近於斷。近字注意。浄習無全斷之理，然間或乍現而不得乘權，則其勢甚微，故已近於斷。染習若遇浄力强勝，以爲對治，亦無弗斷。故習氣畢竟與功能不似也。功能則決不可計爲斷故。

綜前所説，性習差違，性謂功能。較然甚明。護法必欲混而同之，未知其可。今此不寵習以混性，亦不貴性而賤習。雖人生限於形氣，故所習不能有浄而亡染，此爲險陷可懼。然吾人果能反身而誠，則捨暗趣明，當下即是，本分原無虧損，染污終是客塵。墜退固不由人，戰勝還憑自己。人生價值，如是如是。使其生而無險陷，則所謂大雄無畏者，又何以稱焉？

是故我説功能，與護法異趣。如上略辨，已可概見。復以難曰："公謂功能，實性之目。夫實性者，所謂一真法界，無對待故，故云一真。以其遍爲萬法實體，故名法界。界者體義。本非虚妄，故説爲真。恒無變易，故説爲如。於一切處，恒如其性。此即不生不滅，不變不動，故名實性。斯是了義，允爲宗極。今公所持，似以生滅變動恒轉功能名爲實性，是義云何？儻即生滅變動爲實性者，宇宙浮虚，元無實際，人生泡影，莫有根據，將何爲安身立命之地？若此，顯乖宗極，過犯無邊，憑何理據，是義得成？"余曰：善哉，子之難也！夫最上了義，諸佛冥證，吾亦印持，吾不能自乖於宗極也。子疑吾以生滅變動者爲實性，吾且問汝，汝意將於生滅法外别求不生不滅法，於變動法外别求不變不動法乎？若爾，是生滅變動法便離異不生滅不變動法而有自性，何須安立不生滅不變動法爲彼實性？不容有二體性。又實性若唯是頑然不生滅不變動者，即是空洞無物，將誰得名諸法實性？反復推徵，汝皆墮過，是於了義竟未真知，何足難我。

應知我説生滅即是不生不滅，我説變動即是不變不動。何以故？所謂生滅者，刹那刹那幻現其相，都無暫住故。詳《轉變章》。實無有生滅法可得，俗言生滅者，卻不了刹那無住義。他承認有現前底物事，以爲凡物本無今有，説之爲生。凡物生已而住，終歸於壞，名之爲滅。如此把生滅看做是有實物生起及滅去，此妄執耳。若知現前諸法實是刹那幻現，無暫時住，即此現前諸法在實際上確未曾有此個物事出生。他既不生，即亦無所滅，故欲求得生滅界底物事，畢竟不可得。便是不曾生滅。本性上恒自如如，既没有生出另一個物事來，亦不曾滅卻個甚物事，所以説不生不滅。所謂變動者，刹那刹那幻現其相，都無暫住故。實無有變動法可得，俗言變動者，蓋以爲物逢異緣而起或種變化者，即名變動。因不了刹那無住義，卻把變動看做有實物在那裏起甚變化。今此不爾，乃就俗所計爲實物者，而審觀其元來無物，只有幻相，刹那刹那新新而起都不暫住，是名變動。故俗計有變動界底物事，在實際上乃不可得。便是不曾變動。本性上恒自如如，既没有變作另一個物事來，故説不變不動。然則生即無生，以生而不有故；不有，即無物爲礙也。滅即非滅，以滅而不息故；不息，故非空無。變即不變，以變而恒貞故；貞者貞固，恒如其性故謂恒貞。蓋其在物在人，在凡在聖，性恒不改，如水成冰，不失水性。動即不動，以動而不遷故。肇公《物不遷論》備發此旨。《易·井卦》："井居其所而遷。"遷者，遷流，言其流不竭而恒居其所，即仍是不遷義也。會得時，於萬象皆見爲真如，不可離現象而别尋實體。於流行便識得主宰，主宰者，非神或帝之謂，只此流行中有則而不可亂者，説爲主宰。如吾人當萬感紛紜而中恒湛寂，泛應曲當，能有裁制而不徇乎物，此即主宰義。於發用自不失静止。莊子云"尸居而龍見"，尸居是静止義，龍見是發用義。即發即止，動静一致。夫言生而未了生即無生，乃至言動而未了動即無動，此執物者也。言無生而未了無生之生，乃至言不動而未了不動之動，此沉空者也。故知實際理地，微妙難言，過莫大於沉空，而執物猶次。故乃從其熾然不空，强爲擬似。擬似者，形容之謂，此理無可直揭故。假詮恒轉，令悟遠離常斷；僞説功能，亦顯不屬有無。理不思議，理之極至，非思議所行境界，唯内自證知。名本筌蹄；儻反觀而冥會，毋曲解以自封，庶幾疑情頓釋乎！

夫析理誠妄，咨於二諦：曰真、曰俗。詳在《量論》。順俗諦故，世間極成。地唯是地，水唯是水，乃至群有悉如其自相共相而甄明之，不違世間。入真諦故，决定遮撥世間知見。故於地不作地想，地性空故，現前即是真體澄然；地無自性，故云地自性空。於水不作水想，水性空故，現前即是真體澄然；乃至於一切相，不作一切相想，一切相無自性故，現前即是真體澄然。此則一理齊平，慮亡詞喪，唯是自性智所證得故。學者若不辨於真俗，則於上來所説必將疑怖，以爲生滅界或變動界諸物事既不可得，豈非宇宙皆空。不知此約真諦，即泯俗歸真，總言無物。斯乃蕩除物相，舉俗所假名一切物都無自性，實一切皆真，遂言無物。誰謂本體洞然頑空？故知理之極至，迥超情識，無容疑怖耳。

上來假設功能，以方便顯示實性。今當覆取前章，《轉變》。談色心而未及盡其義者，鄭重申之。曰《成色》，曰《明心》，以次述焉。

成色上

世言色法，以有對礙爲義。對礙，猶言質礙。有對礙故，故有數量，如云一顆石子或兩株樹或八大行星，皆以數紀物也。《傳》所謂“物生而後有象，象而後有滋，滋而後有數”是也。故可剖析。如析物質爲分子乃至元子、電子等。此世俗所公認也。然隨俗興詮，色有對礙，如理而解，對礙不成。如理云者，恰如其理之真而解，不謬誤故。蓋色法者，恒轉之動而翕也，故色之實性即是恒轉而實無對礙。所謂對礙者，唯是動勢之幻似耳。動而不能無翕，故幻似對礙，豈其實爾哉？夫恒轉之力，本無處不周遍，本無處不充塞，處者不得已而設爲之辭耳，而實無有處。然其爲用，則存乎攝聚。不攝聚則浮游無據，又何以見其力之行乎？故攝聚者，生生之機，造化之萌也。纔攝聚便是翕，翕即幻成無量動點。動點者，幻似有質而實非質也。世俗言元子、電子者，若執爲固有實質便大誤。動點之形成不一其性，而陰陽以殊。動點之相待不一其情，而愛拒斯異。陰陽相值適當而愛，則幻成動點系焉。系之組合，當由多點。其點與點之間，距離甚大，但相引相屬而成一系耳。然無量諸點，自有不當其值而相拒者，此所以不唯混成一系，而各得以其相愛者，互別而成衆多系也。凡愛拒之情，只生於相待之當否。有拒以行乎愛之中而成分殊，有愛以徹乎拒之中，使有分殊而無散漫。此玄化之秘也。故凡系與系之間，亦有愛拒。二個系以上之愛合，合者，相引義，非謂無距離。形成粗色。如當前書案，即由許多動點系幻成此粗色境，乃至日星大地靡不如是，及吾形軀亦復如是。世俗計物廛世界對礙凝然。今此説爲無量動點，幻現衆相，此非天下殊詭至怪者耶！夫滯於物相者，則見爲對礙。若乃即物相而深觀動勢，則知物相只是動而方翕之勢，貌似對礙，而實無對礙也。故曰色之實性即是恒轉，此窮原極本以言之也。設令順俗爲談，則色有對礙，世共極成，吾亦何間然之有耶？

附識：昔者印人言世界緣起，約有二説：一轉變説，如數論計萬物皆從自性轉變而生是也。但數論立自性神我，卻外於轉變而別求恒常之法，此乃巨謬。若吾《易》言“乾道變化”“品物流行”，其所謂乾即此變化不息而爲品物實性者是，初非離變化或品物外而別有恒常法，所謂變易即是不易耳。斯固數論所未逮聞。二集聚説，如勝論計地等法皆由極微集聚而成是也。外道小乘立極微者，皆屬此派。今科學家言元子、電子者，亦其類也。後者偏於機械觀而不悟宇宙本非質點之聚合。前者較精於知化而不立動點，則於世俗所計物質世界，終欠説明。學者參稽二説，而觀物以會其理焉可也。

成色下

夫綜一切色法而爲之稱，則曰器界。猶俗云自然界。器界者，貌似物各獨立，疏離隔礙，而實則凡物互相繫屬，互相通貫，渾成全體。一片荷華豈容孤特繁榮，實與百産精英相爲資藉耳；一顆沙子何堪單獨存住，實與無量星球相爲攝持耳。故知器界實乃完然全體，雖其表象宛爾許多部分爲各各獨立之物事，而究極言之，各部分相屬相貫，要不容截然離異也。

器界一切現象，世俗習見謂從過去生已便住，持續至今，當趨未來，故説器界可容久住。雖不必恒住，而容有長久時住故。世間作此解。此説似是而非其實也。器界果是實物，堪云久住？今既無實，住者其誰？如前已説，器界唯是無量動點，幻現衆相。動點者，纔生即滅，即字吃緊，無有暫住時故。剎那剎那，別別頓起，前後剎那動點，各各新起，都不住故。別別者，不一義。前不至後，此不至彼。實無前後彼此等相，特順俗而設言之耳。本來無物，説誰久住？世俗計動點或爲有質微粒，小莫能破。實則動點幻似凝質而本非質，俗顧未之審耳。復有難言：“動點非質，理亦宜然。唯吾人於動點隨轉，前滅後生，説名隨轉。既不能不設想有前後剎那，其前剎那動點起已即滅，後剎那動點新生亦復不住，造化無有留礙，斯理固爾，但前後刹那中間，宜有少隙可得，意謂中間有至小之時分，名爲少隙。有少隙可得故，則造化豈不有中斷時耶？”曰：惡，是何言！汝計有少隙可得者，是以世俗時間觀念推度法爾道理。此云刹那，原依妄相遷流假爲之名，而實非世俗時間義故。《量論》詳之。故雖假説前後刹那，而於其間無容畫割，奚有少隙而可得哉？是以動點生滅隨轉，新新不住，前刹那動點方滅，後刹那動點即生，雖復前滅後生，宛爾遷流，而不容設想生滅中間有時分故。然則化恒新而蜕故不留，時非實而無隙何斷。理實如是，其復奚疑？夫動點隨轉，幻似有物推移，恍若此物從一狀態而至别一狀態，如跳躍以進者，不知此乃先後動點方滅方生，如是隨轉，先方滅，後方生，刹那刹那生滅密運，隨轉不熄。幻似有物飛躍而無實物由此趣彼。斯理之玄，難爲索證。理之至極，本不可以知測，以知識推測，徒疑而不信。不可以物徵耳。

或復難言：“刹那既非世俗時間義，而仍於刹那説前後何耶？”曰：言前刹那滅，顯其非常。言後刹那生，遮執爲斷。爲明非斷非常義故，假説前後，而不可如世俗執實前後相，以是假説故。至理本超時空，以言思表之，不得不曲成封畛與次第。此順善會，不可執故。或復難言：“若動點刹那刹那頓現者，宇宙之化豈非有頓而無漸耶？”曰：化無留迹，新新而起，如何非頓？彼計爲漸者，若依前後刹那假説，前滅後生，相似相續，亦得名漸。然此前後相，畢竟假説故，要非可執實，如何定執有漸義耶？或復難言：“若如頓變説者，造化豈非絶對自由耶？”曰：自由者，待限制而後見。宇宙變化，其力無待，極神極妙，本無限制。斯無所謂自由，亦無所謂不自由。以自由與不自由而猜卜化理，同是情識迷妄故。設計爲不自由者，如前已説，無限制故，云何不自由？設計爲絶對自由者，無限制故，又從何而見其爲自由乎？且如絶對自由説者，將可謂宇宙之化刹那刹那，詭也雜亂，而爲毫無天則與恒性者耶？天則，猶云自然之則。故知自由與不自由，此於大化兩無可擬。或更問言：“動點隨轉，決無中斷，是義成就，已如前説。隨轉義註見前。然多數動點系形成粗色，則不能無散滅何耶？”曰：粗色境者，其成幻成，其滅幻滅，自性空故，粗色無有實自體故，故云成滅皆幻。何須置論。然俗計粗色爲實有者，隨情施設，但隨妄情而施設故。亦可無遮。此言在世俗諦中亦不遮撥粗色境也。如俗計書案或瓶盆等爲實有者，吾又何曾不隨順之而説爲實有耶？

於俗所謂廣博器界之中而有一特殊部分焉，即吾等有情之身體是已。有情者，衆生之别名，以其有情識故，因名有情。身體本器界中之一部分，非離器界而獨立。然人情之惑也，執身體爲内，而不知器界非外，實則身體即器界攝。何可猥執一隅，昧厥全體乎？善夫楊慈湖之説曰："自生民以來，未有能識吾之全者。惟睹夫蒼蒼而清明而在上，始能言者名之曰天。又睹夫隤然而博厚而在下，又名之曰地。清明者吾之清明，博厚者吾之博厚，而人不自知也。人不自知而相與指名曰彼天也，彼地也，如不自知其爲我之手足而曰彼手也，彼足也，如不自知其爲己之耳目鼻口而曰彼耳目也，彼鼻口也，是何惑乎！自生民以來，面牆者比比耶。"又曰："不以天地萬物萬化萬理爲己，而惟執耳目鼻口四肢爲己，是剖吾之全體而裂取分寸之膚也，是梏於血氣而自私也，自小也，非吾之軀止於六尺七尺而已也。坐井而觀天，不知天之大也；坐血氣而觀己，不知己之廣也。"詳此所云，甚有理致。世俗或以己身爲自然界之一斷片，而不知己身實賅攝自然，本爲一體同流。雖復説有全分之殊，自然界是全，而身體則此全中之一分也。其實分即全也，分即全之分故。全即分也。全即分之全故。氣脈自爾流通，萬物皆相容攝、相維繫，無有孤立者。攻取何妨異用。萬物有和同而相取者，有逆異而相攻者，作用詭異，要以會成全體之妙。本非一合相，此借用《金剛經》語。經約本體言，此約形器言。蓋謂己身與萬物對待，宛然有衆多部分故。而又完然整然，不爲截異之體段。己身與萬物相容相繫而成全體故。其妙如此。故夫於分而冥會其全，則一己之身，介群有而非小；於全而不礙其分，則一己之身，備衆物而非大。直至小大之見雙亡，全分之相俱泯，斯以玄同彼我而寓諸無竟者夫！然人情偏執，顧乃迷於分以昧其全。本來圓滿，何爲自虧？本來廣大，胡以自狹？不亦悲乎！

身體雖説爲器界之一部分，然從身器相互之感應爲言，則身體又屬器界之中心。凡吾一身周圍環繞之事物，近自耳目所接聲光等塵，遠至日局已外或有他日局，此於吾身或疏或親，環而交感，親者直接，疏者間接。身受物感，至爲繁複。一感之來，關係無量，如手觸一顆沙子，此爲直接之感，而沙子之存在則與全宇宙相關，是沙子直接的以其力來感時，實間接的挾全宇宙之力以俱來也。而吾身又即一一有以應之而毋或滯焉。其應之也，且將使器世間隨吾身運動而變更狀態。如體力强者舉重若輕，是物之輕重視吾身之動。又如身近物則視之大，身遠物則視之小，是物之大小視吾身之動。舉此二例，略見其概耳。此如大一統之國然。其萬方争自效以達於中樞，其中樞復發號施令以布之萬方。若乃萬方視聽隨中樞而更化，一如身動而令四周境物從之易態。故身之部分，乃於大器而爲其中心。大器者，舊於器界亦名爲大，相狀大故，此猶俗云大自然界也。東土建言有之，“天地設而人位其中”，亦此意也。天地者，器界之異名耳。設者，器成而象著，故以陳設言之。人位其中，以人之身爲器界中心故。夫身於器爲中心而不窮於應者謂之往，器向中心而不已於感者謂之來。故來不自外，器非身外物故。外則隔截，云何來必有往？往來同時，只是一種事情，以此證知無隔截處。又往非馳外，其以爲外物而馳求之者，特妄識分別耳。外則隔截，云何往必有來？準上可知。知往來之幾者，則知身器本無實。動而往者身也，其來者則器也。故身器無實物，只此往來動勢而已。往來無端，效而不息，效者，謂往來之變無端而呈也。此宇宙之情乎！此中以感應屬身器，至於感之而有了别與應之而不爽其則者，方乃是心，便非此所及。

夫身器相連屬而爲全體，此前所已明者。然使見於全而忽於其分，則近取諸身之謂何？顧可於此不察乎？蓋一身雖通於大全，大全，謂器界也。而身固分化也，分化則獨也。成個體故，故謂之獨。其所以分化而成獨者何哉？原夫恒轉本生生之大力，乃渾然至一而無封畛，其猶浩浩洪流，何可以涯際測耶？然以翕而幻成乎器，則於渾一之中不得不起分化之用。設無分化，則辟彼洪流將泛濫而無所集中，終亦無所藉以自顯。故身者，分化而成器，即由恒轉大力所爲顯其生生真機而不得不出於是耳。若乃身之組織最精巧者，厥惟神經系，而腦筋實號中樞。故善發揮其獨之能事者，尤在於腦。身辟則利刃，而腦則利刃之鋒也。利刃之精鋭全著於鋒，而身之精鋭全在乎腦。是故生生之大力既以形成乎腦，而還憑於腦以發現，一若百工善事必先利其器者；而此力之全集於腦，則又若電之走尖端，勢用猛疾，夫孰知其所以然耶？

上來辨章身器，色法略明，今當以次詳之心法。

明心上

吾前不云乎，心者恒轉之動而闢也。見《轉變章》。故心之實性即是恒轉，而無實自體焉。心者，非遺恒轉有自體故。今夫有情假者，本依心物幻現得名，有情，見前註。假者，亦謂有情，以其名從他得，故稱假者。物亦色之代語。蓋有情只依心物幻現而名之耳。若除去心物兩方面，即有情之名無從立也。幻現者，謂心物本非實在法故。設心與物即實在者，便不得更説心物有實體故。而心物實性强名恒轉。本不可名而爲之名，故强。恒轉者，至静而動，静者，言其有恒性而不可易也，自然有則而不可亂也。動者，言其變化不測生生不息也。本未始有物也。無形質，無方所。然動而不能不攝聚，故乃翕而幻成乎物。此所以現似物質宇宙而疑於不守自性也。實則恒轉者，純一而亡染，無染著，即無有滯礙。剛健而不撓，不可折撓。豈果化於物而不守自性者乎？其翕而成物也，因以爲資具以物爲工具也。而顯其自性力。此處吃緊。故行之至健，真體發現，故行健。俗言衝動者，非實有見於真體，只認取浮動者爲生機，不亦謬乎？學者於《功能章》末段，虚心體之始得。常物物而不物於物也。物物一詞，上物字主宰義及轉化義，謂主宰乎物而轉化之也。物於物一詞，上物字蔽錮義。不物於物，即不蔽於物。夫是行健以物物而不物於物之自性力，對翕而言則謂之闢，對物而言則謂之心。物以翕成，故翕與物異名而同實也。心依闢立，故心與闢異名而同實也。實同名異，詞有分劑。恒轉幻現翕闢，而形成心物相待，其妙如此。故夫一名爲心，即已與物對，已屬後天。而非恒轉本體矣。恒轉即是本體，而首置恒轉言者，用爲主詞故。故但曰心之實性即是恒轉，而未可斥指心以爲實性也。然以此心不落於物而爲恒轉自性力之顯發也，心即恒轉自性力，故吾人須自察識，確有個渾然充實炯然虚明的體段在。陽明末流，至謂離感無心，真迷妄見也，幸有雙江、念菴起而矯之。則又不妨曰心即實性。易言之，心即恒轉本體也。自本自根，無可依他而窮索。向外覓體，即是依他。自明自了，便已覿體於現前。真理只在當躬，世固有求之愈離愈遠者，何耶？

綜前所説，恒轉翕而成物，乃即利用物之一部分即所謂身體者以爲憑藉，而顯發其自性力，即此恒轉自性力名之以心。是知心者實爲身體之主宰，以身於心但爲資具故。惟此心雖主宰乎一身，而其體則不可爲之限量，限者分限，量者定量。是乃橫遍虛空，豎盡永劫，無有不運，無所不包。無不包者，至大無外故。此言大者，是絕對義，非與小對之詞。無不運者，至誠無息故。焉有分限可求？焉有定量可測？昔者羅念菴蓋嘗體認及此矣，其言曰："當極靜時，恍然覺吾此心中虛無物，旁通無窮，有如長空雲氣流行，無有止極，有如大海魚龍變化，無有間隔，無内外可指，無動靜可分。上下四方，往古來今，渾成一片，所謂無在而無不在。吾之一身，乃其發竅，固非形質所能限也。是故縱吾之目，而天地不滿於吾視；傾吾之耳，而天地不出於吾聽；冥吾之心，而天地不逃於吾思。此上言天地萬物皆非吾心外物也。古人往矣，其精神所極即吾之精神，未嘗往也，否則聞其行事而能憬然憤然矣乎！此言心體無有古今分段。四海遠矣，其疾痛相關即吾之疾痛，未嘗遠也，否則聞其患難而能惻然蠹然乎！此言心體無有方所間隔。是故感於親而爲親焉，吾無分於親也，有分於吾與親，斯不親矣！感於民而爲仁焉，吾無分於民也，有分於吾與民，斯不仁矣！感於物而爲愛焉，吾無分於物也，有分於吾與物，斯不愛矣！此言心體無有彼我分別。是乃得之於天者固然如是。謂爲先天所固具也。故曰'仁者渾然與物同體'。同體也者，謂在我者亦即在物，合吾與物而同爲一體，則前所謂虛寂而能貫通，渾上下四方、往古來今、内外動靜而一之者也。"念菴所言，質驗之倫理實踐上純粹精誠、超脱小己利害計較之心作用，如嚮往古哲與夫四海疾痛相連，以及親親仁民愛物之切至，凡此皆足以證明此心不有彼我，不限時空，渾然無二無別，無窮無盡。斯所謂内自證知、不虛不妄者乎！一人一物之心即是天地萬物之心，非形質所能隔別，故恒互相貫通。此理也，自甲言之固如是，自乙言之亦如是。《華嚴》"一多相即，重重無盡”，理趣深玄，學者所宜切究。中土學者，大抵皆從倫理實踐上純粹精誠、超脱小己利害計較之心作用，以認識心體。如孟子舉乍見孺子入井而惻隱之心，亦最著之例。蓋此種作用，絕不雜以小己之私，不受形氣之蔽，是所謂無所爲而爲的，乃依於真實的心體發現，所以於此可認識心體。自孔、孟迄宋、明諸師，都只於此着工夫。窮神知化而不爲誣誕，體玄極妙而不蹈空虛。蓋生物進化，至人類而爲最高。其能直接通合宇宙大生命而爲一，以實顯本體世界無上價值者，厥爲人類。故人類有倫理實踐上純粹精誠、超脱小己利害計較之心作用，破形物之錮縛，順性真而創新。其以心轉物，以闢運翕者在是，而動物則無此能事。誠以人類中心觀念得進化論而一新其壁壘，勢不能以求之人者而概之於物也。心理學家言心，舉人與動物而一視。彼所研究之範圍原不涉及本體，其操術以分析測驗，亦不待反觀自識、操存涵養之功。故其所謂心與吾玄學上所言心，截然不爲同物。此中反觀自識，其涵義至爲精深，至爲嚴格，與心理學上所謂内觀法者絕不相侔，切戒誤會。操存涵養，亦中土哲學上特殊名詞，涵義精深嚴格，又不待言。凡此，欲俟《量論》詳之。吾每遇人持心理學之見地，致疑於吾所言心爲無根據者，此不知類之過也。玄學、科學，各有範圍，義類别矣，何可不知！世固有主張科學萬能者，如斯偏執，諒愧鴻通。倫理實踐敦篤勿懈，反躬而炯然有物，此物字，非事物之物，乃形容此心之詞。心恒爲身之主，所謂主人翁是也，故以有物言之。灼然自識，《莊子·駢拇》：“吾所謂明者，非謂其見彼也，自見而已矣。”此即認識自己之謂。自己者何此心是已。其感捷而應之也不爽，既動起萬端，卻恒自寂静；既恒自寂静，卻動起萬端。綿綿若存之際，而天地根焉；冥冥獨知之地，而萬有基焉。陽明詠良知詩：“無聲無臭獨知時，此是乾坤萬有基。”現前具足，歷歷不昧，而何爲其無根據耶，而豈可以物推觀，向外窮索耶？

人情之蔽也，固恒昧其神明寶藏寶藏者，形容此心備具衆妙故。而自視爲一物矣。耳目口鼻内臟百骸固皆物也。耳所取聲，目所取色，口鼻所取臭味，乃至百骸所觸，又無往而非物交物也。使宇宙人生而果如是渾成一大塊物質，則有何生命可言耶？然而事實正不如此。耳則能聽，以聽於聲也而顯其聰焉；目則能視，以視於色也而顯其明焉；乃至百骸則能觸，以於一切所觸而顯其覺了焉。凡言乃至者，皆隱含中間事例而不具列之詞。今故應問，此聰明覺了爲發自耳目等物乎？彼既是物，如何能發生聰明覺了？抑爲發自聲色等物乎？彼亦是物，又如何能發生聰明覺了？且物若能發生聰明覺了者，則物即神矣，何可名物？故知聰明覺了者，心也。此心乃體物而不遺，心非即本體也。然以此心畢竟不化於物故，故亦可説心即本體耳。體物云者，言此心即是一切物底實體，而無有一物得遺之以成其爲物者也。是以主乎耳目等物而運乎聲色等物。語其著則充周而不窮，感而遂通，無間遠近幽深而莫不運。語其隱則藏密而無閡，本無形也，疑若無焉。然萬有於是乎資始，誰得而無之。是其藏之綿密，乃以不形而形，終無閉閡也。渾然全體，即流行即主宰，是乃所謂生命也。或問生命一詞定義云何？余曰：此等名詞，其所表詮是全體的，勢不能爲之下定義。然吾人若能認識自家固有的心，即是識得自家底生命，除了此心便無生命可説也。至世俗言生命者是否認識自心，則吾不之知也。宇宙只此生命發現，人生只此生命活動。其發現，其活動，一本諸盛大真實而行乎其不得不然，初非有所爲而然。德盛化神，其至矣乎！彼執物者，視宇宙如機械，等人生若塵埃，如之何其不自反耶？

生命力之顯發也，不期而現爲物以神其用。無物則生命力疑於泛泛而無所攝持以自表現也。既現爲物，故分化而成個體，生命底本體是不可剖分的，而其變現爲形物也，則分化而成個體。此生物界所以繁衍。憑此個體互相資藉，乃見其力用之大。互相資藉有二義：一者，生命力藉個體以顯發，個體亦藉生命力以成故。二者，個體與個體相待，亦即互相資藉以增進夫生命力之顯發故。雖然，生命力以憑物而顯故，亦常淪於物質之中，膠固而不得解脱。此徵之植物與動物而可見者。植物徒具形榦，其生命力幾完全物質化。動物則官能漸備，然其生命力受物質纏錮，竟未有以遠過植物也。生物界經累級演進，迄至人類，神經系統始益發達，則由生命力潛滋默運，有以改造物質而收利用之效。故心靈焕發，特有主宰之權能，乃足以用物而不爲物用，轉物而不爲物轉。雖人之中，除極少數出類拔萃者外，自餘總總芸芸，其心亦常放而易墜於物，然使勇决提撕，當下即是，《大易》所謂“不遠復”也。人道之尊在此耳。

夫斯人性具生命力，性具者，謂先天之禀。圓成而實，圓者圓滿，無所虧欠。成謂現成，不由造作。實者真實，明非虛妄。本無衰減。雖云形氣渺焉小哉，而其生命力固包宇宙，挾萬有，而息息周流，不以形氣隔也。此言個人生命力即是宇宙之大生命力，豈形氣可以隔之乎？世俗以爲吾人生命力當初生之頃從宇宙大生命力分化而來，既生以後，因拘於形氣便與宇宙隔絕。殊不知所謂宇宙大生命力乃渾然全體而不可剖分，凡有形氣皆其所凝成者，而何隔之有乎？故吾人初生之頃資生於宇宙之大生命力，既生以後，迄於未盡之期，猶息息資生於宇宙之大生命力，吾生與宇宙始終非二體。故吾之生也，息息與宇宙同其新新，而無故故之可守。命之不窮，化之不息也如是。斯理也，船山王子蓋先我發之矣。

然而人之有生，不能無惑。蓋當其成形禀氣之始，而忽然執形氣而昧其本來，是之謂惑。[①]本來面目是不落形氣的，是無私的，是無所染執的。此惑既與形氣俱始，則輾轉滋盛，益以私其形氣而小之，終乃執形氣愈堅，日與物化而莫之禦。舉耳目心思淪溺於物欲而無節，成聾盲爽發狂之患。腦際無清曠之隙，則頽然一物，既自隔於宇宙統體之大生命力，而莫相容攝通貫矣。雖形氣本不足爲隔，而今以執之彌堅，私而不公，小而自封，則舉其本不隔者而成乎隔絕，是以生理剥極，而卒爲頽然之一物也。縱其殘餘之形氣不即委散，而既爲無生命力之物，何如速朽之愈乎。漆園嘆"哀莫大於心死"，此之謂也。故夫人生雖本具無盡之寶藏，寶藏喻心，亦即喻生命力。而亦有不虞之險阻。險阻者何？即其惑與形氣俱始，而漸以加深，遂至完全物化，剥其生理而終不自覺也。夫惑，陰象也。柔而莫振，閉而不通，重濁下墜，此謂陰象。其來無根，忽然而起，成乎習氣，遂至不拔。吾人本具光明寶藏，奈何不克自持而爲無根者所奪乎？吾《易》於《剥》卦著其戒曰："柔變剛也。"陰盛而剥消陽，謂之變剛。吾人生命力本至剛健，今殉物而爲惑所乘，則失其剛也。而於《乾》則詔之以自强而昭其大明，乃以戰陰暗而勝之。"其血玄黄"，重陰破也。吾人生命力正於此開發創新，而顯其燦爛之光輝，"時乘六龍以御天"也。六龍，謂

① 整理者按，作者在自存本上加有眉批云："忽然起念，名曰無明。"

純陽純健，所以形容生命力之至健也。御天則顯其向上而無墜失，至神而不可方物。斯乃翕隨闢運，物從心轉，於是還復其本體而無所虧欠，終由剥而復矣。故《復》卦曰："復其見天地之心乎？"心者本體，心非即本體，而可以本體言之，其義見前。在《易》則謂之乾。剥者剥此，本體非有剥也。然人自障蔽其本體而化於物，即於人而名爲剥也。復者復此而已。不復，即無由見心體。要而言之，人生限於形氣，便有無因而至之惑魔，使之自迷其本來。迷故不自在；不自在故，不得不與惑魔鬥。由奮鬥故，乃得於形氣錮蔽重陰積暗之中，乘孤陽以擴充，孤陽喻生理之不絶也。雖剥極之會，其生生不息真機何嘗遽絕。人乃不克紹之而逐乎物，以速其亡。可傷也！苟能一旦反求其本心焉，則生機油然充之矣。遂有所開發創新，開發非無依據，創新亦匪憑空，即秉孤陽以爲開創不竭新新不已之基焉耳。故開發創新乃是由微肇著，捨故趨新，卻非從無生有之謂也。而不爲物化。生理暢而日新，德盛之至矣，則用物而不必絶物。自然物皆順其天則，而莫非生理流行，所謂"形色即天性"也。由此還復本來面目，則大明繼盛而反於自在已。陶令之詩曰："久在樊籠裏，喻人役於物之苦也。復得返自然。"喻人既洞見本來而得自在也。其斯之謂與。

附識：或問："審如公説，吾人生命力之創新，只是復初而已，復初一詞，見朱子《四書集註》。初者，猶云本來面目也。二者如之何其反而相成也？"創新則不名爲復初，復初則無所謂創新，故言反也。曰：初者，法爾本有。法爾本有，隱目本體。人常不能全其本有者，而以後起害之。後起謂一切狥物之惑，是與形氣俱始者，非本有故。以後起害所本有，是自戕賊其生命也。惟本有者乃是生命。害所本有，即戕賊生命矣。生命既受戕賊，或僅萌蘖之存焉。倘非依此萌蘖而精進以創之，涵養以新之，則亦惟有戕賊以盡而頹然物化已耳，豈復克紹其初乎？故創新者，乃於戕賊之餘，反求其本有生命力萌蘖僅存者，即本心微露處，如孟氏所謂"夜氣之存"。夜氣之存，只是昏擾乍平，本心虚明體段忽然微露，此正生命力不容遽泯耳。斯善端之著，在《易》爲《復》卦初爻一陽尚微之象。體認乎此而擴充之，保任之，由此精進而不息，則寖長而充實矣。涵養而常新，則日盛而光輝矣。就其充實謂之創，就其光輝謂之新。從初念尚微迄於充實光輝，卻是剎那剎那，生滅滅生，不是初念凝住不滅，延展至後。若初念延展至後，則心法便是一受其成型而不可變，何得有後念之寖長日盛而爲創爲新耶？文中且一往橫説去，學者宜知。斯所以引本有之緒而伸之，使戕賊者無自而起焉。故有生之日，皆創新之日，不容一息休歇而無創，守故而無新。使有一息而無創無新，即此一息已不生矣。然雖極其創新之能事，亦只發揮其所本有，完成其所本有，要非可於本有者有所增也。夫本有不待增，此乃自明理，無可疑者，此理不待感官經驗亦不待推論而知故，故云自明。故謂之復初耳。人之生也，宜成人能，以顯其所本有。顯者顯發。人而無所成能者，則其本有者不能以自顯，將梏於形氣之私，而昂然七尺只是一團死物質耳，何以復其初乎？故此言創新者，乃就人能言也；而人能原依本有以顯發，不能更有所增於本有，斯不得不言復初也。

如前所説，總略結旨。首以本體言心，簡異知覺運動非即心故。禪宗與儒家同斥以知覺運動爲心之非，其所云知覺運動含義甚寬，略當於心理學上全部心作用。蓋知覺運動雖亦依心故有，然四體之動，物感之交，此等形氣上之作用爲最有權，而順其本心之發者鮮矣，故知覺運動非即是心，須簡異之也。但吾人如不放失本心，而保任本心恒爲主於中，則知覺運動又莫非心之發也。達磨故言“作用見性”，義匪一端，切須善會。又以生命言心，顯示殉物纏惑難徵心故。殉物者，没於物也。纏惑者，惑結不解也。人皆殉物纏惑以喪其心矣，故難令自徵此心也。夫心即本體，云何剖析？若可剖析，便非本體。心即生命，便非積聚。生命本依心而得名。設以心爲多數分子積聚者，則是生命如散沙聚也。惟物質乃是積聚性，而生命則渾然全體流行無息，未可以積聚言之也。若之何唯識舊師乃説一人有八識哉？今將略徵而論之於後。[①]

---

① 整理者按，作者在自存本上加有眉批云：“以本體言心，此心即性，亦即天，亦即命，亦即理，亦即《新論》所謂生命力。流行之謂命，於流行中有主宰謂之天，在人則為其所以生之理，故謂之性，亦説為生命力。又以其主宰乎一身而言，則謂之心。其應物發現，而條理萬端，莫非固具，故謂之理。以作用言心，先儒所謂知覺運動之心，今心理學上所謂知、情、意種種心作用是也。以生理言心，俗所謂心臟，佛書謂之肉團心，實則今心理學上所謂神經系統與大腦，亦即生理的心。”

昔在小乘，惟說六識。及大乘興，乃承前六，而益以末那、賴耶，是爲八識。六識者，隨根立名。曰眼識，依眼根故。曰耳識，依耳根故。曰鼻識，依鼻根故。曰舌識，依舌根故。曰身識，依身根故。曰意識，依意根故。眼等五識所依根，稱清淨色根，固不謂肉眼等爲根也。所謂清淨色者，在大乘似說得神秘，閩侯林志鈞宰平嘗以爲無徵而不足信也，桂林梁漱溟則謂即今云神經系者是。吾謂淨色是否即神經，今難質定，姑存而不論可耳。至於意根，則小乘如上座部等亦立色根，所謂胸中色物即俗云心臟者是，固猶不知心意作用之依藉於腦也。而餘部更不許立色根，乃以六識前念已滅識爲意根。及至大乘建立八識，始說第七末那識爲意根云。或許從境立名，即眼識亦名色識，唯了別色故。唯者，止此而不及其他之謂，後準知。色有多義，或通目質礙法，則爲物質之異名；今專言眼識所了，則爲顏色之色，如青黃赤白等是也。耳識亦名聲識，唯了別聲故。鼻識亦名香識，唯了別香故。香與臭，通名香。舌識亦名味識，唯了別味故。身識亦名觸識，唯了別觸故。於前四識所了，直舉色聲香味四境，而於身識所了，乃虛言觸而不直舉何等境者，則以身識所了境最爲寬廣，列舉不盡，故以觸言之。意識亦名法識，了別一切法故。有形無形的一切事物，一切義理，通名之爲法。如上六識，大小乘師共所建立。[①]

然大乘於前六外，又建立第七、第八識者，彼計五識眼識乃至身識。唯外門轉，轉者起義。五識皆以向外追取境界故起。必有依故；第六意識內外門轉，意識一方面追取外境，一方面內自緣慮，雖無外境，亦自起故。行相粗動，行相者，心於境起解之相。此非根本，意識粗動，故非根本。亦必有依故；意識自身既非根本，故必有其所依，例同五識。由斯建立第八阿賴耶識，含藏萬

① 整理者按，作者在自存本上加有眉批云："根、境、識。近世心理學謂外物刺乎神經達於大腦，而大腦即起反應作用，即此反應作用說名心作用。如此則根本無所謂心。易言之，即心無有自體，只是物質的作用而已。佛家說心有自體（此謂五識），只依淨色五根而發生。依字須注意，依者依藉，如樹芽本有自體，須依水土而發行，否則不生。西洋心理學，從前學者亦多主張心意作用是有自體的，不是腦筋副產物，但近世學者則不然。宋、明諸師言心，皆視心為渾然流行的全體，無可剖分。而佛者剖析為各個獨立，小乘剖為六個（即所謂六識），大乘剖為八個（於第六識外加第七、第八），此須辨清（能藏、所藏、執藏）。'浩浩三藏不可窮，淵深七浪境為風，受薰持種根身器，去後來先作主公（染淨二分）。'玄奘《八識規矩頌》。"

有，爲根本依。依字注意。彼計前七識各自有種子，不從賴耶親生，只是依托賴耶而生，故説賴耶爲根本依。賴耶深細，藏密而不顯。前六眼識乃至意識。則粗顯極矣。疑於表裏隔絶，賴耶是裏，前六是表。故應建立第七末那，以介於其間。第七介於第八與前六識之間。《大論》五十一説“由有本識，賴耶亦名本識。故有末那”，其義可玩已。尋彼所立八識，約分三重。初重爲六識，眼識乃至意識。通緣内外，粗動而有爲作。次重爲末那識，第七。恒内緣賴耶，執爲自我，恒字吃緊，無間斷故。第七本緣第八見分爲我，此中渾言緣賴耶者，不及詳四分故。似静而不静。一類内緣而不外馳，故似静也。然恒思量我相，此乃囂動之極，實不静也。三重爲賴耶，第八。受熏持種，持種者，賴耶自家底本有及新熏種子，並前七識底本有及新熏種子，均由賴耶攝持，所以爲萬有基。受熏者，謂前七識各有習氣熏發，以投入賴耶自體，而賴耶則一切受而藏之，遂成新熏種子也。設賴耶不受熏，則前七只熏發習氣，不將飄散矣乎。動而無爲。恒轉如流，是動也。惟受惟持，何爲乎？大乘建立八識，大乘建立八個識，而不止於六。大旨如此。

又復應知，大乘以一心而分之爲八，此心本是渾一之全體，故曰一心，而大乘乃分之爲八個。即此八識，將爲各各獨立之體歟！然每一識，又非單純，乃爲心、心所組合而成。心亦名王，是主故。心所者，具云心所有法，以其爲心上所有之法故。心所亦名助伴，是心之眷屬故。心則唯一，而心所乃多云。如眼識似獨立也，實則爲心與多數心所之複合體，絶不單純，特對耳識等等説爲獨立而已。眼識如是，乃至第八賴耶，復莫不然。每一識皆爲心與多數心所之複合體故。故知八識云者，但據八聚而談，聚者類聚。非謂八識便是八個單純體故。尚考大乘建立種子爲識因緣，種子爲能生識之因緣，識即是種子所生之果。無著造《攝論》授世親，明種子有六義。第四曰決定；第六曰引自果。世親釋云：“言決定者，謂此種子各别決定，不從一切，一切得生，意云非一切種子各各能遍生一切法也。從此物種，還生此物。此物種子還生此物而不生彼物，所以成決定。引自果者，謂自種子但引自果，引者引生。如阿賴耶識種子唯能引生阿賴耶識”，餘識種子，均可類推。又凡言識，亦攝心所，學者宜知。云云。據此，則八聚心、心所各各從自種而生。種子亦省言種。如眼識一聚，其心從自種生，其多數心所亦各從自種生。眼識如是，耳識乃至賴耶亦復如是。故知八聚心、心所爲各各獨立之體，各各二字注意。如眼識一聚中，其心自有種故，故是獨立之體。其多數心所亦各自有種故，即各是獨立之體。眼識一聚如是，耳識乃至賴耶均可類推。而實非以八個單純體説爲八識。此自無著、世親迄於護法、奘、基諸師，皆同此主張，而莫之或易者。是誠爲極端多元論，抑可謂集聚論或機械論。多數獨立的分子互相組合，故可謂集聚而亦即是機械。較以印土外道，殆與勝論思想類近者歟。

迹舊師樹義，蓋本諸分析之術。故其分析心識備極零碎，以歸之衆多種子，一如分析物質爲極微或分子、原子以至電子者然。此其爲術，以心擬物，謂之戲論，良不爲過。夫分析術者，科學固恃爲利器，即在玄學，其所爲明倫察物，亦何嘗不有資於是。物則之幽隱繁賾，人倫之常理變故，精以察之，明以辨之，亦是分析。然玄學務得其總持，[1] 萬有統體曰總持，實體之代語。期於易簡而理得，則分析畢竟非玄學所首務。何則？凡爲學者操術而無謬，必其本是術以往，而果足以得其所窮究之事實而無差失也。否者，其術不可依據，差以毫釐，謬以千里矣。今玄學所窮究之事實，即所謂宇宙實體是已。夫宇宙實體一詞，特從俗而稱之耳，實則只將自家本分事推出言之，而名以宇宙實體。禪家語及本心，每云本分事。此心即實體，義已見前。此本分事，放之則彌六合，卷之則退藏於密。[2] 放者，遍現義。卷者，收斂義。收斂，即剛健在中而不靡散之謂也。隨處遍現，其大無外，故曰彌綸六合。恒時收斂，其應恒寂，故曰退藏於密。退藏者，沉隱而迹象俱無，淵深而力用不測，此密之至也。雖本來至無，無者無形，無形故藏密而非睹聞所涉也。而不屬於無；此言無者，空無之無，謂本無形而實不是空無。雖肇始群有，彌六合者，謂遍爲萬物實體也。而不屬於有。凡已成乎有者，則非復如其實體之本然矣。執有之相以求實體，而體不可見。以此體畢竟不落於有，故云不屬有。故乃有無雙遣，絶名相於常寂之津；證體歸寂，名相俱亡。卷放自如，息詮辨於筌蹄之外。得

① 整理者按，作者在自存本上加有眉批云：“萬理之所會歸曰總持。”
② 整理者按，作者在自存本上加有眉批云：“密，深密而不發散，陽明云，發散是不得已。”

其卷放之體矣，則詮辨自息。譬之魚兔已獲，自忘筌蹄，非真有得於筌蹄之外者而能爾乎？要惟鞭辟近裏，切已體認，始得相應耳。

分析者，起於辨物，將欲以辨物之術而求得先物之理，名實體者，言所以凝成萬物者也，故云先物。夫先物者，非物也，奈何以辨物之術求之乎？是猶帶著色眼鏡而求睹大明之白光也，至愚亦知其不可。故必由體認以得其理之一，此言理者，謂實體。一者，絕待義。方乃憑分析以得其分之殊。分者分理，兼含法則等義。吾人日用宇宙中所謂物理人事，蓋莫不有其分理法則，所謂至賾而不可亂也。俗每言混亂無理，此緣境事變更，違其情智所素習故耳。實則腐草委地，未無秩序；狂風拔木，亦有由漸。至於處士橫議、婦姑勃谿，各有是非，又不待言矣。蓋法有總別，本《華嚴經》。學有統類。本荀子書。統者務於總持，道在一貫，故會歸有極，統之事也。類者觀其偏曲，義在散殊，故辨物知方，類之事也。分析之能事，雖或有見於散殊，然致曲之過，其弊爲計。摶量卜度謂之計。體認之極功，乃能冥契於一貫，此思誠之效，其得爲證。實地親切謂之證。彼體認不及，不及者，謂其不曾用過體認工夫耳，非謂曾去體認而不及證體也。遂計體無，哲學家不知有體認之功，故終不能得着本體，而或反謂之無。宇宙人生，奚其泡幻。治哲學者或計體不可得，退而研討知識，此亦好轉機也。但終不知跳出知識窠臼而別尋體認之路，乃遂止於研討知識而竟以求體爲戒，縱其辨析精微，著書立說足成系統，終是王陽明所呵爲“無頭的學問”。舊戒諸生語，附註於此。或乃任意搆畫，戲論狂馳，哲學家談體者，大抵逞其意想，搆畫萬端。雖條理茂密足以成說，而其去真理也則愈遠。徒以戲論度其生涯，而中藏貧乏，無可救藥。紹興馬浮一浮曰：“哲學家不自證體，而揣摩想像，滯著名言，有如《淮南》所謂遺腹子上壟，以禮哭泣，而無所歸心。”此言深中其病。[①] 若斯之倫，亦可哀已。夫體認者，棲神虛静，神亦謂心也。邪欲不干，故虛静。深心反觀，赫斯在中，充實光明。當反觀時，便自見得有個充實而光明的體段在。充實者，至真無虧。光明者，純淨無染。赫斯者，盛大貌。在中者，形容其存在之謂耳，而非以對外名中。此體無内外可分，無方所可指故。只可言其存在而非空無，但不能指定其在身體中之何

① 整理者按，作者在自存本上加有眉批云：“其學問與生活不相干，故中藏貧乏。”

部，更不能謂身體已外即心之所不在也。然而人之梏亡其本心者，則又無從自見此充實光明的體段。此所以不自信而不克承當也。是爲實體顯發，自了自證。自了自證者，即自己認識自己之謂，而無能所可分。於時無意言分別，意中起想，即是言說。名爲意言，不必出口方爲言故。分別者，意言即是分別也，當自了自證時，便無有此。直是物我雙亡，離一切相。我相、物相，時相、空相，名相、義相，乃至一切相，無不盡離云。古之所謂“懸解”者，其謂是耶。“懸解”用莊語，猶云大解脱也。體認至此，向後更有涵養日新及在事上磨練的工夫，此姑不詳。[①] 上來因舉唯識舊師分析心識之過，而論及分析術於玄學不爲首務，終乃歸功體認。其詞似蔓，而實非蔓也。乃若其詳，當俟《量論》矣。

夫佛家量論，要歸内證。所謂證量。吾言體認，豈其有異？然唯識舊師如護法等，乃唯分析是務者何哉？須知學術演變，理論愈進而加密，真意累傳而漸乖，此不獨佛家爲然也。唯識論之興也，導源無著而成自世親，迄護法乃益盛，至此土基師又定護法爲一尊，此其傳授大略也。原夫八識之談，大乘初興便已首唱，本不始於無著。但其爲説，以識與諸法平列，如説五蘊，則識蘊與色蘊等平列。説十八界，則六識界與六根六塵諸界平列。語幻相即均不無，語自性畢竟皆空。識與諸法雖復條然幻現其相，然都無實自性，故云皆空。是其立言善巧，隨説隨掃，本無建立，斯所以遠離戲論。雖復説有八識，要是依妄識相貌，假析以八，依向外追取及内自構畫相貌，假説前六識。依我執堅固相貌，假説第七識。依無始來染污習氣深藏不斷相貌，假説第八識。藉便對治，故名善巧。逮於無著，始成第八識，引世親捨小入大。此爲接引初機，固猶未堪深議。及世親造《百法》等論，並《三十頌》，遂乃建立識唯，由建立識以統攝諸法故，即識名唯，乃云識唯。而以一切法皆不離識爲宗。唯之爲言，顯其殊特。是既成立識法非空，世親以前諸大乘師，將識與諸法一例認爲無自性，即是看作皆空。到世親成立唯識，始以識統攝諸法，則將識之一法看得較實。且據彼種子義而推之，識既從種生，則識爲有自性之實法矣。而析爲八聚則如故，當非前師本旨也。前師無建立，故因對治妄識

① 整理者按，作者在自存本上加有眉批云：“心中融會見道，乃根本智的意思。事上磨練，即後得智。”

而假析乃無過。世親既有建立，尊爲能變，緣起宇宙，彼尊識爲能變，以明宇宙緣起。析成各聚，析爲八聚。宛如機械。以此言宇宙，實不應理。機械論者，妄計宇宙爲由許多分子集聚而構成，此乃世俗執物之見，豈窺宇宙之真乎？矧復言心，義通染淨，神固無方，析則有過。以機械觀言宇宙既已不可，況復以之言心乎？且彼之析識爲八聚也，若但據染位妄識假析固亦無妨，然彼實通淨位而言之矣。夫淨位則本心呈露，是所謂至神而無方相者也。今亦析成斷斷片片，則根本不曾識得此心，過莫大於斯矣。爰至護法談種子義，並建本新，護法立本有種及新熏種。其本有種與吾所謂功能截然異義，其新熏種即是習氣，亦不當名爲功能。參考《功能章》。則由其本有種義而推之，似直認妄識以爲本心，本心即謂本體。彼本有種現起之識，應即是本心。何以故？是本有故。豈可謂本有者非本心耶？豈本有之外更有夫本有以爲之體耶？護法本談染位妄識，今乃於妄識中立本有種，故是認妄識爲本心矣。而説爲染淨混，彼説本有種，有是染性，有是淨性云。其邪謬不堪究詰。若乃析識爲八聚，仍承世親而蹈其過。故由護法立論考之，知其素乏證解，證解，即吾所謂體認。未曾自識本心，而惟恃分析法在妄識中作活計，遂迷罔至此。千數百年來無辨之者，不亦異乎？

如實義者，心乃渾然不可分之全體，然不妨從各方面以形容之，則將隨其分殊取義，方面不同，即是分殊。而名亦滋多矣。夫心即性也。性者，本體之代語耳。以其爲吾一身之主宰，則對身而名心焉。《大學》言正心者，以心受蔽障而不得爲身之主，是謂不正。故正心者，所以去心之障而反之於正也。然心體萬物而無不在，體萬物者，猶言遍爲萬物實體。本不限於一身也。不限於一身者，謂在我者亦即在天地萬物也。今反求其在我者，乃淵然恒有定向，於此言之，則謂之意矣。淵然者，深隱貌，有實貌。恒字吃緊。這個定向是恒時如此，而無有一時或不如此的。定向云何？謂恒順其生生不息之本性以發展，而不肯物化者是也。生生不息之本性者，約言之，純健純淨是其本性也。健則不墜退，淨則無滯礙。物化者，人若殉物而失其性，即絕其生理，乃名物化。故此有定向者，即生命也，即獨體也。劉蕺山所謂“獨體”，只是這個有定向的意。《大學》言“慎獨”者，必慎乎此而勿瞞昧之耳。依此而立自我，我者主宰義，此非妄情所執之我也。雖萬變而貞於一，有主宰之謂也。此云意者，即《大學》誠意之意。陽明以心之所發釋意，此大誤也。已發之意，求誠何及？或又以志言之，亦非也。這個有定向的意，即是實體，正是志之根據處。然《大學》於意言誠何耶？則以無始染污習氣，常足以蒙蔽此意而另有所向。吾人恒樂於習氣之順其私，則常聽役於習心，而對固具定向之意爲詭辨，以便移其所向。此即自欺之謂也。自欺即違反其意之實，故言誠意。誠者實也，蓋謂求其意之實而已。若其感而遂通，資乎官能以趣境者，是名感識。亦可依官能而分别名之以眼識、耳識乃至身識云。動而愈出，愈出者，不窮貌。不倚官能，獨起籌度者，是名意識。眼所不見，耳所不聞，乃至身所不觸，而意識得獨起思維籌度。即云思維籌度，亦依據過去感識經驗的材料。然過去感識既已滅，而意識所再現起者，便非過去材料之舊，只是似前而續起，故名再現耳。當再現時，意識固不必有藉於官能也。且不止再現而已，意識固常有廣遠幽深玄妙之創發，如邏輯之精嚴，及凡科學上之發明，哲學上之創見等等，雖未始不有資於感識所貽之材料，然其所創發者，較之感識底材料，其廣狹相去，豈算數譬喻所能及耶！故意識有獨起之能，誠不可知之秘也。故心、意、識三名，感識、意識同名爲識，與前所云意及心，共有三名也。各有取義。心之一名，統體義勝。言心者，以其爲吾與萬有所共同的實體，故曰統體義勝。然非謂後二名不具此義，特心之一名，乃偏約此義而立，故説爲勝。意之一名，各具義勝。言意者，就此心之在乎個人者而言也，故曰各具義勝。然非識上無此義，特意名偏約此義而立，故獨勝。識之一名，了境故立。感、意二識，同以了别境相而得識名。感識唯了外境，意識了内外境。内境者，思構所成境。本無異體，而名差别，差别者，不一義。則以此心之藴奥難窮，無可執一隅以究其義也。如彼舊師，析爲各體，心其如散沙聚耶，是亦戲論極矣。

附識：心、意二名，皆斥體而名之也，必分别表之，而後其義不紊。識之一名，識，賅感識、意識而言。則作用之異語。設復問言："何謂作用？"應答彼言：作用者，乃以言乎體之流行，狀夫體之發現，而假説作用。故談作用即所以顯體矣。若謂體上另起一種勢用，其既起即别於體而爲實有，如此始名作用者，是將體用看作兩片，斯倒見也。又此中心、意、識三名，各有涵義，自是一種特殊規定。若在常途，則三名可以互代，如心亦得云識或意。或複合成詞，如意識亦得云心意或心識也。而無所謂異義。《二十唯識論》曰："心意識了，名之差別。"此中了者，具云了别。差别即不一之謂。蓋言心亦名意，亦名識，亦名了别，只是名字的不一，卻非此等名字各不同義也。是在隨文領取。

感識緣境，緣者，緣慮。唯是現量。親得境相，名現量故。能緣識親得所緣境之體相，名親得境相。如眼識緣青色時，識於青色確爾證知如是境相，絶不蒙昧，但雖證知而無分别。無分别者，以不同意識作解，謂此是青非非青等故，非青等三字作名詞用，即謂紅白等。但冥冥證故。知而無分别故。此時能緣入所緣，毫無間隔，即是能所不分，渾然一體而轉，是名親得境相。眼識緣色如是，耳識緣聲乃至身識緣所觸，皆應準知。現量親證，離諸虚妄。凡夫雖有，不自任持。感識現量，凡夫所有，但恒爲散亂意識所眩，而於現量不能保任持守也。僧肇有言："夫人情之惑也久矣，目對真而莫覺。"

感識緣實境不緣假法，如青色，是爲實境。至於色上有長短等相，則名假法。如眼識緣色時，其色上長短等相，則由意識分别安立，長短等相，對待方顯。意識分别力勝，而遍緣一切法，故乃觀其對待，而分别此是長或短。本非眼識所緣。但意識繼起迅疾，又習相應故，不待計度，如眼識緣。意識繼眼識起，本甚迅疾。又過去曾緣長短等相，有習氣故，乃復現起，而與現在意識相應，故現在意識於現所緣長短等相，不待計度而知之，有如眼識一覽便了也。

意識一切法，《攝論》所謂"無邊行相而轉"是也。然意識發展，由應境故，恒假感識以爲資具，直趣前境。前境者，以境界現前顯現故名。觀境共相，明辨而審處之，此其勝用也。然意識亦以恒應境故，遂有不守自性，即識起時便帶境相故。如緣外色等境時，識上必現似外色等影像，雖復所緣本非外境，而識上亦現似所緣影像。此等影像亦如外境，同作所緣緣故。所緣緣，參考《唯識章》。即於無法而起無解，識亦現似無之影像，是法本無而在識成境矣。故知意識常帶境相，剛陷乎險中之象也。心本至剛，然發而爲意識，則有物化之懼，故云陷險之象。然意識作用，不唯外緣，而亦返緣。外緣者，緣外境界或籌度一切義理故。籌度義理時，識上變似所緣影像，此影像亦如外境。返緣略説以二：一者於外緣時，自知知故，如方緣色而識自知知色之知故。緣者，緣知。知色之知，是識上外緣之用。同時又知此知色之知，則此知乃識上返緣之用。二者全泯外緣，親冥自性故。自性謂體。冥者冥證。親冥者，返觀自體而自了自見，所謂内證離言是也。蓋此能證即是所證，而實無有能所可分。或謂察識，或言觀照，皆此返緣作用。以返緣力深故，了境唯心，斯不逐於境；會物爲己，斯不累於物。於是照體獨立，迴脱諸塵，雖在險而能出矣。根本既得，則差别無礙。知一切法而不留一法，泯一切相而不拒諸相。如是慧者名爲正慧，以全體即智，妙用流行，智、慧分别，見《明宗章》。識雖現起而不爲患。蓋有取則妄，離取則真；所緣既遣，能緣亦空。能緣空故，空相亦空；境相不生，灑落自在。斯名意識化，亦名意識解脱也。①

識起緣境，作用繁複。但以疾轉之勢，攝多念於一念，渾淪鋭往，莫測其幾。略説五心，粗徵厥狀。五心者，初率爾心，次尋求心，三決定心，四染浄心，五等流心。率爾心者，初墮於境，故名率爾，識初接境，名之爲墮。此唯一刹那頃。次刹那即起尋求故。尋求心者，率爾初緣，未知何境，爲了知故，次起尋求，欲與念俱。欲者希望，希望於境得決定故。念者記憶，憶念曾經，比度現境。猶復難知，尋求更起，故尋求心，經通多念。通多念者，前念是一尋求心，後念似前心而起，卻另是一尋求心也，非謂多念總是前心。次起決定，印解境故。決定心，次尋求而起。染浄心者，決定既已，了知境界差别，或生樂受，或生苦受，是成染浄。樂受無嗔即浄，苦受起嗔便染。等流心者，成染浄已，次念似前而起，故名等流。等流者，謂相似而流。即此等流，容多念起。多念起義，見尋求註。容者不定，蓋有次念不起等流而另有創緣者，故置容言。

① 整理者按，作者在自存本上加有眉批云："佛家説根本智及後得智。根本智緣真如（緣者知義，真如即本體），後得智緣事（事者事物）。根本智即證體之智。智雖假説為能緣、如（真）雖假説為所緣，而實則智即是如，無有能所可分。就體（如）上自知之用，假説為智。由根本智起已，方乃起後得智，緣慮一切事物。此後得智，雖行乎事之中，而隨順世間故，元無迷妄執着，所謂'知一切法不留一切法，泯一切相而不拒諸相'是也。此後得智亦是根本智之發用是也。故曰全體即智，妙用無窮。儒者所謂'德性之知'即根本智，所謂'見聞之知'即後得智。"

上述五心，試以例明。如聞“諸行無常”四聲。四字各爲一聲。意、耳二識，於“諸”聲至而適創緣，是名率爾。率爾心已，必有尋求，續初心起。尋求未了，數數尋求，未決定知“諸”所目故。不知“諸”字所指目者爲何。緣“諸”字至尋求已，忽“行”聲至。於“行”字上復起率爾，以及尋求，爰至決定。決定知“諸”目一切“行”故。當緣“行”字時，“諸”字已滅，然有熏習連帶解生。熏習者，習氣之異語。緣“諸”字底心雖滅，而有餘勢續起不絶，是名習氣或熏習。故後心因前心緣“諸”字底熏習與現所緣“行”字，連帶而得生解。緣“行”字至決定已，忽“無”聲至。於“無”字上更起率爾，亦起尋求，尋求諸行所“無”爲何。爲言無我，爲言無常。雖緣“無”字時，“諸”字“行”字並滅，而有熏習連帶，復如前説。緣“無”字至尋求已，忽“常”聲至。於“常”字上復起率爾，尋求決定，乃至等流。創起緣“常”，是爲率爾。方在緣“常”，其前“諸”字、“行”字、“無”字，雖復並滅，以皆有熏習故，逮此緣“常”心起，由憶念力，即過去多字熏習，多字，謂諸、行、無等字。連帶現在字，現緣常字，爲現在字。於一刹那，集聚顯現。故率爾後，即起尋求，諸行所無，果爲無其常耶？旋起決定，印是無常。決定起已，染净、等流，方以次轉。是故緣“常”字時，五心完具。即所緣四聲，從“諸”至“常”，經歷多念，事緒究竟，總成一念。前所謂攝多念於一念者，事實如此。夫始自緣“諸”，終至緣“常”，率爾等心，於一一字上新新而起，其所歷刹那之多，若紀以干支，奚止歷億兆京垓年歲？然心以疾轉神速，長劫攝入一念。即在工繪事者，以萬里悠長縮爲方寸之圖，可謂攝極長於極短，而猶不足以喻此心之妙也。

或疑心力銜進，於一一字不待析觀。例如讀文，實非字字而擬之，只任渾淪一氣讀去，便自成誦無訛。不知讀出諸口，實根於心。聲氣之發若機括，似未字字經心，實則爾時意、眼二識，於所緣文字，必一一字經率爾等心，等者，謂尋求、決定乃至等流。他倣此。多念緣慮，絶無有一字可以疏略而得之者。但識轉時，勢用迅疾，不可思議。又因熏習與後念所緣連帶，集聚起解。雖作用複雜，而行所無事，故若不曾字字經心也。斯已奇耳！或復難言："審如此説，不亦專以動言心歟？"曰：此中且假詮動相，理實此心即動即静，即發即斂，即變即常，即行即止。行而不馳此心流行，當下全真，而無雜妄紛馳。故止，變而有則故常，發而不散不散漫也。故斂，動而不亂故静。夫唯滯於名言，則疑動而無静；若使會其玄極，斯悟静非屏動。

上來所説，心要略盡。此中心字，不作心、意、識三種分別，而但渾淪言之。意識、感識亦均名心。他處皆準知。然言心而不及心所，則猶未究其變也。夫心所法者，本舊師所已成。見前。所之爲言，心所亦省云所。非即是心。而心所有，心所法者，不即是心，而是心上所有之法。繫屬心故，恒時繫屬於心而不相離。得心所名。此叙得名之由。惟所於心助成、相應，具斯二義，勢用殊勝。云何助成？心不孤起，必得所助，方成事故。成事者，謂心現起，了别境相。如事成就，此必待所爲之助也。舊説心所亦名助伴者，以此。云何相應？所依心起，叶合如一，俱緣一境故。然所與心，行相有别。行相者，心心所於境起解之相。《三十論》言："心於所緣，唯取總相。心所於彼，所緣。亦取别相。"置亦言者，伏取總故。《瑜伽》等論，爲説皆同。唯取總者，如緣青時，即唯了青，青即總相。不於青上更起差别解故。差别解者，即下所謂順違等相是也。亦取别者，不唯了青，而於青上更着順違等相故。如了青時，有可意相生，名之爲順。有不可意相生，是之謂違。此順違相，即受心所之相也。順即樂受，違即苦受故。等者，謂其他心所。如了青時，或生愛染相，即是貪心所之相也；或生警覺相，即是作意心所之相也；或生希求相，即是欲心所之相也。自餘心所，皆應準知。舊説心唯取總，如畫師作模，所取總别，猶弟子於模填彩，如緣青時，心則唯了青的總相，是爲模。而心所則於了青的總相上更着順違等相，便是於模填彩。可謂能近取譬已。然二法心及心所。根本區别云何？此在舊師，未嘗是究。雖云種别，彼言心及心所，各有自種。種義齊故。如彼所計，心有自種，心所亦有自種，種雖不共而種義自相齊，即無根本區别可得。矧復析心至種，如析色至微，是謂戲論，如前破訖。據實言之，心既即性，義亦詳前，性者體義。心即本體，前已説故。故知此心發用壹本固有，感通莫匪天明。若心所者，則乃習氣現行，現者顯現，行者流行。斯屬後起人僞。心所即是習氣，而習氣者，則形生神發而後有，故云後起。人僞者，以此習氣爲吾人有生已來一切經驗之所積累，本非天性固有，唯是一團幻妄勢力，厚結而不散失，故言人僞。覆徵前例：了青總相，不取順違，純白不雜，故是天明。雖復了青而更着順違等相，串習所成故，足徵人僞。據實而談，心乃即性，所唯是習，根本區別，斠然若兹。心即性故，隱而唯微。人之生也，形氣限之，其天性常難表現，故曰隱而微。所即習故，粗而乘勢。習與形氣俱始，故粗顯。習成爲機括，故云乘勢。心得所助而同行有力，心本微也，得所助同行而微者顯矣。所應其心而毋或奪主，心本是主，所本是伴，但伴易奪主，不可不慎也。則心固即性而所亦莫非性也。反是而一任染數縱横，以役於形、溺於物，染數者，即諸煩惱心所，詳見下章。數者，心所之别名。心所頭數多故，亦以數名。而心乃受其障蔽而不得顯發，是即習之伐其性也。習伐其性，即心不可見而唯以心所爲心，所謂妄心者此也。妄心亦云妄識。

夫習氣千條萬緒，儲積而不散，繁賾而不亂。其現起則名之心所，其潛藏亦可謂之種子。舊以種子爲功能之異名，吾所弗許。詳《功能章》。然習氣潛伏而爲吾人所恒不自覺者，則亦不妨假説爲種子也。即此無量種子各有恒性，不遇對治即不斷絶，故有恒性。各有緣用，緣者思量義。種子就是個有思量的東西，不同無思慮的物質，但思量的相貌極微細耳。又各以氣類相從，如染净異類故。以功用相需，而形成許多不同之聯繫。即此許多不同之聯繫更互相依持，自不期而具有統一之形式。既具有統一之形式，便知是全體的。古大乘師所謂賴耶、末那，或即緣此假立。小乘有所謂細識者，細者深細。亦與此相當。今心理學有所謂下意識者，儻亦略窺種子之深淵而遂以云爾耶。習氣潛伏，是名種子，及其現起，便爲心所。潛之與現，只分位殊，無能所異。舊説心所從種子生，即是潛伏之種子爲能生因，而現起之心所爲所生果。因果二法條然别異，如穀粒生禾。真倒見也。故知種子非無緣慮，但行相曖昧耳。前所謂各有緣用者是也。舊説種子爲賴耶相分即無緣慮，必其所生識方有緣慮，此大謬誤。然欲明其謬誤之故，則非取其學説之全系統而論列之不可。此不暇詳。然種子現起而爲心所之部分，與其未現起而仍潛伏爲種之部分，只有隱顯之殊，自無層級之隔。或計種子潛伏，宜若與彼現起爲心所者，當有上下層級之分，此甚誤也。無量習心行相，此云習心者，習氣之代語。恒自平鋪，一切行相互無隔礙，故云平鋪。其現起之部分，心所。則因實際生活需要與偏於或種趨向之故，而此部分特別增盛，與識俱轉。俱轉，謂與意識及感識相應故。自餘部分種子。則沉隱而不顯發。故非察識精嚴，罕有能自知其生活内容果爲何等也。若染污種子增長，則本心日以梏亡，即生活内容日以枯竭，剥其固有之生理以殉物而終不自覺故也。

明心下

上來以習氣言心所，但明總相，前云心所即是習氣，卻只説明心所總相。今當一一彰示别相。原夫無量種界勢用詭異，習氣潛伏即名爲種，已如前説。種無量故，名無量界。詭者譎怪，異者殊異，諸種勢用至不齊故，説爲詭異。隱現倏忽，其變多端。每一念心起，俱時必有多數種之同一聯繫者從潛伏中倏爾現起，而與心相應，以顯發其種種勢用。同一聯繫云者，以諸種元有許多不同的聯繫故，見上章。種種勢用者，以不一故云種種。即依如是種種勢用，析其名狀，説爲一一心所法。諸數别相，數者心所之異名，後準知。舊師護法略析五十一法，蓋亦承用大乘古説，取其足爲觀行之引導而止。觀行二字，爲佛家方法論中名詞。行者進脩，略當宋明儒所謂工夫之意。觀者反躬察識。觀即行故，名以觀行。然頗病繁複，今仍其舊名，而稍事省併爲若干數，理董之如次。吾人理會這五十一心所時，須把他當作自家生活底内容的描寫，反觀愈力，愈覺真切。若徒從文字上粗率了解過去，便不覺得有甚意義。或問心所之六分法，若以今日心理學的眼光衡之，果有當否？余曰：此中大體是描寫生活底内容，雖對於心理學多所貢獻，卻不是講心理學。須辨之。

諸數，舊彙以六分，元名六位。今約爲四：性通善染，恒與心俱，曰遍行數。性通善染者，此中性字乃德性之性，非體性之性。此中染者即惡之代語。舊説於善惡外更有無記，以非善非惡名無記故。此説非理。諸心數法，其性非善即惡，非惡即善，無有善惡兩非者。此義當别論。遍行數者，其性有善有染，故置通言。若與善數俱起者，必是善性。若與染數俱起者，必是染性。恒與心俱者，恒與意識、感識相應故。未有識起時而無此六數相應者，故名遍行。性通善染，緣別別境而得起故，曰別境數。善染準上。所緣義境多不同故，曰別別境。既是緣別境方起，故非恒與心俱者。性唯是染，違礙善數，令不並起，曰染數。性唯是善，對治染法，能令伏斷，曰善數。善數對治諸染，能令染法伏而不起，以至斷滅。如是四分，以次略述。舊本六分，今以不定併入別境，以煩惱、隨煩惱併合名染，故只四分。

附識： 本章談心所法，雖其名目種類大體沿用舊説，然解釋不必盡符。但爲文字簡省計，凡删改舊義處，多不及叙明。異時當别出語録，以資參考。遍行數，舊説唯五，今併入别境中欲即爲六數，曰觸、作意、受、欲、想、思。

觸數者，於境趣逐故，故名爲觸。趣者，趣取。逐者，追求。境義有二：一塵境，如感識所取色等境是。二義境，如意識獨起思搆時，即以所緣義理名境故。如眼識方取青等境，感識亦得分言之而云眼識、耳識乃至身識，詳上章。同時即有追求於境之勢用與識俱起故。乃至意識獨行思搆時，亦有相應勢用奔取所緣故。意識思量義理時，卻有一種勢用對於所緣義境，而專趣奔逐以赴之者。如是趣逐勢用，是名觸數，而非即心。這個趣逐的勢用，正是習氣現起而與心相應者，故名觸數，元非即是心。心者任運而轉，心者，識之異名。任運者，任自然而動，非有所爲作也。轉者，起義。心數則有爲作，心數，即是習氣現起而與心相挾附以俱行者。其起也如機括，而心亦資之以爲工具，故心數必有爲作。如此中觸數，依趣逐勢用得名，趣逐便是一種爲作。此其大較也。首叙觸數，便將心數與心大端異處揭明。後述諸數，即可準知。

作意數者，警覺於心及餘數故，故名作意。餘數者，作意以外之諸心數而與作意同起者。心於所緣任運轉故，元無籌度。由作意力與心同行而警於心，令增明故。心既受警，則雖無籌度而於所緣亦必增其明了故。又於餘數同轉者，轉義見前。警令有力，同助成心，了所緣故。如遠見汽車，預知避路，即由作意警覺念數，憶念此物曾傷人故。又如緣慮或種義理時，設有待推求伺察而後得者，而作意力即於尋伺二數特别警覺。蓋推求伺察之際，恒有作動興奮之感相伴，此即作意是也。夫心數者，雖動如機括，而由作意力故，得有自由。如惑熾時，瞿然警覺，明解即生，經云“如理作意”，正謂此耳。故此心畢竟染汙不得者，賴有作意也。提醒之功，依作意故。

受數者，於境領納順違相故，故名爲受。領順益相，即是樂受。領違損相，即是苦受。順益相即是可意相。違損相即是不可意相。舊雖辨其淺深，要亦强解耳。舊説於苦樂二受外，更立捨受，謂於境取俱非相故，捨受者，非苦非樂故。俱非者，非順非違故。此不應理。夫所謂非順非違者，實即順相降至低度，取順較久，便不覺順。然既無違相，即當名順，不得説爲俱非。故彼捨受，義非能立。

欲數者，於所樂境懷希望故，故説爲欲。所樂云云，[①] 舊有三義：一於可欣事欲見欲聞欲覺欲知，故有希望。此説於可厭事即無欲故。二隨境欣厭而起希求，於可欣事上未得希合，已得願不離，於可厭事上未得希不合，已得願離，故皆有欲。三於一切事，欲觀察者便有欲生，若不欲觀，隨因境勢任運緣者，即全無欲。綜上三義，第一第三欲皆不遍，據第二義則隨緣何境，皆有欲生。然第二義爲正，陳義廣故，故應説欲爲遍行。舊説於中容境，一向無欲，故非遍行。此不應理。彼云中容境者，謂非欣非厭故，彼立捨受，故有此境。不知單就境言，無所謂可欣可厭。受領於境，欣厭乃生。領欣境久，欣相漸低，疑於非欣。然既無厭，仍屬可欣，不得説爲俱非。彼云中容，即是欣厭俱非之境。夫領欣境久，則欣相低微而欲歸平淡，要非全無欲者，故不應説欲非遍行。或復有難：“人情於可厭事經歷長時，求離不得，其希望以漸減而之於絶。由此言之，欲亦非遍。”不知歷可厭事，欲離不得，如是久之，則求離之欲漸即消沮，終不全無，且其欲必别有所寄。人心一念中固不必止緣唯一事境。如鄭子尹避難農家，與牛同廄而居，讀書甚樂。現前牛糞爲可厭境，求離不得，毋復望離。然同時讀書，别有義理之境爲其欲之所寄，非一切無希望也。人生與希望長俱，若有一息絶望則不生矣。故欲非遍，義不容成。舊説欲爲勤之所依，此中不復及之者，因此應辨欲之種類。今只略明欲相屬遍行，不及詳也。

① 整理者按，作者在自存本上將“所樂境”中的“樂”字改爲“緣”，並把“所樂云云”四字删掉。

想數者，於境取像故，施設種種名言故，故名爲想。云何取像？想極明利，能於境取分齊相故，如計此是青非非青等。云何施設名言？由取分齊相故，得起種種名言。若不取分齊相，即於境無分别，名言亦不得起。想形於内，必依聲氣之動以達於外，故想者實即未出諸口之名言。《廣五藴論》説："云何想？謂能增勝取諸境相。增勝取者，謂勝力能取，如大力者説名勝力。"詳此，即以想能取境之分齊相故，故稱勝力。

思數者，令心造作故，役心於善惡故，故名爲思。云何令心造作？心者任運而轉，妙於應感，而無造作之迹。由思造作力勝，牽引其心令相隨順故。心只是受了思的勢力底牽引而不得自主，隨順着思，聽他去造作，因此説思是能令心同他一起來造作的。云何役心於善惡？心者純净而無染，故亦不以善名。善之名待染而立，既無染則亦不名乎善。由善性思力驅役心故，心亦資彼造作而顯其净，遂共成乎善矣。資者，藉義。彼者，善思。善思與心氣類相似故，心得藉之以顯發其净。由染性思力驅役心故，心亦聽彼造作，而不得顯其净，遂共成乎惡矣。聽者，聽從。彼者，染思。染思與心氣類異故，故心受其驅役，即不得自顯。如主制於僕，而任僕之所爲，即是共成乎惡。故説思能驅役其心以循乎善惡之轍也。[①]此中思者，造作義，非思惟義。宜辨之。

如上六數，恒與心俱，參考前註。故名遍行。叙此六數，觸先作意者，趣逐勢用特勝，故先説也。然此六既曰遍行，則非次第起，斯不可不知也。又若以此六配屬於心理學上之知、情、意，則想屬知的方面，受屬情的方面，觸、作意、欲、思乃皆屬意的方面。至於别境等數，亦均可依知、情、意三方面分屬之。然曾見人作一文，謂觸數即感覺，想數即意象或概念者，此則未盡符。容當别論。

别境數，舊説唯五。今有移併，定爲六法，曰：慧、尋、伺、疑、解、具云勝解。念。移欲入遍行，移定入善，而併入不定中尋伺二數及本惑中疑數云。

慧數者，於所觀境有簡擇故，故名爲慧。慧者由分别境事故起，境事，猶云事物。然必與想俱，想屬遍行，故慧起則必與想俱。以於境取分齊相

① 整理者按，作者在自存本上加有眉批云："陸云主心即是性。"

故。若不取分齊相者，即不能作共相觀，簡擇如何得起？亦必俱尋伺，以於境淺深推度故。淺推度名尋。深推度名伺。後詳。由推度已，方得決定。如決定知聲是無常，乍緣聲境，未知是常無常，必起推度。瓶等所作，皆是無常。虚空非所作而唯是常。於是決知聲亦所作，故是無常。爰自推度，迄於決定，總名簡擇。故一念心中，簡擇完成，實資比量之術，但在心則不須排列三支法式耳。此云一念者，實攝多念而云一念。簡擇初起與心相應，只是推度。又必經如干念續起推度，始得決定。及至決定，方號完成，乃依完成而總前後以名一念。比量，詳因明。然以其術操之至熟，故日常緣境，常若當幾立決不由比度者，而實乃不爾。又慧唯分別境事，故恃慧者恒執物而迷失其固有之智，即無由證知真理。真理一詞就常途言，凡研窮事物而得其公則、定律等等與夫適於吾人應用者，皆云真理。但此言真理，則涵義特殊，蓋隱目實體之詞。若能反求諸自性智而勿失之，此云自性智者，與《明宗章》言自性覺義同。則貞明遍照，不由擬議。雖復順俗差別而封畛不存，稱性玄同而萬物咸序，此真智之境，非小慧之所行矣。此義當於《量論》詳之。

慧非遍行，何耶？舊説愚昧心中無有簡擇，慧雖乖智，然明理辨物足以利用，故慧之發展甚難。如世凶頑者即缺乏簡擇力，今人貪殘卑賤，安其危，利其菑，樂其所以亡者，皆如微蟲小獸，無簡擇故。故慧非遍行也。

尋數者，慧之分故。尋數，即就慧初位淺推度相，檢出別説，故云慧之分。於意言境粗轉故，故説爲尋。意言境者，意即意識，意能起言故名意言，意所取境名意言境。粗轉者，淺推度故云。

伺數者，亦慧之分故。準尋可知。於意言境細轉故，故説爲伺。細轉者，深推度故云。

尋、伺通相，唯是推度。推度必由淺入深。淺者粗具全體計畫，猶如作模。深者於全體計畫中又復探賾索隱，親切有味，如依模填采，令媚好出。蓋後念慧續前念慧而起，歷位異故，淺深遂分。淺推度位，目之爲尋。深推度位，名之以伺。世俗以爲推度之用先觀於分，後綜其全。此未審也。實則慧數與心相應取境，纔起推度即具全體計畫。然推度創起，此全計畫固在模糊與變動之中，實有漸趨分畛之勢。分畛者，謂作部分的詳察。及夫繼續前展，則分畛以漸而至明確，即全計畫亦由分畛明確而始得決定。繼續前展者，非前念不滅而守其故常以前展也，乃前念慧滅，後念慧即繼前而起，相續不斷而前展故。然當求詳於分畛之際，固仍不離於全計畫。唯因全計畫待分畛明確而後可定，故疑於先觀其分，後綜其全耳。又乃由尋入伺，從淺之深，即由全計畫降爲分畛伺察時，則慧之爲用益以猛利，常資觸勢令心悤遽，如獵人之有所追逐者然。常資觸勢者，觸謂觸數，尋伺亦資長觸之勢故。舊説尋、伺能令身心不安住者，亦有以也。

尋、伺並依慧立，故非遍行。慧非遍行，前已説故。

疑數者，於境猶豫故，故説爲疑。舊説以疑屬本惑之一，本惑後詳。此亦稍過。夫疑者，善用之則悟之幾也，不善用之則愚之始也。理道無窮，行而不著，習焉不察，則不知其無窮也。行習者舉凡五官所接觸，身心所服膺者，皆是所行所習，而無從條舉者也。著者知之明，察者識之精，此本孟子書。然著察之用，往往資疑以導其先。蓋必於其所常行、所串習者，初時漫不加意，冥冥然遇事不求解，即不著不察故。又或狃於傳説，以傳説爲據而不務實事求是，亦是不著不察。安於淺見，淺見者，謂不能博求之以會其通，不能深體之以造其微，故是不著不察。故於所行所習之當然與所以然者，未嘗明知而精識也。忽焉而疑慮於其所行所習之爲何，向所不經意者，至此盛費籌度；疑問起時必作種種籌度。向所信之傳説，至此根本搖動；向所執之淺見，至此頓覺一無所知。於是自視欿然，思求其故。疑端既起，欲罷不能。思慮以濬而日通，結滯將渙而自釋，然後群疑可亡，著察可期矣。故曰：善疑則悟之幾也！夫疑之可貴者，謂可由此而啓悟耳。若徒以懷疑爲能事，一切不肯審決，則終自絶於真理之門。須知疑慮滋多，百端推度，祇增迷惘。而窮理所困，即事求徵則難以語上，上者，謂理之極至。若以物質宇宙中有限的經驗求之，則不相應也。刻意游玄則慮將蹈空。但使知此過患，勿輕置斷。疑情既久，思力轉精，不陷葛藤，則膠執自化。真理元自昭著，患不能虛懷體之耳。虛懷二字吃緊。情識上許多僻執憧擾都廓落得浄，方是虛懷。若懷疑太過者，便時時有一礙膺之物，觸途成滯，何由得入正理？周子曰："明不至則疑生，明無疑也。謂能疑爲能明，何啻千里！”此爲過疑者言，則誠爲良藥。故曰：不善疑則愚之始也。夫疑雖有其太過，而人生日用，不必念念生疑，故疑非遍行攝。疑之過者，可説爲惑，然善疑亦所以啓悟。舊説疑屬本惑，亦所未安，故今以疑入别境。别境通善染故。

勝解數者，於决定境深印持故，印者，印可。持者，執持。不可引轉故，故名勝解。由勝解數相應心故，言勝解相應於心而取境。於所緣境審擇决定遂起印持，此事如是，非不如是。雖云於决定境才有印持，然印持與决定卻是同時。即此正印持頃，更有異緣不能引轉令此念中别生疑惑。異緣不可引轉云云係約當念説，非約前後念相望而言。儘有前念於境審决而印持之，於此念頃固是異緣不可引轉，及至後念乃忽覺前非，而更起審决印持者矣。故勝解者，唯於决定境乃得有此。决定境者，從能量而名决定，不唯現比量所得是决定境，即非量所得亦名决定境。如見繩謂蛇，此乃似現即非量所得之境。此境本不稱實，然爾時能量方面確於境决定爲蛇。非於境不審决故，非有疑故，故此境應從能量而名决定。又如由濁流而比知上流雨，實則濁流亦有他因，上流未嘗有雨。是所謂雨者，乃似比即非量所得之境，元不稱實，但爾時能量方面確於境决定爲雨。非於境不審决故，非有疑故，故此境亦從能量而名决定。猶預心中，全無解起，疑心起時，便全無勝解與俱也。非審决心，勝解亦無。非審决心者，謂心於境不起審决故名。此心亦即非量。世言非量，或唯舉似現似比。實則似現比者，非於境不起量度，但不稱實，乃云非量耳。更有純爲非量者，即散心於汎所緣，實不曾量度者，即此所名非審决心。以故，勝解非遍行攝。

念數者，於曾習境令心明記不忘故，故名爲念。念資於前念想。想者，想數。見前。由想相應於心而於境取像故，雖復當念遷滅，而有習氣潛伏等流。等流者，等言相似，想之餘勢，名爲習氣，這個習氣底本身元是刹那生滅，以其前後相似而相續流轉，故説名等流。即所緣境像賴想習故，方得潛存，想既於境取像，而想雖滅已，尚有習氣殘留，則境像亦賴想的習氣而潛存也。今時憶念，遂乃再現。若非想習潛存者，則過去已滅之境像何能再現於憶念中耶？然念起亦由警覺力警覺者，作意數。見前。於所曾更警令不失故，故有憶持。由念能憶曾更，故能數往知來而無蒙昧之患也。若無憶念，則不能據已知以推其所未知，人生直是蒙蒙昧昧焉耳。

念何故非遍行耶？於非曾更事不起念故。又雖曾更而不能明記者，即念不生，故念非遍行攝。或有難言："若於曾更不明記時，但於曾更某事忘失，説名無念，而此時心非無餘念。餘者，猶言其他。如我憶念舊讀《漢書》，苦不得憶，此於《漢書》名爲失念，然此時心於現前几席等等任運了知，不起異覺，即由几席等等曾所更故。今此任運生念，故不覺其異也。是於曾更雖有不憶，如於《漢書》。而此時心仍非無念。"如於几席等等。詳此所難，實由不了念義，故乃妄相責詰。須知念者本依明記得名。於曾更事警令不失，遂有念起，分明記憶。即此明記，非任運生，必由警覺特别與力，始得分明記取故。與力，猶言助力。汝所云任運生念者，實非是念，乃過去想習適應日常生活需要之部分想習見上。任運潛行，不俱意識同取境故。任運者，因任自然而起，不由警覺故。潛行者，以此想習尚屬潛伏的部分故。雖云於現前几席等等任運了知，然既云任運，則無計度分别可知，而所謂了知，亦甚曖昧。前章説習氣潛伏即名種子，而現起方名心所。此等想習亦屬種子狀態，或亦可説爲種子底半現，要不得説爲心所也。大抵吾人日常生活中，其應境多由種子潛伏的力用，即所謂不自覺的力用。此等力用，本不與明了的意識相俱取境，故不名心所也。此與明記截然異相，何可併爲一談？故汝所云於几席等等任運了知者，此猶屬種相。言是種子相也，過去想底習氣潛行，名爲種故。必憶《漢書》而果得分明記取者，方是念故。然則方憶《漢書》不得，即此心中實無有念。此言心者，即剋指明了的意識而言。故念非遍行，彰彰明矣。

如上六法，緣别别境而得起故，故名别境。

染數，舊分根本煩惱、隨煩惱，《述記》一云：煩是擾義，惱是亂義。擾亂心故，故名煩惱。隨煩惱者，依根本煩惱起故，故名隨。亦云本惑、隨惑。一切煩惱數通名爲惑。此處正須反勘。莊生有言："人之生也，固若是芒乎？"芒亦惑也。伏曼容釋《易》之《蠱》曰："萬事起於惑。"皆深觀有得之言。今併爲一類，而名染數。舊分本、隨爲二位，即是二類，實欠精檢，故併之。

本惑，舊説有六法。今以疑入别境，存其五法，曰：貪、瞋、癡、慢、惡見。

貪數者，於境起愛故，深染着故，深染着於境也。故名爲貪。貪相不可勝窮。隨在發現，故難窮也。略談其要，别以八種：一曰自體貪，此言自體者，相當於身的意義。謂於自體親昵藏護故。此貪極難形容，强狀其情曰親昵藏護。人情唯於自體親昵至極，無可自解，亦唯於自體藏護周密，莫肯稍疏。不獨人也，下等動物於兹尤甚。吾昔在北京萬壽山園中見大樹上有長約二寸許之厚皮，移動甚疾。余猝爾驚曰：樹皮既脱，胡能附樹以走而不墜耶？徐取觀之，明明一粗塊之樹皮，及剖視之，則其中固一蟲也。此蟲不知何名，乃深嘆此蟲於自體親昵藏護之切也。此等事，生物學上所發見不少。二後有貪，謂求續生不斷故。此從自體貪中别出言之。或有問言："世人持斷見者，自知死後即便斷滅，宜若無後有貪可言。"曰：不不。愛力非斷見可移。愛潤生故，故有生。人之有生，由愛力滋潤之故生。《楞嚴》談此義極精透。如汝明知當來斷滅而猶厚愛其生，則愛力非斷見所移，審矣。汝後有貪不隨斷見亡故，故汝昨日之生已逝，今日之生已有，今日之生方盡，明日之生方有。故後有貪爲有生類所與生俱有者，何足疑耶？三嗣續貪，謂求傳種不絶故。自植物至人類，隨在可徵。四男女貪，謂樂着淫欲故。徵之小説、詩歌，幾無往而不表現男女之欲。憂國情深，亦托美人芳草。即寄懷世外，猶復侈言仙女。五資具貪，謂樂着一切資具故。凡日用飲食、田宅、財貨、僕隸、黨與、權勢、名譽乃至一切便利己私事，通稱資具。人類之資具貪亦從獸性傳來，每見禽獸巢穴多集聚芻糧等資具。六貪貪，謂若所貪未及得者，貪心自現境相而貪故。如好色者，心中或懸想一美人。七蓋貪，謂於前所樂受事已過去者，猶生戀着，即有蓋藏義故。蓋藏者，言其不肯放捨故。八見貪，謂於所知所見，雖淺陋邪謬，亦樂着不捨故。見貪重者，便難與語。如上八種貪相略明。《大論》五十五説有十貪，但列名目而無解説。《緣起經》説有四種愛，以明貪相，今並有採撮説爲八種。學者以是而反驗身心間，毋自蔽焉可也。

瞋數者，於諸有情起憎恚故，故名爲瞋。《倫記》五十九説瞋略有三：一有情瞋，於有情而起瞋故。有情者，衆生皆有情識故名。註見前。有情瞋者，以於有情起瞋故名。二境界瞋，於不可意境即生瞋故。三見瞋，於他見生瞋故。有情瞋者，由有我見故，有人見生。人見與我見同時生。由有人見故，有瞋生，瞋與上二見同時生。瞋相無量，略分粗細。粗者因利害毁譽等等引發，其相粗動，或轉爲忿等故。細者其相深微，雖無利害毁譽等等引發，亦常有與人落落難合意故。吾國士人托於清高，以孤傲爲美德，不知正出自瞋惑。尼父曰“吾非斯人之徒與而誰與”，此等氣象便已截斷瞋種也。後儒唯濂溪灑脱得開。夫群生懷瞋而好殺。世間歷史，大抵爲相斫書。前世小説、詩歌，亦多以雄武敢鬥爲上德，皆瞋之著也。或曰：“瞋爲後起，固也。微以達爾文生存競争之論，則瞋者當亦出於生存之需，而不必訾之以惑歟。”余曰：互助論者所發見之事實，明與達氏反。伊川釋《易》之《比》，亦云萬物莫不相比助而後得生，其言皆有證驗。故知生存所需者，乃比助而非競争。然則謂瞋非惑而爲應於生存之需可乎？境界瞋者，亦有情瞋之變態。由於有情懷瞋故，境界隨之而轉。遂覺丘陵坎窞並是險巇，暑雨祈寒俱成嗟怨。懟人則器物皆罪，伐國則宫室爲瀦。忮心每及於飄瓦，誅鋤亦逮於草木。此皆有情瞋盛，故無涉而非乖戾之境也。見瞋者，復於有情瞋中别出言之。此與前貪數中所舉見貪實相因。夫唯貪着己見，故不能容納他見，遂乃惡直而醜正，是丹而非素。從來朋黨之禍，門户之争，皆由此起。凡人不能捨其見貪、見瞋，故一任己見以爲是非，可説爲感情的邏輯。而不暇求理道之真，此物論之所以難齊也。瞋相略如上説。《識論》蓋言，瞋必令身心熱惱，起諸惡業。

癡數者，於諸理事迷闇故，故説爲癡。[1] 舊分迷理迷事，今此不取。迷事亦只是不明那事底理而已，非可於迷理外别説個迷事也。故此言理事者，取複詞便稱，實只一個理字的意義。然理賅真俗，俗諦中理假施設故，有諸異執；真諦中理一道齊平，唯證相應。迷者於俗妄計，於真不求證故。夫癡相無量，或總名之，或專言之。總名之者，一切染法皆屬癡故。全部染數通名爲惑。惑亦癡之異名。專言之者，貪等染數起時必有迷闇勢用與之同轉，即此勢用説爲癡故。人之生也，無端而有一團迷闇與生俱來。無端二字注意。這個元不是本性上固有的，只是此生時便有這迷闇與生相俱。相俱云者，只是俱有，無先後故。觸處設問，

① 整理者按，作者在自存本上加有眉批云：“癡，不懂真理，不見自性。不明真理，謂之無明。”

總歸無答，反問諸己，生於何來，死於何往，莫能解答。即在宗教哲學多有作答者，然彼一答案，此一答案，已難刊定。矧復任取一家答案，尋其究竟，終於無答。遠觀諸物，疑問萬端。隨舉一案，問此云何，即有科學家以分子、元子乃至電子種種作答，復問電子何因而有，仍歸無答。更有哲學家出而作答者，終亦等於不答，又無待言。以此類推，何在不如是耶？而仍不已於問，不已於答。豈知俗諦問答都是假名，勝義諦中問答泊爾俱寂。豈知二字，一氣貫至此讀之。勝義諦者，真諦之代語，真諦義勝故名。若使循俗假詮，問答隨宜如量，固亦無過。如量者，稱境而知，名如量故。蓋在俗諦，本假設一切境事爲有而推求其理。故得其理者，即爲稱境而知，謂之如量。然所謂如量，亦假定如是而已。尋其究竟，便非真解，故以隨宜言之。爾乃任情作解，逞臆卜度，既已非量，而不知虛中以契理，此不如量，即迷俗諦理者。矧復於答問不行之境，此謂真諦。猶且嚚嚚馳問，昏昏恣答。如渴鹿趁燄，演若迷頭。遺貧子之衣珠，攫空潭之月影。迷真諦理者譬於是。此非至愚而何？總結迷俗迷真。至若顛倒冥行，冥者昏也，亦顛倒義，是複詞故。無知故作，故作者，故作惡業也。雖或自爲詭釋，適乃長迷不反。如今愚夫行亡國滅種之行，又何嘗不自己對於自己爲詭譎之解釋，以爲所行亦有理道耶，然而其愚不可救矣！夫癡之異名，是曰無明。無明者，非謂明無，實有此迷闇習氣無始傳來，若言由明無故名無明者，則無明但是虛詞，而非顯有此習也。導諸惑而居首，十二支中，無明居首。負有情以長驅，其勢用之猛，雖轉嶽旋嵐恐猶未足喻也。

慢數者，依於我見而高舉故，故名爲慢。舊説慢有七種，今述其略，而稍易次。改我慢居首故。一者，私其形軀而計爲我，自恃高舉，名爲我慢。高舉即慢相，須澄心體究。二者，於劣謂勝，於材智劣於己者，即謂我勝彼。於等謂等，於材智等於己者，即謂我與彼相等。令心高舉，總説爲慢。設有難言："方劣言勝，方者，比方。方等言等，稱量而知，何失名慢？"應答彼言：此慢於境轉時非但稱量而實令心高舉，不同明鑑照物壹任澄明。以故過重，爲錫慢名。三者，於等謂勝，於材智等於我者而謂我勝彼。於勝謂等，於材智勝於我者，而謂我與彼相等。妄進一階，斯名過慢。四者，於彼勝己，反計己勝，高前過慢，名慢過慢。五者，於所未證，謂已證得，於少證得，謂已證多，心生高舉，名增上慢。六者，於他多分勝己謂己少劣，於他無劣謂我極劣，並名卑慢。雖自知卑劣而猶起慢故，故名卑慢。頗有難言："如於他人多分勝者，我顧自謂少分不及，心有高處，卑慢誠然。若自居極劣，謂他無劣，心無高處，豈成卑慢？"不知彼於勝者之前，反顧己身雖知極劣，其心還復深自尊重，慢相隱微，非是全無，故成卑慢。七者，己實不德而顧自謂有德，恃惡高舉，名爲邪慢。夫慢多者，不敬有德，造諸惡行。咎始於居滿，心懷高舉，即是滿故。其流極於無慚無愧，至不比於人，心高，則無虚懷受善之幾，故日究乎污下。故學者宜先伏慢。

惡見數者，於境顛倒推度故，慧與癡俱故，別境中慧數與本惑中癡數，相俱而成惡見也。故名惡見。見不正故名惡。惡見相狀複雜，不可究詰，抉其重者，略談三見，曰我見、邊見、邪見。

我見者，一云身見，梵言薩迦耶。由不了自性故，自性見《明宗章》。私其形軀，而計我我所，是名我見。言我見者，亦攝我所。由計我故，同時即計我所。云何我所？我所有法，名我所故。如於形軀計爲自我，同時亦計爲我所，云是我之身故。若身外諸法，則但計爲我所，如妻子、田宅、財貨、權位、名譽乃至一切爲我所有者，皆是我所故。故有我見，即有我所。此是自私根源，萬惡都由此起。或有問云："心理學家言自我觀念，大概以爲意識作用間統一之形式。古時外道亦立神我，然則計我者不必是計形軀爲我也。"余曰：心理學家以心作用間統一之形式説明自我觀念，實無所謂計我之見也，但謂心作用非零散的，非分裂的，而爲人格的已耳。此固別是一義，不須牽入此間相比較。至外道言神我者，此由意識虚妄分別而搆畫一個神我以爲形軀之主宰，即所謂分別我執是也。今此所云計形軀爲我者，此相極深細。蓋人心隱微中念念執形軀爲自我，無有一息而捨此執者，是乃與生俱生而不自覺其如是者。此所謂俱生我執，不獨在人爲然。動物亦執形軀爲自體，即是我執。植物亦拘其自體，而隱有此我見，但甚曖昧耳。大抵有生之類限於形氣而昧其本來，不了自性上元無物我種種差別，乃計其形軀爲獨立的自體而執之爲我，其實非我，特妄計耳。猶如病目見空中華，空實無華，由目病故。

邊見者，亦云邊執見。執一邊故，名邊執見。略説有二，曰常邊、斷邊。常邊者，由我見增上力故，增上，猶云加上，言常邊見之起，亦由我見加上之力。計有現前諸物攀援不捨，謂當常住，不了諸物元是刹那生滅，曾無實法，但假説爲物，變化密移，今已非昔，而迷者視之若舊，計此相續之相，謂是常恒。此則墮常邊過。斷邊者，由我見增上力故，於物怙常不得，轉計爲斷。由見世間風動雲飛，山崩川竭，倏忽無跡，根身器界悉從變滅。如經言"劫火洞然，大千俱壞"，遂謂諸法昔有今無，今有後無。此則墮斷邊過。若悟物本無實，依何云斷？故知斷見亦緣取物。然常、斷二邊元是迭墮，又復當知。迭墮者，有時離常即便墮斷，有時離斷還復墮常故。

邪見者，亦云不正見。略説以二，曰增益見、損減見。增益見者，於本無事妄構爲有。如於色等法上增益瓶等相，眼識所取唯色，乃至身識所取唯堅，本無瓶等，故瓶等相純是增益於色等之上的。轉增益瓶等無常相。只是重重增益。乃至於形軀不如實知故，妄增益我相；不如實知故者，形軀元屬幻化，非獨立的，非實在的，非有主宰用的，故析色至微，微相復空，便無形軀可得。今於此不能稱實而知之，云不如實知妄增益我相者，計形軀爲自我，即是無端增益我相於形軀之上也。於自性不返證故，妄增益外在實體相。哲學家談本體者都是看做離自心而外在的東西。此由不了自性，故向外杜撰一重實體，即是增益也。故增益見幻構宇宙，猶如幻師謂幻術家。幻現象馬種種形物。損減見者，於本有事妄計爲無。治故籍者任情取捨，將於古人確實之紀事不肯置信。故籍誠有可疑者，然亦不可謂全是作僞。如益烈山澤、禹治水，古時當有此事實，而今或不肯信有禹其人者，非損減見而何？生長僻陋者，涉歷既狹，聞殊方異物則擬之齊諧志怪。淺見者流，不悟深遠，則詆玄言爲空誕。大抵憑有限之經驗以推測事實，則不得事實之真而自陷於損減見者，此不善學者之通患也。若乃淪溺物欲，不見自性，宇宙人生等同機械，是於自家本分事損減之而不惜，愚益甚矣。凡增益見以無爲有，凡損減見以有爲無。然增與損必恒相依，無孤起故。如昔人説地静者，於地上增益静相，同時即於動相爲損減故。增益見無孤起之理，既增妄相必損真相故。然而人生知識無往不是增益妄相，則睹真者其誰耶？或言綜事辨物務得其理，即不爲增益者，不知約真諦言，則一切事物皆假設故有，元非實在，云何非增益歟？

綜上三見，邪見最寬，一切謬解，皆邪見攝。舊於邊見、邪見，但列舉外道諸計。詳在《述記》三十六，亦堪參考。

本惑五數，各分粗細。粗者猛利，動損自他。粗者發動，必擾亂於心以損自。又必不利於物，即損他也。細者微劣，任運隨心，於他無損。隨心者，言其受節制於心而不自恣。然粗者必嚴對治，令不現起；細者恒共遍行，而與心俱，共遍行云云者，與遍行數同行，而與感識、意識相俱以取境也。當嚴對治，令其伏斷，具在善數中。或有説言："貪、瞋、癡、慢、惡見，此五本惑都是保持個體的生命底必需之具。若有生之類果斷盡此諸惑者，亦決定不能生活下去了。如貪數中自體貪，這個若全斷了如何能生？其餘諸貪，亦可準知。瞋數也是保持個體最需要的。生物没有這個，他如何分化而滋生呢？癡數亦然。植物至人類，都是芒然而生存着。慢數亦爾。他如没有高勝之心，又如何保持自己？下等生物亦有自勝心發見。像吾國人今日對外這般卑賤，不問長短的模倣，願供魚肉的屈服，也失掉了生物底通性。惡見又何得全無？他不計我，即失其個體了。不起邊見及增益見，又如何進展於實際生活方面？所以，此五本惑，是保持個體的生命底必需之具。經説'八地菩薩猶留惑潤生'，可知生必與惑俱。其粗者可令伏斷，其細者不可斷盡也。"其説如此。此謂衆生由惑故生，在世俗諦中則爾，然非勝義諦中所許。吾友馬一浮曰："留惑潤生之義，至爲深隱。"《經》言："菩薩不住無爲，不盡有爲。"蓋以安住寂泊，則不能繁興大用，譬如死水不藏蛟龍。然雖迴真入俗，而智用精純，亦如猛火不巢蟁蚋。如《維摩詰》言："示行貪欲，而離諸染着。示行瞋恚，於諸衆生無有恚礙。示行愚癡，而以智慧調伏其心。"此爲攝受衆生故，權現惑相，非實有惑。在《易》謂之"用晦而明"，禪宗謂之"異類中行"。是乃吉凶同患，憂喜在人；雖復寄跡塵勞，而實宅心無上；出淤泥而不染，履虎尾而不咥，豈謂聖心尚餘惑種乎？若就衆生分上説，則唯其在惑，斯有對治法起。若無煩惱，亦無般若，故一切塵勞是如來種。孔子曰："天下有道，某不與易也。"若能深觀惑相，知惑本空，畢竟當斷，安得以無明爲生命所繫而有此保持個體之法耶？孔子曰："人之生也直，罔之生也幸而免。"此生本無惑之説，與生與惑俱之説異。其理甚長，今不具説，亦學者所當知也。

隨惑數，舊説有二十法，今省略爲十四，曰：忿、恨、惱、害、嫉、覆、慳、誑、諂、無慚、無愧、掉舉、昏沉、放逸。

忿數者，瞋之分故，瞋相最粗之一分也。於現前不順益境而憤發故。憤發者，憤怒盛發故。不順益境者，如他人於己爲不饒益事，或他見與己見違反者，皆名不順益境。憤發極盛者，必有身、語二不善業從中達外，如莫之懲，必損自他。忿動必令自心毒惱，且將禍身，是損自也，又必傷人，是損他也。禽蟲爪牙格鬥，人群興師殺伐，皆忿故也。

恨數者，由忿爲先，懷惡不捨故，深結怨故，故名爲恨。恨亦瞋之一分，有如蛇蝎，又過於忿。

惱數者，忿恨爲先，追觸暴熱，極很戾故，故名爲惱。追觸者，於夙所忿恨者，追懷毒怨故。暴熱者，謂凶暴之毒，若烈火内煎也。很戾者，凶毒至極，斷盡柔慈故。惱亦瞋之一分，其毒過恨，故全失人性。

害數者，於諸有情損害逼惱，無悲愍故，故名爲害。禽獸相吞噬，人獵禽獸而食，又殘同類，皆由害故。害多者，恒發而不覺。常與人泛舟明湖，清波蕩漾，巨鱗騰躍，美感移人，忽乎喪我。然而俗子於斯，方欲得魚而烹之，是其害心竊發於俄頃而且不自覺。人性淪亡至是，亦可哀已。害亦瞋之一分，然必與貪癡俱。

嫉數者，狥自名利故，於他妒嫉故，故名爲嫉。舊説嫉與喜違，懷嫉妒者，聞見他榮，深結憂戚，恒不安隱，故無喜悦。嫉亦瞋之一分，其惡陰慝，君子耻之。

覆數者，於所作罪隱藏故，故名爲覆。覆亦貪分，諸覆罪者，多由恐失財利名譽等故。貪分者，猶言貪之一分也。覆亦癡分，覆罪則陷溺益深而不知懼，此即癡故。

慳數者，耽著財法，秘吝不捨故，故名爲慳。財者，貨利及諸饒益於己之事，皆得名財。法者，學術技能，亦通名法。慳亦貪分，心懷猥鄙，吝澀畜積。慳於財者，於非所需亦恒積聚。慳於法者，秘其知能不肯授人，亦慳財之變相。故慳之惡爲卑私，是徇物以喪其生理者，故可哀也。

誑數者，爲遂己私矯現不實故，務詭詐故，故名爲誑。誑亦由貪，諸矯誑者必挾私染故。誑亦由癡，明不至則内歉，乃矯詐於外故。内歉者，内力不足故。誑之惡大於覆，覆者猶恐人知，誑則一切無復忌憚，悍然播其惡於衆而猶自謂得計。誑習既久，則所行惟是罔人自欺，故惡至於誑而極。研社會心理者，必知衰亡之代，其人皆習於誑。懷誑之人，如穢腐中微菌，無復生理，故速亡也。

諂數者，爲罔他故，罔者欺罔。矯設方便，行險曲故，故名爲諂。凡諂者，必無真知正見，難自樹立，故由癡起。耽着利譽，患得患失，亦由貪起。諂必習爲揣摩，多設羅網。或偵一人好惡，恣爲詭遇；或伺群衆風尚，巧與迎合。此所以名險曲也。

無慚數者，輕拒賢善故，故名無慚。此由癡故，不知自貴，甘居污下，故見賢不敬而輕忽之，聞善不樂而抵拒之。羞耻不生於其心，昏迷傲逸，人理亡滅。

無愧數者，崇重暴惡故，故名無愧。此視無慚，癡惡又進。輕賢不足而乃崇暴，拒善不足而更重惡。歷史所載暴人之雄，惡行之極，常爲民群之所倣效。此於衰世，尤可徵也。無慚、無愧，通名無耻。

掉舉數者，令心囂紛故，囂者囂動，紛者紛馳。故名掉舉。此依不正尋求，間雜思慮。或復由念引令曾時愛憎等習勃然現起，愛憎即是貪瞋。故有囂紛相生。舊以囂動名掉舉，而別説紛馳名散亂，不知囂則未有不紛者，紛亦未有非囂者。故今以散亂攝入掉舉，不别立之。

昏沉數者，令心懵懂故，故名昏沉。此由癡增，遂成懵懂。懵懂初位，即是懈怠。故懈怠數，今不别説。舊以懈怠别爲一數。懵懂深者完全物化，而疑於無心，與動植比，故可懼也。下等動物與植物，只是懵懂過深故。

於逸數者，令心縱蕩故，故名放逸。放逸即是不敬，爲掉舉、昏沉所依。

隨惑略如上説。此視本惑中粗，本惑五數，各各又分粗細，如前已説。抑又過之。隨惑較本惑之粗者，又乃更粗。如隨中慳較本中貪的粗相必更猛，隨中忿較本中瞋的粗相必更猛。他準知。故動損自他，註見上文。必嚴對治，令其斷盡，猶如拔毒必須拔骨，毋或及膚而止。昔明道少好田獵，既而自謂已無此好。濂溪曰：“何言之易也！但此心潛隱未發，一日萌動，復如初矣。”

後十二年，因見獵者不覺心喜，果知未也，故知斷染良難。然凜其難而勿失之放逸，十目十手嚴指視於幽獨之地，一瞬一息善存養於宥密之中。善本既立，則諸惑自盡。先難後獲，始識人生。從困難中戰勝而有獲，才識人生意義底豐富。因任無功，亦物而已。物謂鳥獸之類，乃因任其與形俱始底染污習氣，而不知用對治之功故。

本隨惑數，是染污性故，違礙善故，故名染數。

善數，舊説有十一法，今省併爲七法，曰：定、信、無貪、無瞋、無癡、精進、不放逸。省去慚等五法，併入别境中定。

定數者，令心收攝凝聚故，正對治沉掉故，沉掉，謂隨惑中昏沉、掉舉二數。故名爲定。[①] 由如理作意力故，有定數生。作意數見前。如理者，作意若與惑俱者，即是染性法。今此作意，乃背惑而順正理，深自警策，以引發其本心。此即善性法，故名如理作意。定數必由如理作意引生。定者收攝凝聚，併力内注，助心反緣，注者，專注。助者是相應義。此定以其收攝凝聚的力，應合叶助於心，而深自反觀故。不循諸惑滑熟路故。諸惑從無始來，與生俱有，與形相昵，未曾斷捨，故其現起如率循他滑熟的路子走一般，所以惑起如機械而不自覺。今此收攝凝聚力者，即是自己新創造的一種定力，卻要背惑而行，不肯率循他底滑熟路子走了。是能引發内自本心，使諸惑染無可乘故。内者，謂此本心不由外鑠故。自者，即此本心是自性故，不從他得故。諸惑無可乘者，本心既藉定顯發，得爲主宰，故惑不容生。夫本心者，元是寂静圓明，毫無欠缺，寂静者，澄湛之極，其應恒止。圓明者，虚靈之極，其照恒遍。但惑起障之，則心不得自顯，而等於亡失。此昔人所以有放心之説也。然心雖受障，畢竟未嘗不在，即惑染流行而此心法爾自運，亦未堪全蔽。如浮雲蔽日而言無日，實則日亦未嘗不在。雖復積陰重閉，要非絶無微陽呈露其間者，但勢用微劣而説爲無陽耳。無陽，猶云無日。定數者，即以其收攝凝聚勢用，乘乎本心之運不容全蔽。如所謂微陽者，乃令其保聚益大，而無亡失之憂。使本心浸顯而極盛，則諸惑亦漸伏而終盡。故定力者，實能對治諸惑。諸惑者，即綜全部染數而

① 整理者按，作者在自存本上加有眉批云："君子莊敬而强，清明在躬，志氣如神。"

言之。而云正對治沉掉者，則以定相與沉掉相正相翻故，故乃舉勝而談。然既置正言，即顯不獨對治沉掉可知。定數如是，餘對治力，餘云云者，猶言其他善數底對治力。可例觀也。

信數者，令心清浄故，正對治無慚、無愧故，故名爲信。世所言信者，大抵屬勝解而非即信。勝解數見前。如現見青色而信其爲青。測驗氣象，度明日將雨，因信明日有雨。此皆常途所謂信，實則是勝解的印持相，而非信也。又如宗教家信有上帝，此云信者亦是印持而實非即信。云何信[①]？由如理作意力故，引生清浄勢用，即此浄勢叶合於心，而共趣所緣者是名信故。清浄勢用，省言浄勢。此與如理作意乃同時而起者。叶合即相應義。此信所緣義境，略説以二：一者，於真理有願欲故，此中假説真理爲信之所緣義境。真理者，隱目自性而言之。吾人爲惑所蔽，不見自性而又不甘同於草木鳥獸之無知，必欲洞明宇宙人生之蘊。易言之，即欲自識本來者，此即求真理之願欲。能見真故，故起信。見自性故，名見真理。見真而起信者，是惟反求實證者乃能爾。二者，於自力起信，即依自性發起勝行，深信自力能得能成故。行者，造作義。自思慮之微至身語之著，所有創造所有作爲總説名行。勝行者，以此行是依自性而起純善無染故，故名勝行。此行既順性而發，故可深信自力能得而無失，能成而無虧也。如印度哲人甘地抵抗强暴侵略之行，絕無己私惑染，乃順循乎其自性所不容已，故深信其自力於所行能得能成也。孔子曰："我欲仁，斯仁至矣。"亦此旨也。故信之爲義極嚴格。世言迷信者，誤以勝解爲信，故有迷，勝解於迷悟心中通有之。而信實無迷。《論語》故貴篤信。[②]信者清浄相，與無慚、無愧渾濁相正相翻故，渾濁至於無慚、無愧而極。故説信於無慚、無愧爲正對治。於決定境印持而不疑者，世之所謂信也。實則但是印持而非即信。蓋所謂信者，唯是自明自識而起自信。《易》所謂"默而成之，不言而信，存乎德行"是也。吾友馬一浮曰："此云自信，即宗門所云自肯。"妙哉斯言！自肯之言深矣遠矣，必須自明自識才有自肯。到此境地便已壁立萬仞，一切攖他不得，一切奪他不得，大雄無畏者以此。然而世人都是自暴自棄，如何識得自肯二字。

無貪數者，正對治貪故，無染着故，故名無貪。由定及信相應心

① 整理者按，作者在自存本上將"世所言信者"至"云何信"一段删除。
② 整理者按，作者在自存本上將"世言迷信者"至"《論語》故貴篤信"一段删除。

故，有無貪勢用俱轉。無貪者，謂於貪習察識精嚴而深禁絶之，是名無貪。無者，禁絶之詞。身非私有，元與天地萬物通爲一體，即置身於天地萬物公共之地而同焉皆得。各得其所。何爲拘礙形體，妄生貪着，梏亡自性？形雖分物我，而性上元無差別。人若私其形而拘之，則必梏亡其性，自喪其本真，故深可哀愍。故自體貪，應如是絶。非絕自體，只是絕自體貪。蓋私其自體爲己而染着不捨，此即是貪，故須絕也。萬物誘焉皆生，而實無生相可得，生生者不住故。剎那滅故。不住故無物。無自體故名無物。《易》曰“生生之謂易”，而又曰“易無體”。此明生者未嘗有獨存的自體可得，其旨實通《般若》。[1] 無物矣，則生者實未嘗有生也。既生即無生，則寄之無生，而寓諸無竟，奚其不樂！何不悟生之幻化而欲怙之，妄執有一己之生，冀其後有耶？“何不”至此爲句。幻化一詞，不含劣義。所謂生者，元來是頓起頓滅，没有暫住的東西，故謂幻化也。義詳《轉變章》。妄執云云者，生者大化周流，本無所謂一己，而人之後有貪則妄執有一己之生，故惑也。故後有貪，應如是絶。非絕後有，只是絕後有貪。蓋於其生而妄計自體，即私爲一己之生而怙留不捨者，此即是貪，故應絕也。嗣續者，大生之流。大生者，萬物同體而生故名。如吾有嗣續，亦大生之流行不息故也。物則拘形，私其種息。動植傳種，各私其類。人乃率性，胡容私怙我嗣我續。《列子》曰：“汝身非汝有，是天地之委和也。孫子非汝有，是天地之委蜕也。”以嗣續爲我之私有者，執形氣而昧於性體，故是大惑。故嗣續貪，應如是絶。非絶嗣續，只是絶嗣續貪。私嗣續爲己有，此即是貪，故應絕也。匹偶之合，用遂其生。愛而有敬，所以率性。敬愛之愛非貪。狥於形者，愛變成溺，則同人道於禽獸。中土禮教於夫婦之倫，義主相敬，故燕私之情不形於動静，此相合以天也。西人則言戀愛。愛而曰戀，正是染着，則溺於形而失其性矣。故男女貪，應如是絶。非絕男女，只是絕男女貪。男女合不以禮，交不由義，居室恒瀆褻而無敬，此即貪之表現，故應絕也。本性具足，無待外求。人的本性上哪有缺憾？只因向外追求才起了缺憾。養形之需，元屬有限。隨分自適，不虧吾性。狂貪無饜，本實先撥。逐物而失其性，是本撥也。故資具貪，應如是絶。非資具可絕，只是絕資具貪耳。併

[1] 整理者按，作者在自存本上將此段註文刪掉，改寫爲：“無物謂無獨立存在的物事。”

心外馳，殉物喪己，此貪過重，故應絶也。莊生《逍遥》所謂“窅然喪其天下”，《論語》曰：“巍巍乎，舜禹之有天下也而不與焉”，是能絶資具貪者。貪貪，蓋貪，參看貪數。作繭自縛，心與物化，生機泯滅。故此二貪，應如是絶。真見性者，無己見可執。己本不立，何執己見？其有若無，其實若虚，循物無違之謂智，匪用其私。循物云云者，謂率循乎物理之實然，而非以己見臆度與之相違也。莊生曰：“道未始有封，言未始有常。”惟自私用知，讀智。分畛始立，“是非之塗，樊然淆亂”。故見貪者，應如是絶。如上粗析八種對治。説無貪略竟。

無瞋數者，正對治瞋故，無憎恚故，故名無瞋。由定及信相應心故，有無瞋勢用俱轉。無瞋者，謂於瞋習察識精嚴而深禁絶之，是名無瞋。於諸有情，利害等因引生憎惡。此念萌時，反諸本心，惻然如傷，不忍復校。校者計較。心體物而無不在，其視天下無一物非我故也。本心即性。性者物我之同體，故云心體物而無不在。然瞋勢盛者，猶欲瞞心而逞其惑。此在常途，故云理欲交戰。當此頃間，必賴無瞋勢用助叶於心方能勝惑。心者，天明即性也。性難自顯，必藉浄習以行。無瞋數者則是浄習，乃順性而起者，故心得藉之以顯。人能率性，不因利害瞋物而失慈柔。體物所以立誠，此言體物者，視萬物與吾爲一體故，故無瞋而盡其誠也。備物所以存仁，無瞋故備物。瞋則損害乎物而不能備之，故傷吾仁。故人極立而遠於禽獸也。禽獸非是無性，但因氣昏惑重，故天性全汩没，本心全障蔽了，所以只知利害而不知其他。如其善於逐食及厲爪牙以防患，皆動於利害之私，尋不出他有超脱利害的優點來。至人則不然，卻能發展他底天性本心而有無瞋、無貪、無癡等善心數之著見，此其所以異於禽獸。設有難言：“於暴惡者，亦起瞋否？”應答彼言：於彼暴惡隨順起瞋而實非瞋。瞋因於彼而不以私，瞋因於彼云云者，彼爲暴惡不利群生，公理所不容，因而瞋之，非以私利私害而起瞋故。廓然順應，未嘗有瞋之一念累於中也。故雖誅殺暴惡而不爲瞋，因彼故也。因彼之當誅而誅之耳，吾無私也，故不爲瞋。世儒或云嫉惡不可太嚴者，則是鄉愿語。惡既可嫉，焉得不嚴。不嚴則必自家好善惡惡之誠未至，而姑容寬假之私。須知嚴嫉者，亦因乎彼之惡耳，非可以私意寬嚴於其間也。自鄉愿之説行，而暴惡者每逞志，此可戒也。然瞋之爲私與否，此最難辨。非私與無私之難辨也，人情恒以其私託於無私而自詭，故難辨也。如矯託革命者，當其在野則瞋在位之暴惡而爲群衆呼籲，固儼然不爲私瞋也，然其實絕無矜全群衆之心，特欲肆一己之貪殘而苦於不得逞，故託於群衆以詭示革命之謀不爲私瞋已耳。彼既自詭如是，浸久亦不自覺爲私，及一旦取而代之，其暴惡益厲於前，而後群衆乃察見其前此之隱衷，而彼猶不自承爲私也。果其瞋不以私，則當憎恚因物而起時，其中必有哀痛慘切之隱。曾子所謂聽訟得情，哀矜勿喜者，稱心之談也，是其發於本心體物之誠而不容已也。若瞋發於私，則惑起而本心已失，心爲惑所障故。即物我隔絕，乃唯見有物之可憎，而何有於哀痛慘切耶？此段吃緊。於物暴惡，以瞋相報，便已隨轉而弗自知，可懼孰甚。故有情瞋，畢竟應斷。安土敦仁，本《易傳》。土者，境界。言隨境能安，乃所以敦篤吾之仁。無入不得。《中庸》云："君子無入而不自得焉。"心爲境縛，則天地雖大，詩人猶嗟靡騁；境隨心轉，則陋巷不堪，賢者自有樂在。故境界瞋，畢境應斷。是非之執，每囿於情識。守其一曲，斯不能觀其會通；取捨兩端，必有偏倚。彼其明之所立，正其蔽之所成，《莊子》曰："是非之彰也，道之所以虧也。道之所以虧，愛之所以成。"此云愛者屬所知障，當此文所謂蔽。明與蔽相因。斯執礙横生，諍論競起，詆諆瑕釁，互爲主敵。故天竺外道，至以斬首相要；此土異家，亦有操戈之喻。此見瞋之害也。惟見性者，不爲情識所封，故能因是因非，玄同彼我，息言忘照，[1] 休乎天鈞。知辨者之勞，猶蟁虻之於天地，雖不得已而有言，始乎無取，終乎無得。故智與理冥，而喜怒不用，豈復有齗齗之患乎？故見瞋者，畢竟應斷。

無癡數者，正對治癡故，於諸理事明解不迷故，故名無癡。無癡依何而起？由定力故，於本心微明，保聚增長。本心微明者，心爲惑所障蔽而不得顯發，但於障蔽中微有呈露耳，故說微明。參看定數。由信力故，引發本淨，本淨者，謂本心本來清淨，但爲惑所障，故賴信底勢用引發之。於是有自性智生。自性智者，即謂本心。本心元是圓明遍照，故以智名之。其在人則爲人所以生之理，故以

① 整理者按，作者在自存本加上眉批云："照有兩義：觀察義、分別義。此中是分別義。分別是未捨妄，觀察即智之妙用。"

自性言之。參看《明宗章》註。依自性智故，遂起明解。明解即是無癡異名。蓋明解元屬後得，明解依自性智起而非即自性智，但是淨習故，故云後得。多於境轉，而積漸擴充。多於境轉者，明解本是緣慮境事的，然亦能反緣自性，故於緣境而置多言。積漸擴充者，明解於種種境事上練磨益深，則其勢用隨練磨的推廣而擴充不已故。然其勢用初兆，亦非無因突現，必有自性智爲根本依，方得起故。如火之燃，如泉之達，皆有依故。《集論》説明解即慧，《識論》不許，權衡得失，宜從《識論》。蓋嘗言之：明與慧，迹有稍似而實乃絶異。明解亦省稱明。迹稍似者，慧分别境事，猶言事物。明亦分别境事故。稍似者一。又慧精者，其分别境事，明徵定保，必止於符，言其分别事物，必舉徵驗而符於理。先難後獲，必戒於偷；其得理不由偷倖也。而明於境起分别時，亦復如是故。稍似者二。實異者，慧一向逐境而與境化，與境化者，慧起必現似境相，雖極抽象的概念，還是現似一種境相。故迷失其本有自性智而不知求之；慧是分别境事的，易言之，是向外去看東西的，所以不能反緣自性。若任慧去推求自性，他撲着不得一物，便要大炫惑了，所以古德每斥知識爲此理之障。明則廓爾曠觀，能不縛於境故，故云曠觀。能得總相，總相即謂自性。以其在人而言曰自性，以其遍爲萬物實體而言曰總相。雖不親證自性而疏緣故。不親證自性者，若是自性智直接呈露，他便自己證知自己，即是親證。今此明解，只是依自性智而起者，他已不是自性智底本身，雖能回顧自家底自性，只是籌度之而作共相觀耳，所以謂之疏緣。非自親證，故云爾也。然雖疏緣，比於全迷而不知求之者，其相去甚懸遠矣。此實異者一。又慧於事物簡擇，縱言如量而猶着相故，還復是癡，非真能如量者。何以故？一切事物於俗諦中假設故有，推入真諦即皆亡實。如慧比知比者，比度。地動非静，在任慧者固云如量，實則慧取境時，非不着於地相動相。須於當念察識。着相即癡，以乖真故，云何可言如量？乖真故者，着相則與真諦理不相應。明乃異慧，雖於俗中事物亦假設爲有，而析其理但不着相。此處吃緊。如起地動解時，實不曾執着地相動相。宗門諸大德，嘗有此境地。故此非癡，是真如量。實異者二。

綜前所説，明非即慧，是義決定。然明者非一般人所得有。非謂其本來無有此也，人人固具此大寶藏而不自發展，故云不得有耳。夫明依自性智而起，若智不得顯者，明即不生。自性智，亦省稱曰智。然智雖不顯，要非無智，但爲惑障而不顯耳。惟夫一向任慧而又富於探求真理之願欲者，真理，同信數中說。參看信數註。久之自感慧用有限，而悟宇宙人生之蘊不可以物推觀，必更爲鞭辟近裹之功，以求其在己。於是而自明自識，而本有自性智卒顯發焉。宋人小詞所謂“衆裏尋他千百度，回頭驀見，那人正在燈火闌珊處”，喻此最似。及夫自性智起，則體立而用自行。其推致此智之妙用於事事物物而莫不得其理者，是即爲明。具云明解。明者智之用，其行於事物也，恒以練磨之多而明相增盛。故明者亦緣分別事物而起，所以說爲後得。明者，是分別事物的，是待練磨而增盛的，所以說明是後得。後得云者，即習之謂也。或有難者，以爲若主後得，應全站在經驗上說，不應說個智之用又攙入固有底東西來了。不知說到經驗，便須有個能經驗的，這個能經驗的在此則謂之明。而所謂明者，自然不無根據，所以說是智之用。因他是智之用，所以說是依智而起。而他所以不同於慧者，元來只此。但又須知，纔說到用，便是感物而動，應事而發，即已是後起而不是固有的自性之本然了。若非應感事物，亦没有這個用可見，所以又說明者緣分別事物而起。如此說來，明爲智之用而卻是後得，於理無疑。① 舊師言明亦稱正慧，正慧者，以別於常途所謂慧故。猶嫌稍濫。理實明依智起，是智之用故，亦得名智，或對自性名後得智。即明與慧，稱名不濫。或復問言：“明依智起，既得聞矣。然慧亦有依否？”今答彼言：慧亦非不依於自性智。有言慧全由經驗得來者，此說亦是。但慧雖資經驗而起，要自有個能經驗的一種作用，這個作用才是慧底本身。此自不由外鑠者。既不由外鑠，則亦依自性智而起矣。試思吾人若非具有自性智者，便是無心靈的死物，又哪得有慧生而爲能經驗者耶？然又不可言慧依智起者，此何故耶？智雖人所本有，然人自有生以後則常拘於形氣以造諸染習，遂使固有性智自性智亦省稱性智。② 恒受障蔽而不得顯發。故其作用流行於障蔽中者，既雜夫形氣與染習之私，而其緣境，遂成乎物交物之勢。此慧所以不得名爲智之用，即不得言依智而起也。此段道理煞難說，今人更不曾注意及此。故必待性智顯發而後依智所

① 整理者按，作者在自存本上寫有：“此段註可省。”

② 整理者按，作者在自存本上將此註删掉。

起之明，乃純爲智之妙用而非慧之所及也。智如何顯發？即在造浄習以引發之耳。本節首舉定與信，即是浄習中端緒也。惟明能破闇，故説無癡是癡對治。若性智未得恒時爲主於中者，即明猶未盛，而慧猶時與癡俱，以擾於心。此復性之功，所以不容已耳。復性即是自性智得恒爲主於中也。又陽明良知則是通性智與後得智而渾淪言之，示人亦親切。《易》曰："明出地上，晉，順而麗乎大明。"① 是無癡之象也。

精進數者，對治諸惑故，令心勇悍故，故名精進。由如理作意力故，有勇悍勢用俱起而叶合於心，同所行轉。凡人不精進者，即役於形、錮於惑而無所堪任，是放其心以亡其生者也。無所堪任者，無所堪能，無所任受，如草木鳥獸然也。放者放失，不自存養其心，故放失也。心者生理，放心即亡其生理故。精進者自强不息，體至剛而涵萬有，此言體者，合也。人性本來剛大，而役於形錮於惑者，則失其性。故必發起精進，以體合乎本來剛大之性。夫性唯剛大，故爲萬化之原。唯率性者爲能盡其知能，故云涵萬有。立至誠以宰百爲，誠者真實無妄，亦言乎性也。立誠即盡性也。百爲一主乎誠，即所爲無不順性。一切真實而無虚僞，故是精進。日新而不用其故，《易》曰："日新之謂盛德。"唯其剛健誠實，故恒創新而不守故。進進而無所於止，進進，本横渠語。② 故在心爲勇悍之相焉。精進起而叶合於心，即成爲心上之一種勢用，故言在心。舊説精進爲五種：一被甲精進，最初發起猛利樂欲，如著甲入陣有大威勢故。二加行精進，繼起堅固策勤方便故。即以堅固策勤爲方便，乃得精進不已也。堅固二字吃緊。三無下精進，有所證得，不自輕蔑，益勤上達故。四無退精進，忍受諸苦猛利而前，雖逢生死苦亦不退轉故。雖云無下，逢苦或休，故應次以無退。五無足精進，規模廣遠，不爲少得，便生饜足故。孔子曰："我學不厭，而誨不倦也。"又曰："發憤忘食，樂以忘憂，不知老之將至云爾。"又曰："忘身之老也，不知年數之不足也。俛焉日有孳孳，斃而後已。"此皆自道其精進之概。總之，人生唯於精進見生命，一息不精進即成乎死物，故精進終無足也。精進

① 整理者按，此處引文有誤。《易·晉》"《彖》曰：晉，進也。明出地上，順而麗乎大明。""《象》曰：明出地上，晉，君子以自昭明德。"

② 整理者按，作者在自存本上將此註删除。

即身心調暢。古師别立輕安，今故不立。精進與常途言勤者異義。如勤作諸惡者，常途亦謂之勤，此實墮没，非是精進。

不放逸數者，對治諸惑故，恒持戒故，恒字吃緊。名不放逸。由如理作意力故，有戒懼勢用俱起，叶合於心，同所行轉，令心常惺，惑不得起，爲定所依。佛氏三學，以戒爲本。由戒生定，故戒是定依，不放逸即攝戒。儒家舊有主静、主敬之説，學者或疑有二，不知敬而無失，始能息諸憧擾；主一無適，内欲不萌，即是静也。此中説定，即該主静，説不放逸是定依，即該主敬。夫微妙而難見者心也，猛利而乘權者惑也。心無主宰則惑乘之，陵奪其位，心即放失。喻如寇盜相侵，主人被逐。《記》曰："斯須不莊不敬，則暴慢之心入之；斯須不和不樂，則鄙詐之心入之。"敬則自然虚静，敬則自然和樂，故不和樂即是不敬。故必齋明儼恪，收攝止畜，卦名有取於畜者。畜止即存在之義，與放失相翻。人心不止畜則流蕩。凡虚妄攀援，皆流蕩也。[①]然後此心微妙不可睹聞之體，始得顯發於隱微幽獨之地，而力用常昭。默存於變化云爲之間，而不隨物靡。《易》謂"顯諸仁，藏諸用"者，即此義。識得此體，須勤保任。故朝乾夕惕唯恐或失，見賓承祭同其嚴畏，造次顛沛亦莫之違。防檢不忽於微漸，涵養無間於瞬息，絶悔吝於未萌，慎樞機於將發。斯能正位居體，不爲諸惑之所侵矣。故儒者言"閑邪則誠自存"，又言"不敬則肆"。禪家謂"蹔時不在，即同死人"。此皆不放逸之教，其言至爲精切。《詩》謂文王"無然歆羡，無然畔援"，此即不放逸相。學者當知始自凡夫至於大覺，戒懼之功不容或已。故曰：懼以終始，無可縱任。縱任有作自在解者，即是勝義。有作放肆解者，即是劣義。此中是劣義也。安不忘危，治不忘亂，有不斷惑之衆生，即如來無可忘其戒懼。自本心言之，衆生與如來本是一體。衆生惑相，即是佛自心中疵累，何得不戒懼耶？經云："有一衆生未成佛，終不於此取泥洹"，亦此義也。唯知機其神，斯自强不息。故敬也者，所以成始而成終也。今以不放逸爲諸善心數之殿。此義甚深，學者其善思之。或疑常存戒懼，有似拘迫而礙於心，不知拘迫由惑起，戒懼則惑不得乘，而不

① 整理者按，作者在自存本上加有眉批云："存在即是本體。"

失此心坦蕩之本然，即當下受用。故戒懼恒與和樂相依，何有拘迫之患耶？又戒懼之保任此心，猶如舵工持舵，不敢稍疏。初時似勞照應，久之功力純熟，則亦即身即舵。如庖丁解牛，游刃有餘。象山有言："得力處即省力。"故以戒懼爲拘迫者，無有是處。

如上七法，是清淨性故，對治染故，故名善數。[①] 舊言心所，但具名數，無甚説明。又以染淨一一相翻，似如頭痛醫頭，腳痛醫腳，全無立本之道，如何對治得去。大抵世親以來，言唯識者全走入辨析名相一途，頗少深造自得之功。奘、基介紹此學於中土，雖盛行一時而終不可久。宗門迅起代之，亦有以耳。

綜前所説，心者即性，是本來故。心所即習，是後起故。[②] 本來任運，任自然而運行。後起有爲。本來純淨無染，後起便通善染。本來是主，只此本來的性，是人底生命，故對於後起的習而説爲主。後起染法障之，則主反爲客。無據曰客。本心障而不顯，雖存若亡，故説爲客。後起是客，染勝而障其本來，則客反爲主。吾人生命，只此本來者是。然吾人不見自性故，常以染習爲生命。一切所思所學所爲所作，莫非滋長染習而恃之以爲其生命，而真生命乃日戕賊於無形。此亦愚之至也。如斯義趣，上來略明。今更申言：欲了本心，當重修學。蓋人生本來之性，必資後起淨法始得顯現，雖處染中，以此自性力故，常起淨法不斷。起者創義。依據自性力故而得創起淨習不斷，即自性常顯現而不至物化故。依此淨法，説名爲學。創起淨習，即是認識了自家底生命而創新不已。這個自識自創的功用，總説名覺，只此覺才是真學問。若向外馳求，取著於物，只成染法，不了自性，非此所謂學。此語料簡世間一切俗學。故學之爲言，覺也。學以窮理爲本，盡性爲歸。徹法源底之謂窮，無欠無餘之謂盡。性即本來清淨之心，理即自心具足之理，不由外鑠，不假他求。此在學者

---

① 整理者按，作者在自存本上貼有一紙條，重抄上句之後，加有如下一段文字："夫染數即染習之現起，而染習緣形物故生，已如前説。善數即淨習之現起，而淨習由循理方起，如《功能章》説。（《功能章》有云，如自作意至動發諸業壹是皆循理而動，未嘗拘於形骸之私者，凡此所作，必皆有餘勢潛存，名無漏習云云。）故淨習者實本心發用而有餘勢故名。淨習屬心，染習屬物。染習現起爲染性心所，即障自性。淨習現起爲善性心所，此即工夫，亦即於此識自性。（註照原本，在此下。）"

② 整理者按，作者在自存本上在此處加了如下文字："淨習雖依本心之發用故有，然發現以後成爲餘勢，等流不絕，方名淨習，則淨習亦是後起。"

深體明辨。今略舉二義，以明修學之要。

一者，從微至顯，形不礙性故，性之所以全也。本心唯微，必藉引發而後顯。微有二義：一者微隱義，以不可睹聞言之。二者微少義，以所存者幾希言之。此兼具二義。既凝成形氣則化於物者多，而其守自性而不物化者遂爲至少。如《易》消息，從《姤》至《剥》，僅存在上之一陽。此段道理極難説。參看《轉變章》《成色章》《明心上章》首段，須深心體究翕闢之故才得。本來者，性之代語，已見上文。性者，言其爲吾人所以生之理也。若賅萬有而言之，則亦假名恒轉。形氣者，謂身軀。此即恒轉之動而翕所凝成者。易言之，即此形氣亦是本來的性底發現，但形氣既起，則幻成頑鈍的物事，忽與本來的性不相似。所以，性至此幾乎完全物質化了，而尚能守其自性而不至全化爲物者，實只至少的一點，如《易・剥》卦中所剩下底一陽而已。這點真陽，是生命底本身，宗門所謂本來面目，他確是形氣底主宰。王弼《易例》所謂“寡能制衆者”此也。然此只就原理上説，未可執一曲以衡之。蓋此點真陽若不得顯發，即未能主宰形氣而爲物役者，又隨在可徵。故不可持一曲之見，以疑此原理爲妄立也。此僅存之真陽，即性。雖遍運乎形氣之内而隱爲主宰，然其運而不息者，固法爾自然，未有爲作。法爾，猶言自然。不直言自然者，以法爾義深故。下言自然者顯無作意，與常途言自然者，義亦稍别。而形氣既生，即自有權能，形氣底權能，本是隨順乎性的，而亦可以不順乎性。則性之運於形氣中者，既因任無爲，因任者，因而任之故。形乃可役性以從己，而宛爾成乎形氣之動，形氣，簡言形。乃可者，未盡之詞。形之役性，非其固然也，故云乃可。己者，設爲形氣之自謂。故性若失其主宰力矣，所謂本來惟微者此也。言若失者，非真失也。形氣之動者即性也。但動而從乎形，而不能主乎形，故謂之失。然性實非從形者，故非真失也。然則形爲性之害乎？曰：否否。若無形氣，則性亦不可見。且形者性之凝，即形莫非性也。故孟子曰：“形色天性也。”形何礙於性乎？形之役夫性者，本非其固然，特變態耳。如水不就下而使之過顙或在山者，此豈水之固然哉？染習與形俱始，隨逐增長，以與形相守而益障其本來，染習與形相守，故學者難於變化氣質也。遂使固有之性無所引發而不得顯，如金在礦不見光采。反之，性之主乎形者，則以善習力用增長，與性相應，引發不窮，故全體頓現。如《易》

消息，從《復》之一陽，漸而至於純《乾》。如錬礦成金，不重爲礦。然性之爲主，亦行乎形氣之中，故先儒有“踐形盡性”之説，使視極其明，聽極其聰，斯無往而非全體之昭著矣。横渠云：“德勝其氣，則性命於德。德不勝其氣，則性命於氣。”此言性主乎形者，即性命於德之義。言形役乎性者，即性命於氣之義。但横渠之言簡要，學者或有未喻。今雖詞費，欲使人易曉耳。又《易》象之消息，實善狀此心之隱顯。人心以錮於形氣之私，遂令本性汩没，不得透露，然無論如何物化，此本性實消不盡，如古言“人窮則反本”。勞苦倦極未嘗不呼天，疾痛慘怛未嘗不呼父母。又如“人之將死，其言也善”，乃是形氣以消索而退聽，即此性於中發露。《易》所謂“《剥》窮於上，《復》生於下”，即此象也。佛氏言五陰壯盛是苦，以其蓋覆如來藏心，若轉衆生五陰成法性五陰，則六根門頭皆成清浄功德。此與“踐形盡性”之旨同。[1]

二者，天人合德，[2] 性修不二故，學之所以成也。《易》曰：“繼之者善，成之者性。”全性起修名繼，性是全體流行不息的，是萬善具足的，故依之起修而萬善無不成辦，是謂全性起修即繼義。全修在性名成。修之全功依性而起，祇以擴充其性故，非是增益本性所無，故云全修在性即成義。本來性浄爲天，後起浄習爲人。故曰：“人不天不因，性者，天也。人若不有其天然具足之性，則將何所因而爲善乎？天不人不成。”後起浄習，則人力也。雖有天性而不盡人力，則天性不得顯發，而何以成其爲天耶？此上二語，本揚子雲《法言》。故吾人必以精進力創起浄習，以隨順乎固有之性，而引令顯發。在《易》，《乾》爲天道，《坤》爲人道。《坤》以順承天，故爲善繼《乾》健之德。《坤》卦表示後起底物事。吾人自創浄習，以引發天性，即《坤》法天之象。是故學者繼善之事，及其成也，性焉。《論語》曰：“人能弘道，非道弘人。”《論語》言道，當此所謂性。人能自創浄習以顯發天性，是人能弘大其道也。人不知盡性即化於物，而性有不存者矣，故云“非道弘人”。弘道之目，約言之，在儒家爲率循五德，在佛氏爲勤行六度。五德本性具之德，其用必待充而始完。六度乃順性而修，其事亦遇緣而方顯。佛氏言六度多明事相，不及儒家言五德剋指本體，於義

① 整理者按，作者在自存本上加有眉批云：“此段註不用。”
② 整理者按，作者在自存本上加有眉批云：“超有限而入無限，即是天人合德。”

爲精。故曰："無不從此法界流，無不還歸此法界。"法界即性之異名耳。此謂天人合德，性修不二。學者於此知所持循，則精義入神以致用，利用安身以崇德，皆在其中矣。或曰："染縛重者惡乎學？"曰：染浄相資，變染成浄，祇在一念轉移間耳，何謂不能學耶？夫染雖障本，本者，具云本來。染法障蔽本來。而亦是引發本來之因。由有染故，覺不自在。不自在故，希欲改造，自己改造自己。遂有浄習創生。由浄力故，得以引發本來而克成性。性雖固有，若障蔽不顯即不成乎性矣。故人能自創浄力以復性者，即此固有之性無異自人新成之也。古德云："一念迴機，便同本得。"明夫自心浄用，未嘗有間，諸惑元妄，照之即空。苟不安於昏愚，夫何憂乎弱喪！故學者首貴立志，終於成能，《易》曰："聖人成能。"人能自創浄習以顯發其性，即是成能也。皆此智用爲主。智體本浄，不受諸惑。辨惑斷惑，皆是此智。浄習之生，即此本體之明流行不息者是。引而不竭，用而彌出，自具明强之力，絶彼柔道之牽。《中庸》云："雖愚必明，雖柔必强。"此言其力用也。《易》曰："困於金柅，柔道牽也。"[①] 柔道即指惑染，以諸染法皆以柔暗爲相。陽德剛明，自不入於柔暗，故智者不惑。如杲日當空，全消陰翳，乃知惑染畢竟可斷，自性畢竟能成。斯稱性之誠言，學術之宗極也。故曰：欲了本心，當重修學。

① 整理者按，此處引文有誤。《易・垢・象》曰："繫於金柅，柔道牽也。"

荆楚文庫

破破新唯識論

黄　蓋　點校

近由友人見示某君《破新唯識論》一册，署《内學》第六輯之一。其目曰:《徵宗》《破計》《釋難》,《破計》又分甲至辛八子目。偶爲檢視，覺其於吾書完全不求了解，横施斥破。病榻無聊，因取彼文，略爲酬正，名曰《破破新唯識論》。仍準彼目，曰:《破徵宗》《破破計》《破釋難》。客曰:“宇宙至大，狂蜂有息，微蟻有聲，何况於人，焉得一一喻以吾意?”余曰:“子之言達已，而疑於玩世。孟氏有言:‘予豈好辨哉！予不得已也。’此不得已之心，是何心歟?此不得已之辨，是何辨歟?以不得已之心，行不得已之辨，不容加上一毫作意，是則吾之所以自省。雖然，不得已之心無窮也，不得已之辨則亦有時而窮。挾勝心而不反，無知而難以理喻者，又惡從辨之哉?故如來有所不記，猶言不答。尼父亦曰‘吾末如何’。”

目　録

破徵宗

初閲《徵宗》之目，方冀於吾立論宗旨有所賜正。言有宗，事有君，無君不成乎事，無宗不成乎言，固也。不求其是，不體其真，入主出奴，以爲宗君。如是而事，無乃僨事；如是而言，無乃妄言；吾於此凜之久矣。故破者《徵宗》，果中吾失，不憚馨香，以承雅命。乃閲《破》文，竟於吾書綱領旨趣全無所觸，遑論是非，而徒尋章摘句，揀取枝節，不深維義理得失，輕肆詆諆，此何與於徵宗事耶？審破者所陳辭義，本不須駁，然愍其迷執，仍復相酬。

一來破云："熊君自當以諸佛爲宗矣。然三性之説，佛口親宣，諸經備載，今談三性，則存善惡而廢無記，任情取捨"云云。須知説到本性，善不可名，惡亦奚立？然本性雖以善名，卻無妨説之爲善，經云"清淨"，亦即善義。唯斷斷乎不可説爲惡耳。此須將佛家經論，字字反之身心，辛辛苦苦做過一番工夫，方見自性清淨。願勿在名詞中作活計，以自誤畢生也。至佛家所云三性之性字，與吾上言本性之性字，原不同義。本性之性，即謂本體。此三性之性字可訓爲德性，乃言乎吾人習心所具之德性也。此須詳玩吾書《功能》《明心》兩章。德者，得也，言此法之所以得成爲此法也。如云惻隱之心，即此心以具如是善性而得成爲此一念善心法；如云貪心，即此心以具如是惡性而得成爲此一念染心法。凡經論言三性者，皆就習心言，無有於本性上説善惡無記之三者。如不了此義而自稱佛家正統，終是謗佛，此甚可懼也。吾所異夫舊説者，唯不許有無記耳。蓋非善非惡，方名無記。記者，記别，於善惡兩無可記别，只是非善非惡，故名無記。吾意此或諸佛菩薩順俗之談，未爲了義。須知習心動處，不善即惡，未有善惡兩非之境。曾滌生言："不爲聖賢，便爲禽獸。"此蓋本之孟子。孟子曰："庶民去之，君子存之。"如彼之意，庶民去此幾希，即是禽獸，實無有介於聖賢禽獸之間者。不善即惡，勢無中立，所謂"道二，仁與不仁而已"。孟子於人生參透深切，自非真志乎爲己之學者，何足以語此！又吾幼讀《孟子》，至"雞鳴而起"章，嘗發問曰：雞鳴而起，不孳孳爲利，亦不孳孳爲善者，其得爲舜之徒歟？若不許爲舜之徒，而又不許爲蹠之徒，則是有舜、蹠中間之一流。此於世俗雖復可云，若衡諸真理，則凡不舜者，即皆蹠之徒也。特其爲蹠之程度較低淺，而非與蹠爲性質之異也。故夫吾人念念之間，不善即惡，未有中立之境。此理須於自身求之，宗佛與否，吾何問哉？設令諸佛現世，吾以此理求證，又安見其不蒙印可哉？

二來破云："四智之説，佛所證得。今熊君挾私逞妄，於浄位中不許有四。"吾請破者深心思維，智義云何？而可横分爲四耶？大乘諸經雖言四智，讀者切須蕩滌胸懷，於言外會意。如彼長者，當明月夜呼諸童穉，以指指月，令共觀玩。其聰慧者，不滯於指，故乃指外得月；其愚癡者，凝視指端，竟不觀月。凡夫讀經，執着名言，何異癡童指端困縛？須知經所言智，即汝本心。此心至明，發之於五官取境，不蒙昧、不倒妄，名成所作智；發之於意識思維，於一切法稱實而知，如理如量，名妙觀察智；不妄計我、我所故，名平等性智；遠離無始戲論言説習氣故，名大圓鏡智。《大論》説賴耶，即是無始戲論言説習氣。此所云戲論、言説，含義甚深，别詳語録。如是言四，但依義理分際差别立名，而智體實非有四。如許有四，即汝本心亦是分子集聚而成，寧非戲論？世親護法諸師於染位中妄分八識爲各各獨立之體，故於浄位亦析智成四。其立説系統雖復井然，而違真害理，則無可爲諱。難言哉智也！須做過鞭辟近裏切己工夫，自明自了，斷非守文之徒依名辭訓釋可以相應。

三來破云："業報不虚，佛所建立。今謂'業力不隨形盡，理亦或然'。或之云者，猶豫之詞，然則熊君此語，在己實無定解。以此未能自信之説，立論詔人，寧非巨謬？"今應詰問：吾書是否專爲業報立論？既全昧吾書論旨，而謂吾"以此未能自信之説，立論詔人"，是誰巨謬？夫業力不壞之義，吾固經幾度疑情，然最後則自信我願無盡，吾生無盡。但此理終存於信念上，而理論上則無法證成。以取必於人之共信，故寧或之，以冀人之自行起信而已。自問真實坦白，不作欺人之談。今請詰難我者反躬自詰，其果於人生曾發深省歟？其果能篤信業報歟？即其言而察其心之所存，是如何根器，不必能瞞得過明眼人也。宣聖曰："吾誰欺，欺天乎？"

四來破云："佛説積集名心，《深密經》中具有明文，而熊君任臆斥破，另加詮解。"此但當問：吾斥破爲有理否？另加詮解爲有理否？佛説在當年原是隨機，吾儕生於佛滅後數千年，由經文而會其妙義之存可也，若必字字曲與執着，則乃前喻所謂癡童觀指不觀月也。

五來破云："熊君又云：'昔者印人言世界緣起，約有二説，一轉變説，如數論是；二集聚説，如勝論是。學者參稽二説，而觀物以會其理焉可也。'是則熊君所謂創作，不過參稽二説，所謂實證，無非觀物會理。"破者此段文字，蓋深可悼惜，而不足怪責也。破者此處所引，是吾書《成色章》文，此正説明器界。吾人於器界，如何不要觀物會理？即依佛説，後得智緣諸事境，一切如量，又豈不觀物會理耶？但此觀物會理，在世俗亦説名實證，然與佛家正智緣如之實證，特名詞之通用，而義解則絶不相侔。吾書中言實證者，絶不曾有絲毫朦混，姑就《明宗章》引一段爲證。《明宗章》曰："今造此論，爲欲悟諸究玄學者，令知實體非是離自心外在境界，及非知識所行境界，唯是反求實證相應故。"此下文繁，不具引。《明宗章》字字有來歷，含蓄深廣，破者掉以輕心，却是自絶於真理之門。凡吾書言實證處，破者須虛懷玩索，不必妄發議論。至若截取一節文字中參稽二説之語以詆全書，尤屬無謂。稍讀書知學問者，何至作是語？且《成色章》動點之説甚有理據，願破者勿隨便置之。

六來破云："熊君書中雜引《易》《老》《莊》、宋、明諸儒之語，雖未顯標爲宗，迹其義趣，於彼尤近。蓋雜取中土儒道兩家之義，又旁採印度外道之談，懸揣佛法，臆當亦爾。遂摭拾唯識師義，用莊嚴其説，自如鑿枘之不相入”云云。夫取精用弘，學問斯貴，博覽遍觀，唯虞孤陋。吾友馬湛翁與人書曰：“恥爲一往之談，貴通天下之志。”此言若近，而有遠旨。融攝諸家，詎爲吾病？前過漢上，曾遇人言：“佛家與此土諸宗，理當辨異，毋取融通。”余曰：自昔有三教融通之談，吾亦唾之夙矣。其所謂融通，非融通也，直拉雜耳、比附耳。習比附者，絶望於懸解；喜拉雜者，長陷於横通。今古學人，免此者寡。如斯之流，公所弗尚，吾何取焉？若乃上智曠觀百家之慮，雖各有條例，各成系統，而如其分理，不齊斯齊，會其玄極，同於大通。故乃涵萬象而爲宰，遍徵群慮，而自有宗主，否則與拉雜比附何異？鼓鴻鑪而造化；所以異乎拉雜比附者，爲其融會貫穿，新有所創，成爲化學的變化故也。同歸儘自殊塗，百慮何妨一致？斯固小知之所駭怪，一察之所不喻。宜其等華梵於天淵，比内外於矛盾，道隱小成，明窮户牖，其所患豈淺耶！昔羅什東來，睹遠論而嘆與經合，見肇文而欣其解符，此皆三玄之緒也，而什不以爲異，何哉？遠公著《法性論》，什覽而嘆曰：“邊國人未有經，便闇與理合，豈不妙哉！”肇公四論，什見之曰：“吾解不謝子，文當相揖耳。”遠、肇兩師之學，其根柢只是三玄，什未嘗以爲異也。夫學必析異以盡其偏曲，必一貫以睹其大純，知異而不知同，非所以爲學也。吾説未竟，而彼人欣然會心。故知世無宗匠，士溺近習，脱聞勝論，忍礙通塗。往者大乘諸師，蓋嘗融攝外教，道益恢宏。小師齗齗，猶不承大乘經爲佛説，然印以無我，彼亦息諍。今本論亦不違無我，如何臆斷，罪以乖宗？至疑本論托名唯識，假以莊嚴，如斯鄙淺，不獨未窺是書義藴，適自表曝其爲學無誠。且本論初稿，實宗護法，講授北庠，聞者猶在。尋知護過，追及世親，救彼支離，始成《新論》。義既遠離唯物，旨亦上符《般若》，本論立翕闢成變之義，顯無實物，無實宇宙，即是《般若》照見五蘊皆空義。爰簡舊師，曰新唯識。舊師謂世親等。製作既有原由，錫名應從事實，假用莊嚴，復成何説？

破者所舉各項，上來既一一答破。查破者首段文字，既以《徵宗》爲目，而佛家宗旨云何，破者竟未標明。佛家派别紛繁，要自有公同之宗旨。則其詆吾以乖宗者，爲乖何如之宗？且吾書綱領旨趣如何，破者又未有見，但任意截取若干節目與古師不同者斷爲乖宗。若爾，則佛家大小乘，派别紛歧，不可紀極，其互相乖違之處真不止千節萬目。然則自佛滅後數千年間，大小宗派無一而不乖宗者，其將一切不許爲佛家耶？

破破計

查《破計》中子目有八，今約爲子丑等項，以答破之。

子　　項

案來破甲目曰“一元之體”，乙目曰“衆生同源”，丙目曰“宇宙一體”，今併入子項而論之。覈破者此中議論，竟於吾書字句不能通曉，由其全無哲學的常識，故迷謬至此。吾本不欲説此直話，但欲不説而不忍。昔讀《五燈》，見宗門大德呵斥昏狂，不稍寬假；奘師拒諸道士之請譯《老》註，詞甚嚴峻，蓋皆從真實心中流出。人之有失，若己有之，不忍縱容令其藏護，非欲故與人以難堪也。查來破，首引吾書《功能章》文云：“熊君曰：‘功能者，一切人物之統體，非各別。’又曰：‘即宇宙生生不容已之大流，泊爾至虚，故能孕群有而不滯；湛然純一，故能極萬變而不測。天得之以成天，地得之以成地，人得之以成人，物得之以成物。芸芸品類，萬有不齊，自光線微分、野馬細塵，乃至含識，壹是皆資始乎功能之一元。而成形凝命，莫不各足，莫不稱事，斯亦譎怪之極哉！’”以上破者引吾文，而彼遂於次節施破云：“此乃以萬有爲所成者，功能爲能成者。能即功能之能，成即成形凝命之成，天地人物得之以成天地人物之成，今故應難曰：力按：破者於本文之前，引吾《轉變章》破作者一段文，以其無關，今略未引。若有能成者，當分染净。若是其净，不可成染；若是其染，不可成净。染净不俱，云何世間有二法可説？又能成者，爲常？無常？若是無常，不名成者；若是其常，常即無成”云云。此下不具述。據此，則將吾文中“天得之以成天”等句，竟誤解功能爲能成，天地人物爲所成。如此讀書，似不曾有眼目者，寧非怪事？吾書此等文句，徵之古代哲學鉅典，其相類者不可勝舉。如《韓非子·解老》云："天得之以高，地得之以藏，維斗得之以成其威，日月得之以恒其光，五常得之以常其位，列星得之以端其行，四時得之以御其變氣"云云。此類文句，自古無有妄解道爲能成，天地萬物爲所成者。今例以破者之解，必將謂《老子》之所謂道者，同於宗教家所立能成天地萬物之上帝，此非古今未有之奇談耶？又如"易有太極，是生兩儀"，如破者之解，亦必以太極爲能生，兩儀爲所生，豈不冤殺《易·繫》作者？又如《佛地論》言："諸經論説法身諸佛共有，遍一切法"云云。如破者解，必將以法身爲所有，諸佛爲能有，如兄弟多人共有田宅，而法身遂成諸佛身心以外之境界，便不得説爲實體，即法身之名亦不得立。如此豈不冤殺釋尊。上來略舉數例，足明吾旨，而能成所成之謬解，宜不待博喻而後釋。至破者於乙目"衆生同源"下，復申前項迷謬之説，略云："今應問熊君：萬物皆資始乎功能之一元，何以天得之但以成天而不成地與人物？廣説乃至何以物得之但以成物而不成天地與人？"須知能成所成之邪執既捨，於此自爾無疑。物各如其所如，故説如如。"乾道變化，各正性命。"乾道變化，各正性命，即物各如其所如義。此等無上甚深義趣，破者自無從了知。但來破復云："又彼號稱湛然純一之功能，既成天矣，何以又能成地與人物？廣説乃至既成物矣，何以又能成天地與人？真所謂莫名其妙者矣。"此個"莫名其妙"，汝何獨難我？經不云乎："一切法亦如也，至於彌勒亦如也。"汝試問釋尊，何故一切法皆如？彌勒亦如？釋尊必將大施一棒，殺汝狗命。狗命二字，正喻妄想，不是罵汝。須知現前如如的道理，用不着妄想推求。下文猶復有難，愈瑣愈迷，毋庸逐答。

破者不曉文句，已如前説，今更言其迷於義旨者。如來破云："首斥世之爲玄學者，搆畫摶量，虚妄安立，如一元、二元、多元等論，以是馳逞戲論，至於没齒而不知反。今乃謂'萬有資始乎一元'，是忽不自知早墮入一元論中而他人是哀也。"破者此等攻難，實無理之極。本書《明宗章》，首明玄學所窮究之本體，元非可看作客觀獨存之境界而尋索之，道在反求實證，故不以哲學家之搆畫摶量虛妄安立爲然。其與哲學上一元論之不同，乃根本精神互異，讀者苟虛心詳玩吾書全體意思，甚爲彰著。至《功能章》顯神用之不測，而説萬有資始乎一元，此即《瑜伽》説圓成實性譬如無盡大寶藏之意。《瑜伽》卷七十四，取喻無盡寶藏者，顯神用無窮。彰其無待，假説爲一；有待則不足於用矣。明其體物不遺，假説爲元。所謂遍爲萬法實體，而無有一物得遺之以成其爲物者。此即方便顯示總相，何至誤會爲與哲學上一元論同其旨趣耶？如徒截取"一元"二字而爲武斷，則經論處處皆明無我，而涅槃四德乃曰"常樂我淨"，如破者解，此所言"我"，不亦陷於外道計我之見乎？且評議人書者，必不可不通其書之大旨。本書以方便顯示本體之流行，但假有施設，而實無建立。《唯識章》末云："竊謂體不可以言説顯，而又不得不以言説顯。"則亦無妨於無可建立處而假有施設，即於非名言安立處而强設名言。又曰："體不可名，而假爲之名以彰之。"下章"恒轉""功能"諸名，所由施設，此標論趣所謂空拳誑小兒者是也。見《智度論》。本體上不容着言説，唯證相應，然爲彼未證者引令自證，故假與言説，以資引誘，而言説實無可執也。如持空拳誑引小兒，小兒既被引，空拳元無物，言説則亦空拳耳。至《功能章》末云："故乃從其熾然不空，强爲擬似，假詮恒轉，令悟遠離常斷。僞説功能，亦顯不屬有無。"此則隨説隨掃，所謂不可爲典要者是也。理之極至，超絶言思，强以言表，切忌執滯，故本論實未曾有所建立。而破者妄計同於中世哲學上之一元論，何其無識一至此極？

來破又云："三藏十二部經中，固未嘗有以衆生爲同源，宇宙爲一體之説。"吾不審破者此語果據何經，而敢爲如此背理之言。非至無慧，亦斷不猖狂至此。夫言乎習氣流轉，則衆生咸其自己，宇宙亦由其自業發現，固也。如"君子坦蕩蕩，小人長戚戚"，兩人底宇宙全異，由其作業異故。若論到衆生本性，則同此一極如如，焉得妄爲差别？衆生性體既無差别，即"心同分、法同分"義成，又安得謂宇宙本來隔截互異哉？如前所説，君子小人宇宙各異，却非其本來如此，小人本來與君子同一坦蕩蕩的宇宙。

"心同分、法同分"，詳見《大論》及《百法論》。分者類義，心相類似，曰"心同分"，否則他人有心吾不得而忖度也。法相類似，曰"法同分"，如異洲土壤同是地故，異方品物同是物故。馬湛翁先生《新論序》曰："睽而知其類，異而知其通，非天下之至精，其孰能與於此？"破者不主衆生同源，經説"法身諸佛共有，遍一切法"，此作何解？又言："云何自證法？"謂："諸佛所證，我亦同證，不增不減。"唐譯《楞伽》。如非衆生與諸佛同體，同源即謂同體。何得成佛有同證事？破者若必以極端個人主義推之於玄學領域，而謂衆生本源各別，則是本體界元屬衆多分子孤立。爲有數量？爲無數量？若言無者，犯無窮過；若言有者，既有定數，便是死局，而變化之道窮矣。此非以細人之衷測化者歟！須知人生限於形氣，囿於熏習，雖若千差萬别，而其恒性之大同者，終不容泯滅。佛説"真如亦名遍行"，謂無有一法而不在故。儒先説"不爲堯存，不爲桀亡"，亦符此旨。性者萬物之一源，一切人所同具，故"不爲堯存，不爲桀亡"，言堯桀聖狂雖異，其性則同一。奚謂衆生而不同源？斯理之昭，其可誣哉！

來破丙目"宇宙一體"下，設難雖多，而實罕有理論上之價值，純是任臆矯亂，無足酬答。然念破者縛迷，仍爲略辨。查來破云："如熊君宇宙一體之計，推其設義，應無漸次可行大地之理，應下一足至一切處故。"此難雖本之《二十論》，然在今日，理論期於精檢有據，不貴空言詭辨。縱如所云，若境界非一者，應許一微爲一境，或七微所成阿耨色爲一境。若爾，則下足時，即下一足便踏無量境界，云何得有漸次行大地義？是汝所陳，適足自陷。下文數番舉難，過患同前，瑣瑣空談，何須深辨。唯所謂"一多皆就分位施設假立"云云，此在俗諦，吾非不許。而吾所謂"宇宙一體"者，則乃融俗入真，亦得云"即俗詮真"，現前即是無差别相，何事横生對碍。此處吃緊。此天地萬物一體之説，與不壞假名而説實相之旨，實相即本體之異語。假名者，凡世語所謂天地萬物，所謂宇宙，所謂現象界，皆假名也。即於現象而識得本體，所謂山河大地即是清净本然，元非離現象而别求本體，故云不壞假名而説實相。並是稱理極談，不必妄分同異於其間也。然破者又否認絶對之一，有"既言絶對，即不可謂之爲一”之語，此病乃極不細。所謂一真法界之一，破者將作何解耶？智慮短淺，而敢於輕議，竊爲破者惜之。又查來破，復依吾書檢舉七義以相難。一難交遍義爲一體，據《轉變章》註文而難破云：“觀此‘人人各一北京’之言，明明説非一體，而又謂宇宙真爲一體者何耶？”不知《功能章》據勝義，真諦理故，亦名勝義。《成色章》即俗詮真，故皆言一體。至若《轉變章》談活義處，則於一理齊平之中而極盡分殊之妙，一理齊平者，理之極至，無上無容，言詮盡廢，故云爾。證真而不違俗，所以成其活義。破者闇於會通，故乃妄興攻詰。二難圓滿義爲一體，據《轉變章》註，引王船山“大化周流，如藥丸然，味味具足”等語而難破云：“夫藥丸之味味具足，由先混合而後成，豈大化亦先混合萬有而成者歟？又醫病製丸，非止製一，丸中縱具衆味，而此丸猶異彼丸也。故此所云，非真一體。”破者此等攻難，乃絶無價值。喻取少分，凡取喻，不能求其與所喻本義完全相合。諸論諸疏皆有明文，善因明者無不知此。今乃單就喻中翻駁，何其不守論軌至此極耶？三難全分義爲一體，據《成色章》“分即全之分，全即分之全”等語而難破云：“全即一體之異名，一體既待成立，則全亦非極成。全不成故，分亦不成。”如破者此説，全分俱不成，則爲絶待之一矣。是既證成我義，何故下文又否認一體耶？若以萬物有逆異相攻便不得爲一體者，當汝左手張弓而右手拒之之時，汝將謂兩手非汝一體耶？四難中心義爲一體，據《成色章》萬方與中樞喻而難破云：“案彼萬方中樞之言，明明非一，而謂一體，不解何謂？”破者試思汝神經中樞與汝四肢百骸亦是一體否？下文所難，陋劣更甚。所謂一體，元非一合相。見《金剛經》。一體之中有分化，分化而成其一體。神變無方，焉可思議？五難增上義爲一體，據《成色章》“互相繫屬，互相通貫”等語而難破云：“案彼所計，以理詮釋，皆彼此增上義，非彼此一體義也。”破者此難，尤無意義。如非一體，便互相隔絶，何得增上？汝目視手持足行，都是增上緣用，將謂汝目與手足既互相增上便不得爲一體耶？六難仁愛義爲一體，據《明心章》引羅念菴説，及《明宗章》註“一人向隅，滿座爲之不樂”等語而難破云：“案彼所計，但説疾痛相連，不説肥瘠無關。數視侄疾，返輒安眠，雖賢者不免。世間幸菑樂禍，投井下石者，又比比皆是也。烏足以證成衆人之心即一人之心乎？”破者此段説話真無忌憚矣。須知汝所云“肥瘠無關”及“投井下石”之心，此乃因拘執形軀而起之染污習氣發現。《明心章》下所列諸染心所法，汝所云心者屬之，此心乃是後起，非本心也。本心廓然大公，便不隨順軀殼起念，即無間我汝，焉有“肥瘠無關”及“投井下石”之事？本心真誠惻怛，無有作僞，焉有“數視侄疾，返輒安眠”之事？若其“數視侄疾，返輒安眠”與“肥瘠無關”“投井下石”者，皆染污習心用事而障其本心者也。此處吃緊。此等處，須是真真切切做過反躬察識工夫，便自見得。《記》曰：“不能反躬，天理滅矣。”此語真是一摑一掌血，與佛家觀照義旨同符。今人絶不自反，放失本心，而遂以後起染污習氣爲心。世尊哀愍衆生顛倒，如處長夜，此真莫可如何也。來破又云：“若須作宇宙一體觀，方能大悲，大悲無緣，作觀須緣，云何而能相應？”此種設難毫無道理。正以悲不待緣，驗知一體自爾。衆生苦，衆生不浄，即是佛自心中創痛，以衆生與佛本一體故。如吾手足瘡痕，便自痛楚。設有問故，答者必曰：手足其一體也，而能已於痛楚乎？斷無有妄人狂言曰彼觀手足一體然後痛楚也。佛法至真至實處，即在示人以反求本心。此義宏深，不是心理學所謂内省法。如其捨此，而多聞名相，固前人所譏爲入海數沙。即談空説有，矜玄炫妙，畢竟籠統無據。王船山所謂“如鳥畫虚空，漫爾矜文章”者是也。邇來國人言學，群趨考據，則以外人有考古學而相率樂爲之。考據固學問之一塗，吾亦何可反對？然爲考據之業者，必菲視言義理者，亦可順俗而曰言思想者。以爲不根之談，此則未免太蔽。破者自負讀過佛書，而猶不識得一心字，其忍不自反歟？七難唯識義爲一體，以謂“唯識非唯一識”，此固據舊師義以相難。不知他心既是自心所行境，即他心與自心的是一體通貫。如齊王不忍牛之觳觫，誰能隔絶之乎？至作業受果等等不同，則乃習氣乘權，是後起事，而非其本來如此也。來破又謂吾“於心之上，更增益一宇宙生生不容已之大流”，並據《明宗章》注“此中直指心爲體，却是權説”與《明心章》上“心非即本體也”等語，而謂吾於心之上增益一本體。不知吾所謂“宇宙生生不容已之大流”，即是恒轉異名，實將本心推出去説，却非於心上增益一物。此義在吾《明心章》上，不妨細玩。然又言“心非即本體”者，蓋一言乎心，便與物對。雖云本心之心，其義不與物對，然恐人執着名字，將純在動端上認體，而不知在動而無動處識體，故言“心非即本體”。欲明感物而動之心非即本體，實非於心之上增益一本體。馬祖既説“即心即佛”，而又説“非心非佛”，此是何義？仁者切須用過實功，勿遽尋思戲論。

丑　項

來破丁目“反求實證”，此段言説，全無聊賴，如云：“熊君有言‘十年來患腦病，胃墜，常漏髓，背脊苦虚’，是則熊君是否已止觀雙運，實證本體者，豈非尚未能有以見信於世歟？”此等戲謔，是否足言討論學術耶？且佛亦患背痛，見《雜阿含經》。人生不得無病，此何可怪？

來破又摘《明宗章》注“一人向隅，滿座爲之不樂”等語，而難破云：“依據聖言，終不能親緣他心。”不知親緣與否，在對境之識上説，猶足研討。當别爲文論之。若説到本心，此即自性流行，元無自他間隔，所謂“心、佛、衆生，三無差别”是也。親緣與否，非此所論，誠知此義終非破者可喻，然世不乏有眼目人，故略及之。

又復當知：《明宗章》談本心，即顯體上無差别。本心謂體。故就本體流行處，如所謂“一人向隅，滿座不樂”者，徵明座中衆人之心即是向隅之一人之心，元來無二無别。此是方便顯體，而破者始終不悟，乃引《解深密經》説“識所緣，唯識所現”及“無有少法能見少法”等文，以相難云：“據此聖言，凡是所緣，唯識所現，無有少法能見少法，如何今一反求，即見衆人之心即是一人之心耶？”如此設難，直令人憐其闇昧而末可如何。經言唯識道理，無實能取所取法，與此中直指本心，義理各有分際，如何可牽在一處，令相抵觸？吾更問汝：經言一切有情之類，緣有佛性。汝亦將曰："依據聖言，凡是所緣唯識所現，無有少法能見少法。"如何今者卻見一切有情皆有佛性，豈不聖言自相違耶？須知衆人之心即是一人之心，無二無別，此實待反求而後見，不反求則終不得見。

寅　項

來破戊目"真如爲體"，其首段云："熊君言：'真如一名，大乘舊以爲本體之形容詞，而以一翕一闢變成天地人物之功能爲本體，是則以一翕一闢爲真如也。'試問凡讀佛書者，有此種一翕一闢之真如乎？以予所據思惟如性之聖言，則所謂如性者，即如所有性。經云：'如所有性者，謂即一切染淨法中所有真如，是名此中如所有性。'此復七種，一者流轉真如，謂一切行無先後性。乃至七者正行真如，謂我所説諸道聖諦。而熊君一切不知，何耶？"破者此中所引經文，不知破者果解得否？七真如名義，見《深密》等經。餘處尚説有十真如及六種無爲等。無爲，亦真如之代語。破者僅知此七，而乃謂我"一切不知"，豈不怪哉！吾不欲閒談名相，今詰破者：汝引經言"如所有性"云云釋真如義，"如所有性"究作何解？汝且平情靜氣，深心思惟，何謂"如所有性"？莫漫誦説成語，以不解爲解，自欺欺人也。須知如謂如常，表無變易，護法所釋，猶承經旨。護法只是在用上建立，所以差毫釐而卒至謬千里。若其訓釋真如一詞，則猶本經義，但亦止訓釋不差而已。若謂實見此理，則由其學説之系統以求之，吾不敢許也。既了如義即無變易義，或省言不變亦即《易》之不易義。則"如所有性"之旨易明。經言"如所有性"者，謂即一切染淨法中所有真如，是名此中如所有性。此言真如遍爲萬法實體，實體即無變易，在淨法中常如其性，在染法中亦常如其性，荀子"不爲堯存，不爲桀亡"之説，亦符此旨。不增不減。易言之，即一切染淨法所本具實性，恒如常故，故説"如所有性"云云。然復當知，如上所説，亦只於變易法中見不變易，一切染淨法皆屬變易法，曰一切染淨法中所有真如，即是於變易法中見不變易。即說不變易名如，即謂實體。昔者遠公著《法性論》曰“至極以不變爲宗，得性以體極爲則”，得性猶云盡性。體極者，體乎不變之極方是盡性。設問：“何謂不變？”曰：以化言之，萬變之繁，萬象之紛，緣有則而不可亂，此有則而不可亂者，《易》所謂“至動而貞夫一”也，即此見不變也。以吾人生活言之，視聽萬變者也，而視恒明，聽恒聰。聰明者，天則也，亦“至動而貞夫一”之謂也，亦即此而見夫不變也。若乃目盲於五色而失其明，耳聾於五聲而失其聰，是謂物化，則失其不變之極，即失其性也。羅什三藏見之，嘆曰：“邊國人未有經，便闇與理合，豈不妙哉！”故知此理非由外鑠，人人反求便自證知，實無奇特。至如七真如十真如等等，只是隨義立名，非謂真如果有多種。恐厭繁文，此姑不述。

上來所説，於變易法中見不變易，即説不變易名如，元不曾懸空去想一個不變易法以爲根底來説明變易，此其所以無妄。此處吃緊。猶復當知，實體是怎樣的一個物事，此不應設想。若作是想，便是妄想，便當受棒。故三藏十二部經中，從來没有道得實體是怎樣的一個物事，只在變易法中見不變易，即説不變易名如，亦即名體而已。《大易》變易、不易二義，亦是此旨。故“如”謂如常，本形容詞，而亦即以爲名詞。即以名本體故。此義甚深難知，願破者勿以輕心掉過。

前來已釋經旨，今當解説吾書。查來破謂吾“以一翕一闢變成天地人物之功能爲本體”。破者須細玩《唯識章》末斥責護法等於用上建立一段文字。蓋用上建立，便將體用截作兩片，所謂真俗條然，深乖理極。條然者，各别義。吾書則就本體之流行處立言。體不可直揭，而從其流行强爲擬似。擬似，猶言形容。頑空不可謂體，故必有用，假説流行。流行即是用之代詞。流行即體，元非異體有别實物。流行者即是本體之流行，故不可説其異於體而别有實物，若認流行爲有實物者，便與體對待而成二片矣，此不應理。流者不流之流，萬有波騰而常寂；行者不行之行，衆象森羅而皆空。故乃即用即體，即轉變即不變，以此假説功能爲本體。立義似創，而旨不違經。來破又謂吾“以一翕一闢爲真如”，此則不了我義。一翕一闢所以成變，此即流行之妙也，即神用之不測也。然但曰一翕一闢，則未可名如。真如亦省稱如。唯夫恒轉之一翕一闢，而翕若故反，故與闢反。以成乎物。疑於恒轉不守自性，恒轉即是功能異名。然同時則有闢之力，以戰翕而勝之。即闢以其至健，運乎翕而使之隨轉，翕隨闢轉。是則翕非果與闢反，而適以成其闢。於此可見，闢者爲恒轉自性力之顯發，而終不物化以失其自性。此足徵恒轉之常如其性，亦即於變易中見不變易。故吾書實未嘗即以一翕一闢名如。唯於一翕一闢之中闢恒運翕，恒字吃緊。而常不失其恒轉之自性，常字吃緊。即流行即主宰，是乃所謂如也。此理非由外鑠，直須反諸本心，自明自了，向外求解，終不相應。佛家破主宰，破執有梵天、神我等主宰耳。此等主宰意義是擬人的，故成邪妄，必須破斥。然亦僅可破擬人的主宰，若必謂一切無主宰，則吾心何以應萬感而恒寂然不昧？萬變萬象何以至賾而不可亂？故主宰者，即於變易法中而見不變易，是名主宰，亦謂之如，亦即謂本體。故主宰義即是體義，乃佛家秘意。若不明乎此，將謂佛家一往遮撥主宰，豈其然乎？總之，吾以翕闢説明變易，而即於變易中見不變易。名爲談變易，實則變易即是不變易。至破者所引經文，本不涉及何謂變易，即不能據此一段經文以難吾之翕闢成變義。破者須將此段經文如其本義而求解，於吾書亦依吾説之系統以理會之。但有其融通之義可言者。經云“染浄法”者，即謂色心諸行，此亦即是變易法。而經言“染浄法中所有真如”云云，便是於變易法中見不變易，此即吾與經旨相通處也。或復難曰：“誠如公言‘闢恒運翕’云云者，則不應有染法。”曰：闢恒運翕者，言乎本體之流行也。染法者習氣，此與形俱始，乃屬後起。染法乘權時，其本體未嘗不在，特障而不顯耳。不然，胡謂染法中亦有真如耶？

來破又云：“熊君以因緣説真如緣起，亦顯背聖言。聖説真如緣起者，但有所緣緣緣起之義。蓋當正智以真如爲所緣緣而生起時，能引自無漏種爲因，親生一切無漏諸法，非謂以真如爲因緣能親生一切染浄諸法也。”破者此段話既不解我義，又不了經旨。吾書中何嘗“以因緣説真如緣起”耶？吾假施設功能，以顯本體之流行，其義屢見前文。細按《新論》，《新唯識論》省稱。有以真如爲因緣義否？《功能章》明明曰“功能者，即實性，非因緣”。又曰：“一切人物之統體，非各別。”舊立賴耶含藏種子，便是各別爲因緣，今此功能則不爾。大義炳然，何堪誣亂！破者誤會一翕一闢爲真如，故作是計耳。至“真如於正智爲所緣緣”之説，此雖大乘諸師所言，釋尊初無此説，可考《阿含》。然善解亦自無病。若不善解，便是謗佛。汝以正智爲能緣，真如爲所緣，是真如成爲能緣心外之境，此非戲論而何？須知正智緣如之説，假名智爲能緣，即此能緣恒自明自識故，假説緣如。即義説如爲所緣，而實無有能所可分，智即是如，非謂異於正智而別有如體爲智所緣緣也。本書《明宗章》所謂“自己認識自己”，義本宗門，此即正智緣如之的解。謂之自明自識自證均可。《明心章》上有一段談返緣義，亦可參會。須是本心呈現露，方説此事。若純任習心作主，則本心障而不顯，憑何説自明自證事耶？學者不反求諸本心，但分析名相是務，乃言正智緣如亦有四分，四分義，詳《成唯識論述記》。則真如遂成爲所緣境相，等諸演若迷頭，實堪哀愍。至來破所謂“當正智以真如爲所緣緣而生起時，能引自無漏種爲因，親生一切無漏諸法”，護法諸師有知，亦當呵斥。據護法義，正智緣如時，只是正智挾緣真如體相，挾者逼附，挾緣即是能緣入所緣，冥合若一。然雖云挾緣，畢竟説真如體相作相分，説正智爲能緣見分，實已分別能所。此時冥證如故，離諸法相，何所謂無漏種親生無漏諸法耶？豈以真如爲無漏種新生之法乎？護法亦無此邪計。護法所誤者，在以如爲相分耳。

卯　項

來破已目“種子爲體”，其首段文云：“當知經論建立種子，有其因緣。世間外道，或執無因，或執不平等因，謂諸法皆共一因，而此一因不待餘因。如有執一大自在天、大梵、時、方、本際、自然、虚空、我等，體實遍常，能生諸法。是故世尊出現於世，宣説緣起正理，顯示諸法空相，謂一切法依他衆緣而得生起，因果平等，都無自性。是故不説一法爲諸法本，能生能成一切諸法，三乘聖教，《中觀》《瑜伽》，莫不如是。説唯識者，亦以方便顯示緣起，表無我性，世親、護法亦如是”云云。破者此中過失極大，一不了緣起説之變遷故，二不了種子義之變遷故。云何不了緣起説變遷耶？世尊爲愍衆生迷執無因外因種種邪見難入正法故，無因者，謂計執萬物無因而生。外因者，如計執從大自在天或大梵等等而生者，是謂外界有獨存之實法，而爲吾生之所自，故云外因。先於聲聞法中説十二緣生，令自觀生，非無因，亦非外因故。緣生亦名緣起，緣者由義，由此有故彼有，此生故彼生，説名緣生。十二緣生，見《緣起經》等。今説緣生故，非無因，然此緣生即顯吾人生活内容唯是種種作用相依有故，卻無待於外故，故非外因。十二緣生者，所謂無明緣行，無明者，黑闇義，惑義。行者，造作義，自意中審慮至發爲身業語業，通名造作。有無明故，行乃得生，故説無明爲行之緣。衆生所有造作，皆依惑故有，伏曼容所謂萬事起於惑，亦此旨也。行緣識，識者分别，由惑而有造作，同時亦依造作而有虚妄分别。凡人於造作時，必有解釋與俱，然其解釋即是虚妄分别，無正解也。識緣名色，有虚妄分别故，名色即俱有。名色一詞，今不及釋，舊説即謂五蘊。案五蘊者，即賅吾人心身與世界而通名之耳，識亦在五蘊中，而别出言之，以分别力殊勝故。説識於名色爲緣，即别法望總法爲緣。名色緣六入，有名色故，六入即俱有。六入者謂六根，取境力勝故，故特舉之。案六入即是向外追取的六種工具。六入緣觸，有六入故，觸亦俱有。識依根取境時，領似其境而起變異，此名爲觸。觸緣受，受者領納於境而有情味。由有觸故，即有受生，故説觸於受爲緣耳。受緣愛，由有受故，愛亦俱生，愛力滋潤生故。愛緣取，由有愛故，取即俱生。取者追求義，種種追求故。取緣有，即前行乃至受，爲愛與取所滋潤故，轉名爲有。有緣生，由有故，説有生。生緣老死。由有生故，便有老死。此十二緣生，亦名十二支，謂無明爲一支，行爲一支，乃至生爲一支，老死爲一支。又名十二因緣，即此十二支，以此有故彼有，此生故彼生，名因緣故。今此中略釋十二支名義，據《緣起經》等，與基師《唯識述記》四十七所説有異。基師據護法種子義及第八識而爲詮釋，此非元初本義，故不盡依之。明衆生如是結生相續，謂無明與行，乃至老死，此十二支、相緣而有，所謂衆生生命，即此諸緣幻結而不散失，故相續不絶。乃純就人生論上立言，是爲緣起説最初本義。十二緣生説，大端極精切，學者須實體之身心之間。自後大乘諸師談緣起者，雖復不廢十二緣生，然實别有闡明。大抵進於宇宙論上之觀察，而依據阿毗曇人“諸法從四緣生”之説，明一切法緣起無自性，即衆緣都空，以此方便顯無實宇宙。《中論·觀因緣品》偈曰：“因緣，次第緣，緣緣，增上緣，四緣生諸法，更無第五緣。”青目釋曰：“一切所有緣皆攝在四緣，以是四緣萬物得生”云云。此中所謂因緣，通色法心法皆有。所謂次第緣、緣緣，唯心有法。次第緣者，謂前念心爲緣而能引生後念心故。緣緣者，謂能緣心以境界爲所緣緣而得生故。青目釋緣緣通一切法，非正義。所謂增上緣，亦通色法心法皆有。案《觀因緣品》先叙述四緣，而後乃一一遮撥，文繁不及引。原夫四緣之指，已明一切法依衆緣生故，都無自性。即由一切法無自性故，而衆緣亦都無自性。以衆緣唯是依一切法假施設故，衆緣空故，一切法空。一切法空故，衆緣空。是則阿毗曇人所施設者，大乘猶從而遮撥。不施設四緣，無以成緣起義；不遮撥四緣，更無以明緣起勝義。方設即已含遮，雖遮亦何妨於設。大乘依彼施設故遮，依阿毗曇人所設而故爲遮之。方顯緣起正理，若有設無遮，即有實衆緣和合而生諸法，是則成爲搆造論，而深乖緣起正理。令入法空，證知實相，實相即實體之異語。此爲大乘緣起説。校以《緣起經》所談，不得不謂爲一大變遷。《緣起經》止談十二緣生故。然大乘學至無著、世親興，始唱有論，而多與龍樹、提婆立異，故其談緣起亦顯背《中觀》之旨。無著作《攝論》授世親，始建立實種子，彼之種子是實有的，故説爲實種子。而别立賴耶識以含藏種子。遂説賴耶中種與諸法互爲因緣，諸法謂前七現行識，賴耶中種子與前七現行識作因緣，而生起前七現行識爲果。然前七現行識熏發習氣，亦潛入賴耶而成爲新熏種子，是前七現行識又與賴耶中種子作因緣，而新熏種子乃爲其果云。自無著至於護法，其言因緣，與以前説因緣者異指，當别爲文詳之。又説八現行識有增上等緣。現行者，現前顯現義，即識之異名，今聯識作複詞用。彼立八識，故云八現行識，現行識相望，互爲增上緣。復言等者，等取所緣無間二緣。自其立種現互爲緣生，而種子如衆位集聚，現行諸法亦如多數分子集聚，如是而談緣起，有立無遮，明明成集聚論，比元始阿毗曇人所言更爲死煞，此義當别論之。若與《中觀》相較，則此真爲戲論矣。案驗之無著、世親立説系統，事實如此，其可視爲與已前大乘《中觀》説法爲同趣耶？自非入主出奴，何至有此見地？故緣起説在大乘師自無著、世親以後，乃不善變而失妙義。昔嘗與友人言，自無著迄於護法之種現緣起説，卻虧他構造一個宇宙。而破者乃一切不曾留心考索，所謂不了緣起説變遷者此也。云何不了種子義變遷耶？無著以前諸大乘師未説種子有實自體。有實自體者，猶言個别的實物。如敦煌出《大乘稻芊經》本談十二因緣有云："識者以種子性爲因，業者以田性爲因。"東晉譯本略同。此解釋行緣識義，行者業之異名，參看前十二緣生中。幾乎以種子爲識之況喻詞，非謂别有能生識之實法可名爲種也。自無著《攝論》盛彰種子六義，其一曰刹那滅，謂此種子前滅後生，非是恒常之體故。其二曰恒隨轉，謂此種子自類相續故。每一種子皆是前滅後生而不斷絕，如吾昨日之我與今日之我，只是前滅後生自類相續故，非是昨我不滅恒住至今。又彼計不斷者，以不遇對治故。此條頌文在第三，想因文便，今以與第一義次比，故先第二義叙之。其三曰俱有，謂與所生果法俱時而有故。彼計種爲能生因，現行識是所生果。俱時猶言同時，因果二法同時有故。其四曰決定，謂此種子各别決定，不從一切一切得生，種子是個别的，故各别生果，決定不相雜亂，非謂一切種各各能遍生一切法。從此物種還生此物。此物種子還生此物，而不生彼物，所以爲各别決定。其五曰待衆緣，謂此種子待自衆緣方能生果，非一切時能生一切，若於是處是時遇自衆緣，即於此處此時自果得生。如眼識種子，必待空緣明緣及根依等衆緣遇合，而眼識種子方得生自家眼識果。其六曰引自果，謂此種子但引自果，如阿賴耶識種子唯能引生阿賴耶識，如稻谷等唯能引生稻谷等果。以上據世親釋。詳此六義，明明謂種子爲個别的實法，而與現行界作能生因，依彼所計，一人底全宇宙即是八現行識聚即此八現行識聚得説爲現行界。能所條然，種子是能生，現行是所生。因果條然，種子是因法，現行是果法。不容淆亂。種子界與現行界不可淆亂而併爲一談。種子個别，各生自果，都不容淆亂。上來所説，種子如衆粒集聚，現行諸法亦如多數分子集聚，義實如是，豈可矯誣？《瑜伽》第五説有七種子，今此乃舉《攝論》者，《瑜伽》網羅宏富，種子義但是汎説及之。《攝論》首成立唯識，其談種子始成有系統之學説，故此歸本《攝論》。逮至護法，並建本有新熏兩類種子，彼計一切種子底來源，有是法爾本有的，有是從現行識熏發而新生的，故爲兩類。其過尤重，俟後略談。故種子義自無著以下始建立爲實法，而穿鑿不嫌太過，前此大乘諸師蓋未有如是説者。而破者絶不究其變遷之概，乃以無著派下之種現緣起説謂與《中觀》同趣，曾不悟其以集聚之謬論壞緣起之勝義，可毋辨哉！可毋辨哉！集聚論者不獨昧於觀變，乃其無以入法空而證實相，則尤爲過之大者。

來破又云："熊君計有恒轉實體，不從因生，能生萬有，違佛緣起性空之理，已同外道勝性邪説矣。"此則完全不了我義。吾假説恒轉，以方便顯示本體之流行，此與數論勝性有何相似？彼實有所建立，此則但是假説。參看子項中"破能成所成"一段文，及"破擬一元論"一段文。彼立勝性，是妄構一恒常法爲根柢以説明變化，此則於流行識體，此語吃緊。絶非懸空妄構。參看寅項談真如文。兩義判别，奚啻天壤，而破者乃一例詆爲邪説，惡乎可哉？至云"違佛緣起性空之理"，尤所未喻。諸佛菩薩説緣起者，在當時元是應機説法，若其真實義趣，只欲明諸行性空，令證實相而已。諸行者，色心諸法之都稱。諸行無自性故，即是性空。識得此意，即不沿用緣起説，而但無背於諸行性空之理，則不得謂之違佛非法。况緣起説之内容在大小乘已屢變，如前所述者耶。須知本書所説一翕一闢刹那頓變義，翕闢即是變，此變頓起即滅，故是頓變，非漸變。刹那刹那，都是如此。自一方面言之，刹那翕闢，頓起頓滅，無實色法，無實心法，無實宇宙，即是諸行性空之理，何背《中觀》？又自一方面言之，刹那翕闢，頓起頓滅，即是不起不滅。頓起而即頓滅，不曾暫住，則未嘗起個甚麽物事，故是不起。既不起矣，則何所滅耶？故云不滅。理實翕闢皆幻，元無起滅。參詳吾書《轉變章》及《功能章》末。故乃變而不變，行相空故，實相湛然。諸行之相既空，當下即證實相湛然不虚妄義。此實上符《中觀》了義，孰是有智，而忍詆以邪説哉？

來破謂余"不了立種深意，遂生三誤：一誤現界以種子爲體，二誤現界以真如爲體，三誤兩體對待有若何關係。三誤蔽於中，妄言發於外，謂'自護法説來，真如遂成戲論也'"云云。破者遂乃分三端以破我，今亦準彼三端而答破之。

來破一曰：“其誤現界以種子爲體者，彼以‘護法計有現行界，因更計有功能沉隱而爲現界本根，字曰因緣。功能爲現界之因，隱而未顯；現界是功能之果，顯而非隱。兩相對待，判以二重，功能爲能生，其體實有；現界爲所生，其相顯著。截成兩片，故非一物。顯而著相者，其猶器乎？隱而有體者，其猶成器之工宰乎？’案熊君所陳護法大概，並非護法之旨。護法説現行生種，種起現行，種子前後自類相生，皆是因緣。功能現行互爲因果，互爲能生，互爲所生，皆待緣生，而豈但以功能爲現界本根，字曰因緣耶？而豈但以功能爲能生因，現界爲所生果耶”云云。破者此番辨難，於各個問題全不分别，可謂籠統已極。須知現行生種，種起現行，種子前後自類相生，此是三個問題，不容淆亂。今分别言之。云何種子前後自類相生？據護法等義，既已建立種子爲現界本因，然則此種子爲如何之體？是恒常法歟？抑爲生滅法歟？解答此一問題，則説種子是生滅法，而非恒常法。每一顆種子皆是前後自類相生，故説前念種與後念種作因緣。如吾昨我方滅，今我方生，即是昨我與今我作因緣。云何種起現行？彼所爲建立種子者，本以説明現界。彼計現界，必有實法作根柢，爲其所從生故。若不爾者，現界即無因而生，不應理故。爲解決此一問題，故説種子能生起現行，故是種界與現界作因緣。云何現行生種？彼既立種，復計種子當有來源，故説種有本有始起。護法立此兩類。然本有者，法爾而有，此不容問。法爾，猶言自然。其始起者，於何而起？爲解答此一問題，故説現行生種。謂前七現行識所熏習氣，潛入本識而成新種故，眼等識乃至第七識，對第八識而名前七。本識者，賴耶之異名。故云現行與始起種子作因緣。如上三個問題分析明白，則吾於其間任取一問題而加以評判時，脱有難者，自應就該問題範圍以内討論，而不當牽入他問題，以致淆雜難理。吾書就護法“種起現行”之一問題中而判決之。彼於此，的是以功能爲現界本根，字曰因緣，彼之功能，即其種子異名。的是以功能爲能生之因，現界爲所生之果。故如彼計，即現界以種子爲體，是義決定。破者援引彼義，明明曰種起現行，試問現行既因種起，則種子非現行界之本體而何？此其義實如是，焉可故意矯亂耶？《三十論》具在，一切足徵，吾無誤解，破者自誤耳。至汝所謂功能現行互爲因果，互爲能所，不外欲成其種現互爲緣起之説。然案彼立義，既將種界現界劃分爲二，即前述種子六義已可見,《三十論》卷二説因果兩種能變，顯然兩重世界。種界又是衆粒集聚，現界又是分子集聚，其碎雜游離如此。今即説互爲能所因果，以穿紐於其間，亦只成就機械論，而何當於緣起正理耶？《中觀》談緣起性空，果如是耶？

破者又言："護法種現互生之義，見《成唯識論》第七'有爲法親辦自果之因緣，其體有二：一種子，二現行'之言是也。辨論至此，有一要義須先陳述，方可著説。所言要義者，何也？蓋以體用之名所詮之義，印度與中國截然不同故也。中國體用之説固定，印度則不固定。有以種現皆稱體者,《識論》第七'因緣之體有二：一種子，二現行，種子現行統謂之體'是也。是則所謂體者，泛指法體而言，而豈玄學中與現象相對之本體哉？有以本識爲體種子爲用者,《識論》第二分別種子云'此與本識及所生果，不一不異，體用因果，理應爾故'。此中固以本識爲體，種子爲用，種子爲因，所生爲果，是也。是則種現相生，互爲因果，則種與現即互爲其體，而豈獨種爲現之體而已哉？熊君體用之旨不明，無怪第一誤也"云云。破者此段話，真是謬妄不堪名狀，本不須置答，且料答亦難曉破者，然又不忍不答。

破者謂"中國體用之説固定，印度則不固定"，此真愚妄之談，毫無義據。須知名必有所表，故欲辨名所詮之義者，必從其所表之物。此物字係虚有，有物無物，通得言物。體用之名，大概有一般通用及玄學上所用之不同。今先言玄學上所用者，玄學用爲表示真實之詞，真實即謂本體。則體用之名似分而實不分，不分而又無妨於分。無用不名體，無用便是頑空，即宇宙人生一切都無，如何説有實體耶？故纔言及體，已是即用而言，如何可横截體用爲二片以成固定之説耶？體必有用，故所謂用即是本體流行。但不可認取流行以爲體，唯於流行中識主宰，方是識體。又何可爲固定之説而體用全不分耶？中國宋、明諸子説體用，大抵不外此旨，而王陽明尤透澈。印度佛家，除護法等誤將體用截成兩片外，十二部經具在，苟會其微，則古德所謂“個中若了全無事，體用何妨分不分”者，說到實體，那可當作經驗界的物事去推觀耶？此意難索解人。何妨分不分者，即上文所說義。庶幾得之。由此而言，即謂中印體用之説都不固定可也。然玆所云不固定者，蓋依真實義而説名體用，則此體用之名，似分而實不分，不分而又無妨於分，故説爲不固定。此與破者所謂不固定之意義乃全不相侔，至下當知。因論生論。哲學家言有實體與現象二名，儼然表有兩重世界，足以徵其妄執難除。東土哲人只言體用，便説得靈活，便極應理。識得此意，則所謂現象界者，元依大用流行而施設如是假名。易言之，萬有現象即依流行中的虛僞相貌而假名之耳，元非有如世俗所執宇宙或實物事可名爲現象界。元非一氣貫下讀之。蓋乃蕩除一切所執，現象界即妄計所執。而觀於流行，乃即用以識體，亦不於流行之外覓體。是以體用之名，分而不分，不分而分，恰善形容真實道理。而破者乃絶不見及此，是大可愍事。上來已説體用名之用於玄學上者，今次當言一般通用處。所謂一般通用者，即此體用名非依真實義立。若依真實義立者，則此體用名乃最極普遍而無所不冒之名，所謂妙萬物而爲言者是也。今此一般通用者，略分甲乙兩類。甲類中，即如隨舉一法而斥其自相，皆可名之爲體，如云瓶體；隨舉一法而言其作用，皆可名之爲用，如云瓶有盛貯用。破者曾言“所謂體者，泛指法體而言”，即此類也。乙類中，如思想所搆種種分劑義相，亦得依其分劑義相而設爲體用之目。若《三十論》卷七説因緣義，即出示因緣體相，體相者複詞，實只一體字。此一例也。然破者於此誤解，俟下方明。至破者舉《識論》卷二説“本識爲體，種子爲用”者，亦是論主依彼所搆此等分劑義相而設爲體用之目，以表示彼此分劑義相有相互之關係。蓋種子與本識，在論主思想上説，此二名所表，各有其分劑義相，故乃各爲之名。既各爲之名，而一曰種子一曰本識，以表其各種分劑義相，而又於此各種分劑義相之間表其相互之關係，則乃以種子之名望本識之名而更名爲用，彼計種子是本識相分故。以本識之名望種子之名而更名爲體。彼計種子依止本識中，故説本識爲體，即是以所依名體，謂種所依故，故於種爲體。此又一例也。如上等例，不可勝舉。大抵吾人思想所搆，無往不有分劑義相。即如吾方作無想時，此無之所以異於有，而同時不能以無爲有者，此即無之分劑義相。亦即此分劑義相，說爲無之自體。若無而無其體者，則吾豈能作無想而不以爲有耶？夫無既有其體，則亦有其用可言。蓋無亦成其無之軌範，能令人於彼作無解而不誤以爲有者，此亦得説爲無之用。夫無且有體用可言，况其他無量分劑義相乎？總之，體云用云，在一般通用之情形之下，自可隨因法義而指名其爲體或用，法者即前所謂“如瓶等”，義者即前云“分劑義相”。初不固定爲或種法義之專稱。破者所謂“印度體用之説不固定”者，其意亦如此，故與吾前所談不固定之旨，絶不侔也。然破者之所謂不固定，在中國又何遽不爾？即如吾儕中國人常語，於瓶言瓶之體，豈此體字遂固定爲瓶之專稱，不得以言人體或杯體等等耶？用亦準知，不勞煩説。唯破者此中辨體用名，僅略就一般通用言之，又毫無條貫，而於玄學上所謂體用，竟全無理會，此其失不在小，不可不自反也。且破者所舉《識論》説因緣體之例，大概屬尋常論理與文法範圍，而猶不通，不亦異乎？

破者據《識論》第七談因緣文，而謂“有以種現皆稱體者，《識論》第七‘因緣之體有二：一種子，二現行，種子現行統謂之體’是也”。破者如此誤解論文，不得無辨。佛家諸論系統精嚴，每樹一義，必令在其全系統中定有明晰之義界，而使人易於明瞭。《識論》亦循此軌，故彼論每標一義，即先出體。《論》説因緣云：“謂有爲法親辦自果。”言因緣者，以其能親成辦自果法故，故得名因。《述記》疏云：“此即總出體訖。”《論》復繼言：“此體有二，一種子，二現行。《述記》疏云“此別出體”。案出體者，具云出示體相。體相複詞。彼既立因緣，則必規定因緣之義界，不然因緣一詞便模糊籠統，何以成其爲因緣？亦何以令人生解？既定因緣義界，即説此義界名因緣體。故彼論説及因緣時，必先出示因緣之體。初以親辦自果，總出因緣體。次又以種子現行，別出因緣體，以種子現行皆得爲因緣故。義亦見前，據《論》言此體有二，“此”字明謂因緣。《述記》疏爲別出體，亦甚分明。蓋謂因緣之體又別爲種現二種。故此中規定種現二法爲因緣之體，卻非以種現皆稱體。須知説“以種現皆稱體”與説“規定種現二法爲因緣之體”，此二詞內容之分别甚大，不可混淆以失《論》旨。吾本不欲爲此等處費筆墨，但以佛家論籍，致嚴出體，而不肯少涉含糊籠統，此其所關甚大。彼其因明、聲明諸學之發達，與其哲學上理論之深宏，即於此可徵，故乘便及之云耳。

破者不承認護法建立種界以爲現界之本體，而不知由護法之立説以刊定之，彼實已鑄成此等大錯，而無可爲辨。夫論定古人之學，莫要於析其條理以觀其貫通，莫忌於籠統而膠執。析條理，觀貫通，則其有無矛盾與他種錯誤可立見也，籠統膠執，則無可與言是非矣。破者不肯承護法以種界爲現界本體。本體亦省言體。今應詰汝：依據護法等所立八現行識聚而言，則俗所謂宇宙者無他，實只此八現行識聚而已矣，此説汝亦首肯否？若汝於此不能有異，吾更詰汝：護法等不説種起現行耶？料汝亦曰：彼等固云種起現行。然則現界既因種界而得生起，何故不肯承種界爲現界之體耶？案《識論》卷二，説能變有二種，一因能變，二果能變。其所謂因能變者，即謂種子是能變，由此爲因而起現行，故説種名因能變。太賢《學記》卷二第二十四葉“因變種子生現行”，此解與論文合。基師《述記》卷十二，解因變便支離，余昔在北京大學所撰《唯識講義》曾辨正之，後閲《了義燈》，知當時已有辨也。所謂果能變者，謂現行識自體分上變現相見二分。如眼識所緣色境即是眼識相分，而了别色境者即眼識見分。此相見二分所依之體，名眼識自體分。由現行眼識自體分上變現相見二分，即是於一體之上現起二用。眼識如是，耳識乃至第八賴耶識，皆可類推。果之爲言，即目現行識之自體分。此現行識從種生故，故望種而名果。種望現而名因，現望種而名果。現行識從種生已而有自體，即於其自體分上變現二分，註見上文。故説現行識自體分名果能變。自體分亦名自證分。據此，則護法等明明將種現劃爲二重世界。種爲能變，而起現行，現行自體復爲能變，而現相見。據種子六義中果俱有義，現從種生時，即自變現相見二分，不可説因果二變有次第也。如此二重世界，分析明白。唯現因種起，畢竟種界是根柢，故説種界爲現界之體，理實如是，豈堪誣亂！又復當知，護法本衍世親之緒。世親出入外、小，晚乃向大，嘗爲《金七十頌》造長行，足知其受影響於數論者甚深。數論立勝性以爲變易之根，世親立種爲現變之因，頗與相類。但有不同者，則不以種爲恒常法，而又爲賴耶所攝持耳。要其大端甚似，則無可掩。至其種爲個別，現亦析爲複雜分子，既析八識，每一識又分心與心所，而諸心心所法又各各析成三分乃至四分。則又與集聚論者如勝論師同其色彩。余以爲世親、護法諸師之學，大抵融冶勝、數兩大學派之説爲多。基師《述記》，於此二宗亦特別甄詳，隱爲推迹，可謂善作述者已。學者稍理世親、護法一派之脈絡，則其有立種以爲現界本體之嫌，雖起彼等質之，諒亦無可自解。况護法更立本有種。本有種者，法爾成就，不由後起。既建此以爲生起現界之因，則雖欲不説種爲現之體，而亦不可得矣。吾故恒言，護法等在用上建立，實違《般若》諸行無自性之旨。以此徵其未見真如，寧爲輕薄古哲耶？彼既誤立種爲現之體，而又不能不説真如爲體，則真如焉得不成爲戲論耶？來破第二謂余“誤計現界以真如爲體”，而妄斷吾書“以一翕一闢爲真如”，此實不解我義。既已酬正如前，兹可勿贅。但現界之實體即如，具云真如。此義如何可説爲誤，想破者實隱持種爲現體之邪見耶。此處注意。來破第三謂余“誤計兩體對待有若何關係”，護法明明説真如即是識之實性，凡言識者，有對所緣而言者，有綜全現界而言者，此則目現界。而又立種爲現之體，真俗條然，無可融釋，云何不應問彼兩體對待若何關係耶？或謂立種爲現之體者，是俗諦義故，若入真諦，則唯説真如名體，兩不相妨。不知如此説法，便是真俗條然，無可圓融，云何應理？須知順俗而無所建立，故得真俗圓融。順俗者，隨順世俗而談諸法相，天亦名天，地亦名地，萬物亦名萬物是也。無所建立者，不於俗諦中建立實法，令悟天地萬物無實自性，即是諸行性空，方乃融俗入真而即俗全真矣。今護法等，於俗諦中建立種現兩重世界，而又以種界爲現界之根源。俗中既建立實有，更無從融俗入真，即真俗條然各别，成爲兩重實在。護法的是如此。破者又謂余“務以一法爲先物之實體”，此則始終不了吾假説恒轉之深意。吾書明明主張於流行識體，焉得有一法爲先物之實體耶？破者又謂“護法動依緣起，説諸法無自性”，蓋始終膠執種現互爲緣生及互爲其體之説。不知護法等既建立兩重世界，一爲衆粒集聚之種界，一爲複雜分子集聚之現界，而又假緣起説以自文，乃説種現互爲緣生。若以此爲彼兩重世界之穿紐則可耳，而何當於緣起正理耶？

《新論》第六十九葉註云："當反觀時，便自見得有個充實而光明的體段在。"破者駁曰："此種昭昭明明境界，正禪宗所訶之光影門頭。"吾以誠言正告破者：如何是光影門頭，須用過一番苦工再説，莫漫判決別人境界也。

辰　項

來破庚目"一翕一闢"，破者摘《明心章》上"恒轉者至静而動，本未始有物也"一大段文，而横破云："案熊君以自性爲闢、爲心，以顯自性之資具爲翕、爲色，皆恒轉所幻者。詳其由來，與《太極圖説》相似。昔人考《太極圖説》，道家授受之物，與孔《易》大不相侔，而熊君襲之。其恒轉云云者，即'無極而太極'句意也。其闢云云者，即'太極動而生陽'句意也。其翕云云者，即'動極而静，静而生陰'句意也。其'翕闢'云云者，即'一動一静，互爲其根，分陰分陽'句意也。不過熊君以翕顯闢，爲稍異耳。又翕色闢心之義，不外襲横渠《正蒙》之餘唾。"破者此段話，不獨不了我義，而實未了《太極圖説》。如能了《圖説》者，何至出此混亂語哉？謂《圖説》出於方士傳授者，此本朱子發，而於其持論猶未加評議。獨朱晦翁極力彰闡其義，視與六經同尊。朱子亦自持之有故，容別論之。陸梭山起而非之，以爲此當是僞托周子，不然或是周子少時之作，而其後蓋已不道之。晦翁不然梭山，象山復是梭山而與晦翁抗辯，其所諍大抵在"無極而太極"一語。朱、陸對揚，旗鼓斯烈，莫能相伏。然吾儕今日依文究義，終以梭山、象山之説爲是。案《圖説》與《易》悖者，不止無極二字，其言陰陽動静，尤爲乖謬。漢儒言《易》，曰"陽動而進，陰動而退"，是陰陽皆以動言之也。徵之《乾》曰"行健"，《坤》曰"行地無疆"，《程傳》亦行健義。可謂深得《易》理。今《圖説》曰“太極動而生陽，静而生陰”，是以動静分陰陽，明與《易》反。宋以後儒者，大抵受此説影響，皆以動言陽，以静言陰，其昧於化理亦甚矣。夫《乾》《坤》皆言動而不及静者，非無静也，言動而静在其中也。動而貞夫一，即動而静也，故不離動而言静也。《圖説》離動静而二之，乃曰：“太極動而生陽，動極而静，静而生陰，静極復動。一動一静，互爲其根；分陰分陽，兩儀立焉。”詳此所云“動極而静”，“静極復動”，則方動固無静，待動之極而後静；方静固無動，待静之極而後動。若爾，即當其動而生陽時，陽爲孤陽；及其静而生陰時，陰又爲孤陰。豈有此偏至之化理耶？且太極不可説是一物，又寧有動而不静或静而不動之時哉？周子《通書》有云：“動而無静，静而無動，物也。意謂物件是死的東西，如有使他動移，他只是動，便没静；如任他静止，他只是静，便没動。動而無動，即動即静。静而無静，即静即動。神也。”此説明明與《圖説》相反，可謂深於知化。惜乎二陸當時與朱子諍，竟未及此也。吾兹不暇深詳，且止斯事。破者若了《圖説》，則何至妄誣吾之翕闢義與彼有關耶？吾書《轉變章》談翕闢一段文中有重要義，破者須明。蓋首言翕闢只是動力之殊勢，只是兩種動勢，故曰殊勢。翕似幻成乎物，而實無物，故不能作静象觀。此與《圖説》言静而生陰者根本異旨。陰者以言乎物也，《圖説》於物作静象觀，而不觀動勢，故言静而生陰。次則吾言翕闢兩種動勢，卻是同時，翕闢非有次第，故假説同時，實則無所謂時間。若不同時俱有，便是孤獨成變，無有此理。此與《圖説》絶對無可牽附。而破者乃曰：“其闢云云者，即‘太極動而生陽’句意也。其翕云云者，即‘動極而静，静而生陰’句意也。其翕闢云云者，即‘一動一静，互爲其根，分陰分陽’句意也。”不知彼以陰陽分屬動静，而吾之翕闢則皆就動言，何可拉雜而談？彼明明曰“動極而静，静極復動”，其動静陰陽確不同時，彼離動静而二之，故云非同時。與吾言翕闢爲同時以反而相成者，義旨自絶不相侔。又彼動静異時，不獨孤陰孤陽難以語變，就令主張以前後相反而成變，而其前之孤行也，既逞極端，其後之反而孤行也，必將爲其已甚。此於人事中固事之，而以此測大化之流行，則是衆生顛倒見也。以顛倒見測化理，益執爲固然，斯顛倒無已時也。此處吃緊。吾以翕闢同時言變。闢必備翕，若令故反；翕實順闢，而非果反；如是成變。是於法爾道理如實觀察而後敢言，此豈可以《圖説》“動極而静，静極復動，分陰分陽”者誣之耶？稍有智者，而肯如此妄語耶？破者又曰“恒轉云云，即‘無極而太極’句意”。不知此句朱、陸相諍，後之學者猶未有定論，破者又未自標一解。然則彼句尚無定義，憑何妄斷吾言恒轉即彼句意耶？破者於《圖説》與吾書都不通曉，徒欲厚誣吾書，敢出妄語，此非學人所宜，輒爲悼惜。至云“翕色闢心，襲《正蒙》餘唾”，尤爲狂謬。破者既未明徵《正蒙》何義，横誣襲唾，此不成語。横渠精思固足多，然其慮封於有取，論墮於支離，與吾翕闢義元無合處。夫理在目前，往往不容儻獲；學期徵實，每每積累有得。吾於翕闢義，固非率爾偶立。蓋略言之：自吾有知，冥窺物變。榮枯生死，待而成化。雖在童年，駭然怪嘆。受書已後，思唯此義，猶不舍旃。二十年前，曾有一小文記其事。洎夫稍長，始獲三玄。道以反動，一二及三，老氏之緒言也。有宗兄省吾者，昔嘗暢談此義，今其墓木拱矣，思之彌痛。“日夜相代乎前，而莫知其所萌”，莊生之深於觀化也。“乾坤相盪，陰疑於陽，必戰”，《大易》之妙於語變也。以彼玄言，驗之吾所仰觀俯察、近取遠觀之際，頗有神契。然猶藉聞熏，習聞書策而啟發故。未足語於真自得也。弱冠以還，躬與改革。人事蕃變，涉履彌親。但覺群力交推，屈申相報，衆流匯激，正反迭乘。蓋豁然曠觀，而深有味乎事變之奇。爰以人事，推明天化，道因反動，變不孤行。是事恒爾，決定決定。及乎年已不惑，卧疾湖山，悠悠數載，孤遯冥搜，深窮心物問題，益悟宇宙無實。心物都無實自性，即是無實宇宙故。自反而知，此心只是刹那頓現，無住而突進，强名爲闢。無住者，刹那頓起頓滅故。突進者，前刹那方滅，後刹那即又頓起故。又進之爲言，顯其力用盛大開發不息故。於是諦察一切物事，都不作静物觀。不作静止的物事看。審知物象，實是一種動勢，幻現似物，而實無物。此幻現似物之勢，即名爲翕。如此觀變，庶幾儒先所謂鳶飛魚躍，只是活潑潑地意思。萬象繁然，求其公則，要亦唯變所適，而不可執定象以爲楷準，變無不活故也。變無窮故，故幻作萬象。萬象互相依緣，而不凌亂，故有公則。求此公則，非可執定象以爲準。所謂定象，本無實故，唯隨變所之，幻現衆象，會而有則耳。故达變者乃循物則而不泥。此意甚深，幸勿忽之。至此，已謂如實諦觀，不同浮泛知見。忽爾自覺，如上所云，反觀内心只是刹那頓闢，起不暫住。外察物事，唯動而翕，幻現似物，亦無物得住。雖復及此，終是内外乖分，不得融一。蓋久之蕩然默識，而後遺内外相，恍然吾心通萬有爲一體，此中心謂本體，非與物對之心。翕非離闢而孤現，闢乃故翕而成用。奇哉翕闢，相反相成，徹内徹外，只此翕闢之流，而實無有内外可分。自此實悟無所謂小己，無所謂宇宙。只此翕闢之流，刹那刹那，頓起頓滅，刹那刹那，頓滅頓起，如此流行不息，猶如閃電，至活無迹。此語吃緊。然猶有見於變，無見於不變。久而益反之當躬，而得夫闢恒運翕而不肯物化者，於此見自性之恒如，參看《新論》談翕闢處，及此篇前文談翕闢各處。而灼然於流行中識主宰，當下承當而無疑也。以此印之《般若》《中觀》“空諸行相，而證實相”，以此印之《槃涅》“常樂我浄，非無主宰”，都無不合。於是《新論》之作，乃由變化之觀察而一反世親護法等之集聚論，此非故爲立異，直自言其所可自信者而已。

來破有言“案熊君以乖本成物爲翕，以如性成心爲闢。心轉物而不爲物轉，爲闢之戰勝於翕者。勝敗之數視轉與被轉，更視其數之多寡。熊君以礦物、植物、動物及大多數之人類爲被轉，其爲轉者，不過人類中極少數之出類拔萃者，多寡之數判然矣。判之爲戰敗可也，而謂戰勝，誰歟？”破者此段話，混亂至極。夫所謂“心轉物而不爲物轉，爲闢之戰勝於翕者”，此是何義？若會得時，三藏十二部經無非説此事而已。戰勝之言，即形容心能轉物而不爲物轉之意。若此義不成，又有何佛法可説耶？言理者，主其大常而已，天下豈無反常之事？若無反常事，即亦不説有真常道理也。心轉物而不爲物轉，此是真常之理，然不能遂謂有生之類都能爾爾。若誠爾者，又何須説心轉物而不爲物轉之理耶？無反常事，即不顯真常理，愚者自不了此。破者謂余“以礦物、植物、動物及大多數之人類爲被轉”云云，此全違我義，徒矯亂吾書文旨，横摘字句，令成衝突。不知立言各有分際，吾書《明心章》上第六十一葉談生命力之顯發一段文，略謂“生命力以憑物而顯故，亦常淪於物質之中，膠固而不得解脱。此徵之植物與動物而可見者”云云。繁不具引，並無礦物字。又言：“雖人之中，除極少數出類拔萃者外，自餘總總芸芸，其心亦常放而易墜於物。然使勇决提撕，當下即是，《大易》所謂‘不遠復’也。”此段義旨，須就本段上下文而如其分際以了解之。蓋此中直從生命力之顯發而言，因生命力之憑物而顯，遂有爲物質所纏錮之懼。然而有生之類，則正以此故，而其心力乃有從物質纏錮中而得戰勝之殊績。若根本不至受物質纏錮，則又説甚心能轉物而不爲物轉哉？此前所謂“無反常事，即不顯真常道理”也。故此中從植物、動物説到人類，徵明心力逐漸開展。動物雖不遠過植物，而固已云過之。參看《新論》。至人類則心能特著，一提便醒，如何不是心轉物而不爲物轉耶？如何不是心力終能破物質之纏錮而戰勝耶？經論所謂破相縛者，亦即此義。此又何所衝突耶？且佛説衆生皆有佛性，而又説衆生顛倒，由破者見地言之，不亦佛語自衝突耶？破者混亂之談滿紙皆是，直是使人短趣，以此費筆語真不值得。至破者下文所舉，其劣又甚。如云：“熊君既主張闢以勝翕，卻又教人法坤。”法坤見吾書二十七葉，《轉變章》附識。吾之翕義，本與《易》之坤道爲近。翕之收攝凝聚，固與闢反，而有物化之嫌矣。但非有收攝凝聚，則亦何以顯闢乎？坤之承乾，亦謂其收凝而有顯乾之功耳。學者若一任流散，而不法坤以作收攝保聚工夫者，則本心日以放失，焉得自識真體而不物化以殆盡耶？汝讀佛書，所學何事，而於此絶無知曉耶？又云：“既信奉生物進化，卻又教人復初。”不知生物進化到人類，其靈明乃盛啓，其天性乃得顯。觀於植物，只有生機表現於外，幾無所謂内部生活。動物似有内部生活可言，然甚曖昧。惟人則靈光獨曜，迥非動植之比，是能發揮其天性固有之良者也。復初者，即謂發揮其天性固有之良耳。生品下者，其生命力受物質之纏錮，即其天性固有之良不得發展也。故復初説與進化説，無所抵觸。破者又言："既説渾然一體，卻又説分化以顯。"查破者於上語，註云五十八葉，於下語，註云五十六葉。按五十八葉係《明心章上》，此中無渾然一體四字。但該葉中文義，則言本心周遍，無在無不在，不有彼我，不限時空而已。破者以意撮言渾然一體，猶難相應。至五十六葉，係《成色章下》，亦無"分化以顯"四字。但文中談及身體爲器界之一部分，故説身於器爲分化。查此二葉文字，一談本體，一談色法，義理各有分際，破者乃牽在一處而發詰難，可謂奇創。若云"身體既分化，即不應説身體與器界爲一體"者，應知所謂一體，不是一合相，已説如前。見子項中。汝頭不履，汝足不語，汝頭足豈不於汝全體中分化耶？破者又言："既説'不能以求之人者概之於物'，卻又説'一人一物之心即是天地萬物之心'。"查上語，見吾書五十九葉，《明心章上》，下語，見同葉同章小註。破者完全斷字取義，不顧上下文氣，如此手眼，未免太劣。註就本體言心，故説心無差別。猶云一切衆生皆有佛性。至所謂"不能以求之人者概之於物"者，則以人物雖同此本心，而有顯發與不能顯發之異，以物類尚未進化至人類，其生命力猶受物質之纏錮而不得顯發。易言之，即其心力爲根境所拘蔽故也。根者根身，境者境界。所謂相縛者近此。儒者亦云氣拘物蔽。佛説"衆生皆有佛性"，而又説"有闡提不能成佛"者，爲其障重，亦含有此意也。破者讀書絶不深思，此病不細。

巳　項

來破辛目"能習差違"，計有七辨。其"一辨能混爲習"，謂："因明例，先須選定立敵共許之名詞，以爲辨論之用，不然，犯不極成過。又名詞須與旨義皆極成，不能以敵之名，改用自立之義，不然，則名亦不極成。功能、習氣、種子，此三名詞原無差別，熊君强分習氣與功能爲二，是立敵所用之名詞不極成，而有所云云，過尤叢集。"破者此段話，似不曾讀過佛書者，怪哉怪哉！大乘諸經論廣破外小，有立理量者，有不立量者。汝若曾讀佛書，不應於此不知。若立量破，則被破者審其量有過，即出彼過。若施破方面非是立量，而被破方面豈能無端謂其有違因明法例耶？至云“因明例，先須選定立敵共許之名詞”，破者所知止此耶？還知有自許他不許、他許自不許等等簡别法例否？因明例極精詳，自破者説來，遂成含混。若爾，則可以對敵申量者幾何？又云“名詞須與旨義皆極成，不能以敵之名，改用自立之義”，此語不知何解？如數論立“我是思”，此其宗中有法我，名詞與旨義在數論固極成，而敵者佛家能極成否？又如佛家對數論立量云“汝我非思”，其我仍用敵名，但以汝言簡耳。佛家亦許有思心所，而不許説爲我。宗之後陳曰非思，則以敵之名，改用自立之義矣。若如汝説，佛家只有承認數論立我是思，而何辯論之有耶？不知汝是否讀過因明書？而妄造不通之例如此。若乃護法功能，明明分本有與新熏兩類。其新熏亦云始起，彼謂即是前七現行識熏發習氣，潛入第八識而成新熏功能，其説如是。我今亦假説功能，但與彼絶不同其義旨，書中甚明。至如習氣，則我亦許有。但謂習氣自爲習氣，不宜混稱功能，而解釋亦因之不必盡符，書中亦説得明白。如謂“能習等名，既是舊有，不應仍彼之名而改用自義”者，吾且問汝：外道立我爲實體，而佛家涅槃，乃亦言我德。涅槃亦實體之代語。特佛家所謂我者，與外道絶不同其義旨耳。汝能謂我之一名既外道所立，佛家不應仍彼名而改用自義否？又大小乘亦互相爲敵也，而大則幾於全仍小宗之名，改用自義，汝能以汝所謂因明法例者繩之否？

“二辨業爲或然、又爲定論”，其説曰：“熊君既言‘吾人有生已來經無量劫，業勢等流。其徇形軀之私而起者，必皆有遺痕，成有漏習。其循理而動者，必皆有遺痕，成無漏習’。是以決定説習氣矣。然何以又説‘有情業力不隨形盡，理亦或然’？”詳《功能章》。不知吾人一切造作，造作者即業之異名。必皆有餘勢續流，名爲習氣。而幻成一團勢力，乃至不隨形骸同盡，此固理之所可信者。然必下斷定之詞以詔人，則又無可取證，何如稍存謹慎態度之爲愈耶？且習氣定有，吾人過去經驗不亡失，又嘗爲習慣所限制，皆可徵習氣定有。就現世説，亦非不通，何所謂必然或然之違反耶？

“三辨本來面目”，其説曰：“熊君言‘成形禀氣之始，忽執形氣而昧其本來面目者，是之謂惑。本來面目是不落形氣的，是無私的，是無所染執的。’案成形禀氣之言，不過爲此一期最初之時也。然熊君前云‘有生以來經無量劫’，則此所云‘本來面目’者，不僅在一期初生之時，而實在無量劫先人且未生之前。”破者此段話，直是不堪教責。查所舉經無量劫之言，見吾書四十二葉《功能章》談習氣處，謂：吾人有生以來經無量劫，一切造作皆有餘勢續流，名爲習氣。其説如是。而本來面目云云，見六十二葉《明心章上》，正文及小註。如何在彼章斷字取義，又在此章斷字取義，而牽連在一處令生衝突耶？天下有如是卑劣手眼而可以難破人之書者耶？凡破人書者，自須尋着大問題，須成一派理論，而何可如是矯亂字句耶？當知經無量劫一言，不過形容長時之詞，何曾推到無量劫先人且未生之前耶？又復應知，即汝當此一期現生之時，元是刹那生死，豈不經無量劫耶？汝讀佛書，猶未了刹那生死義耶？本來面目是何等義？豈可向無量劫先人且未生前索耶？此豈有時間性耶？汝若當下虚心，自知己過，便是汝本來面目呈顯；否則，汝本來面目剥喪盡矣。本來面目一詞，世俗習聞，幾成濫調。實則此詞乃本體之代語，深廣極矣。而直指人心，尤爲親切有味。障重者不能自識，只好就發用處指點，若其是非之心亦泯，便是一闡提也。

“四辨混天爲人”，其説曰：“熊君又言‘習氣後起，不可混同功能。能習有天人之辨。衆生儲留其無始來之成能，以自造爲一己之生命者，謂之爲人。功能者，天事也；習氣者，人能也；以人混天，則將蔽於形氣而昧厥本來’。案此明明以生命力爲人矣，何以又謂‘斯人性具生命力，性具者，謂先天之禀’？所謂以人混天之迷謬，實在熊君。”破者此處文義不甚分曉，勉譯其意，似謂熊某既曾説“人能即是生命力”，而他處又説“生命力爲先天之禀”，則是“以人混天”也。意似如此，實則破者此處葛藤與前辨“本來面目”文中同一愚妄。查破者所舉“斯人性具生命力”云云，見吾書六十一葉《明心章上》正文及小註。此所謂生命力，即功能與性之代語。此非舊師所謂功能，須參看吾書《功能章》。假詮本體之流行則曰功能，以其爲吾人所以生之理則曰性。名雖不一，所目非二。應就本文，而隨其上下文義，恰如其分際以了解之。至四十葉《功能章》正文及註以人能言習氣，而註中似以人能言生命，即似以習氣説爲生命者，何耶？須知吾人生命，本即固有功能，所謂天性是也。《明心章上》所謂斯人性具生命力者，即謂此也。然人既有生，則遂有自成之能。而其所成之能，點點滴滴，儲留不散，乃即利用之以益擴其自造之能，實即以此爲其一己之生命，所謂習氣是也。習氣本非生命，而乃説爲生命者，則以其勢用盛大，能於吾人本來生命，即謂天性。或爲順承，或爲侵蝕。善習則順乎性者也，染習則逆性，如豪奴奪主。吾人乃恒迷失其本來生命，而即以染污習氣爲其生命。故於此説習爲生命者，習氣亦省言習。正毀責之詞。文旨甚明，何乃誤會爲以習與本來生命相混，而謂之“以人混天”耶？此理須於自家生活上切實理會，在文字上諍論無益。

“五辨習伐其性”，其説曰：“熊君言‘性即是凝成此氣質者。但氣質之凝成，變化萬殊，難以齊一。且既已凝成，亦自有權能，雖爲本性表現之資具，而不能無偏，固不得悉如其性矣’。今應問彼：何以純浄無染之性，凝成氣質，乃有萬殊難齊、甚美不美之分？且既凝成，何以又自有權能，乃至習伐其性？是等論調，豈非福音之再見乎”云云。查破者所舉“性即是凝成此氣質者”等語，見吾書四十四葉《功能章》中附識。此中因人論及儒先所謂義理之性與氣質之性，而以習氣爲氣質，余因辨習氣與氣質之分。進而言氣質之性即是義理之性，元無二本。其文有云：“氣質非即性也，而氣質所以凝成之理，便謂之性。”自註云：“此中理字，隱目本體。此下文繁不引。”而後文乃有“性即是凝成此氣質者”等語，如破者所舉，前已叙訖。夫氣質無自體，其體即性，故説氣質所以凝成之理即謂之性。所謂形色即天性是也，此乃了義之談，而破者竟詆爲神教，何乃無知至是？“性即是凝成此氣質者”一語，正顯性即氣質實體，非氣質與性爲二物。有如海漚舉體即大海水，非漚與大海水可別爲二。然氣質既已凝成，即自有權能，固不得悉如其性，此理卻須虛懷理會。無已，仍前喻顯，如漚流動有爲，有爲者，言其有翻轉等用。豈得悉如其停畜之本體耶？本體即謂大海水。漚之本體元是停畜，停畜者，止聚義，深寂義。故氣質儘有變化萬殊，而其本性則恒自如如。此若漚相流動萬變，而其本體即大海水，恒如其性。停畜如常。理實如是，何所駭怪？破者難聞勝義，竟有“上帝造群魔”等等囈説，不知於此有何相涉也？至破者所舉“習伐其性”一語，見吾書七十七葉《明心章上》。吾書明言習氣與氣質有分，而破者猶不能了，乃拉雜而談，豈非怪事？

“六辨捨習之疑”，其説曰：熊君又言‘習氣雖屬後起，而恒展轉隨增，力用盛大。吾人生活内容莫非習氣，吾人日常宇宙亦莫非習氣。若捨習而談，此處有如是案乎？無如是案乎？便有許多疑問在’。案熊君既謂宇宙人生莫非習氣，則又何必於習氣之外增益其所謂功能？又謂捨習而談，便有許多疑問，熊君既謂疑爲別境心所是習氣之一，既捨習矣，許多疑問又何從而有哉？”破者此段話甚可駭怪。凡録破者語，均全録。觀破者捨習之難，似於吾書字句完全不得通曉。查四十四葉《功能章》正文有云：“吾人日常宇宙，亦莫非習氣。”自註略云：如吾人認定當前有固定之物，名以書案，即由乎習。若捨習而談，此處有如是案乎？無如是案乎？便有許多疑問在。此註明白已極，似無難解，而破者乃難破曰：“既捨習矣，許多疑問又從何而有哉？”破者果解吾註，何至有此怪難？夫註中“若捨習”云云者，明置若言，則非，谓其真捨斷也。而難曰“既捨習矣”云云，此何謂耶？又“若捨習”云云，明明承上文而言，即是認定當前有固定物之習。參合上下文看，詞義甚明，絶無隱晦，豈捨習之言，便謂捨一切習，而將疑心所亦捨掉耶？然則經論所謂斷有漏種者，應初地即斷一切，何須十地乎？破者愚昧至此，吾雖欲答汝何故於習氣外更説功能，亦既無可談之機。吾但詰破者：玩諸經論，一方面説宇宙人生皆是虚妄，一方面又説一切真實，是否於虚妄法外增益真實耶？此處若亂猜，罪該萬死。

“七辨疑爲悟幾”，謂余不應“將本惑之疑，移入別境”。夫疑果可一切説爲本惑乎？釋尊始從外道出家，若一往信彼而自不知疑，又焉得自證菩提而成佛耶？疑之可説爲惑者，唯一向狐疑而無有抉擇者，是斷智種，應名爲惑耳。

破釋難

《釋難》之目，自是破者爲舊師解釋妨難。然觀所陳述，乃甚雜碎而無關宏旨，所謂“碎義逃難”是也。此本無須答破，姑略酬之。

一事，來破曰：“熊君言‘八識之談，大乘初興便已首唱，本不始於無着。但其爲說以識與諸法平列’云云。今應問彼：所謂大乘初興首唱八識與諸法平列之説者，若指世尊所說之經，則三乘聖教皆佛所說，所謂大乘初興之言爲無意義。《阿毗達磨》本‘聲聞一切智’義，詳叙諸法種種，説蘊處界三科。而至《華嚴》‘唯心所現’之言，《深密》‘唯識所現，之訓，則抉擇唯識特別以立義，又曷嘗與諸法平列耶？若指菩薩所造之論，則除《起信》等僞書外，大乘初興時龍樹菩薩等所造論中，固亦未見有首唱八識與諸法平列者也。”破者此中所云，又故作矯論。查所舉“大乘初興”云云者，見吾書七十葉《明心章上》。而“以識與諸法平列”下有註云：如說五蘊，則識蘊與色蘊等平列。説十八界，則六識界與六根六塵諸界平列。此中文意，本謂最初大乘師雖於小宗六識外更説以二而爲八識，但確不曾組成爲有系統之唯識論，故識與諸法平列而談。如破者所舉《阿毗達磨》説蘊處界三科，於五蘊中豈不以識與餘四蘊平列耶？乃至於十八界中，豈不以識界與根塵諸界平列耶？曷嘗以識統攝諸法耶？《華嚴》《深密》《楞伽》諸經，雖皆有唯心之言，要祇可視爲唯識論之導源而已。諸經皆廣説法要，隨説隨遣，不立定準。若謂其建立唯識，則謗經亦已甚矣。至龍樹菩薩等所造諸論，直顯諸行無自性，豈更説識名唯？若乃法相諸要典，自《大論》迄於《中邊》《雜集》乃至《五蘊》，皆以識與諸法平列而談，未嘗獨尊識之一法以統攝諸法。故無所建立，猶與龍樹菩薩等“諸法性空”之旨相會。故無著之學，除《攝論》外，從其大體觀之，猶與以前大乘學説無極大變異也。

二事，來破曰："熊君言'逮於無著，始成第八識，引世親捨小入大。此爲接引初機，固猶未堪深識'。夫八識之談不始無著，君有明言，乃又謂無著始成第八識，不知君之密意云何？意者大乘初興，但唱而未成，必逮無著始克成之歟？但唱成之義，兩不孤立，不成如何能唱？古德豈亦但懸無因之虛宗以立言，如後世臆説亂想家想到那裏説到那裏耶？"破者此段話，全不了學問之意義。學問上之所謂成立一説者，其意義甚嚴格，必也此説非但爲其散著之一義，而實本之以組成嚴密之系統，爲其學説全體中之根本觀點所在，如《成唯識論》以唯識相、唯識性、唯識位三分成立之，論疏皆有明文。即唯識乃爲其根本觀點所在，而唯識論實有嚴密之系統。此就唯識舉例耳，一切學問皆然。否則不名成立。八識之談，不始無著，無著於他種著作中亦非不及八識，要至作《攝論》授世親，則特舉第八識爲殊勝義，自是八識義益堅。第八既成，第七亦俱成，如是則不止小宗所説六識，而八識之義乃堅立不摇。種子六義亦決定，六義見前。遂開世親建立唯識之先河。故説無著始成第八識。此徵諸唯識説演進之史實，無可矯亂。《攝論》已前，無論小宗祇説六識，大乘增説八識，要之皆不特尊識以統攝諸法，不曾組成有系統之唯識論。則謂"但唱而未成"也固然。汝云"不成如何能唱"，不知小宗二十部，大乘空有諸宗，其所成之説，皆推本釋尊，謂釋尊有唱於先而諸師成之於後可也。至言"古德豈亦但懸無因之虛宗以立言"云云者，不知由何義而着此一語？

三事，來破曰："熊君言'世親以前諸大乘師，將識與諸法一例認爲無自性，即是看作皆空。到世親成立唯識，以識統攝諸法，則將識之一法看得較實。且據彼種子義而推之，識既從種生，則識爲有自性之實法矣'。案此是閉眼亂説。如熊君所舉之《百法明門論》，開卷標宗，明明引如世尊言一切法無我，全書始終釋此一義，則世親明明如以前諸大乘師將識與諸法一例認爲無自性也。世親又不但説識從種生，並説一切有爲法如色聲等皆從種生，亦皆是緣起，是故皆無自性。今熊君何以但就識從種生以推？又何以從種生故，即可推得爲有自性之實法？真所謂邪謬不堪究詰者矣。”破者此中所云，又未了吾書字句。查汝所舉吾語，見七十葉《明心章上》小註。吾言世親成立唯識，以識統攝諸法，將識之一法看得較實者。此中較實二字，甚當注意。雖略不及色聲等法，而實已影顯色聲等法，在世親亦認爲實有，特其視識之一法乃較色聲等法更爲實在耳。何以言之？據世親義，識爲能變，色聲等法是識所變。所變法者，非遍計所執，即是實有。所執者，謂由意想妄有所執，而實無此法。遍計者，意識周遍計度，故云爾。其義如此。故較實之言，影顯色聲等法實有；又正顯識法獨尊，較色聲等法更屬實中之實，是能變故。此等詞語包含多義，破者全不求解，惡乎可哉？又破者言：“世親並説一切有爲法如色聲等皆從種生，皆是緣起。玩其語意，蓋主相見別種。”舊説八識各各又分心與心所，而每一心、每一心所各各又析成相見二分。於是談種子者，有主相與見爲同一種而生，有説相見種子各别。然此自是後師研討之義，吾談世親，不當濫入後師之説。故註文云：據彼種子義而推之，識既從種生，則識爲有自性之實法矣。此中識言自攝色聲等法，以色聲等法是識所變故，是識相分故，亦從識攝，而名唯識。攝相從見，攝所歸能，總名唯識。古義足徵，非吾臆説。故言識種者，即已攝色聲等法種，此語注意。而不顯言相見同種或别種者，以此問題卻至後師始嚴析故。凡理論文字，每下一詞，必顧及全系統與各種關係。破者自不會此意，故又誤疑吾言識種不攝色聲諸法種，此實汝誤，何關我失？夫識既從種生，即種是識之體，如何可説識無自性？緣起之談，尤爲謬戾，此義詳前《破破計》中卯項，可以覆按。至謂“《百法》標宗，明明引如世尊言一切法無我”云云，彼雖稱述聖言以爲宗本，無如其自所搆畫安立，都與聖説了義相背，吾儕何可不辨？小宗豈不承聖言量耶？而大乘必破之，何哉？

四事，來破引經論説心、心所不一不異，而謂余以分析咎護法爲非是。但據世親、護法義，本説一切心、心所各各有自種子。既已析成碎片，而又稱述經旨，以不一不異掩其支離，此實自爲矛盾耳。

五事，來破曰：“世尊一代設教，破外爲多。破外之具，首憑分析。而熊君乃云‘分析之能事，雖或有見於散殊，然致曲之過，其弊爲計’。”破者此中所云，又不了吾義，吾何嘗反對分析法耶？吾書六十七葉《明心章上》有曰：夫分析術者，科學固恃爲利器。即在玄學，其所爲明倫察物，亦何嘗不有資於是。云云。此固明明説玄學亦須用分析術也。夫分析法解析事相，曲盡隱微，精檢疑似，畫而不渾，事端易見，此其所長。但分析不可以證體，以其術終不外計度，外觀散殊。縱云如量，而當外向計度時，便已離本體矣。證體則外緣不起，如體而住，湛寂無功，無作用曰無功。自證離言，恒自識故曰自證，離分别故曰離言。此謂反證。亦云體認。故在玄學，反證法與非反證法如分析法。直須分用，而不可缺一。此義當詳《量論》。吾不主張專恃分析法以爲唯一之利器者，其理由在是。破者不解何謂反證，而復不解何謂分析，但謂“世尊破外之具，首憑分析”，夫世尊豈徒以分析爲破外之具耶？其深觀諸法相，稱實而知，所謂“後得有分别智”，何嘗不是分析耶？此豈無關自悟，但爲破外而設耶？然又當知，分析法固重要，但運用此法必具基本條件。略説以二：一曰依據事實。唯實事求是，故所解析不爲虚妄，否則懸空構畫，經緯萬端，終不與事實相應，漫爾空想。空想與玄想絶殊，玄想則超然神解，觀其會通，所謂冒天下之道如是而已者也；空想即懸空搆畫，既非玄解，而徒爲無據之思辨，諺云空中樓閣是也。二曰於萬象唯觀察動勢。此言動者變動義，謂有勢用幻現故，故非俗所謂動，俗以由此至彼爲動，此不爾故。盛哉大化！變起無端，本來無物，而幻作衆象。即此衆象互相依緣而不凌亂，宛爾有則。故夫觀察萬象而求其公則者，應觀察動勢，得其活機，必不可執定象以爲楷準。萬象無實，唯隨變所之，幻現衆象，會而有則。會者，言衆象間有相互關係故，故有公則可言。故察變者，乃能率循物則，分析如量而無有泥。萬象本不固定，即物則無可泥執也。否則執有定象，以分析静物，分析愈密，愈乖化理。此二基本條件，爲運用分析法所必資。持此以衡世親、護法諸師，則其運用分析法似不能無失。彼乃觀静物而不觀動勢，如前所説，世親、護法一派之學所以成其爲集聚論者，正以其於諸法唯作静止的物事看故。如其説種子爲個别，説現行爲二分或三分乃至四分，説種爲能，説現爲所，如此等等，都是從看慣了静止的物事，才作如此構畫。任意刻畫而不根事實，就其談種子與賴耶之關係言，種子爲能生，賴耶爲所生，因果同時而有。種子爲能藏，賴耶爲所藏，能所相依。種子爲賴耶所緣之相分，賴耶爲種子所依之體，種種刻畫不可勝窮。此特就種子賴耶之間略爲舉例耳，其他搆畫之密，更無從説起。吾嘗言，若以賴耶一詞顯示吾人無始以來無量習氣幻結，而不必作上述種種搆畫，此則不違事實。須知吾人生活，大抵是一團習氣流行，稍能自反而於人生有體驗者，必不反對斯言。夫本心之運，豈有泯絶？然在一般人則純是習氣乘權，其本心受障而幾於泯絶矣。明儒顧涇陽曾記一事。一日講會中，有問："如諸君過孔廟便下轎，過堯舜廟即不下，此是本心否？"座中無能答者。實則過孔廟下轎，亦不是本心，蓋當時朝廷功令如此，彼乃奉行成習，自然率行，非必出於尊聖之本心也。如真出於尊聖之本心，則無論過孔廟、堯、舜廟，當一律自動下轎矣。以此例徵，吾人自念慮之微至行事之著，何往不是習氣流行？故嘗謂賴耶若但寬泛講，而以之表示習氣幻結，便不乖事實。若如世親、護法種種刻畫，鈎心鬥角，如蛛造網，便成戲論矣。上來言之不覺其蔓，要之，世親立説已是過於思構，至護法而尤甚矣。適與前述分析法所資之二根本條件完全相反。吾故以護法等之分析爲病者，大意如此。雖然，世親、護法諸師之學，要自規模廣遠，條理茂密，後人議前哲甚易，而了解前哲之真價值則大難。察前哲之短而違之，會前哲之大義而神明變通之，則難之尤難。至於志涉玄津，願皈大乘，終必由奘、基、護法、世親、無著、以上窮龍樹、提婆，歸諸《雜阿含》《般若》《華嚴》《涅槃》諸經。基師序唯識所宗六經，無《雜阿含》，自宜增入。《雜阿含》不唯是法相導源，而其記述不尚理論鋪張，許多真切處，直啟宗門之緒，容當别爲紀録。是則研討攸資，程序不易，如其厭支離而直尋易簡者，恐其易簡非真易簡也。

六事，來破摘吾書七十一葉談心、意、識三名處，説"意有定向"云云，謂吾"立主宰之自我，是墮二執"。實則此中分别心、意、識三種名義，甚有冲旨，非反躬切己體認，未有能喻者也。此所謂意，非以心之發用名意，書中既已明言此意即心有定向之謂。此心不是心理學上所説之心，參考吾書七十一葉。定向者，即是恒順其生生不息之本性以發展，而不肯物化之謂。書中説得何等明白，何等真切，而汝猶不能悟，吾復何説哉！須知生命不是機械性，而確有定向。定向者，自在義，自在猶言自由，而不曰自由者，自在義更深故。恒不捨自性故，恒不物化故；定向者，活義，恒無墮没故，恒奮進向上故。應知所云定向，即是生命，若無定向，便無生命可説故。外道迷妄之我執，在所必破。若除彼迷妄，依於自性假説爲我，理不應遮。此中自性，即上所謂生命。《涅槃》《華嚴》，汝須參究。

七事，來破曰："熊君言'夫習氣千條萬緒，儲積而不散，繁賾而不亂。其現起則名之心所，其潛藏亦可謂之種子'。又云'原夫無量種界，勢用詭異，隱現倏忽，其變多端。每一念心起，俱時必有多數之同一聯繫者，從潛伏中倏爾現起，而與心相應，以顯發其種種勢用。即依如是種種勢用，析其名狀，説爲一一心所法'是熊君不但自許心所可分爲多，且謂種子亦無量矣。何以熊君又曰：'迹護法功能又名種子，析爲個别，攝以賴耶，不悟種子取義既有擬物之失，又亦與極微論者隱相符順。外道小宗計有實微，其數衆多，此亦計有實種，數復無量。宇宙豈微分之合？人生詎多元之聚？故彼功能終成戲論。'熊君於此所云，不知何以自解？"破者此番詰難，由於護法義及我義兩無所曉，故妄有詰難。護法功能亦名種子，其種子義是用義。須知所謂用者，即言乎本體之流行，狀夫本體之發現。發現非有物也，無實物故。流行非有住也，非有住在的物事故。故不可説用有自體。若許用有自體者，安得更有實體可假名真如乎？今護法等談用並建種現爲實有，復以種爲用中之體，護法種現雖皆是用，然種爲現因，故種是用中之體。擬諸物種，類似極微。如是談用，明明用有自體，深乖至理，何可無遮？至若我説習氣隱而未現亦得名種子者，此則分明不就用上立説。此處吃緊。種子既是習氣未現起之名，習氣與形氣俱始，詳《功能章》。唯其輾轉隨增，類聚而不雜亂，頭數衆多，互以類聚，不雜亂也。固結而不散失，故説爲無量。此是後起虚僞法，非本來有故，名虚僞。本與形氣相得，而成爲機括。習氣這個機括，念念發動。但有隱現之分，習氣現起而與心相俱以取境，便名心所法，其隱而未現即名種子，參考吾書《明心章上》。實無能所之别。何所謂擬物？物種如豆生苗，有能所故。此種現起即名心所法，不可説心所爲所生，種爲能生故。故此言種，無擬物過。何類於極微？外道極微是實法，此種雖幻有，而無實故。總之，吾與護法雖均言種，而種義則彼此根本不同。猶之大乘與外小雖均説極微，而極微義則彼此根本不同。設有難大乘曰："汝既遮外小極微，而仍析色至微何耶？"則其愚不可解，必當受棒無疑矣。至如心所法者，即是習氣現起之名。護法心所，亦即是用，彼心所法，即從現行識聚中分析而説爲獨立法，合之則同名現行識聚。據彼立義，現行是用，故心所即是用。與我義迴別。我説心所即習氣現起故。用則流行無間，不可分爲多體，故彼説心所法各各獨立，便有大過。習氣者，即串習餘勢，類聚而成爲聯繫以現起，非即非離，不可説爲各各獨立之體，亦不可説是一相，是故無過。

八事，來破曰："熊君謂'意識作用不唯外緣，而亦返緣。返緣略説以二：一者於外緣時，自知知故。如方緣色，而識自知知色之知故'。熊君既許識有自知知色之知，是則色者相分，知者見分，自知者自證分也。又何以不許就此三體無别中，以理推徵説有三分耶？"破者此所云云，極是邪計。吾書明明説識有返緣之用，返緣只是自知，朱子所謂"非别以一心來見一心"是也。舊師三分義明明説作三分，能量所量不爲一體，如相分爲所量，見分爲能量，而見分望自證分又爲所量，自證分望見分乃爲能量，能所分得明白，如何説是無别？此與我説返緣義，何可併爲一談耶？

九事，來破曰："熊君既云'聰明覺了者，心也，此心乃體物而不遺'，而又云'以本體言心，簡異知覺運動非即心故'。覺了之覺、知覺之覺等一'覺'字，何以懸絶不同？又何以聰明覺了爲心，而知覺運動爲非心？"破者此所設難，深堪悼惜，汝既治佛學，何乃無知一至此極耶？如來藏心之心字與賴耶以集起名心之心字，豈不等一心字，而胡爲懸絶不同耶？此等字例，非獨在佛書中不可勝舉，即世典中又可勝舉耶？達磨説作用見性，故聰明覺了，可説爲心。然在凡夫，不能護持正念，守護根門，則其發爲知覺運動者，皆雜染習氣之順形而轉，不可謂之心也。吾書六十四葉談知覺運動非即心處有小註一段，汝豈未讀耶？吾望汝切實諷味《雜阿含經》，再理會古德語録可也。

十事，來破曰："熊君又言'種子現起而爲心所之部分，與其未現起而仍潛伏爲種之部分，只有隱顯之殊，自無層級之隔。或計種子潛伏，宜若與彼現起爲心所者，當有上下層級之分，此甚誤也。無量習心行相恒自平鋪，其現起之部分，則因實際生活需要與偏於或種趨向之故，而此部分特別增盛，與識俱轉。自餘部分，則沉隱而不顯發'云云。熊君於上下之義既斥之矣，然又何以作升沉之言，升非上、沉非下耶？"破者此中，又顯其斷字取義之本領。吾文中明明未有以種與心所爲升沉相對之詞，但説種爲沉隱而不顯發。夫沉隱而不顯發一詞，何至便是對升上而言耶？如吾案中各種書籍，本是平列，無分案上案下。然吾頃憶《陶詩》，則《陶詩》遂現起眼前，餘籍便沉隱不顯，豈是餘籍置案下耶？又豈是《陶詩》從案下而升至案上耶？《陶詩》與餘籍，其始終平列此案間自若也，特隱顯異耳。

十一事，來破曰："熊君又言大乘之旨，'賴耶深細，藏密而不顯，前六則粗顯極矣。疑於表裏隔絶，故應建立末那以介於其間。《大論》五十一説：由有本識，故有末那。其義可玩已'。案《大論》文，云何建立互爲緣性轉相"云云。"論之爲義，是根依義。五以各自根爲根依，六以七爲根依，七以八爲根依也。且五六七皆以八爲根本依，又安有表裏隔絶之言耶？"破者此中所云，由其平日讀書尋行數墨，不通神旨。前六粗動，第八深細，表裏本自懸絶。如不建立第七，一方爲第八根依，一方爲意識根依，則表裏何由通達耶？

十二事，來破曰："熊君又言'大乘所立八識，約分三重。初重爲六識，次重爲末那識，三重爲賴耶。受熏持種，動而無爲'。案諸經論，賴耶有爲法，絶無動而無爲之理。既已無爲，則無生滅，又何能動？而云動而無爲。此雖略涉内典，亦皆了解斯義，不解熊君何反不知？"破者此中所舉，見吾書六十六葉《明心上章》。其文明明曰："受熏持種，動而無爲。"下更有註云：恒轉如流，是動也。惟受惟持，何爲乎？此中詞義本自明白，而破者乃以"無爲則無生滅"相難，豈不怪哉？斷取無爲二字，而置動字不顧，動非生滅而何？况註釋動曰恒轉如流，非生滅而何？至無爲一言，則申明惟受惟持之旨，顯第八自身無所造作，不同前七有能熏勢用、能引果。故破者謂此乖大乘旨，誠所未喻。

十三事，來破謂吾“以種子聯繫統一説賴耶，猶依稀彷彿可言，以説末那，則相去天淵，直是亂談”。破者於此又不了吾意。須知舊説賴耶與末那互爲根依，六識不現行時，賴耶末那互相依住。若無末那，又焉有賴耶相可説耶？故吾將此二識相貌總略言之。

上來一一答破訖。《新論》具云《新唯識論》。義幽而文簡，理博而辭約，讀者若以粗心承之，必漠然一無所獲。夫村豎睹衆寶而不知其爲寶者，無辨識之素養故也。即在具神鑒者，得寶物而率爾忽視，略不留玩，亦將失寶。况夫預存偏見，樂崇素守而深惡人之違己，兼鄙無聞而不信愚者有得，則將冀其共投於真理之懷抱而欣合無間者，固必不可得之數矣。余之答破，盡吾忠誠。

荊楚文庫

熊十力集（三）

熊十力 著
郭齊勇 劉依平 主編

荊楚文庫編纂出版委員會
湖北教育出版社

荆楚文庫

十力論學語輯略

黄蓋 點校

目　録

叙

壬申冬北旋，忽忽三年。文昌雲生頌天、邵陽謝生石麟間來共處。吾每當筆札與人，值兩生在座，輒簡有關論學者，録副存之，積久盈帙，請付鉛印，曰：布帛之言，菽粟之味，此其庶幾。余覆視之，曰：何敢云爾，但不妄語而已。然當今之時，吾與同好所游意者果爲何事，即此亦可略見，是不可棄也。因稍汰其率易過甚者，約十存七八。謝生私記講詞三則，一併采入，彙成二録，合得一卷，名曰《十力論學語輯略》，爲卷第一。他日如有續輯，當以次分卷云。中華民國二十四年乙亥九月十日病翁熊十力記於我舊京莽蒼室。

壬癸録（壬申冬迄癸酉合編）

答張君

頃得函，即復。作文與讀覽，兩不能廢，兩不可廢。然真工夫實有在作文讀覽之外者。《論語》“默而識之”，《易》曰“默而成之，不言而信，存乎德行”，此是何等工夫！賢者大須留意。子曰：“學而不思則罔，思而不學則殆。”此“思”字，不是常途所謂思想；此“學”字，亦非讀書之謂。《論語》“博學於文”，“文”不謂書册也。凡自然現象皆謂之“文”，如云天文與鳥獸之文等。人事亦曰人文。《易·繫傳》言“仰觀於天，俯察於地，近取諸身，遠取諸物”，皆博文之謂，皆學之謂也。故“學”則不外感官經驗，而“思”則不限於感官所得，其默識於不言之地，炯然自明。而萬物之理，通於一而莫不畢者，故貞信而無所罔也。此思也，吾亦名爲證會。如唯限於感官經驗，則可以察事象之分殊，而普遍的通理，終非其所任也。令兄前有信來，以謂今人只知張目求見，不悟閉眼始有深會。見處甚高。時賢那得語此。又東方學術，歸本躬行，此身即至理之表現。故“知行合一”之論，雖張於陽明，乃若其義，則千聖相傳，皆此旨也。歐風東漸，此意蕩然。藐予薄殖，無力扶衰。世既如斯，焉知來者？前函令兄欲賢者得暇且圖把晤，想尚未見此函也。

又證會之事，冥應真理，然不可廢經驗界的知識，否則將以冥搜而涉虛誕，殆莫甚焉。

與張君

昨承枉過。深覺賢者有篤厚氣象，至爲欣慰。力蹉跎忽忽將老，稍有窺於此土先哲遺文，返在當躬體驗，益信此理昭然，無可置疑。遭時衰亂，吾先哲之緒，殆已垂絶，端居深思，若有隱痛。此種隱痛，初不能明其所以，直爲愛護真理，而恒怦然惻然，不能自已。宗門大德，傳授衣鉢，必勗其徒曰：好自護持，毋令斷絶。少時不知此意，今每展覽語録至此，未嘗不愴然悲從中來也。承屬撰一短文，略述東方思想與西洋思想根本異處。此事烏能以短文言之？即欲表以長文，又誰肯留意？此土先哲深窮宇宙人生真際，其入處要在反之身心踐履之間，即不屑衍爲理論。雖未始遺棄知識，儒家不反知，道家却反知。要其歸極，在體真理而與之爲一，所謂形色即天性者，固非徒事知識可臻斯詣。曾見一譯本述羅素語："哲學不能爲禽獸講，亦不能爲一般人講。"此可謂如語者，實語者。凡夫無深廣智能，無卓特眼光，無高遠胸抱，便於無上無容真理至極絶待，故云無上無容。不生希求想，根本不能與之談此理，況欲其能相契入耶？今日學子，安於卑陋怠散，雖剽竊西學，而於知識方面實不曾作過有根據有體系的探求。彼對其所標榜所崇信者尚如此，若更欲引之以其所不及，則適爲彼所詬詈已耳，此正佛家所謂末法時代。吾儕唯有留心物色善類，相與護持。任重道遠，毫無恐怖。此自是久遠事業，不必規規於目前影響，報章何足言耶？來示所謂昏昏悶悶之苦。昏悶只是由常爲物役之故，若此心不爲物役，即念念昭昭明明，昏悶從何而有？人心本自昭明，本轉物而不爲物轉。其所以爲物役，而至如莊子所呵"直爲物逆旅"云者，則緣習心用事而全障其本心，即已失其昭昭明明之本體故也。仁者已精察到此，幸其深勘到底，抉發賊窩，用快刀斬亂絲手段，切莫隨順他去。君子無終食之間違仁，造次顛沛必於是，要在一念振起，不甘墮落而已。欲言不盡，諸維亮察。

答李生

前次談話，謂《論語》好處，只是記録孔子日常生活間事，不空談道理。然吾恐記者見地，亦只合及此。子貢曰："夫子之言性與天道，不可得而聞也。"子貢且不得聞，况其他乎？但證以子貢之言，孔子也未嘗不談高深的道理，只是能聞者少耳。《論語》底記者當是很老實的人，只是他聞得着的便爲記録，他所不可得聞的便不妄傳。他於夫子底態度和語氣，很能作切實的描寫，似是不曾妄下一字的。吾人由《論語》底記録，亦可尋玩孔子哲學思想的根柢與體系。

楊仁山居士疑《論語》有後人攙加字句處。常舉"廐焚，子退朝，曰：'傷人乎？'不問馬"，以爲"不問馬"句後人妄增，記者必不無端置此閒語。蓋夫子入朝，必以馬駕車，今方退朝，馬不在廐可知，何須問馬？記者置"不問馬"一語，有何意義？吾謂楊氏説未妥。此處正見記者記録必求詳實，其於夫子一言一動，直是仔細留心，樸實描寫。夫子不曾問馬，他便據當時情態記録。然已於上文記"子退朝"，則所以"不問馬"之故，自可見得。並非如朱註所謂"貴人賤畜"也。

《易》十翼與《禮記》《周禮》，自是孔子底大義微言，七十子後學轉相傳授，疑漢儒僞托便非。此須别論。大氐晚周故籍，秦、漢間人不免多所攙雜。

《大學》《中庸》爲孔家哲學底總綱，蓋七十子後學所述，漢儒亦有攙雜。二書言治理之部分，皆以太平大同爲歸趣，實《公羊》所本。來問，舉凡有血氣，莫不尊親，疑尊親爲尊王。大誤。蓋謂大同之世，人莫不互相尊互相親也。此章首"唯天下至聖"云云，非謂太平大同時，猶有王者君臨天下。儒者本以王道寓其至治之理想，必人人皆有王德，然後天下可言太平大同。

與張申府

胡煦之《易》，茲因謝石麟由北大借出，乃匆匆一讀。其人確是哲學家頭腦，而其立説則毛病極多，無從説起。此由當時環境所限，固難過責。渠主象數，而根本反對王輔嗣，實則王氏之得言忘象，是乃深於《易》者也。千餘年來無人識得此意。章太炎雖尊輔嗣，只襲皮膚，實無深解。後生尤難言古學，吾實爲先哲悼惜。時賢一意以考據自高賢，更無人可與語義理。民命將絶，而先哲之緒亦斬矣。胡《易》宗邵氏先天圖，而更以己意補伏羲圖。自漢以來，除輔嗣外，言象數者多曲意穿鑿，勞苦而無功，繁瑣而無理。吾意《易》之興，本緣占卜。及《周易》出，玩其卦辭、爻辭，則已不僅爲占卜之用，而於人事物理多所甄驗。孔子《十翼》既作，則純爲哲學思想之書，自是遂永爲吾民族玄文鴻寶矣。今之言《易》者，但據《周易》，即辭以究義，無須推到未有八卦以前之圖，更不須臆測當時畫卦是如何意思才行畫出。畫卦本出上古，實由占卜與神道思想而興。首畫八卦，與重爲六十四者，今皆難得考定爲何人。其首畫者與重卦者，想是當時隨機觸感，便自畫出。數千年後之人，苦苦臆測，能相應耶？《周易》辭義雖因卦爻而立，想文王、孔子諸聖假定文、孔。亦不過依託卦象爻象，以發抒自家神解已耳。其辭義既已著明，故即辭以究義可也。又嘗思及，文、孔託卦爻以見意，實因卦爻儘有可託之處。六十四卦，以類萬物之情，以盡萬化之故，其根本原理，則以陰陽對待，相反相成而變動不居也。《老子》一生二、二生三之説，疑即本於卦。每卦皆以三爻明變，老氏申述此旨也。莊子尊孔而述老，其學淵源於《易》，又不待言。魏、晉人推本《周易》《老》《莊》，謂之三玄，可謂能得其旨。唐孔穎達猶知宗主輔嗣，爾後式微。迄於宋之邵堯夫，遂援方士之圖，濟以術數小道，而侈言《易》。濂溪先生湛默好學，根極理要，猶不能不假於方士。《太極圖》，陸氏所爲不取也。唯《通書》，辭簡而理博，文近而旨遠，庶幾純儒之書。世人言中國學術，自東漢以來，嘗爲儒釋道三家混合的思想。

吾意魏、晉道家與西漢以上道家，已不一致；五代迄兩宋道家，與魏、晉道家又不一致。蓋道家至五代兩宋遂降爲方士，其影響及朱子而止耳。朱子尊《太極圖説》，與註《參同契》同一意思。此後似於儒家無甚影響。王陽明雖嘗涉足方士式之道家，止取其修養術耳，至其學説思想内容，絶不雜入絲毫方士意思也。今欲究古學，道家之變遷，殊少人注意。胡氏《易》專主圖象，不悟其圖象實本之方士也。若根據晚周道家以衍易理者，吾馨香求之。邵氏一派之《易》，吾不願聞也。

與張君

前見某文，言中國哲學以“一”字或本根、本原等詞，爲本體之代語。此皆有據。但於此等字，似尚欠訓釋。一者絶對義，顯無分別相。本根等者，則尅就現象而推原其實相之詞。此等處，大是困於言説，卻須善會。若錯解時，便將現象本體打成二片，便成死症。從來哲學家談本體者，都於“體”字不求正解，而與原因意義相混。須知言因，則以彼爲此因；言體，則斥指此物之體，無所謂彼也。故體非原因之謂，即是現象之本體，固非立於現象背後，而爲其原因也。自來談本體者，多與原因意義混淆，此寔足使人迷惑也。中國儒道諸書極難讀，須會通其整個的意思乃得之。又向、郭是無體論，亦不容如此斷定。彼所謂“獨化”，特遮遣造物主耳，非遂謂無體也。無體即無用，何化之云。物各獨化於玄冥，有味哉斯語也。用則萬殊，故謂物各獨化也。玄冥者，無物也。無物而非空無，只是不同於情見所執爲實物之有耳。物各獨化於玄冥，不是無中生有，寔乃大用流行。歷然衆象，而實泊爾皆寂，故謂玄冥也。若果無體，如何杜撰得有來？魏、晉人言老、莊，大氐主從無肇有，此是根本錯誤。原彼所謂無，亦不謂本體空無。大概計宇宙元始有個萬物都無的時候，故謂之無，其後萬象滋生，乃謂之有。此等見解，佛家都不許，以其根本執着現實界，故有這般推論。若真見體者，現前萬象，都不作萬象看，《般若》所謂照見五蘊皆空是也。即此現前萬象，泊爾皆寂。於此，有無兩種邊見都不可着，説有説無只是戲論，而況可云從無肇有乎？但如在科學上説，則假定宇宙萬象爲實有，而尋其發生，如由無生物以至生物，似亦可逆而推求，最初有一個無物時，即無生物亦未形成之時，而可謂之無矣。然科學上可作此量度，玄學家却要超過這般見地。未知吾賢以爲如何？

答友人

《般若》空諸行相，正爲執著行相而不了諸行實性者遮其執耳。故空者，空其所執也。所執既空，則悟即諸行相即真實相，更無可空。肇公云："觸目皆真。"彼遊什公門下，已得正解，發語不妄。佛法原無多子，見到時亦惡用紛紛者爲耶。佛是遍智，及一切智智，謂其已究了一切法真實相，即謂本體。故以是稱之。若謂佛於萬事萬物無所不知，則今科學上所發明，及佛滅以後世變，皆佛盡所預知，有是事耶？又云，護法、清辨之争，多少問題，俟諸異日，力亦未敢聞命。護、清兩公皆千年前陳死人，吾爲彼争個甚麽，吾唯自求此理之真而已。吾自求之，而誠得乎其真，則彼立説之是者，吾亦以爲是也；其非者，吾不忍謂是也。是非以理爲準，不容以人爲準。這家那家是非之争，此是考據家食古不化者所作活計，孰有智人究心理道而肯爲此者耶？兄若疑弟未見到真處，則須將鄙説不合處直指而痛斥之，敢不拜嘉？若不直指其失，而横斷爲妄見，何以服人？

文字般若是從清浄心中流出。終古不見自心，終古翻弄文字。文字則文字矣，般若則未也。朋友之義，存乎直諒，採納與否，是在吾兄。

答敖均生

來函不主離器而言道，此説甚是。弟向閲譯籍，細玩西洋哲學家言，私懷以爲現象與本體，名言自不能不析，而實際則决不可分。哲學家於此，總説得欠妥，由其見地模糊故耳。實則現象界即其本體之顯現，猶言器即道之燦著。苟於器而識道，則即器即道。而道不離器之言，猶有語病。夫唯即現象即本體，故觸目全真。宗門所謂“一葉一如來”，孟子所謂“形色即天性”，皆此義也。佛家《般若》説“照見五蘊皆空”，五蘊即目一切色心法，亦現象界之異名。即來書所謂呵形器爲虛妄是也。然佛氏所以如此説者，正以衆生皆迷執形器爲實在的物事，而不悟形器無自體，皆道之所凝也。故於形器而不作形器想，即於形器而識道者，此唯大覺能爾，而衆生不知也。以是故，佛乃呵破形器，以除此妄執，欲衆生悟形器無實，只是道之燦著而已。一葉一如來，色色現成，頭頭真實，何不當下識取？豈可騎驢覓驢？此其歸趣，與儒宗亦自不二。唯儒家直下於形色顯天性，故不必呵形器爲虛妄，即俗詮真，融真入俗，所謂“極高明而道中庸”是也。釋子必欲卑儒崇佛，非唯不知儒，又豈得爲知佛者乎？

與張季同

前次與李君枉過，匆匆未盡欲言。嗣承李君寄《論山水畫》一册，撥冗展閱，見其擇精語詳，足以快意矣！但亦有極待商榷者。略舉二事：如第五段畫境與真境中有云：“但造物所造世界，都不如畫家所造世界之完全。蓋因造物所造之世界，即現實世界中，萬類均爲個體；畫家所造之世界，即藝術世界中，一切概屬共相。個體多具缺陷，共相則甚圓滿。”此一段話，頗覺不安。李君謂“造物所造之世界”，辭亦欠妥。宇宙豈真有造物者耶？然姑不深論。第以推原萬象而不得其朕，乃假爲造物之名，則亦未始不可，但須知是假名耳。然李君謂造物世界即現實世界，萬類均爲個體，此則不應道理。須知現實世界與造物世界，不可併爲一談。何謂現實世界？即吾人在實際生活中一切執着的心相是已。如説窗前有一顆樹，這一顆樹在吾人意計中，是與其他底東西互相分離而固定的。這樣分離而固定的東西決不是事物底本相，只是吾人意計中一種執着的心相而已。李君所謂現實世界，即此是也。至於事物底本相，本非可以意想計度而親得之者，此處恕不及詳談。李君所謂造物世界，當是指事物底本相而言。此即實理顯現，法爾完全，法爾，猶言自然。本來圓滿。吾人必須蕩除執着，悟得此理，方乃於萬象見真實，於形色識天性，於器得道，於物遊玄。如此，便超脱現實世界，而體合造物世界。雖無妨順俗説有個體的東西，而實不執着有個體相，並共相之相亦復不執。蕩然泯一切執，更何缺陷可言？總之，真正畫家，必其深造乎理，而不縛於所謂現實世界。不以物觀物，善於物得理。故其下筆，微妙入神，工侔造化也。豈唯畫家，詩人不到此境，亦不足言詩。“鳶飛戾天，魚躍於淵”，《中庸》引此而申之曰“言其上下察也”。上下察者，即實理昭著之謂。故未嘗滯於物，而乃妙得此理矣。如果畫師詩人執着有現實世界，即妄計有個體的缺陷的世界，不能入理證真，此等人那得創造藝術世界來？李君此處失不在小，願虚懷一究此事。又其第二段有云“國人思想，向重二元”，而引《周易》“立天之道曰陰與陽”等文爲證，此復甚誤。《易》之乾元坤元，實是一元，非有二元。坤之元即乾之元也。自來易家言象者，以乾爲天，以坤爲地，然皆曰“天包地外，地在天中”，則坤非離乾而别有其元。此義甚明，如何不察？《繫傳》言：“立天之道曰陰與陽，立地之道曰柔與剛，立人之道曰仁與義。”[①] 夫道一而已，立天者此道，立地者此道，立人者此道。然道本不貳而至一，但其發現，則不能不化而爲兩。陰陽、柔剛、仁義者，言乎道之發現耳，本非謂陰陽、柔剛、仁義之即道。然亦不妨説陰陽、柔剛、仁義爲道者，以其爲道之發現故也，不能外陰陽、柔剛、仁義而求道故也。若不明乎此，而遂謂陰陽爲二元，則道將成兩片死物，又安得有圓神不滯變動不居之大用耶？至《老子》言“大道廢有仁義”，明與《繫傳》“立人之道曰仁與義”之旨相反。蓋以爲道之散著而爲仁義，則已失其渾全。此老氏之誤也。道非頑然的物事，隨在發見，皆其全體流

① 整理者按：此引文非出自《繫辭傳》，而爲《説卦傳》言。

行。其發而爲體物之仁，仁者會物爲己，無差别相，故云體物。仁即道也；其發而爲制事之義，義即道也。吾常言老子之學，本出於《易》，而往往立異以反《易》，喜爲偏至，終乖至道，故併論之。昨日病發，意緒不佳，寫此，未能達意，願賢者相與究明。

答劉生

"易者象也"，象義云何？吾嘗因此别有會心，以爲認識論中當建立象義。如吾意中觀想天上一顆星時，即現星相，而此星相明明非天上之星，只是彼星之一種徵符，應即名之以象。但此象者，實交縮意與物而爲之名，並不可分别爲在意之象或在物之象，又且不可分别執定有實心意與實外物。此義當别詳。總之，意與物，無非依變化流行的全體之過程中所詐現爲二方面的能所相，而假名意及物。所以説到象，自然有能所相。無所相，能不獨構其象；無能相，所亦不自顯其象，故象是依能所之交而成。但能者非有實心意之謂，所者非有實外物之謂。只是詐現爲此二方面。然雖詐現，却是能所宛然，非無力用。故當能所相詐現時，其所的方面自有勢用引發能，而能的方面即緣所的方面底接觸而起一種勢用，現似所的相狀，即此名爲象。故知象者，是能所融一相，所以説象是交縮意與物而爲之名。

又來稿云："器未先成，已有理在。"此非正見。須知器之理乃與器俱成，未有此器，便未有此理。此不待多辨。此理不是離器之理，器既未成，理在何處耶？

與劉生

昨不許器未成理先有之説。因來論所謂理者，是與器俱成之理，非如程子所謂實理，是言乎形器之本體也。若就本體言理，則此理與形器亦無先後，理即形器之體故。不可説形器未有時，有個空洞的理兀然先在，而形器乃後有。果爾，則此理既超形器而先在，如何可説他是形器之體？然從來學者談本體時，亦有説此理先形器者。如老子言道“先天地生”，朱子亦曾言“理先氣後”。此等先後字，均不可作次第的意義解，只約義説先後，明此理是體，而形器爲其表現。此在義理分際上，説個先後，只是着重體的意思。大須善會。若作有次第的意義解，則差之毫厘，謬以萬里矣。

今此就與器俱成之理而言，則有是器，便有是器之理；無是器，便無是器之理。是事甚明，何容矯亂？如來論所謂飛機未有，而已有飛機之理，此實錯誤。賢者意謂造飛機與駕飛機之理，都是先存在於自然之中，故計飛機未有而其理已先有。須知飛機之理，還在飛機本身上。造飛機時，必思機件如何配置，如何結構，又當如何駕駛，才可適於飛行。反是，即不適用。是故飛機本身，具有一定的法則，即其機件不如此配置結構，與不如此駕駛，便決定不可。這個非如此不可的，便是他有一定的法則。他如果不具此法則，便是不可駕駛與飛行的東西，便不叫飛機。所以飛機之爲飛機，就因他具有一定的法則，這個法則就是飛機之理，故知此理不能先飛機而在。若汝説，此緣造機時，應用自然之理，如力學等等之理，以爲合法的配置與結構等，故其理仍是先在的，此復甚謬。吾更問汝：此理本在自然中，吾人抛書案向空際去，他爲什麽不飛行耶？故知飛機之理，雖緣造機時，應用自然之理而造成，但飛機本身具有之理，即所謂一定的法則，確是一件新創出來的，而不即是自然中之理。稍加解析，義自著明。飛機未創時，即飛機之理亦未創。如何飛機之理，能先飛機而在耶？即就自然而言，如科學上所發現許許多多的理，吾人設想，一旦諸星體起或種變異，運行失軌，互相衝突，同歸粉碎，此並非不可有之事。果誠爾者，則已無所謂自然界。而今科學上所發現於自然中之許多理，其猶可謂之存在否耶？當知其器毁，則此器之理亦與俱毁。以是知器之未成，而此器之理亦未有，乃誠然之言也。更就社會現象言，有是事方有其事之理，無是事直無此事之理。如無産階級興，而其事較諸資本主義的社會爲創新，即其事之理亦是創新也。事之未創而可創者猶多，即理之新出者將不窮也。

與張君

頃有人言，李教授曾爲一文，就中國歷史甄明循環之理。此文吾未之見，唯吾意有與彼不同者。聞彼偏持循環論，吾則主張循環與進化交參互涵而已。進化論創自達爾文，然後之談進化者，猶以達氏爲堆集論，而以生源動力，創造不息明進化。生源動力，特複詞耳，動力即是生源，此動字義即變化義，生生義，非是如物體依一定時間通過一定空間之謂動。此實合於吾《大易》之旨。吾言進化，義主《大易》。循環者，俗計萬象周而復始，所謂重規疊矩是也。實則此亦説得過於死煞。吾謂循環，只是對待事象互相往復而已。雖萬化之情，往必有復，然後之往復，持較前期，自不必質量相等。此其所關甚大，不容忽視。

進化循環兩辭涵義，略如上述。今更略明二者交參互涵之妙。先徵自然現象。日月交推，寒暑迭更，此屬循環，莫爲異議。然前刹那日月，未嘗延續至後。後刹那日月，乃是創起，乃屬新生，特與前狀相似續流耳。故日月現象，實即動力新新健創之表現。即此日月，刹那刹那，恒是進化。若徒據循環一方面之觀察，將謂今茲日月，猶是故物復現，云何應理？準此而談，循環法則實與進化法則，交相參互相涵，道以相反而相成也。日月如是，推之寒暑乃至萬象，成虧生滅，消息盈虚，化機往復，莫匪循環。往者未嘗暫留，復者創新而不用其故，則亦何適而非進化耶？

次徵人事。世間無絶對之美。善惡治亂，亘古相待。《易》言《既濟》而必終以《未濟》。斯義玄微，小知難喻。彼自有喻，非真喻者所謂喻故。夫《未濟》者，《既濟》之始也，《既濟》則《未濟》之兆也。故積惡之世，善若不復，而善幾實潛焉。浸假惡往，而善來復矣。積善之世，惡若不復，而惡幾實隱焉。亡何善往，而惡來復矣。善惡往復，故謂循環。治亂相待，亦應準知。夫治亂善惡，恒相往復。此其往復，即率由乎循環法則，而萬象若無甚殊怪詭異者。然必謂後後之治亂與前前之治亂同其質量，後後之善惡與前前之善惡同其質量，則又審事甚膚，而無以察夫進化之理也。如今之黨治獨裁或中央集權，亦可謂爲革命自由以後，仍復於專制之形式。又如蘇俄共産，亦得説爲原始社會共産制之復興。此皆受循環法則之支配，莫之預期而自爾者。然經過資本主義之技術，及工場組織等等積累而復興之共産，其與原始社會共産制質量迥別，此稍有識者所共知也。革命自由以後之中央集權或黨治獨裁，與往昔君主專制異其質量，又不待煩言而喻也。則安得偏勢循環之論，而不究其進化之實耶？此就人事推徵，亦足證成循環與進化，本交參互涵而成其至妙。

循環之理，基於萬象本相待，而不能無往復。進化之理，基於萬象同出於生源動力，而創新自不容已。進化之中有循環，故萬象雖瞬息頓變，而非無常軌；循環之中有進化，故萬象雖有往復，而仍自不守故常。此大化所以不測也。吾常欲爲一文以詳此義，而未暇及此，故略述其意云。

答韓生

吾前日面譚，一般人不會自察識他曾否有思唯作用，吾子却不肯印可，以謂人都是善用思的，何可如此菲薄人？子之意固厚，然於“思”字未了在。王船山先生《讀四書大全説》云：“只思義理便是思，便是心之官。思食思色等直非心之官，則亦不可謂之思也。孟子曰‘先立乎其大者’，元只在心上守定着用功，不許寄在小體上用。以耳目有不思而得之長技，一寄其思於彼，則未有不被其奪者。”此段話精察入微，才分明顯出思之所以爲思了。須知思之發，雖不能不藉耳目官能爲用，此中用言，猶云工具。但思確是一心内斂，以主宰乎耳目官能，專一融攝義理，才叫做思。若心外馳而不得爲主，即寄其思於耳目官能，便以小體役其心而奪心之用，小體，耳目官能。乃爲食色安佚等等是殉焉。此殉於食色安佚等等之思，據實則本不是思，只是耳目奪心之用而自逞其技，所以成乎聾盲爽發狂，如老氏所呵也。心不宰乎耳而任耳奪其用，則耳殉没於聲而失聰，故聾也。心不宰乎目而任目奪其用，則目殉没於色而失明，故盲也。心不宰乎口而任口奪其用，則口殉没於味而失其正，故爽也。心不宰乎四體而任四體奪其用，則四體殉没於散亂，故發狂。吾子諦察一般人的生活，幾曾把握得他底心住，使不被奪於耳目官能外馳殉物，而能保任其心，以宰制耳目官能，顯發思底妙用，融攝萬理而無滯耶？吾子諦察至此爲句。所以一般人大概没有思唯作用，直不自察識耳。

再答韓生

聞吾説思，已有領悟。但於心純屬内斂之説，猶乏深解。子能不以所未解者爲已解，此甚可喜。爲學最怕輕心人，遇事膚泛過去。只有明睿作用專一内斂，這才是心，否即無心。内斂者，謂不隨耳目官能向外奔流故。唯然，故能主宰耳目官能，而神其用。此中用者，作用之謂。禽獸有知覺運動，而不得謂之有心，以其精神作用不能内斂故也。人禽幾希之異在此，其可忽哉？佛家《阿含》，説繫心正智正念住，守護根門，與孔子告顔子“四勿”之旨，皆指示真切。即以心不隨五官流散，故成爲心也。

答友人

嗣續觀念，在儒家視之，所謂生生不息之誠，於穆不已之實，即於此而顯著。故重嗣續者，非寶貴其氏族的形氣之蕃衍，而實於此見天理之流行，故曰“形色即天性也”。古者新婦廟見，必隆其禮；采蘋采藻，必潔其儀。有夫婦而後有嗣續，所以不可褻也。儒家倫理，可謂致廣大而盡精微矣。但自印土佛家思想輸入，其徒始棄室家而絶嗣續，聖人憂乾坤之熄，若有先見。又自西洋思想輸入，青年流蕩者，夫婦之離合既易，而嗣續觀念亦失去往日所有底神聖意義。實則人類之嗣續觀念，乃即於形氣之遞禪，而見爲實理之不容已。宇宙人生，所以爲至真而非妄也，至善而無惡也，至美而不可厭醜也。道家之言曰："子孫者，天地之委蜕耳。"此以破私其子孫爲己有之執則可矣。若以理言之，子孫之繼繼繩繩，無有斷滅，是即道之不窮也，性之無盡也，而曰"委蜕"云乎哉？故道家者流，必卒訢合乎釋氏。又乃"委蜕"之云，不知形即理之昭著，亦將與西洋唯物思想同其陋。荀卿謂莊周"蔽於天而不知人"，此亦見道之言，天與人不可二之也。明於天必本明於人，不知人即已蔽於天。莊子於人生欠真切體認，故不了天理之實，而妄以哀死爲未達，將趣於無生矣。弟嘗謂老、莊終不識得"天行健"的意義，此其根本差誤。儒家之學確爲至理所在。惜乎後生靡於狂潮，無可與言斯事耳。

答某生

中國自漢以後之學者，類皆無民族思想，而史家尤甚。魏收諸賤豎，爲胡虜作史，諂頌凶猘，上擬虞、夏。劉知幾雖嘗譏之，然亦謂其記載失實耳，非真能辨華夷之類也。大抵《春秋》三世之説行，揚太平者，遂缺乏民族觀念。浸假則以豢養於外人爲樂，而自殘其類。此真吾民族之危機也。嘗謂世界未能遽躋大同，則民族思想無可遽泯，只須導之以正。大氐各民族間，必各有其民族思想，即各能自愛其類，各圖自立自存，自强自創，乃能共進於太平。故民族思想，善導之，乃所以促進太平，實與太平之理想不相背也。若使有甲民族焉，絶無民族思想，則必涣散亂亡，以招他民族之侵略。又或有乙民族焉，過持狹隘自私的觀念，專以侵略他民族爲事，終必有弗戢自焚之憂。甲本不及，乙又太過。過與不及，皆爲世界進化的阻礙，爲人類理性發達的障害。人類幸福的絶望，即由於此。《春秋》無義戰，誅侵略也。《春秋》於征戰之事，無有以爲義而予之者。書虞亡，罪被侵略也。中國漢以後儒者，不通《春秋》

之義，而民族思想日益式微。南宋之儒，嘗持《春秋》以呼號復仇。復仇者，復趙氏一姓之仇也，於民族何與？故民志終不振，則元人又起而乘之矣。若乃明聖挺生，獨知民族思想之可貴，而以哀號於族類者，其唯衡陽王子，鄭所南亦其亞也。今外侮日迫，吾族類益危，吾人必須激發民族思想。念茲在茲。凡吾固有之學術思想、禮俗、信條，苟行之而無敝者，必不可棄。凡有利於吾身吾家，而有害於國家民族者，必不可爲。凡有益於公，而有損於私者，必不可不爲。日常服用，除藥品外，有可不需外貨者，寧崇儉素，而誓不買外貨。以此誓於皇天后土，慎守終身，是則吾平生持奉《麟經》之志也。凡吾之所自期與期諸人者，皆人之所易知易行，然而人多莫之知莫之行也。

與湯錫予

看《大智度論》，鎮日不起坐，思維空義，豁然廓然，如有所失，如撥雲霧。如有所得。起坐，覺身輕如游仙。惜此境暫而不常耳。

答王生

禮者履也。吾人踐履中無不由禮者。日常作止語默，何在非禮之表現！動作必不亂，不亂即禮。静止必不昏，不昏即禮。言語必成章而無悖，成章無悖即禮。含默時必中心昭昭而不昧，昭昭不昧即禮，若動於游思妄想紛擾即非禮。無在不實踐乎此禮也。故曰“禮者履也”，是吾人所日常踐履而無須臾違失者也。朱子以“天理之節文，人事之儀則”言禮，意義甚深。推禮之原，則本乎性矣，所謂“天理之節文”是也。禮之用，則顯於萬事而無不在，所謂“人事之儀則”是也。禮之原即天理，此不變者也。禮之用即儀則，此隨時而酌其宜者也，故曰“三王不襲禮也”。今後生無知，妄曰“喫人的禮教”而必欲打倒之，是既昧其原又不知其用也，是將同人道於禽獸也，惡乎可？

與友人

承轉示曹君函，知彼謂宋儒末流近禪，或不免禁欲，要非程、朱諸老先生之過。弟則請曹君將程朱、諸大師遺書細玩一過，看他有禁欲意義否。弟雖粗妄，何故讀《論語》不起此感，而讀有宋諸大師書便起此感？如欲檢取文證，亦不難具舉，顧不必如是煩瑣耳。明儒陳白沙先生亦云："斯理也，宋儒言之備矣，吾惡其太嚴也。"此言婉而深。夫束縛甚者，不足向上，而反益趨下。宋人委靡自私，終以覆亡，程、朱諸大師所振救者幾何？又云："末流乖本，故不得以其末之失，爲其本之過。"然何故成爲如此之末流，則自其本必已有不得不如此之趨勢。履霜堅冰，由來者漸，此義不可不知。獨謂矯弊不當爲過激之談，是見道語。嘗以爲老莊非禮，薄仁義，豈謂禮與仁義真可非可薄哉？亦惡夫禮與仁義之名立而以之率天下，則人遂襲而取之以作僞耳。矯僞之弊，遂不惜過激而爲已甚之詞，故非禮薄仁義，將使人盡去其一切可尚之迹，而反之天性，自然莫非仁也，自然莫非義也，自然莫非禮也。老、莊用心，蓋亦如此。然而老、莊過激之論，其影響卒至廢禮而滅絶仁義，如魏、晉人之頽廢放縱，此豈老、莊所及料哉？世人或以魏、晉尚虚玄者亦不盡可非，如王輔嗣之睿智，阮嗣宗之孤心，何可多得？不知任何衰俗中，總可得一二佳人。魏、晉習老、莊者，以其頽廢放縱，習爲風尚，傳播社會，自是當時事實。唯其薄仁，故流於麻木、昏闇、冷酷無生理而頽放矣。唯其薄義，故流於委靡、汙賤、虚誑無生氣而頽放矣。唯其非禮，故流於摇蕩、散亂、内容空虚，無以自固而頽放矣。魏、晉人以頽放故，淪於胡虜，蔑能自振。此在歷史可按，安得謂其間有王輔嗣輩，遂飾稱爾時尚虚玄者無頽放惡俗耶？即就輔嗣輩而論，亦少惇大篤實氣象。嗣宗畏葸，而託放蕩以自免。君子"居仁由義"，吉凶與民同患，履虎尾而不懼，何至若是？要之，魏、晉人之頽放，實爲老、莊非禮薄仁義之過激主張所必有之影響，此可戒也。弟亦知當今之患，誠在縱欲。固宜誦法程、朱，以拯生人。然欲不可縱，亦不可禁。故弟自中年以來，於程、朱諸大師，拳拳服膺，不敢輕叛。雖謂禁欲主張稍過，然深以不許縱欲爲真理所在，實未敢攻擊程、朱。如老氏所爲過激之論，終不忍效尤也。今人破壞固有的道德，社會上也是一種頹放現象，如魏、晉人一般。有問："如袁世凱一輩人，雖是作惡，却甚勇猛，似非頹放。"曰：否否。看他勇於作惡，正似飛蛾奔火。他是無生命無理性的東西，才忙迫胡亂去，此正是頹放，非勇猛。唯彊爲善者，才是勇猛。

曹君又云："飲食男女之欲，性也，此不可禁，外此則皆習氣耳。"此説大有病在。宋儒有知，決不願聞。飲食男女之欲，謂爲非性乎，則生人之欲，豈有不依天性而動者耶？而天性又豈是頑空耶？若謂飲食男女之欲即性乎，則"紾兄之臂而奪之食"，"踰東家牆而摟其處子"，是爲順其性耶？而謂宋儒見地乃如此乎？曹君本不識性，吾亦無從與之言性。必不得已而有言，則將曰：飲食男女之欲，自然有則而不可亂者，是所謂性之欲，即此謂之性，可也。若飲食男女之欲，發而無則，以成乎亂，此即陽明所謂隨軀殼起念，全乖其性，而純成乎物之動。以其天性淪没殆盡，只是一團物質，故其動也但爲物之動，而不得言性之欲也。此事須切己體會，不可徒作道理講説。至曹君别習氣於飲食男女之欲之外，亦復未審。欲動而失其則者，即染汙習氣現行也。欲之發而有則者，亦即清浄習氣現行，是順本性而起者也。凡欲皆是習，曹君殆未體究及此。

答雲頌天

中國人頭腦，重實踐而不樂玄想。故其睿聖者，恒於人倫日用中真切體會，而至於窮神知化，是得真實證解，而冥應真理者也。然在一般人，則拘近而安於固陋，其理智不發達，則明倫察物之工疏，欲不爲衰萎之群而不可得矣。西洋人頭腦，尚玄想而必根事實。又不如中人但注意當躬之踐履，而必留神此身所交涉之萬物。故其探賾索隱而綜會事物之通則者，乃無在不本諸經驗，根據事實。即凡上智之所創明，中才皆得尋其思路，循序而進。印度人頭腦，尚玄想而過在蹈空。其智本足以察物，然乃厭患物質的宇宙而求滅度，此固不免於智之過。然窮玄，則至印度佛家大乘，而高矣、美矣、至矣、盡矣。此難爲不解者言也。佛家雖主滅度，要是從其大體言之耳。若如《華嚴》《涅槃》等經，其思想亦接近此土儒家矣。

講　　詞

爲諸生講《逍遥游》，至“御六氣之辯”，因舉郭慶藩解云：“辯讀爲變。《廣雅》：“辯，變也。”《易・坤・文言》：“猶辯之不早辯也。荀本作變。辯、變古通用。”大有精意。辯必有對，宇宙底變化，也是有對這個道理。

答鄧君

來書云：“若無輪廻，生則桀、紂，死則腐骨；生則堯、舜，死則腐骨。何所憚而不爲惡耶？”此見甚劣，直是不堪酬答。昔宋儒有遇此類詰難者，彼應之曰：人性本善，誰教汝自家作賤來？此老實話，若深玩味之，其義無窮。吾人自性清浄，恒沙功德，萬善莊嚴，直從自性流出。其或有不善而至於惡者，則以心爲形役，而迷失其本性故也。君子盡性之學，一息尚存，即一息不容鬆懈，不使心爲形役以喪其真。故朝乾夕惕，所以擴充其在己之所固有，而爲生理之不容已者。豈復借助輪廻，以懲惡而勸善哉？若必待輪廻而爲勸懲，則其人已迷失本性，毫不知有人生價值。將見未來之禍福，終不勝其現在之私慾，雖篤信爲不善之無利於來生，而悍然縱惡，毫無忌憚，以取快當前者，無始時來。衆生大抵如此，足下又何説耶？吾亦非必不信輪廻，只以此理唯存在於信念之中，談哲學不須惹此葛藤耳。朱子信根深厚，其集中許多祭文，讀之想見其精神直與幽靈感通者然。他人祭文，看來不必信神，只是奉行故事，朱子却不如此，想他未嘗不信輪廻。以既信有神靈，則人死而神必不亡，輪廻自可成立。朱子雖有反對佛家輪廻的話，自是他理智作用，對信仰起個衝突，然而他底信仰畢竟潛伏着，是摇奪不了的。如主張無鬼論的人，到昏夜仍是怕鬼一般。讀朱子書，玩其生活，覺得他時時在在，如對神明。此種獨與天地精神往來的生活，直令我有雖欲從之莫由也已之感。

甲乙録（甲三戌、乙亥合編）

與賴生

南回後，得子兩函，無心作復。欲將《新唯識論》譯以英文，此意甚好，此事甚難。“書不盡言，言不盡意”，吾年三十以後乃知此義。子以爲《新論》易解耳，實則所解者，未必得吾意。子但求之區區言句之間，不知真解者，當求之言句所不能盡之意。吾四十餘年來辛苦，其間層累曲折，吾不能自言也。《新論》之所得表者，至有限也，然欲識吾意者，又不得不借《新論》爲敲門磚子。吾賢必由《新論》以通吾不盡之意而與吾無間，方可譯《新論》，否則詈吾而已矣。欲通吾不盡之意，抑必旁求印土大乘空有諸宗，及此土晚周儒道，迄魏、晉、宋、明諸子，夫而後有以得吾之意。且知吾與前哲所爲旁參曲證，而議論之間，雖有許多出入，終自有其大通而不相悖者，於此可見窮至真理，吾與前哲自有同符，即吾之意果非私意也。至此，而後可譯《新論》。否則字字而擬之，句句而解之，知其曲不知其全，見其表不見其裏，謂之然而莫通其所以然，妄謂得吾之意，吾又於何處呼冤耶？聞子將南行，果爾，可來杭小住數日，頌天亦甚望也。吾體氣虧虚，今年在平絶未看書，良用悼嘆。生事又無良策，只合聽之。

答賴生

前函談譯事不易，得毋有未契耶？譯事且置，讀書又真不易言。須知東方高文典册，皆萬理昭晰，歸之渾括，故非學者涵養功深，自有甚深義蘊，斷未可與之湊泊也。吾子勿謂某書我已得解也。即如此土《周易》，若通其訓詁名物，便謂得解可乎？又如龍樹《中論》，若通其名相及因明法式，便謂得解可乎？讀《易》而僅通訓詁名物，讀《中論》而僅通名相及因明法式，則其於《易》於《中論》也，安見其有無窮無盡之義味耶？唯胸中自有甚深義蘊者，其讀《易》讀《中論》，乃感發萬端，而嘆其括囊大宇，果爲無盡寶藏也。此意，古今幾人識得耶？《新論》亦自有含蓄，而人見而易之者，此必有故矣。願子且置之，而博求夫此土晚周儒、道迄魏、晉、宋、明諸子學，以及印土大乘性相諸宗，深窮其蘊，反之當躬，加意涵養。至於真積力久，必有豁然油然，而與吾莫逆之一日也。九江私塾教書，初料子必不就，不意遂已允之。凡人若無志深遠，但以教書糊口，則隨地可居。若欲努力學術，則所居之處，必不容不擇。塵俗之地，斷無緣引發理想。吾每至武漢，頓覺市廛氣味，令人心中茅塞。自計足跡所經，唯北都荒廓，南京廣漠，最宜修學。南京今不可居。不得已而求其次，則杭州秀麗，差可懷也。九江比於武漢又不及遠甚，其地直無一毫趣味也。爲子計者，南北兩都不得資生，則隨處覓一教席，度有一二好學者共事，亦足感發意趣，而相與向上，則神智自爾開豁。若私塾苦悶，恐於學人不宜。然子既有約，姑以半年爲期可耳。如過杭州，即徑來廣化小住數日，亦少慰闊懷矣。

講　詞

佛學誠難言，流派太多，典册太繁，然扼要而談，則欲求元始釋迦氏之意思，宜以《阿含》爲據。四《阿含》中，而《雜阿含》更重要。及小宗廿部起，便已漸分空有兩派思潮。小空發展至龍樹、提婆而成大乘空宗，小有發展至無著、世親而成大乘有宗。大乘空宗根本大典，則有《智度》《中》《百》《十二門》四論，而《般若》爲其所宗之經。大乘有宗根本大典，則有六經十一論，如基師《三十述記》所敘。是故大乘空宗，集小乘諸談空者之大成；大乘有宗，集小乘諸談有者之大成。準此，則《阿含》以後之思想，宜詳求大乘空有二宗學，即一龍樹、提婆學，一無著、世親學。故佛家思想之演變，雖極複雜而久長，然扼要言之，不妨假定《雜阿含》等四《阿含》爲元始佛家思想。大空龍樹、提婆，大有無著、世親，均爲後來新興的佛家思想。吾嘗據《雜阿含》等以求元始佛家思想，而謂是期思想只是人生論。據大空《般若》及四論，據大有六經十一論，而謂自小乘空有二派分途成熟底時期，即所謂大空大有者，便轉變而談宇宙論，尤以大乘空宗爲純談本體論。此皆爲新興的佛家思想云。

《般若》及四論，專遮撥一切我法執，欲令人空其所執故，自見真實。真實，即是本體異語。後皆準知。真實理地，心行路絶，語言道斷，不可直表。故因人之妄識迷執，不能自見真實，而以種種方便破其迷執。將見所執既空，而真理自喻於不言中。此中真理，本體代語。猶如撥雲霧，便見青天也。談本體者，東西古今一切哲學或玄學，唯大乘空宗遠離戲論。此真甚盛事也。

大乘有宗初説五蘊，十二處、十八界，不過將五蘊色心法另變一種編排法耳。分析色心現象而明無我，以此破外道之神我論，其義尚承空宗。及無著造《攝論》，成立阿賴耶以授世親。世親復造《百法》及《二十》《三十》等論，於是建立賴耶，説爲種現緣起，而實任臆搆造宇宙。吾所著《破破新唯識論》頗詳此義。蓋小乘談有一派之思想，至大乘師無着、世親而始完成其宇宙論，理論雖極精嚴，而其失空宗義旨則已甚矣。

《新唯識論》一書，站在本體論底領域内，直探大乘空宗骨髓，而以方便立論者也。蓋空宗善巧，雖復無量義門，而以要言之，則“諸行無常”一語是其秘密意趣。諸行者，所謂色行心行是。俗所謂宇宙者，即此色心兩方面的現象，亦即所謂現象界也。世間或執有實心，或執有實物，或計有非心非物的實法，要亦是變相的心或物。總之，不外計著有個宇宙，又進而推窮一個客觀獨存的實法，説爲宇宙本體。或云實體。大乘空宗諸師，根本不見有所謂宇宙，不見有所謂現象界，却又不妨隨順世俗而説色説心。但因凡夫執有實色實心，即執有實宇宙，有實現象界，成大迷妄，顛倒愚癡。故乃呵破其執，而説色無常，説心無常。色法刹那纔生即滅，無有暫住時故，是無常相；心法刹那纔起即滅，無有暫住時故，是無常相。以故色心通名行。行字意義甚深。色心皆無有實，只依變動不居的過程而假立色名，假立心名。即依色心假名，而更假説宇宙，假説現象界，則亦都是假名，云何可執爲實？無有實故即是空。智者於此，悟到色自性空，心自性空，即是無實宇宙，無實現象界，而空其一切所執的東西，便見本來真實。由空其所執故，自於心知是假名，本無所謂心底實自性。然要依真實顯現故，仍不妨假説心。雖假説心，而不執有心自性故，是即心即真實，已昭然矣。亦復於色知是假名，本無所謂色底實自性。然要依真實顯現故，仍不妨假説色。雖假説色，而不執有色自性故，是即色即真實，已昭然矣。上來説"諸行無常"一語是秘密意趣者，略申如此。要只可爲解人道，難爲不知者言也。《般若》及四論言説無邊，尋其秘意不過如此，《新唯識論》之作實亦不外此意。先以《唯識章》色心俱奪，説識以破心外實境，復説識亦緣生如幻而無有實。但其破外境者，乃對虚妄分别所執之境而破之耳，與西洋唯心論者不同其用意。破識者，乃對妄執之心而破之耳，與西洋唯物論者又不同其用意。世有解人，固當辨之。繼以《轉變》《功能》諸章，假設恒轉功能，以顯本體之流行，明色心都依流行或變化而假立如是名字，是即《般若》空諸行相令入真實之旨。其方便設施，雖若與大乘空宗異，乃其旨歸則的然不二，無可疑也。

或謂《般若》但空諸行相，令自見體，然終不談到本體的流行。《新論》假説本體之流行，此殆本諸儒家《大易》，而與空宗有不必合者歟。此説似是。然須知空宗立言方便，純主遮執。易言之，直令人修空觀，以空其所執而已。《新論》却欲即流行以顯示本體。流行是用，此乃即用顯體，所以假説恒轉功能爲體。陽明云"即用而言，體在用"，亦此意也。體之爲義，以有用故，若無作用，即是頑空，如何名體？昨有答某君難《新唯識論》一文，其中談體用一段話最爲顯豁，頗堪玩味。佛家與儒者，於本體證會都無差別。此處是究竟處，是離一切差別相處，只有見得到見不到之分。若見到，更無異同可言。若謂佛家談體，是不流行之體，而儒者即流行顯體，爲異於佛，此則大誤。須知儒者即流行顯體，元非謂流行之即體。《般若》欲令人空諸行相而自見體，元不謂體是頑空的。立言雖異其方便，而證真則無二致。《新論》見到究竟真實處，爲儒佛所不能有異同處，把握乎此，而方便立論，此其所以遠於戲論也。唯《新論》對佛家之人生態度，則完全改變，而即塵勞即是出塵勞，即現實世界即是真實，此本乎儒家"形色即天性"，故主剛健創新，而無所怖於死生，無所欣於寂滅，以此卒歸於中國思想，此又其特色也。佛家人生思想，自其元始以及後來大乘，皆主超脱生死海。《阿含》迄於大乘空有經論，都有此一貫精神。大乘雖有"無住涅槃"之説，較元始佛家思想爲進步，然只反對元始之獨善主義，故不許入無餘涅槃，作自了計，必求無上菩提，發大悲心，行菩薩道。雖不住生死，而亦不住涅槃，必度盡一切衆生，有一衆生不作佛，則我亦不成佛，此爲大乘特異之點。然要以度脱一切衆生令出離生死海爲最後蘄向，無論事實作得到否，而畢竟以度脱衆生令出生死爲歸趣，即以出世與寂滅爲歸趣，此或是印度民族性之特別處，吾人亦不必論其是非，但自行其是而可矣。

答某君

《新論》俱云《新唯識論》。之出，解人甚鮮，或可謂之絶無。區區常有意於賢者，不圖來函又出意外。大氐吾子一向用力於西洋思想，與迂拙本不同路向，宜其隔膜乃爾。今就來簡，粗答如次。

一、來函云："攝聚與離散相對，墜退與健行相對，攝聚與墜退，似無必然之關係。"

觀此所難，於吾書翕闢義似絶不相干。翕闢義，首須細玩《轉變章》。《新論》二十五、六等頁。此處純據宇宙論之觀點立言。余以爲哲學上之派别雖繁，要其解説宇宙之所以形成，其根底終不出唯心唯物二派之論。如現代羅素，雖云非心非物，實則其根底仍不妨説是唯物論。迂拙平生始於積測，終於反驗，確信宇宙本體不是世所唯之心，亦不是世所唯之物。易言之，本體是什麽，此非想所及，非言可表。然則畢竟無説乎？曰只有在本體之流行處，假設言詮而已。不識此意，正是未曾讀過《新論》。本體不可撥無，若云無體，即是頑空，云何而有流行？又不可説流行即體，以流行唯是幻相，頓起頓滅故。《轉變章》談此義甚微，須於言外會意，若以忽心遇之，便不相應。流行無實自性，故説諸行性空。諸行者，色心萬象之代語。所謂色心萬象，即依流行幻相而假名之也。《般若》説“諸行性空”，即謂流行幻相本空，無實物故。説流行即體者，何異説體是空？此即還成無體論，義不應許。萬象泡幻，了無根據，不應理故。當知流行是用，用必有體，但體不可以知識推度而知。知識緣知物而起，於其所知恒作物解。今此云本體者，實不可作一物想。如作物想，即是倒妄，即成戲論。故前説言本體是什麽，非想所及，非言可表。無已，則唯即用顯體，庶幾方便而得相應。用者，流行之異語。蓋流行非即是體，而體要非超越流行幻相之外而别爲獨存之死體。此處端賴超然神會，而難以言議者也。體必有用，亦定不離用。定不離用者，即定不離流行故。定不離流行，故乃於流行中識體，是謂“即用顯體”。舊師亦未始不欲“即用顯體”，以其於用上建立，便將體用打成二片，於是陷於邪計。《新論·唯識章》末段備詳此意，《破破新唯識論》發揮斯義尤詳盡，惜乎時人多莫之覽，即覽亦莫之識也。《新論》假説功能爲本體，内學院某君駁之，不知“即用而言，體在用”，語本陽明。故可假詮恒轉功能名體，以彰本體之流行。否則必如舊師將體用截作二片，又何可“即用顯體”乎？《新論》全部旨意，只是“即用顯體”。易言之，只是談本體之流行。此根本旨意，若忽焉不察，則此書直可覆瓿，尚何必較量於單詞片義之間耶？

若復了知《新論》唯是談本體之流行，應知流行定不是單純的勢用。流行即是勢用之謂，但此勢用非單純的。即此勢用，决定有一個翕。不翕，便莽蕩空虛，那有宇宙人生？宇宙没有一刹那空虛過的，設想諸星體將有毁滅的，即宇宙便空虛，然方其毁滅時，必即生成相續。此種假定是合理的。即是翕的勢用這個翕，便叫做一種勢用。没有一刹那間斷。若許有一刹那間斷，即是空虛無物，亦即無所謂宇宙，如此却成印土古者空見外道之論，定不應理。故《新論》以恒攝聚言翕，自註"恒"字吃緊。翕即幻成無量動點。而此動點幻似有質，實非固定的物質性。科學家計元子電子等等爲實質的物事，在經驗底範圍内固可云爾，在玄學或哲學中必欲窮究所謂物質的小塊粒如元子電子等等者是否果爲實質，則大是問題。依吾人之見解，分析物質至最終之小塊粒，實不應執爲固定的實質，只是一個翕的勢用所形成的動點而已。動點幻似有質，究無實質。此所謂幻，元是事實。一般人聞説"幻"字，便作劣義會，此大錯誤。幻義是活義，《轉變章》固言之矣。詳《新論》二十二頁左。昔朱子亦嘗謂造化合有一個翕聚的道理，不然便是空洞無物。此説似見《語類》，兹不及檢。吾所參驗，質之彼説，適足印證。夫翕既即是本體之流行，易言之，即是本體所顯現底一種作用，而且是自爲矛盾的一種作用。如前已説，本體是什麽？此非言思所及者。正以思惟所涉，恒作境物搆畫，言語亦只能表示境物，均不與本體相應故。當知所謂本體，雖不是世所謂理性的或思惟的，哲學書中所謂理性、理智等詞，與知識一詞，似相近而實有别。大氐理性理智，係於構成知識的經驗中除其所經驗之方面，而單舉其能經驗之方面即識别的作用而言。而亦何嘗是世所謂物質的。舊唯物論者以可觸覺的物質爲本體，此固是戲論。新唯物論師辯證的唯物論。雖不主舊説，而深觀變動，却又即以變化流動的名爲實體。實則純以變動言體，即其所謂體者，已不是體。矧復就彼所謂變動的實體而言，既異舊説所謂可觸覺的物質底性質，却又自承爲唯物，便成矯亂論。總之，本體不可説是物質性的，除少數僻執唯物論者外，斷無不承斯義。然本體固不是物質性，但其作用顯現，不能不有所謂翕，翕即幻似成物。是則翕之用，翕即是用。疑與體不相順。易言之，即此翕者，乃本體上顯現自相矛盾之一種作用。《新論》云："翕則疑於動而乖其本也。”二十六頁左,《轉變章》。又曰:“翕而幻成乎物,此所以現似物質宇宙,而疑於不守自性也。”五十七頁右,《明心上》。又曰“翕則若將不守自性,而至於物化,此退義也。”二十七頁左,《附識》語。凡此皆明其作用之自爲矛盾,即以其將至物化而不守自性故也。夫本體以不變爲義,豈果物化而不守自性者耶?理必不然。夫其翕也,若故與其自性反。乃若其自性固具至健純浄之力用,則正待翕而後顯。此處吃緊。誠以翕而成物,故所謂本體底自性力,本體固具至健純浄之力用,曰“自性力”,猶《易》之乾也。得有所利用以表現。《新論》云:“恒轉畢竟常如其性故。恒轉者,本體之代語。唯然,故有似主宰用,乃以運乎翕之中而顯其至健,有戰勝之象焉。即此運乎翕之中而顯其至健者,名之爲闢。”第二十六頁左。據此,則所謂翕者乃以顯闢。《新論》有言:“造化之幾不攝聚則不至於翕,不翕亦無以見闢。”第二十七頁左。又曰:“一翕一闢,若將故反之而以成乎變也。”第二十六頁左。又曰:“一翕一闢之謂變。”自注云:“兩一字顯動力之殊勢耳,非謂翕闢各有自體,亦不可説先之以翕而後之以闢也。”第二十六頁左。據此,則翕闢同爲純一之本體所顯現之兩種作用,乃相反相成,相待相涵,而爲萬化之源。《破破新唯識論》曰:“闢必備翕,若令故反,翕實順闢,而非果反。”初版七十三頁。此所謂“玄之又玄,衆妙之門”者歟。《破破論》又曰:“徹内徹外,只此翕闢之流,而實無有内外可分。自此實悟無所謂小己,無所謂宇宙,只此翕闢之流,刹那刹那,頓起頓滅。刹那刹那,頓滅頓起,如此流行不息,猶如閃電,至活無迹。”初版七十六頁。至哉翕闢,造化之秘,天人之藴,盡此矣。所謂妙萬有而爲言,冒天下之道如斯而已者也。

是故翕闢之論出,而色心之執始空。《新論》有云:“夫翕凝而近質,依此假説色法。色即謂物。夫闢健而至神,依此假説心法。以故色無實事,心無實事,只有此變。”第二十六、七頁。《新論·唯識》一章先遮境執,彰無實色。非有實外物故。次遮識執,顯無實心。而後次之以《轉變》,明色心雖復無實,要依翕闢假立。依闢假立心,以爲其能。依翕假立色,以爲之所。攝所從能,故名唯識。科學泯能歸所,曲盡物則;

玄學攝所從能，妙盡己性。《中庸》云“盡己性則盡物之性”，此己非小己之己。蓋滯形即物我區分，見性則物我同源，物莫非己也。佛説“萬法唯識”，孟氏説“萬物皆備於我”，皆攝所從能之謂。《新論》寄意深遠。雖時賢所棄，唯真理之所在，敢媚俗而内疚。

又復應知，翕闢同爲純一之本體所顯現之兩種作用。作用亦省言用。用之爲言，顯其非異本體而有别自體。《破破論》曰：“頑空不可謂體，故必有用，假説流行，原注，流行即是用之代語。流行即體，元非異體有别實物。”原注云：“流行者即是本體之流行，故不可説其異於體而别有實物。若認流行爲有實物者，便與體對待而成二片矣，此不應理。”初版三十五頁。如稻依穀子起，乃異於穀子而别有自體，截然二片。體用切不可作如是理會。夫體用難言，强以喻明，或喻如波水。波相幻生幻滅，而舉波是水，非異水而别有波之自體。非如稻異穀子而别有自體故。此略可喻用。“略”字注意。水起用即幻現波相，而水性恒自如常，定不變改自性。此略可喻體。如是舉喻，雖若易明，然至理迥超思議，理之至極，超出思議範圍。畢竟不容執喻以相猜卜，執即過患無邊。若執著譬喻，在喻上刻求全肖，即去所喻益遠。夫翕闢是用，故剋指翕闢即不名體。猶如波不名水。用依體起，猶如波依水起。而非異體有别實物，猶如波非異水而有别自體也。故説即用即體。易言之，此翕闢相即是生滅相，即是變動相，正復於中，證見實性。何以故？用無自體故。實性者，本體之代語。翕闢相，即生滅相，即變動相，此是依體所起之用。然用非異於體而有别用之自體，故乃即用見體。《新論》有言：“生即無生，以生而不有故；生者絶不暫住，故未始有物也。然則生相本幻，其本體無生，如波相幻現，實無自體，其本體即水，而水性恒自如如不變，實未曾有波。故萬象滋生，而實即無生，無生者言其體也。滅即非滅，以滅而不息故；滅故生新，其用不息，於此見本體常昭矣。若無本體，滅便永斷，故曰不誠無物，誠即謂體。變即不變，以變而恒貞故；如水起用，即幻波相，然水性如常，是謂恒貞。夫山峙川流，鳥啼花放，寒來暑往，夜晦晝明，可謂極變化之致矣。然萬有現象及其法則，宛然各如其所如，此何以故？良由本體真實無妄，故大用流行，自然有則，所謂至賾而不可亂也。據此，則變化萬端，而其體之恒貞者，固乃歷萬變而未始有渝，故云變即不變。動即不動，以動而不遷故。”凡物幻現動相，然物本無實，只是刹那生滅相續，幻似動轉，其實物無暫住，前不至後，此不至彼，何遷之有？夫物無遷動，即於物不容作物想，而其本體真常已灼然矣。此皆應真之言，窮玄之極。《新論》了義，於斯略結。參考四十八、九頁，《功能章》末段。《破破論》亦云：“觀於流行，乃即用以識體。”初版五十七頁。又曰：“流者不流之流，萬有波騰而常寂；行者不行之行，衆象森羅而皆空。”於衆象而見體，即衆象空；如於波而見水，即波相空。此與前所徵叙，互相發明。矧復默爾反觀，灼然有宰，聲色雜投，而應感寂然不亂。《破破論》曰：“反之當躬，而得夫闢恒運翕而不肯物化者，於此見自性之恒如，而灼然於流行中識主宰，當下承當而無疑也。”初版七十六頁，又案《新論·明宗章》所以權説心爲本體者，以於心識主宰故。然即心名體，究是權説，義當別詳。内學院有攻及此者，殊昧吾旨。持此勝解，印諸《般若》《涅槃》一一吻合。世有不了吾恉妄計《新論》以一翕一闢名真如，其厚誣亦已甚矣。總之，《新論》主張“即用顯體，即變易即不易，即流行即主宰，即用即體，而其立論系統謹嚴”，實以翕闢概念爲之樞紐。若於翕闢義一有誤會，即全書便不可通，直可謂爲毫無價值之書。嘗欲別爲雜録，疏通其旨，而精力短促，苦無意緒，不知將來得便爲之否。特因來難，略述所懷。本義既明，其諸疑滯或可豁如。是在仁賢不鄙芻蕘，降心加察。入理淺深，存乎往復體驗，如人交友，非相與至深，未容以泛泛遽定其賢否也。

覆審來難，謂“攝聚與離散相對”。常途訓釋名詞，固可云攝聚者離散之反，然哲學上之用語，其包含深廣，不當作一般名詞理會。又承難言：“攝聚與墜退似無必然之關係。”此或據《轉變章·附識》引漢儒“陽動而進，陰動而退”一段文字而有是難。查該文中有云：“翕則若將不守自性而至於物化，此退義也。”引見前文。此中文旨本甚明白，詞簡義賅，無須繁説，來難於此且没干係。大凡不了翕之爲退義者，祇由不識本體故。此處吃緊。本體底力用亦云作用。誠不可思議，然强爲形似，則《易》所謂健行者爲近。言健則賅浄，無滯礙故浄也。凡染污相，都是滯礙相，都是緣形氣而後起之私，惟本體之流行至健，即無滯礙，法爾清浄故。夫其行之至健而純淨，是固不落形氣者矣，此處吃緊。乃以表現其自性力之故，不得不有攝聚之一種反作用。老氏云“反者道之動”，是知化者也。然攝聚即翕而幻成乎物，便有重濁的意思。重濁即是墜退，以其與本體底自性力不相順故。自性力見前注。在此種意謂之下，即說攝聚得有退義，然義匪一端，不容邊執。《新論》本不曾言攝聚與墜退有必然關係。攝聚畢竟是健行之所資藉，所謂“闢以運翕，翕以顯闢”是也。全書實以此意爲骨子，賢者顧未之察何耶？昔在杭州與一二友好談及今人讀書大氏不務理解人家意思，只立意欲揀取人家壞處，而其結果，則見謂人家壞處者，倒成自家壞處了。迂拙不敢以此度賢者，然來難於著者意思，未免疏忽過甚，此何故耶？

二、來函有云：“山峙川流，鳥飛魚躍，莫非生命力之直接顯示，自性俱足，各無虧欠。若就分別論，則木石生命力自是較低較弱，但就木石本身論，則未嘗不生機充盛而有絶對自由。自注：自由謂内有主宰故。《新論》六十一頁謂‘生命力亦常淪於物質之中，膠固而不得解脱。此徵之植物與動物而可見者’，私意頗不謂然。蓋健行不息爲宇宙之自性，自注：就其分殊言之，可說爲萬物之通則。因本無束縛，故不得謂由束縛中求解脱。由本來自由，故所謂精進者，亦僅謂在自由中獲更大之自由而已。草木禽獸，一切活動悉任自然，雖無自覺，自注：但不得謂之無主宰。亦未有束縛，故無染淨可言。自注：就其悉順自然而言，謂之至淨亦可。及人類而自造束縛，自注：其故另詳。但有自覺，或云良知。因得憑其力量而超脱已成之束縛。”

如上一大段話，迂拙初不欲酬答，因彼此意思相距太遠，恐答辨徒勞。然復自念，心所不然，安於默爾，此雖高誼，要非與人之忠，故乃略申微意，不暇致詳。夫談義理者，貴在義界分明。來函談生命力，殊覺未洽。依佛家言：“一真法界，本無差别。”事法界即萬殊。事法界，即謂現象界。儒者亦有“理一分殊”之論。來函似絶不注意及此。就其理之一而言，山峙川流，鳥飛魚躍，莫非生命力之直接顯示，自性具足，各無虧欠，夫何間然？徵諸故言，釋子説微塵芥子都有佛性，莊子且謂道在屎尿，儒氏《玄經》亦曰物與無妄。言真實無妄之理，遍與萬物爲體故。道理見到真處，彼此都無異論，自昔已然。迂拙與吾賢有何己見可執，而不惟理之從耶？然吾賢徒見夫理之一，而忽其分之殊，遂於《新論》所謂“動植物之生命力，常淪於物質之中，膠固而不得解脱者”乃甚不謂然，不知吾賢何以有這般見地？動植物之所以停滯於一定底階段而不得進化至人類者，此正是分殊處，將他與人類一例看待不得。他底有機體，省云機體。其組織顯然不同乎人。因之，其生命力之表現較難，而不得不受其機體即物質底錮縛。吾子縱欲躋動植與人並立，然試問人類生命力之表現而爲極高尚的智德力或高等精神作用者，其可求諸動植物否耶？此事本不成問題，可無深論，唯來函更有可商榷者：一，以木石生命力並言，此殊未安。草木屬植物，在今日固視爲有生命者，然在印度古代，外道多説植物有生命，而佛家獨不許。佛家以植物與礦物同名無情，即同爲無生物。由今觀之，外道説是也。土石屬礦物，此則難説爲有生命，然若以萬物之本體，説爲渾一之大生命，則土石亦是此大生命力之所顯現。易言之，土石即呈現着活潑潑地底生命。前所引“物與無妄”及“道在屎尿”等説，胥此意也。但須知此是剋就本體而言，即泯其分之殊而歸諸理之一以言之耳。若就作用顯現，成事法界萬有分殊而言，則無生物與有生物顯然極端差別。土石一般視爲死物質，在哲學上究實而言，亦不可説爲絶無生機，然他土石等無生物。尚未成爲生命力所可利用以自表現底生機體，故難得其有生命之徵，即不可説爲有生命。此迂拙所未能苟同於吾賢者。二，來函云：“就木石本身論，則未嘗不生機充盛而有絶對自由。”此説尤所未喻。夫云植物生機充盛猶可也，若言絶對自由便難索解，而況於土石無生物亦復云爾耶？絶對自由一詞亦無義理。自由而果絶對，則又何所待而以自由名耶？絶對的自由，直是無從想像之境，或宗教家所謂上帝者有之耳。草木固着於一定之土壤，是其絶對自由耶？設復就草木之生活力以言自由，則亦屬廢話。生活力底本身，只是個不容已，或説名神。神之爲言，不只是個具足衆妙的意思，即更有迅利的一直進進的意思。此無所謂不自由，却亦用不着加上他一個自由。又注云："自由謂内有主宰。"此釋自由却好。然言主宰者必歸之内心，心托境生，而能適應或改造乎境，於此見心之有主宰義。即由如是主宰義故，見其不受環境限制，而有自由可言。故自由待限制而後見，無所謂絶對。絶對自由只是一個幻想。然據此以談自由，則草木雖或許其有知覺等，但其作用曖昧，雖不得直謂之無心，要其去無心之程度亦不遠，故草木不得謂其有内心的主宰用，縱許其本性上儲有此用，而不得發現故，即等於無。因此，不得許草木有自由。動物容當另談。草木如是，土石更何論乎？三，來函有"健行不息，爲宇宙之自性，本無束縛"云云。誰能發癡而胡亂道宇宙本體上着得束縛耶？但請吾賢認清觀點。《新論》那段文字不是直下顯體，却是在本體流行顯現萬類處，甄明生命力之表現其自己，不得不發生一種反作用，即物質的作用，特别是其物質的身體，即植物底形幹等，也叫做身體。乃生命力之所利用以自表現者。然利之所在，害即伏焉，就是利之中涵着害。因此，亦常淪於物質之中，膠固而不得解脱。故從植物以至人類，即生物底全體過程之中，而見夫生命力之一步一步，從物質的錮縛中逐漸解脱。吾子若不肯承許植物動物之生命力受其物質的身體之束縛，而必以木石之生命力爲本無束縛絶對自由，將必欲人類脱去人底官骸，還原到木石去。此亦有趣味之極矣。四，來函謂"草木禽獸，悉任自然"，迂拙每謂自然一詞，談者多不求的解。竊謂言自然者，略有數義：一，在宇宙論上，大氐以無所待而然者，謂之自然。但此一詞，又各從其學説底全體之内容而得一定之涵義。如此土老莊之言自然，固即無所待而然之義，印度自然外道，亦何常不是無所待而然之義。如云烏自然黑，鵠自然白，即不待造物主或他因而然也。但老莊學説與印度自然外道，實際判若天壤。唐以來釋子每混視爲一致，極可嘆。因之，其無所待而然之涵義，宜視兩家學説底全體之内容而定。二，在社會觀上，大氐以淳樸而不尚詐僞技巧等等者謂之自然。三，在人生論上，大氐以純任天真謂之自然。來函所云草木禽獸之自然，或是第三純任天真義耶？草木本無所謂不天真，亦似用不着加上他一個天真。禽獸之天真，便極須分析。其良能之發現，如所謂虎狼之父子等等者，固是天性流露可謂天真。如虎狼之父子等等良能，是超越個體底利害的，若捕食避害等等本能，便是爲着個體的利害而有的。凡超越個體底利害的才是天性，反之如爲着個體底利害而有的，便屬後起，此個辨别却甚吃緊。又禽獸有良能而無良知，此義亦當别詳。若其牝牡之合，不知匹偶有倫，又互相呑噬，乃至噬人，則是緣形氣而後起者。又凡捕食避害等等本能，據實亦即習氣，以從串習熟練而得故。然禽獸從習氣與形氣所發之意欲與動作，皆是任運而動，不有作意，不事隱匿飾僞，亦得假名天真，實則已不是天真也。來函並不分析，又烏可乎？自來文學的哲學家大抵讚美野蠻人之天真，然野蠻人雖有羞惡惻隱是非辭讓等等良知發現，可謂天真，而其識别事物之知識尚未發達，良知與知識確不是一事，此義别詳。即其良知不得擴充。如野蠻人之習慣信條等等，自文明人視之，多不能認爲合乎道德。此因其知識不發達之咎，而即於此等處見其良知之未能推致也。至於開化之群，尤其有高尚文化者。其人知識特别發達，長處在遇事物有精審之識别，短處却在詐僞姦巧滋多，哲人多懷想太古者以此。是其知識發達而固有虚靈不昧之良知反被鑿而亡失。故此土哲學家如老莊則欲屏知而反之天明。天明即謂良知。儒者乃不反知，但重涵養以全其誠明之本體。誠明，亦即良知。大本既立，大本，謂誠明之本體。却非守其孤明，必致其知於事事物物而得其理，乃知明而處當，於是而識别事物之知識，亦莫非誠明之用。此則良知擴充，而可謂全其天真者矣。此與野蠻人之天真，奚止天壤之别。故重天真者，不當廻向野蠻人之天真。從來自然論派之哲人罕有見及此者，是亦不思之過。今吾子更讚揚草木禽獸，何故作此怪迂？

三、來函云：“《新論》泯除心物之對峙，但似未能完全貫徹，至少文字上易引人誤會。如六一頁‘其生命力幾完全物質化’，又云‘生命力受物質纏固’，六二頁‘既爲無生命力之物’，似主張生命力之外，仍有一物存在與之對抗，幾使人疑每一個體乃生命力與物質兩者之决鬥場。”

此段疑難，完全摘字摘句取義，如此理會人家文字又争得？查六一頁云：“植物徒具形榦，其生命力幾完全物質化。動物則官能漸備，然其生命力受物質纏錮，竟未有以遠過植物也。”此中大義，具如前説。若使通達大義，則上述文旨自無滯礙。至六二頁文中首明生命力包宇宙，挾萬有，息息周流，不以形氣隔；後文言人“私其形氣而小之”，乃至“生理剥極，而卒爲頹然之一物，縱其殘餘之形氣不即委散，而既爲無生命力之物，何如速朽之爲愈乎”云云。此呵責夫人之殉物而喪其生理，不圖賢者竟誤會到二元論去。須知談到本體，心物俱非。若言本體流行，即作用顯現，亦即所謂翕闢者是。闢即本體固有底大用，所謂健行者是。而大用流行，勢必自起一種反作用，因而利用之以表現自力。此反作用，即名爲翕。依闢假説爲心，亦云生命力。詳《明心上》。依翕假説爲色，色即物之異詞。《新論》根本意思，約略如此。夫翕者，本即闢之自力所發生之一種矛盾作用，故其勢既成，則亦有對抗之情，此何足怪？又闢之自力發生反作用時，即成翕時。亦有物化之懼。若其根本無翕而物化之堪虞，則何以見夫闢之力用爲至健而神者乎？又從何得見生命力乎？唯其動而可以失其常，而畢竟不失其常，即可以物化而終不物化。所以謂之健而神也。闢必故翕，翕而幻成乎物，物成而疑於闢之不存矣。然闢終不捨其健，畢竟轉物而不爲物轉，於此見闢之即是生命力也。來函疑每一個體乃生命力與物質兩者之决鬥場，此不應理。個體之發展，必與宇宙之發展相應。個人底生命與宇宙本來非二。夫闢以以運翕，翕以顯闢，相反相成，畢竟不二，此爲宇宙之理法。吾人常有涵養本原工夫，即於此心之不物於物處識得闢以運翕之主宰力，即是識得本體。却是於發用處識體。由此涵養保任而勿放失，即生命力常活躍，而物質亦隨之順化。耳目聲色俱是聰明之用，即皆生命力之顯發，安有所謂物質與生命力决鬥者乎？若其心爲形役，即陽明所謂隨順軀殼起念，必漸梏亡其生命力，而成乎頹然之一物。《新論》六十二頁所云既爲“無生命力之物”者以此。是即反乎闢以運翕，翕以顯闢之理法。此乃人生之變態，所謂失其恒性者也。

四、來函云：“詮釋轉變之三義。見《轉變章》。第一義爲‘非動義’，似頗淺顯，不必特爲標出。‘活義’中‘交遍義’似可併入‘圓滿義’中。至‘無作者義’，則論據似不甚充足，因所謂作者本不必非淨即染等。又本段先後次序似不甚妥，鄙意宜先以‘不可思議義’開端作引論，然後列舉‘活義’中各義，使各各獨立，而將‘活義’總名除去。”

此一段話，本無關宏旨，可無須答。然賢者既肯如是子細評議，則吾亦安得忽置。吾子謂“非動義”爲淺顯，迂拙則謂談道理只爭個錯誤與不錯誤。或誠與妄。深的道理，只是許多淺的道理底發見，都有根據，都有證驗，都不錯誤，由此層累曲折推將上去便就深奥了。然人情迷妄多般，却有以深爲淺、以淺爲深者。所以者何？凡夫各有見貪，見《新論》八十九頁右。恒喜以其所見得到的自矜爲深，而即以其所見不到的鄙之爲淺，甚且以爲不通，或云無道理。昔伊川見門下或交遊談道理中肯時，猶勗曰“且好自涵養”。迂拙少年讀語録至此，却完全不屑理會這般語句。後讀朱子書，見其時常稱道及此，便稍懷疑朱子是甚見地。迨後用過苦功，始覺得當初自謂明白底道理，到於今却别是一般意謂，翻憾當初明白不得。然則淺深之辨何容易乎！大凡窮理，不論自己直下發悟，或讀書引發，但使一理儻得之後，總要隨處體認，直教在在證實，然後歡忻鼓舞，儼然此理現前，如親撲着相似。昔劉晏爲計相，見錢在地面流轉，學人用心都要如此。今且析來疑，“非動義”如何説得過淺？人底理智總是在經驗範圍内或實際生活底世界裏練習增長，所以推窮道理總是於無形中把做日常經驗底實物來籌度。假令與之談變化，他那慣用的理智便把實際的物件底移動之觀念，即有實物由甲點底空間經歷若干時間通過乙、丙乃至戊點底空間之觀念。結合到這裏所謂變化上去，他以爲變化應當是這樣。如果説變化不是實物的移動，不是有空間和時間性的，他便計此是不可捉摸的幻想。我昨過滬上，遇一友人讀《新論·轉變章》就如此難我。當時雖頗怪之，然今觀來函，滬友之不喻，或較賢者之淺視“非動義”，猶不失爲慎慮。如前所説，人之心習如彼，則所謂“非動義”者，又何容易實落地澈底了解耶？讀書最怕依文生解，自謂見到，却完全没有親自體驗過。試問“非動義”中有云：“猶如吾手，轉趣前方，實則只有刹那刹那别别頓轉，無間似續。假説手轉而無實手由此趣前。”此段話，賢者果解到恰好處否？信得及否？須知“非動義”必澈底了解方許窺變，故於變之三義中特標第一。“活義”爲甚要取消去？其中所列舉各義，何故不應包含於“活義”之中？留待世間有眼目人抉擇。又“交遍義”不許併入“圓滿義”者，一顯全體起用，用成萬殊，而各稱體，一一具足。一顯用成萬殊，而重重無礙，故一真法界，非一合相。二義相關，不堪省略。如數一二，言一已有二，却不可説只須數一，不當及二。又不可説寧堪數二，不必及一。關於“無作者義”之論證，自覺只此便足。非浄即染，非常即無常，此於邏輯有何過患？至云“本段先後次序不妥，宜先以‘不可思議義’開端作引論”，尤所難喻。開端已是不可思議，向下還説什麼？當知本段先之“非動義”遮遣妄執，庶堪語變。次之“活義”，正顯神變無方。結歸“不可思議義”，明此理唯證相應。理解俗云理智。推度，終成隔膜。如盲人摸象，非無擬似，但不識真象也。如此次序怎生不妥？《新論》每下一義，累經秤量，願且降心加察，不然亦姑置之可也。復次，來函謂“功能習氣之區分，可以自然、不自然爲準則”。又鄭重申明“草木禽獸之活動悉順自然，故純爲發於功能，即全屬生命力之自然顯現”云云。賢者最喜談自然，迂拙却未知賢者所謂自然之意義云何？又云：“《新論》謂吾人生活内容莫非習氣，似未允當。蓋生活内容，恒能習相混，但不易辨耳，非盡爲習氣也。”此段話却是，然於《新論》未了在。《明心》上、下談心、心所相應同行，賢者奚不察耶？然論本四十六頁左，《功能章》有云“吾人生活内容，莫非習氣”。自注云“吾人存中形外者，幾無往而非習，此可反躬自明者”。論文故甚其辭，正是欲人猛省。《詩》謂“周黎靡有孑遺”，豈果無孑遺耶？此類句法，古書多有。然注中猶置一“幾”字，正恐今人誤解。柰吾賢終不留心何？《新論》文字，讀者總多不了解。大氐自語體文流行以後，文言文便遭厄運。平情而論，樸實説理底文字，用唐、宋下底古文固絶對不行，即規倣晚周諸子及魏、晉注疏，如王弼、向秀等之作。在今日亦難適用。佛家譯籍，其組織精嚴，極當取則，《新論》即規倣之。而屬文造語，過於高渾簡重，又不宜學。高自可貴，過高則能領者希。渾便含蓄多義，過渾則失之晦。簡能提要，過簡則失之疏。重即深沉有力，引人沉思，過重則反令一般人不耐讀。但如今日流行底語體文，却太不通順。今日譯本少價值，已是大家所公認。吾意欲改造一種文體，即文言白話，隨意雜糅，不限一格。朱子論學書牘便多如此。實則宋、明儒書牘皆如此。船山《讀四書大全説》亦復如此。病軀如得漸添生意，將來起草《新論》部乙之《量論》，即當試用新文體。惟文體既變更，則其書成，當離《新論》而別爲單行本，即書之題名，亦俟屆時擬定。此意經多番審慮而後決，並曾質之林宰平先生也。伏暑困倦，强寫此信，聊貢悃忱，苦難達意。

講　　詞

《新論》與佛家元來意思根本異處，其略可言。佛家思想畢竟是趣寂的，是超生的，“超生”二字見《慈恩傳》。是出世的。如《阿含經》專以不受後有爲歸趣，不受後有，即是不受後生。此爲本師釋迦氏之思想，後來小乘大乘各派諸師始終不離此宗極。大乘以“無住涅槃”爲言，即謂生死涅槃兩無住著。然此確不是達觀派的人生態度，却是他理想中一種神聖的境地。蓋以衆生未度盡，則菩薩必不捨衆生，故雖不住生死，而亦不住涅槃，如是得隨類現化。故其願力，終以度脱一切衆生爲蘄向，即以出世爲蘄向。佛家哲學思想無論若何深廣，要之，始終不稍變其宗教的根本觀念，即爲生死發心，而歸趣出世的觀念。此是佛家宗旨，萬不可不認明者。《新論》則爲純粹的人生主義，而姑置宗教的出世觀念於不議不論之列，此其根本不同者一。佛家本師釋迦，其思想最精者，莫如十二緣生之説，此在《阿含》可見。是其爲説，固屬人生論之範圍，及後來大小乘諸師則始進而參究宇宙論，尤其本體論。舊著《破破論》《破破新唯識論》之省稱，他倣此。述此變遷概略，頗爲扼要。至於大乘空宗直下明空，妙顯本體。有宗至《唯識》之論出，雖主即用顯體，然其談用，則八識種現，是謂能變，現行八識各各種子，皆爲能變。現行八識各各自體分，亦皆爲能變。是謂生滅。其談本體，即所謂真如，則是不變，是不生不滅，頗有體用截成二片之嫌。即其爲説，似於變動與生滅的宇宙之背後，别有不變不動不生不滅的實法叫做本體。吾夙致疑乎此，潛思十餘年，而後悟即體即用，即流行即主宰，即現象即真實，即變即不變，即動即不動，即生滅即不生滅。是故即體而言，用在體；即用而言，體在用。此其根本不同者二。

《轉變章》以翕闢與生滅兩義，曲盡玄微。一方面隨順俗諦，成立心物萬象，即所謂宇宙；一方面明翕闢與生滅都無暫住的實法，即無實宇宙，只是本體之流行幻現宇宙萬象而已。然復須知，流行者用之異名。用者體之用，無體即無用，離用亦不可得體。故乃於流行無住之用，識此即是如如不動之體，而萬象又莫非真實。《功能章》末段，方承《轉變章》而結歸真諦義趣。

《新論》以翕闢義破舊師聚集名心之説，而於西洋哲家唯心唯物之論皆不蹈其蹊徑。心物本相對得名。順俗，則心物兩皆成立；證真，則境空而心亦俱空。其所以順俗而兩皆可成者，則依翕闢而假説爲心物云耳。翕闢便是本體之流行，這個流行的作用，不是孤獨的，所以一翕一闢。

答薛生

《唯識》書料子未堪自究，不治法相而研三論，亦是無益。就治佛學次第言，未通小乘不可治三論。三論者，大空也。大空從小有小空而來，升堂循階，登梯歷級，烏容躐等。然在今日，學問知識如此其紛繁也，守一家言所得已隘，況所謂一家者，猶是數千年前古學。然則吾子縱精通三藏，由小入大，計其精力，復餘幾何？即以此博得一佛學家之名，亦祇是數千年前陳人而已。吾非謂古書可不讀，是在汝自定爲學趨向。若於佛學方面欲成功一考據家，則非博覽三藏而强識之，不足以窮原委，辨流别，析名相也。故於佛典必專力終身，若有一籍未窺，一部未睹，便是大缺陷也。如其平日對於宇宙人生諸大問題苦心參究。因此泛觀百氏，藉資證明，矯吾偏蔽。博考之餘，忽覺佛家義趣特有契合，遂於佛典寄懷深玩。自解資佛典而益開，佛典賴自解而可曉。此語吃緊，自家見地未到，讀書决不通曉。迨其學成之後，雖復精多物宏，超然自得，不囿一家。然以其熏染於佛家者深，其精神特有歆契，終爲佛家派下人。如此之流方其披尋佛典，志在領會佛家真義，故其讀佛書不必如考據家之博覽强識，要在訪求根本鉅典，潛心體玩。粗之，則識其旨歸，辨其脈胳，得其系統，窮其枝流。精之，則冥極於所謂語言道斷心行路絶之地。或問，此言識旨歸，辨脈絡，得系統，窮枝流，與前言考據家須窮源委，辨流别，析名相者，又何所異耶？曰：此二之判，不止天壤，非真知學者難與言此。考據家所窮之源委，所辨之流别，所析之名相，衹依文訓釋，依文甄述而已。取材博而能審，釋詞有據而不臆説，叙述有條貫而能斷，能事盡於此矣。若夫爲自得之學者，其精研古學，凡所以識指歸，辨脈絡，得系統，窮枝流者，雖復即文字以妙會古人之意理，而其意理所由形著，實不可以守文而得。易言之，即通古人之意理者，必非徒在文字上着功，要自有所致力於文字之外者。唯其平日仰觀俯察近取遠觀之餘，反己以濬其源，即事而致其知，既已洞見本原，明察物理。是故讀古人文字，能以睿照而迎取古人意理。睿照故無主觀之蔽。古人真解實踐處，吾可遥會其所以。若其出於意計之私，而陷於偏陋浮妄者，吾亦得推其錯誤之由來，而以吾之經驗正之。以故，於古人之意理無不盡也。此其所以識旨歸，辨脈絡，得系統，窮枝流者，與考據家本領絶異，功用全殊。但此中義味難言，期人共喻，直是困煞。吾子果真志乎此學，則率由之塗，不能不辨。子於佛學如志不在考據，則佛家根本經典必不可不讀者，得略舉下方：先治四《阿含》，此爲元始思想。餘如本生、本事、因緣、譬喻四分中共有經百餘部，可與《阿含》參看。或不必盡讀，但深玩四《阿含》亦得。小宗派别元有二十部，實則統爲空、有二派。略見《異部宗輪論》。二十部之分係佛滅後四百餘年間事，爾後流變，又不必限於二十部，然終不外空、有兩輪。小論東來者，談有一派較多，如《毗婆沙》《順正理》《六足》《發智》《舍利弗毗曇》《成實》《分別功德》等，並宜瀏覽。若乃小徑略涉，便入大空。大空本經唯《大般若》，群經之王，諸佛之母，此土什、奘同其所歸。大空論籍，四部居宗，曰《大智度》，曰《中論》，曰《百論》，曰《十二門》。義海深而無涯，玄峰峻而無極。大有宗經，舊推六部：《華嚴》《深密》《功德莊嚴》《阿毗達磨》《楞伽》《厚嚴》。論則一本十支，羽翼六經。《瑜伽師地》，是稱一本。《顯揚》《莊嚴》《集量》《攝論》《十地》《分別瑜伽》《觀所緣緣》《二十唯識》《辨中邊》《集論》等，是謂十支。《五蘊》《百法》等等，亦十支攝。《成唯識論》糅集十師，此論之作，雖云以上述六經十一論爲依據，一本十支，名十一論。但其組織可謂精嚴，觀厥旨歸，殊乖了義，斯固有宗之别派，抑乃釋氏之末流。然其規模恢擴，結構嚴整，要是一大學派。至於大經，有《涅槃》《寶積》等等，尤堪玩味。論有肇公《物不遷》，乃此土傑作。因明譯籍，《入論》《大疏》，以及理門，詳其法式，諸論可讀。應知佛學問津，因明攸始，未了因明，難治諸論。如《中論》等，純以形式邏輯，憑空建立，因明未習，此何可通？又有聲明，吕君有略。釋辭毋滯，初學攸資。至於佛史，中土記載，近有湯君，採撮殊精，堪餉來學。綜前所述，必讀而不可不讀諸佛書，已揭其目，若求了解，凝神静慮二三年功應可豁然。若言深造自得，則如朱子之於四書，終身由之而不能盡其蘊。此非朱子故示謙懷，體究道理確爾如是。譬如《百法》開端一語，曰："一切法無我。"語其平易，則隨人理解，淺深廣狹，各有所會。語其幽遠，縱有智人，終身學問，畢竟於斯義趣領會無有窮盡。今人讀書能速爲賢，遍翻三藏，自矜易事。輕心讀過，何殊未讀？讀書要在深心體玩，深心二字煞是難言。神凝氣聚，洞然無己，唯其無己，方乃有己。明鑒當空，無幽不燭。書册所言，吾以虚明，沉思其義。假彼真是，吾必得其來歷；彼有謬誤，吾亦察其因由。其是其非，從不輕斷。由其是而深求之，而義理日出不窮矣；由其非而深求之，而義理亦日出不窮矣。彼淺嘗粗解、輕斷是非者，惡在其能析義窮理耶？夫學之難講，佛學爲尤。聰明之士輒喜摭拾玄言，而不肯留心經論求其實解。昔人如蘇軾之於禪，今人如章太炎之於法相，皆是也。愚鈍之人莫名其妙而信仰，非不治經，非不習論，然其無知自封，混亂拉雜，不堪救藥。吾十餘年來教書經驗，深感青年頭腦，少有宜於治佛學者。憶十一二年間選課最多，及閱試卷，僅有某生文辭稍爲簡適，亦無當於題旨。自昔迄今，從未得一可與共學者。吾總覺教書之無趣，每對人言爲吃飯故方作是事，若不爾者吾不教書，雖屬憤詞，亦是事實。大氐治佛書者，最低限度須具二種條件：一、必其抽象的作用高而强。二、必其分析的作用精而鋭。佛學理境極高，先儒以窮大失居譏之，實則唯佛學能窮其大。談理到至大無外處，即其理無在而無不在，謂不可以定居求之固也，謂之失居便非。因其不可以定居求，故短於抽象作用者，常若不可捉摸而眩惑起矣。又凡玄學所表者，只是概念與概念之關係，而佛學尤爲玄學之極詣。故短於分析作用者，於各個概念間相互的關係即義理分劑之不可淆混者，乃常不能明辨而陷於混沌狀態矣。昔者屢與林宰平先生言，佛學所以超絶古今者，以其大處深處，令人鑽仰無從耳。西洋哲學隨科學之進步，經驗日富，根據日强，理論日精。其始乎徵實，而終乎遊玄，豈不極堪寶貴。然而徹萬化之大原，發人生之内藴，高而莫究其極，深而不測其底，則未有如佛氏者也。世之言哲學者，孰不曰研窮宇宙人生諸大問題，然試究其所發明者，則於宇宙之體原，或恣爲種種戲論，或復置而不求，其於人生之體察尤爲膚淺。雖復極其理智之能事，於日常經驗的宇宙多所發明，而返諸吾人真理的要求，則哲學家所紛紛其説者，實不足以饜吾人之望。宇宙果無真理耶？人之生也，固若是芒耶？自吾有知，恒困於無量無邊之疑問而不得一解，然吾終因佛學而漸啓一隙之明焉。汝誠有志於此，吾豈不思得一同調，以寄余之孤懷。然汝求學之心則誠矣，汝之聰明，果宜於此學否，吾又不能遽斷也。吾更有須言者，子誠嗜佛學，則於未研小乘以前，且準備科學常識，而西洋哲學亦必有相當素養。縱厄於家境不能入學校，然關於科學常識，未始不可以自力求之也。西洋哲學，訪購稍好之哲學大綱及哲學概論一類譯本，細心循玩。哲學所研究之對象爲何？是否與科學同其範圍？其中之大問題有幾？古今哲人對於哲學上諸大問題之解釋總有幾派？哲學的方法究應如何？此皆必須經過甚深之苦心焦慮而不容疏略過去者。至於某一學派，某一名家之專著，坊間亦多譯本，無論好壞總須購閱。“舜好問而好察邇言”，即令譯本甚壞，總有原著幾分意思，從而察之，詎不足比於邇言耶？觀汝前後來書，其於佛學蓋亦篤於宗教方面之信仰，而慨然繫念乎生死之故。信仰極可貴，但汝既有信仰，吾則不必與汝談信仰，却須爲汝進知識。汝且留意求知的方法，先立定無妄的基礎，而後可爲大膽的玄想，將來深窮大乘經論，談空説有，一任縱横，庶幾遠於迷謬矣。

又汝深信佛學，却未知中國儒家哲學尤可貴也。往嘗與林宰平先生言，當今學哲學者應兼備三方面。始於西洋哲學，實測之術，分析之方，正其基矣。但彼陷於知識窠臼，卜度境相，終不與真理相應。是故次學印度佛學，剥落一切所知，蕩然無相，迥超意計，方是真機。然真非離俗，本即俗而見真。大乘雖不捨衆生，以衆生未度故而起大悲，迴真向俗，要其願力畢竟主於度脱。吾故謂佛家人生態度别是一般，即究竟出世是也。故乃應學中國儒家哲學，形色即天性，日用皆是真理之流行。此所謂“居安資深，左右逢源”，而真理元不待外求，更不是知識所推測的境界，至矣盡矣。佛家大處深處不能外是，其智之過，而求出離，以逆本體之流行，吾儒既免之矣。天可崩，地可裂，吾儒之道範圍天地之化而不過，是無可崩裂者也。學哲學而不蘄至乎是，是安於小知間間，暴棄而無可救藥者也，吾又何言？陽明子所以言“知行合一”，其哀思人類也深哉！

吾年來極苦教書乏趣，而支生無術，只好靦顔其間。雖然，亦有一説。學無可講，固也，但存此科目，亦是“告朔餼羊”之意。又此學更非登講臺作演説式可以講得。吾欲商於主者，授之私室，倘得半個有心之士可與言談，即此理在天地間亦有所寄。而不相干之學子，亦不願其與於斯課。是則吾近來教學之意也。人之所貴者誠也，一誠而天地以之立，萬事以之成，吾於子之信，而見子之遠於虚浮矣。伏暑無聊，不得看書，不得作想，濡毫伸紙，答子之信，感爾綢繆，觸吾誠悃，不覺道出心事如此之多。子其三思，反是不思，亦已焉哉。

答謝石麟

來問，謂見答薛生書，頗有疑滯。今酬對如左。一、伊川《易傳》頗詳士夫進退之節，足爲世人貪殘競進之戒，固也。然試問貪殘者何由競進，豈非賢士無道則隱，不合則去，乃讓此輩横行耶？漢以後儒者，其言進退之義大氐以個人立場，視君主與朝政昏明而衡其進退之當否。至於個人不能離社會而獨存，必期改造社會，以適於共同生活而不容昏亂勢力之存在者，此當有進無退，而後儒罕有能申此義者也。《同人》一卦明明不取個人主義。《革》《鼎》二卦顯示唯真革命而後有新創建。彼矜持小己，伺陰陽否泰之機運消長以爲進退者，其不足與於《革》《鼎》明矣。《易》道廣大精微，後儒雖不無獨得，而能會通以盡其隱者誰歟？

二、疑吾讀佛書或任己見，此乃妄臆其然。吾嘗言凡讀書者，須有主觀方面之採獲，有客觀方面之探求。先言主觀。讀者胸中預有規模，有計畫，則任讀何書，隨在有足供吾之觸類而融通者。若無規模無計畫而茫然讀古人書，讀一書即死守一書之文義，讀兩書即死守兩書之文義，是謂書蠹，何關學問？次論客觀。某一學派之大著，必自有其獨到之精神，必自有其獨立之系統。讀者既有主觀之採獲，遂謂得彼之真、窺彼之全也，如是必以主蔽客也。故必屏除一己所觸類融通者，而對彼之宏綱衆目爲純客觀之探求，方見吾與彼之異及吾與彼並其他諸家之異。益徵理道無窮，宇宙無量，而免於混亂或管窺之誚矣。吾任讀何書，只是如此。

三、《中論》涵義，廣遠無邊，幽隱無盡，所謂“冒天下之道如是而已者也”。須將外宗見解及佛家整個意思完全了了於胸中，讀去才有領悟，不然只感覺空洞，一無所有。“空洞”與“空脱”二詞意義全殊。“空脱”者，《易》之所謂“妙萬物而爲言者也”。今日治哲學的人，如有超出眼光能理會《中論》玄旨於文言之外，必另有一般樂趣。宋人詞云：“衆裏尋他千百度，回頭驀見，那人正在燈火闌珊處。”此言雖近，可以喻遠。

四、世親、護法唯識所以爲有宗别派、釋氏末流者。此派學説，實多從數論、勝論脱胎而出。吾於《破破論》中已略明之。如賴耶中種與現行互爲緣起之説，種子即由數論自性、勝論極微兩相比較而立。勝、數二宗並許有我，賴耶即變相之神我論。此其脈絡相通，歷然可辨者也。基師《述記》叙勝數二宗特詳，蓋隱索其源云。佛家初説賴耶，不過表明習氣沉隱而爲一團潛勢，實爲晚近心理學家言潛意識者導其先河。此就心理學之觀點而言，極有價值。但自世親迄護法一派，乃將賴耶説爲神我，遂爲其宇宙論上所建立之根本依。舊説賴耶名根本依，以宇宙依賴耶及彼所藏種子而現起故。此如何不是别派？如何不是末流？至其爲繁瑣而無據之分析，亦吾所不取。

五、來書舉章太炎先生與吴生論宋明道學書數端。一云，陽明所謂良知者，以爲知是知非也，此即自證分，八識皆有自證，知是知非則意識之自證分也。此説甚謬。舊唯識師四分義，其無當於理，吾已於《新論》及《破破論》略明之，此姑不辨。彼所謂“四分”者，就眼識言，色即“相分”，了色之了即“見分”，相見二分所依之體即“自證分”。此能證知自見分，故名自證。依自證體上而别起用，是能證知自證者，名“證自證分”。眼識如是，耳識乃至第八賴耶，亦各各有四分云。至其所謂四分者，又有内緣外緣之不同。“見分”緣外，不緣内心。“自證”緣見，見即内心。“證自證”與“自證”二分，互相緣。此皆内緣自心，不緣外相。又就意識言，“見分”緣相，容通三量。“自證”緣見，及與第四互緣，唯是現量不起籌度分别。義見論疏，非吾臆説。今章氏乃指良知爲“自證分”，則是良知不得外緣。吾人於應接事物時，對於是非之分辨作用，應只是“見分”，决定不是“自證分”。易言之，即應不是良知。何以故？良知即“自證分”，是乃内緣見及第四不得外緣事物故。又唯是現量，無有籌度分别故。如何説它知是知非？章氏既不解四分，又不了何謂良知，是真章實齋所謂横通者。

二云，羅達夫稱，當極静時，覺吾此心中虚無物旁通無窮云云。此亦窺見藏識之明徵。其所謂“主宰即流行，流行即主宰”者，王學諸儒，大抵稱之。而“流行即恒轉如暴流”“主宰即人我法我”“其執爲生生之幾者，亦是物也”等語，此一段話，章氏平生筆語蓋亦屢見，章氏根本迷謬在此，殆無望其能悟，但後生不可爲其所惑耳。賴耶恒轉如暴流，只是習氣流轉，以此擬之吾儒所謂流行，其過不止認賊作子，其罪實當墮入泥犁。儒者所謂流行，是生生不息真機。若視此爲賴耶染法而爲應斷且可斷者，則墮斷見與空見。《繫傳》蓋云：“易不可見，乾坤幾乎熄。”聖人之憂愚妄，可謂切矣。至云主宰即人我法我，就有漏妄執一方面言，執之異名爲我，我即主宰義。章氏之説，固亦有當。然佛家破我後，復成立有我，義在《涅槃》，章氏豈未讀耶？《涅槃》所説之我，是何義趣，豈可與二執之我混作一談耶？儒家於流行中識主宰，即於流行之健而有則處見主宰義。運而不息者其健也，遍爲萬物實體而物各如其所如者，乃見其有則而不可亂也。驗之吾心，流行不息，應感萬端，而莫不當理無有狂惑者，即此識得主宰，非别有物爲之主宰也。此乃廓然無執而後識主宰，云何以彼之所謂執而擬此之所謂主宰耶？即主宰即流行，即流行即主宰，此爲無上甚深了義。須深玩《大易》，而實體之於心，老莊爲《周易》之别派，亦多可參玩者，吾當别論。做過苦參實踐工夫，方有幾分相應，此非猜度所及也。佛家《涅槃》談主宰，而不説即主宰即流行。西洋哲學亦有談流行，而不悟即流行即主宰。通變易流行。與不易主宰。而一之者，是乃吾先哲之極詣。此固非章氏境界，而實余之所欲無言者也。《新唯識論》一書在今日尚不堪覆瓿，固其宜耳。

三云，意有意識、意根之異，諸儒未能辨也，獨王一庵知意非心之所發。自心虚靈之中確然有主者，名之曰意，此爲知意根矣。而保此意根，即是不捨我見，此一庵所未喻也。章氏此段話，直是無可救藥。大乘意根即第七末那識，此其所由建立，固自成系統。其根本主張，則八識爲各各獨立之體，以各從自種生故。第七恒執第八見分爲我，是謂染污。王一庵不曾分析此心爲七個八個也，其所謂意與心之名，乃依義理分劑而多爲之名耳，實則心意非有二體也。於心之有主宰義而别立意名，主宰於何見？吾常令學者玩顔子“四勿”，曰“非禮勿視，非禮勿聽，非禮勿言，非禮勿動”，就在此“四勿”上識主宰也。依此主宰義，而名之爲意，是一庵真實見地，而章氏奈何以染污末那擬之耶？此而不辨，則是斷絶性種，不止瞎却天下人眼目。自餘無一字不妄，以無關宏旨，可置勿論。

佛學，頭腦不宜者勿習爲佳。今日少年稍涉佛書，名相既多，固足供其獵取。言無固宜，而不知抉擇者，則適增其混亂。夫學子用思，窒塞不通者，無傷也。一涉混亂，便誤終身，其可不戒歟！

與賴振聲

佛書中“法”字底意義，本略當於中文“事物”字義。略字注意。如瓶等名法，即人造器具名法也。色聲等亦名法，即一切物質現象通名法也。心亦名法，即一切精神現象名法也。推之一切爲思唯中之所構畫，不論爲實義，爲虚名，如龜毛、兔角等者，但有虚名《大論》亦説名假法。但爲心上所現相，而皆可得法之名。即言有無之無，亦名無法。乃至假詮實際，俗言宇宙唯一實在，亦云本體。亦得法名，所謂無爲法是也。“法”字意義在思唯方面，總是表示好似有個物事的。這個意義，僅據在思唯方面説，才普遍適用於一切“法”字。若必就“法”字所指目者而言，則除色聲等實境而外，大都在事實上却不曾如有個物事的那樣存在着。故“法”之一詞，是至大無外之公名。然復當知，上來所説，是就“法”字底一般通用之意義而言，此本不含勝義，而亦不含劣義。至於諸經論中所説破我、法二執之“法”字，便含有劣義，與在一般通用底情形之下，其意義截然不同。此等處極須辨别。稍一含混，雖讀破三藏，或高談佛法，其實於佛家道理絶無絲毫入處。夫法執之“法”字，亦是表示有個物事的意義。然於此獨謂其含劣義者，則以“法”之一詞，在一般通用底情形之下，雖以之指目實境如色聲等。與實義如諸所作性者皆是無常，是實有此義也。或思唯中之所構畫，但因思想與言説方便假施設故，此語吃緊。故無有過。若乃法執之“法”字，此則特就凡夫情識計度而言。凡夫情計，情識計度，省云情計。總是於一切心行處，都隱然看作有個物事的，心行者，心之所游履曰行。而且其意義甚是呆板，甚是固定。不獨執着現前境界如瓶等者是如此，即其推求事物底共相時，他亦本其執着現前境界底迷謬觀念以推諸一切，而無往不是妄執凝然。他底思唯如此執滯，將以推度真理，那得與真理相應？直似春蠶作繭，重固自縛，無可解脱。故所謂法執底“法”字，乃是含有此種意義。世尊十二部經，何止千言萬語，其要只是破法執。我執也是從法執中别出來説，此意當别談。

寫此已竟。有問如來説法之“法”字何解者，答曰：如來爲諸愚夫不了一切法相、法性而起妄執故，故假言説，令于諸法性相如其實義而了知之，除迷妄計，是名説法。故此“法”字，即指一切法相義理，乃至諸法實性，即無上了義而言之也。

附誌：法相，即謂色心諸行，略當俗云宇宙萬象。法性者，實體之異語。

上來釋“法”字義，乃融會佛家底大意而談。若必引據故訓，則應以軌持二義訓釋“法”字。論云：法謂軌持是也。何謂軌持？疏云：軌謂軌範，可生物解；持謂任持，不捨自性。此二句殊費解。今釋上句云：軌範者，略當於法則底意義。可生物解之物，即人之異語。蓋法之爲言，即明其所目事物之本身具有一種軌範，可以令人對之而起解也。如名白色以法，即此色法具有可變壞性底種種軌範，才令人對彼生起如是色法之解。上句之義略如此，復釋次句。性者，體之異詞。自性，猶云自體。“任持”二字底意義，在讀者潛玩，似不好再下訓釋。若必强爲訓釋，任是保任，持是持守。誰保任之？只是它自己保任着。誰持守之？只是它自己持守着。不捨，猶言不失。蓋凡言法者，即明其本身是能自任持，而不至捨失其自體也。如前舉白色是一種法也，此白色必能任持其白色自體而不捨失，方名白色。設若不能任持，則於彼白色。才作白色解，而彼同時却已捨其自性，而忽爲紅爲緑。如此，即白色完全是不可捉摸的東西，易言之，只是没有物事了，還説甚白色？故持之一義最要緊。綜合軌持二義，即名爲法。中文物字，略含持義。前所謂有個物事的云者，即略通於持義也。中文"物"字，亦是至大無外之公名，不論有形無形，皆得以物名之。《王静安文集》中似有一文，不憶是《釋理》否？謂玄學中表示本體之詞，"物"字不合用，只好用個"有"字。其辭吾不能全憶，而意是如此。静安此説殊未安。如《中庸》云："其爲物不貳，則其生物不測。"此中"物"字，斷無有作經驗界底物事去解者。又如老子云"道之爲物"，此"物"字，乃是道之狀詞，稍有智者，斷不因此將道作呆板東西解去。孰謂"物"字不合用爲表示本體之詞耶？中文"物"字底用法最普遍，佛書中"法"字底用法亦最普遍。若乃以"有"字用爲表示本體之詞，在佛家亦説真如名實有。然唯大乘先説空而後顯有，此處吃緊。故爲善巧，故爲誠諦。西洋哲家之所謂有者，吾惡知其所有之非妄執耶？張申府教授讀《中論》，美其空脱。吾函之曰：見到空脱了，須見實際始得。渠甚然之。此説當與上言空有者參看。不悟空脱，難言實際。

軌持説竟。一生發問：所言法者即軌持義。如此，則色聲等等固可名之以法，以皆具軌持義故。心識亦可名之以法。一念心生，亦有無形之形，不妨謂其有任持自體義。心的現象亦自具有軌範，即軌義得成，所以心識可説名法。至於吾人一切思唯中底東西，如空華，如龜毛，如兔角，如上帝，如神我等等者，云何亦得名法耶？余曰：善哉問也。子思唯中搆畫一個物事，不妨説爲一個概念。雖非如外色等有實物，色境本無所謂外，姑隨俗假説名外。然在汝思唯上卻是有個物事的了。此事汝自當承認。今隨舉龜毛爲例。汝口説龜毛時，即汝心中已起了一個龜毛之想。然汝於作龜毛想時，分明是龜毛相不是鱉毛相，豈非龜毛相上具有任持自體義耶？又豈非兼具有軌範義耶？故龜毛等，亦名假法，《論》説爲無體假故。思唯上底龜毛相本無自體，故謂之無體假法。推之有無、一多、因果、遷流等等範疇，在《大論》及《百法論》中，並名分位假法。凡此一一假法，亦皆具軌持義。若不爾者，如汝作無想時，分明此是無，不是有。即此無具有任持自體義，亦兼具有軌範義，故無亦名法也。餘準可知。

"法"字訓釋如上，殊嫌煩瑣。然爲使人瞭解起見，欲簡之而不得也。吾每遇人問"法"字何解，有時簡答，則彼且滯於一隅；有時詳答，則彼又眩惑而不知分析，更不知綜會。在私室晤對，多遇此等，在學校講授，尤感此困。今日學子之頭腦，不知何故如是窒礙。此番又因諸生問及，因與詳説。且懼其遺忘，隨筆如右。吾見許多高談佛法者，於佛書中"法"字多未曾解。即有賢者，亦不免糢糊，大氐隨文讀去。如見"色法"字句，便糢糊還它一個色法，乃至見"無爲法"字句，便糢糊還它一個無爲法。正如中文作文，只是習慣用法，初不能言其文法之何以如此也。

附誌：吾講"法"字時，每遇人因軌範義，遂誤會此"法"字爲指萬有通具之法則而言。此則差錯太遠，令人氣憤。論云：法謂軌持，明明以軌持二義，作此"法"字底訓釋。易言之，只以軌持義來訓詁這個"法"字，何曾談到萬有底法則上去？

答沈生

中國底哲學何故偏有反知的傾向？此個問題甚難置答。據我推測，大概中國人生在世界上最廣漠清幽的大陸地方，他底頭腦深印入了那廣漠清幽的自然，他底神悟直下透徹了自然的底藴，而消釋了他底小我。易言之，他底生命與自然爲一。儒家"與天地合其德，與日月合其明"，老子底"返樸"，莊子底"逍遥游"，這些話都是表示他大澈悟大自在的真實境界。因此，他不願意過計算的生活，不肯把本來渾全的宇宙無端加以解析，不肯把他本來渾一的生命無端分作物我，别了内外。他照見分别是因實際生活方面而起的一種不自然的變態，他並不是故意反知，却是超出知識猜度的範圍，而握住了真理。因此，應該説他是超知識的。我總覺得哲學應該離開科學，有他獨立的精神和面目。科學之爲學，是知識的；哲學之爲學，是超知識的。《白虎通》説："學者覺義。"覺者，自明自見自證。這是爲哲學的"學"字下個確切的訓釋。哲學和科學底出發點與其對象及領域和方法等等根本不同。哲學是超越利害的計較的，故其出發點不同科學。他所窮究的是宇宙的真理，不是對於部分的研究，故其對象不同科學。他底領域限於本體論，故其領域不同科學。他底工具，全仗着他底明智與神悟及所謂涵養等等工夫，故其方法不同科學。一般人都拿科學的眼光來看哲學，所以無法了解哲學，尤其對於東方的哲學，更可以不承認他是哲學。因爲他根本不懂得哲學是什麽，如何肯承認東方底哲學？我覺得在今人底眼光裏，好似東方硬没有學問。本來，哲學上的道理，能見到的人，便見得這道理是無在無不在；不能見到的人，也就没有什麽。先哲説得好："百姓日用而不知。"可惜這句話底義味少人領得。

所謂超知識的也者，本無神秘，亦非怪迂。知識所以度物，而理之極至，不屬於部分，乃萬化所資始，則不可以物推度。唯反其在己，自識本來。情蔽袪，則物我之障都除。識想亡，則内外之執頓盡。識想謂虚妄分别，内外之界起於分别故。一真無待，當下炯然，瞞昧不得，起想便乖。此非知識所行境界，何消説得？向秀云："知生於失當。"狗物故有知，可不謂之失當乎？人生役於實際生活，不得不狥物，而知於此起焉。然至狥物，而性命虧矣。

又哲學與美學及宗教不同者。美學是由情感的鑑賞，而滲透宇宙的生命。宗教是由情感的虔信，則意想宇宙的實在。這種實在，完全是他底意想所妄構。哲學則是由明智即最高的理性作用，對於真理的證解。實則這種理性的證解，就是真理自身的呈露，故無能所可分，故離意想猜度，故真理不是妄構的境界。

與賴生

子篤實人也。忠信可以習禮，篤實可以爲學。盡力所至，莫問收獲，只問耕耘。著書是不得已，如蠶吐絲，如蜂釀蜜，非有所爲而爲之也。陳白沙詩云：“莫笑老傭無著述，真儒不是鄭康成。”得此見地，方許通過要津。

與燕大明

朱九江先生涵養深厚，德性純懿，潛不遺世，清不絕物，真醇儒也。生平著述，多未卒業，臨没悉取焚之。康有爲雖嘗稱其師，顧其智實不足以窺師門之蘊也。吾頃讀九江書牘，想見其胸懷潔净，意思深遠。

與余生

魏晉以後，道家思想漸失其獨立性。蓋窮玄之徒，若果於孤往，則一涉道家必以爲未足，而之於佛矣。若窮玄而不肯遺世者，則一涉道家必以爲未足，而歸於儒矣。儒者自有窮神知化與窮理盡性至命之學，道家又不及也。宋以後之儒與釋，莫不兼攝道家，但不能以道家名之。

答王維誠

昨燈下得來函，不便展閲，頃方開函。《老子》書作者，古鮮確徵，然吾意即《莊子·天下篇》所稱之老聃也。詳此篇以老子與關尹同爲古之博大真人，其師承在此可見。後人以老、莊同列道家，自是定案。來函舉嵇中散《卜疑》，以老聃清净，守玄抱一，莊周齊物變化，洞達放逸，明老、莊不同。其説老尚合，其説莊則甚未妥。順變化者存乎守玄，不得其玄，何能知變？物萬不齊，任之而皆齊者，唯得一故。不貞於一，物云何齊？老子云：“天得一以清，地得一以寧，神得一以靈，谷得一以盈，萬物得一以生，侯王得一以爲天下貞。”夫天也，地也，神也，谷也，萬物也，侯王也，物之至不齊也。乃其以清，以寧，以靈，以盈，以貞者，同於得一，則不齊而齊矣。莊周《齊物論》從是出也，故乃“舉莛與楹，厲與西施，恢恑譎怪，道通爲一”。若使無見於一，而徒曰彼此之别、是非之競，縱而任之，不齊斯齊，此成何義？夫老子言天地萬物皆得一以清以寧乃至以貞者，即凡物各各皆得此一以成。然任物之各成乎清寧靈盈生貞等等者，要莫不皆一焉。故莊子本之，以泯小大之見，息封畛之患，玄同彼我，雙遣是非，而休乎天鈞。天鈞者，一之謂也。一也者，非混同一一物以作一，乃即於一一物而皆見一。於屎見一，於尿見一，而香臭之情捨，故曰道在屎尿，否則其能謂屎尿爲非屎尿乎？於泰山見一，於秋毫見一，而巨細之見亡，故曰泰山非大，秋毫非小，否則其能謂秋毫與泰山等量乎？理窮其至，現前皆一理平鋪；事究其真，萬有是一真顯現。未有不能守一而可言齊物者，莊生其遠矣！不達於一，猥言不齊故齊，清談家無知之膚詞，而章太炎猶拾之。其獨吾子，能勿妄信耶？總之，老子開宗，直下顯體。莊子得老氏之旨而衍之，便從用上形容。《老》《莊》二書，合而觀之，始盡其妙。師資相承，源流不二。嵇中散何能窺二氏底蘊？其所説特文人揣摩形似之詞耳。老氏致虛守静，其言體但寡欲以返真，所謂“爲道日損”，損只是寡欲，寡得盡，真體便顯。其旨如此。儒家主張“成能”，詳《易·繫傳》。盡人之能，以實現其所固有之天真，欲皆理而人即天也，此老氏所不喻也。老氏談體，遺却人能而言。故莊周言用，亦只形容個虛莽曠蕩，全没有理會得“天行健”的意義，儒道見地，根本異處在此。然此中意義深微，昔儒唯王船山先生見及之。所以儒家説他昧天不知人。其實莊子錯處，都從老子來，皆不免滯虛之病。然老子清淨，及其流，則以機用世；莊周逍遥，及其流，則入頽放一路。二氏影響又自不同。學老子之清淨而無其真知實踐，其深沉可以趨機智。學莊周之逍遥而無其真知實踐，其不敬必歸於頹放。魏晉玄家皆學莊子而失之者也。莊子言治術，本之《春秋》太平義，而亦深合老氏無爲之旨。蓋主自由，尚平等，任物各自適，而歸於無政府。來問疑其與老氏有異，非是。

答謝石麟

函來多日，欲復屢止，意興總不佳故也。哲學上之宇宙論、人生論、知識論，在西洋雖如此區分，而在中國哲學似不合斠畫太死。吾心之本體即是天地萬物之本體，宇宙人生寧可析爲二片以求之耶？致知之極，以反求默識爲歸，斯與西洋知識論又不可同年而語矣。總之，中土哲人，其操術皆善反，孔子言反求與默識，孟子言“萬物皆備於我”，則以反身而誠得之。張子曰：“善反，則天地之性存焉。”莊子云自明自見，亦此旨也。其證解極圓融。即物即心，即外即內，即動即静，即器即道，即俗即真，即多即一，即現象即實體。西洋則難免莊子所謂“小知間間”，不睹天地之純全。間間者，分析貌。然西洋所以發展科學，其長亦在此。吾子新年仍能留平習學否？生事不至窘迫無可耐否？吾今年畏冷特甚，血氣遂衰，病軀仍是弱不勝衣。此極令人無生趣也。振聲想聚處如故。爲學當深心體玩道理，不可徒任膚泛見聞。佛典難通，寧可暫置，若妄從人授，爲害實多。

爲哲學年會進一言

哲學年會，張申府君發表《我所了解的辯證法》一文。此會，吾未到場。唯據申府先生文中，提及目前國内有兩件事，都是與哲學密切相關的：一是關於中國本位文化建設的討論，二是需要一種新哲學的呼聲。吾於此極有所感。但此問題太大，如欲詳細討論，則非費神不可，吾以久病，困於用思，艱於寫文字，故欲就管見所及，略抒大意。昨冬吾南行，過湯君錫予家，蒙、錢、賀、鄭諸君均在座。吾曾發一種議論，即謂中國學人有一至不良的習慣，對於學術根本没有抉擇一己所願學的東西。因之，於其所學，無有不顧天不顧地而埋頭苦幹的精神，亦無有甘受世間冷落寂寞而沛然自足於中的生趣。如此，而欲其於學術有所創闢，此比孟子所謂“緣木求魚”及“挾泰山超北海”之類，殆尤難之又難。吾國學人，總好追逐風氣。一時之所尚，則群起而趨其途，如海上逐臭之夫，莫名所以。曾無一剎那，風氣或變，而逐臭者復如故。此等逐臭之習，有兩大病：一、各人無牢固與永久不改之業，遇事無從深入，徒養成浮動性。二、大家共趨於世所矜尚之一途，則其餘千塗萬轍，一切廢棄，無人過問。此二大病，都是中國學人死症。吾且略舉事例。遠者姑置勿論。前清考據之風盛，則聰明才俊之士，群附漢學之幟，而宋明義理之學，則鄙棄不遺餘力。民國洪憲之變以後，時而文學特盛，則青年非爲新文學家不足自慰；時而哲學特盛，則又非哲學不足自寵；時而科學化之呼聲過高，則青年考大學者，必以投理工、棄文哲爲其重實學去浮虛之最高表示。實則文學、哲學、科學，都是天地間不可缺的學問，都是人生所必需的學問。這些學問價值同等，無貴無賤。我若自信天才與興趣宜於文學，則雖舉世所不尚，吾孤往而深入焉，南面之樂，不以易也。乃至自信我之天才與興趣宜於哲學或科學，則雖舉世所不尚，吾孤往而深入焉，南面之樂，無以易也。如此，則於其所學，必專精而有神奇出焉。試問今之學子，其習業果非逐臭，而出於真正自擇者有幾乎？又試就哲學言，其諸名家思想經介紹入中國者，如斯賓塞，如穆勒，如赫胥黎，如達爾文，如叔本華，如尼采，如柏格森，如杜威，如羅素，如馬克斯，如列寧，以及其他，都有譯述，不爲不多。然諸家底思想，不獨在中國無絲毫影響，且發生許多駁雜混亂及膚淺偏激，種種毛病不可抓疏。此何以故？則因諸家之學，雖經譯述其鱗爪，或且迻陳其大旨，然當其初入，如由一二有力者倡之，則大家以逐臭之態度而趨附。曾未幾時，倡者已冷淡，而逐者更不知有此事。夫名家顯學，既成爲一派思潮，則同情其主張而迻譯之者，必有繼續深研之努力，方得根據其思想而發揮光大，成爲己物。今倡之者既出於率爾吹噓，逐之者更由莫名其妙之隨聲附和。若此，則斯賓塞、穆勒乃至馬克斯諸公之精神，如何得入中國耶？又就吾固有學術而言。今之治國學者，以西人有考古學，又且以考據方法强托於科學方法，於是考據之業又繼乾嘉諸老而益稱顯學。問有究心義理者乎？此事殆疑絶迹，獨有紹興馬一浮氏者，沉潛周、孔六藝之場，貫穿華、梵百家之奥，踐履敦實，義解圓融，庶幾扶持墜緒。然獨行無侶，孤調寡和，斯學向後無人問津，蓋可知已。佛家唯識之學，雖來自印土，然實吾先哲早經融化而成爲己物者，中間湮絶已久，自歐陽大師起而張之，民國八九年間，號爲顯學。乃不須臾，風會轉變，而此學音響又絶矣。即就西洋科學而言。生物與地質較爲易治，且有地域性質，則治者競尚焉，而他科頗無聞矣。中國人喜逐臭，而不肯竭其才以實事求是；喜逐臭，而不肯竭其才以分途並進；喜逐臭，而不肯竭其才以人棄我取。如是陋習不祛，而欲談中國本位文化建設，而欲談新哲學産生，其前途遼闊，曷由而至哉？此吾於申府之提議，而不能無感也。夫新哲學産生，與中國本位文化建設，則必於固有思想，於西洋思想，方方面面均有沉潛深刻的研究，然後不期而彼此互相觀摩，長短相形，將必有新的物事出焉。否則終古淺嘗，終古混亂，一切話都不須説也。

又就申府先生之提議，而略抒愚見。所謂本位文化建設與新哲學産生，雖從兩方面言之，實則目前最急者，唯新哲學産生一事。夫言一國底文化，則其所包絡者，廣漠無垠。一磚一石，亦莫非其文化的表現。然究其根荄，要必在哲學思想方面。中國今日既未有新哲學産生，則爲中國本位文化建設之談者，殆如“見卵而求時夜”，毋乃過早計耶？愚意欲新哲學産生，必須治本國哲學與治西洋哲學者共同努力。彼此熱誠謙虚，各盡所長；互相觀摩，毋相攻代；互相尊重，勿相輕鄙。務期各盡所長，然後有新哲學産生之望，此爲第一義。次言創新。須知創新者，不是捨除其所本有，而向外移來人家底物事。移與創，分明不是一回事。故爲全盤外化之説者，是太消滅自家創造力，自暴自棄之徒也。創新者，更不是從無生有，如魏晉人誤解老子哲學之所云也。創新必依據其所本有，否即空無不能創，吾於《新唯識論》中曾言此理。如吾人生理，新陳代謝，是創新義也。新的血脉固不是陳的，然何嘗不是依據陳的而變生得來耶？談至此，則吾人對於固有哲學，宜研究抉擇，以爲温故知新之資。吾蓋常留心於此，而謂晚周儒學，即孔家哲學，實爲今人所當參究。

何以言之？中國哲學由兩漢而上，可謂儒道二家對峙之局。由兩漢而下，可謂儒道釋三家混合之局，而儒家真精神實已式微。略陳其故。晚周思想號爲極複雜，然言其大别，不外儒道名法墨五家。墨家、名家皆早絶，法家雖自秦漢以來，猶若流行未息，如漢蕭何、文帝、昭烈、諸葛以及後之王荆公、張江陵等，但西漢以來法家所講者，只是行政方面一種綜核與苛察的手段，唯蕭何、文帝不爲苛察。曹參守蕭何之規，大抵何爲治，是能綜覈名實，故當其轉餉已能濟軍。已全失晚周法家意思。如《淮南》所述，法生於衆，及法籍所以禁人君使無擅斷，韓非任法不尚賢，即反對儒家人治而主張法治等等根本思想，此皆晚周法家思想僅存者。西漢以後之法家，遂絶不注意及此。故吾謂晚周法家亡絶甚早，後之法家實不足稱爲法家也。據此，名墨法三家在晚周已驟起而驟滅，秦之李斯是後世張江陵一流人，不足爲法家。故唯儒道二宗並行。所謂兩漢而上爲儒道對峙之局者，以此。魏晉以後，道家玄學與印度佛家迎合。自此，儒家雖未至滅熄，而釋道混合之思想，實特别佔優勢。即儒家亦大變其本來，而雜於二氏矣。所謂兩漢而下爲儒道釋混合之局云云者，以此。固有哲學底興廢，略如上述。吾今者何獨有取於儒家，此又吾所不能不略言之者。

一、儒家底宇宙觀、人生觀，可謂離虚妄分别，而得到真實的了解。此意本非倉卒所能言，非用簡單與直率的語句可以表出，非深究儒家群籍而反之自心得其會通者，亦難與之談斯義。然不得已而欲略言之，則其玄學，明示自我與宇宙非二，即生命與自然爲一。哲學家向外覓本體，不悟談到本體，豈容物我對峙，内外分别。此其爲真實義者一。本體是流行不息的，是恒時創新的，《易》曰："日新之謂盛德。"是至剛至健的，是其流行也，有物有則，而即流行即主宰的。故如佛道之以虚寂言者，不悟虚寂捨不得動用。如西哲亦有言變動者，却又不能於流行識主宰。唯儒家所究爲真實義者，此其二。本體的性質不是物質的，故唯物之論此所不許；却亦不是精神的，然必於此心之不物於物處，而識本體之流行焉。故儒者不妨假就心以言體，但絶不同於西洋的唯心論者，此則不可無辯。本體是無内外可分，不可當作一個物事去推尋，所以非心非物之論，亦此所不許。西洋哲學本體論上種種戲論，此皆絶無。此其爲真實義者三。理解必待實踐而證實，踐履篤實處，即是理解真切處。實踐不及，但是浮泛知解，無與於真理。此其爲真實義者四。略陳四義，而儒家玄學上底價值，已可窺見。其所以夷諸子而獨尊者，豈偶然耶？

次則儒家規模大。其在一般的哲學方面，對於以前固有的學術，能容納異派而冶之一爐。如孟子重法守，至言瞽瞍殺人，舜爲天子，不得拒捕，只有竊負而逃，以全恩誼。桀紂之誅，是誅獨夫，不爲殺君。此皆孟子融攝法家義也。

荀卿言禮治，亦近法治。又孟、荀並能辯議，有名家墨家精神。至於《禮記》《周禮》皆儒家鉅典。《禮記》多融會道家，《大學》一篇言止定静安，是最著之例。《周禮》多融會法家，此尤易見。孔子只言敬，敬貫動静者也。及《禮記》始言静，《樂記》“人生而静”，《大學》“知止而後定，定而後静，静而後安”之説，此皆道家義，而儒家取焉。宋儒遂本之以援佛入儒。《周禮》底學説，王安石稍採其一部分，至近世而始尊其價值。清末，孫仲容依之作政要，以與西洋法治國之政制相比附，當時亦多影響云。嘗謂晚周各學派之亡絶，大抵老莊學派底影響爲多。老莊思想根本反對知識，故名家則莊子攻之，墨家則莊子薄之。只許爲才士，薄之之詞也。法家尤爲其所摧折。惟儒家容納較宏。

三、儒家不反對知識，此等精神根本與科學相得。《論語》記“子入太廟，每事問”，足見其平時無在不存每事問的精神。吾以爲科學成功，特别在此。事理本在目前，行而不著，習焉不察，則一切混沌過去。如壺水澎漲，蘋果墜地，古今婦孺所恒見而不問者，至奈端、瓦特諸公，乃始肯問焉，而得有絶大發明。故嘗謂科學成功，只是個“每事問”。孔子此等精神，即是科學精神。故其教學者以六藝，即禮、樂、射、御、書、數，即是當時簡單的科學。雖逮後來新興的宋儒如程子、朱子，作《大學補傳》，以即物窮理言格致。此其所以特異二氏之處。然儒家未及成功科學者，特以前有道家，後有釋道合流，爲之障礙耳。然晚周儒家於社會科學方面，自有許多發明。其見於群經者，要待整理而表出之。今西洋科學輸入，將使儒家精神從此昭蘇，而可妄疑其相扞格耶？

四、儒家言正德、利用、厚生，見於《書》者也。言制器利用，見於《易》者也。言人之所欲多者，其可用必多，見於《吕覽》者也。《吕覽》雖雜，但儒家的成分較多。孟子寡欲之説，寡其不正之欲耳，戒其縱欲以累心者耳，與釋道主絶欲者迥殊。此等精神，與科學不相違戾，又不待言。

五、儒家言經濟，《論語》則有“不患寡而患不均”之義。《大學》言理財，歸之平天下。言倫理，孔子則由孝弟而推之爲泛愛衆。又曰：“老者安之，少者懷之，朋友信之。”先儒謂是天地萬物一體氣象，視虚言平等博愛者何如？孟子由親親而推之仁民愛物，又曰：“老吾老，以及人之老；幼吾幼，以及人之幼。”是皆將封建社會的道德觀念擴而充之，至於全人類與萬物，即於無形中消滅封建社會的思想，其化育之功神矣。此正爲今後世界所要求者，而謂儒家精神非科學的，何其自絶於真理之甚耶？

綜上五義，略明儒家思想，宜圖復興，以爲新哲學創生之依據。精力短促，辭難達旨，唯欲引起賢達之注意，故不避不文與迂陋之譏，冀高明君子進而論之。不然，哲學年會一鬨而散，即有人提出問題，事後亦如雨後煙雲。學人尚如此偷廢，則吾民族其危矣！尚何文化與哲學之可云？此文今春登天津《大公報》。本因一時興感匆匆寫去，深愧草率。然仍存之者，則以所言畢竟切近故耳。二十四年八月三十日病翁記。

與張東蓀

北大轉到惠書，並大著《認識論》一册。縱主張與我不同，而在我自有了解之必要。平生服膺大《易》“天下殊途而同歸，一致而百慮”兩語，謂治哲學者，不可無此理趣。賤體病虧日久，貧患加侵，居常鎮日不能事事，宰平蓋稍悉此情。自前冬，即欲閱書數種，再作《新論》未完部分。荏苒迄今，竟未知何日可能着手。草玄之願徒懸，自强之氣似餒。幼安危坐，猶因事導人。船山孤往，有著書遺後。吾當衰世，云何自靖？念此泫然，仰屋嗟語。公其有以教我耶？哲學年會，亦自難言。若得數十篤志好學人，以時嘉集，各抒心得，振起玄風，本屬盛舉。如其悠悠浮士，招以虚聲，聚如鄒、魯之鬨，散便各不相謀，此復成何事體？弟刻住漱冥宅，還須覓寓，俟覓定，當以奉聞。

答張東蓀

弟以病軀，常有近人詩所謂“神傷不敢窺時報”之感，故未閲《晨報》。昨聞人言，兄有一文，題曰《中西哲學合作的問題》，登在《北平晨報》思辨欄，係對弟前登天津《大公報》之文而發者。弟固素喜聞吾兄之言論，因覓取一讀。關於“合作”一詞，弟前文中尚未用及，只有如下數語：“愚意欲新哲學産生，必須治本國哲學與治西洋哲學者共同努力。彼此熱誠謙虚，各盡所長；互相觀摩，毋相攻伐；互相尊重，毋相輕鄙。務期各盡所長，然後有新哲學産生之望”云云。

兄或即由此段文字，而判爲主張合作，實則與尊意所謂中西分治，元是一致也。分治之説，自社會言之，却是完成合作。如造針廠然，鍛鐵乃至穿鼻等等，人各分工而治，恰恰以此完成合作之利。但就個人治哲學而言之，是否應當中西兼治？弟頗因尊論而願有所言。常以爲如有人焉能盡其誠以兼治中西之學，而深造自得，以全備於我，則真人生一大快事，更有何種理由，能言此事之不應當耶？如兄引《荀子》書云：

"君子之學也，入乎耳，著乎心，布乎四體，形乎動静；端而言，蝡而動，一可以爲法則。小人之學也，入乎耳，出乎口，口耳之間則四寸耳，曷足以美七尺之軀哉？古之學者爲己，今之學者爲人。君子之學也，以美其身；小人之學也，以爲禽犢。"此段話，確足代表東方各派哲學底一致的根本的精神，中國儒道諸家如是，印度佛家亦如之。佛家經典，形容佛身一一毫端放大光明，表示宇宙底清浄就在他身上實現着。易言之，他就是真理顯現，所以他説真如一名法身，不是當作所知的外在境界。特各家所造自有淺深，此姑不論。然此等實踐的精神，即把真理由實踐得到證明。人只要不妄自菲薄，志願向上，則從事此等學問，用一分力，有一分效，用兩分力，有兩分效。誰謂治西洋哲學者對中國哲學，便當捨棄不容兼治耶？

尊論云："中國人求學的動機是求善，而不是求真。西方人底求知，志在發掘宇宙的秘密，便和開礦一樣，其所得是在外的，與得者自身不必有何關係，所以西方能成功科學。這個態度是以求知道實在爲目標，不是當作一個價值來看。總之，西方人所求底是知識，而東方人所求的是修養。换言之，即西方人把學問當作知識，而東方人把學問當作修養，這是一個很可注意的異點。"此段話，是真見到中西文化和哲學根本不同處，非精思遠識如吾兄者，何能道及此？但吾兄必謂中西可以分治，而不堪融合，則愚見適得其反。吾儕若於中國學問痛下一番工夫，方見得修養元不必屏除知識，知識亦並不離開修養。此處頗有千言萬語，當别爲詳説。唯於兄所謂西學求真，中學求善之旨，是以真善分説，弟不必同意。兄云"西人態度以求知道實在爲目標"，則所謂真者，即實在之異語。然"實在"之一詞或"真"之一詞，似宜分别其用於何等領域之内，方好判定其涵義。而西洋哲學家真善分説之當否，亦將視"真"字之意義爲何，然後可論。弟意哲學實只玄學。所求之真或實在，與科學所求之真或實在，本不爲同物。科學所求者，即日常經驗的宇宙或現象界之真。易言之，即一切事物相互間之法則。如凡物皆下墜，凡人皆有生必有死，地球繞日而轉，此等法則，即事物之真，即現象界的實在。科學所求之真即此。但此所謂真，只對吾人分辨事物底知識的錯誤而言。發見事物間必然的或概然的法則，即得事物底真相，没有以己意造作變亂事物底真相，即没有錯誤，故謂之真。是所謂真底意義，本無所謂善不善。此真既不含有善的意義，故可與善分别而説。西洋人自始即走科學的路向，其真善分説，在科學之觀點上，固無可議。然在哲學之觀點上亦如之，則有如佛家所斥爲非了義者，此不可不辨也。哲學所求之真，乃即日常經驗的宇宙所以形成的原理，或實相之真。實相，猶言實體。此所謂真，是絶待的，是無垢的，是從本已來自性清净，故即真即善。儒者或言誠，誠即真善雙彰之詞。或但言善，孟子專言性善。而真在其中矣。絶對的真實故，無有不善；絶對的純善故，無有不真。真善如何分得開？真正見到宇宙人生底實相的哲學家，必不同科學家一般見地把真和善分作兩片説去。吾兄謂中人求善而不求真，弟甚有所未安，故敢附諍友之末，略爲辨析。總之，中國人在哲學上，是真能證見實相。所以，他總在人倫日用間致力，即由實踐以得到真理的實現。如此，則理性、知能、真理、實相、生命，直是同一物事而異其名。此中"理性""知能"二詞，與時俗所用不必同義，蓋指固有底而又經過修養的之明智而言。中人在這方面有特别成功，因此却偏於留神踐履之間，如吾兄所謂本身底修養，便不能發展科學。吾前言"修養元不必屏除知識"，須知"不必"云云，則已不免有屏除知識的趨勢。周子曰："天下勢而已矣。"勢，輕重也。富哉斯言！古今幾人深會得。凡事勢流極，至於天地懸殊者，其肇端只在稍輕稍重之間，非析理至嚴者莫之察也。《易》云："差之毫釐，謬以千里。"有味哉斯言也！羅素常説："喜馬拉雅山頭一點雨，稍偏西一點，便落入印度洋去；稍偏東一點，便落入太平洋去。"中人學問起初只是因注重修養，把知識看得稍輕，結果便似屏除知識，而没有科學了。西人學問起初只因注重知識，所以一直去探求外界的事物之理。他也非是絶不知道本身的修養，只因對於外物的實測工夫特别着重，遂不知不覺的以此種態度與方法用之於哲學，他遂不能證得實相，而陷於盲人摸象的戲論。因此，他底修養只是在日常生活間，即人與人相與之際，有其妥當的法則，此正孟子所譏爲“外鑠”，告子“義外”之旨即此。後儒所謂“行不著，習不察”，亦謂此等。中人底修養是從其自本自根，自明自了，灼然天理流行，即實相顯現。而五常百行，一切皆是真實。散殊的即是本原的，日用的即是真常的。如此，則所謂人與人相與之際，有其妥當的法則者，這個法則底本身，元是真真實實淪洽於事物之間的，可以説事物就是由他形成的。若反把他看作是從人與人底關聯中搆成的，那法則便是一種空虚的形式，這等“義外”之論，是不應真理的。所以言修養者，如果不證實相，其修養工夫終是“外鑠”。所以，站在東方哲學底立場，可以説西人的修養工夫還夠不上説修養，只是用科學的知識來支配他底生活，以由“外鑠”故。或謂康德一流人，其言道德似亦不是“外鑠”的，可謂同於東方哲人的修養否？此則不敢輕斷。然康德在談道德方面，亦承認神的存在，此爲沿襲宗教思想，且與科學計度外界同其思路，斯與東方哲學復不相類。總之，西人學問縱不無少數比較接近東方者，然從大體説來，西人畢竟偏於知識的路向，而距東方哲人所謂修養不啻萬里矣。有謂吾兄以修養專屬中人爲不必當者，是乃粗疏之見也。如上所説，可見中西學問底不同，只是一方在知識上偏著重一點，就成功了科學，一方在修養上偏著重一點，就成功了哲學。中人得其渾全，故修之於身而萬物備，真理元無内外。西人長於分析，故承認有外界，即理在外物，而窮理必用純客觀的方法。中西學問不同，舉要言之，亦不過如此。弟數十年來，感於國人新舊之争，常苦心探索其異處，常聞明季哲人方密之遺書，謂“中學長於通幾，西學長於質測”，通幾由修養而得，質測乃知識所事。其與吾儕今日之論，猶一轍也。弟唯見到中西之異，因主張觀其會通，而不容偏廢。唯自海通以來，中國受西洋勢力的震撼，中學精意隨其末流之弊以俱被摧殘，如蒜精之美不幸隨其臭氣而爲人所唾棄。因是惶懼，而殫精竭力，以從事於東方哲學之發揮，《新唯識論》所由作也。是書，今人蓋鮮能解者。吾兄一向用功，亦不同此路數，或不必同情此書。弟因觸及素懷，便及此事，要不欲多所旁論。竊以爲哲學與科學，知識的與非知識的，即修養的。宜各劃範圍，分其種類，辨其性質，别其方法。吾儕治西洋科學和哲學，儘管用科學的方法，如質測乃至解析等等。西洋哲學從大體説來，是與科學同一路子的。雖亦有反知的哲學，較以東方仍自不類。治中國哲學必須用修養的方法，如誠敬乃至思唯等等。孔孟恒言敬、言誠。程子《識仁篇》云："以誠敬存之。"朱子所謂涵養，即誠敬也。孔孟並言思。孟云"不思即蔽於物"，甚精。孔云"思不出位"者，此猶佛家所謂思現觀，不流於虛妄分别，不涉戲論，是謂思現觀，是謂思不出位。宋以後儒者，言修養大抵雜禪定，而思唯之功較疏，宜反諸孔孟。"道並行而不相悖"，正謂此也。修養以立其本，則聞見之知，壹皆德性之發用，而知識自非修養以外之事，智周萬物，即物我通爲一體。不於物以爲外誘而絶之，亦不於物以爲外慕而逐之也。孔孟之精粹，乃在是耳。孔孟主修養，而未始反知也。當此中西衝突之際，吾儕固有良好模型，又何必一切唾棄之哉？

尊論有云："若以西方求知識的態度來治中國學問，必定對於中國學問覺得其中甚空虛，因而看得不值一錢。"此數語，恰足表示今人對於中學的感想。老子絶學無憂之嘆，殆逆料今日事矣，憶弟年事未及冠，似已得一部《格致啓蒙》，讀之狂喜。後更啓革命思潮，六經諸子視之皆土苴也，睹前儒疏記且擲地而詈。及長而涉歷較廣，綜事比物，自審浮妄，轉而讀吾古書，曠觀群學，始自悔從前罪戾，而不知所以贖之也。中國學者其所述作，不事邏輯，本無系統。即以晚周言之，《論語》《老子》皆語録體，《莊子》書則以文學作品發表哲學思想，《易》之《十翼》特爲後儒傳疏導先路。即法家墨家故籍稍存者，條理稍整，亦不得稱爲系統的著作。故有志中學者，恒苦古書難讀，非徒名物訓詁之難而已。其文無統紀，單辭奥義，紛然雜陳，學者只有暗中摸索，如何不難？此其難之在工具方面者也。至於儒道諸家所發明者，厥在宇宙真理，初非限於某一部分底現象之理。這個道理"範圍天地之化而不過，曲成萬物而不遺"，《繫傳》形容得好。"語大，天下莫能載焉；語小，天下莫能破焉"，《中庸》形容得好。故高之極於窮神知化而無窮無盡，近之即愚夫愚婦與知與能。至哉斯理！何得而稱焉！赫日麗天，有目共見，有感共覺。感謂熱度之感。無目無感者，不見不覺，遂詈人稱陽宗之顯赫。今之謂中國學問不值一錢者，何以異是？尤復當知，中國學問所以不事邏輯者，其所從入在反己以深其涵養，而神解自爾豁如。然解悟所至，益復驗之踐履。故陽明所謂“知行合一”，實已抉發中國學問之骨髓。其視邏輯爲空洞的形式的知識，宜所不屑從事。但此與西洋學問底路子，既絶異而無略同者。今人却自少便習於西學門徑，則於本國學問自不期而與之扞格，此其難之在於學子之熏習方面者也。雖有諸難，然只將中西學問不同處詳與分别，則學者亦可知類而不紊，各由其塗而入焉。久之，則異而知其類，睽而知其通，何樂如之？

尊論又云：“倘使以中國修養的態度來治西方學問，亦必覺得人生除爲權利之争以外，毫無安頓處。”此段話，弟亦不無相當贊成，然終嫌太過。兄只爲把知識看作與修養絶不相容，所以有這般見解。在西人一意馳求知識，雖成功科學，由中國哲學的眼光觀之，固然還可不滿足他，謂之玩物喪志，甚至如兄所云“權利之争”等等。然若有一個不挾偏見的中國學者，他必定不抹煞西人努力知識的成績，並不反對知識。只須如陽明所謂“識得頭腦”，即由修養以立大本，則如吾前所云，一切知識皆德性之發用，正於此見得萬物皆備之實，而何玩物喪志之有？西人知識的學問底流弊，誠有如吾兄所謂“權利之争”，要其本身不是罪惡的，此萬不容忽視。如自然對於人生底種種妨害，以及社會上許多不平的問題，如君民間的不平，貧富間的不平，男女間的不平，如此等類，都緣科學發展，乃得逐漸以謀解决。此等“權利之争”，即正誼所在。正如佛家所謂“煩惱即菩提”，現代卑劣的中國人萬不可誤解此義而謬托於此，千萬注意！何可一概屏斥？東方言修養者，唯中國道家反知識，惡奇技淫巧，此在今日，不可爲訓。儒家元不反知，弟前文已説過。印度佛家本趣寂滅，然及大乘始言無住涅槃，生死涅槃兩無住著，名無住涅槃。小乘只是不住生死，却住着涅槃。及至大乘説兩無住，即已接近現世主義。又不棄後得智，彼説後得智是緣事之智，即分辨事物的知識，此從經驗得來，故名後得。斯與儒家思想已有漸趨接近之勢。然趣寂之旨究未能捨，此吾之《新論》所由作也。《新論》只把知識另給予一個地位，並不反知。儒家與印土大乘意思都是如此。弟於《大學》，取朱子格物補傳，亦由此之故也。朱子是注重修養的，也是注重知識的，他底主張恰適用於今日。陸、王便偏重修養一方面去了。

弟於此一大問題研索甚久，自有無限意思。唯以五十病軀，略無佳趣，提筆便説不出來，拉雜寫此，不知吾兄於意云何？尊意有所不然，即請盡情惠教。又此信以東方之學爲哲學，自時賢觀之，或不必然。但弟素主哲學只有本體論爲其本分内事，除此皆屬理論科學。如今盛行之解析派，只是一種邏輯的學問，此固爲哲學者所必資，然要不是哲學底正宗。時賢鄙棄本體論，弟終以此爲窮極萬化之原，乃學問之歸墟。學不至是，則睽而不通，拘而不化，非智者所安也。見體，則莫切於東方之學，斯不佞所以皈心。此信，請與張申府先生一看，願與就正。吾與彼主張本自不同，但同於自家主張以外，還承認有他。

與張東蓀

前答書，承佈之《晨報》思辨，弟已見過，稍錯落幾字，亦無關宏旨。頃奉惠書，敬悉尊意亦復印可。昨宰平過此，謂西人“哲學”一詞本爲知識的，而弟以中國學問爲哲學，却主張知識與修養一致，此恐爲治西洋哲學者所不許，盍若不用哲學之名詞爲得云云。弟以此問題要詳細討論便極麻煩，若扼要而談亦自易易。數年前，吾兄似嘗言，於宗教、哲學外宜有一種東西，非宗教，非哲學，而亦兼此二者之性質。弟當時曾佩服兄之此説，以爲東方學問當屬此類。然最後卒不贊同，蓋以爲學術只宜分科、哲兩途。孔德謂哲學興而宗教便成過去，此説甚是。至謂科學興而哲學便成過去，此則無理。關於本體之參究，當屬諸學問，而無可屬諸宗教，此不待煩言而解。本體論即是學問的，非宗教的，而科學確不能奪取此一片領土，則哲學終當與科學對立，此又不待煩言而解。弟堅決主張劃分科、哲領域。科學假定外界獨存，故理在外物，而窮理必用純客觀的方法，故是知識的學問。哲學通宇宙、生命、真理、知能而爲一，"知能"解見前答兄信。本無内外，故道在反躬，《記》曰："不能反躬，天理滅矣。"此義深嚴。非實踐無由證見，故是修養的學問。如此説來，則不必於哲學外另立一種非宗教非哲學的名目。分類貴簡而能賅，毋取過爲煩瑣。宰平謂西人形而上學亦是知識的，與中國人修養的學問畢竟不類，如何可通稱哲學？弟以爲哲學之領域既經劃定，即以本體論爲其領域。而中西人對於本體底參究，其方法與工夫各因境習而有不同，境者環境，習者習染。因之其成就亦各不同。此足徵夫一致而百慮，終無礙於殊途同歸。馳求知識者，反己自修，必豁然有悟，"衆裡尋他千百度，回頭驀見，那人正在燈火闌珊處"。喻意尋思熄處，冥證真理。專事修養者，大本即立，毋須"絶聖棄智"，老云聖智，即謂知識。將見一切知識皆是稱體起用，所謂左右逢源是也。嚴又陵云："行履五洲，學窮千古，亦將但見其會通而統於一而已矣。"又陵尚有此識量，不審今人何故自狹自小乃爾？又今人知識，在枝節處似有進步，但絶無宏通深遠之慮，日趨浮淺，此甚可憂。若輩動誚人開倒車，實則若輩所倡導者，在今日西洋人視之，又何一不是倒車？又弟嘗以爲哲學上凡能自成其爲一家言者，必有確實見到處，亦必有許多錯誤處。真理之旁，隱有錯誤；錯誤之中，伏有真理。吾人不能如今日共黨青年一般見解，以爲過去底哲學思想都應打倒。須知真理無古今，而一切錯誤又恒爲真理之伴侶，真理常繁複的不絶的在錯誤之中發現。故古人錯誤處，由今觀之，皆有可貴。而古人確實見到處，則其理萬劫常新，而無可易也。安得謂過去悉可捨棄，而唯時尚是崇耶？今人對舊學觀念，除唾棄不顧外，只有玩古董之心理，此所以無"温故知新"之效，雖讀吾先哲古書，究與躬行無與。如此士習，未知他日有轉機否？暑熱腦悶，語無倫次，唯兄教之。

與沈生

孔家經籍研究底程序，在哲學或元學思想方面，《大易》爲根本鉅典，誠不宜忽。《論語》《三禮》《詩》《書》《孟子》，《學》《庸》仍屬《禮記》。俱當參互以求。《老》《莊》則《易》之别派，並宜搜討。至於社會政治倫理等等思想方面，《春秋》爲根本鉅典。《論語》《易》《三禮》《詩》《書》《孟子》均當參互以求。《莊子》《荀卿》，皆《春秋》之支流，亦須並觀。傳《春秋》者，《左》《國》《公》《穀》，乃至董、何，不治《左》《國》，不明其事；不治《公》《穀》董、何，不明其義。下逮漢以後諸家，如唐啖、陸，宋孫、胡，近人康有爲等，皆有所明。文成數萬，其指數千，洋洋乎大哉，歎觀止矣！《春秋》本素王改制之書，漢儒猶能紹述，宋儒程伊川亦言之，至近人康有爲而益張。然有爲雖揚三世義，但虛張條例。張孟劬先生譏其浮淺，誠是。故學者於康氏書可以並觀，然必習群經、諸子，並三傳及諸儒著述。總之，孔學廣大精微，學者不易研尋。漢儒雖略存古義，要是守文之徒。宋明諸大師於義理方面孔子哲學方面。雖有創獲，然因浸染佛家，已失却孔氏廣大與活潑的意思，故乃有體而無用，於物理人事少所發明，於社會政治唯誦説古昔。今欲董理孔氏之學，談何容易。後生可畏，唯拭目俟之爾。又今人每詆儒家爲封建思想，此不通《春秋》故也。《春秋》有三世義，與《禮運》小康大同説，《易》“革”“鼎”二卦革故取新説，皆相互發明，誰謂其限於封建思想耶？以經濟言，則《論語》曰“不患寡而患不均”，《大學》言理財，歸之平天下。以倫理言，則孔子由孝弟而擴之泛愛衆，孟子由親親而擴之仁民愛物，“老吾老，以及人之老；幼吾幼，以及人之幼”。至《論語》言“自古皆有死，民無信不立”，尤爲千古言治者之金科玉律。人而無信，則終古無太平大同之希望。觀方今五洲事變，益徵聖言高遠，其可忽耶？孔子之理想，在太平大同，然不可驟及，故於《易》特著隨時之義。時猶未至，則衛國寧人而足食足兵，不爲敵侮，此亦蘇俄今日所冥合而不自知者歟。

與友人

得惠書，吾兩人意思本無多隔閡。只是兄講格致，必欲不取朱、王二説而别爲之釋，致有向册子上尋圖則之過，實則不須如此。兄既贊同格爲量度之義，緣致吾之良知，要就事情上去致，其量度之準則，一歸之良知。兄於弟之説，已莫逆於心，但謂須歸重在誠意上，弟於兄此旨，固始終不相背也。經曰："欲誠其意者，先致其知。"審經文，自"古之欲明明德於天下者，先治其國"起，以下逐層用一"先"字，唯於致知則曰在格物，不曰欲致其知者先格其物。此處大須玩味。陽明講《大學》，大旨甚諦，而釋文義乃多差，由其於朱子格物之説預存一反對之心，所以自成顛倒。明翁云："《中庸》工夫只是個誠身，《大學》工夫只是個誠意。"兄亦贊同其説，弟亦何曾立異？顧經文明明曰："欲誠其意者，先致其知。"這一"先"字與上文各層"先"字是一樣用法，大不可忽視。據此，則誠意必先致知，此知即良知，斷不是常途知識之知。如不是良知之知，如何得説爲誠意底先一着工夫耶？兄釋意爲端、爲幾，固是。却要將良知推致得出來，方無非幾之萌，無邪端之干，而意始誠。兄總慮一般人不能識得自家固有家珍即所謂良知者，故欲補充敬恕一段工夫。若爾，是在《大學》文義之外另找個敬恕來補充。前人已以此譏朱子，而兄又何爲蹈其故轍耶？弟意致良知"致"字甚吃緊，明翁後來禪味太深，似拋却"致"字，大是可惜。緣明翁也恐一般人不自識得良知，所以對初學説法，總指知善知惡知是知非之知爲良知。無論如何陷溺的人，他雖良知障蔽已久，然他若對人説一句欺心的話，他底本心總知道他是欺了人。此一個知，便是知是非知善惡之知，便是他底良知，這是根本的，自明的，不待推求的，非由外鑠的。他是本來明明朗朗的，不能瞞昧的。人底生命就是這一點，除却這個，還有甚麽叫做生命？只是一塊死物質而已。兄總怕人不自識得良知，實則人既非是無生命的東西，他底生命的自然的流行如何瞞昧得了？所以夫子説："斯民也，三代之所以直道而行也。"此中義味深厚。吾兄不要把道理説得太高，而輕蔑人類。須知良知在人，不患他不自識，而人之患只是分明自識却不肯致其良知。先儒云：人有知道事父當孝却不孝。此何故？緣他知孝的良知被私欲起來作障，他不能用力將他底良知推致出來，所以順從私欲而陷於不孝。《大學》説個“知”，就是良知，此是人人本有而且自識的東西，但是工夫吃緊在一“致”字。《大學》下這一個“致”字，表示多大的力量。知孝之致，知愛國之知，知廉潔爲美德之知，知抑私利群爲人生本分之知，乃至種種底知，人人都不假外求，只是他狗於口體，溺於私欲，一向柔靡，而不能推致其良知，積習日久，遂亦不復識得良知。哲學家用許多思考來推求良知底起源，愈推愈謬，良有以也。這個要用力去致才識得，不致便無法識得。故“致”字即是工夫，纔知道要廉潔，即將這一知推致出來，不爲私欲所阻礙，便是即知即行，便謂之致。這工夫何等嚴毅！是何等氣力！良知萬善具足，知敬知恕，還是良知。如兄慮人不識良知，却教人做敬恕，是謂敬恕非良知，而有襲義於外之過矣。弟屢説，兄只是未見本體，良知即本體，不用更爲他覓源頭。若更覓，却是頭上安頭，此話要説便長。明翁咏良知詩“此是乾坤萬有基”，甚可玩。所以講《大學》總不免節外生枝。

以上説致知確是誠意底先一着工夫。然經云“致知在格物”者，要講此義，須先説一段話。我常云，《大學》是儒家底著作，却融入了道家底思想，此是孔孟以後之儒。看他首言止定静安，便從老子虚静脱胎得來，然他雖融攝道家，却不失儒家本旨。他言致知，必曰在格物，此與道家一味虚静的主張不同。老子便呵斥色聲等物令人盲聾爽發狂，《莊子》七篇亦本此意，所以他們致知，只是致個虚靈的知，莊子謂之“靈台”。王船山先生説老莊是守其孤明，此語極有見地。緣他總要絶物，他務排除人欲盡淨，却賸下一個虚靈的知，所謂“靈台”，即是一個孤明的狀態。儒者却不如此，他根本要識得自家良知，而他很有氣力的，把他底良知推致得出來，不爲私欲阻礙。他得着這個把柄，却不絶物，而正要行乎事事物物，悉量得其理，如所謂知明處當者，此與道家天淵不同了。“格”字訓爲量度，見《文選・運命論》註引《倉頡篇》。

《玉篇》及《廣韻》亦云：格，量也，度也。朱子訓“格”，不知取量度義，而以窮至言之，於字義固失，然即物窮理之意，猶守大義。陸、王議其支離，此乃錯誤。如不能致得良知而言即物窮理，是徒事知識而失却本智，本智即謂良知。謂之支離可也。今既言致知，則大本已立，何支離之有？“致知在格物者”，即以此知而行乎事事物物，悉量得其理。事父而量度冬温夏清與晨昏定省，固是格物。任職而量度其職分之所當爲與得爲以見之實行，亦是格物。入科學試驗室而量度物象底必然的和或然的變化及法則等等，亦是格物。當夏而量捨裘，當冬而量捨葛，當民權蹂躪而量知改革，當資本階級横行榨取而量知鬥争，當强敵侵陵而量知抵抗，亦都是格物。凡所事於格物者，即致吾之良知於事事物物而量得其理，即以顯良知之全體大用，即一切知識莫非良知。而反知與絶物底主張，徒見其廢掉此心之全體大用。故夫淪虚溺寂之學，吾儒所不取也，故曰“致知在格物”也。凡百事物既本吾之知以爲量度而得其理，即吾之良知不是空洞的，不是孤明的。下文云“物格而後知至”。“至”字，《説文》：鳥到地也。行而到焉謂之至，逼近不離謂之至，此言知必行至事物之中，元不是離却事物而孤存的物事。故曰“物格而後知至”，言於物量度而後知不離物，此謂知之至也。夫知之至云者，即知與物全相應，而非用私意矯揉造作，以違物之真，失物之宜。如此，故動念皆應理，程子所謂“循物無違之謂信也”，故意無不誠，乃曰“知至而後意誠”。此下易解，姑從略。依弟愚見，《大學》八條目，其關鍵却在致知格物，若詳細發揮，義極深廣。程、朱諸大師，特從《禮記》中出之，以爲其建設新儒學底根本典籍，而格致之説，尤爲攻擊釋道二家思想底基本觀念。直至近世，西洋科學思想輸入，其初皆譯爲格致學，是又爲西洋思想開其端。《大學》在中國哲學思想界價值甚大。從來疏記雖繁，而當理者少，尤以明儒最爲蕪亂。張申府詈宋明儒烏烟瘴氣，詆諸老師，誠無理。若其末流，確有如申府所云。弟頗欲於晚年作《大學》傳疏，此際殊不暇及。偶因來書，而略抒其意。病困，辭不能達，乞裁察爲幸。

與劉生

行唐尚君《焦氏易詁》，前由申府介紹之於《大公報》。近承季同贈閱。吾北旋，疲勞未復，匆匆展誦一過。覺其以《易林》與《易》並《左傳》等互證，而破斥東漢以來群儒誤解，皆饒有義據，不爲妄説。蓋自西漢以後，談《易》象者，果未有斯人。然吾亦只觀大體，却未細詳，因一向不肯究心象數。今五十病夫，精力無多，姑置之已耳。尚君書釋象，其樹義有四：曰對象，曰覆象，曰半象，曰中爻。互卦。持此四義，而以《易林》所用之象與《易》互證，並援《左傳》等以相參稽，而《易》象失傳，自東漢以來爲群儒所誤解，甚至如虞翻之强命卦再三變以成其曲解者，今乃一一可得正詁，如撥雲霧而睹青天，此豈非大快事哉！吾尤感興趣者，厥爲所釋對象義。少時，讀王船山《易傳》，其説以爲六十四卦皆陰陽純備之全體，無有有陰而無陽，無有有陽而無陰。試舉《乾》《坤》二卦言之。《乾》非孤陽，有隱而未顯之六陰也；《坤》非獨陰，有隱而未顯之六陽也。故《乾》《坤》皆有十二位，餘卦準知。吾嘗玩其説，以爲孤陽不生，獨陰不化，故一言陽而即有陰，一言陰而即有陽。然亦竊疑船山十二位之説徒以己意於每卦增益六位，未有所據，且將乾坤看作對待而不能融和的物事，必待船山於陽爻外增陰爻，於陰爻外增陽爻，恐非《大易》本義。今得尚君對象之説，則不須於每卦另增六位爲十二位，而每卦本象，與其對象如《乾》以《坤》爲對象，《坤》亦以《乾》爲對象。乃相對待而實相融和。吾嘗以爲六十四卦壹是皆本於陰陽相反相成與變動不居之義，而特從多方面以形容之，故有許多卦，許多爻。只一氣看去，不當視六十四卦爲互相離隔，而妄臆有其孤陽獨陰之窮於生化也，今得尚君説對象而益信。按尚君云：對象者，陽與陰相對，陰與陽相對。陰陽既相對，即常往來流通，合而爲一，不能分析。如《乾・彖》云“萬物資始”，“品物流形”，又曰“首出庶物”。夫曰萬物，曰品物，曰形，曰庶物，皆《坤》象也，而《乾・彖》言之。《坤・彖》云“含宏光大”。夫曰宏，曰大，則皆《乾》象，而《坤》能含之，光而大之。杭辛齋云：如《咸》《恒》，則《坤》含《乾》之證；如《損》《益》，則《乾》得《坤》始光之證。然則陰陽二氣實不能分，不能離，見陰即知陽，見陽即知陰，《易・象》已如此，此由《易林》視本象與對象相通而推得之者也。尚君此説甚精。船山已明此理，但不以對象爲釋，而虚構十二位，所以失之耳。杭辛齋書，吾絶未之見，屬鄭石君教授覓之，亦不曾得也。尚君時引杭説，想其書必有可觀也。然尚君於所樹四義中，獨以中爻爲《易》之根本，《易詁》卷二。吾則取對象爲根本義。何則？對象者，明陰陽之相反相成，尚君所謂陰陽常往來流通者是也。此義立，而後有覆象，如不往來流通，焉有正覆？有半象，卦不往來相互，亦無半象。有互體，互體即中爻，亦由往來流通故。故謂對象爲根本義也。然《繫辭》云："若夫雜物撰德，辨是與非，則非其中爻不備。"尚君之重視，有以也。今但以對象爲根本，餘三義皆得貫穿，仍本《繫傳》乾坤易之藴耶之旨。六十二卦皆不外乎《乾》《坤》，皆由陰陽相盪故也。相盪即往來流通之謂，亦即相反相成義。又尚君有云：愚嘗即《十翼》考之，是否爲孔子所作則不敢知，然爲一人之文，無疑也。《易詁》十第八頁。尚君似疑《十翼》非孔子作，並不言出於孔氏之傳，吾謂尚君過矣。《十翼》縱不全爲孔子之手筆，要出於孔子之傳授，則確無疑義。何以徵之？《論語》爲孔門記録最可靠之書，其所記"五十知天命"與"五十學易"，恰相合。又記"子贛曰：夫子之文章，可得而聞也；夫子之言性與天道，不可得而聞也"。據此，則孔子確常言性與天道，而子贛自憾其不可得聞矣。然《論語》所記，皆人生日用之常，罕有及於性道者。自餘《詩》《書》《禮》《春秋》皆非孔子表現其哲學思想之撰述，然則孔子性道之言，其必著之《易》也無疑。吾向主此説，昔者高贊非常記之《尊聞録》中。而交遊間，囿於時賢疑古之習，猶有不以爲然者，真是怪事。《十翼》辭義，斷爲孔子口授七十子。古者簡策繁重，傳寫爲難，學者常賴口説流傳，其或七十子後學中，有依口説記録，而文字容有修正，恰似出於記者之手。尚君謂爲一人之文，所見亦近似，但絶不言出自孔子，吾則期期以爲未可。證以《論語》所記，則必出於孔子無疑。嘗謂《易》無《十翼》，則象數雖流傳不失，亦只是占卜之書，有何價值？唯自《十翼》出，而後《易》爲哲學思想之書。孔子所以爲哲學之宗，蓋亦在此。尚君重象數而略義理，其於《十翼》既疑其不必出於夫子，而亦只從象數理會，又乃於輔嗣、伊川掊擊太過。輔嗣知象而掃象以言理，未足爲病。孔子《十翼》爲言義理之祖，雖即象而引申觸類，而《易》自此已成爲孔子之創作，非復占卜之舊典。漢以後儒者治《易》，又莫能闡孔氏之旨。輔嗣起而擴之以玄言，猶孔氏之枝流也。伊川不知象而説《易》，固下於輔嗣，然不能謂其於孔門之大義無實得處。如其説“體用不二，顯微無間”，尚君詁象，何曾外得此理？昔儒有言：“伊川一部《易傳》，是他平生踐履。”此語萬不可忽。詁象雖不必符，豈盡損其價值？亭林所以推崇，不爲無見。吾於尚君之書，深佩其精思果力，振茲絶學，獨惜其抑輔嗣、伊川太過，乃至《十翼》，亦疑其不出孔氏，此讀其書者所不可不辨也。其他疑難，以未暇精研，姑從蓋闕。吾於《易》一向厭談象數，今得尚君書喜其説象遠有依據，因知楊子雲、邵康節、朱漢上，來矣鮮。胡煦諸家之書，推明象數與圖，多不可忽。廿四年九月一日病翁記。

與某報

經書難讀，不獨名物訓詁之難而已。名物訓詁一切清楚，可以謂之通經乎？此猶不必相干也。此話要説便長，吾不願多説，亦不必多説，只述我少年讀《詩經》底一個故事。

我在少年讀《詩經》之先，已經讀過四書，當然也不甚了解。但是當讀《詩經》時，便曉得把孔子論詩的話來印證。《論語》記孔子曰：“《關雎》樂而不淫，哀而不傷。”我在《關雎》章中仔細玩索這個義味，却是玩不出來。《論語》又記夫子説：“詩三百，一言以蔽之，曰思無邪。”我那時，似是用《詩義折中》作讀本，雖把朱子詩傳中許多以爲淫奔的説法多改正了，然而還有硬是淫奔之詩，不能變改朱子底説法的。除淫奔以外，還有許多發抒忿恨心情的詩，如何全説無邪？變雅中許多譏刺政治社會昏亂之詩，其怨恨至深，如《巷伯》之忿讒人，曰“投畀豺虎，豺虎不食”云云。昔人言惡惡如《巷伯》，謂其恨之深也。《論語》又記子謂伯魚：“汝爲《周南》《召南》矣乎？人而不爲《周南》《召南》，其猶正牆面而立也歟？”朱註：正牆面而立者，一物無所見，一步不能行。易言之，即是不能生活下去的樣子。人而不爲二《南》，何故便至如此？我苦思這個道理，總不知夫子是怎生見地。朱註也不足以開我胸次，我又悶極了。總之，我當時除遵註疏，通其可通底訓詁而外，於《詩經》得不到何種意境，就想借助孔子底話來印證，無奈又不能了解孔子底意思。

到後來，自己稍有長進，彷彿自己胸際有一點物事的時候，又常把上述孔子底話來深深體會，乃若有契悟，我才體會到孔子是有如大造生意一般的豐富生活。所以讀《關雎》，便感得樂不淫哀不傷的意味。生活力不充實的人，其中失守而情易蕩，何緣領略得詩人樂不淫哀不傷的情懷？凡了解人家，無形中還是依據自家所有的以爲推故。

至於“思無邪”的説法，緣他見到宇宙本來是真實的，人生本來是至善的。雖然人生有很多不善的行爲，却須知不善是無根的，是無損於善的本性的。不善對善而得名，雖與善相反，畢竟在本性上是絶無所謂不善而可以謂之善的。吾夫子從他天理爛熟的理藴去讀詩，所以不論他是二《南》之和，《商頌》之肅，以及《雅》之怨，《鄭》之淫，《唐》之嗇，《秦》之悍等等，夫子却一概見爲無邪思。元來三百篇都是人生的自然的表現，貞淫美刺的各方面，稱情流露，不參一毫矯揉造作，合而觀之，畢竟見得人生本來清淨。夫子這等理境，真令我欲贊歎而無從。宋儒似不在大處理會，反説甚麼善的詩可以勸，惡的詩可以懲，這種意思已不免狹隘，而且落在善惡勸懲的較量上，如何能領會得人生的意義與價值？朽腐即是神奇，貪嗔癡即是菩提，識此理趣，許你讀三百篇去。

再説人而不爲《周南》《召南》，何故便成面牆？我三十以後漸漸識得這個意思，卻也無從説明，這個意思的豐富與淵微在我是無法形容的。向、郭《莊子註》所謂“彰聲而聲遺，不彰聲而聲全”，就是我這般滋味。如果要我强說一句，我只好還引夫子底話：道不遠人，人之爲道而遠人，不可以爲道。這話意義廣大精微，孔子哲學底根本主張，就可於此探索得來，他確是受過二《南》的影響。話雖如此，但非對孔子底整個思想有甚深了解的人，畢竟不堪識此意味。我又可引陶詩一句，略示一點意思，就是“即事多所欣”。試讀《葛覃》《芣苜》《兔罝》諸詩，潛心玩味，便見他在日常生活裏自有一種欣悦、和適、勤勉、温柔、敦厚、莊敬日强等等的意趣，這便是“即事多所欣”。緣此，見他現前具足，用不着起什麽恐怖，也不須幻想什麽天國。我們讀二《南》，可以識得人生的意義與價值，大步走上人生的坦途，直前努力，再不至面牆了。這是孔子所啓示於我的。

孔子論詩，是千古無兩，唯孔子才能以他底理境去融會三百篇詩底理境，唯三百篇詩是具有理境的詩，才能引發孔子底理境。這兩方面底條件缺一不行。

我想我個人前後讀《詩經》和《論語》的經驗，我深信讀經之難，不僅在名物訓詁。訓詁弄清了，還不配説懂得經。這是我慇懃鄭重向時賢申明的苦心。

關於中學生應否讀經的問題，此亦難説。吾意教者實難其人，假設有好教員，四書未嘗不可選讀。如我所知，杭州私立清波中學，經袁心燦、蔡禹澤、張立民諸君選授四書，於學生身心很有補益。

答德國李華德

尊函，由鄧君交胡生子康轉來。知大駕已赴東邦，島上多和風，想足樂也。力前云：煩腦是生死因緣。聞尊意尚有所疑，實則此非力之臆説，乃確據佛家本義而談。此不必單舉某經某文爲證，却須融會佛家整個的意思，便深信得及。如必欲舉某經某文以資證明，則力亦不妨略舉。如《大乘涅槃經》卷四十第四頁云：“善男子。一切衆生，身及煩惱，俱無先後，一時而有。雖一時有，要因煩惱而得有身，終不因身有煩惱也。如炷與明，雖一時有，炷者燈炷。古時用一種草，漬油燃之，而發光明，其所燃草名炷。此中譬喻，只取炷與光明同時而有之意。明要因炷。易言之，即炷是明之因緣，喻煩惱是身之因緣。終不因明而有炷也。”此謂炷不是因明而有的，喻煩惱不是因身而有的。此經言因煩惱而得有身，即是因惱煩得有生死，亦即吾前所謂“煩惱是生死因緣”也。經文“身”字義，即吾所謂生死，有身即有生死故。吾意譯者用“身”字，似不如用“生”字爲好，今不可得梵本無從對照。以上引經，申明前説。

又經言生死者，本斥指雜染法言之，亦即業識流轉義，故此生死，無始而有終。小乘證無餘涅槃，大乘斷阿賴耶識，其時雜染法或業識伏滅，即此生死終斷也。

煩惱無始而有終，不可説煩惱無終。假其無終，則佛法不必修行，以煩惱無終故。唯其有終，所以貴用修行，以折伏此煩惱而令其終斷也。

先生意謂煩惱從何而來，佛家於此問題從不解答，此中意義深微，難以言顯。煩惱本不實在，經論説爲客塵，無所依據，故名爲客。如何可追問來由？須知追問來由，便已是執著之心，即是煩惱發現也。此意，不知先生能契否？

來書英文，力不能識。譯者言先生似謂吾説煩惱，由吾人自離失其清净本然之性，故有。易言之，即由人類之墮落，故有。力前次説過此話否，今亦不能全憶。姑承認是如此説，則此説亦無過失，却亦只與“煩惱”一詞展轉相訓，終未曾説及煩惱來由。蓋所謂“離失清净本然”，正是煩惱現行故。所謂墮落，亦是煩惱現行故，仍未曾説煩惱從何處來也。

答朱生

佛家不談本體之流行，但假説緣生，以空現象界而令證實相。然佛氏亦未嘗不見到流行，只因出世的主張，便似要逆着流行的大用而體其不變之體，恐他也是智者過之。吾少時讀《老子》，至“天地不仁，以萬物爲芻狗”，嘅然遐想，以謂世間無情有情、動植靈蠢，只是一場慘劇。是誰造化？何不把他遏絶？及讀佛書，此種意思時在懷抱。無情，無生物。有情者衆生。迄中年以後，重玩《大易》，始悟生生不息真機本無所爲，爲讀去聲。實不容已。無所爲者，德之盛也；不容已者，化之神也。由此，故於流行識性。性者本體。流行是用，用必有體。然離用不可得體，故於用識體。一切物相，不容取着；取着，猶言執着。無情有情，動植靈蠢，物相萬殊，要皆依流行不息，幻有相現，而假名爲物耳。若於流行識性，即一一物相皆空，即此流行不息，便是實體顯現，何可執着有所謂物界耶？一切慘劇，本來清浄。諸惡諸苦，都如幻化。人物本性，畢竟清浄，無諸虚妄。吾人唯反己思誠，與物各正。吾與物皆得至誠無妄之理，以各成其性命之正，故《易》曰“各正性命”。至誠無妄者，本體也。人生囿於形氣，漸失其本體之誠，故孟子曰“反身而誠”，又曰“思誠者人之道也”。盡性其至矣，性不可逆也。

別紙所云：推窮宇宙人生，畢竟是黑漆一團。豈唯吾子與吳君有此嘆？佛説十二緣生，無明爲首。數論説三德，暗居其一。衆生不見自性，所以如此。

佛書意在言外，善讀者須言外會意，如善聲者能領弦外之音也。讀《易》亦然。

與雲頌天

近始真知精力衰者不堪静坐。凡古人所謂磅礴大宇等言，無他奇特，只是精神常凝聚得住耳。精神凝聚時，即湛然虚明而不作意，此時真是天地萬物同體境界。纔覺精神散漫，便已“憧憧往來，朋從爾思”，自家始覺從宇宙大生命中墜退下來，而成乎頹然之一物了。此事甚可畏也。

與《讀書週刊》

讀書，須預定終身趨向。有一種人，樂以事功表見，所謂事功，非專就政治言，凡社會上各方面的業務皆事功也。是必早定某種事功的趨向，而對於某種事功所必儲備之學問，必堅其意志，鼓其興趣，竭其才力，孜孜以來，不容鬆懈。如此，則其所讀之書，必與其所治之學問有關。庶幾讀書有補於學問，而學問又與事功相應，則人無廢才，而國無廢事。

又有一種人，性情不近事功，願以書生的生活終其身，是必早定專門學問的趨向，而對於其所專治之學，亦必堅其意志，鼓其興趣，竭其才力，孜孜以求，不容鬆懈。如此，則其所讀之書，亦與其所專之學問有關，而無汎涉不精之病。

前者可以説是持應用的態度而求學問，後者可以説是本純粹求知的態度而求學問。後者屬專門家，以其所造有精密的系統故；前者所學未嘗無限域，而不得名專門家者，以適用而止故。今日學子不預定趨向，讀書漫無抉擇，故卒業大學之後，作事則無可勝任。其委身學校者，亦多是混飯吃，而不肯努力學問，此真吾國青年莫大之危機。吾願有志者各自早定終身趨向，勿以有用精神作無意識的浪廢，此讀書所應注意者一。

讀書必先有真實的志願。前云須“定趨向”，然若無真實志願，則不足以達其所趨向。凡人無志願者，則其生活虛浮無力，日常念慮云爲無往不是苟且，無往不是偷惰，無往不是散漫，如是而欲其讀書能有所引發以深造自得，此必不可能之事也。

人必有真實志願，方能把握其身心，充實其生活。如諸葛武侯所謂“使庶幾之志，揭然有所存，惻然有所感”。王陽明所謂“持志如心痛”。一心在痛上，豈有工夫説閒話，管閒事？人果能如此激發志願，則胸懷廣大，鄙私盡消。象山所謂“才一警策，便與天地相似”。誠非虛語。如此，則神明昭徹，而觀物慮事，必能極其精而無蔽，綜其全而不亂。其於讀書也，必能返之己所經驗，而抉擇是非，洞悉幽隱，曲盡書之内容，而不失吾之衡量。故其讀書集義，乃融化的而非堆集的，乃深造自得的而非玩物喪志的。如此讀書，方得助長神智，而有創造與發明之望。若其人茫無志事，渾身在名利膠漆桶中，雖好博覽載籍，增益見聞，要爲浮泛知識，不可得真知正解，只是小知，不堪大受。社會上若只有此輩，其群必日益昏亂以趨於亡。故學者不徒貴讀書而已，必先有志願以立其本。

然復當知，“志願”二字，極不易了解。常人高自標舉，我欲如何如何，以爲此即其志願。此正是狂妄之私耳，有志願者所必克治也。志願是從自覺自了的深淵裏出發的，是超越物我底計較的，是極其灑脱而無俗情沾滯的，是一種向上的努力，自信自肯而不容已的。自肯是借用宗門語，意義甚深。唯真有志願的人，才識此意味，一般人如何識得？

有志願即有真力量，故其對於學問或事功的趨向，能終始貫澈而無所輟。譬若電之走尖端，電，喻志願力量。尖端，喻所趨向。行所無事，而勢不容已也。

或問：朱子《論語集註》釋十五志學之“志”字曰，“心之所之謂之志”，是則志即趨向也，而此以志願與趨向分言之，何也？曰：朱子以“心之所之”言志，此朱子之失也。王船山《讀四書大全説》“志者心之所存主”，斯爲正義。孟子曰：“人之所以異於禽獸者幾希，庶民去之，君子存之。”船山存主之義，從是出也。諸葛武侯所謂“使庶幾之志，揭然有所存”云云，亦此旨也。故人而無志，即去其幾希而同於禽獸，甚至不如禽獸。今日中國人貪汙淫侈，卑賤虚誑，甘爲亡虜，毫不知恥，尚不如怒蛙之有鬥志有生氣也。此何以故？以其靦然人面而中無存主，人理絶而生意盡也。莊子曰“哀莫大於心死”。心死者，無所存主故也，無所志故也。唯中無所存主，故種種競逐於外，競貪、競淫、競利、競名、競權、競勢、競種種便利嗜好，競争其私，而背大公。國已亡而無所覺知，種將滅而不關痛癢。人氣滅絶，一至此極。然則今人必須變而成人，始可與言讀書。此老懷所日夕願望者也。

答張生

來問：舉《新論》第一葉第十行，《明宗》章内小注云：“此言慧者，相當於俗云理智或知識。”按《新論》分別智慧，智爲固有的明覺，慧則由經驗而得。據此，知識屬慧，自可無疑。唯西洋哲學上理智或理性等詞，都是指目人心知的作用而名之，與《新論》所謂智，或亦異名而同物，云云。吾子能發此問，足見用心甚細。昔者林宰平先生亦嘗言及此。然吾作註時，又何曾不慮及此耶？《新論》百零二葉左至百零五葉左説無癡數中，如留心研析，則此疑亦可釋然。須知《新論》所謂智者，是斥體而名之也，西洋哲學所謂理智與理性等詞，自不涵有東方哲家所謂體的意義。此層意思，或非吾揣測之誤。常欲與張真如教授一談此事，而卒未果。如謂理智等詞，即指目人心知的作用，而用必有體，則理智即是《新論》所謂智的心體之作用。但體用畢竟不二，由此，可説俗云理智即是《新論》所謂智。奈何《新論》以理智別屬之慧耶？如此作難，似亦有理，吾亦知將有興是難者，故於無癡數中有云：人生常拘於形氣造諸染習，遂使固有性智恒受障蔽而不得顯發。故其固有性智之作用發現於障蔽中者，既雜夫形氣與染習之私，而其緣境，遂成乎物交物之勢，此慧所以不得名爲智之用也。此一段話，是東方哲家精意所在，而正爲今人所不肯注意且不知有此問題者。料讀者至此，亦不過腦悶短趣而已。夫理智理性等詞，自是指人心知的作用而言。既曰作用，則分明不是外於《新論》所謂智的本心而別有的。本心即體。今《新論》所謂智，必不肯與理智等詞併爲一談，此何故耶？元來吾人底理智，雖一方面是依着固有的東西而起之作用，此中固有的東西，即謂心體，亦即《新論》所謂智，但其發展，確是從實際生活裏面滋長出來的，故云“雜形氣與染習之私”。他雖有迹先的根據，而畢竟是迹後的東西，迹先迹後，猶云先天後天。所以可與知識一例看，而不能説他即是《新論》所謂智。至若《新論》之智，元是離染的，自明的，此雖一般人所固有，然常受障蔽而不得顯發，則等於亡矣。注文意義大略如此。如西洋哲家對理智與理性等詞，亦别有更高深的涵義，與《新論》所謂智者相近，則注中已有“俗云”二字可以簡别。緣時俗通稱之理智理性等詞，决不涵有《新論》所謂智的意義也。昔朱子作《四書集註》，自謂每字都用秤稱過。吾之於《新論》也亦然。

與陳生

凡人神凝與否，必現於眼，氣充與否，必形於威儀動静之間。

向見吾子眼光欠凝聚，其氣亦似不盛，此或保養未至之過也。心竊欲言之，而懼夫謂某也以老大自居而喜教人。繼念吾子之賢，或未至此，故函達吾意，而以二事相規。

一事。曾文正獨宿之説，此是養神養氣之本，要在能堅守力行。

二事。讀書之説，最精透者莫如孟子“理義悦我心猶芻豢悦我口”之言也。真領略此味者，其生活較常人必另是一般。讀書多，積理富，只此蓄積義理足以悦心，便是對於吾人生命直接加以滋養料。視飲食之滋養肉體，其效益大小，豈不天壤懸隔哉？凡人真能畜積義理以悦心，使其生活内容日以充實，即神澄而明，氣盛而暢，人格日以莊嚴偉大，窮足以善身，達足以善天下。不然，則日就委靡銷耗以終，同於塊土頑石無生命之物，人生何可遽如是乎？

與高碉莊

凡學問家之創見，其初皆由儻然神悟而得。但神悟之境，若由天啓，其來既無端，其去亦無踪。瞥爾靈思自動，事物底通則，宇宙底幽奧，恍若冥會。然此境不可把捉，稍縱即逝，必本此靈感繼續努力，甄驗事物，精以析之，而觀其會通。又必遊心於虚，不爲物掛，掛者滯礙。凡夫心思常滯礙於現前物事，而不得悟真理。方令初所儻悟得以闡發，得以證實，而成其創見，且推衍爲系統的知識。如其雖有靈機，恒任乍興乍滅，而無所努力，久之，心能亦漸弛廢，尚有何發現可言耶？向懷此意，惜可與語者殊少耳。

答鄧念觀

《楞嚴經》是否爲中國人所僞造？吾意就文體上看，此經所設施張羅者甚大，其組織又甚謹嚴，極不似中國人手筆。中國人一向不喜講邏輯，因之其著作亦不成系統，其文章又專以清簡渾易勝，清者清靈。簡者簡要。渾者渾含而少條析層累，不似印人著作分條析理，而又層折廻環累積上去。易者，平易近人。極少長風鼓衆竅的氣概。中人譯佛經，雖多能翻出原書浩蕩之致，然至其所自作，則又不如此。唯其譯經時，竭力以求忠實，又有所據依，所以能爾，及其自作文字，仍是中國人面目。觀《楞嚴經》組織及其文氣，中國人决僞造不來。其網羅甚宏富，復不類中國人好爲精簡。論者或謂其抄撮衆説而成，此甚不諦。抄撮則雜亂無統紀，此書確有系統，何可等諸類書雜録？至男佛女佛、真佛假佛諸名詞，在經文叙述爲出自魔口，此與佛家本義無關，不能以此爲中人僞造之證。若疑此等譯名於梵文無本，則譯名亦時有改變原文之事。經中雖有掌珍論語，然經與論孰爲先出而被稱引，今頗難爲質斷。吾意此經或是印度外道入佛者所爲，頗有攝取外道材料以會歸於佛而自成一家之言。雖不無微疵，要其大端甚精，無背佛旨，是在具眼者詳之。弟讀此經已是二十餘年前事，如欲詳覈，必須重習，又當參考他籍，病軀不耐此煩，至希諒宥。

荆楚文库

佛家名相通釋

黄蓋 點校

目　　録

序

汾城劉生錫嘏、朝邑閻生悌徐，並有志研窮佛學，而苦名詞難解。余既久病且老矣，口講殊困，欲以時召二子筆談，因循未果，然眷懷兩生好學之意，輒愧無以副之也。今次北庠授課，實用《新論》，《新唯識論》。顧學子參稽舊籍，仍以名詞爲苦。番禺黄生艮庸夙耽法樂，常殷請曰："俗有《佛學大辭典》，卷帙甚巨，其所集釋名詞已不少矣。然讀佛書者，欲乞靈於其中，卒無甚益處。蓋爲一書，疏釋名相，提挈綱紀，使玄關有鑰，而智炬增明，寧非急務。"余嘉黄生用意，卻久置而未有以答也。迄今乃無可復置。爰以夏末，起草是書，及秋獲成，題曰《佛家名相通釋》。故志其緣起云爾。

民國二十五年季秋，黄岡逸翁記於舊京。

撰述大意

本書略分二卷：卷上，依據《五蘊論》，綜述法相體系；卷下，依據《百法》等論，綜述唯識體系。

疏釋名相，只取唯識、法相，何耶？佛家宗派雖多，總其大別，不外空有兩輪。諸小宗談空者紛然矣，至龍樹、提婆談空究竟，是爲大乘空宗。諸小宗談有者紛然矣，至無着、世親，談有善巧，是爲大乘有宗。大乘有宗雖亦未盡善巧，然比較小乘則不能不謂之善巧。如以賴耶代替外道神我説，又破實極微而仍不妨假説極微，皆較小乘爲善巧，此例不勝舉也。若嚴核之，法相是無着學，唯識是世親學。[1]疏釋名相，何故取此二師學耶？二師成立大有，對小宗執有者而曰大有。資於小有，小乘諸部執有者曰小有。鑒於小空，小乘諸部執空者曰小空。又對大空，龍樹談空超過小師，始稱大乘，是謂大空。而成大有。破人法二我故，不同小有。人法二我，解見下卷。遮惡取空故，即救大空末流之弊。惡取空者，謂執一切皆空，於俗諦中不施設有，於真諦中真理亦無，如此沉空便爲惡取。故唯識法相，淵源廣遠，資藉博厚。而其爲書也，又條件分明，如法相書。統系嚴整。如唯識書。佛家哲學方面名詞，蓋亦大備於唯識法相諸要典，撮要而釋之，則可以讀其書而通其學。大有之學既通，而諸小有、小空爰及大空，一切經論無不可讀。築室有基，操舟有楫。治斯學者，詎可無依？

---

① 作者有一箋條，墨筆書寫以下一段文字："第八行，至第九行。法相是無着學，唯識是世親學二句，今改云：法相廣博，蓋自無着開基。（法相學，廣分別一切法。平列而談，無着是其開宗大哲也。其根本大典曰《瑜伽師地論》，亦稱《大論》。）唯識謹嚴，獨幸世親克荷。（世親初治小乘學，後承其兄無着之教，捨小入大，著《百法》《成唯》等論，以一切法攝歸唯識。法相之學，至是而系統謹嚴，是克擔荷無着之業也。宜黄歐陽大師，以法相、唯識分爲二宗，余未敢從，説見《新唯識論・附録》。）"

大乘有宗學，爲佛學發展至最後階段之産物。今疏釋名相，不先小宗，而遽首大乘，是將令研究佛學者不循次第，其故何歟？余向主張由小入大，《十力語要》卷一第四十八至五十四葉《答薛生書》言之備矣。但今日學子，於科學、哲學若有相當素養，其思考力曾受訓練，則逕治法相、唯識諸書，自無不可。若已見得法相唯識意思，而欲詳其淵源所自與演變之序，則溯洄釋迦本旨，迄小乘、大乘諸派，順序切實理會一番，便見端的。如治儒學者，先讀陽明或朱子書，然後上追孔、孟，中逮群儒，以次分别研究，自然有得。大抵學者用功，只從某一大派精心結撰之著作苦心探索，由此養出自家見地，再進而尋求此派來源與其他各種有關的思想，則不至茫然無所抉擇矣。余今昔主張未嘗牴牾也。

坊間故有《唯識開蒙》與《相宗綱要》一類書籍，皆爲初學津梁而出。然嘗聞學者持此等書反覆覽觀，卒無一徑可通。甚矣，其勞而無功也。緣此等書全無意匠經營，只是粗列若干條目，而鹵莽滅裂，雜取經論疏記等陳語分綴之。夫經論本文自有條貫，而學者猶不能通，况割裂其詞綴爲單條，既非釋辭之編，又異成章之論。將欲始學之徒階此而究聖言，是何異教孺子學步而務縶其足耶？

然則佛學自昔已無門徑書歟？是事不然。如《五蘊論》則法相門徑書也，如《百法論》具云《百法明門》。則唯識門徑書也。既有門徑，應由之而得矣。然雖綜舉衆名，根極理要，顧其名相辭義，略無訓釋，絶不可通。初學開卷，茫然面牆，其將奈何？教學以來，極感此困。頃乃就《五蘊百法》等論抉擇旨歸，搜尋義藴，分條析理，而爲叙述。名相爲經，衆義爲緯。純本哲學之觀點，力避空想之浮辭，佛家自釋迦《阿含》以後，大小乘師皆好爲懸空與繁瑣的分析，而有宗尤甚。即如《唯識述記》一書，本佛家哲學方面之鉅典，然每聞治西洋哲學者讀之，總覺滿紙是廢話。蓋其玄微深遠之旨，輒爲繁瑣浮詞所掩，非精鑒者則莫能有得。根底無易其故，治古學不可變亂其本旨。裁斷必出於己。治古學者，貴其能得古人之精神與其思想脈絡，而於其持説可加以裁斷，故於稽古之中而自成其學。否則記誦而已，抄胥而已，無關學問。品節既詳，統系斯整。雖爾釋辭之書，何殊專著之績？規矩固踵乎《五蘊》《百法》，義旨實通於群經諸論。後有達者，覽而鑑諸。

上來略明撰述意思。更有誠言，爲讀者告。

吾嘗言：今日治哲學者，於中國、印度、西洋三方面，必不可偏廢。《十力语要》卷一《答薛生書》已言及此。此意容當別論。佛家於内心之照察，與人生之體驗，宇宙之解析，真理之證會，此云真理即謂實體。皆有其特殊獨到處。即其注重邏輯之精神，於中土所偏，尤堪匡救。中國學問何故不尚邏輯，《語要》卷一時有所明，但言簡意賅，恐讀者忽而不察。自大法東來，什、肇、奘、基既盡吸收之能，後詳。華、台宗門皆成創造之業。華嚴、天台、禪家，各立宗派，雖義本大乘，而實皆中土創造。魏、晉融佛於三玄，雖失則縱，非佛之過，曹魏流蕩之餘毒也。光武懲新莽之變，以名教東士人，其後士相黨附而飾節義，固已外强中乾。曹氏父子懷篡奪之志，務反名教。操求不仁不孝而有術略者，丕、植兄弟以文學宏獎風流，士薄防檢，而中無實質，以空文相煽，而中夏始爲胡。又自此而有所謂名士一流，其風迄今未已，華胄之不競，有以也哉！宋明融佛於四子，雖失則迂，非佛之過，東漢名教之流弊也。宋承五代之昏亂，故孫、石、程、張、司馬、文、范諸公復興東漢名教，南渡諸儒繼之，明儒尚守其風。若陸子静兄弟及鄧牧、王船山、黃黎洲諸儒，皆有民治思想，則其説亦不足行於世。揆之往事，中人融會印度佛家思想，常因緣會多違，而未善其用。今自西洋文化東來，而吾科學未興，物質未啓，顧乃猖狂從欲，自取覆亡。使吾果懷自存，而且爲全人類幸福計者，則導欲從理，而情莫不暢；人皆發展其佔有衝動，終古黑暗而無合理的生活，如何勿悲。本心宰物，而用無不利。現代人之生活，只努力物質的追求，而忽略自心之修養，貪瞋癡發展，佔有衝動發展，心爲物役，而成人相食之局。直不知有自心，不曾於自心作過照察的工夫。異生皆適於性海，異生，猶言衆生。性者，萬物之一原，故喻如海，見《華嚴》。人皆見性，即皆相得於一體，而各泯爲己之私，世乃大同。人類各足於分願，大同之世，人人以善道相與而無相攘奪，故分願各足也。其必有待中、印、西洋三方思想之調和，而爲未來世界新文化植其根。然則佛學顧可廢而不講歟？此意容當別爲專論。

印度佛學亡絕已久，今欲求佛學之真，必於中國。東土多大乘根器，佛有懸記，徵驗不爽。奈何今之人一切自鄙夷其所固有，輒疑中土佛書猶不足據，不知吾國佛書雖浩如烟海，但從大體言之仍以性相兩宗典籍爲主要，其數量亦最多。性宗典籍則由什師主譯，相宗典籍則由奘師主譯。奘師留印年久，又值佛法正盛，而乃博訪師資，遍治群學，精通三藏，印度人尊之爲大乘天。史實具在，豈堪誣蔑，不信奘師而將誰信？奘師譯書，選擇甚精。不唯大乘也，小宗談有者，其鉅典已備譯，即勝論之《十句論》亦譯出。唯小空傳譯較少，然小空最勝者，莫如《成實論》，什師已譯，故奘師於此方面可省也。什師産於天竺，博學多通，深窮大乘，神智幽遠，靡得而稱。弘化東來，於皇漢語文無不精諳深造。《本傳》云："自大法東來，始漢歷晉，經論漸多，而支、竺所出，多滯文格義。什既至止，姚興請譯衆經。什既率多諳誦，無不究盡，轉能漢言，音譯流便。既覽舊經，義多紕繆，皆由先譯失旨，不與梵本相應。姚興使僧肇等八百餘人，諮受什旨，凡所出經論三百餘卷。臨終自云：'今於衆前，發誠實誓，若所傳無謬者，當使焚身之後，舌不焦爛。'及焚屍已，薪滅形碎，唯舌不灰。"詳此所云，什師既能漢語，又於譯事備極忠實。觀其臨終之詞，可謂信誓旦旦。又《遠法師傳》稱什師見所著《法性論》，嘆曰："邊國人未有經，什以印度爲中，故稱中夏爲邊。便闇與理合，豈不妙哉！"又《肇法師傳》云著《般若無知論》，什覽之曰："吾解不謝子，文當相揖耳。"夫遠、肇二師之文，古今能讀者無幾，而什師能欣賞焉，其於漢文深造可知。又什師自作漢文偈頌，皆以藻蔚之詞，達淵妙之旨。如《贈法和》云："心山育明德，流薰萬由延。哀鸞孤桐上，清音徹九天。"其他皆類此。什師道業既崇，漢文工妙，若彼傳譯群籍謂不足信，其將誰信？今之學子言佛學，亦輕其所固有，而必以梵語爲足徵，不悟佛學自是佛學，梵語自是梵語。吾國人於《論語·學而》章，皆能讀誦訓詁，然試問"學"是何等義？"時習"是何等工夫？"悦"是何等境界？自康成以迄清儒，果誰解此？而况其凡乎！以此類推，通梵語者雖能誦梵本佛書，要於學理不必能通。學者誠有志佛學，當以中國譯籍爲本。中譯雖多，必考信於玄奘、羅什。即中人自著之書或自創之説，若持與佛家本旨相較，亦唯什、奘二師學可爲質正之準則。容當別論。舍此不圖，而欲以博習梵語爲能，則業梵語可也，毋言佛學。雖然，吾非謂讀中國佛書者不當博攻梵語，但須於中國書中精求義解。學有其基，則梵文頗堪參較。近人治内籍者，亦多注意藏文。藏地固中國之一部分，其文字亦中國文字之别枝也，誠當研習。然晚世藏學，乃顯、密雜揉，非印度大乘真面目。無着之學，盛傳於玄奘；龍樹之學，宏敷於羅什。故性、相二宗之真盡在中國，非求之奘、什二師譯籍不可。

讀佛書有四要：分析與綜會，踏實與凌空。名相紛繁，必分析求之而不憚煩瑣，又必於千條萬緒中綜會而尋其統系得其通理。然分析必由踏實，於繁瑣名相欲一一而析窮其差别義，則必將論主之經驗與思路在自家腦蓋演過一番，始能一一得其實解，論主，猶言著者。縱由懸空想像而施設之名相，但此等想像在其思路中必非無故而然，況其有據而非空想者乎！此謂踏實。若只隨文生解，不曾切實理會其來歷，是則浮泛不實，爲學大忌。凌空者，擲下書，無佛説，無世間種種説，亦無己意可説，其唯於一切相都無取著，取著意義極難言，學者須反觀始得。脱爾神解，機應自然，心無所得，而真理昭然現前。此心纔有所得，便是取着境相，即與真理相違。此種境地，吾無以名之，强曰凌空。如上四要，讀佛書者缺一不得。吾常求此於人，杳然無遇。慨此甘露，知飲者稀；孤懷寥寂，誰與爲論？什師頌云：“哀鸞孤桐上，清音徹九天。”

佛家哲學，以今哲學上術語言之，不妨説爲心理主義。所謂心理主義者，非謂是心理學，乃謂其哲學從心理學出發故。今案其説，在宇宙論方面，則攝物歸心，所謂“三界唯心”、“萬法唯識”是也。非不承認有物，只是物不離心而外在故。然心物互爲緣生，刹那刹那新新頓起，都不暫住，都無定實。在人生論方面，則於染净察識分明，而以此心捨染得净、轉識成智、離苦得樂爲人生最高蕲向。識者，虚妄分别名識。在本體論方面，則即心是涅槃。涅槃者，以具常樂我净四德故名涅槃，即真如之别名，亦即本體之别名。在認識論方面，則由解析而歸趣證會。初假尋思，而終於心行路絶。心行者，心之所游履曰行。人心思唯一切義境，如有所游履然，故曰心行。心行路絶者，謂真理不可以知解推度，纔起推度與想像，便與真理乖離。故知就真理言，則心行之路至此而絶也。其所以然者，則於自心起執相貌，“起執”二字宜深味。心知纔起，便計有如是如是義相，此相即是自心所執，故云起執。由慧解析，慧即俗云理智。知其無實，心知所計爲如彼、如此等等義境，此决不與真理相應，俱妄識所構之相，故云無實。漸入觀行，即觀即行，説名觀行，此即正智。冥契真理，契者證會。即超過尋思與知解境地，所謂證會是已。吾以爲言哲學者，果欲離戲論而得真理，則佛家在認識論上儘有特别貢獻，應當留心參學。今西洋哲學，理智與反理智二派互不相容，而佛學則可一爐而冶。向欲於作《量論》時，備明此旨，惜年來擾攘，又迫病患，憚爲深思，竟未知何時能執筆。然西學於此所以無緣融會者，以無佛家觀心與治心一段工夫故耳。西學只作知解工夫，其心尚淪於有取，更何望其空能取之執，亡知而冥應乎！此意難言。《新論·明心章》於此頗具苦心。《明心章》下，談染心所處廣明惑相，談善心所處於進修工夫次第指示精嚴，須與本書上卷受、想、行三蘊參看。要之，佛家哲學持較西洋，别有一種精神，别是一種面目。其於中國，在修證上尚有相通之處，其於西洋，在理論上亦自有可通，而根本精神俱不相似也。此意容當别論。讀佛書者必須知此而後有所抉擇。

凡佛家書，皆文如鉤鎖，義若連環。初學讀之，必循環往復，至再至三。每讀一次，於所未詳，必謹缺疑，而無放失。此最吃緊。缺疑者，其疑問常在心頭，故乃觸處求解。若所不知，即便放失，則終其身爲盲人矣。學問之事，成於缺疑，廢於放失。寄語來學，其慎於斯。

凡佛家書，有宗論籍，只是鋪陳名相；空宗論籍，如宗經之作，若《中論》等，宗經而作。只是三支法式。讀其書者，切宜言外得意。若滯在言中，便覺毫無義趣。須知中國、印度哲家筆著，皆意在言外，意餘於言。所貴好學深思，心知其意。科學書籍叙述事理，無言外意，而哲學思想之作則不當如此，以其所談之理極普遍、玄微、深妙而難以言宣也。若哲學書而亦義盡言中，則其無深解可知。

讀佛書，必先讀論。讀論，必先唯識法相，而次以空宗。然只讀空有諸論，猶不足見佛學之廣大淵微，淵者淵深，微者微妙。必也博習群經，始覺豁人神智。及其諷味涵茹之久，則神智日益而不自知。然非廣研論籍、精熟條理者，又斷斷不可讀經。使渾沌未鑿者讀之，不唯不喻經旨，反益增其混亂。論以析義，而經之説理也極爲深渾。深者深妙，渾者渾全。

凡讀書不可求快，而讀佛家書，尤須沈潛往復，從容含玩，否則必難悟入。吾常言，學人所以少深造者，即由讀書喜爲涉獵、不務精探之故。如歷史上名人傳記所載目數行下或一目十行與過目不忘等等者，不可勝數。秉筆者本稱美其人閱覽明快，而實則此等人在當時不過一名士，絶少有在學術界得成爲學問家者。宣聖曰："仁者先難後獲。"天下事無倖成之功。學問是何等工夫，奚容以輕浮心輒爲淺嘗耶！日本學人治中國學術，勤於搜集材料，考據較精，然於哲學思想方面殊乏窮大致精、極深研幾之功。觀其著述，如叙述某家學説，往往粗立若干條目，而任意割裂其書中文句以編綴之，至爲浮亂，其於先哲思想系統及廣大淵深微妙之旨全没理會。吾國學人自清末以來亦被其風，此甚可懼。

"至言不止於俚耳。"《莊子》。卑陋之心於大道必無堪任。無所堪能任受。故儒者言爲學之要，必曰立志；佛氏言爲學之本，必曰發心。未有心志不正大、不清明、不真切，而可與於窮理盡性之學也。玄奘大師譯《大般若經》，既成，每竊嘆此經義境太高，恐此土衆生智量狹小難於領受，輒不勝其嗟惋。向也不究此旨，今乃知其言之悲也。願讀佛書者，時取奘師此等話頭參對，庶有以自激其憤悱之幾歟！

吾所欲言，略如前説。復次關於本書，尚有略及者二事：一、本書所由作，實因授《新論》時諸生以參讀舊籍爲難，而友人湯錫予適主哲系，亦謂佛學無門徑書，不可無作，兼有他緣，如序中説。率爾起草。但因《新論》參稽之便，故書中於要領所在時下批評，並舉《新論》以相對照。雖着筆不多，而吾思想所由變遷，亦大略可見。

二、本書引用書名多從省稱。如《成唯識論》省稱《三十論》，亦省稱《識論》。《成唯識論述記》省稱《述記》。他論亦有述記，則加二字以別之，如《雜集論述記》則云《雜集述記》《二十論述記》則云《二十述記》之類。《瑜伽師地論》省云《大論》，亦云《瑜伽》。《遁倫記》省云《倫記》。諸如此類，讀者宜知。

又拙著《新唯識論》省云《新論》。《破破新唯識論》省稱《破破論》。《十力語要》省稱《語要》。

卷　上

本卷大體依據《五蘊論》而頗有增廣。

法

法字義，略當於中文物字之意。略當之言，顯不全肖，後皆準知。中文物字，乃至普遍之公名。一切物質現象或一切事情，通名爲物。即凡心中想像之境，亦得云物。物字亦恒與事字連用，而曰物事或事物。物字所指目者，猶不止於現象界而已，乃至現象之體原，即凡云爲萬化所資始，如所謂道或誠者，亦得以物字而指目之。如《老子》云“道之爲物”，《中庸》云“其爲物不貳”，皆以物字指目實體也。故中文物字，爲至大無外之公名。佛書中法字與物字意義相近，亦即至大無外之公名。如根塵曰色法，了别等等作用曰心法。等等之言，謂諸心所。心所後解。又萬法之實體，即所謂真如者，亦名無爲法。《十力語要》卷一第五十九至六十三葉答賴振聲談法字義一書，學者不可不讀。

有　宗

大乘之一派也，其淵源亦自小乘。小乘説有者如上座部等，詳《異部宗輪論》。雖同持有見之諸部，亦復互有異點。然就大體言之，則凡持有見者，皆與世間見解較爲接近。非全同世間見解故，故言接近。用今通途語言之，即猶與常識接近，通途，與言普通略近。後皆準知。大概計着有實物故。須參看《異部宗輪論》。計着者，計謂計度，着言執着，此屬虚妄分别。後準知。設有問云："小師建立極微，亦謂現前諸物是和合假，如瓶等即是多微和合而成，名和合假法。何曾執爲定實？"應答彼言：即彼極微，已是執有實物。况所謂和合假法者，還是和合物相，豈蕩然無所執耶？故小乘之有，總不離妄執。迄無着、世親出，世親本無着之弟，而受學無着。乃繼大乘師龍樹、提婆之後，力矯沉空，獨標有義。雖未始不根荄於小有，而自謂離諸妄執，有則説有，無則説無，大乘有宗自標異其説爲有則説有，無則説無，如理如量，而非戲論。詳彼持説，果完全符其所標異者否，尚待評判。大概無着説較少病，世親便多差失，今即其語而通之。無則説無者，如現前所有之硯，眼識於彼但得黑相，乃至身識於彼但得堅相，實無整個的硯相。此乃以無爲有，所謂妄執或法執者，即此類也。若了達真理者，於俗所妄執硯等物，知其本無是物，便説硯等實無，是謂無則説無。有則説有者，有體有用故，不應説一切都空，所以有則説有。如不談體用，便墮頑空，宇宙人生何由施設？《新唯識論》因是有作。斯以妙契中道。非有非空，名爲中道。破小乘妄執之有，故云非有。因大乘師龍樹等談空而説有以矯之，故云非空。超小師而稱大，小師，謂小乘中談有之諸部。今無着等談有，實不同小義，故别異小乘而特稱大乘。抗空王而談有，空王，謂龍樹菩薩。無着亦精研龍樹學，但立義頗與之反。矯空之弊，不能不談有故。此有宗之名所自始也。然無着之學實妙得龍樹本旨，但説法隨機，居然異致。世親唯識，構畫雖精，而病亦在是。倘非精探空有而冥應真理於文字之外者，欲與論無着、世親得失，談何容易哉！

無着説有，實比小乘説有者較爲進步。以其經過龍樹談空之後，廣破諸執，故無着因之談有，而不墮世俗之執。諸論説此爲空後之有，以其出於空宗之後，其説有也，如理如量而説，不以妄情所執爲有故。其實空了執，便顯出真的有來，無着仍衍龍樹密意耳。小乘初説有，未受過龍樹空的洗禮，故其所謂有者只是一種妄執。諸論説此爲空前之有，是蓋非真有也。大有小有之别，略如此。

空　宗

大乘之一派也，其淵源亦自小乘。小乘談空者，頗有多部，詳《異部宗輪論》。《輪論》所記二十部，本可總判爲空有兩大派，但其中有些是空有混合的思想。略舉一二。如一説部，計一切諸法但有假名而無實體；説出世部，則説世間之法可破壞皆非實有，是皆遮撥現象界也。及龍樹菩薩出，龍樹一譯龍猛。神悟天縱，智周萬物，以實相之難知，恒緣於情見之封執。實相，即實體之異名。於是妙用遮詮，種種破斥，掃盡一切執相。遮詮，參考《新唯識論》二十三至二十四五等葉。庶幾方便，令入真實。入者悟入。真實即謂實相。至理，本非戲論安足處所。如西洋哲學上種種猜度，種種概念，種種安立，大都戲論也。得龍樹之旨而存之，不見而彰，不見者，掃除知見也。知見起於度物，故不與真理相應，必泯息此等知見，而乃真理全彰。易簡而天下之理得矣。道齊法界而功高群聖者，其唯龍樹乎！古今尊爲大乘之一人也。龍樹所宗經有《大般若》等，不詳舉故，故置等言。後皆準知。所造論有《大智度》與《中觀》等。以其空諸執故，遂有空宗之目，實非持空見而妄計一切皆空之謂。小師執有者，則有即其所持之見。今大師談空，則空不是見。如將空作見，便計一切都空，成無量過。末流沉空，甚乖其旨。龍樹弟子提婆造有《百論》，堪宏師説。故後之言大乘空宗者，必曰龍樹、提婆。空宗義蘊，深廣微妙，難可究宣。撮言其要，則諸法無自性義，宜深體認。自性，猶言自體。一切物質現象都没有獨立的實自體，一切心作用亦然。凡情唯不了此，故有法執。此中義蘊無窮無盡，非是知識境界，而學子輕心，每以知識推測此理，輒謂一切心物現象都没有獨立的實自體，此理平常，有何難喻。實則其所喻者，乃無當實際，苟非真了諸法實相者，何由真喻諸法無實自體義耶？吾《大易》亦謂窮神知化爲德之盛，安得深心之士而與之言乎！然所謂無自性，與小空之遮撥現象界，義趣亦相通會。但小師證解尚淺，未能圓證實相。圓證者，謂證解圓滿。若少有所證，便非圓滿故。蓋猶滯於思搆，而不得無上菩提故也。梵云菩提，此翻爲覺。簡異小智故言無上，此無上正覺唯大乘有故。

法性宗

空宗之異名也。性者體義。法性者，謂諸法之實體。空宗破一切情見之執，以顯體故。因其爲説在方便顯體，故亦名法性宗，又省稱性宗。

法相宗

有宗之異名也。相者，相狀或形相。有宗解析諸法形相或緣生相，其旨在於析相以見性。析諸法相而知其無自性，則即諸法而見爲實性之顯現也。無着本旨如此，世親唯識便失此意，此《新唯識論》所由作也。然以其善説法相故，因得法相宗之名，亦省稱相宗。或曰："法相之名，用今哲學上術語言之，亦可名現象論否？"曰：法相一詞亦略當於現象之義，但此與西洋現象論不可混同。

唯識宗

有宗之别派也。此宗雖導源無着，而實成立於世親。無着作《攝論》具云《攝大乘論》授世親，世親由此捨小入大。世親初治小宗。未幾創明唯識，作《唯識二十論》，成心外無境義。作《百法明門論》，成一切法不離識義。最後作《唯識三十頌》，理論益完密，而意計穿鑿之病，亦不可掩云。拙製《新論》及《破破論》，學者倘虚懷玩之，則世親學之得失不難見也。

諸　　行

諸者，遍舉之詞。行者，遷流義，相狀義。謂本遷流不住，而亦幻有相現。通途言幻便含劣義，實則幻者不固定義，無實自體義，原不容計勝劣於其間。參考《新論》第三十二葉《轉變章》。具此二義，故名爲行。問曰："所謂行者，依何立名？”答曰：即依一切色法、心法而立此名也。易言之，一切色法、心法通名爲行也。此中色法，即謂物質現象。世所謂心與物，即色。都無實自體，都不是固定的東西，所以把他叫做行。

經論皆云“諸行無常”。諸行，即色心萬象之稱。常謂恒常。無常之言，顯無其常，以色心萬象無有恒常不變故。《大智度論》卷五十二第十六葉“若法無常，即是動相，即是空相”云云。無常即變動不居義，故曰是動相。既是變動不居，即無實自體，故曰是空相。空者，謂諸行自體空故。了解此段，佛書不難讀，《新唯識論》不難讀。

五蘊論

此土所翻有二本：一、世親造，題曰《大乘五蘊論》，唐玄奘譯。想是世親從其兄無着聞大乘法後首造此論，以傳無着法相之學，時尚未倡言唯識也。二、安慧造，題曰《大乘廣五蘊論》。唐時中天竺地婆訶羅譯。安慧之學不囿一家，故於法相頗勤論述。然當時大乘師於内外諸學靡不精研，無有守一先生之言以自固者，此乃大乘學所以發達之故耳。

五　蘊

五，數也。蘊者何？《論》云：“以積聚義故，説名爲蘊。”五蘊者：一、色蘊，二、受蘊，三、想蘊，四、行蘊，五、識蘊。案世間計執有所謂我，有所謂宇宙，佛氏便將所謂我與宇宙加以解析，只是色受等法互相積聚而已。本無實我，亦無實宇宙。如剥蕉葉一一剥落，便不見有實物故。

五蘊之説，始自釋伽，《阿含》可考。但《阿含》譯爲五陰。陰者隱覆義，謂若執此色等法便隱覆真性故。陰蘊二義，須兼取爲佳。

佛家説蕴以破執我、執物之見，物我俱亡方顯自性清浄，此中自性，即謂吾人自己本性，但此自己又不是小己之謂，乃即吾與萬物同體之本來清浄體性，説名自己本性。《心經》所謂“無掛礙無恐怖”是也。掛礙與恐怖，其相狀極微細沉隱，人皆爲此所困而不自覺。此皆執我執物所致，破執即自性顯矣，自性上元無此。或者聞五蕴無實，便計人生虚妄而起厭想，此不善學之故。

色蕴

色之得名，約有三義：一曰對礙，礙者質礙，對者有對。二曰方所示現，有東西等方分。三曰觸變。觸者觸動，變者變壞，雖有對礙與方所，而究非固定，故説有觸。又俗計色法堅住，而實刹那滅故，故説有變壞。參考《雜集》等論。此中觸變，頗異舊説。

色者何？《論》云：“謂四大種，省稱四大，亦稱大種。及四大種所造。省稱造色。皆名爲色。”

四大種者：一、地大，或云地界。謂堅强性；二、水大，或云水界。謂流濕性；三、火大，或云火界。謂温燥性；四、風大，或云風界。謂輕動性。詳此所謂大種，即斥指物質宇宙或自然界而言。但分析自然之體性爲堅、濕、燥、動四種，其説固依據日常實際經驗云。堅勁者固體，流濕者液體，輕動者氣體，温燥者，蓋有見於熱力等現象而立此温燥之一種也。

問曰：“云何名大種？”答言：體性廣故，自然界之體性廣大難量。形相大故，無量星球形相大極。故名爲大。種者因義，類義。能生造色，故有因義。詳見下文。堅等性類别故，復有類義。參考《瑜伽》卷三及《倫記》等。以此説名大種。

四大種所造色者，謂衆生自體色，即五根。及由根所取色，謂五塵是也。

五根與五塵，皆以大種即自然界。爲生、依、立、持、養五因而得生故，故說名造色。由大種爲能造，根塵爲所造，故名根塵曰四大種所造色。

問："何謂生等五因？"答曰：生因者，即是起因。謂諸大種若不起，即未有物質宇宙或自然界故。造色必不能起，有造色即有衆生，假如未有自然界，則衆生不能有。故說大種於造色爲其生因。此中不談種子義，與《對法》論文稍異。依因者，謂諸造色依據大種方乃得生，故捨大種，無別處住。此義易知。立因者，即隨轉因，謂若大種變異，造色亦隨變異故。生物必適應環境，故大種變異，造色隨之變異。持因者，謂由大種故，而造色相似相續生，持令不絶故。吾人現在根塵望過去根塵乃相似相續生而不絶者，以有大種即自然界爲支持的柱子故，故說大種於造色爲持因。養因者，謂大種養彼造色，令增長故。此義易知。詳此，則以大種於造色爲生、依、立、持、養五因。故安慧《廣論》云："造者因義。"安慧只着此四字而不略加說明，初學讀之如何得解？所謂雖有神禹且不能知也。言大種爲因，令造色生，此造色得名之由也。談種子義者，則謂大種與造色各自有種子。造色雖從自種子而生，然必大種起故，造色方起，否則造色雖自有種子，而無大種爲依故，畢竟不得生。故大種爲造色之因，是義極成。

問曰："大種於造色爲因，是義誠然。但造色當後於大種而生耶？"答言：如情而計，應是大種先起，造色後依之而生。稱理而談，則造色爲宇宙靈竅開啓。大種之成，正爲造色，不得謂大種現起以後造色乃偶然發生也。是惡可妄計先後耶？設欲求其先後，則謂大種起於昨午，造色亦生於昨午，固無所不可。如謂答之者妄，則何不自反其追求先後之情早是妄計，而決不與真理相應耶？總之，說大種爲造色之因者，只明物界乃相依相緣而有，不可於此紛紛起執而更求其生起之時序。不可二字，一氣貫下讀之。此事畢竟無始故。

云何五根？謂眼根、耳根、鼻根、舌根、身根。

世親《論》說："眼根者，謂色爲境，清浄色。"安慧《廣》云："眼根，謂以色爲境，浄色爲性。"耳根乃至身根，文義準此。按根對境而得名，眼根以色塵爲其所取之境，故首言色爲境也。然眼根雖取境，要只爲眼識之憑藉而不即是識。然則根應有自性矣。自性，猶言自體。故安慧云：“净色爲性。”言眼根即是清净色法，非心法也。世親無一性字，文略耳。安慧又云：“謂於眼中一分净色。”言眼中者，明其部位，言一分者，對餘根説，唯此一分成眼根故。耳根乃至身根等文，均應準知。

世人聞佛書説五根，疑即謂肉眼乃至肉體，此乃大錯。須知肉眼耳等者，在佛書中則謂之扶根塵。肉眼耳等乃是扶助净色根之塵法，故名。塵者，諸大種界所攝，即通途所云物質，頑鈍而無勝用。吾人身中之塵的部分，與自然界之一切物塵元無區别，唯净色根乃人體中最貴之部分，無此則不成爲生機體矣。但净色必賴塵爲扶助，其大意如此。然則净色是何物耶？是别於所謂物質而自爲一種微妙之物歟？佛家自小乘已説有净色根，至大乘有宗始説根自有種子，又是比量所知，非現量得，唯除佛云。謂佛可現見根。

安慧《廣論》釋根云：“根者，最勝自在義，主義，增上義，是爲根義。”所言主義，與誰爲主？謂即眼根與眼識爲主，生眼識故。如是乃至身根與身識爲主，生身識故。按此以最勝自在義言净色根，則净色根在人體中自是特殊之部分，所以能發動識而爲識所依據以出生之機括也。又説根與識爲主，主者專主，言其爲發動識之專司者也。又説根有增上義，謂於識爲扶助故。增上者，扶助義。識待根而發動，故是根能助識矣。佛家雖以根攝屬色法，名净色故。但决不與俗所謂物質者同類。此爲非物非心之一種物事，而與心物相待。如下圖：

根—識—物

又根生識之言，非謂識爲根之副産物也。以根能扶助識而令其發動，故説爲生。佛家於法相即現象界。解析精嚴，根識境三法境即物也。互相依住，識依根及境生，而不從根境親生，一切現象相依有故。

云何五塵？謂色、聲、香、味、觸。今以次釋之。

色者，《論》云：“謂眼境界，言爲眼根與眼識所取之境界。顯色、形色及表色等。”案顯色者，《度論》説唯四種，謂青、黄、赤、白，此四皆實色。謂有實質。形色者，謂長短、方圓等，此皆假色。無實質故名假。表色者，有所表示，名之爲表，如屈申等相是也，此亦假色。

問曰："《論》於表色二字下，復置等言，此有何義？"答曰：凡諸論文用等字者唯有二義，曰内等、外等。内等即助詞，無别所指；外等者，於所舉之外猶有此類法，不及備列故也。然諸論言等者，外等爲多，讀者萬不可忽。今此中等言，即屬外等，謂無表色及定果色。無表色，見後。定果色者，如佛入定所變境是也。參考《法苑義林》及《雜集論述記》等。

聲者。《論》云："執受大種因聲，非執受大種因聲，俱大種因聲。"今略釋如次：

執受大種因聲，《雜集論》亦名因受大種。大種説見前。今此中言大種者，謂蠢動之類，即謂衆生。攬地等四大而爲身，即執爲自體而不捨故，是名執受大種。因此發聲，如手相擊及語言等聲，是名執受大種因聲。

非執受大種因聲，《雜集論》亦名因不受大種。此辭首一"非"字，猶言不是因彼執受大種所發聲。易言之，即於衆生所執受爲自體之一部分大種以外，自餘諸大種界是也。俗計爲客觀存在之物界或自然界，佛家亦謂器界。因此發聲，如風林、駛水等聲。

俱大種因聲，即前二者之合而作聲。《雜集論》亦名因俱大種。如手擊鼓等聲。手屬執受大種，鼓屬非執受大種，因二之合而發聲，曰俱大種因聲。

香者，《廣論》云："好香，惡香，平等香。好香者，謂與鼻合時於蘊相續有所順益。惡香者，謂與鼻合時於蘊相續有所違損。平等香者，謂與鼻合時無所損益。"案此中蘊相續一詞，即人之異名也，言於蘊相續順益等，即謂於人有所順益等也。蓋所謂人者，實無此物，特依五蘊相續而假名之曰人耳。衆生於此誤執人相，智者於此，不見有人，但説名蘊相續而已。《二十》等論即名人曰相續而無蘊字。

味者，《廣論》云：甘、酸、鹹、辛、苦、淡等。皆是實法。味塵皆有實質。

觸者，前四色、聲、香、味。皆舉塵境之名。此獨名觸，不言爲何等塵境，蓋身根與身識所取境界最爲寬廣，不能遍舉，故但從觸立名也。

《論》云：“所觸一分，謂身境界。身根及身識所取之境界。除四大種，餘所造觸，滑性、澀性、重性、輕性、冷、飢餓等。”按所觸一分者，此中觸塵只約所造色而言。所造色，説見前。既除去大種，故是一分也。滑、澀等性並依大種分位假立，非離大種外别有實質故。觸塵亦通四大種，身根非不觸大種也。然此中只約造色言者，以五塵中皆約造色而説故。

《廣論》釋重輕云：“重謂可稱，輕謂反是。”以最輕之物不可稱量故。見《雜集記》。又釋冷云：“煖欲爲冷。”此言冷之得名以有煖欲，故名爲冷。又云：“觸是冷因，此即於因，立於果名者。”如世言觸風雪故冷，雖有風雪，無觸亦無所謂冷，是觸爲因而冷爲果也。今此立冷觸之名，故是於因中立果名也。餘文可知。

世親《論》言：“云何名爲無表色等？謂有表業及三摩地，所生色等無見無對。”《廣論》釋云：“有表業者，謂身語表，此通善、不善、無記性。所生色者，謂即從彼善不善表所生之色，此不可顯示，故名無表。”按由身所造作，有善與不善，名身表業。表業者，業者造作義，即業即表，説名表業。由口所造作，有善與不善，名語表業。據實身語表業，皆是假有。發動身語，實由思故。思者，思心所，詳後文。通善、不善、無記性者。善惡不待釋，無記者謂非善非惡故。蓋謂身語表業有時發者是善性，有時發者是惡性，有時發者是無記性，故置通言。從彼善不善表所生色者，彼之一詞即謂身語，實則身語表業，俱從思發。此所謂色，實無形質，本依思的功能上善惡等相假名爲色。今以思既發動身語，乃云從身語表業生此色也。此色所以名無表者，據實而言，唯是意中造作之相，思者，即造作義。不可顯示於他，故名無表。

又釋三摩地等文云：“三摩地所生色者，謂四静慮所生色等。”按三摩地者，定之異名。静慮者，性離囂高、沈没等障名静，囂高，浮亂動蕩貌。沈没，即昏沈淪没而同於死物，所謂物化是也。静則離此矣。專思一慮、籌度境門名慮，專思一慮者，無妄想與雜念也。境門者，所觀義理名境，義類别故名門，諸法性相是無量義故。亦慮亦静名静慮，此亦禪定之别名也。静慮功行淺深，約分爲四階段，故云四静慮。静慮所生色者，謂於禪定心中，即思的功能上之相而假説爲色。此復不可顯示於他故，故名無表色。

以上説無表色，是有表業及三摩地所生。《論》復結云："此無表色是所造性，名善律儀不善律儀等，亦名業，亦名種子。"按此無表色，雖無形質，而亦攝屬所造色性一類，同有相狀可擬議故。此無表色相狀不顯，而實有無相之相、無形之狀故。律儀者，律謂法式，儀謂軌範。古有釋言，律者類也，儀者式也，種類法式，名爲律儀。此通善惡。思的功能，發動身語，而有善不善等律儀。故此無表色，亦得名善不善等律儀也。業者，造作義，即思之異名。種子者，即謂思的功能。以具能生的勢用故，故名種子。此無表色本無形質，唯依意業而假立故，意業即思。故亦名業與種子也。無表色，諸論所説甚紛，關涉過繁，最爲難理。此中據世親、安慧兩《蘊論》，姑釋其略云。無見無對，下詳。

《論》復總結前文云："如是諸色略爲三種：是中可見有對者，謂顯色等；不可見有對者，謂眼根等；不可見無對者，謂無表色等。"按有對者，謂此色法是質礙性故。無對者反是。可見者，謂五識現量所親得故。不可見者反是。此云不可見，猶前云無見。問曰："云何浄色根無見而有對耶？"答曰：依佛家言，是色微妙故。非五識所見，而是色性故，成有情自體故。有情根身，即浄色所成也。有情者，衆生之異名。非無對礙，但其對礙相不似物塵之粗顯可見耳。

據兩《蘊論》具云《五蘊論》，今省稱。叙説色法有極可注意者：一、根塵通依大種而生故，皆名造色。而所謂根者，又别名浄色，有自在勝用，諸識依之得生。準此，則生機體之異於無機物者，即由有浄色根故。此雖色法，而非物質，亦非心法。在事實上誠難質證，在理論上要不妨成立。哲學家從生物學出發者，於此問題尚堪研討。

二、五塵依大種界生，而非即大種界。是五根五識所取之境，既非即物界或大種界本相，而是與五根五識相對當之另一種物塵。物塵，亦云物質。此中頗有疑難，足資研討。如觸塵之滑澀、輕重等性，依大種分位假立，此猶易於説明。若色、聲、香、味四塵性皆實有，此於物界或大種界外另爲一種物塵，於事實既無徵，於理論亦非需要。如我眼識現見白紙，謂此白紙不必是物界或大種界本相，而是物界或大種界某一部分，或云部位。與吾眼根眼識相待成異故，始現此相。謂白紙相。此於理論可成。若謂白紙不唯非物界或大種界本相而已，乃離異物界或大種界而自爲一種與根識相對當之物質，並非由物界或大種界之某一部分與吾根識相待成異始現此白紙相，是於事既無徵，即理論上亦不必需要此種假定。

三、小乘説明色法，皆建立極微，即科學上所謂元子電子是也。然其發見之早，確足驚歎。印度大乘菩薩無有不精研小乘學者，吾國人向少提倡小宗，此一短也。近張孟劬先生獨精小乘學云。但小乘及外道關於極微之陳説甚繁，此中亦不及詳。

關於兩《蘊論》，色蘊中之名辭既已疏明如上。此後便當對於受、想、行、識四蘊各爲訓釋。但在訓釋此四蘊之前，頗有幾種名辭須特別提出一説，今略綴如後。

性

佛書中凡言性者，多爲體字之異名。其義有二：一、指絶對的真理而言，即東方玄學上所謂本體或實體及體用之體是也。此在宋、明儒書中屢見之，諸儒所謂本原之學，即謂窮究本體之一種學，佛書中所謂實性或實相，皆實體之異名。二、指諸法之自體而言。佛書中每舉一法，必刊定其自體。讀法相、唯識諸論，尤須明了此意。如安慧《蘊論》，釋眼等根云“浄色爲性”，此性字即自體二字之别名。無自字者，省文也。言眼等五根，即以浄色爲其自體也。所以根者不可混同於識與境，因爲識之自體即了别，後詳。境之自體即物塵，或云物質。而根之自體是浄色。三法各有各的自體，故不容混同也。又如前文四静慮中，吾據《義林》釋静字云：“性離囂高、沈没等障。”此詞首一性字，即顯静之自體。夫所言静者，雖不是一件物事，但在吾人思議時，心中方搆一静之觀念，卻把他當作一件物事來看了。所以必須刊定静之自體，是遠離了囂高、沈没等障才顯出静之爲静，是如此一回事。庶幾令人對於静的觀念，絲毫没有模糊混亂。舉此二例，爲讀者告。將來讀法相、唯識論籍，一隅三反，不至疏略。

善等三性

善等性之性字，不可作體字解，當訓爲德。德性、體性，二義截然不同。體性之性，前條已説，今釋德性。德者得也，若物德之德，即言某物之所以得成爲某物者也。如白紙之所以得成爲白紙者，以具有如此之白故，故謂白是其德也。準此而言，則德性之意義當可豁如矣。佛家説一切心、心所法具有三性，善性、惡性、無記性是也。無記者，非善非惡。記謂識别。識作誌讀。既善惡兩非，即不可識别，故云無記。如凡夫之心，即通善等三性。有時發者是善性，曰善心；有時發者是惡性，曰不善心；有時發者是無記性，曰無記心。其善不善等，即吾人之心所具有之德性也。又善性中分有漏善、無漏善。有漏者，漏謂染污，有染污故，名有漏。翻此即名無漏，亦名清净。見道菩薩，方證得清净本性，猶未圓滿。至佛則全體清净，始稱圓滿。唯清净方名無漏善，離染污故，是絶對的善故，亦即絶對的真故，亦即絶對的美故。遠離染污，即有美義。凡夫從無始來，染污所縛，雖有時發見善端，而非純净之表現。正如日光從浮雲中流露，非晴空遍照之太陽也，故謂之有漏善。此善與不善及無記相間而起故，不可常故，是對待性故。與不善等對待。蓋大乘師於凡夫染污位中分説善不善等三性，等謂無記。至大覺純净位，則唯是無漏善性，無所謂三性也。而大乘師如唯識家者，則分别有漏善、無漏善，截然異種，種子義，詳見後種子條及下卷。而謂凡夫從無始時來，根本不曾發現無漏善。然則凡夫如何能於修有漏善中而達到無漏善耶？豈蒸沙可成飯乎？大乘諸師於此似未注意。蓋其一往用解析之術，處處説成截然段片，而不自知其非也。《新唯識論·功能》《明心》諸章，與前師持論自是天淵。學者不當忽略。

業

業有二義：一者造作義。於五蘊中，别名曰行，所謂行蘊是也。於心所法中，别名爲思，至下當知。二者用義。用者具云作用。凡法有自性，猶言自體。必有業用。如《三十論》説心所中首作意云。作意者，謂警覺應起心種爲性，警覺云云，即顯作意心所的自性是如此。引心令趣自境爲業。引心趣境，是其作用。此一例也，餘準可知。

三　業

三業者，所謂身業、口業、意業是也。口業亦云語業。此中業者即造作義。意業即思心所是也。身、語二業，實皆以思爲體。思分三種：一、審慮思，二、決定思，三、動發勝思。言將動發身語，其勢用强勝也。初及第二均是意業，至第三思便成身業、語業矣。

假　實

法相、唯識書中每談一法，必分别爲假爲實。凡法有自性者，便説爲實有。凡云有自性者，即是看作一個獨立的物事，此依俗諦而説故。如説四大種與根塵等，都是實法。又如眼等八識，亦皆説爲實法，此皆依俗諦而説是實。真俗二諦，至後當詳。凡法無自性，但依實法上分位而假立者，便説爲假有，亦云假法。所謂分位假法即此。如前所説身、語二業，皆依思上分位而立。思是實，身語業是假。此一例也，餘應準知。

假　法

假法有三：一、無體假。如說龜毛兔角，但有虛言，而絕無此物事，故謂無體假。推之梵天神我等等，凡屬意想所妄搆者，皆歸此類。二、和合假。衆多極微，和合而成桌子、几子以及三千大千世界，此桌几與世界皆名和合假。三、分位假。就色法言，如方圓、長短、高下、正不正等形，諸如是類，通名分位假。

相

相字有二義：一、體相。如說諸法實相，即實體之異語，亦云真如。二、相狀。如法相之相，對法性而得名。此中法性，猶言諸法實體。此相字即相狀之相，乃斥指色心諸行而名之也。故法相一詞，略當通途所云現象。

心心所

此等名詞，初學驟聞，苦難索解，實則得解以後，亦甚平常。凡每一大學派之專著，其思想自成宏大深密之統系，其名詞恒如一獨立國之語言。初學讀之，不能不爲其所困。然倘能不憚艱阻，反復數過，精心以求之，久而必尋得其思路。蛛絲馬迹此牽彼引，千途萬轍莫不貫穿。思路既得，一切了無餘蘊矣。恐厭煩文，還歸本事。所謂心、心所者何耶？通途談心，隱然若有一整個的物事，名之曰心，而佛家則正欲對治此等觀念。此處吃緊。於是以解析之方便，分析此識而說有六，所謂眼識、耳識、鼻識、舌識、身識、意識是也。此小乘説。未幾更析之爲八，於前六識外加第七末那識及第八阿賴耶識。此大乘説。如此，則心已不是整個的物事了。然猶以爲未足，又更於每一心之中注意每一兩字。分析心與心所。如眼識並不是一個整體，他是心及許多心所類聚而成。因此可名眼識聚。非整體故曰聚。將眼識與耳識等對待而談，眼識便是獨立的一種識。但就眼識本身説，他還不是一個獨立的整體，卻是心及許多心所的類聚，而强名爲一個眼識。心所之上，置許多兩字，而心字上不言數，此意下文即明，卻須注意。心是一，心所便多。心所雖多，皆依一心而與之相應合作。相應義，俟後詳。心以一故，乃於諸心所而爲之主。無主則心所既多，將紛然無所繫屬，多不能制多，故心以一而爲多所之主也。多所之所，即心所省稱也。後當準知。由此，心亦名王。故一個眼識，實爲王所之類聚而成。以上謹記。眼識如是，耳識乃至第八阿賴耶識，皆應準知。凡言乃至者，中間省略而不便一一具舉故，此例亦不可不知。吾教學以來，見學子於心、心所之説，總模糊而不得了解，實則只須用思考與推理作用，並將自家意見放下而完全體合論主的思路，自無隔閡之患矣。論主，猶言著者。又有當注意者，佛家此等解析，當初固爲對治凡情執着之一種方便，本明心無獨立的實自體，以此破除神我之執而已，非真計著心爲多數分子之集聚體也。其立説但以分析之形式，元無所建立。但至後來世親一派乃始建立唯識，卻失去法相家的精神，而直成爲集聚論，吾已於《新論》繩之。學者熟玩《三十論》而得其統系，方信吾非妄議前哲也。然《三十論》之宏廓與其解析力之精鋭，要是千古鉅典，學者必須精究。且非真解世親學，亦不知《新論》所由作也。《新論》即《新唯識論》之省稱。後皆倣此。

又心所者，具云心所有法，以諸心所不一故言諸也。各有自性，但依止於心而與心相應故，叶合如一，名爲相應。屬於心故，屬者繫屬。即是心上所有之法故。因名心所有法，簡稱心所。

《新論》亦説心、心所，然其意義則根本不同前師，且不止與世親異旨而已。學者所當深辨。

種　子

種子者，以有能生的勢用，故名種子，亦省稱種。復有多異名，曰功能，曰習氣，曰氣分，非固定物故，曰氣分。皆種子之别名也。更有多名，此姑不述。種子説之演變甚繁，姑談其略：一、法相家義，二、唯識家義。法相家雖説種子，然其持説但分析諸法而無所建立，故談種亦甚寬泛，大概以爲色心諸行本身即具能生的勢用，故依諸行而假説種子。如《瑜伽》五十二説："云何非析諸行别有實物名爲種子，按非字一氣貫下，此言不是剖析諸行之後，而發見其别有一種實物叫作種子也。亦非餘處？按餘處者，謂諸行以外之處，言亦非别有實物潛在諸行以外之處可名種子。以上乃總明種子非實物。然即諸行，如是種姓，按種姓者，猶言種類。如是等生，按前後一類相續生故，曰等生。如是安布，按現前顯現名安布。名爲種子，按即依諸行能生的勢用而假説爲種故。亦名爲果。按果對種而得名，種既依諸行而假説，則果亦如之。果與種子不相雜亂。若望過去諸行，即此名果；按現在諸行望過去即名果，以現從過而生故。若望未來諸行，即此名種子。按現在望未來即名種，以現在是未來之生因故。如此，則種與果雖皆依諸行假説，而亦不相雜亂。望彼諸法，不可定説異不異相，按諸法謂諸行，言種子望諸行，不可定説異，以非離諸行别有實物名種故；又不可定説不異，畢竟於諸行而説有種子義故。猶如真如。"按：真如與諸行不可定説異，以真如即是諸行之體故；又不可定説不異，以諸行相非即如故。今種子望諸行，亦難定説異不異相，故取爲喻。詳此所云，則種子者非離諸行别有實物之謂，只依諸行有能生勢用而説名種子。此與後來唯識一派之論，顯然異其旨趣。《大論》幸存此條，《大論》者《瑜伽》之異名。堪資比較。吾昔治世親學，每不滿於其種子説。及讀《大論》至此，欣然豁目，如獲至寶。蓋因種子或功能之名詞，本屢見於唯識以外之典籍。吾意唯識以前諸大乘師雖談種子或功能，而其意義當不同於唯識書所説，但苦不得左證。既發見《大論》此條，義據甚明，故不覺其樂之至於手舞足蹈也。《大論》爲法相根本大典，無着所造，其中所收材料想多出於小乘，且係積人積世所貽留，無着博採之而加以斷制耳。舊云慈氏授無着托以自神耳。此條自是古義，法相家所宗也。

問曰："云何依諸行假説功能？"答曰：請以喻明。諸行，喻如稻，而所謂能生的勢用即種子者，可喻如稻中生機。稻以有生機故，得爲後稻生因，俗亦名爲種子。而生機卻非離稻别有實物也。諸行以其自體有能生勢用，即種子爲因故得生，[1]而種子要非離諸行别有實物也。《論》説種子望諸法，不可定説異不異相。思之可知。經部説色心持種，唯識家撥之，謂必有賴耶攝持。吾意就法相家種子義言，既非異諸行别有實物，則無須賴耶持之矣。經部種子，當與法相義相近。

次唯識家義者。唯識家説種子，便異諸行而有實物。所以者何？如彼所説，一切心、心所，相、見分，通八識心、心所而言，非專就某一識説故，故云一切。相見分之名，俟下卷詳之。即所謂諸行是也。彼計諸行以非一故云諸。各各有自種子爲生因。注意各各兩字。如眼識見分即諸行之一，乃有自家種子爲其生起之因；眼識相分亦諸行之一，亦有自家種子爲其生起之因。眼識相見二分既各從自種生，耳識等皆應準知。但諸行是所生果法，而種子是能生因法，能、所條然各别。故前七識此即諸行。之種子可離異前七諸法而潛藏於第八賴耶自體之中，爲賴耶所緣相分。所緣，猶言所知。即賴耶自家種子，爲賴耶自體所含，而亦是賴耶所緣相分。既爲相分，明明是獨立的物事。據此，則種子與諸行各有自性。易言之，即種子立於諸行之背後，而與諸行作因緣，亦得説爲諸行之本根，故謂其種子離異諸行而有實物。此與前述法相家之種子説，其意義不同顯然矣。

唯識家建立種子以説明宇宙萬象，宇宙萬象，即色心諸行是。蓋近於多元論者。其關於種子説方面之名詞甚多，本須擇要爲釋，此中不暇，姑俟下卷更立專條詳之。

唯識家因爲把諸行看作實物，所以又進而尋找諸行之來由，因此成立了他底種子説。《新論》不把諸行執實，所以假説翕闢，以施設色心萬象，用不着種子了。翕闢的道理雖是本之《大易》，卻是自家隨處體察此理，久而益自信，乃敢説出。

受　　蘊

受者，心所法之一，於五蘊中列在第二，名爲受蘊。《廣論》云：

“受謂識之領納。”按此言識者，乃心之別名。領納即受，識之領納者，猶言心上所有之受心所法。受與識各有自性，非是一法故。《三十論》云：“受，謂領納順違俱非境相爲性，起愛爲業。”此言受之自性即是領納。順違等者，緣可愛境謂之順益，緣者緣慮，後皆準知。緣不可愛境謂之違損，其非可愛亦非不可愛者謂之俱非。或謂之中容境。境相，複詞也。心緣順違等境時，心者具云心王。後皆準知。必有領納的作用與心俱起相應，此即受心所是也。

起愛爲業者，由此樂等領納，有起欲愛之作用。業者作用義，解見前。謂於樂受之境，未得，則生貪欲，必期於得故；已得，復貪欲，不肯離失故。若於苦受之得，未行，則有願幸弗得之欲；已得，則有願即離失之欲。是愛欲恒依苦樂等受而起，故謂受有起愛之作用也。《雜阿含》及《緣起經》等説受者，此中不及詳。

諸論皆説受有三種：苦受、樂受、捨受。捨受者，非苦非樂，故名。按受心所，即相當於心理學上所謂情的方面。

想　蘊

想者，心所法之一，於五蘊中列在第三，名爲想蘊。《論》云：“想蘊者，謂於境界取種種相。”《三十論》言：“想，謂於境取像爲性，施設種種名言爲業。”按取像者，如緣青時，計此是青非赤白等，作此分齊而取共相，青非赤白等，是有分齊也。然青望衣青華青等即是共相，故緣青時是取共相。是名取像。由此取像，便起名言，謂此是青等。想之自性，只是取像，這個取像便是未出諸口的名言。如果心中没有取像的作用，則亦無有名言，故説想有起名言之業用。《廣論》云：“想蘊，謂能增勝取諸境相。增勝取者，謂勝力能取。如大力者，説名勝力。”按想心所，即種種取像，與第六識相應之想，略當於觀念與概念，在心理學上屬知的方面。《廣論》稱其勝力，亦是尊知的意思。

行　　蘊

行者，即思之别名，亦心所法之一，於五蘊中列在第四，名爲行蘊。《三十論》云："思，謂令心造作爲性，於善品等役心爲業。"此言思之自性只是造作。故能以其造作的力用而與心相應，令心同起善等之造作也。所謂意業，即思是也。問曰："《論》言'思令心造作'，豈不令餘心所造作耶？"餘心所者，謂其他心所，即思心所以外之一切心所，皆説名餘。答言：亦令餘心所同作。但言心者，以心勝故。詳見基《記》於善品等役心爲業者。按品者類義，善惡等境，品類異故。等者，謂惡品等。由前想心所取像故，了别善惡境。今此思心所本是造作性，即於善惡等境而驅役心及餘心所同起善惡等事。故説思心所有役心之業用也。此中思者，非通途所云思想，乃以造作爲義，亦名行，亦名業。在心理學上屬於意的方面。

前受、想二蘊中，各取一心所法爲彼蘊性。受蘊中，但取一受心所爲彼受蘊之自性。想蘊準知。今此行蘊，不唯取一思心所法，即除受想外，若餘心所法，並不相應行法，盡行蘊所攝。當以次釋。問："何故行蘊攝此諸法？"答曰：《論》無明文，以意求之，當是造作力用勝故。

先心所法。《大論》等，略説五十一種。此五十一法於八識中各别配合，多寡不同，唯第六識全具。後當另詳。

諸論説此五十一心所法，其每一法是通八識各各相應者而言。隨舉一思心所爲例，眼識相應之思，與耳識乃至第八識相應之思，各各有自性，注意各各兩字。非是以一個思而遍與八個識相應也，故八個識即有八個相應之思心所。然思雖有八個，而類同故，如人雖有千萬，而其爲人之類則同。故不必分别爲某一識相應之思，但舉其類而説明其通性已耳。思心所如是，自餘一切心所皆應準知。

五十一心數，總分六位：心數者，心所之别名。心所不一，有數量故，故又名心數。後準知。六位，猶言六類。見《大論》等。一、遍行有五，曰觸、作意、受、想、思。此五數遍一切識，一切識心王起時，必各有此五數相應，故説此五數遍一切識皆有。遍一切時，思之可知。遍一切性，此五數通善等三性。善心起時，此五數屬善性者即與之俱起。不善心起時，此五數屬惡性者即與之俱起。無記性準知。故名遍行。更有餘義，此姑不詳。二、别境有五，曰欲、勝解、念、三摩地、慧。此五數别别緣境而得起故，此五數非如遍行一切時恒有，乃别别緣某種境界而始有之，故云。故名别境。三、善有十一，謂信乃至不害。此十一數性離愆穢，於自於他俱順益故，諸論皆説菩薩以他爲自，則益他仍是益自耳。故名爲善。四、煩惱有六，謂貪乃至不正見。此六數性是根本煩惱。能生隨惑，故名根本。煩是擾義，惱是亂義。擾亂有情，恒處生死，有情者，人與衆生之異名，有情識故，故名有情。後準知。有情以具有貪等之故，身心擾亂，以此長溺生死海中，不得解脱。故名煩惱。五、隨煩惱有二十，謂忿乃至散亂。此二十數隨他根本煩惱分位差别等流性故，此二十數，多依根本煩惱分位而假立，屬分位假。差别者，不一義。根本煩惱發現爲種種不同的分位，故言差别。如忿如恨等隨煩惱，皆依根本中嗔之分位差别而立此等數。等流性者，等言一類，謂隨煩惱依彼根本體性，一類相續而流故。故名隨煩惱。隨他而起故，名隨。他者，謂根本煩惱。六、不定有四，謂悔眠乃至伺。此四數由不同前五位心所，於善惡等皆不定故，此四數通善等三性，故不定攝善法與煩惱法中。又非遍一切心恒有，故不定攝遍行法中。餘詳《三十論述記》。故名不定。此等分類似欠精簡，《新論》改定，務宜參觀。

如上六位，當以次釋。諸論説心所，雖大體無殊，而亦互有詳略乃小節違異處，然皆無關宏旨。今此以《三十論》爲主，因其解説每一心數之自性與業用較他論爲精審。學者非深思而自得之，必不能有契斯言。或曰："此卷本談法相，而以唯識濫之，可乎？"答言：二家異處在其大旨，至關於心數之部分元無根本差異。

初遍行位。一曰觸數。《三十論》云："觸謂三和，分别變異，令心、心所觸境爲性，受、想、思等所依爲業。"按三和者，謂根、境、識三法更相隨順，故名三和。三法不相乖反，更相交涉，名爲隨順。如根與境起時，識必俱起。根爲識之所依，境爲識之所取，識則依根而能取境。此三法無有乖反而不相交涉者，故謂三和。

變異者，謂三和位三法正和合之位，名三和位，簡異未和合時故。唯識中更有種子義，此姑不詳。皆有順生一切心所勢用，名爲變異。言皆有者，顯三法同然故。順者隨順，生者牽引令生，三法都有順生一切心所之勢用，即此名爲變異。又勢用二字，《三十論》作功能。然功能本種子之別名，嫌其相濫，故今易勢用二字較妥。

分別，即領似之異名。識亦名分別，此中切勿作識的分別去解，而只是似義。參考《三十論述記》卷十七第四葉。謂此觸數依三和生，三法不合時，觸自不生故。而有似彼三法順生一切心所之勢用，即是有似彼三法之變異力，三法皆有此變異力，觸亦如之，故云似也。故名分別變異。

問曰："何故以三法順生一切心所之勢用，名爲變異？"答言：若但三法和合而不起一切心所時，則識於所取境便似不作了別，如無想數等，即無了別也。不起情味，如無受數等，即無情味也。不有動作，如無思數等，即無動作也。只是任運自然而已，唯三法皆有順生心所的勢用，遂令這些心所一齊起來，識之於境才顯出種種形相了。易言之，即於所取境另加一番製造了。豈不是個變異？但推原心所之起，卻由於三法都有順生一切心所之勢用，所以不把變異説在心所本身，而要説在三法順生此等心所之勢用上。學者宜深思自得之。吾初讀《三十論》至此，卻大費思量。又有問言："觸亦有順生一切心所之勢用，何故不言三法似觸而言觸似彼三法耶？"答曰：觸與三法雖同時起，然畢竟因三和故有觸，故應説觸似三法。

又此觸數，不唯有似三法順生一切心所之勢用而已，更能和合心及諸心所法不相離散，而令心及諸心所同趣一境。趣者趣取。基師《述記》"設無觸者，其心、心所各各離散，不能同緣。今不散時，皆觸自性功力"云云。蓋以一切心、心所各有自性，即各各爲獨立之體，非有一觸數以和合於其間，則不免離散之患。故觸數者，殆如衆軍之有聯絡隊，其重要可知。因此，應許觸有自性，是實非假。假實分別，已説見前。而和合心及諸心所令同觸境，即是觸之自性也。《蘊論》説觸，但云三和合分別爲性，卻太疏略。

受、想、思等所依爲業者，言觸能爲受、想、思等法作所依止，爲讀去聲。是即觸之業用也。此中等者，謂受、想、思之餘，即指一切心所。

二曰作意數。《三十論》云："作意，謂能警心爲性，於所緣境引心爲業。警心者，謂此作意，警覺心及餘心所令俱起故。"凡言心者，亦伏心所。《三十論》有明文。唯識説警覺應起心種，蓋唯識家建立實種子，彼計種子是實有故名實種子。謂一切心、心所，各各有自種子，一切及各各等字，須註意。此諸種子潛藏第八識中。由此，諸識未生時，必待作意之種子發動而爲現行。現行之名，下卷另詳。即於此時警覺其自類心及餘心所之諸種，自類者，如眼識相應之作意心所起時，即以其當念之眼識心王及諸心所爲自類。令同起現行，趣所緣境。基《記》云："作意警心有二功力：一者，令心未起正起。二者，令心起已趣境。"基云："作動意故，立作意名。"又應起之言，顯諸心、心所現起，諸者，猶言一切。多因所緣境牽引令起，或由串習力故起。如眼識心、心所現前現起，上現字，現前之現。下現字，現起之現。必因境與習等之故，不得不起。故云應起。故作意數首伺其幾，而警動心等種令之起也。眼識如是，耳識乃至第八賴耶識，皆應準知。唯識義，一切心、心所各各有自種，然在談現行時不必處處提到種子。但講到作意警心時，必須説警種，此意宜深思。恐煩不述。

作意數以警覺爲其自性，是實非假。而引心及餘心所趣境，是其業用。

> 《蘊論》云："作意，謂能令心發悟爲性。"《廣論》云："令心、心所現前警動。"皆不言警種。唯識於此處乃本其種子義而爲之解，此與法相大異。不可不辨。

三曰受數，詳前受蘊，此是實非假。

四曰想數，詳前想蘊，此是實非假。

五曰思數，詳見上文，此是實非假。

次别境位。一曰欲數。《三十論》言："欲者，於所樂境，希望爲性，勤依爲業。"此言欲之自性即是希望。此希望之起，恒對於所樂境而起，於非所樂必不希望故。故欲數是緣别境而有，非遍行也。非於一切境都有欲故，必於所樂境方起欲故。故云欲者，是緣别境。以下四數，皆應準知。勤者，勤劬，以有希望方厲勤故。故此欲者勤之所依，能爲勤依是即欲之業用。《廣論》解勤爲精進，則必專就善欲説。若不善欲，便非精進所依。

二曰勝解數。《三十論》云；"勝解者，於決定境印持爲性，不可引轉爲業。"此中"決定境"言，或所緣實塵，或所緣義理，通名境故。第六意識獨起思搆時，即以所思義理名爲境。決定者，謂於所緣境無猶豫故。如緣青時，計此是青，不致疑爲藍等。即此青境，便名決定。此約實塵言之。又如曾受某種學説思想之影響時，於某種義理承受無疑，即此義理於彼心中成決定境。此約義理言之。又自所思擇之義，具云義理。自謂無疑時，亦名決定境。以上所説，皆就其當念決定而言。此處吃緊。至於未決定前及已決定後而終又懷疑或易慮者，皆爲另一問題，此所不論。註意。總之，吾人心中不能常處猶豫，而有決定境之時必居多數。當其緣慮決定境時，其心上定有一種審決印持作用，謂此事如是非不如是。即此印持，是勝解數之自性。名勝解者，是解力勝不猶豫故，故名勝解。不可引轉爲業者，謂當印持頃，於所緣境既經審決印可，即更有異緣不能引轉令此心中更生疑惑，謂當至此作一長句。此乃勝解之業用也。宗教家與通途所云信仰者，只是此所謂勝解耳。

猶豫心中無有勝解，故此數不屬遍行。

三曰念數。《三十論》言："念者，於曾習境，令心明記不忘爲性，定依爲業。"曾習境者，凡過去感官接觸之境及所思維義境，義理即境，説名義境。皆名曾習。猶言過去經驗之境。記憶作用即是念之自性，念即俗云記憶。由念力故，令心及餘心所於曾習境明記不忘。唯識説念，由過去心、心所取境，熏發習氣，潛在本識中。本識即第八賴耶識。由憶念力故，喚起舊習，更有别義，此姑不詳。然憶念畢竟是一種獨立的作用云。

定依爲業者。定者，專注義。由恒憶念所知正理，不憶邪思等故，遂生正定，精神專注，故説念有爲定所依之業用。然散亂心中，不正之憶念亦無定生。又念屬别境者，於曾未習，必無念故；即曾所習，亦有不憶。故念非遍行。

四曰三摩地。三摩地者，定義。定數云何？《三十論》言："定者，於所觀境令心專注不散爲性，智依爲業。"此言專註，義至嚴格。如世説言某甲專注勢利等等，此云專注，實即顛倒，與是中專注義互相乖反。又或言某乙專注用思或讀書，此云專注只是勤劬，與是中專注義亦無涉。今言專注不散，謂心力恒時凝聚，不隨所緣流散。雖所緣境刹那萬端，而心恒寂照，不隨境遷，若隨境遷即滯於物，而失其無方之照矣。故名專注。由專注力，令心、心所深取所緣，恒寂然住，如實證境，非浮妄猜度故，謂之深取。住者，即謂不隨境遷。此即定之自性。智依爲業者，由心定故，明智即生。散亂之心，便無智慧。故説此定，能爲智依，是即其業用也。

五曰慧數。《三十論》云："慧者，於所觀境簡擇爲性，斷疑爲業。"按簡擇即比量智，謂於所觀境，由推度而至决定，不籠統，不糢糊，不迷謬故。斷疑爲業者，基《記》云："此説勝慧，故云斷疑。"若於諸法性相而如實了知者，方名勝慧。不爾，於疑心中亦非無慧。又慧屬别境者。基云："邪見者流，癡增上故，即無簡擇。"故慧非遍行。

别境五數，以假實論，亦皆實有。

三善數位。一曰信。《三十論》云："信數者，於實德能深忍樂欲，心净爲性，對治不信，樂善爲業。"據此《論》，於信依處，謂信所依之處。略説有三：一、信實有。謂於諸法實事理中，於真諦中有實理故，於俗諦中亦施設若事若理故。深信忍故。忍者忍可，謂於實事理起忍可信故。二、信有德。謂於真净德中，深信樂故。執途之人，授之堯名而喜，授之桀名而憂。故雖凡愚，其於真净德，非無信樂也，人性之善於此可徵。三、信有能。謂於一切善法深信有力，能得能成，起希望故。希望即欲、基云："信己及他，皆能得能成。"仁遠乎哉，欲之斯至，人固不宜妄自菲薄耳。心净爲性，謂信者澄净相，與不信渾濁相正相翻故。翻者，反義。對治者，如藥所以對治病。此信正是不信之對治藥也。餘文，思之可知。

二曰慚。《三十論》云："慚數者，謂依自法力崇重賢善爲性，對治無慚止息惡行爲業。"按依自法力者，據《顯揚》云："依自增上及法增上。"增上者，扶助義。依自力增上者，是謂自助，知自貴故。依法力增上者，即聞正法而得助，知自貴故。云何崇重賢善？賢謂有賢德者，善謂一切善法，如云正理或正義。無慚之人，自力弱故，難聞正法故，不自貴重故，故於賢善不知崇敬尊重。其有慚者反是。

三曰愧。《三十論》云："愧數者，謂依世間力輕拒暴惡爲性，對治無愧止息惡行爲業。"基《記》云：謂若他人譏毁及羞諸惡法而不作，皆名依世間力。有惡者名暴，不善法名惡。輕有惡者而不親，拒不善法而不肯作，由嚴畏世間訶厭故。此愧與慚所以别也。兩《蘊論》於慚愧二數並云"於所作惡，羞恥爲性"，則二數無異相也。《三十論》已辨之矣。

四曰無貪數。《三十論》云："無貪者，謂於有有具無着爲性，對治貪着作善爲業。"按有謂三有，三界之異名。三界即有，故名。三界者：一欲界，二色界，三無色界，皆衆生所依止。而名界爲有者，衆生恒繫着於此，恒以爲實有故，故亦名有。具者，資具。有具者，謂能生三有之因。即由起惑造業，長墮諸有，是惑業爲三有因。三有，以惑業爲資具而得起故，故説惑業望三有爲因也。衆生貪愛繫着世間，念念不捨，是爲着有。佛書凡言愛者皆是貪義，與儒書中愛字絶不同義。貪愛繫着四字宜玩。於諸惑業愛染固縛，不能自釋，是爲着有具。溺於惑業而不悟者，即於惑業而生愛染。孟子所謂樂其所以亡者，義與此通。難言哉着之一字也！如膠之粘物，尚不足形容其萬分之一。馬蹄着於泥塗則不行，飛鳥着於網羅則死，走獸着於陷阱則殺，人心之着於我及我所，更非此等可喻。着我者，堅執有自我而自私自愛深自藏護故。我所者，具云我所有法。如自身及妻子、財物、名位、權勢乃至器世間並所持偏見等，一切皆名我所。由執我故，遂執我所，一切渴愛纏縛，牢不可解，是則名着我所。着者，慘毒之至也。貪之自性爲着，反乎貪者即無着。人心本有無着之勢用，廓然順應，絶無留礙。而人每不自保任，竟至放失，是其自甘顛倒也。對治貪着云云，思之可知。

五曰無瞋數。《三十論》云："無瞋者，於苦苦具無恚爲性，對治瞋恚作善爲業。"基《記》云："苦謂三苦，一行苦，二苦苦，三壞苦。詳見《顯揚》等。苦具，即彼能生苦者一切皆是。"按無瞋者，無有憎恚，於諸有情常存悲愍故，雖遇逆拂不失柔和故。人情遇逆己者則憎恚生而失其柔和之心體矣。無瞋反是。

六曰無癡數。《三十論》云：“無癡者，於諸理事明解爲性，對治愚癡作善爲業。”按明解即是一種睿智作用。唯識説無癡有自體，非即别境中慧。參考《述記》卷三十四。由明解力，於真諦理遠離一切虚妄分别，無戲論故，於俗諦中若事若理稱境而知，不以情見變亂事實，離迷謬故。

《瑜伽》五十七謂“大悲、依無瞋無癡二法而起”，義趣深遠。瞋未盡者不能有悲，盡者，斷盡。人猶易知。癡未盡者不能有悲，人或莫之知也。不智而能仁，未之有也。

無貪、無瞋、無癡，此三法者名三善根。一切善法，皆以此三爲根本而得生故。

七曰勤數。《三十論》云：“勤謂精進，於善惡品修斷事中勇悍爲性，對治懈怠滿善爲業。”於善云云者，謂於善品法中能修，於惡品法中能斷。即此修斷事中勇健且悍是爲勤之自性。基云：“勇而無惰，自策發也，悍而無懼，耐勞倦也。”勇者升進義，悍者堅牢義。滿善者對法云，成滿一切善品，此勤之業用也。

《識論》云“勇表勝進”，“悍表精純”。故俗云勤作惡者，正是顛倒，非此中所謂勤。是故言勤，亦名精進。經説精進，略有五種：一、被甲精進。如着甲入陣，即無所畏，有大威勢。次、加行精進。堅固其心，長自策勵。三、無下精進。謂不自輕蔑，亦無怯懼。四、無退精進。謂遭苦不屈，堅猛其志。五、無足精進。雖功已成，更祈勝進，無有止境容息肩故。此即乾之自强不息也。

八曰輕安數。《三十論》云：“輕安者，遠離粗重調暢身心堪任爲性，對治昏沉，轉依爲業。”粗重者，謂一切染污法。此能令人身心粗重，故名。遠離者，由輕安力故，粗重不復現起也。基云：“離重爲輕，調暢名安。輕安自性，即是堪任。”堪者，有所堪能。今俗責人之無能者，曰太不堪。任者，有所任受。《論語》曰：“君子可大受。”又曰：“任重道遠。”轉依者，謂轉去粗重而依於安穩故。此解依字與基稍異。

九曰不放逸數。《三十論》云：“不放逸者，精進三根，於所修斷防修爲性，以治放逸成滿一切世出世間善事爲業。”此不放逸，依精進及三根假立。無貪、無瞋、無癡，名三善根。於所應斷惡法防令不起，於所應修善法修令增長，故云防修爲性。然依精進等功用假立，等者，謂三善根。實無別自體。

十曰捨數。《三十論》云：“捨者，精進三根，令心平等正直無功用住爲性，對治掉舉静住爲業。”心或沈没或掉舉，皆名不平等。沈没者，謂心昏没。掉舉者，謂心浮起。沈掉二相高下雖殊，要皆莊子所謂心死之候。離沈掉故，方名平等。正直者，離染故。無功用住者，謂無功用而住。程子《識仁篇》謂“不須窮索，不須防檢”，義與此近。此捨，亦依精進及三根假立。

十一曰不害數。《三十論》云：“不害者，於諸有情不爲損惱無瞋爲性，能對治害悲愍爲業。”謂即無瞋，於有情所猶云於衆生處。不爲損惱，假名不害，非離無瞋别有不害之自性故。非字一氣貫下爲句。《大論》五十五云十一善中不放逸、捨及不害三是假有，餘皆實有。

四煩惱位。一曰貪數。《三十論》云：“貪者，於有、有具染着爲性，能障無貪生苦爲業。”有及有具，並詳前善數中。與基記亦有異。《廣論》云：“謂於五取蘊染愛躭着爲性，謂此纏縛輪迴三界生苦爲業。由愛力故，生五取蘊。”按此中五取蘊者，五言其數，蘊義詳前。色等五聚法，名五蘊。取者，趣求義。五蘊聚積，假名生者。有生命者，名爲生者，即人與衆生之異名。有情於五蘊執爲自我，堅愛不捨，恒於當來，趣求不息。當來，猶言未來。趣者趣逐，求者要求。趣逐要求，即是衆生生相，最宜深玩。此趣求與五蘊恒隨轉故，隨與流轉，不相離失。即依是義名五取蘊。《廣蘊》《識論》《識論》即《三十論》異名。詞有詳略，而義無殊，皆謂由貪故輪迴三界。

貪者，着義。具云染着。衆生之心，無往不着。由着故，障蔽其本有無着之心。猶如浮雲障翳虚空，空相不顯，全成翳相。着即起苦，故曰生苦是其業用。與善中無貪數參看。

二曰瞋數。《三十論》云：“瞋者，於苦、苦具憎恚爲性，能障無瞋不安穩性惡行所依爲業。”苦及苦具，詳在善位無瞋數中。嗔之自性即是憎恚。其行相最寬，行相者，一切心及心所於所緣境起解時，各有一種行解之相故，名爲行相。須謹記。於一切處皆得起故。必須深心反觀。如於眷屬乃至衆生輒生憎惡，甚者損害他命，喋尸流血，動逾千萬，此名有情嗔。於有情而起嗔，故名。由於有情懷嗔故，遂於器世間亦生憎恚。器世間者，猶云物界。懟人則器物皆罪，伐國則城市爲墟。諸如此類，名境界嗔。於境界而起嗔，故名。若乃固執己見，便憎他見。如程、朱派之學者，詆陽明以洪水猛獸。西哲康德之學，當時亦有人詈爲狂犬妄吠。印度人辨論，動以斬首相要。諸如此類，不可勝數，是名見嗔。於他見而起嗔，故名見嗔。見嗔，本於有情嗔中别出言之。其行相甚遍，而亦甚隱。於一切所知事若理，皆得起見嗔故，故甚遍。凡人恒是己見，憎他見，方且自謂事理本如是，而不自承爲憎他也，故甚隱。見嗔爲害之烈，足以障真理，起鬥爭，人類之不幸莫大乎此也。

嗔能障蔽無嗔之心，如貪中説。嗔必令身心熱惱，故云不安穩性。然無嗔之心，畢竟能對治嗔心。參善位無嗔數中。

三曰癡數。《三十論》云："癡者，於諸理事迷闇爲性，能障無癡一切雜染所依爲業。"按癡之異名，即是無明。無明者，只是一團迷闇，力用極大，無量無邊。衆生依迷闇而生，終古恒相隨轉。又由迷闇力故，於諸理事任意搆畫，戲論分别。不悟方計爲明，正其已成乎闇也。

癡障無癡，然無癡畢竟能對治癡。學者讀破三藏，而實體之身心之間，庶幾自識無癡本體。《易》於乾曰"大明"，又曰"乾以易知"，《般若》之義盡此矣。孰謂儒佛談最上事有異耶？

貪、嗔、癡三法，號三不善根。一切染法依此爲根本而得起故，又名三毒。

四曰慢數。《三十論》云："慢者，恃己於他高舉爲性；能障不慢，生苦爲業。"高舉即慢相，此言相者，體相之相，言慢之自體即高舉。略有七種：一、慢。謂於劣者而計己勝，彼雖劣，而我不當計己勝。今計己勝，故是慢也。於等計己等。於等於己者，而必計己與之等，非慢而何？二、過慢。謂於等計己勝，故是過慢。於勝計己等。於勝己者，而反計己與之等，更過矣。三、慢過慢。謂於勝計己勝。於勝己者而反計己勝，故名慢過慢。四、我慢。於蘊計我，即於身心五蘊而計爲我。自恃高舉。五、增上慢。於所未及證之勝德，謂己已得。或得少分而自謂得，亦是此慢。增上猶言加上，此慢稱增上，即加增其慢之謂。六、卑慢。於他多分勝己者，而謂己僅少分不及。七、邪慢。於己無德而謂己有德。《論語》云“無而爲有者”即此。

五曰疑數。《三十論》云：“於諸諦理猶豫爲性，能障不疑善品爲業。”諦者四諦，後當另詳。順流轉故，説苦、集二諦。順還滅故，説滅道二諦。流轉即輪迴義。還滅者，以出脱流轉故名。若於諸諦理深懷猶豫，是則名疑。煩惱中所謂疑，限於疑諦理者而已。佛家本主出世，其義則具存四諦，故以疑及此者便屬煩惱。

六曰惡見數。《三十論》云：“惡見者，於諸諦理顛倒推度染慧爲性，能障善見招苦爲業。”此中惡見，即依别境中慧數而假立，故云染慧爲性。染者，慧通三性。此惡見慧不善性攝，是染分故。簡異善慧等也。據諸論言，此見行相差别有五：一、薩迦耶見。謂於五取蘊，執我、我所，一切見趣所依爲業。薩迦耶者，經部師云：薩，僞義；迦耶，身義。遮執有實身故，遂説薩言。緣僞身而起見，名薩迦耶見。薩婆多與大乘師解釋身見，與經部義異。此姑不詳。五取蘊，詳前。我、我所者，如依五蘊而計爲我，是名執我。我所者，具云我所有。如計蘊爲我，亦復計蘊爲我所，至於妻子、田宅、財物、名勢、權利、乃至器界，並己所持偏見等，一切皆名我所。由執我故，俱時執我所。俱時猶言同時，我、我所執同時而起，有我執，必有我所執。世之談經濟改革者，欲除私有，而不肯講求無我之學，恐難如所期。孰謂東方玄學可打倒耶？執相深隱，學者非反觀真切，不自知其顛倒至此。《對法》第一、《婆沙雜蘊》第一等，研名相者不妨參考，然實無關宏旨。見趣者，基云：“以此我見爲所依本，諸見得生，故名一切見趣所依。”趣者況也，或所歸處也。

《廣論》釋薩迦耶，薩謂敗壞義，與經部僞義近。迦耶，謂和合積聚義。和合積聚，即是身義，蘊積聚者假名身故。又云“見一、見常，異蘊有我，蘊爲我所等”者。謂諸外道有執我是一是常，異於蘊而實有此我，非謂蘊即是我故。由計異蘊有我，遂計蘊爲我所有之法，故云蘊爲我所。然復有即蘊而計爲我者，故置等言。餘文，思之可解。

二、邊執見。謂即於彼隨執斷常，障處中行出離爲業。邊者偏義。偏執故，名邊執。執斷者，謂見物滅壞故，即起斷見，計一切物滅便無有。如人死後即無有故。執常者，謂見物暫住故，即起常見，計一切法皆當常住。如聲常論等是。雖復於物不計爲恒常但許暫住者，此猶是常見，當暫住時已是常久未滅之法故。清人姚配中釋《乾》之九二“見龍在田”曰：“爻主變，而言在者暫在也。”與羅素只許有暫時的真實者略近。其識解雖較通途爲進，要猶未免滯於常見。中行者，如見非斷非常，名中行，此唯入道諦者能之。出離者，滅諦。滅道諦義後詳。處中行及出離，此作聖之功，而邊見適爲之障云。《廣論》云：“常邊者，謂執我自在，爲遍常等。”此即《唯識述記》卷三十六第十一至十七等葉中所謂四遍常論者，此無甚義趣。學者若欲考覈名相，可查《述記》並《瑜伽》及《婆沙》等論。又云：“斷邊者，謂執有作者、丈夫等，彼死已不復生。”丈夫，即人之異名。作者一詞其義有二：一者相當於造物主之義，凡經論中破作者，即是破執有造物主故。二者即人之别名。今此云作者，屬第二義。

三邪見。謂謗因果、作用、實事，及非四見，諸餘邪執。如增上緣，名義遍故。按此中以謗因、謗果、謗作用、謗實事四見爲最大邪見。而此四見以外，諸餘邪執，統名邪見。故邪見之名義最普遍，與增上緣名義之普遍正相等故。一切緣皆是增上義。下卷另詳。謗因及謗果，《廣論》首約十二緣生爲説。今此不便爲之解釋，恐蔓延太甚。關於十二緣生，至後别立專條，學者參稽而自得之可也。《廣論》又説：“謗毀善行惡行，謂無有此，名爲謗因。”《對法》所謂無施與等，義亦同此。謗毀善行惡行果報，謂無有此，名爲謗果。《對法》亦同。謗作用者，謂無從此世往他世作用，無種子任持作用，不信有賴耶任持種子故。無結生相續作用等。如大乘説，有情皆有賴耶任持種子故，死此生彼，而不斷絶，名結生相續。今亦撥無此事。“謗實事者，謂無世間真阿羅漢等。”凡此，多有關於佛家宗教思想方面之主張。故謗毀此等者，皆名邪見。

諸餘邪執者，《對法》云："謂餘一切分別倒見。"不正之見，名爲倒見。《大論》五十八又略説二種：一、增益見。如外道執我者計我有邊無邊等論。執我有邊者，若執色爲我，體有分限，或在身中，如指節量等。執我無邊者，若執色爲我，遍一切處。凡此皆妄計，無而爲有故名增益。二、損減見。即無因論等。

四、見取。謂於諸見及所依藴，執爲最勝，能得清净，一切鬥争所依爲業。《廣論》釋見取云，謂於"三見，即前薩迦耶、邊執、邪見。所依藴者，即彼諸見所依之藴"。《唯識述記》卷三十六云："此於諸見，即餘一切惡見及此所依五藴，執爲最勝，能得涅槃清净法，是見取。"按《述記》謂此於諸見，即餘一切惡見，是不主即前薩迦耶等三見，只是三見以外諸餘惡見。此解與《廣論》異，愚謂《廣論》所釋爲正。蓋前三見中，邪見已最遍，除謗因果等四見外，諸餘邪執通屬邪見。《對法》云："一切分別倒見皆邪見攝。"準此，則前三見已盡攝一切惡見，不應於見取中又除三見而更有所餘。此等空泛之分别，殊無典要。須知見取本依前三見而申言之，其意義特重在執爲最勝及能得清净。《廣論》云："隨計爲最、爲上、爲勝、爲極。"亦與此同旨。前述三見未説及此，故今申述之，而别名曰見取。取者執義。於見堅執，名取。所以明其執相轉深，非與前文重複也。餘文思之可知。

五、戒禁取。謂於隨順諸見戒禁及所依藴執爲最勝，能得清净，無利勤苦所依爲業。謂依諸見所受戒禁，諸見即前三見乃至見取。依此所受戒禁，如外道所持戒是。戒禁者複詞。基云："戒即是禁。"即於此戒及戒所依五藴而執爲最勝，並能得涅槃，是名戒禁取。取義，詳見取中。無利云云者，基云如一切外道受持拔髮等，無利勤苦是也。《廣論》釋戒禁取一段殊冗亂，此中不及辨正。

如上煩惱數，總分爲六，曰貪、嗔、癡、慢、疑、惡見。又將惡見别析爲五，曰薩迦耶、邊執、邪見、見取、戒取。戒禁取之省稱。如是，由貪至疑及五見，共説爲十煩惱。此十煩惱，除五見係依别境中慧而假立外，餘皆實有。《瑜伽》五十五説諸煩惱中“見是世俗有，世俗有者，猶云假有。據佛家言，凡世俗所計爲實物者皆是假有。故此即以假有而説名爲世俗有。即慧分故。五見即別境中慧數之分位差別故。餘是實有，餘者，謂貪至疑五數。別有性故”。言貪等五數各有獨立的自體。

此十煩惱亦名本惑，煩惱即是惑之別名故。又此貪等十數是一切惑之根本故，諸隨煩惱依此生故，故對隨而名本。是諸本惑又依現起之異致，略區爲二，曰俱生惑，曰分別惑。俱生惑者，行相深故，不假外緣，而一向恒與生俱故。與生俱有曰俱。此則恒時任運而起，言任運起者，不待思察故。故名俱生。分別惑者，行相粗顯故。或由不正之學説思想及諸惡緣如惡友及社會風氣之不良等。而爲牽引，方令起諸虛妄分別。或由日常實際生活之關切計慮過度，即起某種惑，亦名分別。如貪瞋等之通分別者，多如此。諸師説分別惑，只云要由邪教及惡友力引起，前所謂不正之學説思想云云一段，即本其旨。但只説得一方面，不能賅攝一切分別惑，今補此段，義始圓足。凡此，皆經審慮思察始顯，故名分別。本惑十數中，如貪、瞋、癡、慢、身見、邊見，此六數者，通俱生、分別二惑，如疑及邪見、見取、戒取，此四數者，唯屬分別。廣如《唯識述記》參看三十六、七各卷。及《大論》等説。

通俱生、分別者，舉貪數爲例。俱生貪，其行相沉隱而最寬廣，種類無量，恒任運起而不自覺。分別貪，則行相粗顯。昔陽明先生與董蘿石等遊，見一山中有幽宅極可愛，欲購之，行里許，猶不能忘。乃痛自刻責曰：“我之所愛，人亦愛之，奈何欲奪人所有耶？”此亦是分別貪，以其經審慮而浮現心中，甚粗顯故。俗言佔有衝動者，大抵是貪、嗔、癡三數混合的現象，不唯是貪也。貪爲己有者，必嗔他故。貪嗔盛時，必有癡俱故。貪數通俱生、分別。瞋數等皆應畢知。禽獸只有俱生惑，而不能有分別惑，人之俱生惑方面亦同於禽獸。就日常徵之，有時明知於男女事無節及於飲食不擇等，足以妨害生命，然猶安而爲之者，則以爲俱生惑所支配故也。凡諸惑數，學者切宜反躬深自體究，始覺義蘊無窮。若滑口讀過，與自家全無干涉，亦無意義。

五、隨煩惱位。一曰忿數。《三十論》云：“忿者，謂對現前不饒益境憤發爲性，能障不忿執仗爲業。”對现前不饒益境者，謂依現在所見聞事，如他有情猶言他人。或他見，竟於己爲不饒益。對如是境，便有忿生。忿之自性即是憤發，如俗云怒氣勃發不可遏也，不忿即謂無嗔。此忿之業用，能障蔽無嗔，並發動身語惡業執仗争鬥等。

忿即嗔之一分。離嗔，無别忿之相用。

二曰恨數。《三十論》云：“恨者，由忿爲先懷惡不捨結怨爲性，能障不恨熱惱爲業。”恨即藏怒宿怨之謂，亦是瞋之一分。

三曰覆數。《三十論》云：“覆者，於自作罪恐失利譽隱藏爲性，能障不覆悔惱爲業。”覆之自性即是隱藏，凡人既自作罪而又恐失財利及名譽故，必自隱藏其所作之罪，以爲人不之知也。《對法》云：“法爾覆罪者，心必憂悔，按法爾猶言自然，謂覆罪者其心中自然有憂悔故。由此不得安穩而住。”按心憂悔故，不得住止於安穩處也。覆依貪、癡假立，離貪等無别覆之自性。等者謂癡。

四曰惱數。《三十論》云：“惱者，忿恨爲先追觸暴熱狠戾爲性，能障不惱蛆螫爲業。”由忿而恨，由恨而惱，瞋相轉深，罪業益重。追者追往惡，即其所宿藏之忿恨也。觸者，現起違緣。如某乙於某甲夙懷忿恨，現時復以或種緣合，便相與違異。當此之際，乙心中便起囂暴躁熱，凶狠毒戾，不能自寧息，此惱之相也。惱障無瞋，不惱即是無嗔。必損害人，猶蛆惱螫於他人也。此亦瞋之一分。

五曰嫉數。《三十論》云：“嫉者，殉自名利不耐他榮，妒忌爲性，能障不嫉憂戚爲業。”妾婦之固寵，下士之競名，凶猾之怙權勢，皆富於妒忌者也。亦是瞋之一分。

六曰慳數。《三十論》云：“慳者，耽着財法不能惠捨祕吝爲性，能障不慳鄙畜爲業。”資具榮位等事，皆名爲財。一切知能乃至玄學所究真理，皆名爲法。祕者藏也，吝者惜也。祕藏吝惜，慳之相也。鄙謂鄙惡，畜謂畜積。《廣論》云：“非所用物，猶恒積聚。”鄙畜之謂也。此即貪之一分。

七曰誑數。《三十論》云：“誑者，爲獲利譽矯現有德詭詐爲性，能障不誑邪命爲業。”矯者不實之義。極無德，而詐爲有德，謂之矯現。如口説正義，身行險惡者是也。詭詐者，虚僞之稱。行詭詐者，必其人全無生理，如龔中蛆、袁世凱之徒是也。邪命者，僞現種種不正事以誑惑人，故名邪命。《雜集述記》卷三十三説邪命有五種，皆就僧徒立論，姑不具引。

誑依貪、癡二法假立，無别自體。

八曰諂數。《三十論》云：“諂者，爲罔他故矯設異儀險曲爲性，能障不諂教誨爲業。”罔者網帽。凡諂曲者，必曲順時之所宜，利用人之闕失而矯設異儀。如羅者之張網，使人墮其術中而不覺。異儀者，如立言行事善投人意，及故徇時尚者皆是。險曲者，基云：“不實名險，不直名曲。或云：“險者險惡，何但以不實爲訓？”須知行諂之人，必其生活力不充實，故陷於此等險惡耳。足乎己者，必不苟順於人苟合於世也。諂之自性如是，不諂即無貪無癡。教誨者，謂善師友正教誨也。無智故諂，有正智人斷不媚世。即是癡分，諂即癡之一分。而障蔽無癡。貪名利故諂，即是貪分，準上可知。而障蔽無貪。枉己以狥人，故不堪師友教誨。由此説諂有障不諂及教誨之業用。諂依貪、癡二法假立，離二貪癡。無别諂之相用。

九曰害數。《三十論》云：“害者，於諸有情心無悲愍損惱爲性，能障不害逼惱爲業。”此亦瞋之一分。損害逼惱是害相，衆生心中皆有此害數，非以三善根對治之，則群生毒苦無已時也。常與人遊山，聞林禽和鳴，宜其樂融融，而忘己與鳥之相對矣。乃彼人忽起念曰：“若獵而食之，其味當佳。”此念者何，即害數現起也。甚矣，其可畏也！其可愍也！不害即無瞋，害能障無瞋，及逼惱有情，其業用如此。

十曰憍數。《三十論》云：“憍者，於自盛事深生染着醉傲爲性，能障不憍染依爲業。”自盛事者，《對法》云：“如族姓、色力、基云色謂妍美，力謂强盛。聰叡、財富、自在等事。”凡言自在者，略有三義：一、至淨離染，妙用無窮，不可測量，説名自在。如讚佛以大自在是也。二、有殊勝力用，名自在。如於根曰最勝自在是也。三、縱任曰自在。即凡人處順境，可一切縱任，便含劣義矣。今此中自在義乃屬第三。醉者，昏迷之謂。傲者，傲逸。凡醉傲者，於自盛事深貪着故，不憍即無貪。染依者，謂憍是一切雜染法所依。憍之業用，即是障蔽無貪及爲染法所依，故可畏也。憍即貪之一分，亦無别自性。

十一曰無慚數。《三十論》云："無慚者，不顧自法輕拒賢善爲性，能障礙慚生長惡行爲業。"不顧自己所習聞正法，即自負其所學。輕有德者而不尊，拒善道而不願聞。凡人心中若爲無慚數所支配時，便失其所以爲人之理，而不復知有人生之意義與價值，故不知崇重賢善。無慚能障礙慚，及生長一切惡行，其業用如是。

十二曰無愧數。《三十論》云："無愧者，不顧世間崇重暴惡爲性，能障礙愧生長惡行爲業。"於世間清議無所忌憚，名不顧世間。不惟輕賢，而更崇敬暴人，不唯拒善，而更尊重惡行，暴惡之得志於社會，皆由無愧之徒所鼓勵而起者。比於無慚又益污下。衆生終古無慚無愧，所以終古常在黑暗慘毒中。

十三曰掉舉數。《三十論》云："掉舉者，令心於境不寂静爲性，能障行捨奢摩他爲業。"此云不寂静者，即囂動相。謂凡夫心常攀緣過去貪欲等事，浮囂動盪，不堪凝攝，此即掉舉相。行捨，即善位中捨數，詳前。捨即行故，亦名行捨。此言行者，是相狀義。奢摩他者，止義。掉舉有能障礙捨及止之業用。

十四曰昏沉數。《三十論》云："昏沉者，令心於境無堪任爲性，能障輕安毘鉢舍那爲業。"昏沉自性即是瞢重。此即心爲物役，馴至完全物化，瞢瞢沉重而成無心狀態。無堪任者，謂無所堪能，無所任受。無心故爾。輕安數，詳前善位中。毘鉢舍那者，觀義。昏沉有障礙輕安及觀之業用。掉舉障止，昏沉障觀。然欲對治沈掉，亦唯勤修止觀耳。

十五曰不信數。《三十論》云："不信者，於實德能不忍樂欲心穢爲性，能障净信惰依爲業。"於實德能云云，參考前善位信數中。心清净名信，心穢即名不信。《識論》云："唯此不信，自相渾濁，復能渾濁餘心、心所。如極穢物，自穢穢他。是故説此不信心所。心穢爲性。”惰即懈怠數。不信有障礙浄信及爲懈怠所依之業用。

十六曰懈怠數。《三十論》云：“懈怠者，於善惡品修斷事中懶惰爲性，能障精進增染爲業。”善品應修事，惡品應斷事，皆心之所對。所對即境。今由懶惰力故，應修不修，應斷不斷。

向有問言：“人性本善，何因爲惡？”吾答彼云：惡本無因，必不得已而假説其因，當言萬惡皆因懶惰。此義必深切體認才有味。或復問云：“如世作惡者用力甚勤，既非懶惰，何故成惡？”吾復答云：作惡之勤，正是顛倒，詎可言勤？前善位勤數中亦已辨之。如世持權作惡者，皆自知罪過，懼人發露，恒以利誘威脅制人發其伏也，是其心中本知善當爲而惡不當爲。然竟爲所不當爲，弗爲其所當爲者，何哉？徇欲者，獸性之餘習，其勢易；順理，則人類以進而成能，道尊而事難。故癡者苟以從欲而憚於順理，此非懶惰而何？

十七曰放逸數。《三十論》云：“放逸者，於染浄品不能防修縱盪爲性，障不放逸增惡損善所依爲業。”於染品法不能防，於浄品法不能修，唯是縱恣蕩逸，故名放逸。此依懈怠及三毒假立，貪、嗔、癡名三毒。非别有體。

十八曰失念數。《三十論》云：“失念者，於諸所緣不能明記爲性，能障正念散亂所依爲業。”按《廣論》云：“於諸善法，不能明記爲性。”《三十論》泛言於諸所緣，似不及《廣論》之切要。佛家談心所法，雖與今所謂心理學極相關切，但畢竟不是心理學。故此中失念亦不是通途心理學之觀點，即非就記憶力缺乏爲言，卻是就日常生活或修養工夫上有時忘失正念，即説此等現象名爲失念。《廣論》以於諸善法不能明記爲失念之自性，確是釋迦以來相傳本旨。失念依癡及染污念假立，無别自體。染污念者，念即别境中念數，此通善等三性。染污念，即念數之與不善心、心所相應者，此即惡性，故名染污念。

十九曰散亂數。《三十論》云：“散亂者，於諸所緣令心流蕩爲性，能障正定惡慧所依爲業。”流者馳流，蕩者飄蕩，基訓蕩逸，便與放逸相濫。此即放逸加甚之相，亦依貪、嗔、癡三法假立。《識論》謂散亂與掉舉異者，掉具云掉舉。能令心、心所於一境起多解，心浮氣粗者，有所思察，不能深入，每於一種事理而依淺見作種種膚泛之解。諺所謂左思右想不得一是者，正謂此也。亂具云散亂。能令心心所於一念更緣多境。更者更易。躁擾之心，於所思察不能貫澈，於一念中，此一事理思之不得，又思及他，仍復無得，又思其別。一念之間，如此更易，緣慮雜多之境。所謂游思雜念，即此況也。亂以馳流飄蕩爲相，亦即躁擾之謂。能障礙正定及爲惡慧所依，是其業用。慧者，别境中慧數，此通三性。惡慧，即與染污心、心所法相應之慧，是惡性故，名惡慧。如本惑中五見及隨中不正知等是也。

二十曰不正知數。《三十論》云："不正知者，於所觀境謬解爲性，能障正知毁犯爲業。"基云："但是錯謬邪解名不正知。不正知多發業，多起惡身語業而多犯戒等。"《述記》卷三十八。此依惡慧及癡假立。

隨煩惱亦名隨惑，隨他本惑而起，故名。參看前文。隨惑二十數，又類别爲三：謂從忿至憍凡十數，各别起故，名小隨。具云小隨烦惱。無慚無愧凡二數，遍不善心故，一切不善心，皆有此二與俱故。名中隨。掉舉至不正知凡八數，遍一切染心故，名大隨。《識論》判别隨惑假實，謂小十、大三，定是假有。小隨十數，大隨三數，定是假有。參看各數本文。無慚、無愧、不信、懈怠四數，定是實有。掉舉、昏沉、散亂三數，有説是假，有説是實。參看基師《述記》三十七、八等卷。問曰："隨惑中實有者，即離本惑别有自性，云何名隨？"答曰：雖别有性，然與本惑體性是同類故。又本惑力强，此隨之而起故，故望本名隨。

二十隨惑，皆通俱生分别，如《識論》説。

六不定位。一曰悔數。《三十論》云："悔謂惡作，惡所作業追悔爲性，障止爲業。"惡者嫌惡，即是悔義。基有多解，今唯取此。追悔先所作業而自嫌惡，此名追悔。追憶先所未作而自嫌惡，亦名追悔。此通善等三性。悔先作不善，即善性攝。悔不善事先未作，即惡性攝。如悔先所未作事屬無記者，此悔即無記性。悔能令心、心所悵怏不安故，故説有障止之業用。《識論》説悔應别有體，然以理準，應説依念慧二數假立。

明了先所已作、未作，即是慧分。追憶即是念分。念、慧二數均詳前別境中。

二曰眠數。《三十論》云："眠謂睡眠，令身不自在昧略爲性，障觀爲業。"身無力用，名不自在。"昧簡在定，昧者暗昧，簡者簡別。昧之一言，所以簡別於定中之心，定心有觀察妙用，而非昧故。略別寤時。"略之一言，所以別於寤時，寤時之心，行相極廣，非輕略故。睡眠亦云夢數，其相暗昧輕略。《識論》有説夢數依思想二數假立，思與想，詳前遍行位。有説亦別有體。以理推徵，前義爲正。寤時心、心所法於諸所緣而起造作與取像故。造作即思，取像即想。及睡眠中猶有餘勢，復得現起，是名爲夢。然夢之行相，或極淆雜，或亦似有條理，如寤時心，思維一事始終不紊。更有現希奇境相，如見人頭有角。然此等亦由寤中於異時異處見頭，又於異時異處見角，今於夢中合在一處，故成希奇。凡諸夢境，鮮不於寤境有所依據者。如本無盜心人，决不夢作盜事。又人之一生，精誠所注，恒形諸夢寐。如孔子夢見周公，是其例也，但此等夢非凡夫染心所有。虔修之僧徒夢見佛，亦同此理。清人姚配中治《易》精專，夢呑乾爻初九至九五，意乃豁如。學者有此精神，無有不成。然世間説夢多有靈異，如預兆休咎與幽靈等事，有不能盡以變態心理言之者，姑存疑焉可也。吾五弟繼剛，於民國七年舊曆三月初在江西病故。吾以六年秋由武昌赴荆襄，謀參預守軍獨立事。荆、襄敗，吾又赴湘，展轉兵間，至七年春始入粵，未曾通家信，亦絶無鄉人往來，五弟之歿，吾絶不能知。又弟年甚少，平日亦未慮其早折。舊曆四月中旬，吾猶在粵。一日午睡，忽夢吾五弟陳屍在床，吾撫遺體哭之痛。未幾而醒，淚痕猶濕，吾甚怪之。時天門白楚香逾桓與吾同住，因語楚香，楚香曰：焉有白晝夢接幽靈之理，想是腦筋昏亂耳。"吾亦不復介意。然此次奔走革命軍中，凡所觀察都無好感，已决心捨革命而專力所學。居月餘，潛行回鄂，始知五弟已去世，因憶廣州之夢，果有徵也。計夢期去五弟之歿已月餘，此真不可解者。吾平生不敢作誑語，此所記述無半字不實。

三曰尋數。《三十論》云："尋謂尋求。令心悤遽於意言境，粗轉爲性。"

四曰伺數。《三十論》云："伺謂伺察。令心悤遽於意言境細轉爲性。”淺推度名尋，初起之相。深推度名伺，繼起之相。此二皆依思慧假立。遍行中思數，別境中慧數。思者意力，詳前。慧者智力。詳前。凡慧起時，必有思俱。如意志不强，則智慧力用必虛浮而不能深澈，故慧與思必俱也。俱者，相依俱起。他處言俱者，皆準知。《識論》説尋、伺二數，並用思慧一分爲體，具有深意，基《記》解此殊失其旨。基師以思但淺推度名尋，慧深推度名伺，如此則思慧非俱有。參看《唯識述記》卷三十九。令心悤遽者，悤迫遽急也。於所欲知若事若理等境而起推度，恒努力趣境，若有所擄掠者然，故云悤遽。意言境者，意謂意識，由意起言，故名意言。有説意中取境之相即分別相，與言説相相似，故名意言，亦通。意所取之境，名意言境。

不定四法皆是假有，然悔、眠二數，古亦有説是實有者。此非正義，應如理思。

如上六位心數，共有五十一法。若於五十一數外更分別説多，亦未嘗不可。然但舉此數，已足説明心相。毋取加多，即更求簡要亦可也。

此五十一數，若依八識判別多寡，唯第六意識得具其全。非謂一念全具，乃通多念中各起而説故。他皆準知。第八賴耶但有五遍行法，恒與相應。詳《述記》卷十七。第七末那有四本惑我癡、我見、我慢、我愛，愛即貪數。及五遍行、別境中慧、八隨煩惱，昏沉、掉舉、不信、懈怠、放逸、失念、散亂及不正知。凡十八數，常與相俱。參看《述記》卷二十八。前五識中，遍行五法決定是有，別境五數有説或無。參看《述記》卷二十四。善十一數，有説俱有。參看《述記》卷三十五。本惑有三，曰貪、瞋、癡。參看《述記》卷三十七。中隨二數，大隨八數，此皆容有。參看《述記》卷三十八。不定中，尋伺二數，有説容俱，究非正義。參看《述記》卷三十八。

五十一數，依三性分屬。善十一法，唯是善性。煩惱六法，亦復分爲十法。並隨煩惱二十法，本是染性，亦云惡性。亦有許通無記。遍行五法、別境五法、不定四法，俱通善、染、無記三性。云何通三性？隨舉一觸數爲例。如意識相應之觸，非唯一體，實有多數。此多數之觸，或是善性，或是染性，或是無記性，故總説言此通三性。意識相應之觸如是，餘一切數皆應準知。

云何本隨惑有許通無記耶？善等三性，前有專條略説，但於無記猶未詳析，今應申述。無記有二種：曰有覆無記，《述記》云：覆者覆障，謂障聖道。雖是染法，而不成惡，故名無記。仍能障善，名有覆。無覆無記。不障善，名無覆。與賴耶相應之遍行五數，皆無覆無記性。與第七末那相應之諸數，皆有覆無記性。問曰："末那相應之本隨諸惑，體是染污，何云無記？"答言：雖是染法，但與末那相應者恒時内緣，行相深隱，不同第六相應諸惑粗動趣境成惡性故，"不同"一氣貫下，至此爲讀。故名無記。又堅執我相能障善故，故名有覆。與五識相應之貪等數，體雖是染，然任運起故，非籌度故，由意識所引故，亦通善等三性。唯第六意識相應之一切染數，籌度力强故，行相粗猛故，皆是惡性。思之可知。學者如欲推詳，《識論》基《記》，靡不足徵。五十一數，又依三受分别。隨舉一觸數爲例，如意識相應善觸，與善心、心所俱者，必與樂受俱。若不善觸，與不善心、心所俱者，必與苦受俱。若無記觸，與無記心、心所俱者，必與捨受俱。意識相應之觸如是。餘一切數，皆應準知。三受，詳前受蘊中。

佛家談心、心所法，只是將世俗所計爲實物有之心實物有者，猶言有實物，有字倒文也。换言之，即有獨立存在的東西，俗計心是如此。而施以解析，使成爲衆多的分子。於是立一心以爲之主，名曰心王。亦省云心。以多種心所與心相應，而同趣一境，如心緣青境，其相應之多種心所，亦與心同緣青境，是名同趣一境。助成心事。若只孤零一心，没有多種心所，則此心不得成其緣境之事故。故心所亦名心數，亦名助伴。見《大論》等。據此，則所謂心、心所法在性質上根本無有差别，只就關係言便有主伴之分而已。後來唯識家始建立種子，因説一切心及心所各各有自種。具云種子。然亦不過將原來解析爲衆多分子的辦法弄成固定，使那些分子各各有其固定的因素，益成死煞。况且心、心所雖云異種，而彼種此種同名種故，義自相齊。《新論》初版七十七葉《明心》章上有云："心及心所根本區别云何？此在舊師未嘗是究。雖云種别，而種義齊故。"自註云："如彼所計，心有自種，心所亦有自種。種雖不共，而種義自相齊，即無根本區别可得。”此等批評，至爲重要。因此一問題關涉心理學及人生論、本體論、方法論各方面，於此差誤，觸途成滯。《新論》謂心是本有，心所是後起；心即性，易言之即本體。心所即習；心是虛壹明静，心所是無始時來累集經驗而成。吾嘗言，六位心所都可分屬知、情、意三方面。如五遍行中，想屬知，受屬情，觸作意思三數均屬意。别境以下，皆可準知。苦樂等情是習所成，知亦習所成，此皆易知。意亦習所成，人或猶有疑也，實則本隨諸惑及餘染數，若總合而言，只是盲目的意志力。此不是固有的東西，即不是本體顯現。唯是無始有生以來串習所成，即一切善數亦皆由習故有。詳在《新論》。故一切心所法實只分知、情、意三方面，而此三方面，皆即習所成。故《新論》判定心所是習，是後起，此復何疑？

至以心爲本有，即本體之流行，此於佛家大旨本相吻合。試即本體論而言之，佛家説真如即是本體之異名，而涅槃又是真如之異名。涅槃者，寂静義，即斥指本心而名之也。本有之心，非後起故，故曰本心。即此寂静的本心是真如，即此寂静的本心是實體顯現。須知佛家不同西洋哲學以本體爲外在的物事用理智去推求，“不同”一氣貫至此爲一讀。而其諳極在即心見體。不獨《涅槃》如是，一切經論不外此旨。故《新論》指出心即本體，與佛家相傳意思未始有異。不過佛家談心、心所處，未嘗分别心即體、心所是習，因此要分别有漏心、心所及無漏心、心所。然又説衆生一向是有漏流行，必至成佛無漏心、心所始得現起。試問衆生既是一向有漏，完全找不着無漏之體，如何成得佛來？此在其本體論及方法論上，皆自爲衝突也。又就人生論言之，如不了心所是習，即亦不了何謂本心，終古不見自性。又就知識論而言之，佛家本立真俗二諦。二諦後詳。就俗諦言，知識不可遮撥；就真諦言，知識必須遮撥。此二諦義，乃名相反而實相成也。然若不了心所是習，則於俗諦中何以成立知識？須知由於境有熏習故，方得有知識。於真諦中何故遮撥知識？知識成於後起之習故，故不與真理相應。將皆不可明也。注意。又就心理學言之，知心所是習，則知科學謂心理學。之所謂心，只相當於吾書之心所法，而與吾所云本心者不得相濫。此義深微，兹不及詳。今之學子稍治心理學，便詆象山之本心、陽明之良知爲無據。學貴知類，不知類而妄議，惡乎可哉！總之，《新論》區别心即性，性謂本體。心所是習，自謂析千古之疑滯，無違諸佛。若猶以余爲好異者，則必天地異位日月失明而後可也。此中意義極難説，學者須虚懷詳玩《新論》始得。

上來已説心所法，次不相應行法。《廣論》云："云何心不相應行？謂依色心等分位假立，謂此與彼不可施設異不異性。"按《雜集述記》云："不相應者，不相似義，不與色心等體義相似故。"色心皆有實自體，此分位假法非有體故。又云："今獨名心不相應者，心是主故，實則不相應言亦簡色法。"亦簡别色法，謂此與色法亦不相似。行義，見前諸行條。此分位假法，亦隨色心而同名行故，又簡無爲法故。言行者，亦以簡别於無爲法故。無爲法，俟後詳。謂此云云者，此分位假，與所依色心法不可説定異，即是色心上之分位故；又不可説定不異，畢竟是色心上之分位而不即是色心故。故云："謂此與彼不可施設異不異性。"

此不相應行法，《瑜伽》《顯揚》皆説有二十四，謂從得乃至和合等。一曰得。《廣論》云："謂若獲，若成就。按得之爲言，猶云獲，又猶云成就也。此復三種，謂種子成就、自在成就、現起成就，如其所應。"按種子成就者，謂若善種子未爲邪見所損，若不善種子未爲勝定所伏。定力勝故，能伏滅染污種子，未修定者不能伏之也。如是等種，決定有生現行法之用皆名成就。現行法者，謂種子所生之法。如善種子爲因而生起善心法，此所生善心法即名現行法。自在成就者，若加行位所由善法熏成種子，由此爲因而得自在，故加行善等，名自在成就。加功而行，名曰加行。此修行位次，俟下卷詳之。加行善，謂聞思修所得善法。由聞法已而自思擇，思已便如法修故。現起成就者，謂若五藴法方現起故，即名現起成就。自餘一切法皆隨所應，可成不失，即皆名得。凡可成就者名得，不失亦名得。故總説言，如其所應。

二、無想定。《識論》云："有諸外道，執無想天以爲涅槃，厭患此想爲癰瘡等是生死因。"想即知的作用，見前想藴。以出離想作意爲先，謂欲滅想，仍假於想，即先作意起出離之想故。修習定時於定加行，厭患想故。謂於定心中加功而行，厭患此想故。令此心想漸細漸微，由此熏成厭心等種。謂即厭患心，熏成種子故。損伏心想種故，厭心之種足以摧伏想種，利用此厭以伏彼想。令不恒行，心想不起。不恒行心想者，謂前六識有時間斷，名不恒行，此即伏滅前六識想令不起故。即依此等心上分位，而立無想定之名。是定以想滅爲首，故名無想定。

三、滅盡定。《識論》云："謂二乘者見粗動心起，心勞慮，即厭患粗動心、心所故，以止息想作意爲先，欲止息想，必起一種作意，即以作意力而止息此想也。用此等作意爲先，方有如下所云。依有頂地，須詳三界九地等等名數，此姑從略。由觀無漏爲加行，無漏者，清浄法，即以修浄觀爲加行之功。入遮心、心所，遮者遮止。由觀無漏而入於止息心、心所法，欲令不起故。令心、心所漸細漸微。"漸微心時，熏成厭心種子入本識中，此種厭心種子。勢力能損伏不恒行及恒行一分心、心所法令滅。不恒行，解見前恒行一分，謂染污意。即依此等心上分位而立滅盡定之名。

四、無想天。《廣論》云："謂無想定所得之果。生彼天已，彼天即無想天。所有不恒行心、心法滅。"心、心法者，猶言心、心所法。故名。

五、命根。《廣論》云："謂於衆同分中，先業所引，住時分限。"假説命根，衆同分者，謂群生各各相似，後另詳。此云於衆同分中，猶言在人類或他有情類之中。先業所引住時分限者，如某甲壽命百年，則自其受生以至臨終，通計所歷百年之期，是其住時分限。而此住時分限，則由某甲過去世中善惡業力所引起，故説先業所引住時分限也。《識論》解釋命根，則依據其種子義而説衆生住時分限由其本識中業種子所引，大意自與《廣論》同。不過《廣論》泛言先業，《識論》則謂先業熏成種子而已。但《識論》涉及異熟識等名詞，繳繞不堪，初學無從索解。法相家每無端翻弄名詞，令人目眩。即如不相應行法，若直云色心分位，令人入目便瞭，豈不精簡。而乃無端立一不相應之名，使人迷亂。憶吾初閲《百法》至此，受困殊深。及得明代僧徒疏本，仍是朦渾亂猜。後讀《雜集述記》，始獲的解。然既解之後，種種思維竟不知其有何要義，而必立此不相應之名，此真可怪。若此中命根一名，《廣論》所釋，尚稱精簡。而唐僧曇曠據《識論》作釋，必牽涉異熟識與異熟果及趣生體、根依處種種名詞，直須將八個識、種子、現行、總報、別報、三界、六趣諸如是等無量無邊一切貫穿，而後漫漫講到命根一詞上來。將使初學作何領會？此等名詞，在佛家哲學思想之全系統中並無多大意義，而必如此繳繞，耗人腦力。玩弄名詞之弊，至此而極。雖然，佛家解析之精，組織之密，立名造詞富於包含性與偉異性，決不可以小疵而掩其大美。但學子心粗解劣者，要未許讀佛書。現見西人治梵文內籍者，只是語言文字之學，於佛學不相關。

六曰衆同分。《廣論》云："謂諸群生各各自類相似，名衆同分。"《識論》云："衆謂衆多，同謂相似，分者因也。依諸有情，自類相似，起同智言，名衆同分。由衆多法上有相似義故，方令人起同法之智解與言説，是衆同法爲智與言之因，故曰分者因義。或復分者即是類義，謂人天等衆類同故。"按分義，前解爲正。由衆多法上有相似義，故得爲因，令人起同法之智與言。知識所由成立，實以此等範疇爲基礎。如無同分義，吾人不能於萬法起同智言，即知識爲不可能。

七曰生。《廣論》"謂於衆同分所有諸行，本無今有，假説名生。"如某甲在人類衆同分中，其所有五蘊色心諸行，當某甲未生前此諸行未曾現起，即是本無。而今某甲生，即諸行現起，是名今有，依此假名爲生。

八曰老。《廣論》："謂彼諸行相續變壞，名老。"《識論》云："諸行變異，説名老故。"

九曰住。《廣論》："謂彼諸行相續隨轉，名住。"按所言住者，非謂諸行恒時兀然堅凝而住，只是相續隨轉假名爲住。《識論》等云：諸法生已，相似相續，名住。"唐僧曇曠《百法義記》云："《五蘊論》云：'住者，即是諸行生已暫停。'"今查世親、安慧兩《蘊論》並無此文，曠胡亂語。

十曰無常。《廣論》云："謂彼諸行相續謝滅，故名。"按言無常者，略有二義：一、諸行剎那生滅，名無常。二、依諸行相續之相假説住時分限，如某甲壽百年。一旦此相續相謝滅，如某甲身終。亦名無常。《廣論》只約第二義爲釋。

十一曰名身。《廣論》："謂於諸法自性增語，如説眼等。"按此言諸法自性者，例如眼根浄色是其自性。增語者，於此等自性之上而安立名言，即謂之曰眼，是爲增語。增者增益。諸法自性，本離名言，今於其上安立名言，故是增益。名者音聲，而能詮召諸法。詮者詮釋，如眼之名即以詮釋眼根浄色法故。召者呼召，如眼之名即以呼召眼根浄色法故。由第六意識相應想數，詳眼想蘊。於諸法境而取像故，其出諸口而爲音聲，即成爲名。身者自性義，名有自性故。如眼之名與耳之名不同，此二名自性異故。基師《百法解》謂二名以上方名名身，然則此中云名身者將不攝單名乎？甚誤。

十二曰句身。《廣論》："謂於諸法差別增語，如説諸行無常等。"按差別者，不一之謂。如諸行無常四聲，合有二名。"諸"聲表多數，"行"聲表色心法，此二聲合爲一名，即通一切色心法各各自體而總名之。"無"聲表非有，"常"聲表恒常，此二聲合爲一名，是故聚集多名身而成句身，爲顯諸法自體之上具有無常苦空等等差別義故。句身者，身義同前。如諸行無常句與諸行無常即是苦句，此二句所詮之義不同，即二句各有其自性也。

十三曰文身。據《廣論》云："文即字，此能表了前二性故。"又云："前二性者，謂詮自性及以差別。"按自性者，謂諸法自體，如色心等法自體各別故，此名身之所詮也。差別者，諸法自體上具有種種之義，如色心等法自體上皆具有無常苦空等義故，此句身之所詮也。詮諸法自體上差別義者，爲句身之自性。詮諸法自體者，爲名身之自性。此名身、句身二性，皆依於字方能表示顯了，故謂字是能表了前二性也。《廣論》復云："文謂名句所依，顯了義故。"名句皆依於字，方得顯了法義。又云"謂無異轉故"者，當謂字不隨異方異音而改轉。如漢人習梵字，必模倣梵音故。基師謂字但守先住，更不流轉變異改移，只約象形字而言。

十四曰異生性。《廣論》云："謂於聖法不得，故名。"凡夫不得聖法，異聖者之生故，故名異生。

十五曰流轉。《雜集》云："謂於因果相續不斷，假立流轉。"此中因果約前後爲言，前法爲因，後法爲果。剎那剎那，相續不斷，故名流轉。

十六曰定異。《雜集》云："謂於因果種種差别，假立定異。"基云："因果各别故，名定異。"如豆不生麻。

十七曰相應。《雜集》云："謂於因果相稱，假立相應。"如下雨爲因，泥濘爲果，雨因泥果雖復異類，而互相順故，假説相應。

十八曰勢速。《雜集》云："謂於因果迅疾流轉，假立勢速。"

十九曰次第。《雜集》云："謂於因果一一流轉，假立次第。"基云："一一不俱，稱爲次第。"

二十曰時。《雜集》云："謂於因果相續流轉，假立爲時。由有因果相續轉故。若此因果已生已滅，立過去時；此若未生，立未來時；已生未滅，立現在時。"

二十一曰方。《雜集》云："謂即於色法遍布處所，因果差别，假説上下東西等方。"

二十二曰數。《雜集》云："謂於諸行，一一差别，假立爲數。"

二十三曰和合。謂於因果衆緣集會，假立和合。

二十四曰不和合。普光《百法疏云》："諸行緣乖，名不和合。"

如上色心分位假法，共有二十四種。然亦略示其概，未能遍舉。故《顯揚》云："復有諸餘如是種類差别，應知。"

識　　蘊

色法、心所法及色心分位假法，如前四藴，一一釋訖。今此識藴，只約八識心王而言。心王名義，詳前。

《廣論》："云何識藴？謂於所緣，了别爲性。"此中識言，通目八個心王。以下省言八識。於所緣而起了别者，此乃八識之通相。故總説言，凡識皆以了别爲自性。如眼識以青色境爲所緣時，即起如是青色境之了别，此了别即眼識。耳識以聲境爲所緣時，即起如是聲境之了别，此了别即耳識。鼻識乃至第八賴耶識，皆應準知。

八識名數，下卷另詳。

按《廣論》識蘊一段文字，初學難解。兹録如下，而爲之疏。初學熟玩此等文勢，餘處應可思擇。

《廣論》："云何識蘊？謂於所緣，了别爲性。疏曰詳前。亦名心，能採集故。疏曰：心者，採集義。本唯第八賴耶得專受此稱，但若寬泛言之，則八個識亦通名爲心云。亦名意，意所攝故。疏曰：意者，思理義。本唯第七末那得專受此稱，但若寬泛言之，則八個識亦通名爲意。何以故？諸了别法，皆在意之一名所含攝之内故。若最勝心，即阿賴耶識，疏曰：雖八識亦通名心，而此八種心之中唯第八賴耶爲最勝。此能採集諸行種子故。疏曰：心以採集爲義者，即謂採集種子故，故唯第八特名爲心。又此行相不可分别，疏曰：賴耶行相深微，恒任運起而無分别。前後一類相續轉故。疏曰：前滅後生，恒相續轉，無有斷絶。又由此識從滅盡定、無想定、無想天起者，疏曰：此識謂賴耶。滅盡定等，均詳行蘊不相應中。入此諸定者，前六識不現起，唯有種子含藏賴耶自體之中，若賴耶從諸定出，或現起於欲界人道中。了别境界轉識復生，疏曰：轉識者，前七識之通名，下卷另詳。今此云轉識，則只約前六識即眼識乃至意識是也。此六識能了别一切境界，昔在滅盡等定中，是諸轉識不生。今既出定，即彼賴耶從定中而現起於人道中，則了别境界之轉識俱以賴耶爲根本依而復生起。根本依者，賴耶之别名，謂前七識通依此爲根本故。待所緣緣差别轉故。疏曰：前六轉識皆待有所緣境差别而轉。轉者，起義。差别者，不一義。如眼識待所緣色境而起，耳識待所緣聲境而起，乃至意識待所緣一切法境而起，名差别轉。數數間斷，還復生起，疏曰：六轉識皆有時間斷，如重睡等位中六識不行故。然雖間斷，仍復得生起。又令生死流轉迴還故。疏曰：第六意識造作善惡業故，而能令第八賴耶識輪迴生死海中，不得出離。阿賴耶識者，謂能攝藏一切種子，疏曰：賴耶攝藏前七識種及其自種。又能攝藏我慢相故。疏曰：第七末那識依賴耶起，而執賴耶爲自我，起大我慢，故賴耶是我慢相所依處，因此假説攝藏云云。又復緣身爲境界故。疏曰：身者即眼等五浄色根，詳前色蘊中。五浄色根，總名根身，賴耶執持此根身爲自體，亦復以根身爲其所緣之境界，故唯識説根身爲賴耶相分。又此亦名阿陀那識，執持身故。疏曰：阿陀那者，執持義，執此根身故。

最勝意者，謂緣藏識爲境之識，疏曰：雖八個識皆得名意，而第七末那恒内自思量我相，故意之名特屬第七而稱最勝。此最勝意非他，即緣藏識爲境之識是也。藏識者，賴耶之别名。第七執賴耶以爲自我，故云緣賴耶爲境。恒與我癡、我見、我慢、我愛相應。恒字注意。本惑諸數中，如癡數中我癡、惡見數中我見、慢數中我慢、貪數中我愛，皆恒與末那相應，無有不俱之時。前後一類，疏曰：唯是有覆無記。相續隨轉，疏曰：恒與賴耶俱有，無斷絶故。除阿羅漢聖道滅定現在前位。疏曰：阿羅漢云云者，此等滅定現在前之位，即末那執我之相已被折伏，令不現起，故唯除此位。若此以外，末那即恒現起。

如是六轉識及染污意、疏曰：第七執我，故名染污。阿賴耶識，此八名識蘊。疏曰：此總結也。如此中所説，賴耶即是輪迴之主體，死此生彼，恒不斷絶。若本此旨而寬泛言之，即個人之生命死後不斷是也。此等理論，在哲學上亦得依據信念而成立之，不必遽斥爲迷信也。須知窮理至究極時，只有信念爲依據耳。唯滅盡等等定境，某天如何，某界如何，某地如何，在佛書中似作事實叙述者然，實雜宗教思想，吾於此只存而不論。

此五蘊法，若綜合言之，實只色心二法。受、想、行三蘊中，一切心所法皆攝屬心法。行蘊中不相應法，並屬色心分位，然心爲主故，亦攝屬心法。參看《雜集述記》。

- 色法——色蘊
- 心法
  - 受蘊
  - 想蘊
  - 行蘊
  - 識蘊

佛書中識字，含義廣狹，須隨文抉擇。如《五蘊論》中識蘊，此識字專目心王，以心所法皆在受、想、行三蘊中已説故。除此而外，凡言識者多攝心所法。如云眼識緣色，此識字便攝其相應之心所，非單舉眼識心王也。又如云萬法唯識，此識字即總目一切心、心所法，決非單舉一切心王也。

十二處

《廣論》云：“問處爲何義？答：諸識生長門，是處義。”謂識雖有自性而不孤起，必依根仗境方乃得生，故根境合名爲處。十二處者，謂眼處、色處、耳處、聲處、鼻處、香處、舌處、味處、身處、觸處、意處、法處。

眼處…………色處
耳處…………聲處
鼻處…………香處
舌處…………味處
身處…………觸處
意處…………法處
⋮　　　　　⋮
六根　　　　六境

眼等五處及色聲香味處，詳前色蘊造色中。觸處，《廣論》云：“謂諸大種及一分觸。”按一分觸者，謂所造觸，亦詳色蘊大種及造色中。但兩《蘊論》並云：“意處即是識蘊，法處謂受想行蘊，並無表色等，及諸無爲。”此釋意處嫌泛，釋法處益繳繞而無理。若依後來唯識而言，意處即意根。如末那爲第六之根，賴耶與末那互相爲根。下卷另詳。是諸根義，皆意處攝。法處，攝一切法，凡爲識之所緣者通名法故。

十八界

據兩《蘊論》等列舉如左：

六根………六境………六識
眼界………色界………眼識界
耳界………聲界………耳識界
鼻界………香界………鼻識界
舌界………味界………舌識界
身界………觸界………身識界
意界………法界………意識界

六根、六境、六識，合名十八界。眼等六界及色等六界，如處中說，可不贅。意界應攝第七第八意根，如前已說。法界不唯意識所緣一切法，應知亦攝第七第八境。

六識界者。《廣論》："謂依眼等根，緣色等境，了别爲性。"按眼識，依眼根，緣色境，即此了别色境之了别，是眼識故。耳識，依耳根，緣聲境即此了别聲境之了别，是耳識故。乃至意識，依末那爲意根，緣一切法境，即此了别一切法之了别，是意識故。第七末那識，依賴耶爲意根，亦執賴耶爲我，《廣論》所謂緣藏識爲境是也，即此思量我相之了别，是末那識故。第八賴耶依末那爲意根，緣根身器界等爲境，即此了别根器等之了别，是阿賴耶識故。雖云六識界，而意識界中亦攝第七第八，應如理思。

《廣論》釋意界："謂即彼無間滅等，爲顯第六識依止。"按此云無間滅者，即過去意，前念已滅之意識，名過去意故。滅簡現在。言滅者，所以簡異於現在法故。無間之言，謂由過去已滅識望現在識，中間無有間隔。謂即前前識滅已，後後識繼起，繼起之識，亦不必與前念滅識緊接，意識有斷時故。然雖有斷時，而後起之意識仍是繼過去意識而起。中間都無他類法爲間隔故。若前已滅而後未生時，中間有他類法生，即此意識前後相望，中間有他類法爲間隔也。今此不然，故名無間。小乘只立六識，無第七八識。而其言意根又不許色法得爲根。此義詳在下卷。故説過去意即無間滅識，是第六意識之根。易言之，即現在意識依止過去意得生。《廣論》云："爲顯第六識依止。"即此意也。《蘊論》釋意根，尚據小乘義。及《攝論》成立第八賴耶，因説有第七末那，於是以末那爲第六意識之根，理論益精密。《識論》破小乘過去意，以過去滅法，無自性故，非思量故，義極精審。法相家多因仍小乘義，雖説有八識，而於意根猶承小學。《唯識》改定，極是。上文釋處中意處便據《唯識》。學者宜知。

《廣論》："問界爲何義？答：任持無作用性自相，是界義。"按《雜集論》有云："能持自相義是界義。"與《廣論》同。但《廣論》於"自相"二字上增置"無作用性"四字。今先釋持自相義。自相，猶云自體。如眼根有自體故，名眼界；耳根有自體故，名耳界。餘應準知。持謂任持。根等諸法，等者，謂境及識。各各能任持其自體而不捨失故。凡法若不能任持自體，即吾人不能有認識。試即根中眼根爲例。如眼根不能任持自體，倏忽爲此，倏忽爲彼，即此眼根完全不可捉摸，吾人如何認識之乎？唯眼根能任持自體而不失故，故爲吾人所可認識。由此眼根有持自體義故，説名眼界。眼界如是，自餘諸界耳界乃至六境六識等界。皆應準知。問曰："已知持自相義，如何是無作用性義？"答曰：《廣論》於自相二字上增益"無作用性"一詞者，明根境識諸法雖各各有自體，而都無實作用故。識能取境，而不可視如人等有實作用性故。根爲識所依，境能爲緣生識，而皆不可視同實物，謂有實作用性故。"根爲"至此爲句。《廣論》恐人於根等自性計執有實作用，故加"無作用性"一詞，以明示根等自性具有如是意義。佛書中多有此等詞句，而論文尤甚。讀者最不宜忽。

又《雜集論》云："問界義云何？答：一切法種子義，謂依阿賴耶識中種子，説名爲界，界是因義故。"此中以因義釋界，謂一切種，與前解異。依前解，界是體義，謂諸法自體故。

凡佛書中言界者，略有三義：一曰界者體義。此復隨文取義，有以諸法自體言者。如上文以持自體義釋根等十八界是也。有以諸法之實體言者。如真如亦别名法界，此界是體義，即謂一切法實體是也。二曰界者因義。已見上文。三曰界者類義。如欲界、色界等，界類别故。讀者務隨文抉擇。

如前所述，十二處、十八界，不過將五蘊中所有法數另作一種編排。因此在處與界中，都没有多話説。但兩《蘊論》於法處、法界，均將無爲法列入，此中姑據兩《蘊論》爲言，實則此種説法餘論皆有之。則無端繳繞，而自亂其例矣。揣其所以如此，或因蘊中攝法不盡，不攝無爲法故。故於法處必欲攝無爲法。又以受、想、行蘊並無表色，法處以外都不攝故。遂亦攝法處，可謂矯亂至極。夫眼等五處皆以根言，何獨意處非根而泛云識蘊耶？色等五處皆以目境，何獨法處非境，而以與心相應之心所亦攝法處耶？至無爲法，若爲正智所緣時，本可假説名境，攝入法處。但不必列舉，只泛稱一切法或一切所緣境，則無爲法自攝法處中矣。若十八界中，法界誤釋，準處中可知。印度人論述，務求精析法義，條分件繫，排列整齊，此其所長。然過求解析，往往失之煩瑣。過求整齊，往往失之牽强拉雜。讀其書者，所貴辨章得失，毋忽所長，毋墮所短。

無爲法

無爲法者，對有爲法而得名。云何有爲法？謂即色心諸行是。問："色心諸行，由何義故，亦名有爲耶？"答曰：諸行即是生滅法故。生滅法者，生滅滅生，無斷絶故，有起作故，故名有爲。問："《新論》初版第十五葉，談因緣中小註云，有能生力用，故名有爲。是則言生，未嘗言滅。今此以生滅釋有爲，何耶？"答曰：《新論》釋因緣中，但約能生義邊而説，理實言生，即亦賅滅。若非故滅，焉有新生？應知言生，便已顯滅。

無爲法者，謂色心諸行實性。易言之，即一切有爲法實體。《大智度論》卷三十第十四葉："復次，離有爲法則無無爲。所以者何？有爲法實相即是無爲。按實相即實體之異名，見前相字條。無爲相者，則非有爲。”按執有爲相，以推度無爲，便成邪謬。數語精簡，最宜深玩。[1]法相家於一切法析成零碎，其於有爲、無爲亦剖析爲二片，而無綜會之辭。今此引《大智度》有“爲法實相即是無爲”云云，庶幾圓融無礙。故治法相學者，貴得空宗指要。

《廣論》："云何無爲？謂虛空無爲、非擇滅無爲、擇滅無爲及真如等。"

《百法》："無爲法者，略有六種：一、虛空無爲，二、擇滅無爲，三、非擇滅無爲，四、不動滅無爲，五、想受滅無爲，六、真如無爲。"

按《百法》談無爲，析以六種，較《廣論》加詳。茲據《百法》爲釋。

問曰："夫無爲法者，即是一切有爲法實性。若剋就有爲而言，固是條然宛然，萬有不齊。條然分殊貌，宛然不實貌。若攝有爲歸無爲，即一味平等，絶無差別。《百法》談無爲，析以六種，有何義趣？"答曰：無爲法者，又名一真法界，萬法實體，名爲法界。一者絶對義，非算數之一。真者真實。本無差別。但從證解方面，義説六種。易言之，即依證解所及，以如是六種義顯無爲相。因此假説六種無爲，理實無爲不可解析，不可分別種類。何以故？無爲不是一件物事故。此語吃緊。

虛空無爲者，謂真常理離諸障礙，猶如虛空，豁虛離礙。從喻得名。真常理體難以言顯，故假虛空爲喻。儒者亦言心體虛明，無有滯礙，猶如太虛，義與此通。下五無爲義倣此説。

擇滅無爲者，擇謂簡擇，此即别境中慧數，慧通善等三性，今此簡擇，是無漏善慧。滅謂斷滅。由無漏智斷諸障染，所顯真理，因立斯名。别境中慧數，凡位有漏不得名智。聖者斷除有漏而得無漏，此慧亦更名智，又稱無漏智。

非擇滅無爲者，一真法界，本性清淨，不由擇力斷障所顯。如虛空寥闊，非由日光力滅除雲霧始顯其空。或諸染法緣闕不生，所顯真理。如孟子所謂夜氣，即染緣暫闕，不生障故，因得顯露本心，無諸邪妄，義與此通。以上二義，故

[1] 作者此處有眉批："無爲相者，無相之相，此實無形無象，雖現爲有爲，而不可謂無爲之相，即是有爲。譬如水成冰，冰相堅固，不可説水相即是冰。"

立此名。由上二種所顯真理，皆名非擇滅無爲。

不動滅無爲者，第四靜慮以上，唯有捨受現行，静慮者，禪定之别名。此所關涉之名數甚繁，茲不及詳，前色蘊無表色中亦可覆閱。捨受者，以不苦不樂故名。不爲苦樂所動。因此所顯真理，名不動滅無爲。滅者，謂苦樂滅故，或諸粗染相滅故。

想受滅無爲者，滅盡定中，諸不恒行心、心所法，謂前六識。及恒行一分心、心所法，謂染污意。皆伏滅故。覆閲前不相應行法中滅盡定。然但名想受滅者，以想受用勝，受心所詳前受蘊，想心所詳前想蘊。就强爲名故。强者滅已，自餘不言可知。由想受滅所顯真理，名想受滅無爲。此中涉及諸定諸天等等名數，皆略而不談云。

真如無爲者，普光云："法性本來常自寂滅，不遷動義，名爲真如。"見《百法疏》。基云："理非倒妄，故名真如。真簡於妄，如簡於倒。"又曰："真如者，顯實常義。真即是如，如即無爲。"見《百法解》。曇曠云："何故無爲名爲真如？由彼自性無變異故，真即是如。"《百法義記》。

如上六種，總顯法性，法性者，亦云一切有爲法實體。寂寞冲虚，湛然常住，無所造作。故曰無爲。

止　觀

《顯揚》卷二云："止者，由緣三摩地影像境作意故，三摩地者，定之别名。參看前行蘊定數中。影像境者，第六意識起時必有影像生，如定中之心，内斂寂静，此時心上必現寂静之相，是名影像境。作意心所，詳行蘊中。此言止者，由定心所起時，令心及餘心所成定，即緣彼定中影像而有作意俱起相應，策動定心，令不退故。得安三摩地故，於定中得安故。住心於内。"不隨境遷動也。此宜深玩。觀者，由緣三摩地影像境作意故，得安三摩地故，簡擇諸法。簡擇，詳行蘊别境中慧心所。此慧於轉成無漏時即名爲智，亦云真慧。由智簡擇力故，於法相法性，若有若無，一切抉擇，無諸迷謬，無有戲論。即止即觀，即觀即止，是名止觀雙運。

十二緣生

本名十二支。初無明支。無明即本惑中癡數，詳在行蘊。莊生曰："人之生也，固若是芒乎？其我獨芒而人亦有不芒者乎？"芒即無明之別名。伏曼容釋《易》之《蠱》曰："萬事起於惑。"惑亦無明之別名。《分別緣起經》云："如是無明，隱覆真實，顯現虚妄，以爲行相。"《唯識述記》："無明支，亦通種子而言。"無明是心所法，而有自種爲因故生。唯識説一切法皆有種子，故言無明，亦必兼舉其種。

二行支。謂即身、語、意三行。此行之自體即是思數，詳在行蘊，行亦名業。《唯識述記》："行支，亦通種子而言。"

三識支。《緣起經》"云何爲識？謂六識身，眼識、耳識乃至意識，是名爲識。"《唯識述記》則云："識支，唯取阿賴耶識親因緣爲體。"按親因緣者，即謂名言種子，云何名言種？下卷當詳。引《瑜伽》卷九十三爲證，是唯識與經説異。

四名色支。《緣起經》："云何爲名？謂四無色蘊。一者受蘊，二者想蘊，三者行蘊，四者識蘊。云何爲色？謂諸所有色，一切四大種及四大種所造。"詳此，則通取五蘊，合名名色。五蘊已説如前。似與餘支多相雜亂。然餘支據其勝用而别説故，亦不相妨。吾著《破破新唯識論》談十二緣生處，可資參考。《唯識述記》則謂色蘊中除根，下另説六處故。名中四蘊，受蘊全除。下另説受支故。行蘊中觸，除第八識等相應觸。下有觸支。然無明與愛，亦均行蘊所攝，無明即本惑中癡數，愛即貪數，皆攝行蘊。《述記》未除，猶嫌雜亂。名色支，據《述記》亦皆通種子而言。吾謂十二緣生，須寬泛説去，若析得太死煞，終説不通。即《述記》將得蘊中除去若干，其所餘下的東西又是怎樣生法？仍以經説爲正。

五六處支。《緣起經》："謂六内處，眼處、耳處乃至意處。"《述記》亦通種子而言。

六觸支。《緣起經》："謂六觸身，眼觸、耳觸乃至意觸。"《述記》："除第七識，取第八相應觸。"又引《大論》卷九説六觸身，名爲觸故。此支，《唯識》亦通種子而言。

七受支。《緣起經》："受有三種，謂樂受、苦受、不苦不樂受。"《述記》云，此受，唯在種位。"唯約受心所之種子而說故。

八愛支。《述記》："唯取愛數一法爲體。"愛數，即貪心所之異名。此言貪心所一法，是愛支自體故。亦通種子而言。《緣起經》說："愛有三種，謂欲愛、於欲界而起貪，故名欲愛。色愛、準上可知。無色愛。"

九取支。《緣起經》："云何爲取？謂四取：一者欲取，按欲即别境中欲數，取者執着義，若於所欲求而堅執不捨者，即名欲取。二者見取，三者戒禁取，按此與上見取並詳前行蘊五見中。四者我語取。"按由堅執我故，遂亦堅執我語，名我語取。《述記》有説取支通一切煩惱爲其體殊嫌寬泛，要以經說四取爲正。然四取復依三見及貪假立，其體即惡慧與貪。惡慧，即别境中慧數，本通三性，此與染心、心所相應者，故名惡慧。貪即本惑中貪數。亦通種子而言。

十有支。《述記》云："即前行，及識、名色、六處、觸、受爲愛與取所滋潤故，轉名爲有。"《緣起經》云："有謂三有，謂欲有、色有、無色有。"《述記》所説較精。

十一生支。《緣起經》："謂彼彼有情，於彼彼有情類諸蘊生起，是名爲生。"諸蘊，即色等五蘊。

十二老死支。《述記》云："即五蘊變滅。"變者衰變，謂老即形氣衰損故。滅者滅壞，死時諸蘊壞盡故。

此十二支相緣而起故，起者生義。亦名十二緣生。是中緣者，即依藉義。《緣起經》云："謂依此有故彼有，此生故彼生。所謂無明緣行，行緣識，識緣名色，名色緣六處，六處緣觸，觸緣受，受緣愛，愛緣取，取緣有，有緣生，生緣老死。"

云何無明緣行？謂於真理無知無見故，愚癡故，黑暗故，以此爲緣而發身語意行。

云何行緣識？謂由業種業者，造作義，即行之異名。諸所造作熏成種子，入本識中，名爲業種。爲緣，感發本識中親因緣種，令起現行故。此中識支，依

《述記》解。

云何識緣名色？謂由本識從種現起故，即有色心諸蘊，因説識緣名色。

云何名色緣六處？《緣起聖道經》云："由有名色，便有六處，如是六處，名色爲緣。"

云何六處緣觸？《緣起聖道經》云："六處爲緣而有其觸。由六根處能觸境故。"

云何觸緣受？由於境有觸故，故有苦樂等領納，因説觸爲受之緣。

云何受緣愛？由於境有領納故，遂生愛染，故説受爲愛之緣。

云何愛緣取？欲等四取，若無愛染即不生故，故説愛爲取之緣。

云何取緣有？由愛與取合潤業及識等五種故，五種下詳。轉名爲有，故説取爲有之緣。

云何有緣生？謂業及五種由愛與取所合潤故，如外種由水潤已，勢用方勝，即名爲有。由有爲緣，即有其生，因説緣有故生。

云何生緣老死？有生故有老死，因説生爲緣故，有老死。

此十二支復分四支：一能引支。謂無明與行能引識等五果種故。能引假説名因，所引假説名果。

二所引支。謂本識中有親生當來異熟果所攝識等五種子，皆前二支所引發故。異熟果，俟下卷另詳。當來猶言未來。前二支即無明與行。識等五者：一、識支，二、名色支，三、六處支，四、觸支，五、受支。此五各有自種，故云五種子。

三能生支。謂愛及取與有能近生當來生老死二支故。

四所生支。謂生與老死是愛、取、有三支近所生故。

附節《緣起聖道經》。爾時，世尊告諸大衆：吾未證得三菩提時，按三菩提者，正覺義。獨處空閑，寂然宴坐，發意思維。甚奇，世間！沈淪苦海，都不覺知出離之法，深可哀愍。謂雖有生、有老、有死，此没彼生，而諸有情不能如實知生老死出離之法。

我復思維，由誰有故，而有老死？如是老死復由何緣？我於此事如理思時，便生如是如實現觀：由有生故，便有老死。如是老死，由生爲緣。按如理思者，適如其理而思，不以情見妄推度也。現觀亦云現量，由能知心，於所知境明了觀察，符契正理，而不雜一毫虚妄分别，此名現觀或現量云。

我復思維，由誰有故，而得有生？如是生者復由何緣？我於此事如理思時，便生如是如實現觀：由有有故，便得有生。如是生者，由有爲緣。

我復思維，由誰有故，而得有有？如是有者復由何緣？我於此事如理思時，便生如是如實現觀：由有取故，便得有有。如是有者，由取爲緣。

我復思惟，由誰有故，而得有取？如是取者復由何緣？我於此事如理思時，便生如是如實現觀：由有愛故，便得有取。如是取者，由愛爲緣。

我復思惟，由誰有故，而得有愛？如是愛者復由何緣？我於此事如理思時，便生如是如實現觀：由有受故，便得有愛。如是愛者，由受爲緣。按自愛以下，如受支、觸支並六處支、名色支、識支，逐層説法，皆同上文。兹略而不録。謂識爲緣而有名色，名色爲緣而有六處，六處爲緣而有其觸。觸爲緣受，按言觸爲緣而有受也。下準此。受爲緣愛，愛爲緣取，取爲緣有，有爲緣生。生爲緣故，便有老死愁嘆憂苦擾惱生起。如是積集純大苦聚。

我復思惟，無有誰故，而無老死？由誰滅故，老死隨滅？我即於此如理思時，便生如是如實現觀：無有生故，便無老死。由生滅故，老死隨滅。

我復思惟，無有誰故，而無有生？由誰滅故，此生隨滅？我即於此如理思時，便生如是如實現觀：無有有故，便無有生。由有滅故，生即隨滅。

我復思惟，無有誰故，而無有有？由誰滅故，此有隨滅？我即於此如理思時，便生如是如實現觀：無有取故，便無有有。由取滅故，有即隨滅。

我復思惟，無有誰故，而無有取？由誰滅故，此取隨滅？我即於此如理思時，便生如是如實現觀：無有愛故，便無有取。由愛滅故，取即隨滅。按自取以下，愛支乃至識支，説均同上，故略。

無明滅故，行即隨滅。由行滅故，識亦隨滅。由識滅故，名色隨滅。名色滅故，六處隨滅。六處滅故，觸亦隨滅。由觸滅故，受亦隨滅。由受滅故，愛亦隨滅。由愛滅故，取亦隨滅。由取滅故，有亦隨滅。由有滅故，生亦隨滅。由生滅故，老死愁嘆憂苦擾惱皆亦隨滅。如是永滅純大苦聚。按十二緣生，乃釋迦氏所反復宣説，詳在《阿含》。無明乃至老死，是流轉相。無明滅乃至老死滅，是還滅相。自釋迦以後，佛家大小乘部别雖多，然在人生論方面始終不離此根柢。《緣起聖道經》全依據《阿含》，故節録如上。冀學者瞭然佛家本旨。

吾於《破破論》談十二緣生，雖訓釋名相不必甚符經論，而大指殊不相違。間與諸生論及此，諸生有隨筆之者，較《破破論》爲詳。兹附之如左：

《阿含》詳談十二緣生義，可見佛家元始思想只是人生論，而宇宙論即併没於人生論中，故不另談宇宙論。

十二緣生是據凡位即染位言，而有順逆觀。順之即無明乃至老死，即苦集二諦。逆之即無明盡，乃至老死盡，即滅道二諦。西洋哲學家皆建立一法，如心或物，或非心物。以爲諸法本原。諸法者，即謂現象界。而十二緣生之説，既不於自家生命以外别説有客觀存在的宇宙，更用不着爲所謂客觀的宇宙尋找一個托子或因素，只反在當躬，把自家生活認識清楚，不過是無明乃至老死一串互相關聯而又相續不斷的事情。豈不妙哉！豈不妙哉！

此中緣者，藉義。無明緣行，由無明爲緣故，行乃生。無明不是行的本原，只是於行作一種緣藉。以下緣字，皆準此知。須知十二緣生説純是對於吾人生活内容的一種描寫，絶不用意見去推求人生的來由，推來由便已是無明。只就吾人生活内容的多方面切實描寫。十二緣生説只是如此，須虛心領會，必恰如其分而領會之。

無明居首，此義深微，真不可窮。吾人戴天而能問天如何有乎？履地而能問地如何有乎？吾人又能問生何所從來？死將何所往乎？乃至一飲一食，能問其所以必飲必食之故乎？總之，人生種種，不容起意設問道理。如其設問，亦無可答。即答，亦終歸無答。如問汝何故食？曰餓思食。又問汝何故餓？汝將在生理上説一些道理來。吾更就生理層層詰汝，到了最後還是不知如何有生，而且不知如何叫生，又如何要生，此爲必然之結果。然則汝所答者，其爲答耶？抑實無答耶？是其爲無答也何疑。人生日常用心，總是處處設問道理，而不知其所謂道理，元來都是不容問、不容答。他偏要於此問答紛然，結果只是一團迷霧，這個迷霧就叫無明。而此無明勢用極大，由此爲緣，遂得生行。佛家畢竟破無明而得正智。吾《易》之《乾》亦曰大明，此義須另詳。

行亦名業，即造作義。一切造作，緣惑無明。故生。惑無已故，造作亦不已。惑無窮故，造作亦無窮。

通無明與行而觀之，則哲學家所謂盲目無明的衝動，即行。亦近是矣。

然此造作的勢用，本緣無明而有。卻以無明故，偏不安於無所解釋，必作種種虛妄分別，此分別即識，此識即緣造作而有。設無造作，亦即無所謂分別。故曰行緣識。言行爲緣故，識乃得生。

由虛妄分別故，遂於自家渾一的生命中無端分出能所，即分別有所謂内而自我身心外而世界，故曰識緣名色。名色即通目五蘊。色蘊名色，餘四蘊謂之名。雖更有異解，然不過小異。總之，五蘊即賅攝内而身心外而世界以言之也。由識分別爲緣故，名色得生，即見有自己身心及身心以外之宇宙，此謂識緣名色。

由名色爲緣，六入得生。六入即六根，亦云六處。乃向外追取的六種工具。既分別内而身心外而宇宙，則向外追取之具自生，故曰名色緣六入。

有六入故，觸亦俱有，故曰六入緣觸。由六具六種工具。有追取勢用故，其追取於境，即領似其境而起變異。此所云領似其境而起變異者，即名爲觸。如眼入追取色境，即領似此色境而起變異。由眼入以此色爲己所取物，是時眼入對色即起一種變異也。故觸以六入爲緣而得生。此中言觸，與舊唯識師講觸心所處不必同，即與《新論》談觸處亦相異也。

由觸爲緣故，受乃得生。受者領納，有苦受樂受等，即快不快之情是也。觸於境故，便有苦樂等受生。

由有受故，愛亦隨生，故曰受緣愛。難言哉愛也！觸境起受，而自有不容已之愛。不容已三字宜深玩。若無此愛，即人生一息不能生活下去。故人生之最難言者莫如愛。或問："樂受爲緣，其愛不捨，是事無疑；苦受爲緣，何堪起愛？"曰：當苦受時，必努力求避此苦。人之自愛其生，往往因苦受之至而益顯。子何不思？

愛爲緣故，取乃得生。取者，追求義。六入但是追求之具。此中取者，即剋就追求的勢用之本身而言也。愛有容已故，追求亦不容已。此真人生之祕也。

取緣有者，即前行支乃至受支爲愛與取所滋潤故，轉名爲有。前之行支乃至受支，皆爲各别的勢用。今此所謂有，則不是表示一種實勢用之辭，但謂行至受爲愛與取所滋潤故，各各勢用增盛，名之爲有。

由有爲緣，而乃有生，由生故有老死。此不必一一詳説，但深心體玩即得。若粗忽過去，便於此義無入頭處也。

三　苦

《顯揚論·成苦品》首建立三苦相：一、行苦，二、苦苦，三、壞苦。《顯揚》行苦列第三，吾置第一者，行苦是諸苦之本，一切苦皆依此而生故。行即諸行之行，義如卷首所説。色心諸行，此中諸行即謂身心。粗重所隨，謂一切雜染種子恒與身心隨轉，令不輕暢故。是故諸行自體是苦，説名行苦。苦苦者，上苦字逼迫義，下苦字名詞。種種憂患逼迫，皆名爲苦，故曰苦苦。苦苦，種類無量，此姑不析。壞者變壞，如十二支中老死，即壞苦故。

四　諦

苦、集、滅、道，謂之四諦。茲據《顯揚》卷二《攝事品》，略釋名義。諦者實也，事實如是，即說如是，名之爲諦。如苦是實，故說苦諦。集爲苦因，是事實爾，故說集諦。餘應準知。云何苦諦？如三苦、八苦等皆是。三苦者：行苦、苦苦、壞苦，已如上說。《顯揚》所說五取蘊苦，實即行苦。五取蘊義，詳前。八苦者：生苦、老苦、病苦、死苦、怨憎會苦、怨憎會集故苦。愛別離苦、愛欲和合，而今乖離，故苦。求不得苦所求不得，故苦。等。八苦皆從三苦中分別而說。更有說百餘苦者，亦依三苦析言之。集諦者，謂一切三界煩惱及業，皆名集諦。三界者：欲界、色界、無色界。煩惱即本隨諸惑，詳前行蘊中。業體即思心所，亦詳行蘊。一切煩惱及業，能爲感苦之因，故說名集。① 滅諦者，謂由真慧簡擇力故，真慧，詳前無爲法中註文。於集諦即諸惑及業，惑即煩惱別名。悉令無餘斷棄、斷棄已盡，故云無餘。吐盡、如吐棄穢物令盡故。離欲、離諸染欲。滅沒、一切雜染滅沒。寂静。染滅盡故寂静。道諦者，謂諸無漏真俗智。真智亦名根本智，俗智亦名後得智。下卷另詳。無漏者，清淨義。此於苦諦、集諦、滅諦爲遍知故，遍知一切苦諦。爲永斷故。永斷一切集諦。爲作證故，滅諸雜染，證知真理。一切聖道。聖智所行，名爲聖道。

二　諦

二諦者：一、俗諦，二、真諦。俗諦，具云世俗諦。護法云：“世謂隱覆，可毀壞義。按遷流義是世義，墮世中故，隱覆真理，故云隱覆。世間法相不實故，名可毀壞。俗謂顯現，隨世流義。”顯現者，世法雖無實，但宛爾有相現故。又幻相生滅不停，名隨世流。此諦理應名隱顯諦，隱覆空理，有相顯現。空理者，謂由空諸法自相所顯真理，名爲空理。如結手巾爲兔等物，隱本手

---

① 作者將此註最後一句話以硃筆加重點綫，並在上端硃批：“感括一切苦果。”編者以上三註均參見王元化：《記十力先生二三事》，香港中文大學，《二十一世紀》，一九九一年十二月第八期。

巾，兔相顯現，此亦如是。今但名世俗諦。又復性墮起盡，名之爲世；世分過去、現在、未來，過去滅盡，是盡相；現在方起，未來當起，通名起相。故所言世者，即起盡相是。性者，謂諸法自體，是生滅法，此皆與世同有起盡相故，故云性墮起盡。體相顯現，目之爲俗。體相，謂諸法自體。世間諸法雖復起盡無常，本無真實，但亦條然宛然，有體相顯現，如所謂宇宙萬象是。世即是俗，名爲世俗。諦者實義。約世俗言，有如實有，所謂有者，如實是有。如瓶如衣，乃至日星大地，於世俗諦皆實有故。無如實無，如依五蘊而計爲我，五蘊實有，而此我相如實是無。餘可思擇。有無不虚，名之爲諦。世俗即諦故，世俗中法，即是實故。名世俗諦，或復省言俗諦，或復省言世諦。

真諦，亦名勝義諦。勝謂殊勝，義有二種：一、境界名義，二、道理名義。境界又略分二種：一者實塵法得名境界，如色聲等物塵是也。二者本非實塵法，而有實體用。如俗諦中説心、心所爲實法，真諦中真如是實法，真如爲正智所緣時即名境界，心、心所返緣時，其被緣之心此中言心，亦攝心所。亦名境界，是諸境界皆得名之爲義。道理者，如無常苦空無我與涅槃常樂我浄，諸如此類，無量無邊道理，亦皆名之爲義。勝義者，於一切義中最極殊勝，故名勝義。諦者實義，事如實事，宇宙萬有，如色如心，諸生滅法皆依大用顯現而施設色心或宇宙等名。此所謂大用，亦名爲事。是事如是，非不如是，離諸戲論，故名如實。理如實理，理謂真如，即諸法實體。然理與事實非有二，就其顯現爲萬事而言，即此理亦得名爲事故。即事即理，體絶言思，故名如實。然此中談理事，實據吾《新論》爲釋。理事不謬，名之爲諦。勝義即諦，亦同前釋。此復有多異名，或云實諦，或云第一義諦，或云非安立諦。安立者，施設言説之謂。一真法界，體絶言思，故名非安立。

俗諦中一切法，只於俗諦説爲實有，若推入真諦，即都無自性，説之爲空。經言有名無實者，即是世諦。如五蘊中色法，約俗諦言，此色有實自體。若入真諦，色但假名，便不可説色有實自體故。受想行識亦復如是。

真諦，即一實真如。《涅槃經》云："文殊師利菩薩摩訶薩白佛言：'世尊所言實諦，其義云何？'佛言：善男子，言實諦者名曰真法。善男子，若法非真不名實諦。善男子，實諦者，無顛倒，無顛倒者乃名實諦。善男子，實諦者名曰大乘，非大乘者不名實諦。善男子，實諦者是佛所説，非魔所説，非佛説者不名實諦。善男子，實諦者一道清浄，無有二也。”此處吃緊。

又復當知，真依俗立，俗待真詮。俗待真而可詮説也。無真即無俗可説故。基云：“俗是真家俗，真是俗家真。有俗亦有真，無真亦無俗。真俗相依而建立故。”《大智度論》云：“不壞假名而説實相。”假名，謂俗諦中一切法。實相即真諦。蓋即俗而見真，即不於俗中起執，便唯一真。此般若了義。基師《義林》釋二諦廣分門類，名相煩瑣，紛如亂絲。今此只約二諦大義而談，除去繁蕪，唯識於真俗各分四重，似無必要。

外道十六異論

外道雖有九十六種，大意莫過十六異論。詳在《瑜伽》第六、七卷，《顯揚》第九十卷。兹節述如下：

一、因中有果論者。謂雨衆外道雨衆即是數論宗攝。但數論宗中有十八部之計不同，此中雨衆，或與數論餘部取義有别，故另列一派。執諸法因中常有果性，如禾以穀爲因，欲求禾時，唯種於穀。禾定從穀生，不從麥生，故知穀因中先已有禾性。不爾，應一切從一切法生。

二、從緣顯了論者。謂即僧佉及聲論師。僧佉師計一切法自性本有，從衆緣顯，非緣所生。若非緣顯，果先是有，復從因生，不應道理。若非以下，申明一切法自性本有，只待衆緣方得顯了，並非緣合方生。所以者何？若緣合方生者，則當如雨衆計，因中已先有果。不知果既先有，如何又説從因生耶？以此破因緣生義，而成立其一切法自性本有只待緣顯之義。

聲生論言：聲體是常，而相本有，無生無滅，然由數數宣吐顯了。此言聲體是本有，但由喉舌鼓動，數數宣吐等等緣力，聲相始顯。非聲本無今遇宣吐等等緣合而方生故。非字一氣貫下爲句。

三、去來實有論者。謂勝論外道及計時外道等皆計有去來世，去者過去，來者未來。猶如現在，實有非假。小乘亦作此計，今但舉外道。

四、計我實有論者。謂獸主等一切外道皆計有我，有薩埵，有命者、生者等。薩埵、命者、生者三名，皆我之異語。有情識故名薩埵。其現起而爲有生命者，故名生者。此生者壽命有分限故，故名命者。由起五覺，知有我也。五覺者，謂我見色、我聞聲等是。謂見色時，薩埵覺等。謂諸衆生於見色時，必有薩埵即我爲覺者故。若無我，誰爲能覺？聞聲等時，亦可準知。

五、諸法皆常論者。謂伊師迦計我及世界皆實常住，即計全常、一分常等。參看《瑜伽》《顯揚》。又如唯物論者計極微是常，亦是此攝。

六、諸因夙作論者。如無慙外道謂現所受苦皆宿作爲因，若現精進，便吐舊業。由不作因之所害故，言不作因者，由現時不作感苦之因，故名。如是於後，不復有漏。

七、自在等因論者。謂不平等因者計。不平等因者，如計有梵天等爲宇宙之因，此因名不平等，以建立一尊爲萬有之主宰故。如莫醯伊溼伐羅等，或執諸法由大自在天變化，或丈夫變化，丈夫即是具有人格的神，能與一切法爲因，此與大自在天等相似。或計大梵變化爲諸法因。總之，凡建立一法以爲萬有之因者，皆屬此類。

八、執害爲正法論者。以損害生命爲正法，故名。如諸婆羅門起如是見，立如是論：若於彼祠中呪術爲先，害諸生命。若能祀者、若所害者、若諸助伴，彼一切皆得生天。

九、邊無邊等論者。謂有外道起如是見，立如是論：世界有邊、世界無邊、世界亦有邊亦無邊、世界非有邊非無邊。

十、不死矯亂論者。此計有不死净天，謂若有善答他問者，死得生彼。彼謂不死净天。此等外道遇有來詰問者，即於彼所問以言矯亂，或託餘事方便避之，或但隨問者言詞而轉。佛家注重因明學，亦與此有關。

十一、諸法無因論者。謂無因外道計我及世間無因而起。又自然外道，亦此所攝。

十二、斷見論者。謂如我身死已，斷滅無有，猶如瓦石，若一破已，不可還合。

十三、空見論者。妄計無有一切諸法體相。即於真諦理及俗諦中，若事若理不能如實知故。便總非撥，一切皆空。又不信有善惡因果。

十四、妄計最勝論者。謂如婆羅門起如是見，立如是論：婆羅門是最勝種類，刹帝利等是下劣種類。婆羅門是白色類，餘種是黑色類。如是等計。今五洲各民族種界之邪見甚烈。

十五、妄計清浄論者。謂有外道於五欲堅著，嬉戲娱樂，隨意受用，妄計此即現法涅槃。今日主張物質上之享樂者，亦皆屬此流。復有外道，計持狗戒，以爲清浄。或持牛戒，或持油墨戒，或持露形戒，或持灰戒，或持自苦戒，或持糞穢戒等，計爲清浄。前行蘊煩惱位戒禁取中言外道所持戒者，即謂此等。可參看。

十六、妄計吉祥論者。如歷算外道謂日月薄蝕、星宿失度等有關人事得失。按上十六計，只略就各派之主張相同者即總區爲如是等計。佛家思想，即廣對治此十六計，學者所宜究心。

數　　論

印度外道與大乘關係密切者，莫如數論、勝論。故此二家以次略説。

數論創始者名劫比羅。其後弟子之中有筏理沙，此翻爲雨。雨時生故，即以爲名，其雨徒黨名雨衆外道。梵云僧佉，此翻爲數，即智慧數數度諸法根本立名。從數起論，名爲數論。此師所造，有《金七十論》本七十行頌，因金耳國王以金賜之，遂名金七十論。世親爲之作長行。可見世親曾受此派影響。

基師《述記》叙數論義，依《金七十論》立二十五諦。總略爲三，次中爲四，廣爲二十五。

總爲三者，謂變易、自性、我知者。

變易者，謂中間二十三諦，即自性所作，名爲變易。

自性者，冥性也，今名自性，古名冥性，今亦名勝性。未生大等但住自分，名爲自性。若生大等，便名勝性，用增勝故。

我知者，神我也。

次中爲四者：一、本而非變易。即自性是。自性能生大等，故名爲本。不從他生，故非變易。

二、變易而非本。一説謂十六諦是也，即十一根及五大，總十六諦。又説但十一根是。即除五大。此唯從他生，名爲變易。不能生他，故非本。

三、亦本亦變易。此復二説：一説謂七諦是也，即大及我慢，並五唯量。又説並五大合十二法。於前七諦，又並入五大，故爲十二法。此從他生，故亦變易。復生他，故亦本。

四、非本非變易，謂神我諦。

廣爲二十五諦者：一、自性，二、大，三、我慢，四、五唯，五、五大，六、五知根，七、五作業根，八、心平等根，九、我知者。於此九位，開爲二十五諦。

問："自性云何能與諸法爲生因也？"答：三德合故，能生諸諦。三德者，勇、塵、闇。闇即佛家所謂無明，一名爲惑。此中三德甚有深義，學者宜玩味。

問："此我知者，爲是作者、爲是受者？"答：是受者，三德爲能作故。問："既非作者，用我何爲？"答：爲領義故。此中義字當訓爲境。於境證知，名領義。由有我是知者故，得證於境。餘不能知。又從冥性既轉變已，有諸境界我受用故。

自性本有，法爾本有，非始起故。無爲常住，唯能生他，非從他生。

由我起思，受用境界。故自性與我，於諸諦中特爲根本。前説我非本者，不生他故。今説我亦爲本者，能受用他故。

從自性先生大。注意先字。大者，增長義。自性相增，故名爲大，或名覺，亦名想、名遍滿、名智、名慧。

從大生我執。我執者，自性起用，觀察於我。知我須境，故名我執。初亦名轉異，亦名脂膩。

有説我慢生五大、五唯、十一法。五大者，謂地、水、火、風、空。其所云空者，别有一物名之爲空，非謂虚空無爲及空界色等。五唯者，謂聲、觸、色、味、香。

有説我慢但生五唯，五唯生五大，五大生十一根。爲我受用故。

十一根者：初五知根，謂眼根、耳根、鼻根、舌根、皮根。次五作業根，一語具，謂語所須口舌等是。二手，三足。此中手足即取皮根少分而言。前取皮總相，今但取支故。四小便處，五大便處。又次心根，《金七十論》説心根即分別爲體，有説以肉團心爲體。

神我以思爲體，故因明説“執我是思”。

三德是生死因。由所轉變，擾亂我故，不得解脱。若知二十三諦轉變無常，生厭修道，自性隱跡，不生諸諦，我便解脱。其爲説大概如此。

茲依二十五諦，列表如下：

一自性

二大（從自性生大。）

三我執（從大生我執，我執亦云我慢。）

四聲、五觸、六色、七味、八香 —— 五唯（從我慢生五唯。）

九地、十水、十一火、十二風、十三空 —— 五大（從五唯生五大。）

十四眼、十五耳、十六鼻、十七舌、十八皮 —— 五知根（從五大生十一根，謂五知、五作、乃至心根。）

十　九語　具
二　十　　手
二十一　　足　五作業根
二十二小便處
二十三大便處
二十四心根
二十五神我

世親唯識，依數論自性而改立種子義，其第八藏識亦與數論神我相當。

勝　　論

《述記》云：成劫之末，有外道名嗢露迦，此云鵂鶹，造六句論，諸論罕匹，故云勝也。其後有五頂者受其化導。鵂鶹爲説六句義法：一實，二德，三業，四有，五同異，六和合。

後其苗裔有惠月者，立十句義：一實，二德，三業，四同，五異，六和合，七有能，八無能，九俱分，十無説。

實有九種：一地，二水，三火，四風，五空，六時，七方，八我，九意。

若有色、味、香、觸等，是名爲地。若有色、味、觸及液潤等，是名爲水。若有色、觸等，是名爲火。若有觸等，是名爲風。若唯有聲，是名爲空。别有空大，非虚空無爲，亦非空界色。若是彼此俱不俱遲速能詮之因，是名爲時。彼此俱不俱及遲速，以何法爲此等能詮之因，即時是也。若無時，則無彼時、此時、俱時、不俱時及遲速可詮説。若是東南等能詮之因，是名爲方。東西南北上下等，以何法爲其能詮之因，即方是也。若無方，便無東南等可説。若是覺樂苦等九德和合因緣能起智相，是即名我。若是覺樂苦等不和合因緣能起智相，是即名意。德有二十四種：一色，二味，三香，四觸，五數，六量，七别性，八合，九離，十彼性，十一此性，十二覺，十三樂，十四苦，十五欲，十六嗔，十七勤勇，十八重性，十九液性，二十潤，二十一行，二十二法，二十三非法，二十四聲。

眼所取一依，名色。舌所取一依，名味。鼻所取一依，名香。皮所取一依，名觸。一實與非一實能詮之因，是名數。實者，九實，即所數計之物也。非一實者，二以上之數。量有五種：一微性，二大性，三短性，四長性，五圓性。別性者，謂實等差別能詮之因。等者，謂德及業。如九實等，一一差別，以何法爲其能詮之因，由有別性故。合者，二物先不相至而今至，名合。離者，二物先合而今反之，名離。彼性者，依時、方及數，遠覺所待，故名爲彼。如云此物是一，彼物是二，故屬於數。此時彼時，故屬於時。此方彼方，故屬於方。此性者，彼性之反。覺有二種，一現，二比。謂根與境合時，有了相生，名爲現量。此宗意説，眼根舒光，至於色境方始取之。如燈照物。聲、香、味、觸四境，來至於根方始取之。故遠見打鐘，久方聞聲，聲來入耳，方可聞也。根與境合之時，有了相生，此了相是現量體。比有二種：此者，比度推求。一、見同故，比見不相違法。如見煙時比知有火。二、不見同故，比見相違法。如見雹時比禾稼損，或見禾稼損比有風雹。樂是適悦義。苦是逼惱義。希求色等物，名欲。損害他有情等，名嗔。欲作事時，先生策勵，有發動勢，此名勤勇。墜墮之因，名爲重性。重故墜墮。流注之因，名爲液性。液故流注。爲地等攝受因故，名潤。由潤故，地等有所攝受也。行有二種：一、念因，謂現比智所生數習差別。即現比智起已，便有餘習續生，爲憶念因。差別者，不一義，此以遷流名行，即心行是。二、作因，謂擲擲等業所生勢用。此言行者，是勢用義。法有二種：一、能轉，謂得生死勝身之因。如於生死中得人天趣身，即望地獄等名勝身。二、能還，即出世間之因。正智，正因也。非法者，即與能轉能還二法相反之因。耳所取一依，名聲。

業有五種：一取，二捨，三屈，四伸，五行。

若於上下虚空等處，極微等先合後離之因，名爲取業。如室東隅處有極微和合物，名書棹。此書棹即諸極微先與室東處合而今離異者。由此書棹即諸極微已被取去之故，故此取業是彼諸極微先合后離之因也。捨業反此。先離而遠，今合而近之因，名屈。由屈故，使離遠者而近合。如鎔鐵片而屈折之，使其東西兩端近合爲一，則屈業是其因也。不屈，則東西兩端遠離，無緣近合。伸業反此。有質礙物，先合後離之因，名行業。行者動義。不有行業，則先合已，終不離異。

有體是一。六句義中，第四句所謂之有，其體只是一。實德業三，同一有故。

同異體多。第五句中所謂同異，其體便多。實德業三，各有總别之同異故。有總同總異及别同别異，思之可悉。

和合唯一。第六句中所謂和合，其體唯一。能令實等不相離而相屬者，即此和合。

《俱舍鈔》曰："六句義。一、實者。通以九法爲體，是常。世界成即聚，亦不增。壞即散爲極微，亦不減。與德句二十四法，爲所依。"《十句論》曰："如是九實，地由幾德，説名有德？答：由十四德，謂色、味、香、觸、數、量、别性、合、離、彼性、此性、重性、液性、行。乃至我有十四德，謂數、量、别性、合、離、覺、樂、苦、欲、嗔、勤勇、法、非法、行。意有八德，謂數、量、别性、合、離、彼性、此性、行。"

二、德者。通以二十四法爲體。此則依前九實。此德即實上所具之德也。

三、業者。通以五法爲體。離前實德外别有五法，令實德作業。

四、有者。亦云大有。即前實德業，不能自有。由别有一大有有之。此大有非假法，乃有實自體。

五、同異者。離實德業外有别自性。人與人同，人與畜異，由别有同異法令其成同異也。同異，亦非假法，準大有可知。

六、和合者。能令實德等不相離而相屬故。此和合亦有實自體，非假法也。

如上略説六句義。其十句義，除與六句相同者外，自餘亦不及詳。勝論全用解析法，其説至爲繁碎，而其觀想所至，今人甚難理會。學者若非虚懷澄慮，以細推彼之思路而如其所經，在自己惱筋中重演一番，則必茫然不知其所謂。學者至此爲一長句。此不獨治勝論爲然，即於數論亦然，而於佛家之學，尤須如此用功，才有少分相應也。勝論典籍有《十句論》《述記》卷五並其他疏鈔，亦須參考。

又勝論建立極微。參考《二十論述記》等。九實之中，唯空、時、方、我四無質礙，即無極微。餘五皆有礙。即有極微。問："地水火風皆極微爲體，是説易知。云何意亦有礙？"答曰：據基《記》云："勝論説意是微，微者，極微。如二微果許大，而亦有礙。"此與言心亦有原子者同。今談勝論義即依彼説，至其當理與否，又爲别一問題。

世親唯識，頗尚繁瑣的分析，與勝論方法亦近似，其種子義亦與極微不無相關。

勝論分析實德業等，其所析果皆精審與否，姑置勿論。但由其義而歸納之，可得一原理焉，即宇宙萬象唯互相依而有已耳，更不須别索原因。如此，即已遠離西洋形而上學之種種妄猜。其識顧不卓哉！

數論於宇宙人生之體驗，較勝論爲深澈。其三德曰勇、塵、闇，吾欲名之曰能、質、惑。勢力之謂能，拘礙之謂質，與能質俱始，其動若機括而自不容已者，是乃惑也。深廣哉！三德義也。非天下之至精，其孰能與於此。雖然，此自宇宙形成以後言之也，此云宇宙形成以後，明但約形氣分上説之，要非真理本然也。未嘗親證實相也。若乃於變易見不易，於流行識主宰，則至健而闢，必非與闇相俱之勇；至健而翕，亦似塵而實非塵。湛然明覺，絶諸戲論，固無所謂闇也。《新論》唯顯實相，與數論觀點截然不同，學者宜分别觀之。

若以闢言能，則當曰勢用之謂能。着一力字不得，恐其濫於形氣界之力也。若以翕言質，則當曰顯現之謂質。雖本無拘礙，然非空洞無物，故乃宛爾顯現，依此假説名質。

【校記】

〔1〕"即種子爲因故，得生"，臺北洪氏出版社1984年版《佛家名相通釋》作"得爲未來生因故，故説名種子"。

卷　　下

本卷準《百法論》成立唯識大旨，而旁搜識論之體系。取諸名相，詳爲疏釋，具有綱紀。

百法論

具云《百法明門論》，亦世親撰。世親始從有部出家，本治小學。小者，小乘。後從兄無着聞大乘義，始捨小而入大。未幾盛張唯識之論。《百法》一書，依據《瑜伽・本地分》中略録名數，即心法八、心所法五十有一、色法十一、不相應法二十有四、無爲法六，合得百法之數。提綱挈領，取此百法而彰論旨，成立唯識。論者，抉擇法義而興詮辨，持之有故，言之成理，故名爲論。今此論之旨，則在成立唯識也。云何唯識？以一切法不離識故，説識名唯，非謂唯有識故方置唯言。非字至此爲句。一切法中，識用殊勝，推識爲主。故首心法。心法有八，謂一身有八識。此八名數已見上卷，後當更詳。二者心所法，是心助伴，參看上卷。故不離識。心所法五十一，均詳上卷。三者色法，識所變故，色是識之所變，至後當詳。故不離識。色法，上卷色蘊中已詳者，兹不贅。但上卷亦有略而未及者，即十二處中法處所攝色，除無表色外尚有四種：一、極略色，又名極微。二、極迴色，如明暗光影及空界色皆是。空界色又分爲二，上視者名空一顯，下視之名迥，如上總攝極迥色中。三、遍計所起色，如意識思維荷花時，必變似荷花之影像，即此名影像色。四、自在所生色，謂定心所變色等境皆實有故。四者心不相應行法，是色心分位故，皆不離識。問："色上分位如何不離識？"答：色不離識故，色上分位亦不離識。五者無爲法，是識實性故，亦不離識。無爲法詳上卷。是故以《百法》與《五蘊》對觀，《五蘊》

只分析一切法，識與諸法平列而談，法相家立説之旨即此可見。《百法》則識爲主，以之總攝一切法而成立唯識論之統系。宜黄歐陽先生首明唯識法相非是一宗，參考《百法》《五蘊》叙及《雜集論》序，並《瑜伽》序，均金陵刻經處刊本。誠哉發奘、基未洩之秘。

《百法》總明一切法無我。由何義故名我耶？基云："我如主宰者，如國之主，有自在故。又如輔宰，能割斷故。有自在力及割斷力，義同我故。"《述記》卷二。基師此釋，即偏就人我執一方面而言。實則所謂我者，若寬泛言之，只是計着有實在物事的觀念。故凡執有實法者，亦名法我執。

人我執者，謂即堅執有補特伽羅我相。云何補特伽羅？此有二釋，若隨俗譯名，應翻爲人，若約義譯，名數取趣。夫所謂人者，本依五蘊而假名爲人。然皆不悟此是假名，恒於意念隱微中堅執有實人相，亦即計有實自我相，是名人我執。

數取趣者，趣謂六趣，六道之别名。人、天、地獄、餓鬼、修羅、畜生，是名六道。謂諸衆生數數起惑造業，由此能取當來或種趣故。當來，猶言未來。或種者，如人趣或天趣等。别有解云，於六趣中數數往還，名數取趣。此釋較寬。前釋但約現惑業能感當來趣而説。佛家持輪迴説，故名人爲數取趣。

法具軌持二義。上卷開端及《語要》卷一並解法字義，此不須贅。若於世所計色心等，但假施設而説名爲法，此亦無過。若於所謂一切法者，而皆計執爲實物有，實物有一詞，參看上卷行蘊中心所法總束處一段小註。此即名爲法我執。凡計有實物相，即是執着相。此執着相即是我相，故名法我執。

又人我執一詞，有時省言我執。其法我執一詞，有時省言法執。

又有云我法執者，我即人我，法謂法我。

又有言二執者，即人法二我。

又有只言一執字者，實即總合人法二我而言。

若論我執具云人我。法執具云法我。二相廣狹，二相者，謂二執相狀。則法執最寬。於一切法而取着其相，通名法執。若執真如爲實物有者，亦是法執。真如，詳上卷《無爲》法中，真如亦得省稱如。如雖本有，但可冥冥證故，不應當作外在物事而推度故。此處吃緊。我執者，唯執爲自、爲内，對他名自，對外名内。非於一切法皆計爲我人故，故我執便狹。但我執亦就法執中别出言之。諸有所執着，通名法執。計執我人故，亦是法執。但以執爲内自我故，遂别於法執而另名我執。學者切須善會。

問："云何二無我？"答曰：如《百法》言，一補特伽羅無我，二法無我。補特伽羅無我者，謂如《五蘊》諸色心法，皆互相爲緣而有，於中都無實我可得。若即蘊而計爲我者，蘊則非一。爲計色是我耶？爲計一一心、心所皆是我耶？若離蘊而計有我者，我在何處？故知人之一名，但依五蘊假立，都無主宰實自在用。都無一氣貫下爲句。由此説補特伽羅無我，亦曰人無我。世所謂人者，實即無我，故名人無我。

人無我故，名爲人空，又名我空，又名生空。人我亦名生者，故人我空亦名生空。法無我者，謂如蘊界處諸色心法，蘊界處詳上卷。皆互相爲緣而有。所謂彼依此有，此亦依彼有；無後不成前，無前亦不成後；無甲不成乙，無乙亦不成甲。一切法相待而有故，絶無獨立固存之一物。易言之，即一切法都無實自性。若有實自性，可名爲我。既諸法無實自性，即諸法本空。空故無我，是名法無我。亦云法空。

問曰："諸行無實自性，諸行，即蘊處等色心法之都稱。詳在上卷。名空無我，是可無疑。豈謂真如亦無自性耶？"答言：真如自性，離心言故，真如自性非心思所涉，何以故？一涉心思便成爲物故。又非言説所涉，何以故？一涉言説便成爲物故。大用昭顯，不可言空。本性自寂，離諸妄執，不可言不空。既空與不空，兩不可擬，云胡計着真如而謂有如情見所執之我？云胡至此爲句。《涅槃經》卷五十五云："我説涅槃，如幻如夢。"涅槃亦真如之别名。若當有法勝涅槃者，我説亦復如幻如夢。此破法執，最爲警切。

佛家説一切法，而不取一切法。故三法印，其一無我。佛家有三法印：一曰諸行無常，二曰諸法無我，三曰涅槃寂静。異此不名佛法。《百法》成立唯識，首明無我，是所宗故。但世親持論是否不墮法執，吾讀識論，竊有疑焉。《新論》之作，知我、罪我，其在於斯。

《般若》明無我，《涅槃》成立常樂我凈之我，此不相違。情見所執之我，即二執是。如實是無，而世妄計爲有，故應遮撥。内在主宰不隨境轉之我，此即常樂我凈之我。是遍爲萬法實體，詎可言無。吾心之本體即是萬法之本體，非有二也，所謂一切法皆如也。《涅槃》《般若》立説雖殊，而意自相貫。《新論》融會《般若》諸法無自性義及《涅槃》主宰義，學者宜知。《新論》《轉變》《成色》諸章，於宇宙論方面融會《般若》諸法無自性義；《功能》《明心》諸章，於本體論及人生論方面融會《涅槃》主宰義。

識　論

具云《成唯識論》，亦云《三十論》。在昔釋尊示滅，佛法一味。及百餘年間，有大天者出，始興諍論，判爲二部：一大衆部，二上座部。大衆部復分爲九，上座部析爲十一，合二十部。諸部繁衍，約當佛滅後四百年間云。後龍樹菩薩興於南天竺，約當佛滅後六百年頃，始造《大智度》等論，宣説法空，是爲大乘。其弟子提婆菩薩造《百論》等，宏闡指要。然末流沉空，將資矯正。迄佛滅後九百年間，北天竺有無着菩薩者，旁治小學，《瑜伽·本地分》，多詳小乘義。董理大乘。以其對治空見，世遂目其學爲有宗，而區龍樹、提婆之學爲空宗。自是大乘乃分爲二。無着異母弟世親菩薩，本習小乘，遍通異部，造論五百，隱蔽大乘。無着憫之，托疾命誘，中路聞誨，方信大乘。改軌宏揚，亦造論五百。具如别傳。

按世親聞法無着，始歸大乘。雖復克承家學，而卒乃自創唯識一派，未嘗篤守其兄之説。無着本善談法相，而已漸具唯識之體系。其生平撰述甚富，就此方所譯者言之，當以《大論》及《辯中邊》爲最要。《大論》乃法相鉅典，自來治有宗學者皆知之。《辯中邊》已大備唯識之規模，而言唯識者多不之察，乃群奉《識論》爲宗主。此自印土十師已然，非獨吾華慈恩派下如此也。吾於上卷有云，唯識學是世親學者，特據其傳授影響而言之，非謂無着不言唯識也。《中邊頌》無着自謂聞之慈氏，與《大論》聞之慈氏同一托詞。蓋皆其所自造，而假慈氏以神其説，亦可見其矜重之意。無着造此頌，付世親爲之釋。基師云："舊以爲世親所造，非也。"釋文既出世親手筆，自是世親歸趣大乘以後時事，想無着已屆暮年，故委釋文於世親也。《頌》初明虚妄分别有，以此具攝三自性。三性後詳。宏廓深遠，而無世親識論派煩瑣與穿鑿之弊。余常欲疏其大義，苦不得暇。冀後之達者，遊意於兹。

世親唯識之論，《百法》總其弘綱，《識論》完其組織。大綱細目畢具。至於《攝論釋》，重在成立賴耶。《二十論》偏明唯識無境。無境者，謂無心外之境故。及《識論》出，而《攝論》《二十論》之義亦無不於兹匯聚。《識論三十頌》本世親晚年所作，釋文未竟而卒。十大論師繼起，十師者，一親勝、二火辨、三難佗、四德慧、五安慧、六浄月、七護法、八勝友、九勝子、十智月是。法海波瀾，至爲壯闊。其間護法、安慧，聲德尤振。玄奘大師譯《唯識》時，本主十家之釋，各别全翻。窺基法師特欲糅集十師之義，成爲一部，異義紛綸，悉折衷於護法。基師初禀奘師，奘師未允，蓋久而後許焉。今所傳《識論》即基師譯本，雖云糅集十師，而實壹宗護法，無異爲護法一家之學。基師稱護法云："此師所説最有研尋，於諸義中多爲南指。邪徒失趣，正理得方。迴拔衆師，類超群聖者，其唯護法一人乎。"《述記》卷一。基師又自述其參糅之績云："初功之際，十釋别翻，昉、尚、光、基，四人同受。數朝之後，基求退迹。大師固問，基殷請曰：'群聖製作，各馳譽於五天，雖文具傳於貝葉，而義不備於一本。情見各異，禀者無依。請錯綜群言以爲一本，楷定真謬，權衡盛則。'久而遂許，故得此論行焉。大師禮遣三賢，獨授庸拙。此論也，括衆經之秘，包群聖之旨，何滯不融，無幽不燭，仰之不極，俯之不測，遠之無智，近之有識。雖復本出五天，然彼無兹糅釋。直爾十師之别作，鳩集猶難，况更攄此幽文，誠爲未有。"又云："不立功於參糅，可謂失時者也。"《唯識樞要》卷一。詳此，則基師揉集《識論》，雖義據十師，而功同獨創。匪唯護法之嫡傳，實乃世親之冢嗣。然或者以《識論》獨崇護法，九師之旨書佚難詳，又不無遺憾云。基師既成《識論》，更爲《述記》。凡論中不盡之義，與衆説之待搜羅、己意之當發抒者，皆於記中見之。此傳譯最善之法。然《述記》文字難讀，想是隨時筆札，未經整理。基師與其門下疏通述記之作，復有八種。卷帙繁重，其内容多不必可貴。學者非專於其業，鮮不廢然束閣。實則讀此等書，正如入山採寶，雖云荆棘載途，虚勞步履，然偶於無意中得一至寶，其價值不可思議也。《識論》之研究，大盛於唐。唐人章疏目録今可考者，猶百余種。但即其現存者觀之，大抵失之煩瑣。禪學之徒，起而匡其失，至不立文字，則矯枉過直，慮非梵土佛家本旨也。

印度論文體製，先以韻語總括全書意義，名之爲頌。次依頌作釋文，名曰長行，則論之正文也。世親作《三十頌》，未及爲長行而卒。

諸　識

識者，對境受稱。設無所緣境，則能緣識之名，亦無自而立故。唯識不謂無境，但不許有心外獨存之境，詳前談《百法》中。然識有多名，曰心，曰意，曰了別，曰分別，曰現行，皆其異名也。如某甲有别字、别號。唯心、意二名，雖通八識，謂八個識通名心與意故。而約偏勝義，則第八獨名心，集起勝故。集起者，謂集諸種子起現行故。此據《識論》等説。但《五蘊論》則云採集諸種子故，名之爲心，與此稍異。詳上卷識蘊中。第七獨名意，思量勝故。恒審思量我相，故勝。前六通名識，了别勝故。了别一切境界，前六爲勝。此義深詳，請咨《攝論》。所知依分。

現行一詞，有時虚用，即現起之謂，但常用爲識之别名。現者，顯現義，非如種子沉隱故。非字貫下爲句。行者，相狀義，識生即有相狀，雖本無質礙，而有無相之相、無形之狀故。非無自體故。了别即其自體。此識亦名現行者，對種而得名故，種子每省言種。後皆倣此。如某甲對父便名子，今識對種便名現故。現行每省言現。后皆倣此。又現行與識兩名，有時併爲一個複名詞，如曰現行識，或更省言現識，皆隨行文之便而用複名，非有何等異義也。

緣字有二義：一緣慮義，如能緣之緣是也。猶云能知或能觀等。二緣藉義，如緣生之緣是也。凡内典中言緣起、言衆緣、言四緣等者，皆此中第二義攝。

《三十論》云："識言，總顯一切有情，各有八識。"謂凡言識者，總顯一切有情各各有八個識，非單就某甲一身中八識而言故。總顯二字注意。云何八識？一眼識，二耳識，三鼻識，四舌識，五身識，六意識，七末那識，八阿賴耶識。此八各有相應心所，舉識便已攝所。如舉眼識，即攝眼識相應觸等法故。心所，詳在上卷。餘準知。

將談八識，須詳識所依根。初五識所依根是謂五根：曰眼根、耳根、鼻根、舌根、身根，此五皆以清净色爲體。詳在上卷色蘊中。

舊作《識論講疏》云："五根體即净色，清净色，亦省言净色。他處準知。是色微妙，世所不了。但由發識勢用，比知是有。比者比度。識生必有憑藉，若非净色根具有發識之勢用，此識無緣得生，故由發識比知决定有根。此根所具之勢用，其盛大至不可測。火藥炸發，勢用雖猛，猶可測量。根之勢用，終無物力可爲喻況。如眼根，發生眼識而趣色境，是乃至神不疾而速。儻有能言其力之幾何者，萬世一遇，猶旦暮也。"《俱舍·分别根品》説："根者，最勝自在義。"五蘊同此。普光《記》云："最勝自在，即是有大勢用。"根與扶根塵，和合似一，而實非一。謂一身中有净色根，有扶根塵，此二和合似一，而實不是一法。扶根塵者，亦名根依處，即是器界之一部分。此塵能扶助净色根故，名扶根塵。又謂此塵是净色根所依之處故，即名此塵曰根依處。或作浮塵根者，大錯。

唯識諸師於根義頗有聚訟。如難佗等説五識功能是名五根，無别净色爲眼等根，即以世親《二十論》、陳那《觀所緣緣論》而爲依據。安慧以理教相違破之，理教相違者，謂與正理相違及與聖教相違故。廣陳九難，詳見《識論》卷四及《述記》卷二十六。其辭甚辯。護法假朋《二十論》等文，朋者，比助義。謂助難佗等張目而解釋二十論等文以爲可據也。假朋者，非真有意爲助，特故順之，令盡其辭。安慧復申十辨，直令敵者詞窮。蓋護法本非贊同難佗説者，其爲難佗等所引二論設救，非必故與安慧相反，姑引令安慧盛張其説已耳。《識論》此處文字，須善會。

難佗説五識種即五根，則以根爲種子之異名，實不許有浄色根也。安慧破難佗，其詞雖辨，固猶未了難佗本意，而只爲名詞之争耳。原安慧所謂根者，正目浄色。難佗則謂無別浄色爲眼等根，其説五識種亦名根者，自非安慧之所謂根也。據實而言，安慧與難佗之争，乃在根之爲有爲無，而非種子是根與否之問題。設難佗亦許有所謂根者，則根與種非是一物，又何待剖。然安慧斤斤焉辨種之不可爲根，卒不悟難佗所言根者與己殊旨，此所以雖辯而無當。至護法乃如射者中的矣。護法以難佗不許有浄色根，乃依教理以折其諍。其説以爲藏識變似色根，藏識者，賴耶之別名。有聖教量爲楷定故，不可撥無。又根相雖非現量得，依世間説故，非現量所得。而由發識用，比知是有。《述記》二十六第十一葉："以有發生五識用故，比知有根，由果推因故。"非肉團即扶根塵。能發識故，參考《述記》。故應説根體即浄色。護法以此折伏難佗，證成浄色根定有，而後聚訟之端始息。

安慧與難佗關於浄色根有無之争，見《識論》卷四、《述記》卷二十六。然西明《要集》疑與難佗争者非安慧，而判屬火辨，不知西明別有據否？慧沼則據《述記》斷爲安慧説，謂疏主既是此翻糅者，故能深達，可不勞疑云云。姑並存之。

大乘浄色根，本用小宗之名而異其實。如《俱舍論》言眼根極微，在眼星上傍布而住，如香荽花，亦説如頗胝迦。耳根極微，居耳穴内旋環而住，如卷樺皮。鼻根極微，居鼻頞内背上面下，如雙爪甲。舌根極微，布在舌上，形如半月。身根極微，遍住身分，如身形量。此説浄色根即極微爲體，有形狀顯現。但在唯識則謂根有自種，伏藏本識，遇緣生現，現謂根也。唯識説一切法各有種子，故根亦有自種，伏藏本識之中，遇緣則生現根。而不許有實極微。又世間不能現見，故不可擬其形狀。蓋大乘所謂浄色根頗有神秘意義，與小乘所説名同實異不可無辨。友人桂林梁漱溟謂浄色根即今所謂神經系，就小乘義言似可通，而於大乘不合。

如上略説五根。次第六意根。世親《攝論疏》云："譬如眼等五識，必有眼等五根爲俱有依。俱有依，即根之别名。識與根同時相俱，故云俱有。是識所依以生者，故復名依。如是意識亦應决定有俱有依。”此但謂應更成立意根，至意根爲何等法，佛家亦不無諍論。如上座部等，以胸中色物即謂心臟。爲意識之根，是謂色根。此與晚世言心意作用以腦筋爲所依者，義亦略近。胸中色物與腦筋雖異，但以意識所依爲色根則同。餘部不許色根，而立無間滅識爲意根。餘部，謂上座等以外之諸部。無間滅識，詳上卷十八界中。世親初研小學，造《俱舍論》，即作是説。參考《俱舍·分别界品》。其後向大，更造《五藴》，猶存舊義。詳在上卷。諸不許意根是色法者，則以意識行相寬廣，其分别力最强，故所依根必爲心法而非色法。何以故？心法勢用猛利，堪爲意識作所依，色力鈍劣不任爲依故。今人欲純以腦筋説明心意作用，而記憶及幽深廣博之思想，如何可説爲腦筋之副産物？吾總覺其不可通。但小乘以無間滅識爲意根，不悟此屬已滅無，凡法已滅便無有，名已滅無。若未生者，即現在無有，名未生無。此等名詞亦須記着。何得爲根？及大乘立八識，始説第七末那爲意識之根，而以前念無間滅識但望後念爲等無間緣所依，等無間緣後詳。理論始精密。無着爲世親造《攝論》，即明斯義，自是而意根體即末那遂成大乘定論。

意根
- 小乘
  - 胸中色物
  - 無間滅識
- 大乘—末那識

説第六根已。七八云何？第七以第八爲所依根。《大論》五十一説：“由有本識故，有末那。”《楞伽經》卷九有《頌》云：“阿賴耶爲依，故有末那轉。”轉者，起義。《述記》卷二十六：“八若無時，七亦無故。”此皆言末那用第八爲根也。

第八亦以第七爲所依根。《大論》六十三説：“藏識恒與末那俱時轉。”又説：“藏識恒依染污。”染污即第七也。《述記》卷二十六：“第七若無，八不轉故。”此皆言藏識用末那爲根也。七八互爲根故，不須建立九識爲第八之根。

如上所説諸根，總分二類：一、浄色根有五，曰眼浄色根乃至身浄色根是也。二、意根有三，謂末那爲第六根及末那與賴耶互爲根是也。凡此諸根各具四義：注意各字。一、决定。謂所依根若無，能依之識定不起故。如所依眼根若無，則能依之眼識决定不起故。又凡言識亦攝心所。二、有境。根體定是能照或能緣法。五根體即浄色，能照境故，名有境。意根體即末那等，能緣境故，名有境。唯此能照或能緣法方有力用，得爲根也。餘扶根塵法非能有境，不得爲根。三、爲主。即有自在力故。最殊勝力，名自在力。心所依王，便非自在，故不爲根。心王是主，有自在力，方爲根也。如第六意根，即是第七心王。七八準知。又浄色根亦得説爲自在，非同扶根塵之頑鈍也。四、令能依識，取自所緣。如五識取自所緣塵境，即由五根增上，令其自取故。餘準可知。凡此四義，具《三十論》。見《論本》四、《述記》二十六。唯識談根，只此云爾。

上來略釋諸根。今應釋諸識名義。《瑜伽》卷六十三説："識有二種，一者阿賴耶識，二者轉識，此轉識。復七種，所謂眼識乃至末那識"云云。準此，則前七識通名轉識。問："何故名轉識？"答曰：轉者，轉易義。謂十地位中，此前七識入觀時，是無漏善性。定中起觀，即名入觀。出觀已，出定故，便出觀。仍是有漏染性。十地後詳。此説前七有轉易故，名爲轉識。問："金剛心後，第八亦由有漏轉成無漏，云何不名轉識？"金剛心亦後詳。答曰：第八一轉即永轉，非前七例，故轉識名不通第八。

轉識有七種，此七復别以三類：曰前五識，曰第六識，曰第七識。前五識者，所謂眼識乃至身識。第六曰意識。五及第六亦合稱前六識，以同是隨根立名故。

云何隨根立名？謂依、發、屬、助、如五義勝故。依義者，謂即依眼根之識，故名眼識。乃至依意根之識，意根即第六識。故名意識。發義者，謂即眼根所發之識，故名眼識。乃至意根所發之識，故名意識。屬義者，謂即屬眼根之識，故名眼識。乃至屬意根之識，故名意識。助、如兩義，準上可知。助義者，謂能助根取境，故說助義。凡根皆有取境之用，但必有識爲助始成其用故。由根望識言則曰根助識，由識望根言則曰識助根故。如義者，謂識依根發，亦恰如其根之勢用而共趣境故，故說如義。或許六識隨境立名，亦可無遮。

隨根立名	隨境立名
眼識	色識
耳識	聲識
鼻識	香識
舌識	味識
身識	觸識
意識	法識

六識性相云何？《識論》卷五云："識以了境爲自性故。此中識者，即通六識而言。即以了境爲行相故。能了別境，名爲識故。如經說：'眼識云何？謂依眼根，了別諸色。乃至意識云何？謂依意根了別一切法。'《雜集》等說，亦復同此。"或云梵本《三十頌》但言識以了別爲自性，而不言行相。今《識論》亦以了別境爲行相，疑基師所增。此說不知確否，然以理準，兼顯行相，於義無違。

五識行相唯局。不遍名局。謂眼識唯了諸色，耳識唯了諸聲，乃至身識唯了諸觸。第六意識行相周遍，謂遍了一切法故。《攝論》所謂"無邊行相而轉"是也。

意識，亦依其分位差別而說爲四：一、五俱意識，二、獨散意識，三、夢中意識，四、定中意識。夢意，略見上卷行蘊眠數中。諸論亦復無所解說。定心，定中意識，省云定心。非凡位所有，此中皆不欲談。通途所謂意識，只相當於散意。具云獨散意識。前所云意識行相周遍者，實就獨散位而言。問："由何義故名獨散？"答曰：獨者，簡別五俱位；散者，簡別定位。凡夫未得定，心恒散亂故。獨起思搆故，行相粗動故，意識不與五識俱時，能獨起思搆而分別一切法，勢極猛利。如晨起而思昨日所嘗之饅首，停午而憶曩時所見之梅花，彼眼舌二識久已滅無，而意識獨起焉。又或冥搜哲學上之問題，色聲等識皆不現行，而意識獨起。故名獨散意識，亦云散心，或云散意。亦云獨頭意。不與五識俱故，名獨頭意。

云何五俱意識？謂即五識起時，意識定與之俱。定字吃緊。依此立俱意名。五俱意識，省云俱意。《解深密經》説："佛告廣慧，有識，即指下文眼識。眼眼根。及色色境。爲緣，生眼識。根境爲緣，眼識得生，此就識望根境而言。實則根境識三法，同時互爲緣生，非謂先有各在之根境二法，待其合而後生識也。此等處若稍有誤解，便與唯識義全乖。向見人有誤解者，不可不慎。與眼識俱，隨行、同時、同境，有分別意識轉。意識分別力勝故，名分別意識。眼識起時，其與眼識相俱起者，即分別意識是也。此意識既與眼識相俱，即是兩相隨屬而行，故曰隨行。又必同時而生，故曰同時。又必同緣一境，如眼識緣青，意識亦緣青，是名同境。有識，指下耳等四識。耳鼻舌身四根。及聲香味觸四境。爲緣，生耳鼻舌身識，與耳鼻舌身識俱，隨行、同時、同境，有分別意識轉。準上可知。廣慧，若於爾時一眼識轉，即於此時唯有一分別意識與眼識同所行轉。轉者起義。若於爾時，眼識生時。二三四五諸識身轉，即於此時唯有一分別意識與五識身同所行轉。"詳此所云，五識若同時並轉，即一意識能與五識俱。因是，意識亦隨所俱而成差別。如自其與眼識俱之方面言，則爲眼識家俱意。自其與耳識俱之方面言，則爲耳識家俱意。自其與鼻識俱之方面言，則爲鼻識家俱意。自其與舌識俱之方面言，則爲舌識家俱意。自其與身識俱之方面言，則爲身識家俱意。如是總名五俱意識。

問："由何義故，建立俱意？"答曰：如諸論言，略有三義：一曰助五。五者五識，後均倣此。五無計度等分別力故，必須有俱意助五令其了境，如師導令弟子解義。弟子解義由自，而必資師引。五識了境由自，而必資意引。法喻相當。若無俱意，五定不生，以五力微劣故也。二曰極明了。俱意與五同取現境，分明證故，俱意與五取境，同是現量。非如散意緣久滅事。散意多緣慮過去事。基云："五識賴意引而方生，意識由五同而明了。"言其相依之切也。三曰能引後念獨散意識令起。《集量論》説：

“五識起時，必有意識與俱。即此意識能引第二念尋求意識生。”詳《述記》二十七第七葉。如俱意與五識同取青境時，唯是現證，本無計度分別。但此俱意起時，即有勢用能引次念散意起。散意起時，即於前念現量所證青境而起尋求，謂此是青非赤白等耶？或此青者是衣青非華青等耶？綜上三義，俱意故應建立。

佛家八識析成各個，而其眼等五識，以今心理學上術語言之，應云純粹感覺。言純粹者，以其不雜記憶與推想等作用故，即未成爲知覺故。若不建立俱意，則疑此感覺力用微劣而於境無分別，將不得成爲識矣。第一義中助五之説誠爲重要。又八識既是各别，則五識取境應不能爲後念意識所追尋，以第六與五不相關故。由建立俱意方無此患，故第三義關係尤重。然此等拼合法，正可見其立義不符理實。心不是拚合的東西。《新論》持説自與舊學根本不同，學者無妨研玩。

六識緣境，於一時緣多少不定。《大論》五十一説，如一眼識，於一時間，於一事境，唯取一類無異色相。如唯取青色境。或於一時，頓取非一種種色相，如青黄赤白等。如眼識於衆色如是。耳識於衆聲、鼻識於衆香、舌識於衆味亦爾。又如身識，或於一時，於一事境，唯取一類無異觸相。或於一時，頓取非一種種觸相。如是分别意識，於一時間，或取一境相，或取非一種種境相，當知道理亦不相違。此與薩婆多説有異。薩婆多不許一時緣多境。謂如眼識本方緣青，忽然黄色來奪，礙彼眼識不於青生云云。然眼等六識，容有一時專緣一境，如薩婆多所説，但非一切時恒爾。

《大論》卷三説，六識取境，由四因故，能令作意，警覺趣境。作意心所，詳在上卷行蘊。“一由欲力。謂若於是處心有愛着，心則於彼多作意生。二由念力。謂若於彼已善取其相，已極作想，心則於彼多作意生。念者記憶，於過去境而行追憶，能令分明再現，是名善取其相。追緣過去而取其像，不忘失故，名極作想。三由境界力。謂若彼境界或極廣大，或極可意，正現在前，心則於彼多作意生。四由數習力。若於彼境界已極串習，已極諳悉，心則於彼多作意生。”如行通衢者，汽車前來，眼識便了，由爾時俱意助眼識多於汽車作意故。此等作意，一由境界力，相極猛故；二由數習力，前此諳悉汽車能違害生命故。舉此一例，以見其餘。

六識取境，前五皆局，第六特遍，由第六分別力勝故。《雜集論》云："唯意識有三分別，一自性分別，自性，猶云自相。二隨念分別，三計度分別。"

自性分別者，謂於現在所受諸行自相、行分別。按此中自相，猶云自體。現在所受諸行自相者，如眼識現緣白色，即此白色自體，是名現在所受諸行自相。眼識緣此白色自體時能緣入所緣，親冥若一，是即於白色自相而行分別。此中分別一詞，與後二分別名同義異。蓋由能緣識，親冥所緣境之自體，絶不於境起憶念及推度等等分別。但以親冥境體故，如前所云眼識親冥白色自體。説名分別，由識與境冥，雖無粗動分別，而不同木石塊然無知故。而不同三字，須一氣貫下讀之。冥冥證故，雖有證知，而若無知，故曰冥冥。行相深微故，故名分別，非以同於後二分別，始名分別。非以至此爲句。此於諸行自相行分別，即是現量，本唯五識得有。而《雜集》説意識有此者，據五俱意説故。

隨念分別者，謂於昔曾所受諸行追念行分別。按昔曾所受諸行者，謂過去所緣境。念者記憶，由憶念力追憶曾更事而行分別。

計度分別者，謂於去、來、今不現見事思搆行分別。按去、來、今不現見事者，即非五識所緣實塵境故。是諸法上種種差别義，所謂共相。共相，故非五識所現見事。由意識相應尋伺二數思搆力故，尋伺二數，詳上卷行蘊中。於諸法共相而行分別。此中計度分別，與前隨念分別相依俱有。常憶曾所已知，以與現所欲知事而相比度，無有計度不雜憶念故。無有至此爲句。計度分別，或是比量，或是非量。如於諸法無常而計是常，此即非量；於諸法無常而知是無常，此即比量。

上來解釋三分別。於自性分別説爲現量，而許意識唯與五俱時方有，實唯五識全具自性分別。此與《雜集》不免少有出入。然以義準，《雜集》欠精，應當是正。又《攝論》許自性分別在五識，此即現量。唯俱意得與五同有，理則實爾。《攝論》可依，吾非無據而臆説也。

意識具隨念、計度二分别故，不唯緣有法，而亦緣無法。問：“無即無有，如何名法？”曰：汝作無想時，不能以無爲有。即此所謂無者，有軌持義，可名爲法。詳在《十力語要》卷一，此姑不贅。《大論》五十二説：“有性者，性者體義。如色等是有體法，名有性。安立有義，能持有義。安立者，施設言説之謂。持謂任持，如色等是有性法，今於彼説爲實有者，即以彼能任持自性，不捨失故。若無性者，安立無義，能持無義。如空華是無性法，今説彼爲無，即以彼亦能任持自性非於無之時可捨無爲有故。故皆名法。有無皆能任持自性，故皆名法。由彼意識，於有性義，若由此義而得安立，即以此義起識了别。於無性義，若由此義而得安立，即以此義起識了别。若於二種，謂有及無。不由二義謂有及無。起了别者，不應説意識緣一切義、取一切義。義者，境也。謂若意識於有無二種法，設唯於有義起了别而不於無義起了别者，即意識非能於有無二義都起了别，便非能緣一切境、取一切境，何以故？不緣無法故。設作是説，便應違害自悉檀多。悉檀多者，宗義。又不應言如其所有，謂於有法則如其所有而説有。非有亦爾，亦爾者，躡上文也。謂於無法則如其所無而説爲無。是如理説。又不至此爲句。是故意識，於去來事非實有相，過去已滅無，未來未生無，皆非實有。緣彼爲境。彼者，謂即去來非實有相。由此，故知意識亦緣非有爲境。即緣無法爲境。復有廣大言論道理，由此證知有緣無識。謂有緣無法之識也。謂如世尊微妙言説，若内若外及二中間都無有我。此我無性，妄計有我，實無其體。非有爲攝，非無爲攝，有爲無爲兩不攝者，明我相本無故。共相觀識，共相本虚，無體可見，而意識能作共相觀，因此説意識爲共相觀識。非不緣彼境界而轉。彼境界者，謂我。轉者起義。我本無也，而意識於彼得起焉，此非緣無而何？此名第一言論道理。又於色香味觸，如是如是生起變異，安立飲食、車乘、衣服、嚴具、室宅、軍林等事。此飲食等，離色香等都無所有。飲食者，本以目所飲所食之物，飲即湯等，食即米等。理實色香等是有，湯米等是無。俗計有湯米等實物，此真倒妄。眼識但得色，鼻識但得香，舌識但得味，均不曾得若湯若米。湯米者，本無其物，意識依色香味等法上而起增益執，妄計有湯米等其物，此以無爲有也。飲食如是，衣服乃至軍林等等，皆可類推。此無有性非有爲攝，非無爲攝，共相觀識，非不緣彼境界而轉。意識作湯米等想，亦是緣無法。是名第二言論道理。又撥彼執梵天等爲邪見：原文舉例，世不易了，若爲解釋，又嫌詞費。今改用梵天爲例，與原意無差。若梵天等是有，即如是見，應非邪見。何以故？彼如實見、如實説故。此爲反詰之詞，意云執是人者定是邪見，以梵天本無故。此既是無，諸邪見者緣此境界，識應不轉。亦反詰之詞，言梵天既是無，識應不於彼而生。今諸邪見者，既於彼無法而識得生，以是證知意識緣無。是名第三言論道理。詳此所云，證明意識常於無法而轉，可見意識中之宇宙純由意想構造。雖其構造，未始不以五識現量爲依據。然由虚妄分别勝故，恒起種種倒見。譬如目眩，視不明了，迷杌爲人。人雖本無，而目眩者視力亂故，不能如實明解杌相，而恒妄自堅執爲人。意識妄搆，亦復如是。

又據諸論，六識各有五心。各字注意。五心者：一率爾心，二尋求心，三决定心，四染净心，五等流心。率爾心者，初墮於境，初念創起，觀所緣境，名爲初墮。名率爾墮心。此唯一刹那頃。此以一刹那爲一念，六識率爾心皆唯一念。有説意識率爾通多念起者，此非正義。初墮境故名率爾，後刹那即尋求矣。尋求心者，率爾初緣，未知何境，爲了知故，次起尋求。有欲俱轉，希望境故。欲數與心俱轉，於境起希望故。更有念俱，憶所曾習，過去所經之境，名曾習境。以爲比擬。於現境不了，方起尋求，即有念數與心俱起，以曾習境與現境比擬。比擬者，求其同異也。尋求起已，猶未了知，更起尋求，便通多念。决定心者，既尋求已，了知先境，决定心起時，即尋求心已入過去，故後念决定心以前念尋求心所尋求之境爲先境，理實境隨心刹那生滅。决定心之境，本唯現在，以其似於前心之境而隨轉故，故依現境而作先境解。次起决定，印解境故。《義林》二説决定多念相續者，實不應理。决定之次念，於境或住善，或住惡，或住捨，即是染净心。染净心者，决定既已了知境界差别，於順住善，順者違之反。心於順境，不起嗔等，而生樂受，名住善。於違住惡，違者順之反、心於違境，便起嗔故，而生苦受，名住惡。於中容境非順非違。住捨，非苦非樂名捨。染净心生。染净唯一念，次念即是等流，故有説五識染净心通多念起者，亦不應理。等流心者，前後相似名等，相續名流。成染净已，次念順前而起，順者隨順，似前心故。故名等流。即此等流，容多念起。容者不定，等流起已，次念若遇異緣，即創觀新境，又成率爾，前念等流便不相續。若無異緣，即有多念相續故，故置容言。然復應知，如是五心，唯率爾、尋求定無間生。尋求已後，或時散亂。《瑜伽》有文，此姑不詳。

如上五心，六識通具。頗有舉《瑜伽》爲難者，謂《瑜伽》説五識無尋求等，即五心唯在第六意識。又意識起尋求等，非是現量。若五識亦有尋求等者，如何説五識唯現量耶？故知《瑜伽》持義爲正。此其所難，實未盡理。設五識率爾滅已，無有尋求等起，則是五識唯一剎那不得相續。以理推徵，事不應爾。如眼識緣青，由意引生，剎那剎那連言之者，顯前後相續故。專注未捨。恒觀於青，未休睹時，名爲未捨。云何不許多念相續？夫意與五俱，意識於率爾心後，有尋求等心相續而起。五亦應然，唯就量言乃不一致。意識尋求等心，行相粗動，發現散著名動，分别强盛名粗。故有名言詮别，不得親冥境相。親冥境相義，詳前自性分别中。若五識尋求等心行相深細，深故不顯，細故若無。尚無名言詮别。故意識非現量時，五識儘是現量。又《瑜伽》不説五識有尋求等者，以無粗動行相，説之爲無，要非無深細者。基师《述記》二十七取安慧義，主張五識相續。《義林》卷二説率爾等五心乃六識所通有，所持甚諦，唯説理似欠精析，故令學者猶滋疑惑。

問："俱意無現量耶？"答言：俱意實具五心，其初念約一剎那名爲一念。率爾墮境，定是現量。尋求以後，若行相深細，心與境冥，亦隨五識同名現量。若尋求起時，籌度力强，便非現量。

五識緣境，諸師頗興假實之諍。凡法有假實分别，已説見上卷。如色法是實，色上分位如長短方圓等等是假。一師説五識緣實不緣假。何以故？假法無體，不能爲緣引生識故。此中緣者，謂所緣緣。後詳。又五識現量證境，無有名言種類等分别。起粗動想，即有名言分别。現量證境，無粗動想故，無名言分别。意識於境籌度故，有同異等等種類分别。五識現量，亦無此事。如眼識緣青色時，即冥證青色自相，渾然爲一。即不起此是青色之行解，如何得有長短等覺？因此説五識定不緣假。

二師説五識假實並緣，以緣假之時必緣其實，假依實有故。如緣形色，即長短等。假實合取。然兩師義，第一爲正。彼計緣形色，假實合取，爲在五識者，此不應理。如俱意與眼識同緣青色，眼識本不作此是青色之行解，豈復有青色長短等覺？俱意初念率爾心中，爲例亦同。但由俱意引生後念意識，便起青色行解，亦即於青色之上取長短等形色，此時可謂假實合取。然此乃屬意識中事，無關眼識，但意起迅疾行相難分，因誤計眼識假實合取，實則眼識不曾緣形色也。眼識如是，耳識乃至身識皆可準知。

六識行相同屬粗動。浮囂故，名動；取外境故，名粗。又緣外境數數轉易故，名動；行相易知故，名粗。詳《述記》卷四十。然第六意識能獨起思慮，有尋伺相應故。尋伺，詳上卷行蘊中。五識無尋伺，説名非思慮。有難："五非思慮，何謂能緣？何得名識？"答曰：此云思慮，即是分別異名。分別有二種：一尋伺爲體，二非尋伺爲體。《瑜伽》説諸尋伺必是分别，分别自有非尋伺者，義據足徵。今此言思慮者，以尋伺爲體，故五識非。若離尋伺而但以於境證會名分别者，即五識亦是能緣。義匪一端，奚勞唐難。

舊作《識論講疏》云："五識轉時，但可説爲一種動作；意識有尋伺與俱，方成思慮。有如紅色現前，眼識發生緣用，爾時能緣冥會所緣，渾然一體而轉，即此説爲一種動作。唯與眼識同時意識，有尋伺俱。俱者相應。方於紅色尋求、伺察，而有此是紅色之行解，始成思慮。"蓋此云、是云，必廣經推校。言此則有其非此者，言是則有其所否者，此與是等等行解賦予於紅色之上，即紅色經思慮之構造而似有相現。似有云云者，此相唯依虚妄分别而起故，非實有故。是唯意識有此勝用，而五識則否。

五唯外轉。唯緣色等外境故，名外轉。意識外緣一切境，而亦反緣。反緣，即意識之自知。如世照相器能照外物，而不能自照。意識不爾，能内照故。又諸論説六識有五位，俱不現起，名爲五位無心。五位者何？一、無想天。外道所謂想者，唯前六識想，非第七八，彼不立七八故。詳《述記》四十第十四葉。外道有以想爲生死因，遂起厭患而修無想定。由定力故，能違礙不恒心、心所令滅。七八恒行，前六皆不恒行。想滅爲首，遂名無想。二、無想定。由出離想即作涅槃想也。作意爲先，令不恒行心、心所滅。想滅爲首，立無想名。《瑜伽》十二説："問'以何方便，入此等至？'等至，定之異名。答：'觀想如病、如癰、如箭。唯謂無想，寂静微妙，於無想中持心而住，如是漸次離諸所緣，心便寂滅。'"三、滅盡定。由止息想作意爲先，令不恒行，前六。恒行染污第七。心、心所滅，立滅盡名。以上，並參考上卷《不相應法》及《無爲法》中。四、極重睡眠。六識通不現行，故立此名。五、極重悶絶。六識亦不現行，故立此名。又正死生時，亦無意識，無五識不待言。即悶絶攝。參考《述記》卷四十一第十八葉。如上五位，六識雖復不轉，然彼功能潛伏藏識，等流不已，度逢緣合，便起現行。

六識相應心所，各有多少，注意各字。具詳上卷行蘊中。

已説前六識，次述第七識。第七别名末那。《述記》卷二十五云："末那名意。"《瑜伽》六十三云："準諸識皆名心、意、識。言八個識，各各有心、意、識三名。隨義勝説，第八名心，《識論》卷五之三，《述記》卷三十，言第八以集起義勝故，獨名爲心。第七名意，餘識名識。"餘識謂前六，即眼識乃至意識。《楞伽經》及《攝論》皆同此説。云何第七特名爲意？應知由二義故，當得意名。一、審思量義。任運審慮思量，行相深細故。二、恒義。此識恒行，無間斷故。謂此第七恒緣藏識爲内自我，即恒時審慮思量有自我故，念念堅着自我相故。《識論》卷五之三云："恒審思量，正名爲意。"第六意識雖審思量，然行相粗動，不若第七任運而轉一類内緣。不若至此爲句。一類者，唯緣我故，其所緣境無有更易故。又意識有間斷，非恒審故。言審，即賅思量。第八雖恒，而非審故。第八行相深細。前五非審，亦不恒故。五識無計度，故非審，不恒易知。意之一名，即具恒審思量，義最勝故，故唯第七獨得此名。

小乘只説六識，不立第七第八。大乘始立第八藏識，同時亦成第七末那識。《識論》云："由有末那，恒起我執。"其成立第七之義據在此。唯由末那起我執故，令前六識皆成染污。第八不得轉成無漏，亦由第七末捨執故。應如理思。《顯揚》十七云：“染污，末那爲依止等，謂第六意識以末那爲根。由第七故，餘諸識中相縛不脱。”相縛者，謂堅執所緣境相，自造惑染起纏縛故，故名相縛或計有相故，即爲相所縛，因名相縛。《述記》卷二十三云：“執有相故，是先我執所引生故，令六識等相縛不脱。”凡此皆謂六識染污，由第七我執爲其根株。

問：“第七唯我執，非法執耶？”答云：諸有我執，亦是法執。《述記》卷二十九第二十四葉：“人我執中即有法我，人我必依法我起故。人我是主宰作者用等故。如計執有主宰或作者用等，皆名人我執。法我有自性勝用等故。如計法有自性，即執有實在的物事，又或執有殊勝作用，皆名法執。即法我通、人我狹也。如昏夜中迷杌爲人，迷杌爲先，後方人起。不知是杌，方謂之爲人。此中先後是約義言，實非有時間先後。迷杌是法執，於杌不能如實了知，是即迷惑，是謂法執。如於諸行不知其本無自性，亦猶迷杌故。謂人是起人執。”迷杌而謂之人，即是更起人執。準此，第七我執非無法執，但專就我執爲言，義偏勝故。第七則我執偏勝故。總之，大乘建立末那，略由二義：一、由恒有内緣我相故。二、由意識須有第七爲根故。《攝論》《雜集》等所以證成末那，實不逾此兩義。《識論》云：“意末那。以思量爲自性。亦即思量爲行相。”《述記》卷二十八云：“第七行相即是見分，體性難知，體性即自性之異語。以行相顯。”其實思量但是行相，其體即是識蘊攝故。識蘊，見上卷《五蘊》中。按此言末那自性，即第七心王，而思量實依第七相應慧心所之見分假立，故不即是末那自性。基師所謂體性難知，以行相顯，學者宜知。見分義，詳後四分中。

又《識論》依四分義，謂末那但緣藏識心王見分爲我。藏識心王見分本非我相，而末那於彼起執，誤計爲内自我相。問：“藏識心王有四分，何故第七不緣其自證等爲我耶？”答曰：自證等用，細難知故，等者，謂證自證分。詳《述記》卷二十五。相分非一故，藏識相分有三類別，根身、器界、種子是也。夫我相者，似常、似一故，又有作用相故。唯藏識心王見分有似常一及作用相，故第七緣之爲我。藏識心王見分相續不斷，故似常。又見分是一，非如相分有根、器、種等類別，故似一。此見能了别相分境，故似有作用相顯，由斯第七緣此見爲我。問：“何故不緣藏識心所爲我耶？”答言：心所法多故，我相必似一故。故《識論》言：“但緣藏見，非餘。”藏見者，具云藏識心王見分。非餘者，餘謂相分及心所法。末那不緣此等爲我，故言非也。而諸書每云第七緣藏識爲我者，但總略而説故。

又在染位，末那恒審思我相。及初入淨觀，末那亦審思無我相。故末那名非唯有漏。非唯有漏位中得此名故。

第七相應心所法，其數有幾，詳在上卷行蘊中。

已説前七轉識，次述第八識。此第八有多種異名：一名阿賴耶識。阿賴耶者，藏義，處義，是無量諸法種子所藏之處故，故名賴耶。阿賴耶，亦省稱賴耶。二名藏識。具有三藏義故。三藏者：一、能藏。此識能持一切種子，即以種子爲所藏故，因説此識是能藏。二、所藏。由種子能藏於此識自體中故，復説此識是所藏。此識與種子互爲能所故。三、執藏。末那緣此識爲自内我，堅執不捨故，故説此識名執藏。由具三藏義故，得藏識名。《規矩頌》所謂“浩浩三藏不可窮”是也。三名種子識。以能執持諸法種子令不失故。四名阿陀那識。梵云阿陀那，此云執持，謂能持諸種子及執受根身等故。等者，謂根依處。五名所知依。所應可知，故云所知。詳世親《攝論釋》。依者一切染淨法用此爲依而得有故。如無此識，則無染法可説，亦無淨法可説。六名根本依。謂前七識或萬有現象通依此識爲根本故。依字注意，前七不從第八親生，而依第八故得生，故第八是前七根本依。七名本識。即前根本依之省稱故。八名異熟識。能引生死善不善業異熟果故。此中之義，須至後文功能條談業種及異熟果處方可了解。其牽涉太繁，無從簡釋。此是趣生體故。趣者往義，往生三界六趣者是誰？即此第八異熟識自體是也。若無此識爲趣生體，便是死後斷滅無有。九名神識。謂雖無神我，而此第八含藏萬有，有勝功能，非常非斷故，立神識名。十名無垢識。謂即此識捨染得淨，體性無垢，鏡智相應，故立此名。此識有染淨二分，從有漏種而生者，是染第八識，即名賴耶等；從無漏種而生者，是淨第八識，即名無垢識等。故云捨染得淨。鏡智後詳。奘師以前，有譯爲阿末羅識，一作阿摩羅識。即此云無垢。或立爲第九識者，大錯。十一名心。心者，集起義。《攝論》卷一：

“由種種法，積集種子，種種法者，謂前七識。由前七熏發種子，積集藏識中。故説集義。”諸種子於藏識中既積集已，能起當來現行法，故説起義。由心之名具集起二義故，應唯第八獨得此名。雖餘七識皆得名爲心，而非據勝義，但汎説故。如上略説第八有十一種名，言略者，猶未盡舉故。本唯一體，隨義差别，差别者不一義。有多名故。依此第八識一體之上而立多名者，隨其所具種種差别義而多爲之名故。

賴耶有三相：一者因相。説爲能藏，即是因義故。本即種子爲諸法之因，然由藏識能藏種子故，得説藏識爲諸法因。二者果相。言爲所藏，即是果義故。藏識受薰而爲種子所藏，即以受薰而望能薰名果。詳後《功能》條中。三者自相。亦云自體。攝持因果二相爲自體故。攝是包含義，包二爲一故。二者因果二相，一者自相。持是依持義，以總爲别所依持故。總者自體。别者因果二相。下皆準知。别爲總所包，總爲别所依，故云攝持。問曰：“若爾，自相應是假有？”答言：此亦不然。若有條然因果兩相合之爲自相，自相可成假，既離自相無别因果二相。因果相者，即自體之上别義説之，故非假也。以上節録《述記》卷十二。

此第八識總有二位：一有漏位，二無漏位。有漏位者，謂諸衆生無始時來恒是有漏種子起諸現行，浄種被障，不得起故。浄種，即是無漏種子。而此有漏第八識既是染分，故名賴耶及藏識等。若無垢識之名，此位無有。無漏位者，謂諸衆生若勤修學，登地以去，登地後詳。浄種現起。有漏種子漸次伏除，第八地去，煩惱盡故。由斯永捨阿賴耶名，既盡煩惱，即第八識唯是無漏之體，其染分已斷盡故，而賴耶之名遂不立，故云永捨此名也。唯得説名無垢識等。故捨賴耶，唯捨第八染分，非是第八識體全捨。參《述記》卷十九。第八浄分不可斷故。不爾，便同斷滅論故。

第八染浄二位各有專名，已如上述。賴耶與藏識皆第八染位之專名，無垢識則第八浄位之專名。心與神識、本識等名，皆通染浄。學者宜知。

諸經説第八識者，略舉如下：

《如來功德莊嚴經頌》云：“如來無垢識如來，佛號之一。是浄無漏界。界者，體義，此無垢識其自體是清浄無漏故。又界者，因義，此無垢識含藏清浄種子爲諸法之因故。解脱一切障，圓鏡智相應。”詳上。此約第八浄位而言。

《解深密經頌》云：“阿陀那識甚深細，阿陀那，見上。深故難窮其源底，細故不可知而難信。一切種子如暴流。《識論》云，是一切法真實種子，彼計種子有實自體，故言真實。而諸種子體各别故，又染浄性異故。種子數無量，今總言之，故云一切。暴流非斷非常，種子亦爾。我於凡愚不開演，恐彼分别執爲我。”言佛不爲凡愚演説此第八識，恐其聞之而妄分别以爲神我也。實則第八識亦等於外道之神我，大乘所異於外道者，即不於此識而起執故耳。有執即迷，不執即悟。此通染浄位而言。

《楞伽經頌》云：“譬如巨海浪，斯由猛風起。洪波鼓冥壑，無有斷絶時。以上思之可知。藏識海亦然，境界風所動。種種諸識浪，騰躍而轉生。”詳玩此頌，實以第八識爲前七識之根本依，謂第八識含藏前七識一切種子。前七若遇境界爲所緣緣時，則此境界緣力喻如猛風，能動發藏識中諸識種子，即與境界俱時現起。而此諸識從藏識中種子轉生，喻如衆浪依巨海而生。騰躍者，顯頓起義。《述記》卷二十解此頌，首以前七熏第八種爲言，極爲牽强，今不從。此中藏識名，唯約染位而言。

大乘諸經雖説有第八識，然小乘不承認大乘經爲佛説。此等争辨，在大乘經論中蓋所常見。大抵群經之中較可信爲本諸釋迦氏之口説而傳述者，當莫如四《阿含》。欲以暇時别爲文論之。四《阿含》而外，小乘經典甚多，要皆秉佛氏之旨而引申推演，因托爲佛所説。大乘經亦是如此。若就經文結集而論，不獨大經非佛説，即小經出佛説者亦無幾。若以依據佛氏本旨而言，即凡大小諸師所引申推演者，亦可視同佛氏之説。吾常謂大小、空有諸義，求之《阿含》皆可見其底藴。間與諸生言之，又無暇筆述也。考《識論》成立第八賴耶，亦引據《增壹阿含》密意説此第八識名阿賴耶。説見《識論》卷三之五及《述記》卷二十一。或謂《阿含經》中賴耶一詞非即謂第八識，《識論》所解亦是牽附以成己説。不知佛家本非斷見，豈謂死後便斷滅無有耶？果爾，亦何用修證爲？《阿含》雖未顯立八識，然死後生命不斷之信念，在釋迦氏本視爲不成問題。即四《阿含》以推徵釋迦大指，此意顯然可見。至小乘諸部中，若大衆部説有根本識，説假部説有有分識，此部説有有分識體恒不斷，周遍三界，爲三有因。三有即三界異名。分者因義。化地部説有窮生死藴，窮生死際，無間斷時，故名窮生死藴。此皆與第八賴耶之義相當。又如上座部計別有細心是第六意，恒現行故。基師謂此即大乘第七識。詳《述記》卷三十。是知大乘七、八兩識之建立，實有所本。但釋迦初説六識，似只依見色、聞聲乃至了一切法，是等行相不同而假説眼等六識，非謂六識各有自體。及小乘分部以後，分析之術愈密，其間墮有執者，似已將六識視爲各各獨立之體。縱云不必實爾，至少亦有此傾向。迄法相家説第七、第八，便有析心爲八個之嫌。世親昌言唯識，主張一切心及一切心所各各有自種，其流至於護法、窺基種子之説益成滯礙。此意至後功能條中，當略明之。於是所謂心者，乃爲衆多種子所生之多數個別體集聚而成。以此言心，云胡應理？《新論》所以全反舊師之説，自非故爲立異。

《顯揚》卷十七説："阿賴耶識與轉識爲二種因：轉識詳前。一爲種子生因。謂諸轉識生時一切皆因賴耶識中種子而生。二爲所依止因。謂如五識由賴耶所執持凈色根爲依止故而得轉生。轉生複詞，轉亦生義。又由有賴耶識故，得有意根。第七末那。由此意根爲依止故，意識得生。"又云："轉識與賴耶識爲二種因：一於現法中長養彼種子故。謂善不善等轉識生時，能熏發習氣入彼賴耶識中，成爲當來一切轉識種子故。當來猶言未來。二於後法中爲彼得生，攝植彼種子故。謂轉識緣彼賴耶識時，得熏生賴耶種，引攝當來第八識故。"《顯揚》卷十七第十六葉："謂彼熏習種類能引攝未來，即此異熟阿賴耶識。"此言前七熏第八種能引未來第八識，但其造語殊晦澀費解。詳此，明賴耶識與前七轉識互相爲因，其理論可謂精密。

《顯揚》復説："阿賴耶識是有情世間生起根本，能生諸根、謂眼等五根從賴耶中凈色種而生。根所依處謂扶根塵即肉體是也，此從賴耶中一切塵種而生。及轉識等故。謂前七轉識皆從賴耶中一切識種而生。亦是器世間生起根本，能生器世間故。日星乃至山河大地及聲光等，總名器世間，猶俗云自然界。此從賴耶中一切塵種而生。又即此識，賴耶。亦是一切有情互相生起根本，一切有情互爲增上緣故。"按增上，猶言加上，即是扶助之義。一切有情各各具有賴耶識故，即彼識此識兩識字皆謂賴耶識。互相扶助而得生起，非謂由一賴耶爲因能令一切有情生起。非字至此爲句。有情各有八識，第八即賴耶，是各有一賴耶識。諸論同説故。

又依四分義言，此賴耶識得析爲相等二分，又得析爲三分，又得析爲四分。既析爲四分已，還得以第四攝歸第三，而説爲三分。又得以第四第三總攝歸見分，而與相分相待，即説爲相、見二分。均俟後文四分條中詳之。賴耶見分，即是了别根器等相分境之了别。此了别相極深細故，《識論》説爲不可知。其相分境有三類别：一曰種子，即以其自所攝持一切種子爲所緣相分境故。二曰根身，即以其自所執受五淨色根及根依處爲所緣相分境故。根依處即扶根塵。説見前。三曰器界，即以其自所變現物質宇宙如大種及造色一分若色聲等等，爲所緣相分境故。造色，賅五根五塵言，見上卷。今根身既别爲一類，故此云造色一分。賴耶得説爲三分四分或相見二分。前七轉識亦各各可説爲三分、四分或二分等。如後四分中另詳。注意各各兩字。

種子根身二境，但賴耶心王見分親緣。賴耶心所見分，緣根與種不能親取，須變作影像相分。但變似其相，云影像相分。所以者何？種子唯依心王自體故。故心王親緣，其心所即不得親緣。根身是心王所執受故。故心王親緣，而心所則否。器界則心王與心所各得變現。唯所變器皆在一處而相似故，故説爲同緣。其實王所仍是各緣各所變現之器也。舊作講義等，辨此甚詳。此處正文但總略而説，未便委細分析王所緣境等義，故補誌如此。

問曰："一切法從賴耶識中種子而生，此賴耶識亦從其自體所含藏之自種子而生，經論皆作是説。然賴耶既從自種現起，如何可得含藏自種？"答曰：賴耶識與其自種子，從無始來，同時而有故。種子是能生，説之爲因。賴耶是所生，説之爲果。因果同時，非因先果後故。故賴耶果法，能攝持其自種因法，能所相依而建立故。以是説賴耶含藏自種，於義無違。

第八染位，何性攝耶？諸論皆説是無記性。無記之中，又分有覆無覆。説見上卷行藴中。此第八賴耶即是染位。則是無覆無記性。第八無執，故非有覆。有説第八亦有執者，此非正義，非如第七有思量故。

第七染位是有覆無記性，由緣藏識而思量爲我故。此即妄執，能障善故。參考上卷行藴中。

前六染位，通善不善等三性。五由意引，成善不善等性。染位，善法不恒，惡易來侵。如間日瘧，寒熱往還故。反躬體之即知。

八識謂八個識。轉依位中，通是無漏善性。轉依者，依即第八，是諸法所依故。轉捨第八雜染分，轉得第八清浄分，故名轉依。第八若識，一切法皆永轉故。

第八相應心所。染位唯與遍行五法相應，詳上卷行藴中。浄位得與二十一數俱。謂遍行五、别境五及善十一法。俱者俱起，亦相應義。

上來分别説八識訖。須知凡言識者，亦攝心所。無有一識但是心王孤起而無所與俱故。無有至此爲句。《識論》有文，此不容忽。《識論》每云凡言識者，即攝所故。

心所名義，上卷雖已略説，兹應更詳。諸論明心所義界，凡有三義：一曰恒依心起。心若無時，心所不生，依心勢力方得生故。二曰與心相應。所具云心所。依心起，亦復與心叶合如一，名爲相應。相應有五義：一所依同，俱依一根故。如眼識心所與眼識心王，俱依一眼根。餘準可知。然《俱舍光記》十七説五識及相應法各有二種依，一、同時所依根，二、無間滅意根云云，此非大乘義，今不取。二所緣同，俱緣一境故。《義演》云，約本質，説同一境。本質俟四緣中詳之。三行相相似，相實各别，但相似故。此言行相者，大乘所謂相分，如眼識心、心所緣青時，即各别變作青之相分也。小乘有説心、心所同一行相者，此非正義。四時同，定俱時生，無有先後。其心纔生，心所俱時依生。《俱舍光記》十七謂心、心所必定同一刹那是也。五事等，事者體義，法相書中事字，多訓爲自體之體字。須記。於一聚相應心、心所中，如心之自體是一。諸心所法，各各亦爾。如眼識一聚相應心、心所中，其心王體是一，斷無一法於一時而有二體並轉故。觸等心所，其體亦各各是一。例同心王。故心、心所法，體各是一，有齊等義，即説爲等。眼識如是，餘識準知。事等一義，本無深解，近人或横生臆説，斯可怪也。五義相應，理善成立。五義，見《俱舍》。《瑜伽》五十五説由四等故，説名相應，謂事等、處等、時等、所依等處即所緣。《三十論》三説同。《述記》三十二亦云：“時依緣事，四義具故，説名相應。”《瑜伽》等以行相相似一義攝入處等中，故止四義也。然《俱舍》分析較細，今從之。唯《俱舍》行相説爲能緣攝，不同大乘相分義。《俱舍光記》十七可爲參考。今此並依大乘義解釋，學者詳之。三曰繫屬於心，以心爲主，所繫屬之。心望所而得王名，以心是所之主故。心有自在力爲所心所。所依故。夫法無孤起，法若有孤起者，則是緣生之義不成。纔一識例如眼識。生，主伴重重。眼識心王是主，觸等心所是伴。主一伴多，相依而有，故曰重重。有主無伴，不成差別；心所行相分殊。有伴無主，寧非散漫。心所既多，必有心王以爲統一。以是於一識中，復分王所，而以所繫屬於王。《述記》於主伴義未有發明，其失非小。綜上三義，則何謂心所可以明矣。第三義正顯心所得名，以所繫屬於心，故名心所有法。

又心所行相，此中行相，即謂行解。復有四家異説：一、心唯取境之總相，所唯取別。二、心唯取總，所取總別。三、心、心所俱取總別。四、心取總別，所唯取別。詳見《演秘》。四家雖異，準諸《識論》，則以第二家爲正義也。《識論》言“心於所緣，唯取總相；心所於彼，所緣。亦取別相”。置亦言者，伏取總故。此則刊落餘家之説。《中邊》亦云：“唯能了境總相名心，亦了差別，差別相者，如順違等是。可樂相名順，翻此名違。名爲受等諸心所法。”詳《辯相品》。《瑜伽》卷三。《顯揚》十八。爲説皆同。按唯取總者，如言緣青即唯了青，不更分別。取總別者，即於彼青於彼青者即顯取總。更取順違等相。取別。《識論》説心唯取總，如畫師作模；所取總別，猶弟子於模填彩。如緣青時，有青之了别爲模，其於青更分別順違等，便是於模着彩。斯所謂能近取譬者哉。

有説第一家心唯取總、所唯取別，似較第二家義爲勝。且《阿毗達磨論》二唯總分別色等境事，説名爲識。若能分別差別相者，即名受等諸心所法。此文可證。然説者自誤。今且詰彼：若心所不取總，則所謂取差別相者，將何所依而取差別耶？若言於色等境事取差別者，據《唯識》義，王所非可同一行相，則所兼取總可知矣。又《阿毗達磨》雖言心所能分別差別相，而不置唯言，則未遮取總，非第一家可引爲據。

又大小乘師，亦有不立心所者。如覺天等説受想行等即心，非别有體，但隨心功用立心所名。如隨心領納功用施設受數之名，隨心取像功用施設想數之名，隨心造作功用施設思數之名。餘皆準知。經部師説唯有受想思即行。三心所，不許有餘心所，故置唯言。以佛説五蘊爲其誠證。經部計五蘊唯有受、想、思三法，不曾説有餘心所故。然據《識論》，心、心所法各從自種而生，即是各爲獨立之體，不可説一心轉變成差别法。差别法者，謂一切心所法。又行蘊攝餘心所全，參考世親、安慧兩《五蘊論》。非唯思數。《識論》立説自成系統，不容矯亂。

諸心所法，其自性及業用云何，俱如上卷行蘊中説。

嚴又陵譯穆勒《名學》中，有附加按語云："阿賴耶識譯言王者。"今不憶在何卷。不知彼何故錯誤至此。賴耶於前七轉識雖爲根本依，然究與前七互相依而有。《顯揚論》說賴耶與轉識互爲因，詳見上文。其義可玩。誰謂賴耶得名王者？或疑又陵係指賴耶心王而言。不知八個識皆有心王，非止賴耶。如何可以王者爲賴耶之譯名？且王之爲義，唯以心與心所對論時假説心爲王，而非謂此心有如神我説者所謂實主宰與實作用可説名王。而非至此爲句。此中義蘊深微，學者宜慎思明辨。

能　　變

世親《三十頌》説識爲能變，而識分八種，謂眼識、耳識乃至第八賴耶。又此八識復攝爲三，謂第八、第七及前六識，總爲三種。因此説三能變：初能變識謂阿賴耶，第二能變謂末那識，第三能變謂眼識乃至意識。是謂三能變。

此土言唯識者，有古學今學之分。古學大成於真諦。真諦，優禪尼國人也。梁、陳間來華，從事翻譯，盛弘《攝論》。世稱真諦及其前所出諸譯爲舊譯，所談諸義爲古學。唐玄奘法師遊學印度，歸國而後弘揚法相唯識，譯書極富，世稱新譯。其弟子窺基盛事著述，號百部疏主，而於唯識則近宗護法上祖世親，是爲今學開山。

古學唯以第八識爲能變。真諦譯《顯識論》云：“三界但唯有識，何者是耶？三界有二種識：一者顯識，謂第八識。二者分別識。”謂前七識。云云。此則以前七爲能緣，分別只是能緣義故，緣者緣慮，見前。能變僅屬第八。其名第八曰顯識者，即謂其能變現色心萬象故。此與世親説三能變即八個識皆爲能變。顯然異旨。基師《中邊述記》言真諦法師，似朋一意識師意。見《辨相品》。一意識師者，即計識體是一，無所謂八識故。但作用有别。謂本一識，發用於眼則能視，名爲眼識。發用於耳則能聞，名爲耳識。乃至發用於意，則能思慮一切法及計執内自我，名爲意識等。等者，謂亦可名爲末那也。若斥目其全體，亦可名第八識。《攝論》卷四敘此師計，説爲一意識師。詳見《所知相分》。真諦既朋此師之説，故以第八當此師所計識體，唯是能變。識體即自證分。自餘七識但依識體上義用分之，無别自體。故説七識只是分别境，即皆不爲能變可知。

《三十頌》説八識爲三能變。《識論》釋能變云：“能變有二種，一因能變，二果能變。”詳見《識論》卷二第七葉、《述記》卷十二第十至十五葉。基師解第一，因通現種，現者，具云現行，即識之異名也。種者，具云種子。後皆準知。此中之旨，至後四緣中談因緣處方可知。轉變名變。轉者生義。次解，謂有緣法能變現者，名果能變。有緣法者，識生必待衆緣，故説識爲有緣法。俟後四緣中詳之。能變現者，即一切識之自證分，若遇緣合便能變現，下文云即自證現起相見二分是也。果能變者，果謂諸識自體，即自證分。何故名果？以此識體有自種子爲其親因方得生故，故對因而名果也。即自證分識體。現起相見二分也。因變之變是親生義，果變之變是現起義。按基解多分違《論》。《論》云：“一因能變，謂第八識中等流異熟。二因習氣。”習氣者，種子異名。義詳功能條。下文逐釋習氣由來，由前七現行熏生，無關本文主旨。俟後四緣條因緣中詳之。又云：“二果能變，謂前二種習氣力故，有八識生，現種種相。”此中八識，即通八個識之自體而言。現種種相，即謂八識自體各各變現能所緣相。能緣相即見分，所緣相即相分。下文逐釋二果得名，由前二因别異。即論文自等流習氣爲因緣故，至異熟果果異因故爲止。細按論文，實分因果二種能變。因變中但有種生現義，謂即種子爲因而生識體。基解轉變，無失。云通現行即非。至後因緣處方知之。果變中有現種種相一語，基解自證分變現相、見，極是。《論》本建立種子爲識因。此第一種能變，因變。識自體上識自體亦名自證分，下皆倣此。有現起似能所緣用。自證是體，相見是用，遮執實有，故置似言。此第二種能變，果變。本唯一事，一識，説爲相、見、自證三分體用同時顯現，是爲一事。義説二變。蓋識體以種子爲親因而得生，故説種子爲因變。而識體從種生時，即於此時變現相、見二分，遂説識體爲果變。因果二變非是異時，但隨義別説二變故。此段吃緊。有難："如相見別種家言，至後功能條中方詳。相自有種，云何説依識體變現？"須知此家所説，則以因變時，識種親挾相種而俱起。既俱起已，即此相、見二分仍得説依識體變現。故果變義，畢竟成立。復有難曰："據因變義，應成唯種，寧名唯識？"答言：一切法不離識故，方成唯識。非唯識言便謂識無種子同無因論。非字至此爲句。然復異彼自性神我等外因邪計，數論立自性及神我爲諸法之因。等者，謂勝論及極微論等，此皆計有離自心而純爲外界獨在之實法，能作色心諸法之因，是名外因。種離本識，無別體故。此言體者，以所依名體。一切種子依止本識自體中，種子爲能依，本識是所依。即説一切種是潛在本識中之用，而本識是一切種之體。故名唯識。

如上所説，因變即種子爲因而生識體，果變即由識體現起相、見二分。須知凡言識者，均是通目一切心及一切心所而總攝言之。注意。如眼識心王自證分從其自種而生，故説彼自種爲因能變。即此心王自證分上現起相、見二分，便説此心王自證分爲果能變。眼識心王如是，眼識相應諸心所法皆應準知。諸字及皆字，務注意。如眼識觸數自證分從其自種而生，遂説彼自種爲因能變。數即心所之别名，見上卷。即此觸數自證分上現起相、見二分，便説此觸數自證分爲果能變。眼識一聚心、心所，皆有因變、果變義。皆字注意。自餘耳識乃至第八賴耶識，均可類推。

基師《述記》卷十二第十至十五葉釋因變通現種而言。大抵基師於《論》文中存護法之真，而《述記》乃自抒己見。然《義燈》

不取，太賢《學記》亦不取。《述記》釋因果變處，文字繳繞難理。曾見近人有節本，錯誤不堪。

《識論》在宇宙論方面説因變、果變。其在果變中，即於識自體亦名爲自證分。上有現似能緣之相，説名見分。而此見分所取境相，即説名相分。就眼識舉例，了色之了，即見分是。所了之色，即相分是。相見二分必有所依之體，不然如何有此二用。故應説識有自體。即此自體，對相、見二分言，得名自體分，亦名自證分。由此自證分上現起相、見二用，故説自證名果能變。眼識一聚心、心所如是，餘耳識乃至第八識，皆可類推。

又復應知，一切心、心所，各各析爲相、見、自證三分。須注意一切及各各等字。是等衆分法，即是宇宙萬象。實可類別爲心物兩方面，自證與見分同是能緣，均屬心界故。相分唯是所緣，即攝世所謂物界故。《識論》以相隨見，同依識體變現。識體即自證分。即攝物歸心，所以成其唯識。

又復須知，如前所説，心物現象，由何爲因而得顯現？雖云相、見俱依識自證分變現，然自證對相見而得名爲體者，但以所依名體，以是相、見二分所依故。實則自證與相見，同是現行法。謂即是互相關連的現象。此現行界猶云現象界也。豈得無因而有？於是建立種子爲因能變。即一切心、心所自證分等，等者，謂相見分。或心物萬象，通以種子爲其背後之本質而乃得生。即一至此爲句。余嘗謂舊唯識師之種子説，頗相當於西洋本體論上之多元論，種子界即是現行界之因素，亦即是現行界之本體。此非故爲牽附也。但一切種子依止本識。易言之，即是本識内潛在之衆能，衆者衆多，能者功能。非離自識而外在之實法。此乃其特異處耳。

《識論》卷一及《述記》卷二解《頌》云："識體轉似二分。"轉者，變起義。似者，謂不可執爲固定法。如世間或執離心有別實境或執離境有別實心，皆看作固定法。此所不許，故置似言。即談三分義。又《識論》卷二及《述記》第十葉以下釋果能變，謂自證變相見，亦只談三分，並不説第四。《識論》凡談變處，係就宇宙論方面言，故只談三分也。其談四分處，則就量論方面言。至下當知。

世親一派雖復談變，然因變中以種子爲能變，現體爲所變，現者現行，識之别名。現體猶云識體。截然剖作兩片。果變中以現體爲能變，相見爲所變，釐然析以三分。是皆剖析静物之辦法，諸師畢竟未足窮神語變也。《新論》立翕闢成變之義，明心物都無自性，心物非有自體，何容析作相等三分。即流行便識真常。即用即體，何須虚構一種子界。會華、梵以同歸，融性相而不二。後之達者，庶幾覽而鑑諸。

四　分

一切心、心所，各各有相等四分。前談變義，略及未詳。今明緣義，緣者，緣慮。此就量論方面言之。應更確陳。昔世尊於《十地經》中總説三界唯心，此言心者，亦攝心所。本未剖析。佛滅度後，小乘始熾。大乘繼興，勢成水火。小宗至謂大乘經非佛語，故大乘之徒意欲摧小，不得不從事量論以相制勝。當無着時，小大之諍已劇。因世親悔小，特爲造《攝論》成立大乘，始建相、見二分。難陀據此，未有發明。陳那創立三分，護法承之，遂使小乘量論根本動摇。

小乘計有實外境，離自識而獨存，是爲心之所緣。又計心有實體事，體事者複詞，事亦體義。説見前。是離外境而内在。又説能緣心上有所緣之相，即名此相爲行相，而謂是能緣攝。申言之，即一方面許有外境，一方面許有内心。又復計心緣境時，必現似境之行相。如緣青時，必現似青之行相故。但此行相隨能緣心攝，而不説爲境。小乘主張如是。大乘本不許有離識實境。世親《三十頌》説八識皆爲能變，即八識各自所緣境是其各自所變現。如眼識所緣是其自所變色境，耳識所緣是其所變聲境，乃至第八所緣根器亦是其自所變境。迄陳那創立三分，即是一方面依小乘行相之名而改正其義以立相分。謂即此相分是所緣境，非能緣攝。除相分外，别無離識實境爲心之所緣。除相至此爲句。故此相分義，實爲對於小乘量論之一大改革。又復説心上有現似能緣之相，名爲見分，但亦可沿用小乘行相之名。大乘相、見二分，通得説名行相。學者須隨文抉擇。余以爲行相一名，應專屬之能緣方面，即心於境起解之相。而相分則不當復冒行相之名，以免混淆。既立相、見二分，於是復立自證分。亦名爲自體分。謂此第三自證分是第三分故。是相、見二分所依之體。小乘本許一切心、心所皆有自體，故立第三，小應無諍。陳那等立三分義，所以對治小乘心外有境之執，故貌襲其名而隱易其義。《識論》卷二之六云："執有離識所緣境者，彼説外境是所緣。相分名行相，見分名事，是心、心所自體相故。此中相見云云，非是小乘許有見相分等名，乃大乘從旁質定。若曰，我之相分是所緣，彼乃名爲行相，以爲非是所緣，乃是能緣上所緣之相，即能緣攝也。我之能緣見分，彼乃名事，以爲是心心所自體相也。達無離識所緣境者，則説相分是所緣，見分名行相。相、見所依自體名事，即自證分。"參考《述記》卷十五第十葉以下。詳此，則大乘三分義與小乘有關，可以概見。

《述記》證成相等三分，皆有義據。略次如後：初成相分。謂自識親所緣，唯是自識所變。所變即謂相分。其量有三：一云，如汝緣青時，若自心上無有所緣相貌，即應於正緣青時，實未緣此青境。宗也。汝執無所緣相故。因也。如餘所不緣境。餘所不緣之境，自心之上便無此等相分。故假爲喻。次云，汝後時緣聲等心，亦應緣今色。宗也。汝執無所緣相故。因也。如緣今色之心。緣今色時，心上不現此色之相分。而汝謂緣今色，則後時心上無今色之相分，何不可謂緣今色耶，故假爲喻。三云，除所緣色外，餘一切法亦應爲此專緣色時心之所緣。宗也。汝執無所緣相故。因也。如汝現所專緣色。汝專緣色時，其心上無有色之相分。則汝專緣色時所不及遍緣之一切法，亦應説爲緣及，以同一無相分故。上舉三量，皆以反證相分定有。故自心親所緣，定是不離自心之境。不爾，如何唯識？

次成見分。安慧諸師不立相見。清辨亦云，若約勝義諸法皆空，唯有虚僞如幻化等，即亦不許有能緣相。即謂見分。果爾，見分不成，云何唯識？此爲陳那、護法一派所不許，故立量破之。量云：若心、心所無能緣相，應非能緣。宗也。無能緣相故。因也。如虚空等。喻也。又量：汝虚空等應是能緣。宗也。無能緣相故。因也。如心、心所。喻也。此翻覆爲量，以反證見分定有也。又諸外道、小乘雖皆許有能緣，然計有實作用。此亦不爾，可勘《論》文。《識論》卷七第十五葉謂“識生時，無實作用，非如手等親執外物，日等舒光親照外境”云云，此所以破實作用。疏見《述記》四十三第十四葉。復有説鏡亦能緣，猶如識者。今人羅素言照相器能見物者，意乃類此。斯不應理，非能慮故。俟談所緣緣時詳之。

又次成自證分。此有二義：一者，相、見二分功用既殊，即應别有一所依體。舊有喻云，如一蝸牛變生二角。此喻雖不必善，要依自體方起用故。自體是一，用則成二，相、見是二用故。二者，大乘以心得自憶證有自證，若無自證者，應不自憶心、心所法。何以故？心昔現在時曾不自緣。既過去已，如何能憶此已滅心，以不曾被緣故。見分不得同時自緣。若立自證者，則自證緣見，即是以一分心緣另一分心。若無自證分者，則心當昔現在時即不曾被緣也。如不曾更境，必不能憶故。唯心昔現在時，有自證分於爾時緣故。如曾所更境，今能憶之。有量云：今所思念過去不曾緣之心，應不能憶。宗也。不曾緣故。因也。如不曾更色等。色聲等境，必曾更歷者，方乃得憶。不爾，便無從憶。此世所共許，故得爲喻。反證必已曾緣，成自證分定有也。

如上三分義，陳那造集量，方始論定。及至護法，依據三分，又增第四。即於自體分上有自緣用故，是名證自證分。自此四分義立，大乘量論根據乃成。

復次，四分缺一，便不成量。所以者何？《識論》有言：所量、能量、量果别故。如以尺量物時，物爲所量，尺爲能量，解數之智名爲量果。心、心所量境，例亦皆然。相分爲所量，見分爲能量，自證爲量果。具能、所量及量果故，始得成量也。然量須具能所，此猶易知。云何須立自證爲量果耶？若無自證，但具見相。如尺量物，無解數智，空移尺度，不辨短長，云何成量？問：“見分何不自爲果耶？”曰：見分同時不自知故，必須自證緣見。證知是見，緣如是相，即爲量果。若爾，即立三分已足，何須第四？爲成第四，故立量云：第三分心，應有能緣之心。宗也。心分攝故。因也。猶如見分。喻也。又量：第三爲能量，應有量果。宗也。能量攝故。因也。猶如見分爲能量。喻也。故須第四。問："見分不爲第三果，何耶？"曰：諸體即內二分是體。自緣，皆證自相。云何證自相？須深玩前談六識中自性分別義。果果者量果。唯現量。見緣相分，亦有非量，故不應立見分爲果。《述記》有多伏破，此姑不述。由此，第四理應建立。然第四、第三互爲量果，不須增立，無無窮過。又四分中初唯所緣，相分之心，無能緣用。後三通能所緣，見唯緣相。第三能緣第二、第四，證自證唯緣第三，不通第二。以其爲自證分所緣也。略如下表：

相	所量	見	所量
見	能量	自證	能量
自證	量果	證自證	量果
自證	所量	證自證	所量
證自證	能量	自證	能量
自證	量果	證自證	量果

又此四分，前二名外，相分似外故，名外。見分緣外，即以用外故，亦名爲外。後二名內。自證是體，故名內。證自證從體攝，亦名內。然見分外緣，故通三量。謂現比非。三、四內緣，問："見分名外，第三緣見，應名緣外？"答：見分是能緣攝故，亦說爲內。故自證緣見是內緣。由親挾所緣，故皆現量攝。親挾者，能緣入所緣，冥會若一。

一切心及一切心所，各各四分合成，四分相望，不即不離。據功用別，名爲非即；四用一體，名爲非離。雖相別種，仗見生故，非不一體。又此四分，或攝爲三，第四攝入自證分故。即唯有相見自證三分也。或攝爲二，後三俱是能緣性故，皆見分攝。即唯有見相二分。然此與《攝論》及難陀等之主張不同，彼未分析四分而主唯二，此則先行分析，而後馭之以簡也。或攝爲一，相離見無別體故，總名一識。此言識者，亦攝心所。開合異致，抉擇隨文。余對於四分說之批評，當別爲一文。

功　能

一切心各各總析爲相、見二分，一切心所亦各各總析爲相、見二分。準此，則俗所謂宇宙，實只千差萬别之相分見分而已。即心物兩方面。此無量相見亦名爲現行界。由何爲因而得顯現？自世親迄護法諸師，則謂有實功能，得爲諸法因故。諸法，即謂無量相、見。雖世親以前，已有功能之説，小乘已言之，大乘亦言之。但其爲説尚寬泛。上卷《種子》條中已略言之。要自世親而後，則功能之意義便有實在性，而説爲現行界之原因或本質。因的觀念，《識論》以前之説法亦甚寬泛。至《識論》談因緣，則其意義便固定。俟《四緣》中另詳。易言之，即一切功能潜隱於現界之後，而爲現界作根荄。現行界，亦省云現界。唯建立本識以統攝之，不許其爲離自識而外在之物事，以此完成唯識，其理論亦可謂精密。《中論》有《頌》云："諸法不自生，亦不從他生，不共不無因。"鳩摩羅什譯本。宋唯浄譯此《頌》，則改不共句爲"共生亦無性，亦不無因生"。按不自生者，諸法自性空故。如何説諸法得自生？如稻以谷子、水土、人功、歲時等等緣力故，便有稻相現起。若離諸緣，即不可得稻，故知稻自性空。稻自性空故，即不自生。不從他生者，他謂衆緣。如上説谷子，水土、人功、歲時等等緣法，亦復互相觀待而有，都無自性，易言之即緣性空。緣性空故，遂説不從他生。共生亦無性者，謂若計自他共生，則自他既都無實自性，如何可説共生？亦不無因生者，謂外道中有無因論者，計諸法無因而生，亦不應理。既無有因，如何有生？彼自違理故。《中論》欲顯諸法無自性，故廣遮諸邪執，遮者，遮撥。非以成立功能爲諸法之因也。法相家典籍，如《雜集論》則引據此《頌》，而依己意爲釋，因以建立功能。其釋此《頌》云："自種有故不從他，待衆緣故非自作，無作用故非共生，有功能故非無因。"首句谓色心諸法各從自種而生，不從他生。其所謂他，即謂大自在天等。次句謂諸法待衆緣而生，即破我作。外道立神我爲作者，謂其能作諸法。第三句破有部作用義。第四句破無因論，謂有功能。基師所云"雖無作用，而有功能"，即本此也。《雜集》别釋此《頌》以成立功能，實非龍樹本旨。

無着《攝論》有言："於阿賴耶識中，若愚第一緣起，緣起者，因義，即謂功能。愚者謂不了。或有分別自性爲因，自性，亦云冥性，本爲非心非物之體。今人有謂其即物質者，非也。數論計此能生一切法。爲因者，謂爲色心諸行之因故。下皆準知。或有分別夙作爲因，尼乾子等有此計。若在大乘，業種但是增上緣，非因緣，又剎那滅，非過去有體，故異彼也。此義至後當知。或有分別自在變化爲因，如婆羅門計有主宰一切之大梵天。或者分別實我爲因，僧佉等計。或有分別無因無緣，如自然外道及無因論師，並空見等。復有分別我爲作者，勝論。我爲受者，數論。譬如衆多生盲士夫，未曾見象，復有以象説而示之。彼諸生盲，有觸象鼻，有觸其牙，有觸其耳，有觸其足，有觸其尾，有觸脊梁。諸有問言：象爲何相？或有説言象如犁柄，或説如杵，或説如箕，或説如臼，或説如箒，或有説言象如石山。若不解了此緣起性，無明生盲，亦復如是"云云。蓋無着承龍樹談空之後，而昌言大有。大乘所談有義，曰大有。見上卷。始但分析一切法相，晚乃以一切法攝歸唯識。其作《攝論》時，即建立功能爲諸法因緣，但不謂功能爲外在之物事，而立本識以攝持之，所以簡異一切外道。無着之學本甚廣博，要其可服膺者，在其解析法相，爲觀空之方便。若執諸法爲定實，則不能於諸法而見體。觀空者，即空其執有如是諸法之相，乃即諸法而見爲真如也。至其《攝論》，下啓世親一派之唯識，雖理論精嚴，而病亦在是矣。

一切有情各各第八識中含攝功能皆無量數。如某甲第八識中功能無量，乃至一切衆生皆爾。

每一有情，其本識中所有無量功能，依其性別性者德性。詳見上卷。總分爲有漏、無漏兩類。無漏功能，亦名清淨種子，又省云淨種。有漏功能，亦名雜染種子，又省云染種。茲先談有漏功能。略以六門分别而説：

一釋名義。有大勢力，熾然能生，故名功能。功者功用，能者能力。又復有多異名：從其生現，名以種子。從其由現識熏令生長，此義後詳。故名熏習，亦稱習氣。又熏習言，非是前法自性不滅留至後念，但法自性頓滅頓起。謂初剎那纔起即滅，不曾暫時住，第二剎那即時而起，又不曾中斷也。剎那剎那，都是頓滅頓起，生滅之不可測也如此。猶如香滅，餘臭續生，有似前香。此非實物，故亦名氣分。即其隨逐有情，眠伏藏識，名曰隨眠。體是染污，能令身心不輕安故，名曰粗重。自餘異名，恐繁不述。

二、釋體性。《識論》成立功能，始以六義顯其體性。云何六義？一、剎那滅。謂此功能自體，纔生無間即滅。生時即是滅時，非生已暫住，故云纔生無間即滅，非從生至滅中間有時分故。非生已可容暫住，由暫住時無轉變故，即是常法，不可説有能生用也。若外道計有自性神我等常法，爲諸行因，即此所破。二、果俱有。雖剎那滅，然非已滅乃生其果。由此功能殊勝，正轉變位，能取與果。由能爲因故，名爲取果。若果起時，因付於果，名爲與果。言正轉位者，簡異過、未，轉已名過去，未轉名未來。即種因也。生現，果也。因果同時，相依俱有，不同經部前法望後法爲因。又一身中，自八識聚聚者，類也。種望現，定俱不離，故得爲因。種子搏附第八現識自體分，其前七現識以第八自體分爲根本依，即以第八自體分上種子爲因緣依。若離自八識聚計有外因，亦此所破。三、恒隨轉。剎那滅者，非滅已即斷。由此功能自性前滅後生，剎那剎那連言之者，顯其相續。相似隨轉。轉者，生義。如第一剎那滅已，第二剎那有似前性，隨即生起。然復當知，前後剎那中間非有少微間隙。此剎那義唯是幻義，未可以常情測也。故未得對治，其性一類，前後相似，故名一類。相續無斷。由斯，色法及前七識不能持種，六識有間斷，第七有轉易，色法不恒。如身死已，便斷滅故，故皆不能持種。故應建立賴耶。四、性决定。雖恒隨轉，而此功能溯其從來，實由無始現識，熏令生長。生長二義後詳。故隨前熏時現行因力，善等性决定。因緣辨果，辦者成辦。義詳後因緣中。無雜亂失。“論”有誠文，不勞繁述。參考《識論》二第十四葉、《述記》十四第八葉。五、待衆緣。謂此功能既非如外道所計自性極微等法，亦非如外道所計梵天神我等有實作用。此云功能，唯是任運而轉。因任自然而運行，無有作意，名任運。此中轉者，相續流義。故待衆緣和合，乃有取與果用。取與見上。云何待緣？謂雖有功能爲因緣，猶不能孤起，必待增上等緣和合方得生現故。詳玩後四緣中。如自然外道及大梵、時方等計，俱不待緣，或更計緣恒非無，此有部計。皆此所遮。參看《識論》一第九葉、《述記》六第八葉以下。六、引自果。雖遇緣合，非唯一因生一切果，遮大自在等計。亦非色心互爲因緣。色心相望，有增上緣等，如《四緣》中説。有部計爲因緣，即是倒見。但諸色法種子親生色法現行，心法種子親生心法現行。法相釐然，因果不亂。後類別門及四緣中更宣其義。上來已説六義粗盡。然復應知，此中第一、第三兩義，顯功能自體是生滅法。第二義顯諸功能，雖與所生果法俱有，果法即現行是。但與果法不爲一體。非一故言俱有。第四義顯功能自體善等性各別。即一切功能，有是善性，有是惡性，有是無記性。第六義顯諸功能色心體各别。謂有是色的功能，亦云相分種子。有是心的功能，亦云見分種子。故諸功能其體各别也。第五義顯此功能待緣生現，不同外道一切邪執。如是六義，雖《瑜伽》卷五。《攝論》所知依分。早開其端，要自《識論》而後本諸功能之説，推演而成嚴密之系統云。

又據諸論，功能所依，唯第八心王自體分，以此自體分是受熏處故。由此，功能離本識無别體。此言體者，以所依名體。見前註。雖依第八識體，而是此識相分，第八見分恒取此爲所緣境相，故成第八相分也。然此功能，約二諦分别，唯依世俗可名實有，推入勝義即屬幻有。勝義諦中，唯説真如名一實故。一者絶對，非算數之一也。功能望如，具云真如。雖有而不實，但非是無，故得爲諸法因。

復次有漏功能，於三性中何性所攝？三性者，善、惡、無記。見上卷。就其爲本識攝持言，即隨本識，唯名無記。就其自體言，即通三性。言功能通三性者，非謂一個功能可通三性。此中功能本泛稱之辭，即通一切功能而言。如泛言人，即通一切人而言也。諸功能由前七善等性現行熏習。此云熏習，非作功能之别名，係虚用。他處隨文取義。若善法熏令生長者，定善性攝。若惡法熏令生長者，定惡性攝。無記準知。向上由善，有漏善，能引生無漏善故。退墜由惡。熏習乘權，如何勿慎。

三釋由來。《攝論》始立功能，而未詳所由。世親以後，十師迭起，遂以此爲興諍之事。略舉其概：一、護月唯本。援附古典，以諸功能法爾本有不從熏生。二、難陀唯新。謂由無始現行熏習故有。三、護法師並取本有、新熏。三師樹義，各引經論證成，《識論》則以護法爲歸。基師所以宗護法者，推其意蓋謂現行强盛勢用，雖刹那乍現，而勢不休歇，即有所生，還成第八中種。故新熏義堅立不摇。又此無始能熏之現必有本有功能爲其親因，若本有不立，成無因過。由此本新並建，極爲應理。

護法雖分别本新，復以熏習爲此二共依。《識論》述其義云："然本有種，亦由熏習令其增盛，方能得果。"種生自後種，及其遇緣生現，名得果。詳後文因緣中。又云："内種必由熏習生長。"《識論》二第十四葉。内種即功能，以隨俗假説外麥等名外種，故目功能爲内種。《述記》十四疏："法爾種子，必由熏長，新熏熏生。"查考第十二葉。法爾種謂本有。此言本有種依熏習方長，新熏種依熏習方生，故通本新俱得别名之爲熏習等。此言熏習者，名詞。等者，謂習氣氣分諸名。基師以此爲護法最精之誼。然熏習復依何義建立？今次當説。按《攝論》始明所熏四義，《三十論》更立能熏四義，合有八義，陳之如次：

初所熏四義者：一、堅住性。若法始終，從無始之始，至究竟之終。一類相續，性唯無記名一類，恒轉名相續。能持習氣，乃是所熏。二、無記性。若法平等，無所違拒，能容習氣，方是所熏。沈麝極香，蒜薤極臭，俱無容納，唯中容境可受熏習。賴耶無記，故受善惡熏。三、可熏性。若法自在，體是虚浮，能受習氣，乃是所熏。虚浮不實之謂，簡異真如。心所依心，非自在也。真如堅實，不變故名堅實，簡異虚浮。無受熏義。心所不受熏，參考《述記》十八。真如不受熏，常如其性故，不變故。四、與能熏共和合性。若與能熏同時同處，不即不離，乃是所熏。他身識及自識前後刹那，無和合義，故非所熏。遮經部前念之識熏後念類。識類之義，詳《識論》三第十六葉、《述記》二十一第十三葉以下。唯第八心王具此四義，可是所熏，即彼第八心王。自體分是受熏處。以有容受，必是其體故。

次能熏四義者：一、有生滅。若法非常，常法即無生滅用故。能有生長習氣作用，熏生、熏長二義，見前。乃是能熏。二、有勝用。此復二義：一、能緣勢用。由心分别帶境相起，故諸色法爲相分熏，非能緣熏。

二、强盛勝用。作意籌度，不任運起，故是能熏，非極微劣無記心等有如是用。即第八現不爲能熏。第八及六識中極微劣無記心、心所，雖有能緣，而不能熏。但强盛心、心所托之變相而熏於種。三、有增減。若有勝用，復高下不定，可增可減，乃是能熏。佛四智品等即不起熏習。四智品，後另詳。四、與所熏和合而轉。義同所熏第四，不勞重釋，唯前七轉識有勝勢用而增減者。具此四義，可是能熏。前七識中，每一心析作見、相二分；每一心所，析作見、相二分。即此種種見分相分都是能熏。須謹記。如是能熏與所熏識，俱生俱滅。非異時可相熏故，故能熏所熏定是生滅同時。熏習義成，令所熏中種子生長。如華熏苣蕂，故名熏習。苣蕂者，胡蔴之粒大色黑者也。天竺用之製油，先雜以華，然後榨取。蓋華與苣蕂同生同滅，故能熏生香氣，令苣蕂受持。而香氣依止苣蕂，亦復與同生滅也。苣蕂爲所熏，喻賴耶。華爲能熏，喻七現識。香氣喻新熏種。

復次能熏識，以何分爲能熏？《述記》雖説爲自體分，見《述記》十四第二十一葉。然據《義演》等疏釋，四分既攝爲二，相、見。即見分是能熏，相分則仗托見分之力而亦能熏也。但諸相、見熏習，有爲因緣熏生，因緣是親生義。詳四緣中。有爲增上緣熏長。增上即助義故。請談熏生。能熏諸見分，各各熏生自種，如眼識見分熏生自眼識見分種，不生他耳識等見分種。餘準可悉。此義易知。其相分熏，須辨以三義：一、相與見同種，俟《三境》條詳之。又不仗質起，如獨散意識緣龜毛等。有謂緣龜毛等相分仗名言爲質者，然名言無實體故，不可說爲質。此相隨見攝，不别生相種。即唯熏見分種。二、相與見共種，亦與質共種。質者本質。至後《所緣緣》中另詳。如第七緣我，此相從兩頭爍起，一頭依第七見分起，一頭依此相分之本質即第八見分而起。得熏生本質即第八見種。三、相與見别種，與質同種。此言同種者，謂相種與質種爲同類，非謂相質共一種生。如五識及俱意相，皆與本質即第八器相爲同類種生。故所熏種爲自相種，即無異爲本質種。此相種與質種既爲同類，故此相熏生之種入本識中，後時得遇緣生五或俱意相分，亦得遇緣生第八器界相分也。問："影像本質將共一種生耶？"答言：不然。無始已來，種極多故。又甲種逢緣生第八相，俱時不更逢緣生五或俱意相；乙種逢緣生俱意相，俱時不更逢緣生五或第八相。一種一時不於兩處生故。此説昔得之友人吕秋逸。

次熏長者。如前所説，現行見相既各有勢用，熏生新種，應知即此熏生新種時，亦得熏發本種即本有種。令其長盛，是名熏長。有説熏生之時不定熏長者，此必不然。現行既有强盛勢用，熏生新種，即於此時定能熏長藏識中本種。氣類相牽故，非無熏生而能熏長故。非無至此爲句。

復次熏生。能熏現行，從種生時，即能爲因，復熏成種。三法展轉，因果同時。略如下圖：

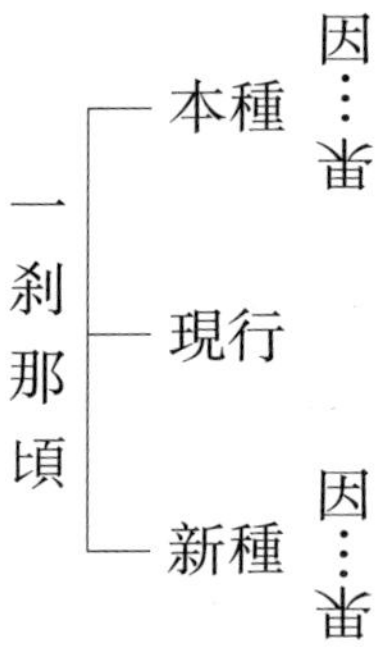

又熏長者，非如俗言流轉，以謂前法延至現在，立還未來。非如至此爲句。此本有種前滅後生相似相續，實無前法可以綿延。又本種勢用，以熏習爲增上緣而得增益，亦非有新物滲加本種自體。故熏長言，應善思擇。

難曰："熏長、熏生，種當無量？"曰：輕意菩薩《意業論》云："世尊於《深密大乘經》中説阿陀那心識，深細不可量。無量諸種子，其數如雨滴。《大論倫記》五十一第七葉。非若大梵一尊，何須有量。"一切功能依熏習生，依熏習長，萬化鴻鈞即此一念，可不慎與。

四釋類别。有依體類辨，有依熏習辨。今先辨體類。此中異義，天竺古有二家：一、相、見同種家，二、相、見别種家。同種家者，謂一識體即自證分。轉似二分相用而生。如一蝸牛變生二角。故相、見離體更無別性，是識上相用故。

別種家者，謂見分是自體分之相用，故離體更無別種，即一識體轉似見分別用而生。故見分與識自體分決定同種。唯相分，除無質獨影當隨見種而外，餘一切實塵相分定自有種，而依見種乃自生現。相種仗見種而起，見種挾相種而生。如上二家，互相乖競。《識論》折衷於護法，即主相、見別種。蓋謂內二分爲見分體，與見一種，義極決定。由此相、見對辨，作用差別，性有不同。如五八識緣實根塵。此中五識，隱攝俱意。見分有緣慮，相分無緣慮。此即作用不同。見分無質礙，相分有質礙。此即體性不同。法相釐然，不可混亂。現證如是相，説有相種。現證如是見，説有見種。如實稱量，無諸過患，故別種家言於理爲勝。然有難言："相別有種，何名識變？"答曰：不離識故。由識變時，相方生故。即由見種挾帶相種，俱時起故。如造色境造色境謂五塵。詳見上卷。由心分別境相即生，非境分別心方得生。非字至此爲句。故非唯境，但言唯識。由此，相、見別種義極成就。

次依熏習辨者。一切相、見功能由熏習生長，已見前文。《攝論》始立三種熏習：一、名言熏習，此中熏習，即功能之別名。下皆準知。二、我見熏習，三、有支熏習。詳見所知相分。《義演》十九："問：此三熏習，爲定同別？"答：其義不定。後二熏習定是名言，名言自有非後二者，即諸無記而非執者及無漏熏種，皆非後二熏習故。云云。此則於一切相、見功能，依據熏習，義説三種。此中熏習二字虛用，勿作功能之別名看。然《識論》卷二説等流異熟二因習氣。其等流習氣即名言，異熟習氣即有支。不説我見。《述記》十二疏："我見熏習種子，於名言中別離出故。"《論》以我見攝入名言，遂不別開云云。今即據此，分名言、有支。略述如次：

一、名言熏習。此復有二：一、表義名言。此中名言，通攝自發名言及聞他人所發名言。以聲界能詮之名言十八界中，聲界居一。詳見上卷。顯色心諸法而熏成之種，名名言種。然名自體非能熏，名言亦省云名。非能熏者，以名之自體即是聲音故，故非能熏。意識隨名變似五蘊三性等法而熏成種。色法一，心法四，合名五蘊。詳見上卷。三性，善、惡、無記。如能詮名，詮青色境。對青色境立青色名，即青色之名爲能詮，其境爲所詮。餘準知。若於爾時，意識隨名變似青色而緣，雖隨名而變似青相，實非托第八器相爲本質。此相實無質，但隨見分熏成自即第六心、心所。見種。散意緣色境時實無本質，因五識與俱意緣色境，刹那已成過去，及散意續起，只依憶念與想力故，變似前念俱意所緣色境之影像。此影像只從散意見分變起，非前念俱意本質可留至現念散意，故說無質。又如能詮名，詮無貪等善心法。心隨其名變似無貪等善心之相而緣，亦於見分熏成見種。餘準可知。由心緣名變似色心等法而熏成色心等種故，即以此種名名言種。云何名能詮顯諸法？應知言名亦賅名文，聲上有音韻屈曲。依此假立名句文，即名句文聚集能詮顯諸法。名、詮召法勝，總說爲名。召者，呼召之義。如云聲是無常，聲之一名即以呼召法體。無常亦一名也，即以呼召此法體上之義。詮者，解釋也，擇言也。句文詮召諸法必依於名，故名爲勝。然唯第六意識能緣其名，能發其名，餘皆不緣，亦不能發。緣名言，發名言，必資尋伺，尋伺詳在上卷行蘊。故唯第六能也。參考《述記》四十七第九葉。

二、顯境名言。即不依於能詮之名言，而依於七心界見分等之了境。七心界者，謂前七識。等者，等内二分，唯除去相分。相分無了境用故。見分等本非名言，然其了境亦有似於名言之詮義，故得此名。如眼識親緣青色境時，即起青色行解。第七疏緣八見，第八見，七不得親取，須托之而變一我相，故云疏緣。恒起我相行解，此行解相同言説相。即此顯了於境而熏成種，亦名名言種也。難曰："相分非了境，其所熏種應不名顯境名言？"答曰：相分熏本仗托見分而起，故相從見説，亦顯境名言攝。

隨二名言所熏成種，作有爲法各别因緣，一切見種親生一切見分法，一切相種親生一切相分法。是爲名言種。《攝論》言説熏習但有第一義，缺顯境。《識論》始説上述之二種。參考《述記》卷四十七。

二、有支熏習。有者三有、三界之異名。支者因義，分義，謂業種即三有之因，是生善、惡趣差别之因故，故業種亦名有支。本名業種。業者，造作爲義。善惡之造作熏成種子，是爲業種。此於異熟果爲因，此言因者，實增上緣。

能令異熟果善惡趣别，趣者往義，有六趣，即人趣、天趣、畜趣等也。或云六道。故亦名有支。如實論者，業種即是思種。意識相應思數種子。第六相應思數，以造作爲性，驅心第六心王。心數謂與思數俱起而相應第六心王之他心數法。令成善惡，非餘心心數具此勝能。即此思數第六相應。依身語意造作善惡，思復三種：初審慮思，次決定思，三動發勝思。前二名意業，亦是發身語業之因。至動發勝思，則發爲身業語業矣。參考《述記》八第十二葉。熏自思第六相應。種。善惡之造作勢用既盛，非可休歇，故還熏成種。此思種自體本是名言，以其功用不一，能生自果，善思種親生善思數法，惡思種親生惡思數法，名生自果。又能助他類羸劣無記種令生現行。如第八及前六識中極微劣無記性之名言種子，不能生現行，必待思種子助之方得生。故一思種，隨用異名。一方名名言種，不名業種。約生自果言之。一方名業種，又不名名言種也。約助他言。然業種受果有盡，謂受一期異熟果報已後不再感故。名言種生果無窮。體恒隨轉，故通長劫之中，每一逢緣即便生果。生果非止一次，故言每一。欲詳分别，宜探諸論。

五釋感果。由前名言有支二種習氣，感得等流異熟二果。

等流果者，謂名言習氣《識論》二説名等流習氣者，從果爲名。爲因緣，八識眼識乃至賴耶。體相差别而生。差别二字注意。如眼識見種親生眼識見分，此中言見亦攝内二分，後準知。其相種親生相分。眼識如是，耳識乃至第八準知。此中唯約相見别種者言。詳《述記》云："夫因緣者，辦自體生，辦者成辦，謂果法自體由因法親成辦之。此須謹記。性相隨順。"果似因，名隨順。見《述記》十四第八葉。故相種不起緣慮現，謂不生見分也。見種不起質礙現。謂不生相分也。如世胡麻實此實俗亦名種。終不生豆，豆實亦復不産胡麻。果定似因，故號等流。等言相似，流謂流類。更有别解，非此所述。

然復應知，若多同類種，類有二義：一者體類，如眼識種望耳識等種，體類異也。又如眼識見種望自相種，亦體類異也。二者性類，謂一切種有善等性差别。勢力齊等，俱逢緣合，可許此類共生一果。如一麥中有多極微，可許同生一芽等果，非許一一微各各生果故。參考《述記》十八第九至十葉，《成業論》亦同。由此，一刹那頃現行眼識相見二分，内二分攝入見故説唯二。各從百千同類種俱時而轉。謂即許多同類見種爲因，共生一個見分果。許多同類相種爲因，共生一個相分果。餘耳識等，皆可準知。難曰："色心功能差別，見及内二分，説名爲心。實根塵相分，説名爲色。云何相依起用？"答曰：色心相望，無因緣色心各有種故。而有增上緣，識種以根及塵種爲增上緣而自生現，同時根及塵種亦以識種爲增上緣而自生現。凡言種者，皆勢力義。勢力非一，乃攙和而各起現行，所謂至賾而不可亂也。又色於心爲所緣緣。詳四緣中。自此以往，不可復詰。設問何故色心相爲增上，何故色於心作所緣緣，此皆不可推窮者。

次異熟果。以具二種得名：一、真異熟，唯第八識。第八名異熟識者，感異熟果之因，因即業種。性通善惡，一切業種有善有惡，各隨前熏時現行因力所熏成。而果唯無記。第八現識望業因即名果。即果望因，異類而熟，得異熟名。窺基解異熟有三義：一、異時而熟，二、變異而熟，三、異類而熟。詳《述記》二第十葉。此中正取異類一義。二、異熟生。謂前六識中極微劣無記心，亦云報心。從異熟起，此中異熟果即第八識。名異熟生。依第八異熟識而生故，故名異熟生。別從總稱，故有此名。合具異熟、異熟生二種，名異熟果。此中異熟生不取第七者，以其非異熟種生。異熟種即業種。因位唯染，因位者，衆生位。果位無漏，果位者謂佛位。故不取也。《述記》十二第十四至十五葉："有問：六識善等三性法，應名異熟生，並從真異熟起故？答曰：不然。若法是異熟，從異熟起者，名異熟生"云云。基師取答義爲正，本文從之。

又異熟識，説名總報。隨總報業力，感善惡趣依正報。人天趣名善，畜等趣名惡。正報謂根身，如人或畜等身。依報謂器界，山河大地，雖人畜等共依之，實則各是各之依報，如一水，天見寶蓮池，人見青涼水，游魚見安宅，餓鬼見爲火。簡異於別，故得總名。

異熟生，説名別報。異熟生之名，本謂前六識中無記心，此從異熟識得名。異熟識爲總報體，故前六識中別報即依異熟生説之，此處不可泥解。若謂別報即唯前六無記心，便難通。此須注意。由別報業，感別報果。《義演》云："別報業者，謂當造業時，心不猛利，但任運造善惡等，此業能感別報果。"此依總報起，《義演》云："第八最初受生，由總報果是主，故先生後方引生別報果也。"能成就圓滿總報果事，亦望於總，得其別名。總報者，如第八異熟識現生欲界人趣或天趣中，是名總報。既現生人趣或天趣已，其一生所受種種苦或樂等是名別報。

上來略釋異熟果名。云何建立此果？有爲諸法，本來差別，故一切種乃通三性。善、惡、無記。善惡均有能生勝用，獨無記種勢力羸弱，非有資助不能生果。第八名言種唯是無記，不通善惡，故名唯是。故待業種爲增上緣，令自第八種力增方生現行。前六識中，無記名言種亦須業種助，準第八可知。第七雖名無記而是有覆，故非此例。由此，業種於名言種牽令生果。即説此果以業種爲因，異熟果所由建立。異熟果，名義詳前。

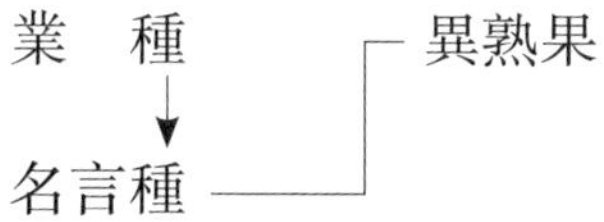

難曰："業種增助名言種生果，其義得聞。云何依此説總別報？"答曰：善惡業因，氣類感召，必其相似。如水流溼，如火就燥。故總業即是能感總報果之業種。能令第八受生，善惡趣別，得總報果。省稱總果。又總果先生，必引餘果即別報果。以滿之。引如作模，滿如填綵。引唯第八，滿通前六。第七介八六之間，非根本故，不名引。恒内緣故，無外感故，亦不名滿。據實而言，引滿俱通因業種。果。謂總別報。因中總業名引，別業名滿。果中總報名引，別報名滿。《述記》有文，此略不詳。參考《述記》十二第十四葉。

佛家言果報，世難憑信。蓋恒情以耳目所狎習爲至常，反是則謂之語怪，此實人情之惑也。今如吾方據案執筆疾書，以何能此，豈非天下之至怪至怪者耶？然而人不吾奇，習見故耳，實則斯人之常習皆所不解。妄以不解爲解，則反以真解爲不解也。報之爲言，本感應之理。此理雖著於尋常日用之間，恒情不喻。長嘯深谷，空中生響，往往粗解物理學者以爲能言其事，實則聲浪出口，何故不斷，雖今古智人莫能明其所以。出其言善，則千里之外應之；其言不善，則千里之外違之。此中氣類相召，孰明其故？至地獄人天，唯心所造，則業因招感，其理益微。學者於佛氏所云設難起信，即默然於所不知可耳。又佛家成立總報，故建三界欲、色、無色。六趣即人、天、畜生、阿修羅、地獄、餓鬼。顯其差别，此事似荒遠難稽。然以理推徵，若許有欲界、人趣、畜趣，其他界、趣亦何妨許有。蘇軾云：“三頭、六臂，人説爲奇，其實無所謂奇。等頭耳不過是三，等臂耳不過是六，何奇之有！故自理論言之，三界六趣，其説非不成也。然内籍所談諸天及地獄等情狀，世或執爲實爾，則又非某所敢知，似不如存而不論。

復次業種，本思種異名，其體即是名言種。以其有助他用，别名爲業。已如前説。此與外小所計不同，故須簡之。一、無慚等計業皆宿作，過去有體，化地部、薩婆多等略同。參考《述記》卷四十七第四業。今此不爾，由過去現行思數熏生業種故。此種入第八識中，念念前滅後生，無别過去實法。二、順世外道説一切果唯現業所得，作時即受。此所謂現業即不熏生種便能感果。今復異是，謂諸善惡業必熏生新種，名爲業種。此種伏第八識中，念念等流，平等而流，故曰等流。展轉相資，業種彼此互資，故云展轉。以漸成熟。如感召餘生之業種熟時，值前異熟果方盡，即能復生後異熟果。《述記》卷四十七第八葉：“由感當來餘生業種熟故，於今身中前異熟果受用盡時，即是此身臨終之位。彼所熟業，復别能生後異熟果。即先果盡時，後果之種熟。故後果得生，所以生死不斷絶也”云云。故業種感果，如手放箭，遠有所至，無有現業方作即能受果。

問：“名言種感果，爲速爲遲？”曰：名言種者，此念熏已，即能生果，不同於業。問：“業種受果，何故必須多時？”曰：如總業種，其後熏者，以前業種勢力未盡便遇對抗，未即成熟。别業種準知。但别業種可於現生受果，不唯當來。然現生受者，亦非方作便受，亦須至後時。又業種受果，云何有盡？名言種生果，云何無窮？《述記》有文，恐繁不述。見《述記》四十七第七葉。

如前所説，等流異熟二果，一體之上所望有異，故應别立。等流約現果體性言，如八識中各各相見，體性不同。異熟約現果分位言。果報不同，即是現行異熟果上分位。又等流果望自類功能親生而立，謂即現行見分望自見種，現行相分望自相種。異熟果望異類功能感召而立。由第八及前六無記心望善惡業種名異類。

又復當知，異熟果法，若唯任運，此言任運，即隨順義，謂人隨順有漏。終古不更。即輪迴不斷也。若有遷移，轉依位中捨染得淨，是名遷移。終須仗力。力，謂自力。有漏善爲增上緣，引發無漏種子，由此轉依，不隨輪溺。

六釋斷染。斷滅有漏功能，名爲斷染。無始相續，此云相續，乃有情或人之異名。詳在上卷。法爾本有有漏、無漏兩種功能，爲其藏識攝持。染淨既殊，兩敵不並。有漏流行，無漏沉隱。唯此染分謂有漏種。如狂如醉，如怨如害，《瑜伽師地論·真實品》。是故應斷。

論説斷義，略有三種：一、自性斷，二、離縛斷，三、不生斷。見《識論》八第十二葉、《述記》四十九第十二至十六葉。自性斷者，謂染污法即有漏種。自體應斷。無漏對治起時，即是染污現種斷時。明來闇去，定非先後。非先來明後去闇，亦非先闇去後明來。喻能斷、所斷同時。即通見修，並有此斷。修行證果位次有十一地，十地各有入、住、出三心。初地入心名見道。初地住心以去，至十地之終，名修道。

離縛斷者，若法是有漏善及無記，不障聖道，於聖道中不爲障，體非闇法故。但於見道位中緣彼煩惱雜彼煩惱斷時，説名離縛斷。緣彼云云者，謂能緣心是煩惱，即彼所緣境亦成染污，今斷能緣煩惱，即彼所緣境亦名離縛。雜彼云云者，謂第七有漏，六識由此成有漏性，第七斷染時，六識亦名離縛。

不生斷者，謂斷染法所依，令永不起。此通因謂業。果，謂總別報。亦見所斷。由因惑業無故，惡趣總報果不生。又即所依總果無故，惡趣别報善業不起現行。詳見《述記》四十九第十五葉。如是三斷中，後二所未捨者，離縛中有漏善及無記種未捨。不生中，别報善業，雖所依果無而不復生，但彼種體尚存。金剛無間，每地有入、住、出三心，一心中有加行、無間、解脱、勝進四道，此舉十地之終金剛心無間道。一切頓斷。至此，則有漏善種及無記種一切斷盡，乃純是無漏種，絶對清淨。

難曰："諸色心功能，法爾有染有淨，何須捨染？"應答彼言：由此染法隨順流轉，沉淪生死之謂。諸苦繁殖，故當捨之。捨即斷義。復别有計功能體非可斷。本由有漏引生無漏，謂有漏現行善法爲增上緣，引發無漏種令生現行。無漏若起，有漏永伏。由此主賓易位，令有漏種勢力損壞。如麥遇火暵，遂失勢用。無性《攝論》釋有此譬。永住不生法中，故名爲斷，非彼種體而是可斷，此説無理。須知一切功能，由現識熏令生長，即唯依自力改造。矧此功能，依他性攝，體非定實。《瑜伽》説“依他法，同於幻夢、光影、谷響、水月、影像及變化等，猶如聚沫，猶如水泡，猶如陽燄，猶如芭蕉，虚僞不堅。”見《真實品》。是故可斷。若言種體不滅，但損勢用，勢用既損，不獲恒轉，即非生滅。由不恒轉即常法故。如何名種？若言此種自類等流，又不應説已損勢用。反復推徵，種體應斷，此義極成。

復次世人誤解斷義，謂是一切滅盡不生，此乃倒見，不可無辨。夫有漏斷時即是無漏生時，則斷者生之改進。又有漏有對治故斷，而別無對治可斷無漏。此無漏法法爾絶對，更無能對治，故不斷。故無漏法刹那刹那，生生不息，盡未來際。此言際者，不際之際。盡即無盡。

又若無姓有情，見後。缺對治故，彼有漏生，一類相續，前後相似名爲一類。復無窮盡。

生義是用義。大用流行，充塞法界，法界是體，用依於體而遍全體，無有虧欠。寧有窮盡？世有小心妄臆滅生。滅之不能，迷亂爲苦。酖飲甘露，如何勿悲！案《攝論》云：“斷，謂菩薩無住涅槃。生死涅槃，兩無住着，故立此名。以捨雜染，不捨生死，轉依爲相。”第八識爲雜染清浄兩種功能所依。轉捨雜染分，轉得清浄分，故名轉依。詳見彼果斷分。玄文足徵，大義斯炳。王船山《易傳》有云：“不憚玄黄之血，天地以雜而成功。”至哉斯言，有所傷者有所成也。若擬斷義於不生，其見遠出船山下。孰謂大雄無畏勇猛精進者，乃與愚癡同其廢滅耶？章太炎《五無論》以斷生爲言，斯則斷見外道之談，不可附於佛法。

上來六門，宣説有漏功能粗盡。

次無漏功能，略述如次：

一、釋名義。無漏功能亦名種子，由現行善法熏令生長故，亦名熏習或氣分。得名習氣可知。自餘粗重諸名，非此所具。

二、釋體性。具有六義，一、刹那滅，二、果俱有，三、恒隨轉，四、性決定，五、待衆緣，六、引自果。此中性決定，謂因果唯是無漏善性。準有漏種，勿贅可知。

唯此無漏具云無漏種子。自性清净，與賴耶性别，亦以賴耶自體分爲其依止。若爲賴耶所緣與否，諸師迄無定論。《述記》於此則以不緣爲正義也。《倫記》亦云：謂心指有漏見。弱境謂無漏種。强，故不得緣。如《攝論》正聞熏習，即新熏無漏種。非賴耶所緣，仍依於本識，賴耶亦名本識。以强勝故。若爾，云何名唯識？以念念隨滅故，亦名唯識。此無漏種與本識俱生俱滅，不離識故，名唯識。設許緣，何過？賴耶緣境，爲相縛所縛。相者境相。縛者纏縛。末那未轉而有二執，第八隨之成染，遂有相縛。若緣無漏，即非相縛，故知不緣也。見《倫記》五十二。此解盡理，今即從之。

又約二諦，此無漏種亦依世俗，説名實有。

三、釋由來。自護法、親光，始以本新並建。先是小乘中如大衆、一説、説出世、雞胤四部，並諍無漏無因緣。大乘古師亦皆不立本有種，然復有三師則以人有出世心，即清净心。不可無因生，亦不應由染種生，遂倡如下三説：

一、分别論者，心溷師等。謂即心性爲因。謂即心自體是清净因故。其説以心性本净，如水本清。爲客塵煩惱所染污。如水被攪濁也。離煩惱時轉成無漏，故無漏法非無因生。意云本净心性爲因故。《無垢稱經》有此説。此師之説當時盛行，及至護法遂質定其心性之言，而難破之云："汝許客塵煩惱滅時，有漏心相轉爲無漏。此無漏相即前無漏心體所顯，非前體滅。是則相雖轉變，而體常一，應同數論。責彼説心同數論也。數論謂大等相轉變，其體常一。此以違自宗破也。"謂其違反佛家自宗義故。更有多難，恐繁不述。參考《述記》十三第二十葉以下。愚謂分别論者所謂心性，若準諸宗門所謂本心，便爲誠諦。護法之攻難，徒以名詞繳繞，恐不得彼之本意。

二、古師有立真如爲諸法因，護法復難破之。詳《述記》十三第二十葉云："此真如體既許爲因，應有取與，以體前後無轉變故。無取無與，故不爲因。"按取謂因有生果之趨勢。與者，謂果起由因付與故。基師意云：有取與用，方得名因。真如不爾，故不爲因也。又《述記》十四第二葉云："《瑜伽》第五説唯無常法爲因，非常法也。舊人云真如是諸法種子者，非也。”凡此所云，蓋朋護法，主張另立無漏種。愚謂古師謬誤，只在說真如名因，實則真如是諸法實性，本來清浄。衆生若能反躬認識自性，則當下即是，何須另覓無漏種子，豈非騎驢覓驢？護法、窺基之學，須待宗門爲之矯正。此非余之私言也。

三、《攝論》立熏習，詳《所知依分》有云：“又出世心，昔未曾習，從何種生？是故應答：從最清浄法界等流正聞熏習種子所生。”云云。據疏，法界即真如別名。最清浄者，謂真如體性，是最極清浄故。等流者，謂從法界所起教法。無倒聽聞如是教法，故名正聞。依此正聞所起熏習，是名熏習。即此熏勿能生出世心，故云種子。愚謂此即相當於《新論》所謂浄習，不當掍同功能。詳在《新論》。

上述三義，護法破前二立本有功能，依後一《攝論》，立新熏功能。《攝論》聞熏，本約有漏位立，但以其有熏增無漏功能令起現行之義，故謂護法據以立新功能。論疏足徵，不勞繁述。參考《識論》卷二，及《述記》卷十三。親光《佛地》亦云：“如是四智相應心品種子，四智云云，後詳。無始法爾本有，不從熏生，名本性住種姓。種姓即種子義。發心已後，外緣熏發，漸漸增長，名習所成種姓。故無漏種，本新並建。”經護法、親光二家創說，基師論定，卒莫易也。又無漏種亦有智種、識種分別，蓋四智相應心品，正智是主，浄識兼心、心所言之。則爲相應法。《佛地論》卷三：問：“正智，當言實有？當言假有？”答：當言俱有。此中智是實有。若智眷屬即助伴義。諸心心法即謂浄識。亦名爲智，說之爲假。故有二種。此中無漏心心法等智爲主故，皆說名智，云云。準此，論雖總說無漏種，實則正智與浄識主伴攸分，各有自種，不容淆亂。

四、釋類別。初依熏習辨。《識論》說有名言種子，唯無有支種子。《義演》云：“八地以上菩薩，無漏意識，聽法緣名等，熏無漏種子也。”又云：“若至佛果，即無名言熏習。”《佛地論》云：“乃至證得金剛喻定，從此已後，雖數現行，不復熏習更令增長。功德圓滿，不可增故。持種浄識，既非無記，不可熏故。”云云。故名言熏習，十地菩薩皆有之，唯除佛果位也。

何故無有支熏習？據《佛地論》云：“聖者不造總報業。無總報故，別報亦無可知。雖化有情，隨趣生死，起惑潤生。然是故留，非著生死，無有支熏習之理。至於佛位，雖復現化作生死身、業煩惱等，似苦集諦，實是無漏道諦所攝。四諦，詳見上卷。隨世俗相，名五蘊、十二處、十八界，而實非是蘊處界攝。離戲論故，離諸相故。”詳見《佛地論》三第十二葉。以此説無業種也。

次約體類辨。相見功能同異，例同有漏，如前可按。

無漏功能感果，唯有等流。以無有支熏習故，不感異熟果。

又無漏功能，無窮無盡，不同有漏功能容斷滅也。

復次有漏無漏功能，略説具有二義：一、轉依義，二、無盡義。

轉捨有漏，轉得無漏，故謂轉依。此復二義：一、幻義。有漏無漏二種功能，於俗諦中雖同實有，若約真諦即皆幻有。以望真如，不名實故。唯其如此，故有對治，轉依義立。蓋無漏對治起時，即是有漏現種斷時。現行及其種子俱斷。物莫兩大，此盛彼衰。莊嚴有言，猶如幻師驅諸幻敵，可謂善説法要。二、引義。異生異聖人之生，名異生。無始，有漏流行，無漏隱伏，云何轉依？是故應説引義。鶴鳴九皋，其子和之，一人向隅，滿坐不歡。連聲之器，擊一響餘。凡兹牽引之理，微妙難言。苟不遺小，斯足喻大。有漏聞熏，於有漏位聽聞正法而起熏習，爲有漏善。詳見《攝論》。熏發無漏種，增盛能生。由增上緣故此引彼，以有漏善引無漏善氣類近故。有漏不滅，無漏奚生？現行易位，刹那開導。前念染法開避，引導後念淨法。由等無間緣，故前引後。若無引義，一向唯染，轉依何成？

此中引義，愚初治《識論》時所主張。蓋依世親、護法等立説之統系而言，若不立引義，則有漏如何轉成無漏，實困於説明也。余反復潛玩，而後得引義焉。引義者，所謂有漏善爲增上緣，由此引生無漏種，令起現行。及無漏加行，加工而行，名爲加行。漸次折伏染種。至無漏增盛，而後染種始盡焉。《攝論》以正聞熏習爲入手工夫，即是此意。世親迄護法、窺基，一脈相承，余初亦不敢妄議也。繼而潛玩群經，畢竟歸諸自性自度。若不能反觀自性，洞見本原，而徒仗托聞熏，從有漏善法模擬倣效，將冀引生無漏，是何異蒸沙而欲成飯耶？自性恒時昭明，曾不自識，乃欲於雜染法中引生清淨，有漏善，亦是雜染法。不思其源未澄，其流又焉得不濁耶。

上來以引義、幻義成立轉依，今次當説無盡。唯無漏種，法爾清淨，純白不雜，更無對治，故不斷盡。相似隨轉，名不斷盡，非是常一名不斷盡。若有漏種，雖遇對治，可以斷捨。然障重者，無漏不起，即乏對治，染種終不得斷。故闡提染用不滅，大覺淨用不絶。是爲無盡義。

云何闡提？謂無始時來，一切有情有五種姓：一、聲聞種姓，二、獨覺種姓，三、如來種姓，四、不定種姓，五、無有出世功德種姓。省稱無種姓，亦名無姓人，亦名闡提。謂其全障，對治不起，畢竟無成佛期。聲聞地以五義建立，爲奘師所據，基師《法華玄讚》更衍其義。當時餘宗據餘經中宣説一切有情之類皆有佛性，皆當作佛，以是與唯識宗諍競。如台宗有《法華五百問》。論戰之烈，斯足珍怪。基師之弟子慧沼著《慧日論》盛弘師説，蓋中土先德以此爲一大事矣。如實論者，體無差别，用乃萬殊。有畢竟無障之佛，即應有畢竟有障之闡提，清淨雜染相依建立。衆生流轉無盡，如來功德無盡，參考《佛地論》二第八九葉。安有化城可以息肩？世有誤解平等，一法界平等，諸有爲法差别。三界平等，而凡聖差别。實緣以欣厭之情，妄測法界之廣大。染淨皆一法界之用，俶詭陸離，亦云衆妙。雖是其染，無復有過，以其本來自爾。然而人情封執，恒本其日常欣厭之習以言真理，一若不許法界之有染用而後始洽於懷者，是猶欲大地皆平夷而無險阻。果爾，亦復無趣。此諸小心所爲求生淨土而苦濁世，不可不闢其妄也。

上來説功能已訖。此據舊作《唯識講義》第三次稿，此稿專主世親一派之説，民十一年講於舊都北京大學。稍加董理云。

附筆記如下。或問："感等流果之因，既是一切心、心所相見種，亦説爲色心種。如何名以名言種耶？"答曰：諸唯識師計一切色心種子，皆由兩種名言熏習，所以别名之爲名言種。但表義名言，唯在第六意識。表者表詮，義者境相，一切名言都是表詮一切色心境相。心隨名言變似色心境相而緣時，即此能緣見分便有勢用，熏生新種入本識中，同時並熏長本有種。由此能生後時見分。至顯境名言，則以心了境時，其心上行解之相同於言説相，故亦謂之名言。此能熏生後自類相見二分種子。即色心種。其説如此。總之，諸師建立種子，而復分別本新。因説新種依熏習生，本種依熏習長，所以完成其萬法皆由心造之義。

問："一切心、心所種子，皆名爲名言種。思心所種，一名爲思數種。如何又別名爲業？"答曰：思者造作義，故得業名。此中業種，即謂善惡業所熏之種。唯善之造作與惡之造作皆有力用，故其所熏之種力用極大，能感招未來果報。

問："異熟果一詞，猶不能了。"答曰：異言不同，熟者成熟。基解異有三義：一、異者異時。謂因先果後，果之成熟，必與其因異時故。二、異者變異。由因法變異，其果法方成熟故。三、異者異類。謂此果法之因即善惡業種，而此果法即第八識及前六識中一分無記心。前六識通善等三性，此異熟果中只取一分無記性。果法唯是無記性，第八識唯是無記性，前六中只取無記心。望彼因法即善惡業種。性類不同，是果與因異類而得成熟。基師釋異類而熟是也。然三義中，實正取後之一義。

問："業種只感果報，抑尚有別功用否？"答曰：增上微劣無記種子，令生現行，增上者扶助義。是其別一功用。如第八識唯是無記，前六識通善等三性，其中有是無記性者。此等無記心之種不能無助而自生現，必待業種增上之力方乃得助而自生現。舊師理論如此，汝只順他思路理會去可也。

問："異熟識一名，猶不能了。"答曰：第八識是無記。今由善惡業因之感招而生人或天等趣中，是名總報果。但此果體即第八識，此乃無記性，而感招此果之因即善惡業種。故果望因，異類而熟，由此説第八識名異熟識。

問："異熟果一名，似應但依第八識而立，然必以六識中無記心名異熟生。又即此異熟生，合之第八真異熟，始稱異熟果。其故何耶？”答曰：若言異熟識，即唯第八獨得此名。若言異熟果，即第八爲總報體，而前六識以外緣故，受苦樂等境事，爲别報體。故異熟果當兼異熟生而言，不唯第八。

問：“第八名真異熟，而前六識中無記心依第八異熟起故，名異熟生。是義已知。但既依異熟生而安立别報，則應説前七識皆名異熟生，以前七通依第八異熟識而生故。今僅取前六中一分無記名異熟生，又即於此安立别報，豈别報只限於六識中無記心耶？此義如何可通？”答曰：彼所以不許六識善等三性通名異熟生者，以異熟果法必是無記。由無記法望其善惡業因異類，始名異熟，故不許六識中善惡性者名異熟生。至第七雖無記，而是有覆，非微劣無記故，亦不名異熟。但别報既依異熟生安立，而異熟生又只依六識中無記心而説，此誠滯礙難通。亦可見翻弄名詞之弊也。

右筆札各條，煩瑣無趣。其詞義於前面正文中本已一一説明，但諸生閲習猶難了解。即吾初治《識論》時，亦深以此等爲苦。故就諸生所問，隨時札記而附存於此，使治此學者減少困難，免生誤解。

問：“佛書中凡言業者，皆謂第六相應思心所，但《新論》《功能章》中亦言業，與佛家舊籍言業者同其義界否？”答曰：不同。《新論》言業，即以凡人意念乍動之微與發動身語或事爲之著者，通名造作，亦名爲業。因此造作不唐捐故，必有餘勢續起而成爲潜存勢力，即名習氣。此非專目思心所，不可不辨。至《新論·明心》章下談心所處亦立思數，而以此思數屬於心理學上所謂意的方面，亦説爲造作。但此與《功能章》所謂業或造作不同義界。此中但就心理的範圍内，而依意的方面有造作用假立思數，其義狹。《功能章》則在人生論之範圍内，通目人心之一切作用由微至著，皆名造作，即皆名業，其義極廣。讀者宜隨文抉擇。

唯識諸師因計有現界，更進而求現界之本質或原因，所以建立功能。《新論》則不執定有實現界，故用不着虚構一本質界爲原因。所以舊師的功能義，在《新論》中便不成立。然《新論》仍假彼功能之名而改正其義，即以之目一真法界。即本體之别名。蓋《新論》依翕闢假立心物，即以方便施設現界。而所謂翕闢即是本體之流行，流行即用之别名也。離流行亦不可得體。故乃即用顯體，而以功能名體，庶無體用截成二片之失，亦即於萬象而見爲真如。西洋哲學談實體與現象，總不得融圓爲一。世親派唯識論者亦爾。《新論》便無此病。

或謂説真如本體名功能，真如本體係複詞，真如即是本體故。終覺未妥。不知經説真如遍爲萬法實體者，以有用故。假其無用，何得名體？《新論》别字真如以功能，從用彰名故。如經説真如亦名衆生界。《瑜伽倫記》釋云："經意依真起妄，立衆生界。"故説真如名衆生界，此亦可云未妥乎？參看《倫記》卷十七。

舊師雖以功能依熏習而立，然其本有功能不從熏生。雖云熏長，而於一切唯心造之義終嫌不能一貫。又彼之本有功能與真如作何關係，亦無説明。《新論》與《破破論》謂其有二重本體之嫌，非爲苛責。

又舊師以習氣混同功能，亦是大錯。詳在《新論》。自餘可議之處，此不及詳。學者熟玩《新論》，自可豁如。

四　　緣

佛家立義最精者，莫如緣生之説。緣生，亦云緣起。一切現象互相依而有故，都無實自體故，故説緣生。然自釋迦至於世親唯識一派，其爲説亦屢變。吾常辨之於《破破論》中，此姑不贅。但舉四緣，以次略釋。

云何四緣？一、因緣。緣有四，而因居其首，即因即緣，故曰因緣。《識論》卷七："因緣，謂有爲法，親辦自果。此體有二：一、種子，二、現行。"云云。參考《述記》四十四第一葉以下，按親辦自果者，謂果法體由因法親所成辦。易言之，即因法親生自家果法。因爲能生，果爲所生。有是能生因，決定有其所生果，故因於果有創生及決定二義。具斯二義，始得名因。詳此所定因緣義界，至爲嚴格，不容淆亂。不獨小乘所言六因俱無此義，即大乘書中言因，亦時有寬泛的説法。如下述三緣，亦皆可説名因。謂前念識望後念識爲等無間緣，亦可謂前念識爲後念識之因。謂境界爲識之所緣緣，亦可謂境界爲識之因。增上緣，自應準知。凡佛書中言因者，本有寬泛的説法，如上舉等無間乃至增上諸緣皆得名因是也。獨在《識論》中談四緣，其居首之因緣，乃特定義界曰親辦自果。此則至嚴而不可亂云。

識論規定因緣法體唯二：一、種子，二、現行。又復析其條流而説以三：一、種生種，謂前念種望後念種而爲因緣故。二、種生現，謂種子望現行而爲因緣故。三、現生種，謂現行望種子而爲因緣故。今以次疏釋：

云何種生種？無量功能依止藏識大海，《規矩頌》云“浩浩三藏不可窮”。故喻如海也。爲藏識攝持，刹那刹那各各前滅後生。各各二字注意。無論有漏、無漏，未有對治，便恒隨轉。無漏功能法爾清静，更無對治，故不斷。有漏功能，若對治不起亦不斷。功能斷否，唯視對治有無。説見前。故此功能自類相生，前念種親生後念種，即後種是前種之自類故。即是前種望後種而作因緣，親生後種故。由此功能非斷非常，宛爾生滅，前種方生後，而自體即滅，故非常。後種方起，即續其前，故非斷。成其勝用。體是生滅，故有能生勝用。若是常住法者，即非能生。所以異於自性神我等計。

云何種生現？功能恒轉。恒言非斷。轉者非常。若逢緣合，方起現行。如功能不待緣，即應有實作用，又應一切時恒生一切法。若爾，便同外道自性神我等計。今明功能亦待衆緣，故異外道邪計。由此説功能望現行而爲因緣，親生現故。然功能潛隱，亦説爲現行所依之體。現行顯著，亦説爲功能所起之用，但體用條然各别。據實而言，體者用之體，用者體之用。是體用雖可以析言，而畢竟不爲兩片。但《識論》談體用卻截成各别，蓋以用依體起，而用非即體，只是依體而有，所以截成各别。舊師於體用畢竟説成滯礙，學者宜知。如眼識，第一刹那由種生現，體用同時相俱，猶如炷焰。燈炷生焰，炷與焰同時俱有故。即此刹那，種現俱生俱滅已。第二刹那以往，其理皆爾。種子自體依止第八識中，前剎那滅，後剎那隨轉，終古不斷。若現行自體，則於前剎那與其自種俱滅已，後剎那便不隨轉，即由他現續生成其不斷。他現者，後剎那種所生現也。然前後剎那相續之際定無間隙，若有間隙即應中斷故。眼識如是，耳識乃至第八，皆應準知。

種因○一○二○三
↓剎↓剎↓剎
現果○那○那○那

因緣生果，其果法決定與因相似。見種定生心法現行，不生色現。相種定生色法現行，不生心現。小乘有計色心展轉互爲因者，即此所破。

又見種相種，類各無量。一切心相見分各各有自種，一切心所相見分亦各各有自種。異類相種，各生其現。異類見種，各生其現。因緣生果，無雜亂故。

云何現生種？前七現行識有勝勢用而增減者，皆是能熏。唯除第八識，説見功能中。此能熏識一剎那頃從自種生，即此剎那有勝功力，能熏本識生自類種，所生種與能生現體性相似，故名自類。如現行眼識見分，熏生眼識見種是也。餘準可知。故説現行望種子謂其所生之種。而爲因緣，現親生種故。

天竺古師有以現行説名功能。《識論》卷八："論説因緣，依種子立，現行亦能親辦自果。如外麥等亦立種名。"云云。此則名相雜亂，非正義也。詳《識論》卷八第三葉、《述記》四十五第十四葉。《攝論》已説外種，蓋順俗取譬，實則外麥等種從本識中相分種子而生，即是現行果法，不得名種。此須明辨。雖云因緣依種子立，要不可説因緣即種子。《識論》以親辦自果明因緣義，極爲應理。若現生種親辦果故，斯是因緣。豈謂現能爲因便得名種？《述記》卷十二據不正義以釋因能變，見《述記》十二第十葉以下。淆現於種，原非小失。前談因能變中只建立種子爲現行之因，今此談因緣中有現生種一義所以明新熏種之由來，不可與因能變義併爲一談。太賢《學記》卷二第二十四葉不取基疏，惜詞義隱晦，未暢厥指。前於能變條中説基解因通現種之非，須與此處參看。

難曰："現不名種，如何説因緣依種立？"答曰：現行爲因，即熏成種，非不依種立。

又經部計前法爲後法因，故因果異時。大乘説種生現，現生種，彼此俱有，故因果同時。種生現，能所同時相俱，説見上。現生種者，非現滅已方生，若已滅者，便無能生勢用。即此現從種生時有勝勢用，别生一法，還爲第八中種。準此，則三法同時，彼此對待。三法者：一本有種，二現行，三新熏種。前後不許並，非彼此不得並也。因果時分同異，乃唯識與餘部力諍之事。詳見《識論》卷三。實則各據一義，毋須水火。

上述因緣，唯有三種。因緣以親辦自果爲義，異此不名因緣。

因緣

種生種	種生現	現生種

非因緣

種望異種	種望異現	現望異種	現望現
如甲種望乙種	如甲種望乙種所生現	如甲現望乙現所生種	前現望後現或此現望彼現如根塵識同時相望

小乘六因詳在《俱舍》。依現行立。彼無功能，雖説爲因緣，實是增上緣。《述記》四十四第四五葉對法論因緣中説六因，非是因緣，即現望現。此解極是。

二、等無間緣。初因緣，依種子立。今此第二，依現行立。現行終古無盡，闡提有漏現行無盡，諸佛無漏現行無盡。七八俱恒，無有斷時。六識除五位無心餘時亦復不斷。五位無心，詳前。由等無間緣有此勝用，故次因緣而説。

《義演》云："此緣約四義辨：一、前念於後，二、自類無間，三、等而開導，四、令彼後念心定生。"見《義演》十五。

第一義，簡同時或後時心，皆非此緣。唯前念心望後念心，得爲等無間緣。同時無二心並起，後念心望前念心，無有開導義。故並簡别。凡言心，亦攝心所。

第二義，顯非他識爲緣。如眼識，前剎那方滅，即已引後自類令生。眼識如是，耳識乃至第八識，皆應類知，是爲自類無間。問曰："何故不許八識互爲緣？"答曰：一身八識，容俱時轉，七八相望，恒俱轉。前六與七八相望，則有時俱轉，有時不俱轉，故置容言。故不得互爲此緣。難陀、安慧執異類識能互作等無間緣，不知異類既容俱轉，即無互相開導之理。參考《述記》卷二十七第一葉以下及四十四第六葉以下。問曰："心與心所異類而俱轉，亦得互爲此緣否？"答曰：心所與心相應，和合似一。依緣事處同故，已説如前。非可離别令其殊異。非字至此爲句。不應例同異識，故得互作等無間緣。

又無間者，前爲後緣，順次相生，名爲無間。例若眼識，自第一念第二念以往，皆無有越次。非不許有間斷。如眼識前後相望，雖中經百年等斷，前念眼識望後念眼識仍爲等無間緣。耳識乃至第六，皆應類知。唯七八俱恒，無有斷時。

第三義，正顯緣義。云何開導？開者，避義與後處義。導者，招引義。前法例如前念眼識。開避其處，即望後爲招引，令彼後念眼識。得生。必能緣法，方具此二。開導二義。色法雖有開義而無導引力，故非此緣。

又等言有兩義：一、體等。如眼識，前念心王唯一，俱時無二心王。受等心所亦各唯一，俱時無二受等。其後念王所，亦復各各唯一。眼識如是，耳識乃至第八皆同此例。故每一心、心所前後皆無多類並生，名爲體等。二、用等。前念一心王有勝勢用，能齊引後念心、心所令起。又即前念一心所有勝勢用，亦能齊引後念心、心所令起。由此王所和合似一，互能望後而爲因，齊等開導，故名用等。相似沙門，以心唯引自後念，心所亦各引自後念，不許齊引，今此則遮彼説。

四、前法開導，後果定生。後果者，以後念識望自前念識而得果名。如極重睡眠、悶絶等位，六識中斷而後得生，即由前滅識爲之開導故。若非後果定生者，如何得説前爲後緣?

綜上四義，釋此緣訖。

問："如是等無間緣，八識有漏、無漏，分别云何？"答曰：若第八識，雖復有漏無間，前爲後緣，次第而轉，名爲無間。而登地以去，有無漏生。登地以去，至金剛心，有漏頓斷，無漏頓生，即前有漏心、心所開避其處，引導後無漏心、心所令生。此乃等無間緣之妙用。然無漏起已，定無復生有漏者，以此無漏必不斷故。由斯第八有漏、無漏不互爲緣。此言緣者，謂等無間。後皆準知。五識例此。

若第七識，十地位中入法空觀，無漏心生；出法空觀，有漏心生。即有漏、無漏，容互爲緣。觀前有漏心，引生觀時無漏心。出觀後有漏，又由前觀時無漏心引生。有漏、無漏，迭爲前後，故互爲等無間緣。善與無記，相望亦爾。《述記》四十四第十五葉：即此有漏無漏相生，以辨性别，第七有漏位是無記性，無漏位是善性。

若第六識，有漏無漏，善不善等，第六有漏通三性，無漏唯善性。各容互作等無間緣。《論》説入見道時，初起無漏，此在色界或欲界。恐繁不述。

若前五識，十地位中，第八未轉無漏，五定有漏。彼五色根是異熟識相分攝。第八有漏位，名異熟識。五識所依根是有漏故，五識亦有漏。若言有漏五根發無漏識，此不應理，《論》有誠文。有説入地得成所作智者，此不正義。故五識無漏，必同第八俱時而轉，不與有漏互爲緣。等無間緣。善等相生，準第六知。

又復當知，前七轉識與第八識金剛無間，有漏種現，刹那斷盡。自此以往，俱是無漏相續，恒無有斷。故六七漏、無漏容互爲緣。等無間緣。此説因位，應如理思。因位對果位得名。凡夫未斷染污，而實本具佛性，有成佛之因，故名因位。若成佛時，即名果位，亦云佛果位。

三、所緣緣。《識論》卷七之六云："謂若有法，是帶己相，心或相應所慮所托。此體有二，一親二疏。"云云。今即據此，爲釋如次：

有法者，謂是有體法，具有力用，能牽生識。如色等境界，非無體故，故能牽引眼識等令起。即此境界，望能緣識，而名所緣緣。

問曰："意識緣空華時，空華無體，如何得有所緣緣義？"答曰：空華者，即依自識所變相分妄作華解。華本無體，非所緣緣，但約相分論其體是有。即此相分望能緣見分而爲境界，便是所緣緣。

云何是帶己相？己者，設爲境界即所緣緣。之自謂也。是字，指下文心、心所言。《述記》四十四云："誰帶己相？謂心或此相應法。"相應即心所。相有二釋，體相，相狀。此云相狀，唯目影像相，對本質名之故也。然剋指影像自體，亦得名體相。帶亦二釋，挾帶，變帶。故帶己相言，有其二義：

第一義者，謂能緣識變帶所緣相狀，名爲相分。對疏緣本質，亦名影像相。亦名爲親相分。此相有仗質、不仗質。其仗質者，若前五見仗第八相變相而緣。五識仗第八器界相爲本質而變似色聲等親相分。第六見仗第八相見等變相而緣。第六緣我時，即仗第八見而變現相分，便依此相而計爲我。第六緣一切塵時，即仗第八器界相變現相分，依之起解。第六緣諸心法及無爲法時，亦仗心法及無爲法爲本質而變現相分，依之起解。第七見仗第八見變相而緣。第七仗第八見變相而緣時，即依所變相而計執爲自我。乃至他心智緣他心，後得智緣如，其理亦爾。自識有能了他人心之智，名他心智。此他心智必仗他心爲本質，而於自識上變現一似他心之相分以緣之。至後得智緣真如時，因分別力强，亦從自見變似真如之相分而緣之，非親證真如。自識親所變，名影像相，即以所仗名本質。試取近事爲例。吾起座徘徊，檻外梧桐彌望青青，此青青者乃吾眼識見分仗第八器相爲本質變似青相而緣，眼識所變色塵相分，與其本質即第八識所變色塵相分一處同遍，和合似一。非能親取自心外法也。第八器相是第八見分自境，而望眼識即名爲外。眼識不得親取自心以外之法，故須托第八器相爲本質，而於自心上變似其相方可緣之。眼識如是，餘耳識等，皆可準知。唯相托質起，決定似質，斯乃不測之符。次不仗質者，如第六緣過、未等法時，過去已滅，未來未生，此皆無體。即自心見分變似過未等法之影像相，皆不仗質。緣龜毛、兔角等亦爾。又或籌度一切義理時，其意中必變似所思義相，此等相亦無質。綜前所説，前七識相分無論仗質或否，要皆由見變爲，此中云見，即攝入自證分。故名變帶。此義本以陳那《觀所緣緣論》爲根據，然陳那破小宗許五識緣外色，但明仗質變相一義。

第二義者，謂能緣挾帶所緣體相而起。挾帶者，逼近親附義。謂能所不分，冥合若一故。如四分中，自證緣見，内二分互緣，皆名挾帶。五識俱意等，見緣自相，現量證境，亦是挾帶。又正智緣如，亦是挾帶。

如上二義，云何各别建立？昔者小宗不許有相分，故以外境爲所緣，以能緣上有似所緣之相名行相爲能緣攝。大乘自陳那出，乃造《集量論》，即改小宗行相名相分亦説名影像相。爲所緣。《述記》十五第九葉："以影像相爲行相者，出《集量文》。" 按《集量》始成立三分，故改小行相爲影像相，對破心外有境。亦復依此造《觀所緣緣論》，對破小宗許自心親取外境。《論》云："謂能緣識，帶彼相起。" 彼者，本質。帶者，變帶。相者，影像相，又云相分。言識托質而變似質之相也。《論》又云："如是諸識，唯内境相爲所緣緣，理善成立。" 内境相，謂相分也。是爲第一義也。

自陳那之論出，大乘師言所緣緣者率皆依據。其後有正量部師般若毱多者，小宗之傑也，欲破大乘，乃設難言："汝大乘宗無分别智，不似真如相起，應非所緣緣。" 無分别智，即正智之異名。意云：大乘師以能緣上變似所緣相即名相分，而説爲所緣緣。縱令此説誠諦，而大乘經論不許正智緣如有似如之相。若爾，即真如非所緣緣也。毱多此難可謂悍極。蓋正智緣如時既非真如爲所緣緣，則諸識緣一切境相時即俱無所緣緣義。大乘師被此難已，經十二年遂至絶救。此蓋孤秉舊聞，無由獨創。爰及奘師，神悟爽拔，始以陳那所明别爲一事。陳那但以變帶義成立相分故。更陳己義，難破毱多，即第二義是也。奘師本有《制惡見論》，今已佚亡。《述記》載其難毱多云："汝不解我義。謂不解我大乘義也。帶者挾帶，相者體相。謂正智生時，即挾帶真如體相而起。智與真如不一不異，謂有能緣、所緣，故不一。能所冥合，故不異。真如非相、非非相。真如不是一件物事，故云非相。然真如是諸法實性，雖不可以物事推觀，而是絶對的真實，故云非非相。故此真如是所緣緣。" 毱多被難，鉗口卷舌。即陳那義，亦别有據而不可搖。其有功大乘亦偉矣。

然復當知，《論》言帶己相者，本唯第一義。基譯此《論》，揉集十家，雖裁斷由己，而十家所本無者自不容妄增。奘師出十家後，故其説與十家無涉。若陳那出護法前，其思想多爲護法所承也。《述記》以二義一變帶，二挾帶。爲釋，其第二義近取奘師。雖復《論》所未有，然採擇後出之義以捍衛前師之説，爲功極巨。參考《述記》四十四第十九至二十葉。然《述記》之文，散無友紀。

帶相二義既如上述，次釋所慮。有體法能爲緣，有體法謂境界。令心、心所帶己相而起，己者，即爲緣之境界，帶相具二義。如前説。亦須心、心所能以己相爲其所慮。若非能緣法能以境界己相爲所慮者，即此境界己相望能緣法不得名所緣緣。能緣法者，即心、心所。如鏡等外質雖是鏡等所照，照者照顯。但非鏡等之所緣慮。緣慮者，思惟義。故外質望鏡等不名所緣緣，以鏡等但照顯於境而不能緣慮於境故。今此言所緣緣者，必定爲緣於能緣法方是所緣緣，即由此義得成唯識。不爾，將謂能緣識亦猶如鏡等。陳那分别緣與所緣，二支缺一，便不名所緣緣，最宜深玩。鏡等外質，於鏡等容有緣義，然非鏡等之所緣，以鏡等非能慮故。既缺一支，故不名所緣緣也。

難曰："若言心爲能慮者，無分別智應非能慮？"答言：無分别云者，以離妄分别故，説名無分别，非謂無緣慮名無分别。《攝論》有文，此姑不述。夫心是能慮，不唯能照，故其功用絶異色法。若言能照，色心同得。照者顯現，雖色亦能。若言能慮，唯心非色。慮者，思惟義，分别義，故心獨具。

已釋所慮，所托云何？心不孤起，托境方生。若疏所緣，則前五見托第八相爲本質，第六見或托第八相、見等爲本質，或者不定義，第六相分有不仗質故。下言或者準此。等者，等餘心法及無爲法。第七見托第八見爲本質，第八見或托他身識及他人根身器界爲本質。若親所緣，則見以相爲所托，自證以見爲所托。内二分互緣，正智緣如，所托準知。凡爲所托者，定有體法。遍計所執如空華等，即非所托，無體故也。復次此中所慮、所托，實據陳那《觀所緣緣論》。陳那以具二支名所緣緣，二支者：一所緣義，二緣義。今此云所慮者即所緣義，云所托者即緣義。會而觀之，精粗斯見。自陳那分别緣與所緣,《識論》據此以言所慮所托，其源流自可索也。然以所慮言所緣，則《識論》之創解，用補陳那之缺。案《觀所緣緣論》言："極微非所緣，眼等識無彼相故"云云。準此，則陳那但以帶相一義即變帶義説爲所緣也。若爾，心之帶相便同鏡等，如前所難。下逮奘師挾帶義，亦難免此失。《述記》四十四第二十葉"古師、大師二釋皆有妨難"者，此也。其言古師謂陳那等，大師謂玄奘也。《識論》言所慮,《述記》疏："所慮即所緣義。"蓋《述記》宗護法，以所慮言所緣，異乎陳那等以變相爲所緣矣。然太賢《學記》六第三十葉云："相於心現，故名所慮。"仍朋陳那等也。若爾，何以解心識猶如鏡等之難？賢《記》好與基《疏》立異，其見實時出基下甚遠。

上來分疏已訖，今總釋云：若有體法，是帶己相之心、心所所慮所托者，是所緣緣也。一切有爲心法、色法。無爲真如。法，皆此緣攝。云何此體有二，一親二疏？謂此緣體有親疏差别故。考陳那《緣論》雖隱判親疏，而猶少明文。《緣論》云："所緣緣者，謂能緣識帶彼相起，及有實體，令能緣識托彼而生。"詳此，則所緣緣者，必具二義：一、識生須有所托，二、即托彼變相。其所變者，自是親所緣緣；所托者，自是疏所緣緣。及至《識論》，此二分别乃始昭揭，析理詳明，後起者勝。

親所緣緣，詳其義界，略説以三：一與能緣體不相離。此復有二：一、能緣親變名不離，見變相是。此中云見，攝内二分。二、能緣親挾名不離。約有四句分别：一、體挾體，謂内二分互緣。内二分對相見名體。二、體挾用，謂自證緣見。自證是體，見分是用。三、用挾用，謂見緣相。相見望内二分而皆名用。四、用挾體，謂正智緣如。正智是用，真如是體。上四句義見《宗鏡録》。如上説第一義竟。二是見分等内所慮。此中等言，謂自證等。如見以相爲内所慮，自證以見爲内所慮。餘準可知。三是見分等内所托。思之可知。合具三義，前一明親義，第二明所緣義，第三明緣義。是爲親所緣緣。

親所緣緣		能　緣
相　分	唯第八所變根器，及五識俱意等所變色等相，皆名色法。	見　分
見　分	此及後之内二分，唯名心法。	自證分
自證分		證自證分
證自證分		自證分
真　如	真如爲正智所緣時，亦相分所攝。	正智見分

疏所緣緣，義亦有三：一與能緣體相離。如五識疏緣第八器界相，不能親取，故曰疏緣。此第八相與能緣五識是相離故。意識等可準知。又如自識緣他身識，此他身識與能緣自識亦相離故。後得智緣如時，變似如相，即如望後得乃成相離，中隔以相，缺親挾義故。如上説第一義已訖。二爲質能起内所慮。内所慮三字作名詞讀，謂相分也。下文内所托亦然。三爲質能起内所托。於一相分上所慮、所托義别，故須分説也。又復應知，質爲緣，直接起彼影像相，即間接起彼能緣識。彼能緣識仗質變相，則直接以相爲所慮所托，即間接以質爲所慮、所托。具此三義，是爲疏所緣緣。

能　緣……………………… 見

↓

親所緣緣……………………… 相

↓

疏所緣緣……………………… 質

《義演》十六："疏中影像相分是帶本質之相，帶猶似也。如云面熱似火，此相亦爾，似本質故，不同親中見分上相也。見分上相與見分不相離故。此相攝屬本質。以離見分故，疏緣故，緣此相時即緣本質故。本質望見分名疏所緣，故知不是親緣中攝。"云云。按此云親中見分上相者，謂無質相。云疏中影像相分者，謂有質相。據理而言，凡有質相，雖託質以起，然必由見仗質變爲此相。

故相雖似質，而非即質。從見變故，説不離見。今以之攝屬本質，謂爲離見，此直小宗不立相分之計耳，豈大乘義耶！若云此相與質同種者，是固别爲一事，不可以其與質同種之故，遂計爲離見，不許爲親所緣也。如理誤解，至於此極，亦復可怪。

親疏二緣，唐宋以來，率多謬解。延壽《宗鏡録》七十以變帶爲疏，挾帶爲親，即與如理《義演》不許有質相爲親緣者同一巨謬。實則《述記》以變帶義明相從見親變，以挾帶義明證量中能所冥合，而實非無相，皆所以成親所緣緣，如何以變帶、挾帶判親疏耶？

一切心、心所皆有親所緣緣。若無相分則見分不生，見定帶相起故。如緣無時，無字名詞。亦心變作無之影像，此影像即相分。疏所緣緣有無不定。如緣龜毛兔角，雖無本質，心亦生故。餘準可知。若約識辨疏緣有無，《識論》卷七《述記》卷四十四。研討攸資。此姑不詳。

八　識	疏所緣緣有無
第八識	一切位有無不定
第七識	未轉依位定有已轉依位非定有
第六識	一切位有無不定
前五識	未轉依位定有已轉依位非定有

復次疏所緣緣得名。由望他能緣，故名疏。若望自能緣，仍名爲親。如第八相器界。望五見即他能緣。是疏，望自第八見即自能緣。即親。乃至他心智緣他心，其理亦爾。以故一切心、心所，皆無外取。唯識義成。

四、增上緣。《識論》釋此緣略有三義：一、有體法。有爲色法、心法。無爲真如。皆有體故，是此緣攝所執無體，即非緣也。妄計之所執而實無其物，如神我等，此名所執。問："依假法得成緣不？"答言：此復二釋。有義通假。如《對法》云："住持增上者，謂命根力，衆同分住。此文爲證。”命根、衆同分，見上卷行蘊。有義，前説非是。《對法》，命根於衆同分爲增上者，隨假法所依之實法而説故。謂命根所依業種子有感招力，增上衆同分所依色心諸法令住持故。應立量云：增上緣體，應非是假。宗也。緣所攝故。因也。如餘三緣。喻也。故取後義爲勝。

二、有勝勢用。唯有體法，故有勝用，乃得爲緣。此所謂用，略有二義：一、望所增上果法爲切近助因，所謂由此有故彼有。如壺水澎漲，即所增上果法。以熱力爲切近助因，故有。熱力即能爲增上之因法，所謂增上緣是。此一例也。二、望所增上果法雖非切近爲助，然但不障，即是有力順益果法。如吾書案存在，似無待於一室以外之地。然使距吾室數十里外發生大地震，其影響足以傾折吾之牆屋，而書案亦將與俱毀。故知環吾室四周遥遠之地，於吾書案存在若不爲障者，即其增上之用也。以是説第二義。然第二義過寬泛，如據斯義而欲求一事之因，勢必舉全宇宙皆爲之因，將不可勝窮，故知第一義爲最要。凡事物互相關係間，其或甲於乙爲切近增上，則判定乙因甲故有，已足説明其事。自餘無限增上之因，勿問可也。

三、能於餘法或順或違。餘法，即所增上果法。如霜雪於禾等，能牽令轉青色爲枯喪。即此霜雪望枯喪爲切近助因，即是順義。俱時令前青色不起，即望前青色有相違義。故説增上緣有順違二用，若無順違，何成此緣？

綜上三義，明定增上緣義界已訖。

增上緣用，有順有違，已如上述。此順違用於四處轉，諸論同説。

云何四處？一、於生處轉。生者，謂若有法緣合故生。如心法生時，雖因緣等具，等者，謂所緣緣及等無間緣也。定須有根等爲增上緣方乃得生。故有漏根順有漏識令生，即違無漏識令不生。又在色法，如世所知，淮橘成枳，此蓋橘之變形似枳，假説名枳。而此枳生，能生勢用爲因，河北水土空氣等爲增上緣，順枳令生。即違前淮橘相，使不續生。此其一例。

二、於住處轉。住者謂凡法生已便住。如此法、彼法俱時生已，各各任持自體而不捨失，即能各各互相依住。如八緯與太陽互相依住，識與根境互相依住。此互相依住者，即是互爲增上，互相順故。此中稍改舊義。參考《雜集論》卷五。

問："法纔生即滅，云何説住？"答：相似相續故，應説名住。又世俗不了生滅，於其似續之相貌上妄執爲常，亦隨順説住。

三、於成處轉。《大論》卷五説成有二，謂成立、成辦。謂立論者所知勝解愛樂爲先，先者，因義。勝解，心所之一。見上卷。凡立論者，於所知義由勝解決定，即生愛樂。以此爲因，得有下述種種增上，方乃成立其義。亦必有宗、因、喻三支法式。爲建立，大衆敵論者爲和合，如是種種爲增上，令所立義成。種種增上緣於所成義若聲無常等相順，即望其餘非所成義若聲常等相違。成辦，謂工巧智爲先，先義，見上。亦必有劬勞爲建立，處具處所作具。爲和合，如是種種爲增上，令工巧業成辦。此中順違，思之可知。

四、於得處轉。得者，謂證得涅槃。此雖以無漏種爲因，此言因者，即因緣因。亦必依如理作意及善友等爲增上，方令證得涅槃。此等增上緣順還滅法令得，即違流轉法令不得。

如是四處，皆有增上緣於彼四處。起用。又復應知，此增上用隨事雖多，而勝顯者二十二根。發生之謂根。五根能引生識故名根。乃至無漏三根能引生無漏道，亦得此名。恐厭繁文，此姑不述。學者欲詳，有《三十論》。詳《述記》四十五。

如是四緣，其前三緣亦是增上。如因緣，望所生果即有增上義。餘二緣可準知。然今談增上緣，即除彼前三而取所餘。蓋前三緣各有特定之義，除前三種義外，其所餘即增上義也，故另立此緣。實則四緣中，唯此緣義最寬云。有説一切法皆所緣緣攝，此不應理。須知諸法正被緣頃，方是所緣緣攝。若不被緣時，便是增上緣攝。如眼識正緣西山色時，餘東南山不被緣，即增上緣攝也。如上四緣，依處云何？初因緣，依功能立。次依無間滅識，立等無間緣。無間滅義，詳在上卷。小乘以無間滅識爲意根，大乘既不許，而即依此立等無間緣。又前云此緣依現行立者，顯現行前後相續故，義不相違。依境界，立所緣緣。一切有爲及無爲法，當其望能緣而爲所緣緣時，即通名境界。依所餘，前三之餘。立增上緣。

復次四緣，約種現分別，略有三門：

一、本識中種，容作三緣生現，除等無間。

種	爲　緣	生	現
見　種 相　種	因　緣	親　生	見　分 相　分
一切種	所緣緣	引　生	第八見及第六見
一切種	增上緣	引　生	一切相見

附説一：表中第二格，種子爲所緣緣，引生第八識見分及第六識見分，以種子唯第八見親緣，第六意識思唯種子義時，亦是疏緣第八中種。自餘五識及第七，皆不緣種也。

附説二：如根種於識種助令生現，即根種望現行見分心法是增上緣。識種於根種亦助令生現，即識種望現行相分色法是增上緣。餘一切種望異類現行相見法，例同可知。

二、現行相望，即現生現。容作三緣，無因緣故。此復析以五類。

一自身識、他身識，更互相望。凡有二緣。

自身識 他身識	爲　緣	生	他身識 自身識
自見 自相（唯第八）	所緣緣	引　生	他　見
他見 他相（唯第八）	所緣緣	引　生	自　見
自見相 他見相	增上緣	引　生	他見相 自見相

附説：所緣緣中自身第八識所變塵相，爲他身第八見疏緣。他於自亦爾。餘易了知，不煩縷述。

二自八識聚自身八識。相望，增上緣定有，等無間緣定無。唯所緣緣義有無不定。因緣，前已除訖。如下表：

所　　緣　　緣

第八於前七有。五緣八相，七緣八見。六通緣八相見故。

前七於第八無。第八不緣前七識故。

第七於前五無。五唯緣八相故。於第六有。意識緣一切法故，亦緣第七故。

前六於第七無。七唯緣八見故。

第六於前五無。五唯緣八相故。

前五於第六有。意緣一切法故，亦緣五識故。

前五自相望無。《述記》五力劣，不能爲緣故云。

三自身八識，一一自類，如眼識前後相望，名爲自類，餘準知。前後相望。第六容作三緣，餘七識謂前五及第七第八。唯有二緣。

八識自類	爲　緣	生	八識自類
第六前念	等無間緣	引　生	自第六後念
第六前念見	所緣緣	引　生	自第六後念見
第六前念相見	增上緣	引　生	自第六後念相見
餘七各自前念	等無間緣	引　生	餘七各自後念
餘七各自前念相見	增上緣	引　生	餘七各自後念相見

附說：八識除第六外，餘七不能自緣其前念，唯緣現境，故皆除所緣緣。更有異義，恐繁不述。

四同聚異體，如一眼識中，現前一念心、心所，一一更互相望，雖是同聚，而是別體。餘識準知。展轉相望，定有增上緣。有義，亦有所緣緣。詳《述記》四十六第十七葉、同十一第二十一葉、又同十六第二十四葉。

五四分相望，容作二緣。

四分	爲緣	生	四分
相分	所緣緣 增上緣	引生	見分
見分	增上緣	引生	相分
見分	所緣緣 增上緣	引生	自證分
自證分	增上緣	引生	見分
自證分	所緣緣 增上緣	引生	證自證分
證自證分	所緣緣 增上緣	引生	自證分
相分及見分	增上緣	引生	自證及證自證
自證及證自證	增上緣	引生	相分及見分

如上五類，分別現行爲緣訖。此皆據因位説。

三、現此字爲一逗，通八識而言。緣種現而生，已如前説。前第一門約種生現，有三緣。第二門約現生現，以五類分之，亦總有三緣。種一逗。亦理應緣現種而起。此中現謂前七能熏。后皆準知。現及種於種，各作幾緣。且爲二表：

（一）現於種。約現生種説。

現	爲緣	生	種
前七現	因緣 增上緣	親生 引生	所生種
前七現	增上緣	引生	非所生種

附説：現望所生種爲因緣，以親生故。俱時亦爲增上緣，由現望所生種有助力義故，説名增上。現望非所生種爲增上緣引生，復有二義：如現熏長性類相同之本有種，助力名引；望餘異性不熏之種，不障名引。

（二）種於種。約種生種説。

種	爲　緣	生	種
種	因　緣 增上緣	親　生 引　生	自後種
種	增上緣	引　生	異　種

附説：種子定無等無間緣及所緣緣者，以此二緣唯望現行法立故。如下圖，種非現行，故非二緣果。

甲圖

（因）等無間緣即前念現行（果）後念現行

乙圖

（因）所緣緣即現行色等（果）現行能緣心

上述三門，若種若現互爲緣生，其在理論方面可謂組識精嚴。然究其本旨，則建立種現爲諸緣體，畢竟不能空緣性，而適成爲構造論。未免意計穿鑿，顯然可見。《新論》第二十三葉《唯識章》中説緣生只是遮詮，因對執有實法者而説緣生義，所以解析諸法令悟無有實物。自謂無違諸佛意趣。若失卻此意而談緣生，將計執某一法由幾緣而生，或某種法爲某種緣而生某一法，則將緣性執實，而俱時亦執有緣所生法。雖復强説緣生如幻，其實妄執凝然，何能了達諸行如幻義耶？《新論》上探龍樹，而於世親一派之學不敢苟同，自非故爲立異。

已説四緣，更有生識九緣，攝歸此四。九緣云何？一、空，二、明，即光。三、根，眼等六根。四、境，五、作意，遍行心所之一。六、根本依，謂第八識。七、染浄依，謂第七識。八、分別依，謂第六識。前五識起時必以第六爲分別依故。九、種子。一切心、心所各各有自種故。如是九緣。八識各具幾緣，分別如下：

一、眼識，具九緣而生。

二、耳識，依八緣而生，除明。

三、鼻識，依七緣而生，除明及空。

四、舌識，依七緣而生，除明及空。

五、身識，依七緣而生，除明及空。

六、意識，依五緣，謂根、第六依第七識爲根，亦以第七爲染淨依。境、謂一切法。作意、心所之一。根本依、本識。種子。

七、末那識，依四緣，謂根、第七依第八爲根，亦復以第八爲根本依。境、藏識爲第七所緣緣。作意、種子。

八、阿賴耶識，亦依四緣，謂根、第八依第七識爲根，亦以第七爲染淨依。境、根種器界。作意、種子。

八識具緣，已如上述，宜各加一等無間緣，依次配屬。

眼、耳必依空緣，鼻、舌、身則除之。何也？據大小乘義，諸識依根取境，離合用殊。鼻、舌、身三識，境合方取。如香合鼻，鼻即感香。味於舌，觸於身，其事亦爾。即以境合根故方取，故不立空緣也。眼、耳二根，境離方取。天山萬里，遥入眼簾；空中震雷，乃達耳鼓。即以境離於根而得取故，故説有空緣。有難："光線入眼，聲浪達耳，寧非合取？"應答彼言：光線但屬明緣，是增上緣攝。此中離取合取，唯約所緣緣説，義界未分，何勞妄難？如吾伸五指，對汝眼識作所緣緣，汝眼識了别吾指，實不由合。若吾直以指合汝眼，汝將失明。故合取義，在眼必無。至云聲浪接耳，耳根取聲，由合方取，斯符理實，勿拘舊義。

若以九緣攝入四緣，則種子屬因緣，境屬所緣緣，自餘空、明、根、作意等等，概屬增上緣。

附説：九緣中，空、明、根、境、作意五者，義同小乘，自餘大乘所加。有難："作意本心所之一，今九緣中只列作意爲一種緣而不及餘心所，何耶？"答曰：作意，警覺力特勝故。一切心、心所定由作意警策方起，故特列爲一種緣。後法士用中，亦以作意爲增上緣，屬作具之一，其義準此。

所説四緣，必應有果。此果分别，當復云何？

果有五種：一者等流，依因緣立，定似因性。此復二别：一、自類相續，此中以平等而流，名等流。前後相續，故言流。前後一類，云平等。謂種生種。二、異類俱起，此中等言相似，流謂流類。相似流類，故名等流。謂種生現及現生種。義並詳前，毋須繁述。且系以圖。

甲（種生種）圖

前念見種（因）⟶ 後念見種（等流果）

前念相種（因）⟶ 後念相種（等流果）

乙（種生現）圖

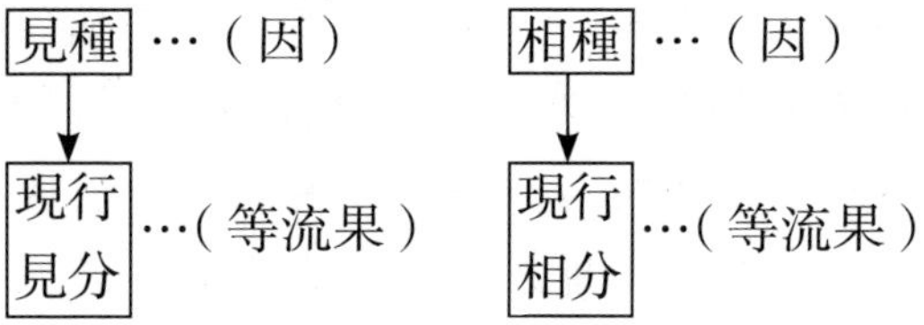

丙（現生種）圖

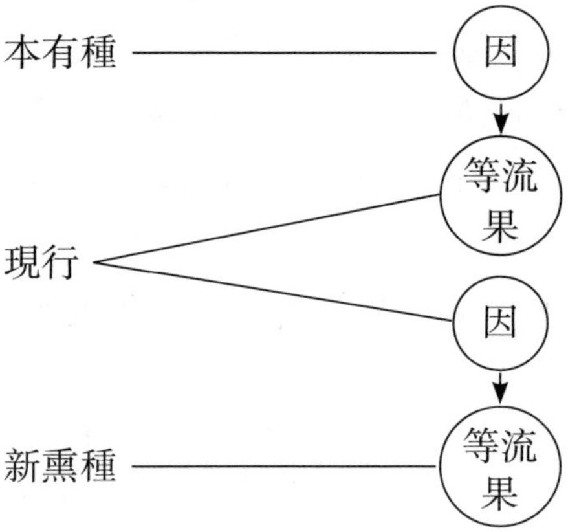

附説：丙圖，三法展轉，因果同時。《三十論》喻如炷生焰，焰生燋炷。詳《述記》十四第二十二葉，炷爲因生焰，焰望炷爲

果。焰又爲因，復生燋炷，即此燋炷，望焰爲果。燋炷者，炷被焰燒成燋，故名燋炷。即此燋炷，是焰所生，三法皆是同時。今現從種生，又復生種，亦三法俱時而有。

二者異熟，依增上緣立，與因異性，業種通善惡，而第八現唯是無記，故果性異因。立異熟名。異類而熟，故名。此義詳前，談功能中。無妨覆按。

三者士用，士者士夫，人之異名。用者作用，如人有作用，名爲士用。由此所得果，名士用果。容四緣得。非此果一一皆四緣所得，故置言容。然復有二：一、人士用。謂等流、異熟二因即名言種爲等流因，業種爲異熟因。所生現行，即五蘊是。假名士夫，士夫，猶言人也。其士夫所作，凡人自念慮之微至事業之著，總名爲所作。説爲士用果。士夫之用，故名。即前二因，遠望士夫所作，二因望士夫爲近，望士夫所作便遠。名生此果也。

二、法士用。謂諸作者，因緣法爲作者。假諸作具，餘等無間乃至增上諸緣法爲作具，從喻得名。所辦事業。謂所生果。略舉六例，心法有五，色法唯一。以見其概。作者假作具而起用，即此名士用因，其所得果名士用果。若不建立此等因果，則衆緣會合，便如機械。民十一年與友人閩侯林宰平討論此義，函札甚多，容當檢存。

心法例一

名言種（因緣）…… 作者
↓
業種（增上緣）………… 作具 → 異熟識（士用果）

心法例二

識種（因緣）…… 作者
↓
作意種（增上緣）… 作具 → 現行心法（士用果）
⋮
根塵種（增上緣）……… ⋮

心法例三

種〈 因緣…… 作者 ↓
　　增上緣……… 作具 → 後自類種（士用果）

附説：前種於後自類種爲因緣，俱時亦爲增上緣。如前表列種生種處可按。此依因緣義説作者，依增上緣義説作具。

心法例四

現行〈 因緣……作者 ↓ / 增上緣………作具 → 新熏種（士用果）

附説：此中現行，謂前七能熏識現望所生種爲因緣，俱時亦爲增上緣。準前種生種例。

心法例五

無漏種（因緣）………作者
↓
無漏現之前念有漏現（等無間緣）
無漏現（增上緣）
無爲法（所緣緣）
} 作具 → 證得無爲（士用果）

附説：無爲可證，而非種之果。然《述記》四十三第二十葉云，亦有展轉證得之義。蓋由無漏種起現行，方獲證得無爲，故云展轉，即此所本。

色法例一

穀等種（因緣）……………作者
↓
人工農具水土空氣歲時等等（增上緣）……… 作具 → 穀等（士用果）

附説一：穀等種望本識中相種，即是現行，不可名種。今順世俗，故以種名。又此以穀等種假名因緣，實亦增上緣攝。

附説二：世親一派之學，其談緣生頗似構造論，吾屢言之矣。觀其士用果中之法士用，以因緣爲作者，餘緣爲作具，足證吾之評判爲不誣。《新論》第三十六葉《功能章》中小註云：“護法固以因緣喻如作者。”須與此處參看。

四者增上，容四緣得，除餘四果謂前三及第五。皆此果攝。

上述四果，即一心法生時隨所望別，義説爲四。如第八現識，望親因名言種，説等流果；望增上業種，説異熟果；望因法具云因緣法，謂功能。逢緣等無間乃至增上諸緣法。起用，爲士用因，即説士用果；望餘果所不攝法，説增上果。又有異門。異類之義，名爲異門。第八現望第七種，名增上果，第八以第七爲根，故第七種望第八現有引生義，即第八現望第七種而名增上果。望作意種，名士用果。第八作意心所種警發第八心種令生現，故名。此皆就第八現舉例，餘應準知。

上來唯約染識，説有四果。若在淨識，唯有三果，等流、士用、增上。即除異熟。此中取第八現爲例，餘準可知。又若色法，得説三果，謂等流、如穀望穀種，假名等流果。士用、增上。如穀望人工、作具，説名士用果；望水土、空氣、歲時，説名增上果。應如理思。

五者離繫，謂離二障繫縛，故名。謂無漏斷障，所證無爲，名離繫果。此説無爲，約無漏斷障所顯，故不同前士用果中解。

附説：二障者，謂煩惱障及所知障。煩惱，即心所法中本惑等數，見上卷行蘊中。煩惱即障，名煩惱障，其品類甚多。由我執爲根，方生煩惱。所知障者，從所障爲名。一切法若有若無，皆所知故。由有法執，覆蔽所知正理，令智不生，名所知障。

如上五果，隨應安立。

往昔外道有計諸法常，有説諸法斷。唯識家言因遮常，言果遮斷，非斷非常，幻滅幻生，宛爾相有，雖幻非空。此其旨也。問："從因感果，中間亦隔時分不？"答言：不也。若許隔者，是法已斷，無復有果。人情封畛，計有新起，必須經時。然諸智者説緣生法有大勝用，頓滅頓起，故從因感果定不隔時。若種生種，此言生者，因緣生也。或現生現，此言生者，等無間及增上緣生。前因滅位，後果即生，如秤兩頭低昂時等。《三十論》有此喻，其觀物入微，舉類邇而見義遠。若種生現及現生種俱時而起，無間從因至果，定無間隙。何疑？世俗不了頓起頓滅義，故疑因果之間必歷時分。

上來説四緣五果已訖，次談唯識所變境。

《新論·唯識》章中亦説緣生，而明遮詮之旨，則與《識論》根本異趣。至四緣義，《新論》以不取護法所謂種子義故，即談因緣，不同《識論》。又不許以心爲集聚法故，即不析成八聚心、心所各别法。即談等無間乃至增上諸緣，亦根本改易舊義。學者宜各依其系統而詳之。

三　境

一切有情各有八識，而一切識皆爲能變，此前文所已明者也。斯義既了，而後可談境不離識之故。夫境者非他，即識所變之相分也。此相千條萬緒，如眼識，一刹那頃有無量青等相轉。餘準可知。而自識變以言，無過二類：一、因緣變，二、分别變。

因緣變者，由能緣心任運而起。非作意籌度，曰任運。其所變相仗質或否，而不與見同種生。定有自種爲因緣，相别有種，故有實用。此言用者體義，猶云有實體。

分别變者，相别無種，但隨分别勢力故變。此中分别，謂心、心所見分。此亦仗質或不仗質，第七仗質，第六不定仗質。而隨見攝，説無實用。若約四分别顯，則相與見同種生者亦依他性攝，即有實用，但非如色等有礙用耳。今以此相隨見攝，故云無實用。從言異路，義匪一端。

如是二類，約八識分别。若第八相分，其種子無論本新，既入本識中，一切皆依自前念種子而生。以有實勢用故，名有實用。其器界從大種生，其根身從造種生，以有對礙故，名有實用。根身浄色，雖不同器界之對礙性，然亦非無對礙者，但較器界爲微妙耳。若第七相分半從其本質即第八見種生，以有似主宰常一用故，名有實用。五識與俱意所變色聲等，各依造種生，亦以有對礙故，名有實用。如是等相均因緣變攝。

分别變者，謂第六一分，除五俱意及定心所變相，故言一分。第七一分，第七相分雖半依本質，而有一半依自見，故言一分。及第八五數，如是等相，有質無質獨影詳見後文。皆是。

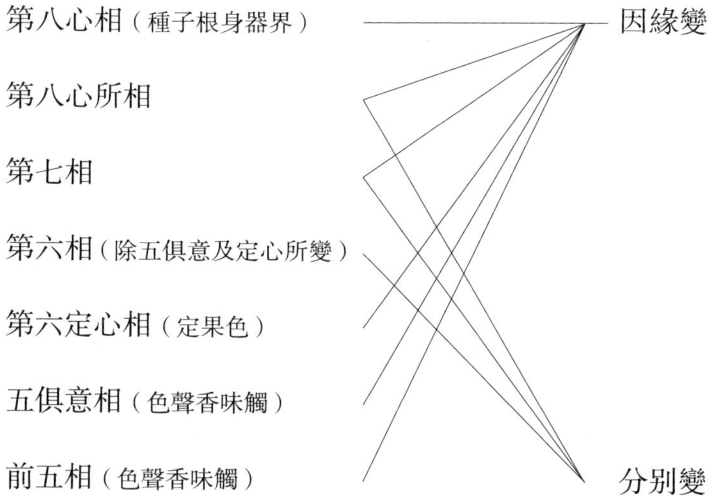

附説一：《述記》十六第二十二葉：“雖任運起而無勝力，所變之相非實種生，名分別變。”詳此則分別變者，以相別無種爲其義界。無論籌度心或任運心，凡所變相無别種者，皆分别攝。參考《樞要》五第四、五葉。

附説二：根身與種子是第八心王親相分。其心所法不得親緣根種，須變影像。但器界之一部分，應許心所亦自有器相之種。即心所器相亦是因緣變攝。理論應爾故。

惟相見種，或同或别，故諸相分有因緣變，有分别變，不倚一端。然印土諸師於二分種嘗有唯同唯别之争，此不可不察也。唯同論者以爲相若别種，既與識殊，何名識變，故相與見應同種生。此復二師：一師唯據新熏種立論，説三法同種生。二師更建本有種，説兩法同種生。據一師義，如眼識起時，緣於色境，即熏生一個見分種。此種有三功用：一、生自見分，二、生自相分，三、生本質。參考《義燈》卷二、《樞要》卷三。若爾，有八識不遍失。三法同種義，非遍於八識皆有之，即其義非能立也。如第八塵相器界。望眼識見分而名本質，與眼識見分同種生，即不與自第八。見同種生。故三法謂相、見、質。同種，義不遍也。第二師起，遂救其失。謂此眼識其新熏種但生自相見，即兩法同種生。若相所仗質即第八相，乃與第八見同種生，第八種唯本有故。《了義燈》卷二，兩法同種者，但自相見，或雖有質，質本有生，不能熏故。既許第八相見同種，無不遍失。雖爾，此師不許第八有新熏，則違《阿毗達磨經》，《阿毗達磨經》者，唯識所宗。經説前七識能爲因，熏生第八親種。詳《攝大乘》及《識論》所引頌。亦復成過。參考《了義燈》二。

唯别論者，説相無緣慮，見有緣慮，故慮與非慮既别，應不同種生。但相不孤生，托見方生，説名識變。茲所樹義，抑未盡理。實根塵相與見别種，誠如所云。餘獨影境，寧可一例。如意識緣空華，空華無實，但識上變似華相，此似華相即與見同種生。緣極微等，大乘説極微無實故。其理亦爾。概云别種，云胡可信？

惟護法師者，説相見二分種子隨其所應，或同或别。如緣空華等，相見同種。緣實根塵，則相别有種。同别合論，斯無有過。設有問言："相别種者，何名唯識？"應答彼言：不離識故，一切種離本識無别體故。又相種以見種爲增上緣而得生現，相分。見種亦以相種爲增上緣而得生現。見分。既見相種同時更互緣生，故二現行定不相離。如眼識起時，色相俱起。耳識起時，聲相俱起。鼻識起時，香相俱起。舌識起時，味相俱起。身識起時，觸相俱起。乃至第八識起時，種子根身器界俱起。見相條然宛然，而定俱不離，説名唯識。問："何故不言唯境？"答言：見爲能緣，相爲所緣，由此能緣證有所緣，能緣勢用勝故，但名唯識，不名唯境。迹護法義，調和唯同、唯别二家，而依别種説因緣變，依同種説分别變，可謂善爲折中。

復次相雖無量，而依性别性者體義。説爲三境，謂性境、此言性者實義。帶質境、獨影境。

性境者，謂前六及第八相分有是色性故。第六俱意等相分，亦色法。具足五義：一、有實用，見前。二、從自種生，三、或仗質，四、現量所證，五、性與繫界繫。不隨心，故名性境。

初、有實用，謂色是對礙法故，義易了知。

二、從自種生者，謂前五相及俱意相、第八根器，如是衆相通名色法。於俗諦中定説實有，此諸實色由何得生？諸論説有大種、造種。略見上卷《色藴》中，不更深詳。

三、或仗質者，根塵皆性境，而唯塵法有所仗質。若前五塵仗第八器相而起，若俱意塵仗五塵展轉托第八器相而起，若第八塵仗他識起，他身第八識所變器，自第八托爲質。唯第八根定不仗質，執爲内故，非可待餘。前六塵亦得説仗他人識所變爲質。如俱意緣張人，實非能親緣張人，乃仗自五塵展轉仗自第八，又展轉仗張人身中第八識所變扶根塵爲質，變相而緣。若爾，即質有多重，曰多亦無礙，法相非一故。

四、現量所證者，《顯揚論》説現量者有三種相：一、非不現見相，謂此境現前顯現，識於境分明現證。二、非思搆所成相，若涉思搆，即非現境。三、非錯亂所見相。錯亂有七種：一、想錯亂，謂於非彼相起彼相想，如於陽燄相起於水想。二、數錯亂，謂於少數起多增上，如翳眩者於一月處見多月象。三、形錯亂，謂於彼形起餘形增上，如於旋火見有輪形。四、顯錯亂，謂於彼顯色起餘顯色增上，如於非黄色悉見黄色。五、業錯亂，謂於無業起有業增上，如執拳馳走見樹奔流。六、心錯亂，謂於所錯亂義心生喜樂。七、見錯亂，謂於所錯亂義妄想堅執。誠以諸識於境，現量證時，親得自性。如青色自性本非青、非非青，眼及俱意正緣彼頃亦不起青非青等行解。即心與境冥會無間，渾然一體而轉，名得自性，故説非錯亂等相。眼識與俱意緣色如是，耳識與俱意緣聲乃至第八緣根塵等，皆應準知。現量親證，方稱性境。凡夫雖有現量，曾不自知。僧肇有言，夫人情之惑也久矣，目對真而莫覺。

五、性與繫不隨心者，且先談性。凡屬性境，多不隨心、三性不定。如實五塵，唯無記性，不隨心即謂五識。通三性。雖無記心，五識中無記性。緣五塵境，可云同性，心境俱是無記性故。而實相五塵。見五識。各守自性，非境隨心成無記。餘準可知。次繫不隨者，如明了意識緣香味境時，其香味二境唯欲界繫，不隨明了意識通上界繫。餘義推詳，請咨《樞要》。詳《樞要》卷三第二、三葉。

如上五義，色法根塵。全具，是爲性境。餘非色法若真如等爲所緣時，義不具五，亦性境攝。觸類旁通，其詳可略。性等三境本唯依相分立。然《義燈》云："四分相望，爲所緣者亦得名相。雖非相分，而是境相。"準此則見及内二分爲所緣緣時，亦得説爲性境。故性境名義寬廣，通色心及無爲法，即凡法有實用及爲現量證者皆屬性境，此其所以寬廣也。

帶質境者，《述記》四十四第十九葉："能緣之心，有似所緣之相名帶。"第七見仗第八見爲質，變似我相，故云帶質。第七相分雜種所生，見《述記》卷四第八葉。一分與質同種，一分與見同種，兩頭謂見及質。爍起，立帶質名。以故，此相判性不定。若從見説，有覆無記；若從質説，無覆無記。異性攙和而成一物，斯爲至詭。又復此相唯非量境，第七緣時不得自性，第七相似其本質即第八見，本非實我。然七見横計爲我，即是不得此相自性。不稱質故。七疏緣本質第八見，八見本非實我，而七執之爲我，故不稱質。具此數義，帶質境所以建立。

獨影境者，獨散意識所變相分，唯從見起。奘師頌云："獨影唯從見。"從見義者，略説有三：一、從見同一種生，二、從見同一界繫，三、從見同善等性。此相非異見而有實用，性境，即異見而有實用。獨影境反之。遂被此名。然復有二：一、有質獨影，二、無質獨影。有質獨影者，雖相從見起，然見變相有所仗質，故以爲名。如第八相應觸等緣心王根種相，實仗心相爲質而變影緣之。質有實用，而影無實用，以影唯從見種生故。下準知。第六獨散。緣第八等相見謂亦緣前五、第七及自前念見，故置等言。及緣他心見，謂他人心。仗質變影，此例僉同。

附説一：常途説有質獨影，亦名帶質。如《義燈》云："有性境不隨心，亦帶質通情本。"謂散意識與五同緣，即於此時並緣第八等。此其文義隱晦，初學難解。按彼云第六意識，一方獨起構畫，名爲散意，一方仍與同時新生五識俱，亦名俱意。故一意識，就俱意方面言之，則取性境；就散意方面言之，則取帶質境。《燈》説蓋如此。唯其所謂帶質者，即指散意緣第八等，則有未妥。蓋帶質境一名，當爲第七相分之專名。七恒内執，故境應特殊。《述記》説七相爲雜種生，以有似常一用故。獨影雖仗質而唯從見種起，無實用故。此二者之判也。若散意緣第八等，其相分即有質獨影攝，不得謂爲帶質矣。《燈》以之併爲一談，即非正義。《宗鏡録》六十八："説帶質者，心緣心是。"又云："散位獨頭意識，若緣自身現行心、心所時，是帶質境。"則亦不以帶質專屬第七，其失與《燈》同。然俗或名有質獨影爲似帶質者，似言置簡，理亦無妨。

附説二：《宗鏡録》六十八第四葉云："獨頭意識初剎那緣五塵，少分緣實色，亦名性境。"此非正義。散意初剎那與俱意緊接，遂得仗彼少分實色爲質，而變影以緣之，非能親緣實色也。故俱意所緣，名性境；散意所緣，名有質獨影境。問："散意唯仗俱意爲質，不仗五八耶？"答曰：亦展轉仗五八爲質。

附説三：第六緣自前念見時，所變影相亦有質獨影攝，前滅後生，原不隔時。故後念見得仗前念見爲質，而變影緣之。

無質獨影者，相唯從見，復不仗質，故以爲名。此境唯在第六散意。如緣過去、未來法，即現在心變似過、未相而緣之。此相是現在，但心上妄作過、未行解。或緣無法時，謂心起無物想時，即變似無相而緣。識所變相，皆無有質，是爲無質獨影。

綜前所述，有質、無質獨影境許通三量。第八心數唯是現量。八數任運，於所緣影像相分不作是此、非此等解，即相稱其質，名得自性。第六獨散，初剎那率爾心亦現量攝。餘通比非，應如理思。

如上三境，六八通二，第八心王唯性境，心所亦獨影境。第六俱意及定中皆性境，獨散及夢中均獨影境。五七唯一。五唯性境，第七唯帶質境。《樞要》誤解帶質，有二合、三合之談，不可從也。《樞要》三第三葉至第四葉："有二合者，五識所緣自地五塵，是初性境，亦得説是帶質之境。第六識緣過、未五蘊，得是獨影，亦得説是帶質之境，熏成種子，生本質故。有三合者，如因第八緣定果色，心所所緣唯是獨影，心王所緣是實性境，亦得説爲帶質之境，第六所變定果之色爲本質故。"詳此，則獨影與性境通得以帶質境名之，而三境名相淆亂矣，惡可據哉。延壽《宗鏡録》雖博聞，而膚亂無條理，其言三境亦不足依。

三境攝屬二變：性境及帶質一分是因緣變，獨影及帶質一分是分別變。《樞要》有文，見《樞要》卷五第五葉。猶須抉擇。關於三境，吾欲別爲文論之。但唐人談三境，至紛煩難理，大抵懸空搆畫。由今衡之，多與哲學上之問題無關。

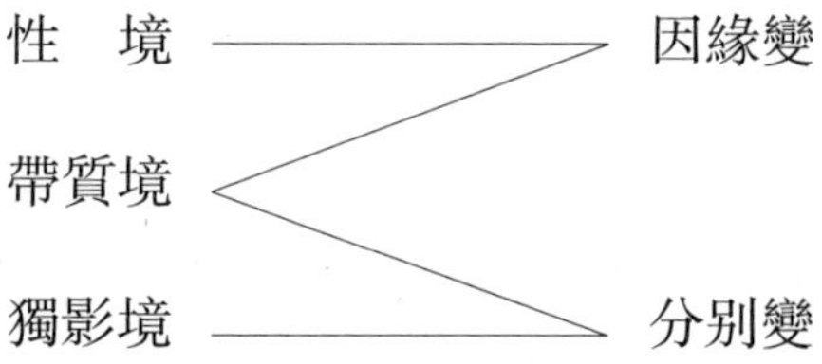

附説：《述記》十六第二十三葉："性境不隨心，因緣變攝。獨影、帶質，皆分別變。"此與《樞要》卷五頗異，今不取之。基師説帶質境，往往自爲矛盾。

復次、諸有境相，略具四義：一、頓變義。凡實根、實塵，隨其形量大小，宛爾頓現。本非實物，故言宛爾。如吾頃圍爐，注視爐相，理實爐相，第一刹那依識頓現。即此刹那滅已，第二刹那似前爐相復依識頓現。亦即此刹那滅已，第三刹那似前爐相又復依識頓現。世俗觀物，以爲漸變者，則以經多刹那相似相續，有若積漸而成耳。刹那刹那，無非頓現。不疾而速者幾也，則莫尋其間矣。前後刹那，曾無間隙可得。不怒怒，作動也。《齊物》："怒者誰耶！"而威者神也，《解深密經》云："由緣起法有大威力故。"則莫得其朕矣。難言哉，頓變也！深了頓變義者，則知凡物不由積小成大。《述記》七第二十一至二十二葉略釋此意，可參考之。朱子《中庸》第二十六章註云："然天地山川，實非由積小而成也。"解亦精到，能會斯旨。二、互遍義。自識具云自身八識。各變色聲等相，他識具云他身八識。各變色聲等相，同遍一處而不相礙。如講室懸牌，吾與座中諸人嘗以牌爲一物，吾儕共見矣。不悟本無離識實境，安得多人共見一物。更自思唯，則此惑不難解也。大乘以諸識皆不親緣外境説無離識實境，諸識各自所緣，爲各自所變，故無共見一物之理。斯義詳前，玆無繁述。由吾眼識仗自第八塵相爲質，變似牌相。俗云牌者，乃依識所變似牌之相分假立牌名，實則此相與其本質相類，無所謂牌與非牌也。俱時，他人眼識亦仗彼第八塵相爲質，變似牌相，而各牌相同遍一處。吾儕妄計，則謂共見一物已耳。夜半鐘聲，衆夢初覺，各人聲相原非一物，復如前例。是故互遍義立，而外境之執始破。三、衆同分義。如前所舉，多人牌相、聲相，雖復同遍一處。設不相似者，即應多人俱時於一處，各自緣牌相等，不同作牌相等解。今既不爾，以是徵知決定相似，故復説衆同分。相似名同，非同一之謂。説見《百法》。又《楞嚴》有群翳觀燈共見燈輪喻，則以業同，故相似耳。四、隨轉義。識帶境生，境仗識現。識有執故，緣境起縛。《義燈》卷七："由第七識二執爲本，令諸識中不能亡相，爲相所拘，説名相縛。"《倫記》五十二："由有末那故，八識緣境，皆有縛起。"即諸論云，謂境界相能生縛也。轉無漏時，境亦隨轉，能緣殊勝，於境自在。究竟位中，無漏見種挾帶無漏相種以行，即净土莊嚴，自在示現。然如來净土與衆生穢土，同處各遍，而不相入。此非奇談，即等是凡夫，其心境雖屬同分，而亦不無差别。如畫師詩人與鄙夫凶豎，決不齊其天宇，世所印可。何獨疑於如來净土乎？設有問言："唯識所談爲何事？"應答彼言：談境隨心轉事。凡愚不了，妄執外境，拘礙自心。哀此長夜，何時可旦！

復次、散意緣境，俱時而有時覺、方覺。如緣青色時，必有青色境現在之覺故。現簡過、未，即是時覺。在有處所義，即是方覺。云何時方？據大乘義，方者，依色心分位假立，若離色心即無别體。如外道所計實方，畢竟不可得故。以是，依色心分位，施設爲方。

時者，大乘説唯依心法分位假立。此復二義：一、唯識三世義。識變似相，而起過、未行解，現識以前念爲等無間緣故生，而望後又自爲等無間，即現識一方酬過去，一方引未來。是以現識緣自相分時，觀前滅無名爲過去，觀後當生名爲未來，即於現相而作過、未解。宛爾三世，實唯一識。依一識上，詐現三世。二、道理三世義。《别抄》卷二作種子三世，《倫記》五十三作法相三世，《述記》十八作道理三世。今從《述記》。依識功能生滅義故，假設三世差别。功能念念前滅後生，已滅名過去，方生名現在，當生名未來。現在功能是過去果，是未來因，故即依一功能上假立三世。或此二外，更説神通，簡異妄識，遂以云爾。《述記》十八第二十三葉："由聖者功能各殊，既非妄心，所見皆實。但由智力，非是妄識之所變也。”又云：“雖有唯識道理二種，無别神通，恐濫妄緣，故分三種。”《倫記》五十三第二十三葉：“神通三世者，即禪定他心通。”此皆證解云。實則約種現言，二義已足。唯識三世義依現行立，道理三世義依種子立。《别抄》無三，不立神通三世。良有以也。

綜上所述，時方無實，是色心上分位假法。義極決定。唯衆生妄執，未易遣除。故令析色觀空，方覺始泯。方亦依色，不唯依心。諸瑜伽師以假想慧析色至極微，更析便空，即無有方分。復令悟入刹那，時覺何存？舊説時分迅疾，至極小量，方名刹那。此蓋隨須世俗。如《大毗婆沙論》一百三十六説：“壯士彈指頃，經六十四刹那。”又説：“世尊不説實刹那量，無有有情堪能知故。”《述記》卷十八説：“念者，刹那之異名。”蓋以念念生滅，其來無始，其去無終。即現前一念，爲億劫以前之果，爲億劫以後之因。依一念生滅，假説過、現、未，而實無有時分可得。故刹那非有實時分也。時相、方相既遣，而實境之執亦自滌除。

《述記》判别《三十頌》所説爲境、行、果三分。初二十五頌明境。此言境者，是所知義，法相、法性皆所知故，名之爲境。次有四頌明行。行者修行。末後一頌明果。基師云：“先觀所知，故先談境。方起勝行，故非冥行。因行既備，行對果而名因。果德乃圓。”佛位，即果德圓滿故。《識論》即依此三分建立。又談境中，復分性相。前二十四頌皆明識相。此中識字義寬，非但對境名識，蓋所云識相者，即法相之異語。第二十五頌即明識性。性者體義，明諸法實體故。綜觀《識論》全部，只詳於談境，而行果極略。談境又詳於識相，而識性更無多文。參考《述記》卷二第五六葉。《識論》據《頌》爲釋，非以己意故爲廣略。非是故廣於境而略行果。意者世親成《三十頌》後，如不遽卒，或更有造述，别詳行果，未可知也。本卷取材，大概以舊著《唯識講義》爲根底。《唯識講義》完全宗主《識論》，凡有所引申，亦必準據《識論》大義。原擬爲二部，上部談境，即依《識論》；下部談行果，擬參稽有宗諸經論而爲之。乃上部談法相纔告一結束，余之思想忽大起變異，《講義》稿遂終止。今茲仍檢前稿，變更組織，復加參核，而成此卷。原書爲論體。今則内容雖仍是系統之作，而形式上不爲論體。就《識論》之體系言，亦庶幾備矣。自此以下，將依《識論》談識性及行果處，略爲論次。不欲有所增益，亦不欲有所發揮。期使世親一派之學，其面目可睹云。

識　　性

《識論》談識性，此中識性，猶云諸法實體。則有三性、三無性之説。三性者，初遍計所執性，二依他起性，三圓成實性。且先釋初性。

遍計所執性，應分三段説明。云何爲三？一、能遍計，即是第六意識。何故唯是第六？以遍計簡別餘識故。參考《述記》五十一第三葉。遍者周遍，計者計度，於一切法周遍計度，故説遍計。遍之爲言，即顯緣境最極寬廣。計之爲言，即顯籌度力用强勝。故唯第六是能遍計。若第七識本有計而非遍，但計我故。是第六根，説爲能遍計，亦無所妨。餘五識及第八皆非遍、非計。五識取境唯拘五塵，第八唯緣根種器，故皆非遍。又俱無計度分別，故皆非計。雖安慧等許八識皆能遍計，要非正義。基師不取，今從基《疏》。

此能遍計法，是依他性攝。云何依他？至下當知。

二、所遍計。謂依他法，即一切心、心所各各相見分，皆得與第六能遍計識作所緣緣，是第六能遍計識之所遍計。此中見相，即攝内二分。下倣此。

問："圓成實性省云圓成，其義下詳。非所遍計耶？"答言：《攝論》第四唯説依他是所遍計，圓成望能遍計識非是相分，極疏遠故，故不説爲所遍計。

或復問言："依他法之實性，即是圓成。此能遍計識，既親以依他爲所遍計，即疏以圓成爲所遍計。爲是説者，當無有過？"答言：《識論》有言，依展轉説，亦所遍計。汝義無過。參考《述記》卷五十一。

三遍計之所執。謂依妄情所計實我法等，由能遍計識於所遍計法上隨自妄情而生誤解。由能至此爲句。即於所緣一切相見分不能如實了知緣生如幻一切相見分，是衆緣所生法，都無實自性，故説如幻，今乃於此不能如實了知。而妄計爲實我、實法。即於至此爲句。如第七仗八見，變相而緣妄計此是實我。第六意識仗五及第八塵相，變相而緣，妄計有彼實外境相；仗五及第七等見及自前念見，變相而緣妄計有彼實作用相。凡此，皆是執有實法。緣他心時執爲實有，亦是法執。又或疏緣第八見時，亦復執有實我，過同第七。又或總緣五藴而計爲我。又或於五識所取堅白等等各別之相，雖刹那乍現已成過去，而意中憶念及想力故，猶妄計有瓶等實物。即是計有實法。如是等類，妄計所執，無量無邊，總名遍計之所執。《述記》五十一第十八葉："見、相二分，因緣生者，亦依他性攝。依此二分，妄執定實，方名遍計所執。"此據護法義也。又佛家譯籍，罕用介詞，只云遍計所執。今用一之字爲介詞，使意義較顯。

更舉一喻。如昏夜中，迷杌爲人。起迷之心，即能遍計識是也。杌喻所遍計，人喻遍計之所執。本無人也，而計有實人。一切所執實我法相，皆同此譬。《述記》卷五十一第十五葉："所執雖是遍計心境，所執如我如法，亦是能遍計心所緣之境。而非所緣緣，此所執我法本無自體，故不得望能遍計心作所緣緣。凡爲所緣緣者，必有實自體，方能引生識。詳見四緣中。故非所遍計。所遍計者，據有法故。有法者，謂於俗諦中有實自體，非是無故。境義同通，無法名境。若以境義而言，則不論此境爲有爲無，而通得名爲心上之境。所緣緣局，無法即非。爲所緣緣必定是有體法，故局。若無體法，即不得爲此緣。故唯依他，是所遍計。"詳此所云，則以遍計之所執，只是能遍計心於所遍計法不能如實了知，而别起一種謬解之相。即於非我而計爲我，於非法而計爲法是也。此我、法相，即名所執，其實本無，故實際上本非彼能遍計心之所遍計。以其無體，不得作所緣緣故。諸論皆説遍計所執情有理無，謂於妄情上計爲有，而理實無。最堪深玩。

《解深密經》："云何遍計所執相？謂一切法，名假安立，自性差别，乃至爲令隨起言説。"此言一切法本無定實，而世間隨其情見强立種種名字，如瓶、如地等等。實則名字都隨情計安立，只是假名，非能與法之實際相稱也，故云名假安立。自相差别者，謂名有自性及差别也。如瓶之一名，有一定所詮，而不詮於甌等，即瓶名有自性。既瓶名非甌等名，即此瓶名與餘名成差別也。隨起言説者，《倫記》謂衆生愚癡，隨名執實。須知名自性及名差別皆由情計施設，若離情計而冥會諸法之本真，即湛寂無相，無有相狀可擬議故。焉可執爲定實，而斠畫同異等等相耶？是知名言起於遍計所執，衆生復隨名言而益堅執其所執。經説與《識論》，正可互相發明。

已説遍計所執。次説依他起性。云何依他起？他者緣義。一切心、心所法，即是無量見分、相分，此無量相見要皆依托衆緣而得起故，名依他起。

問曰："《三十頌》云：'分别緣所生。'此中分别即識之别稱，言一切識是衆緣所生法。審此，則《頌》中唯説分别是依他起性，即見分心法是依他攝，其相分色法應非依他性。"依他起，亦省云依他。答曰：相不離見故，亦是依他性攝。《述記》五十一第二十二葉已解此難，云色等不離心，故亦此攝。此者，謂依他性。

問曰："諸法依他衆緣而起，名依他起。云何衆緣？"答曰：如前四緣中，已廣分别緣相及果相。果謂五果。此姑不贅。

又依他起法，復分染淨。有漏種爲因緣，與餘緣合而生其現，餘緣，謂等無間乃至增上。是謂染分依他。無漏種爲因緣，與餘緣合而生其現，是謂淨分依他。

《識論》卷八之七有説"淨分依他，亦圓成攝"，謂世親《頌》言"分别緣所生"，其云分别，唯局染分故。有説"染淨依他，皆是依他性攝"，謂一切染淨心、心所法皆能緣慮，皆名分别故。二義雖殊，固宜並存。不爾，淨分依他，豈無分别耶？

又據《識論》，彼主張淨分依他亦隨圓成攝者，謂由三義故。一者離倒。《疏》云："非染法故，是實義。"二者究竟。《疏》云："此無漏善法能斷諸染，是究竟故，即是成義。"有漏善法不能斷惑，此則不爾。三者勝用周遍。《疏》云："謂能普斷一切染法，普緣諸境，緣遍真如，即是圓義。"由具三義，與真如同，故淨依他亦得稱爲圓成實性。《述記》卷五十一。詳此，只云淨依他有三義同圓成，故亦名圓成，但非謂淨依他即是圓成。《疏》云“緣遍真如”，則與真如不即是一，甚明。

已説依他，次釋圓成。云何圓成實性？謂二空所顯，圓滿成就，諸法實性，名圓成實，即是真如。

二空所顯者，由人、法二我故，人我亦名我執，法我亦名法執。解見卷首談百法中。障覆真理，令不顯現。今得人、法二空觀故，真理方顯。故首説言，是二空所顯真理。

圓滿者，謂此真理其體周遍，無處無故，無有處所而無此真理者。古德有云，信手所捫，皆是真如。真如即真理之異語。故云圓滿。參考《述記》卷五十一。

成就者，謂此真理，其體恒常，非生滅故，故云成就。若是生滅法，便是無常，非實在故，即不名成就。參考《述記》卷五十一。

諸法實性者，謂此真理遍爲萬法實體，不同外道所執神我等。以彼所執是虚謬性，非諸法實性故。參考《述記》卷五十一。

《識論》有云：“此即於彼依他起上，此者，謂圓成實。常遠離前遍計所執二空所顯真如爲性。”詳玩論旨，謂此圓成實性即於彼依他起上常無前遍計所執，遠離，即是無義。三性之中所執爲初，故名前也。即是我法二執皆空，依此二空所顯真如，是名圓成實性。蓋能遍計識，近於依他性而起所執，即遠於圓成性而起所執。今於依他性上無妄計所執，即遠望圓成亦無妄計所執。所執既空，即我法二執空。便是真理恒現在前，即名圓成實性。

《識論》既分别依、圓二性，而亦知不可説二性互相離異，於是復説下之二義：一曰圓成與依他不即不離。《述記》釋云：“若是即者，真如應有滅，真如即依他，應與依他同有滅。依他應不生。”依他即真如，應與真如同不生。故依圓非即。不即是一，故名非即。“若全離者，真如應非是依他之性。”故依圓非離。

二曰圓成與依他非異、非不異。《述記》釋云：“由前不即不離義故，若圓成與依他定異者，真如應非依他法之實性，故不可説定異。若言全不異者，既真如不異依他，應是無常，故不可説不異。”

法相與法性依他是法相，圓成是法性。不即不離，不一不異，此固窮玄之極則。但《識論》立説，根本將性、相析成二片，雖欲自爲彌縫，而其支離終不可掩。

《識論》有云：“無分別智證真如已，後得智中方能了達依他起性，如幻事等。”無分至此爲一長句。又引《華嚴經·頌》言：“非不見真如而能了諸行，皆如幻事等雖有而非真。”非不一氣貫下，作長句讀。此本諸佛了義。然《識論》只是因襲傳説，固未深達斯旨。由《識論》持説之統系而觀，實墮意計穿鑿中。意識周遍計度，故云意計。惡在其能得無分別智？惡在其能見真如？惡在其能了諸行如幻事耶？尋《識論》所謂依、圓二性，若以《新論》體用義衡之，則圓成是體，依他是用。然《新論》即體即用，終不析體用爲二片。須知大用即是本體之流行，離本體無别流行，離流行亦無别本體，而本體者乃即於流行中識主宰之謂。迷主宰而談流行，則只見爲盲目衝動，而亦不知有所謂本體。《新論》之旨微哉！《識論》於圓成性中説爲恒常，則於本體上着不得流行二字。易言之，即恒常是體，流行是用，不得不絛然分别。至於依他性中説緣起，亦云緣生。則建立種現並爲緣體。彼計緣必有體，非無法可名緣故。然彼所謂諸緣之體，即種子與現行是也。詳前四緣中。而於種子方面，更立本有。又於本有種中，不唯清淨，而亦許有雜染。既染淨同是本有，則不可於流行中識主宰，故乃於依他性外别説圓成，不悟圓成既非即本有種，則圓成亦是贅物。若云本有種是用，圓成是體，則應知體用雖義理上可以析言，而實際上元非兩事。則應至此爲句。詳彼本有種，攝依他性，於真諦中説爲幻有，本即是用。有而不真，謂之幻有，以望圓成不名真故。但非所執，而是其有，此幻有義即是用義。然彼圓成性上，既不可説流行，則其依他幻有之用，不可説爲即是本體之流行。如是言用，只是依體而有，不得説言即體即用，故體用終成二片。彼亦知其不可通，故乃摭不即不離、不一不異之玄談，以自彌其闕。而無如其持説支離，究不容掩也。《新論》依功能翕闢用，翕闢即用，乃複詞耳。假説色心，即成立法相，猶云現象。亦可説法相與功能體非即。法相無自性故，如何説功能即法相？然法相與功能體亦非離，功能即是一切法相之實性故，即於一一法相識功能故。云何相離？異不異相，準即離可知。《新論》之言此，則如實相應，以其不曾析體用爲二片故也。夫言真俗二諦者，必曰俗依真立，真待俗詮，真俗相涵，必非絶不相謀也。今彼俗中依他法自立本有種，而不可説爲本體之流行。真中圓成性只是恒常，與俗中幻有之用成何干涉？況彼本有種中亦有雜染，不知雜染只是私其形氣之習，純爲後起，其可謂之用耶？又依他性中，已將緣起説變爲構造論，見四緣中。其於真諦自無融通之幾。構造論，即是妄執故。總之，真俗相涵，非可截成二片。相對即俗。便是絶對，即真。絶對即涵相對。至理冲玄，迴絶言思。《識論》一往任意計構畫，畢竟未見真如，即不能了知諸行如幻事也。

夫學問之事，苟非脱然神解，直窮源底，則雖極盡思構之能事，只可自名一家之學，其於真理不必有得也。唯識學東來，千數百年，學者咸震其淵微廣博，不復辨其得失。吾爲此懼而作《新論》，知我罪我，其在於斯。

問曰："已説三性，如何復説三無性？"答曰：據諸經論，即依彼三性説三無性。謂依初遍計所執而説相無性，相者，體義。由此所執無有體相如空華故。依次依他而説生無性，此依他法既托衆緣而起，猶如幻事，非有如彼世間所計自然生性故。假説無性，要不謂緣生性全無。只無彼自然生性耳。若緣生法，是幻有故，豈謂全無。依後圓成而説勝義無性。此性即是諸法勝義。真實不虚，誰得云無，但以無初遍計所執我法性故，三性之中，所執居前，故置初言。説名無性。

空宗明諸行都無自性，爲除遍計所執性故。若所執除已，即此諸法徹體真常，所謂一葉一如來是也。若一往偏執諸法都無自性，即成大過。然此中三性之説將體用分折，實爲巨謬。由其説，則雖除所執，方悟依他，猶不能當下即證圓成，必須展轉説向圓成上去。此非巨謬而何？空宗談二諦，不言三性，方便善巧，無諸過患。有宗談三性，自墮支離，雖歧途之誤世親爲甚。而導其先者要由無着。餘杭章炳麟平生服膺三性三無性義，由其所見卑隘故也。

諸法性相，是所知故，名之爲境。上來抉擇已訖，次當略及行果。

修行位次

《識論》言修行位次，略有五位：一、資糧位，謂修大乘順解脱分。順者隨順。隨順解脱，不墮惑障，故名順解脱分。分者，因義。二、加行位，謂修大乘順抉擇分。抉擇者，智義。由加功而行，隨順正智，得見道故。三、通達位，謂諸菩薩所住見道。十地之中，初地入心名見道。菩薩方住心於此，即名通達。四、修習位，謂諸菩薩所住修道。每地有入住出三心，從初地住心及出心乃至金剛無間心位，名爲修道。五、究竟位，謂住無上正等菩提。即佛果位。如是五位，以次略釋：

初、資糧位。資益己身之糧，方至菩提果位，故名資糧。從初發深固大菩提心，乃至未入順抉擇位，齊此皆是資糧位攝。大菩提心以三善根爲體。三善根，詳見上卷行蘊中。深固即是大菩提心，湛然明覺，無動摇故，名爲深固。

《識論》説“資糧菩薩未能了達能所取空，不能空妄識所執境，名未了所取空。不能空能執之妄識，名未了能取空。故二取習氣，未能伏滅”。《述記》卷五十四第二十四葉：謂此中二取，非以能取、所取名二取，謂執實有此能取、所取性，即緣二取起妄執故，遂名二取。《述記》文字嫌晦，稍易其文。

二取習氣，即是所知、煩惱二障種子。習氣，亦種子之别名。煩惱障者，由我見爲本生諸煩惱，即心所法中本隨諸惑。詳在上卷。是皆擾亂有情身心，障礙涅槃，名煩惱障。大乘諸師分析根本煩惱有一百二十八種，配屬三界等等，並幾是見道所斷，幾是修道所斷，今皆略之。

所知障者，謂即法執，無明爲本，起諸惡見及疑等，覆蔽所知境，令正智不生，一切有爲、無爲法，皆名所知境。名所知障。前煩惱障當體立名，此則從所障爲名也。

如上二障分别起者，見道所斷；見道下詳。任運起者，任運一名俱生。

分别俱生二惑，均詳上卷《行蘊》。修道所斷。修道下詳。菩薩方在資糧位中，於二障粗品現起尚能伏抑，但於微細品類及二障種子並未能除滅，以止觀力微故。

次、加行位。加功而行，故名加行。此位伏除二取，前資糧位未能伏滅，至此乃能。謂煖、頂、忍、世第一法。

煖、頂二位依尋思觀立，後二位依實智觀立。

尋思有四。《識論》卷九之二云："四尋思者，尋思名義自性差別，假有實無。"案言名，亦賅句文。多名聚集成句，多句聚集成文。名，召法勝，但說尋名。名者，所以呼召法。如色之一名，即斥指色法而呼召之也。雖句文亦呼召諸法，而名爲勝故，但說尋名，舉勝者言耳，非不賅句文也。義者，即名句等所詮表諸法上之義，如無常等等義是也。名有自性及差別，如色之一名，呼召色法，即有自性而望聲等名，即有差別。義亦有自性及差別。如無常義，詮表諸行有生滅故，即有自性，而望無我等義，即有差別。故於名義，析言有四：

名自性
名差別
義自性
義差別

由加行智，加行位中所起之智，名加行智。即慧數爲體，慧數，見上卷行蘊中。推求所取名義自性差別四境，皆意言境。意言境者，意中思搆之境。此思搆相，亦同於言説相，故云意言。是假安立，非離自心實有。

次四尋思説四如實智。前四尋思，觀所取四境離識非有。唯觀所取無，而猶未觀能取亦無。今此如實智，忍可前境離識非有。前境，謂前四尋思所觀境。所取既空，復能遍知能取彼境之識，彼境者，謂所取。離所取故，決定非有，所取妄境空故，能取妄識亦空，此與基《疏》稍異。是名如實智。煖等四位，復依次釋：

加行位中，初獲明得定，加行鄰近見道，無漏將現起，而有明相。如日將出，有明相也。初得此明相，名爲明得。定者禪定，其境界淺深不一。今此定境方獲明得，故名明得定。發下品尋思，尋思分上下品。觀無所取故。依此，立爲煖位，謂此位中創觀所取名義自性差别四境名自性及差别，義自性及差别。皆依自心變現，假施設爲有，而實不可得。此際方得無漏慧之明相，如慧日將出之明相，故名明得。即此假説道火現前，亦名爲煖。道火者，近見道故。如久闇得火，故云道火。

次獲明增定，發上品尋思，觀無所取故。依此，立爲頂位，謂此位中重觀所取名義自性差别四境皆依自心變現，假施設爲有，而實不可得。此際明相增盛，故名明增。尋思位極，故復名頂。頂者極義。

又次獲印順定，印前所取無，順後能取無，故名印順。發下品如實智，於無所取決定印持，無能取中亦順樂忍。忍者，忍可。所取雖空，而能取殊不易空。今於無能取中，亦順樂忍可，此爲難能。依此，立忍位，既無所取妄境，寧有能取妄識，所取、能取相待立故。由此，印前所取無，前者謂煖頂二位，觀所取無故。順後能取無，自此忍位及世第一望前煖頂二位並名爲後，此後二位觀能取無。總名印順。印前順後，故名。於此位中，忍境識空，故亦名忍。於所取境空及能取識空並皆忍可，故名爲忍。《識論》於忍分上中下品，今略之。

又次獲無間定，發上品如實智，印二取空。依此，立世第一法，謂前忍位唯印能取空，今此位中二空雙印，從此無間必入見道，故名無間。於世法中，此最勝故，名世第一法。

如上煖等四位，雖觀能取、所取皆空，然猶未能實證真如，但心上變似如相而觀。如者，具云真如。故説菩薩此四位中，猶於現前安立少物，謂是唯識真勝義性。詳見《識論》卷九之二。故此四位，猶未見道。

三、通達位。亦名見道位。由前加行無間，故得見道。此於十地中即在初地入心。云何名地？謂修行爲所依持，令正智生長，故名爲地。地别淺深，故説十地，即從初至十。資糧加行二位，並名地前。一入初地，便名登地。又每地有入、住、出三心，此見道位，即唯初地入心是也。

初地
- 入心——見道位
- 住心
- 出心

二地乃至十地，各各有入、住、出三心，準初地可知。

見道位中始得根本智，亦名無分別智。亦名正智。此智起時即證真如，智與真如平等平等，俱離能取、所取相故。無能取所取相，故云平等。能所取相俱是分别，有所得心，戲論現故。有所得心，如何能與真理相應，只是種種戲論而已。今此無分别智，都無所得，無所取相，亦無能取執，冥證如故。

根本智起已，即依本智根本智，亦省云本智。而起後得智。普於一切法自相、共相而行分别，無有迷謬。

四、修習位。亦名修道位。前見道唯在初地入心，今此修道則從初地住心乃至第十地終，金剛心、無間道，如此長劫，並是修道位攝。劫者時義。

又每地注意每字。分入、住、出三心，而每一心復分加行、無間、解脱、勝進四道。初起加行，次起無間，又次起解脱，又次起勝進，念念增强故。

入心
- 加行道
- 無間道
- 解脱道
- 勝進道

住心、出心各有四道，準入心可知。

修道位中，數數修習無分别智，斷捨二障粗重，二障，見前資糧位中粗重，即種子之别名。便能證得廣大轉依。轉依者，依謂所依，即依他起性。此即泛解，實則説第八識爲依亦得，以第八攝持染浄種子故。轉有二義，轉捨、轉得。由數數修習無分别智，斷本識中二障種子，故能轉捨依他起上遍計所執，及能轉得依他起中圓成實性。由轉捨煩惱障得大涅槃，轉捨所知障證無上覺。見《識論》卷九之三。

十地者：初、極喜地。始入見道，具證二空，故生極大喜悦。二、離垢地。謂一切犯戒垢犯戒即垢，名犯戒垢。無論粗細，盡遠離故。戒力勝故。三、發光地。謂成就勝定，定力最勝，故名勝定。能發無邊妙慧故。妙慧必依大定而生。四、燄慧地。謂得最勝覺，即以智火燒滅煩惱薪故。詳《十地經》。五、極難勝地。謂真俗兩智互相違返，今合令相應，煞費力故。世親云："知真諦智，是無分別；知諸世間辨析事物等智，是有分別。"此二相違應修令合，能合難合而令相應，故名極難勝。六、現前地。謂觀諸法緣起，有勝智故，名緣起智。能引發最勝般若令現前故。般若者即無上甚深智慧。七、遠行地。謂至無相住功用後邊。一切境相不能動摇，由已深觀無相故也。住於無相，名無相住。然於無相住，猶假功修，但此功修已至究竟，故總説至無相住功用後邊。八、不動地。謂無分别智任運相續，一切無有動其心故。無性云："一切有相，一切加行，皆不能動此地心。"九、善慧地。謂成就微妙四無礙解。世親云："此慧妙善，故名善慧。"無性云："由法無礙故，了知一切法句。由義無礙故，通達一切義理。由辭無礙故，分別一切言辭。由辨無礙故，隨其所宜自在辨説。"陽明有云："見得到時，横説豎説皆是。"意亦近此。十、法雲地。謂得大法身，恒時安住真如性故，名得法身。具足自在，見《十地經》。如雲含水起勝用故。如是十地，總攝有爲、無爲功德以爲自性。參考《識論》卷九之三。

第十地終心，每地有入、住、出三心，此最終之心，即出心。喻如金剛，金剛堅利，能斷一切物故。名金剛心。此心中定力勝故，亦名金剛定。於此心中，無間道一刹那頃，諸有漏種前未捨者至此一切頓斷，從此便證極果，謂成佛也。入究竟位。

五、究竟位。亦名佛位。《三十頌》云："此即無漏界，不思議善常，安樂解脱身，大牟尼名法。"按佛位諸漏永盡，清净圓明，故名無漏。界是藏義，含藏無邊希有大功德故。諸佛法身不可執有，非如物之有故。不可説無。非空無故。離諸分別，絶諸戲論，故云不思議。純白無染，故説爲善。恒無變易，故説爲常。衆相寂静，故名安樂。永離障縛，名解脱身。成就無上寂默法故，名大牟尼。梵言牟尼，此云寂默。

四智心品

由前修習證得廣大轉依故，至大覺位，佛位。得大菩提。菩提者，即覺義，智義。雖在凡位，法爾固具本有無漏智種，而所知障礙故不生。雖亦有煩惱障，但所知障正障菩提，故偏説之。今斷彼障，方令智種起現，《識論》云："起已相續，窮未來際。"言永無斷滅。名得菩提。此即四智相應心品。詳《識論》卷十之二。

已説菩提即四智。四智者何？一、大圓鏡智相應心品。謂金剛喻定現在前時，金剛喻定者，謂此定中心喻如金剛，故名金剛喻定，即十地終心也。已説見上。即大圓鏡智現起。同時有浄第八識俱起與此鏡智相應，是名大圓鏡智相應心品。此智寂静圓明，故喻如大圓鏡。具無邊功德，故喻如圓鏡能現衆像，即從喻立名。

二、平等性智相應心品。第七因位有我執故，自他差别。因位者，即凡位。今由智起故，已斷我執，自他平等，名平等性智。此智起時，末那已捨染得浄，即與此智相應。

三、妙觀察智相應心品。神用無方，稱之爲妙。善觀諸法自相、共相，無礙而轉，名爲觀察。此智起時，第六意識已捨染得浄，即與此智相應。

四、成所作智相應心品。成就本願力所應作事，名成所作智。此智起時，前五識已捨染得浄，即與此智相應。八識之中五識居前，故云前五識。

《識論》卷十之二："智雖非識，而依識轉。識爲主故，説轉識得。又有漏位智劣識强，無漏位中智强識劣。爲勸有情，依智捨識，故説轉八識而得此四智"云云。詳此，將智與識分作二片，已足怪異。既以浄識爲智之助伴，如浄第八，則稱爲鏡智相應心品，乃至浄五識，則稱爲所作智相應心品。相應即是助伴，見《佛地論》。而又説識爲主。既説識爲主，而又云無漏位智强識劣。種種矛盾，猶不自覺。世親派下人，根本不識得此心，如何自許爲見真如，其謬妄至此。宗門起而掃除文字，弊又滋多。然有宗末流翻弄名詞，障礙自心，得宗門一切掃蕩，其功不可没也。宗門之學，雖創自中土。然其作用見性之義，實上追釋迦氏而與之密合無間。吾常欲就《阿含》抉擇發揮，苦未得暇。

法　身

法身，亦真如之別名。身者，自體義。世俗以五根及肉體計爲自體，亦名爲身。肉體，内典則謂之根依處。此但假名，而實非身。其真可名爲身者，唯法身耳。法身者，是一切法實性。猶云宇宙實體。即諸佛自性，亦即衆生自性。諸佛、衆生或一切法，如色心等。同此一法身，無二無別，無有時空等性，離相寂然，絶諸戲論，具無邊際真常功德。故謂法身。

情　識

虚妄分別，不如理故，説名情識。衆生從無始來，於日常實際生活中因析別與處理物界而發展其慧解。此慧解，即俗云理智。參《新論·明宗》章。故此慧解作用恒有染着，即常執有外界實物之相而爲析別故。易言之，即恒本其析物之執着心習以推求真理。由此不得與真理相應，故名虚妄分別。亦名情識，又名情計，又名情見，又名意計。《新論》中多用此等名詞。本欲於《量論》廣明此旨，但艱阻中恐未暇執筆也。

附：佛家名相通釋撰述大意

（一九五六年修改稿）

本書略分二卷：卷上，依據《五蘊論》綜述法相體系；卷下，依據《百法》等論綜述唯識體系。

疏釋名相，只取唯識、法相，何耶？佛家宗派雖多，總其大別，不外空有兩輪。諸小宗談空者紛然矣，至龍樹、提婆談空究竟，是爲大乘空宗。諸小宗談有者紛然矣，至無着、世親談有善巧，是爲大乘有宗。大乘有宗雖亦未盡善巧，然比較小乘，則不能不謂之善巧。如世俗執有各别固定的實物，則必破之，而後乃説有，此實較小乘爲善巧也。若嚴核之，法相廣博，蓋自無着開基。法相宗分别一切法平列而談，其根本大典曰《瑜珈師地論》，亦稱《大論》，無着是其開宗之上哲也。唯識謹嚴，獨幸世親克荷。世親承無着之學，造《百法》及《成唯識》等論，以一切法皆不離識獨存，故説唯識。法相之學，至是而系統謹嚴，是克擔荷無着之業也。宜黄歐陽大師以法相、唯識分爲二宗，余未敢從。説見《新唯識論·附録》。今疏釋名相，何故取無着、世親學耶？二師成立大有，對小宗執有者，而曰大有。資于小有，小乘諸部執有者，曰小有。鑒於小空，小乘諸部執空者，曰小空。又對大空龍樹談空，超過小師，始稱大乘，是謂大空。而成大有。破人法二我故，不同小有，人法二我，解見下卷。遮惡取空故，即救大空末流之弊。惡取空者，謂執一切皆空。於俗諦中不施設有，於真諦中真理亦無，如此沉空，便爲惡取。故唯識法相，淵源廣遠，資籍博厚。而其爲書也，又條件分明，如法相書。統系嚴整。如唯識書。佛家哲學方面名詞，蓋亦大備於唯識法相諸要典。撮要而釋之，則可以讀其書而通其學。大有之學既通，而諸小有、小空，爰及大空，一切經論無不可讀。築室有基，操舟有楫。治斯學者，詎可無依。

大乘有宗學，爲佛學發展至最後階段之産物。今疏釋名相，不先小宗而遽首大乘，是將令研究佛學者不循次第，其故何歟？余向主張由小入大，《十力語要》卷一《答薛生書》言之備矣。但今日學子，於科學哲學若有相當素養，其思考力曾受訓練，則逕治法相、唯識諸書自無不可。若已得法相唯識意思，而欲詳其淵源所自與演變之序，則溯洄釋迦本旨，迄小乘、大乘諸派順序切實理會一番，便見端的。如治儒學者，先讀陽明或朱子書，然後上追孔、孟，中逮群儒，以次分別研究，自然有得。大抵學者用功，只從某一大派精心結撰之著作苦心探索，由此養出自家見地，再進而尋求此派來源與其他各種有關的思想，則不至茫然無所抉擇矣。余今昔主張未嘗牴牾也。

坊間故有《唯識開蒙》與《相宗綱要》一類書籍，皆爲初學津梁而出。然常聞學者持此等書，反覆覽觀，卒無一徑可通。甚矣，其勞而無功也。緣此等書全無意匠經營，只是粗列若干條目，而鹵莽滅裂，雜取經論疏記等陳語分綴之。夫任何經論，其原書自有條貫，而學者猶不能通。况割裂群經諸論文句，凑就若干條目，既非釋詞之編，又異成章之論。將欲始學之徒，階此而究聖言，是何異教孺子學步而務縶其足耶？

然則佛學自昔已無門徑書歟？是事不然。如《五蘊論》則法相門徑書也，如《百法論》俱云《百法明門》。則唯識門徑書也。既有門徑，應由之而得矣。然彼二論雖綜舉衆名，根極理要，顧其名相辭義，略無訓釋，絶不可通。初學開卷，茫然面牆，其將奈何！教學以來，極感此困，頃乃就《五蘊》《百法》等論，抉擇旨歸，搜尋義藴，分條析理而爲叙述。名相爲經，衆義爲緯。純本哲學之觀點，力避空想之浮辭，佛家自釋迦《阿含》以後，大小乘師皆好爲懸空與繁瑣的分析，而有宗尤甚。即如《唯識述記》一書，本佛家哲學方面之巨典，然每聞治西洋哲學者讀之，總覺滿紙是廢話。蓋其玄微深遠之旨，輒爲繁瑣浮詞所掩，非精鑒者，則莫能有得。根底無易其故，治古學，不可變亂其本旨。裁斷必出于己。治古學者，貴其能得古人之精神與其思想之根據及脈胳，而於其持説亦必加以裁斷，故於稽古之中而自成其學，否則記誦而已，抄胥而已，無關學問。品節既詳，統系斯整，雖爾釋辭之書，何殊專著之績。規矩固踵乎《五蘊》《百法》，義旨實通於群經諸論。後有達者，覽而詳諸。

上來略明撰述意思，更有誠言爲達人告。

治哲學者，於中國、印度二方之學必不可輕妄唾棄，或畏其難窮而姑置。西洋之學，辨物析理極多精辟。然本原莫究，逞臆割裂宇宙，唯心唯物各執一端，余未敢苟同也。印度佛學密察染净，佛家説人生有兩方面，曰清净，曰雜染，亦名爲惑。故佛家修行之方法莫嚴於觀。觀者，觀察義。反觀内心，本來清净，但雜染常乘權而障弊其本心。易言之，即雜染常奪本心而自爲主。又雜染是妄，清净是真，故染净亦即真妄兩方面。按：染净乃人生内部之矛盾，俗説人心常苦理欲交戰，誠有以也。余嘗通以《大易》乾坤之旨，唯净統治染，理統治欲，即欲亦從理，即染亦轉净。人生畢竟保合太和，矛盾非其恒性也。然佛法出世，此中法學，謂佛之教義。後仿此。主張斷滅雜染，則異乎儒學矣。極論空有，人皆曰佛氏談空説有，而於空有二詞之意義則全不了解，或膚亂作解，其謬尤甚。不解無傷也，謬解便不可救藥。空有二義深遠至極，非小慧所可契入。凡情迷執萬有皆實，而不悟空。凡者，凡俗。少數智人或觀一切皆空，復墮空見。殊不知，空去凡情迷執而有不空者存，應復説有宇宙實際。本無有衆生緣實用而構畫的種種物，如瓶、如山、如馬等等相，相者，相狀，故應説空。瓶與山、馬等等物相本來無有，故説空。然復須知，瓶、山、馬等等相雖空，畢竟不可説宇宙只是空空洞洞無所有。宇宙實相恒自爾故，爾，猶然也。言宇宙實相恒自保任其本然之相而獨存。故應説有。證有，則廓然任真，人生發揚其天然之真性，無有迷妄，曰任真。悟空，則蕩然無執，執者，迷惑堅執，如蠶作繭自錮也。無執，即大解脱。人生與大宇宙渾然爲一矣。或疑余此説是儒者之道，然斯理自是同於大通。若細分别儒佛異同，則此中未便。此無上甚深奧義也。然佛學究是出世法，余未能完全印可。中國哲學，儒家爲正統派。儒學以體用不二爲宗極。宗者，宗主。極者，至極。萬理之所會聚，故有宗主義。窮理至此，不可更詰其所由，故有至極義。故弘綱方舉，萬目已張。心物似分而未嘗不一，心物是本體流行之二方面，不可當作兩體去想。天人似分而未嘗不一，天者，宇宙本體之名，非謂天帝。吾人之真性即天也，何可歧天人爲二乎？道器似分而未嘗不一，道者，器之本體，非道在器外也。器謂物質，亦云物界。理想與實行似分而未嘗不一。理想極高遠，而勇於實行以赴之，則理想將成爲實事，乃志其高遠。《易》曰“先天而天弗違”即此意。先天者，吾人高遠之理想也。天弗違者，吾人以勇健的行動與高遠的理想相應爲一，故天亦莫能違也。道德與知識似分而未嘗不一，知識之反乎道德者，非真知也，非睿知也。睿知真知，即與道德合一而不悖。小己與天地萬物似分而未嘗不一，吾人與天地萬物本一體也。成己成物似分而未嘗不一，己與天地萬物本一體故，成物所以成己，未有使萬物皆虧其性、失其所而己能獨利者也。知成己成物爲一事，則知人道之大，莫至哉孔子之道！由知周乎萬物而裁成天地，輔相萬物，辅相只是與萬物平等而相友助之謂，非敢宰制萬物也。致廣大，盡精微，極高明，道中庸，無得而稱焉。上來略論西學與華梵儒佛，明吾之所致力，以備來學參考。余以爲方今大地人類互通若一家，治哲學者，對於中外古今諸學派宜分别專研與旁通。旁通，則涉獵宜廣而必自度精力之所可及，否則所涉雖多，將無一成。專研亦不宜狹隘，至少必選擇二、三大學派，皆取其基本大著而一一專研之。留意其爲學之方，窮探其思想淵源，疏通其千條萬緒而得其發根處，又必反之於自家一向所近取諸身、遠取諸物之一切經驗以相參證，勿以古今人之説先入爲主，必嚴抉擇，辯其得失，衡其短長。到此地步，自家胎養充盛，神智自然焕發，觸處無疑而家業成就矣。今後治哲學者，游心乎天下衆家，精析其異，善會其通，毋守邊見，佛氏破邊見，邊，猶偏也。所見偏而失正，故云邊見。毋拘門户。護持自宗而排斥他宗過甚，此乃維持門户之私見，不悟宇宙無窮，理道無窮，自當任人各盡其慮。拘門户者，無有正智。守邊見者，不聞大道。將欲全人類發揚新文化、新哲學，導致天下一家之盛，哲學界不容有此惡習也。

佛學在印度絶響已久，今欲求佛學之真，必於中國。東土多大乘根器，佛有懸記，徵驗不爽。奈何今之人一切自鄙夷其所固有，輒疑中土佛書猶不足據。不知吾國佛書雖浩如烟海，但從大體言之，仍以性相兩宗典籍爲主要，其數量亦最多。性宗典籍，則由什師主譯；相宗典籍，則由奘師主譯。奘師留印年久，又值佛法正盛，而乃博訪師資，遍治群學，精通三藏，印度人尊之爲大乘天。史實俱在，豈容誣蔑。不信奘師，而將誰信？奘師譯書選擇甚精，不唯大乘也，小宗談有者其巨典已備譯，即勝論之《十句論》亦譯出。唯小空傳譯較少。然小空最勝者，莫如《成實論》，什師已譯，故奘師於此方面可省也。什師產於天竺，博學多通，深窮大乘，神智幽遠，靡得而稱。弘化東來，於皇漢語文無不精諳深造。本傳云："自大法東來，始漢曆晉，經論漸多。而支、竺所出，多滯文格義。什既至此，姚興請譯衆經。什既率多諳誦，無不究盡，轉能漢言，音譯流便。既覽舊經，義多紕繆，皆由先譯失旨，不與梵本相應。姚興使僧肇等八百餘人諮受什旨，凡所出經論三百餘卷。臨終自云：今於衆前發誓，若所傳無謬者，當使焚身之後舌不焦爛。及焚尸已，薪滅形碎，唯舌不灰。"詳此所云，什師既能漢語，又於譯事備極忠實，觀其臨終之詞，可謂信誓旦旦。又《遠法師傳》稱什師見所著《法性論》，嘆曰："邊國人未有經什以印度爲中，故稱中夏爲邊。便暗與理合，豈不妙哉！"又肇法師著《般若無知論》，什覽之曰："吾解不謝子，文當相揖耳。"夫遠、肇二師之文，古今能讀者無幾，而什師能欣賞焉，其於漢文深造可知。又什師自作漢文偈頌，皆以藻蔚之詞達淵妙之旨。如贈法和云："心山育明德，流熏萬由延。哀鸞孤桐上，清音徹九天。"其他皆類此。什師道業既崇，漢文工妙，若彼傳譯群籍謂不足信，其將誰信？今之學子，言佛亦輕其所固有，而必以梵語爲足徵。不悟佛學自是佛學，梵語自是梵語。吾國人於《論語·學而》章皆能讀誦訓詁，然試問"學"是何等義？"時習"是何等工夫？"悦"是何等境界？自康成以迄清儒，果誰解此？而況其凡乎！以此類推，通梵語者雖能誦梵本佛書，要於學理不必能通。學者誠有志佛學，當以中國譯籍爲本。中譯雖多，必考信於玄奘、羅什。即中人自著之書或自創之說，若持與佛家本旨相較，亦唯什、奘二師學可爲質正之準則。容當别論。舍此不圖，而欲以博習梵語爲能，則業梵語可也，毋言佛學。雖然，吾非謂讀中國佛書者不當博攻梵語，但須於中國書中精求義解，學有其基則梵文頗堪參較。近人治内籍者，亦多注意藏文。藏地固中國之一部分，其文字亦中國文字之別枝也，誠當研習。然晚世藏學乃顯密雜揉，非印度大乘真面貌。無着之學，盛傳於玄奘；龍樹之學，宏敷於羅什。故性相二宗之真盡在中國，非求之奘、什二師譯籍不可。

讀佛書有四要，分析與綜會，踏實與凌空。名相紛繁，必分析求之而不憚煩瑣，又必於千條萬緒中綜會而尋其統系，得其道理。然分析必由踏實，於繁瑣名相欲一一而精析其差别義，則必將論主之經驗與思路在自家腦蓋演過一番，始能一一得其實解。論主猶言著者。縱懸空想象而施設之名相，然此等想象在其思路中必有致誤之由，況其有據而非空想者乎！思想之行，常由此而之彼，由彼而又之於彼彼，引而彌繁，非無路徑可尋也，故云思路。此謂踏實。若只隨文生解，不曾切實理會其來歷，是則浮泛不實，爲學大忌。凌空者，擲下書，無佛說，無世間種種說，亦無己意可說，措心於無，置其心於無所有之地。易言之，即心無所系着也。脱爾神解，機應自然，而真理昭然現前。此種境地，吾無以名之，强曰凌空。如上四要，讀佛書缺一不得。吾常求此於人，杳然莫遇。慨此甘露，知飲者希；孤懷寥寂，誰與爲論！什師頌云："哀鸞孤桐上，清音徹九天。"

佛家哲學，在宇宙論方面則攝物歸心。所謂"三界唯心"、"萬法唯識"是也。非不承認有物，只是物不離心而外在。然心物俱是緣生，緣生，後詳。刹那刹那，頓起頓滅，都不暫住，都無定實，可謂深於觀化矣。然與《大易》之義終不相似。一則《大易》體用不二，而佛氏體用分裂，未能真了萬化之源也。詳在余之《新論》。二則佛氏以萬物刹刹才生即滅，莫有暫住，遂作無常觀，起厭離想。厭離，始見《阿含經》。由厭世間無常故苦而求出離，此釋迦修學之本旨也。及大乘興，猶未改易其根。《大易》則以變動不居見大生廣生、富有日新之盛。故儒佛之宇宙觀、人生觀互不相近，學者易知。在人生論方面，佛氏於染净觀察深徹，而以此心舍染得净、轉識成智、離苦得樂爲人生最高蕲向。然佛氏是出世法，其净、其智、其樂與吾儒之仁、智、樂畢竟不容合論。今此不及詳。在本體論方面，佛氏説真如，佛氏以真如爲萬物本體之名。亦號無爲，無爲者，以其無生、無造、無變化故。蓋與萬物判然爲二。《大易》乾元，詳見余之《新論》。以體是萬物真性，非可與萬物離而爲二。兩家相違，豈止天淵遥隔。《易》以乾元爲本體之名。此言萬物，包含天地與吾人在内。真性猶云本體。在認識論方面，則由解析而歸趣證會。始則極用思維，終乃心行路絶，心行者，心之所游履曰行。人之思維一切事理，如有所游履然，故曰心行。心行路絶者，謂窮理到至極處，不可以知解推度，才起推度與想象，便與至理乖離，故就至理言，則心行之路至此而絶也。至理，謂宇宙本體，所謂至極處也。故即物窮理到至極處，謂萬物之本體。卒歸證會。證猶言自知，此“知”字義深，非通常所云知識之謂。證會者，默然自知自識。會，猶言自識。辛稼軒詞云，“衆裏尋他千百度，回頭驀見，那人正在燈火闌珊處。”衆裏尋他者，吾人憑理智思維以推求本體，層層追問不已，正是衆裏尋他也。尋之多方，終莫由親睹。回頭，謂反己自識也。燈火，爲思維之譬喻。闌珊者，燈火熄滅，以譬思維休止，無復推求。而真理於此突然呈現，故曰驀然見那人正在燈火闌珊處也。那人，猶云真理，而此云真理即本體之代詞。夫天地萬物之本體即是吾人真性，吾人真性亦即是天地萬物之本體。衆裏尋他而莫遇者，此未有反己故耳。回頭自識，豈遠乎哉！然不經衆裏尋他，難有回頭之喜。譬彼登高，回環曲折而上，無直徑也。孔子曰：“吾嘗終日不食，終夜不寢，以思。”又曰：“默而識之。”默識即相當於證會。其勤於思維而極乎默識似與佛氏頗相近。然復有大不同者，孔子言致知在格物，此其用思之準則也。佛家畢竟好馳空想，佛之徒當不承認此言。然或有精思而無教僻者，深研佛籍，必不疑余爲妄語也。孔子默識生生真機實相，佛氏則證會無爲寂静而已。二宗異處，此但略言之耳，其餘非此所及。

上來略舉佛法綱要，並將佛氏與儒學異處稍爲提示。然則儒佛將相害歟？此亦不然。王輔嗣曰：“異而知其類，睽而知其通。”此非深解華嚴“事事無礙”義者，莫可與論也。儒學順生之理，順生，理之大正，盡人道以弘大天道。佛法遏生之流，佛氏悲衆生喪其大正之生理，陷于染污，乃激而求滅度，歸於無生。譬如水火相滅還相生也。儒佛是天地間兩大智炬，而佛則未免智者過之。大哉儒乎！真窮於稱贊矣。

凡佛家書，皆文如鉤瑣，義若連環，初學讀之，必循環往復，至再至三。每讀一次，於所未詳必謹缺疑而無放失。此最吃緊。缺疑者，其疑問常在心頭，故乃觸處求解。若所不知，即便放失，則終其身爲盲人矣。學問之事，成於缺疑，廢於放失。寄語來學，其慎於斯。

凡佛家書，有宗論籍只是鋪陳名相，空宗論籍如宗經之作只是三支法式。佛家諸論分爲二種：一、宗經之論，謂以佛説之經爲宗主，而推廣其義以爲論。若吾國大經之有傳也，此種論實是創作。二、釋經之論，謂依托經文而解釋其義。如吾國先儒註疏，則述而非作也。讀其書者，切宜言外得意，若滯在言中，便覺毫無義趣。須知中國、印度哲學著述，皆意在言外，意餘於言，所貴好學深思、心知其意。科學書籍叙述事理，無言外意，而哲學思想之作則不當如此，以其所談之理極普遍、玄微、深妙，而難以言宣也。若哲學書而亦義盡言中，則其無蘊蓄可知。

讀佛書，必先讀論。讀論，必先唯識法相，而次以空宗。然只讀空有諸論，猶不足見佛學之廣大淵微，淵者淵深，微者微妙。必也博習群經，始覺豁入神智。及其諷味涵茹之久，則神智日益而不自知。然非廣研論籍精熟條理者，又斷斷不可讀經。使渾沌未鑿者讀之，不唯不喻經旨，反益增其混亂。論以析義，而經之説理也，極爲深渾。深者深妙，渾者渾全。

凡讀書，不可求快。而讀佛家書，尤須沈潛往復，從容含玩，否則必難悟入。吾常言，學人所以少深造者，即由讀書喜爲涉獵、不務精深之故。如歷史上名人傳記所載目數行下、或一目十行與過目不忘等等者，不可勝數。秉筆者稱美其人閱覽明快，而實則此等人在當時不過一名士，絶少有在學術界得成爲學問家者。宣聖曰："仁者先難後獲。"天下事無幸成之功。學問是何等功夫，奚容以輕浮心，輒爲淺嘗耶？晚世學人治國學者，勤於搜集材料，考據較精。然爲哲學者，貴乎窮大致遠，極深研幾，不當以考據爲務也。

"至言不止於俚耳。"《莊子》。卑陋之心於大道必無堪任。無所堪能任受。故儒者言爲學之要，必曰立志。佛氏言爲學之本，必曰發心。未有心志不正大、不清明、不真切，而可與於窮理盡性之學也。玄奘大師譯《大般若經》，既成，每竊嘆此經義境太高，恐此土衆生智量狹小，難於領受，輒不勝其嗟惋。向也不究此旨，今乃知其言之悲也。願讀佛書者，時取奘師此等話頭參對，庶有以自激其憤悱之幾歟！

本書引用書名多從省稱。如《成唯識論》省稱《三十論》，亦省稱《識論》。《成唯識論述記》省稱《述記》。他論亦有述記，則加二字以別之。如《雜集論述記》則云《雜集述記》，《二十論述記》則云《二十述記》。《瑜珈師地論》省云《大論》，亦云《瑜珈》。《循倫記》省云《倫記》。諸如此類，讀者宜知。

又拙著《新唯識論》省云《新論》，《破破新唯識論》省稱《破破論》，《十力語要》省稱《語要》。

荊楚文庫

中國歷史講話

王晨光　點校

目　録

緣　　起

余以今春避寇入川，依鍾生芳銘於璧山。永善鄧生子琴、無錫錢生學熙、鄆城陳生亞三、汾城劉生公純、友人菏澤王君紹常均先後來璧。江津任生倫昉、璧山劉生冰若亦均相依憂患之中。余以迂陋，無所自效於世，唯日與諸子講説舊聞。一日，亞三偶提及國史云：發揚民族精神，莫切於史。今吾歷史，被後生誣亂破碎殆盡，是事可奈何耶？子琴復提出種原及通史兩問題。余感其切問，因與諸子略明吾意。爲談計二星期。理其記録，差可一卷。命曰：《中國歷史講話》。故識其緣起於卷首。中華民國二十七年季夏三伏日逸翁熊十力。

我現在要講的題目，有兩個。第一，是種族推原。第二，是關於修“中國通史”的一點意見。先說第一。

一、種族推原

中華民族，由漢滿蒙回藏五族構成之。故分言之，則有五族；統稱之，則唯華族而已。如一家昆季，分言之，則有伯仲；統稱之，則是一家骨肉也。

漢　族

漢族者，本三皇五帝之子孫。歷代居中國本部。本部復別以三：

一、黃河流域及其他省區。

如甘肅、寧夏、新疆、陝西、山西、河北、河南、山東，及熱、察、遼、吉、黑等省。

二、長江流域。

如四川、湖南、湖北、安徽、江蘇、福建省。

三、珠江流域。

如廣東、廣西、雲南、貴州等省。

此皆漢族世代生長之地。其散處於滿蒙藏諸邊塞則爲數較少。餘如臺灣、琉球，與朝鮮、安南、緬甸等屬國，本皆漢族同胞，今淪爲異域云。

漢族有數千年高尚悠遠之文化。故言及中華民族，往往即以漢族爲代表。但漢族，自其先代孳生既衆以後，而與滿蒙回藏分支，自爲留居本部之一族。後人自難確定其分支之祖爲誰氏，只可説爲三皇五帝之子孫而已。然歷代傳説，都以爲漢族是黄帝的子孫。司馬遷作《史記》，其《帝紀》即始於黄帝。大概黄帝建造我國家，保固我民族，其聲威最大。故群奉爲開國元祖，而定爲一尊耳。古者漢族本稱諸夏，或以爲因夏朝得名。昔我神禹，會諸侯於塗山，執玉帛者萬國。可見其聲德廣遠。故四裔稱我族類爲夏人焉。或曰："夏之爲言，大也。以其爲世界上偉大的民族，故稱夏焉。"其曰諸夏何也？諸者多數之稱。當時族人並建列國，又其支分派别，族姓日多，故云諸夏耳。其後稱爲漢族者，則因漢朝威震中外，四旁諸夷，皆稱我國人爲漢人。此漢族之名所由始。唯自是漢族一名，乃普遍流行而無以易。

漢族之性情，寬大而和易。向來對於異國異族，常敦守和平。苟人不以侵凌加諸我，則我决不侵凌人。唯人若肆意侵及於我者，則我亦必堅决抵抗。縱有時退讓，而終久必令其自然同化，或以實力使之屈伏焉。通觀數千年歷史事實，明明如是。漢族所以偉大者，以其有含容性與持久性故。

或者漢人在西北邊省業商，頗有狡詐之習，貪小利而失大信。此最害事。蓋未受教育之民，愚蠢無遠見，故有此病。今後邊省教育青年子弟，宜時時教以貴信義，尚勇氣。至於商人如再有不公道不信實之行爲，地方官尤應以其法律禁止。

漢人的理想高，眼光大，故其學問偏長於哲學方面。唯其心思不屑於瑣碎處用功，所以對於物理界的知識，不免疏略。因此不能發展科學，此其所短。今後當吸收西洋人的科學，但當闡揚其固有的哲學思想，以爲做人的根本，立國的精神。民國以來教育，對於固有的學術思想與道德信條等等，一切以爲舊的、腐的，而盡唾棄之，卻又無法憑空産生信條與新的道德。而哲學上，又没有新的中心思想。因此，没有維持身心的東西。所以社會上表現一種猖狂與混亂的現象。一切人的内心裏面，好似空虚腐爛，無有一毫生氣，譬如空心一般。由此縱欲、貪淫，一切所作所爲，虛浮誑僞，全無實際。中國民族到今日，可説危險萬分，而士大夫猶不覺悟。因爲民初以來的教育，把固有的東西抛棄盡浄，今日也無法自覺了。

中國孔子的思想，廣大精微。他在宇宙方面，是發明了力用剛健的本體。宇宙萬化無窮，萬變不息，萬象昭著，都由這個剛健的力量所發現。這是天地間不易的真理。根據這種宇宙觀，來應用在吾人生活上，便是自强不息。原來吾人的生命與宇宙的大生命，不可分爲兩片。吾人正於此自强不息的工夫上認識自己的本性。萬人念念自强，念念不息，念念是真實的力量流行。即凡應事接物，一切無有苟且，無有虛誑，無有迷亂。如此則何功不成，何事不辦。又復當知自强不息的力量，是時時向前的，時時求新的，時時求真的，時時自覺而不至倒妄的，決不會爲過去的腐舊而不合理的勢力所凝滯、所束縛。這種人生態度是應當保持而不可失墜的。至於孔子之所以治國與平天下者，則皆注重經濟問題，而一以均平爲原則。又必專主忠信與絜矩之道，絜矩即恕，唯恕故無以不平等待人者。而後均平之治可期。今日全世界人類，鬥争與騙詐之禍，將趨於自毁，尤非孔學不救。我們要闡明孔子的思想，不僅是救中國民族的。雖然當世也有許多不成人類的東西如漢奸等。假托尊孔，而我們不能以此之故，遂説孔學不足提倡。須知真的出來，則假冒者自然絶跡。漢族之覺悟與否，關係中國五族的存亡。教育與學術思想，畢竟是社會政治一切的根源，所以談到漢族不嫌枝蔓，而説及此。

滿　　族

滿族即東胡族，亦稱通古斯族。向居本國東北邊外。在成周時，則爲肅慎氏。蓋漢族之一支，由本部蕃衍而移殖於東北邊境也。從前滿清學者，亦有謂滿族係黄帝子孫徙於塞外者，可謂實録。東胡在周以前有九夷。《竹書紀年》稱后芬即位三年，九夷來御。《後漢書》總東胡諸部爲《東夷傳》。曰：“《王制》云：‘東方曰夷。’夷者，柢也，言仁而好生，萬物柢地而出。故天性柔順，易以道御，至有君子、不死之國焉。”不死言長壽也。又曰：“夷有九種，……故孔子欲居九夷也。”據此，則東胡族在古代，猶存中原文獻之傳。故中原人士稱美之曰夷，可謂文明矣。及秦漢以後，則純尚武力，暴戾之氣，變詐之性，時常入寇，毒害生民，無復曩時禮讓之風焉。然漢世如烏桓者，但爲邊患，其勢猶不足危害中朝。且受國軍征討，而仍歸命闕廷。迄至於晉，則東胡有鮮卑者，乘晉室衰亂，紛紛崛起，甲馬縱横，雲擾北部，而生民之禍益亟。拓跋、宇文，皆撫有北部，終以收拾五胡之局。其諸業有可稱者。

唐朝季世，東胡復有一支，曰契丹者。初起尚微，後及寖盛，據北部而稱帝，旋改號曰遼，歷年二百。雖皇宋崛興，號稱統一，而幽燕十六州，猶屬於遼，宋人未能收復。

其後遼衰，而東胡諸部中又有女真繼起，取遼而盡有其地，復稱帝號而建國曰金。其勢又盛於遼。

至於明朝季世。則東胡又有一支崛起，所謂滿州是也。其初興之酋長，本受明帝之命，以治其部落。迨後勢力日盛，乘中原流賊之禍，遂傾覆皇朝，而代明爲帝，改朝號曰清，遂主全中國之政。其盛，遠非遼、金可比。然及其衰也，則其族類式微，亦較遼、金爲甚。

昔者契丹即遼之雄於北部也。當宋室未興時，幾可以奪全國政權，而逞一日之欲。然卒稱帝號於北方之一隅，而不願南下，更不肯徙其族類以居中原本部。此其用心甚深，眼光甚遠。蓋彼族一向在東北，有其雄悍强勇之習，亦由其環境之關係所養成也。若入中原本部，則温和之氣，柔靡之景，在足以移人之性情，而使之習於文弱。此其不願入内地者一也。凡一族類，常居於其世守之地，而勿過於向外發展，則保守之力量較强。雖無大進取，而又無大損失。此其不願入内地者二也。契丹兵臨中原傾覆皇朝，仍爲中朝立君而去之。立石敬瑭爲中國之帝。而不敢實握共主之柄，不欲居其族類於内地，可謂深思遠慮矣。

其後女真之興也，亦秉契丹遺策，故其初取汴京也，即立張邦昌劉豫爲帝，而彼仍不欲妄圖全國。其後值南宋趙構之昏愚柔弱，又多猜忌，忘讎恥而去忠良，任宵小。金人乘此機，未嘗不可滅宋而君全國也。然卒無意圖南，而與宋媾和焉。雖以金主雍即世宗之盛治，猶對宋讓步，講好修睦。固由此時宋廷，非趙構時代之比。然金人無意南下，則除逆亮外，金主亮最無道，以伐宋致敗而死。殆爲其先世以來一貫政策。金人最不善理財，而享祚殊久者，則以其不輕啓野心故耳。

清人之興也，初亦不欲入主中朝。其兵力時迫帝都，而自引退，還冀中朝與之講和，猶是遼、金之用心也。惜乎明廷無有深識，既不能平流賊，又不能和滿州，浮昏擾攘，自底於亡。及流賊陷北都，崇禎皇帝殉國，清人始動入關之野心，内地諸漢奸又慫恿之。迄入主全國，則悉移其族類，分佈内部各省，號爲駐防。天道惡盈，歷二百餘年，其故部族類，幾於絶滅。乃知遼金時代所以不願擴張，而令其種類保聚於故土者，其智慮深遠，不可及也。此又可爲百世之殷鑒矣。

滿族入主内部，次數較多。而時有美績，能紹述漢族英君賢相之志。如北魏孝文，金世宗，與清康熙諸主，其英賢之譽，不可没也。

蒙　　族

今之内蒙、外蒙諸同胞，統稱蒙古族，亦省稱蒙族。世居本國北塞，亦間有散居東北西北各塞者。古代之獯鬻、玁狁，及秦漢魏晉時之匈奴，皆今蒙族之先輩也。而史家以爲即今之回族者，此蓋臆説不足據。蒙族本吾國朔北一大族也。元朝時代，其勢力且達於歐洲。豈小部寡民一旦崛起，而能至此乎。以理推之，蒙族當是吾國朔北有悠長歷史的民族。故匈奴玁狁等，當是蒙族先輩。

匈奴自漢族衰微，種人分散。晉代五胡之變，匈奴首禍，而敗亡亦最先。其後有鐵勒、及奚諸部，皆匈奴别種，見《北史》及《舊唐書》等。勢力稍振。至唐朝初，歸附朝廷。天子嘉之。自唐以後，匈奴各部分散，頗有與突厥即回族及東胡即滿族雜居，而爲其臣屬者，抑有伏處漠北而與外面絶關係者，皆久而不振焉。

爰至宋朝，韃靼種人，始興朔北。其勢寖盛，併吞諸部，而稱大蒙古國。後來滅夏併金，又推倒宋之皇室，晏然爲中國共主，是爲元朝。然未及百年而亡。則以明朝高皇帝，以漢族而崛起於本部，能領導漢族及各族人，以修明政治，故元室不得不傾覆也。其爲匈奴遺裔無疑。不然，則此新興民族，豈能一旦自天而降乎。若謂匈奴是回族先民者，則蒙族何所從來耶。

或有謂蒙族即東胡别支者。外人尤多持此説，卻當修正。蓋就五族原始而言，固皆同一本。自其分支而言，則五族又不當混視。宋時，蒙古人起于朔北，與當時東胡族雖有接觸，但無可以斷爲同族之理據。兩族人之性情習慣，顯然確有不同。東胡之鮮卑、遼、金及清人，其入關也，皆易接受中原文化，政策亦較穩健。蒙古人入主中朝，則於中朝文化，不易吸收，而多保存其在塞外時之性質。其手腕甚强，故進取甚驟，而敗退亦較速。故謂蒙族爲東胡别支者，其説不足成立。外人於吾國族系，自多隔膜不清，而吾國人則不當茫然也。

蒙族當是匈奴苗裔，已如前説。《史記·匈奴傳》云："匈奴，其先祖夏后氏之苗裔也，曰淳維。"按太史公《史記》作者在西漢，去古未甚遠。故籍多有存者。其説當可據。唐司馬貞《索隱》引張晏曰："淳維以殷時奔北邊。"又樂産《括地譜》云："夏桀無道，湯放之鳴條，三年而死。其子獯粥妻桀之衆妾，避居北野，隨畜移徙，中國謂之匈奴。"其言夏后苗裔，或當然也。晉時，匈奴有赫連勃勃者，亦自稱爲大禹之後。其傳説必有所本。或云："赫連疑是僞托漢族，以明其本非戎胡，用自寵異。"不知《史記》所載，遠在西漢。太史公當漢室隆盛時，值匈奴尚未開化。彼何至故造僞詞，而謂匈奴爲夏后苗裔，以彼胡俗，猥與華胄同本耶。按《匈奴傳》有云："逐水草遷徙，毋城郭常處耕田之業。熊按：毋字至此爲句。然又各有分地。毋文書。以言語爲約束。……其俗，寬則隨畜，因射獵禽獸爲生業。急則人習戰攻以侵伐，其天性也。其長兵則弓矢，短兵則刀鋋。利則進，不利則退，不羞遁走。苟利所在，不知禮義。自君王以下，咸食畜肉，衣其皮革，被旃裘。……父死，妻其後母；兄弟死，皆取其妻妻之。”其記匈奴之俗如此。然則何所貴愛於匈奴，而故稱爲中夏聖王之裔耶。其必有所據也，明矣。由是徵知，蒙族同胞，乃我大禹之苗裔。雖遠適窮荒，自爲支族，文化落後，戎俗見嗤，然神州哲史，神州者，中國爲靈異之地，故云。猶能詳其所自。同氣之愛，今當加篤也。昔匈奴中替時，猶能挈群西走，建匈奴加利之名邦。其後元代武功，陵駕中外，震爍古今。後先輝映，有光華胄，亦足奇矣。

外蒙獨立，離異祖國。猶望其與內地同胞，更新國策，同禦外侮云。

回　族

回族一詞，與回教一詞，應有分别。世俗或疑凡奉回教者，即是回族，此大誤也。中國人之性情，自昔以來，便好接受外來思想。故無論何教，一入中國，必有衆多信徒。何至回教入神州，獨無信徒，必限於回族之人耶。大抵回教規約甚嚴，一經奉教，則其人之所行持服習者，每篤守教條，而有同一之色彩。久之則以同一教者，爲同一族耳。實則回教徒，不必即回族也。近年回教之學者，亦多持此説，甚有理據。

回族亦曰突厥族，在今甘肅、寧夏、新疆、青海、陝西等省區爲最多。內地各省散居者，大抵素奉回教，不必悉屬回族云。

突厥族類，始顯於隋。史家每難詳其所自。按《北史·突厥傳》云：“其先居西海之右，獨爲部落，蓋匈奴之别種也。……爲鄰國所破，盡滅其族。有一兒，年且十歲，兵人見其小，不忍殺之，乃刖其足，斷其臂，棄草澤中。有牝狼以肉餌之，及長，與狼交合，遂有孕焉。……生十男。十男長，外托妻孥，其後各爲一姓。”漸至數百家。或云：“突厥本平涼雜胡。”又曰：“突厥之先，出於索國，在匈奴之北。隋唐諸書，記突厥先迹，略同《北史》。考突厥初興，臣於北狄蠕蠕。史稱蠕蠕爲匈奴之一支。北魏時頗盛。狼孕之説，或由蠕蠕諸胡，妄言輕侮。但凡厥民族，草昧之際，類多神話。此亦不足辨也。今人多據《北史》，以匈奴爲回族先輩。不知《北史》原無定說。一云匈奴別種，一云平涼雜胡。猜度兩端，未衷一是。及至《隋書》，則云突厥之先，平涼雜胡也，而無匈奴別種之語。《舊唐書·突厥傳》云："突厥之始，……《隋書》載之備矣。"是亦準據《隋書》，而不謂突厥爲匈奴支派。《北史》所以有突厥出於匈奴之推測，蓋值突厥始興，其勢未盛，故有此等臆度耳。又匈奴自古代以來，恒爲朔北大族。方其盛也，則背叛中朝，不受中夏正朔。而東北及西北塞外諸族，即滿族、回族、藏族。恒受侵逼而爲其臣屬。值其衰也，則歸附中朝，而入居内地者有之，散處於各邊塞群族間者亦有之。此匈奴之名，所以獨著；而新露頭角的部族，或誤被目爲匈奴。況突厥初本臣服匈奴別種之蠕蠕。其後强盛，又滅蠕蠕而據有其地。《北史》疑突厥出匈奴，亦非無故。至隋朝時代，突厥種類，便大露頭角。當時已知其非匈奴支派，仍不能審其本始，故云平涼雜胡。夫突厥蕃衍既盛，其與西羌及蒙古、東胡諸族接觸甚多，關係綦密，習俗亦多相近，謂爲雜胡，良有以也。但此説畢竟是一種臆測，未堪依據。自隋唐以逮於今，突厥族，恒爲我中華民族中之一大支族。其本支自有特點。如一家昆季，各人自有個性。《隋書》以突厥之先爲雜胡，則不承認其自爲一支。此則猶沿《北史》之謬，不可不辨正也。

唐世有迴紇者，突厥之别支也。《舊唐書》云："其先匈奴之裔也，在後魏時，號鐵勒部落。其衆微小，其俗驍强。"按鐵勒種類，《北史》稱爲匈奴苗裔。又記其部屬甚多，姓氏各别，總謂爲鐵勒，並無君長，分屬東西兩突厥。居無恒所，隨水草流移。人性凶忍，善於騎射，貪婪尤甚云云。按漢魏以後，匈奴分散。《北史》所叙鐵勒情形，似是匈奴崩潰以後之實録。故謂鐵勒係匈奴别種，亦可信也。迴紇本突厥别支，雖常與鐵勒雜居，要不可謂迴紇即是鐵勒。考《舊唐書》，迴紇與鐵勒，各别有傳。《迴紇傳》在一百九十五卷，次突厥之後。《鐵勒傳》在一百九十九卷，據北狄之首。迴紇鐵勒，其始雜居若一，而同臣於突厥，習性亦相似。故《舊唐書》總稱迴紇，號鐵勒部落也。實則迴紇爲突厥別支。鐵勒出自匈奴。二者不容混視。部落雖同，族類非一。《舊唐書》各別立傳，蓋亦知此矣。惜兩傳開端，措辭頗欠精檢，遂滋後來之惑。又考《舊唐書·迴紇傳》，迴紇之初附鐵勒部落者，似即僕骨、同羅、迴紇、拔野古、覆羅，並號俟斤。而其後乃稱迴紇。至特健俟斤之子菩薩者，勁勇、有膽氣，善籌策，常擊破突厥頡利可汗，俘其部衆。迴紇由是大振，漸併諸部。及唐太宗貞觀二十年，遣使入貢，遂内屬。太宗於北地置六府七州，以迴紇部爲瀚海府，是後叛服不常。具詳史傳。兹不贅。

又唐季有沙陀者，亦突厥族之别種。其部衆有李存勖、石敬瑭、劉知遠，先後僭帝號。皆爲時甚暫云。

突厥亦别名回，想自迴紇始也。宋時稱迴鶻。元以後，始稱回回。蓋取複詞便稱之故。《元史·俱藍傳》："至元間，俱藍國主必納的，令其弟肯那卻不剌木省，書回回字降表以進。又馬八兒國宰相馬因的等言，凡回回國，金珠寶貝，盡出本國。其餘回回，盡來商賈。"據此，則元世回人在海外者，經濟力頗優裕。又能爲外交辭令，非復從前游牧之俗矣。馬八兒國，當在今馬來群島。

或曰："前談滿蒙兩族，最初種類，皆與漢族同源。此突厥族，若溯其遠祖，亦與漢族同源否？"答曰：據考古學家所發現之北京人，經鑑定爲遠在距今百萬年前或至少亦在五十萬年前。由此徵之，則漢滿蒙回藏五族在原始時期，同一血統，已有確證，絶不容疑。誰謂回族不與漢族同源耶？向者外人研究我國民族發源，有謂自西極來者。自北京人發現以後，西來説已不足成立。在鴻古期，我中華民族，後省稱華族。已爲神州之土著人，非從他方轉徙而來。至此，已得確證。若復由此而推考吾先民發展之迹，則由今之冀、察、熱、陝、甘、新，而蔓延於滿蒙康藏諸塞外，殆爲其勢所必至之果。故就吾華族分派之情形推測，在鴻古時代之祖先，不妨即名爲北京人。意即依此北京人，而用爲中國遠古種類之通稱。此北京人之子孫，一支留於神州本部者，即今所謂漢族是也。一支蕃衍於東北者，即今所謂滿族，古之東胡等是也。一支蕃衍於朔北，内外蒙古等地域，即今所謂蒙古之匈奴等是也。一支蕃衍於西北甘新諸省，並蔓延於中亞細亞等地域，即今所謂回族，古之氐族是也。一支蕃衍於西藏、青海等地域，即今所謂藏族，古之西羌是也。自考古學家發現北京人，而後知吾五族本自同源。易言之，即五族血統，同出於北京人。此其證據堅强無可摇奪者。或曰：五族同源，既聞命已。然今回族大部份，居於中亞細亞及歐洲東部。他處亦多有之。其蕃衍獨盛何耶？答曰：自隋以前，蒙古久盛朔北，東胡與西羌，亦常並起稱雄，皆侵擾内部，争亂不息。獨回族一支，由夏商迄東晉，歷世悠遠，而於國内無侵逼。其支屬散佈殊方異域，務勤遠略，勞苦堅忍之操與經驗俱增，故子姓繁殖，爲拘促國内者所不及。

門人資陽陳文馥，昔教於舊京蒙藏學校。常問曰："若以玁狁、匈奴爲蒙族之先者，則回族祖先，在上世豈無徵耶？"余曰：回族本世居西北邊地，與藏族相揉雜。《詩·殷頌》曰："自彼氐羌，莫敢不來王。"羌即藏族，自昔云然。其所謂氐者，蓋即回族之先。後人誤以與羌並爲一談，致令回族來源失考，而妄指爲玁狁、匈奴之苗裔。於是蒙族之先，又不可稽。輾轉誣妄，其術卒窮。吾不知唐以來史家何故粗心如是也。晉世五胡系别，氐羌猶不相混。蓋依上世傳説，未失其本。夫《詩》以氐羌並舉，誠以此二族，雜居西北邊塞，其習性或相近，其歸中朝亦相同，故並言之耳。回族在上世可徵者，即《詩》所謂氐。此當爲鐵案而不容疑者。審地望，辨源流，回藏二族，自昔雜居西北邊，至今而如其朔也。則知《詩》言氐羌，即今回藏二族之先，的然可據。又舊史以氐爲有扈氏之後。有扈氏，古代諸侯，本漢族也。《括地志》稱其國在雍州南鄠縣。夏帝啓時，啟，大禹之子。有扈氏不服朝命。帝啓伐之，滅其國。有扈氏之族，蓋由此西徙，與有苗氏雜居云。自唐至於虞、夏二朝時代，皆努力於國家統一之功緒。舜、禹伐有苗，帝啓征有扈，皆以其不服朝命，妨礙統一，而伐之耳。有苗、有扈，皆漢族群侯。觀《尚書》所載，未有蠻野之習、凶暴之行也。及其流移邊塞，種類蕃衍，猶復慕義來王。同氣之感，可謂深哉。如上所述，羌之後衍爲藏族，氐之後衍爲回族，確不容疑。其在漢世，所謂西域之國者，概屬此二族。唯以其雜居之敝，史家亦略不詳其支別。但實際上，其稱姓未嘗失考，故晉世猶有氐羌之辨也。氐人在晉世，僭帝號者，以前秦苻堅爲最盛，亦最賢云。

晉世五胡族姓，分匈奴、羯、鮮卑、氐、羌，名之以五，實則四族也。史稱羯即匈奴别種。别種皆言分支。殆以其别成聚落，故謂之别種，而授以羯名。準此，則羯種實匈奴，故止四族。匈奴爲蒙族之先，鮮卑爲滿族之先，氐爲回族之先，羌爲藏族之先，其派系歷然，至今不可紊也。夫匈奴出自夏禹，史遷記之。鮮卑東北之族，古謂九夷。夷者，仁也。以其源出夏人，猶言漢人。文德未替，故褒美之曰夷。氐羌二支，一出有扈，一出有苗，皆夏人也。自殷商時，已見稱於《頌詩》。然漢史傳西域諸國，即今西北同胞之先民，而於族姓，未加詳辨。迄至晉世，五胡之判，始知西北分氐羌焉。蓋是時諸族皆深入中原，與中原人接觸密切。而諸族各守其先世遺言，皆能知其所自出。故西北之族，若氐若羌，一出於有扈，一出於有苗。殷商以後，中朝之史雖多失載，而此二族在晉世猶能自言之，於是中原人亦由此知西北族姓有氐羌之别也。今所謂滿蒙回藏即古匈奴、鮮卑、氐、羌四族。四族之始，皆爲夏人，自中原流徙於邊塞。本支百世，不忘親愛。雖中間亦常互相攻伐，而今則同氣之感彌深，禦侮之忱益著。吾以爲，今不當復分漢滿蒙回藏五族之名，只統稱華族焉可也。華者，大義，章氏云，華胯音近，今北方稱大人曰胯子。是吾先民之舊稱也。然著其分支，而仍存五者之名，亦復無礙，但不可忘其本耳。吾説至此，而鄧生永齡以爲此説精確無可易。近時史家皆以氐羌混視，而同説藏族。今此以氐羌分别回藏，改正從來謬誤，尤不可忽。

吾國政府對於邊區教育，向不知注意。然滿清以來，回教學者，間有以孔孟學理與回教經旨相融通，此爲學術界最好之現象。蓋真理元無異致。群聖之道，自有會通之處，不可過分門户。惜乎努力於此者，其人數太少。今後唯望青年學子有志於斯，立身立國，自有貞常之道。故先哲學理不容一切鄙棄。致於科學思想，爲吾人日常生活所必不可缺。

尤望邊省當局，加意提倡。如任邊省多數回教同胞，廢學失教，將不爲立國久長計乎。

藏　族

藏族，俱云西藏族，亦曰羌族，又譯圖伯特族。世居西域，即今西藏、西康、青海等處。漢時所謂西域，包括葱嶺以西及印度，今此談藏族，且約西藏等而言。

藏族最古者爲羌，亦云西羌。《後漢書》曰："西羌之本，出自三苗。姜姓之别也。"此則以三苗爲神農氏之後。漢時故籍未泯，其説必有確據。姜與羌本同音。《通鑑外紀》："神農長於姜水。"近人以爲當在今陝西寶鷄縣。由陝趨隴蜀而流徙西藏等地，其勢亦便。晚世學人，好爲異論。每謂苗與漢非一族，漢人驅苗而有其地。純是逞臆妄談，絶無佐證。捨古籍不信，而尚臆説，未知其可也。夫古代苗民乃是漢族中之一姓耳，非其血統有異也。虞夏時，有苗梗化。同氣之中，而有頑强，亦常事也。然帝舜誕修文德，而苗人以格。何嘗驅逐之耶。苗人西徙，當由其强悍，能勤遠略耳。及其後裔，僻處西隅，猶述職帝廷，不忘内向。《殷頌》曰："自彼氐羌，莫敢不來王。"同氣之愛深矣。周興，文王率西戎，征殷之叛國以事紂。及武王伐商，羌髳率師會於牧野。漢初，匈奴不念同根，時舉兵内犯。尤賴西域五十餘國，歸附皇廷，遂令匈奴勢孤，邊疆息禍。藏族在前世，常與中朝親昵，扶持正義。昆弟之好，永世不渝。今之藏族同胞，緬懷先德，何忍忘也。

《後漢書·西羌傳》開端歷叙夏商以來戎患。如犬戎、山戎、西戎及春秋時雜居内地諸戎，如太原戎、申戎、六濟之戎，陸渾戎等等，不可勝紀。並秦時義渠、大荔等戎。格其地望，或在今陝西、三晉邊地雜居，或在朔北塞外，皆漢代所謂匈奴，非西羌也。書中首論戎患，連類及之耳。義渠亦入據今甘肅地，然其族姓當屬匈奴。唯王武丁，征西羌鬼方，三年乃克。《漢書音義》曰："鬼方，遠方也。"當即今西藏、西康、青海諸地。以其距殷都甚遠，故云鬼方也。又文王率西戎，征殷之叛國。此所謂西戎，當即西羌。取徵於《詩》，“文王之化，行於南服”，則以南國有離殷之志，故文王之化易入也。文王引西羌以征南國之不順於殷者，所以爲至德。自西羌而出庸蜀，向江漢，聲氣所播，不可得阻焉。文王之妙于通變也。其後武王伐紂，羌與庸蜀等皆以師會，見於《尚書》。即此可證羌與周室之關係，甚深且久。故知文王所率之西戎，即西羌也。文王服事殷，而羌從之。及武王以殷終不改行而伐之，羌又以師會。羌同心於周室，可謂忠順已。

秦漢間，羌人多入居隴西等地，與匈奴交通。其俗日益鄙野。范書稱其强則分種爲酋豪，弱則爲人附落。更相抄暴，以力爲雄。堪耐寒苦，同之禽獸。雖剛强之氣足尚，而禮義之化已衰。范書於羌人頗致醜詆之詞。如云同之禽獸。彼所見者，蓋當時流移於今甘隴諸地之羌，而非其本支也。羌人本支，在今西藏全境。後漢時，當已接收印度文化。故魏晉間，藏族同胞多入内部而傳播佛家思想。其理解精深，堪追梵方明哲，安得同之禽獸耶。

西羌本土，即今西藏。治藏文者，謂藏文語根，多與國文相同。蓋藏人本漢族姜姓之裔，宜其語源同也。但因僻處西陲，與印度交通較密，故其文字與梵文同系，而與本國衍形文字成異焉。前漢《西域傳》中所記諸國，多數屬今藏族之系統。或稱雜匈奴，然更有今回族之祖先，如大宛、烏孫等是也。

流徙今甘陝諸地之羌，在東漢時，最爲中朝所患苦。范書稱其種類繁殖，性堅剛勇猛。自光武帝時，便寇掠金城、隴西諸郡縣。其後豪酋日衆，狹黨横行寇盜。終東漢諸帝之世，未嘗衰止。朝廷數遣大將征討。府庫告竭。百姓死亡，不可勝數。并涼二州，耗爲廢墟，可謂慘矣。及羌禍削平，而漢祚亦隨傾。范書所以深詆也。

藏族雖源出古帝神農，然自晉以後，頗雜東胡即鮮卑種類。蓋唐世有吐番者，爲晉時南涼秃髮利鹿孤之後。利鹿孤有子曰梵尼，率衆西奔，乃於羌中建國，爲群羌所懷，以秃髮爲國號，語訛謂之吐番。參考

《舊唐書》等。其後子孫繁昌，土宇漸廣。至唐代，始歸附中朝，修臣職甚謹。太宗皇帝以文成公主妻之，是後屢嫁公主於吐番，其血統與皇族混合，自此始。然習俗强悍，終唐世，叛服不常。後歷宋元以逮明清，部衆分居，竟奄有前後藏全境云。

又唐世有黨項者，在古析支之地，先族之别支也。舊分諸姓，曰細封氏、費聽氏、往利氏、頗超氏、野辭氏、房當氏、米擒氏、拓拔氏，而拓拔一姓最强。又赤水西，有黑黨項。而雪山下，亦有黨項。於前述諸姓，又爲别子焉。凡諸黨項，皆於唐時内屬。朝廷悉列其地爲郡縣。而拓拔氏之裔，自唐至宋，世官於朝，統有夏州，後乃割據其地，而稱國曰夏。《遼史·西夏傳》曰："本魏拓拔氏後。"此則以黨項諸姓中之拓拔氏，而誤認爲北魏之拓拔氏，不可無辨。

又有吐谷渾者。其先世，爲晉時遼東鮮卑徒河涉歸子，名吐谷渾。有壯志，匹馬西奔。其子孫漸大，歷受劉宋及拓拔魏封爵。後乃建國，縱横數千里。都伏埃城，在青海西十五里。參考《北史》。族衆不忘其祖，故以吐谷渾名焉。至唐世，併於同族之吐番云。

據前所述，今之藏族，本出漢族姜姓，所謂有苗是也。但自晉以後，亦雜有東胡族。而東胡之先，本出漢族，於上世流徙東北，久乃别爲一支焉。故推本言之，東胡與古羌族，其原始血統，非有異也。今日人有謂西藏人與彼族有血統關係者。此於古書全無依據，不知何以云然。

又有謂西藏屬印度人種者，此亦無史籍可據。然以理推徵，與其説藏人爲梵種，不若言印度人爲中華民族之别種。蓋由所謂北京人而徵之，中華民族既爲遠在距今五十萬年前，或百萬年前之古族，其發展由東而西，以漸滋殖於印度，其勢甚便。或由西北赴印，或南中由緬甸赴印，皆有可能。如謂古代交通不便，此亦迂陋之見耳。吾國先民北匈奴之衰也，挈群西走，卒乃得盧彌之地，建匈加利之名邦。昔先民西突厥之衰也，率衆西行，卒乃下東羅馬之故墟，建土耳其之新國。此皆未有現代交通工具而成兹偉舉。以此類推，鴻古時代之中國人，能流徙印度而據之，何不可能之有。此雖吾一人之假定，尚未搜得充分證據，然就語言習慣上徵之，略得一事焉。如《莊子》書中，所謂重言者，即假於古人以爲重也。其所假之古人，必是歷代相傳爲過去世實有之古人，乃可假其言以爲重。其所言之義雖是假托，其語氣必遵用古時所有者，否則人不之信。按《莊子·則陽》云："天而亡朕耶？"〔1〕尊人爲天，六籍以來，久所未見。當是遠古時語，而後來失用耳。《莊子》所引，必據遠古之籍。此等語氣，決非其所臆造也。其假於重言，必引用古語也。印度人之致尊於人也，亦呼以天。即此可證吾國遠古語言習慣之遺存於印度者。惜此證尚孤。願宏博君子留心斯事焉。

除上所述外，尚散處有兩粤、雲、貴、川、湘各省之夷人。名目繁多，不暇細述。略舉類別，則有所謂苗、瑶僚、倮儸、仡佬等等。若細分之，當有數十種。或總目爲夷人，或總稱爲諸蠻。近人有謂一切夷人，統屬苗族，乃是古代苗民之後。此説全憑臆想，既無史料可據，而理論上亦不可通。滿清末葉，外人妄倡中國人種自西方來之説。吾國學子，完全信從。於是有好異者起，而以苗民爲中夏之土著人。謂吾漢族自西極來，乃驅苗而撫有中土。又復以今日南中各省之一切夷人，爲古苗民後裔，因古時被逐出中原而孑遺偶存於西南山谷也。其説之由來蓋如此。自北京人發現以後，西來説已不攻自破。中國人種，既是鴻古時代之土著人，則生長於一地之苗人，焉得别有血統而不與漢族共祖耶？焉得判爲異族耶？故知古籍以苗民爲姜姓，本神農之後，絶非虚語。近世後生浮薄，好爲異論，輕疑古籍，真可痛惜。苗民既是漢族，則唐虞諸帝，縱懲戒其中不良分子，斷無將其子姓盡行驅逐之理。清末以來邪説，都不攻自破。

夫漢族從西來，及苗人另爲土著之一族，與漢人驅苗族，如是種種臆造之邪説，既皆不足成立，則據古籍而知古代苗人爲漢族中之一姓，是義決定。因爲古籍所説既没有反證，故決不可摇。於是復有一問題，即今西南各省山谷夷人，其果出自古代苗民否耶。吾於此敢斷言曰：今西南各省一切夷人，都是漢族，決定無疑。但不能謂其本支世系獨出於古代苗民一姓，因爲此事不獨無證據，而且無有理由可以持此説。今之疑夷人爲古代苗民後裔者，大抵因諸夷人中有所謂苗子之一種。實則今所謂苗子一類人與古代苗人，只是名稱之偶合，決無世系相承的關係。此事本無證故，又無理由可認故。余以爲今西南各省一切夷人，其祖先都是漢族。因其伏處僻縣深山之内，地方荒陋，交通素不發達，耳無聞，目無見，其知識日以塞，生活日以困難，久之遂降落而爲一特殊種類，乃被人輕視，而目之爲夷。彼亦忘其所自，而自稱爲夷。門人永善鄧永齡云，家鄉故有俗所謂苗子者，自稱夷家，謂我等爲漢家，不知本是一家，無漢夷或分也。永齡持論，亦與吾同。夫西南各省之在國内，本屬區區一隅。而此一隅之地，夷户比較漢户，特居少數。如何可説此少數夷户，别是一個血統，而與漢人不相聯屬耶。若漢族果由外方遷來，則謂夷人爲土著，與漢族不同血統，猶可説也。自北京人發現，已證明漢族是中國遠古時代的土著人，絶非由他方轉徙來此者。然則謂西南一隅别有少數山谷之民，向爲夷家而與漢族不同血統，不共祖宗，此等觀念，可謂迷謬至極。年來社會熱心人士，頗有注意調查此等降落的同胞之生活狀況，藉謀改良。顧猶沿襲過去迷謬觀念，未能將夷漢區别，加以辨正，爲之掃除，其何以昭示平等，扶持正義。吾鄂之黄岡人也。少時閲史，見有以吾先民爲蠻者。似是《南史》諸蠻傳中，以今河南光山與湖北故黄州府一帶，有諸蠻云。頃無書可查。六朝時，光黄之間，或文化較低，其人勇悍尚鬥，而遽目以諸蠻。若與齊民不同種類者，豈非可笑之甚乎。今之妄分夷漢，過亦同此。是故應知，今所謂夷人，實是漢人之降落而退化者。如貴家子弟之降爲貧隸者然。但其聰明之資、質實之性，比較今日浮華之漢人，或更優勝。如及時注意教育，此諸同胞，必能發揮特長，以爲我民族之光也。自清末以來，熊鳳凰以文學與通達，致位總揆；岑西林以吏治與風節，見推領袖。世皆謂其出自夷族，實則非夷也。其先固漢人也。

五族源流，前已略説。或復問言："公主五族最初同一血統，吾猶不能無疑焉，何也。"答曰：人心私於其所近習，久而忘其本。毋囿於習，而照之以理。毋滯於私，而豁之以公。則五族無畛域，不致數典忘祖矣。夫就全人類而言，其始爲一元，爲多元，雖猶爲難決之問題，但就吾中華民族即所謂五族而言，理應決定其出於同一之血統。因爲同是一個以大中國爲中心而分佈四出的人種，決定是同根，而不會是多元的。此處吃緊。如果五族之中，有些民族是從他方轉徙來入中國，而不是從這個偉大的中國分散出去，那麼便可説這般民族另有祖宗。易言之，即中國各個民族，不是同一血統，是多元而不是一元。今中國所謂族，考其來歷，明明都是中國的老土著人，没有一個是他方轉徙來的。如漢族，就是老在中國本部，而後向海外發展的。如朝鮮、台灣、琉球、安南、緬甸、暹羅與南洋群島，大抵均是最老的漢族流徙去的。又今美洲，亦時發現中國人的遺迹。大概屬漢族，因漢族居濱江海故。如滿族就是老在中國東北邊省，而後向朝鮮等地發展的。朝鮮人，是漢族與滿族兩支的混合。如蒙族，就是老在中國朔北邊省，而後向西方發展的。匈加利是蒙族先輩西徙者。如回族，是老在中國西北邊省，而後向各方發展的。首先流徙中亞細亞及歐洲東部，今則各地多有之。如藏族，就是老在中國西域邊省，而後向印度發展的。印度人大概與中國人同血統，似是遠古的羌人移去的。羌人移印，雖猶待證，而漢滿蒙回藏諸族，由國内移出去的事實，卻是顯然無可否認。所以前面説，同是以大中國爲中心而分佈四出的人種，決定是同根，而不會是多元的。因爲他們謂五族。是一個小家庭之内的同胞兄弟，如何可説不同血統。全中國，譬如一個小家庭。因爲中國雖大，而在全地球上面來説，卻是很小了。在這個小範圍内的人類，如何可説各有所本而不是一元呢？此段吃緊。所以我確信中國民族賅五族言。是一元的，是同根的。向懷此意，唯苦於中華民族之源本，未有徵據，不便楷定。及考古學家發見北京人以後，乃確信此最初之人種，是吾五族共同的老祖宗。其後支分派别，乃有今之所謂五族云。

或疑五族既同血統，如何其性習又顯有不同；文化發達，彼此亦相隔甚遠，其故何也？答曰：一父母所生之衆多子女，其知愚剛柔等等，能彼此齊同而無所差别否。又復當知，凡人天性，本無不同。其卒至於殊異者，實受其所處環境之影響。此事甚明，無待繁説。今自科學發明，開發物質，與征服天然的工具，將日出不窮。人類改造環境的能力，必日益發抒。凡居處高原大陸的人，後此進步，正未可量。但非短時間所可企耳。吾中原物力，已有耗竭之虞。吾東北西北諸大陸，向未開發。是在吾同胞一心一力，共守固業，求所以光大之而已。

講至此，姑且作一結束。現在要説第二個題目了。

二、關於修中國通史的意見

歷史之學，所以數往知來。其意義幽廣。幽者幽深。廣者廣博。其責任極重大。凡一國之歷史，其對於民族思想之指示，與民族力量之啓發，恒於不知不覺之間，隱操大柄。故史學，未易言也。國家艱危，民族憂患，莫甚於今日。吾望有深心卓識之史學家出焉，能出一部“中國通史”，勿像學校教科書一類性質的編著。須如司馬温公修《通鑑》，直是終身事業。如此聚精會神爲之，又必得多數精博之友，以爲資助，其庶乎有成也。温公《通鑑》，實非一手所成，彼不過總持綱要耳。

凡爲史書者，必有一個根本精神，遍注萬事萬物而無所不在。否則只是比輯事件，可謂抄胥，不成爲史，决無感發人的力量。《春秋》最爲廣大，其根本精神爲何，非簡單可説。今此且置。自漢四史以下，無論其書爲短爲長，而通有一個根本精神，即忠君是也。他這種精神，無處不見。隨舉一例，如范隆臣於劉曜。考劉曜行事，真是不成人類的東西。范隆而臣於曜，則已甘爲獸類而不惜矣。然史家以范隆能守直於曜之廷，則稱美之爲經儒。史家不論曜是何許人，祇以曜既爲君，范隆已爲之臣，則能盡忠節者，即是好人。史家於此，就是依據他忠君根本精神來作裁斷的。舉此一例，可知其餘。試思全部二十四史，忠君精神所給於過去社會的影響，該有多麼大。君主高於一切，人人都願爲他而犧牲。

今日民主思想發達。既已廢除了君主，修國史者自然是以忠於國家、忠於民族爲其根本精神。但是這種精神的灌輸，卻要先使一般國民對於自家民族，免除支分派别的謬誤心理，起其天性之愛，而不僅是利害關係的結合。此應注意者一。又關於國家觀念，一般人以我國人向來没有此等觀念，其實不然。據實言之，我們所謂國家，與西洋列强所謂國家，根本不是一回事。西洋現代的國家，對内則常爲一特殊階級操持的工具，以鎮壓其他階級；對外則常爲搶奪他國他族的工具。他們的國家是這樣的惡東西，列强之間，彼此都持着這樣的惡東西相對待。不知將來如何得了。我們的國家，絶不同他們一樣。我欲説明他，卻難措辭。我聽説英國羅素先生曾有一句話。他説中國並不是一個現代國家，而是最高的文化團體。不知此語有憶錯否，但意思卻是如此。這話説得好，用不着多敷説。我國人向來愛和平、貴禮讓，不肯使用凶蠻手段。無階級於内，無搶奪於外，就因爲他常有維持最高文化團體的觀念。這便是他的國家觀念。由中國人這種觀念擴充出去，人類都依着至誠、至信、至公、至善的方向去努力，可使全世界成一個最高的文化團體。豈不大美，豈不大樂？無如今日列强不悟，大家甘心要做强盜、凶猘、搶奪、殘殺的事情。我們的東鄰，首先以此對待我們的國族。我們今日要維持民族的生命，爲宇宙真理計，爲全人類謀幸福計，我們都得要保全我固有的高尚文化。我們不得不犧牲，與强盜戰、與凶猘戰、與搶奪殘殺我者，堅決力戰。我們誠然不能不改造我們國家的機構，以應付非常時局，但並不要變我們固有的國家觀念，即始終是保持一個最高文化團體，決不拿來做毁壞人類的工具。歷史家對於國家觀念的指導，是要正當的。此應注意者二。又關於哲學思想方面，我國先哲向來以盡性爲學。性者，宇宙生生不息的真理。在人則爲性。盡者，吾人日用踐履之間，悉率循乎固有真實的本性，而不以私欲害之，故説爲盡。由此，故學問即是生活而非以浮泛的知識爲學。這點意思，須是用力於此學者，方可與説。今後，固當努力科學知識，但於固有學術萬不容忽視，否則失其所以爲人之理。而科學知識又何以善其用耶？人類皆習於向外追逐，而不知反，至以科學知能爲自毁之具。罪不在科學，而由於無本原之學，以善用此科學知能也。世有大覺，寧不悼此。歷史家於文化，必有抉擇精識。此應注意者三。略陳此三，至近而要。今治史學者，能慎之於心術隱微之地，則著書垂訓，可以寡過矣。

“中國通史”的叙述，應該如何劃分時期。我以爲依史籍記載，追索過去演變之迹，可分五個時期來叙述。

一、上古史。起三皇五帝，至周朝戰國時代，六國並亡時爲止。

二、中古史。起秦始皇併六國稱皇帝時，至唐末五代終局爲止。

三、近古史。起宋初，至明兩京失陷時爲止。明失兩京，猶不得謂之亡。然已往的局勢，至此算告一段落。

四、近代史。從清順治入關，迄溥儀遜位，凡二百五十餘年爲近代。

五、現代史。民國成立以來，爲現代。

上古史，又總分爲三個時期。（甲）庖犧氏至堯舜爲第一期。（乙）夏禹至西周之終爲第二期。（丙）東周平王遷洛至戰國時六國之亡爲第三期。此三個時期的劃分，各有主要的意義。甲期中，從庖犧氏由游牧進化而成部落，而建國家，而有種種創造，種種制作。至堯舜二帝，乃漸備。所以劃爲一個時期。

乙期中，從大禹始鞏固君位世襲之制，控御萬國群侯，而統一於王朝之下，歷商至周初，王朝的地位較前益鞏固，權威較前益擴大。所以又劃爲一個時期。

丙期中，平王東遷以後，王朝權威崩潰，徒建空名於諸侯之上，實則王室亦夷爲列國。自此歷春秋戰國，成列强並峙，競争劇烈的局面。直至六國悉併於秦皇，而後此局告終。故又劃爲一時期。

甲期的帝系，難爲徵述。世俗雜書，叙開闢時代之帝皇，有盤古氏。考盤古説，始於三國時。前史稱西南溪洞諸蠻，傳爲盤瓠種。不知果有盤瓠其人否。後來訛盤瓠曰盤古，又曰盤固。附以神話，謂爲首出之一人也。此其虚妄，無足深辨。

中國開闢的帝皇，無正史可查，只散見古籍中。古代正史，當推《尚書》。而《尚書》托始於堯。堯以前，便不載。後儒或謂孔子删《詩》《書》，如果是真的，那堯以前事，便是孔子删去了。然删《詩》《書》的話畢竟不足信。將什麽作標準去删呢？若如晚世《史記精華録》《古詩選》，這一類的删法，便無甚意義了。我想，孔子本人未必删《詩》《書》。但孔子的政治思想，確是取法堯舜的。觀《論語》中推尊堯舜，有曰："巍巍乎唯天爲大，唯堯則之。蕩蕩乎，民無能名焉。"又曰："無爲而治者，其舜也歟。"即此，可見其受堯舜遺教的影響不淺。《中庸》曰："仲尼祖述堯舜，憲章文武。"孟子學孔，而言堯舜。學脈相承，的然可見。七十子後學，或因獨宗堯舜之故，就於《尚書》全部之中特别提出堯舜以下的篇章來教學子，轉相誦習，那原本日就湮滅了。因爲古代尚不知造紙，更没有雕板印刷等術。書籍之保存與流傳，都很不易。那不常誦習的書，既已失掉，唯堯舜以下的篇章，尚爲儒生所日用不離。因此誤傳爲孔子删《書》。至於删《詩》的話，我想孔子不必有此事。但古詩也許不止此數。《史記》云，古詩三千餘篇。或因門人取其合於弦歌者而肄習之。這一部份詩，便流傳下來。其餘有許多不常入弦誦的詩，因簡策不易保存，便亡佚了。後人由此誤傳孔子删《詩》。我這種推想，或者較近事實。有人云，《史記·孔子世家》已言孔子之時，周室微而禮樂廢，《詩》《書》缺。所以孔子序《書》傳，上紀唐虞之際。故知堯以前帝王事，非是孔子所删，只是那時書策已自缺了。故孔子只好序自唐虞。余謂孔子時，《書》有亡闕，自不待言。然獨堯以前，完全亡缺，而無一篇之存，此恐未然。吾意孔子根本未曾删過《書》，亦不是因堯以前的《書》全缺才從堯序起。據《論語》，説孔子雅言《詩》《書》藝禮。大約堯舜以下，孔子所雅言，就流傳下來。既非孔子對於《書》的簡篇，有所去取，亦不是堯以前的記載，當孔子時便全亡缺，至一篇没有。孔子於堯舜以下，是所雅言。試徵之《論語》便可見。《論語》記孔子稱述堯、舜、禹、湯、文、武、周公的話，都非常扼要。當時雅言所及，自不止此。然即此已可窺見孔子精神所寄與其思想淵源。然則二典與商周書，略有存者。只因七十子後學宗主師説而常傳誦之故，其他便不幸散失了。總之，《尚書》原籍亡佚。古代帝系，遂難搜考。唯有求之於古籍散見者。《春秋緯》古皇十紀之説，宋羅泌果於信從。雖未免誕妄，然其中所列帝王名號，必非全無所本。

上古部落甚多。各部君長，儘有許多賢明的人。其名字流傳於後，漸有附會，遂有誤將這些名氏，編成帝皇世系。如《循蜚紀》，所記二十二君。《因提紀》，所記凡十三氏。《禪通紀》，詳循蜚以後，黄帝以上諸代。凡此所述世序、年代與行事等等，雖傳説悠謬，難以徵信，然其人名號，不必盡屬子虚。有的也許是小部落之長，有的也許是建國以後的帝皇。至於行事，亦多有可信。如説辰放氏見人民不知蔽體，而教民衣皮；大巢氏見人民不得安居，而教民構巢；燧人氏見人民不知熟食，而教民用火。這都是上古應有的發明。這些發明家的名號，自是人所不能忘的，如何得都不信。唯《五龍紀》，稱有皇伯、皇仲、皇叔、皇季、皇少五主，其名號可疑。然或某部之長，其弟兄五人並賢，俱爲部衆所愛戴，亦無足怪。又《九頭紀》，以人皇一姓九頭。謂九人也。古語質，如今人數魚鳥，以頭數計之。人皇，大抵亦部落之長。皇者大義。人皇，則大人之稱。如漢以下諸胡中，有所謂諸部大人也。人皇，即以其地位受稱，名字失傳。然人皇必確有其人。至若天皇、地皇，則或因有人皇之稱，而附會及之，不必信有其人也。《攝提紀》，五十九姓。《合雒紀》，四姓。《連通紀》，六姓。《叙命紀》，四姓。亦皆諸部君長，不必疑此等姓氏都無。如《路史》稱合雒乘蜚鹿以理，連通乘蜚麟以理，叙命駕六龍而治。上古部衆，隨逐水草。其長，能馴服鹿及龍等物，自常事也。又《因提紀》中，有庸成者，守於群玉山。近人以爲葱嶺，則今藏族或有庸成之後，不唯姜姓也；即印度，亦有庸成苗裔，未可知耳。余以爲《十紀》，當是《三墳》古典中佚文。後世雖多附會，其人名必實有，其事蹟不盡無。遠古之籍，僅此殘存，甚可寶貴也。

《十紀》所載諸氏。大概是衆部之長爲多。至自昔相傳，有三皇五帝者，當是統一諸部，而建立國家，最有勳德的大君主。唯三皇五帝名氏，古有兩説：一、太史公依《世本》《大戴禮》以黄帝、顓頊、帝嚳、唐堯、虞舜爲五帝。譙周、應劭、宋均皆同。二、孔安國《尚書·序》、皇甫謐《帝王世紀》、孫氏注《世本》，並以庖犧、神農，黄帝爲三皇，少昊、顓頊、高辛、唐、虞爲五帝。吾謂當以第二説爲正。

關於古代謡俗、信仰與器用等等，近時地下發現的材料，須待考古專家供給。

上世文物肇開。如衣服、居室及田獵、攻戰、農耕、交通等工具，乃至立官、修紀、謂倫理及法律等。施政、禦敵種種行事與夫文字、書史、學術思想之原，分類搜集，必博覽周秦故籍。漢以下，記述古事者，亦多可推考。

自昔相傳庖犧氏畫八卦。此當爲文字之始，亦爲算數之始，亦爲哲學思想之始。每卦之數，始於一而成於三。明有一則有二，有二則有三，對待以成其變化。一切事物，由是起也。或謂庖犧氏當時畫卦，本爲占卜之用，未必有如後儒所説許多大道理。此意吾亦相當贊同。但庖犧氏確有窺於事物變化之原理則不容疑。不然，何能畫出這卦。又古帝名號，多由後人依其創立勳德而爲之稱。庖犧始作結繩，爲罔罟，教民佃漁畜牧，最有功烈，使民能以犧牲供祭祀，肉食充庖廚，故民思之而爲之號也。是時，未脱游牧生活。《易・繫傳》稱庖犧“仰以觀於天文，俯以察於地理，近取諸身，遠觀諸物。於是始作八卦”云云。這段話，如此親切。確是上世流傳下來。迄至孔子，又授諸七十子，轉相傳受。後來筆之於書策。我們由這段話，尚可想見游牧時代的大首領，他在流行活動之中，運用他的天才，仰觀俯察，近取遠觀，忽然悟到變化之妙。所以畫出這卦來。我在少年時，頗疑庖犧當上世，未必有這種創見。後來自覺這是一種錯誤的推想。人類的天才，没有古今之異。況我先哲憑藉優美的環境，靈思欻動而深測化理，自是應有的事。從古相傳畫卦自庖犧，絶無歧説，此何可疑？

黄帝軒轅氏，爲三皇之一。今或不信有其人。此好異之過也。或謂故籍言黄帝者，其時代至早亦在戰國時。戰國人好作僞，故不可信。不知戰國人容有造僞語，而托爲古人事，以飾己説者。抑古事有流傳失實，而學者不審，或好異而妄稱之。但必古代實有其人，此處吃緊。然後流傳失實之事，有所托焉。如堯帥諸侯以朝舜，見闢於孟子。此等無根之談，事雖不實，然堯與舜之二人則實有也。否則其説亦無所托。又如

《莊子》書中有寓言焉，鯤鵬等說是也。有重言焉，凡稱引古人者是也。寓言，如齊諧志怪，莊生自言之矣。若夫重言，既假古人爲重，則其所假之古人，必爲實有可知，否則一己捏造之人名，世所不許。已足啓人疑謗，而可假其言以爲重乎。此處吃緊。世疑《莊子》所引古代人名，不必實有其人。此未思之過也。當知其所托之人，必古所實有者。唯所説事義，則本出己意，而假爲出自古人，期以取信於世耳。《莊子》書中，稱黄帝者甚多。豈古無其人而捏造之耶？《易·繫傳》之文，爲孔子親筆與否，雖難斷言，然爲七十子後學口説相承，漸修飾以登簡策，則斷不容疑。孔子自云："五十學《易》。"又云："五十知天命。"《十翼》出孔氏，昭然不容否認。《易·繫傳》已言黄帝，安得曰始見戰國人書耶？又凡初民神話中之人物。則其非實，不待辨而明。神話本身的性質，顯然不同歷史故也。若盤古頭爲山岳云云，天地等皇，壽各一萬八千歲云云。此等神話，誰有誤認爲歷史事實者乎？按黄帝爲堯高祖。《史記》稱堯父帝嚳高辛氏。高辛父曰蟜極，蟜極父曰玄囂，玄囂父曰黄帝。其時代在庖犧神農後，早離初民草昧之代。《易·繫傳》曰："黄帝堯舜氏作，通其變，使民不倦。神而化之，使民宜之。"又曰："黄帝堯舜，垂衣裳而天下治。"皆以黄帝與堯舜相連成文。足徵其時代接近，故治功亦同。《史記》所稱，亦與之合。自伏犧時，已有文字、算數，且通自然現象變化之原理。其作罔罟、教漁業，似已漸離游牧，而進農業社會。神農氏興，則耕稼已盛。又創作農具，察水泉，析土宜。又因辨穀類而嘗百草，遂發明草藥，爲醫學宗。是時已有許多科學思想，又創爲交易之法，商業寖發達。社會進化如此，而黄帝氏始興焉，此豈神話時代耶？《史記·黄帝本紀》，本據古籍甄録，皆經國大業。最著者，約有三事。一曰，時播百穀草木，此即繼神農氏，而推廣農政。淳化鳥獸蟲蛾，此即講求畜牧與蠶桑也，蟲蛾謂蠶。旁羅日月星辰水波土石金玉。此謂上察天象，下窮水土金玉等物産。勤勞心力耳目，節用水火材物。此可見其開發生産，無處不周。不然，何能開物成務而奠國家永世之基乎。二曰，披山通道，未嘗寧居。東至於海，登丸山，及岱宗。西至於空桐，登雞頭。

《索隱》云在隴西。南至於江，登熊湘。北逐葷粥。葷粥，即漢族之徙於朔北者，後至漢世，則謂之匈奴，其俗獷悍，屢爲暴亂。故逐之。此言黄帝巡省四方，平治道路，以利交通。當時統一諸部，而建立國家，以交通爲最要。帝未嘗寧居，以全力經營此事，可謂知所先務者。此中四方所至，稱其巡幸之跡耳。非謂其國境如是。蓋當時修治内部交通，必親歷四方，相度地理。三曰，平内部蚩尤之亂。蚩尤本漢族。蓋當時部落之長。《管子》書稱其受盧山之金，而作五兵，最爲凶暴。故黄帝討平之，以安定内部。晚世有疑蚩尤爲異族者，此妄談也。中國人種，皆同一血統，何有異族乎。《史記》述此三者，皆建國大勳。其餘制作文物，散見載籍者，如劃野分州，經土設井，立步制畝，確定社會組織。又帝之史官蒼頡始作書。蓋承伏羲之後，别有創明。帝之臣大撓，始作甲子。又有容成者，製蓋天即渾天儀。及調歷，黄帝歷名。以定四時。又始制冕服，焕乎其有文章。又帝始命隸首定數，造爲律度量衡。命寧封爲陶正，赤將爲木正，以教百工，以利器用。又命揮作弓，夷牟作矢，想必於蚩尤五兵之作，别有發明。不然，何能勝蚩尤乎。又命共鼓，化狄刳木爲舟，剡木爲楫，以濟不通。邑夷作車以行四方，服牛乘馬，備物致用。民乃大利。又作軍用物，如旂、纛、鐲鐃、鼓角、靈鞞、神鉦之類，使戰陳可以利指揮，作軍氣。又伐木構材，起建合宫。明堂敷政，創立其規。又始范金爲貨，制金刀五幣以御輕重。《易·繫辭》所謂通其變，使民不倦者也。又帝元妃嫘祖，始教民育蠶。又命伶倫取竹澥溪之谷，斷兩節間而吹之。創定音律。又立司天之官。命臾蓲占星，鬥苞授規，正日月星辰之象。並令羲和占日，尚儀占月。車區占風，各掌天文之事。氣候測驗精審可知。是則開物成務，創制顯庸，庸，用也。顯庸，謂備萬物而顯其用也。莫盛於黄帝之世。《大戴禮》："宰我問孔子曰：榮伊言黄帝三百年。請問黄帝何人也，抑非人也。何以至三百年乎？子曰：生而人得其利百年，死而人畏其神百年，亡而人用其教百年。"詳此所云，既非神話，又非見於一書之文，則黄帝爲實有，可知。夫烏有先生，唯神話中有之耳。今此散見各種正書。又非有共同造僞之約。安得以黄帝等諸神話中人物耶。或疑晚世方士，有所謂五帝之説。如東方青帝，西方白帝，中央黄帝之類。而此黄帝名號，似是方士所托。不知晚世方士之談，另爲一事。安得以方士有所謂黄帝之名號，而疑古代黄帝爲無其人乎。果如此一則當因方士有所謂帝之名號，而疑自昔以來歷朝之帝爲都無也。按黄帝制作雖多，而其最使社會注意者莫如定章服，以章五色。古者以黄爲正色。人君衣黄袍，帝宫作黄色，其源或自黄帝。《易》曰：“黄中通理。”服色尚黄，頗有意義。民國以來，始從西俗，章服不尚黄。黄帝之號，或因其制定服色而得稱，未可知也。黄帝經道家僞托。莊子始托其説於黄帝。自戰國迄漢初，想必經道家者流，附會許多妄誕之説。史遷所謂“百家言黄帝，其文不雅馴，薦紳先生難言之”。夫曰不雅馴，則爲怪誕之談可知。若關於文物制作諸事，則無所謂不雅馴也。史公又曰：“總之，不離古文者近是。予觀《春秋》《國語》，其發明《五帝德》《帝繫姓》章矣，顧第弗深考，其所表見皆不虚。《書》缺有間矣，其軼乃時時見於他説。非好學深思，心知其意，固難爲淺見寡聞道也。”據此，則史公作《黄帝紀》，其徵考最爲矜慎。後人何可妄疑。若古書一切不信，則古事無可談也。諸書散見黄帝事者，既非神話；又據《尚書》而考堯舜時代之文化，亦當有黄帝之文物制作，爲其先導。否則唐虞之盛，何可驟至？故不獨黄帝實有其人，萬不容疑，即諸書所紀黄帝時代之功績、創制，亦斷斷不可妄疑。中國民族本最古，由北京人之發現可證。其開化特早，原無足奇。今日學子，好立異以爲高，不惜矯誣古籍，變亂事實，乃至摧毁民族數千年信仰所集之標的，毫無畏憚。此爲可痛之現象。聞有以大禹爲蟲，而無其人矣；有謂屈原無其人矣；有謂墨子非中國種矣；有謂唐太宗爲胡産矣。種種怪妄，不可究詰。然諸疑大禹，疑屈原，疑墨子，疑唐太宗者，則衆人多知其邪妄，往往一笑置之。獨黄帝最古，而其名號又似難索解，於是疑黄帝之説，易以惑人。余以黄帝爲中國五族之元祖，數千年信仰所集，故不能無辨。余堅確之信念，則莊子重言，既稱黄帝，必古有其人，亦爲世所共知有者，始可假其事與言，以爲重。又凡有人名而無實人者，唯神話中之人名，則然。今諸書涉及黄帝者，多係正規典册，絶非神話性質。而所傳名事，又非怪誕之談。以此，確信黄帝實有其人。願將來修通史者，於此注意焉。

孔子之政治思想以倫理爲本，實導源於堯舜。《虞書》云："帝曰：契，百姓不親，五品不遜，《史記》遜作馴。汝爲司徒，敬敷五教，在寬。"按五品者，父子、君臣、長幼、夫婦、朋友，五倫也。五教，謂父子有親，君臣有義，長幼有序，夫婦有别，朋友有信是也。親義序别信五者，本於天性而達於倫類之中，各得其理，是所謂道德也。吾國先哲，其言道德，無不以爲本於天性者。功利之説，則未之有聞也。今依五教，略明其義。首以親言。父母之親其子，子之親其父母，皆非有所爲而爲之也，皆出於其本心之不容已也。本心之不容已者，即天性也。其有失於親者，則後起習染之私爲之，而本心不存焉者也。本心不存，非果泯亡也，直爲習染所障耳。次以義言。義者宜也，君以恩禮使臣爲宜，是亦自求諸心之所不容已也。非將有所利於其臣，而始爲此也。然而君或有所利而爲之者，則是君自喪其本心之良，亦習染害之也。臣以忠信事君爲宜，是亦自求諸心之所不容已也，非將有所利於其君而始爲此也。然而或有所利而爲之者，則是臣自喪其本心之良，亦習染害之也。長以慈幼爲序，幼以敬長爲序。序者理也，長不慈幼，幼不敬長，則失其理。皆各發於其本心之所不容已也。設使有長而暴幼，及幼而慢長者，試令其人平情静氣，屏除習染，而自叩其良知焉，則必皆有所不安於心者。此不安之心，即天性之不容已也。夫婦之别，朋友之信，一皆發於其本心之不容已。縱淫無别，詐僞無信，必其習染乘權，本心淪喪，而後不覺其非也。否則其心有能一日安乎。故親、義、序、别、信五者，皆人之天性所固有，而達之倫類之中，以各當其理者也。此五者，具於天性，謂之道。人率而行之，以有得於心也，則謂之德。然凡民在日常實際生活之中，往往于無形中狥其形骸而有自爲之私焉，於是起諸習染，而不克有其道德。此教之所以興也。教者，因人之天性而啟之，將使人反求其在己者，在己者即謂天性。非能增益以其所本無也。在寬者，本身作則以化之，因其善端而誘之，崇奬有道者以勸之，終不以威刑齊之也。若齊之以刑，則是從外面拘束而使之然，非所以使之反求内在的本心，即天性。而敦自然之化也。非字一氣至此。唐虞設教之本旨蓋如此。故孔子稱美堯舜之辭曰："大哉堯之爲君也。巍巍乎，唯天爲大，唯堯則之。蕩蕩乎，民無能名焉。"堯使人自得其天性而已，未嘗以己宰物也。天成物而不宰。舜德猶天也，萬物不謝生於自然，而何能名堯之德焉。孔子稱美舜與禹之辭曰："巍巍乎，舜禹之有天下也，而不與焉。"不與者，言無所事於天下也。任天下之人各得其天性，而無不治也，而我何所事之有。此舜禹所以上同乎堯也。註家解不與，以爲視天下於己若非所有者。此解殊淺陋，非夫子本旨也。從來學者，皆言孔子貴堯舜無爲之治，顧不了無爲之實。若曰無所爲作而已，則是隳敗天下事也。若曰爲而不攖而已，則如何而後能爲之不攖耶，仍未有說明也。須知孔子政治思想以倫理爲本，其言倫理，則本之唐虞五教，將使人各反求其天性。親義序别信，油然暢然達於父子、君臣、長幼、男女、朋友，一切倫類之中，各得其理。天下熙熙焉，皞皞焉。總德而立，曠然天遊。夫如是，則雖復經紀萬端，修舉萬事，實乃各適天性，各盡其力。不待約法素習，而循理爲治；不待乘敝激變，而更化隨進。夫何所爲作之有乎？孔子曰："爲政以德，譬如北辰。"北辰，無爲也。而以德，則其所以無爲也。德者，本之天性，以達於倫類之中，各當其理者也。何云以德，敷教之謂以。凡民不克率德，必敷教焉。而後克厥德也。孔子論治，實以唐虞五教爲本。修古史者，於此不可不盡心焉，勿以爲陳言而芻狗視之也。

今之言道德者，以爲親義序别信不適於新時代也。不知道德的表現，隨倫類關係擴大而有新的形式。如舊言倫類，只有五品，今則不當限於此五，而有個人對社會之倫焉。獨立、自尊、自覺、公共心、責任心、平等、自由、博愛，皆今之所謂新道德也。與舊云五品中之親義序别信，異其形式矣。然而道德的本質，即所謂天性是也。此乃恒常不變，無新舊異也。親義序别信，皆出於本心之不容已，皆天性也。獨立、自尊，乃至自由、博愛，又何一而非出於本心之不容已，何一而非天性流行乎？人類的天性，本是無待無倚的。不待他有，曰無待。不取資於外，而生理自足也，曰無倚。故獨立不羈者，天性然也。自尊而不肯妄自菲薄者，天性然也。本心之明，即天性固具。常懼爲一己平生染污結習，與社會不良習俗等等之所纏固蔽縛，而求反諸良知之鑒照，以適於事理之當然，是謂自覺。此非本心之不容已而何，非天性而何？天性上本無物我之分，故公共心即天性之流行而不容已也。天性至誠無息，其視天下事，無小無大莫非己份内事直下承擔，無有厭捨，無或敷衍。故責任心，即是本心不容已處，亦即天性也。天性上無物我之分，故無恃己侵物，此待物平等。亦無蔑己毀性。不自輕蔑，故不至爲惡以毀傷天性，即自性平等。故平等者，發於本心之不容已也，天性也。天性本來自在，本來灑脱，於一切時，於一切處，無有屈撓，是謂自由。自由正是天性，不待防檢。蓋自由與放縱異。才放縱時，便違天性，便已不是自由也。西諺曰，人得自由，而必以他人之自由爲界。此非真知自由義者。真正自由，唯是天性流行，自然恰到好處，何至侵犯他人？天性上本無物我分之，自然汎愛萬物。故博愛者，本心之不容已也，天性也。凡諸私身家而不顧社會公益，私其一國家一民族，而欲以他國他族爲魚肉者，此皆人類後天的惡習，積累日深，遂至障蔽其天性中博愛之善端，而以惡習爲心也。中土聖哲之學，唯於自家天性，體究真切。此學此理，在今日無可與人説。今人精神，完全向外追逐。其爲學，又純恃客觀方法，不知有反求内證之功。故於此學，竟成隔膜。其聞天性二字，且不知作何感想也。總之，道德有其内在的源泉，即本心不容已處是也，即天性是也。若不於此處用力，只在倫類間的關係上講求種種規範，謂之道德，仍是外面强作安排，非真道德也。人類終古不得復其天性中自然之善，而互相攻奪，無可幸免，終必自毀而已矣。

今人多主廢棄舊道德，此其本心淪喪故也。父子之親，其忍廢乎？君臣一倫雖廢，而有忠國家忠民族之義焉，其忍廢乎？長幼之序，不可廢也。夫貞而毋邪配，婦貞而無私遇，人道之異於禽獸在是，即生理上亦不容瀆亂也。夫婦之别，可去乎？朋友之信，人道斯在。詐僞相與，則不成人類。且朋友一倫，所攝至廣，如領袖以誠信導群衆，群衆以誠信戴領袖，亦朋友有信之謂也。

上來因論五教，説得嫌多。然此確是根本問題。歷史學在數往知來，於此正不容忽。

古代我同族人之流徙於各邊塞者，其俗日習驃悍，文化亦未能發達。唯東北人尚多保存其在内部時之美德，少爲邊患。而朔北人則風氣特别剛勁，其勢力且遍於西北各邊，時或侵暴内部。當時謂之北狄，亦稱葷粥。黄帝嘗逐之，使安其所而已。自後至於高辛，稱日月所照，風雨所至，莫不從服。堯時協和萬邦。舜時四門穆穆。可見其時朔北亦内向中朝。

帝舜時，内部有三苗獨立，初未統一。《史記》云："三苗在江淮、荆州。"劉宋裴駰《集解》引馬融曰："三苗，國名也。"唐張守節《正義》引《左傳》云："自古諸侯不用王命，虞有三苗，夏有觀扈。"孔安國云："縉雲氏之後爲諸侯，號饕餮也。"吴起云："三苗之國，左洞庭而右彭蠡。""按：洞庭，湖名，在岳州巴陵西南十里。彭蠡，湖名，在江州潯陽縣東南五十二里。"又《史記》云："縉雲氏有不才子，貪於飲食，冒於貨賄，天下謂之饕餮，……舜賓於四門，乃流四凶族，遷于四裔。"裴駰《集解》引賈逵曰："縉雲氏，姜姓也。炎帝之苗裔。當黄帝時，任縉雲之官也。"詳上所引諸説，足見古代苗民，確是漢族，本炎帝之後。其所居即今兩湖江西之間。《左傳》謂爲舜時諸侯之不用命也。《史記》據古籍，謂其貪冒，爲天下所惡。舜遷之四裔，蓋只遷其君與君之家族，非空其國人而遷之也。據《尚書·大禹謨》，帝舜以有苗弗率，不順王命也。命禹徂征。禹納益之諫，不果用兵。帝舜乃誕修文德。七旬，有苗格。想是有苗國君被流放之後，苗民不無懷舊之思，猶未服王命。舜復命禹伐之。益諫禹，有滿招損、謙受益之言。蓋謂既流其君，又伐其國人，是中朝將以滿盛招損，不如修德以來之。禹與帝舜，竟能兵修文德，而苗民遂來格焉。格，至也，謂來聽命朝廷也。内部由此無不順於教化者。可見統一之功，不當恃武力。又禹誓師之辭曰"蠢兹有苗，昏迷不恭，侮慢自賢"云。可見其並非凶暴之群，只是不順朝命，有獨立之意而已。與《左傳》所云亦合。舜禹之征討，亦只欲完成内部統一，别無私意。苗民卒服化焉，畢竟是内部有高深文化的群衆，故團結自易。由是以觀，則苗民原未嘗受逼。不知後人何以有滅苗族之説也。又張守節《正義》引《神異經》曰"'西南有人焉，身多毛，上頭戴豕，性狠惡，……善奪人穀物。'三苗性似"云云。此則謂三苗似後世西南山谷之野人。純是臆説，所當辨正。又苗民之先神農，本生於姜水，當在今陜西寶鷄境。舊説西羌即今藏族。爲三苗之後，大概當初苗民有一支徙今西藏等地，有一支散佈内部，即今兩湖、江西等地。或其君族被朝廷逼竄三危，即今甘肅地。其後發展，而益西徙今藏地，爲西羌云。晚世對於三苗之解説，甚爲離奇。余徵集古説散見者，與《尚書》相證。苗民事實，庶幾章著云。

自伏羲至唐虞，科學思想便甚發達。雖不能説他已成功了科學，但科學思想之發達，則無可否認。唐虞設共工之官，以理百工之事。日用器物的創作，技術的精巧，大概猶可想見。禹造交通之具，陸行乘車，水行乘船，泥行乘橇，山行乘權。雖不盡由禹發明，大概至禹改造益精。至於政治和社會方面，種種制度的創造，由伏羲而至堯舜，便已大備。若詳考而深論之，亦有温故知新之益。是時學術最盛者，莫如天文、算術、音律、醫藥，《黄帝内經》雖或後人所托，然當時必有醫術，故後人托之耳。如《莊子》托於顔淵的一段話，與顔子亦有相近處。其發展至如何程度，今雖不可得詳，然創明特早，極可驚焉。天文儀器推測之精確，曆家定節候之準的，音律之微杳絶倫，後人多莫能及。《列子》書中有云："天地，空中一細物耳。"此雖中古僞書，其言必本古代遺籍。古代天文學者，必已知道宇宙間有無數的太陽系統，故有此言耳。天文音律二學，皆非數學精深辨。可惜後儒罕能傳之。又黄帝以來，析土宜，辨物性，亦最精審。農業早盛者以此。當時學校教育，已極發達。古史稱五帝之學，名曰成均。又稱有虞氏養國老於上庠，養庶老於下庠。今西人國學必有高年教授在其間，猶符此旨。其學術發達有以也。今人以歐洲文化發達之晚，因狃於進化之説，必欲將吾國前代文明，盡行抹煞，而説爲野蠻。不知是何用意。

關於古聖王德行處，作史者宜詳考載籍而叙述無遺。嘗謂西人之論治也，自下而上。西諺所謂善治如草木，民智如土田是也。土田好，則草木茂。民智高，則善治可期。故社會不良，而政治難期善美。必下層好，才可望上層好。中人之論治也，多主自上而下。所謂“君子之德風，小人之德草”與“人存政舉”等説是也，實則二説不可偏廢。由西人之説，必注重民衆教育與群衆運動，使一般人民的智德力等方面，皆有長足的進步。如是則社會優良，決不會産出壞的領袖。即有壞人亦不能佔足於政界，此乃一定之理也。西説好處在此。但人民的智德力未增進時，還是要待好的領袖，以身作則來切實領導群衆。否則社會如何好得了。西洋文明發展到今日，卻還靠領袖來引導群衆，而其群衆亦甚服從領袖。中學的説法，在今日更可見其理由充足，不可顛仆。吾嘗言：人類就全體説，總是進化的，但就各個分子説，在長途進化之中，每經一個階段，而各分子間的智德力等方面，欲其各各平等俱進，無有差别，此終是不可能。因爲各人有氣質上的缺憾，本於造化之無心而搆成，這是無法避免的事。因此，人類智愚賢否，畢竟永遠是不齊，而領袖人物的需要似是永遠不能去掉的。既陳此義，仍歸到本題，即我古代聖王所以創建此偉大的國家，決不是偶然的事，必其德行有以大過人者。我儕生數千載下，只有從古籍中搜羅材料，藉以想像古先聖王德行之實。《史記》稱黄帝“勤勞心力耳目”。又曰“未嘗寧居”。可見其爲群衆犧牲之精神。又稱顓頊曰：“静淵以有謀。”静淵者，德之本也。又稱帝嚳曰：“普施利物，不於其身。聰以知遠，明以察微。順天之義，知民之急。仁而威，惠而信，修身而天下服”，“溉執中而遍天下。”言帝嚳治民，若水之灌溉，平等而執中正，遍於天下也。按，帝嚳爲堯父。《論語》記堯授舜之辭曰“四海困窮”“允執其中”“舜亦以命禹”云云。夫欲使四海困窮之民，各得其所，則在乎以平等而執中正爲治。帝嚳首行之。堯承其家法，而以授舜，舜亦授禹。《史記》據古籍記帝嚳之行事，與《論語》堯舜禹相授受之辭，不謀而合。此豈得謂之偶合耶？今人不信古書，不知脈絡分明，烏容抹煞。以疑古炫俗，何其忍心害理耶？平等執中之道，後來儒家承用，益弘其旨。《大學》言平天下，而本之絜矩。絜矩，所以求平也。只計及我一方面的利害，而不顧他方面，即非絜矩之道，即無以求平。《周禮》立政，唯本均平。將來世界人類而有自覺之一日也，舍平等執中之道，而何以焉。《史記》稱帝堯曰："其仁如天，其知如神；就之如日，望之如雲。"而孔子稱述之辭，見於《論語》者，亦必有所據。孟子稱舜："明於庶物，察於人倫，由仁義行，非行仁義也。"仁義，性之德也。舜能全其天性，故所行皆從仁義之性而流出，曰由仁義行。失性而作僞者，以仁義爲美名，乃勉强而行之。舜則不然，故曰非行仁義也。孔子述禹之德曰："禹，吾無間然矣。卑宫室，而盡力乎溝洫。菲飲食，而致孝乎鬼神。禹，吾無間然矣。"〔2〕孟子稱其好善言。夫自苦以勤民事者，如天之仁也。自薄而致孝，不以嗜欲害其本心也。好善言，至公無私故也。《論語》記湯之辭曰："萬方有罪，罪在朕躬。"基督似之矣。孟子曰，湯"執中"。此則帝嚳以來相傳之道也。又曰"立賢無方"，方，類也。賢則立之於位，不問其類。公之至也。孔子稱文王爲"至德"。孟子云："文王視民如傷，望道而未之見。"可謂善形容聖人心事。又稱武王曰："不泄邇，不忘遠。"泄，狎也。至公之心，遍注天下。故邇不狎，遠不忘也。爲一己之私者，必狎左右親邇，而忘四海之遠圖。又稱周公曰："思兼三王，以施四事；其有不合者，仰而思之，夜以繼日；幸而得之，坐以待旦。"周公之憂勤天下與來世也，至矣哉。凡此，必皆據古史記載，非揣測可得。須知吾國數千年高深的文化，若非累聖明德相承，艱辛領導，何能有此偉大成功。天地間，没有以虚妄而做出實效來的。此處吃緊。我輩於古先聖王真實德行，切須留心體究，不可忽略過去。作史者，要當於此有所發揮。

堯舜盛德，觀於孔子《論語》中所稱述即可想見。聞今人編學校教科書，卻把堯舜禪讓之事，看作與操、懿同流。不信古今有德人，不信古今有美事。以此敗壞青年心術，最堪痛恨。試思古籍。稱堯舜之聖德，亦稱蚩尤與四凶等等之惡德。即其於惡無掩諱，可徵其於善無粉飾也。如謂古史家記録惡行，或有偏黨。然堯、舜、禹，皆其所尊爲聖德也。舜之父瞽，禹之父鯀，史皆不掩其惡，不爲聖王之父而有所諱也。以此徵其無偏黨。世之説者又曰：當時去部落時代未遠，君位未定也。堯授位於舜，亦是尋常事。然後世游牧諸胡，猶以争位相攻殺，流血不息。况唐虞時，一統之局久定，歷史事實，不可抹煞乎。在聖人行盛德事，本自尋常。而吾儕把古今盛德事，看作尋常，鮮存敬慕，則此心有不可問者。此不可不辨也。自操、懿以後，奸人得志。社會染於污習。以爲當國者，只有利害，無有道義；只有騙詐污賤，無復博大高明。因於古聖王行事，不信爲實。以此成心習，欲國無亡、種無危，何可得也。

或曰：儒家言古聖帝明王之德，可謂盛矣。然諸子之論每不同。其所傳帝王行事，亦有異乎儒家所稱。此何故耶？答曰：儒家自孔子盛道堯舜禹湯文武周公之事，見於《論語》。其學術思想之淵源在是也。諸子晚出，各求異於孔氏，而自樹一家之論，故不得不將孔學之所根據者，一切摧毀之。孟子時，齊稷下先生之徒，非堯舜，薄湯武，皆反對儒家者也。孟子言必稱堯舜，而韓非獨誣辭薄之。韓非所説，純是造謡。其書《忠孝篇》曰："瞽瞍爲舜父，而舜放之；象爲舜弟，而殺之。放父殺弟，不可謂仁；妻帝二女而取天下，不可謂義；仁義無有，不可謂明。《詩》云：'普天之下，莫非王土；率土之濱，莫非王臣。'信若《詩》之言也，是舜出則臣其君，入則臣其父，妾其母，妻其主女也。"細玩此段話，其爲造謡，顯然易見。如所云，信若《詩》之言也，是舜出則臣其君，入則臣其父，妾其母云云。前文云，舜放父、殺弟。今忽引《詩》，又曲添出妾其母一事。豈不怪哉？夫受堯之禪，非是臣其君也。子爲天子，何至便臣其父。後世漢高即帝位，而其父太公猶存。謂漢高臣其父可乎？且唐高祖禪位於其子太宗。後來此等事頗多。清高宗之於仁宗，猶行之。若如韓非之説，則凡子受父禪者，皆是臣其君父。有是理乎？妻其主女，便成罪名。則凡自古帝王之女，皆當寡居。因人臣不可妻主女故。韓非邪妄誣搆之辭，稍有識者，不難明辨。臣君父，妻主女，妾其母，種種造謡，既皆易見，則放父殺弟，爲其故造之謡，不辨可明。古史載瞽瞍惑後妻，不慈於舜。象又日以殺舜爲事。而舜卒以孝友感其父與弟焉。當時堯與四岳、伯益等皆稱舜之孝友見於《尚書》，豈可抹煞？韓非乃反搆舜放父殺弟之謠，不知是何居心。按韓非主張法治，故極力反對儒家言人治，其辭曰“故人臣毋稱堯舜之賢，毋譽湯武之伐，毋言烈士之高。盡力守法，專心於事主者爲忠臣”云云。此等言論，《韓非》書中，滿紙皆是。其所以誣罔古聖賢，即此故也。戰國時，諸子百家初起，皆各有追索真理之熱誠，各有偉大的創見。但其門徒後學，漸至失掉本師的大處，而偏以攻伐異己爲高，故不惜壞心術，而造誣妄無聊之説。如竹書所載，太甲殺伊尹，文丁殺季歷皆此類也。法家初祖今不可考，其家派亦多。如韓非者，蓋亦法家支流。其書亦當有末學小生妄加入的文字，學者不當輕信。孔子本云“信而好古”“述而不作”，但其考古之態度極謹嚴。據《論語》所載，言夏殷之禮，而以杞宋不足徵爲憾。又稱美古者史闕文，而嘆今之亡其風。則知妄造古事，孔子時已有之，而深致嘆乎此，因追慕古史之謹嚴而能缺文，不妄添説也。孔子又曰：“多聞闕疑，多見闕殆。”又曰：“知之爲知之，不知爲不知，是知也。”凡此，皆足見孔子爲學的態度與方法，其與晚世科學家遥相契。其考古最謹嚴。故孔子所稱述之古聖賢，吾儕必不容不信。孟子生平願學孔子。其論及古哲，皆依據孔門傳授，不爲當時猥鄙誣詞所亂。漢儒云：“百川異流歸於海，群言淆亂衷諸聖。”可謂能守家法。今世後生言古事者，好背六經而逞邪怪臆説。凡戰國諸子書中，所有摻雜誣妄之詞，與後世浮淺而妄疑古籍之説，古籍誠不無可疑，然如歐陽修等，則浮淺而妄疑者多矣。最爲流行。此乃學風大弊，君子所深憂也。

以上都是關於甲期的幾點零細意見。

甲期中，庖羲至於二帝，唐虞政治社會與學術各方面的創造，似都有突躍之象。至乙期中，統一之局已粗定。政治上各種制度，自有許多改造。如官制及田賦等等。但禹時九州，只是劃爲墾田定賦之區。非當時領域只限於九州也。夏朝聲威最遠，何止九州。然學術思想與技能等方面，夏朝似有一種停滯之象。《表記》曰：“夏道尊命事鬼，敬神而遠之，近人而忠焉。先禄而後威，先賞而後罰，親而不尊。其民之敝，惷而愚，喬而野，樸而不文。殷人尊神，率民以事神，先鬼而後禮，先罰而後賞，尊而不親。其民之敝，蕩而不静，勝而無恥。周人尊禮尚施，事鬼敬神而遠之，近人而忠焉。其賞罰用爵列，親而不尊。其民之敝，利而巧，文而不慚，賊而蔽。”這一段話，叙三代政俗，大概可信。夏朝人惷而愚，喬而野，樸而不文，學術上想無甚進步。殷時人，蕩而不静，勝而無恥。然蕩而争勝，則已漸開西周之風，知識必又發達。周人利而巧，文而不慚，賊而蔽，足徵此時人的知識已大開，文明盛啓。利而巧，必於物質上多所開發也。周公能作指南針，此不是偶然的現象，必其時科學思想發達，工藝精巧，始得有此發明。文而不慚，文明盛則詐僞多也。利弊相因也。賊而蔽，賊，深刻也。知識精深，則務偏至。偏至，則明於此者，暗於彼。故曰賊而蔽。今西洋學術，猶患此也。《表記》這段話，似是雜録晚周道家語。道家反文明故也。然其觀察深刻，至可玩也。孔子曰：“郁郁乎文哉。吾從周。”故知《表記》所云，非孔門之傳也。然推觀三代世變莫如此段之精矣。故表而出之。

世儒以唐虞揖讓，湯武征誅，爲風會大轉變處。不知君位傳賢，但是二帝高行，於世運上不算一個變局。湯武征誅，亦是朝代遷移中必有之現象，不是世運中另成一種趨向。

春秋、戰國不能判爲封建社會時代。聞有人據甲骨文的材料，臆測古代社會情形。余以爲地下發現的材料，當與古籍相參考，但萬不可胸懷成見，先把吾國某時代的社會，硬判他屬於未進化的某種狀態中，然後隨時所尚，而取片段的材料，以證成其曲説，自矜新穎。中國只是中國。各時代的社會情形，還他各時代的樣子。須綜觀全部，不能以一曲論也。如生物學者，發現一個原生物，遂不博觀生物界發展的全部，而但據一個原生物，謂今日猶是原生物的時代也。豈非可笑之至乎。今人摘片段材料，以斷古事，大抵類此。須知就機械發明與生産改變的觀點，以判社會的階段，則謂中國至今未離封建社會可也。從文化方面，如哲學思想、藝術、道德及政治社會等等的觀點而説，則謂春秋、戰國時猶是封建社會，其何以饜人之心乎。當時社會有豐富的動力。生産雖以農業爲本，而春秋時農人，已有直接參政權。列國有禦敵及立君等大事，人民全集於外朝而共議焉。《左傳》中，此等事實甚多，蒙君文通嘗徵集之。可知是時農民已非復爲君公大夫之奴隸矣。工商業亦漸發達。《論語》曰“百工居肆以成其事”，是工人已群集都市，非復爲家庭附業也。《管子》書中所記，亦可考見。鄭商人弦高，遠商國外，聞秦師將襲鄭，設計卻之。足徵當時商人知識甚高。至其時人道德思想，皆趨向於獨立、儒家遯世不見是而無悶，與中立而不倚的精神，道家浩然獨與天地精神往來的境界，皆代表其時代個人尊尚獨立的道德。平等、孔子“有教無類”，孟氏謂“人皆可以爲堯舜”，明人性無差别；道家與萬物同體的意思，皆代表其時代尊尚平等的道德。自由、子貢云“我不欲人之加諸我也，吾亦欲無加諸人”，此自由義也。人以非禮加諸我，是毁我之自由也。我不可受也，尊我之自由也。我所不願受者而施之於人，是毁人之自由也。吾決不以此加諸人焉，尊人之自由也。如此言自由，可謂精矣。《莊子·在宥》，義益恢廣。凡此，皆代表其時代尊尚自由的道德。博愛，孔云“汎愛衆”，墨言“兼愛天下”，“兼利天下”，皆代表其時代尊尚博愛的道德。視今世所謂文明先進者，利令智昏，搶奪是務，其高下果何如耶。藝術有偉大、渾樸、精麗種種之美，自古代已然。古物之偶存者可考也。哲學思想，則諸子百家，各窮其大，各究其微，蔚然鉅觀。如斯偉大時代，而謂其猶是封建社會，謂其不脱封建思想，吾所不能解也。中國與西洋兩方文化，畢竟各是一種路向，各是一種面目。執西方之所有，以衡中國，而一概卑陋視之，吾未見其可也。

三代的田制，如井田。税制，如貢助等。最爲難考。治古史者，望於此細心焉。

明堂、學校、里社等制度，原於上古，而極備於成周。近見蒙君文通，頗有考定。然彼似一方面認爲是當時王朝與列國的行事；一方面又説爲漢代經師的哲學。其議論未免混淆。實則此等制度，本古代所實行者。據蒙君所徵引材料，皆屬歷史事實，並非漢世經師之一種理想。經師只是紹述古學，諳習先王成法。推其美意，不欲廢墜，願後世勿失三代治制之良，而流爲專制愚民之弊。漢世經師博大誠摯處，決非清儒所敢幾及者，正在此耳。但蒙君如謂此等治制，爲出於經師之哲學思想，則又與其考徵古事之態度，自爲矛盾，不可無辨。吾本未多看蒙君的著作。但曾看過一二篇短文，覺得他是如此。然而蒙君在這方面努力之績，治古史者要不可忽。

晚周諸子書，今人皆以爲西漢人僞托。因爲時俗狃於進化之説，以爲古代總不如後世，所以要將諸子思想拉退向後，以迎合現代的風氣。此吾所不忍贊同者。戰國時諸子百家，以儒道名法墨爲最盛。其著述已多不傳。《墨經》與《韓非子》，其思想與文字，顯然不是漢時的產物。墨子兼愛、尚同的思想，正是生在列强競争時代的反感。其談名學的部份，文字嚴栗簡勁，漢人絶不能及。漢世所謂法家者，大抵務實行而不尚理論。其於行政持法也，主綜覈，尚嚴刻。前者如文景宣三帝之爲治，莫不精於綜覈。文景雖習於道家言，而亦參法家。後者如晁錯輩，欲矯寬緩而以嚴刻爲政。錯主刻削諸侯，亦法家也。漢世號爲法家者，不過如此。至於《韓非》書中，許多理論都是與儒家針鋒相對。西漢法家並不注意理論的工作，且《韓非》書文字，簡而理，簡要而有條理，異乎漢人不能持論。質而温，温潤有文也。與漢人文字尤不類。《管子》書雖非其本人所作，要爲戰國時法家輯録之書，則無疑。其書中多敘述管子當日行於齊國之政，必有所本。其理論部分，往往閎博奥密。而根於經驗。非生當戰國，歷練宏富，則莫能爲也。更言儒道。《老子》書以極少文攝無量義，真所謂含藏萬有者也。西洋哲學書，大抵以辨物析理、條分件繫、繁稱博説爲務。中國哲學書則稱引不越人事，文辭渾約，而意理淵廣。欲使讀者會心於文言之外，可以涉衆事，歷萬物，而畢達其原也。故以讀西書眼光，而讀吾先哲書，如不能得先哲意，則必輕之矣。此段話，本不專爲《老子》書説，但讀《老子》書者，必識此意思，否則無可與之言。《老子》書，廣大淵微。其文辭，斂奇氣於深淳，隱彩麗於樸質。漢人哪有此境地？漢人文字，不失之粗豪，即失之膚泛。如賈誼論文，只是粗豪，無甚道理。《淮南子》書，其中深語，太抵雜録晚周人的。許多膚淺浮泛的文句，就是他們自造的。識者自不難辨。凡大包細入，含攝萬象，而着筆不多的文字，凡字至此爲句。最爲難作。張孟劬先生嘗云，中國有三部奇書：曰《周易》、曰《論語》、曰《老子》。此説卓有見地。中世如王輔嗣的《易略例》《老子註》，郭子玄《莊子註》，亦是難能。以其詞約而理廣故也。否則意盡於辭，不能令人起種種解。《老子》書，境地甚高，决非漢人所可僞。《莊子》書非僞，自不待言。《易·十翼》，爲七十子後學記録孔氏之説，當是春秋、戰國之間的文字。比於《論語》，較爲流暢。比於《韓非》諸子書，則渾含語渾而含理廣，曰渾含。而不厲。斯所以異於後之法家也。即比之孟子書，亦樸質氣味較多。孟子之辨，稍近縱横，雖由應機故爾，然較之《易·十翼》樸實説理，則稍異矣。孟子生孔子卒後百零六年。其著書在遊齊梁後，至少在六十歲外。上距孔子，約百七十餘年。風氣當大變。《禮記·周官》文字，大部分與《易·十翼》較近。意者孔氏没後五六十年間，七十子後學，憶持尼山口説而始筆之簡策乎。百年者，數之大齊。五六十年間，則風會不能無變矣。《禮記》，漢儒輯録之書，其或旁採晚周雜家材料，不純爲七十子傳授之辭，亦間有謬説淺語爲輯者所妄附。然大體自屬尼山傳授，無可疑也。《易·十翼》義藴，以《論語》推徵之，殆無不合。故求孔子哲學思想的體系，誠莫如《易》。非曠然神悟，未可與之言斯義也。當别爲文論之。《十翼》，决非漢儒所可僞。一則漢初儒者，值六國滅亡秦皇暴亂之後，無暇游心高遠，僅能爲抱殘守缺之業。《十翼》博大精微，决非其所能爲也。二則漢儒治《易》，偏於象數，又好以繁瑣的名數，配合而成説，純是懸空搆畫。大概是沿襲戰國時陰陽家的緒論。西漢易家流行的説法，不曾申述《十翼》的義理。這是顯明的事實。如何説《十翼》是漢人所作。漢人書中，引用《易傳》中文字，此不足奇。如《淮南子》等書，大部分是輯録晚周人語，及綴述故事，間附以己説耳。其書中許多空泛語句，絶無義藴，文字有雜湊而無力量者，大概由輯録諸人以己意攙加上去的。後人抄録或引用前代語，此是常事。如以此而倒轉過來，反謂前代書是後人所作。此非怪妄之極乎。須知古書義蘊，不易尋索。狂妄狐疑，何如細心體玩。往者歐陽修輩，亦曾疑《易》。實則修只會作艷麗詞語，與八股式之古文耳。更有甚思想，更識何義理耶。孔子信而好古，亦曰“多聞闕疑”。唯虛懷求真，而非淺見者，乃可與言缺疑。此事談何容易哉。總之，《十翼》確是孔氏傳授，不可謂漢人所作。觀於漢世言《易》者，風氣自别。已足釋疑。至於辨析其義，則非此中所及也。

《周禮》一書，今人或以爲漢人作，或以爲六國時人作。吾向者以爲此書本出儒家，但融會法家思想。後來自知有誤。此書確出孔子傳授無疑。《論語》記孔子曰“吾其爲東周乎”。其全副經綸，具見此書。今人也多知道此書的價值。其於國計民生，一切計劃，周到而又廣遠。直是上天下地，無所不包羅，没有纖毫遺漏處。此書的組織，以官爲經，以事爲緯。大概原本周制，而推演精詳，以成一部大典，待之後人。决定是孔子口説流傳下來，其後學記録成書。大概在孔子没後五六十年間，不能再向後説去。後來的儒家，如孟子及荀卿的文字，看來都與《周禮》不相似，此意容當别論。吾初疑《周禮》受法家影響者，以爲《周禮》似將民間萬事，都加以嚴密的組織，故似法家。實則儒家政治思想，本不是任人民各自散漫，不相爲謀的。果爾，則何政治可言。儒家思想，本來細密。即舉一部《儀禮》來説，其條文何等詳密。尤復當知，《周禮》的政治思想，其根本則在以鄉三物，教萬民。鄉三物者，六德、六行、六藝是也。六德，智仁聖義忠和。六行，孝友睦婣任恤。六藝，禮樂射御書數。鄭玄註六德、六行，皆淺陋，而不得其旨。顔習齋之徒，知六藝切於實用，而於德行則未有見也。六藝在今日，相當於科學知識。辨物析理，則利用安身所必資也。然人道之所以立，則存乎德行。六德首智，萬惡起於惑，未有愚而不惡者也。獸類凶噬，無智故耳。智者自明自了，心體澄明，無有感染。鄭註以明於事言之，陋矣。仁者與萬物同體。鄭註“愛人以及物”亦是。然非真能以萬物爲一體者，又何能愛人及物乎。鄭氏未識仁之體也。聖者，盡性之稱。天性真實，萬善具足，不以私欲害之，使本性之善完全顯現，故云盡性。《中庸》言聖德處，可玩。鄭註“通而先識”。不知未能盡性，則心有私蔽，何能通而先識乎？義者，以智斷事，皆得其宜。鄭註“能斷時宜名義”。則未知如何能斷也。忠者，心無邪妄曰忠。鄭註言以中心，嫌泛。和者，心不放逸，物不得擾。鄭註“不剛不柔”，則未知和之體也。孝者，善於父母爲孝。弟者，善於兄弟爲弟。睦者，親於族黨。鄭註“專以九族言”，甚狹。應兼鄉黨言之。婣者，親於戚友。婣親也，不專爲外親言之，交友皆在所親。鄭註“義”亦狹。任者，社會公益所在，毅然身任其事，今所謂公共心與責任心是也。鄭註“以信於友道言之”，失其旨矣。恤者，同情心。社會上有種種不平的制度與自然災患等事，則對受苦者同情而謀所以振拔之。六德，難期於中人以下。故次六行，則盡人可勉之以實行也。詳此，則《周禮》的根本意思與《論語》所云“道之以德，齊之以禮”，原是一貫。其於法家，全無融通處也。

晚周諸子百家，學術派别與學者姓名，及其著述存廢，史家宜博考詳徵。

孔子哲學，自來在吾國學術思想界，號爲正統派。研究孔子的思想，當以《易》《春秋》爲主要的典籍。而群經與四子書，均當參互以求之。

或謂治《春秋》必通《禮經》。余謂《春秋》家言，不可勝窮，但當以何邵公所述之三世義爲主。若依經文所載當時行事，而上究聖心所以别嫌疑辨是非者，必據《禮經》故義，以爲準繩。此亦就據亂升平二世言之耳。至於太平世義，原極性道，而知斯人繼善以成其能。繼善，見《易傳》。吾人不使心爲形役，而有以全其天性固有之善，是謂繼善。否則滯於形而失其性，即不能繼續其本有之善也。成能，見《易傳》。繼善之功，即人之所以自成其能也。此義須反身體會方得。畢竟率其恒性，無有惡根也。恒，常也。人性常於善，而人有不善者，是有生以後，滯於形而囿於染習，非其本性有不善也。書云恒性，旨深哉。推徵群變，而知奇偶相盪。有奇數，則有偶數。而偶復爲奇，動盪不已，是成萬變。世間無絶對之美，然剥、復相因，終必有復之幾焉。《易》終未濟，而未嘗無既濟，義深遠哉。又乃觀物之生，以比爲用。《易》之《比卦》，明萬物莫不以相比助而得生。互助論者，有見於此。民群生産，均平爲不易之原則。《周禮》與《大學》，皆明此義。以斯而談，太平何遽不可期耶。然此義淵廣，必會通群經四子。窮其根柢，得其條貫。夫而後可與言《春秋》太平義。豈徒執守禮文云乎哉。康有爲言三世，空泛膚亂，無義蘊。其傳自井研廖氏。藍之質未美歟，猶未足以出青也。

《易》道深度。此姑不談。要之，求孔氏學者，必主《易》《春秋》，則非余之嚮言也。

傳孔子學者，夙推孟氏。孟子首明民貴之義，論選賢，必國人皆曰賢。論刑，必國人皆曰可殺。論經濟，必民皆有恒産。其他勝義無窮，要皆發揮《春秋》由升平進太平義也。其原本性善，則從形而上學中，人性的認識，以樹立其太平理論的基礎。博大精深哉，孟氏學也。今人或摘取爲政不得罪於巨室一語，以孟子爲主張貴族政治。此可嘆也。言固有一時感事而發者，今各國政界有勢力而繫人望者，猶得以巨室言之。况自孔子時，大夫專國，“五世希不失矣；陪臣執國命，三世希不失矣”。以此證孔子時，貴族政治已漸崩潰。後來所謂貴族者，不過虚有階位，如今虚君之國，猶存世爵之臣也。貴族而專政，則被倒也甚速。春秋世已然，况戰國乎。春秋以來，政權日下逮於民。故孟子曰“得乎邱民而爲天子”，有以也。《左傳》中關於人民參决國政的事實很多。今人謂其時爲貴族社會、奴隸社會，豈不怪哉。吾前云，周代田制、税制及學校、明堂等，須細心考正者，以此。因談孟子，而牽連及之。

工藝方面的發明家，則有周公、墨子、公輸子等。孟子稱公輸子之巧，必多創作。惜皆失傳。而周公之羅盤針，其功尤偉云。

算學發達最早，而《周髀算經》僅存。當時數學書，散佚者必多。恐古代數學發展之程度甚高，惜今無從考見耳。

周世塞外諸部衆，凡夷、狄、外患等字，今皆不必用。以本同種類，又諸部在上世，本已臣屬中朝故。猶未甚開化，俗號獷悍。春秋以後，時向内侵擾。齊國有管仲者，時相桓公，修明内政。爲列國盟主，能糾合諸侯。故各國賴以安定，而侵擾者不得逞志云。

戰國時，孟子始有王伯之辨。後來宋儒之學，一宗孟子。故於王伯之辨，尤斷斷焉。詳孟子所謂王者，謂堯舜禹湯文武也。《孟子》書中屢稱之，謂其皆能“以不忍人之心，行不忍人之政”，絕無一毫矯揉造作，絕無一毫虛僞。國内之治如此，國外之交亦如此。故乃率天下以仁，率倡之也，以身作則，使人皆化之也。而使天下人皆有以復其本心，任天而動，放道而行。放，順也，天者萬物之本真。理之至實，無虛妄也。在人則謂之本心。道亦天也，特變文複言之耳。無有詐虞，無有侵暴，無有欺誑，無有拑束。而天下熙熙焉，皞皞焉，各得分願，率土曠然稱治矣。王道之旨蓋如此。其所謂伯者，謂齊桓、晉文、秦穆、宋襄、楚莊等也。伯者，襲先王仁義之迹。迹者，已然之謂。是先王已行之事。而假之以自文，雖做得似仁似義，而實不從其本心流露，徒作僞以欺與國，取巧便。其處心積慮，則完全在功利上計算。所標榜者，皆極美之名。而所爲者，乃利令智昏，不顧公誼，卒至一無所利，適得其害也。在其國際如此，至其國内之治，凡所以約其民者，約者約束。純本其一己之主張，制爲法令而以權力强制人民，使之不得不從。彼直視人民如機械，其趨事赴功，亦足鼓舞一時，而使民有驩虞之象。驩虞者，勢不可久，而愁慘隨之矣。伯道之敝，蓋如此。夫王者之爲治也，一本於其不忍人之心。此不忍人之心，即所謂本心也。本心者，人皆有之。孟子是以謂人心之所同然者也。好仁而惡不仁，好義而惡不義，人心之所同然也。不仁者，而惡居不仁之名。不義者，而惡居不義之名。以此見不仁不義之人，其本心之同然者未嘗不在。而至爲不仁不義者，特執其小己之私，縛於染污之習故耳。王者，使人各得其本心之所同然，而無以小己之私害之，無以染污之習障之。人人共得於天性自然之中。自然，謂純任天真，無有僞妄也。脱然無掛。無有掛礙也。曠然無害。無相侵害也。美哉，盛哉，人道之至尊至樂也，王道所以爲大也。孟子王伯之辨，義至宏遠，蓋本孔氏《春秋》太平之旨，而敷衍之。真乃義徹人天，德齊覆載矣。或曰：孟子貶斥伯功，亦已過矣。其曰仲尼之門，五尺之童，無道桓文之事者，然《論語》不常言齊桓、晉文耶，不常大管仲之功耶。何孟子言之過乎？答曰：春秋時，五伯行事，猶有先王禮治之遺，當别爲論。未至如戰國時伯術之無所不用其極也。孔子已云晉文譎而不正。然戰國時，復有如晉文者乎。晉文尚能用其民，能合諸侯，而六國已不能也。至如秦之殘暴，則真如今法西斯主義國家矣。今列强皆伯道也，而法西斯尤甚。孟子所以過斥桓文，惡其開禍亂之源耳。孔子居春秋時，以管仲有匡天下禦侵略之功，故盛贊管子之仁。言各有當也。或曰："若王伯之説誠然也，則古代美於後世乎？"答曰：如宋儒邵堯夫所云，則世愈降而愈下矣。余謂此問題太大。若詳究之，將累帙不能休。無已，而簡單言之，古代天才家之智力，其大處深處，或非後人所能及。但其條理詳明處，又決不能如後人也。至古代社會上一般智力的水平線，其下於後代甚遠，亦復何疑。古代聖的道德，自當高過後人，以其渾樸未離故。若古代社會，雖較後代社會爲渾樸，然對於道德行爲之判别，則限於經驗尚簡，而未能精到。每有許多不合理的信條，亦安之若素，而不知其非。後代社會，雖智僞百出，而離其渾樸。然對於道德行爲之判别，則又遠非古代所及矣。夫王道出於古代聖帝明王，而伯道則後王所尚。孟子一本先王，荀卿法後王。故公孫丑萬章之徒，不肯仕於當世；而荀卿之徒李斯，遂相秦焉。儒家在戰國，已有孟荀二派，不能相一也。宋世，朱子與陳同父諸人，亦以王伯興諍也。今世列强之治，又皆伯道，與秦爲類，尚不敢望春秋五伯。五伯猶假仁義以行之。今則公然搶奪，公然爲凶猘矣。余以爲今後治道，必本吾固有王道的精神，而參以近世伯治之法度，方可拯兹人類。若純任伯道，則人類終於自毁而已。邵堯夫詩曰："帝皇王伯大鋪張。"帝謂五帝。皇謂三皇。皆王道也。堯夫雖尚别有説，今此不從。吾意只云王伯並用。百世之下，倘見行焉，猶旦暮遇之也。

中古史，起秦皇併六國稱皇帝時，終唐末五代。

中古史，可分爲三期，自秦皇迄東漢之終爲第一期。自三國迄六朝之終爲第二期。自隋文滅陳，統一南北，迄唐末五代之終爲第三期。

秦皇併六國，天下始定於一。此是中國歷史上極大的變局。前此，如夏至西周，雖確立中央制度，然實際仍是萬國並峙。王朝不過監督於其上而已。及東周以降，王室亦夷爲列國。爾後諸侯互相吞併，日益劇烈。逮戰國時，僅餘七雄。至秦始皇，遂滅六國，改郡縣。自此，乃確立大一統之規模。此後，雖時有分裂，要是變亂時偶然的現象，終必復歸於大一統之舊云。

中國至秦而一統，此實必然的趨勢。一則中國民性之表現也。中國人的思想，向來是趨向大同，不喜分化的。所以在遠古部落時代，就有共主出現，如庖羲神農諸帝，就是那時無數部落的共主。當時侯國，元來都是部落。又如塞外的各部，雖有時向内侵暴，然遇中朝有賢聖主政，他們還是各自荒塞外來朝，無有離貳。即此可見我先民厭分化愛統一的天性。二由事勢演進的結果也。自夏朝大禹確立君位世及之制，王朝地位，日趨鞏固。及周公厲行中央集權，共主之威愈振。當時大封同姓功臣，能廢除前代以來許多侯國。足見新王威權之大。又孟子談王制曰："諸侯惡其害己也，而皆去其籍。"可想見王朝於諸侯有嚴密的統治的法現。此必周公所定也。平王東轍以後，周適衰微。適值楚人崛興，滅國無數。代周之勢，雖未竟功；統一之業，已開端緒。楚地不唯全有今長江、珠江兩流域，即中部豫魯等省，亦多入楚國版圖。老莊自昔稱爲楚人，實非長江流域諸省人。其先，大抵是魯豫間小國，爲楚人所併耳。秦人後起。所與競者，僅餘六國。而孟子當其時，已有天下定於一之預言。蓋天下大勢所趨，哲人知之審矣。三則儒家思想之所促成也。儒家本持世界主義，不限於自理其國而已。孔子有太平大同之義。《大學》言治，以平天下爲鵠。齊魯之間，儒學浸漬已深。楚國則陳良北遊，悦周公、仲尼之道。燕與三晉，勢弱於齊楚，而皆依齊楚爲重，其不能不熏染於儒術可知也。六國之民，既習儒言，而有諸夏統一之蘄向，非若遇異族侵逼，義不共戴也。又值六國君相昏庸，無以固結民志。故秦兵東向，而六國勢如土崩。儒家思想之有利于秦，其一因也。及秦既夷六國，而所行者，悉反於儒生所期望。儒者又相率非毀之。秦皇懼儒生又將不利於己也。於是坑諸儒，而不知適所以速亡秦之禍也。卒之，秦皇僅爲皇漢驅除難，非真能定大一統之業者也。而儒生之期望，竟獲於漢焉。綜上三因，天下之勢，至戰國末葉，不得不歸於大一統。此其所由來者漸也。

中國自大一統以後，利之所在，而弊亦伏焉。疇昔本部之内，列國並立。文物制作，互競雄奇。殆如歐洲列强今日之狀焉。春秋、戰國，政權由貴族而逮平民。農人夙隸君公大夫之家，漸得解放，而爲國家之公民。哲學思想，如十日並出，萬卉齊發。或爲極端個人主義，如春秋時丈人，戰國時楊朱等。或爲極端社會主義，如墨子，許行等。或爲極端國家主義，如管子、商君等。或爲極端世界主義，如墨子及莊子是也。老子雖非國家主義者，但其主張又有特別處，容當別論。或亦堅持無政府主義，許行與莊子皆然。或專主法治，如韓非等。或始終不廢人治，如墨與老，皆有尚賢意思。或力主專斷獨裁，如商君等。或偏尚自由放任。如莊子等。種種矛盾，種種衝突，廣漠揚沙，大洋飛浪，千態萬狀，雄哉奇哉。其唯宣聖，“天地爲爐，造化爲工；陰陽爲炭，萬物爲銅”。窮極至道，萬變不齊，揆之以道。通以三世。《春秋》三世義，至爲宏遠。大哉無不包乎。諸子各爲偏至之論，俱爲孔氏支流，而仍不能不匯歸於孔氏。原夫道之一，而通其世之變。則諸子種種不同的主張，莫不各有所當，而各因其時。《易》之《隨卦》曰，隨時之義大矣哉。執其一，則礙於至理。通其變，俱適於大道。如四時之運行，如萬物之並育。孟子尊孔氏所以喻如樂之大成也。又戰國時哲學家中，有主知者，如名家等。有反知者，如道家。而孔氏，則於本體論方面，主亡知而默識。於日常經驗界的事物，則不廢知識，而以慎思明辨爲功。此儒學所以爲大也。後來名道諸家，各取孔學之一端，失其本矣。綜前所述，學術思想界發展之狀況，奇偉如是。豈不以諸夏爲列國競争之局，而始有此盛事哉。莊子云“知出乎争”。蓋亦見及此矣。及一統以後，全國悉爲郡縣，人各安其鄉里。漢人所謂士食舊德，農照先疇。而無異見異聞。以蕩其知。社會較爲安定，而學術思想亦凝滯而少變化焉。所謂弊亦伏焉者此也。晚周諸子百家之學，至漢而亡失殆盡。名家、墨家皆未有聞也。法家則置其理論而不究。道家亦全失老莊宏旨。如竇太后者，或略得於保嗇精神乏術，而因托於黄老歟。其他蓋公、黄生之倫，以清净少事言治。當擾攘之後，亦一道也。然其自得淺深何如，今不可考見。儒家，若董生，雖多守古義，而雜以怪迂。賈誼，全無思想可言，但文字有粗豪氣，爲時所推。後世名流不學之風，自誼開焉。其影響之惡，不可言也。淮南王安招致游客，雜録晚周百家言，而妄有附益。本雜家也，而傾向道家爲多。但其言法出於民衆公意，又謂法籍，禮義，所以禁人君使無擅斷。余民二有筆記一則，載梁氏《庸言》雜志，説此事。此區區數十字，則晚周法家要義，賴以保存。功亦鉅矣。王充《論衡》，膚雜無統紀。其他，皆可不論。漢世學術思想，錮陋亦甚矣。唯經師篤守明堂議政、君位傳賢諸義，敢以死犯時主而不諱。蒙君文通嘗考之。史遷於帝制，亦不滿焉。其列項王本紀，陳王世家，傳貨殖以戒壟斷，傳游俠以厲民氣，皆有深意。則以漢興去古未遠，晚周師儒軌範猶存。後此，遂不可見矣。漢之學者，除考正六藝外，諸子百氏之故言，亦間有採摭。而天文算數之學，亦多能通習，不失古之遺緒。吏治以循良著稱，必其於政治上實際問題研習有素也。凡此皆其可稱者。然上視晚周，則思想單簡，學術廢墜，爲憾多矣。自漢而下，失學日甚，著説者乃至以浮俗雜文充數，而集部盛焉。老聃曰“絶學無憂”。此實可憂之至也。豈人智不古若歟，亦大一統之環境使然耳。

又大一統以後，不唯學術思想少變化而已，即政治上，亦利弊参半。往昔列國之世，各國壤地較小，人民較寡。公朝之政令，達於民間也易。君卿大夫之與人民交接也，亦極密。人民之互相團結而参决國政也，又甚便。古代民權發達，良有以也。自大一統以後，疆土廣遠，而交通難；人民衆多，而接觸難。天子、相臣與億兆民庶，成疏隔之勢。每有政令，不易速達。地方監司守令之賢否，朝廷常不易督察。偶有英君賢相，能慎選疆吏，精於考課，則吏治可觀，民獲安輯。然此等君相，不可常有。故政治敗壞者其常，而修明者其暫也。人民既互相疏離，而不易團聚。故日趨散漫，無緣共参國政。久之，人各自爲身家謀，至不以國事爲懷。凡此皆大一統以後發現之弊也。然亦有其利焉，即政府因地大民衆，不得不取放任政策。常一切任人民之自營，而無所拘迫。即政治敗壞時，貪官污吏有所誅求剥削，仍自有相當限度。苟誅求剥削太過，則人民群起反抗。小則聚衆控告官吏，或竟誅殺官吏。大則揭竿起義，四海響應，而昏亂之朝廷，隨之崩潰矣。又人民既習於自營。如保甲、書院、義倉等等，多有可觀。雖組織力未臻强固，然困而導之，則民治之基在是矣。今自世界大通，交通便利。東西文化，互相接觸，若比鄰之相與也。唯廣大國家，廣大民衆，最易爲治。則過去之弊盡去，而未來發展之利，將不可思議也。是在吾國人好自爲之耳。

漢高帝，千古之英傑也，豁達大度，從諫如流。此等處，切勿隨便看過。史稱其知人善任。夫領導群倫，開物成務者，唯能用天下之智以爲智，而不自任私智焉，所以爲大智也；用天下之力以爲力，而不恃少數爪牙之力焉，所以爲大勇也。然所以能此者，則豁達大度故耳。唯豁達大度，故能從諫如流。如胸中有一毫私吝。則有所蔽焉，有所怙焉，而從諫難矣。不能從諫，則順乎己者善之，異乎己者嫉之，何以知人。不能知人，何以任人。不能知人任人，而欲毋自害以害天下蒼生，何可得也。漢氏長世，四百餘年。三代後，國運昌隆，莫與比焉。高皇帝開基之善，有以致之也。近見後生，輕於持論。乃摘其見秦皇出遊，有大丈夫當如是之語。又叔孫起朝儀，曰今然後知皇帝之貴。以此鄙其心事，不知人非上帝，安得語語盡善，事事盡美。但從其平生大端趨向而察之，則其賢不肖可論也。宋祖既君臨天下，鑒五代之禍，常慮諸將有異志也，而務以高官厚禄靡其志，金帛子女柔其氣。惴惴焉，唯猛士之是懼。而高皇帝晚年大風之歌，思猛士，守四方。所存不在一己，而在四方。視彼猜忌材武而思所以柔之者，何如乎。即此一念，而二代興衰之故，從何識矣。夫大人物之有造於社會國家也，其端甚微，而影響極鉅。可不慎歟？

王船山先生謂高帝起匹夫爲天子，是古今一大變局，吾謂不然。國體未更也，政權操於君上，如故也。何所謂變局。秦既開一統之基，而不能守位。則代之者必出於民間，此必然之勢也。

秦據關中，而法家之言獨試驗於其國，而致富强。商君、孝公之烈，有足多者。秦地自周室東遷而後。先生遺俗日就湮滅。秦人新造之邦，約之以法，守信不渝，首從上倡。今人標榜法治者，皆躬先毁法之人。宜其所爲與秦異效。苟非其人，道不虚行。天下事談何容易哉。然秦以法治，行之一隅而治。及始皇行之大一統之天下，而竟以速亡。其故何歟？六國之政，晚雖衰敝。其始，固一遵周先王之遺規，以禮爲國者也。楚之圍宋也，見宋人析骸而炊，易子而食，遂捨而去之。其伐鄭也，見鄭伯能自下，而謂必能信用其民，亦使復之，而不取其國也。楚雄南服，而彬彬有禮如是焉。中原諸國，又不待言。夫六國之政，皆近於禮治，而未習於法也。其文化，又素高於秦隴之民。秦皇一旦欲易之以法治，違其夙習，而又督之以嚴刻。欲偃然臨天下之上，毋自覆焉。其何可得乎。

清末以來，治史者好爲翻案文章，每頌美秦皇。吾不知其果何心也。秦皇以梟雄之資，承累世之强，壹意兼併，遂夷六國。諸夏文化，受其摧殘，自是不振。大一統之局既開，後來人主，恒秉其規，務以力征兼併天下。人民在大一統而專制之帝政下，絶不利於組織，絶無參政機會。何者？大一統則地域廣而人民衆。勢不得相結合以參預國事。專制則亦不欲人民與聞國事。人民與國家關係，僅有納賦與質訟二者而已。以此養成人民自謀身家的心理，而無所謂國家觀念，無所謂民族觀念，無所謂政治觀念，無所謂公共觀念。此皆秦皇開其端也。或曰：戰國之末，不能不一統者，勢也。焉得罪秦皇？曰：是不然。使秦皇無兼併之野心，修其内政，發揚文化，而與六國相休息，則勢不能至此。夫六國之衰微，原因當不簡單，然舉其要者言之，則攻戰太劇，疲敝民力太甚，實主因也。而六國之疲於攻戰者，則又以秦人兼併之野心，威脅海内，不得寧息故也。使六國稍弛其攻戰之禍，而各從事内治與文化之發展，中國當不至成爲漢以後之局面。余以爲人類不能無所與競。但競尚於德慧方面者，則世界所由進化。武力競争，必不得已而後用之，决不可以太過。大《易》之道，去泰去甚。至可玩也。秦皇之夷六國也，疾如飄風。而其自亡也，亦如狂風不終朝。元室之縱横歐亞也，如飇風，而其結果又何如，此亦可爲肆侵略而夷人國者之殷鑒矣。且秦皇以一統之局，而用愚民之術。焚書之事，近人雖多爲之曲辨，然民間挾書有禁，直至漢惠而後除之。此猶得曰秦皇未嘗以愚民爲事耶。夫撫廣土衆民者，則莫急於開民智、養民力、作民氣，使其練達於集團生活之中。由地方以達中央。人民皆得表現其力量，而後可爲大一統之雄國矣。今秦皇唯用愚民政策，開此亂端，而漢以來君主盡率由之。周制外朝詢萬民與學校教民之政，乃至一切良法美意，至秦而蕩然以盡。秦皇可謂萬世之罪魁矣。

漢之治，先儒謂其雜王伯。高帝入關約法三章，疏節闊目，使人坦然昂首天壤，而不虞刑網之密逼迫之苦。其於王道也，近矣。高帝天資開豁，蕭何能識大體，故所爲往往有當於理。然仁心誠意，保育群生，一舉一措，而不敢以私意干之。堯舜禹湯文武，所以見稱仲尼者，有以也。高帝、蕭何何堪語此。又凡哲王開一代之規，必博採群情，制爲大法。《王制》《周官》其書皆有所本。非由後人僞托也。漢興，大抵因秦舊制，而去其太甚。挾書之律，至惠帝而後除之。承秦嚴刻而繼之以苟簡，終未能自樹一代之規。天下安其簡便，而不可與建皇極，遊康衢。故漢之衰，而有曹、馬，天下淪於胡焉。固本之道既虧，馴至人無與立，而獸噬之禍自至。此處宜深思。吾於典午之世，有深痛焉。推本窮源，伯道之餘習使然也。撫今思昔，使袁氏能以正治國，則民國開基便穩。何至倭寇乘我於今日耶。

戰國時，楚之文化已甚高。老莊屈平，或出於其宗支，或產於其領土，皆道家也。社會主義者許行，孟子稱其南蠻鴃舌，亦楚人也。楚自熊繹開疆，雖承周王之化，其後則已雜伯術，而不純爲禮治之國焉。特禮意未盡泯耳。道家之下流，可雜權術。楚之變周，有以也。秦起西都，併六國，而高帝卒以故楚遺民，起而代秦。漢之治，猶楚之遺緒也，非獨雜秦俗而已。漢猶繼楚也，何必一姓而後爲繼乎。

漢世思想界雖凝滯，然民族力量雄厚。高帝、蕭何豁達開基。惠帝仁厚，文景恭儉，一意休養民力。及武帝，雄才大略，延攬天下英俊。自經儒將才良吏、諫士、文學技術之良，博採旁羅，無不畢集。河工，親身歷視，與文學詠歌，忘其勞苦。用人勤政如此，故能大振武功。北開沙漠，除累世之患。西通西域。今中亞細亞，及印度諸國，多來臣屬。而大秦亦幾至焉。東北，有今東三省，及朝鮮地。西南，撫有交阯。日月照臨，無思不服。皇矣大哉。中國聲威之遠，自三代下，未有盛於此時者也。夫愚懦之衆，不興神武之君；衰敝之卒，莫出英威之將。武帝偉大之人物，實自當時社會產生。豈是從天而至乎。吾於是知漢時社會的品質極其優厚。品者，品格。質者，性質。若是卑劣的社會，如何能生出這等英傑來。

衛青、霍去病諸人，氣度雄遠，故能成就偉業。《淮南王安傳》，稱其問漢大將軍衛青。於伍被曰“公以爲大將軍何如人也”。“被曰：‘臣所善者黄義，從大將軍擊匈奴，言大將軍遇士大夫以禮，於士卒有恩，衆皆樂爲用。騎士下山如飛，材力絶人如此……及謁者曹梁使長安來，言大將軍號令明，當敵勇，常爲士卒先；須士卒休，乃舍；穿井得水，乃敢飲；軍罷，士卒已踰河，乃渡。皇太后所賜金錢，盡以賞賜。雖古名將弗過也。’”[3]霍去病爲人少言，不洩，有氣敢往。武帝欲爲治第，令視之。對曰：匈奴不靖，無以家爲也。蓋匈奴諸部，自三代以來，嘗侵暴百姓。漢初，嘗圍高帝於白登，又致書嫚辱吕后。文景欲休息民力，不輕用兵。及武帝始張撻伐。衛、霍皆志在爲民除患，故成非常之功云。《漢書·衛霍傳》，幾皆嘲語，將英雄志事，一概埋没。班氏識量太淺故也。

文帝玄默恭儉。三代而下，以學者陟帝位，文帝稱首焉。帝本治老子哲學，而參用法家之術。匈奴侵肆，吴王不臣，皆静以鎮之。不輕啓兵戎，而汲汲修明政治，百司循規，各舉其職。海内日漸富庶。不期與寇競，而寇亦自不能我害焉。景帝賢明，無改父道。國家元氣深厚，文景二帝含育之效也。武帝興，始資之以擴張，非偶然也夫。

恭儉者，德之基，治之本也。奢侈盛，而盜竊萌，貨賄行。百姓死於剥削，萬事敗於冥冥。内既魚爛，而外患有不至乎。虚文日張，外飾日侈。輕意肆志，以天下莫予侮也，百姓爲可欺也。曾不知凶猘日同於其旁，禍至而莫禦焉。昔“子路問君子。子曰：‘修己以敬。’曰：‘如斯而已乎？’曰‘修己以安人’。曰‘如斯而已乎。’曰：‘修己以安百姓。修己以安百姓，堯舜其猶病諸？’”甚哉，敬之難言也。敬者，此心之良知良能，恒時爲主於中。恒時二字，注意。邪欲不得干，怠慢不得起，一切虚僞苟便之私不得而入焉。以此修己，而一旦居位，則其用人行政，猶有自私自便而害人者乎？猶有自私自便而害百姓者乎？故吾儒治己治人之道，恭敬而已矣。《論語》言道國之要，節用居一焉。老氏有三寶，儉居一焉。孟子曰“儉者不奪人”。可罷之務，無益民生之費；撙節一分，即爲人民寬一分力，又可爲人民多興一分利。公家之務，必持以儉，而後百事修舉。否則侈心一萌，手段揮霍已慣，而假公肥私，盜心熾焉。所盜者，皆人民膏血也。思之抑何忍乎？文帝平生恭儉，自是三代哲王以後所僅見者，可爲萬世法也。

汲黯戇直立朝，武帝不冠不敢見，嘗面斥武帝内多欲而外施仁義，帝亦優禮之。其以直道爲朝廷矜式，所關不亦重乎。

武帝雄才大略，雖置丞相，而恒用順承意志者爲之。公孫弘得志以此也。然武帝雖獨裁，而有二善焉，可以無患。一能受直言盡諫。汲黯力攻其短，無所避諱。武帝能優容之。二屢舉賢良文學之士，以共謀議。《嚴助傳》云：“是時征伐四夷，開置邊郡，軍旅數發，内改制度，朝廷多事，屢舉賢良文學之士。公孫弘起徒步，數年至丞相，開東閤，延賢人與謀議。朝覲奏事，因言國家便宜。上令助等與大臣辯論，中外相應以義理之文。顔師古註：中謂天子之賓客，若嚴助之輩也。外謂公卿大夫也。大臣數詘。師古註：謂計議不如助等，每詘服也。”是時武帝年未二十，即位不久，便廣延郡國賢良文學爲賓客，共謀議國事，臨朝與大臣辯論。帝乃集思廣益，而後斷之於己，施之行事。此其所以能獨裁，而不至暗於天下得失利病之故也。又公孫弘雖以曲佞見譏當世，然其爲人，守儉約、能含容。當時材能之士甚多。方方面面，各盡其用。弘未嘗有所排忌。轅固生教弘曰：“公孫子但正學以言，毋曲學以阿世。”弘未嘗以爲忤也。若東京以後人，便無此量。武帝用弘爲丞相，含蓄衆流，弼助天工，亦可謂知人善任矣。

張騫冒險而動遠略，班超亦然，皆千載英傑也。然是時，商旅遠出，踰葱嶺，越絶塞，貿易通於殊方異俗之國。中朝使臣與軍隊所至，要皆商旅爲之前導也。當時商業情形，史皆不詳。其識太陋。

漢時社會，私人講學之風最盛。諸經師門下嘗數百或千余人。此等材料，宜搜考列傳而彙述之。

漢代用兵西北所向克捷，當時交通及馬政，必有可觀，惜史籍不詳。

漢時社會任俠尚武。史公《游俠傳》猶存其概。班固譏之，陋又甚矣。

桑弘羊祖管、商之術，興榷筦之利。所以安邊境，制四夷，成國家大業。功不當在衛、霍下。伐功怨望，自取誅滅。其人格固無足稱。朝廷待之，亦稍薄也。桓寬論鹽鐵，以弘羊爲博物通達之士，可謂允矣。財政軍事，相關密切。弘羊之略，宜加考焉。

漢廷儒臣，大抵樂守常而厭遠略者多。故於將帥及計臣，每不喜之。然尚無結黨横阻，相率去位，以敗撓大計，如北宋諸儒臣之反對新法者。然尚無至此爲句。武帝衛霍弘羊之成功，賴有此耳。漢人氣量畢竟廣遠。但東京以後，此風浸息。世運升降之故，亦難知也。

卜式毁家輸邊，意量遠矣。史家不贊邊功，隱存輕視。義士愛國之善舉，無所稱揚，何以勸後之民乎。

新莽之篡帝位也。今人謂莽以經儒懷抱政治主張，故欲代漢以行其政策，雖陟位未久，主張失敗，然其理想與志願，亦足以大暴於天下後世，不可與曹操、司馬懿之徒並論也，此説恐未盡然。政治主張是一事，其人是否爲私人權利，而緣飾經術以自文，則又一事也。莽未得勢時，淳于長方以外親遇寵，常代王根輔政。莽心害長寵，因誣陷之於王根。根信之，命白太后。長由是得罪。莽遂代根爲大司馬。長本佞幸，不足道。而莽之所以自進者，亦太卑劣矣。莽爲人陰險，務以詐僞牢籠士大夫。莽篡位前，天下上書頌莽功德者，動以數萬計。豈皆贊同其主張者哉，得毋與袁世凱之籌安會及乞丐請願團等相類耶。班書稱莽既不仁，而有佞邪之材，遭漢中微，王后爲之宗主，故得肆其姦慝成篡盜之禍。雖復及身誅滅，而其污風所煽，已開操、懿之端矣。

莽既竊位，盡更漢制。其可注意者，唯禁民買賣田及奴婢二事耳。莽詔曰："古者，設廬井八家，一夫一婦田百畝，什一而税，則國給民富而頌聲作。……秦爲無道，……壞聖制，廢井田，是以兼併起，貪鄙生，强者規國以千數，弱者曾無立錐之居。又置奴婢之市，與牛馬同欄，制於民臣，顓斷其命。姦虐之人因緣爲利，至略賣人妻子，逆天心、誖人倫，謬於'天地之性人爲貴'之義。……今更名天下田曰'王田'，奴婢曰'私屬'，皆不得買賣。其男口不盈八，而田過一井者，分餘田予九族鄰里鄉黨。故無田，今當受田者，如制度。敢有非井田聖制，無法惑衆者，投諸四裔，以禦魑魅。"[4]莽禁不得買賣田及奴婢，不可謂非善政，然莽竟敗亡。想其田地分配法必未得當。後世生齒過繁，欲復古井田制，計口授田。使人皆得力耕而食，無紛擾之患。此事談何容易哉。歷代言井田者衆，而卒莫能行。其事誠難，而執政者安於苟且，不求切實辦法，則亦不得辭其咎也。余以爲莫若倣井田之意，而行限田之法。凡地主有田者，其最多率以若干爲限。過此，則嚴罰不稍貸。既杜兼併之患，而又必廣副業之益，嚴游惰之律。如此，則地利均，人力盡矣。明季，海中介嘗令貧民搶奪富人田。華亭相國家之田亦被奪。當時病其嚴酷。然勢家盛行兼併，非貧民相率起而奪之，彼又烏肯讓産耶。莽之亡，非井田不可行，必行之未得其宜。又莽好緣飾六經，紛更制度，矜己而自便。諸不利民者多。小人緣爲奸利。莽益作僞日拙，矯符命以誣天欺衆。雖欲勿亡得乎。然莽之所爲，畢竟非操、懿之徒所可及。世衰，則爲惡者亦愈卑下，是可嘆也。

光武以文儒創業。既即大位，其政術亦上師文帝，參老氏之術。匈奴驕恣，馭以寬容。遠方貢獻，或卻而不受，一以撫綏内部爲務。自新莽末年，海内寇盜蠭起，皆失業之民也。光武纔起數年，即平定天下。雖乘人心思漢之勢，然全國失業之衆，既成寇盜，未知何以安集。史家亦不詳其所以。王船山先生嘗論此事，以爲光武首徵卓茂謹厚之吏，大底極力整飭吏治，使良吏散佈郡縣，以愷誠之心，收招流亡，爲謀生理。民得安生樂業，而社會固如磐石矣。船山所見甚是。今日民無死所，而舉世莫知吏治之爲急。空言訓政，不究其實，雖外寇不來，亦何以爲國乎？

漢承秦氏，易列國之局而爲郡縣。天子與兆民懸絶。所以與民親接，而悉其患害，相與提挈，以謀福利者，唯在郡縣長吏。故昭帝常曰："與我共天下者，其唯良二千石乎。"此深知治本之言也。漢世郡縣制度與守令登庸及獎進等法，猶略可考見。修史者，宜詳著於篇。

自古代初期已重工商業。春秋、戰國之世，商賈百工，尤爲發達。工商相因者也。商業盛，則工業進步可知。然吾國自周代開基，其政策已是重農抑工商。周公《七月》之詩，詠歌農事艱難，以明王業之本，而於工商不及焉。又始禁奇技奇器，見《王制》等。蓋輯録周公成法，下逮東周，學者思想，猶有以創造機械爲戒。如莊子"有機事者必有機心"云云。以不貴難得之貨，爲理民之上策。如老子。儒家如《易·繫傳》，雖提倡制器尚象，利用宜民，與道家思想相反，然在孟子，則因惡壟斷而有重農抑工商之傾向。觀其談生産，皆不外農桑漁畜而已。商鞅以法家治秦，尤以重農賤商爲政策。商賤，則工藝不振可知也。漢興，一秉周秦遺策。諸帝勸農之詔，皆以農爲天下之本，屢言之而不厭。又常減租輕徭，以慰安之。設三老孝弟力田等鄉官，以督厲之。其所以謀農事發展者，無微不至。獨於工商，則特加抑焉。始禁賈人毋得衣錦繡綺縠絺紵，操兵乘騎馬，其後又禁毋得爲吏。桓寬爲漢世政論大家，亦以工商盛而本業荒爲可慮。本業，謂農也。昔在上世，特别注重器用創作。故唐虞時，有共工之官，謀工藝改進。周人雖輕工藝，然但禁淫巧而已。至常用必需之具，亦校其工楛，毋令失壞。《周官·考工》有記，可見其不全忽略也。漢世竟無綜核百工藝事之官，忽視工業如此，蓋與其抑商政策爲一貫的精神。然冶兵器與治宫室者，尚有專官典其事。則其武功所由盛，而建築術亦有可觀也。要之，重農抑工商，不獨兩漢爲然，自漢以後，累代恒以此爲傳統政策。吾國人有反科學的精神，亦可於此等政策見之。然至清末，則已稍變趣向。現時論政者，猶有鄉村建設與發展都市之兩大潮流，相持而若不相容。言鄉建者，近於重農。言都市發展者，注意提倡工商。實則民生以食爲天，工商必資原料。古人以農爲本業，實有理由。況神州大陸爲天然農業之國，傳統的重農政策，亦非出自偶然。但今日世界大通，科學昌明，物質文明日益發達，利用厚生，不能專仰一國之農産。工爲製造，商通滯積，大地交通，而工商業的文明遂啓焉。此乃自然趨勢，非可以一國政策之力，從而遏之也。今後改造鄉村，振興農業，雖仍爲不可易之政策，但工商業之提倡，實至急而不容緩。前年有吳君者發表一文，明發展都市的重要，甚爲時人所稱許。不悟吾國今日，都市非不曾發展也，只是外人以其工商業來發展於吾之都市，以吸取吾鄉村血汗。吾今日急切問題，乃在如何能自振興工商業，以自力發展都市。吳君似未見及此，而時賢亦若未計慮及此者，是可怪也。

吾國人工商業的天才，自昔有可驚者。如古代陶器等製品，精工古雅，僅存於今者，猶可想見其概。絲織品之美，尤斐然可觀也。絲綢之行於遠方，或在漢以前也。惜奇器之被禁絶者今不可考見。而墨子作木鳶即飛機之始，猶載故籍。其作法惜不傳，必爲奇技無疑也。商業在上古之情形雖不可徵，其在漢世，則民俗趨商殆非法令所可抑絶。《漢書・地理志》所稱，秦地富人，商賈爲利，周俗之失，喜爲商賈。陳人夸奢，上氣力，好商賈。魯俗儉嗇，愛財，趨商賈。粤地近海。中原往商賈者，多取富。王符《潛夫論》曰："今舉俗，舍本農，趨商賈。牛馬車輿，填塞道路。"據此，則政府雖抑之於上，而人民相率趨之於下。其天才之不可遏絶也如此。當時商旅出塞外適異域者必多。惜史家無識，略而不載也。又當時商賈在國內者，多以鐵冶致富。如《貨殖傳》所載，蜀之卓氏，本趙之遷虜也。程鄭，山東遷虜也。宛之孔氏，梁之遷虜也。而皆以鐵冶致巨富焉。豪商壟斷利權，國與民交困。故桑弘羊、孔僅之徒，始爲國家興榷筦之利。而鹽鐵酒諸厚利，皆專之於國。武帝四出征討之費，取給於是。桑、孔，真吾國歷史上有數之理財家也。然其能濟軍用，而商人不敢反抗者，則以其清廉故耳。班氏薄言利之臣，不爲弘羊立傳，但略見其事於車千秋等傳中，然不言其有貪污淫佚奢侈等事，足徵其清白不可誣也。此其成功所由，而爲後世所莫能及也。弘羊政策，足抑國内商人壟斷。然國外貿易，猶未講求云。

東京之世，光武、明、章，敷揚儒學，表章名節。因新莽敗壞士大夫廉恥，故提倡名節以振起之。光武優禮隱逸，特徵太原周黨、會稽嚴光至京師。當黨入見，伏而不謁，自陳願守所志。賜帛四十匹，罷之。光少與帝同學。帝即位後，物色訪之。及至，帝與共寢，以足加帝腹。太史奏客星犯帝座。光卒不受官，去耕釣於富春山中以終。餘如太原王霸、北海逢萌，皆隱居養志。霸應徵而後歸。萌竟拒徵不起。時論以爲高潔。明帝親臨辟雍，行大射養老之禮。禮畢，引諸儒升堂，自爲演講。諸儒共執經問難於前。都人皆圜橋門而觀聽。時皇太子、諸王侯及大臣子弟、功臣子孫，罔不受經。下至軍校小卒，悉令通《孝經》章句。匈奴聞之，亦遣子入學，可謂盛矣。章帝寬惠，尊師重學，親詣魯，祀孔子於闕里。又詔諸儒，會議於白虎觀。帝親稱制臨決，因成《白虎通》一書。又令曹褒依漢舊典，撰次自君主至於庶人冠婚吉凶終始制度爲書奏之。雖或采及讖記，要以具一代之禮典焉。夫三帝崇儒術，獎名節，孜孜如不及。宜其學風不變，士修節義，彬彬焉成一代之治矣。其後，冲人昏主繼世，外戚宦寺亂於前，凶猘大盜恣於後。諸名士始終與之抵觸，趨死而不止。後世皆稱其節義，以爲東京自章帝没世以後，朝政昏亂，而猶得載祀二百，不至速亡者，黨錮諸公，以死支柱其間故也。此説然否，兹且不論。然三帝崇獎儒學，躬親講習。且自皇太子以下，至於軍校小卒，無不讀經。儒學之盛如此，胡爲三帝垂殁未幾，朝廷間竟無守經尊道敦節重義之風？戚宦何故乘權？此豈偶然之事？當時朝廷，如有些子正氣存在，何至昏亂如彼。豈儒學不足提倡歟？吾常求其故，而竊嘆光武、明帝用心之不誠不正，未足弘敷儒學，而適以自害也。光武鑒於新莽之事，欲以名教束士人，則假儒學爲工具，非真有得於儒也。然光武爲人猶有向善意思。明帝察察爲能，則虚僞更甚。唯章帝長者，而年又不永。光武、明帝所尊寵之師儒，則無恥之桓榮也。榮拜太子少傅時大會諸生，陳其車馬印綬曰：“今日所蒙，稽古之力也，可不勉哉。”其鄙陋至此。明帝尊榮以師禮。每言輒曰太師在是，常幸其家，問起居。入街下車，擁經而前，撫榮垂涕，良久乃去。諸侯將軍大夫至榮家問疾者，不敢乘車到門，皆拜牀下。榮貴顯如此。蓋善以佞媚結主知故也。夫皇帝崇儒學，而其所崇之師儒乃如此，實乃獎其媚己者。儒云乎哉？垂没而朝政昏亂，宜矣。

東京一代，上繼西京，下開六代。此誠世運升降之一大關鍵也。吾讀史至此，常悠然有感，不適於懷。蓋六代之污風頹勢，直至於今，而未有已也。而開其端者，厥在東京之世。夫東京所以醞釀後之衰因者，何耶？吾求其故，略得數事。一曰，思想界愈益貧困也。西京二百餘年，思想雖云凝滯，然承戰國之後，諸子百家流風餘韵猶有存者。至東京之世，上距戰國已遠，近承西京二百餘年固蔽之餘習，則思想界不唯凝滯，而直患貧困焉。王充《論衡》雖時有善言，可以發時俗蒙蔽，然實膚雜無統紀，未可以名學術也。史家稱其正時俗嫌疑，然未見其有何所持，可以導人於一個新的方向。徒擅雜評，有何足貴。但在東京，則爲一代瑰寶。充同郡謝夷吾，上書薦充，至謂前世孟軻、孫卿不能過。袁山松書曰：“充所作《論衡》，中土未有傳者。蔡邕入吴始得之，恒秘玩以爲談助。其後王朗爲會稽太守又得其書。及還許下，時人稱其才進。或曰，不見異人，當得異書。問之，果以《論衡》之益，由是遂見傳焉。”《抱朴子》曰：“時人嫌蔡邕得異書，或搜求其帳中隱處果得《論衡》，將數卷持去，邕丁寧之曰，唯我與爾共之，勿廣也。”夫《論衡》一書爲名士尊重如此，正可見其時思想界之貧困。此爲衰微之一大因。凡人知識缺乏，則其活動的力量，亦漸衰退。思想是行動的工具故。故考察一時代之盛衰者，必精覈其時代之思想界果何如。此最不容忽者也。二曰，黨人尚標榜而逐浮名也。西京諸儒，類有醇固重厚氣象。佞曲如公孫宏輩，特少數耳。又多能留心當時的實際問題，故有通經致用之説。如桓次公治《公羊春秋》，而推衍鹽鐵之議，增廣條目，極其論難，著數萬言。庶幾究治成一亂家之法。其他明經通法律政事，爲賢公卿與良吏者，不可勝數。俱詳列傳。東京之儒，習經術達治體者，雖未至乏絶，然是時儒士習尚所趨，大湊於結黨標榜，激揚名譽，互相題拂。飾行以驚俗取名者衆，而躬行敦重，才堪應世者，殆所罕見。郭林宗之徒，浮譽過情，昔人已有彈之者。陳仲弓號爲重厚，實乃工揣測，藏拙養望，全身遠害，鄉原之雄也。父子皆有高名於世，亦可羞已。其他名浮於實者，兹不俱舉。雖孔北海之高志直情，而猶以才疏意廣，迄無成功，見譏當世，况其餘乎。夫名者，實之賓也。士人若競浮名，則其内部生活空虛而無實。以此成風，世運焉得不衰。是其所關至大，不可忽也。晚世西洋人長處，只是務實。而談西化者，卻不留意及此。三曰，朝野習俗，奢淫貪污也。王符《潛夫論》曰："今京師貴戚，衣服飲食，車輿廬第，奢過王制，固亦甚矣。且其徒御僕妾，皆服文組綵牒，牒，口布也，錦繡綺紈。葛子升越，葛子布也，出南越，筩中女布，犀象珠玉，琥珀玳瑁，石山隱飾，金銀錯鏤，窮極麗美，轉相誇咤。一饗所費，破終身之業。"謂貴富者一食所費，足破中産之家也。豪貴淫侈如此，民衆尤而效之。《潛夫論》云："今人奢衣服，侈飲食，事口舌而習調欺，或以謀姦合任爲業，合任者，合爲任俠，猶今結黨爲劫盜也。或以游博持掩爲事。持掩，謂意圖得錢，如今賭博等事。婦人不修中饋，休其蠶織。"[5] 據此，可見民間風習敝壞，又當時喪葬侈僞。《明帝紀》云：喪貴致哀，禮存寧儉。今百姓送終之制，競爲奢靡。生者無擔石之儲，而財力盡於墳土；伏臘無糟糠，而牲牢兼於一奠。靡破積世之業，以供終朝之費。子孫飢寒絶命於此，豈祖考之意哉。喪事如斯奢靡，民德之薄可知。夫豪貴淫侈，非剥削百姓，耗敝國家，則其珍藏從何處得來。《左雄傳》稱當時吏治之壞云："下飾其詐，上肆其殘。典城百里，轉動無常，各懷一切，莫慮長久。熊按：令長等皆由朝廷權貴私授，以敲剥爲務。其選用不遵憲度故常更易。謂殺害不辜爲威風，聚斂整辨爲賢能，……髡鉗之戮，生於睚眥；覆尸之禍，成於喜怒。視民如寇讎，税之如豺虎。熊按：此段話，今人宜省。《黄瓊傳》云，外戚秉權，"豎宦充朝，重封累職，傾動朝廷，卿校牧守之選，皆出其門，羽毛齒革、明珠南金之寶，殷滿其室，富擬王府，勢回天地”。其贓污貪冒，若此之極也。又當時將領貪污，亦成積習。《西羌傳》云，諸將多斷盜牢稟，私自潤入。皆以珍寶貨賂左右。上下放縱，不恤軍士。士卒不得其死者，白骨相望於野。將帥貪瀆如此，由朝廷戚宦開其端故耳。在位者以淫佚奢侈而肆行貪贓，民衆則以奢靡而結聚爲攻盜。見前引《潛夫論》文。俗尚如此，不亡何待？故東京季世，盜賊蠭起。天下群牧，各乘機會，擁盜兵而圖不軌，互相慘殺。百姓死亡略盡。士女凌辱，更無待論。雖帝女，亦不免於董卓凶猘之逼焉。范史致慨於天地不仁，誠可痛也。夫奢淫貪污之風，從來聖哲，皆所痛戒。東京種此惡因，不唯禍流當代，而延及魏晉，遂致五胡慘變。其後如唐、如宋、如明，末世衰亡，又無一不由於此。歷史事實，昭昭可按。惟奢與貪，習之自上，能令百姓死於剥削，萬事敗於冥冥。破損國家，摧傷種類，莫此爲甚。哀哉生人，自有恒性，胡忍作惡自賤，如斯其甚耶。吾少讀《孟子》，見其諱言利，而不知其心之所以痛也。少長，讀王船山先生《通鑑論》，又見其憫衰世之人，没於權利而不顧族姓之危亡也。其文辭直是字字隨淚俱出，而竊病其感傷太過也。今忽焉老至，涉歷彌多。讀書論世，全憑一副真心，自爾見理分明，感事真切，然後知孟、王諸子所爲如彼者，實有所不容已者存也。今古學人，辜負大悲心事，可勝痛哉。綜上三因，第一、第二，屬於學風士習之敝，半由於大一統之局既成，思想界以無所與競，而不能不腐；半由於三帝表章名節，天下感發而懷貞從義者固多。其存矜尚之意，標榜以盜虚聲者，亦自是始焉。第三曰奢靡貪污，則從安帝以後，罕有令主。外戚宦豎，迭竊主權，遂成國敗官邪，神州魚爛之局。此中第三，若得繼世有賢君相，轉移風會，即可轉危爲安。古今本無不可轉移之風會，然而繼漢者爲曹氏、司馬氏，肆卑其險，競長頹風，則吾民族國家，欲無衰敗焉，而何可得耶。

東漢之亂，由於外戚宦豎。近有某君，教於上庠，以爲光武不鑒新室之變，疏於立法。《孝明帝紀》云：“帝遵奉建武制度，無敢違者。後宫之家，不得封侯與政。”據此，則光武鑒王莽移鼎之禍，明立法度，以防外戚。某君所云，殆未深考。夫明主開基，莫不定家法朝章，以垂後嗣。然繼體昏庸，奸邪得志，則祖宗法度，横遭毁棄，無可如何。但光武亦有立法不善之處。即鑒於王莽以執政篡位，遂削奪相權，欲使大柄一操之君上。卒至庸主不能自持其柄，外戚宦寺竊之。其勢寖成，則三公退聽，無可與抗。此又光武立法不慎所致也。仲長統《法誡篇》曰："《周禮》六典，冢宰貳王而理天下。春秋之時，諸侯明德者，皆一卿爲政。爰及戰國，亦皆然也。秦兼天下，則置丞相，而貳之以御史大夫。自高帝逮于孝成，因而不改，多終其身。漢之隆盛，是唯在焉。夫任一人則政專；任數人則相倚。政專則和諧，相倚則違戾。和諧則太平之所興也，違戾則荒亂之所起也。光武皇帝愠數世之失權，忿强臣之竊命，熊按：數世，謂元成哀平四帝也。强臣謂王莽。矯枉過直，政不任下，雖置三公，事歸臺閣。熊按：臺閣，謂尚書也。自此以來，三公之職，備員而已；然政有不理，猶加譴責。熊按：如遇災異，則三公降免也。而權移外戚之家，寵被近習之竪，親其黨類，用其私人，内充京師，外布列郡，顛倒賢愚，貿易選舉，疲駑守境，貪殘牧民，撓擾百姓，忿怒四夷，招致乖叛，亂離斯瘼。怨氣並作，陰陽失和，……此皆戚宦之臣所致然也。……又中世之選三公也，務於清慤謹慎，循常習故者。是婦女之檢柙，鄉曲之常人耳，惡足以居斯位耶？勢既如彼，選又如此，而欲望三公勳立於國家，績加於生民，不亦遠乎？昔文帝之於鄧通，可謂至愛，而猶展申徒嘉之志。鄧通，文帝幸臣也。居上傍，戲慢。丞相申徒嘉奏事見之。罷朝，召通責之曰：通小臣，戲殿上，大不敬，當斬。通頓首，出血。文帝使人召通。謝丞相曰：此吾弄臣。君其釋之。夫見任如此，則何患於左右小臣哉？……光武奪三公之重，至今而加甚，……未若置丞相自總之。若委三公，則宜分任責成。"[6]仲氏之論深達治體。夫行政之權，或專於君上，或專於宰相，有統一指揮之效。如身使臂，臂使指，則可以爲治。若分任三公，便有指揮不能統一之嫌。莫若總之丞相爲得。至於不置丞相，而三公又爲虚設，竟使國之大柄，旁落戚宦，斯真大亂之道也。又明帝雖號崇儒，而遇士大夫實無禮。據《左雄傳》，順帝時，"大司農劉據以職事被譴，召詣尚書，傳呼促步，又加以捶撲。雄上言：‘九卿位亞三公，班在大臣，行有佩玉之節，動有庠序之儀。孝明皇帝始有撲罰，皆非古典’”云云。夫大臣受摧辱如此。戚宦得輕視朝廷，而擅威福，亦何足怪。光武、明、章三世，皆君主獨裁，政權未至旁落。然既不置相，又不任三公，又摧辱九卿。則繼世之主，如非其才，欲政權無旁落戚宦，何可得也。又今委員制，亦有仲長統所謂相倚之失。但事實上仍必總其權於委員長或主席焉。仲氏之論，至今無以易也。

西漢初，匈奴甚强。不奉中朝正朔，又屢侵苦内地民衆。自經武帝討平之後，匈奴始爲臣屬，邊境安寧。及新室，猶襲前威，匈奴受策命焉。至東漢時，匈奴又漸衰。南北單于互相攻伐。皆求内屬。朝廷以南單于猶忠順，居其衆内地，資給優厚。西域諸國，自武帝時已内屬。及至東漢，班超經略西域，前後三十一年，恩威並著。嘗遣掾甘英西使大秦。今歐洲東南境，古羅馬帝國。抵條支，今波斯西南。臨大海，波斯灣，英欲逕渡。因聞船人言，恐風阻糧絶乃還。班超、甘英，可謂能勤遠略者也。東漢時，中朝權威猶盛。但内地羌人叛擾，兵連禍結。良由朝政不綱，吏治敗壞，軍紀不修，故至此耳。

前代史書，國以君爲主體。故於塞外諸國，雖爲立傳，而輒曰夷狄。今後修國史，自以本家爲主體。則叙述從前塞外諸國事蹟，自當視爲一國以内之事。如春秋戰國時，各國的文野盛敗，與其對於王朝的或叛或服，都據實叙述，但均視爲諸夏，且視爲共隸於統一的王朝之下，畢竟不是異國異族也。今之國史，其叙述從前塞外諸國，亦應採此態度，不當以外患、外夷等等字眼，標立題目。唯引用古史事實時。如胡俗，及戎胡之性，等等詞語，無法避免者，仍從實録。若可減省處，亦不妨減省。吾國塞外先民，武力雖多可稱，而文化確實落後。未免胡俗，自是實情。社會開化有遲早。此不足爲吾塞外先民病也。《春秋》諸傳，對於吴楚，亦以野悍蠻俗嗤之。當時吴楚文化，確後於中原諸國。史家紀述其習性，自當據實，不能謂其有何偏見也。至所以當視爲一國者，則亦事實如此，不容歧外。朔北重鬻，獫狁，自上古以來，常服屬中朝。匈奴，則兩漢時，皆稱臣内屬。雖亦時有叛變，要不能以此之故，而視爲異國。内地又豈少叛變者乎。西北方面，則自上世庸成之代，領地已踰葱嶺。黄帝堯舜大禹數代，聲教廣遠，萬國咸服。至兩漢時，西域五十餘國，包括今中亞細亞、印度等地域。皆來内屬。盛唐之世亦然。西藏、青海及甘新諸省塞外懸遠之地，歷史上夙爲吾國領土。《漢史》所謂五十餘國，《唐書》所謂突厥、迴紇、吐蕃等等者，無一不受中朝封爵。中朝又置都護以監臨之。雖有時叛變，則因中朝政教凌夷所致，要不可以固有的領土，視爲外國也。東北方面，則九夷，在夏朝時已輸誠内向。春秋時，孔子且欲往居之。漢時烏桓亦曾受朝命，雖叛服不常，要是邊民動擾之性，不能視爲外國。至如朝鮮、安南、緬甸、暹羅等等向爲藩屬，親昵逾恒，若存歧外，亦復無義。是知依據事實，國史之體，於叙述從前塞外諸國，當準春秋、戰國時所有各國之例。不當以外患、外夷一類字眼標立題目。此乃事實本然，非立意造作而然也。史家用字造句，宜知體要。不可胡亂下筆。前見一相識云，新聞記者每不曉事。嘗見其記藏事。文中以中藏相並成詞。不知藏之在國内，猶蜀與鄂之在國内也。可曰“中蜀”“中鄂”乎。此説甚是。史家亦宜知此意。抑吾尤有一説。從前塞外諸國，雖舊史有傳，大抵記載兵戎之事爲多。此外無甚可述。余以爲今後國史，只於諸國起滅大概及其内屬情事甄述明白，其人有賢善可嘉者，應予稱揚。如不好侵略，又能和其部衆之類。至其兵戎之事，可極端省略。近人笑廿四史爲相斫書，未爲謔虐。今日學術，門類甚多。所必需的知識，亦深苦求之不及。若以相斫書，耗人目力精力，甚不合算。且此等事蹟，亦不能使人有美感，不如極端從略爲是。人類總以去褊狹、趨和同爲進化美事。故凡塞外之樂於内向，能去其侵暴之俗，服中原禮樂之化，而擴大團結性者，是國史所應加詳。説至此，又觸及一問題。吾鄉有馮生者，自新疆還。謂新省教育當局及各學校教師，並苦本國歷史無有適當課本。余嘆曰：今人治史學者，卻喜在零碎事件上去搜求，又或狂亂去推翻史據，卻莫肯在大體上着想，莫有在急切的問題上注意，不思量什麼是史學的意義和價值。邊省的人，受國外的刺激多，所以感覺到激發民族意識，是在歷史學。其實歷史課本，邊省更無別樣。只要將古代聖王以來，一切倫理、教化、制度、文物與各時代演變的大概及歷代模範人物，一一好好發揮出來，使邊省青年，少而習之，知道本國文化之所由成，並知道國家的統一日趨鞏固，又知道中華民族由一本而分支，又由分支而合歸一本，團結性日益擴大，加增其共同生活的興趣，如此便得了。

回族之先，在漢時居西域，與藏族即西羌互相交錯。當時亦受匈奴侵逼。武帝以後，西域諸國恒依賴中朝，以脱匈奴羈軛云。

東漢時，吾民族已伏衰象。此中有一最大之原因，前未説及。其原因維何，即早婚之俗是也。古代男子三十而娶，女子二十五而嫁。足徵其於生理極有研究。古人婚嫁以時，其體氣決甚健壯。如《禮記》所稱，三十曰壯；四十曰强，而仕；五十服官政；乃至七十、八十，猶杖於朝，杖於國焉。據此，則自五十之年始，正是爲國家擔重任耐繁劇之時，人生五十，精力完足，經驗宏富，神智明利，故任政爲宜。七十、八十，杖朝杖國，則是國有大政，猶備諮詢，非以虚文相酬也。可見古人年壽長遠，精氣始終充盛。所以文化發達，國力雄厚。及至漢代，便有早婚之俗。西京宣帝時，王吉上書有曰："世俗嫁娶太早，未知爲人父母之道而有子，是以教化不明，而民多夭。"此等污風，大約至東漢時代又加甚。如《魏志·陳群傳》云："魯國孔融，才高倨傲，年在群紀之間。先與紀友，後與群交。更爲紀群之父也。拜，由是顯名。"孔融年在群、紀之間，大約其年與紀猶同行輩，而長於群者亦無幾。由此可見紀生群甚早。父子間的年齡，相差不甚遠。其早婚可知。夫紀，陳太丘子也。父子並名高天下，而早婚不知戒也，則其時社會風習可知。自漢以後，早婚習爲故常，人皆體氣衰薄。人民智德力等方面，日就衰退。凡人體氣盛，則精神易以向上，而智德力俱進矣。體氣衰，則精神不堪振刷，常易下墜，而智德力無可言矣。或難曰："公之哲學，非唯心耶，胡爲反成唯物？"答曰：吾言唯心，非謂唯獨有心也。心以對物得名。如其無物，心又何存焉？心物本非異體，而勢用有别。但心力勝敵，説之以唯。然心非離物別有，即待物而顯發。故體氣盛，則顯發其心力益强，反之則否。此自然之驗也。若云以心力主宰乎體氣，如心愈用，則精神愈出。病人體廢，能以心力自振，此就人生修養上説，別爲一義，非此中所欲論。總之，早婚不戒，則民族衰危，無可挽救。吾深有感乎此，故鄭重言之。東漢以後文人，大抵頹廢的意思多。年三十許，便傷老大，學業亦難深造。聞人言，今日軍政界人，盛年失職後，自身都没改進，反更隳敗。學人三十後，也是一日不如一日。官吏都納寵好賄，一切向墮落處行。吾見清季許多志士，後來都做得不堪。世運何故如此衰，余以爲救衰之道，强其體爲最要。强體之道不一，而戒早婚爲最要。漢以來惡俗，必須痛絶。

兩漢時，社會上貧富不均。富豪兼併土地。貧民遇飢餓，常自賣爲人奴婢。官府亦有收買者。《貢禹傳》稱，官奴婢十餘萬，遊戲無事。税良民以給之，宜免爲庶人云云。不知官府何故有奴婢如此之衆。或其初爲救濟貧民而收買之歟。民間富豪畜奴婢者，則不可勝數。如卓王孫僮客八百人，王商家奴乃至千人。家富畜奴婢之多，即此可見一斑。西漢時，董仲舒説武帝，宜去奴婢，除專殺之威，是當時富者可專殺奴婢也。新室亦詔廢奴婢。及東漢光武帝降詔曰，敢炙灼奴婢，論如律。以後諸帝，亦時申禁令。可見當時社會上貧富懸絶之情形。至如富家兼併土地，新室詔令，言之痛切。而朝士論著，亦多注重及此。如仲公理《昌言》云："井田之變，豪人貨殖，館舍布於州郡，田畝連於方國。身無半通青綸之命，而竊三辰龍章之服；不爲編户一伍之長，而有千室名邑之役；榮樂過於封君，勢力侔於守令。財賂自營，犯法不坐，刺客死士爲之投命。至使弱力少智之子，被穿帷敗，寄死不斂，冤枉窮困，不敢自理。雖亦由網禁疏闊，蓋分田無限使之然也。今欲張太平之紀綱，立至化之基趾，齊民財之豐寡，正風俗之奢儉，非井田實莫由也。"〔7〕公理之論，具見根柢。惜當時朝野，於此一大問題，不求根本解決。然漢氏主政四百餘年，民心思戴者，則亦有故。兩漢賢主，始終能留心多數貧民之利益，未嘗偏與豪富階級妥協，則爲明顯的事實。抑商政策之用意，本在直接防止豪商壟斷財貨之行爲，間接杜絶兼並土地之弊害。雖未必有極大效果，或亦不無相當影響。至於解放奴婢，累朝詔令督促，未嘗松懈。若果空文敷衍，如後世所爲者，焉得開四百餘年盛治之局。古今有以欺騙成功者乎。又其吏治修明，常以鋤治豪强爲事。豪强，猶今云土劣。如義縱爲河内都尉，族滅其豪穰氏之屬。河内道不拾遺。趙廣漢遷潁川太守。郡大姓原禧，宗族横恣，賓客犯爲盜賊。廣漢除其首惡，郡中震慄。及至東漢，陽平大姓有趙綱，北海大姓有公孫丹，河東大姓有馬適匡。凡此，皆在地方脅衆攬權，魚肉貧賤，而均爲董宣、樊曄、李章等所誅。此特略徵數事，實則兩漢守令，無不懲戒豪强者。民心思漢，豈倖致乎。唯西漢武帝用桑弘羊興權筦之利，爲豫絶兼並絶好辦法。至始元中徵賢良文學，問以治亂。皆對願罷郡國鹽鐵酒榷均輸，毋與天下争利。此等賢良文學，皆代表豪富階級的利益者也。當時相詰難甚烈，而桓次公稱，桑大夫據當世，合時變，上權利之略。雖非正法，鉅儒宿學不能自解云。要之兩漢對於解決貧富問題，非不留心，但其抑商政策，則迂拙而無甚效。吏治又不可常恃，如東漢中衰，戚宦竊柄，則吏治壞而寇盜始起矣。弘羊政策，後亦莫能繼行。公理提出土地問題，確是根本。若當時能本井田之意，而行限田之法，則民生悠遂，或不至寇盜蠭起。浸淫以釀五胡之禍。歷觀世變，豈天數耶，亦人謀不臧耳。

吾平生不滿東漢黨人。以其純盜虚聲故也。東京一代，真能留意民生問題，而嘅乎其言，發於忠誠者，當以仲公理爲最。王節信指計時短，討讁物情，亦一代之良也。王仲任博通，肯用思，知識遠過節信，視公理亦較廣。三子者，所學不必同。其能不梏於時俗，則一也。范書以三君同傳，可謂知類。然論贊極加貶讁，謂皆管視好偏，亦稍過矣。黨錮諸鉅公，於當時社會政治諸大問題，似毫無所究。祇欲與朝廷戚宦抵觸，投身飼虎，而無捕虎之膽與略。立君大事。李固在廟堂會議時，若面折梁冀，力數其罪，則朝臣或不至皆曰唯大將軍令是聽也。臨之以嚴氣正色，責之以大義，示之以王莽殷鑒，冀凶凶之氣，當亦自屈矣。

縱或不勝，固死於此時，較之委曲求全不得而死者，不猶愈乎。固不此之圖，乃退在私室，一再爲書勸冀。明知與虎謀皮，爲不可得，而猶如是委曲者，此何爲乎。固之賢，其才略、氣慨不過若是。自餘諸公，皆可不論。夫吾國之黨人，本非今西洋所謂政黨，乃名士集團也，官僚集團也。凡人一爲名士，便無足觀。東漢黨人，本無政見可言，無政策可言，無經綸大計條目可言。即隨時濟變，又無膽略。其空虛脆弱如是，猶幸不得已時，能盡一死字。范書於黨人稱揚太過，後人遂爲所誤，而不知以名士浮虛爲戒。吾嘗謂范書，黨史也。

名士之稱，始見《後漢書》。西京以前，士大夫敦實行、求實學、作實事。矜小慧飾僞行以盜名者，絶少見焉。有之，則爲社會所鄙夷者也。自東京而始有所謂名士，吾嘗謂東京以後，吾國只是兩個東西始終合流，曰名士、曰奸雄。名士者，無心肝無知識。其全副精神，整個向外追逐，純是浮虛誇巧，盜竊不慚，既無立本之學，又無實用之學。以其小漂亮，弄些應付朝廷與下面社會的伎倆。此在魏晉時，即是詩哪、四六文哪、清談玄妙哪。其實無關於玄學。在唐宋明，則詩哪、古文哪，甚至理學哪。宋世理學家末流，只是空疏迂固，尚少近名者。至明季理學末流，則皆浮薄僞妄之名士矣。在清世，於古文外，或剽竊一點考據。章實齋詆爲勢家豪奴者是也。在今日，則哲學、科學、西洋文學，根本不曾費工夫，只剽竊一些概論與大綱的知識，及時代流行的新名詞、新論調。猶古之詩與四六文、古文辭、漢學、理學等等也。此等人内無以立己，外無可應用。專以叫響於社會，驚動於朝廷公卿，爲其能事，天下後世之名歸焉。然無心肝、無學識、無操持，壞世道人心，使人類都成爲鳥獸不如的東西。其影響甚大，真可痛也。奸雄者，合妾婦、流氓、强盜、凶猘而爲一身。其無量本領，總可包括於陰、險、卑、賤四字之中。其劫持天下，牢寵萬物，不外以威劫利誘等毒辣方術，常利用人類之劣根性，而或逼之以威，誘之以利，使天下之人，皆奪其志、銷其骨、喪其氣、遏其知。其手段恒不惜出之以奇險奇惡，至卑至賤。卒致社會混濁，國家昏亂，黑白不分，是非不辨。極至利害亦不復計。孟子所謂安其危，利其災，樂其所以亡者。古今亂亡之世，未有不如是也。王船山先生曰："國家將亡，必有妖孽。"非草木鳥獸之妖也。亡國之人，皆妖孽也。觀於魏晉操、懿諸奸雄，與其時文學及玄言諸名士，而知五胡之禍，非無故也。操、懿皆東京季世之人物，名士亦始於東京，此可以覘世變也。魏晉名士卑劣之狀，此不及詳，俟將來彙集之。奸雄之局，至袁世凱而告終。名士之風，恐猶未已。

經儒足以致用，若盧植者，可謂賢矣。性剛毅，有大節，規竇武之書，義正辭嚴。雖不見聽，浩氣存焉，黃巾賊起，植以文儒率師征討。連戰破賊，斬獲萬餘。賊帥張角，退保廣宗。植修守具，垂當拔之，而功敗於昏愚之主。其後皇甫嵩討平黃巾，盛稱植行師方略。實資其規謀，用濟成功，何進謀召董卓。植知卓凶悍，必生後患，固止之。進不從。及卓議廢立，公卿無敢言，植獨抗議不同。履虎尾而不虞其咥，强哉矯也。夫卓，凶猘也。置之邊隅，但爲一方之害。天下有道，折箠取之可也。召赴京師，崇其名號，長其羽翼，則狂獸逞虐，何所不至。卓之縱毒，無復人理。乃五胡之先導也。寇禍古今所常有。但其絕無人理，則未有如董卓輩及五胡所爲者。五胡中亦有好人。如姚弋仲，心存晉朝，以亂華爲戒。苻堅不嗜殺，能修政安民。此中，且從多數言之耳。君子於此憂世變焉。盧公能識董卓於機先，非素以經義濯其心者，能前識如是哉。

張平子，精思天文、曆算。嘗造候風地動儀，可驗地震。即震在遠處，亦可測知其所在。范氏稱其範圍兩儀，天地無所蘊其靈；運情機物，有生不能參其知。平子發明的天才，誠足驚人。然亦可見當時天算學之進步。平子著有《靈憲算罔論》。蓋網絡天地而算之，因名焉。惜後人無繼續精究者。范書稱平子雖才高於世，而無驕尚之情，常從容淡静，不好交接俗人。古代大科學家的風度，後生宜取法也。平子亦好玄學，服膺楊子雲《太玄》。謂其妙極道數，與五經相擬，使人難論陰陽之事云。

東京末葉，已尚玄虛。如周勰，隱居竄身，慕老聃清浄。杜絕人事，巷生荆棘，十有餘歲。法真，好學而無常家，博通免内外圖典，性恬静寡欲，不交人間事。同郡田羽稱其蹈老氏之高縱。戴良，母卒。兄伯鸞居廬啜粥，非禮不行。良獨食肉飲酒，哀至乃哭，而二人俱有毁容。或問良曰：子之居喪，禮乎。良曰：然。禮所以制情佚也。情苟不佚，何禮之論。夫良旨不甘，故致毁容之實。若味不存口，食之可也。良才既高達，而論議尚奇，多駭流俗。同郡謝季孝問曰：子自視天下，孰可爲比。良曰：我若仲尼長東魯，大禹出西羌，獨步天下，誰與爲偶。矯慎，少學黄老，隱遯山谷，因穴爲室。仰慕松喬導引之術，與馬融、蘇章，鄉里並時。融以才博顯名，章以廉直爲稱，然皆推先於慎。臺佟，隱武安山，鑿穴而居，采藥自給。曰：幸得保終性命，存神養和。漢陰老父者，不知何許人也。恒帝延熹中，幸竟陵，過雲夢，臨沔水。百姓莫不觀者。有老父，獨耕不輟。尚書郎張温異之，下道百步，自與言。老父曰：請問天下亂而立天子耶，理而立天子耶？立天子以父天下耶，役天下以奉天子耶？昔聖王宰世，茅茨采椽，而萬人以寧。今子之君，勞人自縱，逸遊無忌，吾爲子羞之，子何忍欲人觀之乎。温大慙，問其姓名，不告而去。凡上所述皆虚玄之士。蓋自光武明帝，外獎儒學而揚名教，内喜善柔而寵桓榮之徒。黨人又務競名，以空言忤權要，實無濟世之具。天下聰明博識之士，不樂檢束，又深嫉時俗虚僞，故趨尚玄虚，遺世無所惜。周勰、法真、矯慎、臺佟諸君，皆内養醇至，克全素尚。漢陰老父，迹彌晦而道彌高。推其所持，蓋亦無政府主義者，戰國許行之徒也。惟戴良放縱禮法之外，自况以大禹、仲尼，矜妄不慙。魏晉間人，實祖其風。履霜而堅冰至。君子於是憂世變也。又《臧洪傳》，稱洪領青州刺史。前刺史焦和，好立虚譽，能清談。是魏晉清談之風，亦自東漢始。

中古第二期。起三國，訖隋，所謂六朝時代也。此是古今運會變遷，最大關鍵所在。吾民族悲慘之境亦自此開端。蓋自司馬氏群堯肇亂。群堯，謂八王也。昏賤如堯，故云。遂令五胡乘虚狂動，擾害中原。吾嘗披覽載籍，考見其時百姓遭受屠戮、劫掠、逼辱，種種不可名狀之慘，心悸目眩，不忍措思，以謂宇宙何故爲一大修羅場，修羅，魔也。言宇宙何故爲衆魔之場所也。衆生何故甘作罪惡。哀哉人類，生生者未有已也。其將終古大惑不解耶。吾於是究心天人之故，而漸怡神於釋迦氏之書焉。此可以知吾當日讀史，心情感動爲何如矣。五胡之局，歸結於拓跋魏。因與江南皇朝對峙，而稱南北朝焉。其時北方久淪胡俗，范祖禹等敘録《魏書》云："戎狄亂華，先王之澤，掃地以盡。"又云："刑法峻急，故人相殘殺；不貴禮義，故士無風節；貨賂大行，故俗尚傾奪。"社會上殘殺傾奪之風既盛，父子兄弟之愛且不可保，況其他乎？孝文雖力矯胡俗崇尚夏禮，謂中夏禮俗。然徒襲皮毛。又欲挽久敝之俗於一旦，勢不可能。故孝文漢化，祇飾虛文於俄頃，烏足以成化道，振頹風哉。北方戎俗既甚，南國亦浸染其風。如劉宋諸子之凶逆，蕭梁諸子坐視君父之噬於困獸，侯景之亂，蕭繹與骨肉之擁州者相争戰，反緩置景，遂釀成慘變。陳氏君臣之荒淫，皆絶無人道可言，其沾被胡俗已深故也。天倫之變，古亦有之，未有如此時之相習爲常，而人皆無所動心也。昏淫敗度，古亦有之，未有如此時之相習爲常，而人皆無一念之警也。故知其染於胡俗也。及南北之局，統一於隋文。而唐高祖、太宗父子承其業。貞觀之文治武功，爲皇漢文、景、武諸帝以後所僅一見者。但盛業止於太宗一代。而風俗習慣，自六代以來，浸於胡俗者，始終未盡滌也。宫闈不正，太宗尚爾，後更不堪矣。民間俗習褻亂，用夷變夏者，又不知凡幾也。夫民德澆漓，則野志易動，變詐滋多，嗜利無恥，攻剽無常，難以道義固結其心。如是之群，梟桀之徒，最易利用之以作亂。唐代藩鎮之禍，連綿不絶，輾轉推演，以成五季慘局。又如前世五胡故事。至吐蕃、突厥、迴紇、契丹等等，累擾中原，又不待論。及皇宋肇興，太祖以寬柔寧亂，提倡文教。諸大儒崛起，追復晚周儒學，明夏禮以革胡俗，復人性於獸習之餘，可謂吾民族復興之幾矣。然宋祖鑒五代之禍，切於防弊，而武事不修；謹於守成，而開擴不足。諸老先生又吸收佛家禪學。正心誠意之功有餘，格物致知之功，終嫌其短。雖辨章王伯，而頗近迂談。孔門由、求治兵理財之略，尚非其所敢企。況孔爲東周，孟撻齊楚之偉抱，豈彼可得而幾乎。宋始厄於遼，繼辱於金，終則全覆於元。其所以自立之道未備，雖欲保固神州，而莫由也。明祖繼起，驅元室於塞外，恢復舊壤，庶幾振宋人之遺緒。然太祖晚年猜刻已過，永樂慘酷，視太祖又更甚焉，繼世復無令主。上視兩宋諸帝，皆昏庸相繼，又若一轍也。程朱、陸王兩派學者，其大多數皆空談心性，不究實用。知識方面，視宋儒又更狹焉。于謙、王陽明、戚繼光、熊襄愍、張江陵、袁崇焕，或以勇斷而肩大任，或以韜略而扶危局。皆曠世雄材，不待文王而興者也。然少數天才，處極衰之社會，終難大展所志。雖扶傾於一時，而無以立不拔之基矣。比兩都淪陷。船山、習齋、亭林諸大哲人，始力變學風，期於道器兼綜，體用賅備，一洗空疏迂陋之風，而歸於實事求是。上繼宋儒復興晚周文化之遺軌，而皆繩正其偏，救治其弊。又可謂吾民族之幾矣。然清人起塞外，帝中原。胡俗未革也。猜心、暴性，未能遽易也。中原人士新附者多隱爲怨刺之詩焉，其必有以使之然也。於是士大夫不敢盡其材力於思想之途，而相率以考據之業，自了生涯，明季諸儒之流風盡泯矣。自五胡變後，幾二千年元氣未復。此一大段氣運，經久而無甚變更，豈不異哉。要之，此長遠期間之擾亂，爲本國邊塞人與中原人之内亂。吾國本部，概稱中原。由六代迄今，中原固屢傷元氣，而邊塞諸部，亦以争奪中原，而卒歸凋謝。朔北之元室，東北之鮮卑、遼、金、滿清，其結果都無善狀。甲既受害謂中原。乙亦無利謂塞外。歷史事實，昭昭可按。甚矣，兄弟鬩牆之禍，宜深戒也。嘗謂吾國歷史，自上世迄今，有兩大變遷。一、自三皇五帝，下逮戰國，如此悠遠時期，爲本國中原内争時代。蓋中原分爲無數侯國，競智競力，互争雄長。但同爲有高深文化之國，故於争競之中，自有切磨之益。此古代所以强大而文明也。此等局面，至周代春秋、戰國，變化日亟。小弱國家，漸爲强盛者所兼併。至秦皇，而遂開大一統之基，以遺之漢氏，是爲中原團結而不復分離之始。二、自晉世五胡之禍，迄於清室運終，爲本國邊塞與中原内争時代。其情形，已略見前文，可不復贅。自秦以前，中原列國並峙。各國人民，多有參政力量。故邊塞驕悍者，雖有時内侵，終不能爲巨害。如犬戎弑幽王，乃是偶然之事。若幽王不寵褒姬，以壞烽火之令，犬戎何能爲乎。邢衛困於狄，亦是暫時。齊桓一度北伐山戎，而諸夏安寧累世。可見中原民力之强固也。由秦而下，宇内大一統。中原人民益散漫無組織。參政力量，無所表現。邊塞人民，政府又常漠然遇之，而無聲教以加乎其間。故邊塞每以其暴力，而摧中原之文弱。雖云暴力如狂風驟雨，不可常勝，然當其突至時，則中原受害矣。自魏晉迄於清運造終，如此悠遠時期純是本國邊塞與中原内争時代。在此長期内争之中，邊塞人民既缺乏文化，中原又常受暴力傷殘，故吾國社會各方面在此長期中極少進化。此可謂睡獅久疲不起之會也，然亦有相當成功焉，即邊塞人民漸染中原文化。而中原之對於邊塞，亦漸去其隔閡，相親如一體。明太祖既驅除元室，命學士爲文，祭告天地。文中目元人爲胡虜，極其醜詆。太祖大怒，命改作焉。帝王大度，中外一家，無有畛域。誠盛德也，清人入關，自道咸以降，漢滿界限，蕩然無存。此雖清人努力同化，然邊塞與中原融洽，卻是累朝演進之結果。非自有清一代而始然也。或曰："清入中原後，曾、胡等猶扶植之，而彼族姓衰耗焉，何也？"答曰：此其先輩貽謀不臧也。悉其族姓，以據中原，其心之私而猜也。天道惡盈，有不期而然者。若一向保其支庶於故土，雖遜帝位，而族姓能育，同建共和之規，不亦美乎。雖然，自今以後，五族一體也，則彼又何衰耗之云。或曰："過去之事，既聞命矣，敢問兹後民族前途，將何如耶？"答曰：世變複雜，日益奇詭，雖在大聖，有所不可知也，而况於余乎。然數往知來，有可預言者三：一曰，吾國大一統之局勢，不宜於過去閉關絶無與競之環境。今後全球交接，東西文化互相流通。雖疲怠睡獅，未能驟爾適應此新環境。然此新環境之有利於我，則萬不容疑也。二曰，吾國上古中原列國長期内争之局，至秦而始息。中古以來，邊塞與中原長期内争之局，至民國而始息。清末排滿，本爲政治革命之一種手段，非真有族姓惡感也。民國肇建，五族共和，載在約法。將二十四史中誤視邊塞先民爲異族、爲敵國之謬誤觀念，已經一掃而空。此爲民族心理上之重大改革，最不容忽視者也。此種心理上之改革，一方面由國内漸見融洽，一方由世界大通，中原與邊塞都把目光向外看去，才知自家團結爲要。開國二十餘年，雖因内憂外患，不遑建設。然政府用才，中外無所偏倚。中謂中原。外謂邊塞。縱未能十分滿意，然較以清世，則塞外人才登庸爲易。若政治上軌，邊方興學，後此改良之事，必與日俱多。至就邊塞同胞之國家觀念而言，其進步亦遠逾疇昔。此次對日抗戰，凡我全族，五族同源，已如前説。故不分言五族，而云全族。一德一心，無有攜貳，雖德王被劫持於仇敵，料亦非其本心。吾中華偉大的民族，發揮其偉大的團結力，方且自兹開始。向後科學昌明。西北、東北各大陸開交通、盡地利、講生産，則如嚴又陵所云：大陸之勢盛，將奪海權，其必有驗焉，無疑也。三曰，中國文化，至高尚，至幽深。欲析言之歟，而若無所可言者。若複唾棄之，以爲無物歟，則又若有物焉。廣乎漠乎，上際於天，而不可測其高也；下徹乎地，而不可測其深也。體窮神知化之妙，於人倫日用之中。所以酬酢萬物，網維萬事者，其道無在，而無所不在。事物燦殊，無非天則著見。人生日用，一皆天理自然。此段，字字吃緊。得乎此，而後知人道之至尊至樂也。世固有縱心外馳，逐物求理，逞欲無饜者。其事，吾亦不謂無有是處。但有辨物析理之長，而無歸根復命之道，是溯流而忘其源也。如欲格物而不口於道，道者，萬物之原也。一切事物所共由之以成也。各科學之研究，皆止於事物互相關係間的法則而已。若不能窮極乎道，而實體之於己，則人生徒恃零碎的知識，而自迷其本根。中土玄學，持較西洋，别是一種面目。科學興，而斯學終不可廢。用知而克全其神，神者心也。老莊反知，謂足以擾攘其心故也。儒者不然，但從事涵養。常令此心虚静寧壹，而無迷妄雜染，則格物致知，乃此心自然之妙用。何有以知而擾攘其心乎。然必有内心涵養一種學問。故其神全，而不滯於物。否則逐物而喪其心之所持，竟不識有自心。則老莊反知，非無故矣。厚生而不迷其性，性，即道也。以其爲萬物所共由之而成，則曰道。以其爲吾人所以生之理，則曰性。物質上的需要，所以厚生，不可廢也。故絶物與斷欲，必非人而後可。道不遠人。吾先哲未嘗以此爲道也。然必有盡性之學焉，然後能用物而不役於物，從欲而不踰其矩。否則人生只陷溺於物欲之中，老子所以有聾盲爽發狂之嘆也。則吾中國文化，確有絶大貢獻，何可棄哉，何可棄哉？現代所謂文明人者，皆失其本心，而習於向外騁逞，縱欲殉物，因不得不出於搶奪，而陷於人類自毁之途。將圖所以救之，非導之於中國文化，終不可得救也。吾確信中國文化不可亡。但吾國人努力於文化之發揚，亦必吸收西洋現代文化，以增加新的原素，而有所改造，不可令成一種墮性，是則余之所望也。綜上三事，皆吾民族獨具之優點。前途發展情狀，吾不能知。其有可以發展之基，則上述三事是已。廣大的國家，廣大的民族，高深的文化，在今後的世界，而有此三，真是優點。老僕所知，亦止此而已。

中古史第二期甚關重要。吾本欲詳談，兹當作罷。第二期以下，暨近古、近代各期更付闕如。一因天氣熱悶，二因吾精力疲困，不得不截止。唯當此抗戰時期，吾有一堅確信念：日本人決不能亡我國家，決不能亡我民族。日本者，古之所謂倭國也。其種族則不知所自出。當吾國東漢光武時，其國主遣使來朝，自稱大夫。後其國主，並受中國爵命。其國文化過去完全模倣中國。此世所共知，不待多談。然日人實不能了解吾國文化的廣大精微處，不堪接受吾先哲高尚的理想與偉大的精神。自元代以後，他常寇害吾國。吾國人向來寬大，全無懷恨復仇的心理，而日本人竟處心積慮想滅吾國、亡吾種。此等野心，吾人今後不能忽視，但願日人能自反省。日人今雖力效西洋，以强國自命，然素無文化，純從外襲。其俗淫亂，絶無天倫，有禽獸所不爲者。其人習於殘忍，無復人性。其對外，概以狡詐與兇暴。雖云施之他國，然此等根性養成，其民族將來欲勿衰亡，何可得也。自古皆有死，民無信不立。聖言畢竟不容摇奪。又日人器量過小，雖横行一時，决定不堪成立大業。此吾敢斷言以俟之者。夫日本在昔，本吾華之臣屬，又受吾華文化薰陶。值歐力東漸，神州衰微，日人爲自身利害計，亦不應阻礙吾華族之興復運動，以自陷於孤危。眼光稍遠者，自能見及此。乃日人出兹下策，乘吾華方新之機而蹂躪之，實乃竭其民力，戕其民命，以赴於膏火自焚之途。利害至明，而彼不悟。由其器小易盈，顛狂以逞，絶無遠識故耳。

吾尤有言者。凡歷史書，其紀述之體可略説爲二：一則考論人物得失。如各方面領袖人物，謂若古之君相及士大夫，今所謂领袖是也。其推動社會政治及文化等方面，所發生之影響果何如，此最不可忽者。《春秋》褒貶善惡與别嫌疑、明是非等義即在乎此，後來史家皆宗之。二則本科學方法，推詳社會變遷。如由游牧社會而進爲農業社會之類。各時代之一切組織、一切法制及生活情况等等方面皆互相懸殊。而其或爲漸進，或爲突躍，又皆有其所以，必非無故而然者。史家述作，必於此推詳焉，所以數往知來也。今之治史志者，大抵有意向此做去，而尚未能做到。余以爲二種作法須融合爲佳。大概以考論人物得失爲主，而社會各階段中方方面面之變遷，亦必推詳而無所遺，方爲良史。人物本由社會産出，而卻有推動社會的力量。如五官四肢，自整個的生機體中發展出來，而卻有運動生機體之功能。舊史注重人物得失，甚有意義。且模範人物對後人具有偉大的感發力。歷史家不可不以熱烈真誠的意願，表達偉大人物的精神。須知一個人必有敬仰偉大人物的真切信念，其人便不至墮落，而可日益向上，以進於偉大。否則無好善之幾，必爲小人禽獸之歸。一個人如此，一民族更是如此。若民族普遍的心理，對於偉大人物皆有真切信念，此等民族決不墮落，決不衰亡。反之，則有淪喪之憂。以其無所嚮往故也。但此所謂偉大人物，係指爲善而可法的人物。若兇暴而作大惡者，與浮華譁世者，則根本不成爲人，宜爲有識所賤棄。一個人，或一民族，如果崇信惡人暴行，或且貴重浮華之士、淺薄之論，其人其民族必衰亡而不可救。又所謂敬仰偉大人物者，原不限於本國本族之先人，但對於先輩有盛大功德者，萬不可無敬仰之誠。今吾國人對先輩一概抹煞，或謂黄帝、大禹等爲無其人，或唱打倒孔家店，或以衛、霍安邊之功，只是帝王走狗。種種怪妄，不可勝舉。寇患相乘，豈曰無因，吾願青年有以自覺也。昔戰國末葉，六國之士非堯舜、薄湯武成爲風尚，六國遂以崩亡。而吾民族衰象，便伏於此時矣。可不鑒哉！又復有言者，吾國社會就文化方面言，各時代的社會情形，自有許多不同之點。如兩漢社會較之戰國盛時，便有停滯之象；五胡變亂時之社會，便有激動之象。五胡之後，而有盛唐之治，有以也。諸如此類，皆可推詳。至就生産方面言，吾國本天然農業的國家。在近世海通以前，中國國家確自另爲一種最高的文化團體。其文化又别爲一種路向，與西洋文化元不同途。因此，中國社會數千年來，在生産方面始終不離農業本位。若以西洋社會變遷的各種階段强相比擬，終無是處。如果以爲不離農業本位之故，或擬爲奴隸社會，或擬爲宗法社會、封建社會，就片段看去固然好似説得過去。但如通其全而論之，中國的文化方面，如哲學思想的無神論與心物不分的觀念，與世界觀念及實踐觀念等等，均是極高尚宏博純粹而無可菲薄的。藝術思想的優越，更是中外公認的。道德方面的寬博態度，更不可求之今日西洋社會。西洋人遇異國之民，便有猜防。中國人遇外人，則坦懷相與。其他風俗方面，今日雖敝，然過去優尚之點甚多。兹不暇論。若以中國社會强判爲屬於未進化的卑陋階段中，吾誠未知其可。吾願將來修通史者，於時俗謬誤宜加屏絶。至上古農業初興，或是由部落進爲侯國的時代，其時農民不免爲君卿大夫的奴隸，自是勢所必然。然自夏朝定田賦制度以後，人民已漸爲國家之公民。如盤庚遷都，必得人民同意。可見殷時人民，已享有公民參政權。必謂其完全爲奴隸，似嫌武斷。又《詩·小雅》“甫田之什”，《毛傳》云，刺幽王也，刺其倉稟空，虐政煩。賦重，農人失職。按此詩有云：“攸介攸止，烝我髦士。”《毛傳》，烝，進。髦，俊也。治田得穀，俊士以進。《鄭箋》云：“介，舍也。禮，使民鋤作耕耘。閒暇，則於廬舍及所止息之處，以道藝相講肄，以進其爲俊士之行。”考《箋》與《傳》，詞有詳略，而義相和會。《傳》云俊士以進，似謂進而用之在位也。《箋》云進其俊士之行，雖不必即用之理政事，然賢能之興，實所以備登庸也。《傳》於休介休止句無訓釋，《箋》説爲詳。據此，則西周農人已多爲國家之俊士。而今後生猶謂其屈於奴隸，豈不異乎？又《小雅》諸詩刺當時社會政治之黑暗，發於義憤，詆呵無諱，盡其形狀，可徵民意發抒，民權已盛。今百姓愁慘，而無所謂呻吟，視西周之民，猶弗如也，謂其爲奴隸可乎？夫古代奴隸社會時之情事，容有見於後者，如資本主義的社會，豈能全絶封建社會之跡乎？吾所爲齗齗於此者，恐其失中國真相，而歷史純爲誣亂之業也。雖詆余以迂陋，吾何敢辭?

【校記】

〔1〕整理者按：此語爲“天忘朕耶”，見《莊子・在宥》。

〔2〕整理者按：熊先生引文多憑記憶，此處應爲：“禹，吾無間然矣。菲飲食而致孝乎鬼神，惡衣服而致美乎黻冕，卑宫室而盡力乎溝洫。”見《論語・泰伯》篇。

〔3〕整理者按：這裏引自《伍被傳》而不是《淮南王安傳》，見《漢書》卷四十五。熊引與原文略有差别，今據原文校改。

〔4〕整理者按，王莽詔見《漢書》本傳。熊引文有删節處，今用省略符號標出。

〔5〕整理者按：此引王符《潛夫論》兩段，出自《浮侈》篇，但與原文有一些差别。熊先生將原文壓縮删改了，今不校出。

〔6〕整理者按，這裏所引仲長統《法誡篇》，見《後漢書・仲長統傳》。熊氏删節處加上了省略號，自註加上“熊按”。

〔7〕引文見《後漢書・仲長統傳》所録《損益篇》。

荆楚文庫

中國歷史綱要

王晨光　點校

唐：帝堯，一代而止。

虞：帝舜，一代而止。

夏：稱王，大禹始傳子。

商：王，成湯。

周：又分西周、都今陝西長安，故稱西周。東周。都今河南洛陽。平王始遷於此，而周遂衰。諸侯互相攻伐，强者吞弱，大者併小，是爲列國之世。周之天子徒建空名而已。

東周又分春秋之世、魯國之史記名《春秋》，孔子因而修之。自魯隱公元年即周平王四十九年至魯哀公十四年。凡十二公，二百四十二年。此二百四十二年間，稱爲春秋之世。名爲魯史，實記有列國之事，王朝之爭亦多記載。戰國之世。自春秋之後，列國互相吞併，僅餘七大國；曰秦、曰楚、曰齊、曰韓、曰趙、曰魏、曰燕。是稱七雄，亦曰列强。

秦：七國時之秦至王政，始滅六國，廢東周君，混一大宇而成一統。王政既一天下，遂稱始皇帝，欲傳之萬世。卒至二世而亡。

漢：又分西漢、西漢自高皇帝都長安，即西周與秦之故都。周自平王東遷於洛，長安以之封秦伯，而秦漸强，爲大國。至政遂統一天下，仍都長安。漢高帝姓劉名季，今江蘇沛縣人。以平民起而爲天子。復都長安，稱西漢。東漢。漢臣王莽篡漢，及身而滅。漢之後裔劉秀起而恢復帝業，稱光武皇帝。遷都洛陽，是爲東漢。

三國：東漢之末，天子失道，群臣並起稱雄，互相攻伐，而後成魏、蜀、吳三國鼎立之勢。曹操傳子丕，逼漢獻帝禪位，是爲魏文帝。劉備以漢之後裔，稱帝於今四川成都，是爲昭烈皇帝，國號漢。孫堅與其子孫策、孫權起於江東，至權而稱帝，國號吳，都今之南京。江蘇省江寧府地。

晉：魏之臣司馬炎始逼魏帝禪位，而自稱帝。時蜀漢已滅，又復滅吳，天下又一統。建都洛陽，是爲西晉。對東晉之都南京而名西故。又分西晉、司馬炎統一天下，至其子惠帝愚蠢，旋有八王之亂，五胡入中國，中國亡於胡。東晉。中國北部雖亡於五胡，而晉元帝以諸王起而抗敵，卒在南京建都而紹正統。然河南、陝西、山東諸省之地，尚有屬晉者。

前五代：東晉在江左成偏安之局，國勢不振。

晉後爲其臣劉裕所篡，國號宋，是爲劉宋。亦都南京。

宋又爲臣蕭道成所篡，國號齊。

齊又爲臣蕭衍所篡，國號梁。梁武帝與齊同族。

梁又爲其臣陳霸先所篡，國號陳。

晉、宋、齊、梁、陳，是稱五代。若併隋而言之，則稱六朝。

隋：楊堅以北朝周之臣，篡周而併有北方。又滅南朝之陳而統一天下。是爲隋文帝。傳子廣，禽獸也。遂亡。

唐：唐李淵及其子世民，以隋臣起而有天下。國號唐。亦都長安。世民即太宗皇帝。是爲漢以後中國極盛時代。

唐以前，北有諸胡各建國，所謂五胡十六國。此中不詳。諸胡在北者，統稱北朝。南方則自東晉以至於陳，乃中國正統僅存，統稱南朝。故史於齊稱南齊者，以齊爲南朝之齊，别於北朝之齊也。

後五代：唐之衰也，朱温以群盜，起而稱天子，國號梁，史亦稱後梁。

李存勗本胡人。即沙陀族。自其先世官於唐，唐賜之國姓李氏。即收爲養子之意。至存勗始大。乘梁之亡而稱帝。自謂紹唐之業，國號曰唐。是爲後唐。

石敬瑭亦胡人。沙陀族。借契丹援兵滅後唐，繼後唐爲帝。史稱石晉，亦云後晉。都汴，今河南開封。

劉知遠亦胡人，代石晉而自立。托名漢之後，國號漢。史稱後漢。

郭威，漢族也。滅後漢，國號周。史稱後周。都今之開封。

五代，共五十二年。其時天下昏亂，民生塗炭。所謂君若臣，皆犬馬不如者也。朝夕變節，不成爲人。比於六朝，猶遠不如之。唯周世宗可謂賢主，惜其年不永，身喪而幼主繼之，君位遂禪於宋祖。

宋：分北宋、北宋都今之開封。宋太祖趙匡胤本周臣也。值世宗崩，幼主立，承五代之衰，君臣無固定之分誼。諸將不服事幼主，皆擁匡胤爲帝。帝即位後奬勵名節，興儒學。唐以後，至此乃稱一統致治之休焉。宋代新儒學之盛，亦宋祖提倡之效也。南宋。宋雖一統，而國力之强，遠不如漢、唐。中國疆域被胡人割據者，亦多未能收回。及徽宗、欽宗二帝爲金人（胡也）所虜，宋之宗室康王構，南渡至今之杭州。遂駐此而立爲帝，紹中國之正統，是爲南宋。所謂高宗是也。構昏庸，猶不及東晉元帝，其疆域比東晉更狹矣。

元：南宋之末，爲蒙古胡族。所滅。蒙古亦號韃靼，蓋古匈奴之族類。本無文化，如鳥獸然。其人强悍善戰，起自北方。先滅金，次南下而滅我宋室，遂入關而稱帝，改號曰元。都今之北平。北平自周時，燕國都於其間。其後至五代時，胡族有耶律氏，初名契丹，後改爲遼，居今之熱河。後梁時阿保機稱帝。其境域東至日本海，西至天山，包有今内外蒙古及直隸、山西之北境。凡九主，二百十年，爲金所滅。遼都於今之北平。金既滅遼，亦都於此。元滅金又都於此。明滅胡元，而成祖復由南京遷都於此。胡清入關又都之。民國初年又都之。故北平之爲都也雖久，然真爲我之都者，只燕與大明及民初耳。元據中國僅九十年。

明：我大明太祖高皇帝姓朱名元璋，今江蘇鳳陽人。以平民起而驅逐胡元於塞北，恢復我漢族之獨立。遂紹帝位，宅都於今之南京。至其子成祖皇帝，仍遷都北平，號北京。自太祖至永明帝之亡，約三百餘年。而滿清又以胡人侵入吾國矣。

清：滿清，本金人之裔。金，胡也。於宋代曾據我國北部稱帝。金原名女真，姓完顔氏，世居我國東北松花江之東，服屬於遼。及宋徽宗時，阿骨打稱帝，都會寧，即今吉林，號曰金。滅遼攻宋，有今東三省、黄河流域各省及江蘇、安徽、淮北之地。凡九主，一百二十年，爲蒙古所滅。然至明朝，其後裔又盛。始則臣事我大明皇朝，終乃叛而稱兵入關。自福臨始據北京。建年號曰順治。凡十主，二百六十八年。溥儀遜位，而中華民國始成立。

胡族之入據中國也，自晉世五胡始。然五胡十六國皆據我國北部耳，猶未全控我上國也。至五代迄宋，遼人又據我北部，但據我内地之土宇猶不甚多。至於金，則内地半爲其所據矣。然亦未全控我國也。及胡元，始完全征服吾族。幸未百年而明祖起，足以驅除之矣。明之衰也，滿清又以金之餘孽復興東北，卒入關而統一我中夏。故胡族之能全據神州者，唯元及清也。

鄂省者，故楚地也。中國内部十餘省之中心也。中原之民富於民族思想，獨立自由之風，鄂人爲甚。元之盜據中夏也，其勢甚盛。而徐壽輝、陳友諒、方國珍諸氏，皆起於鄂、閩而稱皇帝，以抗胡元。明祖因之以成其功。實則徐、陳、方三帝之力，不可忘也。清之盜據中土也，二百餘年。卒因武昌義師勃起，而清運以終。然則鄂人抗拒異族侵陵之力，有足多者。今後掃除倭寇，尤殷望於吾三楚之子弟也。

朱子名熹，字元晦，南宋時人。籍隸安徽婺源。其父官於閩，生朱子於閩，遂家新安，故朱子亦爲閩人。

北宋之初，首倡儒學以抵抗印度佛家思想者，厥爲孫明復，泰山人也。其弟子石徂徠繼之。明復作《春秋尊王發微》，明尊主之大義，以救五代之昏亂。稍後，而胡安定講學湖州，設經義、治事二齋，以教學者。及濂溪先生周敦頤産於今湖南道縣，作《太極圖説》《通書》，闡明《易》學，始發抒中國固有之哲學思想以拒佛家。二程夫子出於河南。程顥字伯淳，没後，人稱爲明道先生。其弟程頤字正叔，居洛之伊川，學者稱伊川先生。首以《論語》《孟子》及《禮記》中之《大學》《中庸》二篇表而出之，合稱四子書，簡稱四書，定爲儒家綱領之要典，爲學者所必讀。

明道年五十二而没。當世未盛行其説。伊川年七十餘，生平講學甚盛。曾仕於朝，爲群小所厄，貶於今四川之涪陵。即涪州。其古今有名之大著——《易傳》，即作於涪。今涪陵縣有伊川故蹟曰點易洞。《易傳》即作於此云。

伊川之弟子甚多，最著者曰楊龜山，龜山傳之其弟子羅仲素，仲素傳之李延平，延平爲朱子之師。

朱子之學甚精深博大。其平生於書無所不讀，於學無所不究。而所取法者雖不一家，要以伊川爲主。其終身服膺之典籍，則《四書》是也。朱子著書極多，而《四書集註》乃其根本重要之作。其生平於孔孟之學，精思力踐，皆見之於《四書集註》。自漢唐以來説《四書》者，未有如朱子之博深真切也。

朱子之友，有張南軒，字敬夫，亦字欽夫，名栻，本籍四川之廣漢而家於湖南衡山。次則吕東萊，名祖謙，字伯恭，浙之永康人。次則陸象山，名九淵，字子静，今江西金谿縣人。其學直指“本心”，與朱子之學相異，然其學之流傳不及朱子之盛。直至明朝王陽明先生出，首宗陸子之説，而倡致良知之學。自此乃有所謂陸王學派。而以朱子與伊川並稱程朱學派云。

漢代諸經師，守六籍《詩》《書》《易》《禮》《樂》《春秋》所謂六經是也。而專言訓詁，於經書中之名、物、度、數，詳爲考覈，而於所謂義理或思想則不之及也。雖解聖人之書，而於聖人之道昏如也。此所謂守文之學也，經生之業也。及兩宋諸儒出，專精義理，始發揮孔孟之哲學思想，以反對印度佛家思想。其爲學也，注重於人倫日用踐履之間，身體力行，起居言動與酬酢萬變之際，務使無一不合於道而中於禮。其胸懷清潔純明，超出於萬物之表。故於宇宙真理、人生本原，脱然神悟，而真參實悟默契孔門之旨，有以深造自得。與漢儒考據之學，區以别矣。程朱諸老導其先，後之哲士多承其流。世乃有宋學之稱，以與漢學相别云。

清世諸儒反對宋明學，而盛治考據之業，又自標爲漢學，故世稱清代經師爲漢學家。實則經生但考名物度數之末，爲治古籍者整理工具而已。雖此業不可少，而必謂學術在是，則愚妄之見也。欲了解吾國哲學思想與孔氏義理精微所在，則宋學或合明儒言之，曰宋明學。其要也夫。

補記：晉朝五胡十六國

五胡者，匈奴、鮮卑、羯、氐、羌也。東漢以來，五胡先後移於塞内，勢力漸增。西晉末，先後占據北方及西蜀。始於晉永興元年，訖宋元嘉十六年。歷百三十年而始滅亡。列國十六：五涼、二趙、三秦、四燕、夏、成漢是也。又有冉魏及西燕，則不在十六國之列。

五胡十六國表：

國名	始　祖	種族	所據地	滅其國者
前涼	張　茂	漢人	姑　臧	前　秦
後涼	吕　光	氐	姑　臧	後　秦
南涼	禿髮烏孤	鮮卑	樂　都	西　秦
北涼	沮渠蒙遜	匈奴	張　掖	北　魏
西涼	李　暠	漢人	酒　泉	北　涼
前趙	劉　淵	匈奴	平　陽	後　趙
後趙	石　勒	羯	臨　漳	前　燕
夏	赫連勃勃	匈奴	統　萬	北　魏
成漢	李　雄	氐	成　都	東　晉
前燕	慕容皝	鮮卑	鄴　都	前　秦
後燕	慕容垂	鮮卑	中　山	北　燕
南燕	慕容德	鮮卑	慶　固	東　晉
北燕	馮　跋	漢人	昌　黎	北　魏
前秦	苻　健	氐	長　安	西　秦
後秦	姚　萇	羌	長　安	東　晉
西秦	乞伏國仁	鮮卑	金　城	夏

西燕者，晉時鮮卑族慕容冲破苻堅兵，據今陝西咸陽稱帝，史稱西燕。凡三主，十年。爲後燕所滅。

冉魏，晉時冉閔殺後趙主石鑒自立，國號魏。三年。爲前燕所滅。

五胡十六國，天下紛裂已極。及北魏興，漸統一北方，胡運猶未已也。

北魏：亦稱後魏，姓拓跋氏。晉時拓跋自立爲代王，國號魏。都平城，今山西大同。稱帝，史稱後魏。以其爲北朝也，又稱北魏。有今河北、山東、山西、甘肅及江蘇、河南、陝西之北部、奉天之西部。奉天今改遼寧。傳至孝文帝，遷洛陽，改姓元氏，故稱元魏。凡十二主，一百四十九年。分爲東西魏，爲高氏、宇文氏所篡。

東魏：後魏之末，孝武帝西奔，高歡别立孝静帝，是爲東魏。

西魏：孝武帝西奔，依宇文泰都長安，是爲西魏。凡三主，二十三年。禪位於北周。

北周：宇文覺受西魏禪，號曰周，史稱北周，又稱後周。都長安。滅齊，統一北方。凡五主，二十四年。禪位於隋。

北齊：先是懷朔人高歡仕後魏，鎮朔方，起兵平爾朱氏之亂，擁立孝武帝。歡爲丞相，專權。帝西走，依宇文泰。歡别立孝静帝。由是魏分東西。及子高洋篡魏，國號齊。史稱北齊，亦稱高齊。都鄴，今河南安陽縣是也。有今直隸、河北山東、山西、河南及奉天西部之地。凡五主，二十八年。爲北周所滅。

北漢：晉時匈奴劉淵稱帝，號曰漢，史稱北漢。後改爲趙，史稱前趙。見五胡十六國表。

前秦：見五胡十六國表。氐族苻氏，據關中，國號秦，史稱前秦。其盛時南至邛僰，東抵淮泗，西極西域，北盡大磧。凡七主，四十五年。爲後秦所滅。

後秦：見十六國表。羌族。姚萇弑秦王苻堅，自稱秦王，史稱後秦。據長安。有今陜西中部、河南南部、甘肅東部之地。凡三主，三十四年。爲東晉所滅。

五胡十六國中間有漢人，而勢力不盛。如張軌據涼州，有今甘肅蘭山道以西之地。其子茂稱涼王，史稱前涼，凡九主，七十六年。而滅於前秦。惜夫！北燕，則馮跋據熱河境稱王。凡二主，廿八年，爲後魏所滅。西涼，李暠據今甘肅敦煌縣，稱涼公。凡三主，二十一年。暠乃唐之祖也，亦是漢人。

以上略談晉世，即史所謂南北朝時代，北方諸胡之紛紛者也。吾族經此蹂躪，亦慘極矣。

後五代之世，有所謂十國。列表如下：

國名	始　祖	據地	滅其國者
吴	楊行密	淮南	南　唐
南唐	李　昇	江南	宋
閩	王審知	福建	南　唐
前蜀	王　建	四川	後　唐
後蜀	孟知祥	四川	宋
南漢	劉　隱	廣州	宋
北漢	劉　崇	山西	宋
楚	馬　殷	湖南	南　唐
南平	高季興	荆南	宋
吴越	錢　鏐	兩浙	宋

吴越：錢鏐據杭州，有今浙江全省之地。凡七主，八十四年。納土歸宋。杭州之建都自此始。

吴：楊行密據淮南，兼有江西，國號吴。凡四主，四十六年。爲徐知誥所篡。

南唐：徐知誥受吴禪，稱帝於金陵，即今南京。國號唐，史稱南唐。有今江蘇、安徽之淮南、福建、江西及廣西北部。凡三主，三十九年，爲宋所滅。知誥，徐州人，爲徐温之養子。先姓徐，後復本姓一李，名昪。李後主，詞最妙，古今無有及之者。偏方割據之帝，卒爲亡虜。盍若身爲匹夫而僅以詞人名之爲愈耶?

南漢：劉隱之弟劉龑稱帝於廣州，國號越，改稱漢，史稱南漢。有今廣東及廣西南部。四主，六十八年。滅於宋。

南平：亦稱荆南。唐末高季昌爲荆南留守，後唐封南平王，有湖北荆州府之地。凡五主，五十七年。後納土歸宋。

楚：馬殷居長沙，奄有湖南及廣西東部，稱楚國王。爲南唐所滅。

又補：

五帝：伏羲、神農、黄帝、堯，舜。

三王：夏禹、商湯、周文王及其子武王。合稱三王，實有四人。

周之賢王，文武而後有成王、武王子。康王。成王子。後有宣王，中興周室。東周以後，靈王稍好，要皆微弱無可稱。

五霸：亦作伯。齊桓公、晉文公、宋襄公、秦穆公、楚莊王。

春秋時，楚以子爵而漸强大，常用兵以侵略北方諸國。南方諸小國皆爲其所吞併。楚遂僭稱王，欲代周天子而自立爲王也。北方諸侯國，除齊、晉等大國外，亦多臣服於楚人之下。蓋儼然代周而興矣。

王道以德服人，伯者以力服人。秦始皇亦雄主也。

漢之賢帝：高帝、惠帝、高帝子文帝、高帝之子景帝、文帝之子武帝、景子宣帝。

東漢：光武、明帝、章帝。

蜀漢：昭烈。

唐之賢帝：太宗貞觀太宗年號之治稱盛。玄宗開元之治不終。憲宗稍好。

五代：周世宗好。

宋：太祖、太宗稍爲强者，仁宗好，餘皆平平。

南宋：孝宗稍好，亦不足有爲。

明：太祖、成祖較爲强者。仁宗亦好，惜不永。

漢初賢相：蕭何、曹參與民休息，不妄興作。史稱蕭規曹隨，言曹能守蕭何之遺規而不更張也。

蜀漢：有諸葛亮。

名將：則武帝之衛青、霍去病能逐匈奴於塞外。趙充國亦卻匈奴，此其著也。自餘不可勝數。

唐初，輔成貞觀之治者，稱房玄齡、杜如晦、魏徵諸公。姚崇之相玄宗，亦救時良相。後有裴度。

宋之賢相：有李沆、王旦、范仲淹、富弼、韓琦、文彦博、趙抃、司馬光等。王安石變法而無成功，其學有足稱者。

南宋：則李綱甚好，惜高宗昏庸，不能用之也。

宋代少良將才，故武功不競。

明之賢相殊不多，三楊皆平平耳。晚葉，乃有張居正，湖北江陵人，乃傑出之才。將有熊廷弼，更爲漢以來特出之偉大人物。惜爲小人所害，昏主不能辨而殺之。中國遂於胡清矣。

三楊者，明仁宗時楊士奇、楊榮、楊溥並爲名臣，世號三楊。

中國歷史應注意之點

一、自夏、商迄於周爲封建諸侯之世，雖戴有天子爲共主，而實則諸侯有國，大夫有家，各有其土地，各以其所撫之人民爲農奴而已，所謂封建社會是也。

春秋迄於戰國，漸去封建之習，工商業漸興，人民亦漸知争獨立自由。其時學術勃興，所謂諸子百家揚光輝於大地。吾國所以爲東亞文明之祖邦者，自此始也。其文化之美，猶將遺澤於未來世界之人類也。是時思想之派别，略言之，有儒家、道家、墨家、名家、法家等等。而農家如許行，其説略存於《孟子》，則極端之社會主義者也。

秦廢封建，改郡縣，是爲一大變。漢高以平民起而革暴秦之命，又爲一大變。

秦漢始開大一統之局，後雖常有分裂，而究常歸於一統。此亦一大變。

漢魏以後，五胡亂華，吾民族始衰。此爲一大變。

漢魏以後，印度佛家思想漸入中國。此爲一大變。

魏晉之篡弑最卑鄙險詐，後來奸邪皆效之。此實我民族衰亡之主因。蓋卑鄙險詐之風，使人失其性而不成乎人，欲不衰而不得也。曹操父子與司馬懿父子祖孫之罪，不可逭也。其爲人，糞蛆不如也。此爲一大變。

漢末群雄與董卓之難，唐末藩鎮與黄巢、朱温之盜賊，流毒天下。其流至於今，而軍閥與土匪猶承繼不絶也，此皆須注意。

宋初，儒學興，反對印度佛家思想。此爲吾固有文化復興之兆。

元人始以異族全制中國，此一大變。後則滿清又如之矣。

明祖驅除異族，我民族始解放而獨立。此可慶幸。

明之末世，政治貪污敗壞不可形容，民生凋敝已極，故胡清得入。今之世，又如明季。

荊楚文庫

熊十力集（四）

熊十力 著
郭齊勇 劉依平 主編

荊楚文庫編纂出版委員會
湖北教育出版社

荊楚文庫

新唯識論

（語體文本）

王晨光　點校

目　録

新唯識論全部印行記

己卯夏，余有嘉州之行，適遇寇機，頻年積稿盡燬，友好多傷之。翌年，本書上卷成，得吕生漢財印如干部。辛巳冬，中卷成，復慮轟炸，老友居覺生先生募資，合上卷付印。昨春，下卷成，復取上中卷，稍易數處，而以全書由中國哲學會付商務印書館出版。老當國難，精力日衰矣，平生心事，寄之此書。世或罪以謗佛，則豈識予心者哉？有問："此書非佛家本旨也，而以《新唯識論》名之，何耶？"曰：吾先研佛家唯識論，曾有撰述，漸不滿舊學，遂毁夙作，而欲自抒所見，乃爲《新論》。夫新之云者，明異於舊義也。異舊義者，冥探真極，此語吃緊。苟非自窮真極，而徒欲泛求之百氏，則陷於雜博，未能臻至理也。而參驗之此土儒宗及諸鉅子，抉擇得失，辨異觀同，所謂觀會通而握玄珠者也。玄珠，借用莊子語，以喻究極的真理或本體。破門户之私執，契玄同而無礙，此所以異舊義而立新名也。識者，心之異名。唯者，顯其殊特。即萬化之原而名以本心，是最殊特。言其勝用，則宰物而不爲物役，亦足徵殊特。《新論》究萬殊而歸一本，要在反之此心，是故以唯識彰名。或曰："《新論》不亦談妄識乎？豈盡説本心耶？"曰：異哉，汝之固也。辨妄正所以顯本，妄之不明，本不可見。汝以爲著書將只單提一義，而不可涉及餘義乎？道理哪得如是簡單。世俗每不悟《新論》所由立名，輒爲無謂之非難，故略説如上。

中華民國三十三年一月二日

黄岡熊十力記於陪都近區北碚勉仁書院

初印上中卷序言

是書原本係文言文，於民國十二年頃講授於國立北京大學。後多所改定，以二十一年十月自印行世。無錫錢學熙常欲迻譯英文，未果。二十七年春，余避難入蜀，寓居璧山，學熙亦至。是冬，學熙欲償夙願，因先用國文翻成語體文，以資熟練。義有增損，則余所隨時口授，學熙無擅改也。僅翻至《轉變章》首節，學熙因事離川，又不獲譯。迄二十八年秋，萊蕪韓裕文從遊，因囑裕文續學熙稿，將别爲語體文本。裕文面受裁決，遂完成《轉變章》，輯爲上卷。未幾，裕文以生事窘束離去。余孤羈窮鄉破寺中，老來顛沛，加復貧困，乃彊自援筆，續緝《功能章》上下，以三十年孟秋脱稿，輯爲中卷。預計全書若成，當不過三卷。下卷起草須稍待也。中卷申明體用，因評判佛家空有二宗大義，而折衷於《易》。《易》者，儒道兩家所統宗也。既已博資群聖，析其違乃會其通，其相違處，辨而析之。其大通處，可融會也。學窮其至，可守一家言乎？實亦窮極幽玄，妙萬物而涵衆理。理極其玄，則衆理無所不包，故曰涵衆理。玄者萬物之所共由，故曰妙萬物。上卷所陳義趣，至此而後見其根極。夫泥曲者難期以超悟，曲者偏曲，謂俗學只從枝節去索解。泥於此者，未能脱然超悟。守文者無冀夫懸解，世固有莫逆予心者乎？吾姑俟之而已。中卷甫脱稿，將合上卷先付印如干部，以防散失。印費綦難，舊友廣濟居覺生先生籌募而資之。冀此變經，無墜旦夕。《易經》窮極變化之道，阮嗣宗稱以變經，此借用之。

是書卷面，簽題《新唯識論語體文本》。卷内題名仍舊，《新唯識論》。以避繁重。

原本擬爲二部：曰《境論》，境者，所知名境，本佛典。今順俗爲釋，如關於本體論及宇宙論、人生論等，有其所知、所見、或所計持者，通名爲境。曰《量論》。量論相當俗云知識論或認識論。量者，知之異名。佛家有證量及比量等，即關於知識之辨析也。只成《境論》一部分，《量論》猶未及作。今本此次語體文本稱今本，下倣此。則不欲承原本之規畫，如將來得成《量論》時，即別爲單行本，故今本亦不存《境論》之目。以《境》《量》二論相待立名，今《量論》既不屬本書組織之内，則《境論》之名亦不容孤立故。本書根本問題不外體用。立言自有統紀，一依原本之底蘊。學者如透悟體用義，即於宇宙人生諸大問題，豁然解了，無復疑滯。

本書雖是語體文，然與昔人語録不必類似。此爲理論的文字，語録只是零碎的記述故。又與今人白話文尤不相近。白話文多模倣西文文法，此則猶秉國文律度故。大抵此等文體不古不今，雖未敢云創格，要自別成一種作風。

本書發端於錢君，初非有意爲此。繼念原本簡括，文不繁重曰簡，義綜綱要曰括。欲因錢稿而續成語體文本，歷時幾四載，成兹二卷。上卷之文，既非一手，余頗有核定，但損益無多。中卷則余親秉筆，而流亡困厄，意興蕭索，老來精力益復無幾，寫稿斷難一氣貫注。然義有據依，非由意想妄搆故。詞必精覈，詞必足以完全表達其所詮之義，無有漏略，且正確而不容誤解，乃云精覈。要歸無苟，則非文章之士所與知也。嘗與朱孟實光潛書云：哲學之事，基實測以遊玄，從觀象而知化。《大易》之妙在此。窮大則建本立極，冒天下之物；通微則極深研幾，洞萬化之原。解析入細，繭絲牛毛喻其密；組織精嚴，縱經横緯盡其巧。思湊單微，言成統類。此所以籠群言而成一家之學，其業誠無可苟也。焉得知言者，而與之游於玄圃。

中華民國三十一年一月十五日熊十力識

附原本緒言節存

本書於佛家，元屬造作。凡所用名詞，有承舊名而變其義者，舊名，謂此土故籍與佛典中名詞。本書多參用之，然義或全異於舊，在讀者依本書立説之統紀以求之耳。如恒轉一名，舊本言賴耶識，今以目本體，則視舊義根本不同矣。此一例也，餘準知。有採世語而變其義者。世語，謂時俗新名詞。自來專家論述，其所用一切名詞，在其學説之全系統中，自各有確切之涵義，而不容泛濫，學者當知。然則何以有承於舊名，有採於世語乎？名者公器，本乎約定俗成，不能悉自我制之也。舊名之已定者與世語之新成者，皆可因而用之，而另予以新解釋。此古今言學者之所同於不得已也。

書中用自注。或有辭義過繁，不便繫句讀下者，則别出爲附識，亦注之類也。每下一注，皆苦心所寄。今本上卷有譯者按及繙者按等文，爲上卷以下所無者，蓋錢、韓兩君所附加者。此亦與附識同例，無須改削。

本書評議舊義處，舊義謂印度佛家。首叙彼計，必求文簡而義賅。注語尤費苦心。欲使讀者雖未研舊學，亦得於此而索其條貫，識其旨歸，方瞭然於新義之所以立。

附筆札

科學承認有外界獨存，自科學言之，固應假定如此。而哲學家談本體者，亦將本體當做外界的物事來推度，卻成顛倒。《明宗》及《唯識》兩章，須曠懷潛玩始得。

來問："《唯識章》只不承有外境，卻不謂境無，何以成唯識？"此正未了本書意思耳。書中明言："唯者，殊特義，非唯獨義"云云。詳《唯識章》。本書明翕闢成變，即依翕上假説境物，詳《轉變》《成物》兩章。前後意思儘一貫。以上答鍾定欣。

内心外物，分成兩界對立，此於真理太悖。悟到心境渾融，方是實際理地。

近世哲學不談本體，則將萬化大原、人生本性、道德根底一概否認。此理本平常，本著顯，直緣人自錮於知見，不能證得。

知識論所由興，本以不獲見體，而始討論及此。但東方先哲則因知識不可以證體，乃有超知而趣歸證會之方法。西人則始終盤旋知識窠臼，茫無歸着，遂乃否認本體。明者辨識此中得失，方信本論所爲作，是不容已。

來問："《明宗章》有云：'吾人必須内部生活净化和發展時，這個智才顯發的'云云。净化一詞，似採用時下新名詞，或須加注，方免誤會。"所見極是。西洋談心理者，以爲吾人之本能遇阻遏，或下等欲望不遂者，必别求補償於高等精神活動之中，是謂净化。今在本文中所云净化，其意義自别。蓋必保任本心，即固有性智，而勿失之，則中有主宰，而一切下劣的本能或欲望自受裁制，而不至横溢爲患。如是，欲皆從理，無有迷妄。故此云净化，乃自有真宰，而能保任勿失，始有此效。若不悟真宰，只謂即下等衝動可轉而高尚化，此乃吾先哲所謂"百姓日用而不知"者也，豈究理之談耶？學熙譯本文時，未及注别，得子抉發，所關不淺。以上答黄艮庸。

《新論》原本《轉變章》動點之説，吾自潛玩及此。宇宙原是大用流行，不妨説爲一大動力。一者，絶對義。大者，無所不包含義。動者，神變無窮義。此動非與静爲對待之詞。力者，言乎神變無窮之勢用也。此力字，勿作物理學上所謂能力來理會。只此動力，無别實在的物質。動力不凝攝，則空蕩無物，將何所藉以自表現耶？其凝攝也，則分爲衆多之點滴然。由此點滴，漸漸轉粗，而形成所謂原子電子，乃至輾轉形成物質宇宙。故推迹物質，本非實有。吾自信理當如是。後聞學熙言，西哲已有言及動點者。吾不能讀西籍，未知其立説之體系如何，其根底意思如何，但彼既有此説，則吾不欲與之雷同。故語體文本，已不用動點一詞。以上答鄧子琴。

本論明變而表以數，立二數或三數以示之，至道無餘藴矣。二者，一翕一闢也。三者，恒轉是一，其現爲翕則二也，復現爲闢則三也。須詳玩《轉變章》。恒轉亦名功能，相當《易》之太極，《春秋》之元。夫言二，非無一也。恒轉本寂寞無形，而不能不現爲一翕一闢，故稱萬法實體。是以不言一而一固存矣。吃緊。《大易》以二數明化，至矣妙矣。子雲《太玄》以三，猶符《易》旨。邵堯夫以四，則已滯於象，而難與究玄矣。近人嚴又陵猶識此意。本論初出，世或以黑格爾辨證法相擬，實則本論原本《大易》，其發抒《易》《老》“一生二、二生三”之旨，若與辨證法有似者。但吾書根本意思，要在於變易而見真常，於反動而識冲和，《老》曰：“反者道之動。”冲和即仁也。於流行而悟主宰。其於黑格爾氏，自有天壤懸隔處。非深於《易》者，終不解吾意耳。

《易》曰：“天下之動，貞夫一者也。”《老子》“天得一以清”章善發斯旨。數立於一。一者，絶待也，虛無也，無形無象故名。無在無不在也。自一而二，以之於三，皆稱體起用之徵符，至無而妙有也，至虛而善動也，是故擬之以象。實無固定之象，故曰擬也。自此以往，而數不勝紀，則有待之域，不可以見玄也。以上與牟宗三、唐君毅。

不喜談本體論，向者學熙亦如此。彼初聞《新論》，卻没意趣，久之屏除成見，時於虛静中體玩此理，漸有解悟，至於欲罷不能，乃信此學是窮萬化之奥妙，是一切學問之歸墟。

讀本書者，若於佛家大乘學及此土三玄《大易》《老》《莊》。并魏、晋、宋、明諸子，未得其要，則不能知本書之所根據與其所包含及融會貫通處。其輕詆，亦宜也。吾未嘗自矜己見。平生讀前哲鉅典，不肯用經生家技倆，只曠懷冥會，便覺此理不待求索，六通四闢，左右逢原，實有此事，古人不我欺也。以上答雲頌天、張俶知。

來函云：“《明宗章》直指本心，説爲宇宙實體。驟聞之殊不契，細玩之，覺其理無可易。”足徵虛懷之益。本體不是外在的物事，更不是思惟中的概念，或意念中追求的虛幻境界。唯反己深切體認，更自識本來面目。

本書談生滅，是就一翕一闢之勢用新新不住而言。换句話説，即顯大用流行，無有些子滯積而已。《易》所謂“妙萬物而爲言者”此也。本書不是就個體的物事上談生滅，而是就所謂個體的物事上，明其都無實物可容暫住，於此可見神化之不息與大用之不測。此與俗書談生滅的意思自不同，須曠懷冥會始得。以上答楊生。

虛妄的心，亦云妄識，亦省言識。別於本心或真心而言之也。若就其辨物析理的等等作用而言，則曰量智或理智。隨義異名，所目則一。

嘗怪西洋哲學家談理智，似是無根的東西。彼所謂理智，既不同吾儕所云性智，卻又不問理智是如何而有的。學者於此無疑問，何耶?吾人承認有本來固具的性智，則説理智亦是性智的發用，但他是流行於官體中而易爲官能假之以自逞，又有習染之雜。他畢竟不即是性智，這是不可混淆的。參看《明宗章》談量智處一段文。又《唯識下章》結處有云："第三章雖云心無自體，然許心有因緣，即是他有其本身底自動的力"云云，此下文字俱須細看。須知，妄識亦依性智故有，譬如浮雲雖無根底，亦依太空故有，所謂依真起妄者是也。以上答張德鈞。

上卷初出，偶酬諸子問難，頗有關大義者，節存如左。

卷　上

第一章　明宗

今造此論，爲欲悟諸究玄學者，令知一切物的本體，非是離自心外在境界，及非知識所行境界，唯是反求實證相應故。

譯者按：本體非是離我的心而外在者，因爲大全大全，即謂本體。此中大字不與小對。不礙顯現爲一切分，而每一分又各各都是大全的。如張人，本來具有大全，故張人不可離自心而向外去求索大全的。又如李人，亦具有大全，故李人亦不可離自心而向外去求索大全的。各人的宇宙，都是大全的整體的直接顯現，不可説大全是超脱於各人的宇宙之上而獨在的。譬如大海水喻本體。顯現爲衆漚，喻衆人或各種物。即每一漚，都是大海水的全整的直接顯現。試就甲漚來説罷，甲漚是以大海水爲體，即具有大海水底全量的。又就乙漚來説罷，乙漚也是以大海水爲體，亦即具有大海水底全量的。丙漚、丁漚乃至無量底漚，均可類推。據此説來，我們若站在大海水底觀點上，大海水是全整的現爲一個一個的漚，不是超脱於無量的漚之上而獨在的。又若站在漚的觀點上，即每一漚都是攬大海水爲體。我們不要以爲每一漚是各個微細的漚，實際上每一漚都是大海水的全整的直接顯現着。奇哉奇哉！由這個譬喻可以悟到大全不礙顯現爲一切分，而每一分又各各都是大全的，這真是玄之又玄啊！

又按：本體非是理智所行的境界者，熊先生本欲於《量論》廣明此義。但《量論》既未能作，恐讀者不察其旨。兹本熊先生之意而略明之。學問當分二途：曰科學，曰哲學。即玄學。科學，根本從實用出發。易言之，即從日常生活的經驗裏出發。科學所憑藉以發展的工具，便是理智。這個理智只從日常經驗裏面歷練出來，所以把一切物事看作是離我的心而獨立存在的，非是依於吾心之認識他而始存在的。因此，理智祇是向外去看，而認爲有客觀獨存的物事。科學無論發展到何種程度，他的根本意義總是如此的。哲學自從科學發展以後，他底範圍日益縮小。究極言之，只有本體論是哲學的範圍，除此以外，幾乎皆是科學的領域。雖云哲學家之遐思與明見，不止高談本體而已，其智周萬物，嘗有改造宇宙之先識，而變更人類謬誤之思想，以趨於日新與高明之境。哲學思想本不可以有限界言，然而本體論究是闡明萬化根源，是一切智智，一切智中最上之智，復爲一切智之所從出，故云一切智智。與科學但爲各部門的知識者自不可同日語。則謂哲學建本立極，只是本體論，要不爲過。夫哲學所窮究的即是本體。我們要知道，本體的自身是無形相的，而卻顯現爲一切的物事，但我們不可執定一切的物事以爲本體即如是。譬如假說水爲冰的本體，但不可執定冰的相狀，以爲水即如冰相之凝固者然。本體是不可當做外界的物事去推求的。這個道理要待本論全部講完了才會明白的。然而吾人的理智作用，總是認爲有離我的心而獨立存在的物質宇宙，若將這種看法來推求本體，勢必發生不可避免的過失，不是把本體當做外界的東西來胡亂猜擬一頓，就要出於否認本體之一途。所以說，本體不是理智所行的境界。我們以爲科學、哲學，原自分途。科學所憑藉的工具即理智，拿在哲學的範圍内，便得不着本體。這是本論堅决的主張。

是實證相應者，名爲性智。性智，亦省稱智。這個智是與量智不同的。云何分別性智和量智？性智者，即是真的自己底覺悟。此中真的自己一詞，即謂本體。在宇宙論中，賅萬有而言其本原，則云本體。即此本體，以其爲吾人所以生之理而言，則亦名真的自己。即此真己，在《量論》中説名覺悟，即所謂性智。此中覺悟義深，本無惑亂故云覺，本非倒妄故云悟。申言之，[1]這個覺悟就是真的自己。離了這個覺悟，更無所謂真的自己。此具足圓滿的明淨的覺悟的真的自己，本來是獨立無匹的。以故，這種覺悟雖不離感官經驗，要是不滯於感官經驗而恒自在離繫的。他元是自明自覺，虛靈無礙，圓滿無缺，雖寂寞無形，而秩然衆理已畢具，能爲一切知識底根源的。量智，是思量和推度，或明辨事物之理則，及於所行所歷，簡擇得失等等的作用故，故説名量智，亦名理智。此智，元是性智的發用，而卒別於性智者，因爲性智作用，依官能而發現，即官能得假之以自用。此中得者，言其可得，而非恒然。若官能恒假性智以自用，即性智畢竟不得自顯，如謂奴恒奪主，無有主人得自行威命者。此豈應理之談。易言之，官能可假性智作用以成爲官能之作用，迷以逐物，而妄見有外，性智作用，以下省云性用。見有外者，以物爲外故。由此成習。習者，官能的作用，迷逐外物。此作用雖當念遷謝，而必有餘勢續流不絶也。即此不絶之餘勢名爲習。而習之既成，則且潛伏不測之淵，不測之淵，形容其藏之深也。常乘機現起，益以障礙性用，而使其成爲官能作用。則習與官能作用，恒叶合爲一，以追逐境物，極虛妄分別之能事，外馳而不反，是則謂之量智。以上意思，俟下卷《明心章》當加詳。故量智者，雖原本性智，而終自成爲一種勢用，迥異其本。量智即習心，亦説爲識。宗門所謂情見或情識與知見等者，皆屬量智。吾嘗言，量智是緣一切日常經驗而發展，其行相恒是外馳。此中行相一詞，行謂起解，相者相狀，行解之相，曰行相。外馳者，唯妄計有外在的物事而追求不已故。夫唯外馳，即妄現有一切物。因此而明辨事物之理則，及於所行所歷，簡擇得失而遠於狂馳者，狂馳猶俗云任感情盲動者也。此或量智之懸解。懸解，借用莊子語。量智有時離妄習纏縛而神解昭著者，斯云懸解。懸者，形容其無所繫也。解者，超脱義，暫離繫故，亦云超脱，然以爲真解則未也。以其非真離繫，即非真解。必妄習斷盡，性智全顯，量智乃純爲性智之發用，而不失其本然，始名真解。此豈易言哉？上云懸解者，特習根潛伏而未甚現起耳。且習有粗細，粗者可暫伏，細者恒潛運而不易察也。量智唯不易得真解故，恒妄計有外在世界，攀援構畫。以此，常與真的自己分離，真己無外，今妄計有外，故離真己。並常障蔽了真的自己，攀援構畫，皆妄相也，所以障其真己而不得反證。故量智畢竟不即是性智。此二之辨，當詳諸《量論》。今在此論，唯欲略顯體故。本體亦省言體，後凡言體者倣此。

哲學家談本體者，大抵把本體當做是離我的心而外在的物事，因憑理智作用，向外界去尋求。由此之故，哲學家各用思考去構畫一種境界，而建立爲本體，紛紛不一其説。不論是唯心唯物、非心非物，種種之論要皆以向外找東西的態度來猜度，各自虚妄安立一種本體。這個固然錯誤。更有否認本體，而專講知識論者。這種主張，可謂脱離了哲學的立場。因爲哲學所以站脚得住者，只以本體論是科學所奪不去的。我們正以未得證體，才研究知識論。今乃立意不承有本體，而只在知識論上鑽來鑽去，終無結果，如何不是脱離哲學的立場？凡此種種妄見，如前哲所謂"道在邇而求諸遠，事在易而求諸難"。此其謬誤，實由不務反識本心。易言之，即不了萬物本原與吾人真性，本非有二。此中真性，即謂本心。以其爲吾人所以生之理，則云真性。以其主乎吾身，則曰本心。遂至妄臆宇宙本體爲離自心而外在，故乃憑量智以向外求索，及其求索不可得，猶復不已於求索，則且以意想而有所安立。學者各憑意想，聚訟不休，則又相戒勿談本體，於是盤旋知識窠臼，而正智之途塞，人顧自迷其所以生之理。古德有騎驢覓驢之喻，言其不悟自所本有，而妄向外求也。慨斯人之顛倒，可奈何哉？

前面已説，本體不是離我的心而外在的。這句話的意思，是指示他們把本體當做外界獨存的東西來推度，是極大的錯誤。設有問言："既體非外在，當於何求？"應答彼言：求諸己而已矣。求諸己者，反之於心而即是。豈遠乎哉？不過，提到一心字，應知有本心習心之分。唯吾人的本心，才是吾身與天地萬物所同具的本體，不可認習心作真宰也。真宰者，本心之異名。以其主乎吾身，而視聽言動一皆遠於非理，物欲不得而干，故説爲真宰。習心和本心的分别，至後當詳。下卷《明心章》。今略説本心義相：一、此心是虚寂的。無形無象，故説爲虚。性離擾亂，故説爲寂。寂，故其化也神；不寂則亂，惡乎神，惡乎化。虚，故其生也不測；不虚則礙，奚其生，奚其不測。二、此心是明覺的。離闇之謂明，無惑之謂覺。明覺者，無知而無不知。無虚妄分别，故云無知。照體獨立，爲一切知之源，故云無不知。備萬理而無妄，具衆德而恒如，是故萬化以之行，百物以之成。群有不起於惑，反之明覺不亦默然深喻哉。哲學家談宇宙緣起，有以爲由盲目追求的意志者，此與數論言萬法之生亦由於闇，伏曼容説萬事起於惑，同一謬誤。蓋皆以習心測化理，而不曾識得本心，故鑄此大錯。《易》曰："乾知大始。"乾謂本心，亦即本體。知者，明覺義，非知識之知。乾以其知，而爲萬物所資始，孰謂物以惑始耶？萬物同資始於乾元而各正性命，以其本無惑性故。證真之言莫如《易》，斯其至矣。是故此心謂本心。即是吾人的真性，亦即是一切物的本體。或復問言："黄蘗有云：'深信含生同一真性，心性不異，即性即心'云云。此與孟子所言'盡心則知性知天'，遥相契應。宋明理學家，有以爲心未即是性者。此未了本心義。本心即是性，但隨義異名耳。以其主乎身，曰心；以其爲吾人所以生之理，曰性；以其爲萬有之大原，曰天。故'盡心則知性知天'，以三名所表，實是一事，但取義不一而名有三耳。盡心之盡，謂吾人修爲工夫，當對治習染或私欲，而使本心得顯發其德用，無有一毫虧欠也。故盡心，即是性天全顯，故曰知性知天。知者證知，本心之炯然内證也，非知識之知。由孟子之言，則哲學家談本體者，以爲是量智或知識所行之境，而未知其必待修爲之功，篤實深純，乃至克盡其心，始獲證見，則終與此理背馳也。黄蘗言即心即性，是有當於孟子。然世人頗疑在我之心，本心，亦省云心。他處準知。云何即是萬物之本體，此如何開喻？"答曰：彼所不喻者，徒以習心虚妄分別，迷執小己而不見性故也。性字，注見前。夫執小己，則歧物我、判内外，内我而外物，兩相隔截。故疑我心云何體物。體物，猶云爲萬物之本體。若乃廓然忘己，而澈悟寂然非空，生而不有，至誠無息之實理，是爲吾與萬物所共稟之以有生，即是吾與萬物所同具之真性。此真性之存乎吾身，恒是虚靈不昧，即爲吾身之主，則亦謂之本心。故此言心，實非吾身之所得私也，乃吾與萬物渾然同體之真性也。然則反之吾心，而即已得萬物之本體。本體乃真性之異語，以其爲吾與萬物所以生之實理，則曰真性。即此真性，是吾與萬物本然的實相，亦曰本體。此中實相，猶言實體。本然者，本來如此。德性無變易故，非後起故，恒自爾故。吾心與萬物本體，無二無别，其又奚疑？孟子云："夫道，一而已矣。"此之謂也。

或復難言："説心，便與物對。心待物而彰名，無物，則心之名不立。如何可言吾心即是吾與萬物所同具的本體？"答曰：汝所謂與物對待的心，卻是吾所謂習心。習心者，原於形氣之靈。由本心之發用，不能不憑官能以顯，而官能即得假借之，以成爲官能之靈明，故云形氣之靈，非謂形氣爲本原，而靈明是其發現也。形氣之靈發而成乎習，習成而復與形氣之靈叶合爲一，以追逐境物，是謂習心。故習心，物化者也，與凡物皆相待相需，非能超物而爲御物之主也，此後起之妄也。本心無對，先形氣而自存。先者，謂其超越乎形氣也，非時間義。自存者，非依他而存故，本絶待故。是其至無而妙有也，則常遍現爲一切物，而遂憑物以顯。由本無形相，説爲至無。其成用也，即遍現爲一切物，而遂憑之以顯，是謂至無而妙有。故本心乃夐然無待，體物而不物於物者也。體物者，謂其爲一切物之實體，而無有一物得遺之以成其爲物者也。不物於物者，此心能御物而不役於物也。真實理體，無方無相，雖成物而用之以自表現，然畢竟恒如其性，不可物化也。此心即吾人與萬物之真極，其復何疑？真極，即本體之異語。

如前已説，本體唯是實證相應，不是用量智可以推求得到的。因爲量智起時，總是要當做外在的物事去推度，如此便已離異了本體而無可冥然自證矣。然則如何去實證耶？記得從前有一西人，曾問實證當用什么方法。吾曰：此難作簡單的答覆，只合不談。因爲此人尚不承認有所謂本心，如何向他談實證？須知，剋就實證的意義上説，此是無所謂方法的。實證者何？就是這個本心的自知自識。换句話説，就是他本心自己知道自己。不過這裏所謂知或識的相狀很深微，是極不顯著的，没有法子來形容他的。這種自知自識的時候，是絶没有能所和内外及同異等等分别的相狀的，而卻是昭昭明明、内自識的，不是渾沌無知的。我們只有在這樣的境界中才叫做實證。而所謂性智也就是在這樣的境界中才顯現的，這才是得到本體。前面説是實證相應者，名爲性智，就是這個道理。據此説來，實證是無所謂方法的。但如何獲得實證有没有方法呢？應知，獲得實證就是要本心不受障礙才行。如何使本心不受障礙？這不是無方法可以做到的。這種方法，恐怕只有求之於中國的儒家和老莊以及印度佛家的。我在這裏不及談，當别爲《量論》。

今世之爲玄學者，全不於性智上着涵養工夫，唯憑量智來猜度本體，以爲本體是思議所行的境界，是離我的心而外在的境界。他們的態度祇是向外去推求，因爲專任量智的緣故。所謂量智者，本是從向外看物而發展的。因爲吾人在日常生活的宇宙裏，把官能所感攝的都看作自心以外的實在境物，從而辨識他、處理他。量智就是如此而發展來。所以量智，只是一種向外求理的工具。這個工具，若僅用在日常生活的宇宙即物理的世界之内，當然不能謂之不當；但若不慎用之，而欲解决形而上的問題時也用他作工具，而把本體當做外在的境物以推求之，那就大錯而特錯了。我們須知道，真理唯在反求。我們只要保任着固有的性智，保者，保持。任者，任持。保任即常存之，而無以惑染或私意障礙之也。即由性智的自明自識，而發見吾人生活的源泉。這個在我底生活的源泉，至廣無際，至大無外，至深不測所底，至寂而無昏擾，含藏萬有，無所虧欠，也就是生天生地和發生無量事物的根源。因爲我人的生命與宇宙的大生命原來不二；所以，我們憑着性智的自明自識才能實證本體，才自信真理不待外求，才自覺生活有無窮無盡的寶藏。若是不求諸自家本有的自明自識的性智，而祇任量智，把本體當作外在的物事去猜度，或則憑臆想建立某種本體，或則任妄見否認了本體，這都是自絶於真理的。所以我們主張量智的效用是有限的，量智祇能行於物質的宇宙，而不可以實證本體。本體是要反求自得的，本體就是吾人固有的性智。吾人必須内部生活净化和發展時，這個智才顯發的。到了性智顯發的時候，自然内外渾融，即是無所謂内我和外物的分界。冥冥自證，無對待相，此智的自識，是能所不分的，所以是絶對的。即依靠着這個智的作用去察别事物，也覺得現前一切物莫非至真至善。换句話説，即是於一切物不復起滯礙想，謂此物便是一一的呆板的物，而祇見爲隨在都是真理顯現。到此境界，現前相對的宇宙，即是絶對的真實，不更欣求所謂寂滅的境地。寂滅二字，即印度佛家所謂涅槃的意思。後倣此。現前千變萬動的，即是大寂滅的；大寂滅的，即是現前千變萬動的。不要厭離現前千變萬動的宇宙而別求寂滅，也不要淪溺在現前千變萬動的宇宙而失掉了寂滅境地。本論底宗極，只是如此的。現在要闡明吾人生命與宇宙元來不二的道理，所以接着説《唯識》。

第二章　唯識上

唐窺基大師在他做的印度佛家《唯識論》底序裏面，解釋“唯識”二字的意義云：“唯字，是駁斥的詞，對執外境實有的見解而加以駁斥，因爲如世間所執爲那樣有的意義，是不合真理的。識字，是簡别的詞，對彼執心是空的見解而加以簡别，即是表示與一般否認心是有的這種人底見解根本不同。因爲把心看作是空無的，這便是沉溺於一切都空的見解，佛家呵責爲空見，這更是不合真理的。所以説唯識者，蓋謂世間所計心外之境，確實是空無，但心則不可謂之空無。”窺基在這篇序文裏面如此説。我們看來，還要稍加修正。世間執爲有離心外在的實境，這誠然是一種妄執，應當駁斥。此中妄執一詞的“執”字，其意義極深，而難形容。吾人底理智作用，對於某種道理或某種事物，而起計度或解釋時，恒有一種堅持不捨的意義相伴着，這就叫做執。妄執者，他所執定以爲怎樣怎樣的，其實是一種虚妄，而不能與真理相應，故名妄執。妄執的過患極大，故應斥破，以後凡言執或妄執者，皆倣此。但基師以爲識是不可説爲空無的，此則不甚妥當。因爲基師在此處所説底識字是與境相對的。凡心所及到的一切對象，通名爲境，後倣此。换句話説，此所謂識，是取境的識。此中取字，含義略有三：一、心行於境；二、心於境起思慮等；三、心於境有所黏滯，如膠着然，即名爲執。如堅持有離心實在的外物底人，就是由有此執，而不自覺。具此三義名爲取境。以後凡言取境者，皆倣此。這個取境的識，他本身就是虛妄的，是對境起執的，他根本不是本來的心，如何可說不空？如果把妄執的心，當做了本來的心，説他不是空無的，那便與認賊作子爲同樣的錯誤。我們以爲，世間所計度爲離心實在的外物祇是妄境。這種妄境，惟是依靠妄執的心才有的，並不是實在的。我們只要向内看，認明了自家妄執的心，便曉得世間所計度爲離心實在的境界根本是空無的，只是虛妄的心執着爲有的，這個意思到後面自然明白。所以應當駁斥。在這方面，我是贊成基師底説法的。至於妄執的心，雖亦依本來的心而始有，但他妄執的心是由官能假本心之力用，而自成爲形氣之靈，於是向外馳求而不已。故此心妄執的心。是從日常生活裏面，接觸與處理事物的經驗累積而發展，所以説他是虛妄不實的，是對境起執的。他與本來的心，畢竟不相似的。這個妄執的心和本來的心，根本不相同處，在前章裏《明宗章》已可略見，向後《功能章》和《明心章》自當更詳。我們以爲，妄執的心實際上是空無的，因爲他是後起的東西。只有本來的心，才是絶對的、真實的。基師在此處把妄執的心説爲不空，這是應當修正的。

我在本章裏面，要分兩段來説。第一段要説的，是對彼執離心有實外境的見解，加以斥破；第二段要説的，是對彼執取境的識爲實有的這種見解，加以斥破。

在第一段裏，我底主張大概和舊師相同。舊師，謂印度佛家唯識論派的諸大師，後凡言舊師者倣此。古時外道小宗佛家把異己的學派名爲外道。小宗者，佛家有小乘學，亦號小宗。同是執着有實在的外境，離心獨存。舊師一一斥破，辯論紛然，具在《二十論》。《二十論》，依據二十句頌而作，以説明外境唯是依識所現，而實無有外境。推原外小底意見，所以堅持有心外獨存底實境，大概由二種計。此中計字，含有推求的意義，但推求字，仍不能與之切合。一、應用不無計。此在日常生活方面，因應用事物的慣習，而計有外在實境，即依妄計的所由而立名，曰應用不無計。二、極微計。此實從前計中，别出言之。乃依所計爲名，極微是所計故。曰極微計。應用不無計者，復分總别。謂或别計有瓶和盆等物是離心而實有的，此雖世俗的見解，然外小實根據於此。或總計有物質宇宙，是離心而實有的，此依世俗的見解而鍛煉較精，以爲吾人日常所接觸的萬物就唤做宇宙，這裏客觀存在的，不須靠着我人的心去識他才有的，外小都有此計。極微計者，於物質宇宙推析其本，説有實在的極微，亦是離心而獨在的。近世科學家所謂元子、電子，也和極微説相同的。以上略述外小諸計，現在要一一加以駁斥，因爲他們外小的見解，在今日還是盛行的，故非駁斥不可。

應用不無計者，或别計現前有一一粗色境，離心獨存。粗色境，猶言整個的物體，如瓶和盆等之類。殊不知這種境若是離開了我的心，便没有這個東西了，因爲我的識别現起，粗色境才現起。識别，即用爲心的别名。若離開識别，這種境根本是無有的。試就瓶來説，看着他，只是白的，並没有整個的瓶；觸着他，只是堅的，也没有整個的瓶。我們的意識，綜合堅和白等形相，名爲整個的瓶。在執有粗色境的人，本謂瓶境是離心實有的，瓶境者，瓶即是心所取的境故，此用爲複詞。但若以實事求是的態度來審覈他，將見這瓶境，離開了眼識看的白相和身識觸的堅相，以及意識綜合的作用，瓶境還有什么東西在那裏呢？由此可知，這瓶境在實際上説，全是空無的。

或有難言："整個的瓶，畢竟不無。因爲看他確有個白相，觸他確有個堅相，故乃綜合堅和白等相，而得到整個的瓶，如何可説外界的瓶，無有實物，純由汝心上所構造的呢？"答曰：如子所難，縱令堅和白等相，果屬外物，不即在識。但是，這堅和白等相，要自條然各别。换句話説，眼識得白而不可得堅，身識得堅而不可得白。堅白既分，將從何處可得整個的瓶？汝的意識綜合堅和白等相，以爲是整個的瓶，即此瓶境純由汝意虚妄構成，如何可説離心有這樣的粗色境獨存？

附識：上段文中有眼識、身識等名詞。按印度佛家，把心分爲各各獨立的八個。本論改變其義，詳見後《明心章》。然佛家所謂五識底名詞，本論亦承用，但不視爲各各獨立。即以精神作用依眼而發現，以識别色境者，名爲眼識；依耳而發現，以了别聲境者，名爲耳識；依鼻而發現，以了别香境者，名爲鼻識；依舌而發現，以了别味境者，名爲舌識；依身而發現，以了别一切所觸境者，名爲身識。精神作用本是全體的，但隨其所依底眼耳等等官能不同，故多爲之名，曰眼識乃至身識。舊師總稱五識，本論亦總名之爲感識。

又復以理推徵，堅和白等相，謂是外物，亦復無據。如汝所計，瓶的白相是誠在外，不從識現。若果如此，這個白應是一種固定的相。汝近看他白，他是這樣的白；汝遠看他，他也是這樣的白。然而汝去看白，或遠或近，白相便不一樣了。並且多人共看，各人所得的白也不能一樣的。足見這個白，没有固定的相，唯隨着能看的眼識而現爲或種樣子的白相。故汝所計，白相在外，理定不成。又汝謂瓶的堅相不由心現，亦不應理。堅若在外，也當是固定的相。今汝觸瓶的堅，憶從少壯以至老衰，所得堅度前後不同。各人觸堅，更不一致。是知堅相並非固定，唯隨着能觸的身識而現爲或種樣子的堅相。故汝計堅相在外與計白相在外是一例，都無徵驗的。綜前所説，堅和白等相均不是離心外在的，至於綜合堅白等相，而名爲整個的瓶，這純是意識因實用的需要而構造的。由此應知，如汝所計，心外獨存的粗色境，決定無有。汝不應諍。

如上所破，雖斥别計，復有知解較精者，能不定執瓶等個别的粗色境，乃復總計有物質宇宙離心獨存。故設難言："瓶等粗色境，你許非實有，我亦無諍。但是堅白等相雖從心所現，豈無外境爲因而心上得憑空現起麼？如果這個心不仗外因而得自現堅白等相，便應於不看白的時候，眼識上常常自現白相，何故必待看白方現白相？乃至應於不觸堅的時候身識上常常自現堅相，何故必待觸堅方現堅相？由此應知，眼等識上有堅白等相，自以外境爲因，方得現起。如是許有客觀獨存的物質宇宙，理無可駁。"答曰：心上現堅白等相，必有境界爲因，是義可許。但是，這個爲因的境，決定不是離心獨在的。爲什麼説境不是離心獨在的呢？因爲依妄情而説，則離心有實外境。順正理而談，則境和心是一個整體的不同的兩方面。至後面《轉變章》談翕闢處，便知此理。這個整體所以有兩方面不同，完全由於他本身的發展是自然而然的要有這種內在的矛盾的。心的方面是無對礙的，境的方面是有形成對礙的趨勢的。因此，説境和心是互相對待着，但又是互相和同的。境對於心有力爲因，能引發心令與己同時現起。此中己字，設爲境之自謂。如瓶境當前，能引我的心，與瓶境同時現起。心對於境能當機立應，即於自心上現似境的相貌，能識别和處理這現前的境，而使境隨心轉，自在無礙。所以説，境和心是互相和同的。因爲他們境和心是互相對待，而又是互相和同，所以能完成其全體的發展。照此説來，境和心是一個整體的不同的兩方面，斷不可把境看做是心外獨存的。如果説心上現堅白等相有境爲因，這是可許的。但若説是外境爲因，便不應理。因爲境和心，在實際上説根本没有内外可分的，如世間所計爲客觀獨存的物質宇宙，只是取境的心慣習於向外找東西的緣故。本無外而妄計爲有外，遂不悟萬物原來不在我的心外，而妄臆爲外在的世界罷了。

或復問言："如公所説，心上現堅白等相，雖有境爲因，卻不許境在心外，是義無諍。但心所現相與境的本相，爲相似、爲不相似？"答曰：心上所現相，名爲影像。此影像有托現境而起者，如眼等五識上所現相是也。有純從心上所現者，如意識獨起思搆時，並無現境當前，此時意中影像，即純從心上變現。凡相，托現境而起者，即此相與境的本相，非一非異。此相是心上所現影像，不即是境的本相，故非一。雖從心現，要必有現境爲所托故，故與境的本相亦非異。由非一非異故，此相與境的本相，決定有相似處，但不必全同。凡相，純從心現者，大抵是抽象的，雖無現境爲所托，然必包含過去及未來同種類的事物所具有的内容及通則等等，意中抽象的相方得現起。如於思惟中構成一杯子的概念，此等概念在意識上即是一種相，而這個相並無現境如現前具體的杯子爲所托，然必由過去時意識所了别的每個杯子所具的内容與通則等等，内容，謂如各種杯子，不論磁製和金製，而同具人工製造的條件，同有盛水或酒的用處等等。通則，謂如可毁壞等等。並預測將來的一一杯子，在與過去的杯子同樣情境之下，其所有内容和所循通則，也和過去是一致的。如此才構成一杯子的概念。換句話説，必如上述情形，意中才得現起抽象的杯子的相。舉此一例，純從心上所現的相，也是於過去及未來的一一事物的共相，定有所似的。這種相和前面所説眼等五識托現境而起的相，依世間情見上説，都不是貧乏的，都不是空洞的，都是有相當的實在性的。情見者，凡計有境物，即與究極的真理不相應，便謂情見，以不離妄情分别故。但據最後的真實的觀點來説，凡所有相，又都是虚妄的，因爲心的現相，常常把他自身殉没於境裏面，即執着這境是實在的東西。這樣便不能與真理相應，所以墮入虚妄。此中真理，謂最後的真實。就真理説，所謂境者只是依於真實的現顯，而假名爲境。若執定這個境，以爲境就是本來如此了，那么就不能於境而見爲是真理的顯現，即不悟神化而謬執迹象，此非虚妄而何？至若把境看做是離心獨在的，即於虚妄之中又加虚妄。

或復問言："意識起時，恒現似境之相，決無有不現相的時候。所以者何？一、因意識一向習於實用故，恒追求種種境，必現似其相故。二、因意識富於推求和想像等力，能構造境相故。三、因意識起分别時，眼等五識及其所得境同入過去故，意識復行追憶，必現似前境之相故。由上三義，意識恒現似境之相。唯眼等五識親得現境，不更現相，如看白時，眼識所得即是白的本相，眼識不更變現一似白之相，所以者何？一、因眼識微劣，無推求想像等力故，故不能變現似境之相。二、境的本相，因其距離及光綫等等關係，直接投刺官能而呈顯於眼識的了别中，故眼識上更無須變現一似境之相，因爲已經親得境的本相之故。眼識如是，耳識乃至身識，皆可類推。由斯應説，所云現相，唯在意識，五識則否。"答曰：意識必現似境之相，如汝所説，甚符我的本旨，但謂五識親得境的本相，而不更現相，則與吾意相乖。實則五識非不現相。我所謂五識和意識本非各個獨立的，只因他們五識和意識的發現，有分位的不同，故須分别來説。眼等五識是憑藉眼等官能而發現的，他五識是先於意識而追求當前的境的。此中所謂追求，其作用極細微，是不自覺的一種追求。意識雖是自動的現起，但他意識非不藉待五識的經驗的。五識創起了境，本無粗顯的分别，意識緊接着五識而起，便憶持前境，更作明利的分別了。此中前境，謂前念五識所了的境，以下言前境者倣此。由此應知，意識一向習於實用，恒於種種境起追求。他是以五識爲前導的，如何可說五識不現相呢？又五識雖無推求等作用，而亦有極微細的了知；雖所謂了知是不明著的，然不能説是無知。又五識和他所了的境，既成過去，意識繼起而能現似前境之相者，則以五識當過去時，於所了境曾現似其相故。後念意識繼起，乃得憶持前境現似其相。如果五識不曾現相，便是於所對的境冥然無知。眼識看白時，既不現似白相，便如不看一樣，乃至身識觸堅時，既不現似堅相，便如不觸一樣。我們須知道，心的知境就因爲心上必現似所知境的一種相，否則不成爲知。這種道理，我想在《量論》裏詳說，今不必深談。總之，五識了境時必現似境之相。所以意識繼起才有似前境的相現起，這是無疑義的。至於五識上所現似境的相，每不能與境的本相完全相肖。大概由五識所憑藉底官能和五識所了的境，以及二者間的關係，如距離和光綫等等説不盡的關係，都有影響於五識了境時所現的相，而令這個相和境的本相不能全肖的。此意猶待《量論》再詳。綜前所説，不論五識、意識，他們五識及意識取境的時候，都現似境之相。可見心的取境此中心字，通五識和意識而總名之。不能親得境的本相，而是把境製造或剪裁過一番，來適應自己底期待的。此中自己一詞，設爲心之自謂。總之，心現似境之相，而作外想，根本是要合於實用的緣故。説到此，有好多問題要留在《量論》再説。今在此中，唯欲説明世間所謂外境，只是依靠着取境的妄心而現起的一種妄境。若果認爲真有離心獨在的境，那就不止是知識上的錯誤，根本失掉了物我無間的懷抱。生活上的缺憾，是至可惋惜的。

或復問言："公所謂妄境者，殆以心之取境不能親得境的本相，而必現似其相，所以説爲妄境歟？"答曰：所謂妄境者，非以心上現似境之相，方説爲妄。心於境起了知時，便有同化於境的傾向，所以必現似境之相。這個相，又好像是對於所知境的一種記號，如了知白時必現似白相。他所了知的是這樣的一個白，不是旁的。所以心上現似白的相，就是對於白有了知的一種記號。準此而談，心的現相，是知的作用自然會有的，無可非毁的。但是，心上才現似境的相便很容易賦予境以實在性，並且很似有封畛的。換句話説，我們知的作用就把所了的境當作離心獨在的東西來看，這才是吾所呵斥爲妄境的，因爲他妄境純是依靠着那浸漬於實用方面的妄心而起的緣故。

以上所説，對彼應用不無計，爲總、爲别，一一破訖。次極微計，復當勘定。印度外道，本已創説極微，至佛家小乘，關於極微的説法更多了。現在如欲把外道和小乘的極微説，一一加以詳細的考覈，那就不勝其繁。不過他們外道和小乘的説法，大端也甚相近，不妨總括起來一説。凡建立極微的學者們，大概執定極微是團圓之相，而以七個極微合成一個很小的系統，叫做阿耨色。阿耨色是譯音，其意義即是物質的小塊。七微的分配，七個極微一詞，以下省稱七微。中間一微，四方上下各一微。這七微是互相維繫的，而又是互相疏隔的，如此成一個小的系統。無量數的極微，都是按照上述的説法，每七微合成一個小的系統。即名爲阿耨色。再由這許多許多小的系統，輾轉合成几子、桌子等等粗色，以及大地和諸星體，乃至無量世界。此中粗色猶云粗大的東西或整個的物件，以下言粗色者倣此。小乘學派中，有毗婆沙師，説一切極微彼此都相距甚遠，不得互相逼近。照他的説法，我坐的這張几子是無數的阿耨色合成的。這無數的阿耨色，實際上就如無數的太陽系統，因爲各個極微都是相距很遠的，然而我憑依在這樣的凳子上，不怕墜陷了，這也奇怪。

佛家的大乘學派，都不許有實在的極微。他們大乘對外道和小乘，常常用這樣的話來逼難云："你們所説底極微，是有方分的呢，抑是無方分的呢？如果説極微是有方分的，那么既有方分，應該是更可剖析的；既是更可剖析的，那便不是實在的極微了。如果説極微的形相，是團圓的，因此擬他極微某方面是東，畢竟不成爲東；擬西、擬南、擬北，也是同樣，都不成的。所以，極微是無方分的。"在小乘裏，如薩婆多師就是這樣説的。但是，大乘又駁他道：汝的説法，甚不應理。若極微是無方分的，即不可説他是有對礙的東西，此中對礙一詞，礙謂質礙。凡有質礙的東西，都是互相對待的，故云對礙。以後凡言對礙者皆倣此。遂立量破薩婆多師等云：此中量字，其意義與三段論式相近，詳佛家因明學中。汝所説的極微應該不是物質的，因爲不可標示他的東西等方分的緣故，猶如心法一樣。心法是無有方分的。他們説極微是無方分，便同心法一樣。上所立的量，既已成立極微不是物質的了，遂詰小乘諸師云：汝所説的粗色，實際上即是那許多的極微。粗色一詞，解見上。粗色以外没有極微，極微以外也没有粗色。當復立量云：汝所説的粗色應該不是粗大的東西，因爲他即是極微的緣故，如汝所説極微不是粗色還是一致的道理。上所立的量，既已成立極微不是粗色了，遂復立量云：汝手觸牆壁等，應該不覺得有對礙，因爲他根本不是粗色的緣故，如虚空一樣。如上三個比量，比量，是佛家因明學中的名詞。比字，是推求的意義。凡於事理，由種種推求而得到證明。因依論式楷定，是爲比量。返證極微定是有方分的。小乘師雖欲説無方分，又經大乘逼得無可再説了，歸結還是不能不承認極微是有方分。然既有方分，必定是更可分析的。凡物若是可析的，他就没有實在的自體了。由此，大乘斷定極微不是離心實有的東西。當時小乘裏，如古薩婆多師和經部師以及正理師，這三派的學者們不服大乘的駁斥，又主張極微與極微所成和合色，是感識所親得的境界，以此證成極微是實在的東西。此中和合色一詞，謂多數的極微和合而成爲粗大的物，名和合色。感識者，即是眼等五識，説見前。但是，極微那樣小的東西，當然是眼識所不能見，乃至身識所不能觸的，如何説他極微是感識所親得的境界呢？而古薩波多和正理師，卻各有巧妙的説法，以解答這個困難的問題。無奈大乘師又把他們薩婆多師等等一個一個的都駁斥了。現在依次叙述如下：

古薩婆多師，執定有衆多的實在的極微，是一個一個的各别爲眼識所看的境界。例如瓶子，爲眼識的境界的時候，平常以爲眼識所看的，是粗大的瓶子，實際上并不是這樣，而確是一個一個的極微，各别爲眼識底境界。他這種説法的理由何在呢？我們要知道印度佛家是把一切的事情分爲實法和假法的。例如世間所許爲實有底物質的現象，佛家也可於一方面，隨順世間，説爲實法的。若就極至的真理底方面説，便不許爲實有。假法，佛家略説爲三種：一、和合假，即衆多的極微和合而成的粗大的物，是名和合假。衆多的極微，和合而成爲大物。大物的本身是不實在的，離開各個極微，就没有這個東西了。和合的物，即是假法，故名和合假。二、分位假，如長短方圓等等，就是某種實法上的分位。如説一片青葉是短或長，一片青葉是實有的，而短或長只是青葉上的分位，不是離開青葉而有長或短的東西存在的，是名分位假。三、無體假，如説石女兒、龜毛、兔角，這都是徒有名字，而没有他底自體的，是名無體假。哲學家所構想底境界，多是無體假咧。如上，已略辨實法和假法。薩婆多師以爲一一極微都是實法，至若衆多的極微和合而成瓶子這樣的大物，卻是和合假。又以爲眼識，只是緣實法，此中緣字，有攀援和思慮及了解等等的意義。以下凡言緣字者皆準知。或疑眼識無思慮，不知眼識非無思慮，只是微細而不明著耳。耳識乃至身識皆然。不緣假法，他們以爲假法，但是意識所緣的。所以眼識看瓶子的時候，實際上確是一一極微，各别爲眼識的境界。

大乘駁斥古薩婆多師云：汝所説各别的極微都是實在的東西，得爲眼識的一種緣。此中緣字，其含義略有憑藉的意思，如甲是因乙而有的，即説乙是甲的緣。此中意謂眼識是能知的，必定有實在的某種色境對於眼識做被知的東西，眼識乃生，否則眼識不生。所以，這個被知的色境是眼識的一種緣。縱然許可你這種説法，但是一一極微，決定不是眼識所知的，因爲我人的心，對於所知的境而起知解的時候，心上必現似所知境底相貌，否則心上没有那一回事，如何可説知道那種境呢？吾今問汝，汝試張着眼去看極微，汝眼識上曾現似極微的相否？汝既不能謊説曾現似極微的相，足見極微定不是眼識所知的，如何可説極微是感識所親得的境界呢？大乘這樣的駁斥了古薩婆多師。

經部師，執定有衆多的實在的極微和合而成大物，得爲感識所緣的境。此中緣字，有思慮等義，注見前。他們經部師。以爲一一極微不能直接爲眼等識的境，因爲眼等識上没有現似極微的相，所以不能説他一一極微是感識的境。但是衆多的極微和合起來便成瓶子等大物。此中和字的意義，謂多數極微聚在一個處所，雖不必互相逼附，然相距甚近。合字的意義，謂許多極微，以相和的緣故，總成一個大物。這此大物，雖説是和合假，和合假，見前。然而眼等識緣這些大物時，卻現似其相。據此，一一極微雖不是感識所知的，而多數極微和合成爲大物，乃確是感識所知的境，足見極微不可否認。

大乘破經部師云：汝所説和合的大物，畢竟不得爲引發眼等識的一種緣，此中緣字的意義，參看前叙述大乘駁斥古薩婆多師處一段注語。因爲他和合的大物是和合假，實際上没有這個東西，如何能爲引發眼等識的緣？佛家不論大乘、小乘都承認感識即眼等五識的發生，是要有實在的境界爲緣，他感識才發生的。至若完全没有實在性的東西，是不能對於感識做一種緣的。因爲没有實在性的，就没有引發感識的功用，所以不能爲感識的緣。這也是經部師所共同承認的。然而經部師也承認和合的大物是虚假的，并不是獨立的存在的，所以大乘説他和合的大物不得爲引發感識的緣。這樣一駁，經部師也詞窮了。

正理師，執定衆多的實在的極微，互相和集，得爲眼等識所緣的境。此中緣字，是緣慮義，注見前。他正理師這種説法很巧妙。先要解釋和集兩字的意義。許多的極微，同在一處，各各相距不遠，這樣叫做和。雖多數的極微，同在一處，卻各各無相逼附，不至混合成一體，這樣叫做集。他正理師以爲每一極微，雖説是小到極處，眼識不能見，乃至身識不能觸，但是很多的極微，在一個處所，互相和集起來，那么一一極微互相資藉，即各個極微之上，都顯出一種大的相貌來。如多數極微和集一處，而成一座大山。平常望見山的人，總以爲他所見的是一座大山，其實所謂一座大山是和合假。實際上并没有這個東西，有什么可見呢？然而人都以爲見了大山，因爲很多的極微，和集在一個處所，互相資藉，各各都顯出有如大山量的相。你若不信，我再煩碎的來説。譬如同在所謂大山處的無數底極微，我們設想，於其間提出甲極微來説，這個甲極微雖是小極了，但他甲極微，得到乙、丙、丁，乃至無量數的極微底資藉。那么，這個甲極微之上，便顯出和大山同量的相貌了。甲極微是這樣的，其他一一極微都可以類推。所以，看山的時候，實在有無量數的大山相。據此説來，極微畢竟是感識所親得的境界，是不容疑難的。正理師這種説法，似乎把古薩婆多和經部師兩家的缺點，都避免了。

大乘又斥破正理師云：一一極微，在未和集的地位，是那樣小的東西，即在正和集的地位，還是那樣小的東西，因爲極微的本身始終是如一的，并没有由小而變成大小，如何可説他一一極微和集相資，各各成其大相，能爲眼等識所緣呢？緣字，注見前。他們大乘詰難正理師的話還很多，要不過用形式邏輯來做摧敵的武器，恐厭煩碎，不必多述了。

薩婆多和正理師兩派，并主張極微是感識所可親得的。他們的持論，元來没有經過實測的方法，只是出於思構。大乘一一難破，他們也無法自救了。

或有難言："外道和小乘首先發明極微，這種創見，是值得贊歎的。晚世科學家發明元子、電子等，很可印證他們外道和小乘的説法。足見大乘横施斥破是毫無價值的。"答曰：大乘爲什么不許有實在的極微，這個問題很大，此處不及詳説。我們要知道，外道和小乘在世間極成的範圍裏，設定極微是實有的，世間極成義，詳見佛家《大論·真實品》。吾人在日常生活的方面，承認物理世界是實在的，無可否認的，是名世間極成。和科學家中曾有在經驗界或物理世界的範圍裏，設定元子、電子等爲實有的，是一樣的道理。不過，我們如果依據玄學上的觀點來説，這裏所謂極微，或元子、電子等，是實有的呢，抑非實有的呢？那就立刻成了問題。因爲玄學所窮究的，是絶對的、真實的、全的，是一切物的本體。至於世間或科學所設定爲實有的事物，一到玄學的範圍裏，這些事物的本身都不是獨立的、實在的，只可説是絶對的真體，現爲大用，假名事物而已。這樣即於萬有不復當做一一的事物去看，只都見爲神用不測了。據此説來，大乘斥破外道和小乘的極微説，是他大乘在玄學的觀點上决定要如此的。外道和小乘所謂極微，即是物質的小顆粒，把這個説爲實有，當然是一種謬誤。由現代物理學之發見，物質的粒子性已摇動了，適足爲大乘張目。若乃玄學上所謂一切物的本體，是至大無外的，此大不和小對。是虚無的，所謂虚無，不是空洞的意義，不是没有的意義，只是恒久的存在，而無迹象可見的意義。是周遍一切處，無欠缺的，是具有至極微妙、無窮無盡的功用的。儒家哲學，稱一切物的本體，曰太易，是無形兆可見的。太易者，本不易也，而涵變易，亦即於變易而見不易，故云太易。如果說極微是實有的東西，他極微就是一切物的本原。印度古代有順世外道，便作此說。那么，我們只承認物質是實在的，更無所謂本體了。許多唯物論者説我們所謂本體是神秘的觀念，其實并不神秘。真理是擺在面前的，你心中有一毫滯礙，便不能領會了。又有説我們是要離開客觀獨存的現實世界，而妄構一個高貴的、玄妙的本體，好像是太空裏的雲霧一般。其實，我們所謂本體雖不同世俗妄執現實世界，卻亦不謂本體是在一切物之外的。如果説他是在一切物之外，又如何成爲一切物的本體呢？須如，一切物都是本體顯現，不要將他作一一物來看。譬如衆漚都是大海水顯現，不要將衆漚作一一漚來看。識得此意，更可知我人和一切物實際上是渾然一體不可劃分的，如何妄計内心外境劃以鴻溝？唯物論者憑空構想一個客觀獨存的物質世界，真是作霧自迷。説到這裏，我對大乘斥破極微的説法，是極端贊同的。

綜括以前所説，是只不承認有離心獨存的外境，卻非不承認有境。因爲心是對境而彰名的，纔説心，便有境，若無境，即心之名也不立了。實則心和境，本是具有内在矛盾的發展底整體。就玄學底觀點來説，這個整體底本身并不是實在的，而只是絶對的功能的顯現。功能一詞，詳在中卷第五六兩章。這個道理，留待後面《轉變章》再説。現在只剋就這個整體底本身來説，他整體底本身卻是具有内在矛盾的發展的，因爲他是一方面，詐現似所取的相貌，就叫做境；另一方面，詐現似能取的相貌，就叫做心。能取和所取的取字，其含義曾解見本章首段。詐現的詐字，其含義只是不實在的意思。境的方面，是有和心相反的趨勢。心的方面，是有自由的、向上的、任持自性、不爲境縛的主宰力。所以心和境兩方面，就是整體的内在矛盾的發展，現爲如此的。我們只承認心和境是整體底不同的兩方面，不能承認境是離心獨在的。我們要知道，從我底身，以迄日星大地，乃至他心，這一切一切，都叫做境。此中他心者，謂他人或衆生的心。我底身這個境，是不離我底心而存在的，凡屬所知，通名爲境。自身對於自心亦得境名，是所知故。無論何人，都不會否認的。至若日星大地，乃至他心等等境，都是我的心所涵攝的，都是我的心所流通的，絶無内外可分的。爲什么人人都朦昧着，以爲上述一切的境都是離我的心而獨在的，這有什么根據呢？實則日星高明，不離我的視覺，大地博厚，不離我的觸覺，乃至具有心識的人類等，繁然并處，不離我的情思。可見一切的境，都是和心同體的。因爲是同體的，没有一彼一此的分界，没有一内一外的隔礙。纔有感，必有應；感謂境，應謂心。纔有應，必有感。正如人的一身，由多方面的機能互相涵攝，成爲一體，是同樣的道理。據此而談，唯識的説法，但斥破執有外境的妄見，並不謂境是無的。因爲境非離心獨在，故説唯識。唯者，殊特義，非唯獨義。心是能了别境的，力用特殊，故於心而説唯。豈謂唯心，便無有境。或有問曰："説心，便涵着境，故言唯心。説境，也涵着心，何不言唯境？"答曰：心是了别的方面，境是被了别的方面，境必待心而始呈現。應説唯心，不言唯境。或復難言："境有力故，影響於心，如腦筋發達與否，能影響智力的大小，乃至社會的物質條件，能影響群衆的意識。應説唯境，不當唯心。"答曰：意識雖受物質條件的影響，而改造物質條件，使適於生活，畢竟待意識的自覺。智力大小，雖視腦筋發達與否以爲衡，但腦筋只可義説爲智力所憑藉的工具。此中義説二字，謂在義理上可作這樣的説法。以後凡用義説者皆倣此。所以，着重心的方面而説唯心，不言唯境。

或復有難："如果境不離心獨在，這種説法不是錯的。試問科學上所發見物質宇宙的一切定律或公則等，純是客觀的事實。雖我人的心，不曾去了别他，而他確是自存的，並不是待我的心去了别他，方才有他。今言境不離心獨在，如果承認這種説法，則科學上的定律公則等，也不是離心獨在的么？"答曰：所謂定律或公則等詞的意義，相當於吾先哲所謂理。吾國宋、明哲學家，宋朝初建，當公元九五二年。明朝初建，當公元一四六七年。[1] 關於理的問題，有兩派的諍論。一、宋代程伊川和朱元晦等，主張理是在物的。二、明代王陽明始反對程朱，而說心即理。這裏即字的意義，明示心和理是一非二。如云孔丘即孔仲尼。二派之論，雖若水火，實則心和境本不可截分爲二，此中境字，即用爲物的别名。他處凡言境者皆倣此。則所謂理者本無内外。一方面是於萬物而見爲衆理燦著；一方面說吾心即是萬理賅備的物事，非可以理别異於心而另爲一種法式，但爲心上之所可具有，如案上能具有書物等也。唯真知心境本不二者，則知心境兩方面，無一而非此理呈現，内外相泯，滯礙都捐。如果遍說理即心，是求理者將專求之於心，而可不徵事物。這種流弊甚大，自不待言。我們不可離物而言理，如果遍說理在物，是心的方面本無所謂理，全由物投射得來，是心純爲被動的，純爲機械的，如何能裁制萬物、得其符則？符者信也。則者法則。法則必信而可徵，故云符則。我們不可捨心而言理，二派皆不能無失，余故說理無内外。說理即心，亦應說理即物，庶無邊執之過。關於理的問題，至爲奥折，當俟《量論》詳談。今在此中，唯略明理非離心外在云爾。

又如難者所云："科學上的定律公則等是離心自存的，並不是待我的心去了别他方才有他的，以此證明一切境是離心獨存的。"這種說法，確是極大的錯誤。我們須知道，一切一切的物都是心量所涵攝的。凡爲了别所及的境固然是不曾離我的心，即令了别不及的境又何嘗在我的心外？不過了别的部分，或由數數習熟的緣故，或由作動意欲加以警覺的緣故，遂令這部分的境特别顯現起來；至若了别不及的部分，只沉隱於識閾之下，不曾明著，但决不是和我的心截然異體，不相貫通的。如果作動意欲去尋求，那么這種沉隱的境也就漸漸的在我心中分明呈露了。以是徵知，凡所有的境當了别不及的時候，也不是離心獨在的。尤復當知，所謂定律、公則，畢竟是依想和尋伺等等，對於境物的一種抽象與選擇作用而安立的。想和尋伺，詳下卷《明心章》，皆是量智的作用。若離

[1] 整理者按，宋朝建於公元九六〇年，明朝建於公元一三六八年。此處叙述有誤。

想等，則境上有此定律公則與否，要不可知。故難者所舉的義證，畢竟不能成立外境。

吾國先哲對於境和心的看法，總認爲是渾融而不可分的。如《中庸》一書，是儒家哲學的大典，這書裏面有一句名言。他說，明白合内外的道理，隨時應物無有不宜的。原文云："合内外之道也，故時措之宜也。"這句話的意思是怎樣呢？世間以爲心是内在的，一切物是外界獨存的，因此，將自家整個的生命無端劃分内外，並且將心力全向外傾，追求種種的境。愈追求愈無厭足，其心日習於逐物，卒至完全物化，而無所謂心。這樣便消失了本來的生命，真是人生的悲哀咧。如果知道境和心是渾然不可分的整體，那就把世間所計爲内外分離的合而爲一了。由此，物我無間，一多相融。此中一謂小己，多謂萬物。雖肇始萬變，不可爲首，言雖萬變不窮，而實無有人格的神，爲首出的創造者。此本《大易·乾卦》篇中的意思。而因應隨時，自非無主。此心隨時應物，自然不亂。可見這個心，就是一種主宰力。用物而不滯於物，所以說無不宜。《中庸》這句話的意思很深遠，從來直少人識得。孟子也說道："萬物皆備於我矣。"孟子蓋以爲萬物都不是離我底心而獨在的。因此，所謂我者，並不是微小的、孤立的、和萬物對待着，而確是賅備萬物，成爲一體的。這種自我觀念的擴大，至於無對，才是人生最高理想的實現。如果把萬物看作是自心以外獨存的境，那就有了外的萬物和内的小我相對待，卻將整個的生命無端加以割裂。這是極不合理的。孟子這句話，至可玩味。程明道說："仁者渾然與萬物同體"，也和孟子的意思相通。陸象山說："宇宙不在我的心之外的。"此中宇宙一詞，是萬物的總稱。他自謂參透此理時，不覺手舞足蹈。他的弟子楊慈湖曾作一短文，題名《己易》。很能發明師說，雖文字極少，或不到一千字。而理境甚高。後來王陽明學問的路向和陸象山相近，王陽明也是昌言"心外無物"的。他的弟子記録他底談話，有一則云："先生遊南鎮。一友指巖中花樹問曰：'先生説天下無心外之物。現在就這花樹來說，他花樹在深山中自開自落，於我的心有何相關呢？'先生曰：'汝於此花不曾起了別的時候，汝的心是寂寂地，没有動相的。

此花也隨着汝心同是寂寂地，没有色相顯現的。此時的花，非無色相，只是不顯現。汝於此花起了別的時候，汝心便有粗動相。此花的色相，也隨着汝心同時顯現起來。可見此花是與汝心相隨屬的，決不在汝心之外。’”陽明這段話，可謂言近而旨遠，實則這種意趣，也是孔孟以來一脈相承的。

本來境和心是不可分的整體之兩方面，我們似乎不必説識名唯，但因對治他們把一切境看作是心外獨立的這種倒見，所以要説唯識。又復當知，由二義故，不得不説識名唯。一、會物歸己，得入無待故。如果把萬物看作是心外獨存的境，便有萬物和自己對待，而不得與絶對精神爲一。今説唯識，即融攝萬物爲自己，當下便是絶對的了。二、攝所歸能，得入實智故。能謂心，所謂境。心能了別境，且能改造境的，故説心名能。境但是心之所了別的，且隨心轉的，故説境名所。唯識的旨趣，是把境來從屬於心，即顯心是運用一切境而爲其主宰的，是獨立的，是不役於境的。但這個心，是真實的智，而不是虚妄的心，此不容混。參看《明宗章》及本章首段。唯識的道理，是要從自家生活裏去實踐的，不實踐的人也無法信解這個道理。我們應該承認，萬物都是我心所感通的，萬有都是我心所涵攝的，故一言乎心，即知有境，一言乎境，知不離心。我人的生命是整個的，若以爲宇宙是外在的，而把他宇宙和自己分開來，那便把渾一的生命加以割裂，這正是人們以倒見爲刃而自刺傷啊。

境和心本來是渾融而不可分的，爲什么人都妄計一切境是離心獨在的呢？這種妄計并不是無來由的。因爲人生不能捨離實際生活，没有不資取萬物以遂其生長的。郭子玄説，人的生存，其身體長不過七尺，卻是要遍取天地間的物資來奉養他，這是實在的情形。凡天地萬物，不論是感官得到的和感不到的一切的東西，都是人生所必需，不可一刻或無的。假設有一物不具備，我人就立刻不能生活下去了。子玄這段話，雖似平易而意思卻很深遠。我人因爲要資取萬物以維持生活的緣故，所以一向習於追求種種的物。此中習字，吃緊。他的追求，是慣習的，並不自覺的。

當初，因於物起追求，遂不知不覺而看一切物好像是外在的境，亦復由此，更要加倍的驅役自心向外馳求種種的境。這樣的馳求無有休止，自然會成爲一種慣習。這種慣習既成，我們每一動念總是由他作主。換句話説，慣習的勢力就成爲我們的心。就是所謂習心。這種心起來，便執定一切物是外在的境，以爲事實如此，絶不容疑了。

我在這裏，還要便提一段話，就是空間時間的相，是由人心執定有外在的境才有的。因爲執定有外境，就於一一的境覺得有分佈相，如東西等方、遠近等距離。這種分佈相，就叫做空間相。同時，於一一境也覺得有延續相，如過去、現在、未來。這種延續相，就叫做時間相。所以空相和時相，都緣在日常經驗裏，執有外境而始現的，並非不待經驗的。或有難言："分佈空相和延續時相是物質宇宙存在的形式。這種形式，是我人對於一切物的知識所由成立的最根本底基礎，如果否認這種形式，便是否認物質宇宙的存在，那麼我們就不會有對於一切物的知識了。但是，照你的説法，外境根本是没有的，只是虛妄的心誤執以爲有的。而空相和時相又是緣外境的虛假相而同時詐現的。這樣便把空、時和外境一齊否認了。我們對於一切物的知識還能有麼？"答曰：汝這番問難，甚有意義。但吾爲對治執境爲離自心而外在的謬見故，説無外境，並不謂境無。須知，執有外境的人也不是憑空能起這種執的，因爲有當前的境，他才依着此境而起心分別，以爲這個境是離我的心而外在的。我要斥破他這種妄執，就説：如你所執的外境，根本是没有的，因爲我所謂實有的境，根本不像你所執爲外在的。我只要破他的妄執罷了，事實上他起執的時候何嘗不依着當前的境而始起此執呢？既許有境，則空相分佈時相延續自是境的存在的形式。换句話説，空、時是與境俱有的，因此，我人對於一切物的知識所由構成的最根本的基礎，不會摇撼的。我們要知道，理智作用是從執境爲離心外在的這種虛妄的慣習裏而發展來的。一切知識的根荄，就是以妄執外境的慣習爲田地而栽培着的。如果不執境爲離心外在的，他也不會對於境來處理和解析及加另以思惟等等的。那麼，我們真個不能有對於一切物的知識了。這樣説來，如果知識是不可無的，所謂執有外境的慣習，豈不是應該贊美的麽？此復不然。應知，執有外境的慣習是無可説爲好的。我們不應該於境起妄執，只可隨順世間，設定一切物是外在的境，從而加以處理及思惟等等。僅如此設定，這是無過的。但必須知道，就真理上説，境和心是渾融而不可分的。如果執境爲離心獨在，以爲真理實然，那便成大過了。道理是活的，不可執定一偏之見來講的。好像八面鏡罷，你在這面去照，是這模樣的，你向那面去照，又是那模樣的，向八面去照，没有同樣的。我們講道理，應該分别俗諦和真諦。隨順世間，設定境是有的，並且把他當做是外在的，這樣，就使知識有立足處，是爲俗諦。泯除一切對待的相，唯約真理而談，便不承認境是離心外在的，馴至達到心境兩忘、能所不分的理地，〔2〕是爲真諦。如上所説的意思，我在此不能深談，當俟《量論》詳説，姑且作一結束。

譯者按：本章破外境，與印度舊師的旨趣根本不同。學者試取舊師的《二十唯識論》和本章對照，自然知道。

第三章　唯識下

我在第一段裏斥破外境，並不謂境是無有的，只謂境非離心獨在而已。或者聞吾的説法，以爲我是把境來從屬於心的，當然是把心看作爲實在的了。這樣來理解我的意思的人，卻不免有誤會的地方。我固然曾説過，攝所歸能而入實智。這話的意思是要泯除心境對待的虚妄相，而獲得本有的實智。實智，即謂本來的心。實智才是獨立無匹的，因爲境不能拘礙他，而他是能運轉境的，所以説攝所歸能，正顯實智獨立無匹。聞吾説者，應該了解我所謂心，是有妄執的心和本來的心這兩種分别的。本來的心是絶對的、真實的，俟本論全部講完了自然知道的。至於妄執的心，就是取境的識。見第二章首段。這個也説爲實在的，便成極大的錯誤。一般人大概不自承有本來的心，而只是妄執的心奪據了他本心的地位。本來的心，省稱本心。因此，把妄執的心看做是實在的。這樣便與執定外境是實有的見解成同樣的顛倒。我們要知道，妄執的心或取境的識，根本是没有自體的。印度佛家把這種心説爲緣生的，就是説他没有自體的意義。但是如何叫作緣生呢？此非加以解釋不可。緣字的意義，本是一種憑藉的意思。生字的意義，是現起的意思。如甲憑藉乙丙等而現起，即説乙丙等於甲作緣。若從甲的方面説，即云甲以乙丙等爲緣。若是把乙丙等這些緣都拆除了，即甲也不可得。由此應説甲的相狀，就是乙丙等許多的緣，互相藉待而現起的，這就叫做緣生。甲是如此，乙丙等也都是同樣的。一切物没有不是互相爲緣而現起的。所以，一切物都是没有自體的。换句話説，所謂一切物，實際上只是畢竟空、無所有的。既一一物都無自體，如何不是空呢？試就麥禾來舉例罷，通常以爲麥禾是有自體的，是實在的，但自了達緣起道理的人看來，就知道麥禾只是許多的緣，互相藉待而現起的一種相狀。如種子爲因緣，水土、空氣、人功、農具、歲時等等均爲助緣，如是等緣，互相藉待，而有麥禾的相狀現起。若將所有的緣都除去，也就没有麥禾了。所以麥禾並無自體，並不是實在的。説至此，緣生一詞的意義應該明白了。上來已經説過，所謂妄執的心或取境的識。就是緣生的。换句話説，這個心就是許多的緣互相藉待而現起的一種相貌，當然不是有自體的，不是實在的。若把衆多的緣一一拆除，這個心在何處呢？實際上可以説他是畢竟空、無所有的。不過説到這裏，應當補充一段話。因爲，既説這個心是緣生的，必須分别哪幾種緣，才可成立緣生説，若是舉不出那些緣來，又如何可説緣生呢？據印度佛家的説法，這個心的現起，應由四種緣：一、因緣。二、等無間緣。三、所緣緣。四、增上緣。今當以次解釋諸緣的意義。

云何因緣？先要略釋因緣這個名詞，然後定因緣的義界。緣字的義訓，上面已經説過，毋須復贅。因字的義訓，就是因由的意思。凡事物的發現，不是忽然而起的，必有他底因由的。從前印度外道中有一派，主張世界是忽然而起的，没有因由的，這派的思想太粗淺，爲佛家所斥破。因此，就説事物所具有的因由，即是事物所待以現起的一種緣。這樣便把因由説名爲緣，故云因緣。在四個緣的裏面，而因緣特爲主要，故列在初。現在要定因緣的義界。從前印度舊師，謂唯識論諸師。他定因緣的義界云，以下用因緣一詞，亦省稱因。凡是具有能生的力用的東西，親生他自己的果，才把他説名爲因。參考《成唯識論》卷七及《述記》卷四十四第一頁以下。舊師這樣的定下了因緣的義界，於是建立種子爲識的因，此中識字，在本論則説爲妄執的心或取境的識。後凡言識者倣此。而説識是種子的果。今先詳核舊師的因緣義，而後評判他的種子説。按舊師所定因緣義界，應分三項來説明：一、對於果而作因緣的東西，決定是實在的，否則没有生果的力用，不得爲因緣。二、因所生的果，是别於因而有他底自體的，换句話説，因和果不是一物。三、因是決定能親自創生果的，這個意義最爲重要。如或因不是能親生果，或不是決定能親生，那么這種因就是後面所要説的增上緣，而不得名爲因緣。所以，第三項的意義很重要。舊師因緣的意義如此。再評判他的種子説。關於種子的説法，在舊派裏是很複雜的，讓我向後扼要而談。今在此中，但據心理的方面略爲叙述。種子的含義，就是一種勢力的意思。他所以叫作種子，因爲他具有能生的力用之故，世間説麥和稻等等都有種子。舊師大概把世間所謂種子的意義，應用到玄學上來，而臆想識的生起，由於另有一種能生的勢力，遂把這個勢力名爲種子。但舊師所謂種子，在他説來並不是一個抽象的觀念。他以爲種子是有自體的、是實在的、是有生果的力用的。他並且以爲種子是各别的。是無量數的多的，不是完整的。他爲什么有這樣的説法呢？大概以爲我們的識，念念起滅，總不是無因由的，於是憑他的臆想，以爲有各别的、實在的種子爲能生識的因，而識則爲種子所生的果。元來，印度佛家大乘以爲我們的識，不是完整的，而是各分子獨立的。於是把每人的識，析成八個。詳在後面《明心章》。由此，應説對於識作因緣的種子，也是各别的、無量的多的，不能是完整的。據他的説法，現前一念的眼識，有他自家的種子爲因緣才得生起的。推之前念的眼識，或預測後念的眼識，都是同樣的道理。眼識如是，耳識、鼻識，乃至第八識，也都是同樣的道理。總之，各别的種子，各别親生各自的果。所以，他定因緣的義界，特別扼重親生自果一義。因爲他的種子是多元的，若不是各各親生各自的果，豈不互相淆亂么？舊師的説法大概如此。參考《攝論》世親釋種子六義，引自果條。現在我要簡單的加以評判。舊師析識爲各各獨立的分子，如破析物質然，這是他的根本錯誤，且俟後文《明心章》辨正。至於以種子爲識的因，以識爲種子的果，因果判然兩物，如母親與小孩，截然兩人。舊説種子和他的所生果，是同時俱有的，則以因果各有自體故，參考《攝論》等種子六義。這種因果觀念，太粗笨，是他底玄學上的一種迷謬思想，容後《功能章》再説。總之，我於舊師的種子論根本要斥破的。關於因緣的説法，自不便和他苟同。

我們改定因緣的義界云，識的現起，雖仗旁的緣，謂以下三緣。但他決定是具有一種内在的、活的、不匱乏的、自動的力。我們假説這種自動的力，是識底現起的因緣，此中兩力字的意義，很微妙，不可看做實在的東西。以後凡言力者倣此。不可説别有實在的種子，來作識的因緣。我們要知道，所謂識者念念都是新新而起的。前念剛滅，後念緊接着生起。念念都是新生的，但前念後念之間亦無間隙。換句話説，此識念念都是新新的、自動的力。何以見得他是自動的力呢？識是無形相的，我們所以知道他是有而不無的，因爲他具有一個特徵，就是了别。他能了别一切的境，應該承認他是自動的力。雖説他是要憑藉官體才起的，此中官體一詞，包括五官和神經系統而言。但不可説他是官體的副産物，因爲他是能主宰乎官體的。如耳目等官所交接的物，紛紜得很，而識的聰明不亂，可見識是能自作主的。雖説他是憑藉境界才起的，俗所謂外界的刺激物，通名境界。但亦不可以刺激物的反映來説明他，因爲他是能轉化一切境，如色聲等境，皆不足以溺心，而心實仗之以顯發其聰明之用。是心於境能轉化之，而令其無礙。並改造一切境的。我人的心，能改造現前一切的境，使適於生活，是分明不可否認的事實。我們内自體認，就知道識的現起是具有一種内在的自動的力才得現起的。這種自動的力是找不着他底端緒的，也看不着他底形相的，他好像電光的一閃一閃的，不斷的新新而起。這也奇怪啊！我們以爲識的現起就是具有内在的自動的力。只有把他底本身的自動的力推出來，而假説爲因緣，除此以外，無所謂因緣。如果不明乎此，而憑臆想，以爲别有所謂種子來作識底因緣，如舊師之説，這固然是極大的錯誤。即如世俗的見解，把識看做是官體的副産物，又有以外界刺激的反應，來做説明的這等見解，更是迷謬不堪。他不曉得他底心是能自主的、自在的、不受一切物的障礙故，故云自在。自創的。他把他分明自有的東西否認了，這也可惜。或有問言："你前説這個心，是妄執的心，是後起的。現在講因緣的時候，又説他是具有内在的自動的力。這個自動的力，是後起的麼？"答曰：此中所謂自動的力，實即性智的發用。性智，即是本體，見《明宗章》。但剋就發用上説，則是性智的力用發現於官體中，官體，見前注。而官體易假之以自成爲官體的靈明，是故由其爲性智的發用而言，應説此自動的力是固有的，非虚妄的。若從其成爲官能的靈明而言，又應説此自動的力是後起的，違其性智之本然，順形骸而動，故云後起。是虚妄的。官體假藉之靈，逐物而起執，又雜以染習，失其本真，故是虚妄。然吾人如有存養工夫，使性智恒爲主於中，不至役於官體以妄動，則一切發用，無非固有真幾。此義當詳之下卷。《明心章》。

譯者按：本論的緣起説，和通常談關係的，迥不相同。關係論者，只知着眼於事物的互相關聯，而未能深觀事物的本身。易言之，即不了解事物有他内在的自動的力。本論談緣生，首以因緣，這是獨到的地方。

云何等無間緣？此緣，亦名爲次第緣，謂前念的識能引後念的識令生，所以説前念識是對於後念識而爲次第緣。爲什么説前念識是後念識的緣呢？因爲識是念念起滅的，换句話説。他識是念念前滅後生的。其所以前滅後生的緣故，就因爲前念識能對於後念識而作次第緣，能引後念的識令他生起，所以生滅不斷。如果前念識不能作後念識的緣，那麼前念識一滅，便永滅，再没有後念識生起來。這種斷見是不合道理的。印度古時有斷見外道，主張一切法滅已便斷，如人死已無復有生。由前能引後，故説前爲後的緣。既後以前爲緣，雖後是新生的，而於前仍不無根據，次第緣的建立是很有意義的。或有問云："何故次第緣，亦名爲等無間？"

答曰：這個名詞，當以二義解釋。一、等而開導義；二、無間義。等而開導者，導字是招引的意思。開字，有兩義，一、是避開的意思，二、是把處所讓與後來者的意思。若是前念識不滅，他便佔着處所，妨礙了後念識，令彼不得生。但前念識是纔起即滅的，並不暫時留住的，他好像是自行避開，而給與後來者一個處所。他很迅速的招引後念識，令其即時生起，所以説爲開導。等字是相似的意思，謂前爲後緣，後起的識總和前念識相似，不會一忽兒間生起和前念識絶不相似的另一變態的東西。所以，前念後念之間，還有統一性。或有難言："前念識開避，既已滅了，根本没有東西，如何説能招引後念？"答曰：前念識當正在生起的時候，即有招引後來的趨勢，不是已經滅無了還能招引。須知一切事物當其正發生的時候，就把後來新的轉變已招引着了，並不稀奇。

無間者，間字是間隙或間斷的意思。前念滅的時候即是後念生的時候，生和滅的中間是没有時分的，没有間隙的。如果從滅至生，中間還有時分，即是生滅之間有了間隙。那麼，前念滅時便斷了，後念如何得生？所以，前滅後生，是在同一的時候，緊緊接續着，中間絶没有一絲兒的間隙的，決不會有間斷的。莊子曾説道，一切物的變化，是於無形中密密的遷移了。前前滅盡，後後新起，總是遷移不住，因其過於密密，誰也不能覺得。原文云："變化密移，疇覺之歟。"這話可謂深入理奧。所以説，前念識爲緣引後，其生滅之間是没有時分的，故應説無間。或復問言："舊師説識，亦有間斷的時候，如眼識有不見色時，乃至意識亦有不起思慮時，此説然否？"答曰：舊師把識剖析爲各個獨立的東西，因計眼識乃至意識，都有間斷的時候，其實精神作用是整體的，不能説他有間斷的。眼識不見色時，乃至意識不作思量時，其能見乃至能思量的精神作用，未嘗不在。舊師之説，何足爲據？

綜前兩義，一、等而開導。二、無間。次第緣所以又叫做等無間，其意義也可明白了。我們的心具有等無間緣，念念是前的滅而開避，後的被前所導引而新起。心就是這樣的遷流不息，常常是新新的，没有故故的保留着。可見精神作用，元來具有至剛健的德。因此，其幾之動，至神妙而不測。幾字，是幾兆的意思。變動未起而將起的時候，説爲幾兆。有些學者，以爲心的遷流，是由過去至現在，復立趨未來，好像過去不曾滅盡，只是時時加上新的東西，這種見解，卻是錯誤，佛家呵此爲常見。把一切物看做是可以常存的東西，佛謂之常見。我們要知道，宇宙間没有舊的東西滯積着。

譯者按： 熊先生此處講等無間緣，大半是他自己的新解釋。印度佛家，因爲把心分成各個獨立的分子，所以講等無間緣就有許多無謂的鈎心斗角的地方，完成他底一串的理論。那種理論是没有意思的。熊先生説：如果引述他的説法而加以評判，文字就太繁了。熊先生的著書，是以簡要爲貴，而不喜歡過於繁重的。本來繁碎的論辨是中國學者所向來不取的，他總是以扼要爲貴的。又舊師印度佛家於物質的現象不許有等無間緣。我嘗問熊先生，物質現象也是時時變化的，時時是前滅後生的，應許他具有等無間緣義。物質常常由一狀態變成另一狀態，後者的變起也是以前的狀態爲其等無間緣的。我曾以此意白於熊先生，先生頗以爲然，故附記於此。

云何所緣緣？一切爲識所及的對象，通名境界。識是能緣的，境是所緣的。此中能緣和所緣的緣字，其含義有攀緣和思慮等等意思。能緣識，不會孤孤零零的獨起，決定要仗托一個所緣境，他能緣識才會生起來。因此，把境界説名所緣緣。這種緣也是非常重要的，譬如白色的境當前，對於眼識作個所緣緣，便令眼識和他同時現起。你看他的力量多麼大啊。

關於所緣緣的義界，從前印度佛家很多討論。大乘中有陳那菩薩者，菩薩猶言大智人。曾著《觀所緣緣論》一書，雖是小册子，而其價值甚大，因爲他在大乘的量論上立定了基礎，而對於小乘計執離心有實外境的主張予以斥破。吾在《佛家名相通釋》裏面曾經説過，此姑不贅。現在要楷定所緣緣的義界，只好博稽陳那、護法、玄奘諸師底説法，而加以抉擇。計分爲四義如下：

一、所緣緣，決定是有體法。此中有體法的法字，略當於俗所謂物或東西的意思。有體法者，謂世間共許爲實有的東西，不是虚假的。凡是對於識而作所緣緣的這種東西，定是有他底自體的。因爲他有自體，所以具有一種力用，足以牽引能緣識，令其生起。如白色境是有自體的，不是虚假無實的。他就能牽引眼識，令他眼識和己同時現起。此中己字，設爲白色境之自謂。由此之故，才説境於識是得作一種緣的。假若是虚假而無有自體的東西，那就根本無所謂緣了。試就瓶子來説罷，照世俗的見解，瓶子便是眼識等的緣，實則這是一個倒見。我們要知道所謂瓶子，實際上是没有自體的，是虚假的東西，他何得與識爲緣？你若不承認我的説法，吾且問汝：汝所得於瓶子者果何物？汝必曰：看着他，是有白的，乃至觸着他，是有堅的。殊不知，你的眼識只得着白的境，元不曾得着瓶子。乃至汝的身識只得着堅的境，也不曾得着瓶子。但是汝的感識，眼等五識，亦名感識，曾見前章。當其現見堅白等境的時候，一刹那間，能見感識和所見堅白等境都滅盡了，都成過去了，而汝的意識，緊接着感識而起，便追憶堅和白等境，遂妄構爲一整體的瓶子。實則堅和白等境，是有他的自體的，非虚假的，此可與識作所緣緣。至於意識所構的瓶子，根本是無體假法，無體假，見上章。若許爲緣，便無義據。瓶子如是，餘可類推。或復難云："公前已云，堅白等相是識所現，如何説爲實境？"答曰：凡感識所現堅白等相，皆托實境而起。實境，亦名現境，是現前實有的東西故。一方面説依識現，一方面亦可説爲實境的相貌，故應以堅白等相攝屬實境，説爲所緣緣。或復問言："感識所現堅白等相，皆有實境爲所托故，故以此等相攝屬實境，得許爲緣，是義無諍。但是意識起一切思惟時，不必有實境爲對象，如思花的時候，並不是梅花當前引他意識起思，也不是蘭花等等當前引他起思。他思惟裏的花，只是一個共相。不論蘭花和梅花等等，同謂之花，故花是共相。這時候，根本没有某種實境作意識的對象，更把什么説爲所緣緣？又如思量一切道理的時候，不消説得，自是没有實境的。據此説來，意識應該無所緣緣。"答曰：共相的構成，還是依靠一一具體的東西，如果没有蘭和梅等等的花，則花的共相如何憑空構成得來？應知共相不是於實境無關的。况且心上現似花的共相，這種共相就是一種境界，即在思量一切道理的時候，心上也要現似某種道理的相狀。如我方才思量這種道理，分明和别的道理是不同的。這就是心有所思時，總得要現似一種相狀。這種相狀也是一種境界，我們要知道，心的一切思惟都要現似所思的相。這個相，亦名爲境。他雖然是眼識不可得見，乃至身識不可得觸，然而此境，是分明内在的，昭然内自識的，不是空洞無物的。應説此境是所緣緣。如果没有所思的境作所緣緣，這時便無心了。因爲心起，决定是有境爲緣的，心上所現的境也是有自體的。非空洞無物，故説有自體。此境依心而起，還能引心，即托於己而起思慮，此中己字，設爲境之自謂。故知意識非無所緣緣。

又復當知，如前所説爲所緣緣，决定是有體法。由此，後念識不得以前念境作所緣緣。唐代有普光師玄奘弟子。曾説，感識後念，得以前念境爲所緣緣。這種説法是錯誤的。我們要知道，一切物都是頓起頓滅，没有暫時留住的。前念境，於前念生起，即於前念滅盡，根本不曾留至後念。如眼識前念青境，實未至後，後念青境，乃與後念識同時新起。普光不了此義，乃謂前念境得與後念識作所緣緣。這種錯誤的緣故，就因爲感識了别所緣境時，一刹那頃，感識和他所了别的境，同生同滅，但後念意識繼前念感識而起，極爲迅速，由憶持作用，能憶前念境，即現似前念境的影像。這個影像即心上所現，本非前念境，但此時意識托影像而起解，即仍作爲前念境來理解他。因意識作用迅速之故，我們每不悟，當做前念境來了别的是意識，而竟以爲是後念感識能親得前念境。實則前念境已滅盡，没有自體，如何得成所緣緣？普光之説，甚不應理，故宜刊定。

二、所緣緣，具爲識所托義。凡有體法，不論是有質礙的或無質礙的，只要他是有而非無的，便名有體法，詳玩前文。對於能緣識而作所緣緣的時候，他有一種牽引的力用，得爲能緣識所托，而令能緣識和己同時現起。此中己者，設爲所緣緣之自謂。因爲心不孤生，决定要仗托一種境，方才得生。如眼識，非仗托青等色境，必不孤生，乃至身識，非仗托一切所觸境，必不孤生。意識起思構時，心上必有一種影像，即現似所思的相狀。這個影像，雖依心現，而心即以此爲其所托，否則心亦不生。如果説心可以孤孤零零的生起，而不必要有所托，這是斷然没有的事情。

三、所緣緣，具爲識所帶義。帶字的含義，是挾近逼附的意思。謂所緣境，令能緣識挾附於己。此中己者，設爲境之自謂。能緣所緣，渾爾而不可分。换句話説，即能緣冥入所緣，宛若一體，故名挾帶。如眼識，正見白色的時候，還没有參加記憶，没有起分別和推想，即此見與白色渾成一事，無能所可分。這時候便是眼識親挾白色境，所以叫做挾帶。挾帶之義，本由玄奘大師創發。玄奘留學印度時，正量部小乘之一派。有般若毱多者，嘗難破大乘所緣緣義。戒日王印度君主。請奘師，並招集一時名德爲大會。奘師即於此會發表一篇論文申挾帶義，對破毱多，但其論文今不傳。

四、所緣緣，具爲識所慮義。上來所説的三義，尚不足成立所緣緣。我們要知道，有體法雖能爲緣，有體法，謂境界。令能緣識以己爲所托，並以己爲所帶，但若不以己爲所慮，則所緣緣義仍不得成立。因爲能緣識必以所緣境爲其所慮，即所緣境對於能緣識得成所緣緣。如果不是有能慮的東西，把境界作他的所慮，那麽這個境界便無所緣緣義。譬如鏡子是有能照的作用，他會照人和物，但人和物雖是鏡子之所照，而不是鏡子之所慮。因爲鏡子根本非能慮的東西，故鏡子所照的人和物也只是他之所照，而不是他之所慮。因此不能説人和物對於鏡子得名所緣緣，因鏡子但能照人和物等境，不能慮於境故。今此言所緣緣者，定是對於能慮的東西謂識。而爲其緣，方才得名所緣緣。即由此義，唯識的道理可以成立。如果説境界對於識爲所緣緣時，但具前三義而不必具所慮義，那就見不出識是能慮的東西了。譬如鏡子所照的人和物，他們人和物也是有體法，對於鏡子也有爲所托及爲所帶之義。鏡子能照的作用，必仗托人和物而始顯，故説人和物對於鏡子有爲所托之義。鏡子挾帶人和物的影像攝爲一體，故説人和物對於鏡子有爲所帶之義。假若境於識只要具有前三義，即一是有體法，二爲識所托，三爲識所帶。便得成所緣緣，那就應該許人和物對於鏡子也得名所緣緣。因爲人和物對於鏡子亦具有三義。如上所説，果然如此，又應許識同於鏡子，因爲識和鏡子的所緣緣義，並没有不同的地方。即許識同鏡子一樣，便成唯境，不名唯識。因此之故，我們講所緣緣必須於前三義外，益以所慮一義。由所緣境是有體法，得令能緣識以己爲所托及所帶，己字，設爲所緣境之自謂，下用己字者倣此。並以己爲所慮故，説所緣境對於能緣識作所緣緣。由所緣緣具所慮義，影顯識爲能慮，不同鏡子等物質的東西，故唯識義成。

附識：思慮作用是最奇妙不可測的。一切極廣大、極深遠、極微妙的境界，都是思慮作用所可及到的。科學上的發現、哲學上的遐思和體認、邏輯上的精密謹嚴、道德上的崇高的識别，如超脱小己的利害計較，而歸趣至善。這種識别，是最崇高的。一切一切不可稱數的奇妙的功用，都可見思慮作用是心的特徵，决不可以唯物的見解來説明他。如果把思慮作用也説爲物質的現象，那便是一種矯亂論。印度古時外道，有一種矯亂論者，其持論不求理據。我們要知道，心和境境謂物。是唯一的本體的顯現的兩方面。唯一者，絶對義。一不與二對。這兩方面的現象是不容淆亂的，譬如一紙之有表裏，不可説有表而無裏，也不可説有裏而無表的。今若剋就現象上説，不可説唯獨有心而無有境，只可説境不離心獨在，不可説無境。亦不可説唯獨有境而無所謂心。唯物論者要把思慮作用也説爲物質的，這真是無謂的矯亂。就如他們所説，物質是能思慮的東西，那物質的意義，便不是元來所謂物，可以説是具有神的意義了。當知思慮作用，畢竟是心的特徵。我們只要認明這一點，便不受唯物論的矯亂。古時印度人，有説鏡子能見物和心能了别物是一樣的。羅素來中國演講時，也曾説過照像器能見物。這都是唯物論者的見地。實則鏡子和照像器，只能於所對境而現似其影像。這一點，固然和心有相同的地方，因爲心的取境，也要現似境之相的。第一章裏已説過。但心上所現影像，畢竟説爲心的所緣境。換句話説，影像是心之所知。就知識的構造而説。没有所知，是不能成爲知識的。影像就是心上有所知的相狀。就知識構成言，是很重要的條件。但影像是心之所知，是屬於境的方面。換句話説，他不即是心，而心之特徵只是思慮。鏡子和照像器所現的影像，可以説是同於心上所現的影像，但心是具有奇妙不測的思慮作用，而鏡子和照像器是没有思慮的。如何可把心和鏡子及照像器看作同樣的物呢？道理很顯明的，不曾隱蔽的。而好異的人以私意去求索道理，反而晦澀了，這是很可惜的。總之，心的思慮作用與心上所現影像，本不爲一事，而俗情於此不加辨析，故説鏡子和照像器皆能見物，皆是和心相同的。古今陷於這種錯誤的人正不少。唐代玄奘門下談唯識者，也有欠精檢處。如備公云：“但心清净故，一切諸相於心顯。故名取境。”見《解深密經》注六第七頁。太賢云：“相於心現，故名所慮。”見《成唯識論學記》卷六第三十七頁。此皆以心上現似所緣境之相，即名取境，不悟心取境時不但現相，必於此相而加思慮。這是根本不可忽略的。如果以心上現似所緣影像，即名取境，那麽心也就同於鏡子和照像器了。本章講所緣緣四義，而結歸所慮義，以所緣緣具所慮義，影顯識爲能慮，故與唯物殊趣。

綜上四義，明定所緣緣界訓，庶幾無失。

附識：舊師談所緣緣頗分别親疏，因爲他們主張每人有八識。至其所謂八識乃是各各獨立之體。因此，講所緣緣就要判親疏。據他們説，眼識所取的色境是眼識自己變現的，而這個色境是有實質的，是有體法。即此色境是眼識的親所緣緣。但是，眼識變現色境的時候，也要托一種本質而起。這個本質是什麽？據他説，那叫作器界，猶言物質宇宙，亦相當於俗云自然界。就是第八識亦名阿賴耶變現的境相。這個第八識的境相，眼識不得親取他，必須仗托他做本質，而自己變現一個色境。因此，説第八識的境相即器界，是眼識的疏所緣緣，唯眼識自變的色境，才是眼識的親所緣緣。試表之如下：

眼識的親所緣緣——眼識自變的色境。

眼識的疏所緣緣——第八識所變的境相。

眼識的所緣緣，分别親疏，如上所述。耳識等等的所緣緣都有親疏之分，可以類推。詳在吾著《佛家名相通釋》，不妨參考。

本論和舊師立説的體系完全不同。故所緣緣，雖亦不妨分别親疏，但疏緣的意義，自與舊師所説截然不同。留待《量論》方詳。

云何增上緣？增上，猶言加上。舊訓爲扶助義，此緣，亦可名爲助緣。謂若乙，雖不是由甲親自創生的，然必依着甲故有，若是没有甲，即乙也不得有。由此應説甲對於乙作增上緣，而乙便是甲的果。增上緣，對於所增上的物事，亦得名因。所增上的物事，對於增上緣，即名爲果。

凡爲增上緣，定具二義。一、具有殊勝的功用。凡一物事，對於他物事而能作增上緣的，必是具有殊勝的功用，方能取果。果者，謂所增上的物事。如有甲故，便有乙，即是甲爲乙作增上緣，而乙是甲所取得之果，故云取果。但是，所謂殊勝的功用，雖謂增上緣對於所增上的果有很大的扶助功用，卻不限定要如此。只要他增上緣對於所增上的果，不爲障礙，令果得有，那也算是他的殊勝的功用。就近舉例罷，如吾立足於此，五步之内，所有積土，固是對於吾的立足直接做增上緣，即此五步之外，廣遠的距離，甚至推之全地，以及太陽系統，這無量的世界亦皆對於我的立足爲增上。從何見得呢？我們試想，假令五步以外山崩河決，又或地球以外的諸大行星，有逾越軌道而互相衝碎的事情。這時候地球也弄得粉碎，我們那有在這裏立足的可能呢？應知，我們現在立足於此，實由全地，乃至無量太陽系統，都有增上的殊勝的功用。準此而談，增上緣是寬廣無外的。每一物事的現起，其所待的增上緣是多至不可勝窮、不可數量的，然而推求一物事的因，此中因字，即謂增上緣。卻是要取其切近的因，至於疏遠的因，儘可不必遍舉了。如前所説，立足一事，只就相當距離之内，没有土崩之患，以明吾立足於此之因，則能事已畢。

現在就心的增上緣來説，如一念色識生的時候，色識者，眼識之别名。眼識是了别色境的，故亦名色識。其所待的增上緣，當然是不可數計的，但其間最切近的有官能緣，謂眼官與神經系，乃是色識所依以發現的。又有空緣，謂有障隔處則色識不行，必空洞無礙，色識方起。又有明緣，謂若在暗中色識定不生，必待光明色識方起。又有習氣緣，凡色識起時，必有許多同類的習氣俱時齊現，如乍見仇讎面目，即任運起嗔，任運一詞，謂因任自然的運行，不待推求而起。這便是舊習發現。此不過舉顯而易見的事爲例，實則不論何等境界當前，而一切識起的時候總有許多同類的習氣同時發現的。以上所説的幾種緣，都是對於色識的增上，極爲密切。我們只取這些緣來作色識的俱有因，便已足了。俱有因者，謂若此物，待彼物而有，即説彼物，是此物的俱有因。其餘疏遠的因，可不計算。色識如此，餘聲識等等都有切近的增上緣，可以類推。如意識起思慮的時候，其所待的增上緣，若腦筋、若一切經驗，或曾經習得的知識等等，都是最切近的增上緣。

附識：增上緣義最精。科學上所謂因果，大概是甄明事物間相互的關係，這和增上緣的意義，是相當的。但是，有許多人疑及增上緣太寬泛，以爲依照這種説法，將至隨便舉出一件事來説，就要以全宇宙來作這一件事的因，豈不太難説了麼？殊不知每一件事，都是與無量數多的事情相容攝的，没有單獨發生的。所以，每一件事都以全宇宙爲因。理實如是，並不稀奇。但是，學者研求一事的因，初不必計算到全宇宙，只要把和他最切近的因推徵出來，便可説明他了。例如秤物的重量爲如干，若地心吸力、若氣壓，固皆爲其致此之因，即至迥遠的太空，或太陽系統以外的他恒星，也没有不和這件事有關係的。所以説，每一件事都以全宇宙爲之因，是不稀奇的。然而學者於此，卻止詳其切近的因，若地心吸力、若氣壓，就可以説明這件事了。自餘疏遠的因，儘可不管。吾人常能由一知二，或由甲知乙，就是這樣的。

二、凡增上緣，對於所增上的果，是有順有違的。換句話説，增上緣對於果，作一種順緣，令果得生。同時，便對于此果未起以前的事物，作一種違緣，令前物不得生，所以説有順有違。現在隨舉一事，以申明這種意義。例如霜雪，對於禾等增上，能牽令禾等變壞其以前的青色，而成爲現在的枯喪。即此霜雪，對於現在生起的枯喪，是爲順緣，而對於以前的青色，便作違緣。因爲霜雪即增上緣。既順益枯喪，令其得生。同時，即違礙以前的青色，令不得續起。這裏一違一順，可見增上緣力用甚大。然復當知，增上緣的力用，雖有順有違，但所謂違緣，只是就義理上作如是説。如果誤解違緣一詞，以爲是對於以前的東西，而作違緣，那便講不通了。何以講不通呢？因爲以前的東西，就在前時滅了，决没有保留到現在。因此，不能説對於滅無的東西而爲緣。如前所説，霜雪對於枯喪爲緣的時候，此中緣字，即是順緣。其以前青色既已滅無，今云霜雪對於前青色作違緣者，實則前青色根本没有從過去保留到現在，早經滅無，將對誰爲緣呢？然由枯喪是和前青色相違的東西，今霜雪既與枯喪爲緣，即義説爲前青色的違緣。義説者，謂就義理上作如是説。這在論理上是無過的。須知，所謂順違只是一事的向背，義説爲二。霜雪與枯喪爲增上緣，是爲一事。向背者，一事的兩方面。與枯喪爲緣，是向義。既順枯喪令起，即違前青色，令不續起，是背義。由向背義故説順違。由上述的例，可見增上緣的取果，就由於他有一順一違的力用。如果無順無違，便是不曾響影到旁的物事，謂所增上的物事。换句話説，即不能取果。所以，有順有違才顯增上緣的力用，才能取果。

就識的增上緣説，他的順違的力用是很大的。現在且舉作意爲例。我們要知道，一念識生的時候，儘有無量的增上緣，而最重要的，不能不説是作意。什麼叫做作意？這在後面《明心下章》要詳説的。今在此中，且略明之。我們每一念心起的時候，總有一種作動或警策的作用，和這一念的心相伴着。心是對於所思的境而了别的，這個了别是我們本來的心。而所謂作動或警策的作用，是我們特别加上的一種努力，這個不即是本來的心，而只是和心相伴着，這就名爲作意。此作意便是對於心而作一種增上緣。他有一順一違的力用，很顯而易見的。如我們通常的心，總是不急遽的，但有時作意起來，對於某種迫切的境，而特别作動或警策自己的心，來求解决，於是此心整個的成爲急遽的了。這時候的作意，既順此心，令成急遽，便和前念不急遽的心相違了。又如不善的作意起來，順益壞的習心令生，習心者，一切壞的慣習的勢力現起，名爲習心。一切人大概任習心來作主，即是把慣習的勢力，當作自己的心，故云習心。即違本來的好的心令不得顯。反之，如善的作意起來，順益好的心令其現起，即和壞的習心相違了。據此說來，作意這個增上緣，一順一違的力用，若是其大。我們內省的時候，於作意的善否要察識分明，不善的作意纔起便截住他。久之，念念是善的作意增上，生活内容日益充實，而與最高的善合一。作意一緣，順違的力用如此重要，所以特別提出一說。自餘的增上緣，不及深詳了。

上來所說諸緣，由識的現起，是他本身具有内在的自動的力故，遂立因緣。由識的現起，是他的前念對於後念爲能引故，遂立等無間緣。由識的現起，是有所緣境，爲所仗托故，遂立所緣緣。除前三種緣之外，尚有許多的關係，如官能包括神經系或大腦等。及作意等等，對於識的現起都有很密切的關係。如果没有這些關係，即識亦不得現起，例如，官能太不發達的，即意識作用，亦曖昧而難見。官能，是許多關係中之一項。就這一項說是如此，旁的可以類推。所以立增上緣。爲什么要分析這些緣呢？因爲一般人多半把妄執的心，亦名取境的識。看做是獨立的實在的東西。佛家要斥破他們這種執着，所以把他們所計爲獨立的實在的心，分析爲一一的緣，於是而說此心是緣生的。欲令一般人知道，所謂心只是和電光似的，一閃一閃的，詐現其相，並不是實有的東西。如果說心或識是實有的。那麼，他即是有自體的。現在把他分析來看，只是衆多的緣互相藉待，而詐現爲心的相狀。可見心是没有自體的，並不是實在的。若是離開諸緣，便没有所謂心這個東西了。印度佛家當初所以說緣生的意義，只是如此，也應該是如此的。然而後來大乘有宗的創始者無着和世親兩位大師，他們便把從前佛家所謂緣生的意義，漸漸改變了。他們好像是把衆多的緣，看做爲一一的分子，於是把所謂心看做是衆多的緣和合起來而始構成的。這樣便把緣生說變成爲一種構造論。好似物質是由衆多的分子和合而構造成功的。這等意義，在無着的書裏，尚不十分顯著。但其說法，已有這種趨勢。至於世親以下諸師，尤其護法師，便顯然是把從前的緣生說變成構造論的。拙著《佛家名相通釋》，敘述他們的說法，是很清楚的，决没有曲解他們的意思。

我們要知道，緣生一詞是絶不含有構造的意義的，而且是萬不可含有構造的意義的。爲什么説萬不可含有構造的意義呢？我們要知道，站在玄學或本體論的觀點上來説，是要掃蕩一切相，此中相字，意義甚廣。世欲見爲有草和鳥，以及桌子、几子等等的東西，固然是相，即不爲有形的東西，而在心上凡所計度以爲有的，亦名爲相。方得冥證一真法界。一切物的本體，名爲法界。一者，絶對義，非算數之一。真者，真實。冥證者，冥謂不起推求和分別等。證謂雖無推求分別而非無知，蓋乃默然契會故。如果不能空一切相，那就不作見真實了。真實，謂本體。譬如有一條麻織的繩子在此，我們要認識這種繩子的本相，只有把他不作繩子來看。换句話説，即是繩子的相，要空了他，才好直接地見他只是一條麻。如果繩子的相未能空，那便見他是一條繩子，不會見他是一條麻了。繩子，喻現象。麻，喻本體。由這個譬喻，可知在本體論上説，是要掃蕩一切相的。許多哲學家談本體，常常把本體和現象對立起來，即是一方面，把現象看做實有的；一方面，把本體看做是立於現象的背後，或超越於現象界之上而爲現象的根源的。這種錯誤似是由宗教的觀念沿襲得來，因爲宗教是承認有世界或一切物的。同時，又承認有超越世界或一切物的上帝。哲學家談本體者，很多未離宗教觀念的圈套。雖有些哲學家，知道本體不是超脱於現象之上的，然而他的見地，終不能十分澈底。因之，其立説又不免支離，總有將本體和現象説成二片之嫌。他們都不知道，就本體上説，是要空現象而後可見體，所以墜入錯誤中。學者若了解我這段話的意思，才可明白緣生一詞，是萬不可含有構造的意義的。如果緣生一詞，含有構造的意義，那便是承認現象爲實有的。從何見得呢？因爲以構造的意義來説緣生，就是以爲一一的緣互相關聯而構成某種現象。這樣並不是否定現象，只是拿緣生説來説明現象而已。如此，則承認現象爲實有的，便不能空現象了。不能空現象，即只認定他是現象，而不能知道他就是真實的呈現。真實，謂本體。换句話説，即不能於現象而透識其本體，猶之認定繩子的，繩子，喻現象。就不能於繩子而作麻來看。麻，喻本體。據此説來，在本體論的觀點上，是不能承認現象爲實有的。所以，講緣生一詞，是萬不可含有構造的意義的。我們要知道，緣生一詞，是對那些把心或識看作爲有自體的一般人，而和他説所謂心或識只是衆多的緣互相藉待而詐現的一種虚假相，叫作緣生。此心或識分明是没有自體，緣生一詞的意義，只是如此。我們玩味這種語氣，根本不是表示心或識由衆緣和合故生，而恰是對那些執定心或識爲有自體的一般謬見，假説緣生，以便斥破。譬如對彼不了芭蕉無自體底人，爲取蕉葉，一一披剥，令其當下悟到芭蕉不是實有的東西，我們説緣生的意義也是如此。

或復有難："説緣生故，才明心或識是没有自體的。如此，即心或識根本是畢竟空、無所有的。因爲没有自體的，便不能不説之爲空，但心識雖空，心識，複詞。而所謂一一緣的相，還復空否？"答曰：此須辨二諦義。依俗諦義，不妨施設衆緣，以明心識的現象，只是衆多的緣互相待而詐現，即此衆緣，雖復不實，但於俗情上，仍許有故。依真諦義，於俗所計爲一切有的相，都説爲空，唯一真實夐然絶待故。準此而談，所謂衆緣相既是隨情假設，就真理言便不許有。應説一一緣相，如實皆空。如實者，稱實而談之謂。佛家大乘空宗的創始者龍樹菩薩作《中觀論》。他就把一一的緣相都遮撥了，都説爲空了。他爲什么把衆緣都看做是空無的呢？因爲就真諦言，不能不空衆緣的相。换句話説，就本體的觀點來談，只是一真絶待。一者，無偶。非算數之一。一切一切的相俱泯，哪有衆緣相可得？須知，所謂緣的觀念，是由吾人在實用方面，承認有現實的物事，才起追求，以爲一現象之起，必有其因由，且非不待其他現象而得有者。如此，故有緣的觀念。若就真諦言，於此不雜實用的慣習，即於一切物事不作任何物事想，而皆見爲絶對的、真實的，則緣的觀念根本不存，云何有衆緣相可得？所以，緣生一詞，只對彼執心識爲實有的謬見予以遮撥。此決不包含衆緣是實有的意義，這是絲毫不容誤會的。

我們要知道，佛家哲學對於修辭是非常謹嚴的。他們的言説，有遮詮、表詮之分。表詮者，這種言説的方式，對於所欲詮釋的事物和道理作逕直的表示。譬如在暗室裏，而對於不睹若處有椅的人，呼告之曰若處有椅，這就是表詮。遮詮者，這種言説的方式，對於所欲詮釋的事物和道理，無法直表，只好針對人心迷妄執着的地方，想方法來攻破他，令他自悟。仍取前例，或有迷人，於暗中椅妄計爲人、爲怪。怪者，鬼怪。這時候，我們如果從他所迷惑的地方去破他，就和他説，凡是人，應該是如何一個樣子，這暗中的形狀，決不是人。又若是鬼怪，他必是非常變幻不測的東西，這暗中形狀，決不是鬼怪。如此種種説法，斥破他的迷惑，終不直表暗中是椅，而卒令彼人自悟是椅。這便叫做遮詮。我們應知，緣生的説法，只對彼把心識看做是獨立的、實在的東西的人，用這種説法，以攻破他的迷謬的執着，正是一種方便，是遮詮，而不是表詮。如或以爲表詮者，將謂緣生爲言，是表示心識由衆多的緣，和合而始生的，好像物體是由多數分子和合而構成的。這便是世俗的情見，迷妄執着的見解，名爲情見。應當呵斥。故知辭有遮表，不可無辨。無著和世親一派的學者大乘有宗。大抵把緣生一詞，作爲表詮來講。這是他們根本的錯誤。我將别爲文論之，在此不及多談了。

我們應知，玄學上的修辭，其資於遮詮之方式者，實屬至要。因爲一切學問如玄學和科學等。所研窮的理，可略説爲二：一曰，至一的理。至者，極至。一者，絶對，非與二對之一。二曰，分殊的理。分殊者，一爲無量故。至一者，無量爲一故。這一種理，至一的和分殊的。本不是可以析成兩片的，但約義理分際，又不能不分析言之。關於理的問題，我想俟《量論》中討論。現在要提及的就是玄學所窮究者，特别歸重在至一的理之方面。反之，科學所窮究者，特别歸重在分殊的理之方面。這至一的理是遍爲萬有的實體，而不屬於部分的，是無形相、無方所而肇始萬有的。無形相、無方所，好似是無所有的，然而肇始萬有，卻又是無所不有的，其妙如此。這理，至玄至微，虚而無所不包，故曰玄。隱而難窮其藴，故曰微。故名言困於表示。云困，則不止於難也。因爲一切名言的緣起是吾人在實際生活方面，要應用一一的實物。因此，對於一切物，不能不有名言，以資詮召。召者，呼召，如火之一名，即對於火之一物，而呼召之也。詮者，詮釋，於火之一物，而立火名，即已詮釋火是具有能燃性的東西，不同水和金等有濕潤和堅剛等性也，故名必有所詮。此名言所由興。我們試檢查文字的本義，都是表示實物的。雖云文字孳乳日多，漸漸的抽象化，但總是表示意中一種境相，還是有封畛的東西，離不了粗暴的色采。我們用表物的名言來表超物的理，此中超物的理，即謂至一的理。此理本不是超越於一切物之外而獨存的，而今云超物者，因一切物都是此理的顯現，而此理畢竟不滯於任何物。我們不能把他當做一件物事來看，故義說爲超物。這是多么困難的事。你想把這理當做一件物事來看，想逕直的表示他是什么，那就真成戲論了。所以，玄學上的修辭，最好用遮詮的方式。我說到這裏，有許多奧隱曲折的意思很難達出。惟有和我同其見地的人，才知道個中甘苦。古今講玄學的人善用遮詮的宜莫過於佛家。佛家各派之中，尤以大乘空宗爲善巧。他們的言說總是針對着吾人迷妄執着的情見或意計，吾人任意識作用，爲種種虛妄的猜度，是名意計。而爲種種斥破，令人自悟真理。此中真理，即是前所謂至一的理。後言真理者倣此。因爲吾人的理智作用，是從日常實際生活裏面，習於向外找東西的緣故，而漸漸的發展得來。因此，理智便成了一種病態的發展，常有向外取物的執着相。於是對於真理的探求，也使用他的慣技，把真理當做外在的物事而猜度之。結果便生出種種戲論。古今哲學家，一人一義，十人十義，百人百義，其不爲戲論者有幾？大乘空宗以爲，真理既不是一件物事可以直表的，所以就針對吾人的執着處，廣爲斥破。易言之，他就在吾人的理智的病態中，用攻伐的藥方。這樣便使人自悟到真理，因爲真理本不遠離吾人，更没有躲避的。只要吾人把一向的迷執撥開，自然悟到真理了。佛家各派的言說，無有不用遮詮的方式，但大乘空宗更把這種方式運用到極好處。我們細玩《大般若經》及《大智度論》并《中觀論》等，就可見他們是善用遮詮的。及有宗肇興，謂無著和世親兄弟。便把這種意義失掉了。他們有宗似是於真理未能證解，我在《佛家名相通釋》一書裏面曾批評過，此處不暇詳論。

我們要談本體，本體一詞，後亦省言體。實在没有法子可以一直說出。所以，我很贊成空宗遮詮的方式。但是，我並不主張只有限於這種方式，並不謂除此以外再没有好辦法的。我以爲所謂體，固然是不可直揭的，但不妨即用顯體。用者，具云功用。因爲體是要顯現爲無量無邊的功用的，桌子哪、椅子哪、人哪、鳥哪，思想等等精神現象哪，乃至一切的物事，都不是一一固定的相狀，都只是功用。譬如我寫字的筆，不要當他是一件東西，實際上只是一團功用，我們把他喚做筆罷了。用是有相狀詐現的，相狀不實，故云詐現。是千差萬别的。所以，體不可説，言説所表示，是有封畛的。體無封畛，故非言説所可及。而用卻可説。上來已云，用是有相狀的，是千差萬别的，故可説。用，就是體的顯現。譯者按：如大海水，顯現爲衆漚，説見《明宗章》。大海水，可以喻體。衆漚，可以喻用。體，就是用的體。譯者按：仍舉前喻，如一一的漚，各各以大海水爲體。大海水，即遍與衆漚爲體，非超脱於衆漚之外而獨在。無體即無用，離用元無體。所以，從用上解析明白，即可以顯示用的本體。簡單言之，我們剋就大用流行，詐現千差萬别的法相上，來作精密的解析，如《轉變章》中所説。便見得大用流行不住，都無實物，即於此知道他只是真實的顯現。此中真實一詞即謂本體，後準知。易言之，我們即於無量的分殊的功用上，直見爲一一都是真實的顯發而不容已。譬如我們解析繩子，知道他是無自體的。换句話説，他不是獨立的實在的物事，而只是麻的顯現。我們即於繩子的相上直見他是麻。由這個譬喻，可以了解即用顯體的意思。從來講印度佛學的人，都説有宗諸師，如無著和世親以及護法等，他們唯識論派的説法就是即用顯體。這話果然是對的麽？吾獨以爲不然。須知，即用顯體者，正要説明流行不息的功用是無自體的。因爲剋就用上説，他是没有自體。所以，即於用而見他的本體，譬如於繩子而見他是麻。因爲繩子實無自體的緣故。如果把流行不息而詐現萬殊的功用，看做是有自體的，那麽更用不着於用之外，再找什麽本體了。如果把用説爲實在的，又再爲用去覓他的根荄，而説有本體。這樣便把體和用截成二片，則所謂體者，已不成爲用之體。他只是超脱於用之外，而獨存的空洞的東西，便失掉了體的意義。我們要知道，有宗的唯識論，拿識來統攝一切法。他們所謂識，或一切生滅的法，便是我所謂流行不息的千差萬别的用。他們已把我所謂用，看做實在的東西了。因此之故，他們更要爲識或一切法尋找根荄，於是建立種子，他們以爲一切識是由各自的種子爲因，才得生起。如前念眼識，從他的種子而生，後念眼識，又别有他的種子。眼識如是，耳識乃至第八識，皆可類推。一切物的現象，他們説爲是心上的一種境相，是和心同起的。但此境相必自有物的種子爲因，才得生起。如眼識上色的境相，本是物的現象。這個物的現象，是從物的種子而生的。眼識上的境相如是，耳識上的境相，乃至第八識上的境相皆可類推。換句話説，物的現象即一切心上的境相。是自有種子，而不是和心同一種子的。不過，心和物的種子互相聯屬，而仍各自爲因，同時生起各自的果罷了。

以圖表之，如左：

心的種子（因）←→心（果）
物的種子（因）←→物（果）

據他們的説法，心和物或云心的現象和物的現象。各從自己的種子而生起。因爲物的種子對於心的種子是居從屬的地位。又一切心和物的種子都是含藏在第八識裏面，不是離開識而獨存的。他們説每人有八個識，而第八識是含藏一切種子的，即第八識自己的種子也是藏在第八識自體之内的，因爲第八識的種子和他所生的第八識，是同時而有的。易言之，能生的種子，和所生的第八識，是無先後之隔的。因此，可説能所相依而有，即第八識的種子，還是依附着第八識。没有一個種子是離開識而孤存的，以此完成其唯識的理論。實則他們的種子説，就是一種多元論。他們肯定有現象，謂心的現象和物的現象。又推求現象底根本的因素，才建立種子。殊不知所謂心和物的現象并非實有的東西，而只是絶對的真實謂本體。顯現爲千差萬别的功用。他們見不及此，卻把我所謂用看作實有的東西，又虚構所謂種子，來作這些實物的因素。這樣一層一層的虚妄計度，如何可説即用顯體？我們玩味大乘空宗的説法，他們只是於現象不取其相。易言之，即空了現象，才得於現象而皆見爲真如。真，謂絶對的真實。如，謂常如其性。印度佛家，稱一切法的本體曰真如。有宗無著以下諸師，他們根本不了解體和用的意義，根本不知道體雖無形無相，而是要顯現爲無量無邊的功用的，根本不知道用之外是没有所謂體的。

因此之故，他們一方面肯定有心和物的現象，又進而求其根本的因素，遂建立種子。他們所謂種子好像是隱在現象的背後，而爲現象作根荄的本體。但在另一方面，他們還沿襲着空宗以來的真如的觀念。這裏所謂真如，卻是絶對的、真實的、不動不變的。他們雖説真如是一切法的實體，但他們既不説種子即是真如，又不説種子是真如的顯現。那么，真如和種子，竟是各不相干的兩片物事，還説個真如作甚？而且他們雖以種子爲心和物的因，但其因種子。和果心和物，對種子而名果。一爲能生，種子是能生的。一爲所生，心和物的現象，是種子之所生。也是劃成隱顯兩界的。心和物是顯著的，而種子則是潛隱在第八識中的。他們這種分析的方法，直是把日常生活裏面，分割物質爲段段片片的伎倆，應用到玄學的思索中來，結果成爲戲論，如何可許即用顯體？

我們以爲，用之爲言，即於體之流行而説爲用，即於體之顯現而説爲用。因爲體以其至無無形相、無方所、無造作，故説爲無，實非空無。而顯現萬有，至無是體，顯現是體成爲用。以其至寂寂者，寂静無擾亂相故。而流行無有滯礙。至寂是體，流行是體成爲用。離流行，不可覓至寂的，故必於流行而識至寂。離顯現萬有，不可覓至無的，故必於萬有而識至無。所以説，即用顯體一詞其意義極廣大深微，很難爲一般人説得。哲學家頗有於流行之外妄擬一個至寂的境界，於萬有之外妄擬一個至無的境界。印度佛家哲學有些是近於此的。這個固然是極大的謬誤，卻還有些哲學家竟止認取流行的爲真實，而不知於流行認取至寂的方是真實，乃至止認取萬有爲真實，而不知於顯現萬有認取至無的方是真實。王輔嗣解《老子》，言凡有皆始於無。其所謂有，即謂一切物。其所謂無，亦斥體而目之，非空無之謂也。有始於無，謂凡有皆以無爲體耳。今滯於有者，不知有即是無，如泥執繩相者，不知繩即是麻。觸目皆真，而滯有者不悟。這種謬誤，更是不堪救藥。前者只是求真理而不得。後者便敢否認真理而不復求了。許多否認本體的哲學家，皆屬於後者，一切唯物論者屬此不待言。難言哉，體用也！哲學所窮究者唯此一根本問題。哲學家若於此未了，雖著書極多，且能自鳴一家之學，終是與真理無干。我在本章之末，因論緣生爲遮詞，而推迹梵方空、有二宗的得失，並略揭我的根本意思，就是即用顯體的主張，以作本章的結束。自此以下，可以説純是依據這個意思去發揮了。

第二章裏，雖不許有離心獨在的境，卻不謂境無，只以境與識不可分爲二片而已。然心的方面對境名能，境的方面對心便爲所。如此，則境畢竟是從屬於心的。

第三章，明妄執的心無有自體。易言之，即此心不是獨立的實在的東西。心既如此，則由此心而迷妄分割，以爲外在的境，其無自體及不實在，自然不待説了。

然前已有云，境並不是無有的。第三章雖云心無自體，然許心有因緣，即是此心有其本身的自動的力。可見心的相狀，雖不是實在的，卻也不是完全無有的。據此，心和境，既説爲無自體，也就是畢竟空、無所有了。卻又説心和境都不是無有的，豈不自相矛盾麼？曰：否否。道理是難講的。試就世間的事物來取譬罷，如現前的繩子，從一方面的意義來説，繩子是有的，因爲我們也承認繩子的相狀，是依着麻的顯現而始起如此所執的相，骨子裏不是空的。從另一方面的意義來説，繩子也是無有的，因爲他是没有自體的，繩子的本質只是麻，如果除卻麻，繩子相何在呢？所以説繩子無自體。我們由繩子這個譬喻來談心和境。一方面安立俗諦，説心和境都是依着真實的顯現，而始起此妄計所執的相，並不是骨子裏全無所有的。一方面依真諦的道理，説心和境都無自體。申言之，心和境雖有相狀詐現，但就實際上説，即此心和境的自體，都是畢竟空、無所有的。如上兩樣的説法，表面雖似矛盾，實非不相諧和的。但是，現在的問題，又要進一步，就是心和境既都不是完全没有這回事，卻又説心和境都無自體，如果僅説到此而止，並没有將心和境的所以然，與其當然的道理，給個澈底的詳細的説明。因此之故，我們要接着談《轉變》。轉變一詞，見基師《成唯識論述記》。今用此詞，頗與原來的意義不同。轉字，有變易與變現等義。今連變字成詞，取複詞便稱耳。後凡言轉變者倣此。

第四章　轉變

從前印度佛家，他們把一切心的現象和物的現象，都稱名曰行。行字的涵義有二：一遷流義，二相狀義。他們以爲一切心和物的現象是時時刻刻在遷變着、流行着，故者方滅，新者即起，謂之遷變。故滅新生如此，無有止息，因說流行。不是凝然堅住的東西，所以說遷流義。然而心和物雖都是遷流不住的，但亦有相狀詐現，好似電光在他那一閃一閃的過程中，非不詐現其相，所以說相狀義。物的相狀，是可感知的，心的相狀，不可感知，而是可以内自覺察的。因爲心和物具有上述的兩義，故都名爲行。這個命名是很對的。我們亦採用此名。

印度佛家對於一切行的看法，本諸他們底超生的人生態度。超生謂超脱生死，即出世的意思。此詞本《慈恩傳》。只剋就一切行之上來觀無常。觀字，有明照精察等義，比通途所謂思惟的意義特深。無者，無有。常者，恒常。謂一切行，皆無有常，故云無常。易言之，於一切物，觀是無常，於一切心，觀是無常，因此說諸行無常。既作這種觀法，自然於一切行，無所染着了。他們印度佛家。的意思只是如此。從釋迦傳授的《阿含經》，以至後來大乘的經典，都是此意。所以舊學印度佛家。說無常，即對於諸行有呵毁的意思，以爲心行不可執爲有實作用，物行不應執爲可追逐的實境。因爲心物諸行，都無有常的緣故。他們的看法，依據他們的人生態度，這是要認識清楚的。

本書談轉變，即於一切行，都不看作爲實有的東西。就這點意思說，便和舊説諸行無常的旨趣是很相通的了。但是，本書的意義，畢竟有和舊學天壤懸隔的地方，就是舊師於一切行而說無常，隱存呵毁，本書卻絶無這種意思。因爲我們純從宇宙論的觀點來看，我們雖不承認有客觀獨存的宇宙，但在邏辑上，不妨把自我所賅備的一切行或萬有，推出去假説爲宇宙。他處，凡言宇宙者均倣此。便見得一切行，都無自體。實際上這一切行，只是在那極生動的、極活潑的、不斷的變化的過程中。這種不斷的變化，我們説爲大用流行，這是無可呵毁的。我們依據這種宇宙觀，來决定我們的人生態度，只有精進和向上。其於諸行，無所厭捨，亦無所謂染着了。

以上，對於舊學諸行無常的說法，略作料簡。現在要叙述我們的意思。

在《唯識章》裏，即第二第三兩章。已明示心物諸行都無自體，因爲一切行的相狀，當現起的時候，此中時候二字，是爲言説的方便不得不下此兩字，實則没有時候可説。只是一個變化，此中變化二字，亦可省言變。以後每單用一變字。並不是實在的東西。這變化的力用很偉大，是一發而不可阻遏的，也很奇怪，是没有端緒可測度的。但是，我們於此要提出兩個問題，即一、誰個爲能變的呢？二、如何才成功這個變呢？我們先要解答第一問題，就不得不承認萬變不窮的宇宙自有他的本體。此中萬變一詞的萬字，只是極言變化的紛繁，是千差萬别的。曰千曰萬，只言其紛繁，非限於千數萬數也。宇宙一詞，即一切行之總名。如果只承認有萬變不窮的宇宙，而不承認他有本體。那麽，這個萬變的宇宙是如何而有的呢？他豈是從空無中突然而有的嗎？談到此，又要問："宇宙是否有所謂空無的境界呢？"此空無二字，以下亦省言無。我們的答案是，宇宙間决定没有所謂無的。如果説宇宙間有個空空洞洞的境界叫做無，試問宇宙豈如破器一般，其間竟是虧闕的麽？這樣以日常習用的物事來推測宇宙，是極不合理的。如果説有個空洞的無的境界，是能涵容宇宙萬有的，宇宙萬有一詞，以下亦省稱有。無故不礙有，而有亦必於無中顯現。這等見解也是錯誤的。吾且問汝，若云無能涵容有者，尚有一個應該先决的問題，即所謂有者爲有自生耶？爲從無生耶？若云有從無生，無則既無，如何能生有呢？若無得生有者，則無已是有，又如何名無呢？且無既成有，則有與有同處不相容，如何説涵容呢？若云有自生者，有既自生，何須要個無來涵容？且一切有得互相爲依，無只是無，不任與有作依，又何須待此無呢？如上反復推徵，宇宙間根本没有空洞的無的境界。明乎此，則無能生有或有從無生的謬想，自然不會有了。

但是許多人每承認有個空洞的無的境界，這是什麽緣故呢？大概人們於日常生活裏所感攝的物事，而計執爲一個一個有的東西。這所計執爲一個一個有的東西，就是互相隔别的。因此，便覺得有個空空洞洞的境界來容受這些互相隔别的東西。總之，把渾全的宇宙割裂了，才見有空洞，此即空洞的無的觀念所由起。我常説，人們對於無的觀念，有總計無和别計無的兩種。總計無者，即上面所已説的，兹可不贅。别計無者，謂於日常所感和所思的物事，或計爲無。如我避寇入川，平日所有的書，現在一本也未帶着，我每欲看某書時，便不可得，這時候就説某書是無了。又如古今學者，所説的許多道理，我們對於某種道理自加思考，卻信不及了，便謂某種道理是無的。凡此等計，都屬於别計無。前面所説空洞的無的境界，是總計無。這種無，是根本没有的，完全是從日常生活裏發生的一種迷謬觀念。但别計無，卻應承認是有其所謂無的。頗有人説，别計無亦並不是果無的。如索看某書，雖不在手邊，猶不能謂之無，此書還在另一地方是有的。又如某種道理，你信不及便説是無，也許是你的智力短淺不足以見此理，而此理確不是無的。這種説法我認爲是偏見。如某書，縱在他處是有，而剋就我手邊説，確實是無的。又如以道理論，許多道理，固然是由我們見不及而妄計爲無，卻也有許多道理竟是由古今人的淺見和妄説，而事實上確是無有此理的。如古云地是方的，這個道理，在今日公認爲無此理了。這種例子正不勝舉。所以别計無是有其所謂無的，並不是個迷謬的觀念。頗有哲學家討論無和有的問題，竟絶不承認有所謂無。而對於無，卻不分别總計和别計，竟一概不承認有所謂無，這猶未免失之籠統。實則别計無是不可遮撥的，並且這種無的觀念，是常和有的觀念相涵的。方於某事某理肯定而以爲有的時候，同時即有否定的方面而以爲此中所無的。這種無和有的觀念是知識的最基本的範疇，所以不可遮撥。唯總計無，即以爲宇宙間有個空空洞洞的無的境界。這種無的觀念，實際上全是出於妄情推度之所虛構。若離開妄情，不會有這等境界了。所以説，總計無全是一種迷謬的觀念。關於無和有，我欲俟《量論》中詳説。今於此中，卻要斥破總計無，因爲有這種無的觀念，便發生一個根本的迷謬，就是以爲一切有是從空空洞洞的無中出生得來的。凡是持這種見解的人，便無法參透一切有的本體。假若見到體了，即知道真理是無有定在的而亦是無所不在的。此中真理，即本體之別名。後言真理者倣此。真理雖復本無形相，而是賅備萬德、具足衆理的，是其舉體顯現爲無量無邊的功用，即所謂一切有的。舉體之舉字吃緊，謂真理悉舉其全體而顯現爲功用，即用外無體。譬如水，悉舉其全體而成冰，即冰外無水。誰謂有空洞的無呢？誰謂無能生有或有從無生呢？所以，這種無的觀念是與真理不相應的，故當斥破。從來持有空洞的無之論者，約分兩派：曰極端派，曰非極端派。非極端派者，即一方面仍依據常識，不否認現前萬變的宇宙，即所謂有，但不了解宇宙有他的本體，而以爲宇宙是從空洞的無中出生的。中國自魏晋時代以來，凡是誤解老子哲學的人，多半屬於此派。老子本人所説的無，實不是空洞的無。吾當别爲《老子注》，此姑不詳。但老子的後學，多誤會老子的意思。極端派者，不獨違反正理，他也很大膽的去違反常識。他不承認現前萬變的宇宙是有的，大概看作如空中華一般，即以爲事實上是完全没有一切物事的。所以違反常識。他根本不承認有所謂本體的，所以違反正理。我們要知道無體即無用，照他的説法，應該否認常識所謂宇宙了。極端派的主張，卻是很徹底的，很一貫的。這派的思想在中國一向無人倡導，在印度古時似乎很風行，就是主張一切都空的空見外道。佛家的經籍中時常有斥破他們的話。甚至説道，寧可懷着如須彌山那般大的我見，但不可持空見而自高慢。人都曉得，印度佛家千言萬語，都是要破除我見的，而對空見外道卻作如此的説法，可見他們是以這種見解爲大大的邪見了。總之，空洞的無的境界決定没有的，只有不了解本體的人，才作這種無來想的。宇宙全是真實的彌滿，真實是恒久的、不息的，哪有空洞的無呢？

還有許多哲學家，他們並不曾有意的作有出於無、或無能生有這樣的主張，並不説有空洞的無的境界。他們只把萬變不窮的宇宙看做是客觀獨存的，只承認這個變動的一切行或萬有是實有的，但不肯承認有所謂本體，並且厭聞本體的説法。他們以爲本體只是觀念論者好弄虚玄而妄構一個神秘的東西來作宇宙的因素，這完全是一種迷謬罷了。他們的意思大概如此。我覺得他們的評議，對於談本體的學者們，也可作一個諍友。從來哲學家談本體，許多臆猜揣度，總不免把本體當做外在的物事來推求，好像本體是超越於一切行或現象之上而爲其根源的。他們多有把本體和一切行或現象界，說成兩片。他們根本不曾見到體，而只任他的意見去猜度。因此，任意安立某種本體，或以爲是心的，或以爲是物的，或以爲是非心非物的，總當作外在的物事來猜擬。即在唯心家言，亦是臆想宇宙和人生有個公共的本源，而說爲精神的已耳。其立論皆出於猜度，要非本於實證，與吾儕所見，自是天淵。當别爲文論之。並組成一套理論以解釋宇宙。其實，只是他們各自構造宇宙，絶不與真理相應的，所以本體論上許多戲論，足以招致攻難，這是無可諱言的。

但是，談本體者，雖有許多任意構畫，我們卻不能因此置本體而不肯究，甚至不承認有所謂本體。譬如病者因食而噎，遂乃惡噎而廢食。這是自絶之道，雖至愚亦知其不可的。今若以談本體者多臆度和謬誤，遂乃不談本體，甚至不承認有本體，如此自絶於真理，便與惡噎廢食無異了。如果承認變動不居的宇宙是實有的，而不承認宇宙有他的本體。那麽，這個宇宙便同電光石火一般絶無根據，人生在實際上説便等若空華了。如此，便與印度的空見外道，無甚異處。又復當知，宇宙從何顯現是需要一種説明的。我們於此，正要找得萬化的根原，[3]才給宇宙以説明。否則便與素樸的實在論者同其淺陋，這是不能饜足吾人求知的願欲的。世間戲論者，以爲宇宙無所謂本體，只是變動不居的一切行或萬有，互相聯屬的全整體可説爲宇宙本體。爲此説者本不承有本體，而姑以萬有互相聯屬説爲整體，即謂之本體，此乃印度古時矯亂論者之流，不足與辨。夫整體一詞，爲各部分之都稱，若離一一部分，實無有整體可得。如言房屋，離一一椽及一一磚瓦等，實無有房屋可得。整體之言，唯有虚名，全無實義，如何説爲本體？猶復須知，各部分的現象變動不居。易言之，即是刹那刹那、故故不留、新新而起。孰發現是，孰流行是，孰主宰是？豈若龜毛兔角，但依想立，實無是事，可云無體。豈若至此爲句。龜毛兔角，純由意想安立，實無此事，故不可説龜毛兔角有本體。今萬有界之各部分現象，其變動不居者確有是事，非如意想之龜毛兔角也，故言豈若。既説故故不留、新新而起，如是，非空非不空事。非空者，新新而起故。非不空者，故故不留故。是事非空，故不同龜毛兔角但依想立，非不空，故知是事非實，應有本體，如下所云。當知是事自有真源。真源，爲本體之形容詞。譬如臨洋海岸，諦觀衆漚，故故不留、新新而起，應知一一漚，各各皆由大海水爲其真源。尼父川上之嘆，睹逝水而認真常，神悟天啓，非上聖其能若是哉？如只認變動不居的萬有爲實在，而不承有本體，便如孩兒臨洋岸只認其衆漚爲實有，而不知一一漚皆由大海水現爲之。此在孩兒固不足怪，成年人而持此見，非愚痴之極乎？總之，凡不承認有本體的見解推至極端，還是歸於空洞的無的一種思路。雖復依據常識，而肯定現前變動的宇宙爲實有，但這個宇宙是從何顯現的，既不能有所説明，而不肯承認宇宙有本體。如此，則仍不能不説這個宇宙是從空洞的無中出生的。然則窮理到極至處，而能不墜入無見，妄計無有本體的見解，曰無見。此事真不易哪。

綜前所説，理應决定宇宙或一切行是有他底本體的。至於本體是怎樣的一個物事，那是我們無可措思的。我們的思維作用是從日常的經驗裏發展來的，一向於所經驗的境，恒現似其相。因此，即在思維共相時，亦現似物的共相。例如方，是一切方的物之共相，而思維方時，即現似其相。若思維本體時，不能泯然亡相，即無法親得本體，只是緣慮自心所現之相而已。須知，本體不可作共相觀，作共相觀，便是心上所現似的一種相，此相便已物化，心所現相即是心自構造的一種境象，此即物化。而不是真體呈露。所以説，本體是無可措思的。此中所謂思，是就通常所謂思維作用而説。别有一種殊勝的思，是能滌除實用方面的雜染，而與真理契會者，吾名之冥思。這種思，是可以悟入本體的，當俟《量論》詳談。但是，本體所以成其爲本體者，略説具有如下諸義：一、本體是備萬理、含萬德、肇萬化，法爾清净本然。法爾一詞，其含義有無所待而成的意思。清净者，没有染污，即没有所謂惡之謂。本然者，本謂本來，然謂如此。當知本體不是本無今有的，更不是由意想安立的，故説本來。他是永遠不會有改變的，故以如此一詞形容之。二、本體是絶對的，若有所待，便不名爲一切行的本體了。三、本體是幽隱的、無形相的，即是没有空間性的。四、本體是恒久的、無始無終的，即是没有時間性的。此中恒久二字並不是時間的意義，只强説爲恒久。五、本體是全的、圓滿無缺的、不可剖割的。六、若説本體是不變易的，便已涵着變易了，若説本體是變易的，便已涵着不變易了，他是很難説的。本體是顯現爲無量無邊的功用，即所謂一切行的，所以説是變易的；然而本體雖顯現爲萬殊的功用或一切行，畢竟不曾改移他的自性。他的自性，恒是清净的、剛健的、無滯礙的，所以説是不變易的。關於不變易和變易的問題，是極廣大、幽奥、微妙而極難説的。我在此中不暇詳論，當别爲一書闡發之。如上略説六義，則所謂本體，應可明白了。

談至此，前面所謂第一問題，即誰爲能變的問題，現在可以解答，就是把一切行的本體，假説爲能變了。不過説到這裏，還要補充一段話。此中能變一詞的能字，只是形容詞，並不謂有所變與之爲對。如果説能變之外，别有所變，那便劃分兩重世界了。又復應知，我們把本體説爲能變，這是從功用立名。功用亦省稱用。因爲本體全顯現爲萬殊的功用，即離用之外亦没有所謂體的緣故。我們從體之顯現爲萬殊和不測的功用，因假説他是能變的。這能變的能字，就是從體之顯現爲用而形容之，以爲其能。所以説能字是形容詞者，恐怕有人誤會，以爲本體是超脱於萬殊的功用或一切行之上而有創造萬有之勝能的，這樣誤解能字的意義，那便成邪見了。實則本體不可視同宗教家所擬爲具有人格的神，亦不可視爲如人有造作一切事之能的。本體只是無能而無所不能。他顯現爲萬殊的功用或一切行，所以説是無所不能。他不是超脱於萬殊的功用或一切行之上而爲創造者，所以説無能。故假説爲能變。

上來把本體説爲能變。我們從能變這方面看，他是非常非斷的。因此，遂爲本體安立一個名字，叫做恒轉。恒字是非斷的意思，轉字是非常的意思。非常非斷，故名恒轉。我們從本體顯現爲大用的方面來説，用而曰大，贊美辭也，形容此用之至廣大而不可測也。則以他是變動不居的緣故，才説非常，若是恒常，便無變動了，便不成爲用了。又以他是變動不居的緣故，才説非斷，如或斷滅，也没有變動了，也不成爲用了。不常亦不斷，才是能變，才成爲大用流行，所以把他叫做恒轉。

以上略答第一問題，次入第二問題，就是如何才成功這個變的問題。要解答這個問題，我們須於萬變不窮之中，尋出他最根本的最普遍的法則。這種法則是什麽呢？我們以爲就是相反相成的一大法則。因爲説到變化，就是有對的、是很生動的、有内在的矛盾的，以及於矛盾中成其發展的緣故。我們要知，變化決不是單純的事情，這個道理是不難理解的。此中單純一詞，單者，單獨而無對，純者，純一而無矛盾。如果説有單純的事情，那就没有變化，除非有個死的世界，不會如此的，所以説變，決定要循着相反相成的法則。這種法則，我們依據《大易》卦爻的意思，可以圖表之，如左：

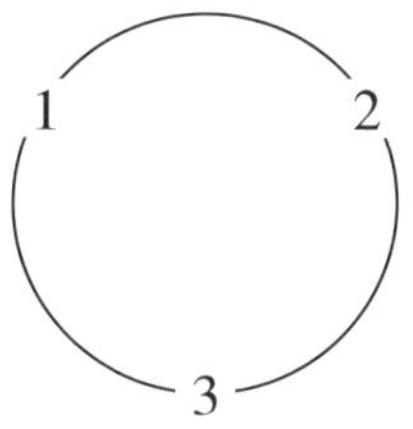

中國最古的哲學典册，莫如《大易》。《大易》最初的作者，只是畫卦爻以明宇宙變化的理法。他們畫卦，每卦都是三爻。每卦分三爻，曰初爻、二爻、三爻。爻字的涵義，要訓釋便太繁。略言之，只是表示變動。爲什么用三爻呢？從來解《易》的人，罕有注意及此。我常求其義於《老子》書中。老子説："一生二、二生三。"此中生字是相因而有的意思。這種説法，就是申述《大易》每卦三爻的意義。本來，《大易》談變化的法則，實不外相反相成。他們《大易》的作者。畫出一種圖式，就是卦。來表示這相反相成的法則。每卦列三爻，就是一生二，二生三的意思，這正表示相反相成。從何見得呢？因爲有了一，便有二，這二就是與一相反的。同時，又有個三，此三卻是根據一，而與二相反的。三本不即是一，而只是根據於一。因爲有相反，才得完成其發展，否則只是單純的事情，那便無變動和發展可説了。所以，每卦三爻，就是表示變化之法則，要不外相反相成一大法則而已。但是，卦的三爻，係從下而上，三爻，以次逐列。例如《乾卦》，其式如左：

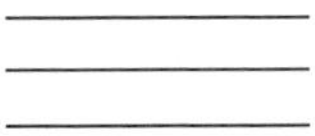

我們在前所列的圖式，則以一、二、三，略作圓圖佈之。此何以故？因爲變化是全體性的、是生動的、活躍的。圖中一、二、三的符號，不過表示功用的殊異和微妙，相反相成，所以謂之殊異，所以謂之微妙。並不是表示有互相對待的實在的東西，所以作爲圓圖，取圓神不滯的意思，切勿誤會爲循環的意思。至於《大易》的卦，三爻以次逐列，其用意如何，此中不暇論及了。

上來已説相反相成的法則，今次當談翕闢和生滅，便可甄明這法則，是一切的變化所共由之，以成其變了。變化二字，亦省言變。我們要知道，所謂變化，從一方面説，他是一翕一闢的。這一語中，所下的兩一字，只是顯動勢的殊異。動勢，亦云勢用。闢，只是一種動勢。翕，也只是一種動勢。不可説翕闢各有自體，亦不可説先之以翕，而後之以闢也。又從另一方面説，變化是方生方滅的。换句話説，此所謂翕和闢，都是才起即滅，絶没有舊的勢用保存着，時時是故滅新生的。我們要了解變化的内容，必於上述的兩方面，翕闢和生滅。作精密的解析，深切的體會，否則終是不堪窺變。

現在且談翕闢。什么叫做翕闢呢？前面已經説過，本體是顯現爲萬殊的用的。因此，假説本體是能變，亦名爲恒轉。我們要知道，恒轉是至無而善動的。無者，無形，非空無也。善者，贊詞，乃形容動之微妙。其動也，是相續不已的。相續者，謂前一動方滅，後一動即生，如電之一閃一閃，無有斷絶，是名相續，非以前動延至後時名相續也。不已者，恒相續故，説爲不已。使其有已，便成斷滅，有是理乎？這種不已之動，自不是單純的勢用。單純二字，注見前。每一動，恒是有一種攝聚的，攝者收攝，聚者凝聚。如果絶没有攝聚的一方面，那就是浮游無據了。所以，動的勢用起時，即有一種攝聚。這個攝聚的勢用，是積極的收凝。因此，不期然而然的成爲無量的形向。形向者，形質的之初凝而至微細者也。以其本非具有形質的東西，但有成爲形質的傾向而已，故以形向名之。物質宇宙，由此建立。這由攝聚而成形向的動勢，就名之爲翕。我們要知道，本體是無形相的、是無質礙的、是絶對的、是全的、是清浄的、是剛健的。但是，本體之顯現爲萬殊的功用，即不能不有所謂翕。這一翕，便有成爲形質趨勢。易言之，即由翕而形成一一實物了。恒轉即本體之别名。顯現爲翕的勢用時，幾乎要完全物化，若將不守他底自性，這可以説是一種反動了。

然而當翕的勢用起時，卻別有一種勢用俱起。與翕同時而起，曰俱起。他是依據恒轉而起的。就這種勢用上説，便説是依據恒轉而起。若就恒轉上説，便應説這種勢用是恒轉的顯現，但恒轉元是冲虚無爲的，而其現爲勢用，卻是有爲的。由此，應説這種勢用雖以恒轉爲體，而畢竟不即是恒轉，如説冰以水爲體，而卻不即是水。這個勢用，是能健以自勝，而不肯化於翕的。即是反乎翕的。申言之，即此勢用，是能運於翕之中而自爲主宰，於以顯其至健，而使翕隨己轉的。己者，設爲闢之自謂。這種剛健而不物化的勢用，就名之爲闢。

如上所説，依恒轉故，而有所謂翕，纔有翕，便有闢。唯其有對，所以成變，否則無變化可説了。恒轉是一，恒轉之現爲翕，而幾至不守自性，此翕便是二，所謂一生二是也。然恒轉畢竟常如其性，决不會物化的。所以，當其翕時，即有闢的勢用俱起，俱起，注見前。這一闢，就名爲三，所謂二生三是也。前來已説，所謂變化，只是率循相反相成的一大法則，於此可見了。又復當知，此中所謂一、二、三，只是表示變動的符號，並不是有一二三的片段可分，更不是有由一至二，由二至三的先後次第可分。一只是表示體之將現爲用的符號，此中將字，只是在言説上作推究之辭，事實上不是有個將現而未現的時候。二和三都是表示用的符號，則以翕和闢，均是剋就用上而目之故也。就一言之，於此尚不足以識全體大用，因爲説個一，只是虛擬體之將現爲用。就二言之，於此亦不足以識全體大用，因爲説個二，只是表示大用之流行，不能没有内在的矛盾，決不是單純的。因此，有個近於物化的翕。此中近字，注意。非遂物化也，只是近之而已。這個翕，似是大用的流行，須自現爲似物的式樣，來作自己運轉的工具，才有這一翕。此中自己一詞，設爲大用之自謂。所以就翕上看，便近於物化，難得於此而識全體大用了。只有三，即是闢的勢用。既是依據一而有的，卻又與二相反，而即以反乎二之故，乃能顯發三的力用，得以轉二使之從己。己者，設爲三之自謂。據此説來，三是包含一和二的。只於此，才識大用流行。也只於此，可以即用而識體。所謂體，本不是超脱於用之外而獨存的，故可即於用而識體。申言之，就是於三而識全體大用。我們即於三而説之爲體，也是可以的，於用而見體，便只説體，猶之於繩而見麻，便只呼麻。假若離了三，便無可見體。我們即於三之不可物化處，便識得這種勢用即三。雖是變動的，而其本體元是不變的。三之不可物化，就因爲他底本體是如此的。换句話説，恒轉之常如其性，即可於此而知了。在昔《老子》書中述卦爻之義，而説"一生二、二生三"，此是表示變化要率循相反相成的法則，這是無疑義的。但是，他們並未有詳細的説明。現在我們的説法，是否與《老》和《易》的旨意全符，這自然成問題，不過大體上還是相通的罷了。吾人窮理到真是的所在，即古人已先我而言之，更喜先後互相印證，無可與古人立異。但古人有所未盡者，應當加以發揮或修正。學問之事，期於求理之是而已。

照上所説，恒轉現爲動的勢用，是一翕一闢的，並不是單純的。翕的勢用是凝聚的，是有成爲形質的趨勢的。即依翕故，假説爲物，亦云物行。行字，義見前。物即是行，故名物行。下言心行者倣此。闢的勢用是剛健的，是運行於翕之中，而能轉翕從己的，己者，設爲闢之自謂。即依闢故，假説爲心，亦云心行。據此説來，我們在前面《唯識章》曾講過，物和心物亦對心而名境。是一個整體的不同的兩方面，現在可以明白了，因爲翕和闢，不是可以剖析的兩片物事，所以説爲整體。注意，此所謂整體，正是剋就翕和闢的勢用上説。但爲言説上的方便，有時説翕是一種勢用，闢又是另一種勢用。此所謂一種，一種云者，絶不是表示各自獨立的意思，因爲剋就翕和闢的勢用上説，那就不是有實自體的東西，如何可説爲各自獨立？須知，這裏所謂一種一種，只是表示勢用的分殊，而此分殊一詞，雖含有不是單純的意義，但決不含有可以剖爲二片或條然各别的意義。此乃必須明辨者。

從前吾國《易》家的學者，多有把物説爲向下的，把心説爲向上的。如漢儒云："陽動而進，陰動而退。"他們以陰來表示物的方面，以陽來表示心的方面，其所謂進，就是向上的意思，所謂退，就是向下的意思。後來宋明諸師，也都持此等見解。因此，有人焉，[1] 以爲吾所謂翕，便是向下的一種動勢，吾所謂闢，便是向上的一種動勢。他們這樣比附的説法，尚有待修正之處。説闢是具有向上性，這和我的見解是無所違異。説翕是向下的，卻於理有所未盡。應知，翕只是個收攝凝聚的勢用。這種攝聚，是造化之妙所不期然而然的。剋就攝聚的勢用而言，不定是向下的，但從攝聚的勢用詐現的迹象而言，迹象者，即現似有形質之謂。便可説他有向下的趨勢了。然雖有此向下的趨勢，要不是決定如此的，翕本來是順從乎闢的。易言之，翕是具有向上性的。因爲翕是順從乎闢，而闢是向上的，則翕亦是向上的了。不過，翕確亦有向下的趨勢，是與闢的方面相矛盾的，亦即與闢的勢用形成對立的樣子。然雖對立，畢竟不爲二物，畢竟是相融和的。所以説他本是順從乎闢的，亦是向上的。如果遍説爲向下，那麽，翕和闢只是相反而無可相成了。這種説法是不應理的。

總之，翕和闢本非異體，只是勢用之有分殊而已。闢必待翕而後得所運用，翕必待闢而後見爲流行，識有主宰。如果只有闢而没有翕，那便是莽莽蕩蕩，無復有物。莽莽，空洞貌。蕩蕩，無物貌。如此，則闢的勢

---

① 整理者按，此二字舊本有，但置於此則語句不通，宜删去。

用，將浮游靡寄而無運用之具。易言之，即無所依據以顯發闢的德用。所以，當其闢時決定有個翕，即爲闢作運用之具，若無其具，則闢亦不可見了。又復應知，如果只有翕而没有闢，那便是完全物化，宇宙只是頑固堅凝的死物。既是死物，他也就無有自在的力用，易言之，即是没有主宰的勝用，而只是機械的罷了，然而事實上宇宙卻是流行無礙的整體。我們把宇宙萬象分割成段段片片的東西來看，那是依托翕的勢用的迹象，而誤起分别，所以如此。實則彌滿於翕之中而運用此翕者，只是闢的勢用。夫闢，是有相而無形，闢的勢用，非空無故，斯云有相；但此相非有質故，非有對故，復云無形。是無所不在的、是向上的、清浄而無滯礙，説爲向上。是伸張的、是猛進的。夫翕，是成形的、是有方所的、成形即有方所，而非無所不在的了。是有下墜的趨勢的。據此説來，翕的勢用是與其本體相反的，翕，元是本體的顯現，但翕則成物，故與其本體是相反的。本體是實有而非物的。而闢雖不即是本體，闢元是本體的顯現，故不即是本體。譬如水成冰已，而冰雖不失水性，究不即是水。卻是不物化的，是依據本體而起的。他之所以爲無形，爲無所不在，爲向上等等者，這正是本體底自性的顯現。易言之，即是本體舉體成用。舉體二字，吃緊。譬如水，舉其全體，悉成爲一切冰塊，故水非離一切冰塊而獨在。本體之現爲功用，是舉其全體悉成爲一切功用。這種用是流行無礙的，是能運用翕而爲翕之主宰的。闢名爲心。翕名爲物。今如吾心爲吾身之主，而交乎一切物，能裁斷不爽焉，即此而知闢是主宰。此闢所以爲殊特。

或曰："闢，固名爲用。翕，豈不名用耶？"答曰：翕自是用，此何待言？但是本體之現爲功用時，必起一種反的作用，即所謂翕者。以有此翕，乃得爲闢的勢用所依據以顯發焉，於是而翕乃物化，疑於不成爲用矣。我們只好於闢上識得大用。易言之，即唯闢可正名爲用，而翕雖亦是用，但從其物化之一點而言，幾可不名爲用矣。如前所説，必有闢故方見大用流行，亦即於流行而識得主宰。以其能轉翕而不隨翕轉，如心能了别和運用一切物，而不爲一切物所引誘或陷溺。即此而識主宰故。講到此處，更須申説一段話，即我所謂主宰是於闢的勢用運行乎翕的一切物之中，而能自裁決斷制，決不會迷闇以徇物。易言之，即不爲物化，所以説爲主宰。這個主宰的意義本是就用上才見得，不是把本體看做爲超越宇宙之上的一個造物主，而説名主宰。這是不容混淆的。我們誠然知道本體顯現爲一切功用的時候，此中時候一詞，是爲言説上的方便，而實無有時候可言。即此流行無礙的功用，確不是亂衝的，卻是隨緣作主的。如生物的發展，由低等生物而至高尚的人類，我們可以見到闢的勢用逐漸伸張，而能宰制乎翕的一切物了。我們於用上，識得主宰的意義，使知道用之所以如此者，正以用之本體是具有剛健與明智及不可變易的等等德性。所以本體現爲用時，這用才是具有主宰，而不是盲目的衝動的。如此，則謂本體上不必具有主宰義，這是不應理的説法。但若誤解主宰義，而或以爲本體是超越於宇宙之上，而能宰制萬有的一個造物主，遂名主宰，這等見解，便是大錯而特錯了。總之，主宰義是於用上見，是必有對而後見。用則有對，如翕和闢對。易言之，即物與心對。我們若攝用歸體，則唯是絶對，無可立主宰之名；若即用而顯示其本體，則主宰之義雖於用上見，卻可於此識得用之本體。申言之，即識得本體是剛健的乃至不可變易的了。所以主宰一詞，亦可以目本體，因爲從用顯體的緣故。

現在要歸結起來略説幾句。本體現爲大用，必有一翕一闢。而所謂翕者，只是闢的勢用所運用之具。這方面的動向，是與其本體相反的。至所謂闢者，才是稱體起用。此中稱字，甚吃緊，謂此用是不失其本體的德性。譬如冰，畢竟不失水性，故云稱也。闢卻是和翕反，而流行無礙，能運用翕，且爲翕之主宰的。然翕雖成物，其實亦不必果成爲固定的死東西，只是詐現爲質礙的物，只是一種迹象而已。我們應知翕闢是相反相成，畢竟是渾一而不可分的整體。所以，把心和物看作爲二元的，固是錯誤。但如不了吾所謂翕闢，即不明白萬變的宇宙底内容，是涵有内在的矛盾而發展的。那麽，這種錯誤更大極了。矛盾，是相反之謂。利用此矛盾，而畢竟融和，以遂其發展，便是相成。吾國《大易》一書，全是發明斯義。哲學家中，有许多唯心論者，其爲説似只承認吾所謂闢的勢用，而把翕消納到闢的一方面去了。亦有許多唯物論者，其爲説又似只承認吾所謂翕的勢用，而把闢消納到翕的一方面去了。他們唯心和唯物諸論者，均不了一翕一闢是相反相成的整體。至我之所謂唯心，只是着重於心之方面的意思，並不是把翕的勢用，完全消納到闢的方面去。現在有些盛張辯證法的唯物論者，他們又把闢消納到翕的方面去，不知物和心即翕和闢。是相反相成的，不可只承認其一方面，而以他方面消納於此的。我們只能説，翕和闢不可析爲二片，近似二元論者所爲。但於整體之中，而有兩方面的勢用可説，這是不容矯亂的。一切事物，均不能逃出相反相成的法則。我們對於心物問題，這是哲學上的根本問題。何獨忘卻這個法則，相反相成的法則。而把心消納到物的方面去，如何而可呢？

談至此，或有難言：如公所持，説翕爲物，説闢爲心，固聞命已。但吾人所知者，心理的現象於有機物若動物與人出生的階段中，始乃發現，而有機物固不能先無機物而有。我們試設想，地球尚未構成以前，與夫地體凝成，及其與諸天體相互之關係，而所有之温度和空氣等等，尚未達到適宜於生物或動物和人類之生育的階段。這種設想，在難者以爲是一種合理的推論，並不是個亂猜。這時候，哪有心理的現象可説呢？心理的現象以下亦省言心。夫心，既是後於物而起的，而公卻謂物即是翕，心即是闢。那么，健動的闢，就是後於凝聚的翕而起的。如何可説翕闢是一個整體的不同的兩方面，並且以闢爲能運於翕之中而爲其主宰呢？按難者此等見解，只是囿於日常執物之習，而不可與窮神。物之所以然者，謂之神。如難者之意，直以物爲本原而已。不知凡有必始於無，有者謂一切物。無者，至真至實而無形聲可睹聞耳，非空無也。有始於無者，謂此無乃諸有之實體。凡可象者，必以虚寂爲極。可象謂一切物。虚寂者，至常而無形礙曰虚，至幽而無擾亂曰寂。一切物之實體，唯是虚寂，故云虚寂乃物之極也。泥象者，不能於象而悟虚寂。如泥執冰相者，不能於冰相而悟其本爲水。執物者，不能於物而見實體，其弊猶是。滯有者，不能於有而證無。準上可解。如此固持唯物之見而牢不可破，實則一切物無定實，非固定，非實在。只依根本的物事即是一切物的實體所顯現之一種迹象而已。有人説：“如果把物底自身説爲一種迹象，那麽所謂物就是空空洞洞，無有内容了。事實上一切物都是活躍躍的，在無住的過程中發展着，一切物何嘗是空洞的東西呢？”爲此難者，只是蔽於近習，而不悟至理。從世俗的觀點來説，便把物界看做是絶不空洞的，是實在的東西。從真理的觀點來説，所謂一切物，都是依着真實即本體顯現之迹象，而假説名物。若剋就物底自身言，卻是空，是無所有的，但不妨依真實的顯現，假名爲物罷了。譬如冰是水的顯現，故離水，無别有冰的自身。應説冰的自身是空，是無所有的。一切物是真實的顯現，亦復如是。但凡喻，只取少分相似，使人易曉。若執定此喻，以求與所喻的道理完全相肖，則反成迷謬。他處凡用譬喻者，皆準知。

我們要知道，實體顯現爲分殊的用或一切行的時候，此本無時候可説，但爲言詞之方便，須着此時候一詞。一方面，決定有一種收攝凝聚的勢用，即所謂翕。這種收凝的翕，其端緒雖很微細、很深隱，而由微至著，由隱至顯，便成爲一切物或物界了。然當其翕而成物時，另一方面，決定有一種剛健而無所不勝的勢用，即所謂闢。這個闢，是與翕同時俱現的，亦即是運行於翕或一切物之中，而主宰乎一切物的。闢不是超脱於一切物之外的大神，卻也不妨叫他做神，因爲他很微妙的緣故。闢本是和物同體，而於同體之中卻有分化，遂和物形成對立的樣子。我們可借用《大易》乾、坤二卦，表之如左：

☰乾

☷坤

《乾卦》，三爻皆奇數，吾借以表示闢。《坤卦》，三爻皆偶數，吾借以表示翕。翕即成物，物界是有待的，故用偶數。闢者神也，神無形而不可分割，故用奇數。翕和闢雖説是互相對立的，卻又是互相融和的。纔説到闢，便涵蘊着翕了，仍用《乾卦》，表之如右：☰。纔説到翕，便涵蘊着闢了，復以《坤卦》，表之如右：☷。從來講《易》學的人，或以爲《乾卦》三爻純陽而無陰，陽謂乾，陰謂坤，下做此。《坤卦》三爻純陰而無陽，這是極大的錯誤。其實乾坤是互相錯的，錯者，對待義。而亦是互相綜的，綜者，融和義。不可把乾坤當做二元論去理會。説乾便涵着坤，説坤便涵着乾，其妙如此。

前面説過，翕和闢是不可分離的整體。不過，這個整體非是由各别的東西混同而成爲一合相，一合相一詞，借用佛家《金剛經》語。卻是一全整體而復現有分化，即有内在的矛盾，以遂其發展的。由有分化故説翕闢。如果只承認有翕的方面，即物的方面。而不承認有闢的方面，即心的方面。那麽，變化應該不可能，因爲孤獨無以成其變化的緣故。我們應知，無始時來有翕即有闢，有闢即有翕。變化的内容不能是孤獨的，而必有翕闢兩方面才成爲變化，這是不容疑的道理。泰初有翕，泰初即已有闢。我們把這個闢，説名宇宙的心。偉大的自然或物質宇宙的發展，雖不是别有個造物主來創作。可是，自然或一切物並非真個是拘礙的東西，他們一切物。内部確有一種向上而不物化的勢用即所謂闢潛存着。不過，這種勢用要顯發他自己，是要經過相當的困難。當有機物如動物和人類尚未出現以前，這種勢用好似潛伏在萬仞的深淵裏，是隱而未現的，好像没有他了，及到有機物發展的階段，這種勢用便盛顯起來，才見他是主宰乎物的。不要説動物，就是在植物中已可甄明這種勢用，如傾向日光及吸收養料等等，都可據以測驗植物具有曖昧的心理狀態。植物的心實隱然主宰其形幹，而營適當的生活，這是無可否認的。所以，闢或心是到有機物發展的階段才日益顯著，卻不能因此便懷疑有機物未出現以前，就没有闢或心這種勢用的潛存。一顆電子的振動，並不是循一定的規律的。電子總是在許多軌道中跳來跳去，他一忽兒在此一軌道上消失，一忽兒在另一軌道又産生，也不是有外力使之然的，這就是由他内部具有闢或心這種勢用爲之主宰。不過，這種勢用潛存乎一切物之中，而不易察見耳。天下唯潛存的力用，是最大的力用。淺識之徒，只能有見於顯，不能深察於微。因此，難與窮理。應知，闢或心的勢用，當其潛存的時候，如於有機物未出現，我們無從甄明他闢或心的時候，他確實普遍周浹於翕而將形的一切物而無所不在。只是他的表現之資具如有機體尚未構成，所以不曾顯發出來，因此，説名宇宙的心。講到此，又有問云："後來有機物上所發現之心，卻是物物各具一心。此與宇宙的心爲一爲二耶？"答曰：一一物各具之心，即是宇宙的心；宇宙的心，即是一一物各具之心。譬如大海水遍現爲一漚，即此一一漚，皆涵有大海水全量。每一漚，都與大海水無二無别。一一物各具之心與宇宙的心，無二無别，亦復如是。

我們何以把闢叫做心，把翕叫做物呢？舊唯識論師，以爲心是能分别境物的，就説心只是分别的罷了。實則所謂心者，確是依着向上的、開發的、不肯物化的、剛健的一種勢用即所謂闢，而説名爲心。若離開這種勢用，還有什麼叫做心呢？舊師把心只看做是分别的，卻是從對境所顯了别之相上去看。易言之，是從迹象上去看，是把他當做静止的物事去看，而不了解他的本身元來只是很微妙的一種勢用。舊師對於心的看法，是極粗淺的。我以爲流行無礙而不可剖析的和剛健的與向上的勢用，即所謂闢，這才可説名心。須反躬深切體認，自可識得。如果只從他底迹象上看，以爲心只是分别的東西，如同鏡子一般，鏡子照顯妍媸等境，也是分别的，卻是静止的東西。那就大錯而特錯了。心雖動而未嘗不静，但決不可當作静止的東西來看。

關於物的解釋，舊師如護法等，則以爲一切物另有他的根原，叫做相分種子，但是藏在第八識中，故不妨説唯識。終未免把物看作實在的東西，這也是懸空謬想。實則所謂物者。並非實在的東西，只是依着大用流行中之一種收凝的勢用所詐現之迹象而假説名物。若離開收凝的勢用，又有什麼叫做物呢？我們設想。造化的開端，此中造化一詞，並不含有造物主來造作的意義。蓋以本體既顯現爲大用，即依大用之行，而假説名造化，須善會。又開端一詞，亦不當泥解，實不可找得最初之端也。不能不有個收攝凝聚，這種收凝其端甚微，而確是成形之始。萬物從無肇有，此所云無，乃推想萬物尚未形著時，而説爲無，與前文以無言實體者不同。由微至著，直從收凝中得來，收凝就是斂藏到極處。斂者，謂其力用收斂不發；藏者，謂其力用閉蓄不散。造化的力用，斂藏愈深愈固，則有成爲無量的積之可能。這裏所謂積就是鬱積而將兆乎形的意思。易言之，有成爲形物的傾向。因此，亦名形向。每一個積或形向，可以説是物的最極小的分子。偉大的自然或物質宇宙，就是以這無量的積或形向爲胎萌。唯物論者把物質看作爲本原的，舊師也以爲物質有他的因素，名相分種子。這都是把物看成實在的，都是極大的錯誤。實則物並不實在，亦决没有舊師所妄想的物質的因素。物者，只是我所謂收凝的勢用所詐現之迹象而已。收凝的勢用，名爲翕，翕即成物。翕便詐現一種迹象，即名爲物。所以，物之名依翕而立。

前面已經説過，所謂闢者亦名爲宇宙的心，我們又不妨把闢名爲宇宙精神。這個宇宙精神的發現是不能無所憑藉的，必須於一方面極端收凝，而成爲物即所謂翕，以爲顯發精神即所謂闢之資具。而精神則是運行乎翕之中，而爲其主宰的。因此，應説翕以顯闢，闢以運翕。蓋翕的方面，唯主受，闢的方面，唯主施。受是順承的意思，謂其順承乎闢也。施是主動的意思，謂其行於翕而爲之主也。須知，翕便成物，此翕也就是如其所成功的樣子，意謂直是物化而已，此處吃緊。只堪爲精神所憑藉之資具。若無此翕，則宇宙精神無所憑以顯。如果精神要顯發他自己，他就必須分化。而分化又必須構成一切物，他才散著於一切物，而有其各别的據點，否則無以遂其分化了。所以説翕以顯闢，只是理合如此，而翕之所以必須順承乎闢者，亦以其止堪爲闢之資具故。這個道理須至後面《成物章》方好詳説。至於闢呢，他本是不物化的、至剛至健的一種勢用。他是包乎翕之外而徹乎翕之中，是能轉翕而不隨翕轉的。轉者，轉化義，如甲令乙相與俱化之謂。所以説闢以運翕，所以説闢爲施，謂其行於翕而爲之主也。翕和闢本是相反的，而卒歸於融和者，就在其一受一施上見得。受之爲義，表示翕隨闢轉；施之爲義，表示闢反乎翕而終轉翕從己。己者，設爲闢之自謂。所以，翕闢兩方面，在一受一施上成其融和。總之，闢畢竟是包涵着翕，而翕究是從屬於闢的。爰以圖表之如左：

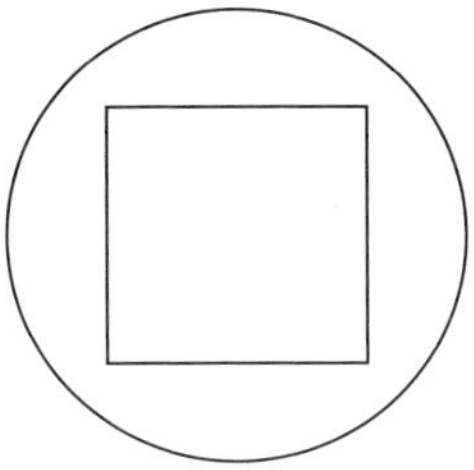

圖中，以方的相表示翕，物成即有方所故。以圓的相表示闢，心或精神是周遍流行而無滯礙故。闢是無定在，而亦無所不在，是包乎翕之外，而徹乎翕之中。觀於上列的圖，便可見得此意了。

準前所説，所謂物者只是收凝的勢用即翕之所詐現，並非有實在的物質。但因其現似質礙的東西，卻又不妨名之爲物。然復須知，所謂物，也就如其所現的樣子。至於包涵此物與滲透和運行此物之中者，别有所謂剛健的、開發的、不物化的一種勢用，即所謂闢。這個決定不是從物的自身中産生出來的，而是與現似物相的收凝的勢用即所謂翕，同時俱顯而不可剖分的。此中同時一詞，恐有人誤計翕在先，闢在後，或先唯闢，後有翕，故言同時以防之。實則談理至此，無時間可説也。申言之，翕和闢，只是恒轉舉體顯現爲此兩方面。恒轉，即本體之别名。舉體云者，謂恒轉舉其全體而顯現爲翕和闢也。所以，翕和闢不可看做爲各别的實在東西。若乃因其翕而成物，遂計物質爲本原的，而以闢或心爲從屬的，這種見解尤屬謬誤。須知，剛健的不物化的勢用即闢，是遍涵一切物而無所不包，是遍在一切物而無所不入。這種勢用雖與翕而成形的物同爲恒轉的顯現，而闢確是不失恒轉的自性。譬如冰，是水的顯現，而畢竟不失水性。所以，於此而識得本體，亦即於此而可説爲本原的。我們要知道，所謂本體是虚寂無形的。無形者，只是無有形相耳，非空無也。翕便成物，故與其本體有乖反的趨勢。譬如冰，以流液的水爲本質，而冰相堅凝，卻與其本質相反了。唯闢，則以其至健而不有，不有者，無有形相，無有滯礙，無有和人一般的造作的意想。至動而恒寂，雖動而不失其虚寂，即動即寂故。乃全與其本體相稱。闢雖健動，而常穆然無形，默然虚寂，故稱其體也。所以，於闢可説爲本原的，而翕畢竟是從屬的。唯物論者只在顯著的迹象上着眼，而不能深察到微妙的地方，所以武斷的堅持其唯物的主張。

或復難言：如公所説，闢是剛健的勢用，但按之老子哲學，則以爲由無始成萬化。其第五章所云橐籥即以喻無也。橐籥之中空洞，故以喻無。然彼所謂無，卻是虚而不得窮屈，動而不可竭盡的。參考王弼《老子》第五章注。此與公所謂闢者，義旨亦有相似處。但老子不説爲剛健的，而只謂之無，又云用之不勤。這種意義與公所見又似大大的不同了，願聞其所以異同。答曰：老子謂之無者，以其無狀無象，故説爲無耳，非真無也。其曰用之不勤者，妙用無窮，周普萬物，而蕩然無所勞耳。老子説用之不勤，我亦何嘗於大用流行着得一勤字。使大化之行而有所勤勞，則造化亦將熄矣。但勤勞與剛健，二義迥别。勤勞，是拘執或留滯義。剛健，具有清浄、純固、堅實、勇悍、升進，與不可窮屈及無竭盡等義。須知用之不勤者，正以其剛健故耳。剛健乃爲衆妙之門，何勞之有？老子只有見於用之不勤，而未深體夫用之所以不勤者，自是他有所未至。老子説道無，我亦何可於他所謂無之上起一毫有相的執着，但無非真無，故萬化由之以成。這個無狀無象的物事，才是至剛至健的，所以能成萬化，否則便是頹廢的無，又何妙用可言呢？老子只喜歡説無，卻不知所謂無才是至剛至健，我想老子尚不免耽着虚無的境界。闢是剛健的勢用，這種見地，我亦本諸《大易》，但是自家深切體認見得如此，而後敢於説出。真理是不遠於吾人的，須返躬體認始得。

附識：老子之時代，當稍在孔子後，而前於孟子。他的學問，實從孔子《易傳》之思想而出，終乃别抒己見，以自成一家言，蓋孔氏之旁支，《易》家之别派也。余在《語要》卷二中《答意國米蘭諸省大學教授書》。曾略談及之。

上來所説，關於翕闢方面已見大概。今次當談生滅。我們一説到變化，便知道他變化不是空空洞洞而無所有的，所以説一翕一闢。他變化是生生活活的勢用，具有内在的矛盾而發展着。我國的《易》學家，也都把宇宙看做是一個動蕩不已的進程。這種看法是很精審的。因此，當知我們欲解析變化的内容，僅拿翕和闢來説明他，還是不夠的，必須發見翕和闢在其生和滅的方面的奥妙，才算深於知變。所以現在要談生滅。

在談生滅之前，不能不先説刹那義。印度佛家分析時分，至極小量，方名刹那。如《大毗婆沙論》卷一百三十六説："壯士彈指頃，經六十四刹那。"又説："世尊不説實刹那量，無有有情堪能知故。"世尊，即釋迦佛之名號。有情者，人之異名，人有情識故名。詳《毗婆沙》所云"壯士彈指頃，經六十四刹那"，這好像有刹那量可説了。可是，壯士彈指是特别迅疾的。他那一彈指頃，是否經過六十四刹那，我們卻也無法甄驗。因爲刹那量是小到何等的分限，古代既没有某種器具可以表明他，現在的鐘表也不能表明他。我們如何能定説"壯士彈指頃，經六十四刹那"呢？或謂：《毗婆沙》這種説法，不過顯示刹那量是小到不可説的罷了。六十四者，多數之詞。以壯士彈指之迅疾，而經過六十四刹那，則刹那量真是小之至極，而不可以言説形容了。所以，該論又説"世尊不説實刹那量"云云。據此，則刹那量比於數學上的無窮小，或更爲細微而難説。一般人談到刹那，大概以爲是時分之極小極促而不可更析者。我們隨順世俗，也不妨如此説。但是，佛家大乘師談刹那義，或不許以世俗時間的觀念來説。易言之，刹那不是時間義。我們不可説刹那就是極小而不可更析的時分。窺基大師在他所著的《唯識論述記》卷十八説："念者，刹那之異名。"據他這個説法，則以吾人心中一念纔起之際，便是一刹那。這一念纔起，即便謝滅，絶没有留住的。此念，即是刹那之異名，所以，刹那不可説是時間。我們只觀察自己心中念頭倏起，而不可停留之一忽兒，這就是一刹那。一忽兒，乃俗語，形容時分極促而不可把捉。此則以刹那唯依自心而假説。今就我的意思來講，則在本章談變的觀點上，極贊同大乘師不許以世俗時間的觀念來説刹那的主張。因爲世俗所謂時間，畢竟是空間的變相。空間是有分段的，如東西等方。時間也是有分段的。如過去現在未來。扼要言之，空間和時間，就是物質宇宙存在的形式。我們覺得物質宇宙，於一方面，有東西等方的分佈相，即此便名空間，而於另一方面，有過、現、未的延續相，即此便名時間。所以，有了物質的觀念，即有空時的觀念與之俱現。俱現者，謂空、時與物質同時並著。因此，而空時的觀念也是非常粗笨的。空間上，如由東到西，中間是有間隔的。時間上，如由過去至現在，中間也是有間隔的。據此説來，我們若依世俗時間的觀念來説刹那。那麼，由前一刹那到後一刹那，中間總是有間隔的。如此而談刹那，便成了一套呆板的架格，更有甚麼法子可以窺見變化呢？所以，我在談變的觀點上，贊同大乘師不許以世俗時間的觀念來説刹那的主張。至如前面所述基師的説法，即以自心一念纔起，説爲刹那，卻未免偏就心之一方面説，似亦未妥。我們要知道，哲學上的用語是非常困難的。語言文字，本是表示日常經驗的事理，是一種死笨的工具。我們拿這種工具，欲以表達日常經驗所不能及到的、很玄微的、很奇妙的造化之理，造化一詞，注見前。其間不少困難是可想而知的。即如刹那一詞，在其元來的涵義，本是一種至小而不可更析的時分。我們在談變的時候，自不能不利用此刹那一詞，以表示不斷的變化，是刹那刹那頓起的。然若因此而以世俗時間的觀念來理會此中所謂刹那，將把甚深微妙、不可測度的變化，箝入死的架格之内。世俗所謂時間和空間兩系列，卻是一個死的架格。甚至前後刹那之間定有間隔，而變化也應中斷了。如此，既已無法理會變化。應知，本書所説刹那，只是一種方便的設詞，雖未嘗不以刹那爲至小至促而不可更析之時分，要是爲言説之方便計，才用此詞。學者於此，必須超脱世俗時間的觀念，以理會變化之玄妙，庶幾不以詞害意。

已説刹那，應談生滅。凡法本來無有，而今突起，便名爲生。此中法字，猶言事情。下言法者倣此。前面所説翕和闢或心和物，在此處則通名爲一切法。例如我這現前一念心的現象，是以前本不曾有過的，而是現前一刹那頃突起的，就把這種突起，名之爲生。凡法生已，絶不留住，還復成無，名之爲滅。例如我現前一念心的現象，決不會凝固的持續下去，畢竟滅無，故復言滅。生和滅本是世間所共知的事情，應該不成爲問題的。然而世間都以爲一切法生已，必住，久後方滅。易言之，一切事物既已生起，必有經久的留住，或相當時期的留住，絶没有於率爾創生之時，即便壞滅的。率爾者，突起貌。雖復壞滅迅速，而此壞時，距其生時，亦必有個間隔的時分，就令是一瞬或一息的間隔，也是留住了一瞬一息的。斷不可説生的時候，即是滅的時候，此中即是二字，乃顯其不二之義。他處凡言即是者皆倣此。天下没有這般矛盾的事情。世間的見解都如此，問題就在這裏發生了。一切法生已，果然得留住着嗎？關於這個問題，我是贊同印度佛家的見解，主張一切法都是刹那滅。怎樣叫做刹那滅呢？即凡法於此一刹那頃纔生，即於此一刹那頃便滅。所以説，生時即是滅時。他一切法决不會有一忽兒的時間留住的。一忽兒，注見前。世間見有常存的物，卻是一種倒見。我記得《阿含經》上記録着佛語諸弟子的一段話。印度佛家經典，不獨大乘的經是僞托的，即[4]小乘所宗的經亦多由其後學推演而成，不必果爲釋迦口説也。然群經之中，頗有出自釋迦弟子親承綸音而記録之者，則《阿含經》是也。雖亦不無攙僞，然大體近實。當别爲文論之。據佛説："一切法，猶如幻化。於一刹那頃纔生起，即便壞滅，决無有於此刹那頃得留住者。"釋迦這種説法，後來小乘、大乘之徒，都無異論。然而佛家以外之學者，猶於此義不能信解，因之起攻難者頗不少，如大乘的著述中，《莊嚴經論》等。多有答覆這種攻難的理論。直到現在，我們向人談到刹那滅義，還時時遇着非難。大概古今哲學家深於察變的，也都談到宇宙萬象，是時時捨其故而趨新。但是他們多半是很寬泛的説法，不過以很生動的、很警切的語句，來形容事物之不守故常而已。要之，都未能十分明瞭的、肯定的、嚴格的説到刹那滅。因爲依據刹那滅的説法，則一切法纔生起的時候即便壞滅了，中間没有一忽兒暫住的時間。一般人以爲，這樣説來，好像墮入空見，根本不許有東西存在，甚至連自己的身心都不許存在。所以很惡聞刹那滅的理論。昔在舊京北京。曾遇一激烈的抗議者云："如你所説，一切法都是刹那滅。現前有一塊石頭，此石頭是刹那滅的，即是不存在了。吾今者將拾此石頭打上你的頭腦，你能不覺得傷痛麼？"作這等抗議的人，根本不可與談哲學，因爲他們只從大化流行的迹象上去着眼，而不能理會大化流行之微妙。易言之，他們只看到事物，而不能了解事物之所以然者。其實，刹那滅的理論，並不似一般反對者所懷疑的那樣可惡。毋寧説，這種理論倒是實事求是的。我現在且依據印度大乘的主張，并參以自己的意思，對於他們反對者所疑慮之處，一一加以解答如下：

一、汝計一切法，非是刹那頃纔生即滅者，果如汝所計，則宇宙萬象，應該都是常住的了，然而現見世間没有常住的東西。萬物有成必有毁，成，謂一切形物之凝成。毁，謂壞滅。有生必有死，有盈必有虚，盈者盈滿，虚者衰絶。有聚必有散。凡物由多數分子互相愛合而成，曰聚。凡物破壞，曰散。這個諸行無常的公理，是分明昭著，不可否認的，諸行猶言萬物。行字，詳本章首段。汝爲甚麽怕聞滅之一字呢？

二、如汝説，並非不信諸行起已當滅，只是不信諸行纔起即滅。這種思想是極大的錯誤。依照汝所計，諸行非是纔生即滅者，即諸行生起已，雖不常住，而至少有暫時住，後乃壞滅。汝意只是如此。吾今問汝，若諸行生起已得有暫時住者，爲是諸行的自力能住耶？爲是諸行非自力能住，必待他力而後住耶？如此二計，皆將成過。何以故？如謂諸行自力能住，則彼應常住不壞，何故只暫時住，而不得常住耶？如許諸行因他力得住者，既離諸行之外，無别作者可説爲他，作者，猶云造物主。誰爲諸行作住的因呢？準前所説，諸行自住及因他住，二義俱不得成，故知諸行是纔生即滅，没有暫時住的理由可説了。

三、如汝説，雖無作者爲諸行作住的因，但是諸行生起已，卻亦未遇着毁壞諸行的因，所以諸行得住。如果遇有毁壞的因來時，諸行方滅。例如黑色剛硬的鐵，以下省言黑鐵。由有火爲壞因，黑鐵便滅，赤色軟熱的鐵，以下省言赤鐵。方乃新生。若壞因謂火。尚未至的時候，則黑鐵得暫時住。汝執定此説，維持其元來的主張，只是錮於膚見，不究理實。世俗以爲凡物之滅，必待有壞因而後滅，若未逢壞因，即得暫住。此實錯誤。須知，剋就物言，則凡物不能無因而生。即以物的本身自有力用現起，假説爲因。但是，凡物之滅，卻不待有壞因而始滅，只是法爾自滅。法爾一詞，本之佛籍，猶言自然。不可説滅亦待因也。大用流行，是至剛至健，至神至怪，其流行也，一刹那頃頓起頓滅。刹那刹那，恒是頓起頓滅，絶没有一毫死板的東西滯積着。易言之，即没有陳舊的勢用留存下去，而總是新新突起的，所以説凡物之滅，原不待因。因爲一切物，核實言之，只在大化遷流中。一切物，其自身根本是刹那滅的，還待什么因呢？世俗以爲，黑鐵之滅，由於有火爲其壞因。殊不知，當黑鐵與火合，即是黑鐵壞滅的時候，也即是赤鐵生起的時候。一刹那黑鐵滅，即此刹赤鐵生。生滅時分，緊相接故，即不異時也。據實而談，這火的功用，只是爲赤鐵之起作一種牽引。可以説火是赤鐵之生因，火爲赤鐵生因，只是一種牽引，並不是由火能創造這赤鐵出來。蓋赤鐵之起，實由其本身自有力用，故遇火緣而得起耳。不可説火是黑鐵之壞因也。黑鐵之滅畢竟是法爾自滅，原不待因。易言之，即不由火壞滅之也。唯火之起也，則赤鐵與之俱起。若無有火，赤鐵必不起。由此，應説火有牽起赤鐵之功用。世俗不知此火爲赤鐵生因，而誤計火爲黑鐵壞因，真是倒見。或復難言："如謂黑鐵，不由火爲壞因故滅者。然世現見黑鐵不與火合時，黑鐵便住，及遇火合，黑鐵才滅。據此，黑鐵之滅，若非火爲壞因者，云胡黑鐵不與火合時竟不滅歟？"答曰：黑鐵不與火合時，汝見其不滅耶？實則黑鐵刹那滅故，汝不覺知。如前一刹那黑鐵滅已，後一刹那黑鐵確是新起，而與前黑鐵極相似故。汝先後所見不異，便謂前黑鐵猶住至後耳。或復問云："誠如公言，黑鐵刹那滅不由火爲壞因者，現見黑鐵與火合時，但赤鐵生，黑鐵遂不復起。可見此火，仍是黑鐵的壞因。"答曰：火爲赤鐵生因，如前已説。黑鐵滅已，後不復起者，由赤鐵遇火爲緣而新生，黑鐵故不復生。二法是相違異的，無有於同時、同處，得有二法並生故。二法，謂赤鐵和黑鐵。然前刹那黑鐵之滅，是一事。前刹那黑鐵滅已，後刹那有無黑鐵復生，又是一事。此二事，不當併爲一談。今謂火於赤鐵爲緣，能牽令赤鐵生起，同時，即無前黑鐵復生之可能，是事誠然。但若謂前刹那黑鐵之滅，由火爲壞因，此則違理。黑鐵本不是常住的物事，雖不遇火或其他的東西爲緣，而實刹那刹那恒自滅故。總之，凡物之滅，皆不待因。這個道理須深切體認而後覺義味深遠。大化流行，刹那刹那蜕其故而創新。一切物都在蜕故創新的歷程中，所以，凡物之滅，只是法爾不得不滅，非是要待什么因而後滅的。既滅不待因，所以說，凡物刹那纔生即滅。因其滅也，本無所等待故。

四、如汝説一切法得暫住，定非纔生即滅者，吾且問汝，依汝所計，一切物容暫住，終當有滅。若滅已，得相續起否？若不承認凡物滅已得續起者，汝便墮斷見。若承認凡物滅已得續起者，汝則不應説一切物容暫住。所以者何？當物暫住之時，即是造化蜕故創新之機，已經中斷，如何得有續起的物事耶？據此説來，若許凡物相續起者，便應許凡物纔生即滅。刹那刹那，前前滅盡，後後新生，化機無一息之停，故萬物得以相續起而不斷絶也。繙者按：印度佛家説刹那滅義，並未着重化機不息的意思，只顯無常而已。本論明示化機是活潑潑地，卻別是一種精神。

五、如汝計，凡説一切物纔生即滅者，即是遍從滅的一方面看去。易言之，只見爲諸法滅盡，可謂墮入邊見。邊者，偏執義。偏執滅故，即偏執之見。汝作是計，只是不了我所説義。應知，如我所説，刹那刹那滅滅不住，即是刹那刹那生生不息。生和滅本是互相涵的，説生便涵着滅，説滅便涵着生。前面説過，變化是循着相反相成的法則。我們談到此處，仍用一、二、三，來表示這個法則。如前一刹那，新有所生，就是一。而此新生法，即此刹那頃頓滅，此滅就是二。二謂滅。是與一謂生。相反的。後一刹那頃，又新有所生，此便是三。這三，不即是一，卻是根據一而起的，而與二相反。但是，到了三的時候，也還如前之一，亦自有個相反的，如前所謂二，即又有個滅了。乃復有反，如同此三。即又有個生了。如此説來，刹那刹那，生滅滅生，無有窮極。因爲方生方滅，方滅方生，才成變化。所以説，生和滅，是相涵的，是相反相成的。談生即有滅在，談滅即有生在。然而我輩着重談滅者，必知滅，而後知生而不有，而後見生生不息之妙。若生而不滅，則化機便滯而死矣。或復問言："依一二三的式子衍下去，生已便滅，滅已續生，豈不成爲循環耶？"答曰：大化流行，實無所謂循環。刹那刹那，生滅滅生，即刹那刹那，都是創新而不用其故，根本没有重規叠矩的事情。一二三的式子，正以表示造化之不守故常，如何妄計爲循環耶？但是，從大化所詐現之迹象上看，則續生之法或與前法有其相似，幾乎可説爲循環。其實後法於前，亦只是相似而已，不可説後起是將前法重疊一番也。

六、如汝計，若一切物皆刹那刹那新生者，云何一般人於此刹那頃新生物事，而竟看做爲舊有的物事。汝這種疑問所由起，只是執其粗迹，而不究其隱微。前面説過，一切物由刹那滅故，才得相續起。如某物，前滅後起的時候，若不遇新的異緣，則後刹那續起者，恒與其前物相似。例如前所舉黑鐵，方其未遇火爲異緣，即此黑鐵，於前刹那滅已，而後刹那續起者，仍與前黑鐵極相似。在此等情形之下，便名爲相似隨轉。中譯佛籍，多訓轉爲起，此借用之。似前而起，名相似隨轉。由相似隨轉故，所以，對於現前一刹那頃新生的物事，而仍當作舊有的物事來理解他。實則，凡物都不是兀然堅凝的連持下來。易言之，即不是有獨立的自體，由過去至今，一向任持不捨。須知，凡物於每一刹那，都是蜕故創新。前刹那突起，即便壞滅，後刹那續生，亦復不住。如現前某物，若筆和硯等。吾人見爲猶是前物。其實，此物前前滅盡，現在一刹那頃續起的物，極似前物，故見爲前物耳。或復難言：“若一切物皆刹那刹那生滅相續者，云何不可覺知？”答曰：這種變化，至極微妙，至極迅速，所以不可覺察。汝若以不可覺察故，即不肯信刹那刹那生滅相續者，吾且問汝，如汝身體，息息新陳代謝，猶自視爲故吾，卻未嘗以其不可覺知，遽否認新陳代謝作用。一切物，刹那刹那生滅相續，不可覺知，又何足怪？

七、如汝計，凡物之初起，必皆有暫住的時候，決非初起即變異者。此實無有理據。若果如汝所計，則一切法，應有定形。所以者何？因爲一切法初起，既能住而不滅，便是有定形的東西，即不能由一狀態轉爲另一狀態。此云轉者，改變義。然而一切法，事實上都是刹那刹那滅故生新，而此新故遷移，只於冥冥中密密的運行。既不可尋其最初的端緒，更不可索其最終的邊際，根本没有定形可得。例如由乳可至酪，這乳顯然不曾有他的定形，如有定形，他決不會改轉成酪了。這乳所以無定形者，就因此乳初起即變，根本没有暫住，所以不會有定形可任持着。或復難言："由乳至酪者，以先經相當熱度，後經冷的空氣等等異緣，故乳轉變成酪。若乳不遇異緣，則能暫住而任持其定形。"此難，亦不應理。應知，熱度等等異緣，雖爲由乳轉變成酪所必需備具的條件。但是，乳的本身，是否堅住而有定形，是否爲一成而不可變，這個問題確是特别重要。如果乳是能暫時堅住的，那麼他就是有定形的東西。他既已任持他的定形，既是一成不變的東西，縱有任何異緣，也不能令他轉成另一狀態。易言之，即無法轉變成酪了。因爲乳的本身，是纔起即滅。易言之，即刹那刹那變異，根本没有定形可任持，根本不是一成不變的。所以，此乳遇着異緣，便可轉爲另一狀態，即是可以成酪了。我們要知道，由乳至酪，决非可以一蹴而至，中間經過無量刹那生滅，相似隨轉。唯其相似的程度，則刹那刹那，隨其所逢之緣，如熱度等等，逐漸微異。大概後一刹那續生之乳，與其前一刹那之乳，决定無有全肖者。及至成酪，則由前此許多刹那逐漸微異之遞集，至此，而乃顯其特異，即是成爲酪了。世俗於此不察，以爲乳之初起，便能留住不滅，後經多時成酪，乳相方滅。不知成酪以前之乳，已經無量刹那生滅，原非一物。特在成酪以前，其相似程度，未驟形其懸殊，故謂乳從初起便暫住而任持其定形。其實，這種看法，純是一種錯誤。

八、如汝計，凡物得由此移轉至彼，是名爲動。如桌子，由室之東隅，移轉至西隅，以及天體的運轉，寒暑的往來，乃至一切一切，不可勝窮的動的現象，是彰明不可否認的。一切物既都不是不動的東西，那麼，一切物便非纔生即滅。如果凡物生已，不曾暫住，那就根本没有物了。既已無物，憑何來説動呢？據一般人的信念，以爲没有物質的動，是不能想像的。没有動的物質，也是不會有的。所以，有物即已有動可説。因此，便無法否認一切物之存在，也就無法承認一切物是纔生即滅的主張。汝持這種説法，只由不肯深窮真理，故陷於謬誤而不覺。須知，汝所謂動，只是一種移轉的意義。這個移轉，在世俗之見，以爲是有個實物才移轉的，並且有其在空間上和時間上的經過的。又且一經移轉，物的狀態，即有一彼一此之不同的。例如桌子，於某時分，由東移到西。桌子的狀態，就因其移轉，而不必同於原來的樣子了。汝的意思，不過如此。我若隨順世間情見，並不否認汝的說法。但是，汝若把物看做是唯一的實在的，那就大錯而特錯了。前面已經説過，凡有必以無爲本，凡可象必以虛寂爲極。虛寂故無所滯，雖顯現爲萬象，而實泊然不離其本，斯即象而寂。無故未始有礙，雖顯現爲群有，而實蕩然不失其宗，斯即有而無。肇公作《物不遷論》，明示於一切物，不看做是物，不見有物底動的相，可謂證真之談。汝若依據日常生活的經驗，來推測宇宙，以爲只有物質是實在的，遂不能於一切物而悟本無，無者，無形而至神，是乃物之本體。若能於物，不作物想，而澈悟物之本體，即是於物而悟本無。不能於一切物而證虛寂。虛寂與無，非二也，言其無形則曰無，言其冲遠而無擾動相，則曰虛寂。虛寂與無，皆剋指物之本體而言。這樣，便見有物，便見有物底動的相，即已無法見真理了。我們若是超脱世間情見，而唯真理之求，將必悟到一切物都不是實在的東西。世俗所見爲實在的物，只是一種虛假相。一切物在實際上説，都是刹那刹那滅壞，刹那刹那變異，哪有實在的物可得呢？據此説來，一切物既非是實在的，而世俗所見爲物之動，又如何解釋呢？須知，一切物雖不實在，而由刹那刹那，生滅相續，詐現相狀，宛爾推移，便見爲有物是在動着了。其實，物質既非實，動相自是假虛的。我們只承認萬物是依着變化不息的過程，而假爲之名。實際上無所謂物，更無所謂物之動。故汝欲以動來證明一切物非是纔生即滅，這正是世俗迷妄的見解，非我所許。

九、如汝計，一切物若纔生即滅者，即是刹那刹那頓變，不由積漸而至。然世共見，諸法皆由積漸而至盛大。如太空之中，泰初只是元氣布濩，混沌未分。今此太陽系統，亦不知經幾許時劫，分化、凝結，而後呈此粲著之奇。又如生物的官品，也都是由簡單而趨複雜。足見一切物，都是由漸變得來。汝持此論，適以證成我的説法。須知，一切物若初起即住、延持不滅者，便是一受其已成的定形，而無可復變了，更何所謂積漸而至盛大？唯其纔生即滅，無有定形可守。所以説，諸物是刹那刹那頓變的，過去的東西，没有存留到現在。現在的東西，亦決不會存留到未來。每一刹那頃，都是頓變，造化就是這樣的新新不住，可謂奇怪極矣！然而諸物刹那刹那頓變，才得積漸而至盛大，因爲前刹那的物，纔起即滅，後刹那的物，緊接着前滅的物而續起，必較爲增進些。譬如河流，前流方滅，後流續前而起者益見浩大。凡物生滅滅生而不已，所以進進益盛。進進，張横渠語。假若初起便住，即已守其定形，何由漸至盛大？由此應知，所謂一切物的漸變，確是基於刹那刹那的頓變，而後形見出來的。王陽明先生説："天地之化，合是有個漸的意思。"這話是不錯的。但不要忽略，若非刹那刹那頓變，也無漸變可説了。朱子説："天地山川，非積小以高大也。"《中庸章句》這是站在頓變的觀點上説，可謂深於知化。有人言，凡物不必捨故，而可以隨時添上新的東西，如過去的物事點點滴滴集累起來持續到現在，其間自必隨時加上新的分子，并且由現在拓展而立趨未來，也是隨時有新分子增加的。譬如轉雪球，越轉越大，就因依着故有的雪片一轉一轉的，時時加上新的雪片。所以，雪球漸轉漸大。這種説法，總是要堅持故物不滅的主張。殊不知，故物不滅，則其創新的力用，已經停滯了，如何得有新的東西繼續而起？又如故物不滅，即已任持其定形，亦決不容新分子加入。所以，不捨故物的説法，純是一種謬想。

十、如汝計，一切事物是時常轉變的，如由許多事實，甄明事物的數量上的變化，便變更他們事物的質量。例如水，在通常的氣壓之下，在攝氏表零度時，從液體變成固體了。在攝氏表一百度時，從液體變成氣體了。在這兩個轉變點上，單純的氣温的數量上的變更便引起水的質量上的變更。反過來説，質量上的變化也變更他們的數量。但是，事物雖有轉變，而當其轉變的時候，只是物質由一狀態變爲另一狀態，並不是物質的本身可滅。如果物質才生即滅，那便無許多轉變的事物可説了。汝這種見解更是錯誤，須知，汝所謂物質只是一個概念。據實而談，離開一切轉變的事物别無所謂物質，還説甚麽不滅呢？若剋就一切轉變的事物，而説名物質。那么，這些物質正以其是纔生即滅的，是刹那刹那不住的，才會由一狀態轉變爲另一狀態。如果物質初起便住，那便成爲凝固的死物，如何可以轉變？我國古詩有云："維天之命，於穆不已。"這裏所謂天，不是宗教家所謂神或帝的意思，而是用爲最極的真實之代語。命者，流行義。於穆者，深遠義。不已者，生滅滅生，恒相續起，無有斷絶也。此言真實的力用之流行，恒是生滅相續，無有已止，所以嘆其深遠也。一切物生滅相續者，實際上元是真實的力用之流行。這種流行，是莊子所謂"運而無所積"的。運者，猶言流行。無所積者，刹那刹那，都是纔生即滅，没有一絲兒舊的東西滯積着。大化之行，是至剛至健的。所以，刹那刹那，滅故生新。如果有故物停留，便是造化衰歇了，這是不會有的事情。我們應知，所謂物質不滅並不是有個堅凝的常住的物質，但因一切物生滅相續，不可斷絶，及由生滅相續，而得由一狀態轉變爲另一狀態故，如是假説物質不滅，我亦贊成。

十一、汝等於諸物，時或起常見，時或起斷見。如於一木，今昔恒見，則計爲常，是起常見；忽焉睹其燼滅，遂又計爲斷，是起斷見。這樣，都有過失。若執諸物初起便常住者，應無後物復生；若執諸物滅已便斷者，亦無後物復生。應知，一切物纔生即滅。刹那刹那，故故滅盡，説一切物無有常；刹那刹那，新新突生，説一切物無有斷。一刹那頃，大地平沉，即此刹那，山河盡異，這並不是稀奇事。

十二、汝等難云，一切物事，皆得名之爲法。其所以名法者，以具軌持二義故。持謂任持，不捨自體。如頃寫字的筆，此筆能任持他的自體，而不捨失，故説持義。軌謂軌範，可生物解。此中物者，人也。言一切事物具有法則，可令人起解。我國的古詩有云："有物有則。"此言一切物之成，都是具有法則的，不是混亂無條理的。所以，可令人對他一切物起解。如上軌持二義，確是吾人的知識所由成立的基礎，也就是科學所由成立的基礎。如果説一切物是纔生即滅的，是刹那不住的，那麽，一切物根本不曾任持他的自體。易言之，即根本没有物了。既已無物，自無軌範可説。軌範必待物而始見，若無有物，即無軌範可令人生解也。如此説來，吾人的知識決不可能，即科學無安足處了。汝這番問難，是很有意義的。吾將有以釋汝之惑。一者，凡物刹那刹那相續起故，雖無實物可容暫住，而詐現有物的相狀，倏然分殊貌。宛然，有物貌。不是空空無所有也。又復當知，物相紛綸，雖云詐現，而現有其物，即物有其則。一切物相，既不是空空洞洞的全無所有，譬如電光的一閃一閃，詐現延續的光相，雖非實在的東西。卻亦不是全無。所以，也不是混混亂亂的没有天則。可以説，物之現似有形，即是則之秩然不紊。二者，吾人底理智作用，應日常實際生活的需要，常常是向外去找東西。所以，理智作用不能理會造化的藴奥。易言之，即不能明了一切物刹那刹那、生滅相續的活躍躍的内容。他總是把捉那刹那刹那、生滅相續所詐現的相狀，即是將那本來不住的東西，當作存在的東西來看。於是設定有一切物，便許一切物都是能任持他底自體，且自有軌範，可以令人起解的。故所謂軌持，只於不住的變化中，强作存在的物事來圖摹，本不可執爲定實。然由此而知識乃非不可能，即科學也有安足處。這個意思，我本想留待《量論》詳説，此中不及深談。汝欲以一切物具有軌持二義，來難破一切物纔生即滅的説法，這是没有理由的。

如上所説，凡物纔生即滅，都無暫住，此理絶不容疑。有人説，宇宙間本來没有永久的東西，只有暫時的是真實的。羅素來吾國講演。易學家姚配中説，一切事物是刻刻變化，只有暫時的存在。見《姚氏易傳·乾卦篇》。此中引用，但本其意而易其詞。爲便利讀者計，避免爻象等專門名詞故。如此等説，俱未有真見，實則一切事物，根本没有暫住的。孔門傳授的《易傳》有云："不疾而速，不行而至"，可謂深入理奥。因爲一切事物刹那刹那變異，只是法爾如此，法爾猶言自然，曾見前文，然不直用自然一詞者，以其意義更深故。不是别有個大神的力，來使一切事物很猛疾的變異。而所謂變異者，卻是極奇妙的迅速，每一刹那頃都不會停滯的。所以説"不疾而速"。又凡物刹那刹那變異故，前物已滅，本不曾行往於後，然後物續前而起，即其前雖無實物可以往後，而由刹那刹那，有物續生，宛似前物至後。所以説"不行而至"。孔子這種説法，自是精於察變，後來只有莊子，善發揮他的意思。莊子《大宗師》云：有人怕舟失掉了，便把舟潛藏在險固的幽壑裏，怕山失掉了，便把山潛藏在淵深的大澤裏。這樣，可謂藏之甚固，舟和山不會有壞失之虞罷。然而夜半的時候，喻冥冥中也。居然有大力的怪物，喻變化。將那藏在幽壑裏的舟，與藏在深澤裏的山，一齊負着，疾走疾走，杳然無踪。喻變化神速，不可得其端倪。舟和山都不知所在了。凡物皆刹那才生即滅故。這段話極富理趣，後來只有郭子玄解釋得極好。據子玄説，有一種無力的力，才是很大的力。這個就是變化。謂之無力的力者，非可説爲造物主故。變化的力，是能揭天地以捨故趨新。故的東西决不會有暫時停住，忽然已是新起的物事了。天地萬物無時而不遷改，世間瞬息創新，而人或見爲舊。舟和山，瞬息變易，而人或視之若前。我與某甲纔一交臂頃，某甲便已逝去了，即我亦不是故我了。而世人於此，皆莫之覺，謂現前所遇，皆可繫戀，以爲是存在着的，豈非大惑不解耶！由上所述，我國先哲的話，可見關於凡物刹那纔生即滅的見解，是與印度佛家不期而遥契的。有人説，這種理論還不能得到證明。有人説，確已迎着證明時期的曙光了。近代物理學家，豈不承認物質已消滅了嗎？

綜前所説，我們解析變化的内容，於一方面，説翕和闢；又於一方面，説生和滅。因爲闢是流行無礙的一種勢用，所以是刹那纔生即滅，無有暫住的。翕是收攝凝聚的一種勢用，雖許現物相，而實非固定底質礙的東西，所以，亦是刹那纔生即滅，無有暫住的。如此説來，翕和闢，都是倏忽生滅，好像空中華一般。因此，有許多哲學家，對於宇宙的看法，頗不一致了。如印度的佛家，便把生滅的世界，説爲無常，而隱存呵毁，因有厭離或超脱的意思。小乘直是厭離，大乘别是一種超脱的觀念。他們印度佛家以爲生滅的萬法，是依着不生不滅的實體而有的。順流，則惑苦紛紜。順者隨順，流謂生滅。證本，則一極寂静。本和一極並謂實體。所以，有超越生滅，而安住不生滅的實際的蘄向。實際，即實體之别名。我國儒家哲學的思想，則以爲絶待的太易，舉其全體而顯現爲分殊的大用或生滅的萬象，此中太易，即實體之異名。生滅，即謂翕和闢，都是生滅滅生而不已，故言生滅，則翕闢不須另舉。即於生生不息，而見爲至誠，生滅滅生，即是生生不息。至誠，亦實體之別名。此非超越生生不息的萬象而獨在，故於生生不息的萬象，直作至誠觀，便於相對中見絶對。於流行而識得主宰。準上可知。因此，不言超脱，而自無不超脱；不起厭離，則以本無可厭離故。觀法無常，而日新盛德，於是可見。孔子《易傳》説："日新之謂盛德。"大化流行，時時更新，故曰日新。滅故所以生新，大化無有窮盡，森然萬象，皆一真的顯現也。一者，絶待義，不與二對。一真即謂本體。我嘗説，識得孔氏意思，便悟得人生有無上底崇高的價值，無限的豐富意義，尤其是對於世界不會有空幻的感想，而自有改造的勇氣。

有人説我的哲學是援儒入佛的。這話好像説得不錯。其實，個中甘苦，斷不是旁人所可知的。我從前有一個時代，是很傾向於印度佛家思想的。我的研究佛家學問，決不是廣見聞、矜博雅的動機，而確是爲窮究真理，以作安心立命之地的一大願望所驅使。我嘗問無着和世親一派之學於歐陽大師，也曾經服膺勿失的。其後，漸漸離開百家之説，佛家和其他連孔家也在内。一概不管，只一意反己自求。我以爲，真理是不遠於吾人的，決定不是從他人的語言文字下轉來轉去，可以得到真理的。所以，我只信賴我自己的熱誠與虚心，時時提防自己的私意和曲見等等來欺蔽了自己。而只求如陳白沙所謂"措心於無"，即是掃除一切執着與迷謬的知見，令此心廓然，無有些子沾滯。如此，乃可隨處體認真理。久之我所證會者，忽然覺得與孔門傳授之《大易》的意思，若甚相密契。因此，才把舊日所依據無着和世親一派的主張而造作的《唯識學》，全毁其稿，又誓改造《新唯識論》，以救其失。我之有得於孔學，也不是由讀書而得的，卻是自家體認所至，始覺得和他的書上所説，堪爲印證。這個甘苦，也無法向一般人説了。我於佛家，所極注重的經典，莫如《阿含經》、涵養的工夫，有可與孔門相通處。《大般若經》、掃除一切錮於習染的知見，及於一切物，無所取執。《涅槃經》、破一切所執已，始直顯一切法的真常的本體。《華嚴經》。此經於現前所見的一一物事，皆説爲神，就是泛神論的意思。又示人以廣大的行願，可以接近入世的思想。佛家演變殊繁，此經卻別具特色。這幾部經，都與儒家的《大易》，有可以融會貫通的地方。注意有可以三字，非全同。我想將來别爲論述，此中不及詳談。一般人説我是援儒入佛者，這等論調是全不知道學問的意義和甘苦。須知，此理不是可以隨便援這家入那家來説的。我嘗語諸生云：學者自家做窮理工夫，卻要尋着根本問題，次第引生許許多多的枝節問題，相引以至無窮。吾人解決此等問題，常有賴於平日所讀百家之書，藉資引發，久之豁然貫通。自家思想，成了偉大的體系。亦自覺得，對於百家之説，或有所同，或有所異；或於衆異中有一同，或於衆同中有一異；或於小同中有大異，或於小異中有大同。然無論同異如何，而自家思想畢竟不是浮泛或駁雜的見聞所混亂湊合而成的，此處吃緊。畢竟是深造自得的，畢竟是自成偉大的體系的。到此境界的時候，出口説話，自可貫穿百氏，辨異取同，左右逢原，不存彼此的封畛。此方是觀其會通，此方是蹈於大方，此方是契會真理，而無私家門户見，但此等境界又的的確確與俗學爲比附之説者絶不相侔。此意自難爲一般人説得，因論儒佛二家的宇宙觀不必同，而縱言及此，似傷枝蔓了。繙者按：熊先生説及此時，初不主録入本書，繙者以爲録入亦好。

有人問："翕和闢，剎那剎那，生滅滅生，是名大用流行。大用，亦云功用。此功用是渾一的，如何成爲各别的個體？"答曰：恒轉顯現爲功用，本是渾一的全體。但是所謂渾一並不是一合相之謂，一合相，借用《金剛經》語。相者相狀。一合者，謂其混同爲一，密合而無分化。而確是萬殊的，是重重無盡的，但互相涉入，而成爲渾一的全體。以圖式表之如下（圖見下頁）：

圖中每一〇，表示一個功用。此一個功用，即是具有一翕一闢的兩方面，故〇内作～，以表翕闢。㉊和㉊相銜者，顯示互相涉入，不可分隔也。然而如上所言，雖明功用是萬殊的，但若就物言，則每一個體，當具有無量的功用。譬如張人或李人，以及桌子、椅子等等，他們各各是一聚無量的功用。今試問某一聚無量的功用，何以互相攝持，而成爲個體？這個道理，我在此不欲談。容俟後面《成物章》再説。

我從前的筆記中，嘗究明變化的道理，略説以三。其一曰，變者，非動義。變化一詞，亦省云變。動者，移轉義。是先計有空間和時間，並計有個動的物。即由具有質量的東西，依其在空間上有所經之距離，和時間上有所歷之久暫，而由一狀態遷移轉化爲别一狀態。如此，便叫做動。今此所謂變者，係剋就大用流行而言，此是超時空的。易言之，時空的形式，是與物質界俱時顯現的，而在這大用流行的觀點上説，卻是完全没有時空的。大用流行，根本不是具有質量的東西，即不可當做一件物事來猜擬。所以説變非是動，我們若以動的意義來理會這個變，那就要墮入千重迷霧了。孔門傳授的《中庸》一書有曰："不動而變。"這句話的意義，是很深遠的。所謂變，是要向無物之先去理會他。此語吃緊。但所謂無物之先的先字，不是時間義，不是説宇宙有個無物的時候在變化的開端之前，而只是要把世間所計執爲有物移轉的觀念遣除浄盡。所以，義説無物之先。不曾有物移轉，而法爾有這樣奇妙的變。法爾一詞，見前。吾國先哲所謂神化的意義就是如此。神者，理不可窮，妙不可測，故説爲神，非宗教家所云上帝也。大凡唯物論者，聞我所説變不是動的意義，都會驚怪的。他們談變，總是計有物界，而説一切物的質和量的遷移轉化名變。他們有量變質及質變量的説法。殊不知，這樣説法，只是見爲有物移轉，只是俗所謂動，而實不當謂之變。縱許他們的説法，不是全無科學上的根據。但是，科學卻不能直接體認流行無住的變，而只是抓住着那無住的變所詐現之迹象，當作存在的東西來理解他。謹嚴的科學家當然會嚴守科學底範圍，而不至挾一萬能之見，以武斷一切也。須知，有物移轉，還是一個機械觀。如果把物的移轉，看做是活躍躍的變，那就迷謬不堪了。譬如一種機器的動，我們從他底動相上看，他也是活躍躍的，但如看穿了他只是一副機械在那裏轉動，才曉得他是死東西了。一絲兒活氣也没有了。有些唯物論者，自詡深於談變，並反對機械觀。殊不知，汝等既是有物移轉的觀念，又如何不是機械觀呢？又何曾窺到變呢？變，是要向無物之先去理會，所以説變非動義。

二曰，變者，活義。我們如果曉得變，不是俗所謂動的意義，不是有物移轉的意義。那麽，就可知道變只是活的意義了。此所謂活的意義，是極深廣、極幽奥、極難形容的。我們只好略陳下之六義，以見其概。

（一）無作者義，是活義。作者猶云造物主。印度外道，有計大梵天爲作者，有計神我爲作者，佛家皆不許。中國儒道諸家的思想，亦皆遮撥神教，皆不承認有作者。若有作者，當分别他底自性是染污，抑是清浄。作者底自性是清浄的，他决定不會作出染污的物事來；作者底自性是染污的，他决定不會作出清浄的物事來。然而世間現見衆生有染有浄，究是誰之所作呢？又若有作者，當分别他是恒常的法，抑是無常的法？如是無常法，他就不應名爲作者，因爲他同一切所作的物事，同是無常法的緣故。如是恒常法，他便無有作，以其體是恒常，故無造作。若有造作，便非恒常，仍墮前所説無常法不應名作者之過。又若建立作者，以之成就萬有，即此作者亦非不待成就，應更建立一更高的作者。於是輾轉相待，便墮因明所謂無窮過。又若由作者肇造萬物，他應該預定模型，並須用作具。如此，則作者也是很呆笨的守着一定的方式去作了。返復推徵，作者義不得成立。因爲變不是有個作者來造作的，所以説變才是活的，是不受任何的限定的。

（二）幻有義，是活義。爲甚麽説幻有呢？前面已説，變是没有作者來造作的，既無作者，如何起變？他不是從空無而起的，無不能生有故。應知雖無作者，而法爾本有功能，亦名恒轉。由此恒轉，顯現爲大用流行，即説爲變。今剋就變來説，他底動勢，即所謂翕和闢。純是刹那刹那詐現的，决没有暫住的。此變的動勢之本體，即是恒轉。若離開恒轉來説，動勢没有自體的，所以把變或變的動勢，説爲幻有。俗所謂心和物，都依此動勢而立稱，哪有實在的東西。這裏幻有一詞的涵義，本不涵有好和壞的意思。這個詞語是表示事實如此。因爲變只是這樣的幻有，我們就目他以幻有，用不着參加好和壞的意思上去。從前理學家最怕把萬有説爲虛幻。殊不知，所謂幻有確是事實如此，何須怖畏？尤復當知，幻有才是活的。譬如云峰幻似，刹那移形，頓滅頓起。譬如風輪乍轉，排山蕩海，有大威勢。你看幻有的物事是這樣活潑潑的，何等詭怪呢？

（三）真實義，是活義。前面剋就變或變的動勢而言，則説爲幻有。這是一方面的看法。但如深透此變，或變的動勢之源底，他即是絶對的恒轉之顯現。易言之，恒轉即是變底實體。因此，我們便從變的實體上理會，説變是至真至實的。宇宙間，只有真實的物事才是亘古亘今活躍躍地。所以説一華一法界，一葉一如來。這種無窮的靈妙的神趣，非天下之上智，誰能領會及此啊？法界和如來二詞，皆用爲絶對真實之代語。一華一葉，莫非全真，莫非至神。

（四）圓滿義，是活義。萬變不齊，一切都是真實的、全的顯現。所以隨舉一事一物，莫不各各圓滿，都無虧欠。譬如大海水顯現爲衆漚，每一漚都以大海水全量爲體，毫無虧欠。莊子説：“秋毫比較泰山不爲小，泰山比較秋毫也不爲大。”因爲泰山的實體是絶對的、全的。秋毫的實體，也是絶對的、全的。秋毫和泰山，各各圓滿，有甚麽小大可分呢？小大只存乎吾人的情見，非可與真理相應也。王船山先生説：“大化周遍流行，是無往而不圓滿的。譬如藥丸，藥丸，是和合百味的藥而成的。隨拋一粒丸子，總是味味具足的。”此説很有見地。這個道理，隨處可徵，即就文字來説，一字中持一切義，一名中表一切義。如一人字，必含一切人及一切非人，否則此字不立。故言人字時，即已攝持全宇宙而表之，不能析爲斷片，謂此唯是此無有彼也。若真可析，則非圓滿。以不可析故，圓滿義得成。我們嘗説，億萬劫攝在一刹那，無量涵於微點。這話毫不稀奇，隨在無非圓滿，所以説之爲活。

（五）交遍義，是活義。恒轉既已舉其全體，顯現爲萬殊的妙用，喻如帝網重重。帝網一詞，係佛家經書中的典故。據説天帝的冠冕，以珠結網，重復一重，即爲極多重數的網，互相遍佈也。此可以喻無窮的妙用之分殊相。所以，衆生無量，世界無量。據常識的觀點來説，好像宇宙是一切人共同的。其實大謬不然，各人自有各人的宇宙，但互不相礙。如我與某甲、某乙同在這所房子裏，實則我是我的這所房子，某甲是某甲的這所房子，某乙又是某乙的這所房子。我們三人的房子，並不是同一的。如我坐在這所房子的中間，某甲站在西隅，某乙卧在東窗下，三人所見的這所房子，各各不同樣式。即令三人成排的站在中間，各各所見也不能相同的。又如我對於這所房子，很感覺得寂曠虚寥，某甲或與我適得其反，乃至某乙之所覺，又不同於我和某甲。如此，可見這所房子，不是三人共同的。或有難言："你們三人所見的房子雖不一，但是，這所房子的本相，或者是一的，只由你們各自識上，仗此房子所現的相，成爲各别了。這樣説來，這所房子的本相，仍不妨説爲三人共同的。"答曰：這所房子的本相，是一、是多，也很難説。如説是多，若離開三人仗他房子所現的相而外，要更進一層，來證明他的本相是多，卻無從去找證據了。如説是一，而三人仗他所現的相確是不一了。因此，我們如果假定這所房子是有他底本相，那麼他就是亦一亦多的。换句話説，他是多不礙一，一不礙多的。我們不要遍執他的本相是多，也不要遍執他的本相是一。至若剋就我們各自識上仗他所現的相而言，那就顯然各有各的房子，不能説是一了。然各人的房子同在一處，宛然似一，仍是多不礙一。總之，衆生無量，宇宙無量，這是不可測度的道理。很詭怪的，就是這無量的衆生，或無量的宇宙，各各遍滿於一法界，互相不礙。此中借用一法界一詞，猶云大宇宙，乃爲言説方便而假設之詞。譬如張千燈於一室之内，這千燈的光，各各遍滿於此一室，互不相礙，所以説爲交遍。大用流行，至活而難擬議，即此可見。

（六）無盡義，是活義。無窮的妙用，即是絶對的真實的顯現。這個是不憂匱乏的。《易傳》説爲"生生不息"，又説"德盛化神"。後儒説爲"不容已"，"不容已"三字，形容造化最妙。造化一詞，詳前。真實的流行，自然是不容已。他是法爾萬德具足，無有所待的，如何可已？

力用盛大，不容已故，即無竭盡，故説無盡。無盡才是活的。如上，略説活義粗罄。

三曰，變者，不可思議義。此云不可，與言不能者大大的不同，亦與言不必者迥異。若云不能思議，則只是不能而已，非有所不可也；若云不必思議，則有姑置之意，更無所不可也。今云不可思議，此不可兩字，甚爲吃緊，欲明不可之由，必先解説何謂思議。思者，心行之謂。議者，論議之謂。心行者，心之所游履曰行。此心思考一切義理時，多方推度，如游履然，故云心行。論議者，不必出諸口，著諸紙墨，始稱論議。凡在思考中，一切推窮、辨析等等，都應叫做論議。總之，思議是發自量智。量智見《明宗章》。量智是從日常生活的實用中練習出來的。所以，憑量智來思議的時候，他總要作種種構畫。這種種構畫，自然不免有許多臆測和亂猜的地方，即令本實測以遊玄，運思有則，避免了多少臆測和亂猜的思議，而他畢竟不能深入所思議的物事的底蘊，至多只能作一概然之想，以爲他大概是如此如此的罷。我們誠然不可不信賴我們思議的能力，曾經發見許許多多的道理，但亦不可把思議的能力推崇得太過。萬物的本真，造化的秘奥，畢竟不是思議所可相應的。我們以無倒妄的思議，來窮究所謂變，大概可得到兩個原則：一曰，“一，故神”。此所謂一，不是算數的一，卻是絶對的，即以一來表示實體。因爲變，是實體的顯現，由絶對的一，而顯現爲無窮的萬殊的變，所以説爲神。若非是一，即是有待的東西，便不能現爲無窮的勝用。二曰，“兩在，故不測”。此中兩在一詞，即顯變，不是單純的勢用。如翕和闢，及生和滅，都是同時現爲兩方面，而相反相成的。唯其詭異如此，所以説爲不測。我們憑思議來了解所謂變，只能得到上述兩個原則。但是，這裏所説的兩個原則，也只是作一個概然的測度，以爲大概是如此如此的。至於變的實際，并非思議可以與之相應。尤復須知，我們研窮道理，到極至的地方，是絶無道理可説的。可是，我們的量智作用，一向熏習於實用方面而發展出來，恒是持着向外找東西，或種種構畫的態度。他總是不安於無道理可説，卻要從多方面來尋找道理。思議就是如此的詭怪。試就上述第一原則，作如下的思議：實體是絶對的，爲什麽要顯現爲無窮的萬殊的功用或變呢？這正是無道理可説的。越思議，越要糊塗。又試就上述第二原則，作如下的思議：所謂變，必定是有個翕和闢及生和滅兩方面的相反相成。夫變，既不是别有個作者使之然，何故能如此呢？這也是無道理可説的。他法爾如此，我們就説他是如此。若更要層復一層的去找道理，終歸無道理。越思議，越要糊塗。須知，窮理到極至的地方，是要超脱思議，而歸趣證會。

證會一詞，其意義極難説。能證即所證，冥冥契會，而實無有能所可分者，是名證會。這種境界，必須滌除一切情見，凡知見之不能與究極的真理相應者，皆名情見。直任寂寥無匹的性智恒現在前，始可達到。寂寥，無形貌及虚静貌。無匹者，絶待義。性智即是吾心之本體，故云無匹。我們説到變，已經窮至萬物的本源和造化的秘奥，真是窮理到極至的地方。如果向這裏馳逞思議，或尋找道理，不但無法透入實際，還要無端的加增許多不相干的迷惘，所以説變是不可思議的。這裏，只有證會才可相應。從來儒者所謂與天合德的境界，儒者所言天字皆用爲實體之别名，非謂造物主。就是證會的境界。吾人達到與天合一，則造化無窮的藴奥，皆可反躬自喻於寂寞無形、炯然獨明之地，而非以己測彼，妄臆其然也。用思議來測變，便是把他當做外面的道理，來推測他，是謂以己測彼。今此證會的境界，便見得這個道理不在我的外面，當下默然自喻，故與以己測彼者，絶不同途。證會，才是學問的極詣。思議，畢竟是膚泛不實的。或有問言："如公所説，思議遂可廢絶否？"答曰：我並不曾主張廢絶思議。極萬有之散殊，而盡異可以觀同；盡者，窮盡。察衆理之通貫，而執簡可以御繁；研天下之幾微，而測其將巨；窮天下之幽深，而推其將著。思議的能事，是不可勝言的。並且思議之術日益求精，稽證驗以觀設臆之然否，求軌範以定抉擇之順違，其錯誤亦將逐漸減少，我們如何可廢思議？不過思議的效用，不能無限的擴大。如前所説，窮理到極至處，便非思議可用的地方，這是究玄者所不可不知的。或復難言："如公所云，變是不可思議，卻已思議他了，如何復言不可？"答曰：我們憑量智來思議所謂變，縱是無倒妄的思議，也只能作一個概然的測度，以爲他大概是如此如此的，畢竟不能親入他的底藴。易言之，任思議來測變，所得畢竟膚泛。譬如一杯熱水在此，我們也可思議他是熱的，但其熱度淺深的意味，則非親飲者不知。由此譬，可見變的實際是要證會，方才真解。若只任思議，便不濟事。本來，證會是要曾經用過思議的工夫，漸漸引歸此路。證會。唯恐學者滯於思議之域，不復知有向上一機，所以説不可思議。不可者，禁止之詞，戒其止此而不更求進，故言不可，以示甚絶。常途以不可思議一語，爲莫明其妙的神秘話頭，若作此解，便非我立言的意思。總之，我們誠欲於流行而識得寂然之體，及於虚静之中而驗夫翕闢之萌，與無生而生、滅即不滅之幾，倘非反己證會，何由可得實解？我在前面《唯識章》上。已經很詳悉的説明了宇宙萬有，不是離我的心而獨在。易言之，即我人和宇宙，不是各有本原。由此可見，萬物所以生成的道理，只要返在自心體認。體認，猶言證會。《阿含經》所謂身作證，就是在己身上，實證這個道理，不同於思議的膚泛。可是，證會的意義，向人道不得。王陽明先生云："啞子吃苦瓜，有苦不能説。你若要知苦，還須你自吃。"可謂善譬。如何得到證會，《量論》當詳。

本章主要的意思略説如上。現在要將印度佛家唯識大旨，稍加論次。印度佛家的立説，大概以人生論爲骨幹，他們對於人生，偏有一種特殊的感觸。卻把本體論或宇宙論及認識論，都包含在人生論裏面來説。大乘空宗諸師，宗《大般若經》，而造《中觀》等論。他們掃蕩一切迷謬的知見，令人自悟空理。空者，遣除浄盡義。一切迷妄分別都空故，真理方顯，即由此義，名真理爲空理。此即本體之别名。其所持説，大抵遍於本體論及認識論等方面者爲多，也可以説他們只是站在認識論的方面來説話。雖則他們的本意，是在顯示本體。但是，他們不同亂猜的哲學家，妄構本體是如何如何的東西，而只是破除一切迷謬的知見，直使見盡情亡，庶幾自識真理。見盡者，妄見斷盡也。情亡者，虚妄分别俱泯也。真理即謂本體。所以説，他們只是站在認識論的觀點上來説話。外道有許多解釋宇宙的見解，他們一切遮撥。因此，不欲對於宇宙予以解釋，只令人掃除一切知見，即於宇宙萬象，不作宇宙萬象看，而直見爲真如。真如，即謂本體。這就是空宗的大旨。

其後有宗鉅師，如無着、世親，始唱唯識論。無着作《攝大乘論》，以藏識中種子爲一切物的因。藏識，後詳。這裏才有解釋宇宙的説法。無著之弟世親，作《三十唯識頌》等，始有較精密的宇宙論。今叙次其説：一曰現界，二曰種界，三曰真如。

先談現界，略以二義：一、他們所謂現界，是衆生各各别具的，并不是一切人所共同的。二、他們所謂現界，不是一個整體，而是析爲各個獨立的分子，即所云八識是也。八識者，一、眼識，了别色故。二、耳識，了别聲故。三、鼻識，了别香故。四、舌識，了别味故。五、身識，了别觸故。六、意識，了别一切法故。七、末那識，向内計執藏識爲自我故。八、藏識，含藏無量種子故。每一人，皆具有此八識。而每一識，又不是一整體，復析爲心和心所。心上所有的各種作用，名爲心所。心是一，爲多數心所之統攝者。心所乃多，而同依一心，成爲一聚。如眼識，由心與其多數心所合爲一聚，名曰眼識。耳識，乃至第八藏識，均可類推。如上所述，八個識各各析爲心及心所。乃復將每一心析爲二分，曰相分、見分。相分，相當於俗所謂物。見分，相當於俗所謂心。更有内二分之説，但可併入見分，故不别談。並將每一心中之每一心所，亦析爲二分，曰相分、見分。綜前所述，將八個識析而言之，只是一切心及一切心所，又將一切心和心所析而言之，只是無量見分及相分。歸結起來，這無量的見分、相分，通名現界。現前顯現，故云現界，相當於俗云現象界。所以説，他們所謂現界，是析爲各各獨立的分子。

次種界者。前所云現界，或無量的見分、相分，决定不是無因而生的，故應建立種子，爲現界的因。種子名義，參看第三章談因緣處。各人底現界，均不是一整體，如前已説。可知現界的因，根本是差别的。易言之，現界是許多獨立的分子，就由於親生現界的種子，有那麽多。如眼識，是析爲各個相分、見分的，此眼識的每一見分，從他自己的見分種子而生，其每一相分即某種色境，從他自己的相分種子而生。眼識如是，耳識乃至第八藏識均可類推。這樣説來，種子是萬殊的。印度輕意菩薩《意業論》言："無量諸種子，其數如雨滴。"《瑜伽論記》五十一第七頁引。足見他們底種子説，確是多元論。

又次，真如者。佛家無論何派，都説萬法底實體名爲真如。唯識論師不得有異。然唯識家建立種子爲現界之因，其言種子種子，亦省稱種。且立法爾本有種。亦省稱法爾種。此法爾種，既是現界根源，如何又别立真如？又準彼義，亦不可説真如顯現爲法爾種，彼説真如是不生不滅法，是恒常法，無有起作故。參考《大般若》等經。

總之，印度唯識論頗似繁瑣的哲學，他們承認有現界，卻把現界分析爲多數的分子。即八個識聚，或無量見分、相分。因此，更建立衆多的種，説爲現界一一分子的因。又建立藏識來含藏一切種，以完成其唯識的理論。他們這樣的一套宇宙論，純是無謂的穿鑿。尤可異者，他們既立法爾種，説爲現界的根源，卻又承用不生滅或恒常的真如，説爲現界的實體，亦不知何以解於二本之嫌？我以爲空宗不談宇宙論，祇令人剥落一切迷妄的知見，方好冥悟實體。這等意思確甚深微，無着派下諸師的説法便增迷惘。我在本章裏面，一方面，依翕闢和生滅，施設宇宙萬象，迥異空宗不談宇宙論；另一方面，説翕闢和生滅都無實自體，而只是恒轉的顯現。易言之，即於宇宙萬象，不取其相，而皆見爲真實，恒轉和真實二詞，皆實體之别名。仍與空宗密意有相通處。這是我要鄭重申明的。

【校記】

〔1〕"申"，民國叢書本作"易"。

〔2〕"理"，當爲"境"。

〔3〕"原"，當爲"源"。

〔4〕"即"，原無。

卷　　中

第五章　功能上

前章《轉變章》。剋就變言，則説爲一翕一闢之生滅滅生而不息。若乃斥指轉變不息之本體而爲之目，則曰恒轉。恒轉勢用大極，此大，不與小對。無量無邊，雖是實有，而無質礙故，説無量。無封畛故，説無邊。故又名之以功能。此在前章是所未及深詳的，今當廣説。尤其是印度佛家所見差謬處，須予以繩正。

在本章開端，關於體用兩字的意義還須申説一番。此本前章所屢用的名詞，而其間義藴尚有未及委細剖白處，所以補陳於此。用者，作用或功用之謂。這種作用或功用的本身只是一種動勢，亦名勢用。而不是具有實在性或固定性的東西。易言之，用是根本没有自性。如果用有自性，他就是獨立存在的實有的東西，就不可於用之外再找什麽本體。

體者，對用而得名。但體是舉其自身全現爲分殊的大用，所以説他是用的本體，絶不是超脱于用之外而獨存的東西。因爲體就是用底本體，所以不可離用去覓體。

印度佛家，把宇宙萬象即所謂色法和心法通名法相，謂色心法雖無定實，而有相狀詐現，故名法相；把一切法相底實體，名爲法性。性者，體義。他們印度佛家所謂法性，即我所云體，其所謂法相，我則直名爲用，而不欲以法相名之。但依用之迹象而言，有時也不妨説名法相。西洋哲學家分别現象與實體，亦近似佛家法相、法性之分。

我爲甚麽把一切法相説名爲用呢？這個道理，須虚懷體究便自見得。試就法相上説，如心的現象是刹那刹那、别别頓起，我們可以説他是一種作用或功用，新新不住的詐現，絶没有理由可以説他是實在的東西。舊唯識師説心的自體即是了别。詳基師譯《成唯識論》。他們便從對境了别的這一徵象上認取，以爲心就是如此的一個東西了。推迹他們的意思，所謂心者，雖非有質，而不能不承認他是實在的，因爲明明有對境了别的一個東西故。殊不知，了别的這種相狀，絶不可當做是實在的東西。這個只是詐現的一種迹象，我們由此迹象，窮覈其本相，只可説爲一種健行的作用或功用，也可説爲一作用或一功用中之健行的一方面。每一作用或功用，是具有翕闢兩方面的。健行即是闢，此闢可説爲一種作用，乃偏舉之詞，也可説爲一作用中之一方面，乃賅其全而顯此一分之詞。我們若要隨俗施設此心的現象或這種法相，只好依健行的勢用上假立。即依闢上而假立之。實則健行的勢用，原是刹那不住的，根本没有如俗所計爲實在的東西。所以心這種法相，我們不可定執爲實有如此的法相，只説爲稱體顯現的功用而已。體，本寂然無形，而顯現動勢，即名爲用。稱字吃緊。體成爲用，而全不失其體之自性，譬如水成爲冰，而不失水性，故曰稱也。

又如物的現象，佛書中名爲色法。在常識的方面，當然把一切物看做是很實在的，如桌子、椅子，乃至山河大地，及諸天體，何一非實在的物事？然而，哲學家如印度諸師把物質析至極微，科學家把物質析至元子、電子等。這樣一來，所謂桌子、椅子乃至天體諸大物，都不成爲實在的物事了。然則，極微或元子、電子等，由現在説來，卻是物質宇宙的基本。我們就認定這些細分，是實在的東西，其果然否？印度勝論師名極微爲細分。今所謂元子、電子等，亦得名細分也。這種疑問也不難解釋。我們不妨直下斷案曰：電子等等細分，都不是實在的。設將來發見有物比電子等等更爲基本的細分者，我亦敢斷言不是實在的。試旁徵科學家的説法，則或以爲我們對於電子等等，與其形容爲一種微粒，不如形容爲一種波動，比較妥當。實則，微粒説者把電子等等當做有質的小顆粒，如槍彈然。這個解釋固然不對，而純持波動説者，亦不必符合於實際。即復説爲亦波亦粒，不過兼取兩義，别無所進。總之，微粒説與波動説，只是吾人主觀方面對於所謂電子等的本相所圖摹之一種情形，謂有得於其本相，是乃大誤。我們應知，電子等物事，但隨俗施設耳，並非實有如是物事。以理推徵，電子等等亦如前所説心法，只是詐現的一種迹象。我們由此迹象而推求其本相，只可説爲一種凝攝的作用或功用，也可説爲一作用或一功用中之凝攝的一方面。凝攝即是翕，蓋與闢相反相成者。義詳上卷《轉變章》。凝攝之勢，轉益增盛，宛爾幻似吾人所測爲微細波浪，而多數波群或有時幻似吾人所測爲微粒，以故被吾人叫做電子等等。其實，此類微細物事，只是依凝攝作用而有之一種迹象而已。我們如果把物的現象執爲定實，以謂誠有如是法相，便大錯特錯。總之，我們在這裏，把物的現象亦云法相。和心的現象亦云法相。看做是稱體顯現的大用之兩方面。所以，心和物根本没有差别，也都不是實在東西。

用之一詞，其意義似不待訓釋，説來便很明白的。但如欲加以訓釋，反覺甚晦而難明。用，亦曰作用，作者動發義。亦曰功用，功者能義。不過這裏所謂動發和能，其意義又是極難宣説的。動發者，謂其變動而無所留滯，無留滯，即没有東西存在。發生而不可窮竭也。纔生即滅，纔滅即生，故無窮竭。動發的本身，只是勝能。勝者殊勝，贊辭也。這種勝能的意義，是極其微妙而難以言語形容的。常途如物理學家。所謂能力，是可施以實測的，今此所謂勝能，便不是實測的方法所可及的。這個勝能，只好説爲無力之力，無能而無不能。我們説他是刹那刹那變動，而不曾有一毫留滯，刹那刹那發生，而没有窮竭和斷絶。這種動發的勝能，實際上竟是確爾没有東西存在，而又熾然起動，熾然發生，不是空無。既熾然起動，熾然發生，不是空無，而又確爾没有東西存在，如此詭怪至極，所以説爲無力之力，無能而無不能。這種無力之力，無能而無不能，才是至大至健而不可稱量的。至神至妙，含藏萬德，具備衆理，而不可思議的。這種勝能，是無有所謂空間時間性的，是圓滿周遍一切處，而無有一毫虧欠的，此中一切處言，只是爲言語方便而施設之詞，理實無有處義。是顯現千差萬别，而復無固定形相可求的。這種勝能，我們若要説他是有，他又確是没有實質、没有色相，如何可説爲有？若要説他是無，他又確是衆妙之門，萬善之長，是無所住而恒新新創生的，如何可説爲無？所以，這種勝能是俱離有無相的。物理學上所謂能力，卻與此中所謂勝能，全不相應。因爲他們物理學家。所謂能力，可以説爲實有的事情之一種迹象，而畢竟不即是實有的事情。此中實有的事情，即斥指所謂功用之翕的方面之動勢而目之，只對迹象而説爲實有耳，非如俗所計有實物也。他處凡言實有的事情者皆倣此。又此實有的事情，不妨假名爲宇宙。捨此，亦非别有物界可名爲宇宙故。因爲實有的事情，雖復熾然起動，而實寂然無物曾至，曾謂過去。凡物刹那滅故，無有由過去至現在者，是但有刹那刹那詐現之動，而實没有動的物，即動而無動。雖復熾然發生，而實湛然無物現住。凡物刹那滅故，無有現在得住者。其没有動的物，與動而無動諸義，準上可知。故知繁然妙有，畢竟泊爾虚無。我們體會到這裏所謂勝能的意義，則通常所有運動速度，和放射種種粗笨的概念都要掃除净盡了。所以，物理學上所謂能力，只是圖模宇宙的迹象，宇宙見前注。並非宇宙真個如此。譬如伸一指端，若以非常猛疾的速度令其不住而周轉，則恍若見有動輪，實則這種動輪，並非實有，只是虚假的迹象。物理學家所謂能力，是實測所可及的東西，這個也和上述的動輪一樣虚假。我們在玄學上把宇宙萬象還原到一大勝能。這種能的意義本極微妙難言，我們斷不可以物理學上能力的意義，來了解此中所説的能。這是千萬須得嚴辨，而不可起一毫誤會的。有人説，照這樣來講勝能，未免把一切法相或宇宙萬象看作空洞無物了。其實，這並不須驚怖，原來只是大用流行，哪有固定的法相？

本論雖不妨假説法相，而實不立法相，卻只談用，這是與印度大乘根本不同的地方。須知，大乘空有二宗，關於所謂法相的説法，亦復爲二。空宗是要空法相，此云空者，即是遮撥的意思。他們空宗欲人自悟空理，空理，即謂一切法的本體，亦名真如，即是空諸妄想執着之相所顯底真理，故名空理，非謂理體空無，切須善會。因此，不得不遮撥一切法相。如第三章中所舉喻，若於繩相執着爲實有者，即於繩而但起繩相想，不復能於繩而直見其本唯是麻。今於一切法相執着爲實有，則亦於法相而但作法相想，不復能於法相，而直見其本唯是如。如者，具云真如。易言之，即不能空法相，而直透澈其本體。透澈，即證會的意思，非同浮泛的了解。所以，空宗要遮撥法相，以便悟入實際。實際，亦真如或本體之别名。這種意趣，甚深微妙，從來幾人會得？

《般若心經》者，從《大般若經》中甄綜精微，纂提綱要，而别出之小册也。《大般若經》是空宗所宗主的根本大典，所謂群經之母也，而《心經》採撮《般若》旨要，足見其爲法門的總持。《心經》開宗明義，開宗者，開示宗要。就説照見五蘊皆空。這句話的意義，廣大無邊，《大般若》全部，無非發揮此意。五蘊者，法相之别稱。綜一切法相而計之以數，則説有五；析一切法相而各别以聚，則説爲蘊。蘊者，積聚義。五蘊者：一色蘊，即通攝一切物的現象。如俗所計，内而根身，外而物質宇宙，總攝色蘊。色蘊，本無内外封界可分，但世俗計有内外耳。受、想、行、識四蘊，則舉一切心的現象而析别之，假説此四蘊。大乘空宗説到心的名數，原是根據小乘。小乘初説六識，謂眼識、耳識、鼻識、舌識、身識、意識。識者，心之别名，他處準知。至於第七識及第八識，小乘當初雖無其名，而已有其義。詳《成唯識論》。大乘自無著唱有教，始分明説出八識的名目。但是，既説有六識或八識，還是各各獨立的六個或八個呢，抑是僅作爲六方面或八方面的説法呢？小乘於此問題，大概是無甚明確的表示，不同大乘無着一派直析八識爲各各獨立。然大乘空宗在其隨順世俗而説到心識的時候，卻是假析爲諸聚來説。如眼識爲一聚，耳識爲一聚，乃至第六意識爲一聚，並且於每一識聚中，又各各析之爲心、心所。這也是小乘以來相沿的説法。試就眼識舉例，眼識這一聚中，應分别説爲心，及心上所有的心所法。心是主，心所則是依托於心，而與心相應合以取境的各别作用。這些作用，不即是心，而只是依屬於心。因此，説爲心上所有之法，而省稱心所。心是一，以是諸心所法之主故，不容有多。心所則有多，受、想等等作用法爾差别故。法爾猶言自然。眼識一聚之中，析爲心、及心所。耳識乃至第六識均可以此例知。既略釋心、心所名義，再説受等四蘊。受是心所之一，而名爲受者，謂於境而有苦樂等的領納故，故説名受。受者，領納義。此即以情的作用，假立受蘊。想亦是心所之一，而名爲想者，謂於境取像故。如緣青時，計此是青，非非青等，於境取像，即成辨物析理的知識，此即以知的作用，假立想蘊。行亦是心所法之一，而名爲行者，謂於境起造作故，故説名行。行者，造作義。此即以意的作用，假立行蘊，但行蘊中不單是行之一心所，尚有很多的心所法，都包含於行蘊，此不及詳。參看吾著《佛家名相通釋》部甲。前受、想、行三蘊，只是一切心所。最後識蘊，則非心所法，而只是心法，即通眼等六識聚中，各各心法，總立識蘊。如上五蘊，總結説來，不外心物二種現象，受等四蘊皆屬心的現象，色蘊即是物的現象。故總五蘊言之，不外心物兩方面。

上來已説五蘊名義，今釋經旨。經言五蘊皆空者，謂一切法相都無實自性故，即皆是空。如以色蘊言，此色法無有獨立的實在的自體故，即色法本來是空，竟無所有。如以受蘊言，此受心所法，無有獨立的實在的自體故，即受心所法，本來是空，竟無所有。乃至以識蘊言，此諸心法，無有獨立的實在的自體故，即諸心法，本來是空，竟無所有。文中言乃至者，中間略而不舉故。《大般若經》卷五百五十六有云："如説我等，畢竟不生，但有假名，都無自性。凡人皆自執有我相，不悟我者只是依五蘊而起之妄執耳。若離五蘊，則我果何在耶？故云我者，只是假名，求其自性便不可得。諸法亦爾，但有假名，都無自性。何等是色，既不可取，色本空無，有何可取。亦不可生。"色本空無，如何有生？何等是受、想、行、識，既不可取，亦不可生云云，《大般若》全部，此類語句，不可勝引，與上述《心經》的意思，都是互相發揮的。我們要知道，空宗唯其能空法相或五蘊相，所以於法相或五蘊相，而皆證空理。空理，詳前注。亦可省云空。易言之，即於一一法相或一一蘊相，無所取著，而直透澈其本體。本體即空理。《心經》説五蘊皆空，這裏空字，實含有兩種意義：一是説，五蘊法都無自性故，名之以空。此云空者，即是空無義。一是説，既知五蘊法都無自性，便於一一蘊相，遣除情見執着，而直證入其離諸戲論之清浄本然，亦説爲空。此云空者，即謂空理，非空無義。清浄本然，亦空理之代語。此中二義，本是相關聯的。若諸法有實自性而不空，即無由於法相而見空理故。《心經》，基師有幽讚，而依護法之見地作解，不盡可據。

《心經》復云：“色不異空，空不異色。色即是空，空即是色。受、想、行、識，亦復如是。”此中空言並含二義，復同前釋。一者，如俗所計，空謂虚通無物之境，本謂空無，故舉空言，便與色異。世間情見，執色爲有故，今依真諦道理，解析此色，析至極微，更析至鄰虚，極微，更析之便無有物，名曰鄰虚。鄰虚者，近於虚而無所有也。故知色法，本自空無，何曾實有？《經》故説言：“色不異空，空不異色。”若色與空互異者，即色法應有實自性。今既不爾，故知色與空，互不相異。既色與空互不異，所以又申之曰：“色即是空，空即是色。”此中即言，明示色和空是一非二，因爲色法無實自性的緣故。色和空，稱名雖復不一，而覈實竟無差别。色本空無，是義决定。受、想、行、識，將復云何？須知，小乘以來所謂受、想、行、識四蘊法，只是依衆生妄虚分别的方面而言。此中分别一詞，係作名詞用，即心或識之别名。此虚妄的心，是與其本來底真實的心，不可混雜而談，要當提出來别説。我們應知，虚妄的心是待因緣、次第緣、所緣緣及增上緣，纔幻現心相。如前第三章談緣生處，可以覆按。這種心既析爲衆緣，則此心法便無有自性。既無自性，即是畢竟空，無所有，所以《經》中纔説至色與空互不異，及互相即的四句，接着就説：“受、想、行、識，亦復如是。”此明心法，亦同於色法，本是空無。如上所説，都是遮撥法相。

二者，空謂空理，由法相空故，即於法相而識空理。如色法，非異彼空理别有自性故，故説色不異空。此空理非離異色法而獨在故，故云空不異色。由色與空理互不異故，遂申之曰色即是空，謂此色法即是離相寂然之真理故。真理，即空理之異名。離相者，即謂真理自身是遠離吾人一切虚妄計度所執相故。又曰空即是色，謂離相寂然真理，即是色法之實相故。此云實相，即本體之代語。下倣此。如上所説，色與空理，有互不異，及相即四句，受、想、行、識，例色同然。故云亦復如是。綜前所説，由於色心諸法相都空故，此云空者，空無義。謂不計執有是色心等相故。因即於一一法相，而皆見爲空理。

既於諸法相，而直透悟其寂然無相的本體，所以，《經》復説言：

“是諸法空相，不生不滅，不垢不淨，不增不減，是故空中無色，無受、想、行、識。”此承上文而申之也。諸法空相者：通色法及心法而言之，故云諸法。空相者，相謂實相，詳前注。即諸法的本體，是空諸妄執所顯得故，故云空相。如於色法，不妄執爲實有如是色相，而直透悟其寂然無相的本體，即此本體，是空諸妄執所顯得之實相也。以由空諸妄執所顯故，亦云空相。凡法本無今有，名生。生已壞盡，名滅。空相者，是離言絶待，言説是表示物事或某種東西的。而所謂空相，决不可當做外在的物事或東西來想。言説不能和他相應，所以説爲離言。他不是有物可與之爲匹的，故云無待。法爾本有，法爾，猶言自然。自然者，無所待而然之謂。本有者，本來有故，非昔無今有故。既非一向無而今始生，故云不生。凡法有生，則有滅，既無有生，即亦無滅，故云不滅。障染名垢，翻此名淨。所謂空相，恒如其性，不受染污，譬如太虚，雖雲霧四塞，而虚性恒時自爾，不受雲霧阻礙，故云不垢。然又言不淨者，以淨必待垢得名，既本清淨，恒無有垢，即淨之名，亦無所待以立，故云不淨。體相益廣名增，翻此名減。空相，至大無外，不待增益始廣，故云不增。凡法可增則可減，此既無增，即亦無有減損，故復言不減。如上略明諸法空相遠離生滅、垢淨、增減等相，即是泯除有對的差别的法相，而直證入絶對的無差别的實相。所以，《經》復説言：“是故空中無色，無受、想、行、識。”空中者，謂於空相或實相中，唯是一真絶待，一真之一是無對義，非算數之一也。離相寂然。所謂實相者，雖本實有，而非如俗所計外界的物，即非有形體與方所等，故云離相。寂然者，唯是冲虚寂默，無可形容。吾人一切虚妄計度與戲論，祇是作霧自迷，都與他不相涉。故約實相言，即無有色法可得，亦無有受、想、行、識等法可得。此《心經》綜括《大般若》全部深密的理趣，而以極簡約的文字表達之者也。

我在這裏引用《心經》一段文字，加以解釋，欲令讀者瞭然於空宗的根本意思。所謂嘗一臠肉而知一鼎之味，睹梧桐一葉落而知天下之秋。讀者由《心經》這段話，確是可以明白空宗的旨要了。我嘗説，空宗的認識論，是對於吾人的知識或情見等，極力大掃蕩一番。易言之，即是要將無始時來，在實用方面，慣習於向外找東西的量智作用，排斥令盡，令盡者，令其無復存留也。量智，見上卷《明宗章》。而返諸固有本來離染的性智。空宗所謂般若者，即智義。而不徑譯爲智者，其義深微，恐濫常途所謂智故也。今本論所謂性智，即相當於空宗所謂般若或智義。唯其如此，空宗所以要把那量智所行底境界，即情見所執爲實有的法相，一切剥奪凈盡，使外無可逐之境，即内而狂馳之情見，亦與之俱熄。我們要知道，情見本無根的，若把情見所攀援或構畫的東西，一一遮撥盡，情見也無可孤存了。唯情見消亡，即於法相不起執，而得透入諸法實相。空宗在認識論方面的主張，是我在玄學上所極端贊同的。不過，我們還可以假施設一外在世界或經驗界，不屬玄學領域，本無外界，只是假設。在這裏對於情見或知識，不妨承認其有相當的價值。只是這種情見與知識，要加以鍛鍊和改進，毋令陷於迷謬。迷者，於物無知。謬者，知見錯誤。尤要者，在使情見轉爲正見，此中正見一詞，意義甚深。常途所謂毋迷謬者，非此境界。易言之，即使情見轉爲性智的發用。説到這裏，我有無限的幽奥的意思，很難説出，且待寫《量論》時再談。

空宗的全部意思，我們可蔽以一言曰：破相顯性。此云相者，謂法相。性者，實性，即本體之異名。後倣此。空宗極力破除法相，正所以顯性。因爲他的認識論，是注重在對治一切人底知識和情見。以下，省稱知見。所以破相，即是斥駁知見，纔好豁然悟入實性。知見是從日常現實生活中熏習出來的，是向外馳求物理的，决不能返窺内在的與天地萬物同體的實性。此中内在的一詞，决不含有外界與之爲對的意義。須善會。所以，非斥駁知見不可。這個道理，我將來作《量論》時，便要詳説。我和空宗特別契合的地方也就在此。古今許多哲學家，各自逞其思考，來組成具有體系的説法，以鳴一家之學，皆自謂有當於真理。不悟他的思考，正是一種情計。妄情計度，曰情計。但凡言情見或情計者，此情字之意義，甚淵廣難言。大概理智作用是由向外逐物而發展來的。所以，總是有取或有得。有取者，謂有所追求與執著。有得者，謂有所獲得，好像有個東西爲其所得者然。如此，即不能蕩然亡相而冥冥内證也。此義深隱難言。凡有取或有得，即名情見或情計。他處凡用此詞者，皆倣此。絶不是如理思維的一種冥思，或思現觀。如理思維一詞，見《深密》等經。如，謂相應。其思維恰恰與真理相應，而無顛倒推度者，名爲如理。儒家《大學》，所謂“知止而後有定，定而後能静，静而後能安，安而後能慮，慮而後能得。”此等思慮，由定静中發，即無倒妄，故云得。得亦如理之謂。冥思者，以離虚妄分别故，説之爲冥。思現觀一詞，見《大論》等。現，謂現前明證，非意想猜度故。觀者，分明照察，無有迷謬故。如理之思，方名現觀。此思現觀之名所由立也。非克治惑染盡净，神智超脱，無由得思現觀。哲學家難達此境，很多學者所成立的具有體系的説法，簡直如蠶作繭自縛，無緣窺見真理。從來哲學家各用其知見以解釋宇宙，卒至知見愈出，即解釋愈多，而吾人與萬物渾然同體的不屬形限的本原，乃益被障礙，而無可參透。此中本原，即本體之形容詞。自本體言之，無物我可分，故云同體。凡有形者，即有分限。本體雖顯現爲一切形物，而其自身是無形限的，故云不屬形限。我嘗説，哲學或玄學，如果不是以馳逞戲論爲務，而是在發現真理。那麽，我們於此便不可信任自家的知見用事，直須在這裏謂玄學。關閉此一道門。謂知見。才有玄覽之路。玄覽一詞，借用《老子》，此中用爲窮究真理之意。覽者，窮究義。玄，謂真理。與《老子》本義不必符。尤其是對於哲學界，或古今哲學家，許多紛紜複雜的知見和説法，就得用空宗大掃蕩的手段，務期斬盡葛籐，方得迴機向上。向上，猶云直透本原，見前注。如果一任駁雜的知見，先入爲主，那就無入真理分。分讀份。總之，我們在本體論方面，對於空宗滌除知見的意思，是極端印可，而且同一主張的。不過，我要附加一句話，我所謂滌除知見，並不是説要對於世間一切知識全不理會，只是不隨他轉去。此中理會一詞，只是求知道的意思，但時或用之以代體認一詞，則其含義甚深。

空宗認識論的主張，是要滌除知見，所以於法相或宇宙萬象都説爲空。他的意思，是空了法相，才好於法相而深澈其實性，否則拘執虚假的迹象，而不究其真。虚假的迹象，謂一切法相。真，謂實性。這些話在前面屢經説過。我們要知道，依據空宗的説法，是無有所謂宇宙論的。他雖有無量無邊的言説，但是善學者如究其旨，則不外如前所説破相顯性四字。他只站在認識論的觀點來破除法相，便於法相所由形見，絕不究問。此中見字讀現。形見者顯現義。易言之，即不肯説真如實性顯現爲一切法相。此中真如，即是實性，特累而爲複詞耳。我們玩味空宗的語勢，在空宗可以説真如即是諸法實性，而決不肯説真如顯現爲一切法。現在把這兩種語句，並列如左：

〔甲〕　真如即是諸法實性

〔乙〕　真如顯現爲一切法

甲乙二語，所表示的意義，一經對比，顯然不同。由甲語玩之，便見諸法都無自性，應説爲空。因爲諸法的實性，即是真如，非離異真如別有諸法之自性可得。非字，一氣貫至此。故知諸法但有假名，而實空無。

由乙語玩之，諸法雖無自性，而非無法相可説，由法相即是真如的顯現故，故於一方面應以一切法會入真如實性，此即攝相歸性。如於繩而直見爲麻，即是以繩相會入麻。《大般若》卷五百六十二説，“一切法，皆會入法性。不見一事出法性外”云云。法性，亦真如之別名。這方面的説法，畢竟與甲語的意義，即空宗的意義。是恰恰相符應的。另一方面，由法相即是真如的顯現故，喻如繩相即是麻的顯現。雖剋就法相言都無自性，喻如繩相，本非離麻而別有繩的自性。而有功用詐現，迹象宛然。真如顯現爲功用。此功用，非離真如別有自性，原是刹那不住，故云詐現。固不妨施設一切法相，法相者，即依功用詐現的迹象而得名。由此假立現界，現者，顯著義，略當俗云現象界。亦不妨假立物界，或外在世界。這方面的説法，與前面所説攝相歸性的意思，在表面上看來好像極端違反，其實是可以融通的。因爲後一方面的説法，雖是隨順世間，而要其歸，仍在不壞法相而談實性。壞者毁壞。甲語便完全毁壞法相，乙語則不然，法相仍可施設，但明其無自性，只是真如的顯現，則即法相而見爲真如。宗門古德云：“信手所捫，皆是真如。”儒家孟子所謂“形色即是天性”，亦同此意。故云不壞法相而談實性，此與攝相歸性的密意，終無背反。

如上所説，甲乙二種語勢，甲是説明空宗的意思，而乙則隱示本論有與空宗不同處。此中隱示二字，因爲乙語實係本論的意思，而文中不曾直標本論，故置隱示二字。空宗的根本大典，經則《大般若》等，論則《大智度》《中》《百》《十二門》四論。我們綜會這些經論的全盤意義，要不外如上述甲語之所説明者。凡屬具眼的人，自當承認我這種看法是没有錯誤。因爲空宗的密意，本在破相顯性，已如前説。在空宗只破毁法相，便不肯施設法相。所以，依他的説法，是絶不談及宇宙論的。古代印度外道，大概各有他一套的宇宙論。如梵天及大自在天等計，以爲宇宙萬有是由作者爲因而得起的。作者一詞，見上卷。數論，則以心物諸現象，是由自性及神我并三德等爲因，而得起的。參考吾著《佛家名相通釋》部甲。順世外道則以極微爲一切物的本原。此云一切物，亦賅心的現象而言。勝論説明宇宙則以實德業等互相依而有，不同一元、二元諸論。勝論解析一切物，説有九實，所言實者，其意義即謂是實有的東西，而析爲九種，故云九實。如堅勁及流液等等物質現象，固皆名實，即所謂我和心意，亦皆名實。德者，一一實上所具有之德。業者，作用義，謂有取、捨、屈、伸等法，是屬於實德上之業用故。實德業等，不相離而相屬。其立論大概如此，其方法頗尚解析。自餘各派的説法，兹不及詳。總之，外道都承認有離我人的心而獨立存在的宇宙。其解釋雖復各有異點，而其計執實有外境，即所謂獨立存在的宇宙。則是彼此所共同的。他們外道這種迷妄的執着，其過患遂不可勝窮。由僻執實有外在的宇宙故，即無法返證絶對的無外的空寂本性。本性，即謂本體。但剋就吾人而言，則爲吾人所以生之理，故名爲性。此乃本有，不由後起，故云本性。空寂者，離諸染着曰空，真淨曰寂。無外者，此乃遍爲萬物實體，更無有外。絶對，可知。返證者，内觀名返，默然自識名證。由不見自本性故，即於真理無知故，真理與本性，非二也。就其在人言之，曰本性。就其爲萬有之原言之，曰真理。迷惑熾然。譬如霾霧，蔽塞太空，迷惑勢力盛大，亦復如是。其心恒是紛擾狂馳，此言心者，即依迷惑的習氣，説名爲心。向外追求種種可欲樂境。如目之於色，口之於味，四肢之於安逸，乃至意念之於名利權勢等等，皆自以爲是可欲樂之境也。追求不已，長無饜足。人生純爲一大苦聚，衆苦之會曰苦聚。因爲人生迷失其與萬物同體的空寂本性，所以至此。

空宗爲對治外道惡見故，見不正故，名惡。衆生由不正見，淪陷無已，故呵以惡見。根本不談宇宙論。因爲空宗把心物諸現象都説爲空，即已無有所謂宇宙故。如《大般若》經第一會中，説二十空，謂内空、外空等等。内空者，如心法。念念起滅不實故，是内空。根身，如浮漚不實故，亦是内空。外空者，如世所執外在物質世界，元非實有故。此二十空，名義殊繁，總略言之，只是於一切物行，行字，見前《轉變章》，下準知。及一切心行，一一諦觀下去，諦者實義，遠離虚妄計度，如理觀照，是名諦觀。但覺都是空無，都無所有。乃至最後，反觀意念，猶取空相，如意識中，猶作一切都空之想，即是有空相存，故云取空相。取者，執着義。即此空相，復應遣除，是名空空。夫空相亦空，更何所有？雖復涅槃、法性、至真至實，涅槃一詞，具有真常寂滅等義，乃法性之别名，今與法性一詞合用，爲複詞。然恐人於涅槃起執故，則説無爲空。無爲，亦法性之别名。

《大般若》五百五十六云："時諸天子，問善現言：'豈可涅槃亦復如幻？'善現答言：'設更有法勝涅槃者，亦復如幻，何况涅槃？'"是則法相，固不可執，若復於法性起執者，雖性亦相，故應俱遣，一切皆空。遍大地上，古今談玄之家，空脱至極，誠莫有如空宗者。淵乎微哉，嘆觀止矣。會得二十空義，《般若》全部在是，然不讀《般若》全部，則於二十空，只從名詞上粗略玩過去，畢竟無所了解。由空宗的見地看來，印度外道，乃至其他哲學家，各持一套宇宙論，只是憑他的臆想或情見來妄構，實際上决没有那一回事。空宗的説法，自世諦觀之，世者世俗。諦者實義。世俗共許爲實有的，曰世諦，亦云俗諦。好似奇怪，其實並不稀奇，據現代物理學的説法，我們可以把物質還原爲電氣，也不能承認物質宇宙爲實在的了。雖則電氣還是有物，覈以空宗的理趣，還是隔得無窮的遠。然而只把粗笨的實質的觀念，和外在的物理世界即物質宇宙的觀念，概行打消，則可以隨順深入空宗的理趣，這是無疑義的。可是一層，我們要知道，空宗的談空，畢竟不是空見。空見者，謂只計一切都空，是其見解一味偏滯於空故，故云空見。在空宗的密意，只是要空一切法相。易言之，只欲人於一切法相之上，而能遠離一切法相，以深澈其真實本性。此中遠離云云，即於法相而不起執之謂。法相是千差萬别的，若於法相而不執爲法相，得悟入其真實本性，便離差别相。法相是生滅無常的，若於法相而不執爲法相，得悟入其真實本性，便離生滅相。法相是變動不居的，若於法相而不執爲法相，得悟入其真實本性，便離變動相。廣説乃至無量義，恐繁且止。總之，空宗密意唯在顯示一切法的本性。此中一切法，猶云一切物。他處用法字者皆準知。所以，空宗要遮撥一切法相，或宇宙萬象，方乃豁然澈悟，即於一一法相，而見其莫非真如。空宗這種破相顯性的説法，我是甚爲贊同的。古今談本體者，只有空宗能極力遠離戲論。空宗把外道，乃至一切哲學家，各各憑臆想或情見所組成的宇宙論，直用快刀斬亂絲的手段，斷盡糾紛，而令人當下悟入一真法界。一切法的本體，曰法界。真者不虚妄義。一者絶對義。這是何等神睿、何等稀奇的大業！

我和空宗神契的地方，前面大概説過了。但是，我於空宗還有不能贊同的地方。這種地方確甚重要，今當略説。

空宗的密意，本在顯性。其所以破相，正爲顯性。在空宗所宗本的經論中，反反覆覆，宣説不已，無非此個意思。然而，我對空宗，頗有一個極大的疑問，則以爲，空宗是否領會性德之全，尚難判定。此中領會一詞，即自知之謂。但此種知的意義極深，是無有能知和所知的相狀可得的。性德者，性之德故，名爲性德。或性即德故，名爲性德。夫性，無形相、無方所，本無從顯示，而心之所可自喻，言之所可形容者，唯其德耳。德者，得也，謂性之所以得成其爲是性也。除卻德，便無所謂性了。全字甚吃緊。性本萬德具足，毫無虧欠，但人不能不囿於其所習，而難自喻其性德之全。空宗詮説性體，性體者，性雖無形，而非空無。以非空無故，説有自體。方言性時，即是剋指性之自體而目之也，故以性體二字合而成詞，即性即體故。大概以真實、不可變易及清凈諸德而顯示之。極真極實，無虚妄故，説之爲真。恒如其性，毋變易故，説之爲如。一極湛然，寂靜圓明，説爲清凈。一極者，絶對義。湛然者，深冲義、微妙義。寂靜者，無擾亂故，無作意故。圓明者，無迷闇故。如上諸德，尤以寂靜提揭獨重。如在凡位，不由靜慮工夫，即無緣達到寂靜境地，便長淪虚妄，而障其真、障其如、障其圓明。故自小宗，迄於大乘，有三法印。印可決定是佛所説法，非非佛法。此中法字，姑從寬泛解釋，謂佛氏所説一切義理。其第三法印，曰涅槃寂静。涅槃，注見前。可見印度佛家各宗派，都是以寂静言性體。换句話説，性體就是寂静的了。

本來，性體不能不説是寂静的。然至寂即是神化，化而不造，故説爲寂，凡有造作，則不寂。因爲化之本體，是虚寂而不起意的，故無造作，而萬化皆寂也。豈捨神化而别有寂耶？至静即是譎變，譎者，奇詭不測。變而非動，故説爲静，因爲變之本體，是虚静無形的，故不可以物之動轉而測變。世俗見物動則不静，此變不爾，實萬變而皆静也。豈離譎變而别有静耶？夫至静而變，至寂而化者，唯其寂非枯寂而健德與之俱也，静非枯静而仁德與之俱也。健，生德也。仁，亦生德也。即生即德，曰生德，曰健曰仁，異名同實。生生之盛大而不容已，曰健。盛大，猶云至大至剛。盛者，剛强義。生生之和暢而無所間，曰仁。和者，生意融融貌。暢者，生機條達貌。間者，阻隔義。《大易》之書，其言天德曰健，此云天者，乃性或本體之别名。天德，猶上文所云性德。亦名爲元。《易》之《乾卦篇》，乾即健義，即以健德，顯示性體。乾亦名元，非於健德之外别有元德可説也。此釋與舊來易家多異，當别爲論。元者，仁也，爲萬德之首，《易》云衆善之長。萬德皆不離乎仁也。性地肇始萬化，地者依持義，假説性體爲萬化所依持，故云性地。暢達無虧，是名亨德，仁之通也。性地肇始萬化，含藏衆宜，衆宜者，不拘一端，不守一定之宜故。是名利德，仁之制也。制者，裁制得宜。性地肇始萬化，永正而固，正者，離迷闇故，不顛倒故。固者，離動摇故，毋改移故。是名貞德，仁之恒也。恒無惑障故。《易》之言天或性，則以元、亨、利、貞四德顯示之。四德，唯元居首。亨、利、貞乃至衆德，皆依元德發現，成差别故。老子云："元德，深矣、遠矣。"王輔嗣以元訓玄，實誤。又曰："生而不有，元德，生德也。其生也，本真實不容已，而非有心故生也。非有心故生，即生而無生者可得。生者，猶言生起的物事，根本没有生起的物事，則生即無生，故曰生而不有。爲而不恃，生生化化，德用無窮，未始無爲也。生而不有，化無留滯，又何嘗有爲乎？爲而無爲，故云不恃。長而不宰，含藏衆德，故説爲長。無形無意，不可説同宗教上之造物主，故云不宰。王輔嗣云，有德而不知其主也，亦言無所謂主耳。是謂元德。"老子之學出於《易》。其書實發明

《易》義，當别論之。夫元德者，生德也。生生不息，本來真故、如故。生而無染，本圓明故。生而不有，本寂静故。是則曰真、曰如、言乎生之實也。實，謂無有虚妄。曰圓明，言乎生之直也。直，謂無有迷惑。宇宙人生，不是由盲目的意志發展的。曰寂静，言乎生之幾也。至寂至静之中，生幾萌動，而滯寂者，則遏其幾焉。是故觀我生，觀我生一詞，借用《易·觀卦》語。夫吾與天地萬物生生之理，豈可向外推求哉？亦返之我躬而自觀焉，乃自喻耳。因以會通空宗與《大易》之旨。吾知生焉，吾見元德焉，此本論所由作也。自觀，自喻，而後參證各家之旨，得其會通。未有不由自喻，而雜拾諸人，可以通斯道也。程子曰："吾學雖有所受，而天理二字，確是自家體認出來。"學者宜知。

附識：古德有云："月到上方諸品静。"諸品，猶言萬類。月到上方，乃極澄静圓明之象。萬類俱静，寂然不動也。此只形容心體寂静的方面。心體，即性體之異名。以其爲宇宙萬有之原，則説爲性體。以其主乎吾身，則説爲心體。陶詩云："日暮天無云，春風扇微和。"以此形容心體，差得其實，而無偏於滯寂之病。"日暮天無云"，是寂静也。"春風扇微和"，生生真機也，元德流行也。

談至此，空宗是否領會性德之全，總覺不能無疑問。空宗於寂静的方面，領會得很深切，這是無疑義的。但如稍有滯寂溺静的意思，便把生生不息真機遏絶了。其結果，必至陷於惡取空，空者，空無。取，謂取著。惡者，毁責詞，謂妄計著一切皆空，成不正見，故呵爲惡取。至少亦有此傾向。我雖極力讚揚空宗大掃蕩的手勢，但是，這種手勢也須用得恰到好處，若用之太過，恐於本原上不免有差失在。於本原差失者，即謂其不見性德之全。空宗説涅槃亦復如幻，又説勝義空、義最殊勝。名爲勝義。空者空無。無爲空。無有造作，故名無爲。空義同上。夫勝義、無爲，皆性體之别名也。涅槃，亦性體别名也。此可説爲空，可説爲如幻乎？雖則空宗密意，恐人於寂静的性體上，而計着爲實在的物事然者，故説空，説如幻，以破其執。非謂性體果是空，果是如幻。然如此破斥，畢竟成過。説性體虚寂，不應執爲實物有可也，虚者，無形名虚，非以無有名虚。寂者，離擾亂相故。實物有者，謂意想中，如有實在的物事然。直説爲空、爲如幻，則幾於空盡生生性種矣。性種者，性即種故，名性種。性者，生生不息真機。俗以物種爲能生，故假説性體名種。後來清辨菩薩空宗後出之大師也。菩薩，猶言大智人。作《掌珍論》，便立量云。量者，三支論式。三支者，宗、因、喻，詳在因明。

無爲，無有實。宗

不起故。因

似空華。喻

此量直以無爲性體，複辭。等若空華，極爲有宗所不滿。如《護法》菩薩，及我國窺基大師，皆抨擊清辨甚力。詳基師《成唯識論述記》。平情論之，清辨談空，固未免惡取，然其見地，實本之《大般若經》。《般若》破法相，可也，亦可不毁法相而談實性。乃並法性亦破，空蕩何歸？清辨承其宗緒，宜無責焉。吾嘗言，空宗見到性體是寂静的，不可謂之不知性。性體上不容起一毫執著，空宗種種破斥，無非此個意思。我於此，亦何容乖異？然而，寂静之中即是生機流行，生機流行畢竟寂静。此乃真宗微妙，迥絶言詮。真宗，猶云真宰，乃性體之别名。若見此者，方乃識性德之大全。空宗只見性體是寂静的，卻不知性體亦是流行的。吾疑其不識性德之全者，以此。夫以情見測度性體，而計執爲實物者，此誠不可不空。但不可於性體而言空。或於性體而言空，縱其本意並不謂真無，但亦决不許説性體是流行的，是生生不息的。空宗的經論俱在，其談到性體或真如處，曾有可容許着流行或生生不息等詞否？若談性體，而著此等詞，則必被呵斥爲極謬大錯，無稍寬假。不獨空宗，凡印度佛家各宗派，罔不如是。但空宗説涅槃亦復如幻，設更有法勝涅槃者，我説亦復如幻，何況涅槃。如此談空，雖用意切於破執，而終有趣入空見之嫌疑。門人棲霞牟宗三，頗疑空宗談本體，不免淪空之病，亦非無見。吾嘗言，談到真理，須是如實相應，不貴爲激宕之詞。真理不是要説得好聽，他是如此，我們就以很平易的話，來形容他是如此。注意形容二字，真理不是一件物事可直下道出。若措辭稍涉激宕，必其中有所偏，非應真之談也。印度佛家，畢竟是出世的人生觀。世者，遷流義，又隱覆義。墮世中故，隱覆真理，故有隱覆義也。出者出離。謂衆生以惑染故。墮在世間，生死輪轉，當修道斷惑，出離生死，是名出世。所以，於性體無生而生之真機，不曾領會，乃但見爲空寂而已。謂空宗不識性德之全，非過言也。我常以我之所體認，參之孔氏的話頭，甚覺其可相印證。孔子嘗曰："仁者静"，"仁者壽"。又曰："仁者樂山。"孔子所謂仁，即斥指心體而目之也。心體，即性體之别名。見前附識中。仁者，即謂證得仁體的人。證者證知。仁體呈露時，即此仁體炯然自明，謂之證。得者，保任義。即此仁體，恒時爲主於中，毋有放失，謂之得。静者，遠離昏沉、囂動等相。壽者，恒久義。此言恒久，即真常義，不與暫對。山者，澄然定止貌。是則性體寂静，孔子非不同證。然而，孔子不止説個寂静，亦嘗曰："天何言哉？四時行焉，百物生焉，天何言哉？"夫孔氏所言天者，乃性體之别名。無言者，形容其寂也。至寂而時行物生，時行物生而復至寂，是天之所以爲天也。談無爲空者，何其異是耶？《中庸》一書，孔氏之遺言也。其讚性德云："《詩》曰：'德輶如毛'，毛猶有倫；'上天之載，無聲無臭'，至矣！"輶者，微義。毛，輕微義。倫，迹也。上者，絶對義。上天，謂性體。載者，存義。此引《詩》言，以明性體冲微無形。若擬其輕微如毛乎，毛則猶有倫迹也，無可相擬。理實，性體不可睹其存，而實恒存。惟其存也無形，乃至聲臭俱泯焉，其可執之以爲有物乎？夫無聲無臭，空寂極矣，而有存焉。則空者，空其有相之執耳，非果空無也。涅槃如幻之云，何與此甚異耶？

總之，在認識論的方面，空宗滌除知見，不得不破法相。唯破相，乃所以去知見，而得悟入法性。這點意思，我和空宗很有契合處。不過，我不妨假施設法相。在上卷裏，依大用流行的一翕一闢，而假説爲心和物。這是我與空宗不同的地方。這個不同處，所關不小。在本體論的方面，空宗唯恐人於性體上妄起執着，例如印度外道以及西洋的哲學家，大都是把本體當做外在的物事來猜度。這樣一來，誠無法見真理。像空宗那般大掃蕩的手勢，直使你横猜不得、竪想不得。任你作何猜想，他都一一呵破，總歸無所有、不可得。"無所有、不可得"六字，《般若經》中恒見，讀者勿浮泛作解。直使你杜絶知見，才有透悟性體之機。這點意思，我又何曾不讚許？不過，空宗應該剋就知見上施破，不應把涅槃性體直説爲空、爲如幻。如此一往破盡，則破亦成執。這是我不能和空宗同意的。昔有某禪師，從馬祖聞即心即佛之説。此中佛謂性體。心謂本心，非妄識也。本心即是性體，故云。後別馬祖，居閩之梅嶺十餘年。馬祖門下有參訪至其地者，某因問馬大師近來有何言教。參者曰："大師初説即心即佛，近來卻説非心非佛。"恐人聞其初説，而執取有實心相，或實佛相，故説雙非，以遣之。某呵云："這老漢又誤煞天下人。儘管他非心非佛，吾唯知即心即佛。"其後，馬祖聞之曰："梅子熟了也。"某禪師居梅嶺，故以梅子呼之。這個公案很可玩味。我們不要聞空宗之説，以爲一切都空，卻要於生生化化流行不息之機，認識性體。我們不要以爲性體但是寂静的，卻須於流行識寂静，方是見體。本論上卷第三章，已申明即用顯體的主張。這是我和空宗根本不同的所在。

或有難言："空寂是體，生生化化不息之幾是用。印度佛家之學，空宗在內，不須別舉。以見體爲根極，中土儒宗之學，只是談用。今公之學，出入華梵，欲治儒佛而一之。其不可强通處，則將以己意而進退之。公之議佛，得毋未足爲定讞歟？"曰：惡，是何言？誠如汝計，則體自體，而用自用，截然爲兩片物事。用是生化之幾，不由體顯，如何憑空起用？體唯空寂，不可説生化，非獨是死物，亦是閒物矣。須知，體用可分，而不可分。可分者，體無差別，用乃萬殊。於萬殊中，而指出其無差別之體，故洪建皇極，而萬化皆由真宰，萬理皆有統宗。本無差別之體，而顯現爲萬殊之用。虚而不屈者，仁之藏也。仁謂體，下同。藏者，含藏。體本至虚，而其現爲生生化化，不可窮屈，由其至仁含藏萬德故也。動而愈出者，仁之顯也。動而不暫留，新新而起，故云愈出。此正是仁體顯現。是故繁然妙有，而畢竟不可得者，假説名用。萬有不齊，故云繁然。妙有者，萬有之本體，法爾虚寂，至虚至寂，而現爲萬有。此理非思議所及，故謂之妙。但剋就萬有而言，即此萬有，都無自體，故云畢竟不可得。何以故？萬有，非離異其本體而別有萬有之自體故，又皆是刹那刹那詐現，無物暫住故。寂然至無，無爲而無不爲者，則是用之本體。寂然者，虚静貌。至無者，無形相、無方所、無作意、無迷亂等相，故云至無。無爲者，非有意造作故。無不爲者，謂雖不起意造作，而法爾含藏萬德，現起大用故，成妙有故。用依體現，喻如無量衆漚，每一漚，都是大海水的顯現。體待用存。喻如大海水，非超越無量衆漚而獨在。所以，體用不得不分疏。然而，一言乎用，則是其本體全成爲用，而不可於用外覓體。一言乎體，則是無窮妙用，法爾皆備，豈其頑空死物，而可忽然成用？頑空者，謂其全無所有，故以頑鈍形容之。頑鈍一詞的意義，即無用之謂。如説空華成實，終無是理。王陽明先生有言："即體而言，用在體。即用而言，體在用。"這話確是見道語。非是自家體認到此，則亦無法了解陽明的話。所以，體用可分，而又不可分。這個意義只能向解人説得，真難爲不知者言也。

上來所舉難者的説法，正是印度佛家的意思。他們印度佛家浩浩三藏，佛家典籍，分經、論、律三藏。壹是皆以引歸證見諸法實相爲主旨。實相，即本體之異名。《法華玄義》引《釋論》云："大乘但有一法印，謂諸法實相。"《勝鬘》等經説"澈法源底"，猶云澈了一切法之實相。源底，亦實相之形容詞也。此不獨大乘爲然，《阿含》已説真如，小乘無一不歸趣涅槃。難者所謂見體爲根極是也。我國玄奘法師，於印度大乘有宗，最爲顯學，其《上唐太宗皇帝表》於孔學頗示不滿。表中有云："蓋聞六爻深賾，拘於生滅之場；孔子之哲學思想在《易傳》。《易》每卦六爻所以明變動不居之義，幽深繁賾極矣。但其所明只拘於生滅的範圍。易言之，即只談法相，而未能悟入一切法之本體。生滅，即剋就法相而言之也。奘師之意如此。百物正名，未涉真如之境。"此就孔子之《春秋》而言也。《春秋》推物理人事之變，始於正名，而不容淆亂，萬世之大典也。然未涉及真如，其失與《易》同。奘師總以孔子爲不見體也。難者謂儒家只談用，其説實本之奘師。夫奘師所以薄孔氏爲不見體，而獨以證見真如歸高釋宗者，此非故意維持門户。奘師本承印度佛家之學。印度佛家所謂真如性體，本是空寂的。雖其所云空寂並非空無，而是由遠離妄情染執，所顯得之寂静理體，説名空寂，然亦只能説到如是空寂而止，萬不可説空空寂寂的即是生生化化的，生生化化的即是空空寂寂的。萬不可説，至此爲句。更申言之，只可以孔德言體，孔德一詞，借用老子。王輔嗣云：孔，空也。以空爲德，曰孔德。而不可以生德言體。

生德詳前。只可以艮背來形容體，《易·艮卦》曰：“艮其背。”艮，止也。背，不動之地也。止於不動之地，曰艮背。佛書談體，曰如如不動是也。而不可以雷雨之動滿盈來形容體。《易·震卦》之《象》曰：“雷雨之動滿盈。”[①] 儒家以此語形容本體之流行，盛大難思，可謂善於取譬。但在印度佛家，則不可以流行言體。因爲他們印度佛家只見體是空寂的，絶不容有異論。他們内部雖有分歧的宗派，而關於這種根本見地，大概從同。玄奘依據自宗的觀點，當然以爲孔子不曾見體。因爲孔子談體，顯然與印度佛家有極不同處故耳。

孔子繫《易》，曰“易有太極”。太者，至高無上之稱。贊嘆詞也。極者，至義，謂理之極至。六十四卦之義，《大易》全書，分爲六十四卦。皆此一極之散著，一極即太極。一者，絶待義，下同。又無不會歸此一極，謂《易》不見體可乎？《春秋》本元以明化，董子《繁露·重政》云：“元，猶原也。”此則與《易》義相會。《易》曰：“大哉乾元，萬物資始。”《春秋》建元，即本斯旨。一家之學，宗要無殊。宗要者，宗謂主旨，要謂理要。《春秋》正人心之隱慝，慝，爲邪惡或迷妄。隱，謂惡習潛存也。《春秋》別白是非，明正善惡，其辨甚嚴。順群化以推移，《春秋》明三世義，謂人類由據亂世而進升平世，尚有國界，由升平世而進太平世，則世界大同，而經濟制度與文化等等，皆隨世殊異。其義據則一本於元，由元言之，則萬物一體。故世界終歸大同。元者，萬物之本真，純粹至善者也。其在於人，則爲本心，而抉擇是非或善惡者，即此本心爲内在的權度。謂《春秋》不見體，可乎？玄奘所以説《易》《春秋》不明體者，因爲孔氏只是於用識體，只是於流行識體。故善學《易》《春秋》者，宜心知其意。若印度佛家，則言體必遺用，必不涉及流行。玄奘不悟自宗之失，反以孔氏爲不見體，所謂守一家之言而蔽焉者也。吾嘗言，大用流行，雖復變動不居，其中自有個常生常寂的真實物事在。我們剋就大用流行的相狀上説，這個確是刹那刹那詐現，都無自性。然而，由此可以悟入大用流行底本體。因爲用上雖無自性，而所以成此用者，即是用之實性，此乃絶對真實的、常生常寂的。用之流行，實則流行即用之別

① 整理者按，“雷雨之動滿盈”句見於《屯卦》之《象》，而非《震卦》之《象》。

名，但立詞須有主語，故云用之流行。雖是千變萬化，無有故常，而所以成此流行者，即是流行之主宰。流行是有矛盾的，詳玩上卷《轉變章》。於流行而識主宰，便是太和的。剋就流行的方面而言，如物與心是矛盾的，然心畢竟能不物化，而使物隨心轉。就因爲心的勢用，是不曾失掉他底本體的德性，所以能主宰乎物。因此，可以説心即是本體。由心即是體，故能宰物而不隨物轉，所以消釋矛盾，而復其太和之本然。太和者，和之至也。太者，贊詞，無可形容，而贊之曰太也。孔子所謂仁，即太和是也。此非灼見本體不能道。但此意深遠，難與俗學言。玄奘之智，不足及此，况其他乎？西哲如黑格爾之徒，祇識得矛盾的意義，而終無由窺此仁體。流行是變化密移的，於流行而識主宰，便是恒常的。流行是萬殊的，於流行而識主宰，便是無差别的。流行是虚幻的，於流行而識主宰，便是真真實實的。流行是無有所謂自在的，於流行而識主宰，便是一切自在的。我們應知，用固不即是體，而不可離用覓體。因爲本體全成爲萬殊的用，即一一用上都具全體。故即用顯體，是爲推見至隱。見讀現。用現而體隱。現者，即隱之現，非有二也。離用言體，未免索隱行怪。隱謂體，專以空寂言體，而不涉及生生化化之大用，是謂索隱。見趣一偏。出世之行，未免於怪。印度佛家之學根本處，終成差謬。

難者曰："公謂印度佛家離用言體，恐非彼之本意。"答曰：汝若欲爲彼解免者，吾且問汝，吾前已云"寂然至無、無爲而無不爲者，則是用之本體"，此句中吃緊在"無爲而無不爲"六字，而與印度佛家天壤懸隔處，尤在"無不爲"三字。我於體上説個"無不爲"，這裏便與王陽明所云"即體而言，用在體"同其意義。所以，我們不是離用言體。汝試熟思，印度佛家三藏十二部經，他們談到真如性體，可着"無不爲"三字否？他們只許於體上説名無爲，斷不許説"無爲而無不爲"。因爲自小乘以來，本以出離生死爲終鵠。所以，他們所趣入的本體，此中趣入二字：趣者，投合義，投入而與之合也。入者，冥然内自證知也。只是一個至寂至静、無造無生的境界。及大乘空宗肇興，以不捨衆生爲本願，大乘本願，在度脱一切衆生，然衆生不可度盡，則彼之願力，亦與衆生常俱無盡，故終不捨衆生也。以生死涅槃兩無住着爲大行，小乘怖生死，則趣涅槃，而不住生死，是謂自了主義。儒者議佛家自私自利，小乘誠然，大乘則不住生死，而亦不住涅槃。惑染已盡故，不住生死；隨機化物，不獨趣寂故，不住涅槃。此大乘之行，所以爲大。雖復極廣極大、超出劣機，劣機謂小乘。然終以度盡一切衆生，令離生死爲蘄向，但不忍獨趣涅槃耳。就大乘不捨衆生及涅槃亦不住之意義上説，似有接近儒家的人生觀之可能。然畢竟未離出世思想的根荄，終與儒家異轍。空宗還是出世思想，所以他們空宗所證得於本體者，亦只是無相無爲，無造無作，寂静最寂静，甚深最甚深，無相至此，並出《般若經》。而於其生生化化、流行不息真幾，終以其有所偏主，而不曾領會到。偏主，謂出世思想。所以，只説無爲，而不許説無爲無不爲。所以，有離用言體之失。夫言無爲者，謂其非如作者起意造作故，故説無爲。作者，謂具有人格的神，宗教家所謂造物主是也。言無不爲者，謂其具有無量無邊妙德，德而曰妙，無可形容故。所謂生生化化流行不息真幾，德盛之謂也。由具無窮盛德故，所以顯現爲萬殊的大用，所以至無而妙有。因此，説無爲而無不爲。我們言體，卻不離用，剛剛是與印度佛家相反的。

或復難言："佛家小乘，專主趣寂，誠哉有體無用。但大乘修行，修者，修爲。行者，行持或行履。此行，作依持故，能遠有所到，得至佛位，即名行持。此行，是其所切實踐履，無虚妄故，即名行履。修行者，所修之行，曰修行，或修即是行，故名修行。則有六度、萬行，行而曰萬，言其行不一端也。六度者：一曰布施，以己所有施諸人，而不存施與想，對治慳貪故。二曰浄戒，護持正戒，恒不放逸故。三曰安忍，忍受一切困辱，堪能任重道遠故。四曰精進，發起浄行，勇悍無退故。五曰静慮，遠離昏沉散亂曰静，明察一切法曰慮，恒處定故。六曰般若，智義是般若義，於一切法，無横計故，無妄執故，證見一切法實性故，是名般若。以此六法，離生死岸，而到彼岸，即所謂涅槃，是名爲度。乃至法云地，勝用無邊，大乘修行，從見道以往，凡有十地。第十地，曰法云地，謂證得真如實性故，名得法身。如是具足自在，如云含水，能起勝用，故此地名法云。如何説彼大乘有體而無用耶？"這個疑難，也須解答。今當申明我所説義，方好繩正他們的支離。他們，謂大乘。須知，吾所云用，原依本體之流行而説，如澈悟真性流行，真性，即本體之異名。是爲即體成用，謂即此體，全成爲用，非體在用之外故。即用呈體，體本無相，而成爲用，則有相詐現，故説即此用，可呈現其體也。則體用，雖不妨分説，而實際上畢竟不可分。此理非由猜度。試即俗所謂宇宙而言，我們落實見得萬象森羅，皆是大用燦然，亦皆是真理澄然，澄然者，虛寂貌，以於用見體故。云何體用可分？又就人生行履言，全性成行，性即體。全者，言其無虧欠也。吾人一切純真、純善、純美的行，皆是性體呈露，故云全性成行。全行是性，如此心，隨時隨事，總能收斂。不昏沉、不散亂，這便是行，也就於此行處，認識本來清淨性體，故云全行是性。亦見體用不可分。行，即用之異名耳，即全性成行，全行是性，則體用不可分，甚明。我們體認所及，卻是如此。今觀大乘談體處，只是無爲、無造，無有生生，無有神化。神化一詞，謂變化微妙不可測，故説爲神。佛家於體上不言神化，無有流行，甚且說，譬如陽燄，乃至如夢。《大般若經・法涌菩薩品》言，“諸法真如，離數量故，非有性故，譬如陽燄，乃至如夢”云云。夫真如，爲諸法本體之别名。此本無相、無對，更無數量，但説爲非有性，如燄、如夢，究不應理。真如雖無相，而實不空，云何非有性？燄夢並是空幻，都無所有，豈可以擬真如？《經》意雖主破執，而矯枉過直如此，終是見地有未諦處。審其言，則體爲空寂而無可成用之體，是其由修行所起勝用，只欲别於小乘自了生死，故不得不修此大行。大行，即勝用。但彼大乘所謂自在勝用，終不許説即是真性流行，彼於真性上，不容置流行兩字故。如果説真性是流行的，則可以説自在勝用，即是真性的發現。易言之，就是即用即體。今彼説真性，唯是無爲無作，唯字注意。則應許自在勝用，但依真性起，而不即是真性呈露。則應至此爲句。由斯，體用不得不二。據此説來，大乘自空宗時，其在談行履的方面，於所謂大行勝用，大行勝，用作複詞。與真如性體，並不曾融成一片。吾前云，全性成行，全行是性，正明體用不二。審空宗所説，已不如此。這種支離，直到後來有宗無着、世親一派，愈演愈不堪。此意且俟後文再談。總之，大乘所自别於小宗者，其根本意思，只是無住涅槃，生死、涅槃兩無住着，是名無住涅槃。此義冲遠，學者宜曠懷深玩。無如其出世思想，不曾改變，故其證會於真如性體者，只見得是空寂無爲的境界。關於這種根本意義，大小乘是没有多大區别的。

或復問言："如公所説，印度佛家離用談體，然則其所證見爲空寂或寂静等德者，皆非性體之本然，然謂如此，本來如此曰本然。而爲其情見所妄構歟？"答曰：汝所計，亦非是。佛家斷除惑染，止息攀援，心有所思時，必構畫一種境相，如所謂概念或共相等者，正是心上構畫的境相。即此構畫，説爲攀援。泯絶外緣，入於無待。攀援息，即不見有外在之境，故云泯絶外緣。夫俗所謂知識者，必心有所緣，而始生其知。此所緣相，即對待相，即現似外境相，故此知，非真知也。真知者，渾然内自證知，無能所，無對待，無内外，遠離一切分别相故。故泯外緣，即入無待，當下即是，非由意想安立。默默之中，獨知炯然，此知之體，獨立無匹，恒默恒知，無所待故。明明之地，一寂澄然。明明云云，牒上獨知而言也。恒知恒寂，無作動相，獨體之妙如是。佛家於此，親證爲空寂真常。離一切相故，名空。離諸惑染故，名寂。本非虚妄故，名真。本無變易故，名常。佛家親證如是，故説如是。我們體認所至，亦自信得如是。更參稽儒家的説法，曰無聲無臭，也是空寂的意思。曰誠、曰恒性，恒有三義：曰不易義，性恒是善，不可改易故。曰不增減義，一味平等故。曰不息義，無間斷故。也是真常的意思。我常説，儒佛所證會於本體者，實有其相同而無所異，約大概來説，並不爲附會的。可是一層，如將儒佛兩家的學説仔細推勘，他們儒佛兩家又有天壤懸隔的地方。佛家證到本體是空寂的，他似乎是特别着重在這種空寂的意義上。着重二字，吃緊。易言之，不免有耽空滯寂之病。善學者如其有超脱的眼光，能將佛家重要的經典，言經，即包括論籍在内。一一理會，而通其全、綜其要，當然承認佛家觀空雖妙，而不免耽空；歸寂雖是，而不免滯寂。此中觀空一詞：觀者，如理照察義。觀空者，謂照了一切法，都無自性故，皆是空故，因得澈悟一切法之本體。又復應知，本體，無相無爲，復不可執着爲實物有。此體純浄，空諸執故，亦名空理。如是種種觀察諸法空義，是名觀空。歸寂者，佛家各派皆歸趣涅槃寂静，離諸擾亂相故。夫滯寂則不悟生生之盛，耽空則不識化化之妙。此佛家者流，所以談體而遺用也。儒者便不如是。夫空者，無礙義。不獨無質，並無些微相狀可得，故云無礙。無礙故神，神者言乎化之不測也。非思想所及，曰不測。寂者無滯義，滯者，昏濁沉墜，而不得周遍，不獲自在。無滯反此。無滯故仁，仁者言乎生之不竭也。無窮無盡曰不竭。故善觀空者，於空而知化，以其不耽空故。妙悟寂者，於寂而識仁，以其不滯寂故。我們於儒家所宗主的《大易》一書，便知他們儒家特别在生生化化不息真幾處發揮。他們確實見到空寂，如曰“神無方，易無體”，神者，形容變化之妙。易者，生生不息之謂。無方，謂無有方所。無體，謂無有形體。曰“寂然不動”。不動，謂無有浮囂動擾等相。寂然，冲虛貌。寂義，既有明文，無方、無體，正彰空相。非以無有名空，乃以無方無體名空。此與《般若》之旨全符。我們須知，不空則有礙，而何化之有？不寂則成滯，而何生之有？惟空寂始具生化，而生化仍自空寂。此語吃緊。雖復生化無窮，而未始有物爲累也。《大易》只從生化處顯空寂，此其妙也。佛家不免耽空滯寂，故乃違逆生化，而不自知。總緣佛氏自始發心求道，便是出世思想，所以有耽空滯寂、不悟生化之失。然若疑佛家證見本體爲空寂真常，亦非真見，且疑其爲情見妄構者，此則甚誤。本體是真、是常；絶待故曰真，德恒故曰常。“德恒者，謂其德真恒，不可變易。空寂者，言其離一切相，亦云無礙。離一切染，亦云無滯。清凈微妙，清凈謂寂，微妙謂空。其德至盛而難名，姑强字之曰空寂也。空與寂，並是强名，直須忘言默契始得。本體法爾恒然。恒然者，言其亘古亘今，恒是一味空寂故。但凡夫純任情見作主，所以不能證體。佛家唯静慮之功，造乎其極，静慮者，禪定之異名。遠離昏沉囂動，而恒在定，故名爲静。遠離虚妄計度，於一切法，如理觀照，故名爲慮。故於空寂本體，得以實證。他這種證會，確不是情見妄構，而是冥然如理，無可置疑的。冥然，謂無虚妄分别。如理謂與真理相應。

或復難言：“本體唯其是空寂的，所以亦是生化的。如果不悟生化，恐其所見之空寂終是情見妄構，而不得空寂之本相。若真見空寂，何竟不了生化？豈有無生化之空寂體耶？如只見爲空寂而不悟生化，這種空寂必是情見所妄構，决定不得空寂本相，可知已。”這種疑難殊不應理。情見妄構時，便極不空寂。如何可許情見得構成空寂相？須知，此等問題不是憑量智推求可以下評判的。此中量智，謂理智作用，或知識，亦即是情見。我們至少須得有一種清明在躬、志氣如神的生活。縱不易常如此，也須不失掉此種生活的時候很多，常令此心，廓然離繫，破除種種見網，一切依情見所起的推求或知識與見解等等，總名爲見，亦云見網。網者，網羅，不得開解。凡一切見，皆即是網，故名見網。方是空寂的真體呈露。到此，則本體之明卻會自知自證。易言之，即他自己認識自己空寂的面目。此中兩用自己詞語，皆指本體而言，亦即是本心，亦即上卷《明宗章》所云性智。我們如果至此境界，才算有了根據，庶幾可以評判佛家證見空寂的本體，是確然證到，抑是情見妄構之一大問題。"我們"至此爲句。若是自家沒有根據，而徒任情見來評判此等問題，直是説廢話，有甚相干？總之，我們體認所及，確信得性體亦云本體。元自是空的，諸法一相，本無相故；諸法云云，用《大般若經》語。剋就諸法言，則幻現千差萬別之相，若剋就諸法之本體言，則唯是一相而已。一者，無差別義。此中一相，實即無相。無者，非無有之謂，乃法爾實有，而無相狀可得也。無相即是空，空諸相故，非以無有名空。性體元自是寂的，本來清淨，不容增減故。凡法可增益、可損減者，即不自在而失其寂。性體恒是圓滿自在的，無可增減，所以恒寂。我們玩味佛家經典所説，便覺得佛家於性體之空寂方面，確是有所證會，但因有耽空滯寂的意思，所以不悟生化。或者他們佛家。並非不悟生化，而只是欲逆生化，以實現其出世的理想。推迹他們的本意，元來是要斷除由生化而有的附贅物。附贅物，謂衆生從無始來所有迷執的習氣。這種附贅物，本是無根的，而確足以障礙性體。他們要斷除這種附贅物，乃不期然而然的至於逆遏生化了。有人説，小乘確是逆遏性體之流行，流行，即謂生化。大乘似不然。此説非是。大乘之異於小者，只是不取自了主義，其願力宏大，將欲度脱一切衆生，而衆生不可度盡，則彼亦長劫不捨世間、不捨衆生。大乘之大也在是。吾昔常據《華嚴》等經，謂其不必是出世意思。其實，大乘本不捨世間，但終以出世爲蘄向。我們如取融通的講法，雖于理無悖，然要不是佛家本旨，則又不可不知也。

有問："佛家何故偏有出世思想？"吾語之曰：古代印度民族大概富於出世思想者多。其原因，非此中所及論。玄奘法師言："九十六道，印度外道的學派，有九十六種。並欲超生。謂超脱生死。師承有滯，致淪諸有。”有者，三有，即三界之異名。佛家説有欲界、色界、無色界。欲界，即人類與諸動物之世界。色界者，有微妙色故。無色界者。並微妙色亦不可得。然色界、無色界，均有諸天云。凡屬三界衆生，皆不得出離生死。奘師意謂，外道拘守自宗，不聞正法，故雖欲超生，而終淪没於三界中也。據此，則古代印度人多懷出世思想，蓋不獨佛家而已。有人説，佛家欲逆遏本體之流行，歸於不生不化。這種理想果能做到，宇宙間便一無所有，只合强名爲不可思議的寂滅界。這樣清寧之極，豈不比有人有物的世界好得多。有人説，佛家並不是要人物滅無，他只是要斷除由生化而有的附贅物，如種種迷執習氣。如果衆生都成佛，都已把種種迷執斷除了，性體便解脱障礙。他之所求不過如此。如上二説，各是一種看法。我在本書中不欲深論。但有可明白斷言者，按之佛家經典，包括各宗派而言。他們佛家語性體，絶不涉及生化。這是很可注意的，也不是由我們任意曲解的。有人説，佛家的説法，每是四處不着腳的，難執一定之義以論定他。然而，會通其義旨之全盤體系來説，他們總歸趣出世，是無容置疑的。他們語性體不涉及生化，也是很分明確定的。

説到此，我又要回復到前面的話。佛家證見性體空寂，其爲確然親證，自不容疑。或且不妨説，因爲他們佛家耽空滯寂之故，足見其於空寂，證會獨深，但於生化德用，則不免忽略，或雖有證解，而其出世思想，終以逆遏生化爲道。如此，畢竟是有所偏蔽在。吾於前文裏，頗疑空宗不曾領會性德之全者，意亦在此。夫性體廣大，此中廣不與狹對，大不與小對，乃至廣至大而無有匹也。具足萬德，冥冥證故，迥絶言詮，斯無得而名焉。冥冥者，無分别義。證者，親證。親證者，即性體上有昭然自明自了之用，所謂本心之明是也。然正親證時，無一毫分别相，言詮所由絶也。既言詮不及，即性德無可爲之名。凡名，必於衆德之中，特别有所注重處，始爲之目。既未起分别，便無特别注重處可目故。若乃隨順證量，而起知慮，證量者，現量之别名，上所云親證是也。證量無分别相，及起知慮，則分别著矣。則將離其渾全，而致察其所特别注重處。由不可名，而至可名。性德之渾全，不可名者也。於萬德渾全中，而標其特別注重處，始有可名。故語性德者，曰空、曰寂，實就所注重處而名之耳，不可謂性體無生無化也。如其無生無化，則性體亦死物矣！故談空寂而不悟生化，要非識性德之全，然有不可不知者，凡談生化者必須真正見到空寂，乃爲深知生化。性體離一切相故説爲空，離一切染故説爲寂。於其寂而可識神化之真也，於其空而可識生生之妙也。從來哲學家談生化者，大概在生化已形處推測，而不知生化之真須於生化未形處體認。所謂在生化已形處推測者，這種看法似是把生化看做是一種綿延或持續的生力之流。其實，這是從生化已形處看，便似如此。殊不知，生化的本體元自空寂。此處吃緊。其生也，本無生，其化也，本無化。因爲生化的力用才起時，即便謝滅，不是起和滅的中間有個留住的時分，更不是一種持續和擴張的生力之流，如柏格森氏所謂如滚雪球越滚越大。“更不”至此爲句。依據滚雪球的譬喻來講，雖時時刻刻創加新的雪片，卻總有故的雪片不滅。生化果是如此，則其生也便非生而不有，其化也便非化而不留。實則，生化之妙，好像電光的一閃一閃，是刹那刹那、新新而起，也就是刹那刹那、畢竟空無所有。所以説，生本無生，化本不化。然而，無生之生，不化之化，卻是刹那刹那、新新而起，宛然相續流。吃緊。又好似電光的一閃一閃，雖本無實物，而詐現有相。因此，或誤計度爲有一種綿延或持續的生力之流。如此誤會，便是從生化已形處推測，不可得生化之真了。更有很粗笨的思想，以爲只有物質才是生生化化的，不悟物質只是由生化詐現的迹象，實際上並無所謂物質。唯物論者，其神智囿於現實世界或自然界，因妄計有物質才生化。殊不知，如有物質便成滯礙，何能生化？唯虚故，不窮於生，空諸相故，亦云虚。唯寂故，不窮於化。此理確然易知，而人情狃於所習，遂不能悟及。此誠無可如何者，復有妄計宇宙是一種迷闇的勢力，爲生化之原者。如古代印度的數論，雖建立自性爲本原，然必由三德合故，始成生化。三德者：曰勇、相當能力的意義。曰塵、相當物質的意義。曰闇。即是一種迷惑。佛家亦謂之無明。他們數論以爲生化必依勇和塵，固與唯物論者同其錯誤，然而，他們似更看重闇德。此闇的勢用，於三德中實居最要。據數論師的説法，宇宙所以生生化化而不已，元來不是有何意義，有何目的，其實就由於一種闇，才會如此的。後來西洋的學者如叔本華，也説有盲目的意志，與數論所謂闇者略同。這一派的思想，謂其無所見歟，他確也見到人生後起的狂惑追求的習氣。人生也就把這種習氣，當做了他的本來面目。人生從無始來，便喪其真，這是難得避免的一種失陷的悲劇。不過，他們數論師等誤以這種經驗，謂狂惑追求的習氣。來推測宇宙生生化化不息真機。如此，極是倒見。所謂鑄九州鐵，不足成此大錯也。

生化，只是空寂真常的本體中，有此不容已之幾。此語吃緊。真，故萬德具足，不得不生化。常，故萬德貞恒，不得不生化。恒故無息。無息故生化不窮。此理宜深心理會。空，故上德不德，其生化本無心也。上德者，德至盛而難名，故曰上。不德者，不自有其德也。德盛自生化，非有心於爲生化也。只是理合如此，非如人之有心去造作。寂，故静德圓遍，其生化不可窮也。我們知道性體是空寂真常的，也就知道性體是生生化化的。生化只是個德盛不容已，此語吃緊，亦無可多置詞。不是有所爲的，人情妄有追求，才是有所爲。生化，只是真理合如此，不是有心去追求甚麽，故不可以吾人妄情去猜測。不是盲闇亂衝的。有所爲，才盲闇亂衝。無所爲者，反是。德盛不容已，自是明智的，只不是有心去造作，而確不是亂衝的，所以説爲明智。是自然有則而不可亂的，驗之物理人事，任何繁賾，任何詭變，都不是無規則可尋的。是雖起滅萬端、變動不居，而畢竟不失其恒性的，恒性者：恒謂恒常，性者德性。此理不可滯物而索解，須脱然神悟始得。宇宙本體雖是生化無窮的，而自具有真實、剛健、空寂、清淨、昭明等等不可變易的德性。名爲恒性。譬如水，其生化元無固定，如或凝冰、或化汽，但水具濕潤的恒性，則始終不變易。由此譬況，可悟生化無窮中自有恒性的道理，是故斥言生化則是詐現無實的。若即生化而會其恒性，則是澈體真常的。唯其有恒性而生化，所以不是頑空。唯其生化而有恒性，所以不是一味散動，卻是即動即静的。近人柏格森《創化論》的説法，不曾窺到恒性，只妄臆爲一種盲動，卻未了生化之真也。是其流行成物，而畀物各正的，生化之妙，約每刹那言，是纔起即滅的。通多刹那言，則後起續前。故假説流行，流行故成萬物，而畀萬物各得其正。如天成其廣大，地成其博厚，人有其良知良能，都是真實的顯現，都無不正。因爲流行的本體，是萬物各各全具的，故乃各正。參看上卷《明宗章》第一節按語，大海水與衆漚喻。是於流行中有主宰的。如吾心，是流行不息的，而其應萬感，則恒有主而不亂。於此，可識生化流行中，自有主宰在。所以，宇宙生生化化不息真幾，决不是迷闇的而確是明智的。我們如果依據自家迷惑的習氣來推測生化，便已墮入邪見坑裏，與實際的道理謂生化。全不相應。這是學者所應虚懷滌慮，進而深究的。總之，如印度佛家見到性體空寂，便乃耽空滯寂，至於逆遏生化，這個固不免智者之過。但是，談生化者，若非真正見到空寂的本體，剥盡染習，則其於無生之生、生而不有；不化之化、化而不留，如斯其神者，終乃無緣窺見。亦將依據有生以來逐物之染習，以爲推測、僻執戲論而已矣。夫以有取之心而妄臆生化之原，其不相應也何疑。有取之心，謂習心也。習心常有所追求，常有所執著，故云。故知爲學未窮至空寂處，空，非空無之謂，乃以無形無相名空。寂，非枯寂之謂，乃以無染污無囂亂名寂。前文可覆按。則惑習潛存；必證得空寂本體，保任涵養而勿失之，惑習便自伏除。否則惑根蕴積於中，反障其空寂本體矣。任情卜度，都無智炬；逞臆尋求，難探道要；障真理之門，絶生民之慧；人生悖於至道，安於墮没，甚可悲也。墮没者，謂其墮落淪溺，幾於喪失其生命也。然而，見到空寂，必求免於耽空滯寂之弊，然後知空者不容已於生，但生而不有，仍不失其空之本然耳；寂者不容已於化，但化而不留，仍不失其寂之本然耳。是故上智盡其所以生之理而無所虧，體其所以化之理而無所掛。掛者，掛礙。無所虧、無所掛者，其德日新而不已也。體其所以化、盡其所以生者，則直與法界爲一，而未始有極也。法界即本體之異名。學至於此，方是究竟。

本論原本公世時，讀者已有問言："是書《轉變》一章，實爲全部綱領旨趣所在。即於大用流行而顯其本體，是謂真如，亦云恒轉或功能等。尚有許多别名，故置等言。即於本體生生化化不息真幾，顯爲大用，要由相反相成，故説翕闢。本體不是僵死的物事，卻是總在生生化化的一個物事。即此生化，説爲大用，而此大用，實由相反相成，故説爲一翕一闢。詳在上卷《轉變章》。即於翕闢頓變、刹那不住，故説生滅。亦詳《轉變章》。真如本體，四字，係複詞。法爾恒存，法爾，猶言自然。不是依他故有的，不是本無今有的。此體本常，常故説無生，恒自存故，云無生。常故説不化，不化者，謂其德貞恒，不可易故。然而此體底自身，卻是生生化化的一個物事，決不是殭固的物事。所以，顯現爲萬殊的大用。由此説無生而生、不化而化。雖復生化無窮，而其顯爲翕闢都無實物，剎那生滅無物暫住。故知生而不有，化而不留，畢竟本來空寂也。新論之旨，其談生化，明明含攝《大易》，而究竟空寂則宛轉歸諸《般若》矣。世謂公之學，糅雜儒佛。不知公亦自承否？”余應之曰：自《新論》初版問世以來，世之以糅雜儒佛議吾者，吾聞之熟矣。世之所執者，儒佛二家門户之見也。吾之所究明者，真理也。真理是至易至簡的，亦是無窮無盡的，是無窮無盡的，亦是至易至簡的。易簡者，言其無差别相，是萬法本體故。無窮無盡者，言其爲用萬殊故。哲學要在於萬殊證會本體，所以爲衆理之總會，群學之歸宿也。此體，非戲論安足處所，只要各哲學家都得滌除情見浄盡，他們到這裏本體。自有相同的證會。佛經所謂諸佛同證，我們在理論上是應該承認的。事實上哲人難得盡除情見。有人否認同證之説，以爲各哲學家總不免有或蔽或通，或見似或見真，或見淺或見深，或見偏或見全，決不會有同證的。因此，哲學上只好聽其各説各的道理，而無可觀其會通。這種理論，是吾所嘗聞的。哲學界如此的現象，也是無可諱言的。其實，哲學界如此的現象，就因爲各哲學家每爲情見所封，故於真理不得同證。如一群患目盲的人，無由共睹天日。大凡真能滌除情見者，必須上智始能之。古今上智極少，而中材爲多。中材於此理謂本體。爲蔽爲通，及其見似見真，見淺見深，見偏見全之别，則一視其有無滌除情見工夫，及其用功純一與否以爲斷。純一者，不間曰一，不雜曰純。可是一層，人生梏於形氣，形氣，謂身體及環境。縛於習染，欲其滌除情見，此極難能，矧欲滌除盡浄，談何容易哉？情見，即緣形氣與習染而始有。所以在哲學家中欲覓幾個堪認爲彼此完全同一證得真理，而無一毫互不相應處的，恐終不可得。這個情形並不是真理太詭怪，或故意隱伏令人不可同證，而只是人各爲其情見所蔽，才不獲同證。然而此理，畢竟是人人本來同具的。其在人，便名爲性智，參看上卷《明宗章》。他性智。總會發露的，即此發露，假名智光。哲學家如果能保任這種智光，以對治情見，自然會與真理相應。易言之，即此智光會自照也。智光之體，即是真理。非離智光別有物名真理。假若哲學家都能恒時保任這種智光，恒字注意。則彼此同證決無問題。惟其不恒保任，所以不獲同證。然雖不恒保任，卻不能道他們絶無智光發露時。因此，他們於真理，容有所見，容字注意。只其介然之明不勝情見之蔽，終自組成一套戲論，而其一點明處反晦不彰。此所以陷於蔽而不通，或見似而不真，或見淺而不深，或見偏而不全。總緣其乍露之明，不勝其重錮之蔽，故成差謬。所以説，哲學家只是各説各的道理，紛紛無有定論。戲論既多，如何可得公是處耶？大凡人之情見雖甚複雜，而衡量見趣，亦可粗别爲幾種。見趣者：趣謂趣向。凡人所持之見，或如彼，或如此，即是有所向也。如唯物唯心諸論，其見不同，即其趣向異故。即見即向，説名見趣。哲學上有多少派别，即是見趣有多少種類。試取一部哲學史或哲學概論而披閲之，便可略知其概，毋庸詳述。凡治哲學的人，於其見趣較接近者，則黨同而益張之。各人的情見，决不會全同，只有較接近的。於其見趣互異者，則攻伐不遺餘力。於是而門户之見始成。下流的哲學家，就縛於門户見，竟忘卻了哲學之本務是在求真理。竟忘二字，一氣貫下。哲學所以没進步，此是一大原因。

據此説來，哲學上只是家自爲説，各執情見，各逞戲論，無可觀其會通，達於真理之域乎？這種看法也是錯誤。吾前已云：性智是人人本來同具的。雖情見錮蔽，要不無智光微露時。因此，我們應相信任何哲學家縱未免戲論，也不會全無是處。而且古今來，於真理確有所見的哲學家，何曾絶無？我們只不要封執門户見，更不要忽視東方哲學的修養方法，如中國儒家、道家及印度佛家等。努力克治情見，常令胸間廓然無滯礙，此語吃緊。久之，神解超脱，自然洞達性真。性真者：此理生來本具曰性，無有虚妄曰真，即謂吾人與萬物同具之本體。自家既有正見，而復參稽各哲學家之説，其有的然證真者，則吾因得同證，而益無疑無謬。其或蔽歟，則遮其蔽，而誘之以通。其所見失之似歟，則繩其似，而引之趣真。似之害，乃過於蔽。其所見失之淺歟，則就其淺，而導之入深。淺與似微異。似之失亂，淺之失膚，其障真則同。其所見失之偏歟，則融其偏，而擴之得全。偏之一字最害事，見地稍偏一點，便步步入歧途，至與真理完全相背。所謂差毫釐、謬千里是也。如此治學，方乃觀其會通，庶幾不迷謬於真理。會通者，必其脱然超悟之餘，將推闡其旨，猶不肯守一家言或一己之見，而以旁通博採爲務。固已自有權衡，於衆家知所抉擇，旁蹊曲徑，令入通途，非漫然牽合，紛然雜集之謂也。紛然，亂貌。哲學家所患者，自家没有克治情見一段工夫，即根本没有正見，如是而言哲學，入主出奴，固是不可，即或涉獵百家，益成雜毒攻心，膚亂成説，横通持論，其誤己誤人尤甚。故哲學所貴在會通，要必爲是學者，能自伏除情見，而得正見，然後可出入百家，觀其會通。須知，會通一詞，是異常嚴格的。會通的境地，是超出一切情見和戲論的。只有會通，才可發明真理。若稍存門户見，便陷於某一家派的情見之中，而每爲真理之障了。

時人識得學問的意義者已甚少，其於《新論》妄以糅雜儒佛相攻詆，固無足怪。實則《新論》不唯含攝儒家《大易》，其於西洋哲學，亦有借鑑。西洋談形而上學者，要皆憑量智或知識去搆畫。明儒以向外求理，爲朱子後學根本迷謬處。其實，朱派不盡如此。獨西洋談本體者，確犯此病。《新論》劃分本體論的領域，明此理是無對的，非外在的，不可以量智推求而得，量智僅行於物理世界，不能證得本體。此正救西洋哲學之失。印度佛家除有宗唯識論師外，餘皆掃蕩法相，似無宇宙論可言，後詳。頗嫌其不爲科學知識留地位。如果根本不談宇宙論，即無由施設物理世界或外在世界，科學便無立足處。《新論》則明大用流行，如所謂翕闢之妙，生滅之幾，依此施設宇宙萬象，但不可執爲定實。即仍有宇宙論可説。其於所謂宇宙之解釋雖與西洋哲學異旨，而非不談宇宙論，則有精神相通處。《新論》於西洋學術上根底意思頗有借鑑，要自不敢輕於持論。若乃儒佛二家號爲互異，但究其玄極，無礙觀同。本體是空寂真常的，佛家證見如是，儒家亦自見得。參看前文。但佛家於空寂的意義特别着重，儒家於此只是引而不發。如曰“寂然不動”，曰“無聲無臭，至矣”。只是一語，輕描淡寫過去。佛家則千言萬語，反覆申明，總是令人觀空趣寂。本體是生生化化流行不息的。儒家《大易》特別在此處發揮。佛家於體上只説無爲，絶口不道生化。有問："儒家既言生化，如何又道'寂然不動'？"答曰：無形故寂然。無有散亂昏擾等相，故云不動。此正顯其空寂。空寂，故至神至妙，故生化不測。誰謂空寂是死體耶？此何疑？兩家在本體論上底説法，明明有不同處，究以誰爲是耶？吾以爲二家所説皆本其所實證，都無不是。此在前文已經説過。但是二家各有偏重處，就生出極大的差異來。儒家本無有所謂出世的觀念，故其談本體特別着重在生化的方面，雖復談到空寂，卻不願在此處多發揮，或者是預防耽空滯寂的流弊，亦未可知。佛家起自印度，印人多半是有出世思想的。覆按前文。佛家經論處處表見其不甘淪溺生死海的精神。他們佛家本有出世的希求，所以勤修萬行，斷盡諸惑，要不外觀空趣寂，大乘誠重悲願，然爲衆生不悟空寂始起悲願，否則亦無悲願可言。故其談本體，特別着重空寂，而不涉及生化，抑或欲逆遏生化，故不言之耳。吾嘗云：佛家原期斷盡一切情見，然彼於無意中始終有一情見存在，即出世的觀念是也。我這個説法，每爲治佛學者所反對。若輩可以在大乘經籍中，舉出義證，證明佛家並没有所謂出世的意思。其實，大乘是從小宗中演變出來的。他們大乘的説法，都是對治小宗的思想。對治者，如醫用藥，對症而治之也。小宗只求自了生死，大乘則誓願不捨衆生。覆按前文。小宗貪著涅槃希求速證，益於世間生厭捨想，大乘故示不捨世間，用破小執，如《華嚴》《維摩》諸經，皆有深意。我們卻不可尋章摘句來講，失掉大乘期願度脱一切衆生的本意，不可二字，一氣貫下。須會通佛家各派的重要經論，即綜貫其整個的意思來説，佛家畢竟是出世的思想。但是大乘對治小宗的意思，確是一個大轉變。由此，也可漸漸放棄出世思想，與此土儒家接近。所以，佛家談本體，不涉及生化。這個態度並非偶然，當與其出世思想有關。竊意此亦是佛家之一偏。

然而儒佛二家所説的，皆本其所實證，而不爲戲論，只是各説向一方面去。會而通之，便識全體。佛家説空寂，本不謂空是空無，寂是枯寂，故知此體空寂，元是生生化化不息真幾。不空不寂，只是滯礙物，何有生化？儒家言生化亦非不窺到空寂，只不肯深説。故二家所見，元本一理，法爾貫通，非以意爲糅雜也。嘗謂儒佛二家，通之則兩全，離之則各病。儒家立説雖精審，然若不通之以佛，則其末流恐即在動轉或流行中認取。如後來程朱學派有向外求理之嫌，陽明學派有就發用上説良知而陷於猖狂妄行者。乃至西洋哲學中談變或談生命者，多認取盲目的衝動爲生化之本然。未識空寂妙體，終無立本之道。在佛法未入中土以前，老子治《易》而崇無，蓋已有見於此。佛家立説雖甚深微妙，然若不通之以儒，則唯蕩然出世，耽空滯寂，走入非人生的路向，似不應理。此約佛家本義而談。若近世學佛者，自是習於虚僞，尚説不到出世。故證空而觀生，則生而不有之妙油然自得也；歸寂而知化，則化而不留之神暢乎無極也。斯義也深遠哉，吾誰與言之耶？或曰："若是，則與昔者三家合一之論，奚若？"三家謂儒、釋、道。曰：似不可亂真，吾前已言之矣。言三家合一者，自己無有根據，無有統類，比附糅雜而談合一，是混亂也。會通之旨則異是。體真極而辨衆義，辨衆義而會真極，根據强而統類明，是故謂之會通。混亂者，尋摘文句而求其似，此不知學者所爲耳。會通則必自有正見，乃可以綜衆家而辨其各是處，即由其各是處以會其通。夫窮理之事，析異難矣，而會通尤難。析異，在周以察物，小知可能也。會通，必其神智不滯於物，非小知可能也。私門户而薄會通，大道所由塞也，學術所由廢也。時俗固可與言學乎？或曰："公之學，已異於佛家矣。其猶可以佛家名之否？"答曰：吾始治佛家唯識論，嘗有撰述矣。後來忽不以舊師持義爲然也，自毁前稿。久之，始造《新論》。吾惟以真理爲歸，本不拘家派，但《新論》實從佛家演變出來，如謂吾爲新的佛家，亦無所不可耳。然吾畢竟游乎佛與儒之間，亦佛亦儒，非佛非儒，吾亦只是吾而已矣。

綜前所説，吾與印度佛家，尤其大乘空宗，頗有異同，已可概見。至若有宗具云大乘有宗。持論，本欲矯空宗流弊，而乃失去空宗精要意思。此亦可謂不善變已。今當略論之如後。

有宗之學原本空宗，而後乃更張有教，以與之反，言更張有教者，蓋小乘多持有教，見下注。大乘有宗雖亦談有，而與小乘異旨，故云更張。考有宗所依據之《解深密》等經中，判釋迦説教有三時，參考《解深密經·無自性相品》。但此下述經，頗省易其辭，而義則無變。謂初時爲小乘説有教。小乘教中大概明人空。易言之，即謂没有如俗所執爲實在的人或實在的我，只是依五蘊即色心諸法，而妄計爲人或我已耳。然猶未能顯法空道理，如於五蘊諸法，即猶執爲實有的，而不知法相本自空無，故此未證法空但名有教。第二時爲發趣大乘者説空教。謂大乘空宗所依據之《般若經》，説一切法都無自性，即法相本空，故名空教。然是有上、有容，未爲了義。謂更有勝教在其上故，故云有上。此當容納他勝教故，故云有容。他勝教者，謂下第三。第三時爲發趣一切乘者，即大乘有宗。説非有非空，中道教。妄識所執實我實法本皆空無，應説非有；然諸法相如心法、色法，皆有相狀顯現。衆緣生故，不可説無。又此諸法相皆有真如實性，更不可説是空。由此應説妄識所執是誠非有，但法性法相畢竟非空。此與《般若》一往談空都不同，故名非有非空中道教。詳此所云三時教，本有宗假托佛説，隨機感不同，教亦差别，“本有”至此爲句。以示自宗有所依據，便於拑反對者之口爾。判教之説，吾素不取。釋迦歿後，佛家分成許多宗派。此是學術思想自然演變之不能免者，而必一一歸之釋迦，謂其於某時説某教，又爲之抑揚於其間，其假托之情，自不可掩。然當時結集經文者，原爲對付異派計，後人乃信爲誠然，便大誤。但於此極可注意者，則有宗判定空宗爲不了義教，固已明明白白反對空宗的説法。這是不容忽視的。不過，有宗以其所謂非有非空的説法，來對治空宗末流之弊，用意未嘗不是，而他們有宗自己所推演的一套理論卻又墮於情見窠臼，如何可折伏空宗。我們現在欲評判有宗的得失，姑從兩方面來看他。一從本體論的觀點來看，二從宇宙論的觀點來看。把他們的得失刊定，才好顯示本論的意思。但在叙説有宗的義旨時，爲求讀者容易了解起見，只得力避太專門的名相，而於義旨則决無漏失。這個是可以負責申明的。舊著《佛家名相通釋》部乙叙述有宗義極詳明，可與本論參看。

先從本體論方面的觀點來審覈有宗的説法。他們有宗確有和空宗不同處。這個不同處，我們可就《寶性論》中找出證據。《寶性論》，係元魏天竺三藏勒那摩提譯。該論本爲《何義説品》第七，問曰：餘修多羅中，按修多羅謂經籍。皆説一切空。按指空宗所宗經而言。此中何故説，有真如佛性。按《寶性論》即屬有宗。佛性亦是真如之别名。偈言：處處經中説，内外一切空。按内空、外空等，可覆看前文。有爲法如云，及如夢幻等。按以上謂空宗。此中何故説，一切諸衆生，皆有真如性，而不説空寂。按以上謂有宗。答曰：偈言，以有怯弱心，按此第一種過。因空宗説一切空，衆生聞之便起怖畏。既一切空，無所歸趣，故有怯弱心也。輕慢諸衆生，按此第二種過。如一切空之言，即衆生都無真如佛性，本自下劣，故是輕慢衆生。執著虚妄法，按此第三種過。既不信有真如，則唯執著一切法皆是虚妄而已。又可云若談一切空，而無真實可以示人，故外道等皆執著虚妄法，無可導之入正理也。謗真如實性，按此第四種過。凡執著虚妄法者皆不知有真如性，故妄肆謗毁。計身有神我。按此第五種過。如外道等由不見真如故，故妄計身中有神我也。爲令如是等，遠離五種過，故説有佛性。

據《寶性論》所言，足見從前空宗所傳授的一切經典處處説空寂，及至有宗崛起，其所宗主的經典便都説真如實相，實相，猶云諸法實體，與真如連用，爲複詞。不似以前盛宣空寂的意味了。《寶性論》特别提出這個異點來説，很值得注意，簡直把有宗一切經論中談本體的着重點和空宗談本體的着重點之互相不同處宣布出來。

《大般若》説七空，詳第二分，即二十空之省略。乃至二十空，詳《大般若》初分。於一切法皆以空觀，除遣其相。後來有宗廣解真如。參考《大論》七十七。如其所宗之《解深密》及《瑜伽》《中邊》等論皆説有七真如，乃至十真實。真實，亦真如之别名。言七真如者，非真如體可差别爲七種，非字，一氣貫下。但隨義詮别故，説之爲七。如第一云流轉真如，謂真如是流轉法之實性故，非即流轉名真如。流轉法者，謂色心法是刹那生滅，相續流故，故云流轉。乃至第七云正行真如。正行謂聖者修道，發起正行。此中經文有道諦一詞，今不引用，恐解説太繁。謂真如是正行所依實性，或正智所行境，即智所依實性故，亦非即正行名真如。十真實者，隨義詮别，復説以十，用意同前，毋須繁述。總之空宗一往遣相，即真如實相亦在所遣。有宗自謂矯空之偏，故説一切法相皆有真如爲其所依實性，攝相從性，一切真實。空有二宗，其異顯然。

或有難言："《大般若經》便已處處説真如，何曾是到有宗才拈出真如來説。"答曰：善學者窮究各家之學，須各通其大旨，注意各字。不可尋章摘句而失其整個的意思。不可二字，一氣貫下。《大般若》非不説真如。要其用意所在，完全注重破相。若執真如爲實物有者，實物有謂人情於經驗界的物事執爲很實在的，以此成爲心習，將聞説有真如。亦當做實物來想。如或計爲外界獨在的，或計爲很實在的東西，可以想像得到的。亦是取相，便成極大迷妄。故《般若經》的大旨只是空一切相，而欲人於言外，透悟真如。言外二字，注意。所謂離相寂然，才是真實理地。空宗的着重點，着重二字，吃緊。下言着重者，倣此。畢竟在顯空寂。這個着重點就是空宗整個的意思所由出發，及其所匯集處。我們於此領取，方不陷於尋章摘句之失。否則，將謂般若已説真如，有宗亦何所異。殊不知，空宗有其着重點，確是他獨具的面目。

再説有宗。他們雖盛顯真實，亦何嘗不道空寂。如《解深密經》及《瑜伽》卷七十七。皆説有十七空，《顯揚論》卷十五。説十六空，《中邊》亦爾。《中邊述記》卷一可參考。此外，真諦譯有十八空論。以上諸空義，皆見於有宗經論中，實則有宗都根據空宗《般若》的二十空義而採撮之。學者但識其大意可也，至其一一名相，兹不及詳。可見有宗亦談空寂，但其着重點畢竟在顯真實，遂乃别具一種面目。學者將有宗重要的經論，任取一部來玩索，便見得有宗立説之旨與空宗正是兩般。我們要知，本體是真常的，故名真如；絶對的真實，故名真。常如其性，故名如。是無相的，是離染的，亦説爲空寂。不見空寂而談真如，恐墮取相，而非證真。重顯空寂，重者，偏重。又懼末流將有耽空滯寂之患。空宗首出，故以破相而顯空寂。有宗繼起，乃不毁法相而説真實。真實，即謂真如，他處倣此。其着重點，各有不同，亦自各有其故。故者，所以義。

綜前所説，空有二宗談體各有着重點，此其不同處，固也。然復須知，佛家自小乘以來，於體上只説是無爲，决不許説是無爲而無不爲。所以，他們（佛家）是離用談體。這個意思前面已經説過。他們有一共同點，即是不許説本體顯現爲大用。如本論所謂翕闢和生滅的流行不息，即大用之謂。易言之，即不許説真如顯現爲宇宙萬象。須知，所謂宇宙只是大用上之增語，非離大用别有物界可名宇宙故。非字一氣貫下。增語者，語即名言。夫名言所以定形，如白之名言，即以規定白之形相與青等異也。而形本無實，故名言者只由立意造形。如所謂白者，求其實質本不可得，縱説爲光子或電子，畢竟亦無實，故知白者只是意中起想，造作形相。想者，取像義。然非全無所依。要依大用流行，方乃起想，施設名言，但無有與此名言相應之實物，只是於大用流行中，亦即於本來無物之地，無端增益許多名言叫做宇宙萬象，故云增語。要之，由本體顯現爲大用，始可施設宇宙萬象。易言之，由真如體全成用故，即依用相差别用則詐現衆相故。而有種種增語。如説宇宙萬象。如果不許説真如顯現爲用，即無有宇宙論可講。印度佛家，從小乘各部至大乘空有二宗，於體上都只説是無爲，不肯説是無爲而無不爲。易言之，都不曾説此本體是生生化化的物事，即不能説此本體是顯現爲大用的。生化流行便是體的顯現，便名大用。若於體上只説無爲，不許説無不爲，只説恒常不變，不許説生化流行，此體便無有顯現，只是頑空的，便無大用可説。所以，他們印度佛家在本體論上的見地，最好是對宇宙論純取遮撥的態度。從小乘以來，都是根據釋迦説五蘊等法，此即用一種剖解術或破碎術，把物的現象和心的現象，一切拆散了，便無所謂宇宙。如剥蕉葉，一片一片剥完，自無芭蕉可得。但是，小乘雖用剖解術，猶未談到畢竟空、無所有。及至大乘空宗，便説得澈底了。他們所以遮撥宇宙萬象，雖是用意在破除相縛以顯真如，相縛二字，宜深玩。相即是縛，故名相縛。如執着宇宙萬象爲實在的，此即相縛。由此便不能於萬象而透悟其本體即真如。然亦由其不許説本體是生生化化的物事，而只許説是無爲的、無起作的。所以，只好把宇宙萬象極力遮撥。不過，他們一往破相，在理論上都無過患。

大乘有宗矯異空宗，頗談宇宙論。但是，他們有宗將宇宙之體原與真如本體真如本體，係複詞，他處倣此。卻打成兩片。此其根本迷謬處，容後詳談。有宗所以陷於這種迷謬不能自拔者，就因爲有宗談本體雖盛宣真實，以矯空宗末流之失，然亦以爲本體不可説是生生化化的物事，只可説是無爲的、無起作的。因此，他們有宗所謂宇宙，便另有根原。如所謂種子。

有人説，《涅槃經》以常、樂、我、净四德顯體。無變易故名常，斷一切苦故名樂，是内在的主宰故名我，離一切染故名净。《涅槃經》以此四德來顯體，很分明的是與空宗偏彰空寂的意義不同了。余以爲《涅槃》自是有宗的經典。但是，四德只明真如是不變的，是自在的，是離垢染的，常即不變義，我即自在義。樂與净，即離垢染義。亦不曾説真如本體是生生化化的。這裏很值得注意。

綜前所説，有宗在本體論上始終恪守小乘以來一貫相承之根本義，即本體不可説是生生化化的是也。有宗雖自標異空宗，而這種根本的理念仍與空宗不異。所以本論和有宗在本體論上的見地，也是不能相同的。本體是絶對的真實，有宗云然，本論亦云然。但在本論，所謂真實者並不是凝然堅住的物事，而是個恒在生生化化的物事。唯其至真至實，所以生生化化自不容已。亦唯生生化化不容已，才是至真至實。生化之妙難以形容，强爲取譬，正似電光的一閃一閃，刹那不住，可以説生化是常有而常空的。然而電光的一閃一閃，新新而起，唯其刹那不住，故是刹那刹那、新新而起。又應説他是常空而常有的。常有常空，畢竟非有；常空常有，畢竟非無。非有非無，是猶此土老聃所謂“惚兮恍兮其中有象，恍兮惚兮其中有物，窈兮冥兮其中有精，其精甚真其中有信”者耶？“是猶此土”至此爲句。惚恍，形容本體無相也。有象、有物，形容其生生化化而非空也，非謂有實物或實象也。窈冥，深遠之嘆，言本體無相。深遠，不可得而見也。精者，言乎生化的力用，至神而不竭，至妙而無疵也。曰真、曰信，真極之理於生化而驗之也。信，驗也。我們不能捨生化而言體。若無生化，即無有起作，無有顯現，便是頑空。何以驗知此體真極而非無哉？

或曰：“生化是用，不當於體上説，體無生化故。”答曰：信如斯言，體用截然分離，此正是印度佛家差謬處，汝猶不悟，何耶？體者，對用得名。要是用之體，非體用可互相離異故。若所謂用者非即是體之自身底顯現，則體本不爲用之體，只是離異於用而别爲一空洞之境。如此，則體義不成。本來空洞，不起用故，依何名體？佛家常以真如本體，喻如虛空。如《佛地經論》云，“清浄法界者，按即真如本體之別名。譬如虛空，雖遍諸色種種相中，而不可説有種種相，體唯一味”云云。詳佛家自小乘以來談本體，都只説是無爲、無起作，即無有生化的物事。這樣的本體，自同虛空一般。虛空是無起作的，是無生化的，而所謂宇宙萬象或諸色種種相，雖依虛空故有，畢竟不即是虛空自身底顯現，以虛空無生化故。真如本體亦如虛空，所以真如只是遍諸色種種相中，遍字注意，謂其隨處皆遍，無有空缺，似是宇宙萬象所依托的一個世界。不能説真如現作諸色種種相也。這樣一來，形上的本體界與形下的現行界，似成對立，不可融而爲一。現行界猶云現象界，即所謂宇宙萬象或諸色種種相。形上形下兩詞，本之《易・繫傳》。理之極至，説名上。形者，昭著義。真極之理，昭著不無，故云形上。形下者，萬有紛綸，迹象昭著，故亦言形。又即剋就迹象目之爲下。然迹象非别於真極而爲實有，只是真極之流行而已。故在《大易》，形上形下，約義分言，本非二界。而世之言哲學者，每與《易》義相違。

第六章　功能下

談至此，更要從宇宙論方面的觀點來詳覈有宗的説法。吾前屢云：空宗破相，意在顯體。但他們空宗因爲一往破相，即於法相只有遮撥，而無施設，所以説他們是不談宇宙論的。有宗恰恰和空宗相反。他們有宗開山的大師就是無着、世親兄弟。無着的學問大抵參糅小乘談有一派，小乘原分二十部，雖互有異同，但從大端上看來，此二十部總不外空有二派。空派，漸演而爲大乘空宗。有派，則自無着、世親，始成大乘有宗。並資藉大乘空宗，而後張其大有之論。雖復談有，而超過小乘故，謂之大有。其初期立説，實以三性義爲綱要。三性之談，本始於空宗。三性者：一、遍計所執性。遍計謂意識。意識周遍計度，故云遍計。所執者謂遍計之所執，如依五蘊而計爲我，實則於一一蘊上本無我相，但由意識妄計執着爲有，故説此我相是遍計之所執。又如依堅白等相而計爲整個的瓶子，實則堅等相上都無瓶子，亦由意識妄計執着爲有，故說此瓶子相是遍計之所執。舉此二例，可概其餘。二、依他起性。他，謂衆緣。如世間計執心或識是實有的，不悟心法只依衆緣而起。云何衆緣？一者因緣，謂此心法不是無因而憑空得起的，故說有因緣。二者所緣緣，若無所緣的境界，心亦不起，故說有所緣緣。三者次第緣，如前念識能引生後念識，故說次第緣。四者增上緣，如官能等爲識所憑藉以起者，故說增上緣。增上者，扶助義。據此，則所謂心法本無自體，只依衆多的緣而起，故名爲依他起性。此中據空宗義，其所謂因緣尚無後來有宗所謂種子義，故此云因緣但從寬泛的說法。又復應知，心法既說爲依他起性，而色法即物質現象，亦是依他起性，自不待言。當知，色法上可假說有因緣及許多相關聯的增上緣，參看吾著《佛家名相通釋》。三、圓成實性。此謂真如。圓者圓滿，謂真如體遍一切處，無虧欠故，說爲圓滿。成者成就，謂真如體本自恒常，非是生滅法故。宇宙萬象都是有生有滅的東西，即名生滅法。今此真如則非是生滅法，故名成就。實者真實，亦云真理，謂此真如是一切法真實性故，猶云宇宙的實體，故名萬法真理。如上已說三性名義。

按《大般若經》言，慈氏佛呼彌勒也。應如是知，諸遍計所執，決定非有。按可細看前文。諸依他起性，唯有名想施設言說。按想者，取像義。如謂青唯是青而非白等，或甲唯是甲，而非乙等。名者，詮召義。如色之一名，即以呼召色法，而詮釋其爲質礙物也。吾人於一切事物，本由想立名，復因名起想。由名想故，種種言說紛然而起，凡情緣名想言說而主執着，即計爲有實現行界或宇宙萬象。實則一切法，不論心法或色法，都是依他衆緣而起的。故一切法都無自體，本來空無。申言之，一切事物都是互相緣而有，都不是獨立的實在的東西，即衆緣亦是假設，根本無有實在的東西叫做緣，如《中論》等廣說其義。故說一切依他起法，本來空無，唯有隨情所起之名想，及依名想施設種種言說而已。據實而談，名想言說都無有與之相應的實物，純屬虛構。奇哉奇哉！空宗對於依他起性的說法，元是如此，極須認清。諸圓成實，按諸字謂一切法。諸圓成實，猶云一切法的圓成實性。空無我性，是真實有。

按空者，空一切執着相也。無我者，此我字即是執着義。凡由遍計的意識，所計執爲實有的東西而絶不與真理相應者，通名法執，亦名爲我，亦爲法我。諸哲學家不能證見圓成實性者，皆以倒妄計度，成法我相。而圓成實性本來寂浄，離諸戲論，畢竟無有如彼遍計所執法我相故，故説無我性。遍計所執法我相，如實是無，但法我相空已，而圓成實性畢竟不空，故説是真實有。推迹空宗始説三性的意思，他們空宗以初性所計執遍只於妄情上有，而實際上本無。這種見地自是誠諦，爲甚又説依他起性呢？須知，凡妄情之所執，妄情即謂遍計。亦必有其所依而後起此所執。譬如執有現前的桌子，這個桌子只是妄情之所執，根本完全没有如所執的這種桌子。事實誠然如此，但是，人情總不得無執，將轉計云，桌子縱然是所執，而此所執豈無所依，憑空得起？如説眼識但得黑色，乃至身識但得硬度，都不可得桌子。所以這個桌子是現量證明没有的，此云現量，若順俗釋，即是依據感官經驗的知識。在因明，則謂之五識現量。不容諍執。然而，黑色乃至硬度，通攝色蘊，此皆現證的物事。現證，俱云現量所證得。即此又可見一切法相確然不是無有的。故所執相宜遮，而一切法相究不可遮。否則桌子的所執相全無所依，如何得起？又如依色等蘊而執爲實人或實我相，固是妄情所執。實人，猶云實在的人。實我，倣此。但色蘊法不可説無，前已略示。受蘊乃至識蘊諸心法是内自覺知的，亦不可説無。由斯，色蘊等等法相一一皆是實有。故所執相如人我相，得依之以起。凡情計執，大底如此。總之，人情迷執，根深蔕固。雖説初性遍計所執。以對破其所執，卻只破得膚表的一層，而一切法相之執乃是根株所在。此根不拔。即無由見真理。真理，謂真如。由是事故，故於一切法相，若色、若心，並説爲依他起的，足見色和心都不是實有的。解析心法，但依衆緣詐現，云何有實心？解析色法，亦依衆緣詐現，云何有實色？又復當知，本依色心，假説衆緣。色心自性空故，衆緣亦都無自性，是故一切法相本來皆空，唯有名想，都無實義。佛書中言無實義者，猶云無實物。故承初性而談次性，依他起性。極有深意。初性但遣所執，次性盡遣所執之所依一切法相，然後一真之體揭然昭顯，故終之以第三性。圓成實。夫於法相而計爲法相，則不能睹其本真。本真，謂一切法相之實體，即圓成實性是也。情存於有相，故不得無相之實也。本體是真實有，但無相狀。次性遣相，而後可顯圓成，此《般若》了義也。空宗説三性，實則初及二並在所遣，遣者除遣，他處準知。唯存第三。此中意云初二性並遣，即離一切相，乃於一切法而皆目爲圓成實。古德有云“信手所捫，莫非真如”。妙符斯旨。

或有問言：“空宗一往破相，即真如涅槃，亦説如幻如化，此則三性俱遣，寧有第三性可存耶？”真如涅槃，複詞也，即是圓成實。《般若經》説：“涅槃如幻如化。”是第三圓成實性，亦在所遣。答曰：《經》意恐人於圓成實性而起執故，故説如幻如化。以破其執耳，豈真謂圓成實可撥爲無哉？但其偏於破相，語勢嫌過，易滋流弊，是可議耳。總之，空宗談三性，不但遣初性，所執。即依他起以下或省云依他。亦必俱遣。此處所關，極端重要。因爲依他不遣，即是執法相或現界爲有，現界，俱云現行界，猶云現象界，即是宇宙萬象。以此與圓成實性或本體界成爲對立，即依、圓二性不得融而爲一。依、圓二詞，均係省稱。如此便成戲論。我們細玩《大般若經》及《中觀》等論，很分明的是遮撥一切法相，密示圓成。圓成，係省稱。密，謂密意。法相不空，即無由見圓成，故遮撥法相，方令透悟真體。此空宗秘密意趣也。故空宗三性，依他與所執俱遣，所執，初性之省稱。由遣依他故，即於法相不見爲法相，所謂萬象森羅，元是一真法界，其妙如此。一真法界，即圓成之别名。故遣依他者，乃即依他而悟其本是圓成，故無依、圓二性對立之過，此空宗所爲不可及也。

有宗自無着始盛張三性義，以自鳴爲非有非空中道之教，矯異空宗。蓋有宗以爲，三性中初性純是所執，是誠非有。依他不應説無，圓成則是真實有。故通依圓，總説非空。彼有宗自謂空有雙彰，所執非有，是彰空義。依、圓非空，是彰有義。故云空有雙彰。所以與一往談空者異撰。其用意未嘗不是，然而有宗談三性雖原本空宗，而其歸卒與空宗絶異者，則因有宗關於依他性的説法根本與空宗違反。由此，二宗遂劃鴻溝。空宗説依他，元是遮撥法相。有宗説依他，卻要成立法相。在上章前面曾云，兩宗對於法相的説法不同，至此便可對照。遮撥法相，卻是不談宇宙論。成立法相，便有宇宙論可講。兩宗的分歧只從依他性出發。

有宗因爲要談宇宙論，根本就要改變空宗依他性的説法。這個改變的步驟，也是逐漸完成的。當初似猶未甚失空宗之旨，如有宗所宗的《解深密經》有云："如眩翳人，眩翳衆相或髮毛輪等相，差别現前。依他起性，當知亦爾。釋曰：'謂眩翳人似毛輪相，非實似實故，喻依他起非有似有。'"見《一切法相品》，參看唐圓測疏。詳此中非有似有的意思，即只説爲幻有，並非完全遮撥。雖已稍異空宗，但其乖違猶不顯著。迨後，無着創發唯識之論，即於依他起性而改變空宗遮詮的意義，因建立種子，使緣起説一變而爲構造論。緣起一詞，與依他起一詞，含義全同。依他之他，即目衆緣。諸法依探衆緣而起，曰緣起，亦曰緣生。他處用此詞者，準知。這樣一來，有宗便陷入情見窠臼，卻把空宗的精意完全失掉了。今略爲勘定如下：

一、有宗首變遮詮義者。空宗談緣起，本是遮詮，此在上卷第三章後段業已説得很詳明，讀者可以覆按。我相信，凡有神解的人讀過《般若經》及《中觀》等論，當然明瞭空宗談緣起的意思只是一種遮詮。云何遮詮？謂由執實法相，不了真理故，真理，謂圓成實。故依剖解術破除法相，即明示一切法相都無自體。無自體故，即是空。唯由法相皆空故，方可於此透悟圓成實性。此空宗善巧處也。空宗的緣起説，決不是表詮的意義。易言之，即不是要説明一切法由衆緣會聚而構成的。如果以爲一切法是由衆緣會聚而始構成，則是執定有一切法而爲之下解釋，即明其所由成就。這樣只憑意想來安立宇宙，妄加猜度，便不能透悟法相本空，即是不能於法相而洞澈其源底。源底，爲本體之形容詞，亦即圓成實性之代詞。所以，哲學家愛談本體者爲得爲失，就要看他在宇宙論方面是否善用遮詮。此中有無限意思很難説出。我對於空宗的偏尚遮詮，本不敢完全贊同。然而，由其説當下便除遣法相而證實相，實相，謂本體，亦即圓成實性。這裏確是不二法門。雖復有其短處，謂於宇宙萬象，有偏於遮撥之嫌。而長處究不可掩。我希望治哲學者，都肯一受空宗的洗禮。

緣起説本導源釋迦，小乘經典中益盛張之。夫言緣起者必須安立幾種緣，所謂因緣、次第緣、所緣緣、增上緣是也。青目師云："一切所有緣，皆攝在四緣，以是四緣，萬物得生。”見《中論釋》。據小乘《毗曇》說，心法待四緣，方乃得起。四緣，可覆看前談依他性一段文。色法亦待二緣，謂因緣及增上緣。如一顆樹的生起和長盛，有他本身能生的力用，可假說爲因緣。人工的培植和水土、空氣、日光、歲時等等關係，均是增上緣。大概小乘師談緣起者，頗有以爲諸法心法和色法。待衆緣會聚始起。頗有二字，顯小乘中不皆持計此者。如此言緣起，便是表詮的意義，顯然承認諸法是有，而以緣起義來說明諸法所由成就，這個與後來大乘空宗遮詮的意義，便天淵相隔了。我且把表詮、遮詮二種意義，對比如下：

表詮承認諸法是有，而以緣起義來說明諸法所由成就。

遮詮欲令人悟諸法本來皆空，故以緣起說破除諸法，即顯諸法都無自性。亦云無實自體。

如上所說，遮表二種意義，判若天淵。小乘有部談緣起，既是表詮的意義，有部者，此派計執諸法實有，故云有部。所以，大乘空宗欲遮其執，便非根本把所謂緣一一破斥不可。如果把緣破了，則彼妄計有從緣而生之諸法，乃不待破而自空。這個真是霹靂手段。龍樹菩薩在其所造的《中論》裏面，即將四緣一一破盡。參考《觀因緣品》。今不暇具述，略撮其旨，敘以二義如次。

一曰：緣者；由義。若法由彼生故，此生即說彼法與此法作緣，此法望彼法爲果。若爾，是果固待緣成，即緣亦待果得成。如無有果，則緣義不成，以緣名待果而立故。

既緣待果成，今應問汝：緣中先有果耶，先無果耶？若緣中先有果，便不應說果從緣生，果已先有故。若緣中先無果，便不應說緣能生果，緣中本無果故，無則不能生有故。如汝計，雖緣中先無果，而有生果之能，故果後時得生者，此不應理。緣中既有生果之能，應一切時恒生其果，而世共見無有此事。如谷子有生芽果之能，在倉庫時奚不生芽果耶？

綜前所說，緣中先有果、先無果，二俱不成，故知無有從緣所生果。既無從緣所生果，則緣義不成。何以故？果無即緣亦無故。

二曰：衆緣與所生果都無自性。何故都無自性？由緣待果而成故，即緣無自性。又果亦待緣而成故，即果無自性。由衆緣與所生果都無自性故，故知緣起唯是假説，都無實事。

空宗遮撥因果，所謂衆緣之緣，即相當於常途所謂因，故緣亦得名因也。問："四緣中初列因緣，何耶"？答：因義有寬狹。從寬泛言之，一切緣皆名爲因。從狹義言之，唯於生果係最親切的有力者，方名因。故四緣雖並得名因，而初之因緣則取義特狹，學者宜知。至爲卓絶。古代學者都計執實有因果，並以爲因是決定能創生果的。空宗獨正其謬。在古代有此稀奇的創見，真令人有不知所以贊嘆之想。又復應知，如我所説，即在本論所説。一切法都是纔生即滅、没有刹那留住的。覆玩上卷《轉變章》。如此，則根本無有所謂一切物，從何而説有定實的因果耶？應知，因果法則只是隨情計假立，縱許由生滅滅生不已故，有迹象詐現，情計依之作物解，乃施設因果。然既曰迹象，即了無一法當情，猶云絶没有一物相當於情見所計執的那模那樣的存在着。易言之，即是本來無一物也。將以何物目之爲因？復有何物可字曰果？故知因果唯隨情計假立，都無實事。空宗以遮詮的意義談緣起，自是誠諦。

大乘有宗還是根據小乘有部的意思來反空宗。他們大乘有宗談緣起，首先把空宗遮詮的意義改變殆盡。他們比元來小有俱云小乘有部。更要變本加厲。這個變本加厲處就在因緣義的改造。緣這一番改造，有宗逐漸完成極有統系的唯識論。其理論雖宏博精嚴，但構畫愈工，違真愈甚，畢竟如蠶作繭自縛，乃墮入遍計所執而終不自悟。我嘗説，有宗全盤錯誤，只於其談緣起或依他起性處便可見。他們有宗。談依他性，所以鑄成大錯者，根本就在因緣義的改造。元來小乘談緣起，其於因緣尚是寬泛的説法，大概猶就一切法互相關係間立論。如此法得生，由彼法與力故，故説彼法爲此法作因緣。是所謂因緣，實際上與增上緣無甚差别。小乘説有六種因，實皆相當於增上緣。參考基師《唯識述記》等書。如此，雖未得空一切法相以透悟本真，然若但依俗諦作如是計，尚無有過。獨至無着菩薩，大乘有宗開山人物。一方依據小有，一方矯異大空。其談緣起，乃特别改造因緣義以组成一套宇宙論，實則陷於臆想妄構，未可與空宗並論也。尚考無着造《攝大乘論》，始建立功能，亦名爲種子，種子亦省名種。復建立阿賴耶識，攝持一切種。種子爲數無量，故云一切。依佛家説，人各一宇宙，故每人皆有八個識。其第八識曰阿賴耶。阿賴耶者，含藏義，謂含藏一切種故。於是，以種子爲宇宙萬有的因緣。因緣亦省稱因。宇宙萬有，即諸行或一切法之總名。西洋哲學家推求宇宙之本體，説爲第一因，亦同此旨。《攝大乘論》有言，於阿賴耶識中，若愚第一緣起，按緣起者，謂種子爲因緣，一切法得生起，故云緣起，即指目種子也。賴耶識中種子是一切法的本因，故名第一緣起。愚者，言其不了。此中意云，若不了悟賴耶識中種子是萬法本因者，便起如下各種迷謬分别。或有分别自性爲因，按數論建立自性爲心物諸行之因。或有分别夙作爲因。按夙作猶云夙世所造作，亦云先業，如尼乾子等，計先業爲諸行之因。或有分别自在變化爲因，按婆羅門等計有大自在天，能變化故，故爲諸行之因。或有分别實我爲因，按僧法等計有實在的神我爲諸行因。或有分别無因、無緣，按自然外道及無因論師，並空見外道等，並計一切法無有因緣。復有分别我爲作者、按勝論立神我，謂其有造作力用。我爲受者。按數論立神我，謂其受用諸境，如色聲等物，是神我之所受用故。譬如衆多生盲士夫未曾見象，復有以象説而示之。彼諸生盲，有觸象鼻、有觸其牙、有觸其耳、有觸其足、有觸其尾、有觸脊梁。諸有問言：象爲何相？或有説言象如犁柄、或説如杵、或説如箕、或説如臼、或説如箒、或有説言象如石山。若不解了此緣起性，無明生盲，亦復如是。按謂，若不解了種子爲諸行之因者，即由無明生盲，不悟正理。將於宇宙的本體或因緣，純任臆想亂猜，亦如盲人猜象也。無明亦云無知。據無着這一段話來看，他的因緣義確與小乘不同了。小乘因緣，尚是據一切法相互相關係間立論，到無着手裏卻將因緣義改造，而成爲玄學上最根本的原因。他建立種子做因緣，可以説是一種多元論。他以爲各派哲學談到宇宙緣起一大問題，都是胡猜亂想，只有他的種子説是爲誠諦。如上所引。由他的説法，向外界去覓因的，如自性及梵天神我等計。固是邪計，而主張無因無緣者，亦是戲論。他建立賴耶識來含藏種子，即由此賴耶中一切種爲心物諸行生起之因。所以，宇宙不是無因，亦不是有外法爲因。他以此完成其唯識的理論，抑可謂精密已。

問："賴耶識亦八個識中之一也。賴耶中含藏餘七識各各種子，故餘七識得生，餘七識者，以第八識望前七個識，故置餘言。各各二字注意。每一識皆自有種，不雜亂故。賴耶亦自有種否？"賴耶，係省稱。答：賴耶從其自種故生，誰謂賴耶無種？問："賴耶是所生果，賴耶之自種是能生因，如何果得藏因？"答：因果同時故，若因先果後，則果不能藏因。今説因果同時，故果得藏因。又互爲能所故，約生義言，賴耶是所生，其自種是能生。約藏義言，賴耶是能藏種子的，而賴耶自種及餘一切種，都是以賴耶爲所藏的，故云互爲能所。故彼所計，彼者，謂無着及其後學。於理論上非不成立。

有宗本以一切衆生各具八識，各有八個識也，雖此説小宗已有端緒，要至大有始成體系。而每一識都可析爲相、見二分。如眼識，其所緣青等色即是相分，而了别此青等相之了别作用即是見分。合此相、見二分，通名眼識。眼識如是，餘耳識所緣聲是相分，了别此聲相者是見分。乃至第八賴耶識，各各有相、見二分，類準可知。乃至者，隱含鼻等識，文從略故。謂鼻識所緣香是相分，了香相者是見分。舌識所緣味是相分，了味相者是見分。身識諸所觸境是相分，了觸相者是見分。意識緣一切法時，必變似法之相，是名相分，了一切法者是見分。第七識緣賴耶見分爲我時，必變似我之相，是名相分，計執有我相者是見分。如上已説前七識各各相、見二分。至賴耶識相分，則析以三部分：一器界，即俗云自然界或物界是也。二根身，即清净色根，非世俗所謂肉體也。肉體本屬器界，但能扶助根身，與根身和合似一故。三種子，賴耶自己種子及前七識種子，皆藏於賴耶自體内，而爲賴耶之所緣。如上三部分，通是賴耶識之相分。問：根器自是相分，如何種子亦名相分？答：根器各從種子生，種子本不應與根器同類，但以其爲賴耶見分之所緣故，故亦名相分耳。凡爲所緣時，即是相故，舊師之意蓋如此。至賴耶見分，有宗經典則説爲極深細，而爲吾人所不可知云。據彼有宗所謂一切識、或一切相、見，通名現行，現者，現前顯現義。行者，相狀遷流義。亦可總稱現行界。以今哲學上術語言之，即是現象界。彼既肯定有現界，現行界之省稱。故進而推求現界的原因，於是建立一切種子爲現界作根源。種子潛隱於賴耶識中，自爲種界。現界雖從種子親生，但現行生已，即離異種子而别有自體，如親與子截然兩人。所以，種、現二界，元非一體。無着言種子具六義，其一曰果俱有。果謂現行，由種子爲因，現行方起，故現望種而名果。俱者，兩物故言俱也，謂種子與其所生現行果法，一爲能生、一爲所生。彼此相待而有故，故云果俱有。參考《瑜伽》《攝大乘論》及《成唯識論》。種、現對立，成爲二界，此自無着創說，傳授世親。爾後衆師紛出，於此都無異論。

現行界一切識或一切相見……………果所生
種子界一切種子…………………………因能生

附識： 依有宗義，前七識現行。是各各有自體的，而其各各種子則潛在賴耶識中，是種與現明明不爲一體。至賴耶自種，雖與餘識種同伏藏賴耶自體，然爲賴耶見分之所緣，名爲相分。則賴耶自種及餘識種，只是與現行賴耶識，俱有相依，要非一體。現行賴耶識，係複詞。所以說種、現對立，成爲二界。此義判定，則其妄構易見。

無着在《攝論》中，只說一切識各各有自種，各各二字注意，如眼識有自種，耳識乃至賴耶識，均可例知。但每一識，復析以相、見二分。此二分種爲同爲別，則自世親以後之十師，遂成諍論。世親是無着異母弟，初治小乘學，無着誘之入大，遂稟無着，弘唯識論。十師，皆世親後學。護法折衷衆義，說根器及五塵相，皆與見別種。根、器，皆賴耶相分，均是色法故，故各有自種，而不與賴耶見分共一種生。五塵，謂五識所緣色、聲、香、味、觸是也。此五塵相，亦各有自種，非與五識見分同種。若第六意識緣一切法時，其所變似法之相純由見分變現者，此相是與見分同一種生。故二分種，同別合論。本論兹不暇詳。參考吾著《佛家名相通釋》。吾國窺基，乃一遵護法，但由相、見別種義言之，頗有二元論的意義。

因一切相分種………………果一切相分
因一切見分種………………果一切見分

如上所說，無着學派只爲把因緣改造爲玄學上底最根本的因緣，所以建立種子，説名因緣。但是，他們最大的謬誤，就是劃成種、現二界。我們依據明解的覺證，明解，是心所法之一，即依性智而起者。下卷方詳。不能承認有兩重世界。如果説，萬化本隱之顯，種界隱，現界顯，道理是合該如此的。此復不然，隱顯不可析以能所，别爲二界。隱者，其化幾之新新不息者耶。化幾者，言乎乍起之動勢也。動勢，一刹那頃，纔起即滅，無暫住時。刹那刹那皆然，故曰新新。滅滅不已，即是生生不息。化幾之妙如此，斯理甚微。感官經驗所不及，故曰隱也。顯者，其化幾不已之迹象耶。如燃香楮，猛急旋轉，便見火輪，俗名旋火輪。此旋火輪，本非實有，只是刹那刹那、新新不絶之動勢所詐現耳。故顯者隱之迹，隱者顯之本。謂隱是顯的本相，而顯非異隱别有自體。隱顯可假説本迹，而不可析以能所，不可别爲二界。斯義也，後有聖者起，當不疑於吾言也。無着諸師談種現，明明劃分能所二界，如何不是謬誤？

本來他們無着派的種子説，全由情計妄構。易言之，即依據日常實際生活方面的知識，來猜想萬化之原，如此而構成一套宇宙論，自不免戲論了。他們所謂種子，也就是根據俗所習見的物種，如稻種、豆種等等，因之以推想宇宙本體，乃建立種子爲萬物的能作因。能作因一詞，本自小乘。此借用之，不必符其本義。作，猶云造也，蓋謂種子能造起萬物，故説名能作因。這正是以情見猜測造化，如何應理？造化一詞，解見上卷《轉變章》。據他們的説法，種子是個别的，是一粒一粒的，且數量無窮的。輕意菩薩《意業論》云："無量諸種子，其數如雨滴。"這無量數的種子，不止體類不同，種子的自體，有類别者，如無量的眼識種子是同類，若望耳識等等種子便是異類。又準相見别種家言，眼識無量見分種子是同類，若望眼識相分種子便是異類。眼識種如是，餘各識種皆可例知。還有性類不同。種子性類别者，謂諸種子有是無漏性，有是有漏性。無漏者，清浄義、純善義。有漏者，染污義，如後另詳。如眼識無量種子，其性同者爲同類，性異者爲異類。餘各識種，皆可類知。如是各别的種子，都潛在賴耶識中。如果某一同類的種子要生果法，果法，即目諸識或一切相見，如眼識相見種子將要生眼識相見，乃至賴耶識相見種子將要生賴耶識相見。也不能憑孤獨的力用，卻須逢遇衆多的緣力會合才行。故以心法言，不是單從因緣而生，必待次第、所緣、增上諸緣。此諸緣義可覆看前文。舊說心法具四緣。以色法言，亦不是單從因緣而生，要待許多的增上緣。舊云色法具二緣。這樣說來，便是衆緣湊集在一堆兒便有果生，道理上似猶說不通。因此，世親以後的唯識師乃唱士用果義，士用果者：士者士夫，猶言人也。所謂果法之生，由因緣上具有似人的造作力用，故能生此果，即名此果曰士用果。參考吾著《佛家名相通釋》。即以因緣種子。名爲作者，作者，猶云似彼有造作力用的人，顯示因緣有能造起果法之作用故。以旁的緣次第及所緣與增上等緣。名爲作具。作具，猶云工具。凡作者，必待作具，方能有所造作。因緣必仗次第等緣，方得造生果法。故說次第等緣，是因緣所仗之作具也。如此，則所謂緣起者，不是衆緣堆集便能生果。因爲堆集只是亂湊在一塊兒，沒有一個具有作用的東西主於其間，如何有造生果法的勝用？現在把因緣種子說爲作者，旁的緣說爲作具，由作者因緣。具有造作的作用，復仗托作具旁的緣。才顯其作用。所以，得生果法。這樣說來，確然可以言之成理，足以補救無着創說時疏略的地方。然而，緣起說自無着以後，顯然變成構造論。這和空宗遮詮的意義，極端相反。南北極相去之遠，猶未足爲喻也。

附圖一

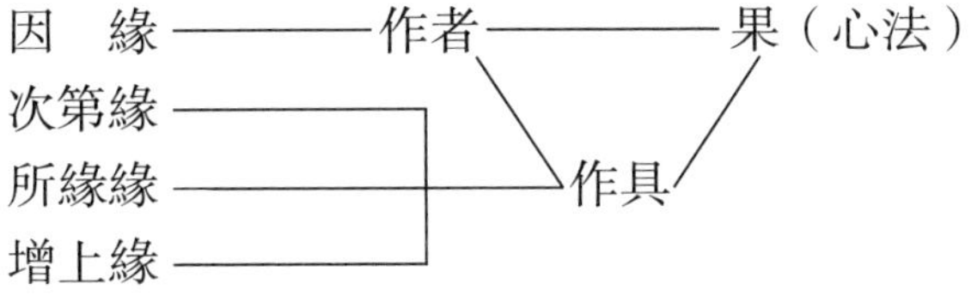

附圖二

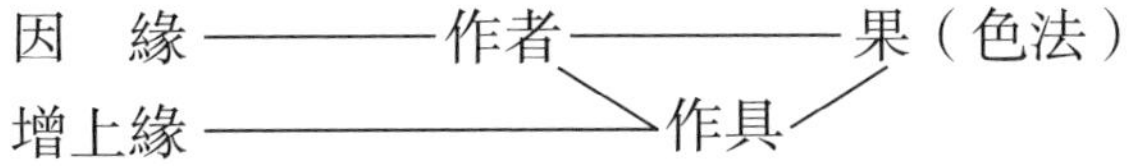

無着雖建立種子爲一切法的因緣，此云法者，即謂色心諸現象。但種子是從何而有的，當時並未提出這個問題。不過，據前文引述《攝大乘論》的一段話來細玩，他無着。爲對治外道各派哲學談本體論或宇宙論的種種謬誤，因此建立種子爲萬法之本。足見他所謂種子，應該是法爾本有的。法爾，猶言自然。不可更詰其由來，故云法爾。本有者，本來有故，不從他生故，非後起故。後來世親派下諸師，要究詰種子的由來，於是有主張是法爾本有，亦有主張是從現行熏習始起的。此中現行，謂前七個識。熏者，熏發，習者，餘勢之續起不絕者也。俗云慣習，或習氣，實即餘勢不斷絶者是。此謂前七識起時，雖即謝滅，但有一種續起的餘勢，不可斷絶，還投入第八賴耶識中成爲種子。此種子能爲因緣，生起後念諸識，或一切相見云。至護法師，始折衷二家義，主張本新并建。夫言現行熏種者，只承認有新熏種，不立本有種。若爾，無始創起的現行便無種子，墮無因論。故應建立本有種。現行從種生已，即有勢用，熏生新種投入賴耶，故新熏種義應成立。又現行熏生新種時，并得熏發賴耶中潛存的本有種，令其增長。由此，本、新二類種子，皆由心造，所以完成唯識的理論。現行，即心之别名。現行能熏生新種，又熏長本種。所以説，一切種均由心造。照無着派下諸師的説法，種既生現，現者，現行之省稱，後倣此。現復生種，似已稍變無着元來的意思。他們世親後諸師談緣起，還是一方以種子爲潛在的世界，一方以現行爲顯著的世界。不過，這兩重世界是互相爲緣而生的。易言之，潛界雖爲現界作根源，而現界也是潛界的根源了。他們的花樣雖多了一點，而種、現二界對立，仍是如故。并且，種界是一粒一粒的積聚着，現界是段段片片的拚合着，所謂八個識，又各各析成相、見等分，明明是截作許多片片段段，卻又拚合攏來。也是遵守以前的説法。他們説種、現互相爲緣，只是把二界加以穿紐，而現界自是顯現的萬象，種界自是潛伏的主體，無始現行，要從本有種生，畢竟種子是主體。總是兩重世界對立着。這種臆想穿鑿，穿鑿謂立意求通，而不合理實。分明是戲論。又復須知，他們所謂新熏種，即習氣是也。既建立本有種，便不應以後起的習氣與之混同，徒增無謂的矯亂。有人説依據有宗新熏種的説法，則是現行眼識，現行眼識，係複詞。纔對青等相起了別時，便熏生青等相分種子，投入賴耶識中。此種子能爲因緣，生起後來的青等相。這個説法，總未免太荒誕。有宗説青黄赤白等色相，是實塵法。易言之，即實在的物質。但如説現行眼識緣青等相時，雖即謝滅，卻有一種習氣續生，潛伏而不自覺。因此，以後眼識緣青等相，便由習氣加入，能知現境似前青相，並且由習氣故，便於青等相妄計爲果樹或青菜等物，卻不能見到此青等是一種生生不息的神用顯現着，和這種顯現的美麗。用而曰神，言其不測也。由此可見，吾人由習氣故，不可證見宇宙實相，常自妄構一個宇宙。如果樹等也。所以習氣的勢力，不可否認。但在有宗諸師，拿習氣和他們所説的本有種混同在一起，謂其能爲諸法之因，如上所説爲青等相生起之因。便有荒誕之譏了。上述的説法，我認爲是審諦的。他們既立本有種，就不該以後起的習氣與之混同。既在理論上不能饜人之心，而於習氣亦乏親切的體認。誠當予以辨正。

綜上所説，有宗因改定因緣義，遂將緣起説變成構造論。這是佛家哲學思想上很大的一個變遷，從來竟無人辨析得，均以爲空有二宗談緣起，似無異旨的。也算怪極。

二、有宗墮二重本體過。有宗既建立種子爲現行作因緣，其種子即是現行界的本體。前引無着《攝論》文，《攝論》，即《攝大乘論》之省稱。可爲明證。因爲《攝論》遮撥外道各宗的本體論，如數論的自性等等。然後揭出自家的種子説，即以賴耶識中種子爲諸行之因。諸行，猶云心物萬象。以此避免無因及外因等過。向外界去覓本體，如自性等計是謂外因。無因論者謂諸行本無有因。凡此皆佛家所力破者。他們的種子説在本體論上可以説爲多元論或二元論。種子是個別的，無量數的，故是多元。種子性別，或是有漏性，或是無漏性，説見前文。是則約性類分，可謂二元。又種子體別，一切相見各別有種子故，亦見前文。是則約體類分，亦是二元。只爲立賴耶識以含藏之，故不爲外因耳。要之種子自是現界的本體，按諸他們的理論，確是如此。他們明明以種子爲現界的根源，與西洋哲學家談本體者，思路正復類似。西哲於本體和現象，無法融而爲一，有宗的種現二界，亦然。

爲什麽説他們有宗有二重本體呢？他們既建立種子爲諸行之因，即種子已是一重本體。然而又要遵守佛家一貫相承的本體論，即有所謂真如是爲萬法實體。佛家説真如，亦名無爲法，絶不許説真如或無爲法底本身是個生生化化或流行不已的物事，只可説他是無起作的。這點意思，是佛家各宗派所共同一致。本卷在以前評空宗時業經説過。有宗談真如，亦不敢變更這個意思，復如前説。須覆看前文。

空宗談三性，依他亦是所遣，即遮撥宇宙萬象。覆玩前文。他們只從空寂的方面來顯真如，唯破相而後空理自彰。相者，法相。空理，真如之别名。均見前。故從宇宙論方面的觀點來衡量他，空宗。他並無理論上的矛盾。有宗卻不然，他們有宗談依他，既改變空宗遮詮的意義，而持構造論。於是，一方講宇宙論，要建立多元的和生滅不斷的種子，來作諸行的因緣。他們種子本身，是生滅滅生，相續不斷的。參考《瑜伽》等種子六義。吾著《佛家名相通釋》解説詳明。這個種子自然是諸行或宇宙的本體了。另一方又談真如，只許説是不生滅，或無起作的。這卻别是一重本體了。如是二重本體作何關係，有宗也無所説明。真如本身既不可説是生生化化或流行的物事，種子之中如本有種法爾有故，不可説是真如現起的，以真如自體無起作故。後來以習氣名新熏種，其非真如所顯，尤不待言。據此所説，種子自爲種子，真如自爲真如，此二重本體，既了無干涉，不獨與真理不相應，即在邏輯上也確説不通了。向來推崇有宗的人，總謂其理論嚴密、系統宏整。這般人只是入他網罟中，無出頭地。若是具眼人疏通他的理論，提控他的系統，就會發見他這一套理論和系統，純是情計妄構。雖復施設條目，繁密可玩，畢竟成爲戲論。其悖於真理已甚矣。總之，有宗種、現二界對立，已是謬誤，既立種子爲諸行因，此種又不即是真如現起，真如直是閒物。所以説，有宗有二重本體過。

如上略以二義，繩正有宗緣起説的謬誤，可見有宗實不曾證體，即不悟體必成用，遂墮入戲論。這便是本論不得不作之故。我們依本體論和宇宙論的觀點，來審覈空宗，覺得空宗只談本體是空寂的，玩其意旨，絶不許説本體亦是生化流行的。所以，空宗不免有遺用談體之失。我在前文裹已經説過。然而，空宗遮撥宇宙萬象，令人自悟空寂的真體，卻没有本體和現象不得融而爲一之過。有宗一方談真如本體四字，係複詞。是不動不變的，一方建立種子爲現界因緣，並且以種、現二界對立。後來諸師，又以種、現互相爲緣，而二界對立則如故。他們有宗的種和現，卻是有生滅的和變動的兩重世界。今試問，不動不變的真如與這兩重世界作何關係，卻也無法説明。又此兩重世界，種和現。互爲能生所生，譬如穀子生禾，禾又生新的穀子一般。穀子喻本有種，禾喻現行。世親後之諸師，主張現行熏發習氣，即入賴耶識中爲新種，如禾從穀子而生，又能生新的穀子。這種説法純是依據日常經驗的知解，來構畫宇宙。因爲他們根本不曾證得本體，即不悟體必成用，所以有此戲論。

有宗談三性，只爲將依他起即緣起。完全更變空宗的意思，於是陷於邪謬而不自悟其非。他們有宗反對空宗不談宇宙論的意思，本未可厚非，無奈他們只恃情計構畫，竟成作霧自迷。又復應知，空宗原來的精意，是在於法相而識法性，法性，即本體之别名。於現象而識真如，現象，猶言法相。真如，即法性。但欲達到此種勝解，勝解者，謂最殊勝的證解，與心所法中勝解異義。必於法相或現象無所取着，取着猶言執着。蕩然無相而後能證見無相之相。法性真如，不可執一切法相以求之，以真如自身本無形相故。然雖無形相，要不是空無的，故應説有無相之相，唯能蕩然除遣一切法相之執，而後能證見及此耳。故空宗遮遣依他，最有深意。若執實有依他起法，即是取着一切法相。由取着一切法相故，則無由於一切法相而見爲真如，亦即無由除遣遍計所執相。三性中，初所執相實依次性，即依他起法而始有的。何以故？由於依他起法即一切法相而計度爲有，故惑相轉增，名爲所執。此處須深心體會。有宗不深究空宗的意思，只見他空宗遮遣依他，即無宇宙論可講，於是極反其説，卻將依他起義即緣起義變成構造論。既建立本有種爲現行因，復以現行爲實有法，謂能生新種，即以種、現互爲緣説明宇宙所由構成。他們有宗純依情見來構畫一套宇宙論，如何可悟真如？我昔者常斥駁有宗三性之談，謂其根本謬誤，就在説依他處。當時曾招佛家學者許多非難。自唐代玄奘、窺基盛宣有宗，二百餘年，號爲顯學。五代之後，雖講習者稀，然佛門俊彦游意斯宗者，究代不乏人，要皆篤志守文，無有知其戾於至理者。余生正法久衰，將秉孤炬以破千載之闇，固知其難也。

上來評判空有二宗，其説已詳。本論所與二宗異同之故，也可概見。現在還要略申本論的主旨，以作本章的結束。

本論的旨趣是在即用顯體，這是上卷第三章。已經説過的。爲什麽可以即用顯體呢？許多學者每云體不可説，只好依作用顯示之。這句話等於空説白道。我們應先理會體用二詞的意義，是可以分作二片的物事呢？抑是畢竟不可分爲二片的呢？這個問題真正重要。如果説體用是可分的，那么體自爲體，用自爲用，如何可云即用而顯體？我願好學深思的人不要忽視此個問題。

説到這裏，我還要把體用二字的意義重複訓釋一番。體字，具稱之就是宇宙本體。或云萬法實體。讀者隨文取義，宜不致誤會。用字，在上章開始的幾節文中曾訓爲勝能等義，並嚴切申明這種勝能與物理學上能力的意義截然不同，讀者須覆玩上章開始各節。似不須再説了。然而，吾猶欲嘵嘵者，因爲在西洋哲學或玄學上，大概分别現象與實體，佛家有法相和法性之分，吾國《易》學有形上形下之分。形上形下，注見前，須覆玩。他們這些名詞的意義，還得刊定一番。

西洋哲學	佛家	易學
現象即宇宙萬象或亦云宇宙	法相	形下
實體	法性	形上

據我的意思，西洋哲學上實體一詞，與佛家所謂法性，法性，具云萬法實性，猶云一切物的本體。《易》學所謂“形而上者謂之道”。都是指目宇宙本體之詞。儘管他們對於本體的解悟各有不同，因之説法亦異，然而他們所用的名詞，如實體、如法性、如形上，都是以爲有所謂宇宙本體而爲之稱。名言雖異，所指目則同，所表示的界域則同，這是不可忽的。譬如杯子一詞，其所表示的杯子，常途看做是一件固定的東西，哲學家看做是一聚複雜的事情。解説雖互不同，然而杯子一詞所表示的界

域，仍是相同。界域者，即所謂杯子這個東西顯然別於其他的東西。哲學家方其解説杯子時，並不曾離開杯子這個東西來説話，常途亦然。兩方哲學與常途。對於杯子一詞所表示的界域，不能謂之有異。舉此譬況，可見實體與法性、形上諸詞，名言雖異，所指目同也，所表示之界域同也。我嘗遇人言，西洋談本體者與吾儒佛不同旨，因之以爲本體之體字不便通用。吾詰之曰：如君之爲人，某甲譽爲君子人也，某乙又以爲小人而毁之，則君之姓字，在甲乙二人口中，將不可通用乎？吾於此，忽不憚辭費者，有以也。

現象、法相、形下，《易》曰："形而下者謂之器。" 謂之二字無忽，言形下即是器也。器者，猶言法相，亦猶言現象也。名言異而所指目同，所表示的界域無弗同，此不待繁釋者。

本論不盡沿用實體和現象，或法性和法相等詞，而特標體和用，這裏卻有深意。我以爲，實體和現象，或形上和形下，或法相和法性，斷不可截成二片的。因此，我便不喜用現象、法相、形下等詞，雖復時沿用之，要爲順俗故耳。因爲説個現象或法相與形下，就是斥指已成的物象而名之。已成的物象，以下省云成象。我人於意想中，計執有個成象的宇宙，即此便障礙了真理。真理，謂本體。易言之，乃不能於萬象而洞澈其即是真理呈現。因爲他只於萬象而計爲萬象，即不能掃象以證真，這就是理障。障礙真理，故名理障。哲學家常把本體和現象或形上和形下，弄成兩界對立的樣子，就因爲不能除遣成象的宇宙之故。説到這裏，我是很贊同空宗的。他們空宗除遣宇宙萬象，而直透真理，可謂單刀直入。不過，他們有很大的缺點，就是談體而遺用，因此偏於掃象，而無法施設宇宙萬象。有宗則與世間哲學家同墮情見窠臼，妄構想一個成象的宇宙，而無以透悟空理。空理，即真理之别名，注見前文。本論所以特别發揮用義，確是體悟有得而後敢言，體悟者，屏除情見推度而默與理契也。自信可以避免諸家的過誤。

用之一詞，亦云作用，亦云功用，亦云勢用，亦云變動，亦云功能或勝能，亦云生生化化流行不息真幾。或省云生化，或省云流行，皆用之目。

他用。可以有很多的别名，是列舉不盡的。

設有問言："由何義故，名之爲用？"應答彼言：所言用者，略以二義顯示。一者，剋就一翕一闢的動勢名之爲用。翕闢只是一個動勢的兩方面，並不是實在的物事，故名爲用。二者，此一翕一闢的動勢是纔起即滅的，是無物暫住的，是新新而起的，是流行不息的，刹那刹那，前滅後生，故云流行。故名爲用。綜上二義，可知剋就用言，應説大用流行是非空非不空的。云何説非空呢？翕闢成變故，刹那頓現故。變動之力，昔未嘗留以至今，今亦不可留以往後，刹那刹那，都是頓現，詳上卷《轉變章》。譬如電光一閃一閃，勢用盛故，故説非空。云何非不空呢？翕闢非有實物故，刹那刹那都不暫住故。既不暫住，即無實物，譬如電光一閃一閃，赫赫輝爍地，實即寂寂默默地，畢竟無所有故，故説非不空。

體用二詞的意義，略如上述。我們要知道，體用二詞，只是約義分言之，實則不可析爲二片的物事。如果把體看作是一個没有生化的物事，那麽這個體便是頑空的，如何可説爲真實？頑空者：無生生不測之神，故曰頑；無萬變不窮之德，故曰空。佛家談體，絶不許涉及生化，所以我説佛家是離用談體。覆看前文。我們從宇宙論的觀點來看空宗，則空宗在這方面，即宇宙論方面。卻不談用。空宗純然除遣一切法相，故不談用。但如何有個無用之體，終是説不通。空宗只顯體是空寂，不言生化，故是無用之體。有宗談宇宙論，建立種子和現行。據彼計，種子本身是纔生即滅，纔滅又即生，恒相續流的。每一種子，皆是如此。現行界則每一現從其自種生起時，都不暫住。但繼起之現，又各從其自種而生，和過去之現相續。故現界也是恒相續流的。但現行，有不定恒相續的，此姑不詳。詳彼種與現，略當本論所謂用義，略字吃緊。蓋彼之種現由妄想構畫，本非真有見於用。但彼自是在用上猜測，惜無真見。故任猜度而衍種現二界之論，彼未嘗不自以爲發揮用義，而不知其適成戲論也。但如彼計，種和現是同爲生化流行的兩重世界，和那本無生化流行的真如了無干涉。這是前面屢經説過的，既體真如。用種和現。條然劃若鴻溝，欲不謂之戲論，奚其可哉？抑不止有宗犯此過，凡哲學家將實體和現象説成二片，不得融而爲一者，皆與有宗同病也。

余嘗默然息慮，慮者，俗云思想或推求等也。游心無始，游心者，縱心於虚，故曰游。息慮而後可虚懷以契真。故息慮者，無妄慮耳，冥與理契，亦非無慮。無始者，泰初冥漠，故托言之以形容無物之地耳。而知體用畢竟不可分爲二片。使其可分，則用既别於體而獨存，即是用有自體。不應於用之外更覓一物説爲本體。又體若離於用而獨存，則體爲無用之體，不獨是死物，亦是閒物。往復推徵，體用畢竟不可分，是事無疑。今當以二義明不可分：

一曰，即體而言用在體。夫體至寂而善動也，寂者，寂静離染，無囂動相。寂，非與動爲對待之詞，此體恒寂故。善字，贊詞也。此言動者，亦非與寂爲對待之詞，此體恒寂亦恒動故。至無而妙有也。無有方所、無有時分、無有形相、無有作意、故曰至無。動而不已，詐現相狀，故曰妙有。動不已者，非謂前之動勢延留至後，乃前動纔起即滅，後動續生，刹那刹那，皆滅故生新。大化無有休歇，故云不已。動勢本無形礙，但由相續不已故，詐現有相。後當别説。寂無者，是其德恒常而不可易也。動有者，是其化至神而不守故也。非恒德將焉有神化？德恒，故化神。無神化，何以顯恒德？以上吃緊。唯具神化與恒德，故稱爲體。體者，絶對的真實義。其德恒，其化神，所以爲真實之極也。然而，寂無則説爲體之本然，本者，本來。然謂如此。本來如此，理絶言思，故云本然。動有亦名爲體之妙用，本然不可致詰，妙用有可形容，是故顯體必於其用。誠知動有，元無留迹，則於動有而知其本自寂無矣。故夫即用而顯體者，正以即用即體故也。兩即字吃緊，正顯體用不二。所以説用在體者，在字須活看，在字如不善會，將以爲説用在體者，如云乙物在甲物中。若爾，體用猶爲二物，便是大錯特錯。意云此用即是體之顯現，非有别異於體而獨在的用故。

二曰，即用而言體在用。在字詳前注。意云由體顯現爲萬殊的用，亦非有别異於用而獨在之體故。此與前義本一貫，特返覆以盡其藴耳。前就體言，本唯一真而含萬化，一真之一，是緣待義。故用不異體。用非與體爲二，云不異。今就用言，於兹萬化皆是一真，萬化，喻如衆漚。一真，喻如大海水。萬化皆是一真，喻如衆漚一一皆攬大海水爲體。故體不異用。體非與用爲二，云不異。由體不異用故，故能變與恒轉及功能等詞，是大用之殊稱，亦得爲本體或真如之異名。以體不異用故，遂從用立名。

綜上二義，可知體用雖若不一而實不二。攝動有歸寂無，泊然無對；會寂無歸動有，宛爾萬殊。故若不一。然寂無未嘗不動有，全體成大用故；動有未嘗不寂無，大用即全體故。故知體用畢竟不二。

誤解體用義的人，或以爲本體上具有一種作用，即由此作用生起宇宙萬有。如此卻將體和用及萬有析成三片了，此便大誤。須知，所謂用者即是體之顯現。所謂體者，雖復本無方所、無形相，然而不是空無，更不是死物。他確是顯爲翕和闢的種種動勢的，故云顯現。這些動勢，本是刹那刹那，方生方滅，方滅方生，如此流行不已的。即此動勢，説名爲用。故體不是離開群動而別有物。群動具云種種動勢。體是全成爲群動的。易言之，體是全成爲萬殊的用的。若離群動或萬殊的用。而求有所謂體，便與宗教家臆想有個超越萬有的上帝，同其迷妄了。

體既不是離用而別有物，用也不是以體爲能生而自爲所生。所以體和用，只隨義別故，有此二名，决不可截然分能所，如有宗所謂種和現也。有宗元來建立本有種子，爲現行或萬有的體原，而其種子是有自體的，故對現行而説名能生。至現行從種生已，便是實有的物事。易言之，現行也是有自體的，故對種子而説名所生。他們種現、是一能一所，分成二界。本論所云體用，卻不是如此的。

如上所説，即體即用，故體用畢竟不二。復有問云："剋就用言，唯有翕和闢的動勢，宛爾詐現，刹那不住，憑何施設宇宙萬有？"應答彼言：翕闢動勢都無實物，刹那刹那，生滅滅生，迅疾流駛，幻現迹象，如旋火輪，如燃香楮，迅轉則見火輪，此火輪本非實有，而宛如實物。即依迹象假説宇宙萬有。以下省云宇宙，或省云萬有。其實，只有新新而起絶不暫住的動勢，何曾實有宇宙？應知，萬有本來空無，唯依動轉迹象，此中動者，謂翕闢的動勢。轉，謂前滅後生，相續流轉。假立心物諸名，亦假説宇宙。故真了用義者，不應妄執從用發生萬有，以萬有本無故，唯依用即動勢而假説之故。注意。在前面已經談過，哲學家不應計執有個成象的宇宙，因爲宇宙或一切物，只是依不住的動勢而施設的增語。增語，曾見前文。

唯有名言，都無實事。本論不喜用現象或法相等詞，而直談用，說見前。此中正有深意。

如實談用，稱實而談，無謬誤故，故云如實。此用是非空非不空的，已如前說。我們從非空的一方面來談，大用流行用而曰大，贊詞也。雖本無實物而有迹象詐現，依此迹象可以施設物理世界或外在世界，如此便有宇宙論可講，亦可予科學知識以安足處。如果完全遮撥物理世界，科學知識便無立足處了。這是本論和空宗迴不同的地方。有宗雖談宇宙論，但是他們有宗種、現二界的説法，純是情見妄構，甚至把真如説成與種、現二界絶無干涉的另一無爲法界，尤不應理。有宗根本不解了即體即用的勝義，只是馳逞戲論。我們要知道，絶對即涵相對，絶對謂體，相對謂用，相對即是絶對的内涵，非離絶對而別有相對的世界故。相對即是絶對，於相對而識絶對，以一切法皆是絶對的顯現故，非離相對而別有絶對的世界故。然不妨剋就相對義邊，假説宇宙。剋字吃緊，直指相對而説故。翕闢相反而成變化，依此假説宇宙。蓋無生之生，雖復生而不有，本體不從他生，更不是本來無有而今始生的，故曰無生。本體自身是個生生不息的物事故，無生而有生也。即依生義，而名爲用。但纔生即滅，没有任何物事存在，是生而不有也。然自其生生不已言之，宛然流行而有則焉。方生方滅，方滅方生，故云生生不已。生生之流詐現有形，故云流形。有形即有則，此宜深思。流形一詞，本《易・乾卦》。不動之動，雖復動而不留，本體是無待的，無方所的，無形相的，非如實物有移轉故，故云不動。本體底自身是個變化不可窮竭的物事，故不動而有動也。即依動義，而名爲用。但動勢是纔起即滅，無物暫住，故云不留。然自其動動相續言之，宛然見象，而成理焉。前動方滅，後動即起，故恒相續。見讀現。由動相續，故現物象。形物皆具有理則，故云成理。所以，本論從大用之非空的方面來説，可以施設宇宙萬象，即科學知識也有安足處了。

我們談用，又從非不空的方面來看，大用流行，雖復生滅宛然，生滅不已之迹象，現似形物，故云宛然。而實泊爾空寂。何以故？如實談生滅義，極於刹那，纔生即滅。詳上卷《轉變章》。夫纔生即滅，是本無有生也。既無有生，即亦無滅。若爾，生滅性空，没有生起一件物事，是生無自性。無生便無滅，是滅無自性，故云生滅性空。此中空字是空無義。便應於生滅宛然，澈悟本來空寂。此中空字，非空無之空，乃以無形礙及無障染名空。寂者，清净義，離擾亂相故。此中意云，由了生滅的法相本空無故，即於法相而澈悟本來空寂的真如法性也。然則，一真常寂，不礙萬變繁興；一真之一，絶待義，非算數之一。體恒空寂，曰常寂。萬變繁興，元是一真常寂。良由萬變至神無方，並非另生一實有的物事，可以離異一真而獨存，并非二字，一氣貫至此。無方者，無方所。本無有物，何方之有？故乃於萬變而悟一真耳。如其執有物界，又從何澈悟一真耶？故知遣相而實相斯存，遣相，謂不計執有實物界或宇宙萬象也。實相，謂本體。觀變而不變可悟，變，用也。不變，德也。誠知用非實有，則無執物之迷，故乃於用而見本體之恒德矣。斯乃至人超悟之境，非情見所測也。夫宇宙萬有，本自空無。萬有，唯依大用流行之迹象而假設，本無所謂萬有故。哲學家于此，猶多不悟，矧乃欲其了知大用無實，是事誠難。無實二字吃緊。大用流行，刹那刹那，都不暫住，本無形相可求，故非實有。非實有故，即等若空無，故云非不空也。此中理趣深微，讀者宜虚懷沉玩。不了用之無實，即不了神變無方，正是實相無相也。不了二字，一氣貫下。實相，體之異名。此體至真至實，而無形相可得，故云無相。神變即大用之稱。無方，具云無方所，與無相義同。此言於無方之變，識得無相之體，以非有實作用别異於體而獨存故，乃即用即體故。所以，本論從大用之非不空的方面來説，卻是即用而見體。因此，在科學上所施設的宇宙萬有或外在世界，在玄學上不得不遮撥。同時，玄學也要超過知識而趣歸證會。這個意思，俟《量論》再詳。

從來佛家學者，莫不盛宣緣起義。實則空宗談緣起，本以遮撥法相，或現象界。易言之，即明萬有本空而已。空者、空無。此意在前面屢經説過。我們從宇宙論的觀點來看空宗，空宗雖不曾談用，但其遮撥法相的意思，我們在玄學上也與之同契。獨至有宗談緣起，一反空宗遮詮的意思，而變成構造論。他們有宗確是計執法相爲實有。易言之，即計執有成象的宇宙。他們並且憑臆想構劃宇宙，析以二重，所謂種界和現界是也。他們因爲計執有此種、現二界，才以緣起義來説明之。如説此緣彼而得生，彼亦緣此而得生。這樣説來，總構想有成象的宇宙，不能理會到淵然無象之實際理地。易言之，即不能澈悟生生無住之神。本論所説體用不二的意義，在篤信有宗的學者看來，根本是無法了解的。他們有宗學者每詆我爲無知，爲邪見，我亦願受之而無諍。真理本自昭著，但迷者不悟，我們只期能悟者同悟而已。

或有問言："如公所説，本體是冲寂無形的，但寂非枯寂，卻是生生不住的。若生已有住，便成死物。唯其不住，故生生不已也。即此生生不住，説名爲用，亦復依用施設萬有。據實而言，萬有本自空無，是將使人起空見也，奈何？"答曰：全體大用，圓成而實，本來圓滿，毫無虧欠，故曰圓。本來現成，不依他有，故曰成。絶待故，無妄故，故曰實。云何言空？凡情迷失本真，無我計我，證真，則萬物同體。本無所謂小己或自我，然人皆於無我而妄計有我。無物逐物，證真，即唯大用流行。本無有如俗所計現實界的物事，然人皆於無物而追求種種物。遂至以本空者，空字，是空無義，下倣此。計爲不空，凡情計有内我和外物，此即以本空者爲不空。本不空者反計爲空。凡情不悟真體，即於本不空，而計爲空。世尊憫群生顛倒者，以此。

談至此，還有一個問題須附帶説及，就是我國哲學上自兩宋以來的理氣問題。這個問題，由宋明迄今，還是不曾解決。從來哲學家關於理氣的説法雖極複雜，但根本争端不外理氣是否截然爲二之一大問題。此中諍論極多，幾於家自爲説，人持一見。我現在不欲徵引儒先的説法，更不暇評判他們儒先的短長。將來容有旁的論述。只好本我的意思予理氣以新解釋。我先要審定理氣二字的意義。

氣字，當然不是空氣，或氣體和氣象等等氣字的意義。常途每以形氣二字連用，形氣二字的意義，有時用得很寬泛。宇宙萬有亦總云形氣。這裏的氣字，猶不即是形氣之稱，至後當知。我以爲，這氣字只是一種生生的動勢，或勝能的意思。此中勝能，不是物理學上所謂能力，在上章開始幾節中，有一節談及此，可覆看。此氣是運而無所積的。運者，動義，或流行義。動勢生滅相續，故云流行。刹那生滅，無物暫住，故云無所積。動相詐現，猶如氣分，分讀份。故名爲氣。言氣，即顯無實物故。詳覈此所謂氣，正是本論所謂用。至於萬有或形氣，唯依動轉的迹象，假爲之名，非離一切動勢，有實形氣。

理字，本具有條理或法則的意義，但不可如宋明儒説是氣上的條理。宋明儒中，許多人把氣説爲實有的，因以爲理者只是氣上的條理。如此，則理的本身竟是空洞的形式，只氣是實在的。明儒持這種見解的更多，即在陽明派下，也都如是主張。他們陽明後學一面談良知，即本心。不得不承認心是主宰，一面談氣是實有，理反是屬於氣上的一種形式，頗似心物二元論，甚乖陽明本旨。我在此處不欲多作評判，只説我對於理氣的解釋。我以爲，理和氣是不可截然分爲二片的。理之一詞，是體和用之通稱。氣之一詞，但從用上立名。氣即是用，前面解釋氣字的意義時，儘説得明白。理之一詞，何以是體用之通稱呢？因爲就體而言，此體元是寂然無相，而現似翕闢萬象，翕闢即是萬象，複詞耳。現者，顯現，或現起義。似者，以萬象不可執爲定實，故置似言。即衆理燦然已具。萬象，即是衆理故。故此體，亦名爲理。又體之爲言，是萬化之原，萬物之本，萬理之所會歸，故應説爲真理，佛家説真如名真理。亦名實理，程子每言實理，即斥體言之。也可説是究極的道理。此中道理，係複詞。道字亦作理字解。就用而言，翕闢妙用，詐現衆相，即此衆相秩然有則，靈通無滯，亦名爲理，即相即理故，兩即字、明其不二。或相即是理故。比上語較逕直。前所云理，當體受稱，是謂一本實含萬殊。後所云理，依用立名，是謂萬殊還歸一本。理雖説二，要自不一不異。體用義别故，故不一；即用即體故，故不異。析理期詳，俟諸《量論》。

在本章之末，還須與有宗簡别一番者。本論從用顯體，即説本體亦名功能。功能亦名勝能，勝能的意義，説見上章初幾節中。但是，有宗建立種子，亦名功能，自無着創説時，即以功能爲現界或一切行的本體。一切行，謂心和物。無奈他們有宗把能和現分成二界，不可融而爲一，功能，亦省稱能。現界，則亦省云現。易言之，即是體用截成兩片。這個謬誤在前面駁辨甚詳，本可不贅，然而就名詞上看，我所謂功能是斥體而目之，無著等所謂功能，也是一切行的本原。本原一詞，即是本體的别名。誠恐有人誤會，竟以此同彼。此者，本論所謂功能。彼者，無着等所謂功能。今略舉數義，以相簡别。

一曰，本論功能即是真如，無二重本體過。有宗功能是潛在於現界之背後，爲現界的因素。若僅如此，尚爲一般哲學家所同有的過誤，體用説成二片，哲學家多犯此過。不幸有宗又本佛家傳統的思想，别立無起無作的真如法界，無起，猶言無生。無作，猶言不動。真如法界，係複詞。過又甚焉。本論攝用歸體，用即是體之顯現，非别異於體而自爲實在的物事，故用應攝入體，不可將體用析成二片。故説功能即是真如；會性入相，性者，體之異名。相，謂用，義旨同上，但更端言之。故説真如亦名功能。以故，談體無二重過。

二曰，本論依功能假立諸行，行字，見上卷《轉變章》。諸行，謂心和物諸現象，俗所謂宇宙萬象是也。無體用分成二界過。據有宗義，功能是體，以其爲現行之因故；現行，即諸行之别名。諸者，心物諸行繁然不一，故言諸也。現者，諸行相狀，現前顯著，故言現也。現行是用，以其從功能生起故。然彼現行生已，便有自體，乃與功能對立而成二界，如前已駁。本論依功能翕闢假説心和物，故非實有諸行界與功能並峙。故非二字，一氣貫下。諸行界，猶俗云現象界，以故，無體用析成二界過。

有宗——
- 功能亦名種子。種子復分二類，曰相分種、見分種。
- 因
- ｜
- 果
- 現行
  - 相分相當俗所謂物。
  - 見分相當俗所謂心。

附説：功能爲因，現行爲果。能現各有自體，互相對待，成爲二界。又現行是相分與見分之都稱，易言之，即相分與見分合名現行。

本論　功能
- 翕假説爲物。
- 闢假説爲心。

附說：離翕闢外，無所謂功能；離功能外，亦無所謂翕闢。此須善會。翕闢，只是同一功能的兩方面，這兩方面的勢用，是相反相成的。不可看做是兩種實有的物事。此處吃緊。故夫於翕闢而悟其生而不有，即本無生；於翕闢而悟其動而不滯，未始有物，故無滯積。即本無動。詳玩上卷《轉變章》。然則生動之極，兀然空寂，即用見體。空寂之至，油然生動，舉體成用。其斯爲誠之不可揜，神之不可測也夫。非離功能別有真如，於此宜悟。

三曰，本論功能是渾一的全體，但非一合相的，亦非如衆粒然。一合相一詞，係借用，不必符其原義。假如有一件呆板的物事，純是一味合同，其間絶無分化可言，便名一合相。衆粒，謂如世間稻等種子，爲各各獨立的粒子，不得互相涵攝爲渾一之全體。有宗功能說爲粒子性，是各各獨立的，是多至無量數的。這些衆粒，必須有儲藏的地方，所以建立阿賴耶識。賴耶含藏種子，説見前文。這種説法也可謂之多元論。殊不知，一切物的本體，元是絶對的，元是全的，既曰多元，便是相對的物事，如何可以多元來談本體？此固不待深論，而得失易見。本論功能，亦稱大用或功用，又曰生生化化流行不息真幾。流行一詞，見前。這個元是渾一的全體，渾者，渾全。一者，絶待。是遍一切時及一切處，恒自充周圓滿，都無虧欠的。此中時和處，乃設言之以形容其圓滿之極。實則談到圓滿的全體，本來是絶待的，是超時空的，那有時處可説？不過，這個全體並不是一合相，不妨説是無窮無盡的部分互相涵攝，互相融貫而成爲渾一的全體。此中部分一詞，須善會。常途言部分，是有實物可剖成部分的，此則不可當做實物來想。又每一部分可强説爲一單位，易言之，即强説爲一個功能。但切忌誤會，以爲功能果真是個别的東西。須謹防此種謬想。大凡談理至玄微之境，便覺語言文字都是死的工具，不堪適用。此意難言。譬如大海水，喻渾一的全體。實則只是無量的衆漚，衆漚，喻各部分。互相融攝而成渾全的大海水。曾航海者，方見到大海水只是衆漚。我們説功能是渾一的全體，而仍於全中見分，於分中見全，並不道是一合相。此處最關緊要。

問曰："全中見分，喻如大海水元是一一的漚，此義易了。分中見全，義復云何？”答曰：如於衆漚中，隨舉一漚，便涵攝無量無邊的漚。易言之，即此一漚便涵攝全大海水。汝於此事，猶置疑否？若無疑者，應知於渾全的功能中假説衆分，猶言一個一個的或許許多多的功能。於衆分中隨一功能皆涵攝無量無邊的功能。易言之，任舉每一功能，都見是全體的，所謂一微塵即遍全法界，此中全法界，亦可云全宇宙。理實如是。

復次，每一功能都具有内在的矛盾而成其發展。這個矛盾，可以説爲互相反的兩極，一極假説爲翕，一極假説爲闢。翕則疑於物化而實爲闢作工具；闢則守其不可物化的本性，而爲運翕隨轉之神。隨轉者，謂翕亦隨闢轉也。唯闢能運翕，故矛盾終歸消融，而復其本性矣。翕闢兩極，以其互相反而恰互相成，這也奇怪。由此應知，變化不是如機械的動作的，其間宛然有一種自由的主宰力，就是闢極。這個闢，是運行乎翕極而爲之主。此闢是具有明智的力用，明智者，無染污故，故説爲明，虚靈無礙故，故説爲智。不過此種明智，是至微妙而不可知，説爲不可知，已是可知了，只爲衆生錮於情識，故對衆生説不可知。但決不能説他是没有明智的。如謂其非明智，便把這闢只看作是迷闇的力用，那就根本不識得造化之真了。我們要知，大用流行或云變化。是没有預定的計畫的，因爲本無作者的緣故；作者，謂宗教家所云創造世界的上帝。也不可道是没有計畫的，因爲有主乎翕中之闢，此闢底本身就是湛然明智，能隨在作主的，絶不是亂衝的，故可以説是有計畫。但無所謂預定，即不是有個能計畫者。如有預定的計畫，即是有個能計畫者。須知，翕闢成變，即於闢上説名計畫，不是離翕闢之變外，别有個能計畫者，此處宜虚懷體究。總之，每一功能都具翕闢兩極，没有一個功能只是純翕而無闢，或只是純闢而無翕的。没有二字，一氣貫下。説至此，還要補充一段話，就是兩極一詞，須申説其意義。極者，極端。我説翕和闢是兩極端，只形容其相反的意思，非謂其如一物體之有二端，其二端不可同處也。物體可分爲上下或南北等二端，其二端是有方所之異而互相隔遠的。今此云兩極端，則是兩種絶不同的勢用。或云動勢。一是收凝，而有物化的傾向的；一是剛健和開發，而爲虚靈無礙之神，恒向上而不肯物化的，故説爲兩極端。亦省云兩極。實則此兩極只是同一功能之故反的動勢，故反者，謂若故意爲此相反之動也，非謂其果有意，蓋言似之耳。功能之表現其自身，蓋不得不如此，所謂法爾如是。這種不同的動勢翕和闢。是互相融合在一起，决不是可以分開的。須知功能的本身，就是這兩種動勢。離此兩種動勢外，無所謂功能。勢用雖殊，殊者，謂有翕和闢之不同。元非異體。只是一個功能。所以翕闢兩極，不可當做物體之有上下或南北兩極來想。上下等是各異其方所的，而此則没有方所之異，根本不可當做實物來想，哪有方所可説？所以兩極一詞的意義，絶不容誤會。

復次，無量功能互相涵攝而成爲渾一的全體。此通就一切功能言之，是全體。又復每一功能都涵攝無量無邊功能。易言之，任舉一個功能，他便涵攝一切功能，即是全體。此剋就每一功能言之，各各都是全體的。是等義趣，如前説訖。今次，應説一切功能互爲主屬。屬者，從屬，從屬於主故。如甲能功能，省稱能，下準知。對乙能乃至無量能而爲主，乙能等等則對甲能而爲其屬。同時，乙能亦對甲能乃至無量能而爲主，甲能等等則亦對乙能而爲其屬。於甲能乙能互爲主屬如是，餘一切能，均可類推。由一切能互相爲主屬故，所以説一切能不是一合相，而又是渾一的全體。主和屬元來各各有别故，故不是一合相。主和屬互相涵攝故，故爲渾一的全體。又由一一能都爲主故，即都是自由的，或自在的。由一一能都爲屬故，即非是散漫而不互相涵攝的。總之，一切功能既非一合相，而仍是渾一的全體，是即於相對見絶對。既是渾一的全體，而畢竟非一合相，是即於絶對見相對。體用不二的意思，即此可見。綜前所説，本論功能雖不是一合相，而絶非具有粒子性。易言之，决不可當做各各獨立的粒子來設想，尤不可妄臆其有貯藏的處所，此是本論與有宗天壤懸隔處。

附説：功能非一合相，不妨説爲一個一個的。但所謂一個一個的，又决不可看做是如衆粒然。易言之，即此無量功能確是渾一的全體。或有問言：“所謂渾一的全體，是否即一個一個的相加之和？”答曰：於全體中不妨説有許多部分，部分，謂一個一個的功能。但全體决不是各部分相加之和。如果各部分元來是各各獨立的，今若聚合在一起，則必如一盤散沙然，何可成爲全體？然則，全體何故不即是各部分相加之和，畢竟未易索解。爲釋此難，復將體用義一作分疏。本體是一，而其顯爲用也，則不能不萬殊，所謂各部分者，即剋就用相上言之耳。相者，相狀。用相雖有各部分之殊，但其本體元無差別，故剋就各部分言，此各部分畢竟是互相融攝而爲渾一的全體。何以故？由即用即體故，非用離體別有物故。所以用相雖殊，殊者，謂不是一合相，而是許多部分。要非不相融攝，非不爲全體。因爲攝用歸體，即一一用相都無差別故。此義深微，只有大海水與衆漚喻，最便形容。一、大海水可以喻體。二、大海水全顯爲衆漚，可以喻體全顯爲萬殊的用，即所謂一個一個的功能。三、衆漚可以喻無量功能。即各部分。四、衆漚互相融攝而爲全體，可以喻一一功能互相融攝而爲渾一的全體。綜上所説，可見大海水與衆漚喻，善形容體用。於此透悟，則全體何故不即是各部分相加之和，其義豁然無疑矣。此處正文融體歸用，所以只就用相上立言，故只説到部分互相融攝而爲全體，便隨宜而止。至全體何故不即是各部分相加之和，則恐泥執用相者不能攝用歸體，必横生滯礙，故復將體用分疏一番，期善學者深思而自得之。總之，本論談體用，有時須分疏，如説體無方無相，用則詐現有相，體無差别，用則萬殊。又如説體顯爲用。如是等等，皆見體用二詞的意義，不可混淆。有時須融會，或融體歸用，或攝用歸體，皆融會之謂。此在讀者隨文會義。至理不可方物，不可以形物比方之也。説得死煞，便不是。

復次，功能是渾一的全體，但非一合相。即於全中見分，而可以説爲一個一個的。又每一功能都具翕闢兩極，皆如前説訖。復有難言："所謂每一功能都具翕闢兩極者，此意每一功能，就是翕闢二勢和合在一起的一個單位。據此，則甲單位與乙單位，以及無量的單位，都是各各釐然分立的。他們各個單位雖得互相融通，互相感攝，而説爲全體，但是在另一方面，似乎已把他們各個單位説成各自獨立的，終令人見分易，而見全難。"答曰：來難意思，未免滯礙。至理玄微，不容夾雜日常分析物事的觀念，以相擬議。如應者言，借用佛典語。應謂契應正理。功能本自渾全而又不可計爲一合相，功能不妨説分而又非如衆多粒子然。有宗甚謬誤。此處不容以情見猜測。至汝所云每一單位，若就其翕之一方面言，則收凝而有物化之傾向。似成一極小的圈子，注意似字。這種圈子初不必顯著，後來漸著，及其著也，或即被人叫做極微，或亦云電子等。故謂之翕。同時，此翕中即有虚靈無礙之神，或剛健的力運行其間而爲之主，便謂之闢。每一個翕既似形成一極小圈子，若有粒子性者然。注意似字，及若有等字，非實成粒子故。因此，則運於翕中之闢的勢用，也就和此翕同一小圈子，而這個圈子其實也只是一個動圈。如此一翕一闢之和合而成一圈者，假説爲一個功能，亦得謂之一單位。無量的功能，每個都是如上所説。我們應知，功能所以非一合相者，其妙就存乎翕。有翕便有分化，才不是一合相。假使沒有所謂翕就無從顯出對待，無有萬殊可言。據此，則翕是分化的，每一個翕，是自成一極小圈子。今試剋就闢言，此闢是否真個隨翕而分成各個的圈呢？應知，闢的勢用雖運於一切翕之中，恒隨各個的翕而分成各圈，但闢的本身確是渾一的。可分與不可分，於此都不妨説。闢的勢用，既不同實物，不妨説不可分。他是隨一切翕，而皆運乎其間的，亦不妨説可分。有難："如此説來，闢似成二。一、隨各個翕而成爲各圈的；二、統一的。"此難大誤，統一的闢即是隨各個翕而成爲各圈的闢。各圈的闢，也即是統一的闢。豈其有二？然則，翕何故有？應知翕並不是別有來源，此翕和闢是同一本體。可以説，翕的本身即是闢，不過爲顯發闢的力用之故，不得不有資具。所以，本體之動自然會有許許多多的收凝的勢用，許多字，吃緊。不是只翕成一團也。纔收凝便有成形的傾向，即此謂之翕。所以，翕是一種反動，故與闢異。我們可以數來表示翕闢的意義。

— --
闢　翕

--是偶數，是有對的意思。因爲翕便近於物化，故成有對。—是奇數，是無對的意思。因爲體顯爲用，雖用之爲言，不外一翕一闢，而翕則近於物化，便不守其體之自性，此之謂反。幾乎不成爲用。唯闢則不捨其體之自性，可以說闢即體之如其自性而呈顯，只有闢才是大用流行，也可以説闢即是體。因此，説闢是無對。又復須知，翕闢二勢畢竟相反相成。闢能轉翕從己，己者，設爲闢之自謂。翕終順闢，於此可識渾全。綜上所説，於全體中，不礙分化，於分化中，可見全體。法爾如是，何庸疑難？

四曰，本論功能、習氣，不容混同。有宗立義最謬者，莫如混習氣爲功能。他們有宗計一切功能，綜度由來，可爲二別。一者，本有功能，謂無始法爾而有故。無始，猶云泰初，或泰始。佛氏云無始者，因凡情皆計有初始，而實不可知其始期，故曰無始，法爾，猶言自然。自然者，無待而然。二者，新熏功能，謂前七識一向熏生習氣故。前七識者，大乘説每人都有八個識，一眼識、二耳識、三鼻識、四舌識、五身識、六意識、七末那識、八阿賴耶識。此八識，俟下卷當詳。一向者，佛家承認每人的生命是恒存的，推其前則無始，究其後則無終，故此言一向者，乃約無始以來而説。習謂慣習，氣謂氣勢。習氣者，謂慣習所成勢力。熏者，熏發，如香熏物，便有香氣發生。前七云云者，謂前七識起時各各能發生習氣，以潛入第八賴耶識中，令其受持勿失，而復爲新功能也。有宗説前七識是能熏，第八賴耶識是所熏。前七中，如眼等五識取外境故，故能熏發習氣。第六意識攀援一切境故，能獨起思構故，故能熏發習氣。第七末那識，恒内自計執有我故，故能熏發習氣。唯第八賴耶識，則受持前七所熏發之習氣，故名所熏。習氣藏賴耶中，即成一種新的勢力，能生未來之一切心物諸行，故名新熏功能。有宗中談功能由來者，自世親以後，或主唯本有，或主唯新熏，至護法折中衆義，主張本新並建。中國玄奘及其弟子窺基並宗之，遂成定論。參考基師《成唯識論述記》。吾著《佛家名相通釋》，徵述尤詳。這種説法，甚不應理。須知，功能原唯本有，無别新熏。所以者何？功能爲渾一的全體，具足萬德，無始時來法爾全體流行，曾無虧欠，豈待新生遞相增益？設本不足，還待隨增，何成功能？故知本新並建，徒爲戲論。尚考有宗根本謬誤，則在混習爲能，故説本外有新。習氣，亦省云習。功能，亦省云能。後皆倣此。由不辨能習之殊故，故説習氣爲新熏功能，以别於本有功能。若了習氣非可混同功能者，則知功能唯是本有，而無所謂新熏也。其實，有宗所謂習氣，我亦極成。不過習氣是如何才有的，有宗於此似欠説明。他們有宗只説習氣是由前七識各别熏生，據有宗説，眼識可析爲相、見二分。相分即色境，見分即了别色境的作用。此二分合名眼識。此眼識起時决不是空空過去，卻能熏生一種習氣，投入賴耶中，是爲新功能。由此爲因，得生後念眼識相、見二分。故與本有功能無異。眼識如是，耳識乃至第七識，皆可例知。而於所以熏生之故，則猶未詳，此亦是其粗疏處。

我固承認習氣是有的，但我之言心，不許剖成八個。因此，無所謂前七各熏。我以爲凡人意念乍動之微，與發動身語或事爲之著者，通名造作，亦名爲業。發動身語者，謂意念乍動，曰意業。即由意業轉强，而發爲口語，曰語業。發爲身體上之動作，曰身業。後二業，即已見之行事。一切造作，不唐捐故，猶云不虚費。必皆有餘勢續起而成爲潛存的勢力，注意一切字，及皆字。是名習氣。這千條萬緒的習氣，所以各各等流不絶者，注意各各字。等流，謂各各習氣的自身均非固定的，都是刹那刹那、生滅滅生、相續流去，故云等流。等者，似義，後起似前曰等。就因爲人生有儲留過去一切作業，以利將來之欲。業曰作業，取複詞便稱。這個欲雖不顯著，而確是凡有情識的生類所同有的。如其無此欲，則一切作業纔起即滅，都無續起的餘勢。以彼造作或業起時，無儲留此作業之希欲故，故業一滅便無餘勢。人生常依據過去，以奔趨茫茫不測之當來，當來，猶言未來。必不甘過去都消逝無餘，以致絶無依據。所以，凡業起時必恒有保留之希欲與俱。因此，所作業雖方生方滅，而此業滅時即有餘勢續生，名爲習氣。業方滅時，即其餘勢續生，而生滅之間，亦無間隙。此習氣恒自潛伏等流，而成爲吾人生活的潛力。申言之，一切習氣恒互相倚伏，成爲吾人生活的内在的深淵，可以説爲習海。習海是我人所取資的，亦能淪没吾人的。吾人本來的生命。此中生命一詞，直就吾人所以生之理而言。换句話説，即是吾人與萬物同體的大生命。蓋吾人的生命，與宇宙的大生命，實非有二也。故此言生命是就絶對的真實而言。世俗用此詞，其含義自别，切勿誤會。後凡言生命者，皆準知。必藉好的習氣，後云净習。爲其顯發之資具，如儒者所謂操存涵養，或居敬思誠種種工夫，皆是浄習，生命之顯發，必由乎是。然亦以有壞的習氣，後云染習。遂至侵蝕生命，且直取而代之。謂染習爲主，是直取生命而代之也。不幸人生恒與壞習爲緣，當陷入可悲之境。故哲學對於人生的貢獻，要在詔人以慎其所習。孔門的克己，印度佛家的斷惑或破執，都是去壞習。東方哲學的精神，只在教人去壞習。壞習去，然後真性顯。要之，習氣自爲後起，本不可混同功能。嘗以爲能、習二者，表以此土名言，蓋有天人之辨。天者，非如宗教家所謂造物主，乃即人物之所以生之理而言也。易言之，即一切物的本體，説名爲天。人者，謂衆生自無始有生以來，凡所自成其能而儲留之，以自造而成其爲一己之生命者，於此言之，則謂之人耳。功能者，天事。習氣者，人能也。以人混天，即以後起同所本有，而吾儕始將人類從無始來，拘執形氣，乃淪溺現實生活中，凡所遺留的一切壞習，認爲天性。此中形氣一詞，謂衆生之身，及其身所接之天地萬物，總名形氣。衆生拘執形氣，其生命便完全物化了。因此，無從自識性真，而人乃無復性之可能，人生役於形，囿於染習，便失其性。誠能復還其性真，即自得於性分内。而無盲以逐物之患。此真人道之大患也。有宗能、習不分，是誠千古巨謬。本論特嚴能、習之辨，略舉三義如下：

一曰，功能即活力，習氣但爲資具。功能是宇宙的本體，功能本大用之稱，然即用即體故，故説功能是體。亦即是吾人的本性。性字義，訓釋不一。然董子曰：性者生之質，其義爲妥。質，實也，程子所謂實理是也。吾人之生，本於一個真實的道理，即名此生的實理曰性。此性是法爾本有的，曰本性。人之生也，形氣限之。這句老話表示人生有物化的危險，很難超脱，固非全屬無稽之談。殊不知，從人生的本性來説，此中本性即謂功能。以其在人而言，謂之本性，後倣此。畢竟是不墮於形氣的，是夐然超脱的。夐然，絶待也。因爲本性上毫無障染，譬如太陽，雖有雲霧起爲障染，而其赫然光明之體，恒自若也，雲霧何曾障礙得他，染污得他。本性無障染，義亦猶是。毫無滯礙，流行不息，而無所住着。毫無虧欠，德用圓滿。所以可形容之，而説爲吾人固有的活力。這種活力是精剛勇悍能主宰形氣，而不拘於形氣的。精者，純潔無染。剛者，至健不撓。勇者，鋭利而極神。悍者，堅固而無不勝。此四德者，在一般人的塵凡生活中，本難發現，但四德乃本性固有，元無損減。吾人纔提醒，便呈露。吾人具大有的無盡藏，而無待求足於外者，就是這種活力。大有，見《周易》。有者，富有。大者，至極之稱。可惜人每役於形，而迷失其寶藏。吾人試反驗之胸次，若有些子掛礙在，掛礙，即是物化了。便失掉元有的活力。活力如何可失掉，只吾人自甘物化，以致本性不得顯發，故云失掉。只有將此活力涵養得充盛，才於此見自本性。易言之，即於此識得功能妙體。功能，即是一切物的本體。此體具衆妙故，故云妙體。

附説：明儒王船山詩有云："拔地雷聲驚筍夢，彌天雨色養花神。"筍之生機在根，潛藏於地，若夢夢然。春雷震而筍夢驚，則生機勃然不可禦。人生固有活力，錮而不顯，猶筍夢也。必其能自警覺，而本有活力始條達不可遏。雷聲，喻提醒警覺之功。春氣生養萬物，雨澤甚厚，常有密云流布，故云彌天雨色，此喻學者涵養工夫深厚。警覺爲入道初幾，此則功行圓熟。花之神即活力是也。二句儘有次第，此咏涵養活力的意思，深可玩。

習氣無論爲好爲壞，都是自形生神發而始起的。形生神發者，形謂身，神謂心。此身既生，即有心作用發現，於是有一切作業。即凡作業，皆有餘勢等流，名爲習氣。故習氣非本有。此習氣既起，便和吾人的生命緊相繫屬。生命即功能，亦即前云活力。活力只是形容詞。以功能既賦予於吾人，而爲吾人之本性，即説爲吾人所固有的充盛的活力，即此活力，亦名爲生命。生命元是法爾無爲的，法爾，見前。此中言無爲者，生命的運行是自然的，是默運未嘗息而畢竟無作意的，故曰無爲。非謂其兀然堅住，始名無爲也。必需資具，才得顯發，譬如電力必賴有傳電和發光的資具，才得呈現出來。資具，謂如電線和電燈泡子等。如果無有資具，電力雖未嘗不在，卻不會顯發了。因明學謂凡喻只取少分相似，若泥執此喻，以求與所喻之理全相印合，則謬誤不堪，學者宜知。習氣是人爲的，此習氣卻是生命所仗的資具。如果没有習氣，生命也無以顯發他自己。我們要知道習氣無論好壞，卻有一種通性，即每一習氣之潛存者，皆有起而左右將來生活之一種傾向。這種傾向正是一切習氣的通性，一切者，習有好壞，今賅好壞而言，故云一切。如操存涵養等工夫，操存、涵養，并本孟子。操者操持，存者存主。吾人的生命，即此本心是已，常持守此心，而不令放失，即日用萬端都任本心作主，不令私意或私欲起而蔽之，此便是操存工夫。涵養，亦云存養，識得本心以誠敬存之。於物感未交時，中恒有主，不昏不昧。物感紛至時，中恒有主，常感常寂。非涵養工夫深純，不克臻此。涵養與操存，義亦相近。其微異處，當別詳。此類作業所成習氣，操存涵養等工夫，好是吾人自己努力向上的一種作業，其萌於意與發於身語者，無非清浄。這種作業的餘勢潛存者，是爲浄習。無障染性故，浄習之性，非障礙，非垢染。其潛力恒使吾人生活日益向上故，唯浄習具此傾向。吾人本來的生命，恒賴有此浄習而後得顯發。故説習氣但爲資具。此中談浄習，舉儒家操存涵養等義爲例者，取其簡要，於人生日用極切。佛家談修行工夫，其名相過繁，然與儒者操存涵養義，大旨非無融通處，但其歸趣究不同耳。人生如果拘於形體，囿於染習，而浄習不起，則生命不得解脱於纏錮之中，而幾於完全物化矣。拘形骸，囿染習，即生命被纏錮。所以，生命必仗浄習爲資具，而後得脱然無累。然則，染習不得謂之爲資具與？曰：此亦不然。染浄之分，其幾甚微，而其流則相差極遠。染習之所以成乎染者，唯當其作業時，稍徇形骸之私，便與本來的生命相違礙，吾人的生命，是渾然與天地萬物同體的，初非小己之形骸所得私也。今吾人乃拘執小己之形骸而自私焉，故違礙本來的生命。此等作業之餘勢潛存，餘勢，名染習。恒有使吾人生活日究乎污下的傾向，染習具此傾向。此染習之所以迥異乎浄也。然凡習凡者，通染浄言之。要皆於生命爲資具，染習只是不良的資具而已。但人生的通患，常是把資具當做了本來的生命，注意。不獨染習乘權是取生命而代之的，即浄習用事，亦是以人力來妨礙天機，人力，謂浄習。天機，謂生命。以後起的東西謂浄習。誤認爲本來面目，謂生命。人生之喪其真也久矣。所以前哲用功，染習固克治務盡，即浄習亦終歸渾化。程子説：“明得盡時，渣滓便渾化。”此間極深微。浄習者，所仗以達於本體呈露之地也。本體呈露方是明，必使本體毫無蔽障方是明得盡。至此，則浄習亦渾融無迹，即習乃轉化而成性也。程子所謂渣滓，即指習言。習雖浄，若未渾化，猶是渣滓也。孟子談工夫，以勿忘勿助長爲極。助長，即是習心未渾化故。佛家談修行，其究亦歸無所得。至此則浄習渾化無迹也。此義幽深，非淺智所及。夫如是，乃不至役於資具而喪其真。

附注：孟子云勿忘勿助長者，謂吾人涵養的工夫，必於本心即本體，亦即生命。此心是不物化的，故是吾人的生命。念念保任之，勿令放失，故云勿忘。又保任之功，須隨順本心昭靈自在之用，不可着意把持，而欲助其長盛。如欲助長，則是自家習氣用事，斯時本心已被障礙，而不得顯發矣。此中義蘊，深廣無邊，若於此未曾用功者，亦自不知所謂。

二曰，功能唯無漏，習氣亦有漏。唯者，此外無有之謂。漏，謂染法，取喻漏器，順物下墜故。有漏、無漏，相反得名。亦者，伏無漏二字。習氣不唯是無漏，亦通有漏故。純浄義，升舉義，都是無漏義。升舉猶云向上。雜染義，沉墜義，都是有漏義。功能是法爾神用不測之全體，吾人禀之以有生，故謂之性，亦云性海。此性至大無外，含藏萬德，故喻如海。性海元是光明晃曜，無有障染，自性無滯礙故，云無障，亦無他法能障自性故，云無障。自性無垢污故，云無染，亦無他法能染自性故，云無染。故説功能唯無漏性。此中性字，是德性之性。與上文性字不同。上性字即功能之别名，此中性字則功能上所具之德性也。以後準知。是以物齊聖而非誣，微塵芥子，同佛性故。行雖迷而可復。人生無惡根故。若有宗計功能，通有漏無漏者，有宗析功能爲個别的，已如前説。彼計一切功能，有是有漏性，有是無漏性，故概稱功能即通此二。則是鄙夷生類，執有惡根，可謂愚且悍矣。有宗功能分本有、新熏二類。其本有功能亦有是有漏性者，即是斯人天性固具惡根。故本論所説功能，與有宗截然異旨，學者宜知。

惟夫習氣者，從吾人有生以來，經無量劫，一切作業，餘勢等流。萬緒千條，輾轉和集，如惡叉聚。其性不一，有漏無漏，釐然殊類。劫者時也。輾轉，相互之謂。和集者，一處相近，名和，不爲一體，名集。無量習氣互相附著，成爲一團勢力，故言和也。然又非混合而無各别，故言集。惡叉聚者，果類有不可食者名無食子，落在地時多成聚故，梵名惡叉聚。此喻習氣頭數衆多，互相叢聚。無漏習氣，亦名浄習。有漏習氣，亦名染習。夫習所以有染浄異性者，揆厥所由，則以吾人一切作業有染浄之殊故。染業者，如自作意至動發諸業，作意，謂意業。此以意欲創發，乃至計慮、審决等心理的過程，通名作意，與心所法中作意義别。動發，即見之身語而形諸事爲，此業便粗。壹是皆狗形軀之私而起者。此業不虚作，必皆有餘勢潛存，名有漏習。餘勢二字吃緊。凡業雖當念遷滅，然必有餘勢，續起不絶，如香滅已，餘臭續生，絲竹停奏，餘音入耳。又如春日猶寒，嚴冬之餘勢也，秋時厲暑，盛夏之餘勢也。凡物皆有餘勢，何况有生之物靈長如人，其所作業餘勢强盛，自非物質現象可比。佛家向以人之知慮，迄於行爲等等造作，萌於意者爲意業。自意而發諸身體動作者爲身業，自意而形諸口語者爲語業。雖復分别説爲意業、身業、語業，要之總名造作，亦名爲業。凡業皆有餘勢，等流不絶。以此餘勢爲過去所慣習故，故名爲習。此習遺於種族，即名種族經驗，亦即心理學上所謂本能。其播於社會者，謂之風氣。總之，人生一切造作或業，决非過去便散失，都有餘勢等流，謂之習氣。而人每忽焉不察，須沈心體之自見。下言浄習，亦可準知。又一切業狗形骸之私而起者，通成染習。此處須深玩。染即是惡。須知，惡本無根。吾人本性無染，何故流於惡耶？只狗形骸之私，便成乎惡，王陽明先生所謂“隨順軀殼起念”是也。人之生也，形氣限之，有了形骸，便一切爲此身打算，即凡思慮行爲，舉不越此一身之計。千條萬緒之染業皆由引起。須反身切究，始覺痛切，否則粗心昏氣，於此茫然不省。浄業者，如自作意至動發諸業，壹是皆循理而動，未嘗拘於形骸之私者。此業亦不虚作，必皆有餘勢潛存，名無漏習。一切浄業，皆是循理而動。浄即是善。循理者，即凡意身等業，壹皆順從乎天性本然之善，而動以不迷者也。《中庸》所謂率性是也。率性即不役於小己形骸之私。孟子以彊恕爲近仁。恕者，即能超脱乎一身之外，不在一身利害得失上打算，唯理是從。不以己身與萬物作對，而通物我爲一者也，故曰近仁。仁之爲德，生而不有，至公無私，即性也。彊恕則復性之功，猶未即是性，故以近仁言之。彊字吃緊。意身等業，皆不外乎彊恕之道，即業無不浄，而動皆率性。此等浄業之餘勢等流，便名浄習。凡習染浄由來，大較如此，乃若染習行相，難以殫詳。此中行相，謂習氣現起，而行趣於境，有其相狀，故云行相。下言行相者皆準知。染習行相不一，故難詳也。

净習行相，復難窮析。各舉其要，染净相翻，都以三本。染習三者，曰貪、曰嗔、曰癡。是三爲一切染業本，三者自身即染業，由此引生其他種種染業，故説爲本。舊稱此爲三毒。貪者，染着相，謂於自身及一切所追求境，皆深染着，不能蕩然無繫故。染着二字，須自省深切始知之。嗔者，憎恚相，謂於他有情不能容受故，每懷憎惡故。有情者，衆生之異名，以有情識故名。癡者，迷闇相，謂於真理無證解故，即於宇宙本原或人生真性曾不自識故，於一切事不明析故，於諸所作任倒見故。見解不正，曰倒。此三本惑，三者又通名爲惑，是一切惑之根本，故云本惑。一切染業，依之得起。廣説其相，當俟下卷。要之，此三都非本來清净性海中所固有，只因拘於形骸而始有的。易言之，即吾人的生命，纏錮於物質中，而吾人只是頑然一物，所以無端而起種種惑相。無端二字吃緊，惑無根故。物交物，故染着生；吾人拘於形，故自成爲一物，以此物與他物交，則有染着，如顏料之於絲然，欲免於染不得也。物相排拒，故憎恚生；物本拘礙，故迷闇生。總之，吾人受拘形骸，或淪溺物質生活中，物質生活無可歸咎，只淪溺便成大咎。才有一切惑業，即染業。成爲惑習。即染習。惑習潛存，復乘機現起而爲新的業，則惑益增盛。此人生所以陷於物化之慘，無由復其性也。

净習三者，曰無貪、曰無嗔、曰無痴。是三爲净業，復爲餘净業所依。餘者，猶云旁的種種。無貪者，離染着相，對治貪故。無嗔者，柔和相，混然與萬物同體，故心恒慈柔和悦。對治嗔故。無癡者，明解相，隨順性智故，游心虛寂故，常自精察自己知見迷謬處，而自繩正之，因得進於明解。性智，見上卷《明宗章》。對治痴故。舊説此三，名三善根。一切净業，依此三者而起，故此三爲萬善之本。亦俟下卷，詳説其相。儒者彊恕於三善根亦是階梯。三善根者，所以對治三毒。三毒要依身見起，身見係佛家名詞，陽明所云隨順軀殼起念，亦同此旨。三善根則必破除身見。初惟順性，而起對治，順性順字，吃緊。三善根皆净業，猶未即是性，只是吾人順自本性，不爲形役，而努力對治三毒。初時用功，正是勉彊，不勉彊，則將隨順軀殼起念，而無由順性矣。終乃一任真性流行。至此則净業或净習，亦渾化無迹而與性爲一矣。此中理趣淵微，非凡夫境界。故三善根初幾，非不由彊恕。彊恕正所以伏除身見故。恕則推己及人，未嘗囿於一身之私。對治三毒，從彊恕入手最切近故。對治貪，莫妙於恕，能恕則必克治一己染着之私矣；對治嗔，莫妙於恕，能恕則己所不欲，勿施諸人矣；對治癡，莫妙於恕，何以故？恕則能超脱於形累與情計之外，而神智獨伸，癡自盡矣。故曰彊恕，是三善根階梯也。我們要知道，一切浄業或浄習，如彊恕與無貪等三善根乃至種種都是順性而起的修爲，故説爲業或習。此業或習，乃性之所由達也，此中意義，煞是難言。若非自己曾用功於此，而又切究華梵諸先哲意思能會其通者，無從明了此意。容當别爲講詞。雖復名業或習，而性即行乎其中。一旦功行純熟，功行者，即浄業或浄習之都稱耳。純則無染習之雜，熟則臻於自然，更不待着力也。則業或習乃渾化而與性爲一矣。如舟中扶舵者，即身即舵，此其譬也。扶舵者之身，喻浄業或浄習。舵喻性。舵仗扶者之身而動，恒不失其主宰。扶者之身，爲舵作運行的工具，而與舵完全叶合如一。故曰即身即舵，非其身與舵可分離也。是故習有染浄，浄習順性，染習則與性違。染浄消長，吉凶所由判，染長則浄消，喪其生理，凶道也。浄長則染消，全生理之正，吉道也。然生品劣下者，則唯有漏習一向隨增，浄習殆不可見。前面已經説過，功能者天事也，習氣者人能也。人乘權而天且隱，吾人所禀之形，與其所造之習，通謂之人。已成乎人矣，則人自有權，而其天性反隱而難顯。易言之，即後起的東西來作主，而固有的生命竟被侵蝕了。故形氣上之積累，不易順其本來。習與形氣俱始，故是形氣上之積累。染習則恒與形氣相狎，而違拂其固有生理。浄習雖與天性相順，然即在人類欲其捨染趣浄亦極難，故云不易盡順本來。愚者狃於見迹見讀現，見迹謂染習。而不究其原，不悟衆生本性皆善。因衆生染習流行，遂以測生理之固有汙疵。有宗立本有有漏功能，與儒生言性惡者同一邪見。果爾，即吾於衆生界將長抱無涯之感。然嘗試徵之人類，則通古今文史詩歌之所表著，終以哀黑闇、蘄高明，爲普遍之意向。足知生性本浄，運於無形，未嘗或息。悠悠群生，雖迷終復。道之云遠，云如之何。險阻不窮，所以徵其剛健；無染習之險，何以見克治之健。神化無盡，亦以有夫《剥》極。物之生，不能皆靈而無蠢。人之習，不能盡善而無染。蠢與染皆缺憾也，《易》之所謂《剥》也，然天道無擇於長育，聖哲常垂其教思，故神化無盡也。若有小心，睹宇宙之廣大，將恐怖而不可解。《易》

道終於《未濟》，不爲凡愚説也。《大易》之書爲六十四卦，而以《未濟》終焉。此義宏遠。萬物之變，萬化之不齊，如欲一切躋於一個極好的境地，而絶無所謂不好者存，則是有絶對而無相對也。將絶對之名，又何待而立乎？須知，真理恒存，正以其有乖反乎真理者，而益見真理之不息而至尊。人生希望，唯存乎常處缺憾而蕲求不已之中。《未濟》，誠終古如斯矣，夫何憂何懼？

三曰，功能不斷，習氣可斷。可者，僅可而未盡之詞也。功能者，體萬物而非物，體萬物者，謂其遍爲萬物實體。非物者，功能的自身，本無形相，雖爲一切物之本體，畢竟不即是一切物，故不可以執物之見而測功能。本無定在，故乃無所不在。窮其始則無始，究其終則無終，既無始無終，便是恒常。故説功能永無斷絶。此中所謂恒常，卻非凝然堅住之謂。功能自體，元是生生化化流行不息的，以其不息，故謂恒常。

或復計言："如人死已，形銷而性即盡，性即功能，盡者盡滅。豈是人所具功能得不斷耶？"應答彼言：形者，凝爲獨而礙；獨者，成個體故。性者，本至一而無方。至一者，絶對義。無方者，無有方所故，不限於某一部分故。人物之生也，語性則一原，成形則不能不各獨。形者質礙物，固非復性之本然已。但此性畢竟不物化，其凝成萬有之形，即與衆形而爲其體。自衆形言，形固各别也；自性言，性則體衆形而無乎不運，乃至一而不可剖、不可壞。不可剖與壞者，貞也，性之德也。若乃人自有生以後，其形之資始於性者，固息息而資之，資始者，由形言之，形乃資於性以始也。形之初生，固資於性以始，形既生矣，則猶息息資於性也。非僅禀於初生之頃，後乃日用其故，更無所創新也。性者，萬物之一原。由甲物言之，則甲物得性體之全，以成爲甲也。由乙物言之，則乙物亦得性體之全，以成爲乙也。丙物，乃至無量物，皆可類知。要之，性體非限於一物，而凡物之生，實無一不資於性體以有其生也。性體，是無盡的寶藏，凡物皆息息資之以生，非僅於初生時一次資之而已。故吾人的生活，息息創新，以性體爲其源泉故也。易言之，是性之凝爲形，而即以宰乎形、運乎形者，實新新而生，無有歇息之一期。然形之既成，乃獨而有礙之物，故不能有成而無壞。但不可以形之成乎獨且礙，而疑性之唯拘乎形中，遂謂形壞而性與俱盡耳。吃緊。性者，備衆形而爲渾一之全體，流行不息。形雖各獨，而性上元無區別。一己與人人乃至物物，據形則各獨，語性惟是一體。形雖有礙，而性上元無方相。方相者，形也。性則所以成乎此形者，而性本無形。以形之必壞，而疑性亦與形俱盡者，是不知性者大化流行，原非有我之所得私，執形以測性，隨妄情計度而迷於天理之公。死生之故，所以難明耳。故功能無斷，理之誠也。如其有斷，乾坤便熄。豈其然哉！

習氣者，本非法爾固具，唯是有生以後，種種造作之餘勢，無間染浄，造染則有染勢，造浄則有浄勢。無分新舊，舊所造作者，皆有餘勢潛存。新所造作者，亦皆有餘勢潛存。輾轉叢聚，成爲一團勢力，浮虛幻化，流轉宛如。宛如者，流動貌。雖非實物，而諸勢互相依住，恒不散失。此處吃緊。儲能無盡，習氣不散失，即是儲留無盡的勢能。實侔造化之功；王船山云："習氣所成，即爲造化。應機迅速，是通身物之感。物感乎身，而身應之，即由習氣應感迅速。故知習氣雖屬後起，而恒輾轉隨增，力用盛大。吾人生活内容，莫非習氣。吾人存中形外者，幾無往而非習，此可反躬自察者。明儒唐一庵云：自生身以來，通髓徹骨，都是習心運用。俗人有俗人之習，學者有學者之習，古今有世習，四方有土習。真與習化，幾成天作，每向自己方便中窩頓，凡日用睹記、討論，只培溉得此習。中間有新得奇悟，闊趨峻立，總不脱此習上發基。吾人日常宇宙，亦莫非習氣，各人的宇宙不同，即由各人宇宙由自己習氣形成之故。如吾人認定當前有固定之物名以書案，即由乎習。若捨習而談，此處有如是案乎？無如是案乎？便有許多疑問在。則謂習氣即生命可也。宗教家説人有靈魂，雖死後亦不散失。吾謂靈魂即無量習氣相互結合的體系而已。儒者説，人死後有知氣存，見《禮經》。知氣蓋即習氣的複合體。謂之知者，習氣自是一團虛妄分別的勢用，潛存而未現者，雖不明了，要非無知，故云知氣。總之，衆生只任有漏習氣作主，故習氣便成爲生命，而本來的生命反被侵蝕了。然則習氣將如功能，亦不斷乎？曰：功能決定不斷，如前説訖。習氣者，非定不斷，亦非定斷。所以者何？習氣分染浄，上來已説。染浄相爲消長，不容並茂。如兩傀登場，此起彼仆。染習深重者，則障浄習令不起，浄習似斷。非遂斷絶也，故置似言。又若浄習創生，漸次强勝。雖復有生以來，染恒與俱，而今以浄力勝故，能令染習漸伏乃至滅斷。始伏之，終必斷。斷於此者，以有增於彼，染增則浄斷，浄增則染斷。故概稱習，則僅曰可斷，而不謂定斷也。爲己之學，哲學要在反求諸己，實落落地見得自家生命，與宇宙元來不二處而切實自爲，無以習害性。孔子曰，古之學者爲己，正就哲學言。無事於性，性上不容着纖毫力。有事於習；修爲便是習。增養浄習，始顯性能；極有爲乃見無爲，性是無爲，習是有爲，習之浄者，順性起故，故極習之浄，而徵性之顯。盡人事乃合天德；人事以習言，天德以性言，準上可解。習之爲功大矣哉！然人知慎其所習，而趣浄捨染者，此上智事。凡夫則鮮能久矣，大抵一向染習隨增，而浄者則於積染之中偶一發現耳。如孟子所舉乍見孺子入井而惻隱之心，此即依性生者，便是浄習偶現。若乃生品劣下者，則一任染習縛之長軀，更無由斷。其猶豕乎！繫以鐵索，有倖斷之日乎？故知染習流行，儻非積浄之極，足以對治此染，則染習亦終不斷。要之，浄習若遇染爲之障，便近於斷。近字注意，浄習雖無全斷之理，然間或乍現，而不得乘權，則其勢甚微，故已近於斷。染習若遇浄力强勝，以爲對治，亦無弗斷。故習氣畢竟與功能不似也，功能則決不可計爲斷故。

綜前所説，性和習的差别處，較然甚明。性謂功能，注見前。有宗乃混而同之，是所謂鑄九州鐵不足成此大錯也。今此不寵習以混性，亦不貴性而賤習。性是真實，習本虚幻。然虚幻法，畢竟依真實法而起，既起便有勢用，如何賤視得？雖人生限於形氣，故所習不能有浄而無染，此爲險陷可懼。一流於染，即墮險陷。然吾人果能反身而誠，則捨暗趣明，當下即是。本分原無虧損，染污終是客塵。本分謂性。染習雖障礙本性，然本性要不因染障而有改易，故云無虧損。譬如客塵雖障礙明鏡，然明鏡實不因塵障而有改易，故拂拭塵垢，則鑑照朗然如常也。墜退固不由人，戰勝還憑自己。人生價值，如是如是。使其生而無險陷，則所謂大雄無畏者，又何以稱焉？佛號大雄無畏者，就因爲他與衆生同在險陷之中，他卻能首先戰勝險陷，而自拔出來，並且不捨衆生，而願盡拔出之，以一己與衆生同體故。孔子“己欲立而立人，己欲達而達人”，與佛同一心事。

本論所謂功能，和有宗根本異旨，在上面所陳諸義中，已可概見。

現在要把根本大義重行提示，以作本章的結束。

一、體用二詞，雖相待而立，要是隨義異名。注意。實非如印度佛家以無爲及有爲析成二片，有爲者，以心物諸行，皆有起滅故，有變動故，故名有爲。亦非如西洋哲學家談實體及現象，爲不可融一之二界。融一者，具云融通爲一。

二、至真至實，無爲而無不爲者，是謂體。無爲者，此體非有形故，非有相故，非有意想造作故。無不爲者，此體非空無故，法爾生生化化、流行不息故。

從其生化流行，彰以用名。然用即是體，非用别成一物，與體對待，若親與子，非一身也。非字一氣貫下。何以故？生而不有，化而不留，流行而無故之可守，一無形無相無想之本然也。無故可守者，謂雖發現生化而實無物，焉有故物可守？即用即體也，誰謂有異體而獨存之用耶？

無形者，空寂也。空者，以無形無染名空，非以空無名空。下準知。無相者，亦空寂也。無想者，亦空寂也。空寂復空寂，離諸滯礙，含藏萬有，具備萬德或萬理，無可稱美而讚之以至神。神故生，神故化，神故流行不息，是故稱之以大用也。用也者，言乎其神也。即體即用也，誰謂有異用而獨存之體耶？

是故用外無體，體外無用，體用只是隨義異名，二之則不是。

三、用也者，一翕一闢之流行而不已也。翕闢勢用，刹那刹那，頓起頓滅，本没有實在的東西。然而刹刹勢速，宛有迹象，如旋火輪。刹刹，具云刹那刹那。勢速者，前刹那方滅，後刹那即生，新新而起，其勢迅速。夫滅故生新，流行不住，雖無實物，而有迹象，如燃香火，猛力旋轉，見有火輪，輪雖非實，宛爾不無。因此，不妨施設宇宙萬象。

四、宇宙萬象，唯依大用流行而假施設。故一切物但有假名，都非實有。不獨現前桌子、椅子，乃至日星、大地，都是假名而無實物。即元子、電子等等，也都不是有實在的東西，也只是假名。云何世間執有日用宇宙？亦云現實世界。應知由習氣故，見有實物堅執不捨。人生從無始來，染習熾然，於彼神化，無證解故，妄執化迹爲實事故。化迹者，猶言大化流行之迹象。實事，猶言實物。故一切法，隨情不妨施設，謬執終成過患。隨順世間情見，曰隨情。邪謬執着，曰謬執。

五、窮神順化，即於流行而識主宰，於迹象而見真常，故不待趣寂，印人厭離世間，趣向寂滅，非吾所許。而生無非寂也。生生之妙，無有留滯，所謂生而不有，生亦寂也。

上來假設功能，以方便顯示實性。今當覆取前章《轉變》。談心物而未及盡其義者，鄭重申之，曰《成物》、曰《明心》，以次述焉。

卷中後記

釋體用：《新論》綱要即體用義，讀者仍多茫然，今更略爲闡述。治哲學者須於根本處有正確了解始得。若根本不清，即使能成一套理論，亦於真理無干，只是戲論。哲學上的根本問題，就是本體與現象，此在《新論》即名之爲體用。體者，具云本體。用者，作用或功用之省稱。不曰現象而曰用者，現象界即是萬有之總名，而所謂萬有，實即依本體現起之作用而假立種種名。天地人物等名。故非離作用，別有實物可名現象界，是以不言現象而言用也。

本體現起作用，亦云體現爲用，或云由體成用。此語須善會，不可妄計體用爲二。哲學家往往誤計本體是脱超於現象界之上，或隱於現象界之背後而爲現象作根原。此乃根本迷謬。《新論》談體用，正救此失。

體是無方所、無形象，而實備萬理、含萬善，具有無限的可能，是一真無待，故説不易。

用者，言乎本體之流行，狀夫本體之發現。因爲本體是空寂而剛健，空寂之空，非空無義，以無方所、無迷闇，故名空。寂者寂静，極虚靈故，無昏擾相故。剛健則力用至大、至强至神。故恒生生不已，刹那刹那，新新而生，不守其故。化化不停，刹那刹那，變化密移。即此生生化化，説爲流行，亦名作用或功用。

剋就體言，是一極絶待，無方無相，無方所，無形相。

剋就用言，是幻現相狀，宛爾萬殊。大用流行，有迹象現，如電光之一閃一閃，而似有物事如赤色者現。此赤色，即是閃動之迹象，亦云相狀。本體之流行幻現相狀，義亦猶是。既有相狀，便宛爾成衆多之相，非是一相，故云萬殊。所謂萬有，即依流行之相，而假立種種名。

體，喻如淵深停蓄之大海水。

用，喻如起滅不住之衆漚。

曾航行海洋者，必見大海水全體現作衆漚，不可於衆漚外别覓大海水。又衆漚各各以大海水爲其體，各各二字注意。非離大海水而各有自體。非字，一氣貫下。

體與用本不二而究有分，雖分而仍不二，故喻如大海水與衆漚。大海水全成衆漚，非一一漚各别有自體。漚之體即是大海水故。故衆漚與大海水本不二。宗教家説上帝造世界，而以上帝爲超越於世界之上，即能造與所造爲二。哲學家談實體與現象，往往有説成二界之嫌，其失亦同宗教。然雖不二，而有一一漚相可説，故衆漚與大海水畢竟有分。體與用本不二而究有分，義亦猶是。漚相，雖宛爾萬殊，而一一漚皆攬大海水爲體故，故衆漚與大海水仍自不二。體與用雖分，而仍不二，義亦猶是。體用義至難言。如上舉大海水與衆漚喻，最爲方便。學者由此喻，應可悟入。哲學家或只承認有現前變動不居的萬象爲互相聯繫之完整體，即計此爲實在。如此計者，實只知有現象界而不承認現象之有其本體，是猶童稚臨洋岸，只見衆漚而不知有大海水。

或雖計有本體，而不免誤將本體説爲超脱乎現象界之上，或隱於現象界之後，致有二重世界之嫌。其於體用之本不二而究有分，雖分而仍不二者，從來哲學家於此終無正解，此《新論》所由作。

已説體用，再剋就用言之，則用非單純的動勢，必有兩方面，曰翕曰闢。翕闢只是方面之異，自不可看作截然二片的物事。闢乃謂神，神即心。翕便成物。現似物質，而非果有實質。物有分限，神無分限。心是無在無不在。《楞嚴經》七處徵心，十番顯見，形容得甚妙。神遍運乎物而爲之主，此理之常；物亦可以乘勢而蔽其神，此事之變。物成，即不能無墜退之勢。無機物猶不得發現心神，植物似已發現心神而仍不顯著，乃至人類猶常有心爲形役之患。物能障蔽心神，乃後天事勢所有，不容否認。但神終爲物之主，可以轉物而不爲物轉，究是正常之理。然神畢竟主乎物，宇宙自無機物而有機物，有機物由植物而動物，而高等動物，而人類，乃至人類中之聖哲，一層一層，見心神逐漸顯著甚大，確爾官天地，宰萬物。而事勢終亦不越乎常理矣。自《新論》問世以來，讀者每不尋其底藴與條貫，輒爲不相干之攻難，故復撮要言之。

釋體常義：本體真常。老子言常道，道者，本體之目，常者真常。佛氏言真如。佛説真如，亦本體之目，真謂真實。如者，常如其性，不變易故。論與疏皆云，真即是如，言真實即不變易，不變易者言其常也。西洋哲學之中否認本體與夫以動變言本體者，可勿論。若其以真常言本體者，亦與東哲真常意義有相通處。至其陳述所見，有仁智淺深等等不齊，其思想各成體系，則吾《大易》所謂“一致而百慮”也。本體真常是一致處，而向下所見各不同是百慮處。余於真常意義，體究二十年，若道本體不是真常的，則虚妄法何得爲萬化根源，何以名爲本體？若道本體底自體是真常的，卻又當深究。須知，一言乎本體，他便不是空無的，故有其自體可説。但此真常之云，既以不生不滅，不變不動爲義，則此本體便是兀然堅凝的物事，他與生滅變動的宇宙互相對立，如何可説爲宇宙本體？吾於此，苦究二十年，直至年將半百而後敢毅然宣布《新論》，以體用不二立言者，蓋深深見到、信到、不能把本體底自體看做是個恒常的物事。而恒常者，言其德也。吾取一譬，如《易》之《坤卦》，以地方爲言，後人遂謂《易》言地之自體是方的，此實錯誤。方者，言地德也。方故，承《乾》而無邪曲，此地德之所爲美也。吾《讀經示要》已解明。以此例知，曰真、曰常，皆從本體之德以彰之也。

儒者言天何耶？天者，本體之目，即真常義。《中庸》卒章，引《詩》曰：“‘德輶如毛，毛猶有倫’，‘上天之載，無聲無臭’至矣”。此以虚無言天德也。無聲無臭，即是虚無義。虚無者，無形無象、無染污、無作意故名，非空無之謂也。言誠，即真實義，亦言其德也。言剛健、言生化，亦言其德也。言元亨利貞，皆言其德也。德字義訓曰：德者得也。若言白物具白德，則以白者，物之所以得成爲是物也。今於本體而言真常等等萬德，則真常等等者，是乃本體之所以得成爲宇宙本體者也。若無是諸德，何得肇萬化而成萬物，即本體之名，無可立矣。

德字含二義：曰德性、曰德用。德性之性，不可以西文性質字譯，此性字極靈活也。德用之用，亦不可以西文能力或作用翻，此用字極靈活也。此等名詞，望細心斟酌，勿便姑置。此答賀自昭書。真常等義，以本體之德言，而非以本體之自體言，此宜深究。若闇于此者，不可通《新論》。

釋理：宋儒似有云，理雖散在萬事，而實管乎一心。語句或稍不同，不能全憶，而意實如此。每聞學者好舉此語，實不澈也。由此說，理仍純在事物上，心能管統事物之理，而心猶不即是理也。凡宗守朱子之學者皆主此說。若如我義，心物根本不二。就玄學上說，心物實皆依真理之流行而得名。真理即本體之名，佛家以真如名爲真理。伊川、朱子好云實理，亦本體之名。此義見透，即當握住不鬆。因此在量論上說，所謂理者，一方面理即心，吾與陽明同；一方面理亦即物，吾更申陽明所未盡者。程子曰理在物，科學家實同此意。如此，則先肯定實物，再於物上說有個理，是乃歧物與理爲二也。自吾言之，物之成爲如是之物即理也，不可將物與理分開。據常識言，即執物而求其理，智者卻於萬物而識衆理散著。由此見理世界實無所謂物的世界也。你謂然否？吾欲《量論》中詳談理。老當昏世，恐未能也。《新論·功能下章》有一段談理氣，而說理之一詞，通體用而言。用之一名，覈以吾義，則先儒所謂理氣之氣亦即是用，而用亦即是理，固不當離理與氣而二之也。

伊川云："冲寞無朕，萬象森然已具。"以吾義通之，冲寞無朕，說爲一理。萬象森然，不可徒作氣來會。當知萬象森然，即是無量無邊的衆理秩然散著也。萬象云云，即吾所云用，用即衆理散著。前言用亦即是理者，以此。冲寞無朕，而萬象已具，是一理含無量理，故言體而用在。又當知，萬象森然，仍即冲寞無朕，故言用而體在。是無量理本一理也。一爲無量，無量爲一。宇宙人生真蘊，如是而已，妙極。

哲學談到形而上之理，自是真真實實的物事。佛家云真理，伊川云實理，義意深微。如非真實，何能備萬德而肇萬化乎？空洞的形式，無實體而靡所寄，且無能生德用，將別假材料而與之合以成物。不悟空形式與頑笨材料，二本相離，又如何結合耶？前儒言理氣，已多誤。程朱猶未免支離，後學更甚，今更不堪問矣。答賀自昭。參看上卷《唯識上章》談理處，及下卷《成物章》談範疇諸文。

卷下之一

第七章　成物

常途提及一物字，總以爲物者物質，即是有對礙的意義。對者礙義。凡物有實質故，故名對礙。質即是礙故。印度唯識論師説器界及五塵並有對礙，順俗諦故。器界相當於俗云自然界。五塵者，色聲香味觸也。案彼所説，器界則是第八識見分所變相分。每人各有第八識，非共同也。人之一生有死期。而此第八識無死期。遠從無始，以至未來，不知其盡也。器界即是第八識見分所變現之相分，非離第八識而獨在，故成唯識。然諸論師如護法等，則許此相分有自種子，非與見分同種生云。五塵則是五識見分各自所變現之相分。如色塵是眼識見分所變相分，聲塵是耳識見分所變相分，乃至一切所觸塵法，是身識見分所變相分。但此云五塵是有對礙。易言之，即具有實質之物。世或誤解，當別爲辨。據護法等義，此等相分亦各各有自種子，非與見分共一種生。諸見變相，識有八聚，即是見分有八，故置諸言。元非憑空突起。舊師蓋建立本識，以含藏一切種。第八識亦名本識，種子亦省云種。此言一切者，謂八識聚各各見分、相分，皆各有自種，數無量故，今通言之。復以一切相種依一切見種挾帶力故，得生相。謂相種雖親生相分，而必由見種挾之以起，始得生相也。以見種於相種爲主故，是故舉果賅因，而説一切相是一切識之所變現。舊師樹義蓋如此。此中識者，即謂見分。因果者，相、見二分，對彼所從生之各自種子而言，即名爲果。相、見種子，對其所生之相、見二分而言，則名爲因。有問："相種得見種挾起，而始生相。應云此相從種子變生，何名識變？"答曰：剋就因位言，應説種變。若通果位言，可云識變。然今此中欲顯舉果便已賅因。故説相分依識變現，非不隱含種變義也。又此中據二分立義，與《三十論》談因變果變義者頗異。然非不可會通，當别爲論。夫謂人各具一本識，含藏一切種，是生心物諸行。行字義，見上卷《轉變章》。如其説，則與外道神我論同其根底，且爲極端的多我論者。從來談佛法者，皆謂佛家破我。實則佛家之本識，非神我而何？衆生各各有一本識，即是多我論。至其破我之云，乃是因吾人於我起執，故施破斥耳，非真破我也。於我而起執，即起惑造業，長溺苦海。所以破我，實破執也。印度唯識哲學，畢竟不脱宗教思想。因爲此派哲學，根本未曾變更神我觀念。當别爲論。

附識：佛家説每人有八個識，而於每一個識可析爲二分，曰相分及見分。此二分或各有種。第六識等，其相分亦有與見分同種生者，故置或言。參考《佛家名相通釋》。例如眼識。以圖表之，如左。

眼識見分種（因）⟷眼識見分（果）
眼識相分種（因）⟷眼識相分（果）

眼識如上圖。耳識乃至第八識，均可例知。然一切識雖皆析言相、見二分，但諸識相分，有非物界所攝者。故此中不論。此中物界，亦云物質宇宙。如第六識獨起思構時，必變似所思之相分。詳在《佛家名相通釋》，但此相分，雖是心上所緣之境，而此境究不是物質的。第七識計有自我，必變現一似我之相分，此相非物質的不待言。第八識相分有三部分：曰種子、曰根身、曰器界，種子是第八識中所藏，非其所變。但第八見分以種子爲其所緣之境，故得名相分。根身據云有自種，亦説爲第八見分所變。然是清净色，極微妙故，即不同常途所謂物質。故唯器界相當俗所謂物質宇宙。除第八所變器界以外，五識所變色等五塵，亦皆是物質的。學者如欲詳究舊師相分義，可參看《佛家名相通釋》。

舊師印度唯識師。以本識中種子説明物界所由起，雖彼亦以種子説明心界所由起。今在本章但約物之方面言。適成戲論。詳彼所執本識既同神我，而本識中種是爲具有能生的力用，而沉隱以爲萬有根原的實體界。亦名種子界。此一切種所生一切相、見，差別顯現，是爲現行界。差別者，言其萬殊。種、現二界對立，純是一種謬妄的猜想。中卷屢經破斥，此姑不贅。總之，舊師的見地與其立論的根本旨趣，是我所不能贊同的。因此，舊師所以説明物質宇宙的一套理論，也是我所視爲戲論的。

附識：有問："相、見二分之名詞作何解者？"答曰：見者，識别了解等義。相者，相狀或境相義。云何言分？須知，舊師談心，只是用一種剖解法。他把心剖作二分，甚至可以剖作三分或四分。不過，第三第四兩分，均可攝入見分。遂以相、見對開，而説二分。詳在吾著《通釋》。見分，就能緣方面言。常途所謂心，即見分是。相分，就所緣方面言。常途所謂物，即相分是。但據舊義，八識各别。故意識等相分，有不可攝屬於常途所謂物者。見前段附識中。舊師之論，本不許有離心獨在的物。故破除外物之觀念，而把物名爲相分，即是當作心之一分。然而用剖解法，析成多分，如將物質破作段段片片者然，終成過誤。彼亦知其不妥，故又云以相攝入見，名爲一識。詳基師《述記》。然既已破之，又復拚合攏來，適見其輾轉自陷也。舊師理論上之缺憾，往往如此。

上來略叙舊義，加以駁斥。今次當申述我底本旨。我以爲物質宇宙是本來無有，而不妨隨俗建立。我要説明這個意思，又非從宇宙真際説起不可。中譯佛籍以真際爲真如異名。真如又即本體之異名。真際者，真謂真實，無虚妄故。窮理至此方是究竟，故説爲際。真際者，恒轉也。恒轉即本體之異名。見上卷《轉變章》。恒轉是至無而健動的。無者，無形，非是空無。無形故絶待，絶待故至真至實，真實故健。無形而健，故生化無窮，亦名爲動。夫有形者域於形。域於形者即凝固而爲死物，無健德可言，無生化可言。唯無形而實不空者，其德至健。而生生化化，無有窮竭。即此生化，亦名爲動。健以動，故無所留滯。化而恒捨其故，生而不有其成。此莊生所謂運而無所積，乃恒如其寂無之本性，詳玩《轉變》《功能》諸章。是故我説恒轉亦名真如，非異恒轉别有無爲法可名真如也。又此恒轉，亦截然不同舊師所謂種子。舊師種子是擬物的觀念。彼所謂種子，實依世間草木等種子，比擬而構成此觀念也。其爲妄構不待言。本論所云恒轉，則直就生生化化不息之實體，而强爲之目，所以異彼種子。這段話的意思，本已散見中卷。因爲在本章中要將常途所計執爲實有的物質宇宙，給他一個正當的解説，就不得不從根本原理上鄭重提示一番。根本原理一詞，乃指真際而言。

在中卷裏面曾經説過，恒轉亦名功能。又復説言，功能是渾一的全體，但不是一合相，而是有分殊的。即全中有分。雖是分殊的，而亦不是如各别的粒子然，即不同舊師種子。卻是互相融攝，成爲一體的。即分中見全。詳在第六章《功能下》。設復有問："功能本是渾一的全體，如何而有分殊？"應知功能自體備萬德，具衆妙，是一切圓滿，無所虧欠，無有滯礙的，如何可以呆板的物事來猜擬他？

功能既有分殊，即不妨於全體中假析言之，而説爲一個一個的，或許許多多的功能。换句話説，即是一爲無量。就其爲全體而言，是謂一。於全體中見分殊，而爲説爲許許多多的，是謂無量。以至一而含無量，故云一爲無量。亦復應知，無量功能互相即、一切即一。一即一切。互相涉，一切入一。一入一切。而爲渾一的全體，非一一功能各各成獨立而不相涉不相即之小粒子。非字一氣貫下。應復説言，無量爲一。

現在，且剋就分殊方面言。即無量功能中，每一功能均具翕闢兩方面。易言之，即每個一翕一闢的動圈，假説爲一個功能。夫闢固然形，而翕亦未始有質也。翕闢，只是同一動勢的兩方面，元非實在的東西。故假説爲動圈。這種動圈的形成，就因爲翕的勢用，是盡量收凝。我們可以把每個收凝的動勢，均當做一單位。這種單位，不可説是凝成了一小顆粒，也不是成爲一道圈子的相狀。然而，我們謹防人把他收凝的動勢。當做小顆粒來猜想。所以，勉强用動圈一詞來形容之。圈字，是把每個收凝的動勢，均當做一個單位的意思，並不謂每個收凝的動勢，是各成一道小圈子。此處難措辭，須善會。每個動圈裏面，均有闢的勢用，彌滿充周於其間。因爲闢是無封畛的，是無定在而亦無所不在的。因此，應説翕不是離闢而孤起的。申言之，翕的本身亦是闢。並不是異闢而别有來源。本體是舉其全體顯現爲翕和闢。闢則冲寂剛健，而無方相，乃如其本體之自性。翕的勢用是收凝，將有物化之懼，殆不能保任其本體。然此收凝的勢用，其本性要不異闢，以本體無二故。但闢要表現他自己，不能没有資具。否則闢的動勢，只是浮游無據，將何所藉以自表現耶？因此之故，闢的勢用，决定與收凝的勢用，即翕。恒相俱有。但闢的勢用本無差别，而翕則是有差别的，是多至無量的。每個翕之中，皆有闢的勢用周運其間。所以，就每個翕上説，可以當做一單位，可以名爲動圈。實則每個動圈之中，均有闢的勢用在，决没有純翕而無闢的這種動圈。元來闢是無差别，本不可以動圈言。但因其與翕不一不異，即從翕而説爲同一動圈。不異者，翕闢無二體故。不一者，翕是收凝而將成物，闢是健行而無形故。前面所云，每個一翕一闢的動圈，假説爲一個功能。實則功能所以有分殊，而可説爲一個一個的者，只以翕之故，才有分殊耳。

就功能之收凝的方面而言，便謂之翕。翕故成爲動圈。動圈一詞即表示每個收凝的動勢，可當做一單位，如前説訖。夫翕者，於至無而動之中，始凝而兆乎有者也。至無者，言乎體也。至無而動，則體之顯現而爲萬殊的妙用也。妙用之行，必有其收凝的一方面。此收凝即有之幾兆，所謂翕是也。動勢之始凝，本無形也，而已凝焉，則有之幾也。形物著見，名之爲有。見去聲。收凝之勢，雖未成乎形，而已爲形物所自始，故曰始凝而兆乎有也。

如前已説，物質宇宙是本來無有，而又不妨隨俗建立者。稱體而言，此中稱者，如實相應之謂。一真無寄，一者，絶待義。寂然清澄，無形無象，聲臭俱泯。既已言詮不及，亦復心行罔措矣，故説物質宇宙本來無有。當知，是如實説。理實如是，即説如是。名如實説。然稱體起用，狀體曰無，以無相無染故，非空無也。不無，故全成爲萬殊的用。喻如大海水全成爲衆漚。此中稱字吃緊。一一用上，皆具全體，譬如一一漚各以大海水爲體，故曰稱也。他處用此詞者，皆準知。不能不有所收凝，收者，收斂。凝者，凝聚。他處準知。上文所謂始凝而兆乎有者是也，凝而兆有，故物質宇宙不妨建立。

夫凝者，本於無。凝者具云收凝，即翕之代詞，下倣此。無謂體。全體成用，用不孤行，必有其收凝之一方面，故凝亦用也。而用非與體爲二，乃即用即體。豈異於無，而别有凝者存耶？無者虚也。至真極浄，於穆無形，故虚。虚，至一也。無對故至一。虚而之凝，此語須善會。即虚而凝，非可索虚於凝之外。即凝而虚，無可求虚於凝之前。此理須沉思深體之。遂以成多。故一立而數起。有一則有二，有二則有三。自此以往，而數不可勝窮矣。虚以含萬有，而數乃無不賅。衆理備也。知虚凝本一致，詳上注。一多互相即者，一即是多，多即是一，故云互即。造化之奥昭然矣。

或復問言："虚本至一，其顯爲用也，凝以成多，何耶？"答曰：凝者，動而極斂，將成爲物。將字吃緊，非果成爲實物也。斂而將物，遂不期而分化。不期者，大用顯現，非如人之起意籌度故。若無分化，則將一味散漫而不得極斂。故收斂之極，必分化而成爲無量的動圈。譬如水蒸汽在空中，只是游氣遍布而已。氣體浮游，不固定故，曰游氣。本《正蒙》語。及其漸凝也，則分化而形成無量的點點滴滴。注意，凡喻只取少分相似，不可執定譬喻，求其全似。由此譬況，可悟凝斂必至分化，亦緣分化，乃極凝斂。此乃造化之妙也。凝則成多，分化之謂也。我們於俗所謂物質宇宙解析到最後的太素，太素一詞，見《易緯》。今借用之，略當俗云元素。只是前文所謂無量的動圈。每一動圈，即一單位。這些單位，就是物質宇宙的基本，所以説爲太素。儒家的鉅典如《中庸》曾有云："語小，天下莫能破焉。"其所謂小，蓋即吾所云動圈是也。每一動圈，即是凝斂到極小的積，故可名爲小。積字，曾見《轉變章》，只是凝聚的意思，非謂其已成形物也。我們設想把這種積，用剖解的方法來破析他，畢竟無可破析，因爲物質才可破析。今則物質的觀念，既已遮除，而窮到極小的積，便不可當做形物來想。如何可施破析？這種莫破的動圈，我在上卷裏曾名之爲形向。詳《轉變章》。形向者，謂其未成乎形，而有成形的傾向也。每一形向，元是極微小的凝勢，雖未成形，但凝斂之極，已有成形之勢，故云凝勢。可以名之爲小一。惠施曰："至小無内謂之小一。"今借用爲形向之别名。無内謂不可分也。若可分，則有更小於此者。今此不可分，則其小已極，無復有更小於此也。一者，謂每一最小的凝勢，均是一單位。故謂之小一。此小一或凝勢，是刹那刹那。生滅滅生，流行迅疾，勢用難思，可以名爲勢速。這些勢速是千條萬緒，極其衆多的，無量無邊的。可以圖表之如左。

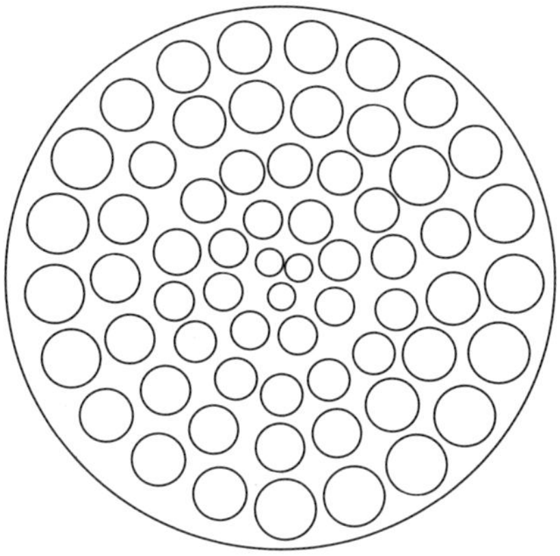

附說：圖爲一大圓圈，是表示渾一的全體。其内含許多小圓圈，是表示全中有分，也就是一中有多，一謂全體。多謂各個勢速或小一，即全中之分。兼表示每一分皆具全體。如上卷《明宗章》所舉海漚喻。每一漚皆具大海水全體。圖中小圓圈之數，卻無定。非有意爲之安排多少數目也。但亦不無意者，只表示多數而已。

圖取圓形者，乃取《易傳》圓神不滯的意義。或作循環解者，便大誤。他處用圓圖者，均倣此。

或復有難："如公所言，體則是虚是一，用則凝以成多。自多的方面言之，每一凝勢爲一單位，謂之小一。無量小一，爲物質宇宙的基本。若爾，更有一問題，即此無量的小一，將是各各爲生滅相續，流轉不已的單位耶？抑各單位皆刹那肇創，不必以新生爲已往之續耶？"

由前之説，則諸小一似有定數。如甲小一，初刹那纔生即滅。次刹那繼起，亦復即滅。自此以往，刹那刹那，均是纔生即滅。據此可知，甲小一雖復刹那刹那，没有絲微的物事留住。然其勢用恒是前滅後生的，如此相續流轉下去。譬如一人之身，總是新陳代謝的，相續流轉下去。甲小一如是，乙小一，乃至丙丁等等，以及無量的小一，亦莫不如是。這樣説來，一切小一，從無始來，各各等流，相續流轉，曰等流。當然是有定數的。以圖表之如左。

附説：圖中第一行，初一圈表示甲小一在初一刹那纔生即滅。次一圈表示次刹那繼起的甲小一雖不即是初刹那的甲小一依舊延持而下，但是，繼續初刹那而起的即是甲小一續生。第三圈以下，均可類知。第一行甲小一如此，第二行乙小一及第三行丙小一，皆可類推。

從圖之甲乙丙各系列看來，一切小一，如甲乙丙各自等流。據此可見，從無始際，小一有多少頭數，以後便永遠是那樣多的頭數。因爲後起的小一都是過去的接續者。如圖之甲乙丙各系列中，都是後後繼於前前，不能於原始所有的頭數以外，別有創新。所以説有定數。

小一既是物質宇宙的基本，而他小一。卻是有定數的。又復每個小一，雖云刹那不住，然通多刹那言之，卻是相續不斷絶也。如甲小一從無始來盡未來際，刹那刹那，生滅滅生，恒無有斷。推之無量小一，亦莫不然。據此説來，小一既有定數，復具恒性，小一不斷絶，即是具有恒常性。是等見解，未免以小一視同物質的分子，適成機械論，非真知化者也。

如實而談，凡諸小一，都是刹那詐現。一刹那頃，纔起即滅，本來無有絲微的物事可容暫住，故云詐現。本無自性。猶云没有獨立存在的自體。原其所自，蓋乃寂然真體，確爾顯現。小一非有質也，只是一種凝斂的勢用而已。此即真體之顯現也。真幾之動，真體虚寂，而不空無。何以知其不空？即其動不容已而知之也。既於動而識體，則不可離動覓體，亦明矣。將顯其健進，健進，即所謂闢是也。必先之以凝斂。凝斂，即所謂翕是也。此中先字，只約義理説先後，不是有時間上的先後，須善會。覆玩上卷《轉變章》。如不有所凝斂，則其動也，只是浮游無據。亦無所憑藉，以彰其漸進之德矣。唯凝斂，而遂分化以成衆多的積。積字見前。則健進之力，暢行於其積之中，而益顯其至剛之運，通達而無所阻，純粹而不可撓。此動之所以有健進與凝斂二勢也。凝斂，若將物化，自與健進的本體相反。然非凝斂成積，則雖固有健進之勢用，而以無所憑之具故，則亦無以顯其健進矣。故凝斂者，乃真幾之動，自然會顯爲如此。設問："此中是否有意？"當答彼云：造化有心而無意，容後方詳。造化一詞，見上卷《轉變章》。總之，凝斂與健進只是渾一的動之兩方面，没有兩方面的相反相成，也無所謂動。亦復應知，由相反相成，而只見夫凝勢，雖若物化，而終順以從健。健則純剛純善，而不靡於凝以物化。是故於動用處，而知其即是真體顯現，無可離動覓體也。此處吃緊。以上一大段話，似已總括本書根本大義。要須知此，然後了解凝斂的勢用，即所謂無量的小一者，元屬真幾微妙，真體成用，欲顯其健進必凝攝爲無量的小一，而健進始有所憑之具。反以相成，故云微妙。不可夾雜實物的觀念來猜測。在前文所述或人的疑問中，曾經設想到小一也許是各各爲生滅相續流轉不已的單位。如甲乙丙等等小一，應是各各等流的。這樣説來：小一便成有定數、與有恒性的東西。前已叙訖。或人此種疑問、不免把小一當做一顆一顆的實物來想，所以計度小一也許是各各自類相續。如甲小一，是刹那刹那前滅後生而不絶的，此爲甲小一自類相續。推之一切小一，莫不皆然。他或人不能解決這個疑問，就因他的量智作用，一向着物，所以不能不膠滯於此。着物之着，是染着義，宜深切自勘。量智，是從歷練於事物方面而發展的。因此，本量智以窮究道理時，總不免依據物理界的經驗去推索。而於理之極至，本不可當做一物事以推之者，彼亦以物推觀。此之謂着物。實則，真體成用時，談理至此，本無所謂時間。但爲言語之便，而置一時字。其顯爲凝斂的無量的小一者，只可借用吾先哲老子書中所謂"衆妙之門"一詞以形容之。妙者，神妙不測之謂。妙而曰衆，言其無有限量也。凡形物，皆有限量。今此不可以形物求者，焉得有限。門者，所由義。惟其神妙，故爲萬物所由之而成也。夫大用流行中，不得不有所凝斂以爲健進之具。然依凝斂，乃有萬物可言，不凝斂，即無物矣。但所云物者，幻迹耳，非有實物也。因此，不可説一切小一可以各各自類相續。如果一切小一是各各獨立存在的東西。那麽，就應許他是各各自類相續。今所云小一，既不是一顆一顆的實物，便無各自相續義。

我們應知，一切小一，都是頓現。一刹那頃，纔起即滅，不暫住故。故云頓現。前不至後，後不承前。前刹那的小一既不曾延持至後，後刹那續起的小一實是突起，非有所承受於前也。此不至彼，彼不因此。此時此處的小一，不曾至於彼時彼處。彼時彼處的小一，亦不因此時此處而有。夫談義至此，本無時與處可説，但以語言方便故，假説時處耳。所以一切小一，各各均是刹那頓現。實際上没有哪一個小一是可以當做一件物事看待，及可以説他是刹那刹那，生滅滅生，自類相續的。實際至此爲句。我們推想他小一是自類相續者，其所以錯誤，大概由誤計小一爲實物故，即賦予以時相和空相。所謂小一，本非有物，即無時空可言。今誤計小一爲實物者，即於小一而賦以時相和空相。意謂此小一雖是每刹那頃，纔生即滅，但刹刹續生，刹那省云刹。即刹刹皆有所據。刹刹相續，是時相；刹刹有所據，是空相。如前圖，所列甲乙丙諸小一，各各自類相續，這種意計，確然是有時空觀念從中作祟。

談至此，我要對於時空，略説幾句。我以爲時空本非實有，只緣量智一向求理於外，即以爲有外在的物事而去推求。如此既有物相存，則時相、空相乃緣物相俱起。何以故？有物相故，必計此物延續。若無有延續，便無物故。然於物計爲延續，即時相起。又有物相故，必計此物擴展。若無有擴展，亦即無物。然於物計爲擴展，即空相起。擴展，謂有形體擴張展布，即空間相。所以説時空相緣物相始有。實則，物界本依俗諦施設。世俗共許爲實有者，曰俗諦。亦云世諦。隨情安立故。於真諦中，本無有物。超越世間情計，契應真理者，曰真諦。何以故？因於一切物而冥證本體，即廓然無有物相可得故。物相泯絶，時空相即俱泯，故説時空本非實有。現在，我們談到小一，卻是依據真諦以假設俗諦。故乃權宜方便，顯示真體成用，其健進也，必有所凝斂，而始資之以顯健德，不凝斂則大用之行亦浮游無據，無以成其健進矣。唯凝斂，乃成爲無量的小一，而群有遂兆於茲。此俗諦所以不妨施設。然復當知，小一者，大用流行，迅疾以凝。其凝斂也，必流行之勢用，極爲迅疾，始有所凝耳。如旋火輪，旋轉勢用猛疾，乃宛若有所凝如輪者。此譬雖近，而推原萬物之始，其初凝也，亦不外流行猛疾所致耳。夫剎那不住，何猛如之。此所以名爲大用也。凝故分化，成衆微勢，謂之小一。衆微勢者，衆言衆多，數無量故；微勢者，每一小一，只是一種凝斂的勢用。以其極端收斂，成爲最極微小的一團勢用，故云小一。小一者，用也。用也者，真體之顯也。用者，即體之顯現爲如是用耳。故體者，用之體。豈可用外索體耶？故小一，不可以物測。雖有凝勢，而未成乎形。無形而有分。其凝也，便成散殊的。既散殊，而亦非凌亂無序的。故云有分。分理已具，而畢竟無形。此小一所爲不可以物測也。談至此，我們於所謂小一，不容夾雜時空觀念來理會之，只好冥心無物之地。物相既遮，時空相俱遣，智與神會，神者，大用不測之稱。思與化通。此中思字義深，非常途所謂思想。通者，冥會爲一，非以此通彼也。而後免於戲論。

或有難云："如公言，一切小一，非是從其本際以來，各各自類生滅相續，而只是剎那剎那，各別頓現。易言之，即剎那剎那，都是肇創。無有後後，續於前前。是義誠爾。便應一切小一，猶如空華，毫無根據。又應剎那剎那皆是幻現，都無法則。"剎那剎那，通多剎那言之也。如是二難，當以次答。且答初難。至理非言説所及，尤爲凡情所不悟，强以喻明。曾航海者，皆只見無量衆漚。衆漚，喻一切小一。若離衆漚，無別大海水可得。大海水，喻本體。所以然者，衆漚，皆攬大海水爲體故。大海水，全顯作衆漚故。須知，任舉一漚，皆以大海水爲體。衆漚頓起頓滅，不可説某一漚。從其前前至於後後，剎剎生滅相續，或自類延持不絶也。不可至此爲句。此中延持者，謂若每一漚各自類相續，即延持義。衆漚各各頓現，都無定實。非固定故，非實在故。焉有自類前後延持，然漚雖不實，非如空華無體。一一漚，皆攬全大海水爲其體故。故不應爲漚別尋根據。今所謂小一，雖復各別頓現，無一小一得有自類生滅相續，猶如幻化。雖復至此爲句。然諸小一，亦非如空華無體。每一小一，其體即是真如妙性故。妙性，猶言妙體。基師常以真如妙體爲詞，言真如自體至微妙，非有相狀或聲臭等等可睹聞嗅嘗故。故知小一，非無體法。無體法者，如空華或龜毛兔角，只有名言，而實無彼法。不應更詰有何根據。

答次難者。法則一詞，可以包含規律、形式、條理、秩序、型範等等意義。這種法則，是與法相俱有故。法相一詞，見中卷。相起，即有物有則，如方圓等等形式，是法則。必須有方的或圓的各類法相或事物，才有方圓等形式與之俱在。不可計法則爲一空洞的格式，可以離一切法相而獨存於另一世界。相泯，而法則並遣。故言則者，不離於相。我們應知，小一是刹那幻現，没有定相的。因此，説他小一是没有定則的，即其才起即滅，如此詭變，是無有定則可以管理他的。然亦不能説他無法則。前面説過，無形而有分。分者，分理。即是法則的意義。他是各別頓現，即不是無分理的，如何道他都無法則。尤復當知，我們説他纔起即滅，無有定則，卻不妨説這種無定則便是他具有的則。我們在經驗界裏，慣尋事物的定則。因欲推之於超越日常生活的境地，即所謂神化不測之妙亦冀其有定則可尋也。尋之不得，則以爲無則焉耳。不知神化之妙乃天則自然，豈曰無則耶？老子曰“道法自然”，夫老氏所謂道，極至之稱也。道者，萬物所由之而成也，即萬物之本體，故是理之極至。而曰道法自然，豈道之上別有自然耶？老氏蓋謂道之發現，乃無所待而然。無待而然，謂之自然。自然者，乃道體天然自具之則也，故曰道法自然。豈謂別有高出於道之上者，爲道所取則耶？夫無待而然者，殊詭奇譎，不可更詰所由然，而固已然矣。其然，即有則也。若何云無則耶？《易》曰：“不可爲典要，唯變所適。”典要者，常途所云定則是也。此等定則，只是吾人對於經驗界的物事之一種解釋。以此猜度大用，或神變不測之地，則成倒妄，故曰不可。大用之行，只是唯變所適而已。以俗語翻之，他變要怎生變，就怎生變去便是了。怎生一詞，朱子集中常用之，蓋當時通行白話。今俗言怎樣，或如何樣的者，近此。所以我人不可以意爲之定則。然而他要怎生變，就怎生變去，這裏正可見他的天則自然處。他無所待故，不受任何約束。但如欲以依據經驗界的定則求之，便覺得他是無則了。據此，若計小一幻現，不可以定則求之，即謂爲無則者，卻是倒見。

如上已釋二難。復有問言："一切小一，雖無自類相續，然由刹那刹那，各別頓現故，即前後刹那間，有相承義。前後小一，有相似義。後刹那繼起小一，與前刹那已滅之小一，無所謂自類相續。易言之，即不以後者爲前者之自類耳。然後者於前，要非無相似相續義。公意云何？"答曰：如汝所言，雖於義不妨假說，要非稱實之談也。汝云前後相續者，仍是把刹那義作時間解。實則，刹那非時間義。詳上卷《轉變章》。只爲言說方便而假設之。我們如理思維，思維所及，必恰如其理之真，不雜妄想，曰如理思維。小一只是各別頓現。但於其各別頓現，不必雜時間觀念，以推其相續與否。如果要擬他小一是前後相續，那只是我們的一種解釋，不必符合實際。因爲我們攙入了時間觀念，已把小一當做經驗界的物事來推想。説至此，我聯想到古代的《詩經》有句云："維天之命，於穆不已。"此詩我在《轉變章》似曾引述一番。天者，本體之目。命者，流行義，即是用義。於穆，深遠義。由本體顯爲大用，理極深遠，不可測度。只嘆其無有止息，故云不已。這個不已的意義，真乃恁地微妙，儘有千言萬語道不出。恁地，猶言如斯或如此。夫小一用也。其纔起即滅，纔滅又即起，如是如是而無窮盡者，所謂不已是也。我們説刹那義，只顯小一，無有暫住，只是方便施設，不應於此作時間想。我們若實理會到大用之妙，斷不可説他是常、是一的。常者，恒常。謂無有滅故創新，無有變異。一者，一合相。謂無有分化。如其是常是一，宇宙便成死物，寧有此理。我們説小一，便遮執一。小一是於渾一的全體中而有分化的，故遮執一的邪見。此中一字的意義，謂其只見爲渾一而不悟分化也。與以絶待言一者異旨。本段上下文一字，皆應準知。説小一刹那頓現，無有暫住，便遮執常。思之可知。方其遮常、遮一，同時即表大用之行，生滅滅生無有窮盡。易言之，即總在滅故創新而不已。我因古詩的意思，得有印證，而深信此理不容夾雜時間觀念來理解，只可説個新新不已。刹刹頓現，故恒是新新，而無暫時之故可守，所以不已。使其守故，則生理絶矣，何得不已？前後相續的觀念，便有時間相，故是隨情作解。

又汝所云相似，亦不應理。世間情見，執有一一實物，而言其相似與否。若依是等見，而猜度一切小一，便成倒妄。小一皆刹那幻現，不可定執爲實物故。若復如理而思，大化之行，大化，猶言大用。其凝以成多者，謂一切小一。一一具足。每一小一的勢用，都是萬德具足的，都是含攝一切的。一一皆是生而不有。纔生即滅，無暫住故，是乃至神無滯迹，故云不有。故知一切小一，本性是同。一切小一，言其本性，同是真如。無有一法可遺真如而得有故。豈可以相似言之耶？相似者，擬物之詞，剋就物相而言相似，俗諦可爾。小一者，用也，即大用之分殊而爲言也。於此，不可執爲實物，故不應言相似與否。

上來答難已訖。猶復應知，一切小一，互相望爲主屬。此義已詳中卷。第六章《功能下》。今復略申。如甲小一望乙小一，及餘無量小一而爲主故。乙與無量，皆爲甲之屬。同時，乙小一望甲小一，及餘無量小一而亦爲主。甲與無量，又皆爲乙之屬。一切小一互相望，皆如是。華嚴家言："主伴重重，無窮無盡。"主伴，猶言主屬。伴即屬義。法界之妙，如是不可思議。此中法界一詞，謂本體，但言體，即攝用。《金剛經》言："如，非一合相。"如者謂真如妙體。非一合相者謂於一一法而皆見爲如。《易》曰："群龍無首。"既互爲主，亦互爲屬，則無有爲首者也。龍者，神變之物，以喻大用，亦以喻體，即用即體故。群者，非一合相，故置群言。皆可互相發明。夫互爲主，則非頑然一物。譬如衆耀齊明，右靈交遍。一一微塵，是一一佛。佛者，圓明極妙之稱。此用爲形容本體之詞。豈若不平等因計，有超越萬有而獨爲其宰者耶？宗教家計有超越萬有而獨尊之一神，是爲不平等因計。又互爲屬，則非各各獨立不爲一體。則非至此爲句。譬如五官百體，互爲聯屬，實爲渾全的一身。又如帝網重重，各各遍滿，實爲全網。帝網見上卷。佛書言天帝以珠結網，重復一重，無有窮盡。就每一重言之，似各成一網。通多重言之，乃各各遍滿，而爲全整的網。非同散沙，無量微粒，各各乖離，縱聚爲一堆，究是散沙不成全體。非同，一氣貫下讀之。是故一切小一，互爲主屬，至一而顯不一。至一謂體。其顯爲用，則不一也。不一故，皆爲主。無可别立一尊。相對即是絶對。皆爲主，疑於相對矣，然亦互相屬，不可離異，法爾渾全，即相對是絶對。全萬化而識玄同，奚其有待哉？奇哉奇哉。誰有智者，悟斯妙趣，而不躍如。

或有難言：“公所云小一者，只是大用之行，其勢迅疾，則凝以成多。夫凝，雖未即成形，而已是物之始。然則小一不猶元子、電子乎？”答曰：不然。言元子、電子者基於質測，要是於俗所計物質宇宙，而姑作一種解釋已爾，未能遣物相而理會萬化之真也。夫談元子、電子者，或以爲微粒也，或以爲波動也，或以爲波粒也。謂亦波亦粒。其實，質測所及者，不過依大用流行之迹象，而加以解釋。此等解釋，決不能與實理相應。此中實理一詞，即謂大用流行的真相。亦云萬化之真。故非脱然離迹，廓然亡象，而直冥神於無物之地者，則不可證體。故非，至此爲句。冥神無物之地者，情見息，妄識泯，炯然絶待，即本體呈露也。本體呈露時，即自明自證，謂之證體。非别有一心來證此體也。此義當詳之《量論》。不證體故，即是不識大用。何以故？用之爲言，即於體之顯現，而名爲用。非用異體而别爲實有的物事故。故知即用即體，即體即用義者，則知不曾證體，即亦不識用。是事無疑。

夫唯證體，即知用。知用，便了大用之行，其凝以成多，即所謂小一者，是乃至神極妙，生而不有，纔起即滅，刹刹皆爾，不暫住故。應而無物。應者，順應。凝者，翕也。翕以爲大用健闢之具，故望闢而爲順應。然其翕也，只是一種極凝的勢用，刹刹詐現而已，本來無有實物。故不可以物測，豈復可以元子、電子擬之耶？科學家所謂元子、電子者，只是依大用流行的迹象，姑作如是解釋。若謂彼已了達大用者，便無有是處。何以故？彼所謂元子、電子者只是依大用流行的迹象，不可證會用之本體故。

附識：有問：“此中所説歸極證體，誠如公説者，則窮究宇宙之真，直須反諸本心始得。恐滋人之惑。”答曰：汝於本論《明宗章》意思，領悟不真切，故有此疑。陽明子咏良知詩云：“無聲無臭獨知時，此是乾坤萬有基。”汝若參透此義，當無疑於吾説。須知，生天生地生人生物，只是一理。此理之存乎吾人者，便名爲本心。陽明謂之良知。惜吾人不能保任之。心理學上所謂心，則剋就其緣形而發，感物而動，成於習染者，以爲心。此則每違其本心，不可無辨。誠能痛下一番静功，静之爲義，深遠難言。切近而談，如收攝此心，不昏昧，不散亂，不麻木，有如《禮經》所云："清明在躬，志氣如神。"此即静之相也。庶幾本心呈露，此理便顯。而生生化化，不滯、不息之妙，即所謂大用。壹皆自明自喻。豈可以推度得之乎？

或復問言："小一者，凝極而將兆乎有。公所嘗言也。據此，則應成唯物，何名唯識？"答曰：汝不解我所説義。夫凝極而有成物的傾向者，此非其本體自性固然也。由體成用，將顯其健進，健進者，闢義。不得不先有所凝，以爲健進之資具。此中先字，只就義理上説，非時間義。故凝斂若將成物，乃從其本體顯爲用時，此處本無時間義。但因言説方便，而置時言。自然之幾，必至之勢也。惟此凝勢，似與其本體自性相反。然正以相反故，而健進的勢用，得資之以爲具，否則將無所憑藉以顯其健也。由此應知，大用元是渾全的。但隨凝勢即所謂小一者，而見爲分殊耳。覆看中卷第六章《功能下》。每一小一，皆有健進的勢用涵運其間。涵者包涵，不相離異故。運者運轉，挾以俱化故。決無有孤凝而不具健勢之小一。健進的勢用，省稱健勢。故就健勢言之，雖本渾全，但隨小一便成分殊。然健進乃大用之本然，周流遍運，無定在而無所不在。雖行乎凝以成多之方面，可以説爲無量小一。但即此周流遍運而言，畢竟未嘗隨小一而有分畛。故仍不失爲渾全，而可名爲大一。惠施曰："其大無外，謂之大一。"今借用其詞。此中大字，不與小對，乃絶待之稱。絶待故無外。

是故每一小一，爲凝與健即翕與闢相涵俱有的一單位。凝者，莊子所云形本。參考《十力語要》二，答意人問《老子》義中。形本者，謂其爲一切形物之始也。實則凝者，未即成形，但有成形之傾向而已。唯然，故名此凝勢以形向，亦得説爲動圈、曰形向、曰動圈，則儼若獨化。獨化，猶俗言好像成爲單個的物事。因復説爲一單位，而名之以小一。其實，小一雖從凝得名，若無有凝，便只渾而不分，何小一可名耶？而凝者其幻象耳。象字，須活看。只是無象之象，非如俗計有形質也。其所以成乎此凝，而即以運於凝之中而爲其主宰者，只是至健至神的力用而已。曰健進，曰闢，曰大用，皆其别名也。自至健至神的力用之爲渾全或大一而言，則曰宇宙的心，亦曰大心。但此所謂宇宙的心或大心，以下省稱大心。元非一合相。他大心是一不礙多，此心無待，故一。本一也，而顯現爲多。故云一不礙多。多即是一。雖顯現爲多，而多即是一，非於多之外别有所謂一故。故云多不礙一。全不礙分，分即是全。準一多可知。這個道理，並不希奇古怪。因爲小一，即是大一之凝以成多。故大一含小一。而大一本來力用，周流遍運於其所内含的無量小一中者，本來力用者，對小一而説。小一亦大一之所凝。然大一本來力用自無損減，其凝爲小一者，正爲要顯現自力，須得自造一資具出。此乃理勢自爾，非有意也。雖隨小一成多，即於全中有分。然大一自身畢竟無有封畛，無有限量。故全不礙分，而分即是全。一不礙多，而多即是一。譬如月印萬川。月，喻大一。萬川中之各月，喻無量小一。萬川各具之月，元是一月。萬川各具之月云云，以喻無量小一皆各具大一，元來即是渾一的全體，無有差别。凡喻，只取少分相似，不可刻求全肖。學者宜知。故説大一便含小一，説小一便於此識大一。即小即大，即大即小。故大一不是各小一相加之和。應如理思。其妙如此。

附識：哲學上二元論，固不應理。多元論，尤不見本根。如解釋現象界，明一切物互相依而有。假説多元，似無妨。然爲此論者，恒不悟本體。過誤滋甚。一元論者，若只建立一法爲萬物所由始，則所謂一元者與本論的意思要自判以霄壤。本論亦不妨説爲一元。然一即含多，多即是一。此義淵微，應如理思。吾先哲惠子，其大一與小一之説，見《莊子·天下篇》。其持説之内蘊，今不可考。《中庸》亦有“語大，天下莫能載；語小，天下莫能破”之語。大莫能載者，至大無外故。小莫能破者，至小無内故。詞約而旨隱。要皆可與本論參稽互證。

問曰：“大一凝以成多，是謂小一。其凝也，有意耶？”答曰：造化有心而無意，吾已言之矣。健而不可撓名心，神而不可測名心、純而不可染名心、純者，粹善義。生生而不容已名心、勇悍而不可墜墮名心。廣説乃至無量義，恐繁且止。意者，謂如人作動意欲，起籌度故，不任運故。任自然之運行，曰任運。有意則不如是。我們可以説用之本體名爲心，卻不能道他有意。大用之行，不能不先有所凝。先字，非時間義。注見前。此乃神化自然。非有意造作也。《易》曰："神也者，不疾而速，不行而至。"參考上卷《轉變章》。夫行焉而始至，疾焉而始速者，意之所爲也。至而未嘗有行焉者，速而未嘗有疾焉者，是無而有、無者，無形無意故名。虚而靈、不爲而爲，奚其有意耶？

綜前所説，已明小一義。復次世間現見有萬物，現見者，謂感官之所睹聞攝觸，乃至意識之所覺察故。此何由成？當知，萬物唯依一切小一而假施設。若離小一，實無萬物可説。無量小一，相摩盪故，有迹象散著，命曰萬物。摩者，兩相近也，即是相比合的意思。盪者，交相激也，即是相乖違的意思。此中用摩盪二詞與《易傳》義異。所以者何？小一雖未成乎形，然每一小一，是一刹那頓起而極凝的勢用。此等勢用，既多至無量，則彼此之間，有以時與位之相值適當而互相親比者，乃成爲一系。此中時與位，原是假設。因爲説到小一並起而相值，便不能不假説時位以形容之。若究其原，便無時位。亦自有不當其值而相乖違者。此所以不唯混成一系，而各得以其相親比者互别而成衆多系。凡摩盪之情，只生於彼此相值之當否，不必臆計其相摩之由於愛，相盪之出於憎，造化本無作意故。無量小一，有相摩以比合而成一系。有相盪以離異，因别有所合，得成多系，此玄化之秘也。凡系與系之間，亦有相摩相盪。如各小一間之有相摩盪者然。系與系合，説名系群。二個系以上相比合之系群，漸有迹象，而或不顯著。迹象，亦省云象。積微而顯，故成象。科學家所謂元子、電子等等，不過圖摹多數小一所比合而成的系群之迹象，實無從測定小一也。及大多數的系群相比合，則象乃粗顯。如吾當前書案，即由許許多多的系群，互相摩而成象，乃名以書案也。日星大地，靡不如是。及吾形軀，亦復如是。故知萬物，非離小一有别自體。夫小一，至微至微者也。積微乃成著。嚴又陵云："微分術，言數起於無窮小，乃積之可以成諸有。"《中庸》曰，"夫微之顯，誠之不可揜"，此言真體成用，其凝也至微。而積微，乃顯爲萬有，一本於其至真至實之昭著不可揜。其旨深遠矣哉。

無量小一，相摩相盪，形成萬物，已如前説。設復問言："豈不已言小一剎那不住乎？今説相摩相盪，誰爲是耶？"答曰：汝聞剎那不住，便起空見。謂作空無想。此大謬也。夫小一本剎那之異名。剎那義，見上卷。本假説極小的時分名剎那。其小至極，猶不足比於一瞬。然是假説，究非時間義，所宜善會。小一頓現而不暫住，故得以小一爲剎那之異名。剋約一剎言，剎那，省言剎。恍惚不可把捉。恍惚，有無不定貌。以爲無耶？而凝焉有生矣。以爲有耶？纔生即滅矣。通多剎言，前剎纔滅，若有迹象，似未全消，迹象者，譬如音樂纔止，尚有餘音繞梁。若有之言，顯不可執爲實物故。似未之言，顯非不消滅，但幻迹耳。後剎新生，與前俱有。後剎正生時，值前迹象未即滅時。是俱有也。準此而談，前後剎間，未可淪空。雖前後都不住，卻也不是空洞無物。譬如電光的一閃一閃，本經多剎，曾無一剎得住。但其前後之間，儼然是前剎之一閃，與後剎之一閃，分明俱有的，何可説空？以此類況，前剎後剎小一，其相鄰者，可言俱有。此復須知，談理至此，本無時間義。今言前後者，乃爲言説上之方便計，不得不如是假説故。又復無量小一，同時現者，不妨假説彼此。注意假説二字。若計有實時間，及計小一爲個别的實物可分彼此者，便大謬。由諸小一，可假説前後及彼此各各别有故。因此，可更進一步，而假説相摩相盪。汝聞剎那不住義，便起空見，以此妄難小一不得互相摩盪。此自汝失，不由吾過。

小一相摩盪，而成各個系，系與系相摩盪而成各個系群，於是顯爲萬物。所以萬物無自性，猶云無獨立存在的自體。只是無量凝勢，詐現種種迹象，因名萬物而已。凝勢者，小一這别名。以小一無形，只是凝斂的勢用故，亦名凝勢。或有問言："誠如公説，則萬物本來皆空，似違世間。世間現見有萬物故。"答曰：稱體而談，萬物本空。稱者，契應，證真理故。體者，萬物之本體。談理至極，迥絶尋思。洞達本體，冥然契應。到此只是一真絶待，亦云一理平鋪。何有如俗所計之萬物耶？隨情安立，則以所謂凝勢，元是本體流行。不是有實勢用，别異本體而獨行者，名凝勢。乃即本體之流行，名凝勢。即依此流行之迹象而成萬物，於義無遮。隨情云者，隨順世間情見也。流行本翕闢之通稱。今約凝勢言，即單就翕言。然言翕自不離闢，但從言異路耳。翕勢流行，幻現迹象。即依此流行幻象，假説萬物。此於義可成立，故無庸遮撥也。

或復問言：若如公説，於流行而識其本體，則流即不流，行即不行。何則？流行者生生不息義也。然生生則刹刹不守其故，根本没有東西留積着，不同宗教家説上帝創造别一世界來。老子云“生而不有”，妙符斯旨。故云流即不流，行即不行。以生生者實未嘗有生故。信乎一真湛寂，無物可云也。然即識本體已，則即於體之流行而假取其相，説名萬物，於義得成。流行即有相幻現。相，亦云迹象。假取者，不於迹象而勢爲實物。但隨情安立，名之以物耳。然則萬物既假設爲有，亦得許物有其則否？答曰：有物有則，此吾古詩之明訓也。則之爲義，至極寬廣。今此所欲略明者，只是物所具有的若干基則，爲一切科學知識所發見之法則或律則之所待以成立，實即吾人對於物的知識之所由可能之客觀基礎。其在知識論或認識論，則謂之範疇。康德自知識論之觀點言，範疇是主觀的，是先驗的，不待經驗而成立，只爲經驗所以可能之條件。易言之，即知識所以可能之條件。康德此種主張，其立言之分位，固與吾異。然吾亦實未敢苟同。即自知識言之，吾以爲範疇，亦不能純屬主觀，亦當兼屬客觀。此中客觀，即俗所謂外界的事物。下做此。與康德所用客觀一詞的意義，不必全符。如果範疇是純主觀的，即於客觀方面全無依據。好似思惟方面預儲有許多格式，範疇去應用在客觀的事物上。此實不可通。如果説此等格式，不是預定的，則必是吾人認識的能力，或想像力，如康德之意，此種想像力，不只如常途所謂把一度發生的事實使之再現或再生而已，卻是完全從自己能有所造生的這種想象力。於得到經驗時，如已表現在直觀中的東西，即是經驗的。恰巧出生此等格式，來應用在事物上去，自然是有效的。這個有效一詞，含有超越個人的意義。即是一般皆可公認的。否則不名有效。若爾，則主觀上的格式，於客觀的事物上全無依據。即科學上求知的方法，根本用不着實測。科學知識如何可能，畢竟是一大問題。康德似未注意及此。吾欲待《量論》再加評判，此姑不詳。吾本主張範疇是主客兼屬的，今剋就物的方面言，則名爲物則，亦云物所具有的基則。略舉如後。

一曰空時。空間和時間，在哲學和科學上的解説，本極紛繁。我亦不獲詳徵博考，只略説我個人的一點意思。我以爲空相和時相，若剋就物言，只是物的存在的形式。我們假設物是有的，即是存在的。如此，則凡物定有擴展相，否則此物根本不存在。由擴展相故，方乃説物是存在的。亦復由擴展相故，即顯上下四方等空相。故知空間非實有，只是物的存在的形式。又凡物定有延續相，若延續義不成者，即此物根本不存在。由延續相故，方乃説物是存在的。亦復由延續相故，即顯過現未等時相。故知時間非實有，只是物的存在的形式。

問曰：所言物者，實是許多小一系群之比合。小一本非物也，其所成之各系群，實亦非物。但因衆凝勢故，猶云衆多小一。有相詐現，相亦云迹象。説名爲物。夫詐現有相，假云擴展，於義無妨。若云延續，似不應理。何者？小一本無前後相續義，則由其系群所幻現之相，亦難許其有延續義。答曰：小一本非物故，故不許有前後相續義。然刹刹各別新生故，不常，亦不斷故。刹刹滅故不常，刹刹新生故不斷。從其所成系群之幻相言之，假説延續。隨俗諦故，亦無乖反。

復次，空時因爲是物的存在的形式，所以整個的空間，與不斷之流的絶對時間，只是主觀方面因歷物之久，乃依各別的空時相，而構成一抽象的概念已耳。又因空時只是物的存在的形式故，故知空時是不可分離的。又復應知，各事象相互間，復別形成各個空時系列。如於某日午前十時乘飛機由重慶上空飛赴昆明，中途若不遇障礙，當以幾時到達。又如某時坐汽車由重慶開赴昆明，中途若不遇障礙，當以幾時到達。我們試想，飛機速度與航程所經各地段之距離相組合而成之空時系列，較之汽車速度與所經各地段距離相組合而成之空時系列，兩方迴然不同。準此，已可知空時系列之不一。然此猶就兩事而言。謂飛行與車行。復有同一件事，自甲乙二處各相觀待，而不同其空時系列。如在一時同處同者，謂不相隔遠。有兩光符發出。所謂同一件事。若自甲處假定甲在静止的場所。看來爲同時出現者，自乙處假定乙在運動的場所看來不必爲同時。由是可知，甲乙對同一事件，各因其觀待不同而形成各別的空時系列。總之，每一小一系群小一系群，即所謂物者是，亦得云事情。與其他無量的小一系群，皆互相關聯，互相反映。在千條萬緒的各别不同的關聯與反映中，就有千條萬緒的各别不同的空時系列。所以，絶對的空時只是抽象的概念，事實上殊不如此。

復次，空時只是物的存在的形式故，故空時非離物别有，而亦不即是物。只是物上具有之形式故。此在吾人直觀上説，此中直觀一詞，係據印度佛家眼等五識現量證境而言。依常途用語，即就純粹感覺不雜記憶與推想等作用者而言。然哲學家或不許感覺爲知識。但佛家則説眼等識親證境物的自體。此時，必與物冥會爲一。即心物渾融，能所不分，主客不分，内外不分，是爲證會，而不起虚妄分别，乃真實的知識也。余於此處，與印度諸師，同其主張。是否得物即得空時耶？印度諸師，頗有兩説。一云："感識眼等五識，吾名以感識。稱名稍異，所目則一。緣實不緣假。假實者，佛家於俗諦，説物是實法。物上所具之形式如空時等，則名假法。印度人分析諸法，嚴辨假實。緣假法者意識。"二云："感識亦緣假。以假依實有，得實則得假故。"吾謂二義，實無違返。感識得實即得假，於義雖應許，但感識畢竟是證會，而不起分别，即不起物相與空時等相。二家於此，仍無異旨。準此而談，感覺唯是證會，都無分别，諸相俱泯。則感覺所得者，實無雜亂可説。俟《量論》再詳。唯在意識中，乃行一切分别。今依意識而言，則空時相特别顯著。此中所謂空時相，宛然是絶對的空間和絶對的時間了。唯然，故能利用空時，以規定一切物。易言之，即置一切物於空時兩大格式中，於是明理辨物之功能以彰。此中功能，係尋常所用語。與他處用功能爲體用之目者，絶不同義。故空時，本緣物上具有此形式，意識作用依之，得有空時相起。即構成空時的概念。然意識因有空時相故，乃反以規定感識中未經分别之各物，而條析之、綜理之，使證會中之物，成爲客觀的。空時這種範疇，所以最要而居首列。

今總結上文，一者，談空時雖是講關於事物的認識，而不可謂這種範疇空時。於事物的本身上全無所據。如果剋就物上言，根本無有此等形式，空時。則空時純是主觀上片面的構畫。科學實測之術，復何所據。

二者，由空時不單從主觀的一方現起故，故説諸小一系群，注見前。

各具有此等形式。空時。而各個小一系群相互間又別自形成各個空時系列。

三者，感識冥證境物，無分別故，不起物相及空時相。

四者，意識繼感識而起，憶持前物，前物者，謂前念感識中所得一切物。加以抉別，抉者抉擇，別者揀別。遂於識上現似物相及空時相。感識冥證中，本不起相。意識何故能憶前物而現似其相，此中未及詳。留待《量論》再談。如此，慣習之久，遂構成抽象的概念。謂空時。這種概念，不自覺的推出去，把空時當做了客觀的實有，就是絶對的空間，絶對的時間。反不自察其爲只是自心所構之概念也。唯物論者不了物質只是他自心的一個概念，亦同此失。此例不勝舉。

五者，絶對的空時的觀念，並非無用。在感識中於所冥證的一切事物，本不作外界想，不作固定的物來想。此種境界，難以形容。但以其泊然絶慮，無物爲礙，或可以“體神居靈”四字擬議之。乃卒經過意識作用而成爲客觀的者，則正賴有絶對的空時觀念，直將感識中親證之有，感識所冥證者，只是有，而不曾作物想。箝入兩大格式空時。之内。令其忽然固定化，而成爲客觀的事物了，科學知識於此始有可能。蓋意識分別作用，將感識所冥證之有，令其固定化。此時，便從體神居靈的境界中墜落下來，於真理上是不相應，而於實際生活上未能免此。然以此歸咎分別則不可，若於物但分別而不迷執者，則即物得理自不喪其神也。

六者，雖不遮絶對的空時的觀念，要不可過任主觀。何者？就主觀方面言，空時觀念元初自是由歷物得來，歷物，猶云經驗於事物。並不是偏由主觀一方面自構。其後，習之既久，習字，包括遺傳或種族的經驗而言。遂若不待經驗，宛然現作絶對的空時，遂爲外在世界成立之二大基柱，此固實際生活上不能避免之勢。然實事求是，則空時不單從主觀一方幻現，頗有其客觀的依據。質言之，空時亦是事物上所具有之一種形式，如前說訖。若純依主觀而談，畢竟是陷一偏。康德不以空時爲範疇，其説吾所不取。

二曰有無。此中有無二詞，取互相反爲義。有者無之反，無亦有之反。

故云互反。有無這種範疇，就物的方面而言，便是物所具有的一種型範，也兼含有徵符的意義。凡物，具有某種用等等，是名爲有。相者，謂凡物各有自共相故。自相，如圓的桌子。共相，如圓，爲圓桌與其他圓的物所共有之相。用者，謂物皆有作用故。又言等等者，以凡物所有，不可遍舉故。既具有如是相用，同時不更具他相用。物各有其所有，即各無其所無。其所本無者，即不復能有之。故云無其所無。如地球具有橢圓形，則方形是其所本無。舉此一例，餘準可知。

三曰數量。數量者，謂一多或小大等數也。多數爲大，反之爲小。在談此種範疇中，元不必泛談數理，但欲略明一切物何以具有數量。關於此一問題，我的解答就是一切物互相差別而又互相關聯，因此纔有數量。没有差别，固無數量可言。假如只是差别，完全没有關聯，亦無所謂數量。須知，數量的意義，就是於差别中有綜合，而綜合卻是與關聯相對應的。如云八大行星，這個數量把諸行星綜合在一起，不獨顯示諸行星的差别，而實重在顯示諸行星的關聯。又如説無量星體，則無量數的這個數量，便把太空中一切星體，都綜合在一起，也是因他們相互間有一種普泛的關聯。雖不似同一太陽系中八大行星的關聯之密切，但非無普泛的關聯。舉此二例，可概其餘。所以説數量是於差别中有綜合，就因爲一切物是互相差别而又互相關聯的緣故。可是一層，把一切物數量化，才能馭繁以簡。然若過於信任此種簡單，卻恐未能透入物的内藴。

四曰同異。同異二法，以互相反得名。同者，異之反。異者，同之反。古代印度勝論師，以同異爲實法，由此同異。能令一切物成同成異。實法，猶云獨立存在的東西。這種謬想，不知從何得來。佛家因明諸師談比量，比者，比度。含有質測與思考及推求或推證等等意義。量者，知義，猶言知識。由比度所得之知，曰比量。但如專就推證言，則三支論式，名比量。要在求同求異。詳在因明諸論。彼佛家所謂同異，則是依事物而立之假法。假法者，謂同異二法，但是一切事物上所具有的現律，非離事物而别爲獨立實在的東西故。參考《佛家名相通釋》部甲談五藴中不相應行法内，衆同分及定異二條。假法，即相當於範疇，以視勝論師妄計爲實法者，其短長不待論。今試即同異之存乎一切物者言之。夫萬物繁然，一一自相，莫不互異。但舉共相，又莫不齊同。然自共相，亦由互相觀待，現差别故。由斯同異，因物付物。非是離物别有定法，理不容疑。

如依現前桌子説爲自相。此桌子與椅子杯子等等，各各互異。然桌子與椅子杯子等等器具，並屬人造物，則人造物是共相。即依共相，應説皆同。

然雖説桌子爲自相，若更析此桌子爲一一元子、電子，則一一元子、電子爲自相，而桌子復爲共相。如此，則前之以桌子與椅子杯子等等相待成異者，今對其所含一一元子、電子，便復爲同。

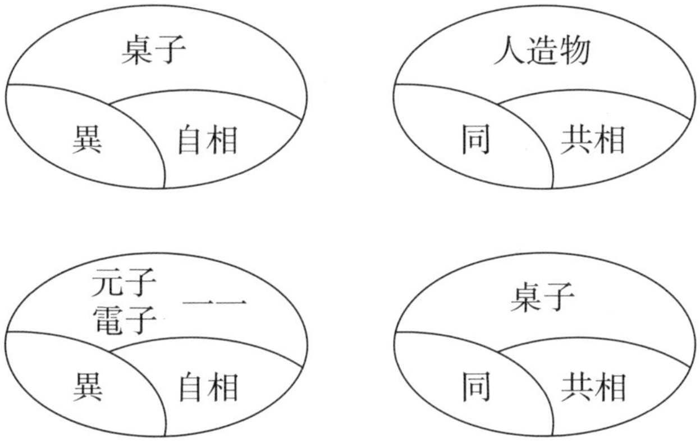

又上説人造物爲共相，然以人造物對自然物言，即人造物復爲自相。但人造物與自然物並屬於物，則物爲共相。如此，則前之斥人造物名同者，今對自然物成異。

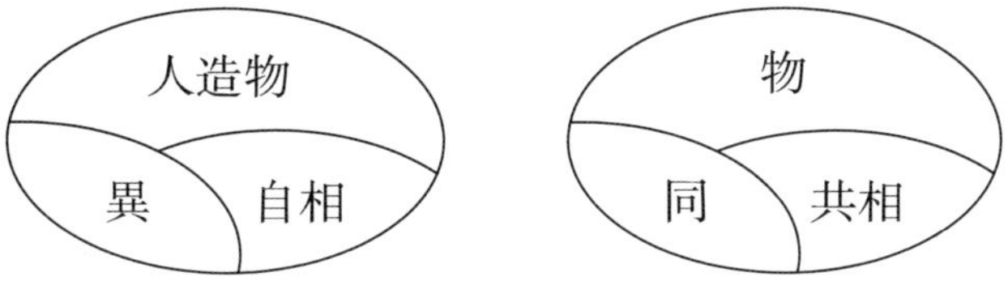

如上所説，同異，依自共相顯。自共相又隨其所觀待如何而爲推移。故自共相不固定，同異亦非死法。死法，猶俗云不是一種死板的法子。依上述各例，物之一共相，似屬至高。然談理至極，則遣除物相，以冥入本體。是物，猶不得爲真共相也。佛家説爲假法，足正勝論之謬。

以上於自共相上辨同異，只明一切物互相觀待間，法爾而有同異這種規律。法爾，猶言自然。但讀者切勿以辭害意，以爲同異唯依一切物的自共相上施設。須知，同異是普遍於一切物或一切事情和一切義理上都存着的。義理上的同異，略言之，如分析衆理，便是異。綜衆理而歸諸一個普遍的原理，便是同。

復次，同異之辨，於推尋因果時，所關至鉅。因果自當别爲一目。今此但取涉及同異者略言之。如曾見有如是因，從以是果。則後此，若見有與前同類果法時，便臆測其出自與前同類之因法。出者，出生義。若見有與前同類因法時，便臆測其將生與前同類之果法。凡言同者，只是同類，非同一也。世俗計有同一事件得再現者，此實謬解。如今晨旭日東升，實非前日。因爲日之自體，確是刹刹生滅不已。今晨之日，乃新生之日。人只見其似前日以爲同一，而實非同一。但不妨假説今日與前日爲同類耳。即此一例，可概其餘。如此，每成巨謬。實則天下事固有果同而因異者。如昔見下流水濁，果。由上流大雨所致。因。而今兹下流渾濁，或由人工所爲，因。不必上流有雨。此一例也。復有因同而果異者，如服毒藥因。可以致死，果。然有或種病轉以毒藥得活。此等例不可勝舉，所以同異之辨，求之於因果關係間則至爲繁賾奥折，非精質測之術者未易免於眩亂。但此爲本書所不必詳。談邏輯與言科學方法者，自當詳究。本文所欲提示者，同異一範疇，其於因果間之相關至巨，真不可忽視耳。

總之，一切事物，無有異性，則莫由予以解析。無有同性，則莫由致其綜會。此云同性異性之性字，即中譯佛籍中自體一詞。此詞須隨文取義，如云色性，即此自體是質礙法。今云同異本是假法，以何爲自體耶？應知，由假施設故，如云同便知不異，故知同有自體。不爾，言同豈不與異混耶？言異便知不同，故知異有自體。不爾，言異豈不與同混耶？故同異性之性字，不可誤解。言同性者，此性字即斥同而言之。異性準知。唯同中有異，異中有同，其辨至嚴。勝論頗注意及此。惜其以同異爲實法，乃陷謬誤耳。

五曰因果。大乘有宗立種子義，謂如種子爲因法，决定能親生果法。種子，即是一種能生的勢力。此中决定與親生二義，在彼宗爲最要。親生者，謂因法親自創生果法也。可覆看上卷《唯識下章》談因緣處。此不應理，吾已破訖。詳在《佛家名相通釋》部乙。小乘説因，相當於增上緣義。此云緣者，緣由義。亦與因義同。增上者，扶助義。若法猶云事物。此依彼有，即説彼爲此因，此爲彼果。依字注意，此法只依彼法而有，非從彼法親生，如母生子也。由彼於此，作所依故，義説扶助。又復須知，一切事物，皆相依故有。以此待彼故，待者，藉待。説彼爲此因，彼亦待此或餘法故，餘法，猶云其他事物。亦應説此或餘法與彼作因。準此而談，因果只就事物之互相關係而假立。每一事物在其極複雜的或無窮的關係之中，必有其相依最切近者。以故，吾人欲甄明某一事物之因，唯取其所依最切近的事物，假説爲因。如硯池安放在桌子上，可以説他與地球及太陽系，並此太陽系以外之諸天都有關係。然而吾人求硯池所以得安住者，則直取與硯池最切近之桌子，能與彼硯池。作所依故，即假説爲硯池安住的因。

下圖（左）表示因果，只是考覈某事物時，須在其所有無量的關係中找出一段最切近的關係，而假立因果已耳。談至此，關於小乘的意思，尚有須發明者。小乘所謂因，實際上本是增上緣。然彼小乘。增上緣一名，則取義甚狹，乃别於因，而另立此名。小乘已談四緣。除次第緣與所緣緣各有專義外，其因緣與增上緣，不並爲一談。迹其用意，蓋以一切事物本互相關聯而有。由是義故，吾人如説明某一事物之因，不過從其最切近的關係，明其相互間之律則而已。如此而言因，故是增上緣義。與大乘有宗所謂因能親造生果者，自是截然不同。小乘因義，只是講明關係，不謂因有造生果義故。

夫小乘言因，既是增上緣義，然於因之外，又别立增上緣，何耶？大凡於一事物而求其因，只於其關係最切近處言之耳。然此一事物，在無窮無盡的關係中，今欲盡其繁賾與曲折隱微之致，則必於關係最切近處，即其直接爲此一事物之因者而外，更進而從多方面的關聯以測度之。此多方面的關聯，必爲説明此一事物之所決不容疏忽者。凡此，皆可謂之增上緣。緣亦因義，增上緣者，蓋亦可謂之輔因。

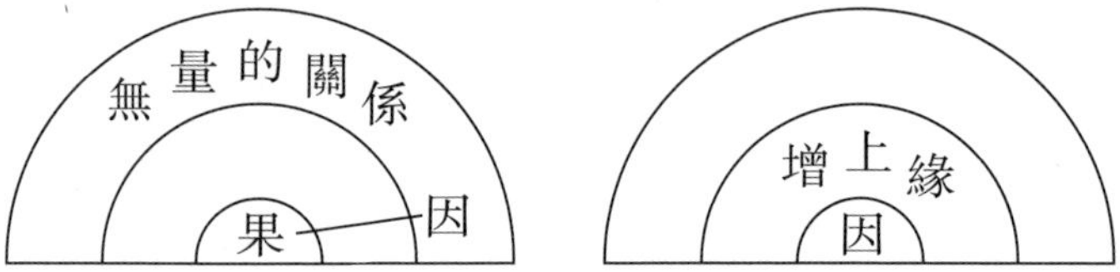

右圖。初層小弧形表示因，是於果法爲最切近的關係。次層一較廣之弧形，環於因之外，則表示尚有多方面的關係，皆於果法爲增上緣者。三層一大弧形，則表示更有無量的關係。易言之，即此一果法，與全宇宙有關聯。然説明此一果法卻不必計及全宇宙或無量的關係。故最外一層，即第三層，一大弧形内所包含的無量關係，不在因與增上緣之列。易言之，即是於説明此一果法或一事物時，元來不必過問這些廣漠無邊的關係。

或有難曰："公之言因，略本小乘。不主張别有一種能生的勢力叫做因，並不許因是決定能生果的。如此，不幾於取消因果乎？"答曰：不然。如大乘有宗所謂因，吾不能苟同。然吾非不許有因，但立義有異耳。吾前已云，若法，此依彼有。即説彼爲此因，此爲彼果。吾言因果，只從關係上説。設如一旦事物的關係有變更，即不能説有某因決定造生某果，將無往而不然。這種主張，是吾之因果説所不容允許的。然吾並非不許有因果，只是不許有固定的因果而已。如果建立有能生的勢力爲因，決定能造生果者，則一切事物悉是固定的、各立的、實在的。此説不應道理，一切事物，非實在，非各立，非固定，只是互相關係而有的。是故從其關係假説因果，於義無違。

復有難曰："公所謂最切近的關係云者，此切近一詞，即表示是有時空上的相切近。如此，恐不足以究事物之内藴。因果關係，至爲複雜奥折。略言之，如舉手擊桌便生聲響，手擊桌爲因，聲響爲果。從因的方面説，舉手之時雖暫，而非不歷時分。擊在桌子上之某一點，是佔有空間。從果的方面説，聲浪因振動而發出，也是經歷時空的。我們覺得一擊便有聲生，好像因果是同時同處。其實，擊桌因與聲生果中間當有最小的時分，但不妨説爲切近。聲浪傳播，所經的空間也大多了，但發自元來振動處即手擊處，亦可説爲切近。據此而談，這種因果，只是兩件事物，手擊桌是一事物，聲響生又是一事物。由此聲生依彼手擊桌緊相躡俱，説爲因果。切近之説，若約此等因果而談，自無不妥。然而因果之情，極其奥賾，不盡如上述。如輕與養合而成水，輕養之合爲因，水則爲果。此等因果，確是因法如輕養。自身起一種轉化，乃成一新事物。如水。諸如此類，既不能不説爲因果關係，但此等因果，是事物的内在的變化，自不可以兩事物在時空上的切近來解釋。公意如何？”答曰：汝之所難，不了我所謂切近的意義。我所謂切近，只明因果但依最切近的關係上假立。汝不必聯想到時空來解釋。須知，不一方言切，切者，兩相切也。相即故謂近。若法果是一者，一即絶待，無關係可言，即無因果可言。若法不一，而不相即，則各各獨立，不相影響。或諸法恒住自分，如其自體而恒住，名住自分。無有轉化。如此，亦無關係可言，無因果可言。又如承認諸法是互相關係而有，然若求一事物之因，其關係太疏遠者，則不相即而影響較微，不須計及。已如前説訖。是故不一而相即，乃名切近。汝若了此，何至雜入時空的觀念以索解耶？至汝所舉輕與養合而成水，此等例與吾之因果説，並無不合。輕養合，[①]則轉化而爲水，分明是一種最切近的關係。水與輕養，彼此異故，本非一。而水與輕養又相即。從水言之，水即輕養之合。從輕養言之，輕養合，即已是水。故云相即。不一而相即，故名因果關係。由不一而相即義故，便隱示因之成果，大概是事物之内在的變化。至後當知。

---

① “輕”，現今一般寫作“氫”，是一種化學元素；“養”，現今一般寫作“氧”，是一種化學元素。水是由氫氧兩種元素組成。

果
水
———
一養二輕
因

或復難曰："公以不一而相即，釋切近義。此於後之一例固可解釋。然於前例，似難兼賅。"答曰：汝所疑者，相即義耳。汝意，輕養與水，實是相即。若手擊桌，與聲響生。此二事者，無有如輕養與水之相即義故，故興難耳。應知，即字略有三義。非止此三，故致略言，一者，是一非二，言即。如云孔丘即孔仲尼。二者，由彼涵此。涵者，涵變。如輕養是彼，水則此也。輕養合，便轉化而爲水，是謂由彼轉化爲此。所以者何？以彼望此，涵有變化之可能故。説此依彼有，而不異彼，故置即言。異者離異。如水，非離異輕養而别有故。三者，兩物常相躡，或常相俱而有。謂如甲有故，便有乙。若甲乙相互間的關係，不因他故而變更者，則乙依甲有，是事恒信。此三義中，初之一義，本書多用之。但與此中談相即義無關。次三兩義，皆吾此中相即一詞之所含也。汝所舉後例，輕養合而成水。適合次中相即義。前云由相即義故，便隱示事物之内在的變化者，於此可見。汝所舉次例，手擊桌則聲響生。適合第三相即義。總之，切近義者，是不一而相即義。是義本無不賅，何須疑難。

附識：有問，"公所謂因，已是增上緣義。然復於因之外，别立增上緣，殊不解。"答曰：文中已説得明白，子猶不解，何耶？如前舉例，手擊桌，便有聲響生。手擊桌是因，聲生是果。子當無疑。夫此中言因，正取手之一擊。而桌則可説爲增上緣也。桌之所依爲地，則地亦增上緣。又即桌而析之爲元子、電子，亦皆增上緣。如此類推，便無窮盡，要皆可不計耳。擊者體力强盛，故其手之出擊，足以發生振動，此又一增上緣也。衰病之人，或不堪舉手，故知體力是增上緣。又就輕養合而成水一例言之，此中以水爲果，而正取輕養之合爲因。但亦兼有增上緣。輕養不合，則不成水，故合之一事所關甚大，亦得另説合之一事爲增上緣。又輕二養一，合乃成水，則數量關係，亦於果法爲增上緣也。總之因有正輔之分，正者但名因，輔因則名增上緣。如此求之，則即一果，而究其繁複奥折之故，故者，因義。庶幾可以實事求是。

如上所説，一切物所具有的基則或範疇，總列五個項目。

空時
有無
數量
同異
因果

範疇論，莫詳於康德。康德有十二範疇，並且與判斷種類一致。又不以空時爲範疇。吾所見關於介紹康德之文字，雖不完備，但大體可窺。本論的體系和根本主張，元來與康德異軌，故談及範疇，亦不必有合於康德。

本論所謂範疇的五項目，第一，空時。因爲空時兩範疇，是物的存在的形式，詳前。所以居首。由物的存在，吾人方得有對於物的認識，故空時稱首要。

其次，有無。有無兩範疇，包涵至廣。無所不包，故置至言。凡物所具有之一切，均此有之一詞所包。凡物所不具有之一切，均此無之一詞所包。是以至廣。但此二範疇的意義，只顯一切物上具有此有和無的兩種型範。至如某物所有的是些什麽，如何種性質，或何種作用等等。及其所無的是些什麽，當然不是談範疇時所應過問的，有無兩範疇所以爲重要者，因爲一切物，各各於其所有，能任持有性。如地球具有橢圓形，便能任持其所有，而不會失掉此有性。有性性字，解見前同異範疇中。有性者，即斥指有而言之也。下無性，做此。於其所無，能任持無性。如地球無有方形，便能任持其無性。假若地球由本無方形而倏忽變爲有方形，則是不任持其無性。然地球在其已然之關係中，如太陽系無特別變易中，決不會忽變其現有形狀。故知其能任持無性。凡物各能任持其有和無。即上述一例，可概其餘。因此，質測之術得所依據，科學知識乃有可能。故次空時，特談有無。如果物上不具有無二範疇，即吾人可隨意説有説無，科學知識不能成立。

又次，數量者。由有無兩範疇，我們可以於事物之複雜的散殊的方面，行其質測。由數量一範疇，我們可以把事物化繁爲簡。

又次，同異者。由此二範疇，吾人對於一切物，得因其可别析也而别析之，因其可彙同也而彙同之。故次數量，而言同異。

又次，因果者。因果一範疇，爲科學知識所待以成立之重要條件。因爲科學解釋事物，只是甄明一切事物的因果法則故。有人主張談範疇只須因果一種。此説雖不無理由，然未免一偏之見。如吾上説四項目，要皆與因果互相關涉。故以因果一範疇終結云。

余以爲範疇，當兼屬主客。客觀謂物界，曾見前注。在主觀方面，只是含有無窮分理，隨宜發現之可能的裁制力，並不是豫儲就若干有限的格式。在客觀方面，即事物上決定具有與主觀的裁制相符應之法則。因此，主觀的裁制，乃因物曲當，程子所謂“循物無違之謂信也”。循，率由也。率循物之則，而不以已意矯揉造作，乃無違物之真，故云信也。使物無自具之則，而只欲恃主觀方面的立法，以期待事物之受吾約束。若爾，則一切科學知識，將僅由心造而無須徵驗於事物。雖三尺之童，亦知其不可矣！或復問言：“吾人之認識事物也，只以吾之官能所感攝者爲依據。因此而爲比量。比量，見前注。然比量所得，究不能無限。宇宙廣大，吾人之心知，依官能感攝以行推測者，其所獲終無幾何。合古今人類或諸學者知識之所及，雖云已博，然以比於宇宙之無窮，則所知究甚少。審此，則知一切事物本無窮盡。其不曾呈現於吾人之官能感攝内與思維中者，正不知凡幾。由是可知，吾人之辨識一切事物也，既不可窺其全，則亦無從覓客觀的標準。唯有恃内心之裁制，使事物不越吾範而已。若謂事物本身具有法則，一定而不可移者，吾既不能窺事物之全，又烏從知之耶？”答曰：事物之全不可窺，是誠然也。吾人於其所知之事物，實賴内心的裁制，此又不待辨而明也。然有不可忽者，心知之裁制事物也，必非全無所據。易言之，即事物本身必具有與此裁制相符應之法則，而後其裁制乃不妄而可徵。又復當知，法則無所謂一定不移者也。所以者何？此中所謂法則，非超事物而言其大原，超之一詞，是就義理上說。事實上一切事物之大原，决不是超脱於事物之上而獨在的。乃即事物而言其呈現，隨在皆有軌範或形式等等之謂也。蓋事物云者，從其顯現而言之；法則云者，從其顯現有序而言之。此中序字，含義最廣。法則或軌範形式等等，皆名爲序。事物無定實，不固定，不實在。即屬於事物之法則，亦無定實。事物唯變所適，即屬於事物之法則，亦唯變所適。誰謂法則爲一定不移者耶？汝意殆離法則於事物之外，以爲事物依法則而構造，事物可變易，法則乃恒存，此實倒見，不究理道之真也。夫事物之成，必有其則，具云法則。吾固云然。但不可離法則與事物而二之，謂法則可獨存於一空洞的世界也。果爾，則事物又何從取規法則而以之自成耶？唯法則不離事物而有，是以事物無恒，隨其所呈現，而莫不有則。因此，吾人心知之裁制事物也，乃是有所依據，而非純任主觀的構畫也。此中尚有許多意思，俟《量論》當詳。

總之，範疇本兼屬主客。在客觀方面，名爲範疇。在主觀方面，亦名爲裁制。亦之爲言，意顯在主觀方面非不名範疇也。所以者何？物上具有種種軌範和形式或法則，是名範疇。此其屬客觀方面者也。心緣物時，緣者，攀緣及思慮等義。物之軌則，頓現於心。而心即立時予以製造，是名裁制。此裁制，即物上範疇經過心思的營造而出之者也。心之攝取物上範疇，並非如照相器之攝影而已。故範疇不唯屬物或客觀，而亦屬心或主觀。但在主觀方面，範疇乃成爲活活的、有用的，並且變爲離事物而獨立的東西，可以把感識中未經分別的事物呼喚出來，使之客觀化，而予以控制。此知識所由可能。這裏還有好多話，須詳之《量論》。

上來談範疇，本剋就物上而言之。復有問曰："於一切物的本體上，亦許有範疇否？"答曰：一切物本非實有，但依本體之流行而權設。權設，亦云假設。故範疇亦是依物假立，不可執爲定實。汝問本體上是否可許有範疇者，應知，隨義差別，或有或無。差別者，不一之謂。由義不一故，故有無不定。云何義别？一由冥證義故。冥證者，即自己冥合本體。易言之，自己是本體的實現。此際真體呈露，獨立無匹，卻是炯然自知，謂之冥證。非以己知彼也。心行路絶，心之所游履，曰行。人心起思維時，如有所游履然，故云心行。本體唯是自證，不可當作一種超越的境界而思維之。纔起思維，早已離異本體，而成顛倒見矣。故心行之路，至此而絶也。語言道斷在心名行，出口名語言。既心行路絶，即語言之道亦斷。云何得有範疇可説？二由權宜施設故，權宜，猶云方便。本體不可當作物事來思議。但證知體時，卻不妨以方便顯示。但既曰方便，則學者不可緣名言而起執，要當於言外有悟耳。即依本體之流行假設言詮，亦得有範疇可説。但此中談範疇，或只得三項目，空時和因果於本體上決不可説有的。今説如下：

一、數量。吾國先哲談數理，以爲數立於無，無者虚無。但非無有之謂。不倚於物。故嘗以一來表示道體。道體即本體。如《易》曰："天下之動，貞夫一者也。"言此一爲萬變之所由。故萬變中自有貞固之德，而不憂夫變之或窮，以一故也。一者，本體也。此以一爲道體之目，亦含有範疇的意義。因爲一之爲言，表示是絶對的。此絶對義，即本體上所具有之軌範也。又如《易》及老氏，以一生二、二生三，説明本體之流行。本論《轉變章》，談翕闢處。頗加闡發，可以覆按。詳在上卷。故知數量一範疇，於本體流行上，應説爲有。

二、同異。依本體流行而言，翕闢相反，故異之一範疇，是其所有。翕以顯闢，闢以運翕，反而相成，歸於和同，故同之一範疇，是其所有。參考上卷《轉變章》。

三、有無。絶待故、真實故、圓滿故、成大用故，應説爲有。清净湛然，湛然者，形容其冲寂及深遠與無相等等義。遠離妄識所計種種戲論相故，應説爲無。故有無二範疇，是本體或本體之流行上所具有的。

是故剋就本體而談範疇隨義差别，有無不定。如上，説範疇已訖。

復次，在本章中，雖依大用之翕的方面，而假説物，其實，言翕即有闢。此在前文屢經説過。今更推明翕闢相互之旨，則翕之所以爲物者，其義益見。吾將借用《易》之八卦，以申吾指。

☰ ☷ ☳ ☴
乾 坤 震 巽

☵ ☲ ☶ ☱
坎 離 艮 兑

如右所列八卦，係分爲兩層排次之。這種排列法，謂兩層。純爲篇幅之便，並不是有何意義。

現在先説乾、坤二卦。我的意思，是拿乾卦☰來表示闢，拿坤卦☷來表示翕。在上中兩卷，本已曾經提到。此處更加以申説者，特别着重在幽明的意義。明者，勢用發現著明而易見。幽者，勢用默運深潛而難知。翕闢元是本體之流行，故現作此兩種動勢，流行者，變也。變必有反，故云兩種。動勢亦云勢用。故現云云之故字，謂若故意出此也，然實無意。並不是對立的兩種東西。吾國《易》學家説陰陽，則謂之二氣。此氣字，很容易使人誤會爲實有的東西。因此便以爲陰陽本如二物對立，但可以合同起用云。本書談翕闢，實與彼等截然異旨，學者宜知。然又不得不分言兩勢。具云兩種動勢。此兩種勢用之發現也，一以凝斂成翕，一以健進成闢。闢者，稱體而呈現，寂寞無形，應説爲幽。本體之流行也，即顯爲闢的勢用。闢者，備具萬德，而無形可睹。雖流行，而不捨失其體之本然。故云稱體。翕者，有迹象昭著，雖是本體之流形，流形一詞，本《易經》。本體之流形，必有其翕的方面。但翕即凝斂而將成形物。故云流形。而既肇乎形，即已乖其本體，故乃依成形義，假説爲明。

夫幽以爲藴，藴者，中藏之謂。幽者闢也。闢的勢用，運於翕或一切物之中。無定在，而無所不在，是藴義。明以爲表。明者，翕也。翕成形物，此但是表象耳。其内藴充實者則闢也。幽者謂神，神者，至靈不可測，至妙不可窮，然不可計爲具有人格的，如宗教家所謂神也。明者爲物。剋就翕言，便成爲物。神之德爲施，施者，總萬德而爲稱。隨施皆當，故是萬善具足，非可以一德稱之而已。物之德爲受。

受者，順受。明者物也。物但以順受於闢爲德，而别無德。夫物之本性，亦是闢也。故以順闢爲德。物若不順，則失其性矣。是故幽以一表之，顯其絶待。乾卦三畫皆一。一者，絶待義。明以☷表之，見其有對。坤卦三畫皆☷。☷者，有對義。幽者，明之藴。明者，幽之表。幽明本非截然二物。蓋本體之流行，有其反而成形者，翕即成形，便失其體之本然。故云反。正所以顯無形之運，盛大而不容已耳。闢無形，乃本體率然呈現也。率然云者，謂闢即是本體流行，而不失其體之本然，故冲寂無形也。然闢必待翕，乃有以自顯。若無翕者，即空洞無物，則闢無所寄，又何以見其默運不息乎？不容已者，至剛至健，闢之盛德也。又復當知，幽唯無待，本具萬德，運化無窮。明雖有對，而實與幽同體。故幽於明，潛移默轉，即萬物皆歸神化。然物終滯於有象，原物之本，自是神化所爲。然物象已成，即失其本，故云滯也。順化而非自化。剋就物言，則物不自化也。順化者，順從於闢也。故明之所呈，只如其所呈的迹象而已。不及幽之所可有。幽之所可有者，無復限量。精神之運，思維之極，其奥無窮，其變無方。如生活之豐富，道德之崇高與日新，智慮之廣遠、幽深、繁賾，與夫發明製造、新器物日出而未有窮者。凡此，皆闢之所爲。易言之，即是幽之所大有。而其爲今時未形見之有，但爲其内涵的潛德所無弗可有者，且未知所極也。此幽明之辨也。

夫萬化之奇，莫奇於翕。於空寂海中，空寂海，喻本體。空者，無形無染之稱。寂者，澄静不擾之目。但此静字，非與動爲相反之謂，須善會。海者，况喻詞，謂至大無外。森然昭著而成散殊，翕者，形之始，故云昭著。散殊者，翕便分化故。蓋體之成用，必有一個翕。否則一味浮散，其用不顯。故謂之明。萬化之盛，莫盛於闢。備萬德而如本，本，謂體。闢以用言也，而不失其體之本然，故言如本。肇群有而無形，備萬德故，爲群有所肇始。即翕之所以爲翕者，究非異闢而别有體也。然闢終無形可睹，以如本故。故謂之幽。

翕以明而爲闢之所資，資者資藉。闢必藉翕，始有以自顯。否則浮游無寄，靡所集中，何以顯其勢用乎？故翕於闢爲首。商《易》列坤卦居首，極有意思。坤，陰也，略當吾所云翕。闢以幽而爲翕之主，則闢亦於翕爲首。《周易》列乾卦居首。乾，陽也，健也，吾謂之闢。互爲首故，實即無首。故冥應一極者，則翕闢皆幻化耳。一極，謂本體。翕闢者，依本體之流行而假爲之名耳。故所謂翕，非别異本體而自爲實物。所謂闢，亦非别異本體而自爲實有。蓋於流行而識體，即翕闢兩者，都無自性。幻化者，狀其活躍而復無有實事也。冥應者，知與理冥，無分别相。理謂本體。

或有問言："以䷀表闢，䷁表翕，意取陰陽與翕闢義相通耳。然《易》以三爻成卦，如☰即乾卦，☷即坤卦。準知。又以二卦合，而始名一卦。如乾卦，即合上下兩乾卦而成。他卦倣此。其義云何？"答曰：此有通義，有專義。通義者，三爻成卦，明一生二、二生三義。吾既言之矣。詳上卷《轉變章》。復合二卦而名一卦者，恐有誤計，以爲變者，一生二、二生三也，如是變已，更無有變。此乃大謬。須知，神變，不守故常。變而曰神者，本體之流行，靈妙譎怪，不可測度也。刹那刹那頓變，皆循一二三之則。如前刹那頃頓變，是一生二、二生三。後刹那頃頓變，復是一生二、二生三。故不居者變，而不易者變之則。故累卦以見義。合兩卦，故言累。累之，即不盡於三爻而已，乃復有三爻。明繼起之變，總不外一二三相生之則也。有問："不可累三卦爲九爻乎？"曰，二卦既足以見義，故不可再增。再增之，將至無窮。如上已説通義。參考上卷《轉變章》。但吾此説，與《乾鑿度》等不同。專義者，凡卦，各六爻，《易》爲卦六十有四。各卦皆由二卦合成，故各卦皆有六爻。變化叵測。欲求通則，須窮幽致，繁賾之情，隱而難析，謂之幽致。必依各卦而求其各有之義，故云專也。然復當知，吾於此中不欲深談《易》也。但援引八卦，以明吾恉而已。

吾以䷁表翕者，坤卦合上下兩坤卦而成。其六爻皆偶數。☷即偶數，有對義。如前已説。蓋本體之流行，必於一方面有所翕聚。翕聚便散殊成多，故爲偶數。夫物之得名，依於翕聚。翕聚必由輕微而之重濁。其始凝也，只是猛疾之動勢而已。凝而不已，漸有成形的傾向。然非有實形也，故云輕微。但所云凝而不已者，非有故物延持至後，乃刹那刹那，滅故生新，相續則不已耳。夫凝矣，則必分化而成多。既凝爲散殊的衆勢，則有互相比合，而幻現粗迹，世俗所謂物者是也。至此則重濁。故六爻自下而上，所以著其變之序也。凡卦，皆自下向上數之。起下卦初爻，迄上卦最上爻，明其凝以漸，乃從輕至濁，自然之序也。

以䷀表闢者，乾卦合上下兩乾卦而成。其六爻皆奇數。奇者無對。《易緯》釋《乾》曰："祖微據始。"是乃闢之象也。夫闢，則本體之流行，而恒不失其自性，是與翕之勢相反。且復轉翕以從己，而顯其剛健者也。本書上卷曾以一二三相生，明變之則。即以一來表體之將現爲用，將字，只爲言説之方便而設，勿誤會。用者，流行義。以二來表翕，以三來表闢。覆看上卷《轉變章》。因爲本體流行，不能不有所翕，而翕則不守自性。誠爲翕便成物，故是本體不守其自性也。易言之，即自爲矛盾也。然而與翕同時，有一種剛健與升進的勢用運乎翕之中，包乎翕之外，無定在而無所不在，是能使翕和同順化而消其滯礙者。這個勢用，名之爲闢。因此，可以説闢是"祖微據始"。微者微妙，始者本始，皆本體之形容詞。唯闢是依據本體而起的勢用，依據二字，須善會，不可謂以此依據彼，妄分對待。易言之，即是本體舉其自身全現作闢。所以説闢是"祖微據始"。夫闢，即是本體之流行，非與體爲二也。祖者，自本自根之稱。據者，自足而無所待於他之謂。故闢表以奇數者，顯其無對故，以於闢而識體故。又彰以六爻者，恒積其剛德而不已故。六者多數，有積累義。闢之剛，所謂天德也。恒不捨其剛，故云積累。又明其非一合相故，絶對即涵相對故。一合相，詳前。又不同造物主故，以即於相對見絶對故。六數是相對的。六皆奇數，則是於相對而見絶對。故彰之以六交。

乾、坤二卦，以表翕闢。自餘六卦，則皆因翕闢錯綜之情不一，而著其不測之變。錯者，相對義。一翕一闢，故是相對。綜者，相融義。翕闢以反而相成，故是融和。

先談震、巽兩卦。震卦，本合上下兩震卦而成。如下所列：䷲。其實上卦只是因而重之，故如了解下卦的意義，則上卦可以類推。

巽卦，合上下兩巽卦而成。如下所列：䷸。上卦係因下卦而重之，例同震卦。震、巽兩卦，恰恰相反。

☳　☴
震　巽

震、巽二卦並列，此二卦，各只列下卦，上卦則因而重之，不待列故。比而觀之，其相反可見。

凡卦凡之爲言，即通《大易》六十四卦遍舉之。但此中只談八卦耳。陽爻，吾則皆以表闢。凡卦之奇畫，皆陽爻。其陰爻，吾則皆以表翕。凡卦之偶畫，皆陰爻。

震，一陽在下，其上二爻，皆陰也。

巽，一陰在下，其上二爻，皆陽也。震、巽二卦，名相反而實相資，故並列之，以便說明。

在未釋此二卦之前，有一義須先陳者。《易》之爲書，妙於取象。前談乾、坤二卦，直抒其義，而未及象。凡卦，舉象以示，而其意義昭然若揭矣。震卦取象於雷。雷出無形，震動乎幽蟄，其力盛大而不可稱。震卦一陽潛動於下，故以雷象之也。又有帝象，帝者主宰義。震卦一陽居幽，而爲動之主。居幽者，初爻居下，隱而未見也，故爲幽象。故有帝象。

巽卦取象於風。此有二義。一、風者輕微，而無不入。巽卦一陰在下，卑順以入陽，而從陽之運，故有風象。陰，坤也。吾謂之翕。坤或翕，則唯順從乎乾或闢，而不自爲主也。故云卑順。風之輕微可以象其卑順。二、風之大者，磅礴六合。巽卦二陽在上，周通無礙。周者周遍，無虧欠故。通者通暢，無隔閡故。無礙者無滯也。故亦有風象。

如上已釋卦象。今略陳大義者，由震卦言之。物質宇宙本依翕立，然而默運之，且主宰之者，則闢也。震之初爻，一陽潛動乎下，其上二爻皆陰，則翕象也。易言之，即萬物粲著之象也。唯物論者只執有物而已，不知物非實有，而默運其中者乃是健進的勢用，即所謂闢者是也。震卦之一陽潛而在下，即表闢之默運乎翕之中，而爲翕之主也。震有帝象者此也。

或曰："公固嘗言，翕只是一種動勢，其現似形物者，特由其動勢至猛至疾，故現迹象，假名形物耳。譬如閃電，其閃動至疾，故有相狀現。據此而言，翕便是動，云何復待闢爲之默運耶？”答曰：翕便是動，此推本之言耳。所謂翕者，元非異闢别有自體。蓋即本體之流行，不得不有此收凝之一種勢用而已。然此種勢用，既成乎翕，即爲形始。翕者，形之始。是則已趣物化，物化者，謂其轉化而成爲物質的，故云。他處凡言物化者，倣此。而全違其本體矣。譬如冰，假説以水爲其本體，而冰之成也，則與其本體違異，成凝固相故。夫物化，即成爲重濁。《易緯》言坤，謂其勢不自舉。坤。即吾所謂翕。故知翕者，當作物觀。而失其健以動之本性，不能不有待於闢也。由翕隨闢而轉，故云勢不自舉。夫本體之流行，而反以成乎翕也，反者，翕則不循其本，故云。疑於不守自性。然此但爲其自身表現之資具計，不得不故出於此。故者，謂若故意也。而本體畢竟不捨失其自性。名本體以真如者，以常如其性故。乃恒保其剛健，本體萬德具足，此中但舉剛健，非不兼餘。恒者，無有放失之謂。升進而不已也。此升進之勢用，即名爲闢。闢固與翕反，而必資翕以爲運行之具，否則浮散而無寄矣。故闢者，恒默運乎翕之中，利其反而卒融釋以歸於太和。震卦一陽潛運，所以表闢之運翕，其力用至盛大而不可禦，故以雷象之也。

震、巽二卦，所以反而相資者，震卦則陰外見，二陰在一陽之上，名外見。而陽居幽以動之，初爻名居幽，見前。表闢之默運乎翕也。巽卦則陰入陽。一陰在下，以進入乎二陽，而爲陽所含。明夫闢者，乃體之全顯。本體，舉其自身全現作闢。譬如大海水，舉其自身全現作衆漚。故云全顯。無定在，無形，故無封畛；無封畛，故無虧欠。所以無定在。而無所不在。無定在故，乃無所不在。如其有所不在，則有虧欠。今此不可以形物推測之，故不爾也。故闢既運乎翕之中，亦包乎翕之外。翕便成形。凡有形者，即有限。故恒排斥其他衆形，而不能包含之。唯闢無形，乃能包衆形。而自翕言之，則是翕者順以入乎闢之内，而爲其所含也。巽卦陰自下以入陽，即斯義也。

震，陰在上。明翕則有物象著明，而闢乃默運於其中耳。巽，陽在上。明闢雖居幽，闢無形，本幽也。震初爻之象以此。而實周遍含宏。至真不息曰周，圓滿無虧曰遍，無所不包通曰含，其大無外曰宏。併包萬物，而爲之主也。

萬物者，依翕而爲之名耳。

或復問言：“翕闢本爲一體之流行，翕闢之勢，生滅滅生而不已，是曰流行。翕闢乃唯一的本體之顯爲如此者，元非截然兩種實在的物事，故云一體。爲用雖殊，翕闢相反，云用殊。相融則一。相融，則本非異體可知。此公持論本旨也。然説闢爲主，夫云爲主，則有作意乎？無作意乎？意者，意欲。作意，猶云有造作的意欲。宗教家之上帝，則有作意者。”答曰：造化有心而無意，吾前已言之矣，此不贅論。夫翕唯物化，而闢則恒不捨其健，有以轉翕而伸其自由，闢是自由的，終不隨翕轉。故知闢主乎翕也。

已説震、巽，次坎及離。

坎卦合上下兩坎卦而成。如下所列：䷜。坎是險陷之名。此卦一陽陷於兩陰之中，如☵，即陽爲陰所障礙而不得顯發，故陽在險陷中也。坎之象爲水，水之流也，度懸崖，入坑穽，泛濫乎淵廣不測之洋海。此至險也。故坎卦象之。

離卦合上下兩離卦而成。如下所列：䷝。離卦爻象，恰恰與坎相反。

☵　　☲
坎　　離

坎卦一陽在中，爲險象，以其受陰之錮蔽故也。離卦一陰在中，而陽則破陰暗以出，故爲明象。明者暗之反。上下兩離卦，故爲重明也。其明繼續不已，故爲重明。又陰在二五，爲居中得正之象。上下兩卦合數之，從下卦初爻數起，陰居二爻及五爻。二者，下卦之中。五者，上卦之中。則以陰能順陽，是履中正之道。非若坎卦，陰失其道而錮陽也。失道，謂陰不順陽，即失其中正。

有據唯物論之見地，以難余者曰：“公所謂翕者，即物之一名所依以立也。公所謂闢者，即心也，生命也，精神也，是諸名者所依以立也。本論所云心與生命、精神三名詞，其名雖殊，而所目則一。以其爲本來靈明淨妙之體，是爲吾身之主宰，則名曰心。但有時以習氣或妄識名心者，則與此中心字異義，宜隨文辨别。又以其爲生生不息真幾，則名曰生命。但與世俗習用生命一詞的意義不必同。又以其迥超物外，神用不測，剛健不撓，是爲萬有之原，則名曰精神。故三名雖異，而實無别體。譬諸某甲以其慈愛而名仁人，以其武健而名勇士，仁勇雖異其名，而所目只是某甲一人也。此三名，在全書中散見，他處未及注，姑識於此。公固以翕闢爲同行異情，翕闢流行，元非異體，故名同行。情者，情勢。一翕一闢，動勢則殊，故云異情。闢主乎翕，翕終順闢，此心物所由不二。而以闢爲主故，克成其唯心之論也。雖然理論上儘可如是主張，但由世間極成之所詔，世間極成一詞，見上卷《唯識論》。與科學質測之所及，則唯共許物爲先有。而心或生命等，精神一名不備舉，故置等言。乃於物質宇宙經不可數計的長期發展之後，只儻然發現耳。何則？心或生命等唯著現於有機物，而有機物，固遠在無機物發展之後，而僅乃有之。此事實之不容否認者。今不暇旁徵博引，第就天文學言之，則物爲先有，而心或生命等屬後來儻見，其事甚明。斯亦言唯心者所可注意也，姑以三端略言。

一、物質宇宙，重重無盡。吾人所居地球，是八大行星之一。八大行星和太陽，乃組成太陽系。在此太陽系之外，還有許許多多的天體系列。天體，即星球之代詞。其數目之多，遠過恒河沙數。天文學者如瓊斯。有云："天際星球之數，差不多和全世界各海岸的沙粒那樣多。"此中全世界，猶云全地球上。湯姆生云："夫以太陽系之碩大廣漠，宜無倫匹，而在衆星云之大宇中，乃渺乎滄海之一粟耳。"由此可見，充塞太空只是無量物質宇宙。

二、具有心或生命的有機體，其所可存在之域，必與一團烈火似的熱度最高之圈圍，距離遠近適中，而恰爲温度合適之域。若不及此域，或距烈火圈過近，則生物必枯萎。或距烈火圈過遠，則生物必凍斃。唯吾儕太陽系中之地球，偶具恰當的温度。但散布太空之無量星球，其類似地球之繞太陽而有適於生物發展的温度者，似乎極爲難得。因爲無量恒星中，其同於吾儕太陽一模一樣地抛出行星來，此則確屬稀有。

三、依天文時間計算，行星之年歲甚小。太陽系的造成，大概因兩星云之相撞。而兩星云相碰一次的機會，約須七兆兆年。據此，則太陽系的年歲在星云中已甚幼稚。地球這一行星，是從太陽中分裂而出，其年齡較太陽更小。在地球形成之後，又不知經多少時劫的變遷，始有生物產生之可能。自生物中進化爲人類，纔有高等心靈發現，則又不知歷時幾許矣。

綜上所説，一、充塞太空，只是物質宇宙。二、在無量的物質宇宙中，如吾儕地球這一小宇宙，其可以產生具有心靈或生命的生物者，確屬罕有其匹，不能不謂之出於偶然。三、即就地球上之生物或人類而言，其產生的時代乃最晚。準此而談，則所謂心者，既是後於物而有，且其產生甚爲偶然。今如公説，依翕假名爲物，依闢假名爲心，而復以翕闢爲同行異情。詳前注。又謂翕爲闢所待以顯發之資具，闢運於翕之中而爲其主。以此成立唯心之論，是與天文學所給予吾人之啓示何其相違戾已甚耶？

如上所述難者之説，其陷於迷謬之故，略説有三。一曰，彼所謂物質宇宙，亦省言物。但從迹象上執取，殊不知此等迹象之本身，只可説爲流行不住的功用，而不當定執爲實物。雖不妨依迹象假名爲物，要不可執實。這種功用，元是具有健進和收凝之兩方面的。無有收凝，不顯健進。設想大化之行，只是虛浮莽蕩，沒有凝聚處，如何顯得出健進的勢用來？無有健進，只是一味閉塞，而生化熄，宇宙奚其如是？健進名闢，收凝名翕。一翕一闢，反而成化，是名功用。翕則幻呈迹象，闢則無象可睹，乃遍運乎翕或萬象之中，而靡所不在。夫泯然無象，而實未嘗無者，此宇宙之真也。其呈象者，非真相也。世俗依迹象而執爲實有如是物質宇宙，此大謬也。或曰："近之談唯物者，其論亦有進矣，非必有實質而始謂之物也。即公所云功用流行，便不妨名之以物耳。"答曰：如是説者，則物之一名乃神化之稱耳，已與世所云物之本義不符。神化者，至明而自在者也。無迷闇故，云至明。神用不測，無拘礙故，云自在。總之，如實而言，物者依翕之迹象，而假爲之名，本不可執爲定實。而翕與闢同體，故不應墮唯物之謬執。

二曰，難者只知心者爲人人各具之心，故説心是後於物而有。實則人人各具之心，即是宇宙統體之心。此中宇宙，乃一切物或萬有之都稱。統體者，萬有同體，無有差别，故云。此中即斥指本體名心也。不可以剖析之術，而妄相推求也。自其各具者言之，若向也本無，而後乃偶現焉。如有生物或人類時，纔見有心。其以前則未之有也。難者之意蓋如此。自統體言，則至無而妙有，無者，無形相，無作意，非空無也。其有特未定耳。非預定其所將有，不可説如彼上帝創造世界故。至寂而神變，其變唯所適耳。唯變所適，非有意安排。此心統體之心微妙，不可究詰。人類未生時，此心未嘗不在。無量諸天，謂一切星球。無量世界，孰主張是，孰綱維是。此心遍爲衆星球或萬有之實體，故可説爲主張，爲綱維，非謂其超然於萬有之外而爲其主張與綱維者。人類生時，此心因人而善貸，善貸，本老子語，貸猶予也。隨人而貸予之，未嘗吝於給，以其本來至足，而發用無窮也。自統體之心，望人而言，則曰貸予於人。自人而言，則此心是人所以生之理，非從他得也。語言異其方式，義無乖反。孰謂其本無有，而後乃偶現哉。

三曰，難者徒驚嘆於空間之浩大，星辰之數量與容積之多且廣及天文時間之冗長，益復致慨於生物或人類之晚出而且偶然。此種意思，實因將自然界析成段段片片，而不悟自然確是一個不可分截的完整體。須知無量星球，互相關聯，互相影響，而爲一有組織的機體。正似一個人的身體，是許多互相關聯的組織細胞結構而成。從吾儕具有心靈的人類或有機物，追溯到地球，及此太陽系，並所屬之衛星，乃至星云、銀河和銀河以外的一切，恁地廣漠的萬有，純是互相聯屬的一完整體。恁地，猶言如此。其呈著萬象，實有秩序，而非混亂。其發展，自衆星迄於人類心靈昭顯，蓋一本於穆然不容已之真，而非機遇。穆然，深遠貌。不容已者，至真之極，德盛化神，如何可已。機遇者，偶然義。夫自無機物而至有機物與人類，始顯心靈。乃不容已之真所必至者。何可謂之偶然？因爲大自然是一完整體，所以其間絶没有偶然，絶没有混亂。難者如果了解自然爲一完整體，則知生物或人類本與自然爲一，而不可分，又何至妄疑心靈非自然之本性，而以爲偶爾發現耶？本性猶言本體。吾人之本心，即是自然之本性。非有二本也。

復次，自然爲一完整體故，其間各部分，互相通貫，而亦互爲依持。持者能持，謂能任持其自相，即有對其他一切部分而爲主的意思。依者，依屬於能持之謂。此一部分，望彼彼部分而爲能持，即彼彼皆爲此作依屬。彼彼者，不一義。凡此外之一切，通以彼彼言之。彼彼部分，亦復望此而爲能持，即此通爲彼彼作依屬。彼彼相望，互爲能持，互爲依屬。故一切即一，隨舉一部分爲能持，其餘一部分皆依屬於此一，而不相離異，故一切即一。一即一切。如上所説，一切即一。而此一復通與一切互爲依持。故此一即是一切，非離一切而獨在故。大中見小，一切爲大，其一則小也。今以一爲能持，而一切皆依於一。是以大從屬於小，而不名爲大矣。故云大中見小。攝無量世界於一微塵，世界不名大，此何足詫。小中見大。一雖小，而以一切爲其依屬，則小而大矣。故云小中見大，一微塵攝無量世界，何大如之。夫小失其小，大失其大，是小大相空也。相空，而其真始顯。萬物互爲依持，莫不爲主，亦莫不相屬。是以不齊而齊，玄同彼是。是，猶此也。紛乎至賾，而實冥然無對也。

夫物皆互相依持。人類之在萬物中也，渾然與萬物同體。而惑者不知，反妄生區别，而離一己於天地萬物之外，顧自視渺乎滄海之一粟也，善乎楊慈湖之説曰："自生民以來，未有能識吾之全者，惟睹夫蒼蒼而清明而在上，始能言者名之曰天；又睹夫隤然而博厚而在下，又名之曰地。清明者吾之清明，博厚者吾之博厚，而人不自知也。人不自知而相與指名曰，彼天也、彼地也；如不自知其爲我之手足，而曰彼手也、彼足也；如不自知其爲己之耳目鼻口，而曰彼耳目也、彼鼻口也。是何惑乎自生民以來，面牆者比比耶？"又曰："不以天地萬物萬化萬理爲己，而爲執耳目鼻口四肢爲己，是剖吾之全體而裂取分寸之膚也，是梏於六尺七尺之軀而自私也，自小也，非吾之軀止於六尺七尺而已也。坐井而觀天，不知天之大也；坐六尺七尺之軀而觀己，不知己之廣也。"詳此所云，甚有理致。然復須知，唯人類心靈特著。充其智，擴其量，畢竟足以官天地，府萬物。官天地者，人與天地同體，而復爲天地之宰，所謂範圍天地之化而不過者是也。府萬物者，孟子所謂"萬物皆備於我"是也。其不幸迷惑而至自私自小者，非其本然也。故人類之在天地萬物中也，殆猶大腦之在人體内，獨爲神明之司，感應無窮之總會焉。自然界之發展，至人類而益精粹，心靈於是乎昭現，斯蓋真實之顯所不容掩遇者，真實，謂萬物之本體。其不得謂之偶然也甚明。

復次，據印度佛家説，凡無機物，皆謂無情，情者，情識。無情者，無有情識之謂。即無生命。而生物中如植物者，亦云無情、無生命。今俗云生命，大概就生機體具有生活的機能而言。本書生命一詞，爲本心之别名，則斥指生生不息之本體而名之，與通俗所云者不同。前注略而未詳。印人以具有情識者，謂之有生命。但所云情識，並非剋就本心言，與吾自不符。然其不以生命爲物質的，則與吾之旨相近。當時外道有主張植物有生命者，頗反對佛家的説法。後來生物學家，亦多謂植物有極曖昧的心理狀態，即非無生命。其言出於推測，蓋非誣妄。是則外道於義爲長。或復問言："無機物亦有心靈否？"應答彼言：無機物非無心靈。何以故？物依翕得名，心依闢得名，此義前已成立，兹不復贅。夫翕闢同體，而顯諸用則異者。唯翕無闢，無化可言。一名爲變化，必是有待故。唯闢無翕，亦無化可言。故翕闢本一體之動，要以反而相成。夫物成形體，則翕之所爲也。而其周遍包含一切形體，及潛軀默運乎衆形之中者，則闢之所爲也。無機物資於翕故，凝爲形體。亦資於闢故，含有精英。此中精英一詞，即謂心靈。然不直曰心靈者，蓋在無機物中，心數未得光顯發皇，只是可説爲一種微妙的力用，姑名以精英而已。故謂其無心靈者，甚不應理。然無機物之結構未免鈍濁，極簡單而無精微靈巧之組織，曰鈍。粗笨而不足爲心靈發抒之具，曰濁。故雖本具心靈，終亦不得顯發，而疑於無。疑之爲言，謂雖似無，要非本無。印度佛徒説器界爲無情，無生命，非如理之談也。器界者，一切無機物之都稱。

綜前所説，心非後於物而有，但物之結構，尚未能發展至有機物或人類的神經系之組織時，則心靈被障礙，而不得顯發，要非本無。或言心，或言心靈，皆隨文便。他處準知。頗復有難："誠如翕闢成變之説，則心非後起固也。然真體之動，幾於完全物化，即只見其翕而成物。而彼至神默運，即所謂闢或心者，縱説爲無定在而無所不在，然心之能用物，而資之以顯發其自己也，則唯在有機物或人體之構造臻於精密時，始有可能耳。前乎此者，心唯錮蔽於物，而不得顯發。據此，則心之力用甚微，奚以見其能宰物，而於心言唯耶？”答曰：甚哉子之固也。夫一切物之本體，無思也，思者，猶言意計構畫。無爲也，爲者，謂立意造作。是不可以宗教家所謂神帝者擬之亦明矣。無思無爲，即非有預定計劃。而其顯爲大用也，一本於其德盛化神而不容已。吾先哲於此，證會極深。此義廣大淵微，難着言説。唯有智者冥悟焉可也。如其有預定計劃，則是有所爲而爲之。是以人之私意測大化，而與其不容已之實，大相剌謬矣。夫唯不容已之動，故唯變所適，而亦不能無差忒。蓋動，則不能不有所收凝。不有收凝，則浮泛而無據。此義前屢言之。動之至疾，而收凝益甚。收凝則有分化，而成物滋多。詳前。列子云：“天地，空中一細物耳。”無量星球，其廣漠至不可思議。自凡情度之，一若本體完全物化，太空只是物質遍佈耳。然則一極如如，寂兮寥兮，獨立不改，周行而不殆之云，奚其然耶？一極，謂本體。絶待故名一，萬物之本始故名極。如如者，謂此本體恒如其性也。寂寥者，無形相也。獨立，無匹也。不改，猶如如也。周行，謂其顯爲大用也。不殆，謂不易其性，故無危殆，亦同如如義。今謂本體既物化，故疑上述諸義爲不然也。明儒鄧定宇有曰：“畢竟天地也多動了一下。”此語甚有義藴。吾所謂動則不能無差忒者，亦此義也。須知本體是無思無爲的，不可説爲造物主。故無預定計劃，唯一任其不容已之動，則難免差忒者，勢也。坎卦，陽錮於陰。☵之初爻及三爻皆陰。一陽居二，爲陰所錮蔽。陽者，吾所云闢，即本體自性之顯也。陰者，吾所云翕，是將成物，即本體之動而反其自性者也。夫動，則不能無反，此未可以差忒言之。反之而或近於物化，乃至以物而障礙自性，是乃差忒也。夫天化廣大，天化，猶云本體流行。本非有意安排。即無預定計劃之謂。故自然之運，有若失其貞常。坎卦之所示者，此而已矣。

夫天化不齊，天化，注見前。不齊者，謂其動而不能無差忒也。翕而成物，既已滋多，有物則不能無累，謂本體將因此而障礙自性也。然而，本體畢竟不可物化，畢竟不捨自性。不捨者，不捨失也。猶云不變易。方其動而翕時，談至此，本無時間義。但爲言説之便，姑置時字。即有剛健、純净、升進、虚寂、靈明、及凡萬德具備的一種勢用，即所謂闢者，與翕俱顯。俱者，不相離異義。謂闢與翕本一體之動而勢用有殊，實非可截爲二。又兩勢相俱，非次第起，故置俱詞。於以默運乎翕之中，而包涵無外。翕則成衆物，而皆在闢所包涵之中。故闢乃絶待而無外，以其爲本體自性之顯也。《易》於乾元言統天，亦此義也。乾元，陽也，即闢也。此所云天，即蒼然之天，實指一切星球而目之也。闢之勢用，實乃控御諸天體，故言統天。夫諸天體，則物之最大者，且爲闢之所統御，則無有一物不爲闢之所運者，蓋可知矣。吾人七尺之形，心爲其宰，又不待言矣。但闢之運翕，運即有統御義。必須經歷相當的困難。翕既成物，則其勢易以偏勝。何者？物成則濁重，闢之勢用，未能驟轉此濁重者而控御自如。易言之，即翕或物，足爲闢或生命之障礙，而使生命墮於險陷。生命一詞，注見前。此坎卦之所示也。生命之出乎險陷，有以物物，上物字，動詞，謂能用物及主宰乎物也。而不物於物者，猶云不爲物所障礙。必須有最大之努力，經長期之演進，始克奏膚功。《易》曰："陰疑於陽，必戰。爲其嫌於無陽也。"見坤卦。此中陰謂翕，陽謂闢。蓋翕或物之勢方盛，重濁難反。而闢或生命方被錮於重濁之物質，而不能顯其統馭之力。故生命於物，若疑其侵蝕己也，則非奮戰以破重濁之勢，而控御之以從乎己，其有能自遂者乎？故曰："陰疑於陽必戰"也。夫生命一息亡戰，則物於物，猶云被侵蝕於物。而生命熄矣。故曰"爲其嫌於無陽也"。生命以奮戰故，始從無機物中，逐漸顯發其力用。於是而能改造重濁之物質，以構成有機物，及從有機物漸次創進，至於人類，則其神經系特別發達。而生命乃憑之以益顯其物物而不物於物之勝能。坎卦所爲必次之以離者，其義於此可徵。離之爲卦☲，陽則破除陰闇險陷以出。坎卦陽陷陰中，離乃恰與之反。闢以運翕也，陰履中道，而不爲陽之障。陰居二爻，名履中道。蓋陰以順從乎陽爲中正，故以居中象之。翕不礙闢也，由坎而離，則知天化終不爽其貞常。而險陷乃生命之所必經，益以見生命固具剛健、升進等等盛德，畢竟能轉物而不至物化，畢竟不捨自性，此所以成其貞常也。

或復問言："如公所説，本體流行，則以翕闢故反而成化。故反者，謂若故意出此也。然本無意，蓋理之自然耳。翕則成物，疑於本體不守自性，而物化矣。然闢則自性之顯也，終以戰勝乎物，而消其滯礙。物本滯礙，然爲闢所轉化，則滯礙消。故本體畢竟常如其性。是説誠無可難。然本體流行，無預定計劃，此固公所常言者。今謂闢或生命之戰勝乎物也，固一步一步的創進，如自無機物，歷有機物，以至人類心靈，漸從物質中解放，以至盛大，又似有計劃預定者然。而公云無之，何耶？”答曰：天化者，自然耳。老氏所謂自然，猶印度佛家所云法爾道理。法爾亦自然義。蓋理之極至，非有所待而然，是謂自然。又此理體，其顯現或流行，只是德盛而不容已，非有意造作而然，是謂自然。故此云自然義，與印度自然外道之旨截然不同。自然外道主張一切物皆自然生，如烏自然黑，鵠自然白云云。此世俗無知之説，無學理上的價值。玄奘等詆老子爲自然外道，由其於老子全無所知故也。豈嘗有意造作哉？謂其預定計劃，則是以人意測天化也，奚其可。夫自生命創進之迹而通觀之，生命之表現，自無機物而有機物，以至人類，皆其創進之迹也。由一階段進而爲另一階段，如在無機物爲一階段，進而爲有機物，便爲另一階段。自植物以往，皆可準知。若有計劃預定者然。抑知迹者幻象，而其所以迹者，固不可執迹以測之也。所以迹者，謂天化，或生命自身的活動。生命之創進本非盲目的衝動，可謂之有計劃。而不可謂其計劃出於預定。使其計劃預定，則應爲一成不變之型。何以其表現也，自無機物而有機物，乃至人類，有許多階段的變異，曾無定型。何以至此爲句。又在有機物未出現以前，生命猶被物質錮蔽，而難自顯，是爲險陷之象。如有預定計劃，尤不應出此。或疑余爲反對目的論者，然余於目的論，亦非完全反對。持目的論者，如果有預定的意義，則吾所不能苟同。如果講得恰到好處，吾亦何反對之有？王船山解《易》，説“乾知大始”云：“今觀萬物之生，其肢體、筋脈、府藏、官骸，與夫根莖、枝葉、華實，雖極於無痕，而曲盡其妙，皆天之聰明，從未有之先，分疏停匀，以用地之形質而成之。故曰‘乾知大始’”云云。余按《易傳》曰“乾知大始”，乾者，陽也，相當吾所謂闢。闢者，本體自性之顯也。故於用而顯體，則闢可名爲體矣。體非迷闇，本自圓明。圓明者，謂其至明，無倒妄也，故以知言。大始者，自本體言之，則此體顯現而爲萬物。自萬物言之，則萬物皆資此真實之本體而始萌也。大始之大，贊詞也。此中意云本體具有靈明之知，而肇始萬物，故云“乾知大始”。船山云用地之形質，實則地即形質，特以地爲主詞耳。此形質非别有本。蓋即本體流行，不能無翕。翕便成形質。而本體或生命之顯現，必用此形質以成物也，否則無所憑以顯也。船山所説，吾大體贊同。唯其云“天之聰明，從未有之先，分疏停匀，以用地之形質而成之”，此則有計劃預定之意，吾所不能印可。夫《易》言“乾知大始”者，乾，注見上。謂乾以靈知而肇始萬物，知讀智。不可妄計宇宙由迷闇的勢力或盲目的意志而開發故。此處吃緊。《易》之義止於此，並不謂乾之始萬物也有其預定的計劃。而船山乃謂“從未有之先，分疏停匀”云云，是與《易》義既不合。而其義之不可持，而吾前已言之矣。然本體之顯現而爲萬物也，雖無預定計劃，而不妨謂其有計劃，只非預定耳。但此計劃二字，須善會，非如人之有意計度也，其相深微而不可測。唯於其因物付物，而物皆不失其正。即此，知其非盲目的衝動，而謂之有計劃也。因物付物者，本體既顯現而爲萬物，即是因物而付與之。如天也，地也，人也，乃至萬有，凡一一物，皆本體之顯現，即是本體因其所現之各物，而一一皆舉其自身以全付之。詳玩上卷《明宗章》、大海水與衆漚喻。夫因物付物，則一任自然之化，未嘗有預定之的，立一型以期其必然。譬如大海水，現作衆漚，乃自然耳。非以意爲之型，而期衆漚之必由乎一型也。然物之成也，則莫不得其正。諸天之運行有序，天之正也。山川之流凝，各成其德，山之德凝，川之德流。山川之正也。動植物之構造，纖悉畢盡其妙，於以全生而凝命，動植物之正也。人之泛應萬感，而中恒有主，不隨感遷，如衆色雜陳，而視其所當視，不隨衆色以眩惑也，是不隨感遷。舉此一例，可概其餘。人生之正也。夫物之不齊，而莫不各葆其正。故知生命的本身是明智的，而非迷闇的。其創進也，則自其潛運於無機物中，以至表現於有機物，迄人類，其所以控御物質而顯其力用者，當然不是一種盲衝亂撞，而確是有幽深的計劃的。如船山所説，動植物的機體，分疏停勻，曲盡其妙，生機體，由簡單而趨複雜，故云分疏。然各部分必互相均和調協，故云停勻。其有計劃，顯然可見。至其潛運於無機物中，則其計劃隱而難知，而固非無也。《大易》隨卦，頗著其義，是可玩已。隨卦爲震、兑二卦之合，下三爻、震卦也；上三爻，兑卦也。

䷐此卦，震陽在下，以從二陰。兑陽漸長，而猶從一陰，故名隨。夫陰從陽，化之常也，道之正也。今陽從陰，何耶？蓋生命之顯發也，不能不構成物，而用之以自顯。此中生命即謂闢。闢者，本體自性之顯，故可説爲本體。而生命既是斥指闢而名之，則亦即是斥指本體而名之也。故此生命一詞，不同俗解。他處言生命者倣此。本體之流行，不能無翕。易言之，即生命不能不構成物也。物成而重濁，生命不能遽爾控制自如，姑自潛以隨乎物。震之一陽在下，以從二陰。凡陽皆表生命或本體，凡陰皆表翕或物。他處言陰陽者倣此。兑陽漸長，而猶不能已於隨。陽雖長，而陰之重濁，必制之以漸故也。如植物出現時，陽固稍長，而猶隨陰，未能盛顯陽之力用。必至動植物分化以後，陽乃以漸而制陰也。王船山説《隨卦》有曰："陽雖隨陰，而初陽資始。震之一陽，潛而在下名初，爲萬物所資始。以司帝之出。震卦取象於帝，見前談震卦中。謂震陽潛動，以出生萬物，是爲帝象。雖順陰以升，若不能自主。順者隨義。生命之顯也，必構成物，而始資之以自顯。然物既成，則乃自有其權能。故生命始以物爲工具，而終感工具之不易制，故必隨順之，而後乃漸轉工具爲己用。陽之順陰以升，即此故也。而陽剛不損其健行，可以無咎。"船山此説，大義粗著。然吾於隨，而竊嘆生命之運用物質，非無計劃。其隨也，正其計劃也。生命在無機物的階段中，並非完全被物質障礙。雖亦受其障礙。而物方成重濁之勢，生命於此不得不姑隨之，而徐圖轉化。其計劃亦只合如此耳。

問曰："公固曾言，天化之行也，無預定的計劃。而公云天者，乃本體之名，本體亦説爲生命。今乃復云，生命創進非無計劃，但不預定。夫焉有計劃而非預定者乎？計劃之爲言，所以籌策將來也。如何非預定耶？"答曰：汝不了我所謂計劃一詞之意義。吾前已説，計劃者，非如人之有意計度也，其相深隱而不可測云云。夫未嘗有意，未嘗計度將來而定其趣，曷爲而言計劃哉？言計劃者，明其非盲目的衝動也，無將也，無迎也。有意規度未來曰將，有意奔趣未來曰迎。此人之所爲也。天化本無意，何將迎之有。健動而明，健以動，而大明内蘊，非迷亂馳流也。成物而用之，不失其正。夫物者，生命所自成也，非物别有本也。用物則有物化之患，而能保其自性，以免於患。故物成，而終必實現生命的力用，非果物化也，故不失其正。以此徵知，雖非有意計度籌慮，而由生命恒能戰勝物化之勢，以顯自力用故，自者自己，設爲生命之自謂。知其本非盲目的衝動，故謂之有計劃也。此計劃一詞，但顯生命創進，絶非迷亂。並不謂爲由籌度而始决定其行動，非擬天以人也。人有意，而天無意也。

復次，生命是全體的。而必翕而成物以自表現，則於全體之中有分化焉。自其爲全體言之，只是德盛而不容已，注見前。故唯變所適。並非於變之開端，而預計將如何以構造物，以爲其所欲達之鵠。此中變之開端一語，係順俗計而言，實則變本無端。前云無預定計劃者，以此。或問："唯變所適，則是前之於後，無所規定；後之於前，不必依準。如此則神變不可測，可謂絶對自由矣。"答曰：變也者，言乎生命之生生而不已也。此生生不已者，前無所預期於後，後起續前，而不用其故。是以變無定準，唯隨所之而已。然必要説個自由，亦是以情計去猜卜天化。須知，自由待不自由而後見。今談到宇宙的大生命，本無所謂不自由，亦無所謂自由。此處不容以情見擬議。又自其分化而言之，則渾全的生命，憑物以顯，憑者憑藉。若成爲各個體。若之爲言似也。生命畢竟是渾全的，謂成爲各個體者，特緣物形而擬似之耳，非實然也。生命用此個體爲工具，以表現自己，必非迷闇的衝動，而有其隨緣作主的明智，此可於其不肯物化而徵之也。所謂有計劃者此也。前云目的論，如講到恰好處，則無可反對。意亦在此。

總之，生命的創進，從其爲全體的，可説唯變所適，决没有預計如何去構造物而用之。如船山所説，動植物之機體，其構造極妙，皆天之聰明，從未有之先便已預先計劃妥當，此亦是一種目的論，卻甚錯誤。船山此段話，見《周易稗疏》卷三。很容易被人誤會他的言天，同於宗教家之上帝。其實，船山絶非宗教家，船山所謂天，蓋指剛健不息之神而言。此神的意義，卻不是具有人格的。以其靈明微妙，而無所不在，無物非其所發現，故謂之神。但船山説《易》，頗有二元論的意思。船山説《大易》乾坤並建，乾表神明，坤表形質。本論所云體用之旨，蓋非船山所及悟，故非真知變者也。夫唯變所適，即其於物也，非有如何構造之預計。易言之，即未嘗懸一型以爲其造物之鵠的。然而生命之表現，自不期而成物。不期者，非有意造作萬物故。其所爲不期而成者，蓋德盛化神，不容已之幾。故非意欲所存也。使其有意，則累於所欲，而生命且熄矣。故唯變所適，無有預立之鵠的以成物，而物無不成者，此自然之符也。老氏言自然，意正在此。然物成，而生命用之以自顯，則其用物也，必有隨緣作主之明智。因此，如船山所云，機體構造精妙，乃使物質不爲礙，而終隨己轉，於以顯其生生之盛。此中己者，設爲生命之自謂。所謂計劃或目的者，只合於此言之。以上就生命用物言，則有計劃或目的。隨緣作主一語，即是有計劃或目的之義。如是盲衝瞎撞，則隨緣不得作主矣。然曰隨緣作主，則又非如船山所謂從未有之先云云。蓋隨緣，則非預計或預懸一的也。機體構造精妙云云，正是其隨緣作主處。是故談生命者，自其爲全體言之，只是唯變所適，决没有如何去構造物的預計。自其爲全體而有分化言之，則生命表現於其所不期而成之物質中，即成爲各個獨立的生物時，乃用物而能隨緣作主，因以見其有計劃或目的，前面所謂無預定計劃，而又未始無計劃者。至此，則其義藴已竭盡無餘。《大易》坎、離二卦，明示生命跳出物質障錮之險陷，而得自遂。其仗以出險者，非計劃或目的之謂歟？

附識：或問："公所謂生命，本依闢而名之也，然亦以爲本體之名。夫闢與本體，義猶有辨。而生命一詞，乃兼目之，何耶？"答曰：寂然無相是謂體。即此寂然無相者而現起有爲，是謂用。全體成用，非體在用外。譬如大海水，全成爲衆漚，非大海水在漚外。用則有翕有闢。而翕便現爲形物，其運乎翕而爲之主者，乃闢也。故嚴格言用，唯闢是用。闢具剛健、升進、虚寂、清净、靈明或生化不息及諸萬德。此本體自性之顯也。故於用而識體，即可於闢説爲體。雖翕亦是體之呈現，但此中取義自別。故生命一詞，雖以名闢，亦即爲本體之名。體用本不妨分説，而實際上究不可分爲二片。達此旨者，則知本論生命一詞，或依用受稱者，乃即用而顯體也。或斥體爲目者，舉體即攝用也。何嘗有歧義乎？夫生命云者，恒創恒新之謂生，恒者，無間斷義。恒時是創造的，恒時是新新而不守其故的。自本自根之謂命。自本自根，用莊生語，自爲本根，非從他生也。豈若宗教家别覓上帝或靈魂哉？二義互通，生即是命，命亦即是生故，故生命非一空泛的名詞。吾人識得自家生命即是宇宙本體，舉體即攝用，如前已説。此中宇宙一詞，乃萬物之都稱。故不得内吾身而外宇宙。吾與宇宙，同一大生命故。此一大生命非可剖分，故無内外。内外者，因吾人妄執七尺之形爲已爲内，而遂以天地萬物爲外耳。

已説坎、離，次談艮、兑二卦。

艮卦合上下兩艮卦而成。如下所列：䷳。艮之義爲止。此卦陰爻並隱伏於陽爻之下。陰有静止之象。《易》之取象，不拘一格。宜隨各卦之情而玩味之。陽，乾也，取象於天。此中天者，空界之名。非謂星球。故可以表本體。空界清虚，故可以譬喻本體。凡象，猶譬喻也。此卦即明本體固具許多潛能。潛能者，潛言潛在，能謂可能性。以其隱而未現，假説爲静止之象，故此卦以艮立名。

兑卦合上下兩兑卦而成。如下所列：䷹兑卦爻象，恰恰與艮相反。

☶　☱
艮　兑

兑卦陰爻居上，象其發現於外也。陽以象本體，復如前説。此卦明本體所固具的許多可能性，於潛隱中自當乘幾而發現於外。幾者，自動之幾，非外有可乘之幾也。由潛而顯，化幾通暢，故有欣悦之象。兑卦取象於澤，説卦云：“説萬物者，莫大乎澤。”以澤潤生萬物，故萬物皆説。故兑卦象澤者，即表欣説的意義。此兑卦所由立名。正義曰：兑，説也。

夫所謂本體固具許多潛能者，何耶？能者，猶言可能性。因爲本體是萬理賅備之全體，而無有一毫虧乏的。如其有所虧乏，便不成爲本體。須知本體是圓滿至極，德無不全，理無不備。所以目爲化原，崇爲物始。始字須善會。由此本體遍爲萬物之實體，故云物始。非謂其超脱於萬物之上，如宗教家所云上帝也。然復應知，本體是必現爲大用，是即體即用，而不可分體用爲二的。但是，我們爲講説的方便計，姑且把體别離開用來説，即是把萬理賅備的本體界，當做無窮盡的可能的世界。這無窮盡的可能，正是隱而未現，恰好像是一個静止的世界。所謂本體固具許多潛能者，其義如此。艮卦之所示者，只此而已。

然而本體是即静即動的，此言動者，變義，非如俗所計物件移動之動。即止即行的。湛然寂止，故浩然流行。浮亂則未有能行者也。善體天化者，體之於己而可知。易言之，即體必現爲用。夫體現爲用，其化也神。神化則新新而起，不留其故。前用纔起即滅，後用即生，是通前後而皆新，焉有故化可留。積頓以成漸矣。用之生，或化之起，只是頓起耳。然每起皆頓，積不已之頓而成漸。前面曾説，本體是萬理賅備之全體，此語宜善會。體之爲體，不是兀然頑鈍的物事，他只是萬理賅備的全體。但不可妄計本體别爲一物事而爲能有萬理者。若作是計便大謬，體之爲體即是衆理賅備故。亦即是具有無窮盡的可能的世界。這些可能，自必以漸而發現。有時甲種的可能發現，而乙丙等等的可能，或暫隱而不現。如低等的心作用發現時，而高等的心靈尚未顯發，是其例也。久之隱伏的可能，終當發現，至此則化機通暢，即是本體現爲大用，漸近完成時。漸近云者，則以事實上無所謂完成。《大易》終篇，纔示《既濟》，而即繼以《未濟》，其旨深哉。一真之體，現爲大用，行至健而無止息也。使有完成，則化幾且息。本體不將爲死體乎？《中庸》曰：“至誠無息。”與《大易·未濟》之旨，互相發明，至哉斯義，焉得解人而與之默於無言。夫化幾暢而及於遂，遂者，上文所謂完成。及於之言，猶漸近也。故有欣悦象焉。此兑卦之所示也。欣悦，只是表示一種暢達的意義。化幾之運，如自無機物以至人類的心靈昭顯，可謂暢達，而幾於完成矣。故以欣悦象之。

如上所説，本體是含藏萬理，不妨假説他本體。是具有無量的可能的世界。此中含藏二字，須善會，非有能藏所藏可分。若分能所，則是二之也。後凡有類此之詞者，皆準知。故體現爲用，則用之著也有漸。夫用不孤起，故有一翕一闢可言。翕而成物，物則始於簡單，終於複雜。如星球之形成，如生物之發展，及其他事物，莫不由簡趨繁。闢則心之名所依以立。泰初有物，而心靈未現。未現者，非無有也，特居幽而至微耳。及有機物出現以後，而心靈發展，日益殊勝。故即翕闢二方面徵之，皆見用之著也有漸。夫用者固理之所爲，無有一用之生而非其本體所含或種理之所發現者。無有二字，一氣貫下。問曰："言或種理者，則是理有種類可分。夫理者本體之目，曷爲可分種類？"答曰：《金剛經》言："真如非一合相。"真如即本體之名，一合相者謂混然積聚相，泯其分理也。本體豈是如此頑鈍的物事，故非之。當知本體是萬理賅備的。易言之，萬理交容交攝，而爲一全體，是名本體。由體非一合相，故言萬理，故可假説種類，卻非如分别事物之種類者然，切忌謬執。夫理唯至足，無所不備，而爲潛在的無量的可能的世界。故用相之或未現者，用相者，用之相故，斯云用相。以用起必有相狀故。用者翕闢也，翕則物相生。闢無物相，而非無相，但其相不可以感官接耳。或未現者，如高等心靈作用在人類未生之前，即未現此相也。而其理固具於本體，特未顯發耳。程子所謂"冲漠無朕，萬象森然已具"，正謂此也。冲漠無朕，形容本體空寂。無障染名寂，無形相無意欲名空。泊然無迹兆可得，云無朕。萬象森然即理。理體成爲大用，理體者，以本體是萬理賅備，故名。是不容已的向前開展。正如老子所云："虚而不屈，不可窮歇，云不屈。動而愈出。"有人説，宇宙是層復一層的創化不已，如物質始凝，而後有生命，有心靈，漸次出現，以此證老氏不屈與愈出之義。此説吾不謂然。生命與心靈不容分爲二，離心靈無别生命可説故。可覆看前談坎、離二卦中。此義明儒已多言及，但辭略耳。又物質始凝時，非無生命或心靈，本論隨在發揮斯義。余以爲欲明不屈與愈出，不必如説者所云。如物理世界由流之凝，由渾之晝，由單純而之複雜。心靈則自其當無機物時，隱而不顯，迄至人類，乃特别發達。如哲學家極淵微的神解，科學家極奇特的創見，及凡文化上一切偉大制作的慧力，都是一層一層的創化不已。此正老氏所謂不屈與愈出之義。其所以不屈與愈出者，正以含藏萬理，故能如此耳。理體世界的可能，恒是無盡藏。大用流行的世界，只是變動不居，而終不能盡其理體之所有，完全實現。理體是圓滿的，用相有對而無恒，不能無缺憾。此大化所由不容已，而人生終不絶其希望也夫。人生唯向上，而反諸自性，方得圓滿。自性謂本體也。若不悟此，而淪溺於流行的世界中，不能於流行而識真體，則將逐物不反，唯長苦缺憾而已。

夫理無不備，而用待以成。故用相之現也，乃即相即理。相者用相，後倣此。用相即理之所成，故云即相即理。用相有所未現，未現見前注。而理體元無不備，則不可妄臆相方未生，即無有此理也。異哉王船山之説曰："天下唯器而已矣。道者，器之道也。無其道則無其器，人皆能言之。雖然，苟有其器矣，豈患無道哉。無其器則無其道，人鮮能言之，而固其誠然者也。洪荒無揖讓之道，唐虞無吊伐之道，漢唐無今日之道，則今日無他年之道者多矣。未有弓矢而無射道，未有車馬而無御道，未有牢醴璧幣、鐘磬管弦而無禮樂之道。則未有子而無父道，未有弟而無兄道，道之可有而且無者多矣。故無其器則無其道，誠然之言也。而人特未之察耳。"《周易外傳》卷五。詳船山所謂道，相當吾所謂理。船山所謂器，相當吾所謂相。相者，具云用相。注見前。由船山之説，則理體非固有，非大備，非圓滿無虧之全體。直須有如是相，而後有如是理。相方未現，即固無此理也。然則用固無體，憑空突起乎？如觀海者，不悟衆漚以大海水爲體而始起，乃直謂其憑空突起，則人無不笑其倒妄者。船山之見，又何以異是。夫用則屢遷，遷者，不守故常。而理唯法爾完具。完者完全，謂理無所不備。具者，謂理乃本來具有，不由後起。人類未生時，而爲父爲兄之理，固已先在。慈愛之理，自是本體固有的，故云先在。後倣此。牢醴璧幣，鐘磬管弦，此等事物未出現時，而爲禮爲樂之理，要皆先在。推之未有弓矢車馬，而射御之理先在。及凡古今異宜之事，當其未現，而理自不無。夫理備而數立，理極備，故有數。而數亦無不備。相則理之乘乎數以動而始顯。理數者，無假於相而固存，而相則依理數以顯。依字須善會。非以此依彼也。相成於理，而相即是理。相因乎數，故不異數。但理之成乎相也，以其圓滿大備之全體，深遠無窮極，浩浩如淵泉而時出之。出者，出流義。淵泉極深極博，故其出，非可一瀉而盡，故言時出，猶曰時時不已於出耳。夫出者，淵泉之實現也。時時不已於出，則淵泉終不能舉其自所固有者而完全實現之。有餘故不竭也。理體現爲用相，亦同此况。故相不即是理之全現，而理恒極備矣。

如上所述，理體爲潛在的無量的可能的世界，故以艮卦表之。理體現爲大用，化幾暢矣，故以兑卦表之。今復略爲疏抉，以絶疑誤。

一曰，理者是實法，實法者，謂其有實自體也。雖其自體不是具有形質的，要是實有，而非空洞的形式之謂。非假法。假法者，謂其只是空洞的形式，而無有實自體也。或以爲理字具有條理與法式、軌範等義，故是共相。此等共相，乃離開現實界之特殊物事而自存於真際界云云。此説本之西洋談邏輯者。如其説，則真際界與現實界顯劃鴻溝，不可融會。此已難通。而其所謂理，又只是空洞的形式，例如方等，彼計方的桌子等之方，是一切方的桌子等之共相，亦説爲理。夫方的桌子等，在俗諦説爲實有的物事，而方的共相，則只是空洞的形式而已。今若僅在邏輯上，以共相爲特殊物事的型範，而不與形而上學中所謂理者相混，似猶可説。兹乃以共相，應用到形而上學裏來，以爲是現實界中特殊物事之所依據以成者。而此共相既是空洞的形式，又謂其離開現實界而獨存於真際界。則二界如何發生關係，既難説明，且此空洞的形式，無實自體，又如何説爲真際，且得爲特殊物事所依據以成者乎？果爾，則是無能生有，殊不應理。詳彼所説，與本論所謂理的意義，極端相悖，不容相濫。本論乃直指本體而名之以理，本體是實有，不可視同假法。説共相爲理者，只以理爲空洞的形式，如方等，則理便屬假法，何得爲一切物之實體，此其不得不相簡别也。然本論所云理，亦不妨假名共相，因爲理是有實自體的。但其自體，既非如現實界物事之可破析爲斷片，卻亦不是頑然而一，無有條理和軌範的呆板的物事。卻亦至此爲句。譬如一顆種子，通常看做是頑然而一的物事，實則不然，他已是具有萌芽及根幹、枝葉、花實種種的可能，便見得他是具有許許多多的條理和軌範了。理的自體上具有條理和軌範，也可由此譬而得其解。但譬喻只取少分相似，不可因譬而轉生執著，將理體當做現實界的物事去推測也。從理體之具有條理與軌範的方面來説，亦得假名共相。但此共相，既是依本體或實體上假説之，則非剋就假法上立名，世所言共相，只是假法。與常途所用共相一詞的意義自不同。

二曰，理之現爲相，相者具云用相。見前。不待別立材質而與之合。如果把理説爲一種空洞的形式或法式，則必需於理之外，更建立一種氣爲材質，而理乃與之搭合以成物。如此，似未免戲論。宋儒言理氣，已有未盡善處。後人遂有以氣爲材質，而理別爲法式，遂成種種支離之論。余於此不欲詳，或別爲筆扎。今在本論所謂理者，既是實體，所以不須別找材質。理體淵然空寂，淵然，深遠貌。無障染名空，非空無也。無昏擾名寂。空故神，神者，靈妙之極。體離障染故。寂故化。化者，生生之盛。唯湛然真寂，故生化不窮也。神化者，翕闢相互而呈材。翕爲闢而起，闢資翕以行，故云相互。實則一體之流行，現作翕闢二勢也。材者，具云材質。但此材質字，須活看，不可作質礙解。翕纔起而材質現。庶物萬象，於此而立。生滅流行不已，而造化之情可見。翕闢勢用，纔生即滅，無暫時停滯。如此新新而生，流行無已，所以謂之神化。造化即謂神化。情者，動發之幾。非機械性，故以情言之。此情字義深，須善會。情者用也，但用字義寬，大用流行，若有神幾，説爲情故。是故材質者，理之流行所必有之勢也，其情之至盛而不匱故也。材呈，故謂之相。相者，用之相。見前。故曰理之現相，不待別立材質而與之合。以其爲至實而非無故也。世之以共相言理者，只是空洞的形式，即等於無。

三曰，理體與用相，不可分爲二界。天理流行，即名爲用。用則有相詐現，故云用相。名理體以天理者，至真絶待，不可更詰所從來，故云天也。理之流行，即予以用名。用則有相狀現，而相狀無實，不暫住故，遂云詐現。全體成用，全用即體，何可判以二界？譬如水成爲冰，水以喻理體，冰以喻用相。水本含有堅凝、流潤及蒸汽種種可能。今成冰，即堅凝之可能已實現。自餘許多可能，暫隱而不現，非消失也。然水與冰不一不異。不一者，水與冰有別故。不異者，冰之實體即是水故。理體與用相，亦復如是。有體用可以別詮，即不一。體者，用之本體，云何可説爲異？

附識： 宋儒説理不離乎氣，亦不雜乎氣，是直以理氣爲兩物，但以不離不雜，明其關係耳。此説已甚誤。明儒則或以氣爲實在的物事，而以理爲氣之條理，則理且無實，益成謬論。後之談理氣者，其支離又不可究詰。余以爲理者，斥體立名，體者，本體。至真至實。理之流行，斯名爲用，亦可云氣。氣者，非形氣或空氣等氣字，乃即流行的勢用，而形容之以氣也。此氣字，即謂有勢用現起，而非固定的物事也。中卷有一段言及此。故氣者，理之顯現。而理者，氣之本體也。焉得判之爲二乎。復次，欲所謂現實界，則依用相或氣，而妄執爲實物有。實物有者，吾人因實際生活，而執有一切實在的東西。遂不悟用相之神變不居，而只計有實物。故云實物有。此則純爲情見所執耳。其實，非離用相或氣而别有如是現實界也。

綜前所説，以八卦表示體用，與翕闢諸大義，靡不包舉無遺。物理世界所由成立，於此已悉發其藴矣。

本章首刊定舊師印度佛家唯識論師建立物種以説明物界，實爲妄計。物種舊云相分種子。次依本體流行有其翕的方面，翕則分化，於是成立小一系群，由此施設物界。夫有物有則，故範疇非純屬主觀，而申論及此。終之以八卦，則大義無不畢舉。是故窮極物理，本無有如俗所計之物。但依真實流行，則不妨隨俗施設物。真實謂本體。流行則有翕之方面。依此而假説物界。俗情於此，庶幾無怖也歟。俗情執物，聞無物則起驚怖。

復次，物理世界，或無量星球，雖復幻相宛然，物理世界實依翕的勢用，詐現迹象，而假爲之名耳。迹象者，幻相也，本非固定的物事，而現似實物，故云宛然。要有一期成毀。一期者，如地球自其初凝迄至毀時，説爲一期。凡物有成必有毀，無有一成而恒住不毀滅者。昔邵堯夫説天地當壞滅，學者或疑其怪誕。

然近世科學家，並不否認現在的星球是在消蝕與放射，則堯夫不爲臆説矣。但科學家或計遠空某處，得因是處放射，又凝成物質。因此，如是處的宇宙不幸瀕於死亡，而別一新天地卻正在創造中。此新天地的構成，並非以舊天地的餘燼爲原料，而是舊天地燃燒時所發的放射，又凝成新天地。這種輪迴宇宙説，雖若有可持之理由，而仍有許多科學家，據熱力學第二定律，承認宇宙間死熱一定繼續增加。因判定輪迴宇宙的觀念，是一種荒謬的思想。上來主張與反對之二方面，吾儕誠難爲左右袒。然吾終相信，無量宇宙或一切星球，決定要遇到壞滅之神降臨，無法避免。但是，我亦决非持斷見論者。斷見者，謂如宇宙滅已，更不復生，是謂斷滅見。我相信宇宙的本體總是至誠無息的，是要現爲大用，流行不已的。因此，可以設想宇宙整個壞滅之後，也許要經過相當時期的混沌境界，混沌，無物貌。然後又從新形成無量的宇宙。設問：“何故須經一混沌時期？”我的答案是，凡物之極其大者，其成也不能不以漸。印度佛家把諸星球或天地總名爲大，以其相狀極大故。如前已説，本體流行有其翕的方面。此翕的勢用，雖復刹那生滅，而恒相續流故，即此無間的勢用刹那刹那，都是滅盡，後後續生，故云無間。漸漸轉故，現似大物。非可不由積漸，瞥然驟現一新天地也。瞥然，形容其時之暫。夫物者，世間相也。曰天地、曰宇宙或諸星球，皆物之别名耳。世間相者，謂此物相，乃世間情計執著，以爲有如是物耳。其本相，則前所謂翕的勢用是也。翕勢，前刹那纔起即滅，而有餘勢，相狀宛然。餘勢者，譬如香滅已，而有餘臭宛然。後刹那似前勢續起，雖起已即滅，復有餘勢，相狀宛然。刹那刹那，生滅滅生，遞積餘勢，其相狀以漸增盛，是名大物。故物相之成也必以漸。新天地之生，可信爲理所必有。但非必當舊天地滅時，即代之以起，若與之緊相接續也。

問曰：“天地不能無成毁。雖毁已，當復成。而值其毁時，則人類之一切努力，一切創造，畢竟歸空無。然則吾人既知其必毁。而何以爲安心立命之地耶？”答曰：有心求安，是心則妄，而非其真。有命自天，命字、有多義。略言之，一、流行謂命，如云本體之流行是也。二、緣會或遭遇謂之命，如俗云命運是也。三、物所受爲命。夫人物所以生之理，不由後起。因假説爲天之所賦予，而人物受之以爲命也。此中命字，屬第三義，實即斥指人與萬物所同具之本體而名之也。萬仞壁立。形容其至高無上。《易》云以至，《易》曰："窮理盡性以至於命。"理性命三名雖異，而所目則一。絶對真實，物禀之以成形，人禀之以有生，故謂之命。剋就其在人而言，則謂之性。以其散著而爲萬物萬事，悉有理則，復説爲理。窮者，博通而約守之，即散著以全歸大本。盡者，全其在已之性，而無以後起之私染障害之也。至字義深，與命爲一，方是至。老則云復。老子曰："歸根復命。"人自有生以後，囿於形，縛於染污之習，漸以梏亡其本命，故須復也。《大易·復卦》即此意。上歸根二字，與復命義同。命之在人，即人生之根源。人必歸宿乎此，而後人生離於虚妄。佛亦有言：證大法身。法身者，佛説萬物之本體，名爲真如，亦名法身。身者自體義。以是一切法實體故，名法身。諸佛即以法身爲自體故。更有餘義，此姑不詳。證者，證得。諸佛證得此法身故。夫佛所謂證得法身，與儒老所云復命、至命，無異旨也。蓋體合至真，即超越物表矣。詣乎此者，是立人極。離常無常及有無相，離字一氣貫下讀之。以爲常耶，而萬變無窮，是離常相。以爲無常耶，而真淨剛健，其德不易，其性不改，是離無常相。以爲有耶，而寂然無象，是離有相。以爲無耶，而萬物由之以成，是離無相。離去來今及自他相。真體超時空，故離去來今相，舉時，則空相亦離可知。證悟真體，便無物我可分，故離自他相。染污不得爲礙，自性清淨故。戲論於兹永熄。非戲論安足處所故，非思議所行境界故。是盛德之至也。何以名之？吾將名之曰"無寄真人"，亦名"大自在者"。自在略有二義。一、離一切縛義。二、神用不可測義。夫無寄則至矣，何天地成毁之足論。

上來施設物界，今次當詳心法。

第八章 明心上

夫心者，恒轉之動而闢也。依用顯體，故名本體曰恒轉。説見中卷。蓋恒轉者，至静而動，此中静者，非與動反之謂。而動者，亦非與静反之謂。蓋就日常經驗的物事言，則方其静止也，即不曾動轉。而方其動轉也，亦即不曾静止。今就本體上言，則不可以物之動静相而相擬測。本體是即静即動的。動者，言其妙用不測也。静者，言其冲微湛寂，無昏擾相也。至神而無，神者，虚靈不滯之稱。無者，無形相、無障染、無有起意造作也。本未始有物也。物者，有形質與方所之謂。本體不可以物測之。然其神完而動以不匱，完者，無虧欠也。不匱者，無窮竭也。斯法爾有所攝聚。法爾，猶言自然。非有意爲之，故云法爾。攝者，收攝。聚者，凝聚。不攝聚，則一味浮散，其力用無所集中，唯是莽蕩空虚而已。莽蕩，無物貌。空虚，無物之謂。大化流行，豈其如是？故攝聚者，真實之動，自然不容已之勢也。真實，謂本體。攝聚乃名翕，翕便有物幻成，物非實故，云幻成。所以現似物質宇宙。而恒轉至是乃若不守自性也。恒轉，寂然無相，本非物也。今其動而翕也，則幻成乎物。是恒轉已物化，而疑於捨失其自性也。乃若者，疑詞。實則恒轉者，真實而不可渝，純白而無染，純白者，清浄之形容詞。剛健而不撓。不可折撓。豈果化於物而不守自性者乎？其動而翕也，因以成物，而即憑之，以顯發其自性力。《明宗章》説，本體是遍現爲一切物，而遂憑物以顯。詳在上卷。此非深於觀化者，則信解不及也。夫本體若不現爲用，則直是空無而已，豈得名爲體耶？體現爲用，則不可浮游無據。故其動而翕也，則盛用其力以成物。而本體畢竟恒如其性，决定不物化者，乃自成其物，而憑之以顯發其自性力已耳。故物者，本體所以顯發其自性力之資具也，而本體豈物化而不守自性者哉？夫本體之動也，此中動者，變化義，謂其現爲大用也。此動字義深，不可作物件動轉之動解去。其翕而成物，若與自性反。然同時即顯發其清剛浩大之力，此中力者，即謂闢，恐人誤計先翕而後乃闢，故以同時一詞防之。清剛者，清謂清浄，無障礙故，無惑染故。剛謂剛健，不屈撓故，恒自在故，不可隨物改轉故。浩大者，至大無外故。此大字，非與小對之詞。有以潛移默運乎一切物之中，而使物隨己轉。己者，設爲上所云清剛浩大之力之自謂。畢竟融翕之反，而歸於冲和。是力也，蓋即本體自性之顯發。易言之，即本體舉其自身而全現爲此力也。喻如大海水，全現爲衆漚。此力對翕而言，則謂之闢。闢者，開發義，升進義，生生不息義。翕成物則閉塞，此力運於物之中而通暢無礙，故有開發義。翕成物則重墜，此力運於物之中，而實超出物表，能轉物而不爲物轉，故有升進義。翕成物則違其本，物之本體，元非物故。此力運於物之中，則用其反，而卒歸融和，益遂生生之盛。造化之大德曰仁，仁，只是生生義。矛盾要非其本然，世之言黑格爾辯證法者，殊不識仁。故有生生不息義。如上略説三義，非止此三，故置略言。則闢之得名，已可概見。

綜前所説，翕與闢同屬恒轉之顯現。恒轉者，本體之名。恒轉顯現爲翕闢。譬如大海水，現爲衆漚。詳上卷《明宗章》首段案語。雖既現而勢異，翕，凝斂之勢也。闢，則健以開發之勢也。故二勢殊異。但翕終從闢，健順合而成其渾全。翕之方面，斂而成物。則闢之方面，乃得憑物以顯其開發之功。否則浮游無據，而闢之力無所集中，即無以成其爲闢矣。故翕之成物也，乃爲闢之資具，而其德恒順。闢則用物而不爲物役，其德恒健。健以統順，即翕闢叶合爲一，而無異致，故曰渾全。本既不二，翕闢同一本體故。用乃故反，而實冲和。翕闢用也，一翕一闢殆故爲相反。而實以是成其冲和。故翕闢不可作兩片物事看去。詳上卷《轉變章》。又翕則分化成多，詳《成物章》。而由闢運乎一切翕之中，無所不包通故，包者包含，通者貫通。翕以分化，而成一一個别的物事。闢的勢用，則貫通乎一一個别的物事之中，而復包含於其外。蓋闢者，圓滿渾全，無定在而無所不在。故多即是一。翕成爲個别的，是衆多也。然闢運於其間，無不包通，則翕不異闢，而多即是一。闢則恒是渾一，渾者，不可分割義。一者，絶待義，全整義，非算數之一。而以行乎翕或分殊之中故，即一亦爲多。闢行乎一一翕之中，即隨翕而各顯其用。如月印萬川，即一一川中各有一月在。參考《功能章》下及《成物章》。知此者，可與窮神。

上來談翕闢大義，只將已前説過的話，在此總括一番，爲向後詳述心法的張本。心法一詞，本佛典。法字，見吾著《佛家名相通釋》。但此處須插入一段話，即關於心之類别，不可不加辨析。晚周道家有道心、人心之分。見《荀子》。印度佛家有法性心、依他心之分。見《雜集論》等。然法性依他二心，各有多種别名，此姑不詳。道家以宇宙本體名之爲道。道者由義，萬物由之而成，故以道名。即道即心，故名道心。人心者，則形而後有者也。形者，形氣或形骸。凡血氣之倫，以其一身，交乎萬物，而有心知出焉。此其心知，則以聽役乎身，而逐物以與物化者也，故謂之人心。人心者，言其非天然本有也，非真性也，故謂形而後有。道心則吾人之真性，天然本有，不由後起。二者之異，宜深切體究。然使道心得恒時爲主於中，則人心亦皆轉化，而成爲道心之發用，則亦無有二心矣。佛家法性心，則相當於道心。法性，猶云一切物之本體。佛典中“法”字與中文“物”字略相當。見《通釋》部甲及《語要》卷一。佛書“性”字，多用爲“體”字之異語。此中“性”字，即謂萬法實體。以法性名之爲心，是與道心義相當。依他心，則相當於人心。依他，具云依他起。他者緣義，依衆緣而起，曰依他起。本書上卷《唯識章》下説心識依四緣而生，即此心識，是依他心也。此依他心，雖待本心的力用爲因緣，而必由前念對於後念爲次第緣，及境界爲所緣緣，與六根並習氣等等爲增上緣，方乃得生此心。又增上緣義最寬，所緣緣與次第緣皆兼屬增上緣。次第緣，若就習心言之，則前念習心亦望後念而爲此緣。四緣中，以增上緣勢力最大。增上緣中，又以習氣或習心勢力最大，足以障蔽其固具因緣，而自成爲一種力用，即依他心是也。但此中所説因緣，係據本論所立義，不同舊師種子説。詳上卷《唯識章》下。夫依他心既是緣生法，而諸緣中，又以增上緣如習氣及根、境之勢力爲最盛大。别此心，明明是形而後有，與人心義相當，無可疑者。

本論融通佛道二家意思，分别本心與習心。本心，具云本來的心。習心，則習氣之現起者也。其潛伏而不現起時，但名習氣。本心亦云性智，從人生論與心理學的觀點而言，則名以本心。從量論的觀點而言，則名爲性智。是吾人與萬物所同具之本性。本性猶云本體。以其爲人物所以生之理，故説爲性。性者，生生義。所謂真浄圓覺，虚徹靈通，卓然而獨存者也。非虚妄曰真，無惑染曰浄，統衆德而大備、爍群昏而獨照曰圓覺，至實而無相曰虚，至健而無不遍曰徹，神妙不測曰靈，應感無窮曰通，絶待曰獨存。道家之道心，佛氏之法性心，乃至王陽明之良知，皆本心之異名耳。習心亦云量智，此心雖依本心的力用故有，習心非本心，而依本心之作用故有，譬如浮雲非太空，要依太空故有。而不即是本心，畢竟自成爲一種東西。原夫此心雖以固有的靈明爲自動因，固有的靈明，猶言本心的力用。參考上卷《唯識章》談因緣處。

但因依根取境，而易乖其本。根者，即佛家所謂眼等五根是也。此根乃心所憑以發現之具，而不即是心，亦不即是頑鈍的物質。今推演其旨，蓋即有機物所持有之最微妙的生活機能。其發現於眼處，謂之眼根；發現於耳處，謂之耳根；乃至發現於身處，謂之身根。身處，略當今云神經系。故根者，非即是眼等官體或神經系，但爲運於眼等官體或神經系中最微妙的機能而已。此種機能，科學家無可質測。然以理推之，應説爲有。此心必憑藉乎根而始發現，故云依根。取者，追求與構畫等義。境者，具云境界。凡爲心之所追求與所思構，通名爲境。原夫本心之發現，既不能不依藉乎根，則根便自有其權能，即假心之力用，而自逞以迷逐於物。故本心之流行乎根門，每失其本然之明。是心藉根爲資具，乃反爲資具所用也。而吾人亦因此不易反識自心，或且以心靈爲物理的作用而已。心理學家每從生理的基礎如神經系等來説明心，或徑以心理作物理觀，亦自有故。夫根既假本心力用爲己有，而迷以逐物。此中己者，設爲根之自謂。即此逐物之心，習久日深，已成爲根之用，確與其固有靈明不相似。而人顧皆認此爲心，實則此非本心，乃已物化者也。此心既成爲一物，而其所交接之一切境，又莫非物也。故孟子有物交物之言，是其反觀深澈至極，非大乘菩薩不堪了此。夫心已物化，而失其本。孟子既名之以物，而不謂之心。然是物也，勢用特殊，雖纔起即滅，而有餘勢流轉，如瀑流然，不常亦不斷。不常不斷者，謂其爲物，是個生滅滅生相續不絶的。如前刹那方滅，後刹那即緊相接續而生。刹那刹那，前前滅盡故不常，後後相續生故不斷。此不常不斷的物事，實爲潛在於吾人生活的内部之千條萬緒互相結合之叢聚體，是故喻如瀑流。此紛紜複雜，各不相亂，而又交相涉入，以形成浩大勢用的瀑流，當其潛伏於吾人内在的深淵裏，如千波萬濤鼓湧冥壑者，則謂之習氣。覆看中卷《功能章》下談習氣處。即此無量習氣有乘機現起者，乃名習心。前謂其自成爲一種東西者以此。道家所謂人心，實即習心。佛家依他心，亦指習心而言。其説爲依他者，正欲顯其不實在及非本有故耳。唯本心是本有的，是實在的。習心既異本心，因此其在生活方面，常有追逐外物而不得饜足之苦。其在緣慮方面，緣慮一詞，賅認識及思維等等作用而言。則辨物析理，有其所長。然即物而究其本性，猶云本體。窮理而要歸一極，一者，絶待義。猶《易》云太極也。則蕩然無相，寂然離繫。談至此，本來無一物，何繫之有。不可分内外，無物我故，無對待故。不可説有無，謂之有，則無相。謂之無，而實不空。尋思路絶，尋者尋求，思者思考，皆雜以習心，所謂量智是也。今此無相之地，則尋思之路，至此而絶。此處非尋思所及故。語言道斷，語言之道，至此而斷。非口説或理論所可表示得到故。此唯是神明昭徹，冥冥内證之極詣。而從來哲學家，游意幽玄，輒以向外推度之智，恣其戲論。則以習心未及廓清，無緣自識真性故也。故習心與本心之異，不可以不辨。習心行相，此中行相者，謂習心行於所取境之相狀。如後另詳。第九章《明心下》。本章所注意者，則將於本心益加提示而已。

或有問言："《新論》本以恒轉之動而闢，説明爲心。此所謂心，即是本心，非習心也。然心既只是恒轉之動，應不即是恒轉。本心，亦省云心，後皆倣此。易言之，心不即是本體。恒轉者，本體之名。既云心不即是恒轉，换言之，心不即是本體。而《新論》卻又説心即本體，其義云何？"答曰：言心即本體者，即用而顯其體也。夫曰恒轉之動而闢者，此動即是舉體成用，舉字吃緊。直是本體將他自身完全現作大用了。問曰："動而闢者固是用，若其動而翕也，則疑於物化，而不成爲用矣。"答曰：翕隨闢轉，非果物化也。翕闢畢竟不二，只是大用昭然。非體在用外也。離用不可覓體，體者用之體。若離用而覓體，豈别有一兀然枯寂世界耶？故乃即用而識體。譬如，於漚相而知其是大海水。夫於本體之動，而名爲用。此中動字，義至深妙，非與静反之謂。動者，言體之顯現也。即此顯現是至神極妙的功用，故名爲用。用之成也，恒如其本體，而無改於固有之德性。易言之，即體既成用，而恒不變易其真實、剛健、清淨、空寂之本然也。恒字吃緊。真實乃至空寂，皆本體之德也。空非空無，以不受障礙故名。寂非枯寂，以無昏擾故名。故曰即體即用，舉體成用故。即用即體，全用即體故。不可析而二之也。夫心者，以宰物爲功，心者，神明義。以其主乎吾人之一身，而控御萬物，不爽其則，故謂之心。此固是用。用者，言乎本體之動也，説見上。夫所謂心者，只是依本體之動而得名。所以云心即是用。而即於用識體，以離用不可得體故。是故剋就吾人而顯示其渾然與宇宙萬有同具之本體，則確然直指本心。人人可以反求自識，而無事乎向外追索矣。

自昔佛法東來，宗門禪學。獨闢於吾國。其道在自識本心，直澈真源真源，謂宇宙本體。識得自心與萬物同體，真來豈待外求。唐世有大珠慧海者，初參馬祖。祖曰："來此擬須何事？"曰："來求佛法。"祖曰："自家寶藏不顧，寶藏，喻本心。此是萬化之原，萬物之本，故以寶藏喻之。拋家散走作什麽？戒其專恃量智或知識向外追求探索也。古今哲學家，多是拋家散走。我這裏一物也無，本體不可當做外在的物事來推度。求什麽佛法？"迷者以爲實有佛法可求。實則佛者覺也，只此心是。法者軌範或真理，亦只是此心。若離自心，便無佛可得，亦無法可得。又復應知，此心元無形相，不可當做物事去推求。纔起求之一念，便已迷失此心，而成爲妄想矣。珠復問曰："阿哪個是慧海自家寶藏？"祖曰："即今問我者，是汝自家寶藏。此時興問之心，清浄虚明，不夾雜一毫染污或妄念雜慮，故此心即是自家寶藏。一切具足，更無欠少。備具萬德或萬善。參看上卷《明宗章》談性智處。使用自在，這個寶藏，是吾人所以生之理，亦即是天地萬物所以成形之理。因吾人與天地萬物同一本源，不可分割故。由此應知，此大寶藏具有無窮神化，無邊妙用，故云使用自在。又剋就吾人日常生活言之，此大寶藏，隨觸即應，無感不通，亦見其使用自在。何假向外求覓。"王陽明有詩戒學者云："拋卻自家無盡藏，沿門托鉢效貧兒。"與祖意正同。馬祖這段話，所以示慧海者，至爲親切。如前已説，心有本、習之殊。本者本心，習者習心。實則只有本心，可正名曰心，而習心直不應名爲心也。當名之以心所。詳在下章。然而一般人大抵都爲無量無邊的習氣所纏縛固結，而習氣直成爲吾人的生命。復玩中卷《功能章》下談習氣處。易言之，即純任習心趣境，趣者，向往義，競逐義。習心總是向外追求，即是有所向往與競逐也。境者，不獨實物名境，凡爲心之所向往與競逐者，皆境也。而不自識何者爲其自家寶藏或本來的心。佛説衆生無始時來，常在顛倒中，猶如長夜。只是自己不認識自己耳。慧海初見馬祖問佛法，意中以爲有佛法可求。此求之之一念，真將佛法當做物事來追逐耳。直緣其一向習心用事，所以於平平常常，無可起執追求處，而亦計爲有物可求。平平常常云云者，吾人與天地萬物同體的大寶藏，本崇高無上，孟子所尊爲天爵者此也。然復須知，此崇高無上的，正是平平常常的。若悟得這個，才是我的真實生命。易言之，這個才是真的自己，豈不平平常常？又復當知，若認識了真的自己，便無物我，無對待，乃至無取捨等等。於此何容起一毫執著想，何容作一毫追求想哉？而迷者終不悟，其可奈何？馬祖鑒其妄習未除，於是呵其外逐，令反悟自家寶藏，又示以無物可求。而慧海乃一旦廓然空其胸中伏莽，伏莽，謂一切染污習氣或習心。始躍然興問，誰是自家寶藏。馬祖則直令其反悟當下之心，即此時興問之心，光明純净，無有顛倒計度，故謂光明。無有些子雜染，故云純净。如赤日當空，不容纖毫翳障，此非自家寶藏而何？若時時在在，恒保任得如此時之心，便是藥山所謂皮膚脱落盡，唯有一真實也。皮膚，喻染污習氣或習心。謂染習克治盡净也。一者，絶待義。真實者，無虚妄義。此謂本體呈現。

上述一公案，直令慧海當下自識本心，可謂易簡直捷。當下即是，故云易簡。不待他求，故云直捷。然學者如不知所持循，則乍爾之明，正未可恃。持者，保任之而勿失也。循者，由之而勿違也。若識自本心，便須持循而勿失之，孟子所云收放心是也。或問："本心何曾有放失？"答曰：剋就本心而言，他是恒存的，本無放失。若就吾人生活上言之，如妄念憧擾時，即本心被障而不顯，便是放失了。言匪一端，須善會。問："放心如何收？"答曰：知放之知，勿令私欲起而間斷之，便是收。不是别用一心來收此心也。如慧海被馬祖提撕，習心偶歇，而本心之明，乍爾呈現。卻恐妄習潛存，還障本明。

吾平生最服膺馬祖搊百丈鼻孔一公案。其揭示獨體及護持工夫，至爲親切。獨體即本體之别名。以其至明無滯，至大無外，無物與匹，故云獨體。百丈懷海大師者，馬祖門人也。師侍馬祖行次，見一群野鴨飛過。祖曰："是甚麽？"師曰："野鴨子。"祖曰："甚處去也？"師曰："飛過去也。"祖遂回頭，將師鼻一搊，負痛失聲。祖曰："又道飛過去也。"師於言下有省，卻歸侍者寮，哀哀大哭。同事問曰："汝憶父母耶？"師曰："無。"曰："被人駡耶？"師曰："無。"曰："哭作甚麽？"師曰：“我鼻孔被大師搊得痛不澈。”大師，百丈稱馬祖也。同事曰：“有甚因緣不契？”師曰：“汝問和尚去。”和尚，謂馬祖。同事問祖曰：海侍者有何因緣不契，在寮中哭告。”和尚爲某甲說。祖曰：“是伊會也，汝自問取他。”同事歸寮曰：“和尚道汝會也，令我自問汝。”師乃呵呵大笑。同事曰：“適來哭，如今爲甚卻笑？”師曰：“適來哭，如今笑。”同事罔然。次日，馬祖陞堂。衆纔集，師出，卷卻席。祖便下座，師隨至方丈。祖曰：“我適來未曾説話，汝爲甚便卷卻席？”師曰：“昨日被和尚搊得鼻頭痛。”祖曰：“汝昨日向甚處留心？”師曰：“鼻頭今日又不痛也。”祖曰：“汝深明昨日事。”師作禮而退。這一公案，其意義至淵廣。略言之，一、示此心是超脱萬物而獨立的，此中超脱云云者，非謂其離萬物而獨在也，但以其遍爲萬物實體，故云超脱。心者，虚寂神妙，不可窮竭之稱。是爲萬物實體，而不即是物。譬如説水爲冰之實體，而水不即是冰。又以其既現爲物，而即運於物之中，以主宰乎物，畢竟不物化故，故云超脱。他處凡有此類詞語者皆準知，夫衆生一向是習心用事，習心只向外逐境，故妄執境物，而不可反識自己。自己，謂吾與天地萬物同體之本性。以其爲吾身之主宰而言，則謂之本心。習心是物化者也，是與一切物相待者也。本心則超越物表，獨立無匹者也。既習心乘權，則本心恒蔽錮而不顯。是以吾人一切見聞覺知，只是於境物上生解，終不獲見自本性。夫本性，體物者也。體物者，謂吾自己本性，亦即是天地萬物之實體。而無有一物得遺之以成其爲物者也。故見自性，則遍法界爲一真顯現，原無性外之物矣。此中法界，猶言宇宙，乃萬有之都稱。而迷執有外在境物者，亦終不獲自識其體物之本性矣。懷海於向上事，透悟本性的工夫，名向上事。用力已深，而未及徹。如天將明，而闇且甚，破闇即明矣。馬祖知其然，故於行次，見野鴨飛過，即試詰之曰：“是甚麼？”懷海果答以野鴨子，蓋習心發露於不覺也。作野鴨子解時，此心只是習心。若除去習心的虚妄所執，便無有所謂野鴨子這個物事。祖再詰曰：“甚處去？”懷師猶不了祖意，復答曰：“飛過去也。”其爲習心所使如故。祖至是乃搊其鼻孔，更警之曰：“又道飛過去也。”懷師始於言下有省。蓋其曠劫以來染污習氣，刹那頓息。由此，豁然識得自己，其後上堂示衆云：

靈光獨耀，謂心也。人人有個内在的靈光獨耀的主人公，而不自識何耶？主人公一詞，本之宗門。然切不可誤會爲宗教家所謂靈魂。先哲名心曰天君，以其主宰乎身故也。主人公義同。迥脱根塵。根者根身，塵謂物界。言此心超脱乎一身與萬物之表，而爲其真宰也。超脱義見上。體露真常，體，即斥心之自體而目之也。露者，呈現義。真者，不虛妄義。常者，不變易義。此心自體雖無形相，而有無相之相，灼然呈現，不空無也。其德真實無妄，恒常而不可改易。所以説爲吾人之本性，萬物之實體也。不拘文字。俗學拘守經籍，欲由文字以見道，而不悟道非離心而外在者。今不反之自心，徒欲因文字悟道，是猶守筌蹄以爲即魚兔也。心性無染，此中性者，自體義。謂心自體上本無一毫染污，乃純淨至善者也。本自圓成。萬善具足，萬化不窮，是圓滿義。法爾現成，不待造作，復説成義。但離妄緣，即如如佛。所謂私意、私欲、惑障、染污等等，皆習氣之異名耳。習氣者，妄緣也。妄緣之言，顯其不實在，非本性故。如如者，不變義。佛者覺義，即謂心性。心性無染，圓明虛寂，故説爲佛。妄緣雖障礙心性，而心性恒自如故，不可變易，即是不隨妄緣遷改，所謂無染是也。譬如客塵，障於明鏡，而明鏡自體，恒自如故，不受客塵污玷。故拂拭客塵，還復朗鑒。心性亦爾，但捨離妄緣，即還復本來明覺。

懷師這番話，直綜括十二部經旨要，富哉言乎！當其被馬祖搊鼻孔而有省，始伏除染習，頓悟自心是超物獨立的。所謂“靈光獨耀，迥脱根塵”是也。懷師從此一悟，即豁然見自本性，乃深悔從前逐物生解而迷其真。今始省悟，所爲哀哭而繼之以笑也。厥後所造益深遠，卻自此番省悟擴充去。

二、示存持之要。存者存養，持者保任。夫馬祖指野鴨子問懷師，而師即以野鴨子對。問甚處去，復答飛過去。師兩番酬對，自俗諦言之，絶無錯亂。而祖乃搊其鼻孔，至負痛失聲。此何故耶？祖果不承認有野鴨子，亦不承認有野鴨子飛過一事實乎？而搊懷師鼻孔胡爲者。此一公案，實值得玩味。一般人所以放失其心者，只以習心用事，向外逐境。習與物化，障礙本性。積劫癡迷，無由解悟。懷師反己工夫，反己者，息其逐物之妄，而反諸己所固有之本心，始信萬化之原，不可向外覓取，不可以物推觀。大概近熟。近者，未至乎熟而近之也。祖於行次，共見野鴨飛過時，因乘機故詰，故者故意。將誘而進之耳。懷師若果見性，則遇祖之詰，決不同於未見性人，直任習心衝口而出，以野鴨子答也。懷師若果至此爲句。或問："應如何答？" 余曰：此無須代擬答詞。唯可斷言，徹悟人決不如是作答耳。從來禪師多尚機鋒，只是當機妙應。若後人代擬之，便無謂。見性，即證一真無待，一真之一，無對義。豈復有物可説。故徹悟人徹悟者，以見性故名。睹山河大地，不作山河大地相想。相者相狀，下倣此。睹男女，不作男女相想。則其睹野鴨子也，寧作野鴨子相想耶？雖復隨順俗諦，並不遮山河大地乃至野鴨子相，而遇詰者意存啓示本分事無物可説時，本分事，謂本性或本心，此宗門語。若見自本性，即物我等相俱遣，故於此無物可説。必能鑒機立應，妙符至理。懷師滯於習心，未臻斯詣。祖故再詰，而師猶不悟，乃以飛過去答。夫計有野鴨子之物，則必隨計野鴨子飛過。此皆習心逐境作解故也。於是而祖搊其鼻孔，至負痛失聲，且戒之曰："又道飛過去也。" 而師至是始有省。夫祖所以申警之者，既令其自識獨體。獨體謂本心，是乃吾與天地萬物所同具之本體。絶待故云獨。但以其主乎吾身而言，乃云本心。則由此勿捨存持，人人具此本心，而常爲習心所障礙者，則以無存持之功故耳。勤加涵養，只存持不懈，便是涵養。亦不能外是而别有進修之要道也。何者？存持之功，唯在息其向外逐境之心，此心乃習心，非本心也。常令胸懷空虚，染習盡故。無取無着。取者，追求義，計度義。著者執著。習盡，則無取著。此際則獨體炯然，所謂空不空如來藏是也。如來一名，有多義，舉要而言，無所從來，曰如來。藏者，含攝義，含攝萬有故。此中如來藏，即本體或本心之别名。空者，空一切染污習氣也。不空者，此如來藏心，是圓成實故。圓成實一詞，詳在中卷《功能章》。如來藏心，具有空與不空二義。謂習心空，而此圓成實自體不空故。懷海猶未空其逐境之習，即於存持工夫，未得其要。馬祖當機善誘，意深遠矣。

今世談禪學者，皆熟聞作用見性一語，然何謂作用？何謂性？云何於作用見性？則談者鮮不茫然。夫性者，吾人與天地萬物所同具之本體，但以其爲吾人所以生之理而言，則謂之性。以其主乎吾身而言，亦謂之心。作用者，即凡見聞覺知等等，通名作用。曰見、曰聞、曰覺、曰知，皆作用之名，復言等等者，作用相狀複雜，列舉不盡故。故舉見聞覺知，即攝一切作用在内。

云何而言作用見性？則非於作用加以解析不可。若於作用加以解析，則非先説明所謂根或根身者不可。

印度佛家，自小乘以來，説有五根。曰眼根、耳根、鼻根、舌根、身根。此五根者，亦總名根身。身者，自體義。即根爲吾人自體，故名根身。

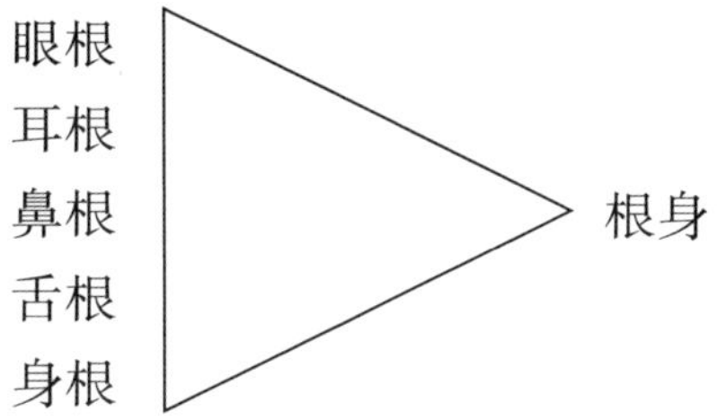

世或誤解根義，以爲即肉眼等名根，此中等者，謂肉耳乃至肉體。及以肉眼等互相聯繫的全體即物質的七尺之軀，計爲根身。此實大謬。佛家説根爲清浄色，此中色言，是相用義，非質礙義。雖不同於物之有質礙，而有相用可言，非空無故，亦名之爲色。清浄者，顯其相用微妙，故云清浄。云何微妙？微者精微，非目所見故。妙者神妙，其力用不可測故。安慧菩薩説根者，最勝自在義。見《廣五蘊論》。自在者，顯其力用無滯礙故，非機械性故。此本非心，亦復非物，卻是介乎心和物之間的一種東西。自此以下，爲余所引申之義。如果把他根作寬泛的解釋，就説爲生活機能，自無不可。但不如説他是生命力之健進所構成的一種機括。古者弓箭有機括，以司發動者也。今所謂根者，乃生命力所自構之資具，而藉之以發現自力。故根可以機括喻之。也可説生命力健進，隱然具有目的。因爲欲達其目的，遂形成了這種機括。根的意義，約略説來，只如此。凡有機物之所以異於無機物者，就因爲具有根的緣故。根力具云根的力用。潛運眼處，能發視識，説爲眼根。眼謂肉眼，發者發現。見色之識，名爲視識。此識只依根發現，而非根之副産物。勿誤會。根與識，須辨清，下皆準知。根力潜運耳處，能發聞識，説爲耳根。耳謂肉耳。聞聲之識，名爲聞識。自餘準上可知。乃至潜運身處，能發觸識，説爲身根。身，謂肉體和神經系。言乃至者，中間略而不舉故。自餘準上可知。故根者，不即是肉眼等。而所謂根身者，亦非僅目物質的七尺之軀，肉眼等相互聯繫的全體，叫做七尺之軀。這個東西，只是物質的，是無機世界的一部分。此乃諸根之所附着處，而不即是諸根。此不容不辨。佛家雖説有浄色根，而未詳其義。吾著《佛家名相通釋》曾叙述其説。吾於佛家建立根的意思，極所贊同。但關於根的説法，頗以己意引申，不必悉符舊義也。他日容當深論之。

如上略談根義，現在要還入本文。夫見聞覺知等等作用，常途即名之爲心。其實，此等作用元不即是本心。後文本心亦省云心。只是根門假借心之力用，而幻現一種靈明，以趣境云爾。根門者，門以出入爲義。萬感來入乎根，而根出其靈明以立應之，故名根以門。幻現者，由根假心之力用，而現起靈明。此靈明，非根之本身所固有，故云幻現。趣境者，凡來感之物，皆境也。根則藉心之力用，而有靈明現起焉。足以發趣乎境，而應之不爽。故云趣境。夫心之在人，本無時或息。然其流行於一身之中，此剋就一人身上而言之耳。實則一人之心，即是宇宙之心，元是無所不在的，非限於一身也。隨感而應，要不能不藉乎根。若無有根爲此心發現作機括者，又何從見得心。夫根者，只是生命力健以進，所形成的一種資具而已。如在無機物中，生命力猶未顯發，即所謂根者，尚未形成。這時便難見心了。但剋就根言，則根自有其權能。而心之力用之發乎根也，根即假之，以自成其靈明。譬如笛，假人之聲氣，以自成爲笛聲。這種靈明，恒與其無待之本然，不必相似，無待，謂心也。此心即吾人之真性，萬物之本體，故無待。本然者，形容詞，謂此心固有的德性，本來是如此的。今根假心之力用，以逞其靈明，而趣境。則此靈明，每與心之德性不必相似也。不必二字吃緊。非決定不相似，但易至不相似。故云不必。而每習與物化。蓋根之靈明，恒逐物，以殉没於物，故云物化。習者，猶云常常如此爲之，謂其慣習於物化而不知反也。由此遂有習氣等流。言等流者，根之靈明，現起趣境，以習與物化時，即此刹那頃，便造成了一種慣性。此云慣性，並不是泛泛的説法，而是謂此刹那頃之習便成功一種勢力叫做習氣。這個習氣，不會無端消滅，但也不是恒常堅住的支持下去，卻是習氣的自身刹那刹那前滅後生，相續流轉下去。因此説爲等流。等者，相似義，謂後起續前，決定似前。相似而流，故名等流。即此習氣隨逐根身，根身見上文。習氣恒隨逐根身而不相捨離。還復乘機躍現。故根趣境時，雖假心之力用，而自逞其靈明，以追攀前境。追者追求，攀者攀援。前境者，具云常前之境。凡言境者，不限於有形質的物事，只爲心之所追攀者，通得境名。他處倣此。然於其時必有染習突躍，以與根之靈明相挾同流，叶合若一。習分染净，參看中卷《功能章》下。挾者逼附義。染習依根明起，根明，具云根之靈明。後倣此。是根明之類故。於是而心之力用不得顯，乃孟子所謂放心之候也。夫根明，實假心之力用而現起，雖可以不似其本，本謂心。而此明之所假藉者即心之力用，此心畢竟不改其性。蓋所謂根明者，從根之一方面而言，是根假於心之力用，而自成其明。但如從心之一方面而言，卻是心之力用發現於根門。此心之力用行乎根門，雖緣根之假藉以成其明，馴至物化，但此心之力用，畢竟不緣根之假以成明，而改其性。譬如明鏡，爲客塵所錮，而鏡本性即所謂鑒照者，終不隨客塵遷改。故釋迦教諸學者，唯以守護根門爲要。參考《雜阿含》等經。守護根門者，即是恒持正智、正念。此中正智、正念，即是心之力用發現於根門者。必須敬以持之，而不令絲毫走作。走作古諺語，謂如不能持之，將使心作用爲根所假藉之，以成爲根之明。即動念乃失其正，是謂走作。昔朱子持心之功甚密，嘗以走作爲耻。吾人必保任此心，使其恒爲主於中，不使根得假之以成爲根之明。如是，則根者只爲心力所憑以發現之資具，而不得役心從己以殉物。己者，設爲根之自謂。天君恒時炯然在中，心力，具云心之力用。天君，猶宗門云主人公，謂心也。所謂照體獨立是也。照體者，謂此心自體是即寂即照，即照即寂的。《易》謂之大明。大者，形容其圓滿而無虧欠也。雖只言明或照，而湛寂義自在其中。獨立者，無對義。

綜前所説，約有四個要點，須加提示。

一、作用者，即剋就見聞覺知等等而名之也。詳前。

二、此見聞覺知等等作用，實即心之力用發現於根門者。故此作用。不即是心體。心體是獨立無對的，冲寂無朕的，故不可説見聞覺知即是心體。但心體亦非離見聞覺知而獨在。心體亦是流行不息的。若於其力用發現者如見聞覺知之外，而欲別覓心體，則心體又安在耶？

三、見聞覺知等等，通名作用，固如上説。但如嚴格言之，則見聞覺知等等，固有不得名爲作用者。夫作用之云，乃言夫本體之流行也。故心之力用心即本體。依根門而發現，爲見爲聞爲覺爲知，而非根所障、非習所錮者，即此見聞覺知，名爲作用。須知心之力用流行乎根門，而根假之以自逞其靈明，即根乃乘權，而心之力用始受障礙。且根乘權，則染污習氣與之俱行，益以錮蔽此心。唯有守護根門而不放逸者，方不爲根所障、習所錮耳。若乃根假心力以自逞，而挾習俱行，由此而發爲見聞覺知，雖在通途亦名作用，實則此等見聞覺知已不是本體流行，但是根與習用事故，即不成爲作用也。故談作用，應當簡別。

四、作用義，既經刊定如上，則作用見性義，亦不待深談而可知已。夫作用者，即本體之流行而言之也。流行則未即是體之固然。何者？流行是用，體者用之體。夫體無差別，而用有分殊。故自用言之，不即是體之固然也。然體要不離流行而獨在，以舉體成用故，不可離用覓體故。是故於流行識體。

如前舉馬祖答慧海一公案，即就慧海見聞覺知處指點。緣慧海與馬祖酬對時，他内部發生了一組見聞覺知。據常途的説法，慧海這時内發的見聞覺知，就叫做心。不過，此所謂心，是以作用名心，非就本體而目之也。有難：“見聞似非内發。”答曰：凡引生見聞的，如人和語言，或其他物事，則屬外緣。而見和聞，卻是内發的，非見聞在外也。見聞不只是感攝，而是具有明解的，此不可不知。馬祖答慧海，只令他反躬體認，當下虚明純淨，不雜一毫倒妄的見聞覺知。就在這裏認識他固有性體，即所謂自家寶藏，可謂易簡真切之極。蓋見聞覺知，固是當下發生的作用。而此作用不是没有内在的根源，可以憑空發現的。不是二字，一氣貫下。譬如衆漚，他有内在的根源，即大海水是。須知此作用即是性體之流行，故於作用而見性也。猶之於衆漚而見大海水。馬祖搊懷海鼻孔一公案，則可與答慧海者反以相明。懷海於野鴨子飛過時，而起野鴨子的見。這個見正是逐物生解，此解只是根與習用事，而不是本體之流行，即不成爲作用。故於此不可見性。吾舉這一公案，卻從反面説來，以顯正義。

總之，性體渾然至真，寂然無相。不可説見聞覺知等等作用，即是性體。不可，至此爲句。故但曰作用見性，非謂作用即是性。然非離作用外，別有性體，故必於作用見性。猶之非離衆漚外，別有大海水，故必於衆漚而識大海水。明代陽明派下，多有只在發用處説良知者，是直以作用爲性體，其謬誤不待言。及聶雙江、羅念菴救之以歸寂，而於作用見性意思，似亦不無稍閡。夫歸寂，誠是也。而寂然真體，畢竟不離發用。如或屏用而求寂，其不爲淪空之學者鮮矣，尚得謂之見性乎？

問曰："如上所説，心之一名，通體及用。有剋就本體而名之爲心者，有剋就作用而名之爲心者。是則心之名雖同，而其所目則異實，不可以無辨也。"答曰：同名異實之云，似將體用截成兩片，卻成過誤。夫義理自有分際，辨析不可不精。而察其分際，尤貴觀其會通。夫説作用名心者，當知用不離體。纔説作用，便於作用見性。性謂本體。如説衆漚，便於漚見大海水。説本體名心者，當知即體而言，用在體。如説大海水，便知大海水不離衆漚獨在。體用畢竟不可截成二片，是義宜知。在宇宙論上與心理學上，均不可將體用分成二片。

問曰："所謂作用者，將純爲本心之流行，而無習與俱乎？"答曰：心之力用，流行於根門，而不爲根所障，習所錮者，方名作用。此前所已言也。夫習與根，恒相隨逐。習之得以錮其心者，以其爲染習，而與根相俱以乘權故也。錮者錮蔽，如云蔽日。習分染淨，見中卷《功能章》下。此明錮心者，只是染習。相俱者，同行義，叶合義。若乃保任此心，使其不至見役於根，即根乃不爲心之障，而染習亦不得起以乘權，即心不被錮也。然復須知，染習必須伏除，伏者，抑之使不現起。除則斷滅之也。淨習畢竟不可斷。不斷故，恒與根同行，與心相應。相應者，叶合如一也。故未有心得孤起而無習與俱者也。參看下章談心所處。夫淨習依本心而起，即心之類。其相應於心也，固已和同而化，渾然無應合之迹。而習亦莫非真幾之動矣。真幾之動，猶云本心之流行。此言浄習隨心轉化，故不異本心也。馬祖云："只如行住坐卧，應機接物，盡是道。吾國儒道諸家，皆以宇宙真源、人生本性説名爲道。道者由義。以其爲人之所共由，故名。體道之人，其日用云爲，皆從本性上發出，而不雜以一毫後起之私，故云盡是道。道即是法界，法界，猶云宇宙本體。但以其在人而言，則謂之心。馬祖以此土先哲所云道，與印度佛家所云法界，同爲本體之目。乃至河沙妙用，不出法界。"河沙，喻數量無窮盡也。吾人日常生活中，一切皆從真體流行。孟子曰："君子深造之以道，言深造之功，將以至於道，非如俗學只務知識而已。欲其自得之也。自得者，實有諸己之謂，非徒尚解悟也。解悟則以心測道，其去道也遠矣。自得則心即是道，道即是心，而已與道爲一。自得之，則居之安。居其所自得，處乎至足，敻然無待，如何不安。居之安，則資之深。所資者即其所居。故唯内資。而非有資於外也。夫外資者，無源而易竭。内資者不竭。存乎内者，源深而無極故也。資之深，則取之左右逢其原。"孟子此言深得理要。夫資乎内者，深遠不可竭。故隨其取給，或左或右，靡不逢原。原者，萬有之本、萬德之基、萬行之宗。資者，資此者也。居者，居此者也。自得者，得此者也。深造者，造此者也。是乃所謂道也。日用之間，隨所取給，左之右之，莫不逢此真實本原。起想動念，舉足下足，隨在皆是道體發現，焉往而不逢之哉？馬祖所云河沙妙用，不出法界，與孟子左右逢原之旨，蓋有互相發明處也。

夫佛家之學，無論小宗、大乘，要皆歸趣證體。證見本體曰證體。證見者，謂本體呈露時，炯然自見耳，非別有一心來見此體也。略小談大。空宗形容本體空寂，無相故名空，離昏擾故名寂。甚深微妙，窮於讚嘆。有宗形容本體真浄，離倒妄故名真實。離諸戲論相故名清浄。甚深微妙，窮於讚嘆。有宗將體用分截，故成謬誤。然其形容真浄德相，亦自有契應處。然諸大乘師談本體，通空有二宗，故置諸言。頗表現一種超越感。即對於至高無上的至善的真理，此中真理，即本體之別名，下倣此。舉善，即攝真與美。而有無限的莊嚴之感，同時起一種極慇重的欣求，如是，故謂超越感，這種感固極可貴，吾人所以破現實生活之桎梏者，全賴乎此。然復須知，若學者由諸大乘師之所啓示而發生此種超越感，便謂已至究竟，此則大謬。夫諸大乘師，以言説方便，引令學者發生超越感，固非以此爲究竟。而在學者當發生超越感時，其自身猶未能與真理爲一，蓋未免心外有境。超越的本體世界，卻是其心外之境。莊子所爲呵列御寇猶有所待者也。必自居超越，而漠然亡感，漠然者，渾然無對貌。始立乎無待。是故禪家興，而直指本心。心即是理，真理省云理。理即是心，於是心外無境。吾人自身雖復隨俗説爲在現實世界中，而實乃敻然超越。以在己之心，與遍爲萬法實體的理，既是一而非二，萬法，猶云萬物或萬有。則稱真而談，真謂真理，稱者契應。當體超越。當體，謂吾人自身。纔識真理在己，即自身便是超越的也。豈於自身外别有一超越之境爲所感者哉？夫超越在己，即超越不是感。宗門直指本心，其視大乘空有二輪，又進而益親切者也。《華嚴》爲有宗六經之一，其“三界唯心，萬法唯識”之旨，宗門實與之密契。空宗《般若》，蕩然破一切執，而其智始顯也。智，本心也。宗門通空有二輪，但其入處乃較親切，學者宜知。

夫神明冲寂，神明，謂本心。而惑染每爲之障。惑染無本根，而足以障礙本心。如浮云無根，而能障日。真宰無爲，真宰，謂本心。而顯發恒資保任，嚴矣哉保任也。真宰不爲惑染所障而得以顯發者，則以吾人自有保任一段工夫故耳。保者保持，任者任持。保任約有三義：一、保任此本心，而不使惑染得障之也。二、保任的工夫，只是隨順本心而存養之，即日常生活，一切任本心作主，卻非别用一心來保任此本心也。三、保任的工夫，既是隨順本心，即任此心自然之運，不可更起意來把捉此心。程子所謂未嘗致纖毫之力是也。若起意，則是妄念或習心竊發，而本心已放失矣。善夫陽明學派之言曰：“即工夫即本體。”一言而抉天人之藴，東土諸哲，如儒與佛及老聃派傳心之要皆不外此旨也。工夫則萬行之都稱。行者，修行，亦云進修。吾人日常生活中，不論閒静時，或動作萬端時，總期念念之間，恒由本心爲主，毋任惑染起而間之。然欲致此者，要當有不斷的努力，非廢然縱任而可至也。此云不斷的努力者，即修行或進修之謂。行而曰萬者，修行非一端而已。人各因其所偏失而期以自克焉。故修行不泥於一軌也。如佛家有六度，乃至十地等無量行。儒者於人倫日用之地，或以居敬爲要，或以主忠信爲先，乃至種種，亦非孤尚一行以爲法程也。工夫誠至，即本體呈顯。若日用間工夫全不得力，則染習熾，邪妄作，斯以障礙本體而喪其真矣。真謂本體。故曰“即工夫即本體”，此盡人合天之極則也。工夫只是保任，無量的工夫，無非保任此本心而已。原非於本體有所增益。但勿爲染習所縛，勿順軀殻起念，人只爲染習所縛，即順軀殻起念，而本心乃梏亡矣。王陽明教學者，每於此處提醒。而使本心恒爲主於中，恒字吃緊。有不恒時，即本心放失，便無主人公也。則大明朗乎無極，本心不倚於物，故非知識的。而炯然至明，爲一切知識之原，故非無知，無窮盡故云無極。性海淵兮絶待。本心即是吾人與萬物同具的本體，故説爲性海。性者，生生義。海則喻其至大無外也。斯以静涵萬理，静謂泯絶外感時。動應萬變。動謂事物紛然交感時。動應則神不可測，静涵則虚而不屈。不屈謂無窮竭。是爲動静一原。吾人日用間，不論静時動時，通是本體渾然流行。故静涵萬理者，静時是本體實現故。動應萬變者，動時是本體實現故。此緣一向工夫没有鬆懈，所以本體呈露，有動静一原之妙。若工夫不得力，即染習乘機而起，静時便昏沉，無從發現涵萬理的本體；動時便浮亂，無從發現應萬變的本體。王學末流，或高談本體，而忽略工夫，卻成巨謬。

明儒有楊天游者，於工夫即本體之旨，頗不契。其言曰：“本體光明，猶鏡也。工夫，刮磨此鏡者也。若工夫即本體，是謂刮磨之物即鏡也，可乎？”黄梨洲駁之曰：“此言似是而非。夫鏡也，刮磨之物也，二物也。故不可説刮磨之物即鏡。若工夫本體同是一心，非有二物，如欲歧而二之，則是有二心矣。其説之不通也”云云。余嘗考楊氏説，蓋謂工夫有積累之漸，本體無積累之漸。工夫有純駁偏全不同，本體無偏全，無純駁。以此，不許工夫即本體，實倒見也。夫保任此本體，方名工夫。但保任實由本體之自明自覺，易言之，即工夫實自本體出。非是離本體别有一心來用工夫。楊氏於此蓋未省也。工夫既非離本體别有物，只是本體之發現而已。在工夫上説積累、説純駁、説偏全，此是從發現之迹上比擬。今説工夫即本體者，是將一一工夫會歸本體，自是探原之論，未可以常途滯迹之見相衡量也。楊氏歧本體與工夫爲二，故以積累等之有無兩相比較。梨洲雖知其誤，而駁詞未足以解其蔽也。

無工夫而言本體，只是想像卜度而已，非可實證本體也。唯真切下過工夫者，方實證得本體即自本心，無待外索。無工夫，則於此終不自見，不自承當，唯以一向逐物的知見去猜測本體，是直以本體爲外在的物事，如何得實證。實證乃本體之自明自了，故本體如被障而不顯，即無實證可言。若知工夫切要，而未知工夫即本體，是工夫皆外鑠，而昧其真性，此之謂冥行。又且如無源之水，求免於涸也不得矣。

夫求識本心，在佛家蓋自宗門興起，而後盛趣此一路向，固夫人而知之也。儒家則遠自孔子已揭求仁之旨。仁者本心也，即吾人與天地萬物所同具之本體也。至孟子提出四端，惻隱之心，仁之端也。羞惡之心，義之端也。辭讓之心，禮之端也。是非之心，智之端也。只就本心發用處而分説之耳。實則四端統是一個仁體。仁體即本心之别名。儒家仁智等名，須隨文取義。如仁之一名，有時剋目本體，則非與義禮智信等德對待立名也。有時與義禮智信等德相對爲言者，則此仁字，係就發用處説。如隨事而發之爲惻隱則名仁，隨事而發之爲羞惡則名義是也。餘可類推。智之一名亦然，有時爲本體之目，有時就發用處説。準上談仁可知。後來程伯子《識仁篇》云："仁者渾然與物同體。此言仁，只是吾人與萬物統同的本體。義禮智信，皆仁也。"此則直演孔子《大易》"元者善之長也"意思。《易》以乾元爲萬物之本體，坤元仍是乾元，非坤别有元也。楊慈湖深得此旨。元在人而名爲仁，即是本心。萬善自此發現，故曰：善之長。逮王陽明作《大學問》，直令人反諸其内在的淵然而寂、惻然而感之仁，而天地萬物一體之實，灼然可見。羅念菴又申師門之旨。蓋自孔孟以迄宋明諸師，無不直指本心之仁，實則，仁即本心。而曰本心之仁者，爲措詞方便故。以爲萬化之原，萬有之基。即此仁體，無可以知解向外求索也。明儒徐魯源魯源師事錢緒山，陽明再傳也。曰："惟仁者性之靈，而心之真。力按仁即本心，亦即是性。凝於冲漠無朕，而生意盎然，洋溢宇宙。力按冲漠無朕者，空寂也。佛家只體會到空寂，而不知空寂之中，正是生意凝聚，盎然不容已也，本體元是如此。以此言性，非枯寂斷滅之性也。力按佛家小乘頗近枯滅。大乘不住生死，亦不住涅槃，視小乘已一變，然仍以度盡一切衆生爲蘄向，終與儒家人生觀不同。由儒者之道，以衡大乘，則彼猶未離乎枯滅也。達於人倫庶物，而真體湛然，迥出塵累。以此言心，非知覺運動之心也。力按知覺運動之心，習心也。仁則本心也。然仁體作得主時，則知覺運動之心，亦成爲仁體之發用。此義宜知。故孔子專言仁，傳之無弊。”魯源此說，可謂得儒家之旨。

或有難言：“孔門之學，教人即實事上致力，曷嘗談本心、說仁體耶？《論語》一書，可考見也。”答曰：論語載門下問仁者甚多，汝乃不考，何哉？孔子壽至七十以上，門下三千，通六藝與聞至道者七十二人。其平生講說極繁富可知。《論語》僅一小册耳，其所不載者何限。然即此小册，所載問仁諸條，已於全書中，甚佔地位。夫門下逕直問仁，則必孔子平生專以求仁爲學，可知也。後儒如王陽明，以致良知爲學，亦與孔子言仁相類，夫良知即本心，凡爲陽明之學者皆知之。仁即本心。而治《論語》者顧不悟，何耶？孔子答門下問仁者，只令在實事上致力。易言之，即唯與之談工夫，令其由工夫而自悟仁體，即本心或本體。卻不曾剋就仁體上形容是如何如何。一則此非言說所及，二則强形容之，亦恐人作光景玩弄。孔子苦心處，後人固不識也。昔有一友，亦嘗謂《論語》言仁，非即本心。吾語之曰：《論語》云，“君子無終食之間違仁，造次必於是，顛沛必於是。”此所謂仁，非本心耶，非本體耶，豈可將此仁體說向外去，而只作爲行事上之一種規範或德目看耶？豈可，至此爲句。其友聞之，悚然有省。印度泰戈爾氏來吾華時，自云：“曾讀《論語》，只覺是一部法典然。”孔子果如此，則學無本源，何足云聖。泰氏讀《論語》而未通，亦足惜也。夫孔子豈未達本源者耶？彼自云“十五志學”，學者覺義，見《白虎通》。於覺而識仁體焉。學之究竟在是也。究竟一詞，簡異一切知識的學問。不仁謂之麻木。麻木者，不覺也。不覺即仁體梏亡。上蔡以覺言仁，甚是。朱子非之，誤矣。志於仁，乃爲志學。“三十而立”，此志已立定也。“四十不惑”，自識仁體也。“五十知天命”，既自識仁體，涵養益深，至此乃實證仁體即天命也。夫天命者，以其無聲無臭，而爲吾人與萬物所同具之本體，則謂之天。以其流行不息，則謂之命。故天命非超脱吾人而外在者也。王船山不了孔子意思，其《讀四書大全說》，直以天道爲超脱吾人而外在者，迷謬殊甚。墨翟之言天，蓋視爲外界獨存，以此矯異於儒，而適成其惑。船山反陽明，而卒陷於墨。唯自識仁體，寂然無相之謂天，淵然不已之謂命，流行不息，古詩所謂“於穆不已”是也，於穆者，深遠義。無可捨自本心以索之於外。是故其志學之始，内有存主，而非外鑠。志者，存主義。存主即不違仁之謂。由是而立，而不惑，終乃灼然知天命之非外。知者證知，非知解之知。《阿含經》云：“身作證。”是此知義。此理於吾身實現之故也。到此境地，只是仁體流行，絶無閡蔽，故曰“六十耳順”。耳順者，形容其無閡蔽也。又進則“七十而從心所欲不踰矩”。此義甚深微妙，學者切忌粗心作解。至此，則神用不測，乃仁體自然之妙。孔子“十五志學”一章，須融會《論語》全部意思，及《易》《春秋》大旨，而潛心玩索，切忌斷章截句作解。夫《易》之乾元，即是仁體，萬物所資始也。《春秋》以元統天，與《易》同旨。成形之大者爲諸天，皆乾元仁體之凝成也。舉天則賅萬有可知。《易》《春秋》並言乾元統天，以皆孔氏之傳故。證之《論語》，弟子紛紛問仁。則孔子平生之學，不外反求本心，洞識仁體。盡己性而即盡物性，本無内外可分也。《論語》曰：“天何言哉？四時行焉，百物生焉，天何言哉？”時行物生，形容仁體，活潑潑地。世之談哲學者，唯任知見去逐物起解，如何得領悟這般境界。認得此意，則知《論語》所記孔子言行，一一皆從仁體流出。唯其中有主故，淵源而恒寂，靈然而恒感，故發無不當。無不當，即是不踰矩。夫豈不見本源，而規規然於應事接物之間，擬立規範，若遵行法典之爲耶？以世俗之智而測聖人，其陷於巨謬也宜矣。

《論語》記子所罕言，仁居一焉，仁即本體。然則夫子並非絶口不言仁體，只罕言耳。非上根利器，不可與言仁體。只隨機感所觸，而示以求仁的工夫。《論語》所記，皆談工夫，無啓示仁體處，誠哉其罕言也。孔子蓋謂真理當由人倫日用中實踐而證得。此中真理即謂仁體。證得者，前引《阿含》云身作證是也。實踐不力，而遑解悟，其解悟必不實，終與真理爲二也。此等精神，實爲治哲學者所不容忽視。容當别論。明儒吕涇野，爲學壹意踐履。踐履亦云實踐，謂人倫日用中實修的工夫。其教學者有曰：“諸君求仁，須要見得天地萬物皆與我同體。一草一木，不得其所，此心亦不安始得。須看伊尹謂'一夫不獲，不獲，猶云不得其所。若已推而納之溝中'，是甚麽様心。力按：於此識本心，於此見仁體。王言曰：'此氣象亦難。今日於父母兄弟間，或能盡得。若見外人，如何得有是心？'曰：'只是此心用不熟，工夫只在積累。如今在旅次，處得主人停當，唯恐傷了主人。接朋友，務盡恭敬，唯恐傷人朋友，處家不消説，隨事皆存此心。此語吃緊。數年後自覺得有天地萬物爲一體氣象。'"力按：人人能如此爲學，則世界可大同，人道成至治矣。涇野此段話極老實，極切近。學者求識仁體，卻須如此下工夫。工夫做到一分，即是仁體呈露一分。工夫做到十分，即是仁體呈露十分。若全不下工夫，則將一任迷妄狂馳，迷妄者，染習也，計執形骸之私也。而仁體乃梏亡殆盡矣。盡者，滅盡。仁體本無亡滅，然自吾人生活上言之，既完全違逆仁體，令其不得顯發，則等於亡滅之也。

還有史玉池明東林派之學者。談求仁的工夫，亦極真切。其言曰："今時講學者，率以當下指點學人，力按：當下一詞，本之禪宗。如前引馬祖答慧海一則公案，即是就慧海當下的心，而指點他令悟本體。宋儒中已多用禪機，明儒尤然。此是最親切語。及叩其所以，卻説飢來吃飯困來眠，都是很自然的，全不費工夫。力按：飢來吃飯困來眠，本禪師語。只是形容不昏沉及不起若何貪著的意思。當初隨機指點，本無病。後來不悟者，妄附此語，遂成狂惑。見學者用工夫，便説本體原不如此，卻一味任其自然，縱情縱欲去了，是當下反是陷人的深坑。力按：陽明學派末流，確有至此者。不知本體、工夫是分不開的。力按：此語的當。有本體，自有工夫。無工夫即無本體。力按：本體，儒者亦名仁體。試看樊遲問仁，是未識自家仁體而興問。夫子卻教他做工夫，曰'居處恭，執事敬，與人忠。'參考《論語》。凡是人，於日用間總不外居處、執事、與人這些生活情況。居處時便恭，執事時便敬，與人時便忠，此本體即工夫。力按：恭與敬及忠的心，是本體發用，故云本體即工夫。學者求仁，居處而恭，仁就在居處。執事而敬，仁就在執事。與人而忠，仁就在與人。此工夫即本體，仁體與恭、敬、忠，分析不開。力按：恭也敬也忠也，皆工夫之名。實則此工夫即仁體，如何分得開。此方是真當下，方是真自然。若飢食、困眠，禽獸都是這等的，以此爲當下，便同於禽獸，豈不是陷人的深坑。力按：禪家末流之弊，須得有此簡別。且當下全要在關頭上得力。今人當居常處順時，也能恭敬自持，也能推誠相與。及到利害的關頭，榮辱的關頭，毁譽的關頭，生死的關頭，便都差了。則平常恭、敬、忠，都不是真工夫。不用真工夫，卻没有真本體。故夫子指點不處不去的仁體，卻從富貴貧賤關頭。力按：貧賤如去之不以正道，則終不去也。富貴如處之不以正道，則終不處也。此不去不處之心，即是仁體。詳見《論語》。孟子指點不受不屑的本心，卻從得生失死關頭。力按：如乞者遇食，得之則生，失之則死。但如與之者極無禮，則寧死不受而不屑偷生。此不受不屑之心即是本心，亦即仁體。參考《孟子》。故富貴不淫，貧賤不移，威武不屈，造次顛沛必於是，舍生取義，殺身成仁，都是關頭時的當下。此時能不走作，纔是真工夫，力按：此云不走作者，即本心不放失之謂。如本心認爲當死時，忽私意起而間之，遂苟且偷生，此即走作。不走作者反是。纔是真本體，纔是真自然，力按：違逆本心而狗私欲者，爲染習所驅使，確是不自然，非自省密者不知也。纔是真當下。”力按：以上須參考《論語》《孟子》。如極貧賤乃至生死等關頭時，一毫不走作，此其念念的當下，都是真的。易言之，純是仁體顯發。玉池這段話，確極真切，當與前所引涇野語參看，皆不失孔孟精神也。玉池謂有本體自有工夫，工夫畢竟是本體發用，非别有一心來用工夫，故云有本體自有工夫。無工夫即無本體，黄黎洲《明儒學案》序云：“心無本體也，工夫所至，即其本體。”此其晚年注重工夫，可謂進境。而世或以爲黎洲不承認有本體，則誤解也。其首曰心無本體者，蓋爲縱奪之詞。極言之，以起下文工夫即本體耳。若不用工夫，則本體已梏亡矣。此是的然見道語。

禪家作用見性，儒者即工夫即本體，於此可見二家旨意有相通處。如前所舉居處恭云云，這時恭的心是工夫，而實即本心之發用，是名作用。禪於此見性，儒則於此識本體。故云相通。然儒者於人倫日用、萬物酬酢處致力。雖云隨處體認天理，此中天理，謂本心發用，自然有則也。如居處恭，執事敬，與人忠。何故不恭、不敬、不忠便不可？此只是本心自然之則，必順此乃安，否則不安，無可更詰理由。所以説爲天理。居處必恭，執事必敬，與人必忠，就是隨處體認天理，而不敢違之。儒者用工夫只如此。而精神發散易，收攝較難。如非上等根器，又深於涵養者，則日用踐履處幸免差忒，而大本透脱殊不易。大本謂本體。透脱者，謂吾人證得本體，恒保任之而無或違失。如是，即心即真宰，例超越萬物之表，獨立無匹，故云透脱。顏子三月不違仁。仁，本體也。三月，久詞也。雖能保任仁體，久而不違，然未能恒常不違，則本體猶未能卓爾呈露，非真透脱也。顏子且然，況其凡乎。佛家遺倫物，獨處清閒，《阿含經》語。壹意收攝精神，趣入本真，本真謂本體。反求自性。此承上語，重複言之耳。自性即本真，以其爲吾人所以生之理故曰自性。高材故易證真，證得本體曰證真。鈍根猶難朝徹。莊子云："朝徹而後能見獨。"見獨，證見本體也。朝，旦也，明也。朝徹，謂洞然明徹也。其道出世，而反人生，不可爲常。非恒常不易之道也。孔子曰："道不遠人。人之爲道而遠人，不可以爲道。"此是儒家法印，不可易也。佛家於本體生生不已之德，卻要逆遏住，中卷《功能章》亦言及此。是乃人類思想之最畸異者，要非常道。自釋迦没後，小乘支分流别，而趣寂本旨，猶所共承。趣寂者，趣向寂滅，出離生死海也。小乘無餘涅槃是也。獨至大乘出，特標無住涅槃，不住生死，亦不住涅槃，是名無住涅槃。於是不染世間，猶云不淪溺於世間，即不住生死之旨。亦不捨世間，不捨離世間，即不住涅槃之旨。尤復勤求世智，世智，謂世間一切知識的學問。如大乘菩薩勤學五明，謂因明、聲明等等。此已漸近儒家。然所爲主無住涅槃者，則以衆生不可度盡故，乃誓願不捨衆生。《經》云："由有衆生，故有大悲"是也。大乘於佛家一貫相承趣寂本旨，固未根本改易。故大乘的人生觀畢竟與儒家不類。只可從其不捨世間，而謂爲有接近儒家的傾向耳。覆看中卷《功能章》。然此接近之點，關係極大。本論析儒佛之違，而會其通，以契應至理爲歸，而於佛家别傳之旨，禪宗爲佛家教外别傳。尤覺其與儒者直徹心源處特有吻合。心源，謂本心或本體。是故會寂與仁，而後見天德之全。天者，本體之代詞，非謂神帝也。佛家談本體，畢竟於寂静的方面提揭獨重。此各宗皆然，禪師亦爾。儒家自孔孟，其談本體，畢竟於仁或生化的方面提揭獨重。《大易》《論語》，可以參證。會通佛之寂與孔之仁，而後本體之全德可見。中卷《功能章》上可參看。夫寂者，真實之極也，清浄之極也，幽深之極也，微妙之極也。無形無相，無雜染，無滯礙，非戲論安足處所。默然無可形容，而强命之曰寂也。仁者，生生不容已也，神化不可測也，太和而無所違逆也，至柔而無不包通也。本體具備萬德，難以稱舉。唯仁與寂，可賅萬德。偏言寂，則有耽空之患。偏言仁，卻恐末流之弊只見到生機，而不知生生無息的真體本自冲寂也。夫真實、清浄，生生所以不容已也；幽深、微妙，神化所以不可測也。無方相乃至無滯礙，而實不空無者，唯其仁也，故寂與仁，皆以言乎本體之德。寂故仁，仁亦無不寂，則本體不可執一德以言之也明矣。大本立定，前云透脱，方是立定。而徵之人倫日用之際，其斯爲體用不二之學。伊川説體用一原，似欠妥。以體與用對舉，而更云一原，豈别有爲體用之原者耶？實則體即用之原，但體不在用外。如在海水與衆漚喻，可玩。本論意思，只是體用不二。

附識一：文中趣寂下注云："寂者寂滅。"寂滅，謂煩惱斷盡也。煩惱亦云惑，詳下章。惑盡故，始契寂然真體，故云寂滅。又佛家哲學思想，與宗教思想混合。彼本主張個人的生命不斷絶，其入無餘涅槃時，以惑盡故，得出離人間世或生死海。而個體的生命，乃與寂然真體冥合爲一，是謂不住生死。此亦寂滅義也。

附識二：文中佛家談本體，於寂静方面提揭獨重云云。此言寂静，則剋就本體而言之也，非若常途以静與動爲相待之詞。常途以動静相對爲言者，則以此心泯絶外緣時名静，遇物感交至時名動。今云本體寂静，本體亦名心體。則寂静一詞，乃即心體所具之德而名之。易言之，即以目心體。故此静字，非與動對。此静，只是無累、無擾、無倒妄、無繫縛等義，非謂其如實物之静止然。寂静二字，亦省言寂。宋明儒主静之静字，亦非與動相對之静。俗學詆之，不了其義故也。

附識三：文中談仁，有"太和而無所違逆也，至柔而無不包通也"二語。仁只是太和。太者讚詞也，太和故流行無礙，焉有違逆。世俗不識仁，只以矛盾言化，其實矛盾非化理之本然，所以成其仁也。至柔一詞形容太和真體，没有剛硬的意義。剛硬一詞，與言剛健者絶不同義。剛硬即俗云狠戾的意思，剛健則有純浄與不可屈撓及升進等義。本體之德盛化神，無可形容，而强目之以剛健也。剛健與和義相通。故此言柔，非與剛爲相對之詞。言柔者，狀仁之德相。其體本剛健，故無滯礙，而免於剛硬也。無不包含，無不流通者，遍與萬物爲其體故。萬物之本體，即仁也。

附識四：或有問言："公以禪學會通於孔，宋明儒固已爲之，而不免拘礙，公所嘗言也，而又衍其緒耶？"答曰：宋明諸師，於大乘學都不研究，若懼其洗我然，即晚周諸子亦無弗擯斥，其思想已狹隘矣，雖稍參禪理，而亦未能虚懷以究其旨。諸師皆謂禪家以作用爲性，不知作用見性一見字，甚不可忽。前文已辨正，若如諸師所詆，則禪家爲無本之學矣。作用爲性，即不曾識性，故云無本。諸師所得之禪，正是其意見耳，實非禪也。以是而言融通，惡乎可。雖然諸師學在反己，其精神上繼孔門，於大本大源處，確有體認，不可薄也，他日容當别論。陽明透徹，不可忽。

學者一向馳騁知見，猶云知識或情見。而無守静與體認之功，直無從自識本心。静者，不爲染習或私欲所擾亂，而澄然静定也。體認者，收斂精神，不令馳散。即本心呈露，炯然自明自見也。吾平生最喜永嘉大師語録。永嘉由修止觀而入禪，此觀爲佛家入道方法。止者，寂定義。觀者，照察義。此粗略爲釋，廣如天台宗説。故其發明心地，最極親切。其略曰：

恰恰用心時，恰恰無心用，力按：此中心字謂本心，後倣此。夫本心冲寂，無有作意，是謂無心。無心恰恰用，力按：雖復無心，而鑒照昭然，非真無也。常用恰恰無。力按：鑒照無息，是常用。湛然淵寂，不隨境轉，離一切相，故雖常用，而實常無。

夫念非忘塵而不息，塵非息念而不忘。力按：念者妄念，亦云妄識，虚妄分别故。亦云習心，染習現起，名習心故。塵者，妄念所執物界，乃至凡所趣逐之境，皆説爲塵。夫妄念，以逐塵故起。非忘塵，則念不可息。而妄塵亦緣妄念始現，非息念而塵豈能忘。

塵忘則息念而忘，念息則忘塵而息。

忘塵而息，息無能息。力按：妄念本無自性，但緣塵幻有，故忘塵斯息。不可計念爲能知之體，今方得息。若作是計者，即念本不空，如何而息。息念而忘，忘無所忘，力按：妄塵本非實有，但緣妄念追求，而詐現有所趣塵相，故息念即塵乃都忘。實亦無有所對而説爲忘，如實有所對，即塵非本無，如何可忘。忘無所忘，塵遺非對。力按：息念即塵忘，故知俗情執有外在世界者，特依虚妄分别之所趣逐而然耳。夫忘無所忘，則遺卻塵相，而實無有外境爲所對，此中外境，謂俗情所執外在世界，與凡爲妄情所攀援追逐者，通名外境。息無能息，念滅非知。力按：念無自性，但緣塵幻有。故塵忘，則念與俱滅，足證念本非能，故曰息無能息。夫如是，則塵既非所，念亦非能。所相空故，能相亦空。而世俗不悟，或以妄念爲能知之體，陷大迷謬。今以念隨塵滅，足證念本非知，而世但以非知爲知耳。

知滅對遺，一向冥寂。力按：夫世人皆以非知爲知，故乃無對而有對。何者？一真法界，冥然空寂，是本無對。今以非知爲知，而虚妄分别，遂横計有外境爲所對。於是狂惑熾然，自背其本有冥寂性海，衆生可悲，以此也。是故念息而非知之知已滅。塵忘，即不見有外而對遺。乃恍然頓悟其一向冥寂之本體，譬如浮云無實，何礙太虚。人患不反求耳。此中一真之一，是絶待義。真者，不虚妄義。法界，猶云宇宙本體，但以其在人而言，則曰本心。冥然，幽深貌。空寂之空，是無相義，及清浄等義，非空無也。

闃爾無寄，妙性天然。力按：獨立無匹，故云無寄。謂此真性，具備萬德萬善，故説爲妙。無生無滅，湛若虚空，清浄本然，恒無變易。雖遇染習爲障，自性畢竟不滅。雖假浄習顯發，自性畢竟不增。故謂天然。

詳此所云，必空妄識，方證冥寂。妄識如何空，要在析觀能所。説念妄識。爲能，説塵妄識所趣逐。爲所。觀能依能，塵依念故現，是所依能方有。所無自性，所非自有，依能方有，故所無自性。無自性即是空。不成所對，塵本空故。觀能依能，念緣塵故起，是能依所方有。所有自性，所非自有，依能方有，故所無睚性。無自性好是空。不成所對。塵本空故。觀所依能，塵依念故現，是所依能方有。能無自性，非是能知。準上談所可解。是故析觀能所，妄識都空。而本有冥寂真體，脱然呈露，永嘉善巧如是，實融《瑜伽》《般若》

之長。《瑜伽》爲法相唯識根本大典，談妄識相狀較詳。但其立説不免支離，此不暇論。永嘉直空妄識，而悟入空寂真性，故深符《般若》。而無《瑜伽》支離之病，亦不捨其長。世之持唯心論者，於本心、妄識漫無抉擇。吾則期期以爲不可。

若乃本心自性，微妙難知。雖無形無相，而有無形之形，無相之相，爲其自性。如後所云寂寂、歷歷是也。永嘉形容之曰：

忘緣之後寂寂，力按：緣者妄緣，即妄識是。妄識昏擾，障礙真寂本心。故必遺絶妄緣，而後寂寂真體始顯。忘者，遺義，絶義。靈知之性歷歷。力按：靈知簡異非知之知，即簡異妄念或妄識也。歷歷者，分明貌，《易》云大明是也。靈知是無知無不知。參看上卷《明宗章》談性智處。

無記昏昧昭昭，契本真空的的。力按：無記一詞，記者記別，非善非惡，名爲無記，謂於善惡兩無可記別故。妄識之起，有時或不成乎善，亦不成乎惡者、是名無記。學者不了本心，或以無記當之，此乃大謬。永嘉故以忘緣寂寂、靈知歷歷二義，顯示本心之自性是如此的。學者深契及此，則無記之爲昏昧、昭昭可見也。無記畢竟是妄識。非忘緣寂寂，故言昏。非靈知歷歷，故言昧。亦復應知，必證得忘緣寂寂、靈知歷歷，而真有見乎無記之爲昏昧者，方是的的契本真空也。但此云真空之空，非空無義。覆看前注。

惺惺寂寂是，無記寂寂非。力按：惺惺，不蒙昧也。這個炯然不昧的，恰是冥然而寂、不昏不擾。此才是本心。若只善惡不形，而靈知真體未曾透露，雖不蒙昧，而是無記，仍屬妄識。但以籌度不顯著，有似寂寂。其實此是無記中之寂，本非真寂。故非本心。

寂寂惺惺是，亂想惺惺非。力按：澄然至寂的，恰是炯然不昧的，此才是本心。亂想，攝論所云亂識。亂者雜亂，《易》云："憧憧往來，朋從爾思"是其相也。當亂想時，並非蒙昧。然亂想中之惺惺，非真惺惺，故非本心。

如上所引，亦惺惺、亦寂寂，才是本心，此永嘉洞見心體語也。但於此有極宜注意者。學者一向爲習心紛擾，習心謂染習。及其稍知用功，漸漸克伏染習，忽然識得惺惺寂寂本體。此固向上初幾，證見本體才是向上，然涵養未深。卻恐自此便貪寂默，以爲止境。蓋一溺乎寂，則屏動而遺物，廢此心之大用。心謂本心。無淵泉時出之妙，本心冲寂如淵泉，而動用不息，則亦如淵泉之時出無已止也。參考《中庸》三十一章。遏時行物生之幾。《論語》：“天何言哉？四時行焉，百物生焉。”天者，本體之目。不言，形容其寂也。時行物生，喻其發用無窮竭也。故寂非枯寂。而生生真幾，寂之蘊也。若溺寂者，則遏絶其生幾矣。此其流極，將反人生而滅天理。佛氏之道，所以見擯於宋明諸儒，亦有以也。雖然，學未證見寂寂體，而談生生真幾，惡知其非以惑取勢力爲生命耶？此中惑字含義甚深。佛云無明、數論所云闇是也。哲學家所謂盲目的意志，亦略當於此。取者，猶云追求。義極深微。本論會佛之寂與孔之仁，以言本體，覆看中卷《功能章》。蓋屏情見而契真極，然後分觀二家，而各有印證。學貴自得，尤賴博求往哲，觀其會通。顧可恃私智以爲學哉。

儒者無有捨工夫而談本體。此等精神在孔子《論語》中甚可見。孟子實承之，以啓宋明諸師。《孟子》書中有一段話最親切，其言曰：“萬物皆備於我矣。反身而誠，樂莫大焉。彊恕而行，求仁莫近焉。”此章之旨學者每忽而不察，故稍疏通之，待有志者反而自求焉。“萬物皆備於我”者，就形骸言，則我與萬物若相待也。相待，即我與物對峙，而不能備物。言若者，顯非本相待，但妄情分别耳。就本體言，則萬物與我同體，非别有所本。是故即於我而見萬物皆備。仰視天，天不離我而獨在。俯察地，地不離我而獨在。中觀人與一切有生之物，則皆我之情思所流通貫注。故我備萬物，我乃無待也。“反身而誠，樂莫大焉”者，皆備之實體，我所固有，不從外得。此中實體一詞，亦云仁體。唯其非外，故萬物所以然之理，所以然者，謂物之本性，即物所由生成之理。不勞我之逐物推測，直須反身而自盡其誠。則盡己性，而物性即盡，灼然無疑矣。盡者，率性而行。不使吾所固有者有一毫障蔽而不得顯發，是之謂盡。己性即物性，非有二也。故盡性無分於己與物。夫皆備者，仁體也。反身而誠，則本吾所固有皆備之仁體而克盡之謂也。誠斯樂，不誠即無樂，何以故？誠即攝萬物爲一己而無所不足，至足以居無朕，無朕，不與萬有對。雖復森羅萬有，而其本體元無朕迹。而神明之德備。夫至足之體，無方無相，極靈極妙，故謂之神明也。德無不全，故云備。至足以應萬感，而萬物之情通。通者暢遂。萬物不在我外，我之情通暢，則萬物皆暢。而萬物暢，實即我之暢。由會物歸己故，非萬物與我對峙故。不誠，則我乃自虧其所固有皆備者，剋就皆備之仁體而言，此理自無虧損。但就吾人生活方面言之，若不克盡此理，便是虧損。即我乃自晝，而限於小，以與物對。限於小則不足，與物對則將追求於物。攻取生而寇害熾於中，何樂之有？追求於物，則有攻有取。求所欲，是取義。違所欲，便如遇敵而忿情生，是攻義也。攻，固以寇害自性。取，亦殉物而虧自性，尤爲寇害之甚者。故誠，則有樂俱。俱者，同體不相離異之謂。此誠字不與妄對，樂字不與苦對。誠與樂，正是仁體故。此中誠與樂，皆就工夫上説。然工夫即本體，故此誠與樂，是絶待義也。故云誠與樂正是仁體。如此境地，乃上智事。未至於此者，卻須有彊恕工夫始得。彊者，勉强。恕者，推己及人。我之所欲，當念人亦欲之，毋專欲以妨人。我所不欲，當念人亦不欲，而益求所以利人。行此既久，則人我對峙之見，可以遣除。而吾所固有皆備之仁體，於是實現焉。儒者於人倫日用工夫中，涵養得本體透露，此乃聖學至當而不可移易處。《論語》記孔子曰："'參乎！吾道一以貫之。'曾子曰：'唯。'子出，門人問曰：'何謂也？'曰：'夫子之道，忠恕而已矣。'"世儒每不識曾子意思，證以《孟子》此章，若見到萬物皆備於我，即是識得仁體，此乃夫子所云一貫。一者，仁體。識得此體，即萬物之所以然，一齊俱徹，故云一貫。而下手工夫，少不得彊恕二字。孟子猶承曾氏也。此等道理，如何可只向見聞知解上會去。

吾以返本爲學，求識本心或本體，是謂返本。歷稽儒釋先哲，皆有同揆。儒釋之學，雖云互異，然不恃知解以向外尋覓本體。此乃其大同處。釋家禪學，尤與儒者接近。而或有疑之者曰："佛家談一真法界，似是懸一至高無上、圓滿無虧之理境以爲的，而勇悍追求之。夫鵠懸法界，窮際追求，而一轉捩間，無住生涯，無窮開展。庶幾位育，匪托空談。若云反本，恐起自足於己之心，便已畢生陷身惰性。明季諸子駁陽明學派談本體者，已有此説。公意云何？"答曰：法界即自心，亦即自性。自性清淨，離諸障染。自性明覺，離諸迷闇。自性真實，離諸虚妄。廣説乃至具足萬德，無可稱量。然反之即是無待外索。豈謂自心與法界爲二，而以法界爲自心所追求之鵠哉！夫懸鵠追求，趨向無上甚深妙境，進而不止，前而不退，如所謂一轉捩間，無住生涯，無窮開展。此説甚有意思。但此中吃緊處，卻在追求不已。一息而歇追求，生涯盡矣。追求不已，又必於其所懸之的，信望殷切。信者信仰，望者希望。情感弱者，不足語此。然雖窮際追求，要是拚命向外，終不返本，此之流害，未可勝言。真性無外，而虛搆一外境，乖真自誤，其害一。追求之勇，生於外羨，無可諱言。外羨之情，猶存功利。惡根潛伏，烏知所及，其害二。反本則會物歸己，位育功宏。外羨則對待情生，禍幾且伏，如何位育？情存彼此，即是禍幾，其害三。外羨者内不足，全恃追求之勇爲其生命。彼所謂無住生涯，無窮開展，雖説得好聽，要知所謂開展者，只恃外羨之情，以鼓其追求而已。畢竟虛其内，而自絶真源，非真展開，其害四。總之，窮際追求云云，只是一直向外求索，而自無可據之本。譬如鹿迷陽燄，狂馳不已，中間實無轉捩處。夫自性清净，諸佛所言；煩惱並是客塵，亦諸佛所言。煩惱亦云惑。儒者所云惡，或私意私欲等者，相當於此。客塵之言，顯非本有。去客塵而復自性，是乃轉捩間事。古德所謂“一念迴機，便同本得”是也。本得，謂自性清净、不從他得故。夫唯錮於客塵而迷失自性者，一旦乘性覺而返識本來，性覺者，自性清净，元是覺照圓明的，故云性覺。雖客塵障於自性，而性覺要未嘗泯。如積陰之際，非無日光，但不甚顯耳。則恒保任此覺，恒字吃緊。俾得日益顯發，方可刮去客塵。日益顯發，即孟子所謂擴充。性覺顯發一分，則客塵可去一分。顯發十分，則客塵可去十分。乃至全體顯發，則纖塵盡净矣。若不有性覺在，憑誰照察客塵而滌去之？學者若於自身識得此事，方許讀如來十二部經，否則讀遍三藏，未許知佛。豈唯佛學，儒者言克己，若不求反天理之心，天理之心即是本心或本體。將仗誰去克得己來？《論語》記顔淵問仁，子曰：“克己復禮。”從來注家多未得聖意，王船山卻善會。船山以爲必先復禮，才克得己。先字非時間義。禮即天理。禮與理古通用。通常説禮，蓋就節文或儀則而言。此中之禮，决非節文儀則之謂。注家於此每不辨，如何識聖意。没有天理爲主於中，憑誰去察識己私？憑誰去克？大本不立，而能克去己私巨敵，無是事也。克字甚重。如克敵之克。船山平生極詆陽明，於此卻歸陽明而不自覺。陽明良知，即天理之心也，即先立大本也。參考船山《讀四書大全説》。總之，我云轉捩，即是返本一幾。若斥絶返本，即不識自性，而徒懸鵠於外，窮際追求。則所説轉捩，不知轉向何處去也。

又如疑者所云，以其返本，纔起自足於己之心，便已畢生陷身惰性。吾以爲講返本之學，而不免陷身惰性者，此必其未能證得本體者也。吾平生談本體，原主體用不二。但既立體用二詞，即其義不能無辨。夫本體，具足萬德，含藏萬化，本無所不足者也，故夐然絶待。然體雖無待，而成爲用，則有分殊。分殊即是相待。故體之成用，是由無待而現爲相待。於此相待，便喚作一切物。人亦物也。此一切物，隨舉其一，皆具有大全的本體。自甲物言，甲物得此個大全的本體。自乙物言，乙物亦是同得此個大全的本體。餘可例知。參看上卷《明宗章》大海水與衆漚喻。但本體舉其自身現爲相待的一切物以後，而從每個物或個人分上來説，每個物或個人一詞，此下省言個人。則個人雖是具有全體，大全的本體，省云全體。後倣此。雖性分上無所不足，然約個人成形言，畢竟爲有限的。凡相待的，即是有限的。由此，而形有障性之可能。易言之，吾人很容易爲形軀所使，而動念即乖，以障礙其自性。乖者，陽明所云順軀殼起念，而違其自性之本然也。有生之倫，由順形而起染習。染習即形之流類，所謂障礙，即此爲之。由障礙故，本性雖至足，卻是潛伏不顯。由此，吾人生活方面，則以拘於形，而陷於相待之中，遂常常感得不足，並且不足之感極迫切。因此便有一個極大的危機，就是要向外追求。追求略判以二：曰向下，即物欲的追求是；曰向上，如蘄依神帝，宗教。注想真極，哲學家向外覓本體者。及所謂鵠懸法界皆是也。上下雖殊，向外則一。外則離本，雖存乎上，而浮虚無實，與下同歸。故吾平生獨持返本之學，唯求見自性。即本心或本體。須知吾人自性，雖一向被障，畢竟無有減損，卻常在障礙中流露至誠無息真幾。此真幾即覺照是也。亦云性覺。吾人保任此真幾，不斷的保任，即是真幾無窮的顯發。孟子所云擴充，其義在此。才仗着他來破除障礙，因爲他是自覺的，故可破障礙。而把自性中潛伏的圓滿充周、無所不足的德用，此中用字，即指上文自性含藏萬化而言。用字，即萬化之代詞。後倣此。源源的顯發出來。這種顯發，就個人生活上言，他是破除障礙，而不斷的創新。其實正是返本。因爲個人的生活日益創新而愈豐富者，都是其自性的德用，不匱的發展。非若無源之水，驟形竭涸。所以有本纔得創新，創新亦是返本。這個道理真是妙極。夫本體至神而無相，若不現爲物，則無資具以自顯，及其現爲物也，則物自有權，而至神無相之體，所以成乎物而即運行與主宰乎物者，便有受拘於物的形軀之勢。故必待己之能健以勝物而消其拘礙，此中己者，設爲本體之自謂。乃得以自顯發。工夫即本體之義，須於此參悟。否則物乘其權以自逞，而錮其神，神謂本體。則本體終不得自顯。佛家所云真如在纏，亦此義也。《論語》："人能弘道，非道弘人。"其義蘊蓋在此。苟深見此義，則知至神無相者雖主乎吾之一身，而吾不能曰反求而得其至足者，更無所事事也。識得本體已，不可便安於寂。前已說過。要須恒不違真，恒字吃緊。真謂本心或本體。勇悍精進，如箭射空，箭箭相承，上達穹霄，終無殞退，如是精進不已，是謂創新不已。如是創新不已，實即本體呈露，其德用流出，無有窮極。故修爲進進，進而不已，曰進進，即精進義。即是本體顯發無窮。妙用自然，不涉爲作，又烏有不寂者乎？是故返本之學，初則以人順天而自强，人，謂修爲的工夫。天者，本體之代詞。工夫實即本體德用之顯發。自强，謂吾人精進不息也。吾人不息的工夫，實即本體德用顯發無窮。人能皆本天性故。久則及人而天，純亦不已。初時工夫猶未純，久則純熟，天理全顯，斯時即人即天。純亦不已者，天德至純、無雜染故。不已者，天之德用，無窮盡故，無止境故。不已者，彰其剛健。純者，顯其寂寂。然則吾人以知本而創新，創新而返本。到得返本，亦剛健，亦寂寂。何至有陷身惰性之事乎！其陷於惰，必未真證本體者也。許多哲學家將本體説向外去，懸之爲的，而追求焉。其中無所本，而唯外羨，以鼓追求之勇，則吾已陳其害如前，不復深論也。

上來斷斷致辨者，一則向外追求之學，與吾學全異其旨，不容不辨；二則恐學者或以悟入冥寂自性，即本體。便安於寂，而爲止境。孔子五十知天命以後，《中庸》首言天命之謂性，天命即是吾人與萬物所同具之本體。無待故名天，流行不已故言命，其在於人則謂之性。《中庸》末章以無聲無臭言天，即顯本體冥然寂寂也。據此，則孔子自述其年五十，乃證冥寂自性。又十年而耳順。耳順者，聲入心通，全無閡蔽之象也。六十以前，雖證見寂體，然契真則有遺俗之患。老氏之棲於無，似於真俗圓融之道猶有隔在。孔子知天命而不遺人倫，蓋融真入俗，即俗皆真，所以洞達無礙。取象於耳順，以形容其妙。若高言證真，而未能融俗，則於至理未暢，適增閡蔽。又十年，而後從心所欲不踰矩。夫隨心所欲，莫非天則自然，此是大自在境地。蓋勝用無窮，渾是一真之體，其妙如此。佛家初地證真，地之一詞，若泛釋，則修行位次也。工夫有淺深，故分位次。初地見真如，即證體。從此歷二地乃至十地之終，而後入佛地。孰謂一旦悟入自性，便可安享現成，無所事事哉！明季王學末流之弊，甚可戒也。一旦有悟，便安享現成，流入猖狂一路。晚明王學，全失陽明本旨，爲世詬病。夫陽明自龍場悟後，用功日益嚴密，擒宸濠時，兵事危急，絕不動心。此是何等本領，然及其臨歿，猶曰："吾學間纔做得數分。"後學空談本體，非陽明之罪人哉！

附識：孔子五十知天命之知，是證知義，其境地極高，非學人悟解之謂。佛家證真之境，又不待言。夫悟解，則船山所謂儻來之一悟，本非實得。而學者妄以之自信，則自安暴棄而已。

上來提示本心，大義略備。今將取佛家唯識之論，加以勘定。佛家直指本心，自宗門始，已如前說。若夫自昔號爲傳承釋迦經典以張其教義者，宗門則目之以教，教者聲教。凡經典所載，皆釋尊聲教故。而自居教外別傳。夫宗之所以自別於教者，非徒不立語言文字而已。教中談識，宗門則主自見本心。此其根本異處，未堪忽視。然宗門旨趣，既在前陳，則教中所談之識，兹宜略論。

夫教中唯識之論，自無着《瑜伽》而後，迄世親《三十頌》，以及護法諸師，而後其理論漸臻完密。世親及其後學護法諸師所相繼闡明之唯識論，其根據皆在《瑜伽》。唐賢號《瑜伽》爲一本。本書中卷曾經提控其理論之體系，而予以評判。可覆看《功能章》。今於此中，但欲略述瑜伽宗即大乘有宗建立八識旨趣，並予以疏決而已。疏者，疏通其滯礙，而在某種意義上，可承認其有是處。决者，判决其謬誤。

昔在小乘只説六識。及大乘興，乃承前六而益以末那、賴耶，是爲八識。六識者，隨根立名。曰眼識，依眼根故。曰耳識。依耳根故。曰鼻識，依鼻根故。曰舌識，依舌根故。曰身識，依身根故。曰意識，依意根故。眼等五識所依根，稱清浄色根。固不謂肉眼等爲根也，肉眼等但與根爲扶助故。至於意根，則小乘如上座部等，亦立色根。所謂胸中色物，即心臟者是。而餘部更不許立色根，乃以六識前念已滅識爲意根。及至大乘，建立八識，始説第七末那識爲意根。詳在《佛家名相通釋》部乙。或許從境立名，即眼識亦名色識，唯了別色故。唯者，止此而不及其他之謂，後準知。色有多義，或通目質礙法，則爲物質之異名，今專言眼識所了，則爲顔色之色，如青黄赤白等是也。耳識亦名聲識，唯了別聲故。鼻識亦名香識，唯了別香故。香與臭、通名香。舌識亦名味識，唯了別味故。身識亦名觸識，唯了別觸故。於前四識所了，直舉色聲香味四境。而於身識所了，乃虚言觸，而不直舉何等境者，則以身識所了境最寬廣。列舉不盡，故以觸言之。意識亦名法識，了別一切法故。有形無形的一切事物，乃至一切義理，通名之爲法。他處言法者，準知。如上六識，大小乘師共所建立。

然大乘於前六外，又建立第七及第八識者。彼計五識眼識乃至身識。唯外門轉，轉者起義，五識皆以向外追取境界故起。必有依故。第六意識内外門轉，意識一方面追取外境，一方面内自緣慮，雖無外境亦自起故。行相粗動，行相者，心於境起解之相。粗者粗猛，動者囂動。此非根本，粗動故非根本。亦必有依故。意識自身既非根本，故必有所依。例同五識。由斯建立第八阿賴耶識，含藏萬有，爲根本依。依字注意。彼計前七識各各有自種，不從賴耶親生，只是依托賴耶而生，故説賴耶爲根本依。賴耶深細，藏密而不顯。前六眼識乃至意識。則粗顯極矣。疑於表裏隔絶，賴耶是裏，前六是表。故應建立第七末那，以介於其間。第七介於第八與前六識之間。《大論》五十一説，由有本識，賴耶亦名本識，是前七識之根本依故。故有末那，其義可玩已。尋彼所立八識，約分三重。初重爲六識，眼識乃至意識。通緣内外，粗動而有爲作。次重爲末那識，第七恒内緣賴耶，執爲自我，恒者無間斷故。似静而不静。唯内執賴耶爲我，而不外馳，故似静也。然恒思量我相，此乃囂動之極，實不静也。三重爲賴耶，第八受熏持種，持種者，賴耶自家底本有種及新熏種，並前七識各各底本有種及新熏種，均由賴耶攝持，所以爲萬有基。受熏者，謂前七識各各有習氣熏發，以投入賴耶自體。賴耶則一切受而藏之，遂成新熏種子也。動而無爲。經論皆説賴耶恒轉如瀑流，是動也。然惟受惟持而已，是無所爲作也。大乘説八識行相，其略如此。

又復應知，以大乘一身所具之識，分爲八個。《章氏叢書》中，似有一篇文字，説阿賴耶識爲衆生所共有，此太炎誤解。據諸論，每一人身中有八個識，即賴耶非一切人所共有，只是一切人各各皆有賴耶識而已。即此八識，將爲各各獨立之體歟？然每一識又非單純，乃爲心、心所組合而成。心亦名王，是主故。心所者，具云心所有法，以其爲心上所有之法故。心所亦名助伴，是心之眷屬故。心則爲一，而心所乃多云。如眼識似獨立也。實則爲心與多數心所之複合體，絶不單純，特對耳識等等説爲獨立而已。眼識如是，耳識乃至第八賴耶，復莫不然。每一識，皆爲心與多數心所之複合體故。故知八識云者，但據八聚而談，聚者類義。非謂八識便是八個單純體故。尚考大乘建立種子，爲識因緣。種子，爲能生識之因緣。識，即是種子所生之果。無着初造《瑜伽》，後依《瑜伽》造《攝論》，授世親，明種子有六義，第四曰決定，第六曰引自果。《瑜伽》言種子七義，《攝論》約爲六義。世親釋云：言決定者，謂此種子各别決定。不從一切，一切得生。意云非一切種子各各皆能遍生一切法也。從此物種還生此物。此物種子還生此物，而不生彼物，所以成決定。引自果者，謂自種子但引自果。引者引生。如阿賴耶識種子，唯能引生阿賴耶識云云。餘識種子，均可類推。又凡言識，亦攝心所。隱示諸心所亦各各有自種子。據此，則八聚心、心所各各從自種而生。種子省言種，他處準知。如眼識一聚，其心從自種生，其多數心所亦各從自種生。眼識如是，耳識乃至賴耶，亦復如是。故知八聚心、心所爲各各獨立之體，各各二字，注意。如眼識一聚中，其心有自種故，故是獨立之體。其多數心所，亦各有自種故，即各是獨立之體。眼識一聚如是，耳識乃至賴耶，均可類推。而實非以八個單純體説爲八識。所謂八個識，卻都是複合體。此自無着、世親兄弟迄於護法、玄奘、窺基諸師，皆同此主張，而莫之或易者。斯亦異已。

迹小乘談六識，猶與晚世心理學家之見解略近。如五識，實與所謂感覺者相當，以其不雜記憶與推想等作用故。但心理學家或不許感覺即是識，此當別論。至第六意識，則亦與心理學上所云意識爲近。大乘自無着以後，盛宣第八賴耶識，謂其含藏一切種子爲萬有基。又析賴耶爲相、見二分。雖亦析爲四分，而内二分，可攝入見分，則只相、見二分也。見分是能緣，即爲能了别相分者。相分是所緣，即對於見分而爲其所了别者，亦云境界。此所緣相分，復析爲三部分。一種子。賴耶所含藏之一切種，爲賴耶見分之所緣，即亦名爲相分。二根身，即清浄色根，謂眼根乃至身根，此非即肉體。據佛家義，則人死時雖肉體毁，而根身不亡也。三器界，相當於俗所目之自然界。此三通是賴耶相分，而見分則是能了别此相分者。設問："賴耶見分，何由知有？"而大乘師則以爲此非凡夫所可知，唯佛知之而已。第七末那識，亦有二分。因末那内緣賴耶，以爲自我。此時，末那識必仗托賴耶見分，而變似一自我之相分。依此相而起我執者，即末那見分。第六識亦有二分，意識緣或種法時，法字注見前。必變似所緣法之相分。如思蘭花時，必變似蘭花之相。設問："此相必有所托，即有實蘭花故。答：實蘭花者，屬色等塵，即五俱意識之相分。設問："俱意相分亦必有所托而始起，其所托爲何？"答：所托即器界，是第八識相分。意識見分，則爲了别相分者。五識皆有二分，如眼識相分即青黄等色是，而了别青黄等色者，即眼識見分。乃至身識相分即所觸境是，而了别所觸者，即身識見分。綜上所述，八識各各由二分合成。如眼識，由相、見二分合成。耳識乃至賴耶皆然。又復應知，諸識各分心、心所，每一心及每一心所，實各各有相、見二分，而文中只總略爲説。又諸識相分詳細分别，當參考《佛家名相通釋》。據無着等義，則諸識相、見，皆從各自種子而生，是諸種子，皆藏伏賴耶識中，設問："賴耶見分及其根器相分，均從各自種子而生。總略言之，即是賴耶從其自種而生。今乃説賴耶含藏一切種，則是能生之種，亦藏在所生之賴耶内。理如何通？"答曰：大乘主張能生因與所生果，乃同時而有，無先後故。因此，賴耶得含藏種子。因賴耶含藏一切種，故種子非是離識而外在。得完成唯識之論，如不建立賴耶以含藏一切種，則當成唯種之論矣。

復次，賴耶所藏種子，應分有漏無漏性。性者德性。有漏者，染污義。

無漏者，清浄義。覆看中卷。據大乘義，衆生無始以來，只是賴耶爲主人公。易言之，只是賴耶中有漏種子發現，而無漏種子從來不得現起。必至成佛，方斷盡有漏種，始捨賴耶。其時無漏種發現，即生第八浄識，是名無垢。第八識分染浄，衆生無始以來，只是從有漏種，生起有漏的第八識，名爲賴耶。此賴耶是染污性。染污者，清浄之反，即壞的意思。及經修行，而至成佛，則染種斷滅盡浄，第八染識不復生，即賴耶已捨棄也。此時之第八識，則從無漏種而生，遂名無垢識。賴耶未捨以前，其前七識五識乃至第七末那悉從有漏種生自不待言。十地中有别義，姑略之。設問："衆生無始時來，純是有漏流行，如何而修，如何成佛？"答曰：據無着等義，唯依聖教，多聞熏習，生長浄種而已。詳在《解深密》等經，《瑜伽》《攝大乘》等論。

無着諸師談八識，其旨趣略説如上。較以小乘六識之談，迥不相同者，則第八識之建立，顯然成爲宇宙論方面之一種説法。而第八識中種子，又成多元論。種子染浄雜居，亦是善惡二元。且諸識相、見，劈裂得極零碎，如將物質裂成碎片然。凡此，皆不饜人意。若其談緣生，復成機械論，尤無取爾。覆看中卷《功能章》，此中不贅。《佛家名相通釋》部乙亦可參考。其極悖謬無理者，衆生無始時來，只是賴耶爲主人公，自性涅槃與自性菩提，於衆生分上，不可説有。涅槃者，寂義。菩提者，覺義。自性是亦寂亦覺的，本來無昏擾故，本來無迷闇故。而專恃後起與外鑠之聞熏，以生長浄種，此非無本之學哉？《論語》，夫子許顔氏三月不違仁。三月，久詞也。仁體，即冲寂明覺之自性也。自性本無可增減，故學者無限功修，只是不違二字盡之。要須識得仁體，而後不違之功有所施。否則茫然無主於中，從何説不違？聞熏，吾亦不謂其可廢，要知聞熏但爲不違仁的工夫作一種參驗而已。若如無着一派之學，衆生從無始來，唯是有漏流行，根本無有寂覺自性可説，乃教之專靠聞熏以造命。毁生人之性，莫此爲甚，吾何忍無辨耶！又本文以寂與覺言仁體者，夫子固曰："仁者静。"此静，非與動對之詞，乃寂義也。《易》於乾言仁而曰大明，故仁有覺義也。

覈實而談，教中所云識，此言教者，賅大小乘。即吾所云習心是。習心，即染污習氣之現起者是。染習所由生，則因本心之力用，流行於根門，而根假之以成爲根之靈明，乃逐物以化於物，由此有染習生。覆看前談宗門作用見性諸段文中談五根義處。此中生字，乃無端而幻現之義。後倣此。故染習者，形物之流類也。形物謂根。吾言根義，與佛家本義有别。蓋根非可離肉體而存在，只是肉體中最精粹的一種生活機能而已。根雖不同於具有拘礙性的物質，然究屬形物。不徑言根者，形物義寬故，亦賅肉體而言之故。流類之流，亦類義。或復問言："何故説心爲形役？前云根得假本心之力用，以成爲根之靈明，是心爲形所役也。何故説染習緣形物而生？"答曰：本體之顯現其自己，不得不凝成爲各各獨立之形物，以爲顯現之資具。而形物既成，便自有權能，即有不順其本體之趨勢。易言之，即得假其本性力用，以成爲形物之靈明。本性謂本體，亦云本心，亦云自性。以上答心爲形役之問。形物之靈明，其運用皆從形骸上打算，即妄執有小己而計爲内。同時亦妄見有外，而不息其追求。此其虚妄分别，孰明所以。而相狀複雜，尤難究詰，要不妨總名爲惑。違其本性，故以惑名。惑之起也無根，吾人自性清淨，非有惑根。一刹那纔起，即此刹那頓滅，雖復滅已，而實不斷。方其滅時，即有餘勢，相續而起，等流不絶，等流者，謂此餘勢亦非堅住之體，乃生滅相續而流轉下去。譬如一身，並非堅住，乃新陳代謝、前後相等而流，仍名一身，是名等流。潛伏内在的深淵。内在的深淵一詞，係爲語言之方面而設，不可執定有如所謂深淵一類的物事。須知吾人生活的内容，畢竟不可當做現實界的物事來刻畫。此意難言。此諸惑餘勢潛伏而不絶者，即名染污習氣。夫染習既是惑之餘勢，而惑非自性固有，乃緣形物而生，生字義見前。今以由惑成染習故。即説染習緣形物生。是義何疑。以上答染習緣形物生之問。中卷《功能章》，談染習由來，實因殉形骸之私而起。須與此參看。染習千條萬緒，潛伏深淵。深淵，只形容其潛伏耳。其乘機而現起者，則與根之靈明，即本心之力用，流行於根門，而爲根所假以自成其明者。叶合爲一，是稱心所，如下所舉無明與貪嗔等等。亦得泛言習心。故習心者，形物之流類，顯非本有。本有謂本心。此不可不知也。

大小乘説六識内外門轉，前五皆向外追求，第六亦外逐，亦内自作種種構畫。此皆習心虚妄分别之相。大乘説末那依賴耶起我執，實則形物之靈，妄分内外，而謬計有自我耳。形物之靈，即前所謂根假本心之力用，以自成其明者，此習心所由始。不必立一賴耶，以爲我相之所托也。大乘賴耶本爲含藏種子。吾謂習氣，亦不妨假名種子。但此習種，習種作複詞。千條萬緒，實交參互涉，而爲不可分離之整體，亦可説爲一團勢力，不必更爲之覓一所藏處。大乘説種子爲能藏，賴耶是所藏。夫賴耶實等於外道之神我。果如其説，則衆生無始以來有一染性之神我。有漏性亦名染性。而自性菩提果安在耶？言菩提，即攝涅槃，自性亦覺亦寂故。宗門崛起，直指本心，而後斯人得以自識真性。染習究是客塵，除之自易。譬如旭日當空，詎容纖障。故知教中談識及種，種者具云種子。實以習氣或習心説爲衆生之本命，經宗門掃蕩廓清，而後吾人有真自我的認識，其爲功也豈不大哉。黄蘗云："此心是本源清浄佛，人皆有之。蠢動含靈，與諸佛菩薩，一體不異。"又曰："深信含生同一真性，心性不異，即心即性"云云。如教中談賴耶，則衆生分上，直無真性可説，是惡得爲正見乎？但教中如《楞伽》等經談如來藏，容當別論。

夫本心即性，性者，即吾人與萬物所同具之本體。識則是習。性乃本有之真，習屬後起之妄。從妄，即自爲縛錮。如蠶作繭自縛。證真，便立地超脱。難言哉超脱也！必識自本心，即證得真性，便破縛錮，而獲超脱，得大自在矣。學者或謂動物只靠本能生活，故受錮甚重，唯人則理智發達，足以解縛，而生命始獲超脱。夫本能者，吾所謂染習也。動物以此自錮不待言，理智是否不雜染習，卻是難説。吾人若自識本心，而涵養得力，使本心恒爲主於中，則日用感通之際，一切明理辨物的作用，固名理智，而實即本心之發用也。是則即理智即本心，自然無縛，不待説解縛。本來超脱，何須更説超脱。若乃未識本心，則所謂理智者，雖非不依本心而起，但一向從日常實用中熏染太深，恒與習心相俱。即此理智亦成乎習心，而不得説爲本心之發用矣。夫理智作用，既成爲習心作用，縱有時超越乎維護小己的一切問題之範圍以外，而有遐思或曠觀之餘裕，但以其本心未呈露故，即未能轉習心，而終爲習心轉。所以理智總是向外索解，而無由返識自性也。如是，則何解縛之有，又何超脱之有。頗欲於《量論》中詳認理智，老來精力乏，未知能否執筆耳。上達下達，皆由自致。《易》曰："君子懼以終始。"人生無一息而自放逸也。此云懼者，即《中庸》所謂戒懼，戒懼即是本心。

本心是絶待的全體。然依其發現有差別義故，差別者，不一之謂。不得不多爲之名。一名爲心。心者主宰義，謂其遍爲萬物實體，而不即是物。雖復凝成衆物，要爲表現其自己之資具，卻非捨其自性而遂物化也。不物化故，謂之恒如其性。以恒如其性故，對物而名主宰。恒如其性，即不至墮没而爲頹然之物，故乃對物而名主宰。二曰意。意者有定向義。夫心之一名，通萬物而言其統體，萬物統共的實體，曰統體。非只就其主乎吾身而目之也。主宰省言主，後倣此。然吾身固萬物中之一部分，而遍爲萬物之主者，即主乎吾身者也。物相分殊，而主之者一也。今反求其主乎吾身者，則淵然恒有定向。淵然，深隱貌。恒字吃緊。這個定向，是恒常如此，而無有改易的。於此言之，斯謂之意矣。定向云何？謂恒順其生生不息之本性以發展，而不肯物化者是也。生生者，至寂至淨也。不寂不淨即成滯礙，而惡得生。不息者，至剛至健也。剛健故，恒新新而生，無有已止。以此見生命之永恒性。故此有定向者，即生命也，即獨體也。劉蕺山所謂獨體，只是這個有定向的意。依此而立自我，此非妄情所執之我。雖萬變而貞於一，有主宰之謂也。文言本以《大學》誠意之意釋此中意字，實誤。明儒王棟、劉蕺山解誠意，並反陽明，亦好異之過。今此中意字，非常途所謂意識，乃與心字同爲主宰義。但心約統體而言，意則就個人分上言之耳。三曰識。謂感識及意識。夫心、意二名，皆即體而目之。復言識者，則言乎體之發用也。此中識字意義，與佛教中所談識，絶不相同。彼所云識，實吾所謂習也。此則以本體之發用説爲識。淵寂之體，感而遂通，資乎官能以了境者，是名感識。亦可依官能而分别名之以眼識、耳識、乃至身識云。動而愈出，愈出者，無窮竭義。不倚官能，獨起籌度者，是名意識，眼所不見，耳所不聞，乃至身所不觸，而意識得獨起思維籌度。即云思維籌度，亦依據過去感識經驗的材料。然過去感識既已滅，而意識所再現起者，便非過去材料之舊，只是似前而續起，故名再現耳。且意識固常有極廣遠、幽深、玄妙之創發，如邏輯之精嚴，及凡科學上之發明，哲學之超悟等等。其爲自明而不必有待於經驗者，可勝道耶。故心、意、識三名，各有取義。心之一名，統體義勝。言心者，以其爲吾萬物所共同的實體故。然非謂後二名，不具此義。特心之一名，乃偏約此義而立，故説爲勝。意之一名，各具義勝。言意者，就此心之在乎個人者而言也。然非識之一名上無此義。特意名偏約此義而立，故獨勝。識之一名，了境故立。感識、意識，同以了别境相而得識名。感識唯了外境，意識了内外境。内境者，思構所成境。本無異體，而名差别，隨義異故，學者宜知。此心、意、識三名，各有涵義，自是一種特殊規定。實則三名亦可以互代，如心亦得云識或意，而識亦得云心或意也。又可複合成詞，如意識，亦得云心意或心識也。

如上所説，感識、意識，通名爲識，亦得泛説爲心。即依此心之上，而説有其相應心所。謂有與此心相叶合之心所故。夫心所法者，本佛家教中談識者所共許有。所之爲言，心所亦省云所，下準知。非即是心。而心所有，心所法者，不即是心，而是心上所有之法。繫屬心故，恒時繫屬於心，而不相離。得心所名。叙得名之由。惟所於心助成、相應，具斯二義，勢用殊勝。云何助成？心不孤起，必得所助，方成事故。成事者，謂心起而了境，如事成就。此必待所爲之助也，舊説心所亦名助伴者以此。云何相應？所依心起，叶合如一，俱緣一境故。然所與心，行相有别。行相者，心於境起解之相，名行相。心所於境起解之相，亦名行相。《三十論》言：“心於所緣，唯取總相。心所於彼，所緣亦取别相。”亦者，隱示亦取總相。《瑜伽》等論，爲説皆同。唯取總者，如緣青時，即唯了青。青是總相。不於青上更起差别解故。差别解者，即下所謂順違等相是也。亦取别者，不唯了青，而於青上更著順違等相故。如了青時，有可意相生，名之爲順。有不可意相生，是之謂違。此順違相，即受心所之相也。順即樂受，違即苦受故。等者，謂其他心所。如了青時，或生愛染相，即是貪心所之相也。或生警覺相，即是作意心所之相也。或生希求相，即是欲心所之相也。自餘心所，皆應準知。舊説心唯取總，如畫師作模，所取總别，猶弟子於模填彩。有緣青時，心則唯了青的總相是爲模，而心所則於了青的總相上，更着順違等相，便是於模填彩。可謂能近取譬已。然二法心及心所。根本區别云何，此在印度佛家未嘗是究。大乘師説，心心所各有自種。雖不共一種而生，然種則同類，心種與心所種，雖非一體，要是同類。即無根本區别可得，如我所説心乃即性。此中心者，即前所云意識及感識，以其爲本心或本體之發用，故云即性。可覆玩前文。若佛教中談識，則謂每一識中有一心，乃對心所而名爲心王。實則彼所謂心及心所，只是依習心而妄作分析耳，與吾所言心，絶不同義。心所則是習氣現起，此中習氣通染净，非單言染習。所唯習故，唯字注意。純屬後起人僞。僞者爲義。習氣無論染净。皆屬人爲。心即性故，其發現壹本固有，其感通莫匪天明。覆徵前例。了青總相，不取順違，純白不雜，故是天明，唯心則然。若乃了青，而更着順違等相，熏習所成，足徵人僞，是則心所。順違之情，自是熏習，深體之自見。故以性、習判心、心所，根本區别，斠然不紊。心即性故，隱而唯微。人之生也，形氣限之，其天性常受障而難顯。所即習故，粗而乘勢。習與形氣俱始，故粗。其發也如機括，故云乘勢。心得所助，而同行有力。心本微也，得所之助而同行，則微者顯。所應其心，而毋或奪主。則心固即性，而所亦莫非性也。反是而一任染心所猖狂以逞，染心所，如下所舉無明貪嗔等等。心乃受其障蔽而不得顯發，是即習之伐其性也。習伐其性，即心不可見，而唯以心所爲心。所謂妄心者此也。

夫習氣千條萬緒，儲積而不散，繁賾而不亂。其現起則名以心所，其潛藏亦可謂之種子。舊以種子爲功能之異名，吾所不許。詳《功能章》。然習氣潛伏而爲吾人所恒不自覺者，則亦不妨假説爲種子也。即此無量種子，各有恒性，染種不遇對治，即不斷絶。故有恒性。各有緣用，緣者，思量義。種子就是個有思量的東西，不同無思慮的物質。但思量的相貌極微細耳。又各以氣類相從，如染净異類。詳《功能章》談習氣處。以功用相需，而形成許多不同之聯繫。即此許多不同之聯繫，更互相依持，自不期而具有統一之形式。即具有統一之形式，便知是全體的。古大乘師所謂賴耶、末那，或即緣此假立。小乘有所謂細識者，細者深細。亦與此相當。今心理學有所謂下意識者，儻亦略窺種子之深淵而遂以云爾耶。習氣潛伏，是名種子；及其現起，便爲心所。潛之與現，只分位殊，無能所異。舊説心所從種子生，即是潛伏之種子，爲能生因。而現起之心所，爲所生果。因果二法，倏然别異，如穀粒生禾，真倒見也。故知種子非無緣慮，但行相曖昧耳。前謂種子各有緣用，以種子即習氣，元是虚妄分别法等流不絶故。舊説種子爲賴耶相分，即無緣慮，必其所生識，方有緣慮。此蓋妄分能所，故有此謬説耳。然種子現起而爲心所之部分，與其未現起而仍潛伏爲種子之部分，只有隱現之殊，自無層級之隔。無量習心行相，此中習心，爲習氣之代語。恒自平鋪。一切習氣互無隔礙，故云平鋪。其現起之部分，心所。則因實際生活需要，與偏於或種趨向之故，而此部分特别增盛，與心俱轉。謂與意識及感識相應。自餘部分種子。則沉隱而不顯發。故非察識精嚴，罕有能自知其生活内容果爲何等也。察識猶云觀照。若返照不力，則染污種子，潛滋暗長，而不自知，喪其固有生理。危哉危哉！

卷下之二

第九章　明心下

上來以習氣言心所，但明總相。前云心所即是習氣，卻只說明心所總相。今當一一彰示別相。原夫無量種界，勢用詭異，習氣潛伏，即名爲種，已如前說。種無量故，名無量界。諸種勢用，至不齊故，說爲詭異。隱現倏忽，其變多端。每一念心起，俱時必有多數種之同一聯繫者，從潛伏中倏爾現起，而與心相應，以顯發其種種勢用。諸種元有許多互不相同的聯繫，而同一聯繫者，其現起必相俱。即依如是種種勢用，析其名狀，說爲一一心所法。諸數別相，數者心所之別名，後倣此。《三十論》略析五十一法，蓋亦承用小乘以來古説，大小談心所有異義及多少不同處，此不及詳。取其足爲觀行之引導而止，觀行二字，爲方法論中名詞。行者進修，略當宋明儒所謂工夫之意。觀者反躬察識。觀即行故，名以觀行。然頗病繁複。今仍其舊名，而頗有省并爲若干數，理董之如次。吾人理會心所法時，須把他當作自家生活底内容的描寫。反觀愈力，愈覺真切。若徒從文字上粗率了解過去，便不覺得有甚意義。或問："舊談心所，類以六分。若以今日心理學的眼光衡之，果有當否？"余曰：此中大體是描寫生活底内容，雖對於心理學有所貢獻，卻不是講心理學。須辨之。諸數舊匯以六分，元名六位。今約爲四。性通善染，恒與心俱，曰恒行數。性通善染之性字，乃德性之性。謂此恒行心所，其性有善有染，故置通言。若與善數俱起者，必是善性。若與染數俱起者，必是染性。舊説於善與染之外，更立無記性，此不應理。諸心所，其性非善即染，非染即善，無有善染兩非者。此義當別論。恒與心俱者，此恒行數，恒與意識感識相應故。未有識起時而無此六數相應者，故名恒行。性通善染，緣別別境而得起故，曰別境數。通善染者，如恒行中說。別別境者，所緣義境多不同故。此中諸數，既是緣别境方起，故非恒與心俱者。性唯是染，違礙善數令不並起，曰染數。舊云煩惱。性唯是善，對治染法能令伏斷，曰善數。對治者，如藥對病症而治之也，亦與儒者言克治義近。善數，對治諸染，能令染法伏而不起，乃至斷滅。如是四分，以次略述。舊本六分，今多省并。

恒行數，舊説唯五。今并入别境中欲，即爲六數。曰觸、作意、受、欲、想、思。

觸數者，於境趣逐故，故名爲觸。趣者，趣取，逐者追求。境義有二，一、物界名境，如感識所取色等是；二、義理名境，如意識獨起思搆時，即以所緣義理名境故。後凡言境者，倣此。如眼識方取青等境。同時，即有追求於境之勢用，與識俱起故，乃至意識獨行思搆時，亦有一種勢用對於所緣義境，而專趣奔逐以赴之者。如是勢用，是名觸數，而非即心。這個趣逐的作用，正是習氣現起而與心相應者，故名觸數，元非即是心。心者任運而轉，任運者，任自然而動，非有所爲作也。轉者，起義。心所則有爲作，心所，即是習氣現起，而與心相挾附以俱行者。其起也如機括，而心亦資之以爲工具。故心所必有爲作。如此中觸數，依趣逐得名。趣逐即是一種爲作。此其大較也。心恒是任運，心所總是有所爲作。後述諸數，皆可準知。

作意數者，警覺於心，及餘數故，故名作意。餘數者，作意以外之諸心所，而與作意同起者。心於所緣，任運轉故，元無籌度。由作意力與心同行，而警於心，令增明故。心既被警，則雖無籌度，而於所緣，亦必增其明了。又於餘數同轉者，警令有力，同助成心，了所緣故。如遠見汽車，預知避路，即由作意警覺念數，憶念此物曾傷人故。又如緣慮或種義理時，設有待推求伺察而後得者，而作意力即於尋伺二數，特别警覺。蓋推求伺察之際，恒有作動興奮之感相伴。此即作意是也。又如理作意，有大勢用。順性而起的作意，名如理。如惑熾時，惑謂無明，及貪等心所。瞿然警覺，明解即生。明解即無癡心所。故染污法畢竟不足障此心者，賴有作意也。提醒之功，即是作意。

受數者，於境領納順違相故，故名爲受。領納即是一種爲作。心恒任運，即不作苦樂等領納。領順益相，即是樂受。領違損相，即是苦受。舊説於苦樂二受外，更立捨受，謂於境取俱非相故，捨受者，非苦非樂故。俱非者，非順非違故。此不應理。夫所謂非順非違者，實即順相降至低度。取順較久，便不覺順。然既無違相，即當名順，不得説爲俱非。故彼捨受，義非能立。

欲數者，於所緣境，懷希望故，故説爲欲。隨境欣厭，而起希求。於可欣事上，未得希合，已得願不離。於可厭事上，未得希不合，已得願離，故皆有欲。舊説於中容境，一向無欲，故欲非恒行，此不應理。彼云中容境者，謂非欣非厭故。彼立捨受，故有此境。不知單就境言，無所謂可欣可厭。受領於境，欣厭乃生。領欣境久，欣相漸低，疑於非欣。然既無厭，仍屬可欣，不得説爲俱非。彼云中容，即是欣厭俱非之境。夫領欣境久，則欣相低微，而欲歸平淡，要非全無欲者。故不應説欲非恒行。或復有難："人情於可厭事，經歷長時，求離不得，其希望以漸減，而之於絶。由此言之，欲非恒有。"不知歷可厭事，欲離不得，如是久之，則求離之欲，漸即消沮，終不全無。且其欲必別有所寄，人心一念中固不必止緣唯一事境，如鄭子尹避難農家，與牛同厩而居，讀書甚樂。現前牛糞爲可厭境，求離不得，無復望離。然同時讀書別有義理之境，爲其欲之所寄，非一切無希望也。人生與希望長俱，若有一息絶望，則不生矣。故欲是恒行，義無可駁。

想數者，於境取像故，施設種種名言故，故名爲想。云何取像？想極明利，能於境取分齊相故，如計此是青、非非青等。非青者，謂青以外之一切色。等，謂色以外之其他物事。云何施設名言？由取分齊相故，得起種種名言。若不取分齊相，即於境無分別，名言亦不得起。想形於内，必依聲氣之動，以達於外。故想者，實即未出諸口之名言。

思數者，造作勝故，於善惡事能役心故，故名爲思。云何造作勝？心者任運而轉，妙於應感，而無造作之迹。思數則是一種造作的勢用，由慣習故，其力特勝。於善惡事能役心者，謂由善性思數力能造作善故，而心亦資之以顯。心即性也，本至善，得善性思數爲助，而心之至善始顯發。故説思數於善事之造作，能役使其心以相與有成也。由染性思數力，能造作惡故，而心乃被障而不顯。故説思數於惡事之造作，亦能役使其心，而果於自用也。染性思數之役其心，譬如豪奴奪主，而自用其威。

如上六數，恒與心俱，同行而不相離異曰俱。故名恒行。若以此六配屬於心理學上之知、情、意，則想屬知的方面，受屬情的方面，觸、作意、欲、思乃皆屬意的方面。至於别境等數，亦均可依知、情、意三方面分屬之。然曾見人作一文，謂觸數即感覺，想數即意象或概念者，此未盡符。蓋六數是恒行，感覺中全具之，豈止以觸數名感覺耶？但此六數之行相，復分粗細。其與眼等識相應者，則行相極細微，乃若全無分别然。故佛家説爲現量。

别境數，舊説爲五，今有移并，移欲入恒行，移定入善，而併入不定中尋、伺二數，及本惑中疑數。定爲六法。曰慧、尋、伺、疑、勝解、念。

慧數者，於所觀境有簡擇故，故名爲慧。慧者，由歷練於觀物析理而日益發展，然必與想數俱，以於境取分齊相故。若不取分齊相者，即不能作共相觀，簡擇如何得起。亦必俱尋伺，以於境淺深推度故。淺推度名尋，深推度名伺。由推度已，方得決定，如決定知聲是無常。乍緣聲境未知是常無常，必起推度瓶等所作皆是無常，虚空非所作而唯是常，於是決知聲亦所作，故是無常。爰自推度，迄於決定，總名簡擇。故一念心中，簡擇完成，實資比量之術。此中一念者，實攝多念。簡擇初起，只是推度。又必經多念續起推度，始得決定，方號完成。乃綜其自創起推度，以迄完成，凡經無量念，而名一念。但以其術操之至熟，故日常緣境，常若當機立決，不由比度者，而實乃不爾。又慧唯向外求理，故恃慧者，恒外馳而迷失其固有之智，即無由證知真理。此中真理，即謂吾人與萬物同具之本體。若能反求諸自性智而勿失之，此云自性智者，與《明宗章》言自性覺義同。則貞明遍照，不由擬議。雖復順俗差别，而封畛不存。稱性玄同，而萬物咸序。此真智之境，非小慧之所行矣。

慧非恒行何耶？若無明與貪嗔等惑熾盛時，即無有簡擇。夫於理之誠妄，事之是非，有所簡别與抉擇，而不迷謬者，此則是慧。《明宗章》所云量智或理智者即此。無明等惑熾然時，則簡擇不起，故慧數非恒行也。

尋數者，慧之分故，即就慧初位，淺推度相，檢出别説，故云慧之分。於意言境粗轉故，故説爲尋。意言境者，意即意識，意能起言，故名意言。意所取境，名意言境。粗轉者，淺推度故云。

伺數者，亦慧之分故。於意言境細轉故。細轉者，深推度故云。

尋伺通相，唯是推度。推度必由淺入深。淺者，粗具全體計畫，猶如作模。深者，於全體計劃中，又復探賾索隱，親切有味。如依模填采，令媚好出，蓋後念慧續前念慧而起，歷位異故，淺深遂分。淺推度位，目之爲尋；深推度位，名之以伺。世以爲推度之用，先觀於分，後綜其全，此未審也。實則慧數與心相應取境，纔起推度，即具全體計劃。然推度創起，此全計劃固在模糊與變動之中，實有漸趨分畛之勢。分畛者，謂作部分的密察。及夫繼續前展，則分畛以漸而至明確。即全計劃，亦由分畛明確而始得決定。然當求詳於分畛之際，固仍不離於全計劃，唯因全計劃待分畛明確而後可定。故疑於先觀其分，後綜其全耳。又乃由尋入伺，從淺之深，即由全計劃降爲分畛伺察時，則慧之爲用，益以猛利。常與觸數相俱，奔赴甚力，如獵人之有所逐追者然。舊説尋伺能令身心不安住者，就染慧言之確如此。若性智顯發時，慧依智起，即稱浄慧，其時亦不廢尋伺，但任運自然，無急迫之患。而明睿所照，亦自無蔽矣。尋伺二數，并依慧數，别出言之。慧非恒行，已如前説。

疑數者，於境猶豫故，故説爲疑。舊説以疑屬本惑之一，本惑後詳。此亦稍過。夫疑者，善用之則悟之幾也，不善用之則愚之始也。理道無窮，行而不著，習焉不察，則不知其無窮也。然著察之用，往往資疑以導其先。蓋必於其所常行所慣習者，初時漫不加意，冥冥然遇事不求解。又或狃於傳説，如佛教徒以聖言量爲依據，而不務反求諸己。安於淺見，不能博求之以會其通，不能深體之以造其微。故於所行所習之當然與所以然者，未嘗明知而精識也。知之不明是不著，識之不精是不察。忽焉而疑慮於其所行所習之爲何。向所不經意者，至此盛費籌度。疑問起時，必作種種籌度。向所信之傳説，至此根本摇動。向所執之淺見，至此頓覺一無所知。於是自視欿然，思求其故，疑端既起，欲罷不能。思慮以濬而日通，結滯將涣而自釋。然後群疑可亡，著察可期矣，故曰善疑則悟之始也。夫疑之可貴者，謂可由此而啓悟耳。若徒以懷疑爲能事，一切不肯審决，則終自絶於真理之門。須知疑慮滋多，百端推度，祇增迷惘。而窮理所困，即事求徵，則難以語上。持科學萬能之見者，一切必欲依據經驗以求之。而形上之理，豈可以物推徵。刻意游玄，則慮將蹈空。知玄想與空想之辨者，可與窮理。但使知此過患，勿輕置斷。疑情既久，思力轉精。不陷葛藤，則膠執自化。真理元自昭著，患不能虚懷體之耳。若懷疑太過者，便時時有一礙膺之物，觸塗成滯，何由得入正理。周子曰："明不至則疑生。明無疑也，謂能疑爲能明，何啻千里？"此爲過疑者言，則誠爲良藥。故曰不善疑則愚之始也。夫疑雖有其太過，而人生日用，不必念念生疑，故疑非恒行攝。疑之過者，可説爲惑，然善疑亦所以啓悟。舊説疑屬本惑，亦所未安。故今以疑入别境。

勝解數者，於决定境深印持故，印者印可，持者執持。不可引轉故，故名勝解。由勝解數相應於心。便於所緣境，審擇决定而起印持，此事如是，非不如是。於决定境纔有印持，但印持與决定卻是同時。非先决定了，後方印持。即此正印持頃，更有異緣，不能引轉，令此念中别生疑惑。異緣不可引轉云云，係約當念説，非約前後念相望而言。儻有前念於境審决而印持之，於此念頃固是異緣不可引轉。及至後念，乃忽覺前非，而更起審决印持者矣。故勝解者，唯於决定境乃得有此。决定境者，從能量而名决定，不唯現比量所得是决定境，即非量所得亦名决定境。如見繩謂蛇，此乃似現即非量所得之境，此境本不稱實。然爾時能量方面，確於境决定爲蛇。非於境不審决故，非有疑故，故此境應從能量而名决定。又如由濁流而比知上流雨，實則濁流亦有他因，上流未嘗有雨。是所謂雨者，乃似比即非量所得之境，元不稱實。但爾時能量方面，確於境决定爲雨，非於境不勝决故，非有疑故。故此境亦從能量而名决定。猶豫心中，全無解起。非審决心，勝解亦無。非審决心者，謂心於境不起審决故名。此心亦即非量。世言非量，或唯舉似現似比。實則似現似比者，非於境不起量度，但不稱實，乃云非量耳。更有純爲非量者，即散亂時心，於汎所緣實不曾量度者，即此中所言非審决心。以故勝解非恒行攝。

念數者，於曾習境，令心明記不忘故，故名爲念。念資於前念想，想數見前。由想相應於心，而於境取像故，雖復當念遷滅，而有習氣潛伏等流。等流者，想之餘勢，名爲習氣。此習氣非堅住之體，乃是刹那刹那，生滅滅生，相續流轉，而不斷絶。故名等流。由想習潛存故，想的習氣省云想習。後倣此。今時憶念，遂乃再現。若非想習潛存者，則過去已滅之境像，何能再現於憶念中耶？然念起亦由作意力於所曾更警令不失故，故有憶持。由念能憶曾更，故能數往知來，而無蒙昧之患也。若無憶念，則不能據已知以推其所未知，人生直是蒙蒙昧昧焉耳。

念何故非恒行耶？於非曾更事，不起念故。又雖曾更，而不能明記者，即念不生。故念非恒行攝。或有難言："若於曾更不明記時，但於曾更某事忘失，説名無念，而此時心非無餘念。餘者，猶言其他。如我憶念舊讀《漢書》，苦不得憶，此於《漢書》，名爲失念。然此時心於現前椅席等等，任運了知，不起異覺，即由椅席等等曾所更故。今此任運生念，故不覺其異也。是於曾更雖有不憶，如於《漢書》。而此時心仍非無念。"如於几席等等。詳此所難，實由不了念義，故乃妄相責詰。須知念者本由明記得名。於曾更事警令不失，遂有念起，分明記憶。即此明記，非任運生。必由警覺特別與力，始得分明記取故。若汝所云任運生念者，實非是念，乃過去想習適應日常生活需要之部分，想習見上。任運潛行，不俱意識同取境故。任運者，因任自然而起，不由警覺故。潛行者，以此想習，尚屬潛伏的部分故。雖云於現前几席等等任運了知，然既云任運，則無計度分别可知。而所謂了知，亦甚曖昧。前云習氣潛伏即名種子，而現起方名心所。此等想習，亦屬種子狀態，或亦可説爲種子底半現，要不得説爲心所也。大抵吾人日常生活中，其應境多由種子潛伏的力用，即所謂不自覺的力用。此等力用，本不與明了的意識相俱取境，故不名心所也。此與明記截然異相，何可併爲一談。故汝所云於椅席等等任運了知者，此猶屬種子潛行相狀。必憶《漢書》而果得分明記取者，方是念故。然則方憶《漢書》不得，即此時明了的意識中，實無有念。故念非恒行，彰彰明矣。

如上六法，緣別別境而得起故，故名別境。

染數，舊分本惑及隨惑。惑亦名煩惱。煩，擾義；惱，亂義。凡惑，皆是擾亂相故。本惑者，以其爲一切惑之根本故名。隨惑者，以隨本惑而起故名。今略其隨，而唯談本。本惑，舊析以六，今出疑入別境，存其五法，曰無明、貪、瞋、慢、惡見。

無明亦名癡數，於諸理事迷闇故，故説爲無明。舊分迷理、迷事，今此不取。迷事亦只是不明那事的理而已，非可於迷理外別説個迷事也。故此言理事，取複詞便稱，實只一個理字的意義。然理賅真俗，俗諦中理，假施設有，曲盡物則。真諦中理，一道齊平，唯證相應。迷者，於俗妄計，於真不求證故。夫癡相無量，或總名之，或專言之。總名之者，一切染法皆屬癡故。全部染數，通名爲惑。惑、亦癡之異名。專言之者，迷闇勢用，實爲一切染數之導首。即此勢用，名爲無明，亦云癡故。人之生也，無端而有一團迷闇，與形俱始。無端二字注意。這個元不是本性上固有的，只是成形之始，便忽然有此迷闇，以漸增盛。觸處設問，總歸無答。反問諸己，生於何來，死於何往，莫能解答。即在宗教、哲學多有作答者，然彼一答案，此一答案，已難刊定。矧復任取一家答案，尋其究竟，終於無答。遠觀諸物，疑問萬端。隨舉一案，問此云何，即有科學家以分子、元子乃至電子種種作答。復問電子何因而有，仍歸無答。更有哲學家出而作答者，終亦等於不答，又無待言。以此類推，何在不如是耶？而仍不已於問，不已於答。豈知俗諦，問答都是假名，勝義諦中，問答泊爾俱寂。豈知二字，一氣貫至此讀。勝義諦者，真諦之代語。若使循俗假詮，問答隨宜如量，固亦無過。如量者，稱境而知。蓋在俗諦，本假設一切物事爲有，而甄明其所具之則。故得夫物則者，即爲稱境而知，謂之如量。然所謂如量，亦假設如是而已。尋其究竟，便非真解，故以隨宜言之。爾乃任情作解，逞臆卜度，既已非量，而不知虛中以契理。此不如量，即迷俗諦理者。矧復於答問不行之境，此謂真諦。猶且嚻嚻馳問，昏昏恣答。如渴鹿趁燄，演若迷頭。遺貧子之衣珠，攫空潭之月影。迷真諦理者譬於是。此非至愚而何。總結迷俗、迷真。至若顛倒冥行，無知故作，故作惡業也。雖或自爲詭釋，適乃長迷不反。作惡者，恒自欺。自欺者，即對於自己良知之譴責而爲詭譎之解釋，以爲所作亦有理道也。自欺正是無明，良知則本心也。無明起，而本心乃被障礙。夫無明一詞，不可作虚詞解。如謂由明無故名無明，便作虚詞解，即大誤。實有此迷闇習氣，無始傳來，導諸惑而居首，詳《原起經》十二支。負有情以長驅。有情者，人有情識故名。其勢用之猛，雖轉獄旋嵐猶未足喻也。

貪數者，於境起愛故，此愛是貪愛義，即劣義，非仁愛之愛。深染著故，深染著於境也。語云："貪夫殉財，烈士殉名。"深玩殉字的意義，便知此云起愛及深染著的意義。故名爲貪。貪相不可勝窮，隨在發現，故難窮也。略談其要，别以八種。一曰自體貪，此云自體，相當於身的意義。謂於自體，親昵藏護故。此貪極難形容。强狀其情，曰親昵藏護。人情唯於自體親昵至極，無可自解。亦唯於自體，藏護周密，莫肯稍疏。不獨人也，下生動物於兹尤甚。吾昔在北京萬壽山園中，見大樹上有長約二寸許之厚皮，移動甚疾。余猝爾驚曰："樹皮既脱，胡能附樹疾走而不墜耶？"徐取觀之，明明一粗塊之樹皮，及剖視之，則其中固一蟲也。此蟲不知何名，乃深歎此蟲於自體親昵藏護之切也。此等事，生物學上所發見不少。二、後有貪，謂求續生不斷故。此從自體貪中别出言之。或有問言："世人持斷見者，自知死後即便斷滅，宜若無後有貪可言。"曰：不，不，愛力非斷見可移。愛潤生故，故有生。人之有生，由愛力滋潤之故生。《楞嚴經》談此義極透。如汝明知當來斷滅，而猶厚愛其生，則愛力非斷見所移審矣。汝後有貪，豈隨斷見而捨耶？汝昨日之生已逝，今日之生已有；今日之生方盡，明日之生方有。故後有貪爲有生類所與生俱有者，何足疑耶？三、嗣續貪，謂求傳種不絶故。自植物至人類，隨在可徵。四、男女貪，謂樂著淫欲故。徵之小説詩歌，幾無往而不表現男女之欲。憂國情深，亦託美人芳草。即寄懷世外，猶復侈言仙女。五、資具貪，謂樂著一切資具故。凡日用飲食、田宅、財貨、僕隸、黨與、權勢、名譽乃至一切便利己私事，通稱資具。人類之資具貪，亦從獸性傳來，每見禽獸巢穴多集聚芻糧等資具。六、貪貪，謂若所貪未及得者，貪心自現境相而貪故。如好色者，心中或懸想一美人。七、蓋貪，謂於前所樂受事，已過去者，猶生戀着，即有蓋藏義故。蓋藏者，言其不肯放捨故。八、見貪，謂於所知、所見，雖淺陋邪謬，亦樂著不捨故。見貪重者，便難與語。如上八種，貪相略明。《瑜伽》五十五説有十貪，但列名目，而無解説。《緣起經》説有四種愛，以明貪相。今並有採撮，説爲八種。學者以是而反躬察識，毋自蔽焉可也。

瞋數者，於諸有情，起憎恚故，故名爲瞋。《倫記》五十九説瞋略有三。一、有情瞋，於有情而起瞋故。二、境界瞋，於不可意境，即生瞋故。三、見瞋，於他見生瞋故。有情瞋者，由有我見故，即有人見生。人見與我見同時生。由有人我二見故，即有瞋生。瞋與人我二見同時生。瞋相無量，略分粗細。粗者，因利害毁譽等等衝突所引發，其相粗動，或轉爲忿恨等。細者，其相深微。雖無利害毁譽等等衝突，亦常有與人落落難合意故。隱士孤高，正是瞋惑。夫群生懷瞋而好殺，世間歷史大抵爲相斲書。前世小説詩歌，亦多以雄武敢鬬爲上德，皆瞋之著也。或曰："瞋爲習心，固也。徵以達爾文生存競争之論，則瞋者當亦出於生存之需，而不必呰之以惑歟。"余曰：互助論者所發見之事實，明與達氏反。伊川釋《易》之《比》亦云："萬物莫不相比助而後得生。"其言皆有證驗。故知生存所需者，乃比助而非競争。然則謂瞋非惑而爲應於生存之需可乎。境界瞋者，亦有情瞋之變態。由於有情懷瞋故，境界隨之而轉。遂覺邱陵坎窞，並是險巇。暑雨祈寒，俱成嗟怨。對人則器物皆罪，伐國則城邑爲瀦。忮心每及於飄瓦，誅鋤亦遠於草木。此皆有情瞋盛，故無涉而非乖戾之境也。見瞋者，復於有情瞋中别出言之，此與前貪數中所舉見瞋實相因。夫唯貪著己見，故不能容納他見，遂乃惡直而醜正，是丹而非素。從來朋黨之禍，門户之争皆由此起。凡人不能捨其見貪、見瞋，故一任己見以爲是非，可説爲感情的邏輯。而不暇求理道之真，此物論之所以難齊也。

慢數者，依於我見而高舉故，故名爲慢。舊説慢有七種，今述其略而稍有省易。一者，私其形骸而計爲我，自恃高舉，名爲我慢。二者，視材智劣於己者，即謂我勝彼。視材智等於己者，即謂我與彼相等。此皆令心高舉，總説爲慢。或問：“於等己者，即謂我與之等，似不爲慢。”答曰：由計等故，自心高舉，豈若澄懷，了無計量。三者，於他人遠勝我者，我顧自謂少分不及，此名卑慢。雖自知卑劣，猶起慢故，故名卑慢。四者，於彼勝己，顧反計己勝，斯名過慢。五者，己實不德，而乃自謂有德，恃惡高舉，名爲邪慢。若無知而自謂有知，少得而自謂已足，皆邪慢攝。夫慢多者，胸量極狹，不能求賢自益，納善自廣。咎始於居滿，心懷高舉，即是滿相。其流極於無慚無愧，儒者謂之無恥，至不比於人，故學者宜先伏慢。

惡見數者，於境顛倒推度故，慧與癡俱故，別境中慧數，與染數中癡數，相俱而成惡見。癡即無明。故名惡見。見不正故名惡。惡見相狀複雜，不可究詰。抉其重者，略談三見，曰我見、邊見、邪見。

我見亦云身見，梵言薩迦耶。由不了自性故，遂私其形軀而計我、我所，是名我見。言我者，亦攝我所。由計我故，同時即計我所。云何我所？我所有者，名我所故。如於形軀，計爲自我，同時亦計爲我所，云是我之身故。若身外諸法，則但計爲我所。如妻子、田宅、財貨、權位、名譽乃至一切爲我所有者，皆是我所故。故有我見，即有我所。此是自私根源，萬惡都由此起。蓋人心隱微中，緣形軀而起自我之見，念念堅執，曾無暫捨。是乃與生俱生而不自覺其如是者，此所謂俱生我執。不獨在人爲然，動物亦執形軀爲自體，即是我執。植物護其形幹爲自體，亦隱有我見，但甚曖昧耳。大抵有生之類，限於形氣而昧其本來，不了自性上元無物我種種差別，乃計其形骸爲獨立的自體而私之爲我，其實非我，特妄計耳。

邊見者，亦云邊執見，執一邊故，名邊執見。略説有二，曰常邊、斷邊。常邊者，由我見增上力故，常邊見之起，亦由我見加上之力。計有現前諸物。攀援不捨，謂當常住。不了諸物元是刹那生滅，曾無實法，但假説爲物。不了至此爲句。變化密移，今已非昔，而迷者視之若舊。計此相續之相，謂是常恒，此則墮常邊過。斷邊者，由我見增上力故，於物估常不得，轉計爲斷。由見世間風動云飛、山崩川竭、倏忽無跡，根身器界悉從變滅。如經言“劫火洞然、大千俱壞”，遂謂諸法昔有今無，今有後無。此則墮斷邊過。若悟物本無實，依何云斷。故知斷見，亦緣取物。然常、斷二邊，元是迭墮，是所當知。迭墮者有時離常，即便墮斷。有時離斷，還復墮常故。

邪見亦云不正見，略説以二，曰增益見、損減見。增益見者，於本無事，妄構爲有。如於色等法上，增益瓶等相，眼識所取唯色，乃至身識所取唯堅，本無瓶等。故瓶等相，純是增益於色等之上的。轉增益瓶等無常相，只是重重增益。乃至於形軀不如實知故，妄增益我相。一切物皆刹那生滅，本非實有。形軀非離一切物而獨立者，故亦不實。今乃緣形軀而妄計爲自我，即是無端增益我相於形軀之上也。於自性不返證故，妄增益外在實體相。哲學家談本體者，都是看做離自心而外在的東西。此由不了自性故，向外杜撰一重實體，即是增益也。故增益見，幻構宇宙，猶如幻術家，幻現象馬種種形物。損減見者，於本有事，妄計爲無。治故籍者，任情取捨，將於古人確實之紀事，不肯置信。故籍誠有可疑者，然亦不可謂全是作僞。如大禹治水，古書所載，今或不肯信有禹其人者，非損減見而何？生長僻陋者，涉歷既狹，聞殊方異物則擬之齊諧志怪，淺見者流，不悟深遠，則詆玄言爲空誕。大抵憑有限之經驗，以推測事理。則不得事理之真，而自陷於損減見者，此不善學者之通患也。若乃淪溺物欲，不見自性，宇宙人生，等同機械，是於自家本分事損減之而不惜，愚益甚矣。凡增益見，以無爲有。凡損減見，以有爲無。然增與損，必恒相依，無孤起故。如昔人説地静者，於地上增益静相，同時即於動相爲損減故。增益見無孤起之理，既增妄相，必損真相故。然而人生知識，無往不是增益妄相，則睹真者其誰耶！或言，綜事辨物，務得其理，即不爲增益者。不知約真諦言，一切事物皆假設故有，元非實在，云何非增益歟？

綜上三見，邪見最寬，一切謬解，皆邪見攝。

本惑五數，各分粗細。粗者猛利，動損自他。其發動，必擾亂於心，以損自己，又必不利於物，即損他人。細者微劣，任運隨心，於他無損。隨心者，言其受節制於心而不自恣。然粗者必嚴對治，令不現起。細者與恒行數，常與心俱。謂其與恒行數同行、而與感識意識相俱以取境也。當嚴對治，令其伏斷。具在善數中。

善數，舊説有十一法，今省併爲七法，曰定、信、無癡、無貪、無瞋、精進、不放逸。省去慚等五法，併入别境中定。

定數者，令心收攝凝聚故，正對治沈掉故，沈者昏沈，掉者掉舉，亦云浮散。沈與掉皆不定相。故名爲定。由如理作意力故，有定數生。作意數見前。如理者，作意若與惑俱者，即是染性法。今此作意，乃背惑而順正理。深自警策，以引發其本心，此即善性法，故名如理作意。定數必由如理作意引生。定者，收攝凝聚，併力内注，助心反緣，注者，專注。助者，相應義。定數以其收攝凝聚的力，應合叶助於心，而深自反觀故。不循諸惑滑熟路故。諸惑從無始來，與生俱有，與形相昵，未曾斷捨。故其現起，如率循他滑熟的路子走一般。所以惑起如機械而不自覺。今此收攝凝聚力者，即是自己新創的一種定力，卻要背惑而行，不肯率循他的滑熟路子走了，是能引發内自本心，使諸惑染無可乘故。内者，謂此本心不由外鑠故。自者，即此本心是自性故，不從他得故。諸惑無可乘者，本心既藉定顯發，得爲主宰，故惑不容生。夫本心者，元是寂静圓明，毫無欠缺。寂静者，澄湛之極，其應恒止。圓明者，虚靈之極，其照恒遍。但惑起障之，則心不得自顯而等於亡失，此昔人所以有放心之説也。然心雖受障，畢竟未嘗不在。即惑染流行，而此心法爾自運，亦未堪全蔽。如浮云蔽日而言無日，實則日亦未嘗不在；雖復積陰重閉，要非絶無微陽呈露其間者。但勢用微劣，而説爲無陽耳。無陽猶云無日。定數者，即以其收攝凝聚勢用，乘乎本心之運，不容全蔽，如所謂微陽者。乃令其保聚益大，而無亡失之憂，使本心浸顯而極盛，則諸惑亦漸伏而終盡。故定力者，實能對治諸惑。諸惑者，即綜全部染數而言之。而云正對治沉掉者，則以定相與沉掉相，正相翻故，故乃舉勝而談。然既置正言，即顯不獨對治沉掉可知。定數如是，餘對治力，餘云云者，猶言其他善數底對治力。可例觀也。

信數者，令心清浄故，正對治無慚無愧故，故名爲信。由如理作意力故，引生清净勢用。即此净勢，叶合於心，而共趣所緣者，是名信故。清净勢用，省言净勢。此與如理作意乃同時而起者。叶合即相應義。此信所緣義境，略說以二。一者，於真理有願欲故，此中假説真理爲信之所緣義境。真理者，隱目自性而言之。吾人爲惑所蔽，不見自性，而又不甘同於草木鳥獸之無知，必欲洞明宇宙人生之藴。易言之，即欲自識本來。此即求真理之願欲。能見真故，故起信。見自性故，名見真理。見真而起信者，是惟反求實證者乃能爾。二者，於自力起信，即依自性，發起勝行，深信自力，能得能成故。行者，造作義。自思慮之微，至身語之著，所有創造，所有作爲，總説名行。勝行者，以此行是依自性而起，純善無染故，故名勝行。此行既順性而發，故可深信自力，能得而無失，能成而無虧也。如印度哲人甘地，抵抗强暴侵略之行，絶無己私惑染，乃順循乎其自性所不容已，故深信其自力，於所行能得能成也。孔子曰："我欲仁，斯仁至矣。"亦此旨也。故信之爲義極嚴格。信者清净相，與無慚無愧渾濁相，正相翻故。渾濁至於無慚無愧而極。故説信於無慚無愧爲正對治。

無癡數者，正對治無明故，於諸理事明解不迷故，故名無癡。無癡依何而起？由定力故，於本心微明，保聚增長；微明者，心爲惑所障蔽而不得顯發，但於障蔽中微有呈露故云。由信力故，引發本净，本净，謂心本來清净故云。於是有性智生。性智即本心。見《明宗章》。依性智而起明解，亦云始發智。由前被障，今始顯發，故云始發。前述别境中慧數，捨染性而純爲净慧者，即此中明解是也。性智全泯外緣，親冥自性。親冥者，謂性智反觀自體，而自了自見，所謂内證離言是也。蓋此能證即是所證，而實無能所可分。故是照體獨立，迥超物表。明解始發智。緣慮事物，明徵定保，必止於符。言其解析衆理，必舉徵驗而有符應。先難後獲，必戒於偷。智周萬物，而未嘗逐物。不逐物，故非癡。世疑聖人但務内照而遺物棄知，是乃妄測。設謂聖人之知，亦猶夫未見性人之鑒以爲知也，則夏蟲不可與語冰矣。鑒者穿鑒。刻意求入，而不順物之理，又乃矜其私智，求通乎物，而未免殉於物也。

無貪數者，正對治貪故，無染著故，故名無貪。由定及信相應心故，有無貪勢用俱轉。無貪者，謂於貪習察識精嚴，而深禁絶之，是名無貪。無者，禁絶之詞。身非私有，元與天地萬物通爲一體，即置身於天地萬物公共之地，而同焉皆得。各得其所。何爲拘礙形體，妄生貪著，梏亡自性？形雖分物我，而性上元無差别。人若私其形而拘之，則必梏亡其性，自喪本真，故深可哀愍。故自體貪應如是絶。非絶自體，只是絶自體貪。蓋私其自體爲己，而染著不捨，此即是貪，故須絶也。萬物誘焉皆生，而實無生相可得。生生者不住故，刹那滅故。不住故無物。無物謂無獨立存在的物事。無物矣，則生者實未嘗有生也。既生即無生，則寄之無生，而寓諸無竟，奚其不樂？何不悟生之幻化，而欲怙之，妄執有一己之生，冀其後有耶？"何不"至此爲句。幻化一詞，不含劣義。所謂生者，元來是頓起頓滅，没有暫住的東西，故謂幻化也。義詳《轉變章》。妄執云云者，生者大化周流，本無所謂一己。而人之後有貪，則妄執有一己之生，故惑也。故後有貪應如是絶。非絶後有，只是絶後有貪。蓋於其生而妄計自體，即私爲一己之生，而怙留不捨者，此即是貪，故應絶也。嗣續者，大生之流。大生者，萬物同體而生故名。如吾有嗣續，亦大生之流行不息故也。物則拘形，私其種息。動植傳種，各思其類。人乃率性，胡容私怙我嗣我續？列子曰："汝身非汝有，是天地之委和也。孫子非汝有，是天地之委蜕也。"以嗣續爲我之私有者，執形氣而昧於性體，故是大惑。故嗣續貪應如是絶。非絶嗣續，只是絶嗣續貪。私嗣續爲己有，此即是貪，故應絶也。匹偶之合，用遂其生。愛而有敬，所以率性。敬愛之愛，非貪。狥於形者，愛戀成溺，或同人道於禽獸。中土禮教，於夫婦之倫，義主相敬。故燕私之情，不形於動静，此相合以天也。西人則言戀愛。愛而曰戀，正是染著。則溺於形，而失其性矣。故男女貪應如是絶。非絶男女，只是絶男女貪。男女合不以理，交不由義。居室恒瀆褻而無敬，此即貪之表現，故應絶也。本性具足，無待外求。人的本性上哪有缺憾。只因向外追求，才起了缺憾。養形之需，元屬有限。隨分自適，不虧吾性。狂貪無厭，本實先撥。逐物而失其性，是本撥也。故資具貪應如是絶。非資具可絶，只是絶資具貪耳，併心外馳，殉物喪己，此貪過重，故應絶也。莊生《逍遥》，所謂"窅然喪其天下"。《論語》曰："巍巍乎！舜、禹之有天下也，而不與焉。"是能絶資具貪者。貪貪、蓋貪，參看貪數。作繭自縛，心與物化，生機泯滅。故此二貪應如是絶。真見性者，無己見可執。己本不立，何執己見。其有若無，其實若虚，循物無違之謂智，匪用其私。循物云云者，謂率循乎物理之實然。而非以己見臆度，與之相違也。莊生曰："道未始有封，言未始有常。"惟自私用知，讀智分畛始立。"是非之塗，樊然淆亂。"故見貪者應如是絶。如上粗析八種對治，説無貪略竟。

無瞋數者，正對治瞋故，無憎恚故，故名無瞋。由定及信，相應心故，有無瞋勢用俱轉。無瞋者，謂淤瞋習察識精嚴而深禁絶之，是名無瞋。於諸有情，以利害等因，引生憎惡。此念萌時，反諸本心，惻然如傷，不忍復校。校者，計較。心體物而無不在，其視天下無一物非我故也。本心即性。性者，物我之同體，故云心體物而無不在。然瞋勢盛者，猶欲瞞心而逞其惑。此在常途，故云理欲交戰。當此頃間，必賴無瞋勢用，助叶於心，方能勝惑。心即性也。性難自顯，必藉浄習以行。無瞋數者，則是浄習，乃順性而起者。故心得藉之以顯。人能率性，不因利害瞋物而失慈柔。體物所以立誠，此言體物者，視萬物與吾爲一體故。故無瞋而盡其誠也。備物所以存仁。無瞋故備物，瞋則損害乎物，而不能備之，故傷吾仁。故人極立，而遠於禽獸也。禽獸因氣昏惑重，故天性全汩没，本心全障蔽了。所以只知利害而不知其他。如其善於逐食，及厲爪牙以防患，皆動於利害之私，尋不出他有超脱利害的優點。至人則不然，卻能發展他底天性、本心，而有無瞋、無貪、無癡等善心數之著見，此其所以異於禽獸。設有難言："於暴惡者，亦起瞋否？"應答彼言：於彼暴惡，隨順起瞋而實非瞋。瞋因於彼，而不以私。瞋因於彼云云者，彼爲暴惡，不利群生，公理所不容，因而瞋之。非以私利私害而起瞋故。廓然順應，未嘗有瞋之一念累於中也。故雖誅殺暴惡，而不爲瞋，因彼故也。因彼之當誅而誅之，吾無私也，故不爲瞋。世儒或云嫉惡不可太嚴者，則是鄉願語。惡既可嫉，焉得不嚴，不嚴則必自家好善惡惡之誠未至，而姑容寬假之私。須知嚴嫉者，亦因乎彼之惡耳，非可以私意寬嚴於其間也。自鄉願之説行，而暴惡者每逞志，此可戒也。然瞋之爲私與否，此最難辨。非私與無私之難辨也，人情恒以其私，託於無私而自詭，故難辨也。如矯託革命者，當其在野則瞋在位之暴惡，而爲群衆呼籲，固儼然不爲私瞋也。

然其實絶無矜全群衆之心，特欲肆一己之貪殘，而苦於不得逞。故託於群衆，以詭示革命之謀不爲私瞋已耳。彼既自詭如是，浸久亦不自覺爲私。及一旦取而代之，其暴惡益厲於前，而後群衆乃察見其前此之隱衷，而彼猶不自承爲私也。果其瞋不以私，則常憎恚因物而起時，其中必有哀痛慘切之隱。曾子所謂聽訟得情，哀矜勿喜者，稱心之談也。是其發於本心體物之誠，而不容已也。若瞋發於私，則惑起而本心已失。心爲惑所障故。即物我隔絶，乃唯見有物之可憎，而何有於哀痛慘切耶？此段吃緊。於彼暴惡，以瞋相報。便已隨轉，而弗自知，可懼孰甚。故有情瞋，畢竟應斷。安土敦仁，本《易傳》。土者境義，言隨境能安。乃所以敦篤吾之仁。無入不得。《中庸》云："君子無入而不自得焉。"心爲境縛，則天地雖大，詩人猶嗟靡騁。境隨心轉，則陋巷不堪，賢者自有樂在。故境界瞋，畢竟應斷。是非之執，每囿於情識。守其一曲，斯不能觀其會通。取捨兩端，必有偏倚。彼其明之所立，正其蔽之所成。莊子曰："是非之彰也，道之所以虧也。道之所以虧，愛之所以成。"此云愛者，屬所知障，當此文所謂蔽。明與蔽相因，斯執礙横生，諍論競起，詆謀瑕釁，互爲主敵。故天竺外道，至以斬首相要；此土異家，亦有操戈之喻。此見瞋之害也。惟見性者，不爲情識所封。故能因是因非，玄同彼我，息言忘照，休乎天鈞。知辨者之勞，猶虻蟁之於天地。雖不得已而有言，始乎無取，終乎無得。故智與理冥，而喜怒不用，豈復有齗齗之患乎。故見瞋者，畢竟應斷。

精進數者，對治諸惑故，令心勇悍故，故名精進。由如理作意力故，有勇悍勢用俱起，而叶合於心同所行轉。凡人不精進者，即役於形，錮於惑，而無所堪任。是放其心以亡其生理者也。無所堪任者，無所堪能，無所任受，如草木鳥獸然也。放者放失，不自存養其心故。心者生理，放心即亡其生理故。精進者，自强不息，體至剛而涵萬有，此言體者，合也。人性本來剛大，而役於形，錮於惑者，則失其性。故必發起精進，以體合乎本來剛大之性。夫性惟剛大，故爲萬化之原。唯率性者，爲能盡其知能。故云涵萬有。立至誠以宰百爲。誠者，真實無妄，亦言乎性也。立誠即盡性也。百爲一主乎誠，即所爲無不順性，一切真實而無虚僞。故是精進。日新而不用其故，《易》曰："日新之謂盛德。"唯其剛健誠實，故恒創新而不守故。進進而無所於止。故在心爲勇悍之相焉。精進起而叶合於心，即成爲心上之一種勢用，故言在心。舊説精進爲五種：一、被甲精進。最初發起猛利樂欲，如著甲入陣，有大威勢故。二、加行精進。繼起堅固策勤方便故。即以堅固策勤爲方便，乃得精進不已也。堅固二字吃緊。三、無下精進。有所證得，不自輕蔑，一勤上達故。四、無退精進。忍受諸苦，猛利而前，雖逢生死苦，亦不退轉故。雖云無下，逢苦或休，故應次以無退。五、無足精進。規模廣遠，不爲少得，便生饜足故。孔子曰："我學不厭，而誨不倦也。"又曰："發憤忘食，樂以忘憂，不知老之將至"云爾。又曰："忘身之老也，不知年數之不足也。俛焉日有孳孳，斃而後已。"此皆自道其精進之概。總之，人生唯於精進見生命，一息不精進，即成乎死物。故精進終無足也。精進即身心調暢。古師别立輕安，今故不立。精進與常途言勤者異義，如勤作諸惡者，常途亦謂之勤。此實墮没，非是精進。

不放逸者，對治諸惑故，恒持戒故，恒字吃緊。名不放逸。由如理作意力故，有戒懼勢用俱起，叶合於心，同所行轉，令心常惺，惑不得起，爲定所依。佛氏三學，以戒爲本。由戒生定，故戒是定依。不放逸即攝戒。儒家舊有主静主敬之説，學者或疑有二。不知敬而無失，始能息諸憧擾。主一無適，内欲不萌，即是静也。此中説定，即該主静。説不放逸是定依，即該主敬。夫微妙而難見者心也，猛利而乘權者惑也。心無主宰，則惑乘之陵奪其位，心即放失。喻如寇盜相侵，主人被逐。《記》曰："斯須不莊不敬，則暴慢之心入之。斯須不和不樂，則鄙詐之心入之。"敬則自然虚静，敬則自然和樂，故不和樂即是不敬。故必齋明儼恪，收攝止畜。卦名有取於畜者，畜止即存在之義，與放失相翻。人心不止畜則流蕩。凡虚妄攀援，皆流蕩也。然後此心微妙不可睹聞之體，始得顯發於隱微幽獨之地，而力用常昭。默存於變化云爲之間，而不隨物靡。《易》謂顯諸仁、藏諸用者即此義。識得此體，須勤保任。故朝乾夕惕，唯恐或失。見賓承祭，同其嚴畏。造次顛沛，亦莫之違。防檢不忽於微漸，涵養無間於瞬息，絶悔吝於未萌，慎樞機於將發；斯能正位居體，不爲諸惑之所侵矣。故儒者言“閑邪則誠自存”，又言“不敬則肆”；禪家謂“蹔時不在，即同死人”；此皆不放逸之教，其言至爲精切。《詩》謂文王“無然歆羨，無然畔援”。此即不放逸相，學者當知。始自凡夫，至於大覺，戒懼之功，不容或已。故曰懼以終始，無可縱任。縱任有作自在解者，即是勝義。有作放肆解者，即是劣義。此中是劣義也。安不忘憂，治不忘亂。有不斷惑之衆生，即如來無可忘其戒懼。自本心言之，衆生與如來，本是一體。衆生惑相，即是佛自心中疵累，何得不戒懼耶？經云“有一衆生未成佛，終不於此取泥洹”，亦此義也。唯知幾其神，斯自强不息。故敬也者，所以成始而成終也。今以不放逸爲諸善心數之殿，此義甚深，學者其善思之。或疑常存戒懼，有似拘迫，而礙於心。不知拘迫由惑起，戒懼則惑不得乘，而不失此心坦蕩之本然，即當下受用。故戒懼恒與和樂相依，何有拘迫之患耶？又戒懼之保任此心，猶知舵工持舵，不敢稍疏。初時似勞照應，久之功力純熟，則亦即身即舵。如庖丁解牛，游刃有餘。象山有言：“得力處即省力。”故以戒懼爲拘迫者，無有是處。

如上七法是清淨性故，對治染故，故名善數。夫染數，即染習之現起，而染習緣形物故生，已如前説。善數即淨習之現起，而淨習由循理方起，如《功能章》説。《功能章》有云：如自作意，至動發諸業，壹是皆循理而動，未嘗拘於形骸之私者，凡此所作，必皆有餘勢潛存，名無漏習云云。故淨習者，實以本心發用，而有餘勢故名。淨習屬心，染習屬物。染習現起，爲染性心所，即障自性。淨習現起，爲善性心所，此即工夫，亦即於此識自性。舊言心所，但具名數，無甚説明。又以染淨一一相翻，似如頭痛醫頭，脚痛醫脚，全無立本之道，如何對治得去。大抵世親以來言唯識者，全走入辨析名相一途，頗少深造自得之功。奘、基介紹此學於中土，雖盛行一時，而終不可久。宗門迅起代之，亦有以耳。

綜前所説，心者即性，是本來故。心所即習，是後起故。淨習雖依本心之發用故有，然發現以後，成爲餘勢，等流不絶，方名淨習，則淨習亦是後起。本來任運，任自然而行。後起有爲。本來純淨無染，後起便通善染。本來是主，只此本來的性，是人底生命。故對於後起的習，而説爲主。後起染法障之，則主反爲客。無據曰客：本心障而不顯，雖存若亡。故説爲客。後起是客，染勝而障其本來，則客反爲主。吾人生命，只此本來者是。然吾人不見自性故，常以染習爲生命。一切所思所學所爲所作，莫非滋長染習，而恃之以爲其生命，而真生命乃日戕賊於無形。此亦愚之至也。如斯義趣，上來略明，今更申言欲了本心，當重修學。蓋人生本來之性，必資後起净法，始得顯現。雖處染中，以此自性力故，常起净法不斷。起者創義，依據自性力故，而得創起净習不斷。即自性常顯現而不至物化故。依此净法，説名爲學。創起净習，即是認識了自家底生命，而創新不已。這個自識自創的功用，總説名覺。只此覺，纔是真學問。若向外馳求，取著於物，只成染法，不了自性，非此所謂學。此語料簡世間一切俗學。故學之爲言覺也。學以窮理爲本，盡性爲歸。徹法源底之謂窮，無欠無餘之謂盡。性即本來清净之心，理即自心具足之理，不由外鑠，不假他求。此在學者深體明辨。今略舉二義，以明修學之要。一者，從微至顯。形不礙性故，性之所以全也。本心唯微，必藉引發而後顯。微有二義，一者微隱義，以不可睹聞言之；二者微少義，以所存者幾希言之，此兼具二義。原夫性之行也，不得不自成乎形，以爲具。既凝成形氣，則化於物者多。而其守自性而不物化者，遂爲至少。如《易》消息，從《姤》至《剥》，僅存在上之一陽。此段道理極難説，參看《轉變章》《成物章》《明心上章》首段。須深心體究翕辟之故才得。上云心是本來。本來者，性之代語。性者，言其爲吾人所以生之理也。若賅萬有而言之，則亦假名恒轉。形氣者，謂身軀，此即恒轉之動而翕所凝成者。易言之，即此形氣亦是本來的性底發現。但形氣既起，則幻成頑鈍的物事，忽與本來的性不相似。所以，性至此幾乎完全物質化了。然尚能守其自性而不至全化爲物者，此即所謂闢或心。但就其存乎吾身者言之，此闢或心，實可謂至少的一點。如《易》剥卦中所剩下底一陽而已。這點真陽，是生命底本身。宗門所謂本來面目，他確是形氣底主宰。王弼《易・略例》所謂“寡能制衆”者此也。然此只就原理上説，未可執一曲以衡之。蓋此點真陽若不得顯發，即未能主宰形氣而爲物役者，又隨在可徵。故不可持一曲之見，以疑此原理爲妄立也。此僅存之真陽，即性。雖遍運乎形氣之内，而隱爲主宰，然其運而不息者，固法爾自然，未有爲作。法爾猶言自然。不直言自然者，以法爾義深故。下言自然者，顯無作意。與常途言自然者，義亦稍别。而形氣既生，即自有權能。形氣底權能，本是隨順乎性的。而亦可以不順乎性。則性之運於形氣中者，既因任無爲，因任者，因而任之故。形乃可役性以從已，而宛爾成乎形氣之動。形氣簡言形，乃可者未盡之詞。形之役性，非其固然也，故云乃可。已者，設爲形氣之自謂。故性若失其主宰力矣，所謂本心唯微者此也。然則形爲性之害乎？曰：否，否。若無形氣，則性亦不可見。且形者性之凝，即形莫非性也。故孟子曰："形色，天性也。"形何礙於性乎？形之役夫性者，本非其固然，特變態耳。如水不就下，而使之過顙或在山者，此豈水之固然哉？染習與形俱始，隨逐增長，以與形相守，而益障其本來。染習與形相守，故學者難於變化氣質也。遂使固有之性，無所引發，而不得顯。如金在礦，不見光采。反之，性之主乎形者，則以善習力用增長，與性相應，引發不窮，故全體頓現。如《易》消息，從《復》之一陽，漸而至於純《乾》。如練礦成金，不重爲礦。然性之爲主，亦行乎形氣之中。故先儒有"踐形盡性"之説，使視極其明，聽極其聰，斯無往而非全體之昭著矣。二者，天人合德，性修不二故，學之所以成也。《易》曰："繼之者善，成之者性。"全性起修名繼，性是全體流行不息的，是萬善具足的，故依之起修，而萬善無不成辦。是謂全性起修，即繼義。全修在性名成。修之全功，依性而起，祇以擴充其性故，非是增益本性所無。故云全修在性，即成義。本來性浄爲天，後起浄習爲人。故曰人不天不因，性者天也，人若不有其天然具足之性，則將何所因而爲善乎？天不人不成。後起浄習，則人力也。雖有天性，而不盡人力，則天性不得顯發，而何以成其爲天耶？此上二語，本揚子雲《法言》。故吾人必以精進力創起浄習，以隨順乎固有之性，而引令顯發。在《易》乾爲天道，坤爲人道。坤以順承天故，爲善繼乾健之德。坤卦表示後起底物事，吾人自創浄習，以引發天性，即坤法天之象。是故學者繼善之事，及其成也性焉。《論語》曰："人能弘道，非道弘人。"《論語》言道，當此所謂性。人能自創浄習，以顯發天性，是人能弘大其道也。人不知盡性，即化於物，而性有不存者矣，故云非道弘人。弘道之目，約言之，在儒家爲率循五德，在佛氏爲勤行六度。五德本性具之德，其用必待充而始完。六度乃順性而修，其事亦遇緣而方顯。佛氏言六度，多明事相，不及儒家言五德，剋指本體，於義爲精。故曰："無不從此法界流，無不還歸此法界。"法界即性之異名耳。此謂天人合德，性修不二。學者於此知所持循，則精義入神以致用，利用安身以崇德，皆在其中矣。或曰："染縛重者，惡乎學？"曰："染净相資，變染成净，祇在一念轉移間耳，何謂不能學耶？"夫染雖障本，本者，具云本來。染法障蔽本來。而亦是引發本來之因。由有染故，覺不自在。不自在故，希欲改造，自己改造自己。遂有净習創生。由净力故，得以引發本來而克成性。性雖固有，若障蔽不顯即不成乎性矣。故人能自創净力以復性者，即此固有之性無異自人新成之也。古德云："一念迴機，便同本得。"明夫自心净用，未嘗有間。諸惑元妄，照之即空。苟不安於昏愚，夫何憂乎弱喪。故學者首貴立志，終於成能。《易》曰："聖人成能。"人能自創净習，以顯發其性，即是成能也。皆此智用爲主。智體本净，不受諸惑。辨惑斷惑，皆是此智。净習之生，即此本體之明流行不息者是。引而不竭，用而彌出，自是明强之力，絶彼柔道之牽。《中庸》云："雖愚必明，雖柔必强。"此言其力用也。《易》曰："困於金柅，柔道牽也。"柔道即指惑染。以諸染法，皆以柔暗爲相。陽德剛明，自不入於柔暗，故智者不惑。如杲日當空，全消陰翳，乃知惑染畢竟可斷，自性畢竟能成。斯稱性之誠言，學術之宗極也。故曰："欲了本心，當重修學。"

附　　録

略談有宗唯識論大意[①]

余初服膺無着、世親之學，嘗據其義以造論。潛思既久，漸啓疑端。民國十一年，講世親唯識之論於北庠。國立北京大學。忽不自安，遂輟講。翌年，改造《新論》。《新唯識論》，省稱《新論》。仍以未定稿講於北庠，自是歷十年，稿亦屢易。壬申民國二十一年。始删定成書，自印行世，是爲《新論》原本。戊寅以後，復依原本而改用語體文重述之，詳初印上中兩卷序言。於是《新論》别有語體本。

《新論》之旨，本出入儒佛，而會其有極。極謂理之至極而不二也。觀衆理之極而會其通，則不二。然原其所由作，則以不愜意於無着一派之學，而不容已於言，故書中評及有宗者特多。上中兩卷印行時，每聞讀者於中卷評有宗大義處，輒以未易瞭解爲苦。實則《新論》叙述有宗，本提控綱要，極其詳明，讀者若肯細心往復尋索，則脈絡分明而義藴昭揭矣。前後文義，相爲鉤鎖。故有前所陳義，待後方顯；後所述義，承前以彰。通前後往復數番，即衆義畢見。然有宗之學，自昔以來，號爲難治，則亦有故。其持論尚剖析，而析得太零碎；既破碎已，而又爲之拚合排比，極穿鑿之能事。故欲究其説者，非耐心以索之，則不可詳其條緒。條緒未詳，則莫由察其所以立説之意，無足怪者。夫不得其意矣，而可辨其爲説之短長乎？是以論正古學，貴乎好學深思，心知其意也。

或問："佛家大乘學向分空有兩宗。龍樹、提婆，實啓空宗；提婆乃

① 此標題係整理者據内容擬定。

龍樹弟子。無着、世親，是爲有宗。世親乃無着異母弟，而傳無着之學。有宗亦曰法相宗，空宗亦曰法性宗。參看《佛家名相通釋》。近日歐陽大師復以無着、世親之學互有不同，因區别法相、唯識二宗。世親成立唯識，是唯識宗；無着以方便解析一切法相，是法相宗。參考大師所著《瑜伽師地論》序及諸論序。章太炎盛贊其説，稱爲'獨步千祀'。據此而談，則《新論》評正有宗處，其内容多屬唯識宗，未可以概有宗也。"

答曰：宗者，宗主義。凡學之異宗者，必彼此主張有特别不同處，非只理論上疏密之異而已。無着之學，根柢在《大論》。《大論》取材甚博，自是彙集衆説而成書。然無着貫穿諸義，自有宗旨，故成其一家之學。世親成立唯識，其中根本大義，如八識及種子與緣生義、三性義，並據《瑜伽》。《大論》本名《瑜伽師地論》，省云《瑜伽》。其以轉依爲宗趣，"轉依"有二義：曰轉捨，曰轉得。轉捨雜染，轉得清浄故。宗趣者，宗謂宗主，趣者歸趣。亦同禀《瑜伽》。自昔以來，未嘗拔唯識於法相之外而别號一宗者，要非無故。夫法相宗立言，其始詳於分析，猶未有嚴密之體系。及世親秉無着之旨，盛張唯識，無着作《攝大乘論》，成立第八阿賴耶識，以授世親。於是作《百法論》，首以識統一切法，色法即物質，是識之所變，故不離識。乃至無爲法即真如，是識之實性，亦不離識。故一切法皆統於識。又作《二十論》《三十頌》，而後體系宏整，完成唯識之論。故法相宗自世親唯識論出，其理論始嚴密，而面目一變。要其根本大義悉據《瑜伽》。無着析薪，世親克荷，精神始終一貫，似不必以一家之學强判爲二宗也。然大師弘闡久絶之唯識，其功要不可没。夫有宗談境，境謂所知，法相、法性，是所知故，説之爲境。法相即指宇宙萬象而言，法性猶云宇宙本體。莫備於唯識。《新論》評有宗，特詳唯識，亦有以哉。

學者研唯識，每苦不易瞭解，此或弗思之過耳。夫振衣者，揭其領而全章理；舉綱者，提其綱而衆目彰。《新論·轉變章》末後，叙述有宗唯識論，總其綱領而説以三：曰現界，一切現行，總稱現界。曰種界，一切種子，總稱種界。曰真如法界。法界猶云萬有之實體，真如即法界之名。此以真如法界連用爲複辭。循此三綱領而析求之，則有宗談境處，宜無不可曉者。

《轉變章》結以此段文字，正爲後二章《功能》上、下。評正有義發其凡耳。有義、具云有宗之義。

現循即識之别名。現者顯現義，循者遷流義。識從種子而生，不同種子潛伏未現，故説爲顯現。識之生也，不暫住故，念念之間、前滅後生，復説遷流。所言識者，義分廣狹。狹義則識以對境或物而得名，即能緣名識，所緣名境或物；廣義則識之一名實賅全宇宙而舉之。蓋一切境或物，皆攝屬於一切識，故一言乎識，便已包含境或物在内，非但爲與境物對待之名而已。此中則約廣義。

有宗談唯識，不許有離識而獨在的世界。故欲知其宇宙論，則八識之談宜詳玩也。八識者：

八識	
眼識、耳識、鼻識、舌識、身識	總稱前五識
意識	亦稱第六識
末那識	亦稱第七識
阿賴耶識	亦稱第八識

每一衆生身中皆具有八個識。此八個識，前五皆是向外追求，其所追求之境物，乃是五識各各自所變現。如眼識變似色境，耳識變似聲境，鼻識變似香境，香與惡臭，通名爲香。舌識變似味境，身識變似所觸境是也。變似之言，簡異世俗執有離心獨在之境，謂諸識所緣境，皆識自變似之，非是離心别有實境也。第六意識，能與五識同時變似色聲香味觸境，復能獨起思構，五識不起時，意識獨起。變似獨影境。獨影境者，謂所變境非如色聲香味觸等有實質故。如思維一切義理時，意中亦變似所思之相，此相無質，名獨影境。第七末那識，唯内緣賴耶爲自我，阿賴耶識，省云賴耶。不外緣故。五識及意識變似色聲等境時，即視爲外物而

追求之不已，故云外緣。末那唯内執有自我，非外緣也。第八賴耶識，其所緣境則有三：曰“種子”，此非賴耶之所變，但是其所藏而已；曰“根身”，眼耳鼻舌身五根，總名根身，賴耶即執持此以爲自體；曰“器界”，相當於俗云自然界或物質宇宙。根與器，皆賴耶之所變現，非離識而獨在也。根器不離第八識故。

如上八識，亦各各析爲二分，曰“相分”及“見分”。如眼識所緣色境，是名相分；而了别此色境者，是名見分。即此二分，合而名識。乃至第八賴耶所緣種子、根身、器界，是名相分；而了别此根、器、種者，是名見分。二分名識，復如前説。乃至者，中間略而不舉故。賴耶了别之相甚深細，《三十論》説爲不可知。其更析每一識爲三分或四分者，取義别故，詳《佛家名相通釋》。此略不舉。

又復應知，凡言識者，義攝心所。詳《成唯識論》。如説眼識，此非單一體，乃由一心心，亦名心王。與多數心所心上所有的各種作用，非即是心，而實各有自體，但與心相應，合以取境，是名心所。複合而名爲一眼識。眼識如是，耳識乃至第八賴耶皆可例知。

每一識各各析爲心及諸心所。此中每一、及、各各等字，須注意，心所有多，故置諸言。而每一心析以相見二分；每一心所亦復析以相見二分。故前言八識各各析爲二分者，當知言識皆攝心所。

據上所述，一切心及一切心所，總括而談，只是千條萬緒的相分、見分而已。據此看來，有宗唯識論竟將完整的宇宙剖得極細碎，蓋其所謂千條萬緒的相分、見分，各各從自種子而生。種子，後詳。就相見言，相見既是段段片片。就相見所從生之種子言，種子亦是紛然衆粒，故謂剖得極細碎也。然則宇宙殆如一盤散沙乎？有宗亦知其不妥，故建立賴耶識。賴耶所由立，略説有二義：一、含藏一切種子故。蓋現行界或一切相見，非無因而得起，故應建立種子爲現界之因。現行界、亦省云現界。然種子是個别的，紛散如衆粒，故建立賴耶爲種子所藏之處。賴耶者，藏義，處義，是一切種子所藏處故。二、爲諸現行作根本依故。現行、見前注。夫諸現行或一切相見，若唯任其散漫，無有統攝，此於理論上亦説不通，故建立賴耶爲前七現行亦云前七識。五識及第六意識與第七末那識總稱前七。或一切相見每一識，各各析爲相、見二分，已説如前。作根本依。賴耶亦名爲根本依，見《三十》等論。前七諸相見各各有自種子爲因，故得生。本非賴耶所親生，然諸種子皆藏伏賴耶中故，又必賴耶生、前七方得生故，故説賴耶爲前七之根本依也。依字吃緊。前七各有自種，但依賴耶而生，非由賴耶親生故。

賴耶與前七並名現行，亦通名爲識，但爲前七之所依，已如前説。然賴耶行相極深細，行相者，行謂行解，相者相狀。賴耶非冥昧無解，但其解相極深細。細者細微，深者深沉。難可窮測。賴耶亦析爲相、見二分，前文説一切心及一切心所各各析爲相、見二分，可知賴耶亦爾。亦從其自種子而生，一切心及心所各各有自種子故。卻與種子互爲能所。云何互爲能所？賴耶之自種子爲能生，而賴耶爲其自種子之所生；但從另一方面言，賴耶自種子及前七種子、並爲能藏，而賴耶則爲一切種子之所藏，故賴耶與種子互爲能所。因果同時，種子能生，是名因，賴耶是種子之所生，即望因而名果。同時者，非因先果後故。故賴耶得含藏種子。如種子先在，賴耶後生，即因果不同時，便不可説賴耶能含藏種子也。今説因果同時，故無過。

有宗既立種子爲現界之因，而種子之性復分有漏無漏兩類。有漏性，亦云染污性，非清浄故，取喻漏器常下墜，故云有漏。無漏者，有漏之反，清浄故，純善故。故所生現行，性從其種。謂有漏種子，其所生現行必是有漏性；無漏種子，其所生現行必是無漏性。賴耶識者，唯從有漏種子而生，故賴耶是有漏性也。

賴耶含藏一切染浄種子，染謂有漏性，浄謂無漏性。而賴耶自身卻是染性，雖含有浄種，而不得發現。無漏種子省言浄種，有漏種子省言染種。據有宗義，吾人的生命只是染種所生之賴耶。佛家雖斥破外道之神我，但有宗所立賴耶，實有神我的意義。持説雖有不同，其以爲吾人自有法爾固具的個體的生命，超脱形骸、無始無終者，則一也。或謂之神我，或謂之神識，賴耶一名神識。奚有異哉？夫佛家立第八識，而分染浄，衆生自無始有生以來，其第八識唯從染種而生，即此第八種唯是染性，而名之曰賴耶。此賴耶非可寶貴之物，乃淪溺生死海而大苦不可拔者也。衆生以是故，應發心求無上菩提，菩提者，覺義。積劫修行，漸斷賴耶中染種，久之染種斷盡，即賴耶亦俱斷。其所從生之染種已斷故。然非第八識可斷，注意。蓋染種斷盡時，賴耶即捨，捨亦斷義。斯時，第八識中浄種發現。易言之，即是浄種生第八現行。現行、即識之别名，已見前。由此而第八識乃不可復名之以賴耶，但名無垢識而已。此無垢識則永無可斷也。故染種與賴耶斷時，只是第八識捨染得浄，所謂轉依是也。轉捨染第八識，而轉得浄第八識，前後第八識雖相續，而後之浄第八識與前之染第八識確非一體，前後種子染浄異故。然則佛家本非無我論，其言無我者，謂不當於我而起執耳。執之義甚深，貪、瞋、癡等惑皆依執我而起。執即增長賴耶，而真浄之我終不得發現矣。

問曰："賴耶自種與賴耶並斷時，其前七染種與前七染識前七識從染種生者，即是染性，故云染識。亦皆同時斷耶？"

答曰：皆先時或同時斷。但前七浄種生前七浄識，如《三十論》等説。

問曰："有宗建立染種與賴耶，則與荀卿'性惡'之論相通矣。"

答曰：荀卿不見本體，其所謂性，非真性也，乃後儒所謂氣質之性耳。氣質不能無惡，有宗染種與賴耶之説，其不悟真性與荀卿同，而任猜想以構成一套理論，則荀卿無是也。有宗成立種子與賴耶，理論甚繁密，其實只是戲論。

有宗八識之談，以賴耶、末那爲恒行。"恒行"謂無斷絶時。如人雖死，而此二識不隨形骸俱亡。前六識眼識乃至意識。則有不行時，如極重睡眠及死亡時，六識皆不行，但六識種子自藏伏賴耶中。賴耶是前七識之根本依，宇宙人生以此建立。由有賴耶，根身、器界方得有故，故賴耶無斷絶。第七末那恒内緣賴耶以爲自我，即托賴耶見分，變似其相，而執之爲自我故。

問："末那緣賴耶，何不親緣之，而必變似其相乎？"

答：如有宗説：八識各各獨立，故每一識之所緣，皆其自變之相，末那緣賴耶，亦須變相。末那恒與賴耶相依，無有斷絶，由有賴耶，故有末那。賴耶爲染識，至成佛時，雖捨去賴耶，而捨染得浄，即無垢識亘古不斷。

有宗以賴耶或第八識變現根身、器界。器界，如山河大地及諸天體皆是，相當於俗云宇宙。根身，略當於俗云身體，略之爲言，顯非全合。蓋佛家所云根身之爲物，極微妙，非指肉體爲根身也。肉體只是器界之一部分，爲根身之扶助，而不即是根身，亦名爲扶根塵云。前七一切相見，又皆依賴耶而有。前七之一切種子皆藏伏賴耶中。賴耶非衆生所共有，乃每一人或動物，各各有一賴耶。據此，則有宗關於宇宙論方面之見地，直以爲衆生各一宇宙，同處各遍，互不相礙。宇宙者，一切相分、見分之都稱耳。一切相見，各各從自種子而生，而含藏一切種子之賴耶又是各别的，故云衆生各一宇宙。同處云云者，如某甲的宇宙與某乙的宇宙同在一處，譬若千燈，各各遍滿於一室，互不相礙。此亦可謂多元論歟。

上來略説現界，次談種界。種子者，以其具有能生的勢用故名。種子，省言種。象物種爲能生故，象，猶取譬也。物種，如稻等種。是爲生生不已之大力，此中説種子是生生不已之大力，卻與《新論》言“生生不已”者異其旨趣。《新論》所謂“生生不已”，乃即本體之顯爲大用而言之，是剛健純善者也。有宗談種子，則不見本體而出於妄構。且其所謂種子，本通染浄而言，其染性種子與後起之習氣，亦皆説爲生生不已的，故與《新論》判若天淵。故亦字以“功能”。功者功力，能者能力，功能即勢力義。更有許多異名，此姑不述。

有宗建立種子，所以説明現界。八識或一切相見，通名“現界”，説見前。蓋一切相見之生也，是名現行。而此現行必非無因而生，故乃建立種子，以爲現行生起之因。今敘述種子，略以七義：

一、種子是個别的，不可説爲渾一的完整體。此在《瑜伽》種子七義及《攝論》種子六義中，其爲個别的意義已甚明白。輕意菩薩《意業論》云：“無量諸種子，其數如雨滴”是也。因種子差别故，不一之謂差别，紛然如衆多粒子故。而其所生現行或一切相見，則亦千條萬緒，各各獨立，所謂“法相釐然不亂”是也。

二、種子是有實自體的，故説藏在賴耶中，而爲賴耶的相分。但其自體非兀然常住法，卻是刹那生滅法。每一個種子，其自體均是刹那刹那、前滅後生、相續不絕的。譬如一人之身，是一個前後相似相續、刹刹生滅的物事，否則是常住法，云何能生？

三、種子與現行是一能一所互相對待的。吾嘗言，如種與現只作爲隱顯的説法，其潛藏則謂之種，其呈顯則謂之現，如此説法似較有意義。而有宗種現之談確不如是，蓋有宗以種子爲能生，現行爲所生，其一能一所，乃相對峙。藏伏賴耶中的一切種，是隱於現界之後，而爲現界作根源。現界雖從種而生，但既生則有自體，即别爲顯著的物事，所以種現二界成爲對峙。

種（能生）……現（所生）

四、種生自現，各各不亂。謂眼識種，親生自類現行，即眼識。決不生他現，他現，謂耳識乃至賴耶。如世豆種不生麻。眼識種如是，耳識種乃至賴耶識種，皆可例知。此中言識皆通括之詞，如析言之，當云眼識心種生自現，及眼識心所種生自現。若更析言之，當云眼識心相分種生自現，及眼識心見分種生自現。眼識心所相見二分種，各生自現可知。眼識種如是，耳識種乃至賴耶識種，各各生自現，皆應類推。

五、種子分本始。本者，具云本有種，亦云法爾種；始者，具云始起種，亦云新熏種。無着在《瑜伽》及《攝論》等，建立種子以爲現界之因，尚未討論種子所由來，及世親以後諸師始興諍論。有主種子唯是法爾本有，不由後起者。法爾，猶言自然。法爾本有，即不可更詰其所由來，易言之，即不可謂種子更有因也。又由本有故，即非後起可知。有主種子竟是始起者，由非本有，今始起故，謂之始起。其説以爲前七皆爲能熏，熏者，熏發。如眼識只是相見二分，此二分從自種生起時便能熏發一種勢力，而投入第八賴耶之中，是謂能熏。眼識如是，耳識乃至第七末那識，皆可例知。參考吾著《佛家名相通釋》。第八賴耶識則是所熏，由第八爲前七所熏故，即前七一切熏發，而第八皆受持之也。前七一切相見各各從自種起時，皆有餘勢續生，是名習氣，以熏入賴耶中而潛藏之，遂成爲一種新的勢力，復能爲因，生起後念一切相見。此潛伏賴耶中之新勢力，即名始起種，又名新熏種。如上二説，互相乖競，及至護法師始起而折衷之。乃謂種子所由來，有是法爾本有，亦有由新熏始起者，於是種子有本新二類。若無本有種，則無始創生之現，現者、具云現行。便成無因；若無新熏種，則現行起時無復有習氣續流，亦不應理。故本新並建，護法固以爲折衷至當。

又復應知：由新熏義成立故，於是説現行識現行乃識之別名，今與識連用爲複詞。能熏生新種。此新種者，實即現行識之餘勢不絶者，所謂習氣是也。餘勢一詞，詳《新論・功能章》下。通常所云習氣，實即現行識起時，便有一種餘勢續流決不斷絶，即此謂之習氣。而現行識熏生新種時，即對彼藏伏賴耶中一切本有種之同類者，亦同時熏發而使之增長。同類者，如染性現行與本有種染性者，即爲同類。故本有種亦受現行識所生習氣之影響。因此，而一切種無論爲本、爲新，得通名之以習氣。有宗諸師談種子義至此，雖持論愈密，而其支離究不可掩。夫既建立本有種矣，而又以現行識之習氣亦名爲種，遂使習氣與法爾種混同不分，謂非矯亂論得乎？

六、種子分相見。無着最初立説，只謂八聚心、心所各各有自種而已。八聚者，聚者類聚，八識只是八聚，並非八個單純體。如眼識，乃由一心及多數心所合爲一聚，而名以眼識。耳識乃至賴耶，皆可例知，故云八聚。若乃於每一心析爲相見二分，因此討論二分之種爲同爲別，同者謂二分同一個種子而生，別者謂二分各別有種，即相分有自種子，非與見分同種故。下言同別者，倣此。於每一心所析爲相見二分，其種同別，復成疑問。此自世親以後諸師頗多聚訟，及至護法始折衷衆説。謂心與心所各各二分種有同有別，如意識相分，有與自識見分同種生者，但約獨影境言。如意識思量一切義理時，見分心上必變似所思之相，此相分無實質，即與見分同種，是爲相見同種。如五識等相分，即色聲香味觸，有實質故，此相皆有自種，不與見同種。乃至第八根器相分，並爲實有或具有實質故，亦有自種，不與見同種。是爲相見各別有種。護法兼融同別之論，頗近似二元論之主張。相見別種，猶心物二元論。

有問："護法諸師既主相分别有自種，如何而說相由識變？"

答曰：彼計見種挾帶相種而起故，見分種爲主動，而相分種只是從屬的。又因隨果攝故，相見種各望相見二分而爲因，二分各望其自種而名果。舉果即已賅因，故依果上說相分境是見分識之所變，相分境，複詞，見分識亦複詞。非謂相依識變即相無自種。非字，一氣貫下讀之。此中識字義狹，即謂見分。須知：說相由識變者，即顯相分從其自種生時，此相分種實仗託見分種而與之俱起。易言之，即見分種挾帶相分種而起也。故云舉果賅因，從果上言之，而其因可知也。護法等之義如是。

七、一切種子，性通染净。性者，德性。德者，得也。言種子之所以得成其爲此物也。一切二字及通字、須注意，無量數的種子，有是染性、有是净性，非一切種同一性也，故置"通"言。净性亦云無漏，是清净義；染性亦云有漏，是染污義。亦云雜染。有漏性中，復分以三：曰善，有漏之善，非純善也，非真善也。曰惡，曰無記，非善非惡名無記。記者記别，不可記别其是善是惡，故云"無記"。無漏性，唯純乎善，唯字吃緊。"惡"與"無記"皆非所有，此善真實，與有漏善截然不同。有漏性者，不惟惡是染，即善與無記亦同屬染性，非清净故。

一切種子，有是染性，有是净性。净性種子名爲净種，染性種子名爲染種。染種所生現行，即是染法；染法猶云染污的物事，切勿將"法"字誤解爲規律。蓋現行從染種生者，自是染法，下言净法者準知。净種所生現行，即是净法。然則凡聖迴别，衆生國土是穢，國土猶云宇宙或世界，非謂國家壤地。菩薩猶言聖者。國土是净，則以菩薩能伏除本識中染種，伏者伏滅，本識即第八識之别名。乃令净種發現，發現、謂净種生現行。而衆生不爾故也。衆生不能斷除染種，即一向是染種發現，而净種恒隱，直等於無。

上來略說種子義，今當簡述緣生義。緣生者，謂依種現分别安立諸緣，以說明現界由衆緣會合而得生起。略舉四緣如左。緣亦得名爲因，而因緣之"因"則以其能親生自果故名，義至嚴格。自餘三緣便非能親生果，但於果有相扶助之關係而已。

因　緣	種子爲現行之因緣，是能親生現行故。
次第緣	前念現行對後念爲因，是能引生後念現行故。
所緣緣	現行相分境對現行見分識爲因，以境能引生識故。
增上緣	例若第八現行相分，如根身則爲五識發現之增上緣。現行意識等，亦皆爲五識作增上緣，各識增上緣多少，可考《佛家名相通釋》。

每一現行識生時，必具四緣，如上所述。初因緣，依種子立，餘三緣，皆依現行立。有宗雖建立種子爲現界或一切相見之因，然非僅恃孤因不待衆緣可以生果。然非、一氣貫下讀之。孤因者，若只立種子爲因，更無餘緣，即此因是孤獨的。果謂現行，對因而名果故。無着説種子六義中，有待衆緣一義可玩，衆緣者，謂次第、所緣、增上諸緣。惟其建立四緣，故緣生義得以成立，孤因則無緣生義也。夫孤因，則是不平等因計之緒餘耳。不平等因者，如建立一神爲萬有之因，即此因體超出於萬有之上，故云不平等，作是計者，名不平等因計。若數論外道立自性爲因，而不待衆緣，則是從不平等因計演變得來，昭然可見。緣生義成，斯與不平等因計異以天淵，又遮自然外道之論，此其卓絶處。一切物由衆緣會合乃生，非自然生。自然生者，即不待緣。但印度自然外道，似無深解，如云烏自然黑、鵠自然白，其持論一本俗情，蓋與中土老莊之旨絶不相侔。老莊言“自然”，與佛家所云“法爾道理”者爲近，法爾猶云自然。如言萬物之本體，佛曰“真如”，老亦曰“道”，有能進而詰“真如”或“道”之所以然者乎？不可致詰，自然而已，窮玄至此，斯爲極則。而從來佛者之徒，猥以老莊與天竺自然外道一例同譏，玄奘亦同此見，可謂無識甚矣。然緣生之論本始自釋迦，逮小乘以迄空宗，龍樹、提婆學。其説屢變。及至無着、世親，則其言緣生也，又成爲構造論，而無復存龍樹遮詮之旨，學者宜知。參考吾著《破破新唯識論》，又《新論》中卷談及有宗緣生義處亦説得極明白。

有宗以種子爲現界之因，而其所謂種子卻是個別的，是多至無量數的，故是多元論。至其言種子自體，則分相見兩類，又有二元論的意義。又言種子性通染净，復成善惡二元論。

有宗以有漏種所生之賴耶爲衆生之本命，雖云賴耶中亦含藏净種，然就衆生分上説，則無始以來唯是有漏流行，而净種從來不曾發現，是與世儒性惡之論無甚懸殊。

上來略説種現二界，今次當及真如法界。真如者，普光唐玄奘弟子。釋云："法性猶云一切物之本體。本來常自寂滅，此中寂滅之滅，謂法性上恒無惑染，幽微湛寂，故云寂滅，切勿誤作斷滅解。不遷動義，無方所、無形相、無惑染、故不遷動。名爲真如。"窺基云："理非倒妄，故名真如。真簡於妄，簡者簡别。如簡於倒。"如者，其德性恒無變易之謂，故離顛倒。又曰："真如者，顯實常義，實者，真實，常者，恒常。真即是如，古譯真如，只一如字，亦或作如如。如，本形容詞，蓋理之極至，非言説與思想所可及，他是那模樣的，就還他那模樣，不可妄猜他，此如義也。又剋就法性自身言，他的德性是不可改易的，故曰恒如其性，此亦"如"義。又法性是不可致詰其所由然的，是謂法爾道理，莊生云"惡乎然、然於然"，此皆如義。如即無爲。"真如亦名無爲法。無爲者，法性湛然常住，無所造作，故曰無爲。總光、基二師之釋，真如義趣可知。

有宗既立本有種爲現界之因，即本有種已是諸行實體，諸行謂一切相見，亦即現界。而又承諸佛菩薩相傳之旨，説法性即真如。此真如者，既不是種子，又不可説本有種即真如之顯現，然則本有種與真如究是如何關係？有宗於此既無所説明，此實其在理論上之最不可通者。學者稽考有宗諸經論，其談種子義則與真如無融會處，其在三性中談圓成實性即真如，又與依他性中種子無融會處。由有宗學説之體系衡之，種子既是現界根源，而又於種界外别説真如法界，則不得不謂之有二重本體，可謂支離極矣。

有宗盛張三性義，謂遍計、依他、圓成三性，詳《新論》中卷，讀者如字字留心，並不難了解。極須玩索。有宗整個的意思，可以説三性義包括得盡，學者研究有宗，須有此個大綱領在胸中，方不至茫無頭緒，否則必炫惑於其紛雜的名相、繁瑣的辨析、而莫知其所謂。有宗學説，根本只是一個對待的觀念。其言種與現，則曰能藏所藏，種子爲能藏，第八現行識是種子之所藏。能生所生，一切種子，皆爲能生；一切現行識或相見，皆爲所生。能熏所熏；立新熏種者，則以前七現行識皆爲能熏，第八現行識則是所熏。其言識與境，則曰能緣所緣，此中識字義狹，乃就見分言，境即相分。見爲能緣，相爲所緣，此據相見二分義立論。若别開四分，則見分等等，互爲能所，詳《佛家名相通釋》。凡此一能一所，均是互相對待。至其以種與現並爲有爲法，亦名生滅法，以其是生滅滅生相續流故名。真如爲無爲法，此有爲、無爲，亦是截成二片，對峙而不可融通。諸經論中雖有時説無爲法是有爲法之實體，然絶不許説無爲法是無爲而無不爲，絶不許説有爲法即是無爲法之顯現，三藏十二部經具在可按。然則其所謂無爲法或真如者，似只是有爲法所依託的一個世界。這個世界是無形無象、無障無染、清净湛寂、真實恒常、離諸倒妄，有爲法只是於此無爲的世界中顯現，如種種色相在虚空中顯現。經論中每舉虚空喻真如，以此爲最切合之喻，其旨可見。所以説此無爲世界是有爲法的實體，並不謂有爲法是此無爲世界自身的呈現，只是有爲法依託於此無爲世界而顯現其中，故説此無爲世界爲有爲法的實體耳。但有宗確不許説這個無爲世界是邏輯上的概念或意想中追求的一種境界，他卻以爲是絶對的真實的存在的，吾人修行到成佛時，是可以實證的。所以這個無爲世界畢竟是與有爲法相對的，非可説即有爲即無爲。故其談證量也，量者，猶言知，但非常途所云知識之知。證者，親知之謂，蓋能知入所知，即所相亡，而能相亦泯，能所親冥爲一，故謂親知也。以正智爲能證，真如爲所證，雖欲拂能所之迹，而實際上究是能所對待。總之，有宗唯識之論雖極其繁密，而骨子裏究是一個對待的觀念。夫對待的觀念，本從經驗界而起。經驗界的事物都是對待的。凡哲學家立説，以經驗界之知識爲依據者，若注重質測之術，以矯空想之弊，則雖不足以深窮萬化之原，而於物理世界必多所發明，即可由此以發展科學，西洋哲學大概有此長。中國之學，超物而達於神化，非知識的。若其不務質測而好逞空想，則將本經驗界之見地，而應用到玄學上去，懸空構畫，以組成一套嚴密的理論，而説宇宙人生如是如是。若有宗説八聚現行各各獨立，各各有自種，而復以第八現行藏一切種，且爲前七現行之根本依，又以根身、器界並爲第八現行相分，更説有真如無爲世界爲種與現之所依託以顯現。如此説來，卻是由他意想構畫宇宙人生，好似工匠構畫一具機械者然。此等空想，乃王船山詩所謂"如鳥畫虚空，漫爾驚文章"是也，上不足以窮神，下無當於格物，故佛家至大乘有宗，而弊亦甚矣。雖然，所病乎有宗者，未能遠於空想也，若其剖析之詳密、系統之宏整，吾於有宗不能不愍重嘆服。哲學家者，不可不養成其解析與組織的能力，則有宗之學，固爲凡治哲學者之所必需探討而不容或忽者乎！

以上略談有宗唯識論大意，自此以下，檢札記中有關《新論》之答辯者擇録之。

答問難①

問曰："《新論》遮撥賴耶，何哉？"

答曰：有宗不見本體，直妄構一染性之神我當做自家生命，此中神我者，佛家雖遮撥外道神我，而其賴耶説實不異神我，故此直以神我目彼賴耶。此其大謬。若證見本體，即知我所以生之理與天地萬物所以生之理，元來無二無别。易言之，我之生命即是宇宙之大生命，非可横計有個體的生命以爲我所獨具者也。如果執有個體的生命，則生命界應有一定之數量，遠從無始以至盡未來際，未來本無盡無際，而此曰"盡"曰"際"者，强爲之名耳。其數恒爾，無增無減。如此，則造化將一守其故，而無創新可言矣。此神我或神識之説所以難通也。

或曰："公固嘗言，習氣聚集，成爲一團勢力，人身雖亡，而此一團勢力不必散失，俗所謂靈魂者或即此。然則以此而成立個體的生命，其可乎？"

答曰：吾所謂生命者，指吾人與天地萬物所共有之性海而言也。此

① 此標題係整理者據内容擬定。

中性海，用爲本體之別名，以其爲人物所以生之理則曰性，此性具萬善，妙用無窮，故喻如海。習氣本後起之虛幻物，縱許其可由甲而傳之乙，終不得謂之生命。習氣，佛家亦云業力。業者，造作義。明儒黄梨洲謂："聖賢之死而不亡者，其精爽存也。"彼云精爽，亦即習氣。但聖賢精爽，即浄習而非染習。人生一切造作，或好或壞，凡一好或壞的造作都是内心的一種勢力發動，凡所造作都有一種餘勢潛存，是名習氣。餘勢二字，宜玩。造作的勢力發動時名爲業，其餘勢潛存者方名習氣。無量習氣相與叢集，成爲一團勢力，人身雖死，而此一團勢力不遽散失，此於事難徵，卻於理可信。若賴耶之説，僅如此寬泛言之，勿如有宗用許多猜想構成一套嚴密的體系的説法，如蛛造網然，勿如二字，一氣貫下讀之。則吾亦無所遮撥矣。有宗卻未免戲論。

客曰："《新論》之言性也，即斥指本體而目之。真實無妄之理，爲萬物所資始，則曰宇宙本體；但剋就其在人而言，亦謂之性。本體則真實、剛健、清浄、空寂、空者、無形相故名，非空無之謂。至善者也。公故反對有宗建立染性之賴耶，然孔子《論語》'性相近也'章，似謂人性無善無惡，故言相近耳，《新論》主張畢竟與孔子異乎？"

答曰：汝不得孔門意，又不辨性字有異義。夫性字之義不一，有以材性言者，材性即就氣質言。如人與動物，靈蠢不齊，則以人之軀體，其神經系發達，足以顯發其天性之善與美。動物軀體之構造遠不如人類，即不足以顯發其天性之美善。人與動物成形之異，是謂氣質不同，氣質亦云材性。若夫言性，而就人生本原處目之者，則不可與材性相混，如性相近也之性字，即材性之性，相近之言，即據中材立論，凡屬中材，其材性皆相去不遠，故云相近。但視其所習，習於上，則成上智矣；習於下，則流爲下愚矣，故云"習相遠也"。唯上智之人，其材性生來即是上，不會習向壞處；下愚之人，其材性生來即下，難得習向好處，故曰："上智與下愚不移。"此章性字，明是材性，從來注家胡亂不清，極可惜。至如《中庸》"天命之謂性"，此性字便剋就人生本原處而言。此章朱子注欠妥，今按天命性三名，所指目者是一。一者何？曰：本體是已。本體絶待，隨義而異其名。“無聲無臭”曰天。《中庸》末章“上天之載，無聲無臭至矣。”上者，絶對義。天者，宇宙本體之目，非謂神帝也。載者，言其備萬理、含萬化也。無聲無臭者，言其寂然無象也。“於穆不已”曰命。詩云：“維天之命，於穆不已。”命者、流行義。維天之命者，言乎本體之流行也。於穆，深遠義。不已者，真體之流行，無有止息也。“民之秉彝”曰性。彝，美也，此美絶待，非與惡對。天命者，本體之目。本體具萬善，至美者也。民猶言人，夫人皆秉天命以有生，即秉至美之理以成爲人，故剋就此至美之理之在人而言，則曰性。然則性即天命，玩之謂二字可見，豈可外自性而别尋天命乎？此性字，即目本體，與《新論》所言性者同義。材性之性，實非此之所謂性也，子比而同之可乎？從來言性者，不辨天性。“天命之謂性”省言天性。與材性，故成胡亂。朱子注《論語》，“性相近也”章，似欠分曉。荀卿、董仲舒諸儒之言性，都只説得材性。孟子灼然見到天性，故直道一善字。

客曰：“人之天性本是至善，如何材性得有不善？”

答曰：天性是本體，本體之流行，哪有一毫雜染？但其流行也，不能不翕而成物，否則無所憑藉以自顯。然翕也者，造化之無有作意而一任其自然之幾，非有定準、可爲之齊一也，故人物之氣質有通塞不齊。通者，如大腦發達者是。塞者，通之反。雖云物之自致，而物所得爲，要非不本於其在大化中之所受與所遇；受之有量，遇之有適不適，而氣質之成，通塞以殊。夫通者，足以顯發其天性，即全乎固有之善；塞者，難以顯發其天性，斯成乎不善。而不善者，特氣質之偏，因不齊之化而偶成其如是，要非天性之本然也。君子之學，貴乎率性以變化氣質，固不以材性之或偏而累其天性矣。

周通旦問：“先生所言材性，亦云氣質，氣質者，實就生機體之構造而言也。氣質有通塞，通者、能顯發其天性之善，塞者則否，通塞如何分？則必以神經系或大腦之發達與否爲衡。然腦筋發達者，或有知能過人而不必優於德慧者，德慧一詞見《孟子》，其意義極深遠。德慧之“慧”，便非常途所謂知能，此乃本體呈露，故以德慧言之。慧者，明智義；德者，純净離染、至善之謂。其義云何？”

答曰：氣質通塞，以神經系或大腦之發達與否爲判，此亦略言其大較耳。生理微妙，孰能一切窮其所以？尼父生而將聖，商臣生而蜂目豺聲，非商臣天性異於尼父也，直以氣質上之缺憾，易以習成乎惡而難以顯發天性，故卒成弑父之逆耳。夫氣質有通塞不齊，此可從其大較而言之者也。若氣質不美者，如所謂塞。其缺憾果何所以？欲測知之，固有所不能悉也。然復當知，同爲人類之氣質，其相差也不必甚遠，雖下愚之資，倘能從事盡性之學，保任本心，而無以惑染間之，即天性顯發，是謂盡性。以慎其所習，則氣質可以轉化，而不至障礙其天性，是在莊敬日强，毋自暴棄而已。然則孔子“下愚不移”之言，非歟？曰：言匪一端，義各有當，孔云“不移”，責之之辭也，所謂不屑之教也。人皆有天性，不當受限於氣質，故困知困行，皆有成功，實孔門相傳教法也。

問曰：“大乘談真如，似是懸擬一無上甚深微妙之理境而追求之，《新論》意思，卻不如此。”

答曰：般若家言：“智及智處，‘智處’，謂真如，以是智所緣處故名。並名般若，般若即心。”般若係譯音，義即智慧。是則亦以真如名之爲心矣。但玩其辭義，只是攝境從心，真如名智處，即對智而名境，非如即是智；今攝境從心，故真如亦名般若。實則智爲能而如爲所，究非一體。非謂智即是如也。佛家談真如，似有懸擬爲崇高的絶對的妙境而竭誠趣向的意義，《新論》卻破除能所對待觀念，乃即吾人與天地萬物所共有之性海而言，則曰真如；剋就其在己而言，亦曰自性；更就其主乎己之身而言，復曰本心。即此本心，元是圓明昭澈、無有倒妄，又曰性智。故其談證量也，直是性智自明自識，謂之内證。亦云自證。故智即是如，如即是智，非可以智爲能、如爲所，而判之爲二也。此是《新論》根本大義所在，確從反己體認得來，非意之也。

問曰：“《新論》既破除對待觀念，則在《新論》中之真如，當非以爲萬法之所依託故，説名實體。當非二字，一氣貫下。萬法，猶云萬有或萬物。卻是以爲萬法倏然宛然，倏然者，千差萬別貌。宛然者，相狀燦著貌。而實均是真如妙體之自身顯現，真如妙體四字，複詞。故説真如是遍爲萬法實體。”“卻是以爲”，至此爲句。

答曰：善哉！汝已得解。譬如大海水，遍現爲衆漚，大海水喻真如，衆漚喻萬法，每一漚皆以大海水爲體，覆看上卷《明宗章》。真如遍爲萬法實體，義亦如是，所以體用不二。

體用本不可分。不可剖分爲二重世界。但既説體用二詞，則體用畢竟有辨。體則舉其自身而全成爲用，故説爲用之體，譬如大海水全成爲衆漚；用則是體之顯現，故非别異本體而有其自體，譬如衆漚非别異大海水而有其自體。讀《新論》者，須識得此個根本意思。佛家以虛空喻真如，真如，即體之名。於此可見其差失。虛空是無爲無作，萬象雖於虛空中顯現，而不可説萬象是虛空自身之顯現，虛空非能變故。能變一詞，説見上卷《轉變章》，須覆玩，萬象不由虛空成，但依虛空顯，依字吃緊。如此，則體用分爲二片。

問曰：“如《新論》中本體之意義，亦可説爲萬法之因否？”法字、注見前。

答曰：此看如何説法。因者，因由義，萬法由其本體顯現，不妨假説體望用有因義。此中體望用云云，似當云體望萬法，今不曰萬法而言用者，以萬法皆依用上假立故，非離用而别有萬法故。但此因字的意義極寬泛，只顯由有體故，才有用，以用非憑空得起故。然如是言“因”，只是言説上之方便，並非對果而名因。以本體絶待故，非有果法與之爲對故；又用即體故，非用與體有能所義故；以是，雖不妨假説因，而實非對果名因。不可以常途因果觀念應用於玄學中故。

問曰：“體用，云何不一不異？”

答曰：體無形相，其現爲用，即宛爾有相；宛爾、不實而似有之貌，下倣此。乃至體無差别，其現爲用，即宛爾差别，故不一。譬如水非堅凝，其現爲冰，即成堅凝，故水與冰非一。由此譬喻可悟體用不一也。體，即用之體故，如假説水即冰之體，以喻體成用，而非超脱於用之外。

用，即體之顯故。顯者顯現，如云冰即水之顯，非異水而別有冰之自性，以喻用非異其本體而別有自性，故不異。由不異義故，即於相對見絶對。而從來哲學家有於形上、形下不能融會者，其誤可知矣。由不一義故，當即相以會性，相者、法相，猶云宇宙萬象，性謂本體。不可取相而迷其真也。此中取者、執着義，真謂本體。取着乎相，則不可於相而識其真體。《新論》全部，可説只是發揮體用不一不異意思。

本體是無對的，而剋就一一用相上言，卻是有對的。但於一一用相而透悟其本體，即一一用相都是無對的，所以説“一華一法界，一葉一如來”。法界與如來，皆用爲本體之代詞，一華一葉，皆用之相也。一華，本是相對的世界裏極小的物事，但於一華而透悟其本體，即一華已是全法界，何小之有？下一葉云云準知。有問：“莊子云‘秋毫非小’亦是此意否？”曰：自是此意。復問：“莊子云‘泰山非大’，何耶？”曰：此言大者，以對小得名，泰山雖較秋毫爲大，若於泰山而透悟其本體，即泰山相與一切物相俱遣，將何所對而名大耶？故曰“泰山非大”。所謂“不壞假名而説實相”，即此旨。假名者，如泰山、如秋毫乃至一切名言所表，都無實物，只是假名耳。然冥應真極者，並不毁壞一切假名，卻依一一假名而顯示實相。如泰山，假名也，此假名所表詮之山相，本是空無，但山相空，而有不空者存，不空者何？謂實相也。即假名而説實相，是謂“即俗詮真”。

有人問：“《新論》上卷《明宗章》云：‘今造此論，爲欲悟諸究玄學者，令知一切物的本體非是離自心外在境界’等語，然則石頭的本體亦不離吾心否？”

答曰：此是開宗明義語，向下細讀去，容有悟期。石頭與汝何嘗是各自獨立的？汝細讀《唯識》《轉變》乃至《成物》《明心》諸章，當知汝所以生之理與石頭所以成形之理，只是一理，此云一者，絶待義，非算數之一。没有兩個。難道石頭的本體竟是汝心外之境耶？汝只誤將自己與天地萬物分離開，所以不信汝之本心即是石頭的本體，其實剋就石頭而言其所以成形之理，則曰本體；剋就吾人而言其所以生與主乎吾身之理，則曰本心。這個本心，也就是吾人與石頭或天地萬物所共有的本體，如何分割得？既分割不得，如何説石頭的本體在汝心外呢？老夫不嫌辭費，終未知汝得解否？

問："《新論》翕闢義，即是用義。但此二詞似本於《大易》，按《易·繫傳》云：'夫乾，其静也專，其動也直；夫坤，其静也翕，其動也闢'，翕闢二詞始見於此，殆爲《新論》之所本乎？"

答：《新論》言翕闢，實與《繫傳》言坤静翕動闢之文無關。《新論》闢字之義甚淵深廣遠，與《繫傳》言坤"其動也闢"自不相同。《新論》説一翕字，與《繫傳》言坤"其静也翕"義亦自别。按《繫傳》此處説乾坤，實取象於天地。乾爲天，坤爲地。宋衷注曰："乾，静不用事，則清浄專一，含養萬物矣；動而用事，則直道而行，導出萬物矣。一專一直，動静有時，而物無夭瘁，是以大生也。翕猶閉也。坤，静不用事，閉藏微伏，應育萬物矣；動而用事，則開闢群蟄，敬導沈滯矣。一翕一闢，動静不失時，而物無災害，是以廣生也。"詳此，皆就天地生物之功用言。天之静專動直，地之静翕動闢，皆其生物之功用也。但乾坤動静皆以時言，即動静不能合一，因其取象於天地，即在物上着眼，天地，皆物也。故動静不相融耳。凡物動静異時，即是動静不能融爲一片。此非在本原上立論也。《新論》談翕闢，卻是超出物表而冥會真體之流行，流行即是一翕一闢，一一者，言其勢用以相反相成，非有二體也。否則絶待而不成爲流行矣。故流行者，言乎體之成爲用也，用故不能無翕，所以爲闢之具也，具者，工具。闢以翕而顯，此流行之妙不可言。故《新論》談翕闢，乃探原之論，與《繫傳》之取象於地道以言翕闢者，其根底絶殊，要不可併爲一談。《新論》所云翕闢即是本體之流行。夫本體流行則動而未嘗不静，以其非如物之動故也。物滯於形則不神，故其動時，只是一味發散而無淵含潛蓄之妙。即動即静，是謂動静合一，而動静亦無時之可言矣。且動静合一，則無可專於動言闢，其闢也，固未嘗不静也，亦無可專於静言翕；其翕也，又何嘗非動耶？動静不可分，翕闢本無異體，但勢用有殊，以成其流行之妙耳。唯夫翕而現似有物，則世俗隨情施設，遂以爲蒼蒼在上者天，有其静專動直之功用，塊然博厚者地，有其静翕動闢之功用，此則在化迹上立論，而非所以言化之原也。

問：“翕闢與《大易》乾坤之義頗相當否？”

答：大概説來，闢與乾之義爲近，翕與坤之義爲近。然從來《易》家講乾坤者，多不能無病，無論漢宋各家派，其言乾，則曰陽氣也，言坤，則曰陰氣也。其所謂二氣之氣字，含義究如何？亦無明白之訓釋。《新論》説翕闢是用，則氣之爲義，可以説只是用義，用相不實，故説爲氣。這個氣字，自不是常途所云空氣或形氣等氣字的意思，只形容其有勢用顯現，而不實在、不固定的意思。《新論・功能》《成物》兩章，談理氣問題時均曾説過。用者，體之顯，即非别異於本體而有其自體，譬如衆漚是大海水之顯現，即非别異於大海水而有其自體。用之本身元非實在的東西，其勢用只是一翕一闢、頓起頓滅、生生不息，如電光之一閃一閃、活躍無匹。無物可以比擬之。所以説有勢用顯現，而不實在、不固定者，意正如此。氣字之意義，亦只形容其如此。

《易》家談陰陽二氣，有近二元論者，如王船山《易》内外傳極多精義，然其言“乾坤並建”，頗近二元，根本處卻未透。《新論》説翕闢，雖云兩種勢用，而實只是一個勢用，有此兩方面以相反而成其用，乃假説爲兩種勢用耳。詳《轉變》《功能》《成物》諸章。體之現爲用，本唯是闢，剛健、升進、生生、清净乃至萬德，皆闢也，而不能不先有一個翕，此中先字，非時間義，只是在義理上説一先字，勿誤會。否則只是虚無莽蕩，將無所據以自顯。此中虚無者，非謂空無，以其不能構成形物故云。故翕之反乎本體而將成乎物者，本體是無形的，是不物化的，翕故與之反。特妙用之不得不然，實則，翕亦是闢，非其本性與闢有異也。故《新論》説翕闢，與《易》家誤解乾坤爲二元者，自不可同年而語。

或曰：“漢儒荀氏言升降，以爲陽常升而不降，陰常降而不升，復推乾坤之本，合於一元，世儒以爲得《易》之大義，《新論》翕闢之旨與荀氏義亦有合否？”

答曰：“陽常升而不降”與《新論》闢義有合，“陰常降而不升”則稍違《新論》翕義矣。翕而成物，固有降之趨勢，然翕之本性究不異闢，故翕終隨闢轉，則非常降而不升也。使一升一降爲二者之恒性。二者，謂乾陽坤陰。則陰陽何可融和？荀氏亦難自圓其説矣。至謂“推乾坤之本，合於一元”，恐非洞達本體，要爲推測之論耳。使其證體，則常降而不升之陰，果何所本？何至有此計哉？《易》學自漢以來，糾紛難理，百家之書雖各有所明，而真得宣聖旨歸者其誰耶？《繫傳》本孔子傳受，確然無疑。然戰國及西漢儒者容略有竄入，兹不及論。

問曰：“由翕闢之論，則物質、生命、心靈三者，雖其發展有層級，但決不可説泰初物質世界成就時，尚無生命與心靈也，只是物質這方面顯著，而生命與心靈諸方面尚潛伏未現，卻非無有。”

答曰：汝已得《新論》意。《成物章》説得極分明，《大易·屯卦》意思深可玩。屯、難也，其卦䷂《震》下、《坎》上，故《彖》曰“動乎險中”。《震》卦初之一爻初爻、陽。爲陽動於下之象，《坎》卦二陰錮一陽於中，爲陽陷於險之象。夫陰者，所以表物質，陽者，所以表生命或心靈，萬物初生，則生命心靈潛而未顯，爲震陽初動之象，此時物質重錮生命心靈，令其不得顯發，故云“動乎險中”，此其所以爲屯難也。

問曰：“《新論》説功能非一合相，故於全而有分，全者、全體，分者、部分。剋就其分言，即每一功能互爲主屬，詳《新論·功能章》。是義云何？”

答曰：如就汝與萬物或衆人言，當知汝自爲主，而一切物或人對汝則爲屬，如五官百骸之屬於一體然。是汝乃通天地萬物爲一體也。但其間自有主屬之别，此中天地萬物包括人類在内不待言。又於天地萬物中，隨舉某物或某人爲主，亦皆以汝及其他一切人物爲屬，是某物或某人亦與汝及天地萬物通爲一體，而互爲主屬可知。由互爲主言之，萬物莫非主，一微塵卻是三千大千世界之主體；由互爲屬言之，萬物莫非屬，故不可得一超物之真宰。宗教家計有超出萬物之上的大神，究是迷妄。汝若體認得此理，當知功能非一合相，其一一部分皆互爲主屬，此謂法爾道理，不可致詰。

問曰："《新論》説每一功能具翕闢兩極，詳中卷《功能章》下。闢極即是心的方面，翕極即是物的方面，心物只是同一功能之兩方面，本無異體。據此原理，草木土石之類，其所具功能，既非唯翕而無闢，即不得説草木土石爲無生命或心靈也。而印度佛家卻説草木土石爲無情何耶？"情者、情識，無情者、謂其無有生命、無有心識也。

答曰：佛家説草木土石之類爲無情，此實無理。有宗《唯識論》主張相見别種，吾謂其爲二元論。實則，有宗此等主張遠有端緒，自釋迦創教時，首立五蘊，五蘊總括言之，只是色心二法，《新論》中卷《功能章》上，曾釋五蘊。色法居首，次及心法四蘊，當時解析色心，只是平列而談，並未以色攝屬於心，其骨子裏已近二元論。由二元論之見地，則承認有無情世間，亦不足希奇。佛家以具有心識之衆生説名有情世間，若草木土石或山河大地等，則爲無情世間，亦云器世間。但此等思想，殊嫌粗，依《新論》翕闢義，則無機物亦非無情，只其情識不顯著耳。人之百骸五臟、植物之枝幹花實、礦物之形體，皆生命或心靈之所凝成與著現。但生命心靈將利用乎形以自顯，而即不免有錮於形之險，而昧者遂謂宇宙間有無生命心靈之死物，豈其然哉？若夫依報之説，則宗教家之情懷存而不論可矣。佛家説有正報、依報，如人生而得此身，是正報，生在如此之自然環境，則名依報。報之爲言，則先世所作善惡之感應也。如此，則草木土石等等，悉爲依報？不可承認其有生命心靈也。

《新論》根本意思，在遮遣法相而證會實體，覆看中卷《功能章》上。超出知解而深窮神化，知解所以測物，故不足以窮神化。伏除情識而透悟本心。情識者、情謂虚妄，情識猶云妄識，俗所謂思想或知識與理智，及宗門所斥之知見或情見與意計等等，大概屬情識。儒者亦謂之人心。既悟本真，本真，猶云本心。而後依真起妄，情識亦現。但悟後之識，識者，具云情識，下倣此。依真起故，用能稱境而知，稱字吃緊，於所緣境無有謬解，謂之稱。離於倒妄，斯與未悟之識截然異性，故知妄法亦真。此中妄法，即謂情識。

《新論》要義有三：一、剋就法相而談，心物俱在。心起即物與俱起；

心寂，即物亦俱寂。二、攝相歸體，相者，具云法相，下準知。則一真絶待，物相本空，心相亦泯。所謂“遮法相而證實體”者，即此旨。三、即相而顯體，則説本心是體，雖復談心未始遺物，然心御物故，即物從心，融爲一體，豈有與心對峙之物耶？《大易》以乾爲體，卻是即用而顯體。坤元即乾元，楊慈湖最説得透。《新論·明心章》直指本心爲體，正是即用顯體。與《易》義通。如上三義，學者瞭然於胸中，則《新論》不難讀，而亦有莊生“六通四闢，小大精粗，其運無乎不在”與陽明“横説竪説皆是”之樂矣。適與李聖三談此意。

夫體之爲名，待用而彰，無用即體不立，無體即用不成。體者，一真絶待之稱；用者，萬變無窮之目。夫萬變無窮元是一真絶待，即用即體。一真絶待元是萬變無窮。即體即用。《新論》全部，只是發明此意，中卷《功能章》上下平章空有，在在引歸此意。古今學術思想，或從萬變中追尋絶對，絶對即上云一真無待。自宗教以至哲學正統派皆是也；哲學中談本體者，畢竟是正統派。或依萬變之迹而行觀測，注意之迹二字。則科學自此興。

科學於萬變處不能謂之無所得，但其所得終不離迹，無緣理會萬變之原，其所仗者量智或知識，又當守其領域故也。

宗教與哲學雖分途，而哲學家中頗有與宗教相通處者，即同具有超越感是也。例如黑格爾氏之“絶對精神”與宗教家上帝雖精粗異致，其爲興起超越感則同。由此超越感，不知不覺而將本體世界與萬變的世界劃鴻溝，於是體用不得融成一片。許多談本體論者是如此，黑格爾似較好，但與吾《大易》之旨究不類。《新論》直是不得已而有作，烏容掉以輕心。

《新論》談體用，輒舉麻與繩或水與冰喻，此正對治用外覓體之病。至理，言説不及，强以喻顯。因明有言：凡喻，只取少分相似，不可求其與所喻之理全肖。吾書中亦屢加注明，乃讀者不察，竟有來函謂吾所舉喻是以因果言體用，亦怪事也。

問：“《新論》談佛，不及中土諸宗何耶？”

答：《新論》改革印度佛家思想，只從根本旨趣上立論。不可枝枝節節爲彼各宗派作論文也，此點須認清。佛家自小迄大，只分空有兩輪，小空不及大空，小有不及大有，故吾只扼住大乘而談也。雖中土自創之宗如天台、華嚴等，其淵源所自，能外於大有大空乎？凡著書者，如評判其所從出或所欲改造之學派，則必綜覽該學派之全體而抉其本根，撮其要最加以衡斷，始抒己見，至其支流可勿具論。吾書乃自成一家言，自有體系，非爲佛家作概論或歷史也，焉得一一取而論定之乎？

昔者梁任公嘗疑小宗或優於大乘，此蓋揣測之談耳。任公固未之學也，吾於小乘雖未暇致力，但就涉獵所及，當以大乘爲長。般若家解空可謂深遠極矣，小乘無此境界。《大般若經》《大智度》與《中觀》等論，廣大幽遠已極，凡夫何能攀援此等境界。小知讀此等經論，厭其重複，難以終卷；智者會心於文言之外，而後窮於讚嘆也。夫言之重複而後使人之印入也深，善讀者其敢忽諸。無着一派談境，境，謂法相及法性。唯識之論拆得極零碎，而後排比拚合，甚不饜人意，當有不及小乘處；然攝一切法歸唯識，比小宗較有統系。小宗雖多精到處，究是繁瑣哲學。末那、賴耶如活講，亦甚有意義。張德鈞問："如何活講？"曰：《禮經》所云"知氣"，即人之精爽不隨七尺之形俱滅者也，明儒黄宗羲頗信有此理。末那、賴耶卻可以知氣或精爽言之。

問："大乘説末那，以其恒内執有自我，故建立此識，如何與賴耶併説爲精爽耶？"

曰：《瑜伽》言"由有賴耶，故有末那"。大乘説末那與賴耶恒相俱而有，人死時，此二識不滅，故併言之。又賴耶含藏一切種子之義，今若勿以種子説爲現行或一切相見之因，亦勿立本有種，更勿以賴耶爲現界之根本依，勿以根身、器界説爲賴耶所變現，總之不虚構一大套嚴密的理論來建立賴耶以爲宇宙人生根本。如此，乃免除其在玄學上之妄構，而只將賴耶作下意識講，豈不極有意義？門人鄧永齡云："賴耶含藏一切種，若就心理學之觀點來講，正是下意識。可惜舊唯識師種子義講得太糟，遂成爲懸空妄構之玄學耳。"

有問："《新論》評及空有二宗大義處，有'據本體論的觀點'云云，及‘據宇宙論的觀點’云云，竊謂本體論、宇宙論只是西歐學人作此分別，佛法中似無此等意義。”

答曰：異哉子之言！不審如何讀佛家書也。佛典並用三分法叙述法義，曰境、曰行、曰果。境之爲言，是所知義，其間分别談法相、法性；法相省云法，相當俗云現象界或萬有。法性之性作體字解，猶云萬法實體，亦名真如。次行，謂功修；猶云修習的工夫。次果，謂所證得。功修是因，所得是其果故。今試問境中法相一詞與哲學中宇宙論一詞，其意義頗有相通處否？境中法性一詞與哲學中本體論一詞，其意義復有相通處否？而吾子乃云佛法中無本體論、宇宙論等意義何耶？若云“當用法相、法性二詞，不應採時行術語”者，則吾固嘗籌度及此：凡古今流傳之偉大學派，必皆於至道有所證見，其給人類以光明而資益吾人生命者，功亦鉅矣。講古學者，當發明其要義，使有智者得解，可以取長捨短，與道消息，不應以陳言僻語而述古學使人不可措思也。昔人論文，多不喜用奇字僻典，而故作艱深無實義者，尤惡之，顧亭林先生即持此主張之一人。即徵之佛説，如《楞伽經》中以執着種種美妙言詞爲妄計所由。宗門語録，蓋遵經旨。《楞伽》爲宗門所本。昔在舊京，馮芝生教授嘗謂佛書難讀，宜取重要經論而以時下語言疏釋之，使其意義瞭然可解。因聘王生，助教清華哲系，欲其準備此業，其意甚美，王生旋赴英，而此願成子虚矣。後生不學，每謂孔佛無有本體論、宇宙論，而吾子亦惑之。試問佛家浩浩三藏，是歸趣證見圓成實性否？如何漫道佛家無本體論。佛家自《阿含》以迄小宗、大乘，其五蘊之談首以色藴，即將内而根身、外而物質宇宙，析别相狀、平列叙述，而總歸色藴。不謂之有宇宙論的意義也得乎？至大乘空宗，遮撥一切，其不成立宇宙論，正是表現其關於宇宙論方面的一種見地。有宗八識與種子及緣生之論，分明是有組織精嚴的宇宙論。《新論》叙述詳明，中卷尤詳。雖具廣長舌，又何可辨？强辨，亦難誣事實。孔子之學，具在《大易》，《春秋》亦從是出也。《論語》與《易》《春秋》相印證也。在舊京時，張孟劬先生嘗曰：世界有三部奇書，曰《大易》《論語》《老子》。欲吾爲作新疏，吾忽忽已衰暮，無能爲役。《易》爲義海，六十四卦顯無量義，要歸“易有太極”一語，謂《易》無本體論可乎？“乾道變化”，“品物流行”，二語係節録《乾卦》。畫爲卦爻而表之以數理，神哉神哉！巧不可階，妙不可言，而謂《易》無宇宙論可乎？川上之嘆，見《論語》。於變而顯常也，與《易》義可互證也。

有問：“外間頗議《新論》中卷談空，不免以清辨邪宗，上逆《般若》者。”清辨爲空宗後勁，有宗如護法、窺基諸師力詆之，謂其爲“惡取空”，惡者、毁責詞，取者、取着，以其耽空，呵爲惡取。

答曰：《新論》叙空宗義，特引《心經》，依文訓釋，彼義既明，乃伸吾意，此亦矜慎之極矣。夫空宗隨説隨掃，不似有宗持論，有所建立，條件分明，易以核舉。不似、至此爲句。吾初欲依《般若》、達其神旨，繼念世人虚懷者少，將謂吾未讀經，但憑臆説，於是思得一法，即引據《心經》以彰幽旨。蓋《心經》爲《大般若》之撮要，以少文而攝無量義，自昔相傳如是也。基師尊重此經，厥有幽讚，然以《瑜伽》之學《瑜伽師地論》爲有宗所據。妄附《般若》之意，甚失其真。余擇舉經文加以疏解，辭略義備，歸於至當。夫探衡聖意既如其分理，而發抒創獲要無所偏私，平情以精義者將自知之，奈何以“清辨邪宗”妄相誣詆？以此推知，古人論著之苦心爲並時與後人之所不肯體察者，豈少也哉？有宗起於空宗之後，而亦稱大乘，又有矯異空宗之處，而唱有教。雖復承宣空義，而骨子裏究竟與空宗本旨不同，故有宗雖詆清辨以惡取空，要未可據爲定評，而疑清辨不得空宗本旨也。韓裕文有志斯學，吾望其有所究明。

有難：“《新論》以《心經》解《般若》，巧取捷徑，亦失玄宗。夫《毗曇》結小説之終，《般若》啓大乘之始，息息相關，學歷如此。《經》言‘五蘊自性空’者，色空變礙性，受空領納性等，皆於《毗曇》見其真詮，豈常人耳目體膚之所感覺能盡其意耶？《般若》正宗，在不離一切智智，而以無所得爲方便，故遍歷染浄百八句以爲觀行，此豈五蘊皆空得限之耶？五蘊不攝無爲也。《新論》於此等處一無所知，乃謂能由《心經》以彰《般若》幽旨，吾不敢信。”

答曰：君之所論，均屬膚談。夫所言色者，唯是變礙性，色者，是可變壞與有質礙的東西，諸論定色之內界，皆如此。非離變礙性可有色之名。今言“色空變礙性”者，易言之，即色空也。受空領納性，例色可知。小宗只空我執，不執有實自我。未空法執，法執意義，深廣無邊，非可咬文嚼字而解。此等名詞直須透悟《般若》整個的意思於文言之外，方許解得。今云《般若》空五蘊性，“於《毗曇》見其真詮”，此成何説？“《毗曇》結小説之終”，既足爲空蘊性之真詮，則《般若》何須出？此吾所不解也。至云“豈常人耳目體膚之所感覺能盡其意耶？”《新論》何曾有此説？真乃無的而放矢矣。《新論》云：“經言五蘊皆空者，謂一切法相都無實自性故，即是皆空。如以色蘊言，此色法無有獨立的實在的自體故，即色法本來是空”云云。《新論》下語極質實，而意義極深廣，君等掉以輕心，宜莫能喻。夫《般若》談空，豈是茫無歸着，蓋破相以顯性也。佛家當初説個五蘊，元是總括一切法相或宇宙萬象而爲言，宇宙萬象不外心物兩方面，色蘊即物，受等四蘊即心。如果法相是獨立的、實在的，便無從談法性。憶昔在舊京，與友人數輩聚西直門外某寺中，專爲討論西洋哲學上現象與實體一大問題。大家的意思皆以爲，如本體是潛在現象界之背後而爲現象作依託，則有現象與本體兩界對峙之嫌，且現象界何須要個依託，亦無從説明。如果説本體是發生現象的根源，則現象既是實有的，何必爲他現象。另找根源；既另有根源，仍是兩界對峙。當初有主張只承認現象界，不談本體，但又覺得現象界分明是變動不居的，宇宙人生不應如此虛幻無實際。當時大家反覆論難，終付之闕疑，不可得一結論。自後，余常念念不忘此問題。久之，稍涉《中論》《大智度論》，漸及《大般若經》，恍然有悟，以爲空宗蕩除一切法相，即是遮撥現象以顯實體。實體不是超脱現象界而獨存之一世界，唯空諸法相，方乃於一一法相而透悟其本有真性。此中真性即謂本體。譬如於繩，而不作繩相想，即繩相空，方乃於繩而見其本是麻也。積年疑滯，始得豁如。《心經》言“五蘊皆空”，蓋即於色蘊而見一一色法都不是獨立的實在的東西，是色變礙性空。此中“見一一色法”云云，“見”字義深，《心經》云“照見”之見，乃定中智照也，凡夫所有見聞思考等，非此境界。近世新物理學亦不謂元子電子有實質，即色法是空，然與大乘菩薩定中智照所了者，其境界淺深之判，奚止天壤？科學雖不謂有實質，要未能廓然亡相，以其未除情識故也。菩薩定中智照，冥證真體，雖一切相，如此境界深妙難測，故謂此中見字義深也。下文見字，倣此。乃至於識蘊，而見一一心法，都不是獨立的實在的東西，是識了別性空，諸論説識，以了别爲自性。由諸法相皆空故。而其本有不空真性，不可作色變礙性想，不可作受領納性想，乃至不可作識了别性想者，斯乃可得而悟矣。《心經》弘闡《般若》究竟了義，《新論》以空相顯性空法相而顯法性。釋《心經》，如何輕詆"巧取捷徑，有失玄宗"？君謂"五蘊不攝無爲"，此正《心經》妙處，而君未得解耳。《般若》説無爲空，正恐人於無爲法上着相耳。着者取着，亦云執着。無爲法者，本法性之目，不可説爲空，但如將無爲法當做實在的物事想，便是着相，《經》故説空，以破其所執相。然一往施破，易滋流弊，設有誤計法性亦空，則爲空見外道矣。《心經》空五蘊，即空一切法相盡，而不空無爲，所以存性，此《心經》善宏《般若》也。君又云："般若正宗，在不離一切智智，而以無所得爲方便。故遍歷染淨百八句，以爲觀行"，"《新論》於此等處，一無所知"云云。夫《新論》中卷所談，若用佛家術語，只是談境而已。法相、法性，通名爲境，曾説見前。其引用《心經》以彰幽旨者，自亦取其有關境論之部分。《新論》自有體要，不可爲《般若》作通論也，何得以其有所不談，遂謂"一無所知"耶？君謂"《般若》正宗，在不離一切智智，而以無所得爲方便"，吾猶有疑於君者，不卜果於此語有真解否。從來尊宿皆喜談一切智智，而此詞究作何解，竊恐不茫然者無幾。夫一切智智，將謂横盡虚空，豎窮永劫，一切事理無所不知耶？以此言一切智智，雖三尺之童將知其不可矣。若云超越俗諦一切知能，法執盡淨，冥應真極，法執盡，則我執盡不待言。真極者，法性或真如之代語，應字義深，智即是性，非二，故言應。世諦正知必依此而始發者，是則名爲一切智智，斯固吾之所許。佛家喜弄名詞，即以智言，其名數之多幾不勝數。其於各種智所示之分際與境界，時有令人起治絲益紛之感，而或不必有甚意義。此等繁瑣哲學，非經一番改造不可也。更有言者，一切智智爲是修所顯，修謂功修，亦云修行。抑是熏習始起。“修所顯者”，即智即性，非智與法性爲二也；“熏習始起”，則此智由外鑠也。君或不以前義爲然耶？天下固有無根之木，無源之水耶？“無所得”三字，尤忌在字面上作解，須先在生心動念處，察識如何是有所得心，心纔生，念纔動，便如向外有所追求與有所構劃者然，便不能亡相，便不與真理相應，此即有所得，非無所得也。句中須先二字吃緊，察識工夫只是初步。若只熟誦許多經文，有甚相干。卻非不要誦經。君謂“遍歷染淨百八句以爲觀行”，吾謂百八句，昔人自是聊示方隅，後學不可死於句下。人心染淨之相，略舉染淨兩字亦無不賅；欲詳究之，十萬八千句也說不盡。觀行下手處，只在當人切著己，惡可守古人一定句子耶？且以觀行言，《心經》空五蘊，是徹下徹上工夫，色蘊空是所緣空也，受等四蘊空是能緣空也，能所雙亡，即染妄盡而真體顯，故曰“徹下徹上工夫”也。玄奘大師宣譯之業，以《大般若經》爲最慎重，殆捨身命以從事，其契入之深可以想見。然臨歿誦持，猶是《心經》之旨，則知善發《般若》者，莫如《心經》，孰謂《心經》猶不切於觀行耶？

有難：“《新論》中卷批評無着三性說，引據《大般若經》，以爲‘三性始於空宗，無着更張原意’云云，此解無稽，真出意外。蓋所引《般若》爲《慈氏問品》，原係《瑜伽》所宗晚出之書，取以自成其三性說者，此與空宗何關？羅什大品不載此文，梵本與藏譯舊本《般若》亦無此品，乃至奘譯《無性攝論》引用經文者，西藏譯本亦不見有，可證其流行之晚也。西藏《大藏經》目録，亦謂龍樹於龍宫所得《般若》大本並無此品，又可證其非龍樹學之所宗也。今存藏譯二分《般若》有此品，乃晚世補訂加之，題名《般若》之經，非空宗所專有。如《般若·理趣分》爲密宗所依，與空宗亦無關。豈可一見《般若》，即目爲空宗之說？”云云。

答曰：《新論》所引《般若》說三性文，君據梵本與藏譯舊本《般若》都無《慈氏問品》，斷爲“《瑜伽》所宗晚出之書”，吾意，謂之晚出則或然也，謂爲《瑜伽》所宗與空宗無關，則期期以爲不可。夫大小諸經，多由釋尊後學依據聖言廣爲推演，其卷帙極繁重者，如《大般若經》之類，原非一人所製。蓋自釋尊歿後，諸大弟子之言論，空有分途，隱有端緒，逮小乘繁興，其異遂著。空派文籍前後流傳當極繁富，及龍樹菩薩出，以雄才睿智搜羅談空一派之衆説，而運以精思，抉擇貫穿其間，輯成鉅典，此《大般若經》所由傳。而龍樹集談空之大成，遂爲大乘之開山，猶孔子集群聖之大成，乃爲儒宗之開山也。舊謂龍樹於龍宫所得《般若》大本龍宫不過自神其説，只是深山崛宅儲藏文獻之地。無《慈氏問品》，吾則以爲，欲推論《慈氏問品》之早於龍樹或晚於龍樹，二者皆有可能。龍樹僅爲空教之集大成者，小乘早有空教之思想已可證。《大般若》非一手之爲，觀其書之體勢而可知。各宗所傳承之鉅大典籍，皆非一人所爲，不獨《般若》也。龍樹搜集空派文獻時，或未得見《慈氏問品》，其所輯《般若》大本因缺此品，此固事理之所可有者。如此推論而確，則《慈氏問品》爲早於龍樹之般若家言，不得以其未見收於龍樹，遂判爲《瑜伽》所宗也。即令推許爲晚於龍樹，要是承龍樹之思想而開演之，不得判爲《瑜伽》宗説。君謂“題名《般若》之經，非空宗所專有，如《般若·理趣分》爲密宗所依，與空宗亦無關”云云，吾則謂“《般若·理趣分》爲密宗所依”，此言甚是。“與空宗無關”，此言甚誤。密宗本依據《般若》，而得云無關耶？君又謂：此經已有三性名稱。則《阿毗達磨經》亦不必費大周折，以幻等異門爲《般若》説三性之證；又清辨《般若燈論》亦無由破斥《瑜伽》建立依他之非。殊不知三性名稱是一事，建立依他性與否又是一事，經文於依他性明明説唯有名想施設言説，何曾建立耶？此經既不曾建立依他，則《阿毗達磨》之曲説與清辨《般若燈》之破斥，皆有由矣。又君據瑜伽宗，以色等三法配合三性，雜揉空有，矯亂實甚，頗厭繁文，姑置不答。

有難：“性相之稱，原同考老轉注，三自性即三自相，而在《新論》乃以附會於本體與宇宙，甚不可也。”

答曰：佛書中凡言相者，有二義：一者相狀，二者體相。凡言性者性字多與體字互訓。有二義：一者自性，亦云自體。二者實性。亦云實體，猶云本體。實性者，具云諸法實性，省云法性。即是真如，亦云圓成實等等。名字甚多。自性，則隨舉一法，皆有自性可言，如説青，則有青之自性，以其不同於黄赤白等等故；乃至説真如，即真如有自性，真如不即是諸法而是諸法之實性，故説真如有自性；甚至如剛纔説這一句話，即應知這句話也有他的自性，以其與前一句話及後一句話都不同故。由此可知，自性與實性二名大有區别，即自性一名，隨所指目，全不固定；而實性一名卻是專目萬法本體。佛書中性字，有自性與實性，兩種用法不同，此不可無辨。性字既已辨清，而後性相二字非一概可以互訓，乃不待辨而明。試舉二例如左：甲，如云："識，以了别爲自性故。"此中性字亦可改用相字，因爲佛書中凡言相者，有處須作相狀之相解，有處須作體相之相解，依後解而用之相字，應訓爲性字。或體字。如本例中自性之性字與作體相解之相字，可互訓也。自性或自體。一名本不固定，隨所指目，今剋就識言，即識有自性，或自體。不同色等法故。此中相字與作體相解之相字，可以互訓；而與相狀之相，要不可互訓也。乙，如云："真如是識之實性。"此中性字與作體相解之相字，本可互訓，真如亦名爲萬法之實相，猶云實體。經論皆有明文，但決不可與相狀之相字互訓。又實性一名，剋目萬法本體，與自性一名之全不固定者截然不容混視，此則前已説明。

如上略舉二例，可見"性相之稱原同考老轉注"之説謬誤太甚。至於三自性亦云三自相，諸本譯文，隨所用之，吾豈不知？但吾欲問君者：此中自性一名，究作何解？夫三自性者，談者每簡稱三性，爲省便故，實則應云三自性。一遍計所執自性，二依他起自性，三圓成實自性。三性，見《新論》中卷，學者平日縱未讀佛書，然《新論》卻説得明白，只須字字留意，無難解者。夫遍計所執，全無物事。意識周遍計度，名爲遍計。而此計度不稱實故，陷迷妄故，由此妄有所執之相，是名所執。如依眼識等所見堅白等相，而妄計度有整個的瓶子，其實眼等識只各得堅或白等，都不可得整個的瓶子，瓶子只是迷妄所執，故云全無物事。而於此用自性一名何耶？蓋此遍計一詞所表之意義，與後二詞依他起及圓成實。所顯示者，互不相同，故說到遍計所執，即此一詞有自性也。後二依他起及圓成實。本與初之遍計所執虛實不同，據有宗義，依他起法於真諦中說爲幻有，幻有即非無，於俗諦中且説爲實有矣。圓成實是真實有。而亦説爲非有非無者，謂於此圓成實之上本無遍計所執相，故説非有；而圓成實亦名真如，是萬法實體，故説非無。非有非無是實義，並非玄談，更非矛盾之論，故後二皆實，不同初之所執全是虛無。而各置“自性”之詞者，二中依他法不同於初之全無，亦不同於第三之爲絶對真實。故應置自性言，明此依他起自性不同初與第三兩種自性也。三中圓成實亦置自性之言，準初及第二，可以例知。佛書中修辭極謹嚴，凡立一名詞，即此所詮義，必有其自體可言，自體猶言自性，體字與性字通用，此意前已説過。否則只是淆亂不清，所謂名不正，言不順也。故凡一名詞下，而置自性之言者，即顯此名詞之特殊性，並無他種深解。讀佛書者，於其辭例，不可不知。凡此極平常之名言，而君弄得如斯紊亂，以狂誣《新論》，誠不可解。夫圓成實即真如之異名。圓者，本來圓滿，無虧欠故；成者，亘古現成，非所造故；實者，絶對的真實，無倒妄故。真如若非萬法本體，萬法猶云萬有。則真如一名所目者是什么？願君平懷澄慮而體究之。君以吾談本體，遂嫉厭本體一詞，乃欲曲解真如及法性等詞，謂佛家無本體之義，佛家豈空見外道或斷見外道耶？或者佛法只承認生滅流行爲實在耶？此皆異乎吾所聞。夫法相之相，是相狀義，與俗云現象，義亦相通。佛書中凡談蘊界處蘊，即五蘊，《新論》中卷引《心經》處已有解釋。又有十八界及十二處之説，則只將色心五蘊另變一種排列耳，詳在《佛家名相通釋》。或八識等，佛書中凡言等者，有内等、外等。内等略當助詞，無别所指；外等則指所餘列舉不盡之同類法而言。此中等字，即外等也。通屬法相。今哲學上現象界一詞，實即一切法相之都稱。凡稍有哲學頭腦，能讀佛書者，當知法相一詞之所目者，有其一定之範圍。易言之，即真如法性不在法相一詞所目之内。真如亦名爲法性，經論有明文，此中以真如法性合用爲複詞。謂真如法性是一切法相之實性，則是；謂真如法性亦名法相，則大悖。而曰“性相之稱原同考老轉注”可乎？至於三自性中依他起自性，吾只謂其屬宇宙論方面的説法，何曾以依他性省稱。一詞徑訓爲宇宙二字乎？而曰以之“附會宇宙”，極不成話。夫依他之他，是緣義，依他起者，明色心諸相此相字，即法相之相。皆依託衆緣而生，所謂緣生論是也。緣生，亦名緣起。雖此二詞，唐賢有稍加分别者，卻無關要義。佛家緣生論屢有變遷，釋迦首唱十二緣生，只在人生論方面講；及小乘説四緣，便變爲宇宙論方面的説法；大乘有宗始建立種子爲因緣，雖與小乘同爲宇宙論方面的説法，而實際則與小乘截然異旨。小乘不立種子，其談緣生與晚世哲學家談關係論者，義趣頗堪和會。至無着、世親兄弟立種子爲因緣，其後學一脈相承，始説因緣爲作者，餘增上等緣爲作具，詳見《新論》中卷。自是而緣生論乃復變成構造論，此則其不及小乘處也。然大有大乘有宗之省稱。既立種子，則其談緣生不變成構造論不得也，依據種子論者之思考與理論，必推演至此而後已，此固無足怪者。三自性中依他性，即據緣生論而立名。實則，大有種子論出，已變緣生論而爲構造論，《新論》中卷言之已詳。依他性中，本是説明一切法相謂色心諸法。有待而起，待者，謂待衆緣。或宇宙所由構成，宇宙，即一切法相之都稱，“依他性中”，至此爲句。義據分明。而君必謂佛家無宇宙論，以君之明，豈見不及此？或由輕視西洋哲學太甚，並其名詞而唾棄之；或自是太過，視迂陋所言必相矯異，此皆有所未可也。

有難：“《新論》强分空有，殊欠妥。龍樹、無着之學，後先融貫，兩家皆對一切有而明空，乃從清辨立説，謂‘空有異論’，此爲唐賢章疏所誤也”云云。

答曰：君所謂“唐賢章疏”者，即指窺基、圓測二師之疏。測、基著述太多，於枝節處容有疏漏。若空有分宗，自小乘二十部已顯然異幟，《異部宗輪論》略見其概。龍樹、無着二宗之學，皆前有所承，都非突起。無着出龍樹後亦自標大乘，雖復承宣空義，要其骨子裏確是繼小乘以來談有一派之精神，而緣飾以龍樹之空，自鳴中道，此徵之《解深密經》與《大論》，其用心所在歷歷可考見也。龍樹之學不建立依他。《中論》破四緣。而無着一派所宗經論無不盛張三自性，極成種子，以堅固依他性之壁壘，此其精神與面貌根本不同。而君乃謂“後先融貫”何哉？乃以誣詆測、基章疏，豈不冤哉！夫奘師之在天竺也，有大乘天之稱，其學之精博，天竺尊宿未能或之先也。測、基在奘師門下，親承音旨，何至於空有宗派尚茫昧無知，任意傳訛，遺譏後世，如君所詆者乎？吾國近來治古學者，好逞臆見，而輕翻前人成案，異乎宣聖好古之風。夫義理無窮，前人亦有見不到處，後人盡可補救與發明。至於古人學問淵源脈絡，自有廬山真面，治古學者不可以己意爲之曲解也。君本博學多通，若恐空有二宗之學不相融會，而欲如鄭康成揉通今古，陳蘭甫調和漢宋之爲，此意未嘗不佳；但當知王輔嗣所云："異而知其類，睽而知其通"，卻不可將其本異本睽之真精神消失盡淨也。

有難："公於大乘空有二宗之學，夙依舊説：空宗所宗經則《大般若》，所宗論則《中》《百》《十二門》；有宗所宗經則有六經，所宗論則有一本十支。此乃相沿之誤。龍樹兼主《華嚴》，羅什傳習亦以《十住婆沙》與《智論》並宏，而謂空宗單宗《般若》可乎？無着通宗《般若》《寶積》，《瑜伽》抉擇解整部《迦葉品》，以見大乘宗要，《中邊》亦有遵依《般若》《寶積》明文，乃以爲專主六經，亦大誤。六經自是《成唯識論》所依，且《如來出現》即是《華嚴》一品，何得並稱爲六？"

答曰：《華嚴》相傳龍樹得自龍宮，是否依託之詞，殊難斷定；即令果自龍樹得之，而是否奉爲宗主，又別爲一問題。龍樹精神命脈不能不謂其全在《中論》，《智論》是釋經。殊難見有兼主《華嚴》之徵。有宗所主六經，君卻謂之是《成唯識論》一書所依，此其致誤之由，則以將無着、世親兄弟授受之學而强分爲二宗，此其説雖始自宜黄大師，然吾未之敢信。世親唯識之論，其根本大義一切依據無着，只持説之體系較諸其兄之諸作爲更完密，非主旨有異，故不必以一家之學判爲兩宗也。整個有宗之學既不可分，則不得以六經爲世親唯識所專主，而謂無着未嘗有是也。夫無着所宗《解深密》等經，《瑜伽》等論，明明以《般若》爲不了義教，而謂無着宗《般若》可乎？君謂"《瑜伽》抉擇解整部《迦葉品》"，"《中邊》亦有遵依《般若》《寶積》明文"，以此證"無着通宗《般若》《寶積》”，此等論證法太不合理。古今哲人爲學，莫不有所宗主，亦莫不汲納衆流，旁參博證，焉得以其採擇所及便是其宗主所在乎？鄭玄釋經雜讖緯，謂其有取於是則可，謂其所宗在是則不可。基師曾云：清辨有言，應當修學。將謂基師亦宗《掌珍》等論乎？且無着諸作，出入群經，豈止《般若》《寶積》，將謂其無所不宗耶？君以羅什傳習《十住婆沙》，證空宗亦主《華嚴》，論證不成，毋須復辨。又凡佛家巨册大典，本由搜集衆説而成，豈是一人之作。《如來出現》雖是《華嚴》一品，或者《華嚴》未總輯時，此品早已單行；或是《華嚴》總輯以後，無着等特尊此品，故抽出單行，與總經並列，以示提倡。如《大學》《中庸》本屬《禮經》中二篇，今自宋以來談經籍者，以《學》《庸》與《禮經》並舉，孰謂其不當耶？總之，異宗之學，謂其不能不有互相兼取與融通之處，則理所應爾，我亦無遮；但如欲將各宗根本主張與其特有之精神，一概矯亂而混同之，則違實事求是之規，非吾所仰企於明哲也。又凡宗派之分，遠自古昔，本屬成案，後人如欲溝通之，只合明其異中有同，斷無可取消成案；古學不曾分宗，而後人以意强分之者，亦是徒勞，此皆談古學者所宜謹也。

有難：“無着據《瑜伽》以談境，備在《顯揚》，以二諦開宗，無所不包，建立依他又無比其要，公一向持論謂《攝論》《唯識》獨詳，何耶？”《唯識》，即《成唯識論》省稱。

答曰：《顯揚》於《瑜伽》設教節目提控較詳，若云談境，豈二諦開宗便可包括耶？誠如此，則《法苑義林》之《二諦章》比《顯揚》詳悉多矣。建立依他，《顯揚》果何特要？須知：無着之依他義首在種子，依他即是緣生義，談緣生必析四緣，而四緣以因緣爲主，無着所云因緣，即是種子。《攝論》首建賴耶以含藏一切功能，無着功能，即種子之别名。而歷評外道等所各立之萬有初因，如大自在天及自性、神我等是諸外道所建立爲宇宙之初因者。以爲皆不如己之種子説。復承《瑜伽》之種子七義而約爲六義，又申熏習義，自是種子義確定。世親及其後學承之，只有推演加詳，而無有絲毫改易其本義者。依他建立，特異空宗，若非原本小有，小有猶云小乘有教。借鑒外道以組成極有精嚴的體系之種子説，則三自性中之依他性又如何建立得起？孰謂《攝論》談境不如《顯揚》耶？《唯識》談境，堪稱義海，以言其廣則無所不包，世親於外道及小乘學無不博究，且無不精研，後因乃兄作《攝論》授之，遂捨小入大，承受其兄之學。晚而造《唯識》，稟無着之精髓，而理論方面則燭照於外小，而肆應無方。以言其細則無所不入，規模宏遠，體系精嚴，雖與《顯揚》等論並列十支，而實《瑜伽》以後最偉之作。《中邊》雖善，詳密遠遜。吾生今日，雖病其懸空構劃，兼厭瑣碎，但在印度古代哲人工玄想而不免空想，精解析與排比而易流繁瑣之學術空氣中，但在至此爲讀。《唯識》甚有其長，而亦難避其短。玄想甚重要，西洋人非富玄想，不能有科學上之發明；印度前哲亦富玄想，然復過富於宗教之情趣，遂多陷於空想。印度人極精解析之術，但不務質測，輒以空想而流於繁瑣哲學。其持論尚排比而每失倫類，如五蘊中色蘊，本分析物界，即以質礙名色，而内心之相亦名爲色，列在色蘊，極無倫類，此例不勝舉。總之，印度人長短之處，自外道小乘以至大乘隨在可見。平情而論，世親《唯識》其骨髓的承無着，而運思之密、立論之精，實受當時外小影響。而或有融攝，或相反對，所資者博，所造者宏，其爲彼時代極偉大之創作，而亦佛家有教中談境最精最備之書。原其成立依他性，恢宏小有之緒，而矯空宗末流沉空之弊。新熏種義應用於人生論方面，卻極有貢獻，與《大易》“日新之謂盛德”可相和會，《新論》“浄習”亦本其旨。自餘可稱者多，兹不暇詳，在歷史上價值之鉅，固永不可磨滅也。自唐以後，此學漸成絶響，近世宜黄大師赫然之續實在於是，其可忽哉！自吾《新論》出世後，學者或輕視世親《唯識》一書，以爲不足深研；甚者至欲遺世親而獨崇無着，則是尋金沙之源而不肯睹揚子江流之廣遠也。夫不深窮世親《唯識》一書，則亦不知《新論》所由作，宜其視《新論》於無物也。

有難：“《攝論》《唯識》依《毗曇經》，與《瑜伽》異説，《本地分》依圓染浄相對而談，論經始説依他爲二分，公向以爲兩論悉據《瑜伽》，可乎？”

答曰：本地但據染分依他言之，詳略異耳，僅此一節，足爲兩論不據《瑜伽》之證哉？夫《瑜伽》稱一本，兩論並在十支，支自本生，自昔傳承如是，豈吾臆説耶？

有難："基師纂《成唯識》，淆亂三家，迷離莫辨，既誤安慧説爲難陀，又以勝子等説改護法，今有安慧論梵本與護法論浄譯本可證，測更自鄶而下。公一向誤信兩師解説有據，奚可哉？"

答曰：奘師之譯世親《唯識》也，本主十釋别翻，十師各有釋文。基請糅成一部。即今存《成唯識論》。别翻與糅譯互有短長，基師於論本外别爲《述記》，用意良善。常與賀自昭、麟談此意，自昭亦謂此種譯書法最好。惜《述記》成得殊草率，此無可爲諱；然既是糅譯，只十師要義不遺，足以發揮世親之旨，便稱善本。至於某義發之誰氏，記憶有誤自所難免。曾見後生稍有記問考覈工夫，於章實齋書中發見引用故事錯亂頗多，遂狂詆實齋爲不學。余喟然曰：須識得章書旨要，枝節之誤雖亦宜知，究無傷大體。吾嘗與人箋，談皮錫瑞《五經通論》，而誤將皮字寫爲裴，設譏吾改皮書爲裴書，可乎？以此推知，君所舉基師某説誤爲某，及以某説改某，似未足爲基師深病。要之，基譯《唯識》不失世親本旨，未容輕議。測公精博或遜基師，然彼似多存真諦學，時有卓見，豈可等諸自鄶？真諦所傳《唯識》似不屬無着、世親一派，世親説三能變，實承無着《攝論》，此意須另爲文詳之。真諦朋一意識師，顯與無着分途，古籍不完，無從考其來歷。測、基親炙玄奘，學有淵源，吾儕不信測、基而誰信？至謂玄奘喜以晚説改易舊文，此或偶有是事；然若以極少數之發見，輒疑奘譯諸籍無不改竄，則奘師將如世儒所譏之劉歆，吾不敢信。且所發見改易之處，吾猶存疑。俄之梵文專家鋼和泰，曾校奘譯《攝論》，稱其謹嚴，此一證也。

有問："無着、世親所立法爾種，不可説即是真如顯現，"法爾種"，亦云本有種。真如無爲故，真如無爲，不得説真如顯現爲種子，則種子只是自本自根的，而與真如對峙爲二。故有宗學與《新論》體用不二之旨根本迥異。然《新論》謂空宗'遣相以顯性'，性字與體字通。則是性相不二，與《新論》意思似可通。公嘗謂：‘佛家所云實體，似是現象界所依託的一個世界’，有宗頗有此嫌，空宗卻不如此。”

答曰：空宗不立依他，即遮相以顯性，從玄學的意義來説，空宗卻無病。但空宗決不肯道真如是無爲而無不爲，只説個無爲，汝通十二部經大旨體會去。他説真如，總是無爲，大概有遏逆生化的意思；或因出世思想使然。《易・繫傳》言太極，便説是生兩儀。太極，本體之名；兩儀，謂陰陽；生字，發現義，太極發現爲陰陽，即陰陽即太極，非太極與陰陽爲二也。不可妄計太極爲能生，陰陽爲所生，有能所，便是二，非《易》旨也。老子言道，便説“無爲而無不爲”，道亦本體之名。老子乃《易》之別派，猶不失《易》之根柢。佛家談體絶没有《繫傳》《道經》的意思，學者但虚懷參互究之，《大易》與佛氏不同處便可見。有人説佛家也講流行，彼卻不會《新論》。《新論》於流行識體，以流行即是真體呈現故也；佛家説流行，如就衆生分上言，只是妄習流轉，豈《新論》所謂流行。如云：“從初發心，歷一切勝行，至獲無邊智力德用，此有爲净法亦曰流行，是不得以妄習言之。”殊不知，净法流行雖非妄習，然在佛家，並不謂此净法即是真體，智與真如，猶分能所故。前有一則言之。《新論》於流行識主宰，即工夫即本體，與空宗猶自不同，有宗更無論矣。

問曰：“《新論》平章華梵，權衡今古，所涉亦已博矣，持論固自成體系，宗旨究密朋《大易》，是固不純爲佛家言；而乃以《新唯識論》名書，其將以新有宗自旌異耶？”

答曰：《新論》之作，元由研習有宗《唯識論》，漸悟其失，久之旁參博證，終歸求己一路，困而後通，乃不容已於言，如蠶吐絲，如蜂釀蜜，豈復有所爲而然哉！嘗語人言：迂陋平生之學，以破除門户，捨先入爲主之見，爲實下手處，以旁參博採，而後反己體認，虚中冥應爲實得。《新論》本不爲佛書作注解，而必欲純爲佛家言耶？曰：“若是，則書名何必沿有宗唯識之稱，招佛門之議？”曰：甚哉，子之陋也！從來哲學思想不外唯心、唯物兩途，雖有持非心非物之論者，而其骨子裏不是偏重在心的方面，便要偏重在物的方面，實無俱非之論。吾非唯物論者，不以唯識名吾書，而將何名？吾書之作，由不滿有宗之學而引發，不曰《新唯識論》，而將何名？且吾之言學。夙主會通，夫豈無故！嘗語人曰：古今中外哲學上許多無謂的糾紛，大家弄到把窮究真理的本務完全拋開不顧，而要自立門户，自樹一幟；因此，哲學史也是一部相斲書，此正表現人類的見貪、見嗔，見貪、見嗔，詳《新論・明心章》下。甚可痛惜！《新論》包羅儒佛而爲言，既自有根據，非同比附，而取捨貫穿又具有權衡，純是破除門户，一以真理爲歸。吾中國人也，又老年人也，所見自不出中國。中國哲學思想，要不外儒佛兩大派，佛雖外來，而自漢迄今，已成固有。道家宗《易》，實儒氏之旁支；其崇無，亦有近於佛，故不别提。而兩派又同是唯心之論。吾故匯通儒佛及諸子，析其異而觀其通，捨其短而融其長，於是包絡衆言而爲《新論》。始信象山"心同理同"之説無可議，理有所不同者，非至理也，至者極也，談理到極處，不容有異。心有所不同者，非本心也。妄心或私心自不同。《新論》之作，不欲拘一家之言，守一家之形貌者，所以破除門户而歸於心理之同然，以蘄免於哲學家相斲之害也。世人不識吾意，紛紛妄議，豈不惜哉！《新論》原本印行時，民國二十一年。南京支那内學院刊布《内學》第六輯，曰《破新唯識論》。其書詆《新論》甚力，内有一條，謂"不應雜取儒道諸家"。吾時作《破破新唯識論》，曾答之云："夫取精用弘，學問斯貴；博覽遍觀，唯虞孤陋。吾友馬一浮與人書曰：'耻爲一往之談，貴通天下之志。'此言若近，而有遠旨，融攝諸家，詎爲吾病。前過漢上，曾遇人言：'佛家與此土諸宗，理當辨異，無取融通'，余曰：自昔有三教融通之談，吾亦唾之夙矣。其所謂融通，非融通也，直拉雜耳、比附耳。習比附者，絶望於懸解；喜拉雜者，長陷於横通。今古學人免此者寡，如斯之流，公所弗尚，吾何取焉？若乃上智曠觀百家之慮，雖各有條例、各成系統，而如其分理，不齊斯齊，會其玄極，同於大通。故乃涵萬象而爲宰，遍徵群慮而自有宗主，否則與拉雜比附何異？鼓鴻爐而造化，融會貫穿，新有所創，成爲化學的變化。同歸儘自殊塗，百慮何妨一致？斯固小知之所駭怪，一察之所不喻，宜其等華梵於天淵，視内外若矛盾，道隱小成，明窮户牖，其所患豈淺哉！昔羅什東來，睹遠論而嘆與經合，見肇文而欣其解符，此皆三玄之緒也，而什不以爲異，何哉？遠公著《法性論》。什覽而嘆曰："邊國人未有經，便闇與理合，豈不妙哉！"肇公"四論"，什見之曰："吾解不謝子，文當相揖耳。"遠肇兩師之學，其根柢只是三玄，什未嘗以爲異也。夫學，必析異以盡其偏曲，必一貫以睹其大純，知異而不知同，非所以爲學也。吾説未竟，而彼人欣然會心。故知世無宗匠，士溺近習，脱聞勝論，忍礙通途。"《破破論》久未翻印，世人得見者甚少。

問曰："佛家工於持論，老莊亦妙以文學達神旨，儒者似不屑馳騁論議，其故何耶？"

答曰：《論語》開宗明義而首提一學字。《白虎通》言："學者覺義，覺者，明解之謂。"吾人努力對治其與形俱始之迷闇，而復其明解之本性，是之謂學。迷闇只是與形俱始，非本性上便有此，本性確是明解的。吾人學問工夫，做到離暗得明、離迷得解，只是復其本性，不是於本性上添得些子，亦未曾減得些子。人生在迷闇時，本性只是障蔽而不顯，非本性上有所減損，《新語》究竟意思要不外此。學者，非由外鑠我也，此是性分内事，一息不容鬆懈，何暇論議？然論議亦不必可廢，嘗與人言：中外學術，自是就玄學或哲學言。有本其所明解，而發爲一套理論以喻諸人者；如印度佛家。有明解内斂，直爾忘明息解，明不忘，則與所明爲二；解不息，則與所解爲二。體神化不測之妙於人倫日用之間，體神、至此爲句。其示人亦只在躬行處提撕警醒，令有以自得而不屑敷陳理論者。《論語》記夫子曰："仁者，己欲立而立人，己欲達而達人。"與佛言自度他度同旨，立人達人，故教以之興。教法則有假興論議以喻諸人，如印度佛家及西洋學者皆是。其不務論議，而從人生日用中親切指點者，獨儒宗爲然。吾意論議是不得已。儒者精神，確甚重要，宋明諸師風範猶承孔孟，惜乎今之學子，此義蕩然矣！

牟生云："有宗説話，處處分割得太死煞，《新論》破之已詳。空宗，從玄學之觀點去看，只是破而不立，自無有宗之失。只是無有宗之失。然談到心地，與《新論》所云'全性成行''全行是性'及'智即是如'

等等意思，畢竟迥别，不知何故？”

余曰：佛家思想根本多矛盾，此意非簡單可説，亦難爲不知者道。且佛家派别甚繁，各宗之高文典册多半是總輯衆家之説而成，其思想也不完全一致，甚難董理。余通玩佛家大旨，約有三義是其超越古今處：一、於人生惑染方面深觀洞照，詳悉説與人看，好令自反。孔子不訾毁人生，不肯從這方面説，佛家偏要揭穿，雖不無短，佛家出世思想由此，而且把人生看得太壞，更有許多不好處。卻亦是萬不可少的説話。吾以爲人生惑染方面識得最透者，自有天地以來恐無過佛家者。中外文學家揭人生壞處者雖多，然其態度冷酷，且從其小知小解、世間聰智而説出來，不是從悲心發出，更不能見大見深，此意難與世俗言。二、佛家書形容一真法界空寂、清浄、真實，遠離一切倒妄或戲論，無上莊嚴，真令人有顔子欲從末由之感。吾於此，直是窮於讚嘆，人生不識此味，極可惜。孔子於此方面只是引而不發，大概恐人作光景玩弄，欲人深造自得之，孔子甚切實，但有佛家説一番卻好。三、佛家書破除知見或情識處，直是古今中外無量哲人罕有如斯深遠。老莊雖反知，迹其言説，猶未臻妙境，其境界自不及佛家之高。歐西哲人大抵不出思議窠臼，更難望老莊矣！孔子境界高，卻不肯向這方面説話，應有佛家一説。昔在舊京，與友人林宰平、梁漱溟言：佛家之學，須看他大處、深處，若云理論，則爲宗教思想與空想所誤，荒誕處殊不少，余故欲評而正之。吾國向來嗜佛者，大概屬名士，談玄説妙無不陷於籠統與混亂，久爲思想界之毒，其於佛家罕能得真實受用。今後從事西洋哲學者，甚願其於儒佛二家學作極深研幾工夫也。

向與牟生宗三言：東土哲人破知見或反知等話説，實非不要知識之謂，他只不遺知識而更有超知之一境。因俗學陷於知見中，不知有向上一層，故不得已而破之，而反之，其實非屏斥理智或知識也。

與友人言：東方哲學，皆談本體。印度佛家闡明空寂之一方面，甚深微妙，窮於讚揚。中國《大易》闡明神化之一方面，甚深微妙，窮於讚揚。《新論》融佛之空，以入《易》之神，自是會通之學。

答謝幼偉

承寄《思想與時代》第十三期評《新論》一文，其後有疑問三點，復承囑答復。吾大病初痊，老來不易恢復康健，意興蕭索，略酬明問，不得暢所懷也。第一，賢者認爲吾之玄學方法非純恃性智或體認，實亦兼恃量智，此見甚是。但若疑吾有輕量智之嫌，則或於吾書有未子細看也。又《量論》未作，則吾之意思隱而不彰者實多，又向未有接談之機會，宜賢者不盡悉素懷也。此一問題實在太廣大，每以爲東西學術之根本異處當於此中注意，大文第二疑點實與此中密切相關。吾三十年來含蓄許多意思，欲俟《量論》暢發。而以神經衰弱，爲漏髓病所苦，一旦凝思搆文，此病輒發，便不可支，此苦非旁人可喻。又談理之文字，不可稍涉苟且，宋玉之賦美人，謂“增之一分則太長，減之一分則太短；施朱則太赤，傅粉則太白”，審美如是，論文亦似之。哲學文字，其於義理分際謹嚴蓋亦如此。朱子爲《四書集注》，自云：“字字皆經秤量。”此非深於理者無從知此意也。佛家以幽讚玄義之文辭歸之工巧心，工巧二字勿作世俗的意義會去。有味哉！世俗可與語此耶？每見相識，怪吾著書之難，曰：“何不坐而言，令從遊紀述？”吾聞之，俯首而嘆：此輩以爲天下無不可明白説出的道理，説出即録下，便成著述。如此見解滔滔者天下皆是也，吾誰與言？又凡喻之於心者，出諸口便困；口頭有時勉强道得者，形之文字又覺無限艱難。邏輯律令，其難猶次，深入其阻而顯出之；遍歷其廣博而如量以達，無有漏義，則難之又難。且文章之事純是精神氣力之表現，精氣虧乏，雖胸羅萬理，無可傾囊而出。偶爲語録式之筆語，則在今日似不適應群機，今欲昌明一種學術，總以系統的論著爲宜。吾少孤苦，極人生難堪之境，中年困學，加以病患，初猶不敢輕爲著作，年鄰半百，始有意乎斯文，而精氣已不堪用矣。今迫六十，更復何言！《新論》語體本若以文學眼光觀之，自是短闕；若僅作談理文字看去，則每下一義，每置一字，皆經周察審慮，無有絲毫苟且，期於字字見吾之心肝臟腑而已。若夫辭義往復，百變不離其宗，期於達意，孔子曰：“書之重，辭之複，嗚呼！不可不察也。其中必有美者焉”，《春秋繁露》。非精義入神，誠難知制作之不易。《量論》之所以難寫出者，自度精氣只如此，欲本不苟之心作去，乃大不易耳。然此書不作，則於《新論》之了解要不無閡礙，不卜將有作者起而彌吾缺憾否耶？上來許多枝蔓談，聊爲賢者傾吐，此後將正酬來難。

東方學術，無論此土儒道及印度釋宗，要歸見體，此無疑義。但其從入之途，則有頓超直悟者，乃上根利器也；亦有婉轉迂迴、久歷艱辛、而後忽遇明珠者，根器雖鈍，及其成功，一也。明珠喻性智，前所謂頓超直悟亦即於此超悟而已。至此，則迂迴者與頓悟合轍，所謂殊途同歸也。性智是本心之異名，亦即是本體之異名。見體云者，非別以一心來見此本心，乃即本心之自覺自證，説名“見體”。此義確定，不可傾摇，玄學究極在此。如何説不純恃性智或體認耶？純恃二字吃緊。此處容著得絲毫疑情耶？此非量智安足處所，寧待深言。頓超直悟人，當下覿體承當，不由推求，不循階級，宗門大德，皆此境界。顔子、蒙莊、僧肇、輔嗣、明道、象山、陽明諸先生，雖所造有淺深，要同一路向也。根器鈍者，難免迂迴，其觸處致力全憑量智作用。探索不厭支離，徵測尤期破碎，以此綜事辨物，功必由斯，以此求道，道，謂本體。豈不遠而！但使心誠求之，久而無得，終必悟其所憑之具具，謂量智。爲不適用。一旦廢然，不信任量智有無限的效能。反之即是，反之即得性智。宋人小詞，衆裏尋他千百度，回頭驀見那人正在燈火闌珊處，正謂此也。故玄學見體，唯是性智，不兼量智，是義決定，不應狐疑。會六藝之要歸，孔門標六藝。通三玄之最旨，魏晋人標三玄。約四子之精微，宋明諸師標四子。極空有之了義，佛家大小乘不外空有兩輪。以吾説證之，未見其有一焉或偶相戾者也。斯乃千聖同符，百王共軌，非有意爲合，乃神悟之玄符耳。

然玄學要不可遮撥量智者，見體以後大有事在。若謂直透本原便已千了百當，以此爲學，終是淪空滯寂，隳廢大用，畢竟與本體不相應。譬之游斷航絶港而蕲至於海，何其謬耶？大人之學，由修養以幾於見道，見道，即見體之謂。唯保任固有性智，而無以染習障之，無以私意亂之，使真宰恒時昭然於中，不昏不昧，只此是萬化根原，通物我爲一。陽明咏良知詩：“無聲無臭獨知時，此是乾坤萬有基。”實了義語也。此種境地，豈可由量智入手得來？然到此境地卻又不可廢量智。須知：量智云者，一切行乎日用，辨物析理，極思察推徵之能事，而不容廢絶者也。但有萬不可忽者，若性智障蔽不顯，則所有量智唯是迷妄逐物，縱或偶有一隙之明，要不足恃。人生唯淪溺於現實生活中，喪其神明以成乎頑然之一物，是可哀可慘之極也。若修養不懈，性智顯發，此即見體時。則日用間一任性智流行於萬物交錯、萬感紛綸之際，而無遺物以耽空、屏事以溺寂。至静之中，神思淵然，於物無遺，而於物無滯，是所謂性智流行者，亦即是量智。但此云量智，乃性智之發用，與前云性智障蔽不顯時之量智，絶非同物。從上聖哲爲一大事因緣出世，兢兢於明體立極之學，豈無故哉！得此學者，方成乎人，方善其生；否則喪其生而不人矣。然若謂見體便游乎絶待，可以廢絶量智；抑或看輕量智，以格物致知之學爲俗學，無與於大道，此則前賢所常蹈其弊，而吾儕不可復以之自誤而誤人也。

抗戰前，友人欲與吾討論中西文化，以爲二者誠異，而苦於不可得一融通之道。吾時默而不言，因《量論》未作，此話無從説起。實則，中學以發明心地爲一大事，借用宗門語，心地謂性智。西學大概是量智的發展，如使兩方互相了解，而以涵養性智，立天下之大本，則量智皆成性智的妙用。研究科學，經綸事業，豈非本體之流行而不容已者耶？孰謂量智可廢耶？

佛經説佛號遍知，其徒或以爲成佛則自然無所不知也。不知遍知云者，就真諦言，謂其證見真如，真如即本體之名。已知萬法之本、萬法之真，故説爲遍知耳；若剋就俗諦言，一切事物之理，雖成佛見體，果能不待量智推徵而自然無所不知耶？

《新論》主於顯體，立言自有分際，《量論》意思，此中固多有不便涉及者。

大文第三疑點云：“著者一口抹煞，謂西洋哲學無體認，此亦未免武斷。”實則，吾未嘗武斷也。若肯承認吾前文所説之不謬，即中學歸極見體。易言之，唯任性智，從修養而入，則西學是否同此蹊徑，似不待申辯而知其判然矣。夫體認之境，至難言也。由修養深純，滌除情識而得到之體認，此天人合一之境地，實則即人即天，合一猶是費詞。中土哲人所爲至卓絶也。西學一向尚思維，其所任之量智，非必爲性智顯發而後起之量智也。何者？反求本心，吾似未聞西哲有以此爲學者也。夫思想之用，推至其極，不眩則窮。窮與眩異者，眩則思之多端，雜亂而成惑；窮者，思能循律而極明利，然終止乎其不可思，故窮也。思至於窮，則休乎無思，而若於理道有遇焉。此任量智之學者所自以爲體認之候也，西哲所有者當不外此，而格以吾先哲之體認，則似之而非也。非從修養入手，則情識未浄。乘思之窮，而瞥爾似有默遇焉，非果與真理爲一也。要之，此事難言，必其從事於儒道佛諸氏之學，而非但以見聞知解或考覈爲務者，有以真知前哲之用心，然後知西哲自有不得同乎此者。昨臘，吾應南庠講演之請，方、何諸先生亦齗齗致辨，謂吾薄西學不見體爲未是。及講後燕談，方先生暢論西哲工夫，不外努力向外追求，吾笑謂之曰：本體是向外追求可得耶？君毋乃爲我張目乎？今縱退一步言之，如賢者所説：西哲自昔即有言體認者，然此必非西洋哲學界中主要潮流。猶如晚周名家，似亦偏尚量智，然在中土哲學界終不生影響，可以存而不論。凡辨章同異，只約大端别異處較論而已。人與動物同處豈少也哉！而撮舉大端，則二者不止天淵之判矣。

昨函寫就後，復有餘意未盡者。大文有云：“著者‘體用不二’之説，西洋哲學亦非絶無所見，如柏烈得來《現象與實在》一書，實嘗言之。如曰：‘現象無實在不可能，因如是，則誰爲能現？而實在無現象將爲空無，因在現象外必無物也。’是柏氏亦非外現象而求實在。即懷黑德教授《歷程與實在》一書，亦明此義”云云。吾不能讀西籍，向者張東蓀嘗謂《新論》意思與懷黑德氏有不謀而合處，未知果然否？賢者所述柏氏語，似與《新論》有融通之點，然骨子裏恐不必相近也。西洋學者所謂本體，畢竟由思維所構畫，而視爲外在的。《新論》則直指本心，通物我内外，渾然爲一，正以孟氏所謂“反身而誠”者得之，非是思惟之境。柏氏是否同兹真髓，吾不能無疑也。昨函答來函“西哲自昔亦有體認之説”，吾謂其“似之而非”者，蓋東方哲人一向用功於内，滌盡雜染，發揮自性力用。其所謂體認，是真積力久，至脱然離繫、本體呈露時，乃自明自見，謂之體認。莊子云：“明者，非謂其明彼也，自明而已；見者，非謂其見彼也，自見而已。”故此義極嚴格。西洋學者從來以向外找東西的態度探索不已，如獵者强烈追求，期有所擄獲然。故其所見之體正是思惟中所構畫的一種境界，非果親證實在而直與之爲一也。西洋諸哲學者，其未能的然了解實在與現象爲不二者，固是錯誤。即如柏氏輩觀想入微，似有當於吾所謂體用不二之旨，然彼之入手工夫恐終是西洋路數，唯向外探索爲務，則彼所見之體，要非如實證見。若爾，則彼之體用不二觀雖與吾有其相近，而骨子裏究判若天淵，此不容不辨也。體認之意義，吾已略説如前，不獨西洋學者功力不同，未必果有此詣，即在宋、明人語録中，其於體認一詞亦有寬泛的説法。或以尋思義理，反覆含玩，使印解益加深切，謂之體認；或則推尋至竟，瞥然有省，恍悟至理畢竟不可思議，於是曠然若有默喻。以上二種意義，皆與吾前所謂自明自見者，絶不相侔。其後之一種，由推尋至竟而返諸默喻，其所謂默喻，猶是最極微細的觀想，非即本體呈露也。本體必離繫而始顯，以探索爲功者，始終有所繫也。故彼之體認，非吾所謂體認也。真見體用不二者，説一真湛寂也得，説大用流行也得，説一真湛寂即是大用流行，説大用流行元是一真湛寂，均無不得。此中具無上甚深微妙義，恐柏氏思解所至，未許入實際理地。

又大文云：“著者認‘心物皆無自體，同爲一個整體不同之兩方面’，此其説，最近西洋哲學同見及之，如羅素、如杜威、如懷黑德，無不同聲否認心物各有自體。心物二元論已成過去。”賢者此段話，從大端趨勢上説，固無不可；然各家持論的内容與其根本觀念，又當莫不互異。《新論》依本體流行假説翕闢，復依翕闢假名心物，隨俗諦則不壞世間相，心物皆許有故；入真諦，則於世間相而蕩然離相，乃見一切皆真。諸家果臻斯詣否？

又大文云："著者自認與西洋哲學不同之點，在於本體之認識恃性智而不恃量智，此不唯與柏格森之直覺説有相似處，即柏烈得來亦見及之。柏氏謂：'思想僅能運行於有對，而不能運行於無對，思想如與實在一致，即爲思想之自殺。'是柏氏亦感覺量智不可恃。"賢者所引柏氏語甚有意思，不悉中文有繙本否？賢者素精於柏氏之學，何不迻譯得來？唯云："與柏格森直覺説有相似處"，則期期以爲不可。憶昔閲張譯《創化論》，柏格森之直覺似與本能併爲一談，本能相當《新論》所謂習氣。其發現也則名習心。習心趣境固不待推想，然正是妄相，不得真實，此與吾所謂本體之認識及性智云者，截然不可相蒙。此間黄艮庸等皆於此與吾同其所見。

病痫初痊，辭不達意，義理不厭求詳，非必欲諍一己之是也。

有難："《新論》謂佛家真如只是無爲，不許説爲無爲無不爲，即謂真如是無有生化之體，此恐誤會。如《金剛仙論》卷三云：'言一切法空者，有爲之法，無體相故空。然真如佛性法，萬德圓滿，體是妙有，湛然常住，非是空法。'據此真如既是妙有，如何説無生化？"答曰：瑜伽家言真如非有非無，以無情計所執相故，説爲非有；所執相三字宜深玩，哲學家談宇宙本體者，種種構畫只是其所執之相而已，非可與本體相應。以本非空無故，復説非無。然此與老氏有無之旨實不相近，須各通其全整的意思，而後可辨。吾國唐以前之佛家，多以妙有妙無之旨談涅槃佛性，"妙有妙無"亦《金剛仙論》語。涅槃佛性乃真如之異名。皆援老以入佛。老氏之學本於《易》，其言無，確非不生化之無，故至無而妙有。佛氏之空，雖本非空無之空，然其所證會特在寂静之方面，故雖言非無，究與老氏所云有者不似。《金剛仙論》，六代時盛行北土，張生德鈞考定爲流支後學所作，近是。蓋曾聞流支之説，而附以老子義，遂成斯論。德鈞謂其有符《瑜伽》正説，殊嫌朋比。窺基法師謂此論爲南地吴人浪造，非真聖教，不可依據。其斥絶之嚴如此，蓋確守印度佛家本義故耳。基師以"凡情浪作圓度"譏《金剛仙論》，則《仙論》妙有之旨違佛經甚明，亦足證余之所説無誤會也。

答友人

冬來山上陰寒，老軀極不適，得來書本不欲答，而此心此理又似不容默然。今就來書，略爲疏通，不能細也。

一、來書云“尊《新唯識論》，弟所以始終不發一詞者，即在兄認心爲有實體一點上，以體用立説，建立本體”等語。弟謂吾“認心爲有實體”，此語尚待商量。世學或以宇宙實體離吾心而外在，因向外探索。《新論》故指出實體即是吾之本心，此非外在，更不容向外窮索，要在反求自證，此《新論》之旨也。本心即是實體，而又曰有實體乎？是頭上安頭也，是妄執也，《新論》何曾如是乎？

二、來書云“弟認爲大乘經典凡言心性，就心性本浄言心即性、性即心，言如來藏、以及真如、圓成實，乃至菩提、涅槃，都無實體可即也”等語。夫如來藏乃至涅槃，皆實體之異名耳。即此萬法實體，自其在人而言是真性故，含萬德故，妄法依故，曰如來藏；不可變易故，曰真如；本來圓滿，法爾現成，遠離虚妄，曰“圓成實”；自性圓明，無迷闇故，曰菩提；常樂我浄，曰涅槃。此皆實體之異名。而曰“都無實體可即”，不知胡爲下此語也。誰教汝於頭上安頭耶？設復難云：“你言本心即是實體，則本心亦實體之異名也，胡爲著一即字？”答曰：吾以世之談本體者，或向外求索，不悟即自本心，故説即言，以對治妄計，何庸唐難？

吾揣弟之本意，蓋根本不承認有所謂萬法實體，故以爲如來藏乃至涅槃等名都是虚詞，並不是實體之名，如此，則佛法竟是空見外道。然佛家諸經論，卻無處不力破空見，且曰“寧可我見如須彌山，不可空見懷增上慢”，此何故耶？

弟云：“經典凡言心性，就心性本浄言心即性、性即心。”此處甚欠妥，欲與詳説，老來卻不耐麻煩。就所舉心性本浄一詞言之，此中心性之性字，猶云自體，謂心自體本浄也，别無他義。若“心即性”云云者，乃對彼不了自心即是與萬物同體之實性者而説，此處殊不涉及。

三、來書云：“兄謂無着只談生滅，又謂其始終不見本體，不如《起信論》開一心爲真如生滅二門者，誠不敢聞教。何者？凡有言説，都無實義。三藏十二分教文字無非在生滅範圍中，何僅無着？如來之所以有‘吾四十九年來未曾説一字’，及若謂：‘我有所説法，是爲謗佛，是人不解我所説義’之言者，蓋以此耳。夫生滅者何？如幻。如幻者何？本空。本空即無實體實法。可得，無體，則用又安立耶？今兄乃欲從言教中以求其本體與作用者，將何以把捉到耶？”此段話，真乃宗門所呵爲葛滕也。今略提數點答之。（一）吾非謂《起信》開一心以二門爲是也，但謂其尚知有真如心，比無着一派説賴耶等八識爲賢。由無着之八識説，即捨染得浄、而無垢識，猶是生滅法，猶是本有及新熏之無漏種子所生。此無漏種子卻不即是真如，故無着無有所謂真如心。易言之，即其學始終不見本體。宗門多尊《起信》，而不依無着一派之學，豈其見地均出老弟下哉！（二）弟云：“凡有言説，都無實義”，此真怪極。老迂所知，佛經亦只戒執著言説以取義耳。如説有真如心，你便把真如心當做一件實物來推測，而不知反求諸己，此即執言以取義，無可入道，乃群聖之所共斥。弟所引如來“四十九年未説一字”云云，正對此而發。吾弟不悟斯旨，乃謂“凡有言説，都無實義”，然則三藏十二分教，豈不等於風聲鳥語，都無一毫實義耶？且弟來書洋洋二千餘言，既都無實義，何故寫與我耶？吾嘗謂：佛書，若不善讀，只增長混亂。每見佛教信徒開口談玄説妙，其論調有如俗諺所謂“八方都不著腳”。夫理見極時，唯是證會，誠非言説所可表。故有時説法，若八方都不容著腳者，所以遮戲論耳。但此看就何處説，若一往如此，則成大混亂，而無可救藥矣。（三）弟云：“生滅者何？如幻。如幻者何？本空。本空即無實體可得，無體則用又安立耶？”此段話，乃是吾弟根本病痛所在，其與釋尊意思遠隔者正在此。《新論·功能章》上，談空宗處，弟向不肯降心一玩，此則無可如何耳！夫“生滅者如幻，如幻者本空”，此等語從真諦言之，皆是。但接着云“本空即無實體可得”，斯乃空見外道之談，豈佛法哉！《大般若經》，無量言説，只是發明生滅如幻本空。但空者，空生滅法也。易言之，即因世間情計，執取宇宙萬象而不得透悟實體。故説“生滅法如幻本空”，令其除執，而透悟實體。譬如迷者，於麻所成繩而執取繩相，不了其本是麻，因以種種説法令彼得空繩相，而透悟爲麻。此乃方便善巧之極，豈可誤會實體亦空，都無所有，陷於空見外道之邪執，自招謗毀大法之罪哉！夫佛家破空見甚嚴者，非獨以其違於理實而已，將有如古詩所云：“人生無根蒂，飄如陌上塵”之歎。昔在舊京，與林宰平兄偶談陶詩：“衆鳥欣有託，吾亦愛吾廬。”余喟然曰：此二語意義深遠極矣，人生若自識真性，乃自得真安穩處，可喻如廬。孟子言：“仁，人之安宅也。”亦通此旨。否則如長空孤飛無託之鳥，豈不悲哉！宰平悠然有無限之感。佛法歸於證真，儒學極於窮理盡性至命，惡可以躭空爲學哉？

四、弟謂吾“欲從言教中求本體與作用”，此則不知果何所謂？吾平生著述與筆札之屬，字字從胸中流出，稍有識者，當能知之。吾所爲文字，向不肯引古書，有時對流俗須徵引舊文，但此等處亦不多。老弟乃謂在言教中用功夫，亦足怪。向者師友疑吾譏佛，或謂吾不曾虚懷讀書，其實，吾未嘗不虚懷也，但如漢儒所謂“存其大體”而已。此中之妙，誠有不可言傳者，苟非其人，道不虚行耳，泛博胡爲乎。又如陸象山云“六經皆我注腳，未可如言取義”，如言，即執着言説之謂。今老弟所責備者，卻又云多着言教何耶？上來就弟前一大段文字中，略提四點，稍有辨説。而第三點主張實體非空，乃是千聖真血脈所在。吾竭吾誠，冀垂察納，老弟年逾知命，至心求法，何忍自墮空見哉！

來書辭甚長，吾老來氣力薄，不耐逐文詳答，唯所引諸經偈，不得不略爲疏釋，以與弟相質證也。

來書遮撥實體，有云：“兄若不謂然，弟姑引教，《華嚴經》云：‘諸法無作用，亦無有體性，是故彼一切，各各不相知。’”

上所引經，弟據之以駁實體，適乃證明吾義。經云“諸法”，首須辨清，此是專目生滅法，不攝無爲法也。大乘無爲法，即實體之異名。凡情於生滅諸法執爲實有，即計爲有實作用，有實體性，經故遮之。而説一切法各各不相知，明一切法無有爲能知與所知者，即一切法皆空也。然謂《華嚴》持空見乎？非也，乃欲令衆生空法相之妄執而透悟毗盧性海耳。性海，謂實體。

《楞伽》云："諸法無體性，而説唯是心，不了於是心，而起於分别"，此經諸法一詞解如上。言諸法本無自性，即《大般若》之旨。只是妄想所現。心，謂妄想，亦云妄識，《楞伽》譯妄識爲妄想。非本心也，此不可混。不了唯妄識所現而起分别，則謂諸法有體性耳，此與上引《華嚴》意同。

又引《楞伽》云："非幻無有譬，説法性如幻，不實速如電，是故説如幻。"此經中法性一詞，非目萬法實性，實性即實體之異名。乃謂諸生滅法自性也。自性與實性一詞絶不可混視，吾蓋嘗言之。生滅法者，幻法也。欲明此幻法，非無有譬喻，是故説諸生滅法自性如幻者，以其全不實故，刹那不住、速滅如電，故説如幻。如亦空生滅法相，令悟實性，與前引經義並同。

來書有云："《楞伽》亦言及諸佛體性矣，然其所謂體性者，佛言：大慧，覺二無我，除二種障，離二種死，斷二煩惱，是佛體性，又何嘗有實體可即耶？"所以，下文又説："虚空涅槃及非擇，但有三數，本無體性，此非爲執有實體者作師子吼耶？至於《大般若經》，更不待説，全部破有實體，以畢竟空名涅槃，未聞於畢竟空外别有涅槃可得也。"此段話純是空見外道之談，不知老弟讀佛書何爲至此？凡讀書法，一不可尋章摘句而解，二須得言外意。《楞伽》言覺二無我乃至斷二煩惱是佛體性者，純從破執或斷障而言。意謂吾人如能破一切迷執，斷一切障染，則實性自顯也。譬如云霧全消，陽光自著也。豈謂執盡障亡便一切都空，全無所有，乃云佛性耶？既是空空，無所有，又何佛性可名耶？"虚空涅槃亦非擇"云云，此乃對破小乘妄執耳。去所云實體者，本無形無相，不可夾雜凡情逐境之想，將實體或涅槃當做一種境界而追求之。小乘厭生死，欣涅槃，妄以涅槃爲可欣之境而起貪著，與外道之以妄想所現境爲涅槃者，等無有異。故《般若》崛興，閔小之執，而爲一切掃蕩之談。其語勢雖過，要之密意則欲人蕩執而自得實性，絶不與空見外道同其癡迷。畢竟空者，謂障染本空耳，豈云實體都空？弟云："未聞於畢竟空外別有涅槃可得"，老迂卻謂畢竟空，則涅槃方顯。《大般若經》極不易讀，若如言取義，恐自絶慧命也。須知《般若》非遮實體，只恐人於實體而作實物想，即是以妄想所現相而認爲實體如是，則墮大迷執，《般若》種種斥破者以此。四卷《楞伽》中卷四，申明"離有無、離生滅"之旨，亦然。至云"《涅槃經》説佛性義，以非常非無常爲言，似有靈於《般若》《楞伽》"等語。夫《涅槃》言"非常非無常"者，離二倒故。凡情於無常法而計常，是名常倒；於真常法而計無常，是名無常倒。吾弟不能於幻法中見實體，由陷無常倒故。離此二倒，真常妙體，脱然呈顯。《毗曇般若》而後，方出《涅槃》，機勢則然，非有靈與不靈之别也。老弟既一意耽空，不悟真常，則一部《涅槃》破壞不留餘地，乃以毁之者讚之，可謂妙哉！又來書舉"無我如來藏"語，極贊其妙，然遮撥實體，即如來藏只是空空，全無所有而已。經中何不曰"無我空"，而曰"無我如來藏"耶？夫如來藏即圓成實，但非如外道所執之神我，故曰"無我如來藏"。此皆有明文可證，老弟竟玩弄名言而不反躬自求實際何耶？寫此已倦，來書陳説雖多，都無義蘊，不及一一作答。唯余尚有一言者：佛家無論何宗，確非無體論，確非空見，但其顯體只着重空寂方面，空非空無之謂，詳《新論》。而不於體上説生化。《新論·功能章》已説得明白。會不易與變易而爲一者，《大易》其至矣哉！是《新論》所取正也。佛門學者，不喻微衷，妄相醜詆，至疑爲私心立異，背師非聖。夫"當仁不讓"，宣聖自明所志也；"吾愛吾師，吾尤愛真理"，西哲自述本懷也。吾雖不肖，忘情飢渴，矢心斯學六十年矣。其果内無所持而挾私逞異者哉！知我其天，聖猶興歎，見嗔之烈，自昔然矣，復何怪焉？

與楊中慎

《新論》明由體成用，而於用上説爲一翕一闢。但翕實從闢，即闢爲翕主。闢、神也，所以堪爲主者，以不捨本體空寂剛健等等德性故。闢不捨本體德性，即於闢而見體；譬如繩由麻成，而繩不捨失麻之形色等德性，便於繩而知其即是麻。於闢而識本體，依此喻易了。見體，一頓。當下即是敻然絶待，離諸繫縛。始信萬化自我出，官天地，府萬物，富有日新，是其充實而不可已也。宇宙人生本來不二，吃緊。相對絶對，迷則有分，悟乃融一，迷則陷於相對中，不得與絶對爲一；悟則相對即是絶對。此《新論》最旨也。《新論》開合萬端，學者不得其要，將當作一套理論看去，反於座下無與，即無着落處，亦即與吾人生活上無關係。望澄懷深究之。

與張君

賢者引王船山文云："善言道者，由用以得體；不善言道者，妄立一體而消用以從之。人生而静以上，既非彼所得見矣。偶乘其聰明之變，施丹堊於空虚，而强命之曰體。聰明給於所求，測萬物而得其形影，則亦可以消歸其用而無餘，其邪説自此始矣。則何如求之感而遂通者，日觀化而漸得其然也。故執孫子而問其祖考，則本支不亂。過宗廟丘墟而孫子名氏，其有能億中之者哉！此亦言道者之人辨也"云云。吾賢於此段文後評云："言道者當由用以得體，沿流而溯源，船山此論可謂精卓之極。"吾子此語似無不是處，而惜乎其未入細也。吾於此頗有千言萬語，老年精力乏，艱於文字，只合略抒吾意。

玄學家言道之宗趣，與求道之塗術或經過是兩事，不當混視。言道即著述之事。玄學所究者宇宙本體，萬化自有根源，人生自有真性，憑空幻起，無是事故。吾心或萬物之本體，明儒已盛言之。佛典中言"諸法實體"或"諸法實相"。詳儒佛老三家，曰"天"、曰"道"、曰"真如"，皆本體之名號也。故本體一名，並非近世譯之西洋。玄學家如欲作一部言道之書，而或議其立一體便妄，吾不知是書將如何措辭？船山固宗《大易》者，《易》首《乾》《坤》，而曰“大哉乾元，萬物資始”，“至哉坤元，萬物資生”，試問此是妄立一體否？《大易》開宗明義，若不立體，則《大易》還爲言道之書否？《論語》首提出一學字，學者覺義，見《白虎通》。覺即心之本體。《大學》首提出“明明德”，《中庸》首提出“天命性道”，此皆妄立一體歟？不獨吾先聖古籍，印度大乘亦然。《百法・明門》總明一切法無我，直下顯體，衆典皆然，毋須具述。言道之書，原爲顯示本體，引人窮入無上實際理地，無上者，窮理至此已極，無有更在其上者故，超過一切虛妄分別，故云實際理地。今乃詆以“妄立一體”，此成何義？故從言道之宗趣而談，船山似忘卻玄學之所窮究者爲何事。宗極者，莊生云：“言有宗，事有君”，事無綱主，何成爲事？言無宗要，何得成言？每一種學術中之著述，必有其宗主與要領所在，否則無關於某種學術之發明，何成著述？

若言夫求道之塗術或經過，則玄學家之窮究本體，未有非由用以得體者。但談至此處，須將體用二名訓釋明白。吾子嘗云：“船山此段中所謂體用，指一物之質體與功效。”此解太閡礙在。船山明明曰“言道者，豈是就一物之質體而言體，就一物之功效而言用乎？”船山此文分明是談形而上，斷不可以日常經驗中實物的觀念去索解也。體，即宇宙本體之體。用者，吾《新論》中所云：言乎本體之流行，狀夫本體之發現，是以謂之用。俗所謂現象界者，即依用上立名，非用之外別有現象也。名以現象似嫌執着，名之爲用便活潑潑地。吾《新論》談體用，而不曰實體與現象者，實有深意，此與船山似相符。然船山但偶用之，未嘗拿定此意以立説。又《新論》根本大義在“體用不二”，船山亦未悟也。體用二名，義界既定，今還理前言：玄學家究體而果得之，則惡有不由用以得體者乎？人之思想必有所觸而發，斷未有無所觸而憑空去幻想者。幻想亦非憑空起幻，但以其運思無有軌範，不應理道，故呵之以幻耳。若其起想，亦自有由，幻不徒幻，而況玄學家不皆幻想者乎？人生隨逐大用流行中，恒觸及逝者如斯，詎無根底，譬如臨大海洋，諦觀衆漚新新不住、故故不留，當知自有大海水爲一一漚而作根底。尼父川上之嘆，觸生神悟，微矣妙哉！此就上聖舉例，雖凡夫蓋亦有之。古詩云："人生無根蒂，飄如陌上塵"，豈謂人生果如陌上塵乎？誠知人生自有根蒂耳。古今哲學家斷未有憑空忽構想一本體，而不由乎即用求源以生是想者，無端而妄立一體，何有是事？但船山由用以得體之言，吾擬先置一語，曰：由用求體，求之則有得、有不得也。不得而强索之，然後有妄立一體耳。夫求之不得者，僅任理智構畫，而無可實到其境。吾非反理智，但謂不可僅恃此，此中有千言萬語説不及。吾意，西哲思辨，須與東聖修養冶於一爐，始可得到本體。船山云："偶乘其聰明之變，施丹堊於空虚，而强名之曰體。聰明給於所求，測萬物而得其形影，則亦可以消歸其用而無餘，邪説自此始。"此自不得而妄搆者言，至爲精鑒。古今玄學家不當受此痛棒者，有幾何哉！本體非是一件物事，不待外求。反諸吾所以生之理，慎修而實踐之，咳唾皆神之所行，逡巡皆理之所著，而况其感通之大者乎？《易》《乾》之《彖》曰"乃統天"，乾，神也。吾身之神即是宇宙之神，實無有如迷者所執之多神也。天者，無量星雲或星體也。舉天，即攝一切物；言神者，遍爲萬有實體無在無不在也。近取諸身，遠取諸天地萬物，孰發現是？孰流行是？孰主宰是？莫非神也。雖無有乎具有人格之一神或多神，然而莫非神也。吾與天地萬物執形固各别，窮神則一體也。故全吾所以生之理，而不没於塵累，神斯著矣。"人生而静以上"，默而識之，何不可見之有？船山云："求之感而遂通者，日觀化而漸得其原"，亦此意。故證體猶云見道。必由修養而至，修之嚴，養之純，則緣小己而起之私欲惑染儒言私欲，佛言惑染，亦云雜染。克治盡净，而本體始顯。至此，吾人乃别换一頭面，不是形氣的小己，而是固有無對的真己呈露出來，真己謂本體。方知起萬化，應萬感，皆是此個。此個謂本體。先儒詩句："等閒識得東風面，萬紫千紅總是春"，差可形容。學者如了吾此段話，當知見道之見，不是全憑理智思辨工夫可做到此中"見"字也。理智只是推度，思辨只是構畫，畢竟與真己不相干，《新論·轉變章》後，談不可思議義，可玩。畢竟導不出真己來。吾平生主張哲學須歸於證，求證必由修養，此東聖血脈也。然學者當未至證的境地時，其於宇宙人生根本問題有觸而求，必不能不極用思辨，思辨之極，而終感與道爲二也。則乃反求諸己，而慎修以體之，涵養以發之，始知萬化根源毋須外覓。宋人小詞云："衆裏尋他千百度，回頭驀見那人正在燈火闌珊處"，正謂此也。《論語》"學而不思則罔"二章，吾昔與子言者，實錯誤，尚存《語要》中，今當更正。學者，覺義，即證體之謂學。思者，理智思辨。斯二者不容偏廢，如只求證，則一直向上，而於大用流行中一切事物散著者，未嘗析觀，即於事物不能無迷罔，故曰"學而不思則罔"；宋明儒不免此患。若只任理智思辨，將長困於支離破碎之中，而喪吾固有周圓不滯之神。易言之，即喪吾所以生之理，天下之至殆，孰有甚於此乎？故思矣，而必要歸於學。學之言覺，即反己自識本體，乃獨立而無匹，自得本體，即遊於無待，故名獨立無匹。周行而不殆，本體至神也，以其在人言之，則曰心。此心周遍流行，隨緣作主，試反驗之吾身，其非禮勿視聽言動者，即可見其主乎吾之一身，隨所緣而不可亂也。惟其神也。故玄學者，始乎理智思辨，終於超理智思辨，而歸乎返己内證；及乎證矣，仍不廢思辨。思辨，後省言思。但證以後之思與未證以前之思自不同，孟子云："如智者若禹之行水也，行其所無事也"，爲證後之思言也。證後之思，其神，靈也。何以知證後不廢思？孔子以學思互言，故知終亦不廢思也。竊意玄學爲如何之學，及其亦名爲哲學之故，當以《論語》此章之義爲權衡。其始終不廢思，故是理智的，故謂之哲學；以其歸極證體，故謂之玄學。其歸極證體也，則由其理智，經修養工夫，滌除其一向在實用方面之雜染，而其本體脱然呈顯。本體即是理智之體，理智即是本體之發用。自明自識謂之證，所謂萬化根源、萬物本命、人生真性，統是此個物事。一極真實一者，無對義；極者，至義、根源義。絶非如宗教虚構之神，藝術由情趣變幻之空靈境界。此爲智體分明自證，真真實實，明明了了，不可説爲恍惚不可捉摸的神秘。依於智，而不依於情。故即證言，亦是學，而不是宗教與藝術。由此學超越知識之學故，謂之玄學。人生無此學，即夢夢然，是大可惜！總之，玄學亦名哲學是固始於思，極於證或覺，證而仍不廢思。亦可説資於理智思辨，而必本之修養以達於智體呈露，即超過理智思辨境界，而終亦不遺理智思辨。凡吾所云理智者，即剋就思辨或推度的作用而目之。《新論》亦謂之量智，他只是作用，而不是體。亦可云此學爲思辨與修養交盡之學。吾《量論》未及作，許多重大問題不及討論。哲學之本務不明，偏尚思辨者，極其能事亦不過如船山所云“測萬物而得其形影”。余每謂船山此語甚精，如科學知識亦不過圖摹宇宙，非可窮其底蘊，得其實相。哲學上由思辨構成之理論與科學之圖摹無異，本其摹形捉影之所獲而構成一套理論，如蛛結網，徒以自縛而已。若其果窮底蘊或睹實相者，雖不得已而假設理論以喻人，固當與形影之談絶異。但哲學家能如此者，恐古今無幾耳！最下，猶不足語於形影，直在書册中作活計，玩枝辭，樂謬論，始乎外鑠而終成不可解之内毒。人生自絶於真理，誠可悼也。若其只務修養者，喜超悟，厭支離，即在上資脱然大澈，向下更有事在。其本之一原而顯爲萬事萬物者，形影燦然，律則井然，豈得謂一澈其源便無事於斯乎？徵事辨物之知，要有致曲一段工夫，致曲，即分析與推求等方法。非可憑一澈而盡悉也。“學而不思則罔”，孔子之言可玩也。學是大澈，思便致曲。譬如高飛絶頂，其下千徑萬壑，未曾周歷，終不能無迷罔之感。上資已有此患，劣根則等諸自鄶。是故哲學在今日，無論中西，思修似乎兩廢，來者悠悠，更未知如何耳！

荆楚文庫

熊十力集（五）

熊十力 著

郭齊勇 劉依平 主編

荆楚文庫編纂出版委員會

湖北教育出版社

荊楚文庫

讀經示要

劉莉莎　劉依平　點校

目　録

讀經示要印行記

此書於三十四年冬，由中國哲學會編入“哲學叢書”甲集，交重慶南方印書館，印數百部，防稿本散失。值戰后紛擾，久未流通。去年鄉邦謀印先生叢書，僅印出《新論》語體本及《語要》各千部，而貲力不繼，此書復置。竊念此書關係今後思想界之趨向，至爲重大，因商諸吴俊升先生，付正中書局印行，以待來者知所向焉。方今群言淆亂，得此書出，揮魯陽之戈，以反慧日，負太行之石，用截横流，豈曰小補之哉？中華民國三十七年六月一日，門人徐復觀見心謹記。

自　　序

讀經問題，民初以來，常起伏於一般人之腦際，而紛無定論。余雖念此問題之重要，而無暇及此。且世既如斯，言之無益，不如其已。去年責及門諸子讀經，諸子興難。余爲筆語答之，懼口説易忘也。初提筆時，只欲作一短文，不意寫來感觸漸多，遂成一書。六經究萬有之原，而言天道。天道真常，在人爲性，此剋就人言之耳。在物爲命。此言命者有二義：一、流行曰命。言天道流行，至健而無息也。二、物所受曰命。物禀天道而生，即一一物皆天道呈顯。不可説天道超脱萬有而獨在也。此中言物，亦攝人。言命，亦即性。命以所受言，性謂人物所以生之理。言異而其實一也。性命之理明，而人生不陷於虚妄矣。第一講首釋道。順常道而起治化，則群變萬端，畢竟不失貞常。通萬變而不可易者，仁也。知變而不知常，人類無寧日也。今世列强，社會與政治上之改革，與機械之發明，可謂變動不居矣。然人類日習於凶殘狡詐，强者吞弱，智者侵愚。殺機日熾，將有人類自毁之憂。而昏亂之群，復不思自存自立之道，且以其私圖，而自傷同氣，尤爲可憫。蓋今之人，皆習於不仁，即失其所以爲人之常道，宜其相殘無已也。第一講以九義明治化，通萬變而貞於大常，實六經之撮要。《大學》三綱八目，總括群經。三綱八目，範圍天地之化而不過，曲成萬物而不遺，此爲常道不可易。《儒行》十有五儒，歸本仁道。行不一，而同於仁。仁，常道也。凡此，皆爲第一講所提揭。經爲常道，庶幾無疑。夫常道者，萬變所自出也。本書道字，略有二義：一謂宇宙本體，乃萬化之原也；二謂凡事理之當然，通古今中外而無可或易者，亦名常道。如《大學》三綱八目，立内聖外王之極則，由此而體道，由此而修學，由此而致治，由此而位天地、育萬物、贊化育。此便是當然，不可異此而别有道。天下言道者，或有從事明明德，而不務新民與止至善，是佛家小乘也。大乘誓度衆生，而以人間世爲生死海，只求度脱，而無齊治平之盛業，吾儒之外道也。致知而疏於格物，宋明學有遺憾也。格物而不務致良知，即難言誠正，西學未立大本也。

《大學》爲常道無可疑。又如《儒行》十五，總不外己立立人，己達達人。此亦是當然。若不務立達，便自暴自棄，而不可爲人矣。又如革故創新，必行之以至公至明至誠至信。是變動之必本常道也。不能公明誠信，而言革新，則失常道，自取亂亡而已。略舉三例，餘可推知。然道字之義雖有二，而第二義實依第一義以立，究竟無二也。天地密移矣，天地大物也，世俗見爲恒存。其實，諸天與員輿，刻刻移其故而新生。參看《新唯識論》。而所以成其清寧者，未有改移也。老子云："天得一以清，地得一以寧。"一者，絶對義，謂常道也。天曰清，地曰寧，皆以其德性言也。天地由道而成，道則真常而無可改移也。人事屢遷矣，群變萬端，不可勝窮。而幹濟必本公誠焉，無可苟渝也。當變革之任，而不公不誠，未有能立事而不亂亡者。公誠，常道也。事勢萬變，而事之成，必由常道。一國之事如此，國際尤然。死生誠大變矣，而存順歿寧之理，誰云可變？人皆稟道而爲性命。其存也，必順保性命之正，而無或罔。其歿也，乃全其性命，而無餘憾。故張子云：存順歿寧。是故學術千途萬轍，必會歸常道，而後爲至。知不極乎知常，知常亦云見道。只是知識，而不足言一切智智。一切智智，借用佛典名詞。若泛釋之，亦可云最高的智慧。老氏曰："不知常，妄作，凶。"不見道者，狥私欲而滅天理，所作皆迷妄，故凶。斯篤論也。夫不悟常道，則萬物何由始，人極何由立，萬事何由貞，皆其智之所不及也。學不究其原，理不窮其至，知不會其通，則未能立大本以宰百爲、體大常而御萬變。則未能三字，一氣貫下。欲免於妄作之凶，其可得乎？第一講直明經爲常道，以經明示常道故，遂言經爲常道。無時可離，無地可離，無人可離。奈何吾國後生，自棄實物，不肯是究。嗟爾違常，云胡不思？第二講言治經態度。必遠流俗，必戒孤陋。尚志以立基，砭名以固志。持以三畏，然后志定而足以希聖。聖者道全德備，而大通無礙。故讀經希聖，非可專固自封也。今當融貫中西，平章漢宋。上下數千年學術源流得失，略加論定。由是尋晚周之遺軌，闢當代之弘基，定將來之趨向，庶幾經術可明，而大道其昌矣。第三講略説六經大義。仲尼祖述堯舜，憲章文武，其發明内聖外王之道，莫妙於《大易》《春秋》。《詩》《書》《禮》《樂》，皆與二經相羽翼。此講特詳二經。二經通，而餘經亦可通也。議者或謂余實以《新論》説經，

《新論》，具云《新唯識論》。是固然矣。夫《易》《春秋》雖並稱，而漢人相傳，《易》爲五經之源，比《春秋》尤尊矣。惜乎漢師亂以術數，宋儒略於思辨。宋學注重體認，於人生日用踐履間修養工夫最緊切。修養深，而私欲盡，真體現，即真理不待外索，而炯然自識。孔子謂之默識，宋儒説爲體認，佛氏亦云自證。余嘗謂先哲尚體認，而西哲精思辨。體認自是哲學之極詣，然若忽略思辨，則不得無病。宋學終不免拘滯偏枯等病，由於忽略思辨工夫，而其道未宏也。《易》道晦塞，二千餘年。余造《新論》，自信於羲皇神悟之畫，尼山幽贊之文，冥搜密察，遠承玄旨。真理昭然天地間，悟者同悟，迷者自迷。余非敢以己意説經，實以所悟，證之於經而無不合，豈忍自陷誣經謗聖之罪哉？如上三講，結集成書，肇始於六十攬揆之辰，畢事於寇迫桂、黔之日。甲申正初起草，迄秋冬之際而畢。念罔極而哀悽，痛生人之迷亂。空山夜雨，悲來輒不可抑。斗室晨風，興至恒有所悟。上天以斯文屬余，遭時屯難，余忍無述？嗚呼！作人不易，爲學實難。吾衰矣，有志三代之英，恨未登乎大道，言未能登斯世於大道也。用顧寧人語。不忘百姓之病，徒自托於空言。天下後世讀是書者，其有憐余之志，而補吾不逮者乎？

中華民國三十四年乙酉六月望日黄岡熊十力識於陪都北碚火燄山麓中國哲學研究所籌備處。

讀經示要卷一

第一講　經爲常道不可不讀

國難入蜀，棲止北碚。舊日從游諸子，掌教勉仁中學，頗以課餘，相從問學。余喟然曰：汝曹顧可不讀經歟？諸子請曰：六經，古籍也，恐非今日所急需。且吾儕出身學校，不曾誦習經書，即有稍事瀏覽者，亦茫然不知所入。六經浩如烟海，學者難得津梁。西漢去聖未遠，而太史氏之睿敏，猶不見宗廟百官之美富。遂至譏儒者勞而無功，博而寡要。則經旨難識，已可見矣。且二千年來，諸儒治經，其態度頗不一致。略陳流别，則漢、宋門户之分，其間得失，既非小子所悉。即難自定趣向，而莫知所用力矣。總之，經籍是否爲吾人今日所必須讀？一問。如其須讀，又應持如何態度以讀之？二問。且六經大義，可否略爲提揭，使初學得有準繩，以便進而求之？三問。諸所疑問，願先生一一示其要。余曰：善哉問也！二三子必求信諸心而後從事，是即爲學不苟之精神，而立德之基也。今當以次酬答如後。

清末，西學輸入漸盛。維新派之思想，初尚依經義，以援引西學。如《易傳》之尚名數與制器尚象，及《荀子》之制天思想，資以吸收科學。《周官》有許多大義，用以比附當時所期望之憲政。而《孟子》有民貴之論。又言舜爲天子，其父殺人，只有竊負而逃，不得以天子之父而枉法。又言民治，必始於民有恒産，而後有恒心。甚多精闢之論，足與遠西學説相融會。當時士大夫稱述經義以爲西學張目者，其徵引甚多，此不具舉。然此中消息極不可忽者，則爾時據經義以宣揚西學者之心理，並非謂經學足以融攝西學，亦不謂經學與西學有相得益彰之雅。而且於經學之根本精神，與其義蘊之大全，或思想體系，實無所探究，無有精思力踐。精思力踐四字吃緊。思之精，自必踐之力。浮亂之思，不足言踐履也。先儒用功，只是精思力踐而已。其於西學，雖聞天算、物理、化學等等學術之精究，與夫政治法紀之整肅，而於其學理，實一無所知曉。但震於西人之船堅砲利，而怖其聲威，思慕效之已耳。然以朝野大多數仍是守舊，自恃數千年文化之高，禮義之隆，不曾馳域外大觀。雖屢經挫敗，猶以華夏自居，夷狄西洋。故奉聖經賢傳爲無上至寶，不肯以夏變夷。此等氣習，正未易轉。於是維新人士，將欲吸引西學，不得不擇取經文中有可以類通之語句，而爲之比附張皇。使守舊之徒，樂聞而不爲峻拒。此其用心甚苦。然此等心理，實由震懾西洋之威勢，而想慕其學術，欲與之亦步亦趨。其隱微之地，蓋早已失其對於經籍之信仰。而二千餘年來，爲吾民族精神所由陶養成熟，與爲吾國思想界甚深根底之經典，將頻於廢絶，固造端於此矣。

是時南皮張氏獨戒履霜之漸，乃著《勸學篇》，主張中學爲體，西學爲用。當時士子，於中西學既兩無所知，故於南皮之説，亦無甚感覺。夫南皮所云中學，似不專指經學。本文各處所用經學一詞，與清儒所標榜之經學一詞，不必同意，容後另談。然中土學術，依過去情形言，可分義理、經濟、考據、詞章四科。湘鄉曾氏，頗主此説，可謂允當。儒家關於哲理方面，固稱義理之學，而諸子學亦合入義理一科，即佛學亦當屬此。經濟，則儒家之言最深遠廣博，而諸子中，如法、墨、道諸家，亦各有其經濟理論。法家如商君等之農業政策，墨家之交相利，是其經濟原則。道家崇儉，亦其經濟思想。考據，則治語言文字、治經、治子、治史、治集部者，其流甚廣，其分工最密，大抵出儒家。詞章，則今所云文學也。其要旨原本《風》《雅》。四科之説，就吾國學術界過去情形而言，不可謂之不當。四科之學，無一不原本六經。如義理一科，自兩漢經師之言禮，迄宋、明諸師言心性，皆宗六經不待言。老、莊言道，亦《易》之别派。略見《新唯識論》語體文本，及《十力語要》。《墨子·天志》，則從《詩》《書》中敬天與昭事上帝之觀念而來。兼愛兼利，亦自《春秋》太平大同，與

《論語》泛愛衆之義而出。法家談法治，其説不涉及義理。然其崇法之觀念，實本《春秋》。但《春秋》不徒恃法，而本於仁，依於禮，以法爲輔，以德爲歸，所以爲人道之極也。法家狹小，乃欲偏尚法以爲治，則不善學《春秋》之過。要其爲説，未嘗不本於經。故諸子之學，其根底皆在經也。

印度傳來之佛學，雖不本於吾之六經，而實吾經學之所可含攝。其短長得失，亦當本經義以爲折衷。如明乎《大易》變易與不易二義，則説真如只是無爲，卻不悟無爲而無不爲。説心物諸行，只是生滅流行，卻不曾於流行洞識無爲實體。是猶析體用爲二。其由趣寂一念，差毫釐而謬千里，斷可識矣。夫至極之真，萬物之本，不待向外窮索，返求之於心而自識，《大學》所云"明明德"是也。離身家國天下，心意知物，無所謂涅槃。即誠正格致，修齊治平，便是證涅槃。斯不亦致廣大，盡精微，極高明，道中庸乎？故佛法須斷以經義也。則舉經學而足以含攝佛氏，非奮言已。

經濟一科，漢以來儒者，多依《尚書》，而爲經制之研究。史志著作較精，皆有裨實用。關於土地問題，則有均田、限田等説，亦《周官》《大學》之遺意。《周官》與《大學》言經濟，皆以均平爲原則。道、墨二家竝反對剝削與侵略，深得六經之旨。法家則主裕民以益國，而官吏中飽，在所必禁，猶不違經也。

考據，本儒生之業。名物度數之甄詳，貴乎實事求是。若其旁及經史小學以外者，皆爲博聞之事。此本經生之緒餘，後來衍而益廣耳。

詞章家者，其原出於《三百篇》。不離於經，又何待言？

是故言中學，則四科攝盡。四科之繁，可以六經攝盡。南皮所云中學，若據宗本以言，即經學耳。對西學言，則泛稱中學，亦無不宜。中學在昔，雖不妨析以四科，然義理之科，特爲主腦。義理一科，雖亦含攝諸子餘家，餘家謂佛法。即今治西洋哲學者，亦可攝屬此科。要以六經爲歸。天人之藴，天，謂宇宙本體。人，謂人生真性。其實一也。神化之妙，與夫人生日用之當然，六經之所發明，寓極玄於極近，窮幽微於甚顯，體至精於至粗，融形上形下而一貫，至矣盡矣，高矣美矣，無得而稱矣。諸子百家之學，一斷以六經之義理，其得失可知也。習六經之義理，而自得於躬行之際，則經濟諸科之學，乃有根依。根者根據，依者依歸。夫經濟不本於義理，則流爲功利，甚者習險詐，以凶於國，害於家。舊言經濟一詞，爲經國濟民之義。雖今云經濟學，亦在所含之中，而義不止此。通常所謂社會科學與政治學，及政治家之本領等等，皆概括於經濟一詞之中。歷史上奸雄盜國柄者，非無些子本領，但不聞義理，卒爲鳥獸之歸，以禍世者自禍。可嘆也！考據不本於義理，則唯務支離破碎，而絶無安心立命之地。甚者於有價值之問題，不知留心考索，其思想日益卑陋。詞章不本於義理，則性情失其所養，神解無由啓發，何足表現人生？只習爲雕蟲小技而已。故四科之學，義理居宗，而義理又必以六經爲宗，此則前已言之矣。南皮説“中學爲體，西學爲用”，其意甚是，而立辭似欠妥。蓋自其辭言之，則中學有體而無用，將何以解於中學亦自有經濟、考據諸學耶？西學爲有用而無體，將何以解於西人本其科學、哲學、文藝、宗教之見地與信念亦自有其人生觀、宇宙觀？理解所至，竭力赴之，彼自有其所追求與向往之深遠理境，非止限於實用之知識技能耶！西學爲三字，至此作長句。且無用之體，與無體之用，兩相搭合，又如何可能耶？故南皮立辭未妥也。乃若其用意，則有不可厚非者。南皮所云中學，實非泛泛無所宗主，其意本謂經學耳。前輩無有舍經而言學者，百家之説，必折衷於經。後儒之論，必根據於經。經之爲言，常道也。南皮謂中學爲體者，其中學一詞，即謂經學，决非空泛無所實主之詞。經所明者常道，故不可捨失也。南皮之意只如此。其曰西學爲用者，亦謂吾人今日當吸收西學以自廣耳。

經學包含萬象，學者傳習，已漸分爲四科。義理之科，自兩宋以來，已吸收印度佛學。今日自當參究西洋哲學。經濟之科，自宋陸子静兄弟及鄧牧，並有民治思想。黄梨洲《原君》全本鄧牧、子静兄弟之思想，《十力語要》已言及之。迄晚明王船山、顧亭林、黄梨洲、顔習齋諸儒，則其持論益恢宏，足以上追孔、孟，而下與西洋相接納矣。至於典章度制，民生利病之搜考，自杜佑輩而後，迄晚明諸子，所究亦精博。然則西洋政治思想、社會科學，皆非與吾人腦袋扞格不相入者，當採西人之長，以收明辨篤行之效。誰復於斯而懷猶豫？考據之科，其操術本尚客觀，今所謂科學方法者近之。然僅限於文獻或故事等等之探討，則不足以成科學。今若更易其研究之對象與領域，即注意於大自然及社會，則西人以科學導於前，吾可接踵而起矣。文學所以表現人生，如讀二《南》，而深味其勤勉和樂之趣。貴能發揚時代精神，讀《兔罝》之詩，野人足爲干城之寄，可見西周之盛。《三百篇》之所長在是也。《楚騷》以降，此風日以渺然。今若參究西洋文學，當可爲發明《詩經》之助，而救晚世衰頹也。綜上所言，吸收西學，在今日固爲理勢之必然，而反之吾數千年來所奉爲常道之六經，則西洋各種學術之端緒，吾未始不具，只未發展耳。夫西洋科學之成功，何以不見於吾國？西學之端緒，吾雖有之，而前此竟不獲發展，此其故何在？將爲崇聖經、守常道而即物窮理之智不啓歟？經義本自宏通，豈任此咎？將爲廣漠之國土，自秦一統以後，除亂世可勿計外，每當平世，則人皆安於田野，而風物怡和之趣多，理智追求之用少。陶詩所謂："山氣日夕佳，飛鳥相與還。此中有真意，欲辨已忘言。"吾國學人，樂冥悟而忽思維，尚默契而輕實測，往往如此，科學所由不發達歟？後之一說，頗可研尋。環境影響，不容忽視。然而西學在吾，既非絶無端緒，則因人之成功，而彊起力追，固可事半功倍。南皮欲採西學，其意自是。惜其以中、西學，判爲一體一用，未免語病耳。中學既具其體，即有其用，而用有所未盡者，則取諸人以自廣可也。若中學果爲有體無用之學，則尚安用此死體爲哉？南皮下語，既不能無病，而其深意，在當時又不爲人所察，於是吾國人日趨入完全毀棄自己之路。

自庚子亂後，吾國見挫於西人，即在朝在野守舊之徒，疇昔自信自大之念，已一旦喪失無餘。是時思想界，一方面傾向排滿革命，欲移植西方之民主制度於吾國；一方面根本詆毀固有學術思想，不獨六經束高閣，且有燒經之説。見皮錫瑞《經學歷史》。而章炳麟作論文，甚至侮孔子以政客。諸名士所以導引青年學子者如是，天下縱有一二有識者爲之寒心，顧莫可如何。辛亥之役，武昌一呼，而清廷崩潰。雖國體更新，而士習學風，一切如遜清之舊，且其壞習日益加甚。舊學既已棄置，新知無所追求，袁氏方以凶猘盜魁柄，以威劫利誘之術，弱天下之骨，而消生人之氣，以逞旦夕之志，而不爲子孫謀，不爲種類存亡計。諸名士多依袁氏，走方鎮，招朋黨，當時所謂政黨，實朋黨耳。活動於市朝。學校徒有虚名，並無講習之事，人亦無重視學校者。昔漢氏方興，四皓抗高節於窮山，高帝禮聘不至，而不敢迫也，所以全士大夫之節，而培學脈，存國命也。其意念深遠矣！繼以文、武、明、章，表章經術，終兩漢之世，經學昌明。諸大師講舍遍郡國，一師之門，弟子著録，多至千萬人。漢治之隆，至今爲歷史輝光，豈偶然哉？民國肇建，上無禮，下無學，識者已憂開基甚壞。時民黨人頗有勸章太炎聚徒説經者。太炎喜通電談政，卒不聽。然太炎博雅能文章，經學實非其所深究也。

民五，大盜既傾，紹興蔡公始長北庠。蔡公以含宏之量，有伊尹之任，懷伯夷之清，孜孜以講學育才爲務，天下屬望甚殷。惜乎新舊並容之説，雖持是以延攬師資，而當時舊學家，真有宏識孤懷、峻節偉度、博學不倦、温故知新、可負繼往開來之任者，蓋已絶不可得。則其所盡量羅致者，無非記誦與文辭，在俗中較勝而已。新人皆年少，於外學又不必深研，而勇於破壞，輕於宣唱。浮氣乘之，浮名中之，末俗塵囂，號召甚利，聲價既高，亦不復能竭才而虚懷所學矣。世人論北庠功罪，或咎蔡公提倡之非。實則當時海内新舊人物，只有此數。蔡公雖欲捨是，顧亦不可得也。嗚呼！學之絶，才之衰，俗之敝，何遽至是？吾幽居深念，未嘗不太息隱憾於清儒之自負講明經學者，實所以亡經學也。夫清儒治經，正音讀，通訓詁，考制度，辨名物，其功已博矣！若其輯佚書，徵考古義，精校勘，訂正僞誤，深究語言文字之學，而使之成爲獨立之學科，其嘉惠後學固不淺。吾於清儒長處，何可否認？然而責以亡經學者，此必有故矣。清儒所從事者，多爲治經之工具，而非即此可云經學也。音讀正、訓詁通，可以讀書。而書不盡言，言不盡意，夫子繫《易》，已自言之。或疑《易傳》非夫子所授者，此大誤，容當別論。學者求聖人之意，要當於文言之外，自下困功。所謂“爲仁由己”，與“仁者先難而後獲”是也。必真積力久，庶幾於道有悟，而遥契聖心。否則只是讀書，畢竟不聞聖學。顔習齋曰：“以書爲道，其距萬里也。以讀書爲求道，其距千里也。”孰有智人，疑於斯言？而戴震曰：“經之至者，道也。所以明道者，其辭也。所以成辭者，字也。必由字以通其辭，由辭以通其道，乃可得之。”固哉斯言！惡有識字通辭，而即可得道乎？字與辭，佛氏所云敲門磚子也。惡有持磚子而不知敲門者，可以升堂入室乎？若乃考制度者，貴乎深察群變，而辨制度之得失，一以利於民群與否以爲斷。《易》云“開物成務”，云“吉凶與民同患”。大哉聖言，所以爲萬世開太平也。若只是鑽故紙、集釋故事而已，以如是之用心，而考制度，則何取於是耶？辨名物者，此心與萬物相流通，物不離心而獨在，心亦不離物而獨在。參看吾著《新唯識論》。不可杜聰塞明，廢此心之大用。《易》言“智周萬物”，義深遠矣。今若不務仰觀俯察，近取諸身，遠取諸物，以通其神明，第束縛於書册之中，搜考雖勤，亦不出紙上所已有者。且莫識自然之趣，而心思則已陷於小知間間，不得超脱。程子所譏“玩物喪志”，正謂此輩。豈云格物可廢哉！經生之所爲，誠無與於格物耳。上稽宋、明，濂溪、康節言“棹依地上，地依空中”一段話，似已知引力之理。伊川語録中已發見下意識及變態心理。此在西洋心理學上爲極重大之發明，而伊川言之特早。互助論，亦首由伊川創發，見《易傳·比卦》。横渠知地動非静，朱子於地質有創見。明儒宋應星《天工開物》一書，爲今治科學者所盛稱。略舉數事，可見宋、明儒治經，不陷瑣碎，雖於經書名物不無失考，而其自所創獲，亦已多矣。夫所貴乎通經者，在能明其道，擴其所未及發也。若只限於經籍文字而爲考覈，豈得爲通經耶？向者餘杭章氏，謂清儒當異族專横，莫可自發抒，寧錮智慧於無用，聊以卒歲。迹清儒所爲，誠有類是者。夫志不弘毅，氣則銷盡，宛轉偷生於故紙中，力不足尚，智不足稱。其初但隱忍爲此，及其徒相習成風，轉以漢學高自誑耀。章實齋當其世，已甚不滿，嘗曰：“尊漢學，尚鄭、許，今之風尚如此。此乃學古，非即古學也。”居然唾棄一切，若隱有所恃。又曰：“王公之僕圉，未必貴於士大夫之親介也。而是僕圉也，出入朱門甲第，詡然負異而驕士大夫曰：‘吾門大。’不知士大夫者，固得叱而縶之，以請治於王公。王公亦必撻而楚之，以謝閑家之不飭也。學問不求有得，而矜所托以爲高，王公僕圉之類也。”觀實齋所諷刺，則當日學風之敝，已可概見。迄至今日，學不務實，但矜所托以爲高。此種氣習，流衍彌甚。昔托鄭、許，今更托西洋，而漢學之幟，則且托科學方法以益固。此固實齋所不見，而清儒爲厲之階，可謂深矣。夫標榜甚者，内力弱之徵也。内力弱，則無以自樹立。無以自樹立，則益思有托於外。由清儒之風，而必至於今日，浮偷無可自立，蓋無可挽之勢也。夫有清二百餘年之學術，不過拘束於偏枯之考據，於六經之全體大用，毫無所窺。其量既狹礙，其識不宏通，其氣則浮虚，其力則退縮。及清之末世，外患交迫，國中學子，雖激而思變，然識者已憂其不爲春笋生長，將爲細菌潛滋。蓋學絶道喪之餘，欲得一二敦大寬博、樸實雄厚、真知實見之儒，以導引新興之社會，而端其趣，定其向，使無盲人瞎馬、夜半深池之患，是固不可得也。夫草木之生也，必水深土厚以養之，而後其生蕃焉。人而欲爲成德之人也，豈可恃膚雜知識，以成其爲人哉？非含茹於經義者至深至遠，而可以開其神智、堅其德性、涵養其立我蒸民之願力者，吾未之敢信也。清世經學已亡。士之慧敏者，或以考覈名專家，或以文辭稱巨子，而大儒竟不可得。國學建而無師，乃必然之勢也。世或咎蔡公喜獎新進浮士，則豈平情之論哉！

經學既衰絶，古人成己成物之體要，不復可窺見。於是後生遊海外者，以短少之日力，與不由深造自得之膚泛知見，又當本國政治與社會之衰敝，而情有所激，乃妄爲一切破壞之談。則首受攻擊者，厥爲經籍與孔子。北庠諸青年教授及學生，始掀動新潮，而以“打倒孔家店”號召一世。六經本棄置已久，至此又剥死體。然是時胡適之等提倡科學方法，亦不無功。獨惜胡氏不專注此，而隨便之議論太多耳。自兹以後，學子視六經，殆如古代之器物。而其考覈及之者，亦如西洋考古家考察滅亡蕃族之遺物已耳。嗚呼！自清儒講經而經亡。清之末世，迄於民初，其始也，假經説以吸引西學。及西學之燄漸熾，而經學乃日見廢棄，甚至剥死體。然則，經籍果爲先王已陳芻狗，在吾儕今日，與今後人類，將永遠唾棄經籍，無有服膺其義者乎？抑剥極必復，待時而將昌明乎？此誠一大問題。吾前已云，經者常道也。夫常道者，包天地，通古今，無時而不然也，無地而可易也。以其恒常，不可變改，故曰常道。夫此之所宗，而彼無是理，則非常道。經之道不如是也。古之傳説，而今可遮撥，則非常道，經之道不如是也。戴東原曰："經之至者道也。"此語卻是。但東原實未見道，而妄相猜擬，以誣孟子而薄程、朱，則非是。此當别論。按道字，或云天道，或單名曰道。今略舉《論語》《大易》《大戴禮》《中庸》互相證明，則道之爲恒常義，自可見。

《論語》："子貢曰：'夫子之言性與天道，不可得而聞也。'"此中"性"與"天道"，是一非二。孟子言知性則知天，是其徵也。孟子後孔子不過百年，且善學孔子，必無誤會。道者，由義。王輔嗣《老子注》：萬物所由之而成，曰道。六經與老、莊書中道字皆同此訓。老、莊本《易》家之别派，儒氏之旁支，老非孔師，見《十力語要》。故皆以萬物之本體名爲道也。天者，無待之稱。道體本無待，故有時用一天字，有時合用天道爲複詞。性則剋就此道在人而言。人之生也，道生之，故説此道爲吾人所以生之理，而别名爲性。性與道非二也。因從言異路，而有二名耳。王船山妄駁二氏同人於天，遂以性與天道，强分層級，此乃以褊心而誤解聖言，不可從。

附識：王輔嗣《老子注》：道者由義，言其爲萬物所由之而成。此明道即萬物之本體也。萬物由道而成，譬如衆漚由大海水而成，學者於此深心體玩，則知王船山以天道與性命分層級與大小之説，其爲戲論不待言。船山平生痛詆姚江，以爲淫於二氏。其實姚江於本原處確有悟，船山反之，適以自蔽耳。船山弟子唐端笏，字須竹，一字躬園，衡陽人。嘗得《白沙集》、陽明《傳習録》，讀之而嗜。迎船山住駁閣巖，爲剖析源流，知後來心學之謬。船山示以

《思問録》内、外篇，《周易》内、外《傳》。據此，則船山晚年與躬園討論白沙與姚江之學，只謂後來心學漸謬，非姚江之失也。據船山《易傳序》，内、外《傳》皆其晚年之作。其以此示躬園，故是晚年事。惜船山前此各書，談本體之失，皆不及改定。船山《惜餘鬒賦跋》有云："雖然，余情何足言者。歷四十五年，馬齒七十有三，粥飯在盂，阿誰操匕箸引之入口？力按：當知有主人公在。陽明云："身之主宰是心。"心非靈魂之謂，勿誤會。是何國秔秫？力按：萬物皆備於我矣，豈待外求。余情何足言者。"據此，船山晚歲，頗有禪家風趣。躬園於師，潛移之者深矣。

《易》曰："一陰一陽之謂道。"陰陽者，道體之發用，而道體不即是陰陽。從來誤解者，直謂陰陽即道，而忽視兩一字。程子曰："陰陽非道也，其所以一陰一陽者，道也。"此爲得之。細玩兩一字，則明道體之成變化，而顯爲一陰一陽，故於此而謂之道。蓋道體渾然絶待，豈是陰陽二物之合？但其成變化，則顯爲一陰一陽。譬如一大海水，其成變化，則顯爲各各漚波也。道體不即是陰陽，然不可離一陰一陽而覓道體。故曰一陰一陽之謂道。猶之大海水不即是各各漚波，而不可離各各漚波以覓大海水，乃即於各各漚波而名大海水也。《新論》云"即用顯體者"，即此義。《新唯識論》省稱《新論》，後均倣此。大用流行，即是真體呈現。是故變易即不易，而體用不二。《新論》全部，不外發揮此旨。由體成用，説不易即是變易。從用見體，説變易即是不易。又變易以流行言，不易謂流行中有主宰。哲學家或計本體是變易的，而不知變易即不易；或計本體是恒常不易的，而不知不易即變易。此皆以臆想測至道，故墮偏執也。子貢嘆性與天道不可得而聞，則既聞之矣。然《論語》所記，特詳人倫日用，則天道之談，在《大易》可知。《記》曰："善言天者，必有驗於人。"夫人倫日用，皆天道之著也。《論語》所載孔子之生活，即其體天道之實。此中體字，非本體之體，乃動詞，謂其實現天道於日用踐履之間。《易》《論語》可互證。

《大戴禮》曰："大道者，所以變化而凝成萬物者也。"見《哀公問第四十》“道者萬物之本體”。此語説得最明白。又云：“公哀公。曰：‘敢問君，君下《小戴記》有子字。何貴乎天道也？’孔子對曰：‘貴其不已，鄭君曰：已猶止也。如日月西東相從而不已也，是天道也。按此以日月西東相從而不已，顯天道之不已，即《大易》取象意也。但學者切忌泥象作解。若以日月西東相從，誤計循環，便大誤。天道之運，新新而不守其故。纔起便滅，是始即成終。纔滅即起，是終則有始。始無端而終無盡，故云不已。云不已者，《易》所云“行健”也。不閉孔廣森曰：不閉，不窮也。其久也，是天道也。按此中久不與暫對。久，恒也。不已故恒。無爲物成，是天道也。無爲者，非如上帝有作意故。物成者，神妙不測而有變化，物故以之成。已成而明，是天道也。’”道體幽微，無形無象，及其已化而成物，則萬象明著。詳此所云，本即《易傳》之旨，較以《論語》，義復相通。《論語》：“子曰：‘天何言哉！天非神帝之稱，乃本體或道之異名。何言者，嘆其冲寂無爲也。四時行焉，百物生焉。時行物生者，言冲寂之體，神變無窮，而萬物由之以成也。天何言哉！’”重言之，深贊其無爲而無不爲之妙也。子在川上喟然嘆曰：“逝者如斯乎！不舍晝夜。”此亦幽贊道妙之辭。逝者如斯，悟變化之神也。不舍晝夜，則於變而知常也。晝夜恒如斯而不已，可知本體真常，故萬變而無竭耳。形容道體，莫如川上之嘆，含藏不盡，極妙極美，非識《大易》全部秘密意趣，不堪了此。《大戴禮》與《易》《論語》皆可互證。從來哲學家，或窺見變化，而不悟變化之本體元自恒常。此不能於用識體，故成大過。譬如大海水變現爲衆漚，是謂變化，此可喻用。而大海水濕性恒自若，無增減，無改易，是謂恒常，此可喻體。若於衆漚而知其即是大海水，是猶於變化而悟恒常，於用而識體。然衆漚與大海水喻，期人易曉，卻不可緣譬喻而生執着，誤將道體作實物想。所以用此喻者：一、剋就衆漚言，漚本無實自體，唯是生滅滅生，刹那不住，故可喻變化。二、剋就大海水言，則大海水舉其自身遍現作一一漚，故非立於一一漚之背後，而別爲一世界。亦非超越於一一漚之上而獨在，如所謂上帝。故可喻本體或道。三、每一漚皆攬大海水全量，以爲其本體，故可喻物物各具道體之全。朱子所謂一物各具一太極，即此意。四、大海水雖變現爲衆漚，而水性不變，故可喻本體或道具恒常性。《新論》談體用，屢用此喻，學者宜知。又或悟本體真常，而不許於體上説變化，此則以變化界與本體不相干涉，即體用截成二片。如佛家談真如，只説是無爲及不生滅，豈容於真如上着得變化等詞。佛典每以虚空喻真如，《新論》中卷及附録，曾詳辨之。正是其差謬處。然則，於變易而見恒常，於恒常而知變易，即通變易與恒常爲一，是謂體用不二。變易或變化，即謂之用。吾六經其至矣！上來引《禮》與《易》《論語》互證，學者所宜切玩。

《中庸》曰："天命之謂性，率性之謂道。"《中庸》爲説《易》之書，清焦循亦言之。然循於天命性道，卒未之知也。若會陽明之意，則天、命、性、道，只是一事，但從言異路，故有多名耳。無聲無臭曰天，以其爲萬物之統體而言也。流行曰命，從其賦物而言也。流行即是體顯爲用，即起變化，而成萬物也。自其成物言之，則此體便分賦一一物。但分字不可誤會，非謂物物各得道體之一分也，卻是物物皆得道體之全。譬如一月，分印萬川，在萬川固各具月之全。民之秉彝曰性，天命流行，至善者也，至美者也。人皆秉此善美以成性，故曰秉彝。依其在人而言也。率性而無違失，全其所固有，日用無非本原呈露，斯曰道。故道即性也，亦即命也，亦即天也，非可爲本支之别，或層級之判也。如其立天爲最上之本源；以命爲天之發用，而不即是天，譬如人有種種作用者然；作用自人而生，作用不即是人。性，則人所得於天之發用，而以有其生；道，則人之功修，而不即是性。功修，猶先儒所謂工夫。率性之率，便是工夫。如此説者，則天、命、性、道，便有本支之别，層級之判。而所謂天者，將與宗教家之上帝無别矣。按之經文，且不可通。經文置"之謂"二字，正顯即義。如韓愈《原道》云："博愛之謂仁。"明博愛即仁也。豈謂仁與博愛當分本支或層級耶？六經言天，除《詩》《書》間有類似宗教意義外，《書》，古史也。《詩》，先民作品也。孔子雖寓新義，而不得改易其文。《易》《春秋》《禮記》，皆孔子微言大義，而七十子後學展轉傳述，其言天，皆無神道思想。此不可不知者。天非具有人格之神，無形體，無方相。故言天者，亦只合於發用或流行處置詞，其流行不已，發用無窮者，即天也。離發用流行而言天，天果何物乎？夫人也，固離其舉動與行事種種作用，而有人之身可言。天則不可以擬人，離發用流行，而無天之形體可得矣。是故孔子每以“天命”二字合用爲複詞，《論語》“五十而知天命”，與《中庸》首章“天命”詞同。意深遠哉！《新論》明體用不二，正申經旨。人禀天命而生，即從其在人而言，别謂之性。實則性即天命也。天命徧成萬物，即説天命爲萬物之本性，萬物，喻如衆漚。萬物之本性，喻如大海水。而一人一物之得乎天命者，莫不得其全。易言之，即一人之性，是天命全體。自人之形言之，則有分矣。自人之性言之，則人人各得此天命全體，而實無可分。如前舉大海水與衆漚喻，而謂每一漚，皆攬全大海水爲體，即顯此義。“率性之謂道”者，謂率由乎性，即性已顯。率由者，謂日用操存之際，一切皆順性之發，而不至拘於形骸以妨礙其性也。有一毫私欲，便是拘形骸所致，非其性然也。“操存”義見《孟子》。率性工夫，亦只是操存。操存者，保任本心而不放失。即念念之間，莫非真性流行。人不率性，則將如陽明所云“順軀殼起念”，而成頑然一物，乃失其本性矣。率性率字，固是工夫。然工夫即本體，故謂之道。無此工夫，即本體不顯，是失其道。前述《論語》《大易》《戴記》諸“道”字，皆爲本體之别名。《中庸》言道，卻於率性工夫上説，似義不一貫，其實，非不一貫也。率性之謂道，言工夫即本體也。工夫即本體，雖明儒之言，而實千聖相承密意，詳《新論·明心章》。後文容當説及。理見極時，横説竪説皆得，陽明語。此之謂也。

問曰：“公言焦循不解《中庸》，何耶？”答曰：焦循之學宗戴震，震拚命攻擊程、朱者，根本不識一“理”字。程子曰：“吾學雖有所受，而天理二字，確是自家體認出來。”此語切不可忽。程子所言理者，理字可單用，亦或用天理及實理等字。他處準知。乃本體之目，非由意見安立，以爲行爲之規範也。非字至此爲句。本體元是萬理俱備，其始萬化、肇萬物、成萬事者，自是固有此理，非無能生有也。程子説個理字，與六經中道字，可互相發明。戴震不悟此，乃疑程、朱以己意安立一個理，以爲人生行爲作規範。其所攻擊，與程、朱本旨全不相干。夫本體之理，實則本體即是理。而云本體之理者，立辭須有主語故。其在人，而發現於日用云爲之際也，只是隨其所應，恰到好處。《中庸》所云“中節”是也。豈有一定規範？注意“一定”二字。隨事中節，即隨所應，無非規範。然不可云有一定規範。如其一定，則不足以應萬變而皆貞也。理豈死物耶？如以孝言，父母小杖則受，大杖則走，恐傷重，使父母後悔，且受惡名。此乃天理自然中節處。若申生之死，陷父於大惡，《傳》稱其恭，而猶不許以孝。當其蹈死時，只是立意去順從嚴父，卻不悟將以此陷父於巨惡。如此，便有未窺見天理處。須知天理是大公的，於一身之外，要顧及他人，才是天理。此處切忌作尋常話看。又如以節義論，夫婦既以義合，不忍以存没異心，此乃天理也。其或迫於生事而再嫁，終不能道此是理之至正。然寧再嫁，而不至更陷於污賤之行，則他人對之，猶哀矜而不忍非難。此在他人，亦是天理合如此，不苛責也。程子令其侄婦再嫁，何曾持天理以桎梏人耶？戴震本不識程、朱所謂理，而以私見横議，吾於此不及深論。焦循承其學，覈其書中所言，實於至道未之能聞也。

綜前所説，《論語》《大易》《大戴禮》《中庸》之言道，互相證明。而《春秋》之元，亦同此旨。夫道，生生也。《易經》曰：生生之謂易。此云易者，變易義。而變易之實體即道，故曰道，生生也。生天生地生人，只是此道。《孟子》曰：“夫道，一而已矣。”一者，絶待也。無所待而然，故老氏謂之自然。自然略有二義：有以言道體者，即此所説。有以言氣化或物界之演變者，則與此異。吾國佛徒，妄以老、莊言自然，擬之印度自然外道，大謬。自然者，其德恒常，不可改易，故謂之常道。恒常者，言其德也。非謂道體是兀然堅住、無有變化的東西。此宜細心體會。堯舜以來，歷聖相承，逮於孔子，皆從人生日用中敦篤踐履，而後曠然默喻於斯。至哉道也！生生不息，真常維極。《孟子》曰：“誠者，天之道也。”誠，即真常義。《論語》天道合用爲複詞。而孟曰“天之道”者，對下文思誠工夫而言人之道，則此曰天之道。實則，天即道，而道即天。非謂道外有天，而道爲天之所有也。讀者勿以辭害意。維極者，極即至義。道者，萬物之大本，是爲至極。反己自識，則萬化在我，萬物同體。道者，吾人稟之以有生，萬物稟之而成形。故人與萬物同體，無二本故也。仁覆天下，而我無功名。附説。本性自足，而脱然離繫。體道者，則大生廣生之實，官天地、府萬物之富有，反之自性而得矣。得性分之樂者，則遺内外，而向外盲馳之妄息，故云離繫。宣聖所以欣夕死於朝聞，顔子嘆欲從而末由，其勵人向道之意，真切已至，世無悟者，豈不惜哉！

附説：天下皆吾同體，故不以我宰天下，亦不見有天下待吾之治。吾與天下休戚相關，若痛癢之在一身。百骸五臟，無麻木不相喻者。仁恩遍注，而誰尸其功名？經旨所存，有道之世，其治如是。夫不見道，則張己以宰物，將仁天下，而天下早被其毒。功名之徒，所以爲世禍也。其流至於今之德國希特勒氏，驅其民以毒天下，外侵而内亦殘，則其去功名又遠矣。況乎貪權怙勢，專己以斃群黎而不惜者乎？斯亦不足論已。道之不明也，治日益下，人類其絶矣，可勝憂哉！

夫經之所明者，常道也。常道如何可廢？《中庸》曰："道不遠人。人之爲道而遠人，不可以爲道。"大哉聖言，爲萬世準繩。夫耽空者務超生，玄奘言："印度九十六道，並務超生。師承有滯，致淪諸有。"見《慈恩傳》。超生，謂超脱生死。諸有，謂三界，即衆生生處，亦即生死海也。奘意惟佛法乃示超生之了義，外道猶不免淪溺三界，則師承有誤耳。其失也鬼。蓋嘗言之：佛家全副精神力量，只求拔出生死而已。此處不認真，而自命爲佛氏信徒者，則自誑且誑佛者也。吾每謂：佛家畢竟是反人生的，故曰其失也鬼。鬼者，歸也。陶詩所謂"畢竟歸空無"也。此船山評佛之辭，未爲誣也。或難余曰："小乘有主灰身滅智者，誠如公言。大乘之爲道也，不住生死，亦不住涅槃。以生死涅槃，兩無住着，乃名無住涅槃。公固究心大乘者，奈何以耽空妄詆耶？"答曰：厭生死，欣涅槃，小乘所以未宏也。不住生死，不住涅槃，大之異小固在是。然復須知，不住涅槃，正爲不住生死者説。若未能不住生死，則不住涅槃之言，無可進矣。故佛家爲生死發心，遍徵大小一切經論，皆可見其精神所在。《論語》曰："人之生也直。"《大易》直從乾德剛健，顯示萬物各正性命。故子路問死，子曰："未知生，焉知死？"故佛氏所謂生死，六經所不言，孔子着眼不在是也。孔子所謂知生之生，謂人所以生之理，即性也。非佛氏生死之生。生死之生，是惑亂之生，非性也。參考吾著《佛家名相通釋》部甲十二緣生義。知生者，蓋言反識自性耳。孟子言性善，亦此旨。直從性上立定根基，則盡性而形色皆真，自不見有生死苦。無生死可厭故，自不至捨現前而更起追求，以謂別有寂静常樂之境，名涅槃也。夫以生死爲此岸，涅槃爲彼岸，欲捨此岸，到彼岸，而猶未免繫於彼岸也。則又廣之曰，生死涅槃兩不住着，此可以融兩岸而蕩然無礙乎？其發心之初，既分兩岸，後雖欲融之，而何可得耶？孰若儒者，知性，盡性，正其本，萬事理，不見有生死，不見有涅槃，兩岸不分，欣厭俱泯，不言無住，而乃真無住乎！夫揭無住以爲名，其言若圓融無礙，而骨子裏畢竟與聖人參贊位育、裁成輔相之道不類。蓋佛氏從其所謂生死處着眼，則希求出世，欲勿耽空而不得也。此須曠懷體會佛家整個意思，《新論》中卷可參看。

執有者尚創新，其失也物。夫肯定有外在世界，不於人生作厭患想，佛氏呵爲執有。而西洋思想，則寧可執有者也。吾《易》言大有。有而大者，富有而日新。此與西洋似同而實不同。夫人之所茂者神明也，神明獨運，如日之升，光輝盛大，是謂生命創新。若夫資生之具，人生不可或無，則備物致用尚焉。求豐於神而不惜絶物，少數人以是孤修則可，率群衆爲之，則貧於物者，將累其神。吾《易》已知此，而以制器尚象，則物用不匱，而群生亦得有開通神智之餘裕。《易》之言大有者，崇神而備物。物備，則衆人之神得伸，故備物所以全神也。惜後儒未能衍其緒耳。西洋人大抵向外發展之念重，努力於物質與社會等方面生活資具之創新，其神明全外馳。夫人之神明，炯然不昧，卓爾無倚，儒者所謂獨體是也。今一意向外馳求，而不務凝然内斂，默然自識，以泯絶外馳之紛，而不至此爲句。則神明恒與物對，而不獲伸，即失其卓爾無倚之獨體。是則馳外之所獲者雖多，如自然界之所發見，及一切創造。而神明畢竟物化。神明亦成爲一物也。人生不得離有對而入無待，故曰其失也物。此西洋人所不自知其失者也。然則外馳之用可廢乎？曰：否，否。人生不能離萬物而生活。申言之，人生有實際生活，即不能不設定有外界。而對於外界之了解，與改造之希求，自爲所不容已者。云何可廢外馳之用？夫外馳而不迷於物則者，斯亦神明遍照之功也。又何可廢？然必有象山所謂“先立乎其大”一段工夫，使獨體呈露，自爾隨機通感，智周萬物，畢竟左右逢原。如此，乃爲極則。

其失也鬼，是遠人以爲道也。其失也物，又得不謂之遠人以爲道乎？是故通六經之旨，體道以立人極，體道者，謂實現之也。人之生也，道生之。已生，則或拘於形，而喪其所以生。故必有自克之功，方能實現其所以生之道，而後人極立。失道，則不成乎人。官天地，府萬物，人者，道生之。天地萬物，亦皆道之所成，本非與吾人異體。但人如不能體道，則自私用智，而斥天地萬物爲外。人能體道，則徹悟天地爲自性所現，是官天地也，萬物皆備於我，是府萬物也。成天下之大業，萬化萬事，皆道之流行散著。極富有以無窮，恒日新而不用其故，何假趣寂以近於鬼，自逆性真爲哉！道得於己之謂德，則備萬物，而非爲物役，本無物化之患，斯無往而不逍遥矣。莊生之“逍遥”，即《論語》“坦蕩蕩”意思。是故究其玄，則極於無聲無臭，未嘗不空。然與耽空者畢竟殊趣。顯諸用，則曲成萬物而不遺，未嘗不有。然非執有者所可托。至哉六經之道！大中至正。遍諸天，歷萬劫，而斯道無可易也。

或有問言：“六經之言大道者，既得聞矣。若夫群變屢遷，治制泥其舊，則失時宜。六經之言治術也，則先王已陳芻狗，何可執古以御今？然則讀經者，宜知慎所擇歟？”答曰：子不聞大道耳。大道者，常道也。常道無往而不存，治術可離於常道哉！綜群經之言治也，無過下述諸義。

一曰仁以爲體。天地萬物之體原，謂之道，亦謂之仁。仁者，言其生生不息也。道者由義，言其爲天地萬物所由之而成也。聖人言治，必根於仁。易言之，即仁是治之體也。本仁以立治體，則宏天地萬物一體之量，可以節物競之私，遊互助之宇；塞利害之門，建中和之極。行之一群而群固，行之一國而國治，行之天下而天下大同。若不由此，將順其欲，因緣利害，同利共害，則合力以争其所欲得與所欲去。利害之反乎此者，其自護亦如是。縱此起彼伏，僞定一時，而人生不自識性真，則私欲之端，千條萬緒，無由自克，終非從事社會改造者，可以獲得合理生活。然則，化民以仁，使之反識自性，興其物我同體、自然惻怛不容已之幾，而後有真治可言。人類前途之希望，實在乎是。若夫群品猶低，惟賴秉鈞者以寬仁育天下，使人得自發舒，而日進於善。如其以猜詐慘酷，視百姓如犬羊，而鞭笞之，束縛之，無所不至。此桓譚所以致慨於亡秦，千古之殷鑒也。

二曰格物爲用。《大學》格物，當從朱注。夫立治之體必以仁，而格物則用也。化民以仁，動其民胞物與之懷，如是而治功成乎？孟子固云“徒善不足以爲政”，則格物其要矣。社會組織與習俗等等之形成，政治上度制與權威等等之建立，其初容有不得不然。及久而弊生，甚至不可終日。而乘權處勢者，猶自視爲固然，受其毒者，呻吟於困楚中，亦自視若定分而不可或易。人類所以幸福少而痛苦多，職此之由也。是故格物之學興，而後人知即物窮理。則其於人事之得失利弊，必隨在加以探究。審於得失者，必知天下之勢，不可偏重，而求執其中也。明於利弊者，必知天下之利，不可私專，而求協於公也。知之明，乃以處之當。則本仁心以行仁政，而治功成矣。王陽明《大學問》發明仁體，羅念庵稱其切要是也。而反對程、朱《大學格物補傳》，則有體而無用，甚違經旨。其末流成爲禪學，爲世詬病，有以哉！夫禪學於存心之功，非無可與吾儒相通者，然其差毫釐而謬千里處，則不可以不慎擇也。此中不及論。

三曰誠恕均平爲經。六經言爲治之大經，不外誠也，恕也，均平也。夫政之言正，治者所以止亂。不誠則猜詐。以猜險騙詐爲治，有虛言而無誠信者，行之國内則自亡，行之國際則禍他國，而亦自斃其國者也。不恕則自私，私其國而侵他國，私其族而侵異族，殺伐之氣，盈於大宇。最下，則於一國之内，而私其身家爪牙。皮之不存，毛將焉附？此又可哀之甚者也。不均平，則弱者魚肉，而强者壟斷，横肆侵剥。資本家與帝國主義者，皆天下之窮凶極惡也。最下，則一國之内，官紀敗壞，以億兆脂膏，供貪污中飽。不平之禍，極於國破家亡而後已。前世衰亡，靡不如此。昔王荆公謂“半部《周官》，均言理財”。而近人嚴又陵則云"《周官》言治之要，不外均平二字"。《論語》"不患寡而患不均"，《大學》以理財歸之平天下。而官吏不許與民争利，《禮》有明文，不獨防商賈壟斷而已。《易》之損、益二卦，明兩利爲真利。損己益人，非利也；損人益己，亦非利。損上益下，非利也；損下益上，亦非利。國家與人民之利益，必斟酌以得其平。一國與他國之利益，必斟酌以得其平。此損益之宏旨。通古今萬國經濟學説，經濟政策，格以吾群經均平之大義，而其得失可知也。夫學術思想，隨事變遷流，而推徵愈密，條理愈繁固也。若其握天樞以立不易之公則，奉至正以御萬有不齊之詭變，則經義於是乎堅立而不可摇。末學膚受，侈小知而薄聖言，豈不哀哉？

夫均平之治，非恕不可實行。恕者，推己及人，即於己之所欲，而知人之所欲亦如己，必須兼顧。己所不欲，勿施於人。所惡於左，無以交於右；所惡於右，無以交於左。人人能推此心，而天下之人各得其所，天地位，萬物育。曾子曰："夫子之道，忠恕而已矣。"孟子曰："彊恕而行，求仁莫近焉。"《大學》言平天下，本之絜矩。絜矩，恕也。言恕，而以天下爲量。《華嚴》普賢行願，廣攝無量世界、無量衆生，庶幾近此。今世號爲文明强國之人，其重公德，守秩序，似有近於恕。然其胸量所攝，至廣不過一國家、一民族。其行恕之範圍即止於此，過此，則弗能推也。其於異國異族，則横行兼併侵吞，將使之萬劫不復而後快。吾《大學》之言恕，則由修之身者，以行於家，而家齊。由家以推之一國，則恕道行乎國。使國人各盡所能，各得分願，而國治。又必由國以推之天下。人之在天下也，當有天地萬物爲一體之懷抱。天下之人，猶吾一國一家也，何獨不能以恕道行之，而忍縱虎狼之欲，率天下以共趨人類自毁之途乎？是故《大學》言恕，必以天下爲量。所以爲天地立心，爲生民立命，爲萬世開太平也。恕道不能推之天下，而求人類有至治之休，是猶緣木求魚也。至哉《大學》之道！洋洋乎發育萬物，峻極於天，無得而稱矣。中國人於小節，或不甚措意。而物我無間之雅量，則高於西洋人遠矣。容當别論。

恕本於誠，不誠而能恕者，未之有也。誠者，忠信之謂。忠信，是真實無妄義，誠亦真實無妄義。《易》曰“忠信所以進德也”，《論語》言“主忠信”，忠信是工夫，亦即是本體。天地萬物，元從一個真實無妄的至道發現，即此至道，名爲萬物本體。言萬物，而人與天地在其中也。吾人能持忠信於日用踐履之間，即日用踐履，莫非真實無妄至道之昭著。故曰工夫即本體。孔子在《論語》及《易》言忠信，而于《中庸》演《易》之旨，則言誠，其義一也。今後生或謂《中庸》漢儒作，無關孔子，此妄見也。大小戴《禮》與《周官》皆孔子微言大義，七十子後學，傳授不絶。秦、漢間儒者，容有增竄耳。《禮經》爲孔門六藝之一，《中庸》則《禮經》之一篇，而謂與孔子無關哉？《中庸》曰：“誠者，天之道也。誠之者，人之道也。”上句剋就本體言，下句約工夫言。盡人所以合天，合天即超越小己，而會萬物爲一體。何以知然？未能合天，則執形而昧其性，即有小己與萬物對立。能合天矣，即澈悟萬物與我同性。故不見有小己，而萬物皆吾一體。見性，則亡形礙故也。然則，離有對而入無待者，其至誠之謂歟？遊無待者，無有我與物對，無有物與我對，徹體真實，靈通無間，是以成己成物，己立立人，己達達人，無有一物在己性外故也。故曰恕本於誠。誠則同己於物，故能推。不誠即物我對峙，未有能推者也。凡人在社會生活中，嘗有類似推己及人之行爲，而實由服習於社會無形之制約使然，或出於尊己而不肯自輕蔑則然，非真能推也。真能推者，必出於誠。誠乃透悟本體，即自識真性。其推己及人，本於一體之通感，自有不容已也。凡人亦非無此境，但有之而不能常耳。如齊宣王不忍牛之觳觫，正是以己之欲生，推及於牛，此乃一體自然之推及，非有所爲也。齊王不忍於一牛，而不能盛推此心以保四海者，其推及於牛，則其所得於天道之誠，未嘗無自然之流露也。其不能更推者，則素乏誠之之工夫，本體未得全顯故也。

總之，治道以均平爲極則，而均平必由於恕道，恕道必出於誠。故誠恕均平，同爲經綸天下之大經，而其間自有相因之序，不可不察也。夫政者正也，治者止亂也，必人人各自率由於誠恕均平之中。方群品未進，未足語此。則有導群之責者，非勉於誠恕，厲行均平，則未有不自取禍敗，以遺害人群者矣。夫西人言治者，大抵因人之欲，而爲之法紀度制以調節之，將使人得各遂所欲而已。然欲，則向外追逐無饜，非可自外調節者也。故其馳逞，卒成滔天之勢。資本家之專利，帝國主義者之横暴，皆慾壑難填，而罔恤其他。甚至顛狂之獨裁，束其國人如機械，而用之以狼奔虎逐於天下，恣其凶噬。遂使坤輿之内，鳥斃於空，魚爛於澤，腥聞於天，帝閽難訴，則人道至此而窮矣。吾六經之言治，未嘗主絶欲也。然要在反識性真。性真者，謂吾人與萬物所同具之本體也。親其一本，則群生並育而不害。遊於無待，則聰明睿慮，雖行於色聲香味等等物塵之中，要自隨緣作主，無所迷亂，而性分之樂，恒超然自得矣。夫人受於道而成性，以有生。既生，則不能無欲。欲與生俱，而生原於性，則欲不可絶，甚明。惟見性，則有主於中，斯欲無泛濫之患。《孟子》云："可欲之謂善。"欲其所可，而無欲其所不可。"臨財無苟得，臨難無苟免。"所欲有甚於生者，寧捨生而取義，何至縱欲以殘同類哉！夫欲之所可當理者，唯見性而後能耳。性者，生之本然，純粹至善者也，通天地萬物而一焉者也。欲與生俱，生則成形，而有分。故欲每滯於分形，而昧其至一。滯分形而昧至一，即成乎不善。故欲不必順其生之本然也。唯見性，而後邪欲不得乘權，即欲皆當理，而欲亦即性。《中庸》所謂"中節之和"是也。

或問："云何見性？"答曰：性真之流行，而爲吾人一身之主者，便名本心。《管子·心術》云："心之在體，君之位也。"此即謂本心。本心之自明自了，是謂見性。非别有一心來見本心，方云見性也。恒時保任此本心，無令放失。則一切動念發慮處，是便知是，非便知非。當惻隱時，自知惻隱。當羞惡時，自知羞惡。當辭讓時，自知辭讓。萬善之端，百慮之所自出，皆以本心爲其源。本心者，内在固有之權度也。欲念萌時，權度自在。吾人如能保任此權度，則邪欲不得横流。譬如主人持權，群僕效命，群僕所爲作，皆主人之爲作也。欲從心而不逾矩，即欲成爲性之欲，亦同此譬。千聖相傳，内聖外王之道，其根極在此。

堯舜執中，執此而已。孔門求仁，孟子求放心，求此而已。程子存天理，陽明致良知，致此存此而已。夫六經之言治，德治也。《論語》云"爲政以德"，云"道之以德，齊之以禮"是也。其異於西人言法治者，則不從欲上立基，而直從性上立基。此其判以天壤也。率性，則欲皆中節，而欲亦成性。則與絶欲之教，固根本不同。所以爲貞常不易之道也。《春秋》言治，天下之大，人類之衆，將使人人有士君子之行。士君子之行者，即能自得於性分之内，而其見之躬行，不至縱欲敗度。所以爲成德之人，而名爲士君子之行也。苟非人人有此行，而徒進之以知能，則詐僞日多，亂將滋甚。納之於法紀，齊之以度制，行之一國，猶可苟安，要非至計。而人類全體，决非法度可以維繫之，此稍有識者所可知。嗚呼！人類將終古如斯昏闇而不反也，則德治乃上聖之迂談，誰將是究？如曰不當卑視群生也，則雖長劫顛倒，而試設想無量之未來，即此長劫顛倒，猶刹那間事耳。一旦猛覺，其有不遥獲聖心者哉！是故誠恕均平，爲致治之常經，以其爲人人之所可反諸自性而實踐者也。

附識：有問："公以忠信與誠爲同義，恐未妥。誠義深遠，見《中庸》及《孟子》者可玩。忠信，似較誠義爲淺。且忠與信，又當有别也。云何？"答曰：忠信者，德體是一。雖有時分言之，然無礙於其體之本一也。忠信義，見《春秋左氏》者多處。今略舉之。其分言忠者，如曰："公家之利，知無不爲，忠也。"《僖九年》荀息語。曰："棄事不忠。"《閔二年》羊舌語。曰："以私害公，非忠也。"《文六年》臾駢語。曰："上思利民，忠也。"《桓六年》季梁語。曰："臨患不忘國，忠也。"《昭元年》趙孟語。其分言信者，如曰："信以守禮。"《僖二十八年》豎侯獳語。曰："信以守器。"《成二年》仲尼語。曰："信以守物。"《成十六年》申叔時語。曰："思難不越官，信也。"《昭元年》趙孟語。曰："君人執信。"《襄二十二年》晏平仲語。曰："民未知信，未宣其用。"《僖二十七年》子犯語。曰："信，國之寶也。民之所庇也。"《僖二十五年》晋文語。曰："名以出信。"《成二年》仲尼語。此義甚精。今國際間標揭種種名義，均不由信出，衰世之風也。若夫一國之内政，虚尚宣傳，而實與名反，其國尤危。曰：“己則無信，而殺人以逞，不亦難乎？”《襄五年》。今之務侵略者，其凶狡終必敗。詳上所述，雖忠信分言，而詳其義界，則信者，以其所執守者真實而堅固言。忠者，以其公以體物，立事不偷言。體物者，如在國則視國事爲己事，在天下則視天下事爲己事，是通萬物爲一體也。漢以來儒者言忠只謂忠君，於是夷狄與盜賊爲君者，皆忠事之，甚違古義。合言之，則一誠而已矣。信之爲執守真實，忠之爲公以體物，皆誠也。故曰德體是一也。夫忠信之義深矣，而子以爲淺，其未之究乎？如范文子曰：“無私，忠也。”《成九年》。無私，是徹上徹下語。誠者，天之道，只是無私而已。叔孫昭子曰：“忠爲令德。”《昭十年》。令德猶云秉彝，則指性體言之也。子服惠伯曰：“外强内温，忠也。”《昭十二年》。此語深邃已極，非見性者不能道。强者，充實而無惰慢之謂。外强内温，正顯仁體，即誠也。温和在中，則見於外者自無惰慢。温和即是仁，亦即是誠。子展曰：“信者善之主也。”《襄九年》。主字宜深玩。信爲萬善所自出，非本心耶？非誠耶？子服惠伯曰：“和以率貞，信也。”《昭十二年》。此與前以外强内温爲忠一條可參看。惠伯之學，已徹心源。葉公曰：“周仁之謂信。”《哀十六年》。此亦洞見性體之辭。子木曰：“信以立志。”《襄二十七年》。語極深切。又《襄三十年》左氏引君子曰：“《詩》云：‘文王陟降，在帝左右。’信之謂也。”孟子上下與天地同流，莊生獨與天地精神往來，其旨皆近此。如上所述，春秋時人言忠信，皆義旨深遠，非的然見性者不能道，豈止作尋常德目談耶？《中庸》《孟子》之言誠，確與忠信同旨，無深淺之别，學者宜知。雖然，非真解明儒工夫即本體一語，則於此等意義，終作經生家訓詁説去。梨洲所云，畢竟於座下無與也。嗚乎！斯學難言矣。孟子謂孔子集大成，蓋深知學術源流者。即就《左傳》而徵，春秋時卿大夫、士，無不深於儒學者。惟古籍散亡，罕可攷耳。

四曰隨時更化爲權。夫道有經有權，經立大常，權應萬變。變體其常，就宇宙論言，變非憑空幻起，必有真常之道，爲其實體。故可於變而知常。

參看《新論》。權本於經，守貞常而不窮於變。故權行，而後見經之所以稱常道者，正以其爲衆妙之門耳。夫天地萬物，日徂而不反，唯有新新，都無故故。詳《新論》。人事萬端，動而愈出，亦無故之可守。自茹毛飲血，迄耕稼陶漁，乃至工商大盛之世，隨時更化，不守故常。略言其概。如社會範圍，始自男子劫女，有二人居室之事，其範圍至狹。漸擴而爲家庭，又擴而爲部落，以至爲民族，爲國家，爲國際聯繫，將來更進而爲世界大同，又屬可知之事。社會範圍，代更而代擴，如是其烈也。若乃經濟制度、學術思想、道德信條、俗尚慣習與政制法令及凡一切牽天繫地之事，皆在變動不居之中，無待深論。是故《大易》立隨卦與鼎、革二卦，明隨時革故取新之義。《隨卦》曰："隨時之義大矣哉。"《雜卦》曰："革，去故也。鼎，取新也。"《春秋》張三世，通萬歲之變，而爲大齊之數以明之，此經之示人以權也。權之義爲衡，而用在應變。闇於持權者，世已變，而猶貪執故常，不悟變之不可禦。違天不祥，天者，自然之理，必至之勢，謂變也。其禍卒中於人群，可不戒哉！《禮記·禮器》曰："禮，時爲大，主隨時更化也，不失其權也。"夫群變屢遷，而誠恕均平之大經，則歷萬變而不可易。經者，常道。權者，趣時應變，無往而可離於經也。

五曰利用厚生，本之正德。正德、利用、厚生諸義，見《左傳》文公七年郤缺引《夏書》。杜預注係逸書。僞《古文尚書》雜引入《大禹謨》中。雖詞不盡同，而爲《書經》古義，則《左傳》可據。近世列强之治，皆以利用厚生爲本。吾先哲經義，何嘗不注重於此？然有根本不同者，則利用厚生，必以正德爲本也。《周官》一經，於民生物用，計慮周詳，可謂大無不包，細無不入。然其敷教以立治本，則在以鄉三物教萬民。鄉三物者，六德、六行、六藝是也。六藝皆實用之學，其在今日，相當於科學知識。利用厚生必講求科學，而後可期。此固近代思想所專注，而經義實已包舉之。然經以六德六行居六藝之先，則仍以正德爲本。會群經之通旨，亦無往不是歸本德治。所以立人極而臻上理者，誠無逾於此。夫道國寧人，要在使人各自得於性分之内。賢者知至樂之在内，則其視外物也輕，而羨欲之累絶。不肖者，漸之以仁，摩之以義，使知道德律之莊嚴，如星象之燦爛於天空，則仰企之情，自不容已。六經所示太和雍治之治，唯是德化所致。人類如不長期自甘墮落，經訓豈堪忽視？若唯以利用厚生爲本，則率億兆之衆，共趨功利之途，而競富强之效。行之一國，縱可遂志，然已使其國人唯嗜欲之殉，樂殺尚鬥以爲能，則生人之理已絶矣。且功利之習大開，富强之圖過甚，必求逞志於他國，其終必斃人以自斃，斷然無疑矣。若夫積弱之國，上下不務德，而唐慕外人之富强功利，則其危尤甚，此又不可不知。雖然，經義昭明，不曾謂利用厚生非急務也，但必以正德爲本。譬如植樹，糞土以厚其根，而風日以養其枝葉，無可偏廢。然根拔，則枝葉憔悴。則培其根爲本圖矣。

六曰道政齊刑，歸於禮讓。《論語》曰："道之以政，按《正義》曰："道，如道國之道，謂教之也。"皇氏作導引，亦通。政謂政治。如憲章、度制、政策、政令及一切措施，通名爲政。齊之以刑，齊，整齊之也。刑，謂法律及禁罰等。民免而無耻。按孔曰："免，苟免。"謂苟免於刑戮，而無耻心。道之以德，按包曰："德，謂道德。"殊無所明。德者，得也，人之所以得成爲人者也。謂通於大道，而知人生職分所當爲。如一切善美之行，乃本於性真而不得不然者，能實踐之，方得成爲人，故謂之德。齊之以禮，附說。有耻且格。"按有耻，謂民以作惡爲耻，而不肯爲也。格，《正義》引鄭注"來也"，"謂來歸於善也"，亦是。人有所不爲也，而後可以有爲。耻惡，則勇於爲善矣。詳此章之旨，所謂政刑者，在今即專尚法治者是。法治極隆時，其民於養欲給求，粗得自遂，頗有驩躍之象。然耽情嗜欲之中，其蓄騙詐，挾機械，蘊煩悶者，醜惡萬端。而免於法網者，但苟脱耳。此徵之今世强國之民，聖言已信而有徵。夫治道而使人類墮落，不得全其固有之生理，此真釋迦氏所嘆，衆生無始時來，恒處長夜者。漆園之聖亦曰："人之生也，固若是芒乎？其我獨芒，而人亦有不芒者乎？"觀古今萬國治道，其不以芒導芒者鮮矣。吾不信人類終古自安下劣也。其將救法治之弊，而隆禮讓之風乎？宣聖既曰："道以德，齊以禮。"而又曰："能以禮讓爲國乎？何有。何有者，言不難。不能以禮讓爲國，如禮何？”按包曰：“如禮何者，言不能用禮。”未妥。蓋嘆詞也，嘆失禮也。夫言德，必見之於禮。禮便是德之形見處。而禮之大，莫如讓。《左襄十三年傳》：“君子曰：‘讓，禮之主也。若弗貴讓，則何禮之有？’”子路言志於夫子之前，夫子哂之。門人以問，子曰：“爲國以禮，其言不讓，是故哂之。”夫子路有爲邦之略，夫子未嘗不許也。但辭氣間不無失之急遽。其果於自負之情，亦微露而不覺。夫子即哂其不讓，可見禮讓爲導國之本。若失此意，便不可以爲治。

附說：朱子曰：“禮者，天理之節文，人事之儀則也。”義極精審。天理謂本心。此心應物，元有許多品節條文。如事父母便是孝，執事便是敬，交友便是信，遇群衆便是泛愛之類。從其節文，名以天理。理只是節文的意義。而曰天者，此理是自然合該如此，不可更詰所由，故云天理。人事之儀則一語，賅攝無邊。自一身及家國天下，乃至天地萬物，互相涉入，莫不有至當之儀則顯於其間。然此儀則，卻非純依外面建立，乃吾心之天理，於其所交涉處，自然泛應曲當。曲當者，猶云凡事各因其相關之分際，而賦予一個當然之序也。即此曲當，在心名天理節文，而發於外，名人事儀則。禮主序，朱子深得此意。荀卿未聞道，其言禮，卻從養欲給求處，見得須有一種禮制以調節之。卻不悟禮者元是天理，便只從外面安立，已近於法治。此其差謬。然作用處，亦不甚悖於聖人。劉寶楠《論語正義》只纂集材料，有可貴者。而於真實義理處，完全没分曉。此章德、禮兩字，何等緊要。劉於禮字，不引朱注。於德字，引鄭玄注《周官·大司徒》“鄉三物”之六德。其實，鄭玄注六德，甚細碎浮泛，不見本根。如言：“智，明於事。”試問，如何而得明於事耶？“仁，愛人以及物。”試問，此愛緣何發出？豈是無本做得來？“聖，通而先識。”試問，如何而得通？向下諸注，無一字不空泛。余以爲，若識孟子性善與王陽明良知意旨，六德只是一事，但分六方面顯示之耳。容當别説。或問：公於此釋德，指出性真爲本，是也。但恐人將性真一詞作名言索解，卻又茫然。答曰：如此輩，也没奈何。若是真切人，他反而求之，自識性真。

或有問言："有生之類，莫不争存。達爾文物競之論，畢竟不因互助論出而全失據。貴讓，固聖人之冲德，究非導國所先。公奈何守經而失時宜？"答曰：達氏之論，非全無據，則亦不完全可據，吾子已知之矣。且夫萬物殊形，其性一也。萬物之生，同以道爲其本體。故物形雖殊，其性則一。讓之爲德，出於性真。性真或亦云真性。蓋於己之外，而知有人。抑私以全公，即通物我爲一體，所謂稱性玄同，物利而我無不利者也。争競之禍，則由有生各拘於形，而迷其性，其勢不能不相傾。然動物心靈作用發達較高者，即其性真亦已流露於不識不知之中，常能超乎個體分限之形，而合群以營互助生活。於是多助者存，寡助者亡，乃爲動物界之公例。靈秀拔出之人類，則此例之行尤著，無須深論。伊川《易傳》釋比卦之義曰："萬物莫不互相比助而生。"叔子齊聖，發明斯義，功亦鉅哉。夫有生不能不互相比助，而互助精神，只是一讓字。讓之反曰争，惡乎互助？夫讓者，本於性分之公。以己度人，而伸人即以伸己，大遂全體之生成。全體者，就性分言，吾人與天地萬物本一體，是爲全體。故讓非退德而已，退德，猶云消極的道德。乃以退爲進者也。進猶云積極。夫事父母，能竭其力，而不忍自私以薄親者，是對於親之讓也。然必如此，而後親爲吾親，否則是棄其親於吾性分之外，猶肢體被截，非吾身之有也。乃至草木方春不折，鳥獸不傷其胎孕，是對於草木鳥獸之讓也。然必如此，而後物皆吾與。否則是棄萬物於吾性分之外，猶肢體被截，非吾身之有也。故曰大遂全體之生成，本乎禮讓也。夫植物心靈未著，即其性不得顯，故拘於形而相傾。如叢生之草，不能並育，必有萎者。物競之説，於此可施。動物與人，則心靈以漸發達，即性真自然流露。其生活乃爲全體性，而超越個體之形限，故互助興而禮讓生焉。此則生命創進，其德盛而不容已也。愚者不見自性，乃貴争而廢讓，猥同人道於草木，豈不悲哉？此中生命一詞，與世俗習用者不必同義。詳《新唯識論》。

且夫導國而廢禮讓，則人間世不可一日而得治也。庶人不讓，此中庶人，猶言一般人，與舊以對君上言者不必同。故有地主者流，而擅廣土之利。資本家者流，而侵奪衆人之財富。又如執政者，其所行甚不便於民，而絶不自反。異黨水火，其在野者亦不甘退守，而一切與在朝之黨爲仇讎，不惜阻撓國家大計。如此等者，但有其一，而其國難治。是故吾古昔聖帝明王，以禮讓化民，使人皆知讓而無相侵。其有不率教者，則又本禮讓之意以制法。故豪强佔田多者有禁，均田限田之議，不絶於士大夫之口。工商壟斷貨利者有禁。自周、漢以來，歷世承此政策。又以行法自在位始。《春秋》之義："'君子不盡利以遺民。'君子謂在位者。謂人君與百官，不得自享其利，而遺人民之利也。《詩》云：'彼有遺秉，此有不斂穧，伊寡婦之利。'遺秉與穧，收獲之餘，寡婦所取，富者不應奪之也。故君子仕則不稼，仕而食禄，則不可與農人争耕稼之利。田則不漁，古者仕有田禄，不可争漁人之利。食時不力珍。食不求珍，所以守儉。儉者不奪人，故能行禮讓也。大夫不坐羊，大夫之家不畜羊，避與民争利也。士不坐犬。天不重與，天之生物，不重與以利。有角不得有上齒。與以角之利，則上齒之利，不重與之。故已有大者，不得有小者，天數也。如有奉禄，已是大利。而又與民衆争小利，是違天也。故聖明象天所爲，爲制度，使諸有大奉禄亦皆不得兼小利，與民争利業，乃天理也。"《春秋繁露》卷八《度制篇》。《荀子・大略篇》曰："天子不言多少，諸侯不言利害，大夫不言得喪，士不通貨財。從士以上，皆羞利而不與民争業，樂分施而耻積藏。以故民不困財，貧窶者有所竄其手。"《周語》芮良夫曰："夫利，百物之所生也，天地之所載也。而或專之，其害多矣。天地百物，皆將取焉，胡可專也？所怒甚多，而不備大難。"言專利則怒之者多，而大難將至。利不足以備難，必身受其害。詳此所云，則以禮讓廢而争利者衆。將欲天下之民，皆行禮讓而無專利也，則必自有導民之責者，以身守法始。禮讓敦於上，而後民知慕化，此治道之要也。晚世居位者，不聞禮讓，天下之利，盡歸中飽。民弱者死，强者爲姦利，爲寇盜。元及明季，其覆轍一也。經訓之亡也久矣哉！古者明王，化未孚於百姓，則反而罪己。《傳》曰："禹、湯罪己，興也勃焉。桀、紂罪人，亡也忽焉。"以唐德宗之猜庸，而興元罪己之詔一發，猶悔過任賢，得拯一時之禍，而延嗣者數世。此禮讓之效也。今民主之國，執政者所持之政策，如不見信用於國人，則潔身而退。兩黨主張不同，而敵黨在位，則在野者盡力贊襄，以成其治。此皆有合於聖經禮讓之義。禮失而求諸野，其謂是哉。野者，西人之治，格以吾聖經之義，猶夷狄之道也。上來就一國之治言，不可廢禮讓而爲治。若乃國際間互相維繫，而蘄進大同至治之休，則禮讓其本根矣。吾先哲所謂中國一人，言中國之大，人雖至多，而互相親讓，猶如一人也。天下一家，言世界至廣，而全人類互相親讓，猶如一家也。此豈法制約束所可及哉！要在人人互循禮讓，齊暢於性分之内，就性分言，萬物一體。禮讓，則亡形礙，而齊暢於性分者也。共釋其形限之累，不見性，則累於形限，而起争心。見性自相讓，亡形礙故也。然後争亂息，而萬物莫不畢同。《春秋》太平之治，其道在此也。今世西人爲治，專務争奪。其於弱小國家、弱小民族，種種侵略之術，無所不用其極，直令死灰不可復燃。倭人尤而效之，其御侵佔地，如吾台灣、琉球及鮮國同胞，慘酷尤甚。總之，今世所謂文明國者，其爲治也，絶不知治道在使群生咸暢其性咸遂其生。絶不知，一氣貫下讀之。絶不知人類生活内容實超越形限而爲全體性，常創新而富有，擴大而深厚，决非如草木之拘礙於蕞爾之頑形。絶不知，至此爲句。申言之，西人唯拘於七尺之形，而不獲自識性分之至足至樂。故私其七尺，而向外争奪不已。今戰禍既烈，識者亦凜然知人類自毁之可憂。則反之禮讓，此其時矣。夫禮讓之治，據德而不回，德字，注見前。不回者，無回邪。今列强之於國際交涉，專尚回邪，而不務德。吾東方之倭，效尤西方之强，更無人理。由義以建利，《左》成十六年，申叔時曰："義以建利。"富哉斯言！今之列强，貪利而不由義，率天下而食人。食人者，人亦食之。敦信以守度，度字義寬。國内一切法紀，與國際盟約，皆度也。今列强外交，習行狡詐。朝不逮夕，則已離合萬變。言不由衷，盟無益也。人而無信，不知所守，亂可已乎？明耻以有立，《中庸》曰："知耻近乎勇。"蓋言知耻，則自尊自貴，不肯爲污賤之行，而後能勇於爲善也。顧亭林曰："自一身，至於家、國、天下，皆有耻之事。"今所謂文明國之人，於日常小節處，唯恐失禮，而於國交上，則自私自利，狡變萬端，卑劣至極。是以爲天下事可以無耻行之也。何其與亭林之言反耶！正名以幹事，附説。盡己以體物。《論語》曰："仁者，己欲立而立人，己欲達而達人。"《中庸》云："盡己性以盡物性。"夫己立己達與盡己性，皆盡己之謂也。立人達人及盡物性，則渾然與萬物同體之謂也。此人道之極則也。人道不至此，難言禮讓。是故禮讓之治，高矣美矣，人類如蘄向太平大同，捨禮讓其奚由哉？

附説：《禮·祭法》曰："黄帝正名百物。"《論語》曰："名不正，則言不順；言不順，則事不成。"《春秋繁露》"《春秋》辨物之理，以正其名。名物如其真，不失秋毫之末"云云。夫名學者，本爲研究思想軌範，與論議律則之學。而施諸有政，則正名甚爲切要。名不正，而可以立事者，古及今未嘗有也。今世狂亂之獨裁，悍然毁棄人道與正義，及破壞文物，而無可持之名。倭寇效之，其卑尤甚。譬彼瘋猘，斃可立待。夫《周官》與《春秋》相表裹，其明禮讓之治，期於人人各得分願，群有其紀，非涣不相屬。故一切度制之名正，而人知奉公。一切職業之名正，而人無偷惰。一切德教之名正，而人莫敢犯。晚世，法度朝夕屢更，其名無常，而人亦薄於信守。人之僥倖謀姦利者衆，職業之名不立矣。德教全喪，尤無可正之名。如孝弟在清末，尚爲最尊嚴之德名。今人視父兄甚泛泛，故孝弟之名，已無形消滅。人之薄於父兄，社會上無有持孝弟之名以相責者。其他各種德教之名，皆不得立。人之敢於爲惡，亦有以也。若乃列强在其國内之治，尚未至盡悖於聖人正名之旨。但於國際，則尚無組織，即無共同崇奉之名。《春秋》之天王，實非指東周之王也，蓋亦寓國際最高機構之意。而忠、恕、信、義等等德名，尤爲國際間所决不可忽視者。如國際上此類德名，建立不起，各國以違犯之爲不足耻。則禮讓已不行，而人類之悲劇，無可挽也。

或有難曰："公之詬法治也甚矣，其揚禮治也已至矣。然禮治非可一蹴幾也。且人群不能無组織，有組織，即度制立矣。豈一切無資於法治者乎？"答曰：以禮治之精神，而參用法治之組織，《周官》與管仲、荀卿二子之書，皆此物此志也。《管子》書，非管仲作，然必管氏之後學所作。管氏不純爲法家，實深於儒術。《周官》創制嚴密。就此種意義言，可云參用法治，但絶不類商、韓諸家也。《周官》之地方組織，與各種職業之聯繫，皆爲今後言法度者所當斟酌採用。《周官》之政，爲多元主義，不取獨裁。其言學校與社會教育，以含養德性與增進知能並重。其計劃極周遍，無荒懈。方正學、王陽明皆深見及此，而慨然以爲王道可行。《管》《荀》二書中，亦有可與《周官》通者，此不及詳。神而明之，存乎其人。孰謂經義高遠，不周世用哉？《家語·刑政篇》："仲弓問於孔子曰：'雍聞至刑無所用政，桀、紂之世是也。至政無所用刑，成、康之世是也。信乎？'孔子曰：'聖人治化，必刑政相參焉。太上以德教民，而以禮齊之。其次以政導民，而以刑禁之。化之弗變，導之弗從，傷義以敗俗，於是乎用刑矣。'"《家語》僞書，其言似謂德禮窮，而後繼以政刑。夫德禮爲本，則政刑皆本德禮之義，以運用之。其精神與作用，自與專尚政刑者不同。故德禮中，自有政刑，非窮而後有之也。若夫德禮之治，底於極隆，萬物各正。則刑措不用，行所無事，而政刑之名不立矣。此《春秋》之所謂太平世歟！

七曰始乎以人治人。《中庸》言"以人治人，改而止"，朱注謂"以其人之道，還治其人之身"，期於改過而止。此義深遠，總括六經之要最。蓋德禮之治，所與法治根本不同者。法治，則從一人與他人或團體之關係上，而爲之法制約束，責以必從，使之慣習若自然。此乃自外制之者也。如穿牛鼻，絡馬頸，豈順牛馬之性哉？人以强力從而穿之絡之而已。若夫道民以德者，則因人之自性所固有而導之，使其自知自覺者也。世儒性惡及善惡混之論，則誤以材性爲天命之性，而不悟大道者也。參考《新唯識論·附録》。知道即知性，知性即知德，德之爲人自性所固有，灼然不容疑。小人閒居爲不善，見君子而赧然，掩其不善。此赧然欲掩之情，則其自性之流露也。其平日爲不善，則拘於形，以殉没於物欲之中，而違其性也。參考《新論·功能》《明心》諸章。不善，如客塵。本性，如明鑒。客塵雖盛，而明鑒之體不受損。遇拂拭等勝緣，則明體便顯。不善習深，而本性無減。小人遇君子爲勝緣，而觸發其固有之善性，則知不善爲可耻矣。道之以德者，則因人固有之善，而觸之以令其自興也。夫人性本善，但形生神發之後，周子曰："形既生矣，神發知矣。"則易役於形，而失其性。性本無失也，但人役於形，而其性不得顯發，便謂之失。故欲觸人之善幾，而使之復其性者，則莫如用禮。道德齊禮二語，元是一意。欲道民以德，正在以禮齊之。禮，便是德之形見處。德雖民性所固有，若不齊以禮，則無以觸其善幾，即無以成其德也。是故男女之際，而正夫婦之禮。匹偶有别，夫義婦貞，遠於禽獸，則邪僻不作，而性命正，人道尊，天德於此顯矣。天謂性。日用飲食之際，而正勤動取與等禮，必一毫不苟。勤動者，民自狩獵田漁以至今日，操作有度，分工有序，皆禮意所存。《詩》曰："彼君子兮，不素餐兮。"此禮之始也。取與之禮，所包至廣，所關至鉅。自六經以逮後儒，發揮至精至密。蔡孑民先生曰："必人人有一介不苟取與之操，而後可行共産。"此深於禮之言也。操業及取與悉有禮，則貪嗔癡不現行，而性命正，人道尊，天德於此顯矣。又自日常生活言，視聽言動，一皆遠於非禮，極乎"毋不敬，儼若思，安定辭，安民哉"。《曲禮》開端之辭，可謂包括三禮大義，亦攝盡東土學術無遺。毋不敬三字廣大悉備，天德王道一以貫之。儼若者，恪恭貌，無倒妄貌。儼若之思，非世智虚妄分别，乃聖智證量境界。佛家蕩一切執，而得一切智智，義與此會。安定辭者，聖人無捨敬之時，即常在定中。思常儼若，故出辭常安定，無有躁妄。安民者，修己以敬，而天下化之。聖人自修，而無宰物之心。物各暢其性，而興於善。所謂君子篤恭而天下平也。不敬者，妄以法令箝束生民，驅策群衆，將以逞其所欲，而天下之民無得安者。能敬者反是。夫禮主乎敬，人常守禮，則一切惑染悉盡而性命正，人道尊，天德於此顯矣。又自有夫婦而後有父子，自是以往，人倫日繁。於是由家而推之國與天下，以及天地萬物。一切酬酢處，無在不有至當之禮行乎其間。家庭有孝慈等禮意，固不待言。社會乃至萬物，無不由禮爲之凝成。如《禮記·大學篇》曰："與國人交，止於信。"《論語》曰："泛愛衆，而親仁。"此親、愛、信，乃是通行乎家庭、社會，以至天地萬物而一貫之禮意。禮意二字，本《莊子》。禮儀，是隨時變酌定，而禮意卻是不變的。《禮經》言祭天地山川等禮爲最詳，非以其爲神靈也，只是酬其覆載資生之恩。此意甚好，直引發人一體相親之意。荀卿主張勘天而勝之，制天而用之，便與西洋科學思想所謂征服自然及利用之者同，此則别是一義。至對動植諸物，《禮經》所言，其禮頗詳。如方春不折之類皆是。夫禮者彌綸萬有，人常率由之，則通物我爲一而性命正，人道尊，天德於此顯矣。總之，禮者，因乎人性所固有之德，而稱其情，以爲之儀則。此中情字義寬。德，具乎性，本無差别，是所固有故。固有者，只是一味平等，以絶待故。情，則緣形感物而生，不能無差别，是後起故。情是後起，即其自身是不實在的，故不可説情與性對立爲二元。但若將情與性看作無别，便大謬。此意難言。性體冲寂，而資情以流行，常帥情，而救其不及。如自性言，則愛人之父母與己之親，不當有别。萬物同體故也。自情言，則厚己之親，而薄人之親。乃因形氣之感，而必至之勢也。故情常不及乎性，然性終爲情之帥，而常救情之不及。所謂“老吾老，以及人之老”，正是性德所以救情之不及處。舉此一例，可概其餘。但亦不能拂情太過，致礙流行之幾。佛氏言大悲矣，亦必先從父母及親屬與諸有緣者度去，實亦不能外於吾六經之道。否則至親切處，已置之性分之外，更何從推及一切衆生？是自絶其性德流行之幾也。故性本無差别，及其緣情而發爲萬德，則於無差别中而現似差别。如事父母之孝，與養天下老者，雖同出於性所固有之愛德，而愛己親，與愛人之親，其間仍有差殊。則性之緣情而發，有不能過拂于情者在。但性畢竟不任情之偏私，而於人之親，要不弛其愛。此則一體之不容已處。學者於此宜深切體認而涵養之。若任情滅性，則人道息矣。緣情而有差别，究非性之固然。禮儀三百，威儀三千，則本性以稱情而爲之者也。本性以稱情五字吃緊。三千三百，言其分殊耳，非謂有定數。故《中庸》言禮治，是以其人所固有者，還以治其人之身，非從外制之，非有所約束勉强。蓋從其性情，而爲儀則，即由儀則，復引發其性情之貞，而生生不已，日新而不用其故，非若尚法制者驅人以習成機械也。嗚呼！六經之旨，聖人之全體大用，天德王道之極至，盡於以人治人四字。學者深思而自得之，不亦樂哉！

或有問曰："從其性情，而爲儀則，吾知之矣。即由儀則，復引發其性情之真云云，竊所未喻。"答曰：如正衣冠，便是日常起居之一種禮，易言之，便是一種儀則。《左》僖二十四年"君子曰：'服之不衷，身之災也。'"可見儀則之重要。儀則存，而性以凝，情毋放逸，所以養其性情之貞也。儀則廢，則情蕩而性失矣。《周語》單子論晋侯事曰："步言視聽，必皆無謫，則可以知德矣。步言視聽四者，人生日用萬事，皆自此肇端。四者必謹於儀則，始免過謫，而全其德。視遠，日絶其義；視取其平，此儀則也，禮也。平，則令心收斂，而無失義之愆。視遠者心浮，即情蕩而失性，則處事必失其宜，故云日絶其義。常見僧徒習禪定者皆平視，合於古禮。足高，日棄其德；足容重，此儀則也，禮也。高則輕，所謂舉趾高，心不固者是也。言爽，日反其信；言取其信，此儀則也，禮也。爽則失之易，而難信。聽淫，日離其名。附説。夫目以處義，足以踐德，口以庇信，耳以聽名者也，故不可不慎也。"單子此論，極精微，亦可見儀則所以導養性情之貞，而學者無有毫髮處可違於禮也。

附説：名者，名言。一切義理，爲然爲否、爲是爲非，一切人情，爲貞爲邪、爲好爲醜，皆名言所宣也。聽接乎名，而道貴反。反者，聽之儀則也，禮也。反謂反之于心，即心常虚明，不至緣名而起妄情分别。是以聽無所干犯於心，只是不離於名而已。聽淫者，不能反之謂也。不反，即聽乃不止乎名，而直令内心緣名起妄。即其聽時，便以名役心，將使心失其正名之用，而爲名之奴役。是聽離其名，而有役心之患。若聽時能反求諸心而不亂，則聽止於名，而不至以名役其心也，是謂聽不淫。故聽時以反爲儀則，此禮之大者也。學者致謹乎此，則古今一切學術上無量之名，皆止於聽。而不足以亂吾心之明，豈不樂哉！是以君子貴知禮也。

或復問曰："儀則之不可廢於身心間也，既聞命矣。夫禮之大者，莫如經國，若一切度制，皆道國之儀則也，亦所以養性情之貞乎？"曰：奚爲而不然也？如有私人侵奪多數人之權利，則一國之民，其情冤滯，而不得暢其性，則必群起而去其侵奪者，以更新度制。即是本性以稱情，創立新儀則，乃使國之人皆有養性陶情之樂，此治化之妙用也。或曰："儀則無固定歟？"曰：儀則不當有固定性。其所以爲儀則之意，則本性以稱情，乃無可變者也。如男女不親授受，是儀則也。嫂溺則援之以手，此時儀則當變易。但儀則雖易，而在叔嫂之倫理上，其本性以稱情，自有不可褻者，則歷萬變而未之有易。是以莊生貴知禮意也。即此一端，餘可類準。然儀則既成，人每循其迹，而或不究其原。及時移勢異，已不足爲養性陶情之具，而人猶怙之以爲當然，此古今改制之所以難。而人生限於形氣，有狃習故常之惰性，爲可慨也。老聃所以薄禮，蓋有見於此。然禮果可薄乎哉？儀則可更，而不可使無也。五帝不沿樂，三王不襲禮，故禮可更也。"禮義廉耻，國之四維。四維不張，國乃滅亡"，故禮不可無也。老氏之爲道曰："致虛極，守静篤。"守之致之之功，即儀則也，即禮也。此心如有一念，淪於非禮，便無虛静，何可廢禮以爲道乎？老之言治，曰清浄自正，故不以己宰物。夫不以己宰物者，固六經之旨，聖人之志也。然老氏則貌同而心異。老之不宰，殆曠然無所事事。聖人之不宰，則不以一己私意制馭萬物，乃本乎人之性，以稱其情，而爲之儀則或制度，使人得以陶情復性，而善其生。所謂以人治人是也。《論語》曰："人之生也直。"又曰："斯民也，三代之所以直道而行也。"此聖人盡己性，以盡人性，故知之明也。《韓詩外傳》言聖人善度人情，曰："己惡飢寒焉，則知天下之欲衣食也。己惡勞苦焉，則知天下之欲安佚也。己惡衰乏焉，則知天下之欲富足也。"聖人唯本乎人之性，以稱其情，而爲之儀則度制，使其適情，而不至於淫。乃全其本直之性，而無忝所生。凡所以經綸大業，敷揚至治者，皆爲導養斯人性情之貞。故其異於法治者，非謂無政刑也。政制、法意，一本於性情之正，而要歸於率性以陶情，此則與法治根本殊途也。嗚乎！治道必歸於性情。此天之經，地之義，人之極也。今所謂文明國之治，尚鬥而奬欲，則性被戕賊，而情失其貞，亦不成乎人之情，即情被戕賊矣。生民何辜，罹此慘毒，將萬劫而不反，不亦悲乎！衆人皆醉，而我獨醒，吾益不能無悲也。炎暑之晨，清秋之夕，神思悠然，有懷斯世，悲不可抑，則假莊生之達言以自解，曰：“知其無可奈何，而安之若命也。”然而，吾固非莊生之徒也，吾終不容已於悲也。王夫之之詩曰：“六經責我開生面。”吾將持此以授世人，庶幾塞吾悲乎？

講至此，有問：“先生言禮，可謂盡矣。而不及樂，何耶？”曰：禮樂之原，一也。一者，道也。此道在人曰性。性者，序也，和也。何以言之？性者，生生也。生生者無滯礙，恒亨暢故，説之爲和。生生者，非迷亂，具條理故，説之爲序。問：“和義易知，序義云何？”曰：禮者，天理之節文。天理謂性，節文猶云條理，即顯性是生生而條理。若夫人事之儀則，只此條理顯發於外，自身心之律範，乃至天下一切度制，亦皆是儀則。如儀則，都是本性以出之，即皆合乎生生條理而與法治國之所以爲度制者，根本異質。惟性之爲序且和也，故情命於性，性爲情之帥，即情受命於性也。從性而序，情不從性，則失序，而有盲動之患。從性而和，情不從性，則失和，而有横溢之患。《論語》言“從心所欲不踰矩”，《中庸》言“中節”皆是也。節便是性，中節者則情也。矩是性，不踰者情也。戴震反對程、朱言天理，而曰欲當即爲理，卻不思欲如何而得當耶？若非自性固有天理，則無矩無節，欲可當乎？天理豈是以意見安立者耶？如戴震之説，乃真意見耳。樂出性情之和，禮本性情之序，故禮樂之原，一而已矣。知道，即知性。知性，則知所以陶情。注意。知性情，則禮樂之全體大用，不待煩言而喻矣。聖人禮樂之用，合政治與道德爲一。但欲窮禮樂之原，須證見本體始得。政治道德合一，此乃儒者精神。世界如期大同，非由此道不可。夫言禮樂者，貴乎好學深思，心知其意而已。禮之意爲序，樂之意爲和。體大序，體者，體認之也。可以制禮。得大和，可以作樂。不求聖經禮樂之意，而但窮覈三禮名物，是簡編之蠹也。子曰：“禮云禮云，玉帛云乎哉！樂云樂云，鐘鼓云乎哉！”吾非謂名物可忽，病學者亡本耳。不求聖經禮樂之意，而但執守古禮條文，以爲一切不當變古。則五帝相承孔邇，而已不沿樂。三王相繼匪遥，而已不襲禮。此何爲者？《禮運篇》言：“變而從時。”《禮器篇》曰：“禮時爲大。堯授舜，舜授禹，湯放桀，武王伐紂，時也。”

據此，則《禮經》明明以革命改制爲隨時之宜，何嘗執禮爲一成而不可變乎？後儒言禮，每失變以從時之義。如顧亭林與友人論喪禮，主父在爲母齊衰期。其説曰："夫爲父斬衰三年，爲母斬衰三年，此從子制之也。父在爲母齊衰期，此從夫制之也。《儀禮·喪服傳》曰：'何以期也？屈也。至尊在，不敢伸其私尊也。'《問喪篇》曰：'父在不敢杖，尊者在故也。'《喪服四制》曰：'資於事父以事母而愛同，天無二日，土無二王，謂天子。國無二君，謂諸侯。家無二尊，以一治之也。故父在，爲母齊衰期者，見無二尊也。'"又曰："不敢捨二禮之明文，從後王之臆制，狥野人之恩，忘嚴父之義也。"不敢二字，一氣貫下讀之。亭林此論，在今日未可苟同。《禮經》所載條目，大抵古代通行之制。家無二尊義，實與當時君主制度爲一貫主張。爲母之服，不當因父在，而屈母以背恩，則天理人情之公也。《春秋》張三世，以一治之之義，在據亂世爲當然。升平世猶未易遽革。國無二君，家無二尊，以一治之，此在古代制禮自不得不成爲完整之體系。吾人不可執今以非古，而亦不可生今之世，妄求復古制之不必宜於今者。而亦至此爲句。故父在爲母服之禮，寧從後王之制。子不忘母，必能事父，於嚴父之義又何傷？推此而言，則古禮之難行於今，而可更定者多矣。唯議禮至難，非盡性之君子，未容輕議。衆庶之情，不可不通。而末俗自便之私，要不可狥。自家禮及社會酬酢，乃至國家一切度制，今皆紊亂無序。禮失則亂，亂極宜反。民亦勞止，迄可小康。酌古準今，如何通變，是在有多數經儒，真能於性地用功，而復格物達時變者，方堪議此。若夫古樂淪亡，至堪痛惜。後有作者，識自性之和，而達衆庶之性情，莫不同於和。因以考聲律，制樂器，以發其和聲，而導世於太和，此人道之隆也。古器尚有存者，後有哲人，稽古而爲新制，以揚和聲，庶幾太平盛世哉！向者有人主用古《卿雲歌》爲國歌，聲韵清幽，意境高遠，有天地位、萬物育氣象，真盛世元音也。然用西洋之琴與鼓而奏此歌，則無可合之理。故樂器急宜精究。西人樂器，真所謂北鄙殺伐之聲，不可用。

八曰極於萬物各得其所。《樂記篇》曰："是故先王之制禮樂也，非以極口腹耳目之欲也，將以教民平好惡，而反人道之正也。”

附解：佛氏以貪嗔癡爲萬惡之本，號曰三毒。貪者貪愛，即好義。嗔者嗔恚，即惡義。癡者迷闇，與好惡相俱者。佛氏主斷三毒，而吾《禮經》於此，不曰斷而曰平。此儒、釋大不同處。蓋情欲非可絶，惟教民以禮樂，使民反諸天性，則情欲自中節，而歸於平矣。平則情欲亦性也。

人生而静，天之性也。

附解：此中静字，不與動對。乃形容性體寂然，無有聲臭，無有昏擾，故説爲静。非謂其爲静止停滯的物事也。此中天者，自然之謂。性體寂静，乃自然之妙，不可致詰。

感於物而動，性之欲也。

附解：鄭玄注：“言性不見物，則無欲。”殊不成義。此承上言，人性本静，然感於物而動，則有欲焉。欲乃後起，不必順乎性之静。然推本言之，人稟性以成形，形生，而交於物，則有欲。然則，即欲而溯其所自，是亦性之流也，故曰性之欲。此顯欲無可絶。

物至知知，然後好惡形焉。

附解：鄭玄注：“至，來也。知知，每物來，則又有知也。言見物多則欲益衆。形猶見也。”玄注亦欠分曉。此中牒上文，而點出好惡。物至，謂物來感也。知知，上“知”字，即上所云動與欲是也。下“知”字，了别義。物來感人，而人有動乎中，此動即是欲。亦即是對於來感之物，有一種了别。故云知知。由知知物，便有好惡形見。好而貪得也無已，惡而攻伐也亦無已，此人類之大患也。生活由是不寧也，戰争由是起也。

好惡無節於内，知誘於外，不能反躬，天理滅矣。

附解：鄭玄注：“躬猶己也。理猶性也。”按反己，謂内自識也。内自識者，自識本心也。《管子》言“心之在體，君之位也”，即此義。陽明之良知，《新論》之性智，皆本心異名也。本心即是性，以其爲吾人所以生之理，則曰性。以其主乎吾身，則曰心。其實一也。自識本心，則有主於中，而好惡有節，不失其平。平者和也。性以帥情，則情順性而不淫，故和也。性顯矣，則感物之知，亦皆性之發用，廓然順應，而外物不得誘，此好惡所以有節也。不能反躬者，則昧其本心，而以動於外誘之欲爲知，此知便非性之發用。下文所云人化物是也。如此，則人失其性，故云天理滅。

夫物之感人無窮，而人之好惡無節。則是物至，而人化物也。人化物也者，滅天理而窮人欲者也。於是有悖逆詐僞之心，有淫佚作亂之事。是故强者脅弱，衆者暴寡，知者詐愚，勇者苦怯，疾病不養，老幼孤獨不得其所，此大亂之道也。

是故先王之制禮樂，人爲之節。

附解：鄭玄注："節，法度也。言爲作法度，以遏其欲。"玄注未妥。法度必本性以稱情而爲之。乃使民由於法度之中，而得反識其自性，則欲有節而不妄逞，果爲性之欲矣。玄云爲作法度，則是聖人强爲之制，而非必本乎其人之性情也。且禮樂之意，使民率性以陶情，原與遏欲者不同。防民之欲，甚於防川，而可遏乎？

衰麻哭泣，所以節喪禮也。

附解：死喪之禮，《禮經》最重。此是儒學精神所在，與釋氏根本不同。釋氏以死爲苦果，生爲惑因。苦即是果，曰苦果。惑即是因，曰惑因。其所謂生，不是在真性上言。吾前已説過。儒家從道體上，見得是個生生不息真幾，乃就其在人而言，名之爲性。故性，即道之異名也。此性真真實實，既是生生不息的至理，何可遏絶？吾人只有思誠以存之，真積力久以實現之，更無别事。死喪有禮，葬祭有禮，所以盡其情者，若曰死者未嘗亡耳。此其延生理於無窮者也，與釋氏怖畏生死海意思根本區别。故禮莫大於喪祭等，所以體至道而大生生也。

鐘鼓干戚，所以和安樂也。

附解：人情安樂，則易流於淫佚。故作樂以和之，使其樂而不淫，安而不放。放者，放佚。

昏姻冠笄，所以別男女也。

附解：鄭注："男二十而冠，女許嫁而笄，成人之禮。"按昏姻之禮，所以別於鳥獸，且防亂交，亦攝生之常經也。近世男女離合無常，人而淪於飛走矣。

射鄉食饗，所以正交接也。

附解：鄭注："射、鄉，大射、鄉飲酒也。"按《聘義篇》，大射禮至繁重，所以貴勇敢强有力也。勇敢强有力者，無事則用之於禮義，有事則用之於戰勝。若不用之於禮儀戰勝，而用之於私鬥，則謂之亂人。其養民以有勇知方，今之軍禮，所宜取法。後世之民，怯公戰而好作亂，古禮不講故也。鄉禮，尚齒與德，勸民興於善也。食饗，使民相歡愛也。制食饗之禮以教愛，其義深遠無邊。民非食不生，故無大於此者。危乎譚峭之説食化也，曰："有智者憫鴟鳶之擊腐鼠，嗟蟻螻之駕斃蟲，謂其爲蟲不若爲人。殊不知當歉歲則爭臭儯之屍，值嚴圍則食父子之肉，斯豺狼之所不忍爲，而人爲之，則其爲人不若爲蟲。是知君無食必不仁，力按：君之道在爲民謀足食。如足食之政不素講，民餓而君亦患貧，則君將剥削孑遺之民，而仁心不生矣。臣無食必不義，力按：準上可知。士無食必不禮，民無食必不智，萬類無食必不信。是以食爲五常之本，五常爲食之末。力按：五常者，人之天性也，何云爲食之末？人之生也，形氣限之，使食不足以養，則緣形骸而起之貪嗔癡等毒必勃發，佔有衝動不可禦，而五常之性終不顯。如陰霧蔽日，疑於無陽也。孟子言有恒産者有恒心，與此云食爲五常之本，義相和會。教之善也在于食，教之不善也在于食。其物甚卑，其用甚尊，其名尤細，其化尤大，是謂無價之貨。"又曰："爲巫者，鬼必附之；設像者，神必主之。蓋樂所饗也。力按：鬼神皆歸於食。戎羯之禮，事母而不事父。禽獸之情，隨母而不隨父。凡人之痛，呼母而不呼父。蓋乳哺之教也。力按：物情莫切於食，故以食招之則歸。養馬者主，而牧之者親。養子者母，而乳之者親。君臣非所托[1]，而比之者禄也。

子母非所愛，而愛之者哺也。力按：子母之愛，本天性也。而曰由哺者，嬰兒初生，天性未顯，但拘于形，知有哺而已。駑馬本無知，嬰兒本無機，而知由此始，機由此起。力按：生人之知，起于求食。及至食足以養形，而其知乃得免於物化之患，漸復其清淨靈明之本然。此未可驟幾也。所以有愛惡，所以有彼此，所以稔鬥争而蓄姦詭。”詳譚子所云，可見治道當以食爲本務。聖人早知其然也。《公羊春秋》與《禮運》，皆除私有財産之弊，使民習於群體生活，而勉進大公之道。人皆足食，則愛惡平而彼此之界泯，鬥争息而姦詭不作。人道之尊，人生之樂在是也。然其所以致此者，要在養人之性，以導其情於正。非可毁人之性，以盪其情於凶。人性本善也，其不善者，情之緣形而發，機以求食而動也。求食之機，非必不善，然機動而至於失其性，則不善極矣。與形俱始之情，亦非必不善，然情動而至於蔽其性，則不善極矣。性者，通物我而一也。機則以我制物，情則以我攻取乎物，用之至於達其大公之蘄向而止，可也。用之過激，而習非勝是，則人性毁，而人争相食。老子“天地不仁，芻狗萬物”之嘆，於是哀之極也，是故聖人將於民食而爲大公之制，不徒注重制度之更張而已，必因人之性而爲之禮。其於人生日用之地，食戒饕貪，饗與人同樂，推己及物，儀則不忒，而養其物我一體之歡愛。是率性之道也，是食化之原也。譚峭道家徒，知食之重，而不達化原，其大旨徒欲勸君上之儉以率下而已。而於《春秋》《禮運》經濟制度，一本大公之道，既全無所窺，更不悟食饗之禮，要在無遏其性，推擴其情。更不至此爲句。能視物猶己，則情擴。私一己者，情之違乎性而不能擴也。道家本不通《禮經》。譚峭承其誤，又藏其機，而窺民之可以食驅也。其察於鬼神、鳥獸與嬰兒之情狀，皆見民之可以食驅策之也。以此動天下，用之適當，而無伐人之性，則自天佑之，吉無不利。太過，則慘毒深，人道熄。吾於食饗之禮而得聖人教愛之意，所以存人性，立人極也，美矣大哉！

自《喪禮》至此，約爲四端，以見其概。若遍舉之，則不勝其繁。

禮樂之用，本無往而不存。鄭玄《樂記注》云“上極於天，下委於地。其間無所不之”是也。“禮節民心，禮以節制民之邪心與逸志。樂和民聲，樂以和民之氣，使無近於暴戾也。政以行之，政是禮之具，以其建制立法，國家之事，無所不舉，故名爲政。行之，謂民共行之也。刑以防之。刑亦是禮之輔，所以防民之不肖而敢於爲惡者也。禮樂刑政，四達而不悖，則王道備矣。”《樂記》言禮樂，探本於性。知性，則有以理情，而好惡平。好惡平，則强毋脅弱，衆無暴寡，知毋詐愚，勇無苦怯，疾病與老幼孤獨皆有所養。如是，天下之大，人類之衆，無有一夫不獲其所。《中庸篇》曰：“辟如天地之無不持載，無不覆幬。辟如四時之錯行，如日月之代明，萬物並育而不相害，道並行而不相悖。”又曰：“舟車所至，人力所通，天之所覆，地之所載，日月所照，霜露所隊，凡有血氣者，莫不尊親。”言血氣之倫，莫不互相尊、互相親也。此言禮樂之隆，使人類各得其所，如此之盛，然又不只限於人類而已。《樂記篇》有曰：“及夫禮樂之極乎天而蟠乎地，行乎陰陽而通乎鬼神，窮高極遠而測深厚。”又曰：“天地將爲昭焉，鄭注：“言天地將爲之昭然明也。”天地訢合，陰陽相得，煦嫗覆育萬物。然後草木茂，區萌達，羽翼奮，角觡生，蟄蟲昭蘇，翼者嫗伏，毛者孕鬻，胎生者不殰，而卵生者不殈。”《祭義篇》曰：“樹木以時伐焉，禽獸以時殺焉。夫子曰：‘斷一樹，殺一獸，不以其時，非孝也。’”儒家言道德，以孝弟爲本。不愛其親，而能仁民愛物者，未之有也。近時謝幼偉深識此意。《論語》：“子釣而不綱，弋不射宿。”孔曰“釣者，一竿釣。綱者，爲大綱以橫絶流”云云。皇疏：“作大綱，横遮於廣水，而羅列多鈎著之以取魚也。”弋，《説文》，弋即堆[2]省。繳射飛鳥也。宿，宿鳥。物茂卿《論語徵》云：“天子諸侯爲祭及賓客，則狩。豈無虞人之供，而躬自爲之，所以敬也。狩之事大，而非士所得爲。故爲祭及賓客則釣弋，蓋在禮所必然焉。天子諸侯田則三驅，士則不綱，不射宿，不欲必獲，所以惜物。”上考《王制》，言田狩之禮，天子不合圍，諸侯不掩群。恐多傷物命也。獺祭魚，然後虞人入澤梁。《月令》正月“獺祭魚。”《孝經緯》“獸蟄伏，獺祭魚”，則十月中也。是獺一歲再祭魚。豺祭獸，然後田獵。《月令》九月“豺乃祭獸”，《夏小正》則云十月。鳩化爲鷹，然後設罻羅。鄭司農云：“中秋，鳩化爲鷹。”罻羅，捕鳥之網。草木零落，然後入山林。《毛詩傳》云：“草木不折，不操斧斤，不入山林。”昆蟲未蟄，不以火田。十月，昆蟲蟄藏地下，則得火田。不麛不卵，不殺胎，不殀夭，不傷未成物。不覆巢。《公羊春秋》主三時田。夏不田狩，故只三時。《王制》亦然。《説苑》曰：“夏不田何也？曰：天地陰陽盛長之時，猛獸不攫，鷙鳥不搏，蝮蛇不螫。鳥獸蟲蛇，且知應天，而况人乎哉？”何氏《公羊解詁》曰：“不以夏田者，春秋制也。以爲飛鳥未去於巢，走獸不離於穴，恐傷害於幼穉，故於苑囿中取之。”《禮經》言治，期於草木鳥獸咸遂其生，故不許輕損物命。中國數千年來服習禮教，民食以五谷爲主，極少用肉食者。海通以來，漸染西俗，肉食之風頓盛。禮失，而物之受禍烈矣。如上所述，可見禮治期於萬物皆得其所。一物失所，便非善治。《中庸》云“天地位，萬物育”，以是爲治道之極則。此將來人類所當取法者也。

夫大同之盛，至治之休，雖中土聖哲之理想，然爲人類前途計，要當向此正鵠而努力。但至治，非全人類同履道德之途，則不可幾及。而道德又决非僅在知能上致力可以養成之。必也本斯人天性固有之善，而稱其情，稱字，便有不過矯之，而必節制之，令就於正之意。凡上文言稱情者，皆倣此。以爲之禮，使共循天秩，而不可亂也。禮只是秩序的意義。秩序由性生，故云天秩。如公共規約，人皆率循而不忍叛，非可純從外强制之也。人之本性，元是生生而條理的。所以於倫類或一切交涉處，能守秩序。又爲之樂，使同得天和，而並育無害也。和由性生，故云天和。人皆得其性分之和，則戾氣消，而無相害。夫禮樂者，所爲奉性以治情者也。奉性治情，本王船山語。人之習爲不道德者，情欲過淫而失其正也。故蓄德唯在陶情。陶者，只是有以養之，使就於正。他處言陶情者倣此。《禮運篇》曰：“人情以爲田，故人以爲奥也。”鄭玄注曰“奥，猶主也。田無主則荒”，此喻情無主則淫也。夫使情得所主而不淫，則莫如用禮樂。禮者序也，本乎人之性而爲之禮，以序其情，常使情不越於序也。情從序，而弗過越，則安貞。樂者和也。本乎人之性而爲之樂，以和其情，常使情不違於和也。是故情有奥主而不淫。夫欲人類共敦道德，而臻萬物得所之盛治也，如不修禮樂以陶人之情，而徒以知能爲務，稍有智者，知其不可也。余非輕知能，但於陶情，須注意。嗚乎！吾向者不識此意，喜聃、莊之簡脱，老而徵驗物情事變，閲歷已深，諷誦遺經，然後知聖人用心，深矣，遠矣。其智照則極高明，無得而稱矣。由其道，則萬物莫不得所。不由其道，衆生長倒妄以自戕也。嗚乎！是道也，豈惟吾地球人類所不容自外，使金星、火星之上而或有人焉，其弗可自外於斯道也夫。

九曰終之以群龍無首。《大易·乾》之用九曰："群龍無首。"群龍所以象衆陽也。陽之所象又極多，其於人也，則爲君子之象。陰於人，爲小人之象。《春秋》太平世，人人有士君子之行，是爲衆陽，是爲群龍。何謂士君子？俟講《春秋》時當言之。無首者，至治之隆，無種界，無國界，人各自由，人皆平等，無有操政柄以臨於衆庶之上者，故云無首。或有難曰：《春秋》托於文王，以示天下大同，必有聖人爲領導焉。《中庸》一書，則總括《易》《春秋》大義而爲之，亦尊文王以配天。《中庸》引《詩》云："惟天之命，於穆不已。"蓋曰天之所以爲天也。"於乎不顯，文王之德之純。"蓋曰文王之所以爲文也，純亦不已。豈謂大同之世，無政府，無執政者乎？答曰：《春秋》懸太平世以爲的，《易》言群龍無首，則與太平義相發明也。夫人類之所蘄向，則在至真至善至美之境，此蓋本於其性分，而有所不容已之最高願欲。然而人生限於形氣，畢竟處於相對之域。絶對之真善美，常爲其願欲所寄耳。而人生之精進不已，改造無息者，正賴有此難償之願欲。使其可償，則獲償之日，即爲人生願欲斷絶之時，而人類亦幾乎熄矣。群龍無首之治，人類最高願欲也。可償與否，非所計也。願欲而必其償，則下等欲望也，决非依性分而起之最高願欲。此義深微，容當别論。若夫世界大同，此在將來，爲勢所必至，無容疑者。而大同之世，其初期决不能不成立最高機構，即政府是也。《禮運篇》言大同，謂"大道之行也，天下爲公，選賢與能，講信修睦"云云，則有政府甚明。聖人爲全人類計，必首破種界國界，以進於大同。使强無凌弱，衆無暴寡，智無詐愚，勇無侵怯。其時社會組織，必迥異乎種與種争、國與國競之世，而與大同治道相應。其所急宜改善者，必爲家庭與私有制。蓋種界國界之原始，實由家庭觀念而來。以己家對他家而有界，故以己種類對他種類，以己國對他國，而皆有界也。種界國界之不易破，亦由人各私其財與力。若於此無所私，則天下爲公亦易矣。《禮運篇》言"故人不獨親其親，不獨子其子"者，所以改善家庭關係也。子生，而社會代籌教養。父老，而社會助其供事。故曰不獨親、不獨子也。其時非不許有小家庭存在，玩兩不獨之言，則子女方幼，非全無二親之顧復。父母既老，亦非子女全不負服侍之責也。只以社會爲大家，而私人之財與力，大抵皆屬於社會。其可爲私有者，只最小限度。下文"貨不必藏於己，力不必爲己"。玩兩不必之義，亦非私人絶無私有權。故仰事俯蓄之重，則皆由社會統籌辦法。如老人居游之所，由公家設置。而服侍則子女須盡責也。食用，則公家量其子女之力，或助或無助。兒童自托兒所，迄幼稚園，以至大學，皆公家設備。而在托兒所與幼稚園時期，則爲父母者必有顧復之義務。入小學以後之費用，或由公家，或由其父母，則視爾時社會整個的經濟計劃而酌定之。如此，則小家庭與小限度之私有財力制雖名存，其實則已化家庭生活而爲社會生活。蓋其時一切財與力，幾乎統屬社會公有。各小家庭生活費，如事畜之重，多仰給於社會。是在事實上人人皆以廣大社會爲一大家庭也。故下文云："貨，惡其棄於地也，地之寶藏，必盡闢之。地有可興之利，必盡興之，使地力無絲毫不盡者。不必藏於己。曰不必藏於己，則己非絶無私有，但由公家計其收入之數，必以大多數爲公家所有。而私人所有，爲最少數。故曰不必藏於己也。力，惡其不出於身也，身不出力謂之偷，不勞而食謂之盜，治世之民，决無此等。不必爲己。"一切腦力與身手之力，雖亦爲己所有，而實盡量獻給於社會。故云不必爲己也。可知一切財與力，屬社會所有者爲最重，屬私人所有者，當爲最小限度。此所以化私爲公也。或曰："何不將小家庭與私有制根本鏟絶之乎？"曰：此恐未易行，而亦不必然也。人類之道德，發源於親子之愛。若廢小家庭制，則嬰兒初生，即歸公育，親可不過問，而親子之愛絶矣。父母老而公養，子可不過問，而親子之愛又絶矣。天屬之地，已絶愛源，而高談博愛，恐人情日益澆薄，無以復其性也。儒家言道德，必由親親，而擴充之爲仁民愛物。此其根本大義，不容變革者也。世有以《禮運篇》爲道家或墨家思想者，則淺人浮亂之腦，不能深窮義蕴耳。時俗相習於浮亂，可勝慨哉！其他可慮之處，兹不及詳。故小家庭制，未可全廢。小家庭既許存在，則極小限度之私有財力制，亦當予以並有。爲維持其小家庭生活之便利，則保留相當之私有權，乃事勢之必然也。且人類若絶無私有觀念，亦不易競奮於事業，此又不可忽者。然則，利用小家庭與小限度之私有制，而導之於社會公同生活之中，使之化私爲公，漸破除其種界國界之惡習，則全人類相親如一體，而天下爲公之治，可以期必，非臆想已。或曰："今人誤解不獨親親、不獨子子之言，遂有主公妻者。如公所説小家庭制，則夫婦有别，當爲不易之義歟？"曰：此篇《禮運篇》。明明言女有歸，歸之爲言，歸於一夫也。若人盡可夫，則何歸之有？夫婦有别，人倫之正，攝生之經也，惡可同人道於馬牛哉？余嘗欲原本六經，融攝諸子，而爲一書，以明治道。於《禮運篇》，將斟酌其義，擬爲法制，備來世取資焉。然吾老矣，能成此業否，不敢必矣。

總之，《禮運篇》及群經大意，大抵推詳由升平世進至太平大同，此等階段之義爲多。《春秋》《中庸》托文王，《尚書》始堯舜，皆以爲有聖人興，方可爲世界人類作領導。此中意義，可深長思也。一國之内，往往有一大力者出，足以振動世界。則欲全人類躋於大同，亦必有大聖者出，方可轉移一世。人群賴有領導，固歷史所明示也。故謂大同世之初期，不能無政府，不能無執政。《易·乾》之《彖》曰："首出庶物，萬國咸寧。"蓋言聖人領導群倫，而萬國和同。吾考之經義，而信其爲事勢之當然也。雖然，世至大同，將謂全人類一切平等。天禀無智愚之分，賦質無强弱之異，乃至區處各别，衆寡之數相等，風土互異，勇怯之習無殊。則稍有識者，知其必不然。智愚之禀不齊，天也。非果有造物者，操一型以鑄群生，使之同其智而無稍愚也。《新論·附録》，《語要》卷三，皆有一則談人生氣禀不齊，宜參看。此不然者一。體質强弱，亦緣天賦，不可齊同。此不然者二。大同世之民，雖有交通之利，然總不能無常居之所，各地區衆寡之數難齊。此不然者三。民生而勇怯異其習，實緣風土。大同世，雖全地交通發達，於各處不同之風土，可資轉易。然天然力如氣候地質等，終不易以人力使之完全改變。如南北冰洋，使成温帶，必待地軸轉移。欲以人力致之，決不能也。此不然者四。是故智愚、强弱、衆寡、勇怯，終古千差萬别，無可言齊。然則，所謂人各自由、人皆平等者，人人各得分願。分願者，謂人於其本分上，所可自遂，或應當遂之願欲。如學問、知能、事業，乃至在國家與社會所應盡之義務，及應享之權利等等，凡此，皆人生之所願欲，而復爲其人本分上之所可自遂或應當遂者，是名分願。彼無所抑於此，此無所抑於彼，是謂人皆平等。人人各以己所欲，度他所欲，自遂，而無損他，是謂人各自由。如是則爲至治矣。然此事談何容易，必全人類共勉於道德，而後可能耳。夫世至大同，人類道德，固已進矣。否則無由大同，此余之所知也。然必謂人類進德，有加無已，吾則不能無疑。就個人言，從來聖哲，其一生之中，日新其德，而不退轉者，蓋誠有之。就全人類言，則聖哲不世出，而庸衆則滔滔皆是也。庸衆之道德，發於自覺者少，依於習成者多。吃緊。習之所成，内無其源，而期其日進無疆可乎？習者，機械也。機械，死物也。既成死物，則腐敗日積，而禍變將起矣。夫人類元有智愚、强弱、衆寡、勇怯，種種不齊，而道德又不能日新無已，勢將發生禍變。則謂大同之世，人各自由，人皆平等，無待立政府，無須有執政者，此固人生最高願欲，所當懸的以趨，不容自餒者也。《詩》曰："高山仰止，景行行止。雖不能至，心嚮往之。"有味哉其言之富也。然苟期必願欲之幸償，斯亦惑而已矣。願欲者，所以勤策夫不斷之努力，非圖報於一旦，而冀有息肩之期也。非字一氣貫下讀之。此處吃緊。是故《大易》終於未濟。未濟，人道之窮也。《春秋》以西狩獲麟終。獲麟，嘆道窮也。嗚乎！窮矣，而有無窮者存。無窮者願欲也。當其窮，而有無窮之願欲，所以窮則變，變則通，通則久也。《易》《春秋》所寄意，甚深微妙，其至矣哉！凡夫智小，處窮絶願，豈不悲哉！夫願欲，乃依性分而有，義最殊勝，與世俗所云欲望不同。吾國官吏、商人，造作罪業，皈僧念佛，希未來善報。及勢途失志，所欲彌强。如此等者，儒者謂之昏狂，佛氏呵以惑障，皆非此中所云願欲。願欲者，至公至明也。《論語》曰："我欲仁，斯仁至矣。"《孟子》曰："可欲之謂善。"此兩欲字，乃此中願欲一詞所本。《華嚴》普賢行願之願，亦通。夫黑闇者，光明之母也。光明生於黑闇，若無黑闇，莫顯光明。争競者，仁讓之父也。争競之禍烈，而惻隱之心生。魔鬼者，天使之介也。治幾將啟，則亂人爲之介也。《易》道終於未濟，此群龍無首之盛休至美，所以常存於吾人之願欲而不容自已也夫。

如上九義，第一義中，仁實爲元，仁即道體。道者萬有之本體。説見前。以其在人而言，則謂之性，性者，言其爲吾人所以生之理也。亦名本心，心者，以其主乎吾身而言也。本來有故，非後起故，故曰本心。亦名爲仁。以其生生不已，備萬理，含萬德，藏萬化，故曰仁。《大學》所云"明德"，亦仁之别名也。誠恕、均平、道德、禮讓、中和，乃至萬善，皆仁也。仁之隨事發見，因有種種名目。如本仁以接物處事，則不捨忠信，而謂之誠。本仁以待人，則能以己度人，而謂之恕。本仁以理財立政，則務求兩利。毋私一人以害全群，毋私一國以害世界，是謂均平。識得仁體，以誠敬存之，自念慮之微，至一切事爲之著，莫不循當然之則而實行之，有得於心，絶非虚妄，此之謂道德。其實，即隨處體認仁體而實現之，非離仁體别有道德可説也。舉此數例，餘應準知。格物通變，仁之用也。通變，謂第四義中，隨時更化爲權。權即用義。此與第二義中格物，並是仁之用。制禮作樂，是仁術也。政刑之施，與一切利用厚生之計，若皆原於道德禮讓之意以爲之，則亦莫非仁術也。以人治人者，人之性，莫不同故也。莫不同者，同此仁體故也。參看《新唯識論》下卷《明心章》。治道必極乎萬物得所，而蕲向群龍無首之盛者，則亦仁體自然不容已之幾也。佛氏説一切衆生皆有佛性，皆當作佛，以衆生同一真如體故。吾《易》言"群龍無首"。孟子申其義曰："人皆可以爲堯舜。"王陽明又申之曰："個個人心有仲尼。"則以萬物既同一仁體，自體上言之，不當有凡聖差别。所以信至治可期也。雖人生限於形氣，易流於惡，而其本體究未嘗不在，故不應菲薄人類，以爲無可與圖上治也。《論語》言己立立人，己達達人，一仁而已矣。《中庸》言成己成物，言盡己性，以盡物性，一仁而已矣。《孟子》言夫道一而已矣，一者仁也。隱之爲天德，天德者，《易》云盡性至命，即實證本體，而德用昭顯，故云。《莊子》説爲内聖。顯之爲王道，《大學》所謂明明德於天下，始於修齊，極於國治天下平，是爲王道。《莊子》亦云“外王”。一仁而已矣。莊生稱孔子以内聖外王，意固是，而辭不甚洽。王船山每以天德王道，總括六經之理要，修辭較精。是故六經浩博，其歸則仁。《易》明萬化之宗，而建乾元。坤元即乾元，非二元也。虞氏《易傳》曰：“乾爲仁。”此古義之僅存者，至可寶貴。《春秋》之元，即《易》之乾元，其義一也。《易》言乾元統天。《春秋》以元統天，即《易》義。三禮蔽以一言，曰“毋不敬”。證以《論語》仲弓問仁，夫子語以“如見大賓，如承大祭”。則以敬言仁，本禮教也。《詩》三百蔽以一言，曰“思無邪”。思無邪者，仁也。《尚書》托始堯舜，而《論語》稱堯，曰“唯天爲大，唯堯則之”，明天以仁生物，堯能則天之仁也。贊舜，曰“有天下而不與焉”，顯舜有仁讓之德也。則《書》以仁爲治化之本可知。世儒治《論語》，知孔門之學在求仁，而不知六經一貫之旨，皆在是也。夫天下之理，窮至其極，則萬化所資始者見矣。百家之學，會歸其宗，則萬理之畢通者得矣。學不至於仁，終是俗學。所謂得一察焉以自好，不睹天地之純全也。治不至於仁，終是苟道。蓋以增長貪嗔癡，斃人亦將自斃者也。嗚呼！經學者，仁學也。其言治，仁術也。吾故曰常道也。常道者，天地以之始，生民以之生，無時可捨，無地可易也。而況經學之在中國也，真所謂日月經天，山河行地，其明訓大義，數千年來浸漬於吾國人者，至深且遠。凡所以治身心、立人紀、建化本、張國維者，何一不原於經？則謂吾民族生命爲經義之所滋潤焉孵育焉可也。今乃欲廢之一旦，將使生命頓絶不復蘇，頓斷不復續，雖欲改胎换骨，而臣之質已死，新胎何所寄，新骨何所附乎？園夫之接木也，必固其本幹，方可以他木之枝，附着其間。因本幹生機之盛也，而後吸收他枝，足以斡運轉化，發榮滋長，迥異其舊焉。若斷絶本幹，令其枯死，無復生意，而欲成接木之功，則雖孩童蒙昧亦知其不可矣。今人不自護持生命，其智反出園夫下，豈不哀哉！

民國二十年，東三省陷於寇。國人痛鼎革以來，道德淪喪，官方敗壞，袁氏首壞初基，軍閥繼之。貪污、淫侈、殘忍、猜妬、浮夸、詐騙、卑屈、苟賤，無所不至其極，人道絶矣。士習偷靡，民生凋敝，天下無生人之氣，由來者漸。於是有少數知痛癢者，回顧民初，開基已失。思懲前敝，求復吾人固有精神，而讀經之議，稍見於報紙。余時講學北庠，間與諸生言，亦有一二能識此意者。然未轉瞬間，海内知識，力斥反古，盛唱全盤西化與全盤外化之論，而讀經議，遂乃乍起乍熄。甚哉時習之難反也。在此期論戰中，余不能無感者。凡主張西化或外化諸論文，大抵皆零碎之談。西洋人所以成功現代文化者，其根本精神爲何，今後之動向又將如何，此皆吾人所欲知者，諸君子卻未能注意及此。至主張讀經者，世或議其素行爲衆所共唾，其言更無可採。然激於世變而知痛癢者，蓋有之矣，不盡可薄也。余所留意者，即此等人。但察其言，大抵不滿意現狀，而抗懷前古。或情鍾國粹，而未知何者爲粹。或思振揚舊道德，因欲庠序設讀經之課。然經義久湮，今欲以維持舊道德之故，勸人讀經，益難動末俗之聽。復有謂自漢以來，人材多屬儒家，故經學不可廢者。而反對者或徵引史傳以駁之。章太炎嘗據史，列舉若干人，以駁反對者。此抗戰前一年事也。其時報載有人問胡適之，何不駁太炎。適之曰：吾不打死老虎。友人張東蓀曰：適之毋乃侮老輩耶？此一大問題，君願有言否？余曰：六經之精神，遍注於吾民族，淪肌浹髓，數千年矣。何待於歷朝人才中，標舉某也爲儒，某也非儒。漢宣帝、昭烈帝、諸葛公、張江陵諸人，謂其參以法家作用則可，謂其不曾服膺經訓，想諸公有知，决不自承認也。漢文深得君子篤恭而天下平意思。雖參用老氏，要不可謂其非儒。總之，今日提倡讀經，似不須於此等處着眼，當研究經學本身有無永遠不磨之價值耳。頗有嘅言：世變遷移，迄今未知所底。經學殆將自此廢絶，無復有講習而實體之者。縱有少數考古家搜閲及此，則只爲博聞之一助而已耳。余曰：否！否！不然！經者常道，如前已説。常道而可廢乎？世莫不知，欲生活而廢食飲，必不得生活也。欲衛膚體而廢衣裳，必難免侵害也。夫常道之在人也，是人之所以立。易言之，即人所以成爲人，不可須臾離也。可離，非常道也。則豈止若衣裳之於膚體，食飲之於生活而已乎？今夫沙漠厚積，而伏流潛奔；重陰蔽天，而太陽無損；風雨如晦，而鷄鳴不已。常道不絶於人心，辟如鷄鳴開旦，風雨不可常也；太陽赫赫，重陰不可久也；河海洋洋，沙漠非能障也。經者常道，萬理之所匯通，群學之所會歸也。世際明夷，人習於膚淺，而不究本原。則以爲西學輸入，吾之經學，已無立足處。豈有識之所能忍哉！忍者，忍可之也。夫西洋科學、哲學，其知日馳，馳者，謂向外追求也。畢竟不得冥應真理。此中真理，謂宇宙本體。冥應者，謂與真理爲一。而知識或理智之用，則只是意計構畫，不可與真理相應也。意計一詞，本佛籍，謂意識周遍計度也。此方經學，由實踐而默識本原。本原，係用爲真理或本體之代語。他處用此詞者準知。易言之，即體神化不測之妙於人倫日用之間，乃哲學最高之境。德哲康德以爲本體非理智所可及，唯由道德實踐乃可契應。其大旨，與吾經學精神有可通者。西學必歸宿於是，乃無支離之病。莊生《齊物篇》云："小知間間。"《注》："間間，有所間别也。"此有致曲及解析等義。科學研究宇宙之各部分，此等知識，正以小知間間而擅長也。西洋哲學，唯心、唯物與非心非物諸論，各持偏端之見，亦是小知間間。故以道眼觀，西學未免支離。以知識論，西學辨物析理，正以不憚支離而後精耳。中西之學，當互濟，而不可偏廢。若夫西人之治，獎欲尚鬥，長此不變，人道其絶矣。非講明經學，何以挽物競之横流哉！今之後生，稍涉世智，則鄙棄六籍。量小而貴時行，識卑而闇於大道也。世亂敉平，人思進善，其將復於常道何疑乎！

講至此，本可作一結束，唯余欲採《禮記·大學篇》首章及《儒行篇》，略爲疏釋，以明宗趣。宗者，宗主。趣者，旨趣。二三子由是而入焉，則可以貫穿群經。精思而力踐之，毋逞虚見，毋托空言，庶幾爲敦實有用之學，可以扶衰起廢。人能宏道，非道宏人，聖言可玩。二三子勉之哉！今先述《大學》。

大學之道，在明明德，在新民，在止於至善。

《大學》開端，舉三綱領，曰"明明德"，曰"新民"，曰"止至善”。三綱領實是一事。一事者，“明明德”是也。而析言以三者，義有獨重，不得不從明明德中，別出言之。明季有陳確者，平生力攻《大學》，以爲發端之文，下三在字，便不可通。此咬文嚼字而不求義者也。

明明德。鄭玄注：“謂顯明其至德也。”然何謂至德，玄似無實解。按上明字是工夫。朱注：“明，明之也。”甚是。明字，便含有存養察識許多工夫在。明德者，《易·晋卦·象傳》曰：“君子以自照明德。”照字，據周氏等。唐李鼎祚《集解》從之。他本作昭，與照異義。明德，指目本心也。本心有自知自證之用，故云自照。《詩·大雅·皇矣篇》云：“予懷明德，不大聲以色。”此詩美文王也。予者，詩人托爲上帝之自稱。明德謂心。言帝自云，予懷念文王之存心，深微邃密，故其著於聲音顔色之間者，莫不安定。不大，謂無疾聲遽色，即安定貌。此本心得其養也。大則囂動，乃本心放失之徵。文王不然。詩人以此美文王，可謂善形容盛德氣象。《詩》本義只如此。《中庸》引用之，則意義稍易。董生所云“《詩》無達詁”也。據《詩》與《易》言明德者，並指目本心。故知《大學》明德，亦是本心之目。鄭玄釋此，泛言至德，而不實指本心。將謂明德，由修爲所積至耶？則内無其源，而修爲惡從起？孟子所以斥外鑠之説也。王陽明詩曰：“無聲無臭獨知時，此是乾坤萬有基。抛卻自家無盡藏，沿門持鉢效貧兒。”正爲《大學》明德作釋。陽明之良知，即本心，亦即明德。少時讀此詩，頗難索解。以爲“無聲無臭獨知時”，正謂吾心耳。吾心與吾身俱生，非超脱天地萬物而先在，何得説爲“乾坤萬有基”耶？累年窮索，益增迷網。及閲《列子·天瑞篇》：“粥熊曰：運轉無已，天地密移，疇覺之哉？”張處度注曰：“夫萬物與化爲體，萬物無實自體，只在大化流行中，假説有一一物體耳。體隨化而遷，一一物體，皆隨大化遷流。化不蹔停，物豈守故？離化無物也，化既不蹔停，即物無故體可守也明矣。故向之形生，非今形生。前一瞬形生，已於前一瞬謝滅。後一瞬形生，乃新生耳。然新生亦復無住。俯仰之間，已涉萬變。”至此，忽脱然神悟，喜曰：吾向以天地萬物爲離於吾之身心而獨在也，而豈知天地與我並生，萬物與我爲一耶？悟化，則吾與天地萬物非異體。向以緣慮紛馳、物化而不神者爲心，（**附說一**）而豈知兀然運化，無定在而靡不在，遍萬有而爲之宰，周吾身而爲之君者，此乃吾之本心耶？（**附說二**）

附說一：緣慮云云者，緣謂攀援，攀援一切境故。慮謂知慮，隨應於境起分别故。紛謂不定，非凝寂故。馳謂向外追求。物化者，心逐乎境，即隨物轉。《孟子》所謂“物交物則引”，《禮記》所云“人化物”也。心隨物轉，即心成爲頑物。以此物與其所追求之物相交，則爲物所引，而全失其固有虚明之本體，人生乃成爲機械的。孟子之言甚深。今心理學上所謂心者，即如此耳。禪家亦謂之情識。然此心乃後起，非本心也。《新論》所云習心，與《道書》所言人心者即此。

附說二：兀然，形容其絶待也。運化者，言萬化有實體焉，故能冥然獨運耳。化非憑空幻起，故知有實體。唯此實體，無方所，無形相，故無定在而靡不在。使有定在，則滯於一方，而有所不周矣。遍萬有云云者，謂此實體爲萬物所資始，而無有一物得遺之以成其爲物者。故説實體遍現爲一切物，而隨在皆爲其宰。如一微塵，由得實體以成。則此實體，在一微塵中，爲其真宰。於一微塵如是，他物可類知。周吾身云云者，吾人由得實體以生，即此實體，在吾一身之中，而爲真宰。總之，實體是一，而其成變化，即現爲萬物，乃於一一物中，隨在皆爲其宰。《新唯識論》無非發揮此義。是故剋就吾人而言，則説實體爲吾人所以生之理。是理也，乃周運乎吾身之中而爲之主者，故名以本心。

夫自本心言之，則其主乎吾身者，亦即主乎天地萬物。本心者，依萬化之實體而得名，此吾人與天地萬物所共有，前注可覆玩。陽明所謂“無聲無臭獨知時，此是乾坤萬有基”，理實如此，非妄臆之談也。識得本心，則萬化萬變，萬事萬物，萬理萬德，皆反己體認而得其源。《大易》所謂大生廣生之藴，不疾而速、不行而至之神，富有日新之盛，一求諸己而已足矣。

《大學》開宗明義，首曰：“大學之道，在明明德。”明德謂本心。

上“明”字謂工夫，工夫只是反己。證之下文，經之自釋，引《康誥》曰：“克明德。”按克明是工夫，德即首章之明德，謂本心也。《太甲》曰：“顧諟天之明命。”按朱注：“顧，謂常目在之也。諟猶此也。”天之明命者，天，即實體之代詞。吾人由得實體以生，故從實體方面言之，則爲實體之付與於我，而説爲明命。明者贊辭，猶明德之明也。明命在人，即是明德，亦即是本心。常目在之，謂常時保任此心，不令放失。此即明之之工夫也，義極精微。佛家禪定工夫，亦與顧諟意思相近。《帝典》曰：“克明峻德。”按克明是工夫，峻德猶言明德，謂本心。其終結之言曰：“皆自明也。”自明之自字，最吃緊。自明即是反己體認。日常動静之間，不懈存養，不忘察識，斯體認之功。察識猶云省察，乃存養中之一事。如有私意猛起，致令本心無權作主，因説本心放失。然本心究未嘗不在。此時卻自知私意不堪告人，即此自知，便是本心之明仍潛伏在。吾人於此，恰好依住本心，照察憧擾之私，不隨他轉去，此便是察識。常揭然有所存，惻然有所感，即是存養。若順私意滚去，久之，且任私意自爲詭辨，而以非爲是，此謂自欺。至此，則本心乃真放失。莊生説爲心死是也。如此，即完全不自明也。反己愈力，而本心之全體大用愈益呈顯。至此，始洞識宇宙造化實有於己，所謂官天地，府萬物，蓋本來如是。豈其任意圖度，虚構一圓滿妙善之境，可追慕而不可實證者哉？世之言哲學者，不求自明，不知反己，唯任理智思構，或知見卜度，只是向外尋求，尋求愈深，去真理愈遠，構畫愈精，迷謬愈甚。哲學家各有一套理論，如蛛結網，自縛其中而不悟。陽明所謂“拋卻自家無盡藏，沿門持鉢效貧兒”，箴砭之意，亦已切哉。《大學》一篇，總括六經之旨，而開端直曰“明明德”。又申之曰：“自明也。”嗚乎！此六經之心印也。漢、唐諸儒，守文而已，知不及此。程、朱諸師特表章此篇，列爲四子書之一。朱子以“虚靈不昧”釋明德，則已直指心地，異乎康成之空泛無着落。此聖學之絶而復續也。然程、朱猶有未徹處。此姑不詳。要至陽明，而後義解兩無礙矣。解謂能解，義謂所解。啓群迷而延聖慧，烈智炬以燭昏城，此恩詎可忘哉？

吾少時不解《大學》明德，閱康成注，只訓釋文句而已，覺其空泛無着落。閱朱注，以虛靈不昧言，始知反諸自心。及讀陽明咏良知詩，即前所引者，則又大詫異。懷疑萬端，苦思累年不得解。偶閱《列子》，忽爾觸悟，天地萬物本吾一體，須向天地萬物同體處，即萬化大源處，認識本心。現前虛靈不昧者，只是本心之發用，而未即是本心。虛靈者，動相也，動則可以違其本也。唯動而恒寂，乃是本心通體呈現。陽明詩指出無聲無臭之獨體，是乾坤萬有基。此乃於虛靈而識寂然無擾之真，方是證見本心。以視朱子止認取虛靈爲真宰者，蓋迴不同也。此中意義，極幽遠難言。明儒羅念庵乃有此詣。學者深造而自得之，亦一樂也。余讀《列子》，約在二十五歲左右，當時只是儻然一悟，自未至邃密。然對于陽明良知與《大學》明德之了解，確自此啓之。《列子》雖僞書，其取材多《莊子》及他古書，有可珍者。或即張處度所僞托，亦未可知。處度爲老、莊之學，老、莊本《易》家别派也。處度談變化，多得《易》旨云。或有問曰："先生言，今心理學上之所謂心，非是本心。然則心有二種歟？"答曰：元來只有本心，何曾於本心外，别有一種心耶？但本心之發用，即所謂虛靈不昧者，其流行於官體感物之際，而官體則假之以自用，即成爲官體之靈明，用以追逐外物。如此，則虛靈不昧者，乃失其本，而亦成爲物矣。吾謂之物化而不神者以此。《孟子》所謂"物交物"，上"物"字，即謂虛靈不昧者，已失其本而物化也。以此物與外物交感，謂之物交物。至此，復有習氣生。習氣者，物交物之餘勢也。則亦成爲潛能，而與官體相順應。心理學所云本能即此也。其否認本能者，則粗浮而短於内省者也。習氣不可遮，即本能不能否認也。夫虛靈不昧者，既爲官體所役而至物化，則不得謂之本心。習氣又物交物之餘勢，明明非本心。而心理學之所謂心，卻只於物交物處認取，及於習氣之儲爲本能者認取。此中義理分際，不可不勘定也。心理學所爲以物理的官體或神經系，爲心理的基礎，及以本能説明心作用者，其所設定之領域在此也。本心則非其所問也。故心理學之心，由官體形成而後有，元非别有來源。易言之，未嘗不依本心而有，然畢竟不即是本心，此不可無辨。由是義故，則本來無二種心者，卻又不得不假説有二種。晚周道家説道心及人心，佛家亦有類此之區别。《新唯識論》卷下《明心章》及卷中《功能章》談習氣處，並宜參看。

朱注："明德者，人之所得乎天，而虚靈不昧，以具衆理而應萬事者也。"詳此所云，其迥異後來陽明之説者，不唯虚靈不昧未即是本心而已，其甚相水火者，朱注云"具衆理"，則心不即是理，但具有此理而已。王船山疏解朱注，於具字看得吃緊，船山蓋反對陽明者。陽明卻云"心即理"，即者，明不二。如云孔丘即仲尼。此爲程、朱後學與陽明聚訟最烈之一問題。余以爲自玄學或心學言之，陽明之説是也。窮究宇宙本體之學，謂之玄學。陽明則直指本心，蓋以宇宙本體，不待向外求索。反諸吾之本心，當下即是，豈遠乎哉？吾心之本體，即是萬物之本體。非有二本也。故陽明派下，又立心學之名。其實陽明派之心學，仍是玄學。萬化實體，實體，猶云本體。非是頑空。蓋乃含藏萬理，虚而不屈，動而愈出者也。故實體亦名真理。"虚而"云云，借用老子語。屈者，窮竭義。實體本虚寂無形，而含萬理故，則至虚而不可窮竭也。動者，言實體之流行成化也。成化，則理之潛含者，多所表出。《詩》曰："有物有則。"物者，化迹也。則者，理則。物有理則，乃實體内涵之理之表出也。本心依實體得名，則於本心，而云心即理。斯爲誠諦，夫復何疑？程子曰："在物爲理。"朱子云"心具衆理"，夫理既在物，而非即心，則心如何得具有此理？程、朱所不能説明也。

本心即萬化實體，而隨義差別，則有多名。以其無聲無臭，冲寂之至，則名爲天。此與宗教家言天者不同。《中庸》末章可玩。以其流行不息，則名爲命。命字有多義，而天命之謂性、五十知天命等命字，則皆以目實體之流行。以其爲萬物所由之而成，則名爲道。道者由義，王輔嗣《老注》：道者，萬物所由之而成也。以其爲吾人所以生之理，則名爲性。《莊子·庚桑楚》"性者，生之質也"。《注》：質，本也。本者，猶云所以生之理。以其主乎吾身，則謂之心。此中心字謂本心。《管子》云："心之在體，君之位也。"以其秩然備諸衆理，則名爲理。《易》曰："易簡，而天下之理得矣。"其所云易簡之理，乃實體或本心之異名耳。宋儒言天理，亦本之《易》。以其生生不容已，則名爲仁。孔門之仁，即謂本心。仁乃生生之德，生生便有溫然和悦義，故仁以愛言。以其照體獨立，則名爲知。陽明良知，《新唯識論》性智，皆本心之目。照體者，言本心自體，元是明覺的，無有迷闇。獨立者，絶對義，主宰義。以其涵備萬德，故名明德。明德之明，贊詞也，言其德明浄。《帝典》曰“克明峻德”，《康誥》曰“克明德”，此等德字，皆目本心。若將《大學》明德作虚泛之詞，則明字全無意義。如鄭玄曰：“顯明其德於天下。”則聖人修德，豈爲欲顯明於天下耶？有所爲而爲，斯不德矣。且德既無根，又何從修？天下寧有無根之木、無源之水乎？夫心體元是萬德皆備，故以明德名之。明德既固有，非從外鑠。其發於事親，則名孝德。發於取與不苟，則名廉德。發於不自暴棄，則名自尊之德。每見後生喜言自尊爲新道德，而不明自尊爲何義。推其本意，蓋以狂妄與我慢爲自尊耳，以此爲新道德，誠哉其新矣。民國以來，士類中不喪身名利之途者有幾乎？不夷於鳥獸者有幾乎？嗚乎痛矣！發於遯世不見是而無悶，及自信所正見，自行所真是，違衆盲，破重錮，排大難，而不震不懼，謂之獨立之德。此中正見、真是等字，甚吃緊。見不正而自信，則邪執也。非真是而行之，則亂人也。問：“此如何辨？”答：此中只剋就具有正見及真是者而説，若論如何爲正與真，則又是一問題，此不涉及。略舉數德，餘可例知。總之，一切道德，俗云道德，取複詞便稱耳。實只合用一德字。皆本心之隨事發現也。吃緊。德即是心，非如法規然，從外制之也。俗學不見本原，乃依此心隨事發現之迹如孝及廉，乃至萬德，是其已發現，而得名爲孝或廉等等德目者，皆迹也。而執之，殆視德律若法規然，不知德律即心。襲而行之，矜而尚之。及事已萬變，而應之者猶泥迹，不務反諸心，以權事之變，行其所安。如鄭孝胥輩欲效忠故主，而不惜從寇以危害國家民族，則泥忠之迹，而不務反諸心以權衡事變也。不知德即心者，其害之烈至此。有難：“先生所云泥迹之害，只是不曾權衡事變。故言德者，重在度事。若只言德即心，恐又不無弊也。如鄭某之從寇而不嫌者，正以爲本自忠心耳。”答曰：汝云重在度事是也。試問，度事之度，是汝心否？若無汝心，度者其誰？無度事之心，則事變得失，有可言乎？夫心度事而應之得，是故名德。度者，心也。應而得者亦心也。則德即心審矣。汝須知，此中吃緊，在認識一心字。明德乃本心之目，非習心也。習心，詳在《新論》。習心泥迹，而本心無迹也。習心無權，習心只如機械然，循其素所迷執而轉去，烏得權？而本心即權也。自日常應事接物，以至科學上之辨物析理，與哲學上之探索宇宙人生諸大問題，都憑一個最高之權，來作衡量，纔不陷於迷謬。此權者何，世俗或以腦筋當之。其實，腦筋但是此權之所憑藉以發現者，而非是權。當知權即本心。凡意見或偏見、成見等等，皆習心用事，而失其權也。如鄭某之自謂忠心，實習心也。蓋其本心之亡也久矣。本心，權也。權則平明也。何忍以故君利禄之惠，而投寇仇，以陷國家民族於凶危哉？鄭某之不德，由其無心也。凖此而言，德即心，無可疑矣。鄭玄本考據之學，故其釋《大學》明德，不知直指本心，第以空泛語蒙混過去。惡乎可？戴震《答彭允初書》云："《大學》之明明德，以明德對民而言，皆德行行事，人咸仰見，如日月之懸象著明，故稱之曰明德。倘一事差失，則有一事之掩虧。其由近而遠，積盛所被，顯明不已。故曰明明德，曰明明德於天下。"此即宗鄭玄注"明明德，謂顯明其至德也"。試問，德行行事，由自外立法約束之而然耶？抑自内發耶？鄭玄之誤，吾既廣説如前。今可勿贅矣。

附識：今人有立禮宗名目，推鄭氏爲之尸者。實則漢人治經，只是考據，何曾特標一禮字爲宗旨，如後來宋、明儒有所標揭乎？漢世傳經之儒，與晚周九流之儒，原不同途，昔人已言之矣。宋、明儒則與九流之儒，遥相似續也。鄭玄明於禮，因去古未遠，故其注經，於名物度數頗有傳授，不似後人多所臆説。然宣聖大義微言，玄固未能理會也，是何足爲禮宗乎？且玄實非謹於禮者，詩婢流風，已開魏、晋名士之端。後來治經者，言禮雖不能不據玄之注，然只是考覈而已，何所謂禮宗耶？説者又云：禮失而後玄。此尤無據。魏、晋雖有玄學之名，其實，唯王輔嗣一人，可謂於玄理有所究明。向秀、郭象、張湛之徒，以華辭自飾，而所得實少。其餘詩文家，間有妙語，要不足言學。當時清談名士，雖僞托三玄，皆不曾問學。所謂鸚鵡能言，不離飛鳥也。胡禍乘虚，豈曰無故？

昔人以魏、晋清談，由光武表章名教。其反也，遂放誕無忌。又曹操父子，敗壞士風，頹波所至，無復人理。此則徵實之談。玄學在當時，不過一空名詞耳。且玄學開山，當推輔嗣。輔嗣於康成，年輩較後。康成注經，雜糅今古，一變漢學專門之風。輔嗣言《易》而掃象，亦漢學之反動。兩人治學精神，固有相通者，其時又密邇。若云康成禮宗已衰，而後輔嗣玄宗代興，則吾不知所謂矣。

在新民。新字，經文本親字。朱注引程子曰："親當作新。"今從之。按經之自釋，引湯之《盤銘》曰"苟日新，日日新，又日新"，《康誥》曰"作新民"云云，足證親字乃新字之訛。新字意義極深遠。人之生也，形氣限之。常易迷失其與萬物同體之本性，而堅執七尺之形爲自我。儒者謂之己私，亦云私欲。佛氏説爲惑。因此，日用云爲之際，一切生心動念，舉足下足，皆從己私發作。亦云由惑起。己私者，其情則滯於藐小之形，不知其他也。其動如機括，非有抉擇也。私欲勃發時，只如機械之動。唯察識工夫密者，乃自覺可悲耳。人乃成爲一頑物，無生命可言。是故成湯自勉以日新。日新者，自明也，明明德也。經自釋明明德，曰自明。此學自堯、舜、禹、湯相授受，至孔氏《大學》篇，乃推衍成文耳。自識本心，明德即本心，已説如前。存養深而察識嚴，識得本心，便須存養，無任私欲起而蔽之。察識者，即因本心之明，而於私欲萌時，能自反省，此非正念，便勿隨順之。使真宰常昭，謂本心。而諸惑永伏，諸惑謂一切私欲。但善欲非惑。善欲者，如孟子對齊王，好貨，便與民同之，不私利於己。此欲之公者，即善也。庶幾盡心則知性知天，真宰常昭，諸惑永伏，是孟子所云盡心也。盡者，言心之德用顯發，無有虧欠。心即是性，亦即是天，故盡心，即已知性知天。知者，自明自了義，非知識之知。還復其與萬物同體之本性。夫人生不幸而忽動於己私，己私非性中所有，本無根也。以至物化而喪其生命。生命謂性，與俗言生命者，不必同義。他處用此詞者，準知。唯自明明明德，曰自明。而後有以破重闇，闇謂己私。重者，言闇復生闇，增長習氣，無已止矣。開發新生命。新生命者，自其昔喪而今復，謂之新。開發者，自其破闇而始獲，故云爾。實則復其與萬物同體之本性而已。既得本性，則我與天地爲一。此中天地，就本體之流行言，非指蒼然塊然者也。《易》言“與天地合其德”,《孟子》云“上下與天地同流”，均此所本。天地之化，新新而不守其故，皆我之自新也。《瑜伽師地論》言諸行生滅，唯有新新，都無故故，與《易》通。天地之德新新，而動以不得已，皆我之自新也。《莊子·庚桑楚》云：“動以不得已之謂德。動無守故，故云新新。”此釋《易》日新之謂盛德。不得已義深，盛大故不得已，注家或以迫而後動釋之，大謬。天地之撰，撰猶言功用。新新而悠久無疆，新新而起，無有已止，則悠久。無疆，猶言無盡。皆我之自新也。經以自新申自明之義，可謂甚深微妙哉。夫自新，必新民而後無憾。新民之民，猶言人也。通人類而言之，非必以一國之群黎百姓，始謂之民。所以者何？我與人同此本性，同此本心，同此明德。故我自新矣，必期人之自新，以人我同體故。譬如四肢之在全身，若有一肢發育不完，即是全身有虧損。我則自新，不復蘄人之自新，即吾性分畢竟有虧，吾心量有所未充也。吾昔養疴杭州，曾勸一友出門教學。友人舉《象山語録》中一公案，曰：象山之徒，有勸象山啓悟朱子者。因象山素病朱子支離。象山嘆曰：“汝道天地間，有朱元晦、陸子静便增得些子，若無我兩人，便減得些子？”象山意謂，本性元無增減，程子所謂不爲堯存、不爲桀亡是也。堯與桀，同此本性。桀爲不道，就桀言之，是喪其性。但就性上言之，則性體元無增減，不因桀而或亡。桀身上何曾無本性在，只惜桀自作孽，不能顯發其性，故就桀言之，則曰桀喪其性也。佛經説闡提無佛性，義亦同此。堯能存性，亦就堯言之，則曰存耳。性體横遍虚空，竪窮永劫，本無所不存，豈其爲堯而存？元晦、子静悟與不悟，都無所增減於本性。此自法爾道理言，誠無可難。法爾道理，本佛典。曾見《新唯識論·附録》，可參看。此借用，以明性體本來如是。然剋就吾人分上言，道理又别。畢竟不可廢知性盡性之學。知性盡性見《孟子》。知，非知識之知。又知與盡，亦不必分淺深，知便盡，盡即知。遂答友人云：天地間，有朱元晦、陸子静兩人，確已顯出天地精神，豈只增得些子？若無元晦、子静這般人，直是天地閉，乾坤毁，豈只減得些子而已乎？友人亦無以難。是故自新者，必蘄人之自新，則以人我形殊，而性是一，元屬同體故也。據此而言，新民，即明明德中事。若我自新，而未能作新民，即吾性分有虧。吾之明德，猶有所蔽也。佛説有一衆生未得度，則我不成佛，所見亦有與吾儒同者。但吾儒之言，切實不誇。必先有自明自新之實，而後可説作新民。以盲導盲，以醉扶醉，是率天下以胥溺而不知其慘也。世之自鳴先覺者，其不自殘性命者幾何哉？佛氏大乘有云：菩薩未自度，先度他。雖矯小乘之自利，而矯枉過直，弊亦隨之。吾不忍聞此言也。夫新民之義，宏遠極矣。而守文之徒，輒欲因仍訛誤，不顧經之自釋有《湯銘》《康誥》諸明文，不顧二字，一氣貫下讀之。朱注宗程子，考定經文次序，以首章爲經，係曾子述聖言，後十章爲傳，乃門人所記。余謂後文皆經之自釋，不必别出他手。乃以新作親，雖以陽明之睿智，猶樂沿用古本，吾不知其何爲如此。

夫作新民者，本乎同體，不待言親，而親固在其中矣。若由親民，再説向新去，便費推演。聖人之言，何至若是。證以《論語》："子曰：'仁者，己欲立而立人，己欲達而達人。'"己立己達，自明自新也。立人達人，新民也。阮元《論仁篇》云："立者，如三十而立之立。達者，如在邦必達，在家必達之達。"其訓立，猶可，訓達，便非。達即君子上達之達。但上達意義極深遠。《易》曰窮理、盡性、至命，則上達之極詣也。阮元又云："孔子論人，以聖爲第一，仁即次之。"此甚誤。體仁之極，方是聖。豈仁之外别有聖耶？求仁未至，亦可曰仁人。此則次於聖耳。又曰："默而識之。《正義》引王逸《楚辭·惜賢》注云"默，寂也"，亦是。識者，《莊子·駢拇》所云"自見"也。《論語》五十知天命之知，《孟子》知性之知，皆默識義。猶佛氏證量也。學而不厭，誨人不倦，何有於我哉？"默識，學不厭，是自明自新事。誨不倦，是作新民事。又曰："學而時習之，不亦悦乎？有朋自遠方來，不亦樂乎？"學習之悦，自明自新也。朋來而樂，作新民也。可見自新其德，以作新民，乃聖學根本精神所在。《大學》傳於宣聖無疑矣。且教化者，治之本也。教不修而期長治，是猶緣木求魚也。《論語》："子適衛，冉有僕。冉有御也。子曰：'庶矣哉！'冉有曰：'既庶矣，又何加焉？'曰：'富之。'曰：'既富矣，又何加焉？'曰：'教之。'"教所以作新民也。《周禮·大司徒》："以鄉三物教萬民。"鄉三物者，六德六行六藝也，鄉三物，蓋當時學校所常教者。復有十二教之類。此屬社會教育。"正月之吉，始和。布教於邦國都鄙，乃縣教象之灋于象魏，使萬民觀教象。挾日而斂之，乃施教法於邦國都鄙，使之各以教其所治民。”又云：“州長，各掌其州之教治政令之灋。鄭司農云：“二千五百家爲州。猶不足當今一小縣也。”正月之吉，各屬其州之民而讀灋，以考其德行道藝而勸之，以糾其過惡而戒之。若以歲時祭祀州社，則屬其民而讀灋，亦如之。春秋以禮會民，而射於州序。”序，州黨之學也，若今縣内鄉鎮等學校。古之射，本以習武事，然用武所以治强暴，討不道也。故猶恐民之啓争心，而於講武之時，猶嚴禮讓之教。《射義》曰：“射之爲言，繹也。繹者，各繹己之志。”若今之軍事教育，能使兵士各正其志，則弱國之兵，必奮禦侮之勇，如吾人今日是也。强國之兵，必能有勇知方，不至如倭民之甘爲軍閥所驅、德人之甘爲希特勒所役也。其教法之詳密如此。吾國晚世，學校之教已衰，社會教育更無有。今西洋學校之教雖勤，惜乎不聞明明德之學，不求復其與萬物同體之本性，不務全其所以生之理，只退墜而成爲一物，以與身外之物相攻取。吾先哲所謂萬物一體，與性分内之至足，及超物之樂，西洋人似全不喻，只向外追求無饜。西洋科學雖發達，而無以善其用。彼惟不自見本性，故不能有合理之生活。科學發明，反爲人類自毁之具，咎不在科學。人生畢竟還需要一種超知能的哲學，即《大學》“明明德”之學是也。如欲根本改善人類生活，何可偏恃科學？西洋宗教則依他，依他見佛典。耶教信有上帝，是謂依他。而不悟自本自根，“自本自根”，見《莊子》，此義深遠至極，學者勿輕自信爲易解也。其所宗仰而勉循之善行，非由自覺之發，故不免流於僞。凡學校之巨師，與教堂之大德，皆與吾《大學》明明德之道，背道而馳。欲求有能自新其德，以新一世之民，恐難望於西洋人矣。吾華雖衰敝，聖學遺緒，猶可追尋。扶微繼絶，是在有志。《論語》：“子曰：‘齊一變，至於魯，魯一變，至於道。’”夫齊之强於魯，豈止百倍，而夫子云爾者，豈其迂愚也哉？論人生正道，則不當屈於勢。齊人尚功利，終不及魯國猶存禮讓遺風。且盛衰亦何常之有？所貴能自奮耳。作新民作字，最吃緊。朱注：“鼓之舞之之謂作。”夫明德，人人所同有也。其或放失而陷於物化，不能自新者，則賴有自新其德之善類，從而鼓舞振起之，使皆有以自明自新焉。如在位以身作則，而天下化之。師儒以道得民，見《周禮·大宰》。朋友忠告善道，隨分皆可得爲。豈必以聖人而居天位，方可言作新民之功哉？從來注家，皆失之狹。

止至善。鄭氏無釋。朱注："止者，必至於是而不遷之意。至善，則事理當然之極也。言明明德，新民，皆當止於至善之地而不遷。蓋必其有以盡夫天理之極，而無一毫人欲之私也。"王陽明《大學問》云："至善者，明德親民之極則也。古本新誤爲親，陽明從之，前已辨正。天命之性，粹然至善，其靈昭不昧者，此其至善之發見，是乃明德之本體，而即所謂良知者也。至善之發見，是而是焉，非而非焉。輕重厚薄，隨感隨應，變動不居。而亦莫不自有天然之中，是乃民彝物則之極，而不容少有議擬增損於其間也。少有議擬增損於其間，則是私意小智，而非至善之謂矣。自非慎獨之至、惟精惟一者，其孰能與於此乎？後之人，惟其不知至善之在吾心，而用其私智，以揣摸測度於其外，以爲事事物物各有定理也。是以昧其是非之則，支離決裂，人欲肆而天理亡。明明德親民之學，遂大亂於天下。蓋昔之人固有欲明其明德者矣，然惟不知止於至善，而騖其私心於過高，是以失之虛罔空寂，而無有乎家國天下之施，則二氏之流是矣。二氏謂道與佛。固有欲親其民者矣，然惟不知止於至善，而溺其私心於卑瑣，是以失之權謀智術，而無有乎仁愛惻怛之誠，則五伯功利之徒是矣。是皆不知止於至善之過也。"詳此所云，與朱注大概從同。如云明明德親民之極則，與朱注言"明明德、新民皆當止於至善之地而不遷"，其義一也。言天命之性，粹然至善，至民彝物則之極，不容少有議擬增損於其間，與朱注言"盡夫天理之極，而無一毫人欲之私者"，義相發明。陽明徑指出至善是良知，似較朱子更認識親切。後文八條目，即發揮此三綱領。而八條目中，一層一層，逐次總歸到致知上。向後格物一層，便以致知爲本。致知之知，即是良知。此意，至後當詳。前三綱領，總歸止至善。至八條目中，致良知，方揭示止至善下手處。致字吃緊，即是下手工夫。此其旨歸所在，明白可見者也。陽明所謂“不容少有議擬增損”者，正是見得良知親切。陽明用議擬二字，雖本《易傳》而取義自别。議者，思議。擬者，比擬，謂推求也。良知唯任其自然之流行，而不容參私意去議擬。若議擬之，將於良知之上而自增益妄相，同時即障礙良知，是損之也。良知本然之明，不由議擬，不容增損。陽明曰：“良知是無知無不知。”《莊子·徐無鬼》云：“其知之也，似不知之也。不知而後知之。”似不知者，離思議相，離比度等妄分别相也。似不知之知，而後爲真知。以其純任天明，不雜情見故也。陽明曰：“無知無不知，本體原是如此。譬如日，未嘗有心照物，而自無物不照。無照無不照，原是日的本體。良知本無知，今卻要有知。良知廓然寂然，無有作意，故曰無知。本無不知，良知是一切知識之源。今卻疑有不知。世之求知者，皆疑自家良知有所不知。其實，辨物析理等等，皆是良知自然之明，而可疑良知有不知耶？只是信不及耳。”宋人咏廬山詩曰：“不識廬山真面目，只緣身在此山中。”良知人所自有，而卻信不及。富哉斯言。學者於此參透，不容少有議擬增損於其間。便信得良知元來如此，乃其所以爲至善也。

或有問曰：“前已説，明德即是本心，亦即是良知。今乃以至善爲良知，何耶？”答曰：吾前不云乎？三綱領原是一事。而析言以三者，則以義有獨重，須於明明德中，别出言之。明德本是良知，但吾人方錮於己私，而未能顯發。故須有明之之功。新民者，則以人我同此良知，我能自明自新也，而人未能之，即是我之良知有障蔽，以人我同體故也。是故新民雖是明明德中之一事，而義有獨重，不得不别出言之。止至善者，朱子言“明明德，新民，皆當止於至善之地”。陽明云“至善者，明明德親民之極則也”。陽明新作親，吾從朱注。兩説相通，吾前已言之。夫言明明德矣，而明之之功，談何容易？顏子鄰聖，猶曰三月不違仁，仁者，本心也，明德也，亦即良知。其餘則日月至焉而已矣。以三月視日月至，固爲久詞。然未能一於仁而恒不違也，則其難可知。新民之不易，更無待言。是故申之曰，在止於至善。明新之功，不極乎止至善，則苟偷之道，非所以體天行之健也。故止至善，乃明明德之極詣。亦以其義有獨重，故别出言之。

夫明德與至善，異名同實也。同實者何？皆目本心也。亦即陽明所云良知也。明德一詞，係就本有良知而言。吾人有生以來，雖錮於己私，而良知之明，未嘗不在。如雲霧四塞，陽光未泯。故以明德言之。至善一詞，係就良知通體呈顯而言。此通體呈顯之良知，即前云本有良知。明新之功無間，真積力久，而後良知通體顯發。與前此有所錮蔽者不同，故名以至善。陽明但説至善即良知，而於上下文義，猶欠疏通，所以滋學者之惑耳。止字甚吃緊。朱注："止者，必至於是而不遷之意。"止而不遷，則良知恒現在前，即己私已盡。盡者，克去已盡。《孟子》所云"上下與天地同流"，其謂是歟？

知止而後有定，定而後能静，静而後能安，安而後能慮，慮而後能得。

陽明曰："人惟不知至善之在吾心，而求之於其外，以爲事事物物皆有定理也，而求至善於事事物物之中。是以支離決裂，錯雜紛紜，而莫知有一定之向。今焉既知至善之在吾心，而不假於外求，則志有定向，而無支離決裂、錯雜紛紜之患矣。無支離決裂、錯雜紛紜之患，則心不妄動，而能静矣。心不妄動而能静，則其日用之間，從容閒暇，而能安矣。能安，則凡一念之發，一事之感，其爲至善乎？其非至善乎？吾心之良知，自有以詳審精察之，而能慮矣。能慮，則擇之無不精，處之無不當，而至善於是乎可得矣。"

愚謂知止，牒上止至善而言也。知止至善，即恒住正智正念，專注不散，謂之定。正智正念，即是良知，即是至善。專注不散，即止義。謂恒住正智正念，而無私意或妄念之雜也。定始能静，静之爲言寂也。此静不與動對。與動對言之静，是以物感未接之時言。與静對言之動，是以物感紛至之時言。今此中静者，卻超越常途所言動静義。恒住正智正念，静時固静，動時亦静也。一物不交時，固静。萬物紛感時亦無不静也。静故能安。安者，自在義。謂動静融成一片，即得大自在，而説爲安。能安，則智照湛然，反己自識，而獨體常昭。獨體即本心，亦即良知或至善。明儒據《學》《庸》而言獨體。然

《莊子·大宗師》言“朝徹，而後能見獨。見獨，而後能無古今”云云，此即以獨爲本體之代詞，義與《學》《庸》通。明儒獨體一詞，亦兼採《莊子》也。常昭，謂無障蔽時。知周萬物，知讀智。而一切如量，反己自識，猶佛氏所云證量。知周萬物，猶佛氏所云比量。比者，比度，有思維或推求等義。如量者，稱境而知，無有迷謬之謂。故説能慮。能慮，則左右逢原，隨其所發，莫非至善之顯，是即得其所止。有問：“此節似與佛家止觀意思相近。”答曰：儒佛盡有相通處，但佛家思想發端，是怖生死海，其歸趣畢竟在度脱，此則與吾儒天壤懸隔。

物有本末，事有終始。知所先後，則近道矣。

朱注：“明明德爲本，新民爲末。愚按陽明云“本末非兩物，木之幹謂之本，木之梢謂之末。惟其爲一物也，是以謂之本末”，此説甚是。本末爲一物，以喻明新爲一事，朱子無誤解也。不知陽明何故以新爲親。知止爲始，能得爲終。本始所先，末終所後。愚按培其本而末自茂，修其始而終已賅，先後以義言，非有時序之隔也。此結上文兩節之意。”愚按朱注是也。有謂此節，乃啓下文“古之”至“格物”，非以結上文兩節者。此不必然。下文八條目，即申釋上文三綱領。此節結上二節，而啓下之意自在其中。朱注無可疑也。

古之欲明明德於天下者，先治其國；欲治其國者，先齊其家；欲齊其家者，先脩其身；欲脩其身者，先正其心；欲正其心者，先誠其意；欲誠其意者，先致其知。致知在格物。

古之欲明明德於天下者，猶云欲與天下之人同明明德也。李二曲曰：“宇宙内事，皆己分内事。古之欲明明德於天下者，是盡己分内事。”又曰：“古人以天下爲一家，億兆爲一身，故欲明明德於天下。今則一身一家之外，便分彼此。明明德於一鄉一邑，猶不敢望。况明明德於一國，明明德於天下乎？”又曰：“古人爲學之初，便有大志願，大期許，故學成德就，事業光明俊偉，是以謂之大人。今之所謂志願與期許者，不過權力富厚，極人世之盛。其有彼善於此者，亦不過硜硜自律，以期令聞廣譽於天下而已。世道生民，究無所賴，焉能爲有？焉能爲無？”言此等人不足爲有無。又曰：“古人欲明明德於天下者，是己欲立而立人，己欲達而達人。即欲即仁，此欲何可一日無？吾人非無所欲，然不過欲己之有權也，欲己之有利也，欲己之有名也，即欲即私，此欲何可一日有？”向來疑《大學》者，輒疑《大學》每有不可曉語。如欲脩其身者，先正其心。此心字，爲本心耶？爲非本心耶？非本心，即晚周道家所謂人心，即己私是也。若是本心，此心元無不正，何可言正？若非本心，此即己私現行，又如何得正？王船山亦有此疑，因釋心爲志。然《大學》何不直曰正志，而必泛言心，以啓後人之疑耶？愚謂心即本心。正者，猶《易・鼎》之《象》曰“君子以正位”之正。下文言有所忿懥、恐懼、好樂、憂患，則不得其正者，言欲動情勝，由本心失位故也。不得其正，即謂本心失位，以其不得爲主故。又云：“心不在焉，視而不見，聽而不聞，食而不知其味。”食不知味者，《老子》所云“五味令人口爽”也。聽不聞者，“五聲令人耳聾”也。視不見者，“五色令人目盲”也。此皆本心失位，不在，即謂失位。而後物欲得亂之。《管子》曰：“心之在體，君之位也。”心既放失，即是失位，故待於正。正者，正其君之位也，非以正治其心之謂也。陽明於正字，甚欠分曉。兹不及詳。

誠意。朱注：“意者，心之所發也。誠，實也。實其心之所發，欲其必自慊而無自欺也。”陽明釋誠意曰：“心之本體，本無不正。自其意念發動，而後有不正。故欲正其心者，必就其意念之所發而正之。凡其發一念而善也，好之真，如好好色。發一念而惡也，惡之真，如惡惡臭。則意無不誠，而心可正矣。”見《大學問》。愚謂陽明以心之發動名意是也。其曰“心之本體，本無不正。自其意念發動，而後有不正”云云，則於義未協。心本無不正，則其發動而爲意者，自亦無不正。若云意有不正，則必此意非心之所發也。意既是心之發動，如何有不正？陽明於此，甚欠分曉。愚謂意者，心之所發，心無不正，意亦無不正。然而意發時，畢竟有不正者。則此不正，非是意，乃與意俱起之私欲也。私欲亦名人心，意乍動時，私欲亦隨起，曰俱起。常途云理欲交戰，亦有以也。問：“私欲無根，自亦依意而有。”答：如雲霧依虛空故有，究不可説雲霧即是虛空。私欲依意故有，究不可説私欲即是意。惟私欲與意雜處，故吾人每易從私欲，而陷於自欺。自欺者，私欲之動，將奪意以自逞。而意固未嘗不在，必不以欲之奪己爲然也。己者，設爲意之自謂。而吾人則恒從欲，而自作種種詭辨，若所欲之無甚害於本意，而不妨一遂其欲者，此之謂自欺。初念自欺，或猶知爲自欺也。習之既久，則人欲横流，真意泯没，於是不復知爲自欺，直以人欲爲天理。而多行不義者，且自居功德矣。人生至此，則人理已滅，古之諺曰“行尸走肉”，正謂此輩。莊生所以有“哀莫大於心死”之嘆也。經之自釋曰：“所謂誠其意者，毋自欺也。如惡惡臭，如好好色。此之謂自慊，故君子必慎其獨也。”此言誠意工夫，只是毋從欲以自欺其初意。此處極細微。心之初發爲意，無有不正。如見好色或臨財時，初意決不起染念。及私欲動，始作詭辨，以欺初意，而染污以成。意本無不正，但不受欺，即隨發皆充實有力。誠者，實也，即充實有力之謂。若一受欺，即私欲乘權，而意且亡失。故曰：“誠其意者，毋自欺也。”毋者，禁止之詞。下云“如惡惡臭，如好好色”，則言禁止自欺，事極不易。必用力真切，如惡惡臭、好好色之真切，而後免於自欺之患。經文於“惡惡臭，好好色”，皆用如字，明是譬喻詞。而朱子、陽明皆誤解，以爲誠意只在好惡上用功。朱注：“使其惡惡，則如惡惡臭。好善，則如好好色。”陽明云：“凡其發一念而善也，好之真，如好好色。發一念而惡也，惡之真，如惡惡臭。”朱注已不可通，而陽明尤謬。意之發爲惡惡好善，本無有僞，何待又使之如惡惡臭，如好好色，毋乃有揠苗助長之害乎？此朱子之誤也。陽明云：“凡其發一念而善也，好之真，如好好色。發一念而惡也，惡之真，如惡惡臭。”夫發念而爲善爲惡，即名爲意。又於所發善惡，而别添一個好之真，或惡之真，豈不又有一意乎？且發而爲善者是意。發而爲惡者，私欲也，非意也。陽明於意與私欲，不知辨。故曰陽明尤謬也。《大學》明説誠意工夫，只是毋自欺。毋自欺工夫，只要真切之極，如惡惡臭、好好色一般，絶無松懈，方得毋自欺。朱子、陽明均不了此，遂至從譬喻上生解，以爲誠意只在好惡上用工夫。夫好惡者，情之已盛者也。何可於此而致誠意之力哉！且下文皆言慎獨，正申明毋自欺下手處。慎獨者，敬慎於幽獨之地也。幽獨之地，真意存焉。意本無不善，其不善者，則私欲也。吾人從欲以自欺其初意，而意之微明，究不容瞞昧。於此不容瞞昧處，敬慎以持之，則可以絶自欺之萌矣。經文本甚明白，不知朱子、陽明爲甚説向好惡上去。

陽明後學，如王一菴、劉蕺山皆不以意爲心之所發。一菴之言曰："自身之主宰而言，謂之心。自心之主宰而言，謂之意。心則虚靈而善應，意有定向而中涵。自心虚靈之中，確然有主者，名之曰意耳。"蕺山曰："人心徑寸耳，而空中四達，有太虚之象。虚故生靈，靈生覺，覺有主，是曰意。"又云："意者，心之主宰。"蕺山談意之語極多，然大旨不外此所引。愚謂一菴、蕺山皆誤也。意者，心之所發，此語甚的當。一菴曰："心則虚靈而善應，意有定向而中涵。自心虚靈之中，確然有主者，名之曰意。"審如其説，則經何故曰"欲誠其意者，先致其知"乎？主宰之義，正於良知上見，若無良知，則冥然已耳，何所謂主宰？主宰分明是良知。則以意爲主宰者，其誤不待辨而明。至云"意有定向而中涵"，此正可以説良知，而非所以言意。良知炯然在中，謂之中涵。在中猶云在内。但此云内者，非與外對。良知本無内外可分，但以其主乎吾身，則説爲内耳。私欲不得干，謂之有定向。良知，恒寂恒照，故私欲不得干。於此可言有定向。意者，良知之發用。而良知，則意之本體也。

附説：有問："既以意爲心之所發，如何又説是良知之發用？"答曰：心、意、知，實是一物，而隨義異其名耳。心之立名，以其主乎身而言也。若問心之自體爲何，則曰良知是已。若離良知，亦無心可指目也。故説意是心之所發，與言意是良知之發用，其義一也。《大學》於心言正。正者，只是要心在君位，毋爲情欲所奪而已。可覆玩前文。然要心在君位，必須有誠意工夫。意即心之所發，要於此發用處，加以誠實保任之功，心才不失君位。然誠意要在毋自欺。毋自欺工夫，還須發明心體始做得。故復提出致知。知者，良知，此即心之自體。若不自識心體而推極之，即主宰未呈現，未有不殉欲以自欺者，而欲心在君位，其何可能？義指往復，如此精嚴。前言正心之心，尚是虚説，到致知，才落實指出心之自體即是良知。工夫把柄在此，故非心與良知爲二也。

意是良知之發用，本無不善，如何要誠？須知，説到發用處，則私欲便起而相雜。私欲者，吾人有生以來，役於形，而成乎習，其類萬端，盤結深固，恒與意相緣附以行者也。役於形者，陽明所云“順軀殻起念”也。陽明此語甚深微。人生萬惡，只是順軀殻起念一語道破。然吾人既有良知在，何至順軀殻起念？此一問題甚切要。《新唯識論》卷下《明心章》可參看。意無不善，而私欲則無有善。故意之所向，私欲必相障礙。此時意固明察私欲作祟。而私欲亦憚意之明，必設詭辨，以圖蒙蔽，是謂自欺。自欺久，則意失其明。易言之，即真意梏亡也。故《大學》於意言誠。誠者，真實義。謂保任之功，真切不懈也。誠意在毋自欺。毋自欺，只在慎獨。獨者，謂私欲初萌時，而隱微中有一點微明，不甘隨順私欲去者，此之謂獨，此即是意。於此必敬慎以持之，毋令放失，方是慎獨。慎獨而獨存，即私欲不得干，而免於自欺。如此，則心乃乘權而在君位，是謂心正。故曰，欲正其心者，先誠其意也。總之，意是良知之發用，而良知則是意之本體。意之本體即良知。方是主宰。若剋就意言，則猶未得名主宰也。發用處，不得名爲主宰者。譬如漚相，是大海水之發用。而漚相，與大海水雖不二而究有分。由此喻可悟。意是依發用處立名，此吾人所可反觀而自喻者。何得認意爲主宰？一菴已誤，蕺山承之，其謬又過於一菴。夫心無定在，而無所不在。而曰人心徑寸耳，則蕺山根本不識此心也。彼所謂徑寸之物，乃心臟也，是物而非心也。至以“虚生靈，靈生覺，覺有主”言意，尤滋混亂。如彼所計，心臟徑寸之物，即空中四達，其虚亦有限矣。如何生得靈來？更如何生得覺來？且云覺有主，此主爲即覺耶？爲非覺耶？即覺，則不當更有主。非覺，則此主何來？蕺山誤處甚多，吾欲辨正之而未暇。其言意者，特其謬誤之一耳。惲日初爲《劉子節要》，將蕺山言意所在皆節去之，固非存真之義。然其見地，高於黄梨洲已遠矣。梨洲菲薄惲氏，豈不誣哉？

致知之知，即是良知，何以云然？如非良知，則必訓此知爲知識矣。若是知識之知，則經言正心誠意，何可推本於致知乎？知識愈多，詐僞且愈甚，《老子》所以有絶聖棄智之説也。《老子》所云聖智，即謂知識。經言誠正，必先致知。經文本節中，各先字，均非時間義，只是着重的意思。則此知，決非知識之知，而必爲良知也，斷無可疑矣。《孟子》言良知，蓋自此出，而猶未張之以立教。至陽明子超然神悟，始發明心體，即是良知。印之於經，而無不合。於是專提致良知爲宗旨。徐曰仁録陽明説經之心、意、知三名，有云："身之主宰便是心，心之所發便是意，意之本體便是知。"愚按此云意之本體，即是前所云心。但前言正心者，只謂心是身之主，當正居君位，毋爲情欲所奪。然欲心正其位，則非誠意不可。欲誠其意，還須認識心是怎樣一個物事，因指出良知便是心的自體。至此，則不復用心之一名，而徑曰知。其實，知即是心也。又曰：知是心之本體。附説。心自然會知，見父自然知孝，見兄自然知弟，見孺子入井自然知惻隱，此便是良知。使此良知充塞流行，便是致其知。陽明釋經之致知爲致良知，不惟深得本經之旨，蓋六經之宗要，實在乎是。

附説：愚按陽明云"知是心之本體"，本字當易作自，方妥。本體一詞，係對發用而言。若言心之自體，則斥目此心之詞也。意是心之所發，則心爲意之本體。而心不從他發，即心更無本體。今恐人不識心是怎樣一個物事，故指出知來，而曰心之自體，即此知是也。如言白物之自體，即是此白，離白便無白物。今心之自體，即是此知，離知便無心也。前哲於名詞，偶有不精檢者，學者貴通其意。

《傳習録》有曰："知是理之靈處。此中理字，即謂吾人與天地萬物所同稟的本體。此理元是至靈的物事，即依其靈處而名以知。故知即是理，非理與知爲二。靈者靈明，無有迷闇故。就其主宰處説，便謂之心。就其稟賦處説，便謂之性。孩提之童，無不知愛其親，無不知敬其兄，只是這個靈能不爲私欲遮隔，充拓得盡，便完完是他本體，便與天地合德。"《録》中記朱本思問："人有虚靈，方有良知。若草木瓦石之類，亦有良知否？"先生曰："人的良知，就是草木瓦石的良知。若草木瓦石無人的良知，不可以爲草木瓦石矣。豈惟草木瓦石爲然，天地無人的良知，亦不可爲天地矣。蓋天地萬物，與人原是一體，其發竅之最精處，是人心一點靈明。風雨露雷，日月星辰，禽獸草木，山川土石，與人原只一體。”又曰：“良知是造化的精靈。愚按陽明所謂精靈，即《易》之乾元。乾元，本體也。《易》於乾，曰純粹精也。言本體純浄，無有雜染。又曰大明。言本體無有迷闇。陽明説良知爲精靈者，精即清浄義，靈即大明義。這些精靈，生天生地，成鬼成帝，皆從此出，真是與物無對。人若復得他，人本禀此良知以生，但既生，則易役於形而昧其良知，故須復。完完全全無少虧欠。自不覺手舞足蹈，不知天地間更有何樂可代。”又曰：“聖人只是順其良知之發用。天地萬物，俱在我良知的發用流行中，何嘗又有一物超於良知之外？”或問至誠，陽明曰：“誠是實理，只是一個良知。實理之妙用流行就是神，其萌動處就是幾。”又曰：“天地間活潑潑地，無非此理，便是吾良知的流行不息。”又曰：“夫良知一也，以其妙用而言謂之神，以其流行而言謂之氣。”又曰：“精一之精，以理言。愚按精一之一，是絶對義，非算數之一。此即是理，亦即是良知。精神之精，以氣言。愚按據陽明説，氣者，良知之流行，非别有本。理者，氣之條理。愚按依陽明意，理者本體。本體元是含備許多條理的，所以名之爲理。此理之流行爲氣，而氣之顯也，即順其理體中固有之條理而始顯。故從氣言之，則曰理者，氣之條理。氣者，理之運用。理不自顯爲氣，則無所藉以表現自己。無條理，則不能運用。無條理，則不能憑空顯得氣來，即運用義不成。無運用，則亦無以見其所謂條理者矣。”

如上所述，陽明以良知釋致知之知。其所謂良知者，吾人與天地萬物共有之本體也。在人亦名爲心。具云本心。陽明嘗語門人曰：“天地氣機，元無一息之停。然有個主宰。雖千變萬化，而主宰常定。人得此而生，若主宰定時，與天運一般不息。雖酬酢萬變，常是從容自在。所謂天君泰然，百體從令。若無主宰，便只是這氣奔放，如何不昏。”薛侃問：“先儒以心之静爲體，心之動爲用。如何？”陽明曰：“心不可以動静爲體用。動静，時也。心遇物交感時名動，無物感時名静。即體而言，用在體。即用而言，體在用。是故體用不二。若説静時可以見其體，動時可以見其用，卻不妨。”愚按此段語，學者所宜深心體究。“静時可以見其體”云云，結以“卻不妨”三字，最有深意。心本無分於動静，人不能常存此心，故覺有動静耳。凡夫亦只好於静時返觀心體。陽明《答陸原静書》有云：“未發之中，即良知也，無前後内外而渾然一體者也。吃緊。有事無事，可以言動静，而良知無分於有事無事也。無事時，良知炯然澄寂；有事時，良知亦炯然澄寂。寂然感通，可以言動静，寂然不動時，説之爲静。感而遂通時，説之爲動。而良知無分於寂然感通也。愚按良知無物感時，固是寂然不動。即物感紛至時，良知應之，仍自寂然不動。如陽明擒宸濠時，千軍萬馬中，成敗在俄頃，而陽明端坐堂上，處分軍事，全不動心。只是平日涵養得良知透露耳。若是私欲作主，此時焉得不亂？動静者，所遇之時。心之本體，固無分於動静也。心字，宜易爲意。見前附説。理無動者也，動即爲欲。循理，則雖酬酢萬變，而未嘗動也。從欲，則雖槁心一念，而未嘗静也。動中有静，静中有動，又何疑乎？有事而感通，固可以言動，然而寂然者，未嘗有增也。心體恒寂，豈因動時而遂增動相乎？無事而寂然，固可以言静，然而感通者，未嘗有減也。心體恒寂而恒感，豈因無事時而減其感通之靈乎？動而無動，静而無静，又何疑乎？無前後内外，而渾然一體，則至誠無息，不待言矣。”

陽明闡發良知奥義，略如上述。其談致知之功，兹摘録一二則。薛侃問：“寧静存心時，可爲未發之中否？”先生曰：“今人存心，只定得氣。當其寧静時，亦只是氣寧静，不可以爲未發之中。”曰：“未便是中，莫亦是求中工夫？”曰：“只要去人欲，存天理，方是工夫。静時，念念去人欲，存天理。動時，念念去人欲，存天理。不管寧静不寧静。若靠那寧静，不惟漸有喜静厭動之弊，中間許多病痛，只是潛伏在，終不能絶去，遇事依舊滋長。以循理爲主，何嘗不寧静。以寧静爲主，未必能循理。”愚按此段語，看似平常，確緊切至極。通六經而言，致知之功，要不外此。又曰：“吾昔居滁時，見諸生多務知解，口耳異同，愚按俗學求知解，只在口耳之間。未嘗反諸心，切實體認此理。如此而争異同，是謂口耳異同。無益於得。姑教之静坐，一時窺見光景，頗收近效。久之漸有喜静厭動，流入枯槁之病。或務爲玄解妙悟，動人聽聞。故邇來只説致良知。良知明白，隨你去静處體悟也好，隨你去事上磨練也好。良知本體，原是無動無静的。此便是學問頭腦。我這箇話頭，自滁州到今，亦較過幾番，只是致良知三字無病。醫經折肱，方能察人病理。”又曰：“良知本來自明，氣質不美者，渣滓多，障蔽厚，不易開明。質美者，渣滓原少，無多障蔽，略加致知之功，此良知便自瑩徹。些少渣滓，如湯中浮雪，如何能作障蔽？”又曰：“我輩致知，只是各隨分限所及。今日良知見在如此，見讀現。只隨今日所知，擴充到底。明日良知又有開悟，便從明日所知，擴充到底。如此，方是精一工夫。”愚按良知無知無不知，無知者，未嘗預存有某種知見故。無不知者，以其常在開悟與擴充中也。世俗聞良知是本體之言，便想像良知爲一固定的物事，此乃大謬。陽明問門人，於致知之説，體驗如何。九川曰：“自覺不同。往時操持常不得箇恰好處，此乃是恰好處。”先生曰：“可知是體來，體者體認。與所講不同。我初與講時，知爾只是忽易，未有滋味。只這個要妙，再體認到深處，日見不同，是無窮盡的。”又曰：“此致知二字，真是箇千古聖傳之秘。見到這裏，百世以俟聖人而不惑。”又曰：“此是人人自有的，覺來甚不打緊一般。然與不用實功人説，亦甚輕忽可惜，彼此無益。與實用功而不得其要者，提撕之，甚沛然得力。”陽明致知之説，略述如上。夫致知之知，即是良知，即是本體，亦即前云正心之心。此心字即本心，故陽明以身之主宰釋之。若是私欲之心，如何可説主宰？正者，謂心宜在君位，毋爲情欲所勝也。正，即正位之正，非謂工夫。若作正其不正解，即正是工夫。然細玩經之下文，自釋正心處，只歸重心不在焉一句。不在者，即心失其君位也。故正者，只明心當正居君位。即承上修身，而言心爲身之主宰是也。正字，不是顯示工夫之詞。蓋正心工夫，只在誠意。經釋誠意，而説毋自欺及慎獨，此處卻是工夫。陽明於正字，尤誤解。余於此不便詳釋經文，將來或别作釋。正心工夫，只是誠意，而誠意之功，還須識得心體，才有把柄在手。否則不識自家真主宰，而欲向發用處求誠，發用處謂意，意是心之所發故。則浮泛無據，終是腳根立不定也。故復指出良知是心之自體。吾人能返而認識此真宰，盡其致之之功，則意之本體，良知即是心，此乃意之本體。既已呈現，即主宰常在。而於日用動静之間，倘有私欲潛伏思逞，只要主宰不失，便常能照察。照察即是意，即是良知或主宰之發用。於此而致誠之之功，即禁止自欺，毋自欺之毋，即禁止義。而慎保其幽獨之微明。前已講慎獨之獨，即是一點微明處，即是意，夫微豈小之謂耶？凡勢用之極盛者，蓋莫如微。蓄之深而不可測，萬仞之淵不足以爲比方。成乎著而不可禦，千軍之勢無可以爲形容。甚盛哉，微明之爲微也。如是，即心之在身，乃常正其君位，前已引《管子》云“心之在體，君之位也”，陽明云“身之主宰是心”。不致爲情欲所奪。故欲心無失位者，無失位，即正義。必有誠意工夫。欲誠其意者，還須識得心體即是良知，而不已於致。致之爲言盡也。朱子訓爲推極，亦通。盡者，謂識得良知本體，良知本體四字，作複詞用。便存持勿失，存者，存養。持，謂保任之也。勿失者，勿任放失。《孟子》云“收放心”，收即勿失。使其充塞流行，無有一毫虧蔽也。充塞，言其全體呈現。流行，言其大用無息。不能致知，即本體未透，主宰未立。而欲於發用之意上求誠，則如乘無舵之舟泛於洋海，其有不淪溺者乎？故欲誠其意者，先致其知。此陽明所謂學問須識頭腦也。

附説：按去人欲，存天理，才是致知實功。學者切忌視爲常談而忽之也。人皆有良知在，即皆有天理在。人欲起而欺蔽天理時，而良知之明，未嘗不自知也。此時便須去欲存理。稍一因循，即人欲横流，而天理亡、良知失矣。致知，只是嚴察於理欲之間，去彼存此。佛家所謂轉依，即捨染得淨。義亦近此。或問：理欲恐不易辨。曰：只是一向自欺慣，故不易辨耳。若良知常提起者，則凡生心動念，以及舉足下足時，有一毫人欲攙雜，吾之良知，豈有不自知者乎？佛經有説，性地菩薩，雖犯重罪，不墮地獄。卻亦有疑之者。愚謂性地菩薩，只是自性昭然不昧，雖有時誤犯罪，而性覺不失故，不至淪墜，此理可信。唯習於自欺者，不復能辨理欲，决墮地獄無疑。

朱子《集注》訓致知之知，曰：“知猶識也。推極吾之知識，欲其所知無不盡也。”夫人之知識，是否可推極以至無不盡，姑置勿論。而知識多者，遂可誠意正心乎？此則吾所不敢苟同者。鄭玄注云：“知，謂知善惡吉凶之所終始也。”其於下文格物，注云：“格，來也。物猶事也。其知於善深，則來善物。其知於惡深，則來惡物。言事緣人所好來也。”鄭玄竟以情見釋此知。玄云：“由善惡之知，來善惡之物，而曰事緣人所好來。”則玄之所謂知，正是情見。其曰“知善惡吉凶”，殆淫於讖術之邪妄。而以是説經，則下於朱子又遠矣。夫玄所云知善惡吉凶之知，既動乎情，則此知實非知也，乃私欲耳。此可爲誠正之基乎？玄爲學不見本原，其謬至此。總之，致知之知，即《孟子》所云“良知”。陽明切實體認乎此，而後據之以釋經，蓋斷乎不容疑也。但陽明於正心之正，不免沿朱注之誤。其説意有善有惡，亦誤承朱子而不知辨正。此則智者千慮之一失也。或曰：“陽明以良知言心，得毋自禪學來耶？”曰：甚哉，俗之昧然妄議，而不務求諸己也。汝試反己體認，離汝良知還有心體在否？吾前所引陽明説良知諸文句，汝若字字反諸己，必可實得下落，而於經意、陽明意自歷歷無疑。此理豈是從他襲得來耶？而謂陽明取之禪耶？且《易》以乾元明心體，乾者，神也，神即心。而曰乾知大始，曰乾以易知。則直指知爲心之自體者，乃《易》義也。《易》爲群經之母，《大學》所自出。《大學》首章，以三綱領開端，繼以八條目，卻自平治齊修正誠，一層一層，遞推歸本到致知上。向後只格物一條目，便换語氣。足見致知處，正是會歸本體，直揭心源。心即是源，曰“心源”“會歸”云云，二語只是一義，但變文言之耳。《大學》之知，即《易》乾元之知。宗趣無殊，本原不二，同出孔門傳授也。陽明遥契聖心，而可謂之禪乎？

或曰：“佛氏言心體，不外一寂字。儒氏言心體，斥指以知。夫寂其至矣。儒者得毋只窺作用，而未見性耶？”答曰：體用不二，陽明子已言之矣。於此見得徹，信得及，儒佛長幼可識也。作用見性，佛氏宗門之説，頗有暗合於吾儒。參看《新唯識論》卷下《明心章》。惜其趣寂之意猶多耳。夫知體至神，而未嘗不寂。知體者，即知即體，故云。神者，妙用無窮，生化不測之稱。而言知不言寂者，慮夫將有溺寂以爲學，只見本體之寂，而不見夫本體之亦寂亦神，其變不測也。慮夫至此爲句。陽明後學，雜於禪者，已有歸寂之談。如李士龍爲講經社，會中有言良知非究竟宗旨，更有向上一著，無聲無臭是也。夏廷美抗聲曰：“良知曾有聲有臭耶？”片言折獄，廷美有焉。

上來説致知已訖，次談格物。朱子以知爲知識之知，而謂天下之物，莫不有理。格，至也，轉訓爲窮。以即物而窮其理爲格物。其《補傳》曰：“《大學》始教，必使學者即凡天下之物，莫不因其已知之理而益窮之，以求至乎其極。至於用力之久，而一旦豁然貫通焉，則衆物之表裏精粗無不到，而吾心之全體大用無不明矣。此謂物格，此謂知之至也。”後來陽明之説，與朱子根本迴異者：一、致知之知，陽明説爲心。易言之，即説爲本體，而非知識之知。二、陽明説理即心，與朱子説理在物，又絶不同。三、朱子之説，雖不明言物是離心外在，而似有物屬外在之意。陽明説心之所發爲意，意之所在爲物，在字，陽明有時用着字。謂意之所着處即是物，與在字義亦近。則物非離心而獨在，與朱子又大異。陽明語録中，明天下無心外之物，其語屢見不一見。蓋完成唯心論之體系，宏廓而謹嚴，實有過於朱子。世俗或以簡單議陽明，所謂“鷦鷯已翔於玄冥，弋者猶視夫藪澤”也。如上三義，皆陽明與朱子根本迴異處。故朱子即物窮理之説，爲陽明所不取。陽明並依《禮記·大學篇》，定爲古本，謂其説致知格物處，並無亡闕，而反對朱子之《格物補傳》。此一争端，實漢以後，吾國學術史上最重要之一問題。直至今日，此問題不獨未解决，更擴大而爲中西學術是否可以融通之問題。陽明説：“格者正也。正其不正，以歸於正之謂也。正其不正者，去惡之謂也。歸於正者，爲善之謂也。夫是之謂格。”其言物曰：“意之所在便是物。如意在於事親，即事親便是一物。乃至意在於視聽言動，即視聽言動便是一物。所以説無心外之理，無心外之物。”又曰：“致吾良知之天理於事事物物，則事事物物皆得其理。”此陽明格物説之大略也。吾於程朱、陽明二派之争，有可注意者：

一、朱子以致知之知爲知識，雖不合《大學》本義，卻極重視知識。而於魏、晋談玄者揚老、莊反知之説，及佛家偏重宗教精神，皆力矯其弊。且下啓近世注重科學知識之風。

二、程朱説理在物，故不能不向外尋理。由其道，將有産生科學方法之可能。

右爲程朱派所可注意之點。

三、陽明以致知之知爲本心，亦即是本體，不獨深得《大學》之旨，而實六經宗要所在。中國學術本原，確在乎是。中國哲學，由道德實踐而證得真體，證者，證知。此知字義深，非知識之知，乃本心之自證，而無有能知所知等相。真體，猶云宇宙本體。異乎西洋學者之摶量構畫，而無實得。無實得者，言其以窮索爲務，終不獲冥應真理，與之爲一也。復與佛氏之畢竟歸寂者有殊。且學者誠志乎此學，則可以解脱於形累之中，而獲得大生命，通天地萬物爲一體。今後人類之需要此等哲學，殆如飢渴之於飲食。否則人道熄，而其類將絶矣。

四、陽明説無心外之物，是也。而其説格物曰“意在於事親，即事親便爲一物”云云，其言不能無病。夫以親對吾敬事之心而言，親亦意所在之物也。事之以孝，此孝即是理，亦即是心。陽明之説，未嘗不成，而必曰事親便爲一物，則單言親，而不得名以物乎？如此推去，乃以視聽言動爲物，見前所引。而不以聲色等境名物，則幾於否認物界之存在矣。此非《大易》及群經之旨也。自本心而言，一切物皆同體，言無心外之物是也。若自發用處説，則心本對物而得名。心顯而物與俱顯，不可曰唯獨有心而無物也。《新唯識論》宜參看。夫不承有物，即不爲科學留地位。此陽明學説之缺點也。

五、朱子説理在物，陽明説心即理，二者若不可融通。其實，心物同體，本無分於内外，但自其發現而言，則一體而勢用有異。物似外現，似者，言非實有外。而爲所知。心若内在，而爲能知。若者，内亦假名故。能所皆假立之名，實非截然二物。心固即理，而物亦理之顯也。謂物無理乎？則吾心之理，何可應合於物？如孝之理，雖在吾心，而冬温夏凊之宜，與所以承歡之道，非全無所徵於其親，而純任己意孤行也。謂理非即心乎？則心與理不可判爲二也，固甚明。心之義爲了别，了别即有條理之義。以心之條理，控御乎物，能符應物之條理而不謬者，則以心物本非截然異體故也。隱諸心，顯諸物，完全爲一理世界，何在而非此理耶？吾以爲理之一問題，陽明見地較朱子爲深，而惜其不免遺物，吾欲作《量論》時詳之，今不能細也。

六、陽明以爲善去惡言格物，不免偏於道德實踐方面，而過於忽視知識，且非《大學》言格物之本義。

右爲陽明派所可注意之點。

余以爲致知之説，陽明無可易。格物之義，宜酌採朱子。經文自欲明明德於天下者，先治其國，向下逐層推到致知而止。更不曰欲致其知者，先格其物。知者，本體也。反己自識，《禮記》所云反躬，即謂自識本體。而加以涵養擴充等工夫，則所謂致者是也。致其知矣，即本體之流行，無有止息。不待言去惡，而惡已無不去。不待言爲善，而善已無不爲。故陽明以爲善去惡言格物，適成贅義，非經旨也。愚謂物者事物。格物者，即物窮理。朱子《補傳》之作，實因經文有缺失而後爲之，非以私意妄增也。夫經言致知在格物者，言已致其知矣，不可以識得本體，便耽虛溺寂，而至於絶物，亡緣返照，而歸於反知。不可二字，一氣貫下爲長句。亡緣者，泯絶外緣也。反照者，《論語》所云“默識”，《莊子》所云“自見自明”，佛氏所云“内證”，皆是也。陽明後學，或只求見本體，而疏於格物，不復注重知識之鍛鍊。晚明諸老，如亭林、船山等，病其空疏，亦有以也。此經之所以結歸於在格物也。朱子不悟致知之知是本體，而訓爲知識，此固其錯誤。而注重知識之主張，要無可議。但知識本在格物處説，經義極分明。朱子訓格物爲即物窮理，知識即成立。此則宜採朱子《補傳》，方符經旨。格字訓爲量度，見《文選·運命論》注引《蒼頡篇》。《玉篇》及《廣韻》亦云：“格，量也，度也。”朱子訓格，不知取量度義，而以窮至言之，於字義固失，然即物窮理之意，猶守大義。陸、王譏朱子支離，此乃別一問題。若就釋本經格物而論，則致知之釋，不從朱注，而融會其説格物處，自無支離之失。陽明嘗曰：爲學須得箇頭腦。《傳習録》。致良知是學問大頭腦。《答歐陽崇一書》。如不能致良知，而言即物窮理，則是徒事知識，而失卻頭腦，謂之支離可也。今已識得良知本體，良知本體四字，作複詞用。而有致之之功，則頭腦已得，於是而依本體之明，即良知。去量度事物，悉得其理，則一切知識，即是良知之發用，何至有支離之患哉？良知無知而無不知。非預儲有對於某種事物的知識，曰無知。而一切知識，要依良知得起。若無良知本體，即無明辨作用，如何得有對於事物之經驗而成其知識乎？故良知是一切知識之源，所以説爲無不知。如事親而量度冬温夏凊，與晨昏定省之宜，此格物也，即良知之發用也。入科學試驗室，而量度物象所起變化是否合於吾之所設臆，此格物也，即良知之發用也。當暑而量捨裘，當寒而量捨葛，當民權蹂躪而量度革命，當强敵侵陵而量度抵抗，此格物也，皆良知之發用也。總之，以致知立本，致知即本體呈現，主宰常定，私欲不得亂之，故云立本。而從事格物，則一切知識，莫非良知之妙用，夫何支離之有乎？若未能致知，即未見本體。程子云："百姓日用而不知者，正謂此輩。"百姓猶言一般人。夫未見本體者，其本體元未嘗不在。凡其一切知慮云爲，何曾離得本體之發用而别有所取資？但彼夢然不自見本體，易言之，即不能返識自家元是自本自根、自爲主宰而興一切妙用。即不能返識五字，一氣貫下。竟若機械之動，不自明所以而已，是以謂之日用而不知也。此日用而不知之人，其從事格物，雖成功許多知識，而於自己卻茫然。是即逐物而喪其生命，《禮經》所謂人化物也。陸、王悼學者之支離，其寄意深遠，豈凡情所測哉？然已致知，已見體者，則其格物也，即此良知之應物現形，隨緣作主。應物現形，借用宗門語。物謂所感，謂良知應感而現形。如事親則孝，交友則信，此孝與信，即良知之因感現形也。乃至科學上一切辨物析理之知，亦皆良知應感而現作種種知。隨緣云云，謂隨所緣感，而良知自爲主宰，不迷亂也，與現形義通。是則良知自然之妙用，乃不可遏絶者。故曰致知在格物也。如只言致良知，即存養其虛明之本體，而不務格物，不復擴充本體之明，以開發世諦知識，世諦，借用佛書名詞。謂一切事物，乃世俗所共許爲實有，而不可不求其理者。凡緣事物而起之知，可云世諦知識。則有二氏淪虛溺寂之弊，何可施於天下國家，而致修齊治平之功哉？故格物之説，唯朱子實得其旨，斷乎不容疑也。古今談格物者，凡六十余説。要以朱子、陽明爲大宗，而朱子義長。

物格而後知至，知至而後意誠，意誠而後心正，心正而後身修，身修而後家齊，家齊而後國治，國治而後天下平。

物格者，良知之明，周通乎萬物。良知以其條理，融澈乎物之條理，而無所閡。故物得爲知之所量度，是云物格。良知炯然，遍物而不遺物。遍物言其周遍乎萬物，而無所不在也。故其量度之功用，以積累日增而至於其極。朱子所云“一旦豁然貫通”者，蓋真積力久之候，實有此境，非臆説也。故曰物格而後知至。至之爲言極也，極盡良知之妙用也。夫周於格物，乃以極盡良知之用，而無所虧蔽，無虧欠，無障蔽。則發念皆當。匪獨私欲不得相干，而良知之明，由量度於物理者，愈精而愈增，則無誤犯之愆，故曰知至而後意誠也。夫人不幸而作惡以自欺其本意者，非獨私欲之爲累也。蓋有發念之初，公私之辨未明，結果遂成乎私，而違其本意。此其所由然，蓋只於静中，從事致知，此知謂本體，致是工夫，覆看前文。務涵養本體，而罕於動應之地，注重格物工夫。其本體或良知之明，雖未嘗不炯然在中，但空守其明，卻未嘗量度於庶物，而得其則。則未能極盡良知之妙用。而審事恒疏，應物常誤。前世理學家，不獨以短於實用見譏，而行事亦頗有不爲人所諒者。王船山謂明季賣國者，皆王學之徒。其言雖稍過，然殺熊襄愍及袁崇焕以亡天下者，固皆托於王學者也。蓋亦格物工夫太缺略，而良知之妙用，不能充之以極其盛。則擇善不精，而動念即乖，以欺蔽其本意。故必格物，經云物格，是倒裝句法。而後良知之功用，始極其盛。是謂知至。良知愈精明，則擇善必精，而執之也固，私欲不得相侵，故曰知至而後意誠也。至於意誠，則是本心之在身，常居君位，是謂心正。自此以下，並可準知，不須繁釋。

自天子以至於庶人，壹是皆以修身爲本。

朱注：“正心以上，皆所以修身也。齊家以下，則舉此而措之耳。”張江陵《直解》曰：“昔孔子説《大學》的條目，雖有八件，其實，上自天子，下至庶人，盡天下的人，一切都要把修身做箇根本。蓋格物致知誠意正心，都是修身的工夫。齊家治國平天下，都從修身上推去。所以，人之地位，雖有不同，都該以修身爲本也。”明張居正有《四書直解》純用語體文，善演朱子之旨。

修身	致知	《莊子》所云内聖
	格物	
	誠意	
	正心	
	齊家	《莊子》所云外王
	治國	
	平天下	

八條目雖似平説，其實以修身爲本。君子尊其身，而内外交修。格致誠正，内修之目也；齊治平，外修之目也。家國天下，皆吾一身。故齊治平，皆修身之事。小人不知其身之大而無外也，則私其七尺以爲身，而内外交修之功，皆其所廢而弗講。聖學亡，人道熄矣。

向來説經者，似謂八條目只就君相言，庶人便無治平之事，此乃大誤。庶民不獨直接參預國政，而每一人之身，在其國爲國民，同時即在天下，爲天下之人。即與全人類爲一體。其精神與思想、言論、行事，皆有影響於天下。故治國、平天下，皆庶民所有事。張江陵蓋深達此義者。顧亭林曰："天下興亡，匹夫有責。”亦明於經義。

其本亂而末治者否矣。其所厚者薄，而其所薄者厚，未之有也。

朱注“本謂身也”，則末謂家國天下，本末一體也。木之根謂之本，木之梢謂之末，故本末非異體。身與家國天下，雖分本末，而實一體。故修身之功，雖該乎齊治平，而反諸己身，實爲根本。其所厚者薄云云，正申上文重本之意。謂人情莫不厚愛己身，而對家國天下，皆較己身爲薄。今於其所厚之身，竟不知修，是於所厚者而薄矣。而欲其於所薄之家國天下，反能厚之，以致齊治平之功，此必不可得也。故修身爲本，是聖學樞要。身不修，而徒以知能爲學，則人道絶，而天地無與立矣。

六經之道，以盡性爲極則。性者，吾人與天地萬物所共有之本體。但就其在人而言，則曰性。《大學》致知，即盡性之謂。可覆玩前文。其功固在反己，以視西洋學術，根本自異。反己者，以躬行實踐爲務，而歸於上達天德。天德謂性體也，非神帝之謂。西學以實測爲基，精於辨物析理，而畢竟不了自性，不見本體。然經學並不主絶物反知，老、莊確有絶物之傾向，而主反知。儒者六經之旨，元不如此。故《大學》總括六經旨要，而注重格物。則雖以涵養本體爲宗極，而於發展人類之理性或知識，固未嘗忽視也。理性亦云理智，此固未嘗非良知性體之功用。但如不自識良知性體，則理智亦只成爲向外追尋之工具，而迷失其本。譬如下流之水，既離其源，便自成一種流，而與源異也。經學畢竟可以融攝科學，元不相忤。人類如只注重科學知識，而不求盡性，則將喪其生命，吾云“生命”一詞，與世所通用者，不必同義，參看《新唯識論》。而有《禮經》所謂“人化物也”之嘆，此人生之至不幸也。

《大學》首章略釋如上。此篇自程、朱表章，陽明復依據之，蓋六經之綱要，儒家之寶典也。朱子以爲孔子之言，而曾子述之，雖無確證，然其義必本於古者太學之教條，而吾夫子又斟酌損益，總括六經綱領旨趣，以歸完善。其先或口説流傳，至曾子之門人，而寫成篇章。《禮記》中所記曾子之説爲多，可見曾子之傳授較盛。今俗以疑古爲能，遂有謂此篇爲漢人所作者，此甚無稽。須知，此篇囊括萬有，廣大悉備，非孔子不能説，非親承一貫之旨者不能記。後生不解義，故敢輕疑聖文耳。此篇蓋嘗見稱於《孟》《莊》二子之書。莊生稱孔子以内聖外王，實本於此。前列八條目中曾注明。《孟子·離婁篇》云“人有恒言，皆曰天下國家。天下之本在國，國之本在家，家之本在身”，此則明明轉述“古之欲明明德於天下者，先治其國；欲治其國者，先齊其家；欲齊其家者，先修其身”諸文。至格致誠正，皆修身之目。《孟子》略不言及者，以既説到修身，則已隱括格致誠正於其中，故不妨省文也。孟子後於宣聖，不過百年。由此徵之，可知《大學》之傳，出於孔子無疑。司馬談在西漢初，已不解《大學》，至譏儒者博而寡要。談之學甚膚淺，迄今猶有贊其能論六家旨要者。海上有逐臭之夫，豈不然乎？汝曹不悟六經宗要，宗者，宗旨。要者，綱要。讀《大學》，可悟其宗要。不得六經體系，讀《大學》，可得其體系。不識六經面目，讀《大學》，可識其面目。不會六經精神，讀《大學》，可會其精神。三綱領，八條目，漢、唐諸儒皆莫能解。程、朱始發其覆，至陽明而闡其理要。余今採二派之説，而爲疏決如右。汝曹如正其志，深其心，精究而實體之，由此以治六經，當知立人極，奉天常，天常，謂究極的真理。奉者，敬以持之而不敢失也。正性命，利群生，莫太乎經學，其可一日廢而不講耶？

余既疏決《大學》首章，今當採《儒行篇》略加論正。上追晚周儒風，以爲來者勸。鄭玄《三禮目録》云："名曰《儒行》者，以其記有道德者所行也。儒之言，優也，柔也。能安人，能服人。又儒者，濡也。以先王之道，能濡其身。"近人章炳麟曰："《儒行》十五儒，大抵堅苦卓絶、奮厲慷慨之士。"與儒柔之訓正相反。儒專守柔，即生許多弊病。西漢時，張禹、孔光闒然媚世，均由此故。然此非孔子意也。奇節偉行之提倡，《儒行》一篇，觸處皆是，是則有知識而無志節者，亦未得襲取儒名也。案《宋史·張洎傳》，太宗令以《儒行篇》刻於版，印賜近臣及新第舉人。宋承五季衰亂，天下無生人之氣，太宗思提倡《儒行》，誠有所感而然。但學風之激厲，端賴在野大儒，以身作則。君主以虛文相獎，收效有限。而北宋諸老先生，竟未有表章《儒行》者，程伊川且甚排斥之。《遺書》卷十七云："《儒行》之篇，全無義理。如後世游説之士，所謂夸大之説。觀孔子平日語言，有如是者否？"伊川爲宋學宗師，其斥《儒行》如此。宜乎理學末流，貌爲中庸，而志行畏葸，識見淺近，且陷於鄉願而不自覺其惡也。今世衰俗敝，有過五季。貪污、淫靡、庸闒、污賤、浮誑、險猜，毫無人紀。吾爲此懼，爰述《儒行》。

魯哀公問於孔子曰："夫子之服，其儒服與？"孔子對曰："丘少居魯，衣逢掖之衣。長居宋，冠章甫之冠。丘聞之也，君子之學博，其服也鄉，丘不知儒服。"

哀公曰："敢問儒行？"孔子對曰："遽數之，不能終其物。悉數之，乃留，更僕未可終也。"哀公命席。孔子侍曰：儒有席上之珍以待聘。

晏光曰："君子比德如玉，故稱珍焉。"鄭注："大問曰聘。"

夙夜强學以待問。

案此與上文，言蓄德進學，可爲人師。

懷忠信以待舉。

鄭注："舉，見舉用也。"

力行以待取。

王船山曰："取，亦舉也。"案待舉、待取，明無求於世也。忠信、力行，修己以待物望之歸。《論語》："不患無位，患所以立。不患莫己知，求爲可知也。"義與此通。《荀子·非十二子篇》："君子能爲可貴，不能使人必貴己。能爲可信，不能使人必信己。能爲可用，不能使人必用己。故君子耻不修，不耻見污。耻不信，不耻不見信。耻不能，不耻不見用。是以不誘於譽，不恐於誹，率道而行，端然正己，不爲物傾側，夫是之謂誠君子。"

其自立有如此者。

儒有衣冠中，動作慎。

中，孔穎達云："在常人中，不自異也。"陳澔曰："中，猶正也。"

其大讓如慢，小讓如僞。

張横渠曰："大讓，如讓國，讓天下。誠心而讓，其貌若不屑也。若夫飲食辭避之間，是小讓也，若僞爲之，以爲儀耳。"

大則如威，小則如愧。

吴澄曰："則謂守法不踰閑也。"案如威如愧，言事關大法，如有所畏，不敢犯也。即小節處，亦惟恐忽於當然之則，如有所耻。

其難進而易退也，粥粥若無能也。

案非義不仕，故難進。昏亂之朝，義不苟留，故易退。粥粥，陸德明《釋文》："卑謙貌。"有若無，實若虚，非僞貌也。君子盛德若不足。其求進無已，故恒不自滿也。

其容貌有如此者。

儒有居處齊難。

鄭注："齊難，齊莊可畏難也。"

其坐起恭敬，言必先信，行必中正。

言必先信諸心，而後言之，故無妄。

道途不争險易之利，冬夏不争陰陽之和。

不争利，不避患，須於平時日用起居之際，養得此精神。若平時無養，一旦臨大變，必一無所守，而争利亡義，避患苟全，爲鳥獸之歸矣。

愛其死，以有待也。養其身，以有爲也。

有待，有爲，而後敢養身愛死。此非可僞托也，蓋將予人以可徵焉。馮道輩屈辱之愛死，隱逸自利之養身，辱生甚矣。

其備豫有如此者。

儒有不寶金玉，而忠信以爲寶。不祈土地，立義以爲土地。

祈，猶求也。人人能不求土地，而立義以爲土地，則侵奪之患可熄，世界大同。

不祈多積，多文以爲富。

義理富於内，積天下之財，何以易此乎？

難得而易禄也。

難得，言其進德修業，皆得力於難也。《論語》"仁者先難而後獲"是也。易，《漢書·李尋傳》引《論語》"賢賢易色"，顏師古注："易色，輕略於色，不貴之也。易禄，輕禄利也。"從來注家於此皆誤解。

易禄而難畜也。

畜，容也。難畜，不取容於世也。輕禄故難畜。

非時不見，不亦難得乎？

《易·乾》之初九"潛龍勿用"，則非時不見也。德未成，不可以教人。見未正，不可遽持之以號召當世。乃至有所發明，而未經證實，不輕宣布。將改造治制，而群情未協，不可鹵莽以行破壞。皆非時不見義也。從來注家專就個人出處言，殊失經義。

非義不合，不亦難畜乎？

奸雄之威勢，不能奪其所守。群衆之習尚，不能移其所志。是難畜也。

先勞而後禄，不亦易禄乎？

先後者，輕重義。勞者，自苦之謂。甘自苦而急於救世，禄利非所先也。

其近人有如此者。

儒者本平易近人，而其中之所存，乃極嚴峻。以此近人，故鄉願不得而似之也。

儒有委之以貨財，淹之以樂好，見利不虧其義。

樂好之淹留，貨財之委屬，皆易使人醉利而忘義也。

劫之以衆，沮之以兵，見死不更其守。沮，謂恐怖之也。

鷙蟲攫搏不程勇者，引重鼎不程其力。往者不悔，來者不豫。

鄭注：“鷙蟲，猛鳥獸也。程，猶量也。”王念孫曰：“不程勇者，當作不程其勇。與下不程其力對文。”搏猛引重，不量勇力堪之與否，當之則往也。雖有負者，後不悔也。其所未見，亦不豫備，平行自若也。案此皆所以養勇氣，不可有一毫自餒處。天下之大勇，亦必於日常所觸險難處涵養得來。

過言不再，流言不極。

王闓運曰：“人有過言，不使得再進。”鄭注：“不極，不問所從出也。”案見義明，則流言不足動，何更問所從出乎？

不斷其威。

謂當以威嚴自持也。不斷，謂不間斷。一念偶爾悠忽，即中無主，而威重失。

不習其謀。

謂勇於行義，故不習謀。習者數數也。如鳥數飛。謀之必周，而不可數數過計。過計，則利害之私，將炫於中，而不果於行矣。

其特立有如此者。

搏猛引重諸語，或以爲害於義理。吾意不然，儒兼任俠，其平居所以養其勇武者固如是。

儒有可親而不可劫也，可近而不可迫也，可殺而不可辱也。其居處不淫，不傾邪。飲食不溽。不恣滋味。其過失可微辨而不可面數也。

陳澧謂過失可微辨而不可面數，殊未安。愚案人不能無過失，儒者能容人之微辨，則未嘗怙過而阻人之忠告也。面數，則以盛氣凌人。意氣纔動，自有苛求過深處，有誣且辱之嫌，故儒者不受也。

其剛毅有如此者。

儒有忠信以爲甲胄，禮義以爲干櫓，戴仁而行，抱義而處，雖有暴政，不更其所。

暴亂之政，儒者必結合群策群力，以圖改革。不以險難而更其志操也。

其自立有如此者。

儒有一畝之宮，環堵之室，宮謂牆垣。環堵，面一堵也。五版爲堵，五堵爲雉。篳門圭窬，篳門，荆竹織門也。圭門[3]，《説文》"穿木爲户"。《左傳》作"竇"。上鋭下方，狀如圭形。蓬户以蓬塞門也。甕牖。以敗甕口爲牖。易衣而出，居常衣垢敝。并日而食。或三日二日并得一日之食。上答之鄭注："謂國君以利弊見詢，儒者陳説，而上能應用也。"不敢以疑，謂凡事必以己所信諸心者，進言於上。若己疑而不決，則得失未審，不敢以進也。上不答不敢以諂。有言不用，則自守静直，不諂曲以逢上。

其仕有如此者。

鄭注："此言貧窮屈道，仕爲小官也。"案鄭説非是。此節蓋言固窮高隱之儒，雖不任政，而國君時與咨詢政事，必盡直道。仕本訓學，不必入官之謂仕也。此言貧而樂學也。若爲小官，則無由爲上所答矣。

儒有今人與居，古人與稽。

鄭注："稽猶合也。"愚案儒者志氣高厚，與古之大人合，必不與並世愚賤者合。

今世行之，後世以爲楷。

《正義》："楷，法式也。"言儒者行事，以爲後世楷模。

適弗逢世，適，之也。所之與世左也。上弗援，不爲在位者所援引。下弗推。不爲下民所推戴。

儒者當昏亂之世，其志氣上同於天，其前識遠燭未來，而知當世之所趨，孰爲迷失道以亡，孰爲開物成務而吉。其前，至此爲句。其定力，則獨挽頹流而特立不懼。其大願，則孤秉正學以爍群昏。百獸躑躅，而獨爲獅子吼。雖所之與世左，上弗援，下弗推，儒者身窮而道不窮也。

讒諂之民，有比黨而危之者。

民德民智之未進，而相比黨以圖政柄。則黠桀者爲之魁，而無知之氓附之，相與顛倒是非，變亂黑白。讒諂行，而正士危，古今所同慨。《儒行》一篇，其七十子後學當戰國之衰而作乎？憂患深矣。

身可危也，而志不可奪也。雖危，起居竟信其志。

鄭注："起居，猶舉事動作。"信讀伸。言衆雖危亡，而行事舉動，猶能伸己之志謀，不變易也。

猶將不忘百姓之病也。

孟子所謂天下有飢溺，猶己飢溺之也。佛氏大悲衆生，亦此志。

其憂思有如此者。

儒有博學而不窮。

此言孤陋寡聞，不足爲學，故貴於博。博者，周以察物，而觀其會通。不窮，求進不止也。

篤行而不倦。

德行純壹，無有疲倦。《經》言"莊敬日强"，佛氏亦云精進。

幽居而不淫。

不淫，心無妄動也。幽居之地，不使邪念得萌。此慎獨之功也。

上通而不困。

上通，猶言上達。洞澈萬化之大原，昭察萬理之宗極，猶佛言一切智智也。不困者，明睿所照，非勞思慮而得之也。從來注家均誤。

禮之以以，用也。和爲貴，忠信之美，優游之法，以和順爲法。慕賢而容衆，《論語》"親仁，汎愛衆"，此所本。毁方而瓦合。鄭注："去己之大圭角，下與衆人小合也。"

其寬裕有如此者。

儒有内稱不避親，《正義》："若祁奚舉其子祁午。"外舉不避怨。若祁奚舉讎人解狐也。此與上事詳《左》襄三年。程功積事，推賢而進達之，不望其報。言儒者欲舉人之時，必程效其功積累其事，乃推而進達之。不望報者，進賢非爲私故。君得其志，使國家得賢才以行其志。苟利國家，不求富貴。

其舉賢援能有如此者。

儒有聞善以相告也，見善以相示也。

不私其所聞見之善道，必授諸人，成物所以成己也。佛氏誓願度衆生，亦此意。

爵位相先也。鄭注："相先，猶相讓也。"患難相死也。朋友如共患難，不苟偷生也。久相待也。謂其所知賢能之友久沈滯不升，己則待之乃進。遠相致也。遠謂遺棄。謂若得位而所知賢能方遺棄于世，則必相致達也。

其任舉有如此者。

儒有澡身而浴德，陳言而伏。

《正義》："澡潔其身，不染濁也。沐浴於德，以德自清也。伏者，閉而不出之謂。"儒者事君，以嘉謀嘉猷，密陳於君，而不洩於外，不自居功。古者君臣之義，猶朋友也。故相讓善。夫以善與人，而不自居善。此善之至高至真者也。

静而正之，上弗知也。

静正者，儒者事君，將順其美，匡救其惡，常在於未形也。凡朋友忠告之道，皆當如此。

粗而翹之，又不急爲也。

粗謂大事。若君於大事有過失，必翹舉其過，相匡正也。不急爲者，當俟幾而言。勿激於意氣，致成不可挽之勢也。此昔儒事君之義，今朋友相與，亦合如此。

不臨深而爲高。

天下有甚深之淵，謂潛伏之勢力也。從來政治社會等等方面，當某種勢力乘權，而弊或伏，則將有反動思想醞釀而未形。積久，則乘勢者不戒，而弊日深。於是反動之勢，益增盛而不可遏。故御世之大略，常思天下之利，或失之於不均，而流極難挽。天下之巨禍，或伏於無形，而爆發可憂。故不可以我之足以臨乎其深潛之勢而制之，遂自居高，以爲無患也。當思危，而求均平之道耳。鄭玄以來，於此皆誤解。

不加少而爲多。

天下之是非，有時出於衆好衆惡，而確不背於大公之道者，則從多數爲是，不可以少而抗多也。有時群衆昏俗之盲動，反不若少數人獨見之明，則不可恃多以加乎少。加者，有自處優勢而抑彼之意，如“我不欲人之加諸我也”之加。鄭玄以來，於此均誤解。

世治不輕。

世治，則人情易耽逸樂，忘戒懼。儒者居安思危，嘗惕厲憤發，深求當世之隱患與偏弊，而思矯之。故云不輕。鄭玄以來皆誤解。

世亂不沮。

世亂，則人皆退沮。儒者早察亂源於無事之日。凡社會上經制之不平，政治上舉措之大過，儒者皆詳其理之所未當，勢之所必趨，流極之必至於已甚。故當亂之已形，恒奮其大勇無所怖畏之精神，率群衆以革故取新，《易》所謂“開物成務”是也。開者，開創。凡經濟與政治種種度制，乃至群紀、信條以及器用，一切新發明、新創作，皆謂之開物。成務，則牒上而言新事物之創成也。故云不沮。若只獨行，而無所創闢於世，豈不沮之謂耶？鄭玄以來，皆誤解。

同弗與。

方性夫曰：“與其所可與，不必同乎己也。”此説得之。莊周與惠施學不同，而有辨難之樂。顧亭林與李二曲學不同，而有切磋之益。此學之不必同而後與也。孔子政治思想與管仲相隔奚止天壤，而大管仲之功，不似後來孟子之隘。沮、溺、丈人皆隱淪避世，而孔子猶欲相喻以心。此言治之不必同而後與也。夫喜與乎同者，則天下有凶狡之徒，挾私以同乎我。有庸俗之輩，妄附以同乎我。則與同也，乃將我之所自持者，而盡喪焉，以成下流之歸，可不戒乎？

異弗非也。

學必觀乎異，而後吾之知進。政必觀乎異，而後吾之慮周。友必親乎異，而後吾之過有所聞，德有所立。夫萬物並育而不相害，道並行而不相悖，此吾儒發明天地間之公理，不可或違者也。驗之一身，百骸五臟，彼此互異，而相資相通，以遂全體之生成。使其以異相非，則生命絶矣。推此而論思想與治化，執一以責天下之同，而伐異唯恐不盡者，終違天地之生理，孟子所以惡夫執一也。

其特立獨行有如此者。

古之所謂特立獨行者，出乎其類，拔乎其萃，不與時風衆勢俱靡。常能包通萬有，含弘光大，先天下而開其物、成其務者也。漢以來經師之學，解不及此，乃以偏至之行，或曲謹之節，説爲特立獨行。則其狹小亦甚矣。故此一節，鄭玄以來無善詁。

儒有上不臣天子，下不事諸侯，慎静而尚寬，慎静，則厭塵囂，而難容物，故須尚寬。强毅以與人。尚寬，非苟屈以順人之情也，故外温而内强毅，不苟與人。

博學以知服。

博學，則易自恃以輕人。須知理道無窮，合古今中外學者之所得，其以測夫無窮者，終無幾何。而我一人之學，雖博，又幾何耶？前乎我者，有一長足以遺我，我受其恩，不敢不服。况其德慧純備，發明至道，精思妙悟，創通物理者乎？並乎我者，例前可知。夫學愈博，而愈見理道無窮，擇善不容稍隘也，故云知服。知服者，知服善也。妙哉此一知字，人之不服善者，唯其無知故也。

近文章，一日不親書册，則心神放逸。砥厲廉隅。雖分國，如錙銖。

鄭注：言君分國以與之，視之輕於錙銖。算法，十黍爲絫，十絫爲銖，六銖爲錙，四錙爲兩。不臣不仕。

寄迹世間，忘懷榮利。量超乎宇宙，德侔乎造化。

其規爲有如此者。

王船山云："規爲，謂器量也。"

儒有合志同方，營道同術，合志同方，據所懷志意也。營道同術，據所習道藝也。並立則樂，相下不厭。言儒者有上述之友，其地位與己等，則歡樂之。若下於己，必不厭賤，不以地位變友誼也。久不相見，聞流言不信。信友之素守，故不爲流言所動。其行本方，本之方正。立義，所立必存義。同而進，政治上主張，友與己同，則進而共行之。不同而退。友之主張，與吾異，則吾宜退避之。

其交友有如此者。

儒有不隕穫於貧賤，隕穫，困迫失志之貌。此言窮居不損其志也。不充詘於富貴，充詘，歡喜失節之貌。此言富貴不淫也。不慁君王，慁，辱也。言儒者素履方正，不爲天子諸侯卿大夫群吏所困迫而違道。不累長上，長上謂鄉黨長老也，地方教化之事，與利弊諸端，皆長老主其計，儒者鄉居，則贊助之。不以累長老也。不閔有司。閔，病也。有司，群吏也。儒者在鄉，不私徒黨以干涉吏事。澹臺子羽非公事不至于邑宰之室是也。晚世搢紳，以資望豪於鄉里，病有司，而苦細民，儒者不爲也。

其尊讓有如此者。

儒者自尊，而窮通一其節，權勢莫之屈。鄉居，則敬長以贊化，又善處吏民而各安其分。儒者行讓以輔治理，仁之至也。尊而不讓，則居亢以絶物，是不仁也。此節結語，舊本在"温良者"一節下，殊不合，今移此。又此節下，有"故曰儒"三字，今移"温良者"一節下，從俞樾校改。又此節，舊在"温良者"一節之後，今從俞説移前。

温良者，仁之本也。

温，和也，善也。良，亦善也。至善無染，萬德純備，故曰良。和義深，是生生不息真幾也。

敬慎者，仁之地也。

地，所以居止萬物。敬慎，則心不放，故爲仁之地。

寬裕者，仁之作也。

寬則不迫而恒安，裕則有餘而不匱。作者，發用義。

孫接者，仁之能也。

遜辭接物，是仁之能。仁者渾然與物同體，故接物無不遜也。

禮節者，仁之貌也。

貌者，誠中形外也。仁存乎中，其應物現形，温然有節文也。

言談者，仁之文也。

《正義》："言語談説，是仁之文章。"《論語》："仁者其言也忍。"謂言不妄發，必反省諸心，不失其仁，無私意私欲夾雜。則出口之言，悉從仁心中流出，自然成文也。

歌樂者，仁之和也。

《正義》："詩歌音樂，是仁之和悦。"《論語》："《關雎》樂而不淫，哀而不傷。"夫樂不淫，哀不傷，正是和悦之仁體，自然有則而不過也。哀至於傷，樂至於淫，皆緣己與物對，妄情斯滯，和悦不存矣。非游無待也，難離繫也。夫子論《詩》，其義高遠極矣，此中實本之。

分散者，仁之施也。

《正義》："分散蓄積，而振貧窮，是仁之恩施。"財者，物所資以活命。財有限也，而資生者無窮。己蓄之多，則天下有喪其生者矣。故散財振物，仁道之大者也。佛重布施，以行其悲，亦此意。然儒者言治，必均天下之財。佛氏不談治理，只就個人修行言。出世之教，異乎聖學也。

儒皆兼此而有之，猶且不敢言仁也，故曰儒。

鄭注："此兼上十有五儒，蓋聖人之儒行也。孔子嫌若斥己，嫌其若直指己身而説也。假仁以爲説。故假托於仁者之行而説之。仁，聖之次也。"愚謂鄭注甚誤。孔子以仁立教，《新唯識論》已言之。詳卷下《明心章》。儒者之學，仁學也。故儒者百行，總歸於仁。鄭玄不了聖學宗要，乃曰假仁以爲説。此乃以尊聖者毁聖也。又復應知，發心求仁，亦可謂仁人。仁德全顯，乃云聖人。仁德本人所固有，然學必至於聖，乃能全顯發之。聖人只是充仁之量，非異仁而别有道也。

今衆人之命儒也妄，常以儒相詬病。

孔子至舍，哀公館之，聞此言也，言加信，行加義：終没吾世，不敢以儒爲戲。

十五儒，顯晦異迹，而行事皆出乎中正，不審伊川何故斥爲虚誇也。今略舉其大者，如夙夜强學以待問，聞善以相告，見善以相示，即夫子“己欲立而立人，己欲達而達人”之旨。佛氏度衆生之宏願，亦同儒行。世治不輕，世亂不沮，其經綸宇宙之弘規偉略，於是可見。不臨深而爲高，不加少而爲多，則所以察群變，通群情，而司其化者，可謂至矣。同弗與，異弗非，道並行而不相悖，萬物並育而不相害，可謂善體天地之化，自由之極則也。吾國民元以來，黨人如敦儒行，則不至以私欲比黨而禍國。行方立義，同而進，不同而退，友道固然。今之黨人猶當循斯紀。民國以來，黨禍至烈，使儒行脩明，當不至此。不臣天子，不事諸侯，雖分國如錙銖，逍遥乎塵垢之外，幾與浮屠比迹，此則儒之畸行也。然慎静尚寬，不捨人倫，要自異於趣寂之風。非時不見，而貴難得，其規模與識量，蓋廣遠之極哉！見利不虧其義，劫以衆，沮以兵，見死不更其守，可謂堅固熾然矣。讒諂之民，比黨相危，而志不可奪，猶將不忘百姓之病也，何其仁之至耶！若乃蓬户圭竇，并日而食，以自苦爲極者，猶備邦君之詢，弗忘當世之務。嗚呼！仁矣哉！儒行也。佛家有《華嚴・普賢行願品》，庶幾同符此篇。余故繼《大學》而述之。若單舉《儒行》，則不可見儒學綱領旨趣，莫知其行之所由成也。章炳麟謂《儒行》，堅苦慷慨，大抵高隱、任俠二種。若然，則枯槁與尚氣者皆能之，何足爲儒？何可語於聖神參贊位育之盛？聖神者，孟子云“聖而不可知之謂神”。細玩《儒行》，豈其如是？夫百行一本於仁，自立身而推之輔世，細行不墮，大行不滯，如世治不輕、世亂不沮，及不臨深、不加少，同弗與、異弗非等。此是參贊位育本領，何滯礙之有？其迹間有似於隱與俠，要不可謂《儒行》止乎此也。夫《儒行》大矣，章氏何足以知之？

有謂《儒行》只是條列各種行誼，殊無宗旨者，此甚妄。此篇結尾明明以百行一本於仁，與《論語》相印證，孰謂無宗旨乎？《儒行篇》自昔罕有注意者，漢、唐經師，只是注疏之業，根本不知儒者精神。鄭玄、孔穎達之注，於《儒行》精要都無所窺。兩宋理學，大抵不脱迂謹，末流遂入鄉願。近人詆程、朱諸師爲鄉願，此無忌憚之談，但理學末流誠不佳。明儒變宋，則陽明子雄才偉行，獨開一代之風。然末流不免爲狂禪，或氣矜之雄，卒以誤國。陽明教人，忽略學問與知識，其弊宜至此也。《儒行》首重夙夜强學以待問。又曰博學不窮，曰博學知服。陽明卻不甚注意及此，故不能無流弊。宋、明諸儒，本無晚周儒者氣象，宜其不解《儒行》也。近時章太炎嫉士習卑污，頗思提倡《儒行》，然只以高隱、任俠二種視之，則其窺《儒行》，亦太淺矣。

《大學》《儒行》二篇，皆貫穿群經，而撮其要最，詳其條貫，揭其宗旨，博大宏深。蓋皆以簡少之文，而攝無量義也。二三子讀經，從此入手，必無茫然不知問津之感。讀盡六經之後，又復迴玩二篇，當覺意思深遠，與初讀時絶不相同。夫學不本於經，即無根柢。世間書册，於一切知識，各有所明，閲之，皆有裨見聞，啓人知解。然真學問，不是只有許多知識，便足云學。智必造其極，足以會散著之知，而得其通。理必究其原，足以匯萬殊之理，而有所歸。根據經驗，以極乎窮玄造微；敦篤踐履，以究於盡性至命。通智慧、道德、生活而爲一，始可云真學問。此則必賴讀經，以資引發，而後有成。若徒習世間書册，其神解不得超出，其胸懷不得廣大，其情趣不得灑脱，人生自甘墮落，可惜也。

夫六經廣大，無所不包通，而窮極萬化真源，則大道恒常，人生不可不實體之也。若乃群變無常，敷宣治理，莫妙於經。綜以九義，庶幾扼要。此皆通萬變而貞其大常，烏可不究？經旨廣博，《大學》爲之總括。三綱八目，範圍天地，乾坤可毁，此理不易。續述《儒行》，皆人生之至正至常，不可不力踐者。故經者常道，不可不讀。人生一方固須從事知識之學，以通萬變。一方尤須從事超知之學，經學不限於知識之域，而給人以參造化、究天人之廣大智慧，故是超知的學問。以於萬變中而見常道。人生如不聞常道，則其生活純爲流轉，絶無可據之實。其行事恒隨利害易向，而不以公正爲權衡。此古今所以治日少，亂日多也。嗚乎！此意不可與今之人言，而不忍無言。

【校記】

〔1〕“托”，《化書》作“比”。

〔2〕“堆”，南方印書館本（以下簡稱“南方本”）作“雉”。

〔3〕“圭門”，南方本作“圭窬”。

讀經示要卷二

第二講　讀經應取之態度

讀經應持如何態度，二三子之問及此也，其意何居？古之學者，於六經共相尊信。其或有妄疑者，蓋極少數耳。如宋時歐陽修疑《繫辭》，蘇軾兄弟毀《周禮》，李覯、司馬光疑《孟子》，此皆智小而不足以通微，識短而不足以見大，故妄疑耳。今之學者，以疑古爲名高。其於六經，大抵視爲漢人所揉集，更不必深究其有何義蘊。二三子問讀經應持之態度，殆欲於疑與信二者之間，慎擇其一歟？然此非余之所欲詳答也。六經是否爲孔子所作述，吾將於第三講略言之。讀書貴能疑。疑者，所見未真，心懷猶豫。因此，多方抉擇，所以求事理之真是，而非以一切狐疑爲足尚也。讀書貴篤信。信者，因讀書而有得，引申以長，觸類以通。所知既博，所守必約。知不極其博，則無以爲約守之資。守不極其約，則所知未能實有諸己，即其知乃浮泛，而不得爲真知也。信者，守約之謂。會衆理之極，而反己以實體之，即我與真理爲一，是謂守約，是謂信。非但以不疑於書之所記述便謂之信也。故吾之談疑與信，乃與俗説頗異旨。疑信復相資。真篤信者，每以能疑，而始成其信。真能疑者，恒精於抉擇，而不終陷於疑。蓋疑信本兼資，而無可偏尚。一有偏尚，則易於信者，不免失之疏，而偏於疑者，亦長墮於惑，此學者所宜戒也。

二三子問讀經應持之態度，其意以爲，或如昔賢之一意崇信，或如時人之唯務尊疑，其態度誠有異。而吾於此不欲詳答者，則以來問或未探其本，未叩其要。吾將更繹所聞，爲諸子告。

夫植樹者，善培其本。築室者，先闢其基。爲學必有基本。其視築室與植樹，輕重大小之相去，豈可以數計哉！今之學者，只以博覽爲務，以聞見之廣、知識之富，便足云學問，而不悟學問更有基本，不曾於博覽或知識外，更有切實用力處。以如是之態度而爲學，雖熟讀群經，於名物訓詁，無不精究，其於聖人之道，終必茫無入處，可斷言也。夫求聖人之道者，必有高尚之志。未有志趣卑污，而可聞大道者也。故學問有基本焉，立志是也。昔者陽明有《示弟立志説》云："夫學莫先於立志，志之不立，猶不種其根，而徒事培擁灌溉，勞苦無成矣。世之所以因循苟且，隨俗習非，而卒歸於污下者，凡以志之弗立也。故程子曰：'有求爲聖人之志，然後可與共學。'人苟誠有求爲聖人之志，則必思聖人之所以爲聖人者安在，非以其心之純乎天理而無人欲之私歟？聖人之所以爲聖人，唯以其心之純乎天理而無人欲。則我之欲爲聖人，亦惟在於此心之純乎天理而無人欲耳。欲此心之純乎天理而無人欲，則必去人欲而存天理。務去人欲而存天理，則必求所以去人欲而存天理之方。求所以去人欲而存天理之方，則必正諸先覺，考諸古訓。而凡所謂學問之功者，然後可得而講，而亦有所不容已矣。夫所謂正諸先覺者，既以其人爲先覺而師之矣，則當專心致志，惟先覺之爲聽。言有不合，不得棄置。必從而思之，思之不得，又從而辨之，務求了釋，不敢輒生疑惑。（**附説一**）故《記》曰：'師嚴然後道尊，道尊然後民知敬學。'苟無尊崇篤信之心，則必有輕忽慢易之意。言之而聽之不審，猶不聽也。聽之而思之不慎，猶不思也。是則雖曰師之，猶不師也。按陽明之世，學子於前代聖哲若孔子等猶奉爲先師。雖於六經之言，聽之不審，思之不慎，尚未敢唾棄也。今則鮮有以先哲爲師者。此世習一大變也。夫所謂考諸古訓者，聖賢垂訓，莫非教人去人欲而存天理之方，若五經四書是已。吾惟欲去吾之人欲，存吾之天理，而不得其方，是以求之於此，則其展卷之際，真如飢者之於食，求飽而已；病者之於藥，求愈而已；暗者之於燈，求照而已；跛者之於杖，求行而已。曾有徒事記誦講説，以資口耳之弊哉？（**附説二**）夫立志亦不易矣。孔子聖人也，猶曰'吾十有五而志於學，三十而立’。立者，志立也。雖至於不踰矩，亦志之不踰矩也。志豈可易而視哉！夫志，氣之帥也，人之命也。猶木之根也，水之源也。源不濬則流息，根不植則木枯。命不續則人死，志不立則氣昏。須反己察識。是以君子之學，無時無處而不以立志爲事。正目而視之，無他見也。傾耳而聽之，無他聞也。如貓捕鼠，如鷄伏卵，精神心思，凝聚融結，而不復知有其他。然後此志常立，神氣清明，義理昭著。一有私欲，即便知覺，自然容住不得矣。故凡一毫私欲之萌，只責此志不立，即私欲便退聽。一毫客氣之動，只責此志不立，即客氣便消除。或怠心生，責此志，即不怠。忽心生，責此志，即不忽。懆心生，責此志，即不懆。妬心生，責此志，即不妬。忿心生，責此志，即不忿。貪心生，責此志，即不貪。傲心生，責此志，即不傲。吝心生，責此志，即不吝。蓋無一息而非立志責志之時，無一事而非立志責志之地。故責志之功，其於去人欲，有如烈火之燎毛。太陽一出，而魍魎潛消也。自古聖賢，因時立教，雖若不同，其用功大旨，無或少異。《書》謂‘惟精惟一’，《易》謂‘敬以直内，義以方外’，孔子謂‘格致誠正，博文約禮’，曾子謂‘忠恕’，子思謂‘尊德性而道問學’，孟子謂‘集義養氣，求其放心’。雖若人自爲説，有不可强同者，而求其要領歸宿，合若符契。何者？夫道一而已。道同則心同，心同則學同。其卒不同者，皆邪説也。後世大患，尤在無志。故今以立志爲説。中間字字句句，莫非立志。蓋終身學問之功，只是立得志而已。若以是説而合精一，則字字句句，皆精一之功。以是説而合敬義，則字字句句，皆敬義之功。其諸格致、博約、忠恕等説，無不脗合。但能實心體之，然後信予言之非妄也。”又與張世文云：“區區於友朋中，每以立志爲説。亦知往往有厭其煩者，然卒不能捨是而别有所先。誠以學不立志，如植木無根，生意將無從發端矣。自古及今，有志而無成者則有之，未有無志而能成者也。”

附説一：陽明所謂正諸先覺一段語，足爲今人對症之藥。今時學子，於前代聖哲之言，往往不求深解，輒生疑惑。所以自絶於大道也。或問：“前哲所言，不必盡是，何可無疑？”答曰：吾人見地，焉得一一求同於前哲？要不可掉以輕心。須於往聖昔賢之學，求深切了解，然後可以辨從違。若驟聞一二不合處，便以輕心，恣生疑惑，即不復能深究古人之大全。不得古人精神，深可惜。

附説二：去人欲、存天理一語，雖自宋、明諸師盛言之，而實堯、舜、孔、孟以來相傳宗旨也。堯、舜、禹之相授受曰"執中"。湯亦"執中"。中者，天理也。執中，猶存天理也。《論語》開宗明義，説一學字。學者，覺義。覺者，去人欲存天理也。或有難言："欲曰人欲，則既爲人之欲矣，何可去？且如去欲而别有理者，則理其如槁木死灰耶？而何以存爲？"答曰：天理者，吾人所以生之理也，是名爲性。以其主乎身而言，又名本心。此心，元是生生而條理。其發於日用云爲之際，或感物而動者，莫非欲也。然以其至動而不可亂，隨發而莫不有則，故此欲，直是天理之發，而不可謂之人欲。所謂視極其明而無所炫，聽極其聰而無所蔽，乃至臨財毋苟得、臨難毋苟免者，皆性之欲也。然不可謂之人欲，而謂之天理也。汝以爲此理如槁木死灰，則未嘗反己自識也。人欲者，非離天理而别有本也。吾人不能保任本心，遂至身失所主，而順形骸之私，迷以逐物，而與之俱化。如五色令人目盲，五聲令人耳聾，乃至見色思淫，見利思得，臨難苟免者，皆迷妄之動，積以成習。及習已成，則身受其縛而不可解也。迷妄謂之人欲。此雖無根，而足以違礙天理之心。如浮雲無根，而可以障太陽也。故去人欲者，去迷妄之謂也。存天理者，存養本心而無放失，使本心常爲一身之主，則隨心之所欲，皆不踰其自然之則也。理欲非二元，則以欲本無根，只是迷妄故耳。

余謂陽明立志、責志之説，精警至極，學者宜奉爲師保。然責志必先立志。苟志猶未立，則其人直是自暴自棄，更何望其能自責以彊爲善，而免於下流之歸耶？故責志切矣，而立志爲本。志已立，而持之未固，養之未純，猶不能無放逸也。則反而自責，即激發本志，而精進不懈矣。又志字之義，陽明似未深詳。凡人聞説志字，便若其意義甚顯，不待索解。然試詰之，則又茫然莫知所對。每見少年，妄自標舉。其意念中或欲高居人上，大抵欲得名利權勢，高出乎人。其較勝者，欲求學問知識，高出乎人。夫貪名勢者，誠爲污賤，而將學問知識看作爲可以自誇之具，不悟此爲自修之所不容不勉者，其鄙陋之情，較之貪名勢等者，相去亦不能以寸。或欲建立某種事業，而不悟一切事業，皆人生職分所當爲。若本自私自利之意作去，則不成事業矣。革命不出於救世之仁心，僅以忿嫉之私，欲取而代之，則以暴易暴，而可成順天應人之功哉？如是而自謂有志，實則此等意念，正是無志者迷妄之情，私欲之熾然竊發而不自覺耳。以此爲志，則是認賊作子，飲鴆自毒，乃以自絶其生生之理，而不可復陽，豈不哀哉！《莊子》："近死之心，不可復陽也。"陽者，生義。言不可復生。夫世之自暴自棄，以趨迷妄，本無志而猶自熹爲有志者，正以志字之義未明故耳。彼以爲心之有所向往，便謂志。如是，則向於自私，向於狂惑，向於污下，無不可謂之志。而志之一字，又何足道哉！志字固有向往義，如《毛詩序》云"志者，心之所之"是也。志亦與識同。識，記也，引申之爲存。王船山《讀四書大全説》云："心有所存主名志。"余謂志字義，當以船山之訓爲主。陽明於志字，似取向往義。故曰"人苟誠有求爲聖人之志，則必思聖人之所以爲聖人者安在"云云。覆看前文。蓋謂所向往在乎聖人，必去求聖人之所以爲聖。於是務效聖人，而用去人欲、存天理之功。據此，則志者，非內自立，乃依他而起。他謂聖人。由外慕聖人而起向往，故曰依他。不知天理之心，人人固有。反己自識，勤加保任，（**附説一**）使此心即上云天理之心。常爲主於中，而迷妄不起。即人欲不起之謂。是謂心有存主，存主即是天理之心，非另有一心來存主乎天理之心也。而曰心有存主者，以措辭之方便，故於"存主"上置"心有"二字。是謂志。故志者，自內立。非由向外追慕聖人，然後模倣之，以返諸己，而下存天理、去人欲之功也。非由至此爲句。夫內無其源，而歆羨於外，終未可取資於外，以填實其內也。唯內有本而不窮，則依於自內，而順以發之，（**附説二**）滂沛莫禦矣。使其未知反己，而欲其效法聖人，此必不可得者。聖人者，能盡天理者也。盡者，謂實體之而無有虧蔽。必自求吾心之天理，即内有存主，而後於克盡天理之聖人，乃知所歆慕，而有懇重向往之忱。如天理之心爲私欲所障蔽，竟不知反而求之，將墮没於迷妄之中。大浸稽天，長溺不反，其心冥昧，其質頑鈍，是謂物化。物化者，天理已絶，更何望其能興感於聖人而是則是效哉！

附説一：保者，保持。任者，任持。即毋放失之謂。勤加云云，卻非用力去把捉此心，只是時時在在，不稍鬆懈，不令此心放失。如居處恭，執事敬，與人忠，乃至一切格物窮理時，都只任虚明之心，契應乎真，不以偏見或意見而興謬解。如此，則天理之心，恒未放失。反之，如居處不恭，執事不敬，此便是天理之心放失了。乃至窮理時，而任意見去妄猜，或妄爲然否，此亦是放失其天理之心。若天理存時，自能慎思明辨，知之爲知之，不知爲不知，决不聽意見用事也。學者於日用間，能澄懷自察識，則知勤加保任之功不可少，而於古聖賢爲己之學，亦漸可識。

附説二：立志之立，只是順吾所固有天理之心，而任其自然之發。順字，正是工夫。上云勤加保任是也。發字極有力，直如春氣至而萬物皆發之發。此心備萬理而起萬化，含萬德而應萬事，其發也有竭盡乎？吾人只須有保任之功，不令此心放失，他自然會發。

故志字有二義：曰存主，曰向往。二者實亦相資。必能反諸内所固有天理之心，此言内者，實不與外對。爲不知反己者，故言内耳。上文用内字者，皆準知。存持不懈，涵養充實，即中有存主。大本已立，則其器量日益宏遠，睿智日益盛大而無礙，其精神乃與古之聖人相通。所歆慕向往者，一惟聖人之克盡天理，而思竭其力以與之齊，所謂當仁不讓是也。故向往之極乎高明而遠於污下者，由中有存主故也。若無所存主，而徒言向往，則天君失位，私欲潛滋。雖或有一念乍欣乎聖，而妄情即蠭起以間之，此念不可繼，終爲禽獸之歸而已矣。夫中有存主，則其向高明，謂向往聖人。自不容已。譬如參天之古木，其根甚深，根，喻中有存主。故挺然植立，以向穹蒼，其向往極高。而成參天之勢矣。人之有志，蓋亦如是。其存主愈純固者，其向往必高明。人之所以克全其固有之天理，立大本以起萬行，備衆善而立人極者，以其志誠立而不可移故也。志字，具有存主、向往二義，而存主義，實爲主要。天理之心，歷歷不昧，參前倚衡，毋敢放逸，《論語》“立，則見其參於前也。在輿，則見其倚於衡也”，即《太甲篇》“顧諟天之明命”意思。造次顛沛，恒必於是，極夫己立立人，己達達人，萬物皆備於我，而至樂大足於己。此存主之實也。自始學迄於成聖，其道在斯。陽明以向往聖人爲始學事，而終引歸去人欲，存天理。其於存主之義，元未相悖。但初學未知反己，反己，即心有存主。欲其以聖人爲所向往，是由不濬其源，而妄冀流之長也，其可得乎？

陽明曰：“自古及今，有志而無成者，則有之矣。”此語未安。蓋以向往言志，則徒外羡乎聖人，而其情不恒，其力不充，宜其無成也。若知志者，只是心有存主，則萬理之宗，萬善之源，反己體之而即是，此言體之，猶言保任之也。無須向外模倣。知其在己之謂默識，知字義深，言自明自證也。盡其在己之謂思誠，《孟子》曰：“思誠者，人之道也。”誠即天理。思字義深。思誠者，默與理契，起心動念，舉手投足，無在非天理流行，而私欲不得間之。是思誠者也。實其在己之謂據德。實者，充實之也。《論語》曰“據於德”。德者，推致吾心之天理於事事物物，力行而有得於心之謂。據者，即以德爲所依據。是故存主工夫，悉皆自力，不依他起。自力則未有無成者也。如其無成，必是自力未發起也。易言之，即志未立也。誠有其志矣，豈有無成者乎？子曰：“苟志於仁矣，無惡也。”仁即天理。又曰：“我欲仁，斯仁至矣。”何患乎無成哉！夫唯以向往言志，則凡人情之所甚欲者，如政治家之求成於功名，乃至百工技藝之求成於事業。皆其所向往，而皆不必有成。則以其事皆待乎外，而非唯依自力之可至也。若知志者，存主謂，則人人固有天理之心，所謂無盡寶藏是也。此心含萬理，賅萬善，故以寶藏言之。此其發現，全憑自力，無藉乎外。自信，自成，而決不憂其無成。唯其力之足乎己，無所待而已矣。

故志者，存主義。心有存主，即自力生。或有放失時，則反而自責，存主斯在。陽明責志之説，親切無比，學者所宜服膺。子曰：“有能一日用其力於仁矣乎？我未見力不足者。”夫人之患，在拘於形骸，而逞其私，以障礙其固有天理之心。遂至閉遏天賦無限之力，不能引而發之，宣而暢之，以成乎頹然無所堪任之頑物。佛家説衆生之最卑劣而不可語向上事者，爲無所堪任。今吾國人縱欲敗度，難與爲善，正佛之所呵。此孟氏所云“自暴自棄”也。明儒方正學曰：“人之身不越乎百年。善愛其身者，能使百年爲千載。不善愛其身者，忽焉如蚊蚋之處乎盎缶之間。夫蚊蚋之生，亦自以爲適矣。而起滅生死，不踰乎旬月，當其快意於所欲，以盎缶爲天地，而不知其所處之微，昧陋之民亦若是矣。迷溺於財色權勢，以身爲之役，而不以爲勞，其心以爲至樂也，而不知其可悲也。甚適也，而不知其污辱也。均之爲身也，聖賢之尊榮若彼，而衆人之污辱若此，曷爲而然哉？有志與否致之耳。”朱子《與田子真書》曰：“吾輩今日事事做不得，只有向裏存心窮理。外人無交涉，然亦不免違條礙貫，看來無着力處。只有更攢近裏面安身立命耳。不審比日何所用心。因書反之，深所欲聞也。”朱子所云“攢近裏面安身立命”者，正是存主處着力，正是立得此志定。學者由是而學焉，徹上徹下，徹始徹終，只此而已矣。反是而求成於學，吾惡知其所極哉！

夫學者必自有其志，而後可讀經。何者？六經，聖人之言也。聖人之言，發於其志。學者在由聖人之言，以通其志，非徒誦其言而已。通聖人之志者，必自有其志者也。所以者何？一言乎志，則衆人與聖人同也。同而後可以相喻。由志同故，其量之無所不涵也同，其智之無所偏蔽也同，其思之無所不運也同，其仁之無所不周也同，其力之無所不注也同。唯同也，故相喻。如好好色、惡惡臭，我知人之有是好惡也，我與人之情本同故也。蛆生長乎糞。毛嬙、西施，魚見之深入，鳥見之高飛。蛆與魚鳥，不同乎人之情，則於人之所好惡，必不相喻矣。以是反徵，志同而後可相喻，斷然無疑也。聖人獨與天地精神往來，其於造化之奧，天人之故，冥會而實體之。萬事萬物之則律，精思而探其原。天下後世群生之休戚，常若痛癢之在其身。凡此，皆聖人之志之所存也。學者如無志，即自暴自棄，以遠離乎聖人，而爲夷狄鳥獸之歸。猶望其通聖人之志，是責蛆與魚鳥通吾人之好惡也，非大惑歟？夫衆人之與聖人同焉者，其志也。衆人而有志，則衆人亦聖人也。雖去聖人千歲之遥，萬里之遠，而相喻如一體也。衆人而無志，則衆人只是衆人。縱使親承聖人謦欬，而精神不可通，相隔奚啻天壤，况讀其遺經於百世之下者乎？故學者如不能立志、責志，則其讀經，如童子誦數而已，終不可喻聖人之志。夫以志喻志，上志字，就學者言。下志字，就聖人言。以在聖人者，與在己者同也。己者，設爲學人之自謂。無志，終不可喻聖人之志，爲其自相障隔也。學者不立志，便自與聖人障隔耳。聖人何曾遠人以爲道哉！經生輩治經，只以精審訓詁、考覈名物等爲務而已，將聖賢反己求志之實學，漠然無所動於中。外馳而喪其内，以博聞爲名高，而不務成己成物之實。侈知而昧其原，侈於瑣碎之知，而不聞大道。如是而讀經，與不讀何異？象山教學者先立乎其大，大謂志。真千古明訓也。

學者何故不能立志？私欲累之也。私欲之甚者莫如名。外競於名，則中藏鮮實。亡實者，志已不持，萬惡所由始也。古今有聰明才辨者蓋不少，而考其所造就，往往甚草草，甚至自誤誤人之罪不可逭。其所由至此者，急於自見、迫於自炫之私過熾，則自反自修之忱，漸減以之至盡。逞浮游之小慧，縱摇蕩之狂情，投時風衆勢之所偏尚，而不暇於擇善固執，不堪以精義入神，此好名者之通患也。好名之風盛，則思想界日趨於浮淺、混亂。其群俗相習於卑靡、虚誑、淫佚、縱欲，乃至作種種惡，而無有維繫身心、充實生活之要道。好名者，外逐而内無以自持，故其流極不堪問。學者習以成風，則影響於社會者，其害不小。天之化道，始於幽潛，乾卦初爻可玩。人之成德，修於宥密。《詩》云："夙夜基命宥密。"虚名不可尚也。善夫章實齋之《鍼名》曰："名者，實之賓。實至而名歸，自然之理也，非必然之事也。君子順自然之理，不求必然之事也。君子之學，知有當務而已矣。未知所謂名，安有見其爲實哉？好名者流，徇名而忘實。於是見不忘者之爲實爾。識者病之，乃欲使人後名而先實也。雖然，猶未忘夫名實之見者也。君子無是也。君子出處，當由名義。先王所以覺世牖民，不外名教。伊古以來，未有舍名而可爲治者也。何爲好名乃至忘實哉？曰：義本無名，因欲不知義者由於義，故曰名義。教本無名，因欲不知教者率其教，故曰名教。揭而爲名，求實之謂也。譬猶上古之民，不知粒食，而揭樹藝之名以勸農。不知衣，而揭盆繅之名以勸蠶。今不問農蠶，而但以飽煖相矜耀。必有輟耕織而忍飢寒，假借糠秕以充飽，隱裹敗絮以僞煖，斯乃好名之弊矣。故名教名義之爲名，農蠶也。好名者之名，飽煖也。必欲鶩飽煖之名，未有不强忍飢寒者也。然謂好名者喪名，自然之理也，非必然之事也。昔介之推不言禄，禄亦弗及。實至而名歸，名亦未必遽歸也。天下之名，定於真知者，而羽翼於似有知而實未深知者。夫真知者，必先自知。天下鮮自知之人，故真能知人者不多也。似有知而實未深知者，則多矣。似有知，故可相與爲聲名。實未深知，故好名者，得以售其欺。又况智干術馭，竭盡平生之思力，而謂此中未得一當哉！故好名者，往往得一時之名。猶好利者，未必無一時之利也。且好名者，固有所利而爲之者也。如賈之利於市焉，賈必出其居積，而後能獲利。好名者，亦必澆漓其實，而後能徇一時之名也。蓋人心不同如其面，故務實者，不能盡人而稱善焉。好名之人，則務揣人情之所向，不必出於中之所謂誠然也。且好名者，必趨一時之風尚也。風尚循環，如春蘭秋菊之互相易而不相襲也。人生其間，才質所優，不必適與之合也。好名者則必屈曲以徇之，故於心術多不可問也。唇亡則齒寒，魯酒薄而邯鄲圍，此言勢有必至，理有固然也。學問之道，與人無忮忌。而名之所關，忮忌有所必至也。學問之道，與世無矯揉。而名之所在，矯揉有所必然也。故好名者，德之賊也。若夫真知者，自知之確，不求人世之知之矣。其於似有知實未深知者，不屑同道矣。或百世而上，得一人焉，弔其落落無與儔也，未始不待我爲後起之援也。或千里而外，得一人焉，悵其遥遥未接迹也，未始不與爲比鄰之洽也。以是而問當世之知，則寥寥矣。而君子不以爲患焉。浮氣息，風尚平，天下之大，豈無真知者哉！至是而好名之伎，亦有所窮矣。故曰實至而名歸，好名者喪名，皆自然之理也，非必然之事也。卒之，事亦不越於理矣。”愚謂真有志者，不願乎外。量宏者其識遠，何暇計流俗之名？夫鷃鵲啁啾，和者多也。茅葦黄白，靡者衆也。鳳高翔於千仞，桐孤生於百尋，雖寡和無偶，而終不能屈折以隨乎茅葦鷃鵲。是以君子發憤忘食，闇然自修，不知老之將至，所以求適吾事而已。以有涯之生，逐無涯之毁譽，舍自得之樂，干庸衆之歆戴，此豈有所不獲已哉！愚賤之虧其中，無以自持而已矣。

經學者，使人克治私欲，而以天地萬物一體爲量者也。道在反身而誠。誠則無私，而後知天地萬物皆備於我，本性自爾，自形言之，我與天地萬物固是各别。自性言之，我與天地萬物元是同體。故孟子言“萬物皆備於我”，乃見性之談。非意之也。物我無間，實理如此，豈由意想安立？夫求誠只是責志，責志必毋近名。名者，務外之私，與志不兩立者也。志者，中有存主，無羨於外也。然學者或知求志，而持之尚未固，養之猶未純，則好名之習，每潛伏思逞，以摇其志。此時，則賴反己察識，以克治徇名務外之私，而使固有天理之心，涵養益盛，貫動静，静，謂不與物接時，淵寂之中，而有思焉，無邪無妄，是天理之心自然之明也。動，謂萬事交感時，泛應曲當，皆天理之心自然之則也。故動静萬殊，而此心之貫乎萬殊者，主宰恒一。合内外，天理之心，周流乎萬事萬物，而無所不涵，故事物非離心外在也。内外之界泯，故云合。極博約，知極其博，而守極其約，皆天理之心自然之運也。而恒澄然不亂。天理之心，無惑染故，無昏擾故，故云澄然。感而遂通，莫不有則，故云不亂。此謂中有存主，此謂志定。志定而後計名之私盡。此事談何容易。若志未定時，則徇名務外之私，時起時伏，禍根不拔，則向外求適意，而亡己以求有當於世。亡己之己，非是小己。易言之，即非形骸之己。學者必須識得天理之心，方是真己。孔子曰：“古之學者爲己。”只是存養其真己，而不忍自亡耳。種種揣摩、迎合、忮忌、詭耀之私，不可究詰。揣摩風會，迎合衆好，比黨以相標榜，異己則忮忌之。虚詐以邀譽，誇而無耻。心地既雜染不堪，而義理自不來舍。縱其瑣慧，可以小知，决不可大受。欲其冥於至理，通於大道，斷非所堪也。夫好名本人情之常。佛家彌勒菩薩位當補處，補處者，謂其當繼釋迦佛而居佛位也。而其少時，好遊族姓，未免近名。其後發願趣真，乃證佛果。故知克念作聖，存乎其人。吾國自後漢以來，名士之風特甚，魏晋名士之風，始於後漢。吾昔年有小文言之。顧亭林稱美東京風俗，實甚錯誤。名士比黨、標榜與附勢、蕩檢之風，自後漢始。不獨林宗、太邱皆鄉原也。經師如荀爽、馬融，昔人已不滿。即鄭玄應袁紹之招而道死，又豈篤實之儒？孔融本不學，與禰衡諸狂童相獎借，其尊玄也，正可見其標榜之習耳。當時唯盧植無可議。實德衰而實學不修，由後漢作俑，以迄於今，而害尤烈。晚明，王船山、顧亭林力矯污風，至以講學聚徒爲戒。而船山竄身猺洞以没世，尤爲卓絶。余少無奇節，然服膺船山，常求所以守拙而淪於孤海，深懼夫力之不勝也。近時士習，尚表曝而薄闇修，生心害政，虚誑宣傳是務，而生民之禍亟，老懷深痛。與後生言，必以務名爲戒。晚而懼先聖義理之學，日益廢絶，常欲約一二有心人爲學會，相與護持。而卒不敢輕舉，慮夫與俗之務聲氣者同科，將反其所期也。嗚乎！士生今日，如之何而始爲自靖之道，此實難言。冬嶺寒雲，獨立而蒼茫望天。忽有感於宣聖之言曰："吾非斯人之徒與而誰與？"吾何尤焉，當自求寡過而已矣。夫六經之精微，非具民胞物與之量者，不能領取也。狗名務外之鄙夫，何可窮經？吾老而常自兢兢也。究訓詁、徵名物者，盍更進而尋其本乎！

爲學有無實德，其差極遠，奚啻天淵？而其所以差殊者，則判於一念敬肆之幾而已。心存乎敬，則人欲日消，天理日明。謝上蔡語。心失之肆，則人欲盛而天理滅矣。天理即本心也，實非有滅。但吾人不能保任本心，乃任私欲起而障之，即天理不得顯發，故説爲滅。夫經學者，舊云聖學。其爲道也，以見自性爲極，至誠之理，生生不息真幾，言其爲萬有之本原，則曰天或道。言其爲吾人所以生之理，則曰性。故見性，即知天道。非吾性之外，别有天道也。見字義深，自證之謂見。以會物歸己爲本，僧肇云："會萬物爲一己。"此即孟子"萬物皆備於我"之旨。蓋我與萬物之性同，則物無非己。以反身而誠、樂無不備爲功修之實，孟子云："反身而誠，樂莫大焉。"反己求誠，是盡性者也。自性涵萬德，備萬理，藏萬化。唯反身而誠，則率性而行，無私欲爲之障。故自性顯發，無稍虧蔽，而謂之盡也。樂者，本性具足，廓然無待。故見性，則無羨欲之累，無紛馳之惑，無挂礙，無恐怖，而至樂備於己矣。以己立立人、己達達人，極乎裁成輔相、參贊位育，爲功修之盛。（**附説一**）聖學廣大悉備，未始遺知能，而實超過知能之境。此其所以别於宗教，宗教尚信仰，而不任知能，求主宰於外，而不見自性。而爲哲學之極詣。哲學家尚知能，馳思辨，未能返己而證物我同體，未能遺知而冥於無待，此哲學家之自畫也。儒者六經之道，方是哲學究極境地。甚深難窮哉，聖學也！夫聖學幽遠，非僅事知解工夫者可以契悟。原其入德之門，必由敬畏，且非止入門一段工夫而已。以此下學，即以此上達。由始學以至成聖，蓋終其生亹亹焉而無一息可忘敬畏者。然人之精神，必有所依歸，而敬畏乃生。若漫然一無所依止，一無所歸向，則情浮而不專，知浮而難凝。真智必凝寂，而後圓明無礙。若無所依歸者，只務浮泛的知識，則無凝寂之功，而真智不啟矣。知馳於瑣，務瑣碎之知，則精神紛散，而難集其虔誠，以合於冥漠。此言冥漠者，即謂吾人與萬物同具之性體。以其冲寂而無象，渾然不可分割，故云冥漠。而情失之淫，淫者，輕蕩貌。則敬畏不生。敬畏失，而内無以自持，即精神墜退，而人生乃陷於悲劇矣。夫敬畏者，其中惕然，恒有以自任之重，而懼其不勝也。若有所制之，而不敢縱吾意、順吾欲，悠然於身世之交，而毫無忌憚也。其精神所由凝聚，而精進不已，上下與天地同流者，只以不捨敬畏故耳。（**附説二**）

附説一：《易・繫傳》曰："裁成天地之道，輔相萬物之宜。"夫大化無有作意，物之受成於化，不能咸宜。天高不可測也，地險不可踰也，乃至人物有靈蠢等等之不齊，若斯之類，蓋不可勝窮。雖巧算，不能舉其數也。故曰："天道鼓萬物，而不與聖人同憂。"化之成物，必非有意安排，令其一切皆無憾也。而聖人則有憂之。其於化之不齊，而爲人所不能無憾者，必將使之無憾而後已。是故學不厭，誨不倦，智周萬物，而道濟天下，教化修而群智啓，度制立而群力舒，器用備而群生遂。故使靈者益明，蠢者不囿於其質。天高，數理可測也。地險，舟車可夷也。其他種種不齊之數，通先聖後聖之所憂，將皆有以彌其缺憾。此裁成輔相之功，所以爲聖道之極致，而非出世趣寂之佛氏可同日語也。《中庸》云：能盡己性，則能盡物之性，則可以贊天地之化育，可以與天地參矣。又曰："致中和，天地位焉，萬物育焉。"大哉聖人之道，極於位育，而盡性之功畢矣。

附説二：孟子言“上下與天地同流”，義極深遠。吾人之精神，即是天地精神，本非有二。而衆人不能同於天地者，私欲障之耳。聖人當存敬畏，私欲不得萌，便與天地爲一。友人有云：學以通宇宙爲極。余曰：此義深遠，但恐學者未達本原，卻生誤解。如計有外在的宇宙，而吾與之通，是欲以此通彼，終成滯礙。須知聖人盡性之學，原來見到宇宙本吾一體。孟子云：“萬物皆備於我。”《新唯識論》盛明此義。我與宇宙，何曾有彼此之隔？又豈有不通者？只爲人有私欲，自生障礙，便須説通耳。然《新唯識論》只就本體論之觀點立論，學者識得此理，而善體之於日用之間，則如孟子所云“明人倫，察庶物”，《易》云“智周萬物，道濟天下”，與“裁成天地之道，輔相萬物之宜”，及“制器利用，迄觀其會通，行其典禮”，以至位育之盛，皆足徵吾人與宇宙，本爲一體流行。其發展與日新，無有窮竭。吾人妄執七尺之形以爲己，而不悟宇宙爲一己，便自作障礙，不能大生廣生、體大化而遊無窮。誠可惜也。他日，容當專文論之。

或復問言：“敬畏之生，必有所依歸，先生已言之矣。然聖學非宗教，亦先生所言也。夫宗教信有上帝，即其依歸。故昭事翼翼，《詩》曰：“小心翼翼，昭事上帝。”翼翼即敬畏貌。毋敢放逸。經學既非宗教，其示人以依歸者，果何在歟？”答曰：善哉問也，而惜不知反求諸己也。夫妄計有上帝，而以爲依歸者，此迷妄之情也。依妄情而起敬畏，非真敬畏者。真敬畏者，自性即本心。惻然發動，不容已也。經學明示人以依歸，其説在《論語》“君子有三畏”章。而吾子不悟何耶？今録其文如下：

孔子曰：“君子有三畏。畏天命，畏大人，畏聖人之言。小人不知天命而不畏也，狎大人，侮聖人之言。”此章，從來注家多失其旨。開首“畏天命”一語，是全章主腦。大人則實證天命者也。聖人之言，則原本天命而非妄也。原本二字吃緊。蓋聖人即實證天命者，故其所言雖多端，而無不從天命或自性中流出，故無虛妄。

何謂天命？《集解》曰："順吉，逆凶，天之命也。"《正義》曰"天命，兼德命禄命言。知己之命原於天，則修其德命，而仁義之道無或失。安於禄命，而吉凶順逆，必修身以俟之"云云。《春秋繁露·郊語篇》引此文，解之云"以此見天之不可不畏敬，猶主上之不可不謹事。不謹事主，其禍來至顯。不畏敬天，其殃來至闇。闇者，不見其端，若自然也"云云。按《集解》與《繁露》言天命，專主禍福。其所謂天，即相當於宗教家之神，甚乖孔子本旨。《正義》分言德命禄命。其禄命説，同於《集解》《繁露》。而説德命，則云知己之命原於天，似謂人有靈性，爲天神所予。此亦宗教家言也。其實孔子言天命，本無宗教意義。今舉《易·無妄》與《中庸》《論語》互證之可見。

《無妄》之《彖》曰："動而健，剛中而應，大亨以正，天之命也。"

詳此云動而健者，正顯本體之流行。動字，義極深遠，非如物體移動之動。參考《新唯識論》。健者，至剛義，純浄義，《乾卦》曰："純粹精。"即是清浄之極，無有染妄。變動不居，不守故常，曰不居。詳《新唯識論》。於穆不已。於穆，深遠義。無止息，曰不已。惟其剛健，乃生生而不可窮竭，無有留滯也，故曰動而健。

"剛中而應"者，無妄之卦☰☳，其五爻爲陽。凡卦六爻，自下向上數之。故説爲剛。陽者，正是動而健，故以剛言。五，爲上卦之中，初至三爻爲下卦，四至上爻爲上卦。五爻，於上卦爲居中也。以剛居中，故曰剛中。應謂二爻以陰而應五之剛也。《正義》曰"九五，以剛處中，六二應之"，九，表陽。六，表陰。是剛中而應。

按上云動而健，言體之成用也。譬如大海水，全現作衆漚。衆漚，喻用。大海水，喻體。體唯是一，而其現爲用，則萬殊。故一切人物，各各差别，要皆資始於健動之本體，無二本也。詳《新唯識論》。下言剛中而應，則就其在人而言之。人得此動而健者以生，是本體在人，乃爲吾人之性。即此性德澄明，所以運乎吾身，而御物不失其則者，是謂本心。澄者，空寂義。空寂，謂無形無象，無有染污，此健動之本然也。不空，則滯礙而無生化，即不成健動。明者，靈明。言性體元備萬理，涵萬善，乃極靈明而無迷闇也。《易》云大明是也。若非内具靈明之體，則一切知識，如何可能？内無鑒别，則與物不相喻，何成知識？心也，性也，名異而實一，即吾人所固有健動之本體也。明乎此，則剛中而應之義，可得而解。陽剛爲本心之象，剛居中，即本心内在炯然，爲一身之主之象，故曰剛中。而應者，六二之陰，物欲之象，以柔應剛，柔謂陰，即指物欲。剛謂本心。是物從心，欲從理，理亦謂心。即欲莫非心之發，物莫不隨心而呈之有則也。如奴僕順從主人，即奴僕之行爲莫非主人之行爲。非離主人别有異動故。《正義》云："有應，則物所順從，不敢虚妄。"此明吾人有炯然在中之主宰，能制馭物欲而不與俱靡者，此即動而健之本體也。

"大亨以正"者，本體流行，無有阻礙，無有匱竭，亨通之至，故曰大亨。體備萬善，剛健而無所不勝，凡物各得之以有生，故説爲正。

其結曰"天之命也"者，言上所云云，即此謂之天命云爾。天者，言乎本體之絶待而無相也。相者，形相。凡有待之物，即有相。無待者非物，即無相。《中庸》以無聲無臭言天，正顯無相。命者，言乎本體之流行也。上釋天命二字之義。

詳上所述，首言"動而健"，正明本體流行。

次言"剛中而應"，則明本體不待外求。吾人有炯然在中之真宰，能用物而不爲物役者，此謂本心，即是本體，何勞向外窮索哉？

次言"大亨以正"。正之爲言直也。本體之動，無虚妄故。亨者通義，物皆同體，無間隔故，如見殺牛，而不忍聞其哀鳴之聲，即本心之發，視牛之慘猶在己也。本心即本體。原不限於一己之形，固通萬物而皆一也。極欣暢故。拘小己，即徇私欲，而不得欣暢。若證本體，則不執小己，而欲盡理明，豈有不欣暢者！

《無妄》之言天命，即是本體，反己體之自見。聖經中釋天命一詞之義蘊，最明白簡要，而賅攝深廣者，莫如《無妄》之《象》。學者不可不詳究也。

《中庸》："天命之謂性。"

《新唯識論·附録》曰："本體絶待，隨義而異其名，無聲無臭曰天。《中庸》末章：'上天之載，無聲無臭，至矣。'上者，絶對義。天者，宇宙本體之目，非謂神帝也。載者，言其備萬理，含萬化也。無聲無臭者，言其寂然無象也。於穆不已曰命。《詩》曰：'維天之命，於穆不已。'命者，流行義。維天之命者，言乎本體之流行也。於穆，深遠義。不已者，真體之流行，無有止息也。民之秉彝曰性。彝，美也。此美絶待，非與惡對。天命者，本體之目。本體具萬善，至美者也。民，猶言人。夫人皆秉天命以有生，即秉至美之理，以成爲人。故剋就此至美之理之在人而言，則曰性。然則性即天命，玩之謂二字可見。豈可外自性而別尋天命乎？"

《論語》："五十而知天命。"

《新唯識論》曰："夫天命者，以其無聲無臭，而爲吾人與萬物所同具之本體，則謂之天。以其流行不息，則謂之命。故天命，非超脱吾人而外在者也。"又曰："孔子五十知天命之知，是證知義。其境地極高，非學人悟解之謂。"以上並見《新論·明心上》。

綜觀《易》《中庸》《論語》之言天命，義本一致，原無宗教意義。學者識得天命原是自家真性，至富而備萬理，至剛而涵萬化，至大而藏萬善，至尊而超萬有。爲萬有之本體，故曰超。非謂其超脱於萬有之上而獨在也。其生生之盛，而含德之厚如此。吾人所當恭謹奉持，克全本分，天命即吾真性，是所固有，故云本分。而毋拘形骸，逞迷妄，以自喪其真性。真性即是真我，亦云真實的生命。夫自真性言之，本通物我爲一體。而拘形骸以爲自我者，則與物對峙，是失其真性者也。真性本無迷妄，而私其形骸者，即一切迷妄，無端而朋從以興，不可究詰。迷妄既熾，真性遂失。故欲全其真者，必毋拘形以陷於妄。百年之内，百年者，人壽之大齊。常戰兢而不敢自寧，怵惕而不甘自欺。所以全吾之真，盡吾之性，而不忍剥喪本根，自甘污下也。纔一念輕肆，便是非幾。幾者，動之微。非者，邪妄之謂。大風起青蘋之末，其端甚微，其極乃滔天而不可救。人禽之判，只在幾希，豈不危哉！朱子曰："如非禮勿視聽言動，與夫戒慎恐懼，皆所以畏天命也。”不睹不聞之中，常懷戒慎恐懼，則邪念不得而萌。此則指出敬畏之實功。然必自識天命，方知敬慎順承。顧可易言之哉？横渠《西銘》注重孟子事天之義，馮芝生特取之，極有見。天者具云天命，但以其在人言之，即《新唯識論》所云性智是也。性智炯然明照，吾人須敬畏順承，不敢違逆，如宗教家常凜然有上帝之鑒臨一般，此謂事天。事天之功密，則性智方得脱然超出，即主宰恒定，而百體從令，迷妄不興。此工夫至謹嚴，亦至平易，學者忽之而不肯爲，何耶？

次“畏大人”者。鄭注：“大人，謂天子諸侯爲政教者。”言天子諸侯能爲政教，是爲賢德之君。從來注家，多同鄭氏。惟《集解》云：“大人即聖人，與天地合其德。”余謂《集解》是也。陳鱣《古訓》，謂解大人即聖人，則與下言聖人之言相複。不知聖人之言，謂載在經籍者。敬畏聖人，與敬畏其言，自有分别，何至相複？《易·文言傳》“夫大人者，與天地合其德”云云。《孟子》言大人者最多。其《盡心章》曰：“大人者，正己而物正者也。”《告子章》曰：“先立乎其大者，則其小者不能奪也。”此爲大人而已矣。按孟子先立其大，爲象山、陽明所本。大者，謂天命，亦即本心或性智。敬畏天命，或存養性智，即是立乎其大。小者，謂目之於色，耳之於聲，乃至四肢之於安逸，陽明所云“順軀殼起念”是也。敬畏天命，即是性智恒爲主於中。有不善，未嘗不知。知之，即敬畏性智之明，而不敢違之以行不善。如此，則大者立定，而四體不至縱欲以奪其大者矣。學至於此，始爲大人。《集解》謂大人即聖人，證以《易》《孟子》之言，無誤解。鄭訓君上，以鄙情而測聖心，甚謬。夫聖人，實證天命者也。實證，便與天命爲一。孔子五十知天命之境，其生心動念，即是天命昭著。故曰知者證知。若吾儕言天命，只是悟解及之，未能實現天命於己，即常爲小者所奪，而違吾之天也。吾畏天命，即不得不畏聖人。以聖人爲人倫之至，至者，極義。聖人實證天命，故於人倫中爲立其極。極，謂同於天也。吾對之，有高山仰止之思，則嚴畏自不容已。由於聖人起嚴畏故，則精神一於向上，胸懷日以冲曠，不近庸鄙，故冲曠。神智開豁，胸懷冲曠，則智不蔽。而德充於内。此其精誠之效，誠非無忌憚之小人所可或喻者。孔子夢見周公，其嚴畏愛慕之深，可以想見。敬與愛相因，不知愛之，而肯敬畏之乎？路之犬吠堯，犬不知愛堯，故吠而不敬也。古之大人，未有於前哲不生敬慕者。志定於内，則於先知先覺，或志同道合之侣，自必起慇重向往之忱，而懷聲應氣求之雅。與前文立志一段參看。所以致其恭謹，而不忘畏憚者，豈有意爲是哉！直惻悱之動於不獲已爾。

且由畏大人而推之，則不論前古或並世，其人苟爲聖人之徒，則皆吾之所不容弛其敬畏者也。世無孔子，不當下之，此吾少年之亢懷也，老而後自知其慢也。夫必聖人而後畏，則取善之途已狹。宅心不廣，何堪蓄德。“三人行，必有我師焉”，“十室之邑，必有忠信”，詳《論語》。此等胸量，渾同太虚。豈釋氏之“天下地上惟我獨尊”可同日語哉？若乃世教衰絶，民不興行。有志者求之天下，不得而見聖人之徒。曠觀古今，而中有怦怦然動，索焉不知涕之何從。斯時，乃若有隱相慰喻者，吾惟恭敬承之，而不敢褻。是則吾畏大人之念，不容以世衰而可弛也。或有難曰：“公所謂聖人之徒者，多出於庸俗之推崇，豈盡可畏？”答曰：吾所謂聖人之徒，非以庸俗之所推崇者爲標準也。若從祀文廟之諸儒，其當黜者殊不少。此不及論。古人往矣，其行事在載籍可考，否則必有遺書可玩。其言之誠妄、淺深，真有識者自不爲其所欺。如李光地、湯斌之徒，其理學果何足道。光地、斌之仕於清廷，大節已失，不足比犬馬矣。吴草廬輩，仕蠻野之朝，穢賤不足論。劉因以高隱自炫，而作賦幸南宋之亡，則王猛、許衡所不忍也。王猛雖事苻堅，臨殁而思存晉。彼固功名之士，其賢於僞理學遠矣。儒之爲鄉愿，爲夷狄，而被庸俗推爲聖人之徒者蓋不少，是在真有識者能自辨之耳。吾兹之所言，本爲有識者發，其頑懦無識，又可與之言斯義哉？

次“畏聖人之言”者。如六經之言，皆修齊治平誠正格致之大道，大學修身、齊家、治國、平天下、正心、誠意、致知、格物之八目，是總括六經旨要。字字皆從天命自性中流出，天命即是自性，故用爲複詞。故其言無有虚妄。

即其間不無七十子後學推演之説，然皆依據聖人之旨，故不可輕疑或妄叛。夫於叛戒妄者，示叛之必不可也。聖人頗有依古代社會之所宜而立言，或不必宜於今者。吾人可不拘守其言，當變而通之以盡利。然變通則非叛也。聖人隨時而酌其宜之微意，是求聖人之言者所不可忽也。於疑戒輕者，則非謂不當有疑也，只不可以輕心致疑耳。於聖言而有所不得於心時，疑慮方生，則必以畏憚之心持之，恐自任私智而不達聖意也。如是，則氣静而神清。久之，或見聖言之不可易，吾疑之者妄也。或見聖言亦有所不周於後世之務，吾因疑而新有所啓也。非吾之智高於聖人也，吾承聖人之遺産，而加以新經驗之多，宜其不限於前哲之所見也。疑不忘畏，故不爲苟疑也。若輕心以生疑，則氣躁而神昏。其於聖言，斷無真解。且其由疑而轉立己見，又逞邪妄。此爲輕疑者必至之患也。

且不獨叛之爲罪，疑不可輕而已，竊而似之者，更無忌憚。似者，不有其實，不得其真之謂。古今有淺夫昏子，於聖人之言，本未能精思而力踐也，而竊之以爲名高。考據家僅通六經之訓詁名物而已，而曰聖人之道在是。曾不思畏聖言高遠，吾實未得其旨也，吾之疏解，皆似之而非也。則竊聖言以自文，而無所畏矣。理學末流，則襲程、朱、陸、王諸老先生之緒言，以托於孔孟之徒，踐履無實，知見固陋，而語録迭出，不知所謂。是其竊而無畏，較經生尤偷惰鮮耻也。至於浮誇盜名，托《春秋》《禮運》，而以聖自居者，或標榜聖言，而所行與之相反者，斯皆不足論。

墨守而無所創見者，似畏而實非畏。余嘗言：孔子云“信而好古”，好之一字，是在情趣上説，非就知見言。《論語》“温故知新”，《易》曰“智周萬物”，可見孔子祖述、憲章，《中庸》：“仲尼祖述堯舜，憲章文武。”言尧、舜、文、武之言，載在《尚書》者，皆孔子所祖述與取法也。原非墨守。孟子言孔子集大成。集大成者，言其融貫百王，取則衆聖，以發明大道。其所深造自得者，乃創獲，而非墨守。譬之化學的變化，實創生一新物事也。下士墨守聖言，只是頑鈍，何關敬畏。此之不辨，將使頑夫托於畏聖言，而聖學乃真絶矣。

夫叛聖言者，德之賊，是以獷悍禍天下者也，獷悍者，由二惡故。一由挾私，故悍。一由無智，故獷。必不可與言變通。清末以來，叛者實繁有徒，而世亂不知所底。輕疑聖言者，德之棄，是以浮亂禍天下者也，必不可與求理道之真。今日思想界習於浮淺、混亂，故士節不修，而天下理亂之原，終不得而明，國危已亟矣。竊聖言者，是以私偷禍天下也。凡竊，皆由私與偷。私則不知道之大，而不復自求也。偷則安於無知，而不肯致力也。吾國人此病最深。墨守聖言者，是以固陋禍天下者也。此病國人亦甚重。綜前四禍，其源皆由於不畏。夫畏聖言，則必虚心以體之，深心以玩之，困心以窮之。此三心，宜細玩，而難與不知用心者言。盡此三心，而後其於聖言也，有所變通，而非叛也。有所致疑而不輕，將以求真也。有所發揮，而深嫉夫竊也。有所創見，而不甘墨守也。此由畏而能虚心、能深心、能困心之效也。若於聖言，漫無所畏，則三心亡，而四禍有所必至。此非方今之大患哉？

附識一：曹生曰："昔儒言敬畏天命者，大抵是一種超越感，蓋以天爲超越於萬有之上。吾人即虔誠投依，終是與天爲二。今先生指出天命即是自性，亦即本心，亦云性智，則事天者，事其在己之天也。性智無知而無不知，善善惡惡，性智自然之明也。吾人敬畏性智之明，而不敢以私意、私欲違礙之，是謂事天。先生之義如是，則事天不是一種超越感也。"余曰：汝已得吾意。然性智即是照體獨立，性智自體，元是覺照圓明，而無迷闇，故云照體。獨立者，謂性智是主乎吾身之真宰，亦即是萬有之真宰，吾人與萬物，非二本故。本自超越物表。以其爲萬有本體，絶待無匹，故云。但與宗教意義，截然不同耳。宗教家之上帝，則是超越於萬有之上而獨在者。

附識二：或問："大人似不盡可畏。如朱子，古今推尊，雖不遽謂聖人，要皆以爲聖人之徒也。然朱子聞象山之喪，祭畢而曰：'死了告子也。'其攻唐仲友，亦甚無度。"曰：此二事者，前輩多不信爲實。縱有其事，要不可以連朝之陰曀，而遂不信太陽之光明也。夫論人，談何容易乎？人生不能無氣質之拘礙、習氣之纏擾。雖志學極切、見道極明者，而恒苦於習之壞者不易盡除，習之來源甚遠，人類有生以來，種族經驗，皆習也。質之偏者不易遽化。其動念偶失，行事偶乖，固有可諒。要在觀其素志，是否真走向上一路耳。以小眚而掩其大德，何忍如是苛乎？鄉原不知天命而不畏也。自甘污下，而於言行之際，則内存城府，而外順世情。非之無非，刺之無刺，習險曲而違天命，乃成不可原之惡矣。朱子平生信道篤，而自任過勇，故闢異端甚力。其不滿象山之近禪，若慨且憾者，蓋未嘗一日忘。觀其語録筆扎時及之可見。象山垂殁，朱子揮涕而有告子之嘆，記者録其語，自不無變易。要不可以世俗之薄情者相衡。至唐仲友事，則朱子似遷怒而不察傳聞之失實。要亦仲友之亢，有以激之。先君其相公曰："朱子有必爲聖人之志，以振起絶學，救天下萬世爲己任，此其不可及處，斯百世公論也。"余謂儒之爲鄉原、爲夷狄者，乃不可赦。若小節差失，或有過而能改者，皆不當苛論。吾國人於仁賢，不惜其苛求之過，而相尚於鄉原。於窮凶大憝，又往往俯忍而不敢聲討。此群化所由日敝也。

學者有三畏，而後可讀經。若無此三畏，則以矜博聞、識故事之心而涉獵經籍，直侮之而已。以此自絶於大道，豈不惜哉？《管子》曰："思之，思之，又重思之。思之不得，鬼神通之。非鬼神之通也，精誠之所致也。"學者讀經，而不得聖人之意，亦惟積其精誠而已，敬畏而已。

綜前所説，皆關本要。本者根本，要者切要。若乃學問之道，温故知新，恢宏衆智，聖經亦未堪孤守。又宗經、釋經，元自分途，釋經，如經師專治訓詁、名物、度數等，是但疏釋經文而已。宗經，若究心義理者，雖宗本六經要義，而非以注疏爲務。漢、宋評章，不容偏尚。吾將略明之云爾。

或有問曰："先生主張讀經，將謂西洋學術如科學、哲學等，可一切拒之而不講歟？"曰：惡，是何言？自科學發明以來，其方法與結論，使人類智識日益增進，即人類對於生命之價值，亦大有新意義。略言之：如古代人類對於自然勢力之控制與危害吾人者，唯有仰其崇偉，而莫敢誰何。科學精，而後人有勘天之勝能，可以控制自然，解其危害，而利用之以厚吾生者，猶日進未已。人類知識之權能日高，遂得昂首於大自然之表，取精多，用物宏，其生命力得以發舒，無復窘束之患。科學方法未精，即技術不發達，而物質貧乏，使人生活窘束，而生命力難發舒矣。此科學之厚惠一也。古代社會，有治人者，治於人者，及貧富與男女間，種種之大不平，幾視爲定分而不可易。自科學興，而注重分觀宇宙即於宇宙萬象，而分析研究之。與實事求是之精神。於是對於社會上種種大不平，能析觀，以周知各方之利害。綜覈，以確定改造之方針。向之大不平者，漸有以除其偏敝，而納之均平。人道變動光明，已遠過古昔。此科學之厚惠二也。古代人類常屈伏於神權之下，如蠶作繭自縛。科學進步，已不限於實用，而常爲純理之探求。見理明，而迷信自熄。人生得解脱神權之束縛，而自任其優越之理性。此科學之厚惠三也。科學破除宗教迷信，是其所長。然宇宙實體，人生真性，終非科學所可究明，則又未可專恃科學也。略説此三，而科學之重要已可知。西洋哲學，其發源即富於科學精神。故能基實測以遊玄，庶無空幻之患。（**附説一**）由解析而會通，方免粗疏之失。（**附説二**）西學之長不可掩，吾人盡量吸收，猶恐不及，孰謂可一切拒之以自安固陋哉！

附説一：真理之發見，常賴乎玄想。然玄想與空想及幻想，截然不同。印度佛家富於玄想，是其所長。然極好逞空想、幻想，此病卻重。西洋人尚實測，而又能玄想，斯可貴。

附説二：印度佛家頗精解析，而好爲空想，不由實測。則其解析，多無義據。如王船山詩云：“如鳥畫虚空，漫爾驚文章。”頗中其失。吾國自漢代以來，哲學家於解析之術，不肯措意。雖於本原有契，而條理處，畢竟失之粗疏。

或曰：“先生既盛稱西學之美，則今日教育，完全西化，廢止讀經，固與先生意旨毋背。而先生又亟提倡讀經何耶？”答曰：泥於一曲者，不堪聞至道。蔽於一方者，無可識大化。夫中外異勢，而精神之運，各有獨到。則資人之長，以彌吾所短可也。古今異變，而理道之公，元無隱蔽。析之至微，微者，微細。研之至精，固後人所勝。至於開物成務，開通萬物，而成天下之務。含宏萬有，則古人所發，固有貫百生而不敝者。吾國六經及晚周諸子學，印度佛法與諸外道學，希臘諸哲之學，皆古學也。而至今爲各方學術淵源，不可毁絶。後之視今，猶今視昔，其不絶可知已。大輅始於椎輪，其可察流而忘源乎？夫經學之於科學，本有可融攝，而不待强爲湊合者。《大學》之教，注重格物，其源甚古。《易》之爲書，名數爲經，質力爲緯，自然科學，靡不包通。（**附説一**）而制器尚象，則工程技術，於是造端。窮變通久，《易》："窮則變，變則通，通則久。"裁成輔相，（**附説二**）其道與《春秋》《周官》《尚書》諸經相表裏。通群變之萬殊，而馭之有則。群變，謂人群事變。究治制之得失，而損益隨時。（**附説三**）均平以定天下之計，計者，猶言經濟。世界經濟問題，必依均平之原則而解決之。公誠以開百代之治。治道唯公而無私，誠而無僞，可使萬物得所，人各足其分願。大哉《易》也！政治社會之理想，宏富無匹。《春秋》改制，《周官》法度，皆自《易》出。治社會科學者，何可不取則於斯？六經浩博，而《大易》尤爲奇特。五經皆與《易》互相發明。《易傳》肇於孔子，本富於科學思想，而漢儒以陰陽家言亂之，全失《十翼》之旨。西洋科學輸入，而後聖人智周萬物、道濟天下之實，可得而窺。參考《易·繫傳》。學問之事，先聖見其大，後賢造其微。微有二義：一細微義，如科學之分工細密是也。二精微義，如科學方法之謹嚴，結論之精審是也。孰謂經學、科學如枘鑿不相入哉？治經，而後見其爲科學之導源。此必須讀經者一也。

附説一：《易》之陰陽，其義無所不在。如就自然科學言，陰則爲質，陽則爲力。六十四卦，以陰陽錯綜，明宇宙萬變之律則。而其究極之義，則陰亦陽之凝成，並非離陽而别爲實有。即宇宙唯是能力而已。自然科學之理論，何能外此。

附説二：《易》曰"裁成天地之道"，明非因任自然而已，貴以人治，裁正天行。曰"輔相萬物之宜"，則順物之所各宜者，而相助爲理。非可有獨裁者，孤行其是，宰制萬物，而縱其大欲與野心也。此自由之極也。

附説三：損益，見《大易》及《論語》。隨時之義，詳《易》與《春秋》。《孟子》云："孔子聖之時者也。"此中意義，弘大深微。人類有其惰性，常未能隨時精義。此古今所以治日少亂日多也。如近代科學技術進步，世界已成爲一體，而人心猶不能蕩除國界種界之私。政治社會之結構，亦不能與大同之趨勢相應。戰禍之烈，有以也。使其通隨時精義之旨，則去私，而改造其不適時宜之制，自易易耳。

經學廣大悉備，而其至者，厥爲發明大道。大者贊詞。此在第一講中，業經説及。六經皆載道之言，而《易》爲尤尊，以其宣闡道體，極深微故。深者，深遠。微者，微妙。極者，言其微妙之至，無以復加也。《老子》者，《易經》之支庶也。老子之學，本出於《易》，而多與儒者異趣，故云支庶。其言道有曰："有物混成，按混者，渾然不可分割貌。成者，亘古現成，不從他生，即亦無滅。先天地生。按道本無有生之者，而曰先天地生何耶？世俗以爲，天地至悠久矣。而道體恒常，則非天地可爲況喻。故假言先天地生，以明其真常耳。寂兮寥兮，王注：寂寥，無形體也。獨立而不改，按獨立者，絶待之謂。不改者，謂恒如其性。《易·乾鑿度》云：不易是也。周行而不殆，按"周行"云云，謂道體顯現爲大用，即流行不已。其德生生，不困殆也。可以爲天下母。"按天下者，天地萬物之都稱。猶云爲天地萬物之母也。母者，生義。天地萬物，皆道生之。此演《易》乾元之旨。乾元者，道之顯現而爲用也。然離用不可得體，譬如離衆漚，不可得大海水。故於乾元，而識道體焉。可謂得其藴。（**附説一**）夫道者，宇宙本體之目。但以其在人言之，則曰性，亦曰心。曰性者，以其爲吾人所以生之理也。曰心者，以其爲吾身之主宰也。如非禮勿視聽言動，便見心是主宰乎身。此中心字，具云本心。《荀子》引《道書》云道心，即此心。故窮宇宙本體者，反己而自得之。己與宇宙，本同體故。儒者踐道於日用倫常之間，如居處恭、執事敬、思無邪，及親親、仁民、愛物等等修養工夫。即道乃於己而實現。天地萬物同體之實，反己而自明自證。何勞向外窮索，如演若迷頭之妄哉！哲學家每將本體看作爲外在的，而憑理智去追求，是求道於外也。六經之學，雖不主反知，不遺物理，而畢竟歸於見道。此見字義深，非知解之謂。見道者，證體之謂。證體，具云證見本體。道者，本體之異名。證體，必由德行修養而入。今倫理學家所云“道德”一詞，殊欠妥。當正名曰“德行”。《論語》記孔門弟子有以德行見稱者。德日起，起者興起，謂善道增長，本董子語。養日深，則不至私小己以陷於迷妄。迷妄息，而真宰現前，真宰，謂本體。不勞窮索矣。若夫恃理智或知識，而期有以見體者，此如盲人摸象，只是誤猜，貧子説金，不可得飽。古今墮此陷阱者不少，而終不一悟何耶？夫人生不得超脱有限，以離繫而冥於真極，此人生之至慘也。真極，謂本體。冥者，冥會，謂本體呈露時，内自證會，此時無有小己與外物對待之相。易言之，即己與本體爲一。《易》云與天合德，即此意。人生如欲超脱有限，離繫，而冥真極，則舍六經所云德行修養之功，終無他術。是故今日言學，不當以提倡科學之故，而遂廢經學。吾嘗言，科學是知識的學問，經學是德慧的學問。（**附説二**）二者相需，不容偏廢。舊《答友人書》有云：科學無論如何進步，然總須承認有外在世界，此固是一種假定，然科學家在此假定之下，卻只有承認，而不容懷疑。須用客觀的方法，須注重實測。晚明方密之作質測。此爲科學成立之根本條件。唯其如此，科學畢竟不能證會本體。何以故？本體不可視爲外在世界而以客觀的方法質測之故。本體不可四字，一氣貫下爲句。科學終有其不可踰之領域，即所假定之外在世界。其方法求進，亦不能不限於其領域之所得施。如近世物理學，已進而用數學表示。然只是圖摹宇宙的表層，決不可窮究宇宙本源。畢竟不能通内外、物我渾然爲一，而遊於無待，振於無窮，畢竟至此爲句。證體，則内外悉泯，物我雙忘，本無待故。科學卻於無待真體，而設定有外，設定有物。即由此故，内我外物，對峙紛然，不可融一。人生遂囿於有限之域，而不得遊於無待，以寓諸無窮。其乖真亦甚矣。畢竟無法體會宇宙之底蘊。底蘊，即謂宇宙之實體。吾人理性，自有向上之要求，向上云云，即指求得吾人與萬物同體之真實本源而言。決不能僅以科學知識爲滿足。科學反對宗教，足袪迷信，而不能舉出一可以代替宗教之學術。則吾人唯與物相靡，以度其有涯之生，而不可得一真實歸宿處，不亦悲乎？西洋哲學，大概與科學同其態度，即努力於向外追求，及持論能以邏輯精嚴制勝而已。（**附説三**）

其於吾經學窮理盡性至命之旨，則相去甚遠。（**附説四**）夫哲學若止於理智或知識之域，不能超理智而盡性至命，則謂離理論科學，而尚有哲學存在之餘地，亦非吾儕所許可。余以爲經學要歸窮理、盡性、至命，方是哲學之極詣。可以代替宗教，而使人生得真實歸宿。蓋本之正知正解，而不雜迷情。明乎自本自根，而非從外索。宗教之上帝，是任迷妄之情，以索之於外也。西洋哲學談本體者，共猜度構畫，亦是外索。經學迥異此等。是學術，不可説爲宗教。民國初元，有主張定孔學爲國教者。蔡孑民先生謂儒者經學，非宗教，所見極是。是哲學，而迥超西學。西學，具云西洋哲學。彼未能超知而趣入德慧也。非宗教，而可代替宗教。（**附説五**）經學之特質如是。焉可持科學萬能之見，以屏斥經學，謂其絶而不可續哉？此必須讀經者二也。

附説一：《老子》此段，大體不失《易》旨。然與十翼相乖，則亦於此微露其端。孔子説"天行健"。而老僅曰"周行不殆"已耳。其實，本體現爲大用，純是剛健，故流行不已。老子耽虛静，於健德没理會。由此，談人生，談治化，便多差謬。此《新唯識論》所由作也。

附説二：德慧一詞，本《孟子》。德慧者，最高的智慧，無有倒妄，故以德慧名之。實則，德慧即是本體之發用。雜染盡而明體顯，非修養功深，不獲發見。見讀現。若常途所云理智者，則由吾人於實際生活中，計有外在世界，因實用之需，乃向外逐物，而生知解。此知解力，以漸發展盛大，而成爲一種明辨作用，明者，明睿或明察。辨者，辨析。所謂理智是也。此緣實用陶鍊得來，未能離染，故與德慧截然殊異。《新論》卷上《明宗章》，談量智處，可參看。此義詳説，當俟《量論》。哲學雖不遺理智，畢竟當超理智而趣入德慧，方是極詣。

附説三：明儒黄黎洲譏世儒向外求理。然在科學，固貴外求。若就哲學言之，雖亦設定外界，不遺物理，但其究極，要在反己而識自本自根，非可向外覓本根也。"自本自根"一語，本《莊子》。莊生此語甚妙，蓋深得《大易》之旨。黎洲譏向外求理，若以對治西洋哲學，自是良藥。

附説四： 窮理、盡性、至命，見《易·繫傳》。理、性、命只是一事，皆斥指本體而目之也。本體者，萬化之大源，是名真理。但以其在人而言，則曰性。以其賦予於人而言，則曰命。窮理者，謂窮究吾人與宇宙萬有所共同之真實本源也。盡性者，謂已證知此真實本源，即是在己之真性，則不可以小己之私蔽之，當率由吾性，以顯其至善，而無所虧損，故曰盡也。至命者，謂此真實本源之賦予於吾人，即是吾之真性固已。然吾人常易爲形骸所役，以殉乎私欲，則未能盡吾之性，而吾且成爲頑然之一物，乃將天賦本命，完全障礙。從此隕墜日深，欲還復天命，得其本體，良非易至。如遊子遠離，一旦思返，道里迢遥，至止不易。然爲仁由己，先難後獲，誠使盡性之功不懈，則至於命而莫之禦矣。至命，即復其本體，而吾之生命，與宇宙大生命爲一。所謂遊於無待，振乎無窮者也。

附説五： 有謂經學非宗教，亦非哲學者，此大謬。經學是德慧的學問，何謂非哲學乎？須知，哲學固不以理智或知識爲止境，必至德慧具足，而後爲哲學極詣耳。若於宗教、哲學二者之外，立兩非之類，以位置此土經學與印度佛法，此等分類法，何所取義，非余所知已。

近世科學技術發展，人類驅於欲望，而機械大備，又不得不用之以求一逞。於是相率趨於争鬥，而兵器之窮凶極慘，且未知所底。爲矯激之論者，或咎科學不爲人類造福，反爲人類之禍。余固不以此説爲是。科學於人生大道此中道字，非目本體，乃謂事理之當然也。如貧富之必求其均，此只是當然。强暴之侵奪，必懲創之，亦只是當然。他皆準知。所發明者何限，其影響於人類精神者甚大且遍，此固有識所共知，無須深論。余固不肯輕視科學，但亦不敢以科學爲萬能。余以爲人類如欲得真幸福，决非可僅注意外部，如環境與制度之改良。此中環境與制度，包括物質生活的條件，及政治社會結構而言。而内在因素，實至重要。所謂内在因素者，必性命之理得，性命，見前附説。盡性，至命，是爲理得。而後嗜欲不淫。（附説一）嗜欲不淫，則萬物相安於各適，萬物各得其所，曰各適。彼此有互助而毋相侵也。吾國三代及漢、唐盛時，對遠方慕化來屬之各國，皆不侵其土地，不奪其政權，而一任其自由，蓋中國人之哲學思想一向如此。相親如一體。《論語》云“四海皆兄弟”，《禮記》云“天下一家”，宋儒云“民胞物與”。六經之學，遠自堯舜，以至孔子，歷世相傳。其爲學，皆反己而自識本體。故有天地萬物一體之量，由其實證此理故爾。心靈超拔，而至樂不待外求。心靈不役於物欲，故云超拔。超拔故無待，無待則樂自足，無所求於外也。孔、顔之樂以此爾。利用咸宜，利用一詞，包含至廣。若政制，若經濟制度，若器械，若工程技術，通稱利用。宜者，義也。咸，皆也，徧也。彼此均利，毋有利於此而不利於彼者，亦無有利於彼而不利於此者。故皆安生於正義之中，曰咸宜。而小己齊攝大體。各個人爲小己。各國家、各民族之在人類全體中，猶小己也。小己互相融攝，而成一大全體，惡容孤存，惡可自利。唯達於性命，見自本體，乃有此效。達性命、見本體二語，乃複詞耳。是其同體惻怛之誠，出於不容已也。禹思天下有溺者，猶己溺之也。稷思天下有飢者，猶己飢之也。湯曰：“萬方有罪，罪在朕躬。”孟子曰：“行一不義，殺一不辜而得天下，不爲也。”從來聖哲皆深達性命，而以萬物爲同體。此實經學骨髓所在。宋、明儒直以經學爲性命之學，可謂得其旨歸。科學雖於人道，多所發明，然終不涉及本體。其所任者理智，其方法爲外求。至於反求諸己，而自得其萬化之源，萬善之宗，真實彌滿，而發以不容已者，萬化之源，萬善之宗，皆謂本體。此唯反求而自得之，非由外索。真實者，本體無虚妄故。彌滿者，本體備萬理、萬德，無所虧欠故。發不容已者，謂其發用盛大，無有止息，正由其真實彌滿故。此等道理，須返在自家生活中體認。學者如能不爲形骸之私所拘錮，不爲嗜欲所淪溺，而識自本體，必信此中所言非虚。此則經學之所發明，而非科學之所過問。故科學知識，不能窮探宇宙真相與人類精神活動之根源。真相，猶云實體。科學於知能之域，盡量發展，知能，猶云理智或知識。使人之嗜欲，不遭抑遏，而可以暢遂，固有其長。然人類由科學之道，終不能窮極性命寶藏，性命，含萬善，故以寶藏爲喻。即不能濬發與含養其德慧，不能有天地萬物一體之量，不悟性分自足無待於外之樂。如是，則人類終困於嗜欲無饜之狂馳，其禍或較抑遏嗜欲而尤烈。大戰之一再爆發，而猶未知所底，是其徵也。余以爲科學與經學，兩相需，而不可偏廢。欲使科學方法與工程技術，純爲人類之福，而不至爲禍，則非謀經學、科學二者精神之相貫不可。經學於宇宙，明其本源。科學於宇宙，析其分殊。宇宙一詞，本總括人類與萬有而言。本源，謂本體。分殊，謂各部分的現象。二者相互發明，萬殊原於一本，一本現爲萬殊。豈有隔絶不通之理？今日各種科學，已甄明各事物，皆有全體性。如天文學，言無量星體或星雲，實非各個孤立，而乃互相聯屬爲一完整體。生物學，亦明生物非離環境而孤立，乃與大自然通爲一體。物理學，言元子、電子者，已破除物質之小顆粒之觀念，似將歸本於一大力能。社會非各個分子孤立，而實爲全體，則又社會科學所公認而無待論者。由此，可以理會宇宙本源是一，譬如一大海水，現爲衆漚。吾人知衆漚互相聯屬爲一全體，則可進而知衆漚共以一大海水爲其本源故也。科學上之發見，與經學究極義，究極義，謂本體。元不相違，何須相伐？經學如不有科學爲羽翼，則尚德慧而輕知識，固不免以空疏無用貽譏；科學如不有經學爲歸宿，則且有以知識而破碎大道之憾。經學焉可廢哉？此必須讀經者三也。

附説一：此中嗜欲一詞，包攝至廣。若食色，若權勢、名譽，乃至一切向外馳求，無有饜足之惑，皆名嗜欲。夫命即性也，性即本心也，本心澄明，無有染着，無有倒妄。吾人能保任此心，使其恒爲主於中，則一切嗜欲，皆本心之發用，自然有則，而不至狂亂以逞，故曰不淫。或問："本心即性，即命，既是吾人所本有，何須保任？"答曰：人有形骸，乃本心運用之資具也，然資具既成，便自有力用，足以障礙本心。如主人以奴僕爲資具，而奴僕亦可乘勢以欺主人。故凡嗜欲之不當於理者，皆由形骸之力用使然。即皆由資具之乘勢使然，非本心也。王陽明言一切之惡，由順軀殼起念。佛氏亦以身見爲衆惑之本。孟子以從小體爲戒，小體即形骸也。《新唯識論·功能章》談習氣處，及《明心章》談宗門作用見性處，并宜深玩。問曰："資具能礙此心，卻如何保任？"答曰：不正之嗜欲起時，本心之明，元未嘗泯，若隱然鑒督吾人而詔以不可隨順此嗜欲者。吾人於此，正須因本心之鑒督，而努力存持此鑒督之主人公，勿令嗜欲得障礙之。此謂保任。孟子言操存，亦此旨。德哲康德所云自由意志，余以爲即於保任工夫中見之。若無保任工夫，即被一切嗜欲淪溺去，豈有自由意志可言耶？惜乎康德不知於自由意志，認識自家與宇宙萬有同體之真實本源。而猶别覓上帝與靈魂，此大惑也。總緣西洋人一向以本體爲外在的物事，而憑理智去追求之，不悟反己自得也。問曰："保任義已聞之，形骸既是本心之資具，此與本心爲二元乎？"答曰：否，否。心物非二元，只是一體，現似二用。此中現似兩字，注意。非可以心物作二片物事看去，《新唯識論》宜玩。

復次，中國數千年來高深之文化，根底具在六經。清末以來，朝野日以模仿西洋爲務。舉西洋所有之新思潮，學術上之各派哲學與文學，政治社會方面，自民主至於共産等思想，無不襲來。好制度，政制，自總統制，内閣制，乃至委員制，三十年來無不襲而行之。其效如何，吾不忍言。好名詞，國人慣用極好聽之名詞，而所行適得其反。無不盡量輸入。學子且高呼完全西化，線裝書投廁所之論，倡自海内聞人，騰之著名雜誌。經籍即線裝書。西化氣燄極高，而政教乃日壞，士習乃日偷。民初迄今，文理各科之學人，真能在艱苦中樸實頭地去下困功，極深研幾，而不肯淺嘗輒止，得少爲足者，吾實罕聞其人。至於悠悠多士，蟻聚市朝，蜂呼論壇，學識不殖，情思都盡。清末民初諸名士，今日且求之不可得。人才每況愈下，豈天運歟？毋亦教養之非其道歟？況復青衿甫入庠序，姓名已挂黨籍。學業既曠，機械早熟。人則斷送，國又何依？余以衰齡，窮途顛沛，每懷斯世，無復良圖。余自反，亦負疚甚深。然吾當清末，棄科舉而入行伍。當時營中無識字之兵，吾備受困辱，亦曾遭生命危險。民國成，躬耕田野。平生窮厄，則相識知之者多。吾三十後，始棄革命，而專力爲學。自悟非政治才，不敢僥倖以從俗浮沉。吾爲學，頗得先聖仰觀俯察，近取諸身，遠取諸物之旨。隨處體認道理，困心衡慮，未敢輕自信而輕表曝。

平生只是守拙，守分，不偷巧，不自欺欺人。年行逾六十，乃敢與二三子明此心。吾嘗言，人之生也，形氣限之。凡一般人所有之壞，聖賢亦不能絶無。但聖賢能努力自克，故成爲聖賢。而一般人多只向壞處發展，故爲鳥獸之歸。作人真不易。吾六十年來，行迹上似無甚破綻，而返之幽獨之地，則頑庸之過惡極多，而聖賢潔净精微之意卻甚少。吾願今之士君子，各自勤求己過，盡所長，去所短，世道人心，庶幾一變。夫量宏而後可蓄德，志正而後可虚心，識遠而後可强學，勇沉而後可有爲，二三子勉之哉！慎勿輕言西化也。凡人絶無自存自立之道，而欲以東施效西子之顰，則未有不敗者也。吾自少至老，眼見清末以來，國人一意自卑，而自毁其固有。六經既視同糞土，而吾民族數千年來，依據經學所建立之一切信條，皆破壞盡净。西化之真，無從移植得來。固有之長，早已捨棄無餘。人皆以其浮淺雜亂之知識，高自矜炫，此實今日最痛心事，不卜天下有深察及此者否？莫肯反省爲切己之學。何以維繫身心？何以充實生活？而舉世習焉安之，曾不一悟。貪污、昏闇、猜忍、諂曲、卑靡、偷賤之風，日益熾盛，而不成爲人。抗戰逾七年，曾無深思遠慮與自存自立之道。學校無士氣，社會無生機，世其滔滔，天其夢夢，何竟如斯？老懷沉痛，元欲無言。寇陷長、衡，悲不可抑。吾願世人復求諸吾之所固有，本自知之明，堅自信之志，毋捨先業，而後新猷克振，勿棄己長，乃可擇人之善。古之建言，苟非其人，道不虚行。人不成人，胡言西化？作人之道，孰切於經訓。胡不服膺，而棄若糞溷？天人之奥，造化之原，六籍發揮，既明且備。參研西籍，益見聖言不虚妄耳。治道、群化，經學見得遠大，西學析入精詳，温故知新，不迷舉措。何用標榜西化，將先聖賢精神遺産一切掃蕩哉？吾非不注重吸收西學者，但固有經學，必須尊重。區區此心，未知當世果有察納者否？

昔養痾杭州，嘗與蔡孑民先生言：培養人才，須令含茹經義，今上庠無經學課目，毋乃不可歟？孑翁曰：此有二難。一、六籍浩繁，勢當選授。選之未善，將類《經史百家雜抄》，徒爲文具而已。二、師資難得。如注重義理，今日安得數十晦翁、陽明，散布南北各上庠耶？余曰：此二難者，師資爲最。上庠諸生，識解已啓。若得良師，先指定一經，令其自習。並時面授大義，以次及群經。至卒業時，雖未讀竟，可以繼續用功矣。且讀經非爲博聞也，要在涵養德慧，發揚人格。此則全賴大師以身教之，故師資難也。何不設一哲學研究所，遴選各大學哲學系卒業有志行者，令其尋玩經義？縱一時未得英才，積以年歲，必有成德之士出乎其間。孑翁曰：此事容緩圖之。昨者中央大學成立，吾主添設哲學院，卒以學生過少，未一年而罷。談次若悵惘。及余以久病，淹留湖上，頗有少數從游者。孑翁笑曰：君可自由講學矣。欲爲余覓講舍，而其事卒不成。諸子累於生事，不久亦星散去。余謂孑翁曰：今之生活情形，不同前世。非以公家之力，籌足的款，成立永久學術機關，慎勿輕言講學也。孑翁曰：誠然。

附識：有問："先生憂世意思，時溢言表。然悲觀之論，恐未足使人奮發也。"答曰：古今哲人之人生觀，有樂天知命而不憂者。如《易·繫傳》曰："樂天知命，故不憂。"此義甚深。命者，流行義。知大用流行之至健，而體之於己，則遺小己，而同於天矣。如是，則超脱於世路榮枯與險阻之外，何憂之有？復有悲天道而憫人窮者。如老子有"天地不仁"之歎。莊生曰："知其無可奈何而安之若命。"此命字，指運會言。運會值險阻之交，只是無可奈何，安之而已。此中安命，與《易》云"知命"截然異旨。《大易》便超過莊子意思。老、莊都有厭世意味，莊之無可奈何，分明有厭意在。老歎不仁，其不得毋厭可知。但老、莊均不作出離想，此其迥異印度佛家處。佛家自釋迦氏，便説厭離二字。厭者，厭患。離者，出離。老、莊卻只有厭患，而未至求出離。因此，老、莊便是厭世派之哲學，而佛氏卻成爲宗教。然佛氏求出離故，便有破除一切粘滯的大勇。所以説無挂礙，無恐怖，説大雄無畏。老、莊既不似佛，至如儒家之超脱世間情見，而直證得剛健本體，流行不息，老、莊更未能臻斯詣，只欲一身向虛靜中討生活，於不仁與没奈何中，聊以自利而已。老、莊直恁地没氣力。余平生學《易》，而子以悲觀擬之，可乎？世方可憂，吾何得不憂？安其危，利其災，樂其所以亡者，今世之人皆是也。而子亦未之覺耶？春秋時，楚國擁有天下之大半，實代周而王。所不屬者，僅齊、晋數國耳。晋人稱楚王之所以教其民曰：無日不討國人而訓之以民生之不易，禍至之無日，戒備之不可以已。無日，至此爲句。詳《左傳》。此楚之所以爲天下雄。至秦皇吞併六國，而當時猶有亡秦必楚之諺。漢高果以楚之遺黎，起而覆暴秦，以成一代盛治，繼三王而光史册也。君子懼以終始，而後可以成德。立國不忘憂患，而後可以致治。惡有金玉其外，敗絮其中，昏偷虚誑度日，而可以安身强國者乎？昔在舊京，友人林宰平言，康、梁諸君當清末，雖倡言維新，而實無自信，總覺危亡有必然之勢。胡適之頗欲矯之，乃誇張今人道德及其成績，載在《獨立評論》。然胡君文出，社會上多一笑置之。夫康、梁之憂危亡是也。其無自信力，則危亡必至也何疑。爲一時代維新之領導，而尚不自信，則被領導之國人，其誰能自信者？自信，是真實力量藴蓄於内。知有一切險阻艱難，而不敢以輕心待之，萬慮必極深細。不敢以偷心處之，萬行必極真實。不敢以僥倖苟免之賤心當之，志氣恒不昏不惰超越物表。是故弘毅奮發，自信己力之必勝，而百折不撓。無望於天，無求於人，盡其在己。堯、舜、禹、湯、文、武之治身治國，孔、顔之克己，乃至釋迦之斷惑，皆不輕不偷不賤而勇於自信也。知危亡之已迫，而未能自克其輕與偷且賤，如何得自信？况以輕與偷且賤之心，而魚游沸鼎，燕處熂堂，猶欲暫作誇張者乎？吾國自後漢以來，學與政皆中浮名之害。東京士人，始務標榜，爲魏、晋習尚浮虚之始。至今其習不改。中間雖有程、朱諸老先生，以實踐矯之，而猶莫之勝也。嗚呼！生民以來，有身有國者，憂勤惕厲，能自求闕，而信以發志者，罔不興。信者，誠也。發字，極有力。本之至誠，以發動其志，由於能自求闕失故也。天下有不見己闕而能誠者乎？唯自欺久者，乃自視無闕耳。反是者罔不亡。此吾之所以自憂而憂人也。夫康、梁，浮華名士也，康且不如梁。焉有名士而可擔當危局、開百代之規乎？其不敢自信宜也。夫自信之實，只是不輕不偷不賤。吾老矣，猶願與當世學人共凜之。《詩》不云乎："高山仰止，景行行止。"雖不能至，心嚮往之矣。

經學、科學，不容偏廢，已如前説。更有問言："昔者宋儒雖稍涉禪師語録，或與禪師往還，然於佛家教典，卻一概屏絶。且戒學者勿閲佛書，恐見地未純，反被他轉去。其斥絶之嚴如此。甚至晚周諸子，亦皆視爲異端，不甚留心攻究。儒生所守，六經四書，此外無所煩其慮者。今先生主張讀經，猶秉宋儒成規否乎？"答曰：善哉問也。夫理道無窮，學術與之爲無窮。世界無量，衆生無量。人之思慮，各因其環境關係與性情獨至，而各有所明。持以相非，則短長互見。各捨其短，各盡其長，學術始有進步。同於大通，則縱横無礙。夫古今中外，千家百氏之言，是非乖競，有若水火。此皆滯於偏端，而未能觀其會通者也。置身於千家百氏之中，則異其所異，同其所同，是非蜂起。若夫超然於千家百氏之外，而冥契至道者，斯以會千家百氏，而同於大通。夫衆異中有同，衆同中有異。於異求同，方見爲同，而同復有異。於同求異，方見爲異，而異復有同。同異之致，極紛紜複雜奇詭，而不可持一端以概之，此千家百氏所由互競也。唯契至道而觀大通者，則同異俱泯，而亦不拒諸同異。所以者何？大通則會於一極。一者，絶待，異相無故，同相亦無，故曰同異俱泯。然復應知，一極無待，而大用繁興。用繁，即萬理井然，同異俱彰。待同成異，待異觀同，非相悖害，故曰不拒諸同異。然則自一極言，無異無同。自一極現爲大用言，則有異有同，付之自爾，而無不各當矣。何可拘牽門户，自礙通途。以管窺天，所見雖復是天，而天之廣大，詎可納諸一管？甚哉宋儒之隘也。

且夫百骸六臟，人身完其發展。諸天萬品，大宇顯其神奇。若使曠劫以來，太空猶是鴻濛一氣，何見宇宙偉大。生物界猶是原形質，寧有人類靈蹟？故知複雜爲創進之徵，創造的進化，曰創進。簡單乃衰竭之象。洪唯我晚周，諸子百家，衆華鬥艷，十日并出。學不囿於一宗，慮各有其獨至。業以分工而致其精，理以析觀而究其博。雖仁智不齊，《易》曰：

“仁者見之謂之仁，智者見之謂之智。”統類互異，各成一家言，即各有統類。而莫不言之成理，持之有故，並爲大國，各闢鴻基。斯固神州英秀之產，天地靈氣之一洩也。自暴秦夷六國而一統，漢代承之，易列强互競之局，爲四海一王之天下。秦人已毁滅天下文獻，漢興，莫能復。郡縣簡陋，不能如前世列國可以產生文化。周世諸侯，皆立國久遠，多近千年，且有虞、夏以來，不止千年者。雖有天子爲共主，而各侯國實皆爲獨立國家，故皆能產生學術與文化。齊、魯比鄰，而文化已不同。齊、魯與三晋又不同。楚之文化，又特異北方諸國。此皆可略徵者。自餘小國，亦必各有異彩。惜古籍早湮，毋可考耳。郡縣官署，守令視如傳舍。即有賢守，亦不過聽訟、治賦、緝盗、水利、道路諸政而已。勢不能如邦國之大啓文化，自不待言。又各邦并立，朝聘、會盟、征伐，種種交涉，皆有增廣見聞、交换知識、蕩滌心胸、振勵志氣之機會。郡縣之世，農服畎畝，士安邱壑。其以貢舉入上京者，爲數甚有限。且一登仕籍，則懷榮禄而無遠志，亦其勢也。欲其有不囿於環境之思想發生，自非易事。縱有英才，偶發超俗之想，亦當以寡和而歸於消失。如張衡之天算，馬鈞之技術，《抱朴子》之社會主義，皆不得發展，其明證也。又在君主制度之下，人民只依存於賢守令，而無發抒民意與運用民權之正當機構。如有英君賢相操政柄於上，則守令得人，而天下稱治。否則夷狄盗賊乘機而起，民生涂炭，慘不可言。故自秦之一統，迄於清世，二千餘年間，中國學術，大抵安於簡單，無甚發展。

晚周群學争鳴，有諸子百家之號。子與家蓋有分。子學者，今所云哲學。儒道名法墨農六宗，乃諸子學之最顯者。家則以專門之業得名，猶今云科學，如天文、算術、音律、藥物、醫術、以上諸學，五帝之世已盛發明。物理、周初已製指南針，可見古代已有物理學的知識。工程、秦時李冰之水利工程，至今稱奇。必此學在古時已盛。機械、墨子作木鳶，爲飛機之始。孟子稱公輸子之巧，惜其創作失傳。地理鄒衍之學，猶可略考。等學，皆百家之業也。今人皆謂中國自古無科學知識，尊西人爲先進，此亦自薄太過。春秋以後，七雄争戰無虚日。秦人以殘暴夷六國，行極權之政，大毁文化。百家之籍，悉遭禁絶。挾書之律，至漢惠始除，可想見秦時毀滅學術甚厲。專門之業，在亂政之下，傳授不易。亡失殆盡，無怪其然。至於諸子之學，秦併六國以後，日就衰歇，書存無幾。名家之學，已不可考。《莊子·天下篇》所述單詞碎義，必非其至者。其内藴既不可尋，今傳《公孫龍子》殘帙，自是僞書，或魏、晋間好事者聚斂故籍爲之耳。《墨辯》亦不完，難以窺其宏旨。名家亡絶，最爲可惜。墨家思想，兼儒術與名家之長，而自成一宗。其富於犧牲、勇於改造之精神，則諸子中最卓絶者也。墨學，秦以後無聞，實中土之大不幸。法家，今傳之《管子》，似是管子後學所爲，而多所混合，不純爲法家言。韓非亦法家外道，近商君術。余意法家正宗，必與西洋民治思想有遥合者。考《淮南》書中所引“法原於衆”及“法籍禮義者，所以禁人君使無擅斷也”等語，其義宏遠。法原於衆，似與《民約論》相近。要之，法必由人民公意制定之，非可由在位者以己意立法而箝束民衆，此實民治根本精神。惜《淮南》不著其説出何人、何書。余意此義當本之法家正宗也。《商君書》亦殘缺，然玩其旨，考其行事，則今之法西斯派也，不得爲法家。其後吕政實秉其術以夷六國，而禍中於後世。清末以來學人多尊吕政，不知何故。吕政尚專横，而務内猜，行愚民之術，殘民以逞，爲後世夷狄盜賊之宗。或稱其能用客卿與改郡縣，不知郡縣之制，始於楚及晋，顧亭林及清人多詳考之。用客卿，則秦穆以後，歷世皆然。蓋其家風如此，無足異者。漢世號法家者，大抵注重綜覈名實，嚴督責之令，只是屬於行政之方術而已。自晁錯、宣帝、昭烈、武侯，以迄近世張江陵之徒，皆以法家聞，而皆不過如是，實與晚周法家無甚關係也。然則法家之亡，亦自秦始矣。農家爲社會主義與無政府主義者。其學説演變，當甚複雜。由《孟子》書中所載許行之言，可見農家在當時運動甚烈。許行近於無政府，想是農家之一派，當更有别派也。惜今全不可考。自餘各家思想，更無微文可徵。耗矣哀哉！王船山《春秋世論》言春秋戰國之秦與吴，皆凶狡狂猘，以毀滅文物爲志者。吴亡較早，其禍未遍。秦至吕政，混一海内，而流毒無窮矣。然諸子百家，鮮不廢滅。儒學至漢，定爲一尊，自是二千餘年，儒統罔替。維道家老、莊之書，亦流傳甚盛。雖名非正統，而慧穎者樂襲之，其故何哉？請先談儒。

夫儒學之爲正統也，不自漢定一尊而始然。儒學以孔子爲宗師，孔子哲學之根本大典，首推《易傳》。而《易》則遠紹羲皇。《詩》《書》執禮，皆所雅言，《論語》識之。《春秋》因魯史而立義，孟子稱之。《中庸》云仲尼祖述堯舜，憲章文武，《孟子》言孔子集堯舜以來之大成，此皆實録。古代聖帝明王立身行己之至德要道，與其平治天下之大經大法，孔子皆融會貫穿之，以造成偉大之學派。孔子自言“好古敏求”，又曰“述而不作”，曰“温故知新”。蓋其所承接者既遠且大，其所吸取者既厚且深。故其手定六經，悉因舊籍，而寓以一己之新意，名述而實創。孔子自云“述而不作”，蓋謙詞。是故儒學淵源，本遠自歷代聖明。而儒學完成，則又確始於孔子。但孔子既遠承歷代聖帝明王之精神遺産，則亦可於儒學而甄明中華民族之特性。何以故？以儒學思想爲中夏累世聖明無間傳來，非偶然發生故。無間者，謂無有間斷也。由此可見儒學在中國思想界，元居正統地位，不自漢始。吕政凶暴，儒生獨守道以與之抗，取焚坑之禍而不悔。漢興，儒生猶有能誦持遺經於窮荒僻壤者。儒學不絶，實由民族特性之所存，自然不絶也。

復次，六經廣大悉備，天道，人事，物理，賅而存焉。天道，謂萬化之源，萬物之本，與人之真性，非謂神帝也。諸子之學，皆原本六經。名家者流，自《易》《春秋》出。名家，發明思維術，示人以如何去觀察與判斷事物，而能得其理，無有迷謬。《易》《春秋》二經，皆深於名理，爲後來名家導其源，此無可疑者。墨家者流，自《春秋》《尚書》出。墨子尚賢、尚同、兼愛、兼利等思想，皆本《春秋》太平世義，而推演之。其《天志》等篇，則本《尚書》。古代帝王雖不必有宗教思想，而教化民衆，則不能不嚴敬天之禮，以引發其崇高無上之信仰。墨子有見於此，故崇天志。法家者流，自《禮》與《春秋》出。《春秋》之升平世，即寓法治思想於禮化之中，本不純恃法也。至太平世，則全人類大同，人各自治，而必互相助也。人各自尊，而必互相輔也。則治道之極，升平世不足言之，乃《春秋》最高之理想耳。《周官》一書，大抵明升平之治，以德禮之精神，運法治之組織，《管子》書亦頗有此意。法家之學，蓋通《春秋》升平與《周官》之旨，將使人類離據亂之陋，而相習於法治。凡據亂世之民，不知有法守，法家故特重法。其道雖異乎儒者之言德與禮，而其思想實本之《禮》《春秋》二經。道家者流，自《大易》出。老子言一生二，二生三，即本《易》之每卦三畫而疏釋之也。老與莊皆言陰陽、變化，其同出於《易》甚明。老言常道，莊云若有真宰而特不得其朕耳，此皆於變易而見不易，乃《易》之根本大義也。農家者流，自《詩》出。《三百篇》諷刺社會與亂政之詩甚多，此農家革命思想所由興。向來言晚周學術者，鮮注意農家，其實農家極重要。漢以後，如多得許行之徒，則帝制早革矣。凡此數大學派，皆出於六經。諸家思想脈絡，的然可尋。友人馬一浮講學國立浙江大學時，其講詞以六經統諸子。世或議其無有義據，其實一浮所見甚是。大哉儒學，諸子之王，百家之母也。諸子百家之興，大概當孔子歿後百年間爲最盛。孟子晚年，則六國已困於暴秦。爭戰無虛日，人民救死恐不贍。見《孟子》。邪淫詖遁之辭滿天下，亦見《孟子》。名法墨諸家皆就衰矣。墨翟之生，當去孔子不遠。法家正宗之興，當亦前於孟子。孟子有徒法不能以自行之言，即批評法家也。韓非已似商君，不足爲法家。名家初興，當亦去孔子不甚遠，惠施輩乃其後學耳。大概孟子晚年，世亂亟，諸子學術將式微，而邪妄淺薄混亂之説并起。或多托諸子之學以自文，而實不足爲諸子後嗣也。迄吕政混一四海，衆家之學，遂由衰而至於絶。漢興，沿秦郡縣之治，政體專制，地方閉塞，則學術思想，不得發展，固其勢也。覆看前文。然諸子百家之學，衰絶於吕政時代，不可復振於漢。而儒者六經，獨盛行兩漢，其故爲何？諸子百家，皆出自六經，已如前説。凡學術思想之衰絶也，其條流繁盛處，必後莫能繼。但其本源，終不可湮廢耳。注意。譬之草木，枝葉易伐，而根深蒂固，究不可拔也。衆家亡，而六經獨傳，蓋以此故。

然或者遂謂儒學自漢以來，二千餘年，其業甚盛，則又大謬。更有誤計宋儒果足完全推演六經之緒，遂謂中國一向是精神文化，而貧於物質。以此與西洋文化對立，即謂西洋純是物質的文化，將中西學術思想，根本劃若鴻溝。如此，則欲調和中西，而其道實窮。因中西人，元有先天存在之鴻溝，勢不可融通故。夫謂中西人，因環境各有不同，性情各有獨至，其學術思想之發展，必不能完全一致。此有孤往，彼或忽視。彼所擅精，此實未逮。畸重畸輕，寸長尺短，畸重，即寸有所長。畸輕，即尺有所短。此爲事勢之所必不能免者。吾亦豈不謂然？但吾只可許中西不能完全一致，而決不能許中西人元始開端，便各走一條路，根本無接近處。中國哲學上窮理盡性至命之詣，西洋人或不免忽視。則以其向外追求之功多，而反己體認之功或較少。然若謂中國人只於精神界有其孤往之偉大成績，卻不務發展理智與知識，即於大自然無有知明處當之要求，然若二字，至此作長讀。此則謬妄已甚。吾《大易》早有智周萬物，與制器尚象，及開物成務等明訓。指南針創於周公，遠古之世，便有此偉大發明。墨子造木鳶，公輸子以機械發明之巧，見稱載籍。張平子精天文、歷算，嘗造候風地動儀，可驗地震，即震在遠處，亦可測知其所在。平子漢人，去晚周猶未遠。史稱平子著有《靈憲算罔論》，蓋網絡天地而算之，因名焉。惜後失傳。然古代歷算之精，平子憑藉者厚，亦於此可見。若古學不亡，古學，謂晚周諸子百家之學。歷算等學，不分別言之者，以統屬於百家故。則科學早發達於中國。孰謂中國只有精神文明，而不足啓發物質文明耶？

西洋哲學談本體者，誠不免紛紛猜度，陷於戲論，不能如吾先哲之覿體承當。此覿體承當一語，意義深遠。蓋言反己，而識得自我與天地萬物同源，即得以超脱形骸的小我，而直證本體。於此立定，不使私欲得起而障此本體，則本體恒自昭然於中。即此，是吾之真我，亦即是天地萬物真宰，何待外求？此謂覿體承當。凡向外窮索本體者，無論唯心、唯物諸論，總是拋卻自家無盡藏，而向外去找萬化根源，便是不自承當。此西學根本失處。然其孜孜於本體之探窮，常若懸一最高之理想世界，爲其奔赴之的。凡向外探求本體者，即是虚懸一可追慕而不可實得之理想世界。因此，便有一種超越感，此殆與宗教同情。宗教以上帝爲外在的，是超越於萬有之上的，即對之而起超越感。哲學家向外覓本體者，亦同此。吾儕反己，而自得本體，即自我便是獨立無匹，無匹者，絶待義。便已超越物表，自處超越，即無所謂感。有感，則自身未得超越也，此個分別甚大。出有限，而寓諸無窮，當下即是。現前一念，不落於物我對待之私，即已超脱有限，而實證無窮，故云當下即是。無窮，謂本體。本體至大無外，無有窮盡，故云。此乃智證境界，不由推度。智者，性智。見《新唯識論・明宗章》。證者，證知，非知識之知，言性智之自明自了也。西學之未至乎是，蓋信任量智太過也。理智，《新唯識論》亦云量智，見《明宗章》。量智只是推度。推度作用起時，便與所推度爲二，而已離自本體矣。量智之效能，自有限度，未可以此證得本體也。設一旦翻然反己，由修養而獲證解，亦自易易。證解，亦云證量。即本體呈露時，炯然自明自了，是名證解。夫本體必待修養而始顯。修養工夫，只是去私。私欲克除盡淨，即本體呈露，而無障蔽，是謂反己。中學雖不遺理智，而主要工夫，實在修養。此不可不知。總之，以哲學論，中國儒學與西學確有不同。西學向外求體，故偏任理智與思辯。儒學在反己而實得本體，故有特殊修養工夫，卒以超越理智，而得證量。證量，即本體呈露時，炯然自明自了之謂。《新論》所謂冥然自證者，即證量義。然本體如何而得呈露，此則必有修養工夫。玆不及詳。吾嘗言，世之從事於哲學者，大抵曰探求真理而已。真理一詞，看如何用法。通常以析觀一切事物，而得其公則，無有謬誤者，謂之真理。今此中真理一詞，則不可作是解。此云真理，乃隱目宇宙本體。程子云實理，佛家以真如名真理，皆同此旨。儒學，則非僅事探求，而必歸趣實現。實現，謂己身即是真理之實現者。易言之，即己身已超脱小我，而直與真理爲一。若乃把真理當作客觀存在的，而憑理智或知識，以推度構畫，且組成一套理論以表出之，以此自鳴哲學，則非儒者之所謂學也。前引《大易》盡性至命之文，是其徵也。覆看前文。吾以儒學爲哲學之極詣。天下有識，當不河漢斯言。學不至實得，實得，謂反己證得本體。直如演若迷頭，不亦可哀之甚乎？《楞嚴經》言：有演若達多者，鏡中自見其頭，而不知爲己之頭也，乃狂走驚怖求之。此喻世學談本體者，不知反己，可謂警切至極。西洋哲學，紛無定論，當折衷於吾儒。此可百世以俟而不惑也。雖然，儒學與西學有不同者，亦只是形而上學部分。西學於此，似猶徘徊歧路，並非西學别異吾儒而自有一條路可通也。並非二字，一氣貫下讀之。吾不主張中西學術與文化爲根本不同路向者，蓋不可得若何證明，容作是說。蓋不，至此爲句。六經廣大，無所不包通。科學思想，民治思想，六經皆已啓其端緒，如符號推理，及辯證法，《大易》發明最早。樹其宏規。六經言德治或禮治，實超過西洋民治思想甚遠。可覆玩第一講。如《周官》法度，亦含有民治之法制，但精神迥别。科學方法，六經雖未及詳，而孔子已注重實測術，則不容否認。《論語》者，六經之階梯也。其記孔子曰："知之爲知之，不知爲不知，是知也。"又言夏、殷之禮，而以杞、宋之文獻不足徵爲憾，杞國，夏之後也。宋國，殷之後也。可見孔子甄察事物，決非憑臆想亂猜，必博求證據，始下斷案。《大戴禮·小辨篇》："孔子對哀公問忠信曰：'内思畢心，曰知中。注：畢心，盡心也。知中，能内思自盡也。中以應實，曰知恕。'"恕，推度也。此雖言進德之事，而辨物析理之術，亦不外是。凡問題發生，必先設臆。設臆，必曾經多方考慮，決非漫爾出此，是内思畢心也。既經設臆，必求同求異，廣集證驗，符應事實，乃成宗極。宗極，猶云斷案。參看《因明》三支比量。是中以應實也。據此而言，孔子已知格物必由實測，格物之格，是量度義。見第一講解《大學》處。經義明白可見。然則謂儒學與西學，若南北異轍，無會通處者，詎非謬論？

若乃晚周諸子百家，皆出六經，已如前説。今西洋學術思想或文化，其根源實在希臘。吾儕試尋繹諸子百家之微言碎義，如名、墨、法、農、道等等，持較希臘，似未見兩方路向有甚隔截處。然而希臘直啓現代文明，吾晚周諸子百家，則早絶於距今二千數百年前，暴秦吕政之世。一蹶不可復振，此豈有他謬巧哉？神州大陸既少海國交通之利，則賴列國并立，有朝聘、會盟、征伐等等，足以激揚志氣，開廣心胸，增益知見。此其學術思想所由發達，文化所由高尚也。自吕政夷六國而爲郡縣，使天下之人，各守一邱之壑，老死而無所聞見，無所廣益。又厲行一夫獨裁之治，絶無民意機關，人民不得互相集合而有所致力於國家。

夷狄、盜賊，每乘中央之昏亂而蜂起，奸天位以毒百姓。秦以後號爲治世者，漢、唐、宋、明四代。漢四百餘年間，西京更好。唐約三百年，僅太宗最盛。其後藩鎮皆起自夷狄盜賊，擾亂不堪。宋只北宋百餘年間稱治，而土宇不能復舊。明朝三百餘年，中葉後最壞。今之考中國人種者，多證明漢、滿、蒙、回、藏五族血統，元來不異。而漢族一支，獨有高深悠久之文化，餘族未能離蠻野之習，歷史上以夷狄視之，亦事實然也。清自咸、同以前，亦務内猜。康熙知八股當廢，而卒不廢，愚民之術也。中夏自秦以來，民生日憊，民德日偷，民智日塞，乃廣漠散漫之郡縣制度，與專制政體所必有之結果也。諸子百家之學，惡得而不絶滅矣哉？晚周盛業，視希臘或有過之而無不及。今人談諸子百家者，輒曰先秦，此未妥。吕政未統一以前，秦與六國等夷耳，七雄時代，自宜總稱晚周。徒以秦、漢之後，環境改變，列國易爲郡縣，即環境完全改變。政制不良，遂以惡因，植兹惡果。吾嘗言：二千年來帝政之局，實由郡縣之世，民智閉塞，民力涣散，故革命思想不易發展。其實，民治思想，漢以來時有發明。東漢時，桓帝幸竟陵，過雲夢，臨沔水，百姓莫不觀者。有老父獨耕不輟，尚書郎張温異之，下道百步，自與言。老父曰："請問天下亂而立天子耶？理而立天子耶？"按此謂天下亂，則人民當合力以圖治，非立天子而可止亂也。天下理，則人民益奮而自治，無須立天子也。又曰："立天子以父天下耶？役天下以奉天子耶？今子之君，勞人自縱，逸游無忌，吾爲子羞之。子何忍欲人觀之乎？"温大慚，問其姓名，不告而去。此老父即有民治思想者。惜當郡縣之世，不易向閉塞之群衆宣傳，故抱憾以終。晋人亦多有反對專制之論。宋末鄧牧及晚明諸子，則此等思想益激切。而皆不易宣揚，則以郡縣之世，民智蔽塞，民氣銷沉，實難提倡也。故帝政與郡縣制，亦互相爲緣。明季，亭林、船山似皆見及此。船山《黄書》，欲寓封建於藩鎮。亭林欲寓封建於郡縣。在閉關時代，此等議論，正未可忽。今世界大通，政體已更，顧、王之論，若不適時宜。然縮小省區，與聯省自治二種主張，則猶有顧、王遺意。如何變通盡利，所望國人留意。要之，今後治制，當使人民得以發抒公共意力，斯無疑矣。自晚周之緒遽斬，中國停滯而近於衰退者二千餘年。仰視西洋，乃瞠乎其後。於是清末以來，趨新者壹意效法西洋，而不惜自卑自毁之太過。近時唱本位文化者，又於中外都無所知，而虚憍終無以自樹。余願國人認識固有根基甚美，不宜妄自菲薄。此武侯戒後主語，意思深遠。天下未有妄自菲薄而可以學人之長者也。清末迄今，終未收西化之效，可不自反哉？五四運動時，梁漱溟先生講演東西文化，其持論雖不必與吾同意，然其於時賢不求了解中國所固有而妄自菲薄之惡習，則中流砥柱矣。而二千年來，由停滯以近於衰退，亦未可自諱其短。古今未有不自明其短而可以自立者也。漢以下人，胸量較隘，毅力不足，競浮名而缺實踐，學不求真知，行不肯犯難，吾云近衰退者以此。夫自卑固不足與有爲，而諱短尤爲不起之症。朽腐尊國粹，保存國粹一詞，五四運動前後極流行。然何者爲國之粹，則莫肯是究。輒空言儒學，而實不知儒學爲何學。諸子百家之絶，人見其書不傳也而知之。六經，則漢以來，猶立學官，經師共所傳習訓釋，朝廷用以取士。於是群相頌美，以爲儒學甚盛，而不知儒學之名存而實亡也久矣。

夫六經，上明天道，天道注見前。下詳人事、物理。所謂六通四闢，小大精粗，其運無乎不在者也。孔子没後，七十子後學發明經義，各有創獲。雖俱號儒家，而實派别支分，不相沿襲。如《韓非・顯學篇》言：“自孔子之死也，有子張之儒，有子思之儒，有顔氏之儒，顔氏當即顔淵。近有人云顔子，據《論語》所載，並無奇特。其實，《論語》所記顔子語雖不多，而境地甚高，世俗自不解耳。有孟氏之儒，有漆雕氏之儒，有仲梁氏之儒，未詳。有孫氏之儒，孫氏即荀卿。有樂正氏之儒。”詳此所云，有八大派。而曾子、子貢皆孔子所嘗告以一貫之旨者，子夏、子游、有子、閔子諸賢皆不在此八大派之内。且此八大派，只子張、顔氏、漆雕氏，可確認爲宣聖直傳弟子，自餘多屬三傳或至五傳。《史記・仲尼弟子列傳》，記七十七人姓名年歲甚詳，縱有一二不必可靠，如澹台滅明、公伯僚是否後來從遊聖門，今不可考。而孔門三千之中，有高材七十餘人，則不容疑。此七十餘人，何至絶無傳授，而韓非無所述。然則韓非所舉八大派，蓋就其聞見較切近者言之。當是八大派之思想，流行於三晋最盛耳。如孫卿

《非十二子篇》亦是主其聞見較切近者言之。當時諸子百家，豈止此數子乎？十二子中如名家，孫卿但舉惠施、鄧析，而墨辯與桓團、公孫龍之徒，皆不之及。則其所遺者多，顯然可見。韓非述儒家八大派，其多所遺，亦可知。而儒家派别，决不止此數也。義海汪洋，洪濤巨浪，猗歟盛哉！夫自宣聖之没，至韓非中間二百餘年，儒學發展甚盛，派别極多。今七十子流派，雖不可考，而見於韓非書者，尚有八大派之多。蓋儒學，自孔子承古代聖帝明王展轉傳授之學脈，而發揮光大之。結集六經，永爲寶典。諸子百家，俱從經出，而各有創獲，各立宗門，宗者，主也。諸子各有專主，或各有宗旨。門者，類也。百家之學，如歷算等等，各分門類。皆别異儒家，相與對抗。於是三千七十之枝流餘裔，亦不得不奮起以與諸子百家争鳴。當時儒家各派學説，自是方方面面，博極其博，精極其精。惜乎遭秦之暴，群儒之學，竟與諸子百家同歸於盡。今八大派中，幸而存者，只孟、孫二氏。孟學至宋雖盛行，然後儒崇其體而遺其用，非善學孟也。孟子言盡心則知性知天，其於《大易》盡性至命之究竟義，蓋實有闡發。宋、明義理之學，皆宗孟氏，至以孔孟並稱。然孟氏於孔子内聖外王之道，本已具備。其言養民德，必自制產始。言治要，則曰“徒法不能以自行，徒善不足以爲政”。其斟酌乎儒家尚賢與法家尚法二者之間，可謂允當。又言舜爲天子，其父殺人，只有竊負而逃，以全恩誼，不得以天子父而枉法。此實法治根本精神。惜乎民國以來，法紀蕩然，上實毁法，而何以責下乎？至昌言民爲貴，與西洋民治思想適合。自餘要義，不可勝舉。宋、明諸師於孟子政治思想，未能發抒，此真憾事。孫卿《天論篇》曰：“大天而思之，按此言尊大天，而思慕之也。天，謂大自然。孰與物畜而制之。”按言吾人如思慕大自然之豐富，孰與使物畜積，而我裁制之，將用無不利乎？又曰：“從天而頌之，孰與制天命而用之。”按畏自然勢力之逼苦吾人，如風雨之不時，雷雷之可畏，山川之險阻等等，因從而頌之，豈若制裁天化之流行而用之乎？如衣食住行皆有備，而風雨不足患也。電雷可取而供種種之用，無所畏也。崇山可敷鐵軌，重洋可駛輪舟，天空可乘飛機，而消其險峻。則自然可以人力征服之明矣。又曰："望時而待之，孰與應時而使之。"按謂若立事赴功，與其望時而待，不如應時而努力興作，使時勢隨我而轉也。又曰："因物而多之，孰與騁能而化之。"按謂因物之自多，不如騁吾人之智能而化之使多。若晚世科學昌明，而物質開發與生産乃日盛。又曰："思物而物之，孰與理物而勿失之也。"按楊注："思得萬物，以爲己物，孰與理物皆得其宜，不使有所失喪。"又曰："願於物之所以生，孰與有物之所以成。"楊注："物之生雖在天，成之則在人也。此言理平豐富，在人所爲，不在天也。"又曰："故錯人而思天，則失萬物之情。"按古代人智未啓，常視大自然若神靈，而思慕之。不務盡人之智力，以理萬物而平成之，使其愈益豐富，而厚吾之生。是錯人而思天也。錯，置也，廢也，廢人而妄思天，則不達物理，故云失萬物之情。詳此所云，蓋本《大易》智周萬物與裁成天地及開物成務、先天而天弗違、成器利用、富有日新諸義并詳《易·繫傳》及《乾卦》。而發揮之。現代西洋學術與文化，適與孫卿之論遥合。使其思想盛行於前世，則中國當不至成爲今日之局。孫氏書雖幸存，而自漢以來，竟無傳習。唐大理評事楊倞云："《荀子》未有注解，謝墉云：荀音同孫，亦稱荀卿。亦復簡編爛脱，傳寫謬誤，雖好事者時亦覽之，至於文義不通，屢掩卷焉。"又曰："未知者謂異端不覽，覽者以脱誤不終。所以荀氏之書，千載而未光焉。"自楊倞爲注，其書仍少有究者。至清季，乃漸爲學者所注重，余聞之先師何聖木曰："令先德其相先生，嘗欲推尊孫氏，與孟子並，以見儒學之大，惜未發其意而卒。"何先生諱檉，字聖木，余同縣，與先父爲講學友，學宗程、朱，非禮不履。清末，主變法。在鄉倡辦學校，勸婦女放足，有顔、李風。其議論近南皮张氏，厭聞革命。余將弱冠，從遊半年，屢受斥責而去。逮余有知，而後深悔獲罪吾師，無以自逭也。嗚乎！藐予小子，未能成父師之志，負疚深矣。余於孫學，欲有所論述，期《量論》成後爲之。然以暮境而際明夷，《量論》且未知能作否。夫八大派，見稱韓非書，皆當世之顯學。而各派巨子之姓名，今已不可考，其書皆亡失。幸有存者，只孟、孫二氏，顧無有發明其學者。宋、明儒雖宗孟學，而於孟子之政治思想，卻全没理會。豈不惜哉！雖然，猶幸二子書之僅存也，至今略可考見爾時儒學思想發展之概況，及其在現世與方來，猶有永不可磨之價值。使衆派之書而皆有存也，則必各有獨闢之境，各有創發之論，其嘉惠後嗣者爲何如？獨惜群儒之學，絶於暴秦，無復可考。遂使六經之道，鬱而不發。此非斯世之大不幸哉！

方漢室肇興，當亡秦絶學之餘，搜求經籍，振起儒學。自是二千年來，中國思想界一統於儒家。於是論者以爲儒學獨盛矣。其實，儒學絶於秦，至漢而終不可振，則論者所不察也。漢興，六經先後出屋壁，朝廷立學官以專其業。未幾，經師漸興，聚徒教授，或衆至千萬人。然《漢書·儒林傳》贊已云："禄利之路然也。"此與晚周學者慕道之誠，愛智之趣，一由衷出，而無所外誘者，其相去何止天淵。夫列國之世，交通繁而聞見廣，人之襟懷通而志氣振。郡縣之世，士老死溝瀆，而心靈閉塞，其不能以晚周之風責郡縣之士者，固其勢也。環境之影響於人智，無可否認也。夫朝廷清明，能崇獎經術者，此已不可多得於漢以後之世。漢以後稱治者，只唐、宋、明三代。而君相所以提倡之意向，又嘗難出於至公。如西漢諸帝之表章六經，似不必有私意。武帝用董生之言，獨尊孔子。董生醇正，固本其所見，非有逢君之私。武帝廣延郡國賢良文學爲賓客，共謀議國事。臨朝，與大臣辨論。帝乃集思廣益，而後斷之於己，施之行事。見《嚴助傳》。武帝重儒術亦有以也。元、成皆好儒，而皆非雄猜之主。至東漢光武父子，因新莽篡統，而欲崇儒以導節義。則其動機爲擁護君統，已雜乎私，而不純爲學術起見矣。自是而後，歷唐、宋、明三代，諸英君賢相之所以崇尚經術而鼓舞儒生者，無非踵光武之故智。及科舉興，而牢籠之策與錮人智慧之術，彌下彌毒，則又光武父子之所不忍爲，且不屑爲者。二千餘年來，帝者以其私意，籠制天下士大夫，籠者，牢籠之也。制者，制馭之也。使其思想無或踰越於君上之意向。因郡縣之世，民智蔽塞，而帝者益乘之以易售其奸。故自漢代迄於清世，天下學術，號爲一出於儒，老、莊與佛法雖亦盛行，畢竟儒家爲正統。而實則上下相習，皆以尊孔之名，而行誣孔之實。以窮經之力，而蹈侮聖言之罪。儒學之亡也久矣哉！夫晚周諸儒，派別既繁，思想各有獨至。創知作者，比肩並立。至漢則儒生治經，唯以煩瑣之考據爲務。訓詁、名物等等注釋工夫，便爲其平生大業。上不究於天道。六經明萬化之大源，人生之真性，而考據家皆不是究。次不察於群化。考據家對於社會政治諸大問題，皆不措意，唯服習於統治階級之規制教令，認爲天經地義而不可易。六經明仁道，顯天地萬物一體之實，以抑己私而歸大公，福利全群，爲治道之極。故群制與法度，隨時更張，不狃故常。而考據家游心瑣碎，乃於此冥然不省。又復不稽於物理。《易·繫傳》言："昔者聖人之作《易》也，仰以觀於天，俯以察於地，近取諸身，遠取諸物。"可見儒者之學，注重格物。今晚周群儒之籍，雖亡失無徵，而《大戴禮·曾子天員篇》已有地圓之説。《漢志》儒家《曾子》十八篇，今存十篇於《大戴禮》中。即此十篇，亦皆殘帙。使全書可徵，必於物理，多有創發。使儒家衆派之書皆在，則其中當不少奇異之發見。漢以後考據之儒，只拘守書册中之訓詁名物，而不復探索自然，科學無從産生者以此。而聖學之全體大用，一無所窺，唯作書蠹生活。古靈禪師云："世界如此廣大，只鑽故紙，驢年出。"此斥僧徒在文字中作活計者，終不悟大道。喻如蜂在窗内，窗糊以紙，蜂欲鑽紙而出，終無出期。驢年，猶云何年。古代紀年以干支，而干支以畜類配屬。如子屬鼠，丑屬牛，乃至戌屬狗，亥屬豬，獨無有屬驢者。故言驢年者，猶言何年。何年，謂無有此年也。此則深中漢以後儒者專務考據之失。《漢書·藝文志》曰："古之學者耕且養，三年而通一藝，按六經，亦云六藝。存其大體，玩經文而已。是故用日少，而畜德多。三十而五經立也。按古者云云，謂西漢初之儒生，多專一經，罕能兼通。藏書初出，而治《詩》有或爲《雅》或爲《頌》，不能盡一經者。若申公兼通《詩》《春秋》，韓嬰兼通《詩》《易》，孟卿兼通《禮》《春秋》，已屬難能。夏侯始昌通五經，更絶無僅有。後世經傳既已乖離，按六經乃孔子所定，故謂之經。七十子後學釋經之言，謂之傳，或謂之記。傳記之言，或與經文本義有出入，故云乖離。博學者又不思多聞闕疑之義，而務碎義逃難，便辭巧說，破壞形體。説五字之文，至於二三萬言。後進彌以馳逐，故幼童而守一藝，白首而後能言。安其所習，毁所不見，終以自蔽。此學者之大患也。”據此，則漢儒治經，已習爲碎義逃難，便辭巧説，與今日學子業考據者正同。桓譚《新論》云：“秦近君能説《堯典》篇目兩字之誼，至十餘萬言。但説‘曰若稽古’，三萬言。”夫研經而爲此無謂之疏説，視飽食終日，無所用心者，賢不肖之相去，其間不能以寸。此等風習，自漢迄今，二千餘年，而有加無已。唐人釋經，辭煩而鮮要義。清人搜集材料雖勤，而於經義全無所窺。今日學子，喜爲零碎考證及誣妄無根之談。如謂大禹、屈原並無其人，墨子非中國人等等怪説，不可勝舉。甚至有托甲骨文以造僞者。人之爲學，不知於天道、人事、物理等等無窮理道處用心，卻耽溺浮虚，玩弄無謂之瑣碎字句，不知何爲至此。蓋漢以來之學風，大概如是。孰謂漢以來尚有儒學哉？雖復經師謹嚴者，如漢初，申公《詩訓》疑者弗傳，丁將軍《易説》僅舉大誼，正所謂存大體玩經文者；下逮清世，宗許、鄭而益加精審者蓋有之。雖復二字，一氣貫至此。然其所事，卒不越訓詁名物之考覈。其於六經冲旨，與大道之幽玄，人事、物理之繁賾隱奥，皆茫然無所究析。只整齊故訓，故訓，賅訓詁名物等而言。足供治經之工具而已。要於經義，或聖人之意，全無所發，不可以此名儒學也。夫工具之業，誠爲學術界所不可少，而二千餘年來，竟以業此者，尸大儒之名。以爲儒者學術，果在乎是？聖經之道，果在乎是？則不率黄、農之胄，而悉爲蔽聰塞明，以成乎無頭腦、絶智慧之頑物者，其有幾何哉？

或曰：“經師爲考據之業，固已。然今文家言，歸於致用。西漢今文學稱盛，儒者立朝，皆能本經術以見之政事。如以《禹貢》治河，以《洪範》察變，以《春秋》决獄，以《三百五篇》當諫書。此載在史籍可考見者也。且漢之治有爲後世所不及者。其於社會上貧富不均之問題，如富豪兼併土地，貧民常自賣爲人奴婢，當時朝廷厲行抑商政策，直接防止豪商壟斷財貨之行爲，間接杜絶兼併土田之弊害。又吏治修明，常以鋤治豪强爲事。而解放奴婢之令，則自董仲舒勸武帝行之於前，王莽及光武諸帝又厲行於後。此皆今文學家之影響也。董子《春秋繁露·度制篇》主張貧富宜調均，不使財利有所積重。今謂漢世經儒，皆爲無用之學，毋乃苛論歟？”答曰：漢治爲後世所不及，誠經術之效。遭秦絶學，經籍初出，儒生確守古義，敦篤踐履，故治效可觀。然漢道畢竟苟簡，不能開民治之弘基，立百代之大法。諸儒思想，只在帝者專制之下，補苴罅漏而已。漢治卒衰，迄典午以來，不可復振。此則諸儒思想錮蔽，未能發揮孟軻、孫卿之義，所以衰敝亘二千餘年而未已。近世康有爲亦張今文餘焰，而專己自封，擁護帝制，徒爲大盜袁氏張目，猶漢儒之遺風也。故知漢後經師，其學無分今古，要皆考據之業，不足發生思想。事實昭顯，無可諱言。余謂儒學至漢名存而實亡者，蓋實録也。

附識：有問：“先生謂秦漢以迄近世，學術思想廢絶，實由郡縣之局使然。夫列國互競，至秦而不得不混一，亦天下大勢之所必至也。且今後之天下，當仍爲郡縣，將永敝而不救乎？”答曰：天下大勢之必趨於混一，成乎郡縣，此是一事。既成郡縣，而不利於學術思想之發展，則又是一事也。今後天下，當仍爲郡縣，此無疑義。然今爲全世界大通之局，萬里若比鄰，人類接觸之紛繁，見聞之廣遠，足以開神思而振志氣者，迥非昔日列國之世所可比。則今後雖爲郡縣之天下，而與曩時郡縣局面，截然異勢。且民主之治本已固，則學術思想，不受阻遏。其發達益盛，可斷言也。論事析理，顧可膠執一端，而不通其變乎？

已説儒家，今當略談道家。諸子並絶於秦，及漢興，而皆不傳。唯儒家經典漸出，人皆誦習服膺。雖鮮所發揮，而凡所以立身行己之道，與綱維社會、平治天下之法意，無不原本經義以出之。當時儒者見淺見深，爲别一問題。然皆自以爲依據經義，如漢之治道，首以孝弟力田，風示天下，此其政教根本。而君權鞏固，亦由乎此。蓋移孝作忠之觀念，最有力也。《孝經》思想，實行於漢。自是歷二千餘年，根底益深厚。學者試深玩過去倫理、政治等方面之信條與度制，當知余言非妄。

唯至今日，則社會機體已發生變動，而家族組織，將由多數同居，而漸趨分散與縮小。孝弟觀念，亦漸薄弱。近時如章太炎等，皆尊《孝經》。後輩中如浙大教授謝幼偉，亦亟提倡孝弟。余以爲《孝經》當出於曾子、有子之後學。孝弟之德，乃人之天性所自不容已，當培養擴充之，以極於仁民愛物，乃至與天地萬物通爲一體之盛。人未有薄其父母兄弟而能廣愛者也。儒家重孝弟，此理不可易。但以孝親與忠君，結合爲一，甚至忠孝不兩全時，可以移孝作忠，如親老而可爲君死難之類，因此，便視忠君爲人道之極，更不敢於政治上考慮君權之問題，此等謬誤觀念，實自漢人啓之。《論語》記孔子言孝，皆恰到好處，皆令人於自家性情上加意培養。至《孝經》便不能無失。於是帝者利用之，居然以孝弟之教，爲奴化斯民之良好政策矣。章太炎曾以《孝經》與《大學》並稱，卻甚錯誤。余若得暇，當爲《孝經》作一疏辨。余於漢代政教，亦有許多意思，未曾發表。因一向注重哲學問題，無暇及此也。總之，漢以後二千餘年之局，實自漢人開之。凡論社會、政治，與文化及學術者，皆不可不着重漢代也。今之治史者，或爲無聊考據，或喜作膚淺理論，或襲取外人社會學説，如奴隸社會、封建社會之類，以敘述吾之歷史，乃至援據所謂唯物史觀，如此等者，皆不曾用心了解自家得失，根本缺乏獨立研究與實事求是之精神。吾默觀今日士習學風，而憂世亂之未有已也。漢世儒家雖復正統，屹立不摇，但儒學則已非晚周之舊，而僅爲考據之業，且隨政治勢力而變質矣。是時，獨有道家思想，隱與儒學争鳴。而道家流派，似亦甚複雜，今無從考。漢初，言道家者舉黄、老，謂黄帝與老子也。《老子》書現存，但著者果爲誰，似難詳定。今本《史記》，以老子爲楚人，名耳，字聃，姓李氏。吾意即《莊子》諸書所稱之老聃。李耳與老聃，是否爲一人，殊難斷定。《禮記·曾子問篇》，《正義》引《史記》，作陳國人。陳本併於楚，則謂爲陳人者，自從其故籍而言。如孔子居魯已數世，猶曰殷人。《莊子·天運篇》："孔子南之沛，見老聃。"司馬注云："老子，陳國相人。相今屬苦縣，與沛相近。"據此，則老聃籍隸楚國，即故陳國相人。此等記載，必確實可據。唯孔子見老聃事，不足徵信。《莊子》故多寓言。《天運篇》既云孔子南之沛，見老聃。而《天道篇》又云“孔子西藏書於周室。子路謀曰：‘由聞周之徵藏史，有老聃者，免而歸居。言免職閑居。夫子欲藏書，則試往因焉。’孔子曰：‘善。’往見老聃”云云。《莊子》書中言孔子見老聃，一云南之沛，一云西適周。《天運篇》老聃謂孔子曰：“吾聞子北方之賢者也。”據此，則老聃在沛見孔子，目爲北人。其在周見孔子，不又目爲東人乎？細玩二篇文意，《莊子》只是寓言。孔子與老聃，皆實有其人，而老聃必未曾爲周之徵藏史，孔子與老聃亦不同時。

《史記·孔子世家》及《老子列傳》，並謂孔子曾適周見老子。殆因《莊子》之寓言，被人誤認爲事實，展轉訛傳。馬遷竟採入史，則不謹於闕疑之過也。

近人好疑。或謂《老子》書爲戰國末季時人之僞托，此則大悖。《莊子·天下篇》叙述晚周各學派，皆精審可據。篇中以關尹、老聃並列。其稱老聃曰：“知其雄，守其雌，爲天下谿。知其白，守其辱，爲天下谷。郭注：“物各自守其分，則静默而已，無雄白也。夫雄白者，非尚勝自顯者耶？尚勝自顯，其非逐知過分，以殆其生耶？故古人不隨無厓之知，守其分内而已。故其性全。其性全，然後能及天下。能及天下，然後能爲天下之歸，如谿谷也。”

人皆取先，己獨取後。郭注：“不與萬物争鋒，然後天下樂推而不厭，故後其身。”

曰受天下之垢。守雌，守辱，取後，皆物之所謂垢。

人皆取實，郭注：“唯知有之以爲利，未知無之以爲用。”

己獨取虚。郭注：“守冲泊以待群實。”

無藏也，故有餘。郭注：“付萬物使各自守，故不患其少。”余謂古之吕政，今之侵略主義者，皆縱其大欲，而驅役萬物，以侵奪天下之厚利，擁有勝勢，而務藏之於己，其終無不覆滅。盍若寡欲，而無損於物，任萬物各自藏，而吾與物皆處於有餘乎？

巋然而有餘。郭注：“獨立自足之謂。”

其行身也，徐而不費。郭注：“因民所利而行之，隨時而成之，常與理俱，故無疾無費也。”按此就有道者施爲之妙言。順物之情，而己無私焉，故其妙如此。

無爲也，而笑巧。按郭注“巧者，有爲以傷神器之自成。故無爲者，因其自生，任其自成，萬物各得自爲。蜘蛛猶能結網，則人人自有所能矣，無貴於工倕也”云云，此爲極端之放任主義。而梟雄之徒，以智術馭萬物，而鼓之以劫持天下，雄於有爲者，皆巧也，工倕也。將禍天下，而亦自禍。焉得不見笑於無爲之至人乎？雖然，老氏純任自由，將聖人裁成輔相之道，亦復不立。教化廢，則智慧無緣互啟。度制曠，則生養何以相資？人類之成能，日新日富，終不與蜘蛛同等。此老氏所以宜絀於吾儒也。或曰：郭注亦或失老意。曰：不然，試通觀老氏大旨，終是放任意思多。

人皆求福，己獨曲全，郭注：“委順至理，則常全。故無所求福，福已足。”按委順至理一語，學者須深玩。去私智，即不違至理，謂之委順。

曰苟免於咎。郭注：“隨物，故物不得咎也。”按不以私智宰物，故云隨物。

以深爲根，郭注：“理根，爲太初之極，不可謂之淺也。”按理根者，謂理之至極，爲萬化之所自出，萬理之所會歸，故曰理根，故謂之深，老子所云道是也。

以約爲紀，郭注：“去甚、泰也。”按寡欲之謂去泰，爲而不宰之謂去甚。

曰堅則毀矣，郭注：“至順則全，忤逆則毀。”按堅者，恃强以逆萬物，而不知反，終必有摧之者。

鋭則挫矣。郭注：“進躁無崖爲鋭。”按今之侵略主義者，皆堅鋭也。

常寬容於物，郭注：“各守其分，則自容有餘也。”按儉也，慈也，不敢爲天下先也，皆所以容物。

不削於人。任物之自全其性，無侵削也。

可謂至極。”

詳此所云，義旨宏遠，自有《老子》書以來，談者未有及之。據其所述，確爲《老子》一書之旨要。觀其所得於《老子》者如是其深，則於此書之作者，必有所考信。老氏之生，當稍後於孔。《天下篇》爲莊子或莊子之後學所作。世之相去，亦不甚遠。故《老子》書，爲老聃作，《天下篇》足據，無用狐疑。

今世侵略主義之國家，其領袖與人民，當以老子之思想爲對症藥。莊生稱老子曰：“古之博大真人哉！”猶孟軻稱孔子“生民以來未有也”。其書，近時中西人士，雖有傳譯，然皆淺薄之徒，不足達老氏冲旨。其見地太低，其胸際無深境，所領會於老子者甚浮泛。則其宣譯之辭，膚庸無力，無甚意義，此可惜也。余嘗規設中國哲學研究所，培養人才，而卒成虚願。

自馬遷以來，皆以老子爲楚人。與《天運篇》司馬注，亦無不合。覆看前文。唯老聃爲周徵藏史，則是《莊子》寓言。老聃既爲楚人，亦故陳國之産，似無緣入周爲史。老子思想，確從孔子《易傳》而出。言陰陽變化，本《易傳》也。言一生二，二生三，本《易》每卦三畫也。言常道，即於變易而見不易，亦本《易傳》也。此其根本大義，可明徵者。老子之旨，實乃厭文勝，而欲反之質，此甚顯著。《論語》曰：“郁郁乎文哉！吾從周。”當是孔子早年語。至其晚年，則已感文勝之弊，而有“文質彬彬，然後君子”之嘆。老子殆稍後於孔子，故其惡文勝與詐僞及貴貨之習，更甚於孔子。此由《論語》《老子》兩書，較觀仲尼、老聃世運之感，而知老聃當春秋、戰國過渡之世，文明甚盛。《老子》書中所云難得之貨，與嗜欲智巧之滋張，皆文明時代之徵象也。孔子時尚未至此。故謂老聃稍後於孔子也。至孟子時，則曰上無禮，下無學，賊民興，喪無日，曰救死而恐不贍。文物凋殘，社會崩潰，尚何文勝可言！以《孟子》與《老子》書對照，則老聃前於孟子，而稍後孔子，確然無疑。由上所述，可知老聃爲周徵藏史，孔子適周見之，純爲《莊子》寓言，不足徵信。

或曰：“《禮記·曾子問篇》‘孔子曰，昔吾從老聃助葬於巷黨’云云，此儒家記載，豈亦寓言耶？”答曰：《禮記》之老聃，謹於禮。與《老子》書中語，絶不類。蓋《禮記》孔子問禮之老聃，别是一人。與著《老子》之老聃，不當混而爲一。兩人同姓名，而年事相懸。古今人同姓名者常有之，不足異也。孔子問禮之老聃，必有盛名之大儒。故莊子假之，以推尊著《老子》之老聃，而言孔子受其教也。然莊子一言孔子南之沛見之，一言孔子西適周見之，則顯然明示寓言，而非以孔子受教後起之老聃爲事實也。後人讀書不愼，何得怪莊生乎？

《老子》書之作者與時代，既決定如上。孔子問禮之老聃，《曾子問篇》只言孔子從助葬巷黨，未言適周。想此老聃是魯人，曾爲史於周。至是，已免職歸魯。莊子以之附會於後來作《老子》書之老聃耳。黄帝爲上古帝王，果爲道家之祖乎？吾意凡言道家首黄帝者，皆依托之，以自尊其學派耳。《漢書・藝文志》道家有《黄帝經》四篇、《黄帝銘》六篇、《黄帝君臣》十篇、《雜黄帝》五十八篇。此當是戰國末葉道家所僞托。今其書皆不可見，唯現存《莊子》書，時稱黄帝。豈僞托黄帝之風，實自《莊子》開之歟？韓非書中有《解老》《喻老》，則老氏之支流也。《管子》書中有《心術》《白心》《内業》諸篇，其言宏廓深遠，似爲道家一大派。老子雖道家宗匠，而此派似與之稍異。是否爲關尹之學，不得而知。此派發明心地，借用宗門語。足與印度大乘比肩。《荀子・解蔽篇》："故《道經》曰：人心之危，道心之微，危微之幾，惟明君子而後能知之。"詳此所引，與《心術》諸篇，義適相符，必出此派經籍無疑。《心術》《白心》《内業》三篇，當是《管子》書之作者從《道經》録入其書。余嘗欲從《管子》中別出之，爲作注釋，與《老子》並行。荀子深受此派之影響，似比老子尤活潑有用。其主唯心，似印度大乘。其活潑有用，則非大乘可及。而自漢迄今，從無注意及之者，是可惜也。《韓非・解老》當是法家兼宗老氏學者所爲，亦自有獨到處，可謂老氏之别子也。他日當爲作注。屈原亦道家，而獨以文學鳴。漢淮南王書本雜家，而採道家言爲多。今傳《列子》，當係僞書，然列子必是道家一大派，惜其書亡失耳。

莊周之書，魏、晋以來，始與《老子》並稱。《天下篇》述莊生之學曰："芴漠無形，變化無常。按芴漠，冲寂貌。寂然，無形，目本體也。變化常新，不守故常，言本體顯爲大用也。

死歟？生歟？按凡人有生有死，其生也，何自而生歟？其死也，奚爲而死歟？

天地並歟？按言其生，將吾孑然而獨生歟？抑天地與我並生，而吾非獨歟？

神明往歟？芒乎何之？忽乎何適？按言其死，豈人之神明冥然長往歟？若長往也，則芒乎何所之？忽乎何所適？

萬物畢羅，按且非獨吾人死生不可解而已，其環吾一身之外者，萬物森然畢羅。

孰主張是？孰綱維是？

莫足以歸。按夫計有身，即迷於死生，而不得所歸宿。計有萬物與吾身相峙立，則拘於有限之域，而亦不得所歸宿。故云莫足以歸也。其唯至人，證知芴漠無形，變化無常。是故體真極而履大變，無身見之存也。身見遣，即不見有小己之生，亦無所謂死，是名外死生。既外死生，而除小己之執，即不見有萬物與己對峙。是故遊於無待，而全其芴漠無形、變化無常之真也。

古之道術有在於是者，莊周聞其風而悦之。按"道"字約有二釋：一、名本體曰道。言其爲吾人與萬物所共由之而生也。二、求證本體之學，亦名曰道。術者，體道之功，與修養方法，及於道之散著，若關於物理人事之一切學術，通名爲術。

以謬悠之説，《釋文》："謂若忘於情實者也。"

荒唐之言，王注："荒，大也。唐，空也。"

無端厓之辭，王注："無端可尋，無厓可見。"

時恣縱而不儻。王注："恣縱，謂縱談恣論。《釋文》作'而儻'，無'不'字，近之。謂忽然而至也。"

不以觭見之也。宣云："不以一端自見。"

以天下爲沈濁，不可與莊語。以卮言爲曼衍，《釋文》："卮"又作"巵"。《字略》云："圓酒器也。"王云："卮器，滿即傾，空則仰，隨物而變，非執一守故者也。施之於言，故隨人從變，已無常主也。曼衍，因其事理而推衍之。"

以重言爲真，王注："述古德之言，使人聽之而以爲真。"

以寓言爲廣。寓，寄托也。《寓言篇》云："寓言十九。"宣云："寄寓之言，十居其九也。"如言孔子見老聃，而老聃教之，及托爲神農、黄帝、善卷、披衣之類。

獨與天地精神往來，按天地精神，猶云宇宙之大心，即謂本體。往來者，形容詞。言其通一而本不二也。王先謙《集解》甚謬。

而不敖倪於萬物。王云："敖倪，與傲睨字同"，言"未嘗鄙棄萬物，存驕亢之見"也。按萬物本吾一體，譬若百骸之在一身，何相驕亢之有？

不譴是非，按郭象注《齊物篇》有曰："將明無是無非，莫若反覆相喻。反覆相喻，則彼之與我，既同於自是，又均於相非。均於相非，則天下無是。同於自是，則天下無非。何以明其然耶？是若果是，則天下不得復有非之者也。非若果非，亦不得復有是之者也。今是非無主，紛然殽亂。明此區區者，各信其偏見，而同於一致耳。”子玄此釋，頗得莊旨。然不善會者，將謂莊子直不主張有真是真非，則其害不小。尋莊言無是無非者，其所謂是非，自有義界，蓋就俗情所持之偏見而言。彼此均以其偏見，而各自是，亦各相非。就各相非言，則彼此同於非也。就各自是言，則彼此同於是也。彼此各信其偏見，同於一致，竟無是非之足道。故云無是無非。唯其如此，故不譴是非。謂此等是非，不是譴責也。然不譴之云，正是深譴之。如老言絶學無憂，乃憂之至耳。從來注家，莫識此意。真乃癡人前不得説夢也。然必知莊子所明無是無非，只就俗情偏見之是非言，則不妄疑《莊子》爲主張無真是真非也。使莊子不承認有真是非，則其著書談理道，果何爲耶？果無真是非，尚有理道可談耶？夫唯離俗情偏見之域，而後有真是非可論耳。

以與世俗處。按王先謙《集解》：“不責人之是非，以與世俗混處。”此真市井鄙賤之情，而可以是測聖哲哉？夫世俗是非殽亂，正是迷惑相，智者明見世俗迷惑，易起厭離。佛家小乘是也。今莊生譴俗之惑，而與世俗處。豈以出世爲道者所可及哉？

其書雖瓌瑋，而連犿無傷也。《釋文》：“瓌瑋，奇特也。連犿，宛轉貌，一云相從貌。”謂與物相從，故無傷也。

其辭雖參差，而諔詭可觀。成云：“參差者，或虚或實，不一其言也。諔詭，滑稽也。”

彼其充實，不可以已。按言其生活力充實，有本故也。

上與造物者遊，按造物者，謂宇宙本體，非神帝也。遊者，形容詞。言其超脱小己，而直與宇宙本體爲一也，即人即天也。而下與外死生無終始者爲友。外死生無終始者，即所謂至人。至人者，即與造物者遊者也。即能超脱小己，而復其本體者也。與至人爲友，以其本與吾同體故也。拘形，便分爾我。證體，則無自他之間，故曰爲友。友者，一體相親義。

其於本也，宏大而辟，辟同闢，開發義。

深閎而肆。按肆者，縱任。猶言自在。宏大，故足以發。深閎，故自在而無有挂礙。此言其德用之盛，皆從本體流出。

其於宗也，可謂稠適而上遂矣。按《天下篇》首有云：“以天爲宗，以德爲本，以道爲門，兆於變化，謂之聖人。”詳此所言，天也、德也、道也，皆本體之目。但取義不一，而名以殊。天者，言其至高無上。德者，言其備具萬德，故能現爲大用。道者，由義，言其爲萬物所由之而成。三者異名同實，如丘與仲尼並目孔子一人也。此中宗言，即以天爲宗之宗。稠適上遂，言其上達，而與天爲徒也。易言之，即人即天也。

雖然，其應於化而解於物也，其理不竭，其來不蜕，芒乎昧乎，未之盡者。”王云：“然其因應於變化，而實解於物情也，其理不竭。其來不遺，芒昧如不可見，未有能盡其妙者。”

《天下篇》當是莊子之自序。或云莊子之後學爲之。然其評判諸家，見高而識遠，文奥而義豐，恐非莊子莫能爲也。其自序極親切，如云獨與天地精神往來，云與造物者遊，蓋實到此境，非意度之詞。若乃不譴是非，以與世俗處，不傲倪於萬物，所以異於浮屠出世之教。然語化雖妙，化者，變化。而不悟真體流行，其德本健，此是《老》《莊》與吾儒《大易》根本異處，又復耽於觀化，耽者，耽溺。因其於變化之道，冥觀澈悟，即溺心於此。卻似以大化當作客觀之境去玩索。遂以委心順化爲懸解。《大宗師》云：“浸假而化予之左臂以爲雞，予因以求時夜。時夜，司夜也。浸假而化予之右臂以爲彈，予因以求鴞炙。浸假而化予之尻以爲輪，以神爲馬，予因以乘之，豈更駕哉？”此等人生觀，便苶然無自在力。此中自在，略有二義。一自主義，二自創義。聖人窮理盡性至命之道，見前。與此相較，豈止判若天淵。夫窮變化之理，則知此理非外也，乃我之真性也，乃天命之全畀於我者也。所以變化者，理也。此理即謂本體，我得之而生，即名爲真性。從我所受而言，則曰天命。天命一詞，見前説君子有三畏處。是故造化在我，非我與造化真宰爲二也。知我之所以爲我，則存誠而其德不易，體健而其用不窮。位天地，育萬物，皆我之自化也。而况予之左右臂與尻，其有不自我制之者乎？《荀子·解蔽篇》曰：“莊子蔽於天而不知人。”荀所云天，蓋以變化無常之力言。莊子似以變化爲外在的大力，而人或物皆變化之所爲。方其爲是人是物也，則偶然已耳。《大宗師篇》曰：“偉哉造物，又將奚以汝爲？將奚以汝適？以汝爲鼠肝乎？以汝爲蟲臂乎？”《至樂篇》

“種有幾”一段文字，明物種變遷，皆由有變化無常的大力主之。胡適《中國哲學史大綱》，引“種有幾”一段，其解幾字云，“我以爲此處的幾字，是指物種最初時代的種子，也可以叫做元子。”按胡君説，非是。句首種字，猶云物種。凡物種變遷，固由適應環境。下文云：“得水則爲㡭，得水土之際則爲鼃蠙之衣，生於陵中，則爲陵舄。”乃至“程生馬，馬生人”，馬是高等動物，由高等動物而進至最高之人類，故曰馬生人。其結語曰：“萬物皆出於機，皆入於機。”結處機字，即上文種有幾之幾字。幾者動之微，即謂變化的大力。言物種變遷，由有變化的大力爲之，故曰種有幾。郭子玄《大宗師篇》注云：“夫無力之力，莫大於變化者也。故乃揭天地以趨新，負山嶽以捨故。故不暫停，忽已涉新，則天地萬物，無時而不移也。”子玄此釋，深符莊旨。種有幾之幾，即子玄所謂無力之力，莫大於變化者也。達爾文言進化，只知由環境，殊不知生物實皆由變化的大力，爲之陰驅潛率，故能隨所處境遇之種種需要，而變化其形體機能，以與之適合。否則物安從生，而適應環境者其誰乎？萬物之生，皆從變化無常的大力而生。其死也，形神散滅，復歸變化無常。故曰“萬物皆出於機，皆入於機”。《大宗師篇》云“以造化爲大冶”，可互證也。莊子悟到變化的大力，便從此處着眼。即把萬物看作爲變化無常中偶然變生的物事，雖復物種因環境而遷變，畢竟以變化的大力，爲之陰驅潛率。故剋就物言，其變遷仍是被動，而非自動。其爲説大概如此。荀卿可謂深知莊子者。夫聖人言天，聖人謂孔子，其言在《大易》等經。以天化攝歸人能。《易》曰“聖人成能”。乾坤之全體大用，若以其在人而言之，則曰人能而已。《新唯識論》本此旨。其言體用，或空寂生化之妙，剛健清净之德，是天德也，而實即是吾人之真性也。吾人本其所固有而不可窮竭之真源，努力發揮之，故曰即工夫即本體。亦《大易》“成能”之旨。故吾人生活之源泉，極淵深而不虞其或竭，極富有而無憂其或匱，天在人而人即天故也。若《莊子》之言天，則視天化爲無上之威力。吾人之生，只是天化中偶然之化耳。故曰“陰陽於人，不翅於父母”。見《大宗師篇》。子玄注曰：“自古或有能違父母之命者，未有能違陰陽之變者也。”陰陽之變，即天化之代詞。則剋就人言，只是天之化迹。且甚偶然，不得曰人即天也。吾謂其以變化之大力爲外在者，此也。故《大宗師篇》曰：“以生爲附贅縣疣。郭注：“若疣之自縣，贅之自附。此氣之時聚，非所樂也。”按氣之時聚者，猶云化之偶然耳。以死爲决疣潰癰。”郭注：“若疣之自决，癰之自潰。此氣之自散，非所惜也。”按氣之散，亦是化之偶然。據此則人生毫無根柢，亦無甚意義與價值可言。唯委心任運，以度其附贅縣疣之生，而待諸潰决已耳。莊子雖自云與天地精神往來，而其言化，畢竟自相矛盾。彼根本不悟人即天，而又欲以人同天。則其所謂同天者，亦只是委心順化而已。人能不修，人極不立，是何足爲道哉？聖人成能，以範圍天地之化而不過。三千大千世界可毁，而此理不易也。莊子才過高，而於道不可謂無實得。但其差毫厘，謬千里處，則有不可無辨者。余久欲論之而無暇，此中亦不及詳，願以異日。周濂溪從道家轉手，而歸儒家。《太極圖説》立人極三字，確有無窮義藴。真得六經之髓，學者不可忽也。

道家在晚周，其派别當甚多，其經籍必不少。荀子所稱之《道經》，漢以後已不可見。《藝文志》所著録，罕有存者。漢初去古未遠，而言道家者，首稱黄、老，意者老聃爲道家之開山歟？黄帝自是僞托。漢初，黄生、蓋公之倫，其學無可徵。大氐清浄自正，有老氏遺意。司馬談父子與淮南之徒，雖道家氣味較多，而所得實膚淺。其後有養生家修煉之術，托於道家，如漢魏伯陽及晋葛洪等。則已非晚周之舊矣。静坐法，晚周道家當有之。屈原、莊周之書，皆有可徵。五代時陳希夷等，似亦得力於静坐。惜其書不傳，無以測其所造廣狹。然自北宋迄今千載間，恐未有能繼之者也。當别爲論。宋末有鄧牧，亦足珍異。要之，道家自漢以來，雖隱與儒家並行，未至若名、墨、法、農諸家之衰絶，然其多數學派及書籍，早已無傳。其流行者，僅《老》《莊》而已。《管子》書中所引《心術》諸篇，與《韓非·解老》，卻一向無人注意。漢世儒風雖盛，而實只考據之業，已無思想可言。道家亦多失其本。漢之言黄、老者，大概清簡自守，無所發揮。唯司馬子長作《史記》，本紀列項羽，列傳首伯夷，一獎革命，一賢讓國，似寓排斥帝制之思，頗得老、莊遺旨。此外無可述者。魏、晋諸名士，以《老》《莊》與《大易》並號三玄。其時老、莊之風最盛，然唯王輔嗣究極道體，最有深致。向秀、郭象、張湛三人者，思想頗相近，而皆未能見獨，《莊子·大宗師》云：“朝徹而後能見獨。”朝徹，謂惑盡而智生也。獨，謂本體，亦云道體。見獨，猶云見體。文采過其實悟。余《語要》中有《答友人書》，略言諸子所長，此不及引。自餘文學之徒，時有妙語，然皆不足窺根極，析條理，未可云學術也。視王、向諸玄流，更瞠乎後哉。若乃清談諸顯貴，如王戎、王衍輩，祖尚浮虚，全無肝膽，所謂鸚鵡能言，不離飛鳥。流風所扇，人盡爲夷，宋儒胡五峰，謂夷狄之禍，由國人自失人道，而淪於夷，然後召夷禍耳。斯言之信，至今不渝。胡塵蔽天，九有魚爛，慘矣酷哉！夫老、莊莫盛於魏、晋，而弊極於清談，清談者流，皆宗老、莊。禍至於召虜。老聃尚樸，任自然。自然之説行，必有賤檢約，而放蕩無所不至者。樸之説行，必將反文明，而安偷惰，至以任情爲率真，而實行不肯修，實學不肯講者。其流弊可畏也。率真絶非任情，古今能辨者少。老子之學，本非放蕩與偷惰者，而其末流之弊，可以至此。

佛家有以老氏爲自私，此則甚誣。老曰“吾所以有大患者，爲吾有身。及吾無身，吾有何患”云云。夫自私之惡根，在於有身。有身者，即佛氏所云身見或我執，王陽明所云隨順軀殼起念是也。一切自私自利之大惡，其根源只是有身。此非反己工夫至深切者不知也。老氏已拔去自私之根矣，故曰：“我有三寶，一曰慈。”又曰“慈故能勇”。大悲而後能精進，固與釋迦有同者。唯言南面之術，斯與出世異道耳。其曰“聖人後其身而身先，外其身而身存，非以其無私耶，故能成其私”等語，則以開悟世之自私自利者而導之於善耳。乃以此爲老氏自利之意，豈不謬哉？弱志强骨，見上篇第三章。輔嗣注“骨無知以幹，志生事以亂”云云，此義宏深，而惑者不解。骨無知，以喻心虚，即情見盡浄。故可以幹事也。弱志之志，猶云意志。意志强者，輒執己見，以宰制天下而致亂。古今霸者皆是也。故主治者，虚心之功，欲其加强。而恃意志力之堅，以求狂逞於天下者，不可不以理自克也。弱之爲言，即自克之謂。頃見人誤解此文太甚，故辨之。自餘誤解，不及悉正。嗚乎！古今人讀書言學，能虚懷深究者，真無幾耳！而今人尤輕心，惜哉！

莊生之人生觀，余已略述如前。由其道，將使人安於頹廢，而蔑可自振。其流之弊，視老氏而愈烈矣。魏晋人學老而不究其真，輔嗣談道體，只是解悟及之，非實修所至。子曰“知及之，仁不能守”，輔嗣之謂也。自餘談玄者流，利口而抱禽心，煽污風，召虜禍，族類自是始衰。學莊而適取其弊，害乃至此。夫莊生之説，足使人頹廢，是其弊也。而學莊者安於頹廢，則其惡可以無所不至。余嘗欲取魏晋人之風度與行事，而詳述之，可以覘世變。近二千年來，所謂文人與名士，始終不脱魏晋之習。顧亭林耻爲文人，王船山痛詆名士，以其罪惡至大，足使族類衰危，而庸俗終莫之悟也。哀哉！宋明諸老先生，皆與道家有關。濂溪原出道家。明道、堯夫與朱子，皆受道家影響甚深。子静、無垢，亦有得於道，只伊川較薄耳。王陽明早年學道。然只於修養工夫及發明心性有所融攝，其於道家思想之大全，固鮮所深究也。有謂宋明道學，與漢初道學不必同。余以爲宋明道家，亦原本老、莊。只其所資者狹，所造者淺耳。静坐法，老、莊當有之，漢以後，道家展轉傳授，自不無增損。必謂宋明與漢初絶異，恐未盡然。唯伯陽、稚川煉丹一派，當是援神仙陰陽諸家以入道，非本宗也。最下有天師道，則等諸自檜矣。道家自漢後，雖與儒術相附以行，而晚周諸哲博大玄微之詣，漢初已無繼者。後來道家，日就淺狹，更下且夷於方術。如煉丹。郡縣之世，儒學名存而實喪，道亦有然。考迹吾國學術思想之通塞者，於此宜深致意也。

夫漢後道家，雖以清虚自守爲學，而所造實淺。其於老、莊抨擊霸者宰割萬類之魁柄與奸謀而欲去之，頗近孔、孟仁覆天下之意，則葛洪、鄧牧而外，罕有識斯趣者。余嘗言，老、莊抨擊霸者，其義甚正。顧欲與萬物相安於無爲，俱返於渾樸，而無儒者開物成務、革故鼎新之功。則雖有仁天下之心，而無其術，是乃烏托邦之空想而已。孟氏明民貴，而昌言革命，曰聞誅一夫紂，未聞臣弑君。又言仁政，必使民皆有恒産，而後有恒心。且以道揆與法守爲不可踰。孫卿明群與分，則注意社會組織。《富國篇》云："人之生不能無群，群而無分則爭。爭則亂，亂則窮矣。"按分者，人群之利，毋專於一方，必分之均，而後彼此各得分願。其群無不平，乃不至爭且亂也。治制失其平，始有革命。故孫子曰"奪然後義，殺然後仁，上下易位然後貞"，《臣道篇》。孫、孟之論，異乎偏尚放任者亦遠矣。夫抨擊霸術，而不務有爲以持其平，則猶未足爲治也。况乃偷息於霸政專横之下，習焉而不敢萌抨擊之思，若漢以來之儒與道，天下尚有生人之氣哉！况乃，至此爲句。論學至漢以下，不能不爲之扼腕也。

附識：《老子》之書，從來誤解太多。余有《答友人書》，曾略辨之云：天地萬物一體之抱，儒道所同。老子"爲而不宰，生而不有"，其義幽遠。若物我對峙，焉得不有與不宰哉？今之帝國主義者與資本家，正是宰與有也。宰與有，生於物我對峙，此所以違反吾孔、老之道，而成人相食之局也。公就《老子》書中，"古之善爲道者，非以明民，將以愚之"，及"欲取姑與""欲上民，必先下之"諸義，斷其未忘物我。昔人議老氏流爲申、韓者，亦多摘此等處，而歸之咎。余以爲，此皆不達老氏意也。非以明民，以字甚緊要。以明云者，如霸者陰蓄野心，而矯托爲國家民族生存計，以激揚群衆之鬥志，而復束之以勢，使其唯吾之所使，是謂以明。希特勒之術，正如是也。愚字，須善會。非呂政愚民之術，乃任民之各適其性，各盡其能，而勿以吾之私意導之，勿以吾憤戾之氣驅之。若與民相與於不識不知，以順帝則也者，是之謂愚。愚之一字，下得極妙，千古不遇解人，豈不惜哉！欲取固與，昔人譏其權術，此復大錯。天道之所以行四時，生萬物者，取之乎？與之乎？使其有意於時行物生也，則是有取矣。而天實無取乎爾，惟以陰陽冲和之實德，以與萬物，而聽其各成。《易》云"各正性命"。此義深微。物各自正，非天以意正之也。若天有意於其間，則物失其性矣。至於物之各成，則天道無心於取，而竟以與之者，取之矣。爲治者，知與之爲取，則公明法天，而治化茂矣。今之列强，徒欲厚取於弱國，而不肯相助。相助，即與之之義。不悟弱者被侵，而衆强争鬥，亦共蒙其不利。曷若以和同之道，助人而適以自助乎？助人，與也。適以自助，則取也。但如此而取，則互惠也，共利也，非侵奪也。欲取二字，縱詞也。所以曉貪夫而令其勿迷於取耳。欲上民，必先下之，夫領導群倫者，皆自居於上也。以民爲吾之所領導，則視民爲下矣。希特勒之徒，束其民如機械，而唯吾之所驅，是在務上民，而不知下之者也。聖人之導民也固不如是。修己以敬，篤恭而天下平，自養其神明，黜私去智，智謂私智。裁成天地之道，輔相萬物之宜，因物自然，而未嘗以己宰物也。是故以身下民，而民莫不率化。則以下之者，上之矣。淵乎微乎，老氏之旨也。謂其恃己而不能同物可乎？謂其恃術以御物可乎？謂其流爲申、韓，史遷未審之談耳。又老氏言無，猶云空寂，乃直顯本體無形無象，無作意，無迷闇，即無惡。故説名無。非謂空無也。向來談老者，輒昧於此。根本既迷，斯無往不謬，此可戒也。

宋明諸師於老、莊，本非完全排斥，但亦不肯虚懷深究。每以老與佛，並斥爲異端，或云二氏。其老、佛並舉之老，係爲道家之總稱，而非目老子一人也。而於佛氏，則斥絶尤嚴。此乃諸儒所以自畫。今當略説佛家。

佛教自後漢入中夏，雖來自印度，而二千餘年，久爲中國之固有物。大師之介紹，最著者，如鳩摩羅什於空宗經論，玄奘於有宗經論，皆傳譯甚富。且譯事極有計畫，於研討所資，必求其備。什師雖産印度，而在中國之西域頗久，能操漢文。睿哲之鑽研，則由晋迄唐，聰明奇特之儔，殆盡入佛門。始則玄家以老、莊之旨，會合於佛。繼則專崇佛法，而盛屏老、莊。其於儒學，亦視爲世間法而已。群衆之信仰，則自六朝以降，漸普遍深入於中國社會之各層級。寺宇自朝市以及荒塞僻壤，所在林立。誦經禮佛，凡稔惡不悛者，幾皆以是爲避免冥譴之道。可謂極盛而無以加矣。六朝逮於五季，中國文化純受印度佛化之侵略。余嘗以此爲中國歷史上之大不幸事。兩漢之世，學術思想，日就凝滯，其時假若有與晚世西洋文化相類之思想輸入，以刺激之，則晚周儒學及諸子百家之墜緒，必因外化之助，而發揚光大無疑也。東漢士人，已厭名教箝束，漸慕玄虚。《後漢書》周勰慕老聃清净，杜絶人事，巷生荆棘，十有餘歲。法真恬静寡欲，不交人間。同郡田羽稱其蹈老氏之高蹤。戴良放縱禮法之外。矯慎學黄、老，隱遯山谷。臺佟隱武安山，曰："幸得保終性命，存神養和。"此皆爲魏晋玄風導先路者。玄家悠然有超世之志，超世，謂不樂世俗纏縛也。佛教適乘機而入。當郡縣之世，思想界正患凝滯，士之禀睿慧而無所觀摩者，古者郡縣之世，精神物質兩方面，均無交通之利。故無觀感以發其靈思，無摩盪以起其鋭志。乃棲神虚静，聊以自得。佛氏更以宗教之力與死生之威，威者，可畏義。佛家大小經論，莫不以衆生淪溺生死海爲可畏也。震盪衆生之情感，而使之不得不從其教。於是趣寂之願强，而經世之志衰。内照之功深，佛家反觀内心惑染諸相，至極深刻。而外知之用寡。外謂外物。外知，謂格物之知。如科學方法，以實測爲基，是爲外知。夫專力於内照者，則不能無遺外之患，固其勢也。寄情來世，大乘發長遠心，期以長劫修行成佛。忘懷現實。其與吾《大學》三綱八目之要道，根本背謬，固不待言。而僧侣高願，必欲舉神州而完全佛化。何其見之太偏，持之已過乎！夫兩漢時代之思想界，已患凝滯。而季漢佛教東來，更以出世法導之。至是，而晚周墜緒，乃不可復尋。吾所以有不幸之歎者，此也。

近時談佛法者，或不欲説爲出世法，輒以即世間即出世間爲言。此所謂矯亂論也。徧覽大小一切經論，皆言世尊憫諸衆生於生死海淪没無依，誓願度脱。此實佛教根本精神所在，而可否認其爲出世法乎？友人有言：佛家根本爲度脱生死海而發心，則必承認衆生各各有個體的生命，從無始來，盡未來際，都不斷絶，始有度脱可言。如不承認有個體，則淪没生死海者其誰乎？超生死而證涅槃者其誰乎？超生死，證涅槃，是名度脱。使無個體，將只承認有生生不息之大流，而衆生或萬物，只是從大流中偶然變現已爾。夫偶然變現之物，亦自偶然消逝，何須度脱？則佛氏所謂積劫修行，徒自唐勞。以本無證果者故。偶然之物，畢竟消逝。故無證果者。友人此論，頗得佛教本意。彼固粗涉佛經，而穎悟所至，極可驚也。近見比丘、居士，頗有謂佛教説無我，實不許有個體的生命者。余曰：佛家根本信念，約説有二。一曰業力不散失。業，謂善惡之造作，其勢用恒潛存也。二曰因果不可撥無。善惡業爲因，必感果報。自小宗至大乘，此二根本信念，始終無改變。如其改變，即不名佛法。此言佛教者所須慎重也。有難：“大乘空宗，似不承認業力。如《中觀論》即破業。”答曰：《中觀》據勝義諦，故遮業耳。俗諦即不遮。《大智度論》五云“業力最大故，積聚諸業，乃至百千萬劫中，不失，不燒，不壞。是諸業能久住。如須彌山王，尚不能轉是諸業，何况凡人”云云。此可證也。然復須知，此二根本信念，若總言之，即是承認衆生各各有個體的生命，不隨形骸俱滅而已。若無個體輪轉，即業力不壞之信念不得成，衆生各各有個體的生命，不隨形骸俱滅，故説業力不壞。否則形骸滅，而業力即壞，何得云不壞耶？因果之信念亦不得成。此豈佛教本旨耶？考《瑜伽·本地分》中有尋有伺等三地之六，説生艱辛有云“汝等長夜，馳騁生死。身血流注，過四大海。所以者何？汝等長夜，或生象馬駝驢牛羊雞鹿等類中，多被砍截身諸支分，令汝身血，極多流注。如於象等類中如是，人中亦爾”云云。又説生不定云“假使取於大地所有一切草木根莖枝葉等，截爲細籌，如四指量。計算汝等長夜展轉所經父母。如是衆生，曾爲我父。我亦長夜，曾爲彼父。如是計算，四指量籌，速可窮盡。而我不説汝等長夜所經父母，其量邊際”云云。又云：“若一補特伽羅於長劫中所受身骨，假使有人爲其積集，不爛壞者，其聚量，高王舍城側，廣博脅山。”按補特伽羅，猶言人也。長夜，謂長劫。劫猶言時。衆生長時昏冥，故言長夜。又《大毗婆沙論》一百三十五云：“汝等長夜，經此劫數，無量百千。在於地獄，傍生、鬼趣及人天中，受諸劇苦。生死輪轉，未有盡期。何得安然不求解脱？”詳上所述輪迴之説，佛家承認衆生各各有個體的生命，不隨形骸俱滅，其義甚顯。或有難曰：“佛説無我。我即靈魂，無我即無靈魂。然佛復説輪迴，是則無靈魂，而有輪迴。此其所以爲妙也。”答曰：佛説無我者，謂不可起我執耳，豈真無有我哉？余上所云佛家信有個體的生命，足徵其與外道，計有神我者，實無不同。然佛家猶破外道之我者，只是破其執我。而昧者遂謂佛法果不承認有我，則長劫輪迴者其誰乎？外道於我，起種種計執，皆不應理，佛故破斥。佛終不説我是何等形相，此其高過外道處。但其肯定輪迴，即明明承認人各有個體的生命，不隨形骸俱滅者。前引《瑜珈》云：如一人在長劫輪迴中，其身骨可以積成一座高山。可見人皆有超脱形骸之個體的生命，長劫輪轉不斷，此非我而何？但佛鑒於外道之種種計執，終不説爲我，則慮凡夫於此起執耳。執即起惑，造業，感苦，而我乃長淪生死海。不執，即斷惑，不造後有業，而我乃解脱，證大涅槃，即説涅槃爲真我。此中有無量義，限於篇幅，不得詳談。向來談佛法者，輒誤解無我。余甚閔焉。至云我即靈魂，此語似欠分析。佛家説有人我，法我。人我，即誤計五蘊爲實我相。此不可以靈魂言之也。法我義最寬，於一切法，計爲實有，即名法我。亦不可名靈魂。然佛家實計有個體輪轉，則與外道神我説，究有相似處。今若以彼輪轉之個體説名靈魂，義固無妨。但必謂無靈魂而有輪迴，所以爲妙，則未免病在。宋儒有謂人物皆氣聚則生，氣散則死，於是依氣化，而説爲大輪迴。此則無靈魂而有輪迴也。佛法固可與宋儒氣化論融通乎？故知難者，不了佛義。又據佛家小乘，説有窮生死蘊。謂其生死輪轉，無有盡期。依此，説名窮生死蘊，此爲個體的物事不待言。又有云細意識。此言人死後，仍有一團勢力存在。此勢力，乃爲有極微細的心作用者，故名細意識。《禮記》所云知氣，義亦近此。或問："此即俗所謂鬼否？" 答曰：俗云鬼者，佛書謂之中有。中有身，具有細意識。而細意識不即是中有。大乘有宗，立阿賴耶識。玄奘《八識規矩頌》，其《賴耶識頌》云："去後來先作主公。" 謂人死時，賴耶識最後捨去。人生時，賴耶識最先來投入胎也。賴耶識在人身中爲主公。如上諸説，其立名雖不一，而實皆表有個體輪轉，則不能謂之異。佛教根本從輪迴問題發心趣道。若無個體，將誰爲輪轉者，又何須求解脱乎？向時楊仁山居士，確守佛家精神。近來談者，漸乖本旨。余以爲佛法畢竟是出世法。大乘不捨世間，不捨衆生，只以衆生未得度盡，則己終不作佛。此其悲願宏大至極，所以異乎小宗之自利也。參看《新唯識論》中卷《功能章》。佛教徒如喪失出世精神，爲順俗之談，則戒律漸輕，净修將廢，而佛法前途，不堪設想矣。

佛法本爲宗教，但極富於高深之哲學思想。此非深參博究者不能知。西人有雜取佛書中談諸天者論次之，謂爲佛教之宇宙論，而譏其過幼稚。其實，佛家談諸世界與諸天，本屬幻想。而研究佛家哲學者，不必於此注意。余平生於宗教，頗難起信，而亦不肯遮撥，存而不論而已。世或以余著《新唯識論》，於佛家學説多所彈正，遂疑余反對佛教，此實大誤。須知，佛教發展，由小而大，哲學思想，日漸豐富，其理論亦日益完密。余於佛家，夙懷耽玩者，本在其哲學方面。潛思默究，積以歲年，終覺余之所自得者，與印度佛家之説，頗有根本不能相融處。而與儒學，反有默契。故造《新論》，自申己意，兼彈佛氏之失，亦復融攝其長，固非完全排斥之也。或曰："佛家哲學思想，自與其宗教信念相關。公既彈正其哲學方面，而又云不反對其宗教可乎？"答曰：彈正者，違其短而融其長也。反對者，則排斥務盡。不唯己所不取，而亦不欲人之從之也。余以爲理道無窮，唯博觀可以求真，而偏見終於自囿，故於佛家，有彈正而無反對。

余早歲曾有一種思想，以爲宇宙只是一大生生不息真幾。一者，絶待義。大者，無外義。生生不息真幾，謂本體之流行。吾人禀此生生不息真幾而生，是爲吾人之真性。而人之生也，形氣限之，即嘗苦於物化，而蔽其真性。遂致人間爲罪惡之叢，宇宙爲黑闇之府，悲莫甚焉。是故古之道術，有主張逆生生之流，寧可淪虚耽寂，而不惜大地平沉，虚空粉碎，以建清寧之極者。釋迦牟尼，其此志歟？爰有覿體承當，曾見前文。謂自證本體，而保任勿失。即吾人能不爲形氣所蔽，而真性恒昭然呈現。順吾所固有生生不息之幾，虚而不屈者其神全，不屈，謂無匱竭。神全，即虚靈而含大生之德故。動而愈出者其誠至，誠之至，故動變無窮。新新而不用其故，進進而無有所凝。此言凝者，留滯義。會萬物爲一己，滯於形，即失真性，而己與物對。見真性，即不私其形，而萬物皆與己同體。運形氣以從心。心主乎身，感而恒寂，應而有則。形氣乃心之運用，何物化之患？即流行即主宰，即有待即無待。是乃體乾元而立人極，乾元者，生生不息之真體也。人得之爲真性，能實體之而勿失，則人極立。極者，至也。人道之極至，則乾元是也。即人道而識乾元。人之真性，即是乾元。是故盡人道而乾元顯，故曰即人道而識乾元。若夫毁人生，而以趣寂爲見性者，其得爲中道歟？其爲宣聖《大易》之指歟？爰有覩體至此，即總括《新唯識論》大指。余生而孤露，早失怙恃，兄弟困窮，後先短折。且世運艱危，志存匡濟。弱齡投筆，坎險頻遭。久之自顧非才，於世復無所可。孤懷落寞，少接人間，既謝世緣，不復參加革命。冥搜荷岸，時而出世思想生焉。王介甫詩云："荷花十丈對冥搜。"余嘗居近荷花池畔。然而余終非釋迦氏之徒也。幼小趨庭，備聞《魯論》。長而多患，興言出世，輒復懷疑。三十而後，勤探大乘，初聞無住，倍增欣仰。原夫小乘趣寂，自了生死，只是自利。大乘始言無住涅槃，謂生死、涅槃，兩不住着也。已斷惑染，雖故現生死，而非淪没，曰不住生死。已證寂滅，而不取寂，乃示現生死，不捨衆生，曰不住涅槃。余初有慕於斯，繼而曰：見有生死，而云不住，何若不毁責生死，而直踐吾生？**（附説一）**見有涅槃，而云不住，何不悟生幾至神以健，元自空寂？**（附説二）**寂非枯寂，寂而生也。豈有無生之境，名爲寂滅，而云不住涅槃耶？大乘欲改正小宗趣寂之謬，而言無住涅槃，不捨世間，不捨衆生。此固大乘之所以爲大。然未證知體用不二。夫就體言之，則舉體成用，譬如大海水，全成衆漚，不可離用覓體。就用言之，則用即是體之現。譬如衆漚，即是大海水之現。故乃即用而識體，是故即於變易，而見不易。此《大易》了義也。若如佛氏，將生滅與不生滅，折成二片，生滅是用，不生滅是體。體不生滅，則生滅之用，依何而成？用自生滅，又何須以不生滅爲體？佛家經論，於此皆無所説明。蓋佛家出世思想，别懸一寂静之境以爲體，而不悟生滅大用，即是本體流行，正不可離而二之也。根本既謬，則無往不差。故其言衆生之生也，只是由迷闇勢力而生。釋迦十二緣生之論，大小乘共同根據，始終不稍變。與吾《大易》乾元意思，根本相背。雖彼亦言衆生皆有佛性，然非聞佛法，及經無量劫修行，則其佛性終不發現。是尚得爲有佛性乎？唯禪宗之興，乃救此失，頗與儒學接近。他日有暇，容别論之。自佛教入中國，二千年來，聰明慧解之流入其中者，只有尊信而無疑難。輕詆孔子爲人乘，鄙六經爲世典。近人如章炳麟稍涉唯識，而不得其要，至謂孔子僅爲史家。大抵吾國學人，偶有聞見，即據爲實得，而不肯深窮理道之真。非獨慧劣，亦由其喜以小知自足，否則教僻錮之耳。佛之徒已闇於理根，理根，見前談《莊子》處，謂理之極至也。而其人生態度，究未免矛盾。夫曰不住生死，不住涅槃，則已見有生死，見有涅槃矣。生死涅槃，兩境對立，雖云兩不住，其如兩境未融何？此非貞常之道也。君子思誠，所以存生之理。積健，所以順生之幾。此人道之貞常也。不此之悟，而仍存小乘生死涅槃二境，雖高言兩不住，而實已有兩境在。則所云不住者，乃宗教之神談耳。故大乘者，欲變小宗，而未離其根底。龍樹、提婆、無着、世親諸公，倘生中國，得受六經，其必弘闡尼山之緒，無疑也。

附說一：佛家以生死爲惑染，爲墜墮。儒者不作如是觀，直反己而自了吾所以生之理。此理，乃吾與天地萬物所共稟之以有生，至真至實，至善無染者也。吾人由實修而顯發之，是即人即天也。既即人即天，則已超越物表，遠離小己生死相，何惑染之有？何墜墮之有？《論語》子路問死，子曰：“未知生，焉知死？”聖人只令人反己自求其固有生生不息之真，而存誠以充之，積健以體之。富有日新，德盛化神，我即天也，天即我也。豈復滯於小己之形，而有死之一字縈其慮哉？故聖人之所謂生，非佛氏生死之生，而佛氏之生死，聖人所不言也。學者不知此意，不堪論儒佛，亦不可解《新唯識論》。

附說二：空，非空無之謂，以無形無相，無作意，無惑染，謂之空耳。寂者寂静，此静，非與動爲相對之詞。動而未嘗不静，故以寂言。化幾之動，本無昏擾相也。佛家言生，以無明爲導首，即謂有一種迷闇的勢力。叔本華所謂盲目的意志，蓋本此。此皆不悟生生之本體，元自空寂也。《新論》中卷《功能章上》可參考。健者，生生之幾，動而不可屈撓，不可窮竭，不容已止，故以健言。

小乘厭生死，忻涅槃。涅槃者，寂滅義。寂者寂静。滅者，貪嗔癡諸惑，滅盡無餘也。小乘入無餘涅槃，即不復受生云。其所謂涅槃，實其想欲中所懸爲至高無上之境，而竭力追求，期於必赴者也。此中想欲二字，可參考《佛家名相通釋》談心所處，即想心所與欲心所二法也。若粗略爲釋，則理想所至，必含有希欲，故以想欲並言也。大乘談本體，只是一種超越感，詳《新唯識論·明心章上》及《附録》。蓋承小乘涅槃之觀念而來，小乘追求涅槃，即是一種超越感。與儒者反己意思終不同。《中庸》云“天命之謂性”，是天命非外在也，即己之真性也。豈可向外追求涅槃哉？覆看前談畏天命處。

佛家長處，有極不可忽者。一、就本體論言。佛家談體，雖未免淪寂之嫌。體，本非寂而不生、静而無動者，故不可專以寂言體。然不妨説，唯於寂静，可以見體。此意極難言，非於儒、佛、老諸學致力甚深者，實無法與言此義。蓋本體非離自心而外在之境，唯見自本心，即此便是，無待外求。然此體，不屬有無。謂其有耶，洞然無相，何可云有？謂其無耶，炯然明覺，何可云無？非有非無，故唯默然内識而已。纔感物而動，便外馳，而無可自識本來面目矣。本來面目，即本體之代詞。哲學家談本體者，只任理智去構畫摶量，而無歸寂之深功，宜其不自識本來面目也。此意欲於《量論》詳之。二、就知識論言。佛家本不反知，不反對理智或知識。而畢竟超越理智，歸本證量。哲學家有偏尚理智或知識者，有反理智者，二者皆病。遊玄而戒蹈空，故反知不可也。本體非理智摶量所及，故非超知而歸證量不可也。此意亦俟《量論》詳之。三、佛家講求邏輯，頗精解析，其於方法，固極慎重。略舉此三，皆其大處，不堪忽視。

佛家短處，復可略談。一、以空寂言體，而不悟生化。本體是空寂無礙，亦是生化無窮。而佛家談體，只言其爲空寂，卻不言生化。故其趣求空寂妙體，即所謂涅槃，亦名真如，或無爲法。其名甚多。似是一種超越感，覆看前文。緣其始終不脱宗教性質故也。二、大乘菩薩，勤學五明，五明，謂因明，乃至醫術、工巧等明，多屬科學知識。不同此土老、莊屏斥知識。上文以此爲其所長固已。然諸菩薩，畢竟非爲知識而求知識，乃爲降伏外道與化導衆生之方便，不得不博習世間知能云爾。佛家於物理人事，許多荒誕思想，如其言色界、無色界及諸天，卻是視爲事實，非如莊子寓言。其於人間貧富及種種不平，亦均以業報或因果説明之。故政治經濟等問題，非佛家所措意。實由其宗教之出世精神，足爲求知之障故耳。然佛家畢竟重理智思維，而不偏尚信仰，此所以雖爲宗教，而富有哲學精神也。（或有謂佛法非宗教、非哲學者，此説非是。佛法畢竟是宗教，但富有哲學思想耳。）佛家理智之發展，可謂極高。其窮幽玄而極高深之理境，皆其澄定與精微之思維之所達也。然不能無憾者，即其理智活動，仍不能不受其宗教信仰之相當限制。追維釋迦創教，其根本大義，實在六波羅密。（六者，謂有戒等六法故。）波羅密者，譯言到彼岸。彼岸謂涅槃，此岸是生死，以戒等六法而得度，即由生死岸到彼涅槃岸，故云六波羅密也。佛家大小乘，始終不改其到彼岸之信仰。即其種種思維，要不外造成出世法之體系。如其析色至極微，（此中色者，猶言物質。）此與科學家之言元子、電子等者，顯相符合。然彼之窮析至此，則欲證明色即是空而已。其與科學家窮理之意向，究不一致。舉此一例，可概其餘。余嘗言，佛家有一種特殊功用，即止觀法是也。（心恒不亂，曰止。恒思察，名觀。即止即觀，曰止觀。）其澄定之觀察，入理深微，自有非凡夫情識所可及者。讀佛書者，輒感其理境奥折，誠非無故。然觀想所至，其冥契至理者，固多有之。如《楞伽》《華嚴》等經，明一切境，唯心所現，無實外境。此其觀想精微，妙符理實。譬如現前棹子，一般人則以爲是合乎實用之一種物體，科學家則以爲是一堆元子、電子，哲學家或以爲是一堆事素。可見棹子並非外在實境，只是觀察者主觀之所現而已。至若《般若》，密意顯體，便極力破相，則其義旨，尤爲深遠。哲學家談本體者，皆任理智去構畫。易言之，即皆以思維造作如彼如彼義相，説爲本體。其實，此等皆是戲論。本體離一切相，意想所搆相，決不與實體相應。故非破相，無以顯體。《般若》以破相顯真，非冥觀極深者，不可識此意也。佛家理境高深，難爲讚述，但其病亦不淺。彼唯過任冥思，無徵驗以爲基，則亦不免流於空幻。佛典中紛繁之名相，多由空想與幻想之所演出。稍有哲學頭腦者，細讀佛書，當不以余言爲妄。故佛家雖不反理智，而其理智活動，終受制於宗教信仰，不能不帶幾許病態。佛經言，諸佛菩薩入觀，能變大地爲金等，此類神話，不可勝舉。然在彼並非故作神話，直謂事實如是耳。世之崇佛者，皆謂佛法任理智，而不知其理智作用，爲宗教情感所左右，不得無病也。佛家解析之功，至極精細。惜乎不尚徵驗，乃不免雜以空想與幻想，而多爲無謂之分析。且好翻弄名詞，名詞簡單，固不佳，而過於翻弄名詞，卻是病。徒亂人意。吾嘗言，讀佛書，如入山採寶，必遍歷荆棘，而後得寶。佛書中許多空想幻想之談，皆荆棘也。然其間有至寶焉，要不可棄。但如佛教徒，必視爲無在非寶者，則大謬矣。

印度佛家，以宗教而包含哲學。雖不免有流於空想幻想之弊，然能窮大極深，境界甚高。其於真理，確有發見，則凡治哲學者所不可不深究也。

余嘗言：中國哲學，於實踐中體現真理，故不尚思辨。西洋哲學，唯任理智思維，而能本之徵驗，避免空幻。但其探求本體，則亦以向外找東西的態度去窮索，乃自遠於真理而終不悟也。印度佛家，其功修吃緊，只是止觀。其極乎空脱，而造乎幽玄，終以般若爲至。蓋止觀雙運，至般若觀空，而後窮於讚歎矣。今後言哲學，必於上述三方，互融其長，而去其短。余嘗欲造《量論》，明此意。而老當衰亂，精力已短，恐不及遂也。來者悠悠，將有成吾願者乎？

佛家出世思想，未免反人生，此余之所不能贊同者。然大乘宏願，期度脱無量無邊衆生，盡未來際，恒不捨離。有一衆生不得度，則已終不作佛。此其大悲大願與精進無已、大雄無畏，蓋與儒者之仁及剛健不息同一精神。吾人一念及此，何忍自私自餒。胡適之以莊周爲出世主義，其實莊生頗有厭世意味，尚非出世也。莊氏最無氣力，吾國歷來名士，亦頗中其毒。魏晋人之流風，迄今未絶也。

佛家哲學方面，其得失，頗詳《新論》，《新唯識論》。兹不復贅。

吾國衰象，自東漢始著見。西漢，承戰國與暴秦之後，以郡縣一統之局，與天下休息。及至東漢，則此等局勢，已不復有利。而學術與政治等各方面，經西漢以來二百餘年之停滯枯竭，至此而不得不呈衰象。曹操、司馬懿鼠竊狗偷之盜，專注意國内權利之争，而不知有他。猶未足當奸人之雄，衰世只有此輩也。東漢黨人，始標榜競名。及曹丕君臣文學，辭藻則飾，而中無其質。晋人祖尚浮虚，喪廉恥而貪名勢，不足比於鳥獸，皆衰世之徵也。典午慘變，延及有唐，唐代，只太宗時稱盛，其後藩鎮，純是夷狄盜賊交擾之局。以迄五季，生人之禍已亟矣。在此長期衰亂中，吾國思想界本應起一種變動，不幸而印度佛教輸入，率孑遺以遁寂，慰瘡痍以超生。超脱生死，曰超生，見《慈恩傳》。天下聰明傀異之流，莫不宗祀法王，虔誠内典。而漢以來僅事注疏之儒學，至此乃不絶於縷焉。物窮則變，變則通。兩宋諸儒崛起，始上追孔、孟，以排斥佛法，其願力不可謂不宏，其氣魄不可謂不大。獨惜其見地有所未宏，規模失於不廣，而其所造就者，終不免偏枯之病耳。諸儒之世，正當對晚周學術思想之全體，作一復興運動。孔子六經，諸子百家之淵源也。今宗孔而不究諸子百家，何以見孔子之大乎？墨子之書，存者猶不少。名家之緒，亦略可考於《墨辯》。何爲都棄置而不屑究？宋儒每非兼愛之論，謂其昧於理一分殊。余嘗語雲生頌天曰：此宋儒之疏於反省也。人情雖日思兼愛，畢竟愛他人不如自愛之切也。分殊易知，而敦夫理之一者至難也。夫日以兼愛之道，警惕其心，猶不勝私情之弊也，而況可非兼愛以護其私乎？法家本宗之書，雖不可見。而法原於衆，及禁人君使毋擅斷之語，尚在《淮南》書，何故不覺？且《韓非》篇中，主張法治之論，亦頗有可采者，胡不抉擇？道家微文，存於《管》《韓》二子者，皆足珍貴，何乃不窺？農家許行墜緒，略可考之《孟子》。《漢書·藝文志》曰："農家者流，蓋出於農稷之官，播百穀，勸耕桑，以足衣食。故八政，一曰食，二曰貨。孔子曰所重民食，此其所長也。及鄙者爲之，以爲無所事聖王，師古注：言不須聖王，天下自治耳。欲使君臣並耕，誖上下之序。"詳《志》所稱，以爲無所事聖王云云，顯然共産主義。雖書籍無傳，而其大指可尋也。向、歆、班固之鄙農家思想，適自彰其鄙耳。而宋儒於此，絶不注意，何耶？使農家思想，得灌輸群衆，夷狄盜賊，得宴然宰割天下哉？天文、算術、地理、醫藥諸學，及機械與水利工程等，漢以前已甚精。秦蜀守李冰之工程，至今稱巧莫能階，當有承授，非偶然能精妙及此。又如漢世方士之鍊丹或鍊金，爲化學之始。此等知識，當自戰國時人已有之。機械，如墨子木鳶，即飛機之始。而公輸子之巧，見稱《孟子》等書。宋儒皆不知提倡，諸子百家之緒，悉從湮絶。此與宣聖繫《易》，主張智周萬物者，豈不顯相悖逆哉？群學既不措意，群學，謂諸子百家。儒家尚有孟、孫二派，其書俱存，而宋儒獨宗孟氏，於孫卿則猶以異端擯之。於《孟子》又但宗其言心性者，弗能發其民貴之論。《孟子》言民爲貴，猶今言民主也。然則宋儒名爲宗孔，而實去孔甚遠。名爲復興儒學，而實不窺儒者之大體。《莊子・天下篇》病戰國季世之學者，不幸不見天地之純，古人之大體。吾於宋儒，亦有此感。吾謂其病在偏枯者以此。世之詆宋明諸師者，謂其陽儒陰釋，此固太過，余將略辨之於後。但宋儒確受佛教影響甚深，自魏晋以迄於宋世，佛教勢力，不獨遍佈中夏，而且植根甚深。中國民族之精神生活中，殆無不爲佛教精神之所浸漬。且晚唐五代，尤爲佛氏禪宗最盛之時。兩宋諸儒承其流，自不得不有所吸收。故其紹述孔、孟，乃壹意發明心性，及注重修養工夫，以與諸禪師相抗。其所努力之處，誠有得於孔、孟。非陰襲於禪，而故與之抗也。獨惜其僅以禪師爲敵，即以彼所講心性之學，猶陷異端。不如吾孔、孟心性之學，爲得其真。於是揚儒之赤幟以拒佛，其全副精神，只注於此。至於儒學之源遠而流分，本爲中國學術之正宗，爲晚周諸子百家之所自出，儒學積上古及三代聖明之經驗，而完成於孔子。其源甚遠，故爲正宗。諸子百家之學，無不從儒學推演而出，故云流分。道至廣大，無所不包通，費隱一原，萬物之繁，萬變之賾，皆謂之費。繁賾而莫不有理，理幽難窮，故説爲隱。一原者，萬物之本，萬變之源，而萬理之極至也。本末完具，學必極乎一原，而本始立。學必窮乎費隱，而末不遺。其視佛氏出世之教，奚止天壤懸殊。宋儒不深究儒學之全體大用，而但以心性之談攻擊禪師，自居闢佛。縱云心性爲本，然有本必有末，如木之根，是本。其莖幹枝葉，是末。未有培木之本，而去其莖幹枝葉，猶可以爲木者也。宋儒之學，謂其於孔、孟大本處，全無所見，余無非識〔1〕，何忍爲此言。謂其於聖人大本處，已見到十分，余更不可爲此言。此中聖人，謂孔子。宋儒心性之學，實於孟子理會稍近，於孔子太遠隔在。此意難言。若乃宋儒之有本而無末，則晚明諸子，已慨然痛詆之，可謂其純爲誣詆哉？顏習齋攻宋儒最力。船山、亭林諸儒，則痛詆陽明。

或曰："先生之論亦酷矣，宋儒心性之學，是其所得自盡者也。人固無全知全能，何可以一切學術責之乎？"答曰：汝不解吾意。夫能之有所止者，存乎力量。含容萬有者，存乎識量。力量有限，而識量無限也。吾竭吾力，以從事某種學術，而必知吾所學外，尚有其他種種學術。吾猶當旁治博覽，而後有益於吾之所學者乃日廣。而後吾之本所學以見諸用者，乃明通而不悖，充實而有力。若夫理道無窮，學術無窮，其爲吾力之所不得旁治博覽者，吾必尊重焉，提倡焉。世人有能創發之，或紹述之者，吾視之猶若己之有也。是則識量之無所不含容也。夫學術不同，而未嘗相悖。譬如五官百骸之異，適以成其一體，非相伐也。宋儒識量，不無可議。自典午迄於五季，喪亂既久，而出世之教又深入焉。宋儒誠欲復興儒學，則諸子百家之篇籍尚存者，與其有單詞碎義可尋者，皆當表而出之。使學子各因其性之所近，才之所長，而專治焉。鼓舞求知之風，則絶學無憂不振。而以心性之學爲中心，譬如太陽爲中心，而八大行星皆繞之以轉，無有紛亂。學術思想，須有中心，亦復如是。即大本何患不立？宋儒果能如此開拓，則吾國自北宋以來，悠悠千載間，當不至成爲今日之局。惜乎宋儒識量太隘，只高談心性，而不知心性非離身家國天下與萬物而獨存。博文之功，何可不注重？《論語》"博學於文"，古者文字，非謂文書，蓋自然與人事，皆謂之文。如天文人文等詞是也。博學者，即於物理人事，須博以究之之謂。學字有二義，曰效，曰覺。此中學字，是效義。效者仿效，轉訓爲研究與知識等義。如自然科學的知識，只是發見自然現象之公則，不以意見誣解，即有仿效義。宋儒固非全無博文之功，但其精神，只專注在人倫日用間如何存養此心此性而已。博文工夫，終非其所注重。夫存養心性，固是要着。然不可將心性當作一物事來存養，而工夫更不可拘緊。此中卻有千言萬語，難爲人説。世有智者，試以《論》《孟》與宋儒語録對照，則《論語》句句是存養心性工夫，而確不曾把心性當作一物事來持守。《孟子》便不似聖人神化，漸爲宋儒開端。然其文字間，處處見剛明爽快，未至若宋儒死煞。直到宋儒，别有一種意味難説。大概學《孟子》未得，卻受佛教影響，夾雜許多宗教氣味，大概少生氣。宋儒此等態度，於博文工夫最妨礙。如程子見謝上蔡讀史，而斥爲玩物喪志。王船山《俟解》，有一則引此，而申之曰："所惡於喪志者，玩也。玩者，喜而弄之之謂。如《史記·項羽本紀》及《竇嬰灌夫傳》之類，淋漓痛快，讀者流連不捨，則有代爲悲喜，神飛魂蕩而不自持。於斯時也，其素所志尚者，不知何往。此之謂喪志。以其志氣横發，無益於身心也。"船山本晚明大思想家，吾平生服膺甚至，但此等處，卻未脱宋儒桎梏。讀史而遇可歌可泣、可哀可怒之境，而絶不發生同情，尚得謂爲不失其心性之人乎？吾年十歲，聞先君説魏收詈南朝爲島夷，吾怒罵魏收爲犬豕。聞談《南》《北史》，胡禍之慘，吾哀憤不可抑。少時革命思想，由此而動。程子、船山必以吾當時之動心爲喪志，吾終不受此責也。船山、程子以喜玩爲劣義。其實，喜玩只是情趣悠長，而伴以思索，真知正解，每由此引生，非是劣義。科學家、哲學家等，於其所研究之諸問題，若無喜樂玩索之心，其尚得有所創發乎？孔子入太廟，每事問。書生初入太廟，於未曾見之禮器，未曾習之禮儀，自有喜樂玩索之情，不得不問耳。而朱子必釋曰"敬謹之至"，則將孔子當時一段活潑潑地精神，説成死板矣。子在齊聞韶，三月不知肉味。此事若不出自聖人，程子定呵爲玩物喪志。然夫子若不如是，又何能自衛反魯，正樂，《雅》《頌》各得其所耶？兩宋諸大師，其睿智何可及。然於博文方面，終無甚發明者，蓋其宗教氣味過重，將心性來作一物事持守。如此而言存養，何得博究物理人事而有創見乎？宋儒於博文工夫，實未注重。以其視求知之欲爲存養之障故耳。余以爲，學者須自識得仁體或本心，遇事只憑此心，向正當使用處，努力去使用。如春雨溉百昌，隨一微草，均以全雨量，盈盈溉將去。心之發用，元自充盈活躍，焉得於用心處，便以玩物爲戒耶？

世間各種思想，各種學説，參稽互較，觸類引申，經驗益豐，神思愈啓，於是而新理發見焉。今宋儒所嚴守者四書。四書誠精要，而宋儒則以己意解四書，不必盡合四書本旨也。宋儒研六經，亦以研四書者研之。諸子百家，佚文碎義，尚可考者，宋儒預懷屏斥異端之成見，都不省覽。或稍涉獵及之，如於老、莊等。亦弗肯虚懷深究其得失也。宋儒大抵任胸臆過重，而以博稽衆説爲外馳，將無益身心，此其識量所由隘也。《論語》："子曰：'攻乎異端，斯害也已。'"端，緒也。異者，思想之發端不必同。諸子百家，各立學派，唯其思想發端處互異。《易·繫傳》所謂"百慮殊塗者"是也。古今一切學術，各於真理，有其見到之方面。亦各有所蔽，而不得見到其許多方面。故任異端之競其明，從而觀其會通，則必於真理多所發見矣。善學者不必自守一家或一先生之言，以攻擊異端。故《中庸》云"道並行而不相悖"。若攻異端而不相容，則將以自封者自害。此聖人垂戒之深意也。而程朱諸老先生解此章，則以異端爲不合正道，遂訓攻爲治，謂治異端即自害。聖人識量，豈若是狹？與《中庸》之言，明明不合。孟子以闢楊、墨自任，至詈以禽獸。夫楊朱之説，見於《列子》者，誠爲頹廢之極。自私者必至頹廢，孟子闢之誠是。墨子之學，足與儒學互相發明，云何可闢？孫卿非十二子，亦過當。大概戰國季世之學者，識量已狹，孟、孫大賢弗能免。宋儒未學孫卿，而中孟子之毒已甚，此可慨也。夫學術異者，於其謬誤，宜予彈正，而不可根木斬伐，不可任意輕詆。漢以來，吾國學人，最缺乏識量，至宋而益隘。漢以後，學術思想日趨簡單。漢、唐尚注疏，則群習於是。宋、明尚義理，亦群習於是。清人張漢學，又群習於是。風氣已成，衆盲共趨之，不知此外更有新天地，此吾國人之劣性也。向者漢學家，力伐宋學。今之所争，不必在漢宋，而更在中西。今日只有中西之争。舊有漢宋之争雖未已，但漢學則托於科學方法及外人考古學等，而藉西學以自文。宋學只合以中國哲學自尊。故漢宋門户，無形化爲中西之分途。後生稍涉西化，又力伐中學。此與六朝、隋、唐之浮屠力伐儒道者，如出一轍。清末守舊者，惡言西學。今此輩殆盡，而所患者，又在後生不樂求其所固有也。吾因論宋儒之果於自畫，而深感識量重要。世有大心之士，當不以余言爲河漢也。

宋儒闢佛，而不肯研究佛家教理。不獨無以服浮屠之心，而佛法之得失，即在儒家後學，亦無從了解。徒守固陋，授人以口實，此何爲者？余嘗言：自佛教入中國，其長處，如因明及解析術，已不爲中國人所吸收。當初非無大師能有此等長處者。如肇公雖無因明著述，而《物不遷論》，湛深名理。奘師留印，頗善因明。但自窺師以下，治因明者，章疏雖多，只是翻弄名詞，而於學理，無甚發明。及空、有二宗俱式微，而善名理者幾絶迹。又就止觀法論，如杜順、華嚴初祖。智者天台初祖。及宗門諸祖，或功修不淺。什師門下諸賢，如生、融、肇、睿等。則未知如何。奘、基諸師，努力宣譯。思維之功多，而静慮有所不暇。静慮，猶言禪定，義同止觀。静亦止義，慮亦觀義。静慮之慮，與常途所云思維者，境界迥别。慈恩後學，謂相宗。章疏繁蕪。擬諸儒門考據之業，其病相類。向者宜黄大師《抉擇談》，表章《唯識述記》八種。此誠治《唯識論》者必要之參考書，但繁蕪過甚。吉藏《中論疏》亦治《中論》者所不可少。其於生滅與不生滅，頗主圓融，蓋本《易》《老》之旨。惜未能闡其義，而翻弄浮詞亦太多。《華嚴疏抄》，文既過繁，而於經旨，鮮有所發。然欲了解華嚴宗主張，此書不可不看。總之，前賢注疏，精覈者少，此難具論。唐以後，更不足言。唯肇公《維摩經注》文華而恉遠，然實以《老子》義傅會之耳。佛家學説，在中國思想界之影響，雖普遍而深遠，然得其真相者，恐不甚多。六朝高僧，大概以老、莊援附佛法。什師門下，猶未改此習也。奘、基較得相宗之真，然相宗在印度，似亦離釋迦及龍樹等本旨漸遠。唐以後，宗門爲盛。其派别複雜，吾亦未之甚究。大概同印度傳來本意者不能多。中國人喜説佛教全在中國，蓋好爲影響之談與虚誇之習，吾甚不取也。然凡學説與思想之演變，即在同一民族，而後嗣不能無改於前哲，況其移植於異國異族者乎？此固無足怪者。

中國人所受佛教之影響，實亦多害而少利。一、秦漢以後，郡縣之局，中國人已漸趨頑固與惰廢。魏晋老、莊思想之興，不僅爲反東京名教而已。實亦環境使然，重以胡禍之烈，而中國人一致皈命法王。自是，而固有儒家之宇宙觀、人生觀，如所謂天行健，宇宙觀。君子自强不息，人生觀。則已受度脱生死海之法音之影響，而漸起變更。此爲不幸之大者。

二、中國人本淡於宗教信仰，唯賴有高深博大之儒家哲學，足以引人反己而自識真理，體神化不測之妙於人倫日用之間。體神至此爲句。自性真實，無須向外覓天帝也。自性自盡，心即性也。本心自有擇善之明，知善之當爲而爲之，知不善之當去而去之。如此做到極好處，便是盡性。盡之爲言，不使吾性固有之善，有所障蔽不顯也。無可懸想趣涅槃也。自性，生生也。思誠，以存生之理。積健，以順生之幾。《詩》不云乎："夙興夜寐，毋忝爾所生。"中國人以此自信，善莫大焉。及佛教思想輸入，中國多數人，一方有幾分迷信，一方又難起真信。此觀於歷代文人與名士之信佛者，而可知其情也。即觀於今之貪夫敗類如軍閥、官僚、商人等信佛者，而更可知其情也。謂若輩不信歟？則肯念佛誦經，作法事功德。謂若輩果信歟？則貪利，貪勢，而仍希福果，不肯出世。夫真信而能出世，要不失爲超脱。若信而又若信不及，不能發起出世堅固心，惡機愈深，而善根早斷。其人生觀，只是依違於模棱兩可之間，毫無認識，毫無氣力，此更爲中國人之悲劇。今時流俗信佛者，吾且不論。昔人若顔之推，吾讀其《家訓》，覺其人甚有意思，然不能奮起驅胡，又不能著書發明政治社會思想，又不能高蹈，又不能死。俛仰鳥獸之廷，且教其子以仕宦之道。其無氣力乃至此。讀其書，固於人世懷慘怛之忱者，而其人生態度乃爾，何哉？細玩《歸心篇》而後知顔氏怵惕於因果，冀望於來生，其受佛教影響甚深也。吾國《詩經》，最足引人對政治社會發生問題。《離騷》以美人芳草，隱寓去惡濁求美好之思，蓋不忘乎淑世者。魏晋以後詩文家，大抵直接或間接受佛教影響。其有吉凶與民同患之心，用《易·繫傳》語。足以發揚人類精神，使皆有以共奮於日新富有之盛德大業者乎？蓋無有一焉可語於此者。太上寄興清幽，托懷冲曠。陶公爲最。其下感懷命運，以仕途榮悴爲悲歡，其卑賤等諸糞蛆而已矣。夫逍遥物外，下流卒歸頽廢。蒙莊始盪微波，而佛教盛助狂瀾。即魏晋以後之詩文，而觀中國人之人生態度，吾哀儒學精神早喪，而吾民族之不振，非無故矣。佛教之反人生思想，自今不可復雜分毫。剛健變化，日新富有，一本於生生之仁。吾《新論》之所謂闢也，即用而識體也，是《大易》之遺意也。諸有志者，盍興乎來？或問："先生既反對佛教之人生觀，而《新論·明心章》分述禪與儒，禪學雖多變改，而其出世觀念，究未有變，何乃參雜禪法？"答曰：佛家發明心地，莫妙於禪，學者不可不參觀也。歸寂意思，如可全廢，則孔子何故曰"仁者静"乎？寂而生生，所以異乎迷亂之生，所以謂之仁也。《新論》略述禪師公案，於認識心體，頗資啓示。而歸宿於孔門之仁，所宗在此。則禪與吾儒之不同處，對照分明，毫無淆混。《新論》，正未許粗心讀過。

三、中國人對於佛教而發生一種莫明其妙之信仰。比丘居士，誦其書者，顧罕得其真。於是談空有、説玄妙者，至有以儱侗顢頇、無義據、無實解爲不着相，以拉雜混亂爲玄之又玄。凡名士有浮慧而不肯務實學者，鮮不佞佛。其無頭腦者，尤樂剽竊佛典，以自文其鄙陋。古今多有此輩，甚可厭惡。義理自有分際，切忌儱侗與拉雜。佛家雖善分析，而多逞空想幻想。又喜翻弄名詞，又每隨説隨掃。談理至極，不可滯於言説，非掃不可。然不善會者，卻因此成病。今有謂空宗爲不承認有本體者，是般若爲空見外道矣。故不善學者，其頭腦易受病，其思想難清晰。余嘗謂佛法在中國，殊少好影響，而聞者每不謂然，盲俗之難悟也，豈不惜哉！學術晦塞時，宜提倡獨立研究，宜提倡批評。宋儒在當時，若能深研教理，而予以公明之評判，則其裨益於中國學術者，必非淺鮮。惜乎宋儒徒務深閉固拒，不求了解人家得失，此其所以自陷也。

今總結前文，而申明吾之主張曰：讀經，決不宜孤守一家言。晚周諸子百家之學雖久絶，苟得其意，則吸收西洋科學、哲學，猶有起衰興滅之樂也。佛家思想，雖不無病，而其高深處，要未易及。凡治哲學者，不當忽略佛法而不求。但須保持自由研究精神，注意哲學方法，勿遽陷於教僻而後可。

復次，如前已説，有釋經之儒，以注解經書爲業。如治訓詁名物等等者是，校勘亦屬之。此復爲二：其嚴守家法者，曰專門。曆算等學，方是專門。注解之業，而被以專門之名，畢竟不合，但行用已久，姑仍之。其不主一師，兼資異説者，曰通學。如鄭康成解經，糅雜今古。有宗經之儒，雖宗依經指，而實自有創發，自成一家之學。即其思想自成一體系。如韓非所舉八儒，孟、孫二子之書尚在。此皆各有創見，各自名家，但以六經爲宗主而已。宗經之儒，在今日當謂之哲學家。發明經學，唯此是賴。注疏之業，只爲治經工具而已，不可以此名經學也。而世儒所舉經學一詞，乃以指目注疏家。注疏家，亦名考據家，亦號經師，亦可名爲經生。二千餘年，經學亡絶，宜其不辨學術性質也。

近世言儒學者，有漢學宋學之争。漢學一詞，本始於清人之反宋明而上追兩漢考據之業。宋學一詞，本指兩宋濂、洛、關、閩諸大儒心性或義理之學。欽夫、伯恭皆朱子同調。永嘉一派，亦伯恭開之。其實，言宋學即已攝明學。明學以陽明爲主，陽明仍是承兩宋心性之學，但自有創發，且與陸子較近。其視伊川、紫陽，即入手工夫不必同。而陸、王之徹悟，實有高過於程、朱者。此心性學之内部，所以有程朱、陸王二派之争。亦可云宋、明之争。但如對漢學而言，即對考據之業而言。則陽明固是程、朱、象山後嗣，即明學統於宋學，不須别出言之也。

晚明諸儒之學，明季諸子，今人多列入清初，此甚無理。雖多力反陽明，且上詆程、朱，然諸儒根本精神，自是宋學。後當略説及之。

漢學全是注疏之業，蓋釋經之儒耳。宋學於心性或義理方面，確有發明，衡其學術，蓋哲學上之唯心論者。明儒便立心學之名。其思想甚有體系，其所造極深邃。明儒陳白沙曰：“斯理也，宋儒言之備矣。吾惡其太嚴也。”白沙此評，其胸中元有千言萬語，無法向人道。斯理是何等道理？云何見得宋儒言之備？又云何見得太嚴？又云何惡之？後人既不會白沙意，亦不復求之。真可痛惜。白沙天資甚高，所以能見宋儒得失。晚明習齋諸儒，其評宋儒，已多失當。至清人則皆爲狂犬之吠矣。嗚乎！論學談何容易哉。宋儒因受禪家影響，不注重辨析，而宗教氣味頗深，難免迂固拘執等病，此其短也。要之，宋學自是哲學，本非以注釋經書爲務者。宗經之儒，古有孟、孫諸賢，後世則宋學家亦其流類。夫漢學，但治文籍，而搜集其有關之材料已耳。清世所稱經學大師，其成績不過如此。宋儒則窮經而能得意於文言之外。《易·繫傳》曰“書不盡言，言不盡意”，此先聖苦心誨人語也。今人必謂義盡言中，此則三家村較晴量雨之言，可作是説。聖賢所窮者極其大，所造者極其微，其深遠之藴，何可於文言中表達得出？文言畢竟如筌蹄，要須會意於文言之外耳。其學主反己，而天下之理得。《禮運篇》曰：“不能反躬，天理滅矣。”鄭玄注：“反躬，猶言反己。”按反己二字，確是孔、孟最上一着工夫。宋學能尋此血脈，而勿失之。工夫是否做到好處，乃別一問題。其認定此項工夫去努力，則不容忽視。天下之理得者，言自反而識得吾生之真，則萬化之源，萬物之本，無待外尋。吾與天地萬物，非有二本故。此就源頭上立言也。由實踐以契真源，宋學精神在此。其所自得者深，豈爲注疏之業者可測其中藏哉？漢學家每以空虚薄宋學。其實，程、朱、陸、王諸大師，探造化之微，究天人之故，其思理深邃，其生活充實，庶幾宗廟百官之美富，空虚云乎哉？或曰：“宋學短於致用，故不免空虚之譏耳。”答曰：漢之所考覈者，果爲何事，其空虚不又甚乎？雖宋學未識先聖之全體大用，而於本原處，要自有所認識，未可薄也。聞今人談學術史有欲泯漢宋之界者，不知漢學僅爲治經之工具，此等工具，爲宋學家所必須留意不待言。宋學纔是一種學術，即是哲學。實乃宗經而特有創發。二者不容混視，何須深論。若謂一人爲學，於漢宋宜雙脩兼備，此則另是一事。而漢學、宋學之類別不可紊，則有識者當不以余言爲妄也。

漢學畢竟是學術界萬不可少之工作。凡讀古書者，於其訓詁、名物、度數等等，度者，度制。凡社會組織與政治上一切制度、法令，以及禮俗等等，皆屬度制。數者，數量。一切事物，莫不有數量存乎其間，故考據之業，亦須通數學。若茫然不知，則與不曾讀書者何異？如此，則古人之精神遺產，吾實未能承受之，是自處於孤窮也，不智孰甚？孔子曰：“小子何莫學夫

《詩》，多識於草木鳥獸之名。”又言夏、殷之禮，而傷杞、宋之文獻不足徵。則孔子如生乎後之世，其必不忽視漢學可知也。大凡注重哲學思想者，其讀書，於考據方面决不輕忽，而亦决不能如考據家一般精博。因其爲學路向不同，其致力處自别。彼之從事考據，大抵視其思想之路向，與構成其思想體系之所需要者。如《論語》一書，考據家讀之，於訓詁名物等等方面，均須詳考爲佳。而哲學家讀之，於名物等等，若無甚關於彼思想中之所急須參考者，則不妨闕疑。余嘗言：各人讀書之注意不同，正如多人入山，其注意各别。樵者入山，只求薪木。工匠入山，只求建築材料。畫家入山，只領略自然神趣。善讀書者，須識此意。漢學家見宋儒考覈有未審處，便詆侮無所不至，此甚錯誤。漢學家補宋儒考覈之所不及，固其宜也。若以其注經有未審，而遂輕視宋儒學術，則大不可。然宋學家治經，如能創通大義，另有發揮，自屬重要。而注經於訓詁名物等等，不肯闕疑，則亦非注經之道。漢世經師，約有數善。一、保存古義，功不可没。二、服膺經訓，確立信條，躬行甚篤。如孝弟力田等信條，漢人特别提倡。一切道德，均依此根本信條發生。孝弟爲萬德之萌芽，力田即注重勤勞與自食其力。故漢人篤實，無僥倖之風。但至東京，此意漸衰。三、通經致用，非徒侈博聞，事箋注。但其致用，只在帝政之下言匡濟。如輔君德及用人行政方面，竭力以圖功效。自漢以迄於清世，所謂名儒名臣，經國濟民之大業，不過如此。至於社會及政治上許多根本問題，如君主之權力，及貧富不均等等，漢以來儒者，似少能注意。因其只爲考據之業，未知於大處用思故耳。然昔儒能留心當世之務，大而宰天下，小而一官一邑，一旦居職，能切實奏效。漢世公卿與循吏，至今爲美談。四、西漢之儒，其尊信經義，期見之實行，至有犯死而不安含默者。如眭孟、蓋寬饒等，欲實行經説中天下爲公之旨，乃悍然據經義，上書皇帝，請其退位。當昭、宣之世，朝無莽、操，野乏伏戎，其本人又無私黨，而純以崇信經義之故，遂以求賢禪位責天子，至殺身不悔。此等精神，至爲偉大。但至東京，則桓榮之徒，以治經干禄。後世經生，益不堪問。漢學有四善，今之學者，所宜恭敬奉持。

清儒雖以漢學自標榜，然從許、鄭入手，只以博聞是尚。於西漢經儒之整個精神，全無所感。清人托於漢學，實已喪盡漢學血脈也。然清儒旁搜博考之勤，亦有足稱者。由治經以及於天文算學，乃至子史。逮清末，而諸子思想漸昌，得與西洋思想相接納。如嚴復評點《老子》，頗以西學相發明，章炳麟表章《墨辯》，梁啓超等提倡《荀子》。諸人雖無所發揮，然已引起學者注意，足以開鬱滯而起求知之欲，乃可吸收西學也。千載歇絶之佛家相宗，亦乘運而興。晚明王船山首研相宗，而後無繼者。至清末，楊仁山學佛雖宗賢首，而於相宗極提倡。其弟子歐陽竟無遂盛弘斯學，幾越唐賢。章炳麟於此宗致力亦勤。語言文字之學，更蔚爲大國。金石文字之研究，爲近日發掘工作之先導，大有助於古史。今之利用發掘物，而逞臆論古者亦不少。所望有純正謹嚴之學者，能正其謬。清儒最得力處，在其治學方法。胡適之曾有一文論之，玆可不贅。向者梁任公每頌清儒董理之績，擬諸歐洲文藝復興，余意未足相擬。歐人文藝復興時代，自有一段真精神。申言之，即其接受前哲思想，確能以之激發其内在之生活力，而有沛然不可禦與欣欣向榮之機。沛然者，充實與盛大貌。否則能有善果乎？清世帝王，以邊地夷人入主，古之所謂夷狄，乃野蠻之稱，並非謂與漢族不同種也。大興文化事業，網羅天下知識分子。朝廷開四庫館，廣事編述。地方則省府州縣，各設志局。全國知識分子，無論大小，可謂網羅殆盡。清儒爲學之動機，無非爲名爲利，樂受豢養而已。清世名儒，在京師則交接王室與公卿，在外則投封疆大吏幕府，乃至州縣衙署，亦畜佳賓。江藩《漢學師承記》首列無恥之閻若璩，一代衣缽之傳，實在乎是。清儒以名利之私鼓其中，而聰明亦足供博覽之用。以宋學之不便於己也，則大踣擊之，而以無用之考據自逞。漢儒尚能講求當世之務，清儒無是也。王船山《噩夢》論漢代賦税，寬農民而多取之商賈，且有國營事業，其政策爲後世所不及。船山云："人各效其所能，物各取其所有，事各資於所備，聖人復起，不能易此理也。且如周制，兵車之賦，出於商賈。蓋車乘馬牛，本商之所取利。而皮革金鐵絲麻竹木翎毛布絮之類，皆賈之所操。是軍器皮作火器各局之費，應責之於商賈也無疑。如曰税重則物價貴，還以病民，乃人之藉於市買者皆自度有餘，而非資生所必藉。非若粟之一日不得而即死者也。”又曰：“凡諸軍國所需，取鐵於冶，取皮於原，取竹木於林，取絲於桑土，取麻絮於園。或就民而税，或官自畜植，按即國有。又不必盡責之於商賈。乃後世國計盡弛，悉授之末業之黠民，而徒責之於田畝之征。”又曰“漢之所以舒農民而培國本者，非後世之所能及”云云。愚按今之亂政，剥削農民，而縱官僚資本主義者壟斷全國之利，此爲漢法所必不許。漢時經儒立朝者，於國計民生，確能熟籌利病，而施諸有政。可見漢儒通經致用，實堪擔當世事。漢治之賢於後世者不一端，惜乎治史者多爲無謂之考據，不能於有價值之問題去留意。清人如龔自珍輩，亦稍能見及當時社會情形，然自珍本浮華名士，雖不無聰明，而學甚膚淺，以荒淫自了，絶無立己之道，無與民同患之誠。夫西洋思想家，皆有吾墨翟、許行之風，故足鼓舞一世，變動光明。若如吾國名士之虚詞，豈能改造宇宙乎？清末維新人士，喜標榜自珍，所以有今日之局也。哀哉！漢儒嚴守信條，躬行樸實。清儒自戴震昌言崇欲，以天理爲桎梏，戴震言欲當即爲理。然既反對天理之心，即中無主宰，而欲何由得當乎？其説至今彌盛。而貪污、淫侈、自私、自利、詐僞、猜險、委靡、卑賤之風，彌漫全國，人不成人，其效亦可覩矣。

清儒之流毒最甚者，莫如排擊高深學術一事。夫學以窮玄爲極，而窮玄以反己自識真源。盡其心，而見天地之心。盡其性，而得萬物之性。天地之心，萬物之性，並謂本體。夫言乎本體，則吾與天地萬物之所同也。但以其主乎吾身，則曰心。以其爲吾所以生之理，則曰性。故盡吾之心而見天地之心，盡吾之性而得萬物之性者，以吾與天地萬物本同體故。斯爲遊玄而不失其居。《新唯識論》始於《明宗》，終以《明心》，此中土聖哲所共同之心印，吾承之而不敢墜耳。夫玄之爲言，以其理之無定在而無所不在也。非逞臆談空，可謂之玄也。非虚搆一種全無根據之空洞理論，可以謂之玄也。窮玄，而反諸自家心性，始悟天地萬物同體之實。故宇宙生生不息之無盡大寶藏，自反而即得之，毋待外求，是云不失其居。居此者，天地之日新無窮，皆我之日新無窮，萬物之變化富有，皆我之變化富有，豈不樂哉？故學術之窮高極深者，莫如談心性。生生之源，化化之本也。以上心字，皆謂本心。本心即與天地萬物同體，非心理學之所謂心也。心理學之心，亦是本心發用，然已爲形役，又雜習染，便不是元來體段，而亦成爲物矣。此不可毋辯。學必至此，而後一切學術，有其宗極。知必至此，而後一切知識，得所會歸。萬德以此而有根源，身心以此而有主宰。身心之心，即心理學之心。至哉斯學，千聖之所展轉相傳，何可一旦廢而不講！夫宋儒心性之學，遠承孔、孟。周子以主静立人極，而於静字下，自注無欲故静。則此静，非與動相對之静也，而以停止之静譏之可乎？立人極三字，的是尼山宗旨。明道《識仁篇》證之《大易》《論語》及群經，孔子之學，歸本求仁，蓋無疑義。此意已見第一講，可覆看。伊川、朱子之學，居敬爲先。敬，則徹動静，而一於仁矣。此以心之應接事物時名動，物感不交時名静。敬，只是心不散亂。動時儘自澄明，泛應曲當。静時炯然，毋有昏昧。動静一於敬，即動静皆不違仁體。《論語》及六經，大都言敬，此是孔門心法，與禪家習静工夫迥别。伊川、朱子皆有見乎此。雖不免有拘執之病，未得如孔門之自然，學者但知其病處，即不至誤學，而何可根本排斥之乎？陸子之學，以“先立乎其大”爲宗。大者，謂本心也，仁體也。《論語》所云“三月不違”，與“日月至”者，皆此而已。此者，謂本心或仁體，亦即謂大。日月至者，知及乎此，而未能立也。三月不違，則幾於立矣。三月，久詞也，勿作三數解。陸學遠紹孔門，復何疑。陽明言致良知，《易》曰乾知大始，又曰乾以易知，是良知即乾元也。乾元亦説爲仁，良知與仁，非二也。以生生不息言仁，以非迷闇之動故言知。其實一體也。宋學確承孔門心法，而言其受禪家影響者，只以其熏染宗教氣味，工夫把持甚緊。宋明儒亦皆知工夫不可把持過緊，而實則早已於無形中受此病。譬如佛家説不着，實則早已着了空寂也。孔子説話，便無所謂着與不着。故本非禪，而又不免似禪耳。禪家認識心體，何曾乖異吾儒。只禪宗未變更其出世教旨，工夫不免與吾儒異，則其於心體之證解，自有不與吾儒全同者。譬之嗜好不同之人，同吃一菜，而各人所得之甜酸等味，終有不全同者。此中以嗜欲不同喻工夫之異，菜喻心體。禪家證見心體，總是寂的意味深。儒者證見心體，只是仁。仁，本未嘗不寂。不寂，便是私欲起而爲障，非本心也，非仁體也。孔子説“仁者静”，此静字，不與動對，乃寂之謂也。悟此，則無疑於吾《新論·明心章》之旨。但仁體本寂，而儒家卻於生生不息方面，證會獨深，因此不至耽寂。儒家畢竟得其大全。而一味滯寂，卻是逆造化，卻是反人生。吾遊於儒佛之間許多年，經歷甘苦，實有不能爲人道者。學問豈是聞見之功，猜度爲務者乎？宋學雖不免有幾分躭寂意味，然事上磨練一語，卻是宋學共同主張，程、朱、陸、王皆然。此其所以異於禪也。宋儒失處，不妨彈正，而絕不可一味輕薄，一概屏斥。清儒徒以考據之業，不知天地間更有甚理道，遂乃悍然詆侮宋學，若非滅絶之不可者。夫六經廣大，無所不賅。而言其根極，必歸之心性。自漢以後，此意久絶。宋學確能續此血脈，何忍輕毁，又何可輕毁？心性之學，所以明天人之故，究造化之原，彰道德之廣崇，廣者繁廣，道德隨事發現，無定形也。崇者崇高，超脱小己之私故，道德即心性之發見。通治亂之條貫者也。治亂之幾，固視乎人群相生相養之制度與法紀之當否。而制度法紀之所以當者，必出於道德。道德必有内在之源泉，即心性是也。功利論者，不明此理，他日有暇，容當論之。此等高深學術，云何可毁？人生如果完全缺乏此等學術之涵養，則其生活無有根源，古詩云：“人生無根蒂，飄如陌上塵。”只是不返識自家生活根源，故有空虚之感耳。根源謂心性。而一切向外追求之私，芒然紛然，莫知所止。私者，言其純是逞小己之欲，亦即羅素所云佔有衝動。芒然，惑亂貌。紛然，繁雜貌。莫知所止，終無饜足，苦之甚也。人生永無合理之生活，不亦悲乎？清儒反對高深學術，而徒以考據之瑣碎知識是尚，將何以維繫其身心？何以充實其生活？民質不良，至清世而已極。士習於浮淺，無深遠之慮；逞於僥倖，無堅卓之志；安於自私，無公正之抱；偷取浮名，無久大之業；苟圖囂動，無建樹之計；輕易流轉，無固執之操。爲學則喜趨時尚，而無所守。喜新者不必有得於新，時尚而已。守舊者更不知舊學果爲何物，保存國粹之聲出於口，而實未曾經於心。此清末民初之情形也。

蘇聯革命，二十年而已大强。吾國自清末以來，只見腐敗勢力之逐層崩潰，而實難言革命。人材衰敝，乃至如斯。蓋自晚明諸子之没，將三百年，而士之所學，唯是瑣碎無用之考據，人皆終其身而無有玩心高明之一幾。玩心高明四字，甚吃緊。此等境界，難以言説議擬。孔子曰“天何言哉，四時行焉，百物生焉”云云，孟子“上下與天地同流”，悟此者，便超越小己，纔極高明而道中庸。學則卑瑣，志則卑瑣，人則卑瑣。習於是者，且三百年。其不足以應付現代潮流而措置裕如，固其勢也。嚴又陵嘗曰：學術之敝，至於亡國。吾於清代漢學風會，有餘恫焉。此等風會，於今猶烈。國内各大學文學院及文科研究所，本當爲高深思想之發生地，而今則大都以無聊之考據爲事。士之狃於俗尚，而無獨立創闢之智與勇，非三百年來漢學積習錮之者深歟？夫漢學家，大多數與朝貴爲緣，内而王公與達官，外而督撫大吏，皆漢學家之所依附。宋、明在野講學之風，至清而絶矣。故思想不得開拓，而以無用取容。儒學精神，至此剥喪殆盡，而可與歐洲文藝復興時代相比擬耶？晚世學人好爲影響之談，理不求其真，事不究其實，此可戒也。凡考古之學，與夫古籍訓詁名物等等之考覈，在學術界中，本應有一種人爲之。其有助於吾人稽古之需，功自不可没。然萬不可謂此種工作，便是學術，且踣擊一切高深學術，而欲率天下後世聰明材智之士，共趨於此一途。錮生人之智慧，陷族類於衰微，三百年漢學之毒，罪浮於吕政，而至今猶不悟，豈不痛哉！

現世學術複雜。科學重要不待言。而綜會各種科學思想，以深窮宇宙實相、實相猶言實體。人生真性，不能不有賴於哲學。若夫社會政治各種問題，高瞻遠矚，察微洞幽，數往知來，得失明辨，爲群衆之先導，作時代之前驅，勵實踐之精神，附説。振生人之憂患，此皆哲學所有事。現代學術，分工太細。專長雖多，而通識或少。古代哲人學術，有包羅萬象之概。今不可期之科學專家。而哲學家似應勉爲其難，上追古人博大之規。昔吾莊子傷戰國季世，“天下大亂，賢聖不明，道德不一，天下多得一察焉以自好。譬如耳目鼻口，皆有所明，不能相通。猶百家衆技也，皆有所長，時有所用。雖然，不該不徧，一曲之士也。判天地之美，析萬物之理，郭注：“各用其一曲，故析判。”察古人之全，按此言察者，小辨貌。古人之全，不可以小辨得也。而乃以小辨，失古人之全。如今之作哲學史或概論者，其於古人之學，妄以小辨，粗設條目，而謂其學如是如是。此即察古人之全也。寡能備於天地之美，稱神明之容。按有物有則，皆神明之容也。超然默識，乃應天則，以知分析，則所謂一切天則，仍屬主觀安立。故弗稱神明之容也。余言哲學以證量爲歸，安得解人而與之言，即《量論》能作，恐會心者寡耳。是故内聖外王之道，闇而不明，鬱而不發，天下之人各爲其所欲焉以自爲方。悲夫！百家往而不反，必不合矣。後世之學者，不幸不見天地之純，古人之大體，道術將爲天下裂”云云。莊生此論，若懸記現代學術界之情形，懸記猶預言。至堪驚歎。友人有贊歎莊子聰明太過，吾亦云然。其於大道，蓋不免差毫厘而謬千里，然其神解所至，確有卓絶古今者，嘗欲論之而未暇。余實與莊子抱有同感，而深冀哲學家，抒遠見以拓宏猷，張天網而羅萬有，毋墮一邊之解，佛家破邊見。邊者，偏也。今之學術，各有領域，即各有所研究之對象，而各墮一邊矣。此種邊見，自學術上分工意義言之，至爲重要。然就另一意義言之，即莊子云“寡能備於天地之美，稱神明之容”，卻是大病。救此者，不能不望於哲學。大通天下之志，庶幾其無憾哉！上庠文科學子，所應用其思力者何限，而雜駁考據之是務，老懷有深慨焉。神州浩博，黄、農、虞、夏之裔，聰明奇特士，未至遽乏。盍亦反而求其本乎？儒學廣大，無所不包通。印度人無此詣，西洋人無此詣，後生毋妄自菲薄也。

附説：哲學之爲學，是陽明所謂知行合一之學。若知而不行，必非真知，不足謂之學也。儒學精神，確是如此。宋學諸儒，其實踐精神最可敬，真能置死生於度外，何况其他艱困。惜其於社會政治等問題，不知向大處着眼，爲漢以來帝制之積習所錮。今人受西洋影響，不患知見不開，卻缺乏宋明儒實踐精神。

又按：清代漢學風氣，席卷一世。而湖湘僻壤，則晚明遺老過化存神之地，於皖吴士習，感染不深。故咸、同間，羅羅山、曾滌生之徒，獨以宋學自持。二公天資不高，於斯學鮮深造，而躬行甚篤。其精神志事，皆不愧前賢。惜其政治思想，亦承前人之失耳。

羅山早喪，滌生既任軍政，以功名自見而止，卒不能於漢學頹波有所挽救。而湘人亦自是多習漢學者矣。

或有問言：“先生之責清代漢學也，固不爲過。考據可爲也，而以是倡爲風氣，使舉世爲之，甚至三百年來之人皆爲之，則民之智德力皆無所資以含育，而國有不危者乎？雖然，宋儒高談心性，而於實用之學，未免空疏。且心性之學，偏於求静，其流失必歸緩懦。民族之衰，實自宋始。先生獨不責宋學耶？”答曰：宋儒之世，本當復興晚周學術思想之全部，惜其識量太隘，錯過此機。吾前已言之矣。然疇昔郡縣之局，人智未易發展，宋儒殆亦環境所限歟？余嘗言：宋儒之最可責者有二。一、無民族思想。二、無民治思想。典午至於北宋，胡禍已慘痛極矣。五代昏亂之小朝廷，幾皆胡主。諸儒父祖，身受其毒。中夏之衰，由帝者宰割天下，使群黎百姓無以自獻其智與力，故胡禍不可禦耳。《春秋》著攘夷之義，《論語》大管仲之功，《孟子》有民貴之論，此皆諸儒所朝夕諷味者，而乃安於現狀，一無省發，何耶？孫復鄙陋，托《春秋》而張尊君之邪説。邪説既昌，夷狄以鳥獸行，戮辱兆庶，而干天位，則尊之親之。盜賊以鳥獸行，戮辱兆庶，而干天位，則尊之親之。乾坤毀，人道滅，可痛孰甚！《春秋》書弑君之事，稱國以弑。明君無道，國民當行革命也。而復乃釋曰：稱國以弑，舉國之衆皆可誅。以鄙夫之心，厚誣聖文，逆天理，禍生民。周程諸老先生不能正其謬，崇其邪説，流毒千年。直至歐化東來，而邪説始息。豈不哀哉！夫古之夷狄盜賊，非有機械化部隊也。神州之大，群衆之盛，如諸儒能闡明孔、孟民治等大義，以開發衆智，固結群力，則胡禍何由猖獗？盜賊亦無從發生。而吾民族元氣早固，何至凋喪以迄於今日耶？胡氏親受胡禍，而傳《春秋》，力主復仇。復仇者，爲趙氏復仇，仍本孫復尊君之旨。趙氏之爲德於兆庶者幾何？而可生其同仇之志哉？《春秋》内諸夏而外夷狄，即闡明古代民族思想。楚雖强大，而中原之民，隨桓文以捍患者，有以固其志也。胡氏卒不悟此，孫復蔽之也。宋儒壹意反禪學，只知追尋孔、孟心性之旨，而於治平之道，無所創悟。讀經至此等處，只是依文訓釋，而未究其旨趣，一如漢儒之所爲而已。且自魏、晋以迄炎宋，佛教盛行，宋儒生長於宗教之空氣中，雖起而圖改造，終有幾分宗教氣味存在。凡宗教家對社會政治，决難爲非常之激變，而出世之教尤甚。

雖然，汝謂中國之衰自宋始，便大謬。謂心性之學必流於緩懦，更誤。汝試讀孔子“十五志學”一章，謂其非心性之學乎？而晚周諸儒，皆活潑有用。其見於《儒行篇》者，猶可考見，何曾有緩懦之弊！孫卿之制天思想，直與現代西洋思想遥契，而謂流於緩懦可乎？諸子百家，皆出自孔氏，無一不雄奇，誰謂其流爲緩懦？宋學探本心性，確有得於六經之髓，其工夫不免雜禪家氣味，從而正之可也。若因此而根本詆毁心性學，則大不可也。中國之衰，萌於東漢，著於魏晋，極於五季之世。宋儒心性之學，尚有保固中夏之功，而昧者不察耳。云何東漢已伏衰象？西京士大夫，大概渾樸質實，飾僞盗名者殊少見。自東京而始有所謂名士，名士之稱，始見《後漢書》。結黨標榜，激揚名譽，互相題拂。郭林宗飾行驚俗，浮譽過情。陳仲弓號爲重厚，實乃工揣測，藏拙養望，全身遠害，鄉愿之雄也。自餘黨錮諸公，毫無學養。經世之略，全不講求。唯矜名使氣，招致禍敗。其時朝野習俗，奢淫貪污。王符《潜夫論》痛言之。《黄瓊傳》稱外戚竪宦之贓污貪冒，勢迴天地。《西羌傳》稱將帥賄賂朝貴，剥削士卒，絶無人理。《左雄傳》稱天下群牧，以敲剥爲務，謂殺害不辜爲威風，聚斂整辦爲賢能。髡鉗之戮，生於睚眦。覆尸之禍，成於喜怒。視民如寇讎，税之如豺虎。東漢學風士習，既是虚浮標榜，一切無實。社會政治之敗壞，自無可挽救。五胡慘禍，實萌於此。昔人頌美東京，以顧亭林之賢，而猶不考，信乎論世之難也。魏晋之代，慘劇始著。魏晋名爲二朝，而魏本短局，可合而言之。五胡十六國，蹂躪神州。胡騎所至，人民老幼及壯健者，皆被殺戮。婦女及成年男子，如不被戮者，即掠而驅之爲奴，供其淫虐。每一胡帥，有畜奴至三萬以上者，最少亦千餘。《北史》具在可考。胡人凶頑如鳥獸，士大夫乃相率服事之。起朝儀，立制度，居然中國帝王。當時士大夫豈復成人類耶？胡禍近三百年，至隋文而始定。唐承其業，僅太宗一朝爲極盛。

安史亂後，藩鎮之禍，延及五季。藩鎮幾皆胡産，胡性貪殘，人民受荼毒不堪。自典午至五季，悠悠千祀，天下困辱於胡塵。周、漢以來之風教，掃蕩幾盡。當東晋時，雖保有南服，而南人亦深染胡習。諸名士食禄昏庸之朝，淫侈放誕，清談誑世，居然衣冠禽獸。即諸文學名家，閱其作品，辭則麗矣，中無情實。中原淪陷，民生涂炭，誰復念及此者？人心死，人氣盡，胥天下而爲夷狄鳥獸之歸。延及隋唐，僅太宗一朝之盛，何可遽變？至五季，則衰亂已極。履霜堅冰，由來者漸。宋代實承衰運，何云至宋始衰乎？謂宋學不能大挽衰運，吾固相當贊成。前已謂其不能倡明民族民治等思想。謂宋學絶無所補於衰運，余又何忍苟同？經胡禍之長久摧殘與佛教之普遍侵入，北宋諸師，崛起而上追孔、孟，精思力踐，特立獨行，紹心性之傳，察理欲之幾，嚴義利之辨，使人皆有以識人道之尊崇，與人生職分之所當盡，而更深切了解吾民族自堯舜以迄孔孟，數千年文化之美與道統之重，余少時從事革命，對宋學道統觀念，頗不謂然。後來覺其甚有意義。蓋一國之學術思想，雖極複雜，而不可無一中心。道統不過表示一中心思想而已。此中心思想，可以隨時演進，而其根源終不枯竭。卓然繼天立極，而生其自尊自信之心，自知爲神明之胄，而有以别於夷狄鳥獸。故宋儒在當時，雖未倡導民族思想，而其學説之影響所及，則民族思想，乃不期而自然發生。鄭所南、王洙、王船山、顧亭林、吕晚村諸大師，皆宋學而盛弘民族思想者也。王洙著《宋史質》，以明朝贈皇，直繼宋統。與《春秋》不許楚人之王，同一用意。楚人本非異種，以其蠻野，故以化外斥之。據考古家言，蒙古與漢族元非異種，但因其侵略中原，不得不斥絶之耳。宋學功績之偉大，何可湮没？北宋君臣，皆無雄才大略。周、程諸儒講學未久，而大命已傾，二程門人，便躬逢禍難。此未可以急效責之也。南宋則趙構昏庸而私，開基太壞。孟子云“雖與之天下，不可一朝居”，此其時矣。幸而二程門人後學，或參朝列，與權奸力抗。或在野講學，日以義理浸漬人心，朱子、張欽夫、吕伯恭尤爲聖學與國命所寄托。南宋無明主，而以杭州一隅，系二帝三王正朔之傳者百五十年，非理學之效，而誰之力歟？學者試平情而察今日人心，如何涣散，如何自私而無公義，如何僥倖倚外人而不自立自愛，如何委靡而無一毫伸張正義之氣。今人何故不成爲人，安得不於學風士習注意？南宋百五十年，畢竟是自力撑持。今之民，易地而處，當何如？元之覆中原也，則當時蒙古部族之威勢，已横行世界。歐洲所過，如狂風掃落葉，至今留黄禍之紀念。而其侵宋，猶苦戰累年，至殞一大汗於蜀土。當日宋人之抵抗，可謂不弱。少帝覆於海上，不及百年，而鄂之徐壽輝、陳友諒、明玉珍諸帝，首舉義旗，明太祖繼起，遂光復中夏。太祖之外祖父，即與宋少帝同舟溺者。身死未幾，而其女已爲開國之皇太后，光復之速如此。太祖所賴以定天下者，劉、宋、章、陶四公也。王船山《讀通鑑論》有云："昭代之興也，劉、宋、章、陶，資之以開一代之治。"按太祖初徵四公曰，朕爲天下，屈四先生。其成功即在此。四公者，皆産浙閩理學盛行之地，而服膺程、朱者也。宋濂讀佛書實無得，徒因某僧以術數動之，而佞佛耳。其所服膺者，仍是理學。方正學即承其理學之傳，且以闢佛爲己任。方正學《遜志齋集》，時稱説宋時社會風俗之美，外人遊記亦然。明朝以三江爲根據，而光復神州，則因三江之地，南宋理學諸儒遺教所被最廣最深，故光復之功，基於此也。明代疆域，北方視漢、唐稍削，而南方則過之。截長補短，差與漢、唐比隆。武功僅遜漢武、唐太二帝，而較諸唐世之屢辱於西北諸胡者，則過之遠矣。文臣善用兵，尤爲明代之特色。世人多謂熊襄愍公反理學，不知公在遼東，表章賀君，奏云：臣只惡僞理學，若真理學，臣所敬也。公實理學家，豈云反耶？清乾隆詔曰："明朝不殺熊廷弼，我家不得入關。"公之繫民族興衰者如此其重，而《明史》爲東林餘孽所修，致公之盛德大業不彰，故附記於此。理學跨越前代甚遠，黄梨洲之言，確爾不誣。明儒對禪宗之了解，比有宋諸師確深。其離禪而卒歸之儒也，大抵由歸寂而證會生生。其所得甚深，余欲得暇而詳論之，卻鮮此暇。蓋自陽明倡學南中，承朱子而去其短，宗象山而宏其規，灑脱而無滯礙，雄放而任自然。其後學多有擒生龍搏活虎手段。奇哉偉哉！宋學傳至陽明，乃别開生面。當此之時，君昏於上，學盛於下。自是而思想自由，人材衆多。以逮晚明諸子，學不囿於一途，行各踐其所知，庶幾晚周之風，可謂盛矣。清儒以考據眼光，輕薄明儒最甚，何損日月之光，適憐其螳臂而已耳。使明季不亡於滿清，則中夏之隆，當以文化沾被大地。余嘗言，明季漢族力量甚盛，本不當亡於東胡，然而竟亡者，則忠君思想誤之也。宋學短處，在以忠君爲天經地義，不可侵犯。始於漢，至宋而孫復益張之。當時張江陵、熊襄愍之雄才大略，如取而代之，或民主，或君憲，襄愍、江陵，皆有賢嗣，可以繼世。則中國萬不至亡，雖百東胡無能爲。然而二公不敢革命者，忠君二字阻之也。江陵爲一有力之責任内閣，延明祚者數十年，而天下猶惡其無君。襄愍爲東胡所畏憚，而東林必致之死。襄愍《獄中與友人書》有曰："環顧宇内，實無第二人。弟之命，可遽斷乎？"襄愍自知之明、自負之重如此。夫然後而東胡之必入關也，勢不容止矣。王船山《黄書》，倡可禪可革之論。蓋傷明季之天下，誤於忠君，而延頸以待東胡之宰割也。嗚呼！此真痛心事也。明季不亡於東胡，吾國家民族，决不至此也。夫自東漢至於炎宋，吾族類之衰已久矣。兩宋諸儒，始上復孔、孟。以心性之學，義理之教，含茹斯民數百年。革鳥獸之習，去胡俗。又拔之寂滅之鄉。朱子嘗言人生職分所當盡，此義廣大極矣，惜學者多不深思。而宋學之異出世教者亦在此。陽明先生，益發揮光大，而後吾民之智德力猛進，以啓大明之盛，猶春草方滋未已。吾謂宋學有保固中夏之功者正在此。歷史事實彰著，其可誣哉？清儒受東胡收買，最薄明朝，今人猶受其迷。明代國力之盛，與學術思想之趨於日新，及人才之奇特，皆漢以後所未有也。唐視之猶遠不及，只太宗一世故也。若就思想論，漢人守文而已，猶不如明也。孰謂明朝可薄乎？清儒感東胡之收買，而追憾明之廷杖。又以宋、明純是理學時代，而以考據受豢養者，必反對宋、明。吾民族之復反於衰，實自清始。此不可不察也。夫明代之盛，由理學諸師在野講學之效，本非帝王之力也。然明之諸帝，亦有未可厚非者，此姑不論。明季不幸誤於忠君思想而致亡。當時學者甚衆，皆竄伏田野，力圖革命。最著者，如亭林之赴陝，船山之奔走梧溪、郴州、耒陽、漣邵間，皆欲圖大事。至勢無可爲，則著書以詔後人。使清儒能繼續其業，無受東胡收買，以無用之考據取容，則光復之速，必更倍於元季。何至摧殘三百年，以成今日之局哉？嗚呼！學絶道廢，人心死，人氣盡，人理亡，國以不振，族類式微，皆清代漢學家之罪也，而可誣詆宋學哉？

宋學約分五期：

一、肇創時期。周子、二程、横渠、堯夫，皆宋學開山。而伊川年事較輕，吸收較廣，講學著書較久，受患難較深，剛大不可屈撓之氣，亦感人最深，故爲學者所宗。

二、完成時期。朱子生南宋，值理學被禁幾絶，獨起而弘揚之。北宋諸大師遺書，搜集編訂，以授學者。又徧注群經，以及於史。曆算等學，無不研尋。地質且有發明。考據之業，實導先路。朱子願力甚宏，氣魄甚大，治學方面頗廣。其真誠之心，與勇悍之氣，可謂與天地同流。朝野奸邪構害雖烈，初不以死生易慮。宋學蓋完成於朱子。張欽夫、吕伯恭、陸象山兄弟，則皆與朱子相爲羽翼者也。而象山之學，獨與朱子有異。

宋學自其初創，以至完成，其最大之功績，略言之：（一）自魏晋以來，經夷狄與盜賊長期蹂躪，人道滅絶之餘，印度佛化，乘機侵略。諸師始表章六經，尋堯、舜、禹、湯以至孔、孟之緒，明道統之傳，使人知人道之尊嚴，與中夏文化之優越，卓然異於夷狄。吾人知所以自尊自信，故元清以邊疆夷俗入主，一則不久而覆，一則完全同化於中原禮義之教。吾人自尊自信之潛力，宋學養之已深也。（二）六經浩博，漢唐以來經師考據之業，於六經之大道，茫然無所究明。諸師始教人反求之心性，而又特標四子書，以明六經宗趣。於是聖學的然可尋，人皆知心性之學，當實踐於人倫日用之地，而耽空溺寂之教，異乎聖道。

三、宋學初變時期。宋元學者，皆誦法程朱，明初猶然。及陽明先生崛起，龍場一悟，始以致良知教學者，其學與朱子大異，而與象山較近，是爲宋學初變。

程、朱之學，歷宋元及明代，傳習日久，大抵注重踐履，守先師語録甚嚴。而於本原處，無甚透悟。學日益隘，人日習於拘執。故陽明先生發明良知，令人反己，自發其内在無盡寶藏與固有無窮力用，廓然豎窮横遍，縱横自在。莊生所云自本自根，朱子咏塘水詩所謂“爲有源頭活水來”，差可形容。宋學至陽明，真上達矣。陽明雖發見良知真體，而禪與老虛寂意思究過重。吾《新論》談本體，雖申陽明之旨，而融虛寂於生化剛健之中，矯老、釋之偏，救陽明之失。於是上追《大易》，範圍天地之化而不過。人生毋陷於迷亂，毋流於頹廢，其在斯乎！

四、宋學再變時期。晚明諸子，值東胡内侵，乃奮起而致力於學術思想之改造。是期之學者，大抵反陽明，而於程、朱心性學之根本精神，則確守而益加虔，以矯王學末流狂放之弊。然諸儒皆嚴毅而不至拘礙，廣博而備極深厚，崇高而不失愷弟，《詩》云：“豈弟君子。”言平易近人。是其矯枉而無或過正，所以爲美。

此期學者甚多，思想派别，亦極複雜，此中不及詳。但總舉其優點，約有五：

（一）爲學尚實測，堪爲近世西洋科學方法輸入之强援。明世王學，其長處在理性之發達。宋儒受外來佛教精神之震撼，諸儒雖反佛，甚至昌言駁輪迴，而實則皆深受輪迴説之影響，其精神生活中，極富宗教氣味。及傳統觀念過重，尊孔孟，而過於排斥異端。故理性受拘束。自陽明指點良知，而後去其障蔽。然王學末流，不免流於鑿空。故船山、亭林、習齋諸儒之學，皆注重實用。其爲學態度，皆尚經驗。言治化得失，必徵諸當代實情，而復考歷史，以推古今之變。如船山《讀通鑑論》《宋論》等，其政治及社會思想，乃漢唐以來諸儒所不能發。亭林《天下郡國利病書》皆周流各地參訪，而山川險要，每詢諸老卒。窮義理之奥妙，必本諸躬行實踐，而力戒逞臆談玄。如船山、二曲、習齋皆然。亭林於義理方面，悟解似不足言。但確守程、朱遺教，躬行切實，堂堂巍巍，有惇大氣象。諸儒注重實用與實測，乃王學之反響。此等精神，清儒早已喪失净盡，直至清末，始漸發露。而西洋科學方法輸入，賴此爲之援手。

（二）民族思想之啓發。自孔子作《春秋》，昌言民族主義。即内諸夏而外夷狄是也。夏者，大也。中國人有大人之德。但其諸夏夷狄之分，確非種界之狹陋觀念，而實以文野與禮義之有無爲判斷標準。凡凶暴的侵略主義者，皆無禮無義，皆謂之夷。故《春秋》之所謂文明者，不唯知識創進而已，必須崇道德而隆禮義。否則謂之野，謂之夷，等諸鳥獸，必嚴厲誅絶之。《春秋》大桓、文、管仲之功者以此，俟講《春秋經》時更詳之。此《春秋》之民族思想，所以爲正義之準繩。而近世言民族思想者，皆狹陋之種界觀念，爲獸性之遺傳，乃正義之敵，太平之障，正《春秋》之所必誅也。漢人治《春秋》，皆不明孔子之民族思想。唯晋世江統，著《徙戎》之論，稍識此意。而當時朝野無識，不知人禽大辨，卒釀五胡之禍。自是而士大夫之降於夷狄鳥獸者，乃至尊之如天，親之爲父。至魏收作史，反詆江左正朔爲島夷，直是糞蛆不若。唐太宗雖得統於北，而不忍於收之所爲，命李壽正其邪迷，則太宗猶知《春秋》大義矣。而經儒卒無能發明者，豈不異哉？孫復親見五季群胡干天位，而魚肉夏民，乃唱尊君邪説。胡安國猶踵其謬也。自是而夷禍乃益烈。非思想錯誤，中夏何遽至是哉？明季諸子，始盛揚民族思想。在其前者，雖有鄭所南《心史》，王洙《宋史質》，而均無人注意。及至王船山、吕晚村、顧亭林諸儒，則發揮光大，千載久閟之義，一旦赫然，如日中天。晚村在當時，宣傳最力。晚村學宗程、朱，而深惜程、朱未明此義，願救其失云。船山著書極多，深憤中夏聖作明述而成爲崇高之文化，乃人道之極隆，不幸爲夷狄鳥獸所殘毁。深憤至此爲句。其書字字句句，皆悲心流露。世人徒知《黄書》。其實，船山各書，隨在可見其民族思想之活躍。直至咸、同間，始由曾滌生刊行，而影響於清末之革命思想蓋甚大云。亭林之言，見於《日知録》。清人刊行此書時，悉删削其關於民族思想之議論。今人發現原稿，而已不全矣。是時提倡民族主義者極多，但其人與書多不傳，此可惜也。如吾鄉明季有易明甫、何士雲諸先生，皆以諸生倡大義於閭里，爲漢奸于成龍所戮。《戴震文集》有于傳，乃盛美于。先儒之民族思想，皆爲尊人道，賤獸行，伸正義，抑侵略，進和平，除暴亂，决非懷争心而與異種人爲敵也。此《春秋》之大義也。

（三）民治思想之啓發。船山《讀通鑑論·晋論》有云：“有聖人起，預定弈世之規，置天子於有無之外，以虚静統天下。”詳此所云，明是虚君共和制。其曰預定弈世之規，則主張制定憲法甚明。惜乎清末學人太陋，少有能讀船山書者。康有爲曾言：“船山精矣，而艱深太過。”有爲以文人而治考據之業，於理解深沉之書，大概不耐讀。當時章太炎有奉衍聖公而行君憲之議，世莫之省。太炎聊以發憤，亦非實主是議者。其實如行虚君共和，或較好，亦未可知。船山《讀通鑑論》有云："封德彝曰：'三代以還，人漸澆僞。'此謬論也。象、鯀、共、飛廉、惡來，豈秦漢以下之民乎？民固不乏敗類，而視唐虞三代，帝王初興，政教未孚之日，其愈多矣。邵子分古今爲道德功力之四會，帝王何促，而霸統何長？邵子以帝王爲道德之世，霸統唯尚功力，世每下愈况。霸之後，又將奚若耶？泥古過高，而菲薄方今，以蔑生人之性，君子奚取焉。"據此，則船山實持進化論者。漢唐諸儒，都無此見解。船山之民治思想與其進化論實相關。大凡專政者，必以爲人民不足進取，而因以總攬權力，恣一己之所欲爲，以取覆敗而不惜。若深信斯民之智德力無不日進者，則豈敢玩天下於股掌之上，以朽索馭六馬，而自蹈覆轍哉？向者袁世凱欲叛共和，其文告與機關報紙，日以國民程度不足爲言。卒至身與國，俱蒙其禍。此亦執政者之殷鑒矣。顧亭林之民治思想，足與船山互相發明。《日知録·周室班爵禄》條云："爲民而立之君，故班爵之意，天子與公侯伯子男，一也，而非絶世之貴。代耕而賦之禄，故班禄之意，君卿大夫士與庶人在官，一也，而非無事之食。是故知天子一位之義，則不敢肆於民上以自尊；知禄以代耕之義，則不敢厚取於民以自奉。"詳此，則皇帝之職與俸，與民主國之總統正無異。又《顧命》條云："傳賢之世，天下可以無君。"又《鄉亭之職》條云："《周禮·地官》自州長以下，有黨正、族師、閭胥、比長。自縣長以下，有鄙師、酇長、里宰、鄰長。夫唯於一鄉之中，官之備而法之詳，然後天下之治，若網之在綱，有條而不紊。至於今日，一切蕩然，無有存者。且守令之不足任也，而多設之監司。監司之又不足任也，而重立之牧伯。積尊累重，以居乎其上，而下無與分其職者。雖得公廉勤幹之吏，猶不能以爲治，而况托之非人者乎？柳宗元之言曰：'有里胥，而後有縣大夫。有縣大夫，而後有諸侯。有諸侯，而後有方伯連帥。有方伯連帥，而後有天子。'由此論之，則天下之治，始於里胥，終於天子，其灼然者矣。"按今之言治者，輒曰：中人主張治起於上，西人主張治起於下。其言中國者，徒知秦漢以後之事耳。《周官》之地方制度，與管仲之治齊，蔿敖之治楚，子産之治鄭，孰非主張治起於下者乎？柳宗元能識古之治道，唐以來儒生皆不識宗元意，唯亭林能發之。古者五家爲伍，伍長主之。二伍爲什，什長主之。十什爲里，里魁主之。亭林言治，始於里胥。里胥者，群衆公推之頭目也。土豪劣紳，非群衆所與，必不得爲里胥。而後世貪官污吏，往往結納豪劣，以當里胥之任，而失群衆。如是者，其國無治，而危亡至矣。民治畢竟非可貌襲。必人民之智德力，足以自動自立，而後里胥之選，不操於貪污之官，乃真民治也。此非可以驟立之法而期其然。杜元凱《左》宣十二年傳解云："法行則人從法，法敗則法從人。"民國三十餘年來，皆法從人也。然則欲法之行，究非執政者能自守法不可。欲執政守法，非舉世知識分子有品德，有真知見，能持清議，能奮起對抗，則執政必無所忌憚也。亭林、船山同注重學風士習，此實民治根源也。中國而欲轉危爲安也，王、顧諸儒之學，其可不急講乎？黄梨洲《明夷待訪録》，亦言民治。顔習齋"四存"之論，尤爲民治本根。

（四）此期哲學，仍繼續程、朱以來之反佛教精神，而依據《大易》，重新建立中國人之宇宙觀與人生觀。奏此膚功者，厥惟王船山。余昔與人書，有云：船山《易内外傳》宗主横渠，而和會於濂溪、伊川、朱子之間，獨不滿於邵氏。其學，尊生以箴寂滅，《易》爲五經之源，漢人已言之。而《易》學，不妨名之爲生命哲學。特其義旨廣遠深微，包羅萬有，非西洋談生命者所可比擬。明有以反空無，横渠云，《大易》言幽明，不言有無，顯而可見者謂之明，隱而不可目見者謂之幽。船山以爲宇宙皆實也，皆有也。不可説空説無。其於佛老空無二詞之本義，雖不免誤會，然以救末流耽空之弊，則爲功不淺。船山曾研佛家有宗，蓋亦融有義以言《易》。主動以起頽廢，此則救宋、明儒末流之弊，與習齋同一用意，但習齋理解遠不逮船山。率性以一情欲。船山不主張絶欲或遏欲，而主張以性帥情，使情從性，則欲無邪妄，而情欲與性爲一矣。此與程、朱本旨並不背，可惜戴震不識性，而妄獎欲。論益恢宏，浸與西洋思想接近矣。此所舉四義，實已概括船山哲學思想。學者欲研船山學，不可不知此綱要。自清末梁任公以來，時有談船山者，大抵就涉獵所及，而摘其若干辭義，有合於稗販得來之新名詞或新觀念者，以贊揚之。至於船山之根本精神，與其思想之體系及根據，則莫有過問者。今人談舊學，無一不出此方式，而欲學無絶、道無喪，得乎？嗚呼！吾老矣，眼見此局，不知所底。余之言，將爲世人所侮笑，吾固明知之，而弗忍無言也。吾有懼也！吾有痛也！中國人經三百年漢學風氣，斲喪性靈，生命力空虚，已至極度。倚賴外人之劣性，與貪淫、忍酷、騙詐、委靡等惡習，及思想界之浮淺混亂現象，皆由生活力太貧乏故也。船山哲學，實爲振起沉疴之良藥，遺書具在，學者凝心讀之，而得其深廣之思，感其濃厚之悲，有不憤發爲人者乎！吾終不敢薄今之人。吾信人生總是向上，譬如行者前進，或時失道迂迴，終亦必前而已矣。今人讀書爲學，只是廣聞見，找知識，以此博污俗浮名。如此，何能進學？何得成人？即讀盡古聖賢書，亦感發不起。本講首言立志、責志，此實程、朱、陸、王相傳血脈也。世不乏志士，幸垂察焉。

附識： 船山《易内外傳》確甚重要。吾所舉四義，即生、動、有與情一於性，四大基本觀念。此吾綜其全書而言之也。學者深玩之，可見其大無不包，足爲現代人生指一正當路向。但船山於本原處，不能無誤。其言乾坤並建，蓋未達體用不二之旨，遂有此失。坤元亦是乾元，非並立也。乾之不能無坤者，特故反之，以成其變耳。本體固絶待，而其現起爲大用，則不能不有一反動，以成變化。老云“反者道之動”是也。學者細玩《新唯識論》翕闢之義。便知船山有未透在。船山未見本體，蓋由反對陽明與佛老之成見誤之也。船山讀佛書似不多，雖曾究有宗，即相宗。想未得全解也。船山主張率性以一情欲，自甚諦。然反對陽明，而不悟心即是性，則工夫似無入處。由陽明之説，本心即是性，非心之外别有性也。故自識本心，存養勿失，凡生心動念處，皆是順吾本心之明，一直擴充去，即一切情欲，皆受裁於心，而莫不當理。易言之，即情欲莫非性之發，以無妄情邪欲相干故也。是則情欲一於性，而非有善惡之二元明矣。然若不承認心即性，即率性工夫從何入手？夫性既不即是心，則性便超脱於心之上，何得裁制情欲，而使之當理乎？譬如主人不能裁制奴僕，則奴僕叛主而逞其妄，即不得以奴僕之動作，爲主人之動作也。性不知節其情，而謂情與性爲一可乎？陽明徹悟本體，故將心與性、理、天、命、道等名詞，均説成一片，覆看第一講釋《大学》處。余雖頗有推演，而大體實本陽明。掃盡因名詞而起之種種支離見解。戴震《原善》及《孟子字義疏證》純是葛藤，若肯虚懷細究陽明之旨，决不作霧自迷。而名詞之所以不得不異，陽明亦疏抉明白。此其扶翼六經之功，極不可忘。船山將性與天、命、道等，皆妄分層級。而心不即是性，則心性又分層級。又以理爲氣之理，不即是心，幾成唯物論。凡此，具詳《讀四書大全説》。《易傳》等書，亦皆本此旨。余作《新唯識論》，即欲救其失。若夫生與有等四大基本觀念，余與船山未嘗異也。《船山全書》，關於哲學思想者，自以《易内外傳》《讀四書大全説》爲最重要。而其他各書，無一不當參究。關於社會及政治思想者，自以《讀通鑑論》《宋論》爲最重要。而其餘無一可忽，又不待言。《莊子注》於治理，推究甚精。凡梟桀之壹意狂逞，以宰萬物，而不惜自斃以禍天下者，船山此書發揮尤多。《讀四書大全説》，體大思深，精義絡繹，其於程、朱後學種種迂拘之見，多所彈正，每令讀者腐氣一滌，新意頓生。獨惜其根本未澈，謂不見本體。不免又添出許多葛藤。此書談心地工夫，於矯正陽明後學之誤及狂禪之病，未嘗無當。然以攻陽明卻是錯誤。其言存養諸義，又似於本體上，欲有所增益。意在反陽明，而實自誤也。船山書，學者不可不深研。然於六經、四子、老莊以及程朱、陸王、佛學，若無相當功力者，又未易深研也。《管子》不云乎：思之，思之，又重思之，鬼神將通之。是在學者勿以粗心浮氣承之而已。

（五）考據學興，而大體歸於求實用。朱子本留意考據，其後學若黄震、許謙、金履祥、王應麟，皆考覈甚精，足以致用。履祥尤奇特。凡天文、地形、禮樂、田乘、兵謀、陰陽、律曆之書，靡不畢究。時國勢阽危，任事者束手無措。履祥獨進奇策，請以舟師由海道直趨燕、薊，俾擣虚牽制，以解襄樊之圍。其叙洋島險易，歷歷有據。時不能用，宋遂亡。宋儒考據之業，重在實用。後來宋濂、劉基諸公，克承其緒，用成光復之功。及陽明學昌，學者多以考據工夫爲支離破碎，而不甚注重。末流空疏，不周世用。於是晚明諸子，復尋朱子之緒，而盛弘之，考據學遂大行。亭林、太冲，尤爲一代學者宗匠。太冲嘗病當時講學家立學社，當時學社，即以學術團體而兼有政治之結合者。欲有所提倡，而本領皆太小，不能收實效。清末以來，由維新以迄學生運動，及各種提倡，皆苦於領導者本領不足，都無善果。故其爲學務博通，而未嘗不歸於切實有用。亭林尤樸厚。其學之方面極廣，而所成就皆極偉，然主要者在政治哲學。《日知録》一書，即發表其政治哲學者也。是書外表爲一考據家之筆記，而内容博大深遠，乃其政治思想之所寄，爲極有體系之著作。如教化根原、學風士習污隆、社會習俗好壞、法紀度制得失、食貨蓄耗乃至河渠道路興廢，皆徵諸當世，而上下古今，以推其變。根本主張，厥惟民治，故於地方政制考證極詳。廢君權而行民主，亭林確有此意，已見前文。比太冲《原君》尤明白彰著。其志隱，其辭微，蓋多有未便詳闡者。其《與友人書》曰："所著《日知録》三十餘卷，平生之志與業皆在其中。惟多寫數本以貽之同好，庶不爲惡其害已者之所去。而有王者起，得以酌取焉。"可以知其書之重要。《日知録》創刻於清康熙乙亥，其甥徐乾學等，以漢奸貴顯於東胡，竟不敢刻。門人潘耒始與年友汪悔齋刻之。則凡關於民治、民族等思想者，其所削除必多。現行《日知録》蓋非亭林原稿也。亭林治學精神，老而彌厲。其《與人書》有曰："某自五十以後，篤志經史，其於音學，深有所得。今爲五書，以續《三百篇》以來久絶之傳。"亭林少壯時，皆奔走國事，故專力經史，在五十以後。今人二十，便欲成名。三十四十，便名流自居，而難言向學。此世所以衰也。亭林之從事考據，志在實用。潘耒序《日知録》曰："潛心古學，九經諸史，略能背誦。尤留心當世之故，實録奏報，手自鈔節；經世要務，一一講求。當明末年，奮欲有所自樹，而迄不得試。然憂天閔人之志，未嘗少衰。事關民生國命者，必窮源溯本，討論其所以然。足迹半天下，所至交其賢豪長者，考其山川風俗、疾苦利病，如指諸掌。”詳此，則亭林治學，確是以先聖哲精神，而兼具西洋科學家之態度者。清人迄今士子，好爲瑣碎無聊之考索，不知果何所謂？亭林勤於考察，尤可愛慕。其《金石文字記序》云：“余自少時，即好訪求古人金石之文。比二十年間，周遊天下，所至名山巨鎮，祠廟伽藍之迹，無不尋求。登危峰，探窈壑，捫落石，履荒榛，伐頹垣，畚朽壤，其可讀者，必手自鈔録。得一文爲前人所未見者，輒喜而不寐。”此與漢唐儒生專守書册之風，固已大異。余以爲考據之學，必若亭林而後無愧於斯業。晚明之世，精考據者固多，船山此種工夫甚深，不待言。自餘，亦無須詳述。

綜上所舉五項，可見晚明諸子學之概要。船山哲學思想，雖宗橫渠，而於周子、二程、晦翁，均服膺甚至。亭林自序《下學指南》有云：“有能繇朱子之言，以達夫聖人下學之旨，則此一篇者，其碩果之猶存也。”又祭朱子文曰：“兩漢而下，雖多保殘守缺之人；六經所傳，未有繼往開來之哲。惟絶學首明於伊洛，而微言大闡於考亭。不徒羽翼聖功，亦乃發揮王道，啓百世之先覺，集諸儒之大成。”又與人書有曰：“昔之説《易》者，無慮數千百家。如僕之孤陋，而所見及寫録唐宋人之書，亦有數十家。有明之人之書不與焉。然未見有過於《程傳》者。”亭林於本原之學，確守程、朱。其自立卓然，有以也。顏習齋雖詆及宋儒，不過攻其末流之弊而已。四存之論，其有一語一義，不源出程、朱者哉？黄太冲受學蕺山，本陽明嫡嗣。太冲所學方面極多，著述亦最富，振陽明之緒者，賴有斯人。李二曲之學，亦宗陽明而救其後學之失。以上所舉，於晚明諸子中，最爲大師，而無一非宗主宋學者。此外，宏博之儒，奇節之士，《全謝山集》中所載甚多，然猶限於江浙一隅耳。蓋不可勝數。要皆宋學之所熏陶，無須具論。余故以晚明爲宋學再變時代，蓋紀實也。皮錫瑞《經學歷史》以晚明王、顧、黄諸儒，爲漢、宋兼採之派，甚謬。宋學中自有考據一門，不曾依托漢學，當時本無漢學之名也。宋學自陽明初變，而心性學始上探孔孟之微。程朱派以陽明爲禪，適得其反。禪家言心即是性，本有合於孔孟者。漢以來經師皆不悟心性之旨，守文而已。程朱始究心性，而所見猶未的當。至陸王乃澈悟。世儒不知禪之有合於儒，而疑陸、王襲禪法，豈不誣哉？此中不及詳論，須另爲文言之。宋學至陽明，確爲極大進步，及末流空疏，而晚明諸子，又復再變。於是思想自由，更注重實用。民治論出，則數千年帝制將傾。民族義明，而文化優崇之族類，方得獨立自由。曆算地理諸學，是時講者亦衆，科學已萌芽焉。諸子雖皆反陽明，然實受陽明之孕育而不自知耳。明世如無陽明學，則吾人之理性，猶不得解放，而諸子之學術思想，又何從產生乎？諸子當神州淪陷，東胡入主之日，冒百艱，拚萬死，潛謀光復。大功未集，乃從事學術思想之改造，期於喚起群衆。此等偉大精神，真足揮落日，轉大地。使清世儒生能繼諸子之志與業，中國何至有今日哉？宋學經一再變，始有上復晚周之機。由今而論，中西文化融通，亦於晚明之新宋學可見其端。余每以晚明爲漢以後學術史上最光輝時代，倘亦有識所公認也。

五、宋學衰落時期。晚明新宋學，漸啓生機，而東胡謀所以摧之，乃利用漢奸，行收買政策，以網羅天下士子，而束其思想於無用之考據。閻若璩、胡渭之徒，首被寵眷。若璩以康熙元年遊燕京，投降臣龔鼎孳，爲之延譽。後雍正甚寵之。胡渭遊徐乾學之門頗久。康熙南巡，渭獻《平成頌》，無恥至極。徐乾學爲東胡效用，網羅諸名士，罪不下於李光地輩。亭林固莫如之何，嘗戒潘次耕勿主其家云：“彼之官彌貴，客彌多，便佞者留，剛方者去。今且欲延一二學問之士，以蓋其群醜，不知薰蕕不同器而藏也。”又《與楊雪臣書》曰：“惟念昔歲孤生，漂搖風雨。今茲親串，崛起雲霄。思歸尼父之轅，恐近伯鸞之竈。”可見其心之苦。自群奸效順，而天下皆知清廷意向所在，始相率俯首就範，不敢運其耳目心思之力於當用之地。而王、顧、黄諸大儒之學術思想，遂乃相戒而不敢過問。久之習非成是，則且以其業爲時主之所獎，王公疆帥牧令之所尚，兩宋常有道學之禁，明世王學亦常受禁。獨清代漢學，始終爲官僚所擁護。乃忘其爲一技之長，竟以學術自負，而上托漢氏，標幟漢學。天下之蔽聰塞明，而同出於此一途者三百年。今當吸收西洋科學之際，而固有哲學思想，正須研討發揮，以識古人之大體，見中外之異同，辨其異而觀其同，而後可得中外融通之道。求當世之急務，勉言行之相顧，昔儒務實學，故坐而言，可以起而行。今人騰諸洋裝册子或報章雜志者，皆浮詞濫調，不可見之行者也。示人生以歸趣。今人只是權利與浮名及淫樂諸下等欲望發展，完全無人生之意義與價值可言。其所以如此者，正由其不識人生真性，故無所歸趣，只任下等衝動，向外奔逐去。學者之所應致力者何限，而上庠文科，教者、學者，乃多以瑣碎而無關大義之考據是務，豈不惜哉？歷史之學，《春秋經》之枝流餘裔也。治史必究大義，本天化以徵人事，鑒既往以策方來，其義宏遠。若專考瑣碎事件，何成史學？如因一胡人傳之文理欠順，便疑此胡人爲李唐之祖。又或以大禹爲蟲。若斯之類，已足慨歎。更下者，拾唯物史觀之餘唾，以述吾國史。依他人花樣，而剪裁吾之史料鋪陳之，何可究吾之真？就治史者言之已如是，餘治經、治子、治集部者，都無有體究義理，只喜作瑣碎考證。或緣時下流行之膚雜思想，而張設若干條目，遂割裂古人書中文句，以分述之。如某觀念也，某論或某說也。如此方式，列有多目，皇皇大文，公之於世，鮮不贊美。以此爲學，求其有得於心，有驗於身，有用於世，可成爲人，吾不敢信，吾不忍言。嗚呼！國難深矣，民命危矣。士大夫不爲實學，將復如何？吾痛心考據之流風，非有私也。孔子曰："古之學者爲己。"程子曰："學要鞭辟近裏切着己。"此是定論。學不反己，何成學問？清世考據家將反己一路，堵塞盡矣，今猶不反諸。漢學之燄，至今盛張，托於科學方法及考古學。毒亦彌甚。全國各大學文科學子，大抵趨重此途。高深理解，斷絶其路。夫人必有高深之理解，方得發生真理之愛，而努力以圖真理之實現於己。宋學諸大師所以遠紹孔、孟者，即此精神。今人只務浮雜知識，不求深遠之智慧，本實撥，而枝葉有不憔悴者乎？或謂："高深理解，不可期之人人。即有造於此者，不過個人自得而已，於社會何益？"殊不知社會之各層，皆互相影響。故大哲人之精神，一般人皆能有所感受。若堯、舜、禹、湯、文、周、孔子，以及程、朱、陸、王、船山、亭林之在中國，其精神永遠普遍貫注於一般人，盡未來際，無有斷絶。德國之有康德、菲希特、黑格爾、歌德諸公，亦何莫不然？余嘗言：凡爲學術思想之領導者，其自造若達乎甚高甚深之境，則其影響之及於人群者，必大且善。如自造者太低太淺，則其影響之及於人群者，必浮亂惡劣。若群衆習於浮亂日甚，將至不辨領導者之好壞，而唯宜於惡勢蔓延，如是者其群危。吾國自清世漢學家，便打倒高深學術，至今猶不改此度，愚且殆哉！又自清儒以來，實用本領，全不講求。迄今愈偷愈陋。中國哲學注重經世，所謂内聖外王是也。今各大學文科學子，稍讀西洋哲學書，便只玩空理論，不知自求真理。武侯曰："我心如秤，不能與物低昂。"今人卻失去自己之秤，而作稗販事業。又且以找題材、作論文爲務，將先聖哲精神，喪失殆盡。余以爲哲學界，固應有能創作及能繼述之大儒，以著述爲終生大業者。而亦應有大多數哲人，能本其對於宇宙人生之深切了解，而發爲經國濟民之事功。此必於實用知識，加意講求，而後能之。近世若羅、胡、曾、左諸公，在咸、同間能爲軍政領導，固皆有哲學素養者也。前代更不必論，今日治哲學及文學者，如能以向外浮慕之心，爲反求自得之功，毋輕易寫作，毋標榜自賤，毋喧騰報章，寶愛精力，探微窮玄而外，必殫究實用之學。隨其能之所堪，求有效於世，庶不愧爲人，不負所學。今上庠文哲諸生，輒憂卒業後不易得飯吃。其實，哲學文學之徒，當爲人群謀温飽，而乃以一己飯碗是憂，則大學教育可知已。長兹以往，如何而可？夫科學，畢竟是各種專科知識之學。至於窮極萬化大源，須有超知之詣；輔相人群治道，尤資通識之材。哲學之異乎科學者，在乎能求通識，而不限於某一部分知識也。故可以綜萬事而達於治理。今之大學教育，科學方面成績果如何，吾不敢知。若文科，除考據工夫而外，其未曾注意研實學，養真才，則衆目共睹，非余敢妄誣也。此中實學一詞，約言以二：一、指經世有用之學言。二、心性之學，爲人極之所由立，尤爲實學之大者。爲此學而不實者，是其人之不實，而僞托於此學耳。清代漢學之污習不除，而欲實學興，真才出，斷無是事。此余之所憂也。

清初士人無恥者，皆效法閻、若璩。胡，渭。以考據之業，取容當世，自是成爲風尚。王、顧、黄諸大儒之思想，本清儒所不欲知，且不敢求知者。諸大儒之精神志事，更爲清儒所絶不能感受。江藩清代《漢學師承記》，以閻、胡列首，可謂徵實。阮文達《清史·儒林傳稿》，第一次顧亭林先生居首，第二次黄梨洲先生居首。而江藩此記，以兩先生編於卷末，以其本非漢學家所宗故也。皮錫瑞《經學歷史》以此議江藩，實大誤。阮元欲首兩先生，但欲假以爲清世儒林增重，而不悟其厚誣兩先生。孔氏之門，流爲發塚，無是事也。江藩首閻、胡，血脈相承，自然之感，不可議也。

清世漢學家，實際上本承宋學考據一脈。如疑僞《古文尚書》、疑《易圖》皆自朱子及其後學。而王應麟輯三家《詩》與鄭《易注》，清人輯佚一派，實承其緒。孔廣森治《公羊》亦源出趙汸。江永《禮經綱目》本朱子《儀禮經傳通解》。他不具論。獨惜其完全喪失宋儒精神，而絶不求宋學之大體。故清人考據學，卒不得不自别於宋學，蓋名實之不容混者。清初閻若璩嘗執贄亭林門下，江藩謂若璩所著書中，不稱亭林爲師，疑爲亭林没後遂背之。若璩與亭林志業，本絶無似處，宜其然也。惠周惕、子士奇、孫棟，三世治經籍，棟名尤著，論者以爲擬諸漢儒，在何劭公、服子慎之間。士奇《自題紅豆山齋楹帖》云：“六經尊服鄭，百行法程朱。”皮錫瑞《經學歷史》引此帖，作“六經宗孔孟”，殊誤。是直以經學當宗服、鄭，而於行誼不必有關；程、朱行誼可法，而其行誼又不本於經學。惠氏三世爲學，蓋全不知經學果爲何學，而直以考據之業當之。宜其視程、朱爲曲謹好人，而不見其有何學術也。生而瞽者，不知日月之明。蟻旋大磨，自以爲世界更無有大於此者。非惠氏之謂歟？江藩《宋學淵源記》即本惠氏見解。昔南宋之亡也，其時大儒，真誦法程、朱者，皆畢志林壑，不肯仕元。許衡家世陷寇已久，垂死猶念仕胡之耻。惠氏當中夏正朔猶存海外之日，永明絶於緬，而鄭氏康熙二十二年始亡。便已晏然仕清，稱天頌聖，無絲毫不安於心者，其異於禽獸之幾希，尚有存乎？法程、朱者如是乎？清人之業，本無可托於宋學，其終以漢學自標榜，固其宜也。

戴震名反宋學，而實於宋學非無所窺者。震蓋知漢世經師，只是考據，而宋學確於義理有發明。其心中於程、朱極尊崇，而特欲自樹一幟，以推倒程、朱。震有聰明，而根器太薄，卒以自誤誤人，此可痛也。震《與姚姬傳書》有曰："先儒之學，如漢鄭氏，宋程子、張子、朱子，其爲書至詳博，然猶得失中判。其得者，取義遠，資理閎，書不克盡言，言不克盡意。學者深思自得，漸近其區。不深思自得，斯草薉於畦，而茅塞其陸。其失者，即目未睹淵泉所導，手未披枝肄所歧者也。而爲説轉易曉，學者淺涉而堅信之，用自滿其量之能容受，不復求遠者閎者。故誦法康成、程、朱，不必無人，而皆失康成、程、朱於誦法中，則不志乎聞道之過也。"《與方希原書》有曰："聖人之道在六經。漢儒得其制數，失其義理。宋儒得其義理，失其制數。"《毛詩補傳序》有云："先儒爲《詩》者，莫明於漢之毛、鄭，宋之朱子。"震每以康成、程、朱並舉，且明言宋儒得六經之義理，而漢儒失之。其《鄭學齋記》云："有言者曰，宋儒興而漢注亡，余甚不謂然。"又曰："學者大患，在自失其心。心全天德，制百行，不見天地之心者，不得己之心。不見聖人之心者，不得天地之心。不求諸前古賢聖之言與事，則無從探其心於千載下。"此則歸本心學，幾欲尋姚江之徑矣。然震終不能入姚江之門者，己之心，即是天地之心，亦即是聖人之心，非可判而爲三也。故見己心，便識天地之心與聖人之心。則以心無方分，乃通古今内外物我而渾然一體故也。震既云心全天德，制百行，乃不以反求己之心爲先務，顧欲從文字中，求古賢聖之言與事，而探其心，然後由聖人之心，以得天地之心，再由天地之心，以得己之心，層層由外轉内。殊不知，内不自識而馳求於外，重重爲阻，文字是一重，聖人之心又是一重，天地之心又是一重。如何可由外而轉識内心？夫由内達外者，是合内外之道也。由内達外者，源在内也。得其真源，則文字非外也，皆心德之散著也。否則己之心與文字爲二，而可解文字乎？聖人之心非外也，爲其與己之心爲一體故也。否則其能由文字所載之言與事，而得聖人之心乎？流俗讀賢聖之書，雖識文字，而終不可得聖人之心者，流俗未曾識得本心，而誤以私意或妄見爲心，猶如認賊作子。故習文字，而終不得聖人之心也。使其本心發見，即與聖心不隔毫端，爲其體之一也。天地之心非外也，孟子云上下同流者，己之心與天地之心，本不二故。故曰由内達外者，源在内也。得此真源，即通内外爲一。故《中庸》曰："合内外之道也。"此六經之心印也。若由外轉内，則先已不自識真源，而誤向外追求。開始便執着文字，即滯於種種名言，而不能於言外得意。佛經呵斥執名言者，譬如以手指月，而愚夫乃僅觀指，不觀於月。夫名言，猶指也。今執名言，而不知言外之意，豈非觀指而不觀月乎？名言既多，滯礙滋甚，如何可見聖人之心？若以依名言所起迷執，而更妄計聖心如是，則滔天之惡，云胡可救？名言執着，既違聖心，又云何可見天地之心？一向外馳，不曾反己，聞見蔽塞，云何可識己心？夫依名言所得之知，亦名聞見之知。聞見之知，非可斥絶也，而云蔽塞己心何耶？須知，識得本心，而涵養勿失，即一切聞見，皆是此心之發用，何所謂蔽塞？孔子謂子貢曰："汝以予爲多學而識之者歟？曰：'然。非歟？'曰：'非也。予道一以貫之。'"此云一者，正謂本心耳。孟子云"學問之道無他，求其放心而已"者，此心字，亦指本心。人皆有本心，而不自識，即其心便放失。將任私意私欲作主於内，而一切聞見，莫非意欲之私，妄生分別，妄起執着，云何而非蔽塞？若本心呈露，即一切聞見之知，皆是本心發用，故得此心者，便一以貫之。禪家之學，要在求識本心。余故謂其有合於儒。程、朱、陸、王，雖悟解有徹與不徹，要皆以反識己心爲第一着。己心未識，即真源已失。不唯内外睽而不合，不見己心，即不得己與天地及聖人共同之真源，則内外何由合？而更有虚其内以逐於外之患。戴震知學者大患，在自失其心，而不知己之心與聖人之心、天地之心，元是一心，如何可不反己，而乃向外展轉尋求，將由文字測聖人之心、天地之心，再圖回向己之心耶？震平生主張由文字入道，其根本錯誤，即在不識己心與天地、聖人之心只是一心，故欲由外而轉向内。其《原善》《孟子字義疏證》作霧自迷，病源蓋在此。震天才甚高，能究曆算，精考核，而不以考核自滿。期有見於道，而不悟道非可由文字得之。蓋自負聰明，使氣太過，横欲凌駕前哲，而不暇虚心以體賢聖之旨，卒歸畔道，以自誤誤人也。當震之時，清廷威柄益厲，民生憔悴。而士大夫殉私欲，媚事東胡，毫無感觸。震不自求天理之心，而猶欲滅理以獎欲，是使士節日隳，士氣日靡，以此效順東胡，爲虎作倀耳。震言天理者，如莊周言依乎天理，即所謂彼節者有間也。不知字有本義，有引申義，不知引申，何可言學？天理字本義，誠如震解。然哲學上言心之本體，亦曰天理，則以心體之流行，自然有則而不亂。如事親便知孝，處事便知敬，格物便知實事求是，遇夷狄侵略便思抵抗之，睹民生疾苦便思作動之。隨所發見，莫不自然有則，故謂之天理也。而震謂前賢以意見爲天理，不知意見一詞，含有妄情執着等義。此與天理之心，本不兩立，意見起而天理亡，理被障，故説爲亡。天理明而意見自消。震本無克己工夫，宜其不自識天理之心，而妄以意見當之，反以誣宋儒也。震曰："古賢人聖人以體民之情、遂民之欲爲理。"《與段玉裁書》。此言似是，然賢聖所以體民之情、遂民之欲者，爲賢聖以其天理之心，而體之遂之乎？爲以其私欲之心，而可體民情遂民欲乎？震既不承認天理，則體民情遂民欲，云何可能？又曰："今人以己之意見不出於私爲理，是以意見殺人，咸自信爲理矣。"《與段書》。夫己謂之意見，則安有不出於私者？震既曰今人之言，則不當以是誣宋學也。《原善》《孟子字義疏證》葛藤太多，非可以少文駁正，此姑不及。清代之學者，震聰明稱最，而亦以此自害。章實齋深不滿其人，蓋非無故。震之邪説，今猶盛昌，故不可無辨。余於考據之學，絶不排斥，而所惡乎清代漢學家者，爲其斬晚明新宋學之緒，而單以考核一技，倡爲風氣，將率天下後世而同爲無肝膽、無氣力、無高深理解、無實用本領之人。此其流風遺毒，不可不矯正。然清儒董理經籍，其成績有足多者，吾儕讀經，猶當參考。不可因其所短，遂棄其所長也。

宋學之至者，心性也。本根固，而後枝葉自茂。程、朱諸老先生，的然承孔門血脈，是不容疑。自姚江至晚明，經一再變，宋學已有上復晚周之兆。惜乎遭清人錮絶者幾三百年，而中夏式微已至此。剥極則復，今其時矣。

附識：清之季世，宋學已稍蘇。戊戌政變，首流血以激天下之動者，譚復生嗣同。復生，船山學也。復生精研船山，其精神偉大，實由所感受於船山者甚深。嘗與友人林宰平、梁漱溟言，自清季以來，真人物唯復生一人足當之而已。惜其學未成熟，感世變已劇，孜孜求知。遇康、梁，則鋭意新聞。及以一官需次南京，便訪佛法於楊居士。規模甚大，志願極宏，而知見不免失於浮雜。《仁學》之篇，實未足云著作也。然復生如不早喪，其成就必卓然可觀。康、梁諸人皆名士，不當與之較論也。乙巳，王怒濤漢刺清室鐵良，不中，自殺。清廷以光緒三十年，派鐵良南下。及鐵良離鄂北返，已是三十年臘月二十日左右，許同莘《張文襄年譜》可考。計鐵良過豫，必一晤豫撫。其回京過彰德，遇怒濤之刺，當在三十一年春正月也。今人於怒濤刺鐵時日，頗有諍論，附記以備參考。怒濤事，見居正《辛亥劄記》，大東書局本。其後遂有吴樾、徐錫麟等繼起。而鄂中同志，亦因怒濤之死，始有革命團體運動，爲辛亥光復所本。怒濤學宗伊川《易傳》，亦得力船山。其年不永，所造未宏。然服膺前哲，一字一句，必印入心坎，發爲行事，真可爲後學法也。譚、王二公，皆清季宋學家，在政治上影響甚大，而其學之所自，世漸忽之，故附記於此。

學者有志經學，當由宋學上追孔門。漢學家之書，可備讀經參考而已。宋學入門，心性，則先究陽明之旨，若先從兩宋入手，恐增滯礙。而後探濂、洛、關、閩、象山兄弟，陽明之來歷，與所以反程、朱之故，自可見。折而考諸船山，生與有及動等四大基本觀念，上承《大易》，中爲宋、明諸大儒思想之總結，下與現代思想融通。雖本原有未透，而大義已舉矣。參稽《新唯識論》，旁治西洋學術，再上溯孟子，孫卿確不見本原，非孔門止統。由孟子而上追孔門，得其本矣。

經世大用，其學宜宗船山、亭林、梨洲諸儒，而海瑞遺文，宜兼採焉。民治民族等思想，王、顧諸儒，發明甚透，梨洲亦相羽翼。而均産主義，則海瑞獨昌之甚力。其居官竟明令貧民搶奪大地主之田，華亭相國家田過多，亦被奪焉。使當時陝西等省，多得如海公者爲之，則明代何至有流寇之禍，而授天下於東胡哉？海公無多著作，而其勇於改造之精神，墨翟、許行後，無第二人，此可法也。由明儒而上溯孫卿經世之學。孟子大體見得好，而不及孫卿活潑。孫卿卻與現代思想多吻合。漢、唐、宋諸名儒、名臣，對政治社會，總不外維持現狀，不敢爲重大變更。如廢除帝制等思想，決不發生。然其於用人行政，儘有一副實本領，其擔任天下事之志願，亦有可欽。學者不可不究其專集。今法科學子，只讀西文書，不研本國名儒名臣文集，如何養得成人才？余以明儒直接孫卿者，如海公及王、顧、黄諸儒，皆有改造社會廢除專制思想，與孫卿“殺然後仁，奪然後義，上下易位然後貞”之論，可相遥契。此外，皆蹈常守故耳。旁及晚周諸子，以逮西洋政治社會諸學，無不兼資。由是歸本六經，庶幾温故而知新，有本而不匱。余之志願，期與天下學者，上追尼父内聖外王之大體，而所擬修業之序略如此。

本講，始於尚志，繼以砥名，申之以三畏，而後博學無方。無方者，不拘一隅之見。科學哲學，宜採西洋。盡性至命，要歸儒術。又復鑒宋儒之隘，而識量必期無所不涵。諸子百家，得其微旨，可觀中西之通。印度佛法，取其是處，何必華梵之異。至於釋經有考覈之業，清人托漢，已異漢師。宗經有創作之儒，宋學屢遷，績侔孫、孟。假漢攻宋，中夏由此式微。繼宋尊周，今日以爲學的。上下數千年學術，源流得失，略備於斯。鑒已往而策方來，去浮僞而務真實。有因而後可言創，今人不深研固有學術，故思想日浮淺，剽竊於外，終不堪自創。真知而未有不行。今人尚浮談，而不務實行，由其無真知故。學者態度，不可失之小。期於去俗，去隘，健以行其所知，無妄無餒而已矣。本講尚志至三畏，皆以去俗。自餘所言，皆爲去隘。健行云云，最吃緊。無妄，仁且智也。無餒，勇也。反是者謂之小人儒。一小字，便不成態度。

余猶有不容已於言者。自五四運動以來，學者盛言科學方法，皆謂治經亦非用科學方法不可。余於此説，固不完全反對，如關於訓詁名物度數之考覈，何得不用科學方法？但治經而果止於此，則經義畢竟不可得。宋明諸儒，特提出體認工夫，此實窮經之要術，漢唐經生所不知也。如何是體認，此意難言。舊《答羅生膺中書》，附録如後。學者詳玩之，當可瞭然。

《論語》“學而”一章，學字是何義，學個甚麼，此之未解，説甚時習，説甚悦，又説甚朋來之樂，又何得不知而不愠？此是聖人徹上徹下工夫，自始學以至成聖，不外乎此，《論語》全部亦包括於此。學字有兩義，曰效，曰覺。朱子取效義，非也。此章當取覺義。覺是工夫，亦即是本體。陽明門下，説即工夫即本體，深得《論語》真髓。讀《明儒學案》者，只是胡塗過去。明明不解，而卻絶不懷疑，可惜也。何謂本體？汝與天地萬物所以生成之理，是謂本體。但剋就汝身而言，即此本體，是流行汝身之中，而爲此身之主宰者。本體要表現自己，必須凝成一種資具，即身體是也。資具成，而本體的自身，元不曾物化。他即流行於資具或身體之中，而爲此資具或身體之主宰。陽明云：身體是心之所運用，意正如此。依主宰義，亦名爲心。心無倒妄，亦名爲覺。覺也，心也，本體也，隨義異名，而所目則一。譬如一人，對親名子，對弟名兄。名稱雖異，而實無別。顔子“四勿”一章，非禮勿視聽言動，四個勿字。此勿者何？即覺也。不覺，則非禮而視聽言動之矣。此不覺中之視聽言動，後儒謂之人欲横流，佛氏謂之無明或迷惑現起。覺而視，即非禮勿視。覺而聽，即非禮勿聽。覺而言，即非禮勿言。覺而動，即非禮勿動。乃至覺而思，即是睿。覺而執事，即是敬。覺而居處，即是恭。覺而事父，即是孝。覺而交友，即是信。覺而入試驗室，即是知。達於物理之謂知。總之，人倫日用、萬感萬應之際，無非是覺，即無非是學。覺或學，固是工夫，亦即是本體。離此工夫，汝便成一頑物，而其所以生成之理，早剥喪無餘矣。汝與天地萬物所同具之本體，既已喪失，本體元無喪失，但汝任人欲用事，而障蔽固有本體，令其不顯，即説爲喪失。是謂行尸走肉。莊子呵爲不死奚益。故君子不敢一息而廢學也，即不敢一息而安於不覺也。即工夫即本體，此義何等森嚴。不會此意，如何可談“學而”一章？學是覺義。覺是工夫，即是本體。聖人始學至成聖，參玩“十五志學”章。工夫一步深一步，便是本體逐漸顯現。吃緊。本體不是一件呆板的物事，吾人工夫愈深，本體顯現愈無盡。是以聖人發憤忘食，樂以忘憂，而不知老之將至也。“天行健，君子自強不息”，此是何義？古今學子，滑口讀過，此可惜也。學曰時習，時習即是自強不息。工夫不息，即本體愈顯。本體元無凝滯，無枯窘，無繫縛，無匱乏，如何不悦？悦非自外，本體恒如是也。學而至此，是謂己立己達。夫人己一體也，己欲立而立人，己欲達而達人。獨善自私，是喪其手足而不知痛也。朋來而樂，樂其一體也。非有人我對待而蘄人之從我可以謂之樂也。非有至此爲句。朋之不來，君子憫人，而固不改其樂。憫人者，大願不容息也。不改其樂者，此心本與群生痛癢相關。要當如赤子終日號而不嗄。號者，其痛癢也。不嗄者，不於痛癢相關之外，更着一毫己私也。更着己私，則氣動而怒生，好名即己私，己私未克，則視人之不己知，自動浮氣而生慍怒。即非本體流行。成年人之號而致傷損者，不能如赤子之猶未離其本體故也。赤子原無涵養本體之工夫，但嗜欲未發，即未離其本體耳。人不知不慍，此義深遠，所以繼朋來而樂言之。此章意義，廣大深微。汝若只效考據家從訓詁方面解去，如何可得聖人意？如以學字言之，經師輩只可訓一覺字而止。試問此覺，是常途所云覺悟之謂耶？抑有無窮義藴耶？經師輩不知去究也。時習是甚工夫，只時時看書，時時思想，便唤作時習否？悦是何等境界？朋來而樂，是樂人之信從我，如世俗一般鄙念否？人不知不慍，又是甚境界？凡此皆考據之徒所自視爲無不訓釋明白，而其實竟是黑漆一團，乃困處長夜，不自知其闇也。此非人生之大哀歟？凡聖賢經傳文字，切忌只依考覈方法去解，注意只字，非謂考覈可廢。務要反在自家身心上理會。理會猶云體認。天地萬物所以生成之理與自家所以生成之理，元是一理，豈有二本？哲學家窮究宇宙本體，卻向外界去找理道，所以找之愈力，去之愈遠。科學是要假定外界，是要向外找，即所云客觀的方法是也。哲學求萬有之本原，卻須反己體認。此中有千言萬語，難爲不知者道。其間自有許多真參實究之苦功，莫可言説。要不外從迷亂與塵凡的生活中，努力拔出，然後覺體澄然，一切洞澈。譬如白日麗天，三千大千世界，光明無不遍照。

【校記】

〔1〕“余無非識”，南方本作“余非無識”。

讀經示要卷三

第三講　略説六經大義

世事孔艱，余心已亂。本講不及求詳，但於六經，略爲提要而已。異時有暇，當别爲一書。

一、《易經》

今時士習，競尚疑古，遂有謂《大易》非孔子所作者。此實好異太過。《易》之爲書，古史稱始自伏羲作八卦，文王因而重之，爲六十四。《史記·周本紀》曰："西伯蓋即位五十年。其囚羑里，蓋益《易》之八卦爲六十四卦。"《日者傳》曰："自伏犧作八卦，周文王演三百八十四爻，而天下治。"揚子《法言·問神篇》曰："《易》始八卦，而文王六十四，其益可知也。"《問明篇》曰："文王淵懿也，重《易》六爻，不亦淵乎？"《漢書·藝文志》曰："殷、周之際，紂在上位，逆天暴物。文王以諸侯順命而行天道，天人之占，可得而效，於是重《易》六爻。"西漢以後言《易》者，其論重卦之人，雖不一説，而史遷、揚雄、班固等，皆以爲文王重卦。是自西漢迄東京初期諸鉅儒，尚無異説。皮錫瑞《易經通論》謂解經當以最初之説爲主，遂從史遷等説，而判定重卦者爲文王。其説固近是，然謂文王以前，《易》只八卦，理不應爾。《連山》《歸藏》，漢時尚有其書，不可云僞。鄭諤曰："《周易》以九六爲占，而《連山》《歸藏》，以七八爲占，《周易》占其變者，《連山》《歸藏》占其不變者。"李綱曰："《連山》《歸藏》，以静爲占，故爻稱七八。七八者，少陰少陽之數也。陰陽之少，虚而未盈，故静而不變。”李、鄭二説果然否，今難詳考。大抵伏羲畫八卦，因而重之，爲六十四。此本自然之數，不必自文王而始重之也。但文王占法，當别有發明。即卦爻取義，有異夏、殷二《易》，而其功等於創作，故以重卦歸之文王。《史記》云：“文王演三百八十四爻。”揚雄云：“文王附六爻。”六爻者，就每一卦言之。蓋自文王新創占法，而三百八十四爻，遂無異爲文王之所創演，此文王重卦之説所由始也。

羲皇畫八卦，文王重之爲六十四。皮錫瑞疑孔子未贊《易》之前，《易》只有占法，而無文辭，遂斷定卦辭、爻辭即是《繫辭》，皆孔子作。而今之《繫辭》上下篇，古以爲《繫辭傳》，乃孔子弟子所作。《史記·孔子世家》云：“孔子晚而喜《易》，序《彖》《繫》《象》《説卦》《文言》。”所云《繫》者，即謂卦辭、爻辭，繫於每卦每爻之下，故通謂之《繫》。《彖》者，所以解卦辭。《象》者，所以解爻辭。乾坤爲《易》之門，居各卦之首，又特作《文言》以釋之。蓋孔子既作卦辭爻辭，而又爲《彖》《象》《文言》，以暢其旨。所謂言之不足，故長言之也。《説卦》，漢宣帝時始出，《論衡·正説篇》曰：“至孝宣皇帝之時，河内女子發老屋，得逸《易》《禮》《尚書》各一篇，奏之。宣帝下示博士，然後《易》《禮》《尚書》各益一篇。”所謂《易》益一篇，蓋《説卦》也。當非史公所得見。皮氏疑《世家》“説卦”二字，爲後人攙入。余謂《世家》言及《説卦》，當有所本。雖《説卦》之篇，當時偶爾散佚，而孔子曾作《説卦》，儒者必有傳説，故史遷得據之以入《世家》耳。若疑“説卦”二字係後人攙入，未免擅改古書，以就己意。至卦辭、爻辭，有説並是文王所作。鄭學之徒，俱依此説。有説卦辭文王作，爻辭周公作。馬融、陸績等，並同此説。皮氏則以爲二説皆無明文可據，不堪信從。《讖緯》云：“卦道演德者文。”則演《易》，即演三百八十四爻之謂，不必爲辭演説乃爲演也。故《史記》但云“文王演三百八十四爻”，不云“作卦爻辭”。揚雄《解難》云：“是以伏犧氏之作《易》也。緜絡天地，經以八卦。文王附六爻，孔子錯其象而彖其辭，然後發天地之藏，定萬物之基。”揚子但以文王爲附六爻，亦不言作卦爻辭。其以爻辭爲周公作者，亦始於鄭衆、賈逵、馬融諸人，乃東漢古文家異説。西漢今文家説，皆不如是。孔子之學，今文家多得其正傳，故當徵信於西漢。史遷父子，世爲史官，聞見最博。遷作《孔子世家》云："孔子晚而喜《易》，序《彖》《繫》《象》《説卦》《文言》。"必有所據於古籍，斷非逞臆妄説者。《繫》，即卦辭爻辭。皮氏謂今之《繫辭》上下篇，古以爲《繫辭傳》。《釋文》王肅本有傳字，蓋古本皆如是。此可證《繫辭傳》非即《繫辭》，而《繫辭》之必爲卦辭爻辭無疑。又今本《繫辭》有云："聖人設卦觀象，繫辭焉以明吉凶。"又云："聖人有以見天下之物，而觀其會通，以行其典禮，繫辭焉以斷其吉凶，是故謂之爻。"據此諸文，明是指卦爻辭，謂之《繫辭》。《世家》載孔子於《易》，實有《繫辭》，則卦爻辭爲孔子所作，確然無疑。西漢去古未遠，史遷爲孔子創例立世家，特致尊崇。其所記載，必有徵據，决非掉以輕心，漫不加考者。後學不信史遷，而將何徵？皮氏據史遷説，斷定卦辭爻辭即《繫辭》，皆孔子作，可以定千載之疑案。但謂孔子未贊《易》之前，《易》只有占法，而無文辭，此必不然。二帝三王之世，當有卜辭流傳，孔子作卦爻辭，容有採取。然一經孔子之手，便賦以哲學意義，而非卜辭之舊矣。

《世家》稱孔子晚而喜《易》，與《論語》"五十學《易》"之言適合。且證以"志學"一章，學《易》之年，即是知天命之年。是則孔子由學《易》而深澈道體，年已半百。《世家》稱其晚而喜《易》，蓋實録也。或曰："五十以學《易》，據《釋文》，《魯論》易作亦，連下句讀。惠棟云：'《外黄令高彪碑》云"恬虚守約，五十以學"，此從《魯論》，亦字連下讀也。'今本五十學《易》，蓋從《古論》。漢時，魯共王好治宫室，壞孔子舊宅，於其壁中得古文經傳，即《論語》等。言古文者，科斗書也。周時通用之文字，漢時人謂之古文。然《魯》'亦'《古》'易'，是非難定。猶不當據《古論》，以爲孔子學《易》之明證也。"答曰：若如《魯論》，"五十以學"斷句，則與《論語》所記孔子平日之言，全無相合。子曰"吾十有五而志於學，三十而立，四十而不惑，五十而知天命"云云。

又曰：“十室之邑，必有忠信如丘者焉，不如丘之好學也。”孔子豈是五十始學者乎？曰“五十以學《易》，可無大過”，則聖人學《易》而實體之之言也。五十以前，雖已不惑，而未學《易》，此事之所有也。若云五十以前未曾學，則夫子他日自言十五志學及好學云者，不又爲自欺之語乎？故知學《易》“易”字，不應作“亦”。《古論》出孔壁中，决定無誤。又《論語》記子貢曰：“夫子之文章，可得而聞也。夫子之言性與天道，不可得而聞也。”子貢云不可得聞，正是聞之而心知其難。以視顔氏之亦足以發，固迴不逮，然心知其難，卻已深中肯綮，豈淺夫之所喻乎？夫性與天道之言，莫詳於《易》。《論語》所記，只在日用踐履之間。今若不信《易》爲孔子所作，則夫子之言性與天道，固子貢之所屢聞而極讚其難喻者，贊其難喻，斯已喻之深。夫子豈忍閟此理，而不欲垂文字以示後之人乎？故史遷作《世家》，稱孔子序《彖》《繫》《象》《説卦》《文言》，明夫子實作《易》。此乃七十子後學展轉傳來，而史遷得據之以修史也。今之後生，妄翻古史成案，不信孔子作《易》，私心立異，遺害學風，不可不戒也。

《繫辭傳》即今本《繫辭》上下篇。爲孔子弟子所作，蓋所以發明《繫辭》之旨。孔子作卦爻辭，即《繫辭》。復作《彖》《象》《文言》，而自解之。然義藴無窮，固有書不盡言、言不盡意者。其與弟子講説之際，必有口義流傳。七十子後學轉相傳習，或復加以推演，遂成《繫辭傳》。如佛弟子依據佛説而推演之，爲大小乘諸經，亦皆名爲釋氏金口所宣。則《繫辭傳》雖非孔子親製，而其大義微言，要皆出自孔子，固昭然不容疑也。

余嘗以《易》與《論語》互證。《易》乾爲仁，見第一講。而《論語》即以仁立教。參考《新唯識論·明心章》。《易》於變易見不易，而《論語》川上之歎，即是其旨。《易》曰“君子以自照明德”，《晋卦·象傳》。而《論語》首言學，學者覺義，見《白虎通》。與自照明德義通。覆看第一講談《大學》“明明德”處。《易》之爲書，邏輯謹嚴。而《論語》曰“知之爲知之，不知爲不知，是知也”，又曰“必也正名乎”。可於兩書，見其精神一貫。《易》明萬物資始乾元，各正性命，而《論語》曰“人之生也直”，即本其義。孟子繼孔而言性善，其根柢亦在是也。《易》言開物成務，裁成天地，輔相萬物。而《論語》言治，既庶必富，富歸衆庶，不可專之一人或一階級也。既富必教。衆庶莫不富，即天下無有不可受教之人。《春秋》太平世，人人有士君子之行者以此。其答子貢問政，曰“足食，足兵，民信之矣”，皆通於《易》。足食、足兵、民信三者，是言立政規模，其實施之典制法度，要在因時制宜，故不虛擬也。足食之原則云何？證以《論語》“患不均”之言，及一部《周官》大意，則孔子注重社會主義及生產發達可見。此與《易》之開物成務等意思正合。國際未至大同，則足兵爲要。否則强凌弱，衆暴寡，而人類之禍亟矣。《易》之訟卦甚可玩。孔子曰：“自古皆有死，民無信不立。”其教化之根本旨趣在此。《易》言萬物各正性命。正者，正直，義極深微。人生真性，元無不正。心爲形役，始顛倒而離其正。如此，便喪其性命，而人道絶矣。故國之政教，必使民皆守信。信義不失，即不澆其真性，而性命正。《論語》以此爲政化之大本，固與《易》義合也。晚世列强之政，使其民逞嗜欲而習争噬，將使人道毀絶。惜其不聞聖學也。凡此，略舉其要，可以《論語》證明《大易》之必爲孔子所作。後生不究大義，輕遮古史實録，謂不信《史記》。妄疑先聖制作。經教亡，而民性日偷，國胡與立？浮氣之相乘已久，其亦可以反矣。

主周公作爻辭者，或據《左傳》“韓宣子適魯，見《易》象云，吾乃知周公之德”。殊不知，韓宣之意，但謂周公能玩《易》象以修德耳。犧、文畫卦，皆有所取象，如乾象天，坤象地之類，故云《易》象。周公被流言之謗，而能省身修德，知其有契於《易》象，故稱之。韓宣並未説周公作爻辭，何得誤取爲據？故爻辭亦孔子作無疑。

焦循《易圖略》云：“説《易》者，必言《河圖》《雒書》《連山》《歸藏》。《河圖》《雒書》，經前儒駁正，無復遺説。詳見毛大可《河圖雒書原舛》、胡朏明《易圖明辨》。惟《連山》《歸藏》，言人人殊。大率多以《連山》爲伏羲，而夏因之，《歸藏》爲黄帝，而殷因之。又謂《連山》以艮爲首，《歸藏》以坤爲首。婦不可以先夫，則坤不可爲首也；按乾陽坤陰，故乾有夫象，坤有婦象。男女平等者，言人道不宜相凌也。夫自正以率婦，婦執順以相夫，則夫婦之倫所當然也。今以婦不可先夫，喻坤不可首乾。子不可以先父，則艮不可爲首也。按伏羲初畫八卦，八卦之中，乾坤喻如父母，餘六卦，謂之六子。若云艮居八卦之首，則是子先父也。伏羲作八卦，重六十四卦，其首皆以乾坤，故曰乾坤定矣，何得又首艮？以余推之，《連山》者，當如于令升之説，即帝出乎震，齊乎巽，相見乎離，致役乎坤，説言乎兑，戰乎乾，勞乎坎，成言乎艮是也。艮位東北，坤位西南，《彖辭》及之。四時首春，春始於寅，當東北艮位。艮成終，亦成始。故曰《連山》首艮，非六十四卦之序以艮爲首也。《歸藏》當如近世徐敬可之説，即子復、丑臨、寅泰、卯大壯、辰夬、巳乾、午姤、未遯、申否、酉觀、戌剥、亥坤，爲十二辟卦是也。始於子，而實受氣於亥。坤初生爲復，至二爲臨，至三爲泰，至四爲大壯，至五爲夬，至上爲乾。乾初生爲姤，至二爲遯，至三爲否，至四爲觀，至五爲剥，至上仍爲坤。故曰《歸藏》首坤。由坤而乾，故又曰坤乾，非六十四卦之序以坤爲首也。伏羲通神明之德，類萬物之情，以乾坤爲首而序六十四卦，無可移者也。取八卦以屬八方，即以屬四時，又取十二卦以屬十二月，以爲消息。於重卦、序卦之外，别一取義。以始艮終艮，而目之爲《連山》。以始坤終坤，而目之爲《歸藏》。與五運六氣之説相爲表裏。後世讖緯術數之家多本之。余嘗思其義。伏羲之卦，明人道者也。《連山》《歸藏》，明術數者也。鄭康成云：'殷陰陽之書，存者有《歸藏》。'謂之陰陽之書，則陰陽五行家言也。大幽堪輿之屬，托諸神農、黄帝。《連山》《歸藏》，蓋即其類。其始本不與設卦觀象之意相混淆，而自爲用。夏、殷以來術士之説行，而伏羲之卦象，漸失其本。殷人尚鬼，蓋更有甚者。其季世之人，第知六十四卦爲占驗災祥之用，而不知其爲天道人倫之學。故文王專取伏羲之卦，而繫以辭，指之曰元亨利貞，曰吉凶悔吝厲無咎。而陰陽術數之叢雜，一概屏之。周公制官，以《連山》《歸藏》存諸太卜，亦卜筮之占，可參用之而已。”按《連山》《歸藏》，馬國翰《玉函山房輯佚書·經編·易類》，尚可略考。《漢·藝文志》雖不著録，未可便以爲僞。《北史》載劉炫僞造書百餘卷，題爲《連山易》《魯史記》等，當是劉炫因古之佚文，有所增竄耳。桓譚《新論》云《連山》八萬言，後漢時此書尚存。晋皇甫謐《帝王世紀》、北魏酈道元《水經注》並引《連山》，皆在劉炫前。桓譚謂《歸藏》四千三百言。鄭氏《禮運注》："殷陰陽之書，存者有《歸藏》。"阮孝緒《七録》云："《歸藏》雜卜筮之書雜事。"此皆可證古有其書。至於首艮首坤之説，或是其時筮法別有取義，或如李過所云，夏、商、周《易》首卦不同，蓋寓三統之義。今皆無從質定，不妨付諸蓋闕。而焦循必引帝出乎震一節，以言《連山》，必據十二辟卦，以説《歸藏》，此固可備一説，難作斷案。惟夏、殷言《易》，不外占卜之術，此則可由晚周術數尚盛行，而推知二代之更甚於周也。

伏羲畫八卦，重爲六十四，雖有卦象，而未加以説明。然萬化之原，物理人事之律則，固皆寓於其中。但當時民智未盛啓，罕能闡發羲文之意。輒以術數，附於卦象。至孔子序《彖》《繫》《象》《説卦》《文言》，而後《易》始離術數，乃純爲哲學界之高文典册。七十子後學，大抵承尼山之緒。今可略考者，如孟、孫二子，皆深於《易》理。趙岐稱《孟子》之書，包羅天地，揆叙萬類。仁義、道德、性命、禍福，粲然靡所不載。又言孟子通五經，尤長於《詩》《書》。焦循曰："孟子深知孔子作《春秋》之旨。至於道性善，稱堯舜，則於通德類情，變通神化，已洞然於伏羲、神農、黄帝、堯、舜、文王、周公、孔子之道，獨《詩》《書》云乎哉？"又曰："七十子没，道在孟子。孟子道性善，稱仁義，惡楊、墨之執一，斥儀、衍之妾婦，按《説卦傳》曰："立天之道，曰陰與陽；立地之道，曰柔與剛；立人之道，曰仁與義。"孟子言仁義，此其通《易》之明證。《易》道主隨時處中，而孟子惡執一。《易》稱大人與天合德，孟子故鄙儀、衍以妾婦。非深於《易》而履道深者，不得有此識趣。皆所以闡明孔子之學，而吻合乎伏羲、文王、周公之旨。故孟子不明言《易》，而實深於《易》。"見《易通釋·叙目》。焦循既作《易通釋》等，等，謂《易圖略》及《章句》。又作

《孟子正義》，以相發揮。焦氏之所造如何，姑不論。然以孟子爲直承孔子《易》學之傳，則所見甚卓，而其説可爲定論。孫卿《天論》之言，見第二講。與其主張禮治之意，蓋本《大易》裁成天地、輔相萬物意思，益加推闡。劉向稱孫卿善爲《詩》《禮》《易》《春秋》。西漢去戰國季世未遠，孫卿之流風猶有存者。劉向稱其善《易》，蓋有傳授，非止因校定其書，以意推之而已。晚周群儒，今多不可考。而孟軻、孫卿二氏，皆得孔子《易》學之正傳。至漢世，則二氏之書僅存，而其學幾絶。漢人言《易》者，大抵依據戰國時術數家言，而各有推演。戰國術數，流派甚盛。《漢書·藝文志》陰陽十六家，皆據《易》立説。五行三十一家，亦皆據《易》立説。蓍龜十五家，占卜家必有《易》説。神僊十家，神僊家有宓戲《雜子道》二十篇，蓋托於《易》者。後漢魏伯陽之術，必出神僊家。數術百九十家，《藝文志》曰："數術者，皆明堂、羲和、史卜之職也。"史卜自夏殷以來，必有世傳之《易》説。雜占十八家，《藝文志》叙雜占云"蓋參卜筮"，必有《易》説可知。歷譜十八家。《藝文志》曰："歷譜者，序四時之位，正分至之節，會日月五星之辰，以攷寒暑殺生之實。"又曰："以探知五星日月之會，凶阨之患，吉隆之喜，其術皆出焉。此聖人知命之術也。"漢人《易》説，於歷譜最有關係。詳上諸家，可總稱以術數。此皆盛行於戰國，經秦之亂，而其書猶多流傳於漢，向、歆父子得著録焉。焦循謂夏、殷之世，《易》晦於術數之説。今考《藝文志》所著録者，戰國時術數家言蓋甚多。其自秦政併六國以來，諸術數家之書，散佚而不見於《班志》者，當復不少。又考《班志》陰陽十六家，與諸子中之陰陽二十一家，蓋分而爲二。其言："陰陽家者流，蓋出羲和之官，敬順昊天。歷象日月星辰。"又曰："及拘者爲之，則牽於禁忌，泥於小數。"此陰陽家，亦必與占卜有關，當有其所推衍之《易》説。據上所述，可知晚周時代，《易》學之濫於術數也滋甚，豈止夏、殷而已乎？孔子作《易》，本遠絶術數，而自闡發其哲學思想。但術數家之説，其來源甚遠，卒與孔子之學抗行而不稍止。觀《班志》所著録，則晚周術數諸家，其説《易》必有承於夏、殷可知已。

《班志》所載，陰陽十六家，五行三十一家，蓍龜十五家，神仙十家，數術百九十家，雜占十八家，歷譜十八家，余以爲皆諸子中陰陽家之分枝耳。班氏叙述諸家，於其源流，殊欠精覈，容當别論。

夫孔子之《易》，雖爲創作，要非無所本於古之爲術數者。蓋八卦廣大悉備，其理不外以象與數求之而已。八卦與九章相表裏，漢人語。不解數，則無以明其藴。而一卦之成，一爻之變，皆有所取象。如乾取象於天，亦取象於龍等。乾之初爻，取象於龍之潛，乃至上爻，取象於龍之亢。自餘卦爻辭，無非象也。非通象，又何以得其旨乎？孔子作《易》，其辭皆象，而根於數理。象數之傳，必得之夏、殷、西周以來諸術數家，此斷然無疑者。皮錫瑞疑孔子未贊《易》以前，《易》只有占法，而無文辭，其説甚誤。古時必有卜辭及筮法等記載，爲孔子所依據與採用。但加以修正，而另賦以新義，遂成其一家之學耳。孔子作《春秋》，而云“其事則齊桓、晋文，其文則史，其義則丘竊取之”，其作《易》，亦大概類是。卦爻則羲畫文演，辭則依據夏、殷、西周以來諸術數家之卜辭及筮法等記載，其義則孔子所創發也。《論語》“信而好古，述而不作”，雖孔子之謙辭，然其學實寓創於因，則爲治經者所不可不知。後來經有今古文之争，卻太過。其實，漢初古文家能傳孔子創作之旨，而今文家但節目處有異古説而已。廖平論經今古學，殊失真相，此不及論。或問：“象數之傳，何由知孔子必得之術數家乎？”曰：古之爲術數者，大抵出於治曆與掌卜之官，此輩皆通天文，察物變，謂觀察事物之變化。解數理，但其知識欠正確。言天文，則妄度災異。測物變，則妄臆妖祥。數理雖復粗解，而以人事有吉凶禍福之相乘，本無主而適遭之者，亦謂爲定數所致。因此，以術數之數，與數理之數相結合，此固是其所短。然其中亦有精意焉，不可不察也。古之術數家蓋有見於萬物之變動不居，要非不依於數理。易言之，即宇宙依數理而形成。此其觀想入微，至可贊歎。但誤計人生禍福之來，亦有數存於其間，斯不免作霧自迷耳。而正確之知識，究導源於此輩，亦不容疑。班《志》云：“數術者，皆明堂、羲和、史卜之職。”羲和，古之治曆者。明堂之守，蓋言陰陽五行者。史卜者，古卜筮與史通。《周官》馮相、保章司天文者，皆屬太史。此蓋據古代之制。《國語》曰："吾非瞽史，焉知天道？"《左氏傳》所載卜筮事，皆屬史官占之，此卜筮掌於史官之證。班氏東漢初人，猶能識古事。天算物理等知識，發源於史卜諸官，無可疑也。有問："班《志》言諸子出於王官，今謂諸子原本六經，則班氏固有失考者乎？"答曰：孔子六經，實承二帝三王之道，而集其大成。王官之守，其大義皆在六經中矣。故言諸子出王官，與言出六經者，義自相通，不可謂班氏失考也。

伏羲八卦，文王重之。當時雖爲占卜，但甚富於哲學思想，則不容否認。後來術數家更利用之，則羲、文之哲學思想，漸不爲人所注意，而《易》幾純爲占卜之書。及孔子因卦爻而繫以辭，又作《彖》《象》《説卦》《文言》以暢之。《序卦》《雜卦》二篇，原屬《説卦》。其口義流傳，則七十子後學述爲《繫辭傳》。自是而《易》始爲五經之源，爲中國哲學界之根本大典。史遷創例，立《孔子世家》，以道術爲萬世宗，蓋有以也。然孔子作《易》，其辭皆象，必多採用夏、殷、西周以來諸術數家之卜辭及筮法等記載，而有所修正，乃另賦以新義。《論語》"温故而知新"，此孔子所以自況也。今人尚秉和節之，專研《易》象，謂《易》辭字字皆象，其説誠然。古代占卜，設卦觀象，以定吉凶，漢時猶存其術。如《三國志·管輅傳》云，初應州召，與弟季儒共載。至武城西，自卦吉凶。語儒云："當在故城中見三貍爾者乃顯。"輅自設卦問吉凶，卦有當在故城見三貍之象。前到河西故城角，正見三貍共踞城側，前到，言輅兄弟前行到達河西也。兄弟並喜。卦有當在故城見三貍之象，云何以此爲吉兆，此在古時術數家，必有傳授。輅生後漢，猶識古法。《輅傳》注云：夫術數有百數十家，其書有數千卷。據此，則班《志》所著録者，三國時存者猶多。以此推知，《易》辭皆象，必採自夏、殷、西周以來之卜辭及筮法等記載，決不容疑。但《易》之辭，雖原本術數，而其取義，則與術數家意思截然不同。如《春秋》之文，雖出於史，而經孔子筆削，寓以新義，便與史家記述之業，根本異趣。故《易》《春秋》二經，雖同有所因，實皆聖人之創作也。

孔子作《易》而後，得其旨而自有創發，卒别異於儒以自立宗者，道家老聃、關尹之徒是也。道家性命之旨，與陰陽之説，源出《大易》，此無可疑。關尹遇老聃，史有明文。老聃稍後孔子，説見第二講。其承孔子之緒，而在儒家中獨成巨派者，如孟軻、孫卿皆是也。道家者流，及孟、孫諸子，皆哲學家，雖俱深於《易》，而皆非以傳經爲業者。凡傳經之儒，皆誦持經文，訓釋其義而已。哲學家皆自鳴一家之學，雖有得於經，固不以説經爲事也。此説曾見第二講。然傳授經文之儒，其所訓説，足以供哲學家之研討，而資其啓發。故其關係於哲學思想界者，至深至鉅，不容忽視。尚考《易經》之傳，據《史記·仲尼弟子列傳》所載，自商瞿子木受《易》孔子，以傳楚人馯臂子弘，弘傳江東人矯子庸疵，疵傳燕人周子家豎，豎傳淳于人光子乘羽，羽傳齊人田子莊何，何傳東武人王子中同，同傳菑川人楊何。何元朔中以治《易》，爲漢中大夫。《史記》所載如此。史公父談，受《易》於楊何，其記述大概不誤。《漢書·儒林傳》則云：商瞿授魯橋庇子庸，皮錫瑞謂矯疵即橋庇，自是。但《漢書》以橋庇爲魯人，而《史記》則云江東，地籍傳説有誤耳。子庸授江東馯臂子弓，皮錫瑞謂《史記》之楚人馯臂子弘，即《漢書》之子弓。按春秋以後，江東皆楚地，皮氏此説當不誤。子弓授燕周醜子家，皮氏云，周醜即周豎，當無誤。子家授東武孫虞子乘，皮氏謂《史記》之光羽子乘，即《漢書》之孫虞。子乘授齊田何子裝，按裝字，當如《史記》作莊。田何授東武王同子中、雒陽周王孫、丁寬、齊服生。田何授四人。同授淄川楊何字叔元，寬授同郡碭田王孫。王孫授施讎、孟喜、梁邱賀。由是《易》有施、孟、梁邱之學。《漢書》所記，與《史記》稍有出入。《史記》不及丁寬，《漢書》則云寬授田王孫，王孫授施、孟、梁邱。是《漢書》較詳矣。又云：至成帝時，劉向校書，考《易》説，以爲諸《易》家説，皆祖田何，楊叔、丁將軍大誼略同。據此則田何上承商瞿，而下逮施、孟、梁邱，其授受之世系甚明。而施、孟、梁邱，漢立博士，其盛行亦可想見。然諸師之書，今皆無傳。《藝文志》，《易傳》有田何弟子周王孫二篇，齊服生二篇，王同二篇，丁寬八篇，王同弟子楊何叔元二篇，周王孫弟子蔡公二篇，施、孟、梁邱氏各二篇。今皆無存。自餘《易》家書，亦皆亡佚。後漢虞翻注《易》，自謂五世傳孟氏《易》。清儒張惠言董理虞注，功足扶微。田何及孟氏之傳，猶存一線，亦云幸矣。《漢書》云："孟喜從田王孫受《易》，喜好自稱譽，得《易》家候陰陽災變書，詐言師田生且死時枕喜厀，獨傳喜，諸儒以此耀之。同門梁邱賀疏通證明之，師古曰："疏通，猶言分别也。證明，明其僞也。"曰：'田生絶於施讎手中，時喜歸東海，安得此事？'"《漢書》又云："京房受《易》梁人焦延壽。别有一京房，是梁邱賀從受《易》者，非此京房。延壽云嘗從孟喜問《易》。會喜死，房以爲延壽《易》即孟氏學，翟牧、白生不肯，皆曰非也。劉向校書，考《易》説，以爲諸家《易》説，皆祖田何，唯京氏爲異黨。焦延壽獨得隱士之説，託之孟氏，不相與同。房以明災異得幸，爲石顯所譖誅。房授殷嘉、姚平、乘弘，皆爲郎、博士。由是《易》有京氏之學。"蓋漢世《易》家立博士者四，施、孟、梁邱、京氏是也。施、孟、梁邱爲商瞿正傳。京房所受於焦延壽者，本得之隱士。而孟喜先已得《易》家候陰陽災變書，延壽所得隱士説，《漢書》謂其托之孟氏，不相與同，想亦大同小異，不必甚殊，以其俱明災異故也。

世儒以焦、京之學，明陰陽術數，爲《易》之别傳；田何傳之施、孟、梁邱，爲《易》之正傳，其言皆主義理，不近術數。余謂此説非是。孔子作《易》，本因術數家言，而予以改造，成立己義。商瞿傳《易》，其於孔子創作之旨，固有所識。而於元來術數之説，當亦旁通兼採，不遽捨棄。蓋傳經之業，以考核爲主。非若孟、孫諸巨子，直探孔子之大義微言，而自有開闢創獲也。商瞿一再傳弟子，其材智不必及商瞿，則能獲聖心者或少。又經三傳四傳以後，源遠流長，而漸失其真。且古代術數家言，本與孔子之《易》並行，而其勢力當更盛。術數最爲人情所易迷信者。商瞿後學，展轉傳授，罕能發揮聖言，自必馳於術數家種種穿鑿之説，穿鑿者，純任意想造作，而不必當於理實也。悉以附於孔子之《易》。如孟喜受《易》田王孫，王孫師丁寬，寬師田何，本商瞿以來正傳也。而孟喜得《易》家陰陽災變書，便托爲師田生所傳。焦延壽得隱士説，授京房，房以爲即孟氏學。高相專説陰陽災異，自言出於丁將軍。即丁寬。雖孟喜托田生，有梁丘賀明其僞。焦延壽托孟氏，翟牧、白生不肯。然此特不幸而遇反對耳。若高相專説災異，自言出丁寬，而不聞有非高相者何耶？孟喜本丁寬再傳弟子，喜得《易》家陰陽災變書，云從師受，而梁邱賀力辨。高相專説陰陽災異，而言出丁氏，丁氏門人後學，竟無辨其非者。由此可知丁寬以前之傳，早雜術數家説，而孟喜所得，乃術數家中別一派之書，流行民間，爲當時所罕見耳。其書與丁氏傳授，亦必大同小異。蓋均爲術數，必無根本不同處也。然則漢時《易》家正傳，早雜術數之説，不必得孔子意。豈止京氏之徒，以術數爲別傳而已乎？世儒不究孔子之《易》，宜其於正傳別傳，妄分輕重，而不知夫二者俱失也。余少時稍閱惠棟、張惠言諸氏所述漢《易》，頗覺漢人滯於象，而不得孔子之意，雖間存古義，而無所發揮。蓋漢世《易》家，大都承術數家之遺緒。即田何後學，號爲正傳，實與孔子之《易》，無甚關係也。

孔子《易》學，在兩漢猶存一線者，幸有費氏。《漢書・儒林傳》曰："費直，字長翁，東萊人也。治《易》爲郎，至單父令。長於卦筮，亡章句。徒以《彖》、《象》、《繫辭》十篇、《文言》，解説上下經。琅玡王璜平中能傳之。璜又傳《古文尚書》。"《後漢書》曰："東萊費直，傳《易》。授琅玡王璜，爲費氏學。本以古字，號古文《易》。"兩書並云，費氏未嘗立於學官。據前書所稱，費氏長卦筮，則亦兼考術數矣。而其説經，獨不取術數。班氏稱其徒以《彖》、《象》、《繫辭》十篇、《文言》，解説上下經，足徵專守孔子之義。徒以二字，甚可玩。必由孔子之文，以求其義，絶不雜術數家説，故曰徒以云云也。費氏大概不滿於當時《易》家之違失聖意，故孤守經文，以救其弊。獨惜不爲章句，而所深造自得者，至今不可窺。《隋書・經籍志》，有費直《周易注》四卷，亡。新、舊《唐書・志》、陸德明《釋文・序録》，並作《費直章句》四卷，與本傳所稱亡章句者不合，當是後人依托。又《隋志》有費直《周易分野》一卷、《易林》二卷，恐亦僞托。漢儒説經，大抵繁碎而無關大義。費氏殆懲其失，不肯造説。此其所得深矣。

費氏《易》本古文，而其學獨宗孔子，恪守聖言，不參異説。可見今古學之分派，乃漢世始起。廖平謂經在先秦前，已有二派，一主孔子，一主周公云云，此實妄逞異論。《漢・藝文志》稱《易》爲五經之原，可謂深達道要，明見聖學之大體。漢去古未遠，先師口義流傳，故班氏能識之也。若如廖平言，經在先秦前早分二派，古文學不宗孔子而主周公，别爲史學派，果如此，則爲五經根源之《大易》，既有今古二派。廖氏《今古學統宗表》，於《易》，則施、孟、梁丘爲今學，費氏爲古學。而古文學之費氏，應偏重歷史，依據術數，不應徒以《彖》《象》《繫辭》《文言》，解説上下經，嚴守孔子大義微言，絲毫不容紊也。不應，至此爲句。費氏確爾遵守聖文，雖通術數，而不肯以術數家言，汩亂經義。足見古文學者在西漢，尚非不宗孔而僅以史學標幟者，况先秦以前乎？廖平謂《王制》爲今學之主，《周禮》爲古學之主，此説尤淺陋。今古學，果在先秦前已分派者，必於根本大義處，異其主張，方有分派可言。《王制》粗略已甚，不得與《周官》並論。舊説《王制》爲漢博士作，其然否姑不論。要之，《王制》無根本大義可言，則稍有識者能辨之，何得以此爲主而名一派之學耶？夫《王制》言地域、封國、官制、征税、祀典、學制等，與餘經有不必合者，此自尋常事。孟子生晚周，已云周制不可得而詳。其説周室班爵禄，不過以意推之而已。尚考《論語》，孔子自謂能言夏禮殷禮，而惜其不足徵。凡説古事與舊制者，每不免有互歧。由傳聞異，而紀載各殊者有之。由故籍散佚，而學者以意推説，遂爲後人所據之以成異論者，此事亦所常有。但此等處，與六經根本大義無甚關係。治經者考覈注疏家之同異，而分别觀之，固亦宜然。但不必過分張大其説，以爲經學在先秦前，已有今古學二派也。但不，至此爲句。廖平持説，張小爲大，流弊甚多，此中不及詳談。皮錫瑞《五經通論》本依廖氏，而絶不稱及之，亦可怪。《易》始雜於術數，自經孔子制作，遂爲五經之原。易言之，五經根本大義，皆在於《易》。《周官》爲萬世制太平之意，其根源亦在《易》也。若今古學分派，肇於先秦前，古學是史學者，何故《易》家忽略歷史，不談術數，徒持守孔子之經，至嚴而不可亂者，乃在號古文《易》之費氏乎？故夫以今古學分派，過事張皇者，實無甚意義。漢世今古文之争，大抵因今文家先立學官，而抵拒古文家不得立。由此，二家互相水火。而於經説中涉及古代度制，或有不一致者，則二家各持一説以相傾。如古文家有持某種異説者，則其同業皆朋比之，以與今文家抗。而今文家之於古文家也亦然。此乃因争立相仇而後有之事，非先秦以前，早有此二派也。然二家所争，大抵古禮或古制傳説不一，乃考據方面枝節問題，罕有關於大義，並無根本歧異處也。晁公武《郡齋讀書志》云："凡《彖》《象》《文言》等參入卦中，皆祖費氏。東京荀、劉、馬、鄭皆傳其學。王弼最後出，或用鄭説，則知弼亦本費氏也。"趙汝梅《易輯聞》云："陳元、鄭衆皆傳費學。馬融、鄭元、荀爽、王肅、王弼皆爲之注，今《易》乃費氏經也。"案費氏亡章句，只持守孔子之經文，而以經解經，不更以術數家言亂之，不逞臆立説，此其態度謹嚴，乃傳經之正軌也。後儒唯王輔嗣一人，確承費氏家法。如"乾元亨利貞"，"初九潛龍勿用"，輔嗣注云："《文言》備矣。"元亨利貞之義，潛龍勿用之義，皆《文言》所已詳故。"九二見龍在田"，注云："出潛離隱，故曰見龍。《文言》曰："潛之爲言也，隱而未見。"潛爲未見，則見爲出潛矣。潛爲隱，則見爲離隱矣。處於地上，故曰在田。"《繫辭傳》[1]曰："兼三才而兩之，故《易》六畫而成卦。"詳此，則五與上爲天，三與四爲人，初與二爲地，初爲地下，二爲地上。故輔嗣云處於地上也。此即費氏以經解經之法。陳澧、皮錫瑞皆以此稱輔嗣，可謂知言。陳元、鄭衆、馬融、劉表、王肅、荀爽、鄭玄諸人之《易》，今皆散亡。但爽與玄，其佚文可搜集者較多，猶足窺其概要。大抵東京諸儒，雖同用費氏經本，而實各自爲説，各自名家，亦皆不脱術數餘習。晁氏、趙氏謂諸儒皆費學，其説未免侈而失實。諸儒佚文可徵者，要皆滯於象，未知假象以會意，得意而忘象，未知二字，一氣貫下。故是術數之餘習也。

術數家取象，只是占吉凶。至孔子作《易》，雖復採用卜辭，其辭皆象，而取象之意自别，只假象以顯此理而已。如乾之象爲龍，龍者神變之物，即假此象，以明夫生生不息、健動無竭之真元，故曰假象以顯理也。善爲《易》者，得孔子所以取象之意，而冥會至理，即無所事於象矣。佛氏云：既渡不須筏。象猶筏也。假象以會意，猶假筏以渡也。得意自忘象，猶得渡而應捨筏也。費氏不事章句，蓋已得意而遺象矣。東京諸儒，何足語此。而謂其皆傳費學，豈其然乎？凡治《易》者，不通象固不可，然若以能言象即爲知《易》，則吾未敢許以知《易》也。

費氏不爲章句，其自得固有足多者。然以此傳經，後學或守文而不究其義，或轉雜異説，而失經旨。東京諸儒，雖承用費氏經本，畢竟不傳費學。王輔嗣崛起季漢，其學本出道家。道家元是《易》之別派，説見第二講。然其治《易》，獨能掃象，則亦遠紹費氏之傳也。輔嗣《易注》，仍承費氏以經解經遺意，並不多下注語。然《易略例》，宏廓深遠，又何待章析句解而後無憾乎？前儒病輔嗣者，以其掃象，不知掃象正是輔嗣遥會聖心，真能發明《大易》之奥也。輔嗣《易注》最可法者，在其知象而掃象。清人焦循《周易補疏》，多摘王注，暗用鄭、荀諸儒説。如“坤上六，龍戰于野”注云：“固陽之地，陽所不堪，故戰于野。”焦循《補疏》曰：“按，《正義》解固爲占固，占即佔字。謂陰去則陽來，陰乃盛而不去，占固此陽所生之地，故陽氣之龍與之交戰。然陽之地，則未實指何所。竊謂王氏暗用鄭、荀之説也。荀爽云：‘消息之位，坤在於亥，下有伏乾。’蓋坤爲十月之卦，其辟在亥。以卦位言之，乾處西北，是亥爲乾之地，而坤辟之，此乾所以不堪而戰也。鄭氏以爻辰説《易》：‘坤初貞未，二貞酉，三貞亥，四貞丑，五貞卯，上貞巳。乾辟於巳，則坤上爻，實爲乾之地，而坤爻據之，又乾所以不堪而戰也。’王氏用荀、鄭之説，而渾其辭爲固陽之地。不然，坤之上六，何以爲陽之地乎？”焦氏議輔嗣暗用荀、鄭而渾其辭，其説似是，而實不得輔嗣意。荀、鄭之説，蓋本術數家遺法，不必據之以釋孔子爻辭。故輔嗣知之而不肯言也。《正義》解固爲占固，亦失注意。蓋固者錮蔽，《論語》：“學則不固。”孔曰：固，蔽也。固陽之地者，地即指坤上爻。何必取術數家消息之位云云，詳上引荀説。及爻辰云云乎？詳上引鄭説。以干支及方位、如西北等方。月分等等，分讀份。穿鑿立説，有何義據？夫坤上爻，陰盛已極也。陰盛極則消陽。消者，消滅。陽非可滅，但爲陰所錮蔽而不得顯，便謂之滅耳。陽性剛健，任陰之消，必非所堪忍，故必戰乎陰。陰與陽戰而終不勝也。野者，郊外。上六，則陰處外卦之終，故有野象。戰于野，謂陽與陰戰也。夫陰爲質，而陽爲神。神，具云精神，而非謂上帝。陰爲欲，而陽爲理。陰爲亂，而陽爲治。宇宙肇始鴻濛，漸凝爲諸天。物質方盛，而心神殆不可見。上六盛陰。爲固陽之地，此其徵矣。然彊陽之運，彊陽，本《莊子》“健故曰彊”。終不物於物。謂終不物質化。不物於物，故謂之戰。宇宙由無機物，無機物，盛陰也。即坤上六之象。而有生物，以至人類，心神畢竟從重陰重固中顯發，而成宰物之功，心能了別物，及能改造物質世界，故心神是主宰乎物質者也。戰之效也。又反驗之吾身，邪欲盛，上六盛陰。則天理之心受其固而不自安，天理之心，陽也。不自安者，陽所不堪。終必克之，而使欲不踰矩。克者，理與欲戰也。矩即天理。又如治化敗壞至極，社會不平至極，即坤上六之象。此際茫茫不可見治幾，治幾，陽也。是陰固陽也。然人道恒向於治，終必撥亂而成治。撥亂則陽欲勝陰，不憚於一戰也。《易》義無不包通，未可執一端爲説。荀、鄭徒取術數家言，而不達聖意。輔嗣云：“陰之爲道，卑順不盈，乃全其美。”余謂物從心而不以蔽心，欲從理而不至踰矩，亂消而歸治，此陰道所以成其卑順之美也。輔嗣又云：“盛而不已，固陽之地。陽所不堪，故戰于野。”其辭渾而含義極豐。焦循以考據之小知，未足喻斯神旨，乃譏其暗用荀、鄭，豈不惜哉？只盛而不已，便是固陽之地。蓋坤卦六陰，至上而極，故是盛而不已。陰盛如此，陽不得顯，故以固陽之地責之。地字宜活看，何必如荀、鄭之必離爻辭本義，而採術數家説，别爲之地乎？《易》家言象數者，實承術數舊法，至輔嗣始刊落盡浄。此其所以直接費氏，而爲二京群儒所莫逮也。然輔嗣實通象數。其辭高渾，即以象數求之，亦不相悖也。故曰輔嗣知象而掃象。焦循《補疏》所擿發多條，兹不暇詳論。學者虚懷細究，當知焦氏所譏，正是輔嗣之長也。循《序》誚讓輔嗣云：“洵童稚之藐識。”又曰：“弼蓋有見於説《易》者支離傅會，思去僞以得其真，而力不能逮。”如斯狂吠，無知者猶樂道之。嗚乎！上智之見詆於昏淺，蓋千古同慨，豈獨輔嗣蒙詬而已乎？余生衰季，將以孤炬而燭昏城，誠知其無補，而不容已也。真理自在天地間，又何以長夜爲慮耶?

西漢諸儒，不爲注疏之業，而自成一家言者，尚得一人焉，揚雄子雲是也。雄作《太玄》擬《易》，説者病其僭妄，然誠有見於道而後發言，則其言爲載道之言，不謂之經不得也。雄雖未足語此，顧其覃思自得者亦多矣。張衡神悟超拔，精究曆算，讀《玄》而嘆其妙極道數，使人難論陰陽之事，則《玄》之未容輕議可知。然雄之爲《玄》，所準者卦氣，未若費直超然獨尋洙泗，但其創作之績不可没。清人黜輔嗣而尚荀、虞，置《太玄》而崇高密。鄭玄，北海高密人也。宋王應麟始辑鄭《易注》一卷，清惠棟更補正爲三卷。張惠言復辑鄭《易》，而稱其列貴賤之位，辨大小之序，正不易之倫。經綸創制，吉凶損益，與《詩》《書》《禮》《樂》相表裏，則諸儒未有能及之者也。其推崇過當，足徵其識之卑耳。以此抑宋，其失更甚，吾何取焉。

孔子之《易》，其源出於術數。故傳《易》諸家，每取術數爲説，而失孔子創作之旨。術數流派極繁，前引《漢·藝文志》可覆看。商瞿後學，早已參雜術數，非自焦、京始也。余於漢經師《易》説，殊不重視。子雲、輔嗣，各有創發，異乎傳經之業，故非經師。然治《易》者，於其思想淵源，畢竟不可弗究。漢時去古未遠，間存古義，非有稽古之功，何以爲知新之助?今將漢《易》概要，稍爲引述，庶俾初學，略識面目。

一、孟長卿《卦氣圖》

馬國翰曰:《漢志》,《孟氏章句》二篇外，又有《孟氏京房》十一篇，災異,《孟氏京房》六十六篇，圖。以卦氣配節候，殆孟、京之遺法。唐《大衍曆議》云:“十二月卦，出於《孟氏章句》。其説《易》，本於氣，而後以人事明之。”惠棟曰，“孟氏《卦氣圖》，以坎、離、震、兑爲四正卦。餘六十卦，卦主六日七分，合周天之數。内辟卦十二，謂之消息卦。按辟卦後詳。乾盈爲息，坤虚爲消。其實，乾坤十二畫也。《繫辭》云:‘乾之策二百一十有六，坤之策一百四十有四，凡三百有六十，當期之日。’夫以二卦之策，當一期之數，則知二卦之爻，周一歲之用矣。四卦主四時，爻主二十四氣。十二卦主十二辰，爻主七十二候。六十卦主六日七分，爻主三百六十五日四分日之一。辟卦爲君，雜卦爲臣，四正爲方伯，二至夏至、冬至。二分，春分、秋分。寒温風雨，總以應卦爲節。是以《周易參同契》曰：'君子居室，順陰陽節。藏器俟時，勿違卦月。謹候日辰，審察消息。纖芥不正，悔吝爲賊。二至改度，乖錯委曲。隆冬大暑，盛夏霜雪。二分縱横，不應漏刻。水旱相伐，風雨不節。蝗蟲湧沸，群異旁出。'此言卦氣不效，則分至寒温皆失其度也。《漢書》谷永對策曰：'王者躬行道德，則卦氣理效，五徵時序。兼《洪範》五行言。失道妄行，則卦氣悖亂，咎徵著郵。'張衡上疏，亦言律曆卦候，數有徵效。蓋漢儒皆用卦氣爲占驗"云。詳惠氏《易漢學》。陳壽熊謂惠氏説猶有未審者。其《讀易漢學私記》云："按六十四卦，皆乾坤之交易。而十二卦，皆乾坤之消息。又陽息爲息，陽消爲消，消息皆主於乾。注意。故《繫辭》以乾坤之策當期。卦氣即以六十四卦之爻直歲。六十四卦，一乾坤也。《説卦》以乾爲君，卦氣即以乾坤消息爲辟。乾坤消息，一乾君也。十二卦，爲二氣之消息，屬天，故象君。四正卦，爲四時之方位，屬地，故象方伯。不計四隅卦者，獨用四正，則餘六十卦之爻，乃正得三百六十。蓋以每卦六日，當三百六十日之大數。復各餘七分，以盡五日四分日之一之零數也。惠氏説殊未明備。"

《六日七分圖》

此卦氣圖之一也。《易緯·稽覽圖》曰："甲子，卦氣起中孚。六日八十分，日之七。"鄭康成注云："六以候也。八十分爲一日。日之七者，一卦六日七分也。"《易緯·是類謀》曰："冬至，日在坎。春分，日在震。夏至，日在離。秋分，日在兑。四正之卦，卦有六爻，爻主一氣，共主二十四氣。餘六十卦，卦主六日七分，八十分日之七。歲有十二月，三百六十五日四分日之一。六十而一周。"按舊有《六日七分圖》，象周天圓圖，今改排如左表，取付印之便耳。學者可參考惠氏《易漢學》木刻本舊圖。

坎	初六	冬至	子	公	中孚
坎	初六	冬至	子	辟	復
坎	九二	小寒	子	侯	屯
坎	九二	小寒	子	大夫	謙
坎	九二	小寒	子	卿	睽
坎	六三	大寒	丑	公	升
坎	六三	大寒	丑	辟	臨
坎	六四	立春	丑	侯	小過
坎	六四	立春	丑	大夫	蒙
坎	六四	立春	丑	卿	益
坎	九五	雨水	寅	公	漸
坎	九五	雨水	寅	辟	泰
坎	上六	驚蟄	寅	侯	需
坎	上六	驚蟄	寅	大夫	隨
坎	上六	驚蟄	寅	卿	晋
震	初九	春分	卯	公	解
震	初九	春分	卯	辟	大壯
震	六二	清明	卯	侯	豫
震	六二	清明	卯	大夫	訟
震	六二	清明	卯	卿	蠱
震	六三	穀雨	辰	公	革
震	六三	穀雨	辰	辟	夬
震	九四	立夏	辰	侯	旅
震	九四	立夏	辰	大夫	師
震	九四	立夏	辰	卿	比
震	六五	小滿	巳	公	小畜
震	六五	小滿	巳	辟	乾
震	上六	芒種	巳	侯	大有
震	上六	芒種	巳	大夫	家人
震	上六	芒種	巳	卿	井

離	初九	夏至	午	公	咸
				辟	姤
	六二	小暑		侯	鼎
				大夫	豐
				卿	涣
	九三	大暑	未	公	履
				辟	遯
	九四	立秋		侯	恒
				大夫	節
				卿	同人
	六五	處暑	申	公	損
				辟	否
	上九	白露		侯	巽
				大夫	萃
				卿	大畜
兑	初九	秋分	酉	公	賁
				辟	觀
	九二	寒露		侯	歸妹
				大夫	无妄
				卿	明夷
	六三	霜降	戌	公	困
				辟	剥
	九四	立冬		侯	艮
				大夫	既濟
				卿	噬嗑
	九五	小雪	亥	公	大過
				辟	坤
	上六	大雪		侯	未濟
				大夫	蹇
				卿	頤

右表：冬至，坎卦用事。春分，震卦用事。夏至，離卦用事。秋分，兑卦用事。

十一月，未濟、蹇、頤、中孚、復。

十二月，屯、謙、睽、升、臨。

正月，小過、蒙、益、漸、泰。

二月，需、隨、晋、解、大壯。

三月，豫、訟、蠱、革、夬。

四月，旅、師、比、小畜、乾。

五月，大有、家人、井、咸、姤。

六月，鼎、豐、涣、履、遯。

七月，恒、節、同人、損、否。

八月，巽、萃、大畜、賁、觀。

九月，歸妹、无妄、明夷、困、剥。

十月，艮、既濟、噬嗑、大過、坤。

“四正坎離震兑。爲方伯。震東方也。離南方也。兑正秋也，即西方。坎北方之卦也。見《説卦》。中孚爲三公。復爲天子。表中復爲辟，辟者，君義。屯爲諸侯。謙爲大夫。睽爲九卿。升，還從三公，周而復始。”“《繫辭上》曰：‘旁行而不流。’《九家易》曰：‘旁行周合六十四卦，月主五卦，爻主一日，歲既，周而復始。’”

《六日七分圖》外，復有六十四卦用事，配《七十二候圖》。見唐一行《大衍曆》。宋李溉所傳《卦氣圖》，云出孟長卿者，即本此。今不録，避繁故。

二、商《易》十二辟卦

十二辟卦本《歸藏》。前述《六日七分圖》，内有十二辟卦，謂之消息卦。今表如左：

子復	午姤
丑臨	未遯
寅泰	申否

卯大壯　　　　酉觀
辰夬　　　　　戌剥
巳乾　　　　　亥坤

徐善曰："此《歸藏》十二辟卦，所謂商《易》也。辟者，君也。其法：先置一六畫坤卦，以六陽爻次第變之，即成復、臨、泰、大壯、夬五辟卦；次置一六畫乾卦，以六陰爻，次第變之，即成姤、遯、否、觀、剥五辟卦。十辟見而綱領定矣。又置一六畫坤卦，以復辟變之，成六卦之一陽；復爲辟卦之一，故云復辟。下言臨辟等者，均倣此。以臨辟變之，成十五卦之二陽；以泰辟變之，成二十卦之三陽；以大壯辟變之，成十五卦之四陽；以夬辟變之，成六卦之五陽；更進爲純乾，而六十四卦之序已定矣。徐而察之，乾之六位已爲遞變之新爻，而坤之六位猶爲未變之舊畫。即卦中陽爻已變，而陰爻猶故也。於是復置新成之乾卦，以姤辟變之，成六卦之一陰；以遯辟變之，成十五卦之二陰；以否辟變之，成二十卦之三陰；以觀辟變之，成十五卦之四陰；以剥辟變之，成六卦之五陰；更進爲純坤，而坤之六位已更新矣。卒之非有兩營也，止此六十四虚位，順而求之，由坤七變，得陽爻一百九十二，而純坤之體見；逆而溯之，由乾七變，得陰爻一百九十二，而純乾之體見。一反一覆，而三百八十四爻之《易》以全矣。"按徐善明六十四卦生生之序，亦可備一説。

十二辟卦，亦云十二消息。《繫辭傳》曰："變通配四時。"虞翻注："變通趣時，謂十二月消息也。泰、大壯、夬配春。乾、姤、遯配夏。否、觀、剥配秋。坤、復、臨配冬。謂十二月消息相變通，而周於四時也。"又曰："剛柔相推，變在其中矣。"虞翻注："謂十二消息，九六相變，剛柔相推，而生變化，故變在其中矣。"又曰："往來不窮謂之通。"荀爽注："謂一冬一夏，陰陽相變易也。十二消息，陰陽往來無窮已，故通也。"又曰："寒往則暑來，暑往則寒來。"虞翻注："乾爲寒，坤爲暑。謂陰息陽消，從姤至復，故寒往暑來也。陰詘陽信，信讀伸。從復至泰，故暑往寒來也。"又曰："範圍天地之化而不過。”《九家易》解：“範者，法也。圍者，周也。言乾坤消息，法周天地，而不過於十二辰也。辰，日月所會之宿，謂諏訾、降婁、大梁、實沈、鶉首、鶉火、鶉尾、壽星、大火、析木、星紀、元枵之屬是也。諏訾以下，謂自寅至丑，自泰至臨也。”按此皆以經文，附會十二消息卦。鄭康成注《乾鑿度》曰：“消息於雜卦爲尊。每月譬一卦，而位屬焉，各有所繫。”惠棟曰：“每月譬一卦者，如乾之初九屬復，坤之初六屬姤是也。臨觀以下倣此。”

陳壽熊云“六十四卦皆乾坤之交易，而十二卦皆乾坤之消息”云云，又曰“《説卦》以乾爲君，卦氣即以乾坤消息爲辟”云云，前文已引。此宜詳究。

三、虞氏《八卦納甲圖》

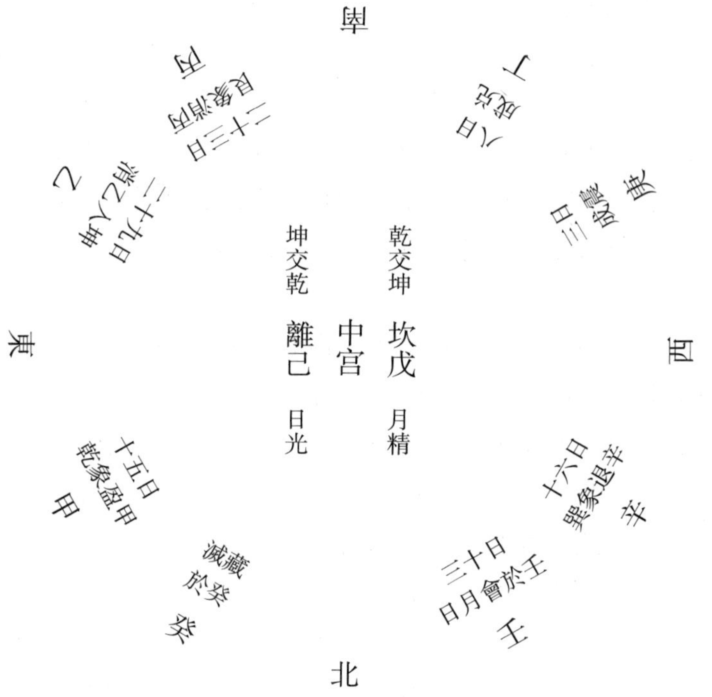

右圖：坎離，日月也。戊己，中央土也。晦夕朔旦，坎象流戊。日中則離，離象就己。晦夕朔旦，以陽通陰，象坎上下二爻陰，中一爻陽。日中則離，以陰通陽，象離上下二爻陽，中一爻陰。故曰坎象流戊，離象就己，戊己土位，象見於中。三十日會于壬，三日出于庚，三日暮，暮即《月令》所謂昏。推步家以日入二刻半爲昏。其時日在西，月在庚，月向日三分之一生光，在下，象震初陽爻。背日三分之二無光，在上，象震二三陰爻。故曰震象出庚。八日見于丁，八日暮，日在西，月在丁，月向日三分之二有光，在下，象兑初二陽爻。背日三分之一無光，在上，象兑三陰爻。故曰兑象見丁。十五日盈於甲，十五日暮，日在西，月在甲，日月相望，月三分皆有光，象乾三爻皆陽。故曰乾象盈甲。十六日退於辛，十六日旦，旦亦謂之明。推步家以日出前二刻半爲明。其時日在東，月在辛，月背日三分之一無光，在下，象巽初陰爻。向日三分之二有光，在上，象巽二三陽爻。故曰巽象退辛。二十三日消于丙，二十三日旦，日在東，月在丙，月背日三分之二無光，在下，象艮初二陰爻。向日三分之一有光，在上，象艮三陽爻。故曰艮象消丙。二十九日窮於乙，滅於癸。二十九日旦，日在東，月在乙，日月同度，月三分皆無光，象坤三爻皆陰。故曰坤象滅乙。據此圖，虞氏實本之《參同契》，兹不及引。此即所謂納甲法也。《京房易傳》曰："分天地乾坤之策，益之以甲乙壬癸。震巽之象配庚辛，坎離之象配戊己，艮兑之象配丙丁。"謂乾納甲壬，坤納乙癸，震納庚，巽納辛，坎納戊，離納己，艮納丙，兑納丁。節惠氏《易漢學》及李鋭《易虞氏略例》。

四、虞氏消息

消息之卦，前已略及。覆看十二辟卦，兹復加詳。

復 ䷗	坤上震下	姤 ䷫	乾上巽下
臨 ䷒	坤上兑下	遯 ䷠	乾上艮下
泰 ䷊	乾下坤上	否 ䷋	坤下乾上
大壯 ䷡	乾下震上	觀 ䷓	坤下巽上
夬 ䷪	乾下兑上	剥 ䷖	坤下艮上
乾 ䷀	乾上乾下	坤 ䷁	坤上坤下

右息卦六。　　　　　　　右消卦六。

凡消息之卦十二。孟康謂京房“以消息卦爲辟。辟，君也”。李鋭云：“此十二卦，辟之消息。餘卦謂之雜卦。”漢儒皆以此十二卦爲消息，虞氏亦同之。

“自復至乾爲息，復初一陽，至臨二陽，至泰三陽，大壯四陽，夬五陽，乾六陽。自姤至坤爲消。姤一陰，遯二陰，否三陰，觀四陰，剥五陰，坤六陰。乾息則坤消，乾消則坤息，《易》爲乾道，故消息皆主乎乾也。此於六日七分，爲十二月辟卦。”

復	十一月	姤	五月
臨	十二月	遯	六月
泰	正月	否	七月
大壯	二月	觀	八月
夬	三月	剥	九月
乾	四月	坤	十月

荀氏明陽升陰降之義，見稱虞氏。仲翔稱潁川荀諝號爲知《易》，且謂馬融有俊才，解釋復不及之。兹附著於此。《乾·文言》云[2]：“乾升于坤曰雲行，坤降于乾曰雨施。乾坤二卦，成兩既濟。離下坎上，䷾，其卦名既濟。陰陽和均，而得其正。”又云：“坤五之乾二爲離，乾二之坤五爲坎。”《坤·文言》注云：“乾二居坤五爲含，坤五居乾二爲宏，坤初居乾四爲光，乾四居坤初爲大。”《繫》注云：“陽成位乎五，五爲上中。五爻之位，上卦之中也。陰成位於二，二爲下中。二爻之位，下卦之中也。故易成位乎其中。”又云：“陰升之陽則成天之文也，陽降之陰則成地之文也。”幽，謂否卦䷋，坤下乾上，其卦名否。變成未濟也。䷿，坎下離上，其卦名未濟。明，謂泰卦䷊，乾下坤上，其卦名泰。變成既濟也。䷾，離下坎上，其卦名既濟。此乾坤爲三百八十四爻之升降，由泰而既濟，由否而未濟，爲陰陽之大限，通六十四卦爲運行。故既濟注云：“天地既交，陽升陰降。”未濟注云：“雖剛柔相應，而不以正，由未能濟。”明既未濟，爲升降之用也。乾注云：“乾六爻皆君；二當升坤五；四上躍居五，或下居坤

初；上當下之坤三。”以乾爻君坤，謂乾六爻爲六十四卦之君。乾坤二卦，成兩既濟，其義如此，乃爻升之例，非主一卦而言。節張惠言《易荀氏九家義》。

五、虞氏旁通

師 ䷆ 坎下坤上。與同人旁通

小畜 ䷈ 乾下巽上。與豫旁通

比 ䷇ 坤下坎上。與大有旁通

履 ䷉ 兑下乾上。與謙旁通

同人 ䷌ 離下乾上。與師旁通

大有 ䷍ 乾下離上。與比旁通

剥 ䷖ 坤下艮上。與夬旁通

復 ䷗ 震下坤上。與姤旁通

大畜 ䷙ 乾下艮上。與萃旁通

頤 ䷚ 震下艮上。與大過旁通

坎 ䷜ 坎下坎上。與離旁通

謙 ䷎ 艮下坤上。與履旁通

豫 ䷏ 坤下震上。與小畜旁通

蠱 ䷑ 巽下艮上。與隨旁通

臨 ䷒ 兑下坤上。與遯旁通

離 ䷝ 離下離上。與坎旁通

恒 ䷟ 巽下震上。與益旁通

夬 ䷪ 乾下兑上。與剥旁通

姤 ䷫ 巽下乾上。與復旁通

革 ䷰ 離下兑上。與蒙旁通

鼎 ䷱ 巽下離上。與屯旁通

乾二五之坤成坎，坤二五之乾成離。坎離者，旁通之本也。虞氏於師、比、謙、豫、小畜、履、同人、大有八卦，皆以乾之坤、坤之乾而成，皆有坎離象。師内體坎，比外體坎。同人内體離，大有外體離。謙二至四，豫三至五，有坎象。小畜三至五，履二至四，有離象。離注云“乾二五之坤成坎，體師象”，師即坎也。比注云“師二上之五，比自師來”，即坎來也。小畜注云“需 ䷄，乾下坎上，其卦名需。上變爲巽”，䷸，巽下巽上，其卦名巽。巽本坎也。履注云“謂變訟 ䷅，坎下乾上，其卦名訟。初爲兑也”，䷹，兑下兑上，其卦名兑。兑本坎也。此八卦皆有坎離象，則皆與坎離同義。合六十四卦論之，十二消息，乾坤消息也。六十四卦，乾坤往來也。坎、離及師、比，至大有八卦，皆乾之坤，坤之乾也。極而言之，六十四卦皆乾坤也。乾流坤形，坤成乾性，乾足以統坤，以是知六十四卦皆乾也。故曰乾爲《易》。其非坎、離及師、比等八卦，亦有云旁通者。復、姤、夬、剥四卦，以一陽五陰、一陰五陽之卦，皆相與爲旁通。故此四卦，與之同義。革、鼎二卦，以坎初至五體蒙，䷃，坎下艮上，其卦名蒙。二至上體屯；䷂，震下坎上，其卦名屯。離初至五體革，二至上體鼎。離旁通坎，故革、鼎旁通蒙、屯也。頤卦以大過體復一爻，潛龍之德。大過䷛，巽下兑上，其卦名大過。初至五體姤。震陽入伏巽陰下，所謂龍蛇之蟄也。頤初至五體復，頤一爻，即復一爻。復旁通姤，故頤旁通大過也。小畜以豫四至坤初爲復，復小，故名小畜。萃䷬，坤下兑上，其卦名萃。五之復二成臨，臨者大也，故名大畜。小畜旁通豫，故大畜旁通萃也。臨卦則以經“八月有吉”[3]，周八月，夏之六月，于消息爲遯，故旁通遯也。蠱、恒二卦，以終變成隨益，䷐，震下兑上，其卦名隨。䷩，震下巽上，其卦名益。故旁通隨益也。六十四卦，虞氏注言旁通者二十一，皆有義例可尋。餘卦或無取乎旁通，故虞注不及之歟？節李鋭《易虞氏略例》。

六、京氏《八宫卦次圖》

乾 上世 不變	姤 一世	遯 二世	否 三世	觀 四世	剥 五世	晋 遊魂 用離	大有 歸魂
震	豫	解	恒	升	井	大過 用兑	隨
坎	節	屯	既濟	革	豐	明夷 用坤	師
艮	賁	大畜	損	睽	履	中孚 用巽	漸
坤	復	臨	泰	大壯	夬	需 用坎	比
巽	小畜	家人	益	无妄	噬嗑	頤 用艮	蠱
離	旅	鼎	未濟	蒙	涣	訟 用乾	同人
兑	困	萃	咸	蹇	謙	小過 用震	歸妹

一乾宮

—	—	—	—	—	—
上世不變	五世變剥	四世變觀	三世變否	二世變遯	一世變姤
			下體成坤		

張行成曰："若上九變，遂成純坤，無復乾性矣。乾之世爻，上九不變，九返於四而成離，則明出地上，陽道復行。故遊魂爲晋，歸魂於大有，則乾體復於下矣。"

二震宮

- -	- -	—	- -	- -	—
上世不變	五世變井	四世變升	三世變恒	二世變解	一世變豫
			下體成巽		

三坎宮

- -	—	- -	- -	—	- -
上世不變	五世變豐	四世變革	三世變既濟	二世變屯	一世變節
			下體成離		

四艮宮

—	- -	- -	—	- -	- -
上世不變	五世變履	四世變睽	三世變損	二世變大畜	一世變賁
			下體成兑		

五坤宫

⚋	⚋	⚋	⚋	⚋	⚋
上世不變	五世變夬	四世變大壯	三世變泰	二世變臨	一世變復
			下體成乾		

張行成曰："若上六變，遂成純乾，無復坤性矣。坤之世爻，上六不變，六返於四而成坎，則雲上於天，陰道復行。故游魂之卦爲需，歸魂於比，則坤體復於下矣。"

六巽宫

⚊	⚊	⚋	⚊	⚊	⚋
上世不變	五世變噬嗑	四世變无妄	三世變益	二世變家人	一世變小畜
			下體成震		

七離宫

⚊	⚋	⚊	⚊	⚋	⚊
上世不變	五世變涣	四世變蒙	三世變未濟	二世變鼎	一世變旅
			下體成坎		

八兑宫

⚋	⚊	⚊	⚋	⚊	⚊
上世不變	五世變謙	四世變蹇	三世變咸	二世變萃	一世變困
			下體成艮		

張行成曰：“陰陽相爲用。用九以六，故乾之用在離。用六以九，故坤之用在坎。《參同契》曰：‘易謂日月。’《説文》云：“秘書：日月爲易。”日月合爲古文易字也。坎離者，乾坤之妙用。二用無爻位，周流行六虚。是乾坤互變，坎離不動，當游魂爲變之際，各能還其本體也。”惠氏注：“經云：‘乾道變化，各正性命。’性命者，坎離也。言乾坤互變，坎離不動，故云各正。坎爲性，離爲命。”又云：“凡八卦游魂之變，乾坤用坎離，坎離用乾坤，震艮用巽兑，巽兑用震艮，皆爲陰陽互用。以至六十四卦，若上爻不變，則皆然。是故諸卦祖於乾坤，皆有乾坤之性也。其正以坎離爲用者，惟乾坤爲然，坎離肖乾坤，故用乾坤。”

右引《易漢學》。

每卦有六爻，初爻爲一世，二爻爲二世，乃至上爻爲上世。其一至五世皆變，而上世不許變者，因上世變即是六爻變盡，則乾返成坤，坤反成乾。坎離以下準知。如此，則八卦皆不得還其本，而八宫皆亂矣。故五世變而窮，乃以上世不變，而返於四，是爲游魂。四在外卦，故曰游魂。如乾之世爻，上九不變，九返於四而成離，則明出地上，陽道復行，故游魂爲晋。又於内卦一世二世三世。既變之後，重行變之，而内卦還復其本。如乾宫游魂爲晋，晋上離下坤，變之爲上離下乾，是爲大有，即内卦復還乾體，故曰歸魂。張行成云：“歸魂於大有，則乾體復於下是也。”兹以乾宫爲例，表之如左，餘可準知。

乾宫 ䷀乾	姤 ䷫乾一世 變爲姤	遯 ䷠乾二世 變爲遯
否 ䷋乾三世 變爲否	觀 ䷓乾四世 變爲觀	剥 ䷖乾五世 變爲剥
晋 ䷢乾上世不變而返 於四是爲游魂	大有 ䷍内卦復乾體 是爲歸魂	

八宫卦次之説，荀爽、陸績、干寶等皆承用之。如《恒·彖》曰："恒，亨，無咎，利貞，久於其道也。"荀爽曰："恒，震世也。巽來乘之，震三世，下體成巽。陰陽會合，故通，无咎。"云云。《蠱·彖》曰："蠱，元亨，而天下治也。"荀爽曰："蠱者，巽也。巽歸合震，巽三世至游魂，皆震也。故元亨也。蠱者，事也。備物致用，故天下治也。"京房《乾傳》曰："精粹氣純，是爲游魂。"陸績曰："爲陰極剥盡，陽道不可盡滅，故返陽道。道具云陽道。不復本位，爲游魂，例八卦。"干寶《易·蒙卦》注曰："蒙者，離宫，陰也。"此皆用八宫世變之説，餘不勝引。

七、鄭氏爻辰及互體

鄭玄注《易》，以爻辰爲説，其書久佚，學者或未知何謂爻辰。自王應麟集鄭注後，姚士麟、惠棟摭采尤多。棟作《十二月爻辰圖》及《爻辰所值二十八宿圖》，見《易漢學》。於是學者可一覽而知。陳壽熊曰："鄭氏求象，多用爻辰，雖亦玩占者所不可廢，而以爻配辰，又就辰而求其星象肖屬，於《易》之本義，殆不無隔越矣。故其於諸經，皆不愧爲博通，獨於《易》，未可謂之精詣。"《讀易漢學私記》。然議爻辰者，不自壽熊始，自晚明王船山迄清焦循，皆攻之甚力。獨何秋濤作《周易爻辰申鄭》，雖爲高密解圍，而實無關《大易》本旨。

王應麟曰："康成學《費氏易》，爲注九卷，多論互體。以互體求《易》，《左氏》以來有之。凡卦爻二至四、三至五，兩體交互，各成一卦，是謂一卦含四卦。《繫辭》謂之中爻，所謂八卦相盪，六爻相雜，唯其時物，雜物撰德是也。唯乾坤無互體，蓋純乎陽，純乎陰也。餘六子之卦，皆有互體。坎之六畫，其互體含艮震，䷜，坎，二至四，震卦也；三至五，艮卦也。而艮震之互體亦含坎。離之六畫，其互體含兑巽，䷝，離，二至四，巽卦也；三至五，兑卦也。而兑巽之互體亦含離。三陽卦之互體自相含，三陰卦之互體亦自相含也。王弼尚名理，譏互體。然注睽六二曰'始雖受困，終獲剛助'，睽自初至五成困，兑上坎下，其卦名困。睽下卦則兑也，其三至五，則坎也。雖坎上兑下，若覆之，以兑爲上，坎爲下，即成困卦。此用互體也。弼注比六四之類，或用康成之説。鍾會著論力排互體，而荀顗難之。”余謂互體説見《繫辭》，康成確然有據，義不容遮。

上來略舉漢《易》概要，將令初學得識漢學面目。漢諸《易》家之説，不外採術數家占驗遺法，而加以推演，以附會孔子之《易》。其於孔子本旨，殊少會心。清人治《易》，確守漢學。雖有稽古之績，而宣尼窮神知化之妙，廣大悉備之藴，窮極化源，究盡物則，博觀萬事萬變，而得其理，以會歸於無待之極。故《繫傳》稱《易》之爲書，廣大悉備，誠窮於讚歎也。乃愈誨而不可明，豈不惜哉？

清儒治漢《易》而不欲蹈術數家之術，思就經文别有創發者，焦循其人也。焦氏之《易》，穿鑿至纖巧，學者號爲難讀。然如以耐心臨之，耐者，謂心力堪任繁碎故。取《通釋》及《章句》與《易圖略》，往復數番，識其途徑，握其端緒，則脈絡分明，卻甚易簡。但在習渾沌而拙解析，此是一種人。尚超悟而厭瑣碎者，此又是一種人。恐閲之未肯終卷。故焦氏之書，求知音於後世，殊非易事。初學治焦氏《易》，須先究漢儒之卦與旁通、升降諸説。之卦本諸《彖傳》，荀慈明、虞翻等皆用之，而其説皆不能畫一。焦循《論卦變》上下篇，駁荀、虞甚詳，而其結論曰："凡傳稱外内、剛柔、往來、上下，皆指旁通。以爲卦變，非也。以爲反對，亦非也。或舉而悉歸之乾坤，益泛而不可通矣。然而卦變之説，何所來乎？曰：亦有之。乾二之坤五爲比，謂比之來，由乾二之坤五，可也。然離五之坎二亦爲比，師二之五亦爲比也。坎三之離上爲豐，謂豐之來，由坎三之離上，可也。然巽上之震三亦爲豐，噬嗑上之三亦爲豐也。辭也者，各指其所之，所之或當位或失道，而辭則指其所之以明之。謂此卦之吉，由某卦之所之如此。此卦之凶，由某卦之所之如此。此卦之悔吝，由某卦之所之失道而能變通如此。隨舉其所之以爲辭，謂之之卦可也；謂卦由某卦而生，不可也。故謂噬嗑上之三爲豐，可也；謂泰二之四爲豐，則不可也。謂旅初之四爲賁，可也；謂否三之五爲旅，則不可也。謂晋上之三爲小過，可也；謂觀四之五爲晋，不可也。謂訟四之初爲中孚，可也；謂遯三之二爲訟，不可也。蓋漢、魏之時，孔門説《易》之遺，尚有景響，而荀、虞不求其端，不訊其末，不知各指所之之義，而以爲卦爻可隨意推移，遂成千古謬説之所由來。余既爲《當位失道》等圖，以明其所之之吉凶悔吝，此即荀、虞之卦之説之所本。去其僞，存其真，惜不能起荀、虞而告之耳。”又曰：“《易》重旁通，乃卦之序，不以旁通，而以反對。用反對者，正所以用旁通也。無反對，即用旁通爲序。見反對有窮，而旁通不窮也。中略。一陰一陽之謂道，反對之卦，不能一陰一陽，即不能合於道，故必旁通以爲道焉。中略。卦之有旁通，如人之有夫婦也。序以反對，而辭則指其所之。所之者，旁通也。且《易》之爲書也，參伍錯綜，引申觸類，其辭每以比例互明。反對於旁通，亦比例互明者也。屯旁通鼎，革旁通蒙，屯猶革也，鼎猶蒙也，故屯、蒙與鼎、革，互爲比例。豐旁通涣，節旁通旅，豐猶節也，旅猶涣也，故豐、旅與節、涣，互爲比例。反對旁通，四卦交互，如九數之維乘。《序卦》一傳，全明乎變通往來之義。而《雜卦傳》前用反對，自大過以下頓破之，而明之以君子道長，小人道消。所以示反對之序，必散而旁通，以合消長之道也。不特此也，離四之坎初成節、賁，猶離上之坎三成豐、井，賁旁通困，豐旁通涣。經於困初六，稱‘三歲不覿’，明賁上之困三。於豐上六，稱‘三歲不覿’，明涣初之豐四。豐可例賁，則例節可知矣。困可例涣，則例噬嗑可知矣。屯旁通鼎，猶蹇旁通睽。經於屯六二，言‘匪寇婚媾’[4]，明蹇通睽，而睽成泰。屯可例蹇，則例革可知矣。睽可例鼎，則例解可知矣。小畜二之豫五，而後上之豫三，爲中孚二之小過五，而後中孚上之三之比例。經於小畜《彖》，稱‘密雲不雨，自我西郊’，爲中孚成既濟之例。於小過六五，稱‘密雲不雨，自我西郊’，爲豫成咸之比例。小畜可例中孚，則例謙可知矣。豫可例小過，則例履可知矣。小畜上之豫三，即小過也。履四之謙初，即中孚也。凡此經文，互相比例，明白顯然，於是傳之贊經，亦每以互明之。家人旁通解，猶革旁通蒙。傳於家人六二，云‘順以巽也’，於蒙六五，云‘巽以順也’，一以家人例革，則例蹇可知矣，一以蒙例解，則例鼎可知矣。井旁通噬嗑，猶謙旁通履。傳於井上六，云‘元吉在上’，於履上九，亦云‘元吉在上’，一以井例謙，則例賁可知矣，一以履例噬嗑，則例豫可知矣。然則以反對爲序者，示人以比例之端也。”詳《原序》。又曰：“《史記·孔子世家》稱孔子讀《易》，韋編三絶，非不能解也，正是解得其參伍錯綜之故。讀至此卦此爻，知其與彼卦彼爻相比例，遂檢彼以審之，由此及彼，又由彼及彼，千脈萬絡，一氣貫通，前後互推，端委悉見，所以韋編至於三絶。即此韋編三絶一語，可悟《易》辭之參伍錯綜。孔子讀《易》如此，後人學《易》，無不當如此。非如此，不足以知《易》也。”《易圖略》。又曰：“余既明九章，又得聞洞淵九宫[5]奥義。讀《測圓海鏡》卷首《識别》一册，而其所謂正負寄左如積相消者，精微全在於此。極奇零隱曲之數一比例之，無弗顯豁可見。因悟聖人作《易》，所倚之數，正與此同。夫九數之要，不外齊同比例。以此之盈，補彼之朒，數之齊同如是，《易》之齊同亦如是。以此推之得此數，以彼推之亦得此數。數之比例如是，《易》之比例亦如是。説《易》者執於一卦一爻，是知五雀之俱重，六燕之俱輕，而不知一燕一雀，交而適平。又不知兩行交易，偏乘而取之。宜乎左支右詘，莫能通其義也。余既悟得旁通之旨，又悟得比例之法，用以求經，用以求傳，焦氏據西漢以後之臆説，以文王、周公之卦辭、爻辭爲經，孔子十翼爲傳。其實卦爻辭及《彖》《象》《文言》《繫辭傳》等，皆孔子作，皆經也。而經傳之微言奥義，乃可得而窺其萬一。”詳《易圖略》。綜前所述，而焦循治《易》方法與其書之大旨，已可概見。焦氏承漢人之卦之説，而異其運用，本荀、虞旁通與升降之意，而兼用比例之法，以觀其會通。要歸於變通趣時，焦氏《易圖略·叙目》云：“升降之妙，出於旁通。變化之道，出於時行。”又曰：“《傳》云‘變通者，趣時者也’，能變通即爲時行。”此其旨要也。然焦氏之書，貫穿六十四卦三百八十四爻，而以旁通、相錯、時行及比例以説明之。《易圖略·叙目》云：“余學《易》所悟得者有三：一曰旁通，二曰相錯，三曰時行。”時行者，言其變通也。其於全《易》，蓋無一辭一字不參伍錯綜之以求其通者。以爲《易》之辭，皆文在於此，而意通乎彼。如人之絡與經連貫，互相糾結，鍼一穴而府藏皆靈。詳《原翼》。其所得固在是，而短亦見焉。焦氏以比例求卦爻，焦云“讀此卦此爻，知其與彼卦彼爻相比例，遂檢彼以審之，由此及彼，又由彼及彼，千脈萬絡，一氣貫通”云云。以參伍錯綜，觸類引申，求《易》之辭，而其智亦止於此。其於聖人畫外之意，或言外之旨，固不見其有所超悟。《易》之爲書，廣大悉備。其所以範圍天地之化而不過，曲成萬物而不遺者，正以設卦觀象，雖設言詮，而畢竟不落言詮，以方便顯示神無方易無體之妙。無方，謂無方所。無體，言無形體。焦循於此，全無觸悟。故其言變通，總不外窮則變云云。此雖本之《繫傳》，然《繫傳》此處，乃專就人群事勢得失言之。人情怙其故常而不知變，則必窮。故須法天道，以善變也。天道元是變動不居，無一息而守故。參看《新唯識論》。善爲《易》者，當深達此旨。夫子於乾之《彖》，首明乾元，又曰“乾道變化”。坤之元，即乾元也。坤亦乾之變化也，非坤别於乾而自爲本也。變化者，乾之行健不息也。《繫傳》言變動不居，以此見乾元之爲行健而無息也。三百八十四爻所發揮者，皆示人以乾元之變動不居。其變也，至賾而不可亂，至動而貞於一。故曰六爻發揮，旁通情也。宇宙萬有，一入一切，隨舉一物而言，即此一物，徧通於一切物，而非孤存。一切入一。一切物，都與此一物相涵相容，互不相離，而通爲一體。旁通之情，於此可見。然物之相爲旁通，至賾而不可亂者，則以萬有之原於一故也。王輔嗣《易略例》有云：“物无妄然，必由其理。然者，猶言如此。物之如此，非虚妄所致，必由其理。理者，即下云宗也、元也。統之有宗，會之有元。故繁而不亂，衆而不惑。故六爻相錯，可舉一以明也。邢璹注：“六爻或陰或陽，錯雜交亂，舉貞一之主，以明其用。”剛柔相乘，可立主以定也。”邢云：“六爻有剛有柔，有逆有順，可立主以定之。”輔嗣此言，洞明真極。真極有二義：一至真之極，曰真極。二即真即極，曰真極。不悟貞一之主，貞一之主，即上云宗也、元也。但非如宗教家所云上帝。而言變動，則將爲盲目之衝動乎？是造化如機械也。不悟貞一之主而言旁通，則僅知萬有之互相涉入而已，猶未逮知萬有之原於一也。一者，萬有之本體也。焦循固不識乾元。其《易通釋》有曰：“元之義爲始，自乾六爻，依其序推之，初三五已定，所動而行者，二四上也。乾二之坤五爲始，乾四之坤初應之，乾上之坤三亦應之。中略。諸卦之生生，始於乾二之坤五，故乾元爲資始。中略。凡六十四卦之生生，皆從八卦而起。而八卦之生生，則從二五而起。初四三上未行，而二五先行，乃謂之元。”據此，則焦循徒以之卦義與旁通義釋元，即以二五先行，乃謂之元，是襲荀、虞之膚表，而昧其原也。《九家易》釋乾元曰：《九家易》，以荀爽爲主。“元者，氣之始也。”元爲氣之始，而非即是氣，則言其爲萬有之本體也。元本冲漠無朕，而顯爲氣，即成萬有。虞翻釋《繫傳》“天下之動，貞夫一也”云：“一，謂乾元。”此亦以乾元爲萬化之源，與《九家易》同旨。荀、虞言乾元，俱未失孔子意。蓋田何與費氏之傳，於此大本處，不容有誤也。虞《易》本孟氏，田何之傳也。荀《易》本費氏。獨惜荀、虞於此，無所發揮耳。焦循取荀、虞之卦與旁通諸義，而不談本體，只以二五先行謂之元，不以本體釋元，故是不談本體。此所以但襲膚表也。總之，焦循之《易》，拘拘於卦與卦、爻與爻之比例。全書字字求其勾通縫合，穿鑿雖工，而超悟卻太缺。又只詳人事。焦氏《當位失道圖説》有云，“六十四卦，本諸乾、坤、坎、離、震、巽、艮、兑之八卦，而八卦之生生，不外元亨利貞四字。而所以元亨利貞，則‘窮則變，變則通，通則久’九字盡之。括以一言，則謂之易而已矣”云云。焦氏言變通，實只就人事言，而闇於天道。乾之《象》曰：“天行健。”屯之《象》曰：“雷雨之動滿盈。”《繫傳》曰：“變動不居。”夫天道無待，備萬理，涵萬化，至圓滿而無所虧欠，故其變動也，恒無留滯，而新新不住，生生不息。孔子發明天道，可謂至矣。焦循只穿鑿以求卦與卦、爻與爻之比例，而短於超悟，闇於天道，此可惜也。天者，人生所資始也。不知天，而能真知人乎？夫窮則變云云者，言乎人群事勢也，天道其有窮乎？謂焦氏能耐繁瑣則可，若云知《易》，吾何敢許焉？焦氏若生近世，或宜治數理哲學。

焦氏謂卦氣納甲等説，皆《易》之外道，此説固是，而猶欠分别。余以爲伏羲畫卦，當初或因觀測日月與氣象而有悟。納甲法，本之觀測日月。《繫辭傳》羲皇‘仰觀於天’，是其證。世儒謂虞翻得之道家，非也，道家亦自得之古《易》家。卦氣則因觀察氣象之變，而妄臆災異。太古時之科學思想，與迷信相夾雜，自所難免。羲皇以後，諸術數家皆承其遺法。至孔子贊《易》，乃置術數不道，而獨發揮其哲學思想，遂爲諸子百家之祖。孟子稱孔子爲生民以來所未有，蓋有以也。《易》自孔子贊修後，卦氣納甲諸説，自不得不黜爲外道。然由《易》之歷史言之，則納甲卦氣等法，當遠肇羲皇，而爲八卦之所自出，言八卦，即謂六十四。決非術數家所依托也。商瞿傳《易》，必非僅傳孔子之説。而《易》之原始思想，爲諸術數家所承者，商瞿亦必博採而並傳之。此意已見前文，可覆玩。揚雄作《太玄》擬《易》，其根底亦在卦氣。可知卦氣之傳甚古，故雄亦依之爲《玄》，以擬《易》也。

宋儒圖書，亦古代術數之遺，清人多攻之甚力。然周子之學，要不當與康節並論。《太極圖説》雖未盡精微，自朱子爲之注，乃多所發揮，根極理要。王船山於動極而静、静極復動之説，亦不謂然，且攻五行説之謬。然於《圖説》大旨，仍推尊甚至。横渠《正蒙》爲船山《易傳》之所本。而船山宏闊，非《正蒙》比。宋學自此一變矣。見第二講。伊川《易傳》，兩宋以來學者宗之。清儒攻宋，無所不至，獨於伊川《易》，猶多遵守。戴東原治三禮，宗康成，而《易》獨尊《程傳》。段玉裁《戴東原年譜》有云："先生言《周易》，當讀程子《易傳》。"唯船山議伊川詳於人事，而猶未足語於窮神知化，斯可謂知言已。朱漢上《易》，頗有規模。餘亦各有所見，此姑不及。大抵宋儒爲學，貴創獲，而不以墨守傳注爲賢；務實踐，而亟以馳逞虚玄爲戒。故其治《易》也，一方面超脱漢師，一方面排斥輔嗣，其精神氣魄，不可不謂之偉大。然體認之功雖切，而思辨之用未宏，此亦宋儒所以自畫也。此處吃緊。唯其言皆根於踐履，雖復不無拘礙，要其大較，歸本窮理盡性至命之旨，而體天地神化之妙於人生日用之中。則孔門嫡嗣無疑也。清世《易》家，獨胡煦猶承宋學一脈。其《周易函書》，頗有新義，足以羽翼前賢，胡煦《易説》，與法人柏格森之哲學，頗有相通者，兹不暇論。治《易》者不可不究心於其書也。胡氏《易》，《清經解》不收，世罕知其人與書。焦循《易通釋》，曾兩引其説，皆無關弘旨。清末，章太炎、梁任公時稱説清儒，而皆不知有胡煦其人也。民國以來，牟生宗三，肄業北庠，作文表章之，始漸爲人所注意。然胡氏書，唯《圖説》可玩。《易注》《中庸説》，殊無精采。

初學讀《易》，且先治《易緯》。緯書當是商瞿後學之傳，不可與讖並論。《易》之原始思想，多存於緯。孔子大義，亦有可徵於緯者，彌足珍貴。古説散亡，尚賴有此耳。近者國立編譯館，擬選定《十三經新疏》印行之，於《易》則取李氏《周易集解纂疏》，吾殊不謂然。《集解》但採衆説，殊無根底。《纂疏》固有功《集解》，然不妨供涉獵耳。董氏《周易會通》，雖纂輯之業，而宗主程、朱，以衆説相互發明，不無可取。總之，《十三經新疏》欲於漢宋擇善而從，殊難其選。不如任學者旁收博覽，自求心得。毋取效帝制之世，由在位者妄立標準也。

《易》之源流，略述如上。若其大義，當依據孔子之辭以求之。卦辭、爻辭及《彖》《象》《文言》《説卦》等，皆孔子作。《繫辭傳》亦孔子口義流傳，已説如前。吾平生之學，窮探大乘，而通之於《易》。尊生而不可溺寂，（**附説一**）彰有而不可躭空，（**附説二**）健動而不可頹廢，（**附説三**）率性而無事絶欲，（**附説四**）此《新唯識論》所以有作，而實根柢《大易》以出也。上來所述，尊生、彰有、健動、率性，此四義者，於中西哲學思想，無不包通，非獨矯佛氏之偏失而已。王船山《易外傳》頗得此旨。然其言散見，學者或不知綜其綱要。魏晋人祖尚虛無，承柱下之流風，變而益厲，老莊不言剛健，而言虛静。魏晋人不善學之，竟成頹廢。故是變本加厲。遂以導入佛法。後漢、魏、晋間，凡努力吸收印度佛教思想者，皆深於老莊者也。宋儒受佛氏禪宗影響，守静之意深，而健動之力，似疏於培養；寡欲之功密，而致用之道，終有所未宏。《易》戒非幾之萌，即不主縱欲。然言智周萬物，言備物致用，言開物成務，則後儒所不省。二千年來，《易》之大義，湮絶已久。晚明王船山作《易外傳》，欲振其緒，然於體用之義未融，此中卻有千言萬語道不得，學者若於《新論》，肯下一番功，方識吾意。情性之分莫究，（**附説五**）天人之故，猶未昭晰，羽翼《大易》，疑於弗備。《新論》之作，庶幾船山之志耳。

附説一：《易》曰生生之謂易。故《易》道，尊生也。吾人順其生生之本然，而無使私欲得乘之，則雖動應萬變，而未嘗不寂也。周子《太極圖説》，以主静立人極，而自注曰“無欲故静”，明此静乃邪欲不作而動静合一之謂，非屏動以求静也。故儒學亦主歸寂，但决不溺寂。

附説二：宇宙間，萬變不窮，萬化不測，唯其富有而已。《易》之大有卦，明有者大，若爲耽空者戒也。龍樹之學，遮有以明空。雖云其密意，但對凡情迷執有實物而遮之。然般若一往遮撥，則其流極不免耽空。故乾坤變化，乃大乘所不言。而空教終有反人生之傾向。

附説三：《易·无妄》之《彖》曰："動而健。"此全《易》主旨也。天道人事，於此得其貫通。佛氏出世之道，以寂静爲主。宋以後儒者頓染其風，而誤解周子主静之説，不免厭動喜静。故言進修，則難語於有本有末。言治化，則不足以備物致用。進退之節雖嚴，而胸懷拘隘，氣魄薄弱，不能勇往以當改造宇宙之任。蓋厭動喜静者，必流於頹廢而不自知也。夫動而健者，天之化道也。而人體之以自强，所謂盡人合天是也。

附説四：生生之本然，健動而涵萬理、備萬善，是《易》所謂太極，宇宙之本體也。其在人則曰性。吾人率性而行，則飲食男女，皆有則而不亂。推之一切所欲，莫不當理。如此，則欲即性也，何待絶欲而後復其性乎？夫性者，生生之本然。其存乎吾人者，即《大易》所謂"乾以易知"之知也。陽明子所謂"良知"，吾《新論》所云"性智"也。吾人反己而識自性，凡生心動念處，必皆有所不忍縱、不可亂者，必有不爲物役而恒超然不容瞞昧者，此吾人天然自有之則也。誠能順此天則而無違失，則從心所欲，而皆天理流行。故曰欲即性也。凡以絶欲爲道者固甚謬，若反對絶欲，而不知性，不務率性之功，則未有不殉欲而喪其生生之本然也。《易》之道，以率性爲主，故無事於絶欲。備物致用，大通而無不正，一皆暢其真性，《易》道所以爲至也。若夫以人生爲迷亂之叢、衆苦之聚者，其果有見於生生之本然乎？

附説五：情與性，不可作二元看去，則以情非别有本故也。

然情、性畢竟有分。性是本有，情則後起之妄也。此意須詳《新論·功能》《明心》諸章。船山挾一反對陽明之成見，故終不悟性，時而説得近是，時而又成差謬。既不見性矣，而心之發用，何以不即是性，而成乎妄情或私欲，則亦不能知其所以也。余常欲訂其得失，而終未有暇。

《易》道含宏萬有，即撮舉大義，何止數千。馬遷稱《春秋》其旨數千，而《易》廣大悉備，何止數千之旨乎？姑抉根極，根者，根本。極者，極至。以便學者識其統紀。

《繫辭傳》曰“《易》有太極”，此言《易》之爲書，建立太極，是爲宇宙本體。太者，贊詞。極有二義：曰中，曰至。至者，謂理之極至，即斥指萬有本體而目之也。中者，屋棟，此本義也。引申之，曰不偏之謂中。不偏者，謂此極至之理，爲萬理所會歸，萬化所自出，是乃絶待而至圓滿。非若現實界之事物，彼此各囿於一偏也。故以不偏形容之。太極亦名太易。《乾鑿度》云：“孔子曰：易者，易也，按此易字，當讀爲難易之易，謂無煩擾相。變易也，按此易字，與上異，乃變化義也。不易也。按此易字，是變異義。不易猶云不變。謂雖成變化，而其德性，恒不變異也。管三成爲道德苞籥。”按：管，統也。三者，易與變易、不易也。統此三義，而成爲道德之苞籥也。本體者，以其在人，則曰性。一切道德，皆自性中流出，如苞之含芽，如籥之司要也。

“易者，以言其德也。通情無門，按此情字義寬，猶言心靈也。心靈徧通無礙，而不可詰其所由，故曰無門。門者，由義。藏神無内也。按神者，精神，亦謂心靈。心靈者，無定在而無所不在。故言其通感，則若不知所由。言其藏密，亦復誰爲其内。夫無門無内者，是絶待也，是人之真性，即萬有之本體也。光明四通，按性體圓明，本無惑障。俲易立節。按鄭康成注：“俲易者，寂然無爲之謂也。”鄭氏立節無解。余以爲立節，則無爲而無不爲矣。節者符節，所以爲信也。信者，信實。光明寂然之體，無形而爲有形之本，始成萬物，是至實无妄之理之昭著也，故曰立節。天地爛明，日月星辰布設。按此承上立節而言。萬物各得自遂者，皆以太易爲其實體故也。易言之，萬物皆至實无妄之理之顯現也。虚無感動，按亦虚無，亦感動。異乎耽空之學者徒以空寂言本體也。清浄炤哲。按鄭注："炤，明也。"性體清浄炤哲，二德兼備。若只是清浄而不炤哲，則是以無明爲本體也。今人談佛法，有偏言性寂，而惡言性覺者。此不獨吾《大易》所不許，而亦何可以此言佛法乎？俚俗至有拾其唾餘，以破吾《新論》者，是固不足辨。夫不寂之覺，非性覺也，不覺之寂，非性寂也。即覺即寂，即寂即覺，方是性體。非見性者，何可語此？移物致耀，按鄭注："移，動也。"清浄，故動而成物。炤哲，故去惑而致耀也。至誠專密。按真實無妄曰至誠，純一不雜曰專密。不煩不撓，淡泊不失。不煩不撓，淡泊不失，形容其至寂也。寂則炤明。此其易也。"按此段釋易義，正顯本體具有虛無感動、清浄炤哲諸德。德者，得也，言其所以得爲萬有之本體者也。

"變易者，其氣也。（附釋）天地不變，不能通氣。按天地雖大，而常在變化中也。如諸天與地球皆爲堅固不變之物，則世界何堪設想。變即氣化流通，不變則死物耳。氣化流通者，謂大用流行，無滯礙故。五行迭終，按古者分析自然界之物，以金木水火土，謂之五行。五行迭終，無有一物能守其故而不變者。四時更廢。按準上可知。君臣取象，變節相和。按古者臣民聽命於君，若爲節制之一定而不可易者。及民主之義倡，則專制之害去，而天下以安，是變節相和也。《易》道範圍天地之化而不過，於此可見。能消者息，按消者，滅義。息者，生義。滅故乃生新也。必專者敗。驗之人事，專怙其已成，而不知變，終未有不敗者。此其變易也。"

附釋：凡《易》言陰陽二氣之氣，與後儒言理氣之氣，皆當爲作用之名。吾於《新論》已言之。漢人於此氣字，似均無明瞭之觀念。夫本體清浄炤哲，雖無形質，而非無作用。作用者，言乎本體之流行也，言乎本體之顯現也。其流行，其顯現，只有猛烈勢用，而無實質，故以氣形容之。若常途所云氣質之氣，與四時寒暑之氣等氣字，則已是斥指現實界之物事而名之，豈可以言易乎？惜乎漢儒釋經，未深究也。

"不易者，其位也。天在上，地在下。君南面，臣北面。父坐，子伏。此其不易也。"

附釋：按鄭玄作《易贊》及《易論》云"易一名而含三義。易簡，一也。變易，二也。不易，三也"云云，即依此義。然此不易義，鄭玄以來皆不得其旨。夫易者，象也。象者，假彼以明此也。不易之義，蓋謂本體之流行，雖現作萬物，變化不居，而其虚無感動、清浄炤哲與不煩不撓、淡泊不失諸德，實恒自爾，無有變異。譬如水，可成冰，亦可化汽，此其變易也。而其溼潤諸德，終不改易，是謂不易。《緯》言“不易者其位”云云，蓋以位之不易，象本體之成變化，而恒不改易其德也。夫天上地下，君南面臣北面，父坐子伏，古人皆以此爲定位不易。今欲明本體之有常德而不可變易也，故取象於定位以明之，所謂假彼以明此也。取象於位，而意不在説位。猶乾之取象於龍，而意不在説龍，特因人皆以龍爲善變化之物，故象之，以明乾道變化耳。而惑者拘執於龍之象，不復求象外之意，豈不惜哉？鄭玄等徒以天地定位不可相易明不易之義，而不能忘象以會意，此所以闇於大道也。惜不能起康成於地下而與之論《易》耳。

“故易者，天地之道也。按此易字，即謂太易。道者，本體之名。蓋言太易爲天地萬物之本體也。乾坤之德，按乾坤變化，本於常德也。常德即太易。萬物之寶。按萬物自常德而生，寶莫大焉。至哉易，一元以爲元紀。”按此立太易以爲一元也。康成注云：“天地之元，萬物所紀。”

詳此所云，與孔子《繫辭》《彖》《象》《文言》之旨，互相發明，可見緯書確爲商瞿後學傳授。鄭玄既爲之注，又依此義，以作《易贊》及《易論》。漢以來言易者皆宗之。六十四卦之宗要，蓋在乎此。夫緯以三義言本體，其一曰易者，言其德也。其三云不易，即謂其德性恒常，而不可易耳。周簡子云：“不易者，常體之名。”常體者，正以其德常也。其二云變易，則以本體備萬德，涵衆理，故顯爲大用流行。譬如大海水，顯爲衆漚。大海水，喻本體。衆漚，喻大用或變易。現似萬物，現似二字，吃緊。萬物無實自體，只依大用流行而爲之名耳。變動不居，故謂之變易也。詳緯之三義，實以不易與變易二義，最爲重要。由體成用，是不易而變易。如大海水，全成衆漚。即用識體，是於變易而見不易。如於衆漚，而識其即是大海水。至哉斯義，哲學之洪宗也。古今談本體者，或析變易與不易而二之，如佛家即有此失。或以爲不易之體，超越於變易世界之上，如有神論者即墮此過。或以爲潛隱於變易世界之後，哲學家誤作此計者亦不少。或即承認變易世界爲實在，而否認本體。譬如童竪觀海，只知衆漚爲實在，不知有大海水。其實衆漚無體，其體即是大海水，而童竪之智不及知之也。余窮玄累年，深覺東西哲學家言，於此一大根本問題，都無正解。常曠懷孤往，豁然有悟，以爲體用不二，確爾無疑。遂求徵於《大易》，而得緯文，乃知即不易即變易，即變易即不易，古聖已先獲我心，非余小子獨得之秘也。《新論》由是作焉。

《乾鑿度》曰："夫有形生於無形，乾坤安從生？僞《列子·天瑞》引此，作"天地安從生"。故曰有太易，有太初，有太始，有太素也。太易者，未見氣也。"

附釋一： 鄭玄云："以其寂然無物，故名之爲太易。"張湛《天瑞》注謂"如《易·繫》之太極，老氏之渾成也"。按太易即太極之異名，非如之而已。未見氣者，蓋太易一名，乃剋指本體而目之，則只言其冲寂而已。至其顯爲作用，於此不涉及之，故曰未見氣也。此處須善會。若以太易爲一層級，太初以下，又各各爲一層級，而謂在太易層級之中，無氣之可見，如此作解，便成極大迷妄。夫氣者，作用之名，前已言之。若離作用，而别求冲寂之太易，太易又何在乎？

"太初者，氣之始也。"

附釋二： 鄭玄曰："元氣之所本始。"太易既自寂然無物矣，焉能生此太初哉？則太初者，亦忽然而自生。按太易冲寂，而非無作用也。作用盛大，但非如實物然，故以氣名之。氣者，氣勢，謂其勢用盛也。

"太始者，形之始也。"

附釋三： 按形者，形象。作用盛大，即動勢迅疾，而形象昭著，自不容已，故繼此而言太素也。

"太素者，質之始也。"

附釋四：按太素，猶今云元子、電子也。動勢猛疾而有形見，則必凝成無量數之波動，如微粒狀者，是名太素。無量太素，各成聯係，遂有天地萬物可言。

"氣形質具，而未相離。"

附釋五：按氣、形、質，不可作三層級看。若妄分之，則是先有氣，次有形，又次成質也。須知，全宇宙只是氣。易言之，只是太易顯爲盛大之作用。譬如大海水，全現作衆漚也。亦可云只是流行無息之動勢。但以不可執爲實物，姑名之爲氣而已。氣勢盛大，自然形見。形見故，便似有無量粒狀之波動者然，而名爲質矣。故形者，氣之形也。質者，形之似也。似者，謂似成乎質，而究無實質也。氣便形，形便似成質，遂有氣形質三者之名。其實，則氣而已矣。氣之必有形及質與俱。猶旋火輪，與旋轉之火相俱也。旋火輪者，如燃香楮生火，猛旋轉之，便見火輪。此輪相雖不實，然與旋火相，卻同時俱有。氣形質具而不相離，亦猶輪相、火相，俱而不離，非氣爲父而形及質爲其子若孫也。故曰氣形質不可作三層級看。此中義趣淵微，學者深思而自得之，亦至樂也。

"故曰渾淪。"

附釋六：鄭玄曰："雖含此三德，而猶未有分判。"老子曰："有物渾成，先天地生。"按康成言太易雖含三始，而實無分判。此其超悟，有足多者。世徒以現實界之眼光，而解析宇宙，將謂三者有分。其實，宇宙本體即所謂太易是也。太易雖含三始，即氣形質具，而形與質並無實，只渾然一氣而已。氣亦非離太易而别有自體，只是太易之顯現而已。如大海水之現作衆漚，衆漚無實自體也。然則氣形質都非實物，而太易恒不改其冲寂矣。故於變易而見不易也。夫不易妙體，寂然無物，何可得而分判之乎？

"渾淪者，言萬物相渾成而未相離。"

附釋七：鄭玄云："萬物莫不資氣形質三者也。"按離氣形質，則無所謂萬物。而形者，氣之形。質者，形之似。形質皆非離氣而别有物也。氣者，太易之顯現，則氣又非離太易而别有物也。然則因氣形質具，而假名萬物。即萬物元無實自體，而同以太易爲其本體也。故曰萬物相渾成而未相離，爲其同體故耳。

“視之不見，聽之不聞，循之不得，故曰易也。易無形畔。”

附釋八：鄭玄曰：“此明太易無形之時，虚豁寂寞，不可以視聽尋。《繫辭》曰‘易無體’，此之謂也。”按鄭氏“太易無形之時”云云，一時字，下得太謬。何者爲太易無形時，何者爲太易有形時耶？鄭氏畢竟不悟太易，故有此妄計。若真證解太易，則於萬象森羅，而實證冲寞無朕，孰謂有太易無形之時歟？夫不可以視聽尋者，非離視聽之地而别存也。鄭玄欲求之於無形之時，亦大謬矣。

詳此言太易含三始，三始，氣形質也。以説明《易經》之宇宙論。宇宙論一詞，從狹義言，只約現象界。從廣義言，則通現象與本體。此中取廣義也。義極深廣，辭極簡要。此必夫子口義流傳，而商瞿後學記之也。鄭玄注《易》，復注《易緯》，殆以其傳授有自歟？

或有問曰：“先生云太易即太極之别名，竊恐未然。太極，元氣之目。而太易，未見氣也。”虞翻《易》注曰：“太極，太一也。”《禮記·禮運》曰“夫禮，必本於太一”云云。《正義》曰：“太一者，謂天地未分，混沌之元氣也。”蓋自漢人多以氣言太極，而未深究其旨，後來多沿其誤。答曰：否，否。夫言太易未見氣者，蓋恐人只認取氣爲太易，而不知氣之本體乃名太易。故説太易未見氣，欲令人悟氣不即是太易耳。其實，離氣不可得太易。譬如離衆漚，不可得大海水。若於氣而透悟其本體者，本體謂太易。則於氣，而直謂之太易，亦無不可。此乃即用見體之説也。謂即於作用發現，而直悟此乃其本體呈顯。譬如於衆漚，不執爲衆漚相，而直見其是大海水。體用不可分，譬如大海水與衆漚不可分，而又不得無分。譬如剋就衆漚言，漚相條然各别。故當見爲漚相之時，即不見是大海水，而衆漚與大海水自有分。若未真了體用義者，而妄以混沌元氣名太極，則戲論而已。明儒曹端曰“孔子而後，論太極者皆以氣言，此乃大謬”云云。曹氏宗元公、晦翁，其學篤實，於本原有悟，故能辨漢儒之謬。總之，太易、太極，皆爲本體之名。不可以太極爲氣，太易爲體也。但如真了體用義者，而即用顯體，則於氣，而目以太極或太易，義亦無妨。唯此非漢儒所及知耳。漢儒之所謂氣，其觀念極不明確。與吾以作用言氣者，絶不同旨。體用之義明，而後漢以來《易》家談太易與太極者，其得失自見。學者詳之《新論》可也。《繫辭傳》曰："乾坤其《易》之門耶？"言乾、坤二卦，爲餘六十二卦之所自出，故曰《易》之門也。審此，則乾坤爲《易》之綱宗。綱者，綱領。宗者，宗主。綱宗得，而全《易》可識矣。今取乾、坤二卦《繫辭》《彖》《象》，《繫辭》，即卦辭爻辭，説見前。略釋如左。

《易》六十四卦，每卦實合兩卦而成。如乾卦䷀上下皆乾也。下卦三爻皆陽，名乾。上卦亦三爻皆陽，名乾。合上下兩卦，六爻皆陽，總名乾卦。然則卦皆六爻何耶？略言其義蓋有二：《繫辭傳》曰："兼三才而兩之，故六。六者非他也，三才之道也。"天地人名三才。朱子曰，"三畫已具三才。下卦三畫，已具三才也。重之，故六。重之者，重以上卦也。而以上二爻爲天，中二爻爲人，下二爻爲地。故曰三才之道"，此一義也。《乾鑿度》曰："物有始，始者，始生。有壯，壯者，壯盛。有究。究者，究盡，物之終也。故三畫而成乾。因而重之，故六畫而成卦。"舉乾卦，可例其餘。詳此，蓋即《中庸》所云誠者物之始終之義。太極亦名太易。本至誠無妄之理，故《中庸》名之以誠。萬物皆以誠爲其實體，易言之，即每一物，皆具太極全體。譬如衆漚，皆攬大海水而成，即每一漚，皆具全大海水。故物之有始、壯、究，乃物之循序以實現其所秉之誠，而不容已也。故曰誠者，物之所以成終而成始也。蓋尅就物言，則物資於誠，以始以壯乃至於究。究者終也，終則又始。故三畫已成，重之以六，明物由始至終，終又成始，至誠之化，無有已止也。此布爻以六之又一義也。或曰："何不重之至九？"答曰：下卦三畫，從始至究，究者，終也。終則又始，故重之至六。故觀六爻，已知終則又始，大化無有窮盡。豈可更增，將重爲無量爻乎？

䷀

乾下乾上，其卦名乾。乾卦六畫皆奇。奇者，表乾元無對也。坤☷六畫皆偶，偶者，表坤成物，便爲相對。太極寂然無形，太極者，宇宙本體之名，亦云太易，已説如前。而其顯爲作用，（**附説一**）即説萬物資始，（**附説二**）故曰乾元。蓋言此至神至健之作用，乃爲萬物所資之以始，故稱之曰乾元也。乾元，即太極也。（**附説三**）

附説一：云何名作用？作者，動作，有勢能也。用者，勢能盛大，無有窮竭，是成萬有，即名爲用。作即是用，故名作用。太極顯爲作用，如大海水顯爲衆漚。衆漚，喻用。大海水，喻體。故作用無自體，而太極乃一切作用之本體也。譬如大海水，顯爲衆漚，即衆漚無自體，而其體元是大海水也。

附説二：作用者，勢能之名耳。勢能者，其德至健，而妙不可測，固不妨字之以神也。非科學上所謂能力也。萬物資始者，言萬物所由始，即資乎作用或勢能以始。若離作用或勢能，則亦無所謂萬物也。

附説三：乾元是用，太極是體，體用不得無分。而云乾元即太極者，以即用顯體故，得名太極耳。譬如於衆漚，而知其體即是大海水，則直目衆漚爲大海水可也。用者，作用之省稱。他處準知。

或有問曰："乾元，用也，而由即用即體故，亦名爲太極，是義無疑。然乾卦表以六爻，則元極似非渾一之體歟？元極者，取乾元太極二名，合用爲複詞。如衆陽不可爲首，元極既非渾一之體，則是衆陽並爲元，而無有獨立無匹，可爲庶物之首者。乾卦六爻之旨似如是，此難者意也。則無對義不成，先生云何？"難意云，多元便非無對。答曰：元極者，超越萬物而爲其元。此中超越一詞，以其爲萬物本體，故云超越，非謂其超脱於萬物之外也。《繫辭傳》指出《易》有太極，而《易緯》亦名之爲太易，所以明其無對也。無對，云何不爲全體？原其寂然無物，而顯爲作用，變易萬狀，變化不窮，現作宇宙萬象。則萬物繁然，莫非元極。故元極者，乃於一一物，皆見爲元極。非可離一切物，而别有造物主，謂之元極也。非可，至此爲句。是故即用顯體，則六陽俱爲元極，可謂多元。乾卦六爻皆陽，六者，多數，即表衆陽。六陽者，即於六爻所表事物，而皆見爲元極也。隨舉一爻，即是元極。易言之，隨舉一物，即是元極。如此，則無有一物而非元極者，故近多元之論也。然多即是一，雖大用繁興，而本體畢竟是一。故多元即是一元。一不礙多。此所以異乎偏執之論也。參考《新唯識論》。

乾，元、亨、利、貞。

此卦辭也，亦云《繫辭》。說見前。《程傳》曰“乾，天也。天者，天之形體。乾者，天之性情”云云，竊有未安。夫乾亦取象於天，亦者，乾之象甚多，不唯有天象，故置亦言。而乾不即是天也。古之言天，本指彼蒼而目之，即星體也。天一日一夜，過周一度，其行至健，故乾以之取象。然則乾者果何物歟？曰：乾，不可以物求之也，乾非物也。乾之爲言健也。其生生不已之勢能歟？生生不已，即是健義。其太易之所爲歟？言此大勢能，即太易之顯爲如此。譬如衆漚，即大海水之現作如是。此其運行不息，神化難思，故象之以天，形容其健也。而伊川直以乾爲天，則是泥於象，而不求象外之意矣。此不唯伊川之失，而實漢以來相承之誤也。

元亨利貞者，乾之四德。德者，得也，言乾之所以得成其爲乾也。乾無形，而舉其四德以顯之。元，始也，言其爲萬物所資始也。始萬物者仁也，非仁，何得爲萬物之始。故《文言》曰：《文言》者，孔子作卦辭而自釋之也。劉瓛曰：“依文而言其理，此曰文言。”“元者，善之長也。”夫生生之謂仁，生生者備萬理，生生，則不是無條理的。理無窮盡，故曰萬。衆善自此出，出者，發現義。故是善之長。只是一箇仁體，而萬善由此發現，故說仁爲長。又曰：“君子體仁，足以長人。”又曰者，亦《文言》之言也。前言元者善之長，是尅就仁體言。此言君子體仁，則尅就吾人分上而言。夫仁體者萬物所資始，而以其在人言之，則曰性。以其主乎吾身言之，則曰心。此謂本心。若夫隨形骸而有之一切私欲，則是後起，非本心也。體者，保任之也。唯君子能保任其固有之仁體，而會萬物爲一己，此僧肇語，即孟子萬物皆備於我之意。蓋見仁體，則無物我可分也。故有長人之義也。長者，君義，主義。我能以物爲一體，則足以益物，而爲物之主矣。物之於我，亦一體相親，足以益我，則亦我之主矣。故物各不失其仁體，則能互相益，互爲主也。詳孔子以乾具元德，直釋爲仁體，證之《論語》弟子多問仁，可見孔子學術之本源確在《易》。參考《新論・明心章》。後來宋明諸師，皆一脈相承。雖復吸收禪法，固百變而不離其宗也。宋明儒無一不言仁，而明道《識仁篇》，陽明《大學問》，尤爲群儒所宗。羅念菴主歸寂，世或以禪議之，然念菴極表章《大學問》，終不失儒學根源。蓋儒家談本體，特着重在生化之方面，而與耽空溺寂之學，畢竟殊途。學者參考吾《新論》中卷《功能章》可也。

亨，通也。亨德，即元德之發現也，非離元而別有亨也。利貞準此。元德，謂仁體也。萬物同此仁體，故物莫不互相交徧。交徧者，謂物各同處互徧，而不相礙。譬如張千燈於一室之内，千燈之光，各各徧滿於一室，而互不相障。宇宙間一切物事，各各徧滿於全宇宙，互不障礙。良由萬物同此仁體，故其通暢有如此者。

《文言》以禮屬亨，蓋禮亦只是性分上有此通暢之德，非從外面矯揉造作也。性分，謂仁體。吾人得此生生不息之仁以有生，即此仁體之在吾人，名爲性分。

利，和也。和之爲德，亦元德之發現。陰陽以相反而成化。反者，若故爲之，所以成其和也。萬物同此仁體，本無不相和諧者。而惑者以私智測天化，但知化道之不能無其相反，而不知相反所以成其冲和，則將以大宇爲鬥争之府，人生墮衝突之場。《易》不可見，而乾坤熄，此之謂矣。

《文言》以義屬利，義則無私也，無私即和。然有時嚴義利之分者，則私利之利，争而違和，非真利也。非真利故，不可謂之義也。

貞，正而固也。正固之德，亦元德之發現。仁體湛寂，無有倒妄，説爲正固。倒者顛倒，是迷亂相。妄者，虚妄。無倒妄故，説名正固。《文言》云："貞者，事之幹。"迷妄則不可以幹事。故貞固幹事，即謂智也。李鼎祚《集解》可參看。四德以元爲首，元謂仁體。《彖》云"大哉乾元"是也。亨、利、貞，皆元也。乾元即仁體。亨利貞，皆仁體之發現，故曰皆元也。若將四德截作四片説去，便是剖析物質之見，只緣不識仁體故耳。仁之爲德，生生不已，備萬理，含萬善，即太極也。以其爲萬物之本體，故名仁體。亨利貞，乃至萬德，只因仁體之發現不一形，而多爲之名耳。須知，言四德，即備萬德。

乾、坤二卦，皆舉四德。在他卦，則有具舉或否者，何耶？《易》以乾爲君，君者，主也。坤元亦乾元也。坤者，乾之所爲。故坤之元，即乾元。乾之六爻，皆乾元也，即四德備矣。坤之六爻，其體即乾元，四德備可知。六十二卦，皆本乾坤，凡坤又皆本乾。則六十二卦，莫非乾元所爲，即無不備四德。而有具舉或否者，則從修爲方面而言，故有具舉與不具舉。其具舉者，如屯卦等。屯卦具舉乾之四德。此四德，在物爲性。屯者，萬物資乾元而始生。物生，而資陰以成形，則形有障性之可能，故曰：屯，難也。然物皆具四德以生，則皆可以努力進修，以顯其性，而不爲形縛。故屯卦，具舉元亨利貞也。不具舉者，如蒙卦等。蒙卦，明陰盛而陽猶未離陰之錮，即性未遽顯也。蒙不言元，而非無元，但隱而不顯耳。乾元者，物之本體，豈可云無？蒙卦，明物之性猶未得遽顯。如無機物始成，只是頑然一物質宇宙耳。及植物始生，則生命漸著，即乾元之性若將顯，而猶未也。至動物雖有心靈，而心爲形役，其性終不克顯。此正屯卦所云難也。唯至人類，則陰閉之勢將解。即其形已改造，而大腦發達，迥别於動物，故云陰閉之勢將解。形屬陰也。夫形者，心靈之工具也。工具改進，而心靈乃得利用之以發展，於是而性有全顯之可能。然亦僅曰可能已耳。人固常有心爲形役之患，而易爲鳥獸之歸。心爲形役，即陽被陰錮，蒙昧之象也。故必憤悱求通，而後可資先知先覺之啓迪，以開其蒙，而復其性。此蒙之所以貴亨通而利貞也。蒙卦不具舉四德，非謂其無乾之四德也，但從修爲而言，則始於求通，而終以利貞。此其所以舉三德而不言元也。

乾之四德，自乾卦而外，或具舉，或不具舉，各有深意，須分别求之。大底乾卦舉四德，係直顯本體，元者，謂本體只是箇生生不息的仁體。而通暢、諧和、正固諸德，皆仁體之發現。乃統六十三卦而言。即萬化或萬物，無不具乾之四德，無有一卦一爻而或缺此四德者。

坤卦以下，其或具舉四德，或不具舉，則皆就修爲方面而言。如坤雖具四德，而於貞，曰“牝馬之貞”。牝馬性順。貞，正也。則明坤以順陽爲正。形不可以役心，欲不可以勝理，物質不可以之礙其精神，是皆坤道以順陽爲正之義。故坤卦以下，於乾四德，具舉或否，要皆就修爲方面言。學者即各卦而深求其旨，則知所以修德矣。如蒙之亨、利、貞，則以蒙之自修，求通爲先，而利貞從之，故只舉三德也。又如比卦，云“元永貞”。比，助也，萬物莫不互相比助而生。但比之道，非可徒以利害相結也，必互敦乎仁，而同出於正。故舉元及貞也。貞者，正固。元，仁也。不本於仁，不出於正，而可相比助者，未之有也。故比卦以修元德、貞德爲至要。今茲大戰，即由凶頑違反比卦之德，而自取覆亡也。隨舉蒙及比二卦，餘皆可類知。

是故即萬物而言其本體，則無有一物不具乾之四德者。故乾卦舉四德，實統六十四卦三百八十四爻，而無所不冒。

若尅就修爲而言，則吾人隨其時位不齊，而修吾所性之德，所性云者，謂乾之四德，即吾性故。功在對治。如坤利牝馬之貞，則以對治陰闇，利在正固也。蒙之亨，則以求通而對治蒙昧也。比之元與貞，則以不仁與狡詐，成乎人相食之禍，唯互敦仁德，守正固，可以對治之也。他卦，皆可準知。總之，大化不齊，吾人以形氣之累，而遭不齊之化，常至中不自持，而陷於凶德。故非修其所性之德，則未能對治凶德，以全其性，而保元吉也。吉，非避禍得福之謂，全性爲吉。故或全修四德，充其性量。或偏有扼重，如坤利牝馬之貞，蒙之亨，比之元永貞。及其至也，則四德充周，而性分無虧矣。六十三卦，於乾四德，雖有具舉、不具舉，苟得其旨，又何偏全之可分乎？

初九，潛龍勿用。

下爻爲初。漢人云：易氣從下起。九，陽數之盛，故以名陽爻，凡陽爻皆稱九。馬融曰：“物莫大於龍，沈麟士曰：“龍之爲物，能飛能潛。”故借龍以喻陽氣也。”余謂乾元，備萬理，含萬德，藏萬化，其本具無限之可能性，潛隱而未顯者，是所謂玄之又玄。蓋難以言説表，故假象於潛龍以明之。馬云借龍以喻是也。《象》曰："潛龍勿用，陽在下也。"在下者，潛藏義。初九在一卦之下，示乾陽之具有無限可能性，潛而未顯也。

《文言》但據人事爲言。如爲學，則博學不教，學非可自私者，然當其博學以廣益，則不可急於施教也。内而不出。内自收斂含蓄，不可以浮明淺見，輕爲發表。於爲治，則克己以奉法，而無競於物，不能克己奉法，則奮其私以與物競，非潛龍之道。力行以責效，而弗耀其功。皆潛龍之義也。《易》道廣大，無所不冒。一爻之象，一辭之藴，學者宜從各方面去理會，注釋何能盡？

九二，見龍在田，利見大人。

田，地上也。《易》之六爻，初二地位，三四人位，五上天位，曾見前文。初爻爲地下，二爻則地上也，故曰田。出潛離隱，故曰見龍。乾元始物，其幾初動，乃其固有成物之理潛而未形者，至是而將形。喻如龍出乎潛而見於地上也。元德生生，元德即乾元。萬物同利賴之，譬猶大人德施周普，爲天下所利見也。

若就人事言，則君子德修學成，而可以立教。政治家審當世之得失，而合群力以圖改造，躬犯大難而不肯退藏。皆爲天下所利見也。

九三，君子終日乾乾。夕惕若厲，無咎。

三四皆人位，故於此言君子之道。内卦已成，故曰終日。日者，乾陽之象。三處内卦之終，故有終日之象。内卦三爻皆陽。九二德施已普，而三尤健行不已，故曰乾乾。乾，健也。承前二陽，健而又健。陽剛已極，就内卦言，則三爲已極。而猶安於外卦之下，求進未止，日夕不懈而兢惕，若有危厲將至者。若字，連厲字讀之爲是。以學言之，君子無終食之間違仁。（**附釋**）造次必於是，造次，急遽也。任何急遽時，必不違仁。顛沛必如是，顛沛，偃仆。雖偃仆危殆，而中恒澄定，必不違仁。此正乾乾惕厲之象。唯健進不息者，乃常懷惕厲。一念悠忽，即失其健。

附釋：君子務本原之學，所謂仁學是也。仁者，乾元，爲萬物始。其在於人，則謂之性，以其主乎吾身，亦謂之心。《繫傳》云"大德曰生"，《易緯》云"虛無感動，清浄炤哲"，皆指仁體言之。

故求仁之學，只在返而識得固有仁體，任其流行無間，勿使私意私欲得起而違礙之。日常語默動静，皆是仁體呈露，是謂不違仁。終食之間，至暫也。暫時無可或違於仁，其嚴至矣。

以治化言之，當治功已著，而猶彊力求進。利之未興，弊之未去，度制之未盡適宜，群生之未得休暢，無不本大公以運明察，竭至誠以策實行。兢業於萬幾，而常戒怠荒之生於不覺，禍患之伏於無形。此亦乾乾惕厲之象。夫勇於進學者，或以急迫致咎。勇於求治者，或以操切致咎。唯常存惕厲，則調節不失，措置得宜，而無咎矣。

三爻雖言人事，而實亦通天化。《象》曰："終日乾乾，反復道也。"三居下卦之終，下卦亦名内卦。終者，所以開上卦之始也。上卦亦名外卦。終則又始，反復之道，於此而見。如萬物資乾元以始，既始，漸壯。壯已，必至於究。究者，終也。終又將始，是謂反復。故反復者，明大化推盪，推者，推遷不住。盪者，動盪不息。無有已止。此其所以爲乾而又乾，健之至也。虞翻云"至三體復，故反復道"，非是。或以反復作循環解者，亦大誤。自物之由始而終、終則又始言之，似屬循環。然物非實有，但幻迹耳。若掃迹而談，只是大化之行，乾而又乾，非有實物重疊也。將顯大化推盪之妙，不得不假迹以爲徵。萬物終始，皆化迹也。由物之終則又始，即可見神化之虚而不屈，動而愈出。故反復之義，乃假迹以徵妙。未可妄作循環會去。

九四，或躍在淵，無咎。

四，超出於下卦之上，故曰躍。居上卦之下，仰承二陽，而爲退爻。以陽處陰，四爲陰位，九爲陽爻。九四，是以陽處陰位。故又曰在淵。或躍也，或在淵也，疑於上下無常，進退无恒矣。此以生命言之，當無機物成時，生命猶未發現。無機物非無生命，只是未發現耳。詳《新論·成物章》。及有植物，則生命已突躍而出。由動物以至人類，則生命之奮進，殆如旭日方升，其盛大不可思議。人類中而有聖哲，生命躍進，庶造其極。此從躍之方面以言，生命誠無時不在上進之中。然生命每一度躍進，而其元來所經之階地，並不因其上躍而遂毁棄。如生命之發現於植物時期，而其元來所經無機物之階地，並不毁棄。及其躍進於動物時期，而其元來所經植物之階地，仍不毁棄。自此以往，每躍一度，而皆不捨其元有階地。生命本爲全體性，而其表現自力也，則不能不成爲各個物。所謂物者，只是生命自力所爲，而以之爲表現其自力之工具。遂於全體而有分化。參看《新論·功能》《成物》諸章。故從宇宙大生命之進程而言，一方面固見其上進無已，即所謂躍；一方面又見其保留元來階地，即所謂在淵。龍之或奮躍而欲上於天，或復不離於淵，正可以象宇宙大生命在進程中之情狀。此爻之義，深微極矣。《文言》曰："上下无常，非爲邪也。進退无恒，非離群也。"純健之體，生命，純健者也。上進者其本性。而上以下爲基，進以退爲據。則上下若無常，而實非無常，故曰非爲邪也；進退似無恒，而實非無恒，故曰非離群也。生命躍進上一階地，若與其元來下一階地相離異。其實，上下元爲一體，何離異之有？從全體之進程看去，生命畢竟是一直上進。《象》曰："或躍在淵，進无咎也。"夫子於此爻，直以"進无咎"三字贊之，意深遠哉！吾人欲吾生命超拔於墮没之中，而遠於咎，亦唯果於進而已矣。此爻以人事言，則如圖革命之大業者，以剛健而任天下之重，期與群生共濟艱難，固時奮躍以圖功。而或群情有未孚，事有未集，時有未可，不得不處潛以廣化，謂化導群衆也。奉正以率物，當改革之任者，秉正義以爲號召，必躬自奉行之。若習騙詐，則無以率物而成事。俟時而後興，則躍而不忘乎在淵矣。或躍，或在淵，志健而慮深，其究必果於躍而莫之禦。故《象》曰："進無咎也。"

九五，飛龍在天，利見大人。

九以陽居天位，五與上，皆天位。上者，謂第六爻爲上。是龍之果於躍，而飛至於天也，故曰飛龍在天。就乾元始物而言，萬物資潛在之勢能以生，此勢能之潛移默運乎萬物也，將令萬物時時捨故創新。而物皆始乎微隱，以成乎盛著。如自然界，其始但鴻濛一氣，隱微極矣。及至凝爲諸天，則燦然盛著。又如原形質爲生物之始，其後生機體日益複雜，乃至物種嬗變。生物界之由微而著，莫可究詰。人群萬事之始乎簡單，終乎繁以鉅，亦與自然同例。蓋皆由潛能運物，使之捨故創新，故物得由微隱至盛著也。此亦如龍之由潛而見，而益篤其健，九三雖不明言龍，而以上下各爻推之，則此爻自伏有龍德益篤其健之意。以至於躍而飛在天也。夫萬物者，本潛能之發現。潛能，猶言潛在之勢能，此勢能即乾元也。其發現也，由微隱而底於盛著，故以龍之由潛藏以至飛而在天象之。飛龍在天，盛著之象也。大人之德，爲天下所利見，亦是盛著之象。故復以此，象萬物之實現其潛能，至盛著之極，有如是者。

就人事而言，如革命勢力，其始本潛伏無形也。剛健之德，真積力久，一旦天佑人助而大業成。天者何？自然之理，必至之勢也。佑，亦助也。改革之業，順乎理而乘其勢，物莫之逆，佑莫大焉。群衆咸曉然於公利公害之所在，爲人生最高之理想而效死，是人皆互助也。大業之成，夫豈偶然？則飛龍在天之象也。

前言大人爲天下所利見，只取盛著一義而已。今於此中，則大人者，即能成革命大業之群衆，皆大人也。《文言》曰“九五曰飛龍在天，利見大人，何謂也？子曰，同聲相應，同氣相求”云云。故知大人互以聲氣之同而相應求，非奉一尊以爲大人也。若奉一尊以爲大人，則是群品低下，而使權力操之一尊，猶帝制之餘習耳，不得爲革命也。真能革命之群衆，必皆爲大人也。或問：“皆爲大人，將人各自雄，而不相從屬，奈何？”答曰：一群之内，人各自雄，而不相從屬者，則以人各懷其私故也。人之不能去私而奉公者，以其甘爲小人，爲鳥獸之歸故也。若群衆皆大人，即皆知去私奉公，易言之，即互以公義相從屬，焉有挾私以自雄之患乎？《文言》又曰：“夫大人者，與天地合其德，無私而敦乎仁，乃與天地合德。天無私覆，地無私載。與日月合其明，日月貞明，無私照故。與四時合其序，四時變通有序。與鬼神合其吉凶。鬼神福善禍淫，吉凶不以私。先天而天弗違，運會未啟，大人開物成務，而天應之。後天而奉天時。運會將啟，大人因時興功，不爽其則。天且弗違，而况於人乎？况於鬼神乎？”鬼神者，人情之所敬畏，以爲冥中有是物也。其實，無有也。鬼神生於人之心，人莫違也，而况鬼神乎？詳此之言大人，實指能成革命大業之群衆而言。《易》與《春秋》相表裏。《春秋》離據亂，進升平，又由升平而進太平。非群衆皆成大人，何得革據亂之污習，致太平之盛治乎？利見大人者，人皆大人，互相利見也。若群衆共戴一人爲大人，則群品污下可知。斯乃最不利見者，而九五之盛，固如此乎？

有問："此爻利見大人，先生作兩解，而不必同旨，未免任意説經。"答曰：《易》道廣大，無所不包通。故《繫辭傳》曰："書不盡言，言不盡意。"聖人以無盡之意，難以言宣，故假象以廣喻。廣喻者，謂可從多方面去理會，而不宜執一例以求之也。漢人言象，多作譬喻解。故得聖人之意者，或於象中取其少分相似。如言潛能運物，由微至著，則於大人利見，只取盛著一義，以爲比況。至言群衆猛進，一切改革，趣向至治，則於大人利見，取義又別。此《易》象之所以爲妙也。使象而可以一端解之，則聖人作《易》，何故其辭皆象，而不樸實説義，使義盡辭中哉？

上九，亢龍有悔。

王肅曰："窮高曰亢。"干寶曰："亢，過也。九五盛而得中。上猶健行不已，故過而有悔也。"夫乾元爲萬物始，健行不已，其本性也。故天道之行，天道，謂乾元也。其行，則健而不已也。無所謂亢，疑天道有亢，則是以察物之智而測天也。更何所悔？天道之行，健而又健，恒無已止，惟其誠之至也。天道無作意而成化，何悔之有？亢而有悔者，就物言之也。萬物資於乾元以始。既始，則日益壯盛。壯盛極，而不得不歸於究。究者，究盡。物過盛即亢，必歸究盡，此物則之不易也。故物至於盛極而亢，則有悔矣，爲其鄰於盡也。盛極時，非遽盡也。而滅盡之機，於此已伏，故曰鄰於近。夫物不能無亢，而非天道之可以亢言，前既明之矣。故此爻曰亢龍，則以喻夫物之處盛極之運也。夫物秉天道以生，物既生，而天道固在物也。然物生，即囿於成型，而天道隱。隱者，謂物日益成爲滯礙之物，天道乃被錮也。物盛而至其極，則成型益固，天道將不得流行，而物失其性矣。物秉天道以生，即天道是物之本性。物之囿於成型也日益甚，既足以障礙天道之流行，故是物之喪失其本性。物失其性，則未有能生者也，不歸於滅盡不得也。滅盡之謂究。物盛而極，將違失天道，是物之窮也，故以亢龍象之。

九五飛龍在天，是恰到好處。上九之龍，欲更上乎？則窮高而無可復之，故是亢龍，以喻物之極盛而窮也。夫天道之行，健而又健，莫可爲阻者。物至極盛，而益成滯礙，以違天道，則必爲天行之所摧滅。天行，猶言天道之行。滅故所以生新，以此見天道生生之仁也。物生而有成型，至於盛之極，而益爲成型所限，將無以繼天，天道，亦省云天。繼字，甚吃緊。萬物本資於天道以生，然物既生，則將漸成爲機械性的死物，而不能顯發其所得於天之生生之仁，故云無以繼天也。此其所以窮也。推而言之，凡人事之處滿居盈，而有違於天道生生之仁者，皆天之所不佑，而其窮以至究也，無可倖而免矣。近者希特勒當德國勃興之運，而凶狡以逞，卒陷其族類於危亡。亢龍之象，其寄意深遠哉！

用九，見群龍無首。吉。

乾、坤二卦，有用九用六之文。向來《易》家解此，似均欠正確。惟清儒胡煦《周易函書》，别創一義，頗覺新穎。其説如詳引之，殊嫌繁。簡述則不便初學，故不叙及。胡氏書北平尚流行，武昌官書處、杭州文瀾閣，亦皆有之。余昔頗主其説，後漸懷疑。將來或另爲一文評之。竊意乾坤二卦，所以有用九用六之文者，蓋乾坤實非可分折爲二片。言乾，而坤在其中也；言坤，而乾在其中也。今乾卦六爻皆陽，則於乾坤大備之全作用中，而特舉乾以言，故曰用九。九者陽數，乾也。坤卦六爻皆陰，則亦於乾坤大備之全作用中，而特舉坤以言，故曰用六。六者陰數，坤也。故用九用六云者，明乾坤皆用也。其體則太極也。亦云太易。太極本寂然無形，而其顯爲大用，則有乾坤二方面可言。只是二方面，不可截作二片也。余《新論》之言翕闢，實與《大易》互相發明，學者詳之可也。

六十二卦，皆本乾坤，故更無用九用六之文。

今人不解《新論》。有引嚴又陵譯《天演界説》翕以聚質、闢以散力等語，謂此爲《新論》翕闢之説所本，此乃大謬。又陵以翕闢言質力，其所謂質力，乃科學上之觀念。《新論》中卷《功能章》，已辨之甚明，而讀者猶如此誤解，何耶？又復須知，《易》者象也，其辭非直抒一義，而假象以寓無盡之意。故學《易》者，若果通象，則必不拘一例以求之，而可從多方面去理會，亦必各有義界而觀念不致相混。如科學上質力之觀念，固可假《繫辭傳》中翕闢二詞以言之，但只是借用，而與《繫辭傳》本義不必相符。

《新論》則站在哲學或玄學之立場，其以翕闢顯大用流行之妙，與《繫辭傳》闢户之謂乾、闔户之謂坤，意義頗有相通。但《繫辭傳》闢户闔户之象，須善解，方不陷於謬誤。闢户只是開發的意思，闔户只是收凝的意思，不可誤計一闔一闢不同時也。因明學言，譬喻，只取少分相似，不可求全肖。《易》之取象，往往亦然。兹不暇具論。

若夫科學上質力之觀念，《大易》亦可賅攝。《易緯》太易含三始。氣之始，《新論》所謂翕與闢也。氣者，用義，余已言之。大用流行，即有翕闢二方面，義詳《新論》。

形始，余以動勢迅疾解之，已見前文。此與科學上能力之觀念相通。

質始，便與科學上物質之觀念略近。

三始之義，須善解，不可妄作三截去會。以《新論》攝之，形質二始，皆於翕上别義説之耳。形始者，《新論》所謂翕勢之將兆乎形，亦名形向者也。形向者，謂有成爲形物的傾向。質始者，《新論》所謂翕勢之分化，爲各個動圈，幻似有質，亦名小一者也。詳《新論·轉變》《成物》諸章。

又復須知，科學上之質力，亦可以陰陽言之。《易》之陰陽二名，本無處不可應用。如以乾坤言，則乾陽而坤陰也。以翕闢言，則闢陽而翕陰也。以心物言，則心陽而物陰也。此皆就哲學上言之。若就科學上所謂質力言，則不妨説力陽而質陰。然就哲學言之，科學所謂能力，實亦屬陰，而不得屬陽。唯心或神説爲陽耳。就人生論言之，如理爲陽，而欲爲陰也。善爲陽，而惡爲陰也。君子爲陽，而小人爲陰也。治爲陽，而亂爲陰也。如上所舉，已示方隅。陰陽二名，皆最大之公名。唯視所表，而定其義。義各有據，不可混淆。此治《易》者所不可不知。學者昧於正名定辭，不獨難讀《易》，而亦無可解《新論》。聞更有以俚俗之知，教徒之僻，而駁《新論》者，余惟一笑置之而已。

見群龍無首者，於大用流行，而特舉乾之方面以言，則見衆陽俱爲君長，更無有超越衆陽而爲首出之上神者，故以群龍無首象之。如乾卦，自初九、九二，乃至上九，是謂衆陽。且不獨乾卦而已，坤之元即乾元，是坤卦六爻，所表之一切動端，或一切物事，皆乾陽隱爲之主，坤陰非離乾陽而獨在也。六十二卦，皆陰陽相待成變，而凡陰皆以陽爲主。陰爲質，而陽爲神。徧運乎群陰之中而爲其宰者，陽也。故乾卦衆陽，已統攝六十三卦之陽。易言之，六十四卦三百八十四爻，所表一切動端，或一切物事，莫非乾元也。故以群龍象衆陽焉。既於一切動端，或一切物事，而皆見爲乾元，則非獨不承認有超越萬有之上神，即亦不可離現象而覓本體，乃即於一切現象而識本體，故爲群龍無首之象。嗚呼！斯義微矣，至矣！

譬如於甲漚，而識其體即是大海水。於乙漚，而亦識其體即是大海水。乃至於無量漚，皆然。由此譬況，可知無有超脱現象而獨尊之本體，頗與群龍無首義符。哲學家或計本體爲超越於現象之上，及以爲本體隱於現象界之後，而爲現象作根源者，此皆妄計有首也。佛家所説生滅法，即目現象界。其所謂不生滅法，即真如，是爲萬法本體。然彼决不許説真如自身有變易。易言之，即不許説生滅法是真如所成。如此，則生滅與不生滅，截成二界。《新論》責其析體用爲二，誠探得其根本迷謬。夫體超用外，亦即有首。折以《大易》，而佛氏畢竟非知道者，無可曲護已。

復次以治化言，則人道底於至治之休。其時，人各自治，而亦互相爲理也。人各自尊，而亦互不相慢也。人各自主，而亦互相聯繫也。人各獨立，而亦互相增上也。增上者，扶助義，借用佛典名詞。人皆平等，而實互敦倫序也。全人類和諧若一體，無有逞野志，挾强權，以劫制衆庶者，此亦群龍無首之衆。《春秋》太平，《禮運》大同，皆自乾元之義推演而出。

自初九至此，通爲爻辭，與卦辭並稱《繫辭》。孔子或采古之占辭而修正之，另予以新義，即當視爲孔子所作。《彖》《象》皆所以發明卦爻辭，參觀之，則其義自見矣。

《彖》曰：大哉乾元，萬物資始，乃統天。

劉瓛曰：“彖者，斷也，斷一卦之才也。”王弼《易略例》曰：“夫彖者何也，統論一卦之體，明其所由之主者也。”此亦孔子所作。大哉乾元，贊乾元始萬物之道大也。《程傳》。按乾元者，乾即是元，故曰乾元。元者，仁也。仁體備萬理，含衆善。偏言之，則與亨、利、貞並舉。偏言之者，如偏取其始物之一義而言，則云：元，始也；亨，通也；利，和也；貞，正固也。詳《子夏傳》。專言之，則仁統萬德，亨、利、貞皆仁也。專言之者，謂專就仁之全體而言之也。此言乾元，即專指仁體而目之。萬物資始者，仁體生生不息，萬物所資之以始。先儒云：生天生地，生人生物，只是此箇仁體。譬如衆漚，資始於大海水也。大海水，喻仁體。衆漚，喻萬物。乃統天者，統者，統御。天，謂諸星球或星雲。諸天燦然散著，皆乾元以爲資而肇始，故曰統天。夫諸天乃形氣之最大者，天且爲乾元之所統，而況物之細者乎？

雲行雨施，品物流形。

此言乾元始萬物，而大亨通也。雲行雨施，喻乾元生生之力，油然沛然，盛大而不可禦。品物，物類不一而各成其章之謂。流形者，流，謂流行。形，即謂品物各成其形。乾元以其剛健之力，流行於品物成形之中而無不貫，所以爲大亨也。

大明終始，六位時成，時乘六龍以御天。

此通釋利貞之義。大明，謂乾元也。乾元之體，明覺湛然，此明覺一詞之意義極淵微，非有明解覺了之相可得故。湛然，形容其冲寂之至也。無知而無不知。無知者，非有知解之相故，亦非預儲有對於一切事物的知識故。無不知者，此明覺湛然之體，是一切知識之源故。故謂之大明。《易緯》云“清净炤哲”，蓋本此。終始者，言此大明之體，其德純健不息，乃萬物所資之以成終成始也。萬物之所以始而終，終則又始，皆資乎大明純健之體，以成其終始。哲學家如印度數論，以爲萬物之生，亦由迷闇。西洋叔本華等，有所謂盲目追求的意志，皆不識乾元。六位，六爻之位，所以表物之終始也。時成，隨時而成其化也。物之始也，有所以始之理，非虚妄也。其終也，全其所以始之理而終，亦非虚妄。夫萬物所以終始者，皆由乾元剛健之德，隨時成化，而無窮竭故也。六龍，六爻皆陽，故以龍象之。乘者，載而有之之謂。天，亦謂乾元也。乘龍御天者，言萬物資乾元以始，既始，即物有自相，則乾元遂爲物所載有而内足於己者。譬如衆漚，資於大海水以始，既始，即漚有自相，則大海水遂爲漚所載有而内足於己者。内足者，無待於外，而其充實不可以已，故日益上達，極乎實現乾元性體而無所虧。乾元性體四字，係複詞。於是德用無窮，若龍之乘雲氣以御天，而神變不測也，故曰以御天。乾之六爻，皆取象於龍。由潛而見，而躍，而飛在天，是謂御天。此以象物之實現其乾元性體也。

乾道變化，各正性命。保合太和，乃利貞。

乾道變化者，言乾，即有坤。陰陽相待而變化成，萬物繁然並生，至賾而不可惡，自然界，繁賾極矣。而有物有則，不可厭惡也。至動而不可亂。（附説）故知品物雖萬殊，而各得乾道之大正，大正之大，贊詞也。正者，正直，無迷亂故，不顛倒故，故謂之正。乾道只是正。道者，由義，乾元爲萬物所由之而成，故變元言道。其實，乾道即謂乾元。以爲其性命。自乾元之賦予於物而言，則曰命。自物之秉受乾元以生而言，則曰性。此无妄之象，所以云物與无妄也。與，猶畀也。謂天命於萬物，皆畀以无妄之理。无妄，猶云正。天命謂乾元也。物資乾元以始，假説爲天命之畀於物。《論語》“人之生也直”，與此云各正性命，互相印證。可見《論語》散見之言，必通《大易》，而後可得其根源。佛家説萬物緣起，無明爲導首。無明者，迷闇義，惑亂義。緣起亦云緣生。佛家有十二緣生之論，而無明於十二緣中居其首。可參看余所著《佛家名相通釋》。《大乘涅槃經》卷四十云：“善男子，一切衆生，身及煩惱，俱無先後，一時而有。佛書言煩惱，即惑義，亂義。其意義甚深微，即謂有一種迷闇的實法也。世俗以身心有不暢時，便名煩惱，此非佛書所云煩惱，切忌誤會。雖一時有，要因煩惱而得有身，終不因身有煩惱也。”詳彼所云，要因煩惱而得有身，則以煩惱爲衆生之本，與此中各正性命義，根本殊途。佛氏不識乾元性海，乾元性海四字，係複詞。海者，形容其至大無外，含藏萬理、萬德、萬化，無窮盡也。妄計有惑亂法，爲物所資始，毁生人之性，趣寂滅之鄉，豈不惜哉？佛之徒，崇佛籍而抑聖經，妄詆孔子以人乘，愚不可救，罪不可逭。保合太和者，太和，謂乾元性海，雖以反而成化，乾元，陽也。其成化時，必凝爲坤，此即一種反作用，所謂陰也。要歸於太和。太者，贊詞，和之至也。太和，仁也。黑格爾有見於反，而不識仁，正是未見乾元性體。保謂常存，合謂常和。二語本《程傳》。保合，謂不失其太和也。常存常和，正是工夫，卻即於此見本體，須深玩。君子坦蕩蕩，聖人從心所欲而不踰距，一己之保合也。凡有血氣，莫不尊親，言衆生莫不互相尊，互相親也。天下爲公，毋或以强凌弱，衆暴寡，全人類之保合也。保合太和，是以利且貞。

附説：萬物恒在變動不居之中。而其動也，若有自由意志，而非迷亂。試通觀全宇宙之發展，自無機物而有機物，又由動物以至人類，一步一步，以漸顯發其極崇高而無限之靈明，則知萬變不息之乾元性體，元無迷亂，所以謂之大明也。

首出庶物，萬國咸寧。

此結歸乾元，而重贊之也。首出庶物者，以大君超越庶物，喻乾元性體，獨立無匹也。前言用九見群龍無首者，謂即用即體，非有超脱於大用流行之外而獨在之體也。譬如於衆漚，而見其即是大海水，非可離一一漚，而别覓大海水也。此言首出庶物者，乾元既爲萬物之本體，今尅就乾元而言，則乾元自是超越萬物而獨立無匹。譬如衆漚，是大海水之所爲，若尅就大海水言，則大海水亦是超越衆漚而獨立。兩義互不相妨。萬國咸寧者，以大君統萬國，而萬國咸寧，古代中國，内而九州，外而四裔，無數國家，聯合而共戴一王。喻乾元始萬物，而萬物各正也。萬物各得大正之理，以爲其性命。大正，謂乾元也。

《象》曰：天行健，君子以自强不息。

李鼎祚曰："象者，象也。取其法象卦爻之德。"伊川曰："卦下象，解一卦之象。爻下象，解一爻之象，諸卦皆取象以爲法。"亦孔子作。

天行健者，虞翻曰：“天一日一夜，過周一度，故自强不息。”《朱子語録》：“天形蒼然。南極入地下三十六度，北極出地上三十六度，狀如倚杵。其用則一晝一夜，行九十餘萬里。人一呼一吸爲一息，一息之間，天行已八十餘里。人一晝一夜，有萬三千六百餘息，故天行九十餘萬里，天之行健可知。”按今天文家言，太陽自身旋轉，大概需時二十五日有餘，纔兜一轉。地球自轉，經二十四小時一週。公轉，經三百六十五日五小時四十八分四十六秒，繞太陽一週。諸天皆運轉不已，故云行健。此以天之行健，喻乾元之化，至健而無留滯也。夫大用流行，大用，謂乾元也。若即用而顯其體，亦得名之以太極。譬如於衆漚，而不作漚相觀，直顯其是大海水，則於一一漚，而徑以大海水名之亦得。夫乾元本大用之名，而亦可名爲太極者，以即用顯體故耳。自無而有。《易緯》云：“易起無，從無入有。”此義深微至極。但切忌誤會，以爲從無入有，可分先後二階段，先時是無，後時由無成有，若作是想，便成大迷謬。夫無者，言乎宇宙本體，所謂太極或太易是也。體則寂然無形，故説爲無，非空無之無。有者，言乎本體之顯爲大用，所謂乾元是也。譬如大海水，全現作衆漚。大海水，喻體；衆漚，喻用。衆漚與大海水，非異，非不異。非不異者，大海水，全現作衆漚，一一漚相，不即是大海水相故，故非不異。非異者，衆漚之體，即是大海水故，非離大海水别有一一漚之自體故，故非異。由非不異與非異義故，衆漚與大海水，元無先後。由此譬喻，應知無者，以體言；有者，以用言。用，是體之自身現爲如是用相。體，是用之本體。體用非不異，而復非異，云何可分先後？是故言無，即已有；言有，即本無。故有無，非可作先後二階段想。總之，至有元是至無，至無而竟至有。宇宙本源，其妙不可致詰。有也者，言其生生之盛也，言其變化不測也，萬物固資生化之勢能以成。生化之勢能，即説爲有，亦名乾元。但就萬物言，則萬物本無實，惟依生化勢能，詐現物相，喻如水中游洑已耳。游洑，洄流中波粒也。水，喻生化勢能。游洑，喻萬物。生化勢能雖成萬物，而其陰驅潛率乎物也，常使物捨故創新，而無一瞬可容暫住。故曰萬物本無實也。此生化勢能，只是生而不有，故乃不窮於生。纔生即滅，纔滅即生，如此，則常生而實未有所生也。使其有之，則一度生已，即成滯礙，豈得生生不息乎？化而不留，故乃不竭於化。變化常新，何故之留？以是知其健而又健，德至盛也，故以天之行健象之。

生而不有，化而不留，此《大易》了義也。老、莊於此，乃以淪虛溺静之習，只從任運處理會。謂其只見爲任自然之運行，而不見其本於剛健之德也。卻不悟生而不有，化而不留者，正由其德至健，故生化之威勢，如是其迅疾，而毫無所滯也。不有、不留，即是生化之威勢迅疾，新新而起，絶無凝滯。老、莊不曾理會天德之健，天德，謂乾元。於是其宇宙觀、人生觀，及修養之要、治化之道，皆與吾儒異趣，所謂差毫釐而謬千里者也。此意容當别論。

君子以自强不息者，此言人當體乾元之健德，盡其在己，而無所虧也。天道不唯任運而已，任自然之運行，曰任運。天道，謂乾元。後倣此。要本之健德。董子云天積衆剛以自强，可謂達於天化。天化，猶云乾道變化。天道固是任運，然實由其積衆剛以自强，故若無爲而化耳。道家不知天德之健，是其大謬。人道當體天德之健而實現之，積至剛以持之終身。百年之内，萬變之繁，無一息不在强毅奮發之中。智周萬物，而不敢安於偷以自固。秦以後儒者，怠於求知，不自强也。道濟天下，而不敢溺於近以自私。吉凶與民同患，犯天下之大不韙，任天下之重，是道濟天下者也。近者，卑近。凡爲一己之嗜慾與名利權勢等計者，皆習於卑近，未能自强也。立成器以爲天下利，其勇於創作也。器物之新創，固是立成器。政治與社會度制之改造，亦然。洗心退藏於密，其嚴於自修也。凡私意、私欲、種種雜染，皆心之障，必滌去務盡，是曰洗心。密者，淵微幽獨之地，天理不昧，而隱然在中者也。退藏者，存養而勿失之。退者，返求義。存養工夫，只是向裏着力也。此所以體乾之由初至上，潛見躍飛，積健不已，盡人道而合天德，故曰君子以自强不息也。智周萬物，至洗心退藏，皆本《繫傳》。此君子自强之實也。漢人象數，於此等處全没理會。宋學只道洗心退藏，而參以禪師宗教氣味，又多失孔門淵泉時出意思。以者，用也。君子實用自力，以修其所固有之天德，非可曰天德在我，不假修爲也。夫人禀天德以生，既生，則形氣限之，而天德難顯也。若非人能奮其自力，以修養所性之德，則將蔽於形氣，而不得顯發内在寶藏，所性之德者，此天德乃爲吾人所禀之以爲性者，故云。内在寶藏，亦謂天德。此人道所以常陷於險阻也。坎卦之象，其取義極深遠，而憂虞已切矣。坎卦，陽錮於陰，人道之大險也。陽謂天德，陰謂形氣。《論語》：“人能弘道，非道弘人。”道，猶此云天德也。道者，人所固有，故人能强於自修，以弘大其道也。然道雖在人，而人若不能自强以體道，即心爲形役，而人乃喪道以成爲頑物，故非道可以弘大其人也。義與《易》通。所貴君子體天德之健，以自强不息也。

天德者，萬德皆備之稱。而一言乎健德，則已統萬德也。健，仁也。仁者，生生也。生生不息者，健之至也。故曰健，仁也。人道體天德，體其健而至矣。

健即無掛礙。掛者，陷於迷亂，不堪向上。如馬掛於隘，不可進也。礙者，種種滯礙。如水渾濁，無明浄相。健即澈體剛明，一直向上，如日之升，故無掛礙。無掛礙，則虚寂矣。道家貴虚静，佛氏證空寂。空寂一詞，解見《新論》。然《大易》於虚寂意思，引而不發者，何耶？慮人之淪虚溺寂也。體天德者，體其健，而虚寂凝焉，凝者，虚寂貌，謂無迷亂雜染相。生化茂焉。體其虚寂，則將有逆生化而反人生，如佛氏之出世。亦或委心任運而歸頹廢，斯尤下劣之極。道家之學，至莊子而弊極矣。故曰體天德者，體其健而至矣。余少嗜老、莊，旋復不契。三十以後，勤探佛氏，而卒不與同。平生飽經憂患，願在求真，仰觀俯察，近反遠取，近反者，反求之身心間。遠取者，博求之物界也。久之脱然超悟，證以《大易》，乃有冥契。參看《新論》中卷《功能章》。此理非可從文字悟入，要在自得之，而後於古人知所抉擇耳。

天行健，明宇宙大生命，常創進而無窮也，新新而不竭也。君子以自强不息，明天德在人，而人以自力顯發之，以成人之能也。此中天德，即上云宇宙大生命，常創進無窮、新新不竭者是。吾人之生命，即是宇宙大生命，元來不二，故曰天德在人。

《繫辭傳》曰：“聖人成能。”此《易》之大義也。人能未進，無以顯天德也。侈言天德之虚寂，而使人法之，以起修、求證，求證者，謂求證得虛寂的本體，釋道之學是也。人將耽虛溺寂，以爲享受自足，而忽視現實生活，不能强進智力以裁成天地，輔相萬物，備物致用，以與民群共趨於富有日新之盛德大業。不能二字，一氣貫下讀之。以上，須參考《繫辭傳》。是健德遏絶，而乾元性海有枯竭之患也。《新論》融空寂於生化之中，以救耽空溺寂之病。頗聞世俗佛徒不學者，妄興攻詆。盲俗習非成是，千餘年矣，固非一旦可廓清也。漢以來，《易》學首亡於經師，復厄於二氏，中夏之衰，有由來矣。

自天化言，天化，猶言乾道變化，亦即前云生化勢能。生物進化，固若有大力者負之而趨，大力者，指生化勢能而言。而非生物自力所造也。其實，生物若不自努力，以發揮其固有之潛能，（**附説**）則又何有變遷進化之事乎？《大易》明天化，而必重人能，言人能，即必注重生物自身之努力可知。真達天人之際，非世學所逮聞也。

附説：此中潛能，即謂生化勢能，乃生物所禀之以爲性者，切勿誤會爲本能。蓋生化勢能，即是宇宙大生命，萬物莫不禀此而生。本能則是生物由適應環境之努力而習成者。習慣之勢力，儲蓄既久，成爲種族經驗，如鼠生而畏貓是也，故本能亦與生俱有。然若謂本能即是此中所云潛能，則大誤矣。

達爾文雖知生物之戰勝環境，由其自身之努力，然實不了生命。柏格森、杜里舒諸氏，於生命頗有體驗，但所體驗者，生類從無始來，一切習氣之潛躍者而已。此意略見《新論》中卷《功能章》。彼等終不識乾元性海也。其所云生之衝動，非天德之健也，是習而非性也。斯義當别爲文論之。

已釋大象，小象從略。小象，即爻下象。此孔子自釋其爻辭也。今次當疏坤卦。

䷁

坤上坤下，其卦名坤。坤卦六畫皆偶。偶者，表坤成物，物界即有對也。夫坤，非異乾而别有本，坤之元，即乾元也。而所以成乎坤者，則《老子》“反者道之動”一語，見《老子》書第四十章。解釋最透。原夫太極之顯爲大用，必先有一種凝聚處，此中先字，非時間義，只是着重之詞。以爲其自身表現之資具，此即所謂坤也。《新論》説爲翕，義實相通。《殷易》首坤。《禮運》孔子曰："吾欲觀殷道，是故之宋而不足徵也，吾得坤乾焉。"鄭玄注云："殷陰陽之書，存者有《歸藏》。"是《歸藏》爲《殷易》，以坤爲首，最有微意。《説卦》曰："坤以藏之。"藏者，造化有所凝聚，此中造化，指大用言之。凝聚，謂坤也。而生化勢能，常於此藏，乃即利用所藏處，得以自表現也。生化勢能，亦即是大用之異名。使造化無凝聚處，只是莽蕩無物，莽者，空洞貌。則生化勢能又如何可見？故凝聚者，乃大用流行不可無資具，而凝聚遂爲勢所必至也。夫太極寂然無形，元無封畛。譬如大海水，本無封畛。其動，而有所凝聚，動者，顯爲大用之謂。即有成爲各别形物之傾向，纔凝聚，便現似各别的形物，參考《新論·成物章》。此理，須曠懷超悟始得。便於本無封畛中而現似封畛。譬如大海水，現作衆漚，而一一漚相各别，即有封畛。故凝聚即與太極體性不相似，可以謂之反也。譬如衆漚，雖是大海水自身顯爲如此，但一一漚相，已成個體的物事，而與大海水體性之渾一者不相似。老云"反者道之動"，蓋深得於《易》。道，即太極之異名。夫坤之凝聚而成物，雖爲一種反作用，而實非反也。反者，所以爲和也。大用流行，惟因有所凝聚，而得顯其生化之盛，故曰反者，所以爲和也。

總之，大用流行，必先有所凝聚，先字，義見前。即依凝聚，而立坤之名。

大用者，謂生生化化不息之勢能也，是太極之顯也。譬如大海水，顯爲起滅無盡之衆漚。生化勢能，必假坤爲資具，始遂其生化。坤成物，將至重墜，而似捨其本體。坤之本體，即太極是也，太極非物也。太極之顯爲用，而先成乎坤。坤則有成爲重墜的物質之傾向。如此，則坤似是捨失其本體也。然而，生化勢能，畢竟不可物化，物化，謂變成重墜的物質也。不可二字吃緊。《易緯》所云不易，只是不可物化。此處須深切體認。常運行乎一切物之中，此中物，即謂坤，下物字同。而徧包乎一切物。包者，包含。徧者，言其至大無外，無物不爲其所包含也。無定在而無所不在，升進不退，升進者，向上義。清浄不雜，無有雜染。靈明不衰，不衰竭也。裕乎理而動也神，生化勢能之發現，自有條理，而不可亂也，故云裕乎理。動神者，生生化化不可測也。能轉物而不爲物轉。以是是字，綜括上述種種義。知其德之健而又健也，乃太極之顯也，是故謂之乾。稱其始萬物之德，復曰乾元。言元，即賅亨利貞，乃至萬德。説見前。即用顯體，則乾元亦得名太極。此義已見前。

《殷易》首坤，謂乾道變化，必有坤以先之也。先字，非時間義，可覆玩前文。《周易》首乾，則以乾於坤爲君故也。乾運乎坤之中而爲主宰，坤但爲乾之資具而已，故乾有君象。會而通之，義不相妨。

體用分疏，則説太極爲體，太極，亦名太易。乾坤皆用也。

尅就用言，則惟乾元獨稱大用，坤有物化之虞，而難以用言矣。

坤凝聚而似有質，其實，無實質也。坤，本非異乾而别有其原，故應説坤亦乾也。然而乾坤二用畢竟有分，乾曰用九，坤曰用六，是於大用流行的整體，而分此乾坤兩方面也。則以用不孤行，必故反之。有所凝聚，將成爲物，乃得爲乾元之資具，而乾之生化勢能，遂有所仗以表現也。乾，即是生化勢能。而曰乾之生化勢能者，則以立辭須有主語耳。此所以有乾即有坤。雖坤本不異乾，而卒與乾反。又且賴有此反，以成和同之化。然則造化之奇詭譎怪，真不可思議。吾人之慧解，亦只能窺到不可思議而止，更不能進詰其所由然。窮理至極，乃見理窮。上窮字，是窮究之窮。下窮字，是窮乏之窮。理窮者，猶言無有道理也。此余所以有宇宙終是一大奇獸之戲言也夫。獸類之行爲，是無有道理可説的，故常以此爲譬。以上參考《新論·轉變》《成物》諸章。

坤，元、亨、利，牝馬之貞。

坤，乾之反也。乾清剛而無形，坤凝聚而似有質。注家多曰“坤有質”，此大誤。坤之爲質，只是似之，而非果有實質也。使坤有實質，則是坤與乾相對，爲二元矣。《大易》非二元論。鄭康成注《易緯》亦知之。坤者，乾元運行之資具也。故坤有陰象，以柔順爲德，謂其當順以從乾也。船山《易内傳》曰：“隤然委順之謂坤。”此從其德以彰名也。

坤具乾之四德，而於貞則曰牝馬之貞，頗與乾異。乾以剛固爲貞，坤則以柔順而貞。牝馬柔順而健行，故取其象。蓋乾卦以四德顯體，本體無形可覩，唯即其德以顯示之。此六十四卦、三百八十四爻之所同具也。無有一事一物，得遺四德而成其爲事物者。而自坤卦以下，凡舉四德，或全或否，則皆就吾人之修爲而言。明儒所謂由工夫説到本體，即此意。形不可以役心。心，乾也，陽也。形，坤也，陰也。心不能主乎形，而爲形所役，則是坤不順從乾，陰侵陽，此佛氏所呵爲顛倒也。故君子存心養心之功，必時時提醒，不使心爲形役。如顔子之非禮勿視，非禮勿聽，非禮勿言，非禮勿動，即使形不得役心，坤守順以從乾也。欲不可以違理。違理之欲，邪欲也。邪欲，陰也，屬坤。理，陽德也，乾也。邪欲不守順而違理，人道絶矣。私不可以背公。如帝制與獨裁之治，以獨夫專政柄，而違天下之公道，此惡德也。惡德即陰也，屬坤。少數人剥削群衆利益，與强國兼併弱小，皆以私害公，並是惡德，屬坤可知。凡事之出於公道者，皆陽德，屬乾。以私背公，則陰犯陽，大逆大亂之道也。故知坤道守順，而不可侵乾，則無敢以私背公者。明坤道在順以從陽而得貞，故以牝馬象之也。君子知此，當不迷於所行矣。

君子有攸往，先迷，後得主，利。

君子所行，當辨陰陽之幾。陽者乾德，純乎健而無私也。陰者坤類，陽明所云隨順軀殼起念者，皆陰私，坤之類也。陽明此語，深廣至極。學者若非反己體察，而徒以粗浮知見作一句話會去，則必不覺其有何意義，此真可惜。隨順軀殼起念者，先儒所云己私，佛氏謂之身見，亦云我見。一切私意、私欲，細自一念之微，大至滅國覆族之重，近之如飲食男女之違其則，遠之如權利角逐之殃身以禍物，其發端只是隨順軀殼起念。軀殼，坤也。隨順軀殼而起之一切己私，故是坤之類也。總之，萬惡之源，只是己私。己私更無根。人生只隨順軀殼起念，而不知趣求超越軀殼之靈性生活，便成己私。此須反己察識。若以陰私爲先，小人居心，無往不以陰私爲先。而障蔽固有之健德，健德，乾元也，吾人禀此以生。孔子所謂仁，陽明所云良知，《新論》所云性智，皆指健德而目之也。陰私熾，則障蔽健德，猶如雲霧興，即障蔽太陽。人生便長溺迷惑之深淵，故曰先迷。言以陰私爲先，即成迷亂也。反之，而能以小己軀殼之私爲後，即陰私被抑，後者，抑制之也。則障蔽不生，而健德常爲一身之主，流行無間，故云後得主。得主，即内部生活和諧，無不利。世皆知人生最苦者，莫如内部生活之陷於理欲交戰，此即患在中無所主，得主便無斯患。

附識：李氏《集解》云："盧氏曰：'坤，臣道也，妻道也。後而不先，先則迷失道矣，故曰先迷。陰以陽爲主，當後而順之則利。'"漢儒並同此釋。蓋帝制時代附會之曲説也。《伊川易傳》云："君子所行，柔順而利且貞。"又曰："陰而先陽，則爲迷錯，居後乃得其常也。"此仍承漢人之謬解，且與老氏之旨相類。夫君子之行，唯取臣妾柔順之道，不敢爲天下先，則唯任禽獸夷狄横行，天下事尚可問乎？此與乾卦自强不息，《論語》見義勇爲之説，明明相反。而以此釋《易》，可乎？余於此等處，最無取焉。須知，坤道柔順者，謂形不可役心，欲不可害理。

西南得朋，東北喪朋。安貞吉。

同志曰朋。陰志在求陽，故以陽爲朋。西南陰方，唐崔憬曰："西方坤兑，南方巽離，二方皆陰。"陰居陰位，而不侵陽，則與陽相得，故云得朋。此喻形氣不以役心，形氣，謂身體，陰也，坤也，下同。而剛健之心，得爲形氣之主。剛健之心，即前云健德，陽也，乾也。即坤乃順乎乾，而適得其志也。東北陽方，崔云："東方艮震，北方乾坎，二方皆陽。"陰居陽位，即陽被侵而失位，陰妄逞而喪其朋，凶道也。此喻形氣乘權，而心失其馭。如《禮記》云："見色思淫，見利思得，臨難思免。"只是陽明所云隨順軀殼起念，心不能統馭其身也。夫形氣必聽命於心，而無妄動，然後安貞而吉，形氣，坤陰。心，乾陽也。坤陰得乾陽爲主，即無妄動，是以安貞。安者，寂静義。不妄動，故動而寂也，所以貞吉。此坤之常道也。

《彖》曰：至哉坤元，萬物資生，乃順承天。

坤之元，即乾元也。乾道變化，必先有所凝聚，先字，義見前。是名爲坤。坤者，乾之反，而乾資之以成化。乾非坤，則無所藉以運行。故於坤言元者，謂坤含乾元耳。王船山《易傳》，主張乾坤並建，頗近二元論，此非孔子恉也。（**附説一**）萬物資於乾以始者，理也。乾者，即是生化不息的勢能。而此勢能的本身，卻是萬理具備的，元非迷亂，故於乾而名之以理。資於坤以生者，材也。坤便構成材質了，因此有物。理健而主施，生化勢能，具有無窮的條理，即名之爲理。此理體至健，所以開發無礙。施者，開發義。材順而主受，（**附説二**）順以承健，譬如地承天施，故曰乃順承天也。世俗共計天以光熱雨露之澤施於地，而地承之，故《易》乃順俗以取象。其意在明萬物之材質，莫不受成於乾，易言之，即莫不受成於理也。

附説一：船山《易内傳》較伊川爲佳，然不及《外傳》。《外傳》好處，即其明有、尊生、主動等大義，足爲近代思想開一路向，但未免於粗。船山於哲學上之問題，猶乏精究。然其思想宏闊，於治理、群化，尤多卓見，漢以來未有其人也。

附説二：乾爲生化勢能，爲理，生化勢能是含萬理的，故亦名爲理。坤爲材質，生化勢能之運行也，不可無其具，故必翕而成物。剋就其翕之方面言，即此翕，便是成物的材質已具了。爲物。坤以順承乾者，如自天化言之，萬物莫不資始於乾道變化，物所以成之理即乾也。自人能言之，如吾之心，心即理，亦即乾。其開通發動，以主宰乎吾身，身爲坤。及了别與改造乎物。物爲坤。此可見理健而施，坤但順受。參考《新論·轉變》《成物》諸章。

坤厚載物，德合無疆。

坤以凝聚之勢，含載乾元之健德，爲萬物所資以生，則坤德之厚，亦同於乾德之無疆也。無疆猶言無窮，故以地德合天象之。象，猶比喻也。

含弘光大，品物咸亨。

曰弘，曰光，曰大，皆謂乾也。含之者，坤也。坤凝聚，而成萬有不齊之品物，大用流行，元是渾全的。但凝聚則於渾全中而有分化，分化即成各别的物事。參考《新論·功能》《成物》諸章。則品物宜有互相對礙之患。然而萬物卒莫不互相聯屬、成爲全體、亨暢無礙者，則以坤含乾元。而乾元則遍運群陰，無所不在。群陰，謂一切物，即坤也。故坤含乾，畢竟不失其渾全，所以咸亨。

牝馬地類，行地無疆，柔順利貞。

取牝馬爲象者，以其柔順而健行，與地德類也。地者，所以象坤，非坤卦即説地也。坤之取象於地者，取其德也。古者以地承天之施，其德柔順，故坤象之。然坤不惟有地象，亦取象於牝馬，謂其柔順而健行，與坤德類也。坤德唯順，含載乾元。而乾以其至健，周運乎坤之中，而挾與俱行，如草木之形榦，則屬坤，而生命力，則乾也。此乃周運乎形榦之中，而形榦之生機暢發，即生命力之挾形榦以俱行也。故曰行地無疆，無疆謂健也。坤隨乾轉，乾健而坤亦健也。坤德唯在柔順，而不可自逞。順以承乾，故得主，而利貞。

坤謂物質。物質之勢過盛，即成乎重濁，則乾陽乃受其障礙而不得顯，於是而坤終陷於迷矣。乾陽者，心也。心本其剛健之德，以行於物之中。物惟柔順以從心，而與之俱行，即物乃得主而不迷，所以利貞。

君子攸行，先迷，失道。後順得常。

君子所行，以陰私爲先，則迷而失道。此言道者，置以此言，謂此處道字，與見於他處者，不必同訓也。謂事物當然之則也。事物之有則，只是當然。如火之炎上，水之潤下，此本當然，不可更詰所由。吾人居處必恭，執事必敬，言必忠信，亦只當然，不可更詰所由。陰私故迷。迷，故不解事物當然之則不可違，而有失道之咎。後其陰私，後者，抑制義，見前。即固有剛健之心，不受障蔽，恒炯然爲主於中。於是事物之感，雖萬變不常，而中恒有主，即應之以各當其則，而不可亂，故曰得常。

西南得朋，乃與類行。東北喪朋，乃終有慶。安貞之吉，應地無疆。

西南得朋，陰居陰位，而不侵陽，即順以承乾之施，而與乾俱行，故曰與類行也。類謂乾。此正申上行地無疆之義。東北喪朋，陰居陽位，而陽失位，是陰之喪其朋，盛極而將窮，若上六是也。陽必乘之，終當勝陰，而使之順從得貞。則元黄之血，所以成永貞之利。故曰乃終有慶也。私欲熾盛之餘，而良知終不容昧，以此徵乾陽之健，必不受陰私之障也。亂極，而治幾已伏。光明戰勝黑暗，亦坤道終於守順之慶也。安貞之吉，應地無疆，此申上德合無疆義也。

《象》曰：地勢坤，君子以厚德載物。

王船山曰：“勢，形之勢也。”按地形橢圓，故其勢委順。先聖測地之精可見。此以地之勢順，象坤德之順也。象，猶喻也。他處言象者倣此。坤德唯順，此義深微至極。坤，謂物也。物質，省云物。乾，謂心也。在《新論》之體系中，心與精神及生命三名，所目是一。但取義有别，而名不一耳。詳《新論·功能》《成物》諸章。心與物，就某種意義言，元是大用流行之兩方面。言兩方面，即不可折作兩片去會。詳《新論·轉變》諸章。另就某種意義言，則相反相成之整體，心物兩方面，以相反而相成。詳《新論·轉變章》，《唯識章》亦言及此。仍不能不假分主從以説明之。心爲天君，君者，主義。天者，形容其至尊也。而物爲工具。一主一從，物是從屬於心的，而心則主宰乎物者也。名分秩然，不容紊亂。須詳究《新論》。心之德健，物之德順。物不順，則將成乎頑鈍，而喪其生理。生理，謂生生不息真幾也。其生生而有條理，故謂之生理，此即心也。心不健，則無以潛運於物之中，解其閉錮，而流通無礙，轉物從己。心不至此爲句。己者，設爲心之自謂。物隨心轉，即上述行地無疆義也。參考《新論》。健順者，乾心，坤物，所以合德，而成變化。大用流行，畢竟不可以矛盾法測之，非淺夫所及知也。夫失其主，喪其健，則將有持唯物之論，而逐物不反，迷以失道，生人之禍亟矣。

君子以厚德載物者，此言君子體坤之順，其德乃厚，而可以容載萬物也。王船山曰：“順以受物，合天下之智愚貴賤，皆順其性而成之。按孔子有教無類，釋氏爲闡提説法，順其性而成之，人皆可進於善，天下有棄物哉？我之德薄，而不足以載物，不能順物性而成之，則我且爲棄物，而況天下乎？不以己之所能，責人之不逮。按此處最難，凡以己之所能而責人者，未有能容物者也。尺有所短，寸有所長，此不可以人不逮我而責之者一也。己所獨能，人或不逮。人有獨能，我所不逮者尤多，此不可以己之能責人者二也。略舉二義，以之自省，平懷順物，而物莫我離矣。仁禮存心，而不憂横逆之至。按仁以敦愛，遇横逆而憂，則知平日自爲之私深，而愛人之意未誠也，可不反其仁乎？禮以閑邪，横逆之來，是吾師也。物無不載也。”按上述三者，皆可以載物之道。船山所言，雖未及爲政，而爲政亦不外是。夫受衆庶之推，而持天下之柄者，不憂群志之不孚，而開誠以與天下相見，則順物之性而成之，何不孚之有？不恃己之能，以宰制萬類，而天下皆有其可盡之能。獨裁之治，恃一己之能，不獨未必果能，即能矣，而殘萬物之性者，終亦自斃。仁以貞天下之志，禮以通天下之情，天下自消其險阻，而游於大同之宇。大同之世，人各自由，而互不相礙也。人各自治，而亦互相助也。不相礙而互助，亦自有組織與經綸大業。老、莊偏尚放任、無爲，便成極端個人主義，如何可行？故厚德載物，《易》所以立人道之極，定至治之則。由之則吉，失之則凶。近世列强，以殘刻相尚，内劫制其群，而外肆侵略，人相食之禍未已。厚德載物之義，不可以喻諸凶猘。《易》不可見，而乾坤熄，聖人之憂來世，曷有極哉？

初六，履霜，堅冰至。

一陰初動於下，其勢將盛。如人履霜，而知堅冰將至，自然之數也。如宇宙始於洪濛一氣，此陰凝之端也。太極寂然無形，而其顯爲大用，必有所凝聚。此凝聚之勢，開端甚微，只是洪濛一氣而已。乃漸凝爲液體，復凝成固體，蓋分化而爲散佈太空之諸天。吾人所棲地球，渺如滄海一粟。地球之上，漸生植物、動物以至人類，生命著見，始覩乾陽之盛。生命，乾陽也。未有動植以前，非無生命或乾陽，只是隱而未見耳。參考《新論·成物章》。而在動植未發現時期，固是群陰亢極之象。無機物，屬坤陰。及至人類，乾道雖盛，人類則心靈特别發展。心靈，乾陽也。而仍有物化之懼。人雖有心靈，而或不能保任之，擴充之，則將喪其心，而成爲頑物。莊生所以有哀莫大於心死之嘆。則陰勢之盛，蓋可知已。夫生命力之發揮，不得不有資具。故陰之凝聚，乃若生命隱有鵠的，成其如此。乃若二字注意。若無所凝聚，即浮虚無據，而生命力亦無表現之具矣。乾陽之必有坤陰，良有以也。雖然，陽生命。以陰凝聚成物。爲資具，利在，而害亦伏。資具既成，即自有權能，常使用資具者轉爲資具所用。如奴僕，資具也，而豪奴悍僕之勢成，主人反爲其所用。法制，資具也，積久弊生，而其餘勢猶足使人群力量不易越過成法舊制，而另有創新。技術，資具也，軍械設備既精，而足以驅役人類之野心，共赴自毁之途。舉此數例，可見資具之權能甚盛。陰，資具也。陰之勢將過盛，而陽反受其障礙。此聖人於坤之初六，取履霜，以明堅冰之將至，慎之至也。儒者之學，以變化氣質爲先，防陰暗之漸也。

《象》曰：履霜，堅冰，陰始凝也。馴致其道，至堅冰也。

船山曰："上堅冰二字，蓋衍文。《本義》按《魏志》作'初六履霜'，義較順。凝，聚也。"霜，以喻陰之始凝。堅冰，喻陰之凝聚益盛。

人心私欲之萌，私欲，陰也。其幾甚微。猶如履霜。若不即克伏，則滋蔓難圖。如堅冰至。不容不戒。

六二，直、方、大。不習，無不利。

九五，乾之盛也，六二，坤之盛也，位皆中。九五，乾上卦之中。六二，坤下卦之中。而乾五得天之正位而不過，上九，便過。坤二出於地上而不匱。故乾莫盛於飛龍，坤莫盛於直、方、大。大者，言其體也。坤與乾同體。乾坤皆以太極爲其實體，太極至大無外。於坤而識其體，則一微塵即太極也，豈非至大？直、方，言其德也。順以承乾，位乎中，順也。無邪曲之謂方，無迷妄之謂直。坤唯順乾，故直、方。直、方，故不失其大也。乾之《象》曰："大哉乾元。"乾元即太極也，故至大。坤之體即太極，本至大，但如不順乾，則將不守直方，而失其大矣。直、方、大，故與乾同健。新新而不守其故，曰不習。新新，常新也。方生方滅，方滅方生，故無故物可留，而常新也。參考《新論·轉變章》。凡物若守其故，即囿於慣習。常新，即創進不已，故云不習。不習，則盛德日新，無不利。

《象》曰：六二之動，直以方也。不習，無不利，地道光也。

承乾而動，故直以方。物不受裁於心，欲或縱肆而不從理，是坤之動，不克承乾，必失其直方也。變化日新，不狃故習，坤德配乾，故曰地道光也。地者，坤象。坤順乾，即與乾同行，其德配乾之健，故光顯。

六三，含章可貞，或從王事，無成有終。

六二，柔順中正，德足配乾，而光顯盛著。六三居其上，成乎坤體。所含者，六二之光也，故曰含章。章猶光也。雖以陰居陽，三爲陽位。而有含章之美，不失其正，曰可貞。坤以承乾爲德，而不可自逞，形必聽命於心，欲必受裁於理。喻如人臣或從王事，雖有成功，而不自居，故得終其美也。六三，則内卦已成，故有終象。言坤德克終於順也。

《象》曰：含章可貞，以時發也。或從王事，知光大也。

坤雖凝聚而成物，然與乾同體。乾坤同以太極爲實體。故内含直方之美，而不失其正。故云可貞。雖有物化之虞，凝聚，便有成爲物質的傾向，故云物化。而以含直方之美故，則乾元之力，默運於坤陰之中者，終當以時發見。如宇宙肇始無機物，幾純屬坤陰，其時乾元默運於坤陰之中，但隱而未發見耳。然經歷相當時期，乃有植物、動物以至人類，則生命盛著。生命，乾元也，終以時發見而不容已，故曰以時發也。坤以直方，能順乎乾，而不礙乾之發見。喻如人臣或從王事，臣奉君命而從事，喻坤道順乾，而乾得利用坤爲資具，以自發見。是坤之順乾，猶臣之從君也。臣供職，而王業盛，喻坤順乾，而乾始物之知，乃益光大也。《繫辭傳》曰"乾知大始"，此義後詳。

六四，括囊，無咎，無譽。

此爻以人事言也。四與初同道，初居内卦之下，四居外卦之下。而初居地位之下，初與二皆地位，説見前。伏陰自怙。故有履霜之戒。四處重陰之中，坤卦六爻皆陰，故云重陰。而爲人位，三四皆人位，説見前。乃有意沈晦，退而自守，四居下卦之初，未至於五，故非進。故以括囊爲象。伊川云："晦藏其知，如括結囊口而不露。"若王船山當明之亡，屢謀光復，而卒不獲，乃竄身猺洞，著書以待後，符此義也。

《象》曰：括囊無咎，愼不害也。

船山曰："欲退藏以免於咎，則無如避譽而不居。危言則召禍，詭言則悖道。括囊不發，人莫得窺其際，愼之至也。"按船山釋此爻之義甚精。君子處變之道，有時不得不如此。注意有時二字。然後世隱淪之士，守此爲常，且以爲藏身之妙術，則不達此爻之旨也。夫子於需卦繫之辭，曰："利涉大川。"大川，險也。涉險而不憂乎困窮，剛健之至。宜與此爻參互觀之。

六五，黄裳，元吉。

黄者正色，於五色爲得中。吾國古時以黄色爲中，以其異於黑白之黝素，尤非青赤之炫著。裳在下，而又有芾佩以掩之，飾在中也。六五雖以陰居尊，五上皆天位，説見前。而處中故，五居上卦之中，故云處中。有黄裳之象。黄者，五色之中。裳者，飾在中。喻陰之處中而不亢，其德順也。夫二五皆中，六二，下卦之中。六五，上卦之中。大順之積，坤之德順，至於六五，則積順也厚，故云大順。承乎乾，而助乾之發，坤爲乾之資具，故有助義。德配無疆，無疆謂乾，見前。是以元吉。

《象》曰：黄裳元吉，文在中也。

王肅曰："坤爲文，坤有文象。五在中。五爻，在上卦之中。故曰文在中也。"按王肅但以象言，而未明其義。夫六五處中而不亢，坤之順德，至此所積益厚，以是徵其能承乾之施，施者，謂乾元之力，默運乎坤陰之中，而使坤陰隨己俱轉，心之宰乎物是也。此中己者，設爲乾元之自謂。而與乾同行也。同行，猶云俱轉。坤隨乾轉，則坤亦乾也。豈其滯於對待之域哉？

上六，龍戰於野，其血玄黄。

上六，陰亢已極，則陽必奮起，龍謂陽也。陽取象於龍。於野，卦外之象，乾陽不見於坤卦，故以于野象之。坤六陰畢見，則六陽隱伏，而終不予陰之自專，必將破重陰之錮，而流通無礙，以顯其主宰之勝能。乾陽運行於坤陰之中，而實主宰乎坤陰者也。如宇宙肇始無機物，唯是頑然物質，而生命或心靈，殆經長期猶不可見。物質屬坤陰，生命或心靈則乾陽也。然其時，非唯有坤陰而無乾陽，坤陰亦省云陰，乾陽亦省云陽。但陰方盛，陽乃隱而未見耳。然陽終必戰勝群陰，而救其失道之迷。陰不順陽，即迷以失道。唯人也，禀陽德之盛，乃以官天地，宰萬物，轉物而不爲物轉。自植物、動物以至人類，則生命或心靈，發展漸至極高。故人者，天地萬物之主宰也。陽之勝陰，徵之植物出現時期，而始見其端。至人類發達時期，則益以著明矣。未有生物之時，陽固隱而不見，非無陽也。及自植物出現以後，生命或心靈漸著，始運用物質而無礙，此陽之戰陰而勝之也。通觀宇宙全體之發展，始於陰盛而陽隱，終至陽道大行，統馭群陰。若非陽之力戰，則陰暗之勢，將不可解。然陰亢極，而陽之戰自不容已，斯亦奇耳。

其血玄黄者，戰必有傷，故血玄黄。血不足惜，乾道所以大亨也。《文言》曰：“陰疑於陽，必戰。按陰亢而侵陽，故陽疑之，疑則必戰。爲其嫌於無陽也，按如生命或心靈未發現時，全宇宙只是群陰，幾無所謂陽。故稱龍焉。按稱龍者，明群陰之世，非無陽也。雖暫爲陰所伏，終不能不戰也。漢人皆於此誤解，謂陰盛似龍，故稱龍。不知乾坤互相涵，乾卦中有坤象，如品物即坤也；坤卦中有乾象，如上六之龍是也。何可以龍爲陰之象乎？猶未離其類也，按陽不孤行，必資於陰。故陰者，陽之類也。陽之戰陰，但伏其侵逼之勢已耳，非滅之也。若滅之，則將離其類，而爲孤陽矣。宇宙豈其如是？陽戰勝陰，要非離陰而獨在也，故曰未離其類。王弼、侯果誤以龍爲陰象，其解此文，並誤。兹不及詳辨。故稱血焉。按戰不能無所傷也，故稱血。血不足憂，陽道所由開通也。荀爽曰：“血，以喻陰順陽也。”夫玄黄者，天地之雜也。天玄而地黄。”按天者，陽之象。地者，陰之象。干寶曰：“陰陽色雜，故曰玄黄。”此言陽戰勝陰，即陰順陽，而成其沖和。《九家易》曰“玄黄天地之雜，言乾坤合居也”，干寶曰“陰陽合則同功”，按陰陽本非異體。但陰偏盛，而陽不顯，故説陽受侵逼，而若不合也。今陽戰勝，而陰順陽以成化，故曰合則同功。此借用干寶語，而義與干寶不必全符。可知陰陽本一體，乾坤本渾一之全體，以其同爲太極之顯現故。譬如衆漚，同爲大海水之顯現，衆漚實非各各異體。畢竟不相矛盾也。陰陽以相反而相成，矛盾非其本然也。

《象》曰：龍戰於野，其道窮也。

六陰皆見，於象窮極而無餘，陽必起而乘之。以人事言，如暴秦之專制已極，陳勝、項梁、劉季始興。蒙古之蹂躪夏人已極，而徐壽輝、陳友諒、明玉珍、張士誠、朱元璋乃不得不起。近者德國希特勒之徒，凶暴狡詐之毒，極至而窮，於是同盟國奮起而覆之。後此如有爲希特勒者，其窮亦可知。夫人事之狂惑昏亂，皆陰象也。陰迷失道，而不知反，窮所必至。陰窮，而陽道必興。陽之初興，不得不與亢陰之餘勢相戰，戰則不避其傷，以此見陽德之健也。

用六，利永貞。

乾曰用九，坤曰用六，其義見前，兹可不贅。坤凝聚而成物，乃乾元所憑以發見之資具也。故坤道以承乾爲正。坤不順乾，即失其主，乾元者，主宰乎坤者也。坤自專而不順乾，故失其主。將至物化而不反。坤順乎乾，即與乾同行，而德合無疆。坤不順乾，便成爲重濁的物質。而剛健大明之力用，即所謂乾者，乃受坤之障礙而不得顯。此其失道之迷，爲可懼也。故坤道之利，唯在永貞。貞者，卦辭云牝馬之貞，以順陽爲正之謂也。貞而曰永，無可改易之辭也。坤必順陽而不可侵陽，是坤道之永恒也。

《象》曰：用六永貞，以大終也。

萬物之生，秉乾之知以爲性，資坤之質以成形。故乾，始萬物者也，而坤終成之。乾惟知故，至神而含萬化，爲萬物始。坤惟質故，而萬物資之以各成其個體之形。使惟有乾而無坤，則只是冲寞無形，萬物何所資以成乎？故知乾始萬物，而終乾之化以成萬物者，坤效其質故也。或曰："乾坤爲二元乎？"曰：否，否。坤與乾同體，但作用異耳。此意詳在前文，覆玩之可也。坤唯順乾，永得其貞，故能承乾，而終其成物之功。是以贊之曰大終也。

《坤卦·文言》，兹不及釋，學者深思而自得之可也。或有問言："乾之上九，有亢龍之悔。坤之上六，有龍戰之窮。然則造化固不能無過歟？"答曰：深微哉，斯問也。造化只是德盛化神，其流行自不容已，其創進固日新富有，不可謂其有過。但萬物資於造化以始以生，造化者，乾坤合而成化之謂。乾曰萬物資始，坤曰萬物資生，覆玩前文。則造化即在物。譬如大海水成衆漚，則大海水即在衆漚，豈可離衆漚而别覓大海水哉？物成而各有形限，則緣形限之拘，不復能體現造化之德，而其力之所用，不能超形限而同於大通，則亢與窮之患，於是乎起，物與物互相對立，物各用其力，而不知超形限以同於大通，則患由斯作。大通者，忘乎形而得其性，萬物一體也。而昧者遂以之歸過於造化。其實，造化不當任過也。嗚呼！斯理微矣。

如上略釋乾、坤二卦，今於《繫辭傳》中有一二處，節取而釋之如左：

乾知大始，坤作成物。

古今哲學家，多以爲宇宙人生，由一大迷闇之勢力而開始。佛家十二緣生之論，首以無明。無明即是一種迷闇的勢力，爲萬物所資始。《數論》三德，一曰闇，亦爲萬有之因，與佛氏無明説略同。叔本華等主張有盲目追求的意志。而吾國《易》家伏曼容，釋蠱卦曰："萬事起於惑。"雖非《易》之本義，而伏氏之思想於此可見。今哲學家談生命者，其言生之衝動，大概與叔本華之意志論較近。此皆未了生化之真源也。夫子贊《易》曰："乾知大始。"明乾以知故，而大始萬物也。大者，贊辭。此所謂知，自非常途所云知識之知。《乾·彖》言大明，即此知義。《易緯》云"清浄炤哲"與"通情無門，藏神無内，光明四通"云云，見《易緯·乾鑿度》上。本講前文已經引述。皆釋此知義。乾元即太極也，即用顯體，故説乾元即是太極，此義詳前。太極備萬理，含萬德，靈明無礙，無障蔽，無倒妄，是云無礙。無知而無不知，本無一毫迷闇，是謂靈明。故説爲知。惟知故神，神故發起萬化，爲萬物所資始，故曰乾知大始。

坤作成物者，作猶言能。能者，能力。坤之凝聚，現似有質，現似二字，注意。其實無有實質，只是能而已。能現似質，能力之運行，至猛至疾，便現似物質。似有質故，萬物依之成形，故曰坤作成物。

乾以易知，坤以簡能。

乾以易知者，易字，讀如難易之易。易者，平易義。但此平易一詞之意義極深。《易緯·乾鑿度》言，易有三義：一曰易者，易也。下易字，即作難易之易讀。彼自釋云：彼者，謂《乾鑿度》。下同。"不煩不撓，淡泊不失，此其易也。"參考《正義·序》。詳彼云不煩者，言不爲私欲或惑染所煩擾也，不撓者，言不爲惑染所屈撓也，此即清浄相。淡泊不失，亦是寂静相，與清浄義同。蓋以寂然不亂，故説爲平易，正釋此中易字。《易緯》當是七十子後學所傳，其説多依據卦爻辭，及《彖》《象》《繫辭傳》等。乾之所以爲知，而非是迷闇，乃以其易故。易者，省言之，即寂然不亂之謂。已見上文。寂然不亂，故大明，故説爲知，故曰乾以易知。乾元之體，動而恒寂，本無囂亂，故非迷闇。哲學家談本體者，罕能證解及此。

坤以簡能者，簡與易同義。清浄不擾曰簡，亦寂而不亂之意。坤與乾非異體故，同以太極爲其實體。其德同也。易簡之德同。上言坤作，今變作言能者，作以功言，能以力言，其義一也。功亦力義。坤有成物之能，正以其簡故。簡者，寂然清浄也。寂然無形者，神也。神故有勝能，遂成萬物，故曰坤以簡能。

易簡，德也，言知能之所以得成其爲知能者也。夫無知而無不知，無能而無不能者，其德易簡，寂然不亂故也。韓康伯注云："天地之道，不爲而善始，不勞而善成，故曰易簡。"其言似是，而猶未究其所以也。今之談者，或更以易簡作簡單解，其胡亂至極，又康伯所不屑道也。

易則易知，簡則易從。易知則有親，易從則有功。

此就修爲言也。夫乾知、坤能，乃所謂天地之心也。而天地之心，即是吾人之心，非可判而二之也。此心元是易簡，無有雜染，儒者所云私欲，佛氏謂之惑，亦云雜染。自儒者言之，此實後起，非本體上所有也。反求即得，故云易知。敬而勿失，故云易從。吾人易簡之心，即是天地之心。吾人日用之間，能不失之放肆，即易簡之心恒存，其與萬事萬物相流通者，自毫無閡礙。如此，則即知即行，何難從之有？易知則能恕，反求易簡之心，即知萬物本吾一體，故能推己及物。故有親。《論語》："一日克己復禮，天下歸仁。"易從則無妄，從其易簡之心，而發爲萬行，則萬行真實，無有虛妄。故有功。不求功，而功歸之。後文易解，略而不釋。

易有太極，是生兩儀，兩儀生四象，四象生八卦，八卦定吉凶，吉凶生大業。

此一節，從來人自爲説，家各異義，皆支離而不究其恉。案易者，變易。變易不從空無而起，故説易有太極。太極者，變易之本體也。是生兩儀以下，即明太極妙體，現作變易大用。太極妙體四字，作複詞用。變易大用四字，亦複詞。太極顯爲大用，譬如大海水現作衆漚。三生字，皆發現義，非所生者爲子、生之者爲父之謂。太極生兩儀者，兩儀，謂陰陽也。太極寂然無形，凡言無形者，謂無有如現實界所見實物之形也。無形，非空無之謂，太極固至真至實，爲萬有之本體也。而顯爲大用，則有陰陽兩方面可説。用不孤行，必以相反而相成，此固太極妙體之所爲，故曰是生兩儀也。兩儀生四象者，四象謂四德。四德，元亨利貞也。以其在人言之，則曰仁義禮智。其實，言四德即已賅萬德。舊以四象爲四時，其實，四時即以象四德。春生，春時萬物發生。元或仁之象也。夏養，夏時萬物長養，莫不通暢。亨或禮之象也。秋成，秋時萬物成熟。利或義之象也。義主裁制得宜，故以秋成象之。冬藏，冬時萬物收藏。貞或智之象也。收藏，静象也，静則明智。四時配四德，漢人固已言之，但於此中獨不作四德解，是其蔽也。太極固含四德，離四德，無所謂太極。然必現作兩儀，而四德始顯。蓋一言乎兩儀，則是太極已成爲用也，而所謂德者，正於用上見之。太極本無不成爲用之時，然吾人不妨設想，如太極未成爲用，則冲寞之中，雖含萬德，而究未發現。故曰兩儀生四象。

四象生八卦者，言八卦即賅六十四，非止舉八卦而已。太極生兩儀，兩儀生四象，此明太極流行之妙。四象生八卦，則明聖人體太極之德以畫卦。六十四卦，三百八十四爻，無一卦一爻而非表太極之藴也，即無一卦一爻而非明四德之流行也。此其所以定吉凶而生大業者，一皆原於天德而無妄也。故曰“四象生八卦，八卦定吉凶，吉凶生大業”。聖言昭明如此，而從來《易》家，各逞臆説，亦不可解。

《易》之爲書，廣大悉備。方面極多，不可以一隅之智測也，故謂之廣。規模極鉅，含藏萬有，故説爲大。天道、人事、物理，無所不包通，故云悉備。範圍天地之化而不過，範圍者，擬範天地，而周備其理也。曲成萬物而不遺。曲成者，窮物之則，因物之宜，裁制萬物而不遺其利。蓋乃淺識之所困於仰鑽，上哲之所窮於讚揚。欲讚揚之，而難得如分之辭也。上來略釋乾、坤大義，稍爲學者津梁，若其藴奧，則有非文字所能盡者。

講至此，本欲結束，然猶不能已於言者，《序卦》一篇，昔人多疑爲非聖人之言，此陋見也。余以爲《序卦》，非聖人不能作。其義宏闊深遠，嘗欲取而釋之，而未有暇也。兹略舉上篇數節，稍疏之，以見其概。

有天地，然後萬物生焉。盈天地之間唯萬物，故受之以屯。屯者，盈也。

乾、坤二卦之後，繼以屯卦。乾有天象，坤有地象，屯者，萬物始生之象。故云有天地然後萬物生也。太空之中，諸天體凝成，而地球爲太陽系中之一行星，其凝固之勢，與氣温之度，至適宜於生物時，則萬物始生。此屯之所以繼乾、坤也。

屯之《彖》曰："屯，剛柔始交而難生，動乎險中，大亨貞。雷雨之動滿盈。"富哉斯言！剛柔始交而難生，動乎險中者，剛謂陽，柔謂陰，交者，相反相成義。陰陽若反，而實融和，萬物以之生。故《老》曰："萬物負陰而抱陽。"萬物稟陰而成形，故曰負陰。形成，而生生真幾運於形中。此生生真幾，亦云生命力，亦云心靈，即陽也，故云抱陽。難生者，物雖稟陰陽以生，而物之初成，則皆爲重濁的物質，其生命力或心靈，猶不得顯發，所謂無機物是也。當此之時，宇宙大生命，將實現其自力，若不得不自造工具者，於是成爲物質過盛的無機物。此工具或物質，本生命力之所自造。但其造成，則與生命幾成對立之勢，而於生命將不利，以其幾舉全力而物化之故也。然則陰陽始交而生物之時，即是生命陷於險難之時，故曰難生也。夫物化即失其生命，險難孰大乎是？生命不得不以自力造工具，即物質。而險難亦於是乎生。但生命之意義與價值，亦以戰勝險難而始見。使無險難，則何以顯生命之剛健、創新與易簡等德，易簡，即清浄或寂然不亂等義。而見其神聖與崇高，爲不屈可撓[6]者乎？

"動乎險中"云云者，生命奮進乎險難之中，以開通物質，而使之順己以俱行。己者，設爲生命之自謂。斯大亨而全正。亨，通也。貞，正也。是故生命力充周法界，法界一詞係借用，猶云全宇宙，與佛典本義不符。盛大無匹，喻如雷雨之動滿盈。雷雨之動，形容其盛大也。

屯之《象》曰："雲雷屯，君子以經綸。"此言吾人之生命，即是宇宙大生命，吾人當自努力，以顯發吾所固有之生命力，超有限而證無限。有限，謂身體。此是物質的、個別的，乃有分限者也。無限，謂生命。吾之生命，元與天地萬物之生命爲一，是生命固徧運乎一切物之中，無定在而無不在者，故云無限。是不啻吾人從險難之中，自創新生命。吾人雖固有生命，而錮於有限之中，即不啻喪其生命。今能超有限而證無限，則雖復其固有，而實自力創進之所新得也。喻如君子經綸之盛，悉由自造也。雲，喻真積力厚。雷，喻震迅發起之勇。處屯之時，將發揮其生命力，以出險難。非如雲如雷之威勢，何以克濟？故曰雲雷屯也。

有天地，而後萬物生。萬物生矣，而其生命在險難之中，即以動乎險中，而生命力乃奮進益盛，故曰屯者盈也。乾、坤之後，受之以屯，其義宏遠矣哉。夫怖險難，而求出離者，佛氏之妄也。今之佛徒，每不肯承認佛氏爲出離。此求順俗，而適自甘迷罔也。自《阿含》以至後來小宗大乘諸經，明明以出離爲教旨，惡容矯亂耶？處險，而奮其智力，以與物競。同人道於虎狼，喪其生命而不惜者，此中生命一詞，與常途所用者不同義，說見《新唯識論》。蓋此云生命，即謂吾人與天地萬物所同具之本體也。是又佛氏之所呵爲顛倒者也。然則履險而健動，知本而全正者，本謂生命。《大易》其至矣乎！

屯者，物之始生也。物生必蒙，故受之以蒙。蒙者，蒙也，物之穉也。

物始生必蒙，蒙者蒙昧，童穉之象也。生物之始，若無機物，則完全蒙昧，無心理現象可徵也。實非無心，只是全不顯發。若植物，則似有心理現象，而未著也。若動物，則其心作用已著見，而不能發展以至高明。此皆不離乎蒙昧也。人類自動物進化而來，雖不能無蒙昧，而皆可求通，以抵於極高明之境，此人道所以終遠於禽獸也。蒙之《象》曰："蒙，山下有險，險而止，蒙。"按蒙之上卦爲艮，艮有山象，下卦爲坎，坎，陷也，故云險。物之始生，其生命或心靈，猶爲物質的形軀所錮閉，而不得顯發，是爲險陷之象。當初未得遽通，若山爲之障，故云"山下有險"。遇險而不求通，乃止乎險，即終於蒙。故曰"險而止，蒙"。審此，則濟險之道，在自强以求通，而不可止於險，此蒙之所爲以亨行，乃得時中也。亨，通也，詳《蒙卦》。

物穉，不可不養也，故受之以需。需者，飲食之道也。

生類繁殖，則資生之事急矣。故屯、蒙二卦之後，受之以需。需者，飲食之道也。《尚書》言民生，厥惟食貨，義亦通此。人群未開化時，猶如童穉，生養之道，未知精究也。憤以求通，則智德力俱進，乃能講求生産，開發物資，大闢利源，而後四海無困窮之憂，群黎有生遂之樂。此需卦大義也。需之《繫辭》曰：卦爻辭，皆名《繫辭》。説見前。“需，有孚，光亨，貞吉，利涉大川。”按有孚者，人群相生相養之大計，惟相矢以孚信，而後可行。孚信不存，則爾詐我虞，此攘彼奪，而生産事業無所措手，故貴於有孚也。光亨云云者，光者，明之象，亨者，通義。明明無闇也。通，通則均也。而後不以私害公，不圖小己之利以剥大群，毋使群己俱蒙其禍，小己者，個人之在一群，固是小己。一國之在世界，一民族之在全人類中，皆謂之小己也。是爲得正而吉，故曰光亨，貞吉。今吾國之官僚資本主義，與列强之侵略主義，皆非光亨，故不正而凶。利涉大川者，《彖》云：“險在前也。”凡不便於民生之度制，欲改造之，恒有險難在前，而難於圖始。非剛健以持之，未能涉險而不陷也。《彖》云：“剛健而不陷，不陷於險。其義不困窮矣。”《彖》之釋利涉大川，可謂博深切明。凡言民生國計者，不可不知需卦之義也。

飲食必有訟，故受之以訟。

訟，争也。争端必起於飲食。凡權力、名位，乃至一切利害之争，皆飲食之推也。養生之資有限，而待養者過繁，則争不得不劇。争之起也，首由强者凌弱，智者欺愚。而愚弱受智强之毒，遂不得不互相勉於智且强，以與欺陵我者抗，此自然之勢也。訟卦實爲被侵者説法，此不可不知。訟之《繫辭》曰：“訟，有孚，窒惕，中吉，終凶。利見大人，不利涉大川。”按鬥争之事，由受欺陵者之互相結合，以抗凶暴，故貴有孚信。若暫以利害相要約，而無信義可持守，則内自離散，何以禦敵？此有孚所以爲訟之要道也。窒，塞也。心懷畏懼，若抑塞也。惕，懼也。當争之時，昏偷者必敗，懼則好謀而成，故尚窒惕。中吉者，中謂中正，争而勝，必以中正之道自處，乃吉也。終凶者，争而不知所止曰終。夫争而勝，猶不務息争，將以暴易暴，是終於争也，凶孰大於是？利見大人者，凡群之不得已而有争，而總持大計者，必須有大人之德，公而守信，明而不詐，凡以騙詐爲能者，必圖近利而無遠計者也，故詐生於不明。乃爲天下所利見也。今次世界大戰，同盟國正需要此等領袖。不利涉大川者，大川，險之甚也。狂逞以冒險，而不惜其過，無不覆亡者。老言狂風不終朝，驟雨不終日，即此義也。德之民族極可愛，而誤於昏狂之希特勒，惜其不聞吾《大易》之義也。鬥争，爲愚弱者求自存自立之武器。愚而能争，雖愚必明。弱而能争，雖弱必强。故訟卦六爻無不吉。初六曰終吉，九二曰无眚，六三曰終吉，九四曰安貞吉，九五曰元吉，上九亦不言凶。從來《易》家，多以訟爲惡名，則由誤以訟爲訴訟之訟。而不知訟者争義，乃指愚弱者對於凶暴之一種鬥争，須知，言鬥争，必指愚弱對於凶暴而言。若强陵弱，智欺愚，則名爲侵害，豈可以鬥争名之乎？未可以訟爲惡名也。且《易》辭皆象，訟之爻辭，固有取象於訴訟者，是在善通其意，要未可以訟卦爲説訴訟之卦也。訟之九五曰："訟，元吉。"九五以陽居中，九，陽爻。五者，位之中。争而勝，自處中正，故元吉。漢武戰勝匈奴，而未嘗虐待其種類，頗符此爻。王弼以九五爲聽訟之主，弼云："爲訟之主，以斷枉直。"則失之遠矣。

訟必有衆起，故受之以師。師者，衆也。

争之甚者爲戰，大戰之後，每有一番群衆運動。凡國内或國際間之種種不平，足爲鬥争之原因者，戰後必由群衆共起而滅除之。故訟卦之後，受之以師。師者，衆也。師卦，上坤下坎。坤爲衆，衆見於上，是群衆發動之象。坎卦，一陽居二得中，二爲下卦之中。是有德之丈人在下，而爲群衆之領導者也。在下者，謂其未執政柄也。今者甘地之在印度亦近之。師之《繫辭》曰："師，貞，丈人吉，无咎。"此言群衆運動，必出以正固，若非所持者正而且固，即是群盲妄動，而可名群衆運動乎？其凶危無可倖免矣。而有丈人長德領導其間，然後吉，無咎。聖人重群志，而於群情，有戒辭焉。《彖》曰："師，衆也。貞，正也。能以衆正，可以王矣。"王者，往義。此言群衆所持者正，以此動天下，而天下無不歸往於其所呼號之下也。非謂有一人在上，而天下歸往之也。師之爻辭，多取象於兵事，而意不在兵事。猶之乾以龍爲象，而意不在龍，坤以牝馬爲象，而意不在牝馬也。爻辭，此不及釋，學者須善通之。

衆必有所比，故受之以比。

比，輔也，助也。群衆必互相輔助，而後可共存共榮，故比次師而言之。比卦，上坎下坤，水在地上。坎爲水，坤爲地。物之相切比無間，莫如水之在地上，故爲比也。比之《繫辭》曰："比，吉。原筮，元永貞，無咎。不寧方来，後夫凶。"按卦辭方舉卦名，而首贊之曰吉，聖人之重視比道，情見乎辭矣。原，本也。筮，擇也。孟子曰："道二，仁與不仁而已。"推原二者之間而慎擇之，要以仁爲常道，不仁則其變也。反常之謂變。達爾文物競之論，使人有天地不仁萬物芻狗之憾。達氏但據一方面之觀察，而妄臆物性恒如是，則大謬矣。元，仁也，元爲仁，見乾卦。物之本性也。萬物皆禀此生生不息之仁德而生，故説仁爲萬物之本性。永者，永恒。物之争競而不仁，非其性之常也。而其仁之本性，自永恒不失。故吾人擇於仁不仁之間，能依仁而行，則物我無間，息其争競，互相比輔若一體。如是，則萬物各得其所性之正，故曰元永貞，無咎。從來《易》家，釋此中元字，皆謂有道之君，爲人臣之所擇而親比者，此甚誤。船山《内傳》亦踵其謬。今謂元指九五，九謂乾元，即仁也。九五言失前禽，正顯仁德。不寧方來者，人之不能自保其安寧，方來互相比助，若獨立自恃，以逞志侵略爲先，視求比爲後，則雖夫也，《程傳》："夫者，剛立之稱。《傳》曰：子南，夫也。"而無可免於凶矣。今者德國之亡，正是後夫凶。伊川曰："凡生天地之間者，未有不相親比而能自存者也。"此互助論之始。比卦之義，確然有徵，非物競之論所可撼也。《彖》曰："比，吉也。比，輔也。下順從也。"此言人互相輔，必各自下，以互相順從，乃可互相輔也。先儒皆以臣下順從君長釋之，大謬。《象》曰："地上有水，比。先王以建萬國，親諸侯。"夫物相親比而無間者，莫如水在地上，故比卦取象於此。比道大明，而後世界大同可期。建萬國，親諸侯，即聯合世界上一切國家，而爲統一之結構，此大同初步也。《春秋》太平之治，於斯肇端。

比者，比也。比必有所畜，故受之以小畜。

比之爲比，人互相下，以互相輔也。互相輔，則各有所畜以相濟也，故小畜次比。畜而曰小，比道之始，初行比道，國界種界，未盡泯也。尚非大通之道，所以畜者小也。小畜卦，乾下巽上。六爻之中，唯四爲陰爻，餘五爻皆陽。六四以一陰係五陽，下卦三陽，健行方鋭，而六四在上以止之，五上二陽，復爲陰用，故云一陰係五陽也。斂群動而養其有餘，陰爲凝斂。群動謂五陽。陽健於行，是有餘也。陰間其中，以斂陽之勢，所以養其有餘。故謂之畜。畜而未宏，謂之小畜。《繫辭》曰："小畜，亨。密雲不雨，自我西郊。"案六四一陰在上，而近於天，五上皆天位，四近五也。故爲密雲之象。李鼎祚曰："雲雨者，陰之氣也。"案六以陰居四，而近天，故爲密雲象。李氏《集解》云："四互居兑，西郊之象。"互體，義詳前。兑卦以方位言，居西。於時爲秋，秋季收成，凝斂之象也。夫密雲不雨，以喻斂而不發，小畜之義也。《象》曰："風行天上，小畜。此卦乾下巽上，巽爲風，乾爲天。君子以懿文德。"此言世運愈進，人類當畜養其力，以增進文明與道德之懿美，畜道唯在乎是，固非凶猘之日修戰備者所可僞托也。今列强唯務侵略，平時努力戰備，當其未發，亦未嘗不曰且畜養吾力也。其實，此等本爲人類自毁之癡狂工作，與畜義正相反也。

物畜，然後有禮，故受之以履。

小畜，畜以文德，故禮興焉，此履卦所以次小畜也。履者，禮也。履卦，兑下乾上，故有上天下澤之象。乾爲天，兑爲澤。履之《繫辭》曰："履虎尾，不咥人，亨。"案此卦六三以陰居陽，三爲陽位。而履二陽，履之下卦，兑也。兑之初二皆陽，六三以柔而履之。故有履虎尾之象。《彖辭》所謂"柔履剛"是也。夫禮，非由外鑠，乃因人心自然之理而爲之禮數。自然之理，亦云天理。如事親，有冬温夏凊之禮，因人子之心自不忍忘其親，故爲之制禮以達之。非人心本無愛親之理，而故立法以飾之於外也。禮以自抑爲質，禮之質，在於一己之外，知有他人。否則恣小己之私慾，無禮可言。故有柔順義。然其持守甚嚴，有以非禮相干者，雖威勢甚盛，必執禮以抗之；雖鈇鉞在前，必秉禮以當之；雖外誘極厲，必守禮以絶之。此履之所以體柔順而行剛健，有履虎尾之象也。不咥人者，内行堅實，不憂虎咥，而虎亦不能咥之，故亨。《象》曰："上天下澤，履。君子以辯上下，定民志。"辯上下者，上謂上達，下者下達。《論语》："君子上達，小人下達。"上達則隆禮，下達反是。上下之辨明，然後民知正趨向，故曰定民志。此中志字，以心之所之言，即趨向義。《詩》曰："相鼠有體，人而無禮。人而無禮，胡不遄死。"唯其不甘下達，故志定如此。

漢以來《易》家皆以辯上下爲正尊卑之分，如君尊而臣民卑、男尊而女卑之類，皆有定分而不可易。此非聖人意也，容當别論。漢以後二千餘年經師，其釋經皆囿於帝制時代之心習，而不究於大道，深可慨也。

履而泰，然後安，故受之以泰。

人皆由乎禮，即天下之志通，故泰卦次履。泰者，通也。泰卦，乾下坤上。《繫辭》曰："泰，小往大來，吉亨。"按蜀才云："小謂陰也，大謂陽也。"泰卦，坤陰往而之外，上卦亦云外卦，坤在上，故名之外。乾陽來而之内，下卦亦云内卦。乾在下，故名之内。謂乾氣下降，坤氣上升，天地之氣通也。天者乾之象，地者坤之象。以天地氣通，喻萬物之情通，所以爲泰。《象》曰："天地交，按交猶通也。泰。后以財成天地之道，輔相天地之宜，以左右民。"案虞翻以后爲君，非是。后與後通。言泰，然後人道大亨，有以財成天地之道云云。財、裁通。天地之化不齊，如自然界之繁賾奇詭，其勢力每足抑伏吾人，而若不可抗者。吾人終必盡其智能以深窮之，自官能所接，以至視聽不行之地，無不據實測以推求、探賾、索隱，乃使自然寶藏洩盡天機，而吾人得伸於自然之上。凡所以備物致用，設成器以爲天下利，因天造地産之宜，而益之以人力，肇創偉大之功化者，無所不用其極。裁成輔相之盛如此。人類之知能，與乾坤之知能，通一無二，豈不偉哉！以左右民者，左者，佐也，右者，助也，此言人互相佐助也。泰卦與履相次，履，禮也。人道成至治之休，必非徒恃法治，而禮治其本也。通天下之志，暢萬物之情，莫盛於禮。禮者，自抑而不忘乎人，自抑其私，故公。公即通，而能不忘乎人也。故能互相佐助也。夫裁輔天地者，徒任知能而已。其於通志達情，猶未逮也。必人人相勉於互助，然後群情不隔於形骸，衆志無分於彼此，斯乃大通之運，泰安之極也。故言裁輔，而必極其效於左右民。

泰者，通也。物不可以終通，故受之以否。

泰之後，次以否者，世界非絶對也，萬有本無常也，物不可終通，將變而成否。否，塞也。泰安日久，人將習於偷。偷也者，萬惡之源也。萬善本乎剛健，萬惡成於偷懈，非嚴於自反者不知也。故泰久而否。否卦，坤下乾上，言乾氣不下降，坤氣不上升，則是天地不交，而萬物不通也。《繫辭》曰："否之匪人，不利君子貞，大往小來。"此言否塞之世，人失其性，而不成爲人，故曰匪人，謂非人道也。然人道衰絶時，亦非無孤陽之存，君子爲陽之象，匪人之世，猶有君子，即能獨存人道者。但孤陽爲群陰之淫勢所掩，淫者，不正之謂。而無以行其志，故曰不利君子貞。王船山曰："不利君子貞，非利於小人之不貞，亦非君子可不正而利。陰據要津，陰在内卦，是據要津也。君子無所往而得利，貞且不利，況可不貞乎？然君子雖不利，而固保其貞也。"此言利者，與害相對之辭。大往小來者，陽往外，乾在上，上，外卦也。陰來内，坤在下，下，内卦也。與泰恰相反。《象》曰："天地不交，否。君子以儉德辟難，不可榮以禄。"世運方否，君子雖欲救天下之溺，而志不獲通，則且儉其德以避難，儉德者，謂隱晦其身，不以德見於世也。而於乘權處勢之徒，棄之如糞蛆。方將以姓字彰於昏俗爲恥，而況可榮以禄乎？雖然，君子終不以儉德避難，爲處否之常道也。君子固有時不得不出於此，但若以此爲處否之大常，則君子唯獨善自私而已，復何補於世運？明之季世，吾鄉有杜蒼略先生者，杜濬，于皇之弟也。于皇事蹟，見李元度《清先正事略》。終身不交一人，不出户，常默然無言。居宅近一小山，每日夕，必登臨其上，或望雲而嘯，或仰天而哭。偶見有人過山下者，即急伏地面，若惡人之瞻視也。如是以終其身。或曰：先生當明之亡，痛心胡禍而至此也。或曰：先生於人生之感，其必有獨至而不猶乎人者也，非徒亡國之戚而已。先生入清世，久之始卒。有著述，不示人，臨終，索火自焚之。後人竟不可考其思想。先生當否之運，可謂儉德辟難矣。余獨惜其止乎此也。否之上九曰："上九，傾否。先否後喜。"案上九，陽剛之極，故能傾覆否運，而使之轉泰。其先否極，今乃否傾而泰，則有喜矣。《象辭》'儉德辟難'，自是權時之宜，而上九之爻，特示傾否大義。一傾字，直顯迴轉天地本領，非剛健至極，何能收此奇功！聖學廣大，於斯可見。而漢以來諸君子，遇否，只知儉德辟難，罕聞有體剛健以任傾否之大業者，何怪世運日下乎！

或曰："世運一泰一否，是萬化之情，無往不復，乃循環之論也。斯與進化論相反歟？"答曰：否，否。世之言循環者，以爲今之所見，於古爲重規，後之所呈，於今爲疊矩。以此言循環，則宇宙唯守其故，往復不已，仍是故物。而無創新可言矣。《大易》之義，豈其如是？夫以事物之自相言，則刹那生滅，元無實質，不容暫住，自相猶云自體。參考《新論·轉變章》。是其創新無已，謂之進化可也。以事物之類型言，則若有大常，前者滅，後者生，而新生者，猶與前物同類也。如後生之人，與前滅之人，同屬人之類型。夫以事物萬殊，萬殊，即互相對待也。前云世界非絶對者以此。而各事物之自相，實皆無常，但各有類型而不易。如個人生滅無常，而人之類型，則是有常而不易。由事物之自相無常，而其類型爲不易故，遂於同一類型之事物，雖本生滅無常而不守其故者，今或見爲有實物焉，往而復返，目以循環。如日之朝出於東，夕没於西，常如是往復而不已，則謂之循環也。其實，日之自體，確是刹那生滅，未曾暫守其故。今者東出西没之日，已非昨者東出西没之日。而以今之日與昨之日，其類型同故，遂覺有實日體，如是出没循環。其實，日體非故，不可以今此之東出西没，爲昔之東出西没者也。世運之一泰一否，本無所謂循環。但以前代常否泰迭乘，後世亦常否泰迭乘，故通前後觀之，常若古今皆一否一泰之局。此循環之論所由興。然試深察古今之變，則後世之否或泰，與前代之否或泰，其在精神與物質各方面之表現，要自有各時代特具之點，不可謂後之所爲，一切皆返於前之故轍也。《大易》本明剛健日新與變動不居之盛德，豈可以循環論之曲見，妄測《易》義哉？夫宇宙萬象，唯是相對，而非絶對也。兑就萬象言，故非絶對。若於萬象而識其本體，方是絶對。故《老》曰"天下皆知美之爲美，斯不美矣。皆知善之爲善，斯不善矣。故有無相生，長短相形”云云。是故世運否泰迭乘，由其後後，返觀前前，雖常在進化之中，而每一進化之階段，有其泰運，即不能無否運之微伏，而將乘隙以著。有其否運，即亦不能無泰運之微萌，而將乘時以盛。所謂否泰迭乘者以此。世運進化，似有若干階段之殊。如狩獵之社會，是一階段。農業社會，又是一階段。過此以往，可推知也。而每一階段中，各有其所謂否或泰，即最後達於吾人理想之大同世界，恐亦不能長泰而無否，或既否而不復泰。恐亦至此爲句。則以世界元爲相對，而人間世終無絶對的善與美。佛經説一切衆生皆可成佛，即皆登究竟位，恒無退轉。此固宗教家最高之願望，要亦只可托之於西方極樂國，佛教中有浄土宗，其説以爲西方有極樂世界，無量諸佛皆生其間，而阿彌陀佛實於此主化，衆生誠心念之，即得生西。非必人間有是境也。大乘有宗言，衆生有五種姓，此詞若詳解，便極繁瑣，兹略釋大意。蓋以衆生根器有五種，如具有佛性及菩薩性者，皆得作佛。不定性者，可作佛，亦可沉溺。小乘則難作佛，唯闡提終不得作佛云。其闡提者，畢竟無成佛期。世間既有闡提，何得唯有極浄之泰而無否乎？然則佛法終亦不離《易》道也。夫萬物固常在進化之中，而進化云者，要非一直向上。如佛書設喻有云：若箭射空，箭箭相承，終不退墜。佛書以此喻進修工夫無間斷。以此策勵個人用功，取喻極有妙趣。而人群進化，决不如是。余嘗游履危峰，徑途險阻，無可直行而前，時須退而旁繞，再圖上登。雖在前進長途之各階段中，嘗不免忽前忽卻，然通而計之，則只有進前，而未曾後卻也。人群進化之程，略近於是。否泰迭乘，爲進化中所不能免，亦猶山行之前卻不定，前，喻泰。卻，喻否。終必達於高峰耳。若誤計否泰迭乘，爲反進化之循環論，則其不究理道，而闇於《易》義已甚矣。且進化無終極也。造化固時時毁其成功而創新不已，人群進化亦無終點，即無圓滿之止境。然此非人道之憂，唯常在不圓滿中，而後人生有自奮於行健與日新之樂。否則一登止境，更無所事，而人生意義，亦黯淡無足言矣。泰否二卦，義趣深廣，學者所宜盡心也。

物不可以終否，故受之以同人。

否則思通，故否卦次以同人。同人之卦，離下乾上。乾爲天，離爲火。二至四互巽，巽爲風。天在上，火炎上而從之，得風益熾，參考鄭玄《易注》。是蓋否極之世，群衆悔禍，漸去昏濁，而向於文明。同人之下卦爲離，何妥曰："離爲文明。"其始必由少數善類，正己以率物，漸成風尚，天下之人皆知向善而不甘污下，善類多而善氣昌，故爲火炎於天之象。《繫辭》曰："同人於野，亨。利涉大川，利君子貞。"案同人者，天下之人，皆有向善之心，即皆能去私以同乎人。自私則不能同人，惟心存乎善，便無往而不同人也。於野者，野謂曠遠。同人以廓然大公之心，而無所私暱，故言於野。形容其心量之虚曠廣遠，無私欲之累也。同人承否之後，將通天下之志，以除天下之患，非無險阻，故有大川之象。然六二以順德處中，二者，位之中。五陽和同，以衆君子剛健之德，而當移風易俗之任，險無不濟，故曰利涉大川。君子之貞，不利於否之世。今否勢既傾，人皆懷善，以與人同。君子秉大公至正之道，而樂與天下人共由之。如風行草偃，無所不利，故曰利君子貞。《象》曰："天與火，同人。君子以類族辨物。"同人，下離上乾，爲火炎於天之象。此喻善道大昌，文明之運，世界大同之幾也。君子以類族辨物者，天下將進大同，必非以一部分優勝之力，宰制他部分而納之同軌。必各民族各展所長，各汰所短，於平等之中，有互助之美，是謂類族。員輿之大，洲别壤分，天異氣，地異産。辨其物宜，以通有無，財無不均，生無不遂，故言辨物。是故否之世，人道絶而不通。同人之時，人興於善而否傾，會通之德大行。君子當否運，所爲獨立不懼，吾非斯人之徒與而誰與？不信人道終絶也。

《序卦》篇首，釋其數節，用示方隅。餘所未釋，學者深思而自得之，亦一樂也。

《易》道廣大，無不包通。無所不包含，無所不通貫。漢儒象數，既不究其旨。如"大哉乾元，萬物資始"，此義何等深遠，若推演之，即無量文句，亦説不盡。而荀爽釋曰："謂分爲六十四卦，萬一千五百二十策，皆受始於乾也。策取始於乾，猶萬物之生本於天。"如此作釋，便與聖人本旨，全無關涉。漢儒不論何家，其説《易》皆此類。王輔嗣雖掃象數，而純本老氏虛無之旨，不悟剛健與創新之盛德，其於孔門外王之道，尤漠然未足聞焉。宋明諸師，大抵承輔嗣掃象之流風，而原本性命以立説，但解悟或有未澈，而其言又多拘於日用踐履之間。其於治理，又不過敷陳君道、臣道，與上天下澤之分等等義趣。此亦遠紹漢儒。蓋本秦以來帝制之思想而釋經，分明與聖人範圍天地、曲成萬物、與時偕行之道，全無似處。二千餘年學術，名爲宗孔，而實沿秦、漢術數之陋，中帝者專制之毒。《大易》本五經之原，《易》義不明，餘經更何可説？余少時，由注疏以窺經，而不悟注疏自爲注疏，經自爲經，因妄詆聖文。中年以後，始遺注疏，而密探聖意。欲有所造述，而余年且衰矣。後之學者，將有成吾之志，是所望也。注疏雖不得聖意，要不可不讀，以前儒之解供吾參考。而虛懷以究聖人之旨，則得失易見。若鄙注疏而不治，亦未見其能窮經也。

《易》義且止於此。《春秋》以下，更不及詳。然略提綱要，以待後之達者，何必成之自我乎？

二、《春秋》及《尚書》

《春秋》一經，自漢時有以《左氏》與《公》《穀》争立。至魏、晋時，爲《左氏》學者有杜預，遂昌言《春秋》非孔子所作。預序《左氏傳集解》有曰："'春秋'者，魯史記之名也。記事者，以事繫日，以日繫月，以月繫時，以時繫年，所以紀遠近、别同異也。故史之所記，必表年以首事，年有四時，故錯舉以爲所記之名。《周禮》有史官，掌邦國四方之事，達四方之志。諸侯亦各有國史。大事書之於策，小事簡牘而已。《孟子》曰：楚謂之《檮杌》，晋謂之《乘》，而魯謂之《春秋》，其實一也。韓宣子適魯，見《易・象》與魯《春秋》，曰：'周禮盡在魯矣。吾乃今知周公之德，與周之所以王。'韓子所見，蓋周之舊典禮經也。周德既衰，官失其守，上之人不能使《春秋》昭明，赴告策書，諸所記注，多違舊章。仲尼因魯史策書成文，考其真僞，而志其典禮，上以遵周公之遺制，下以明將來之法。其教之所存，文之所害，則刊而正之，以示勸戒。其餘，則皆即用舊史。史有文質，辭有詳略，不必改也。故《傳》曰：'其善志。'又曰：'非聖人孰能修之。'蓋周公之制，仲尼從而明之。左丘明受經於仲尼，以爲經者，不刊之書也。故傳或先經以始事，或後經以終義，或依經以辯理，或錯經以合異，隨義而發。其例之所重，舊史遺文，略不盡舉，非聖人所修之要故也。"又曰："其發凡以言例，皆經國之常制，周公之垂法，史書之舊章。仲尼從而修之，以成一經之通體。其微顯闡幽、裁成義類者，皆據舊例而發義，指行事以正褒貶。"據此所云，杜預直不承認孔子有作《春秋》一事。彼以爲《春秋》發凡標例，皆經國之常制，周公之垂法，史筆之舊章，仲尼從而修之耳。由杜預之説，《春秋》只是史書，不得爲經。史之凡例，遠承周公，孔子何得尸創作之名？預注《左氏》，乃宗周公而抑孔子，不知其果何用意？預懷黨篡之逆，或因孟氏有"孔子作《春秋》而亂臣賊子懼"之言，遂抑孔子以逞其姦歟？陸淳《春秋纂例》駁預之説曰："杜預云，凡例皆周公之舊典禮經。按其傳例云：'弑君稱君，君無道也。稱臣，臣之罪也。'然則周公先設弑君之義乎？又曰：'大用師曰滅，弗地曰入。'又周公先設相滅之義乎？又云：'諸侯同盟薨，則赴以名。'又是周公令稱先君之名以告鄰國乎？雖夷狄之人，不應至此也。"柳宗元曰："杜預謂例爲周公之常法，曾不知侵伐入滅之例，周之盛時，不應預立其法。"案周公預爲魯史記定義例，斷無此事，本不足辨，杜預懷姦心以逞臆説。近時談今古文者，遂據此而謂古文家宗周公，不知此乃杜預一人之姦言，何可謂古文家原來有此根本主張乎？

孔子作《春秋》，其説首見於《孟子》。孟子後孔子僅百餘年，又自稱願學孔子，其言必不妄。《孟子·滕文公篇》有云："世衰道微，邪説暴行有作，臣弑其君者有之，子弑其父者有之，孔子懼，作《春秋》。《春秋》，天子之事也。是故孔子曰：'知我者，其惟《春秋》乎？罪我者，其惟《春秋》乎？'"朱子《集注》云："胡氏曰：'仲尼作《春秋》，以寓王法。惇典庸禮，命德討罪，其大要皆天子之事也。知孔子者，謂此書之作，遏人欲於橫流，存天理於既滅，爲後世慮，至深遠也。罪孔子者，以謂無其位，而託二百四十二年南面之權，使亂臣賊子禁其欲而不得肆，則戚矣。’愚謂孔子作《春秋》，以討亂賊，則致治之法，垂於萬世，是亦一治也。”又《離婁篇》有云：“孟子曰：‘王者之迹熄，而《詩》亡。東周承幽厲之後，文武之政教久不修，故云王迹熄。民間諷刺之謠，不得上達，故云《詩》亡。《詩》亡，然後《春秋》作。《詩》亡，則群情之所公好公惡，不得宣達。政制與群俗之不良，皆習焉而莫知爲計，故《春秋》不得不作。晋之《乘》，楚之《檮杌》，魯之《春秋》，一也。其事則齊桓、晋文，其文則史。孔子曰：其義則丘竊取之矣。’”《孟子》書明言孔子作《春秋》者二處。《公羊》昭十二年傳有云：“《春秋》之信史也。其序，則齊桓、晋文；其會，則主會者爲之也；其詞，則丘有罪焉爾。”《春秋》中貶絶譏刺之辭，皆孔子斷之以義，而於史之舊文，有所修正。司馬遷所謂貶天子、退諸侯、討大夫云云是也。故孔子自謙曰：丘有罪焉爾。此與《孟子》其事則齊桓、晋文一節，大同小異。是孔子自明述作之懷，爲七十子之徒轉相傳授，《孟子》《公羊》，並見稱引，絶不容疑。夫曰其義則丘取之，其詞則丘有罪焉爾，可見孔子所修之《春秋》，絶非魯史記之舊，其間所陳甚深宏遠之義，用爲萬世法者，既當時諸侯與霸者之所嫉惡，而孔子行素王之事，又厚自謙退，故曰其詞則丘有罪焉爾。又曰知我以《春秋》，罪我以《春秋》，孔子作《春秋》之深意，既於此可徵矣。使如杜預之説，只是鈔録舊史，則孔子何故曰其義則丘竊取，又云知我罪我皆以《春秋》哉？

孟子之後，董仲舒爲醇儒。《史記·儒林傳》曰：“言《春秋》，於齊、魯，自胡毋生。於趙，自董仲舒。”仲舒，廣川人也。以治《春秋》，孝景時爲博士。漢興至於五世之間，惟董仲舒名爲明於《春秋》。其傳，公羊氏也。仲舒作《春秋繁露》有云：“孔子明得失，差貴賤，貴義而賤利。反王道之本，譏天王以致太平。刺惡譏微，不遺大小。善無細而不舉，惡無細而不去。進善誅惡，絶諸本而已矣。”《繁露》演《公羊》義，以《春秋》爲孔子作。與孟子之言，適相符應。《史記·太史公自序》云："夫《春秋》，上明三王之道，下辨人事之紀，别嫌疑，明是非，定猶豫，善善惡惡，賢賢賤不肖，存亡國，繼絶世，補敝起廢，王道之大者也"，"是故《禮》以節人，《樂》以發和，《書》以道事，《詩》以達意，《易》以道化，《春秋》以道義。撥亂世反之正，莫近於《春秋》。文成數萬，其指數千。萬物之聚散，皆在《春秋》。《春秋》之中，弑君三十六，亡國五十二，諸侯奔走不得保其社稷者，不可勝數。察其所以，皆失其本已。故《易》曰：'失之毫釐，差以千里。'故曰：'臣弑君，子弑父，非一旦一夕之故也，其漸久矣。'"又曰："故《春秋》者，禮義之大宗也。夫禮禁未然之前，法施已然之後。法之所爲用者易見，而禮之所爲禁者難知。"又曰："上大夫壺遂曰：'昔孔子何爲而作《春秋》哉？'太史公曰：'余聞董生言：周道衰廢，孔子爲魯司寇，諸侯害之，大夫壅之。孔子知言之不用，道之不行也，是非二百四十二年之中，以爲天下儀表，貶天子，退諸侯，討大夫，以達王事而已矣。子曰：吾欲託之空言，不如載之行事之深切著明也。'"《孔子世家》："子曰：'弗乎！弗乎！君子病殁世而名不稱焉。吾道不行矣，吾何以自見於後世哉？'乃因史記作《春秋》，上至隱公，下訖哀公十四年，十二公。據魯，親周，故殷，運之三代。約其辭文而指博。故吴、楚之君自稱王，而《春秋》貶之曰'子'；踐土之會，實召周天子，而《春秋》諱之曰'天王狩於河陽'。推此類以繩當世貶損之義，後有王者舉而開之。《春秋》之義行，則天下亂臣賊子懼焉。"詳史公所言，皆聞之董生。是《春秋》爲孔子作，自孟子、公羊以來，累世群儒，都無異説。晋范寧《穀梁傳集解序》曰，"昔周道衰陵，乾綱絶紐，禮壞樂崩，彝倫攸斁。弑逆盜篡者國有，淫縱破義者比肩。中略。孔子覩滄海之横流，廼喟然而嘆曰：'文王既没，文不在兹乎？'言文王之道喪，興之者在己。於是就太師而正《雅》《頌》，因魯史而脩《春秋》。按：脩猶作也。因魯史而脩之，則《春秋》與舊史不同可知。於時則接乎隱公，故因兹以託始，該二儀之化育，贊人道之幽變"云云。據此，則《穀梁》之後學，亦皆知《春秋》肇修於孔子，與《公羊》傳授相同。《禮記·中庸》曰：

“仲尼祖述堯舜，憲章文武，上律天時，下襲水土。”鄭玄注曰：“此以《春秋》之義，説孔子之德。孔子祖述堯舜之道而制《春秋》，而斷以文王武王之法度。《春秋傳》曰：‘君子曷爲爲《春秋》？撥亂世反諸正，莫近諸《春秋》。其諸君子樂道堯舜之道歟？’又曰：‘是子也，繼文王之體，守文王之法度。’又曰：‘王者孰謂？謂文王也。’此孔子兼包堯、舜、文、武之盛德，而著之《春秋》，以俟後聖者也。律，述也。述天時，謂編年，四時具也。襲，因也。因水土，謂記諸夏之事，山川之異。”據此，則孔子作《春秋》，《中庸》已有明徵。《説苑・至公篇》：“夫子道不行，退而修《春秋》。精和聖制，上通於天而麟至，此天之知夫子也。故夫子曰：‘不怨天，不尤人，下學而上達，知我者其天乎？’”《禮記疏》引《鈎命决》云：“丘爲制作之王。”《書疏》引王愆期注《公羊》，以爲《春秋》制文王，指孔子耳，非周昌也。夫孟子之時與地，鄰接聖人，其言孔子作《春秋》，自可信據。兩漢諸儒去古未遠，亦無有謂《春秋》只是魯史而非孔子所作者，足徵七十子後學傳授全同。杜預生於魏、晋之世，獨以姦心而造臆説，欲以聖人制萬世法之大經，降爲記事之史書，又尊周公以抑孔子，無忌憚已極矣。

釋《春秋》經者，最古厥惟三傳，曰《公羊傳》，曰《穀梁傳》，曰《左氏傳》。三傳當以《公羊》爲主。孔子大義微言，惟《公羊》能傳之。太史公曰：“《春秋》者，禮義之大宗也。”其於當時行事得失，一斷以禮義，是謂大義。若三世義，則微言也。《穀梁》，昔人以爲小書，於大義頗有得，而不足發微言。《左氏》則記事之史耳，漢博士謂其不傳《春秋》，誠然。今以次略述於後。

《左氏傳》，决爲左邱明作，但其書，非邱明原本。趙匡始謂左氏解經，淺於《公》《穀》，誣謬實繁；若邱明才實過人，豈宜若此？王安石《左氏解》，疑左氏爲六國時人者十一事，而其書不傳。鄭樵《六經奥論》，斷定左氏非邱明，曰：左氏終紀韓、魏智伯之事，又舉趙襄子之謚；若以爲邱明，自獲麟至襄子卒已八十年矣。使邱明與孔子同時，不應孔子既没七十有八年之後，邱明猶能著書。此左氏爲六國時人，明驗一也。左氏記戰於麻隧，秦師敗績，獲不更女父。又云秦庶長鮑、庶長武帥師，及晉師戰於櫟。秦至孝公時，立賞級之爵，乃有不更、庶長之號，明驗二也。左氏云“虞不臘矣”，秦至惠王十二年初臘，明驗三也。左氏師承鄒衍之説，而稱帝王子孫。案齊威王時，鄒衍推五德終始之運，明驗四也。左氏言分星，皆準堪輿。案韓、趙、魏分晉之後，“而堪輿十二次，始於趙分曰大梁”之語，明驗五也。左氏云“左師展將以公乘馬而歸”，案三代時，有車戰，無騎兵，惟蘇秦合從六國，始有車千乘騎萬匹之語，明驗六也。左氏序吕相絶秦，聲子説楚，其爲雄辨狙詐，真游説之士，捭闔之辭，明驗七也。左氏之書，序晉、楚事最詳，如楚師熸、猶拾瀋等語，則左氏爲楚人，明驗八也。據此八節，以斷定左氏非邱明，是爲六國時人。王應麟曰：“‘八世之後’，其田氏篡齊之後之言乎？‘公侯子孫，必復其始’，其三卿分晉之後之言乎？‘其處者爲劉氏’，其漢儒欲立《左氏》者所附益乎？”或問伊川曰：“左氏是邱明否？”曰：“《傳》無邱明字，不可考。”朱子亦謂《左傳》有縱横意思、不臘是秦時文字二條，蓋本鄭樵。臘祭，據《史記》張守節《正義》云：“秦惠文王始效中國爲之。”則以不臘爲秦時文字，正未足據。林黄中謂《左傳》“君子曰”是劉歆之詞。劉逢禄以《左氏》凡例、書法，皆出劉歆，其説雖未必盡然，歆當有所附益改竄。如《傳》載韓厥稱趙盾之忠，士鞅稱欒書之德。弑君之賊，爲其姦黨所贊美，而史無誅絶之辭，理不應爾。想是劉歆有所删削。史墨“君臣無常位”云云，正爲逐君之賊張目，明與《論語》貶三家意思不符。有難：“《春秋》張三世，欲致太平之美。君無道，自可弑，而胡爲擁護君權乎？”答曰：《春秋》義通三世，據亂與升平世，皆未能廢君也。亂賊之弑君父，逞獸慾而滅天理，其罪不可不誅。若夫升平進太平之道，明無首以張民主，去獨裁以舒衆志，則又是一義。豈亂賊之行，可托於此乎？《春秋》義旨宏遠，不當執一端以求之。傳載史墨之詞，劉歆必有改竄處。

自趙匡以後，辨左氏者，多不以左氏爲《論語》之邱明。余以爲論經籍者，當徵諸《史記》。史公世爲史官，博識舊聞，且生當漢初，去古未遠，其所記述，自可信據。《史記·十二諸侯年表序》曰：“孔子明王道，干七十餘君，莫能用，故論史記舊聞，興於魯而次《春秋》，上記隱，下至哀之獲麟，約其辭文，去其煩重，以制義法，王道備，人事浹。七十子之徒口受其傳指，爲有所刺譏褒諱挹損之文不可以書見也。魯君子左邱明，懼弟子人人異端，各安其意，失其真，故因孔子史記具論其語，成《左氏春秋》。”據此，則史公以《左傳》作者爲魯君子左邱明。此與《論語》之左邱明當是一非二。《論語·公冶長篇》：“子曰：‘巧言，令色，足恭，左邱明恥之，丘亦恥之。匿怨而友其人，左邱明恥之，丘亦恥之。’”詳此，則孔子於邱明，舉其姓字而不名，邱明當是字。《史記·自序篇》“左邱失明，厥有《國語》”，言左邱而遺“明”字者，以行文之便，從省略故。足見其非弟子。《論語》孔子於弟子，皆名之。史公稱之爲魯君子，而别於七十子之徒，正與《論語》合。據孔子所稱美之辭，則邱明是一嚴正之史家，劉歆謂其好惡同於聖人是也。史公《自序》，稱其有《國語》，則邱明之精熟於史事可知。孔子作《春秋》，雖因魯史記而論次其行事，但其取義，則純由孔子發抒己意，以制萬世法。其説既不便於當時天子、諸侯及大夫，故口授七十子之徒，使轉相傳授。蓋孔子所修之《春秋》，與其所因之史記原本，絶不相同。七十子傳授口義，必漸濟其本事。邱明爲史家，必欲保存史實，故懼弟子各安其意，失其真。遂因孔子史記，具論其語，成《左氏春秋》。據此，則邱明之傳，大抵不依弟子所受孔子口義，而只就孔子所因史記原本，考訂其本事，以存舊史之真。其自稱《左氏春秋》，殆與孔子之《春秋》並行，實非爲孔子《春秋》作傳也。孔子制萬世法，是爲經學。邱明則保存史實，只是史學。劉歆欲立《左氏》，以邱明好惡與聖人同，親見夫子爲言。而博士惟争邱明不傳《春秋》，並不謂作傳者非邱明也。可見博士之論，與《史記》所載之事實全同。作傳者爲邱明，漢人承晚周傳授，都無異説。後人妄興疑難，徒爲多事。如鄭樵所舉八節，其中亦有謬誤。臘祭不始於秦，張守節《正義》已言之。《春秋》時伯者，齊桓雖盛而不久，獨晋、楚兩强相争持，序晋、楚事最詳，紀其實也。若以此斷左氏爲楚人，果何義據？左師展以公乘馬而歸，不足爲騎兵之證，近人已有辨駁。故以左氏爲六國時人者，其説不足成立。唐、宋人疑左氏非邱明，大抵疑《左傳》文字有誣謬處，或涉及六國時事。不知古代簡策，易致殘脱，後世好事者，妄爲附益，或以更私意改竄。如文十三年《傳》，'其處者爲劉氏'，劉炫、孔穎達已明言漢儒插此以媚世。此特偶舉一事言之，其他增竄處當不少。《漢書·劉歆傳》曰："初《左氏傳》多古字古言，學者傳訓故而已。及歆治《左氏》，引傳文以解經，轉相發明，由是章句義理備焉。"劉逢禄以爲劉歆改竄傳文，其説决不盡誣，且非獨劉歆而已。如涉及六國時事者，當由戰國季世之爲《左氏》學者所增益。如《莊子》書末後諸短篇，顯爲其後學所增入。即《雜篇》中，亦時有增竄處，前人論及此者已多。古書全無後人改竄者蓋甚少。《左傳》之失其真，當六國之季世已然，不必自劉歆始也。劉逢禄《左氏春秋考證》曰，"左氏後於聖人，未能盡見列國寶書，又未聞口授微言大義，惟取所見載籍，如晋《乘》、楚《檮杌》等相錯編年爲之，本不必比附夫子之經，故往往比年闕事。劉歆强以爲傳《春秋》，或緣經飾説，或緣本文前後事，或兼采他書以實其年。如此年之文，或即用《左氏》文，而增春夏秋冬之時，遂不暇比附經文，更綴數語。要之，皆出點竄，文采便陋，不足亂真也"云云。逢禄謂《左傳》不爲傳《春秋》而作，此説自是。蓋邱明懼七十子之徒，承尼父口義，而漸變亂《不修春秋》之本事。《公羊》所引《不修春秋》，即孔子所因之魯史記原本。故復因史記原本而作傳，使與孔子《春秋》並行，得存舊史之真。邱明本意如此。漢博士謂其不傳《春秋》，决非誣妄。逢禄於此承漢博士之説，固是。但又疑左氏非邱明，而謂其後於聖人，則又苟異漢博士，而逞無稽之談也。惟劉氏考證左氏傳文，與經之年月相附，則傳文闕者甚多。如隱二年，紀子帛、莒子盟於密。《證》曰："如此年《左氏》本文全闕，所書皆附益也。"十年六月戊申，《證》曰："十年《左氏》文闕。"桓公元年，《證》曰："是年《左氏》文闕。"七年冬，曲沃伯誘晋小子侯，殺之。《證》曰："即有此事，亦不必在此年。是年《左氏》文闕。"九年冬，曹太子來朝。《證》曰："是年《左氏》文闕。巴子篇年月無考。”十年冬，齊、衛、鄭來戰於郎，我有辭也。“是年《左氏》文闕。虞叔篇年月無考。”十一年,《證》曰：“楚屈瑕篇年月無考。”十二年,《證》曰：“是年《左氏》文闕。楚伐絞篇當與屈瑕篇相接，年月亦無考。”十三年,《證》曰：“是年亦闕。伐羅篇亦與上相接，不必蒙此年也。”十四年,《證》曰：“是年文亦闕。”十六年,《證》曰：“是年亦闕。”十七年,《證》曰：“是年文蓋闕。”莊元年,《證》曰：“此以下七年文闕。楚荊尸篇、伐申篇年月亦無考。”十三年、十五年、十七年,《證》曰：“文闕。”詳劉氏所舉闕文極多。論者以爲,《左氏傳》不解經，固有合於漢博士之説。然邱明作傳，期於對照經文，存其本事，凡言經者，皆指孔子所修之《春秋》。他處倣此。不應闕文如是之多，故知見存《左傳》，非邱明原本。《漢志》“《春秋》古經十二篇”，班氏無注。錢大昕曰：“謂《左氏》經也。漢儒傳《春秋》者，以《左氏》爲古文,《公羊》《穀梁》爲今文。稱古經，則知其爲《左氏》矣。”《漢志》又載有“《左氏傳》三十卷”，班氏注云：“左邱明，魯太史。”説者謂《左氏》經與傳各爲單行本，故《漢志》分載之。今《左氏》古經本，已不可考，甚足惜也。使其尚存，則見存《左傳》之闕文，可資考核。而《不修春秋》之文，與經文猶堪對照。史公謂孔子興於魯，而次《春秋》，約其辭文，去其煩重，以制義法者，必曾親見左氏古經，非臆説也。

《穀梁傳》，爲穀梁氏作。穀梁氏之名，傳説不一。桓譚《新論》云：“《左氏》傳世後百餘年，魯人穀梁赤爲《春秋》，殘亡，多所遺失。”應劭《風俗通》云：“穀梁子名赤，子夏弟子。”麋信則以爲秦孝公同時人。阮孝緒則以爲名俶，字元始。《漢書·藝文志》顔注云“名喜”。《論衡·案書篇》又云“穀梁寘”。豈一人有四名乎？抑如公羊之祖孫父子相傳非一人乎？名赤，見桓譚《新論》。《新論》較爲近古，故後人多從之。桓譚云《左氏》後百餘年。麋信以爲與秦孝公同時。王應麟曰：傳載尸子語，而尸佼與商鞅同時，故麋氏以穀梁子爲秦孝公時人。《史記》秦孝公渠梁之元年，距獲麟百有二十一年，是麋信與桓譚之説相合也。

《風俗通》謂穀梁氏爲子夏弟子，殊無據。或穀梁嘗受業於子夏之後學，遂妄傳爲親受經於子夏耳。《史記·儒林傳》曰："瑕邱江生爲《穀梁春秋》。自公孫宏得用，嘗集比其義，卒用董仲舒。"《漢書·儒林傳》曰："瑕邱江公受《穀梁春秋》及《詩》於魯申公，傳子至孫爲博士。武帝時，江公與董仲舒並。仲舒通五經，能持論，善屬文。江公吶於口，上使與仲舒議，不如仲舒。而丞相公孫宏本爲《公羊》學，比輯其義，卒用董生。於是上因尊《公羊》家，詔太子受《公羊春秋》，由是《公羊》大興。太子既通，復私問《穀梁》而善之。其後浸微。宣帝即位，聞衛太子好《穀梁春秋》，以問丞相韋賢、長信少府夏侯勝及侍中樂陵侯史高，皆魯人，言穀梁子本魯學，公羊氏乃齊學也，宜興《穀梁》。由是《穀梁》之學大盛。"案《穀梁》只暫盛於宣帝之時，終不足與《公羊》並行。鄭樵曰："《儒林傳》，學《公羊》者凡九家，而以《穀梁》名家，獨無其人。此所謂師説久微也。瑕邱江公既無傳於後。范寧當晋世，作《穀梁傳集解》，自謂所見釋《穀梁》者近十家，皆膚淺末學，不經師匠，辭理典據，都無可觀。"今唯范氏《集解》見存，亦無精采。清季，鍾文烝依范書作《補注》，雖遠過范氏，然以章句之卑識，欲揚《穀梁》以抑《公羊》，多見其不知量也。鄭玄論三傳曰："《左氏》善於禮，《公羊》善於讖，《穀梁》善於經。"此無識之言。朱子曰："《左氏》説禮，皆是周末衰亂不經之禮，無足取者。"《公羊》實不言讖，漢儒以讖附《公羊》耳。《穀梁》於三世義，全無所知，豈得爲善於經乎？

《公羊傳》，《漢書·藝文志》"《公羊傳》十一卷"，班固自注曰："公羊子，齊人。"唐徐彦《春秋公羊傳注疏》引戴宏《序》云："子夏傳與公羊高，高傳其子平，平傳其子地，地傳其子敢，敢傳其子壽。至漢景帝時，壽乃共弟子齊人胡毋子都著於竹帛。"何休《解詁序》："恨先師觀聽不决，多隨二創。"彦《疏》云："此先師，戴宏等也。戴宏作《解疑論》難《左氏》，不得《左氏》之理，不能以正義决之，故云觀聽不决。"陳立《疏》曰："戴宏，不知何時人。"案戴宏自在何休前，彦明見其書。陳立疑之，非是。彦《疏》，《唐志》不載，《崇文總目》始著録。董逌《廣川藏書志》稱，世傳徐彦不知時代。明人考《疏》中“郯之戰”一條，猶及見孫炎《爾雅注》完本，知在宋以前。又“葬桓王”一條，全襲用楊士勛《穀梁傳疏》，知在貞觀以後。故定爲唐人。而王鳴盛疑其即《北史》之徐遵明，亦無確證。彦《疏》引戴宏《序》，自可據。何休《解詁》，隱二年，“紀子伯、莒子盟於密”條下，有云：“春秋有改周受命之制。孔子畏時遠害，又知秦將燔《詩》《書》，其説口授相傳。至漢，公羊氏及弟子胡毋生等，乃始記於竹帛。”彦《疏》引戴宏《序》，與休説大同。宏《序》詳公羊氏五世之傳，在兩漢自甚明白彰著，休注偶從略耳。《漢書·儒林傳》：“胡毋生，字子都，齊人。治《公羊春秋》，爲景帝博士，與董仲舒同業。仲舒著書稱其德。年老，歸教於齊。齊之言《春秋》者宗事之。公孫宏亦頗受焉。”太史公云：“言《春秋》於齊魯自胡毋生，於趙自董仲舒。”而又云：“漢興至於五世之間，惟董仲舒名爲明於《春秋》，其傳公羊氏也。”似於仲舒推崇獨重。可見西漢《公羊》之學，董氏爲盛。班固言仲舒稱胡毋生之德，何休《解詁序》謂略依胡毋生條例。即固與休之言推之，可見東漢人又重胡毋生之學。彦《疏》云：“胡毋生雖以《公羊》經傳，傳授董氏，獨自别作條例。故何氏取之以通《公羊》也。”此則彦《疏》誣妄。史公只謂言《春秋》者，於齊魯自胡毋生，於趙自董子，班固亦只言胡毋生與董子同業，皆不言胡毋生以《公羊》經傳傳授董子。彦《疏》欲尊胡氏，而於遷《記》固《書》，兩無所考，誠誣妄之極也。仲舒承公羊之傳，《史記》有明文，《漢書》亦謂胡毋生與仲舒同業，二人並爲孝景時博士，年輩當相若，或同師公羊壽歟？

孔子作《春秋》，其説既不便於當時天子諸侯，《史記·太史公自序》種[7]《春秋》貶天子，退諸侯，討大夫。故不著竹帛，而口授七十子。公羊高親受之子夏，世傳口義，至玄孫壽乃與弟子胡毋生著於竹帛。同時董仲舒，著《春秋繁露》。十七卷，見存。廣大精微，盛弘《公羊》。其後何休作《解詁》，雖云依胡毋生條例，而義據亦大同《繁露》。故治《春秋》者，當本之董、何。《左氏》本不傳《春秋》，《穀梁》實出《公羊》後。

莊二年，公子慶父帥師伐於餘丘。《穀梁傳》有云：“其一曰君在而重之也。”此所謂“其一曰”云云者，即指《公羊傳》“君存焉爾”之語。隱二年，無駭帥師入極。八年，無駭卒。《穀梁傳》皆兩説，亦足徵其曾見《公羊》之書而附益之。此上二條，見劉原父《權衡》。陳澧謂穀梁不得親受子夏，“蓋生公羊之後，而研究公羊之説，或取之，或不取，或駁之，或與己説兼存之”。其所發見頗多，確然不誣，兹不及述。皮錫瑞亦贊同陳氏説。《穀梁》雖粗識大義，而不知存微言，實與夫子作經本旨無關。《春秋》有大義，有微言。大義者，如於當時行事，一裁之以禮義，家鉉翁謂之因事垂法是也。《穀梁》於此，儘有得處。晁説之曰：“《穀梁》晚出於漢，因得監省《左氏》《公羊》之違畔而正之。至其精深遠大者，真得子夏之傳。”説之雖未足知言，然以《穀梁》出《公羊》後，卻不誤。《穀梁》即事而明其是非，大體平正，説之蓋有見於此。微言者，即夫子所以制萬世法，而不便於時主者也。如《公羊》之三科九旨，多屬微言。《穀梁》於此，卻避而不道，此其智不足以知聖人故也。説之稱其精深遠大，可謂寡識。《穀梁》承《公羊》，而不達其冲旨。使兩漢無董、何，則《公羊》之學遂絶，而《春秋》一經之本意，終不得明於後世矣。鍾文烝《穀梁補注》卷首《論經篇》曰：《公羊》之三科九旨，皆不足言矣。文烝固陋如此，由其習於穀梁氏之説，而不求超悟故也。余今兹所講唯據《公羊》，而於《左》《穀》，不欲及之。

董子《對策》云：“孔子作《春秋》，先正王而繫以萬事，見素王之文焉。”盧欽《公羊序》云：“孔子自因魯史記而修《春秋》，制素王之道。”《公羊疏》引《春秋説》云：“伏犧作八卦，丘合而演其文，瀆而出其神，作《春秋》以改亂制。”據此等文，蓋以孔子《春秋》之作，乃通萬世而權其變，以制治法，仁及未來世無量衆生而無窮竭，所以爲素王也。董子言《春秋》先正王，《公羊傳》曰：“王者孰謂，謂文王也。”此云文王，實非謂周昌，乃假以明含育天下萬世之仁道。假者，假借。如《易》乾卦之龍，假以明乾元。《春秋》即假文王以明仁道。孟子學《春秋》，其七篇言仁政，每稱文王，即《春秋》之旨也。孔子爲《春秋》制作之主，亦以素王自命，乃當仁不讓之義。後人必謂孔子不合自號素王，則以俗情而度聖心，大謬不然也。《家語》稱齊太史子餘歎美孔子言，天其素王之乎！素，空也。言無位而空王之也。孔子曰："文王既没，文不在兹乎？"是孔子以素王自居之證也。故《春秋》言王，有二義：一曰假文王以明仁道；二曰孔子自居素王，制萬世法，亦假文王以明己志也。孔子作《春秋》，本爲萬世制法，而漢儒乃有《春秋》爲漢制法之説。如鄭玄《六藝論》云："孔子既西狩獲麟，自號素王，爲後世受命之君，制明王之法，此意爲劉帝制法也。"《解疑論》云："聖人不空生，受命而制作，所以生斯民、覺後生也。西狩獲麟，知天命去周，赤帝方起。麟爲周亡之異，漢興之瑞。故孔子曰：'我欲托諸空言，不如載諸行事。'遂修《春秋》。又曰：'周滅火起。漢以火德王。薪采得麟。'《春秋》爲漢制，明矣。"《解疑論》，據彦《疏》則戴宏所作，乃何休所稱爲先師者。此特略引二家之説，漢儒蓋無不持此論者。而緯書之文甚荒誕，其爲漢人附會無疑。《春秋緯·演孔圖》血書端門之説，最荒誕不經，而何休《解詁》，於哀十四年引其文。蓋東漢人重讖緯故也。昔孔子成《春秋》，制萬世法，對於君權時代之亂制，力主改革，故有知我罪我之歎。孟子言周制不可詳，由諸侯惡其害己，而皆去其籍。秦政時，儒生復經焚坑之禍，公羊高親受經子夏，世傳口義，而不敢著於竹帛。至四世孫壽，乃與弟子胡毋生共著竹帛。可見當時儒者避禍之心理。壽與胡毋生以口義筆之書册，必多所變易。而其微言之大者，又不可盡没而無傳也。於是投好時主，托爲爲漢制法。如《緯書》云："得麟之後，天下血書魯端門曰：'趨作法，彦《疏》引此文，解云：疾作王者之法也。孔聖没，周姬亡，彗東出，秦政起，舊解云：秦始皇名政。胡破術，舊解云：二世名胡亥，繼政而破先王之術也。書記散，孔不絶。'舊解云：書契紀綱，盡皆散亂，唯有孔氏《春秋》口相傳者，獨存而不絶。子夏明日往視之，血書飛爲赤烏，化爲白書，署曰《演孔圖》，中有作圖制法之狀。孔子仰推天命，俯察時變，却觀未來，豫解無窮，知漢當繼大亂之後，故作撥亂之法以授之。"據此，可知爲漢初《公羊》家所托，冀以免害。蓋公羊氏之徒，"懼《春秋》將行世，其中多非常異義可怪之論，見嫉於時”。此何氏《解詁序》中語。所謂非常異義及可怪之論，大抵皆夫子掊擊當時亂制，及爲未來世人類之利樂計者，必多甚深高遠之理想，爲當時人所震駭而不易喻者。公羊壽與胡毋生既畏禍，其著竹帛時，必多所遺棄，而未敢公然傳世。故今求之經傳，亦多不可見。何休當漢世，公羊家口義，當猶有流傳。其序稱《春秋》多非常異義可怪之論，而作《解詁》時，亦不敢盡筆之於書。後之疏家，乃以淺見，强於經傳取證，而皆失其旨。自緯書巧附爲漢制法之文，而群儒亦皆依緯書以張大其説。初時本期遠害，後則更以取媚時主，而後之人猶不辨其僞，豈不惑歟？皮錫瑞曰：“《春秋》爲後王立法，雖不專爲漢，而漢繼周後，即謂爲漢制法，有何不可？且在漢言漢，推崇當代，不得不然。今人生於大清，大清尊孔教，即謂爲清制法，亦無不可。”錫瑞此解，卑陋邪謬已極。《春秋》之道，歸於去尊以伸齊民，貶天子，退諸侯，討大夫，是不容有統治階級也。人民皆得自治自由自尊自主，所以致太平。誅暴以興滅絶。吴楚及秦，皆持侵略主義，《春秋》皆狄之。興滅國，繼絶世，《春秋》大義也。漢之帝制，清人覆二帝三王之統，皆《春秋》之所必誅絶而不容寬假也，而云《春秋》爲彼制法乎？聖人制萬世法，將使群生隨時而進於善，萬物各得其所，豈爲專制或凶猾之徒制法，以魚肉兆庶乎？

孔子之道，内聖外王，其説具在《易》《春秋》二經，餘經《詩經》《書經》《禮經》《樂經》（即《樂記》）。皆此二經之羽翼。《易經》備明内聖之道，而外王賅焉。《春秋》備明外王之道，而内聖賅焉。二經制作極特别，皆義在於言外。《易》假象以表意，惟王輔嗣能知之，而俗儒恒不悟也。《春秋》假事以明義，孔子已自言之，《孟子》引孔子曰：“其事則齊桓、晋文，其文則史，其義則丘竊取之矣。”而漢、宋二派之儒，罕能得其旨。皮錫瑞曰：“孔子自明作《春秋》之意曰：‘載之空言，不如見之行事，深切著明。’後人亦多稱述，而未必人人能解。《春秋》一書，亦止是載之空言，如何説是見之行事？即後世能實行《春秋》之法，見之行事，亦非孔子之所及見，何以見其深切著明？此二語，看似尋常之言，有令人百思而不得其解者。必明於《公羊》借事明義之旨，方能解之。蓋所謂見之行事，謂托二百四十二年之行事，以明褒貶之義也。孔子知道不行，而作《春秋》，斟酌損益，立一王之法，以待後世。然不能實指其用法之處，則其意不可見。即專著一書，説明立法之意如何，變法之意如何，仍是托之空言，不如見之行事，使人易曉。猶今之《大清律》，必引舊案，以爲比例，然後辦案乃有把握。故不得不借當時之事，以明褒貶之義，即褒貶之義，以爲後來之法。如魯隱非真能讓國也，而《春秋》借魯隱之事，以明讓國之義。祭仲非真能知權也，而《春秋》借祭仲之事，以明知權之義。宋襄非真能仁義行師也，而《春秋》借宋襄，以明仁義行師之義。所謂見之行事，深切著明，孔子之意蓋是如此。故其所托之義，與其本事不必盡合。孔子特欲假借之，以明其作《春秋》之義，使後之讀《春秋》者，曉然知其大義所在。較之徒托空言而未能徵實者，不益深切而著明乎？三《傳》，惟《公羊》家能明此旨。”又曰：“春秋初年，王迹猶存。及其中葉，已不逮春秋之初。至於定、哀，駸駸乎流入戰國矣。而論《春秋》三世之大義，《春秋》始於據亂，即借隱、桓、莊、閔、僖，爲據亂世。中於升平，即借文、宣、成、襄爲升平世。終於太平，即借昭、定、哀爲太平世。世愈亂，而《春秋》之文愈治，其義與當世之事正相反。”蓋借十二公時代之行事，而假説三世，以明通變不倦，隨時創進之義，《易》曰通其變，使民不倦。不倦，即隨時創造而常新，進化無息也。與《大易》窮變通久之恉，相發明也。《易·繫辭傳》曰：“窮則變，變則通，通則久。”《公羊》何氏注云：“至所見之世，著治太平。”《疏》曰：“所見昭、定、哀世，亦非太平，但《春秋》著治太平於此世也；即借所見昭、定、哀世，以著明太平之治應如何耳。故文、宣、成、襄之世，亦非實升平，《春秋》之義，治之升平爾。”即借文、宣、成、襄之世，以著升平之治應如何耳。《公羊》家明言借事明義，而爲《左氏》之學者，必欲以考訂史事之眼光，而論聖人之經，豈不惑哉？《左氏》是史學，古文家雖亦作此説，但言今古文者，必欲張而大之，以爲古文皆祖周公，皆是史學；今文始是宗孔子，始是經學。此乃大謬不然。西漢《公羊》學盛，以《左氏》本不傳《春秋》，故擯之。劉歆謂左氏親見夫子，何嘗不宗孔氏？杜預去古已遠，以姦心而飾邪説，本不足道，何可據此以爲今古學不同祖之證哉？近世談今古文者，妄事張皇，甚無謂。

《易》《春秋》二經，並爲名學之宗。《春秋》以正名爲先。董子《繁露》推演《公羊》之義，其《深察名號篇》曰："古之聖人，謞而效天地，謂之號，謞音孝，讙謞聲。太古之聖，俯仰之間，覩天地萬物，而不安於茫然無所析别也，故讙謞而思，有以則效之。鳴而命施，謂之名。鳴者，音聲。命施者，循物之實，而不違其則，因以效法其實，而命之名，故曰命施。名之爲言，鳴與命也。號之爲言，謞而效也。"又曰："號凡而略，凡者，都凡。名詳而目。目者，偏辨其事也。偏辨者，於事物之散殊，而以分析之術求之。《荀子》所云散名之加於萬物者，由分析至精，而隨物各爲之名也。凡者，獨舉其大事也。董子亦曰號者號其大全，謂玄名與公名也。享鬼神者號，一曰祭。祭之散名，春曰祠，夏曰礿，秋曰嘗，冬曰烝。獵禽獸者號，一曰田。田之散名，春苗，秋蒐，冬狩，夏獮。物莫不有凡號，凡號，謂玄名與公名。號莫不有散名，如是。是故事各順於名，事物萬殊矣，而有散名以舉其自相，有凡號以舉其共相，乃至賾而不可亂，故曰事各順於名。名各順於天。天者，自然義。名者，因事物之實而命之，無淆亂也。天人之際，合而爲一。名發於人，而應於天理，故天人合一。同而通理，依於散殊，而求其統類，觀其會通，是謂同而通理。動而相益，先物而起判斷，徵之動用，而效益不爽，是謂動而相益。順而相受，各個命題，於其全體系中，互相順成，而無相違反，是謂順而相受。謂之德道。德者，得也。道者，由義。思維所以得成規範，而行爲所必由也，故云謂之德道。詩曰'維號斯言，有倫有脊'，此之謂也。"倫者，倫序。脊者，脊理，即條理或規範等義。又曰："名生於真，非其真，弗以爲名。名者，聖人之所以真物也。名之爲言真也。故凡百譏有黮黮者，黮，深黑色，喻不明也。各反其真，則黮黮者還昭昭耳。凡有不明於理而受譏責者，誠能反而求真，則不明者必轉而爲明。欲審曲直，莫如引繩。欲審是非，莫如引名。名之審於是非也，猶繩之審於曲直也。詰其名實，觀其離合，則是非之情不可以相讕已。中略。《春秋》辨物之理，以正其名。《莊子》曰：《春秋》以道名分。從來解者，皆以名分爲辨上下之等。此以帝制思想附會，實非《春秋》旨也。案分者，分理。辨物之理，以正其名，是曰名分。名物如其真，不失秋毫之末。故名霣石，則後其五，見《僖十六年》。聞其磌然，霣也；視之則石，察之則五。言退鷁，則先其六。亦見《僖十六年》。《孔叢子》："平原君曰：'至精之説，可得聞乎？'答曰：'其説皆取之經傳，不敢以意。《春秋》記六鷁退飛，覩之則六，察之則鷁。'"聖人之謹於正名如此。君子於其言，無所苟而已，五石六鷁之辭是也。"如上所述，董子發明《春秋》名理，已見大概。其曰："《春秋》辨物之理，以正其名，名物如其真。"又曰："名者，聖人之所以真物也。名之爲言真也。"此與以名爲假詮者固殊。如火之一名，所以詮火，而名非火。故口呼火，不得熱與燃。故曰名者，假詮也。然名必如其真，如火之名，必詮於能燃之物，而不詮於濕潤之物。故口呼火，而應者不以水。是名必應實。即如人之公名，如張人、李人是散名，而人則是公名。依於各個人所具之實德，而立此名。彼視公名純爲思想所抽象而撰成之空名者，如中世紀之唯名論。自是一偏之論。至董生之言凡號，似屬公名，如所舉祭與田之例。而實亦兼攝玄名。如天、道、性、命等名。若其言同而通理，動而相益，順而相受，此三者實爲邏輯上甚深宏大之義。晚近言名理者，亦多能徵詳此義。

《尹文子》曰："形以定名，形者，意象或概念也。名以定事，事以驗名。察其所以然，則形名之與事物，無所隱其理矣。"《墨子》曰："夫辯者，將以明是非之分，審治亂之紀，明同異之處，察名實之理，處利害，决嫌疑焉。摹略萬物之然，論求群言之比。以名舉實，以辭抒意。"詳二家之言，其源皆出於《春秋》也。而孫卿名學，直紹《春秋》，又不待言矣。

《春秋》與《大易》相表裏。《易》首建乾元，明萬化之原也。而《春秋》以元統天，與《易》同旨。《春秋》托始隱公，而於其即位之始年，首書"元年春"。春者，天時也。先言元而後言春，明乾元始萬物而統天之義，與《易》乾卦《彖辭》合也。何氏《解詁》於"隱元年"，發其義云："變一爲元。舊解云：元年以下，有二年三年等，則知始年宜云一年。今不言一年，而變言元年，故知元者，别有取義。元者，氣也。氣者，大用流行之稱。參考《新唯識論》。無形以起，無形者，大用之開發的方面，《新論》所云闢也。此無形象，故曰無形以起。有形以分，有形者，大用之凝聚的方面，《新論》所云翕也。翕便成物，物乃散殊，故云有形以分。造起天地，天地之始也。”余謂氣者，太極之顯。譬如衆漚，爲大海水之顯。故於氣而識其本體，則亦可名以太極也。《易》謂之乾元也，天地萬物皆資始乎一元。一元者，太極顯爲大用也。《春秋繁露·重政》云，“唯聖人能屬萬物於一而繫之元也，按董子此語，最深邃，學者宜虚懷深玩之。故不及本所從來而承之，不能遂其功。按此上疑有脱文。萬物所從來者，謂之元。物若不能本其所從來之理，而承之以不失，則何以遂其生育之功乎？萬物並育者，由同禀一元之真，而承之以各暢其生耳。是以《春秋》變一謂之元，元猶原也。按天地萬物由之而成，故説爲萬化之原。其義以隨天地終始也。按此謂天地萬物所以成終成始，皆元爲之。故元者，爲萬物之本，而人之元在焉。安在乎？乃在乎天地之前”云云。詳此言，人之元，即是萬物之元，非有二元也。元者，絶待而自存，故曰在乎天地之前。夫天地乃形物之最大者，天地本資始乎元，則一切物莫非元之所爲。天地萬物皆以元爲其實體，而元更無所待，故云在天地之前也。《重政》又曰：“人始生有大命，是其體也。”又《王道》云：“《春秋》何貴乎元而言之？元者，始也，元者，《易》云乾元也。《易》曰：“大哉乾元，萬物資始。”言乾元者，萬物所共資之以始也。故元有始義，謂其始萬物也。言本正也。”元者，萬物之本，是乃清浄純善，至正而無倒妄者也，故云本正。物禀此至正之理以生，必全其所受之正，而無傷之，人道乃太和也。又《玉英》云：“謂一元者，大始也。王弼曰：一者，數之始也，物之極也。《爾雅》：元，始也。《春秋元命苞》曰：“孔子曰：‘某作《春秋》，始於元，終於麟，王道成也。’”知元年志者，大人之所重，小人之所輕。”《論語》“君子務本”，《孟子》云“立本”，《中庸》云“尊德性”，此皆《春秋》始於元之意，故云大人所重。小人不知本，故輕。又《漢書·董仲舒傳》曰：“臣謹按《春秋》謂一元之義，一者，萬物之所從始也。元者，辭之所謂大也。謂一爲元者，視大始而欲正本也。”如上所述，可見董子言《春秋》，首發明元義，以爲此經之宗極，與《大易》首建乾元同旨。内聖外王之學，其源底在是也。夫元者，萬化之宗主，萬物之本命。學必極乎此，如水有源，而千派萬流無窮竭。如木有底，而千枝萬葉滋生不息。穀梁氏繼公羊而傳《春秋》，已不能會孔子微言之旨，而不究乎元矣。漢以後言《春秋》者，又皆失其本。即在《公羊》家，如胡毋生之傳，自公孫宏外，已不可考。《漢書·儒林傳》但云齊之言《春秋》者，多受胡毋生而已。宏膚學阿世，固不見本原。唯董子傳授之人多可稽，然其著述無存。後漢何氏《解詁》幸未亡，其書多述《繁露》。而其釋元，則一依《繁露》之義。然但存故訓而已，何氏固非能實體斯理者。《春秋》之亡也久矣。夫元者，言乎生生不測之仁體，健以動也。《易》之乾元，即仁也。乾卦曰“天行健”，無妄卦曰“健以動”。至誠無息也。宋、明諸師，以存養仁體爲學，其用力不爲不深，然不免雜於釋、道。寂静之意深，而生生健動之幾，殆於遏絶。程子《識仁篇》，宋、明諸儒所宗也。然玩其大旨，畢竟歸寂之意味深。唯王陽明《大學問》，從惻隱之幾，指出天地萬物一體之實，令人當下超脱小己。其於《易》《春秋》之元，頗有契焉。從一元處，演之爲治化。則天下和均，人皆得其養，而貧富不均之患去矣。人皆得受教以自奮於學，而智愚不均之患去矣。人皆互相比輔，而强弱不均之患去矣。立成器以爲天下利，而自然勢力之險阻，又得而均之矣。全人類相生相養，無有不均，和之至也，而大同太平之治成，董子所謂奉元之應也。奉元云云，見《繁露·王道篇》。奉元之奉，謂敬以承之而勿失也。人皆自識真元，即能以天地萬物一體爲量，本此以立政教，則群俗趨善，而太平之應不爽。

《公羊》家舊有三科九旨。徐彦《疏》：“問曰：《春秋説》云《春秋》設三科九旨，其義如何？答曰：何氏之意，以爲三科九旨，正是一物。若總言之，謂之三科。科者，段也。析而言之，謂之九旨。旨者，意也。故何氏作《文謚例》云：‘三科九旨者，新周，故宋，以《春秋》當新王，此一科三旨也。’又云：‘所見異詞，所聞異詞，所傳聞異詞，二科六旨也。又内其國而外諸夏，内諸夏而外四夷，是三科九旨也。’問曰：宋氏之注《春秋説》三科者，‘一曰張三世，二曰存三統，三曰風外内，是三科也。九旨者，一曰時，二曰月，三曰日，四曰王，五曰天王，六曰天子，七曰譏，八曰貶，九曰絶。時與日月，詳略之旨也。

王與天王、天子，是録遠近親疏之旨也，案王者因所對而異其稱，乃《左氏》義。左疏引賈逵云諸夏稱天王，畿内曰王，夷狄曰天子。宋云録遠近親疏之旨，蓋本《左氏》家説，非《公羊》義。譏與貶絶，則輕重之旨也’。”據此，宋氏與何氏説有異。徐彦《疏》云：“《春秋》之内，具斯二種理。故宋氏又有此説，賢者擇之。”案三科九旨，當傳自胡毋生。何休《自序》稱略依胡毋生條例，當以何氏説爲正。然何氏殊無統類。余以爲三科九旨，本孔子微言所存，當以三世義爲宏綱。餘義謂三科九旨中，除三世義外，其餘諸義。隨世分疏之，則聖人制萬世法之密意，可得而窺矣。

三世義者，案《繁露·楚莊王》云：“《春秋》分十二公之世以爲三等，有見，有聞，有傳聞。有見三世，有聞四世，有傳聞五世。故哀、定、昭，君子之所見也，案君子謂孔子，下同。襄、成、文、宣，君子之所聞也，僖、閔、莊、桓、隱，君子之所傳聞也。所見六十一年，所聞八十五年，所傳聞九十六年。”據此，則《春秋》三世，本依孔子之所見、所聞及所傳聞而區分之。但三世之義，則别有所寄。何休承《繁露》而申述加詳，蓋參考胡毋生之説故也。隱元年《解詁》云：“所見者，謂昭、定、哀，己與父時事也。己者，設爲孔子之自謂。昭、定、哀三公時事，是孔子與其父所見也。所聞者，謂文、宣、成、襄，王父時事也。四公時事，即孔子之王父時事，孔子不得見，故是其所聞。所傳聞者，謂隱、桓、莊、閔、僖，高祖、曾祖時事也。孔子之高、曾時事，故是其所傳聞。於所傳聞之世，見治起於衰亂之中，用心尚麤觕，故内其國而外諸夏，先詳内而後治外，録大略小，内小惡書外小惡不書，大國有大夫小國略稱人，内離會書外離會不書是也。於所聞之世，見治升平，内諸夏而外夷狄，書外離會，小國有大夫，宣十一年‘秋，晋侯會狄於欑函’，襄二十三年‘邾婁鼻我來奔’是也。至所見之世，著治太平，夷狄進至於爵，天下遠近小大若一，用心尤深而詳，故崇仁義，譏二名，晋魏曼多、仲孫何忌是也。”據此，《春秋》所爲以十二公之世，十二公，共二百四十二年。分爲所見、所聞、所傳聞之三世，實借以寄托其最高之理想。所傳聞世，見治起於衰亂之中，是爲據亂世。所聞之世，見治升平，是爲升平世。所見之世，著治太平，是爲太平世。表之如左：

所傳聞世	據亂世
所聞之世	升平世
所見之世	太平世

孔子依所傳聞及所聞、所見，立據亂與升平等三世義，等者，謂太平世。由遠而近，群化漸進於美。所傳聞世爲遠，擬之據亂。所聞世稍近，擬之升平。所見世更近，擬之太平。此可見孔子爲持進化論者，與《大易》變動不居，創進日新之義，互相發明。原其推世變之大齊，而張設三世，治化則隨時變異，要當漸進於美。雖世運不齊，時有盛衰倚伏。如據亂世之長期中，亦伏有向治之幾，故得進升平。而升平世之長期中，亦未得全離乎據亂之象，但終必向太平之鵠而趨。果至太平矣，將亦不必有圓滿至高之境，而極盛之際，或又有不測之憂患焉。《春秋》終於麟，聖人之意深矣。然人道歸於捨黑闇，向光明，則爲不容疑之事。人生與憂患俱來，所以强於遷善而不息也。使有登峰造極、毫無缺憾之一日，人生亦將安於凝滯，而無所復用其力，不又爲斯人之大戚乎？故治至太平，終無止境，即憂患不必遂絶於太平之世，而人類終亦必不捨其太平復太平之願望，復之爲言，進而又進也。以自奮於光明之途。《春秋》於所見世，著治太平，而以獲麟絶筆。獲麟，傷感也，《史記·孔子世家》云："及西狩見麟，曰：'吾道窮矣。'喟然歎曰：'莫我知夫。'"而亦瑞應也。《説苑·至公篇》："夫子道不行，退而修《春秋》，精和聖制，上通於天而麟至。此天之知夫子也。"何氏哀十四年《解詁》曰："必止於麟者，欲見撥亂功成於麟。《春秋》記以爲瑞，明太平以瑞應爲效也。"瑞應，明太平可期。傷感，以太平猶未至也。傷感興而瑞應存焉，知此者，可與論《春秋》太平義矣。

世運雖日進於治，要非一直上進，亦非可進至絶頂而休。其進也，迴環曲折，時若卻退，而總歸向上。終不守故，上進無已，亦無絶頂可休。非深於化者，不足與言斯義也。

三世義，通萬世之變，而酌其大齊，以立治綱。《易》所謂範圍天地之化而不過，曲成萬物而不遺，其道在是也。據亂世，内其國而外諸夏。言據亂世之諸國，各自以己國爲内，而於他國，則雖諸夏之族，亦擯斥之。此以國家思想爲根核，而一切政教皆本之也。在萬國競存之時，必内自固，而不可妄啓事於外，故云先詳内而後治外。凡所以理國綘群之道，必詳正而不敢偷邪也。據亂世之慎邦交，必不可輕忽强大，故云録大略小。舊疏云："録大略小者，謂録大國卒葬，小國卒葬不録是也。"即此可見對大國交涉之慎重。内小惡書，内者國内，謂執政有小惡，必書，所以戒亂德，防失政之漸也。爲政不可違輿論，小惡必慎，而况大惡？執政者必順從衆意之公是公非，而不敢肆於民上，此治之原也。外小惡不書者，外謂鄰國，鄰國之内治有小惡，未至影響國際，故不書。大國有大夫，小國略稱人者，據亂之世，列國有大小强弱之不齊，大國之體制尊，而小國反是，邦交因之有隆殺也。内離會書者，舊疏云："内離會，即隱二年'春，公會戎於潛'是也。"何氏曰："凡書會者，惡其虚内，務恃外好也。"案不可虚内而恃外好，此乃立國精神所繫。吾國今日之憂，正在虚内，務恃外也。又曰："外離會不書，書内離會者，《春秋》王魯，明當先自詳正，躬自厚而薄責於人，故略外也。"案王魯者，非真以魯爲天下王也，特欲明仁道之休，而寄之於魯耳。詳上所云，皆關内政外交，爲立國於據亂世之根本至計。

升平世，内諸夏而外夷狄，此以民族思想爲根核，而一切政教皆本之也。諸夏者，不必謂同種族，而貴有高深文化，始稱諸夏。夏者，大義。中國神明之胄，隆禮義而遠於卑陋，故稱爲大。諸之爲言衆也。九州萬國，今人談九州，多任意縮小地域，殊不深考，容當别論。並是夏族，種類極繁，故置諸言。夷狄者，蠻昧無知之稱。蠻者，野蠻，無禮義故。昧者，闇昧，無有智慧及學術與政治等方面之創造能力故。雖同種族，而無高深文化可言，或雖有文化，而習於凶狡，務逞侵略，棄禮義者，如吴、楚、秦。皆謂之夷狄。内諸夏者，謂諸夏之國皆相聯合，休戚與共，無復有如據亂世國界之嚴也。雖升平世，猶未全泯國界，但國與國之聯合日密，非如據亂世諸國各各自私自利，而唯侵略是務也。外夷狄者，謂諸夏之國，以其和同之力，擯斥夷狄之暴行，使不得逞。故説爲外。外者，擯斥之辭也。書外離會者，《春秋》宣十一年秋，晋侯會狄於欑函，《通義》云："會文在狄上者，殊狄也。"殊者，外之之辭。所謂内諸夏也。襄二十三年夏，邾婁鼻我來奔，《傳》曰："邾婁無大夫，此何以書？以近書也。"注曰："以治進升平書也。所聞之世，於此著治升平。内諸夏，治小如大。"按據亂世，小國雖有大夫，而不以大夫視之，故云小國略稱人。今升平世，内諸夏，即凡諸夏之國，無論大小，皆不當歧視。易言之，即須尊重小國之權利與地位，而不可侵陵之。廩廩近升平，師古曰："廩廩，言有豐采也。"陳立曰："廩廩，猶漸漸也。"故小國有大夫，治之漸也。綜上所言，皆謂諸文明大國，能崇禮義，協和爲治，以抑凶暴，是升平世之道也。

太平世。夷狄前既被抑於諸文明大國，前者，謂升平世。文明大國，猶云諸夏。已銷其野心，而隆禮義，故不當復以夷狄視之。於是夷狄進至於爵，吴、楚皆稱子是也。吴、楚本皆子爵，其後横行侵略而僭王號，故《春秋》狄之。及能崇禮義，則復稱其本爵，而同之諸夏。夫吴、楚非真敦禮義者，《春秋》特借其事，以明太平世，無復有夷狄之行，即全世界一視同仁耳。夫夷狄進至諸夏，諸夏，即能服習禮義，而有高尚智慧與富於創造之民族。則全人類無不平等之患，而世界乃臻大同，故曰天下遠近小大若一。《禮記·中庸》云："舟車所至，人力所通，天之所覆，地之所載，日月所照，霜露所隊，凡有血氣者，莫不尊親。"言血氣之倫，莫不互相尊重，互相親愛也。此言太平世，天下大同之象，與《春秋》相發明也。天下，猶云全世界。太平世，無國界，無種界，無特殊階級，更無梟傑懷惡，得利用群衆。更無二字，一氣貫下。人人之學術與職業不必同，而有其皆同者，即無不究於大道，習於禮義。如吾孔子六經之道，其綱領與條目，具於《禮記·大學篇》。而三綱領八條目之樞要，則在致知格物。致知者，推致吾之良知，而不使有私欲或私意之障也，《新論》所云性智是也。格物者，極吾良知之明，以量度乎事事物物，而皆得其理是也。故《大學》之道，乃人人所必由之大道也，禮義之大宗也。《春秋繁露》俞《序》云：“天下之人人有士君子之行而少過矣。”故曰用心尤深而詳。此時之人，皆能用功於内，即作鞭辟近裏工夫。深於内心生活，而復能詳察物理，所以少過。仁義之道行，侵害之風息。《春秋》哀十三年，晋魏多帥師侵衛，《傳》：“此晋魏曼多也。曷爲謂之晋魏多？譏二名。二名，非禮也。”哀[8]六年，仲孫忌圍運，《傳》：“此仲孫何忌也。曷爲謂之仲孫忌？譏二名。二名，非禮也。”彼注云“春秋定、哀之間，文致太平，欲見王者治定，案太平世，人人皆有王者之德，故成至治。無所復譏，唯二名，故譏之”云云。以此見太平世，人人無失德，鮮可譏刺，至以二名爲非禮而譏之。則其時民德歸厚，群品極高，故致太平也。《繁露·觀德》云：“魯、晋俱諸夏也。譏二名，獨先及之。”又俞《序》云：“亦譏二名之意也。”何休説譏二名，皆同董子。

何氏《解詁》説三世義，略釋如上。何氏説，蓋本之董子、胡毋生。漢人猶傳口義，後世漸失其本。然依群經及諸子疏通證明之，則《春秋》制萬世法之概要，猶可考見也。

《春秋》始於元，與《大易》首乾元同旨。元者，仁也。《論語》言仁處甚多，蓋夫子之學，在求仁而已。《雍也篇》云：“夫仁者，己欲立而立人，己欲達而達人。”立，即三十而立之立。志定，而不爲外誘所移也。達，即君子上達之達。《易》曰窮理盡性以至於命，即上達之謂。窮理云云，見第二講。明人與己，本同體也。王陽明作《大學問》，發其義云：“‘大學者，昔儒以爲大人之學矣。敢問大人之學，何以在於明明德乎？’陽明子曰：‘大人者，以天地萬物爲一體者也，其視天下猶一家，中國猶一人焉。若夫間形骸而分爾我者，小人矣。大人之能以天地萬物爲一體也，非意之也，其心之仁案仁即是心，而曰心之仁者，則行文須有主詞耳。讀者勿泥。本若是，其與天地萬物而爲一也。案仁者，吾人之本心也，亦即是宇宙的心。是心，爲吾人與天地萬物所以生成之理，元無分段，故其視天地萬物，皆與吾人同體也。豈惟大人，雖小人之心，亦莫不然，彼顧自小之爾。是故見孺子之入井，而必有怵惕惻隱之心焉，是其仁之與孺子而爲一體也。孺子猶同類者也，見鳥獸之哀鳴觳觫，而必有不忍之心焉，是其仁之與鳥獸而爲一體也。鳥獸猶有知覺者也，見草木之摧折，而必有憫恤之心焉，是其仁之與草木而爲一體也。草木猶有生意者也，見瓦石之毀壞，而必有顧惜之心焉，是其仁之與瓦石而爲一體也。是其一體之仁也，雖小人之心，亦必有之。是乃根於天命之性，而自然靈昭不昧者也，是故謂之明德。小人之心，既已分隔隘陋矣，而其一體之仁，猶能不昧若此者，是其未動於欲，而未蔽於私之時也。及其動於欲，蔽於私，而利害相攻，忿怒相激，則將戕物圮類，無所不爲。其甚，至有骨肉相殘者，而一體之仁亡矣。是故，苟無私欲之蔽，則雖小人之心，而其一體之仁，猶大人也。一有私欲之蔽，則雖大人之心，而其分隔隘陋，猶小人矣。故夫爲大人之學者，亦惟去其私欲之蔽，以自明其明德，復其天地萬物一體之本然而已爾，非能於本體之外而有所增益之也。'" 如上所述，陽明直就本心惻隱之端，顯示仁體，最極親切。善發《易》《春秋》乾元之旨者，莫如陽明。然陽明亦自孟子所謂不忍之心體會得來。孟子善《春秋》，與《公羊》家傳授不異。容當別論。七篇雖不明言《易》，而實深於《易》。前講《易經》，已略言之。故能上承孔氏，下啓宋儒以逮陽明也。治化之大原，厥在天下之人人能自節其欲，欲不可絶，而宜節也。節者，任吾之仁心作主，而欲自不過其則，即欲莫非仁之流行也。抑其私，私者，順形骸起念，而失其仁體，即只知有小己，而不知天地萬物皆猶手足之在吾身也。私，即萬惡之源，故宜抑制。以復其固有之仁體。而後人人有天地萬物一體之樂，而後知互相尊親，互相比輔，以謀相生相養之均安。均者，無不平之患。安者，有各足之樂。此《春秋》所爲始於元，以建王道之皇極也。皇者，大義。極者，至義。識得仁體，即是宇宙本體，即是萬化真源。窮理至此，便稱極至，故贊之曰皇極也。内聖外王，元是一貫。而不明儒家之本體論者，即未足與言儒家之政治理想。學者不可不知。

三世之治，皆以仁爲本。據亂世，所以内治其國者，仁道而已。升平世，所以合諸夏而成治，抑夷狄之侵略者，亦仁道而已。太平世，則仁道益普，夷狄慕義，進於諸夏，治化至此而極盛，仁體於是顯現焉。

或有難曰："《春秋》之義，期於天下歸仁，歸仁者，言天下之人人，皆能反求其固有之仁體，而無有甘爲鳥獸，習於不仁者。恐理想過高。達爾文物競之論，明與《春秋》反，先生將何以釋之？"答曰：物競之論，亦偏曲之見耳。《春秋》與《易》相表裏。《易》之比卦，明萬物互相比輔而後得生。《春秋》所以貴禮義而惡戰鬥，非迂也，蓋亦有科學思想爲其根據，非空談仁道而已。且《春秋》書災異特詳，豎儒或謂聖人以神道設教，此大謬也。《繁露·盟會要》曰："至意雖難喻，蓋聖人貴除天下之患。貴除天下之患，故《春秋》重而書。重之，故書之。天下之患徧矣，以爲本於見天下之所以致患，其意欲以除天下之患。"據此，則書災異者，實以其爲天下之患，故重而書之。夫天下之所以致患者，實由人智未啓、人力未盡也。使能解析自然而利用之，則災異何患之有？《春秋》記日食、星霣等變，欲人之審察物理也。記水旱等災，欲人之修備也。《易·繫辭傳》曰："智周萬物。"又曰："備物致用，立成器以爲天下利。"又曰："開天下之物，成天下之務。"此等意思，與《春秋》書災異之旨，本同條共貫，不可不察也。聖人所貴乎智周萬物，與立成器爲天下利者，將使人類互相比輔，而遂其生，享其樂。以人智之日進，利用自然之豐富，則所以養人之欲，給人之求者，本無憂其匱乏。而人類必出於爭競，以取自毀之禍者，此非生齒過庶、不足於養之患，而實斯人之自迷其本，自喪其真，自鑿其天性，自昧其與天地萬物同體之實理，私其形骸，而過逞私欲，恃其機智，機詐狡變之智，曰機智。而遂趨顛狂。春秋時，楚之初興，未免凶横。其後文化日高，至莊王則已美矣。故《春秋》進之。唯吴與秦，始終爲狡詐殘忍之蠻俗，皆顛狂好鬥，而亡不旋踵。今之德人倭人，亦以凶狡覆敗。然猶有尚凶狡而不顧信義之國家，不鑒德、倭之已事者，則佛氏所以有衆生常陷顛倒之悲也。《易》《春秋》之仁學不明，而思人類有善治，是猶緣木求魚也。莊周曰："人之生也，固若是芒乎？其可悲也。"《春秋》始於元，而終於麟，傷夫人之長迷而不知反也。

夫奉元以修化，本仁以爲治者，仁即元也，重複言之耳。必貴義而賤利。案義者，宜也。宜者，仁之節也。人己之間，公私之際，疑似之地，酌其至正，而無過差，是之謂宜。故曰宜者仁之節也。仁，本心也。本心應感，而隨在不失其正，毋有邪欲干之，即事事無拂亂。故曰宜者仁之節也。世儒每曰，義者事之宜，則將專求宜於外，而謂内無權衡，可乎？告子義外之論，早見斥於孟子，奈何仍之？利之用，利其正者，即利亦是義。今此利字，乃别於義而言之，則但爲財利之目。《繁露·身之養重於義》云："天之生人也，使之生義與利。利以養其體，義以養其心。案義者，仁之節。易言之，即是内心應萬感，而恒有一權衡在。此權衡不失，即心常超物，而不爲物役，故説養其心。心不得義，不能樂。體不得利，不能安。義者，心之養也。利者，體之養也。體莫貴於心，故養莫重於義。義之養生人，大於利矣。何以知之？今人有大義而甚無利，雖貧與賤，尚榮其行，以自好而樂生，原憲、曾、閔之屬是也。人甚有利而大無義，雖甚富，則羞辱。大惡惡深，禍患重，非立死其罪者，即旋殃傷憂爾。莫能以樂生，而終其身刑戮，夭折之民是也。夫人有義者，雖貧，能自樂也。而大無義者，雖富，莫能自存。吾以此實義之養生人，大於利而厚於財也。民不能知，而常反之，皆忘義而徇利，去理而走邪，以賊其身而禍其家。此非其自爲計不忠也，則其知之所不能明也。今握棗與錯金，凌曙曰：以金銀飾物，曰錯金。以示嬰兒，必取棗而不取金也。握一斤金與千萬之珠，以示野人，野人必取金而不取珠也。故物之於人，小者易知也，其大者難見也。今利之於人小而義之於人大者，無怪民之皆趨利而不趨義也，固其所闇也。聖人事明義，以炤燿其所闇，故民不陷。《詩》云：'示我顯德行。'箋云：示導我以顯明之德行。此之謂也。案欲民之務義而無陷没於利也，則必有負領導之責者，居心行事，一切由乎公義，而不近私利，然後群衆化之，不至逐私利而忘公義矣。如在位執政，及學校師儒，皆領導群衆者也。執政貪污，争持權利，而不知有國政，師儒卑陋，競逐浮名，而無所謂道義，則其群皆没於私利，不危亡不得也。先王顯德以示民，民樂而歌之以爲詩，説而化之以爲俗。故不令而自行，不禁而自止，從上之意，不待使之，若自然矣。案從上意者，謂上之人，好公義而輕私利，群衆亦受感化而從其意，皆重義輕利也。故曰聖人天地動、四時化者，非有他也，其見大義，故能動。動故能化，化故能大行。化大行，故法不犯。法不犯，故刑不用。刑不用，則堯舜之功德。此大治之道也，先聖傳授而復也。故孔子曰：‘誰能出不由户，何莫由斯道也。’今不示顯德行，民闇於義不能炤，迷於道不能解，因欲大嚴憯以必正之，直殘賊天民耳，其勢不行。仲尼曰：‘國有道，雖加刑，無刑也。國無道，雖殺之，不可勝也。’其所謂有道無道者，示之以顯德行與不示爾。”據此，則《繁露》述《春秋》之旨，要在執政者自有顯德行，足以示群衆，然後群衆知所向往，輕利而重義，其國乃爲有道之國。《春秋》之治，仁治也，孟子傳《春秋》者也。綜七篇言政之旨，不外仁治。德治也，德與仁，異名同實。與言法治者異趣。吾於第一講曾言之，此不復贅。第一講，談及六經治道，凡有九義，宜覆玩。夫德治，非可立條教規章，以責人之遵循也。必爲領導者，以身作則，乃可化民成俗。民衆服領導者之化，皆尊重德義，而成爲俗尚。君人者之大號，曰王。王者，往也，言爲天下所歸往。《春秋》化民以義，馴致太平，責重領導。故於嗜利之君，必重刺之。《繁露·玉英》云：“公觀魚於棠，隱五年《經》，“公觀魚於棠”，《傳》曰：“公曷爲遠而觀魚，登來之也。百金之魚，公張之。”何惡也？凡人之性，莫不善義，然而不能義者，利敗之也。故君子終日言不及利，欲以勿言愧之而已，愧之以塞其源也。夫處位動風化者，徒言利之名耳，猶惡之，况求利乎？故天王使人求賻、隱三年《經》，“武氏子來求賻”。求金，文九年《經》，“毛伯來求金”。皆爲大惡而書。今直使人也，親自求之，是爲甚惡，譏。譏字爲句。何故言觀魚？猶言觀社也，皆諱大惡之辭也。”莊二十三年《經》，“夏，公如齊觀社”，《注》：“觀社者，觀祭法。諱淫。”夫不斥言其好利，而以觀魚言之，與不斥言其淫，而以觀社言之，雖皆諱，而實以見其惡之大也。據此，以君之嗜利爲大惡，其貶絶之深，嚴於斧鉞。《説苑》云：“周天子使家父毛伯求金於諸侯，《春秋》譏之。故天子好利，則諸侯貪。諸侯貪，則大夫鄙。大夫鄙，則庶人盜。上之變下，猶風之靡草也。故人爲君者，明貴德而賤利以導下，下之爲惡尚不可止，今隱公貪利，而身自至濟上，以此化於國人，國人安得不解於義？言解散於義而不顧及之也。解於義而縱其欲，則災害起而臣下僻矣。”案僻者，邪僻。若晚世衰亂，百官肆行貪污，毫無人理，邪僻已極。此申述《繁露》之旨，至爲深切。太史公曰："余讀《孟子》書，至梁惠王問'何以利吾國'，未嘗不廢書而歎也。曰：嗟乎！利誠亂之始也。夫子罕言利，常防其源也。故曰：'放於利而行，多怨。'自天子至於庶人，好利之弊，何以異哉？"案史公聞董子之學，故於義利之辨甚嚴。前乎董子而深辨義利者，莫如孟子。可見《公羊》之學，與孟子同出孔門。後來宋、明諸師，皆以義利爲人禽之分。棄義而專私利者，是爲禽獸。超乎利而篤於義者，乃克盡人道。朱子注《孟子·梁惠王》曰："仁義根於人心之固有，天理之公也。利心生於物我之相形，人欲之私也。循天理，則不求利而自無不利。徇人欲，則求利未得，而害已隨之。如晚世官吏貪污者，既自喪其人格，而同於禽獸，又陷其族類於危亡。又如凶猘之徒，欲逞野心，而煽惑其群衆，以侵奪弱國爲務，卒以此自毁。所謂毫釐之差，千里之謬。此《孟子》之書，所以造端托始之深意。"朱子此解，判明義利，極深極微，善發《春秋》之蕴。學者非反己體會，則亦不能知其言之切也。

夫惟先義而後利者，則能敦誠信而遠欺詐。《繁露·楚莊王》曰："《春秋》尊禮而重信。信重於地，禮重於身。何以知其然也？宋伯姬疑失禮，而寧死於火。齊桓公疑失信，而願虧其地。《春秋》賢而舉之。"又《對膠西王》曰："《春秋》之義，貴信而賤詐。詐人而勝之，雖有功，君子弗爲也。"桓三年，"夏，齊侯、衛侯胥命于蒲"，《傳》曰："胥命者何？相命也。何言乎相命？近正也。此其爲近正奈何？古者不盟，結言而退。"宣十五年，"夏五月，宋人及楚人平"，《傳》曰："外平不書，此何以書？大其平乎己也。何大其平乎己？莊王圍宋，軍有七日之粮耳。盡此不勝，將去而歸耳。於是使司馬子反乘堙而闚宋城，宋華元亦乘堙而見之。司馬子反曰：'子之國何如？'華元曰：'憊矣。'曰：'何如？'曰：'易子而食之，析骸而炊之。'司馬子反曰：'甚矣憊。雖然，吾聞之也，圍者拑馬而秣之，使肥者應客。是何子之情也？'華元曰：'吾聞之，君子見人之厄則矜之，小人見人之厄則幸之。吾見子之君子也，是以告情於子也。'司馬子反曰：'諾，勉之矣。吾軍亦有七日之粮耳。'揖而去之，反於莊王，云云。莊王曰：'嘻，甚矣憊。雖然，吾今取此，然後歸耳。’司馬子反曰：‘不可。臣已告之矣，軍有七日之粮耳。’莊王怒曰：‘吾使子往視之，曷爲告之？’司馬子反曰：‘以區區之宋，猶有不欺之臣，可以楚而無乎？是以告之也。’莊王曰：‘諾，舍而止。雖然，吾猶取此，然後歸耳。’子反曰：‘王請處此，臣請歸耳。’王曰：‘子去我而歸，吾孰與處乎此？吾亦從子而歸耳。’引師而去之。故君子大其平乎己也。”案此一事，可見中華民族之偉大，華元之不欺固未易，而子反之誠尤難。莊王與諸將士，足以取人之國，乃捨而不取，其讓德尤高矣。今之列强，習於獸性狂噬，焉得有此偉度？

先義後利者，能守禮讓而抑侵奪。襄三十年，“五月甲午，宋災，伯姬卒”，“秋七月，叔弓如宋，葬宋共姬”。《傳》曰：“宋災，伯姬卒焉，其稱謚何？賢也。何賢爾？宋災，伯姬存焉。有司復曰：‘火至矣，請出。’伯姬曰：‘不可。吾聞之也，婦人夜出，不見傅、母不下堂。傅至矣，母未至也。’逮乎火而死。”《淮南子·泰族訓》曰：“宋伯姬座燒而死，《春秋》大之，取其不踰禮而行也。”襄十九年，“晋士匄帥師侵齊，至穀。聞齊侯卒，乃還”。《傳》曰：“還者何？善辭也。何善爾？大其不伐喪也。”莊二十三年，“荆人來聘”。《傳》曰：“荆何以稱人？始能聘也。”何注云：“《春秋》王魯，因其始能聘，明夷狄能慕王化，修聘禮，受正朔者，當進之，故使稱人也。”桓二年，“夏四月，取郜大鼎於宋。戊申，納於太廟”。《傳》曰：“何以書？譏。何譏爾？遂亂受賂，納於太廟，非禮也。”以上所引，如個人當生死之交，守禮不渝。國際上征伐與交涉等事，亦各有禮而不可犯。舉此數事，可見其概。至《春秋》之惡侵奪，則隨在可見。如隱二年，“無駭帥師入極”。《傳》曰：“無駭者何？展無駭也。何以不氏？貶。曷爲貶？疾始滅也。”案極者，杜云附庸小國。魯人滅極，《春秋》諱之而言入，實奪極國而有之也。故無駭不氏者，貶疾其始滅人國，爲大惡也。

先義後利者，先自正而後責人。僖九年，“九月戊辰，諸侯盟於葵丘”。《傳》曰：“桓之盟，不日，此何以日？危之也。何危爾？貫澤之會，桓公有憂中國之心。不召而至者，江人黄人也。葵邱之會，桓公震而矜之，叛者九國。”據此，則己不自正，未可責人之我從也。《繁露·仁義法》曰：“《春秋》之所治，人與我也。所以治人與我者，仁與義也。以仁安人，以義正我。故仁之爲言人也，義之爲言我也。是故《春秋》爲仁義法。仁之法在愛人，不在愛我。義之法在正我，不在正人。我不自正，雖能正人，弗予爲義。人不被其愛，雖厚自愛，不予爲仁。昔者楚靈王討蔡、陳之賊，齊桓公執袁濤塗之罪，非不能正人也，然而《春秋》不予，不得爲義者，我不正也。夫我無之求諸人，我有之而非諸人，人之所不能受也，其理達[9]矣，何可爲義？”據此，則責人必先正己。如今者吾國素無侵略野心，故可擊倭寇也。若己不正，雖暫勝人，終必有擊之者。此皆《春秋》之明訓洪範，而惟上義輕利者，能服行之也。服者，服習。夫萬善同於崇義，而萬惡出於私利。義利之辨不明，好尚不正，而欲世臻上理，其何可能？《春秋》辨義利，其傳在公羊、孟子，公羊高，親受子夏。孟子之學，多與公羊同。蓋孔子没後，七十子之徒言《春秋》者，同稟聖言，未始有異。故孟子雖受業子思之門人，而其所得於《春秋》者，亦與公羊氏之傳相合也。以逮董生，《繁露·對膠西王》云：“仲尼之門，五尺之童子，言羞稱五伯。”五伯假仁義而實嗜利故也。此其同於孟子者。但其言性，則近孫卿。董生雖爲《公羊春秋》之學，而於《春秋》之元，猶未能反己實體之。殆以萬有之大源爲外在者耳。董生與孫卿，皆非真見本原，但孫之言禮，董之辨義利，而皆不違孟子，而確守《春秋》之旨也。程、朱、陸、王，皆承此一脈。宋、明諸儒，其爲學皆嚴於義利之辨，此不可忽。天下萬世之爲治者，由乎義，則人極立，王道行，王道者，仁道之名。太和成。太和即世界大同。棄公義而争私利，則人失其性，伯術行，而其極至於獸性熾，人類將自毁，此二途，不可不慎也。

或有難曰：“《春秋》惡言利，將毋使人類陷於貧窮乎？”答曰：汝不解《春秋》義也。孔子繫《易》，言智周萬物與備物致用，立成器爲天下利，前已言之矣。豈以貧窮不利爲治道耶？夫明物備物，不明乎物理，則不足以用物，是物不得備於我也。故明物而後能備物。豐天下之財，厚斯民之生者，此乃天下大公之道。其利不以私，是即《春秋》之所謂義，前云利之用得其正者，即利亦是義。非私利之利也。《春秋》所惡之利，私利也。私利者，以己與人相形，而以利私己。以其國與他國相形，而以利私己國。以其族與他族相形，而以利私己族。族者，具云種族。皆謂之私利。私利，即仁義之心不存，而人生之目的，只是財利而已。易言之，即人生已變爲財利，而實無生命或精神可言也。是故但言利，而以之與義對舉者，則此利字，不待加私之言以别之，而固已知此利字只是財利之目，而爲人之所蔽於私欲，以殉没於其中者也。利之用不得其正，即與義相違，故《春秋》以爲大戒。

《春秋》立三世義，與《易》之鼎、革二卦，互相發明。革，去故也。鼎，取新也。《繫辭傳》曰："變動不居。"此雖言天化，天謂宇宙本體。天化者，猶云本體之流行。而人治實準之。三世義者，明治道貴隨時去故取新，度制久而不適於群變，凡社會之一切組織與政制，及其風俗習慣等等成爲定型者，可通名度制。群變萬端，前進無已，而過去已敝之度制，必不可執之以應方興之變。故宜隨時變易，以有功也。善變，故有其功。不善變則敝，何功之有？《易》曰：日新之謂盛德，富有之謂大業。乘時興變，故德業富有日新而無窮也。三世者，通萬世無窮之變，而酌其大齊。假説三世，實不可泥執三世之言，而謂萬古只此三變也。譬如一人之變，析以少壯老三期，亦只大段作如是説。其實，吾人之心靈與體質任何方面，固無一瞬一息不在變遷中也。但酌其大齊，不妨假説三期。《春秋》張三世，義亦猶是。孟子稱孔子爲聖之時，蓋謂其能隨時善創，不狃故常耳。但談變者，有二義宜知。一曰，仁義以立本。仁義，真常也，《春秋》之元也。《易》以乾元爲仁，前文屢言之。而此以仁義並爲元者，蓋仁統萬德，或單言仁，或連義而言，均無不可。萬變皆真常之發現，故變而莫不有則。每一段改革，即是一段創造。改革與創造，實只一事，而從二方面分言之。其改革時，正是其創造時。若只革舊，而不足言創新，則是顛倒以事破壞，何可尸改革之名乎？當其改故創新之際，必有實而非僞，襲革新之名，無革新之實，虚僞騙詐，是亂亡也，非能變也。必有序而非亂。凡百更張，自有先後緩急之序。若凌雜叢錯，則政俗皆無正軌，而危亡隨之，非能變也。萬變貞於仁義，即變原於不變，仁義真常之道，曰不變。不變而變，仁義，不變也，而其爲用無窮，故隨時興變，皆仁義之妙用。是以改故而無所滯礙，創新而無有窮竭，人治所以同天化也。《春秋》以桓、文能憂中國、抑侵略而美之，以楚莊能用夏變夷而進之。《繁露·觀德》云："《春秋》常辭，夷狄不得與中國爲禮。至邲之戰，夷狄反道，中國不得與夷狄爲禮，避楚莊也。"以宋襄不厄人而貴之。《繁露》俞《序》云："故善宋襄公不厄人，不由其道而勝，不如由其道而敗。《春秋》貴之，將以變習俗而成王化也。"此皆借桓、文之事，桓、文爲五伯之首，故舉桓、文，即賅其餘。以明仁義爲真常之道，桓、文雖非真行仁義者，然其事近乎仁義。故《春秋》借之，以明仁義爲不可違反之常道。通三世之萬變不窮，而皆以仁義爲禮。昔之强秦，今之德、倭，皆嘗以暴力，芻狗萬物，亦可謂天地間之巨變矣。然皆狂風不終朝，驟雨不終日，則其變也，無仁義以爲體，畢竟不足以言變，徒擾亂一時耳。今後有效德、倭之尤者，其終亦必如德、倭。賈誼論秦之亡曰："仁義不施。"可謂千古殷鑒。然擾亂終於速滅，且將由此而使人群爲正當之變更，則可以徵仁義之恒不息，而爲真常之道，所以爲萬變之源也。世之謀變革，而不本於仁義者，何可迷而不悟？二曰，變者，改故創新。宜治時，而不貴因時。後儒言治，大抵以因時爲貴。因者，老氏之道也。順應自然以爲功，静以俟幾，而非動以創化者也。因應之道，未始無得，然其流至於任天而廢人，習苟偷而憚改造，則不勝其弊矣。方正學作《漢高帝論》，但舉一事言之，即高帝初定天下，已定都洛陽，聞劉敬一言，即時驅車長安，絶不遲延瞬息。其廢既定之策也，既毫不費力，而新立百年大計，亦毫不費事。以此而觀高帝，其高也至矣。夫劉敬爾時本一車夫之微耳，而帝納其言，如是之明且勇，不以其微賤而忽之也。蓋惟富於創造力量，故擇善易，而行之也猛。今之人，渾是一團昏惰習氣，如下等動物，絶無創造力量。故怙其過失，而無擇善之明、行善之勇。世運衰微，由來者漸矣。王船山《春秋世論》曰："太上治時，其次先時，其次因時，最下亟違乎時。亟違乎時，亡之疾矣。治時者，時然而弗然，消息乎己，以匡時者也。"案如今之列强，競尚侵略。有能本仁義而抑侵略者，則是奉元以治時也。又如學術思想之偏邪淺薄，宜深窮理道之真以矯之，亦治時者也。先時者，時將然而導之，先時之所宗者也。案如今者世界大戰，由諸侵略者以獨裁主義拑束民衆，而造成人類自毁之禍。今侵略者已慘敗，則自由主義將代之而興。有先時之識者，察其幾而導之，無不利。因時者，時然，而不得不然，從乎時以自免，而亦免矣。案如今者盟國之相結合以抗侵略，此時然而不得不然者也。從乎時以免患，而遂亦免患，因之效也。亟違時者，時未爲得，而我更加失焉。案如吾國今者值强敵狡焉思逞之世，此時未爲得也。而吾之衆志不伸，群力盡萎，内治無可言，是更加失也。夫時方不利，宜令衆志得伸，群力得奮，方可内自正以治外，《春秋》之道也。今時當自振，而不知所以振，故亟違時。或托之美名以自文，適自捐也。按政亂，則國式微，而無以自持，必將假美名以自文。如春秋時，魯、僖揚頌聲，吾國人今日尚宣傳，皆是也。夫時危，則莫急於務實，而更虚美自文，此違時之甚者，凶可知已。船山所云，蓋得於《春秋》者甚深。《春秋》務正始，蓋貴治時。治時者，勇於自創，以拯天下於昏迷，主動而不爲被動，此剛健之極，誠明交盡，故每突變而無不利也。斯賓塞爾有言：群俗可移，期之以漸。此主漸變也。然世運常有突變，不由乎漸。老氏不敢爲天下先，彼主因時故也。《易》曰“開物成務”，則先時而開通萬物，正是先天下也。先天下者，突變之謂也。

三世治法，其略有可言者。據亂世，治起衰亂之中，人民之智、德、力未進也。其時，天下不可無君主。及民品漸高，即智、德、力三者俱日進。將進至升平世，則君主制度，雖猶不廢，然已改定其職位，僅爲百官之長，而失去其至尊無上之意義。其權力即受限制，而不得恣意横行於上。至升平之治愈進，則國之主權，全操於民衆，而君主但擁虚位，雖尊寵之至極，而只如偶像，爲群衆所具瞻而已。及進太平，則君位殆全廢，而任公共事業者，一由乎選舉，此君權蜕變之大略也。

《禮記·禮運》曰：“今大道既隱，案隱，不明也。天下爲家，案古者天子與諸侯，傳位於子或弟，是以天下爲其一家之産也。各親其親，各子其子，《正義》曰：君以天位爲家，故天下民衆各親親而子子也。貨力爲己。案人各藏貨財以爲身，其出力亦贍己而已，公共觀念未發達。大人世及以爲禮，案天子諸侯之位，皆由一家世有之。城郭溝池以爲固。鄭注："盜賊繁多，爲此以服之也。"禮義以爲紀，以正君臣，以篤父子，以睦兄弟，以和夫婦，以設制度，鄭注："設爲宫室、衣服、車旗、飲食、上下、貴賤之制度。"以立田里，鄭注："田，種谷稼之所。里，居宅之地。"以賢勇知，鄭注："貴賤異品。賢，猶崇重也。"以功爲己。案有功則受賞於朝，亦以爲己。故謀用是作，國與國，皆以計謀相侵奪。一國之内，衆庶亦每互相謀害，賴有法以治之。而兵由此起。兵者，所用以内平盜賊，外禦敵國也。禹、湯、文、武、成王、周公，由此其選也。此者，指上所云之世。選，謂其治道特異。此六君子者，未有不謹於禮者也。以著其義，《正義》："著，明也。義，宜也。民有失所，則用禮明裁斷之，使得其宜也。"以考其信。"考，成也。民有相欺，則用禮成之，使信也。"著有過，"著，亦明也。過，罪也。民有罪，則用禮明之，使知愧也。"刑仁，"民有仁者，用禮賞之，使爲人型範也。"講讓，"民有争奪者，用禮與民講説之，使推讓也。"示民有常。"以禮行上之五德，是示民爲常法也。"以上，皆鄭注。如有不由此者，在勢者去，鄭注："勢，位也。去，罪退之也。"在位者，民之表率。民不由禮，必在位者未身教之，故罪退在位者。衆以爲殃。民有不由禮者，則衆皆知其將有禍殃也。如此，則其時之天下，皆謹於禮可知。是謂小康。"詳《禮運》此文，即公羊家所謂治化起於衰亂之中。而禹、湯等六君子，以聖德而領導天下之民，使由於禮義，成其小康，將由此而離據亂進升平。凡《春秋》之大義，多就小康治法而言。故采求毫毛之善，貶纖介之惡，撥亂世反之正，人道浹，王道備，所以檢押靡薄之俗者，悉其密致。王者欲致世升平，不得不如是。

據亂世有君，以其爲民衆之領導，不可不尊也。升平世，民品已大進，而未至天下之人人有士君子之行，則猶未可廢君也。然民質既優，則民衆皆有自主自治之權，不當使君主專制於上，故君之號雖如故，而其職位，視前已截然迥異。《春秋》成八年，"秋七月，天子使召伯來錫公命"經，秋七月云云，皆經文也，故置經字。何氏注："天子者，爵稱也。"孔《疏》："《春秋》稱天王者二十五，稱王者六，稱天子者一。即此事是也。"《穀梁傳》曰："天子何也？曰：見一稱也。"范注："天子、天王，王者之通稱。自此以上，未有言天子者。今言天子，是更見一稱。”其義以稱天子與稱王及天王者同。惟左疏引賈逵云：“諸夏稱天王，畿内曰王，夷狄曰天子。”據賈逵説，王與天王及天子三號，雖同爲大君之稱，言大君，以别於列國之君。列國之君，謂之諸侯。而此三號，實因所對故異。對京師臣民而稱王，以親近故。對諸夏列國稱天王，以稍疏遠，而明其尊極，以臨之也。對夷狄稱天子，夷狄不識尊極之理，唯知畏天，故舉天子威之也。許慎、服虔並依此説。《獨斷》云：“王者，圻内之所稱。王有天下，故稱王。天王者，諸夏之所稱。天下之所歸往，故稱天王。天子者，夷狄之所稱。父天母地，故稱天子。”此亦同賈逵説。總之，《左氏》家不以天子爲爵稱。《穀梁》於此，亦同《左氏》。獨《公羊》家以天子爲爵稱。此一問題，關係重大。惜乎《公羊》家自何邵公以來，未能發明。邵公只存此義，而未有闡發。左邱明本史學，不傳《春秋》。説見前。《穀梁》出《公羊》後，而盡棄孔子之微言，説見前。但作史評而已。昔嘗與蔡孑民先生談《公》《穀》，孑翁謂皆史評。余曰：《穀梁》實是史評。若《公羊》，確是借事明義。其字裏行間，實含蘊有極高遠幽深之政治哲理，而足以範圍天地，曲成萬物，盡未來際，無有能外之者。豈可以史評視之？故《左》《穀》不以天子爲爵稱，自據史實而言之。《公羊》説天子爲爵稱，乃承孔子創作之義，本非歷史事實也。余嘗以《易》《春秋》二經，皆宣聖親作，二經相爲表裏。言《春秋》者不徵之《易》，必難通其微旨。《易乾鑿度》云：“孔子曰：‘《易》有君人五號也。案此言《易》書之中，其言君人者之號有五。帝者，天稱也。案稱天曰上帝，而大君之號亦爲帝，是用天之稱明其尊極也。王者，美行也。天子者，爵稱也。大君者，與上行異也。鄭注：“臨卦之九二，有中和美異之行，應於九五，故百姓欲其與上爲大君也。”大人者，聖明德備也。變文以著名，題德以别操。’”據此，以天子爲爵稱，不同《左氏》説。《易》孟氏、京氏俱説：“《易》有君人五號。帝，天稱，一也。王，美稱，二也。天子，爵號，三也。大君，興盛行異，四也。大人者，聖人德備，五也。”此與《易乾鑿度》同。故以《易》説與《春秋公羊》家言互證，可知天子爲爵號，實孔子之創説也。《繁露·順命》曰，“故德侔天地者皇，天佑而子之，號稱天子。其次有五等之爵以尊之”云云。夫曰其次有五等之爵，即影顯天子之爵爲第一等。影顯者，文在於此，而義亦顯於彼也。此與孟子所説大同。北宫錡問周室班爵禄之制於孟子。朱注：班是列其等次。孟子曰，“其詳不可得聞也。諸侯惡其害己也，而皆去其籍。然而軻也，嘗聞其略也。天子一位，公一位，侯一位，伯一位，子、男同一位，凡五等也”云云。後略。據《孟子》此文，既云諸侯毁去周室班爵禄之典籍，其詳已不可得聞，而復曰嘗聞其略云云，以答北宫之問。蓋孟子所言者，本非周制，而實本其所私淑於孔子之《春秋》説，以語北宫，而冀其能弘斯義耳。董子《春秋繁露》以天子爲爵稱，其説適與孟子相同。孟子本深於《春秋》者，其書蓋以孔子作《春秋》，爲亂後之一治。觀其答北宫之語，與其民爲貴之主張，國之主權，操之民衆，人各自主自治，而大君不敢獨裁於上，故曰民爲貴。原爲一致。民貴，故天子有爵，與百官之有爵無異，不過其爵居第一位，爲百官之首長而已。下士不解聖制，乃妄援古《周禮》説天子無爵，同號於天，何爵之有。不知《周禮》蓋有《左氏》之徒所竄亂。劉歆有所竄亂無疑。若從《周禮》大體衡之，固猶是《春秋》升平治法，將以馴至太平，何至與《公羊》天子爲爵稱之義相反乎？考訂經籍，須得其旨要，則後人稍有竄亂處，亦不辨自明。或復問曰：“誠如《公羊》義，天子僅爲百官之長，無復如從前至尊無上之義。而《易》舉其五號，仍存天稱，何也？”一號曰帝，是天稱也。答曰：太史公云《春秋》貶天子、退諸侯，此明升平世君主之權力既已減削，無可爲惡，故存其大號，以示優崇。且自有國以來，人民對君主之信念甚深。今治進升平，君權雖受限制，而仍其尊稱，以爲群情信仰所繫，是乃無用之用，其用益大也。

升平日進，人民自主自治之權能日高。君主但擁虚號而已。今稱英國爲虚君共和之制，蓋《春秋》之理想，實現於彼矣。《繁露·離合根》曰：“故爲人主者，以無爲爲道，以不私爲寶。案無爲則虚寄耳，虚寄於天下之上，自無私繫。立無爲之位，而乘備具之官。自中央以至地方政區，百官無不備，而各司其職，各治其事。足不動，而相者導進。口不自言，而儐者贊辭。

心不自慮，而群臣效當。故莫見其爲之，而功成矣。”據此所云立無爲之位，則君主只虛寄於天下之上可知已。

世近太平，虛君將廢，而猶有存三統之説，使民群信仰有所繫也。三統者何？《繁露·三代改制質文》曰：“《春秋》作新王之事，絀夏，親周，故宋。”莊二十七年“杞伯來朝”經，何氏注：“杞，夏後，不稱公者，《春秋》黜杞，新周，而故宋。按新當爲親。以《春秋》當新王。”案統之爲言，宗也，一也。言其統一天下衆志，而爲天下之所共宗也。統以三：《春秋》當新王，一也。仲尼祖述堯舜，憲章文武，周之道爲《春秋》所直接，故親周，二也。宋者商後，商湯承堯、舜、禹之道，而傳至於周，以逮春秋，故親周而不得不上及商，是以故宋，三也。故者，述古之詞。《春秋》推原所本，由周而溯宋先王，則已古矣，故曰故宋。三統原是一統，一者，仁也。《春秋》始於元，元即仁。雖隨世改制，而皆本仁以爲治。治起於據亂之中，用仁道也。馴至太平，治制當屢變，要皆本於仁以行之。《春秋》當新王，即以仁道統天下也。由《春秋》而上溯周之文武，亦以仁道統天下也。又上推宋之先王成湯，亦以仁道統天下也。故《春秋》以仁垂統，而又推其統之所承，於是而親周，而故宋，明《春秋》之統，紹於周先王，周之統又紹於宋先王。依次相承，假説三統。其實，一以仁爲統而已。仁道，真常也，不可易也。所以通三世之萬變，而皆不失其正者，仁爲之本故也。故曰三統實是一統，一者，仁也。或曰：“杞之先王大禹，宋先王成湯之統所自承也。《春秋》何故黜杞乎？《春秋》黜退杞，不稱公，知其不復有繼統義也。此設難。答曰：新王之統，承之於周，新王謂《春秋》。周承之宋先王湯，湯承之杞先王大禹，乃至堯舜諸帝。中華開基自五帝，五帝皆以仁道統天下也。孔子祖述堯舜，蓋以堯舜能集諸帝之大成耳，故祖述二帝，而已攝其餘矣。此在《孟子》《中庸》均言之。《中庸》言仲尼祖述堯舜，而不及禹，避辭費也。蓋舉堯舜，則已攝禹矣。今叙統，由春秋而上，止於周、宋，而黜夏者，舉近以攝遠也。春秋視周最近，故存周統以親之。商爲周統之所自承，視夏猶較近，故於宋存商統。凡以著《春秋》新王之統，有所承受，蓋仁道自古迄今，未嘗一日絶於天下也。然叙統至商，則其數已足。由春秋而周而商，逆數之，而説爲三統。三者多數。商雖較近，而已故矣，故叙統至宋而止。宋，商後也。存商統，則夏禹以上，皆在所攝。故以春秋之統，繼周、宋爲三也。中華民族，自昔歷聖相承，皆以仁道統天下。仁者，生生不息也，厚愛也，厚者，形容詞。萬物雖有相反，然實以反而成其和同。和同者，愛至厚也。物之本性只是愛，所以生生也。虚寂也，無惡也，無迷亂也，故云虚寂。健以動也。無有停滯，故云健動。以上皆形容仁體之德。天地萬物皆依仁體而生，吾人之本性，即此仁體。但拘於形骸，蔽於私欲，則人乃成爲頑物，而不獲全其本有之仁體。然人能反而求之，則仁體未嘗不在。如前述陽明《大學問》，學者試反而體之，自見。從上聖哲，以求仁爲學，即以行仁爲治。天下之人人，皆能保任其本有之仁體，而無蔽於私欲，則皆有天地萬物一體之量。有天地萬物一體之量，則其共同生活之組織，與一切施爲，皆從物我一體處着想，自無有私其一身或一國家、一族類者。而國内之階級，乃至國與國、種與種之界畛，早已不存。全人類共同生活之一切機構，皆基於均平之原則而成立。譬如人體各部，皆平衡發展，無有一部偏枯，累及全體之患。是乃以仁心而行仁政也。始於己立立人，己達達人。立、達，並見前。極於位天地，育萬物，而仁道始成，即仁體全顯。《春秋》以元統天，元者，仁也。仁道至大，此大不與小對，乃絶待之辭也。無量諸天，乃至盡未來際，無量衆生，皆仁道爲之統馭。至哉仁也！《春秋》作新王之事，上承周、宋先王，皆以仁道垂統，但依行仁之人，而説三統。宋先王成湯，周先王文武，皆行仁之人也。孔子作《春秋》，爲素王，即行仁之人。其實，三統一於仁而已矣。自素王殁後，夷狄盜賊横行中土，已二千數百年。晚世列强，皆以凶狡狂噬，迷失仁道，而有人類自毁之憂。然則三統其絶乎？此亦不然。濂、洛、關、閩，金谿、姚江，崑山、衡陽，固猶延一線之緒，今有爲理學者，妄議顧亭林先生爲未見道。亭林於本原處，所造殊淺。然其平生之學，注重實用，孜孜以開萬世之太平爲己任。其願力宏，其氣魄大，其勇毅無所餒，庶幾方正學篤信王道可行於後世之志矣，真仁人也！迂陋之托於理學者，何足知亭林？方正學不别舉者，蓋已攝於程朱派下也。仁道未嘗絶也。今世雖不淑，而斯統未墜。上天啓予小子以一隙之明，勉思大統，雖甚不肖，又何敢讓焉？

世進太平，天下之人人有士君子之行，此《春秋繁露》説也。士君子之行云何？《禮記·表記》云，子曰：案子謂孔子，下皆倣此。“君子莊敬日强，安肆日偷。鄭注：“肆，猶放恣也。偷，苟且也。”君子不以一日使其躬儳焉如不終日。”案儳焉，生命垂盡之貌。如不終日，言精神惰散，如死期促近，不能終竟一日也。一般人中無所存，其日常大概如此。惟君子不然。又，子曰：“仁之難成久矣，唯君子能之。鄭注：“言能成仁道者少也。”是故君子不以其所能者病人，能，謂知識技能也，下同。己之所能，用以輔人之所不及，而無自私與自矜之心，是不病人。不以人之所不能者愧人。”天下之人人，各有所能，有所不能。小人每於人之所能而忽之，於人之所不能而咎之。此人與人之間，所以難相安也。君子則不然。愧者，咎尤之或輕之也。又，子言之：“君子之所謂義者，貴賤皆有事於天下。案貴賤以事言。賤者，如煩瑣勞役。貴者，若受公衆委任，持重居要之類。天下事無論貴賤，君子處之，必無所簡擇，而爲天下事其事。所以然者，人之在天下，當各盡其力，爲衆服勤，不可一日偷安苟逸，無所酬答於天下也。天子親耕，粢盛秬鬯，以事上帝。”案當據亂世，天子至尊。及升平世，則天子有親耕之義。耕，賤役也，天子須親操之。是時天子與平民等，故不能不勞而食。又，“是故君子恭儉以求役仁，案自持以恭，不敢侮狎於人。自持以儉，不敢侵奪於人。君子如此，所以抑私欲而盡力於仁也。役者，盡力之謂。信讓以求役禮。案不信則僞，不讓則争。不自尚其事，案博學而不自炫，多能而不自矜，有功而不自伐，積德行仁而猶懼寡過未能，皆不自尚其事也。不自尊其身。”案自尊其身，則萬惡之本也。不自尊其身，則萬善之源也。佛家千言萬語，不外破我執。我執，儒者謂之己私，即此云自尊其身是也。又，子曰：“無欲而好仁者，案此中仁字，非謂仁體，乃就仁體之發用處而言。如一切愛人利人之事，皆仁體之發用也。好仁，謂好作愛人利人之事。其好之也，乃從其仁心自然之流露，非有所私欲而然，是無欲而好仁也。仁心亦云仁體。有以私欲而好仁者，如沽譽而行仁者之事，或以仁待人而期人之我報，皆是也。無畏而惡不仁者，案凡人之畏不仁者，皆有所畏。或畏刑戮，或畏清議，而因以不仁之事爲可惡。是其惡不仁，非出於内在之自覺，乃懾於外力而然也。内在之自覺，亦謂仁體。惟無畏而惡不仁，方是仁體之明，不容自昧處。天下一人而已矣。案好仁惡不仁，皆不雜於私欲，是則渾然與萬物同體。其視天下人，直若一人，未始分彼此也。是故君子議道自己，案君子謀議庶事，求其合道，必自己實踐之。而置法以民。”君子若爲社會設置共守之法，必由民衆之共公[10]意力制定之。此語已涵民主與法治精神，惜漢後儒者不悟。又，子曰：“仁之爲器重，案仁者，萬物之元，人生之本，人失之，則亡其所以爲人。故云其爲器重。其爲道遠。《正義》曰：“以廣博覆物，是爲道遠也。”舉者莫能勝也，案重故舉之莫勝。行者莫能致也。案遠故行莫能致。取數多者仁也。《正義》：“言利益於物，取數最多者仁也。”案體仁以益物，則益物之數自多。不能體仁，即自私而已，何能益物乎？夫勉於仁者，不亦難乎？是故君子以義度人，則難爲人。以人望人，則賢者可知已矣。”案以義度人者，以至高之義，嚴責於人，則人皆難如吾之所求，故云難爲人。以人望人者，因人之所能及者，而望其日進乎善，則人皆易副吾之望。可知此爲賢者之用心也。又，子曰：“君子不以辭盡人，《正義》：言君子與人交，必須驗行，不得以其言辭之善，謂行之盡善。故天下有道，則行有枝葉。案行有枝葉，謂行之茂也。天下無道，則辭有枝葉。”案辭有枝葉，謂文辭務虚華也。又，子曰：“君子不以色親人。情疏而貌親，在小人則穿窬之盗也歟？”《正義》：“君子不以虚僞善色，詐親於人。言情疏貌親，心不愨實，恒畏於人，則穿窬之盜也。”子曰：“情欲信，辭欲巧。”鄭注：“巧，謂順而説也。”《正義》：“君子情貌欲得信實，言辭欲得和順，不違逆於理，與巧言令色者異也。”子曰：“王言如絲，其出如綸。《釋文》：“綸，綬也。”案此謂言雖微，及其發出於外，影響甚大也。王言如綸，其出如綍。《釋文》綍作紼，大索。準上可知。故大人不倡游言。案游言，謂浮淺混亂之言。不出於實得，不見有義藴，不曾具條理。凡衰世之倡言者，皆如是。可言也，不可行，君子弗言也。高美之言，可出諸口，而度吾人之力不可行，則寧弗言。爲其犯言不顧行之咎也。可行也，不可言，君子弗行也。”偏畸之行，雖可行，而不可以風示衆庶，則君子必不行也。君子履中和，不貴畸行也。詳上所述，則所謂士君子之行，大端可見。群經言士君子之德者，不可勝窮。然如上所舉，已足貫穿一切義，故不備述。蓋莊敬日强以畜德，莊敬即不昏惰，不悠忽，不放恣，精神凝聚專一。故日進於剛健强盛，常創新不息。體仁同物以復性。體仁之體，謂體認之也。體認吾所本有之仁體，而保任勿失，便證知天地萬物皆吾同體，無自他之隔。如是，則超越小己，而復吾渾全之本性矣。好惡發於天真，天真故無私欲之雜，而人人相與於太和之中。言行必求相顧。言行不欺，故人人相樂於真實之宇。人各爲天下事其事，不見有可貴事而起欣，不見有可賤事而起厭，惟各勤其職，而皆有佳趣。必人人如此，世乃太平。人各出其能，以互相濟，君子不以其所能者病人，蓋盡所能，以與人相濟，而無自矜也。不以人之所不能者愧人，蓋取人之所能，而以輔己之所不能也。則我於彼之不能，無所愧咎，人亦於我之不能，無所愧咎也。人各有能，有不能，互相濟，則如百骸之在一身。各如其分，而無不足。各如其分之所應得，則彼此無不均之患，而人道太和。蓋所謂士君子之行者，雖萬德純備，難以具稱，而握其體要，略如上述。夫萬行本乎仁，立乎强，歸乎中和。中，無私也。無私，故同己於物，而物我無間，即貪嗔不作，故太和。士君子之行，如是而已。天下之人人皆如是，則大同之基已固，而太平之運日新。何事以世間爲罪惡藪，悼衆生淪生死海，將求趣涅槃，如佛氏之所爲哉？何事至此爲句。《春秋》其至矣。現代言治者，徒知注意經濟條件與社會結構之改造，而於宇宙人生之本原，漫不窮究。其視人類，直同鳥獸，不復知有内在之生活源泉，此中内字，並非與外字爲對待之詞。内不與外對，而乃曰内者，防人之誤求諸外耳。生活源泉，其充盈於吾身之内者，亦即徧在天地萬物，是乃徧爲萬有實體，而淵兮無待者也。無以名之，名曰仁體。今人既自視同鳥獸，故不能反識内在之生活源泉，習於物化故也。不復有自我之真覺。此中自我，即謂仁體，是乃泊然至寂，炯然至明，所以應萬感而起萬事者。是非善惡吉凶之幾，恒自明而不昧，雖私欲朋興，而此至明不容昧者，終未嘗不在。如雲霧四塞，而太陽自存也。仁體之明，是云真覺。凡人不務反己，便亡失真我，無有真覺。但上文吉凶二字以理言。善與是，皆當理之名，皆謂之吉。惡與非，皆不當理之名，皆謂之凶。故吉凶二詞，不同世間所云禍福，而吉自得福，凶自招禍。理實如此，無或爽者。則求其有高尚純美之行，如所謂士君子之行者，固決不可得，而人人惟挾私智，機巧變詐之智曰私智。伏殺機，以相交涉。盟好之辭，屢播而動聽。侵奪之事，厲行而無慚。弱者獻媚，圖旦夕之安。强者逞欲，忘殷鑒之戒。修羅之技彌多，修羅，魔也。蠻觸之争奚止？聖學不修，人極不立。吾於斯世，有餘恫焉。

夫教化修，人皆全其所性之正，全猶復也。而免於狂迷之行，此治本也。然亦必改造社會結構，使與大同世界相適應，而太平之治始成。《禮記·禮運》，孔子曰："大道之行也，天下爲公。"案此言天下爲一家，全人類若一體。故一切共同生活之組織，皆本天下人之公共意力以爲之，無有一人得參私意於其間者。又曰："選賢與能，講信修睦。"案大同之世，國界觀念，雖已破除，但其時全地球上，當劃分爲無數自治區，亦云治區。各治區之疆域，大概依地勢之便利與氣候之相近而劃分之。凡分區，必依其疆域大小，設爲定制，均歸一律，不可有特別過大之區。凡地勢與氣候雖相同，而地域過大，不宜僅劃爲一區者，則宜酌爲析區，使其大小合於定制。夫所以分爲衆多自治區者，因共同生活之便利，不得不有各治區之組織。而此治區之意義，只是一種文化團體而已。爲同居一地域内之民衆，有共同之結構，得以表現其公共意力而已。此等治區之性質，其截然不同乎前此之國家者，一爲對内無統治層級，二爲對外不得利用之以爲向外侵略之工具。所云只是一種文化團體者以此。每一治區，既有自治機構，則其間各部分執事者，必由區内群衆公同選舉賢能任之。任有定期，期滿改選，決無有以少數人强姦民意，而委托事權於非類者，故曰選賢與能。或問："治據亂之世，固須尚賢，至太平世，則人人之智德力宜躋平等，胡爲尚賢耶？"答曰：人之氣禀，不能齊一，雖太平世，不能謂人人之智德力皆平等也，只是其時一般社會之水平線遠高乎從前。但此時社會内之各個分子，畢竟如十指之各有短長，無法齊一。小德大德，宏材偏長，亘古難齊，惡乎平等？尚賢之說，其可非乎？又世至大同，交通盡利，遠近若一。其時全球之上，無量治區，共講信義，互修睦親，而無量治區之間，又必有聯合之總機構，庶幾全世界融通爲一體，無麻木不仁之患。又曰："故人不獨親其親。"案此謂社會有養老院，奉養老者，一切費用，公家任之，子女時入而省親。又曰："不獨子其子。"案此謂社會有慈幼院，教養兒童，其費用歸公家担負，抑或酌收其父母之費，則視治區之計政，對人民之私有財産限制如何而後定。父母隨時入院檢視。又曰："使老有所終。”案天下之老者，皆得贍養，終其餘年。又曰：“壯有所用。”案人自幼小以至成年，皆由公家設置各級學校以教育之。人各隨其資分，努力學業，而皆能成德、成材。故各以其長，效用於世，而無有暴棄不中用者。且治區之内，生産與文化各方面事業，極其衆多，人才自無曠廢也。又曰：“幼有所長。”案世至升平，早已廢除大家族制。至太平世，則人人皆有天下爲一體之觀念，無復有狹隘之個人主義，而共知有社會生活之樂。故幼孩即由公家設立之慈幼院撫育之，所以養其群性也。但慈幼院之設立，必酌其附近居民之數量，使居民距院不甚遠。爲父母者得隨時入院顧復，而親子之愛，不至疏淡。養老院亦準此例，爲子女者，必時常入院，省侍父母。孝與慈乃一切道德之根芽，不可無以養之也。又曰：“矜寡孤獨廢疾者，皆有所養。”案無婦曰矜，無夫曰寡，幼而無父母曰孤，老而無子女曰獨，及廢疾之民，皆可憫惜。社會皆有以安養之，不使一夫不得其所。又曰：“男有分。”案天下之人人，各盡其職之所當爲，各盡其能之所得爲，各取其分之所應受，故曰有分。言男者，舉男即攝女，非單就男子言之也。又曰：“女有歸。”《正義》：“女謂嫁爲歸。”案太平世，一夫一婦之小家庭，必不容廢。夫婦有别之義，無可變易。非獨道德問題，雜交亦妨生理。又曰：“貨惡其棄於地也，不必藏於己。”案一切財利資源，天然之産，極其豐富。必以人功開發之，製造之，而不可委棄於地。但財貨者，天下人之所共有也，任何人不得據爲一己之私有，故曰不必藏於己。然亦不妨許私人得有法定若干限度之財産，爲其夫婦間成立小家庭，須於經濟上由公家予以合法之獨立儲蓄故。然夫婦均死亡時，其財産全部歸公。又曰：“力惡其不出於身也，不必爲己。”案智識技能，總稱智力。身手勤動，總稱體力。故力之一言，包括智力體力二者。太平之世，人之智力彌高，其所發明與創作，愈多愈精。自然之神秘，啓發無餘，悉爲吾人效用。是時需要體力者蓋少，然人生必不可無勞作，一切事業，未可純用機械而廢四體之勤也。又世已太平，人將有樂於享受而倦於用腦者，則文化將倒退，尤當以爲大戒。故一人之身，智體二力，宜求並進，否則人類有退化之憂。故曰力惡其不出於身也。然人類自無始時來，長處衰亂之中，迷執小己，與物相競。凡所以運其體力智力者，皆爲小己之私利而已。雖有君子導之於禮，漸化其私，而致小康，進至升平，無奈其爲己之私，積習甚深，不易拔除。及世進大同，人之爲學，不僅馳於知能之域，乃有以超知能，而盛發其智慧，不僅明徵萬事萬物之理則，乃深窮造化真源，而實證天地萬物皆吾一體。人之脱然超悟至此，於是其智力體力之用，皆爲衆生之福利計，非爲小己之私也。故曰不必爲己，然衆生爲全體，而一己則全體之分，猶手足爲全身之分也。全身利，而手足有不利乎？今之科學家發明戰具，乃以其智力用之於爲一己，及己之國家與族類，其所爲終不出乎己。慘毒極，亦迷闇極矣。此非科學之咎，乃僅恃科學而不知更有窮本究元之學，所以有斯咎也。力惡其不出於身，而不必爲己，則盡人皆士君子也，皆聖也，皆佛也。此世之所以太平歟！又曰："是故謀閉而不興。"案天下皆仁人，一心一德，更無有懷野心、興姦謀者。又曰："盜竊亂賊而不作。"案侵略他人或他群之財富與領土者，均謂之盜竊。逞獸慾，運姦謀，而禍天下者，均謂之亂賊。今德、倭雖敗，而天下之爲盜竊亂賊者，猶實繁有徒也。太平未卜何時也。又曰："故外户而不閉，是謂大同。"案《禮運》此文，蓋《春秋》太平之義，經七十子後學傳授，而戴氏録之於此。《論語·公冶長篇》：子路曰："願聞子之志。"子曰："老者安之，案使天下之老者，皆有所養。朋友信之，舊注：朋友是同輩之人。案即天下人講信修睦。少者懷之。"案即使天下之幼者，皆有所長。詳此所云，與《禮運》之理想適合，但辭稍略耳。又子路曰："願車馬，衣輕裘，與朋友共，敝之而無憾。"即貨不必藏於己意思。顏淵曰："願無伐善，朱注："伐，誇也。善，謂有能。"無施勞。"案施，謂有功及人，便居功而自張大也。勞，謂有功。即力不必爲己意思。凡人所以伐善施勞者，因人類自無始時來，其力皆以爲己，故有能即自誇，有功即自張大。伐與施，正從爲己之心發現，此心是萬惡之根。若今世侵略者，禍及天下蒼生，無非自伐其能，及欲爲自己之國家立功，以自誇大而已。顏子願無伐無施，便將爲己之私克盡。程子曰："子路、顏淵、孔子之志，皆與物共者也。"又曰："顏子不自私己，故無伐善。知同與人，故無施勞。"從來鄙陋之徒，不通《春秋》，至有妄疑《禮運》，而以爲漢人竊道家或墨家之旨，以托於孔氏者，信乎夏蟲不可以語冰也。墨氏兼愛兼利之義，實本於《春秋》，然但承此原則而已。其於太平世爲治之規模與條理，墨氏蓋未之究也。道家厭文明，而懷想上古未開化之社會，以爲渾樸。此與《春秋》主進化意思，根本不同。且道家本個人主義，只不以己宰物，而實不知同己於物，即於物無互助輔相之功。故道家任自然，不務改造社會，其於社會生活之觀念實薄弱。《禮運》太平之治，恰與老氏主張相反，何可混爲一談？

《春秋》之土地政策，頗主張井田制。後世私有制，有兼并之患，《春秋》蓋已深防之。宣十五年，"初稅畝"經，時宣公新令，蓋遣吏按行民田，擇其谷最好者稅取之。何氏注曰："民以食爲本也。夫饑寒並至，雖堯舜躬化，不能使野無寇盜。貧富兼并，雖皋陶制法，不能使彊不陵弱。是故聖人制井田之法而口分之。一夫一婦，受田百畝，以養父母妻子。五口爲一家，案此規定五口爲一家，若一丁壯，有父母及妻，共四口，如生一子，即共五口，合爲一家。其多於五口者，名餘夫，詳在後文。公田十畝，即所謂什一而稅也。廬舍二畝半，凡爲田一頃案百畝爲一頃。十二畝半，八家而九頃，共爲一井，故曰井田。廬舍在内，貴人也。案以人爲重也。公田次之，重公也。私田在外，賤私也。案私田，謂八家各私得百畝。井田之義，一曰無泄地氣，二曰無費一家，案八家均力合作。三曰同風俗，四曰合巧拙，五曰通貨財。因井田以爲市，故俗語曰市井。案八家共井，互通貨財而立市，猶今之合作社也。種穀不得種一穀，以備災害。田中不得有樹，以妨五穀。環廬舍種桑荻雜菜，畜五母鷄、兩母豕，瓜果種疆畔。女工蠶織，老者得衣帛焉，得食肉焉，死者得葬焉。多於五口，名曰餘夫。餘夫以率受田二十五畝。案餘夫是廿九以下，未有妻室，故受口田二十五畝。有妻室，即另立家。十井共出兵車一乘。司空謹别田之高下善惡，分爲三品，上田一歲一墾，中田二歲一墾，下田三歲一墾。肥饒不得獨樂，墝埆不得獨苦，故三年一换主易居，財均力平，兵車素定，是謂均民力，彊國家。在田曰廬，在邑曰里。案《周禮》四井爲邑。一里八十户，八家共一巷。中里爲校室，選其耆老有高德者名曰父老，其有辯護伉健者爲里正，皆受倍田，得乘馬。父老比三老孝弟官屬，里正比庶人在官吏。民，春夏出田，秋冬入保城郭。田作之時，春，父老及里正旦開門，坐塾上，晏出後時者不得出，暮不持樵者不得入。五穀畢入，民皆居宅，里正趨緝績，男女同巷，相從夜績，至於夜中。故女功一月得四十五日作，從十月盡，正月止。男女有所怨恨，相從而歌，饑者歌其食，勞者歌其事。男年六十，女年五十，無子者，官衣食之，使之民間求詩，鄉移於邑，邑移於國，國以聞於天子。故王者不出牖户盡知天下所苦，不下堂而知四方。十月事訖，父老教於校室，八歲者學小學，十五者學大學。其有秀者移於鄉學，鄉學之秀者移於庠，庠之秀者移於國學。學於小學，諸侯歲貢小學之秀者於天子。學於大學，其有秀者，命曰造士。行同而能偶，別之以射，然後爵之。士以才能進取，君以考功授官。三年耕，餘一年之畜。九年耕，餘三年之積。三十年耕，有十年之儲。雖遇唐堯之水，殷湯之旱，民無近憂。四海之内，莫不樂其業。”

如上所述，井田之法，蓋由據亂進升平之治，去《禮運》太平大同之治蓋甚遠。如國界，及君主，與兵戎之事，皆未能除之。此其顯異者。其規模頗類今之所謂集體農場。如採其精意，變而通之，以行於今，務求切合時宜，則社會無兼并之患，農民免於窮厄，而世運進於升平矣。何休之注，蓋得自胡毋、董生之傳。《繁露》多殘缺，今難考其詳。胡毋承公羊壽，以口義著竹帛時，亦有略而不詳。又由《演孔圖》以異説媚漢。可知《公羊》家鑒秦之禍，其於《春秋》之非常異義，及所以反古之弊政，而爲後世制法者，蓋多避而不載。故口義流傳，間有散見他籍者。如《禮運》大同小康諸義，顯爲《春秋》家言。何休此注，自是《公羊》家世傳之説，然亦見《漢書·食貨志》及《韓詩外傳》。蓋《春秋》口義之流佈廣矣。其與《孟子》談井田之制，同井之民，“出入相友，守望相助，疾病相扶持”云云，《滕文公篇》。適相映證。孟子之時與地近聖人，又深於《春秋》之學。《公羊》口義流傳，竟與孟合，則井田制爲《春秋》經之理想，非秦、漢間儒生倡説，甚明矣。

《春秋》張三世，其蘄向在太平，而於治據亂與升平之法，則言之甚悉。太平不可驟幾，其進必以漸也。據亂世，書内離會，内者，據魯對列國言，則魯自爲内。當據亂世，凡魯君與他國之君會者，則書以示戒。離與會異者。二國會曰離，二人議事，各是所是，非所非，無從取决，故言離也。三國以上始言會，三人議，則從二人之言，故云會也。明立國之道，貴内自治，不可虛内而務恃外好。何氏注於隱二年"春，公會戎於潛"經，特發斯例。蓋本胡毋子都條例，非邵公創解也。何氏《自序》，稱略依胡毋生條例。王船山《春秋世論》據此例意，以論當時鄭國之得失，可爲千古道國者之金鑑。《論語》："道千乘之國。"道，治也。國民皆有自治其國之責，而在政治與社會各方面居領導地位者，其責尤重。其説曰："有道而恃有道者，安。"案如升平世，大國能秉禮義，戒侵略，而弱國亦知勵精圖治。其時弱小之恃强大，可謂以有道而恃有道也。弱國内有所自恃，其外所恃之大國，亦復可恃，故弱小之國可安。又曰："不能有道而恃有道者，弱。"案如春秋時，齊、晋諸强，能尊中國，攘夷狄，猶不失爲有道。其時中原諸國，皆不能有道，而恃齊桓、晋文以圖存者也。然内無以自恃，徒虛内以恃外好，終於微弱而已矣。又曰："無道而恃無道者，必於亡。"案如戰國時，六國皆不務自治，又於同盟不能互以信義相結，是無道也。當時六國各欲自屈而事無道之暴秦以圖存，終亦必亡而已。又曰："無道而不恃無道者，僅以存。"案無道而值侵略者横行之世，未有能存者也。然能不割己之疆土與利源，以奉之侵奪無恥之强暴，妄冀博歡，而恃以偷旦夕之安也，則亦有僅存之道焉。"故恃人者，不如恃己。恃己之勢，雖無道而不亡，況有道乎？鄭入春秋之始，彊國也。厲公不振，恃宋而始羸。既偪於楚，恃齊而始毁。齊失其怙，恃楚而始破。晋争之楚，恃晋而幾亡。晋與楚争鄭，鄭人恃晋之能庇己也，乃不可恃而幾亡。鄭之弱以嚮亡者，百二十年。君勤於内，臣勤於外，政粗修，民粗睦，然而無以自救，蓋百二十年，鄭無一日而釋人之恃也。言其唯以恃人爲務，而終不釋此恃人之一念也。孔子稱鄭國謹於外交辭令，蓋有以也。恃之不可，無已而競。或曰：競非保國之道也。晋定楚昭之世，鄭南競楚而滅許，北競晋而聯齊，民勞國敝，介然僅存。而與二大競，疑其必亡矣。而鄭乃歷百年而始滅於韓，奚以支持百年之久耶？曰：競之害，不若恃之烈也。所惡於競者，恃於此而競於彼也。吃緊。恃於此，役於此矣。恃此而競彼，所競無能。注意。勝其所恃，强固必勝之氣，只在吾所恃之友邦耳。而洩於恃者矣。恃人者無自固之氣，徒欲恃人，其氣早已洩盡無餘，爲死灰，爲槁木，猶望其有生人之氣乎？不競而恃，與有恃而競，其亡一也。此千古定論。夫無恃而競者，其猶有自競之心乎！能自競，則人莫予侮也。故鄭之將欲貳晋而先背楚，殆乎亭亭以立，而有生人之氣矣。晋失其霸，貳之得也。唯惡夫恃無道之楚以貳晋也。背楚以鉗天下之口，然後貳晋以長自立之勢，齊不能不許之從，魯不能不中輟其兵，鄭乃以自爲鄭而行其所欲，孰能喪之？故無道而不恃人，猶救乎亡。有道而不恃人，不僅以安。《詩》曰‘不聞亦式，不諫亦入’，文王之德也。令聞直諫之不恃，奚况於彊有力之相庇者乎！”船山此論，盛發《公羊》之藴。自古有國者，虚内而結好於外，將恃以不亡，則其亡可立而待也。恃人者，無論恃一二强國，或結好於數强之間，要皆速其亡。惟卓然求内有以自恃，而不予人以可乘之隙。國權所在，據理力争。争之不得，終不獻賂。彼侵略者，雖强力侵奪，亦必犯世界之忌，而有多行不義必自斃之日矣。且恃人之患，不獨執政者宜戒，凡在下而領導群衆者，尤貴自立自主，而不可有恃人之一念也。《春秋》炯戒昭然，今人奈何不省？

徐《疏》云：《春秋》經與傳，數萬之字，論其科指意義，實無窮。然撮其論治之要，必在計政調均。計政一詞，從嚴又陵譯《原富説》。《春秋繁露·度制》云：“孔子曰：‘不患貧，而患不均。’”案今世界上多患貧之國，實由侵略者以弱國爲魚肉，而財利無從均故也。又如一國之内，官僚資本主義盛行，壟斷全國之利，則其人民必貧不聊生，而禍至於亡國。故聖人極言貧不足患，而患在不均，誠以救貧莫急於均也。不均，則生産終操於侵略者之手，而貧者何從得救乎？又曰：“故有所積重，則有所空虚矣。大富則驕，太貧則憂。憂則爲盜，驕則爲暴。此衆人之情也。聖者則於衆人之情，見亂之所從生，故其制人道而差上下也，使富者足以示貴而不至於驕，貧者足以養生而不至於憂。以此爲度而調均之，是以財不匱而上下相安，故易治也。案治起衰亂之中，必使貧富不甚懸殊。則升平之治，更無貧富不均之患矣。太平世，天下爲公，如《禮運》説。《春秋》之道，所以通萬世而不可易也。今世棄其度制，而各從其欲。欲無所窮，而俗得自恣，其勢無極。大人病不足於上，案大人謂君主。富者專國之利，則國家亦貧於上，大人病之也。而小民羸瘠於下，則富者愈貪利而不肯爲義，貧者日犯禁而不可止，是世之所以難治也。孔子曰：'君子不盡利以遺民。'案此中君子謂在位者。盡有其利，以遺棄人民，則君子所不敢爲也。《詩》云：'彼有遺秉，《傳》云："秉，把也。"五谷收成時，富農常以谷草成把，遺置田中，待寡婦取去也。此有不斂穧，穧，穗也。不斂謂不收之，亦遺也。準上可知。伊寡婦之利。'彼此之遺秉與穗，皆聽寡婦取之以爲利也。故君子仕則不稼，仕者有俸禄，故不可與民争田也。田則不漁，田獵，則不可更争漁人之利。食時不力珍。《禮記》注：食時，謂在上位者食四方之膳。不可力致珍貴，防其逞嗜欲，而將奪民食也。大夫不坐羊，士不坐犬。《孔子閒居》疏："言大夫不得無故殺羊坐其皮，士不得無故殺犬坐其皮。"案晚世在位者，淫侈無度，賄賂公開，國貧民斃，然後知《春秋》制法之嚴，爲官僚資本主義立之防也。《詩》曰：'采葑采菲，無以下體。《孔子閒居》注："采葑菲之菜者，采其葉而可食，無以其根美，遂並取之。並取之，是盡利也。"德音莫違，及爾同死。'以此防民，民猶忘義而争利，以亡其身。天不重與，有角不得有上齒。《戴記》"戴角者無上齒"，天不重與，此一證也。故明聖者象天所爲，爲制度，使諸有俸禄，亦皆不得與民争利業，乃天理也。凡百亂之源，皆出嫌疑纖微，以漸寖稍長，至於大。吃緊。聖人章其疑者，别其微者，絶其纖者，不得嫌，以早防之。聖人之道，衆隄防之類也。謂之度制，謂之禮節。案度制、禮節，所以酌乎群己之間而立之準。察諸日用之際，而求其中也。若去其度制，使人人從其欲，快其意，以逐無窮，是大亂人倫，而靡斯財用也。"案《大學》言理財，主張爲之者疾，用之者舒，此固《春秋》之旨。而董子於此，以節欲爲言，非與《大學》反也。夫生産技術日益發明，則爲疾不待言。而人類之衣食住行，亦緣生産技術進步，而享受特異於昔，用乃大舒。人固不當反進化，而求復上古之陋也。然董生言節欲者，用舒之樂，固隨人群進化而日增，但一己自律之道，要不可過於其時群衆之所享受，而窮奢極欲。故節欲之義，不以時代進化遂可廢。董生所以發明《春秋》之旨者如此，固未始與《大學》有異也。詳上所述，《春秋》理天下之財，以均平爲不可易之定則，故在位者不得與平民争利。井田之制定，則兼并不待禁而自絶。商賈有壟斷之禁，孟子深於《春秋》，而惡商賈壟斷。國營事業漸興，而百工弗病矣。馴至太平，國界種界，俱已泯滅。天下之利，歸之天下之人人，而無有一夫得自私者。自然祕藏大闢，財貨已富有日新，將來科學進步，對於物質界之發明，當有以備足人類生養之需要，非若現代多注意於武器也。《易》言開物成務，《論語》言足食，貨無委棄盡力以開天地之利。而不以爲己，力無不盡力，賅智力體力二者。而不以爲己，上二語，用《禮運》義，而稍變其文。天下是以至均而太和也。

《春秋》由據亂開升平，盛張民族主義，要在合諸夏，以攘夷狄。諸夏夷狄二詞之義界，前文已言之。然其辭頗簡，恐學者弗深究也，今更詳之。原夫《春秋》之言民族，不以種類爲分别，而實以文野爲分别。今世以同種類者爲同一民族，其不同種類者即爲異族。此實最狹陋之觀念，而與《春秋》之所以分别民族者，其意義絶無相似處也。《春秋》立乾元，爲萬物始，《春秋》始於元，元即《易》之乾元，前文屢言之。即天地萬物本一體，奈何人類而妄有種類之見，自生畛域乎？今人誤解《春秋》，以諸夏爲五帝三王貴冑，即所謂漢族之目，以夷狄爲諸異種之名。此其説，明與《春秋》相反。夫吴人仲雍之後也，越人夏少康之後也，楚人則文王師鬻熊之後也，姜戎是四岳裔冑，白狄、鮮虞是姬姓，此皆非與諸夏爲異種者，而《春秋》皆斥爲夷狄，何耶？須知，《春秋》言民族，本無狹陋之種界觀念，種界者，妄分同種與異種，而存界域之謂。而實以文野分别之。文者，文明。野者，野蠻。文明者，非徒以其知能大進，富於政治與文化各方面優越之創造已爾，而其特長在有禮義。禮義者，仁之發也。仁者渾然與萬物同體，故凡所施爲必一由乎禮。禮者，理也。吾人之本心，元是萬理具備，而與萬物相流通，無隔閡也。故己好生，而亦知人之好生，自不忍傷之也。己欲衣食，而亦知人之欲衣食，自不忍奪之也。此即吾心自然之理也。推此而言，凡一切對人待物，而有所不忍於放肆以傷物者，皆吾心自然之理也。故理者，吾心也。而禮，即吾心之隨感而發，非從外立法强行之也。故曰理[11]者，理也。理之發現，乃自覺也，自動也。唯克去私欲之蔽，而後有此。亦必一裁以義。義者，吾心自然之制裁也。私欲起，則利己以侵人，而萬事皆失其宜。然吾之本心，自能照察私欲而制裁之，以正己而求合乎事之宜，所謂義也，此即吾本心之自覺自動也。故夫敦禮守義，所以超越小己，而復其渾全之性，發揮絶對精神。絶對精神即是渾全之性。此唯證到天地萬物一體者，乃識此精神耳。黑格爾言絶對精神，而猶有德國民族優越之私見，非真能識得絶對精神者也。希特勒輩之狂馳，亦誤受其影響也。中國人庶幾此境地，中國人自昔以來，便由自明自誠工夫而悟到渾全之本體，故能克己私，而有天下一家之量。不似現代諸民族咸有狹陋之種界觀念。今外人之來吾國者，皆能感到吾國人對彼等毫無猜防之情。《春秋》借中國人以明升平世，禮義之民族當如此。故稱之以諸夏。夏之爲言大也，大其能去己私而敦禮義也。凡有禮義之民族，即皆是文明民族，而皆謂之諸夏。若其無禮義者，雖知能甚高，而政治與文化各方面之創造力甚大，如楚人者，但因其習横暴，好侵略，《春秋》猶以夷狄斥絶之，况其遠下於楚人者乎？總之，《春秋》於升平世，分别民族，只依其文野，判爲諸夏夷狄二類。夷狄凶狡，無人道，同之鳥獸。諸夏則隆禮義而立人極者也。夷夏之分，乃人禽之界，此不可不嚴也。若夫以同一種類爲同一民族者，同一種類者，即同血統之謂。此乃極狹陋之種界觀念，迷生人之性，迷者，不解悟之謂。人皆禀乾元以爲性，本無彼此之分也。啓争亂之端，妄分同種異種，争端遂啟。則不通《春秋》之過也。

古者中國，本合諸夏、四夷而爲一大聯合國。當時之所謂四夷，東包括今中、蘇連壤濱海之地，及今朝鮮、臺灣、琉球等地，皆曰東夷。日本則外藩也。西有中亞細亞，接印度，皆曰西戎。南轄馬來亞及南洋群島，皆曰南蠻。北有西伯利亞等地，皆曰北狄。四夷之地甚遠，其部落亦極多，皆統屬於中國，但以其不崇禮義，故斥爲夷狄，示不與同中國之意。實則，其人皆中國人，其地皆中國之地也。如吴、楚，本中國也，而《春秋》視同化外，其他可類知。故《春秋》於夷狄之進於禮義者，則復中國之。中國之者，猶云承認其爲中國人而禮敬之也。《繁露・竹林》云："《春秋》之常辭也，不予夷狄而予中國爲禮，至邲之戰，偏然反之，何也？案宣十二年《經》："晋荀林父帥師及楚子戰於邲。"《傳》："大夫不敵君，此其稱名氏以敵楚子何？不與晋而與楚子爲禮也。"注："不與晋而反與楚子爲君臣之禮者，以惡晋也。"曰：《春秋》無通辭，從變而移。今晋變而爲夷狄，楚變而爲君子，君子者，中國人之稱。故移其辭以從其事。辭有改移，從其事實也。夫莊王之舍鄭，莊王伐鄭，已下之矣，乃得而不取，舍之而去。有可貴之美，不取鄭國爲己有，是其崇禮義，可美也。晋人不知善，而欲擊之。莊王既舍鄭而去，晋人不當復與楚挑戰也。今乃不知善，而欲擊莊王之師。所救已解，如挑與之戰，晋人救鄭未及也。莊王攻鄭已下之，竟舍而不取，則晋之所救已解矣。乃復與楚挑戰，是無義也。宣十二年傳："既則晋師之救鄭者至，曰：'請戰。'莊王許諾。將軍子重諫曰：'晋，大國也，王師淹病矣，請勿許戰。'莊王曰：'弱者吾威之，彊者吾避之，是使寡人無以立於天下。'遂令還師而逆晋寇，晋軍盡覆。"此無善善之心，而輕救民之意也。晋人所以變爲夷狄。是以賤之，而不使得與賢者爲禮。"據此，可知楚國本大中國之一部分，但以其逞侵略而斥之，既進而有君子之行，則復許爲中國人。四夷皆同此例。《春秋》借此此者，謂古代中國對屬地即四夷之民，無禮義則斥之。及進於禮義，則與諸夏同爲中國人，一律平等。以明升平世，雖分别全地球上民族爲夷、夏二類，然夷族如進而有禮義，則當與夏族同等，不可復殊外之也。殊外之，猶云斥絶之也。此升平進至太平之治也。

太平世，天下之人人，皆有天地萬物一體之量。蓋皆有以反己，而證悟其本有渾全之性體，故能超越小己，而冥於無待也。此等境界，絶非意想安立，乃法爾本然。法爾猶言自然，非由意想安立故。本然者，猶云本來如此。更非如赤子之渾沌，若不能分别物我者。孟子言"大人不失赤子之心"，非謂大人之心，果如嬰孩之渾沌不自覺也。蓋言其明覺冲湛，而不起私意，故以赤子之心形容之耳。赤子無作意故。若誤解此言，將謂孟子以大人之生活，同於原始人，則鑄九州鐵，不足成兹大錯。孟子言思誠，言明物察倫，豈謂大人之心果如赤子耶？唯其反躬察識，即本心有自識之用，洞明自己本性，與天地萬物真元，實爲渾一而不可分之全體。易言之，即實證天地與我並生，萬物與我爲一，借用《莊子·齊物篇》語。此其與群生痛癢相關之情，自發於不容已。不容已，略有二義：同體故發不容已，真實故發不容已。明儒耿天台之學，以不容已爲宗，至可玩。而一切相生相養之事，自當隨時改善，以協於大中，而成其太和。《春秋》制萬世法，而始於元，所謂本立而道生也。

據亂之世，善爲國者務内治。然列國之君，或行獨裁，以毒其民，或懷侵略野心，征戰無虚日。人道之至慘也。及治進升平，人民皆自覺，自治，自主。對内，則限制君主之權力，使不得鞭笞百姓而恣意於其上。如争之不獲，則不惜流血以得之。如文十八年《經》："莒弑其君庶其。"《傳》曰："稱國以弑何？稱國以弑者，衆弑君之辭。"何氏注曰："舉國，以明失衆，當坐絶也。"詳此所云，蓋以人民久受專制之毒，宜行革命，以争自由。穀梁氏雖未達三世義，而其尊重人民公共意力，以除暴亂，則猶承《公羊》之旨。如隱四年《經》："九月，衛人殺州吁於濮。"《穀梁傳》曰："稱人以殺，殺有罪也。"案稱國人，以明衆討之也。莊九年《經》："春，齊人殺無知。"《穀梁傳》曰："稱人以殺大夫，殺有罪也。"文九年《經》："晋人殺其大夫士穀及箕鄭父。"《穀梁傳》曰："稱人以殺，殺有罪也。"大夫盗柄禍國，人民必共起而殺之，所以伸衆討，警獨夫竊權壞法，而固民主之基也。治近升平，人民皆能自覺，自主，必不容梟桀弄權，敗法亂紀。其治内既莫不詳正，事無不舉曰詳，法無稍枉曰正。而其對外，則以講信修睦爲務，以共存共榮爲志。故凡梟桀之徒，懷野心而啓侵略，將煽惑民衆，以供其驅役而恣其冥行者，每爲有覺悟之群衆所不許。今德之希特勒、倭之軍人，得利用民衆，以從事侵略而禍天下，以自取覆亡者，正由其民衆不覺悟故耳。如宣十五年《經》："夏五月，宋人及楚人平。"《傳》曰："外平不書，平者，和平也。外國和平之約，無關魯國内事者，每不書。此何以書？大其平乎己也。”何氏注曰：“己，二大夫。”案二大夫，謂宋華元、楚子反也。事見前。宋、楚交戰，楚軍糧將盡也，宋人至易子而食，戰禍深矣。二國之民，何爲而自毁如此？必將覺悟其爲當國者逞欲所致，而有悔禍之心也。故華元、子反能以己順從二國民意，而成平約。此《春秋》所以大之也。

《傳》又曰：“其稱人何？貶。曷爲貶？平者在下也。”何氏注：“言在下者，譏二子在君側，不先以便宜反報，歸美於君，而生事專平，故貶稱人。”案何注曲解《傳》意。《繁露·竹林》明子反之行，不當以常禮責。《韓詩外傳》嘉華元之誠，何得以輕君貶之乎？夫《傳》言貶者，非貶二大夫之專平也，乃貶二國之君，未能修睦於平時耳。《傳》曰：“平者在下也。”明此平約，乃二國人民之公意，而戰禍實由二君開之，故言平者在下。而二君爲戰禍主犯不待言，以是知貶二君也。《經》書“宋人及楚人平”，人者，衆辭。謂二國之民衆也。此明升平世，各文明國之民衆，皆尚平等互惠，賤侵略之行，而於當國者之妄啓戰禍，必有以抑制之，使不得逞也。凡梟桀之徒，嘗利用國家爲其向外侵略之工具，而驅役民衆，以從其欲。及戰禍一開，天地成慘毒之場，人類有毁滅之痛，竟不知其何爲如此。唯民衆皆能自覺，自主，而後梟桀者無所施其技。《春秋》於宋、楚之平，而書宋人楚人。明其爲二國民衆公共意力之表現，即隱貶二君，所以爲升平示範也。《春秋》全經，皆是借事明義，已如前説。當時宋、楚之民，實不必能自覺自主，而《春秋》特借此事，以明升平世各文明國之民衆當自覺自主耳。世近升平，近者，未進而將進之辭。各國民衆，進於文明者日多。所謂文明，即指能崇禮義，不止富於知能及創造力也。他處倣此。易言之，即諸夏民族，漸有興起。然夷狄之國，即其民衆，爲夷狄民族。雖有知能與相當創造力，而專趨凶狡，凶者，殘酷險忍，無有仁心。狡者，變詐無恥，不顧信義。同於鳥獸。此等民族，常以侵略他國爲事，而弱小國家，首蒙其禍，諸夏常有不支之勢。故《春秋》治升平，有大法四：一、奬諸夏能持霸權，以制夷狄；

二、誅戰禍罪魁；三、獎夷狄能慕禮義者，同之諸夏；四、罪弱小不自立者。

云何獎諸夏霸權？升平將進、據亂未離之際，夷狄方以凶狡橫行，危害人類。諸夏之族，若非互相結合，以强大武力制止夷狄之行，若非二字，一氣貫下。則夷狄獸慾，未有饜足，人相食之禍，無已止也。故諸夏馭夷狄，不宜退讓，而當持霸權，以威服之。《春秋》假齊桓、晉文之事，以伸霸權，明升平世，賴諸夏存霸統也。莊十三年《經》："春，齊侯、宋人、陳人、蔡人、邾婁人會於北杏。"《傳》曰："齊桓行伯，約束諸侯，尊天子，故爲此會也。"案夏、商、周王朝，爲諸夏與四夷萬國所共戴，王朝殆猶一大聯合國然。天子，即聯合國之首長，是乃統馭夷夏萬國，使强無侵弱，衆無暴寡，智無欺愚。故天子失其尊，即萬國相爭亂。齊桓尊天子，即重聯合機構之權力，以便統馭。又曰："桓公時未爲諸侯所信嚮，故使微者會也。案宋以下，均稱人，蓋宋及陳、蔡諸國之君，皆未親蒞，僅派微者來會。時桓公之功未著，故未爲諸侯所信任歸嚮。桓公不辭微者，欲以卑，下諸侯。言桓公願自卑，以下於諸侯，故諸侯雖以微者來會，亦不辭也。遂成霸功也。"桓公能修禮讓，卒得諸侯信嚮，而成霸功也。莊三十年《經》："齊人伐山戎。"《傳》曰："此蓋戰也，何以不言戰？《春秋》敵者言戰，桓公之於戎狄，驅之爾。"案胡康侯以《經》書齊人爲貶辭，足爲好武功之戒。宋人奴於夷者久，其無知宜然也。夫子稱管仲之仁，而曰"微管仲，吾其被髮左衽"，豈以勤遠略貶之耶？《傳》有曰："其稱人何？貶。曷爲貶？子司馬子曰：'蓋以操之爲已蹙矣。'"何注："迫殺之甚痛。"據此，則稱人者，貶其殺戮過甚。然何注迫殺之云，實無所據。且戎不重懲，終爲諸夏患，子司馬子之説似未符經旨。余謂：人者，衆辭。《經》不斥言齊侯，而舉士衆者，蓋以禦侮捍患，出自國民公意，非由國君好武功也。《經》書齊人，大齊人之能自衛，亦以賢桓公也。僖四年《經》："楚屈完來盟於師，盟於召陵。"《傳》曰："屈完者何？楚大夫也。何以不稱使？尊屈完也。曷爲尊屈完？以當桓公也。其言盟於師，盟於召陵何？師在召陵也。師在召陵，則曷爲再言盟？喜服楚也。何言乎喜服楚？楚，有王者則後服，無王者則先叛，夷狄也，而亟病中國。南夷與北狄交，中國不絶若綫，桓公救中國而攘夷狄，卒怗荆，卒令荆楚怗服也。以此爲王者之事也。”《漢書·韋玄成傳》：“《春秋》紀齊南伐楚，北伐山戎。孔子曰：‘微管仲，吾其被髪左衽矣。’是故棄桓之過，而録其功，以爲霸首。”如上所述，齊桓領導諸夏，以成霸功，四夷率服，諸夏之國，亡者得存，危者得安。《説苑·尊賢》云：春秋之時，衆暴寡，强凌弱，南夷與北狄交侵。桓公三存亡國，一繼絶世。《春秋》大其功，以爲王者之事，參考《繁露·王道篇》。其寄意深遠矣。夫夷狄横行，則諸夏不可不互相結合，互相振厲，以持天下之霸權。不可二字，一氣貫下。齊桓先修内治，參考《國語·齊語》及《管子》。而始爲北杏之會，以禮讓結合諸夏之國，此桓公霸業所由立也。桓公既没，而晋文嗣霸，諸夏賴以安者數世。其後悼公嗣業，終無遠略，偷以自保。悼公無能爲於楚，而僅争之鄭，又無能爲於鄭，而自疲其師，於是有偷安之志，無勤遠之圖。霸不足以霸，而諸夏自是無霸。列國皆失其政，盜竊起於内，鄭殺三卿，衛殺縶，陳殺夏區夫，乃至蔡殺君，魯竊宗器。八十年之中，盜横行於朝市，而諸夏之勢危矣。於是夷狄起而乘之，吴、越咆哮東南，吴、越，皆夷狄之狂狡者也。以迄乎虎狼之秦，遂吞六雄。秦乃夷狄之最凶者。而諸夏盛時政俗之遺，與學術文化之優美，悉爲夷狄暴力所毁滅。中國至今不振，已二千餘年。霸統失，而生民之禍日亟。《春秋》所以寄意於桓、文歟？夫霸之爲霸，一，修内治以勤遠略。修内勤遠，二者互相因也。内治不修，則不可以勤遠略。無遠略，亦不可以修内治。晋自悼公失霸以後，君偷而臣竊，目光不及遠注，遂至分離而亡。吾國革命以來，蕭牆之憂無已。人皆近視故也。二，依禮讓以固盟好。霸者之志，在攘斥夷狄凶狡之行，故於諸夏列國，互修盟好。而盟好所以不渝者，則以能依禮讓故也。如莊十三年，桓公與魯侯盟於柯，魯大夫曹子劫桓公還魯之失地，此要挾之盟，可背也。而桓公竟還魯地，其崇禮讓如此。今之列强，有不奪弱國之領土者否？三，重民意而整武備。如管仲治齊，地方之治最發達，人民得表達其意志，不受摧折，武備足用，恃民意耳。後世反民意，而治軍以擁護個人，則亂亡而已矣。四，矯迂緩而佑法治。王道之末流，未免迂緩，迂緩則百弊叢生矣。故魯國秉周禮而其後不振。霸治非背於王道，但以法治佑助之，救其末流之失耳。細玩《管子》書，便識此意。或曰：《管子》書，僞托也。”答曰：此書所載，皆本管子之行事與其思想，自是管子後學爲之。五，保弱小以禦侵略。王船山《春秋世論》曰：“無小國，則少數大國對立。少數大國對立，則相逼而互以相亡。故君子治三代之衰，尤爲小國念也。小國之羸，則既不足以自存矣，於是因人以存，又不必因者之可怙也。求怙無補，猶免於亡，君子之所弗責。求怙而適以亡於所求者，君子之所恥。”案吾國今日，非小也，而弱也。弱而求怙於人，亦不可不慎乎！夫霸者倣道而行，以攘斥夷狄侵略爲志者也。故於弱小國家，必保全之，使列國之間，大小相維，而無相侵逼，天下有文明之休矣。齊桓北伐戎，南怗楚。晉之霸也，西拒秦，南亦禦楚。諸夏弱小之國，皆賴以安。六，崇仁義以別鳥獸。夷狄凶殘不仁，狡詐無恥，鳥獸類也。孟子稱霸者假仁義，假者假藉，謂其非中心安仁，乃强行仁義之事，藉以服人，故謂之假。晚世侵略者或標美名，而務行侵略之實，則霸者所不忍爲，且不屑爲。故霸者存人道於幾希，以自別於鳥獸，至可尚也。霸統滅，而後夷狄横行，人盡爲禽，是不如天傾地覆之爲快也。綜上六義，霸之爲道也，雖未臻乎王，王道者，仁道也。仁道如天地，無物不覆載也。其生生之德，隨處充周，皆真實之極，不容已也。霸者之道，何堪語此？而在離據亂、進升平之期，則諸夏不可不力行霸道，堅握霸權，以統馭夷狄。則諸夏三字，一氣貫下。是固理有當然，勢所必至，天地鬼神不能逆此理勢也。孟子、董生並善《春秋》，而皆於霸抑之太甚。今古群儒，奉爲定論。自漢迄今，二千餘歲，天下無霸，遂長爲夷狄盜賊交擾之局。漢之高、文、武、宣、光武、明、章，唐之太宗，明之太祖、成祖稍振霸權，而皆霸道不備，如前所説，民意及法治等，最爲霸道之本，漢以來全失之。然漢較盛者，則地方之治，稍有晚周列國遺意耳，民意阻遏，未若後世之甚。其興也勃，其衰也忽。漢、唐、明之霸皆不久。而唐只太宗一代，其後藩鎮之局，皆夷狄盜賊横行耳。嗚呼！霸道亡，霸統絶，而吾民族蹂躪於獸蹄鳥跡之下者，蓋二千餘歲矣。以此而當現代之局，欲其力足以勝之，而免於昏迷也，何可能？何可能？余少革命，而才非應期，卒棄黨政，畢志學術，然後痛吾夫子之道亡也，六經早絶也，真儒未嘗有也，《春秋》之學不傳也，霸道不明也。群二千餘年之學者，從孟而鄙霸，既不通其道，而遂不肯究也。余十歲趨庭，受四書。先君其相公曰："《孟子》言霸，與《論語》説齊桓、管仲之意殊不合，甚可怪。小子識之。"未久，先君棄世。不肖弗敢忘，久而後有悟，以爲庶幾吾父之意也。宋之治，開端已陋，遠遜漢唐。宋人眼光益拘於内，愈猜愈卑，而不足存。儒者又迂談非霸。及其衰世，與明中葉以後之朝局略同。蓋皆糞蛆之雄，偷生夷狄虎口之下，聊以臣妾自娱。猶且壓抑同氣，而不知其可痛。使其稍有霸者之遠略與雄氣，又何忍如斯耶？宋世獨有一人焉，開拓萬古心胸，推倒一世智勇，能與朱子争賤霸之失，陳同父是也。同父每爲迂儒所不滿。明初，方正學讀其書，悲其志。清世汪縉《三録》，稍申孫卿及同父，此皆二千年中孤傑也。汪縉雖涉佛氏，而實陽明學也。其室中書，盈盈充棟。客至，檢一部，《陽明集》也。又檢一部，《陽明集》也。檢數十部，皆《陽明集》也。客曰：子何陽明之多耶？縉曰：多乎哉？吾所常服膺者，吾焉往而可離陽明哉？縉博覽，他所藏書甚富，但無複本。夫霸者振恥以自强，攘夷狄，遠鳥獸，晋文明，存禮義，合同類，保弱小，佈公道，持大體，故常有憂天下之心，而非自爲一國之計，以保守私利是務，而不慮後患者也。而非自爲至此爲句。夷狄鳥獸一日不絶跡於天下，即天下不可一日無霸。夷狄凶殘酷忍，全無仁心，變詐狡僞，不顧信義。其貪索無饜，奔逐而不知止。其所不能明了之高深理境，則排斥不遺餘力，是反人道於倮蟲也。人類已進化，畢竟不是倮蟲。吾昔之暴秦，今之德國希特勒輩，皆夷狄也。倭人且不足道。由現代而推之將來，夷狄之風，猶未知所底。然則全世界崇禮義之民族，自當互相結合，正名諸夏，共同奮起，掌握天下霸權，以統馭夷狄，而使之漸化於禮義，馴至太平。是則《春秋》所以制萬世法之密意也。

霸治之精神，要在强健不捨而已。合諸夏衆同之力，以持天下之大柄，當天下險阻之衝。不可以粗有所定，而遽起偷心，謂夷狄將怗然無事也。不可至此爲句。夫子於《春秋》獎霸，尊齊桓爲霸首，而於《論語》曰："管仲之器小哉。"導齊桓以霸者，管仲也。小之者，非以其不足言王而已。齊桓自服楚以後，而偷心生焉，仲無以輔導之也。仲之奢靡擬邦君，情盡於寵榮，志移於享樂，殆將置天下於度外矣。仲既自偷，更無以輔桓公。僖九年《傳》曰："貫澤之會，桓公有憂中國之心，不召而至者，江人黄人也。葵邱之會，桓公震而矜之，震者，亢滿貌。矜者，自美大之貌。皆偷容也，無深慮與遠志故也。叛者九國。"《繁露·精華》云"齊桓仗賢相之能，用大國之資。於柯之盟，見其大信，而近國之君畢至。於救邢、衛之事，僖元年，狄滅邢。二年，狄滅衛。桓公先後合齊、宋、曹諸國之師以驅狄，使邢、衛復國。見存亡繼絶之義，僖十四年，徐滅杞。桓公亦復其國。閔二年，桓公使高子來魯，時魯二君相繼被弑，曠年無君，故《傳》曰："設以齊取魯，曾不興師徒，以言而已矣。"桓公乃使高子來魯，立僖公而城魯，有繼絶之功。而遠國之君畢至。其後矜功，振而自足，而不修德。故楚人滅弦，而志弗憂。僖五年，楚人滅弦。責陳不離"云云。僖四年，桓公既服楚。陳袁濤塗請其還師濱海而東，從之。大陷於沛澤之中。桓公執濤塗。秋，江、黄伐陳。冬，又合諸侯之師侵陳。此可見大功未竟而志已滿，不復進德。管仲相齊桓，畢竟不能導之於强健，以任天下之重。偷而易盈，曾無遠略。先是陽穀之會，大國如宋，小國如江、黄，蓋莫敢不至。《大戴·保傅篇》稱其一匡天下，時爲義王。是會也，明定約法，曰無障谷，謂一國不得專水利以障川谷，使他國受害也。無貯粟，粟者，民以爲命。列國有無當相通，若遏止谷糴，不通鄰國，非公道也。此及前條，皆關民生，主平等互惠。無易樹子，據亂世不得無君，而君主制度，必立世子，以定國本。既立而又擅易之，則其國未有不亂者。無以妾爲妻。君主若惑嬖妾，其政必亂。以上四者，亦見《孟子·告子篇下》。唯《孟子》以爲在葵丘之盟，據《公羊傳》則在僖三年秋陽谷之會，而葵丘實在僖九年。則《孟子》所記之年與地稍有誤，陳立斷從《公羊》。詳上所述約法，當時諸夏列國間，實已成立一大聯合之總機構，蓋非漫無組織者。約法四條，博大簡要。古代經濟問題，以農業爲本。前二條，即依平等互惠精神，解決當時國際糾紛。古代國家之内治問題，以正君德爲本。修齊而後可以治國，王道之要也，而霸治亦不外是。吾故云霸治不背王道，又嘗以管子本儒家，而始倡法家思想，以法治救禮治之流失也。春秋列國，多弑父與君之禍，鮮不由嬖妾與廢立所致。後二條爲列國内治正本之大法。此四條，具見規模宏遠，極切實際，雖周公復生其時，又何以過之？然而孔子譏管仲之器小者何哉？夫桓與仲，當功未著時，實有憂天下之心。其於治道，確窺大體，不背乎王。獨惜其躬行不逮，霸業方有緒，而偷心遽生，不復能强健以任天下之重。如何扶持諸夏，而充實聯合總機構？如何實行約法？如何防禦夷狄狡焉思啓？經緯萬端，非强健以持之，未有不功虧一簣者也。陽谷之約法，在僖三年，至九年葵丘之盟，九國首叛。唯其苟偷自滿，視天下事數着可了，初不爲千百年長久計，不揣複雜之變每蘊於冥冥之中。桓與仲之偷也，唯其缺乏强健精神故也。至强至健則不偷。偷者，强健之反也。不能强健，而能審天下之勢，經綸周密，任之而無所餒，行之而無不利者，古及今未嘗有也。齊之倡霸，及桓與仲之身而大業已隳，失在不强健。所以難强健者，又由器量小。其中淺，則不可大受，而强健之力不生也。《春秋》於葵丘著其危，參考僖九年經傳。《穀梁》則不會經意也。《論語》嘆仲之器小。聖人固思霸，苟非其人，道不虚行，談何容易哉？夫創制惟其時宜，創制，謂立法，或社會與政治各方面之結構。適時之宜，則利於行。幹濟資乎群力。幹濟者，謂凡所籌度施爲，一切成辦，一切皆利益天下，無過舉也。此實資乎天下人之智仁勇等力，而非一人之力所致也。然必領導者富有强健之精神，足以包通萬類。凡狹小自私，不能包含萬物，即不能通萬類之情而資其力。所以然者，由其本有之仁心，被私欲障礙，即全無精神故也。若保任仁心，不令受障，即常存得大公無畏精神在，便與萬物無些子間隔。振盪當時，運育來世，夫而後幹濟成其久大，暫時有濟，不堪久大，未足云幹濟也。創制不托虚文矣。如現代第一次大戰結束，國聯盟約，徒托空文。因當時各國領袖，並未克去其自私自利之邪欲，即無一毫大公無畏精神，只暫時彌縫彼此利害衝突，强者力取，弱者受害如故，盟約何足道？若桓公、管仲倡霸之初期，光明俊偉，確有憂天下之公心，固非全無精神者。惜其器量尚小，含蓄不深，纔有功緒，便不能保持當初一段精神，遂不可久大。桓與仲猶缺乏真精神，奚况於今之人？此次世界大戰結束，懷侵略之野心者，是否知戒，難言矣。今世而有諸夏禮義之民族也，則當振厲其大公無畏之精神，結合同類，扶持弱小，共保霸權，無令夷狄狂逞，是則《春秋》之志也。

云何誅戰禍罪魁？《孟子·離婁篇》曰："故善戰者服上刑。"服，加也。上刑謂殺之。此《春秋》大義也。《繁露·竹林》云："是故戰攻侵伐，雖數百起，必一二書，盧注："一二，言次第不遺也。"傷其害所重也。所重謂人民生命，戰則害之。《春秋》之法，凶年不修舊，意在無苦民耳。莊二十九年《經》："新延廐。"《傳》云："修舊也。何以書？譏。何譏爾？凶年不修。"苦民尚惡之，况傷民乎？傷民尚痛之，况殺民乎？《春秋》之所惡者，不任德而任力，驅民而殘賊之也。"據此，可見《繁露》闡述《公羊》義，與《孟子》同。夫好戰者，鳥獸相争相食之餘習也。鳥獸之形軀，猶未能發達至可以開啓其靈性生活之度，其相争相食，固無足怪。然猶不傷其類，足徵鳥獸天性本仁，其至於相争相食者，乃緣形骸而後起之惡習也。人類已能超越形限，而有靈性生活，則不當復存留鳥獸相食之惡習，而以戰攻爲能事也。據亂之世，始由部落相争，繼則列國互競，部落進而成國家，則國與國競。國家至奬勵首功，戰陣，斷首級多者，功愈大。能多殺人者稱雄長。哀哉斯人！同類相殘，曾不鳥獸若。夫殺人者無罪，而更尊榮，則其染惡習也深，而戕仁性也重，挽之難矣。《孟子》明春秋無義戰，《繁露·竹林篇》與《孟子》之説全合。而主張以上刑處善戰者，此乃懲惡勸善之微權，微者，微妙。既反對殺人矣，而於戰禍罪魁仍用殺，則以殺止殺也，故是權衡之妙。所以復人性而致太平也。

凡力戰而取他國之地，或全滅其國者，皆古今爲國者之所美爲開疆拓土，偉烈豐功，大莫與京者也。而《春秋》則正其罪，而嚴貶之，厲於斧鉞之誅。如隱二年《經》："無駭帥師入極。"《傳》曰："無駭者何？展無駭也。何以不氏？貶。貶者，黜也。大夫貶去氏者，言宜奪其卿位，加以上刑也。曷爲貶？疾始滅也。"極，附庸小國。《春秋》始見無駭滅極，故於此起貶絶之例。疾者，惡之甚也。隱八年《經》："冬十有二月，無駭卒。"《傳》

曰："此展無駭也。何以不氏？疾始滅也。故終其身不氏。"《義疏》云："《春秋》重首惡，當誅，託始於無駭，故終其身不氏，惡之深也。《繁露·滅國上》云：'隱代桓立，所謂僅存耳，使無駭帥師入極。'然則貶無駭，亦以貶隱公也。"據此，可見以力戰滅國者，罪大惡極。《春秋》之法，必誅不赦也。雖不滅國，而奪取他國之地者，亦《春秋》所必誅。如隱四年《經》："莒人伐杞，取牟婁。"《傳》曰："牟婁者何？杞之邑也。外取邑，莒國，魯之外國也，彼奪取杞國地，則於魯言之，是名外取邑。不書。言魯史不必書之也。此何以書？疾始取邑也。"

世近升平，近者，未至而期至之辭。必絶戰禍，使人類之智勇，奮發於最高尚之創造。若崇高之道德，或改造社會之功業，與科學或哲學上之創見等等。斷不可縱容殺人滅國之罪惡，使人類戕賊其天性，至不若鳥獸，則可哀之甚也。或曰："人類能無生存競争歟？"曰：萬物無不互相比輔而後得生者，《易》之比卦已明之，奚以競争殺伐爲？且科學日進，生養之需，當可以科學方法，探究天儲地産之精英，而製造以供生人之用也。故《春秋》嚴坐戰攻之罪，爲聖人經世大法，不容疑也。

《春秋》極惡戰。但據亂升平之際，諸夏當控馭夷狄，使抑其獸性，夷狄貪利，好侵略，獸性也。反諸人道，故公共之戰備，不可不修。公共者，謂諸夏列國之聯合機構，必有戰備也。春秋時，齊桓、晋文之伐山戎，服荆楚，列國之師，一呼而集，皆受盟主指揮，此可法也。

云何獎夷狄慕禮義者？孔子曰："吾非斯人之徒與而誰與？"此大悲之懷，愛人之至也。夷狄亦同胞也，張子曰：民吾同胞，物吾與也。而攘斥之者，誠有所不得已也。攘之以懲其凶狡，同時必導之以禮義。昔夏、商、周之治四夷也，曰修其教，不易其俗，言因其民俗而教之。俗强者，不摧之令弱，但教之禮義，使强於爲善。俗野者，不鄙薄之，但教以人倫，使近於禮。齊其政，不易其宜。南蠻、北狄、東夷、西戎，各隨其地之宜而布政。古聖王未嘗棄四夷而不治也。秦政卑陋，始築長城以隔胡。漢人承其陋，於四夷但羈縻勿絶而已。漢史妄稱三代亦如是。然則《詩》稱氐羌來王，《書》言有苗來格，豈無以治之乎？諸夏不能治四夷，而夷夏之情永隔。夷狄無從脱鳥獸之習而進文明，諸夏亦以此受夷禍二千餘年，迄今而不振。惟皇明之世，陽明王子治西南夷，獨注意教養。仁聖之用心，上契《春秋》新王之事，斯可貴也。《春秋》治夷狄，設七等，以行進退。七等者，一曰稱州，二曰稱國，三曰稱氏，四曰稱人，五曰稱名，六曰稱字，七曰稱爵。莊十年《傳》曰："州不若國。如莊十年《經》："荆敗蔡師於莘，以蔡侯獻舞歸。"《傳》曰："荆者何？州名也。"楚國在荆州，此伐蔡者，實楚國也。今不言楚而曰荆者，蓋斥楚爲夷狄，而不屑舉其國名也。《疏》云："言荆不如言楚。"《經》或稱楚時，則是進之也。國不若氏，《疏》云："言楚不如言潞氏甲氏。"稱氏，比稱國則進之也。氏不若人，《疏》云："言潞氏甲氏不如言楚人。"稱人，比稱氏則進也。人不若名，《疏》云："言楚人不如言介葛盧。"稱名，比稱人則進也。名不若字，《疏》云："言介葛盧不如言邾婁儀父。"稱字，比稱名則進也。字不若子。"《疏》云："言邾婁儀父不如言楚子吴子。"子者，其爵也。稱爵，比稱字則進之。《春秋》設此七等，以進退當時之四夷，諸夏之國，亦時依此七等，以進退之。視其行事如何，而予以某稱，以示進退之大法。所謂一字之褒，榮於華袞；一辭之貶，嚴於斧鉞是也。隱元年《經》："三月，公及邾婁儀父盟於眛。"《傳》曰："儀父者何？邾婁之君也。案邾婁本顓頊後，附庸小國，何氏謂在春秋前失爵。微甚，蓋儕於夷狄久矣。曷爲稱字？儀，字也。褒之也。此其爲可褒奈何？漸進也。"儀父至莊公之世，實得王命爲諸侯。可知當隱公時，其國之政俗已漸進。僖二十九年《經》："春，介葛盧來。"《傳》曰："介葛盧者何？夷狄之君也。杜云：介，東夷之國；葛盧者，其君之名。何以不言朝？不能乎朝也。"何注："不能升降揖讓。"《穀梁》云"不能行朝禮"是也。何氏注曰："進稱名者，能慕中國，明當扶勉以禮義。"夷君不能行禮，其陋如此，而《春秋》特進之，明當扶勉以禮義，則不當棄夷狄而不治也明矣。宣十五年《經》："六月癸卯，晋師滅赤狄潞氏，以潞子嬰兒歸。"《傳》曰："潞何以稱子？潞子之爲善也，躬足以亡爾。雖然，君子不可以不記也。離於夷狄，何注："疾夷狄之俗而去離之，故進而稱子。"而未能合於中國。"未能與中國合同禮義，相親比也，故猶繫赤狄。"晋師伐之，中國不救，狄人不有，是以亡也。"何氏注曰："以去俗歸義亡，故閔傷而進之。案曰潞氏，則進之也。稱子，亦進之也。日者，痛録之。案記癸卯日，痛之深，故詳其見滅之日也。《通義》云："凡滅國而以其君歸者，例書日，惡其虐之甚。"此亦誅晋人也。進之者，明不當絶。"案言當復其國。《春秋》實不許晋人得滅之也。宣十六年《經》："春，王正月，晋人滅赤狄甲氏，及留吁。"何氏注曰："留吁行微，不進。"案《經》於留吁不稱氏，蓋以其未離夷狄之行，故不進之也。《經》云及留吁，及之一言，亦輕之之辭，明其滅不足惜也。《義疏》曰："甲氏書氏，與上年潞氏同。杜、范皆以甲氏爲潞之餘黨，蓋亦欲離於夷狄，而未能合於中國者。"何注於潞氏云"明不當絶"，則甲氏不當絶可知。詳上所述，《春秋》於夷狄，雖極卑微如邾婁，極鄙陋如介夷，皆欲漸進之，扶勉之，使其習於自治，而進於諸夏。至潞氏、甲氏，欲離夷狄，而未能遽合於中國，則於潞與甲，皆稱氏以進之，於潞君嬰兒且爵之，而深惡晋人之滅其國，必欲復之。則謂潞氏、甲氏至今未亡可也。《春秋》之於吴、楚、秦，皆夷狄之。秦始奪西周之地，吞梁芮，并西戎，而猶不知止，且窺滑、鄭，向三川，欲駕晋以陵周室。故僖三十三年殽之戰，《春秋》始貶秦爲夷狄。吴、楚皆僭王號，侵中國，故《春秋》皆夷之。凡夷狄不改其鳥獸之行者，皆《春秋》所深惡痛絶。明諸夏列國當聯合，舉兵討伐，且慎重統治之，將令其向義也。其後楚進而稱人，更進而稱子，則以楚莊能慕禮義，終自抑其侵略之私。如侵宋而終平，及縣陳而不有之類。故稱其本爵，以進之也。楚之先，子爵也。吴至於柏舉、黄池之行，變而反道，乃爵而不殊。反道，謂棄夷俗，而反歸正道也。不殊，謂同之諸夏，不殊外之也。此《繁露·觀德》之文。案定四年《經》："蔡侯以吴子及楚人戰於柏舉。"《傳》曰："吴何以稱子？夷狄而能憂中國也。"哀十三年《經》："公會晋侯及吴子於黄池。"《傳》曰："吴何以稱子？吴主會也。"故《春秋》之於夷狄也，苟能慕義，則進之若不及。是以知聖人無殊外夷狄之心，而愛之已厚也。夫《春秋》以七等，進退夷狄，夷狄向義，則進之。其或反於夷狄之行也，則又退之。如定四年《經》"庚辰，吴入楚"，則吴不稱子。因吴戰勝楚，而强淫楚君臣之妻，爲鳥獸之行，故又降爲夷狄而退之也。退之者，明當誅討也。舉此一例，餘可準知。知其施治甚殷，而願夷狄同進諸夏，馴至太平也。如漢人所謂置四夷於化外，聽其自禽自獸，自生自滅，而不扶勉之以自治，漸進之於禮義，是不獨非天地之公道，天無私覆，地無私載，故天地之道至公也。而於諸夏亦何利之有？漢以來，夷禍二千餘年而不絶，非無故也。今世馭夷之道，必須文明諸國聯合一致，有公共武力以統制之，而尤貴以大公無私之心，示範於彼。經濟問題，必求均平。教育改良，更不容緩。《孟子》曰："中也養不中，才也養不才，故人樂有賢父兄也。諸夏馭夷狄，當若父兄之於子弟。"此善言《春秋》也。自昔言《春秋》者，亦或斥夷狄爲化外，此乃以其不習禮儀而斥責之耳，非謂棄而不治也。然吾漢以後之羈縻政策，棄而不治，固爲失道，若今世列强之馭殖民地，必以牛馬束之，剥奪無所不至，全無人道，則又吾中國人之所不忍爲，不屑爲者。故以《春秋》義衡之，今之列强，亦夷狄之至賤者耳。夫以牛馬馭人者，彼又賢於牛馬乎？

云何罪弱小不自立者？梟桀者逞志侵略，離人道而即禽獸，此人之所易知也。弱小自暴自棄，其離人道而即禽獸，使梟桀得縱其欲，罪不下於侵略者，則論者不可不察也。夫國雖小，苟能憤發圖强，内修善政，外聯與國，雖有大邦，不敢啓戎心也。小國而不自立，則授人以可攻之隙，罪不可逭也。若乃國大民衆，而積弱不振，其群偷涣無深慮，偷者，苟偷。涣者，涣散。無深慮者，社會思想浮淺，混亂。孟子云"下無學"是也。其持柄者，闇而自私，專而無耻，參考《春秋世論》。則其國有危亡之禍，乃自作孽不可活，非不幸也。春秋亡國五十二，察其所以，皆其國人自甘暴棄。故《春秋》罪之深，而不肯寬宥之也。如僖十九年《經》："梁亡。"《傳》曰："此未有伐者，其言梁亡何？自亡也。其自亡奈何？魚爛而亡也。"案《史記·秦本紀》，繆公二十年，"滅梁、芮"，則梁本滅於秦。而《經》不言秦伐之，乃言梁亡者，所以罪梁人之自亡也。《繁露·仁義法》云："《春秋》不言伐梁者，而言梁亡，蓋愛獨及其身者也。"案國之在位者，愛獨及其身，其民衆亦皆然，而其國不亡，其類不殄者，未之有也。又曰："故曰仁者愛人，不在愛我，此其法也。"案愛人，則我自與人共存也。人皆愛我，則大群亡，而小我不得獨存也。又《王道》云："觀乎梁亡，知枉法之窮。”案吾國改革以來，亦枉法而窮也。然則《春秋》著梁亡之律，書梁亡，便是爲亡國之君及臣民，定此一條律文。以治自亡者之大罪。又閔二年《經》：“十有二月，狄入衛。”案僖二年，“城楚丘”。《傳》云：“城衛也。楚丘，衛地。曷爲不言城衛？滅也。不言城衛，因衛已滅也。孰滅之？蓋狄滅之。即閔二年冬，狄入衛是也。《經》書狄入衛，而不言滅之，其實，狄已滅衛也。曷爲不言狄滅之？爲桓公諱也。爲齊桓公諱。上無天子，案天子者，夷夏共戴之首長也。是時天子不能統治萬國，故云無天子。下無方伯，方伯者，輔天子以治其所統屬之國。使强無侵弱，衆無暴寡，則其職也。是時亦無方伯。《疏》云：齊桓當以天子治世爲己任是也。天下諸侯有相滅亡者，桓公不能救，則桓公恥之也。”當時狄勢正强，桓公力未能救，故爲衛人城楚丘以避狄，終當驅狄復衛也。《潛夫論·邊議》云，“齊桓、晉文、宋襄，衰世諸侯，猶恥天下相滅而已不能救”，亦善善從長意也。案此言《春秋》善人之善，則從其長。齊桓以不能救衛之亡爲恥，是其長也。故《春秋》不言狄滅衛，正爲齊桓諱不能救之恥，是《春秋》善善從長意。詳此中經意，爲桓公諱，正貶當時天子喪道，衰微不振。故夷狄侵夏，無以統制之，是天子之罪也。此與梁亡之條，别是一義。推此而言，如現代第一次大戰後之國聯，不能制止二次戰禍，其失道之罪，亦《春秋》所不赦也。又莊二十六年《經》：“曹殺其大夫。”《傳》曰：“何以不名？衆也。舉國以殺之，是一國之人，皆欲殺之也，故曰衆。曷爲衆殺之？不死於曹君者也。”何氏注曰：“曹大夫與君皆敵戎戰，曹君爲戎所殺，諸大夫不伏節死義，獨退求生，後嗣子立而誅之。《春秋》以爲得其罪，故衆。言衆殺之，正其臨戰偷生敗節之罪。略之不名。”諸大夫不名者，略之也。又定四年《經》：“夏四月庚辰，蔡公孫歸姓帥師滅沈，以沈子嘉歸，殺之。”《傳》曰：“書以歸殺之者，責不死位也。”國君戰敗被虜，不可降敵，宜死位，以明不屈之節，猶爲人間存正氣。案此與前條，爲敗軍亡國不能死義者正其罪。又僖三年《經》：“徐人取舒。”《傳》曰：“其言取之何？易也。”何注云：“易者，猶無守禦之備。”《鹽鐵論·險固》云：“徐人取舒，《春秋》謂之取，惡其無備，得物之易也。故君子爲國，必有不可犯之難。”案此爲不修軍備而亡者，定其罪。僖五年

《經》："冬，晋人執虞公。"《傳》曰："虞已滅矣，其言執之何？不與滅也。曷爲不與滅？滅者，亡國之善辭也。"何注云："言滅者，王者起當存之，故爲善辭。"案《論語・堯曰篇》云："興滅國。"故《春秋》書滅者，皆不許滅而當興者也。若言梁亡，及此言執之類，皆《春秋》所絶也。案僖二年，晋人重賂虞公，假道伐郭。宫之奇諫虞公勿許。虞公愛寶，竟許假道。晋遂滅郭。至是取虞，而以虞公歸。《春秋》賤之曰執，明其罪當絶。凡貪利而不救與國，卒以亡者，其罪皆視虞公也。詳上數例，皆罪弱小不自立而亡者。《孟子》曰"人必自侮而後人侮之，家必自毁而後人毁之，國必自伐而後人伐之"，即申《春秋》義也。夫國於大地之上者，倘皆有以自立，雖或有梟桀之材，亦當消其野心，而歸於遜順，侵奪息，而太平之瑞至矣。唯有不自立者，而後强者肆志。故《春秋》誅侵略者，而於不求自立之弱小，亦誅而勿赦。此其用法，所以爲平且明也。或曰："不自立之國，罪其上耶？抑通上下皆有罪耶？"答曰：理實上下皆有罪。然上者，民之表也，誅其上而已矣。世運將離據亂，國際有聯合機構，則於不自立之弱小，必扶勉其民衆之優良者，以改紀其國之政。子夏言《春秋》重民是也。

治道難言，莫如據亂升平之際。《春秋》於此，著其大法。後之作者，條理可隨時求詳，而大綱無可易也。《春秋》之所以爲經也，常道也。

太平世，天下之人人，有士君子之行，有萬物一體之量，故萬化暢通，而行所無事矣。《春秋》明此境，爲升平極進之效也。

講至此，思作結束。然猶不能無一言者，《春秋》之倫理觀念，常隨時改造，求合於宜。如男女問題，古者貴陽賤陰。此中陽謂男，陰謂女。《春秋》明國君雖尊，不臣妻之父母，尊婦故。主男女平等也。參考僖二十五年何注。又明妾母得稱夫人，以齊嫡庶。古者嫡庶過不平，亦非人道。此皆當時所謂非常異義也。又如君臣之倫，古者曰："食其食，死其事。"參考《韓詩外傳》卷八"齊崔杼弑莊公"條。則是以忠爲奴德，而不知有獨立與自尊。且不知立德於天下者，比之效死於一人，其高下相去，不止判天淵也。《論語·憲問篇》："子路曰：'桓公殺公子糾，召忽死之，管仲不死。'曰：'未仁乎？' 仲與忽同事子糾。今忽死糾之難，仲獨不死。故子路準古者食其食死其事之道，而疑仲之不仁也。子曰：'桓公九合諸侯，不以兵車，桓公行義，不戰而諸侯歸之。因共相聯合，以攘夷狄，安天下。管仲之力也。如其仁，如其仁。' 孔注：言誰如管仲之仁耶？子貢曰：'管仲非仁者歟？桓公殺公子糾，不能死，又相之。'子曰：'管仲相桓公，霸諸侯，一匡天下，民到如今受其賜。微管仲，吾其被髮左衽矣。豈若匹夫匹婦之爲諒也，自經於溝瀆，而莫之知也。'" 據此，可見孔子於君臣之倫，已改正其主奴關係之迷謬觀念。食其食，死其事，乃妾婦之道。吾人不當以奴德爲忠，而貴獨立，貴自由。獨立、自由，乃忠之最大也，忠於性分也。不當效死於一人，而當立功立德，以安天下人。此其道德高廣，唯子路、子貢，得承斯教，宜非小智之所逮聞也。而漢以來儒者，終執奴德以爲忠，事夷狄盜賊之主，亦爲之死而不知恥，豈不異哉？夫二千餘年儒者，猶執據亂世之倫理，而不悟升平、太平之美也，斯已奇耳。《論語》與《春秋》通，學者宜盡心焉。

已説《春秋》，今次略言《尚書》。《尚書》有今古文之分，最爲糾紛難理。余於此不暇詳。學者欲知其概略，可閱皮錫瑞《書經通論》。皮錫瑞謂《尚書》之確憑據，首推伏生《大傳》，次則司馬《史記》、《白虎通德論》，皆多載今《尚書》説。治《尚書》者，不可不以此三書爲依據。其説固是，而猶未窺根底也。余以爲《尚書》一經之骨髓，當求之《論語》，《孟子》亦須參證。古者書三千二百四十篇，孔子删定，斷從《帝典》始，蓋以二帝三王，治起衰亂之中，闢草昧而進文明，其行事足爲後世法。二帝，堯、舜。三王，夏禹、商湯、周文王、武王也。或謂：二帝三王固可法，而《尚書》所載者，多有三王後嗣之行事，豈盡可法？曰：録其不可法者，所以示炯戒也。《經》自以二帝三王之道爲宗主，而其後嗣之失，亦並存之，可以考世運盛衰之故。則二帝三王之道，爲至正而不可易者自見。故《論語》盛稱堯、舜、禹、湯、文、武、周公之德，《孟子》亦然，吾嘗欲以《論》《孟》稱堯、舜、禹、湯、文、武、周公之辭，彙録而釋之，兹不暇。而《中庸》云："仲尼祖述堯舜，舉二帝，即攝禹、湯。禹、湯承二帝之道者也。憲章文武。"言文武，即攝周公。文、武、周三聖根本精神，自承禹、湯。但周初世運已不同夏、商，三聖之道自有許多變通處。孔子曰"吾從周"，其相承接較近也。則《書經》專紀二帝三王之行事，以明道統、治統之傳授，其極重要可知。後之人欲尋儒家血脈，不得不注意於斯經。然儒學淵源，固當求之《書》，而散失殆盡，僞造迭出，難可追尋者，亦莫苦於《書》。《史記·儒林傳》："及至秦焚書，書散亡益多。"至作僞者，則漢成帝時，張霸已空造百兩篇，不止東晋梅賾獻《古文尚書》、孔安國《傳》爲僞也。《後漢書·杜林傳》："林於西州，得漆書《古文尚書》一卷，常寶愛之。雖遭難困，握持不離身。傳之衛宏、徐巡，於是遂行。"馬、鄭本之以作傳注。世或以漆書爲杜林僞作。近人以伏生所傳今文二十九篇爲不僞。余謂伏生所傳，是否爲孔子手定之篇，猶復難知。《秦誓》必秦時博士增入。《春秋》斥秦、楚爲夷狄，何至以《秦誓》繼典謨乎？今唯據《論》《孟》以求二帝三王相傳心法，而後儒者所承道統、治統之脈，灼然可明。孟氏後孔子百年。如今人馬相伯壽至百歲，其視百年，猶刹那頃耳。鄒、魯又若比屋。孟氏專學孔子，長於《春秋》《詩》《書》。故孟子之言，最宜與《論語》參觀。伏生所傳諸篇，雖不必盡爲孔子删定之遺文，而《尚書》一經之根底，要可於《論》《孟》抉發之也。

所謂二帝三王相傳心法者何？曰：執中而已矣。《論語·堯曰篇》云："堯曰：'咨爾舜，天之歷數在爾躬，允執其中。四海困窮，天禄永終。'舜亦以命禹。"案歷數是歲月日星辰運行之法。《曾子天圜篇》："聖人慎守日月之數，以察星辰之行，以序四時之順逆，謂之歷。"《中論·歷數篇》："昔者聖王之造歷數也，察紀律之行，觀運機之動，原星辰之迭中，寤晷景之長短，於是營儀以準之，立表以測之，下漏以考之，布算以追之。然後元首齊乎上，中朔正乎下，寒暑順序，四時不忒。夫歷數者，先王以憲殺生之萌〔12〕，而詔作事之節也，使萬國不失其業者也。此歷數之義也。"《春秋繁露·郊祭篇》引此文，釋之云：

"言察身以知天也。"《正義》曰：董以在訓察，躬訓身也。在之爲察，見《爾雅・釋詁》。

執中者，執，持義，中謂心也。心備萬理，其通感流行，皆自然有則而不過，故謂之中。如星辰之行，皆有紀律而不過，故準諸天之歷數。以察於身，則見夫吾身之動作，實内自有主，其發用皆有則而不可亂者，此即所謂心是也。古者説心爲天君。天君者，言其爲吾身之主也。云何爲主？即以其動應萬感，造起萬化，皆自然有則，故説爲吾身之主也。然則何不直言心，而變文言中耶？曰：言中者，則直指其發皆有則而不可亂之本心以言之也。世俗亦以亂識名爲心，言中，則有以簡別之也。亂識一詞，係借用佛氏《唯識論》中語。亂者，迷亂。迷亂之識，即古道家云人心或私欲是也。蓋吾人如不自存持吾之本心，使其主宰乎身，則此身交乎物，將爲物所引，而障礙心之靈明，遂成迷亂之動。如見色思淫，見利思得，臨難思免之類。是時即亂識或人心用事，而本心無權也。中之取義，本以其有則而不過。此心動用萬端，皆自然有則，毫無過差。如事親便知孝，交友便知信，處事便知敬，格物便能析其理則。如星辰之行，自有紀律，無一毫過差。故説爲中。有則而不過，亦即是不亂義。程子又以不偏言之，亦得。此心具萬善，應萬感，無有偏於此而不運乎彼，或偏於彼而不運乎此之憾。故即其不偏，而名之以中。此與有則而不過之義，可互相發明。執之爲言持也。人皆有是本心，即皆有此中，但如不知所以存持之，則將有心爲形役之患。云何心爲形役，須細究《新唯識論》卷下《明心章》。以至天地閉，日月蝕，成大迷闇，則不能存持本心之咎也。堯語舜以執中，中謂心。執者，存持義。千古聖學之宗要，蓋在乎是。舊解，中謂中道，而不知中即是心，則所謂中道者，茫然不知所據。如向事物上求中歟？舍吾心，而事物之有無且不可言。以無認識事物者故，事物之有無已不知，何可於事物上求中歟？如謂中在事物，而執中者心，則事物變遷無定形，即中無定在，而吾心惡從執之，又何可執之乎？須知，事物非離吾心而外在，即事物之則，本不離吾心而獨存。吾心元是有則而無過差，遍涵而無偏倚，故謂之中。唯其然也，心之了別與處理乎事物，能令一一當理而不悖，合矩而不亂，則以吾心即中而已矣。此等道理，至廣大，極幽微，非深心反己體認，則且疑余以臆説誣聖言也，余復何辭？

四海困窮，天禄永終者，中心無私，其視天下猶一人也，故能念四海之困窮。窮於德，思所以教，窮於養，思所以養，此念即中也。念四海困窮之念，正是本心流通不容已處，故云即中也。天禄永終者，言享天禄，能終竟之也。天禄，《正義》云：言天子禄食自天予之，故云天禄。執中，即量周四海，爲群生所托命，故終天禄。

舜亦命禹者，言舜亦以執中之道授禹。舜亦以命禹句下緊接云："曰：'予小子履，履，湯名。稱小子者，時湯將伐桀而告天，自謙之辭也。敢用玄牡，敢昭告於皇皇后帝：皇，大也。后，君也。此尊天帝爲君也。古代有天帝之觀念，與耶教似相近。然玩其大恉，則天帝畢竟非離自心而獨在，終與宗教家不必同。有罪不敢赦。順天奉法，有罪者不敢擅赦。帝臣不蔽，簡在帝心。古者以天子爲天帝之臣。此言夏王桀，居帝臣之位，其罪過不可隱蔽，以其簡在天心故。朕躬有罪，無以萬方；湯云：己有罪，於萬方無干預也。萬方有罪，罪在朕躬。'"湯云：若萬方有罪，實皆我身之罪也。案此節之首，曰字上當有脱簡。此節承舜亦命禹而起，蓋明湯亦紹明執中之道。其曰萬方有罪，罪在朕躬，頗同釋迦我不入地獄，誰入地獄之懷。基督爲衆生擔荷罪惡，亦符此意。此正顯湯能執中，故德量之宏若此。證以《孟子·離婁下》云："湯執中。"此文或在此節之首，後雖脱落，而孟子猶能志之。則湯紹執中之傳，確不容疑。

文王演《易》，《史記》有明文。武王、周公，並承家學。《中庸》稱孔子憲章文武，則孔子之《易》學，必受文周影響，斷無可疑。《易》建太極爲本，太極爲萬有之本體。鄭玄云："極，中也。"詳《洪範》"皇極"注。則文周遠承二帝及禹湯相傳之中道。中即是道，曰中道。展轉以至於孔子，脈絡分明。在孔子前者，周室劉康公有曰："吾聞之，民受天地之中以生，所謂命也。案劉子言天地之中者，即《易》之所謂太極也。朱子言萬物統體一太極，一物各具一太極云云。實則，一物各具之極，即是萬物統體之極，本非判而二之也。詳玩《新唯識論》大海水與衆漚喻，此理不難解。是以有動作禮義威儀之則，以定命也。”案人受天地之中即太極以生，從所受言，則謂之命。然人既生矣，則形氣乘權，易爲物引，而動違其則。如目接淫色而情移，耳接姦聲而心蕩之類，老氏呵以聾盲，佛氏傷夫惑染，此皆喪其命者也。故人生欲全其本命，必須有定之之功。動作禮義威儀之則，皆本乎所受天地之中，而自然不容已之節文也。故能保持此動作禮義威儀之則者，即有以凝定其本命，而不受形氣之累，不爲物欲所引，故曰以定命也。劉子之言，極高明，道中庸，致廣大，盡精微，上承文周，下啓孔子。學者不可以其言之簡而或忽之也。劉子語見《左傳》成十三年。文、武、周三聖，承堯、舜、禹、湯相傳之中道，至春秋之世，而劉子猶精闡之若此。孔子作《易》，又盛宏其義，廣大悉備。《繫辭傳》言《易》之爲書，廣大悉備。天道，人事，物理，無所不包含，無所不通貫也。至子思後學，括《大易》之要最，而爲《中庸》一書，庸者，常義。中者，萬化之源也，常道也。萬物由之而成，故言常也。其在於人，則本心是已。心之德，恒清浄明覺，不受染污，故言常也。文約義豐，與佛家龍樹《中論》，可云異曲同工。宋世，新儒學肇興，猶宗斯典。大哉中道，永爲中華哲學思想界之柱石，蓋二帝之貽謀遠矣！夫子删定《尚書》，斷自堯舜，迄三王之事。《論語》稱二帝三王之德者，頗有多處。而《堯曰篇》明執中之傳，即群聖心法相授之徵。晚世後生以疑古爲名高，有疑《堯曰篇》或由逸《書》竄入者，此乃無端妄議。鄭玄曾云《堯曰篇》“知命”一章，《魯論》所無，蓋從《齊》《古》校補周本。古簡脱漏蓋有之，然《齊》《古》可徵也。且《魯論》所缺者，僅“知命”章耳。《詩》、《書》、執禮，皆夫子所雅言。《堯曰篇》，皆夫子述及《尚書》之語，何得疑爲竄入？儒家道統、治統，相承不絶，其開基實自二帝。觀《堯曰篇》所稱，而《書》始唐虞之意，昭然可見。僞孔《古文尚書》“人心惟危”四句，見僞《大禹謨》。爲宋儒所宗。宋儒雖已疑其僞，而卒不肯直斥之。清人始明斷其僞，遂謂宋學所宗者已失其據。不知僞《書》依執中一詞，而採《道書》之言，以相發揮，《荀子·解蔽篇》引《道書》曰：“人心之危，道心之微。”此僞《書》所本也。然義實相通。中，即道心。執中，即道心常存。

不能執中，即私意私欲起，而謂之人心矣。辭有增入，而義無誣妄也。僞《書》其可輕排乎？佛家大乘經，本非佛説，而以不背釋迦教義故，皆得視爲佛説。凡僞《書》名言法語，以爲出自古聖賢，無不可也。

《尚書》既殘缺，二帝三王之行事，雖時見於諸子書，然罕得其要。法家更捏造誣詆之辭，最卑鄙。常謂吾民族過複雜，高明者極其高明，劣下者極其劣下。而劣下者畢竟居大多數，故一般人之知解與道德，每覺缺憾過多。自昔以來，每逢衰世，則士人思想之浮淺混亂，無可形容，適以表見其下劣而已。如《韓非·忠孝篇》云："瞽瞍爲舜父，而舜放之。象爲舜弟，而殺之。放父殺弟，不可謂仁。妻帝二女而取天下，不可謂義。仁義無有，不可謂明。《詩》云：'普天之下，莫非王土。率土之濱，莫非王臣。'信若《詩》之言也，是舜出則臣其君，入則臣其父、妾其母、妻其主女也。"此段文字，純以邪妄無知之心，誣詆先聖。舜受堯禪，豈得云臣其君？子爲天子，何可謂臣其父、妾其母？後世如漢高即位而其父太公猶存，唐高祖禪位太宗，此等事，後世猶有行之者。將謂漢高、唐太，皆是臣其父、妾其母乎？主女不可妻，則自古帝王之女，皆不可下嫁人臣，必終其身爲怨女，有是理乎？據此種種大無道之誣辭，則放父殺象之説，必不可信。當以《孟子》書所述舜事爲定據。昔孔子言夏、殷之禮，而傷文獻不足徵。又以史闕文爲貴。又曰："知之爲知之，不知爲不知，是知也。"可見孔子治學態度，最極謹嚴。七十子後學，皆守孔子家法。諸子述古事者，必折中於儒，而後不惑於邪談也。孔子當春秋時，曰："吾猶及史之闕文也，今亡矣夫。"此當是晚年之嘆。可見當時言史事者，已不守闕文，而有造僞之習。至戰國時，則造僞之風極盛，而其言之鄙薄邪妄，至不可形容。如《韓非·忠孝篇》之辭，特一端耳。又如魏晋佛徒之詆毁儒道，皆於六經及老莊學，全無所窺，其辭殊不足一哂。清人之詆宋、明儒亦然。今後生薄其固有，而習爲種種浮妄混亂之談，以誑青年，誘流俗，使民智日趨卑下，尤有族類危亡之懼也。余嘗言：戰國時期，學術思想雖號爲極盛，但至末期，秦與六國之競争日烈，則其時社會之下劣分子，乘機狂逞。孟子所謂詖淫邪遁之辭盈天下，民智日塞，民德日偷。吕政遂得以昏狂，而臨宇内，奴億兆。文化衰絶，迄今不振。論古至戰國末期，吾有感焉。若夫曹丕云："舜禹之事吾知之矣。"則以狗盜之心，而欲上誣先聖，罪通於天，無可逭也。伏生傳《書》既不全，學者求堯舜之道與三王之義，必以《論》《孟》爲據。宋劉氏之《聖傳論》，雖參禪義，而於古聖賢心事，頗有體會。吾常欲取《論》《孟》述二帝三王諸文，彙集成編，並爲注釋，附以《聖傳論》而加之評正，合爲一册，名曰《書經要略》，庶幾《尚書》一經之微旨，猶可鑽研。孔子删定之《書》，與未删之《書》自有别。孔子之《書》，經而非史，蓋推明二帝三王相傳心要，以爲後世法也。其未删之《書》，則史而非經。古所稱三千二百四十篇，當與孔子之《書》並行，漢初或有存者。張霸造僞，必有所取材。伏生所傳，是否不雜未删之《書》，亦復難知。老當衰亂，所欲造述者多，而中懷傷感，無可與語，則亦付之無言而已矣。

附識：舊與人書，談執中義，有可與此處相參證者。其文云：中和、中庸，本一義而異其名耳。大文有云："堯授舜，允執其中，舜亦以命禹。湯執中。蓋聖人南面而治天下，一出於中正，而無所偏倚焉爾。原其初義，第言其宅心至公，無所偏私。"詳大文之意似有當，而或未究其真也。夫云宅心至公，此公，爲即心耶？爲在物耶？此公若在物，則是向事物兩端之間求之也。向外找中，將以何爲標準？如所云燕、越之中，可以尺度求也。而一切事物多屬無形，不必如燕、越之有地段也。無形之事物，亦不能用有形之尺度，以計其距離也。然則憑何尺度以求中歟？故向外找中，不通之論也。若所云公者即此心耶，則吾平生主張明體之學，固遠有端緒，非吾之私見，而堯舜以來傳授心法，固如是也。心體自是至公，自無偏私。其於事物之至，自不會持一端之見，如俗所云知其一而不知其二，或厚於己而薄於人也。人我，兩端也。彼此，兩端也。同異，兩端也。是非，兩端也。凡失其本心者，於兩端之中，常執其一而遺其一。知有我而不知有人，則執我而遺人矣。拘於此則不見彼，是執此而遺彼矣。黨同而伐異，是執同而遺異矣。是其所是，非其所非，則執是而遺非矣。天下皆兩端也，而人則恒執其一端而莫或執兩，此人情之通患也。《中庸》稱“舜執其兩端，用其中於民”，此舜之所以爲舜也。天下皆兩端，而吾雙執之，則吾不墮兩端之中，而遊於兩端之外矣。遊於兩端之外，則至公之心體，恒超然遍照，是之謂中和。無偏端之礙，故云和。無所偏倚，故云中。中即和也，和亦中也，有二事乎？中庸之中，即中和之中。其以庸言之者，庸，常也。不隨物遷，故言常。此義深遠。或以庸訓用，作用中解者，失其旨矣。中庸、中和，俱是形容一中，元無别體。中也者，本心也。本心無待也，無待，故無所不覆載。天下皆兩端，私意起，則執一端而有對礙，未能無待而無不覆載也。克治私意，執兩而超於其外，故無待之體顯，而能用其大中以覆載天下之民也。用之云者，取諸己所固有而用之也。《中庸》曰：“執其兩端，用其中於民。”蓋顯執兩，則能自用其中。不執兩，則私意爲礙，而中體已放失，不得而用也。細玩文義，此中明明不在事物兩端之間。而吾子引此文，乃曰孔子之後，儒者言中道，必有以爲在事物兩端之中者，已與舜、湯之執中異趣。此乃誤解經義，又多爲前儒恍惚之談所誤。此義迷離千載，非獨吾子今日也。夫向事物兩端之間求中，事物不必如燕、越地土之有形也。有形之尺度，又不得而量之也。當知事物之中，實即吾内在之中，用於事事物物，而令事事物物莫不得其中也。天地閉，日月食，萬物皆闇。私意守其一端，本心喪，内在之中亡，則萬事萬物皆失其理。此義，非訓詁可釋，非空洞理論可持，反身實體之，而後可得也。《中庸》言誠，從天命之性上立腳。《荀子》以氣質爲性，詳《新唯識論·附録》。其言養心莫善於誠，《不苟篇》。則其所謂僞者是也，由外鑠也。此與《中庸》言誠，奚止異以天淵！而吾子乃謂《中庸》有承於荀卿，是以紫亂朱，鄭聲亂雅樂，惡莠亂嘉禾也。餘義不獲一一詳論，唯賢者察之。

《書經》不暇詳説。《詩》《禮》《樂》諸經，或疑《樂經》亡失，然《禮記》中《樂記》一篇，則《樂經》也。舊説漢武帝時，河間獻王好博古，與諸生等共采《周官》及諸子言樂事者，以作《樂記》，此説不足據。《樂記》義旨深遠，决非雜湊之文。此必孔子傳授，七十子後學記載。頗思創通大義，然世事如斯，吾意緒極不佳，未欲續講。國人昏偷無恥，吾寧抱遺經，以獨立於危峰蒼柏之間，聖靈其默佑一綫之延歟？

《詩經》難讀，非有大智慧，雖讀之，與不讀等。吾舉《論語》言《詩》者四章，以示後生，願思之終身，無妄謂易解。夫惟知聖言不易索解也，而後可求真解，而後可與言《詩》。

《論語·爲政篇》云："子曰：'詩三百，一言以蔽之，曰：思無邪。'"

《八佾篇》云："子曰：'《關雎》，樂而不淫，哀而不傷。'"

《陽貨篇》云："子曰：'小子何莫學夫《詩》？《詩》可以興，可以觀，可以群，可以怨。邇之事父，遠之事君。案古言事君，猶今言治國平天下之道。多識於鳥獸草木之名。'"

"子謂伯魚曰：'女爲《周南》《召南》矣乎？人而不爲《周南》《召南》，其猶正牆面而立也歟？'"

《三百篇》，蔽以思無邪一言，此是何等見地，而作是言。若就每首詩看去，焉得曰皆無邪耶？後儒以善者足勸、惡者可戒爲言，雖於義無失，但聖意或不如斯拘促。須知，聖人此語，通論全經，即徹會文學之全面。文學元是表現人生。光明黑闇，雖復重重，然通會之，則其啓人哀黑闇向光明之幽思，自有不知所以然者，故曰思無邪也。非於人生領悟極深，何堪語此？嗚呼！難言矣。

《關雎》，古今人誰不讀，孰有體會到樂不淫、哀不傷者？情不失其中和，仁體全顯也。仁者，萬化之本源，人生之真性也。吾人常役於形，染於物欲，則情蕩而失其性。樂至於淫，哀至於傷，皆由錮於小己之私，以至物化，而失其大化周流之真體，此人生悲劇也。夫子於《關雎》，直領會到仁體流行，其妙如此。從來哲學家幾曾識得此意？凡今之人，慎勿輕言《詩》也。讀《詩》不易，讀文亦然。今人論古書真僞，輒曰辨抉其文，何言之易乎？胸無義解與容蓄者，眼光浮短，焉得上下古今，論文章得失乎？海上逐臭，其不以金玉爲瓦釜者希矣。

《詩》有功能，興觀群怨。人生真感，時代狂潮，政俗極敝，讀《三百篇》，而猶可興可觀可群可怨。《騷經》猶足嗣響，後此，而《詩》亡矣。

不爲二《南》，其猶正牆面而立。面牆者，一物無所見，一步不能行。二《南》於人生之啓示，若是重要，夫子訓伯魚以此。試問二《南》是甚境界？後人欲究夫子作人精神，與其思想淵源，必不可不求之二《南》，何得輕心放過。

《禮經》有三，《周官》《禮記》《儀禮》。三禮之中，《儀禮》自是周代舊典，不必爲夫子所删定，但爲孔門之所傳習則無疑。今傳之篇章，亦不完。朱子《儀禮經傳通解》以十七篇爲主，取大小《戴》及他書傳所載繫於禮者附之，僅成《家》《鄉》《邦國》《王朝禮》而歿。《喪》《祭》二禮未就，黄榦續成之。此爲治《儀禮》者所不可不讀。江永《禮經綱目》、秦蕙田《五禮通考》，皆本之。大小戴《記》，當有戰國及漢初儒者增竄之説。然其中大義微言，必出夫子傳授。七十子後學相承未墜，最可寶貴。余以爲孔子之禮説，當於大小戴《記》求之。但後儒增竄，不可不辨。余嘗有意抉擇，卒鮮斯暇。竊謂禮之本，在以性帥情。情從性，則情亦性也。率性，即明通公溥，而萬物咸遂其生。禮教之流失，至於情勝任私。如親屬，則主恩掩義。中國家庭，百病叢生，不獨養成子弟依賴等惡根性，而害尤甚者，即只私其家屬以及姻婭，而不知有社會與國家。反不若尚法者之以紀律束其民，使之習守於公共規律之中，各循其分而不敢犯。反不若三字，一氣貫下。孫卿已豫防後儒重私恩與情勝之弊，而特明人生在群、群貴有分之義。分者，人在群中，各有其應盡之責任，而不可相諉也，各有其應得之權益，而不可相侵也。此則以禮治兼融法治，爲據亂升平之際所宜取則。孔子於《春秋》張三世義。據亂世，固宜導民以禮，然民質未優，亦須齊之以法。升平世猶然。至太平世，則天下之人人，皆有士君子之行，而可專言禮治矣。大凡禮制以隨時更張爲貴，中國禮教之流於情勝任私，則以大家庭制之積久而不更故也。此中有千言萬語，兹不暇詳。《春秋》本有集體農場之規，見前講《春秋》井田制。即以有規律之社會生活，而救家庭間恩掩義之種種流弊。孫卿主張群與分之意，適與之合。惜後儒不能究明而實行之。余以爲孫卿書，當與大小戴《記》，並稱《禮經》。而於二戴《記》中，尋孔子説禮之本原處，别集爲一篇。其大小戴所集後儒説，或不必合於孔子之旨者，亦别集成編。孫卿之義，條舉其綱要，而别爲篇。如是，總爲一書，附於大小戴《記》及孫卿書之後，使言禮治者，足資考正焉。老當昏世，恐難竟此願也。

《周禮》一經，以職官爲經，事義爲緯。其於治理，直是窮天極地，無所不包通。此經有同於《易》《春秋》者，亦是義在言外。其表面只有若干條文，並不鋪陳理論，而條文中卻藴藏無限理論。此經決是孔子之政治思想。七十子承受口義，轉相傳授。不知何時始著竹帛，但戰國時儒者，當有增竄。然若以爲劉歆僞託，則是知見太短，未足窺此經之藴，遂推崇劉歆，而不自知其陷於愚妄也。

《周禮》首言建國。其國家之組織，只欲其成爲一文化團體。對内無階級，對外泯除國界。非如今世列强，直是以國家爲鬥争之工具。至其所謂辨方正位，即斟酌地理與民性關係，而爲其團體生活之宜，以劃分領域，故不容一國家對他國家有侵略之行爲。

《周禮》政治，是多元主義。各種職掌或業務，無小無大，一一平列之，欲令平均發達，决不以一種最高權力斷制一切。此種政治理想，極高深廣遠。余此時無暇發揮，俟之異日。

《周禮》主張治起於下。此義昔儒已多見到。

《周禮》主張世界經濟問題，宜一依均平之原則而解決之。與《論語》言“患不均”及《大學》以理財歸之平天下，同一意思。其於生産事業，尤所注重。

《周禮》主張德治與禮治。其社會教育，力求普遍周摯，必使天下無一人不受德與禮之訓育者。明儒方正學先生，有爲萬世開太平之志，嘗欲本《周禮》之法，以施諸行事。王陽明先生行鄉約於西南夷，亦此意。

【校記】

〔1〕下引文出自《説卦傳》。

〔2〕“云”前應脱一“注”字。

〔3〕“有吉”，據《周易》應爲“有凶”。

〔4〕“婚媾”下,《易圖略·原序第三》另有“明屯通鼎而鼎成泰於睽上九言匪寇昏媾”凡十七字。

〔5〕“九宫”,《易圖略》作“九容”。

〔6〕“不屈可撓”，南方本作“不可屈撓”。

〔7〕“種”，南方本作“稱”。

〔8〕據《公羊傳》,“哀”當爲“定”。

〔9〕“逹”,《春秋繁露》作“逆”。

〔10〕“共公”，南方本作“公共”。

〔11〕“理”，南方本作“禮”。

〔12〕“萌”,《中論》作“期”。

荆楚文庫

熊十力集（八）

熊十力 著

郭齊勇 劉依平 主編

荆楚文庫編纂出版委員會
湖北教育出版社

荆楚文库

論文書札

劉依平　點校

目　録

已刊論文書札

地球末日記

地球者，日系之一行星也。地球無光，受日之光，地上生物，秋毫皆日力也。

十二萬五千六百年間，日球入中年時代，熱力内含，發生人物。其時壯極而老，浸冷浸缩，嚴寒之氣，鬱爲冰雪。到處荒原殘墅，寂寞淒涼，霜雪漫空，海陸一色。時以電光朗照，滿目淒然。當是時也，地上人物，大半滅度，其遺留者僅十二萬人。

此時十二萬人，疇昔散處温、道熱道之間，至是乃群聚於非洲之大同會館。

大同會館者，前此十二萬年，全地人類統一，建設大同政府於非洲，築唯一之大會館，爲全地代表人民會議之所。

其爲館也，規模宏壯，重樓□[1]百所，高五百英里，廣一千四百英里，集五洲之奇石大木爲之，搜集萬國書籍與新奇製造及名人像於其中。全地珍異之物，靡不畢具。蓋億萬年來，無此巨作也。於是十二萬人群聚於此，議善後之策。感時變而思往事，太息久之。

此十二萬人者，前此南北冰洋之人最多。其前輩沉埋於堅冰白雪中者億萬年，後因人類大同，沐中央之文化，遂爲優秀之人種。至是賴其有冒冰雪之遺傳性，可以順應於境遇，而無凍折之患焉。

冰人以外，最多者黄人種。是種人，曾於十萬年前，倡真我之教，發大同之聲。又議合全地之砲彈、鐵艦鎔化之，鑄成唯一之大炮，人坐彈中，藉砲之藥力，衝出天際，而至金星等球。

黄人者，誠地上偉大之人種也。此種以外，紅人、□人、黑人次之，白人更次之。

白人者，於五十五萬年前，最好競争，曾横行地球，壓服地上之各人種者也。至是存者寥寥。又有由下生物進化之羽人、毛人、鱗人、甲人之屬。合以上諸種，統計十二萬人，群集大同會館，議善後策，不决。

未幾，冰雪層埋，衣寒糧絶，同發太息之聲。時有倡議移住日球者，然雨雪霏霏，茫無方向，莫可誰何。十二萬人，夫婦枕肩而臥，於是以最上之眼界，一瞥太空，萬有之形一切死，萬有之相一切死，萬有之聲一切死，萬有之色一切死，乃争與太息曰："吾輩死矣！吾輩死矣！雖然，吾輩可死，吾輩之真我終不死。"

正咿唔呢喃間，忽有數百人乘砲彈放電光而下者，其人軀幹肥碩，而構造略異。蓋有日球之人，有金星之人。又有一種人，與吾地球人貌略同，蓋即十二[2]萬年前，吾地之人乘炮彈而至金星者也。

此輩至金星時，抱絶大之野心，於金星上開發文明，鋭意交通日球。十萬年來，未嘗一返故鄉，而故鄉儕類，意謂若輩久死。曾幾何時，若輩通日球之事業已成，欲連地球、金星、日球爲一氣，而後開通其他之恒星、行星等。若輩於日球上，放三稜形電光，以望遠鏡視地球，知已爲冰雪封埋也，急欲救之。遂率日球之人至金星，又由金星而至地球。尋至大同會館，見此十二萬人，嗒然若喪，急以電氣熱其膚。十二萬人皆起，遂相與咨嗟道故云。

時日人、金人等，合地上□遺之十二萬人，各具砲彈，放强大之電光，以望遠鏡準之，直通日球。

噫！千年庭穴，一旦掃除，大地茫茫，畜我不卒。逆計十二萬九千五百年來，吾等衆生，生息地球上者，無一不賴日光之庇廕，直至地球末日毁陷時代，吾輩仍求安心立命於此永存不壞之日球内。大哉日也，斯其至矣！

既至日球，此十二[3]萬人，以倏然物外之眼，遥望故鄉，見無量家、無量族、無量部落、無量邦國、無量聖賢、無量豪傑、無量癡人、無量鄙夫、無量愛戀、無量憎惡、無量歡喜、無量悲愁，凡人類之所經營、所構造，其遺留於地球末日者，了無一物。於是黄人即從座起，而説偈曰：一切有爲法，如夢幻泡影，如露亦如電，應作如是觀。

地球老後，又二十二萬年，天地毁而日之光猶閃爍於太空[4]間。

篇中以地球末日之慘狀，喻人衆欲如在地獄之苦，以乘砲彈通星球，喻勇猛精進，以金星喻明覺心，以日球喻真空。以由金星至日球，喻常惺惺乃底於真空地位也。純是一大寓言。閲者莫作尋常小説看。以物理喻空理，即色即空，非空非色。著者附記。

（此文原分兩部分。第一部分從起篇至“吾輩之真我終不死”，載於一九〇九年九月二十七日《漢口中西報》附贈之《漢口見聞録》。第二部分從“正咿唔呢喃間”至“附記”，載於一九〇九年九月二十八日《漢口中西報》附贈之《漢口見聞録》。署名：“熊叔恒、何見田合著”。收入本書時，合作一處。）

證人學會啓

民國初元，同人組織證人學會。熊子乃爲啓曰：

學會惡乎始？《易》曰：“麗澤兑，君子以朋友講習。”《論語》記孔子曰：“學之不講，是吾憂也。”曾子曰：“以文會友。”《記》曰：“獨學而無友，則孤陋而寡聞。”此學會之所不容已也。古之人，有行之者，仲尼之徒三千人，孟子從者數百人，墨之學者遍天下，其言論每足以風動社會，左右政界，如宋牼説秦、楚罷兵，孔子譏季氏伐顓臾等類。不惟繼絶學，開來哲已也，則其所關亦大矣。

證人何謂？證明人所以爲人之道也。官天地，宰萬物者，人而已矣。人之生也，無極之真，二五之精，妙合而凝。唯彼哲人，成性存存，道義之門；其惟愚人，昏昏冥冥，夢死醉生。我日斯邁，而月斯征。夙興夜寐，無忝爾所生，可不懼哉？

伏羲畫卦，文、周演辭，孔子繫傳，爰本《乾》《坤》，首明天地庶物之原理。《屯》《蒙》以下，胥言人事，酬酢萬變，隨時協中。其道屢遷，變動不居，蓋《易》爻賅萬有，道器精粗，悉具畢貫，人道備矣。三五喆王，以此立教致治。後世諸子百家，各鳴所得，要各有當，斯中國之所以卓絕于大地也。海通以降，風氣糅雜，國學式微，斯道久廢，人倫攸斁。起而振之，固通儒事哉！此證人學會之所由起也。

從來國運之隆替，以士習純駁爲徵。觀于漢、晉之際，士俗澆漓，遂釀五胡之禍。其機括甚微，而影響至巨，可以鑒矣。考《抱朴子·漢過篇[5]》曰："歷觀前載，逮乎近代，道微俗敝[6]，莫劇漢末也。"此雖多斥閹尹，然其譏黨錮諸公云："懶看文書，望弋空名者，謂之業大志高；結黨合譽，行與口違者，謂之以文會友。"又曰："聞之漢末諸無行，自相品藻次第，群驕慢傲，不入道檢者，爲都魁雄伯。四通八達，皆背叛禮教，而從事邪僻，訕毀真正，中傷非黨，口習醜言，身行敝事，凡所云爲，使人不忍論也。"又《名實篇》曰："聞漢末之世，靈、獻之時，品藻乖濫，英逸穹滯，饕餮[7]得志，名不準實，賈不本物，以其通者爲賢，塞者爲愚。"則知黨人之口，變亂黑白，甚于青蠅。其視閹尹，亦齊楚伯仲之間耳。王符作《潛夫論》，譏漢俗最甚，道今人奢衣服，侈飲食，事口舌，而習調欺。丁男不扶犁鉏，懷丸挾彈；婦人不修中饋，休其蠶織。京師貴戚衣服飲食、車輿廬第，奢過王制。富者競欲相過，貧者耻其不逮。一饗所費，破終身之産。《晉紀·總論》曰："朝寡純德之士，鄉乏不貳之老。"《抱朴子》曰："余觀懷愍之世，俗尚驕褻，夷虜自遇，其他惡俗，不可勝紀。是故漢、晉之際，晦盲否塞，人道幾熄，而五胡禍起，中原雲擾，生靈塗炭。"符應不忒如是哉！今日俗習，方之漢晉，無一不肖。士大夫喪心病狂，樹黨挾私，傾軋異己；淆亂是非，不顧大計；浮陋無藝，虚而爲盈；服食儀表，競染洋習；奢淫相尚，恬不爲耻；争利争權，貪忍險詐。奸蠹在位，萑苻滿野；劫盜懷彈，窺伺朝市。禍害之烈，逾于洪水猛獸，而昧者不知也。習氣所成，即爲造化。衆生芸芸，胥與化移，輾轉淪陷，將人而蔑不禽獸矣。豈惟漢晉之禍，僅陷戎狄而已哉？夫唯明乎人之所以爲人，而學以致道，以道正習者，乃能爲造化主。於以化民成俗，扶翌國運，其事由微而著，由小而鉅。此證人學會之所勉企也。

或曰："天下熙熙攘攘，爲利來往，道之廢也久矣。且今國家多難，子無爲于時，而侈言道學，不其傎乎？"曰：惡是何言？王子不云乎，天下之不可一日廢者道也。天下廢之，而存之者在我。故君子不可一日舍其所學而廢于道。舜禹不以三苗爲憂，而急于傳精一。周公不以商奄爲憂，而慎于踐籩豆。見之功業者，雖廣而短。存之人心風俗者，雖狹而長。一日行之習之，而天地之心，昭垂于一日。一人聞之信之，而人禽之辨，立達于一人。其用之也隱，而摶挠清剛粹美之氣于兩間，陰以爲功于造化。聖人參贊位育具有實功，王氏注《張子正蒙》每述此意。君子自竭其才，以盡人道之極致者，唯此爲務焉。得志，行乎中國。不得志，而天下分崩。人心晦否之日，獨握天樞，以争剥復，豈曰小補之哉！此證人學會之所以不可已也。

聞諸印度舊教之論曰：生人之大苦有三，曰内苦，外苦，自然之苦。内苦如心苦、怨失等，外苦如世人、指人與人相交。禽獸等，自然之苦如雹、雷、水、火等。今自物質學發明，人類能征服自然。如古畏雷電，今以雷電供舟車郵便之用；古多爲水所限，今則輪舶周行海面。是自然之苦可驅也。古者鳥獸害人，爪牙角毒，人不足以勝禽獸。迨人智稍進，陷阱弧矢之用張，乃役物以自養。所謂外苦，又去其一。先民以來，所大苦不解者，唯内苦與世人之苦耳！何烈士自新《叙曲廣講演録》曾道及此。人生而静，天之性也。感物而動，則緣于情。情違于性，其流別[8]曰貪嗔癡，一曰愛惡慾。過此以往，至于無穹，如海中沸波，迴旋怒澀；如盲驢旋磨，束縛圍繞，執而不返，字之曰妄。此亦一妄，彼亦一妄，兩俱執之，一往不返，而人己之争端起矣。自非人道不明，曷以至此？《易》曰："艮其背，不獲其身。行其庭，不見其人。"忘人與己，而通極于天也。背不動之地也，上天之載也。艮，止也，止于天載，何妄之有？喜怒哀樂之未發，謂之中。發而皆中節，謂之和。中和致，而天地位，萬物育焉，爲其體之一也。夫何内苦與世人之苦之有？此盡人合天之極致，而證人之實學也。繼今以往，進世界于大同，圻生人之至樂，其必以斯學爲指南也夫。近世西哲思倡人道新教，其教育家頗注重人格教育，可以知其趨向。

熊子曰：今民國初建，承清之弊，學絶道微。流俗既有所蔽，莫能興。而一二天資高曠者，又服異化而昧其本。中藏鮮實，乃競智名勇功以誤國。耆儒故老，嫉世太深，復以言學爲諱。甚矣，確乎不拔，任重致遠之難也。斯學誰與振之？《詩》曰："國雖靡止，或聖或否。民雖靡膴，或哲或謀，或肅或乂。"剥極則復，貞下起元。天其或者不欲斯文之喪乎！敢告卿大夫士，文武之道，未墜于地。賢者識大，不賢識小。勗哉勗哉，毋謂道遠。

證人學會簡章

一、本會以證明人道、立人極、振學風爲宗旨，故定名曰證人學會。

二、本會會員以行己有耻爲入德之門，故立身以實踐爲本，應世以實用爲亟。

三、本會學規分博文、約禮二門，如左：

（一）博文之目

近世諸子學

宋、明諸子學

漢、唐諸子學

周、秦諸子學

太西哲學

景教

老學

佛學

孔學

百川匯于海，群言宗于聖，溯學派要諸孔。

（二）約禮之目

主静　無欲，故静。戒慎乎其所不睹，恐懼乎其所不聞。

執禮　禮經緯萬彙，《周官》統治教政刑，而以禮名書。聖人治己治人，莫不由禮。自灑掃應對至于精義入神，格致誠正至于修齊治平，皆有禮以貫之。

求仁　仁者渾然與物同體，故曰萬物皆備於我矣。反身而誠，樂莫大焉；强恕而行，求仁莫近焉。孝弟，爲仁之本。任恤，仁之方也。

四、本會會員有品行不端、違背本會宗旨、損壞本會名譽、察覺規戒不悛者，即行宣布除名。

五、本會經費由會員擔任，分常捐、樂捐二種。常捐年五元，樂捐不在此限。

六、凡會員初入會，繳會費一元。

七、凡輸助本會經費者，本會得認爲名譽贊成員。

八、本會會員力任宣布本會宗旨，並由本會刊發機關雜誌及種種發明本會主義之圖書。

九、本會事業分左之三項：

（一）講會

（二）雜誌　會員筆札等件，各按月繳幹事長，彙聚成編，印發各會員互相辨論，其詳細辨法，另行規定之。

（三）著述

十、本會開會期限，俟本會擴充時再規定之。

十一、本會職員由會員推舉，設幹事長二人，管理會内一切事務；幹事若干人，承幹事長之指揮，分任會中各事；評議若干人，討論會員學説異同得失，審察著述出版等事。

十二〔9〕、本會會員須學有根底，毫無嗜好者，方爲合格。凡入會者，須得本會會員二人以上之介紹。

十三、凡耆儒故老，足爲本會矜式者，本會得推爲名譽會員。

十四、本會章程隨時改良。

（原載一九一三年三月《庸言》第一卷第七號，署名“熊升恒”。）

答何自新書

何烈士自新，又名見田，字季達，黄岡人。丙午冬，武昌日知會事敗，清吏捕烈士及劉公敬庵等。烈士亡走江西德安、建昌間，憂憤以死。民國元年，從祀武昌烈士祠。烈士生平好學，與余討論最篤，往還尺牘頻繁。余素無存稿，思之歉然。幸余所與烈士書，朋輩中猶存其一二。竹頭木屑，無足重輕，然即此可以見烈士之志事，不僅余有故舊之感也。嗚乎！

升恒識

前論以動物供人類之犧牲，有違一體之義，此殊不然。莊子不云乎：“天地雖大，其化均也。”又曰：“萬物一府，生死同狀。”人之生也，吸收動植礦以爲養料。及其死也，骨肉歸土，氣息歸風，唾血歸水，又復化爲動植礦之養料。故今日爲人，明日可以爲程、爲馬、爲草、爲石。草也，石也，程也，馬也，又復可以爲人。此列子所謂出入於造化機者也。

佛教之目的，在求解脱。其言宇宙萬象，悉皆無常，刹那生滅，去而不留。獨於其中，有一物焉，名曰羯磨。因果連續，一能生他，他復生一，前波後波，相續不斷。故必慧定雙修，不造因，不造業，然後入無餘涅槃而滅度。此彼教究竟也。然而自有生以來，因果之相爲連續者，既已如此，則欲反之於因盡果銷，以求所謂不生不滅，又何必哉？陰陽變合，而萬物化生。今欲不生不化，而一以空幻了之，此張子所謂欲免陰陽之累而末由耳。凡佛之説，過高而不切於人事類如此。大凡一學説之發現，必有種種之原因。印度國土博大，地質沃饒，生活最易。

其國人恒遊心高遠，於是出世之思想興焉。故考印度之古教，無一不以解脱爲目的者，此地理上之原因也。印度古教言解脱矣，然皆持諸法實相。至釋迦起，以此爲未足，復取群實而皆虚之。菩提樹下，神悟天啓，了盡空無，一翻舊教之案。解脱思想之高尚，無復有逾於佛者矣。此宗教上之原因也。以此二因，乃産出釋迦之極端解脱主義。而窮高極幽，智者過之之病，蓋不能無譏焉。

（原載一九一三年五月《庸言》第一卷第十二號，署名“熊升恒”。）

健菴隨筆

孔子教人，從日用倫物，示以當然之道，使凡民不識不知，順帝之則。故曰“民可使由之，不可使知之”也。若夫至理之藴，子所罕言。《易》爲極深之書，自宇宙萬有之原，至於天化物理人事，罔不賅貫。而六十四卦之辭，獨詳於人事。其精微之意，特於卦畫寓之。乾坤二卦，稍發其藴矣。如動直静專，及萬物資始資生之元，往來幽明之故，推而論之，其義無窮。故曰：“乾坤，易之門。”夫子繫《易》，極贊《易》之爲道，廣大悉備，範圍天地，曲成萬物。然語道之極，則曰“《易》有太極”而已，亦不明太極之所以爲太極也。非欲人盡力於日用倫物之間，默而識之者耶？門人不達其旨，以夫子爲隱，故曰：“子如不言，則小子何述焉？”子曰：“吾無隱乎爾！吾無行而不與二三子者，是丘也。”又曰：“天何言哉？”其旨深矣。《論語》記：“子絶四：毋意、毋必、毋固、毋我。”大哉！聖人之道，與天地合其德，與日月合其明，與四時合其序，與鬼神合其吉凶也。而俗儒乃有謂孔子明下半截，佛氏明上半截，又有以孔子爲人中之聖，佛爲能天能人之聖者。不知下學而上達，盡人以合天。則孔子爲能天能人之聖矣，佛云乎哉？

佛説儘高尚，然其爲道也，了盡空無，使人流蕩失守，未能解縛，先自踰閑，其害不可勝言矣。故學佛者，必戒定慧俱修，庶乎寡過，此非實踐者不知也。

李二曲曰："修身立本，斯一實百實。空言虛悟，濟得甚事？"世固有穎悟度越前哲，而究不免爲常人者，知而不行，未嘗見諸修爲故也。余謂士不務實修，害一己事小，壞學風以害世事大。

顧亭林曰："今日人情有三反，曰：彌謙彌僞，彌親彌泛，彌奢彌吝。"亡國之人，不可與處，類如此。使顧氏生今之世，其感嘆又何如乎？

居亂世而行柳下惠之行，君子以爲不恭。豈惟不恭，抑不肖甚矣！士不幸而當亂世，須保持惻隱之良、剛健之德，以涉險而濟險。或出而任事，力排大難。處則講學，維持世運。是故"飛龍在天""見龍在田"，皆爲天下所利見也。三國時，諸葛仕蜀，持漢命於將傾。管寧居華山，讀《詩》《書》，習俎豆，非學者勿見，存孤陽於群陰之日。皆足使頑夫廉、懦夫立志。若第能甘窮佚，油然偕俗而已，則老氏和光之教，可以行乎亂世而免禍也，曾謂大人而僅出此哉？

陸子《語録》有曰："《春秋》一部書，只是發明民貴之義。"此中大有微意。後來治宋學者，皆忽略此句，遂使孫明復尊君之教風行數百年，至推之爲有宋道學之祖。斯亦悖矣。

孔子之道，以天爲根據。其言天有數義。一以真宰言天者，如"顧諟天之明命""天佑下民""天視天聽""天明畏"，及《詩》《書》所稱"上帝"者皆是。蓋先民時代之理想，古代政教之原，皆出於天。孔子承之而不廢也。二以自然言天者，如"天行健"君子自强不息，法天即所以持天也。"天道鼓萬物，而不與聖人同憂"物競天擇，聖人憂其敗者，而天無心。"天之生物，栽者培之，傾者覆之"等語，是天演之理，孔子已於《易》明之。三以虛無言天者，如"上天之載，無聲無臭，至矣"。與第一義不同，此乃孔子見道至精處，故能絶四而止於至善也。總孔子之所謂天者，略盡於是。其第一義，則景教之所明也。第二義，西哲已發揮光大。第三義，與佛氏同符。莊生稱孔子曰："六通四闢，小大精粗，其運無乎不在。"誠深明孔子者與！

謂劉通曰：吾輩肆力於本原之學，必於天人性命之理，剖析毫釐者，並非迂誕無用。蓋必於萬有本體、人生真相，證明不惑，然後以之裁制吾人之行爲，擇善而固執，不至醉生夢死，與禽獸草木等，則人極之所以立也。劉通，字子通，黄岡人。

擔當天下事，不是一人智力所能勝任，以天下治天下，綽乎有餘裕矣。舜之智，只是好問察邇言。古之大臣所以過人者，唯斷斷無他技，休休如有容耳。天下利害之數、興革之宜，本自彰著。隨時察變，任天下之智力，以道禦之，何所不可？惜乎知此之難也。

與子通論觀人極難，不可輕加毁譽。一席之議論，或有可取，善其人一時之言可也，以此概其人之生平則不可。居游之人，相習未久，窺之而不見所長，含默可也，遽短其人則不可。人固有藴釀深宏，吾不及知者有之。人固有一言偶中，投吾所好者有之。若輕用毁譽，無識者既緣吾説而不辨其人之何如，有識者乃得以知吾之妄。天下不皆有識者，不幸吾之妄不著，則所毁所譽，胥失其真，其爲害匪淺矣。

聞昏庸僨事，而怨之詈之，只此便是量狹。天下之變，群力鼓之也。凡事勢遷流，莫知其爲而爲者，恒以偏而得中、枉而成直，老氏所謂“反者道之動”也。

謂子通曰：“某平生頗有功名心，到此閲歷人情事變，乃知以智勇自任，事求可、功求成者，適自擾其天和，不如抱樸全神之爲得也。”子通又言：“富貴心，不可有，功名心，尚不可無。”余頗然之。

與熊省吾、噓雲。方雪澄聚旅館，各舉近來聞見相證。余以自然言群化，省吾以爲深得老氏之旨。雪澄嘗好佛，余謂佛氏言空而着於空，孔教不空而無着，即如李習之言，佛氏説法，隨説隨掃，不留痕迹，不知佛氏處處要説到無可説，便是沉空之見，便是痕迹。孔子教人，與父言慈，與子言孝，與朋友言信，與家國天下言修齊治平。言必可行，健而不息，隨時當位，精義入神，毫無執縛。其道圓滿中正，萬世所不易也。

時事急矣，進不能有爲於時，退不欲獨善其身，因念古人處此，更有何道？亦惟是莊生擇於才與不才之間。柳下惠不惡污，不辭小，油然與鄉人偕。阨窮遺佚不憫怨，其庶幾云爾。

李仲揆四光。言吾人治身之法，宜分真我與軀殼爲二。真我主宰軀殼，凡軀殼之一言一動，真我爲之監視而命令之，自然無過矣。余三年前，固嘗爲此説，然自問真我持權時少，軀殼用事時多，譬如豪奴悍僕，瞞昧主人，擅作威福，非主人振刷精神，未有能制服奴僕者也。故吾人用功，總以常惺惺爲要。仲揆又言："吾人軀殼，以科學之理證明之，純爲一種物質。而此物質，刻刻變遷，生物學家所謂新陳代謝也。"余謂此理昔人已言之。仲尼川上之嘆，佛告波斯匿王之語，《楞嚴》卷二。皆是此意。張子客形客感之説，析義尤精，故聖人窮神知化，與天合德，不使心爲形役，而後形色即天性也。

上帝二字，非表示實物之名詞，乃贊美宇宙神妙，使吾人於無可歸依處得歸依也。

《楞嚴經》云："佛告阿難，若有宿習，不能滅除，汝教是人，一心誦我佛頂光明摩訶薩怛多般怛羅無上神咒。"此初學人醫病第一良劑也。衆生一向迷失本性，自其先天所秉遺傳，至於出生，受社會種種薰染，習氣甚深，救治不易。賢如明道，猶且見獵心癢，其他更何足云。習心淫熾之頃，惟有將正念提起，凜然對越神明，庶幾太陽一出，魍魎全消矣。殷子恒勤道。言耶教禱告法最善，又以孔子有"丘之禱久""獲罪於天，無所禱也"等語，蓋必有禱告之法云。

耶教受洗之儀，至今不廢。考竺乾古俗，亦有類此者。《楞嚴經》云："彼剎利王，世子長成，陳列灌頂，名灌頂住。"《華嚴經》云："轉輪聖王，所生太子，取四大海水，置金瓶内。王執此瓶，灌太子頂。是時即名受王職位。"菩薩受職，亦復如是，諸佛智水灌其頂故。此耶、釋相同之一端也。

（原載一九一三年八月《庸言》第一卷第十八號，署名"黄岡熊升恒"。）

健菴隨筆（續）

於虛空之中，而有諸天。於諸天之中，而有地球。於地球之上，而有吾人。人者萬物之一也。渺乎小哉！以渺小之人，而欲窮盡虛空諸天地球萬物三際過去，見在，未來。無窮之理，吾知其難已。莊生曰："吾生也有涯，而知也無涯。以有涯求無涯，殆矣。"仲尼曰："君子於其所不知，蓋缺如也。知之爲知之，不知爲不知，是知也。"筦子曰："思之思之，又重思之，思之至極，鬼神通之。"吾人勿强所不知以爲知，而精思以求通，其庶乎？

佛教解釋宇宙全體，分立二門，曰真曰妄。馬鳴作《起信論》，立真如、生滅二門。真如爲真，生滅皆妄也。孔教解釋宇宙全體，亦分立二門，曰道曰器。《易》曰"形而上者謂之道，形而下者謂之器"是也。形上即在形下之中，異乎佛氏之言真、妄矣。

道在器之中，有氣則有理，有質則有神。神非離質此質字非指成形以後之質。而有，理非離氣而有。形上形下，非截然爲二。故天下未有有其器而無其道者也。如父子，器也，有父子而有孝慈之道。弓矢車馬，器也，有弓矢車馬，而有射御之道。器演而日進，道即演而日進。是故洪荒無唐、虞耕稼之道，夏、商無秦、漢郡縣之道，唐、宋、元、明無今日中外大通之道。則今日無後世之道，多矣。《傳》曰："君子不器。"不一器也，不一器而後見道之大。若夫以器爲秕糠，求道於冥漠者，烏足以盡道哉！

《易》以乾坤並建爲宗，王船山曾言之。故乾、坤二卦，明宇宙開發之故，曰"大哉乾元，萬物資始""至哉坤元，萬物資生"，所謂二元説也。天下事勢，恒以二端相待相反而成變化，吾友李四光云：天下事恒有一反撥力，乾坤只是二片，相反而相濟也。此聖人所以執兩用中乎？非知化者，不足以語之。

《易》曰乾元坤元，爲二元矣。《春秋》以元統天，元不言二，是一元也。《易繫傳》曰："易有太極。"太極者，乾坤絪緼之實體，未兆乎形者也。然則二元本乎一元矣，太極，一元也。是生兩儀，則爲二元。以今學術語言之，可謂之元素之元素。元素之元素，其説能否成立，且俟來哲。

孔氏雅言執禮。禮經緯萬彙者也。《周官》統治教政刑，而以禮名書。然則禮者，其猶近世文明國之憲法及普通法律乎。特禮該神道，範圍尤廣。而孔子之道，通於天國人間世而一之，於此亦可想見。

教衰禮壞，民俗敝而國命傾，士大夫當以身作則，爲億兆師，不宜妄自菲薄也。

或問易於李二曲先生。二曲曰：今且不必求易於《易》，而且求易於己。人當未與物接，一念不起，即此便是無極而太極。及事至念起，惺惺處，即此便是太極之動而陽。一念知斂處，即此便是太極之静而陰。無時無刻，而不以去欲存理爲務，即此便是"天行健，君子以自强不息"。人欲净盡，而天理流行，即此便是乾之剛健中正純粹精。希顔之愚，效曾之魯，斂華就實，一昧韜晦，即此便是歸藏於坤。親師取友，麗澤求益，見善則遷，如風之疾。有過則改，若雷之勇。時止則止，時行則行。見險而進，知難而退。動静不失其時，繼明以照四方，則兑、巽、震、艮、坎、離，一一在己，而不在《易》。按知此，則孔子假年學《易》之旨，思過半矣。

二曲先生東行，馬稶士問六經大旨，先生默然示之以寂，稶士頓醒拜謝。或問其故，稶士曰："無聲無臭，六經之所以出，亦六經之所以歸也。"

二曲言學問之道，正要遇境徵心。心起即境起，境在即心在。心境渾融，方是實際。此數語宜深玩。

二曲自謂少時血氣用事，學無要領，凡讀書談經，每欲勝人。後染危疾卧床，一息僅存，所可以倚者，惟此炯炯一念而已。按二曲純主直覺，深得孔氏心法。其焚香默坐，即顧天明命之旨。改過自新説，使人勇於爲善。真切簡易，確然聖路無疑矣。

《淮南·主術訓》有云："古之置有司也，所以禁民，使不得自恣也。其立君也，所以剬有司，使無專行也。法籍禮義者，法、籍、禮、義四字，省言之，則法而已。法籍，猶法典也。禮義者，事物當然之則，亦法也。所以禁君，使無擅斷也。以法限制君權，此《淮南》獨到處。人莫得自恣，則道勝。道勝而理達矣，故反於無爲。無爲者，非謂其凝滯而不動也，以其言莫從己出也。夫寸生於穈，穈生於日，日生於形，形生於景，此度之本也。樂生於音，音生於律，律生於風，此聲之宗也。法生於義，義生於衆適，衆適合於人心，此治之要也。”按此言以法禁君，使無擅斷，又推原法生於衆，可謂民約論之嚆矢矣。自漢以來，無有章明其説者，惜哉！近人只知尊黄梨洲[10]《原君》説，無有知《淮南》者，其實《淮南》之説，非梨洲所及也。

《淮南》云：“國者君之本也。”異乎路易十四“朕即國家”之説矣。

道家之言，尊古而賤後王。《淮南·繆稱訓》云：“周政至，高注，至於道也。殷政善，高注，善施教未至於道也。夏政行。高注，行尚粗也。”此與孔子美周之文同意，非道家所雅言也。《淮南》之學，雖主老、莊，然其“撮儒、墨之精，採名、法之要”，有足多者。

《淮南》深於法。《主術訓》云：“上操其名，以責其實。臣守其業，以效其功。言不得過其實，行不得踰其法。”又曰：“所謂亡國，非無君也，無法也。”此其深明法治國之道也。若其原法生於衆，以法限制君權，蓋申、韓之倫所不知，而《淮南子》遠矣。

易道隨時通變，《春秋》立三世義以治世，故改制尚焉。《淮南》頗得其意。《氾論訓》云：“人各以其所知，去其所害，就其所利。常故不可循，器械不可因。”又曰：“先王之制，不宜則廢之。末世之事，善則著之。”“苟利於民，不必法古。苟周於事，不必循舊。”“故聖人法與時變，禮與俗化。衣服器械，各便其用。法度制令，各因其宜。故變古未可非，而循俗未足多也。”“天下豈有常法哉！當於世事，得於人理，順於天地，祥於鬼神，則可以正治矣。”“夫殷變夏，周變殷，春秋變周。三代之禮不同，何古之從？”“爲學者，循先襲業，據籍守舊教，以爲非此不治，是猶持方枘而周員鑿也。欲得宜適致固焉，則難矣。”凡此言乎改制以應世變也。然《淮南》有言：“法度者，所以論民俗，而節緩急也。器械者，因時變而制適宜也。”若夫爲操切之行，率天下盲進，以破壞一切，不察緩急之節，不務適宜之制，適以自斃，爲《淮南》之所譏矣。

外教譏中國爲多神教，不知吾立教之意。《淮南》云：“今世之祭井竈、門户、箕箒、臼杵者，非以其神爲能饗之也，恃賴其德，煩苦之無已也。是故，以時見其德，所以不忘其功也。觸石而出，膚寸而合，不崇朝而雨天下者，惟太山。赤地三年而不絶流，澤及百里而潤草木者，唯江河也。是以天子秩而祭之。故馬免人於難者，其死也，葬之。牛，其死也，葬以大車爲薦。牛馬有功，猶不可忘，又況人乎？此聖人所以重仁襲恩。故炎帝於火，而死爲竈。禹勞天下，而死爲社。后稷作稼穡，而死爲稷。羿除天下之害，而死爲宗布。此鬼神之所以立。”由此觀之，聖人以神道設教，崇德報功，使民不偷，其意深矣。

沔陽張難先、琴。孫雨初，雷鳴。皆有堅苦卓絶之風。雨初治宋學，曾將心、性、情三字，略定界説，云：心者，身之主，一以性爲體而達其用者也。心猶舟，性猶舵，心則舟之把舵者也。憧憧往來，朋從爾思。心之所以不定也，一以性爲體而達其用則定於一。心定於一，静專動直。性，心之生理也。哀莫大於心死。性者，心之生理也。故盡性則生氣迴出。情者，心之用，根於性而貞夫一者也。按王船山先生言情可以爲不善者，非也。性者，心之體。情者，心之用。用根於體，則情根於性可知。性無不善，則情無不善可知。然人之爲不善者，非無故也。朱子曰：“心以思爲職。”按致思以窮理者，心之職也。凡事物之來，心得其職，則得其理，而物不能蔽。失其職，則不得其理，而物來蔽之。蔽之，則不善矣，弗思之過也。且古之言思者多矣，謂思無邪者，志於道也。謂思不出位者，素位而行也。謂思曰容者，《古文尚書》作思曰容。體物不遺也。謂思睿者，精義入神也。致思以窮理，窮理則知性。學至於知性，則默而成之，不言而信，存乎德行矣。今心以失其職之故，不知體性以達其用，致有不知常而妄作之凶，於性情乎何尤？船山先生不深察，遂以不善歸之情。

猶告子不求於心，竟以不善歸之性也。不可謂非千慮之一失耳。

（原載一九一三年十一月《庸言》第一卷第二十三號，署名“黄岡熊升恒”。）

翊經録緒言

伏羲始畫卦，極陰陽之變，發天人之藴。後世言教言學者，皆託始焉，敻乎尚矣。黄帝氏作，始以清浄自然，樹立宗風，爲後世老教之祖。堯、舜氏作，盡反黄帝之説，本天徵人，以十六字心傳相授受，爲後世儒學之祖。此中國數千年學術分岐之大原也。梁啟超作《中國學術史》，以南北分派，似不盡然。堯、舜起黄帝之後，以政權布教，歷禹、湯、文、武，明聖繼述，道以丕顯。而黄帝之學，乃流布民間，僅以不絶。莊生所稱巢、許、務光之徒，蓋其流派也。

文王演《易》，武王受《洪範》，究極天人，經緯萬彙，爲堯、舜學派之進步。周公作《官禮》，益重經世，大闡學風，號招徒衆，白屋會友，握髮求賢，於是始有儒學之稱。儒始見《周官》，當是周公所立之名。吾意西周數百年間，天下學術，一宗周公，直至孔子出後，而周公之風，乃少微耳。觀《孟子》“許行章”，知戰國時，猶以周公、仲尼並稱。下至唐世，猶以周公爲先聖，孔子爲先師，蓋有由也。然孔子之學，實導源於周公，不可誣也。故曰：“久矣夫，吾不復夢見周公。”又曰：“吾其爲東周乎。”聖孫著《中庸》，稱仲尼祖述堯、舜，憲章文、武，蓋追本言之，亦以見聖祖之模範百王，而無常師耳。

是故自文、周作，而堯、舜學派之面目一變，儒教之號始立，六藝之文于是大備。蓋周承二代之後，積數聖之精神制作，而始有此美備也。孔子曰：“郁郁乎文哉！吾從周。”蓋實録已。

然自周公獎勵儒術之後，上而百司之官，下至庠序之子，莫不服儒服，治儒學。泉湧雲興，火發石裂，天下著書言藝者日益衆，此固儒教之所由盛，亦即儒教之所以衰也。漢太史談曰：“儒者以六藝爲法。六藝經傳以千萬數，累世不能通其學，當年不能究其禮，故曰博而寡要，勞而少功。”漢興，去古未遠，談必有所受。蓋周公没而大義乖，其流弊若斯之極也。凡一學説之弊，必有他學説起而代之。天下方厭苦儒學，乃反而求諸黄帝之術，法其清浄自然，以圖息肩，而篡儒教之統。於時老子爲大宗，而晨門、荷蕢、楚狂之流，皆守老子不敢爲天下先之説。皆其黨類。老氏懲儒籍之繁雜，故不事著術。今所傳老子《道德經》，其實述黄帝之言耳，非老子所作也。關尹喜請老子著書，老子書《道德》五千言授之，後人遂以爲老子所著，而不知其述而不作也。今讀莊子書引老子書中語甚多，往往作“黄帝曰”，不稱老子，意是時黄帝原書猶存，莊子或親見之，故云爾。蔣智由曾言及此。是時黄帝學盛行，天下之士，方務於墮聰絀明，絶聖棄智，達巷黨人以博學無所成名譏孔子，蓋黄帝學派也。以獨善爲高。春秋士大夫，無有熱心救世者，良有以也。孔子周流，每爲士論所不容，考《論語》可見。又周自東遷之後，世官失職，散而在野，人競私智，家騰異説。於是羲和之官，流爲陰陽；行人之官，流爲縱横；農稷之官，流爲農家；戰國時，許行爲農家大師。其宗旨與近世社會主義相近，乃其學説，則丈人已開其先路矣。清廟之官，流爲[11]墨家；墨翟或謂戰國時人，其教崇儉尚兼愛，《論語》記“或人以德報怨”之問，正與墨翟救宋事相類，然則或人實墨氏之祖也。又棘子成尚質之言，亦墨家者流。理官之流爲法家；議官之流爲雜家；禮官[12]之流爲名家；稗官之流爲小説。諸家之興，皆盛於戰國，要其源自春秋時開之，可斷言也。然則自周之東，終春秋之世，爲黄學復興儒學分崩時代。於斯際也，天不生一孔子於其間，則二帝三王以來相傳之儒教，大中至正之矩，殆不可得而見。亂道朋興，曲學禍世，生人之類滅絶久矣。

玉書兆瑞，篤生聖明，我夫子實起於魯，溯周公之墜緒，祖述堯、舜，憲章文、武，上律天時，下襲水土，於是删《詩》《書》，演《易傳》，考《禮》正《樂》，作《春秋》，六藝之統紀復明，群言淆亂折衷於聖。而後，天道明，人倫正，王道備矣。猗與休哉！允爲萬世教主也。六藝要旨及孔氏流派盛衰，余所欲論列者頗多，以所學不廣，未敢從事。俟異日有知，當詳論之。

至聖崩殂，戰國諸子別樹幟志，互相嫉妬，譏議儒術，蓋若蠹之生於木而喙其木也。賴七十子之徒，傳授師説，乃以不絶。漢興，董、劉諸子，抱殘守缺，微言大義，猶有所存。自僞新劉歆以校勘訓故，提倡一世，遂一變而爲訓詁之學。按《漢書·藝文志》曰“古之學者，三[13]年而通一藝。存其大體，玩經文而已。是故用日少而蓄德多。後世經傳既已乖離，博學者又不思多聞闕疑之義，便辭巧説，破壞形體。説五字之文，至于二三萬言。幼童而守一義，白首而後能言。終以自蔽”云云。清代漢學家，弊亦同此。宋世真儒出，周、張、程、朱發明義理，紹述聖明。然其門人，不克負荷，上蔡諸子，暗淫佛説，至陸、王遂變爲心學。是故總二千年儒學分岐之大派，曰漢學、宋學而已。漢學之下流爲考據，宋學之下流爲禪。此承學之士，所爲慨不見聖也。清代自咸、同之末，考據家之燄稍息，歐美學風，漸以東被，三尺學童，皆有菲薄儒術吐棄經傳之思。而於西學，又不得其精意，摭拾名詞，長其驕吝浮薄鄙倍之習。士氣人心，不可復問。先聖曰：“道之不明也，我知之矣。”其逆睹今日之事哉。

大哉聖人之道，洋洋乎，發育萬物，峻極於天，其運無乎不在也。道著於六藝。六藝之文，繁然浩博，粲然深美，而《詩》《書》《禮》《樂》，統於《春秋》，《春秋》統於《易》。《易》之爲書，自宇宙萬有之原，至於天化物理人事，罔不該貫，而其於人事也獨詳。蓋聖人内之所以窮理盡性，外之所以趨時應變，其道具於是矣。大哉《易》也，如天之無不覆，廣大悉備，夫孰得而言焉。

自秦以《易》爲卜筮之書，後世術數小道，皆托之。京房、楊雄、邵康節皆術數小道也，而讖緯、《火珠林》之妖術小人，且利用之以謀其私，則荒謬益甚焉。聖人之道塞矣。周元公濂溪作《太極圖説》，横渠張子作《正蒙》，船山王子作《正蒙注》《思問録》，皆本隱之見，原始要終，於易學有所發明。余故輯三子書爲《翊經録》《翊經》者，謂可以扶翊聖經云爾。

濂溪、横渠、船山，實三代後聖人也。其學之大者，在以道器爲一源，形上形下爲一體，有無虚實聚散爲一貫，晝夜古今爲一致，平陂順逆爲一途，旁行而不倚，圓神而不流，所謂窮神知化，德之盛也。熟讀周子《太極圖説》、船山《張子正蒙注》等書，自見其妙。非天下之至精，奚足以語此？

（原載一九一三年十一月《庸言》第一卷第二十四號，署名“黄岡熊升恒子貞”。）

答友人三札

世道陵夷，於兹已極。狂瀾難挽，孰與盡性弘道、主持風教哉？近得熊友升恒，雖未識面，然已神交於二千里外有日矣。及讀其答諸友書，識多獨到，甚獲我心。嗚呼！自生民以來，不甘從政之陋，而務爲萬世人大造厥命，莊嚴無盡樂土者，未有如釋迦、耶穌也。願共勉之。用質當世之明達。張純一附識。

熊升恒覆何君

頃奉手教，循誦再三，感愧交集。今之議者，必謂升恒溺志田園。顧區區所懷，實難强人共喻。夫奔走以弋富貴，憤嫉而求一逞者，我知之矣，而皆不樂也。即心誠救世，而與其爲諸葛之馳驅於蜀，盍若爲幼安之講學於山？古今真人品、真事功，固未易爲俗人言也。辱承相知，故略道所以，企一證定焉。

熊升恒答吴貫因

柳隅仁兄足下：

無恙。方今時事，言之傷心。大難削平以來，舉國浮囂之氣，一變而成泄沓之風。當道以叢脞爲簡，以凝滯不動爲無爲，姦佞並進，貨賂公行，士有倖心，民無固志。以此見世亂未有已也。自古聖智所以經世宰物，一本於大經之正。經正則庶民興，庶民興，斯無邪慝矣。故嘗歷觀國家亂亡之際，必有一二獨秉天心之大人，或飛或潛，以爲萬物儀表。此主造化而不役於化者也。至於因時矯弊，斯其次矣。矯弊稍過，弊即生焉。孔、老同傷周末文勝，老氏一意返之樸，孔子則曰文質彬彬而已。孔子所以爲時中也。群情波靡，偏流則易，昔歲之事，可爲殷鑒。足下譏時人復古，升恒恐所復者非古耳。即如司法獨立、學校制度，吾國行之已久。今人務摧殘司法，破壞學校，迺托爲復古，且飾其辭曰尊孔，實則所復所尊者，乃亡清之稗政。吾惟明孔子之道，揚古之美，毋淆於邪説，不亦可乎？足下書至，會迫賤事，行烈日中，四體不適，下懷多所欲言，殊不能悉。河山脩阻，覿面未期，翹首燕雲，曷勝惆悵。

熊升恒答李仲揆

陰歷十月，曾奉一牋，諒達左右。比承手教，賤西人功利之習，嘉中士退隱之風，甚善甚善！嘗謂仲尼《論語》一書，尚論商、周數百年人物，稱逸民只有七人。此七人者，固與湯、武、伊、周同爲不世出之英也。自夫子表章之後，潛德彌光，流風所被，二千年來，學士大夫争自濯磨於名教之地、天爵之尊，不屑屑於勢位富厚，此乃《傳》之所謂"天民"者乎？然吾人充其天地萬物一體之量，則有不可以獨善者。故退隱之道，苟非萬不得已，必不出此。在《易》乾之六爻，龍不終潛。吾人知不可爲而必爲，窮居而不忘兼善，非功利之徒所可貌襲，亦異夫冥然孤往者之所爲也。自士之賢者，以退隱爲尚，而政治之途，乃專爲貪人敗類之窟穴，風教遂以凌夷，民生遂以憔悴，其禍曷可勝言？竊謂釋家以生死爲大事，吾儒以進退爲大事，差之毫釐，謬以千里。屈伸曲當，是則爲難，隨時精義，在志士勉之而已。足下近來頗有所新知否？乃者省吾言惟物派之學者，於人己之際，以各如其分爲鵠，終鮮仁慈愷弟之意，而易流於薄。此言未知有一節之當否？還質高明，以爲何如？

（此三札以"評論"爲題，載一九一五年六月十五日《大同月報》第一卷第六期之"論箸門"，今題爲編者所加。）

熊子真先生國學班講演

此係講《淮南子·原道訓》，紹昌偶有所記，俟講完再爲有統系之編述。

天地有形有限。對形最小、限最短之人言，則大矣；對無形、無限之道體言，則不及一拳石耳。故《淮南》言道能覆載天地也。

《原道訓》所謂混混汩汩，即老子所云混沌之意。濁而徐清，言道體本自清淨，動而生物，故爲混濁。然清淨之本體，未常變也，故曰徐清。

空間、時間，皆吾人心識妄生分別。若以道眼觀之，則百千萬年以至無量數年代，只是一際，何有過去、現在、未來之三際乎！

道體不可目見，是爲幽。而萬物森然，莫不以之生成，故曰幽而能明。

《易》曰"安土敦乎仁，故能愛"。土者，境也。謂安其所處之境，無論順逆苦樂之境，而一以隨遇而安爲主。《中庸》所言"素富貴，行乎富貴。素貧賤，行乎貧賤。素患難，行乎患難。素夷狄，行乎夷狄。"隨在敦行吾之仁，是以能廣與萬物周旋，不見物之有逆於吾也。

詹美士持知行合一説者，謂知本於行，而後其知乃親切。如人飲水，冷暖自知。非自己經驗，而聞人言水之冷暖，則知之必不真切也。

佛家言因果同時，譬如現見此穀，其芽蘖根莖枝葉華實之理，早具於此一粒穀子之中，了無前後之分也。

吾人所知之物，止於五官所觸及者。設感官不止於五，則所知之物亦必多。

人生知識，盡從經驗中得來，恰如小兒學走路，屢試而後腳步始穩。

天下萬有不齊之變，不是陡起陡落，必有前因，始成現在之果。果又復爲因，遞嬗迭變而無已。且因有遠近之殊，而果亦有旁正之異，非沈心觀察，則無以盡天下之變，而非閱歷至深，更事至多，則亦不能有所觀察也。故燥進者敗。

群翳觀燈，各見燈輪，各以燈輪爲真。有人目愈，則翳消而燈輪自消。約《楞嚴經》。故眾生執世界爲真，而大覺則空諸所有。

時刻體驗自己胸中，有太和境界否。

陸象山教學者於事上磨鍊。孟子說必有事焉。王陽明教學者用工，要在事上立得住。足見賢者得力處皆同。

公孫龍子說雞有三足，兩足其能行者也，第三足爲神，即所以能行者也。吾謂人之神經系統，如雞之兩足；必有神以主乎神經系統者，如雞之有第三足也。

王船山先生云：人能全其神而歸之，不以姦回濁亂之氣，留滯於兩間，以爲造化之累。良以天地萬物，本爲一體，毫無間隔，故染淨相通，如一滴墨汁，可污全盆清水。今日吾人所居之社會，實已充滿此姦回濁亂之氣，正賴有參贊化育之聖人，以清明之氣，轉移造化也。

鬼者非指形骸已敝而死，始謂其遊魂爲鬼也。吾之血液等，新陳代謝，其神思之遷流，亦莫非新陳代謝也，謝者皆鬼。然則吾人有生以來，其爲鬼於天壤也，不亦多乎？

（原載一九二〇年二月八日《南開思潮》第五期，署名“董紹昌筆記”。）

湘桂粵行役記

熊子真

丁戊之際，余奔走軍中，嘗爲日記。其中有不便宣布者，俟諸異日。兹述其概略如左。

丁巳秋冬，湘桂粵聯軍由湘南直取長、岳，勢如破竹。北京政府傾全國之力，不能當一隅。其時，北軍紛紛潰退，江漢震慴殊甚。是役也，湘軍摧鋒陷陣，實不在桂軍下，顧威望爲桂軍所掩。然桂軍之勇猛，實有可稱者。桂軍服色多不從新式，交戰之前，將官不派偵探，亦不下命令，每發見敵人，則兵士自由作戰。長官但呼曰打打打。長官不退，則兵士前仆後繼，無退走者。彼等開口必頌陸幹老之威力，蓋陸榮廷三字，實深印其腦筋也。吾常謂桂軍之勇氣，由信仰其長上而生，如教徒之信神，而能排除一切艱險也。唯邊隅山谷之民，頭腦單簡，故能如此。若中原士旅，則智巧滋，而親上死長之風微矣。當長、岳之未失也，北軍畏桂軍如蛇蠍。桂軍有一特別之標幟，即其頭不戴軍帽而戴笠是也。北軍望見戴笠者，即膽寒，余蓋聞之俘虜云。余嘗詢桂軍將官曰：戰地最忌露目標，若輩胡爲不冠而用笠？渠云：彼等在家戴笠，以披草萊，其習慣不可更也。當時以廣西笠傳爲佳話。友人白楚香逾桓。曰：我輩各購一廣西笠爲紀念，可乎？然長、岳陷後，則無復有談此笠者矣。

北軍數萬之敗於湘南也，棄甲曳兵而走岳州以下，忽馳千餘里矣。南軍岳州之退也，其善走亦較北軍若不及。吾嘗戲謂友人曰：若小國作戰，而如此退走者，則一戰而空其國以奉敵矣，此非我南北軍人之羞哉？然遽以此斷定吾國人無戰鬥力，則又不可。蓋兵士之勇氣，全恃將帥平日之教練，臨事之鎮定，固不能盡爲兵士咎耳。

湘省自有清咸、同間，曾、左、羅、胡崛起，以一隅盪定天下。民國肇基，宋、蔡、黄諸子功施爛然。湘固山國，其民願愨，故有傑者起，得依之以立功名。章太炎謂湘人近世習於文學，漸不可用，宋、蔡、黄之不終，亦以其憑藉弱，而抑鬱早喪爾。章氏之説，誠不無所見，然亦不盡然。湘人武功之盛也，文人實同時並興。道、咸間，桐城文派盛於廣西，見曾滌生、歐陽生文集。而太平軍之起也，適丁其時，則文字[14]與武功有相因之勢焉。此中消息，當别論之。吾常謂湘人自咸、同之後，務競於功名，而末流乃貴勢利、趨狡黠，今其本實先剥矣。余過湘東諸縣，見民間祠堂，懸軍官、法官等匾額，並有懸洪憲時俊士之額者。今日湘中士大夫，求其誠樸公忠，如咸、同諸老之風味，何可多得？又自民國以來，閭閻苦兵革不休，元氣盡剥，此次所損尤巨。湘人之前途固難言也。

桂省自洪、楊之事，始大有關係於中國。民俗強悍，玆其所恃也。然桂人規摹狹隘，排外指外省人。之觀念極強。此固今日各省通病，不獨桂人。吾國危亡之因，即在此。桂軍人才，首推馬濟、林虎。其政界人物，吾所不知。然余就軍中所聞見，則桂省人才缺乏。設令陸幹卿下世，彼省前途，固未知如何。此固陸氏所自言也。桂人勁捷善山戰，行軍無部勒，不用斥堠，而其失敗即在此。使多得良將，施以新軍事教育，則桂人可用哉。

鄂屬唯隨、棗等處，民俗強悍，江漢之士，則文弱而不可與用武矣。此吾於此次戰役所經驗也。然胡元季世，徐壽輝起羅田，陳友諒起沔陽，能爲朱明效前驅，以光復舊物，實有光榮於歷史也。尚考《風詩》曰："江漢湯湯，武夫洸洸。"豈其柔靡如今日者哉？

南軍之失岳州，係七年三月十四日自潰，至十七日北軍始入。原因複雜。章太炎先生謂某當道抱聯馮搗段主義，爲和議所誤，此事且勿論。姑就戰略言之，凡戰線過長者，時戰線上自宜昌，下抵崇、通、蒲各屬。可取攻勢，而決不可取守勢。又兵貴神速，宜用其朝氣，勿俟衰竭。南軍得長沙而即停頓，最爲失策。及得岳州，又不乘勝直下，乃反攻爲守，遂成坐困，使彼得厚其力以圖我，此自斃也。又譚聯帥自駐長沙，與戰線相距過遠，軍情瞬息萬變，而主帥遙制於數百里外，亦取敗之道。

南軍之潰於岳州也，廣東龍軍與江西張軍，皆有牽制之力焉。張懷芝以七年二月二十四日，率軍赴贛。南軍聞之虛驚，以爲張軍自萍鄉攻長沙矣。龍濟光之得逞於粵也，原因複雜。桂府與軍政府既相爲水火，桂、粵間復以地方主義生惡感。而張開儒坐擁滇軍，抑不爲之用。李烈鈞能將兵，又無所籍手。陳炯明召集新軍，且多掣肘。故粵局日趨危險，龍氏乘之肆志，而南軍不得併力以爭中原也。

南北軍人，皆未經訓練，交戰時，槍彈砲彈，向空濫發，不測距離，不務描準，火藥虛耗，誠可惜也。又其子彈帶橫繫腹際，亦有縱橫以垂肩背者，每遺落子彈，不復顧惜，誠宜謀改良之法耳。

長江流域之旅館，每署"貴客常臨"字樣。吾由湘入粵，一踰嶺南，則旅店即署“富客常臨”等字。蓋粤人有重富之特性也。然可異者，兩省交界之處，旅店門戶相望，而彼此門頭則有“富”“貴”二字相對焉。即此可見各省之自爲風氣，由歷史上藴釀而成，實有不可思議之勢力，此議地方制度者所宜究心也。抑粤人重富之特性，尚有種種左證。吾抵廣州，見商家門閾旁，署曰“門口土地接引財神之位”，内江人粤人呼我等爲内江人。雖祀財神，未有如此也。余至滬，遊北四川路，友人張純一君導余入廣東人公立之教堂，其堂前建門樓，署曰“富吉堂”。余不覺撫掌大笑，張君茫然不解所謂。蓋余就其所歷見者，而發見廣東人之特性，是以笑耳。抑有言者，重富之俗，賢於貴貴。何則？薄虚榮而尚實利，歐美所以富強也。日本維新之初，亦獎勵人民致富。尚考吾先民，《周禮》有“安富”之訓，《史記》有《貨殖傳》，蓋皆有遠識焉。雖然，吾國古者非偏於重富也，恒以安貧爲天爵之尊。所謂伯夷、叔齊，餓於首陽之下，民到於今稱之；齊景公有馬千駟，死之日，民無德而稱焉。戰國昏濁，猶有士前王前之風；六朝衰敝，尚有清流。而今則此風蕩然，舉世生死出沒於錢刀之中，又不求西人致富之道，唯寡廉鮮耻，喪心病狂，爭權以牟利，甚者則賣國，弱者不能爭權賣國，則爲劫奪、爲賭博，余見粤、桂諸軍在戰地時猶賭博也。而生民之禍亟矣。

南軍薪餉不充，兵士無衣服被褥，席地而卧，其身中蝨肥如蟻，而毫無怨懟，且不減其鬥志，實足令余等生敬愛之意，而思所以自奮也。余素羸弱，此次力自鍛鍊。由湘赴粤之長途，同行者白楚香逾桓、鈕鐵生永建諸君，皆練習步行，每日能百餘里，初無所苦云。長、岳之退也，湘人或咎鐵生主謀，然未免已甚焉。

余在廣州書肆，閲及《南海九江朱氏家譜》，朱子襄先生所鑒定也。朱氏之族，世習儒術，大雅宏德踵相接。其家風不尚仕進，以隱居教授爲務，實粤東人文之淵藪焉。《朱譜》體例精當，兹不具論。

社會心理之所傾向，即爲陶鑄人物之烘爐。蓋群心崇拜宏毅、篤實、勤儉之人物，則人莫不爭自勵爲宏毅、篤實、勤儉。不然，則誰甘爲世所唾棄者？群心崇拜卑污、苟賤之勢利子，則人莫不卑污、苟賤。

何則？高尚、正直之人物，既不爲社會所重，或反爲社會所蹂躪，則誰不敢同流合污者？哀、平之際，上書頌莽功德者八萬餘人，近者洪憲之事，請願者偏天下，蓋同染汙風耳。自袁氏以來，武人劫奪民財，横行一世，遂使社會之心理，皆崇拜武人。又以武人之多出身於盜賊臧獲也，遂崇拜盜賊臧獲。又見武人之肆行劫奪而安富尊榮也，遂崇拜奪劫之行爲，而不知人間有羞恥事。嗚呼！社會之心理如是，欲無亡種，不可得也。吾每見鄉人勗子弟曰：當兵好升官發財。政客必攀援南北軍人。黨人坐談，即歷數南北強有力之武人，曰：某也慣打劫，有犧牲之精神，是不可及也。此等現象，思之寒心。軍中偶憶黄公度《出軍歌》第二首有云：“一輪紅日東方湧，約我黄人捧。”因念吾國自袁氏謀帝制，始不惜喪國權以賂東夷。今則大盜竊柄，亦皆倚東夷以蹂躪祖國矣。公度之詩，似成讖語，豈不痛哉！然使吾國人一旦有自覺心，則區區島夷，又何足患？公度此詩，見梁啟超《新民叢報》。梁氏稱爲“二千年絶調”，真瞽説也。

吾國練軍，有家奴教育，而無國民教育，此可恥而最險之事也。聞袁世凱督直時，直軍只知有袁宫保。近者某省軍隊，只知有某帥。夫兵士必愛[15]戴長官，而後能效死，此甯非美事乎？所可異者，知有長官而不知有國家，則猶部落時代之酋長之馭其群耳。是故今日各督軍鎮守使，各師旅團長，互擁兵而獨立也，實返於部落之狀態焉。此言軍事教育者所宜留心矣。

王船山《宋論》傷宋季世有曰：“當此之時，豈復有奸邪哉，聚鳥獸於都門，相與擲躅而已。”吾謂此數語者，實預爲今日之北京寫照也。夫豈唯北京而已，即此護法區域，亦大拂吾人奔走之希望。自我之南來也，凡所見聞觸接，無一非驚心刺目之事。孤懷菀結，時對長空大海而一嘘肺氣，知我者謂我心憂，不知我者謂我何求。章太炎先生言中國欲求戡亂，至早須在十年以外。吾以爲十年外猶許吾民内亂者，亦幸事哉。

船山有言：“國家將亡，必有妖孽。所謂妖孽者，非草木鳥獸之妖也，亡國之人允當之矣。”吾常欲考亂世之國民心理，而未易猝解。某心理學家言：丹麥德甫定。“吾人讀犯罪者之記傳，得更發見感情之蔽知識之例，此際對一物之慾望，自註：無論或爲王冠，或爲銀表。壓倒其思考力，而集一切思考於此物，或其得之之手段。狹斯丕爾以化工之脱，於《馬克培斯》之戲曲中，描寫罪人之胸中之唯一計劃，實寫心理上之事實者也。故犯罪之道之愚，有不可思議者。有名之裁判官福哀爾白華嘗語人曰：罪人之大半，皆示其悟性之昏蔽，而爲一時之情欲所制。此吾人於慮囚時所最難堪者也。蓋罪人之情慾最盛，不獨使良知失[16]其勢力，及其計較之心亦爲之頑鈍也。”又曰：“吾人於此，往往不憚自欺，而爲欲情之故，尚故抑反省之力。故慾情之縱恣，而若於精神中遇某種之抵抗，則吾人反求悟性即想像之助，以自解兒。故個人此際之對自己，實一詭辯者也。一切欲情中，無不含此種之詭辯。吾人之辯護自己不可持之意見，而附以色彩者，亦此類也。”如上所述，吾人得由此以發見亂世之國民心理，古今亡國敗家其君主臣工人民，其所以無道德、無法守、犯義犯刑而自速其亡者，皆爲情欲所蔽而闇於利害。故恒集注其思考力，以用於自斃之手段。而在此時之國是，嘗紛淆而無一定之是非。則以其情欲中所含之詭辯，道人於魔，船山所謂妖孽者是已。桀紂也，幽、厲也，秦二世也，漢桓、靈也，新莽也，隋煬帝也，朱溫也，石敬塘也，明神宗也，管、蔡也，馮道也，胡廣也，張禹也，周延儒也，唐之藩鎮也，漢之黨錮也，明之閹豎也，秦檜也，劉豫也，吴三桂也，李完用也，黄巢也，張獻忠也，李自成也，此諸人者，後人讀其傳記，亦既怪且哀之。顧後人之所爲，其可怪而可哀者，有以愈於彼耶？是故先王有以見人之情，而道之禮樂。樂者，和也。禮者，法也。法以明分，和以相資，則無妄肆其情者矣。而聖人之立教也，上者絶情窒欲，其次納之中和。自非道術大明，盍由撥亂反治哉？

昔人言：天下將亂，必尚言也。民國以來，各機關、各團體，每有電報，必尚藻飾，以眩惑世俗觀聽，其實鄙俚已甚。猶憶六年夏，黎大總統罪已之電，自比“墜溷之花”，蓋某秘書所爲。此等妖褻語，見諸元首自況，乃知文章與世運相關，不可忽也。昔張文襄最惡六朝文字，謂南北朝乃兵戈分裂道喪文敝之世，效之何爲？誠不爲無見。吾於古人文字，酷愛二家，一漢光武帝，一諸葛武侯也。二家之文，言簡意賅，神清情至，雖著筆不多，而恰如良將用兵，以少勝多，光[17]武賜隗囂詔曰："吾年垂四十，在兵中十歲，厭浮辭虛語。"吾自歷世變，始知此語之深切有味。今日作電報之食客，何不反省。

余在廣州，居長堤政務會議籌備處。一日昧爽，忽夢見五弟繼剛僵臥榻前。余心知其死，撫屍哭之，痛。既醒，則夢也。五弟極少，余平日固未慮及此，且軍中不聞其病耗，此夢弗介意矣。久之，友人函告余喪一弟，又云"喪者行幾字某，尚未探實"。余得函時，久忘夢境，且以四弟爲慮也。歸里，知爲五弟，遂憶起前夢云。然五弟以夏歷三月初二日卒於德安寄廬，余方從軍湘粵間，而夢在首夏也。時地懸隔，而感應若此，足徵吾弟神識不昧，死何畏焉。

（原載一九二〇年二月八日《南開思潮》第五期，作者署名爲"子真"。）

復黄勉之書

來書讀悉，茲並前書略答如左。有不諦，可再商。

我國唐、宋以來，儒者説"體用"二字，真是説些不落地底話。怎樣叫明體達用？他們講起"明體"，搬些"忠恕""仁義""天命""心性""天理"等字來，究竟不曉得他説底是個甚麼東西。唯陸象山直指"本心"，王陽明指出一個"良知"，使吾人當下反求自得。所以陸、王二子底學説，如今風行大地也，是斯賓塞爾所説適者生存底公例了。然而陸、王尚有好多不成系統的話。陽明夾雜天命、主宰之説。但比較起來，是大致不差。再説"達用"。儒家痛罵佛、老，就是説他離了"齊治平"底工夫，便爲無用。這是錯讀了《大學》"聖經"一章。《大學》那一章經，我不敢説他不諦，但要曉得古聖人於政、教、學三者混合不分。聖經一章，就包括世法[18]、出世法以立言底。此中要辨別清楚，不可死守陳訓。

凡讀書，名詞有不會，須從首至尾，看他上句下句、節前節後，乃至全篇。由分而全，由枝而本，展轉會通其大意，不是萬難底事。佛説“圓成”“依他”“徧計”三性，要懂得清楚，才提起綱領來了。

“種子”與“現行”底名詞，能生義邊。名之爲種，如穀生芽，名穀種，由種子生現行。你懂得種子，就可理會現行二字了。有“本有種”，有“新熏種”。怎樣叫新熏種？如我和你，從前在我外家一面，我看見你的相貌，聽得你的聲音。如今别了幾多年，我一凝思你黄勉之的聲容笑貌，全體在我心中顯現起來。這心是第六意識。這就是當初一面所熏之種，藏在八識田中。今日經驗派的心理學，他説這是内印神經。試問神經接的印象很多，豈不印模糊了麽？此中不暇細辨。

善等三性，即善、惡、無記非善非惡，名無記。三性。無記又分有覆、第七。無覆〔19〕。第八。六識裏面，善、惡、無記三性相間而起，故全具三性。

“真如”二字，單簡來説，一個“如”字足了，“萬物皆如也”。《莊子·齊物論》元來是不齊而齊，就是“如”義。

佛説不許心外有物，故説唯識。真如即是“識”實性。不是於識外别别有一個空空洞洞的東西在那裏。他是徧〔20〕爲萬法實體。悟得時，山河全露法身，萬相當體真實。若作斷滅見，便非佛法。驟聞佛説，好像是斷滅，其實他是破執。他説的話，是大開大合，你要善於體會。凡夫簡單底頭腦，無怪難驟入，多望洋而反了。心外無物底話，要治過近世唯心論底，便好入些。陽明雖説心外無物，還不徹透。

佛説依一如來藏心，開爲八個識。曰阿賴耶識，即第八，是情界、器界之本。曰末那識，亦云意根，恒〔21〕審思量，執第八識見分以爲我，與第八識若束蘆相依以立。曰意識，亦云六識，我此時運思寫信，正是他底作用。心理學底智、情、意三分，統攝於一個意識，正屬第六。曰眼、耳、鼻、舌、身識，叫做前五識。此五者，物至而知接。八個識通名心王，又各有相應心所。心所者，心所有之法。心理學底知、情、意三分，都攝於佛説五十一心所法裏面。“王”謂心能。所對能而彰。如我底知覺、思想、愛惡、決斷等，都是心所。今日底心理學所説，是有所無能，不可不知。

《起信論》中三細六麤之説，甚精深。依無明業相，“忽然念起，名爲無明”。須知這個念字，不是吾人現前起念底念，是超乎天地未有之先底一念。初學讀《起信論》，這兩句每不懂得，甚難。變爲能見，曰見分；以有妄見故，遂有所見，曰相分。是故於一賴耶識中，變起二分。以此二分，能所對待，轉執轉深，遂有六麤相。六麤之中，前四麤相，都是超乎天地人物未有之先而説。到起業相，才成萬物了。第四計名字相，非如吾人現前底計取名言，是超乎吾身未有以前而説，不可不知。必知此是徹乎現前及父母未生以前而説，纔算有悟。又見分是能緣之心，相分是所緣之境，即外面麤顯境，如天地山河等，一切都是心底相分，所以説無外境。這是就源頭説。若就現前説，離了感覺無物，豈不是唯心麽？

因、緣及果，此三名者，隨舉眼前事相明之。如我眼見此穀，是怎樣有的，便是穀種爲因，水土、肥料、人工爲緣，還以生禾結實爲果。

印度先哲，研究現實世界底所自，約舉數説。一忽起説，謂山河大地，是忽然而起。二作者説，謂世界由主宰所造。三自然説，謂別有一法，是實是常，能生萬物。佛俱非之，而立因緣之説，以爲一切法無自性，章太炎云：自性者不可變壞之謂。情界之物，無不可壞。器界之物，無不可變。故萬物無自性。衆緣會合而生，緣散則滅。這是單約法相説。若剋就源頭説，《起信論》賢首疏云：梨耶心體，不守自性，是生滅因。心體即真如，於中唯取隨緣一義。根本無明，熏動心體，是生滅緣。又無明住地，諸染根本，是生滅因。外妄境界，動起識浪，是生滅緣。依是二義，以顯因緣，此兩重因緣，但有三法，謂真如爲因，境界爲〔22〕緣，無明望真則爲緣，望境則爲因。宜審思之。而無明無體，唯依心起，境界妄現，非離心有。是故説至究竟，唯是一心，即因緣也是假説。

（原載一九二〇年二月八日《南開思潮》第五期。）

致蔡元培（附蔡元培致羅家倫、羅家倫致熊十力）

志希兄：

有熊君來信，請一閲，不知有可採入《新潮》者否？

元培敬白

孑翁先生：

頃承尊處寄來《中國文學史》一部，收到，甚感。真前函信筆率書，未知作何語。已發而悔。美術實關重要，真以爲當與宗教相輔而行。所懷疑者，僅先生所云以“美術代宗教”之一代字耳。玆有三事，敢復質之左右：

（一）對於今日雜誌之意見。今日優秀之才，多從事於雜誌，以東鱗西爪之學説，鼓舞青年，對於精深之學術，不能澄思渺慮，爲有系統之研究。默觀今日各校學生，每日除照例上堂外，人人讀雜誌，人人做雜誌。此舉大數言，不能説無例外。長此不改，將永遠有絶學之憂。真以爲欲革此風，必賴國外留學諸君，有刻苦自勵，不求近效，專研究西洋學術，而斟酌社會之需要，以從事繙譯。又不可爲没頭腦之舉，例如先譯一部哲學史，而後取諸家專著視吾所急者，擇尤譯出，餘科準此。俾學者得爲精深而有條理之研究，庶幾學術有發達之望。真嘗謂吾國自派遣游學以來，僅嚴又陵譯《原富》《群學肄言》《群己權界論》《穆勒名學》等編，頗有功於學者，其視梁任公之《新民叢報》、孫中山諸人之《民報》，孰爲有功，不問可知。嚴氏人格無可取，其譯書事業，在吾國留學界畢竟不可菲薄。今人謂其達恉辦法不諦，固别一問題也。

（二）對於歐化主義之意見。今日稍有知識者皆知吾國之錮疾，非輸入歐化不足以醫之；然誠欲輸入歐化也，則必取法於隋、唐古德。真嘗謂印度哲學之所以盛於中國者，即以其有决然捨舊、高掌遠蹠之精神。魏、晉時玄釋合流，及僧肇四論始排除。觀玄奘、窺基、智顗、宗密之倫並出，學窮内外，然皆拚命發揮佛道，不肯稍涉溝通。其結果，使佛學成爲中國之佛學。而後宋、明儒者亦得所觀摩，因即《大學》

《中庸》，尋出孔門唯心説之系統，而吾舊有之學術，遂大放光明。此正玄奘師等以融通之業，詖諸後人之效也。吾國治西學者，從未有獨往之精神。嚴又陵所譯諸書，每以中西强相比附。最可笑者，如《穆勒名學》部甲按語中以孟子“萬物皆備於我”一言，傅合特嘉爾記者按：即笛卡兒。所謂“積意成我，意恒住，故我恒住”諸語，不知其果何取義。今人漸反對融通之説，但求如奘師等之絶口不談舊學，壹意輸入印度化者，殆未見其人。《新青年》《新潮》諸雜誌，號爲極端的新派，然猶不捨其整理舊學之事業。見《新青年》第七卷第一號胡適之君《新思潮的意義》。夫舊學誠宜整理，特非主張歐化者所宜從事耳。諸君何不上追隋、唐古德之風乎？夫以吾國政治之紛擾，學校之廢弛，人民受教育者至少，而諸君日日空談新，空談解放與改造，不務涵養深沉厚重之風，專心西學而廣事譯書，昔奘師歸自印度，總理譯場，凡譯經論一千三百三十餘卷。則歐化未得入而固有之文化已失，欲無絶命可得哉？此真所爲栗栗危懼者也。

（三）對於文學史名稱之意見。今人日日言新文學舊文學，而對於文學之本體，殊無明瞭之觀念。羅志希君嘗歸納中西文家之論，而明定文學之界説，見《新潮》第一卷第二號。善矣！然察其界説，本專屬美術的文學。以美術文冒文學之全稱，則如一切説理紀事之應用文學，例如科學家之著作。將置之何所乎？將如何名之乎？且文學者，應分爲文字學、如字形、字音、字義。修詞學，文章學三部；而普通所云文學，本指文章。不知文章乃文學中之一部分，三年前友人劉伯垂嘗與真論及此。文章又宜分應用的與藝術的二種。頃者中學以上學校，並有本國文學史一科。教育部審定此項教科書，暨私家所編纂者，蓋有多種。核其内容，實爲藝術的文章史，而以文學命名，實爲無當。在昔摯虞作《文章流别》，任昉作《文章緣起》，並爲專史，立名較妥洽。今之文學史，綜覈名實，宜曰文藝史。蓋《論語》曰“學文”，曰“游藝”，六籍亦謂六藝，以經仲尼删定，頗合於藝術之組織也。漢、唐以來，久以文藝二字，連屬爲一名詞，如曰“士先器識而後文藝”。竊謂今本文學史，宜改名爲文藝史，未知先生以爲何如？

熊子真謹啓

子真先生：

尊書由孑師交下已久，因事忙未及即覆，歉甚。對於宗教與美術的意見，是一個極大的問題，不學如倫，何敢妄議。但是我最近與孑師的談話，及我個人對於這個問題的感想，不妨寫出來請指教指教。

孑師於比較最近期間——七年四月二十六日——跋社友譚鳴謙君《哲學對於科學宗教之關係論》見《新潮》一卷一號。一文，其語頗足表示其近來的意見，今節録如下：

……表現感情者，實爲美學；至哲學實爲智力與意志所合而表見，宗教實爲感情與意志所合而表見。故科學以漸發展，則哲學之範圍以漸縮小；美學以漸發展，則宗教之範圍以漸縮小。哲學之永不能爲科學所占領者，曰玄學。宗教之永不能爲美學所占領者，曰信仰心。以玄學之所研究，爲信仰之標準，則宗教亦循思想之進化，而積極改良，决不至與科學衝突。凡與科學衝突者，皆後於時勢之宗教耳……

前數日與孑師談及，知他所謂可代之宗教，即指近日形式之宗教而言；至於信仰心的永久存在，是我們不可否認的。我以爲現在大家争論的紛纏，懷疑的不决：擁護宗教的，以信仰心爲護符，甚至於説到現在的形式宗教，也是至高無儔，永久不變；反對宗教的，因鑒於現在形式宗教之流毒，並信仰心一並否認——這都是由於把“宗教”——指形式宗教——和“信仰心”没有分清楚的緣故。現在一班宗教家以爲一個人没有信奉形式的宗教，就是不可收拾——如前幾十年的歐洲大部分人聽見説一個人“没有宗教[23]”（No Religion）就能駭而疾走——常於小説戲劇中見之，近來還不乏這種人——其荒謬真不值一笑。世界上古往今來，許多哲學家、思想家是没有宗教的，不但没有宗教，而且是極力反對宗教的。但是他們的生活何曾不高尚？他們的行動何曾不有意識？他們的思想何曾不合理？他們當大難臨頭的時候何曾不是“至死不變其操”？恐怕他們所能做的，迥非那班所謂“宗教家”所能及呢。所以形式的宗教是可以没有的，而信仰心是不可没有的。爲什麽呢？因爲各人的信仰心就是各人的主張。一個人不能没有主張，就不能没有信仰心。蘇格拉底爲什麽至死不説謊呢？因爲他對於真理有信仰。蓋律雷爲什麽受艱難挫折而不變他的學説呢？因爲他對於新天體説有信仰。蔡先生爲什麽於千辛萬苦之中還要提倡美育呢？因爲他對於美育有信仰。……各人對於真理的信仰，就是各人自己的宗教。中國人對於真正宗教的觀念，是不曾明瞭的。我的朋友江紹原君去年在《大學月刊》第二期上纔爲宗教定了一個狠好的界説，但是他自己對我説，以爲“太玄學一點”（Too Matephysical）。至於我對於宗教的界説，是狠簡單的，就是——

各人的主張（Principle）爲完成個人自由的發展，增進人類全體的幸福而發的，就是各人的宗教。

這個界説完備不完備是另一問題，但是我自己信之甚堅，去年質之紹原，他也以爲狠合乎實用。當然世界[24]上的壞人，也有他的主張，也可以説是他的宗教；但此係特種情形所搆成，及一種制度之流弊，其最初的動機，還是脱不了“完成個人自由的發展，增進人類全體的幸福”兩種。這就是紹原所謂“望高”“愛好”“做人”的心思。參觀《大學月刊》第四期《宗教與人生》一文。不過我現在的感想，以爲我們對於主張信仰的事實，可以不借“宗教”這個名詞，因爲這個名詞，被現在的“形式宗教”用得混合了。所以有人把“信仰心”譯作“宗教心”，我也不敢贊成，因爲容易起人誤會。現在要把這糾纏解清楚，我以爲應當——

把信仰心和宗教——形式宗教——分開來；宗教是信仰心的一種表現，而不是唯一的表現。

所以現在實驗派的哲學家，對於宗教，大都是從心理學上的觀念。如哲美士（W. James）是大心理學家，所以他著的論宗教的書，如 *The Varieties of Religious Experience*，大多是從宗教心理上來研究，所以非常透澈。而現在研究比較宗教學的人，除了用歷史的研究法研究某種宗教的制度而外，最重要的還是心理的研究方法。老實説，現在的實驗主義雖然也承認宗教，但是他所講的宗教，决非一班"牧師""神父"們所高興的；因是他只是承認宗教已經是一種社會的制度，可以用作一種輔助社會的工具。請大家不要誤會了！

宗教的搆成，情感爲最大的要素，是確切不移的。世界上大家所謂的大宗教家，如釋迦牟尼、耶蘇之流，那個不是愛力極厚——就是情感極重的人。而情感極重的人最容易流入宗教，如託爾斯泰晚年的主張，就是極明顯的例。近來羅素雖然是狠反對形式宗教的人，但是他以爲人類有種最高的情感，可以有種信仰表現出來。參觀《社會改造的原理》論宗教一章。我有一天和梁漱溟先生談起——他是專門研究宗教的人——我問他對於宗教的觀念怎樣。他説："宗教是情感的安慰。"他又説："你在用不着宗教的時候，僅可説不要宗教；但是你等到要用着他的時候，你纔知道他的用處。"宗教對於情感的關係，重要可想。往往一人到了苦惱萬狀、生活厭倦的時候，有一種宗教思想，情感上也可聊以自娱。在中國以爲命該如此，在西洋以爲上帝罰我們怎樣的。但美育的用處，也是情感的安慰。不但可以安慰，而且可以愈先疏導他，使他向更優美愉快的方面走。疏導得好，固可以不會鬱結到一個不可收拾的地步，還可以使他愈驅於合理的生活，而無盲從的危險。你看現在只知道宗教而不知道美育的世界呵！你看現在宗教對於情感的安慰呵！戴季陶先生那首《阿們》的詩，便是第一等的傷心人語，我不忍卒讀——

“阿們！” 季陶

牧師說：“肉體的快樂，
不關人類的性靈；
只管作工，
只管忍耐；
困苦和艱難，
都是上帝的命令。
不該反抗，
只要服從；
待你臨終時，
自有天使來接引！
阿們！”

出了教堂門
進到工場裡。
一天作了十二點鐘的工，
滴了十二點鐘的汗；
賺了兩角小洋，
買了兩升糙米。
這是上帝賜我們的！
我們應該感謝上帝！

“上帝呵！上帝！
你這仁慈的恩，
我如何報答你！
只盼你允許我呵！

進天國去伺候你。
阿們！”

一月、兩月、三月；
一年、兩年、三年。
吃不飽，
睡不足。
手足成了風濕麻木；
肺管兒充滿了微生物。
從前那精壯肥滿的肌肉呵！
只剩下幾根瘦骨。
“上帝呵！上帝！
我那裏敢違反命令，
可憐我渾身是病！
阿們！”

一天不作工，
没有米；
兩天不作工，
没有衣。
那嚴厲的房東呵！
他還硬趕我出門去。
這樣繁華的上海呵！
只見許多華麗莊嚴的教會堂，
竟找不出一個破爛的棲留所！
“上帝呵！上帝！
你快些兒來接引我呵！
進天國去伺候你！

阿們！”

基督降生一千九百二十年復活節前三日作

唉！這就是現代宗教對於情感的安慰，我們應當感謝上帝呵！我想當現在美育没有發達的時候，假設没有這樣好的情感安慰，至少有幾百萬勞動家要自殺的，感謝上帝救了他們！不是他們的情感有了這樣好的情感安慰，世界上那有許多倚財仗勢、茹膏吮脂者？我們也應當感謝上帝！

這不是我憤激的話，乃是只問宗教不問美育的當然結果。宗教和美育的最大功用，都是安慰情感。依我的意見，如把信仰心和宗教分開來説，美育實有代宗教之可能。不過代的性質如何，程度如何，方法如何，雙方還正要加一番分析的研究。所以我希望有許多人專心研究美育，更希望有人把處於批評和研究宗教地位的“宗教學”研究一番。

至於説現在的宗教能隨着時代進化，我也承認。現在固有一種宗教以能隨着時代進化而自豪者。但是我有一夜在上海和季陶先生討論這個問題，他有幾句狠痛快的説：現在有種宗教以能進化自豪的，我們狠承認；但是他滑頭的地方，也正在這點。譬如别的宗教，大都有他固定的哲學的，惟這種宗教，是没有他固定的哲學的；亞里士多德的學説盛了，就把亞里士多德的學説採取利用過來；笛卡兒的學説盛了，就把笛卡兒的學説採取利用過來……須知人家的學説，自有他本身存在的價值，不必勞他採取；而他所以採取的目的，不過要擁護他特殊的階級——神父，牧師；——特殊的財産——會所，田地；——特殊的儀式——受洗，禮〔25〕拜。把這幾種特殊的東西推開來，我認不出什麽是某種固有的宗教！以上這番話雖是我們隨意談的，然大家果能回心一思，這斷不是我們兩個人的感想。

我嘗以爲現在的宗教，雖然不問人家美育的生活，但是他自己卻狠能利用美育，以擁護他的勢力。如利用莊嚴華麗的建築，以起大家的信仰心；利用沉穆悠揚的音樂，以動大家的神秘性。諸如此類，舉不勝舉。所以宗教如不能利用美育，則宗教的效用失其大半。

不止於此，就是宗教裏所謂最高的犧牲性，也是常藉美感以激發起來的。如佛教徒何以肯捨棄人間的生活？因爲他們希冀西方的極樂國；而極樂國的所謂“華嚴界”“七寶樓台”“蓮池”……也不過是純美的世界。耶教徒當“十字軍”東征的時候，何以肯視死如歸？因爲宗教家告訴那班戰士説，死後可以進天國去，而天國之中，也不過是“有光，有花，有愛”。回教徒何以能悍勇善戰？因爲《可蘭經》告訴他們説，爲宗教而戰死的，流出來的血放寶石光。這都是宗教利用美感的地方！這正是宗教靠着美育的地方！

美感既然有這大的魔力，能趨人於逃，於死，於戰；所以我想要維持和平，我們也可以用得着一種美術。真正的美術，對於戰争和平都是狠有關係的。如德國的音樂，可以振發她英武沉摯的國民性；法國的油畫，可以促成她國人活潑進取的奮鬥心。一國的美術對於一國的民族性，是有絶大的影響。對於戰争如此，對於和平亦如此。所以我的美育維持和平觀也正有幾點理由可説：（1）果然有種熙融和靄、激發真性的美育出來，自可潛移默化，疏導人類的心理，入於相親相愛之域。而且美術是大公的，這國有件好美術品出來，也是那國人民之福，藉這個媒介彼此間自可消彌無限仇怨的心思。現在羅丹人道化的美術風靡全球，正是這種徵兆。（2）每經一次戰争，就不知道要損失多少美術品；而這次大戰的時候，更難言狀。這些損失，都是歷代優秀的人類嘔盡多少心血造成的，這都是人類文化的結晶。若是人類普通的好美性提高了，斷不忍見其毁壞。（3）好美之極，莫過愛惜自然，珍重人生；而希臘人對於人身體的美，是尤其珍重的。回教利用這點，以流血放寶石光的美感，遂使人類赴死不惜。若是我們能疏導他們正當的美感，使其知道殺人是戕賊自然的，是不美的，那自然戰争之風可以減少了。這個重大的責任，要靠全世界的美術家努力呵！

有一位朋友來和我説是中國人現在太限於低等物質的生活，當養成一種超越利害的觀念，因此他想到提倡宗教。我以爲養成一種超越利害的觀念，是狠要緊的事，但是不必一定用宗教做工具，因爲美術的觀念，也正是超越利害的。譬如遇着一個挑糞的人，大家往往掩鼻而過之；若是有一個好美術家把他畫出來，畫得狠好，則不但不討厭，而且大家反而喜歡他，寶藏他。又如明朝《上河圖》《下河圖》的故事，雖然一個聲勢赫赫[26]的權奸要索這兩件[27]美術品，而藏圖的人則情願冒了危險，棄了幾百萬的家資，抱圖而遁。爲了兩幅“饑不可食，寒不可衣”的圖畫，而不惜置生命財産於度外，非有美術超乎利害的觀念，曷克臻此。

以上所書，不過是我個人對於美育與宗教的雜感。我對這兩種東西，並不曾經過系統的研究；興到時拉雜書來，還希原諒纔是。

至於先生對於雜誌、歐化、文學史的三種意見，大部分狠表贊同，現在把鄙見所及，也可以略微説一説。

1. 雜誌與專書的效能（Function）不同，譯專書固是要緊，而雜誌也未可一筆抹殺。在西洋有許多專門的新發見的學説，往往先見於雜誌。一則因爲雜誌發表的期間快，一則因爲雜誌上討論的機會多。而且雜誌裏不是不能有系統的學説。嚴譯的書自有他的價值，我常同他説公道話；但是《新民叢報》《民報》現在雖不足數，而在他們的時代，的確有歷史上的價值。請問十年前的“新黨”，有幾個不是《新民叢報》造的？十年前的“革命黨”，有幾個不是《民報》造的？這一點我們也應當替他們説公道話纔是。至於現在文學革命、思想革命的潮流，又何曾不是《新青年》等幾個雜誌鼓起來的呢？我對於雜誌的意見，是主張有成熟的學説，系統的介紹，不在乎數的增多而在乎質的改善，請參觀附録中我的一篇文字。至於看雜誌來辦雜誌的人，我實在覺得危險。看現在的空氣，目前似乎由“雜誌的時代”進到“叢書的時代”了！除《大學叢書》《新潮叢書》《尚志學會叢書》《晨報叢書》已出版者外，商務印書館則有《世界叢書》，中華書局則有《哲學叢書》《新文化叢書》，還有什麼《岫廬叢書》等等。但是我對於現在的叢書也有幾種意見：（1）著者固須審慎，但是譯的原本，也要審慎的採擇，不是西洋隨便什麼書都可以譯的。（2）譯的人要自己量力，如果要譯某種學問或某一個人的書，至少也要把某種學問或某一個人的書看過三本五本，纔來下手。千萬不要翻開來看了一本書，只覺得文法好懂，就列起“某某人著[28]，某某人譯，某某叢書第幾種”來了。（3）一個人費多少時候譯不出一種書也可以的；只要一種書譯得真好，也可以費一生的時間作一生的事業的，總不能急於速成，忽促塞責。不然，不特對著者和讀者不住，便對自己也對不住。（4）應當先合力譯多少門徑書出來，再譯專家的著述。嚴又陵[29]所譯的書爲什麽以《天演論》的影響最大？因爲他是一本門徑書。爲什麽《穆勒名學》所發生的效力最小？因爲中國人對於邏輯的門徑知識還缺乏，不配領略這部“鉅製”。所以我以爲自亞里士多德以至康德、孔德、斯賓塞爾、哈蒲浩等專家的著述，有“不廢江河萬古流”之價值的，終究應當逐一翻譯出來。但是在未翻譯之前，不能不藉門徑書做一個“臺階兒”！

2. 關乎歐化的大見，我是十二分佩服的；而闢除强附一層，尤爲痛快。我常説無論西洋什麽學説到中國來，總要加上一重彩色，弄得不清不楚。這都是被一班“古今中外派”弄壞了！强附之事，自中國歷來就有的；而在近代“學貫中西”之風，允推嚴氏爲其始祖。最可笑的，莫過於前年浙江想修一個王陽明祠，修祠的緣起上大致説：陽明先生的學説一到東洋，自然東洋已經强盛起來；但是一到西洋，就變成柏格森的哲學。我看了不禁笑得腹痛三天！强附是我們痛恨的，但是先生以爲我們宜屏棄一切整理舊學的事業而不問，則殊有不敢强同之處。我也略略有點意見可説：（1）治學問對於環境狠有關係；而現在的學問是活的，尤當能適應環境，而後有演化可言。（2）現在研究學問的方法日新，而比較的方法尤爲重要。但必須有兩方面的材料，纔有比較可言。（3）因爲有了比較的眼光，所以我們讀起舊書來，反而有趣。這是我們心理上自動的興趣。老實説，一般老先生以爲我們談新的人就不讀中國書，是錯誤的；不知我們换了一付眼光，换了一套方法來讀中國書，反而可以比他們多找出一點新東西來。譬如“關關雎鳩”這部書，是個個人都是唱山歌一樣唱熟的。而等到胡適之先生讀到“坎坎伐檀兮”這首詩就發現古代社會主義的思想；“糾糾葛屨”這首詩就覺得從前女子職業的情形；讀到“千倉萬箱”的句子，就可以悟〔30〕到古代井田的制度……這都是我們在學問界的新興趣，那裏能夠放棄呢？（4）種牛痘的醫生，必須先用痘毒；近代治梅毒的妙藥，乃是把梅毒的死菌造成的；對中國人説話，自然用中國材料容易了解，容易取信。所以吳稚暉先生有次對我閑談的時候说：“新文學運動能夠在舊社會免除許多無謂的攻擊，適之先生的《中國哲學史》大有功勞，因爲這是戴了紅頂子演説。”（5）我們狠想東西洋文化接觸之後，醖釀出一種新文化來。這是我們大概的主張。

3. 現在所謂文學，正西洋所謂 Literature，自當爲人生的表現和批評，有思想、想像、感情、體性、藝術……種種質素的。至於説理紀事的應用文，如科學的著作等類，苟能合於這種條件的，自能稱爲文學。如赫胥黎雖是科學家，而他的科學論文都有文學興趣，所以還是當文學讀。至於通常人寫的東西，文法都有不通的，那裏配稱文學呢？世界上何必有學文學的人呢？先生想以文字學、修詞學加入文學的範圍以內，不知西洋講字根由來的有“語原學”（Etymology），講語言變遷的有“言語學”（Philology），講字的聲音的有“字音學”（Phonology）……這都是專門的科學，盡一生的精力都學不完的。而且學這種學問的人也不見得就會做文，何得一齊併入文學之内呢？至於修詞學（Rhetoric）不過是一種高等文法，爲作文的門徑，在西洋高等或大學初年級就可學完，何至於另成專科，以與文學相對待呢？先生認定我們所謂的文學，當有藝術的觀念，是狠對的；但是先生想以“文學”一名籠蓋一切，而以“文章”一名代替今日之文學，則殊可不必。中國古代“文學”這個名詞，我們也知道範圍狠廣；如“張蒼定章程，韓信申軍法，叔孫通制朝儀”，而太史公謂爲“文學彬彬日盛”。但是我們現在能以曆數的圖表、軍中的號令、朝儀的禮單，叫做文學嗎？“文章”一名，現在通用作“論文”（Essay）的意思。若照先生狹義的講起來，則“文章”兩字，還要各加上三撇，變成“㣈彰”纔對呢！總之，一個名詞在一個時代有一個時代的意義，不必事事反諸往古。譬如 Economics 一名，中文作“經濟學”，但中文“經濟”二字的原意，是作“經邦濟世”的解釋，如開“經濟特科”之類。和所謂 Economics 的原意差多了。然而現在“經濟學”這個名詞用慣之後，大家説起來就知道是 Economics，没有錢用了，還知道説“經濟困難”。而提起“依康老密”“計學”“生計學”種種名詞來，反令人不易了解。又如 Chemistry 這個名詞，嚴又陵譯作“質學”，以字的本意講起來，當然比譯“化學”好。但是現在説“質學”没有人知道的，而“化學”個個人懂得。這是文字本身的演化，是他們自己的生存競争，我們不必爲他們着力的。我們只問實際好了，名詞之争，似乎反而易滋紛擾。

這番話拉雜不知所云，還望先生原諒指教！

寫到一半的時候，友人王君來説先生現在南開學校大學部擔任國文教授。以潛精舊學的國文教授而有這樣積極的思想，謹爲南開前途賀！

志希謹覆　九，五，二八

（原載一九二〇年五月《新潮》第二卷第四號“通信”一欄，今題系編者所加。）

廢督裁兵的第一步（致《現代評論》記者）

記者先生：

我本是一個方外人，不願談時事，但目擊民生塗炭，午夜縈思，慘痛至極。夫心之所痛，不能不形於言。我欲言之，而心緒煩亂，又復不知從何説起。今就近所感觸，拉雜書之如下。

孫中山久滯津門，自謂因病，説者則謂其與段意見不合，是以趑趄不前。此或出於旁觀之推測，不必中於寔情，然孫、段意見之不可合，則固吾人意料之所及。吾以爲孫氏但當本自家一片真心，發揮其公平之主張，與段氏竭誠相勸，勸之無效而後去；可以對自己良心，亦可以對國人。不必先存扞格之見，使彼此日增疑慮，而正言公論終不得披肝露膽於段氏之前。使段氏終執其一向所習於袁世凱以來扶殖軍閥之種種故智，而無革心換面之一日，則禍害不知所底，而蒼生浩劫，正不知何時可了。痛矣哀哉！吾以爲孫、段意見本不能相同，然當此水深火熱之秋，即應各自激發天良，互相諒解，以救此孑遺之民命。在孫氏今日應向段力告之唯一大事，即先舉廢督裁兵之實，而後説種種會議。若不能實行廢督裁兵，而徒招集善後會議也、國民會議也，種種皆成大盜粉飾之具，而何救於禍水劫波之循環起伏也哉？此等先例，十三年來，屢見不鮮。今若重演故劇，甯不痛心！夫不先舉廢督裁兵之寔，則善後會議、國民會議之面具，亦不過等於曹錕之宣布憲法，果何所異者？臨時執政若無廢督裁兵之誠意，則賴國民起而監督之，而國民之公意，唯藉政黨以發抒。不幸民國向無健全之政黨，而近者國民黨組織漸强。中山既爲國民黨之領袖，自應領率群衆，而盡其監督政府之責任，萃全力以謀廢督裁兵之實現，而後可語前途之建設。吾以爲中山欲使段氏覺悟，令其毅然廢督裁兵，則在先自開誠相見，而以江西問題爲開誠之第一步。政府之任命方本仁爲變相督軍也，自是表現其惡劣之手段、禍國害民之政策，毫無異於從前之處。然民黨方面亦不得謝咎。何者？蔡成勛逃亡之日，民黨一致高呼，必欲李烈鈞長贛，兼收束軍事。平情而論，亦欲以李氏爲江西之變相督軍耳。李爲著名之軍人，又北方所畏，而民黨必欲置之於贛，是令段氏不能無戒心。使段氏有戒心，則欲其廢棄從來扶殖軍閥之政策，必不可得也。吾以爲中山與其本黨諸人，應先自决定對江西問題之態度，最好不争變相督軍，只提出三事：一、江西不許再有變相督軍出現。二、江西鎮守使裁去，其各軍軍官最高級不過師長，現時聽其暫住防地，聽候陸軍部與省長會商結束。三、省長由贛人推舉目標人物三四人，由政府擇一任命。此爲最公平之辦法。如此而段氏不從，則犯天下之大不韙矣！夫江西既不許有變相之督軍，則直隸、江蘇、河南及其他同例之省分，皆不得任命變相之督軍及巡閱使。已任命之李景林、盧永祥等，皆宜令其從速收回成命，奉軍令止南下，坦懷與天下人相見，而後謀種種會議之召集。吾以爲中山入京，應專辦此一大事，向段氏再三竭誠力告，至四至五而不效，然後出京，聲明現政府已無存在之理由。總之民國十三年，國民迷悶而甘魚爛之慘，此次政變，人心稍稍一活，應喚起全國人之良心，爲公平勇敢之進行，而不可蹈於從前之覆轍。吾上所云云，不止爲中山發也，尤望國民黨同人及他黨並各界之有知識者，群起而協助及監督現政府，專力辦到廢督裁兵之一步，否則吾民一息尚存，當求所以自衛之道也。嗚呼，吾痛極矣！吾欲不言而不得矣！吾以爲各黨各界，宜速起連合，齊集都門，要求段氏令止奉軍南下，先以明令收回直隸、江蘇、江西諸省變相督軍之成命，哀請執政之門，效秦庭之哭。不得請，亦當毅然喚醒全國人心，以謀自立而作生人之氣。諸公少打電報，少作論文，少在私室竊嘆，願急起而實行此事，此在各黨各界領袖，宜急起合圖之。一兩個人自然作不通，望各黨各界屏除成見，拋棄獵官貪利之習，爲實現民意之活動。人心果未盡死，吾言庶不虚發。嗚呼，吾不忍謂天下人心盡死，故爲此言，海内賢達，鑒此哀忱！

熊十力　十三，十二，二十九，　濟南

（原載一九二五年一月初版、五月再版之《現代評論》第一卷第五期。）

觀生居日記摘抄

今春自魯返鄂，精神頽靡，既未作書，又不曾讀書。悠悠忽忽，遂度過半年，思之愧汗。然徒悔無益，悔而不改，則危殆愈甚，將無一毫向前之勇氣，而迫於死道矣。繼自今已往，一切得失境事，都放下勿復追問，唯從現前一念努力。即此一念引發未來，嘗放於日新自得之場。再造之幾，在我而已。

昨來一教徒，與之談久，及送彼出門，卻思自己所言，無一有意味語，思之極不自堪。與俗人交，只有寡言之一法。寡言又必自己返照得力，勿任彼俗情所牽，方不至隨順而流猥鄙之詞。稍一鬆懈，則爲俗氣感染，而失其平日之所持。危矣哉！凡教徒，鮮不頑鄙勢利，度有再來，勿輕與之接也。雖然，天下頑鄙勢利者，豈止教徒？吾人不能常葆其天明，則日常晉[31]接，無往而不遊於羿之彀[32]中已。君子於世，所可自處者，貞而已矣。貞者，正也而固也。任萬變之紛乘，吾心自有至正之矩[33]，堅持而不可移。歷死生、得喪、毀譽、榮辱、成敗、憂喜，而吾心之所持恒自若，不隨境以俱遷，有逸休之美，無勞拙之患者，《書》曰“作德，心逸日休，作僞，心勞日拙”。二語至精，凡夫所不省。其唯貞乎！

忠信篤敬，蠻貊[34]可行，理之常也。子畏於匡，在陳絶糧，事之變也。然微服絃歌，仲尼之心，不爽其所持之正，故歷常變而無敢貳矣。凡期望人太切者，其失望必過多。失望過多，而無以自堪，則反厭人。於是而人己皆病。孟子曰：“天下之言，逃墨必歸於楊，逃楊必歸於儒。歸，斯受之。”大哉言乎！歸斯受之，不强受其所不歸，抑虚心以受天下之歸。物之不齊，物之情也。心存乎濟物而不必干物，方可爲群物之所託命。菩薩攝化衆生，隨種種機，説種種法。尼父教人，因材而施。仲尼弟子問仁，其所以答者各異。己則執一欲以加物，强聒而不捨[35]，屢遇而不異詞。墨翟所由未宏，其道亦以終斬也。

（原載一九二五年六月十日《晨報副刊·藝林旬刊》第七期。）

致蔡孑民先生書

孑翁先生：

本日報載大學院委任武漢大學籌備員，不勝痛恨。革命勿謂成功，世事如一部十七史，無從説起，力本不欲廣陳。且就教育一端而論，不[36]論一切國立、省立、私立各大學，悉爲製造流氓土匪之所。惟今之計，惟聚全國之人才與經濟，不避勞怨，將北大、南京中大、廣東中大，竭力振整。於全國軍政各界未入真正軌道期間，一切有名無實之大學，以國府明令，概行停止；不論國立、公立、私立，勿得違令輕設。多設一大學，多製造源源不絶之流氓土匪，彼有大學生名義，無知無識，妄自高貴，決不肯安家樂業，只有活動於政界之欲望。官有限，而大學生之貪官者無窮，不可得，則陽假主義，陰依外人，以殘其同種。若所殺者，果爲貪官污吏、土豪劣紳，何嘗不快？而無如外人存心，更不可信。此中有許多理由，不及談。且彼等利用農民，農民無知，一旦受鼓吹，並不分有產無產、有官無官、劣與不劣、豪與不豪，往往挾小嫌私忿而快殺一番、快焚一番。彼等欲造恐怖之局不惜大殺，不知國人久已絶其生路，何忍輕信外人，自相慘殺？在俄人行之，其地位好。絶不憂外人之侵入，自殺一場，不久仍可生聚。中國處列強之下，若又自煎太急，不亡種得乎？革命之事不可因人，因人則終速其亡而已。此中理論甚多，倉促亦不能説及。惟今之計，惟有提高中小學教員地位，即優其薪。使第二流之大學教授，悉任中小學教員。而國立大學教員，非有高尚人格、特別專長，一概不許濫竽。大學教員及中學教員，須由校長舉薦，經大學院聘任。如此，則中學可收納人材矣。大學院制度，不必如現在辦法。現在每省必設一大學，名爲校長，而實則爲教廳之官。報載江蘇中小學聯會反對大學院制度之呈文，不盡無理。大學内部之糾紛，亦不盡與制度無關。使大學院爲學術化，而革從前教部爲純粹官府之弊，力絶對贊成。不過大學院促進學術之運用，一在變官府之性質，而爲最高學術機關。對於國府之關係如何，及對於各部之地位、之關係如何，似宜斟酌妥洽。總之，宜保存學術機關之獨立，而不成官僚之性質也。至其運用，則宜有進退大中學教員之權，不必拘拘於每省設一大學區而令其兼教學與行政兩方面事。力意各省教廳，宜請國府完全裁撤。以教育行政事項，在民廳設教育處執行之。處長地位，宜比廳内各科長稍高一級，權限宜稍大，用人不得過多，僅司各校經費出納而已，並須與各校公開。各中校長，由民廳就各著名大學卒業之學生成績昭著者推薦，經大學院核奪，並得逕由大學院直接任命大學教授爲之。小學校長，則由各中校長會推，呈大學院聘任。小學教員，由小校長諮本省教育處長轉呈民廳長任命。但民廳長既有推薦中校長及任命小學教員之權，如有失當之處，必受大學院嚴重處分，著爲法令。如此，則教育可不附屬於官府而受官僚之腐化。又，教育人員之地位提高，庶幾以前當大學教員者，及洋學生比較有實長者，及國學家負重望者，皆願就中學教習或校長。國内外大學生，成績稍優而無特長者，亦可就小學教習或校長。又，中國每增一大官廳，即多養大小豬而無一毫實用，稍本良心思之，決不謂此語之妄。試問各省教廳果作何事，無非添一大頭銜。教廳長任用中小校長教員，除奉軍人意旨外，即隨自家愛憎行之。力確有見而後言，一字虛妄，罵我是狗。總之，國之存亡，係乎教育。孑老如無法整頓，不如[37]進而當一個大學校長，聚精會神，樹一模範。我在局外，或者說話過激，然由今之道，決無結果。損望不足較，徒耗老年精力。先生若採納蒭言，徐謀建設，則第一步，勿隨便准設大學，多造流氓匪類。先生豈不嘗求事人多之苦乎？豈不聞各省各縣殺人放火之事乎？多一事不如少一事，在亂世爲至當之主張。此老氏之道也，非世間有浮泛知識者所能了也。先生勿輕聽之也。

請閱後轉雪艇、更生、仲揆諸位先生，並懇諸先生郵寄蘅青、難先、立三與懷九一閱。

熊十力

（原文載一九二八年七月十二日《民國日報》第四版“時論”欄。）

熊十力先生語録拾要

愛　慧

余生平最愛讀宋、元、明諸先民之語録，蓋以語録多爲其人當世處事之經驗與感懷，是實驗的學問，不是空洞的學理也。吾人之求學也，求學古人之處世經驗，學做人而已矣。按之佛陀之學，世間五戒十善，學做人天經驗之談也；出世之四諦六度等法，學做菩薩經驗之談也。故佛學者，余嘗曰實驗之學法也。二十年十月望日，因感國事之日非，百凡興盡無聊。一日走友人處，偶見《尊聞録》，黄岡熊十力先生之語録也，門人高贊非所記，遂借覽之。先生對於佛學唯識，雖未見其高深，而於處世爲人之道，誠有實驗，讀之不釋卷。爰擇録所愛各條，以實《海潮音》。二十年九月[①]，旅居古燕。

學人即以學問爲其興趣，作事者即以事業爲其興趣。努力於學問或事業之場，勤奮增愉快，愉快增勤奮，此謂嘉興美趣，此謂豐富之生活。若人求學作事而有競名趨勢逐利等念，則是有所爲而爲之，即心溺於鄙細，便没興趣，而淪於枯槁之生活，是可哀已。

劉念僧問：聲生論，師説聲從緣生已，便是常住，此何所據？先生曰：以今日留聲機驗之，聲生家言似有相當理由。然格以大乘之義，則留聲機中之聲，亦非常住，只是刹那、刹那生滅相續。此聲於前刹那生已便滅，後刹那有似前聲相續而起，非前聲能住至後。俗不了此，乃計常住。故聲生説，畢竟不符正理。

先生曰：人謂我孤冷，吾以爲人不孤冷到極度，不堪與世諧和。

事不可意，人不可意，只有當下除遣。若稍令留滯，便藏怒蓄怨，而成爲瞋癡習氣，即爲後念種下惡根，永不可拔。人只是自己對於自己

① 前文曰二十年十月望日得見《尊聞録》，末云二十年九月述此事，似有牴牾，無從稽考，今仍之。

作造化主，可不懼哉！可不懼哉！

偶見師於案頭書紙云：説話到不自已時，須猛省而立收斂住。縱是於人有益之話，但説到多時，則人必不能領受，而自己耗氣已甚。又恐養成好説話之習慣，將不必説、不應説、不可説之話，一切縱談無忌，雖曰直率，終非涵養天和之道。而以此取輕、取侮、取忌、取厭、取疑於人，猶其末也。吾中此弊甚深，悔而不改，何力量薄弱，一至是哉？

漱師閲同學日記，見有記時人行爲不堪者，則批云“含蓄爲是”。先生曰：梁先生宅心固厚，然吾儕於人不堪之行爲，雖宜存矜憐之意，但爲之太含蓄，似不必也。吾生平不喜小説，六年赴滬，舟中無聊，友人以《儒林外史》進，吾讀之汗下。覺彼書之窮神盡態，如將一切人及我身之千醜百怪，一一繪出，令我藏身無地矣。準此，何須含蓄，正唯恐不能抉發痛快[38]耳。太史公曰：“不讀《春秋》，前有讒而不見，後有賊而不知。”亦以《春秋》於讒賊之事，無所不言，言無不盡，足資借鑒也。吾惡惡如《春秋》，不能爲行爲不堪者含蓄。故與梁先生同處多年，而言動全不一致。汝儕亦各自行其是可也。

一日，師聞人言，將買鷄而殺之。師曰：買已殺者可也。取一生物而殺之，不必也。其人曰：此不澈底之殺生也。師默然久之，曰：設責吾不澈底戒肉食，則吾唯有自承其罪，拊胸沉痛而已。若以不澈底殺生爲可非笑者，此何忍聞？使殺生而可澈底做去，則人之類其絶久矣。留得一分殺生不澈底之心，即宇宙多一分生意。願與世人共策勵也。

哲學，大别有兩個路向：一個是知識的，一個是超知識的。超知識的路向之中，也有二派：一極端反知的，如此土道家是；一不極端反知的，如此土晚周儒家及程、朱、陽明諸儒是。西洋哲學，大概屬前者。中國與印度哲學，大概屬後者。前者從科學出發，他所發見的真實，只是物理世界底真實，而本體世界底真實，他畢竟無從證會或體認得到。後者尋着哲學本身底出發點而努力，他於科學知識亦自有相當的基礎。如此土先哲於物理人事亦有相當甄驗。而他所以證會或體認到本體世界底真實，是直接本諸他底明智之燈，易言之，這箇是自明理，這箇理是自明的，故曰自明理。不倚感官的經驗而得，亦不由推論而得，所以是超知識的。又復應知，屬於後一路向底哲學家，有用邏輯做他底護符。如佛家大乘空、有兩宗都如此。更有一意深造自得，而不事辨論，竟用不着邏輯的。中國哲學全是如此。

先生一日立於河梁，語同學云：吾儕生於今日，所有之感觸，誠有較古人爲甚者。古之所謂國家興亡，實不過個人争奪之事耳。今則已有人民垂斃之憂，可勝痛乎？又吾人之生也，必有感觸而後可以爲人。感觸大者，則爲大人。感觸小者，則爲小人。絶無感觸者，則一禽獸而已。曠觀千古，感觸最大者，其唯釋迦乎？以其悲願攝盡未來際無量衆生而不捨，感則無涯矣。孔子亦猶是也。“鳥獸不可與同群，吾非斯人之徒與而誰與。”何其言之沉切也。“老者安之，朋友信之，少者懷之。”程子謂其量與天地相似，是知孔子者也。

爲學，苦事也，亦樂事也。唯真志於學者，乃能忘其苦而知其樂。蓋欲有造於學也，則凡世間一切之富貴榮譽皆不能顧，甘貧賤，忍澹泊，是非至苦之事歟？雖然，所謂功名富貴者，世人以之爲樂也。世人之樂，志學者不以爲樂也。不以爲樂，則其不得之也，固不以之爲苦矣。且世人之所謂樂，則心有所逐而生者也。既有所逐，則苦必隨之。樂利者逐於利，則疲精敝神於營謀之中，而患得患失之心生，雖得利，而無片刻之安矣。樂名者逐於名，則徘徊周旋於人心風會迎合之中，而毁譽之情俱，雖得名，亦無自得之意矣。又且所逐之物，必不能久，不能久則失之而苦益甚。故世人所謂樂，恒與苦對。斯豈有志者所願圖之乎？唯夫有志者不貪世人之樂，故亦不有世人之苦，孜孜於所學，而不顧其他。迨夫學而有得，則悠然油然嘗有包絡天地之概。斯賓塞氏所謂自揣而重，正學人之大樂也。既非有所逐，則此樂乃爲真樂，而毫無苦之相隨。是豈無志者所可語者乎？

（原載一九三二年三月十五日《海潮音》第十三卷第三期。摘録者署名“愛慧”。）

節録杭州熊十力先生來函

略云：貴報六月六日所載“熊和尚拒見蔣介石”一節，與事實不符。僕與陳銘樞先生爲知友則然，師生關係則誤。至若蔣介石求見一事，更屬古怪。僕是個守窮守拙的老書生，所以羞談佛教。貴報所載，當履[39]另有個熊和尚在。特請貴報予以更正。更正以後，更請將貴報寄一份到杭州全洞橋葉家衖八號張立民君轉僕一閱爲□□□。

是則該篇所述，當然另有個熊和尚在。特將熊十力先生來函節録如上，藉作更正焉。（記者）

（原載一九三二年六月十五日《新春秋》第二版。）

與馬一浮先生書

編者注：此函乃熊先生致馬先生並轉梁漱冥先生、林宰平先生者，特録於此，以供公[40]睹。

（上略）弟由滬乘輪赴潯，轉車往德安。則聞家屬除弟之妻子一部分外，乃全體奔回德安鄉間舊舍，爲避黄岡□□故也。德安城中，窮破蕭條之狀，慘不忍覩，鄉間更可知。但□□確已平復，唯土匪在四鄉綁票之事，乃時時有之，以是居民猶未安枕也。吾兄弟存者，唯弟與四弟兩人。四弟領率諸侄及諸寡弟媳處德安鄉中，以留城則不能生活故也。弟遂決計赴鄉，與家人聚處幾天，商量家計。城中皆欲派隊相送，並皆率隊一同回城。弟初亦頗有戒心，後思吾儕奉義而行，禍福所不能計，信得義過，信得命過，又何必要兵衛耶？遂止其派隊，與頌天同赴鄉去，即留鄉間八日。鄉人無論土籍客籍，男女老少，一見弟面，紛紛圍繞，坐談至半夜，幾日日夜夜都如此。一種親愛之情，令人感激無地。又開口一句，莫不對吾先二兄十八年之驚憂去世，而深致悼惜，謂爲無天理。而弟則正於衆口無天理之呼聲中，乃深信天理之果未亡也。於此之時，弟只有感激。其尤令我難忘者，則初到鄉之一夕，時頌天他宿，猶未深悉其情也。敝家附近一二村，皆有紅槍會，名曰紅學。彈壓□□。弟所睡處，村人以草鋪地而臥，羅列槍枝，聞犬吠即起巡，然實無警耗也。弟與頌天在鄉住七八日，又恰逢吾五弟之孤，今年十九，適於德安成婚。鄉人祝賀，若太平時代然。憶離滬時，囑毅安一相氣色，渠謂此行似痛快，果有驗也。家人言黄岡風氣大壞，不願回故里，吾遂聽之。因以昨所儲爲姪輩故里購田之資，乃變計而遣兩侄世勤、世宇。就學於漱冥之村院，由頌天返寧時帶之去。蓋弟此行，頗有深切感觸，即吾民族如果不從改造農村著手，不養成人民自治自動之能力，則將一亡而萬劫不復。弟確感覺得農村改造，爲起死回生之不二法門，捨此則無保族之良圖。若不從人民本身上著想，而徒空談黨治，空談制度，直是萬年無辦法也。唯此又有萬難者，則青年一旦入校讀書，而其父兄親友之所望與青年子弟自身之所志，莫非求官求[41]財四字，則誰肯居鄉而領導農民乎？官與財兩字，是吾人亡國滅種之唯一原因，思之真堪痛恨。弟連日在鄉勸告鄉間父老子弟，務要打破此等自殺的觀念，然青年終是昏昏沉沉，提掇不起也。此可痛也。弟初勸鄉間子弟赴魯從梁先生學村治，亦多應者。繼而召集在一塊，與之説明吾意，謂吾勸汝儕就學，此與其他學校性質絶對不同。一般學校，都是招你去鬼混了，給一張文憑，叫你去謀官、謀差事。謀得了，便括地皮而發財。今此個學校，是專學習改造農村所必需要的知識技能。一旦卒業，絶對不能出門圖活動，只有憑你的身手領導農民做作起來，與農民一致同甘苦，之死而靡他。你們抱定如此真心真願，便大膽去，否則莫去，莫輕於去。後來不能謀官與財，將要大罵熊老先生害了汝也，我不願受罵也。汝儕好自慎重云云。吾説此一段話，青年之欣欣然應允[42]赴魯者，至此忽垂頭喪氣。吾亦一嘆而已。結果，則唯吾兩侄就是莫名其妙的高興去。又吾一侄婿嚴生，一親家鄭君，及一故人子程生，皆願去。此行大約五六人也。諸子都無根基，或識字亦不多，年皆廿上下。送到村院，教育是感困難。然吾之此舉，純是實地感觸迫我不得不出於此。想漱冥自當設法，不能阻吾此念也。雲峰、亞三、紹文、贊非諸子，想當特任此勞也。贊非尤當成吾此志也。吾是以不商之漱冥而逕遣送之也。吾此行之所感觸者略如此。

（載于一九三二年十二月二十一日《鄉村建設旬刊》第二卷第十五期“轉載”欄，原載何處則不可考，文首“編者注”系當時之編者所加。信中熊十力受流言影響，對當時局勢多有誤解。）

雜　感

世事如斯，幽憂愁苦。嘗覺有一肚皮話要説，每一伸紙又苦悶不能道一字。大凡天下事，雖壞到極處，而其壞猶可得而指名之，即猶可以“壞極”二字形容之，尚未到不可言説地步。若乃壞到不可形容，“極”之一字，猶不能安立。“極”字，就吾國哲學上説，所謂太極，本是表示絶待的本體之詞。實則本體已是對現象而立名，絶待還是因相對而受稱。故一言夫極，必猶有不極者也。由此之故，言乎壞極，則猶有其未全壞者在也。若乃渾是個非，無有些微是處，則非亦絶對，而從何開口道其非耶？渾是個惡，無有些微善處，則惡亦絶對，而何從開口説其惡耶？盡天下人失其人性，都不成人，則更無從説誰人好壞。王船山先生《讀通鑑論》，至南宋之季，而有言曰：“於斯之時，豈復有小人哉？聚鳥獸于都門，相與擲逐而已。”痛哉斯言！夫人而曰小人，猶是人也，特識解低，胸量小，好自私自利，即損人益己而成乎惡，故謂之小人。然猶未絶乎人之類也，則必其損人益己者猶有限度，即其爲惡尚有忌憚也。至於絶對的自私自利，起心動念，舉手投足，無往不欲一己之地位，謀一己之權利，逞一己之嗜慾，剥削百姓，猜斥異己。無論民族、國家若何危險，人才若何乏絶，而稍有心肝與才幹者，苟非吾之所私，則終不相容也。無論人民膏血若何吸盡，人民骨髓若何敲盡，吾有一日之勢，必猶敲之吸之，終不肯稍求知足，終不念億兆血盡骨枯者皆吾之同類同胞。如此絶無理性之物，則尚可名爲小人乎？其離人之類，甚至不足比於鳥獸之類矣。南宋之季，其人如此也！明之季世，其人亦如此也！此船山先生所爲痛心而言之也。民國開基，自袁氏以來，便有宋、明晚季之風。而其流毒，靡有底止，世事遂壞至不可形容！《詩》曰："誰生厲階，至今爲梗？"痛哉！痛哉！

教育本不能離社會、政治等等問題而獨進。然置身教育界者，要當在現狀之下，以深鋭之眼光，觀察已往、現在一切得失，而求所以改進之方。年來外人來華考察者，每不滿於吾國教育。此事欲深論，自是一部十七史，無從説起。然而國中關心教育者及外人之批評吾國教育者，大抵以吾國教育太外國化爲病。而主張革新者，又慮昌言教育中國化者有復古傾向，復返於張文襄"中學爲體、西學爲用"之錯誤主張，故又以現代化爲言。吾意今日言教育必先定根本趨向。根本趨向既定，然後可討論一切進行的詳密計劃。故吾於根本趨向，首注重焉。

吾以爲主張現代化者，至少須有兩項宜注意。一，反對復古，應於"古"之一字所表示之意義，有個分辨。二，"現代化"之一詞，不可空洞無依據。今先説第一。時賢反對復古，未曾標定古字所涵之義，此殊爲遺憾。或以張氏所謂中學爲古歟？實則中學之所包含甚寬廣，中國學術之各部門，自當隨各時代之學者之研究而進展，不能概謂之古而屏除之也。如謂中國學術悉是陳舊思想，概不及西人，並不適於吾人現代生活，故宜屏而斥之，不可使復衍者，如此説來，便將中國學術與文化，完全一筆勾銷。果爾，即言教育，乃於本國全無所依據，而唯有外國化之一途。然則老老實實説外國化足矣！若謂反對復古者並非完全廢棄中國學術與文化，但如清末學堂課程注重讀經而不注重科學，此等教育旨趣，今日萬不可復行。此一説也，直是無的放矢。清末初開學堂，科學師資，尚未養成。至少數日本留學生，本不曾肄習何種科學，回國且多入宦場，當教習者亦不甚多。學堂科學課程之不能完備，亦無怪其然也。今則國内各級學校，科學課目無不完備，教者都由國内外學校出身，又何至有復返於清末學部章程之懼哉？唯讀經一問題，則國中或有極少數，以學校廢止讀經爲不合。然社會上多數治舊學者，對廢止讀經一事，卒未見有若何彰著之反響，與若何强烈之運動。此非是好現象也。正可見吾國舊學分子完全受八股對策與科舉利禄之陶養，而絶不曾涵茹經義，故經之廢讀與否，與彼絶不相關。經學之亡，蓋亦久矣。今日不讀固廢，而在昔科舉時代，雖舉國士子畢生讀經，甚至背誦，實則彼之思想，完全以習經爲取得利禄之工具，而經義絶不能入於其心，即絶不能影響其生活也。是故自漢以來之士子，讀經而經廢。故至今日，學校廢讀經，而疇昔讀經之士，竟無反響者，以此徵明經亡已久。中國今日之士習民風，本未曾受過經學影響。而今教育當局必欲廢讀經，雖較之科舉時代之主張讀經，不爲壞意，但亦是剥死體耳。平情論之，大學中理科學生，責其讀經，或屬力不暇及。然文、史、哲學及社會、政治諸系學生，自有窮經之必要。六經皆史，王陽明發之，章實齋更張之。吾國最古之史，莫如六經。社會政治之原理，於是焉求。哲學思想，更須追索於是。凡欲明了吾之民族精神與國民性及夫文化根原，殆舍六經莫由。此等傳世悠久之寶典，乃吾民族生命所寄，如之何其可忽耶？

吾於此隨便發抒感想之際，固不暇深談經義。但就時賢攻擊舊文化之論調，略舉一二，而陳經義以明其不然。

每聞時賢説中國文化是主静的，西洋文化是主動的。但考之吾六經，若《大易》以陰陽對待，明變動不居，其宇宙觀如是。其人生觀則主自强不息。其談日用之常，則觀象制器，利用安身，《繫傳》津津言之。至於立身行己，期於精義入神，隨時叶宜，動與道會，不宜一毫苟且，不有一毫因循。故吾於《易》而知人道之至尊，人生之至樂也。惡有如晚世所謂以惰廢爲主静者乎？又清末以來，學人每謂吾國先哲諱言利，故乃不知興利，而國貧民困。不知《周禮》於經濟問題，已盛有發明。《大學》言理財，歸之平天下，嚴又陵嘗嘆爲卓識。《易》之《乾》曰："利者義之和。"尤爲精義。《尚書》論治，以正德、利用、厚生爲常經，此實千古不磨之訓。何嘗有如後世小儒空談仁義而諱言利者乎？至孟子所賤惡之利，則乃自私自利之利，而非上來所述之利，又不當以孟子之説與晚世小儒齊觀也。又外人每謂中國人爲最不潔而污穢之民族，爲最無規則而缺乏公共心之民族。試披讀三禮，則自飲食起居往來交際，乃至授受取與，無往不有清嚴之儀則，與整暇之秩序，其見於《曲禮》與《内則[43]》者，皆可考而詳也。故吾先民禮治之精神，實非法治之群所及，特後世退化耳。又今人每謂吾之社會，重迷信，習昏怠，徵之於《詩》，乃大不然。《論語》記子謂伯魚曰："汝爲《周南》《召南》矣乎？人而不爲《周南》《召南》，其猶正牆面而立也歟？"少時讀此，不知何義。塾師雖字字講解，實則彼亦完全不解也。今吾且老矣，乃稍窺聖意。夫欲究吾先民之人生思想，必求之《三百篇》。《三百篇》已廣矣，二《南》便攝其要，故必求之二《南》。夫二《南》所詠，皆男女室家日常職事，不離現實而别求天國。亦即於現實生活之中而具超脱意趣，未嘗淪溺於物欲。諷其詞，則温柔、敦厚、愉悦、勤奮、毋怠毋荒、不淫不傷之意溢於音調。大美哉，深厚哉，二《南》之風也！中國古代哲學之人生觀皆本於此也。中國先民不邇神道，故宗教不興，觀於二《南》而可知也。晚世之迷信與昏怠，《詩》亡故也。又中國人今以卑弱無耻及不抵抗聞於天下。試徵之二《南》，則兔罝野人，頌以干城，可見吾先民富有禦侮之精神。人民平世安居，已具干城之節概。一旦有事徵調，則義勇激發，横厲無前，蓋可知也。至於雅中征戍諸什，雖勞而無激怨之情，亦知禦侮爲其保群之職分故也。若乃《春秋》於昏亂之國自取滅亡者，則罪其自亡，如書"梁亡"是也。其能抵抗，能復仇者，雖遠，猶褒予之，如大齊襄復九世之仇是也。他如猜疑之主，則誅之尤深，如書"鄭棄其師"是也。又如無道之君，稱國以殺，則奬勵國民自决自動之精神，又何嘗以卑弱無耻而坐受上層之盤剥爲貴耶？略舉以上數事，則知六經之亡，實吾民族退化之徵。今日教育必廢讀經，是不欲使吾文化復活，是真欲使吾民族不能生存於現代也！讀經顧可全廢耶？其可以復古罪名加之讀經耶？然則反對復古者，吾終不知其所謂古者爲何如之古，是當分辨。

至於教育當現代化，吾無異議。但猶有疑者，現代化一詞，實嫌空洞。俄國者現代的國家也，其教育，現代化的教育也。英、法、德、意乃至美國諸雄，亦現代的國家也，其教育，亦現代化的教育也。然俄爲共産主義，英、法乃至美國諸雄則反之。即在美國與英、法、德、意諸雄，又各有其國民性，其教育在此現代化之中亦各有其根本趨向，不必盡同。然則吾國今日之教育當爲如何之現代化乎？此豈可以空空洞洞的“現代化”三字隨便説去，而更不起問題耶？且現代化云云者，又不能截斷過去及不計未來而僅説現代化也。既曰現代化，則必根據過去，又遠矚將來，方能决定現前應取之主張而實行之，以成其所謂現代化。否則只是一時苟且敷衍，絶不能立定脚跟，而何現代化之可言！中國自清末以來，言新教育而敗壞至此，豈無故哉？所望時賢努力教育者，先從大處着想。昨見《大公報》副刊《世界思潮》張申府先生《編餘》中有云：“現在不論怎樣没辦法，卻不可不使得將來有辦法。”其言憂思深遠，吾有同情。故感想及於教育，略説如上。

（原載一九三三年四月二十日《大公報》第十一版《世界思潮》第三十四期。）

要在根本處注意

適之先生：

前爲不抵抗之論寫一信與先生，計可收到。力之所以向先生一言者，誠深切感覺中國民族有爲朝鮮、安南等之續。只此便算滅種，因統治者從文化、政治、經濟各方面，用種種毒惡手段，完全消滅其民族意志，而使其生産力完全變爲牛馬式，供彼侵略與統治者之服役，直使之萬劫不復，如此民族不謂之已滅，得乎？吾民族之所以至今日，原因固複雜，若概括説來，或因其文化發展太早，今已入衰老時期，難得振作。然復須知，人固有老當益壯者，民族又何莫不然？力總有一種感想，以爲民族復興的責任，全在領袖的自覺方能擔負。不必深談理論，簡單舉一個例，如元人被明祖驅除塞外，是時元人勢力方在鼎盛，並未衰微，若吾族無明祖其人者，能領導吾民，開一太平之局，則元人終必能恢復其在中夏之勢力，而漢民族將長期爲彼之臣妾，此可斷言也。明祖固多苛刻處，其晚年失德亦不少，然所謂道德純全之聖賢，亦只是古人理想中之高尚人格，立此爲的而勉赴之耳。古書中所稱頌之大聖哲，設與吾儕並時同處，無論其如何好，吾人終必有其不滿意於彼之處。蓋雖聖哲與天合德，而總不能離“人”而別爲一個天人也。人則陷於形氣界種種，而總不能絲毫無短處也。況彼創業之帝王，徒恃天資，素少學養的機會，及其飽經憂患，腦力過傷，慮事衡人，益易差失，防微備患，反成大錯，其不能完美也固然。後人讀史，因留心其短，而不暇究其長，故謂漢、唐、宋、明諸祖，都如袁世凱輩，以流氓、盜賊、禽獸混合之身，卑劣奸狡，欺騙殘忍，自私猜忌，種種不可名狀之惡德，而以此得有成功。此真愚妄之見，不可與論古今天下事者也。須知袁世凱一流人，無論在今日不能成功，即與漢、唐、宋、明諸祖易時易地而處，吾敢斷言袁世凱定不能有漢、唐、宋、明諸祖之成功，充其量亦不過爲朱温，尚不得爲曹瞞也。

此話要説便長，姑止於此，想先生或能贊同斯言。力所以説此一段話者，則以吾國今日之慘禍，萬不得不課其責於領袖。試平情定氣而思，黨軍統一全國而後，無量會議，無量標語，有一言一字見之施行而不爲欺騙人民者乎？政府之成績表見，只有貪污、淫侈、黑暗、欺騙、殘酷等等污風迷漫大宇，除此以外，實找不出甚麽好處。其時國人皆敢怒而不敢言，先生乃有“知難行亦不易”之忠告，此則力所最爲心佩者。然而黨政當局猶紛紛責言，實則此亦何背於中山先生之旨？此事久成過去，今勿多談。顧今日禍變之嚴重如此，而舉國上下熙熙如遊春臺；各領袖無論乘勢與失勢者，方且互相鈎心鬥角，互相打算，而心目中始終不見敵人。此等情形，樵夫牧豎皆感覺得到，道説得出。各領袖如無自鑒之良知，則亦已耳；如若不然，則應洗心滌慮，改造[44]方向，天下事才好商量。否則只有亡國滅種一途，别無話説也。

今日知識分子，如死心爛肝則已，否則根本應提正氣，主持正論，對當局領袖宜痛陳其失，絶不客氣。老子曰：“言有宗，事有君。”今日須在大根本處痛切抉發，浮浮泛泛的議論在今日有何用處？今日要喚起有力的輿論，以此有力的輿論形成國民參政實力，再不可任這般領袖胡鬧下去。此則全望知識分子之自覺。先生夙富資望，切盼能在根本處注意也。如先生近來言論，力所於報紙中偶見者，私懷頗不謂然。力願先生虛懷以審事理。如熱省奉送之後，用不着説失陷。失陷者，守之不得。須知吾人本無心守之也。先生有一文，首以無科學設備爲言。此適令當局好避咎耳。土耳其有幾多科學設備，而苦戰抗敵矣。十九軍在滬，一月之中，亦令倭人四易主帥，卒以無援而退，非倭人能敗之也。十九軍有幾多科學設備耶？就令説要科學設備，而政府當局果能清白乃心，大官誠廉，小官自然守法，證以十六七年張難先在鄂府長財之事，皎然不誣。又當局誠能不用金錢政策，唯以奉公道、行實政取信於民，則財用自足。財用足矣，而軍事上之科學設備又何難之有耶？先生只説無科學設備，而不究其所以無科學設備之故，如何而可？力決非以不肖之心度君子之腹，謂先生避咎而不敢言。昔者當局嚴威之下，先生猶能直言，況在今日？然而先生乃如此云云者，則以就事論事，而未從根本處着想故也。

又昨見先生談農村與無爲政治一文，一方面極佩苦心卓識，一方面仍覺不中當局之弊。今日必須與民休息，此乃事實上之需要，故曰苦心卓識。而謂不中當局之弊何耶？今日當局只是在都市上修馬路、做洋房，種種裝飾，謂之建設已耳。實則每因作一度裝飾事業，而飽其私囊者無數。夫此裝飾都市之事業，無論其藉此肥私與否，要其所爲，畢竟無關建設，畢竟不得説名有爲，此則有識所共知也。至如千番會議，無非欺騙，不名有爲，又何待談？力所謂不切當局之弊者此也。

又曾於報章見先生在某處講演，其中似有謂國府統一全國以後，漸自尊自〔45〕大云云。不知憶錯否，然似未盡憶錯也。力以爲吾國人那能説到自尊自大耶？真能自尊自大者，必真富於自覺心之人，自不甘暴棄，自能知耻，故乃自强不息，此吾之所謂自尊自大也。吾國有如此領袖，何至有今日之禍？吾國人只是不知耻。猶憶黨軍北伐時，倭人在山東暴行，此是我國人如何痛心之事。幸張作霖自動出關，此在今日似少人做得到。馬馬糊糊，裝點一個統一局面。此時當局若有知，應如何抱憾，如何慚愧，而敢自慶北伐成功耶？當局此時到北平，應十分沈痛，拒絶歡迎，才是道理。乃吾當局及各大軍人，無一不志得意滿，自居成功，先後都赴北平去“亮一亮”。湖北土語。最高領袖不知慚懼〔46〕，又何怪其他軍人？力時養痾杭州，念魯案之慘，國人之無耻，而料禍至之無日，曾以上述意思，寫數行，投滬上某報，竟莫敢登者〔47〕。人微言輕，故莫之理，夫復何説！今日引此一事者，明吾國人實不是自尊自大，只是無知無耻之志得意滿而已。先生演講又不切國人疾〔48〕痛，此又力所不得不言者也。

倭人在魯横行之慘案，吾當局若能知耻，若能思禍，若能移眼光於外，又何至有今日之事？然禍變之重，今方與日俱深。若今猶不翻然改心易慮，空以“長期抵抗”“歸政人民”及“農村建設”種種虚文，欺騙國人，自鳴得意，行見吾國人有勢與無勢不久同歸於盡，此則真可痛心也。力怵心危亡，嘗有滿肚皮話，不能説出，亦知説來無人肯聽，寫出無人肯看，因此欲説愈説不出。亡國失地，本尋常事，成毁榮枯，乃宇宙自然之理，吾豈不知？獨念萬有本乎一誠，誠者何？所謂生生不息真機是也。王船山先生《易傳》發明生義，謂人當死之頃，猶拳拳後嗣，囑託百年，以此知雖死而實不死，乃至生人之哭逝者，哀其逝，正所以延生機於不息，於此見生理之至真至誠，而絶不容一息間斷也。故宋、元之亡，吾先正激昂慷慨，猶存生理於幾希。今之人乃皆行尸走肉，亡國滅種之禍已至，而漠然無所動於心；士子既莫有深思禍本，人民益復昏昏沈沈，而首都之地歌舞淫樂，尤爲太平時代所未有。當局誠知耻知懼，又何至有此怪現象哉？宇宙生生之誠，殆乎熄矣！乾坤毁則無以見易，此其時矣。稍有寸心未死者，其如之何十力〔49〕不哀耶？亡國失地本尋常，而如此絶不知耻絶不知哀之亡國失地，則確不是尋常事，而是天地間絶未有〔50〕大變也。

吾欲説而無從説起，亦無多精力向下説，今且略談數事於後：

一者，吾國人應根本自覺自計，不可專存倚賴外人之念。十六年春，吾南下過寧，黨政中人或洋洋語余曰，中國者世界之一員，今無可關門打主意，唯有隨屬世界的關係而與爲步趨。余曰，如車輪衆齒，互相關聯，而成其動，必此衆齒各各自能堅實。有一腐敗，即此分子便成缺憾，不得隨他分子而動。若腐敗太多，全輪便壞，無復動理。吾國欲勉爲世界之一員，且冀協助世界全體的動展，安得不併全力在本身上求堅實耶？而徒妄想依他耶？夫自歐戰結局之後，歐洲人對遠東防日本〔51〕之侵略中國，此自列强爲其自身利害〔52〕計，所不得不然，而〔53〕吾國人於此時，外交上好似得着順利，因此亦甘心永作列强之市場，而深幸東鄰之莫能吞我。故北洋政府既倒，國民黨起而代之，當局純以空言騙人，裝飾都會，滿貼標語，奢侈空前，貪污因之空前。吾十九年過寧，病中人送一盒餅乾，問價〔54〕五元。余曰："乃若是貴耶？"其人曰："汝真窮措大！他們官場〔55〕中，一盤洋點心，一雙洋〔56〕襪子，我若説出價來，你怕要駭得不省人事了！"余曰："官俸雖大，總有限度，他們如此用錢，錢從何來？"其人曰："汝真書癡，汝不憶國民政府初定中原，建設廉潔政府的標語，滿地皆是，而今貪污流行，空前絶後，他們嗜欲如此發達，侈奢如此其甚，他如何不貪污？他不貪污，有甚法子？"余曰："如此貪污下去，如此奢侈下去，而中國又不是有生産力的國家，向來專恃農民生産，今農村又爲□□破壞，都市一切的東西，都是帝國主義者來行銷於我，以榨取我之精血，而我們的奢侈費完全獻給外人，我們的貪污完全替外人作榨取的工具。如此，我們的政府，我們的政治，一言以蔽之，只是替他帝國主義者作榨取的工具，而沾其餘惠，以填自己的慾壑。如此，有不亡國滅種者耶？我國當局爲甚忍心如此？"其人曰："中國人講甚麽？西洋人不得用兵來吞我；日本小鬼子牽制於列强，也不得來吞我。前年濟案鬧得雖凶，結果還是退出。他們當局者以爲可苟安無事，便享起樂來。中國人講甚麽？"此一段話，吾聞之謹記，迄今不忘。吾痛痛莫可如何。自前年東北奉送以來，吾國當局只乞憐國聯，知識分子總是言外交。吾固知外交不可不講，且亦不難講，何則？倭人獨佔中國這個大市場，誰則甘心？即我不外交，列强其願吾奉送倭人歟？外交自不能不講，而實亦不難講[57]。所可惜者，自己不自覺不自計，外交也無用處。限期令倭人退兵，議決不承認僞國，國聯都做過，你看有效否？若想列强起來爲我打仗，縱令果有這一天，果然打倒了倭人，中國也要成爲共管，較之倭人獨佔，也不過五十步與百步。哀哉哀哉！何忍思哉！設若不是列强打倒倭人，而别是另一國，則中國成何境象，更不好説。所以，今日想倚賴外交，這副[58]賤心腸，應該掃得乾乾凈凈。自覺自計，才是起死回生之道。這才是今日根本問題，何不提倡？

自覺自計，首先要從當局與知識分子以身作則，戒除奢侈貪污，用國貨，莫用洋貨。中山裝可用，奚必洋裝[59]？友人石蘅青先生説，山東府綢，很可做中山裝，應該設法改良，今聞以盡用外貨故，此業遂廢，誠可痛也。士大夫常服，宜用絲綢，亦最美觀。今國人盡用外貨，而江、浙絲業又廢。疇昔財富之邦，今皆貧苦至極，又可痛也。而或者乃謂絲業之衰，係外人不買所致，獨不言本國人無肯買者，此一亦[60]怪事！今日知識分子，口口聲聲總是提倡科學，最惡人提到節儉等舊説。殊不知真要提倡科學，先要挽回這個亡國滅種的局面，政治務入軌道，社會恢復秩序，人得安生[61]樂業，如此，才可整頓教育，才可研究科學。否則一切談不上。國種且無，説甚科學？提倡科學的人，不要在物質的享樂上提倡，應該根據吾先哲“先難後獲”與“即物窮理”的精神去提倡。今人希望開發物質文明，而如此替帝國主義者作榨取工具，弄得亡國滅種，還説甚物質文明？

我最簡單的意思，在物質貧乏時，希望物質文明，必須唯一注重中山先生所謂心理建設。心理建設，細説便煩，扼要而談，首在吃苦二字。真吃得苦過，必不損人利己，必不虚浮無實；擔當事業，無論大小，必能敬事而信，必能如曾文正所謂“紮硬寨，打死仗”。張難先平生是一個能吃苦的人，所以在鄂長財，便有可觀。梁漱冥是能吃苦的人，所以能到鄒平，實行他的主義，實踐他的理想。我總覺得能吃苦的人，多是能犧牲的人。然而也有例外，世固有以節儉吃苦稱，而别具野心，他亦要榨取民財，以供其收買之用。此等人直[62]是太愚蠢，自謂詭計絶人，終至亡國及身，有何好處？所以於吃苦一條之外，定要加上秉公一條。有野心的人，只是不公，所以竭其聰明才力，總向己私處用，這等人仰視天而不知天之高，俯視地而不知地之厚，雖覺如夢，雖視如盲。何以故？爲其除一己以外，絶無所知故。孟子説："安其危，利其菑，樂其所以亡者。"因其除一己以外，絶無所知，故乃自致其一己於危、於菑、於亡，而猶安之、利之、樂之，則以全失其知故也。己私之爲害，若是其可畏哉！吾人欲不亡失此心，欲不[63]陷於無知之慘，則須反觀此心，務必念念去私而秉公。有一念不公，當下克去，莫自寬容。公則明矣，不明，只是有己私蔽之，故言公即已兼明。而一切處事自無差錯，自無過分之私欲，自無作亂之種子，自不肯欺騙，自必一切盡誠盡敬，百事莫不畢舉。故吃苦秉公，而心理建設完成，即是物質上的建設完成。若徒慕物質而忘卻自心，則心之不存，物即無有。心失御能，即無車馬。心成聾盲，即無聲色。心若貪污，即國失財富，而萬事不成。心若浮散，即萬物之理不著不察，而無物無理。若之何其逐物而不求之心耶？孟子閔戰國之亂，而曰"我亦欲正人心"。中山先生閱歷既深，始注重心理建設。此真根本處，萬不可忽略也。

寫至此，精神已來不及，欲更[64]説數條，已[65]不能寫。總之，吾望大家在根本處注意，須是挽回風氣，才有生機。莫徒作枝節議論也。

熊十力啓　五月九日[66]

編者附記：熊十力先生現在北京大學講授佛學，著有《新唯識論》等書，是今日國内最能苦學深思的一位學者。他讀了我的《我的意見也不過如此》之後，曾有長函給我，頗怪我"謹慎太過"。他説："今日已舉世無生人之氣，何待以不抵抗教之耶？"我因爲當時已有董時進先生的答辯了，熊先生的大旨與董先生相同，所以我不曾發表此信。

熊先生此次來信，長至五千字，殷殷教督我要在根本處注意，莫徒作枝節議論，他的情意最可感佩，所以我把全文發表在此。他的根本主張，我想另作較詳細的討論。我在此處只想答覆一兩點“枝節議論”。

一者，熊先生説：“土耳其有幾多科學設備，而苦戰抗敵矣。”他前次來信，也有此語。此係熊先生不曾細考土耳其苦戰的歷史。凱末爾將軍所抗之敵已不是一九一八年停戰以前的協約國聯軍了，不過是那貪横的希臘軍隊。希臘的政治組織本不堅固，軍隊也不是勁敵，故新起的土耳其民族主義運動之下的軍隊居然能苦戰退敵。其時意大利與法國都頗同情於土耳其，協約國的巨頭也怕蘇俄在新土耳其太佔優勢，况且全歐都不願延長那一隅的戰争了，所以一九二三年的洛山條約放棄了五年前停戰時的條件，容許土耳其保留在歐洲僅存的一線土地。幾個月之後，希臘革命起來，推翻那戰敗的政府，廢去君主政體，改爲共和國家。我們應知道新土耳其與希臘的戰争與今日的中日戰争是不能相提並論的。

第二，熊先生提及我在燕京大學的一次講演，我在那講演裏並不曾説“國府統一全國以後漸自尊大”，恐是筆記者誤記。我説的正是熊先生所謂“無知無耻之志得意滿”。我説，近二十年來的國人心理全忘了自己的百般腐敗，百般不如人，百般亡國滅種的危機，事事歸咎於人，全不知反省，全不知責己，更不知自己努力拯救自己。自甲午至辛亥，尚有一點譴責自己願學他人的大國風度，還可説是有一點興國氣象。民國二十一年中，尤其是歐戰以來，正是熊先生説的“無知無耻的志得意滿”，我所以説是“亡國氣象”。

胡適

（原載一九三三年五月二十一日《獨立評論》第五十一號。）

略釋法字義（存目）

（原載一九三三年七月十三日及一九三三年七月二十日《大公報》第十一版《世界思潮》專欄，總第四十六期及四十八期，又見《十力語要》卷一《與賴振聲》。二者文字基本相同。）

循環與進化（存目）

（原載一九三三年八月十七日《大公報》第十一版《世界思潮》第五十一期，又見《十力語要》卷一《與張君》。二者文字基本相同。）

治中國文化史應注意之二時代（存目）

（原載一九三四年二月一日上海《文化通訊》雜誌第一卷第一期。與《十力語要》卷四《鍾伯良治中國文化史》文辭基本相同，僅省去“然則佛法可絶乎”以下一段。）

與某君書（論治學方法）（存目）

（原載一九三四年二月十六日《文化通訊》雜誌第一卷第二期。又見《十力語要》卷四《與鄧子琴宋莘耕張誟言》文辭略有差異。）

易・道・佛（與張申府）

申府兄：

……胡氏煦之《易》，吾無暇疏剔。昔聞朱謙之言及此書之名。兹因謝石麟由北大借出，乃匆匆一讀。日來又未能看。其人確是哲學家頭腦，而其立説，則毛病極多，無從説起。此由當時環境所限，固難過責。若在今日，最好生西洋。其成功必卓有可觀。渠主象數，而根本反對王輔嗣。實則王氏之得言忘象，是乃深於《易》者也。二千年來無人識得此意。今人章太炎雖尊輔嗣，只是耳食，今無所解。後生尤難言古學，無[67]實爲先哲悼惜。時賢一意以考據自高賢，更無人可與講義理。民命既絶，而先哲之緒亦斬矣。幽居隱痛，非吾兄與季同，又孰可與發斯悶氣者耶？胡《易》宗邵氏先天圖，而更以己意補伏羲圖，可謂荒謬已極。自漢以來，除輔嗣外，言象數者多曲意穿鑿，勞苦而無功，繁瑣而無理。吾意易之興，本緣占卜。及《周易》出，玩其卦辭、爻辭，則已不復爲占卜之用，而於人事物理，多所甄驗。孔氏《十翼》繼作，則純爲哲學思想之書。自是永爲吾民族玄文鴻寶矣。今之言易者，但據《周易》，即辭以究義，無須推到未有八卦以前之圖，更不須臆測當時畫卦是如何意思才行畫出。畫卦本出上古，實由占卦與神道思想而興。首畫八卦與重爲六十四者，今皆難得考定爲何人。其首畫者與重卦者，想是當時隨機觸感，便自畫出。數千年後之人又何苦苦臆測？《周易》辭義，雖因卦爻而立，想文王、孔子諸聖，姑假定爲文、孔。亦不過移托古代秘文，以發抒其神解已耳。其辭義既已著明，故即辭以究義可也。又嘗思及，文、孔托卦爻以見義，實因卦爻儘有可托之處。六十四卦以類萬物之情，以盡萬化之故。其基本原理則以陰陽對待，相反相成也。孔子川上之嘆，其會心於變化之道甚深也。微獨孔子，即老氏“一生二、二生三”之説，亦本於卦。每卦皆以三爻明變，老氏即申述此恉也。莊子遵孔而述老，其學淵源於《易》，又不待言。魏、晉人推本《周易》《老》《莊》，謂之三玄，可謂能得其旨。唐孔穎達猶知宗主輔嗣，而後式微，迄於宋之邵堯夫遂援方士之圖，濟以術數小道，而侈言《易》。濂溪先生湛默好學，根極理要，猶不能不假於方士。太極圖，陸氏所爲不取也。唯《通書》辭簡而理博，文近而旨遠，庶幾純儒之書，然規模猶自欠宏。世人言中國學術，自東漢以來，嘗謂爲儒、釋、道三教混合的思想。吾意魏、晉道家與西漢以上道學，已不一致。五代迄兩宋道家與魏、晉道家，又不一致。蓋道家至五代、兩宋遂降爲方士，其影響及朱子而止耳。朱子尊《太術圖説》，與註《參同契》同一意思。後此於儒家似無甚影響。王陽明雖嘗涉足道家，止取其修養術耳。至其學説思想内容絶不雜入絲毫方士意思也。今欲究古學，道家之淵〔68〕變，殊少人注意。甚願季同，努力於斯。胡氏《易》專主圖象，不悟其圖象實本之方士也。此有何價值耶？若根據晚周道家如《老》《莊》以衍易理者，吾馨香求之。邵氏一派之《易》，吾不願聞也。又清末以來談佛學者雖盈天下，據吾平生師友，其站在考籍整理的立場，確守古義而不移者，則唯宜黄歐陽大師與丹陽吕君秋逸，唐以下未嘗有董理如此其精勤者也。湯錫予、林宰平治古義，皆守繩墨，不爲浮濫，亦未易得。若乃踐履純實，理解圓澈，則馬一浮湛翁一人而已。穎悟高而有其獨到，梁漱冥不可薄也。讀書不求甚解，清言時見善悟，李證剛是其選也。此外，吾弗敢知。今人論著，大底混亂無可評議。不獨佛氏門庭中有此現象，蓋無往不是此等。民命將殄，宜其乃爾！以此思憂，賈生痛哭，豈堪釋哉！……

熊十力

九月一日

去年秋前，十力先生任講北大，精神較佳，一時信札來往甚頻。一日來書稱：“近見清乾隆間侍郎河南光山胡煦《易傳》，確有好處。而雜亂亦不少。然其人要是一哲學家也。向來無道之者，卻可惜。”得吾復後即又詳發如上。信末述及南京支那内學院歐、吕兩君，極值得表彰。尤其近年所訂刊之《藏要》，從來校印藏經未有能若此精善者。第一輯二十五種已出全。經有《華嚴》《楞伽》《解深密》《菩薩藏》《法華》等；論有《中論》《辨中邊》《攝大乘》《集論》《二十唯識》《理門論》《成唯識》等。二輯二十三種，聞已付印，一年可出。内論有《十二門》《百論》《廣百論本》《大乘中觀釋論》《一乘實性論》《大乘莊嚴經論》《觀所緣緣[69]論釋》《佛地經論》《入論》等。如吾嘗説，以佛法爲宗教，乃是一個失敗。佛陀本身臨卒亦不能不腰痛不堪，它更何處。然如以爲學，則固是值得講究者，如此則莫若讀此《藏要》。因埘紀之，以告讀者。外此，吕君曾重翻《集量》，校刻《方便心》《如實》《迴諍》等論，亦屬有益學人，可稱之業。——十力先生本深有得於《易》者，由所著《新唯識論》可知。唯所意想畫卦之由，恐未盡合。此似當以社會進化史等考之，此不詳論。

編者第十一版謹識

（原載一九三四年三月二十二日《大公報》第十一版《世界思潮》“通信”欄，總第六十八期，又見《十力語要》卷一《與張申府》，僅節録至“謂之三玄”，且文辭頗有删改。）

無吃無教（致胡適）

適之先生：

昨秋因病請假回南。十餘年不歸故鄉，此次乃徑回鄉里。頃始來平銷假，又將以兩點鐘混飯吃也。此番鄉居，真有萬感交集，感觸太多太苦，遂至疲困而歸於無感。偶一清醒，因思吾鄉[70]此等情形，大可以類推吾國社會。吾國社會已完全破産，而群衆絶無自覺心。古語所謂麻木不仁者，差可形容此種病態。蓋清末初感於内政之腐敗，外侮之交迫，而群衆稍能自覺，故革命熱誠，遍發於閭閻婦孺。辛亥以來，經武人之種種摧殘於内，而外人遂益加以種種蹂躪。則其感觸太多太苦，人皆疲困而歸於無感。此所以亡國滅種之禍迫眉睫，而士大夫皆漠然無念。南京闊官且窮奢極欲，熙熙如遊春台也。吾鄉居所感，真所謂一部廿四史，從何處説起。矧復以長途勞頓之病軀，又有説不得之苦耶？然絶對不説一字，則又有所不快，故略説幾句，請付之《獨立評論》，冀以引起社會之注意。

吾所欲略説者，可[71]蔽以四字，曰“無吃無教”而已。

先説[72]“無吃”。人必曰：四海困窮，固也；然農民尚有薄田可耕，穀價又賤，何至絶然無吃耶？不知今日農村大半淪於□□，其幸而免於□□者，又皆被剥削，以至無血無髓，不獨無皮無骨。吾固黄岡縣之細民也。吾回鄉，見糧券上所載附加捐税名目，重重叠叠，而各地方政府如鄉區等之捐項，尚不在内。胥吏徵收之餘扣，暨地方土劣之藉公家名義而苛派以肥己者更不在内。又時有官兵通過與駐紥者，派夫派米，種種説不盡之逼索凶訛。又有最流行之一種建設，所謂各縣公道。公道須修造，人人知之。而各省建廳對於此等公道建設，則一律不肯分别道區内沿線人民底生活力之等差，路線所至，將其地一律强迫歸公，不稍給價。赤貧之民恃立錐之地而活命者，遇此等劫數，只有登時就斃。而闊官佔地太多者，反有改易路線，以奪貧窮無告者之産。又其修築道路，亦皆强迫人民爲之。赴工稍緩，多有爲監工之士兵立予擊斃者。其他尚有種種爲筆墨所不能形容之情節，非作專項調查不可。今日在鄉所見之建設新政，亦只有道路一事。自餘種種新猷，則皆載在政府公牘與各都市報紙，及流行於闊官偉人之口頭而已。然道路新政之行於鄉間者，其實際只是奪民産、劫民力以爲之。若使建廳不作修路報銷費，或僅略作“派遣小隊監修費”之報銷，則吾於其所行，絶對無所非議。寧犧牲一時之民力，以謀永久之交通也。然各省建設政費，其數當不在少。其建設之及於鄉者，又只有公道一事，胡爲虐民至是耶？是可忍也，孰不可忍。總之，今日民無死所，非“民不聊生”一語所可形容[73]。民無死所矣，雖有田，何能耕？且今鄉間，皆不勝田之累，捐税重重，皆按田畝攤派。人民皆餓莩之餘，日食太苦，其身手已疲困，難趨耕作。此層最不可忽。又無資以備糞壅，又時遇匪亂或兵禍爲之阻，又時有水旱蟲荒之災。故今日農民耕作，其所收獲，日趨減少。即此至少之收入，本已難敷日食，而官吏催迫租税，凶逾猛虎，穢如糞蛆，欲應其苛求，又不得不售其不堪糊口之穀。然穀價又奇賤，則愈不得不盡其穀以供苛税。盡其穀以供苛税猶不得，則相率欲棄其田。此“無吃”之云，所以純爲真事實，而非故甚其辭以駭人也。闊官、偉人、名流、學者仰天俯地，亦有念此者乎？如其激發天良，而稍一念之，則此神州浩壤，除少數都市生活之人立於剥削農村之地位而外，其被剥削之最大多數農民既已髓枯血盡如是。長此衍進，有能保其種類而不滅亡者耶？此所謂種類，是舉吾國内共同生活之民族而言，即合漢、满、蒙、回、藏而言。狹義的種界主義，今所不取。凡共同生活於一定之地域，依平等及互助之性欲，爲共同生活之組織，即同爲構成一國家之份子，而絶對不容外國與外民族之侵凌而違害其共同生活者，是即爲同一民族，是之謂同其種類。友人林烈敷兢昔官西北，亦發抒此義。種類垂亡，而吾猶營私縱欲如是，何其大惑不解耶？從政者不去其營私縱欲之惡根，而空言救濟農村，是將陷於偕亡之慘而已！新近吾聞一事：南京中大之附設實驗小學，其入學者，皆闊人之子也，每日上課下課，都用汽車接送。汽車之多，至於途爲之塞。嗚呼！爾曹獨非人類耶？非出自田間耶？億兆之衆既苦無吃，而爾等乃恣其子女以奢逸至是。清夜捫心，胡可忍耶？又闊人家宅，廚役買菜，亦用汽車，爾僕誠豪，不思汝汽車一動之費，足以贍濟鄉村數口之餐。舉此一事，其他不必言，亦不忍言。孟子曰：“儉者不奪人。”吾欲闊人了解農村無吃之苦，少奢侈一分，即少剥削一分。居官者真做到不剥削，而後農村可以言休養。吾欲略説鄉間無吃之苦者，蓋以此。

次言“無教”。往昔所謂老童，與夫秀才、舉貢，以至官吏退休者，皆號士人，即今云知識分子。此皆在鄉居家，又大抵[74]聚徒講學，弦誦聲徧閭井矣。又此輩知識分子既與群衆朝夕聚處，而其行誼知能，又多足爲群衆領導，每地方上有公利公害事件發生，即因此等領袖之會議而立予解决。至地方上許多通行之公共信條，如孝弟忠信、禮義廉耻、與力田等等，亦因此輩知識分子以身作則，至於家弦户誦，莫不服膺。倘有違者，予以處分，則莫敢抗。蓋其時家庭教育、學校教育即鄉塾。與社會教育，胥有一貫思想，聯成一氣，毋稍隔閡。即貧民有不能讀書識字者，其耳目亦有所熏陶，而不至蠢然破壞地方公同生活之紀律。當時雖無國立與省縣官立之學校，而鄉村實無無教之民。此吾國秦、漢以下，凡號爲修[75]明時代者，其治象大抵如此。自清末廢科舉，設學校，辛亥革命，國體政[76]制，一切更張，加以科學之研究，多非鄉間私塾所能行。種種因緣會合，遂造成學校設於都市，令[77]鄉村子弟無從受教之局。距今十年以前，猶有鄉塾出身之士類，一方面猶知古義，一方面能購閱新書，得一點新知識，略識時變。此輩在鄉，亦足爲一般農民矜式，如女子放足等事之通行，大抵此輩之力。而縣府或頒一紙新條例，亦賴此輩唱導。顧數年以來，此輩已零落殆盡。其年事稍晚而僅存者，又大抵習攀援而活動於政途，不復守其鄉。蓋世變之久而且劇，無論若何窮僻之縣，皆有參加政變，而僥倖以暫居權[78]要之人，或由軍界出身，或由匪類出身，或由商界出身，或由幕僚出身，或由黨派出身，一旦因緣時會，得遇而煊燿一時。此等得志之流，其鄉之讀書稍解世故者，皆蟻附於彼，以求活動，無復有如昔時所謂[79]安貧樂道於鄉者。況復世變愈劇，鄉間絶少生機，雖在可以糊口之家，欲送子弟入學校，求出路，而卒困於經濟，不遂其志。彼私塾無出路可言，其[80]誰肯組私塾，令子弟作抱膝長吟事耶？故前之士類，既已凋亡，其稍後出而僅存者，又皆出鄉以謀利禄於都市。而世變至今，則青年既無力就學校，又勢不能有私塾，於是鄉間近年幾絶[81]無讀書識字之人。古義既無傳授，新知識亦莫由灌輸。鄉間所沾染之風氣，約略言之，一則貪污、凶酷、荒淫、敗度之官僚所播煽之腥臭。某也作官幾時，刮地皮幾萬、幾百萬、幾千萬，此爲農村男婦所争羨而艷稱者。次則知識分子首先破壞舊道德，其風被於都市，而漸遍於鄉村。距今八年以前，有一山東友人爲余言：向者山東土匪頗有守不淫之戒者，雖劫奪而猶戒姦邪；今則匪亦開通，劫淫並舉，無復顧忌矣。又民十五以來，離婚之風大倡，始於都市新貴，而漸及於[82]僻鄉男女。法庭於此等案件，亦多虚慕文明，輕判脱離。此風一開，於是貧農家庭生活根本動摇。鄉婦無知，廉隅一喪，無望回頭。鄉間又添出多少女流氓。其影響於農村經濟及社會風習者甚大，誠非細故。此願士大夫持清議與法官有裁判權者注意及之。夫婦有别，不獨保全貞操，實亦生理宜然。今日離甲結乙，明日亦可離乙結丙。甲乙丙雜交，能無害其生乎？此特略舉一二事。其他凶殘、狡詐、偷惰、荒淫之事，千態萬狀，不可勝窮。昔時勤耕力作、孝友廉讓淳樸之風，今殆掃地盡矣。而目前爲害最烈，不容不及時挽救者，則莫如賭博之習。吾鄉向時偶有爲此者，必爲族黨所不齒。然爲此者亦於年終偶爾行之，往往一夕傾其産而終身淪爲乞丐。今則徧地皆有賭博之風，每屆秋冬，即假演戲爲名，聚衆大賭，亦有不假演戲而徑行聚賭者。地方所駐保安隊，時派偵騎，藉爲訛索發財之絶好機緣；贓款妥交，則公然聚賭，無復顧忌。農村殘破至此，而賭風不戢，則間有良善，亦無法安生樂業，唯有同爲盜匪，以相殺相殘已耳。又次，則土豪劣紳一派勢力，盡量縱横，絶無對抗。自民十五以來，□□日以殺土劣相呼號，土劣之受殺戮者亦復不少。然老土劣未殺盡，而新土劣之繼起且無窮。此甚耐人推究也。昔明太祖見犯罪者衆，因欲以“殺”使之畏懼，殺之多而犯罪者亦愈多，既殺不勝殺矣。彼思其故不得，遍求之六經而不得，後讀《老子》而有悟曰：民不畏死，奈何以死懼之。吾觀於今日土劣不畏□□之殺，亦與明祖有同感也。土劣之所以多，因與貪污官吏及絶無紀律之軍隊聯爲一氣。貪污之官與凶暴之軍非多植土劣，不足資以肆其欲。土劣何知，憑勢而姑縱，遑恤[83]其後，其不畏死，亦有以也。土劣之勢既盛，間有善良，亦謹伏首受命，而莫敢與之抗。吾聞講村治者，首感此事之困難。吾居鄉，亦覺唯此莫可如何。實則鄉間猶有善良，只是善良一切被壓迫於土劣之下，而絶無意識之存焉者。是以謂之無善良，而唯有土劣横行云爾。鄉間既無教育，農民之自覺心無啓發之機，將一任萬惡之風氣流行，無有止境，此非可哀可懼之至耶？

總之，今日鄉村之痛，則以無吃、無教互爲因果，將卒底於滅亡而後已。無吃故不能有教，無教故益不能有吃，所以互爲因果也。夫自無吃不能有教言之，則必看重物質方面。管氏倉廪實而民知禮義，衣食足而民知榮辱，與今日流行之思想相符也。自無教益不能有吃言之，則必歸重心靈方面。尼父雖言“足食”，而卒曰“自古皆有死，民無信不立”也。此“信”字之意義甚爲深廣。信者，實也。充實其在己者而無一毫虛僞，所以謂之信。人失其信，即失其生命，而不足爲人，雖有食，其得而食諸？今民德衰絶，至於此極，雖欲與之謀相生相養之宜，其奈彼絶無自覺心何？其奈彼之本身已無生命何？其奈彼無信何？此言經濟問題者，所不可不察也。然則欲改善農民經濟，必先謀喚起農民之自覺，即必先恢復農民之生命力，如孔子所謂有信。誠欲如此，則今日對於鄉間無教之問題，必急謀解決，而不可以一夕緩。須知廣[84]大之中國，純爲農村構成之國家，而農村殘破至此，其何以能立國保族於天地之間耶？

吾意都市學校宜盡量減少。於每縣設一模範中學，内分置辦公處與各科。各科内容，實皆爲獨立之一校。辦公處即由縣教育局長兼之。其各科，則相其地産民生之宜，如農林科、漁業科、牧畜科、商業科等等，各科皆設在鄉村。學校所教，與其社會生活爲一致。少而習焉，其心安焉。今日在鄉所修習之學，亦即今日與他日在鄉所操持之業。豈若今日學生所學非所業，又習染都市奢華，卒業必離鄉而趨都市以争官禄，至大亂無已耶？又凡各科仍如舊置修身一課，宜聘名儒，就該縣固有之良好信條，切實發揮，融攝新義，而去其泥古而不適於今之蔽。如離婚之事，今日猖狂胡亂之行，固當痛戒；然必如老生執着，凡絶對不適宜之婚姻，亦令其忍恨没世，而不許脱離，此亦大不可也。其他種種，準此類推。又除各科之專講實業者外，每縣至少必設國學預修科一所，爲養成經濟力不足，而其天才又特别宜於在國學方面深造之人才。至其基本課目，當爲詳議。此等卒業生徒，可以鄉居自研，公家助其書籍，使成爲國學方面之專家碩學，既可以其德業淑善鄉黨，又可爲學校教師之選或國家之用。又每縣或設升學科一所，窮僻縣分，或以兩縣以上聯合設一所，即取青年子弟之天資特别宜於英、算等課，而家資又可勉强升學者，令入此肄業。卒業之後[85]，即令其考大學之理科或工[86]

科等。其有天資特別宜於自然科學而家資不能升學者，縣府得以公款助之，但限於特別天才乃可耳。今都市所有一切初中高中[87]，其教課皆爲升學計，卒之能升學而治自然科學者，乃寥若晨[88]星，特斷送許多青年，使之虚度光陰，蕩廢家産，卒歸無業，而成流氓已耳，豈不惜哉？設如吾所擬之辦法，則因材而教，可免除今日百弊，亦何病而不爲？至於大學理科或工科，爲養成自然科學人才之最高學府，其儀器等設備，以就都市爲宜。然如生物學之研究，亦有宜在濱海之鄉者，或亦不妨在窮荒之鄉，利於發掘古生物之遺蜕[89]也。地質學又不必在都市，不待言也。其他準知。大學法科，爲養成社會科學人才之最高學府，亦可於交通便利之縣分設置，使於都市、鄉村皆可觀察。尤當令赴窮鄉僻壤實地考察，毋徒讀死書，卒業之後，徒慕西洋享受，而忽卻民生疾苦。古今中外，豈有徒鑽書本空洞理論，而不了解與同情本身生長之社會之一切疾苦與種種情形而可以言學術耶？吾對於現行學制，所欲變更者略如此；其詳，則有待於同志之共爲搜討。

吾自昨孟秋迄今正，鄉居大半年，所感至苦。而根本救濟，不能不望現行學制之變更。此事雖不能望之今日當局，但使知識分子皆能虚心而熟籌利害，爲一致之主張，則其事終必有實行之一日，而固吾國以延吾族者，其道必在於斯。敢以質之適之先生，佈之《獨立評論》。國人之肯聽與否，一切不計。吾奉吾之良知，不敢不以鄉居所感，一爲傾吐也。

弟熊十力啓　三月二十日[90]

（原載一九三四年四月八日《獨立評論》第九十五號。）

説禮（存目）

（原載一九三四年四月二十六日《華北日報》第十二版“哲學周刊”專欄第二期。

文字與《十力語要》卷一《答王生》相同。但此處多出一段“編者按”，其文曰：“熊先生此篇，詞雖短簡，而意實甚深。今日中國各處喧嚷之新生活運動，實即一種變相之新禮教運動也。不過新生活只重禮之末節，而熊先生所論者，則禮之本質也。竊嘗怪政府當局不時派員到歐美考察軍事、政治、經濟、實業等，而何以未聞有派員考察西洋之‘禮教’之舉？須知西洋之法治燦然，實有晶明之禮教為之基。若能於歐美蘇俄各國之禮儀及新生活方式精心考察，則於國人新生活、新習慣、新禮教之養成，必有足資借鑑者”。）

新唯識論要旨

熊十力先生講　石麟記

佛學誠難言。流派太多，典册太繁。然扼要而談，則欲求元始釋迦氏之意思，宜以《阿含》爲據。四《阿含》中，而《雜阿含》更重要。及小宗廿部起，便已漸分空、有兩派思潮。小空發展至龍樹、提婆而成大乘空宗。小有發展至無著、世親而成大乘有宗。大乘空宗根本大典，則有《智度》、《中》、《百》、《十二門》、四論，而《般若》爲其所宗之經。大乘有宗根本大典，則有六經、十一論，如基師《三十述記》所叙。是故大乘空宗，集小乘諸談空者之大成。大乘有宗，集小乘諸談有者之大成。準此，則《阿含》以後之思想，宜詳求大乘空、有二宗學，即：一，龍樹、提婆學；一，無著、世親學。故佛家思想之演變，雖極複雜而久長，然扼要言之，不妨假定《雜阿含》等四《阿含》爲元始佛家思想；大空，龍樹、提婆，大有世親、無著，均爲後來新興的佛家思想。吾嘗據《雜阿含》等以求元始佛家思想，而謂是期思想，只是人生論。據大空《般若》及四論，據大有六經、十一論，而謂自小乘空、有二派分途成熟底時期，即所謂大空、大有者，便轉變而談宇宙論，尤以大乘空宗爲純談本體論，此皆爲新興的佛家思想云。《般若》及四論，專遮撥一切我法執，欲令人空其所執故，自見真實。真實，即是本體異語。後皆準知。真實理地，心行路絶，語言道斷，不可直表。故因人之妄識迷執不能自見真實，而以種種方便，破其迷執，將見所執既空，而真理自喻於不言中。此中真理，本體代語。猶如撥雲霧，便見青天也。談本體者，東西古今一切哲學或玄學，唯大乘空宗，遠離戲論。此真甚盛事也。

大乘有宗，初說五蘊，十二處，十八界，不過將五蘊色心法，另變一種編排法耳。分析色心現象，而明無我，以此破外道之神我論。其義尚承空宗。及無著造《攝論》，成立阿賴耶，以授世親。世親復造《百法》及《二十》《三十》等論，於是建立賴耶，說爲種現緣起，而實等於搆造宇宙。吾所著《破破新唯識論》，頗詳此義。蓋小乘談有一派之思想，至大乘師無著、世親，而始完成其宇宙論。理論雖極精嚴，而其失空宗義旨則已甚矣。

《新唯識論》一書，站在本體論底領域内，直探大乘空宗骨髓，而以方便立論者也。蓋空宗善巧，雖復無量義門，而以要言之，則諸行無常一語，是其秘密意趣。諸行者，所謂色行、心行是。俗所謂宇宙者，即此色、心兩方面的現象，亦即所謂現象界也。世間或執有實心，或執有實物，或計有非心非物的實法，要亦是變相的心或物，總之不外計著有個宇宙，又進而推窮一個客觀獨存的實法，說爲宇宙本體。或云實體。大乘空宗諸師，根本不見有所謂宇宙，不見有所謂現象界，卻又不妨隨順世俗，而說色說心。但因凡夫執有實色實心，即執有實宇宙，有實現象界，成大迷妄，顛倒愚癡，故乃呵破其執而說色無常，說心無常。心法刹那纔起即滅，無有暫住時故，是無常相。以故色心通名行。行字意義甚深。色心皆無有實，只依變動不居的過程而假立色名，假立心名。即依色心假名，而更假說宇宙，假說現象界，則亦都是假名，云何可執爲實？無有實故即是空。智者於此，悟到色自性空，心自性空，即是無實宇宙，無實現象界，而空其一切所執的東西，便見本來真實。由空其所執故，自於心知是假名，本無所謂心底實自性。然要依真實顯現故，仍不妨假說心。雖假說心，而不執有心自性故，是即心即真實，已昭然矣。亦復於色知是假名，本無所謂色底實自性。然要依真實顯現故，仍不妨假說色。雖假說色，而不執有色自性故，是即色即真實，已昭然矣。上來説諸行無常一語，是秘密意趣者，略申如此。要只可爲解人道，難爲不知者言也。《般若》及四論，言説無邊，尋其秘意，不過如此。《新唯識論》之作，實亦不外此意。先以《唯識章》，色、心俱奪，説識以破心外實境，復説識亦緣生如幻，而無有實。但其破外境者，乃對虚妄分别所執之境而破之耳，與西洋唯心論者不同其用意。破識者，乃對所執之心而破之耳，與西洋唯物論者又不同其用意。世有解人，固當辨之。繼以《轉變》《功能》諸章，假設恒轉功能，以顯本體之流行，明色、心都依流行或變化而假立如是名字。是即《般若》空諸行相，令入〔91〕真實之旨。其方便設施，雖若與大乘空宗異，乃其旨歸，則的然不二，無可疑也。

或謂《般若》但空諸行相，令自見體，然終不談到本體的流行。《新論》假説本體之流行，此殆本諸儒家《大易》，而與空宗有不必合者歟？此説似是。然須知空宗立言方便純主遮執。易言之，直令人修空觀，以空其所執而已。《新論》卻欲即流行以顯示本體。流行是用，此乃即用顯體。所以假説恒轉功能爲體。陽明云："即用而言，體在用。"亦此意也。體之爲義，以有用故。若無作用，即是頑空，如何名體？昨有答某君難《新唯識論》一文，其中談體用一段話，最爲顯豁，頗堪玩味。佛家與儒者於本體證會，都無差别。此處是究竟處，是離一切差别相處。只有見得到、見不到之分，更無異同可言。若謂佛家談體，是不流行之體，而儒者即流行顯體，爲異於佛，此則大誤。須知儒者即流行顯體，元非謂流行之即體。《般若》欲令人空諸行相而自見體，元不謂體是頑空的。立言雖異其方便，而證真則無二致。《新論》見到究竟真實處，爲儒、佛所不能有異同處，把握乎此而方便立論，此其所以遠於戲論也。唯《新論》對佛家之人生態度，則完全改變，而即塵勞即是出塵勞，即現實世界即是真實。此本乎儒家形色即天性，故主剛健創新，而無所怖於死生，無所欣於寂滅，以此卒歸於中國思想，此又其特色也。佛家人生思想，自其元始以及後來大乘，皆主超脱生死海。《阿含》迄於大乘空、有經論，都有此一貫精神。大乘雖有無住涅槃之説，較元始佛家思想爲進步，然只反對元始之獨善主義，故不許入無餘涅槃，作自了計。必求無上菩提，發大悲心，行菩薩道，雖不住生死，而亦不住涅槃，必度盡一切衆生，有一衆生不作佛，則我亦不成佛。此爲大乘特異之點，然要以度脱一切衆生令出離生死海爲最後蕲向。無論事實作得到否，而畢竟以度脱衆生令出生死爲歸趣，即以出世與寂滅爲歸趣。此或是印度民族性之特別處。吾人亦不必論其是非，但自行其是而可矣。

（原載一九三四年五月三日《大公報》第十一版《世界思潮》欄第七十一期。此文經大幅删改後，收入《十力語要》卷一《答客問》。）

英雄造時勢

頃閲張佛泉先生《從立憲談到社會改造》一文，我贊同“英雄造時勢，時勢造大衆”的説法。我去年曾有一封信與胡適之先生，曾談到領袖人物的重要。如元末没有明太祖，我相信當時中華民族决不會恢復神州而成一統太平之業。又若宋太祖如不出，五代的昏亂决定還要延長，也没有北宋的治平和新儒家文化的發生。

我從少年時讀嚴譯《群學肄言》，曾經引發我一個重大的感想。即由彼書，知道西人言治是“自下而上”的。而反觀吾國，即通六經、諸子乃至漢以下，迄於近世百家文集，其論治，通同是主張“自上而下”的。彼所謂上者，即君相師儒。在古代，君師合一，君相即兼師儒。春秋以後，師儒漸與君相分席而領導群衆。然師儒雖不必立君相之位，要是社會中之上流分子，持清議，司教化，確是輔助朝廷政教的人物，而立乎全國勞動的群衆即農民之上，而自居優崇的地位的。所以有“君子之德風，小人之德草”等説。

我自讀了《群學肄言》，便感覺中西政治思想根本不同，卻是極端贊成西洋的思想，所以曾經實行參預革命的工作。到辛亥武昌起義，革命黨也曾掌握過南方許多省，而新官僚氣味重得駭人，暴露浮囂、侈靡、淫佚種種敗德。一時輿論都感覺革命只是换招牌，而過去腐惡的實質，不獨絲毫没有改變，且將愈演愈凶。於是預料革命黨自身没有新的力量，當必爲袁世凱所摧折。又料自此以後，腐惡的勢力只有繼長增高。那時我個人就採了獨善的政策，至今忽忽二十三年。我是撑眼見着一天大亂一天，極於今而有亡國滅種之懼。我在最近的幾年，才感覺到中國自上而下的主張確有其不可顛撲的真理。

我們不能相信民國初年袁世凱侮辱國民的話，動曰“國民程度不足”。我希望領導革命的人，應該痛切反省，自己實在未曾自新過，如何能領導群衆到另一個新的路上去？我願政治方面，社會方面，文化方面各種領導的人，通有一個痛入骨髓的自覺。社會和文化運動的人，應思自己過去的提倡有無錯誤。例如提倡物質文明，提倡科學，誰都知道此種提倡是迫不容緩的。然其影響則不發生從事“先難後獲”的工作之科學者，而洋八股之學者乃遍地皆是。此何以故？物質的建設不唯無可期，而竟率全國皆享受貴重的洋貨，以至固有產業盡廢。此又何以故？

蓋自清末以來，即有以儒先主張節慾與諱言利爲非者。試翻閱當時雜誌日報及一切小刊物，隨在可見。夫欲與利之足以便人之私也，故有私欲而無公欲，有私利而無公利。東西游學者雖衆，自清末迄於民初，而盡瘁科學者鮮有所聞。徒以洋居洋服，矜式國人。則言欲言利，而安得不率天下以趨於私欲私利之途耶？

文學革命既興，與古典文學相伴之種種錮蔽疑若摧陷廓清矣。然實事求是之學猶未有所聞。諸君子能毋猛省而更求努力歟？

政治革命徒有其名，其腐惡至於不能言，亦不忍言。内亂何以迭興，豈得謂人盡不良耶？使秉鈞者一切開誠布公，則斯民固三代之所以直道而行，未必皆如豺狼之性，樂爲倡亂也。使宋祖而如五代之君，又何能以杯酒釋兵而盛宣文治？其能消五季軍人之戾氣，固其公誠之心藴蓄至深，孚達至神也。此可以機變而至耶？吾嘗言，世亂，則人人習爲機巧，雖至愚者亦能習於巧。舉世相争以巧，或以巧相争，而大亂無寧日矣！斯時若有爲天地立心，爲生民立命，而撥亂反治者，其必以不巧安衆巧，使群情皆熄其機，而後天下隨順於理。光武、宋祖、諸葛諸公，皆此道也。明祖雖不學，其天資實多過人處。吾少年讀趙翼《廿二史劄記》，載明祖行事多有合乎聖賢者，以此知其開一代之治，非倖致也。曾文正之湘軍，功勳威勢如彼其盛，而卒不流爲軍閥者，由其處心積慮無往而不公誠故也。思古人所以弭亂，則吾今之不能弭亂者，其道何由，寧勿痛切於中而求所以自新歟？

自東北事變迄今，内亂漸寧，即有稱兵者，亦不久而撲。此固可以見國民心理之惕於外侮，而厭惡内争。然吾願當局力求所以慰民望而收反側之心，自反而公，自反而誠，勿以人莫予侮爲幸，而以一時敷衍之局敢於自恣也。今日是如何危險時代，吾不能不望當局之猛省也。

又今日根本危機則莫如政治全失信用。略言其故，則欺騙、貪污、淫侈，是謂三大亡徵。一切標語，一切宣言，一切議案，皆儘極好的説。而觀其行事，則全不相應。其出諸口與筆時，絶不經心而出，絶不欲見之施爲。甚至因一好名目而立一機關，召一會議則又利益許多私人或閒人，耗費許多民脂民膏，而此外絶無所事事。又如飛行考察，如考察西北。一個或幾個闊官飛動一下，總是幾多萬。報紙不得已而恭維，民衆不得已而歡迎，其結果亦不過耗費人民脂膏幾多萬。胡適之先生的無爲主張，於此真是對症藥。宣聖曰："自古皆有死，民無信不立。"信重於死，則信爲人所以生之理也明矣。人群如尚欺誑而無信義，則其群不能生存可斷言也。吾願當局以後勿輕有所言，打算實做一事便説一事，不打算實做者，便絶不提及。此爲恢復信用，即恢復生機之第一義。

貪污、淫侈，此二亡徵久爲中外所共見。欲戒百僚之貪淫，必居中央高位者真正吃苦，真正不爲過分的蓄積，真正一心公爾忘私，國爾忘家，則至誠所至，金石爲開。群僚皆屬人類，皆有人心，又誰忍自甘墮落？否則雖有懲戒貪污之庭，雖有提倡國貨之令，而高官自己不廉不儉，何以服群僚之心，而能以廉儉束之耶？張難先在鄂理財，而各税局數十年中飽積弊大半廓清。彼去而又如故。張氏何嘗借材異地或異邦耶？唯以身作則，則人莫有不從。今人假託法治，而惡言人治。不知吾人未有法治習慣，端賴在上位者清白乃心，自行守法，而後可以率人於法。此所深望於中央諸公者也。

以上所説，因張先生“英雄造時勢”一語而觸動吾之感想。願今日居英雄的地位者，反在本身上作切實工夫，先把自己改造，而時勢亦隨之改造，自不期然而然了。

梁漱冥先生等的村治運動，誠是根本至計。然我總以爲如果國家的政治整個的没有辦法，村治運動也做不開。因爲村治全靠知識分子下鄉去領導。而政治無清明的希望，知識分子根本不能到鄉間去。

五月廿二日

（原載一九三四年六月十日《獨立評論》第一〇四號》。）

易·佛·儒（答薛生）

《易》注，王輔嗣善玄言，伊川切於踐履，王船山頗有神解。清人胡煦《函書》，推原圖象，極盡穿鑿能事，然不無創見可喜者。此外，自漢人逮於近世，談《易》者不知多少，雖不能謂絶無所當，然大抵以意穿鑿，罕當於理，置之可也。程《傳》有可議者，其大半在徵明當國者舉措得失及士夫進退之義，頗多雜碎政論。焦里堂亦清儒之佼佼者。汝欲治其易學，未始不佳。

唯識書，料子未堪自究。不治法相而研三論，亦是無益。就治佛學次第言，未通小乘，不可治三論。三論者，大空也。大空從小有、小空而來。升堂循階，登梯歷級，烏容躐等？然在今日，學問知識如此其紛繁也。守一家言，所得已隘。况所謂一家者，猶是數千年前古學？然則吾子縱精通三藏，由小入大，計其精力，復餘幾何？即以此博得一佛學家之名，亦只是數千年前陳人而已。吾非謂古書可不讀，是在汝自定爲學趨向。若於佛學方面欲成功〔92〕一考據家，則非博覽三藏而强識之，不足以窮原委、辨流别、析名相也。故於佛典，必專力終身。若有一籍未窺，一部未覩，便是大缺陷也。如其平日對於宇宙人生諸大問題，苦心參究，因此，泛觀百氏，藉資證明，矯吾偏蔽，博考之餘，忽覺佛家義趣，特有契合，遂於佛典，寄懷深玩，自解資佛典而益開，佛典賴自解而可曉。此語吃緊。自家見地未到，讀書决不通曉。迨其學成之後，雖復精多物宏，超然自得，不囿一家，然以其熏染於佛家者深，其精神特有歆契，終爲佛家派下人。如此之流，方其披尋佛典，志在領會佛家真義。故其讀佛書，不必如考據家之博覽强識，要在訪求根本鉅典，潛心體玩。粗之則識其指歸，辨其脈絡，得其系統，窮其枝流。精之則冥極於所謂語言道斷、心行路絶之地。或問：此言識指歸、辨脈絡、得系統、窮枝流，與前言考據家須窮源委、辨流别、析名相者，又何所異耶？曰：此二之判，不止天壤。非真知學者，難與言此。考據家所窮之源委，所辨之流别，所析之名相，只依文訓釋，依文甄述而已。取材博而能審，釋詞有據而不臆説，敘述有條貫而能斷，能事盡於此矣。若夫爲自得之學者，其精研古學，凡所以識指歸、辨脈絡、得系統，窮枝流者，雖復即文字以妙會古人之意理，而其意理所由形著，實不可以守文而得。易言之，即通古人之意理者，必非徒在文字上着功，要自有所致力於文字之外者。唯其平日仰觀俯察、近取遠觀之餘，反己以濬其源，即事而致其知，既已洞見本原，明察物理，是故讀古人文字，能以睿照而迎取古人意理。睿照，故無主觀之蔽。古人真解實踐處，吾可遥[93]會其所以。若其出於意計之私，而陷於偏陋浮妄者，吾亦得推其錯誤之由來，而以吾之經驗正之。以故，於古人之意理無不盡也。此其所以識指歸、辨脈絡、得系統，窮枝流者，與考據家本領絶異，功用全殊。但此中意味難言，期人共喻，直是困煞。吾子果真志乎此學，則率由之塗，不能不辨。子於佛學，如志不在考據，則佛家根本經典，必不可不讀者，得略舉下方。先治四《阿含》，此爲元始思想。餘如本生、本事、因緣、譬喻，四分中共有經百餘部，可與《阿含》參看。或不必盡讀，但深玩四《阿含》亦得。小宗派别，元有二十部，實則統爲空、有二派，略見

《異部宗輪論》。二十部之分，係佛滅後四百餘年間事。爾後流變，又必不限於二十部，然終不外空、有兩輪。小輪東來者，多屬談有一派。如《毗婆沙》《順正理》《六足》《發智》《舍利弗毗曇》《成實》《分別功德》等，並宜瀏覽。若乃小徑略涉，便入大空。大空本經，唯《大般若》，群經之王，諸佛之母，此土什、奘，同其所歸。大空論籍，四部居宗，曰《大智度》，曰《中論》，曰《百論》，曰《十二門》。義海深而無涯，玄峰峻而無極。大有宗經，舊推六部：《華嚴》《深密》《功德莊嚴》《阿毗達磨》《楞伽》《厚嚴》。論則一本十支，羽翼六經。《瑜伽師地》，是稱一本。《顯揚》《莊嚴》《集量》《攝論》《十地》《分別瑜伽》《觀所緣緣》《二十唯識》《辨中邊》《集論》等，是謂十支。《五蘊》《百法》等等，亦十支攝。《成唯識論》糅集十師。此論之作，雖云以上述六經、十一論爲依據，一本十支，名十一論。但其組織，可謂精嚴。觀厥旨歸，殊乖了義。斯固有宗之别派，抑乃釋氏之末流。然其規模恢擴，結構嚴整，要是一大學派。至於大經，有《涅槃》《寶積》等等，尤堪玩味。論有肇公《物不遷》，乃此土傑作。因明譯籍，《入論大疏》，以及《理門》，詳其法式，諸論可讀。應知佛學問津，因明攸始。未了因明，難治諸論。如《中論》等，純以形式邏輯，憑空建立。因明未習，此何可通？又有聲明，吕君有《略》。釋辭毋滯，初學攸資。至於佛史，中土記載，近有湯君，採撮殊精，堪餉來學。綜前所述，必讀而不可不讀諸佛書，已揭其目。若求了解，凝神静慮，二三年功，應可豁然。若言深造自得，則如朱子之於四書，終身由之而不能盡其藴。此非朱子故示謙懷，體究道理，確爾如是。譬如《百法》，開端一語曰："一切法無我。"語其平易，則隨人理解，淺深廣狹，各有所會[94]。語其幽遠，縱有智人，終身學問，畢竟於斯義趣，領會無有窮[95]盡。今人讀書，能速爲賢，徧翻三藏，自矜易事。輕心讀過，何殊未讀？讀書要在深心體玩。深心二字，煞是難言。神凝氣聚，洞然無己。唯其無己，方乃有己。明鑒當空，無幽不燭。書册所言，吾以虚明，沈思其義。假彼真是，吾必得其來歷。彼有謬誤，吾亦察其因由。其是其非，從不輕斷。

由其是而深求之，而義理日出不窮矣。由其非而深求之，而義理亦日出不窮矣。彼以淺嘗麤解，輕斷是非者，惡在其能析義窮理耶？夫學之難講，佛學爲尤，聰明之士，輒喜摭拾玄言，而不肯留心經論，求其實解。昔人如蘇軾之於禪，今人如章太炎之於法相，皆是也。愚鈍之人，莫名其妙而信仰。非不治經，非不習論，然其無知自封，混亂拉雜，不堪救藥。吾十餘年來，教書經驗，深感青年頭腦，少有宜於治佛學者。憶十一二年間，選課最多。及閱試卷，僅有某生文辭，稍爲簡適，亦無當於題旨。自昔迄今，從未得一可與共學者。吾總覺教書之無趣，每對人言，爲吃飯故，方作是事，若不爾者，吾不教書。雖屬憤詞，亦是事實。大氐治佛書者，最低限度，須具二種條件。一必其抽象的作用高而强，二必其分析的作用精而鋭。佛學理境極高，先儒以窮大失居譏之，實則唯佛學能窮其大。談理到至大無外處，即其理無在而無不在。謂不可以定居求之，固也；謂之失居，便非。因其不可以定居求，故短於抽象作用者，常若不可捉摸，而眩惑起矣。又凡玄學所表者，只是概念與概念之關係，而佛學尤爲玄學之極詣。故短於分析作用者，於各個概念間相互的關係，即義理分劑之不可淆混者，乃常不能明辨，而陷於混沌狀態矣。昔者屢與林宰平先生言，佛學所以超絶古今者，以其大處深處，令人鑽仰無從耳。西洋哲學，隨科學之進步，經驗日富，根據日强，理論日精，其始乎徵實，而終乎遊玄，豈不極堪寶貴？然而徹萬化之大原，發人生之内藴，高而莫究其極，深而不測其底，則未有如佛氏者也。世之言哲學者，孰不曰研窮宇宙人生諸大問題？然試究其所發明者，則於宇宙之體原，或恣爲種種戲論，或復置而不求。其於人生之體察，尤爲膚淺。雖復極其理智之能事，於日常經驗的宇宙，多所發明，而返諸吾人真理的要求，則哲學家所紛紛其説者，實不足以饜吾人之望。宇宙果無真理耶？人之生也，固若是芒耶？自吾有知，恒困於無量無邊之疑問，而不得一解。然吾終因佛學而啓一隙之明焉。汝誠有志於此，吾豈不思得一同調，以寄余之孤懷？然汝求學之心，則誠矣。汝之聰明，果宜於此學否，吾又不能遽斷也。吾更有須言者，子誠嗜佛學，則於未研小乘以前，且準備科學常識。而西洋哲學，亦必有相當素養。縱厄於家境，不能入學校，然關於科學常識，未始不可以自力求之也。西洋哲學，訪購稍好之哲學大綱，及哲學概論一類譯本，細心循玩。哲學所研究之對象爲何？是否與科學同其範圍？其中之大問題有幾？古今哲人對於哲學上諸大問題之解釋，總有幾派？哲學的方法，究應如何？此皆必須經過甚深之苦心焦慮，而不容疏略過去者。至於某一學派，某一名家之專著，坊間亦多譯本。無論好壞，總須購閲。舜好問而好察邇言。即令譯本甚壞，總有原著幾分意思。從而察之，詎不足比於邇言耶？觀汝前後來書，其於佛學，蓋亦篤於宗教方面之信仰，而慨然繫念乎生死之故。信仰極可貴，但汝既有信仰，吾則不必與汝談信仰，卻須爲汝進知識。汝且留意求知的方法，先立定不惑的基礎，而後可爲大膽的玄想。將來深窮大乘經論，談空説有，一任縱横，庶幾遠於迷謬矣。

又汝深信佛學，卻未知中國儒家哲學尤可貴也。往嘗與林宰平先生言，當今學哲學者，應兼備三方面。始於西洋哲學，實測之術，分析之方，正其基矣。但彼陷於知識窠臼，未能泯相，終不與真理相應。是故次學印度佛學，剥落一切所知，蕩然無相，迥超意計，方是真機。然真非離俗，本即俗而見真。大乘雖不捨衆生，以衆生未度故，而起大悲，迴真向俗。要其願力，畢竟主於脱度。吾故謂佛家人生態度，别是一般，即究竟出世是也。故乃應學中國儒家哲學，形色即天性，日用皆是真理之流行。此所謂居安資深，左右逢源，而真理元不待外求，更不是知識所推測的境界，至矣盡矣。佛家大處深處，不能外是。其智之過，而求出離，以逆本體之流行，吾儒既免之矣。天可崩，地可裂，吾儒之道，範圍天地之化而不過，是無可崩裂者也。學哲學，而不蘄至乎是，是安於小知間間，暴棄而無可救藥者也。吾又何言！陽明子所以言知行合一，其哀思人類也深哉！

吾年來極苦教書乏趣，而支生無術，只好靦顔其間。雖然，亦有一説。學無可講，固也。但存此科目，亦是告朔餼羊之意。又此學更非登講臺作演説式，可以講得。吾欲商於主者，授之私室。倘得半個有心之士，可與言談，即此理在天地間亦有所寄。而不相干之學子，亦不願其與於斯課。是則吾近來教學之意也。人之所貴者誠也。一誠而天地以之立，萬事以之成。吾於子之信，而見子之遠於虚浮矣。伏暑無聊，不得看書，不得作想。濡毫伸紙，答子之信。感爾綢繆，觸吾誠悃，不覺道出心事如此之多。子其三思。反是不思，亦已焉哉！

（原載一九三四年九月二十日《大公報》第十一版《世界思潮》專欄第八十一期，又見《十力語要》卷一《答薛生》。此處較《語要》所收多出第一段，其余文字亦有異同。薛生即薛秀夫。）

答謝石麟（存目）

（原載一九三四年十一月十五日《大公報》之《世界思潮》第八十五期，又見《十力語要》卷一同名文。）

悼北大哲學系學生紀有乎

宣聖曰："篤信好學，守死善道。"佛家教人，必先之以信。故爲學莫急於起信。其有疑焉者，正所待以决定其信心，非徒以疑爲貴焉而已。信者，德之基也。無信，則執守不固，而無以入德矣。信者，知之符也。無信，則印持不深，而難獲真知矣。夫執守不固，無以入德，人所易了也。印持不深，難獲真知，人或未易了也。理之至者，存乎近。易於近者，則以淺見度近事，而不信愚夫愚婦之與知與能者，爲聖人之有所不知不能者也。不信，故恒不捨其淺見，終莫由即事之近而見理之至。唯夫信根深厚者，一聞一見，一感一觸，都無掉以輕心。舉一隅而反三，察邇言而達神旨。唯信，故不輕疑，亦不輕决。多方以參驗其實，澄懷以深入其微。是故印持愈深，解悟愈透，乃德宏而知至也。吾教書十餘年，常欲覯一信根深厚之士，而卒不可得。自壬申冬回舊京，乃僅獲紀生有孚。生勤於求新知，而能篤信佛。治内典，繹聖言，孜孜不倦。聞余講《新唯識論》，於世親、護法諸菩薩學，悉與之反，頗致疑於吾，以爲非佛氏本怡。余語之曰：“子姑反之自心，而冥會其言之果當於理否，不必齗齗於吾之是否承古師也。”生笑而諾之。癸酉暑假，生還魯蓬萊。時吾亦乘暇遊鄒平。生聞余在鄒，以長函質所疑，言既切而情益親矣。余未及報，冀俱返舊京，相聚究所學。不圖吾甫返平，而李蔭亭、韓鏡清諸子，乃以生之凶耗來告。哀哉！生之弘毅，而止此矣！生與吾書，亦於行旅中失去，不獲保存遺筆，此余所不能無憾者！生之死也，既逾一週，同學謀爲紀念，因書此貽之。

（原載一九三四年十一月《海潮音》第十五卷第十一號。）

清誥授奉直大夫歸州學正傅雨卿先生傳

先生姓傅氏，諱承霖，字用汝，别字雨卿，湖北黄岡人。幼穎異，端凝樸重。七歲，受書從叔予言。稍長，從學同里名儒宋暉田、宋亮臣。先後與邵偉人、童厚卿、杜若洲共硯席。宋氏兩先生，爲學以躬行爲本。偉人富氣誼，厚卿惇實，若洲聰明灑脱。先生以卓犖之資，斂華就實，觀摩師友，兼效其長。先是乾、嘉諸老，殫精考覈，標舉漢學，遂成一代風尚。學子詆玄學爲空虚，鄙心性之談爲迂腐，程、朱、陸、王之緒，斬焉無存。先生盡然曰：“夫疲神瑣碎，而未能游玄。敝精名物，而不務知本。壹意外馳，而莫肯返己。以此爲學，是率天下而陋也。”於是究心洛、閩、姚江諸師語録，以上探《論》《孟》，涣然若有以自得，確乎其有以自樹。充德性之知，而見聞莫非德性之發用。極真理之奥，而踐履一皆真理之流行。居常莊默，終日惕若。坐立有常處，未嘗傾側跛倚。語默有常節，未嘗戲言苟笑。它人視之，若有所拘縶而不能頃刻安者，先生獨泰然以此終其身。雖在燕私，亦未嘗須臾變也。

教子弟門人，一準諸禮。言行小不中矩，服飾小不中度，必規正之。鄉里有游惰淫僻者，遇先生督責，無不愧憤改行。其誠信孚人如此。

同縣清儒曹木欣本榮，學宗陸、王，仕順治朝，多所啓沃。孫夏峰稱之曰："商、周之際，道在箕子。宋、元之際，道在許子。明、清之際，道在曹子。"其推尊如此。然木欣早卒，身没而名亦俱泯。先生謂木欣初以聖學導清主，使之同化於我華夏，消其獷戾，不可謂無功。嘗搜其遺稿，欲序而行之。既困於資，卒不獲梓，終身以爲憾。論者謂曹氏解悟不若李二曲，潔身不若陸桴亭，夏峰稱譽無當。而先生顧夢寐存之者，豈以其宗尚陸、王故耶？

先生力學博聞，不事表襮，然識者皆謂其有述作才。光緒甲寅《黄州府志》，其義例多由先生建議，而總修鄧琛實加裁定。劉繹等雖名在總修，實未暇秉筆。至編輯諸君，當志局開始，或已赴公車，或橐筆遠游。獨先生始終其事，寒暑不輟，全書大半出先生手，而退然讓善，歸功同列。書凡四十卷，爲綱十，爲目五十有八。一邦文獻，庶幾略備。

《郡志》既成，適鄂督裕公，鄂撫譚公，汲汲纂修《湖北通志》。黄州太守英啓，遂以先生《郡志》績，言於督撫，督撫立聘先生爲總纂。甄審史料，抉擇義例，稿未及就，而裕、譚二公相繼去位，先生亦離職，《通志》卒不成，士論惜焉。

先生自少補博士弟子員，旋受知於學使張之洞，以歲試第一名食廩餼。癸酉選科，獲拔貢。甲戌赴廷試，考取八旗官學漢教習。壬辰，以候選教諭留省。丁酉，署咸豐縣學訓導，復遷歸州學正。召諸生而諄諄教之以躬行之實、經世之學。財立條修，而遽解職。先生猶捐俸墨池、端陽兩書院，購辦書籍，以惠多士。返里後，大吏檄辦賑捐，以功奏奬，叙内閣中書，加五品銜，誥授奉直大夫。

先生自得拔貢後，求友四方，所學益進。訪萬清軒於陽新，陸、王心學乃蒙指授切至。晤張廉卿於鄂城，於書法及古文辭，多所諮益。蘄水高又溪侍御，與先生爲姻誼，經濟文藝，共相切磨尤力。餘如孝感沈棠溪用增、巴陵杜仲丹貴墀、仁和陳藍洲豪，均博覽富文采，有聞於世。先生皆友之，而各取其長，麗澤之益宏矣。

先生至性孝友。年十六喪父，哀毁骨立。事母，終身愉順。雖遭拂意事，見母，未嘗有愠色。於從弟〔96〕從妹，愛之如同胞，教養必備，嫁娶必時，心勞力瘁，族黨以是交口稱之。光緒壬寅，先生以疾卒於家，年六十四。

熊十力曰：傅先生《郡志》雖精審，然不能無闕。黄郡固江、淮間重鎮，山林川澤之饒，人足自給。上智時出其間，游心物外，冥搜自得。其次亦多砥節行，能文章，强矯不屈之風，徧在甿庶。故明之亡，郡人抗拒滿清最力亦最久，百敗而其志不撓。若吾里易道三、何士雲諸公，其英武義烈，至今父老猶能言之。乾隆間，清入中夏已久，四裔賓服，而吾黄猶有馬朝柱者，起而與之抗，事見乾隆十七年上諭，稱其聚衆謀叛。此類事實，各縣志雖不詳，而時有一二鱗爪散見。如《黄岡志》，紀清吏于成龍剿匪功迹，吾先烈雖敗猶榮，不於此可徵歟？若此類，更參稽鄉井口碑，則事迹彰矣。先生秉筆作志，獨未及搜集而闡揚之。吾先民本諸民族思想，而充實其真誠雄毅之力量，屢與大敵抗。此段精光〔97〕，閟而不彰，是亦方志之疏略也。雖然，先生未或不知此，志事主於官，其勢有所不便。先生賢勞而不尸其名，豈有微意歟？其他義例，以今觀之，容有未盡，要非此所及論。余固先生孫女婿也，頗悉其言行之詳，因摭其大者，以見先生風概，雖〔98〕不能備，亦可使後生有所式焉。

（原載一九三五年一月《史學》第一期，國立北京大學史學社出版。）

文化與哲學（存目）

（原連載於一九三五年四月二十三日、二十四日天津《大公報》，又載《中國文化協會山西分會月刊》一九三五年第一卷第五、六期，後以《爲哲學年會進一言》爲題收入《十力論學語輯略》。二者文字基本相同。又,《十力語要》卷一《戒諸生》亦節録本文之一部分。)

讀　經

經書難讀，不獨名物訓詁之難而已。名物訓詁一切清楚，可以謂之通經乎？此猶不必相干也。此話，要説便長，吾不願多説，亦不必多説，吾只述我少年讀《詩經》的一個故事。

我在少年讀《詩經》之先，已經讀過四書，當然也不甚了解。卻是當讀《詩經》時，便曉得把孔子論詩的話來印證。《論語》記孔子曰："《關雎》樂而不淫，哀而不傷。"我在《關雎章》中，細細玩索這個義味，硬是玩不出來。《論語》又記夫子説："《詩》三百，一言以蔽之，曰思無邪。"我那時似用《詩義折中》的注本，雖把朱子《詩傳》中許多以爲淫奔的説法，多改正了，還有硬是淫奔之詩，不能變改朱子的説法的。除淫奔以外，還有許多發抒忿恨心情的詩，如何全説無邪？《論語》又記，子謂伯魚："汝爲《周南》《召南》矣乎！人而不爲《周南》《召南》，其猶正牆面而立也歟。"朱注，正牆而立者，物無所見，一步不能行。易言之，即是不能生活下去的樣子。人而不爲二《南》，何故便至如此？我苦思這道理，總不知夫子是怎生見地，朱注也不能開我的胸次，我又悶極了。總之，我當時除遵注疏，通其可通底字面而外，於《詩經》，得不到何種意境。又想借助孔子的話來印證，無奈又不能了解孔子的意思。

到後來，自己稍有長進，彷彿自己胸際有一點物事的時候，又常把上述孔子的話來深深體會，乃若有契悟。我才體會到孔子是有他如大造生意一般的豐富的生活，所以讀《關雎》便感到樂不淫、哀不傷的情味。至於思無邪的説法，緣他見到宇宙本來是真實的，人生本來是至善的。雖然人生有很多不善的表現，卻須知不善正是從善[99]對照出來的，而善也待不善才顯發的。不善與善相對，畢竟是顯發一個絶對的善來。

吾夫子從他天理爛熟的理蘊去讀詩，所以不論他是二《南》之和，《商頌》之肅，以及《鄭》之淫，《唐》之嗇，《秦》之悍，《雅》之怨等等，夫子卻一概見爲無邪思。元來《三百篇》都是人生的自然的表現，貞淫美刺的各方面，稱情流露，合而觀之，畢竟見得人生本來清浄。夫子這等理境，真令我欲贊嘆而無從。宋儒便追尋不到，反説甚麽善的詩可以勸，惡的詩可以懲。用這般狹隘的見解，來推測聖懷，也就不會讀《三百篇》。

再説人而不爲《周南》《召南》，何故便成面牆。我三十以後，漸漸識得這個意思，卻也無從説明。這個意思的豐富與淵微，在我是無法形容的。向、郭《莊子注》，所謂“彰聲而聲遺，不彰聲而聲全”，就是這般滋味。如果要我强説一句，我只好還引夫子底話：“道不遠人，人之爲道而遠人，不可以爲道。”這話意義，廣大精微，孔子哲學的根本主張就可於此探索得來。他確是受過二《南》的影響。話雖如此，但非對孔子底整個的思想有甚深了解的人，畢竟不堪識此義味。我又可引陶詩一句，略示一點意思，就是“即事多所欣”一句。試讀《葛覃》《采蘋》諸詩，潛深玩味，便見他在日常生活裏，自有一種欣悦和適勤勉温柔敦厚莊敬日强等等的意趣，現前具足，用不着天國與涅槃來安慰。我們讀二《南》，可以識得人生的意義與價值，大步走上人生的坦途，直前努力，再不至於面牆了。這是孔子所啓示於我的。

孔子論詩是千古無兩。唯孔子以他底理境，去融會《三百篇》的理境。唯《三百篇》詩是具有理境的詩，才能引發孔子的理境。這兩方面的條件，缺一不行。

我想我個人前後讀《詩經》和《論語》的經驗，我深信讀經之難，不僅在名物訓詁。訓詁弄清了，還不配説懂得經。這是我今日鄭重向時賢申明的苦心。

至於中學應否讀經底問題，我不願費言説。不獨青年學生難得懂，而教者實難其人。假設有好教員，四書也未嘗不可選讀一些。如我們知杭州私立清波中學，經袁心燦、蔡禹澤、張立民幾位先生酌授四書，於學生身心，很有補益。不過諸位先生都是躬行君子，學生自然觀感而化。

（原載一九三五年六月六日天津《益世報》第十一版，又載一九三五年六月《安雅月刊》第一卷第五期。又見《十力語要》卷一《與某報》，但文辭頗有差異。）

中國哲學是如何一回事（存目）

（原載一九三五年十月《文哲月刊》第一卷第一期。又見《十力語要》卷一《答沈生》，沈生指沈有鼎。）

讀書必先有真實志願

前云讀書。須定趨向，然若無真實志願，則不足以達其趨向。凡人無志願者，則其生活虛浮無力，且日常念慮云爲，無往不是苟且，無往不是偷惰，無往不是散漫。如是而欲其讀書，能有所引發以深造自得，此必不可能之事也。

人必有真實志願，方能把握其身心，充實其生活，如諸葛武侯所謂“使庶幾之志，揭然有所存，惻然有所感”，王陽明所謂“持志如心痛，一心在痛上，豈有功夫説閒話、管閒事”。人果如此激發志願，則胸懷廣大，鄙私盡消，象山所謂“才一警策，便與天地相似”，誠非虛語。如此則神明照徹，而觀物慮事必能極其精而無蔽，綜其全而不亂。其於讀書也，必能返之己所經驗而抉擇是非，洞悉幽隱，曲盡書之内容，而不失吾之衡量。故其讀書集義，乃融化的，而非堆集的，乃深造自得的，而非玩物喪志的。如此讀書，方得助長神智，而有創造與發明之望。

若其人茫無志事，渾身在名利膠漆桶中，雖好博覽載籍，增益見聞，要爲浮泛知識，不可得真知正解，只是小知，不堪大受，社會上若只有此輩，其群必日益昏亂以趨於亡。故學者不徒貴讀書而已，必先有志願以立其本。

然復當知，志願二字極不易了解。常人高自標舉我欲如何如何，以爲此即其志願，此正是狂妄之利[100]耳，有志願者所必克治也。志願是從自覺自了的深淵裡出發的，是超物我底計較的，是極其灑脱而無俗情沾滯的，是一種向上的努力，自信自肯而不容已的。自肯是借用空門語，意義較深。惟真有志願的人，才識此意味，一般人如何識得？

有志願即有真力量。故其對於學問或事功的趨向，能始終貫澈而無所輟。譬若電之走尖端，電，喻志願力量。尖端，喻所趨向。行所無事，而勢不容已也。

或問：朱子《論語集註》釋“十五志學”之志字，曰“心之所之謂之志”，是則志即趨向也，而此志願與趨向分言之，何也？曰：朱子以心之所之言志，此朱子之志也。王船山《讀四書大全説》“志者，心之所存主”，斯爲正義。孟子曰“人之所以異於禽獸者幾希，庶民去之，君子存之”，船山存主之義，從是出也。諸葛武侯所謂“使庶幾之志，揭然有所存”云云，亦此旨也。故人而無志，即去其幾希而同於禽獸，甚至不如禽獸。今日中國人貪汙、淫侈、卑賤、虚誑，甘爲亡虜，毫不知恥，尚不如怒蛙之有鬥志、有心氣也，此何以故？以其靦然人面而中無存主，人理絶而生氣盡也。莊子曰“哀莫大於心死”，心死無所存主故也，無所志故也。唯中無所存主，故種種競逐於外，競貪，競淫，競利，競權，競勢，競種種[101]便利嗜好，競爭其私而背大公，國已亡而無所覺知，種將滅而不關痛癢，人氣滅絶，一至此極！然則今人必須變而成人，始可與言讀書。此老懷所日夕願望者也。

（此文分兩部分。從“前云讀書。須定趨向”至“必先有志願以立其本”，以《讀書必先有真實志願（未完）》爲題，載一九三五年十一月十八日《爲小善周刊》第四卷第四十六期。從“然復須知”至文末，以《讀書必先有真實志願（續）》爲題，載一九三五年十一月二十五日《爲小善周刊》第四卷第四十七期。收入本書時，合至一處。全文相當於《十力語要》卷一《與讀書周刊》後半部分，文字略有差異。）

答朱進之（存目）

（原載一九三六年二月一日《中心評論》第二期，又見《十力語要》卷二同名文。）

論不朽書（存目）

（原載一九三六年二月二十一日《中心評論》第四期，又見《十力語要》卷二《與周開慶》。）

關於宋明理學之性質

（一）復張東蓀先生

東蓀吾兄：

北大轉到來教一封，係弟未抵平時所發，本日又得惠書。兹略答如左。

一、前函謂宋、明儒實取佛家修養方法，而實行儒者入世之道。其内容爲孔、孟，其方法則係印度云云。弟於此微有異議。果如來教，則宋、明儒學，乃兩相搭合而成，如此拉雜，成何學術？爲學方法，與其學問内容，斷無兩相歧異之理。向來攻宋、明諸師者，皆謂其陽儒陰釋。此真横議。吾兄不謂宋、明學全出釋氏，但謂其方法有採於彼，是其持論，已較前人爲公而達矣。然弟猶有異議者，何耶？則以孔、孟儒學之内容，必不能全用印度佛家方法故也。夫孔曰求己，曰默識。孟曰反身，曰思誠。宋、明儒方法，皆根據於是。雖於佛家禪宗，有所參稽兼攝，要非於孔、孟無所本，而全由葱嶺帶來也。朱子譏陸象山之學由葱嶺帶來，今借用其語。凡一學派之傳衍，恒緣時代思潮，而使舊質料有所蜕變，新質料有所參加，此中外所莫不然。宋、明之世，佛家禪宗思想已盛行。諸儒不能不受其影響，亦何足怪？實則宋、明儒於孔、孟之形而上學方面，確屬深造自得，而有偉大之成績。其思想皆自成體系，但散見語録，非深心體玩，則莫之能知耳。至若甄驗物理人事，足以利用，則晚周儒生之學所爲廣博，而不偏於玄學一途。宋、明儒則不免疏於實用，亦參融禪學之過也。陸、王之徒，既反對程、朱《大學》格物之訓。而程、朱以即物窮理言格物，又但有主張，而未嘗詳究方法。其平居體驗人事物理，蓋不外暗中摸索，與憑穎悟所儻獲。既無精核之方法，則雖明倫察物，亦往往冥會其通，而未嘗解析部分，明徵定保，以搆成某一部門系統的知識。此科學所由不發達也。兄疑其方法全採印度，或以此歟？然弟則以爲宋、明儒本偏於玄學一途，其玄學方法，仍承孔、孟，雖有所資於禪，要非純取之印度，故於尊論微有異議也。孔、孟於人事物理雖明察，然於近世所謂科學方法者，究少所發明。是儒學開端，已不是科學路向。宋、明諸師，仍承其緒，而衍孔、孟知天盡性之玄學。孔子言五十知天命，孟子亦言盡性知天。不過孔門重六藝，禮樂射[102]御書數，即簡單的科學。孟[103]子精研政治與社會問題，特有發明，非但爲鞭辟近裏之功而已。及宋、明儒，則一意反身默識，以充其德性之知。而於徵事析物，即所謂聞見之知，則不免視爲外馳。雖此言容稍過，至少亦有此傾向，是其視晚周儒家變本加厲者也。大抵東方哲學與西洋科學，各有範圍，各有方法，並行則不悖，相詆終陷一偏。科學以由感官所得經驗爲依據，非用客觀的方法不可。哲學所窮了者爲本體，而宇宙本體，實即吾人所以生之理。斯非反求與内證不爲功。故東方之學，終非科學所能打倒。明知此論爲時賢所不許，但不妨向吾兄一傾吐耳。

二、第二函，謂英人懷特海之哲學，與弟之《新唯識論》，頗有相通之點，囑某生撰一文，以相比較。某生於懷特海，既未知所得如何，其於《新論》，至多不過粗通文句。文句有限也，而文句所詮之意義乃無限。某生目前尚未了解《新論》，又何從比較耶？今學子習於膚淺，吾儕從事論述，唯此孤心，長懸天壤耳。若欲索解人於當世，恐爲自苦。

三、前夕尊寓暢談，孟劬先生略及今之治史志者，異執朋興，此誠無可如何。弟以爲今日考史皆者，以科學方法相標榜，不悟科學方法須有辨。自然科學可資寔測，以救主觀之偏蔽。社會科學則非能先去其主觀之偏蔽者，先字是着重的意思，非時間義。必不能選擇適當之材料，以爲證據，而將任意取材以成其僻執之論。今人疑古，其不挾偏見以取材者幾何？真考據家，亦須有治心一段工夫，特難爲今人言耳。

（二）復熊十力先生

張東蓀

復書拜悉。所論宋、明儒學與佛學之關係一段，細繹之，與弟所見，亦無大差。特弟前函太略，未將所欲言者充分説出耳。弟以爲反身思誠等，在孔、孟本人或有此種體驗，但當時並未釐爲固定之修養方法。自宋、明諸儒出，有見於禪修，乃應用印度傳統之瑜伽方法，從事於内省，由敬與静而得。遂得一種境界。此境界雖同爲明心見性，然與佛家不同。蓋佛家所得者爲實證真如，而宋、明儒家所得者爲當下合理。二者所達不同，而其爲内修則一也。以西方術語言之，則一爲玄學的，一爲倫理的；一爲求見宇宙之本體，一爲體合道德之法則。潛修以窺破本體，其結果得一寂字，一切皆空。而空亦即有，於是事理無礙，事事無礙。潛修以體合道德，道德二字似太狹，不如直呼爲做人，較妥。其結果得一樂字。宋、明儒者之詩，如有云“萬物静觀皆自得”與“時人不知予心樂”者，不可以尋常[104]句子看待也。故印度之文明，始終不離爲宗教的文明。而中國之文明，則始終不失爲倫理的文明。宗教的文明，無論其本質何似，而總不免有出世色彩。至於倫理的文明，則純粹爲入世之物。此點可謂宋、明儒者，在人類思想史上一大發明。弟將爲長文以闡明之，不知公亦贊成否？漱冥於此似已稍稍窺見，特不知與弟所領會者果相同與否耳。

（三）再答張東蓀先生

答教拜悉。弟以爲儒家與印度佛家，同爲玄學。其所不同者，一主入世，一主出世而已。真如不是一件物事，除卻當下合理，又何所謂真如？《涅槃經》乃最後了義，即於心之常樂我静[105]而説爲如，具云真如。故樂之一字，不必爲儒佛之判也。唯佛主出世，故其哲學思想，始終不離宗教。儒主入世，故其哲學思想，始終注重倫理實踐。哲學不止是求知，而是即知即行，所謂體神化不測之妙於庸言庸行之中，此儒術所爲可貴也。總之，儒佛二家之學，均廣大淵微，淺智所不能了，今人亦無肯肄習者。尊論何時脱稿？甚願得一讀也。

又當下合理一詞，若深究其涵義，便甚難言。其所以爲當下合理者，以是本體呈顯故耳。若不見體，有何當下合理可言？夫子七十從心所欲不踰矩，才是當下合理之極致。佛位亦不過如此。凡夫本有此種境地，但習染所蔽，不克發現，不自證得耳。吾兄以求見本體歸之佛，而謂儒者爲體合道德之法則，似謂當下合理，即緣體合道德法則之效果。此弟所未能印可者。須知，若不見體，則所謂道德法則便純由外鑠，而無内在的權度。此告子義外之論所以見斥於孟子也。唯見體，故斯有道德之法則可言。孟子所謂居安資深，取之左右逢源者，乃無往不是天則，無時無在而非當下合理。宋儒詩所謂“等閒識得東風面，此喻見體。萬紫千紅總是春”，可謂善於形容。到此境地，佛謂之大自在。儒者謂之樂，涅槃亦謂之樂。

儒者的然實證本體而不務論議，專在人生日用間提撕人，令其身體力行而自至於知性知天。知性知天，即證體之異語。故儒家之學，自表面觀之，似只是倫理學，而不必謂之玄學。實則儒家倫理悉根據其玄學，非真實了解儒家之宇宙觀與[106]本體論，則於儒家倫理觀念，必隔膜而難通。

儒家注重踐履，此其所長。而由此不務敷陳理論，則了其精義宏旨者，僅少數智人。而大多數人，乃無從探索，而不見其有何物。此亦儒術所以衰也。

《華嚴》四法界，歸於事事無礙。到此，與儒家無二致。會通四子六經，便見此意。

弟每欲有所論述，遇此衰世，苦無意趣。若有少數同志，隨時短簡商榷，必不無所解發。朱子詩云“舊學商量加邃密”，至有味也。

（四）再答熊十力先生

張東蓀

子真先生：

二次復書拜悉。弟意尚有未伸者，請再爲公陳之。弟以爲所謂玄學的與道德的[107]云云，甚至於本體論、宇宙論、認識論之分别，皆基於西方學術重分析之精神而出，遂有此種分别部居之事。至於東方則根本上爲渾一的。故謂宋、明儒學爲道德的一語，卻决不包含有宋、明儒學爲非玄學的之義在內。以在西方所謂道德的與玄學的二義可以互相排斥；而在東方中國。則此二義非但不相排拒，且常併爲一義，不可强分。尊函論及本體一層，弟自西洋哲學之觀點以觀，覺稍有伸論之必要。蓋弟始終以爲本體論爲西方哲學之特色。有人謂認識論爲西方所獨有，殊不知印度哲學上之認識論實甚精微。印度哲學亦講本體，但其本體即是所謂“如”，並不是一件東西。以西方術語言之，乃係以宇宙論代替本體論也。中國思想亦然。中國最古之玄學自是《易經》。《易經》只講宇宙論，而無本體論。若以不甚正確之言表之，則可謂西方確有本體論，印度只是以宇宙論當本體論講，中國又只是以人生論當本體論講。吾謂宋、明儒者修正之結果的一樂字者，其玄學的背景當然根據於《易》，此即生生不息之理。以大宇宙之生生不息，遂致小宇宙即個人。能有此心活潑潑地之一境也。因其玄學的背景不同，故佛家之修證與宋、明儒者亦不同。弟嘗謂佛家之修證在於得見，其爲見也，猶如庖丁解牛。宋、明儒者之修證在於所行，其爲行也，恰似行雲流水。因其爲見，故爲當下直指。因其爲行，故爲遍體流行。其結果，得見者只能得[108]一“澈”字；而得行者乃可得一“樂”字。此二者之别也。且弟始終覺得西方之道德觀念與宇宙見解、本體主張，可以相關聯，但仍必爲三者，不可混而爲一。中國不然，其道德觀念即其宇宙見解，其宇宙見解即其本體主張，三者實爲一事，不分先後。此種態度在西方則統名之曰 occultism 神秘主義。而鄙視之。弟則以爲中國思想之優點亦正在此，特如何以保留此種優點而仍能卓然自立於西方文明大昌之今日，則頗爲問題。誠以東方之自得之樂與西方之馭物之智如何融合並存，不得不大費苦心矣。弟極思有以解决之，而深感一人之力有限，此則非區區短箋所能盡述者也。

二十五年三月二十三日

（原載一九三六年三月《文哲月刊》第一卷第六期。又載一九三六年四月《中心評論》第九期，標題爲《與張東蓀論學書》，文字較此簡略。又見《十力語要》卷二《復張東蓀》《再答張東蓀》，文字也有一些差異。）

答滿莘畬先生書（存目）

（原載一九三六年五月十一日《中心評論》第十二期。又見《十力語要》卷二《答滿莘畬》。）

答唐君毅書（存目）

（原載一九三六年五月二十一日《中心評論》第十三期，同文又載一九三六年九月二十五日《北平晨報》第十三版《思辨》第五十四期。又見《十力語要》卷二《答君毅》。）

佛學名詞釋要序

劉生錫嘏，閻生悌徐，並有志研窮佛學，而苦名詞難解。余既久病且老矣，口講殊困，欲以時召二子筆談，因循未果。然眷懷兩生好學之意，輒愧無以副之也。今次北庠講課，本用《新論》，《新唯識論》。顧學子參稽書籍，仍以名詞爲苦。友人湯錫予方主哲系，謂逸翁曰：“盍取重要名詞，爲之略解，是不僅二三子之利也。”逸翁笑頷之。黄生艮庸常曰：“俗有《佛學大辭典》，卷帙甚巨，其所集釋之名詞，已不少矣。然讀佛書者，欲乞靈於其中，卒無甚益處。”因請就論文中，關於其思想之系統内，所有表示各種概念之名詞，彙聚而詳説之，是可爲一部佛學門徑書矣。余嘉艮庸之用意，又久置而未有以答也。迄今乃無可復置。爰本《五蘊》《百法》等論名詞，逐一解釋，又加廣焉，題曰《佛學名詞釋要》。伏暑困倦，聊以遣日，疏漏之虞，勢所難免。然初學得此，要不無補。民國二十五年孟秋，齊安逸翁，記於舊京。

編制大意

本書編制，略分二卷。卷上，依法相家體系，卷下，依唯識家體系，各舉重要名詞，一一疏釋。

釋名，只取唯識、法相何耶？佛家宗派雖多，總其大别，不外空有兩輪。諸小宗談空者紛然矣，至龍樹提婆，談空究竟，是爲大乘空宗。諸小宗談有者紛然矣，至無着、世親，談有善巧，是爲大乘有宗。大乘有宗，雖亦示盡善巧，然比較小乘，則不能不謂之善巧。如以賴耶代替小宗神我説，又破實極微而仍不妨假説極微皆較小宗爲善巧，此例不勝舉。唯識、法相者，即大乘有宗學。若嚴核之，法相是無着學，唯識是世親學。釋名，何故取此二師學耶？二師成立大有，對小乘執有者而曰大有。資於小有，小乘諸部執有者曰小有。鑒於小空，小乘諸部執空者曰小空。又對大空，龍樹談空，超過小師，始稱大乘，是謂大空。而成大有。破人法二我故，不同小有。人法二我，解見本書。遮惡取空故，即救大空末流之弊。惡取空者，謂執一切皆空，於俗諦中，不施設有，於真諦中，真理亦無，如此沉空，便謂惡取。故唯識、法相，淵源廣遠，資藉博厚。而其爲書也，又條件分明，法相典籍。統系嚴整。唯識典籍。佛家哲學方面名詞，蓋亦大備於唯識、法相諸要典。略取而釋之，則可以讀其書而通其學。大有之學既通，而諸小有、小空，爰及大空，一切經論，無不可讀。築室有基，操舟有楫。治斯學者，詎可無依？

大乘有宗學，爲佛學發展至最後階段之産物。今集釋名詞，不先小宗，而遽首大乘，是將令研究佛學者，不循次第，其故何歟？余向主張由小入大。《十力語要》卷一第四十八至五十四頁《答薛生書》，言之備矣。但今日學子，於科學哲學，若有相當素養，其思考力，曾受訓練，則逕治法、相唯識諸書，自無不可。若已見得法相唯識意思，而欲詳其淵源所自與演變之序，則溯洄釋迦本旨，迄小乘、大乘諸派，順序切實理會一番，便見端的。如治儒學者，先讀陽明或朱子書，然後上追孔、孟，中逮群儒，以次分别研究，自然有得。大抵學者用功，只從某一大派精心結撰之著作，苦心探索，由此養出自家見地。再進而尋求此派來源，與其他各種有關的思想，則不至茫然無所抉擇矣。余今昔主張，未嘗抵牾也。

坊間故有《唯識開蒙》與《相宗綱要》一類書籍，皆爲初學津梁而出。然嘗聞學者持此等書，反覆覽觀，卒無一徑可通，甚矣，其勞而無功也。緣此等書，全無意匠經營，只是粗列若干條目，而鹵莽滅裂，雜取經論疏記等陳語分綴之。夫經論本文，自有條貫，而學者猶不能通，況割裂其詞，綴爲單條，既非釋辭之編，又異成章之論。將欲始學之徒，階此而研聖言，是何異教孺子學步，而務縶其足耶？

然則佛學自昔已無門徑書歟？是事不然。如《五藴論》，則法相門徑書也。如《百法論》，具云《百法明門》。則唯識門徑書也。既有門徑，應由之而得矣。然雖綜舉衆名，根極理要，顧其名相辭義，略無訓釋，絶不可通。初學開卷，茫然面牆，其將奈何？教學以來，極感此困。頃乃就《五藴》《百法》所有名辭，一一取而釋之。又於此外，執筆隨機，略爲增廣。雖草率了事，不是著作，然學者由此，可以讀《百法》《五藴》原文，亦即由此，可以讀群經群論。

（原載一九三六年八月七日《北平晨報》第十一版《思辨》第十四期，又收入《佛家名相通釋》文辭頗有不同。）

科學真理與玄學真理（答唐君毅）

來書云："毅覺徒謂玄學與科學，領域不同，方法不同，分工而治，尚不能完全解决哲學之問題。蓋玄學之真理與科學之真理，既同爲真理，則人不能不問此種真理與彼種真理間如何流通。若玄學真理爲究極的真理，則人不能不問科學之真理如何可匯歸或依附於玄學真理。自此點而言，西洋哲學實有其獨特之價值。以西洋哲學之主要問題，實即此問題。即如康德、黑格爾、柏格森、懷特海等，均係自分析科學中之概念、假設，以指其必匯歸或依附於玄學真理者"云云。此等問題太大，殊難簡單作答。若詳言之，必須成若干册，至少亦一巨册。焉得有此氣力？無已，仍本吾意略答。

玄學、科學，皆緣吾人設定有所謂宇宙，甚麽叫做宇宙，自是一種設定。而試行窮究其中真理，即由窮究故，不得不方便善巧，姑爲玄學、科學之區别。科學尚析觀，析觀亦云解析。得宇宙之分殊，而一切如量，即名其所得爲科學之真理。於一切法，稱實而知，是名如量。玄學尚證會，得宇宙之渾全，而一切如理，即名其所得爲玄學之真理。於一切法，不取其相，冥證理體，而無虚妄分别，是名如理。實則就真理本身言，元無所謂科學的與玄學的這般名字，唯依學者窮究之方便故，則學問不限一途，而或得其全，或得其分，由此假説有科學之真理與玄學之真理，於義無妨。

來函謂："科學之真理如何可匯歸或依附於玄學真理？"余以爲就宇宙論言，善談本體者，一方面須掃相以證體。相者謂現象界。若執取現象界爲實在者，即不能見體，故非掃相不可。然另一方面，卻必須施設現象界。否則吾人所日常生活之宇宙，即經驗界，不得成立。因之，吾人知識無安足處所，即科學爲不可能。佛家説五藴皆空，五藴謂現象界。

似偏於掃相一方面。《新論》説本體之流行，即依翕闢與生滅故，翕闢生滅皆謂流行。現象界得成立，亦復依翕闢與生滅故，説現象界無實自體。易言之，便於現象界而不取其相，即於此而見爲真體之呈顯，是即掃相證體。

由成立現象界之一方面而言，科學上之真理，已有依據。由遮撥現象界之一方面而言，遮撥云云，即上所謂掃相證體。玄學上之真理即有依據。

設問：何故成立現象界，同時復遮撥現象界？答言：成即涵遮，否則成立之名不立。遮即涵成，否則遮撥之名亦不立。

談至此，君毅必猶謂科、玄兩種真理，雖各有依據，但科學上之真理如何可匯歸或依附於玄學真理，仍未解答。吾復詰汝：汝道真理是個什麼東西？他既不是呆板的東西，何須以此一種理，匯歸或依附於彼一種理？但學者探索真理，則有由科學之途，析觀宇宙，得其分殊，而竟昧其全者，似其所得之真理，猶不免支離破碎，而須要有所匯歸或依附。若爾，則賴有玄學，明示宇宙之爲渾全的，其所以爲渾全的者，乃於分殊相上不執取此分殊相。易言之，即於分殊相而見實相〔109〕。實相即實體之異名。强以喻明：如於一一長短等繩，不執取爲一一長短等繩，而直於一一長短等繩皆見爲麻。此一一長短等繩，相雖萬殊，而非有如是一一長短等繩之自性故，彼其實體皆即是麻故。故於繩見麻，即離分殊而得渾全，一味平等。前所云於分殊相而見實相者，義亦猶此。

如上所説，渾全不是離開一一分殊的而别爲空洞之一境，又不是混合這些分殊的而作成一個總體，卻是即此一一分殊的而直見其皆即實體之呈顯。易言之，即於宇宙萬象，而不計著爲物界，但冥證一極如如，一者，言其無待。極者，言其爲理之極至。如如者，常如其性故。蓋於分殊而識其本體，當下即是真常。其微妙如此。

總之，體則法爾渾全，用則繁然分殊。科學上所得之真理，未始非大用之燦然者也，即未始非本體之藏也。用者體之用，故《易》曰“藏諸用”。藏字義深，如本體是頑空的而没有用，即現象界不能成立，科學亦不可能，焉有所謂科學之真理？唯體必有用，所以科學有可能，而其所得之真理，亦可説是依實體顯現故有。所以從本體方面説，此理亦是他所内涵的，故謂之藏。如此，則玄學上究明體用，而科學上之真理已得所滙歸或依附。余自視《新論》爲一大事者，以此而已。君毅猶有疑焉，何也？

西洋哲學家，何曾識得體用？其談本體，只是猜卜臆度，非明睿所照，故往往墮於戲論。

以上，略明吾所主張。以下，就來函疏誤處，稍事解析。

來函云："玄學之真理與科學之真理，既同爲真理，則人不能不問此種真理與彼種真理間如何流通。"此段話，於科、玄真理直下斷定之詞，未有説明，似覺不妥。吾於此將提出二問：一、玄學之真理，果以誰家所見爲真理乎？二、科學上之真理，果於玄學真理同爲真理乎？舉此二問，仍自作答如下，聊以奉質。

答一問曰：玄學上之真理，果以誰家所見爲真理？此自有哲學以來，截至現在，常爲不得解決之問題。即由現在以趨未來，其永遠不得解决，當一如今昔之狀態，可知也。然則玄學上之真理，果皆無據而不成爲真理乎？非也。玄學家者，其根器利鈍，與熏修疏密，彼此相較，不止千差萬别也。而玄學之對象，又甚深微妙，非如日常經驗界的事物，可以質測也。故古今恒不乏少數之玄學家，得到真理。而大多數不堪了達真理之學者，反與之爲敵，而不肯信。非獨不信而已，又自以其迷謬之知見，而爲真理，於是朱紫淆而莫辨，雅鄭亂而失鑑。此玄學上之真理，所以難有一致印許者也。此事如欲詳談，便如一部二十五史，從何處説起。吾亦唯有本吾個人見地，而略言之。

吾確信玄學上之真理，决不是知識的，即不是憑理智可以相應的。然雖如此，玄學决不可反對理智，而必由理智的走到超理智的境地。吾常求此而僅得之佛家。佛家對於世間所謂宇宙萬象，確曾作過很精密的解析工夫，决不是糊塗地漫然否認現前的世界。所以，在稍聞佛法的人，都承認佛家是憑理智來解决他對於宇宙人生諸大問題，不僅靠情感上的信仰作安慰。一般人對佛家這種的看法，似乎没有錯，然或者只看到如此而止，則不同小小錯誤，卻是根本不了解佛家。須知佛家唯一的歸趣在證會。而其所以臻於證會之境地，在行的方面，有極嚴密的層級；如十信等等，乃至十地，許多專門名詞，今略而不談。在知的方面，則任理智而精解析。至其解析之術，精之又精，則將一向情識計著，不期而自然掃蕩。於是不見有少法可取。猶云無有些少實物可得。友人張東蓀先生嘗言，今日新物理學的趨勢，反不承認有物。吾謂此無足奇，科學上解析之術愈精故耳。然佛家若只是解析，則可以有科學之貢獻，佛家誠然富有極精深的科學思想。或不必成功玄學。就令本解析之術，建設一種玄學，亦不過分析概念，構成許多理論，以建立某種本體。某種者，如心或物，及一元與多元等。雖復持之有故，言之成理，然其所成立的真理，畢竟是其腦筋中構畫的一副圖案，猶如一架機械，此與實際的真理，決定不能相應。相應義深，能證入所證，冥合爲一，方得名相應。佛家所呵爲戲論者，正謂此輩。故在佛家，雖精解析，但以之爲掃相之一種方便，掃相説見上文。將情識中所計著的實在的宇宙，一經解析，如剥芭蕉，一層一層的剥去，便不見有實物了。他不獨對物界來解析，就是對内心的觀察，亦用精嚴的解析術。所以他在心理學上，很早就打破了神我或靈魂的觀念。他更精於解析概念或觀念，發現他是些虚妄分别或意計構畫的東西。意計者，意識周遍計度，曰意計。所以剥落這般僻執的知見。總之，佛家利用解析來破分别法執，佛家説執有二種，一俱生，二分别。凡日常思想見聞與學問上的思想及理解並主張等等，一切不依正智而生，只從妄識籌度，而自堅執不捨者，總名分别法執。舊亦言我執，而此不及者，據實我執亦法執攝，故但言法執可也。然分别執，尚粗，可以解析作相當對治。俱生執，便深細難斷，恃解析而無修養，則不能斷執。每有學問家，終不透悟真理者，無養故也。隨順入法空觀，法執不空，無由見體，佛家觀之一字，其意義幽奥難言，到了修法空觀的時候，便超過了解析的工夫，這時理智作用便開始轉化成正智，但未純耳。觀法亦可叫思維法，《解深密經》所謂“如理作意，無倒思唯”是也。此不是常途所謂思唯或思想，不可誤會。又叫思現觀，其功候淺深，極難言。爲趣入證會境地之一種開導。但知行須合一並進，如果只務解析，而缺乏修行或涵養，決定無從達到證會的境地。所以證會是很不容易談的。後來宗門喜言頓悟，不獨大小乘空有二派罕言之，即就《阿含》考察釋迦氏的思想，便可見他注重解析與修養的工夫，哪可輕言頓悟？如果要説頓，除一頓以前，經過許多漸悟。譬如春雷，轟然一聲，陽氣之積以漸故也。佛家確是由理智的而走到一個超理智的境地，即所謂證會。到了證會時，便是理智或理性轉成正智，離一切虛妄分別相，直接與實體冥爲一如，所謂〔110〕正智緣如。此時即智即如，非有能所，後來唯識師説正智以真如爲相分，便非了義。通内外物我動静古今渾然爲一，湛寂圓明。這個才是真理顯現，才是得大菩提。佛家學問，除其出世主義爲吾人所不必贊同外，而其在玄學上本其證會的真實見地而説法，因破盡一切迷執，確給予人類以無限光明，無論如何，不容否認。

其次，儒家底孔子，尤爲吾所歸心。孔子固不排斥理智與知識，而亦不尚解析，此其異於印度佛家之點。然歸趣證會，則大概與佛家同。孔子自謂“默而識之”。默即止，而識即觀也。止〔111〕觀的工夫到極深時，便是證會境地。《論語》記子曰：“天何言哉？四時行焉，百物生焉。天何言哉？”非證見實相，何能説得如此微妙？實相，即實體異名，亦即真理之異名。

孔、佛同一證體，然亦有不似處。佛氏專以寂静言體，至於四時行、百物生的意義，彼似不作此理會，緣他出世主義，所以不免差失。本體是寂静的，孔子若不親證到此，便不會有“天何言哉”之嘆。唯其湛寂，無爲無作，故以無言形容之。然大用流行，德健化神，四時行而百物生，以此見天理之不容逆，夫子其至矣乎！然孔子下手工夫，與佛家又各有不同，當别爲論。

《新論》發明實相，見前。融會華、梵，於諸玄言，實爲南指，所冀仁賢，降心加察。

答二問云：科學真理果與玄學真理同爲真理與否？此在主張科學萬能者與哲學上之唯物論者，必絶對的肯定科學上之真理，而唾棄玄學或哲學不值一錢，以爲玄學上之真理只是幻想。今欲審核科玄兩造之真理，必先將兩造所謂真理一詞，其涵義各爲何等，加以刊定。然後科學真理與玄學真理爲同與否，不辨自明。

真理一詞，在玄學上，大概有如下之意義。一是遍爲萬法實體。故云宇宙本體。二是其爲物也，真理非物也，而此云物者，不得已而强爲指目之解，如《老子》云“道之爲物”。法爾本然，法爾，佛書中名詞，猶言自然，而不譯自然者，意義深故。本謂本來[112]，然謂如此，本來如此，曰本然，不能更問理由。不由想立，哲學家多任思想構畫，以安立本體，不悟此理周遍圓滿，默而存之，炤然現前，豈假想立？一涉乎想，便構成一件物事，所謂捏目生華，早自絶於真理矣。不依詮顯，此理不可以言詮顯，言者所以表物故。又《易》曰：“默而成之，不言而信。”三是唯證相應。智與體冥，無有内外物我等等對待之相，離分别故，離戲論故。具此三義，方名玄學上之真理。《易》曰“易簡而天下之理得”，即謂此也。

真理一詞，在科學上意義如何，姑且略説如下：一、必設定有客觀的存在之事物，即所謂日常實際生活的宇宙或經驗界，此理科學上之真理。方有安足處所。程子説“在物爲理”，此理誠是在物的，不是由心所造的。易言之，即是純客觀的。二、此理之發見，必依據感官經驗，得有證據。雖各科學上許多真理之發明，常由玄想，然玄想與空想及幻想等不同，必其經驗甚多，而神智開豁，不拘一隅，縱心於虚，妙窺幽奥。及其發見之後，又可於經驗界得其左證。三、如上所説，則此理之獲得，必由純客觀的方法，又能爲一般人所公認。四、此理之自身，在其所以存在之條件下必有不變性。除非其條件因或種變故而更革或消失，則此理亦隨之消失，如現時各科學上之許多真理，雖依經驗界的事實爲據，但這些經驗的事實，以何爲標準，而測定其相互關係與法則，此在吾人總不外以其所在之地球爲標準。設一旦地球粉碎或失其常軌，則不獨地質學與生物學等等之真理，頓時喪失其真的性質與價值，即天文學上之真理亦起變革，即理化等等科學上之真理，將無一不隨地球粉碎而與之俱碎。如今日所測定電子之性質與振動速度，及其相互關係等等，在今日視之爲真理，然或一旦值地球運行失軌時，則今日所測定電子之速度等等，或不能不起變異。如地球完全粉碎，則其時電子之爲有爲無，猶屬難言。即令其時宇宙不能停止動力，而其動力仍將有形成電子之趨勢，此或可以吾《新論》所謂動點者名之，然此動點之性質等等，必不與今日科學所測定於電子者相同，而今日所有關於電子之種種真理，爾時必都不存在。然如其條件不曾有更革或消失，則此理仍自有不變性。如設想將來世界，太陽系統之關係一如今日，則太陽從東方出之真理，一定如今日而不變。此爲真理自身存在所不可缺之一義。如其無此，則一切事物都是不可捉摸的，更有何真理可言？五、此理雖有不變性，而非絶對無變易性。非絶對故，即是分殊的，因此理托足於經驗界，而經驗界的事物，都是對待的現像，都是無量無邊各種互相關聯的事情。此理非他，就是存在於無量無邊各種互相關聯的事情中之法則或規律。就理對事情説，便是理存在於事情之中。就事情對理説，便是事情具有此理。須知理不是空洞的形式，事情不是雜亂無章。事情與理，實際上是分不開的，但言詞上又不能不别説。然復當知，事情與關聯兩詞，只是言語上不能不分，實則關聯非别爲空架子，事情不是有如獨立之一支柱。除了事情，固找不着關聯，除了關聯，也尋不着事情，只好説事情就是互相關聯的。這樣看來，事情自然不是絶對的無變易性，事情既是無量無邊各種互相關聯的東西，所以存在於其中之理，是千條萬緒而分殊的了。六、此理雖説是在物的，是純客觀的，實亦離不開主觀的色彩。此話要説卻太繁，姑就淺近處舉例。如凡物皆下墜，科學上也同常識一樣，承認這是一種公則，然上下等觀念，卻是心理上的，不必在物界。如謂物界自有上下這種分位，引起心理上的觀念，但此分位之云，不過表示彼物此物之間有其相間的分際，決没有上和下的意義。據實言之，上下的意義，卻是吾人心理上的分别，經約定俗成，而視爲固然的。假設地球上有一種動物，以吾人所謂下者，而反謂之上，則分位之義仍成，特上下倒置耳。名稱一换，則意義隨之而變。如以下爲上，則當以物之下墜爲上升，不過彼若改下墜爲上升，則地面自屬居上，而以之證明地心吸力，仍無妨。但上則爲升，下則爲墜，意義確是不同，此終屬心理的。不過科學總是力求避免主觀的偏蔽與妄臆等等，而完全注重純粹客觀的探討。此其真理所以能成立的要件。舉此六義，而科學上所謂真理一詞，其意義已可瞭然。

科玄兩造所謂真理，既分别刊定如上，玄學上真理一詞，乃爲實體之代語，科學上真理一詞，即謂事物間的法則。前者玄學真理。爲絶對的真實，後者科學真理。之真實性，只限於經驗界，此其不同可知。

又科學上之真理，上來略以六義刊定。然第一義中，設定有客觀的存在之事物，即所謂經驗界，以爲其真理之安足處所，此即其根本義，自餘諸義，皆依此得成。據此而談，科學真理得所托足，實賴玄學給以穩固的基地。玄學以窮究實體爲其本務。須知一言體，便攝用，無用，即是頑空，體義不成故。一言用，便攝體，無體，即是頑空，作用義不成故。所以有體必有用，大用流行，幻現衆相，幻義是活義，詳見《新論·轉變章》。科學便把住流行的幻相，而設定爲客觀的存在之事物，即經驗界，科學真理才有安足處所。從另一方面説，即是吾人的知識，有了安足處所。假使没有玄學真理，則誠有如來函所慮，科學真理將無所匯歸或依附。《新論》發明體用，可謂誠諦，而學者多不了。《破破論》與《十力語要》，須參看。

科學真理雖依玄學真理爲基地，然不得與玄學真理同爲真理。他的本身，是站[113]在一種設定之上的。或問：大用流行，有物有則，科學依此建立，如何説科學真理不得與玄學真理同其真實？答曰：從一方面言，宇宙萬象，"至賾不可亞"，亞義，見前函。繁然萬象，不可爲之次第，正以其互相關聯，而又向前擴張不已，所以説不可次第也。"至動不可亂"，繁然萬象，實非静物，故次言至動，雖不可爲之次第，而非無法則。佛家言增上緣法，所謂由此有故彼有，而互相關聯與擴張不已之中，自有則而不可亂焉，則又未常不强爲之次第也。《繫傳》此二語，其義相互發明，廣博浩汗。於此見大用流行，即於此知科學上之真理，皆玄學真理的内涵。所謂一爲無量、一謂玄學真理，無量謂科學真理，下準知。無量爲一是也。但從另一方面言，科學把住流行的幻相[114]，當做静止的物事去探尋，就因爲吾人在日常實際生活方面，一向享用實物的觀念，不期然而然的要如此。雖説科學不斷的進步，對于物理世界的觀念，並不是如常識一般看作很固定的物事，然而無論如何，科學總要設定外界的獨立存在，外界，亦云物理世界，亦云自然界，亦云日常生活的宇宙經驗界。始終脱不開看静物的方法。所以在科學上，無法體會流行的真際。就令談變動，總要做一件物理的現像來解釋。而流行的真際，除非證體時，才可得到。馬一浮先生《新論序》曰："窮變化之道者，其唯盡性之功乎。"此意千載幾人會得。我常説，科學上安立了物，而玄學上雖一方面隨順科學，予他安立物界的基地，但其根本態度和方法，卻要把一切物層層剥落，乃至剥落浄盡，才識得科學真理的基地之真相。談至此，科學之真理不得與玄學真理同爲真理，當可豁如。

玄學所以要歸諸證會，這個道理，儒家儘管去做工夫，而不肯説。佛家卻費盡千言萬語，種種破執，無非欲引人入證會之路。

佛家所謂執者何？就是一個計著有物的觀念。《十力語要》卷一有一書，談佛書中法字義，值得深玩。

科學不應反對玄學，哲學家更不宜置本體而不究，除去本體論，亦無哲學立足地。《新論》刊行之一部分，只是談體，但此書孤行，讀者總多隔閡，誠如來函，須完成《量論》爲佳。然衰世百艱，又且忽焉老至，精力實不堪用，此誠無可如何。

科學家或有輕視玄學，與哲學家或菲薄本體論者，此無他故，大抵人情封於成見則難與窮神，滯於有取則無緣證真。玄學上之真理，體萬物而非物，故不可以物相求；體萬物者，謂此真理，遍爲萬物實體。肇群有而不有，故莫得以有形遇。有形者域於形。真理雖爲群有所肇始，而真理不即是有。若執有之形貌以擬真理，則乖違已甚矣。雖復曰希曰夷，未脱視聽，《老》云："視之不見名曰希，聽之不聞名曰夷。"實則不可見聞之理，初未常遺脱見聞之物而獨存，故體玄者一聞一見，莫非希夷之存，豈常拘於聞見、取物而遺理哉？無聲無臭，不離日用。準上可知。而有礙之心，終不達夫神旨，下士之智，恒自絶於天德。天德用爲真理之形容詞。按《中庸》云："苟不固聰明聖知達天德者，其孰能知之？"此玄學所以難言也。

寫至此，吾已倦極，即當截止。唯有所附及者，前答張東蓀先生談宋、明儒書，彼最後有一答函，佈在《哲刊》，吾未作復。東蓀先生常考慮中國學術思想，如何能得今後治西洋學術者之了解，而使中西有融通或並存之益。此誠極大問題。吾雖有些意思，但研討欠精，不堪發表。東蓀先生最後答吾函，以本體論爲西方哲學之特色。吾謂西洋學者，探索本體之精神固可佩，但其本體論大概是戲論。又云：《易經》只講宇宙論，而無本體論。此説殊不然。本體不可直揭，故就用上形容。若會《易》旨，即其中辭義，無非顯體。"易有太極"與"一陰一陽之謂道"云云，《繫傳》固已分明指出。然玄奘法師亦謂《易》不談體，不獨東蓀先生有此説。至謂佛家之修證在於得見，儒者之修證在於所行。揣其意，言見自不遮行，彼决不謂佛家是空洞的見解故；言行亦不遮見，彼决不謂儒者是冥行故。要之儒佛異同，暫可不問，自家尋着落，卻是要緊。

總望吾賢虚懷大受，不獨私衷之幸，而此學此理，將有所寄。吾鄉老儒畢斗山先生云：中國學人二大劣性，不肯服善，不肯細心。是可爲戒。前日與東蓀先生話及吾子，渠云甚注意。此間向有牟宗三、王維誠能深思而勤力，吾所屬望。燕大有朱進之，亦冀其有立。韓鏡清、王森，均有相當了解。吾在此，可與講者甚希，人才乏絶，不能無憂也。

附識：此書經《北平晨報·思辨》發表後，曾就質於東蓀先生。關於西洋哲學本體論之評判，東蓀先生之意，與余正同。彼前書提及其本體論，非所以崇之，適所以諷之耳。是日談話甚多，唯頃因意緒不暢，未及回憶而條理之，他日或當續論。

又孟劬先生前有一信給余，謂今後治佛學或哲學者，當吸收衆家，不宜拘礙，其義閎通。容緩當作答，此時殊無意緒也。

（原載一九三六年八月十日《文哲月刊》第一卷第七期。又見《十力語要》卷二之第二封《答唐君毅》。二者文辭有差異。）

黄岡王芳渡妻熊氏墓志

黄岡王芳渡妻者，名言珍，同里熊持中長女也。十力於持中爲族兄弟，少相友愛，視猶同産。自清末迄民國初建，政柄屢易，士之才儁者競趨於革命，奔走犯難，所在多有。持中與十力亦預焉。十力三十後始脱黨籍，專力於學。而持中雖飢寒困辱，不易其志，及黨人秉政，乃絶意進取，人以爲難能。言珍性行蓋秉之其父，幼而慧敏，長而貞静，誦書能解，聞義則悦。每謂女子所以遘閔受侮，皆冶容自招，故於麗服珍御，屏之唯恐不遠，可以覘其識矣。少以父母之命，字於同里王芳渡。芳渡謹厚少文，及嫁，事之惟謹。生一男，曰名村，僅七月，而芳渡以肺疾歿。言珍慟不欲生，既而嘆曰："吾父母舅姑俱存，而遺孤猶在襁褓，俯仰有責，一〔115〕死非義也。"於是力養以代子職，慈育以兼父道，困悴憂迫，極人生之至苦，終以全其志行，而損其天年。傷哉！民國二十五年七月，聞同産弟世湯之喪，還家哭之，入門，一慟遽絶，年僅三十有三。

族叔父十力聞之，曰：今世狂愚之人咸欲去禮，以爲失節事小，餓死事大。士大夫苟爲求生，無所不至。其風被於婦人女子，從欲而動，朝相悦而夕相捐，夫棄其婦、婦倍其夫者，衆矣！視父母舅姑，猶路人也，豈其性實然哉？亦陷溺其心者有以使之耳。吾家累世秉禮，遺澤甚長。賢哉！吾族兄持中，有女如此，亦可以振厲隤俗，愧當世之士矣。夫天之所以高，地之所以厚，人之所以生，物之所以成，皆此一念不容已之心爲之耳。唯是心之不存，乃議去禮而賤節，人道之熄，可立而待也。言珍雖匹婦，而能甘節守禮，無忝其所生，固其天性之發，亦於是見人倫之正，不可得而亡也。吾與族兄又何悲哉！

民國二十五年某月某日，葬黄岡東弦鄉籟子山。於其將葬，遂書此志之，以告後之人。

熊十力撰。

（原文載一九三七年四月十八日《中央日報》第三張第三版。）

書信一通·與友人書（存目）

（此文原載《再生半月刊》一九三七年四月第四卷第三期。又見《十力語要》卷二

《與友人》，文辭略有差異。）

書信一通・答劉樹鵬（存目）

（此文原載《再生半月刊》一九三七年五月第四卷第五期。又見《十力語要》卷二《答劉樹鵬》，文字基本相同。））

書信一通・與湯錫予（存目）

（此文原載《再生半月刊》一九三七年七月第四卷第八期。又見《十力語要》卷二《與湯錫予》，文辭略有差異。）

與鄒平來平參觀諸生

今日諸君枉過，富眉生、懷錦章、康健民、石立年諸先生，並請予對諸君有所誥語。適予胃氣發，不能暢所欲言。予平生不喜空泛之理論，所欲説者，只是老實話。予恐諸君當時有未聽得清楚者，茲復略寫如後。

吾平生所耳聞目覩及觀之書册，凡古今人無論作何等事業，苟其有所成者，必其有真實志願，貫注乎其所作之事業，持以終身，患難不捨，險阻不避，死生不變。此等志願，既經持定，絶不旁鶩他途。如諸君抱定救國保種之志願，而又認定村治事業爲達到此志願之唯一事業。易言之，即以救國保種之志願，貫注乎村治事業之中，奉持終身，縱歷患難、險阻、死生，而皆不變、不避、不捨，任宇宙〔116〕間更有若何重大事業，而吾之志願，始終貫注乎村治事業，絶不旁鶩，絶不分散吾之心力。誠能如是，則諸君之村治事業，斷未有不成功者也。若諸君無真實志願，但漫然應考，而集於鄒平村治之旗幟下。其團體存在，諸君得在其間一日，即盡一日之力。設一旦村治事業有阻礙時，諸君亦各如煙消雲散。苟其如此，則中國村治事業，決定無希望。而梁先生苦心弘願之所倡導，將亦付之東流。作村治事業者如此，作其他事業者亦必如此。以如是虛誑無力之民族，欲圖存於今之世，其可得乎？

諸君果有真實志願，貫注乎村治之中，不灰心，不餒氣，唯盡其力之所能及。力能領導一村，則爲一村之領導。力能領導一鄉，則爲一鄉之領導。力能領導一縣，則爲一縣之領導。凡以實心作實事，而足使社會興起奮發者，皆社會上之領導人物，

諸君不可不自勉。諸君勿曰作事無憑藉也，人生只有憑藉自力，未有他力可爲憑藉。如諸君現在鄒平研究院中，時時留心各地方風俗習慣，若者爲好，即謀所以發皇光大，若者爲壞，即謀革除而改造之。又時時留心生産與教育等之改良，關於改造鄉村所必需之知識技能，諸君宜搜求此等書籍，時時講求服習，並常與鄉下人共同講習，而以漸見諸實行，此非不可能之事也。向者吾國婦女纏足之風，行之千百年，自前清末葉，士人各以纏足之害鼓吹於其鄉，並各令自家婦女首先放足，以爲模範，今則全國婦女皆無纏足者。以此類推，如教育上之改良，農業上之改良，保衛上之組織，只要知識分子在鄉村熱心提倡，無有不能辦到者。人只恐無真心，有真心矣，其事業定有成就。諸君須知，人生而靈〔117〕長於萬物，不當與鳥獸草木同腐，必自盡其心，有所供獻於社會。否則自負其生，全無意義。諸君青年向上，望好自激發志願，終身拿定村治事業，一心一意，切實作去。諸君之光榮，永遠與國同休。

吾更有言者，諸君宜常時思念國家民族之危機，將天下是非所在，與公利公害所在，認識清楚，辨别清楚，不可做糊塗的國民。糊塗的國民，只配作外人牛馬，供外人魚肉耳。此吾所每念之而痛心也。然諸君識别天下是非與利害，又存不得一念憤嫉，須能平心静氣，返求諸己，常時自問：吾見舉世人都不是，吾又有何是處耶？吾痛舉世人欺誑、貪污、殘酷，吾又忠信、清廉、仁厚否耶？吾果有真實心腸，作社會事業，而不辭勞瘁、不畏譏誚否耶？吾作事能死生以之，不中道而止

否耶？人只要常時自問、自省，求所以自强不息，便可成爲撑天立地人物。願諸君勉之！

又青年看透世事敗壞，切不可存破壞心理，切不可入何種黨派。自清末迄今，五六十年來種種教訓，青年應有以自覺。每破壞一度，國命民生必摧傷加甚。政黨之條件，吾國尚未能具備，梁先生書中當已言之，吾不必贅。吾唯望青年切實自覺，各各自問，各各自反，各各拿出良心，存誠去僞，充實自家力量，方可改造社會。否則大亂無已，必有滅亡之禍。中國農村完全破産，長此下去，如何可以立國保種？必須青年真實覺悟，箇箇死心踏地，在鄉村切實努力，不計成功大小，做一分，算一分，久之必有效果。若謂此是迂腐話，試問捨此有何良法？

（原載一九三七年七月十二日《鄉村運動周刊》第十五期。）

答唐君毅書

世事至此，寇不足患，所患在學風士習。夫吾國[118]人口衆多，地大物博，而爲區區三島倭奴所侵逼，此何以故？又自清末以來，由維新變法，而迄於共産主義之輸入，凡西洋新知識，新思想，新制度，殆無一不經試驗，而其效果至於此，乃知孟子所謂徒法不能以自行。而凡百問題，終不能不歸結於人與不人的一問題。人而不成爲人，貪淫、放縱、卑污、騙詐、自私自利，知有一己肉體的縱欲，而不知有其他，是謂不人。如此，復有何事可説？謂吾民族卑下歟？然清咸同間諸公，猶不愧爲正大人物，奚爲至今而墜墮乃爾？必求其故，則不謂由士習學風之壞不得矣。每見談抗戰教育的文章，滿紙空浮標語，千篇一律，可爲傷痛。事勢至今，猶不自反，不悟病根所在，哀哉！吾即欲言之，又誰聽者？

（此文載一九三八年四月十五日《重光月刊》第四、五期合刊。）

答鄧子琴問舊學四科（存目）

（原載一九三八年四月十五日《重光月刊》第四、五期合刊。又見《十力語要》卷二之《答鄧子琴》，文字基本相同。）

熊十力先生談話記

陳君亞三因以其友人信轉奉熊先生一閱，先生便作長談，吾因援筆記之。倉卒間未能寫出先生意思，然大致不失。本無希奇語，卻切中時弊。

冰若記

艮庸信謂上梁先生信。閱悉。梁先生年來與吾雖未多談，然年年在平必面，面事，偶有一二語流露，似總覺世事可爲，總屬樂觀。吾則自民十五以後，總是悲觀。吾之悲觀，自問對客觀較清楚。梁先生樂觀，其前此過信其主張，而忽略客觀情實。今此消極，大概因事勢太險，令其於客觀更加注意。此不足爲憂。吾於民族前途，感覺此次確是存亡關頭，抗得住，向下不必遂能强，然尚可延延續續下去。但欲其轉壞而爲好，轉弱而爲强，吾恐至少須看百年左右，必在世界文化轉向之後。

若在如今情形之下，列强侵略手腕太凶，國人自己又全不自反，純是假外來思想以縱一己獸慾，知識一天一天趨於浮淺混亂。即有於科學較用功者，而標榜與自矜等等惡習太深，以其專入窄門之見，輕鄙一切，如鄙棄固有學術與哲學等。根本不上宏識或通識之路。總是標榜科學萬能，實則他只於此萬能招牌之下守一窄門，而所托的招牌則大，妄以自矜。以此成風氣，人人都不求通識。至於大多數之不習科學而標榜科學以爲名高者，唯浮淺混亂之是務。吾深感今日之人，無法與之談理道、論事情。舉世到此田地，謬種流傳，後生更江河日下，此股氣勢何能猝挽？期之百年，猶是吾人願望太奢耳。以上就抗得住而言。

若是抗不住時，倭夷來奴吾之人，括吾之膏血，以其軍事、經濟、文化各方面種種方法，統制與殘害吾之種類，雖不能滅盡其孑遺，當亦不復成爲人類，前途真不堪設想。雖倭夷決定不能支持世界大戰，他的自亡亦不遠，然吾華恐與之同盡矣。吾所常念者，唯覺人類如欲不自毀，必當以吾先哲學術救濟之。其所以利用安身，一出於反求其天性之本然，自得自適，而不至流於逐物，卻未嘗遺物，故不至興侵略，以至人己俱毀。簡言之，不過如此，而其理則廣大包天地，實難以言宣。古今無數哲人所孜孜講求者，無非此理而已。若先哲相傳心事，竟與民族俱泯，此誠痛心。吾所怖[119]念在此。今果抗得住否？吾覺猶少把握。然所可冀者有二。一曰賴有出自田間而未多受學校薰染之純潔敦厚勇士，向前拼命。二曰倭夷軍人不顧其國民之死與活，而一味兇殘求逞，其民不堪命，欲侵我而終不能。以彼機械化的部隊而言，應早有以制我之全國。然而猶不能者，其主戰分子皆獸類之狂逞者也，其大多數被迫而從戎者鬥志不固，非同從前日俄之役，其全民有亡國之懼也。故知機械雖要，而人心其本也。吾以上二端而觀，猶覺抗戰不至失望。然雖抗得住，吾猶不敢樂觀，何也？則從士習學風與政治等等根本問題上着眼，絶無樂觀可言也。然雖無樂觀，吾人卻可安心講學，俟諸百年以後。夫以中國文化之高深，人民之衆多，地域物産之廣博，使其能自悟自立，則一反掌間爲全地主人可也。吾謂其抗得住，猶不必遽可樂觀者，則以吾國人莫由自悟自立故也，謬種流傳不可猝挽故也。吾對於國家民族之前途，觀測如是。

或曰：抗戰勝利，國人一切心力物力，都向上發展，何難一躍而强，何可自菲太過？應知當今世界文化之趨向，純是唯物思想，純是尚暴力、講侵略，縱經第二次世界大戰，吾恐此等趨向猶不可挽。在此等趨向之下，吾國如果能修明政治，才可望科學有精到的研究，工業、軍備種種發達，追得上西洋的列强。然此必政治修明，經過相當期間的培養，始有可望。但欲政治修明，又非社會上能産出中心的思想不可。而中心思想，如欲純向外方移植過來，吾終覺其無好結果。自清末迄今，着着向外襲取，而其收效果何如？科學的提倡，没有做實事求是的工夫，卻把固有的清廉、勤儉、公誠、貞信等等無量美德，都淪喪以盡，而貪污、淫亂、佚樂、欺誑、飾僞、卑下、殘忍、猜忌、自私自利、虚驕無量無邊惡德，皆假西洋文明之名以行之。此等惡習，不知所底。抗戰得利以後，恐更虚驕益甚，無量惡習有加無已，青年思想日益浮亂紛歧，絶找不着深根固蒂之道，如何產得出中心思想來？王船山先生《正蒙註》有云："治氣恒於治，亂氣恒於亂。成周之刑措百年，衰晉之五胡雲擾，善惡之積，皆有由來。"此等話，極老實，極平易，而確有至理。今日世界的亂氣不可驟挽，中國的亂氣更不可驟挽。故抗戰勝利以後，吾猶未敢遽作樂觀。然而抗戰勝利，吾國畢竟有生機，吾國有生機，也就是世界全人類的生機。吾深信將來救全人類，還是要發揚吾中國固有的文化。此意决非可以簡單言之，不過談到此，便知我只是暫時的悲觀，我畢竟是個樂觀者。

艮庸信中所諫梁先生處，似有"有用無用等功利觀念"一語，不全中梁先生之失，艮庸説來，又成一病。忽視根本之學，而偏求有用，吾未見其果可用也。若曰只爲求誠之學而已，有用無用可不問也，則吾期期以爲不可。爲學必本末兼修，有體無用，無有是處。又有"是非是比較的"一語，此中吾有好多意思，卻難説。若純把是非看作是比較的，則有隨波逐流之懼，縱强力支持的好，也非正本清源之道，不過於枝節處撑扎。凡一時代握天樞、争造化的人，必定見到個根本真是處，依此行將去。其酬酢於萬事萬變之餘，有時應變以達其常，行權以通其經。别人從其權變的一段痕跡上看，好似他此時所行非真是也，特比較得失之間，猶成就他一個是，此未爲知者之言也。實須從他根本上，通其始始終終合看去，他是有個絶對的真是處，有時曲折以達到這真是處，所謂權變。他豈没有真是處，用以權衡萬事耶？凡人爲學，必求到一個真是處，方可以制萬事而不失其宜。此所謂真是，是離比較的。一切比較，是以此真是爲尺度的。孔子所謂"百世可知"者，朱子以綱常倫紀爲訓，似未善。綱常倫紀，猶是依事而立之則耳，事既變而則亦易，如君臣一綱已更了，餘綱紀等今亦多所修改。須知通古今自有一個真是的理，莊子所謂“參萬歲而一成純”。萬歲至變矣，損益當無窮矣，而有所謂一成純萬歲，一也，成也，純也，此吾所謂真是也，此不隨地隨時而或變者也。此須具一副活潑潑地心胸，方落實見得此理。中土聖哲爲學致力處，根本在此。得此，則立己而行藏不失其正，死生無動於中，行世而百爲皆得其宜，萬變不爽其則。若没有見到真是處，則以是非爲比較的，必不能離開利害得失而爲比較，其不爲義之賊者幾何？孟子不肯枉尺直尋，不肯捨仁義而言利，不肯捨王道而尚霸功[120]，只是抱定他真是處。這個真是處，雖世歷萬變到於今，乃至不可知之未來，卻總是真是的。艮庸於窮理功夫，極望努力。吾所言者，艮庸未必體究到此也。又誠之一字，此何易言？求誠固在涵養，涵養必以察識爲用。察識功夫不深不密，則欲勿自欺也難，而漫曰誠焉，可乎？

又綜觀今日言論，包括一切著書與雜誌，及日報評論等等。略説有兩種死症。（一）是絶没有涉想及於立人立國的大本大原的道理，（二）凡遇一切問題，絶不實事求是，即不依據事實作切實辦法的研究，總是滿口滿紙“科學的如何如何”這一類的標語。談到抗戰教育方案，憶去年沈鈞儒等在漢發表的方案，無半字不是標語，不知怎生叫作方案。談發動民衆、組織民衆，也都是標語。其實曾、胡當年練鄉團，對於地方財用，及抽派與訓練壯丁等等，到是有切實辦法，故能成功。今則不唯少人去實行，卻在文字上，也只是標語，不曾議及辦法。談生産，也是“科學的如何如何”，無數標語。究竟考察各地實在情形，而應用科學的技術以開發生産，有切實辦法者，似未見過此等議論，所見只是標語。科學誠要緊，而此輩空喊科學而無頭腦的人，科學有知，應當心痛。昔人論宋之亡也，議論多而成功少，今則只是標語，且不曾有議論。多年以來，言論界便是如此現象。我覺得辦大學，派遊學，都可痛惜。

又吾國人有一種不可救之死症，每好於口頭筆頭提倡一種新的風氣，而絶不去實行，行來亦無力量。龔自珍詩所謂“但開風氣不爲師”。自珍如是，六朝以後的名士多如是，今之人更加厲焉。提倡科學者始終是造空氣，而絶没有實下功夫可爲師法的人。雖近年來高唱之徒，多自矜有成績，吾雖老朽，然料若輩所爲，不過蒐集材料與分類等等方面有些進步而已，此外略有小小發明，要説不上大的創見。然猶幸賴有此極少數勤學之士，否則中國科學界完全不成話説。

孔子曰："臨事而懼，好謀而成。"老子曰：兩軍相對，哀者勝矣。此皆千古不磨之論。吾國今當生死存亡關頭，國人似尚不改變其虚浮的心習，昏然未曾感覺痛癢，此甚可憂。

（原載一九三八年六月十五日《重光》第六期，記録者冰若，未審何人。）

鳩摩羅什贈慧遠偈略釋

"既已捨染樂，心得善攝不。"

染樂謂貪欲等。攝謂心不外馳。不讀否，發問詞，下準知。言既已捨離貪欲等染法，令不現起，此心遂得善自凝攝，不復向外馳求散亂否耶？蓋貪欲等習氣潛存，雖暫被折伏，若止觀力稍一鬆懈，則猶有乘機竊發之虞。止觀者，此心恒時凝斂而不散亂名止，恒時簡擇一切法而不迷謬名觀，即止即觀，乃就一心之相用而分别言之耳。

"若得不馳散，深入實相不。"

如止觀工夫綿密無間，常能折伏貪欲等，令不現行，即此心已得不馳散，可謂已入實相否耶？入者，證入。實相，猶云本體，亦謂真如，剋就吾人而言，即本心是也。雖止觀力深而心不馳散，然染習根株，猶復未盡，但加行無間，加工而行，名曰加行。即未離能所取相，凡位未得證智，則心起必有所取相。以有所取故必有能取相，能所相依而有故。如何可説證實相耶？故發問以疑之，使其自知功修尚淺，如遠行方備資糧，而距此欲至之地尚迢遥不可期也。

"畢竟空相中，其心無所樂。"

畢竟空者，一切所取相皆空，故能取相亦空，能所取相皆空，故空相亦空。都無一切相，故冥然離繫，寂滅現前。滅者，滅諸雜染。寂者寂静，不取于相。是名畢竟空相。至此則心無所樂，方是真樂。若有所樂者，即未能泯一切相，未得離繫，故非真樂也。此正顯示涅槃心體。涅槃即實相之異名。若功修尚淺，如何便得臻此？前問深入實相否，正欲其因疑而求進至此也。

“若悦禪智慧，是法性無照。虚誑等無實，亦非停心處。”

悦禪即有所樂，猶有所取相，故智慧未泯能取相也。性者體義，法性猶云諸法本體，即斥指本心而目之也。無照者，非如木石頑然無有照用，以即體之照，雖復朗然遍照，而無照相可得，故云無照。若有照之心，便是虚妄分别相，故云虚誑等無實也。若認此虚妄分别之心以爲本心，即是認賊作子，乃自害也。故云亦非停心處。停，猶止也，言心不可止於虚誑無實之域也。此中申明畢竟空相，而歸極於照，而無照則智慧相亦不可得。若有智慧相可得，則必非智慧也，直是虚誑無實之妄識而已。其開示心要如此真切。肇公《般若無知論》與此可相印證。

“仁者所得法，幸願示其要。”

此示謙懷，以求遠公之自反也。詳玩什師此偈，蓋以資糧、加行二位之間，而擬遠公之所詣。其視遠公亦可謂甚高，而所以誘而進之者復至厚。余嘗謂什師非經師一流，蓋實有以自得者。惜其自悲折翮而無造述。此偈僅存，至可寶貴。若引教詳釋，則不勝其繁，又初學困於名相，益難索解，故爲麤略釋之云爾。

（原載湯用彤先生一九三八年版《漢魏兩晉南北朝佛教史》第十章。《鳩摩羅什及其門下》書中提到：“什公著作多佚，口義罕傳。但即就其贈慧遠偈一章言之，亦已理趣幽邃，境界極高，頗可見其造詣之深。黄岡熊十力先生曾爲偈作略釋。兹録於下。”）

五族同源論

中華民族，由漢、滿、蒙、回、藏五族搆成之。故分言之，則有五族；統稱之，則唯一華族而已。如一家昆季，分言之，則有伯仲；統稱之，則是一家骨肉也。

【漢族】漢族者，本三皇五帝之子孫。歷代居在中國本部。本部復別以三。一，黄河流域及其他省區。如甘肅、甯夏、新疆、陜西、山西、河北、河南、山東，及熱、察、遼、吉、黑等省。二，長江流域。如四川、湖南、湖北、安徽、江蘇、福建等省。三，珠江流域。如廣東、廣西、雲南、貴州等省。此皆漢族世代生長之地。其散處滿、蒙、藏諸邊塞，則爲數較少。餘如台灣、琉球，與朝〔121〕鮮、安南、緬甸等屬國，本皆漢族同胞，今淪爲異域云。

漢族有數千年高尚幽遠之文化。故言及中華民族，往往即以漢族爲代表。但漢族自其先代孳生既衆，以後而與滿、蒙、回、藏分支，自爲留居本部之一族。後人自難確定其分支之祖爲誰，只可説爲三皇五帝之子孫而已。然歷代傳説〔122〕，都以漢族是黄帝子孫。司馬遷作《史記》，其《帝紀》即始於黄帝。大概黄帝建造我國家，保固我民族，其聲威最大，故群奉〔123〕爲開國元祖，而定爲一尊耳。古者漢族本稱諸夏，或以爲因夏朝得名。昔我神禹，會諸侯於塗山，執玉帛者萬國，可見其聲德廣遠。故四裔稱我族類爲夏人焉。或曰：夏之爲言，大也。以其爲世界上偉大的民族，故稱夏焉。其曰諸夏何也？諸者，多數之稱。當時族人並建列國，又其支分派别，族姓〔124〕日多，故云〔125〕諸夏耳。其後稱爲漢族者，則因漢朝威震中外，四旁諸夷，皆稱我國人爲漢人。此漢族之名所由始。唯自是漢族一名，乃普遍流行而無以易。

漢族之性情，寬大而和易。向來對於異國異族，常敦守和平。苟人不以侵凌加諸我，則我決不侵凌人。唯人若肆意侵及於我者，則我亦必堅決抵抗。縱有時退讓，而終久必令其自然同化，或以實力使之屈伏焉。通觀數千年歷史事實，明明如是。漢族所以偉大者，以其有含容性與持久性故。

或謂漢人在西北邊有業商者，頗多狡詐之習，貪〔126〕小利而失大信，此最害事。蓋未受教育之民，愚蠢無遠見，故有此病。今後邊省教育，於青年子弟，宜時時教以貴信義、尚勇氣。至於商人如再有不公道、不信義之行爲，地方官尤應以法律禁止。

漢人的思想高，眼光大，故於學問偏長於哲學方面。惟其心思不屑於瑣碎處用功，所以對於物理界的知識不免疏略，因此不能發展科學，此其所短。今後當吸收西洋人的科學，但當闡揚其固有的哲學思想，以爲做人的根本、立國的精神。民國以來教育，對於固有的學術思想與道德信條等等，一切以爲舊的、腐的，而盡唾棄之，卻又無法憑空突出一些新的信條與道德。而哲學上，又没有新的中心思想，因此没有維持身心的東西。所以社會上表現一種猖狂與混亂的現象。一切人的内心裏面，好似空虚腐爛，無有一毫生氣，譬如空心古樹一般。由此縱慾、貪淫，一切所作所爲，虚浮詐〔127〕僞，全無實際。中國民族到今日，可説危險萬分，而士大夫猶不覺悟。因爲民初以來的教育，把固有的東西抛棄盡淨，今日也無法自覺了。中國孔子的思想，廣大精緻。他在宇宙論方面，是發明了流行的剛健之本體。宇宙萬化無窮，萬變不息，萬象昭著，都由這個剛健的力量所發現。這是天地間不易的真理。根據這種宇宙觀，來應用在吾人生活上，便是自强不息。元來吾人的生命，與宇宙的大生命，不可分爲兩片。吾人正於此自强不息的工夫上，認識自己的本性。吾人念念自强，念念不息，念念是真實的力量流行，即凡應事接物，一切無有苟且，無有虚詐，無有迷亂。如此則何功不成，何事不辦？又復當知，自强不息的力量，是時時向前的，時時求新的，時時求真的，時時自覺而不至倒妄的，決不會爲過去的腐舊而不合理的勢力所凝滯、所束縛。這種人生〔128〕態度，是應當保持而不可失墜的。至於孔子之所以治國與平天下者，則皆注重經濟的問題，而一以均平爲原則。又必專主忠信與絜矩之道，絜矩即恕。唯恕，故無以不平等待人者。而後均平之治可期。今日全世界人類鬥争與騙詐之禍，將趨於自毁，尤非孔學不救。我們要闡明孔子的思想，不僅是救中國民族的。雖然當時也有許多不成人類的東西如漢奸等。假托尊孔，而我們不能以此之故，遂説孔學不足提倡。須知真的出來，則假冒者自然絶跡。漢族之覺悟與否，關係中國五族的存亡。教育與學術思想，畢竟是社會、政治一切的根源，所以談到漢族，不嫌枝蔓，而説及此。

【滿族】滿族即東胡族，亦稱通古斯族。向居本國東北邊外。在成周時，則爲肅慎氏，蓋漢族之一支，由本部蕃衍而移殖於東北邊也。從前滿清學者，亦有謂滿族係黄帝子孫徙於塞外者，可謂實録。東胡在周以前有九夷。《竹書紀年》稱后芬即位三年，九夷來御。《後漢書》總東胡諸部爲《東夷傳》，曰："《王制》云：'東方曰夷。'夷者，柢〔129〕也，言仁而好生，萬物柢地而出。故天性柔〔130〕順，易以道禦，至有君子、不死之國焉。"不死，言長壽也。又曰：夷有九種，故孔子欲居九夷也。據此，則東胡族在古代，猶存中原文獻之傳，故中原人士稱美之曰夷，可謂文明矣。及秦、漢以後，則純尚武力，暴戾之氣，變詐之性，時常入寇，毒害生民，無復曩時禮讓之風焉。然漢世如烏桓者，但爲邊患，其勢猶〔131〕不足危害中朝。且受國軍征討，而仍歸命闕廷。迄至於晉，則東胡有鮮卑者，乘晉室衰亂，紛紛崛起，甲馬縱横，雲擾北部，而生民之禍益亟。拓跋、宇文，皆撫有北部，終以收拾五胡之局，其緒業有可稱者。

唐朝季世，東胡復有一支，曰契丹者。初起尚微，後乃寖盛，據北部而稱帝，旋改號曰遼，歷年二百。雖皇宋崛興，號稱統一，而幽燕十六州，猶屬於遼，宋人未能收復。

其後遼衰，而東胡諸部中，又有女真繼起，取遼而盡有其地，復稱帝號而建國曰金，其勢又盛於遼。

至於明朝季世，則東胡又有一支崛起，所謂滿州是也。其初興之酋長，本受明帝之命，以治其部落。迨後勢力日盛，乘中原流賊之禍，遂傾覆皇朝，而代明爲帝，改〔132〕朝號曰清，遂主全中國之政。其盛遠非遼、金可比。然及其衰也，則其族類式微，亦較遼、金爲甚〔133〕。

昔者契丹即遼。之雄於北部也，當宋室未興時，幾可以奪全國政權，而逞一日之欲。而卒稱帝號於北方之一隅，而不願南下，更不肯徙其族類以居中國内部。此其用心甚深，眼光甚遠。蓋彼族一向在東北，有其雄悍强勇之習慣，亦由其環境之關係所養成也。若入中國本部，則温和之氣，柔靡之景，在在足以移人之性情，而使之習於文弱。此其不願入内地者一也。凡一族類，常居於其世守之地，而勿過於向外發展，則保守之力量較强。雖無大進取，而亦無〔134〕大損失。此其不願入内地者二也。契丹兵臨中原，傾覆皇朝，仍爲中國立君而去之，立石敬塘爲中國之帝。而實不敢實握共主之柄，不欲居其族類於内地，可謂深思遠慮矣。

其後女真之興也，亦秉契丹遺策。故其初取汴京也，即立張邦昌與劉豫爲帝，而彼仍不欲妄圖全國。其後值南宋趙構之昏愚柔弱，又多猜忌，忘讎恥而去忠良，任宵小。金人乘此機，未嘗〔135〕不可滅宋而君全國也。然卒無意圖南，而與宋媾和焉。雖以金主雍即世宗。之盛治，猶對宋讓步，講好修睦。固由此時宋廷，非趙構時代之比。然金人無意南下，則除逆亮外，金主亮最無道，以伐宋致敗而死。殆爲其先世以來一貫政策。金人最不善理財，而享祚殊久者，則以其不輕啓野心故耳。

清人之興也，初亦不欲入主中朝。其主力時迫帝都，而自引退，還冀中朝與之講和，猶是遼、金之用心也。惜乎明廷無有深識，内不能平流賊，外不能和滿州，浮昏擾攘，自底於亡。及流賊陷北都，崇禎皇帝殉國，清人始動入關之野心。内地諸漢奸又慫恿之，迄入主全國，則悉移其族類，分佈内部各省，號爲駐防。天道惡盈，歷二百餘年，其故部族類，幾於絶滅。乃知遼、金時代所以不願擴張，而令其種類保聚於故土者，其智慮深遠，不可及也。此亦可爲百世之殷鑒矣。

滿族入主内部，次數較多，而時〔136〕有美績，能紹述漢族英君賢相之志。如北魏孝文、金世宗與清康熙諸主，其英賢之譽，不可没也。

滿族自清人入關，已與其母族漢人完全同化，而無滿、漢界限可分。所謂滿、漢二字，只是歷史上名詞耳。

【蒙族】今之内蒙、外蒙諸同胞，統稱蒙古族，亦省稱蒙族。世居本國北塞，亦有散居東北各塞者。古代之獯鬻、玁狁，及秦、漢、魏、晉之匈奴，皆今蒙族之先輩也。而史家以爲即今之回族者，此蓋臆説不足據。蒙族本吾國朔北一大族也。元朝時代，其勢力且達於歐洲。豈小部寡民一旦崛起，而能致此乎？以理推之，蒙古當是吾國朔北有悠長歷史的民族。故匈奴、玁狁等，當是蒙族先輩。

匈奴自漢世衰微，種人分散。晉代五胡之變，匈奴首禍，而敗亡亦最先。其後有鐵勒及奚諸部，皆匈奴別種，見《北史》及《舊[137]唐書》等。勢力稍振。至唐朝初，歸附朝廷，天子嘉之。自唐以後，匈奴各部分散，頗有與突厥即回族。及東胡即滿族。雜居，而爲其[138]臣屬者，抑有伏處漠北，而與外面絶關係者，皆久而不振焉。

爰至宋朝，韃靼種人始興朔北，其勢寖盛，併吞諸部，而稱大蒙古國。後來滅夏併金，又推倒宋之皇室，晏然爲中國共主，是爲元朝。然未及百年而亡，則以明朝高皇帝，以漢族而崛起於本部，能領導漢族及各族人，以修明政治。故元室不得不傾覆也。

宋朝時代蒙古新興朔北，即先世匈奴種人所在地，其爲匈奴遺裔無疑。不然，則此新興民族，豈能一旦自天而降乎？若謂匈奴是回族先民者，則蒙族何所從來耶？

或有謂蒙族即東胡別支者，外人尤多持此説，却當修正。蓋就五族原始而言，固皆同一本。自其分支而言，則五族又不當混視。宋時，蒙古人起於朔北，與當時東胡族雖有接觸，但無可以斷爲同族之理據。兩族人之性情習慣，顯然確有不同。東胡之鮮卑、遼、金及清人，其入關也，皆易接受中原文化，政策亦較穩健。蒙古人入主中朝，則於中朝文化，不易吸收，而多保存其在塞外時之性質。其手腕甚强，故進取甚驟，而敗退亦較速。故謂蒙族爲東胡別支者，其説不足成立。外人於吾國族系，自多隔膜不清，而吾國人自不當茫然也。

蒙族當是匈奴苗裔，已如前説。《史記·匈奴傳》云："匈奴，其先祖夏后氏之苗裔也，曰淳維。"按太史公《史記》作者。在西漢，去古未甚遠，故籍多有存者，其説當可據。唐司馬貞《索隱》引張晏曰："淳維以殷時奔北[139]邊。"又樂産[140]《括地譜》云："夏桀無道，湯放之鳴條，三年而死。其子獯鬻妻桀之衆妾，避居北野，隨畜移徙，中國謂之匈奴。"其言夏后苗裔，或當然也。晉時匈奴，有赫連勃勃者，亦自稱謂大禹之後。其傳説必有所本。或云，赫連疑是僞托漢族，以明其本非戎胡，用自寵異。不知《史記》所載，遠在西漢。太史公當漢室隆盛時，值匈奴尚未開化。彼何至故造僞詞，而謂匈奴爲夏后苗裔，以彼胡俗，猥與華胄同本耶？按《匈奴傳》有云："逐水草遷徙，毋城郭常處耕田之業，毋字至此爲句。然亦各有分地。毋文書，以言語爲約束。其俗，寬則隨畜，因射獵禽獸爲生業，急則人習戰攻以侵伐，其天性也。利則進，不利則退，不羞遁走。苟利所在，不知禮義。自君王以下，咸食畜肉，衣其皮革，被旃裘。父死，妻其後母；兄弟死，皆取其妻妻之。"其記匈奴之俗如此。然則何所貴愛於匈奴，而故稱爲中夏聖王之裔耶？其必有所據也，明矣。由是徵知，蒙族同胞，乃我大禹之苗裔。雖遠適窮荒，自爲支族，文化落後，戎俗見嗤，然神州哲史，神州者，中國爲靈異之地，故云。猶能詳所自。同氣之愛，今當加篤也。昔匈奴中替時，猶能挈群西走，建匈加利之名邦。其後元代武功，陵駕中外，震爍古今。後先輝映，有光華胄，亦足奇異。

外蒙獨立，離異祖國，猶望其與内地同胞，更新國策，同禦外侮云。

【回族】回族一詞，與回教一詞，應有分别。世俗或疑凡奉回教者，即是回族，此大誤也。中國人之性情，自昔以來，便好接受外來思想。故無論何教，一入中國，必有衆多信徒。何至回教入神州，獨無信徒，必限於回族之人耶？大抵回教規約甚嚴，一經奉教，則其人之所行持服習者，每篤守教條，而有同一之色彩。久之則以同一教者，爲同一族耳。實則回教徒，不必即回族也。近年回教之學者，亦多持此説，甚有理據。

回族亦曰突厥族，在今甘肅、寧夏、新疆、青海、陝西等省區爲最多。内地各省散處者，大氐〔141〕素奉回教，不必悉屬回族云。

突厥族類，始顯於隋。史家每難詳其所自。按《北史·突厥傳》云："其先居西海之右，獨爲部落，蓋匈奴之别種也。爲鄰國所破，盡滅其族。有一兒，年且十歲，兵人見其小，不忍殺之，乃刖足斷其臂，棄草澤中。有牝狼以肉餌之，及長，與狼交合，遂有[142]孕焉，生十男。十男長，外托妻孕，其後各爲一姓，漸至數百家。或云突厥本平凉雜胡。又云突厥之先，出於索國，在匈奴之北。”隋唐諸書，記突厥先迹，略同《北史》。考突厥初興，臣於北狄蠕蠕。史稱蠕蠕爲匈奴之一支，北魏時頗盛。狼孕之説，或由蠕蠕諸胡妄言輕侮。但凡厥民族，草昧之際，類多神話，此亦不足辯也。今人多據《北史》，以匈奴爲回族先輩，不知《北史》原無定説。一云匈奴别種，一云平凉雜胡，猜度兩端，未衷一是。及至《隋書》，則云“突厥之先，平凉雜胡也”，而無匈奴别種之語。《舊唐書·突厥傳》云：“突厥之始，《隋書》載之備矣。”是亦準據《隋書》，而不謂突厥爲匈奴支派。《北史》所以有突厥出於匈奴之推測，蓋值[143]突厥始興，其勢未盛，故有此等臆度耳。又匈奴自古以來，恒爲朔北大族。方其盛也，則背叛中朝，不受中夏正朔。而東北及西北塞外諸族，即滿族、回族、藏族。恒受侵逼，而爲臣屬。值其衰也，則歸附中朝，而入居内地者有之，散處於各邊塞群族間者亦有之。此匈奴之名所以獨著，而新露頭角的民族，或誤被目爲匈奴。况突厥初本臣服匈奴别種之蠕蠕，其後强盛，又滅蠕蠕而據有其地。《北史》疑突厥出匈奴，亦非無故。至隋朝時代，突厥種類便大露頭角。當時[144]已知其非匈奴支派，然仍不能審其本始，故云平凉雜胡。夫突厥蕃衍既盛，其與氐、羌及蒙古、東胡諸族，接觸甚多，關係綦密，習俗亦多相近，謂爲雜胡，良有以也。但此説畢竟是一種臆測，未堪依據。自隋、唐以逮於今，突厥族恒爲我中華民族中之一大支族。其本支自有特點，如一家昆季，各人自有個性。《隋書》以突厥之先爲雜胡，則不承認其自爲一支。此則猶沿《北史》之謬，不可不辯正也。

唐時有回紇者，突厥之别支也。《舊唐書》云：“其先匈奴之裔，在後魏時，號鐵勒部落。其衆[145]微小，其俗驍[146]强。”按鐵勒種類，《北史》稱爲匈奴苗裔，又記其部屬甚多，“姓氏各别，總謂爲鐵勒，並無君長，分屬東西兩突厥。居無恒所，隨水草流移。人性凶忍，善於騎射，貪婪尤甚”云云。按漢、魏以後，匈奴分散。《北史》所叙鐵勒情形，似是匈奴崩潰以後的實録。故謂鐵勒係匈奴别種，亦可信也。回紇本突厥别枝，雖常與鐵勒雜居，要不可謂回紇即是鐵勒。考《舊唐書》，回紇與鐵勒各别有傳。《回紇傳》在一百九十五卷，次突厥之後。《鐵勒傳》在一百九十九卷下，居北狄之首。回紇、鐵勒，其始雜居若一，而同臣於突厥，習性亦相似。故《舊唐書》總稱回紇號鐵勒部落也，實則回紇爲突厥别枝。鐵勒出自匈奴，二者不容混視，部落雖同，族類非一。《舊書》各别立傳，蓋亦知此也。惜兩傳開端，措辭頗欠精檢，遂滋後來之惑。又考《舊書·回紇傳》，回紇之初附鐵勒部落者，似即僕骨、同羅、回紇、拔野古、覆羅，並[147]號俟斤。而其後乃稱回紇。至特健俟斤之子菩薩者，勁勇，有膽氣，善籌策，常擊破突厥頡利可汗，俘其部衆。回紇由是大振，漸併諸部。及唐太宗貞觀二十年，遣使入貢，遂内屬。太宗於北地置六府七州，以回紇部爲瀚海府，是後叛服不常。具詳史傳，兹不贅。

又唐季有沙陀者，亦突厥族之别種。其部衆中有李存勖、石敬塘、劉知遠，先後僭帝號，皆爲時甚暫云。

突厥亦别名回，想自回紇始也。宋時稱回鶻。元以後始稱回回，蓋取複詞便稱之故。《元史·俱藍傳》："至元間，俱藍國主必納的，令其弟肯那却不剌木省，書回回字降表以進。又馬八兒國宰相馬因的等言，凡回回國，金珠寶貝，盡出本國。其餘回回，盡來商賈。"據此，則元世回人在海外者，經濟力頗優裕。又能爲外交辭令，非復從前游牧之俗矣。馬八兒國，當在今馬來群島。

或曰：前談滿、蒙二族，最初種類，皆與漢族同源。此突厥族，若溯其遠祖，亦與漢族同源否？答曰：據考古學家所發見之北京人，吾即依此北京人，而用爲中國遠古種類之通稱。經鑑定爲遠在距今百萬年前，或至少亦在五十萬年前。由此徵之，則漢、滿、蒙、回、藏五族，在原始時期同一血統，已有確證，絶不容疑。誰謂[148]回族不與漢族同源耶？向者外人研究我國民族發源，有謂自西極來者。自北京人發現以後，西來説已不足成立。在鴻古期，我中華民族，後省稱華族。已爲神州之土著人，非從他方轉徙而來。至此已得確證。若復由此而推考吾先民發展之迹，則由今之冀、察、熱、陝、甘、新，而蔓延於滿、蒙、康、藏諸塞外，殆爲其事勢所必至之果。故就吾華族分派之情形推測，在鴻古時代之祖先，不妨即名爲北京人。此北京人之子孫，一支留於神州本部者，即今所謂漢族是也。一支蕃衍於東北者，即今所謂滿族，古之東胡是也。一支蕃衍於朔北内、外蒙古等地域，即今所謂蒙族，古之匈奴等是也。一支蕃衍於西北甘、新諸省，並蔓延於中亞細亞等地域，即今所謂回族，古之突厥等是也。一支蕃衍於西藏、青海等地域，即今所謂藏族，古之氐〔149〕羌是也。自考古學家發見北京人，而後知吾五族本自同源。易言之，即五族血統，同出於北京人。此其證據堅强，無可摇奪者。或曰：五族同源，既聞命已。然今回族大部份，居於中亞細亞及歐洲東部，他處亦多有之。其蕃衍獨盛，何耶？答曰：自隋以前，蒙古久盛朔北，東胡與氐羌，亦常並起稱雄，皆侵擾内部，争亂不息。獨回族一支，由夏、商迄東晉，歷世悠遠，而於國内無侵逼。其支屬散佈殊方異域，務勤遠略，勞苦堅忍之操與經驗俱增，故子姓繁殖，爲拘促國内者所不及。

吾國政府對於邊區教育，向不知注意。然滿清以來，回教學者間有以〔150〕孔孟學理與回教經旨相融通。此爲學術界最好之現象。蓋真理元無異致，群聖之道，自有會通之處，不可過分門户。惜乎努力於此者，其人數太少。今後唯望青年學子有志於斯。立身立國，自有貞常之道。故先哲學理，不容一切鄙棄。至於科學思想，爲吾人日常生活所必不可缺，尤望邊省當局加意提倡。如任邊省多數回教同胞廢學失教，將不爲立國久長計乎？

【藏族】藏族，具云西藏族，亦曰羌族，又譯圖伯特族。世居西域，即今西藏、西康、青海等處。漢世所謂西域，包括葱嶺以西及印度。今此談藏族，且約西藏等而言。藏族最古者爲氐羌，亦云西羌。《後漢書》曰：“西羌之本，出自三苗。姜姓之别也。”此則以三苗爲神農氏之後。漢時故籍未泯，其説必有確據。姜與羌同音。氐、羌二音，合而急讀之，音稍變，則爲姜。《通鑒外紀》："神農長於姜水。"當在今陝西寶雞縣。由陝趨隴、蜀而流徙西藏等地，其勢亦便。晚時學人，好爲異論，每謂苗與漢非一族，漢人驅苗而有其地。純是逞臆妄談，絶無左證。捨古籍不信而尚臆説，未知其可也。夫古代苗民乃是漢族中之一姓耳，非其血統有異也。虞夏時，有苗梗化。同氣之中而有頑强，亦常事也。然帝舜誕修文德，而苗人以格，何嘗驅逐之耶？苗人西徙，當由其强悍，能勤遠略耳。及其後裔，僻處西隅，猶述職帝廷，不忘内向。《殷頌》曰："自彼氐羌，莫敢不來王。"同氣之愛深矣。周興，文主率西戎征殷之叛國以事紂。及武王伐商，羌、髳率師會於牧野。漢初，匈奴不念同根，時舉兵内犯。尤賴西域五十餘國[151]，歸附皇廷，遂令匈奴勢孤，邊疆息禍。藏族在前世，常與中朝親昵，扶持正義。昆弟之好，永世不渝。今之藏族同胞，緬懷先德，何忍忘也？

《後漢書·西羌傳》開端歷叙夏、商以來戎患。如犬戎、山戎、西戎及春秋時雜居内地諸戎，北戎、如太原戎、申戎、六濟之戎，陸渾戎等等，不可勝紀。並秦時義渠、大荔[152]等戎。格其地望，或在今陝西三晉邊地雜居，或在朔北塞外。皆漢代所謂匈奴，非西羌也。書中首論戎患，連類及之耳。義渠亦入據今甘肅地，然其族姓當屬匈奴。唯商王武丁，征西羌鬼方，三年乃克。《漢書音義》曰："鬼方，遠方也。"當即今西藏、西康、青海諸地。以其距殷都甚遠，故云鬼方也。又文王率西戎征殷之叛國。此所謂西戎，當即西羌。取徵於《詩》，"文王之化，行於南服"，則以南國有離殷之志，故文王之化易入也。文王引西羌以征南國之不順於殷者，所以爲至德。自西羌而出庸蜀，向江漢，聲氣所播，不可得阻焉。文王之妙於通變也。其後武王伐紂，羌與庸蜀等皆以師會，見於《尚書》。即此可證羌與周室之關係，甚深且久。故知文王所率之西戎，即西羌也。文王服事殷，而羌從之。及武王以殷終不改行而伐之，羌又以師會。羌同心於周室，可謂忠順已。

秦、漢間，羌人多入居隴西等地，與匈奴交通，其俗日益鄙野。范書稱其"强則分種爲酋豪，弱則爲人附落。更相抄暴，以力爲雄"，"堪耐寒苦，同之禽獸”。雖剛强之氣足尚，而禮義之化已衰焉。范書於羌人頗致醜詆之詞。如云同之禽獸。彼所見者，蓋當時流移於今陝、甘諸地之羌，而非其本支也。羌人本支，在今西藏全境。後漢時，當已接收印度文化。故魏晉間，藏族同胞多入内部而傳播佛家思想。其理解精深，堪追梵方明哲，安得同之禽獸耶？

西羌本土，即今西藏。治藏文者，謂藏文語根多與國文相同。蓋藏人本漢族姜姓之裔，宜其語源同也。但因僻處西陲，與印度交通較密，故其文字[153]與梵文同系，而與本國衍形文字成異焉。《前漢·西域傳》中所記諸國，多數屬今藏族之系統，或稍雜匈奴，或更有今回族之祖先，如大宛、烏孫等是也。

流移今甘、陝諸地之羌，在東漢時，最爲中朝所患苦。范書稱其“種類繁殖”，“性堅剛勇猛”。自光武帝時，便寇掠金城、隴西諸郡縣。其後豪酋日衆，挾黨横行寇盜。終東漢諸帝之世，未嘗衰止。朝廷數遣大將征討。府庫告竭，百姓死亡，不可勝數。并、凉二州，耗爲廢墟，可謂慘矣。及羌禍削平，而漢祚亦隨傾。范書所以深詆也。

流移内地之氐羌人，值西晉喪亂，其乘機割土僭號者，則有前秦苻健、後秦姚萇、成漢李雄、後凉吕光。健傳至堅，萇傳之興，皆有治績可觀，而苻堅爲賢云。

藏族雖源出古帝神農，然自晉以後，頗雜東胡即鮮卑。種類。蓋唐世有吐蕃者，爲晉時南凉秃髮利鹿孤之後。利鹿孤有子曰樊尼，率衆西奔，乃於羌中建國，爲群羌所懷，以秃髮爲國號，語訛謂之吐蕃。參考《舊唐書》等。其後子孫繁昌，土宇漸廣。至唐代，始歸附中朝，修臣職甚謹。太宗皇帝以文成公主妻之，是後屢嫁公主於吐蕃，其血統與皇族混合，自此始。然習俗强悍，終唐世，叛服不常。後歷宋、元以逮明、清，部衆分居，竟奄有前、後藏全境云。

又唐世有黨項者，在古析支之地，羌族之别枝也。舊分諸姓，曰細封氏、費聽氏、頗超氏、房當氏、米擒氏、拓拔氏，而拓拔一姓最强。又赤水西，有黑黨項。而雪山下，亦有黨項。於前述諸姓，又爲别子[154]焉。凡諸黨項，皆於唐時内屬。朝廷悉列其地爲郡[155]縣。而拓拔氏之裔，自唐至宋，世官於朝，統有夏州，後乃割據其地，而稱國曰夏。《遼史·西夏傳》云“本魏拓拔氏後”，此則以黨項諸姓中之拓拔氏，而誤認爲北魏之拓拔氏，不可無辨。

又有吐谷渾者，其先世爲晉時遼東鮮卑徒河涉歸子，名吐谷渾。有壯志，匹馬西奔。其子孫漸大，歷受劉宋及拓拔之封爵。後乃建國，縱横數千里。都伏俟城，在青[156]海西十五里。參考《北史》。族衆不忘其祖，故以吐谷渾名焉。至唐世，併於同族之吐蕃云。

據前所述，今之藏族，本出漢族姜姓，所謂有苗是也。但自晉以後，亦雜有東胡族。而東胡之先，本由漢族於上世流徙東北，久乃别爲一支焉。故推本言之，東胡與古羌族，其原始血統非有異也。今日人有謂西藏人與彼族有血統關係者。此於古史全無依據，不知何以云然。

又有謂西藏屬印度人種者，此亦無史籍可據。然以理推徵，與其説藏人爲梵種，不若言印度人爲中華民族之别種。蓋由所謂北京人而徵之，中華民族既爲遠在距今五十萬年前或百萬年前之古族，其發展由東而西，以漸滋殖於印度，其勢甚便。或由西北赴印，或南中由緬甸赴印，皆有可能。如謂古代交通不便，此亦迂陋之見耳。吾國先民北匈奴之衰也，挈群西走，卒乃得那盧彌之地，建匈加利之名邦。吾先民西突厥之衰也，率衆西行，卒乃下東羅馬之故墟，建土耳其[157]之新國。此皆未有現代交通工具而成玆偉舉。以此類推，鴻古時代之中國人，能[158]流徙印度而據之，何不可能之有？此雖吾一人之假定，尚未搜得充分證據，然就語言習慣上徵之，略得一事焉。如《莊子》書中，所謂重言者，即假於古人以爲重也。其所假之古人，必是歷代相傳爲過去世實有之古人，乃可假其言以爲重。其所言之義雖是假托，其語氣必遵用古時所有者，否則人不之信。按《莊子·則陽》云：“天有忘朕耶？”尊人爲天，六籍以來，久所未見。當是遠古時語，而後來失用耳。《莊子》所引，必據遠古之籍。此等語氣，决非其所臆造也。其假於重言，必引用古語。印度人之致尊於人也，亦呼以天。即此可證吾國遠古語言習慣之遺存印度者。惜比證尚孤，願宏博君子，留心斯事焉。

除上所述外，尚有散處兩粤、雲、貴、川、湘各省之夷人，名目繁多，不暇細述。略[159]舉類别，則有所謂苗、黎、瑶、僚、倮儸、仡佬等等。若細分之，當有數十種。或總目爲夷人，或總稱爲[160]諸蠻。近人有謂一切夷人，統屬苗族，乃是古代苗民之後。此説全憑臆想，既無史料可據，而理論上亦不可通。滿清末葉，外人妄倡中國人種自西方來之説。吾國學子，完全信從。於是有好異者起，而以苗民爲中夏之土著人。謂吾漢族自西極來，乃驅苗而撫有中土。又復以今日南中各省之一切夷人，爲古苗民後裔。因古時被逐出中原而孑遺偶存於西南山谷也。其説之由來蓋如此。自北京人發見以後，西來説不攻自破。中國人種，既是鴻古時代之土著人，則生長於一地之苗人，焉得别有血統而不與漢族共祖耶？焉得判爲異族耶？故知古籍以苗民爲姜姓，本神農之後，絶非虚語。近世後生浮薄，好爲異論，輕疑古籍，真可痛惜。苗民既是漢族，則唐虞諸帝縱懲戒其中不良分子，斷無將其子姓，盡行驅逐之理。清末以來邪説，都不攻自破。

夫漢族從西來，及苗人另爲土著之一族，與漢人驅苗族，如是種種臆造之邪説，既皆不足成立，則據古籍而知古代苗人爲漢族中之一姓，是義决定。因爲古籍所説既没有反證，故决不可摇。於是復有一問題，即今西南各省山谷夷人，其果出自古代苗民否耶？吾於此敢斷言曰：今西南各省一切夷人，都是漢族，决定無疑。但不能謂其本支世系獨出於古代苗民一姓，因爲此事不獨無證據，而且無有理由可以持此説。今之疑夷人爲古代苗民後裔者，大氐因諸夷人中，有所謂苗子之一種。實則今所謂苗子[161]一類人，與古代苗人，只是名稱之偶合，决[162]無世系相承的關係。此事本無證故，又無理由可説故。余以爲今西南各省一切夷人，其先祖都是漢族。因其伏處僻縣深山之内，地方荒陋，交通素不發達，耳無聞，目無見，其知識日以閉塞，生活日以困難，久之遂降落而爲一特殊族類，乃被人輕視，而目之爲夷。彼亦忘其所自，而自稱爲夷。門人永善鄧永齡云，家鄉故有俗所謂苗子者，自稱夷家，謂我等爲漢家，不知本是一家，無漢夷可分也。永齡持論，亦與吾同。夫西南各省之在國内，本屬區區一隅。而此一隅之地，夷户比較漢户，特居少數。如何可説此少數夷户，别[163]是一個血統，而與漢人不相聯屬耶？若漢族果由外遷來，則謂夷人爲土著，與漢族不同血統，猶可説也。自北京人發見，已證明漢族是中國遠古時的土著人，絶非由他方遷徙來此者。然則謂西南一隅别[164]有少數山谷之民，向爲夷家，而與漢族不同血統、不共祖宗。此等觀念，可謂謬迷至極。年來社會熱心人士，頗有注意調查此等降落的同胞之生活狀況，藉謀改良。顧猶沿襲過去迷謬觀念，未能將夷、漢區别，加以辨正，爲之掃除。其何以昭示平等，扶持正義？吾鄂之黄岡人也。少時閲史，見有以吾先民爲蠻者。似是《南史·諸蠻傳》中，以今河南光山與湖北故黄州府一帶，有諸蠻云。頃無書可查。六朝時，光、黄之間，或文化較低，其人勇悍尚鬥。而遽目以諸蠻，若與齊民不同種類者，豈非可笑之甚乎？今之妄分夷、漢，過亦同此。是故應知，今所謂夷人，實是漢人之降落而退化者，如貴家子弟之降爲貧隸者然。但其聰明之資、質實之性，比較今日浮華之漢人，或更優勝。如及時注意教育，此諸同胞必能發揮特長，以爲我民族之光也。自清末以來，熊鳳凰以文學與通達，致位總揆；岑西林以吏治與風節，見推領袖。世皆謂其出自夷族，實則非夷也，其先固漢人也。

五族源流[165]，前已略説。或復問言：公主五族最初同一血統，吾猶不能無疑焉，何耶？答曰：人心私於其所近習，久而忘其本。毋囿於習而照之於理，毋滯於私而豁之於公，則五族無畛域，不至數典忘祖矣。夫就全人類而言，其始爲一元、爲多元，雖猶爲難決之問題。但就吾中華民族即所謂五族而言，理應決定其出於同一之血統。因爲同是一個以大中國爲中心而分佈四出的人種，決定是同根，而不會是多元的。此處吃緊。如果五族之中，有些民族是從他方[166]轉徙來入中國，不是從這個偉大的中國分散出去，那麽，便可説這般民族另有祖宗。易言之，即是中國各個民族，不是同一血統，是多元，而不是一元。今中國所謂五族，考其來歷，明明都是中國的土著人，没有一個是從他方轉徙來的。如漢族，就是[167]老在中國本部，而後向海外發展的。如朝鮮、琉球、安南、緬甸、暹羅與南洋群島，大抵均是最老的漢族流徙去的。又今美洲，亦時發見中國人的遺迹，大概屬漢族，因漢族居濱江海故。如滿族，就是老在中國東北[168]邊省，而後向朝鮮等地發展的。朝鮮人，是漢族與滿族兩支的混合。如蒙族，就是老在中國朔北邊省，而後向西方發展的。匈加利是蒙族先輩西徙者。如回族，猶是老在中國西北邊省，而後向各方發展的。首先流徙中亞細亞及歐洲東部，今則各地多有之。如藏族，就是老在中國西域邊省，而後向印度發展的。印度人大概與中國人同血統，似是遠古的羌人移去的。羌人移印，雖猶待證，而漢、滿、蒙、回、藏諸族，由國内移出去的事實，確是顯然無可否認。所[169]以前面説，同是一個以大中國爲中心而分佈四出的人種，決定是同根，而不會是多元的。因爲他們謂五族。是一個小家庭内同胞兄弟，如何可説不同血統？全中國，譬如一個小家庭。因爲中國雖大，而在全地球上面來説，却是很小了。在這個範圍内的人類，如何可説不同血統，如何可説各有所本而不是一元呢？所以我確信中國民族賅五族而言。是一元的，是同根的。向懷此意，唯苦於中華民族之源本，未有徵據，不便論定。及考古學家發見北京人以後，乃確信此最初之人種，是吾五族共同的老祖宗。其後支分派别，乃有今之所謂五族云。

或疑五族既同血統，如何其性習又顯有不同，文化發達彼此亦相隔甚遠，其故何耶？答曰：一父母所生之衆多子女，其智愚剛柔等等，能彼此齊同而無有差别否？又復當知，凡人天性，本無不同。其卒至於殊異者，實受其所處環境之影響。此事甚明，無待繁説。今自科學發明，開[170]發物質與征服天然的工具，將日出不窮。人類改造環境的能力，必日益發抒。凡居處高原大陸的人，後此進步，正未可量，但[171]非短時間所可企耳。吾中原物力，已有耗竭之虞。吾東北、西北諸大陸，向未開發。是在吾同胞一心一力，共守故業，求所[172]以光大之而已。

（原載一九三九年一月一日《黄埔季刊》第一卷第一期。較《中國歷史講話》第一部分之《種族推原》，部分觀點、文字有差異。）

熊十力先生致本學報書

科學教育館諸位先生大鑒：

接讀九月二十六日來函，本欲略抒心事，以貢諸左右。奈老至之年，丁此寇難，家口多在戰區，逃亡何所，尚不深悉。此心已亂，無從執筆爲文。謹略貢愚忱如左。

一，貴刊叢刊，似宜以切合西北民衆知識爲主，如自然科學一門，若專談高深學理，不獨不可普及民衆，竊恐今日科學界，尚難語於高深學理之討論。年以前，天津《大公報》曾有《科學周刊》，頗不饜閲者之望，而卒以停刊。不知諸公猶能憶此事否？今叢刊既有自然科學一門，謂宜略分二項。一，科學常識項。如利用自然、征服天行之種種意義，及風雨露雷等之現象之説明，皆屬此項。二，實際問題研究項。如西北土壤之研究，地質學家應就實地有所貢獻。氣候之研究，則氣象學家應就實地有所貢獻。至於畜牧及皮料製造，與夫宜稻宜麥之區，應如何提倡種植及選種諸事，並鑿井宣渠、儲蓄水量等事，則農工諸科之學者宜就實地有所貢獻。其他皆可類推。以上二項，各科學者誠能本其所得，剴切發抒，用淺顯文字使中小學校及民衆講演團體，皆可講説，皆可令學生與民衆了解，是爲切合需要。

次則社會科學，略分通論與專論二項。通論項中，首宜糾正過去關於民族問題中之謬見。吾有《歷史講話》一册，本平生讀史之所心得，考正漢、滿、蒙、回、藏五族，確是同源，絶非虚搆，絶不附會，有史實可徵，有理論可求，有考古家所發見之材料可證。自今以後，不宜常用五族名詞，應統稱中華民族，或省稱華族，無所謂漢、滿、蒙、回、藏之分别。舊言漢族，可稱關内人。舊言回族，可稱西北人。舊言藏族，可稱西域人。滿族則實際上已無多人，僅有少數人敷散佈關内，在今日即屬關内人。至通常所謂東北人者，本皆由關内移去，而非昔之所號爲滿族也。舊言蒙族，可稱朔北人。如是，則[173]同一中華民族，唯以地望而别稱之，猶曰四川人、湖北人耳。從前專制時代，帝王常利用民衆之分化，以便控馭，故妄分民族界線。自民國成立，五族共和載在約法，所謂五族界線實際上早已打破。不過名言習慣，猶存五族之名耳。然邊省人民教育未普及，猶沿過去舊習，而未知五族本自同出一源也，豈唯邊省民衆，即關内報紙，亦未曾考察，亦不知五族本是一族，而但謂五族共同生活、利害相關，宜相親愛、同禦外侮耳。關内之人，亦莫知五族本是一族，歷史具在，竟無留意者，此可痛也。人心只任習慣用事，不知改正，奚其可哉！種界謬見既破，又必多作淺顯論文，説明集團生活的重要，啟發其國家思想與民族思想，示之以倭奴欲亡吾國、滅吾種之毒計，與夫吾朝鮮、台灣諸同胞今日爲倭奴牛馬，供其宰割、剥削、束縛、拑制無量慘[174]狀，庶幾使吾同胞，激發其保國保種之良心，又使其知在一地方，則與一地方共同生活，不能自私而害之，必顧全公益。在一省與一國，即與一省及一國同胞，共同生活，不能自私而害人，必顧全省區之利益，必顧全國家之利益。個人之利益在公共利益之中，始得保全。如國家强盛，地方發達，而個人之身家有不利者乎？國家亡滅[175]，地方衰敗，而個人之身家，縱暫時偷巧，終久必受禍敗，子孫將不能保。吾國人向少公共觀念，不可不剴切開導也。以上種種，均是通論項中所當注意。至於專論項中，則賴社會科學家對於西北實業，經濟政治各方面，就實地情形，作切實指導，期於言之而可行。吾國人從前作空泛文章，今則空泛文章亦無能作者，只有空洞的標語與口號。漢唐而後，民族存亡生死之幾間不容髮，知識分子尚忍心説空話耶？

吾意出版不必限定期，不必求多。限期而求多，必將以空談塞責。如此時機，何忍如此？貴館如蒐集重要文獻，保存西北，極是好事。但刊物不可求數量之多。除印行或保存重要書籍外，而啟迪社會之刊物必求切實，必求有益民衆，否則無出之必要。

文書宣傳，效力有限，甚望負黨政要責之諸公，能在事實上切實做，空談無補。

教育方面，不知西北現狀如何？力意中小各級學校，宜令讀四書，切不可效關内風氣，以[176]讀經爲戒。抗戰以來，所謂文化人者，一切標語口號，都没有涉及立國立人的根本道理，都不反省其所以危亡之故，有勢位者貪污猶未已，穢聲宣於海外，真可痛心。四書講明作人的道理，童子雖無深解，但聞得孝弟忠信，及執事敬與汎[177]愛衆、節用愛人諸義，他自有相當影響，並可一生受用不盡。倭人中學尚教四書，吾國乃廢之，危亡不亦宜乎？

此信，請佈之叢刊，未知尊意贊同否？

熊十力啟

二十七年十一月九日

（原載於一九三九年五月二十日《甘肅科學教育館學報》創刊號。後文《本學報著者介紹》中另有一段文字："熊十力先生，湖北黄岡人，少從歐陽大師精研内學，歷主武漢大學、中央大學、北京大學諸校唯識學講座。著有《新唯識論》《尊聞録》《歷史講話》諸書。"）

陶鑄人才與注重事功（與賀昌群教授書）（存目）

（原載一九四〇年六月一日《黄埔季刊》第二卷第二期。又以《與賀昌群》爲題，收入《十力語要》卷二。二者基本相同。）

大學教育與書院制度（續）（存目）

（原載一九四一年七月《捍衛月刊》第一卷第二期，即《十力語要》卷二《復性書院開講示諸生》"昔人有言，士先器識，而後文藝"至"今之學子，顧皆捨其心而不知求，豈不蔽哉"一段，文辭略有差異。）

熊十力先生關於勉仁書院的談話

□□□□□先生等，擬在北碚創辦勉仁書院，此事已見報載。社會上頗有多數留心教育人士來函詢問者。吾憚於一一作答，略寫□□□□之報端。凡函詢者，多懷疑書院制不可行。余以爲書院制，確是養成特殊人才之一種好制度，但此制，只限於文科方面□□□。至於理工科，則設備太難，可讓諸各大學研究所，及中央研究院，無取别爲書院。吾國現時風氣，偏重理工而輕文科，□是一種錯誤。須知，哲學文科等，畢竟是探造化之原，究天人之故，啟發吾人生活力量與領導社會思潮，及發揚時代精神的學問□□□如何輕視得？我們若認識文科的重要，便知書院制，可復行於今。因爲書院制的好處，就是自由研究之風。凡特殊人才如學問家與事務家。之養成，最好以書院爲其潛修之地，肄業年限可不拘定，思想任其自由，讀書任其採取，學科任其選擇專修□□□者，或志在事功，或願終身爲純學術的研討，皆隨其志願與興趣自由發展，無或加以阻遏。書院對於學科，或只粗分三系，曰哲學系，賅中外哲學，心理、邏輯等屬之。曰文學系，賅中外文學，歷史屬之。曰政治社會系。不唯治西學，須研本國史志及文集等。至於每系子目，隨時酌定。書院或取一師制，或取多師制，則依經費情形，及創建人之意旨而定。大約一師制，則以專於闡揚一家思想爲宜。如朱子白鹿洞，及象山、陽明之講學團體，皆此類。多師制，則如清末張文襄在鄂所設之兩湖書院，頗有宏規，所造人才殊不少。或曰：若如公言，書院亦同研究所，不即名研究所，而必仍書院之舊名，何耶？余曰：舊有制度之可取者，即無須改易名目。民國以來，凡有興作，只求名目一新，不務實事求是。吾未忍隨其流也。吾對書院之意思略如此。勉仁書院，目前只是籌備期間，若問吾參加梁先生之此項事業與否，以友誼論，將來成立時，吾自不能立於無關係之地位，唯吾精力頗衰，恐不必有所贊助耳。吾意梁先生實爲提倡書院制之適當人物，晚周儒家明體達用與成己成物之精神，梁先生可直下承當。以此精神，注於書院，必有效果無疑也。

（原載一九四一年十月《師友通訊》第六期。）

與黄艮庸

艮庸：

雲川夫婦赴桂□，吾未得其信，頗繫念。武大事吾不預計，且待中秋左右再説。世事至此，大家猶是昏昏，然荒嬉度日，乃莊生所謂心死之候。吾儕亦不可不念念猛省。更有一種人，恒自皇皇然如不可終日，此與前者同一死象。吾儕時自檢，於憂深慮遠之中，常不失奮强剛毅意志。箕子所謂自[178]靖，蓋即如此。人人保此一念，國難不足平。

並示頌天、眉生、淵庭、滌玄諸子。

（原載一九四一年十月《師友通訊》第六期。）

答鄧子琴先生書

十月十四夜來函，今午才到。吾自十月初來北碚，精神不寧，近數日始寫信，今明日，寫信或可減。後當閲書數種。冬臘間不卜可起草下卷否。今愈覺思力等等，一切皆遲鈍。一因老衰，一由心境太不閒静也。人生當衰世，苦可得言乎？汝上年談史諸文，吾未許可，其病甚多，難以言之。汝欲馳驅[179]於考據、義理之間，是以左右皆困，難遇通塗也。

義理貴創獲，脱然超悟，怡然獨得，有諸己矣。乃徵之天地萬物，而識夫衆理粲然者，無不左右逢源，所謂殊途同歸，一致百慮，所謂一以貫之，所謂通其一、萬事畢，皆澈底語也。雖未嘗不資於書册，而讀書但爲引發神思之助耳。世固有以經師之見而薄吾，於吾何哉。此段話，淺見者或不謂然。實則不唯哲學憑超悟，即科學上之創發，亦往往得之玄想，而後證驗不爽也。

考據尚積累，據文籍，以按索名物度數，舉例而博求其徵，亦或集證而始發其凡。讀書不多且審，則積累不富，無以爲推斷之具，此其用心在致曲，在考跡。故恒繫於曲，而闇與通理也。恒泥夫跡，而喪其神解也。

從來學者，欲兼考據、義理而並有之，吾實罕見。言義理而評判古學，不陷於曲解謬論者，若王輔嗣治《易》，通象而始掃象，可謂有考據工夫矣。伊川輩則未也。然輔嗣之於考據也，亦顧其大體而已。若果困於此，用細碎工夫則又何可成其爲輔嗣耶？吾之於佛家，亦若輔嗣之於《易》焉已耳。

汝誠志於義理之學，則每日必於埋頭書册之外，得以若干時間，瞑目静坐，或散步幽清曠遠之地，庶幾穆然遐思。所謂遐思，正是宗門云“恰恰無心用，恰恰用心時”也。真理著現，恒於此時遇之。若終日鑽營書册，精疲神敝於名物度數之搜求，豈有神解可言耶？

又學問之事，須自審資分，“作之謂聖，述之謂明”，前聖已言之矣。汝非創作才也，無已，其從事於述乎？夫子之聖，猶自謙曰“述而不作”，此業談何容易。程、朱諸老師門下，雖乏宏才，其於紹述之業，猶有相當能力。不然，則諸老師没世，而此學遂絶，此道無傳矣。吾忽忽已老衰，平生心事，付與何人？常中夜念此，不勝危懼。

來函云董仲舒未見性，自是確論。仲舒言天，頗有宗教家意味。

王充《論衡》，以開時俗壅敝，誠有當處，要其自身無所建白，於至道更[180]茫然，不得成爲一家之學。此在今日，何容過分提倡耶？至云《論衡》雜儒、道兩家言，《問孔》《刺孟》不過摘其書中可議處，非根本反其主張也，斯亦諦論。然以《論衡》作學術討論，究可不必。夫學術之事，上者，智周萬物，洞達本根，理極亡言，權宜立論，蓋應化無方，畢究離言説相。下者，則見有所偏，但於彼偏端，非無實見。即據其偏端之見，豎推横擴，徧覆一切。如數理哲學，唯以數學概念解釋宇宙。由生物哲學之見地，宇宙又似一生命有機體。此例不勝舉。故其持論，有據而不窮於應，有統而不失之濫。所謂持之有故，言之成理。雖其明之所在，即其蔽之所成，注意。然能獨闢一境界，自成一體系，要有理致可觀。學術之功能與價值正在此。古今中外，凡治哲學思想而能自成一家言者，無論規模廣狹，其實際大都不過如是。過此以往，則有通俗之學，駁雜之論，本無關於學術。唯其無可據之實，無自得之處，無經綸創造之本領。雖復涉獵百家，耳剽目竊，侈談思想，抉擇時俗得失，每有快語，激動流俗心情，若爲社會之前識者然。實則每提一主義，或論一事，卻不能窮原究委，極深研幾，無可導人於正常之途。如此流輩，世世有之，且恒不少。王充在東京，合入此類。是等著作，在歷史家眼光，欲考察其時代思潮，不可不注意，學問家無妨瀏覽及之，要無可多留意處。人生無真是見地，輙被古今淺夫昏子欺弄，此甚可哀。孟子曰“我知言”，佛家説有五眼，慧眼、法眼等。非其學與識臻絶頂，得爲具眼人耶，而敢曰知言耶。吾生今世，元自苦極，願汝精進，毋受人欺。若梁先生有辦法，勉仁書院可期成，吾不離是，子盍歸來。

餘杭[181]章氏，小學要自成家。於經、於史，博覽有之，名家未也。若乃義理或哲學思想，彼則假大乘以通諸子，而於佛氏又實未通曉，可謂兩失。世有法眼，於彼奚取焉？雖然，聰明博聞哉其人也！孔昭不欲抑之，亦是雅量。

《新論》原本《轉變章》“動點”之説，吾自潛玩及此。宇宙元是大用流行，不妨説爲一大動力。一者絶對義。大者無所不包義。動者神變無窮義，此動非與静爲對待之詞。力者言乎無窮之勢用也，此力字，勿作物理學上所謂“力能”來理會。只此動力，别無[182]實在的物質。動力不能凝攝，則空蕩無物，將何所藉以自表現？其凝攝也，則分爲衆多之點滴然，由此點滴，漸漸轉驫，而形成所謂原子、電子，乃至展轉形成物質宇宙。故推跡物質本非實有，吾自信理當如是。後聞學配言，西哲已有言及動點者。吾不能讀西籍，未知其立説之體系如何，其根本意思如何。但彼既有此説，則吾不願與之雷同，故語體文指《新論》一書——編者。已不用“動點”一詞。

揚子雲“人不天不因，天不人不成”之説，宜從各方面會去。若直以天人感應言之，恐非子雲本意。《新論·明心章》亦引此[183]語。

《天泉證道記》，當時已有疑案，“無善無惡心之體”云云，梨洲《學案》辨正不一次。吾意與惡對待之善，即與惡同屬後起，非本體原來有此。本體只是虛寂，只是清靜。佛家説爲“無漏善”，《大學》謂之“至善”，是不與惡者對。此能出生萬善，或發現萬善。而實不留萬善之跡。吃緊。於此言之，故亦無善。此語是否陽明所説，要自無病，但不善解，則爲病不淺。

循環與進化，宜細玩《語要》卷一中《答人書》。

湯先生函問吾尚堪用思否。凡人早熟者，或難再進。晚成者，老當不替。吾進學也遲，似思力未減。但作文較難耳。此信可陳錢先生一看。孔昭、仁甫、幹青均可一看。

（原載一九四一年十一月《師友通訊》第七期。又以《論性·答鄧子琴書》爲題，載於一九四四年三月《哲學評論》第八卷第六期。又見《十力語要》卷三《答鄧子琴》。以此處所載爲最詳。）

翻印小學韻語序

吾國古昔教育，自小學至大學，皆有專書，闡明宗趣。《大學》一書，載在禮經，卷帙完真。小學之書，除《管子》書中，載有《弟子職》外，餘多放佚。然其説頗散見古籍，有可考焉。自漢、魏以來，印度佛家思想，普徧浸漬於中國社會，由其道，高者偏趨出世，下者習於頽廢，甚者陷虛僞，而轉益其惡。由魏、晉迄兩宋，夷禍既日深，而吾之文化與學術思想，又見侵於印度，蔑能自振。有宋諸儒深憂之，乃表章《大學》，以與《論》《孟》《中庸》並稱四子書。又考定小學之籍，條補廢墜。自是而教育不失中夏本旨，學術有其統宗。數百年間，夷禍未及驟除，而民德歸厚，民族昭蘇。元、清以邊氓入主，卒革其蠻俗，與漢同化。蓋吾之文化，經宋儒[184]恢復，而根柢益固。吾民族有其卓然自立之道，終非外來暴力可以摧折也。夫吾先哲以性善爲宗，以天地萬物一體爲量，以剛健不靡於物爲用。故小學方始，則熏陶其德性於人倫日用之地。及入大學，導以格物致知，而必由乎正心誠意，極其大用於齊家治國平天下，要在以明明德立其體。至矣哉！教道之隆，與天無極也！今西人之教，雖審於辨物，精其知識技能，而於斯人真性，萬化本原，則未嘗反觀默識也。彼之所以繕其群者，恃有規律法紀耳。規律法紀，皆外鑠也，唯其習之已久，故可以爲治。吾小學之教，熏陶其德性於人倫日用之地，則率性工夫也，非外鑠也。此意當别爲論。吾國人今者既受歐化侵略，失其固有教法，而規律法紀之習，又非可從外方移植。此民德所由偷敗，而貪污、淫侈、浮虚、昏亂、誑詐、卑賤、柔靡種種惡德，形見於政俗者，乃極可痛悼，而難以驟易者也。

教所由衰，自清季以來，非一日也。璧山鍾芳銘定欣有憂之，嘗集同志，創設勉仁小學於璧之來鳳驛，本宋儒[185]小學之旨以施教。定欣之兄澤之，與徐君輔稷、張君季平，並敦古道，勇於爲義，乃共出資翻印羅忠節公《小學韻語》，使國内各小學，皆得用此書爲教。不唯目前收養正之效，而發揚固有文化，亦於此基之次，是善承有宋諸先生之志者歟！

中華民國三十年十月望日　黄岡熊十力

（原載一九四二年二月十五日《志學》第二期。）

論周官成書年代（存目）

（係作者一九四二年五月十日致蒙文通函，原載一九四二年六月《圖書集刊》第二期，署名爲“熊子真來函”。又見《十力語要》卷三《與蒙文通》。二者基本相同。）

論體相（答梅居士書）

昨接一函，比作答。茲又得一長函。尋玩再三，不意睽隔至是也。

夫體之爲名，待用而彰。無用即體不立，無體即用不成。體者，一真絶待之稱。用者，萬變無窮之目。

夫萬變無窮，元是一真絶待。一真絶待，元是萬變無窮。《新論》全部，只是發明此意。中卷平章空有，在在引歸此意。

古今學術思想，或從萬變中，追尋絶對。絶對，即上云一真無待。自宗教以至哲學正統派皆是也。哲學中談本體者，畢竟是正統派。或依萬變之迹，而行觀測，注意之迹二字則科學自此興。

科學於萬變處，不能謂之無所得。但其所得終不離迹，無緣理會萬變之原。其所仗者量智或知識，又當守其領域故也。

宗教與哲學雖分途，而哲學家中，頗有與宗教相通處者，即同具有極超越的理念是也。例如黑格爾氏之絶對精神，與宗教家上帝，雖精粗異致，其爲極超越的理念則同。由此超越感，不知不覺，而將本體世界與萬變的世界劃鴻溝。於是體用不得融成一片。許多談本體論者是如此，黑格爾似較好，但與吾《大易》之旨究不類。《新論》，直是不得已而有作，何容掉以輕心。

談阿賴耶識，須詳玩佛家經論，析其條理，得其統系，然後可衡其持説之是非。縱云，略其名相，而識其大意。卻須見真，方能辨妄。吾子以賴耶爲生義，不知賴耶生相，正是執着相。諸佛菩薩，誓願必斷者，賴耶也。而吾子執之以爲精義，謂老夫不懂，何耶？

來函，舉孟子禮義之悦我心，芻豢之悦我口二語。謂悦禮義之心，是無生。悦芻豢之心，是生。吾子自謂悟道，不知何爲有此言也。悦禮義之心，謂之生而無生可也。何以故？禮義之心，即生生不息之真也。人而失此心，即喪失其生理，而爲死物，所謂行屍走肉是也。然又謂之無生者。於諸物欲，無所執着。念念生動，而念念無染。吾故曰生而無生也。若夫悦芻豢之心，則是於生活中嘗起執着者也。此處不辨，而談心，豈諸佛所許耶。

老來精力短，甚怕寫信。如猶不謂然，可勿報。幸相念，願簡單互訊興居，毋涉理道起紛爭也。

又《新論》談心境渾融，正顯大用流行之相，無有條然二物可容剖別也。而子同之阿賴耶識，不審何義。賴耶是諸妄根本。妄心逐境，分明對待。如何渾融？

又《新論》談體用，輒以麻與繩，或水與冰喻。此正對治用外覓體之病。至理言說不及，强以喻顯。因明有言。凡喻，只取少分相似。不可求其與所喻之理全肖。吾書中亦屢加注明。吾子不察，乃謂吾以因果言體用。亦怪事也。

（原載一九四二年七月一日《思想與時代》月刊第十二期。又見《十力語要》卷三《答梅居士》。梅居士即居正。以此文爲詳。）

論玄學方法

幼偉先生：

承寄《思想與時代》第十三期。評《新論》一文，其後有疑問三點，復承函囑答復。吾大病初痊，老來不易恢復康健，意興蕭索，略酬明問，不能暢所懷也。第一，先生認爲吾之玄學方法，非純恃性智，或體認，實亦兼恃量智。此見甚是。但若疑吾有輕量智之嫌，則或於吾書有未仔細看也。又《量論》未作，則吾之意思，隱而不彰者實多。又向未有接談之機會，宜先生不盡悉素懷也。此一問題，實在太廣大。每以爲東西學術之根本異處，當於此中注意。先生第二疑點，實與此中密切相關。吾三十年來，含蓄許多意思，欲俟量論暢發。而以神經衰弱，爲漏髓病所苦。一旦凝思搆文，此病立發，便不可支。此苦非旁人可喻。又談理之文字，不可稍涉苟且。宋玉之賦美人，謂增之一分則太長，減之一分則太短，施朱則太赤，傅粉則太白。審美如是，論文亦似之。哲學文字，其於義理分際，謹嚴蓋亦如此。朱子爲《四書集注》，自云：字字皆經秤量。此非深於理者，無從知此意也。佛家以幽讚玄義之文辭，歸之工巧心。工巧二字，勿作世俗的意義會去。有味哉！世俗可與語此耶。每見相識，怪吾著書之難。曰：何不坐而言，令從遊紀述。吾聞之，俯首而嘆，此輩以爲天下無不可明白説出的道理，説出即録下，便成著述。如此見解，滔滔者天下皆是也。吾雖與言。又凡喻之於心者，出諸口便困。口頭有時勉强道得者，形之文字，又覺無限艱難。邏輯律令其難猶次。深入其阻，而顯出之。遍歷其廣博，而如量以達，無有漏義，則難中又難。且文章之事，純是精神氣力之表現。精氣虧乏，雖胸羅萬里，無可傾囊而出。偶爲語録式之筆語，則在今曰似不適應群機。今欲昌明一種學術，總以系統的論著爲宜。吾少孤苦，極人世難堪之境。中年困學，加以病患。初猶不敢輕爲著作。年將半百，始有意乎斯文。而精氣已不堪用矣。今迫六十，更復何言。《新論》語體文本，若以文學眼光觀之，自是短闕。若僅作談理文字看去，則每下一義，每置一字，皆經周察審慮，無有絲毫苟且，期於字字見吾之心肝臟腑而已。有一語不可按實，則老夫所不敢如此自欺者。至於寄托高遠，及夫經營組織之宏整，要自頗費苦心。若其辭義往復，百變不離其宗，期於反覆曲暢。孔子曰：書之重，辭之復，嗚呼不可不察也，其中必有美者焉《春秋繁露》。非精義入神，誠難知制作之不易。量論所以難寫出者，自度精氣只如此。欲本不苟之心作去，乃大未易耳。然此書不作，則於《新論》之了解，要不無閡礙。不卜將有作者起而彌吾缺憾否耶。上來許多枝蔓談，病中感觸，聊爲賢者傾吐，此後將正酬來難。

東方學術，無論此土儒道，及印度釋宗，要歸見體，此無疑義。但其從入之途，則有頓超直悟者，乃上根利器也。亦有婉轉迂迴，久歷艱辛，而後忽遇明珠者。明珠喻性智，前所謂頓超直悟，亦即於此超悟而已。至此，則迂迴者與頓悟人合轍。所謂殊途同歸也。是根器較鈍者所必經之困難也。性智是本體之異名，亦即是本心之異名。見體云者，非别以一心來見此本心，乃即本心之自覺自證，説名見體。此義確定，不可傾摇。玄學究極在此，如何説不純恃性智或體認耶？純恃二字，吃緊。此處容得着絲毫疑情耶？此非量智安足處所，寧待深言。頓超直悟人，當下睹體承當，不由官覺，不經推理，不循階級。宗門大德，皆此境界。顔子、蒙莊、僧肇、輔嗣、明道、象山、陽明諸先生，雖所造有淺深，要同一路向也。根器鈍者，難免迂迴，其觸處致力，全憑量智作用。探索不厭支離，徵測尤期破碎。以此綜事辨物，功必由斯。以此求道，道謂本體。豈不遠而？但使心誠求之，久而無得，終必悟其所憑之具，謂量智。爲不適用。一旦廢然，反之即是。反之即得性智。宋人小詞，衆裏尋他千百度，回頭驀見那人正在燈火闌珊處，正謂此也。故玄學見體，唯是性智，不兼量智。是義決定，不應狐疑。會六藝之要歸，孔門標六藝。通三玄之最旨，魏、晉人標三玄，約四子之精微，宋、明諸師標四子。極空有之了義，佛家大小乘，不外空有兩輪。以吾説證之，未見其有一焉或偶相戾者也。斯乃千聖同符，百王共軌；非有意爲合，乃神悟之玄符耳。

然玄學要不可遮撥量智者。見體以後，大有事在。若謂直透本原，便已千了百當。以此爲學，終是淪空滯寂，隳廢大用，畢竟與本體不相應。譬之遊斷航絶港，而蘄至於海，何其謬耶？大人之學，由修養以幾於見道，見道即見體之謂。唯保任固有性智，而無以染習障之，無以私意亂之，使真宰恒時昭然於中，不昏不昧。只此是萬化根源，通物我爲一。陽明咏良知詩，無聲無臭獨知時，此是乾坤萬有基，真了義語也。此種境地，豈可由量智入手得來？然到此境地，卻又不可廢量智。須知，量智云者，一切行乎日用，辨物析理，極思察推徵之能事，而不容廢絶者也。但有萬不可忽者，若性智障蔽不顯，則所有量智，唯是迷妄逐物。縱或偶有一隙之明，要不足恃。人生唯淪溺於現實生活中，喪其神明，以成乎頑然之一物，是可哀可慘之極也。若修養不懈，性智顯發，此即見體時。則日用間一任性智流行於萬物交錯，萬感紛綸之際，而無遺物以躭空，屏事以溺寂，至静之中，神思淵然，於物無遺，而於物無滯。是所謂性智流行者，亦即是量智。但此云量智，乃性智之發用。與前云性智障蔽不顯時之量智，絶非同物。從上聖哲，爲一大事因緣出世，兢兢於明體立極之學，豈無故哉？得此學者，方成乎人，方善其生，否則喪其生而不人矣。然若謂見體，便遊乎絶待，可以發絶量智，抑或看輕量智，以格物致知之學爲俗學，無與於大道，此則前賢所常蹈其弊，而吾儕不可復以之自誤而誤人也。

抗戰前，張東蓀先生常欲與吾討論中西文化，以爲二者誠異，而苦於不可得一融通之道。吾時默而不言。因量論未作，此話無從説起。實則，中學以發明心地爲一大事，借用宗門語，心地謂性智。西學唯是量智的發展。如使兩方互相了解，而以涵養性智，立天下之大本，則量智皆成性智之妙用。研究科學，經綸事業，豈非本體之流行而不容已者耶？孰謂量智可廢耶？

佛經，説佛號遍知。其徒或以爲成佛則自然無所不知也。不知，遍知云者，就真諦言，謂其證見真如，真如即本體之名。已知萬物之本，萬法之原，故説爲遍知耳。若剋就俗諦言，一切事物之理，雖成佛見體，果能不待量智推徵，而自然無所不知耶？

《新論》，主於顯體。立言自有分際。量論意思，此中固多有不便涉及者。

大文第二點云，著者一口抹煞，謂西洋哲學無體認。此亦未免武斷。實則，吾未嘗武斷也。若肯承認吾前文所説之不謬，即中學歸極見體，易言之，唯任性智，從修養而入，則西學是否同此蹊徑，似不待申辯而知其判然矣。夫體認之境，至難言也。由修養深純，滌除情識，而得到之體認。此天人合一之境，實則即人即天，合一猶是費詞。中土哲人所爲至卓絶也。西學一向尚思惟，其所任之量智，非必爲性智顯發而後起之量智也。何者？反求本心，吾似未聞西哲有以此爲學者也。夫思想之用，推至其極，不眩則窮。窮與眩異者，眩則思之多端，雜亂而成惑。窮者，思能循律而極明利，然終止乎其所不可思，故窮也。思至於窮，則休乎無思，而若於理道有遇焉。此任量智之學者，所以爲體認之候也。西哲所有者，當不外此。而格以吾先哲之體認，則似之而非也。

非從修養入手，則情識未淨。乘思之窮，而瞥爾似有默遇焉，非果與真理爲一也。要之，此事難言。必其從事於儒道佛諸氏之學，而非但以見聞知解或考覈爲務者，有以真知前哲之用心，然後知西哲自有不得同乎此者。昨臘，吾應南庠講演之請，方東美、何兆清諸先生，亦斷斷致辨謂吾薄西學不見體爲未是。及講後燕談，東美先生暢論西哲工夫，不外努力向外追求。吾笑謂之曰：本體是向外追求可得者耶？公毋乃爲我張目乎。今縱退一步言之，如先生所説，西哲自昔即有言體認者，然此必非西洋哲學界中主要潮流。猶如晚周名家，似亦偏尚量智。然在中土哲學界，終不生影響，可以存而不論。凡辨章同異，只約大端，别異處較論而已。人與動物，同處豈少也哉？而撮舉大端，則二者不止天淵之判矣。

大文第三點關於生滅義，前函已具，此不復贅。

九月十六日

昨函寫就後，復有餘意未盡者。大文有云：著者體用不二之説，西洋哲學，亦非絶無所見。如柏烈得來《現象與實在》一書，實嘗言之。如曰："現象無實在不可能；因如是，則誰爲能現。而實在無現象，將爲空無，因在現象外，必無物也。"是柏氏亦非外現象而求實在。即懷黑德教授《歷程與實在》一書，亦明此義。吾不能讀西籍，向者張東蓀嘗謂《新論》意思，與懷黑德氏有不謀而合處，未知果然否。先生所述柏氏語，似與《新論》有融通之點。然骨子裏，恐不必相近也。西洋學者所謂本體，畢竟由思惟所搆畫，而視爲外在的。《新論》則直指本心，通物我，内外渾然爲一，正以孟氏所謂反身而誠者得之，非是思惟之境。柏氏是否同兹真髓，吾不能無疑也。昨函答先生西哲自昔亦有體認之説，吾謂其似之而非者，蓋東方哲人一向用功於内，滌盡雜染，發揮自性力用，其所謂體認，是真積力久，至脱然離繫，本體呈露時，乃自明自見，謂之體認。莊子云：明者非謂其明彼也，自明而已。見者非謂其見彼也，自見而已。故此義極爲嚴格。西洋學者，從來以向外找東西的態度，探索而已。如獵者强烈追求，期有所擄獲然。故其所見之體，正是其思惟中所搆畫的一種境界，非果親證實在而直與之爲一也。西洋諸哲學家，其未能的然了解實在與現象爲不二者，固是錯誤。即如柏氏輩觀想入微，似有當於吾所謂體用不二之旨，然彼之入手工夫，恐終是西洋路數，唯向外探索爲務。則彼所見之體，要非如實證見。若爾，則彼之體用不二觀，雖與吾有其相近，而骨子裹究判若天淵。此不容不辨也。體理之意義，吾已略説如前。不獨西洋學者功力不同，未必果有此詣。即在宋、明人語録中，其於體認一詞，亦有寬泛的説法。或以尋思義理，反覆含玩，使印解益加深切，謂之體認。或則推尋至竟，瞥然有省，恍悟至理，畢竟不可思議，於是曠然若有默喻。以上二種意義，皆與吾前所謂自明自見者，絶不相侔。其後之一種，由推尋至竟，而返諸默喻。其所謂默喻，猶是最極微細的觀想，非即本體呈露也。本體必離繫而始顯，以探索爲功者，始終有所繫也。故彼之體認，非吾所謂體認也。真見體用不二者，説一真湛寂也得，説大用流行也得。説一真湛寂，即是大用流行；説大用流行，元是一真湛寂，均無不得。此中具無上直深微妙義，恐柏氏思解所至，未許入實際理也。

又大文云：著者認心物皆無自體，同爲一個整體不同之兩方面，此其説，最近西洋哲學同見及之。如羅素，如杜威，如懷黑德，無不同聲否認心物各有自體。心物二元論，已成過去。先生此段説從大端趨勢上説，固無不可。然各家持論的内容，與其根本觀念，又當莫不互異。《新論》，依本體流行，假説翕闢，復依翕闢，假各心物。順俗諦，則不壞世間相；心物皆許有故。入真諦，則即於世間相，而蕩然離相。乃見一切皆真。諸家果臻斯詣否？

又大文云：著者自認與西洋哲學不同之點，在於本體之認識，恃性智而不恃量智。此不唯與柏格森之直覺説有相似處，即柏烈得來亦見及之。柏氏謂思想僅能運行於有對，而不能運行於無對。思想如與實在一致，即爲思想之自殺。是柏氏亦感覺量智不可恃。先生所引柏氏語，甚有意思。不悉中文有繙本否？先生當精於柏氏之學，何不迻譯得來。唯云與柏格森直覺説有相似處，則期期以爲不可。憶昔閲張譯《創化論》柏格森之直覺，似與本能併爲一談。本能相當《新論》所謂習氣。其發現也，則名習心。習必趣境，固不待推想。然正是妄想，不得真實。此與吾所謂本體之認識及性智云者，截然不可相蒙。

病痢初痊，辭不達意。義理不厭求詳，非必欲静一己之是也。

九月十九日

（原載《思想與時代》一九四二年十一月一日第十六期。又見《新唯識論》卷下之二附録《答謝幼偉》，文字存在差異。）

學術通訊（致謝幼偉、張其昀）（存目）

（原載一九四二年十二月一日《思想與時代月刊》第十七期，包括四封信札：1.《儒家與墨法》，原為一九四二年九月十九日致張其昀書，後收入《十力語要》卷三，題為《與某雜誌社》；2.《談生滅》，原為一九四二年□月□□日致謝幼偉書；3. 一九四二年十月二十三日《答謝幼偉論玄學方法》；4. 謝幼偉《答熊先生論玄學方法》。其二、其三兩札合併，收入《十力語要》卷三，題為《答謝幼偉》。）

哲學與史學（悼張蔭麟先生）

吾國古之治哲學者，必精史學。宣聖開千古哲學之宗，而亦千古史家之大祖。司馬談父子本史家，而《論六家指要》，則又深於哲學矣。夫哲學者，究天人之故，窮造化之原，而以不忘經世者爲是。印度佛家哲學思想，雖高深玄妙，而卒歸於宗教，以出世爲蘄向。故印度人於歷史特缺乏。民族式微，有以也。吾國先哲，於史學、哲學，嘗兼治而賅備之。究玄而基於綜事，窮理而可以致用，探微而察於群變，極玄而體之人倫，廣大而不遺斯世。環球立國之古，族類之蕃衍，文化之高尚，無逾於我皇漢者，學術之所繫，豈不重歟！張蔭麟先生，史學家也，亦哲學家也。其宏博之思，藴諸中而尚未及闡發者，吾固無從深悉。然其爲學，規模宏遠，不守一家言，則時賢之所夙推而共譽也。蔭麟方在盛年，神解卓特，胸懷冲曠。與人無城府，而一相見以心。使天假之年，縱其所至，則其融哲史兩方面，而特闢一境地，恢前業而開方來，非蔭麟其誰屬乎？惜哉，其數遽止於此也！今之言哲學者，或忽視史學。業史者，或詆哲學以玄虚。二者皆病。昔明季諸子，無不兼精哲史兩方面者。吾因蔭麟先生之歿，而深有慨乎其規模或遂莫有繼之者也。故略書吾意，以質諸當世。

（原載一九四三年一月一日《思想與時代》月刊第十八期。）

孔子内聖外王之學

孔子之學，莊周稱爲内聖外王。内聖之學是如何？外王之學是如何？莊周卻未加以申説。六經四子，廣大悉備，天道、人事、物理，無不賅括其中。宋代永嘉派之學者葉水心氏，常謂平生博涉六經，苦不得其旨要。葉氏此種感想，恐是從來留心聖學的人所同有者，並不止他一人。司馬談是西漢的一位大學者，他就説儒者“勞而無功，博而寡要”，可見漢世經師雖多，卻還没有得着孔子的要領。吾老矣，就平生甘苦所嘗，欲本守約之道，以提出我對於孔子的要領之體認所到。我相信孔子内聖之學，只是一個“仁”字爲根本；外王之學，只是一個“均”字爲根本。什麼叫做仁？用俗話來説，仁就是良心。吾人日常起心動念，不容有一毫私意私欲，如有一毫邪念，便自愧恥，不敢對人説出。而自尊自愛的人，更要把邪念克伏他，不肯見之行事。這時的心，就是良心，就是仁。反乎此者，便謂之没有良心，便是不仁。吾人内自省察，良心上，是視人猶己的。自己有飯吃，見人無飯吃，卻不忍。自己有衣服，見人無衣，卻不忍。這種不忍的心，便是良心，便是仁。所以程子説：“仁者渾然與物同體。”王陽明先生説：“仁者以天地萬物爲一體。”良心上確是如此。可惜一般人不能把他的良心擴充去，而常以私意私欲來阻礙他的良心，以至成乎禽獸，全無人生的意義與價值，此真是可痛心的事。願大家細玩《論語》，要了解求仁之旨。

均者均平。孔子外王之學，用時下的名詞來説，就是他對於政治和社會的理想。須知自有人類以來，政治和社會的問題，糾紛複雜，禍患無窮，總是與日俱增，隨時演變。吾人欲求得邃古以來，政治、社會各方面無窮的困難問題所由發生，總不外三字，“不均平”而已。人類從有生以來，没有一天嘗過均平的生活，所以隨時隨地總在發生問題。孔子有見於此，便以均平一大原則，來隨時解决政治、社會上的一切糾紛問題。《論語》説：“不患寡而患不均。”一部《周禮》，其規劃大無不包，細無不入，卻是根據均平的原則。《大學》言理財，歸之平天下，而復示以絜矩之道。理財必歸之平天下者，因爲經濟問題，是要全世界人類共守均平的原則來解决，而後全人類有幸福。否則此一國家要行侵略政策，而以彼一國家爲魚肉，其結果必至兵連禍結、互相殘毁而後已。所以，經濟必通天下即全世界。而計其盈虚有無，以互求其均平，而不容一國獨行侵略。聖心深遠，爲萬世蒼生計，如此其切也。絜矩者，恕道；恕者，推己及人；我所不欲，勿施於人，是之謂恕。今世列强，若能本吾夫子之恕道而行之，則世界經濟自無不均之患，而人類自毁之禍可以弭息。至於國内之政，官吏守恕以養廉，人民本恕以濟國，則區區倭寇，何足爲吾憂？是在吾上下皆能實行夫子之道而已矣。

（原載一九四三年八月二十七日《孔學廣播講演集》第一輯，孔學會編，成都孔學會。此文爲第七講，於是年五月十一日廣播。）

研窮孔學宜注重《易》《春秋》《周禮》三經

芸樵先生大鑒：

承屬爲季刊作文，力一向極少在雜誌中發表文字，因精力短促，苦無此等餘興。然公宣揚聖學之苦心，則下懷所極感佩，而不容無一言。

曾聞西人某氏有云："最偉大的思想家，必是傳統的思想。"吾覺此語極有義蕴，在説者的意思究是如何，吾不深悉，而吾之感觸，則以爲傳統的思想，必有左列之各條件：

一、此等思想，必非限於某一部門的知識，而是對於宇宙人生諸大問題，特有解悟，因此能啓示人類以超脱塵凡，至高無上，圓滿無缺的理想生活[186]。亦云精神生活。

二、此等思想，必非限於一時一地，或對某種流弊爲矯枉過正之倡導，而其所發明之道理，確是通古今中外而不可易的。儒者所謂中庸，老氏所云"常道"，莊子云"參萬歲而一成純"，佛説"萬法皆如"，皆義蕴深廣，非淺智所測也。

三、此等思想，有大思想家創之於前，亦必時有大思想家繼之於後，前後互相印證，雖或不能無小出入，如見仁見智見淺見深之殊，但其根本精神，恒相一致。

如上略説三項，是傳統的思想所由成立。

孔學在人類思想史中是傳統的思想，此不待言。顧自歐化輸入，國人方急於知識技能之摹倣，乃捨孔學而不求。於是己立立人、己達達人之學，日益淪喪，人將不成爲人，雖有智識技能，而得相生相養以遂其信歟？抗戰以來，朝野漸注意孔學，此固剥復之幾，獨惜自清季以來，士大夫相習以空文呼號，而潛心深研學術者甚少，躬行實踐，更無望矣！國難至今，吾人宜知自反也。

凡對於大學派之研究，必選擇其重要典籍，奉爲宗主。如佛家大乘，空宗則標舉《大般若經》，及《中》《百》《大智度》等論爲依據；有宗則以六經、十一論爲依據。其在吾儒，至宣聖以六籍授三千七十之徒，逮魏、晉玄家溝通儒、道，始以《大易》《老》《莊》號曰三玄。有宋諸師承魏、晉以降玄、佛合流之後，始提振儒風，特宗孔、孟，於是定四子書爲依據。凡所崇依，各由其時代之提倡者自爲選定，亦各因其時代之需要而有深意存焉。居今之時而言孔學，將紹宋、明諸師四子之遺規乎？抑通舉六經乎？吾以爲六經四子並是根本，無一可忽，但所爲選擇者，示有宗旨，庶幾治群經或群書皆歸宿於是，易言之，皆不離此宗旨。吾平生所以自修而教學者，常以三經爲本，曰《大易》，曰《春秋》，曰《周禮》。今略撮三經旨要，分述如後，明吾所以宗之之意。

（甲）《大易》

一曰《易》之爲書，窮神知化，東方哲學皆談本體。印度佛家闡明空寂之一方面，甚深微妙，窮於讚揚。中國《大易》闡明神化之一方面，甚深微妙，窮於讚揚。拙著《新唯識論》融佛之空以入《易》之神，語本體較詳明。明變易與不易之義，參看《新論》。要歸萬物各正性命，詳《易·乾[187]卦》。盡天地古今談哲學者不能外此。

二曰剛健不息，與變動不居之義，發揮宇宙人生之蘊，至矣盡矣。

三曰《易》言之者仁也，仁統萬德，生生不息之本體也，此不易者也。若只窺見變動而不悟仁體，則人類終古無所庇矣。

（乙）《春秋》

一曰六經以《易》《春秋》爲要，孔子所親制作也。莊生以内聖外王之學稱孔子,《易》明内聖而外王賅焉,《春秋》明外王而内聖賅焉。二書制作極特别，皆義在于言外。

二曰《春秋》以元統天，與《易》云“大哉乾元乃統天”同旨，足證二書爲孔氏一家之學。

三曰《春秋》本元以明始化，立三世義，明政制、經濟乃至道德等等，皆隨世演進。《易》立隨卦，明隨時之義，立鼎、革二卦，明隨時革故取新之義。此與《春秋》相爲表裏。

四曰《春秋》内其國而外諸夏，以明國家思想；内諸夏而外夷狄，以明民族思想；終乃遺除國家民族之封畛而進至大同太平。其進以漸而不相抵觸。《易》卦有家人與同人，亦皆此旨也。《易》又立比卦，伊川傳曰："萬物莫不互相比而生。"此互助論之始，異乎達爾文之言物競矣，太平思想之根據，亦在是也。《春秋》罪强暴之侵略行爲，故孟子曰："《春秋》無義戰。"凡戰皆斥爲不義。而於弱小不能抗禦强暴者，則罪之尤不稍寬。如書"梁亡"，罪梁人之自亡也。書"鄭棄其師"，罪鄭人不知整軍經武也。略舉二例，可概其餘。夫弱小不奮發，則强暴無緣抑制，世界何由進於太平？此國家民族思想所由不與大同太平理想抵觸也。

五曰《春秋》明世運，文質遞變，而救文之弊，不可以過質，船山王子善發斯旨。

六曰《春秋》於世運未進太平時，姑獎霸統。夫王道者，純仁之道也，言仁即賅義、禮等。非舉世相率以仁，固無由太平。若霸者之所爲，已不純乎仁矣，而獎之何邪？霸不純乎仁，而猶異乎强吞巨噬，殘毁萬物，絶無信義，悍然以横蠻爲務，而毫無忌憚者也。吾戰國時秦，及今之希特勒與倭奴，皆人而同化乎獸，乃霸者之所必誅。故五伯之迹息，而秦始逞。近者英人方欲斂其伯權以傾於保守，而希特勒乃横行，幸邱相起而振之，又得美人與蘇聯之助也。故霸者托乎正誼，猶以文明與人道相聲張；其制馭弱小之術，雖非仁道，而較以獸道，猶有幾分寬大意思。且弱小如有力圖强，則其可得之自由亦較多，非若以獸道待人者，唯横噬之爲快也。故《春秋》大桓、文之功而狄秦穆，其惡秦也深矣。《書》終《秦誓》，非夫子删定之《舊》，蓋後來秦人所加也。夫霸者立約以與天下共守者有二焉。一曰不許滅國，如齊桓復邢、封衛，楚莊下宋而不取，皆其著者。終五伯之世，弱小依霸主以存，非甚無道或自處乏術者，固不至見滅於人也。霸統衰而後弱小悉併於强大，次强又併於最强矣。二曰列國交相利，《墨子》書中主張交相利，亦《春秋》之旨。如葵邱之會，如曲防，興水利，築堤防，不能以鄰國爲壑。毋遏糴，即是各國的經濟，一以均平與互惠爲主。霸者所以維持天下之大道，猶未背於仁術，但如朱子所謂不免有許多破綻[188]處，故異乎太平之治耳，然去獸道已遠矣。夫人之異於禽獸者幾希，若有梟桀之材，挾其野心起而操縱群衆，則争端開而人相食之禍劇矣。霸以力假仁，猶足以抑獸道，故未可過斥也。陳同父不肯抑霸，可謂知《春秋》者也。孟子能言《春秋》，而未免鄙霸，異乎通變之學，非吾夫子本旨也。宋以後儒者之迂闊[189]思想，孟子啓之也。吾國在今日莫急於圖霸，霸且不能，欲勿爲人魚肉，得乎？

（丙）《周禮》

一曰《周禮》一書，以職官爲經，事義爲緯，其於治理，直是窮天極地，無所不包通。但有同於《易》《春秋》者，亦是義在言外。其表面只有若干條文，並不鋪陳理論，而條文中卻藴藏無限的理論。

二曰《周禮》首言建國，其國家的意義，只欲其成爲一文化團體，對内無階級，對外不成國界。非如今世列强，直是以國家爲其鬥争的工具。至其所謂辨方正位，是斟酌地理與民性的關係，而爲其團體生活之宜，以劃分領域，故不容人侵略。

三曰《周禮》政治是多元主義，各種職掌或業務，無小無大，都平列起來，欲令平均發達，不是一種最高權力斷制一切。

四曰《周禮》是主張治起於下，此義昔儒已多見到。

五曰《周禮》主張經濟組織，一以平均爲原則，與《論語》言患不均及《大學》以理財歸之平天下同一意思。

六曰《周禮》主張德治與禮治，其餘普遍的人民，都要訓育以德與禮，非若西人偏講法治。明儒方正學常欲本其意以見法行事，以爲太平可期。

七曰《周禮》的思想，是爲《春秋》由升平進太平的理想，故《周禮》與《春秋》相通。

八曰《周禮》頗有劉歆竄亂的地方，漢武所謂瀆亂不經之言，時亦有之，方正學曾論及。但其大規模甚好，決非劉歆所能僞造。

吾表章三經，非謂他經可廢。蓋以三經爲主，而群經及諸子皆可與之疏通證明。平生積此意久而未發，寫此不獲暢意，如今匆匆公佈之季刊，世不乏宏達，將有匡我者，是所幸也。

（原載一九四三年八月《孔學》雜誌創刊號。芸樵先生指該刊常務理事何芸樵，字常川。又以《〈易〉〈春秋〉〈周禮〉與中國之傳統思想》爲題，發表於一九四五年九月二十五日《龍鳳》雜志第三期。二者基本相同。）

新唯識論問答（存目）

［原載一九四四年一月《哲學評論》第八卷第五期。即《新唯識論》（語體文本）卷下之二《附録》之一部分。文字略有不同。］

先秦儒家之典籍

欲研究儒家學説，對先秦儒家之典籍，自須精心竭力，加以玩索。

惟在先秦儒家之典籍中，尤特須注重三種，即《易經》、三禮及《春秋》是也。

三禮乃儒家政治理想及社會理想之偉大表現，其博大崇高之處，及其對我國歷代政教風化之影響，自應爲從事實際政治事業及實際社會事業者之所不可稍忽，而禮治王道之精義，尤當於此書中求之。

《易》與《春秋》二書，言外之意極多，如僅從字面上看去，對二書精神與面貌之所在，必無所悉。王荆公謂《春秋》爲斷爛朝報，以及今之淺人謂《易經》僅爲符咒之書，蓋皆不知此二書爲何物者也。

《易》之談體至精，其善言變化，實古今中外之第一奇書。我國最大思想家如孔子，固深於《易》。即老莊之輩，亦深於《易》者也。《大易繫辭》對儒家思想之關係至巨。後世儒家之談本體者，固莫不以此爲依歸。吾人若欲見體，自須對此一書，痛下功夫也。

《春秋》一書，乃孔子學理之應用，所謂知我罪我，俱惟《春秋》也。其微言大義之潛伏於字裏行間，惟慧明會心人始能窺見。其許桓公以霸，其許管仲以仁，此與孟子之純言王者，蓋又有别。孔子一生心事及其從實際政治中之所得與夫從實際社會中之所獲，其具體主張之在《春秋》一書中，最爲顯見並最爲著重者，厥爲在文化上之内諸夏而外夷狄。惟其如此，遂倡言尊周尊王而攘夷許霸矣。此與後世儒者之空疏迂闊，不識事體，真不可同日而語也。文化之進展，端賴和平之維持，而和平之所以不能維持，實因國與國之間不能同等强大，致有强弱之分，而使弱者動强者之貪欲，霸者鋤[190]强扶弱而[191]維護和平，正今世之所不可少。齊桓、晉文之合諸侯以尊周，若在今日，自尤可欽。尼父胸次，於此亦可想見一二矣。孟、荀二人，本此而論，孟猶未及荀卿，蓋荀子書對《春秋》義，猶多心得也。

《易》《禮》《春秋》，真天下奇書，惜真知者少耳。歷代人士對民族典籍與人物之賞鑑於批評力，似多低能，此深可嘆。其所推崇，每非第一流者，識力太低故也。如韓愈、蘇軾之輩，除爲文略有文氣而外，並無若何可取之處，然其名聲之所播，幾至稍識文字者皆能道之。此誠不能不置疑於我民族識力之低，而實應思補救之法。周、程、張、朱諸子之文，按之有物，陽明文勢甚高，然真能欣賞者反少。若夫《易》《禮》《春秋》，更無論矣。

附註： 此文爲熊先生在北碚口講，爲記者就記憶所及所作筆記。文責自須由記者負之也。

（原載一九四四年三月一日《中國文化季刊》第一卷第一期。）

學術通訊（談性、説易、論文）（存目）

［原載一九四四年三月《哲學評論》第八卷第六期。包括三篇文章：1.《論性（答

鄧子琴書)》，即《十力語要》卷三《答鄧子琴》(第一信)，二者基本相同；2.《説易(節萬氏易書序)》，即節録《十力语要》卷一《重印周易變通解序》而成；3.《論文(答江易鏵)》，即《十力語要》卷三《答江易鏵》，二者基本相同。]

梅川日記序

《梅川日記》者，友人居覺生先生存稿也。先生當辛壬之際，開國大事，皆所親歷，札記甚詳。余昔嘗見之，許爲開國信史。癸丑討袁，不克，遂逃海外，札記散失，足爲太息。其後還家，得日記殘本，所記皆武昌革命事迹。而辛亥以前所記，尤可見義師之所由興，雖不甚詳，要堪寶貴。日記雖只存一本，然係巨册，今所發表，不過一半。謙退之懷，既不欲自彰其所建白，又於近事有不必直揭者，無妨姑置云。余閲此册，而有所感者，略言以四：一、遜清末葉，革命黨之發動，多主由邊省著手，以爲腹地進攻，或難操勝算。黄克强入粤，宋遯初、吳崑等走東北，皆持此主張。其後遯初諸公，雖有長江中部同盟會之議，而實則徒有名義，諸公亦無肯親駐鄂者。及覺生先生回鄂，與武昌各團體密切聯絡，遂有辛亥之事。蓋武漢爲南北關鍵，一旦動摇，則四方瓦解，昔者何烈士自新嘗持此議，不期而與其預測合也。二、自昔史家之論，凡領導群生而爲萬民所托命者，必用天下之智以爲智，而非恃一己之智也；必用天下之力以爲力，而非恃一己之力也。孫公宏願毅力，以革命呼號海内外，領導群倫，而任同志各盡其智與力，皆得自由活躍，無所牽制，無所顧忌。故鄂州一呼，而萬方響應，共戴孫公無異志。後之論者，於此不容忽視。三、楚人自昔有抵抗强暴之特性。秦起西戎，併六國，而楚乃以三户亡之。元人入關，有天下者九十年，而徐壽輝、陳友諒、明玉珍諸帝，皆以鄂籍而發大難，驅暴元，還大統於朱明，育華胄以自由。今之覆清，又由鄂始，此非論史者可注意之事乎？四、清末革命思潮，雖已澎湃於全國，然使無充實有力之根據地，則亦難遽覩其成。同盟會所以收功實於武昌者，則以鄂中無數志士，早從軍隊着手，當時純爲民族、民權二大思想，而忘身命以圖實現。王船山、杜于皇之學説與風節，感人至深。而民生主義，則以無大地主之故，當時似不甚注意。王漢首拚一死，其真誠、弘毅、高尚、純潔之精神，真足以驚天地泣鬼神。鄂人之不計死生，而哀號於軍隊中，遂使全軍皆爲革命黨，王公之化，不可忘也，而至今未蒙褒恤！夫鄂軍全體皆成革命黨，人人置生死於度外，此段雄壯之氣，如何可當？辛亥爆發，而瑞澂、張彪不得不逃，亦大勢之必然也。惜乎袁氏凶猘，摧殘三楚新興之氣殆盡，而國事乃不可問矣。昔者章太炎先生每遇鄂中舊人，無論其有無名位，必咨嗟太息而慰安之曰：辛亥之事，不忍忘也。嗚乎！此真仁人之用心哉。今之談辛亥事者，只視爲兵變與瑞澂無能所致，則非獨昧於事實，而適見其中心之悠忽而無誠矣。覺生先生既允諸同志之請，以此册付印，而欲余序一言，故書所感，以質天下後世讀是書者。

中華民國三十三年四月十五日熊十力

（原載居正《梅川日記》，上海大東書局一九四四年四月出版，標題爲《熊序》。又載一九四九年一月《國史館館刊》時，標題改爲《辛亥札記序》。二者文字略有差異。）

墨子之願力與信仰（存目）

（原載一九四四年五月一日《新蜀報》第四頁“力行”專欄第一期，又以《墨子》為題載一九四四年七月七日《孔學》第二期。與《十力語要》卷一《談墨子》一文，文辭基本相同。）

學術通訊（答友人書）（存目）

［原載一九四四年五月《哲學評論》第九卷第一期，即《新唯識論》（語體本）卷下之二《附録》中《答友人》。］

哲學功用論（存目）

（原載一九四四年六月一日《新蜀報》第四頁“力行”專欄第三期，因年久漫漶不清，全篇文字已無法識讀，姑存目俟考。）

學術通訊（情感與理智、談郭象注）

情感與理智（答諸生）

西洋學人將理智與情感劃分，只是不見自性，即不識本性。吾先哲透明心地，即謂本心，即從情之方面，而名此心曰仁。仁之端曰惻隱，惻隱即情也。然言仁便已賅智，姑息與貪愛並非仁，以其失智故。故知言仁，而智在其中矣。或從智之方面，而名此心曰知。如《易》曰“乾以易知”，曰“乾知大始”，孟子曰“德慧”，程子曰“德性之知”，陽明曰“良知”，皆是也。然言智，便已賅仁、義、禮、信等等萬德。《易繫傳》言窮理便已盡性至命，可知言智而萬善無不賅也。識得本心元是情智不二之體，名之以智也得，以其非染污之智也；向外追逐與計較利害得失之智，是染污智，非本心也。故不賅萬德。名之以情也得，以其非惑亂之情也。俗所謂盲目衝動之情，儒者謂之私情私欲，亦通名己私。佛家説名煩惱，煩惱即惑亂義。己私與煩惱，便非正常之情。正常之情，即中節之和也，即性也。性情無二元，宜深體之。西洋學人不了自性，而徒爲智與情之分，其所謂智，終是佛家所云“有所得心”。有所得心，此語含義深廣。如向外追求，而計爲有如是如是事理，此即有所得心。畢竟[192]不與真際相應。即在哲學、科學等等方面之創造家，其理智之發展，已迥超越一般人之所有較量利害得失等等低度理智作用，其明辨與洞達萬事萬物之理則無迷謬之愆，其於人生之了解，亦較高於庸俗，此等理智作用，可謂本心呈露乎？恐未必然也。世固有不透本原，本原即謂本心或自性。而轉捨其下等追求，以從事於高等創造，則由用志不紛，古云用志不紛，乃凝於神。而無下等雜染即謂下等追求。障礙其神思故。

因此有極精微之明解力，即徒有緣事智，緣者，緣慮義。事者，事物。能了解萬事萬物之理則者，謂之緣事。即以此智，名緣事智。而不能證會一切物之本體，以外緣故，有所知相故。外緣者，謂以所知事理，視爲外境而了知之。所知相正由有所得心故起。證體則泯内外，無能所，斯乃至人超越理智之境，非學者事。又前謂其於人生之了解，僅較高於庸俗者。彼之所了解，只是其一種知見。若證體者，即滌除玄覽，此中玄覽，謂知見。蓋借用《老子》語。而一任真性流行矣。或問，如公所言，有高等創造者即有緣事智，而又謂其不必透悟本原；既不悟本，云何得有緣事智？答曰：人自有個本原，雖一向外馳，不復自識，然本原何曾消滅？緣事智畢竟依本心而起，若無本心，其可憑空幻起耶？但至人悟本，則緣事智亦是本來妙用，不至逐物而自迷其本。不悟本者，則緣事智只是逐物，只是外緣，便喪失自己。此〔193〕中自己，非謂小己。勿誤會。陽明所謂“抛卻自家無盡藏”，此可哀也。

此方先哲，千言萬語，只要知本、立本，只要知性、盡性。性者，即是〔194〕本心。若不悟此，而徒分别理智、感情，而日以理智駕馭感情。殊不知，未識自性，未澈本心，則其所言之智，何曾離得染污，而可恃此爲主宰耶？其所斥爲盲目狂馳而不足任之情，正是惑亂，又豈是吾之所謂情乎？由昧本故，無端生出許多葛藤，遂令先哲正義晦而不明。

又復應知，於情上指性，須於情字認得分明。世間一般人口語中之所謂情，往往是己私，而不是情也。孟子以四端顯性，即於情上指性也。然其言惻隱，則於今人乍見孺子入井，當下一念，非所以納交於孺子之父母，非要譽於鄉黨朋友，非惡其聲而然。指此當下之惻隱，乃是真情，乃是正常，乃是中節。過〔195〕此以往，納交、要譽，百僞叢生，則謂之情，而實成惑亂，不應謂之情矣。真情即是真性，非二元也。惻隱如是，羞惡、是非、辭讓諸端，皆可準知。讀此等書，非反躬察識分明，其有不辜負聖賢心事者哉！

談郭象注（答友人）

十五日函才到，可謂遲矣。茲答者：一謂中國自古及今，唯孔、莊二人，吾不贊同。孔子無得而稱矣。莊生才力高於道力，其學實原本於老，而自成一家。其慧雖高，而不免玩世，至少有此傾向。兄謂其偏，是也。而不能如佛氏之偏得有氣力。佛氏精進勇悍，悲願宏大。若悟其出世之偏，而歸之中正，則與宣聖併力而綱維大宇，無須言度脱矣。莊周終是冷然扁舟孤海人也，非聖人之徒也。老氏守樸，其慧深而不露，要自勝於莊。而孔門求仁之旨，非其所及，一轉手便成漆園之學，非偶然也。二謂子玄注幾勝於莊，亦不然。子玄之善，約有三端。窮神知化，雖不能如《易》，《易》歸本剛健，莊則於虚寂處有體悟，而不知至虚至寂者，即是至剛至健也。《新唯識論》中卷宜玩。而所冥會者已深矣，此其一。自然之妙，子玄時發其機，而猶不免雜以膚談，忙中不暇舉證。但子玄以外，確未有能及之者，故可尚也，此其二。體神居靈，非知解境界，子玄於此，實有深會，此其三。至於治化之極，必泯除矜尚。今西人戮力以求者，無論爲民主、爲□□、爲希特勒之徒，要皆有所矜尚而爲之。西人凡一切改革，一切奮鬥，而其生活，只是向外發展。不似東方人，能超然物外，而返諸其性分内之自足自樂。此即老、莊所斥爲矜尚者也。矜尚一詞之意義極深廣，學者罕有於此深心領會者。行之一國一群，雖有鼓舞之效，而於人生合理之生活與夫全人類之福利，則背道而馳。老、莊之所痛所惡者此也。子玄於此雖見大意，而未能恢宏，正由其於儒術少有所得耳。吾儒之爲治也，以仁爲體，天地萬物生生之大原，即仁是也。聖人體之以爲治，而宏天地萬物一體之量。《易》之乾元、《春秋》之元，皆此旨。後儒得此意者，王陽明《大學問》最著。以致知格物爲用，致知格物，朱子、陽明所解宜會通。略見《語要》卷一。以誠恕均平爲經，會通六經、四子書，其言治之大經，不外誠恕均平諸義而已。其閎遠真切，非短識所喻。以隨時變化爲權，《易》之隨卦、與鼎、革二卦，及《春秋》三世義，皆主隨時更化、非守故常。此與致知格物義相關聯。利用厚生，本之正德，《左傳》引《夏書》云："正德利用厚生。"道政齊刑，歸於禮義，非不事政刑也，但以禮義爲本。始乎以人治人，《中庸》言：“以人治人，改而止。”朱注謂以其人之道，還治其人之身，期於改過而止。此義廣遠深微，俗士不能喻。禮治與德治之精神，只是以其人所固有之道，還治其人之身。非若世之言法治者，徒從人與人或人與團體之關係上，以法令約束之强制也。極於萬物各得其所，六經皆明此義。終之以群龍無首，萬物莫不平等，莫不自由，無治者與被治者之分，無國界種界之分。但此義甚高，不可期之以驟。吾國在今日當提倡民族思想。裁成輔相之功，參贊位育之盛，道則高矣美矣，至矣盡矣，無得而稱矣。斯老、莊、釋迦之倫不得與聞，而况於子玄之纖細者乎？此等處，吾確有真見，得力於《易》《春秋》者爲深，自兩漢以來，未有臻斯詣者。吾原欲俟《新論》及《量論》成後，當另爲一書，專明化理，亦云治道。本之《易》《春秋》，而會通老、莊、墨、法諸子，歸之太平大同，以獻與將來人類。余然後謁宣聖於九天之上，無遺憾焉。雖然，吾已六十衰年，逢兹多難，精力虧損，不卜能果此願否。前與張溥泉先生筆語，不覺憶念平生而有感喟，蓋深懼吾年力漸衰，而世人又少可與言，將孤零以終，而不獲盡佈其幽隱之意。此老來所慮也。談至此，不覺支蔓。要之，子玄注《莊》，其勝處不過如上所述。而莊生閎遠處，子玄未發者猶多也。歲寒試筆，吾無間然。但反己一着，兄猶有問。孔門内聖之學，至陽明而直捷了當。兄於此，恐不肯留神也。莊生以後，慧高者莫如陽明。若其直接孔門心髓，敦天地萬物一體之仁，則非莊生所逮也。

（原載一九四四年七月《哲學評論》第九卷第二期。前一文又以《理知與情感》爲題，載於一九四五年三月《志學》第十七、十八期合刊。兩文又分別以《答諸生》《答友人》爲題，收入《十力語要》卷三。彼此相較，前一文基本相同，後一文差異較大。）

與人論執中

吾近正寫一關於讀經之文字，非短期可結局。老來精力無多，殊少暇趣。吾以爲中和、中庸，本一義而異其名耳。大文有云：堯授舜，允執其中；舜亦以命禹，湯執中。蓋聖人南面而治天下，一出於中正，而無所偏倚焉爾。原其初義，第言其宅心至公，無所偏私。詳大文之意似有當，而或未究其真也。夫云宅心至公，此公，爲即心耶？爲在物耶？此公若在物，則是向事物兩端之間求之也。向外找中，將以何爲標準？如所云燕、越之中，可以尺度求也。而一切事物多屬無形，不必如燕、越之有地段也。無形之事物，亦不能用有形之尺度，以計其距離也。然則憑何尺度以求中歟？故向外找中，不通之論也。若所云公者即此心耶，則吾平生主張明體之學，固遠有端緒，非吾之私見，而堯、舜以來傳授心法固如是也。心體自是至公，自無偏私。其於事物之至，自不會持一端之見，如俗所云知其一不知其二，或厚於己而薄於人也。人我兩端也，彼此兩端也，同異兩端也，是非兩端也。凡失其本心者，於兩端之中，嘗執其一而遺其一。知有我而不知有人，則執我而遺人矣。拘於此則不見彼，是執此而遺彼也。黨同而伐異，是執同而遺異也。是其所是，非其所非，則執是而遺非也。天下皆兩端也，而人則恒執其一端而莫或執兩，此人情之通患也。《中庸》稱舜"執其兩端，用其中於民"，此舜之所以爲舜也。天下皆兩端而吾雙執之，則吾不墮兩端之中，而遊於兩端之外矣。遊於兩端之外，則至公之心體，恒超然偏照，是之謂中和。無偏端之礙，故云和。無所偏倚，故云中。中即和也，和亦中也，有二事乎？《中庸》之中，即中和之中，其以庸言之者，庸常也。不隨物遷，故言常。此義深遠。或以庸訓用，作用中解者，失其旨矣。中庸、中和，俱是形容一中，元無别體。中也者，本心也，本心無待也。無待，故無所不覆載。天下皆兩端，私意起，則執一端而有對礙，未能無待而無不覆載也。克治私意，執兩而超於其外，故無待之體顯，而能用其大中以覆載天下之民也。用之云者，取諸己所固有而用之也。《中庸》曰："執其兩端，用其中於民。"蓋顯執兩，則能自用其中。不執兩，則私意爲礙而中體已放失，不得而用也。細玩文義，此中明明不在事物兩端之間，而吾子引此文，乃曰孔子之後，儒者言中道，必有以爲在事物兩端之中者，已與舜、湯之執中異趣，此乃誤解經義，又多爲前儒恍惚之談所誤。此義迷離千載，非獨吾子今日也。夫向事物兩端之間求中，事物不必如燕、越地土之有形也。有形之尺度，又不得而量之也。當知事物之中，實即吾内在之中，用於事事物物，而令事事物物莫不得其中也。天地閉，日月食，萬物皆闇。私意守其一端，本心喪，内在之中亡，則萬事萬物皆失其理，非訓詁可釋，此義非空洞理論可持，反身實體之，而後可得也。《中庸》言誠，從天命之謂性上立腳。荀子以氣質爲性，詳《新唯識論·附録》。其言養心莫善於誠。《不苟》篇則其所謂僞者是也，由外鑠也。此與《中庸》言誠，奚止異以天淵？而吾子乃謂《中庸》有取於荀卿，是以紫亂朱，鄭聲亂雅樂，惡莠亂嘉禾也。餘義不獲一一詳論，唯賢者察之。

（原載一九四四年八月《三民主義半月刊》第五卷第三期。）

講道德仁義非禮不成

張德鈞問：《曲禮》“道德仁義，非禮不成”，是何意思？

答曰：按孔《疏》：“道者通物之名，德者得理之稱，仁是施恩及物，義是裁斷合宜，言人欲行四事，不用禮，無由得成。”又云：“道德爲萬事之本，仁義爲群行之大，故舉此四者爲用禮之主，則餘行須禮可知也。道是通物，德是理物，理物由於開通，是德從道生，故道在德上。此經道謂才藝，德謂善行，故鄭註《周禮》云：道多才藝，德能躬行，非是《老子》之道德也。”按此以道德分次第，如謂道在德上。似支離矣。至云“道是通物，德是理物”，何所本而爲通？何所據而爲理？□□於此，本無所知；康成言禮，畢竟不知禮之本，而況孔氏乎？朱子《四書集注》，每云：“道者日用常行之大道，行道而有得於心之謂德。”道本非有二，亦無次第，直所從言之異□耳。但云日用常行之大道，則其語猶嫌泛。若剋指道之體，則《中庸》云“率性之謂道”，直顯自性，則其爲日用常行之大道者，的然可識矣。日用常行者，皆此性真之流行也。一切見聞覺知，皆本順其性真而行，此之謂道。行道而有得於心之謂德，通物理物之義，自在其中。道德有諸己，則於物無滯礙，不必絶物，而廓然順應，莫不當理。世儒多譏佛老之學禁欲而絶物，其然否誠難簡言之，但孔門確不受此非難。故識道體，而□可言通物理物。不見道體，而漫曰通物理物，則未知如何而得通且理也！是只爲描摹光景之虚詞耳。仁者，朱子釋爲心之德，德者得也，心之所以得成爲心者仁也。心若不仁，則非心矣，是乃以私慾爲心、習染爲心，所謂認賊作子也。失其仁即無心，故曰仁者心之德，此須切實體認而後知之。愛之理。泛言愛，則俗所謂男女戀愛之愛，成乎肉慾，亦可謂仁乎？曰愛之理，則有簡□矣。朱子灼見天理之實，故言之精確如此。義者，朱子釋爲心之制，事之宜，此皆精審。夫道德仁義，人之所以率其性，全其天，而善其生也。然使無禮以爲持循之具，則將任心爲形役，淪於染習，而失道、喪德、賊仁、害義，不成乎人矣。故曰非禮不成也。宜深玩。

二十八年，復性書院成立，禮聘熊先生爲講座。先生初至嘉州，寓止玉堂街，鈞時寄居萬佛寺，朝夕往見，讀書有疑義，輒就請益。先生亦間來寺中，多所啟發。生活頓有生趣。未幾寇機肆虐，玉堂街毀於火，先生亦受傷。既癒，旋即去嘉州，蓋相處不過□□月也。右爲六月二十四日先生寓玉堂街時，鈞讀《曲禮》至“道德仁義，非禮不成”句，不解，持以請問，先生面授筆寫答者。至夜，鈞又疑惑，次日復往問曰：誠如師云，然則劉伶嵇阮之倫，放曠任達，背棄禮法，亦可謂純是一片性真流行，而非心爲物役乎？殆不可謂之失道喪德賊仁害義乎？先生大聲責曰：此等見解，不知從何而來！《論語》四勿之旨，深妙難言。學未至於循理、《記》曰禮者理也。盡性，則不可與論古今人物。劉伶放蕩而失其本心，較之叔夜已不及，叔夜又不及嗣宗。嗣宗□稍知檢，然其中無所持，托於佯狂以避世。其與嵇、與劉，畢竟是伯仲之間耳。汝試潛玩□□之氣度，則知嗣宗一流，正是心爲形役者耳。夫托於佯狂，正從計較利害與禍福之□而生，那得不謂之心爲形役耶！所謂視思明，聽思聰，□非禮勿視乃至非禮勿動，此等聰明與循禮之視聽言動等等作用，乃是純爲性真之流行，而無一毫雜染也，故於此見性。所謂聰明之體，於此而可見云云。鈞記聞教，退而簡存之。後編《十力語要》卷二，未得收入，竊恐後益零落。爰録出以貽世之愛讀熊先生之書者。三十四年花朝日張德鈞記於江津。

（原載一九四五年四月一日《黑石月刊》創刊號。）

談讀書窮理之態度

一友問：居今之世，應以何種態度讀書窮理，始能有得？先生曰：讀佛家書，於其名相、法數、條理、節目、系統等等，一切還他佛家的説法，勿以單辭片義取之，與儒家及他家比附。讀儒家書與他家書，亦是還他各自面目，準上説可知。至於自家做窮理工夫，卻是要尋着根本問題，次第引生許許多多的枝節問題，相引以至無窮。吾之解決此等問題，常有賴於平日所讀百家書之所資助與引發。一旦自家豁然貫通時，自家思想成了偉大的體系，於百家之説，或有所同，或有所異，或於衆異中有一同，或於衆同中有一異，或於小同中有大異，或於小異中有大同，小異中大同，只是條理詳略之殊，或立説善巧與否之異，此緣古今時會不同，機緣不等故耳。而其所大同者，則根本旨趣不二之謂。如陸王派與程朱派之争是也。佛家空、有二宗之争，又何不是小異而大同。如其大異，則應不同名佛家也。總之，無論同異如何，而自家思想，畢竟不是浮泛而駁雜的見聞所混亂□合而成的，畢竟是自家深造自得的，畢竟是有□偉大的系統的。□□□，出口説話，往往融通衆家，左右逢源，不是有彼此是非與牴牾□。此真是觀其會通，此真是□於大方，此真是□□真理，而無私家門户見。但此等境界，又的的確確不是如世所謂三教融通者，亂作比附。吾《破破論》中有一段説此意，惜乎世人好學者太少，不足了此。汝等聽吾談義，往往□舉諸家之説，以見義理之大同。而或不了吾指，竟疑吾是比附，則□吾不足惜，其如□理何？

（張德鈞記）

（原載一九四五年五月一日《黑石月刊》第一卷第二期。）

重印周易變通解序（存目）

（原載一九四五年五月《圖書集刊》第六期。又見《十力語要》卷一同名文。二者基本相同）

論本體及其他（與魯實先書）

（一）

實先有道：

西洋哲學上之名詞，有本體與現象，此須辨[196]清。平常所云萬象，或萬有，或萬物，或云天地萬物，此即現象界。本體者，即於現象界而推求其原。哲學家談本體者有一元論，復分爲二。曰一元的唯心論，即以宇宙本體是精神的，易言之，是心的性質。然則物的現象於何而有？則曰物者精神之發現也。曰一元的唯物論。然則心的現象於何而有？則曰心者物質之作用也。又有二元論，即以精神、物質並爲其元，亦云心物二元。又有多元論，此説似屬現象論派，蓋多元只可就現象界而説，本體不可説爲多元。西洋人談本體者，不論唯心唯物，總是當做外在的東西去探求，與科[197]學家之作客觀探求者同一態度。故西洋哲學能發展科學，其得在是，而短亦在是。宇宙人生本原無二，我所以生之理，即是天地萬物所以成形之理。故本體不可恃知識而向外求索，直須反躬自識。所謂盡己性，則盡人之性，則盡物之性，實千古不磨之論也。西洋人以知知物可也，以知而推宇宙人生之真性，則長迷千古矣。中國先哲於本原確是見到，但未能發展科學，故吃虧亦不淺。今後東西學術宜兼融。西不知中，無以立本，知識雖精而性命喪。中不融西，無以致用，一意返本而未免遺物，智不周物，則有耽空之患。吾講學宗旨在此，惜無可與言，幸互相研討之。

易有太極，體也。體無聲臭，無形象，不可着言説，故須就用上顯示。夫一言乎體，則體已成用，聖三前日似已悟到。剋就用上而顯其體，則唯於乾而説體，坤即成物，但爲此體所憑，以顯現之資是惑。吾之言闢，相當於乾。吾之言翕，相當於坤。乾知大始，乾者體也。此體不是迷闇的，而是知的。知者明智義，非知識之知也。叔本華説宇宙是由盲目的意志而開展，是本體爲迷闇也。伯格森亦然，好言生之衝動，衝動即無知也。《大易》不然。若本體是無知，則吾人本性，是迷闇也，是昏昧也。試自反省，其然，豈其然乎?

十力　三十二年六月八日

（二）

賓先有道：

五月十日信才到，即復。《太玄》非講曆[198]也，大概本曆法而推演之，以言哲理。如羲皇畫卦，當時豈有高深數理、名理耶？不過粗有名數端緒，而演爲八卦，則妙絕古今。雖西洋名數之學發達至今，而吾《易》象數之藴，固無所不包通也。張衡精天算，而曰讀子雲《玄經》，使人難論陰陽之事，其必有所見而云也。大作曆表，足補前賢所未及，至足欣慰。佛書若作經生之□，當别是一種讀法，若欲明千古不明之要道[199]，則又是一種讀法，且不當專求之佛典而已。此土六經四子與道家言，及魏晉玄家，謂輔嗣、向秀、郭象。暨宋明諸師，皆須參稽互證。經生家守文而持門户，志乎要道者，必捐門户見。道者所由義，此本輔嗣言萬物所由之而成也。由者通也，非限於一故通。持門户見，如何可通？文字所以顯道，顯者顯發或顯示。而道無方所，究非文字所以直表。文字之始，皆表實物。道不可作物事□，如何以文字直表得出？故體道者，雖求之前聖遺文，以資引發，畢竟須於文言之外，默會其旨。若守文者，以爲道即如文字所表，是文盲也。《論語》首一“學”字，陳蘭甫輩愈疑而愈不通。《白虎通》曰“學者覺也”，此訓甚精。但望文生解，總歸無當。如何是不覺？如何是覺？如何由不覺而得覺？如何本覺而有不覺？覺從後起歟？外鑠歟？固有歟？内發歟？種種推求，種種惶惑，非反求諸己，未有能自喻者也。而可曰“覺也”之訓，便已將所謂“覺”表示得出耶？以此可徵，守文者無與於道，不待言矣。今之談佛者，皆極力詆吾，吾固犯一世之忌，而無所悔，雖釋迦復生，吾不能與之苟同，況時俗之人耶？顔習齋曰：“以書爲道，其距千里也。以讀書爲求道，其距萬里也。”真有志乎道者，宜三復斯言。以子之才，而能真志乎其大，何至以考據之業爲足？吾欲經營一學團，而世緣不湊泊，此亦無可如何。秋後能不時過從，亦所至幸。下卷猶未脱稿，老來精力不給於用也。

十力　卅三年五月十三日

（三）

實先：

昨黎滌玄在碚見一刊物，云谷城評《新論》反科學，不知如何作此見？此理不可當作客觀事物而求得之，此一事也。科學必須假定有客觀事物而尋求之，則又一事也。西洋哲學大概與科學同一態度，此所以遠於真理。東方哲人之學，不是將真理當做外在的事物，而作種種推求，而是要於自身實現此理。《易》曰“默而成之”，《論語》“默而識之”，皆此旨也。佛家證量，亦此旨也。莊曰“自明自見”，皆此旨也。吾身所以生之理，與天地萬物所以成之理，只是一理。故盡己性，而人物之性盡，爲其理之一也。盡性之盡，義極深遠，非科學析觀物理之謂盡也。《新論》就萬化之大原即本體。而名爲理，與常途云物理之理，不可混視。物理之理，固自一原而出，而一元之理雖顯爲衆理，成萬有故，即顯爲衆理。究不滯於物。科學所發現之理，是事物散殊之理，是部分的。而一原之理，則是物之所以成爲物，乃無定在而無所不在，故云不滯於物。不滯於物者，其理爲萬物之本原，實即在我之真性也。故道在反求實證，由修養而入，非知識所以能相應。康德似略窺及此。事物散殊之理，基於實測，自以外逐爲功。此等意思，《新論》時見之。谷城不留心，而妄議爲反科學，何耶？滌玄云："谷城意云，生化是實有的，不可説空。"不知何故如此粘滯？既曰生化，豈是空無，而何必於生化上更作實想？如谷城現在生生不息，豈須□設想我現生生不息是實有的，如此然後其生生爲不空耶？谷城須知《新論》談體用，是在萬物真源處説話，《易繫傳》所謂"妙萬物而爲言"也。谷城如只承認一現實的事物，而否認有所謂本體，則誠難與言。然《新論》有大海水與衆漚喻，蓋以衆漚喻一一現實的事物，以大海水喻本體。凡曾涉洋海者，皆只見衆漚，而不覺有大海水，但平情思之，衆漚無自體，實皆以大海水爲其本體。谷城於現實事物，亦當作如是觀。但因明云："凡喻只取少分相似，不可刻求全肖。"谷城若徑以宇宙本體，爲與大海水同其性質，則是將本體與現實的事物作一例看，便成大邪見，孔子、釋迦都救你不得也。須知本體不可當作現實的事物來想，《易》曰"神無方而易無體"，神也，易也，皆真體顯爲大用之名。無方，謂無方所。無體，謂無形體。皆言不可作現實的事物來看。老子言道，而曰"視之不見"云云一段，皆與佛家以真如名空理意思相近。真如即本體之名。空非空無之謂，乃言其無形體、無作意、有形體，則是現實的事物，不可説爲事物之本體。有作意，則同宗教之上帝，亦非本體。無障染。印度數論外道三德之闇，與叔本華所云盲目的意志，皆不悟本體本來清淨。谷城試深體乎此，則必知哲學非不遺物理，不遮理智，而究歸於超理智。超義與反義絶異。將自家本來與萬物同體，由修養深純而得實現，始爲盡性之學，始爲哲學極詣。哲學不可反科學，只是超過科學，而另有修爲之功。科學知識固重要，然無哲學，則科學所得之理，終是散殊，而不能匯歸於一原，人生亦茫無歸宿也。吾《量論》未作，恐學者於《新論》誤會正不少。不意谷城尚以反科學爲疑也。《易繫傳》曰："天下殊途而同歸，如哲學、科學，反求與外逐不同，此殊途也。科學之理，必竟會歸一原，哲學之理，畢竟成萬物之散殊，何嘗不同歸？一致而百慮。哲學於百慮而求一致，科學於一致而盡百慮。"此學術之所以相反相成也。谷城前過此，竟未自述所疑。冬寒，又感寇禍，老懷極不佳，未得盡意。區區望谷城深透本體，自於此學有用力處，卻與反科學不同也。從來言學者，總不免各以己意誤解人意。如朱子道問學，何嘗不尊德性？陸子尊德性，何嘗不道問學？而兩家後學互相攻詆。西洋如康德、黑格爾、伯格森諸氏，皆被人誤認爲反理智。老夫雖不識外文，未得讀諸公原書，但從譯文深推之，諸公似意謂有某種地方非理智所可及耳。此豈是反理智耶？谷城疑《新論》反科學，其誤會亦此類。君子盛德若不足。谷城如不以吾爲迂固，幸有疑便相晤對也。人生勿虛度，理道無窮，幸相與虛懷共究之。吾六十年來，嘗在困心衡慮中，每度一義，疑信往復，或至數載。時參以聞見所經，又或游心物外，久之脱然有悟，而後敢決。平生學問，確是血汗得來，甚勿掉以輕心也。

（原載於一九四五年八月之《新中國月刊》第四期，原文無落款和年月日。信中所指周谷城批判《新唯識論》之文章，應爲《論東方哲學不必遮撥西方哲學》，載一九四四年一月十六日《民主世界》第一卷第十三期。又據信中"吾六十年來"及"冬寒"等語，則此信當寫於一九四四年冬。）

記熊十力先生自述

滌玄因熊師十力先生杖履餘閒，請其略述平生，以資後生觀感。師隨便談説，而即記之如次：

余先世士族，中衰。先父其相公，學宗程朱，一生困厄，年亦不永。余生十歲，先父已患肺病，衣食不給，余爲人牧牛。先父常嘆曰：此兒眼神特異，吾不能教之識字，奈何？乃强起授館，帶之就學。初授《三字經》，吾一日讀背訖。授四書，吾求多授，先父每不肯，曰：多含蓄爲佳也。求聽講，許之。時先父門下，多成年應郡縣歲試，列高等。余侍案前，聽吾父説經，頗有會。父有問，即肅對。父喜，而復有戚色。是年秋，吾即學作八股文一篇。八股文有法度，不易馳逞，先父頗異之。逾年，先父病深，竟不起。臨終，撫不肖之首而泣曰：汝終當廢學，命也夫！然汝體弱多病，農事非所堪，其學縫衣之業以自活可也。余立誓曰：兒無論如何窮，當敬承大人志事，不敢廢學。父默然而逝。余小子終不敢怠於學，蓋終身不忍忘此誓也。先長兄仲甫先生，讀書至十五歲，以貧改業農。農作則帶書田畔，抽暇便讀，余亦效之。曾從遊何先生半年，見《示要》二講。此外絶無師。年方弱冠，鄰縣有某孝廉上公車，每購新書回里，如《格致啓蒙》之類。余借讀，深感趣味。旋閲當時維新派論文與章奏，知世變日劇，遂以范文正“先天下之憂而憂”一語，書置座右。余少喜簡脱，不習禮〔200〕儀，慕子桑伯子不〔201〕衣冠而處之風，夏居鄉寺，輒裸〔202〕體，遇婦女無所避。又喜打菩薩。人或言之長兄，長兄亦不戒也。有余先生者，先父門下士，呼余痛責曰：爾此等行爲，先師有知，其以爲然否？余悚然懼，自是不敢復爾。時國事日非，余稍讀船山、亭林諸老先生書，已有革命之志，遂不事科舉，而投武昌凱〔203〕字營，當一小兵，謀運動軍隊。旋考入陸軍特别學堂，漸爲統帥張彪所偵悉，將捕余，聞訊得遁走。張彪猶懸賞以購。余逃回鄉里。時兄弟六人，食指衆，而饔飧每不繼。冬寒，衣不足蔽體，雖皆安之，而意興俱索。聞南潯鐵路開工，德安多荒田，兄弟同赴德安墾荒。其時困苦，又多出意外，日益憂懼。及民六七，桂軍北伐，余曾參預民軍。吳佩孚奪岳州時，桂軍先奔，何成濬領民軍一小隊爲後殿。余時本負某軍部秘書名義，而參加何軍陣地。適槍彈飛來，幾不免。湘省復入北軍之手。余與友人白逾桓先生同赴粵，居半年。余所感萬端，深覺吾黨人絶少在身心上作工夫者。吾亦内省三十餘年來，皆在悠悠忽忽中過活，實未發真心，未有真志，私慾潜伏，多不堪問。賴天之誘，忽爾發覺，無限慚惶。又自察非事功之材，不當奔走革命以自誤。於是始决志學術一途，時年已三十五矣。此爲余一生之大轉變，直是再生時期。他日當爲文一述當時心事。未幾，兄弟喪亡略盡，余愴然有人世之悲，始赴南京，問佛法於歐陽竟無先生。留寧一年餘，深究内典，而與佛家思想，終有所不能苟同者。讀吾《新論》，當自知之。佛教中人每不滿於吾，是當付諸天下後世有識之明辨，吾可無辨也。吾總覺佛教思想之在吾國，流弊殊不淺，學者閲《讀經示要》第二講，當自思之。吾並非反對佛法，唯當取其長，汰其短耳。又嘗念自秦以後之學術，實不外漢、宋兩途。漢學之弊，至清而極，《示要》二講已詳言之。宋學之弊，則陳白沙先生所謂“惡其太嚴”一語，最爲深切。余深覺理學家，若自束太過，其結果不流於惡，亦將爲奄奄無生氣之人。余最喜陽明，有脱然自在之風，但其末流，酒色財氣，不礙菩提路，斯不可爲訓矣。船山詆之宜也。宋學至晚明諸子，如船山、亭林、梨洲〔204〕數公者，更切實有用，《示要》二講已言之。莊子思想，易使人頽廢，老子較莊子爲好。而從來以老、莊並論，則不善學之過也。余志在董理中國學術，融長捨短〔205〕，大意略見《示要》二講。唯關於中國哲學方面，尚有《量論》一書未作。此書實至重要，而吾年已老，未知能作否耳。學問工夫，少不得疆探力索四字。余自卅五以後，日日在疆探力索之中。四十左右，此工夫最緊，而神經衰弱之病，亦由此致。五十後病雖漸愈，然遇天氣熱悶，作文用思過緊，則腦中如針刺然，吾之性情即亂，或易罵人，不知者或覺吾舉動奇怪。其實神經衰，即自失控制力，偶遇不順意之感觸，即言動皆亂也。余平生不肯作講演，若説話多，則損氣甚，而神經亦傷，言語將亂發，不知者聞之，又若莫明其妙也。余每日作文用思，必在天氣好及無人交接之時行之。蓋神經舒適，頭腦清寧，而吾之神思悠然，義理來集，若不召而至矣。余四十後，本有死之可能。余誓願盡力於先聖哲之學，日以此自警，而精神得以不墜退。余非無嗜欲者，余唯以强制之力克伏之，到難伏時，則自提醒平生誓願所在，而又向所學去找問題，於是而慾念漸伏。余自問非能自强者，唯在末俗中差可自慰耳。余感今之人，皆漠視先聖賢之學，將反身克己工夫完全抛[206]却，徒恃意氣與淺薄知見作主張。此風不變，天下無勘定理。余視講學之急，在今日更無急於此者。今人只知向外，看得一切不是，却不肯反求自家不是處，此世亂所以無已也。先聖賢之學，雖廣大悉備，而一點血脈，只是反求諸己四字。聖[207]學被人蔑棄已久，此點血脈早已斷絶。余自三十迄今，唯盡力此學，而疾病窮厄，終不□吾志者，誠有所懼也。

（原載一九四五年九月一日《三民主義半月刊》第七卷第一期，作者署名“黎溟玄”。此文當爲《十力語要》卷三《黎滌玄記語》之所本，其中記民國六七年參與民軍事，及論漢宋學術及老莊思想一段，皆爲《黎滌玄記語》所無。）

論漢學

向者梁任公每頌清儒董理之績，擬諸歐洲“文藝復興”，余意未足相擬。歐人文藝復興時代，自有一段真精神。申言之，即其接受前哲思想，確能以之激發其内在之生活力，而有沛然不可禦與欣欣向榮之機。否則，能有善□乎？清儒爲學之動機，無非爲名爲利，樂受豢養而已。江藩《漢學師承記》，首列無耻之閻若璩，若璩以康熙元年遊燕京，投降臣龔鼎孳，爲之延譽，後雍正甚寵之。一代衣缽之傳，實在乎是。龔自珍輩，稍能見及當時社會情形。然自珍本浮華名士，雖不無聰明，而學甚膚淺，以荒淫自了，絶無立己之道，無與民同患之誠，豈能改造宇宙乎？清末維新人士，喜標榜自珍，所以有今日之局也，哀哉！漢儒嚴守信條，如孝弟力田等。躬行樸實。清儒自戴震昌言崇欲，以天理爲桎梏，其説至今彌盛，而貪污淫侈，自私自利，詐□猜險，委靡卑賤之風，瀰漫全國，人不成人，其效亦可□矣。清儒流毒最甚者，莫如排擊高深學術一事。夫六經廣大，無所不賅，而言其根極，必歸之心性。生之源，化之本也。自漢以後，此意久絶，宋學確能續此血脈，何忍輕毁？心性之學，所以明天人之故，究造化之源，彰道德之廣崇，通治亂之條貫者也。此種高深學術，云何可毁？人生如果完全缺乏此等學術之涵養，則其生活無有根源，而一切向外追求之私，芒然紛然，莫知所止，人生永無合理之生活，不亦悲乎？清儒反對高深學術，而徒以考據之瑣碎知識是尚，將何以維繫其身心，何以充實其生活？民質不良，至清世而已極：士習於浮淺，無深遠之慮；逞於僥倖，無堅卓之志；安於自私，無公正之抱；偷取浮名，無久大之業；苟爾囂動，無建樹之計；輕易流轉，無固執之操。蘇聯革命，二十年而已大强，吾國自清末以來，只見腐敗勢力之逐層崩潰，而實難言“革命”。人才衰敝，乃至如斯！蓋士之所學，唯是瑣碎無用之考據，人皆終其生而無玩心高明之機，學則卑瑣，志則卑瑣，人則卑瑣，習於是者且三百年，其不足以應付現代潮流而措置裕如，固其勢也。此等風會，於今猶烈。國内各大學之學院，及文科研究所，本當爲高深思想之發生地，而今則大都以無聊之考據爲事。士之狃於俗尚，而無獨立創闢之智與勇，非三百年來漢學積習錮之者深歟？夫漢學家大多數與朝貴爲緣，内而王公達官，外而督撫大吏，皆漢學家之所依附，宋、明在野講學之風，至清而絶矣。故思想不得開拓，而以無用取容。儒學精神，至此剥喪殆盡，而可與歐洲“文藝復興”時代相比擬耶？凡考古之學，在學術界中，本應有一種人爲之，然萬不可謂此種工作便是學術，且掊擊一切高深學術，而欲率天下後世聰明才智之士，共趨於此一途，錮生人之智慧，陷族類於衰微，三百年漢學之毒，罪浮於吕政，而至今猶不悟，豈不痛哉？嗚呼！學絶道廢，人心死，人氣盡，人理亡，國以不振，族類式微，皆清代漢學家之罪也。

附識：清初閻若璩、胡渭之徒，首被寵眷。士人無耻者，知清廷意向所在，始相□俯首就範，不敢運其耳目心思之力於所當用之地，久之習非成是，則且以其業爲時主之所奬，王公疆帥牧令之所共尚，乃忘其爲一技之長，竟以學術自負，而上托漢氏，標幟漢學，天下之蔽聰塞明，而同出於此一途者三百年。今當吸收西洋科學之際，而固有哲學思想，正須研討發揮，以識古人之大體，見中外之異同，求當世之急務，勉言行之相顧[208]，示人生以歸趣，學者之所應致力者何限？而上庠文科，教者學者，乃多以瑣碎而無關大義之考據爲務，豈不惜哉？今之大學教育，科學方面，成績究如何，吾不敢知。若文科，除考據工夫而外，其未曾注意研實學、養真才，則衆目共睹，非余敢妄誣也。清代漢學之污習不除，而欲實學興，真才出，斷無是事，此余之所憂也。

（原載一九四五年九月十五日《中國文化》第一期。）

説　　食（存目）

（原載一九四五年十二月《三民主義半月刊》第七卷第八期。又見《十力語要》卷三同名文，其中“能食”，《語要》均作“觸食”。）

論學書札（存目）

（原載一九四六年六月十日《中國文化》第二期，包括《與陶闓士書》和《示菩兒》兩信。又見《十力語要》卷三同名文。二者文字基本相同，但此處有一行按語，“按上兩書均熊先生民國廿七年寄居璧山時所寫，未收録於《語要》中者”，為《語要》本所無；《語要》本《與陶闓士書》後有一“附記”，則為此處所無。）

爲青年申兩大義（公誠與自由）

玉清先生常要我爲《三民主義半月刊》寫幾句話，我衰矣，心許之，而久未踐約。茲值新歲，强寫數行。念青年爲國家民族新生命所寄，謹以公誠與自由兩大義，爲我所希望的青年奉告。

公誠二字，實是一義，而從兩方面形容之。公者不自私，誠者不作僞。凡自私者，必作僞以欺人；習于欺人者，久之必自欺其良知。古所謂習非成是者，即此之謂。人至于自欺其良知，以非爲是，甘蹈大惡而不辭，此其人，已爲頑冥無知之鳥獸，無理性可言，無人生的意義與價值可言，豈非可哀可痛之極耶！《詩》曰："夙興夜寐，無忝爾所生。"古人兢兢于生活之不可苟，夙夜之間，念念求所以免于忝辱者，其自克之嚴，自強之勇，乃如此。人道之尊，於此可見。衰世之人，争權勢，趨名利，逞嗜欲，習貪淫，一切自私自利以害其群之事，苟得肆志，即無所不爲，此乃人道廢絶，天地間極忝辱之事。稽之歷史，如典午之世，及宋明季世，皆是如此。有心人嘗考其世，未嘗不痛心疾[209]首，而嘆禍亂之有自也。吾人當此世界大變亂時代，欲求自存自立，不可徒講空理論，不可馳務浮泛駁雜的智識，當在内心生活上痛下一番工夫。革命必先革心，是先總理遺訓。總裁提倡中國哲學思想，尤其注意於此。青年其可忽諸！公誠二字，是吾先哲骨髓所在，六經諸子，總不外此大義。青年爲學，急須認識此骨髓，而精思力踐，不可徒托空言。明儒有云：將自家身心，放在天地萬物公共的地方，庶幾不愧爲人。大哉斯言！吾人念念不可忘失此意，否則墮入鳥獸群中去也。

吾人爲青年告者，一曰：個人的主張與利益，若與團體衝突時，應該犧牲個人而顧全團體，否則非公誠之道。二曰：個人所屬之團體，其主張與利益，若與國家或社會有極大衝突時，應該顧全國家與社會，而不當以維護本團體之故，遂妨害國家與社會之安全。如其不然，則非公誠之道，自不待言。上述二項，雖是恒言，而吾國人多半缺乏此種涵養；青年不可不於此注意。公誠的道理，若在哲學上講，便極廣大精微，然吾卻不願空談道理，願青年加意在事爲上訓練。道理是要實踐的，空談何益？吾尤有不容已於言者，國家與民族思想，吾國人向來薄弱，在此列强肆行兼併時代，吾青年不可輕信世界主義，須將國族兩字，念兹在兹，一言一動，不敢忘吾國吾族。青年學成之後，參預國政，生心動念，必以國家民族之利益爲主，而不忍有絲毫違叛。世界主義固吾人所嚮向，然必吾國吾族足以自立自强，不受他國他族之侵凌，又必全世界各弱小民族皆有自立而抵禦强權之一日，其時方可謀世界主義之實行。今何時代乎？距世界主義實現之期，或尚隔億兆京垓年歲，吾人斷不可自毁也。思想錯誤，必陷危亡，以吾國往事徵之，如兩漢時代，吾國大統一，四夷皆慕義來王，其時□教廣遠，稽之漢史，實足驚嘆。于是學者起而以太平大同言《春秋》，儼□有天下一家之概。生心害政，延諸胡於内地，視若同氣，遂成典午之慘禍。二千年來，僅李唐、朱明兩□，短期自立，其餘則無日不在夷虜蹂躪之中。嗚呼慘矣！《春秋》本有太平大同義，然必由國家思想，民族思想，以漸開化夷、狄，使其進于文明禮讓，而後乃歸趣太平。此義深遠，兹不及發。惜乎漢儒之不悟也。願吾青年，勿忘國族，念念以此植根于心，庶吾種類不陷危亡矣。夫于一己之外，而必愛護其國與族者，此公誠之道也。鳥獸則僅知護其四體，而不知其他，人道不然也。

次談自由。夫自由者，人道之極則也。不自由，毋寧死，以其失去人生之意義故也。自由真義，吾先哲發揮最好。曰：我不欲人之加諸我也，吾亦欲無加諸人。故自由者，一己與人之同遊于正義之中，任何團體。與任何個人，不得以非義加諸我，我亦不可以非義加諸任何個人或團體也。青年而果知愛自由乎，則念慮之微，言行之著，必時自檢點，如有不合于義，必痛自悔改，有大過失，必勿掩諱，而喜受人之攻擊。如此洗心滌慮，方可談自由。若夫以一己而侵他人之自由，以一團體而侵他團體之自由，乃至極端之國家主義者，不惜以國家之權力而完全剥削人民之自由，如德之希特勒、倭之軍閥，皆假國家威權，以逞其野心，驅其國人於死地，幾率全人類以趨於自毁，此皆揆之正義而不合。故世界愛自由之人類，不得不奮起而與之争也。吾人爲自由而生，不可一息失去自由。吾人尊重一己之自由，同時尊重他人之自由。唐人詩有云：東風無限瀟湘意，欲採瓊花不自由。如此愛自然而不忍傷物之意，乃真是自由意思；若不如是，則乃野蠻之極，非自由也。吾愛自由，吾思自由，青年盍興乎來！

以上所言，皆老實話，平平無奇，然正以其老實故，爲人之所易忽，故提出相警云爾。

（原載一九四六年七月一日《三民主義半月刊》第九卷第五期。）

謝幼偉著現代哲學名著述評序

《現代哲學名著述評》，謝君幼偉掌教國立浙江大學時，所寫書評，應西洋哲學名著編譯會之徵，而彙集成書，以公世也。書評未易作，而哲學書評尤難。每評一書，非疏析其條理節目之詳，綜覽其統系綱維之鉅，而又密察其根據所在，深窮其藴蓄與言外之意，則未可率爾下評。故曰：書評未易作也。哲學書評，非哲學家不能作。而哲學界紛無定論，即哲學家各有所持，則於異派之哲學書，往往易見爲短，而難得其長。即以公平心臨之，求識所長，亦復不易。異派之學者，其精神所專注，本與我殊途。而我乃欲一旦與之冥應若一，此又不必然之數也。故曰：哲學書評尤難。幼偉思睿而識卓，學博而量宏。海内談哲學者或喜有所標揭以自異，而幼偉獨不爾。惟腳踏實地，虚懷以讀中西哲學之書，不爲苟同，不妄立異。其評論各書，皆有精鑒，異乎以矜心浮氣輕持短長者矣。余聞人稱美幼偉者多，而憾未識之。前年幼偉始以書來，自是音訊往復不絶。書評將出，幼偉函屬爲序。余念書評之難，非篤學如幼偉者不能爲也。昔王船山先生《讀四書大全説》，亦近書評性質。其於朱門一派之學，皆詳其條貫，盡其幽隱。故評無不當。而船山一生學問，亦於此書發揮無遺。吾願幼偉更進而爲鉅製，而以其極深研幾、卓然名家之學，即托於書評，以自由發抒。此晚明諸子之風，最樸實有味。幼偉其以爲然乎？

中華民國三十三年五月十七日熊十力

（原載謝著《現代哲學名著述評》，正中書局一九四七年四月初版，標題爲《熊序》。）

論學三書（存目）

（原載一九四七年五月《學原》第一卷第一期。包括《與薛星奎》《答劉公純》《答周生》三文，周生即周通旦。此三書又分別見載於《十力語要》卷一，其中《答劉工純》一篇文字略有差異，其餘二篇文字一致。）

論關老之學書（存目）

（原載一九四七年六月《龍門雜誌》第一卷第四期，同文又以《論關尹與老子（與陳君書）》爲題，載一九四七年六月《東方與西方》第一卷第二期；陳君即《龍門雜誌》編輯陳士林。又以《與人論關尹與老子》爲題，載《十力語要初續》。三處文字略有差異。）

答牟宗三問格物致知書（存目）

（原載一九四七年六月《學原》第一卷第二期。又見《十力語要》卷三《答牟宗三（附來函）》。）

與柏特教授論哲學之綜合書（存目）

（原載一九四七年六月十一日《哲學評論》第十卷第五期。又見《十力語要初續》之《與美國柏特教授》。二者文字基本相同。）

朱尊民先生事略

現代國家以其工商業之盛侵削弱小。弱小非奮其智力以與之競，則無可圖存。吾國革命，歷年將四十，而官邪無狀，黨禍長結，莫肯措意工業。國用瀕危，種將不保，可哀也哉！若乃至仁大勇，獨超出官與黨之外，真知工業爲立國本計，冒千險萬難以圖之，無倚於天，無依於地，赤手搏龍蛇，卒能開物成務，挽外溢之利，振頽靡之風，吾於當世得二人焉，范旭東、朱尊民是也。范君湘籍，擅精化學，開創久大精鹽暨永利化學工業公司，逝世僅年餘。朱君於范氏爲後進，今亦慘折，國喪元良，群無托命，不止吾兩湖之戚，運數也夫。會紙業同人，持朱君行狀來，哀請表墓，以彰有功，余義不容辭。按狀，朱君籍湖北襄陽，而産於吳。父綬光歷任國民政府軍政部次長，代理部務，綏境盟旗自治指導副長官，軍事委員會上將參議。母趙氏出自名門。君幼馴齊，敏而嗜學，年十八遊學德國入寇頓工業大學，以造紙專科卒業，獲德國造紙工業協會特許造紙工程師學位。歸國後，深念吾國印行書報及公私文件所用紙，每仰給外人。倭國紙，歲銷於我者尤鉅。此項損失，亦足陷國民經濟於窮匱。國内機器造紙業，雖復萌芽，而設備尚多簡陋，技術遜西人甚遠。將欲拒外貨，挽利權，因勢所不許，因以改進中國紙業自任。未幾，與同學錢子寧、郭開始數輩，就蘇州滸墅關，創設中元造紙試驗所，苦心擘劃，以訓練技術員工爲急務。遂於普通化學紙張製造法外，更發明蠶種紙特種製造法。此在吾國爲創見。時浙江蠶業區，普遍試用，咸稱品質優良，遠過外産。倭人蠶紙以是不侵入，挽回利權非小。實業部聞而佳之，特予專獲利。民國二十六年，復與錢、郭諸君籌建中元造紙廠於杭州梵村，因蘇州試驗成效，擴之益宏，中元自是聲聞海内。時鄂省主席黄君、建設廳長伍君，以造紙業關係文化與民生，思倣中元之規，有造於鄂，堅請君主其事。君以杭廠初建謝，鄂府責以義在維桑，不可卻。是夏，在武昌創立湖北省造紙廠，規制成於俄頃，寇禍遂已深入，鄂廠勢不可爲。翌春，沿海告陷，蘇、杭工業，亟謀内遷。及武漢將淪，黄君調主浙政，伍亦改任浙省建廳。復以浙省爲手工紙業區，習用陳法，既少效能，産品不合時需，固邀君莅浙，任建設廳技正兼紙業改進場場長。君周行各縣，親率技術人員，以新法開喻群衆，並於各産區分設示範場，於是浙省手工産户悉參新法，産量、品質均異舊觀。其於戰時文書印刷，供應便利，厥功甚偉。無何，倭寇封鎖全海岸線，洋紙進口斷絶，君復獻議浙省府，於麗水碧湖創立機器造紙廠。因設計製造機器，潛行赴滬購材，盡歷諸險。值新婚未匝月，焦思苦慮，不遑寧處。碧湖紙廠卒底於成，規制宏闊，出品精美，時産漂白報紙，及打字等紙，甚爲各方讚許。此三十年冬事也。其明年春，倭寇進犯浙東，一週内，連陷十數縣，碧湖危急，紙廠奉命遷退。君晝夜督率搶運，以身先之，每聞炮聲，無所畏避。職員工役，咸懷感奮，重要機件，都無損失。其急公犯難如此。未幾寇退，君還廠修繕，即時復工，略無廢墜，人以是服君之才。是年冬，倭寇封鎖南洋，滇緬路被阻，外洋鈔紙，無可輸入。鈔紙向爲中國所不能造，專倚外洋接濟。今交通阻絶，紙幣將無法繼造，國家所賴以維持金融之法幣制，深可焦慮。國命民生，苟陷殭境，何堪抗戰？當局始詢謀中元同人。時中元已建廠四川宜賓，從事化學及機製木漿紙類之製造，竟毅然承受鈔紙試驗之責。值内地物資奇缺，此項原料及特種機器設備多告闕如。君乃自浙入川，與錢子寧等共膺艱鉅，爰以僅有之材，供創新之用，殫精力究，夙夜匪懈。至三十二年春，鈔紙試驗卒告成功，爲吾國紙業界開一新紀元。財政當軸得此如獲圭貝。製造既精，不容作僞，幣法以是不亂，金融由斯穩定。抗戰論功，中元不後於戰士，君領導之力也。至於一般應用紙類，如道林、牛皮、打字等化學紙張，暨機器捲烟紙張，亦皆力圖精製以應民生日用之需。君既以振興紙業爲職志，故於造紙人才。加意培養。每年優選大中學生，予以半工半讀之速成訓練，使理論與實際。配合應用，以此養成中級幹部人才。並開班訓練工徒，授以簡捷技術，完成基本幹部。其訓練與組織之精嚴，皆可爲實業家取法。君績效昭著，當軸亦深倚畀。倭寇既降，君代表中元，協助政府接收華中區大小紙廠，數十起。復受命主持倭人在天津所辦東洋造紙廠，亟飛平、津，加以董理，可日産紙八十噸。又貴陽黔元紙廠，戰時經中元主辦，旋因故停工，君復飛黔，督視復業。計倭降後二年間，君統籌全國紙業，往來南北，如墨突不黔，無一息之暇。其擬定造紙工業計劃，頗注意從長江流域着手，自蜀至滬，沿途詳勘地勢，並調查與造紙有關原料、産銷情形，受獲甚富。值錢子寧自美洲考察紙業歸，君與悉心商討。大計略定，猶思親赴臺灣，將使内地紙業與臺省取聯絡之效。會財政部急需訂製大批鈔紙，限期供應，君須返川廠監製，遂由滬飛渝。航行至湖北天門，飛機失事，君預其難，同機外籍二十六人，俱無免者，事在三十六年元月二十八日即夏正人日也。

君年纔三十五。妻路鑑娥，籍江蘇宜興，讀書，勵志節。子一，法孝。女二，法端、法貞。君天才卓特，鋭志事功，秉性温厚，孝於親，友於弟，和於室，信於友。居恒懷樂天之趣，與之處者，油然感其祥和。遇人危難，體念周摯，竭力匡助。疏解糾紛，衡情析理，人樂聽從。遇青年，循循善誘，不吝獎掖。故從業人員，於君無弗愛戴，事功成就，良不偶然。余聞襄陽舊家，猶守經法，君德性醇固，不雜時習，知其自幼含茹於禮教者深矣。

中華民國三十六年三月　　日〔210〕熊十力撰

（原載一九四七年七月一日《三民主義半月刊》第十卷第八期。）

學者通訊

論湖湘諸老之學書

士林：

吾前信言爲學不必專尚考據，未知以爲然否？人到暮年，丁兹衰亂，所感萬端。頗冀今日學者，能轉變清人考據之風，向義理一路上立本，使人心風會有好轉之幾，天下事或將有望，否則族類前途終難想也。吾少時好爲偏至之論，三十以後好窮玄，六十後遭世變之烈，始覺咸、同諸老，爲學以義理爲宗，以謙虛、篤厚、切實爲作人之本，曾、胡、羅諸公皆然。以關心民生國計，講求實用，爲其畢生致力所在，言而可見之行，動而必求寡過。人非聖佛，只常求寡過，便是聖佛之徒。向來議曾公者，或疑其不誠。實則曾公能常省過，能强爲善，不可誣也。吾每念今日學風，與其承乾、嘉，不如學咸、同間湖湘諸老。未知當世有同此心情者否?

六月十七日

論治學不當囿於一孔書

士林:

曾公爲學，通義理、經濟、考據、詞章而賅備之。此等規模，今之學者宜是則是效。學人誠有求真求是之心，其思考所至，有其專精，亦必有其高瞻遠矚，不當囿於一孔也。義理自是根本，任治何學，不能不於此留心。如莘田、毅生諸教授，雖務考覈，卻未嘗忽視義理之學。熊子滌先生詞，可付刊物。

三十六年七月中

（原載一九四七年七月十五日《龍門雜誌》第一卷第五期。）

讀智論偶鈔（存目）

（原載一九四七年七月《東方與西方》第一卷第四期。系作者讀《大智度論》第一至十六卷所節録的原文，以及本人的按語和註文。同文又以《讀智論抄》爲題，載於一九四七年九月十五日《世間解》第三期。二者文字基本相同，但後者增加了對《大智度論》第十七卷的節録，以及作者本人的按語和註文。）

讀汪大紳繩荀

汪子曰："賈子之論秦也，秦以强兼天下，二世而亡。注：雖併六國，僅後六國十五年而同亡耳。非强之罪，强而不審于本末之罪也。古之天下，未有不得之强、失之弱者。强者百治，以喜則懷，以怒則威，以令則行，以禁則止，以守則完，以攻則破，以禮樂則雍，以政刑則肅。弱者百亂，以喜則狎，以怒則離，以令則梗，以禁則匿，以守則削，以攻則疲，以禮樂則飾，以政刑則玩。得失之數可睹矣。"

詳此所説弱者之象，恰是吾國今日狀態。

汪子又曰："强于本者植，强于末者折。强于本者，開無盡之藏，塞無隙之竇；强于末者，盡其藏矣，隙其竇矣，此末之效也。秦之强，本耶？末耶？刑賞農戰，强之具也。注：今日强者所持以號召之工具，與其挾持群衆之嚴密組織，及其生産績效，並軍備等等，亦皆强之具也。道德仁義，强之本也。注：今之强者，全不用此。剛决刻急，强之末也。强之具，藏之深而愈完，暴之深則速敗。剛决刻急，所以暴之也。注：觀德與倭之事，已有明徵，而强者猶不知戒！道德仁義，所以藏之也。注：今之强者，不知此義。古者藏刑賞農戰于道德，道德威；藏刑賞農戰于仁義，仁義張。注：吾三代盛世皆然。此後如文、景休養而武帝收功；隋文、唐高休養而太宗收功，皆非僅從事于强之具者。秦孝公、商鞅知有强之具，不知有藏，以强立强，勢已易竭。注：德、倭皆以强立强，而不得不竭也，猶不監諸！始皇、李斯更從而暴之，暴之不已而具竭。注：强之具，既暴而無藏，何能不竭！希特勒之亡其國，猶吕政、李斯也。蓋其始也，以强立國，以民力立强，以刑立民力；注：此刑字義寬，凡今强者之法制、威令與組織等等，凡所以驅策鼓舞而劫持民衆之具，皆刑也。德、倭强時，皆以刑立民力。凡强者罔不如是。其繼也，以强竭强，以民力竭民力，以刑竭刑。其卒也，以强敗强，以民力敗民力，以刑敗刑。注：宜深玩。强之所由立者刑，併民力于農戰；注：刑字注見上。秦以刑威併民力于農戰，今之强者，以刑威併民力于生産與戰備，其事同也。所由竭者刑，并民于恣睢；注：向者德、倭之民，恣睢已甚。所由敗者刑，并民力于昏虐。注：人人習于殘酷、侵略、猜刻、争鬥，全無理性。立于孝公、商鞅，竭于始皇、李斯，蓋失其本也久矣，此藏之不深之禍也。”

余觀汪子論秦之得失，而實通億萬世。舉大地上凡有國者之得失，皆已燭照而數計之，未有能外其定則者也。德、倭之事既驗，後有爲德、倭者可知也。以强立國，以民力立强，以刑立民，古今之强者，嘗以此致一時之强。而其繼也，以强竭强，以民力竭民力，以刑竭刑。終于以强敗强，以民力敗民力，以刑敗刑。凡古今强者所以毁人國而卒自毁者罔不如是！人類何故如斯昏愚慘毒？豈不痛哉！其愚且慘之端，實在其妄冀以强立國。將以强立國也，自不得不以民力立强。將以民力立强也，自不得不以刑立民力。凡强者所以驅策、鼓舞與劫持民衆之一切具，皆刑也，注：雖有所持之美名，亦成幌子，而變爲强之具，易言之，變爲刑。皆所以立民力也，而終無可逃于以强敗强，以民力敗民力，以刑敗刑之歸宿。古之秦，今之德、倭，非其明效大驗歟？繼今之爲國者，若壹意以强立國，則其得失之數可知。

昔者子貢問爲國立政于夫子，子曰：“足食，足兵，民信之矣。”子貢曰：“必不得已而去，于斯三者何先？”曰：“去兵。”子貢曰：“必不得已而去，于斯二者何先？”曰：“去食。自古皆有死，民無信不立。”大哉聖言！其千古治術之大準也。一切生産，皆足食之政，一切軍備，皆足兵之政，此與以强立國者未始有異。而其與强者天壤懸隔處，則歸本民信是已。信者誠信，孟子曰：“誠者，天之道也。注：誠只是實理。生天生地生人生物，只是一誠。思誠者，人之道也。注：人稟實理而生，必思所以存其誠，盡其誠，而後乃盡人道，合天德，否則不成爲人。”民皆盡其誠信，而遠于狡變、猜疑、凶暴等等惡德，則人極立，而太平之休可致也。以民信言于足食足兵之後者，倉廩實而武備修，然後教化可行，所以異乎後世迂儒之論。朱子《集注》釋“民信”，以“民信于君上”爲言，此則帝制思想誤之。下文“自古皆有死，民無信不立”，則信乃人之所以立，即謂人必存其誠信，盡其誠信，始得樹立爲人，否則不成爲人。此“立”字與《雍也篇》“仁者己欲立而立人”之“立”同，朱注多失聖意。昨馬子實堅過此，亦弗滿朱注，不爲無見。夫曰“自古皆有死，民無信不立”，則是以誠信立國，而與以强立國者根本截異。以誠信立國，則不待以民力立强，而實以誠信結集民力，一自無不强，而不至爲凶狡、猜刻、暴戾之强，刑措弗用，民力充實，無待驅策，更無可劫持，民皆自由于誠信之中。食足而將導養其靈性于美善的創造，非可淪溺于食之中，以厚自利而食人也。兵足則以禦强暴侵略，非以殺人而動兵也。故以誠信立國者，將率人類而皆暢其天性。以强立國者，將率人類而趨于自毁！二者覺與不覺之分，善惡之辨，得失之數，吉凶之應，昭然判矣。今日世界人類所急需者，孔子之道。惜乎吾國人莫之究，而外人又無從傳習六經四子也！

三十六年八月八日

（原載一九四七年八月十五日《龍門雜誌》第一卷第六期。）

論本體書與説理書

自昭、孟實先生：

昨談各話，恐未達意，吾拙於辭，略申如下。一、本體真常，老子言“常道”，道者，本體之目。常者真常。佛氏言“真如”。佛説真如，亦本體之目。真謂真實，如者，常如其性，不變易故。《論》與《疏》皆云，“真即是如”，言真實即不變易，不變易者言其常也。西洋哲學，其否認本體，與夫以動變言本體者，可勿論；若其以真常言本體者，亦與東哲真常意義有相通處。至其陳説所見，有仁、智、淺、深等等不齊，其思想各成體系，則吾《大易》所謂一致而百慮也。本體真常，是一致處，而向下所見各不同，是百慮處。余於真常意義，體究數十年，若道本體不是真常的，則虚妄法何得爲萬化根源，何以名爲本體？若道本體的自體是真常的，卻又當深究。須知，一言乎本體，他便不是空無的，故有其自體可説。但此真常之云，既以不生不滅、不變不動爲義，則此本體，便是兀然堅凝的物事，他與生滅變動的宇宙互相對立。如何可説爲宇宙本體？吾於此苦究數十年，直至年將半百，而後敢毅然宣布《新論》。以體用不二立言者，蓋深深見到、信到，不能把本體的自體看做是箇恒常的物事，而恒常者言其德也。吾取一譬，如《易》之坤卦，以地方爲言，後人遂謂《易》言地之自體是方的。此實錯誤。方者，言地德也，方故承乾而無邪曲，此地德之所爲美也。吾《讀經示要》已解明。以此例知，曰真，曰常，皆從本體之德以彰之也。

儒者言天何耶？天者，本體之目，即真常義。《中庸》卒章引《詩》曰“德輶如毛”，毛猶有倫，上天之載，無聲無臭，至矣。此以虛無言天德也。無聲無臭，即是虛無義。虛無者，無形無象，無染污，無作意，故名。非空無之謂也。言誠，即真實義，亦言其德也。言剛健，言生化，亦言其德也。言元亨利貞，皆言其德也。德字義訓，曰德者，得也。若言白物具白德，則以白者，物之所以得成爲是物也。今於本體而言真常等等萬德，則真常等等者，是乃本體之所以得成爲宇宙本體者也。若無是諸德，何得肇萬化而成萬物？即本體之名，無可立矣。

德字含二義：曰德性，曰德用。德性之性，不可以西文性質字譯，此性字極靈活也。德用之用，亦不可以西文能力或作用翻，此用字極靈活也。此等名詞，望細心斟酌，勿便姑置。

佛家“果俱有”一詞，果謂現行。現行即識之異名，詳基師《述記》。俱有者，據無着、世親以至十師一家之學言，此語注意。則現行識複詞。乃與其自家種子同時俱有也。“現”生起時，即“現”有自體；而其從生之種子，本藏在賴耶中，未消滅也。故説種子所生之果，是與種子俱時而有的。俱時猶言同時，佛書每有此等文句。此以簡别因與果異時。《述記》有明文。

佛家一方是决定論，一方要破除决定而得大自在。孟實疑其説不通。然而他於此卻有説，即轉依義是也。轉依有二義：轉捨，轉得。轉捨雜染，轉得清浄，以此二義，破决定而得自在也。佛號大雄、大無畏，重精進，非如此，不堪破决定之勢也。然彼終有説不通者，即彼謂衆生無始時來，只是阿賴耶識作主公，此有明文。一向是有漏種子現行，有漏即染污，即是惡。無漏種雖寄存賴耶，而亘古不得發現，直等於無有。彼主張從有漏善起修，馴至引生無漏種發現，則在入地時。佛家經許多修行，而後更有十地，必歷至十一地方成佛。入初地時，名入地。如其説，由有漏引無漏，是謂蒸沙可成飯也，是内自無本而純由外鑠也。此其不可通也。

賴耶之説，雖由後起。然釋迦本人最初説十二緣生，章太炎最推尊此説，由其不識自性故。則以人生本性純是無明的。十二緣生，無明爲導首，詳《通釋》。後來阿賴耶説，理論雖繁密，而根本旨趣與釋迦同也。揆以《大易》繼善成性，《論語》人生也直，孟子性善，陽明良知等説，釋迦終是異端。

佛家思想深刻處，可愛敬。在形而上方面，窮到極廣大極幽玄處，乃凡夫小知小見所不能入，此最可愛敬。其由理智分析，而歸趣現觀此詞，解説太繁，姑略。或證會，真治哲學者所不可不深窮也。然其包含無量矛盾、衝突、種種空想與戲論，實須簡擇。佛氏是大詭辨家。雖其説足以豁人意理，而亦足陷人於混沌與糊塗，則非具大慧眼者，又不容輕學也。人心日習於卑下，已不成乎人。吾本欲青年學子提振精神。然默觀士習學風，日趨浮薄，不可與言向上事，只有萬劫爲奴。吾年逾六十，誠無足計，不能無同類之戚耳。

五月廿一日

自昭先生：

昨談甚快。宋儒似有云：理雖散在萬事，而實管乎一心。語句或稍不同，不能全憶，而意實如此。每聞學者好舉此語，實不澈也。由此説，理仍純在事物上，心能管統事物之理，而心猶不即是理也。凡宗守朱子之學者皆主此説。若如我義，心物根本不二。就玄學上説，心物實皆依真理之流行而得名。真理即本體之名。佛家以真如名爲真理。伊川、朱子好云實理，亦本體之名。此義見透，即當握住不鬆。因此在量論上説，所謂理者，一方面，理即心，吾與陽明同；一方面，理亦即物，吾更申陽明所未盡者。程子曰理在物，科學家實同此意，如此則先肯定實物，再於物上説有個理，是乃歧物與理爲二也。自吾言之，物之成爲如是之物，即理也，不可將物與理分開。據常識言，即執物而求其理，智者卻於萬物而識衆理散著，由此見理世界，實無所謂物的世界也。你謂然否？吾欲《量論》中詳談理，老當昏世，恐未能也。《新論・功能下》章，有一段談理氣，而説理之一詞，通體用而言。用之一名，覈以吾義，則先儒〔211〕所謂理氣之氣亦即是用。而用亦即是理，固不當離理與氣而二之也。

伊川云：冲寞無朕，萬象森然已具。以吾義通之，冲寞無朕，説爲一理。萬象森然，不可徒作氣來會，當知萬象森然，即是無量無邊的衆理，秩然散著也。萬象云云，即吾所云用。用，即衆理散著。前言用亦即是理者以此。冲寞無朕，而萬象已具，是一理含無量理。故言體而用在。又當知，萬象森然，仍即冲寞無朕。故言用而體在。是無量理，本一理也。一爲無量，無量爲一，宇宙人生真藴，如是而已，妙極！

哲學談到形而上之理，自是真真實實的物事。佛家云真理，伊川云實理，意義深微。如非真實，何能備萬德而肇萬化乎？空洞的形式，無實體而靡所寄，且無能生德用，將别假材料，而與之合以成物。不悟空形式與頑笨材料，二本相離，又如何結合耶？前儒言理氣已多誤，程、朱猶未免支離，後學更甚。今天不堪問矣。自昭能卓然宗陽明而不惑，是足慰也。此信與孟實、秉璧兩先生同看。

［原載一九四七年八月《哲學評論》第十卷第六期。自昭即賀麟，孟實即朱光潛，秉璧即鄭昕。前一信前三段以《釋體常義》爲題，後一信以《釋理》爲題，收入《新唯識論》（語體文本）之《卷中後記》。］

略説中西文化（存目）

（原載一九四七年八月《學原》第一卷第四期。又見《十力語要初續》之《答某生》第三則，二者文字略有差異。）

與友論新唯識論（存目）

（原載一九四七年十月《學原》第一卷第六期。元係《與黎邵西教授書》，後收入《印行十力叢書記》，即“《新論》語體本比文言本精密得多”至“余謂不孤不足以爲學，可毋傷也”一段。二者文字略有差異。）

論東方哲學與西方科學（答張東蓀書）（存目）

（原載一九四七年十二月十六日《人言月刊》第三期。又見《十力語要》卷一之《答張東蓀》。二者文字相同，但此處有一行按語，“本文原載熊先生正在付印之《十力叢書》一書中。特先刊於此，以饗讀者。——編者”。）

論學二札（存目）

（原載一九四八年三月《浙江學刊》第二卷第一期，包括《與張曉峰謝幼偉嚴不黨》和《答杜生》兩信。後收入《十力語要初續》時，前文改題爲《與人談易》，後文仍作《答杜生》。二者文字略有差異。）

論事物之理與天理答徐佛觀（存目）

（原載一九四八年四月《學原》第一卷第十二期。又見《十力語要初續》之《答徐見心》。二者文字基本相同。）

略談新論旨要（答牟宗三）（存目）

（原載一九四八年四月《學原》第一卷第十二期。又見《十力語要初續》之《答徐見心》。二者文字基本相同。）

關於《讀經示要》（存目）

（原載一九四八年六月一日《申報》第七版“學津”專欄第念六期。又見《十力語要初續》之《答謝幼偉》。二者文字略有差異，且此處多出一段按語：“編者按：熊十力先生《讀經示要》一書，刊於内地，沿海人士，多不能得。是書爲我國思想界上之一鉅著，不應忽視。此文爲熊先生致編者函，詳述是書吃緊處，頗重要。兹得熊先生允許，特披露如次。”）

紀念張上將軍（存目）

（編者注：此文讚頌了張自忠將軍以身殉國的精神，嚴正地批評了“貪淫畏死以禍國者”。該文以手稿影印的方式，登載在張上將自忠紀念委員會編輯、一九四八年九月九日出版的《張上將自忠紀念集》卷六《墨淚影蹟》第23–24頁。因多處漫漶不清，此處存目。）

漆園記（存目）

（原載一九四八年十月《學原》第二卷第六期。又見《十力語要初續》之同名文。二者文字基本相同。）

家書一則

述孫、靜孫：

述不立志，靜不規正，汝儕長如此，將如何乎？吾生而窮極，當年之苦，萬言難訴，家中一無所有，親朋俱無濟此，生性不能下人，黨中不合性格，無法活動，窮得上天無路、入地無門。此情鄉里人不能知，汝父試想之，當可喻也。三十後，始拼命自學於千困萬厄之中，及其有得，教於北大。吾獨立志不以教授之 業為事，必發願繼往開來，於是狠心不帶汝三婆婆出，以便減一切係累，專心素業。此吾成功之故也。當時若不好斯刻苦，不獨自身無成，而家中一切無用之人，何所依賴而活命乎？吾之名立，而骨肉亦有庇蔭，非偶然也。汝之婆婆，吾亦有不忍忘者，他如不賢，定要攖丈夫，隨著出，吾那好不帶？如此，則吾學問成功，必小多矣。三婆婆此一節，吾實感之。靜孫宜立志，責述學以成，方是作人之道。

述學不能考入大學，猶不知恥。汝父姑息，適以害汝。吾決老正月赴渝，候船東下，海道北上。欲帶述以行，但有三條件。一，吾生而極苦，又不肯求人，故一生不肯輕用一文錢。自奉極儉，老來只喫滋養，以保身命，其他仍儉苦。吾自身如此，對子孫亦嚴。菩叔用錢，吾束之嚴，□罵凶。述侍吾北遊，正當用途，吾不能不與；但如欲揮霍分文，吾決不能許。否則疑我薄待姪嗣孫，則反不妙，此須先說明。二，汝課程須拼命，如再考不上，吾必遣歸，以後不管汝之事。三，吾今衰，怕發脾氣，發了自支不住。汝必善體吾意，勿使老人傷懷。汝能發憤求學，吾便欣然。

汝之一身，承本生與承繼兩房之統，不可不振作。如此亂世，無本領，雖生存，焉忍嬉遊度日？汝不同吾行，吾亦不管；同吾行，則將應用之寒冷衣被及書本，早帶漢寓。汝明叔，或托川之勉中，或回漢受汝父，現猶未決。汝父信昨夕到屋，做了也罷。吾有一祭祖文，於前幾日寄曜如，交三婆，叫汝父寫好代祭告。今他來信，說已回黃，則此事或待他返漢再說。吾今年衰多，世事痛心，家屬亦不稱意。再勿來信五通橋，如來信，可寄北碚[212]勉仁中學雲頌天先生轉。遠履名字之信收到否？汝父來信未說，何耶？家中自祖父以下均好，為念。靜孫，令祖父母及汝父均好。

一月二十一日老臘月三十日

此信與尚謙一看，在鄉切勿說吾過漢，免麻煩。吾到漢決不見人，到滬後再說。切切！亦勿告□叔。

（原載一九四八年十一月二十五日《武漢日報》第六版“文學”專欄第八期。據信末落款推算，此信寫於一九四七年一月二十一日。）

王漢傳（存目）

（原載一九四八年十一月《國史館館刊·碑傳備採》第一卷第四號，較之《十力語要》卷一《附録傳文六首誌一首》中之《王漢傳》，正文文字略有出入，並略去“附記”。）

致張其昀

黄岡熊十力（子真）先生，曾於上年十二月十五日從廣州寄來一封信，特爲節録如左。

力沿途及抵粤聞見，覺得中國人無論有知無知，均無念亂之心與畏禍之□，畏且無有，更談不到悔。只是麻木酣嬉、無知無覺八字。如此以往，種類即存，即當萬世爲奴，吾深以此爲痛。鳥獸猶愛其類，何況於人？清末士大夫，常有保國保種之哀呼，吾儕回憶，猶如在耳。不謂革命黨，與學校教育，竟釀成此局，念之心痛。力年來，總有一種感想，如此時代，有心人各各孤立，決無致力處。□□當亂喪，我已只有明哲保身。此有二義。一，不使此身參入罪惡與污穢場中。二，不使此身罹危害，即不爲輕於鴻毛之一擲。對國家與群衆，只有不造禍國禍人之惡業，更無積極救世之行動，不得已而有所謂救天下後世者，則曰著書講學而已。實則亂世人心死盡，著書無幾人肯看，講學無幾人肯聞。著者講者，聊以自慰則可。謂有救於天下後世，其效雖不全無，終甚微也。中國好人一向缺乏團結與行動力量，當衰世，只任腐壞勢力擴展下去，而無所改造。此自吕秦一統以後，二千餘年之中國，常爲夷狄與盜賊交擾之局，唐虞三代，以迄春秋、戰國之交，學術、政治、文化之美，一概掃蕩以盡，事蹟顯然，惜乎漢以來賢士大夫均蹈此故轍而不覺也。力年來，頗感好人當有一種結合，顧一生孤露，又年事已老，世變復亟，雖蓄此意，而未敢輕與人言。此番又重有所感，竊欲以學會一類名義，暫結集少數人，徐圖擴充。……吾所謂結合之意，絶不是同於三十五年復員時之黨派，或向左，或向右，圖有所活動。又對於現實問題，並不欲輕有所參加或行動，但於人心風會之原，與國計民生之公利公害所在，總宜痛□相關，唤起注意與研究。私人間德業之互相提振，尤爲重要，脱去世故之相□，此重要。第一步注意轉移風會，培養正大精神，此本不立，而入政治漩渦，則清末迄今四五十年來之黨派自害害國害種，前車可鑒。但如散沙而無結合，則亦只是滅亡而矣。

熊先生是當今學術界的耆宿，他所究心的都是人類的基本問題和宇宙的永恒原理。但每次談到國事，終□熱情横溢，想見他少年時參加革命的一番志願，令人十分感動。在這一封信裡，他期望若干學人組織一個學社，以忠實的態度，學術的攻究，共同商討國内外時事問題，進而求其解决之方。要有所不爲而能夠有爲，不願逃避現實，但亦不欲輕易捲入政治漩渦，這實在是經過一番深思熟慮後的忠告。作者對於熊先生這一番話，極感興奮，因爲已經有人照這樣方針實行過，而且得到明效大驗。那就是英國韋伯夫婦等所領導的費邊學社。如以該社比於春花，現在英國執政的工黨便是秋實。韋伯夫婦及身見其理想之實現。前年（一九四七）十二月十二日，倫敦西敏斯德寺院把他倆的骨灰舉行國葬，在英國史上夫婦同享此種殊榮的，尚爲第一次。費邊學社社員人數雖少，而在政治上影響至爲深鉅。因念徒託空言，何如見諸行事來得深切著明。爰本"述而不作"之旨，略述該社的小史，即作爲對於熊先生這次賜書的奉復。（下略）

（原載一九四九年四月十八日《中央日報》第三版，張其昀《與熊十力先生論國事書》引用了這封書信。此處保留了張氏的按語及對該信的總結，並添加了標題；省略了後文對費邊學社歷史的敘述。）

【校記】

〔1〕"□"，原文漫漶不清。本書中"□"均表示原文漫漶不清，不再另作校記。

〔2〕"二"：原作"一"，據上文改。

〔3〕"二"：原文漫漶不清，據上文補。

〔4〕"太空"：原作"空太"，據文意倒正。

〔5〕"漢過篇"：原作"過漢篇"，據《抱朴子》改。

〔6〕"道微俗敝"：原作"俗微道敝"，據《抱朴子》改。

〔7〕"饕餮"：原作"饕餮"，據《抱朴子》改。

〔8〕"别"：其下疑脱"一"字。

〔9〕"十二"：原誤作"十三"，以下"十三""十四"原誤作"十四""十五"。今據上下文改。

〔10〕"洲"：原作"州"，據通名改。下同，不再另作校記。

〔11〕"爲"：原脱，據文意補。

〔12〕"官"：原作"宫"，據《漢書·藝文志》改。

〔13〕"三"：原作"二"，據《漢書·藝文志》改。

〔14〕“字”，據上文，疑當作“學”。

〔15〕“愛”，原作“受”，據文意改。

〔16〕“失”，原作“夫”，據文意改。

〔17〕“光”，原作“先”，據上文改。

〔18〕“法”，原脱，據文意補。

〔19〕“覆”，原作“復”。按《成唯識論》卷三：“法有四種，謂善、不善、有覆無記、無覆無記。”

〔20〕“徧”，原作“編”。

〔21〕“恒”，原作“桓”。按《成唯識論》卷五：“第七名意，緣藏識等恒審思量爲我等故”。

〔22〕“爲”，原作“局”，據文意改。

〔23〕“教”：原作“數”，據文意改。

〔24〕“当然世界”：原作“当世然界”，據文意改。

〔25〕“禮”：原作“體”，據文意改。

〔26〕“赫赫”：原作“嚇嚇”，據文意改。

〔27〕“件”：原作“伴”，據文意改。

〔28〕“著”：原作“着”，據文意改。

〔29〕“陵”：原作“譯”，據文意改。

〔30〕“悟”：原作“悮”，據文意改。

〔31〕“晉”，原作“普”，據文意改。

〔32〕“轂”，原作“殼”，據文意改。

〔33〕“矩”，原作“短”，據文意改。

〔34〕“貊”，原作“陌”，據文意改。

〔35〕“捨”，原“括”，據文意改。

〔36〕“不”，原脱，據後文補。

〔37〕“如”，原作“加”，據文意改。

〔38〕“快”，原作“抉”，據文意改。

〔39〕“當履”，原文如此，疑誤。

〔40〕“公”，原作“供”，據文意改。

〔41〕“求官求”三字，原文誤植於“而其父兄親友”之上，據文意倒正。

〔42〕“允”，原作“充”，據文意改。

〔43〕“内則”，原作“儀則”，據文意改。

〔44〕“造”，《胡適遺稿及秘藏書信》（黄山書社一九九四年版）第三十八册所載熊十力書札手迹（以下簡称“手迹”）作“過”。

〔45〕“自”，原脱，據手迹補。

〔46〕“懼”，原脱，據手迹補。

〔47〕“登”下，手迹有“者”字。

〔48〕“疾”，手迹作“病”。

〔49〕“十力”二字，原脱，據手迹補。

〔50〕“絶未有”，手迹作“一”。

〔51〕“日本”：其下原衍一“人”字，據手迹删。

〔52〕“利害”：其下原衍一“害”字，據手迹删。

〔53〕“而”，原脱，據手迹補。

〔54〕“問價”：其后原衍一“爲”字，據手迹删。

〔55〕“場”：其作“厅”，據手迹改。

〔56〕“洋”，原脱，據手迹補。

〔57〕“講”：其下原衍一“不”字，據手迹删。

〔58〕“副”：原作“付”，據手迹改。

〔59〕“装”：原作“服”，據手迹改。

〔60〕“亦”：原作“一”，據手迹改。

〔61〕“生”：原作“居”，據手迹改。

〔62〕“直”：原作“真”，據手迹改。

〔63〕“不”：其下原衍一“忍”字，據手迹删

〔64〕“更”：原脱，據手迹補。

〔65〕“已”：其上原衍一“又”字，據手迹删。

〔66〕書劄手迹於落款後，另有一行字：“此信可登獨立評論請斟酌。”

〔67〕“無”，疑爲衍文。

〔68〕“淵”，疑當作“流”。

〔69〕“緣”，原脱，据文意改。

〔70〕“鄉”，手迹作“之”。

〔71〕“可”，手迹作“只好”。

〔72〕“説”，手迹作“談”。

〔73〕“容”，手迹作“写”。

〔74〕“抵”，手迹作“氐”。

〔75〕“修”，手迹作“休”。

〔76〕“政”，原作“改”，據手迹改。

〔77〕“令”，原脱，據手迹補。

〔78〕“權”，書札手迹作“勢”

〔79〕“所謂”，原脱，據手迹補。

〔80〕“其”，原脱，據手迹補。

〔81〕“絶”，原脱，據手迹補。

〔82〕“於”，手迹無此字。

〔83〕“恤”，手迹作“惜”。

〔84〕“廣”，手迹作“龐”。

〔85〕“後”，手迹作“日”。

〔86〕“工”，原衍一“業”字，据手迹删。

〔87〕“初中高中”，原作“高中初中”，据手迹改。

〔88〕“晨”，手迹作“辰”。

〔89〕“蜕”，手迹作“脱”。

〔90〕“二十日”，書札手迹作“廿燈下”。

〔91〕“入”，原作“人”，據文意改。

〔92〕“功”，疑當作“爲”。

〔93〕“遥”，原作“遁”，據十力叢書本《十力語要》卷一《與薛生》改。

〔94〕“會”，原脱，據十力叢書本《十力語要》卷一《與薛生》補。

〔95〕“穿”，其後原衍一“會”，據十力叢書本《十力語要》卷一《與薛生》删。

〔96〕此处原衍一“弟”字，據文意删。

〔97〕“此段精光”，原作“此精段光”，據文意倒正。

〔98〕“雖”，原作“離”，據文意改。

〔99〕“善”，原脱，據文意補。

〔100〕“利”，原作“私”，據十力叢書本《十力語要》卷一《與讀書周刊》改。

〔101〕“种”，原脱，據十力叢書本《十力語要》卷一《與讀書周刊》改。

〔102〕“射”，原作“财”，據十力叢書本《十力語要》卷二《复張東蓀》改。

〔103〕“孟”，原作“孔”，據十力叢書本《十力語要》卷二《复張東蓀》改。

〔104〕“常”，原作“长”，據十力叢書本《十力語要》卷二《复張東蓀》附函改。

〔105〕“静”，原作“净”，據文意改。

〔106〕“與”，原作“涵”，據十力叢書本《十力語要》卷二《再答張東蓀》改。

〔107〕“道德的”，原作“道的德”，據十力叢書本《十力語要》卷二《再答張東蓀》附函改。

〔108〕“得”，原作“的”，據十力叢書本《十力語要》卷二《再答張東蓀》附函改。

〔109〕“相”，原作“真”，據十力叢書本《十力語要》卷二《答唐君毅》改。

〔110〕“謂”，原作“所”，據十力叢書本《十力語要》卷二《答唐君毅》改。

〔111〕“止”，原脱，據十力叢書本《十力語要》卷二《答唐君毅》補。

〔112〕“本謂本来”，原脱，據十力叢書本《十力語要》卷二《答唐君毅》補。

〔113〕“站”，原作“佔”，據十力叢書本《十力語要》卷二《答唐君毅》改。

〔114〕“相”，原作“想”，據十力叢書本《十力語要》卷二《答唐君毅》改。

〔115〕“一”，原置於“也”字之下，據文意倒正。

〔116〕“宙”，原作“窋”，據文意改。

〔117〕“靈”，其后原衍一“爲”字，據文意删。

〔118〕“國”，原脱，據文意補。

〔119〕“怖”，原作“佈”，據文意改。

〔120〕“功”，其后原衍一“功”字，據文意删。

〔121〕“朝”，原作“期”，據《中國歷史講話・種族推原》改。

〔122〕“説”，原作“就”，據《中國歷史講話・種族推原》改。

〔123〕“奉”，原脱，據《中國歷史講話・種族推原》補。

〔124〕“族姓”，原作“性族”，據《中國歷史講話》改。

〔125〕“云”，原作“界”，據《中國歷史講話》改。

〔126〕“貪”，原作“含”，據《中國歷史講話》改。

〔127〕“誑”，原作“狂”，據《中國歷史講話》改。

〔128〕“生”，原作“心”，據《中國歷史講話》改。

〔129〕“柢”，原作“祇”，據後文“萬物柢地而出”、《後漢書・東夷列傳》及《中國歷史講話》改。

〔130〕“柔”，原作“秉”，據《後漢書・東夷列傳》及《中國歷史講話》改。

〔131〕“猶”，原作“尤”，據《後漢書・東夷列傳》及《中國歷史講話》改。

〔132〕“改”，原作“政”，據《中國歷史講話》改。

〔133〕“甚”，原作“盛”，據《中國歷史講話》改。

〔134〕“無”，原作“勿”，據《中國歷史講話》改。

〔135〕“嘗”，原作“尚”，據《中國歷史講話》改。

〔136〕“時”，原作“世”，據《中國歷史講話》改。

〔137〕“舊”，其後衍一“居”字，據《中國歷史講話》删。

〔138〕“爲其”，原作“其爲”，據《中國歷史講話》倒正。

〔139〕“北”，原脱，據司馬貞《史記索隱》及《中國歷史講話》補。

〔140〕“欒産”，原作“東彦”，據司馬貞《史記索隱》及《中國歷史講話》改。

〔141〕“氐”，原作“氏”，據《中國歷史講話》改。

〔142〕“有”，原脱，據《北史・突厥列傳》及《中國歷史講話》補。

〔143〕“值”，原作“去”，據《中國歷史講話》改。

〔144〕“時”，原作“其”，據《中國歷史講話》改。

〔145〕“衆”，原作“象”，據《舊唐書・回纥列傳》及《中國歷史講話》改。

〔146〕“驍”，原作“饒”，據《舊唐書·回纥列傳》及《中國歷史講話》改。
〔147〕“並”，原作“步”，據《舊唐書·回纥列傳》及《中國歷史講話》改。
〔148〕“謂”，原作“爲”，據《中國歷史講話》改。
〔149〕“氐”，原作“氏”，據文意改。
〔150〕“以”，原作“與”，據《中國歷史講話》改。
〔151〕“餘國”，原作“國餘”，據《中國歷史講話》倒正。
〔152〕“荔”，原作“力”，據《中國歷史講話》改。
〔153〕“字”，原作“學”，據《中國歷史講話》改。
〔154〕“子”，原作“于”，據《中國歷史講話》改。
〔155〕“郡”，原作“群”，據《中國歷史講話》改。
〔156〕“青”，原作“西”，據《中國歷史講話》和《北史》改。
〔157〕“其”，原脱，據《中國歷史講話》補。
〔158〕“能”，原作“皆”，據《中國歷史講話》改。
〔159〕“略”，原作“絡”，據《中國歷史講話》改。
〔160〕“爲”，原作“謂”，據《中國歷史講話》改。
〔161〕“苗子”，原脱，據《中國歷史講話》補。
〔162〕“决”，原作“央”，據《中國歷史講話》改。
〔163〕“别”，原作“則”，據《中國歷史講話》改。
〔164〕“别”，原作“則”，據《中國歷史講話》改。
〔165〕“源流”，原作“流源”，據《中國歷史講話》改。
〔166〕“他方”，原脱，據《中國歷史講話》補。
〔167〕“是”，原脱，據《中國歷史講話》補。
〔168〕“東北”，原脱，據《中國歷史講話》補。
〔169〕“所”，原脱，據《中國歷史講話》補。
〔170〕“開”，原作“闡”，據《中國歷史講話》改。
〔171〕“但”，原脱，據《中國歷史講話》補。
〔172〕“所”，原作“此”，據《中國歷史講話》改。
〔173〕“則”，其後原衍一“不”字，據文意删。

〔174〕“慘”，原作“參”，據文意改。

〔175〕“滅”，原作“減”，據文意改。

〔176〕“以”，原作“議”，據文意改。

〔177〕“汎”，原作“汛”，據文意改。

〔178〕“自”，原文漫漶不清，據文意補。

〔179〕“驅”，原作“騙”，據文意改。

〔180〕“更”，原作“吏”，據十力叢書本《十力語要》卷三《答邓子琴》改。

〔181〕“杭”，原作“抗”，據十力叢書本《十力語要》卷三《答邓子琴》改。

〔182〕“别無”，原作“無别”，據文意倒正。

〔183〕“此”，原作“以”，據十力叢書本《十力語要》卷三《答邓子琴》改。

〔184〕“儒”，原文漫漶不清，據文意補。

〔185〕“儒”，原文漫漶不清，據文意補。

〔186〕“活”，原作“浩”，據《龍鳳》雜志第三期改。

〔187〕“乾”，原作“漸”，據文意改。

〔188〕“綻”，原作“锭”，據文意改。

〔189〕“闊”，原作“漸”，據文意改。

〔190〕“鋤”下原衍一“之”字，據文意删。

〔191〕“而”下原衍一“而”字，據文意删。

〔192〕“竟”，原作“究”，據十力叢書本《十力語要》卷三《答諸生》改。

〔193〕“此”，原作“如”，據十力叢書本《十力語要》卷三《答諸生》改。

〔194〕“是”，原作“自”，據十力叢書本《十力語要》卷三《答諸生》改。

〔195〕“過”，原作“通”，據十力叢書本《十力語要》卷三《答諸生》改。

〔196〕“辨”，原作“辧”，據文意改。

〔197〕“科”，原作“料”，據文意改。

〔198〕“曆”，原文均作“歷”，據文意改。下同。

〔199〕“道”，原文漫漶不清，據下文“志乎要道者”補。

〔200〕“禮”，原作“凱”，據《十力語要》卷三《黎滌玄記語》改。

〔201〕“不”，原作“有”，據《十力語要》卷三《黎滌玄記語》改。

〔202〕“裸”，原脱，據《十力語要》卷三《黎滌玄記語》補。

〔203〕“凱”，原作“禮”，據《十力語要》卷三《黎滌玄記語》改。

〔204〕“梨洲”，原作“黎州”，據通名改。

〔205〕“短”，原作“矩”，據《十力語要》卷三《黎滌玄記語》改。

〔206〕“拋”，原作“拖”，據《十力語要》卷三《黎滌玄記語》改。

〔207〕“聖”，原脱，據《十力語要》卷三《黎滌玄記語》補。

〔208〕“願”，疑當作“顧”。

〔209〕“疾”，原作“嫉”，據文意改。

〔210〕“日”，其前原空两字。

〔211〕“儒”，原作“於”，據《新唯識論》（語體文本）之《卷中後記》改。

〔212〕“碚”，底本脱。據文意補。

未刊書札文稿

烈士劉堯澂傳

（一九一二年十月）

劉堯澂，名復基，湖南常德府武陵人。家貧，兄弟四。堯澂與其兄星澂，皆習儒術。堯澂幼肄業於其郡城外德山高等小學。課餘，常集同志演説滿清敗政，及滿漢不兩立關鍵，同志多感動。校長亦以堯澂至誠，不欲阻也。尋爲郡守所知，將陷之罪。星澂乃攜堯澂東渡日，因鄉人宋教仁通於同盟會。居東七月。資盡，乃與星澂裝束《民報》六百部以歸。經鄂，見劉敬庵、張難先，入日知會。走長沙及常德，設《民報》發賣所，湘、鄂民氣由是多感發。旋以父喪回籍，亦不以居喪廢射獵，獵或數日不返，識者知其志别有所在。服闋，星澂遊漢口，與何海鳴任《商務報》主筆。星澂語海鳴曰："予弟堯澂以身許國久，天性篤摯，重倫理。母在，不忍離。"海鳴以大義勸堯澂來漢。

時清德宗崩，宣統嗣，載灃攝政，任親貴，黔制漢族，天下益多事。堯澂至《商務報》館，論説多警世語，史地尤深好之。會蔣翊武、唐犧支、蔡濟民、蔡大輔先後聚武漢，謀運動軍隊舉義，與堯澂通款洽。忽英倫瓜分警耗至，堯澂憤急，渡武昌，聚同志，決大計。清吏偵察嚴，堯澂亦不憚，嘗着布袍，雪夜召何海鳴登蛇山脊，兩足濕且冰，不解寒，指陳機要甚悉。適《商務報》款絀停辦，堯澂與海鳴知革命機關報不可少，謀恢復。聞宛思演組明明德社，擬辦報，乃推爲《商務報》經理。思演毁家助款，詹大悲、查光佛等力維持。己酉十月，《商務報》復興，《商務報》館址在漢口一碼頭英租界致祥里内。究兵法，定策略，言論直，極排滿。庚戌春，楊度主賣路，過漢，湘人恨，欲私懲之，群伺於英租界水電公司，不能入。堯澂挺身導衆，挽楊度出，爲英領事干涉，捕堯澂等及楊度入捕房。外聞堯澂吆喝毆打聲不絶。亡何釋之出，《商務報》攻楊度益力。夏口知事馮簣袒楊度，奉瑞澂命，封閉《商務報》，並嗾英領事逐堯澂及宛思演、查光佛、詹大悲、何海鳴輩出租界。庚戌三月事也。時堯澂母在鄂，堯澂泣曰："天下事如斯，兒當爲蒼生請命。問視從此疏也。"母壯之。

堯澂乃投軍，更名汝夔，猶懼軍心難協，因與光佛、犧支、海鳴輩，組織文學社，推蔣翊武爲社正，其勢力幾遍鄂軍。先是，鄂中有共進會、群治學社，文學社相與聯合，勢益厚。堯澂陰布置黨人，期以辛亥清宣統三年。八月十五日發難，推蔣翊武爲正司令，堯澂副之。及期，窒礙不遂。十八日，機關敗，清吏捕堯澂及同志二十餘人，縛見總督瑞澂。堯澂肆口謾罵，瑞澂怒，殺之。堯澂臨刑，神色不少變，大呼"革命萬歲"者三，時年二十有八。同時彭楚藩、楊宏勝亦遇害，是稱起義三烈士。十九日，光復武漢，同志奮，民國立，三烈士激成之也。

中華民國元年十月，黄岡熊十力子真撰。

（一九一二年六月，湖北革命實録館成立，專司蒐集湖北辛亥革命史料，至一九一三年八月解散。熊十力以湖北革命親歷者和都督府參謀的身份，兼任義務調查員，至少爲實録館撰寫了四篇人物傳記，本文即其中之一。此文整理稿見湖北人民出版社一九八二年出版的《武昌起義檔案資料選編》中册，收入本書時依据底稿重新整理。）

魯俊英事略

（約一九一二年十一月）

魯俊英，號仲然，别號悟癡子，湖北麻城人。素任俠，豪宕不羈。先世以詩書名家。俊英少習群經，通大義，嘗慨然曰："有文事者，必有武備，寧終治經生業、老文字間耶？"清光緒甲辰，俊英渡江抵鄂，短服從戎。軍官以俊英儒者，命充隨營學生。翌年，考入陸軍特别學堂。是時國事日非，外侮薦至，海内志士，率號呼以謀改革。同邑余仲勉夙知俊英負志節，介紹入日知會。俊英沉幾觀變，密與軍士結納者數年。

辛亥八月十九日，鄂軍起義，俊英即偕同志舉黎公元洪爲都督，部署一切。時軍事倥偬，俊英職司會計，規劃財政，時或參預戎機，多所擘畫。旋於廿一日夜，奉命至東湖門掩護炮隊。九月六日，赴漢督師，敗敵於歆生路，商民忭舞。初九日，敵氛猖獗，我軍失利，漢口淪陷，俊英憤恚，欲馳敵師死之。參謀朱學棟止之曰："徒死無益也，留爲后圖，不亦可乎！"遂渡武昌。都督仍命俊英司會計。自是陽夏鏖戰，俊英籌供億，理出納，日夜勤劬，兼旬未改衣就寢，清慎供職，爲同人所重。

未幾，漢陽陷敵，弹中都督府。俊英護都督於洪山，請都督毋遠走失民望，謂："陽夏雖墟，武昌尚在。長江天塹，敵難飛渡，畫江而守，不出旬日，各省援軍齊集，破敵必矣。"都督壯其言，遂駐劉氏祠，命何錫藩率重兵守武昌城，民心粗安，軍勢復□。其臨大難、决大計，類如此。嗣大局平，都督仍以俊英爲會計處長。

（本文係熊十力爲湖北革命實録館撰寫的四篇人物傳記之一，署名爲"熊叔恒調查"，並鈐有"子貞"篆文小印。文末有"敬請實録館長查收備案，請調查查閱再交典守，十一月廿七日"等字樣，並鈐有一枚篆文图章，惜漫漶不清。整理稿見湖北人民出版社一九八三年出版的《武昌起義檔案資料選編》中册，收入本書時依據底稿重新整理。）

周定原事略

（约一九一三年五月）

周定原，號瑞廷，年二十九，沔陽人。五歲出就外傅，甫冠自學，秉性誠實，素有遠志。清光緒三十二年，投入工程營。三十三年，考選陸軍特别學堂信字齋，以最優等畢業。鄂省未舉義以前，與李維廣等謀於漢之長清里。時牟鴻勳、劉堯臣、劉湘舉等推原作軍界原動人，比謂諸君曰："作事潛謀易，而求實難。自今以往，當以無形之竭力，勝有形之竭力，必須達到目的而後止。”遂與本營隊長吳君兆麟商籌機事。時相謂曰：“大凡攻人之國，必先攻其首都。今之督署，非首都歟？將用坑道法轟擊之，其在署旁縱火以進取之，當先佔領楚王台子彈庫，以城内之步兵守城，阻遏巡防隊之竄入，以城内二十九標漢兵牽制三十標之旗兵，大事可成。”

始欲於八月十五舉義，未果，復計劃十八，而義旗未舉，忽聞總機關已破，彭、劉、楊三公被逮。未幾，而大朝街之機關又被抄，捕去牟君等三十餘人。原與吳君嘆曰：“此舉不成，漢族無遺類矣！”然軍士遑遑，莫知所之。時張靖川云：“事須至此，若不連續舉事，後患叵測。”於是馬君司忠出營傳信，諦約至十九晚八句鐘。後隊兵士將整裝準備，排長陶見而叱曰：“汝等欲造反耶！”衆兵士乃嘩然起曰：“唯唯！”當斃該排長。督隊長阻遏，亦斃之。定原振臂一呼，乃乘勢促衆兵士出營。時本營左隊守楚王台，遂至楚王台，與左隊聯合，佔領子彈庫。當推吳兆麟爲總司令。原與鄺漢卿、曾振漢、黄楚楠等，直搗督署，至王府口，而槍聲竟向原隊猛擊，遂命衆兵士退伏廊檐，一面報告總司令，開大炮以助威聲，一面縱火以作射擊之目標。此時楚王台、蛇山等處之炮向火攻擊，僞督潛行遁去，武昌由是光復。二十日辰刻，諸同志擁黎統領至楚王台，令其指揮，而黎茫然不知所措。原乃告以此次起義，是如何運動，如何組織，實非暴動，黎心稍安。至午，黎忽謂張彪欲表同情，諸同志亦極歡迎。已而張果帶輜重八營兵士並旗兵多人，傳各官長至右旗集合。原微窺其意，似欲殲滅同志者，復令開砲擊之。張知計破，仍然逃遁。傍晚，乃同黎至諮議局，創定軍事參議顧問，以總其成，分配辦事人員職守，以安其秩序。

至九月六日劉家廟一役，與府内諸同志督戰漢口。翌日，敵人漸追至火車站，乃與魯鴻勝等計劃分三路進攻，魯由鐵道進攻，原由歆生路進攻敵人左翼，楊□□由鐵道以北進攻敵人右翼。魯負傷卻退，而左右均攻不能進。遂渡江，與都督謀曰：“原今日督戰雖不利，但判斷敵人今夕不能越歆生路一步，何也？敵人尚不知我軍虛實若何。然新兵決不能用，欲保全漢口，非用老兵不可。”是日，黄君克强至，當推爲戰時總司令官，乃下令提老兵，得四百餘人，同往渡江，卒奪回歆生路以東之地。後因無援應，遂敗退。時原與鄺漢卿、曾振漢等，督戰至晚，北風大作，敵人因風縱火，漢口皆赤，意圖乘勢而取漢陽。原又與吳君兆麟謀曰：“趕緊派數營駐紮大别山之南麓，以壯鐵廠守兵之膽，可保無事。”更主張是夜襲取敵人，而斯舉未遂，因無敢死黨故也。

及至十月初，敵攻漢陽，漸逼十里鋪。府内參議、參謀熱血澎漲，願並一死，不去者斃以槍。原解之曰：“我等雖不才，猶人身之骨，有則立，無則墮。”同志竟渡江而去。是夜，參謀次長楊璽章果死於戰，而漢陽卒不可復。漢陽既失，都督與黄總司令計棄武昌，遷南京。原始聞之，疑信將半。及開會，都督果宣布其事。原與孫發緒、范騰霄、曾振漢、劉春甲、高尚志等力斥其非，謂武昌爲起義首都，各省仰重，武昌一棄，天下瓦解，不若招集散兵，沿江防禦，以死守武昌，卒定不遷之計。乃要求擬一訓詞，與同志劉君春甲、馬君葆黄、張君盤等，赴各營演説，告以招集散兵方法，申明大義，謂此次之失利，非兵之咎，由於新兵未訓練之故。現議停戰數日，趕緊訓練，攻雖不足，防則有餘。不二日，而潰兵皆集。初九日，朱君芾煌來議南北停戰。至十一日，停戰書因非中央軍政府印文，敵人謂不能代表各省，遂炮擊都督府。都督倉皇出城。原與劉君春甲、黄君楚楠等力阻不聽，乃回總司令部告以詳情，復派人趕至王家店，始行收轉。及續訂停戰半月之約，遂將都督府遷於曇華林第二中學堂。時總司令吳君兆麟，呈請都督調原爲總司令部副官長，經營籌劃，形瘵心勞。

至和議告成，南北統一，總司令部改爲大元帥府參謀，部分六課，原又任第六課正長事務。復與參謀部總長、次長組織參謀學堂，無如干禄者衆，志士心灰，是以中止。旋又爲理財部部長特請辦理武昌關船舶税事，闢劃一切，頗費苦心，革蔽政而創新規，利公家而便商民，一年之間，較滿清時代所徵收之税，已多至十餘萬。其理財之手段，爲貪污者聞之，莫不愧死無地。自珥筆從戎，組織革命，以至民國成立，意中事雖了一二，而向學之志，仍然不已。故決意辭職，力請出洋留學，爲他日建設民國之一助云。

（本文係熊十力爲湖北革命實録館撰寫的四篇人物傳記之一，文末有“熊叔恒述，二年五月十五日到，傅編修亭儀介紹”字樣，並鈐有“調查會議室圖章”篆文印。整理稿見湖北人民出版社一九八二年出版的《武昌起義檔案資料選編》中册，收入本書時依據底稿重新整理。）

李載煦事略

（約一九一二年至一九一三年）

李載煦，字炳生，孝感人。少讀書，慕武略。清光緒三十年，走鄂從戎。明年，考入陸軍特別學堂，旋改學海軍駕駛專修班，卒業優等。

是時清政不綱，載煦密圖改革。以西北兵悍可用，乃叩關入秦，爲工程獨立隊隊長。關中風氣樸陋，獨劉世傑、張翔初識時務，與載煦友善。辛亥八月十九日，鄂軍起義，四川路政風潮益劇，清政府專電至秦，令嚴防川、鄂。西安將軍某，滿人也，下令收集漢兵火器，軍官無髮辮者，輒拘訊。載煦與張翔初均薙髮。將軍密令混成協統領某，若拘獲載煦，即將就地正法。

先是，八月二十八日爲野外演習期，例向軍裝局取假子彈應用。載煦密商同志，私運真子彈四箱。至九月初一日，探悉將軍密令，遂與張翔初、劉世傑等擬先發難。時軍隊多駐紮西城門外，恐不易入城。張翔初，故步兵第二標管帶，即調所部之一隊，先入爲内應。又探悉火器尚存各警局，令城外兵士聞警奪門進，趨警局取火器。計已定，載煦還率所部。有輜重隊長某阻之，載煦槍斃某，遂收集輜重全隊。未幾，張翔初率步兵第二標，劉世傑率步兵第一標，及馬、炮各營，驅入城，分據軍裝局、藩庫各要地，全城克復。公舉載煦爲參謀總長。次日，收降駐防旗卒，籌餉練兵，爲武昌聲援。各省相率響應，多載煦力也。南北混一，載煦稱疾歸田，識者稱之。

（本文係熊十力爲湖北革命實録館撰寫的四篇人物傳記之一，文前有藍色鋼筆小字“外省”，文末署名爲“熊叔恒調查”“煜讀”字樣，並鈐有“子貞”篆文小印。整理稿見湖北人民出版社一九八三年出版的《武昌起義檔案資料選編》下册，收入本書時依據底稿重新整理。）

與梁漱溟

（一九二五年三月二十八日）

漱冥兄：

不須南來，空勞何益？

三月廿五日手書收到。已前一切話都置之，過去事已過去，唯當從新振作耳。我昨冬來感觸太多，世事、家事、朋友事、自己行止事，加以一春凄風黄塵，種種苦人，把我弄得幾乎要死。又回憶年來不長進，自悔自恨，又時愴然淚下。吾恨足下，吾恨竟翁，使竟翁坦白公平待我，又無其他夾雜，我一心在南京講學，豈不好哉！北上偶足下，而足下軟弱反過於我，令我一人振作不起來。嗚乎！天下大矣，吾將誰與？

忍一身窮無所之，江西雖有幾畝田，而兄弟牽掣，畢竟難令我静心爲學，我所以想拉扯幾位朋友相夾持也。自昨秋冬以來，頭腦常悶，腰常漲，心中常易起悲思，有時自懼或是不良現象。然我一向易悲，此話有幾次與平叔説過。却不始於今日，所以懼者，爲腰漲等象耳。然我亦常與你言，以我之肉軀而論，宜早死。然終不死，則今之腰漲亦不足懼耳。省吾兄嘗云：凡願力大者，常恐其生之促。或者然乎？昔奘師將譯《般若》六百卷，常恐不成而死，而卒乃成焉。吾所欲發抒者，至大至要，天不喪斯文，必將有以庇我矣。常作此想，而壯心生也。總之，昨冬以來算是變態心理時多，此後安居已定，收拾精神，當一往向前也。

吾已來武大矣，德安之議取消。私心欲俟蘅兄回校，與之商量，欲請足下來鄂共居三五年再説耳。天與聰明才力，悉疲於討飯之鐘點，嗚乎痛哉！

蘅兄歸期，尚未得知也。弟住校内東樓上第二層，臨蛇山，絲木蓊天然圍繞。贊非與我同居一室，此子文字今年有進矣。其費用我酌助之，不難也。

陰曆[1]三月初五日
弟子真白

答黄艮庸等

（一九二五年四月二十三日）

前信諒達。今日是陰歷四月一日，俶知來斯已不遠矣，望甚。昨有與某小有聰明者一信稿，諸材予梁先生閱後，交平叔、艮庸。不知何日得到？欲引之此道，恐終不得，彼竟不來，從此置之可耳。可小知而不可大受者，莫能强也。

並世人中，如梁先生之好善，如梁先生之聰明，平心思之，何可得哉！然而夾雜不肯自省，須知夾雜不是壞話，人未到佛地位，誰無此耶？往往流入歧途而不覺，不肯力自振作，明明知此學須有人任之，又明明知世無人堪任之，他明明又有他的聰明，卻未專心拼力向前幹去，此吾所以常不滿於梁也。艮庸前信，懇摯之極。吾寫回書時，隨當時興致，寫爾時所感，未曾照答，故今日又一發抒對梁先生之意見。艮庸尚未指出他的病根所在，故吾又言之，吾始終如此言之。有夾雜不省，一層也；不振作，二層也。去此二層，吾何間然？吾又豈無夾雜（或比梁先生多），但自省耳；豈不有不振作氣象，但常常欲自撑起耳。吾人只説省察自己夾雜耳，若云去盡，何易談耶？去盡則佛。

聞叔模兄報，説梁先生啓事已脱離曹州。啓事登出甚好，名實一致。實際上雖不好，即去其名，當然之道也。若早日宣佈亦無妨。

我在此去留問題，大約候石兄回去與商湯錫予問題。湯來，則吾留；湯不來，則吾向真如敲一小小竹杠，耦庚今春用他五百元，我只拿六七十元。即留黄岡外家附近，將書作起。傚知、贊非同去可也。然石肯聘湯否是一問題；湯本人能來否，内院肯放湯來否，又是一問題。

吾二兄不肯分家，只好聽之如此，則江西不便居，生活費種種不自由。好在他婚已離，地方人現亦無相欺者，聽他們隨隨便便弄下去。不過吾暑間須回德安住些時日，故動手作書，恐須秋季。

我對教書事十分討厭。上堂最無味，對牛彈琴，如何高得起興來？如戲子勉强唱戲一樣。這事在我真作得苦。在混雪白洋圓者，方無此苦耳。今日學生稍有一點小聰明，便心中無形的看不起東方學問，看不起未吃洋水的人。又未吃洋水者中，又看不起未出風頭的人。你苦心想救他，他視你如怪物，如何敢救？人説梁先生大名鼎鼎，其實梁先生在北大又有哪個好學生與他相依爲命呢？而况聲名不及梁先生者乎？欲救今日學生，何得拉攏乎？此殆風會，非可以一時一二人之力争也。即如吾昨與某大風頭家之信，天冥見之，謂我自糊塗，彼不獨不來，反以無聊視之。我亦自知無聊，只此心不容已耳。今日最好由少數人實幹，保存一綫生機，如冬至一陽生，不患無三春之盛也。不要灰心，但著作萬不可少耳，只不輕發表，如船山可耳。

此間事，吾不圖石先生之如此也。他不知受何人之説，帶來一些新人物前信説過，即北大卒業，到西洋一遭者，凡四五人。至此，便向北京《晨報》商妥别闢一欄爲武大師生發表所謂“什麽”“罷了”“愛呀”種種的文學。學生高興萬分。有郭沫若者，居然主任矣。狗子不如的東西都來此活動起來。造因如此，結果可知。吾欲挽救，從何救之？石先生能聽吾説否，是一問題。學生擁戴此輩，更無辦法。鄙意只好用破天荒的手段，教員學生一齊驅了再説。然石先生恐無此力量，又須得省當局與中央主持才好幹，此如何辦得到？無非説一句笑話罷了。

我若説混飯吃，可留此，若不高興强混，只有走之一法。秋逸昨到此，説歐師又要我暑後東下，兩年之約竟不得來，心中茫茫不知如何云云。此老終可感也！秋弟真可感也！朝傑尚在此。此信平叔、艮庸、傚知、贊堯看後，即掛號寄梁先生並交林先生一看，知吾近況而已。

答黄艮庸等

（一九二五年四月二十四日）

昨信，報本校及吾之近況，拉雜寫數頁，諒到。

艮庸詩前後各詩都收到。直寫自家胸事，真摯淵懿，如其爲人。可愛可愛。賢者努力爲學，未可限也。

昨又接得名鴻諸弟和詩，各有妙處。吾得此，喜諸君不寂寞，反自有此間南面稱孤之感矣。

炳權者，憶在曹州曾得艮庸信，説是馮炳奎弟。此子詩中“掘地見泉處處尋”一語，直顯真流深處，用乾符詩語。亦孟子興左右逢源之意。此心此理，本無間隔，何事分形礙器，惆悵天南地北耶？炳權有神解矣。惜彼來曹也晚，吾不得遇之矣。仁以爲己任，不亦重乎？夙興夜寐，毋忝爾所生，汝其念哉！倘暑後南來共聚，歡喜無量。仁者有意否？此節録示炳奎可也。

吾有小帳勾一副，乃護法時紀念物，俶知弟請帶來。

致張雲石

（約一九二六年九月十九日）

惠書敬悉，連日因故鄉紛亂，心事不靖，未得詳復。念道遠，不可無一字答。經論所舉事證，類多荒誕，吾儕今日何須迷信？要在知其所以設事之意，不在拘事。殺業招果，自是感應之理。如水流濕，如火就燥，聲應氣求，無足怪者。殺機之動，在一念嗔恚，其幾甚微，其發甚大且遠。喋屍百萬，造端幽獨，可不懼哉！鄙意佛家有教有學。教則禪淨皆須實修，非今僧徒居士之爲。今日僧俗皆流氓也，何與佛事？學者非可忽修而不問，然實際聞思時代，於修不無防礙。此在内院必不承此語。佛家仍重文字般若者，爲欲令法住，示衆生以正知見，裨益人天，功德不淺。學則依三法印而用比量，言説條理。前師後師，此宗彼宗，不嫌乖異，唯歸於遣執者是佛，否即而鬼、外。言説諦否，視其詞義有礙無礙。詞義不得無礙，必其於解未得無礙，於法未得無礙也。今日鄙俗紛紜，不足言異同。止竟翁恢復唐人遺緒，吕秋逸承之，爲有功勞，餘何足道？來書提及某某，非所樂聞。

《唯識》書止存一本，不得寄公。《因明》書非賣品。寄一部，商館月杪出版，可仍購之，以較此本有改塗處故也。

晴麓先生。

弟熊十力啟

九月十九日

［原信用紅絲欄八行信箋紙，共六頁。由天水師範學院孟永林先生發現並考訂年代、釋文標點，收入本書時略有訂正。信中所説“唯識書”，指一九二三年北京大學印行的《唯識學概論》；“因明書（非賣品）”，指一九二六年北京大學印行的因明學講義；“商館月杪出版”者，指一九二六年商務印書館印行的《因明大疏删註》。］

熊十力病榻心痕録

（一九二七年一月六日至二月六日）

此屬贇非手抄，原稿太模糊也。

十力

吾之日記，專以表吾心情。有自負語，有自疚語，隨感而發，略無隱飾。神哉！神哉！心之萬感而不可測度也。忽憶過去，忽滯現在，忽臆未來。一自負語，或一自疚語，其背後皆有無量恒河沙數感觸，那能記得出來？

十六年一月廿五日　十力補書簡端

十六年元月六日　舊曆十五年十二月初三

余自昨春由北京移寓西郊萬壽山大有莊坡上十三號，新年仍寓此間。同住者：友人桂林梁漱冥、弟子郯城高贊非及漱冥門下諸子。

余向未爲日記。昨因盜汗甚烈，極感身體衰弱，恐志願不就，未及永年，則非一己、一國、一世之憂也。吾對中印兩方學術思想，自信年來苦心，已窺見原本。但大端雖得，而條理萬端，諸待深研發揮，内顧精力，實不勝任。唯期六十之年，得以整理胸中十分之四五，此願便足，不敢貪高齡也。今年將滿四十二，本古人強仕之候，尚在壯盛，然精力則異常虧損。此其故：一由天稟本弱；一由少不檢點，妄自損耗。吾之向學，乃在卅後。自向學至今，七八年間，用功過苦。近乃有漏髓之患，此爲吾進學之大礙。吾又不善自養，任意發散。此次盜汗之烈，雖原因未易言，而其近因，則由爲趙小坡發散太甚。趙，吾鄉人也，有孤清之意，而過自暴棄，行年五十，一無所成。渠在京爲審計院主事，四五年來，與吾未來往，元月二日忽來談。十年舊雨，不勝感想。渠似有意回南作事。余念今日人才缺乏，如小坡實不多得，因從午後二時許談至日落。留宿，又談至夜過半。諄諄勉以勿繫念身家，當關心天下生民；並勿學孤清，當培養實行力量，與人爲群；又詔以爲學之方。翌晨，又取紙署書以付之。及小坡去，而余遂苦不支矣。連日盜汗如雨，奄奄無生氣。伏枕仰宇，恐長此不謹，將速化，而志願一不得達也。因有意致謹於言行起居，頤養身心，故爲日記以自檢云。

是日也，大雪。早起，寫長信與張海濤。所談多猥雜事，亦有勉勵海濤及責備燕大明語，嫌繁不録。寫信最耗氣。黄存之勸病中宜勿寫信，可謂愛我矣。然餘每動念，即不易制。話不説，仍滯胸中，必宣洩始無事。此一向大病，不易猝改，故仍寫此信。以後當徐圖改此急躁之病也。

午後，宰平來。談及吾之《唯識論》，不獨澈底推翻護法，即安慧亦在所擯。渠云：藏文有安慧《釋》，東人印出，並有一文介紹其大意。持校吾說，猶覺其麤。又謂吾本《般若》骨髓而妙有建設，此是絶大本領。吾嘗言：俗所謂宇宙，只是立在執上。空其所執，即無宇宙。護法建立種子，以説明宇宙，即已墮執、遣執云乎哉？故吾一切遮之也。吾不敢宗唐賢而祖護法，唯宰平兄深許之也。宰平姓林，名志鈞，福建閩侯人。

元月七日　舊曆十五年十二月初四

昨仍盜汗，似輕於前。

早起，答容肇祖函。容生，廣東東莞人，北大卒業，今教於廈門大學。

“肇弟：急促之諫，直諒可風。只此是真學問，願與老弟勉之。顧君書豈得盡如吾意？顧非可空持見地，以下評抉。須博徵史料，則非吾所暇矣。《唯識論》首章，須從頭另造，原稿可就甚少。吾七八年來精力，萃此一書。在此歐化時代，唯物思潮洶湧之際，吾所爲者，極不合時宜。然掉背孤行，以亢乎往古來今而無所悔，則吾志也。”

元月八日　舊曆十五年十二月初五

昨盜汗極微。

默省心極散亂，如一團煙霧，升沈起伏，紛亂無緒，主人翁久已失墜故也。此種紛亂，在睡眠中尤甚，以紛亂故，常呈似醒非醒之狀，極其苦人，此即所謂失眠症也。大抵平日治心之工太疏，而身體方面又甚虧損，則此病無可倖免。今後醫治之方，除注意身體之攝養外，根本則在單提觀照，勿使雜念得逞。雜念一起便照，不令隨順下去。纔一隨順，便成難挽之勢。只要觀照常存，則雜念技倆便窮。明了其爲不相干之擾亂，自不至將就。又常照則常有力，雜念原無隙可乘，自己力量鬆懈，雜念方起。此吾所歷驗不爽者也。

元月九日　舊曆十五年十二月初六

昨盜汗又劇。昨晚思慮不止，故有此病也。

元月十日　舊曆十五年十二月初七

昨盜汗較輕。

凡人能平情以勘彼我是非長短者，極不易。往往見人之非，較人之短，而不悟己之有非，不量己之有短。浮雲蔽日，天地昏晦，可勿懼哉！

元月十一日　舊曆十五年十二月初八

胸中有時若有千言萬語，急欲迸發。才把筆，則已呼喚不出。靈機鼓動，氣力不足以申引條暢之故也。余之身體太差，只合優遊自適。

凡人平時亦或自己印認[2]不能無過，及到應事接物，則又純任好惡，而不肯自見其過，徒鄙人家不是。此小人所以怙惡不悛、剥喪靈明，而不可救也。吾自省有此病，吾之朋友患此病者復不少，思之極痛。

吾爲燕大明損傷太過。細思此人，畢竟是卑細之人。吾屢書愷切開導之、提攜之，彼乃無一毫發強剛毅之表示，猶不免於患得患失之情，來函似有儌余再爲謀事之意，而又不明説出，足徵其鄙細。若明説，猶無礙。真令吾傷懷也。大明，吾同里弟子。

昨盜汗又不輕也。

元月十二日　舊曆十五年十二月初九

昨盜汗猶未減輕。

事不可意，人不可意，只有當下除遣。若稍令留滯，即藏怒蓄怨，而成爲嗔癡習氣，遂爲後念生活種下惡根，永不易拔。人只是自己對於自己爲造化主。可不懼哉！可不懼哉！

説話到不自已時，須猛省而立收斂住。縱是於人有益之話，但説到多時，則人不必能領受，而自己耗氣已甚。且恐養成好説話之習，將不必説、不應説、不可説之話，一切縱談無忌。雖曰直率，終非涵養天和之道。而以此取輕、取侮、取忌、取厭、取疑於人，猶其末也。吾中此病甚深，悔而不改，何力量薄弱一至是哉！

元月十三日　舊曆十五年十二月初十

孤坐，忽念沔陽張難先一生。吾自卅後，始可謂艱苦卓絶。難先避虚榮，遠勢利，窮餓五十年，近乃爲國民政府新人物。行藏雖異，豈貳志哉！吾三十前，但有一苦字，艱、卓、絶則未也，荏苒不自奮發故也。及三十已後，排紛難，忍艱厄，值可圖之利而棄之。念骨肉流寓至鄉而含茹辛酸，寄妻兒外家而難爲之所。孤懷落寞，強探力索於舉世不尚之學，未嘗稍事交[3]遊，以取媚時俗。凡此，皆持之慎密而不敢一旦墮者。前途遼闊，當慎旃哉！

昨未有盜汗，喜不可言。

與宰平函："前談體用問題，略答如左。有不諦，後隨更。

一、體用系從兩方面説，而非用外別有恒常不變之體。

二、用從流行彰明，體從存在彰明[4]，即流行即存在。

三、用顯分殊，即各具全體。體顯連屬，即統一全體。有情各各之生命，互相連屬，而實非可截然離析，故仍爲統一之全體。非體如莖如水、用如枝如波之謂也。

四、用則幻化，才生即滅故。體則真實。如如不動故。

第二項中，存在二字，易主宰更好。執實主宰，故破。若不執，還得言主宰。常樂我淨之我，非主宰義耶？有主宰故，生命非機械，而唯物之論破。有主宰故，人生非空洞，而生命獨立之義成。然復須知，此言主宰，是已經破執之主宰。若未經破執之主宰，則正賴唯物論攻之，曾何足超出唯物論而爲真理之歸耶？此非全盤了解《般若》者，不足語此。

剎那不住，是事實。恒常，是存在理論上，非事實。”

元月十四日　舊曆十五年十二月十一

昨又盜汗，想因用思過度。

從前言本體者，皆誤執著於現實界外，别有恒常之實物。此緣日常執物之見，遂用到此。現代哲學家多不印認[5]於現象外，别有恒常之實物爲本體，此意固是，然不悟體之意義只是主宰義。若只認流行，不悟流行中有主宰，宇宙便是頑物，人生便是空洞。主宰於何見？即在吾心之不自私時見之。心是流行，心之不自私即是主宰。

連日大雪。今午膳後走雪，與某生談及世間穢事。比自覺非是，乃默誦佛號。然悔過不真切，誦佛亦一向不真切。業障甚深，如何？如何？

元月十五日　舊曆十五年十二月十二

昨盜汗又不輕，亦用思過度之故耶？

自省日在雜染習氣中討生活，起念轉身，都不由靈明作主。偶一喚省，不久又顛倒去。至要。

燕大明只是無氣力人，謂其鄙細似太過。少時亦有慧根，及今尚可與談，惜其人氣力不足耳。然氣力不振，則已流入鄙細一路，求高尚不得也。

説話便動氣，此是傷生之道。大抵腦筋受損，即足以影響於心理，使之失其調和，而易興惱怒。蓋心理作用，本憑藉腦髓作用而起故也。然醫治之方，雖不能不注重身體方面之攝養，而心理方面之操存工夫，實爲起死回生之不二法門。心力提得起、放得下，即是生力展得開、貫得滿。何憂乎腦髓之不復原哉？自今宜在心地切實用功。

漱冥能忍言，是吾大不及處。

關於本體之解説，前日所記，實未見到恰好處，並可謂離題甚遠。

昨夕今辰，乃真有悟入處。元來只此體但不可說，《般若》一向遮詮。妙極！妙極！有宗號爲即用顯體，實則有將生滅、不生滅打成兩片之嫌。世俗不許有本體者，直將宇宙看作一副機械。或則認流轉爲實體，亦是飄頑無主，與機械論同一見地。若此，人生全無根據，無活氣，抑可大哀。早膳後，與漱冥談此意。惜精力不佳，未能詳細寫出。俟作《唯識論》之《法性篇》，當明此恉也。

今人不能讀《般若》。因其所破斥者，即當時外道小宗學說。其間所有名相及論辯，本爲過去兩千年之死符號，今人那看得合眼？不知符號雖死，而符號所代表者歷古猶是新生。唯有慧者能遇之耳。

李石岑寄贈其近著《人生哲學》一大册。畧翻一過，極感不快。不審何故如是輕言著述！石岑亦吾朋友中極爽快者。吾於其人有相當之敬愛，其學則吾末如之何。

又謂漱冥云：元來只有此體，而絶對不容言擬。用無自體，而有可說。但不見體而說用，其說便糟。此是吾十二分見到、信到之語。

晚膳後，忽念護法談體用，畢竟是糢糊。在其文言之散見處，何嘗不道用無自性？何嘗不欲顯此體？而我謂彼糢糊者，則通其學説之系統觀之。彼固於用上有建立也。在用上既有建立，其結論必將用與體作較論。故三性中，除徧計是無，而依他幻有、圓成實有，兩相對較，即是一方生滅、一方不生滅，一方變、一方不變，一方幻化、一方真實。如何於生滅、變、幻化之用外，而別有不生滅、不變、真實之體？如何從不生滅、不變、真實之體，而到生滅、變、幻化之用？真令人不可捉摸。只因他在用上有建立，結論不能不將用與體作較論。而體用遂打成兩片，轉令人徒可議擬其用相，而無以明其體矣。吾近著《唯識論》，談用，則取消因果能所，而假說功能，以明宇宙之爲幻化。即不承認有實宇宙。質言之，即明幻現而不觀靜象。功能即是一屈一申之全體，非離屈申別有功能。屈申者，幻現也。依屈假立色法，依申假立心法，而實無色心。見有色心，則是靜象。若了屈申幻現，則實無有靜象可名宇宙。功能一詞系虛用，而非表物之詞。如此，則用上無所建立，明用無自體，而當下有其不空者存，自可理會。説體不生滅、不變、真實，遮執生滅、變、幻化者爲體故也，注意遮執二字。非謂於生滅、變、幻化之用外，别有不生滅、不變、真實之體也。若不作兩相較論之詞，體之義亦自可會。日來因盜汗，精力大減，不能達意。恐忘卻，姑記其大意於此，異日當以示宰平兄。引起吾對此問題加以萬分誠摯之注意者，吾宰兄也。

漱冥於吾病似未注意，今日促其詢醫。大抵無病人不解病人之困。

元月十六日　舊曆十五年十二月十三

昨又盜汗不輕。吾漏髓之病，自民國五年始發，大抵每月至多四五次，少則二三次，而月三次者其常。每發必在五更。凡日間説話多，必發；坐久不起，必發；用思稍過，必發。尤以夜間完全不宜用思或説話，否則無倖免者。自今年陽曆元月六日以來，忽發現盜汗之病，其發也亦在五更。胸前肺部。及下部，如流水然。發而始醒，汗多則覺心慌，輕則否。然漏髓有次數，此則日日有之，深以爲苦。計自初發至今，已十一日。中間止有一日，睡前食雞子、牛肉半斤，其夜未燃燈，並力禁思想，乃完全未發也。然吾猶得支持者，則猶賴食龜鹿二仙膠，每日早起食五片。系六元一盒者。若無此，則汗發必更多。今欲改爲早食三片、夜食二片，看何如？窮人負病，真不了局。吾止欲明春書成，好休息一年。自發汗來，漏髓病未發。

憶十二年，吾在北京，居沙灘。北京大學第一院附近。舊曆二月初八日，宰平約漱冥與吾三人，赴西直門外極樂寺，討論體用問題，竟日無結束。今乃有圓到之解決矣。道理之難窮如是！

道理見得十分徹透，開口必字字准的。吾往者於體用義，何嘗無所見？只有些子未穿過。今日透此些子隔礙，乃覺與從前所見，截然不同天地。凡不辨毫釐千里，而曰此理是吾固有，則未免將窮理看得太易。

今人不曾[6]認自己雜染，好似自家心地總是昭昭靈靈。吾實不敢自瞞。吾胸中確是污穢者其常，昭靈者其暫。吾不信别人比我淨。以跡言，則吾不在名利途中，而在名利逕外。所窮所見，總算神解超物。誰人能不承認我此語？然而我只自家明白，胸中元是污穢者其常，昭靈者其暫。吾何敢自欺？吾誰欺？欺天乎？我且如此，人之賢於我者，雖不敢概以我例之，要未至菩薩境地，其賢我者當亦有限耳。况其等我、或不及我者乎？人生真是古怪！

關於體用問題，宰平函問：是否流行亦云表現。雖有等殊，存在只是一體？吾報之云：流行雖有等殊，存在只是一體。但此云一體，乃互相連屬之一體，非一合相之一體。《金剛經》言如來非一合相，此可爲證。

元月十七日　舊曆十五年十二月十四

連日大雪，今乃晴。此次之雪，北京歷年所未有也。

昨未有盜汗。

吾儕自見爲無過，此是昏懂。吾儕自認爲有過，而不在日常動靜語默間留心體察克治，此亦是昏懂。

燈下静坐，隱隱若自燭生平，悔尤從集，有無限悽愴之感，直是千言萬語不足形容。轉瞬心氣浮動，此境已逝，亦追索不得。至要。

思余年來，賴天之眷佑，家中骨肉安全。又孑身在外，賴朋友之内外將護，如漱冥、宰平、真如三人。得以安閒著述，不可謂非過分之福。余猶時感困窮，思之惶愧。世上不得了億〔7〕萬倍於我者，如恒河沙數，吾何嘗念之哉？

余作書，一義一字不敢苟。只此片心，仗　佛加被，仗　佛證明。

思平情則見己過，動氣便覺人非。

元月十八日　舊曆十二月十五

因作書故，每日精神不給，大有不能寫日記之勢。胸中縱有一點意思，或一種感觸，欲隨時記出，而神氣散漫，則不能措一詞。

元月十九日　舊曆十五年十二月十六

昨又微汗，胸部亦有。此病何時得卻耶？

此土先哲所論之心，唯是虛靈不昧之心，而忽於其知覺運動之心。此知覺運動之心，在原理上説，未始非虛靈不昧之全體所顯發。但有時狥軀殼而動，則成乎物交物矣。今心理學所論之心，即認此物交物者以爲心，所以二者沒有會合處。

元月二十日　舊曆十五年十二月十七

昨又盜汗，略如前狀。

大雪後，北風又烈，冷不可耐。

凡人能緣慮其所不接之境，能感觸其與一己利害無關之事，量乃宏，慧乃大，生命乃豐富。前與某生書中語。

元月廿一日　舊曆十五年十二月十八

昨盜汗，比前略重，今上午不便用思矣。潘生從理贈帕勒托一瓶，云治神經衰弱病，今日試服。吾自覺神經更衰。年來夜無佳寐，睡中腦筋奇亂，苦不堪言。又多年患腰漲，立不可十分鐘，稍立久，則腰不能堪，頭亦悶重，足亦若將麻木矣。憶十二年暑假回南，有一醫視余脈，謂將不久於世，而不知余早已如此衰弱。余固猶能用深沉之思，作精純之文，此豈非天下之至怪至怪者耶？

元月廿二日　舊曆十五年十二月十九

昨初服帕勒托，未有盜汗。今日作文一段。

元月廿三日　舊曆十五年十二月廿日

昨又盜汗。想因昨夜未休息好，故藥力無效耶？

極廣大人，有一時一事瑣細。極卑屑人，有一時一事雄壯。極寬宏人，有一時一事狹隘。極褊窄人，有一時一事渾容。所以觀人必從其完整之人格而窺之，不可在細節處校量。

大凡受當代群眾推服之人，其人縱自負不卑屑，而其去卑屑也定不遠矣。所以者何？凡受群眾推服者，其人必具兩種條件。一，其人之品性或知識技能，必高出其時代之群眾一步或數十步。不如是，則群眾不推服之也。二，其人之品性與知識技能，只可高出其時代之群眾一步或數十步。倘高過百步以外，則群眾決無從望見之，更從何得其推服耶？群眾，極卑屑者也。受群眾之推服者，已與卑屑者伍，欲高明廣大，奚可得乎？

元月廿四日　舊曆十五年十二月廿一

昨又盜汗。睡眠中，腦筋最昏亂，以後應申切戒燃燈。

劉念僧來，念僧，四川涪陵人，現教於天津南開中學。云看船山《周易内外傳》，不解。吾語之曰：船山只是推窮人事物理之變，而歸納於“不疾而速，不行而至”之神。渠聞之，似猶不了。

病中用不著一毫怕死心。志願之得就與否，付之天然，而我無與焉。以志願爲可尚，而蘄其必達，即志願亦是己私。己私重則膽弱，而不足以勝死生利害之變，可不自克乎哉！

元月二十五日　舊曆十五年十二月廿二

昨又發現漏髓之病，不曾盜汗。余自元月六日陽曆。至今，每日五更盜汗，胸部、下部皆有，以至人事衰耗，奄奄無生氣。此病實甚於漏髓百數十倍，漏髓可不常發，此則常發故也。自盜汗以來，漏髓之病不發，今日乃發，大約此後可復平日狀態，則余可高枕無憂。唯注意少説話、少動氣、少爲過度之思，余之年壽總不至短促，余之心事總可發揮，此非余一人之幸也。

只掃清自家心地，莫管別人是非。

凡人有無好名好勝、沽譽媚俗之隱，須在不與物接時，自勘得明，自站得穩。人未成佛，只要大端上的確不爲俗移，雖言動威儀間不能無失，要不足病。若大端已失，而檢點於言動威儀之末節，其人終不足與言洗心滌慮。吾自卅五以後，壹意求自明自悟，而同時發心爲無量衆生求明求悟。雖不敢曰十分真切，要其屏浮華而修之幽獨，則吾之寸衷自知而自懔之已耳。

吾自卅五歲，發一誓願：不爲無聊之著述，不發無聊之廣告。今人有文字或講演，喜在報章發表或鋪張，吾謂之發廣告。

二月一日　舊曆十五年十二月廿九

入城尋醫，凡六日，未有日記。昨下午回寓。

答容肇祖："貴校週刊，可復寄乎？亦有趣也。吾平生痛惡痛賤古文家。韓愈之徒，吾視之一小狗耳。然於王介甫，則愛之重之。吾於王氏多契。輔嗣之於《易》《老》、仲任之《論衡》、船山之學、陽明之學，吾皆有攝取焉。余，佛氏之徒也，而不拘於一家言者也。來書舉其三不足語，天變不足畏，人言不足恤，祖宗不足法。爲治學根本精神。偉哉言乎！吾自少至今，守此不渝，不謂吾弟竟有同情。吾二人之相契，豈偶然哉？惜也，弟於吾學不必同。然宇宙本自萬殊，學業不能一致。苟心同志同，則不齊而齊矣。"

吾自信立乎其大，只爲恃己淩物，反陷於許多小態。

吾以性急，不能平情審事，錯怪許多人。

錫予渾含之度，令人羨慕，漱冥不及也。漱冥沈默而光昌不足，吾嘗謂其有慧、復有煩惱。宰平兄庶幾溫良恭儉讓矣。

二月二日　舊曆正月初一

昨又盜汗。

人謂我孤冷。我以爲人不孤冷到極度，不堪與世諧和。

二月三日　舊曆正月初二

昨又盜汗。

毀譽之接乎耳，輕褻之來乎前，一切以無意遇之，不容起絲毫計較。才一動心，便已亡己逐物而不自在。

植物與下等動物有無生命，此云生命者，略當於宗教家所謂靈魂。此爲吾人不易決之問題。依據佛家而言生命，則一切有情之生命，各各亙古獨立。若爾，許植物與下等動物有生命者，則複生現象便不易解釋。複生者，謂如某種生物，若切斷其體爲數段，每段皆成一獨立之生機體，此名複生。何者？一物之生命既是獨立，則將其機體割去一部時，其所割去之部，應不得自成一生機體。以每一物之生命，必不隨機體割裂而分化故。設云無量生命徧滿宇宙，當將某物之機體割去一部，即時另有生命附著其間，故仍別成一生機體者。此則視生命之發現過於忽然，誠難印許。佛家雖不許植物有生命，然其謂胎、卵[8]、濕、化四生皆爲有情，則未嘗不許下等動物有生命也。果許下等動物有生命，則下等動物中有複生現象，將如何解釋耶？吾嘗爲此問題摇盪不安，幾令吾對於佛家之信仰完全失其所據。旋問宰平。宰平則謂：新生、複生，新生謂如結胎而生者。同是忽然。吾人於新生，不謂無生命，乃致疑於複生之不當另有生命，何哉？余曰：忽然者，神也。神也者，謂生之不測也。復何致疑於其間哉？頃之，復覺植物與下等動物有生命，總不應理。終乃遊心於虛，恍然有悟曰：吾人若迷信唯物，而否定生命，或迷信宇宙只惟一之大生力，吾與一切生物皆從其偶爾分化而有，如是者，則亦無辯。若悟唯物之論不足以解釋吾人之生活現象，抑且離吾人自足之生活事實，而向外求共同之生源，爲不合理而且無據，則必印許吾與一切有情之生命實爲各各獨立，而皆法爾本有。竊以爲，生物者，本生命表現之資具。然不能以生物之初現，即視爲生命之初現。大抵生命之出現於生物界，非一躍而至，亦須經過相當之準備。原生命從無始時，欲攬器界之一部分爲扶塵，則必先散佈其力，以運用器界之物塵而現起生物。故生物之有生機，即是生命之力所周流也。不然，亦無以成其爲生物。但在生物初級，如植物及下等動物。則生命尚未親攬之以爲扶塵。故此等生物，不具生命。至高等動物與人類發現之期，蓋即生命親攬爲扶塵之期。易言之，即生命出現於生物界之期。然生命亦復以此而爲物塵化，失其圓滿自在之本性矣。此説固出於吾之信念，然要爲理之所可信。世之不信吾所謂生命者，則亦不過另有其他之迷信耳。安見人之或是而吾獨非哉？

二月四日　舊曆正月初三

昨夜服阿膠四片，盜汗較輕。

董生問：人體中多數細胞，各有生命否？余言：細胞只是物塵具有生機者，不可許其各有獨立之生命。細胞之有生機，固是生命之力所周流，而細胞不即具有獨立之生命。

宜黄歐陽竟無先生，因九江桂柏華，皈依楊仁山居士，而崛起研窮法相唯識，紹千載絶學，可謂偉矣！先生之學，蓋直接窺基、護法，尚無系統之著作，但有序文若干篇。《瑜伽師地論序》，則其平生精力所萃也。自此序發表後，其學未嘗有變。此外，有《唯識抉擇談》一篇，爲講演之作。吾嘗謂此篇堪稱爲護法學之總序，蓋猶本《瑜伽師地論序》之見解而申明之已耳。先生言學，主多聞熏習，其治經論，能鉤稽隱微，抉發大義，然終不免翻弄名相。要其氣魄宏大，有振引絶學之功，不可朽也。余於民國十年中秋，往謁先生於金陵内學院，遂留至翌年初冬始去。其時得以閒暇，專心所學，飫領先生緒論。然卒以己意不必同於先生，故終不歸依先生門下。而仍自執弟子禮，則念先生恢宏法緒，而不得不盡敬仰之忱也。余未見先生之前，嘗投書請示輪迴問題。先生答書，援據典籍，蓋經師博學之詞，頗違鄙意。及親依法座，則見先生教人，一以讀書爲務。不知此理如何可拘在死名相中求？須令學者向自家經驗之廣大世界，自用耳目心思之力，會有入處。偏重讀書，將令耳目心思悉爲死名相所錮蔽隔礙。以此爲學，雖宏博，畢竟不入真理。吾非敢輕議先生，在先生固誠有得力於聞熏者，但恐末流滋弊耳。

余以未皈依先生之故，致先生門弟子某，以無聊之猜度，妄興攻詆。昨有人來道其事云。

余居金陵内學院，得友丹陽吕秋逸、名澂。黄梅湯錫予、名用彤。東川聶耦庚、合浦陳真如。名銘樞，一字證如。醴陵李石岑，亦於此時訂交。吾初極不悦於石岑，後見其人直爽。

二月五日　舊曆正月初四

是日，爲吾攬揆之辰，剛滿四十二歲。早起，默想

先父母慈容，並長兄、二姊、五弟、六弟遺顔，都在若明若昧中。

昨未有盜汗，大佳。

劉念僧問：聲生論師，説聲從緣生已，便是常住。此何所據？余言：以今日留聲機驗之，聲生家言，似有證明。然格以大乘之義，則聲非常住，只是刹那刹那，生滅相續。此聲於第一刹那，生已便滅。第二刹那，有似前聲，相續而起。刹那刹那皆爾。俗不了此，乃計爲常。故聲生説畢竟不符正理。

二月六日　舊曆正月初五

昨又盜汗，想因用思未休之故。

自省念動容易沾滯。或發一問題，不得解決，即留滯胸中，左右思維，旁求之事事物物，冀得其徵。然理之至者，非可離於事物而求之，更非可泥於事物而求之。人但知不可離事物而求理，惡知其不可泥事物而求理哉！吾嘗因一疑問，多端推徵，往復不決，心力漸疲，而遊思雜慮乘之以起。然有時神悟焕發，不慮而得。亦有推徵既倦，不容不休，久之措心於無，忽爾便獲。更有初機所遇，本無差謬，後漸推求，轉生迷惑，旋因息慮，偶契初機。總之，窮理所病，唯一泥字，泥則神累而解不啟。泥者，全由吾人在現實生活方面所有知識，已於無形而深遠之途徑中，組成複雜之活動體系，爲最便於現實生活之工具。此工具操之

已熟，故於不可應用之處，亦陰用之而不覺。此所以成乎泥而爲真理之賊也。

（《熊十力病榻心痕録》綫裝稿本一册，收熊氏一九二七年一月六日至二月六日間日記，由弟子高贊非依據日記原文謄抄而成。繕畢後，熊十力又以朱、墨二筆，施以補文、眉批、描潤、圈點和塗抹。其中部分内容，後收入《尊聞録》，文字略有改易。此册現藏北京大學圖書館，由李菲博士發現並整理。整理稿曾以《熊十力新發現書札》爲題，發表在《原道》二〇一四年第二期。此次依據本書體例，重加校勘。）

復馬一浮

（一九三〇年十一月十四日）

手教敬悉。北大之聘，兄自當赴。前已函陳，奈何不詧時乎？失學故講學。人方失教，故須教。世已如此，所賴者墨翟、蘇格拉底其人也。匪我求童蒙，童蒙求我，此何可望於今日者？弟始終願教學，名義崇卑非所計。呼牛牛應，呼馬馬應，甚至不呼而亦赴之。兄之所舉，大可不必也。然成事不説，亦無足計。所不樂者，吾兄自私其學耳。

《尊聞録》，兄特舉“成能”“明智”二義，深獲我心，而明智尤爲根本。弟於此土玄學，嘗欲尋百家殊途同歸之宗極，爲此土所以異乎西方者。蓋久之又久，積勞累功而後豁然握明智之玄符，非偶爾弋獲。《録》中談此義處，其詞雖約，實則冒天下之道如斯而已者也。俗學未之能詧耳。

賤恙日來稍好，冬間恐不得理《唯識》稿，姑待開春再説也。

弟力頓首

庚午十一月十四日

（一九三〇年，北大陳百年先生請馬一浮先生爲研究院導師。馬先生致函陳先生，舉熊先生代。馬先生答陳先生書發出後，於庚午十一月十二日通報熊先生。此爲熊得書後的回函。）

致林森（存目）

（約一九三二年一月二十五日）

（此信共十六頁，用八行信箋紙，熊先生親筆並句讀、標點。信中主要談及對日本所當採取之軍事、外交方針，以及内政改革措施。用浙江大學信封，正面熊先生親書“南京國民政府林主席鈞啟，杭州熊”字樣，蓋有“行政院”入藏檔案章，載明“熊十力先生墨蹟，中華民國廿一年　日，備註浙江大學教授”。背面有“交行政院”“加兩人”字樣；郵戳五枚，俱漫漶不清。原件藏台北“國史館”，入藏登録號爲 001000002159A。因多處漫漶不清，此處存目。）

致鍾泰

（約一九三二年八月十五日）

鍾山吾兄：

來滬忽已十八日，書猶未付排，日内交神州也。一湖兄既先弟到滬而離去，竟不獲一把晤，爲之悵惘無已。證云彼欲辦雜志，此可罷也。今日輿情，絶非可以雜誌與之相喻，實是萬無辦法之事。淺薄、混亂、浮囂，不足言邪見，見而曰邪，猶有見也。此直是無見可説。如何可與説道理？更須知，今人無慚無愧，達於極度，直是不成爲人，此真無辦法也。汪某之作法，是合作歟？是團結歟？是禦侮歟？此稍有識者應知之。其去也，爲東北歟？爲張歟？稍有識者應知之。然而許多在教界、政界負清譽及“學者”美名者，言必稱汪先生，深爲之憤慨咨嗟，曰汪先生磊落光明，至誠謀國，美志不遂。欺人乎？欺天乎？彼實奔走於汪之胯下而活動者也。無知如此，無恥如此，爲之奈何？證，我亦難與之言。我所言者，彼亦土梗視之耳。凡人爲浮亂知識所誘，爲污俗所浸，則未如何。弟只候書印成，即速離去。

兄與一湖兄函候時，以近狀告之，云老熊無恙，只書尚未付排，亦快付排，由神州社排。與證談話，不必相應。宣聖固云：“予欲無言。”

八月十五日

（原札用紅絲欄八行信箋紙，共三頁；信封已佚。信中“一湖兄”即馬一浮；“證”即陳銘樞，字真如，一字證如；“汪”即汪兆銘；“張”即張學良。一九三二年八月，為日軍攻占熱河事，汪、張互訐，汪旋辭去行政院長之職。所印之書，指《新唯識論》文言文本，該書於一九三二年由上海神州國光社排印，浙江省立圖書館發行。據此二事，推斷原札寫作年代。）

復馬一浮

（約一九三二年九十月間）

序文妙在寫得不誣，能實指我現在的行位。我還是察識勝也，所以於流行處見得恰好。而流即凝、行即止，尚未實到此階位也。“乾道變化，各正性命”，吾全部只是發明此旨。兄拈此作骨子以序此書，再無第二人能序得。漱溟真能契否，尚是問題也。

（此信係馬先生爲熊著《新唯識論》文言文本作序之後，熊先生給馬先生的回信。時間是我們估計的。）

熊逸翁先生語

（約一九三〇年至一九三三年）

培德依　笑春所記纂録

柯樹平、烏以風二君來，先生告以立志向上，語意沈摯。言已，吾伴二君晚餐。先生自思所言，間有欠妥處，復書一紙云：“頃我所説之話，有從實踐中流出，極純無疵；有因舊習未斷，隨口迸出，卻不合理。如自道‘從逆境中撑起來’，語味間稍帶一毫自矜之意，便是己私未化，便是狹小。”又云：“昔在某處，備遭輕視，及視不知己者以狗遇之，以此不動其心。”如是等語，皆由凡情計較之私而流于險刻矣。吾少年使氣往往如此，中年已後漸向正學，始知舊習之非。從事對治畢竟功夫未熟，習氣潛伏，觸及過去染污種子，自爾發露也。

人須要立志。志不立起，百事没辦法。吾在三十以前與世俗人亦無大異，三十以後乃發真心。這一念之真，其力量真不可思議，直令人澈頭澈尾改换一副面目，與前者判若兩人。這境界、這意味，吾雖道得起勁，汝等實不知。吾昔嘗爲梁漱冥、林宰平兩先生道之，他們兩人便知道這意味。吾今乃真知古聖賢所以教人立志之意。大凡古今偉大人物，没有不經過這階段者。人只要有中資而非下愚者，能發真心，不自暴棄，雖成就之大小有别，未有絶無成就者。其絶無成就者，便是未立志。若説立了志，便是假立志，不是真立志，立了等于不曾立。假立志只是自欺，還講甚成就？

有王君者問：先生亟教人讀書，我嘗這書看看，那書看看，總覺無甚價值，不能終，如之何？曰：無價值的書固多，我也不知你看的是何等書？究竟是其書之本身無價值，抑是你不能瞭解他的價值？須知判斷書之有無價值及價值之大小，乃是一件很不容易的事。你不對於某種學問精深研討，確有所得，而遽欲判斷其好壞，這是絶對不可能的。試問當代所謂名人學者，有幾個有判斷能力？勉强言之，只有梁漱冥先生還有一部分學問，夠得上判斷。歐陽竟無先生於唯識、法相夠得上判斷，但也只在考據方面，思想方面猶不能。馬一浮先生能判斷的方面則比較多點，三《禮》是他的絶學，有如歐陽先生之於唯識法相，於宋、明儒周、程、張、朱、陸、王諸大家皆精，較梁先生只於陽明及明道有獨得處猶過之，於禪家亦精，般若、華嚴以及晚周諸子皆不差。至於章太炎，只與他“時有善言”四字，此外不能增一字。汝謂判斷書籍之好壞，豈易之乎？凡汝據汝之智識以判斷者，吾恐都靠不住也。大凡讀書，吾以爲還是先求精，後求博，先看難的，後看易的，難的看過，易的迎刃而解，所謂“先難而後獲”也。但有一點須深切認識，學問必須讀書，而學問卻不必從讀書得來。古人云“仰觀於天，俯察於地，遠徵諸物，近取諸身”。不於此用力，而欲學問之有得，未之有也。這天地不僅是蒼然之天、塊然之地，乃包舉自然界底一切現象。“近取諸身”便是要知道自己，知道自己是何物而嚴摻緊守以踐之，完成本然之我，勿使纖毫虧欠，則萬物之理亦在其中矣。不能知道自己，直如一塊死木頭，而欲以窮究萬物之理，豈非笑話？今人於此全不注意，有言之者或以爲迂，可哀也。

張難翁云：“一縣是一個小國家，百政具舉，能長一縣即能理一國。”此語極有見地。漢時縣令得入爲三公，是其徵也。

易希文讀《尊聞録》後，函予曰：梁漱溟先生以柔嫩的心釋仁，熊先生云“仁智不二”，又云“明智者，元來只是萌蘖的心底一點微明”，這與梁先生説似乎不同。熊師批答云：“梁先生此説亦見《朱子語類》。仁有自一端言者，則與義、禮、智相對待，而言故如是。故以智言仁愛即有柔嫩意義。然有自其全體以言者，則仁即本心之異名耳，故智亦即仁。若所謂萌蘖的心底一點微明，則正以凡夫梏亡之餘，指出這點微明爲其本心之乍現處，令人認取。所謂清夜自思時，好見此氣象。”易君又問：“存養與經驗事物同時並用，恐有障礙。”熊師批答云：“‘視思明、聽思聰’，聰明即是明智也，何至障礙存養？豈是要不視不聽乎？”

程肇熊來書謂：近感修養之不足，欲得熊師一言，榜於坐右，終身行之，託吾轉請熊師，遂書一紙示之如下：

吾聞尼父之言曰：仁者己欲立而立人，己欲達而達人。維先哲人，成己而成物在其中。己未立達，其如人何？釋氏大乘之説，乃云菩薩未自度先度他。此因病發藥之言，小乘自了，故以此對治之耳。不善學者，忘其自己，而汲汲問世，或且憤世之無可如何，不省自己之無可如何，吾末如之何也矣，爲此輩言之也。清季以來，人人攘臂救國，而國以救而益危，高言愛人，而卒至於人相食，此其故何邪？豈非並心外馳而不務自愛自救者，貽之患邪？肇熊學士因笑春索書以爲户席之誡疑當作箴，不可以無答，遂書此貽之。熊十力二十年九月。

二十一年十二月廿七日，先生有示立民、笑春、以風書云：竟無先生授意門下小生如劉如景者作文撥我。景生出自東大，稍有識者知其知識如何，聞其對吾謾駡。桀犬吠堯，良不足怪，竊爲竟翁惜之耳。不當令後生小子如此。陶開士來書痛詆，及於馬先生，此人無知，又何足計邪？吾十六年由北都過南京，見陶老而就學於竟翁，謙謙問好，均與爲友。此吾平生好善之意也。若其知識，則非吾友也。人若不自知，妄依門牆以凌人，此亦可哀，不足鄙也。吾於竟翁，本同禪宗參學性質。宗門參學，往往有承啓悟而不相師者，此義不可以俗例論，特非其人，不可語斯義耳。注意。竟翁於書册有啓後學之功，於道理則自己未開悟，遑問悟人，乃亢顏爲師，亦過矣。吾書以“翕闢成變”爲骨子，變而已矣，無實物也。此純是般若照見五蘊皆空之旨，龍樹寧有過之？而謂馬先生之序語有失言乎，非法眼乎？以翕似質，假立色法，以闢之健而神，假立心法。《明心》上章明至健而不物於物之義如此，方見心之所以爲心，將宇宙論與生活論打成一片。此爲東方真血脈，而西洋談心物問題者皆戲論可知已。至全書總綱即在智慧，分别自性覺故，本無依故，斯之謂智。分别事物故，經驗起故，斯之謂慧。以此觀於華、梵而得其通，通依智故。觀於東、西而得其異，西洋人唯限於慧故。此等大義可不章明之而忍反對邪？

二十二年三月廿六日諭立民、詩言、笑春、以風云：《破破論》談真如及緣起各段，都是佛家根本義，都抉發得明白，可惜能解者太少耳。《新論》之翕闢義無人理解，真是可惜。本體是甚麼，不能説，只能在本體流行處説，翕闢就是顯其流行之妙。心物與心身的問題用翕闢義表現，真是如語者、實語者、不妄語者，此義深思，愈見深微廣大，諒你們仍是漠然也。大化之流行，總須有個翕，不然，無以顯闢。翕即成物，未有無物之一刹那也。無之即化不行，而乾坤熄矣。笑春有一次信不了此義，近如何？《破破論》似無甚閒言。彼原文太無道理，而今人對此學、此文字，又都無分辨力，故不能不一一辨之，過簡實不行也。今日只是人失其性，人無人氣，此風何可挽？欲與言反己之學，吾覺實是不行。雖孔、釋復生，恐亦喚不起也。中年及青年人稍染洋風者，便是滿腦子物質的科學的，他又只逐求舒服的過分的享受之欲，其如之何？吾今年上堂凡五六次，都不曾講甚書，只説此方學問要在反躬體驗，切不可用科學方法來理會這個道理。千言萬語，大抵欲明此義，而學生似愈聽愈不高興。後來還是拿起書本子，即《新論》。隨文稍説，他似乎還比較能聽一點。吾總苦於學校教書之爲難。近稍閱辯證的唯物論，真是矯亂之至，不好對付。今日欲講明正理，真是不易。謝子厚好人也，其知識是無辦法。吾昨示彼數語，倉卒間隨寫，有多不洽處；即彼所記吾語，又全乖吾意。然此等出板物，亦不過隨時毀壞，不必有何惡影響發生也，亦不足計也。其所送處亦都無關學問也，大氐是七亂八糟就知識言。的人也。

［此文係王培德（星賢）依據李笑春的記録整理、抄録而成，時間在二十世紀三十年代初，地點在杭州。王氏還抄録了熊先生《答龔海雛》（一九三九年八月）、《答王守素》（一九三九年八月）、《與朱孟實》（一九四三年八月三日）、《致王星賢》（約一九四六年七月二十日）、《致王星賢》（約一九四六年秋冬）、《與談壯飛》（一九四七年一月六日），以及一九四三年與吕澂論佛學的信札，總題曰《逸翁集》。後王星賢先生家屬將此手抄本送北京大學圖書館收藏。文中程肇熊即程兆熊，立民即張立民，諄言即張諄言，陶開士即陶闓士。］

致獨立評論編者

（約一九三四年四月二十日）

《獨評》諸位先生：

前日亂七糟八，寫了幾紙，題曰鄂東不了。後得鄉人函，軍隊甚於匪，如得罪他，恐其更要就地出氣。故又函北大一院盧先生，請代達諸公，將敝稿涉及軍人處，酌爲修改。總之，各報對此事皆不登。老歷正月，我在漢時，聞黃梅紳士上省府報□□至，經楊永泰申斥，駡他造謡，由此各縣都不敢復行呈請，只好聽其亂了。

江西之禍，就是當時軍政長官置之不理，所以弄得如此慘。今鄂東又如此，奈何！奈何！擬請適之先生函政院翁秘書長，便向蔣委員長一提。望其注重長江中區，勿爲江西之續。我非造謡，兹以昨日四月十九所得兩信，粘陳如左：

“我前因家鄉□風熾，而團風亦危急，特趕回去看看。現□風仍未息，殺人越貨，有所聞。”

此是一人由漢口發者，四月十九日午後到平。團風鎮在江□，到武昌，小輪不過兩小時。此處已危急，而報章不載也。

“鐵韓片談及黃岡靡爛情形，直令人不忍卒讀。頃晤項晴川兄，詢悉黃梅近況，亦復如是。此間又有隨縣同事，述其家人逃難情形，亦是慘不忍説。然則實事上鄂省直無一片乾净土矣。而報章所載，仍若無事者。然是則局之諱疾忌醫，蓋依然如故。將來究竟如何收拾，直是不堪設想矣。現在貴府已有確實消息否？”

此是南京一友之信，四月十九夜中到平。渠並説其同事有隨縣人亦同此情形，則不止鄂東而已。他問及我的“貴府”。我是老窮人，没有甚麼，但地方秩序完全破壞，終久也是不能活命。聽説有飯吃的人家及紳士與做官者之家屬，都日日搜殺他了。

親民之官，確要緊。雖説縣長的地位與其職權、環境，不能做何等事，然好人爲之，消極方面，少作一分惡，即人民多一分生理。否則，省府與軍隊，許多無理的誅求，縣長借之以行苛索，從中漁利，絶不與人民商量從寬的辦法，一意阿順軍政長官之誅求，而已亦圖利，此如何得了耶。

保安隊，人民不勝其軍費之負擔，而他又絶不能維持保安，徒能擾民而激之使變以從匪耳。此等弊政，須喚起南京當局注意才好。事到如今，太危險了。望就民生利病督促當局才好。

四月廿日午後寫此

（原信載《胡適遺稿及秘藏書信》第三十八册。信中所述事，與其一九三四年四月發表於《獨立評論》的《無吃無教》相關，據以推斷此信的寫作年代。）

致柯莘麓

（約一九三四年五月三日）

莘麓：

你又到杭。舊遊之地諒增無限感想也。吾昨秋後迄於今春，可謂勞人草草。不圖老境如此奔波，前路更不知云何也。秋後留平大概爲難，遇冷便不了。近在平遇北風冷，則兩足掌如枯死而難過者然，尤以右足前掌爲尤甚。此前冬在平過冬所得之症候，今春來平又發。在南，即三九天下雪，而冷之難過，也許甚於北，但總是皮肉上難過，而内部無傷也。北則侵傷内部。體氣好者不覺此耳。立民、頌天亦以在南爲好，其體氣不任摧殘也。

野豬肚，汝寄來，吾今日着人向郵局取。汝可謂久要不忘平生之言。然吾食之效否？殊難必也。但汝一片心真可感耳。

燮來不日回南。此告頌、立、笑、諄也。

湯先生醫檢爲血管硬化，有腦冲血與中風之可能，背極怕冷，秋冬時。右足前掌亦略如吾前所説之狀。但如趕早習運動，當無礙云。渠作佛史，亦太用功故也。

吾近欲急看書之故，每日除飯與飯後卧二十或三十分外，亦整坐終日不起。覺胸部、心臟不好，近當改正也。

近看《大智度》，費時多。真是入山採寶，寶雖不無，而入山披荆棘，費工不少。此告頌天、立民、笑春也。

莘麓鄉居境況，想可勉强耶？

五月三日早起

楊修彦在甘省肅州任税局長。大概因娶妾係一土猖，以致用人太亂，敗壞不堪，忿而自殺。總算血性男子。行爲不檢而至此，可惜也。

［楊修彦死訊載一九三四年四月十七日《申報》第九版，據以推斷此信和下一信均寫於是年。信中湯先生即湯用彤，頌即雲頌天，立即張立民，笑即李笑春，詩即張詩言。柯莘麓（一九〇五—一九六一），安徽績溪上莊鄉人，名醫。約一九二七年與熊十力結識於杭州，深受其影響。柯氏愛國愛民，力主抗日，並親身參加軍醫。一九五八年去世。］

復柯莘麓

（約一九三四年五月三日）

今早發一信於杭州廣化，時猶未得來函。頃閱來函，有北上意，此萬不可冒昧也。北方實無可謀。學校人滿何待説，軍、政界委實無能爲力。適之先生招牌雖大，想此事他亦不便説也。即找他，必不可靠也。

校中則前後卒業學生已不了。政、軍等界，哪是士人能輕作介耶？

五月三日

汝仍函胡先生試試。

致胡適

（約一九三四年七月二十三日）

適之先生：

頃作一譜序，覺得是要説的話，鄉間還是故習，兹奉上，如可登《獨評》即登，若謂不必，拉碎可也。若登，即囑惠我一份。自移寓後，已一個多月未見《獨評》。

人有害胃墜病，須曬太陽，使胃細胞生起來，則胃力活而能伸縮，能伸縮則漸能消化而復本位矣。又腎部兩卵下，嘗曬太陽，使其神經强，可救遺精。力近每日午前，太陽未大烈時，裸體曬太陽，即曬小腹胃墜處。及卵下，每日約曬五分鐘，或時六七分鐘，覺得極好。協和，俟秋後再説。

弟熊十力叩

七月廿三日午後

（原札一頁，信封已佚。據信中“鄉間還是故習”一語，知此信寫於一九三四年熊十力回鄉居住期間，晚於《無吃無教》一文。）

答王星賢

（一九三四年九月十一日）

來函才到，即寫此復。建德，即前年仲瑜所宰邑也。吾曾欲一往游而未果。時難年荒，貧苦之縣，辦學良難。所示自矢三條，誠爲根本。但對於學生知識方面，尤在教員互相鼓舞一種好學的風氣。此層極難言。今日各大學試驗，覺得中學教育門門都差。國難既深，而學風如此，真可痛心。吾故鄉旱災亦不了。鈞亮入清波，心燦等可托，笑春亦近。

九月十一日八月初三

（此信用明信片，寄達“浙江建德城内三元坊，初級中學，王校長培德”。片中鈞亮指王星賢的長子王鈞亮，後改名王如一；清波指杭州私立清波中學，心燦即時任教員的袁心燦。）

胡公正溥墓表

（一九三四年九月二十四）

友人胡炳煌佩九，以書致其先府君之事於力，而求識其墓。按佩九言：府君諱治水，號正溥，德安東鄉高塘坂人。考珊臺公，生府君兄弟二人，府君居次。其生時，珊臺公年四十五矣。府君幼穎異，稍長，受業同縣劉松齡先生之門，爲文有奇趣。外舅王公具章見而喜之，許爲遠到才。珊臺公年事既高，伯兄善長公柔善不習事，府君乃孝友長政，屏跡家居，儉不奉身，嚴以治内，不言之教，族黨化之。嘗以擇婦、擇師、擇友、擇言爲家訓。光緒乙酉，斥資增拓祖祠，宏其規制，即以四擇顔其堂，昭素志也。平居恒歉然於其所學。三侄楚珍，既成童，即遣詣諸名儒請業，執贄必敬必豐。煌亦奉命詣同里劉桂叢先生學，曰：劉先生品端學粹，事之當如事我。光緒戊戌，煌甫弱冠，復命就學白鹿洞書院。時府君益暮，煌不忍離，府君允留侍，猶命以課藝郵九江黄廷爵先生賜正。其所以督勉子侄者，類如此。外甥王師仁，三十喪親，傭工異縣，累歲不歸。府君貽書誡教，俾積資置田，娶婦以續先祀。仁卒敦謹爲誠樸人。府君慷慨好施，能濟人之急。鄉耆徐公懷静等人，一日遣僕來貸錢穀爲卒歲資。府君笑曰：此老故倔强，其兄饒裕而不之求，乃遠道告急於我，許我能相知也。即遣僕冒風雪送之。同里羅亨邦者，無恒産，而值歉歲，來告曰：吾將委病妻而去，率諸子奔傭外鄉以求活也。府君阻其行，且貸以錢穀，由是室家得相保聚勿失。瑞昌周殷利，幼隨其母流轉乞食至德，母没無歸，府君收養爲傭保。數年中，積資達數百金，遂促回籍，其父猶存，年逾七十矣，卒得奉養以終，且娶婦爲編氓。同里傭工萬念友没後，遺寡妻老而貧，府君贍給薪米，終其身勿輟。其任恤好義，類如此。府君生於清道光十七年丁酉九月十九日辰時，卒於光緒二十四年戊戌八月二十七日戌時，享年六十二。其卒之明年己亥夏，葬於鄉之細屋胡姓屋基後，壬山丙向。力所聞於佩九者，略如上述。蓋力以清末避黨禍，與兄僑德安，因得交佩九，籍悉公行誼之詳。佩九以名諸生考職，得典史，簽分福建省試用，值清運終，新政益亂，遂高卧不仕，專意教育事業。佩九子彝禮，卒業專門學校，清曠有睿識。沔陽張難先長鄂財政，常禮之幕中，多所贊譽，人謂公有後矣。力孤羈舊京，每憶佩九，必思公潛德。敢次所聞，以俟異時修方志者採擇焉。

中華民國二十三年八月既望

世愚侄熊十力謹表

答王星賢

（一九三四年十月二十四日）

函悉。吾秋來亦不佳。蔡孑民先生在青島養痾，謂海風便於療養神經，冬不甚冷，介吾往青大，須下學期開始時相約。如成，則因立十一月後即辭北大而赴青也。學風衰敝，全國皆然。國勢如此，而青年不振，真可痛心。吾儕切勿灰心，只有以身作則，精勤幹去。讀書有心得，不妨見告，離群索處，莫妙於通函補救也。

力

十月廿四日

（此信用明信片，寄達“浙江建德城内，省立嚴州初級中學，王培德校長”。）

答王星賢

（一九三五年四月二十三日）

函到即復，路遠故。所作諸詩，均有清遠之致，可喜。《朱子語録》：“公不可謂之仁，但公而無私便是仁。”其上下文如何，吾不能憶。以理推之，當謂有心於爲公者，尚是己私。如令尹子文，舊政必告新尹，純以國政爲念，何嘗不是公耶？然夫子許其忠而不許其仁，正恐其能勉强以求盡心於公，而己私之夾雜於中者，却甚微細，而不必盡去，只有意作好，猶未是仁。無私者，無己私。無己私之意義甚深，勿粗心理會。

（此信用明信片，寄達“浙江建德縣城内三元坊，省立初級中學，王培德校長”，寄自“北平後門二道橋二號熊宅寄，四月廿三”。）

致胡適

（約一九三五年十一月二十一日）

適之先生：

久未奉候，念之在心。力到冬又發生問題。中國人體氣，半百關頭一過，今五十一。血氣遂衰。矧復病軀，不裘不火，而欲留平，勢所難抗。晴天猶可，一遇陰天風天，則真吾鄉諺所謂“要命”二字也。以此，決計回南，曾函孑老與王雪艇兄。就滬暨大、寧中大、鄂武大，擇一爲噉飯地。然此信發後，聞暨大學風不堪問，中大環境素所不樂，武大亦有鄉里麻煩，仍欲俟春暖車上取消暖氣管時來平。冬前將用暖氣管時，力先數日去平。神經怕暖氣。如此實非得已。不識先生允許通融辦理否，望就便告知錫予兄爲幸。

世事至此，已不是亡國與否的問題，直是此種能否倖存的問題。亞窮而且小，抗義猶許久。中國人如此賤蛆，若不亡種，無此天理。力不解中國人何竟全無人氣。想先生决不以力之此種觀察爲然，然迂拙所見，確是如此。今後教育究應如何，恐當一猛省也。

冬來意緒惡劣，有許多話，提筆説不出。明年如許力來，則將與諸生約，在暑期爲之補講。雖本系學生不過二三名，而校外自修之生徒，卻有五六人，甚好學，力故不願離之也。

又先生上春爲華北問題，有一文在《獨評》，謂有實力的領袖、數十萬軍隊寂寂離開，爲國家實力的開始。此等議論，在先生或具苦心，不欲國人餒氣，然竊恐一則爲無耻的領袖因之以自文其無耻，二則外人本已不視中國人爲人類，顧、顔諸使談話，屢見於報。今如此大國，步步送完，而有實力的領袖、數十萬軍隊，遇敵寂寂離開。政府既無耻[9]，而社會清議又無糾責，先生反許爲國家實力的開始。如此下去，外人視中國人當更何如?

又，民族危亡如此，而言文化問題者，尤所痛心。主張本位云云者，固不知其話有何内容；而主張外化者，又不曾精析西洋人各方面的長處，而綜會以得其通則與其根本精神所在，將如何枝枝節節而迎頭趕上之乎？此尤令人痛心疾首也。

心所欲言者甚多，冬來無意趣。先生領導學子，救亡大計，當復如何，願深心究之爲幸。

熊十力啓

十一月廿一日

（原信共十頁，信封已佚。信中“亞”指西班牙，“義”指意大利；信中提到胡適針對華北問題的文章，當指一九三五年六月十六日《獨立評論》第一一五號刊載的《沉默的忍受》一文，胡氏原文為：“能在這種恥辱的空氣裡任免有實力的領袖，調動大批的軍隊，而沒有細微的抗違，這是力量的開始。”我們據此估計此信及下一信的寫作年代。）

致胡適

（約一九三六年一月十二日）

適之先生：

前函告請假南行，老病困頓，委實無可如何。昨錫予、宰平諸兄來商，謂南中謀課，此時恐亦不易，且此時寒冬快過，仍待開春，如可勉强支持，即暑假再商行止，其説甚是。

弟熊十力啓
一月十二日

致王漸磐

（約一九二九年至一九三六年）

漢口鄱陽街省銀行王行長

孟生老兄：

船票如未寫，請與柯君樹平商量。柯君已向日清日公司定就官艙。如怡和無船，寫票等件，可請柯君代辦。

力
二，十三

（此信一頁，墨筆親書並句讀，係寫寄柯樹屏並托其轉交給王漸磐。王漸磐，字孟蓀，或孟蘇、孟生，熊十力連襟，一九二八年十月一日出任湖北省銀行副行長。日清汽船會社於一九〇七年起，在漢口經營長江航運，直至“七七事變”後遭抵制而全面停航；一九三八年武漢淪陷，日清亦於年底復航，次年八月併入東亞海運株式會社；抗戰結束後，其在漢船隻為招商局接收。怡和輪船公司於一八八二年在漢口經營長江航線，至一九三八年武漢淪陷後全面停航。一九三三、三五、三七年，熊十力曾數度回漢，此信當即寫於這一時期。）

致王星賢

（一九三七年三月十七日）

函到即復。學問之功，急不得，緩不得，必知有下手處。先聖曰：己立立人，己達達人。欲至此詣，却須做思辨和知識的功夫。今日國學垂絶，欲存一綫，若忽略思辨與知識，何能宏此學？思之思之。英文以練作爲佳，常讀常作，自入佳境。東方哲學，一般人苦無入頭處。其實若將《新論》《破破》《語要》及今年新印之書，字字句句，好好細玩，然後讀三玄、四子及魏晉王弼、郭象與宋明諸大師書，苦心兩三年，當不難讀完。讀時，反在自家經驗中理會，即仰觀俯察，近取諸身，遠觀諸物，與先聖賢所説相印證，切莫讀死書，久之，必見吾書意思與古聖賢意思及汝自家意思，一切貫通無礙也。人生前途甚遠，平平實實做去，何畏之有？何急之有？吾所可言者只此。苟非其人，道不虛行。

三月十七日

（此爲明信片，寄達“杭州竹齋街杭州中學張立民先生轉王培德先生收”。寄自“北平後門二道橋二號熊宅”。）

致柯樹屏

（約一九三七年三月十九日）

樹平：崇外纓子胡同十六號。

汝去年寄函漢上，半是半不是。半是者，謂某不當亂行，是也。半不是者，此意難言，非面談不可。今日人心昏亂，烏有是非可言耶？思玄歐遊，得成行否？蔭謂在滬耶？

三月十九日

（此信一頁，用白紙，墨筆親書並句讀。信中提及纓子胡同十六號，系梁漱溟先生家，或當時柯樹屏借居於此；思玄即許思園，考取庚子賠款公派留學，於一九三七年赴巴黎；蔭或指張蔭麟。我們據此推斷此信的寫作時間。）

致王星賢

（一九三七年四月十六日）

《解老》書及譯稿已呈馬先生看過否？培德能有所糾正否？馬先生對此意思如何？不卜能達出十分之五的意思否？充分達出自然是難。《解老》之首章“玄”字，聞譯用黑色的意思，刻已另加注。又“徼”字，彼譯傾向，兹亦加注，意欲與目的等義。其他不暇推求。已發意人，另送三四人，已即此送出。錢君欲譯《新論》，吾欲其來平同處半年，不妨譯一個底本。不知馬先生贊成他的譯筆否？

《新論》寄文奎十八部，我九部。《新論》共廿七本，對否？

四月十六日

（此信用明信片，寄達“杭州竹齋街杭州中學張立民先生、王培德先生”。）

答王星賢

（一九三七年五月六日）

《老》稿及來函均收。譯稿錯落處當不少，然來函所指，似均精審，但恐不止此耳。望暑中能來平。《新論》欲留心焉。魯之裴雪峰來信，其友已訂婚，告之立民。張詩言是否到廣化寺？錢學熙不能來平，亦告之立民。吾看《華嚴疏抄》，書太多，却無甚精采，實勞人耳。

四月六日午後

（此信用明信片，寄達“杭州西大街女子中學教員王培德先生”，寄自“北平後門二道橋二號熊寄”。）

復居浩然論本體

（一九三八年三月十九日）

三月十四函悉。來函云：前人冥玩本體，常有周而復始之感。此乃誤會。周而復始，即循環義也，本於大《易》。此乃剋就現象上説，剋字吃緊。不就大用流行上説也。若剋就大用流行言，剋字吃緊。此只是剎那剎那、生滅滅生，無有留住，本無物故。無有斷絶，生生不已故。無所謂始，無所謂終。本來無一物，將誰循環？《詩經》云：“維天之命，於穆不已。”孔門稱述之，以至宋、明諸師皆據之。大用流行，只是個不容已，别無可説。西洋目的論與機械論，均是以觀物者測化。中土聖哲無此謬見。大用之行，只是不容已，義深遠哉。

吾以“一”爲本體之符號，“二”“三”則表示本體之流行，“二”則翕，而“三”則闢也。實則就本體之流行上，假立“一”“二”“三”之符號，元無次第可分。《轉變章》宜細玩。此指《新論·轉變章》。在此等分際上説，無所謂進化不進化，本非物故。近人亂用進化論，卻是極謬。進化論，在達爾文本就生物學上説。柏格森又進一解，用以明生命之流。而其所謂創進的意義，明明不是達爾文的原義。今之後生於達爾文及柏氏，亦均不分别。此中非深玩不可。柏氏創新的意義，若近於吾之剎那生滅説，而畢竟不似者，彼仍有過去不必滅之觀念在，即有物在，此其蔽也。吾《轉變章》中之圖，只是圓神不滯的意思，是全體流行的意思。此處無所謂進化不進化，宜深思。

金、馮二人把本體當做他思維中所追求的一種境界來想。所以，於“無極而太極”，胡講一頓。此是今日通行之病，無可如何。

來信就兵法言動静一段，自不錯。

英、美二夷，奈何如是其不成人邪？似乎毫無鬥志。我甚悲觀，一毫意趣也没有。下卷作不出也，苦哉！天旱，春收似無望，物價又高了。

三月十九日

所謂現象或物者，只依大用流行之迹象而假立，中卷可玩。

［此信收録在一九六三年七月《傳記文學》（台北）第三卷第一期《熊十力先生剪影》一文中，作者居浩然，係居正之子。信中“金”即金岳霖，“馮”即馮友蘭。］

答王星賢

（一九三八年十一月三十日）

十一月十六快函，今燈下接到，即寫此復。革言，沉痛無可與語，吾心緒極不寧，亂如麻。世既如此，天倫骨肉又不知如何。黄岡一部分已不可知，江西德安家屬前雖逃赴安義縣，但（一）則恐其再逃長沙而遇災；前據來函有此意，其實安義無寇患。（二）恐其久困安義而餓死。吾函貴溪縣彭凌霄先生派人赴安義找吾家，但吾家前函未以所居地址見告。彭先生泛查之，亦不好查。據相知推測，江西戰事久沉寂，吾家或無再逃長沙之必要。唯彭先生能查得否，尚未得其復也。書院事，梁先生前説募捐，恐是難靠。

此片可轉馬先生，俾知近況。《史話》，囑立民校好一本，郵馬先生。

十一月卅

（此信用明信片。寄達“桂林兩江桂林師範王培德先生”。信中《史話》指《中國歷史講話》。）

致柯樹屏

（約一九三九年五月二十一日）

請交柯樹屏先生。

汝家赴鄉否？令尊以下悉清吉。吾與師母均來巴。通信處，陽和先生知道。吾覺體氣衰矣。

此與屏。

五月廿一日、四月初三日

（此信一頁，用方白紙，墨筆親書並句讀，又朱筆句讀、圈點。年代系根據落款陰、陽曆推算而來。）

答龔海雛

（一九三九年八月）

夫爲學者泛觀而無獨創之明，博覽而無自得之樂，譬如村豎入市，馳瞻百貨，一一皆非己物，徒令神昏目眩而已。故讀書之事，只爲引發靈思之用，不可以讀書而反錮蔽其靈思也。善學者志必真而量必宏，使胸懷曠遠，神解焕發，則萬有畢羅，萬理昭著。所謂六通四闢，小大精粗，其運無乎不在者，其斯之謂學歟！若乃自負讀書之勤且博，而察其辭氣似蘊畜未能深厚。恐賢者一向用心，未免失之於駁。如不以斯言爲忤，尚望有以自拔，刊落浮詞，務於精思，方可坐進此道。來學之意固所嘉許，然院中頗有額滿之患。無緣得邀仁者共聚一堂，是爲至歉耳。

答王守素

（一九三九年八月）

《易學目録》附圖一册及《易象講録》六紙俱收到。循覽之餘，極佩精思。唯著述之事，良不易言。吾國先哲，學貴深造自得，本無意著書。其或依古文字而爲傳以寓己意，如《易》依卦爻之辭，《春秋》依魯史是也。後來傳注諸作，皆倣於此。其或隨意自爲筆札，如老、孟諸子。或弟子記述師説，如《論語》之篇。後來語録及論學書諸作，亦倣於此。若西人著書，務刻意經營，以求條貫精密，統系嚴整，自成一種鉅製。其作風與吾先哲根本不同，一尚辯智，一引而不發故也。大作雖未成書，但由所擬目録窺之，似異先儒傳注之體。若衡以西人系統的理論之作，則由目録而尋其旨意，似有條貫欠精之處。尤復當知，如物象變化與宇宙論中許多問題及時空動静等等問題，今西人科學、哲學研探亦極精微。吾人科學根柢尚淺，多難窮索。《易》之爲書，本、窮神知化，涵藴無窮。但欲抉其原理，演爲種種理論，則非精於西方科哲諸學者必難下手。不若如舊時傳注及語録諸體，單詞片義，任意發抒，雖非時尚，要自無病。其益人神智，亦復不淺也。以上偶譚著作體要，惟期慎於從事。爲然爲否，明者裁之。至《易》云："象者，像也。"謂設象以像物象、事象之變化則可，若竟將象字釋爲物象、事象，恐猶待斟酌。如天也、龍也、日也，皆爲乾之象，要非乾之果爲天、爲龍、爲日也。象不過一符號耳，其所表示之變化之理，則不可視爲固定的事物，所謂"神無方而易無體"也。又《講録》中談道字與理字，俱與古義乖違。學固不必泥古，然易之者必其果爲誠諦，而足以捄古之失，始可易也。賢者對於理與道之解釋，其果是耶？此乃根本大義所在，而義趣又極幽遠，誠恐非筆札所能辨，又非旦夕可爲功。要在虚以體認，真積力久，方有豁然貫通之效耳。根本一差，其於易道恐只多一番辭説，而不必當於真理矣。迂拙不足以言學，又未得覩大作之全，何可妄議？唯感賢者下問之忱，略抒一二感想，意在相見以誠耳。承主講囑爲作答，如賢者願來參學，當虛席以待，不來亦聽。龐居士曰：“但願空諸所有。”賢者誠能以空空之心而來，則不必有益於賢者，亦必有益於吾儕矣。

與友人

（約一九四〇年）

無著、世親一派之學，其示人入手工夫，只是依據聖教多聞熏習而已。詳《解深密》等經、《瑜伽》等論。如此理没自性，全憑外鑠，無自拔期，此吾所不忍無辨也。

復黄本初及圖書室諸先生

（一九四一年七月十一日）

圖書室諸位先生：

七月九日來函，詢敝書售處。頃到即復。《新唯識論》《破破論》絶版已多年。此書初出時，本有人主張交商務印書館出版。然吾一生閉户，商賈不知老夫姓字，不肯承印，以後未便再與之接洽。自己再印，則力量不及。《語要》一，廿四年在舊京印一千部，亦絶版已久，不可復得。《語要》二，昨由一周生出資印三百本。貴室如要此書，可函“四川嘉定武漢大學董審宜先生”處，囑其寄上。此書定價五元一本，郵資煩酌寄。書價直接寄我收，勿寄嘉。又《新唯識論》有繙語體文本上卷，中、下卷未草成。定價三元五角一本，今日似酌加爲好。郵資在外。貴會如可推銷此書，請函“成都北新街口通用貿易公司吕漢才先生”寄。但書價勿寄吕處，請寄“璧山來鳳驛西壽寺熊△△”收。此請注意。《名相通釋》，廿五年在舊京印二千部，廿六年已售完，今我手中也無。《尊聞録》更不

可得。此復。即詢
暑祉！

熊十力啓
七月十一日午後

復黄本初

（一九四一年七月十七日）

七月十四函到，即復。世事至今，大家可以悟矣。人生豈可只爲食色的動物，豈可以至尊無上的生命而殉没於名利權勢等等之中。中國人不幸而至於如此，革命不革心，庸有濟乎？吾老遭危難，恒懷憂痛。願公等一意作反己工夫，痛自警醒，於念慮之微，言行之著，必克去其私而務歸誠實。讀書則在字字留心，返在自家經驗上子細理會，切忌粗心浮氣一直看去，並且隨便批評。吾可與公等言者只此。老來精力短，當有寫作，不耐多寫信。謹致拳拳。願公等好自求之，且多熟讀書，自找問題，自求解答。莫問他人迷悟，先問自己。人人有求己一念，便都上正途。誰能亡我？

力啓
七月十七午後

復黄本初

（一九四一年九月十二日）

本初先生：

來函並匯票收到。外單蓋章奉還。

（甲）哲學書，西洋文如先生能誦，可自覓入門書。否則只譯本，如《哲學概論》及《大綱》之類，求好本則難得，然不可不研。《語要·復性講詞》中曾言此意，可玩也。論爲學精神及讀書方法，亦莫如此篇。望字字反身而勿忽也。

（乙）中國書，無系統，亦無入門書可言。先生如肯虛心，則始於《語要》卷二細玩，一字莫忽略。然後再讀《新論》。《新唯識論》繙本卷上。你姑虛心字字體玩下去，莫輕問難。多細心，多苦心，然後有不釋然者，方可問。真能了此，此土自晚周儒道迄魏、晉、宋、明諸師以及印度佛家，無不左右逢原。

（丙）性智謂之道心亦得，量智謂之人心亦得。但説法之詳略精粗有不同。又須知，學問分類，在心理的觀點上與人生論的觀點上則説爲道心、人心；在認識論或知識論之觀點上則説爲性智、量智；在玄學或本體論的觀點上則説爲宇宙本體，亦云一切物的本體，亦省云本體。雖名詞不同，而所目實一。如孔丘與仲尼，稱名不同，其實一人也。有時也不妨互用，但各名之分際，先須明白。凡學始於正名。

（丁）量智一段，須字字反身切實體會。古人在倫理的觀點，以私欲爲人心。本書則在知識論之觀點上，説明量智所由發展。深思而自得之，亦一樂也。

九月十二日燈下

致柯樹屏

（約一九四一年十二月九日）

樹平、勇任並與理庭一看：

樹平信收到。印書事，編譯館當無望。居覺公尚在募款，但印所交涉仍難。三四號字不易得也。圈點與括弧，據説均麻煩。紙張不好則無所謂。求好，則不知要多少錢。

教部十一月之生活費尚不來，忘卻耶？望急催。又前接教部寄來金岳霖之《論道》，以審查見委。據云已寄五十元來，而實未見寄到。亦望催問。審查表格，不便照填，茲寫一段話於表上，望轉陳吳司長。此事真使我爲難，得罪於人也不好，做鄉愿又不成話。斟酌二者之間，你們謂如何？金君書另付郵還，查收。如此談邏輯，也不得了，講哲學，也不得了。

你們三人看了拉碎，切切。勿言。

十二月九日

覺得今日講邏輯，似以實驗邏輯及統計法，最宜提倡於吾國。若符號邏輯或數理邏輯，如非數學等科學到某種程度，而任意爲之，恐於思想上反增不相干的煙霧。看了拉碎。

［此信兩頁，書於書籍紙的背面，熊先生墨筆親書並句讀，又有朱筆圈點、句讀。信中所謂印書及居正募款事，當指《新唯識論》（語體文本）上、中二卷之合刊，據以推斷此信寫作年代。］

熊氏創修通譜序

（一九四二年二月十五日）

熊氏之族徧天下，皆楚先王之裔也。楚之立國蓋千歲，自繹公受封，至春秋時國漸大，值周之衰而楚始稱王。其聲威廣遠，不獨奄有南服，即今山東、河南諸省地，亦多入其版圖。文化之盛，則老、莊哲學與社會主義者許行之徒並出於楚，猗歟休哉！秦皇横暴，而推之者劉、項，皆楚之遺民也。吾先王之流澤遠矣。傳世悠邈，宗支分散，雖同在楚之故壤，亦不相親，豈敦本之義耶？民國初年，我浠水宗丈太晶先生，始謀糾合鄂東之熊共建通祠於黄〔10〕岡但店。祠成，當創修通譜。

是時與太晶丈一德一心，始終勤勞其事者則有少三、葉占、兆祥、佑雲諸先生，純孝可以格天，精誠足以動衆，宗人漸知合族爲急矣。不幸晶丈暨少山、兆祥先後逝世，通譜久付闕如，派系亦復未經序次，甚乖萃涣之誼。於是持中、葉占等數十餘輩，感世變之急，敦同氣之愛，乃集但店通祠，肇規通譜，以無忘先王[11]之澤，而厲我後昆以毋暴毋棄。譜垂成，以序屬不肖。不肖以國亂流亡在蜀，聞兹義舉，唏嘘感泣不能自已。乃復有言者，今日談倫理，當由家族而推之至於民族，凡我皇漢與滿、蒙、回、藏，皆當如一家共濟艱難也。言孝弟，當推之至於家族以外之社會，凡諸異姓，皆吾婣戚，皆吾兄弟，吾無偏私也。夫立愛自近始，不能愛其宗而能博愛者，未之有也。吾聞吾宗人之聯合以興愛也，吾知其推愛之有基也，吾又歡欣鼓舞，書此爲之序。

中華民國三十一年二月十五日

致葉石蓀朱孟實

（一九四二年三月三十一日）

石蓀老弟：

梁先生在桂林甚安好。寄嘉《新論》與寄成都者同日郵，而成都早到。昆明，吾由温泉寄書一部，早到。在渝交郵之《新論》比在此郵者早一日，迄今不到。交通真是怪也。

研究所事，前未談。故人居。曾欲言之當局而尚躊躇。吾亦細思量，終主罷論。如欲爲之，非於各方有一番周旋不可，吾作不來。又須知，當局非於此事有認識者。枉尺直尋，終於喪其所守，而無當於講學。所以願才動，即打消也。

孟實前所説各節，均是。勞神亦礙著述。然滇中有敖均生者亦欲在滇辦。滇人，起義時爲知府，四五年間爲道尹，蔡松坡舉兵入川，駐節彼之官署，彼資助松坡甚多。松坡欲大用之，不幸短命死矣。彼以是傷沮，不復出而問世。龍主政，嘗約之出，不應。今又約之。龍之親屬爲師長者，復懇約之。彼擬赴昆一行，欲謀研究所。據彼云，或可生效。然世事至此，似非其時也。吾自覺精神亦不耐勞，只好不作此希望也。《新論》如到，須反復看。義若連環，文如鈎鎖，故有前文待後文對照而始可了者。字字按實推求下去，當無不可明白者。凡理論自是層層牽涉，不難推究。所難者，理論之外有真蘊焉，非可徒在理論上用功也。注意“徒”字，理論卻須弄清，然後捨去理論，脱然契真。哲學功夫，讀書不可少，且不可不認真去讀，然而根本工夫却在仰觀俯察，近取諸身，遠取諸物。五官與心都是活潑潑地，不如是而言哲學，烏在其爲哲學耶？吾有一副懷抱，難向人言。近欲草下卷，恒苦精力凝聚不起。吾欲作者甚多，如此衰象，何可了耶？暑假中可來小住時日否？

孟實兄問好。

力　三十一年三月三十一日

有事煩你：武大董審宜處，尚有我之《語要》卷二。請索二本直寄“貴州遵義浙江大學酈衡叔教授”，煩包好，恐遲到損壞。

（此函寄自北碚，寄達嘉定，封面爲“嘉定武漢大學教務長室交朱孟實先生、葉石蓀先生”。）

復黄焯

（約一九四二年四月二十八日）

耀先先生：

承示記宋貞女事。於人道泯絶之日而有貞女，剥下一陽，天理果不盡泯也。大文原本經義，以正世儒之失，可謂有功世道之文。老夫不必再有所言。尤竊慰令先德雖下世，而吾子足以世其學也。

夫道德之至，惟行其心之所安耳。女子既字，以心許人，奚必嫁而後爲夫婦耶？貞女之行，見於斯世，真所謂“爲天地立心”者也。此心喪，即生生之理絶，乾坤毁而人道息矣。况復欲凝社會、建國家，其可得耶？吾子表章貞節，此心何心，固亦真心之不絶於天壤者也。

即詢

近祉

熊十力啓

四月廿十八日

致吕澂

（一九四三年三月十日）

來函收到。師事、法事，一切偏勞，吾感且愧。内院當由足下鼎力主持，無可傍諉。縱組一院友會，恐將來亦有名無實。天下事，當負責者，便直下負起。應負者不負，其事終歸失敗。老弟侍師忽忽鄰五十年，所相與辛苦經營之法事，若當吾弟之身而敗壞，縱不自惜，其何以慰師於兜率乎？老弟弱冠已負盛名，如捨法事而或作他種生活，自當優裕。今吃苦數十年，而忍令内院歸於涣散乎？吾所爲老弟深念者：一，望於生活，宜勿太苦。院費不必過計，當用直須用。人生將半百，過苦不可久。諸侄之體氣，尤令吾見之而寒心。天地生才極不易，何可如是不愛惜耶？從大處着想，則過於撙節之儉德，似亦可稍改變也。今後用功，亦不宜過。入夜切望寧息，勿看書或用思。此吾所切望於老弟者。二，内院繼起人才，急宜培養。美才良不易，但得中資二三人，優其生事之資給，使得專心久於其業，將來繼支法事，則内院可無倒閉矣。佛家之學，實難得真正解人。吾最痛心者，多是一般老太婆的知解，摇筆弄舌，而自命爲佛。此輩由來已久，不止今日如是也。老弟務注意訓練二三個真作學問工夫的人，於末俗中支撑正教。是又吾所切望者也。吾於弟，十年以長。吾鄰六十，而弟亦鄰五十矣。老至，更何所念？唯於平生所嗜好之學，冀有後起過吾儕者耳。紀念册一事，吾意不妨從緩。

世間政界或學界，喪一名人，必有專册或專號紀念，皆其平生知舊與門生故吏諛頌之詞。吾見寄來此等刊物，輒棄置不以入眼。吾儕事師，似不必效時俗也。昔朱子卒，而黄勉齋竭平生之精力，爲之作一行狀。此文於朱子一生行誼及學術，無不深入其微、窮極其大，蓋天地間有數文字也。吾侍師之日淺，又思想不純爲佛家，此明白彰著之事，即爲師作文，恐難盡合。吾弟始終未離函丈，學業雖較師更加精詳，而究未改師門規矩。望精心爲師寫一行狀，勿限時間，勿拘古文家傳狀體例，稱心而談，隨時有感則書，不求文采，實至而美在其中矣。此不必於一時成就，勿須勞神，但興至則書耳。弟狀成後，吾或略跋數行。望弟采納此意。師名早震寰宇，諛頌之，於他無增；不諛頌之，於他無減。時俗之所爲，何須效！吾與漱溟信中，對師直抒吾所感，兹附上，想老弟不盡謂然。但吾所見實如是，非敢故逞僭妄也。

（本書所收一九四三年熊十力與吕澂辯佛學根本問題往復信札十六通，及所附《與梁漱冥論宜黄大師》，均以談壯飛和羅炤的整理稿為底本。該本原載一九八四年一月人民出版社出版之《中國哲學》第十一辑。收入本書時，除按照時間先後重新排序外，還參校了熊十力《新唯識論問答》。）

附：與梁漱冥論宜黄大師

竟師之學，所得是法相唯識。其後談《般若》與《涅槃》，時亦張孔，只是一種趨向耳，骨子裏恐未甚越過有宗見地，如基師之《心經幽贊》然，豈盡契空宗了義耶？竟師願力甚大，惜其原本有宗，從聞熏入手。有宗本主多聞熏習也。從聞熏而入者，雖發大心，而不如反在自心惻隱一機擴充去，無資外鑠也。竟師一生鄙宋、明儒，實則宋、明諸師所謂學要鞭辟近裏切着己，正竟師所用得着也。竟師亦間談禪家公案，而似未去發現自家寶藏。禪家機鋒神俊，多玄詞妙語，人所愛好。恐竟師談禪，不必真得力於禪也。竟師氣魄甚偉，若心地更加拓開，真亘古罕有之奇傑也，不至以經師終也。竟師爲學踏實，功力深厚。法相唯識，本千載久絶，而師崛起闡明之。其規模宏廓，實出基師上，故承學之士有所資借。如章太炎輩之學，談佛學與諸子，只能養得出一般浮亂頭腦人扯東説西而已，何能開啓得真正學人來？竟師於佛學，能開闢一代風氣，不在其法相唯識之學而已。蓋師之願力宏，氣魄大，故能如此。若只言學問知解，如何得陶鑄一世？竟師氣魄偉大，最可敬可愛。惜乎以聞熏入手，内裹有我執與近名許多夾雜，胸懷不得廓然空曠，神智猶有所囿也。因此而氣偏勝，不免稍雜伯氣。其文章，時有雄筆，總有故作姿勢痕迹，不是自然浪漫之致也。其文字雄奇，而於雄奇中乏寬衍，亦是不自然也。凡此皆見伯氣。竟師文學天才極高，倘專一作文人，韓愈之徒何敢望其項背耶？竟師無城府，於人無宿嫌，縱有所短，終是表裏洞然，絶無隱曲，此其所以爲大也。吾《新論》一書，根本融通儒佛而自成體系，其爲東方哲學思想之結晶，後有識者起，當於此有入處。吾學异於師門之旨，其猶白沙之於康齋也。雖然，吾師若未講明舊學，吾亦不得了解印度佛家，此所不敢忘吾師者也。

致吕澂

（一九四三年三月十六日）

十日一信，附上論及師座語，旋知僭妄，幸勿示人。吾極不喜有宗，總覺其未見道，故於師門，亦有不能全契也。然於吾師提振絶學之功，則又未嘗不五體投地也。聞熏一義，力不贊成，未知左右對此云何？吾儕均到老境，急宜反求自家寶藏。吾非反對多聞，要須識得自家寶藏，然後一切聞見，皆此心之發用。若於自家寶藏信不及，專靠外來聞見熏生，此孟子所謂捨其田而芸人之田也。日來感冒，寫信殊不得盡意，常欲爲文以祭告吾師，但苟且爲之，太不成話；慎重爲之，則所欲言者極多。文字須有精采，駢體吾素不工，散文之妙在氣。近三年來，自覺精神一年差一年，易散而難聚。如今春比去冬，已差得多。人生五十後，便如下山勢，吾已五九，其衰也宜矣。老境當亂離，意興極劣，祭師之文，或須從緩。大約須吾應寫之稿完成，心下無事，而又得一閑境，凝神爲之，或可博吾師兜率一笑耶。

附：吕澂復熊十力

（一九四三年四月二日）

來教不滿意聞熏，未詳何指。《瑜伽論》説浄種習成，不過增上，大有異乎外鑠。至於歸趣，以般若爲實相，本非外求，但唐賢傳習，晦其真意耳。尊論完全從性覺與性寂相反。立説，與中土一切僞經、僞論同一鼻孔出氣，安得據以衡量佛法？若求一真是真非，竊謂尚應商量也。

致吕澂

（一九四三年四月七日）

二日函來，無任欣慰。即時率復，聊破岑寂耳。内學院，吾極欲大力支持者，蓋嘗慨吾國向來學術團體如書院、學會之類。每有名無實。即幸而有實，亦人存政舉，人亡政息。以觀西洋一學術機關，維持發達，歷數百年或千餘年之久而不衰，未嘗不悵憾吾族類之無真實力也。區區之意豈止爲竟師惜耶！來教云："承示不滿聞熏，未詳何指，《瑜伽》浄種習成，不過增上，大有異乎外鑠。至於歸趣，以般若爲實相，本不外求，但唐賢傳習，晦其真意耳。"尊論欲融法相唯識以入般若，謂不外求。然力之意，則謂必須識得實相，然後一切浄習皆依自性發生，始非外鑠。今入手不見般若實相，而云浄種習成，以爲增上，此浄種明是後起，非自實相生，焉得曰非外鑠耶？浄種增上矣，而後歸之般若實相，得非實相本有所不足耶？又由浄種增上，得歸實相，是實相爲偶然之獲也。何者？浄種本不自實相生，即與實相無干。本不相干，而可引歸實相，非偶然而何？然則欲融空、有，而終有所難通。舊説空、有爲二宗，吾人似不宜遽反之也。來教云："尊論完全從性覺立説，與性寂相反，與中土一切僞經、僞論同一鼻孔出氣，安得據以衡量佛法？"力則以爲今所謂僞經如《楞嚴》《圓覺》等等，是否中土所僞，猶難遽斷。僞論如《起信》，其中義理，是否無本於梵方大乘，尤復難言。此等考據問題，力且不欲深論。但性覺與性寂相反之云，力竊未敢苟同。般若實相，豈是寂而不覺者耶？如只是寂，不可言覺，則實相亦數論之闇也。佛家原期斷盡無明，今冥然不覺之寂，非無明耶？而乃謂自性如是，毋乃違自宗乎？吾以爲性覺、性寂實不可分。言性覺而寂在其中矣，言性寂而覺在其中矣。性體原是真寂真覺，易言之，即覺即寂，即寂即覺。二亡，則不見性也。主性覺，而惡言性寂，是以亂識爲自性也。主性寂，而惡言性覺，是以無明爲自性也。即曰非無明，亦是枯寂之寂，墮斷見也，何可曰性覺與性寂相反耶？來書既主歸趣般若實相，般若，智也，智對識而爲言，法執盡，我執盡不待言。自性顯，是爲智，是爲實相。覺對障而得名，障盡二障俱盡也。性顯，非般若實相而謂之何耶？治經論是一事，實究此理，卻須反在自身找下落。諸佛菩薩語言，反亡[12]而得印證，此心此理同也。其或有未會，不可遽非前哲，亦不可遽捨亡以狥經論，廓然忘懷，默識而已，久之會有真見處也。從宇宙論的觀點而談法性，只見爲空寂，空非空無之空。而不知空寂即是生化者，是證到一分，空寂。未識性體之全也。《新論》語體本中篇，備發此意，貴乎觀儒佛之通也。必謂佛氏至高無上，不究吾人有所窺，何須如是耶？此理不許吾人得具耶？從發明心地的觀點而談自性，自性即法性，剋就吾人當躬言，故云自。只見性寂而惡言性覺，其失又不待言。覺者，仁也。仁，生化也。滯寂而不仁，斷性種矣。吾於此理，確是反己用過苦功，非敢與諸佛立異。所見如是，所信如是，不得不稱心而談，否則非友道也。如高明不以爲然，猶盼盡量惠教。流離中，究此一大事，猶是一樂也。

附：吕澂復熊十力

（一九四三年四月十二日）

七日惠復，寫示尊見甚詳，但絲毫未得鄙意。此可見足下反己工夫猶未免浮泛也。論齒兄則十年以長，論學弟實涉歷較多。弟初值竟師，既已寢饋臺、賢五載。弟於宣二讀内典，民三遇吾師。及知左右，又已尚友唐人十年。自兄去院，搜探梵藏，涵道味真，復餘一紀，爲時不爲不久矣。平生際遇，雖無壯闊波瀾，而學苑榛蕪，獨開蹊徑，甘苦實備嘗之，弟於藝文美學、梵藏玄言，無不自力得之，此兄所深知也。人世艱虞，家國憂患，傷懷哀樂，又異尋常。而刻苦數十年，鍥此不捨者，果無深契於身心性命，而徒尋章摘句之自娱乎？弟切實所得處，殆兄所未及知。而據弟所謂切實，反觀尊論稱心之談，亦只時文濫調而已。請略申言之。

其一，俗見本不足爲學，尊論卻曲意順從。如玄哲學、本體論、宇宙論等云云，不過西歐學人據其所有者分判，逾此範圍，寧即無學可以自存，而必推孔、佛之言入其陷阱？此發軔即錯者也。

其二，道一而已，而尊論動輒立異。談師則與師異，説佛則與佛異，涉及龍樹、無著，又與龍樹、無著異。無往不異，天壤間寧有此理乎？認真講學，只有是非，不慊於師説、聖説、佛説，一概非之可也。不敢非而又欲異，是誠何心哉？

其三，尊論談空説有，亦甚縱横自在矣，然浮光掠影，全按不得實在。佛宗大小之派分離合，一繫於一切説與分别説，豈徒謂空、有哉？有部之宗在一切説，大衆亦有分别説者矣。《瑜伽》解空，在分别説，則不得泛目爲有宗矣。若是等處，豈容含混？而尊論頗惑之。此乃全爲章疏家所蔽，充其量不過以清辨旁宗上逆《般若》，測、基塗説臆解《瑜伽》。真有真空，果如是耶？

其四，勝義而可言詮，自是工夫上著論，而尊論如此極欠分明。如云："須識得實相，然後浄種從自性發生。"又云："入手不見實相，則浄種非自實相生。"此識此見，從何而來？前後引生，如何綰合？此等毫無着落，則非薄聞熏，亦唯空説而已。

其五，尊論謂所見如是，所信如是，似矣，其實則自信未徹。設真有所得於己者，即當智照湛然，物來順應，何以一聞破的之談，即酬對周章，自亂步武？既不能辨自説之不同僞書，又不敢斷僞書之果不僞，更不審鄙意與尊見究竟異同，熒惑游移，所守者何在歟？前書提到僞經、僞論者，乃直抉尊論病根所在，此正吃緊處，何得以考據視之，輕輕忽過？

五者有一於此，即難免乎浮泛，况兼備之。故謂尊論不遠於時文濫調者，此也。鄙意則全異於是。前函揭櫫性寂與性覺兩詞，乃直截指出西方佛説與中土僞説根本不同之辨，一在根據自性涅槃，即性寂，一在根據自性菩提。即性覺。由前立論，乃重視所緣境界依；由後立論，乃重視因緣種子依。能所異位，功行全殊，一則革新，一則返本，故謂之相反也。説相反而獨以性覺爲僞者，由西方教義證之，心性本净一義，爲佛學本源，性寂乃心性本净之正解。虚妄分别之内證離言性，原非二取，故云寂也。性覺亦從心性本净來，而望文生義，聖教無徵，訛傳而已。訛傳之説而謂能巧合於真理，則盲龜木孔應爲世間最相契者矣。中土僞書由《起信》而《占察》，而《金剛三昧》，而《圓覺》，而《楞嚴》，一脈相承，無不從此訛傳而出。流毒所至，混同能所，致趨净而無門，不辨轉依，遂終安於墮落。慧命爲之芟夷，聖言因而晦塞，是欲沉淪此世於黑暗深淵萬劫不復者也，稍有人心而忍不深惡痛絶之哉？尊論不期與僞説合轍，當然有其緣由。學問所貴乎反己者，以聖、佛之心爲心，理同心同，而心又不可以分分析之也。尊論反己，獨異乎此，謂以聖説印心，有同不同，未應捨己。是則無心同之可言，不過以凡心格量聖説而已，是心果何心哉？索處冥思，見聞所及，無非依稀仿佛之談，訛傳僞説自易入之，由是鑄一成見，謂之曰吾心。則得此心之所同者，自惟有訛傳僞説矣。此所以尊論與僞説二而一也。故尊論説到一究竟處，不過一血氣心知之性，而開口説化，閉口曰仁，正是芻狗萬物，天地之大不仁。此明眼人一目了然者，又豈綴拾佛言，濃妝艷抹，遂可自矜新異乎？由足下之工夫，而聞鄙説性寂、性覺，宜其牽合寂而常照、照而常寂一類濫調文章，糾葛而不可解，試問與鄙意有一絲一毫相干耶？又鄙意從性寂立言，故謂在工夫中所知是實相般若，此即自性浄心，亦即虚妄分別。《般若》“觀空不證”、《楞伽》“妄法是常，聖人亦現”，均據此義。證則真現而非妄，常故妄現而非真，其義相成也。能知由習成增上，所成所增，種姓本住，又奚待言？然習起知歸，歸趣般若實相。無容先後也。此皆瑜伽正宗，源源本本、愜心稱理之談。聖書具在，豈弟牽强附會者哉？足下工夫，向未涉此樊籬，宜其一聞般若，即會牽扯到融通性相一類腐爛陳言，試問又與鄙意何干？然鄙意説到此等處，不過由聞熏議論引發而來，其實佛教真命脈，尚別有所在，實相證知已落第三四層。但尊論或以爲究竟矣。此義精微，未容以口頭禪了之，姑置不論。總之，弟所得者，心教交參，千錘百煉，絶非如兄想象“治經論”三字便可了事也。尊論向自矜異，難得此番虚懷容納，大事究明。又吾師新逝，不忍見異説之踵興，疑斯文之遂喪，故竭疲憊精神以呈其意。有益於高明者幾何，則不敢知矣。院事累蒙關懷，意極可感。弟依止吾師，卅載經營，自覺最可珍貴者，即在葆育一點“存真求是”之精神。以是内院雖未開展發皇，卻始終隱然爲此學重鎮。今後此種精神一日不亡，即内院命脈一日不絶。然桐鼎一竿，其難可想。風雨如晦，鷄鳴不已，吾兄多情善感，寧無動於中乎！

附：吕澂致熊十力

（一九四三年四月十三日）

昨函發後，復檢存稿，仍覺語焉不詳。然思入幽微，何能盡達？要在上機於言外得之耳。“功行全殊”句下，可注“一則革新，一則返本”八字，以當點睛，請代加之。唯其革新，故鵠懸法界，窮際追求。而一轉捩間，無住生涯，無窮開展，庶幾位育，匪托空談。此中妙諦，未可拘拘本體俗見而失之也。唯其返本，故才起具足於己之心，便已畢生委身情性，縱有安排，無非節文損益而已。等而下之，至禪悦飄零，暗滋鄙吝，則其道亦既窮矣。近見《師友通訊》，載足下教人之語，卑之已甚，全無向上轉機，非其驗耶？吾儕家業，立心立命，何等擔當，應須仔細。昨函云云，請勿以衛道迂説視之也。

致吕澂

（一九四三年四月十七日）

十二日惠函，極感直諒。承示迂論，只時文濫調，糾以五事。其一云：“俗見本不足爲學，尊論卻曲意順從。如玄哲學、本體論、宇宙論等云云，不過西歐學人據其所有者分别，逾此範圍，寧即無學可以自存”云云。此段話，思之再三，終有未喻。夫立言，必有所以言者。辨學術之是非，不僅於其言，而當於其所以言者察之。所以言者，其所見所信也。言者，本其所見所信而以喻諸人者也。以言喻人，不能無方便。方便者，適其機之謂也。學尚知類，此土先哲已言之。西人治學，析類爲精，玄哲與科學，不容漫無分别，未可以俗見薄之也。且言在應機，何可自立一種名言，爲世人之所不可共喻？世人計有萬象森羅，説名宇宙，吾欲與之説明是事是否如世人之所計着，則不得不用宇宙論一詞。世人推原宇宙而談本體，吾人與之説明是事是否如世人之所見，則不得不用本體論一詞。如不察吾之所以言，而第以名言之有從時俗者，責以時文濫調，試問佛書中果不用當時外道之名言否？亦將受責否？猶復須知，本體論、宇宙論等名詞，儒佛書中雖不見，而不能謂其無此等意義。即如宇宙論一詞，若不包含本體論在内，則只是對於萬象界予以解説而已。大地古今，任何哲人，當其發心、求悟之始，對於世所共見爲有的萬象界，當然要發生問題。此問題發生，即是他的宇宙論已開端。及其有悟之後，垂説示人，自無可拋開他對於宇宙論方面的見地而不言。佛家除唯識論外，其解析諸行或一切有爲法，不承認有所謂宇宙，卻正是他對於宇宙論方面的一種見地。至無著《攝論》，成立賴耶，含藏種子，以説明一切相見，相見即相當於俗云萬象。分明是有了宇宙論。

更核實言之，他明明以賴耶中種子，説明根身、器界，如何否認他有宇宙論？且就無著《攝論》言之，他評判外道小宗爲諸行，即萬象。尋找外因，或計無因，種種之論，而後揭出其賴耶中種子，如何不是宇宙論方面的説法耶？儒家有其宇宙論方面的見地，此不待言。總之，古今中外，凡是窮探真理的哲人，總有其關於宇宙論方面的見地。若以此爲俗見，吾不知何者爲超俗之見也。本體論一詞，不容不立，準上談宇宙論一詞而可知。從來哲學家談本體者，其自明所見，盡有各不相同，然而都以窮究宇宙本體爲學。如説宇宙本體一詞是從俗，試依佛説，則云真如爲萬法實體，此語有過否？宇宙即萬法之都稱，實體亦本體之異語。則本體論一詞，如何用不得？《新論》語體本中篇曾有處説及本體一詞，今不及檢頁數。夫義理自有分際，故措思立論，當循條貫。本體論、宇宙論，此等名詞不可道他要不得。雖若有疆界之可言，而實不是分疆劃界，各不相通。其似有疆界者，依義理分際而不可亂也。其非各不相通者，義理不是死東西也。我覺得此等名詞，不但不是要不得，而且是萬不可少的。譬如佛書中，其歸宿處，只是顯示圓成實性。他自然是用種種方便，不可直揭。吾儕就説佛家是有他的本體論，并無過誤。般若之空□□，我則於此見其不談宇宙論，正因爲他對於宇宙論方面的見地是如此的。瑜伽宗立賴耶，我則見其有了宇宙論的説法，這犯何種過錯？如果説天下有一等學問，於所謂宇宙論、本體論等者，杳不相涉，如來教所云“逾此範圍。寧即無學”云云者，吾真不能想象此等學問，究是講個什么。如果説要歸到人生，人生對於世間的觀念如何，就是其對於宇宙論方面的見地爲如何，更是其對於本體論方面的所見爲如何。若論到吾人的功修等等，何一不窮究到本體論、宇宙論等範圍裏去？前云非各不相通者，意亦在此。爲此嘵嘵，則以來教斥迂論爲時文濫調之第一證，故不能已已耳。

其二曰：“道一而已，而尊論動輙立異，談師則與師異，説佛則與佛異，涉及龍樹、無著，又無往不異。天何厚於足下，乃獨留此理以相待乎？認真講學，只有是非。不慊於師説、聖説、佛説，一概非之可也。不敢非而又欲異，是誠何心哉！”此段話迂陋仍有所未解。夫道理無窮盡也。人之禀賦至不一，其所值之時與地，及其所素習，又至不一。人各本其一生之經驗，以體究道理，則宜其所見有不能無異者矣。然自性涅槃，衆生共有，則宜其所見有不能無同者矣。有異，則相非；不非，無由見異。來書責以不敢非，是迂拙未嘗立異也，何乃以此見責耶？然迂拙之於先哲，只有所不可非，無所謂不敢非。平生爲學，常欲防一己之偏與蔽，如前所謂各本一己之經驗，以體究道理，自不能無偏與蔽。因主出入各家，析其違而觀其通。各家等量齊觀，則短長易見。而其各有所見之真是處，自爾道通爲一，如何更可相非？來書責以是誠何心，迂陋之心，如是而已。至謂天何厚於不肖，留此理以相待，不肖且下一轉語曰：天何薄於不肖，而秘此理不許吾有見耶？不肖又有何私智，泄盡天機？只本天之所予我者，反而求之。又參稽中、印先哲之説，不爲入主出奴之見，庶幾免於自私用智也歟！

其三曰："尊論談空説有，縱横自在。然浮光掠影，全按不得實在。佛宗大小之派分離合，一繫於一切説與分别説，豈徒謂空有哉！此乃全爲章疏家所蔽，充其量不過以清辨邪宗[13]，上逆《般若》；測、基塗説，臆解《瑜伽》。真空真有，果如是耶？"來書所持大小離合繫於一切説與分别説，迂陋誠不欲究此離合之迹。平日用心，固别有在。敝書談空，所以特引《心經》者，正慮有以臆測相詆者耳。此外有所申説，皆引《大般若》中明文爲證，談空具依《般若》，何嘗惑於清辨邪宗？至叙論有宗處，本多據《攝大乘》及《成唯識》等論、《解深密》等經。尊見既不滿窺基、圓測，亦復欲抑《成唯識論》，似謂有異《瑜伽》。但《成唯識論》之八識種現説，與三性中不遣依他之旨，無一義不於《瑜伽》見其根據。吾雖寡學，亦未嘗不涉《瑜伽》也。來教既未詳所以，則亦無須深論。德鈞云左右頗欲發明《瑜伽》，願得早日寫出爲幸。

其四曰："勝義而可言詮，自是工夫上著論，而尊論於此極欠分明。如云須解得實相，然後净種從自性發生。又云入手不見實相，則净種非自實相生。此識此見，從何而來？前後引生，如何關合？此等毫無着落，則非薄聞熏，亦唯空説而已。"來書責我前函欠分明，竊恐此正是吾兩人相隔處。夫云勝義而可言詮，自是工夫上着論，此誠是也。但請留意者，用工夫的是誰？實相是什么義？須知實相即本心是，工夫者，萬行之都稱。一一勝行，皆從本心發生，所以用工夫的，即是本心，非可不見本心而靠有漏心來用工夫。靠有漏心來用工夫，雖發之爲有漏善，終不能引發得本心出。孟子所云行不著習不察者，正謂此也。如我兩人此時談論之心，若不發現自家本心出來，則欲做虛懷静氣的工夫，硬是做不得，只可做一套世情來相將，縱不大忿惱、大計較，也只是有漏善。而虛其心，以唯理之從，此項工夫，終是做不得。以此例徵，真工夫須自實相生也。若問此識此見從何而來，識本心的，即是本心自識，别無他心來識本心。見本心的，即是本心自見，别無他心來見本心。離卻工夫，不可得本心，那有前後？本心與工夫，非是二物，如何説闢合？此事反求即得，云何無着落？依有宗説，衆生無始以來，只是賴耶爲主人公，自家真主人公本心或實相。明明存在，他卻不肯承認，而説唯是染分，卻教依靠經論來做正聞熏習。工夫做到熟，也只是義襲而取。入手不見實相，往後又如何合得上？賴耶的説法，《瑜伽》中已是如此，云何歸罪測、基，錯解《成唯識論》，不悟《瑜伽》？如欲罪測、基，只好把《瑜伽》中關於八識種現及三性等談，一筆勾抹去也。宗門自標教外别傳，直指本心，此意未可忽。

其五曰："既不能辨自説之不同於僞書，又不敢斷僞書之果不僞，熒惑游移，所守何在？"此段話全不相干，其中似有氣性欠平語，茲不舉。夫迂陋平生所學，有《新論》在。其與僞書，全無關係，乃極明著之事，何須作辨？前書談及《楞嚴》《起信》，以一二語了卻，一生意趣，本不屬考據方面，并非謂此項學問不應作。只是各人生性，愛走某種路向，即行走去，人生那得如上帝全能，遍走許多路向邪！僞書之僞不僞，向來疑者有人，斷者亦不乏人，付之自爾。若謂吾不能斷，便是酬對周章，自亂步武，此則百思不可得解。此於吾之所見所信有甚關係耶？《楞嚴》一書，頗有不類佛語處。然以文體論之，其浩衍、雄渾，决非中國人所僞，中人文字，别是一種意味也，此話不及詳。當是印度外道之歸佛者所爲。每懷此意，不悉高明印可否？《起信》中，唯生滅與不生滅和合一語，絶不是佛家旨意。和合二字，最可注意。吾於此，亦不及詳。但除此之外，綜其大旨，不必背佛法也。體相用之談，無關宏旨，則不論可也。《圓覺》以文體論，當是僞。然若以談性覺而非之，則菩提是佛説，其可病也。

來書除所示上答五義外，復有云："前函揭櫫性寂與性覺兩詞，乃直截指出西方佛説、中土僞説根本不同之辨。一在根據自性涅槃，即性寂；一在根據自性菩提，即性覺。由前立論，乃重視所緣緣境界依；由後立論，乃重視因緣種子依。能所易位，功行全殊，故謂之相反也。説相反，而獨以性覺爲僞者，由西方教義證之，性寂乃心性本淨之正解，性覺亦從心性本淨來，而望文生義，聖教無徵，訛傳而已。"此段話確是關係重要。吾前所謂治經論是一事者，意正在此。自性涅槃、自性菩提，如定要分作能所會去，定要分作所緣緣境界依、因緣種子依會去，是自性可分爲二也，豈不是將自性當作外在的物事看去？迂陋之見以爲，説自性涅槃者，只形容自性之寂的方面，説自性菩提者，只形容自性之覺的方面，斷不可因此硬分能所也。拙著《新論》每談到證量處，只説是性體呈露時，他性體。會自明自了，就怕分成二片，此豈是迷妄談耶？前函説性體，原是真寂真覺云云，如何可當作濫調？若如宗門所云見自本心，當不以此爲浮談也。此等境界，至少須有日月至之功，才得發見，不是浮光掠影得來也。又來教"能所易位，功行全殊"云云，吾亦有所未安。自性涅槃既是所緣境界依，此處原不容着力。所以佛氏總是勸發菩提心，分明是要在自性菩提即性覺上致力。果如尊論，分説能所，則性覺是能，性寂是所。從能上着功，自是不易之理。如判性覺爲僞説，則以僞説爲可尊也。

來函要點，略答如上。倉卒提筆，未及暢意。迂陋平生，任情直行之病，或未能戒。至於爲學，期以真理爲依歸，求諸心，信諸心，而後即安，則一生之所持也。世既如斯，究此學者，亦復無幾。倘諒鄙懷之無他，而不吝函札之諍，唯互相勗於心氣之平，所謂不益於彼，必有益於我也。一切説與分别説，何妨爲文一論之？當作者，直須作，否則空易放過去也。

復吕澂

（一九四三年四月十八日）

昨接來函，即時率復，殊多未盡之意。兹又得四月十三日函，所云“鵠懸法界，窮際追求。而一轉捩間，無住生涯，無窮開展，庶幾位育，匪托空談。此中妙諦，未可拘拘本體俗見而失之也。以其返本，才起自足於已之心，便已畢生陷身墮性，縱有揣摩，無非節文損益而已。至於禪悦飄零，暗滋鄙吝，則其道亦幾窮矣”。此段話，有極好處，亦有極不妥處。如云“鵠懸法界，窮際追求”，西洋宗教家之於神帝，即懸以爲鵠而起追求者也。哲學家談本體者，亦多類此。昔從游有牟宗三，穎悟過人，中西學術皆所綜究，邏輯亦有撰述。每謂佛教談一真法界，即懸一至高無上圓滿無虧之的，而勇悍追求之。其説與來教不期而合。吾謂由大乘之説窺之，頗有此意味。但至宗門，直指本心，則已一變而反求之。而所謂至高無上圓滿無虧之大本，乃在我而非外。莊心[14]所謂自本自根，亦此旨也。懸鵠追求，趣向無上湛深妙境，進而不止，前而不墮。來函所謂“一轉捩間，無住生涯，無窮開展”，亦不純屬虚侈之談。但此中吃緊處，卻在追求不已。一息而歇追求，生涯盡矣。追求不已，又必於其所懸之的，信望殷切。信者信仰，望者希望。情感弱者，不足語此。然雖窮際追求，要是拼命向外，終不返本。此之流害，不可勝言。真性無外，而虚構一外境，乖真自誤，其害一。追求之勇，生於外羡，無可諱言。外羡之情，猶存功利，惡根潛伏，知[15]所極，其害二。西洋學術，都是外羡。返本則會物歸已，位育功宏。外羡則對待情生，禍幾且伏，如何位育？來教所云，適得其反，其害三。外羡者，内不足，全恃追求之勇爲其生命。來教所謂“無住生涯，無窮開拓”，雖説得好聽，要知所謂開拓者，只恃外羡之情，以鼓其追求而已。畢竟虚其内而自絶真源，非真開拓，其害四。足下前兩函，吾覺其甚可怪。何故將性寂、自性涅槃。性覺自性菩提。分别乃爾？又何故於吾《新論》菲薄乃爾？今得此函，似已略識足下用心所在。蓋尊見或即以涅槃爲所懸之鵠，由此引起功行，即不息其追求而已。主性覺，則是返本。此乃足下之所極不滿，宜其視《新論》如無物也。

來教有云“未可拘拘本體俗見而失之也。”以本體爲俗見，不獨華、梵向無此等怪論，即在西歐，亦只有以爲玄遠難知，而置之不談已耳，卻未聞以此爲俗見者也。夫談本體，果是俗見乎？科學是表象的知識，是部分的知識。凡虚懷的科學家，當不否認此説。而宇宙本體，即所謂萬化之根原，斯人之真性，萬物所資始者，此非僅恃科學知識可以得到。由是而窮究本體之學，乃決不可無。人生不能以知識爲滿足，必欲發展其虚靈無礙圓明不滯的智慧。亦不可恃外羨之情，縱其追求，以無厭足而爲開擴。本體之學，所由不得不講。而足下竟以俗見斥之，不審高明何爲乃爾。

來教云：“以其返本，才起自足於己之心，便已畢生陷其惰性。”吾以爲講返本之學，而不免陷身墮性者，此必其未能證得本體者也。《新論》講本體，原是舉體成用，即用見體，故體用不二。此根本義，須先識得。夫本體具備萬法，含藏萬化，本無所不足者也，故夐然絶待。然體雖無待，而成爲用，則有分殊，分殊即是相待。故體之成用，是由無待而現爲相待。於此相待，便唤作一切物。人亦物也。此一切物，隨舉其一，皆具有大全的本體。自甲物言之，甲物得此個大全的本體。自乙物言之，乙物亦是同得此個大全的本體，餘可例知。但本體舉其自身現爲相待的一切物以後，而從每個物或個人分上來説，他雖是具有全體，大全的本體，省云全體，後仿此。雖性分上無所不足，然他畢竟成爲有限的，凡相待的，即是有限的。不能把他的自性即本體。完全顯發出來。他很容易爲他的形軀所使而動念即違真以障礙其全性。由障礙故，他本性即自性。雖至足，只是潛伏着。而從其自家生活的方面來説，卻常時感得不足，并且不足之感極迫切。因此便有一個極大的危機，就是要向外追求。追求略判以二：

曰向下，即物欲的追求是；曰向上，如祈依神帝，宗教。注想真極，哲學家向外覓本體者皆是。及來教所謂鵠懸法界，皆是也。上下雖殊，向外則一。外則離本，雖存乎上，而浮虛無實，與下同歸。故吾《新論》獨持反本之學，唯求見自性。即本心或本體。須知個物或個人的自性雖一向被障礙，而畢竟無有減損，時常在障礙中流露一些機芽。機者生機，芽者萌芽。孟子四端，皆性之流露，喻如機芽。只要保住此機芽，令其擴充不已，這些機芽，原是内在的大本之流露。内在之内非與外對詞。識得自有的大本，省云自本。才仗着他自本。來破除障礙，因爲他是自覺的，故可破障礙。而把自性中潛伏的和無所不足的德用，前云自性具備萬德，含萬化，此中用字，即爲萬化之代詞。源源的顯發出來。這種顯發，就個物或個人分上言，他是破除障礙而不斷地創新，其實正是返本。因爲個物或個人的生活日益創新而愈豐富者，都是其自性的德用不匱的發現。所以有本才得創新，創新亦是返本。這個道理，真是妙極。《新論》文言本《明宗章》有一段談及此，不卜見否？夫本體至神而無相，若不現爲物，則無資具以自顯。及其現爲物也，則物自有權，而至神無相之體，所以成物而即運行與主宰乎其間者，便有受拘於物的形軀之勢。而必待物之能聽命於己，以起修爲，此中己者，設爲本體之自謂。乃得以自顯發。工夫即本體之義，須於此參悟。否則物乘其權以自逞而錮其神，神謂本體。則本體終不得自顯。佛家所云真如在纏，亦此義也。《論語》曰："人能弘道，非道弘人。"其義藴蓋在此。苟深見此義，則知至神無相者，雖主乎吾之一身，而吾不能曰反求而得其至足者，更無所事事也。識得本體已，不可便安於寂，要須不違真宰，謂本心或本體。勇悍精進，如箭射，箭箭相承，上達雲霄，終無殞退。如是精進不已，是謂創新不已。如是創新不已，實即本體呈露，其德用流出，無有窮極。故修爲進進，進而不已曰進進，即精進義。即是本體顯發，無窮妙用，自然又惡有不寂者乎？是故返本之學，初則以人順天而自强，人謂修爲，非謂圓顱方趾之人也。天者，本體之代詞。修爲工夫，實由不違本體故，而本體德用得以顯發，即此本體德用顯發，就吾人生活方面言之，則曰修爲，故修爲非離本體德用而有。自强者，就天言之，則是本體德用顯發無窮，就吾人生活方面言之，則曰自强。久則即人而天，初時修爲猶未純，根本須恒持本體不違一念。此不違一念，正是修爲中之主要工夫，而且此念仍由本體顯發，非别有來源也。此處煞難言説。吾人一向障礙本體者深。本體之明照微露，吾人便順從此明照，不令妄念起而障隔之，如此謂之不違。此時修爲，雖實際上是本體顯發，而不違一念，畢竟是以人順天，猶未與天爲一，故曰順爲，猶未純也。修之既久，自然純熟，天體全顯，此時無所謂人，乃即人而天矣。剛健復寂寂，寂寂復剛健。吾人以知本而創新，創新而返本，到得返本，恒是剛健寂寂，何至有陷身墮性之事乎？其陷於墮，必未真證本體者也。若如來教，以本體爲外，懸之爲的而追求焉，其中無所本，而唯外羡，以鼓追求之勇，則吾已陳其害如前，不復深論也。又見體豈是揣摩？揣摩乃妄想也，何得見體？

至云“節文損益”，正是不見體者所爲，足下何爲有此等議論耶？“禪悦飄零，暗滋鄙吝”，以此責末世僞禪可也，是可以病禪學耶？又云“近見吾教人語，卑之已甚”云云，高明以此見責，而蒙開示向上一着，卻是鵠懸法界，窮際追求云云，竊恐此正是一向好高所致。吾内自省，一向没有下學工夫，玄思妙悟，只以粉飾胸間雜染，轉增罪過。年垂六十，如何再不回頭？外觀當世士習，幾不見有生人之氣，尤傷族類將危。吾老矣，念挽此危，唯有對人向日用踐履處提撕，使之斂其心於切近，養其氣於平常，從下學立得根基住，久之，資美者自悟勝遠事，而何待予爲之强聒耶？吾四十五以前，猶甚使氣，四十五以後，每以此自愧，寧避人，無鬥口，然只强抑，非真能無競也，一矜字尤去不得。下學工夫甚不易，注意及之，而後知其難也。

附：吕澂致熊十力

（一九四三年四月二十二日）

疊來兩復，頗涉支離。前以虚懷欲究大事，故略貢所知，意本欲取準佛説也。尊論乃一轉而爲依據《新論》云云，此則《新論》已自解決，何待究明耶？可勿再談。弟函所舉尊論，皆指前後來信，原來未管《新論》

閒事。尊函所謂視《新論》如無物，誠是也。惟弟前函，只説鵠懸法界，豈即在外？最新一函且明言歸趣本不外求。又説委身情性，豈是惰性？至於性寂、性覺，明説對於心性本浄一語之兩種解釋，一真一僞，各有其整個意義。豈即是一心二門，各約一門？凡此等處，請勿粗心曲解，則一場議論，或不致全落虚空耳。西人談小乘佛學者，常謂其不涉宇宙本體論，卻不以爲不能想象。又自佛學見地言，本體等論，不謂之俗見，難道還稱真見？不解足下何以一聞此等語便忿忿不平也。

復吕澂

（一九四三年五月二十一日）

月來多亂心之事，故鄉被寇一遭，始得信。前函久未復者以此。來教有“取準佛説”語，卻與下懷相左。此意真難言，實無從説起。我於佛説，始終作爲一種參考而已。完全取準，問之於心，確不能承受。只是不能完全也，非全不承受。來教又云：“西人談小乘佛學者，常謂其不涉宇宙本體論，卻不以爲不能想象”云云。實則本體云者，即佛書中所云法性耳。憶《唯識述記》中講無餘涅槃處，分别法、法性，手無書，不能檢。法性非本體而何？若謂小乘全不見法性，吾不敢作此説。西人之心習而治佛學，恐未可據。中土所較備者，本大乘説。我平日只就我所知者言之，如《新論》。如所不知者，固未嘗言也。所評大空大有處，卻就我所見處説。來教云“自佛學見地言，本體等論，不謂之俗見，難道還稱真見”云云。我以爲自學術見地言，本體論無所謂俗與不俗。吾人若不能苟同於科學萬能之俗見，而期於反證斯人之真性、萬物之本命，則此等學只合名之爲本體論。本體一詞，非近世譯名，宋、明儒已盛言之。實性、實相，佛典屢見，得曰非本體的意義耶？若必謂佛書名詞全與世間無相通處，恐不必也。但名詞是同，解釋卻異。如桌子一名詞，俗説中與科學中及哲學中，莫不同也；但俗説以爲固定的東西，科學説爲是許多電子元子，哲學更有許多説法。解釋盡可各不同，而同是對於所謂桌子而下解釋，則莫有對於桌子一詞而起諍論，説爲俗與不俗者。以此類推，則本體論一詞，又何須見斥耶？我所自信無疑者，實物是没有的，是依大用流行的迹象而假立。至所云大用者，即是本體之呈現，非體在用外。就用上言，是分殊；就體上言，是絶待。因此不能外吾之本心而去找體。我相信此理如是，非不如是。你説《新論》無物，我還發見不出是無物。我不是游移恍惚，卻信得過道理是如此。你責我曲學之私，我總不知曲在何處？“惰性”字，前紙確是惰字，非情字，當時見者非一人。惜因天花板崩下，案中書物多損壞，不然則可檢也。吾似不至不識一情字，且非止我一人看過也。又云“性寂、性覺，明説對於心性本浄一語之兩種解釋，一真一僞，各有其整個意義，毫無欠缺。豈即是一心二門，但約一門”云云。來教所謂一真一僞之云，豈以寂是真，覺是僞耶？説寂與覺，是對於心性本浄一語之兩種解釋，此則無疑。而有一真一僞之分，何耶？又前承示與證如與談禪二則，匆匆一看，被德鈞拿去，非同住。今不盡憶。似有一則云“意在言先”云云，吾以爲言時亦無意，有意而言，非證真之言也。又有反隨説隨掃之云“説前，有何可掃”，因説故掃耳，舊語似無病。又似有“不著不起”語，吾以爲須勘起的是誰，果何所著？若識得主人公，隨緣赴感靡不周，而恒處此菩提座，起即無起，更無所着也。

附：吕澂致熊十力

（一九四三年五月二十五日）

前函結束所談，而來復殷勤，猶求一是，意甚可感。惟兄所知佛説太少，又久習於空疏，恐區區文字之真，亦唐勞筆札，而終無益於介甫也。前函往復，皆從聞熏一義引起。所辨皆佛家言，不準佛説，詎得是非？乃足下[16]以一見佛字，即避之若浼，以自絶於入德之門，此可謂大惑也。前函涉及西人談小乘云云，乃以尊論有“佛學不從本體論理會，即不能想象”之意，故舉西人研究之實，以證尊見之誣，弟何取於西人哉？惟尊論謂法性即是本體、小乘亦有所見，此則純係臆談。法性共相，不可作本質觀，《成唯識》八説法與法性，非一非異，亦指共相。蓋自瑜伽師尊視《阿毘達摩經》以來，此意益以顯然矣。小乘更用爲通則、習慣及自然規律等義。詳見巴利聖典協會所編《巴利文字典》。此籍鈎稽三藏，歷時十年而後編成，訓詁甚確。彼於法性有證，則唯證此而已，豈得視同本體哉？至實相實性，皆就相言，亦未可以譯文有一實字，遂漫加附會也。要之，佛家者言，重在離染轉依，而由虛妄實相所謂幻也，染位仍妄。以着工夫，故立根本義曰心性本浄。浄之云者，妄法本相，非一切言執所得擾亂，浄字梵文原是明浄，與清浄異。此即性寂之説也。自性涅槃、法住法位，不待覺而後存，故着不得覺字。六代以來，訛譯惑人，離言法性自内覺證者，不據名言，謂之曰内。一錯而爲自己覺證，再錯而爲來來覺證，於是心性本浄之解，乃成性覺，佛家真意，遂以蕩然。蓋性寂就所知因性染位而言，而性覺錯爲能知果性已浄。由性寂知妄染爲妄染，得有離染去妄之功行。但由性覺，則誤妄念爲真浄，極量擴充，乃愈益沉淪於染妄。兩説遠懸，何啻霄壤？然性覺固貌爲佛家言也，奪朱亂雅，不謂之僞説，得乎？知爲僞説，不深惡痛絶之，得乎？足下淺嘗佛説，真僞不明，乃即本體揣摩以迎時好，來復謂科學萬能之説爲俗見，但以一本體論到處套得上，其去萬能説又有幾何？此尚非曲學乎？足下謂就所知以談佛學，此自是要好之意。但前後來信，强不知以爲知，其處亦太多矣。即如流行一義，在佛家視之，原極平常。《般若》九分，歸結於九喻有爲一頌，龍樹、無著之學均自此出。遷流諸行，佛家全盤功夫，捨此又何所依？問題所在，乃是此流行染浄真妄之辨，與相應功行革新、前函曰：創新，意猶不顯，故改之。返本之殊耳。尊論漫謂佛家見寂而不見化，此咬文嚼字之談，豈值識者一笑？尊論謂即寂即化，原不可分，是則猶海水之味鹹，嘗海一滴，能謂其得水而不得鹹耶？足下乃即憑此等膚見，横生議論，侈言會通，瞎馬深池，其危孰甚。弟近覺足下精神衰退可驚，兄前錯誤情字爲惰，此間有信稿副本三本可證，無容辨解。且此次來信，又錯寫惰字爲隋，用字着筆且爾，更無論前時匆匆一覽，病目生華矣。如真不欲以玄思妙悟自飾過非，則欣死朝聞，契心真實，亦大丈夫本分事也。戔戔《新論》，能博得身後幾許浮名，敝屣棄之，又何戀戀哉？先師百期知不能來，重見何時，思之心痗，匆復不宣。前囑張生以復證兄函稿相呈，乃以稿末有聞熏義，可補各書所未及也。談禪數語，弟自有境界。非淺識可議也。

復吕澂

（一九四三年六月三日）

你讀書誠多於我，但吾於此理，自有真見處，豈無以自信者耶？足下既自視太高，吾自無如何，然至理所在，要不能無辨也。日來已將前各信一一清理出，凡來教中字字句句均不敢删，以存真面。如吾所答誠無理，有識者亦自見得出。人皆有佛性，不能謂絶無知斯事者也。吾欲整理筆札，集入《語要》篇三。故此次各函，亦欲存入。不用尊名者，竟師既逝，恐和尚將來見之，《語要》此時印不成。謂吾儕自起風波也。所以必存者，能、所之分，與性寂、性覺之辨，吾實視爲至要，不可不存此一段公案，非有若何私意也。

附：吕澂致熊十力

（一九四三年六月十二日）

三日來書，及改作信稿，均收到。足下前來各信，對鄙説委實未曾理會，大可不必編入《語要》。如欲編入，亦請仍用原來信稿，并附録拙函全文，以昭真象。萬勿作僞，自欺、欺友，并欺世人。當時拙函所談，豈無一毫可以感悟足下之處？來信所答，豈果不足表示足下真實工夫？欲與世人相見，即憑此一點可笑，奚必改頭換面，效市井俗態，針鋒相對，乃爲快意耶？且足下原來各信，力期心意之平，覺愚説過分處皆輕輕帶過，又自表白，昔日玄思粉飾之非。態度之佳，爲數十年來所未見。愚方贊佩不已，何意足下一轉念之間，又走入魔道，只求爲《新論》作虚僞宣傳？拙函本不管《新論》閑事，且在函内聲明。足下改作信稿，以深文周内，糾纏不已，何也？不惜將真誠流露處，一概抹煞，用心之曲，有不忍言者。如：（一）往復諸信，皆由足下妄議先師偏重有宗聞熏一義而起；而改作信稿，捏造最初一信，將依據轉移，一若真對《新論》而發。（二）原來第二答，係足下未接家禍時所作，有六紙數百行之多；乃改作信稿云當日家鄉被禍，匆匆一閱，僅略答數行。（三）足下誤認情字，愚處有信稿可證，德鈞來此，已與看清；而改稿固執不變。（四）來信引用拙函處，多割截首尾，意義不明；而來信反云一字一句不敢删，此等幾於當面説謊，而足下不恬不爲怪，真可太息。嗟乎，子真！相識數十年，乃不能開誠相見，一至於斯耶？已矣！可不復論。

復呂澂

（一九四三年六月二十一日）

午節前有一信，及最近一信，均收到。關於前一函談佛家小乘法性義，《巴利文字典》吾决不能贊同。但如《阿含》及《俱捨》等，向所閲者，今不能憶其文，故暫不答。梵文明浄，中譯清浄，不得謂之錯。清字取澂、澈二義。澂與混濁相翻，澈則明義也。《詩》：“會朝清明。”《禮》：“清明在躬。”清、明連用，豈有清而非明者乎？後一信改頭换面之責，足下何不平心至是？所學果何學，而如是耶？吾素性急，凡來書，往往立答，自不必盡意也。春間足下來書，皆一到即答。然答而不能盡意者，有二故：（一）昨臘鄂東寇禍，久不得家信，心亂甚；（二）竟師新逝，知足下悲苦中，故於來函之驕横無理，須知吾於此理自有真見。一概避讓，不願針鋒相對，冀足下稍悟也。矜心勝心，皆所謂雜染。潛玩玄文，而未離此雜染，乃何哀之甚也！前自抒所感，亦冀足下有同感也。人生已至五十、六十，更有許多歲月，何苦如斯？足下驕傲之氣，溢於文墨而不自覺。蓋天下地上，唯我獨尊，其養之有素，則不自覺也，宜矣。吾見足下之終不反也。又念前次答函，均心有所牽而未盡意也，故於午節前乃復閲足下各次來教，一一逐答，只將吾前答不盡意處稍加詳耳。時之相去，不過月餘，吾自改定，而復陳之左右，如何不是真相？如何謂之作僞？如何是自欺、欺友、欺世人？足下以此等大罪名相加，真不可解也。來函囑不必編入《語要》，自無妨遵囑。但足下對性寂、性覺，謂吾説得一片熱鬧，全與尊意不合，有機會當詳細發表云云。如發表，幸見示，吾爾時再答。又謂吾函引用尊函，多割截首尾，意義不明。幸而尊函除“鵠懸法界”之小箋外，其余均在。如足下要發表，也不難録出。至小箋雖失，而足下前後所争，亦只在情與惰字，則吾所引，當更無割截處也。又所舉大小之派分云云，下點有錯，此無關義旨。又所舉所成所增云云，則足下之修辭，似亦太怪。所成二字，可以想到是熏習所成，相當於《成論》之新熏義。所增種性云云，吾意謂所增上之種，其爲本住，不待言也，即相當《成論》之熏長義。今足下來函云“當作種姓本住”，而自解云：“謂有本性住種姓也，習成於此本種有增上用也”，本無奥義，何故爲此晦語？且吾之下點，與來示似不必相背也。刻俗冗，未及詳答。

附：吕澂致熊十力

（一九四三年七月二日）

得復，頗有所感。前寄各書有激切處，大抵出於孤憤之懷。十餘年間，自視欿然，不敢於佛學着一字，復何所驕於故人哉？内法東來千載，只餘僞説横行，流毒無盡。自審良心猶在，不忍恝然。偶觸尊函，抒其憤慨，豈以虚矜求勝於足下乎？惠復云云，似未知我也。月前尊函意有未盡，本可續詳，乃必飾事改文，以圖眩俗，總覺着意太深，形同作僞。如曲解拙函所稱“尊論”爲《新論》，如諱辨五事之詳函爲數行，如略拙函“所守何在歟”句下小注，而云字句不敢删，皆是也。寄示承認，又與指鹿爲馬何殊？友道固不應爾，故力勸足下改之，非苛責也。惠復既從其議，可置勿談。唯改作函稿，益見空疏，足下亦應自知。如辨空有一段，小乘典籍，此方最備。經具四《含》舊文，律備五家廣本，論有毗曇兩類，始末燦然，較諸錫蘭所傳經論，改文而又殘缺者，所勝多矣。而以爲“鱗爪未完”，一不可也。龍樹、無著之學，後先融貫，兩家皆對一切有而明空，皆對方廣道人而明中道空。不過一相三相，後先爲説方式不同而已。乃從清辨立説，章疏家所據在此。强分空有，二不可也。龍樹兼主《華嚴》，羅什傳習，亦以《十住婆娑》與《智論》并宏。乃以爲單宗《般若》，三不可也。無著通宗《般若》《寶積》，《瑜伽》“抉擇”解整部《迦葉品》，以見大乘宗要。《中邊》亦有遵依《般若》《寶積》明文。乃以爲專主六經，四不可也。六經自是《成唯識》一論所依，且“如來出生”，即是《華嚴》一品，何得並稱爲六？大小乘以一切説與分别説對抗分流，佛説歸於分别一切，有宗故意立異，所目佛説，意義遂殊。此本學説實質問題，乃僅視爲流别，五不可也。性相之稱，原同考老轉注，三自性即三自相。乃以附會於本體與宇宙，六不可也。無著據《瑜伽》以談境，備在《顯揚》，此以二諦開宗，無所不包，建立依他，又無比其要。乃漫謂莫詳於《攝論》《唯識》，七不可也。《攝論》《唯識》，依《毗曇經》，與《瑜伽》異説，“本地分”依圓染淨相對而談，《論經》始説依他爲二分。乃以爲兩論悉據《瑜伽》，八不可也。基師纂集《成唯識》，淆亂三家，迷離莫辨。既誤安慧説爲難陀，又以勝子等説改護法。今有安慧論梵本與護法論淨譯本可證。測更自鄶而下，乃誤信兩師解説有據，九不可也。奘譯喜以晚説改易舊文，謹嚴實有不足，如以《瑜伽》説改《般若》，時見唯心所現與無性爲自性之義。又以《毗曇經》改“本地分”，而有言説性與離言性平等平等之義。又以惠護遍計執餘之説改《攝論》，以清辨和集説改《二十頌》，以護法“五識説”改《觀所緣》，幾於逐步移觀，終不以完全面目示人。故愚斷定奘譯爲不忠於原本之意譯，《内學》年刊四輯中略載其説。民廿五年，奥人李華德洞究梵本《二十論》與《寶生論》，乃贊服之不已。李華德即鋼和泰之同參，使鋼氏未死，當亦深信愚説無疑。鋼氏昔與樹因不過以藏文《攝論》（非梵本）粗勘奘譯而已，豈見及此？而以爲未便致疑，十不可也。僅僅一段文中，略加核實，即觸處皆有商量，至於如此，而謂佛學之真能憑玄想一改再改以得之乎？又此一段，説及《新論》評決只有自信謹嚴。因取《新論》，尋所謂謹嚴處觀之，乃見批評無著三性説，引據《大般若經》，以爲三性始於空宗，無著更張原意云云。此解無稽，真出意外。蓋所引《般若》

爲“慈氏問品”，原係瑜伽所宗，晚出之書取以自成其三性説者，此與空宗何關？羅什《大品》不載此文，梵本與藏譯舊本《般若》亦無此品，乃至奘譯無性《攝論》，引用經文者，西藏譯本亦不見有，可見其流行之晚也。西藏《大藏經》目録亦謂，龍樹於龍宫所得《般若》，並無此品，又可證其非龍樹學之所宗也。今存藏譯二分《般若》有此品，乃晚世補訂加之。題名“般若”之經，非空宗所專有。如《般若》“理趣分”，爲密宗所依，與空宗亦無關。豈可一見“般若”，即目爲空宗之説？又經文説色等三法，原爲遍計色、分别色與法性色。瑜伽宗論書乃取以配合三性。豈可直接改經文爲遍計性、依他性與圓成性？此經如已有三性名稱，則《阿毗達摩經》亦不必費大周折，以幻等異門爲《般若》説三性之證矣。又清辨《般若燈論》亦無由破斥瑜伽建立依他之非矣。又經説分别色，云唯有分别。此即《三十頌》解依他爲分别緣所生之張本。豈可但云“唯有名想施設言説”？又經末下即云：“佛言慈氏，於遍計色等，應觀無實。於分别色等，應觀有實。以分别有故，但非自然而轉。於法性色等，應由勝義觀爲非有實、非無實。”可見瑜伽宗以分别色配合依他，釋爲幻有，不應説無，正是經文原意，豈可視同無著妄改？又經文云：“法性色，乃謂色法，由遍計無。而法住法性，常常恒恒，是真如性。”此乃指圓成之色法而言，豈是色法之圓成相？經言“非有非無”，此是瑜伽宗勝義，通《阿毗達摩經》説二分之意。豈但“是真實有”一言可以盡之？夫比論學説，猶聽訟也。今不辨兩邊之辭甲乙誰屬，又不得其詞意之實，甚至不待其詞之畢。而遽爲是非曲直之判決書，其何以服古人之心，又豈堪向世人而説？蠻横無理，一至此極，不審足下何以一無覺知，反自許爲態度謹嚴也。《新論》據《攝論》《成唯識論》處，均多臆解。乃至以《心經》解《般若》，巧取捷徑，亦失玄宗。夫《毗曇》結小説之終，《般若》啟大乘之始[17]，息息相關，學應知此。經言五藴自性空者，色空變礙性，受空領納性等，皆於《毗曇》見其真詮，豈常人耳目體膚之所感覺能盡其意耶？《般若》正宗在“不離一切智智而以無所得爲方便”。故遍歷染净百八句，以爲觀行。此豈[18]五藴皆空，得概之耶？（五藴不攝無爲）《新論》於此等處，一無所知，乃謂能由《心經》以彰《般若》幽旨，吾不敢信。惠復寄慨於年將六十，來日無多，凄動予懷，難能已已。足下自是熱情利智，乃畢生旋轉於相似法中，不得一睹真實，未免太成辜負。故爲足下累牘言之，不覺其冗長也。否則滄桑任變，不爲君通，又何礙哉？區區之意，幸能平心一細察之。累日苦雨，精神欠佳。此復屢作屢輟，遲至今日，始寫畢付寄。惠復封套附記“性覺要認得”語，余極能體諒尊意，以足下所學，根據在此，自不容輕易放棄也。惟予所確信者：（一）性覺説由譯家錯解文義而成，天壤間真理絶無依於錯解而能巧合者；（二）道理整個不可分，性寂説如覺有一分是處，即應從其全盤組織，全盤承受，决不能嘗鼎一臠，任情宰割；（三）佛家根本，在實相證知，以外絶非神秘，應深心體認得之。

答徐復觀

（約一九四三年七月五日）

來函於尊姓寫得不可認，是徐字否？大名似是佛觀二字。寫字固不妨草，然過草亦不必也。古人對老輩或素未面者通書，字與辭皆甚謹。清末以來，此意漸廢，至民國而益不堪。吾少時革命，極慕脱略。三十左右漸悟其非，久之而益自厭矣。默觀時會，士人操行能嚴謹者較好；放縱者每至失其所以爲人，此可戒也。賢者吾同縣耶？抑同省耶？再函望見告。爲學須具真實心。真實心者何？即切實做人之一念，恒存而不敢放也。詩曰：“夙興夜寐，毋忝爾所生。”心不存時，最好誦此，庶幾慚愧中發，而有以自警矣。吾老來，念平生所見老輩及平輩、後輩，甚至後後輩，有聰明可望於學問或事業有所就者，未嘗無之，然而卒無成，其故爲何？即根本無做人之一念耳。無真實心，便無真實力。無真實力，而可以成人，可以爲學、立事者，古今未嘗有也。富貴可苟取也，浮名可苟取也，人生而爲人矣，奚可如是了此生耶？

力復

七月五日

上段話，或擲還，或録還。

著述事談何容易！辨别又何易！破碎二字，唯大經師足以當之。若夫以膚雜見聞，構成一條一條的説法，如梁任公、胡某諸人所爲者，恐未可當破碎二字也。經師治樸學，搜集考索，無一字可隨便得來。其用心甚細，用力甚勤，集證多且强，而後敢下一斷案，其運思不苟也。所惜者，滯於名物而未足與探至理耳。吾雖薄經師之業而未嘗敢忽其所長。後生膚雜等諸自檢。吾不爲某發也，切勿誤會。卒業何校？近作何事？望見告。

勉仁書院，只是空名。梁漱冥先生門下諸子，辦一勉中，確是幾位老實人，互相鼓勵用功，也不過數人而已。雖有意成書院，只是難成。吾只依托其間耳。如寇退，吾得回鄂，將來於武昌得成一講學之所，乃佳。然吾老衰，又平生無世緣，恐不足望也。

（此信一頁，年代係根據熊、徐二人初次見面的時間推斷的。）

致張北海

（約一九四三年七月五日）

北海：

昨日座中主編經史兩同學之姓字，吾均未問，可見告。

此等編著關係重大，館中切不可期其速成。而編者自己尤貴有較長之歲月從容涵咏，必至義精仁熟，而後立言無弊。大凡爲學之功，緩急並用。急者，謂有時須强探力索，如獵人之有所虜獲，勢甚緊張。否則，其思唯之力不能深入理窟也。緩者，吾昨所謂天游，將一向見聞知解悉令放下，胸際毫無留繫，自爾神思焕發。此不唯哲學家應有之境，凡爲考覈之學者，如有遠大之規模、重要之發見，亦非有此境不可。緩急二功須更迭爲用。文武之道，一張一弛。豈獨治化，爲學亦然。編譯館在清末甚不隨便，又陵亦在其間。吾甚願諸君子凝神壹志，以學術爲生命，爲各大學樹先聲，國家其有賴矣。

今日學者，心地少有清虛寧静。讀書不過記誦與涉獵，思想又甚粗浮，只欲東西塗抹，聚集膚泛混亂的知識，出版甚易，成名更速。名位既得，亦自忘其所以，淺衷薄殖，誑耀天下。以此成風，學如何不絶？道如何不喪？人如何有立？此自清末康、梁諸公導其先，今遂成滔滔不可挽之勢。吾實有餘痛焉。人或議吾好罵人，吾亦何樂乎人之厭惡哉？誠有所不得已也。

國史，從文化上着眼，自是正當。然於民族思想必發抒一本之義，而糾正血統不同之誤解。漢族與夷狄之稱宜予滌除，而改稱中原人與邊疆人。夷狄之稱，據《春秋》義，以其凶頑而失人道，則夷狄之非謂其血統與诸夏即中原人。不同而謂之夷狄也。楚則鬻子之裔，吳則周之宗室，而皆斥以夷狄，豈謂異種耶？齊、晉、秦均嘗隨事而狄之，宜翻經文，兹不暇。故夷狄之義，宜加論正。則叙述過去事，如五胡、遼、金、元、清等事，亦不必避夷狄之名而不用，以其在當時實未脱夷狄之道也。正統之論，吾意猶不可廢。容得暇詳談。

《經學通論》極不易作。清儒諸《經解》只是於名物訓詁等方面搜集許多材料耳，於經旨果何所窺？清末則有皮[19]錫瑞之《通論》，頗名於世。然覈其實，只是經書傳授源流之考辨，謂之經學，則吾未知其有何相關也。治經之同學如肯虚心過從，吾亦不妨與之討論。吾年垂六十，記憶素不如人，今更差矣。但於聖學之大原，平生用過一番苦功，非是浮泛見聞知解之學。人生到六十，還有幾多歲月，極是難言。今上庠治哲學者，則壹意襲西人膚表，以混亂吾先哲意思，究義不根於實，立言又浮亂無紀。教者、學者更相授受，向後將成何局？吾不能無悲也。夫理道必究其真，而後於真理自發生一種不容已於實踐之信力。吃緊。吾人所以充實生活、發揚人格者，皆從真知正見而來。若如今士子以從事於膚泛駁雜之見聞與理論爲學，則乃學其所學而非吾所謂學。以若所爲，欲其人格增進，如何可能？今後講明經術，宜潛玩先聖哲本旨，精思而力踐之，思之精，自然踐之力；踐之力，而思乃益精。一挽當世頹風。人皆可爲堯、舜，孟氏豈欺我哉？一切衆生皆可成佛，釋迦豈欺我哉？個個人心有仲尼，陽明豈欺我哉？

寫此已倦，姑止。北海或録一份還來，此與同學諸君子共看。倘有不必與之看者，則可勿與。鶴亭主任及侯先生可一看。

七月五日

吾欲首談爲學精神及學術性質，然後及經史大義，但不能爲正式著作。欲爲正式著作，則還須做一番博文工夫，即要翻閲許多書一過，不能草率。如此則工作延長，吾非抛棄哲學方面之工作不可。是不可爲也。

又及

（此信後收入《十力語要》卷三，題為《答張生》。）

復張北海

（約一九四三年七月九日）

北海：

九日與艮庸信，頃閲悉。講學事，你與鶴亭先生意思固好，但吾之本意殊不願張大其事。以目前生活情形論，吾決不欲謀經濟之助，亦可簡單過去。吾因你與鶴亭前次上山，有得暇來山講習之意。後赴碚，席上遇鄭、敖兩同學，恰恰是主編著經、史。吾以此等責任重大，故欲其不以吾之寡陋而得過從。鄭君治史，以文化爲主，是也。然文化極不易言。中國文化非究心義理，即不可得文化之根源與精髓。此吾欲鄭君過從者也。考據之風盛，而經旨日益晦塞，吾故欲敖君不我棄。

吾於經、史，實亦説不上有何淵博工夫。平生爲學，好爲遐思與超悟。林宰平先生常謂吾見大與見深之本領，確有特别。吾自信超悟獨得處，於前賢或不多讓；而博文工夫，卻多所未盡。少壯厄於奇窮，中年以來覃思於哲理，此中奇難處，實非外人所可想像。在此方面吾於華梵，六通四闢，小大精粗，其運無乎不在矣。然《量論》未成，確是憾事。明正，吾遂六十。自覺從五十八歲起，精神一年差一年。記憶差，精神易散而難聚，思想遲鈍，下筆難暢所言。吾因欲將《量論》寫點意思出，便不敢耗散精力，故大作講演，吾決不能。吾夙有遺髓病，神經衰故，説話多即發，艮庸深知。吾在北大將廿年，只每星期二小時，以此故也。思想之苦，即傷腎氣。説話耗氣，不可不戒也。吾本性好談，然只可偶一爲之。談了之後，夜必吃藥或肉湯，否則不得了也。吾若不想爲《量論》，則可重玩六經，寫一點講稿。但今不能。《量論》不作，終不甘心。人生到六十，精神真不堪用。你們他日自知之，此時決不能信，只在外面看吾是好人而已。吾只欲你們少數人不時隨便談談，講學之舉，千萬罷論。若愛惜我，須爲吾精力計也。

七月九日

鶴亭先生及鄭、敖兩同學均一看。急中寫此，交艮庸即飭轉。

致張北海

（約一九四三年七月十日）

朝傑加封轉編譯館張北海先生

北海：

昨寫幾句，交艮庸轉，不知到否？如只你與鶴亭三四人得暇來談談，則交秋後再約期，只是談話式，或擇《新論》要處而談。如有較多數之人來，則可爲臨時講會，吾或須秋後抽暇寫一種講詞。但隨意寫，如昔者太炎《菿漢微言》之類，不能寫正式的東西。一爲正式之作述，則又誤吾哲學方面之工作矣。此與鶴亭先生看，鄭、敖二同學均此。

七月十日

復呂澂

（一九四三年七月十九日）

七月二日惠函，真摯之情極感。前改正各信，坐以飾事改文，以圖眩俗，終是苛論。自改其信，自明本意故也。小乘二十部，其後演變之繁，更非二十部所可範圍。無著、世親之興，已在佛滅後九百年間，小宗猶與爲勁敵。世親之聰明博聞，實出小宗，即此可知小宗之盛，豈只此土所傳小宗經論之數耶？來信所云一不可，似不必然。唐人相傳，以龍樹、無著分空有。我終以爲成案不可翻。龍樹師弟之四論，與無著兄弟之一本十支，各綜其大旨而觀之，兩家精神與面目明明不同，如何可併爲一談？來信所云二不可，我仍不相信爲不可也。來教云龍樹兼主《華嚴》，此卻甚是，但《般若》畢竟是其根本。無著雖涉及《般若》，但綜其大旨觀之，畢竟唐賢相傳爲説有者得其實。譬如程、朱談天理，陽明亦談天理，而陽明究與程、朱不同。來教所謂五不可中，一切説與分別説云云，我望你詳寫出爲一書。性相之稱，原同考老轉注，有處可如此説。但謂處處如此説，則其失不小。法相，亦省云法。法性則法之實性也。於此無分，誠吾所未聞。謂《攝論》《唯識》談境，不詳於《瑜伽》，此則吾所决不能承認者，此時實無工夫寫此意耳。要寫也非難，但實無此閑心事，且書籍又有不備者，然大意可索。《攝論》首立所知依，《唯識》種子義最要，故謂其據《瑜伽》。來教云“本地分”依圓染浄相對而談，論經始説依他爲二分，此則言有詳略之殊耳。來示九、十兩不可中，我不通藏、梵文，不欲置論。但譯筆欠謹嚴處，容或有之，而不能以數節之失，謂其全體皆無據。李華德似是戰前在北平者，此人殊無所知。《新論》中篇所引《般若》文，是否晚出，猶難取證。《大般若》各分，元來亦多是單行。圓成一詞，在《大般若》中，似亦屢見，豈吾誤憶耶？依、圓相並爲言。空宗或早有三性之名言，亦不希奇，但空宗於此不必注重耳。譬如孟子，亦説到良知，要自陽明而後，才發揮爲一派之學。孟子説來，卻甚簡約。足下必斷爲有宗之談，究亦難得證據。

來教有云“又經文説色等三法，原爲遍計色、分別色與法性色。瑜伽宗論書乃取以配合三性。豈可直接改經爲遍計性、依他性與圓成性？注略。”此下文字，吾不暇具引。然吾總覺以三種色配合三性，實可不必。三色還他三色，三性還他三性。吾不欲其相配合而成論。有宗好爲無聊之配合。來教此段，大旨似謂龍樹時，《般若》無三性之談。然就龍樹、無著兩派各所持論衡之，則龍樹於緣生法即依他。無所建立，與經言“依他法唯有名想設施”云云，無不合。無著於此，明明建立，斯固彰明較著之事也。來教又引經言“上略。於分別色等，應觀有實。以分別有故，但非自然而轉”，中略。可見瑜伽宗以分別色配合依他，釋爲幻有，不應説無，正是經文本意。此説吾未能印可。夫經言分別色應觀有實，而曰以分別有故，則明其依妄識所現，非可曰剋就色上言，而有所謂如幻而不應説無之色也。經言“於法性色等，應由勝義觀爲非有實非無實”，色無自性故，非有實；色之實性即真如故，非無實。此就色言，應如是説，故分別色只是隨情假立。其曰應觀有實，非果有實也，只隨情假立説有實耳。其與遍計色異者，遍計則起執，執故宜遮。分別假立，可無遮也。剋就世所云色而言，則由勝義而觀爲非有實、非無實。前云色無自性故，説非有實。色之實性，即圓成故，非無實。此了義也。來教云“經文説法性色，乃謂色法，由遍計無；而法住法性，常常恒恒，是真如性。此乃指圓成之色法而言，豈是色法之圓成相？經言非有非無，原注略，豈但是真實有一言可以盡之”云云。吾不知足下於真如圓成，究作何解。吾以爲必真見到“是真實有”的一真無待的圓成實性，才可於色法而言，由遍計無，而法住法性，常常恒恒，是真如性。《楞伽經》言“大慧，真實決定，究竟根本自性可得，是如如相，我及諸佛隨順證入”云云，此可深玩。如不能遣色等相，而證入究竟根本的真實的圓成真如實體，而曰但於色法之上無其遍計，則所云法住法性、常常恒恒云云者，不知從何説起也。夫唯見到無差别的實體，而後於色等一一法相，皆不於相上起執，而直證入其實體，始可曰法住法性，常常恒恒也。否則於色上即作“質礙性空”觀，便以此爲真實，則今科學上亦不説元子電子有質礙性也，便應説爲證真如耶？不觀色等相空，誠不能證如。而觀空，要只是觀行之一種方便，證如卻尚有工夫在。以真如非是一個虚的共相而已也。經言：“非不見真如，而能了諸行，皆如幻事等，非[20]有而非真。”此爲了義。豈吾持義無據耶？而謂圓成實性非可以“是真實有”一言盡之，恐於根本處待商量也。總之，佛家之學，毛病甚多。我願你照他的真相講明算了，不必有意爲他回護。佛家盡有高深而不可顛仆處，但以吾所見，其妄誕處實不少，而無著之徒爲尤甚。印度人最喜弄名詞，許多地方弄得甚好，其弄得不好者也不少。中國先哲最不肯弄名詞，其長在是，其短亦在是。我對於佛，根本不是完全相信的，因此，對於僞不僞的問題，都無所謂。我還是反在自身來找真理。

與朱孟實、葉石蓀

（一九四三年八月三日）

孟實先生並示石蓀老弟：

今春内院吕秋逸先生對《新論》語體本，曾大肆攻詆。吾以歐陽翁新逝，初不欲與深辨，後愈來愈兇，吾乃作答，即此本所録各書是也。歐陽大師在時，向以吾爲不究佛法。吕君之論，亦歐翁之遺教也。竊以清儒考據之風盛行以來，義理之學其亡已久。儒學既失，而佛門之敝更不忍言。歐陽大師崛起，董理内籍，一掃唐以後和尚、居士之迷謬，功誠不細，然只是辨識名相，考正文義。至於辨識名相，而復能忘名相以究實相，考正文義，而復能遣文義以契實義，則不可苛求於歐翁，而非敢挾私意以薄之也。吾與復性馬居士雖絶交，但其冥悟處，真有不可薄者。吾既老矣，念斯道之喪，嘗有慨於心。今之學人併心外馳，思想日益浮雜，先哲真意，日就晦塞。吾嘗欲來嘉得與兄等切磋，然今之生活太困，那可輕動？人生到六十，稍一困折，便易殞落，此所以審慎不敢前也。先生於本心之義，不妨時過馬居士談談。透此一關，其餘理論自易了矣。兹寄上答吕各書，只與石蓀及張立民三人同看，此外請勿示之。因吕君不許吾發表，吾已允可，即不可暗中又向多人宣布也。吕量隘，切勿外洩。立民可以此信與之一閲。

八月三日

與柯樹屏·便條一

（約一九四三年八月十五日）

字初天性甚厚，吾所深念。彼在聯大任課事，不知已妥否？吾自無從與前途爲緣也。朱孟實頃又來函約。此人古道，學問亦甚切實。吾又有赴嘉意也。但未行之前，總難決定。

此與樹平。

十五日又筆

［此信提及朱光潛（字孟實）來信約赴嘉州武漢大學任教，事在一九四三年八、九月間。］

致柯樹屏

（約一九四三年八九月間）

《新論》下卷已成，刻以上、中、下全書，由商務館印行，當由該館送重慶市圖書雜誌審委會審查付印。唯望覓人懇於審委會者：

一、請收到上、中兩卷時，即予以全書之審查證，不必索下卷墨稿。老窮只一稿本，無人寫副。現在猶防空襲，欲待上、中二卷排好，再交下卷付排。此請原諒。

二、請審委會不必細閱，以免延長時間。務求即還該館，並飭其火急付印，幸勿延遲。此書已由中國哲學會函請列入"中國哲學叢書"甲種之一，亦非急出版不可也。務懇托嚴鴻瑶君似曾聞你説他在黨部，如他不在黨部，即你另托人亦可。轉托審委會。想他直接或間接總可托也。急急。

王雲五本云送審，但人多謂其必延緩。陶希聖欲由南方館印，而紙太壞，吾未允，猶在交涉中。如王已送審，即就商務印。

（此信無上下款，據"《新論》下卷已成"、"列入'中國哲學叢書'甲種之一"等語，以及下三信，推斷致信對象和時間。）

致柯樹屏

（約一九四三年九月十日）

樹平：

八月廿八日一信收到否？一千五百元已收到。陳部長信可交去。

前囑將武大册中吾之名字注銷，已照辦否？實無法赴武大也。

再光尚未接附中通知，不知何日開學？

王雲五還是五號字、洋裝。據云該館限定甲乙二種版式。甲種即羅家倫之《新人生觀》版本，汝見過否？近來《大學叢書》即此版式，《新論》即照此。似再無可交涉，只好聽之。

與吳司長一信，汝斟酌交否？

似曾聞人言，有謂吾不教書而坐支薪者，異哉！

九月十日

［此信年代，據討論《新唯識論》（語體文本）全一册字體、裝潢而推斷。陳部長即陳雪屏，吳司長即吳俊昇，均為柯樹屏在教育部的上司。］

致柯樹屏

（約一九四三年九月十九日）

樹平：

九月十一日信收到。《新論》付印事，王雲五已允；五號字、洋裝，爲不可改之交涉。但馬上付印及紙張用好二事，必須有力者懇切交涉。顧司長與王之關係如何，及其説話是否懇切，望子詢明。如王尚延擱，仍望其力爲交涉爲好。

武大吾曾去信，言赴嘉之難。名册上注銷，乃當然之事。聯大方面，近由清華少壯派主權，對其本校老人也不客氣，對北大方面尤多爲難。聞曾對吾不到校，向校長書面提出，非必對吾本人，蓋對北大也。北大卻不理他。此大約是上年之事，早已過去也。

聯大米代金，一切均領。可勿念。

哲學會要《新論》加入叢書，已照辦。會中已致送二萬元。艮庸代托鮮特生川人，吾前冬印書住其家。生息。謂無論如何莫用此款，以作老境之需。不知做得到否？

武大名册仍照吾意，粘一條云"經函詢熊先生，因窮老無法赴嘉，不能應聘，亦决不受其薪津"云。

近來實苦精神短促。

九月十九秋節後寫

［此信年代，據信中討論《新唯識論》（語體文本）全一册刊印事而推斷。］

致柯樹屏

（約一九四三年十月十日）

樹平：

聞你病，不知好了否？深念。

《新論》商務已發排，想不會過延遲也。頃接部中學審會寄來余君《唯識哲學之研究》一書，吾隨手一翻，恰得十六頁之正面見有大圈者，有云“佛家教人以覺，其覺爲何？曰覺幻”云云。世人縱未讀佛書，未聞佛法，當知佛法二千年來，夙爲東土有智慧者之所尊崇。如果覺只是覺幻，則佛法是甚東西？佛家誠然説幻，但義理自有分際，看如何説法耳。

唯識宗所宗之經有六經，所宗之論有一本《瑜伽師地論》稱一本。十支。如《辯中邊》等等，合十部論，皆依《瑜伽師地論》而作，是謂十支。不通六經及一本十支，難言唯識。偶翻第一頁之反面，所舉諸經論，似尚不知有所謂六經及一本十支者，並且以《瑜伽師地》即一本。列在《辯中邊》之下。

第二頁有云：“爲本來光明清寂之浄阿賴耶所變現。”阿賴耶，據一切經論所説，是從染污即不浄。種子所生。他裏面卻含藏清浄與染污兩種的種子。他本身確不浄，實非本來光明清寂者。修行必須斷滅此賴耶，而後第八識轉成無垢識，才可成佛。著者何爲以賴耶爲……

（此信後半部分已經滅失，寫作時間據“《新論》商務已發排”一語推斷。）

答徐復觀

（約一九四三年十月十五日）

佛觀先生：

十月九日信才到，即復。但願吾子之夢能靈，吾儕可回鄉，得至府上寫春聯，則幸甚矣。鴻年，吾欲其來一面。然動一下，所費不輕，又不便過强也。渠已返施否？

大文極有見地，且甚細密，可喜。唯材料之搜集，不知有未備者否？數年前，聞有爲桑弘羊作一書，稱其理財以平匈奴之功。吾未閲，不知其材料充足否？大文議論，吾完全贊同，但材料恐更須留意採集。弘羊、孔僅之徒，確有大功，而弘羊尤精於計。武帝不用弘羊，决不能北郤强胡，西南廣拓疆土。吾子謂其持法嚴，與當時推行政策有關，尤爲前人所不能道。此文確有重大價值，但有難爲今人言者。國營的辦法，非急公而不爲私利之官吏，則無法舉行。又統制之辦法，非官吏精白乃心，處處爲國家與社會着想，而但爲私利着想，則必有國與民俱斃之憂。年來統制之行，益增人民之苦，此可深長思也。漢人畢竟有一公字在胸中，所以做得好耳。

此信由孟蓀之姪允常帶渝郵。

（此信無年月款，據全信語氣，當寫於《答徐復觀（約一九四三年七月五日）》以後不久。馮君指馮友蘭。）

致柯樹屏

（約一九四三年十月二十三日）

樹平：

聞曾病，今好否？

雙十節寄學審會送審余某稿，並有一信請吳先生一看，已收轉否？

頃得該件之審查酬資二百元匯條，今寄汝。但請酌度即答吾者：吾因李證剛極推尊其稿，故無法簽評，只好函汝達吳司長，其稿實太不成話也；然吾實看過，酬資是否可受？可受，則你蓋章，了一事，吾便收之。不可受，則匯票還他，其款請他勿寄。如已寄，則以十月及十一月之生活費扣還他。請復。

十月廿三日

（此函年代是我們推斷的。）

致柯樹屏

（約一九四三年十月二十五日）

來信收到，吾尚不至困，可毋念。今之世途，有私而無公，自不必言。黨部方面，其無味更甚於部。程兆熊江西人。以留法學生，在黨部當專員多年，生計不可支，發展毫無望，卒捨之而回其本省。此吾所親知也。你只注意身體的保養，閒氣切勿争。甚願得便能來一面談。部中小款，你如缺錢用，可挪用，無須作小顧忌。吾實未窘也。近作一文，哲會送了一筆款。因作《叢書》故。前向居院長介張遵騮。文襄曾孫。居商朝陽，欲聘爲國文教授。張生所求者非此。吾頃函張生他在成都。是否願就。如他不就，你可兼否？如他就，我再問居可添聘否？黨部，居恐不必説，過去曾爲劉子泉言黨事無效也。聯大津款，近數月比前加多。元連不卜如何？

近日國文極易教。

十月廿五日

［信中“叢書”，當指中國哲學會“中國哲學叢書”，熊先生《新唯識論》（語體文本）、《讀經示要》分列爲該叢書甲集之一、三。朝陽，則指抗戰時在四川成都辦學的著名法科大學朝陽學院（亦稱朝陽大學）。又言及聯大薪，可知此信寫於抗戰時期。此信似與《致柯樹平（一九四三年九月十九日）》一信，内容相關，當在其前後。］

致柯樹屏

（約一九四三年十一月十三日）

十一月十日一平信，問顧司長詳函商務館否，得復否？王雲五恐要拖延，商情本爾也，不力催不得也。

死生無定命，要在善養。汝年未至斷男女時，望下十萬分决心，須斷夫婦事。切勿誤會疑汝溺此也。蓋先天不足者，直須早斷此事，半次也作不得。此比遺凶。遺萬次，不及作此事一次。有便，當面談。否則，汝之體氣亦可慮。此層作到，方可説身心滋養。

静坐確能延壽。有一信與汝，望力行之。看熟了，可還。盤足法，雙盤者如寺中觀音像可知。此不易行。單盤則人人可能。坐時須久，須息念。

十一月十三日寫

（此函年代係我們推斷。）

致柯樹屏

（約一九四三年十一月二十七日）

樹平：

十一月廿四日信，昨夕到。

令慈棄世，於此時代，汝誠無可如何。此變局也。今後唯有立身行道，毋忝所生，此乃孝之本。節憂順變，此雖常語，卻亦只好如此。静坐，望强行之，確有益。吾每臥時，上床，静二小時，甚好。

望函請顧司長再函商務館，求其懇切説，否則不知拖延何日矣。悶甚，商人無信也。

十一月廿七日

［此信内容，與《致柯樹平（約一九四三年十一月十三日）》一信基本相同，信末爲《新唯識論》（語體文本）出版事，託人與商務印書館協商。故將此信系諸一九四三年。］

答徐復觀

（約一九四三年）

佛觀先生：

理氣問題，《新論》中卷有一段，説得明明白白。先生或於體用，猶在若明若昧之境，故於此猶用猜擬耳。此義也，中西古今哲人，解者無幾。哲學上紛紛之論，由根本義不透故也，而况吾子非專事於斯者乎！望將全書字字句句反覆多玩，虚懷而後有悟，勿參意見。

闢可以言體，是就體之顯爲用，而權言之也。注意權字。闢固是理，翕可曰非理耶？體者，舉翕、闢之渾全而言也。用者，即本體之顯爲一翕一闢者而言也。《新論》每云"體顯爲用"，或云"體成爲用"，"顯爲二字最吃緊，細玩之，即用不在體外。譬如水顯爲冰，則冰不在水外可知。則冰無自體，其體即水可知。所以救本體、現象折成二界之弊也。體是無形的，而顯爲用，則名一翕一闢。翕即幻似有形，假名爲物。闢則是體之不捨其自性而顯現者，故於闢，可以言體也。然一名爲闢，便對翕言，便是就體之顯爲用而言，已不是剋就渾淪的本體而言。故其名以爲體者，權詞也。明乎上説，體不是呆板的死體，是要顯爲翕、闢。兹以理言，若剋就體上説，便名此體，曰實理，亦云真理。若通用上言之，闢者萬變不窮也。你玩萬變不窮四字，則知闢即是理也。理字，即條理之謂；條理萬端，故名理。翕則成物，有物有則，則即理也。翕得曰非理乎？從其幻似有象言之，注意幻似二字，無實物象故。謂之物；從其有則言之，謂之理。譬如人，一方面叫做人，他方面可以叫做動物，或男女、老少及父子等等。眼前都是物事，即眼前都是理也。吾人之心，對境有知。此時就心言之，可説心即理；陽明言之矣。就物言之，可説物即理。世俗不知心即理，似以心爲一東西，能向事物去找理，此固誤。但如以物爲實在的東西，以爲物上有許多理，此又大謬。須知物也，即是理，不可曰物之上有理。

今又有一種謬説。因爲西洋人談共相者，如方圓等等是共相，種種方的物，或種種圓的物，便是自相。共相是一件一件的物上的形式，譬如許多大大小小或漆的油的種種方的桌子，各個體即自相。是實有的，而共相則是這些個體的物上所共有的相。此本是假的。西洋人談邏輯者，卻有把共相看做是一種法則。如方共相也。是一種法則，各個方的物，都是依此方的法則而成。有一派頗有這種意思。而馮君把邏輯上的概念，應用到玄學上來，於是分真際、實際兩界，把理説成離開實際事物而獨存的一種空洞的空架子的世界。此真莫名其妙，理又難言了。

（此函無年月日，大約寫於一九四三年。馮君指馮友蘭。）

致柯樹屏

（約一九四三年）

樹平：

裕文來，知汝近況。如此物價，未知汝如何維持也。我有一笨婢，十歲或十一歲，能洗吾之短褂褲。手足略有不便，而手掌有一不可伸。非必不能作事，能拾薪。只太笨，須時時吩咐、時時管教。汝如要，吾或另覓，以之送汝。不要，則罷。《語要》只會心於談陽明、滌生一篇耶？想爾多不會處也。

但吾如仍赴武大，則此婢必帶回。汝雖要之，亦不能付汝也。彼是嘉定人也。又記。

［此信中提到有赴武漢大學任教之可能，蓋由一九四三年八月武大致聘書而引發，

參見《致柯樹平（一九四三年九月十日）》《致柯樹平（一九四三年九月十九日）》兩函。嘉定即嘉州（今樂山）。］

答徐復觀

（約一九四四年一月十三日）

加封轉：南岸黄桷埡新市場七十八號

徐佛觀先生：

前倉卒去，未盡所言。孟蓀先生來信，亦教吾對足下盡言。人才難得，有才而不善養其才，足爲天地惜也。吾子之氣體，宜注意愛惜，昔黎、黄二君，皆美才，不知養生，早喪，可惜。此是根本。曾文正一生持“常獨宿”三字，吾平生於此兢兢焉。吾幼極弱多病，然已六十來了，尚緩緩作工夫。此獨宿之效也。

學問須專精。立本之學，則取其發明大道，補益身心與充實生活力者，精思力踐，不敢跬步失。致用之學，或政治，其中或求通識，或求專長，又有別。或實業，或軍事，必專一門，作踏實的研究。浮泛知識、無聊淺薄混亂的理論，今人所尚。實可痛，可耻！常自戒。

一月十三日

（此函有日月而無年，當爲一九四四年。）

答徐復觀

（一九四四年二月二日）

佛觀有道：

一月廿六日惠箋收到。人生六十，已成暮境。氣血既衰矣，亦隨時可了結矣。值此亂世，尤令人無意趣。向存孤願，本欲著書，今則此意漸灰矣。吾生來是和尚習慣，昨年來，忽增女兒、外孫，頓令人感覺無味麻煩。老婦人性情又難説，往年，她住書院之下一室，我獨住上，飯外不相見，我做我的事。今同住一屋，令人心煩。你回信，千萬莫談及此，候面説。

二月二日

（此函有日月而無年，當爲一九四四年。）

致郭沫若

（約一九四四年八月十日）

沫若先生：

昨托一黎君帶拙作《讀經示要》第一講奉左右請正。黎云，如尊址太遠，不便親交，將由侯外盧先生代轉。未審已到否？頃得惠函，知吾兩人所在地，不期而同名。《易》曰：“同心之言，其臭如蘭。”心同而地復同，則如蘭之契，猶未足云也。一笑。能過碚，可入山小住否？

力

八月十日

（此函現藏北京郭沫若紀念館。全信一頁，用“勉仁書院用箋”，熊先生親筆，墨筆句讀，信封無存。該信與八月二十日、八月二十八日、九月一日左右、九月七日、九月十五日以及十月十六日信，内容前後相關，顯系同一時期所作。此函云“帶拙作《讀經示要第一講》奉左右請正”，九月七日信曰“我今六十”，九月十五日信又曰“《示要》未成”，可知這組信札俱寫於一九四四年撰寫《讀經示要》期間。此時熊先生住北碚金剛碑，郭沫若住西郊金剛坡，故曰所在地同名。）

致郭沫若

（約一九四四年八月二十日）

沫若先生：

十六日惠書才到，即復。天氣酷熱，所居竹片爲牆，日夕均在火坑，頭腦昏悶，殊難暢所欲言。唯感先生之意，而不得不稍申迂陋之懷。

尊書所示約三義。一，謂《讀經示要》涉及共産主義語，不免誤會，謂聖人亦不能無利害，所重者此利害爲人民本位乎，抑帝王本位或資本家本位乎；因而所謂法治，亦當有兩種，以人民爲本位者，非控制民衆，乃以民衆之組織，以控制反此本位者也。此段話極好！但《示要》所謂禮治或德治意思，實甚淵微。聖人雖不能無利害，然《易》曰："利者，義之和也。"《大學》曰："以義爲利。"先生所云以人民爲本位者，固有合於此意，但未足以盡聖人之意也。吾古聖之言治道，要在使人暢其天性，而全其天地萬物一體之仁而已。故禮樂之用，使民率性以導情，情得其貞，即情皆性之發，而情莫非性。人道之隆，至治之休，由是也。西洋思想，無論共産與非共産，要皆未能知性。不知性而求情之貞，其何可能？先哲禮樂，使人率性以治情。西人法治，使人情獲伸，而以法齊之，不使情無節也，故足以爲治。所惜者，未見性也。此中有無限意思，困於言説，酷熱，亦難達意也。以人民爲本位，非控制民衆，此説固是。然必使人咸若其性，毋淫情縱慾之患，而不僅爲利害之結合，有以遊於公利之中，即超利害而得其坦蕩之天，然後爲太平之盛也。至云以民衆之組織，以控制反此本位，此其説固有當。然民衆不能無組織，夫人之所知也。但所以組織之精神爲如何，固非僅爲控制反對者而已。吾人五官百體之組織，豈只控制病魔等等而已耶？所以發揚其生生不息之生命力者，固自然而成此組織矣。今西人治道，無論共産與民主，其精神果有當於吾聖人之道否？吾不能無慮也。先生有云，異黨水火不足悲，要當問孰仁孰不仁。此則至公至明之言，古今中外不能易也。

二，謂《示要》中，言西洋樂器，有北鄙殺伐之聲，不可用，或係指西洋軍用樂具而言，西洋固有進於是者云云。然此一問題，實非簡單可言，必窮極性命之原，而又深於中西音樂，方得詳論此事。如力者，亦只能略述個人感想而已。感想雖粗略，然往往有可靠者。先生謂西樂，其聲閎而富有，蓋實有領會，非浮泛之談。而中樂之妙，則其音清柔幽渺，與西樂絶不類。清柔幽渺者，存諸中而不外馳者也。閎而富有者，極張於外者也。清柔幽渺者，即發即斂者也。閎而富有者，果以發而不可禦者也。清柔幽渺者，無爲而體天化者也。柔，非與剛爲對待之詞。大道之流行，豈如人之有所努力，有所造作耶？《詩》曰："於穆不已。"於穆，深遠義，深遠而不容已，非有意用力也，故謂之柔。實亦可謂之健。閎而富有者，有爲而成人能者也。清柔而幽渺者，其猶《乾》之"初九"，潛在下也。閎而富有者，殆近乎《乾》之"上九"，而不免於亢矣。近字注意。亢則致玄黄之血，而道宜變矣。然物不可以終潛，潛之必見、必躍、必飛也，中樂又可一率其故而不更乎？先生謂西樂不可廢，力則謂今後制樂，當酌中西而協其中也。先生論中國樂器，多係外來，此在唐代誠然。漢以前樂器，謂從外來，吾未敢信。"三頌酬神，不用琴瑟"，來書。此可爲當時無琴瑟之證乎？來書引《咎繇謨》有"琴瑟以詠，祖考來格"，而卻謂此非真《虞書》，乃孔門之歷史小説。竊謂先生不免有好異之過。孔子傳授《詩》《書》，謂其講説古事、自抒新意則可，如王船山《讀通鑑論》等。謂其僞造事實，則萬不可。證以《論語》，孔子主張"知之爲知之，不知爲不知，是知也"。又傷夏殷之禮，杞、宋不足徵；又曰吾猶及史之闕文也，今亡矣夫。孔子考古，嚴於求徵，近世科學精神，庶幾近之。七十子承其家法，必不敢於孔子所傳六經，任意變更事蹟。縱於義理方面，有所推演，而於古代之制度與器物，决無僞造之必要。若《春秋》《周官》等聖人創制之書，義當別論。八音自是吾國古樂之最早者，琴瑟屬絲竹。不可謂非真《虞書》所有，而孔門之僞小説所加也。孟子爲孔門嫡傳，其言周室班爵禄之制，而曰諸侯去其籍，明示存疑之意，於當時説古事之誣罔者，皆嚴辨不遺餘力。可見孔門後學，其治故籍，不輕信，亦决不輕疑，斷無有任意僞造故事者。此蓋孔子所垂家法使然，不可誣也。近人疑古之風過甚，每至誣古而不惜。若力之迂固，則寧守吾夫子信而好古之訓。古義之當發揮者，應發揮之。古義之不必當於吾人今日之徵驗者，亦當知爲古代所難免，而無可輕忽。漢儒去春秋時甚近，並尊六藝爲經，七十子受之宣聖，吾人所當崇信，不可疑其造僞以欺後人也。力弱冠即從戎於科舉未廢之日，充一小兵，受軍營之鞭撻而不惜。當時以爲孔、孟與六經，乃流氓或獸類即所謂帝王者，所利用以欺世之具耳。每與同類談論，輒以謗經非聖爲一要事。其後年日長，閱歷漸深，漸覺號爲志士者，其内殊無所持守，而難爲群生所托命。其販自西洋之新説或主義等，與八股試帖何異？君子之道，本諸身，徵諸庶民，乾坤可毁，此義不摇。吾乃反而求之六經，誓不復談革命。自是安貧賤以窮經，忽忽六十年矣。吾力不足救世，其或者免於禍世之罪。老來傷感，而不覺其言之蔓也。

三，《示要》有云，聖哲不世出，而庸衆則滔滔皆是；先生不以爲然，謂天下人皆得受學，天下人皆得隨其性分而曲達，何庸衆之可有云云。此説固宏通而中正，然理道難言，纔説如是，便有不如是者。我道庸衆滔滔皆是，先生道何庸衆之有，我之所云，先生已非之。先生雖非我，實亦不得取我所云而盡非之也。人性皆善，不當有聖哲、庸衆之殊。先生立説，甚有根底。然性者，言乎人所以生之理也。而人者，則由天理之流行，凝爲氣而以有其形者也。氣非外理而别有本，理之流行，即顯爲氣，氣凝而形著矣，理非不流行之死物也。誤解老氏所謂無者，則不見理。理非只是空洞的形式，其於穆不已，不已即流行義。而秩然衆理畢具，故謂之理也。理之流行而顯爲氣，其所以自見者，不可無具也。具者，工具。氣固理之顯，而理實以氣爲其自見之工具。是故理之必顯爲器也，乃自造工具而利用之耳。然此云自造，非有心也，至理難以言説，而强謂之自造也。有“具”以爲利，而不免反爲“具”所用。人之生也，性無不同，而其禀於氣化者，則萬殊而無可齊一。氣禀極佳者，殊不易得，此聖哲所以少，而庸衆乃多也。所得於天化者既不齊，則群制之更、治道之進、相生相養之局日以改善。來教所云天下人皆得受學，皆得隨其性分而曲達，吾固承認其有此可能。然亦只應向此可能而努力。若必謂人人皆成聖，而無所謂庸衆，則區區之愚，猶不敢信其然也。昔者佛氏有闡提不得成佛之説，闡提乃衆生中之極下劣者。與孔子下愚不移之論相通。而佛門中，亦有主衆生皆得成佛者。兩派相諍，至唐窺基大師門下，與台宗互辨，竟有設五百問以相攻難者。當時佛徒之勇於論戰，百世下猶凜凜見生氣。力雖陋，而聞先生之諍，甚以得友直諒爲喜也。

熱悶無可耐，所欲言者多，而不堪達意。先生如過碚，得入山小住，疏食菜羹，尚不至無可奉也。學不必同，行不必同，而同者本心也。

力謹復

八月廿日

（此函現藏北京郭沫若紀念館。全信共十四頁，用“勉仁書院用箋”，熊先生親筆，有墨筆句讀、圈點，信封無存。年代判定參見《致郭沫若（約一九四四年八月十日）》“編者注”。）

致郭沫若

（約一九四四年八月二十八日）

沫若先生：

八月廿三日信，昨夕收到。力多年以來，入夜不可張燈，蓋病久也。今午展誦，而字跡太草，多不好認。我外貌雖若好人，而精血確衰，太不好認之字，看來費力。以後請先生寫清楚一點。我甚喜先生直言之態度。人之相與，貴以誠相見。誠者，本心也；仁也，亦陽明之良知也，而亦吾《新論》之性智也。見上卷《明宗章》。世故、客氣，皆詐僞也，禽獸之道也。各人之見解與主張，不能盡同。《華嚴經》云世界無量、衆生無量，焉得一一同之？《中庸》道並行而不相悖，萬物並育而不相害。平生篤持此義，故極愛自由也。喜同伐異，吾甚不取。然天下之理，同也有其異，異也有其同。故吾人儘可各有所異，而不妨互相討論，以求於異中見同，及於同中見異，而後無滯於一隅、蔽於偏端之患也。若各尊所聞，各私所執，而忌聞異己，甚則以世故與人相將，此禽獸之行，而古今衆生，所以顛倒長夜，而不聞大道，不得自復其性真者也。

先生來書，於吾前信似未細看，竟謂我“以爲孔、孟與六經，乃流氓或獸類”。吾憶前信，實不如此，只謂“孔孟與六經，乃流氓或禽類即所謂帝王者之所利用”耳。來書截去下文，則相去奚止天淵？望先生覆檢前信可也。六經文字，除《詩經》外，《春秋》其文則史，事則齊桓、晉文，義則孔子。孟子此言，吾儕無妄疑妄撥之必要。易畫始於羲皇，自古相傳，無有反證，但源始自是占卜，及十翼明明是哲學思想之書。西漢去孔子，不過四百餘年，比吾儕今日距陽明猶近。時間説錯否？不及檢，想亦錯不得好多。漢人相傳孔子，不此之信，而紛紛疑異，果何爲者？但古時不如今日印板之易，宣聖口説流傳，七十子後學展轉記述，容有變更或參加之處。《書經》開首即“粵若稽古”，大約七十子後學本諸夫子所承於前代之傳説，而寫成文字。凡人寫文字，無形中，總是本其當時流行之習尚而流出，如太史公作《史記》，諸侯立世家，則本漢代諸侯之觀念，以記述古之諸侯。其實古之諸侯，乃各爲獨立之國家，《國語》《國風》皆作列國而記載之，不以爲一家世傳之私業也。馬遷此見甚誤，蓋以其在漢時所習見者，而寫古之侯國。此雖誤，而實人情之所難免也。然以此而疑各國世家所載史實全不真，則未可也。《書經》文字，容有六國時儒者所寫，參以當時語言。而謂其史實全出杜撰，則太過也。五帝不沿樂，三王不襲禮。祭祀之重用琴瑟與否，自隨時而異，不可徑謂琴瑟不見於《頌》，便謂非吾國古時所有也。縱非古所有，亦是後來所有，何必遽謂外來耶？外來又有據耶？前以好異規先生者，非壞意也。立論總以歸於平正爲好。吾儕少時，亦喜新穎，中年已後，而後知實事求是之學，固不在乎泥舊，亦不在乎趨新也，唯其是而已矣。

來書又自謂求學在求真以起信，而力則在先起信以冥合乎真。其實力之平生，並不如先生所云也。佛家教人，確從信入。吾固學佛一生，然終不自居佛教徒也。六十年來，從不與和尚、居士爲緣也，先生可查訪也。孔子自道其生平，曰十五志學。學之爲言覺也，此見《白虎通》。朱子解《論語》，以效訓學，非漢師相傳古義也。吾之爲學，只求真覺而遠於不覺已耳，求真覺而毋陷於惑已耳。不惑，則信在其中矣，何更云起信哉？未能真覺而起信，必迷信也，豈吾所謂信哉？未能覺矣，真在何許，本不可知，而曰起信以冥合乎真，天下有是事耶？冥之爲言，昏冥也，起信之起，迷起也，從何合得真來？吾雖不肖，何至如此浪過六十年來？先生毋乃太冤枉六十老頭兒耶？

來教謂我於□產及民主均致不滿，不滿之可也，如竟排斥之則非也。其實我於任何思想，均不完全排斥，卻不能完全贊同。此意要細說，非寫一部書不可，那得有此精力？來函對我庸衆一詞，似甚留意。其實我兩人並無甚距離，只是先生似不肯虛心察我之意，故相非難耳。我相信，微蟲馬蟻，都是聖人，也都是庸衆，而況於人乎？聖人與庸衆，備於每一個衆生之身，此非矛盾見也，事實也。就每一衆生之性分而言，大家都是聖人。就每一衆生之個體而言，其生機體之形成，本於造化之無心，而其靈蠢、昏明、强弱之不齊，則於肇形之際，已莫知所爲而一下注定，所謂本於造化之無心者謂此。宋儒發明氣質之性，確有深義。經生輩輕薄宋儒，乃妄吠耳。從氣質方面說，聖人雖較一般衆生爲靈而少蠢、明而少昏、强而少弱，然一成乎氣質之物，則蠢較少也，而不得無蠢，昏較少也，而不得無昏，弱較少也，而不得無弱。由此言之，聖人又何嘗不庸衆耶？天地間那有超脱於庸衆之外的一個聖人耶？嘗怪佛教徒派孔子居人乘的地位，推釋世尊到吾人所不可想像之域。而自吾思之，釋迦老漢，還是圓顱方趾之人類耳，其昔年生存時，還是有一團氣質耳。唯其有氣質也，即不能唯靈而無蠢，乃至唯强而無弱也。易言之，即與一般衆生同其庸衆也。唯其庸衆，所以必出家，堅苦修道，而後成一切智智，而後成大雄無畏也。程、朱註《論語》“十五志學”章，必欲説聖人是生知，其所云進學之序，乃是因教人而假爲是言。夫教人亦多術矣，何故將本身所絶無之事，而故意揑謊，以欺門下心悦誠服之弟子耶？程、朱諸老先生常有此類迂滯的見解，此又吾所不取也。總之，自孔子、釋迦以至微蟲、馬蟻，都是聖人，也都是庸衆。此是老實話，並不是一個戲論。但有不可不知者，一般衆生難得變化氣質，常安於蠢，乃至安於弱。而孔、釋等等上哲，氣質生來較好，很容易變動光明，而盛顯至真、至善、至美之天性，所以尊之爲聖人。一般衆生，雖同乎聖人之性，而究難得成聖。此自有生類已來，明明如此。吾設想，盡未來際，還是如此。然而我並不是悲觀的。唯庸衆之常存於天地間也，而聖人之道所以恒存而不可侮。如其一切成聖，則聖道亦熄矣。天下有常道，必待有反常而後見。此意請勿忽視之。先生説聖道、佛法宏於世者，已二千餘年，而世道之禽獸行如故也。其實世道禽獸行雖如故，而人心終不能捨聖道、佛法者，此中消息安在？二千餘年，比於無量時劫，不足當半瞬。吾意太空星體毁滅盡净，將來又來個太陽系統，來個地球，再生人類，還是有禽獸行，而聖道、佛法亦終未嘗一息斷絶。我此個信念，是無論如何不摇動的。

先生每稱道陽明書中“事上磨鍊”一語。其實必須見得良知，而後事上磨鍊，才不誤。如將自家良知梏亡殆盡，純是一副禽獸本能，恃之以事上磨鍊，則喪失自家性命，又害殺天下性命。嗚乎，痛矣！吾痛之至今，已六十年矣。吾弱冠棄科舉以革命，後乃甘爲無聲無臭之窮夫以終老，而拳拳於六經，不自知衰年流亡之苦也。夫豈天下之至愚而無一隙之明也哉！

精力困了，候再談。

八月廿八

（此函現藏北京郭沫若紀念館。全信共十二頁，用“勉仁書院用箋”，熊先生親筆，有墨筆句讀及朱筆圈點，信封無存。年代判定參見《致郭沫若（約一九四四年八月十日）》“編者注”。）

致郭沫若

（約一九四四年九月一日）

沫若先生：

前函當到，頗有未盡者，又補此紙。先生從陽明學轉手而入馬學，於陽明只注重“事上磨鍊”一語。力則以爲“保任良知，去向事上磨鍊”，庶幾無弊。未知尊意云何？先生説馬氏可入文廟，我並不反對。若嚴格而談，必洞見道體，方可入文廟。然漢、唐以來，從祀諸儒，真見道者有幾？其不如馬氏者多矣。若就其有仁天下萬世之心而言，馬要不失爲聖人之徒也。但於見道終不能許，此則吾不能與先生同意處。

我是喜自由者，思想、見地、言論，我以爲不應求出於一致。而有所必不能不一致者，仁也。我亦有所喜同，喜其同於仁也；亦有所嫉異，嫉夫不仁者之獨失其人性也。除此之外，我無所謂喜同嫉異。

我傷夫清末以來，中國人之習於疑古，習於自卑而尊西洋人，把本國看作一切是壞、是低，本身樹不起，全無自重自信之精神，欲完全模倣外人，也無一點模得好。戰後是否可抬頭，我不敢知。我是憂心民族危弱。先生或以爲我是大同主義者，其實大同必各民族均能自尊、自立、自强、自治、自由，方可説大同。我自己的族類不過如此，云何大同？愛自近始，吾可忘吾之族類耶？中國人的貪污與虚浮、詐僞，真是死症。我覺得做人的道理，急要講。先生不承認庸衆，其實不必。物質條件改良，群制改好，一般人固有發展天性之機會。然其氣質之性，靈蠢種種不齊，實本於天化之無心。謂從外緣，謂物質條件或群制。可以一切改好，欲人人都成聖賢，我終無此信念。人生不是如此簡單。

先生如有事過碚，甚盼面談。

［此函現藏北京郭沫若紀念館。全信共四頁，用“勉仁書院用箋”，熊先生親筆，

有墨筆句讀及朱筆圈點，信封無存。詳其内容，顯系對《致郭沫若（一九四四年八月二十八日）》一信的補充，又《致郭沫若（一九四四年九月七日）》一信，有“未得來書以前，曾補寄數行，近想已到”之語，可知此札寫於兩信之間。信首云“前函當到”，據八月十日、二十日、二十八日信，熊、郭之間郵程，約在三至五日間，由此推算，此信當寫於九月一日左右。年代判定參見《致郭沫若（約一九四四年八月十日）》“編者注”。]

致郭沫若

（約一九四四年九月七日）

沫若先生：

四日來書昨到，吾方臥病，感冒，又失眠，頭腦痛。今姑寫復。得良友信，聊與筆談，病中無聊，庶稍慰也。頭痛，臥亦不好過也。

未得來書以前，曾補寄數行，近想已到。

先生差我六歲，似又未細看我信也。我今六十，再過四個月，即六十開外矣。我生於正初。昨年報紙恭祝先生五十哲誕，則先生差我九歲矣。九歲之差，在少壯時不覺得。在老境，則雖差一歲，也要好得多也。

行行出狀元，我何嘗不承認？然就知識技能説可耳，就聖人涵養德性的境界言，行行出狀元確不易。明儒泰州之徒，有田夫、有陶匠，此諸公畢竟天生氣質好。若云一切田夫、陶匠皆能爾，畢竟是空談，難得實現，此事實也。西洋今日治化，其庸衆生活高出於吾之庸衆者，奚止萬倍。然謂其道德均近乎聖人，吾不信也。聖人之爲聖人，只是存天理、去人欲，不是就知能言。陽明此説，極有功人類。先生學陽明，想同此見也。天理是人人固有的，只要不以後起之人欲間之，天理便存，前信謂庸衆皆聖人者以此。然庸衆畢竟難變化氣質，易爲欲所使，而不易去欲，此聖人所以難見也。天下有常道，必待反常而後見。先生駁迂説，固自言之成理，然持説不必合於理實，終無以服我之心也。夫道體，真常也，而其顯爲萬物，則變動不居，至反常也。然而吾人體認此道，卻於變動不居中，見真常之極。故老曰“反者道之動也”。性善之論，吾確無疑。然而人之不善者多。不善，非性也，緣形而有也。性通天地萬物而一者也，形則各成其獨。形成而自有其權，欲其如性量之廣而不得矣。不廣者，惡所由生也。禽獸於衛四體以外，不知其他，無可言善。雖虎狼之父子、蜂蟻之君臣，亦是其性分自然之流行，然終不得名善也，去百姓日用不知，猶隔幾重也。禽獸究縛於形而不自識性也。縛於形，則不廣也。賤人之淪於禽獸者，貪一己之權利威勢，以禍蒼生而不惜，其惡滔天，亦只是縛於形而不自見性，無以自廣也。言其毒，則可恨，原其迷性而不人，則可憐也。古之吕政，今如希忒勒之徒，何非可憐蟲耶？夫縛於形者不廣，此反常也。形亦自性生，非離性而别有本也。乃性本至廣，此廣非與狹爲相對之詞，故以至言之。而不能不成各獨之形，以自表現，無形則性何由表現乎？形者，性所藉以達之具也。拙作《新論》翕闢之義，其要在此。是“常性”之必待有“反常之形”而後見也。

再徵之一切事情。來教説“花雖一名，而狀有萬殊，紅紫青黄，會成一美，然若花之爲美，必須有糞土一堆，在旁以爲陪襯，信如先生所謂天下有常道，必待有反常而後見者”云云。來教雖巧辯，終不免有所忽略處。天地間群花衆卉，固會成一美，而糞土無量堆，分明與群花之美對峙，先生何可不承認耶？萬一天地變化，只有群花，而絶無糞土一類的物事，則群花可見爲美否，可名以美否？名生於不足，老、莊派見理之談也。不足者，爲其有相反者也。相反、相對，故不足也。若天地間，只有郭沫若，而無熊十力等，“郭沫若”之姓名還得立否？姓名之有，以天地間不止我一人，尚有我以外之人，固不得不立姓名也。先生只道有美，而不承認有不美，使其無不美者，而美又何以相形而見乎？故曰天下皆知美之爲美，斯不美矣；皆知善之爲善，斯不善矣。美、善，常道也。何以常？須見性，而後信此之爲常也。先生學陽明，當無疑於此。不美、不善，反常也，形而後有者也。然無不美、不善，則善、美之名亦不立，無相反者故也，無相對者故也。

“聖道之可貴，必在乎使天下無反常者，而後臻於極致”云云，先生此語，乃聖賢血脈也。聖道而不如此，則邪道耳。《大學》明、新、止至善，此三綱領，冒盡天下之道。先生蓋得乎此，吾何可自外於斯？須知，千古聖哲立言，所以無時地之殊者，正以其所明者常道耳。其所爲以發明常道爲一大事者，正以衆生多在反常中耳。如衆生個個成孔成佛，則孔之道、佛之法，還用得着否？衆生終不得無反常，而常道確不因有反常者而絶。聖人之奉常道以己立立人、己達達人，乃終以不捨其天行之健，而未忍有一息之或沮。《繫傳》曰，天道“鼓萬物而不與聖人同憂”。此中有無量義。天道鼓萬物，不能使萬物無反常也。而聖人有憂之，必欲使天下無反常者，正如來教所云。夫聖人之憂，非凡情之憂也。此憂字義深。憂者，聖人之仁也，聖人之健也。唯欲使天下無反常，其操術如何，則聖人有不能一致者。孔子與釋迦固不同，老、莊與孔、孟又不同。墨子之風，在吾國人視之，似非中正；然較西洋改革之英，則墨氏猶非勇於改造者也。中國人態度，不能說不是短處，然亦不無其長。此非簡單可言。先生或不同意。

先生説死不足惜，誠然。然值不得死時，亦不必以一死自了也。

精神倦，不能多談。

力啟

九月七日午後

（此函現藏北京郭沫若紀念館。全信共九頁，用“勉仁書院用箋”，熊先生親筆，夾有黑筆句讀、朱筆圈點，信封不存。據信中内容，顯然延續八月二十八日、九月一日兩信。信中“昨年報紙恭祝先生五十哲誕”一語，顯系誤記。蓋郭沫若先生生於一八九二年，據《郭沫若年譜》，社會各界慶祝郭沫若五十壽辰，事在一九四一年十一月至十二月。）

致郭沫若

（約一九四四年九月十五日）

沫若先生：

近兩信均收到。到尊處一聚，本有此意。先生第一次信，我有未答語，意欲面詢者。然我自卅年秋到此，除一度赴渝印書外，絶未下山。多年養成厭動之習，此根本難動者也。次則交通工具，於神經不健全者不利。又路費動一下不輕，不如留爲肉食之資。六十不可廢肉食，載在《禮經》，良有以也。又《讀經示要》須完成，每日寫不得幾句，恐須明年方成。成後，當赴先生處小住數日，但無法提早矣。人生至此，精神易散而難凝，先生過數年或知此味。《示要》未成，不敢動也。

外鑠之美，亦必内有其質，糞土之牆不可圬也。繪事後素，素之不具，施繪不得也。即以政治言，西洋好主義、好法制，無一不曾襲得來，而民質太劣，終是外鑠不上也。禮樂畢竟因人之天性而爲之，先生純作外鑠，吾未敢苟同也。樂者和也，禮者序也，序與和皆自性所有也。先生之論，同於告子義外之見，願於此虚心體會一番，幸勿過執成見也。

“物須不相害者，方能並育；道須不相悖者，方能並行”，此見道語。《中庸》云：並育而不相害，並行而不相悖。先生倒過一下，義實無差。只先生將不害、不悖説在上，更加着重耳。反者道之動，老子善言《易》也。反以成其冲和，反非果反也。果字吃緊。來教云：“反常雖若盡而實未盡，常道雖若成而實未成，日新之功在此，天化人事皆如是也。”拙著《新論》亦深明此旨。復古，無可復也。温故知新，此語大有深意。信而好古，不曰信而復古也。好者，情趣也。復古，則見地成病，行不通也。由好而知新，引申而長之，觸類而通之，或反之而別有所啟，皆知新之謂也。

“天道聽其自然，人道則體自然之性，而不能不假以鞭策”，吾與先生同一所見。吾總覺吾輩先哲，任自然之意味過多，此乃吃虧處也。

寡則無均，貧則不能安，先生所言，固近世之通論。然聖人之語，仍不可盡非。社會實際問題，到財寡時，愈要求均。如吾國今日爲治，自須以國家資本，大量生産。然如官吏貪污，若今之所爲，則利歸中飽而不均。吾國吾群，只有終寡以至亡而已矣。中國之不均，莫甚於官邪與中飽，若去此不均，則今雖患寡，猶可望生産也。不患寡而患不均，正今日之謂也。又今欲救貧，固當去其害群者。然害群者甫去，則必急急以求社會秩序之安寧，使人得從事生産，而後可救貧。使安之一字做不到，而貧可救乎？聖人此等話，自是從閱歷中來，言匪一端，義各有當。先生遽謂聖人明有所囿，吾未敢以爲然也。老當衰亂，每覺聖言平實有味。吾儕今日大要注重實際問題，莫作空理論。先生接引青年，尤望以此意勗之也。

修人道，盡人能，以通宇宙，此聖學究竟也。

賤恙已愈，卻未甚健。先生近好爲念。

力啟　九月十五日

（此函現藏北京郭沫若紀念館。全信共三頁，用方毛邊紙，熊先生親筆，有墨、朱筆句讀及朱筆圈點，信封無存。年代判定參見《致郭沫若（約一九四四年八月十日）》“編者注”。）

答徐復觀

（約一九四四年九月二十八日）

佛觀：

雞鴨各一支收到，吾子殊費事，實可不必也。謝謝！重慶似可憂，聞兵皆不戰，此甚痛心。欲以家眷移酆都鄉間，又不知匪患如何。亦有主移古藺者。你以爲暫不移爲是乎？恐要移時又不得動也。此事如何？望見告。近草《讀經示要》，年内不得成，哲學會亦請列入叢書。陶子欽先生前年似曾疑儒者之治道難行於今，若此書出，當釋其疑矣！此語可告之。此書甚廣大精微，想吾子能讀之也。世間人似難與語，郭沫若君，其年亦五十三。卻於此有會心。

吾體氣雖未甚差，然再過四個月，即是六十以上之人，精力自不能如六十以前也。滋養尚未缺，可勿念。聯大之款可敷用。

九月廿八日

（此函有月日而無年，似應爲一九四四年。）

答徐復觀

（約一九四四年十月五日）

佛觀：

二日信才到，即復。秋原、希獻猶不忘老朽，意自可感，然切勿作何俗舉也。吾是今年老正初生辰，再過數月，即已過六十矣，還説甚六十祝壽耶？吾先父母皆早世，吾何忍説壽？況民生塗炭如今日耶，其視我爲何許人？希獻來渝，吾初不悉，幾時來耶？世事深可憂？國人素無知識，浮淺、卑靡，凡百無遠慮。總之，缺乏真誠，不成爲人。此清末以來教育之過也！吾欲講經，有苦意也。然而世既滔滔，天且夢夢，孰可與言斯事耶？吾每灰心欲一切不談，然轉念夫子之言曰：“吾非斯人之徒與而誰與？”吾又不忍不盡吾心也。鄷都有一老學生，須依其家。如局面不好，薪給必斷。吾已成一大家人，女兒、外孫。生活須靠人。又地方如有匪患，彼不知遠人實際，亦慮遭患。故下鄉非易事，然恐不能不下鄉也。子之眷亦作何計？不可漫然也。望能過談，筆何能盡！第一紙可與秋原、希獻一看。

十月五日

（此函有月日而無年，似應爲一九四四年。）

致郭沫若

（約一九四四年十月十六日）

沫若先生：

前得來教，知老舍先生尚未轉《新論》，近轉到否？看後，如不贊同處，千萬直言。此書純欲建立東方之唯心論，煞費苦懷，規模殊不狹，包舉中印，而針對西洋以立言，不遺理智，而畢竟歸之體認。《易》曰："窮神知化，德之盛也。"知我如先生，倘以爲然耶？如不謂然，亦直言無傷也。

天氣苦煞人，先生好否？念念。

十月十六

［此函現藏北京郭沫若紀念館。全信共一頁，用"勉仁書院用箋"，熊先生親筆，墨筆句讀、圈點，信封無存。此信似寫於《新唯識論》（語體文本）全書三卷出版以後，故系諸一九四四年。］

致柯樹屏

（約一九四四年十一月二十二日）

樹平：

覺公函，可一看。你有移家意否？恩施、酆都、古藺，三處我皆在籌思中。未能決。

十一月廿二日

（熊十力有遷居鄠都、古藺之想，事在一九四四年。參見一九四四年九月二十八日、十月五日《答徐復觀》兩信。）

答王星賢

（一九四五年二月二十五日）

星賢：

舊臘廿八日書，頌天轉到。所云貴鄉前達孫穎川先生，是否民國九年與一梅君同教於南開大學者？是時吾亦教國文於南大。憶有威海衛孫君，自西洋回，教化學。梅君曾留學於美，教英文學。吾時年卅五矣，而尚有孩氣，性野似慢，遇人好戲謔。孫君厚重。吾猶得憶其貌，而不能憶其名與字，此所歉也。吾當時以字行，曰熊子真，後來更名熊十力，不復用字。吾今已六十晉一，生於正初，故是六十晉一。孫先生年事大概與吾相上下也。孫先生昔與余言，中國何故不能發生科學，此爲其所常思考而不得其故者。余當時亦莫能釋彼之疑。其後余能言之，而兩人竟不相遇，且二十餘年不通消息。大劫灰飛，人間何世。余猶健在，想孫先生壽考無疑也。渠又嘗言，曾讀顧亭林先生書，有西洋科學家態度，余深韙之。余好嬉戲，曾呼彼以“孫悟空”。夫科學在徵實，而佛氏尚悟空，道並行而不相悖也。

吾子試以此信轉孫先生。若民八未曾教於南開，則必又一孫先生也，而亦何傷。

若果吾舊雨也，得此紙，其將俯而思，喟然嘆，民九南開數月之間，果有熊某其人者，如痴如狂，今猶老而不死也乎！不才之木歟？碩果之存歟？想孫先生更當搔首望天，而天亦若有以詔之矣。

十力

二月廿五

居正、熊十力致朱家驊

（一九四五年十月十九日）

騮先先生部長勛鑒：

敬啓者，湖北師範學院遷移問題，有主遷江陵一説，期於教育普及，誠具苦衷。但正等竊以遷武昌爲較妥。所以者何？一、武昌據長江上游，南北關鍵，教育影響所及，至鉅至遍。清末張文襄倡學於此，王漢、吳禄貞、黄克强、宋漁父、田桐諸人皆出於是。民國以來，僅有武漢大學號爲學府，對於特殊人才之培養，似嫌不足。師院如設武昌，則與武大有相得益彰之雅，可多容四方材俊。文襄昔設兩湖、江漢、經心三大書院，支郡師範數所，皆在武昌，一時風氣大開，全鄂及湖南各郡縣人材無不畢集。其遺規似不妨酌採也。二、中等師範固以分設各郡爲宜，而國立師院爲最高學府性質，所以提倡高深學術，培養特殊人才，必須設置通達之區與文化根基深厚之地，方可收教育實效。江陵雖復濱江而半壁殊僻，文化復鮮根基，若師院設此，似難陶養特别人才。此等人才太少，則無以風動社會，激厲中資，而民智日趨於浮淺，生心害政，其弊不可勝言。昔王船山先生嘗論及此，今猶可念也。

先生長教以來，卓識宏願，注垂上庠教育之改造與特殊人才之養成，可謂不遺餘力。正等爲鄉邦計，期望師院與武大同在一地，使湖北各郡材俊皆樂就學其間。如遷江陵，則教授與學生兩難其選。或者特殊之才漸多，有以副先生作人之至意，則國家之幸，非獨鄂人而已。古之爲政，下採芻蕘。正等謹依群情奉達，諸祈垂詧是幸。

專此藉頌

勛綏

居正、熊十力同啓

十月十九日

（此函係用司法院院長室用箋鈔成，居正、熊十力先生簽名聯署。）

附：朱家驊復居正、熊十力

（一九四五年十月二十五日）

覺生、十力先生賜鑒：

頃奉惠覭，敬聆高見，感佩無既。關於湖北師範學院遷移問題，因武漢大學原係高師所改，依照新制，各大學均可同時培養中等學校師資。武大亦不能例外。若將師院遷往武昌，則在地域分佈上實屬重複，故擬移設江陵。湖北省府方面亦有此意，校方亦以爲然。

耑此奉復，並祈亮詧是幸。祇頌

道祺

朱家驊謹上

卅四、十、廿五

致賀國光

（約一九四六年一月四日）

元靖先生：

夙聞勳望，思一覩清光，而疏懶未遂。頃船事，備承照拂，感不足言。

熊十力啟

一月四日

附：居正致賀國光

（約一九四六年二月一日）

元靖我兄勳席：

同鄉熊十力先生，爲哲學泰斗。頃以要事，急待東歸。請兄定一飛機坐位，以資速返，而策安全。

諸希亮詧，並頌

年禧

弟居正拜手

二月一日

（此三信俱見中西書局印行之《彭城珍藏近代名人手札》。賀國光，字元靖，湖北省蒲圻县人，全面抗戰時期任四川主要行政長官。居正爲印行《新唯識論》（語體文本）上、中兩卷募款，事在一九四一年冬月。船票、飛機票而需要特別謀諸賀國光者，當即熊先生抗戰勝利後首度由渝返漢，事在一九四六年。）

致顧頡剛

（約一九四六年一月十七日）

頡剛先生：

昨周生通旦云，曾見管理局印行之《北碚遊覽記》，似是此名。內有哲研所，而云主持人孫科。聞此，不勝駭異！此與孫科有何關係乎？力於昨十一月底或十二月初，有一信與盧子英先生，請其轉先生。如《北碚志》若記及研所，則請將九、十月間由管理局轉交之稿，內有許多發起人名。拉碎不用，而另擬一稿。此稿，不知子英局長轉到否？渠回信未及此事。如前改稿交到，即照該稿也罷。若未交到，則擬如左：

中國哲學研究所，由熊△△主持，於三十四年五月，設籌備處於北碚火焰山麓。北碚管理局於嘉陵文化基金委員會下，按月撥款八萬元。及倭人投降，熊氏亦欲東歸，遂結束。

右之辭，請先生酌定。如研所不載入《志》，亦好。若載入，請照此稿。

即頌

著祺

熊十力啟

一月十七

與王孟蓀、徐復觀

（一九四六年六月七日）

孟兄：

轉示佛觀信，已收到。研究所已決定罷論。弟禀氣實不厚，少壯已多病，兄自昔所親見也。只平生獨處成習，此爲保命之原，曾告佛觀。又常遊心義理之中，故未遽殞耳。然去年已來，衰象忽增。今春回漢，所聞所見，無非亂人、擾人、刺人、傷人之事。前年由金剛山上往返北碚，毫不覺苦。今市中與公園咫尺，每往一次，腰部漲痛。此等衰象，確甚險也，生命力已虧也，中醫所云元陽不足也。弟因此決不辦研究所。北方如可去，定回北平，否則亦欲另覓一静棲之所。覺老十日或可到，但亦決不與之談此事。佛觀以師事我，愛敬之意如此其厚，豈願吾早死耶？研究所事，千萬無復談！吾生已六十有二，雖不敢曰甚高年，而數目則已不可不謂之大，不能不自愛護也。何敬之先生款，既不辦研所，自須璧還，否則將成笑話也。此信千萬即日看後並轉示佛觀。希聖先生亦煩佛觀轉之一看。

六月七日午後

研所不獨今日無精力也，以事勢論，亦宜罷。昔時本意，原專藉鄉誼，專字吃緊。純是民間意味，則講學有效，而利自在國族矣。若聲氣漸張，在我雖無夾雜，而如斯濁世，人心險如山川，妄猜妄誣，吾個人不足惜，其如所擔負之學術何？章太炎一代高名，及受資講學，而士林唾棄。如今士類，知識、品節兩不敗者無幾。知識之敗，慕浮名而不務潛修也。品節之敗，慕虚榮而不甘枯淡也。舉世趨此，而其族有不奴者乎？當局如爲國家培元氣，最好任我自安其素。我所欲爲者，不必由當局以財力扶持，但勿干涉，即是消極扶持。倘真有意主持，正當辦法，則毋寧由教部以國立方式行之。如中央研究院，專爲國家學府，則無所不可。但今之教育當局恐未足語此耳！吾頃當有依止，容一二月後相告也。又及。

亦可與希聖先生一看。

寄還漢口三新街市立中學杜曜如轉。

内信，寫時本以答孟蓀先生，請其轉你。後恐他忙亂遲發，故直寄你。此是鐵案不可移之言，幸勿再進行。何公款切須退！

希聖先生處，此信必與之一看。又及。

（此函年代係整理者推定。信封正面曰："南京大悲巷寧澹邨二號樓下徐佛觀先生。"）

致王星賢

（約一九四六年七月二十日）

星賢：

今日你赴樂耶？抑心芳先生代負責耶？總望校對半字勿錯落。昨所校者，仍須交印所改正後再校。不然，恐其改時又錯落。

並望急了此事。吾不只是讀書用思不苟而已。凡作一小事，亦以精神注其間。只此是學問，只此是培養自家生命力。蕭君云：以龍章紙單頁二面印。龍章紙實薄，恐不清。不清，直白費事耳。可否用較差之紙而雙頁耶？商之穎、豐兩先生。少白均此。

昆明聯大人説苦，吾見其來者並無苦相。重慶大中各校人均無苦相。

星賢、作新：

星賢、立民皆見枯槁相，而星賢似比立民尤見氣促。望作新注意其滋養。至少每日必獨吃二個雞蛋或加牛奶。計今之收入，或可月敷一月。即不敷，拉債亦不當過苦傷生。明年如出川，無路費，爾時再想法。若太小心，是速死也。心地宜從寬處想。

稿子多不好認，你今午後可來此寫否？不必待完成而後寫也。

七月廿日

致丁實存、盧南喬

（約一九四六年十月三十一日）

實存、南喬有道：

十月七日飛南喬一信，内附居覺老及彭雲谷、賈亦斌三紙條，不知收且轉否？吾於覺老及彭生信中，並舉南喬職業姓字者，因官場人每厭信件由旁人代轉，吾表其非政途亂流，不妨轉耳。吾一年一年的怕寫信，因精力短，想自作事，而見寫信事，心便煩。多寫一信封，便覺多一煩，故好附幾字與人轉。恐南喬不悉此情，故今言之。

實存北碚及寧來信均收到。哲研部亦要史學，故約你爲兼任研究員，能治哲學，更所切盼。

樹平想已到寧教部。吾寄他《特輯》不知到否？望持此紙，商他一事，即《十力語要》一書現正整理，共分三卷，煩他急商前顧司長今在中華書局者，問他肯印否？如肯印，其條件如次：（一）必用四號字。（二）

注文頂正文，用括弧，注文單行不雙排。但或以注文用老五號字亦得，亦須不雙排，仍用括弧。（三）正文、注文皆是單圈單點。（四）須用白而厚實之紙。（五）中裝爲最好。（六）交稿時望即付排，如留滯則可罷論。此爲根本不容失信之條件。以上望樹平録下，向顧試商，並望速復。

又校對一事，最後一次南喬、實存願任否？

吾此間薪不多。吾不欲多受，他們均不多也。北大云：照聯大例，仍送吾薪月四十萬元。吾受否未定。如此間明年還平，吾即受北大薪，而不受此間薪，以便多招一二學人。

樹平家口均到寧否？

《語要》多哲學上精義及有關作人與爲學之精神者，要者多。

十月三十一日午後

（此函年代由我們考訂，時熊先生在四川五通橋黄海化學社附設哲學研究部。信中所説居覺老即居正，彭雲谷、賈亦斌均爲過從之弟子。）

致柯樹屏

（約一九四六年十一月二十六日）

樹平：

你與實存信均收到。吾於十一月廿三日托宗三轉實存與你一信，不知到否？吾恐汝回鄉一行，今接函，知猶未也。中華印書事，吾前信似未詳，此次信卻詳明些。望以之轉舒新城，必如約，才可印，否則算了。你可極力交涉。王文俊説，由省府在密報物資内，撥若干印吾書。但其説可靠否，不能知。中華交涉，你極力辦爲好，但條件必不可改一點。前寄你《特輯》一本，已到否？

五通橋産鹽外，一無所有。食用仰外縣來，奇貴。地卑濕，不可久留。北方如不大亂，吾明春夏必回北大。但孫社長難辭脱，是一麻煩。

十一月廿六

（此函年代由我們考訂。）

致王星賢

（約一九四六年秋冬）

星賢：

昨聞又病。你體力如此，望好好於平日注意補養。

又吾一向對學問責人甚嚴。受吾責者，或自反而覺空虛，欲努力而或精力不及，則於身心間亦不好。未知你是否亦同此情？以子之年力與生活環境，似可將學問事一方置度外，一方仍自平平淡淡切實就力所及，虛懷探究下去。但須擇一方向，以便集中，否則無成。人只要對付得此心不求急而不怠忽，自然精神凝聚。再加物質滋補，體氣自好。

絲棉是否須加三兩或四兩？作新爲想想。如須加，恐日内須辦也。縫人社中吃飯，當以吾任飯費爲是。

（此函未落下款，未具時間，據所用黄海化學工業研究社箋，估計約爲一九四六年秋冬所作。）

便條一

（約一九四六年秋冬）

我既要他中裝，自然多耗一點紙，如此艱難時代，也當爲他一想，不必急急向他要錢。

此書第一卷，戰前北大印一千本，馬上銷完。二卷，在川印過三百本，只防空襲。第三卷，大部分是積稿，一部分是昔之《尊聞録》，昔印過四百本，人皆謂當印行。

（此便條寫在黄海化學工業研究社便箋上，所説是籌印《語要》事，故可判定在一九四六年秋冬。當時《語要》只打算印成三卷。下一便條同此。）

便條二

（約一九四六年秋冬）

此次所説，務望轉達新城先生。如能照辦，則將稿整理妥後，即直寄中華。但吾不知館址。否則只好暫置。南方印書館亦欲印。但彼代售處不多。如中華交涉不成，吾明春夏北上，仍由北大印可也。

《語要》第一卷，戰前北大印五六百部，戰前即無存。第二卷，戰前未印，在川怕空襲，曾印三百本以便保存。第三卷絶未印，現正理稿，此亦須告他。

《尊聞録》字數甚少，故附之第三卷内。

與友人

（約一九四六年秋冬）

印《語要》事，承轉新城先生信，似未能即時付排，又不能用中裝，殊難照辦。此書非系統之作，皆因學生或後輩問難，隨手批答。而關於學術上之許多問題與作人及爲學精神者，實極重要。無形之流露，反覺真切，此不可作時下刊物印也。前黄海孫社長曾商之商務主者，彼允接稿即付排，决不延。但不能用老四號字及中裝，須聽彼館原有辦法。吾故謝之。吾之條件：

（一）正文老四號字。

（二）注文頂正文，但用老五號字，然仍括弧，好清眉目。括弧佔一個字之地位。注文頂正文，即不可雙行，如此乃清楚。

（三）正文注文皆單圈單點。圈點在旁自較好，如做不到，則在字縫占一個字之地位也可。

（四）中裝，分作三本訂。總共不過三十萬字左右，前説六七十萬，大誤。

每面可十一行。每行若干字，請書局酌。似不可太密，本子太薄也不好看。

至於本子大小，由他酌。總求大雅爲好。

稿到即排，此事至要。吾老矣，如此時代，怕損失也。筆者之税，吾意，他照我條件，儘可由他印出後，先將他工本收過大概，然後憑他之心酌送。

（此函無上下款，標題和時間均是我們訂的。）

致丁實存

（約一九四七年一月四日）

加封，南京天心路國立編譯館。

丁實存先生：

十二月廿七日信收到。印《語要》事，中華不能照辦。樹平所轉來信已收到，可告之，此事只好暫置。

所撰哲布文稿極重要，望寫出，付佛觀登載。

力

一月四日午後

與談壯飛

（一九四七年一月六日）

壯飛：

來函收到。道路不靖，此深可慮。吾欲明老二、三月出川，必由此搭車赴渝。未知爾時利於行否？智慧是内在固有，要在發真實心。此真實心即智慧也，發者發此也。一向悠悠忽忽，苟反自察識，必自見有無窮無盡之私意、私慾潛伏於中。須和根拔去，真實心方得顯發，所謂撥雲霧見青天也。聞熏是增上，而聞熏不當限於佛書一方面。此土經子與西洋哲學家言，無一非聞熏所資。但聞熏必先識得真實心體，然後一切聞見，佛云聞熏，儒者謂之聞見。皆心體之妙用流行，非外鑠也。不識心體而言聞熏，則陽明所謂“抛卻自家無盡藏，沿門持鉢效貧兒”，程子云“玩物喪志”，此等病皆有之矣。願吾子深自反，以前工夫不得力，其病果仍在耶？

若但就聞熏言，則望汝每讀一家之書，須字字句句弄清楚，有不解者，知其不可解，勿以似解似不解者爲已解。先做到此一層，然後説搜通其條貫與體系，又再進而遺言説相，得其言外意，至此方足言聞熏。不至乎此，聞則有之，熏則未也。此信望汝勿忽，必着實讀書，勿浮泛也。可抄與漢驥一看。

一月七日

源澄昨到此。

致鍾泰

（約一九四七年一月十五日）

鍾山吾兄：

元日信，頃才到，即復以報。李鈞簡先生，年六十中舉，連捷翰林，官至倉場總督。與各省總督同級。吾儕少時，曾聞老輩談其行運遲，而運到便一氣呵成，殊可異。所聞只此而已。其書鄂中尚可訪，但確不多，吾並未之見。曾見其點翰林之策問，有談《易》之長文，似無甚透悟處，只引古書而已，所用亦皆爲易見者。吾有一學生曾見其書，據云引餘經以釋《易》辭，與來書所説大概相同。夫以諸經釋《易》，必觀其會通，撮〔21〕舉大義，天德正道，悉窺本原，疏其條貫，足成統系，爲一家之學，方有價值可尊。若只隨順經文，雜引餘經文句以相釋，而不必能創通大義，斯不足言學，不足與論《易》也。吾覺自漢以來，儒生習於細碎，經師固不足道，理學諸師亦不免拘促身心修養之辭，而難語於神化之微與經綸之盛也。李公或難例外。必欲向之求勝義，或不必能慰所願也。吾開春欲回北大，但不知路上便利否。

□七何在？

世局不復了，我仍不知安居處。

力啓

一月十五日午後

答黃焯

（一九四七年五月一日）

先有道：

漢上别后，於四月廿四日抵平，沿途安好。前勸留心義理之學，此須思辨與體認二種功夫並用。考據家方法，實未足恃也。賢者風神清逸，望發大心，以斯道自任。方今人失其性，願有志者能自振也。《讀經示要》務細看，字字反諸心而實體之，度有疑難，可通函。

小女王再光，從姨父姓王。求借讀武大，不知可設法否？吾昨年來甚衰，經此番長途勞頓，更不了也。朱家求爲碑文，吾本不工古文，辭之不獲。稍緩，當粗寫大概，希吾子一爲潤色，切勿憚於費神，更不可疑余之文字不必更也。文章本精氣之表現，精神虧乏時，文不能佳。吾子入老境時，當知此意耳。賢者文辭，吾只見昔所寄爲某孝女作者，嘗一臠肉而知一鼎之味，知於此道用功深矣，更望能昌放耳。西漢人文字，質實而不甚修整於字句之間，其體度自博大。東京以后，辭雖整練，而體度便小。魏、晉人更卑弱，直如艷色弱女子耳，族類自此衰也。後之古文，不〔22〕成話。

博平先生致念。

力啓

五月一日

（此函未具年，年代係我們所考訂。黄焯、劉博平均武漢大學教授。）

黄梅馮府君墓志

（一九四七年五月十一日）

讀聖賢書，而實踐倫常之地；居閭里間，而不聞理亂之事。其心休休焉，其行庸庸焉。存黄、農、虞、夏於干戈擾攘之世，天福之，鄉人頌之。無奇可稱，而實天下之至奇也，其斯爲黄梅馮府君歟！公諱步雲，字楚池。倭寇二十七年陷黄梅，其子文清、文炳隨侍避難。邑西鄉後山鋪附近，有馮仕貴祖祠，巍然一大厦，太平天國之役，未罹兵害。公全家託庇其間。逾年，微疾而没，没時不知有亂世。兒孫聚首一堂，居喪守禮。夫人岳氏，皈佛門，法名還春，修持甚謹。國難方來，遽無疾而逝。蓋有前知云。

中華民國三十六年五月十一日，黄岡熊十力。

［此文系爲馮文炳（廢名）先生父親所作。原件現藏馮先生後人處，湖北黄梅廢

名舊居有影印件展出。落款之後一段，系小字别行書寫，其文曰："公生於清同治八年己巳二月初七日，没於民國三十二年癸未九月三十日。夫人生於清同治七年戊辰十二月二十四日，没於民國二十六年丁丑九月二十三日。"無法斷定是否爲熊先生親筆。我們據《黄岡師範學院學報》第二十二卷第五期封二影印件整理，並參考了張吉兵先生的釋文，標點略有訂正。]

答黄焯

（約一九四七年五月二十二日）

耀先有道：

五月十六日來信，廿一日到，吾即寫復。前擬寄朱尊民墓表稿煩加潤色，而朱家催之過急，彼春初即欲急辦，吾延之迄今，只好早寄他。似是五月十日之譜寄去。朱係創辦紙廠之實業家，要詳叙其造紙事業，此等文字似不好用古文空靈語調，亦不好過用古文筆法，只求叙述詳明而止。他索之急，遂徑予之，不知彼可否緩刻，由吾子一爲覈定否也。此文只求字句整練一點，無他也。寄來文字，吾覺皆好。昔滁生論文章之美，以陰陽分途，其説不可易。吾子之文猶與陰柔之美爲近，吾意可更着力於剛健方面，亦沉潛剛克之意。

義理之學，須反在身心理會，《讀經示要》確需留意一番。但吾所言，各有深遠來源，惜乎不得面論，則恐只在文句中看過也。此在細心。吾隨舉一例，如《大學》"明明德"，康成之訓，只是空句子，全無着落細研之自見。朱子反之此心，確有着落。陽明何故猶不滿足他？則《示要》已言明。而吾子向未從事斯學，恐難得吾意，難辨朱、王短長。又吾據哲學上之諸大問題，而闡明本心爲萬物之源，於此見吾人確與天地萬物同體，確無二本。此皆面談較好，惜無此機。第一講中，談道體處，亦宜細研。九義更是貫穿群經，明内聖外王之大體，以救治西洋之弊而亦融西洋之長。第二講，辨章數千年學術源流得失及今後應取之方向，皆不可忽也。三講中，略明各經大義，都須細心。又講《大學》

時，於“致知”處詳引陽明，皆特別擇其精髓，原爲便利學者計，此不可不深究也。談心性，陽明實優於宋儒，得此柄把，可免支離。

博平先生文字之學深有獨得，而外間多莫之知，但此不足措意。望於鄉邦後進，勤爲開誘，此學亦自要緊。

三輔先生似以留武大爲佳。大家都棄鄉邦，甚非計也。且北方之局大不安定，人人均在摇蕩不安中過活，又各鈎心鬥角，那能談學問與教育？但三輔暑假能來小住，再回武大教課，亦無不可，留平確不必也。

五月廿二日寫

學報自可辦，但吾恐少精力作文字也。

（此函首行右側，有作者用硃筆批的一段話：“學報自可辦，但吾恐少精力作文字也。”此函年代係我們所考訂。三輔即汪奠基教授。）

致胡適

（約一九四七年七月二十九日）

加封轉

胡先生：

《學原》對投稿者各印單頁若干。《與薛生書》，謹奉一覽。佛教徒或以我爲理學，習儒書者或以我爲佛學，豈不怪哉？

七月廿九

紹興馬君謹守程、朱，頌其精，亦吸其糟。在川時有復性書院一段關係。論教法各異，竟以親交而成水火。

（此函寫在抽印本《論學三書》（《與薛星奎》《答劉公純》《答周生》）的頭子上。

這裏馬君指馬一浮先生。）

答徐復觀、牟宗三

（一九四七年八月十九日）

佛觀、宗三：

佛觀十五信，已寄廿萬交公純。宗三十四日信，談《與邵西書》，同時收到，即復。關於數理派事素説之駁正，宗三所説，似不必諦。古今哲學家破人處，往往不能嚴切。如佛家用三段論式破外道，幾無一語對題。尤怪者，他每遇一外道，必對破一陣，既不核定人之義，自不必針鋒相對而破。然則亂矣乎？識者從根本處看，並不亂也。吾晚周諸子之相攻亦然。荀卿《非十二子》，只評莊子最好，其他均渺不相干。然則亂歟？若了荀子整個意思，其非十二子，確有以也。豈唯中、印，以我所聞，羅素詆柏格森反理智，以之與黑格爾例比，而謂爲法西斯之導源。其實柏氏確未反理智，只云其效能有限，不能得本體耳。此類冤事，何可勝數？談事素者，羅素、懷特海皆數理派，人皆知之。東蓀譯柏氏《創化論》中有一語：數理哲學之宇宙論宇宙論三字，憶不清，而意確如此。是空洞的。此未憶錯。只此一語，想不必止此，當是東蓀有未翻也。吾以翕勢頓現不必有實物，如此，言有可融攝處。此中用心已細，並注云：即在其無實物之意義上稍似。此何嘗胡扯耶？吾子於此，全不着眼，何歟？他的宇宙，自指自然界，即相當於吾云翕之方面者。翕勢頓現，何嘗不可説爲一種事素？唯他不了闢，不了翕、闢是本體流行，所以是空膚的，所以不了生命。若見真理，哲學家各組的一套宇宙觀，都是空膚的。此非作過深切體認工夫者，必不承認吾言。學問那得求一般人之能信？唯求真理而已。此文張申府元未見。他今午來，吾以意告之，他頗贊同吾意。羅素昔在華講演，自謂是中立的多元論，似未憶錯。見譯本之《數理哲學大綱》。其解析關係，繁過牛毛。他本是關係論者，未嘗非一種數學系統。不知吾子謂然否？至於近代物理學，實則即是數學。

近世數學之異於古代數學者，古代數學，實只當云算學。亦即近代物理學之異於古代物理學者。數理哲學，總不外秩序和關係等觀念。謂其以數學思想説宇宙，似無不妥。雖古今數學之深淺與變遷有異，然大致不無相通之點。譬如今之言唯物者，標異古代唯物論，然畢是唯物而不唯心，則有其大同也。無論何派哲學，從系統看，各是一套，吾豈不知？從部分講同點，必有可通者。如張人、李人不同也，而皆有五官、百體，則莫有異也。吾於數理派言同，亦就事素説言之，非一切比同也。吾意如是，宗三如不謂然，不妨函來。義理以細究而明。《學原》再印單頁，務每次寄江蘇丹陽正則學校吕秋逸先生一份。千萬記之日記本。

八月十九日上午

與徐復觀、牟宗三

（一九四七年八月二十二日）

《與黎邵西書》，吾於八月十九日飛函中，請改數處，望即照改。兹又思，該文中“西洋哲學，《新論》可攝通處自不少”以下有云，“如數理哲學，以事素説明宇宙，其説似妙，而實空膚”。“而實空膚”，今請改爲“而實未見本源”。千萬照改！其後，有“此非膚談事素者所與知也”。此句中之“膚”字可去。又其後有云，“則不謂之膚談不得”。今改云：“則不足語於第一義。第一義一詞，借用佛典，窮徹宇宙本源，方是第一義。”下接“宇宙人生”云云。有上下括弧者是注，勿錯。

八月廿二日

右請佛觀妥照改。十九日二函，後函請改處，必照改。昨宰老來，吾以宗三信告彼。他云：宗三所説，前段甚是。後説事素與翕之意義絶不可融攝，似過；兩方結論，則宇宙無實物是同也；唯空膚之詞，不可以評他，彼據物理學故。吾因改如右。宰老謂經此改後始無憾。學問家每下一義，非經討論不得妥，一字不容輕下也。

才寫至此，宗三八月十七信忽到。思園研所能成，大幸。江南大學是否有基金？若太虚，亦不能有爲也。武大請吾，底薪六百，如北大例。每周二小時，不上堂，亦如北大例。唯云學校無屋。吾住城中，學生入城，吾私室受課，而不言爲吾租屋，亦不知校中果無屋否？吾尚未允，亦未辭，恐此輩難纏。秋後，吾仍不能衾與向火，當南回。此信轉思園一看。君毅何日南下？

（此函有月日而無年，應爲一九四七年。）

致葉石蓀

（一九四七年十一月二十四日）

石蓀有道：

南歸過滬時，適有楊生持惠函來見。此生於吾上春在平時曾有一函寄北大。初函約二三十餘字，云“與吾同□見，欲相合作”。辭氣間，毫不見有一毫靈感與樸實、深厚意思，只是輕浮肆妄而已。吾不答。次函如前，亦無可答。其在滬來見也，吾問之曰：“汝是常函北庠二次者乎？”曰：“然。”“汝欲合作甚麼乎？”復懇切教戒之，令無蓄好名之私，無求出頭地。如其有此，而小聰明足以濟之，固可遂其私，而爲人之道不當如是也。若小聰明尚不足濟其私，則不成神經病不可矣。又囑勿輕北上，生活太高。吾語甚切直，而此子似全不省。視其兩眼似無神，聰明何有哉？其態度極崛强，不必由其生性也，殆有病態乎？吾子不止其行，豈止之不得乎？抑果重其人乎？張德鈞確是可愛才也，不能致之川大乎？鄂東各縣全陷，武漢冬春間殊可慮。唯看天意如何耳。族類當萬世爲奴，此吾一向所憂。教育只是自毁，謬種流傳，日甚一日，不知所底也。不卜吾子同愚見否耳？上春，由鄂省、市撥款印吾書二種，就漢上印，不圖書店欺騙，款交而書尚置。今兹坐催其間，不知幾時可了此事也。明春，書出再作行止，不定北還。

十一月二十四日
力啓

（此函信封上寫："四川成都國立四川大學葉石蓀教務長。"下款："熊寄，十一月二十五。"另批有"門房切勿失落"。信封背面批字："如有信，即寄漢保元里十二號。"漢口寄戳"三十六、十一月、二十五、十三"，成都收戳"三十六、十一月、二十七、十二"。）

致柯莘麓

（約一九四八年五月十日）

莘麓：

五九來函所舉《時與文》五四短評有隱刺胡先生語，吾子不平，固是義憤。然正義恒存於有識者心窩。吾子不平之鳴，正是此等心窩發□。天下有識，同此心窩。胡先生亦在此心窩，□□□何足爲損乎？吾料彼非不知現狀之難，但在□舟中，亦無彼岸可登耳。然其絶意仕途，亦足大明心迹於當世。亂世作人誠難，老夫持學術而龍潛猶易也，彼以盛名繫中外之望，而擁國庠，已爲見龍。其難與當塗絶緣，亦可諒也。居公□不必發表。吾在杭尚無好住處。腎臟病，老年無可望痊，幸是慢性，日打針以扶持之耳。明年春夏，如無意外，仍思北上，住至秋後，乃復圖南。

十力

五月十日午後

與友人

（一九四八年五月十三日）

第一講，明天如不能寄上，後天決可付郵。望收到，即火急付正中，請其火急印出。

最後校對，你能任否？如不能，可否囑實存以此紙馬上星夜交教部柯樹平，此火急交樹平。請他任校。但須他接校樣時勿延擱，早了此事。吾精力疲困，老年腎臟，病不比前年。想樹平念一場師生之誼，能盡此情也。南方印本，樹平也可覓一部相對。但今改處多。即長注改動。

五月十三日早

（此函所説是《讀經示要》正中書局印本之校對事，我們判定爲一九四八年，時熊先生在浙大。）

致柯樹屏

（約一九四八年六月十日）

樹平：

前接信，知校樣未送，怪哉！如送到，則第一講後《儒行》篇内“先勞後禄”一語，“友人梁漱冥、張東蓀”云云，可將張塗去，而“漱冥尤苦矣”一語亦塗。如正中若遵吾前信全塗了，也就全塗。此外無改塗處。

又第一卷即第一講。開首，有《讀經示要印行記》“因商諸正中書局亟爲印行”，下改正且添云：“以待來者知所向焉。方今群言淆亂，後生胥溺，得此書出，揮魯陽之戈，以返慧日，負太行之土，用截横流，豈曰小補之哉！”原有“姑志顛末”一語，塗去。

六月十日午後

世菩想自費出洋，須何手續？望詳查能辦否。

來信，杭州浙大文學院鄭石君主任轉。

（此信中所涉修改，均就一九四八年正中書局所刊行《讀經示要》而言。又，來信由浙江大學鄭奠教授轉，可知此信寫於熊先生一九四八年短暫任教浙大期間。）

致胡適並附讀譚子化書

（一九四八年七月十三日）

適之先生：

總覺民生已盡，此局不了。偶閲《化書》，感觸萬端，信筆寫成一紙，本無心於文，自述所感而已。謹陳之左右，如可發表，即請佈之，如不必，即拉碎可耳。

力啓

七月十三日正午

附：讀譚子[①]化書（殘）

大戰結束，民望蘇息，而物價日益凶漲。去年視戰時，民困於水火之□度已增加萬倍。今年上半期視去年，其水深火熱之度，又不止增加億、兆、京、垓、秭、壤倍。民命將盡，種類垂危，僅少數官僚階級朱門酒肉臭。若輩仰視天、俯視地，何以爲懷？哀哉！本是同根生，相

① 譚子即唐、五代時期的道士譚峭，《化書》見《道藏・太玄部》。

食何太急？吾讀譚子《化書》而有感焉。譚子曰："有智者憫鴟鳶之擊腐鼠，嗟螻蟻之駕斃蟲，謂其爲蟲，不若爲人。殊不知當歲歉，則争臭㥜之屍；值嚴圍，則食父子之肉，斯豺狼之所不忍爲，而人爲之，則其爲人，不若爲蟲。是知君無食，必不仁；臣無食，必不義；士無食，必不禮；民無食，必不智；萬類無食，必不信。是以食爲五常之本，五常爲食之末。苟王者能均其衣，能讓其食，則黔黎相悦，仁之至也；父子相愛，義之至也；饑飽相讓，禮之至也；進退相得，智之至也；許諾相從，信之至也。教之善也在於食，教之不善也在於食。其物甚卑，其用甚尊；其名尤細，其化尤大，是謂無價之貨。"詳此所云，食爲五常之本，治亂之幾，實存乎食，蓋後儒所不能道。古今之爲國者，如任官僚貪殘無饜，而不顧及人民之有食與否，則覆族亡國之禍，未有可倖免者也。譚子又曰："夫剜其肌，啖其肉，不得不哭。扼其喉，奪其哺，不得不怒。民之瘠也，由剜其肌；民之餒也，由奪其哺。"又曰："爲巫者鬼必附之，設象者神必主之，蓋樂所響也。戎羯之禮，事母而不事父；禽獸之情，隨母而不隨父；凡人之痛，呼母而不呼父，蓋乳哺之教也。按此上數語，觀物最深微。明解乎此，則知與人均食而不忍奪人之食者，斯可爲萬物母。否則，物之所不與也。虎狼不過於嗜肉，蛟龍不過於嗜血，而人無所不嗜，所以不足則鬥，不與則叛，鼓天下之怨，激烈士之忿。食之道，非細也。"又曰："養馬者主，而牧之者親。按馬不親其主而親牧者，爲食故也。養子者母，而乳之者親。準上可知。君臣非所比，而比之者禄也。子母非所愛，而愛之者哺也。按此語雖若激，然人之生也，形氣限之。當嬰孩期，其生機體之組織尚未發展至於可以顯現其靈性之度，則其母子之愛，猶生於哺，未足云天性之流行也。禽獸亦如此。駑馬本無知，嬰兒本無機，而知由此始，機由此起。"按駑馬求食，而始開其知；嬰兒求食，而機智漸起。知機既發，日益複雜萬變，究其開端，則食而已矣。所以有愛惡，所以有彼此，所以稔鬥争而蓄奸詭，據上所云，原於求食而啓其知機，則愛惡之烈，彼此之猜，鬥争奸詭之兇，勢不容已，恰爲今日□□主義者寫照。然則反□者毋徒怙己私，挾忿氣，以争其力之所不能持與勢之所必不可勝。其唯正本清源，與天下人人均食，而慎勿奪人之食。大公之道既行，乖戾之氣不久當自息。如不悟此，猶將狃已變而不可復守之道，墮已頽而難以復挽之勢，相猜相持，日復一日，天下之憂，人類之慘，何忍設思。且今憂□與反□之國家，其國内殆莫不伏有□□黨，此輩或忘其本國而另有所戴，此豈人之常情也哉？戴其助我張目者，將以求食故也。馬不親其主而親牧人，嬰兒不親其母而親乳者，唯可以得食者是親耳。今日反□之國家，如慮□□主義者將假主義以行其侵略，思患而預防之，則其自己之用心行事，必不可不一出於公，必不可背於與天下均食之道。對國内資本家，當爲之法以裁其私，當爲之教以導其明。對外國弱小，當扶勉之以自立自給，而不可使其夷爲殖民地之境遇。審能如是行之，則世界大戰可不復作，而吾孔子作《春秋》以寓太平之理想，乃實現於今日，豈不休哉？戾乎此而欲反□，其各挾己私與忿氣，相猜相持之久，日以造戰者避戰，吾不信其終可避戰也。有生之倫，皆屬同氣，争相自毁，何忍於斯？儒者以天地萬物爲同體，佛氏視衆生爲一己，理實如是，今人何故自迷，此可哀也。吾不暇哀全人類，而實哀吾國人。吾國民衆已臨絶食之境，而强貪巨污，安富尊榮如故，官僚資本主義者絶不聞其有所覺悟。前歲接收舞弊，奇貪奇耻之敗亡徵象。《左傳》曰：“國家之敗，由官邪也。”千古殷鑒。去年雖曰清查，而竊國者侯，未見有何法紀。當此民不聊死之候，而捐税猶日加於農村；國家公共事業猶時時加價，以刺激物價飛騰。豈謂今之農民無有武器，不能造反，遂可一意孤行耶？爲淵驅魚，爲叢驅鵲，此等慘象早成，奈何不思，奈何有目而盲然無見？人生不過數十寒暑，何故逞無窮之貪欲，造覆國亡種之惡業？此真不可解也。闊官如不貪，小官決不敢貪。大小官都不貪，則財力自有餘，而小百姓可活命矣。舉一例以證之。吾鄂自起義傷殘，迄北洋軍閥之宰割，凋敝極矣。民十七，張難先長財政，石蘅青長建設，嚴立三長民政，劉樹杞長教育，張知本爲主席。諸君皆清廉吃苦，衣僅蔽身，絶無嗜好，食取果腹，無事珍味，並禁絶晏會。難先微服偵查屬局、私訪商民之口，鐵面無私，雖其子壻欲妄求一差而不可得。故年餘之政，而致省庫充盈，社會有驩虞之象。武漢大學創建，實賴其力。中小學教員薪水增高，人得安心任教。至今學子猶多能言其事者。當時省府諸公皆非無知無恥官僚，固卓然有以自見；而其時掌兵者胡宗鐸、陶鈞亦復自好而能禮文人與老輩，能不干政，此其效亦不可没也。岳武穆云："文官不愛錢，武官不怕死，天下太平。"此實萬古不磨之訓。今者貪污奢淫已爲牢不可破之習，人人視貪淫爲尋常，爲不足怪異。官邪之極，至於無法形容其醜，甚至不知邪之爲醜。抗戰既止，而百政日益敗壞，人民非但不聊生，而實已不聊死。上下猶不省悟，此局云何得了？吾意當道與其以全力剿□，不如以全力剿貪。貪剿則政清而民得食，自不附□，不外向。斯□不待剿而自息。從古未有政亂、官貪而其國不亡、民不奴者。是在我國上下之自覺。余年逾六十，來日[23]。

致北京大學總辦事處

（約一九四八年八月一日）

浙大薪，吾本未受，他只好存之校本部。到學期終時，文院要吾取，吾仍不取，乃云須吾名義取出，再由吾還之文院，另作他用。吾乃照辦。此哲學系主任之信，今交北大總辦事處存查。

十力附註

（此信現存北京大學檔案館，檔案標題爲"謝幼偉爲熊十力在浙大不支薪事復熊十力函"，由天津社會科學院趙建永研究員發現並整理釋文。全信一頁，用"國立浙江大學用箋"。信之主體即謝幼偉致函，熊先生附註於信末，鄭天挺批示於信首。）

附：謝幼偉致熊十力

（一九四八年八月一日）

十力先生道席：

七月卅一日手示拜悉。承將二至七月份全部薪俸退還，並稱願爲敝校盡義務。先生清高，舉世罕儔。該款經轉文學院，另作他用。晚特代表敝校，謹致謝意。

耑此，順頌

道安

晚 謝幼偉 拜上（名章）

卅七年八月一日

附：鄭天挺批示

（一九四八年九月二十九日）

關於熊十力教授在浙大不支薪文件，請文書組存卷。

天挺

卅七、九、廿九日

致徐復觀

（約一九四八年八月十六日）

佛觀：

宗三、君毅十四日午後到此，而你不來，殊失望。宗三決留浙大，甚好。吾之屋只爲我一人打算，二正間，另一用人小宅，另一廚房。惜正屋稍嫌進身較促，能長二尺或一尺許乃大佳耳。院子甚大，無他家夾雜，此卻最好之事。院外即城壕，即野外空曠不待言。

小女仲光確美材，君毅、宗三全看其信，可問他二人。此子可作學問，德性溫厚而嚴正。唯其神氣不必充盛，面之下部嫌促，耳不長大，未知福命何如耳。

《示要》前據士選信説，全照吾意排印。而滬以無四號字對，吾度難相强，仍允其照初次所交樣張即五號字。排校。迄今似猶未寄樹平作最後校，望向士選先生催其能早出書是幸。

扶明之事，煩問希聖。如他有好辦法，是扶明所最望也。

此轉樹平一看。

八月十六日

與柯樹屏·便條二

（約一九四八年九月十二日）

既難得兩人合校，只好讓你好好看。吾難得妥人，難得有解而又小心之人。

力

九月十二日又

［此信所提及校書事，極可能是指一九四八年正中書局印行“十力叢書”之《讀經示要》。據《與友人（約一九四八年五月十三日）》《致徐復觀、柯樹平（約一九四八年九月二十五日）》兩函，可知柯任校書事，恰在五至九月之間。］

爲卞孝萱母李太夫人題辭

（一九四八年九月二十五日）

婦人守節難，窮苦而能守尤難，苦節而求識字以轉教五歲之孤，則又天下之至難，古及今希有也。明儒羅念菴稱節婦烈女之行，乃人類道德之最高者。其生長深閨，無見聞之啟迪，而誠發於中，真積力久，其事雖至奇至難，而實家庭間庸德庸行，非若立德於天下者，有赫赫之績可以詳舉，人之於其行事忽之也易，而彼孤守窮閭闇室，亦未嘗妄冀不可知之譽望於當世，誠之至而通於天，彼亦不自明也。無所爲而行乎不容已，其可謂至德也。揚州卞子孝萱，函述其母李夫人節行，懇請題辭，遂書此致敬。

中華民國三十七年九月廿五日
熊十力（印）

（該文系應卞孝萱之邀而作，收入其爲母親李太夫人四十壽辰所編之《娱親雅言》。標題爲編者所加。）

致徐復觀、柯樹屏

（約一九四八年九月二十五日）

佛觀看了轉教育部柯樹平先生。

樹平：

《示要》，你既忙，吾又恐其延，已囑其寄吾親校。他今日又以你校過之廿頁拿來抵塞，真可恨。缺破之字他未换，可恨。此事如何得了？

一事告你及佛觀。世菩未婚，萬幼璞皖人，曾任北大之學生舍監，及吾養病杭州時，他在浙大當職員。時我家眷與他的家眷仝租住宅，其女孩小世菩約二歲。今春欲以其小女婚世菩。師母初不肯。王孟蓀先生請李國魁算此女八字，旺夫旺子，又與菩命相合，力主訂婚。萬家請菩至其家。菩與其女仝玩四天，甚同意，即當訂婚。此女明暑後卒業高中，即成婚也。此後當可得孫。相者每謂吾有好孫云。

九月廿五日午後

（此函年代係我們考訂。）

與徐復觀

（一九四八年九月二十五日）

佛觀：

九月十九日，付浙大卒業生楊彰入京監察院之便，帶一信，並托轉二千萬元與張雲川夫人，已收轉否？吾十九到復旦，廿三午後上車回杭，得你信。印書事，士選振振有辭，見他答你信。吾今日又直函彼，查《示要》，從老四月初六日寄他，今已半年，不可謂不久。一月前，滬局寄樹平校廿頁。今日，他仍以此數付我。樹平校之原文。我火起，故又函他但措辭甚婉，只說西洋人、倭人說話均信，中人缺此，不大好而已。

西醫不可全信。吾自民十四、五年，大病幾死，以至於今，總是病人。吾不找西醫，亦不找中醫。間有介紹來者，吾與之談談。說得我快死，我不怕。說如何藥，我採用一些試試，也不全用他的方。你體氣外强而實不充實，爲汝計，從今斷夫婦之事，是活命根本。任何藥，此事做不到，終無救於短命。次則一個吃字。吃勿求味道，只要是滋養富。養得好時，易動性欲。此際須堅忍，用心向上，漫漫〔24〕性欲消下。久之又動，又堅忍向上，總是如此。此是吾四十左右長期養病中經驗。五十後，則性欲不大動，動亦易消。六十則無事矣。汝家子侄多，吃東西須學吾。吾養病時，每天用西藥房煨雞汁之貫〔25〕子，將整個雞切，切成不大不細之塊塊，放入貫内，若加烏龜板更好，一點水也不放入，另用一大土盆或鐵窩〔26〕，將水煮開，以肉貫子封口，使窩或盆子之開水恰恰齊貫子之口，而不至漫入貫内，將鍋蓋或盆蓋蓋好，使熱氣不廠〔27〕。如此辦法，從上午早八時蒸起，至午後四時或五時取出。倒開貫，則一飯碗肉汁，好好服下，兒女一口也不予他。如此吃上半年，即回生，又二年，體日充。如不盡蒸雞汁，則用一斤牛肉蒸之，或二者换用，必天天無間斷。吾如此行過三年，以後厭煩而未行，則用炭火緩緩煮雞湯或牛肉湯，不多下水。肉可食即食，勿過煮，過則成渣，而肉汁化氣以去。也須獨吃，勿分與愛子。分則少力，此話謹聽。子女可另吃。廿六年入川以前，總如此。入川後，往往難辦。烏龜肉是起死回生之上上品，每天用一個或二個，用開水煮食其肉。勿久煮，可食即食，勿分與愛子。其下板可打碎，合入牛肉或雞肉蒸汁。吾雖好打賜保命一類針藥，然實效不在此，實效即上所説也。又青菜每餐可吃一碗。以上可採用，勿慕西藥。與其慕西藥，不如買烏龜。决無勝此之西藥！上海有處可謀，漢口更易謀，杭州不易得，吾以此爲恨。近日真西藥好者買不起，藥坊且多僞品。吾擬停打針，勿用冤枉錢。只惜烏龜難謀。民初，聞張純一言，上海某地似是徐家匯。西洋教徒以大船收買烏龜，謂其大補云云。

九月廿五日午後

致柯樹屏

（約一九四八年十月十八日）

樹平：

吾無他處可説，只可請沈或章部長與教試院秘長雷君法章商。但你已領簡任待遇。他們能否予你以簡任職，大是問題。我想他們不至以我之一言而特別重用。一則今日位子確少，二則到處講私人密切關係，三則我是冷人。動得不好，更有生活之危。

十月十八

（雷法章於一九四八年七月始任考試院秘書長一職，故此信當寫於是年。蓋次年局勢大變，柯氏恐無謀求簡任實職之心。）

鈔寄劉公純等

（一九四八年十一月十日）

付瞿禪交哲敷轉仲浦：

所問陽明收斂工夫語，似非切問。吾子但當在自身體驗視聽言動之際是否可縱任其發散。縱任一詞，吃緊，即毫無收斂工夫之謂。如知縱任之非，則時時在在當注意收斂工夫。所謂收斂者，如視思明、聽思聰及非禮勿視、聽、言、動之類，皆收斂工夫也。思聰、思明之“思”與非禮之“勿”，汝切忌粗作解。如不當視之物而不視，固是非禮勿視，然僅如此乎，猶甚粗也。至人一心内斂，不隨耳目等感官流散，千萬勿粗解此語。無物當前時，此心固澄然平明，不曾放蕩；有物當前時，雖不是非禮之物，而此澄然平明之心，其感乎此物而視之甚明，卻非有意追逐此物而後視之明也。所謂思明之思，是照了義，不是如凡夫將心繫着當前之物而瞪視之也。如繫着乎物而瞪視之，則求明而適得其反。因此正是追逐乎物也。心逐物，即心乃物化，明於何有？君子之學常收斂，則心常澄明。澄字之義甚深。澄言不摇，如水澄清不昏，故謂之明。明，故能照耳，於物無所蔽也。凡夫遇非禮之物，欲不視此，比於視者雖佳，然即此欲不視之欲，已牽擾此心，而失澄明之本然。易言，心已爲官感所摇，爲物所引，但能强制於將馳之際，要非能立大本於未與物接之先也。孔子語顔子以四勿，境地甚高，不可淺會，實即收斂工夫也。陽明做到此時，正是希顔之詣，談何容易。汝不反身自求下落，而乃疑陽明何故此時猶未能發而中節。不反自身究此理，而上疑古人境地，此何所爲？吾於知見，自信於古聖賢及百家深旨，庶幾六通四闢矣。但終不敢望古聖賢分毫者，他於此理實有諸己，我則貧子説金耳。收斂意味吾静中用思時，亦非不有，但氣性一動，則心隨口舌而奔放，注意此語。無有道理。此汝曹所見也。吾傷學之絶，忿世之衰，種類垂亡，急於著述講明，未及作静養工夫，以致神經衰敗，生理又影響心理，容易躁動。故收斂工夫不易作，此亦平情之談也。伯尹鈔此一分寄公純。聞吳生聽他講四書，故當示之。又可自鈔一分，並陳馬先生一看。黃賓老致候。效寬、定域、志岳、石君、哲敷仝看。

四月廿三日

以上爲弟子抄稿，熊先生又有親筆短信附後：

劉公純先生並交仲瑜、仲强及菩兒共看：

粵中先説來接，今情勢如此急，當不能來。赴彼處恐不必勝此。老年也難動，只好一切聽天。公純所説之事，吾暫時且置。將來或不至斷交通。此紙仲瑜、仲强、世菩看後，煩公純或仲瑜郵星賢。來信到多日，吾無心復。吾年已至此，可苟活即苟活，萬一要早去，即自由去。吾諸書，星賢幸妥存。穎、豐兩兄均此托。養軒先生好！

十一月十日

清聞齋詩稿序

（一九四八年十一月二十六日）

余平生不能詩，亦未學詩。析物則强探力索，侈於求知；窮玄則極深研幾，究於無始。究無始則神斂而遺感，侈求知則思密而亡興。詩也者，感物起興，得天理自然之妙幾，接乎外而動乎中，亦緣其素所存於中者裕，故其接於外也融融。余於詩味全未領納，獨惜所學異方，未及致力於此也。

王生準曾學於吾友會稽馬一浮，又嘗及我之門。其人質樸誠愨，於先儒之教能深思力踐，余與一浮並嘉許之。準於世無競，雅擅吟詠，能得謝靈運、杜子美之遺意。永嘉夏瞿禪精於詩，尤推服準詩。余所未逮者，而準能及之，以是隨喜爲書其稿，以勵其志焉。

中華民國三十七年十一月二十六日昧旦
漆園老人　熊十力

就良知主宰問題答唐君毅

（約一九四八年十二月二十六日）

孟子言仁熟，不可單在此二字面上悟去。孟子言先立乎其大，又尊舜之明物察倫，又主擴充。此三義子細參透，□[28]可悟仁熟之旨。明儒良知爛熟，未嘗不從仁熟二字來。其實，他們見到良知，於孟子性善及先立其大有見處，而明物察倫與擴充工夫皆太欠在。二溪至多可謂狂者，“良知爛熟”何可以此加之？下文“熟而爛”不知何意。二溪甚粗，細玩孟子言行，足知其於良知未爛熟，且常不是良知。二溪取予便亂，何況其他。不獨孟子，去陽明亦太遠。

雙江、念庵，龍溪議其於良知未真信得及，此亦亂說。二公病在溺寂耳，與二氏近也。二溪於先立其大，有見處；而雙江、念庵則於先立其大，見之而已有得處。見與見而得，二意大有分，須注意。明物察倫與擴充，則二溪與雙江、念庵同缺了。擴充與明物察倫緊相關，宋、明受二氏影響，只務鞭辟近裏切己，對知識方面無形忽視，自於倫物處疏脱。其言治平，言王伯，好似作教條去崇奉，不是良知從現實中去擴充得來。陽明本人尚於倫物處做擴充工夫，但其教人仍偏於立本與向裏，故門下多入狂禪去。

意爲主宰之説，始於泰州之徒王棟，念臺實受影響，其弟子梨洲[29]不諱言之也。此實胡説。而君毅尊爲宋、明殿軍，不知何解？此等處，如作文字，太麻煩。以之説《大學》，萬不可。吾《示要》甚分明，不察何耶？若不關《大學》而别作義，則亦不通。吾若言之，須長文，此時無暇。

後文吾未及看，只看第一頁暫止。君毅或重在主宰之義歟？其實陽明自謂發明良知爲千古之一快者，就於此得主宰故。陽明屢言心是身之主。而心是什麼？他解《大學》致知處，特指出良知才是心，從知是知非、知善知惡處認識他了，以至於無聲無臭、爲萬有基。這即《易》云“乾知大始”之知。《新論》解云，以其知而大始萬物也。此知分明是主宰義。《示要》解《大學》最精，亦最得陽明之旨，但格物處則融朱子耳。離良知而别覓主宰，可覓否？望静心體之。程、朱談天理，會得時，固可説天理即是良知。若不會時，將以何爲天理耶？若指出良知，則人人反求自得。叫强盜當堂脱褲子，他不忍脱，當下就認明自有主宰，叫他非禮勿動。何等易簡、真切！良知明明是主宰。今不自反，而妄想一個“意”來做主宰。王棟固誤，念臺師弟更從而誤。君毅今又重尊之，執迷以導人於迷，此何爲者？吾少年怪陽明總不道白沙，晚而知陽明無私意也。白沙静中端倪，不必是真體呈露也。白沙有狂者胸抱，見真猶未也，雖灑脱，而似失卻仁。甘泉隨處體認天理，天理是什麼？宜陽明不予也。識得内在主宰，然後説隨處推致之則甚是，而甘泉不爾也。念臺思想混亂，彼爲東林黨魁，立身端謹，物望所歸，梨洲又崇之，故爲一代大宗。實則其於學術，無甚真見。

真言宋、明殿軍，其必以船山、二曲、亭林三位合爲一體而後可耳。船山自命體用兼賅，而實不見體，當以二曲救之。船山固有用，當更以亭林擴之。船山方面多於亭林，而謂以亭林擴之者，亭林實測之精神與專長處，有過於船山也。

此等紙條望保留。吾急欲離粤回鄂，欲臘月半離，未知能否。不該來。

十二月廿六日

（此件無上下款，末具十二月二十六日。標題是我們加的。内容與作者一九四八年十二月三十一日致牟宗三轉唐君毅及一九四九年一月二十三日復唐君毅再論良知主宰相通。此件亦可能是一九四九年十二月所寫。）

致牟宗三、唐君毅、徐復觀：

（約一九四八年十二月三十一日）

杭州　浙江大學　牟宗三教授轉

君毅：

前不多天與宗三轉一信談你文字。余來此，氣候不好、水土不好、精神不好，未能詳談，然意思確不差，望留意。汝似謂致良知“致”字是良知所得自致的，確似有此意。果如此説，則學問不必講，人也該不待用力而皆爲聖人了。此大錯誤。致者推擴義，是工夫之謂。孟云“擴充”，“充”字即《大學》致知之“致”字義。“人能弘道，非道弘人”，此須深究。《易》言“聖人成能”，與此同旨。吾《新論》全發明此旨。吾注重即工夫即本體，亦此故。

良知確要致，他本是身之主。即主宰之謂。但上等人氣質清，可不大費力，一識此本體，即主宰。便不會違他，視明聽聰，處處是主宰用事。質不美者，如能聞師友啓迪，得識本體，卻要自家努力，把他本體或主宰推擴出來。誠意工夫全仗此。誠意只是無自欺，此不是理論，須自反之心才見。良知主宰，知善當爲，而人有不順良知去爲者，何耶？此時習心或私欲、私意起來，計較利害得失，便詭辨一個道理，而不去爲善，是謂自欺。良知主宰，知惡不可爲，而人有不順此主宰去止惡者，何耶？此時習心或私意起來，計較利害得失，便詭辨一個道理，而姑謂不妨作惡去，此又自欺。有分毫自欺處，真意即被障礙，而不能爲善去惡。久之真意全障，即本體失掉了，主宰不見了。宗門所云主人公不在了。知與行不合一，也就是此故。若毋自欺，而純是真意之發，則知行自是合一。故誠意以《示要》解得是，念臺大錯。

如將意另作説，則必如《新論》分別心、意、識三名。以其爲吾人與天地萬物之統體言，則曰心，剋就其爲吾身之主宰言，則曰意；剋就其感物而動言，則曰識。隨義異名，而實一物，如一人有多名也。念臺並非如此説。他所謂心、虚靈、覺、主等名，並不是我那樣説。我的説，可以説是依方面的異而不同其名。他似是在自心中分了許多層次，看吾《示要》講《大學》誠意處之後一段。都講不通。須細玩《示要》。

《新論》之心、意、識三名，是因佛家分八個，以心之一名屬第八，意屬第七，識屬前六。我既不打作八個，故改其説。我自問改得很圓融，很妥洽。念臺於心之中，來一個意作主宰，何可通？

《示要》於《大學》正心處，言此心是身之主。但只泛説心，未指示心之面目爲何。到後致知，才指出心就是良知，離了此知，何所謂心？此吃緊。推是工夫。要把他推擴出來，如孟子勸齊宣充不忍一牛之心以保四海，充好貨、好色之心，便皆與民同之。這種推擴的工夫能做到，自不會陷於自欺。不能推時，纔起自欺。此意深微。從來理學家總是以爲心地工夫在克治，此即重在無自欺，而不甚言推擴。此理學所以敝也。一不推擴，自欺便起。如今日許多好人連吾儕皆在内，皆有不忍斯世之心。然而説到救世行動，則皆曰舉世昏迷，舉世不可得一共事之人，無可與爲。或又曰以身輕試，死也無益，甚且取辱名，至少亦是勞而無功。此種種話，謂之非歟？確也是事實必然，無可責其非。但憑良心一想，則此等計較究是詭辨自欺。若順汝良心一直推擴去，既不忍斯世，就要拚命去救世，那計他得失、成敗、死生、禍福。因舉世昏迷，皆不成人，我知之、不忍之，才要去救。他若不昏，何須我救？依良心説，上述種種計較，確是自欺。若依良知即良心。而推擴去，盡我一身之力去作救世事，不管死生得喪，不管人之可與否，鞠躬盡瘁，死而後已，他自然不會有上述的種種計較。汝等反躬自問，便知《大學》誠意在致知，是一針見血語。朱子、陽明解誠意，錯得不堪，在意發處求誠，太不反省！《示要》已駁得明白。好善如好好色，非做到不可。惡惡如惡惡臭，非拔去不可。此等努力的行動，也即致良知之致。易言之，即推擴工夫。此當就依順良知主宰處説，而非可於好惡之情動時説也。好惡情動時，如動得正，必是早已順着良知推擴，常常有主宰在，故好惡不亂。此時自不須於好惡上再着意添個好之真、惡之真。於好惡上又添好惡，則私情起矣，非順主宰之真也。好惡動得不正時，更着意去添不得。《大學》釋誠意，明明曰無自欺，如何不依此而在好惡之情上求添增耶？故曰朱子、陽明均誤。無自欺工夫固與推擴工夫是同時用的，然推擴是主。吃緊。没有推擴工夫而求無自欺，其終必陷於自欺而不覺。此非内省深者不自知。《論語》説："根也慾，焉得剛？"剛便是推擴之力。不推擴，在消極中究立足不住，種種終是躲閃，終陷於自私自了。大乘的精進與大悲也是推擴，小乘便不推而自了，遂成乎私。推擴才是人能弘道，才是成能。《新論》主創浄習明心宰歸於仁，仁者與天地萬物爲一體，皆在推擴。

主宰不是由人立意去作主之謂。主宰非外鑠、非後起，而確是汝之本心，是汝固有之良知或性智，亦即孟子所云仁義之心，程、朱云天理之心，卻要在知善知惡、知是知非之知或智處認識他。陽明教初學，總在此指點。認識了這個面目，卻要自家盡人能，即努力去推擴他。推擴得一段，主宰的作用便顯發一段。推擴得兩段，主宰的作用便顯發兩段。你時時在在順主宰的作用而推擴之，即無所往而不是主宰顯發。於流行見主宰，要於此悟去；即工夫即本體，要於此悟去。一息不推擴，即容易失掉主宰，而習心私意將乘機而起矣，自欺而不自覺矣。宗三去年説，答他《大學》致知格物信是理論的，豈不怪哉！吾故知汝儕於吾文字太作兒戲看也。

十二月卅一日

推擴工夫是什麼，即順良知或性智之知而努力作去。他知或智。知善當爲，你便順他努力爲去；知惡當去，你必努力去之；知是知非，你便順他行其所是而勿習於非。如不忍一牛之死，豈能忍於四海困窮。齊宣以羊易牛也易，而保四海卻做不來。這個是齊宣不肯順其良知主宰去努力之故。齊宣終自欺。

此信與佛觀看。

佛觀：

急望汝來。吾老臘月廿左右或老明正月半决回鄂。吾此行太可惜，被汝催動。財損完了，精神大損，一毫意興也無。氣候一日數變，一夕數變。

與徐復觀

（約一九四八年末）

世局究如何？還是美、蘇合同處分吾神州耶？還是蘇暫據北中國而不急圖南耶？此皆不可知。政府是何作法，亦不知。對大學教育，將任其消滅乎？尊重士氣與士風向背實，關國家命脈，豈能等閒視之耶！艮庸注上。如此，即半壁决不能支。是驅一切識字者都北走胡而無南走越者！黄、農、虞、夏之胄真完了！汝何不一言？《示要》一書，汝絶不留意，何耶？到底出否？紙型存否？

又及，汝何日來？

（此函無上下款，未具時，估計是一九四八年末給徐復觀的。）

致柯樹屏

（約一九四八年）

樹平：

楊彰來，他説你還是薦任之薪，恐難生活。吾曾寫數行，請于髯公調你以簡任職。彼中幾皆西北人，此話當然不行。如不能，則煩言之教部主者，爲你晉級。楊生廿日由此回城，已帶去。但楊生眼神微動，恐未足託以事。居中無人，未知髯公得盡力否？

（此信不署年月。楊彰者，系浙江大學畢業生，於監察院任職。此時柯樹屏大約已得簡任名義而領薦任薪，故熊先生有調簡任職或晉級兩說。一九四八年十月十八日一信，謂柯氏已得簡任待遇，則此信猶當在前。）

復牟宗三

（一九四九年一月十三日）

宗三：

十二月廿九日，昨午後艮庸帶到。卅一日信亦到。所説王學流派，另是一事，意之一詞要求的解，又是一事。念臺言意宗王棟。棟已誤，彼又承之。棟云“心則虚靈而善應，意有定向而中涵”，將心、意分層次。實則有定向而中涵者，即知善知惡、知是知非之良知也，即心之自體也。此是非善惡不可亂之知，即有定向，不從外鑠，故曰中涵。虚靈善應者亦即此知，非與有定向中涵者可判二層也。吾《新論》改正佛家唯識心、意、識三名依八個識而分開之誤，而只於一體之上别説此三名隨義異故。此與王棟、念臺乃判天淵。此中有甚多話，無暇寫也。此處不是講流派問題，當反在自身，尋得何謂意。流派得失又是一事，須别論。

十九日信，候艮庸、佛觀午後到此再面商。吾料朱謙之話不可信，孔德話亦然。中大諸人不獨不同武大、浙大，亦絶不可與復旦同日語。復旦確有心做好，確有道義。人多以海派視之，大誤。此間真海派耳。吾欲回鄂，亦候佛觀來決定。

吾於十二月卅一日補一信與君毅，到否？此紙亦轉君毅。

一月十三

（此處指十二月二十九日牟宗三給熊十力的信。）

致唐君毅、牟宗三

（一九四九年一月二十三日）

（一）

君毅：

一月十日來信，到此約四五日。頃寫此復。

念臺言“意”，係依《大學》“誠意”而言，吾故不能不就《大學》“誠意”而論。此當認定者一。

主宰是無爲，有爲者人工也。吾後寄宗三轉一長信，吾子此信中若無所涉者，豈完全忽視歟？吾注重良知主宰是要“致”，即推擴工夫之謂。推擴工夫即順良知主宰而着人力。人能弘道，以此也。順主宰而推擴去，才無自欺，故曰欲誠意者誠只是毋自欺，《大學》明文。先致其知也。不能順良知主宰而努力推擴，鮮不陷於自欺者。《新論·明心章》特提揭即工夫，即本體，此予苦心處。若無推擴之人工，主宰只是無爲，將被私欲隔礙，以至善善不能行、惡惡不能去，非道弘人故也。此須認定者二。

若吾子之意，良知善善惡惡之幾，常能主宰乎念慮之間。果如此，則人人不待修爲，自然都是聖人矣。誰無此良知善善惡惡之幾者？吾子又言，良知善善惡惡之幾，常有定向乎善而不容昧者，即名之爲意，由是而意不特爲心之所發，亦即心之所存，存發只是一幾云云。似欲調和陽明、念臺二家之説，以爲言之成理。殊不知良知善善惡惡而定向乎善之幾，既是所發與所存爲一。則何以人人不盡是聖賢，而幾乎皆是禽獸耶？孟子曰：“人之異於禽獸者幾希，庶民去之，君子存之。”庶民所去之幾希，即良知善善惡惡定向乎善而不容昧之幾也。君子所存之幾希，亦即良知善善惡惡定向乎善而不容昧之幾也。船山曰：“庶民者，禽獸也。”然則庶民何故去其良知善善惡惡之幾而爲禽獸乎？吾子云良知善善惡惡之幾，即名爲意，且申之曰存發一幾。今徵諸庶民，則其發與存，卻不是良知之意。縱如念臺別名之曰念。然試問何以成乎禽獸之念，而去其良知之意，此個原因安在？若於此不切實反勘，而空說道理、空談歷史，老夫不知此是甚道理，亦不知如此講歷史，果何所昭示於人。望吾子虛懷切究一番是幸。

吾以哀痛之意告吾子，吾《新論》歸重人能，特提即工夫即本體，此是從血汗中得來。然爾時尚是大段見得此意。及作《讀經示要》，取《大學》首章以明六經之綱領旨趣，乃於誠意處改正朱、王在好惡之情上說誠之誤，而特重“毋自欺”，又歸本致知之“致”，到此始親切。但在講《大學》處，只好依他之體系而立說，卻未提出一“志”字。《大學》於此不提“志”字，因爲他開端便曰“古之欲明明德於天下者”，其地位儘高，故不言志而志早已立定也。其工夫扼重在“毋自欺”與致知之“致”，已自謹嚴至極，發用無窮，乃真是賅費隱、澈體用也。但此地位太高，吾故於第二講首以立志。從來儒者都知“志”之一字最重要，而“志”字之義云何，似未深究。陽明猶未透在，况程、朱乎？此吾《示要》所已剴切明辨者也。然《示要》中尚有一種意思未明白提出，因當時寫得太急促。此種意思，蓋謂天人之間須有一個樞紐，即“志”是也。吾人之真性，固是得天之全，譬如每一漚，皆攬全大海水以爲其體。人皆得天之全，亦猶此。應說人即天也。然從另一方面說，人雖稟天而生，但既生以後便爲形氣之物，而不易復其本來稟受之天。所以良知主宰雖有善善惡惡及定向乎善而不容昧之幾，無奈人生不免爲形氣所限，終有如陽明所謂“隨順軀殼起念”之危險，即人每物化而失其天。孟子言庶民所以去其幾希而成乎禽獸者，以此也。學者誠反己而熟察之，明於己之所以失其天，而後衆生之所以失其天者，亦可燭照而精識也。於己不反而徒責人，則明者其不陷於禽獸者鮮矣。《大學》重在“毋自欺”，有以也。夫能反己而毋自欺者，必先有立志以爲之本。志且未立，則己早已物化而失其天。“帝謂不通”。“帝謂”見《詩經》。帝或天即吾人內在之性智或良知，非外在之上神也。不通者，良知已被障礙而不得顯也。渾是一團惑障，從何可得毋自欺乎？《大學》者，大人之學，根本就已立志者説，故於誠意處單刀直入而言“毋自欺”，此親切至極也。余以爲，志者，天人之樞紐。人之得以復其天，而不至流於物化者，志爲之也。志不立，則人之於天，直是樞斷紐絶，將成乎頑物，何可復其天乎？孔子自言十五志學,《孟子》“養氣”章説“志，氣之帥也”。有志以爲氣之帥，則人之所以通乎天之樞紐在是。循此樞紐而動用一順乎天，久之則人即天而天即人。儒先所謂“盡人合天”，“合”之一字猶是費詞，費者虚費。或者無可表示而强爲之詞。天人畢竟不二，非以此合彼也。但就始學言，必以志爲天人之樞紐。此則吾平生親切體驗之言，垂老而益識之明、持之堅也。此樞紐樹不起，則毋自欺不能談。毋自欺作不到，而言涵養操存，其不陷於惡者鮮矣。念臺，東林黨魁也。東林在當時是非甚不明白，亡國之罪無可逭。撫今思昔，吾猶有痛也。今當略作結曰：性智或良知者，皆本心之名。心無形象，指出性智或良知，以下省言良知。則反己而自識心體矣。

良知另行。備萬理、含萬善、肇萬化，無知而無不知。其發用流行而交乎事物也，知善之當爲，知惡之不當爲，有定向乎善而不容已之幾，於此言之，可名曰意。陽明以所發言意，是也；但言所發有善與不善，便非。《示要》第一講已繩正之。念臺言意有定向，不悟有定向者，乃良知之發用自然如是，非可於良知或心體之上别構一重意來説有定向也。念臺曰“《大學》之言心也，曰忿懥、恐懼、好樂、憂患而已。此四者心之體也。”此言明明違背經文。經曰有所忿懥則不得其正，乃至有所憂患則不得其正。今乃曰此四者心之體，此成何話？夫專以情言心體，則心乃佛氏無明之心也。《大易》乾卦以仁顯心體而必曰大明、必曰知，豈有離知與明而言情可以指目心體者乎？念臺此語，已罪過無邊。其下文即徑接曰：“其言意也，其字謂《大學》。則曰好好色、惡惡臭。好惡者，此心最初之幾，即四者之所自來。此語尤邪謬。夫善言此心最初之幾者，孟子四端，千的萬當。以其於性之見端處言情，則情爲隨順大明真體而顯發之情，故此情即性，而非好好色、惡惡臭之情也。好好色、惡惡臭之情是與形骸俱起之習氣所成，非真性也。此等好惡，無有明與知爲之宰也。念臺謂爲忿懥等四者之所自來，誠是也。《大學》説此四者令心不得其正，念臺乃謂此四者來自此心最初之幾。何其邪愚至是乎？以念臺之説與孟子四端之説對照，稍有知者孰忍朋念臺而違孟子乎？是而可忍，孰不可忍？障神明之性智，導斯人以迷情，不經指出，而盲信之猶可恕；已經指出，而猶護己見，是何心歟？朱子、陽明解誠意，據好惡之喻，均大錯。吾《示要》已正之，不理會何耶？念臺又承上而言之曰："故意蘊於心，非心之所發也。"據此，則以忿懥等四者所自來之好惡之初幾言意。又即以意蘊於心而非心之所發。是其爲説，明明將心與意區别兩層來説。蘊於心者方是意，則意不即是心也明甚。其下又徑接之曰，"又就意中指出最初之機，則僅有知善知惡之知而已，此即意之不可欺者也。故知藏於意非意之所起也"云云。夫念臺在上文明明誣《大學》，而横計曰"其言意也，則曰好好色惡惡臭。好惡者，此心最初之幾"云云，是明明以好惡之情言意。今卻曰"就意中指出最初之幾，則僅有知善知惡之知"而已。夫好惡之情中而有知善知惡之知，則此知必是佛家隨惑中所謂不正知者也。何怪東林黨人變亂黑白，顛倒是非，非殺熊江夏、擁王化貞，以亡爾國家、奴爾種類乎？夫貞明而無所偏蔽者，心體也。《易》義如是，釋與道亦同證及此，未有指好惡之情爲心體者也。好惡之情，形而後有者也。若認賊作子，則本明之心既失，好惡如何得正乎？王學末流至於念臺，可謂天昏地暗矣。今日尚可張此迷霧乎？其曰知非意之所起卻是，曰知藏於意便大迷謬。念臺所謂意者，好惡之情也。好惡不失其正者，固是良知之發用，不當曰此知藏於好惡中也。好惡失其正時，良知已被障，而此知又能藏於好惡中乎？寫至此，老夫已倦，天亦將暮。其下文更邪謬，兹不暇繩治。

念臺談義理，不迷謬者甚希。望有虚懷向善君子能爲是正，勿誤後人。老夫未暇及此也。君毅欲護念臺，而以存發一機言意，卻未究明念臺以何爲意，則存發二詞，不過虚弄字眼而已。

（二）

宗三：

君毅函中謂大作只注重歷史性，非欲專論《大學》誠意，然大作之歷史性卻是推崇念臺，其推崇念臺又在其説“意”處。念臺之説意也，明明以宗《大學》者誣大學。吾何得不於此加以繩正？在好惡之情中而言知善知惡，此正是今日人心陷溺所在，今人喪盡良心正在此。不謂念臺衣缽流傳至今。此吾所大痛也。

念臺認好惡之情爲意、爲主宰，是大迷謬，如上已詳。吾《示要》所謂意者，是依本心即良知之發用而得名，亦説見上文。良知備萬理，無知無不知，是吾人内在主宰。不可於良知或心體之中，又建一層主宰。意即心之所發，心即良知。非可説心之中又藏一個意。此皆明明白白的道理，爲甚無端添上葛藤？

在杭時，聞人説君毅之意，似因前儒談心，多只在虚明覺照處或知的方面説，此畢竟靠不住，所以有取於念臺以主宰言意。吾不知君毅全文是否如此。須知《易》於乾言仁、言知、言大明，而《繫傳》又言貞觀、貞明。《繫傳》曰：“天地之道，貞觀者也。日月之道，貞明者也。”此皆以象本心之明覺。《易》之辭皆象，漢儒言之矣。誰謂可離明覺而言心乎？但《易》之爲經，建立備萬理、含萬善、肇萬化之乾元，明此乾元以虚靈明炤之體而大始萬物，故與佛老偏從虚寂處顯明覺者不同。乾元真體，虚寂而明炤以健動，備萬理而不窮於生化，此《新論》之所以弘闡《大易》，而救二氏之偏也。宋、明儒談心性，雜二氏成分過重，無可諱言。然真體自是虚寂明覺，於此不容否認。若如念臺主張在好惡之情中，有知善知惡之知，則此知緣情而發，已蔽於情，而早違失其虚寂、明炤、健動之本體。欲其有正知而認清善惡，不至顛倒黑白、變亂是非者，斷不可能。余非謂情可遏絶也。要在發見自家固有貞明之體，此即本體，亦即主乎吾身之本心。方得情無迷亂，於是知善而必好、知惡而必惡者，一皆不失其理之大正。若不自識其内在固有貞明之主宰，而竟於好惡之情中求所謂知善知惡之知以爲主宰，是率人類而任情滅性，將隨好惡以亂善惡之真，而生人之禍亟矣！

只認取虛寂明覺之本體，畢竟靠不住者，“人能弘道，非道弘人”，宣聖此言，實爲義海。《新論》專提工夫即本體者，正以此故。黄宗羲嘗曰：象山以識得本體爲始功，而慈湖以是爲究竟，此慈湖之失其傳也。慈湖平生履踐無一瑕玷，在闇室如臨上帝，耄耋猶兢兢未嘗須臾放逸，其工夫嚴密如此。獨其教人直下顯體，以爲不起意，即無往非真體流行，不必更有所事。其實學者何堪語此？慈湖門下鮮有成才，正由其立教有失，不可無戒。工夫基於立志，志未立定，那有工夫？如木無根，那有莖榦枝葉？余言志爲天人之樞紐，此須留意。諸葛公《戒甥書》曰：“使庶幾之志，揭然有所存，惻然有所感。”此志即是工夫，亦即是本體。《讀經示要》第二講可熟玩。武侯之言，簡約而無所不包通，與孟子“必有事焉”“勿忘”“勿助”之意相發明。工夫只在揭然有所存，孟子“必有事焉”，正是揭然有所存。惻然之感則揭然而存者，自然不容已之幾也。若不存時，即本體已失，私情私欲用事，焉有惻然而感者乎？故曰：工夫只在揭然有所存也。孟子言持志，陽明曰貴志，此是工夫下手處。保任固有虛寂、明炤、健動之真，周行乎萬事萬物而不殆。工夫無懈弛，即是本體無窮盡。天人合一之學，如是而已。合一二字須善會，非以此合彼也。

一月廿三日

今日各地人心均不安，討論此事亦不易。

（此據熊十力復唐君毅原件整理，主要内容與《十力語要初續》中之《答唐生》相同，但文字略有出入。便於讀者理解作者此文原貌及前後信札的思想，特據原件整理於此。）

致唐君毅

（約一九四九年一月）

又囑宗三

轉君毅：

陽明云“心即理”，何嘗是專在明覺處或知處説心？然陽明亦不無病者，即其發揮心體之話嫌多。若在心體上形容，總是明覺或圓明與寂静、虚静等相；理或德與生化、創造等等，必於發用處識取。佛、道同爲耽虚溺寂之學，故其談體，大概同於虚寂明覺。

孔、孟直在人生日用處指示，忠信或誠敬種種工夫做到，久之自識天道不言而時行物生之妙，元是我固有之也。陽明没後，其流派總分爲二，一談本體，一注重工夫。此二派中又各分派。實則談工夫者，猶不是孔、孟之談法，終與禪及道家路向爲近。此意要須善觀其通者始可會，吾難簡言之，亦無暇詳言。

寫至此，佛觀、艮庸來，云問朱謙之。他云曾請了方東美、洪謙，恐其來，即不好請宗三。其實方已赴臺大去了。

答張其昀

（約一九四九年二三月間）

曉峰先生：

來函云，有覆吾去歲杪與本校二三君子公信之一文，不日付刊。頗思獲悉卓見。但吾原信今不能盡憶，大意似謂中國自漢以後之學風士習，總是善類不相結合，只各爲獨善之計，乃任敗類壞天下事。短函不外此意。實則獨善本是個人主義，其結果即歸自私自利而已。此等風氣之養成，近聞南京人有歸咎於儒家，不勝駭異。儒者道在六經，而《易》爲五經之原，此漢人承七十子口説流傳者。《易》之本體論及宇宙論，首明乾元始物，剛健不息。故有曰天行健，曰剛健中正純粹精也。曰動而健，天之命也。曰變動不居，曰生生不測。未嘗如二氏偏從虛寂處顯道體，致令不善學者耽虛溺寂，成自了漢也。二氏者，道家、佛家。其自天道以推之治化，則曰裁成天地，曰參贊化育，以視彼談征服自然與利用自然者，不尤爲宏闊深遠乎！曰富有之謂大業，日新之謂盛德，曰革去故也，鼎取新也，何嘗以消極與守故爲人生常道乎？曰開物成務，則異乎老氏不敢爲天下先之教；而西洋人革故創新之精神，反有合乎此。曰備物致用，曰立成器以爲天下利，則科學對於宇宙之發明與改造，皆自此精神出。秦以前中國科學思想頗盛，吾《讀經示要》已略明之。自秦人一統而專制，百家學絶，儒學精神始亡於秦。中國之大劫運也。曰輔相萬物，曰吉凶與民同患，則注重集體生活之精神，而不取獨善自私之個人主義甚明。至乾卦之卦辭，以義為利之和；損、益二卦，斟酌乎兩利為真利之道。《周官經》本之，以均平為經濟之最高原則。《春秋經》本之，有井田之制。後儒本之，有禁絶豪強兼併與防止商賈壟斷之論。共產主義是儒家故物也。此特略舉數義，見其萬古常新、不曾過去。自餘千條萬緒，茲難殫論。若夫天人性命之藴，則《大易》尤遠於戲論。中外哲學家言，其長處皆可融攝，短處皆可避免，《繫傳》所云廣大悉備，誠不虛也。此事須另為專篇討論。總之，《易經》於天道、物理、人事，無所不包通。漢儒象數，既不究《易》之本旨，輔嗣開宋學義理之端，而偏溺虛玄。至宋又益拘礙。《易》自秦以後成絶學，而五經之宏旨不可窺。孔學既喪，佛道之教實浸淫於中國社會，二氏末流日敝而精意早失。此中有千言萬語，茲不及詳。中國人委靡無能與自私自利之個人主義，自秦以後，漸養成之。今後，教育必於此注意。相識中見余一生孤遁，或疑余亦獨善者。此實測之以迹，而不察余之心。吾自清光緒三十年，即投身軍隊，以謀革命，幾遭不測。辛亥起義後，默察北洋昏亂，吾黨氣習，又頗難言，深懷來日之憂，因此進而探研吾國民性之所由陶成。曾一度研史，而慨嘆漢以後迄今將二千年，常爲夷狄與盜賊更迭爲帝之局。號爲盛世者，止漢、唐、宋、明四代。漢只西京差勝，東京已是亂局，五胡之禍胎於此。唐只太宗一世，其後藩鎮，幾皆夷與盜。宋代始終不振。明祖光復，業盛於宋，而卒覆於東胡。自後漢迄宋、明，抱民族與民主思想者，非無其人，而皆不得以其思想，倡諸當世，見諸事業。黄、農、虞、夏之胄，長淪苦海。余實長懷此痛。鳥獸猶愛其類，何況於人？吾欲究了吾國民性，乃不得不從哲學思想上探索。漢以後，所謂哲學思想，實止儒、釋、道三大派。吾出於三大派之中，而首欲改造本體論及宇宙論、人生論，於是乎續《變經》而造《新唯識論》。晉人稱《易經》曰《變經》。又欲爲《量論》，以成立吾哲學上之知識論。更欲别爲一書，衡論儒、釋、道三家大要，與其得失之影響於吾社會者。繼此，欲爲《化道》一書，以儒家思想爲主，參以法、墨、道、農諸子思想之略可徵者，西洋思想亦當和會，以求至當，備將來人類之需，非爲目前作計。余生而孤窮，少年極人世難堪之境，弱冠從戎革命，勞筋骨、餓體膚、行拂亂其所爲，蓋失學已久。及年三十五，始奮志爲學。向學晚而用思苦，始患神經衰弱，漏髓日厲，不得寫作。余年四十、五十之間，在杭養痾日久，生活賴蔡孑老設計爲多。余病，冬時不可衣裘，外貌似好人，而實不堪勞損。六十後，年衰一年，文籍漸失憶。《新論》語體本，抗戰時付商務館印行，而辭義間有須增損者，猶未及改定。《量論》且未及草，他更勿論。智小謀大，諸所欲造述，弗底於成。民三十六年，鄉邦擬爲印叢書，所列書名數種，自《新論》外，皆心事之散見者耳。《新論》語體本文字順俗，然義旨宏遠，非虚懷深研中國各派思想者，鮮有能窺其中之所藴也。學問之事，不親歷甘苦，何可相喻乎？余之一生，非忘懷世事，亦非故意與人不合，孤遁鳴高。蓋决志於學問一途，不得不與世絶緣。而所以志乎學者，則又出於實感之所不容已。雖人生之感，至爲複雜，而生丁衰亂，首謀革命，則族類興衰，尤爲情之所寄。可惜心思所至，未能達出，每念及斯，悵惘而已。去冬南下，感民生塗炭未已，道遇流亡者衆，皆非小百姓。真小百姓，則就死而已，猶未能流亡。此輩昏嬉無覺，吾故興感。若使善類能相結合，何至任此曹壞天下事？此吾所以有前信也。昨在浙大一年，見竺校長對教育認真，絲毫不苟不懈；賢者學行惇實，振作文學院確具苦心，並期中外思想融合，尤見遠識。玆以情意夙通，不覺道出心事。南來，本緣艮庸約商農場爲休老計，到此覺氣候不適。不久當回故鄉，或入川中依舊好，以度餘年。情通萬里外，形跡滯江山，無足爲悵。

致柯樹屏

（約一九四九年三月二日）

煩交加封。王伯尹先生轉交西湖廣化寺柯樹平先生。

二月廿日來信，才由艮庸轉到鄉。留家於杭，似非計。汝信和可成乎？寧、滬、杭終非可居之地。胡適之高談樂觀，喧於報紙，不數日而逃於寧。吾前年到平，言潰在眼前，人皆泣笑。是秋冬回漢，見文武大官皆高興，甚至玩花巷，而不以郊外之警爲念。至於人民死活，更不知有此事。昨在浙大人類系室，與某先生言，世事已完了，他也不信。今吾子乃欲置家於杭，而自糊口於粵，一旦變出非常，兩下隔截，海陸均不易動，有錢者尚難，況汝乎？以家托人，談何容易，況此世乎？悶胡盧中究是何藥，誰也難知，但明者唯知此局難安而已。攜家來粵，不獨生活太高，而此土是否無憂，明者自思之可也。以勢論，誰謂不可畫江而守，但你不要忘卻，守之者人。讀史只笑小朝廷，實則小做也不易哉。人皆成了定型，改心換面，談何容易？爲子計者，大兒帶粵就學，汝婦及小孩回故鄉爲宜。吾老年難動，若得伴，即早回漢去。北碚倘有人硬來接，吾亦可入川去。因川中住過九年多，亦算第二故鄉。吾決於故里及北碚二者擇一爲安心之地。如道故里或碚也不妥，則何處更有妥可言乎？汝亦當思茫茫天壤何處可安身？聽天由命，不如故里聽之由之，在外將更不妥也。和縱成一時，難作太平想。京、滬、杭將爲何局，誰也不得而知。任何地皆然。吾心情見與袁心燦信中，可一索看。中大亦談哲研所事。前佛觀與雪屏説及，吾囑其倩離明先生任之，吾不能參預。後又聞由中大，但是否有款，恐難言，吾亦不過問。唯如走不成，則想向中大借住，恐又不可得耳。

三月二日

（此函年代由我們判定。）

與王世高、徐復觀、涂壽眉

（一九四九年三月二十日）

世高：

復觀回否？前轉韓裕文信與復觀，吾並答裕文一信，交復觀郵裕文。

今日更補一信，請復觀一並寄裕文轉池際尚女士，千萬勿忘。内有要事，汝與復觀一看可知。吾急欲回滬，恐也難，欲回鄂，又怕車遇險。

昨答頌喬一信，三月十九。托人帶城郵，不知頌喬看了否？凡時症，吃藥好了即止，不可多吃。凡病虧或老衰者，補藥無論中西，均以長期不斷爲好，硬可延壽。浙江有一老翰林，年九十多。昨由北平回杭，亦同吾之經驗。頌喬所説非是，西醫多胡説，不可從。吾望復觀、頌喬詳決吾行止。前交上與張曉峰信稿可還來。復觀、頌喬同看。

三月廿日

仲光《困學記》皆重要文字，我親改定者也不少。有時他便寫幾句，吾擴充之。他急看書，無暇細，他確能寫。可否報上發表，粘存幾本？《唯識述記》内院人向不通者□□□□□。

（此信信封正面曰："艮庸帶交世高、復觀、頌喬仝看，另有一信附交三月廿日，前轉裕文信，似是三月十四日，世高當保存乎。”信末附識文字，原寫於信封背面。）

致徐復觀

（約一九四九年三月底）

小女稿，係學術上重要文字。與曉峰信，仍交你發表，看何報較妥。登後，須寄吾幾分。前囑轉陳雪屏看之信，須轉他。否則他以孔德要一次交半年薪之語爲吾之話，或疑余太自利。故必妥轉，不可忽。千萬！余信只云下月薪。

（此函無上下款，無年月日，估計是一九四九年三月末給徐復觀的。）

與王世高、徐復觀

（約一九四九年四月六日）

世高妥交

復觀：

三月中，吾似有好多次信，不知世高均彙集否？其中有不可落者，即有煩轉裕文之信，似有三四次之多。有一次轉裕文與復觀信一件，吾附答裕文信，似曾談及梁先生説西人權利、中人是非之一問題。有一次補一與裕文之信，煩他轉池際尚一信，此人即仲光之胞姊。托爲吾小女再光覓壻。後又有一信，云近得康乃爾大學教授柏特信，尚未譯出云云。此信條可拉碎。今另答柏特先生如左，因該信已譯出也。煩復觀以四月六日與柏特信，連前各信，一併寄裕文。

四月六日

與王世高、徐復觀、涂壽眉

（一九四九年四月六日）

世高、復觀並與頌喬：

吾還是決定赴滬復旦，望佛觀來一商。此地吾再留不得，老年人體力與精神均損敗，可惜。以能於陽曆[30]四月半走動爲好。張東蓀來信，似無甚樂觀。他頗想求某方允許成一學團，據云正在計劃中，願天眷佑中華民族云云。張雲川來信，似亦極不快暢。任繼愈來信，北大、清華目前一切如舊，湯用彤代理校長，馮芝生亦暫長清華，人均無恙。但以後難知。物價現穩定。

四月六日又及

（此信信封正面曰："交徐王世高、復觀仝看。《示要》已出版，見四月六日。"背面曰："此信封後，忽覺小肚子腫了，太危險。氣候受不了。請急與頌喬商，吾急行。吾老人，動不了，望作主，不可如艮庸因循。多日覺肚子不好過。頃以手按之，乃知腫。濕氣太重。艮云肚非腫，面腫甚。"）

與韓裕文

（約一九四九年四月九日）

見心復觀字也，吾爲之改名復觀，字見心，取《大易》"復其見天地之心乎"。有一《名字說》，好極。加封郵

裕文：

前由見心郵數紙，並附答柏特先生信，已到否？林理之事，今後恐難言；吾此後能否教書，也極難言。柏特先生與他國人，恐不明白情形。汝猶托爲金生登稿，恐亦不了解現狀到如何。吾在此不耐氣候了，日衰。回鄂無生計，他處也無可走。四月十前函，對柏特先生說赴復

旦。今走不動，只好留此，告之。

九午後

池際尚姪，吾前與你轉他一信。請他爲再光留心作伐，不知復觀遺忘此紙否？尚姪總無信與仲光，何耶？他打算回國否？此紙轉他。他的父親，王先生代安葬了。云好陰地，王先生所贈者。他作了一碑文，印來與仲兒，留與尚姪一張。此告尚侄。

與徐復觀、涂壽眉並附徐復觀名字説

（約一九四九年四月中下旬）

復觀、頌喬均看：

世高赴臺，吾確想入城一晤。老當衰亂，此别，亦難知何日再見，故欲晤之情，不容不有也。然三月正是壞季，吾體力差，舟中須大半日，一往一反，吾不好受，故不果。與希聖信，想非其所樂聞，以後不談可耳。仲光稿望力促艮庸立刻索回付我，萬不可失！艮庸必親索之，如不遇，可自尋找之，到他房間去找，勿使吾惱，惱不得也。稿中有重要者。

金事，如復觀此次信所言，你自與艮庸亦言之。

復旦飛函阻吾行，想因供給無法，自實情，不可怪也。《名字説》亂寫如下：

徐復觀名字説

古人命名，無苟也。文王名昌，用能昌大其德，如天不已。《詩》曰："唯天之命，於穆不已。"文王之德之純，純亦不已。盡大地萬萬世無量無邊衆生，皆文王之德所含茹也。孔子名丘，其修德似之，凝聚日增，崇高無極。盡大地萬萬世無量無邊衆生，同仰此丘山也。名依義立，義必實踐，其可忽乎？復觀原名佛觀，佛氏於宇宙萬象作空觀而已。《般若心經》"照見五蘊皆空"，是大乘無量義之總攝。五蘊即目宇宙萬象。此等宇宙觀，其影響於人生及群化諸方面，畢竟不妥。大乘雖以大悲不捨世間救此空觀，然爲衆生未度盡故，方興悲願，其教化終歸趣寂。與吾聖人裁成天地、輔相萬物、參贊化育、開物成務、立成器以爲天下利、富有日新諸廣大義趣，究不相似。余故造《新論》，繼大般若空經而改造盛演《變經》。“變經”一詞，參見《新論》語體本《緒言》。此意不容忽也。今爲吾子易佛觀以今名，且字曰“見心”。《易·復》之《象》曰：“復其見天地之心乎。”取義在斯。復者剥之反也。今大地衆生，方顛倒以趨於剥，吾夏人尤剥極，其忍不思復乎？剥極而復，非去其慘酷之忿心，而見温愛之天心，則不可以復也。余以衰年，丁此剥運，一身無所計，唯於族類之憂不容已。鳥獸猶愛其類，何況於人？同類不卹，侈言悲衆生，必唐大之談也。立愛自近始，是余志也。余願與世人相勗，以見天心之學，久而當有復也。子以維桑之誼，周旋於老夫杖履間，寄望彌切，慎勿疏忘易名命字之旨也。

民國三十七年一月一日作爲一月者，與《示要》好合也。

與徐復觀

（約一九四九年四月中下旬）

復觀：

《名字説》隨筆寫成後，竟是一篇大文、妙文，義藴宏深，無不備矣。此乃天機流行，非人力可强。望細慎吾字，不可錯落分毫，即托一報印出。煩代寄者如左：

臺大沈剛百與之一份，殷福生一份。

（一）四川北碚金剛碑勉仁中學雲頌天校長；（二）杭州浙江大學文學院張曉峰、鄭石君兩先生；（三）杭州廣化寺體元法師交張立民轉馬一浮先生；（四）北平燕京大學張東蓀先生；（五）北平清華大學新西院十七號丙任繼愈，成都國立四川大學教務處葉石蓀教務長。

希聖、北海也與各一份。廈門廈門大學羅志甫教授一份，可告吾仍留此。

《十力語要初續》無法印，到臺可商陳否？

（此信不具年月，據《徐復觀名字説》寫成時間及徐復觀離開中國大陸時間推斷。）

致徐復觀

（約一九四九年四月）

前與陳雪屏共看之信，可不與他。但孔德代索半年薪之話，本非吾意。吾信只云下月。你務去函説明。勿忘。

示唐至中（題辭）

（一九四九年五月七日）

雖有慧根，弗裕之以學，其慧未能宏也。雖有特操，弗裕之以學，其操不離僻也。

三十八年五月七日
至仲侄晤余於番禺化龍鄉、黄氏觀海樓，
漆園老人

與徐復觀

（一九四九年六月十一日）

艮庸看後，轉香港告士打道六四至六五號三樓《民主評論》社徐復觀先生

復觀：

你四月廿九上船日來信收到。經很久日子無你信，直至五月廿八日得自臺來信，吾即寫復，交艮庸於五月廿九付郵。今接六月七日信，似未得吾寄臺之信。《語要初續》寄香港印，此局難知久暫，設未印成而你去，稿不可尋。似難放心。如印不成，我無别稿，將如之何？去年《讀經示要》，一方固靠士選，一方尤幸局中後來忽添一北大學生邊理廷在其間努力，否則決不可出。僅士選函説，亦無補也。彼雖印出，而各地均未見寄。吾現手中只二部，艮庸算有一部。滬上想已被毁。

放息之金，即由艮庸收回。如何交還《學原》，則在你來廣與艮庸會面。蓋世唯雄，吾打到五十二三針，始稍見效。面部胖稍消。據醫云須滿二百針，方有大效。若如此而止，或百餘針而止，在老年人無多效果也。又云肝精勿打。餘一切仍舊，無可告。《中央日報》自五月十日起，《文史》欄有仲兒《困學記》，不知見過否？《文史》係分期，不知間幾日一登？自五月十日起，迄今尚未完。

六月十一日

（此信有小字注："此信適以昨來，□未見兄港來信也。艮庸。"係黄艮庸教授筆跡。）

與徐復觀、涂壽眉

（一九四九年六月十六日）

復觀、頌喬同看：

六月十一二日，答你由香港來信，不知到否？十四日艮庸又轉來你第二信，云款交吾作資養計，但宜相機早取，防失事，當告之艮庸。頌喬深在念。上春不同吾入川，赴臺將何了局？從各方面想，不赴臺爲是。復觀眷屬，吾早教住艮庸家。刻中大多人來此，吾不孤。將來回故鄉時，世高、諸孩可偕行，甚好。但爾時好帶款否？一時許通行否？皆難預知。然總有通行時也。孟蓀可照舊工作之言，不知實否？勉中來信，北碚盧子英願出吾父子二人及用人共三名的飛機票價，請吾入川，他願供養。勉中徵吾仝意，吾尚未復。你意云何？可見告。吾想回故鄉之意多，艮庸爲中大數位之移鄉事，太忙，不暇來港。

六月十六日早

（此信信封正面曰：“香港告士打道六四至六五號三樓徐復觀先生 廣州高第路四十二號二樓黃艮庸宅六月十六日。”此函夾帶“答陶子欽”“與殷海光”兩函，請徐復觀代轉。）

答陶子欽

（一九四九年六月十六日）

煩便轉

子欽先生：

昨忽得一信，云孔誅少正卯，思想敵也。囑向希聖商行止。老夫不材之木，爲無用之學，古董而已。年去古稀無幾，商甚行止？與其求人，何不聽天！任何人素無干，今更不必存非分想。道之廢興，身之禍福，一切任天。謂天即自然其理可也，謂天即冥冥之神，又何不可？孔子曰：“知我者其天乎。”熊子曰：“我可自由而不須計慮者，其任天乎！”付宗三一看，他在復觀宅。

六月十六早

與殷海光

（一九四九年六月十六日）

福生侄：

方東美先生來信，云汝事曾有人向校長推薦過，委實無缺，候將來留意云云。此局也難言，教書與否，均無所謂。老懷無趣，蒼生可憐。

六月十六早

與唐君毅、唐至中、錢穆

（約一九四九年六月）

《成論》四大要領，望君毅説與至仲。此四義除攝假隨實不甚重外，餘皆至重至重又至重。盡中外古今哲學或形而上學，只此中攝相歸性、攝境從心、此義則唯物論卻反之。性用别論盡之矣，包通而無遺矣。《述記》只此四句話，更無發揮。宜黄大師向不注及此，只在八識、二無我或三性三無性或種子、現行等等成語中，弄出若干條義，而於其名相的體系之外，有其總括之要領，卻不知把握。因此，對於吾之《新論》總是反對。吕先生還説無所謂本體論、宇宙論等等。若了此四要領，必不無理取鬧。此四者，吾特告仲光，命他記出。其中無半字輕下，切勿隨看即了。

談主宰義，至精。此條仲光原記得很好。但後一日談非禮勿視、聽、言、動處，有“人生息息感攝乎天地萬物或經綸乎家國天下者，其作用流行，總不外乎視、聽、言、動四者”云云。此等詞句是吾改寫出來，君毅與四兄看了，必如看報然，宗三尤如此。一目即了，毫無奇特。實則絶不尋常。從來無論漢、宋二派。儒者談視、聽、言、動，止是視、聽、言、動諸詞而已，如此便只在日常接觸所及處，無形限於小圈圈。實不知他的視、聽、言、動是息息與天地萬物相通，是經綸乎家、國、天下之際而息息流通發現者。人無形自畫了，不覺自與天地萬物隔絕。所以自視其視、聽、言、動只限於小範圍的接觸，而不了萬物同體之實。因此其作非禮勿視聽工夫者，只是修其小己，而非上下與天地同流。此與佛氏出世意思，相去不能以寸。二氏於虛静中存養主宰，畢竟不是。吾儒由天地萬物同體之實際而於視聽言動周通萬有處，慎其非禮與禮之辨而循禮以不踰矩，此位育之實也。相對即絶對，不必如黑格爾分主客與無對三種心。實乃一心合内外而即無待，吃緊。全體大用，不滯虛溺寂以與天地萬物隔截也。至仲抄還來。四兄一看。

與友人

（約一九四九年上半年）

此地熱悶，老年人最受損害。你們此時無法知，到得六十後，方可知此意。人生六七十之間，確是殘軀，熱悶便傷生理，加以滋養太缺。住宅，樓房太低，又東西二曬，樓下太空洞，熱氣直入，在屋之氣與野外之氣一般。西牆門多、洞多，西曬亦直入。夏至以後，直至立秋，真無法受。精神不止於亂，直是没有精神也。

輔成在武大乎？吴雨僧確已赴北碚梁先生處。士選處無須寫信。他對吾總算有好意，但吾亦不願與官方生關係。且某主者非斯文中人，到亡時還是官派。吾既不與人函札周旋，士選又如何説話？勿把難題與他作。

看了拉碎。

致居正

（一九四九年七月十七日）

覺老：

世事不忍想也。自己完了，似不悟也。去年以來，久不通信，亦不得公一字。然在念中。近體氣好否？我在艮庸家鄉，不奈潮濕熱悶及蚊蟲何。苦哉！周生紹賢，山東人，學行均篤實，欲謁公，有所陳述。幸賜見，有以教之。

心叩

七月十七日

山東大學不知出來否？

南□不知。□□、朋山出來否？

與徐復觀、牟宗三、程兆熊

（一九四九年八月十三日）

復觀、宗三、兆熊：

贛州據八月十一日報載，電報不通，似已失，此間可知。復觀七月卅一日信，囑艮庸在港找住處，此事恐不易。吾欲囑艮庸買點安眠藥，留在身邊，萬一太不堪，即作了計。猶可忍，當然忍住，候自然了結，别無可説者。

八月六日函張丕介轉復觀信，云合印《語續》及仲兒《記》。因事勢已太急，現未付印，恐白花錢，太不值，此事暫不勞你。如粤尚可暫支，則九月初望你能來，就港印，何如？談韓文，確有關係，候九月你來再商。盧子英前來信請赴碚，劉子泉堅請赴渝，吾均謝。川局亦不了也。

八月十三日

（此信信封正面曰："臺灣臺中市模範村雲龍里派出所對面新屋徐復觀先生、平航、廣州高第路42號黄八月十三。"背面曰："來示敬悉，香港九龍上海街龍珠酒店可與弟通信，弟艮庸附。"）

與徐復觀

（一九四九年八月二十八日）

復觀：

昨、今爲赴臺事，取决於你，已發信三次，不知到否？依國内外情形看，此行如果成，則飄浮不可知，生死不可知。吾問兩女，如願同患難，吾不能卻。否則，他二人暫留艮庸處。陳金海亦然。吾以款盡量與他們，獨身依復觀，靠教部薪作用。吾近吃苦慣，復觀夫婦勿顧慮。此話説出後，再光願赴成都，依其教於川大工院之姊夫徐生及長姊，以便川大就學，不願留此。二女仲光有意留艮庸處，候解放回鄂，亦有意隨吾行，因鄂不可知，其家無人，但心尚未决。如他不隨行，吾留工人與他，將來同往鄂。則吾必以款盡量分與他三人，吾手或不能有什麽。如二女隨行，工人或仍帶臺，即須與再光之款，不可過累其姊也。但如再光願隨吾，仍四個人同赴臺。以上是就復觀贊成吾赴臺而説，特此相告。如不贊成赴臺，則吾四人仍不動。

八月廿八早寫

致柯樹屏

（一九四九年八月）

此紙看了拉碎，切切。

又囑樹平：

如赴臺，船則必須由廣州上，不可過香港。復觀上年送吾十兩金。吾原來三口人，天天是白飯、青菜，非假話，未吃半次肉，故尚存。我平生不欲以生活累人。世太難，人皆不得了也，故自苦。昨因稿費百元，吾買一回豬肚，真開葷。

小女再光來，汝師母係預定之計。曾於漢口失之前數日，帶來世菩連年薪水所積，約八兩金，備再光用。

如赴臺，船必不可過港。此望你謀船注意。

此外仲光兒有點款。他的款我不能用，因他是孤人。此須船上無失。以上告汝，船注意。

又汝家口已去臺多日。臺之生活是否高於此？如太高於此，吾似不必多此一行。

又臺如不得了時，有無去路？如無去路，與其坐斃於臺，不如守此坐斃。究竟當道是否準備去路？你可告我。回信或電寄高第路，切切。

又吳先生能否介吾赴美或印？一切望詳酌。

徐復觀通信處：臺灣臺中市模範村雲龍里派出所對面新屋。

（此函無下款，未具時，時間是我們推斷的。）

與徐復觀

（一九四九年九月三日）

復觀：

來信草草，有一句看不明白。上語云印書無問題，下一語似有敷衍者欲不印，究未知如何。今後之局，吾能活否，大是問題。入川今已來不及，故吾決欲印書。

答僧文許多大問題。佛教是如何一回事？從來無人真識得，亦無肯問者，亦無敢問者。此文解決甚精妥。大空大有，此文抉其真髓。此外各文皆有精要，不可失。吾須與你一面談，我入城一次也可。如可印書，吾可否赴港校？望復。

九月三日

《韓非》文甚長，你不看，不知其重要也。此宜入《語續》中。

（信封正面曰："香港告士打道六四至六五號三樓張丕介先生委交徐復觀先生廣州高第路雄九月三日。""雄"爲隱語，指熊十力。）

致柯樹屏

（約一九四九年九月四日）

吾前曾函川大葉石蓀問可否□□□□。接其信，云可去。他説，黄校長同意我與兩女之機票，卻未提及工人之一票。我想中秋後赴成都，在此住不來。粤之民情頗不佳，一旦有事，鄉間不可靠。事後生活也無法。因爲手中物有限也。回鄂決無生理，教書決不可能，回鄉無糊口計。安與不安猶不計，而無糊口術則甚明。萬先生作好處想，誤也。昨得衡山縣人信，長沙確苦哉。

你信收到。吳先生雅意，我覺得昆明解放難知。到那時其地無熟人，滇之民情甚野蠻，不異於粤。以此之故，不如赴成都。中秋後即當作計。行李，葉云托人帶。此事吾欲煩你，不知可托人否？部中飛機可謀否？須四人。如不可謀，中航機易購否？如你仝萬先生贊同，即煩以另紙飛川大。

九月四日夕

飛機事望答。民航不可坐也。

（此函無上款，標題和年代係我們考訂。）

致柯樹屏

（約一九四九年九月四日）

此紙交柯樹平先生。

昨艮庸教授云，中大哲系主任朱謙之曾緘杭部長，謂吾原係部聘教授，薪當超過六百元云云。不卜果有此信到部否？吾未曾有部聘名義，不知他如何誤猜。然北大月薪確是六百廿元。蓋北大哲系第一級薪，原係湯用彤、張頤與吾三人。卅五、六年，第一級薪本止六百元。卅六年之尾至卅七年春，又另加廿元。北大事實如此，望乘便與會計處言之。如有北大報銷底册，或可查也。聞中大决聘請任教，薪資將照北大舊例。故以告。

（此函無上下款，未具時間，我們推測約在一九四九年九月四日。）

致唐君毅

（一九四九年九月五日）

《語續》中，艮庸答僧人之長文，望君毅留意，勿看得太草率。道理必多番體究而後深入。今人無論何種道理，入眼便謂見得，其實隔膜甚。此意難與今人言。佛法畢竟是出世教。此不是憑空斷定，須就此文内細參之。儒家是學術，即天人一貫之學。唯其天人一貫，所以不向惑染處説。宇宙人生非如佛氏以無明爲導首，而直從本體上直顯人生真性，直下空人我、空生死、空惑染，此根本認清，儒、佛精神面目，兩下判然。隨取二家中一書觀之，其不同明明。四涅槃，須究清白。

談大乘空、有二宗處，真好極。字字句句皆吾三十餘年來心得之言。僧人之混亂，經破斥則若無奇。殊不知若不見此文，只見僧文，便不知如何對付。凡論辨，對有見地之異己者，與之作辨易；對盲龜瞎馬胡亂不堪者，欲條析而明正之，確是没下手處。古人言，對牛不可彈琴，此味難言，非大本領對付他不得。談空、有諸文内，宏深透闢，皆前未嘗言者。尤以空宗浩浩似無着落處，不好談。今在源頭上，爲之一一疏治明白。有宗所以勝於空之處，亦説明，浄分依他，實救空之大失，惜乎體用未圓融。將空、有一一認清，而後知《新論》用意宏深。

儒之生生，是就體上顯，不是在萬物生活機能上説。此於辨儒、釋中似説過，亦要緊。其他各義，不能盡憶。又佛之破相盡浄，由於修觀故爾。此亦最精，非面談不罄。又一神即依他。與泛神或自性之融和，此甚重要。哲學與各宗教融通處在此。

此紙與錢先生看了還吾爲幸。

九月五日

復葉石蓀

（一九四九年九月五日）

幼兄飛成都國立四川大學教務處葉石蓀先生。

石蓀有道：

才得來函。大詩，氣息頗近魏晉人，望猶於氣勢加雄厚。魏、晉人典雅而氣已弱，此可戒也。至於感懷世變，融中外文化與哲理而慨乎言之，固與老輩談禪者異撰，望更涵養真實心。真實心，佛家語，儒者所云誠心也。工部才遜太白遠甚，而後世宗杜不宗太白者，杜公一段真精誠，千古不可磨耳。人性本真本誠，無以養之則日離，真學問須於此着力。

粵之氣候，吾確難受。風俗實不如川。川人於學雖難言誠心，然尚有此好尚。五伯假之，猶愈於不假也。粵人於一利字外，無知覺。此無可久居也。至於生計，則猶其次耳。中大已來聘，未始不可活也。

唯有一語須問者。來函云："大局演變不能預料，□□□，此與師之進止無關。"不知吾子意云何？吾意世局誠難料，而有可料者，至少百年内世界無寧日，吾國當更慘。一年内川大是否可由吾人授課度日，殊難知。吾若入川，生活是否有意外之虞？此雖俗慮，而亦不能不慮及者。課目任如何列法，而每星期大概説二次，如在北大例。亦不必上堂，如北大例。所説則隨吾意而已，不必與課目同，亦不必與課目異，隨時、隨興、隨機可耳。吾子必仔細考慮，如對吾將來有難爲力處，則不可輕請吾赴川大，吾亦不必多此一番勞動。年近古稀，可了即了耳。道之晦明，學之興廢，亦有天運。吾願不當餒，而意不可期，必任重道遠，仁也。道之將廢也歟？命也。樂天安命故不憂。智以濟仁之窮也，智不窮而仁亦不窮矣。吾已衰年，猶未至仁守之境，遇事不能無計慮。然不以俗慮常擾於心，或易吾守，此則可自反無疚耳。

吾到川與否，仍望吾子細思一番，方作進止。如吾果可赴川大，亦當在陽曆十月内也。然當在十月二十前方好。不卜往來函論無延期否？子好酌量，不可輕諾。中國人好易其言而後無信，吾平生最恨此習。聞北碚盧子英先生對梁先生言，願助吾生活費。意誠可感，然未知能有此力否？吾亦不願深□人也。若能集一點小款，托人經理，吾得了此殘生於蜀土著書，仍望仁人君子共刊存之，吾無憾矣。

九月四日

末後語：叫你决定作答，此時何能言？然有一念之誠在，或有其幾歟？

“累人”二字不明。

［此函係作者托時在廣州市的兒女親家萬幼璞（秀嶽）先生，讓他轉航空信寄葉石蓀的。信頭有一句話：“幼兄飛‘成都國立四川大學教務處葉石蓀先生’。”］

致梁漱溟

（一九四九年九月五日）

此紙附川大葉先生信中，轉北碚溫泉勉仁文學院梁先生。

漱兄：

頃閱與艮函，謂我有餓死之説。誠然。如將來無可教書，又或辱不堪，有一於此，即如是以了結之耳。此主意須先拿定，然後臨時不驚惶。但時未至時，吾還爲武侯苟全性命之計。年已至此，死不足悔，總有此一遭故也。生物皆懷生，何況於人？義可强生，猶不求死，此常情也。吾自猶人。

若以世道論，謂吾儕如可守義而不餓死，吾敢曰上帝不能保證，孔子、釋迦或不肯作如是看法。不説一千年，至少百年，人類無寧日。而況衰敝不堪之炎、黄遺類乎？言之痛也！後漢以來二三千年，族類常在夷狄、盜賊迭相宰割之中。民德之偷，民性之卑，民智之陋，自私以圖苟存，不知大計，不知公義，其來久矣。其養成之，非一日矣。西化之來，只蕩固有好處，而借新花樣以發展固有惡習。在此世界狂潮中，將不知所底也。吾哀也，固拿定餓死二字也。

通旦云赴印，無譯人，一難也；人家不肯多請譯人，二難也。有説羅君放空砲，只云印政府介紹其各大學，可見尚托空言。牟子在臺，何肯從吾作譯人乎？老老實實不捨學、不離師，今日何可談如是□。

雨僧先生致念。

頌天告通旦。

九月五日

（在此函開頭，熊先生寫有一段話：“此紙附川大葉先生信中，轉北碚温泉勉仁文學院梁先生。”此函中，“艮”指黄艮庸，“通旦”指周通旦，“羅君”指羅家倫，“牟子”指牟宗三，“雨僧”指吳宓，“頌天”指雲頌天。此信一直在葉先生處，與熊致葉的幾函放在一起，均由葉先生女兒葉韶令複印給我們。）

與張丕介、徐復觀

（一九四九年九月十日）

丕介先生、復觀：

丕介先生之百元港紙收到。九月七日與丕介轉復觀一信，不知到否？此信所談生活情形，非是虛話。因欲與復觀商往川或印之國際大學，不知有人懇函譚雲山否？如川與印均不能去，則解放後在此決不可資生。吾前寄臺有一信，言去冬來收入情形，尚簡略甚，筆語難詳。如此時此地，錢不能生息，又換用時，不能覓取機會，此語很難詳，非面談不行。總是損於無形。如金價、港紙、銀元，均是時起時跌。跌時換用之，則不了也。艮庸本人，他本不知市情。他也不能爲計算這事，無非轉付托於人。我不獨不能此等事，而且在鄉遠隔。此略言一種情形。錢也不存我手，鄉中不便也。我也無法自經營。屢托艮庸，他總云不知所營，他本不知此事。怕損失。放息亦怕失。如錢完了，我不知如何活。局若易，便無一絲生計，因熟人均不在此也。若早有生息之法，則局易也不慌。艮庸説話太易，難有結果。如何避難，如何擔任生活，他雖説得好，不可有結果。今之生活太不易。吾去年來，非不與他約定有辦法而後來者，乃至今無辦法。幸而頗有收入，否則吾不知如何活。吾能見他之如此世局下，而吃他乎？他確無錢，子女又太多。吾性情不能如此作。設解放，吾當何往？此確是問題，故欲商。吾約艮庸來港一行，他説不能，因此吾無法獨來。通信許多不便，你回信也不必談吾生活，切切。恐起誤會。我非疑艮庸有壞意，只他先不考慮可怪，否則去冬入川爲較好。川中可經營，與此地不同也。但解放後是否可找大學教書，可與君毅商之見告。川中人心已皇皇，似亦不好去。梁處不能依，盧處似亦不便長依，故我前未作去計也。解放後往何處生存之問題，雖不必過計，似不容不一想。到無可想時，自然了之大吉，無所畏死，此非假話。

九月十日

與張丕介、徐復觀

（一九四九年九月十日）

丕介先生、復觀：

兹將《語要初續》《困學記》擇要附之於後，不過二三萬字耳。作一包寄上。另《正韓》之文，作一包寄上。收到立回信。《語要》，千懇萬懇，立即馬上付印，校對請小心，圈點亦煩注意。此一本書。《語要》，字字句句無虚空話，確甚重要，吾視爲生命。勿忽此語。千萬早印出，無論如何損失不得，别無稿也。千萬拜懇急印出。原稿須還吾。題目原用括弧，與正文同行，今欲改變。吾粘有一條子，可看了與排工當面説明。圈點、紅墨雖有浸毁，然可辨，校時注意。與復觀有幾書，在《語要》中。兩書用“見心”名，一書談吾不滿於西學者，重要，用“復觀”名。《語要》若展閲，須防其中間包有粘存之長捲捲，不可漏出破壞，至囑。然此時不必看，以即火急付印爲好。拜懇！文實不多，大共不滿十三萬字也。

《正韓》文，原欲艮庸抄一分。他事忙，精神亂，竟不能抄。吾無底稿，望急作一本印出，或《學原》作一本印出。大約五萬字，勿離開，好作一本書也。切切拜懇！勿違吾意。校對小心！

九月十日

與徐復觀

（一九四九年九月十日）

寧之中大哲系可去教書否？問君毅。

《困學記》《民國論》曾登《中報》，後又經吾一改，登後所改。結處文字頗好。艮庸謂不宜登，頃又裁去，則《趨庭記》即《民國論》。之字數，一千二百餘字。又減去矣。卷首字數單有《趨庭記》。

《語要》中所粘之長卷中，内有仲光代吾起草，與人談及學風之書，罵文、法院中人。文院中，實罵哲學家。此不可再改字，良心不容不罵，亦爲後人存此公案，使有所悟。

《正韓》文内，亦多針對危亡之故而言，不獨爲現狀也。其中如你覺有觸某之處，須稍改緩者，你自酌，然似不必過求緩也。但改時必求文氣順，你當然可能，只須小心耳。寄此二稿之郵票，望看封面貼多少，照還來。吾托人帶城貼，不知多少，郵費可怕。《正韓》文不必來稿費，非假説，社中亦難。

九月十日午後

與張丕介、徐復觀

（一九四九年九月十二日）

丕介先生、復觀：

《語要》及《韓》文兩卷，於九月十日交艮庸覓人帶城快寄。一大包作信件寄，當耗費，然恐其作包裹延遲，不得不費也。仲光去年寫《語要》時，用報紙，故重。又寫時，上下皆不多留餘地，甚可恨，恐易破。囑印局翻閲時須小心。原稿必還吾。雖一大包，而字數實不多。《語要》一至九十三頁，所黏單條寫明十萬多字，但後來塗了好多，實不及十萬也，只單子未改耳。合《困學記》，共十二三萬字之譜，或不及十三萬。望接到即印，幸勿延！望立回一信。此間得信與郵信，均看機會。頃聞稿子尚留艮庸處，無人赴廣州也。可恨！！

九月十二日

致柯樹屏

（一九四九年九月十二日）

樹平：

臺行決罷。吾在此尚可吃苦度日。編纂名義之薪，細思之，以不領爲是。恐部中公費亦大困也。且吾既留此，亦不能久領也。吳先生與杭部長厚意，望代婉達感謝之忱。

頃聞一李君言，國際大學之某君，譚雲山，主持中國學院者。決不肯容納人。雖勞吳先生介紹，恐難生效，則亦聽之已耳。唯以此煩吳先生，深感不安。

昨與萬幼璞先生轉一函，當時雖説留此，而實未決，故有領薪意。近決留此，可不領。所托之事，仍不辦爲是。

九月十二日夕

此信，便中陳吳先生一看。

與徐復觀

（一九四九年九月十五日）

復觀：

才封一信，交艮庸托人發，忽又接來信，似太不了吾。吾談生活情形者，因你不來，吾不好不談。去冬及今年，吾確有相當收入，而生活奇苦，則實情也。因無法生息之故，重慶可生息，一月不用者可生息一月。此間確不能。如解放，一毫收入也無，吾青菜與白米之生活將亦難。因此吾欲商去此之方向。或川，或與王季思到温州，此皆在心中未決者。此地長居似不便，艮庸境況並不佳，又將來地方是何情狀很難知。此談生活之故。你若來，則可不寫。你不來，吾不寫，你何知此地生活之不易乎？

次罵名士者，此是吾真心處，吾子乃誤會。中國自漢以下，始有名士之風。一爲名士，其學不求真知，其人全習世故，其行全是虚浮。顧亭林、王船山皆恨文人與名士，而船山罵之尤甚。蓋船山亡國之恨，比亭林尤真也。吾眼見清代以來名流之造亡，故罵之毒。吾之任性，一切無掩飾、無做作、無裝點，吾只“任真”二字。吾所學者，真而已矣。孔子、釋迦、程、朱、陸、王修養之純粹處，吾本遠隔。然吾好惡之公且真、是非之平而允，則稍有良心與知識者，斷不能謂吾之論人、論世、論學，有不平處也。世事至此，吾何能不痛，何能不罵？

《大公報》文，此鄉不可得，望尋寄一看。來信云某方不必存敬意，誰曾妄作好處想？臺行決罷，前一信已説了。港亦不易住，有急時赴港，此亦理想。吾只守定“聽天”二字，天意怎樣安排，即聽之。

來函“争名”二字，確非平衡之論。吾生平何曾有此行耶？吾痛心漢以來二三千年，夷與盜宰制中國，士大夫不爲名士者，真無幾人。理學自程、朱、陸、王諸大師而外，其後之爲理學者，亦有名士習，尤以明之衰世爲甚。名士亡國滅種。名士學能求真、行能求實，未之有也。今之世，人與人世故相與，乃可全終始。任性以涵養論誠不是，以世故言，則任性似不離吾真也。理學家之一套，吾實不願學，規行矩步，言不輕發，吾性不能爲也。

丕介先生千萬與之一看。

（信封正面曰：“香港告士打道六五號三樓張丕介、徐復觀先生。”）

與張丕介、徐復觀

（一九四九年九月十五日）

丕介先生：此轉復觀一看。

吾於九月十日，將《語要初續》及《困學記》合共十三萬字左右爲一本，又《正韓》一本，共封爲一大包付艮庸，托人帶城郵。外有平信一封，俱到否？千萬回吾一信。如到了，復觀若已走，先生切勿以《語要》及《困記》合本寄臺，恐遺失。此中多精要，如談佛諸文、談吾不滿西哲之短信及其他各文，俱披根見底之談。《困學記》中從佛之五蘊論至唯識論，對心物諸問題之二派，千年來談大乘者皆未注意及之，只曰無著兄弟爲大乘有宗之開山而已；談種子義，不辨古今學，又不知唯識十師中有安慧種子是假。此皆仲光此次清出。不獨内院向未説過，日人似亦未説過也。日本人考據最精，未及此也。談儒、禪最精，則老夫所指授者。以前無此見。故我視此合訂稿爲性命，千萬不可寄落。二稿合爲一本，均不涉及世事，談世事者悉删去。兩共不過十三萬字左右，不爲多。切勿寄臺，恐飛機與船或有不測。此稿不能失。如何印法，先生與復觀函商，望能立時付印。校對懇先生代勞，好在字不算多。《正韓》之原稿必付印後仍還我，我別無底。艮庸鄉里事忙，不能抄也。

臺行，吾決罷。廣州失，臺萬難靠美人。二女如離開老子，他也不能安，無法拋他。四人全累復觀，復觀也不得了。《學原》之款甚少，不足支持，吾所知。我在此所恨者，一天氣真難受，老衰受不了熱悶；二坐牢獄太苦，一步不能散也；三物價太高、太苦，而用錢仍駭人。解放後將何往？此吾所欲一商者。可苟活，以不失義爲主；義不可活，方一了之。錢先生談不朽文字，並大談涅槃，只是他的佛法，爲甚要歸佛？

九月十六日

（此信封正面曰："香港告士打道六四號三樓《民主評論》社胡秋原、張丕介先生叉轉唐君毅先生臺啟。廣州向第街四十二號二樓黄宅代寄熊池生借"，併注："請妥轉勿延勿失力托。"此信封底有一段文字：

佛書難通，仲光此解甚要緊。如可加入《困學記》，以加入爲是。若太費事，希還來。力。

如秋原不在港，即煩丕介先生速爲妥轉君毅。

仲光文中後面大段中（似在四頁）“易言之，無往不作，實物來取著”句下，加正文云：“然終是心上造作之物而已。”下接“是故以言顯事”云云，千萬添上。寫至此，適接九月十二之來信。）

與徐復觀、張丕介、錢穆、牟宗三

（一九四九年九月十六日）

復觀：

昨天連發二信，一未接你信時寫一件，接你信後又補一件。但補件太略，今復言之。你們視吾爲怪物，凡事都無道理，不知何爲至是？吾對艮庸只覺其處事太糊塗[31]，不爲吾設想。卅五年説起吾南來終老之事，他云有農場及中大二處。吾云中大恐不可靠，若真有農場吾願來。吾卅五年時在川中黄海化社，馮文炳爲以北大薪積成七兩金。吾以此告艮庸，願南來時以此付農場，爲吾作生活根據。中大則相機進止，而吾生活不必依中大也。吾欲南來者以此。去年中大孔德與艮庸常函杭州，要吾到中大，徐州急時又來函。及吾告以行期，孔德不答。大約不任路費之故。吾函艮庸，中大不談，吾來則住農場。艮庸全答應。不意來後農場無可住，住其家。吾仍欲以金子付農場作一基礎，卻不能。此鄉生活實高於廣州，百貨集於市故。當時三人，米、柴、油、菜之類確亦耗費。又不能出外散步，也無來賓。賓兄、君毅等數人來一次而外，並少人來。你想今日何時，誰到四五十里之鄉而視吾乎？牢囚生活汝嘗一月看如何！而乃責吾是怪物，不肯安乎？去臘，中大曾發一聘書，艮庸未與吾，亦未告我。若如浙大故事，向西堂覓一住所，非不可能。而吾不知此事。至夏天，王季思言之，則局面已大變，時時見報上説疏散，吾何必交涉入城？若早入住定，即可安之也。且孔德自己要走，陳可忠在動搖，也不知向誰交涉。

生活事，吾在川可支者，一月不用之錢，可生息一月，二月以上不待言。吾所以能寫書者賴生息辦法。否則老病之身何可用心乎？此地局面不同於四川，世事動摇無法生息。雖有流亡教授薪之收入，一至七月止。而挨款坐吃，物價日日飛長，所以只吃苦。七日信説未吃雞而發一誓言者，因知汝等視吾爲怪物，决不相信，吾是以誓之也。但以此相告，實無作用。因你見艮庸一面而走，他必説了許多好辦法。吾實不信他有辦法，故舉生活事告之，意只如此，並非求你另想法。你自身也無法，何能爲吾想？但人情有苦，不能不説；不説則閉死難過。只如是而已。

吾駡名士，非争名。汝太不了吾之痛。名士一詞自東京，東京以下，此風日甚。凡名士，必不虚心、不着實，必作無量外表工夫，必會世故、善迎會、巧屈申，心肝死盡。東京黨人，陳太邱、郭林宗皆此物也，况其他乎？魏、晉詩文家及清談家皆如是。兩宋理學家矯之，而終不能勝名士也。明世則理學末流，亦成名士。船山痛亡國，咬齒而駡此輩。清代不獨詩文家，經生號大師者，遊王侯公卿門下，皆名士伎倆也。康、梁固名士，蔡、吴、章太炎。實皆有此風，而吴尤甚。後來新進者更不忍言。此輩斷送國家民族，吾親受此痛，故恨之深。每見友類與學生好發表者，即極不樂，嘗直言。人不反省，故駡吾爲怪物也，不可與處也！

在川時，有一年，《大公》副刊説吾斥某友，事本假造，但確非無因；因同處時，常言過切直。友如相納，對世風上之貢獻當甚大也。吾除直率得罪當世外，不知那一點是争名？嗚乎，復觀，乃以是視老夫耶！

與某信者，昨年念其不相怪，故彼南來約一談。因彼對人説想來。彼未來，後由臺來信，似頗得意。吾覺其在某左右，不當如此惑於世事，故去數行，言當局正義不伸、軍法全無，亡而已矣，你何如此？他回一信，盛稱外交，吾故又駡之數語。此於世故，是太蠢；然問之良心，不必失也。事到今日，人皆當自反才行。當道須自反，學人更須自反。否則，滅種而已矣。猶可以人情世故相將乎？

君毅之文，吾謂其對人文社會當發揮一個根本的道理來，不可只拿藝術、宗教、哲學等空泛語。此真切之論也！復觀云生命爲一體等語，君毅已説到了。須知西洋生命論者，其理論甚宏博。柏格森[32]杜里舒之説吾亦有所聞，自然比君毅此文説得多而精，吾奚爲不許耶？生命是如何的一個生命，唯物論也談生命，況柏格森等更非唯物乎。吾儕從何處識真相，又如何保任住他，使他得以充塞流行，不遺科學知能，而可爲科學知能之主？又凡中外古今宗教、哲學、藝術百家言皆可採擇，而非不識此根本者，可云採擇也。《中庸》"擇善固執"四字，意義無量無邊。擇字最吃緊，擇而後有"執"也。如何能擇？非自無真主者可以擇也。道理可易談乎？願君毅自反。吾生活苦，年事已至，此故未另寫信，又恐復觀行踪不定，故於丕介先生交復觀而隨提及君毅文，囑並與錢先生、宗三仝看，冀相知中，共注意根本問題。理論不在多，而在拿住命脈。吾到老來，益厭空理論，非真識道者難與説此意。嗚乎，吾苦矣！復觀責吾與多人看。須知，古人責難，即對朋友不避嫌。孔子，先儒謂爲太和元氣，然原壤其故人也，而打之以杖，駡之曰"老而不死是爲賊"。門人記之傳至今，是對衆目而打駡之也。今人讀《論語》至此，何曾孔子不對？又何曾以此輕原壤？而原壤反以此名留千古，知其爲聖人之侶矣。陸子静每次攻難朱子之函札，皆另録以徧示人，朱子甚不悦。而象山則曰：理者，天下之公也，不容不示人。朱子亦時稱象山表裏洞達，坦直無隱。石衡青常言：英國老教授於助教講於堂上，必旁坐聽之，一語不合，即對衆生公開嚴斥，後學只有敬以承之，其學術之盛以此。中國無論朋友、師生、先後進，都習於口是心非，面面敷衍。有異此者，即爲衆所不容。吾平生未嘗與人争名、争利，而爲人所共嫉者，大抵此故。在復性時，朋友與學生共相打擊，亦以言太直率故也。然不可以此變吾本性。是浮詞、是實得之言，是枝葉、是披根見底之論，是痛癢語、是無關痛癢語，非曾下真功、有慧眼者，不能辨。今世何世，吾實痛心。吾於君毅、宗三責之深，誠以愛之切、望之至。彼等到何境界，吾知之明。若輩不自知，而疑老夫不夠了解他，甚抱不平。吾明知其情而猶不已於言者，世已如斯，良心不容已也。

宗三聖誕文，末後談名數爲儒學今日所必要，此固彼常言者。吾在民國十年左右，痛中國學術之衰，亦早云：今欲振起，不可效老輩經師或理學家，必於西洋科學、哲學有基礎者，方可進而研儒佛，以系統之理論發揮，否則人不視爲學。吾此言與宗三似同而實不同。吾意必去舊人之迂闊頑固、迷謬種種病，乃可研究體會與發揮此學耳；非謂講儒學者，必於其著作中戴上名數帽子，編入名數材料之謂。去年在浙大，聞無錫有一西洋留學者，以數學談《大易》，著一書，自命空前。吾不待看而敢斷其謬。如羅素以數理來演六十四卦，當然可成一説，吾敢斷言仍是空洞形式，即解析事物相互間之關係而已，必於易道不究其原，於人生更無關，於宇宙萬化不得其真。此非武斷也。形式與數理邏輯之於《易》，又不必論。今之儒學要究明真際，窮神知化，盡性至命，使人有以實現天德、立人極、富有日新，而完成天地萬物一體之發展，披名數衣可語是乎！

此信丕介先生仍一看。君毅轉復觀、錢先生、宗三。

謂漆園不安於居，試問語言不通之鄉里，并無人來往，吃不過白飯青菜，他人能長能耐？

（此函信封具九月十六日，背面附言：“謂漆園不安於居。試問語言不通之鄉里，並無人來往，吃不過白飯青菜，他人能長耐否？”）

與唐君毅、錢穆、徐復觀、胡秋原、牟宗三、張丕介

（一九四九年九月十九日）

君毅與四兄仝看：

昨將夕，接徐復觀先生一信，首舉吾欲問南京中大情形一語，接着便舉君毅與宗三先生如何爲學的精[33]神，躬行實踐、救世等，居然聖賢！而叫吾去問毛澤東先生中大可，去否？信末，又舉四兄吃苦誨人，

毫無怨言，以刺我之向他道苦。此信吾於九月十八早，托人帶城還與徐先生自得覆看，並與胡秋原及丕介先生仝看，再轉你們及牟先生。今請你們平情静氣，拿出良心看該信之意味，勿專想老夫之壞，而以良心玩味徐先生信之意味。否則天地閉、日月食，恐罪不在老夫。

我在上春，只怨氣候，欲走，並未向徐公言生活苦，似亦未與你們談。中間與徐通信也不多。後爲稿子事，説不好再抄，仲女生活真苦，不好强之，此等信内説過生活。最近因艮庸回，説他徐先生。來廣與艮商吾之避難辦法云云，吾極感其厚意。艮庸所云到急時，小船赴港等語，吾實厭惡。因平時已不能赴港，到急時，如滬上已有搶劫，此地匪風兇於滬，小船好行否？又英人於碼頭上，警戒必嚴，也在意中。又房租與爾時生活費，吾無此力，艮庸又何力？此等話，明明不思考，徒好聽。吾惡之而未欲詳説；因舉生活事，明艮庸之好輕言而不思考。須知吾六五之年行快過，已近古稀，舉動决不輕。自三十六年，吾在平，適東北一度危幾，艮庸叫我南來，説他家有七百畝的農場，吾因此欲來。後聞氣候不好，吾昨故赴杭。他説氣候本不好，但無論如何比四川好，我又心動。及昨秋徐州急，艮庸又約來，復觀先生亦贊助。吾當時回鄂之意及轉川之意均有，不定要南來。但徐先生實促來此之信頗多次。吾因函艮庸云：卅五年吾在川之化學社，北大薪吾曾退一次，鄭毅生等未撤銷，馮文炳代收，共買七兩金，吾去年所苦積者，稍資零用。因云：七兩望付農場，作一經營，使吾有生活把握，才可立足。否則如此時代，你兒女多，吾何可累汝乎，云云。他都不表示困難，只嘅允，叫我來。我來以七兩交他，要他交農場想法經營。結果，他没有一毫辦法。幸教薪從扣發至七月份止，徐先生也曾零助幾次，故鄉及劉子泉也曾零助幾次，而因物價太高，先前三口人，白米、青菜的生活耗得精光，不能如四川有生息之辦法。此乃華洋交通之地，市場變化多，非四川可比。假設吾赴四川，則一月可不用者，便生一月之息，兩月可不用者，便生兩月之息，吾可不苦。艮庸如不輕諾，吾不至如此苦，此所以恨艮庸也。以此明艮庸之話不能輕聽。他分明見吾苦況，無法辦，而猶説逃難之易，吾因動氣。以上語，望以平心體察吾況。吾絶不是疑艮庸心壞，皇天后土，實鑒此心！吾非無知之小人，只怪他遇事不考量，好輕説好聽之言，所以動氣。我平生用腦太過，今年事至此，又當危亡之際，心總苦，而加以如此生活。我函復説從去年以來，未見雞肉，因知復觀好疑吾言，故舉一誓。所以如此者，老年人心情苦，不比强壯者忍得住，注意。以此見吾之苦是實，非形容詞。吾若到川，决不會如此苦，所以恨艮庸，便極道吾苦。事只如此，並非别有用意。譬如陶淵明幾乎首首詩説窮，不過寫實而已，他胸中何曾無聊？徐先生也該體察吾之情，只是向親人道現狀，何可别生猜度？吾年將七十，何曾無聊過？且吾非無知者，徐先生有甚力量，能解吾困乎？我如此無知乎？陶子欽勸吾函希，對赴臺經濟事，言之巨人。吾毫不起念，直拒其議。徐先生本身只有那多力量，吾非鄉愚，而求他何爲乎？向親人説苦况，此人情之常也。平心察之，乃可喻耳。且吾恨艮庸者，尤以住處真是牢獄，散步不可、言語不通。前有江西胡君欲來與吾仝住。吾函謝之，他不聽，乃令先來一看。初到，見清浄，極高興，説明天回城移家來，吾亦喜。及翌晨起，胡乃曰：吾思之一夜，究不宜來。不通言語、不可散步，猶如坐牢。老先生耐許久，我們三五天後萬不可耐。且物價比廣州高，既非僻遠之縣，故高。百貨聚於都市，此距都市有相當之路，赴市買物不易，故又高於城。如此時代，耗費也難。中大曾下過聘書。他不交我。我不知，不能作借住想。後來知之，則局面已變，陳將下臺，也無法交涉。此人糊塗，不諒人苦，此又吾恨他之故也。復觀先説來此，及去冬來看一次，遂决不來。而今乃舉錢先生之盛德，以辱斥老夫懷怨。其實，四兄雖年過半百，而比於我則小多矣！他可耐，吾難耐也。他住中外著名之大市，我則坐牢。他之飲食當不似我之苦，此皆不可援之以教責老夫也。人心之不平，何可一墜之九淵，一推之天上乎？此何心理？吾不可解也。至問中大一事，本由艮庸聽君毅説：南京主者，對大學不過問、不干涉，宗先生且教君毅、宗三回去云云。

我多年有一痛念。何痛？古人當危亡時，有生道，有死道。有生道者，可退隱也。有死道者，如願以一死反抗惡勢，則一死可以明正義，激天下之公憤，即此死足爲國家民族之生命力，予以興奮與培養或助長，是重於太山也。今也不然。生則不可望如武侯之可以苟全；死乎，則當今之世，雖不利於國之作法而不可責以亡國罪；彼有思想、有學説，爲其所據之正義，而公憤且歸於彼矣。又如殺人，本不仁也。而今則不然，有一派哲學思想認爲真理，不仁非可謂之不道德，公憤亦歸於彼矣。汝若死，天下所共斥，群衆與太學師生所稱快，不如一死蟻也。故今日善人無死道，誠然之言也。世道至於無死道，而人道乃真窮矣。船山、亭林、念臺諸公，或生或死於明季，皆易爲。我輩今日，乃真無以自靖。老夫真苦矣！然老夫自定有不易之矩焉。將來學校不能容余説所欲説之話，而或容吾説其勉强可説之話，吾當教書，冀存一分種子也；如必迫吾説所不可説之話，則必不入學校，或餓死亦聽之安之。如可容身社會，過苦日子，隨大化遷，則亦無不可。如不容爲此，則亦死耳！死爲自靖之事，當有義在。是則老夫所早自計，所必持而决不易之道也。一問中大，便誚之以問毛公，且舉唐、牟兩先生聖賢之高誼，以教斥諷刺“當視爲卑賤”之老翁。老翁果卑賤，不可希兩先生者乎？人倫喪、天理亡，恐皇天也不容！且上春，裕文函謂可回北大。吾以告徐先生，先生曾囑：如查得可回，不妨回去。然吾至今未有此行也。問問中大也不過因艮庸引起，隨便之詞，可遽坐以罪案乎？《韓》文不用本名，實則胡名，亦非其本名，因彼在淪區，須爲人想也。彼本教授，而爲此文求吾改定，呈部審查。吾改未成，而局已變，審查事罷。然吾終成此文，欲異日付彼。多用“老夫曰”者，彼不肯以我之見施於他，恐人譏不類，亦坦白之士也。但，如送部，則吾不多用“老夫曰”。今無此舉，故多“老夫曰”耳。牟、徐二先生縱不知此事實，卻素知某方本不可測者。老夫一向未近當道，此刊，社會皆知有色彩，徒以私情付稿，而惹嫌疑。老夫不去臺，不往港，先生等能保無不測乎？無麻煩乎？以此鄙薄老人，於心何忍？佔在另一地方，而刻以衡人，良心何在？

吾駡名士，此恨甚深長，此見甚高遠。東京以來，夷狄、盜賊交宰之局，民智德力皆不行之故也。民品之下，由士類不足爲領導故也。士類之壞，由名士之風也。吾《讀經示要》中卷首貶名士，公等絶不留意，何耶？高遠之義，你縱不解，吾舉一事：民氣喪民心去，而軍氣喪軍心潰，國亡矣！所以致此者，名流首以浮淺導天下，使天下人一天一天不得有深思遠慮與正知正見。康、梁、吳、胡先後風動，而有今日之局。汝等猶不悟耶？徐先生責老夫與名高者争名不得而挾忿。試問吾六七十年間，行事昭昭，科舉未廢而已入營爲兵，以謀改革，也曾冒險。此鐵的事實，汝可毁壞乎？辛亥光復，吾小官也未嘗。此鐵的事實，汝可毁乎？旋赴江西躬耕，心恨黨人。異鄉欺生，千磨百難，時吾縣同時兩督軍，其一且爲巡閲使，慶彈冠者不知多少，吾奇厄不改吾操，終守田里。此鐵的事實，汝可毁乎？到北大，兩點鐘的薪水，吾安受之十多年。民廿一年所加，也無幾何。吾一心所學，何曾怨尤？北庠當局與名流皆未嘗識面，錢先生忍抹煞此事實乎？可曰不聞此事乎？徐公試問之可也。復性之事，無關講學，義所不必爲，不計生活而毅然捨去。此鐵的事實，汝可毁乎？素痛心當局，然於某方之交結，絶不輕移，中天下而立，當世唯老夫可説此事耳。此鐵的事實，汝可毁乎？南來只在艮庸處坐牢，不曾半次入城；某先生厚意，欲予以特約編輯，吾猶未受薪。此亦鐵的事實！卅五年，某款吾分文未受，汝可問萬某與内學院，可厚誣乎？半百而後出書，六十以前未有隻字入刊物或報紙，晚年間隨順人情，此可曰爲名乎？老夫一生在辛苦中硬挨，與世無迎合，於朋友學生有責備無標榜。一世孤零，即由此致，而曰争名不得耶？吾雖不才，何至争名不得耶？無知之徒雖不必怪，然老夫以衰年當亡運，心恒不快，遇此惡劇不能無言也。

唐、牟二先生文字，老夫年來時或戒之，此必有故。若謂老夫不測高深，二先生之所至雖已高深，老夫或未至目不識丁也，决非吹毛求疵也，總有幾分苦意也！知言談何容易？徐公欲抬之上天，其實，他果上天，不用汝擡，我也不能以一手拉之墜下。他未上天。我從旁苦督之，他如反省，或可有上天之望。汝不要輕老夫太過，老夫不必是凡夫資禀，更辛苦將七十年，迄今猶在用功也。儒、佛、道根本關頭，漢以來二三千年老夫敢曰無人打得過。兩眼無花，老夫可自信。昔慈湖先生見學生與後進肯近他者，便極力吹高，黄梨洲以此謂其門下不能有人才。明道太和，對人無疾言；伊川嚴厲，逢人便教督，説得好，他還責之曰：賢者更加涵養！故明道自謂不如伊川能弘此道講此學。世風益壞，人皆喜自高，要人説高才合意，不悟此乃自殺之道也。吾有何不可於一二面後再相見，只不諛耳。真説得是，吾何不聽之有？又謂責人之信，不當與人看。實則，所與者皆其接近之人，並非登報。孔子對門人，打其故友原壤先生，且責以不死爲賊，門人記之傳至今。後人何嘗以此輕原壤，原壤反以此流名耳。象山責朱子之論，至不客氣，而常抄示各方友好。朱子當時不悦，事後仍稱其表裹如一。聖賢固如是，不參世故也。《越縵堂日記》有鄙棄王湘綺之一段話，直是駡得狗馬不如，且謂其文理不通，《越縵》至今在文學界負盛名，其駡也，終無損於王壬秋之毫末。吾平生論人之短，同時必舉人之長。君毅、宗三可黑心不承認吾此語耶？汝儕於吾精神一毫不感覺，而以私意相猜，成何話？徐公則吾無責矣，世故嫌疑實不用講，吾説話寫信，總隨意所之。《新論》出，妄評者也不少，吾從不理。間有理者，總是他人不斷的説，説動了，才動筆，然終甚少爲此也。當今之日，誰肯駡人？又誰能駡人？你們乃無心肝至是乎？此是何等慘時代乎？可不反求乎？浮泛而不關痛癢之長篇大論，清末以來擅長者多矣，到亡時何必多演？

四兄之文别處不説，佛家涅槃，果如尊論，即涅槃非實有也。佛法自釋迦至大、小、空、有各派，爲説雖至歧至繁，要皆以涅槃爲歸宿。小、大各宗對涅槃之意，雖不必全同，而確有同一真脈所在。否則如何皆自承爲佛法乎？此點真脈是大、小各宗所共同者，究何謂？吾於此確曾用過苦功來。宜黄與秋逸[34]向好詆吾任意，不多讀佛經。實則，吾讀其必須讀者，不做泛濫工夫，他不察耳。《新論》出，内院合力相破，謂吾必遭破打，及《破破》之論出，彼以半年工夫作《破破破》，最後終不出。吾義證堅强，他不能摇也！此周少老昔所常言也。你不要疑吾亦不了涅槃。此根本大義，吾若未透，豈敢評舊師而造《新論》乎？切勿鄙視吾言，以爲不足聽也。夫生滅不住者非無真實根源。《勝鬘經》，大乘之巨典也，以少文而攝無量義。其歸本之言曰：“澈法源底。”此云法者，即謂生滅法；源者本源，底者根底。生滅滅生，刹那無住之法，非無源底，而憑空得起也。譬如衆漚相，頓起頓滅，頓滅頓起，而無住者，由有源底，即大海水故，否則無有起滅不住之衆漚相也。又如一閃一閃、不住之光相，非可無電力爲源底而憑空得起也。喻斯譬況，則雖於無常無住而見實體，於字及見字，吃緊。要非可謂無常無住者無實體。吃緊。而只於無常無住者之上，漫云不作思維，不起識别，便是寂滅，便是真如，便説名實體也。譬如於衆漚相而見爲一一漚相皆是大海水，即實體，亦即漚相之源底。此則誠然。若妄計着一一漚相，而不知有大海水爲衆漚相之源底，此非迷惑之甚乎！四兄談涅槃，只是假名詞，實只執取生滅法而以，於生滅法上無思辨，無取着，便説爲涅槃。佛法果如此，宇宙人生都如幻如化，無有根底，何所歸宿？此甚不可也！涅槃名目雖有四，而實只是自性涅槃。自性一詞何解？望體究！不過《涅槃經》與《勝鬘》等經，談涅槃都可如吾以上所説，唯空、有諸菩薩將生滅不生滅有打成二片之嫌，雖以不生滅即涅槃。爲生滅法之源底，而有不能圓融之患。此話要説太長，且止。但源底的意義是共同的真脈。以上説得太省略，且有些話不可公開，幸勿示人。四兄學問自有專長，不談佛法，不爲有損，多談佛法，不必有增。此在佛門中，爲極高無上之歸宿處，很不易説，不可隨便談談引起世人誤會。今人一切無正知見，生心害事，甚願四兄於此一事，降心加察。此乃隨觸談及，非故意與你起諍也。我和你究是多年心契，故不妨談談。

秋原將《語要》及《韓》文稿千萬寄還吾。須包好，不可損失，珍重珍重。

十兩在艮庸處，吾未動用，復觀先生務向艮庸取去。昨信已言之，不知到否？此信請君毅及錢先生看了，妥轉丕介先生，因初頭之信他看了故，再付秋原、徐、牟二先生。如不一一交到，即不成人類也。至囑。

致柯樹屏、吳俊昇

（約一九四九年九月二十二日）

教部編纂名義之薪，如局可久，自以支取爲是。如不久，亦無支之必要。反惹麻煩。某巨公之親帥，不戰、善走而寵任有加，誰能信此局可支者？支與不支，你即代酌。印度之譚，人多言其不容納。

此告樹平。報載閩、贛之失也，全是方主席與台陳部下不交仗而自走。

九月廿二日

吳先生道便。請吳先生看了拉碎。印度可去，當然去。此局可久，只好留此。不可久，當於解放，回故鄉，一見親屬，而餓死，以了殘年。此告吳先生。

（此信中提到有赴印度教書之意，以及福建、江西解放事，可知寫於一九四九年。）

致柯樹屏、吳俊昇

（約一九四九年九月二十二日）

樹平：

昨日廿一日。一信，附與萬幼璞，不知到否？頃看艮庸所交之港報，有教部介教授於印度各大學之說。果有此事，可代商請吳先生爲吾想法。雖吾不通英文，然可漫漫覓人繙譯。中國儒、道及諸子學，印度佛家大乘學，其精要皆宜傳播。至吾之《新唯識論》，在形而上學尤有特别貢獻，融會中國古聖至孔子之本體論、宇宙論、人生論、知識論等方面義藴，而兼收印度佛家之長，創發新的意義。將來人類大同、太平與平等、自由之治，亦當從此等根本之學而推演得之。中國現時，要消滅此等學理。吾思赴印一行，請教部爲固有文化，留一點血脈。國際大學固好，但聞人言，譚君或不容納。此信留與吳先生一看。看反面。

編纂名義之薪，艮庸主張領，但章子在他手，他留在城中，候他到城時再説。前未領者，因鄉間傳説紛紛，廣州似旦夕不可知。白將軍雖打得好，而台陳及閩贛，向來只會跑，權重而毫無鬥志。此局不好談也。

吳先生看了拉碎。

九月廿二日

致張丕介、胡秋原、唐君毅、錢穆

（一九四九年九月二十四日）

丕介先生妥交秋原有道，並妥轉君毅有道，賓四先生：

“而又想向共黨求饒之情，不能不使文章受影響。”“稱道韓非用術一段，至欲爲其執鞭。”

右爲徐長者復觀先生見教不才之信，略摘黏於前。

九月廿日直寄沙田工商學院交君毅及四兄一信，收到與否？望函告。

《韓》文之所由來，實因有人作此文字請改。吾本人向不作此等文字。改至一半，而其地不守，吾終成之，終付彼一看。此在廿日信中已説過。原作者昨年曾面商。韓之獨裁思想在競争劇烈之世，爲必有之事。韓子所云以寬緩而治急世之民，此意確不可全非。觀於英、美之民終不可以抗蘇，其明驗也。極權可以邀一時之利，不能否認。但只邀一時之利，而禍患之中於天下者，不可勝言。斃人亦自斃，該文明白言之。何謂“求饒”？

至韓非言極權歸本道術。道是否真爲道？然其不私爪牙近倖，則其所以可邀一時之利之故也。昏庸而學希、史，則亡矣。此中有深意，何謂“求饒”？

“至爲之執鞭”一語，上文明言韓非不往秦求仕，當時六國之人才，皆活動於秦，而韓子有國家思想，獨不往秦。愚痛漢以來陷民族於奴者，一爲名士，一爲漢奸。故余盛贊韓子不往秦。於今之時，尤有深意也。不知徐長者眼看了該文字句否？

“求饒”二字，何等重大，豈唯無人格，直無狗格矣。該文之全，丕介先生、四兄、君毅、秋原固未見，但有一段見於孔誕者，是否有“求饒”之情？就該段而論，真民主自由談何容易，非行保育政策不可也。保育，只有儒者仁道，即父母之道。違此者不仁，只有弋人之術。古今伯者皆此術，但有太甚與否。去泰去甚，即未大背於仁，所謂王伯假之也。今之英、美民主對其國内之民意，猶未至如希、史，亦近於五伯之假，而猶不必及五伯。泰甚，則極權矣。弋人之術與父母之道，古今中外爲治者大要不出此兩途。大家看此段文，何處是“求饒”？聞宗三先生不滿此文。徐長者之言當與同契。不滿可也，“求饒”則長者何據乎？亡滅之世，人道絶，人理亡，老夫受辱，理當然也。共尚未遇着，而先辱於徐長者。長者賤視老夫至此，本不足較。然昨冬迄今，吾確甚衰，生活太苦。異鄉囚於一室，不通言語，即難生情味可知。吾並非愛熱鬧者，在北平無知交，四兄所見，但無名士往來可也。若閉處而無可移步，則精神受困注意。四兄、君毅等來一次外，更無他人來。滋養無，錢耗卻不少。生活比城貴多。又坐牢，秋來奇熱悶。屋是四面廠的，熱氣盡入。吾大衰，腦常欲裂。如今年不解放，長在此也不可久。吾已不堪受刺，請代懇徐長者勿再辱我。我已六五六之年，辱我也不爲强。

我道生活苦，如陶令首首詩叫窮，實非有鄙心。評君毅文，因長者函云是“天地間奇文”，吾恐如此適害君毅，故函謂其文尚有缺點。確囑轉君毅看。時或責牟先生，亦是愚忱，並非登報。你已高，我壓不下，若實未高而名高，則胡博士飛在天上，今人不齒冷者有幾乎？九月廿日直郵沙田與君毅之信也説過此意。外間罵《新論》、罵我者實不少，我向不關心。唯牟、徐二先生，吾向以爲親人。近受此，孤苦中不無傷。然此後决置之，勿再多言。

徐長者又謂老子之不尚賢，不如吾所説。老曰：清净自正。夫清净自正者，可曰非賢乎？老之不尚賢者，正謂世之伯者，以任賢使能相矜尚，矜尚二字意義甚深，向、郭於此有冲旨。使人奮於功利，而天下乃多事。故老曰：“不尚賢，使民不争。”知争之出於尚賢，則不尚賢正對治世主之所尚也明矣。非惡賢也，惡夫矜尚也。矜尚之賢必爲伯者功利之賢也。吾只説老實話。

十金在艮庸手，吾實未用。吾無法自行料理奉上，當再三囑艮庸照辦。《語要》如已付印，其二兩半金，吾當自付。印之不失也可。唯希望徐先生允由老夫自付。吾尚有一點金，均在艮庸手。如何交付，須煩秋原、君毅與艮庸商交付之法。我實可以付出此款。

此煩秋原、君毅、四兄、丕介先生看了轉達徐、牟兩先生。

九月廿四日

《韓》文務懇秋原、君毅向印所取出，快寄還我，“廣州高第路四十二號二樓黄艮庸收”。此稿千萬要還來。不可發表。並望即復。

《語要》《困學記》合刊共一本，懇速校早出。

《韓》似有“附識”一段，分别主義與行主義者，頗有深意，而亦在其謂“求饒”之列。

致萬幼璞

（一九四九年九月二十六日）

幼兄：

九月廿二日信，你接到否？廿四日又一信，附與印度羅使信，請兄急航。此信似無礙，他答與不答均無傷也。若稍知道理者，當無不答之理。只今日人情難言耳。然不妨急航去。

秋節，兄與壽侄是否可來此共聚？吃的不必計。而如此大變，我今下半年確大衰。近因無理者致悶損，忽又奇衰，命脈全無，面肉鬆散，似難有久理。此世吾儕萬難生下去，不可枉道求生。節中一聚，也是親戚之誼。送禮一節，吾儕逃難之人飲食只如此，他們所見似可不必。

上年因客來幾次，對其媽子不得不稍盡情。後無客人，媽子已看反面。都遣了。大約因世事，故遣之也。似不須講禮儀。

唯昨冬迄今看報，均由艮庸堂弟名覃者家訂之報借看。上年多由其家工人送來，卻不遠。吾上年午節未給小禮，下半年多由金海往拿。今秋節是否宜給他工人若干元小禮？其數兄可酌。

徐之十兩當還他，九月廿四之信已説過。與樹平看無妨。

教部名義不必要，請樹平言之吳先生，以介之中大爲好。解放時亦較好也。鄉間將不便居，以何名義留此，不好説也。兄謂何如？兄來，可多買點紅墨水來。

九月廿六日

羅信，請急發。

致胡秋原（張丕介轉）

（一九四九年九月三十日）

丕介先生可一看。此信煩交

秋原：

《語要》懇與君毅耐煩詳校並加速。想不過十三萬多字，望爲老人早了此事。印價及徐先生所送之十兩金均存艮庸手，望你與君毅及丕介先生能有便取去。艮庸遇事悠忽，不有人來取，恐其放下。此爲人格問題。吾四人吃苦度日，决無餓死之虞。君子之愛人也以德，細人之愛人也以財。吾平生本不苟取予。以徐先生爲鄉里後進，川中以來，頗相親厚，故忘形而不相外也。今彼連函皆以極不肖之心理污辱老夫。如此而可受，吾狗馬不若也。吾子視徐信若無所謂者何耶？昔顔含入朝，遇人以加禮於王丕相與之商。含憂鬱不樂者累日。曰：吾其有遺行耶？余自信不至無良心、無廉耻，甘爲狗馬不若者。國家獨立、民族精神、人類正義與自由，吾何忍忘之乎？豈自賤乎？徐敢侮辱，得毋以曾受彼金耶？

看了拉碎，不足示人。

九月卅日

此十金你不取去，吾亦决不向艮庸取用。天鑒！悵然！

金交港，如何交法，吾實無法，故望你們想法。

致唐君毅

（約一九四九年九月三十日）

君毅：

九月廿七、八，仲光與子一函。吾於封面批數語，不知到否？前聞沙田房子須退，故函每寫丕介、秋原轉也。

吾子九月廿三信，於廿七夕到。

復觀上年付艮庸代收之十兩金，吾實未用。此金決意還他。總望你托人或親身有事來廣州便取去。始吾以彼爲鄉里後進，里居實不遠。在川時相過，故不能疏外之。老當非常之變，於彼之助不復卻。今因對中大之問題，直以漢奸心理相度。此等人，萬不可受其餽也。雖外人不以受此爲非，然在我乃良心上之事。良心揆之於義，無可受也。亭林“行己有恥”之訓，吾不可不守。此意屢與艮庸言之，恐他不肯代付。而吾又無法自付，吾子當爲老夫了此事。印《語要》之二兩半，吾亦囑艮庸以吾款代付，不必勞徐先生。此間艮庸族侄開印所，吾予以五兩，他竟不印。故港上印價出吾意外也。校對一事，千萬望吾子耐勞，否則恐不易出書也。

錢先生說涅槃，確非佛氏本義。此事關係太大。自《新論》談本體，而佛門反對者皆將涅槃、真如説成虛幻。蓋彼等於佛法本無所知，故不惜胡亂一頓。卅二[35]年春，宜黄下世，秋逸亦嘗言，真如非實有，用以攻《新論》之本體。後來川人王某及陳真如與某流氓和尚之門下，皆盛演其説。吾《新論·附録》中有《答友人》一信，即答真如者。秋逸後來畢竟不主其真如非實有之説，而贊成吾答真如之信。此事吾子問德鈞便知其詳。涅槃者，真如之别名也。此是萬法根源、人生本性。所謂自性涅槃。此若説成流幻，則宇宙人生全同電光石火一般。譬如小孩，只認取衆漚流動相，而不知衆漚各各以淵停深宏之大海水爲其本體。此在知解上，已是錯誤。在宇宙論及人生論中皆只見爲流行，而不悟即流行即主宰。尤以人生無歸宿爲最可哀。卅五年冬，吾在黄海化社，孫社長曰：吾嘗虛静中自思，人生確是苦惱與罪惡。世所計爲樂者，實是倒計。其終無往非苦。人生誠欲免於苦與惡，只有超個體而識本體。到此則罪不忍作，而一切皆樂，苦亦成樂。他所以贊《新論》者意在此。吾覺此公之言，確有深慧，未可粗心會去也。中外古今聖哲窮理必至究竟處，皆與孫先生同一實感。望四兄勿忽吾此意。

君毅於世事似不甚作嚴重看法，吾殊不然。此須深心從歷史及今日各方面情形考察。佛言依自不依他，此不獨佛法然。儒曰己立、己達，曰成己，曰君子之道本諸身，皆依自不依他義。没有自己者，此等人，其立身無所謂道德與志氣等，其活動於權利之途，得所附而可無所不爲。自東京迄今二三千年間，學界名士之風，一切浮虚、淺薄、誑詐、諂曲，以風動於社會。無量卑陋、險惡，難以枚舉。其風深入於社會，至今尤甚。政途上依附夷狄與盜賊以逞志者，此其愚賤、凶頑，不可形容。其毒深中於群衆心理，殘害同類與安於麻木、不知痛癢，及自私自利無量惡德，皆此等獸類與名士合成之毒。吾覺此族萬世爲奴，難救拔也。函云：某先生與張某中立，可惜今無中立地也。此局之成，他們亦有力也。若輩當初苟爲中立之結合而無依於另一方，當别有一點生意。此中有很多話不便談。

《語要》，切懇耐勞速校速出。此局旦夕難知，遲恐印不成。且恐港人心亦慌，印不好。卅六年漢上因軍事，印書錯落不堪，此前車也。煩爲吾勞一番心。切懇。王淑陶處切勿與談吾之事。港、廣將來許有阻截之時，很難預測。故《語要》望你勞神早出早寄來。

將來如教書，也只爲存先聖賢心事於一綫，此外無可入校門之理。今人將爲國家獨立與民族精神，乃至人類正義與自由等等公憤，一切消失盡淨，可謂一毫人氣也無。哀哉！此族類也。

看了拉碎，切切。

九月卅日

致張丕介

（一九四九年九月三十日）

丕介先生：

今早發一信，卅日早。封面批“艮庸昨回，談《韓》文事”云云，又《語要》單圈單點，想可收到。至遲雙十左右須出書。此間旦夕難知。

午飯後，忽閲及先生與艮庸商發預約卷事，内有四川由梁先生主持，大誤。梁先生多年對哲學少興趣，近已學密宗，根本不重著述事。當函北碚勉仁文學院張俶知、陳亞三兩人。成都，可由君毅試寄函預約蒙文通、葉石蓀兩人試試。重慶，君毅可寄函預約十部或七八。以内與“重慶捍衛路捍衛中學劉校長子泉”。北碚，“北碚管理局盧子英局長”，可寄預約四部。北碚相輝學院張默生先生可寄預約五部試試。艮庸相商，預約，勿用現印者寄四川。可悉由君毅私人去函預約。因時局急，函較好。

共區各大學不可寄，當不會買此書。

唯吾意專托君毅負責代送人者如左：“北平，北京大學圖書館”一部。“北平，國立北平圖書館”一部。“北平，北京大學哲學系”一部。封面下款署明“廣州中山大學哲學系漆園由港寄”。就説漆園是姓名也。“北平，燕京大學張東蓀”一部。“北平，清華大學馮芝生”一部。封面下款，同上。北平只如上而止可也。

預約之廣告不必寄平，平以外之共區亦不必寄。你想他來錢，吾敢斷曰不能。切勿以“民主社”名義寄，寄去於收者不利，書亦不能到。何必如此。

印價之數，預約卷有若干抵若干，不敷者，吾當付出。北大某教授，和談時猶不斷來信，無事也函候。自五月起言勿通信較好，與人以不便而於公無益。有些不便，萬不可昏昏然寄東西。

“武昌，國立武漢大學圖書館”寄一部。封面下款如寄北平者。不可寄預約卷。

“南京，宗白華先生”及“南京國立圖館”各一部。封面下款如寄北京者。

“美國，紐約，康乃爾大學哲學系韓裕文”

Han Yu—Wen

School of Philosophy

Cornell University

Ithaca，N.Y，USA.

此洋文係仲光照裕文信寫下者，他只識幾個英文字。寫得對否？吾不知。你們當能寫也。

寄裕文，須四本。（一）一本寫他本人裕文。（二）另一本寫“康乃爾大學圖書館”。（三）另一本寫“林理先生”美人。（四）另一本寫明“請裕文先生覓轉池際尚或李璞君先生。”

以上送者，均無可索錢。亦不須附預約卷。封面下款如寄北平者可也。

右托寄書事，煩丕介先生與君毅會同辦理。郵費於書價內支。

又想起，“印度國際大學中國學院圖書館”可寄一部。因其間當有佛教中人。不必附預約卷。如外國圖館□□□不必寄，胡適之，或可寄由美中國使館轉他一部，丕介先生名義寄。

教部可否函吳士選先生幾張預約卷？此由君毅致函，但函中可言明對他本人送一部。杭是否送一部？君毅、丕介先生同酌。秋原有人可托以預約卷否？問問。

九月卅夕

致徐復觀兩便條

（約一九四九年九月）

便條一

此轉復觀。

暫時預約處，已説港。

但書尾只載廣州中大哲系可也，切勿載港或都不載。區區幾部，當仍印二百部爲好。此時誰買乎？凡事須慎。

便條二

無益之事不必作，二百部保存，爲文化留一綫。此天理也。向社會預約卻不必，登報更不可。此望君毅、秋原與丕介先生共答我。

此轉復觀。凡事須吾同意，切切。

（此兩字條係夾在作者給唐君毅信中的，恐是當時作者請唐君毅轉徐復觀的。）

【校記】

〔1〕“陰曆”原文作“因立”，據文意改，下同。

〔2〕“認”，原文作“忍”，據文意改。

〔3〕“交”，原文作“文”，據文意改。

〔4〕“明”，原文作“名”，據上文改。

〔5〕“認”，原文作“忍”，據文意改。

〔6〕“曾”，疑當作“承”。

〔7〕“億”，原作憶，據文意改。

〔8〕“卵”，原作“印”，據《尊聞録》改。

〔9〕“耻”，原脱，據文意補。

〔10〕“黄”，原脱，據文意補。

〔11〕“王”，原作“生”，據上文改。

〔12〕“亡”，疑当作“之”。

〔13〕“宗”，原脱，據《吕澂復熊十力》（一九四三年四月十二日）補。

〔14〕“心”，疑当作“子”。

〔15〕“知”，其前疑脱一“不”字。

〔16〕“下”，原脱，據文意補。

〔17〕“始”，原作“胎”，據《新唯識論問答》改。

〔18〕“豈”，原作“言”，據《新唯識論問答》改。

〔19〕“皮”，原作“裴”，據文意改。

〔20〕“非”，《成唯識論》作“雖”。

〔21〕“撮”，原文作“最”，據文意改。

〔22〕“不”，原脱，據文意補。

〔23〕“来日”，以下缺文。

〔24〕“漫漫”，即“慢慢”，下同。

〔25〕“貫”，即“罐”，下同。

〔26〕“窩”，即“鍋”，下同。

〔27〕“廠”，即“敞”。

〔28〕“□”，原文漫漶不清，疑爲“方”或“才”。

〔29〕“梨洲”，原作“犂州”，據通名改。下同，不另注明。

〔30〕“陽曆”，原作“羊立”，據文意改。

〔31〕“塗”，原作“途”，據文意改。

〔32〕“森”，原脱，據下文小字注補。

〔33〕“精”，原作“情”，據文意改。

〔34〕“逸”，原脱，據文意補。

〔35〕“二”，原作“三”，據文意改。

荊楚文庫

熊十力集（七）

熊十力 著

郭齊勇 劉依平 主編

荊楚文庫編纂出版委員會

湖北教育出版社

荆楚文庫

中國哲學與西洋科學

劉莉莎　點校

目　録

一、緣起

本社以研究化學工業之學理及其應用爲宗旨，原爲久大塘沽精鹽工廠附設之化學室，創辦人爲范旭東先生。其後研究工作日益進展，有改爲獨立機關之必要。民國十一年春，始修訂章則，定名黄海化學工業研究社，使能充分尋求科學真理，探索研究工作應走之途徑，促進研究與致用之聯繫。是時學悟謬被推舉，入社主持。受任以來，二十五年，經歷國難，辛苦萬端。賴同人堅忍不拔，潛心學術，多所發明，於國内化學工業深有協贊。復蒙各方同情援助，益使本社基礎漸趨穩固。學悟竊念，本社幸得成立，而哲學之研究實不容緩。昔者旭東先生一生致力化工建設，其目的在培植科學研究，以期灌輸科學精神於吾人日常生活，而進國家民族於富强之道。汲汲於此，四十年矣。及其晚年，愈感西洋之有今日科學並非偶然。而吾國數千年來未能產生此物，亦必有其故在。故欲移植自然科學於中土，須先究中國哲學思想界是否儲有發生科學之潛力。誠有此潛力，雖久伏藏，終有盛顯之一日。旭東先生至是已進而爲哲學之探討。民三十一年，學悟爲本社二十周年紀念曾寫一文，申明此意，哲學爲科學之源，猶水之於魚、空氣之於飛鳥云云，深得旭東先生贊同。自此之後，於互相訊問時，鮮有不涉及此問題。去歲旭公逝世前數日與余一信，猶不舍斯志。今旭東先生長去矣，余念此事不可復緩。爰函商諸友與旭公同志事、共肝膽者，擬於社内附設哲學研究部。紀念亡友旭東先生臨殁而牢不可破之信念，庶幾置科學於生生不已大道，更以净化吾國思想於科學熔爐。敦請熊十力先生主持講座。旋於本社提議，一致通過。熊先生亦惠然莅社。余嘗隨同人之後，竭盡綿力，完成大計。學術機關非厚積基金，不能維持千百年之久。余誠知其難。然古之傳者有言，衆志成城。佛云，願不唐捐。聞先難後獲矣，未可畏難廢事也。

孫學悟　三十五年八月於四川五通橋

二、講詞（又題：中國哲學與西洋科學）

余以固陋，承孫穎川社長之約，忝主哲學研究部講席。不惟引爲榮幸，而實深寄無窮之希望。黄海社本以研究化學工業之學理及其應用爲宗旨。自范旭東先生創辦，迄今將三十年。穎川社長始終主持社務，與諸同志艱難共濟。先後在社擔任研究工作之諸學者，潛心探索，多所發明。其於吾國化學工業之啓導，厥功甚偉。國内私立科學研究機關最艱辛而最有成績者，無如黄海，此世所共知也。穎川社長更於社内附設哲學研究部，徵得本社群公同意，始以講席下詢於余。余曰："公等胡爲有事於不急之務哉？"穎川曰："當今之務孰有急於此者，先生其正言若反乎？不佞於哲學雖無得，而深知且深信，開發人類思想，振揚人類精神，實以哲學爲至要。哲學有國民性，中國哲學更不可忽視。今吾國人唯以向外移植科學爲急務，而不思科學若無根於中國，如何移植得來？且中西融會之議，唱之有素，而於中西底蘊及其得失，顧莫肯深究。悠忽度日，奚其可哉？"余聞穎川之言，深愜素懷，遂允來社，承乏講席。今茲開講，余惟本穎川社長之意，略爲敷演，以明宗趣。其一曰：移植科學，須闡明中國哲學，培固根荄。夫科學思想，源出哲學。西洋科學之有今日，實由希臘時代哲學家，驚奇於宇宙之偉大與自然律之微妙，而富於求知欲。其後，哲人更由自我權能之自覺與自信，而得超越宇宙之表，以征服自然與利用自然，有如吾孫卿"制天"之論。科學發達，哲學爲其根荄，此稍留心西洋文化者所共知，無俟贅言。穎川嘗謂余曰："昔留學遠西，常自思維，中國古代已有羅盤針與木鳶之發明，天算、音律等學及藥物學、煉丹煉金術、工程技術及機械之巧，皆創發甚早。地震儀器，作於漢世，先西洋甚遠。地圓之論，發於曾子。

小一即元子之説，倡自惠施。略徵古代佚文，已多可驚之創見。中華民族科學思想，非後於西洋也。然自秦之一統以迄於今二千餘年，而中國竟不能成功科學者，此其故安在？”

余曰：此一大問題，蓋思之累年而不敢遽作解答，其後怵然有悟，古代學術思想所由廢絶，非偶然也。秦以後大一統之環境，固有以致是。參考吾著《讀經示要》。而此環境中之大不幸，即儒家哲學思想實失其傳。《大易》剛健、創進、日新之宇宙觀、人生觀，横渠云：“易道進進也。”《繫傳》云：“日新之謂盛德。”經儒考據之業，已莫之省。易道亡而吾欲延之。詳見《新唯識論》。《新論》通天人而一以貫之曰闢而已矣。闢者，剛健也，進進也，新新也。故《新論》演《易》也，援佛以入儒也。而老莊及佛氏虚寂之旨，使人流於頽廢、虚僞，乃深中其毒於社會。故“智周萬物”與“裁成天地”“輔相萬物”“備物致用”“立成器以爲天下利”之大義，後儒但識文句而已，不求其義。孫卿《天論》出於《易》，其書僅存，卒無講明其學者。以上參考《讀經示要》。道家反知，崇神而不求備物，其流之弊，貧於物者，亦弗能伸其神。釋氏精解析，清末以來好佛法者，群謂其有科學思想，而不悟其多逞懸空之辨析，或不根理要。因明之學原爲説教護符，其不能産生科學，良非偶然。《示要》中評佛，皆精粹之言，學者宜留意。然則中國二三千年間，科學無從發達，其與秦以後儒學亡失相關，顯然可見。懲前毖後，今欲移植西洋科學於中國，必於中國固有哲學，若儒家正統思想及晚周諸子、宋明諸子乃至西洋哲學、印度哲學，參稽互究，捨短融長。將使儒家正統思想有吸納衆流與温故知新之盛美，乃可爲中國科學思想植其根荄。天下之物，未有根荄不具而枝葉能茂者也。有中國古代之儒家哲學，而後科學思想與之並興。秦以後，儒家之易學失其真，漢易皆術數之流耳。而科學之萌芽遂絶。此中消息，歷史具有明徵，今人奈何不復注意？自清末廢科舉、設學校之倡議，迄至今日，四五十年間，國人只知歆慕科學萬能，欲移而致之中國，乃唯恐固有哲學思想爲之障礙，必取而盡絶之。學校首禁讀經，大學理工二科生徒縱不暇讀經，而文法二科實不可廢經。而儒學在中國社會心理中，幾全喪其信仰。至今各大學文科雖有中國哲學一課目，而教者所編講義，大抵襲取外學若干新觀念或新名詞，今人於外學殊少精研其底蘊與體系者。而先以之爲主。乃隨意涉獵古書，以耳剽目竊之功，妄爲拉雜附會，混亂一團。此豈其智之不及哉？古之學者於學術及理道，起慇重心，起尊嚴心。其求之切，故其用思不敢苟。先哲所云慎思、明辨、篤行是也。今掌教上庠者，於中國哲學以悠忽玩弄之心臨之。學生亦復漠然，不感若何興趣，不承認有何價值。大學之有中國哲學課目，僅爲敷衍門面而設。凡有識之留意學風者，殆莫不有此感。由今之道，無變今之俗，將欲中國哲學界能爲國人開獨立用思與自由自得之風，而免於稗販與拉雜之大耻，行見千年長夜，永無復旦之期，豈不哀哉！佛法有言“依自不依他”，今人適得其反。生心害政，彌堪憂懼。夫哲學亡絶，既不足導發人類精神，以長養其“智周萬物”“裁成天地”“利用安身”之彊力大欲，“智周萬物”“裁成天地”“利用安身”三語，皆《大易·繫辭》傳文。前已屢引，此復及之。“利用安身”一語，涵養深遠。《讀經示要》第一講有云：“崇神而備物。”蓋本之《易》旨。若只逐物而無靈性生活，即喪其神，非利用之謂也。身字非就個人小己而言，衆生皆吾一體。《中庸》所云“成己成物”，己與萬物莫不安，正釋《大易》安身之義。今列强之務侵略者，將使天下人不得安其身，而其小己之身顧可安乎？易道不明，而生人之禍益亟矣。句尾大欲之欲，非常途所云私欲，須深玩。而徒欲向外移來科學。不悟科學既無根荄於中國，如何移植得來？雖神州之大，族類之衆，在此科學功能盛著之空氣中，不無少數人能於某種科學有所見長，而此無源之水，終無渟蓄以成江河之可能，則不待蓍龜而已預卜。自清末興學以至於今，四十餘年來，朝野教育計劃，始終以派送留洋爲政策，而國内各大學一切空虛，不求改善，不務充實。即此可見，國人之於科學只是浮慕，無根故浮。只是虛僞宣傳，而科學根本精神，中國畢竟無從盗得。夫知識技能，可從他學者也，精神自是吾人從無始來内在固有，豈可襲取於外？中國固有儒家《大易》爲哲學界窮高極深之詣。中國科學精神實見於此。中國人若敬慎服膺而善發揮之，自有以維繫身心，充實生活。而前之所謂彊力大欲，自油然生，暢然遂，烏有淪爲虛僞無實，空洞無物，卑劣無耻，奄奄無生氣，如今之中國人乎？夫無彊力大欲，科學不來舍，理智或量智，《新論》所謂性智之發用也。如有雜染，即失其本明。若復捨染，炯然大明，則能破一切迷闇。由其本身即是彊力故。此彊力一詞，義至廣遠，《易》之乾也，健也，《新論》之闢也。大欲者，求真之欲，孟子云善欲也。中國人今日之大憂，無過於此。吾是以欲振揚儒家哲學，即《大易》之道，以爲吾人生命資糧。資糧充實，而生命力强，科學乃得栽根於中國。世或以《大易》爲古代術數家言，此實不究孔子修定之義。孔子爲儒家大祖，其道之大，具存於《易》。《易》道含宏萬有，誠不可執一端以求。即以其關於科學者言之，全書名數爲經，質力爲緯，科學上最高之原理，固已無所不包通。如其以乾陽表能力，以坤陰表物質，而坤承乾之變化以凝，即坤元猶是乾元。易言之，即質原於力，非離力外別有實質與力對待成二也。然則充盈大宇者，唯能力而已矣。《新論》唯闢亦攝此義。今物理學所發明與此不必相悖。《易》之爻變，以陰陽之布列不同，顯物性由變合不同而成異，並非各物由特殊原質構成。此於化學足資參較。符號推理及辯證法首見於《易》，尤足珍怪。《繫傳》載羲皇運思之妙曰："仰觀於天，俯察於地，近取諸身，遠取諸物。"古今大哲人、大科學家運用理智以探造化之秘奥者，其注意力無所不在，活潑潑地，皆同此一副本領。漢以後經師死守章句，宋明理家偏重反求，反求吃緊，但偏重便有弊。皆失却羲皇爲學精神。科學不發達，職此之由。民國八九年間，胡君適之提倡科學方法，用意固善。然學者尚不知涵養敏鋭之觀察力，不知理道無窮，隨在觸悟，惟恃吾人活潑無礙之靈感。則雖與之談科學方法，又惡能運用此方法乎？吾國人早失靈感，急宜有哲學修養以蘇復之。哲學之深於靈感者，無過《大易》。易者象也。其所以觀萬化、通萬理者，一由乎取象。取象者，靈感之妙也。隨感所觸，至理躍如呈現。六通四闢，大小精粗，其運無乎不在。易道"範圍天地之化而不過，曲成萬物而不遺"者，唯其本之靈感故也。學者玩《易》而自涵養其靈感，斯不至頑鈍如木石，而可與言格物窮理之事矣。中國古代哲人，其爲學也，非徒以習書册、治理論、玩文辭爲務，要在自養其神明，以與天地萬物相流通。靈思妙感，隨處觸發，無有閉礙而已。此非深於《易》者不能知。余潛玩舊學，歸本於《易》，乃知中國科學思想自有根荄在。奈何欲向外求科學，而竟自伐其根荄耶？科學不可無根生長，當於中國哲學覓其根荄。此固穎川平生信念所在，而亦余之素懷。故凡揚科學而遂棄哲學者，不獨昧於哲學，實亦未了科學也。

上來言中國科學當以固有儒家哲學即《大易》之道爲其根荄而不可斬伐。其次，西洋學術與文化，應有中國哲學救其偏弊。姑言其略。科學無論若何進步，而其研究所及，終限於宇宙之表層，即現象界。易言之，即研究一切事物互相關係間之法則。至於事物之根源或宇宙實相，實相猶云本體。終非科學所能過問。中國哲學以《大易》爲宗，其書綱領在雙闡不易、變易二義。不易而變易是即體成用，大用流行是名宇宙萬象。用由體成，譬如由大海水成衆漚。於變易見不易是即用識體。如於一一漚而知其各以大海水爲體，不可於漚外别覓大海水。哲學家談實體與現象者，往往説成二界，是大迷亂。《新論》特救此失。科學只從變易方面設定爲外在世界而研究之，而不易實體不易實體四字作複詞用，實體無變易故。則科學不可涉及。因科學方法以實測爲基，必將研究之對象當作客觀獨存之物事。而所謂宇宙實相與吾人生命，實非可離而爲二，故不可作客觀的物事去研究。科學豈惟不了不易，即其於變易而假定爲外在物事，則其所可研究者只是大用流行中之粗迹而已，如《易》所謂窮神知化者，科學尚不堪語此。《論語》記子在川上喟然歎曰："逝者如斯夫！不舍晝夜。"此中神趣無窮無盡，蓋深達無生而生與生而不有之妙。科學何曾識得？近世數理化三大科學成績偉大，最可驚嘆，然究是表象的知識，語神化則障隔已甚矣。今日所需哲學之努力者尚無限。《大易》寶典幸存，何不鑽研？

由科學之宇宙觀而説人生，即宇宙爲客觀獨存。吾人在宇宙中之地位，渺如滄海一粟。由中國哲學證會之境地而説宇宙，則天地萬物本吾一體。孟子發《大易》之藴曰："萬物皆備於我。"曰："上下與天地同流。"程子曰："仁者渾然與物同體。"則基於日常實踐中修養工夫深純，達到人欲盡浄，天理流行，直融天地萬物爲一己。無内外、無古今、無物我、無彼此，動静一原，體用不二，莊生所謂"遊於無待，振於無竟”者，即此境地。在《易》則謂之大人。大人者，非與小人爲對待之辭，以其體神居靈、冥應真極、獨立無匹，則謂之大人而已矣。人生不有此詣，直無人生之意義與價值。西洋哲學家、文學家縱有説到吾人生命與大自然爲渾一而不可分，要是思議所及，解説道理而已，與中哲證會境界，奚止判若天淵？證會之義極難言，非於此方儒、佛、老諸家修養工夫有深研者，未可與言證會也。

西洋人無證會之詣，故其智能無論若何精深，而智慧蔽塞，胸量畢竟不能廣大，物我對峙是其生活中之極大缺憾。西洋人不能會萬物爲一己，頗欲伸張其自我於宇宙之上，常有宰制萬物之思。不知者以此爲西洋人之大處，而知者則謂無寧以此爲西洋人之小處。以己勝物，終限於有對，何大之有？西洋人常富於種界國界之狹隘觀念，以侵略爲雄，其學術思想素誤也。

西哲精於思辨，而中哲於此頗忽之，今宜取益西學。中哲歸諸體認，即證會。而西哲於此亦所未喻，必須趣向中哲，方離戲論，而證實際理地。夫中哲不尚思辨，非無故也。上智超悟，無事於思辨也。且真理不可方物，此中真理一詞最嚴格，蓋指宇宙本體而目之。此理不可以實物比方之也。非思想所及，非辨辭可表。一涉乎思，一形諸辨，即有方所，便與真理不相應。惟冥會而無思，默契而忘辨者，其至矣乎！然真極之地，神用斯彰。無思而思海波騰，忘辨而辭鋒峻利，固未可滯寂而廢用也。通中西之郵，思辨而必歸證會，證會而不廢思辨，其庶幾乎？思辨功夫却是向外追求。明儒黄宗羲譏世儒向外求理，西哲確如此。證會則反己自識，當下即真體呈露，何須向外尋求？夫計執外在世界而自失真宰，此世學之誤也。然自識真宰又不妨施設外在世界，“冲寞無朕，萬象森然已具”，何得廢思辨？

中哲談本體，其根本大義曰體用不二。此義《新論》益闡明之。唯然，故《易》之《乾卦》曰“群龍無首”，義趣淵廣無邊，至堪玩索。萬物皆天命之顯，儒家天命一詞即本體之名。無聲臭可得而實涵萬理、備衆善，故謂之天。其流行不息，故謂之命。一切物莫非天命呈顯，譬如衆漚莫非大海水呈顯也。於萬物而知其體即天命，猶之於衆漚而知其體即大海水。故一一物，各各本性具足，莊生言：泰山非大，秋毫非小。夫剋就物言，泰山秋毫大小之殊甚明。若即物而識其體，則秋毫得天命之全，是本性具足；泰山得天命之全，亦是本性具足。兩皆具足，何小大可分乎？亦復相望，互爲主屬。如甲物全具天命，即甲自爲主，而視乙物及一切物皆屬同體。乙物亦全具天命，即乙自爲主，而視甲物及一切物亦皆屬同體。萬物互相望，皆如是。參考《新論·功能》《成物》二章。故物莫不互相屬，而無孤立之一物。然實各自爲主，别無有首出乎一切物之上，得以總主萬物而獨尊者。如一微塵，自主自在。一切物皆然，是爲“群龍無首”。龍，神靈之物也，故以象萬物各各本性具足而無一不神也。

本體亦云宇宙之心。但所謂宇宙之心，實即衆人或萬物各具之心。譬如衆漚各具之水即是大海水。非離萬物各具之心外别有獨在之神可名爲心也。此心含萬理，備衆善。其在人倫日用中隨感而顯發者，莫非心也。如《論語》“居處恭，執事敬，與人忠”云云。解者或以爲此吾人自律之德目，若從外制之者。其實，恭之德即吾心在居處時不放逸，不昏亂；敬之德即吾心在執事時不雜私欲，不肯輕肆失誤；忠之德即吾心在與人交時不敢有一毫虚僞。據此而言，恭、敬、忠皆心之顯也，非吾無主於中而徒從外鑠也。吃緊。居處有不恭，執事有不敬，與人有不忠，其時，吾之主人公未嘗不在也，心爲身之主宰，故禪宗謂心爲主人公。今借用之。但私欲起而障之，則主人公失其權能，乃若不在耳。私欲如何而有，參考《新論》。然私欲熾盛之際，陷於不恭、不敬、不忠之大惡，吾人未嘗不内自愧耻。足徵吾之主人公猶監督於隱微之地，不稍疏懈，否則愧耻無從生也。推此而言，人類一切道德行爲皆發於吾人内在固有之真源。此真源即所謂本體。但以其主乎吾身而言，則名之曰心；以之别於私欲，則曰本心。《易》之乾卦則謂之仁，亦謂之知；孟子、陽明謂之良知；宋儒謂之天理；《新論》謂之性智。道德律之異乎法律，即法律純依人與人之關係而制定，是從外面立之約束。道德律則純由自我最高無上之抉擇力，隨其所感通而應之自然有則。道德律恒不受個體生存的條件之限制，如殺身成仁之類。由其發自真源，見前。自超脱小己之私也。於此可識生命本來清净，此中生命一詞與世俗習用者異義，此即目本體。孟子性善之論亦清净義。不受染污，不肯墜退。是故明體而後識道德之廣崇。廣大崇高。西人談道德不澈心源，此心即是宇宙真源，故曰心源。向與朱皆平君談此，彼亦云然。知能雖多，而人欲日益猖獗，天性日益淪喪。不亦悲乎！心理學研究心作用，首從神經系統徵測，即本生理的觀點出發，而不究心體。易言之，只是丢下源頭不講。今人只知行爲派將心理作物理來説，其實任何心理學派都不能完全避免此失。心理學是科學，其言心不能不以生理爲基礎。只從緣形而發、感物而動的現象上來説心，何得不成爲物理的看法？故以心理學的見地，而略聞中哲之本體論，直是無法了解，甚至頑鈍無趣，抵死不承認。總之，如何是本心？又如何道在吾之本心即是宇宙實體？此須返己作修養工夫，切實體究才得。

上來略談中哲本體論。吾固知今人决不願聞，然吾終不以今人之不願聞也而遂無言。形而上學深窮萬化根源，畢竟是衆理之所匯通，群學之所歸宿。嚴又陵先生頗識此意。太史公曰：《易》本隱之顯，《春秋》推顯至隱。此二語含義極廣大無邊。嚴又陵以之附會内籀外籀二術，非無似處，然非其本旨也。容别談。形上學，本隱之顯之學也。學不通隱，萬化無源，群學無根，此豈人間小失？西洋雖有形上學，而從思辨上着力，只是意想之境，實無當於本隱之顯，則謂之無形上學可也。形上學非證會不足言，舍《大易》將何求？西洋學術推顯則有之，猶未能推顯以至隱也。彼無本隱之顯之學，則其不能推顯至隱，無足怪者。然今後科學日進，推顯至極，終不明其所以然者，或不求隱而不得。隱可喻如大海水，顯可喻如衆漚。不可將隱顯判作二重世界。中國自昔有本隱之顯之學，得西學而觀其會通，將來可發明者何限？是在吾人努力而已。

西洋知識論之興，本以古今談本體者紛無定論，於是轉爲知識之探討。乃復自畫於此，又置本體論而弗究。此非學術界之安於膚淺而自絶於真理之門乎？

理智或知識終不堪得到本體。然則求證本體，必别有工夫在。談知識論者何曾注意及斯？儒家修養工夫，從人倫日用中涵養察識，上達於窮神知化，可謂至矣。涵養與察識二詞義至深廣，須於六經四子及宋明儒書中詳究。二氏佛、老。功修均密，佛法視老氏更精微，然必折衷於儒術，庶不致趣寂而流於反人生。此則陽明所常從事，惜其門下未克承之。孤懷耿耿，不能無望於後之人矣。西洋人距此事太遠。天運推移，或有會心之日。

哲學要在體現真理，非可以著書持説爲能事。《論語》記孔子之辭曰："予欲無言。"又曰："天何言哉？四時行焉，百物生焉。天何言哉？"此數語含蓄無盡，廣大無邊，非實備天德、同天化者，難與語此。聖人即天也，學必以聖人爲師而後爲實學。宋明諸儒猶承矩範。象山自謂稍一提撕，便與天地相似。此等實踐精神，倘亦馳騁思辨者宜資觀感歟！

西洋人承希臘哲人之精神，努力向外追求，如獵者强力奔逐，不有所獵獲不止。其精神常猛厲闢發，如炸彈爆裂，其威勢甚大。於其所及之處，固有洞穿堡壘之效。西洋科學精神實在此。吾人今日固宜戒委靡而急起直追。然西洋人雖有洞穿大自然堡壘之偉績，而其全副精神外馳，不務反己收斂以體認天道不言而時行物生之妙，不言者，虚寂之至。《中庸》以無聲無臭形容之。聲臭且無，豈復有意爲猛厲哉？然至虚至寂而四時行、百物生，則天下之猛厲未有可以方此者也。《新論》中卷融會空寂與生化之妙，知此意者可與論天道。又此中空字、虚字，非空無之謂，乃言其至有而無形象，至實而無作意，至净而無染污也。寂者澄寂，無昏擾，無滯礙，非枯寂也。不能超越形限而直與造物者遊，不能二字一氣貫下。形限者，形謂軀體，此爲有限之物。吾人若只淪溺現實世界，即精神墜墮，不得超越形限之表。造物者非謂神帝，乃用爲天道或本體之形容詞。遊字亦況喻詞，言其備天道於己也。其生命畢竟有物化之傷。物化者，言其生命墜退，而直成爲一物，不得復其所稟於天道之本然。西洋人固自演悲劇而猶不悟也。孔子《大易》之道，强於智周萬物，備物致用，而必歸於繼善成性，人稟天道以生，即天道在人而説爲人之性。天道本至善，然人之生也，形氣限之，每有物化之懼，故須繼續天道之善而完成吾性分之本然。如此則即人而天矣。反本立極，《易》道反諸大本而立太極。太極者，宇宙本體之名，即天道之殊稱也。繼善成性，即與極爲一。周子申其義，而曰立人極。人之極即太極也。辨小而究於物則，《易·繫傳》曰："復，小而辨於物。"此語不容忽。科學研窮事物之公則，其實測之方法，全要在微小處辨析極精，否則不能無誤。孔子於《復卦》明此，頗符近世科學方法。默成而全其天性，《易·繫傳》曰："默而成之，不言而信，存乎德行。"默者，無作意，不起虛妄分別也。成者成就，謂證解成就也。夫默然冥證，不起想像與推求等，此時確非如木石然，却是自明自了。故云證解成就。佛家真現量，亦云證解，義與此通。中文簡要，學者如更究佛典便易了。不言而信者，不言猶佛氏内證離言。内證即自明自了之謂。凡起心思議，即是言說相。今至人證解之境，直冥然與太極爲一，炯然自知而實離言說相。此時正是真體現前，故云而信。信者真實義。此境必經修養而後得，故云存乎德行。科學知能與哲學智慧之修養二者並進，本末兼賅，源流共貫。此易道之所以大中至正而無弊也。

智慧爲本爲源，知能爲流爲末。泝流而不可亡其源，窮末而不可遺其本。此中智慧一詞極嚴格。非洞澈真體，證見自性，不足言智慧也。前云默成之境爲自明自了者，正是其真體呈露時之自明自了。不可虛泛作解。《易》云"大人與天合德"，孟子言"上下與天地同流"，此非知識推度，確是證解境地。學未至證解，不可言智慧。但求智慧不可反理智，不可廢知識。須知智慧即是本體，本體是無知而無不知。無知者，非預儲有辨析一切事物之知能故。無不知者，是爲一切知能之源，徵驗於一切事物而自然會知。求知是本體自然之大用，如何遏絶得？老莊反知，此是其病。佛氏雖用其理智，畢竟是宗教，其歸趣在度脱生死海。雖觀想所至特有精妙，然究與《大易》智周萬物意義不同。要在於物觀空，以歸諸度脱而已。研佛法者，於其宗教思想不妨存而不論，而於觀想精微處留意研尋，其可與儒術融通者究不少。

哲學不當反知，而當超知。反知則有返於渾噩無知之病，是逆本體流行之妙用也。超知者謂超越知識的境界而達於智慧之域，直得本體，遊於無待，體神居靈，其用不匱也。

西洋哲學畢竟不離知識窠臼，超知境界恐非西人所逮聞也。或謂神秘派即是超知之詣，神秘，無錫華生德明譯爲密思。然以此牽合超知境界，要是相似法。相似言其似之而實非也。借用佛典語。西學從無中哲涵養本原、蕩盡情識工夫，情識一詞，《新論》曾有解釋。神秘派亦然，何可言證會？

西洋哲學大概與科學同一向外求理，其精神常向外發展，不曾反己收斂以涵養本原，在中國哲學上說，收斂一詞之意義極深遠，此工夫甚有次第。平常所云收斂精神，只是稍定得一時昏浮之氣，未堪立大本。即不足言收斂也。孔子云："仁者樂山。"非收斂工夫極深，何得如山之厚凝鎮定？佛之定，老之静，皆收斂工夫。其修爲之層次嚴密，不及詳。此等名詞未可淺近作解。本原即謂吾人與萬物同具之本體，以其主乎吾身而言，則云本心；以其爲吾所以生之理而言，是吾自性，亦得説爲吾之生命也。學者如收斂工夫太少，而心思唯是向外追逐，則有孟子所云"物交物"之患，而失掉自家生命。則吾自性中大生、廣生，官天地府萬物之富有日新大生、廣生云云，皆吾自性德用。官天地云云者，天地之主宰不在吾性外，萬物亦皆吾性分中物也。與夫尸居而龍見、淵默而雷聲之神用，尸居云云，借用莊子語。尸居形容其静之至也。龍者神物，飛而見於天上，則變動不可測也。此言本體至静而變也神。淵者，深寂之極也。雷聲，動之猛也。此言本體至寂而動也盛。二語義近，特複言之。善言天道者，無如此二語。莊子此處，深得於《易》。非收斂工夫深者，不能證會及此。皆其所不能自喻。而唯恃彊力思考，以向外探尋理道，往往探尋愈深，意見滋惑。雖復探尋所資，必以某種科學之正確知識爲依據，然每一科學中之原理，皆不能視爲形而上學中最高最普遍之原理。即綜合各科學之原理，仍不相干，此可斷言。故凡依據一種科學或一部分之知識以推論萬化之真源者，即謂宇宙本體。縱其持之有故，言之成理，只可許爲一家言。若謂其有得於真理，則稍有識者亦未敢遽云然也。吾非謂談哲學者可不依據科學知識，亦非謂思考可廢，但須知窮理到究極處，非反己收斂以達到證會之境，則盲人摸象之譏决無可免。西哲之學終須更進，而會吾《大易》忘象忘言之旨。即二氏於此之所獲，其足爲西學對治錮蔽者，正不淺耳。道家之一意收斂，佛氏空教之掃蕩一切，高矣美矣。逞思辨者不可不悟此。

西學精神唯在向外追求，其人生態度即如此。論其功效，如在物質宇宙之所開闢與社會政治之各種改造，所獲實多。然其受病之深，似遠過其所獲之利。由向外追求，而其生命完全殉没於財富與權力之中。國内則剥削貧民，國外則侵略弱小，狼貪虎噬猶不足喻其殘酷，使人興天地不仁之感。受壓迫者一旦反抗，則其報之亦有加無已。昔人有言：

“煮豆燃豆萁，豆在釜中泣。本是同根生，相煎何太急？”使西洋人能留意中哲之學，反本窮原，而復其天地萬物一體之量，將有去貪殘興仁讓之幾，而世界大同可期矣。夫財富不私於小己，小己者，如資本家對勞動階級言，固名小己；侵略主義之國家對所侵略之弱小言，亦名小己。則財富爲大生之資，大生者，吾人與萬物同一生命，實非可分割爲各個之生也。而非可惡也。權力不私於獨夫，近世獨裁者，古之所謂獨夫也。則權力本公團之具，人類不能無共同生活的組織，如此則公團自有權力。但此權力屬於公團之各分子，原非任何私人所得獨操。亦非所患也。要在去私而已。去私必由於學。非反本窮源，灼然見天地萬物同根之實，則惻悱不容已之幾，無自而生，烏可言去私哉！

晚世科學猛進，技術益精。殺人利器供侵略者之用，大有人類自毁之憂。論者或不滿科學，其實科學不任過也。科學自身元是知能的。而運用此知能者，必須有更高之一種學術。此更高之學術似非求之儒家《大易》不可。略言其故。《大易》雙闡變易不易二義。自變易言，宇宙萬有皆變動不居，科學所究者固在此方面。自不易言，則太極爲變易之實體。變易之萬有譬如起滅不住之衆漚，不易的太極譬如大海水。變易以不易爲體，譬如衆漚以大海水爲體。體用不二之義極難言，唯大海水與衆漚喻，令人易曉。然須知，取譬是不得已。若刻求相肖，便成大過。而吾夫子於乾卦，即用顯體，直令人反求自得者，曰仁而已矣。參考《新論》及《讀經示要》。仁，本心也。其視天地萬物，皆吾一體。故《繫傳》曰：“吉凶與民同患。”《論語》曰：“汎愛衆。”此仁體自然不容已之幾也。横渠《西銘》、言民胞物與。程子《識仁篇》、陽明子《大學問》，皆有見於仁體。而陽明子直就人心惻隱之端上指示，使人當下識得萬物同體真幾，尤爲親切。仁便是不易之常道。儘管物理人事變化萬端，日出不窮，而人與人或物之間，總有自然不容已之愛存在。犬不以窮主人之不足於豢養而改適他家，世多能言其事。畜生之篤於愛若此，而況於人乎？愛者，仁體之流行，非有所爲而爲之也。生天生地生人生物，同此愛種。愛種謂仁體。如何遏絶得？人之不仁者，非其本性然也，本性即仁體，焉得有惡？惡染深而障其性，故成乎不仁也。惡染本無源，而能障性，譬如浮雲能障日，浮雲豈有源乎？或問：惡染雖無源，畢竟如何起？答曰：是義宜詳《新論》。《新論》下卷《明心章》談根義處最切要。中卷《功能章》談染習，亦可與此處參看。若簡言之，則陽明子“隨順軀殼起念”一語，實已道破，何須更問惡染如何起？本心發現時，却是萬物同體，如見他人痛癢，自身便感不快是也。此時確没有從一己的軀殼上起念。試自反省之，便識得此是仁體。然而人之生也，形氣限之。即此形氣有時牽制心靈，古所云“心爲形役”者是也，當心爲形役時，便純在一己之利害得失上打算，即陽明所云“隨順軀殼起念”，是名惡染。小之見於飲食男女或日用取予之間習爲不義；大之縱其慾壑，誘惑群衆以從事侵略，奪國土，劫資源，謀殖民地。種種滔天大惡，皆從隨順軀殼起念而來。實則此等惡染，雖云順軀殼起，但不可謂其自有源頭。深切反省之自見。如謂惡染有源頭，便與仁體相對，而成善惡二元之論。此大錯誤。吾人必須識得仁體，好自保任此真源，不使見役於形氣。或問：形氣豈非惡之源？答曰：汝大誤。形氣非離仁體而别有本，亦是從仁體顯現。但仁體之流行必以形氣爲資具，便有時反爲資具所役。大凡用資具者，往往有被用於資具的危險。試思之，極有味。易言之，吾人日常生活能自超脱於小己軀殼之拘礙，而使吾之性分得以通暢，性分即謂仁體。自然與天下群生同其憂樂，生心動念，舉手下足，總不離天地萬物一體之愛。人類必到此境地，而後能運用科學知能以增進群生福利，不至向自毁之途妄造業也。求夫仁之學，源出《大易》。《論語》全部，苟得其意，不外言仁。世儒但知《論語》有明言仁之若干條，不知無一字非言仁也。宋明諸師猶承此心傳。老持慈寶，老子曰：“我有三寶，一曰慈。”佛蓄大悲。真理所在，千聖同歸，非獨儒家以此爲學也。今後生談哲學者，崇西洋而賤其所固有，苟以稗販知識資玩弄，至將學問與生活分離，仁學絶而人道滅矣。吾方欲進西人於仁學，而族間猶自難爲。悲夫悲夫！吾誰與歸？

西洋自科學發達以來，社會與政治上之各種組織日益嚴密。此其福之所在，亦見禍之相乘。夫人類自當擴大集體生活，云何可無組織？然組織必不可過分嚴密，至流於機械化，使個人在社會中思想與言論等一切無自由分。“然組織”三字至此爲句。個人失其思想等自由，即個人全被毁壞，此於社會亦至不利。個人之在社會，如四肢之在全身。四肢有一部失其活動力而全身不利。個人不得自由發展，而社會又何利之有？尤復當知，集團之組織如過分嚴密，則將有梟桀之富於野心者出於其間，且利用此等組織，視群衆如機械而唯其所驅動。將以侵略之雄圖擾亂天下，毁滅人類，而不慮其自身與族類亦必與之俱殉。若希特勒之所爲是其徵也。故人類必須擴大集體生活，但必以個人之尊嚴爲基礎。而集團中之一切公共規律與各種機構，必不可妨害各個人之自由。將使各個人皆得以自由發舒之精神，而遵互相協和之正軌，使社會成爲有機體之發展，不至機械化。則野心家不得芻狗萬物，而人類之幸福可期矣。

《大易》之社會政治理想，依據其玄學上“群龍無首”之宇宙觀，必以輔贊各個人之自主、自治爲主旨，而成立共同生活之結構。如《禮運》之大同規畫，即依據此義。參考《讀經示要》。其中最要者，如“不獨親其親，不獨子其子”與“貨不必藏於己，力不必爲己”諸條，皆所以導揚其協和精神，去個人自營之私，以適宜於集體生活。然於思想及言論等，均無有納於一軌、冶於一爐之規定。此所以輔贊個人自主自治之權能，而成天下爲公之盛治也。《中庸》申《大易》之旨曰：“萬物並育而不相害，並育不相害，此義甚妙。若有逞侵略野心而妨害並育者，此則萬物之公敵也。道並行而不相悖。”並行而不悖者，如諸子百家各持一端之見，似相乖悖，然大道本無定形，復無窮盡。吾人求道，不能體會其全，每各得於一端。若會而通之，則知大道不滯於一方也，故可並行不悖。但並行必皆是道。如有以宰割萬物爲務者，此極無道，必不可與有道並行。從古迄今，未有無道而不覆亡者。此爲太平自由之極則。西洋之治，去此遠甚。有謂民主之治頗合於“群龍無首”義者，此説未允。今之民主國家，勞資尚未躋於平等，對外亦難言放棄宰割也。

以上略談儒家《大易》思想，對於西洋頗有補偏救弊之處。故時俗宣揚科學而遂輕棄哲學，吾所不敢苟同。夫哲學之研究自當不限於中國，然研究必不可如乞丐沿門持鉢，必不可無宗主。西洋、印度，博採旁收，自不待論。惟儒家哲學之在中國，元爲正統派。儒道廣大悉備，其根本在《易》。漢人謂《易》爲五經之原，甚有根據。自秦失傳，秦人以《易》

爲卜筮之書。漢師承之，徒以術數釋經。後世遂不究孔子之旨。今更廢絶。故須特爲標揭以立宗主。此非墨守也。木有其根，絶其根而枝葉茂者，未之有也。水有其源，塞其源而流盛者，未之有也。室有其基，傾其基而室不敗者，未之有也。夫《易》道廣矣大矣，誠非寡陋如余者所及涉其津涯。然略綜綱要，如雙闡變易、不易二義，則萬理包通於是，群學會歸於是。科學窮其變易；哲學探永恒之理，是不易也。思辨證會雙修，而不容偏廢。辯證法與符號推理，皆《易》首先發明。復卦明復小而辨於物，頗有實驗邏輯意義。《繫傳》言辨物、正言、斷辭，《易》之尚思辨，可謂至矣。然畢竟歸於證會。《繫傳》言體天地之撰，言何思何慮，言默而成之，皆是也。然則今之言哲學者專尚理智，未爲得，而反理智亦非也。學至證會則即人而天。人乃得離形限，而復其生命之本然。學不至乎是，如蠶作繭自縛，何可云學？是以君子貴玩《易》也。佛老非不證實相，實相猶云本體。然偏得其虛寂。老見到虛無，佛見到寂靜。雖或有淺深，而所得大致相近也。唯《易》明剛健創新，生生不息，似異二氏，而實相通。非虛寂不健，非虛寂不生，故相通也。參考《新論》。虛寂者，宇宙真體，無形無象，無有作意，無有滯礙。故其生生化化之力，至健而新新不住也。莊生云"淵默而雷聲"亦此旨。斯理深微，須深心體之。然不着於虛寂，而深體健動生化之妙，此則《易》道所以爲大中至正，而立人極也。佛法有反人生之傾向，老氏之流至於頽廢。中國二千餘年來，吾人極缺乏健動之力，《易・無妄卦》有健以動云云。佛老之流弊中於社會者甚深也。有謂清末以來可謂健動，而未見其利，何耶？曰：子未了健義也。《易・乾卦》明健義曰："剛健中正，純粹精也。"孟子言性善，深得此旨。夫健則無惡也，無迷亂也。健以動則亨通而利貞矣，焉有不利者乎？吾國人清末以來之動，迫於外來之變而動。其動不由自力，非健動也。健動者，自性之動也，動而無不善，無不利也。被迫而動，動必顛倒，云何可利？豈惟中國，西洋人强力宰物，雖勝於夏族今日之昏庸，然未聞大道，非健動也，終亦自毁而已。非以《易》道拯群生，乾坤其息歟？近見辛樹幟君足與論此。或曰：先生尊《易》，以爲科學之根，而取其"裁成天地"云云，此與西人征服自然意思將勿同？《易》道與歐化竟無别耶？答曰：否！否！不然。西人未識本原，即不曾證得本體。物我對峙，徒以强力宰物而已。《易》不如是。《繫傳》不云乎，天道“鼓萬物而不與聖人同憂”。此云天道者，謂本體顯爲大用也。大用之行，其勢猛疾。鼓之爲言動也。猛動之勢，凝而成物。《易》之“坤”，《新論》之“翕”是也。此其剛健之神用，不能不有所藉以自表現，故須成物也。然既成物，即形氣日益爲礙。萬物繁然，莫不承天道之鼓動，以成殊形異質。既成而昧其所得於天道之本然，吃緊。乃以互相峙而互感其不足。物各執其蕞爾之形以爲己，而不知其本體即天道也。執形自不足。形則有對，有對便不足。夫天道無作意，作意猶言起意，猶人有意爲何種造作也。天無作意。雖鼓萬物而實任物之自爾。物之有情無情，非天定之，物自然也。有情謂衆生有情識也。無情謂無機物。無機物實非無情也，然從其情識不顯而言，則可云無情。無情物對於有情，作生、依、立、持、養五因。生因者，無情物成就，有情物始得生故。試設想無機物未有時，彼有機物即有情者如何得生？依因者，謂諸有情依據無情物界即無機世界，亦云自然界。方乃得生，故捨無情界無别處住。依者依住。立因者，即隨轉因。謂若無情界變異，有情亦隨變異故。生物必適應環境。故無情界其變異時，有情隨之變異。如關中古稱肥沃，唐以後變爲瘠土。人生其間亦必改造土壤，以便種植而維生活。持因者，謂由無情界成就，而有情之根身相似相續生。衆生根身從受胎始至未死前，只是相似相續而生，非有固定之體。賴無情界持之不絶故。設未有無情界持此根身，則根身不能相續生。養因者，謂由無情界養彼有情身命，令增長故。如上所説，無情於彼有情而爲五因，是事誠然。五因説，本之佛家法相宗。然若謂此爲天道之所安排布置，則又大謬。天道有心而無作意，心者，神明之稱。作意則如人之立意造作。天道非迷闇，故有心。但不可以擬人之觀念言天，故不可説有作意。參考《新論》。其德盛化神，而動於不容已。《詩》曰：“惟天之命，於穆不已。”命者，流行之謂。此不已義，深微至極。天道流行，只是個不容已，更無可致詰。萬物承鼓動而各有其生，則天道在物，而物莫非天道之顯也。天道非父，萬物非子。天道成萬物，如大海水成衆漚，非可二之。但當其鼓物時，既本無作意，未嘗曰“吾當成爲此物，吾者，設爲天道之自謂。不當成爲彼物也”。於彼於此，天道無擇焉耳。此與彼，元無所謂美惡。惟自有情言之，則有美惡耳。夫惟天道鼓萬物而無所擇也，及物既成，各爲個體，形氣所限，不能如其所受於天道之本然。吃緊。彼有情物者，厥號含識，衆生皆含有情識。懷知而善感。一墮世間，缺憾萬端。而有情物之憂患，遂與生俱來，將無可自拔矣。前云無情物對有情物爲五因，似於有情甚厚。然天無意也，作意，省云意。本不爲有情生無情。則雖云無情對有情作五因，而事實上無情之厚於有情者極有限。確爾，無情之威勢，其逼害有情者，乃不可稱舉。非稱説可盡，非舉數所及。寒燠異氣，旱災水澇，壤判肥磽，穀雜莠稗，河山阻絶，霧瘴毒深，長空高曠，大地遼遠，雷電怒發，風雨不時，其足致有情於困頓、病痛、死亡者，幾無時無地而不蹈其幾。至於有情與有情互相交涉，各懷三毒，貪瞋癡，佛家謂之三毒。以相伺遇，恩怨翻於俄頃，笑談挾以干戈，貪欲無厭得隴更思望蜀，侵略所至必令死灰弗燃，變詐出以萬端，陰謀藏若深壑，大宇爲衆惡稠林，人世只憂悲苦惱。清晨永夜，翹首遐思，吾不知天道鼓萬物而成其如是者，果何謂耶？熊子曰：天道本無所爲而爲也，法爾如是，法爾，用中譯佛典語，猶云自然。但譯音而不徑譯自然者，其義深故。如是二字宜深玩。惡可以有情好惡相測度耶？夫物之限於形而易違其所受於天道之本然者，勢也。物之可以復其本然而宰乎形者，理也。勢不順理，聖人則憂之。理本可以持勢而使之不能過，然有情或不知從理而卒隨乎頹勢，聖人更憂之。聖人之憂，固出於體大道之誠而不得不然。但天道不息其鼓物之功，則物乃常有順其頹勢而不肯從理之過。聖人之憂終不釋，天道亦不以聖人之不釋其憂也而息鼓物之功。故曰天道“鼓萬物而不與聖人同憂”。天之神功，聖人之憂，相與無窮無盡。天人之故只此而已。夫聖人以天化之不齊而不容已於憂也，於是有裁成天地、輔相萬物之思。裁成輔相云云，皆《易·繫傳》文。裁成者，如天地之化或過，則裁制之，使得其宜，如雷電可殛人，今使供人用；風雨寒燠，可爲衣服宫室以禦之，皆是也。天地之産猶樸，樸者，謂未經製造。今以之創成新物，則爲益極豐。此等新事物，固日出不窮也。老氏守樸，便無裁輔之功。輔相亦兼有情物言。於無情物而加製造是輔相義。於有情物順其天性而扶勉之，使有以自達、自立、自底於善，亦輔相義。舜明於庶物，自然科學由此興。察於人倫，社會科學由此興。皆爲裁成、輔相，而不得不有明物察倫之學。孔子作《易》，蓋祖述大舜。孟子學孔，猶能言其事。舜之明物察倫，孟子記之。夫裁成天地，輔相萬物，本於聖人之憂也。聖人明知天行之不與己同憂，而終不捨其憂，天行謂鼓物之功。聖人之健也。憂與厭截然不同。佛氏對世間起厭離想，《阿含經》可見。後來大乘終不脱此。吾儒了然於世間之不能無險阻而有憂思，此憂發於萬物同體之仁，而實於物無厭。故不忘憂者，恒奮發健進，而樂亦在其中。孟子言君子有終身之憂，亦有終身之樂。憂樂交存於中，聖人懷抱正如此。憂由於健，此意甚深。今人中國人貪淫苟偷，或忘己依人而不知憂，全失健德故也。健而有憂，故有裁輔之思。《大易》科學思想之根荄，實在乎是。此與西人征服自然，絶不同一動機。裁輔本乎天道一體之仁而出，非有意宰物也。征服由於物我對峙，伸己以宰物，不知有仁也。裁輔之彊力自性生也，征服之强力從欲發也。然則今日科學家發明殺人利器，爲侵略者役，非無故也，其源不清也。西洋人不識仁，未有本隱之顯之學，此可悲也。去歲原子彈發現，説者皆驚其慘酷。頗聞人言，科學似不當向人類自毁之方向努力，此意甚善。然如何轉移方向，則非識仁不可。孔言求仁，程子言識仁，其旨一也。非通隱不可。本隱之顯之學，要在通隱。通隱即知仁。今後世界學術當本《易》學之隱，以融西學推顯之長，而益發揮本隱之顯之妙。依西學之顯，以求《易》學本隱之藴，而益盡其推顯至隱之功，庶幾形下之學科學。不滯於粗迹，科學研究所及者，皆化迹也。形上之學不遺於器理。《易》曰：“形而下者謂之器。”器有理則，故云器理。若窮形上者，唯言真如、無爲，則與器世間截然爲二矣，佛氏之敝也。溺虚静而反知者，亦將遺器理，老氏之敝也。上下交符，大道不傷於破碎，宇宙乃復渾全，人生始得所依歸，甚盛哉！吾人當竟此奇功，而未可以無所堪任自餒也。無所堪任者，言無所堪能、無所任受。此亦本佛典。衆生可悲在此。中西學術，離之兩傷，通之兩美。通字與合字異。不辨異而言合，是混亂也。知其異而求通，自有會合處也。余與穎川先生平生之志，惟此一大事。抗戰八年間，余嘗籌設中國哲學研究所，而世方忽視此事，經費無可募集。今穎川與同社諸公紀念范旭東先生，有哲學部之創舉，不鄙固陋，猥約主講，余頗冀償夙願。雖學款亦甚枯窘，然陸續增益，將使十人或二十人之團體可以支持永久，百世無替。余雖衰暮，猶願與穎川及諸君子戮力此間，庶幾培得二三善種子貽之來世，旭東先生之精神其有所托矣。千里聚糧，始於跬步，可不勗哉！

中華民國三十五年八月望日　熊十力

三、哲學研究部簡章

第一章　學　則

一、教學宗旨，規定如下：
（甲）上追孔子内聖外王之規。
（乙）遵守王陽明知行合一之教。
（丙）遵守顧亭林行己有耻之訓。

附記一：孔子爲儒學大祖，其道内聖外王，内謂己，外謂天地萬物。修己之功，極於成聖。聖者，與天合德之稱。故學至内聖而止矣。然成己即賅成物，非可斥物於己之外也。成物極乎天地位，萬物育，而聖學之全體大用始彰。故言内聖必兼顯外王。王者往也，物莫不歸往乎聖道而遠於惡，是謂之王。數千年來，在吾國學術思想界恒居正統之地位。中外百家言，宜一衷於孔子之道。此甲條所由立。哲學不當反知而當超知，參考《講詞》。超知境地非有知行合一工夫，無緣得到。知行合一雖自陽明子明白提出，而實堯舜乃至孔子以後賢哲相傳精髓所在。知而不行，必非真知；行而無知，即是冥行。學者從知行合一處致力，即未遽臻超知之詣，而終不失爲篤實有用之學。今之治哲學者，大抵各取偏端細碎之知以資玩弄而無與於實行，聖學精神消亡殆盡。此乙條所由立。行己有耻，本爲聖訓，而顧亭林先生特揭此言以爲宗要。先生遭逢否運，憫人盡爲禽，故以知耻爲學。耻之於人大矣哉！不耻不若人，何若人有？知耻近乎勇。此爲丙條所由立。夫學兼内外，歐梵可一爐而冶。印度之學，於吾儒内聖方面足資參證。歐西之學，於吾儒外王方面亦堪攝取。知行不二，方入實際理地。僅言愛智，猶未足名哲學。會歸有耻，下學上達，乃固其基。以兹三義恭敬奉持，無敢失墜。願多士共勉之。

二、課程，約分主課、兼治二類如下：

（甲）主課。復爲三項：一、西洋哲學，二、印度哲學，三、中國哲學。

附記二：中國哲學列後者，示所歸宗故，非緩之也。夫思辨精密，莫善於西洋。極論空有，印度佛家談空説有，厥爲二教。對世智於一切物事迷執爲實有，故破彼執而談空。對彼聞空而誤墮空見，妄計一切皆空，又説空者空其妄執，不可云一切皆空，於是説有。蕩除知見，莫妙於印度佛法。西洋哲學以析物之知見而測萬化真源，何異作繭自縛。不聞佛氏空教，無由蕩執。盡人合天，盡人道而合天德，此《易》義也。合之一字須善會。非以此合彼，實乃即人而天。體神化不測之妙於人倫日用之中，體字至此爲句。莫美於中國。遊乎西洋，慎思明辨。遊乎印度佛法，蕩一切執。歸乎吾儒，默與道契。默者，不假思慮也。言與道契者，辭窮也。夫人能體道，則人外無道也。豈以此契彼之謂乎？學者須善會。三方者備，而學乃大成。夏蟲井蛙，學者宜戒。

附記三：各課細目及修習次第，隨時酌定。

附記四：科學方法論，諸生在大學時如未深究，猶須補習。科學概論亦須涉獵。邏輯與因明學，皆不可無深切之訓練。又研窮中國哲學，於生物學、心理學，並宜參研。

學者須精研中外哲學大典。若哲學概論一類之書，本無甚價值，然初學決不可不擇其較精之作以供閲覽。因哲學上諸大問題及各家派之思想流變，概論亦略可探尋。

（乙）兼治。復爲三項：一、社會科學，二、史學，三、文學。

附記五：社會科學，以廣義言亦攝史學。今以史學别出爲一項目，自當以中國史爲主。文學亦不限於中國。

第二章　組　織

三、主任、副主任各一人，由本社社長、副社長兼任，主持本部一切事宜。

主講一人，主持教學一切計劃。主講因故出缺時，繼任主講由前任推舉三人至五人，交理事會公決其一，請社長聘任。

四、指導研究員，爲名譽職，無定額。由社長主講聯名禮聘國内著名學者充任。

五、研究員，無定額。須常川駐部，自找問題，潛心研究，並指導研究生。

六、兼任研究員，無定額。不駐部，不支薪。唯每年須有到部時，如暑假年假。由部供膳宿。旅費或酌助。其研究工作亦隨時函陳主講。

七、本社研究員於化學專科外，尚有餘力研窮哲學者，得兼本部研究員，但不兼薪。

附記六： 研究員不分級者，今大學教師雖分級而事實上極濫，徒虚立多級，增長衰俗之地位欲，甚無謂。今日言學，當還淳樸之風，絶倖進之階。

八、助理研究員，在研究員督率之下，自由選定工作，並領導研究生。

九、總務長一人，秉承主任辦理部内一切事務。暫由研究員代領。事務員三人，分辦會計、庶務、文書等事項。本部人員如未至十人以上時，事務員可不用。秘書，由研究員兼領。

十、研究生，無定額。其資格以大學文、理、法等科卒業者爲限。研究生之徵集，得並用考試與介紹二法。但介紹者必先送論文審查，經主講面試允許後，方可來部。研究生津給，參照各大學研究所關於研究生待遇則例酌辦。如有力足自給者情願自給，更佳。研究生修業期以三年爲限。若有特殊成績，得給證書。高中卒業生如無力升學而志願來部就學者，經主講考核，如實係可造之材，得收爲特別生。但特別生至多以三名爲限。

十一、設問學部。凡好學之士，不拘年齡，不限資格，如願來部作相當時期研究者，須先函主任，得同意後，方許入問學部居住，但膳費自理。

十二、常年經費由本社按月撥發，並得另行募集。

十三、設理事會。其章則另定之。

十四、本部得隨時舉行部務會議及學務會議，由主任召集之。

十五、本章則未盡事宜，得由部務等會議修正之。

四、哲學研究部理事會簡章

一、定名　本會定名從省，曰黄海社附設哲學研究部理事會。

二、組織　本社社長、副社長、哲學研究部主任、副主任與哲學部主講，並爲本會當然委員。本社創辦諸耆德，皆爲本會當然委員。本社研究員及哲研部研究員，亦得兼本會委員。社外名德，熱心贊助哲研部者，得敦聘爲本會委員。本會會議約分常會、特會二種。常會由當然委員隨時集會，不必會委全體列席。以就近能集會者爲限。特會須會委全體列席；如有遠隔不便到者，在會期前可由主任與主講先行函商，候復，再約期集會，以其復函交會議公同參酌其意見。本會得設理事長，總持會務。

三、權責　本會有核定哲研部每年預算决算之權。哲研部爲發展研究工作及購書或印書等事需要重款，不能僅恃社款撥給時，本會得向外募集。哲研部經費除由本社按月撥發常款外，應更籌募基金。本會須負籌募及保管專責。本會對主講提出繼任人選時，得就其所提交之名單内選定其一，請社長敦聘。

四、哲研部永遠爲本社之一部份，雖有基金亦不得脱離本社而獨立，以符紀念范旭東先生之本意。此條永爲定則。

五、本簡章未盡事宜，得提議修訂。

中華民國三十五年八月望日

通信處：四川五通橋黄海化學社附設哲學研究部

荆楚文库

讀智論鈔

彭 婷 點校

卷二。大迦葉從禪定起，衆中手牽阿難出，言今清净衆中，結集經藏，汝結未盡，不應住此。是時阿難慚耻悲泣，而自念言，我二十五年，隨侍世尊，供給左右，未曾得如是苦惱。佛實大德，慈悲含忍。念已，白大迦葉言，我能有力，久可得道。但諸佛法，阿羅漢者不得供給左右使令。以是故，我留殘結，不盡斷耳。大迦葉言，汝更有罪。佛意不欲聽女人出家，以汝殷勤勸請，佛聽爲道。以是故，佛之正法五百歲而衰微，是汝突吉羅罪。

按： 釋迦之門，初未許女人出家學道，及阿難請，而佛許之。是佛終不以重男輕女爲然也。而大迦葉猶以此爲阿難罪。

卷三。復次，是中有富那羅等六師，自言我是一切智人，與佛爲對。及長爪梵志、婆蹉姓、拘迦那大等，皆外道大論議師。及長者尸利崛多、提婆達多、阿闍世等，是佛怨家，不信佛法，各懷妬嫉。有是人輩故，佛多住此。譬如毒草生處，近邊必有良藥。又如偈説：

譬如獅子，百獸之王。爲小蟲吼，爲衆所笑。若在虎狼，猛獸之中，奮迅大吼，智人所可。

諸論議師如猛虎，在此衆中無所畏。大智慧人多見聞，在此衆中最第一。

以是大智多聞人，皆在王舍城故，佛多住王舍城。

按： 佛必與外道大論議師或怨家同處，此佛法之所以成其無上。毒草生處，必有良藥，此義深遠。大智慧人，必不因邪宗競煽，異論囂張，而爲避人避世避地之計，如吾國隱逸之所爲。隱逸者存退怯心，將孤陋自甘，其道不廣。且使人間世遍植毒草，而良藥將絶種也。

卷四。復次，如虛空，性常清淨。人謂陰曀爲不淨。諸法亦如是，性常清淨。淫、欲、瞋、恚等曀故，人謂爲不淨。

按：陰曀本無損於虛空之本淨。淫、欲、瞋、恚等曀，實無損於心性本淨。學者但務去曀而已。孟子性善之旨，與般若根本不異。

卷六。復次，無量清淨，有二種。一者，實有量，而於不能量者謂之無量。譬如海水，如恒河沙等，人不能量，名爲無量。於諸佛菩薩，非爲無量。菩薩無量清淨智，亦復如是。於諸天、人及聲聞、辟支佛所不能量，名爲無量智。菩薩得無生道時，惑染永盡，證見真常，是得無生道。諸結使斷故，結者，謂一切惑染，使人錮蔽，如結縛不可解，故名爲結。使者，謂人皆爲諸惑染所役使，而不得自在，故復名使。佛氏所云惑染，儒者謂之己私，或私欲私意等等。得清淨智。問曰：若爾時已斷諸結，成佛時復何所斷？答曰：是清淨有二種：一者，得佛時，餘結都盡，得實清淨。結未盡時，不可得實清淨智。二者，菩薩捨肉身，得法身時，斷諸結清淨。譬如一燈，能除諸闇，得有所作。更有大燈，倍復明了。佛及菩薩斷諸結使，亦復如是。菩薩所斷，雖曰已斷，於佛所斷，猶爲未盡。是名得無量清淨智故，於諸法中意無罣礙。

按：菩薩捨肉身云云，不必謂捨離此肉身也。于此肉身無有染着，便説爲捨。孟子所云踐形，正符此義。

卷七。諸菩薩禪定心調，以禪定力，令心調和，不爲結使之所擾故。清淨智慧方便力故，能生種種諸三昧。三昧者，正定義。何等爲三昧？善心一處住，不動，是名三昧。心離惑染，名善。心不隨境遷流，名一處住。恒照恒寂，名不動。

問曰：多有坐法，佛何以故唯用結跏趺坐？答曰：諸坐法中結跏趺坐最安穩，不疲極，此是坐禪人坐法。攝持手足，心亦不散。中略。復次，佛教弟子應如是坐。有外道輩，或常翹足求道，或常立，或荷足。如是狂狷，心没邪海，形不安穩。以是故，佛教弟子結跏趺直身坐。何以故？直身，心易正故。其身直坐，則心不懶。端心正意，繫念在前。

若心馳散，攝之令還。孟子云收放心。欲入三昧故，種種馳念皆亦攝之。如此繫念，入三昧王三昧。云何名三昧王三昧？是三昧於諸三昧中最第一自在，能緣無量諸法。如諸人中，王第一，王中轉輪聖王第一，一切天上天下佛第一。此三昧亦如是，於諸三昧中最第一。

卷九。如佛欲入涅槃時，語諸比丘，從今日應依法不依人，應依義不依語，應依智不依識，應依了義經不依未了義。依法者，法有十二部。十二部經。應隨此法，不應隨人。傳法之人，不必得佛法，故不應隨之，而當於十二部經中直探法要。依義者，義中無諍好惡罪福虚實故。“無”字一氣貫下。語以得義，義非語也。如人以指指月，以示惑者，惑者視指而不視月。人語之言，我以指指月，令汝知之，汝何看指而不視月。此亦如是，語爲義指，語非義也。以是故，不應依語。依智者，智能籌量分别善惡。陽明云“知善知惡是良知”，義與此通。識常求樂，不入正要。識者，妄識，非正智故。妄識常貪着物欲，故云常求樂，此非真樂也。是故言不應依識。依了義經者，有一切智人，佛第一。一切諸經書中，佛法第一。一切衆中，比丘僧第一。如是等，是了義經。下略。

按：四依義最重要。餘經所説，與此微有出入，玆不及檢。

卷九。又法身佛，常放光明，常説法。而以罪故，不見不聞。譬如日出，盲者不見；雷霆震地，聾者不聞。如是法身常放光明，常説法，衆生有無量劫罪垢厚重，不見不聞。

> **按：**法身佛者，猶云宇宙本體。剋就其在人言之，即《論語》所言仁，孟子所云本心，宋儒云德性之知，陽明云良知，吾《新論》云性智，皆指目此也。佛家亦謂之法性心。參考《新論·明宗章》。

又言，九十一劫，三劫有佛，餘劫皆空無佛，甚可憐愍。佛爲此重罪不種見佛善根人，説言佛世難值。中略。佛出世時，其人不見。如説舍衛城中九億家，三億家眼見佛，三億家耳聞有佛而眼不見，三億家不聞不見。佛在舍衛二十五年，而此衆生不聞不見，何况遠者？復次，佛與阿難入舍衛城乞食，是時有一貧老母立在道頭。阿難白佛，此人可愍，佛應當度。佛語阿難，是無因緣。無有見佛善根也。阿難言，佛往近之，此人見佛，相好光明，發歡喜心，爲作因緣。佛往近之，迴身背佛。佛從四邊往，便四面背佛，仰面上向。佛從上來，低頭下向。佛從地出，兩手覆眼，不肯視佛。佛語阿難，復欲作何因緣？有如是人，無度因緣，不得見佛。以是故，佛言阿難，佛難得值，如優曇波羅樹華，譬如雨水雖多，處處易得，餓鬼常渴，不能得飲。

按：末世學子，不肯求正知正見，不肯親近善知識，皆舍衛城中道頭貧老母也。雖有佛法雨，餓鬼卒不飲，哀哉！

卷十。復次，諸佛恭敬法故，供養於法，以法爲師。何以故？三世諸佛，皆以諸法實相爲師。

按：此言諸法實相者，即前云法身佛是。師不待外求，求諸己而已。實相即真己也。是爲清净智，萬化自此興，萬善自此出，舍此將何師？孟子謂曹交曰："子歸而求之，有餘師。"亦此意。

如佛在時，有一盲比丘，眼無所見，而以手縫衣。時鍼袵脱，便言誰愛福德，爲我袵鍼。是時佛到其所，語比丘，我是愛福德人，爲汝袵來。是比丘識佛聲，疾起着衣禮佛足，白佛言，佛功德已滿，云何愛福德？佛報言，我雖功德已滿，我深知功德因，功德果，功德力。今我於一切衆生中，得最第一，由此功德，是故我愛。佛爲此比丘讚功德已，次爲隨意説法。是比丘得法眼净，肉眼更明。復次，佛雖功德已滿，更無所須，爲教化弟子故，語之言，我尚作功德，汝云何不作？如技家百歲老公而舞，有人呵之言，老公年已百歲，何用是舞？公答：我不須舞，但欲教子孫故耳。

按：佛爲教弟子作功德故，而讚功德，作功德。此意深遠極矣！人生不作功德，便日趨於惡，可不畏哉？

佛辟支，佛阿羅漢，一切諸賢聖，皆一心敬慎。魔若魔民，凡奸惡之徒，導人於惡，及社會風習之敝，與學術思想之浮亂，足以陷溺人者，皆魔也。及内身結使，種種先世罪報，皆是賊。近此諸賊故，應一心敬慎。譬如人賊中行，不自慎護，爲賊所得。以是故，言一心敬慎，以遊彼界。復次，以人心多散，如狂如醉。一心敬慎，則是諸功德初門。攝心得禪，便得實智慧；得實智慧，便得解脱；得解脱，便得盡苦。如是事，皆從一心得。

按：程朱發明孔門居敬之旨，與此相會。

復次，樂處生人，多不勇猛，不聰明，少智慧。中略。是娑婆世界中，是樂因緣少。有三惡道，老、病、死。土地自活法難。中略。以是智慧利根，譬如利刀，著好飲食中，刀便生垢。飲食雖好，而與刀不相宜。若以石磨之，脂灰瑩治，垢除刀利。是菩薩亦如是，生雜世界中，利智難近。如人少小勤苦，多有所能，亦多有所堪。又如養馬，不乘，則無所任。

如說《阿婆檀那經》中，佛在祇桓住，晡時經行，舍利弗從佛經行。是時有鷹逐鴿，鴿飛來佛邊住。佛經行過之，影覆鴿上。鴿身安穩，怖畏即除，不復作聲。後舍利弗影到，鴿便作聲，顫怖如初。舍利弗白佛言，佛及我身，俱無三毒，貪、瞋、癡曰三毒。以何因緣，佛影覆鴿，鴿便無聲，不復恐怖？我影覆上，鴿便作聲，顫慄如初？佛言：汝三毒習氣未盡。舍利弗雖三毒不現起，而有微細習氣潛藏，舍利弗不自察識也。以是故，汝影覆時，恐怖不除。

按：儒者以天地萬物爲一體，佛言衆生同體，理實如是。古今來見得此理者，亦非無其人。然雖見此理，而不得使物與我無間者，則三毒習氣未盡耳。有一分毒習在，即物不得無猜於我。可畏也哉！毒習盡，而後鴿不見佛之非己也。同體之實，於此始顯。

卷十一。問曰：般若波羅蜜波羅蜜有六種，般若其一也。詳吾著《佛家名相通釋》部甲。般若者，智慧義。是何等法？答曰：有人言，無漏慧根，是般若波羅蜜相。無漏者，極明净而無雜染之謂。凡夫知見，悉雜妄情，非無漏慧根也。何以故一切慧中第一慧是名般若波羅蜜？無漏慧根是第一，以是故，無漏慧根名般若波羅蜜。問曰：若菩薩未斷結，云何得行無漏慧？答曰：菩薩雖未斷結，行相似無漏般若波羅蜜，相似者，未斷結故，非真無漏慧，但似之而已。如陰曀未消，雖有光相，而非真陽光也。但吾人於一切法行觀察與思擇時，能以如理作意，避免邪謬執着，則亦近於無漏慧。但以結未盡故，非明睿自然，故云相似無漏法耳。如理作意，見《深密》等經，《瑜伽》等論。是故得名行無漏般若波羅蜜。

復有人言，菩薩有漏無漏智慧，總名般若波羅蜜。何以故？菩薩觀涅槃，涅槃者，惑染盡净，真常寂静相。菩薩猶未親得此真寂體，但修此觀。行佛道。佛道，清净離染。菩薩修行一切净法。以是事故，菩薩智慧應是無漏。以未斷結使，事未成辦故，應名有漏。

卷十三。若人求大善利，當堅持戒。如惜重寶，如護身命。何以故？譬如大地，一切萬物有形之類，皆依地而住。戒亦如是，戒爲一切善法住處。復次，譬如無足欲行，無翅欲飛，無船欲渡，是不可得。若無戒，欲求好果，亦復如是。若人棄捨此戒，雖山居苦行，食果服藥，與禽獸無異。

若慈愍衆生故，爲度衆生故，亦知戒實相故，心不倚著，如此持戒，將來至佛道。

> **按：**此云戒實相，義極深廣。《論語》言不違仁工夫，造次顛沛必於是。孟子言收放心，言勿忘勿助。宋明諸師言涵養本原，言操存與保任，言慎獨。此皆於實相而不捨其戒也。一息無戒，便違實相。

持戒之人，壽終之時，刀風解身，筋脈斷絶，自知持戒清净，心不怖畏。

卷十六。問曰：云何名精進相？答曰：於事必能，起發無難，志意堅彊，心無疲倦，所作究竟，如是等，名精進相。復次，如佛所説精進相者，身心不息故。譬如釋迦文尼佛，先世曾作賈客主，將諸賈人入嶮難處。是中有羅刹鬼，以手遮之言，汝住莫動，不聽汝去。賈客主即以右拳擊之，拳即著鬼，挽不可離。復以左拳擊之，亦不可離。以右足蹴之，足復黏著。復以左足蹴之，亦復如是。以頭衝之，頭即復著。鬼問言：汝今如是，欲作何等？心休息未？答言：雖復五事被繫，我心終不爲汝伏也，當以精進力與汝相擊，要不懈退。鬼時歡喜，心念此人膽力極大。即語之云：汝精進力大，必不休息，放汝令去。行者如是，於善法中，初夜，中夜，後夜，誦經坐禪，求諸法實相，不爲結使所覆，身心不懈，是名精進相。

按：此中所云，以精進力求諸法實相，於此可見佛法宗趣。近日僧徒、居士竟謂佛法不許有本體，因持邪見，以毀《新論》。若輩直以佛氏同諸空見外道。無知至此，亦可哀矣！實相即本體之異語。

復次，菩薩精進，不爲財利富貴力勢，亦不爲身，亦不自爲以求涅槃，但爲佛道，利益衆生。如是相，名爲菩薩精進波羅蜜。復次，菩薩精進修行一切善法，大悲爲首。

按：爲私利而勤力者，正是惑染結使，非精進也。精進爲利益衆生，大悲爲首，此與儒者言智仁勇三德，義相和會。仁者以萬物爲一體，即大悲所由起；智者不惑，即無自爲之私；勇者剛悍不退，正是精進相。

問曰：諸法實相，無爲無作，精進有爲有作相，云何以實相爲首？答曰：雖知諸法實相，無爲無作，以本願大悲，欲度衆生故，於無作中，以精進力，度脱一切。

按：佛氏談本體，一云實相。只是無爲無作，不許説無爲而無不爲。《新論》駁其折體用爲二，詳中卷《功能章》。豈曰横誣？《論語》讚天道不言而時行物生。天道亦本體之名。不言者，形容其冲寂也，亦含無爲無作意義。然時行物生，則無爲而有爲，無作而有作矣。佛氏於本體，只見是無爲無作，却不悟是無爲而爲，無作而作。此是儒佛天壤懸隔處。良由佛氏在求度脱，故其證體，偏滯於寂耳。《新論》所以不得不作也。

卷十七。問曰：菩薩法，以度一切衆生爲事，何以故閑坐林澤，静默山間，獨善其身，棄捨衆生？答曰：菩薩身雖遠離衆生，心常不捨，静處求定，獲得實智慧，以度一切。譬如服藥將身，權息衆務，氣力平健，則修業如故。菩薩晏寂，亦復如是，以禪定力，服智慧藥，得神通力，還在衆生，或在父母妻子，或師徒宗長，或天或人，下至畜生，種種語言，方便開導。中略。如經中説，轉輪聖王，以十善教民，後世皆生天上，世世利益衆生，令得快樂。此樂無常，還復受苦。菩薩因此，發大悲心，欲以常樂涅槃，利益衆生。此常樂涅槃，從實智慧生。實智慧，從一心禪定生。譬如燃燈，燈雖能燃，在大風中，不能爲用，若置之密室，其用乃全。散心中智慧亦如是，散心者，謂凡夫未曾習定，其意識總是散亂的，故名散心。若無禪定静室，禪定，譬猶静室也。雖有智慧，其用不全。得禪定，則實智慧生。以是故，菩薩雖離衆生，遠在静處，求得禪定，以禪定清净故，智慧亦净，譬如油炷净故，其明亦净。以是故，欲得净智慧者，行此禪定。復次，若求世間近事，不能專心，則事業不成。何况甚深佛道，而不用禪定？禪定，名攝諸亂心。亂心，亦云散心。亂心輕飄，甚於鴻毛。馳散不停，駛過疾風。不可制止，劇如獼猴。暫現轉滅，甚於掣電。心相如是，不可禁止，若欲制之，非禪不定。

按：禪宗實通般若。其攝心歸寂，即深得此中義。明儒如聶雙江、羅念菴，得力處亦在此。

聲聞禪中，慈悲薄，於諸法中，不能以利智貫達諸法實相，獨善其身，斷諸佛種。菩薩禪中無此事，欲集一切諸佛法故，於諸禪中，不忘衆生。乃至昆蟲，常加慈念。如釋迦文尼佛，本爲螺髻仙人，名尚闍黎，常行第四禪，出入息斷，在一樹下坐，兀然不動。鳥見如此，謂之爲木，即於其髻中生卵。是菩薩從禪，覺知頂上有鳥卵，即自思惟，若我起動，鳥母必不復來，鳥母不來，鳥卵必壞。即還入禪。至鳥子飛去，爾乃起。

按：聲聞不能以利智貫達諸法實相，所以獨善其身，斷諸佛種。菩薩以净智慧，深窮諸法實相，即知衆生本吾一體，故興悲願，不忍獨善也。儒者上達天道，天道，即目宇宙本體。與佛言實相，所指則同。便悟天地萬物皆吾一體，而惻隱發於不容已。兩家根底不必異，但佛氏視世間爲生死海，爲火宅，爲苦聚，必欲與衆生同度脱。儒者不毁世間，故説形色即天性，天道在人，亦云天性。形色云者，自吾身以至萬物，皆天道之散著。日新而不用其故，即不必以世界爲生死海乃至苦聚也。而盡其位育參贊之功，《中庸》演《大易》之旨，曰位天地，育萬物，曰與天地参，曰贊天地之化育，其義宏遠廣大，深微至極。無所謂度脱也。儒佛同於窮至實相，同以萬物或衆生爲一體，而兩家人生觀不同。故一則於實相，但體會空寂，而求度脱。佛家。一則於實相，體會其空寂而生生不息之健。《中庸》言無聲無臭，亦空寂義。然空寂故生生，則與佛氏只見爲空寂者迥異。宜詳究《新唯識論》。兩家畢竟殊塗也。釋迦前世爲螺髻仙人時，不忍壞鳥卵，充此一念，而誓願度盡無量無邊衆生。孟子教齊王推不忍一牛之心，而保四海之民。皆由貫達實相，而同體之仁，自不容已。學不至此，終是小知私智，而人類免於自毀難矣。《新論》盛張體用，融攝儒佛，而冥契真極。學者所宜盡心。

問曰：應説禪波羅蜜，何以但説禪？答曰：禪是波羅蜜之本。得是禪已，憐愍衆生内心中有種種禪定妙樂，而不知求，乃在外法不净苦中求樂。如是觀已，生大悲心，立宏誓願，我當令衆生皆得禪定内樂，離不净樂。中略。爲調心故入禪。以智慧方便，還生欲界，度脱一切衆生。是時禪，名爲波羅蜜。復次，菩薩入深禪定，一切天人不能知其心所依，所緣，見聞覺知法，中心不動。如《毗摩羅詰經》中爲舍利弗説晏坐法，不依身，不依心，不依三界。於三界中，不得身心，是爲晏坐。若人聞禪定樂，勝於人天樂，便捨欲樂，求禪定。是爲自求樂利，不足奇也。菩薩則不然。但爲衆生故，令慈悲心净，不捨衆生。菩薩禪，禪中皆發大悲心。禪有極妙内樂，而衆生捨之，而求外樂。譬如大富盲人，多有伏藏，不知不見，而行乞求。智者愍之，其人自有妙物，不能知見，而從他乞。衆生亦如是，心中自有種種禪定樂，而不知發，反求外樂。復次，菩薩知諸法實相，故入禪，中心安隱，不著味。隱讀穩。諸餘外道雖入禪定，心不安隱，不知諸法實相，故著禪味。

按：此云菩薩以智慧方便，還生欲界，佛説有三界，曰欲界，有飲食等欲故，即人類與動物等所生長之世界是也。曰色界，有微妙色故。曰無色界，微妙色相，亦不可得故。後二界，則諸天所生之處也。度脱一切衆生，則知大乘不捨衆生，不捨世間，只爲一切衆生未度脱故。非其人生觀果與吾儒同也。《新論》不主出世，而於佛法可融會處，未嘗不融會之。但佛氏根本精神在出世，則不可任意曲解，而矯亂佛法，以從我也。《新論》於百家之學，主張析其異，而會其通。蓋言天下之至賾，而不可亂也。若不務析異，而云會通，則混亂而已。菩薩憐憫衆生内心中有種種禪定妙樂而不知求，此是佛法與儒者同證心源處。《論語·雍也篇》："子曰：'智者樂水，仁者樂山。智者動，仁者静。智者樂，仁者壽。'"此章，從來解者，無不一誤。智者仁者，非謂智人仁人，乃即一心之德，而分仁智二方面以言之耳。吾心周流無滯，是智德之相，有似於水。無滯即樂，故云智者樂水。吾心安定不遷，是仁德之相，有似於山，不遷即樂，智之仁，不隨境遷。如貧而不憂，富而不淫，遇威武而不屈之類，即恒大自在而至樂。故曰仁者樂山。從智之方面言，周流無滯是動相，故曰智者動。然此云動者，非與静反之謂，乃即静即動也。莊生云："尸居而龍見，淵默而雷聲。"故謂之動也。尸居淵默，静也。龍見雷聲，動也。從仁之方面言，安定不遷是静相。故曰仁者静。然此云静者，非與動反之謂，乃即動即静也。陽明云，喧天動地，元是藹天寂地，故謂之静也。又結以智者樂，仁者壽，此亦不可分作兩片看去。上已云智者樂水，仁者樂山，則心之仁智兩方面，皆是樂相。而此以樂説屬智，豈謂仁上無樂義乎？蓋於智上言樂，則仁之爲樂不待言。"壽"字義深，非延年之謂，乃真常義也。《老子》云"死而不亡者壽"，與此"壽"字同。人生誠能超情累而證真常，則形雖死，而真常之體，豈有亡乎？真常之謂壽。此章仁智分言，殆以仁爲心之體，智爲心之用。孔子以仁爲心之體，細玩《大易》《論語》可見。《新論》下卷《明心章》可參考。體用本不二，如漚與大海水，不可離而二之。而體爲用源。如大海水爲漚之源。故於仁體，顯真常義。真常即無待，無外。故至樂足於中，圓滿無虧欠。佛説涅槃，常樂二德居首，涅槃爲真如之别名，亦即心體之名。與此章可互證。周子教學者尋孔顔樂處，與《智論》所説菩薩悲衆生有極妙内樂，捨之不求，而求外樂，同一用心。明儒王東崖，亦於此有得。

菩薩觀一切法，若亂若定，皆是不二相。餘人於亂求定。

卷十八。問曰：何以獨稱般若波羅蜜爲摩訶，而不稱五波羅蜜？答曰：摩訶，此言大，般若言慧，波羅蜜，言到彼岸。以其能到智慧大海彼岸，到一切智慧邊，窮盡其極故，名到彼岸。

問曰：云何名般若波羅蜜？答曰：諸菩薩從初發心，求一切種智，於其中間，知諸法實相慧，是般若波羅蜜。問曰：若爾者，不應名爲波羅蜜。何以故？未到智慧邊故。言菩薩惑尚未盡，未到智慧邊。答曰：佛所得智慧，是實波羅蜜。因是波羅蜜故。因者，菩薩初發心，求一切種智，此時雖未到智慧邊，而已是波羅蜜之因。菩薩所行，亦名波羅蜜。因中説果故。舉因，即已賅果。是般若波羅蜜，在佛心中變名爲一切種智。菩薩行智慧，求度彼岸，故名波羅蜜。佛已度彼岸，故名一切種智。問曰：佛一切諸煩惱及習已斷，佛書所云煩惱，含義深遠至極。人生一切惑，總名煩惱。儒者所云己私，或人欲等，皆惑也，煩惱也。亦云雜染，或染污。亦名爲障。習者，即煩惱之餘習，極深細而不易察識者。智慧眼净，應如實得諸法實相。諸法實相，即是波若波羅蜜。菩薩未盡諸漏，慧眼未净，云何能得諸法實相？答曰：此義後品中當廣説，今但略説。如人入海，有始入者，有盡其源底者，深淺雖異，俱名爲入。佛、菩薩亦如是。佛則窮盡其底。菩薩未斷諸煩惱習，勢力少故，不能深入，如後品中説。譬喻，如人於暗室燃燈，照諸器物，皆悉分了。更有大燈，益復明審。則知後燈所破之闇，與前燈合住。前燈雖與闇共住，而亦能照物。若前燈無闇，則後燈無所增益。諸佛菩薩智慧亦如是。菩薩智慧雖與煩惱習合，而能得諸法實相，亦如前燈亦能照物。佛智慧盡諸煩惱習，亦得諸法實相，如後燈倍復明了。問曰：云何是諸法實相？答曰：衆人各各説諸法實相，自以爲是。此中實相者，不可破壞，常住不異，無能作者。如後品中，佛語須菩提，若菩薩觀一切法，非常非無常，非苦非樂，非我非無我，非有非無等，亦不作是觀。是名菩薩行般若波羅蜜。是義捨一切觀，滅一切言語，離諸心行，從本已來，不生不滅，如涅槃相。一切諸法相亦如是，是名諸法實相。

按： 此中云，佛一切煩惱習斷，智慧眼浄，如實得諸法實相。如實者，如其實而知之，無迷謬也。諸法實相，即是般若波羅蜜。此佛法究竟處也。學佛者如不知趣向乎此，將以雜亂之心習，而談空談有，説玄説妙，畢竟不悟空如何空，有如何有，玄如何玄，妙如何妙。昧厥本原，徒增癡闇。長劫淪溺，云胡可救？至如菩薩智慧，與煩惱習合，譬猶暗室燃燈，雖照諸器物，而此燈猶與暗共住，非極明了。極字注意。則哲學家信任理智，而忽於修養者，誠當痛切反省。余原擬作《量論》時申説此旨。

《讚般若波羅蜜偈》：般若波羅蜜，實法不顛倒，念想觀已除，言語法亦滅。無量衆罪除，清浄心常一。如是尊妙人，則能見般若。如虚空無染，無戲無文字，無戲，謂無戲論也。若能如是觀，是即爲見佛。若如法觀佛，般若及涅槃，是相一相，[1]其實無有異。中略。般若是一法，佛説種種名，隨諸衆生力，爲之立異字。若人得般若，議論心皆滅。譬如日出時，朝露一時失。中略。若人得般若，則爲般若主。孔子言人能宏道，亦此意。般若中不著，何況於餘法？般若無所來，亦復無所去。智者一切處，求之不能得。若不見般若，是則爲被縛。若人見般若，是亦名被縛。真見般若者，真與般若爲一，而見相不存矣。若有見相存焉，即此見成妄，非真見也。故亦名被縛。若人見般若，是則得解脱。若不見般若，是亦得解脱。是事爲希有，甚深有大名。譬如幻化物，見而不可見。中略。言説爲世俗，憐愍一切故，假名説諸法，雖説而不説。般若波羅蜜，譬如大火炎，四邊不可取，無取亦不取。一切取已捨，是名不可取。不可取而取，是即名爲取。

求佛道者，從初發心作願，願我作佛度脱衆生，得一切佛法。行六波羅蜜，破魔軍衆，及諸煩惱。得一切智，成佛道。乃至入無餘涅槃，隨本願行。從是中間所有智慧，總相，别相，一切盡知，是名佛道智慧。

復次，《佛説梵網經》中六十二見，若有人言神常，世間亦常，是爲邪見。若言神無常，世間無常，是亦邪見。神及世間常，亦無常，神及世間非常，亦非非常，皆是邪見。以是故，知諸法皆空，是爲實。問曰：若言神常，應是邪見。何以故？神性無故。言神之自性是無有。既無有神，何可言神是常耶？若言世間常，亦應是邪見。何以故？世間實皆無常。顛倒故，言爲常。若言神無常，亦應是邪見。何以故？神性無故，不應言無常。若言世間無常，不應是邪見。何以故？一切有爲法性，實皆無常。答曰：若一切法，實皆無常，佛云何説，世間無常，是名邪見。是故可知，非實是無常。問曰：佛處處説觀有爲法無常，苦、空、無我，令人得道，佛説有爲法是無常，是苦，是空，是無我。云何言無常墮邪見？答曰：佛處處説無常，處處説不滅，如摩訶男釋王，來至佛所，白佛言，是迦毗羅，人衆殷多，我或值奔車逸馬狂象鬥人時，便失念佛心。是時自念，我今若死，當生何處？佛告摩訶男，汝勿怖，勿畏，汝是時不生惡趣，必至善處。譬如樹常東向曲，若有斫者，必當東倒。善人亦如是，若身壞死時，善心意識，長夜以信、戒、聞、施、慧熏心故，聞，謂所聞善教。施，謂一向所行布施功德。必得利益，上生天上。以上，皆佛語。若一切法，念念生滅無常，佛云何言諸功德熏心故，必得上生？以是故，知非無常性。以佛語，證世間非無常。問曰：若無常不實，佛何以説無常？問意，如無常之言非實，佛何故處處亦説無常耶？答曰：佛隨衆生所應而説法。佛破常顛倒故，説無常。衆生妄執一切法皆是常，此即顛倒見，故佛與之説無常，以對治其執常的顛倒。以人不知，不信後世故，説心去後世，上生天上，罪福業因緣，百千萬劫不失。是對治悉檀，非第一義悉檀。對治悉檀，但隨衆生所迷，而對治之。此非究竟義。第一義悉檀，則理絶言詮。常與無常等見，於此不容安立。諸法實相，非常，非無常。談至諸法實相，即是第一義悉檀。於此，則常與無常，俱不容説。佛亦處處説諸法空。此云空者，空無之謂。諸法空中，亦無無常。已説諸法空無，還可於空無中，更説無常乎？以是故，説世是無常，是邪見。是故名爲法空。

按：此言世間非是無常者：一、由會諸法入實相，即於世間，不作世間相想，於此，不應計是常，亦不應計是無常。二、由明諸法無自性故，説諸法皆空，此即世間相本空，何容更説無常？然此二義，實是一義。説諸法空者，將令人空諸法相，以會入實相耳。余謂，空宗本有二諦義：曰真諦，曰俗諦。即俗詮真，則即於萬物，而皆見爲一真顯現，應説世間相常住。此即説世間是常，固無過。依真起俗，即依諸行，遷流不住，諸行，即心物之通名。説世間無常，於義無失。依諸行，假名世間。遷流不住，是無常義。言匪一端，義各有當。又如佛説，樹常東向曲，斫時必當東倒。善人臨終，信、戒、聞、施、慧，一向熏心，必得利益，此足發人深省。惡業重者，死時怖畏心重。横渠存順殁寧之言，亦符斯旨。

諸利昌至佛所，問佛言，一究竟道，爲衆多究竟道？佛言：一究竟道，無衆多也。梵志言，佛説一道，諸外道師各各有究竟道，是爲衆多非一。佛言，是雖名有衆多，皆非實道。何以故？一切皆以邪見著故。不名究竟道。

邪見破諸法令空。觀空人，知諸法真空，一切物本不實在，故云真空。不破不壞。非起意破壞諸法而空之也，故異邪見。復次，邪見人，言諸法皆空，無所有，取諸法空相，戲論。觀空人知諸法空，不取相，不取着空相。不戲論。

按：不戲論者，凡任意想猜度，以構成一種理論，而實不應真理者，謂之戲論。觀空人明知，如世間妄情所執一切物，本來非有。其心如理而住，既不着物，亦不起心分别，謂一切皆空，而墮空見，是謂不戲論。此乃菩薩境界，非凡愚所能了。

復次，邪見人雖口説一切空，然於愛處生愛，此言愛者，貪義。愛處，如名利聲色權勢等。瞋處生瞋，瞋處，如遇人不合己私意者。慢處生慢，癡處生癡，自誑其身。如佛弟子實知空，心不動，一切結使生處不復生。結使，即上云貪、瞋、癡等惑。是結縛自心，故云結。人之身心，實爲諸結所役使，故結亦名使。譬如虚空，烟火不能染，大雨不能濕。如是觀空，種種煩惱不復著其心。

復次，觀真空人，先有無量布施，持戒，禪定，其心柔軟，諸結使薄，然後得真空。邪見中無此事，但欲以憶想分別，邪心取空。

按：犧牲一己，以利衆生，積極作諸功德，皆布施事。持戒則嚴以自律，禪定則心離沉掉。心不昏沉，不掉舉，是定相。三毒不行，故心柔軟。貪、瞋、癡名三毒，此萬惡之源。衆生懷三毒，其心剛很，殺機所由熾。觀空人克治三毒，故心柔軟。如此修行不懈，方許入空觀。今僧俗初涉《中論》，漫談空教，全不反己，作實修工夫，喪身地獄，可哀也哉！

無智人聞空解脱門，不行諸功德，但欲得空。是爲邪見，斷諸善根。

菩薩摩訶薩，行般若波羅蜜，雖知諸法一相，亦能知一切法種種相。雖知諸法種種相，亦能知一切法一相。菩薩如是智慧，名爲般若波羅蜜。

色等法，色，即物之異名。等字，所包括無限。除色以外法，皆等之一言所攝。非以空故空，非由人於色等作空想，故色等空也。從本以來常自空。色等法，非以智慧不及故，無所得，從本以來常自無所得。

無所得有二種：一者，世間欲有所求，不如意，是無所得。二者，諸法實相中，决定相不可得故，名無所得。

卷十九。菩薩雖久住生死中，亦應知實道，非實道，是世間，是涅槃。知是已，立大願，衆生可愍，我當拔出，著無爲處。以是實法，行諸波羅蜜，能到佛道。菩薩雖學，雖知是法，未具足六波羅蜜故，不取證。如佛説，譬如仰射空中，箭箭相拄，不令落地。菩薩摩訶薩亦如是。以般若波羅蜜箭，射三解脱門空中。解脱門有三，而空解脱門其一也。由入空而得解脱，曰空解脱。門有二義：曰所由義，曰類義。復以方便箭，射般若前，令不墮涅槃地。復次，若如汝所説，菩薩久住生死中，應受種種身心苦惱，若不得實智，云何能忍是事？以是故，菩薩摩訶薩求是道品實智時，以般若波羅蜜力故，能轉世間爲道果涅槃。修道爲因，而得涅槃。涅槃即名道果。何以故？三界世間皆從和合生，和合生者無有自性。此云和合生，即後來唐奘師所譯爲緣生。奘譯精當。“和合生”一詞，欠妥。無自性故，是則爲空。空故不可取。不可取相，是涅槃。以是故，説菩薩摩訶薩以不住法，生死涅槃，兩不住著，是名不住法。住般若波羅蜜中。不生故，應具足四念處。不生，謂不由煩惱而生。四念處後詳。復次，聲聞辟支佛法中，不説世間即是涅槃。何以故？智慧不深入諸法故。菩薩法中，説世間即是涅槃。智慧深入諸法故。如佛告須菩提，色即是空，空即是色，受想行識即是空，空即是受想行識。空即是涅槃，涅槃即是空。《中論》中亦説，涅槃不異世間，世間不異涅槃。涅槃際，世間際，一際無有異故。菩薩摩訶薩得是實相故，不厭世間，不樂涅槃。三十七品是實智之地。三十七品，皆修行法。詳《智論》卷十九及餘論籍中。文繁，此不述。

按：大乘法，説世間即是涅槃，似已傾向儒家之人生觀與世界觀，然出發點不同，自須有辨。儒者直從乾道流行，乾道，即謂本體。萬物各正性命處，見形色即天性。萬物各得大正之道，即所謂乾道者，以爲其性命。故一一物，皆是乾道，無有虚妄。形色即天性，本《孟子》。與佛言世間即涅槃，義相合會。佛氏却以十二緣生説人生，詳《佛家名相通釋》部甲。明人生始於迷闇，即無明。淪溺生死海，所謂流轉。純大苦聚。故小乘不説世間即是涅槃。大乘不捨衆生故，吃緊。以般若波羅蜜力，轉世間爲涅槃。即以智慧力，觀諸法空，空故不可取。不可取相，是涅槃。此則運智慧力，從世間之本爲迷闇所墮之穽，或流轉之苦海中，而轉化爲涅槃。覆玩前抄論文。其轉化之幾，即由智慧力，於世間觀是緣生法故，無有自性。無自性即空，空故不可取云云。後來無着、世親兄弟《唯識論》，其境隨心轉之大義，實與此通。此等轉化觀，以視儒者直下透澈乾道流行，即識得一一物莫非乾道顯現，人生本不由迷闇而生，亦無所謂生死苦海，世間即一誠，又何須轉？儒家“誠”字，含義深廣無邊。略言之，真實義，美善義，炤明義，皆其所。具佛氏根底，究與儒宗不似也。《新論》始援佛入儒。

衆生心種種不同，此中心者，謂妄心。結使亦種種，所樂所解法亦種種。佛法雖一實一相，爲衆生故，於十二部經，八萬四千法聚，作分别説。若不爾，初轉法輪，説四諦則足，不須餘法。中略。譬如藥師，不得以一藥治衆病。衆病不同，藥亦不一。佛亦如是，隨衆生心病種種，以衆藥治之。或説一法度衆生，如佛告一比丘，非汝物莫取。比丘言，知已，世尊。佛言，云何知？比丘言，諸法，非我物不應取。鈍根衆生，只教以不妄取，納於善道。或以二法度衆生，定及慧。或以三法，戒、定、慧。或以四法，四念處。復次，諸菩薩摩訶薩信力大故，爲度一切衆生故，是中佛爲一時説三十七品。若説異法道門，十想等皆攝在三十七品中。是三十七品，衆藥和合，足療一切衆生病。是故不用多説。是三十七品，十法爲根本。何等十？信、戒、思惟、精進、念、定、慧。

問曰：何等是四念處？答曰：身念處，受、心、法念處，是爲四念處。觀四法，四種。四法者，一身，二受，三心，四法。四種者，一不净，二苦，三無常，四無我。觀身不净，觀受是苦，觀心無常，觀法無我。是四法，雖各有四種，身，應多觀不净；受，多觀苦；心，多觀無常；法，多觀無我。何以故？凡夫人未入道時，是四法中邪行，起四顛倒。諸不净法中净顛倒，於不净而計爲净，是净顛倒。苦中樂顛倒，無常中常顛倒，無我中我顛倒。破是四顛倒故，説是四念處。破净倒故，説身念處。破樂倒故，説受念處。破常倒故，説心念處。破我倒故，説法念處。以是故説四，不少不多。受者，領納義，即是情感。凡夫妄情逐種種樂。實則，於苦而計爲樂，是名樂倒。佛令人觀受唯是苦，以救其倒。心者，念念生滅，故令人於此觀無常。法者，心物諸有爲法，乃至無爲法，通名爲法。於法，觀無有我，所以破我執。身，不待釋。於身觀不净，所以對治諸欲。

觀身五種不净相。何等五？一者，生處不净。二者，種子不净。三者，自性不净。四者，自相不净。五者，究竟不净。云何名生處不净？頭足腹脊脅肋，諸不净物和合，名爲女身。内有生藏熟藏，屎尿不净。外有煩惱業因緣風，吹識種，令入二藏中間，若八月，若九月，如在屎坑中。如偈説：是身爲臭穢，不從華開生，亦不從瞻蔔，又不出寶山。是名生處不净。種子不净者，父母以妄想，邪憶念風，吹淫欲火故，肉髓膏流，熱變爲精，宿業行因緣，識種子在赤白精中住，是名身種。此中以識喻如種子，非謂識有種子也。宜參考《稻竿》等經。如偈說：是身種不净，非餘妙寶物，不由净白生，但由尿道出。是名種子不净。自性不净者，從足至頂，四邊薄皮，其中所有，不净充滿，飾以衣服，澡浴華香，食以上饌，衆味餚膳，經宿之間，皆爲不净。假令衣以天衣，食以天食，以身性故，卒爲不净，何况人衣食？如偈說：地水火風質，能變除不净，傾海净此身，不能令香潔。是名自性不净。自相不净者，是身九孔，常流不净，眼流眵淚，耳出結聹，鼻中洟流，口出涎吐，厠道水道，常出屎尿，及諸毛孔，汗流不净。如偈說：種種不净物，充滿於身内，常流出不止，如漏囊盛物。是名自相不净。究竟不净者，是身若投火則爲灰，若蟲食則爲屎，在地則腐壞爲土，在水則胮脹爛壞，或爲水蟲所食。一切死屍中，人身最不净。不净法，九想中當廣說。如偈說：審諦觀此身，終必歸死處，難御口反復，背恩如小人。是名究竟不净。是身從生至終，常有不净，甚可患厭。行者，謂修行之人。思惟是身，雖復不净，若稍有常者猶差。而復無常。雖復不净無常，有少樂者猶差。而復大苦。是身是衆苦生處，如水從地生，風從空出，火因木有。是身如是内外諸苦，皆從身出。内苦，名老病死等。外苦，名刀杖，寒熱，飢渴等。有此身故，有是苦。中略。身實無我。何以故？不自在故。譬如病風之人，不能俯仰行來，病咽塞者，不能語言。以是故，知身不自在。如人有物，隨意取用，身不得爾，不自在故，審知無我。行者思惟是身，如是不净，無常，苦，空，無我，有如是等無量過患，如是等種種觀身，是名身念處。後略。

按：四念處，自釋迦以此施教，小乘迄大乘空有二宗，相承修習。本論《智論》。説四念處，文義繁廣。兹節抄身念處一段，以見其概。佛氏以世間爲濁惡，爲苦聚，爲火宅。因立大願，衆生可愍，我當拔出，著無爲處。立大願至此，係《智論》卷十九《釋初品中三十七品》文。前已抄及。余嘗謂其爲反人生的思想，而佛教徒每欲曲解順俗，自亂本宗，誠可惜也。佛家初發心，必毁責人生，作種種厭離想，此不可勝引。而以清净法身爲嚮向。法身，即諸法本體，亦云實相。此是清净真常，純善無染，離諸繫縛，具足至樂，亦云涅槃。若出世信念真切，竭誠修行，以趣寂滅，行，去聲。雖非人道之常，而能脱離塵世一切繫縛與濁惡，吾猶當尊之爲獨往之人。如其未能出世，而徒聞佛説人生如何醜陋不堪，世間如何濁惡可怖，即喪失人道尊嚴崇高之美感，與現實生活之樂趣，而復不能自拔於生死海，貪處生貪，瞋處生瞋，癡處生癡，人生墮没之慘，未有甚於斯也。儒者之學，即人道而顯天德，克治小己之私，而實體夫所以生之理，萬物皆以一誠，而成始成終。一誠者，即萬物所以生之理，即一切物之本體。真實無妄，純善無垢，清净炤明，生生不容已，故謂之誠。凡物皆禀一誠之理而生，自其始生，以至終盡，皆實現此誠。故曰：誠者物之終始。何所謂不净？何所謂無常、苦、空？何所謂不自在？其見爲不净、無常、苦、空、不自在者，皆由滯於分形，而迷執小己，緣此，忽起妄情，執小己故，忽起妄情。妄情無根，故云忽起。揀别穢净、苦樂、常無常等。若乃即形而識性，性者，一誠之理，衆形所由之以成也。形成而各獨，性則遍在衆形，不隨形而有分也。則一誠周遍，周遍者，無定在而無所不在。夐然絶待，渾全而無畛，不可分故。明净而無染，明者靈明，無迷闇故。《中庸》云："誠則明矣，明則誠矣。"其義甚深。净者清净，本無垢染。德盛化神，生生而不容已，新新而不匱竭。實證乎此者，小己之相泯，形氣之累亡，則不净、無常、苦空等妄見，何自而起乎？總之，滯形而迷性，則物皆相待，而善惡、好醜，一切不齊。即形而識性，則至誠無對，顯成大用，其善惡、好醜乃至一切不齊之情，皆於性分上無預也。"梃與楹，厲與西施，恢詭譎怪，道通爲一"，莊生蓋就性分言之耳。知此，則不净等觀，將以遺形，而實已有滯形之患，何如聖人直示人以踐形之功乎？踐形，參看《語要》卷一。踐形，則形即性也。不净、無常、苦、空等觀不起，即無滯形之患可知。《易·繫傳》曰："天下之動，貞夫一者也。""一"謂絶對，即宇宙本體之稱。剋就吾人言之，亦名爲性。動者變義。萬變不齊，實皆一理之顯。

一理，即謂絶對之體。故從一理觀之，則物雖萬變，而莫不正固，故言貞也。若不明體用，不了形與性之分，性者，即以本體之在人而言。形則依用上立名。詳玩《新論》。而但曰從宇宙某一部分着眼，某一部分者，如某人，或某一事物。是善是惡，是好是壞，是長是短，如此等類，皆有可説。若從宇宙整體着眼，則善惡、好壞、長短等等差别，都不容分。何以故？剋就整體言，則各部分互相對待之相已泯，堯桀失其名，剋就整體言，則部分之見已不存，何有堯與桀之名乎？以下準知。厲與西施亡其稱，屎尿華香泯其畔，丈尺分寸去其衡，衡者衡量。剋就整體言，即不析爲部分以相衡量也。是故莊生高言齊物也云云。爲是説者，實墮虚妄，無有理據。理據者，必見真理，方可據依，故云理據。須知所云宇宙整體一詞，但是現象界各部分之總名。此總名，只是虚名。何以故？若離各部分，别無整體可得故。如説米聚，離一一粒，無聚可得故。故知總名是虚名。整體已是虚名，而又於虚名之上，更言遣一切差别相，是妄上添妄也。吾言宇宙本體，則非即現象界各部分而綜合爲整體以言之，乃謂一一現象，即一一部分。皆是本體現爲。譬如衆漚，皆是大海水現爲。衆漚，喻一一現象。大海水，喻本體。識得本體，則知不净、無常、苦空等觀，皆緣滯於形而昧其性，始有一切差别相。性即本體。若見性，則無一切差别相可得。堯、桀異其善惡，厲、西施異其好醜，自形界言，形界，即謂現象界。無可泯其異也。自性體言，堯、桀、厲西施同一性體，元無異相。一一現象或一一物之不齊，原於本體之流行，而成爲各個物。各個物不免有拘於形，而未易顯發其性。此則流行中，緣成形各别。於是形與形互相待，無端而有種種差别相起。如善惡净不净等。要未可以形而後有之種種差别相，遂妄臆爲性體上所本有。即以善惡而論，桀之惡行，既非性體上有此惡根，即堯之善行，雖云順性而發，然性體雖備萬理，亦自其具有無限之可能而言，要非預貯若干固定的善之格式，以發爲堯之善行也。故堯之善行，仍是堯之隨事順性而發。謂此善行之迹，注意“迹”字。爲性體上所本有，則大謬不然。善惡如是。净不净，常無常，苦樂等等差别相，皆於性分上不容施設。應如理思。性體清净，無有不净。然世間之所謂净，與不净相對得名。此非性體上所固有。性體無形無象，夐然絶待，不可計爲無常。性體顯成大用，流行不息，亦不可計爲常。性體離苦，然世間妄情所計之樂，與苦相對得名，亦非性體上所有。性體無所謂不自在，故不容於此作無我計。性體無作意故，又非妄識可相應故，復不容於此計爲我。據此，世間一切差别相，不可於性分上施設。如理云云者，如其理之實然而起思，不妄猜想。即思與理默契，云如理思。此“思”字義深。莊子齊物之論，俗學亦多誤解。或復有言，佛家不净、無常、苦空等觀，所以訾形，正欲對治惑染，方可見性耳，非是滯於形也。答曰：此説吾非不知。然訾形以尊性，捨此以趣彼，終有裂痕在，何得云不滯於形乎？即形而識性，不訾形而性盡。盡性即踐形，何須求性而訾形？性即形也，形即性也。一直向上，本自圓成，浩然無礙。至矣儒宗，《新論》所爲援佛以同歸也。

八聖道分中，正思惟者，菩薩於諸法空，無所得，住如是正見中，觀正思惟相。空者，諸法本空，非以空故空。無所得，見前。知一切思惟，皆是邪思惟。一切思惟，皆於諸法空，無所得中，而妄執有寔法，虚妄分别，故是邪思惟。乃至思惟涅槃，思惟佛，皆亦如是。思涅槃，思佛，仍有分别相故。何以故？斷一切思惟分别，是名正思惟。諸思惟分别，皆從不實、虚誑、顛倒故，有分别。思惟相皆無，菩薩住如是正思惟中，不見是正是邪，過諸思惟分别，超過俗所謂思想或分别的境界。是爲正思惟。一切思惟分别，皆悉平等。悉平等故，心不著，如是等名爲菩薩正思惟相。此所説思惟，實即證量。

卷二十。三昧如王。三昧者，定義。智慧如大臣。

智慧若不住定中，則是狂慧，多墮邪疑，無所能作。若住定中，則能破諸煩惱，得諸法實相。

如佛説，我坐道場時，智慧不可得，空拳誑小兒，以度於一切。

如《網明菩薩經》中，説菩薩處衆生中，行三十二種悲，漸漸增廣，轉成大悲。大悲是一切諸佛菩薩功德之根本，是般若波羅蜜之母，諸佛之祖母。

菩薩以大悲心故，得般若波羅蜜。得般若波羅蜜故，得作佛。

復次，佛定衆具足。定分淺深，與大小等境，故云定衆。問曰：持戒，以身口業清净故，可知。智慧以分别説法，能除衆疑故，可知。定者，餘人修定，尚不可知，何况于佛？云何得知？答曰：大智慧具足故，當知禪定必具足。譬如見蓮華大，必知池亦深大。又如燈明大者，必知酥油亦多。亦以佛神通變化力無量無比故，知禪定力亦具足。亦如見果大故，知因亦必大。復次，有時佛自爲人説，我禪定相甚深。如經中説，佛在阿頭摩國林樹下坐，入禪定。是時大雨，雷電霹靂。有四特牛，耕者二人，聞聲怖死。須臾便晴。佛起經行。有一居士禮佛足已，隨從佛後，白佛言：世尊，向者雷電霹靂，有四特牛，耕者二人，聞聲怖死，世尊聞否？佛言不聞。居士言，佛時睡耶？佛言不睡。曰：入無心想定耶？佛言不也，我有心想，但入定耳。居士言：未曾有也。諸佛禪定，大爲甚深，有心想在，禪定如是，大聲覺而不聞。

卷二十二。問曰：何等是佛法印？答曰：佛法印有三種：一者，一切有爲法，念念生滅，皆無常。二者，一切法無我。三者，寂滅涅槃。行者知三界皆是有爲生滅作法，作法者，猶云托因緣而生起的東西。托因緣故，非實在的，緣生義。《新論》及《佛家名相通釋》皆可考。先有今無，今有後無，念念生滅，相續相似生故，可得見知。如前一瞬之筆，確已滅，後一瞬之筆，乃此瞬頓生，與前瞬筆，相續相似。吾人見知，謂是故物。筆如是，一切物皆爾。如流水、燈炎、長風，相似相續故，人以爲一。如流水，後水本非前水，但相似相續生故，人見前後水爲一。燈炎、長風皆可例知。衆生於無常法中，常顛倒故，衆生於無常法，而起計常的顛倒。謂去者常住。謂已滅去者，爲常住不滅，是大謬誤。是名一切作法無常印。此第一印，後來譯籍，皆云諸行無常。一切法無我，諸法内無主，無作者，無知，無見，無生者，無造業者，一切法皆屬因緣。如稻禾，以穀種爲因，以水土、人工、歲月、陽光、空氣、肥料等等爲增上緣，而稻禾始生。故稻禾本無實物。稻禾如是，一切法皆然。屬因緣故，不自在。不自在故，無我。我相不可得故，如《破我品》中説，是名無我印。此第二印。問曰：何以故但作法無常，一切法無我？無我，則通一切法。無常唯是作法。答曰：不作法，即不生不滅法。無因無緣故，不生不滅。不生不滅故，不名爲無常。復次，不作法中，不生心著顛倒。不生不滅法，人無於此生心執着而陷於顛倒者。以是故，不説是無常，可説言無我。有人説，神是常，遍知相。謂神是常，是遍知，此即外道所謂神我也。以是故，説一切法中無我。所以破外道等之迷執。寂滅者是涅槃，三毒三衰火滅故，貪、瞋、癡三者，名爲三毒，是萬惡之根。此三毒火，使人墮没，亦名三衰火。斷滅三毒，即證真故。名爲寂滅印。此第三印。後來譯諸經論者，於第三印，皆譯云涅槃寂静。後譯爲妥。大乘涅槃，爲真如之異名，即一切法實體。諸惑永滅，寂静真體始顯，故云涅槃寂静。問曰：寂滅印中，何以但一法，不多説。一法，謂涅槃。答曰：初印中説五衆。五衆即五蘊。參看《佛家名相通釋》。二印中，説一切法皆無我。第三印中，説二印果，是名寂滅印。此中果者，謂前二印，是入寂滅印之因。而寂滅印，則是前二印所得之果。故三法印，究歸一印，曰涅槃寂静。一切作法無常，則破我所，外五欲等。我之所有，曰我所。外五欲，謂色聲等五塵，是我所欲故，亦名外五欲。若説無我，破内我法。衆生皆執有内自我。今説一切法無我，即内我之執已破。我，我所破故，是名寂滅涅槃。説無常，即五塵皆不實，是我所執破。説無我，即我執破。我及我所之執都破，即寂静的真體呈現，故云是名寂滅涅槃。行者猶言修行人。觀作法無常，便生厭世苦。觀無常故，起厭苦想。此其所以趣入反人生的路向。既知厭苦，存着觀主，謂能作是觀。觀主者，謂衆生妄自計云，如我觀作法無常，必内有能觀之主，此觀主，即我是也。如無我，誰作是無常觀？故知有觀主。易言之，即有我。衆生妄爲此計。以是故，有第二法印，知一切無我。於五衆即五蘊。十二人亦云十二處。十八界十二因緣中，内外分别推求，觀主不可得。不可得故，是一切法無我。五蘊至十二因緣，均須參看《佛家名相通釋》。作是知已，不作戲論，無虚妄分别故。無所依止，我執空故，我所執亦空。我及我所俱空故，蕩然無物爲依止也。但歸於滅。一切惑滅，一切虚妄分别所執之相都滅，現前即是寂然真體。以是故，説寂滅涅槃印。

問曰：《摩訶衍》中説諸法不生不滅，一相，所謂無相，此中云何説一切有爲作法無常，名爲法印？二法云何不相違？答曰：觀無常，即是觀空因緣。此云因緣者，由義。言觀空，必由觀無常而入也。如觀色，念念無常，即知爲空。觀色無常故，即知色法空無，本非有實色存在故。過去色滅壞不可見故，無色相。未來色不生，無作無用，不可見故，無色相。現在色亦無住，不曾留住也。不可見，不可分别知故，無色相。過現未三世，均無色相。無色相，即是空。空即是無生無滅。無生無滅，及生滅，其實是一。説有廣略。

問曰：過去未來色，不可見故，無色相。現在色住時可見，住時者，住而未滅時。俗計現在色尚住，故可見。云何言無色相？答曰：現在色亦無住時，如四念處中説。若法，後見壞相，法者，猶言物。他處倣此。壞，猶言滅。當知初生時壞相，以隨逐微細故，不識。俗計凡物生已必住，後乃見其滅。殊不知，物初生時，即便壞滅，實無住時。但前滅後生，相似相續，隨逐流轉。生滅之相，至極微細，故不識其初生便滅耳。復次，生滅相，常隨作法，言凡是作法，必是纔生即滅。無有住時。吃緊。若有住時，則無生滅。以是故，現在色無有住。纔生即滅，實無一刹那暫住，其詭怪如此。現在色既不住，故知現在亦無色相。

復次，有爲法無常。念念生滅故，皆屬因緣，無有自在。無有自在故，無我無相。無我無相故，心不著。無相不著故，即是寂滅涅槃。以是故，摩訶法中雖説一切法不生不滅，一相，所謂無相。無相，即寂滅涅槃。

按：三法印，本由大乘提出，用爲抵拒小乘力攻大乘非佛説之唯一武器。大乘經典，托於佛説，而小乘否認之。大乘必有義據，以折其口。故以三法印，印定大小各所傳承，或所推演者，凡合此三印，即是佛法。有違此三印者，即非佛法。《智論》卷二十二有云：一切有爲法無常，一切法無我，寂滅涅槃，是名佛法義。是三印，一切論議師所不能壞。雖種種多有所説，亦無能轉諸法性者。如冷相，無能轉令熱。諸法性不可壞。假使人能傷虚空，是諸法印，如法不可壞。聖人知是三種法印，於一切依止邪見，各鬥諍處，得離。譬如有目人，見群盲諍種種色相，愍而笑之，不與共諍。據此，可知三印，實總括大小各宗派法義，而得其同條共貫，約說此三，以是息鬥諍。亦以是見佛家思想之發展爲一全整體系，蓋至紛而不可亂也。又復當知，雖有三印，要歸於一，即第三涅槃寂静。《智論》云第三印中，說二印果，是名寂滅印。已抄見前。故知前二印，趣入第三。佛家顯體，顯者顯示，體謂實體。究歸於寂，寂者寂静。不涉生化，此其究竟宗趣，須認清也。只見本體爲寂静的，而不悟其亦是生生化化，剛健而不可窮屈的。《新論》融般若之空，佛氏彰空寂，自般若而深妙極矣。與《易》之健以動，《易·无妄卦》象曰：健以動。全經可蔽以此言。健動即生化不測。而顯即寂即生，始救偏於趣寂之失。又《論》云，此云《論》者，即《智論》。后倣此。觀無常，即是觀空因緣。亦抄見前。佛家根本精神，要在出世，於此可見。夫無常者，言凡物刹那刹那，纔生即滅，都不暫住，是以說爲無常。無常本法爾如是，法爾，猶言自然。一切物無常，本自然如是，非有使之成爲如是者，更非本不如是，只由吾人意想其如是者。故曰法爾如是。而佛家觀無常，乃由之以觀空，《論》云：觀無常，即是觀空因緣。此中因緣者，由義。謂觀無常，而即由之以入法空觀也。法空觀者，謂觀一切法皆空故，無所有故。故其最後歸諸寂静，第三寂滅印。此爲出世思想必然之趣向。大乘創始者爲空宗，其根底無甚異於小乘。但以大悲不捨衆生故，首明無住涅槃。又其窮高極遠，小空無此境界，此其所以爲大也。故三法印雖爲調和小宗而設，實則大小根源，終始不二。故可以三印止諍也。大空之後，大乘空宗，省言大空。復興大有，大乘有宗，省言大有。仍奉持三法印。然其於無常法，詮以緣生，《智論》言作法屬因緣者，即緣生義，似未譯好。吾《新論》叙緣生義空有二宗不同處，宜參考。復立種子爲因，則已變緣生說爲構造論。《新論》評判甚詳，此不贅述。由有宗在宇宙論方面的見地核之，則一切作法，《智論》譯作法，即大乘有宗所云依他法，或緣生法。他者，緣義。依他，謂依托衆緣而起，實與緣生一詞不異。可考《佛家名相通釋》。大有雖說緣生，而實成構造論，其特異空宗者唯此耳。雖是無常，而未始非有。空宗緣生是遮詮，有宗講成構造論，便是表詮。表詮即明其爲有而非空。詳玩《新論》語體本中卷。此視空宗，固已大變。然在修行方面，其修法空觀時，則於作法無常，仍是觀空，究非全變。至第三印，大有大空，亦復同歸。此三印所以爲大小諸宗所莫能外也。《新論》依本體流行，説爲翕闢成變。即剋就流行，而説爲一翕一闢，成其變化。復明翕闢，皆刹那頓現，無暫時住。以此見真體成用，新新而不用其故，進進而未嘗有窮，德盛化神，富有無極。神哉神哉！由大用流行，無有如世間所計實物故，亦可云空。即空世俗妄計之實物。然而，即流行識本體，一切真實，又如實非空。此視印度佛氏於無常法觀空意義，完全變更。斯乃如理如量，如理者，如其理實，而無妄分別。如量者，量即知義。稱實而知，無謬誤故。不以厭苦度脱之情，猜卜真理故也。此吾《新論》所爲與印度諸佛異也。

又《論》云：如觀色念念無常，即知爲空。至後結云，空，即是無生無滅。無生無滅，及生滅，其實是一。已抄如前，可覆看。此在其入觀時，生滅與無生滅，固融而爲一，然其顯法性時，法性，猶云一切物的實體。却止説無爲。無生無滅。其於緣生法，此《論》譯作法，即生滅。亦不説是由無爲法所現。如不肯説衆漚是大海水所現。則生滅與無生滅，元是二片。只於生滅法即無常法。觀空，而後見爲一，固未明其所以爲一也。覈以《新論》體用不二之旨，實不相似。

有聖功德成就，而威儀語言不似善人。有威儀語言似善人，而聖功德不成就。有威儀語言不似善人，聖功德未成就。有威儀語言似如善人，而聖功德成就。汝云何不念是言，而欲稱量於僧？

復次，是戒，一切善法之所住處，譬如百穀藥水，依地而生。持戒清净，能生長諸深禪定，實相智慧，亦是出家人之初門，一切出家人之所依仗，到涅槃之初因緣。

按：佛家説戒，與儒家敬義相通。但彼則仗戒以求出世道，儒者無所謂出世，要必有敬，而後日進於善。

汝不聞佛説，四事雖小而不可輕。太子雖小，當爲國王，是不可輕。蛇子雖小，毒能殺人，亦不可輕。小火雖微，能燒山野，又不可輕也。沙彌雖小，得聖神通，最不可輕。

是故行者，不應於無常危脆命中而信望活，如佛爲比丘説死想義。有一比丘偏袒白佛：我能修是死想。佛言：汝云何修？比丘言：我不過望七歲活。佛言：汝爲放逸修死想。有比丘言：我不過望七月活。有比丘言七日。有言六五四三二一日。佛言：汝等皆是放逸修死想。有言從旦至食時。有言一食頃。佛言：汝等亦是放逸修死想。一比丘偏袒白佛：我於出氣不望入，於入氣不望出。佛言：真是修死想，爲不放逸比丘。一切有爲法，念念生滅，住時甚少，其猶如幻，欺誑無智，行者如是種種因緣念死想。

按：修死想，能除一切怖。人之所大怖者，無如死。能修死想，即死怖除。死怖除，則天下更無可怖者。余昔病重，幾不起，中西醫皆束手。余惟修死想，病漸痊。兵法所謂置之死地而後生也。

卷二十三。復有二種觀無常相。一者有餘，二者無餘。如佛説一切人物滅盡，唯有名在，是名有餘。若人物滅盡，名亦滅，是名無餘。

按：後種觀法，名相亦除，最吃緊。學者滯於名言，爲入理之障，此觀不可無。

十一智者：法智、比智、他心智、世智、苦智、集智、滅智、道智、盡智、無生智、如實智。

法智者，分别諸法。比智者，譬如見現在火熱能燒，以此比知過去未來及餘國火，亦如是。他心智者，知他人心。言心，即攝一切心所法。世智者，名爲假智，聖人於實法中知，聖人無虚妄分别，於實理、實事，稱實而知。如口飲水，冷暖親知，非同猜度。凡夫人但假名中知，世間通用語言，及各種學術中所有術語及理論與其概念等，皆是假名。凡夫人但於假名中生解，是非因之蜂起。以是故，名假智，如棟梁椽壁名爲屋，但知其事，不知實義，知有棟梁等等名爲屋之一事而已。此屋實有否，乃至棟梁椽壁爲實有否，凡夫人皆不知也。是名世智。復次，苦智，名知苦相實不生。云何名苦智？以知苦相實不生故，遂名苦智。觀苦相虚妄，如浮雲實不生，故可斷苦。集智，名知一切法離，無有和合。和合，謂一切法皆依托衆緣而起。譯和合，欠精。然緣亦非實，則緣生只是假說。一切法各各不相知，故云離。正明無實衆緣會合，即緣生爲假，可知。集智，知緣生不實，則衆苦之因已除。滅智，名知諸法常寂滅，如涅槃。涅槃寂滅。若知諸法緣生無實，即諸法本來寂滅，猶如涅槃。道智，名知一切法常清净，無正無邪。邪正，相待之詞。若知一切法常清净相，即本無邪。既無邪，則正之名亦不立。常清净相者，由以道智觀一切法實相，故是常清净相。若世智，於一切法作一一物事想，而起着，即邪正紛然矣。盡智，名知一切法無所有。觀一切法皆空故。無生智，名知一切法不實不定故不生。觀一切法，非實在故，云不實。非固定故，云不定。既不實不定，即諸法未嘗生也。如實智者，十種智所不能知，以如實智故能知。十智各各相，各各有其相狀。各各緣，緣者思解。各各有其思解。各各別異，各各有觀法，各各有其所觀法。是如實智中無相，無緣，無別，滅諸觀法，所觀相已遣故。亦不有觀。能觀相已不存故。十智中有法眼、慧眼。如實智中唯有佛眼。十智，阿羅漢、辟支佛、菩薩共有。如實智，唯獨佛有。所以者何？獨佛有不誑法。以是故，如實智獨佛有。復次，十智，入如實智中，失本名字，唯有一實智。譬如十方諸流水，皆入大海，捨本名字，但入大海。知如是等種種分別十一智義，此中略說。

按：十一智，但因方面不同，或淺深異度而分。及修養成熟，唯一實智。《論》有明文，深可玩味。但智之來源，此中未説。應知，智即實相，非由後起。由惑障故，本智未顯。必經修養，智漸顯發。如明鏡蒙垢，其明若晦，垢去明生，還依本有，非外鑠也。或問：盡智，知一切法無所有，此殆出世法，作如是觀，似非正智。答曰：出世思想，自是佛家人生態度有失當處。然以毀盡智，則不可。衆生堅執有物質宇宙。自物理學日益進步，已破除實質的觀念。菩薩盡智，觀照更深，並電子或能力等相，亦復遣除。一切法畢竟無所有，理實如是，何庸妄執？儒者無所謂出世。然《易·繫傳》曰：神無方，無方所。易無體。無形體。易即神也，變易之謂神。神即易也。神化之謂變易。無方無體，乃無滯而神，無礙而易。理無不備，德無不全，所以爲衆妙之門也。執有之迷情，不可以體神居易，是自絕於真理也。體神，則我即神也。居易，則我即易也。斯義深微，焉得解人而與之言？

學者熟玩《新論》，方知《般若》《大易》相通處。

一切禪定攝心，皆名爲三摩提。此言正心行處，是心從無始世界來，常曲不端。得是正心行處，心則端直。譬如蛇行常曲，入竹筒中則直。竹筒以喻禪定。禪定收攝此心，不令散亂，故不至流於邪曲。是三昧三種：三昧者，定義。欲界未到地初禪，與覺觀相應故，名有覺有觀。此是一種。禪中間，但觀相應故，名無覺有觀。此是二種。從第二禪，乃至有頂地，非覺觀相應故，名無覺無觀。此是第三種。

問曰：三昧相應心數法，乃至二十，心數法，亦名心所。宜詳《雜集論》等。何以但説覺觀？答曰：是覺觀，撓亂三昧，以是故説。是二事雖善，而是三昧賊，難可捨離。覺觀有是善性，有是不善性。即善的覺觀，亦足撓亂定心。故云：雖善，猶是三昧之賊，况不善乎？

有人言，心有覺觀者無三昧，以是故，佛説有覺有觀三昧，但不牢固。佛不取有覺觀無三昧之言。故云有覺有觀三昧，但此三昧力不牢固耳。覺觀力小微，是時可得有三昧。是覺觀能生三昧，亦能壞三昧。善的覺觀，能生三昧。常有人問余，曾修禪定否？余曰：實未修。但此心常思量義理，不雜入貪、瞋、癡等惑時，亦自有相當定味。只定力不深，不敢言禪定耳。吾所云思量義理時，即是善覺觀。此覺觀雖能引生三昧，然覺觀不除，三昧終不堅牢，故云能壞三昧。譬如風能生雨，亦能壞雨。三種善覺觀即下云有三種善覺。能生初禪。得初禪時，發大歡喜覺觀故，心散還失。得初禪時，發大歡喜覺觀。此境吾未到。然吾三十至四十之交，時或澄心玩索義理，忽大有所得，喜不自勝。旋即心散。以此類推，可想像初禪之境。以是故，但説覺觀。

問曰：覺觀有何差別？答曰：粗心相名覺，其相粗動。細心相名觀。初緣中，心發相名覺，緣者緣慮。心初緣慮某種境時，其發動之相，即名爲覺。後分別籌量好醜，名觀。

有三種粗覺：即不善覺。欲覺，瞋覺，惱覺。惱比瞋深。有三種善覺：出要覺，無瞋覺，無惱覺。出要，即離欲。有三種細覺：親里覺，國土覺，不死覺。吾人日常生活中一切覺觀，大概不離此三細覺。自家屬、姻黨以至鄉邑無限關聯，其時湧現心頭者，皆親里覺也。凡社會政治無限關聯，與國家興衰天下安危之感，其時湧現心頭者，皆國土覺也。吾人無一瞬一息可捨其求生之欲，人爲此欲驅，恒不自察耳。不死覺，無時可遣。總之，人生一切牽天繫地之事，繁廣無邊，鮮不與此三細覺有關。此三細覺，恒深伏吾人潛意識中，而不斷湧出。吾人偶一静坐，便照察此三細覺之時起時伏。若終日擾擾，絶不曾作静功者，自不喻此。六種覺謂三粗三細。妨三昧。三粗覺固妨礙禪定，三細覺有一時起，亦令心不定也。三種善覺，能開三昧門。善覺不至昏擾，故爲入定之門。若覺觀過多，還失三昧。如風能使船，風過則船壞。如是種種分别覺觀。

問曰：經説三種法，有覺有觀法，無覺有觀法，無覺無觀法；有覺有觀地，無覺有觀地，無覺無觀地。今何以但説三種三昧？答曰：妙而可用者取。有覺有觀法者，欲界未到地，初禪中覺觀相應法。若善，若不善，若無記。無記者，非善非不善。初禪中，善與不善無記等覺觀皆得起。無覺有觀法者，禪中間，觀相應法。此禪定位，介乎初與第三之間，故云中間。此時粗動相之覺不起，只有微細之觀，與禪定心相叶合，故云觀相應。若善，若無記。禪中間，則其不善之習，已被抑伏。故唯有善與無記觀相應法。無覺無觀法者，離覺觀法，一切色心不相應行及無爲法。離者離去。謂一切覺觀不復起故，皆已離故。色心至無爲法，此等名相，繁廣極矣。參考《佛家名相通釋》。“離”字吃緊。第三禪位，定力已深，覺觀永離，即於一切色法心法以至無爲法，皆不起覺觀。大定之境，炯然恒寂故。問曰：於無爲法，亦不起覺觀何耶？答曰：觀無爲法時，心上必變似無爲法之相，以爲所觀。此心便與無爲法爲二。有對峙故，非大定也。大定只是炯然恒寂。寂即定義。恒者，無不定時。炯然者，圓明貌。雖澄寂至極，不起覺觀，而非無知故。

有覺有觀地者，欲界未到地梵世。無覺無觀地者，禪中間，善修是地，作大梵王。無覺無觀地者云云。

按：有人問云：禪定必離覺觀，是唯出世法所必修，吾人不取出世思想，何須用是？答曰：不然。出世爲另一問題，而禪定工夫，確爲人生所不可少。《大學》“知止而後能定”一節，何嘗不是禪定境界？定静安慮，功候淺深，亦自井然。《論語》“仁者樂山”，山者，澄定至極，絶無摇動，此大定之相也。人生如全失禪定，即其生活浮昏，如浮塵野馬，飄蕩空中，全無人性，是可哀之極也。原夫無對之真，顯爲大用流行，於是而人得天以生焉。天者，本體之名，即無對之真也。得者，人皆得天以生，即天在人也。故人生真性，本來無對，本來清净圓明。但吾人若不能於流行中識取本來真性，而把握着清净圓明之本然，以立於無對，則人生將墮落而失去根蒂，飄如陌上塵。古詩所以致慨，非偶然也。把握之功，即是禪定。精神凝歛，由有覺有觀，至無覺有觀，極於無覺無觀，炯然恒寂，則無聲無臭之天，當下即是。天者，本體之名。即流行識主宰，即相對是絶對，斯乃天人合一之道也。“合一”之詞勿泥。實則即人即天，非以此合彼也。或復問曰：三細覺非必不善，何可以爲妨礙禪定而絶之乎？答曰：吾人終日總須有修定一段時間。當入定時，必須以漸伏除覺觀。如初禪猶未能伏除，中間以往，漸次伏盡。若出定時，則循理之覺觀，自不須伏除。如對親里，對國家，凡屬人生職分所當盡者，日用間順理行去，雖起覺觀，而順理即無擾動相。若關社會政治等大問題，以及一切格物窮理之事，格物之格，量度義。見《讀經示要》第一講。此因吾心本與天地萬物一體周通，當順其自然之神用擴充去，萬不宜遏絶。《孟子》所謂“萬物皆備於我”，此内外融一，實際理地也。老莊反知，便無端斥物於心外，將本來周通者而隔絶之。佛家小乘自利，亦是此弊。大乘知不捨衆生，勤學五明，五明，除内明外，皆一切知識之學。超過小師，然究以度脱出世爲歸宿，與吾儒作用，似有合而實不合。猶幸其似有合，終賢於小師之絶不類也。《新論》明體用不二，以定宗極。然後大乘可儒，儒亦可融大乘。惜哉今之人，無可語斯理也。宋明儒大概從道家與禪宗轉手，而少得其長，多得其短，檢束身心工夫過嚴，知俗學玩物喪志之弊，而不悟聖人自有智周萬物道濟天下之大用，是因噎廢食也。諸儒在講論間，雖不廢孔門格物與經世大義，而工夫畢竟全重在檢束身心，遂於無形中，遺却民物而不自知。晚明諸子攻理學之言，未可全非。然其嚴於律己之精神，在今日實堪取法。但須知，己立己達，必立人達人，以人不在己外故。盡己性，必盡人之性，盡物之性，以人與物不在己外故。此其理雖宋明諸師所能言，而其行處，只知鞭辟近裏切己，却不悟格物求知，並非切己分外事。治宋明學者，不可不慎所擇。宋明儒皆有静功，而未免滯静。滯静，則心將失其流通，而難免遺民物之患矣。余因論禪定，故並及之。或問：先生之説，仍重在動，而又云終日須有修定一段時間，何耶？答曰：吾固主動，但吾所云動，非離静之動也，乃即静即動也。若動而無静，則是浮昏，非吾所謂動也。即静即動，此境談何容易？非有以立其本，斷不可幾。立本之道無他，只在有修定一段工夫。《大學》“定静安慮”一節，明言修定工夫之層次，如何不察？若全無静養工夫，以立其本，終日只發散，無凝斂，即心常逐物，而難言宰物、辨物，此孟子放心之説，宋儒喪志之戒，所以稱切要，而不可不知懼也。唯有不捨定功，以立其本。入定，無覺無觀，此心炯然常寂。出定，則隨覺隨觀，一切順理，無有昏擾。此心雖動用萬端，畢竟未嘗不寂。久之，動静融成一片，無入定出定可分，此則至人之詣，非始學可躐等妄希也。尤復須知，大慧真知，必由禪定田中開發。心不定者，其神浮散。縱有小知，不得真知。縱有浮慧，不得大慧。定力深者其知深，定力大者其慧大。人生慧由禪定，可以伏除現實生活中之雜染，而復其清净圓明之本然。是故禪定爲智慧之田也。初禪及中間之覺觀，皆未離雜染之覺觀也。三禪便伏除已盡。然雜染之覺觀既盡，則無染之覺觀顯發，即是智慧。决非枯槁其心之謂禪定也。

復次，未知欲知根，名諸法實相。《智論》卷二十三，談三根義。而未知欲知根，則三根之一也。根者，發生義。言由有諸法實相故，使吾人於此，發生其未知而欲知之力用。此力用，即下文云信等五種是也。未知欲知故，生信等五根，是五根力故，能得諸法實相。中略。若菩薩得是信等五根，是時能信諸法相不生不滅，不垢不净，非有非無，非取非捨，常寂滅，真净，如虚空，不可示，不可説一切語言道過，謂超過一切語言道。易言之，即語言不可行於此，以不可示，不可説故。出一切心心數法所行，心心數法，參看《佛家名相通釋》部甲。略言之，即心之思辨不可行於此。出者，出離義。此不是心想所行處故，如涅槃，涅槃者，寂滅義。是則佛法。佛法所求者，諸法實相而已。菩薩以信根力故，能受。信是一根，故云信根。下精進根等準知。精進根力故，勤行，不退不轉。念根力故，不令不善法入，攝諸善法。念者，憶持義。依信根力能大受故，而起精進根。依精進力故，起念根。常憶持善法而廣攝之，不使不善得入。定根力故，心散五欲中，能攝實相中。依念根起定根。先時心散亂，迷逐五欲中，今能將向外逐欲之散亂心，收斂不散，而一心攝入實相中。按孟子稱文王“望道而未之見”，其所云道，猶此言實相。雖儒者對於道之領會，與佛氏對於實相之領會不必全同，而二名皆爲宇宙本體之目，則不異也。文王求至於道，若望之而未見，蓋一心趣求乎道，積誠不紛。與此云攝實相中亦相似也。慧根力故，於佛智慧中，少多得義味，不可壞。依定根起慧根，散亂心起，必失慧故。五果所依意根，必與受俱，若喜，若樂，若捨。信等五根，同依意根而發。空宗尚未説八識，其所云意，即是第六意識。意根，謂過去意，即前念已滅去之意識。現在識起，必依前念識爲意根。受者，領納義。喜受，樂受，捨受，與此五根相應合。捨受，即不苦不樂受。若苦受，决不與此五根相應。是根五根。入菩薩位。是名未知欲知根。

按：《論》云：菩薩以信根力故，能受。學者宜念念服膺此語。孔子曰：君子可大受，而不可小知也。小人可小知，而不可大受也。其所以不可大受者，實由缺乏信根故耳。信根深厚，即心無渾濁，生命力充實，趣向遠大，不安卑近，虚懷納善，無有滯礙，勤求真理，蕩盡俗情。此其所以可大受也。吾國學子最缺乏信根，所宜自省。

卷二十四。譬如釋迦牟尼佛，若先不行六年苦行，而呵言，但苦行，非道者，無人信受。以是故，自行苦行，過於餘人。成佛時，呵是苦行道，苦行道，只修諸苦行，而不求解悟。佛欲救彼，先自修苦行，而後呵之。人皆信受。是故六波羅蜜後，次第行聲聞法。六波羅蜜是大乘法。聲聞是小乘。菩薩欲度小乘，須學彼法故。復次，此非但是聲聞法。是法中，和合不捨衆生意，具足一切佛法。此處吃緊。於小乘法中將大乘不捨衆生意貫入其間，便是佛法。吾於此有無限感觸。西洋哲學裕於智，而缺乏吾孔子之仁，釋氏之大悲。《新論》歸極於生生之仁，以此。以不可得空了智故，名菩薩法。聲聞法中，如談有者，固未得空智。即談空者，亦未蕩盡一切執。故聲聞法中，不可得空智。菩薩雖以不捨衆生意和合之，而猶是菩薩法，不得名佛法。由此可見，大乘特別注重空智，以視小乘度脱思想，不獨無變更，而且更進步。只因衆生未度，故不捨之而遽求之。此乃大乘所以成其大耳。問曰：若菩薩具足三十七品諸法者，云何不入聲聞法位？答曰：具足者，具足觀知，而不取證。菩薩修聲聞法，只對彼法，具足觀知而已，而不取證小乘之果。果者，聲聞便以修此法，而自視爲已成道，謂之證果。菩薩則不然。了了觀知，故名具足。

佛分別籌量，可度者爲説法，不可度者爲作因緣。譬如良醫，知病可治不可治。聲聞辟支佛小乘。所知少。少故，或不應度者欲度，應度而不度。行善人，或臨死時，不善心生，是因緣故，亦生惡處。問曰：臨死時，少許時心，云何能勝終身行力？答曰：是心雖時頃少，而心力猛利，如火如毒，雖少能成大事。是垂死時心，决定猛健故，勝百歲行力。是後心，最後時心。名爲大心。以捨身及諸根事急故，如人入陣，不惜身命，名爲健。垂死時心，當輕身命，發大願度衆生，才是健。未死之日，更須健。

好五欲，如孫陀羅難陀等。好名聞，如提婆達等。好世間財利，如須彌刹多羅等。好出家，如耶舍等。好信，如跋迦利等。好持戒，如羅睺羅等。好施，如佗跋羅。好頭陀遠離，如摩訶迦葉。好坐禪，如隸跋多等。好智慧，如舍利弗等。好多聞，如阿難等。好知毗尼，如優波離等。如是，佛弟子各各有所好。

多淫欲人，下净法門治。多瞋人，慈心法門治。多愚癡人，因緣法門治。因緣法，明萬物皆不實，所以破其貪着。貪着破，即明解生，不陷於愚癡矣。如是，隨所欲説法。所謂善欲，如好信，好持戒等等，皆善欲。隨心爲説，隨其善心，而爲之説善法。如船順流。惡欲，以苦切語教，如以楔出楔。

是人可度，是人必不可度。是人略説可度，是人廣説可度，是人略廣説可度。是人讚嘆可度，是人折伏可度。是人將迎可度，是人棄捨可度。是人細法可度，是人粗法可度。是人苦切可度，是人軟語可度，是人苦軟可度。中略。是悦不求，以不有所求爲悦者，如不孳孳爲利，亦不孳孳爲善者是。是悦正求，以求正法爲悦者。是悦邪求。以求邪道爲悦者。是貴我，如外道信有神我，以修養其神我爲貴。是貴五欲，即最下劣者，以下數等人皆然。是貴得利，是貴飲食，是貴戲樂事。是樂衆，是樂憒鬧，是樂遠離。即以離欲爲樂。此比上數種人爲好。是多行愛，愛者，貪義。貪重之人多行貪。是多行見。好持己見者。是好信，是好慧。此與好信人，皆好。是應守護，謂是人應夾持之。是應捨。謂是人不必干涉之。是貴持戒，是人以持戒爲貴。是貴禪定，是貴智慧。是易悟，是人容易開悟之。是講説乃悟。是可引導，是句句解。是利根，是鈍根，是中根。是易出易拔，是難出難拔。中略。如是等種種别異，佛悉遍知。佛善知衆生根器利鈍，所以稱大醫王。諸外道輩言，憍曇氏沙門，常寂静處住，知慧縮没。以是故，發至誠言，我十種智力，四無所畏，安立具足。在大衆中，説真智慧，教化衆生，如師子吼。轉梵輪，一切外道及天世人無能轉者，爲止謗故，説是十力。問曰：世間好人，一事智慧，尚不應自讚，何況無我無所著人，而自讚十力？答曰：佛雖無我，無所著，有無量力。大悲，爲度衆生故，但説十力，不爲自讚。譬如好賈客導師，見諸惡賊誑諸賈客，示以非道。導師愍念故，語諸賈客，我是實語人，汝莫隨誑惑者。又如諸弊醫等，誑諸病人，良醫愍之，語衆病者，我有良藥，能除汝病，莫信欺誑，以自苦困。復次，佛功德深遠，若佛不自説，無有知者。爲衆生説，所益實多。以是故，佛自説是十力。若不説，彼不得度。是故自説。譬如日月出時，不作是念：我照天下，當有名稱。日月既出，必自有名。佛亦如是。不自念爲有名稱故，自説功德。中略。力，名能有所辦。用是十種力，增益智慧故，能破論議師。用是十種力，增益智慧故，能好説法。用是十種力，增益智慧故，能摧伏不順。用是十種力，增益智慧故，於諸法中得自在。如大國主，於臣民大衆中得自在。

按：十種力，文字太繁，未抄。學者欲知，可檢《論》本卷二十四。有力，故能增益智慧。此義宜深玩。佛法求無上智慧，歸本十力，此與《易》言“天行健，君子自强不息”，《論語》“吾未見剛者”之嘆，同一意思。

卷二十五。復次，聞獅子吼者，除離欲人，餘者皆怖畏。離欲之人，其心常無恐怖，故聞獅子吼亦不怖。餘者，謂未離欲人。凡夫心常恐怖，故聞大獸聲即怖。佛獅子吼，求涅槃，佛説法聲極猛利故，極大故，喻如獅子吼。令人求涅槃，故是大聲。離欲人不離欲人皆怖。不離欲人，希得涅槃，離欲人猶未得涅槃，故皆怖。獅子吼者，善人不善人皆怖。善人雖向善，而未至離欲境地，故怖心難除。佛獅子吼者，但善人怖。復次，獅子吼，一切時怖。佛獅子吼雖小，佛之聲自不如獅子吼聲大。怖畏衆生，示世間罪惡，令不樂世間生。觀涅槃功德利益，能除世間種種怖畏。閉惡趣，開善道，能令人到涅槃城。

按：佛獅子吼，但善人怖。不善人惑染障重，雖聞佛獅子吼，亦無所怖。孟子曰：不仁者而可與言哉？安其危，利其災，樂其所以亡者。衆生長夜顛倒，向善者少，不善者多。此大乘所以大悲不住涅槃，而曾子以任重道遠自誓也。佛獅子吼，怖畏衆生，示世間罪惡，令不樂世間生。大乘猶是出世思想，於斯可證。

卷二十六。無異想者，佛於一切衆生無分别，無遠近異想。是貴可爲説，是賤不可爲説。如日出，普照萬物。佛大悲光明，一切憐愍，等度。等度者，平等而度也。恭敬者，不恭敬者，怨親，貴賤，一切悉等。如除糞人名尼陀，佛化度之，得大阿羅漢。亦如德護居士，火坑毒飯，欲以害佛，即於其日，除其三毒，滅邪見火。如是等，無有異想。復次，佛於舍利弗、彌勒菩薩等，順佛法行，亦不愛。提婆達多，富羅那，外道六師邪見等，亦不憎。是爲佛於無量阿僧祇劫修，熏心故。佛以積劫修行，善熏心故。是衆生中寶，如真金不可令異。復次，佛種種因緣讚善法，種種因緣呵不善法，亦於善於惡，心無增減。真理自在天地間。善法興時，於真理無所增；惡法興時，於真理無所減。故佛心於善雖讚，於惡雖呵，而實無增減想。但爲度衆生故，有是分别，是爲無有異想。復次，如《一切不行經》

中說，佛觀一切衆生如己身，所作已辦，無始，無中，無終。是名無異想。

無不定心者，定，名一心不亂。亂心中不能得見實事，如水波盪，不得見面。如風中燈，不得好照。以是故，説佛無不定心。中略。無不定心者，有種種義。定，名常攝心善法中住。佛於諸法實相中定，不退不失，是名無不定心。

按：佛法於諸法實相中定，猶孔門所謂不違仁也。仁者，心之本體。由儒者言之，諸法實相即是仁。常不遠仁，則静時定，動時亦定。動而無妄，故定。静而無染，故定。無染者，無閒思雜慮，無邪染潛伏也。

復次，散亂心法，諸結使疑悔等，佛皆無。結使，曾見前注。疑與悔，皆由惑未盡故有。唯佛無諸結使及疑悔。阿羅漢，一切法中處處有疑。佛於一切法中常定無疑，無不定智慧故。無有於不定中而得智慧者。佛常在定，故得真實智慧，故無疑。復次，聲聞有諸煩惱習氣故，有退法故，退者，退失。成佛乃無退。未成佛時，雖或精進，而不能無退。散亂。散亂，由煩惱習氣故，由退失善法故。佛於一切智處中，智滿，故無亂。如瓶中水滿，則無聲無動。

按：諸佛心常在定中，故智滿。散亂之心，其知浮淺，不足言智。大智必資於大定也。

佛安立於諸法實相中故，心無不定。吃緊。

復次，現二種道，攝衆生故。一者禪定，二者智慧。佛在大衆説法，爲現智慧；静處攝心，爲現禪定。

佛於六塵中自在，不爲物引也。於喜樂憂苦處，能生捨心。凡夫可喜可樂可憂可苦之處，佛能生捨心，不見爲可喜樂憂苦也。佛心本大自在，離一切繫。衆生同有此心，惜不能操存之耳。

欲無減者，佛知善法恩故，常欲集諸善法故，欲無減。修習諸善法，心無厭足故，欲無減。譬如一長者比丘目闇，自縫僧伽梨，鍼衽脱，語諸人言：誰樂欲福德者，爲我衽鍼。爾時，佛現其前，語言：我是樂欲福德無厭足人，持汝鍼來。是比丘斐亹見佛光明，又識佛音聲，白佛言：佛無量功德海，皆盡其邊底，云何無厭足？佛告比丘：功德果報甚深，無有如我知恩分者。我雖復盡其邊底，我本以欲心無饜足故得佛，是故今猶不息。雖更無功德可得，我欲心亦不休。諸天世人驚悟，佛於功德，尚無厭足，何況餘人？佛爲比丘說法，是時肉眼即明，慧眼成就。問曰：如佛相，斷一切善法中欲，今云何言欲無減？答曰：言斷一切善法中欲者，是未得欲得，得已欲增。佛無是欲，佛一切功德具足，無不得者，亦無增益。今言欲者，如先說，佛雖具得一切功德，欲心猶不息。譬如馬寶，雖到至處，去心不息。佛寶亦如是。又如劫盡大火，燒三千大千世界悉盡，火勢故不息。佛智慧火亦如是，燒一切煩惱，照諸法已，智慧相應，欲亦不盡。復次，佛雖一切善法功德滿足，衆生未盡故，欲復不息。

按：佛以欲功德故，得成佛。既成佛已，欲猶不盡。如欲而可盡也，則佛亦滅矣。然則人生可無欲乎？而孟子云寡欲者，寡其私欲，而非謂善欲可寡也。寡其貪護小己之細欲，而非謂求智慧、度衆生之大欲可寡也。

佛告阿難：汝爲諸比丘說法，我背痛，小息。爾時世尊，四褺鬱多羅僧，敷下以僧迦梨，枕頭而卧。是時阿難說七覺義，至精進覺，佛驚起坐，告阿難：汝讚精進義。阿難言：讚！如是至三。佛言：善哉！善哉！善修精進，乃至得阿褥多羅三藐三菩提，何況餘道？以是義故，佛精進無減，病時猶尚不息，何況不病？復次，佛爲度衆生故，捨甚深禪定樂。種種身，如現作人或畜等身。種種語言，種種方便力，度脱衆生。或時過惡險道，或時食惡食，或時受寒熱，或時值邪難問，惡口駡詈，忍受不厭。佛世尊雖於諸法中自在，而行是事不生懈怠。如佛度衆生已，於薩羅林中雙樹下卧，梵志須跋陀語阿難：我聞一切智人，佛號爲一切智人。今夜當滅度，我欲見佛。阿難止之言：佛爲衆生廣說法，疲極。佛遥聞之，告阿難：聽須跋陀入，是我末後弟子。須跋陀得入，問佛所疑。佛隨意說法，斷疑，得道，先佛入無餘涅槃。諸比丘白佛言：世尊，甚爲希有，乃至末後謂臨終時。憐愍外道梵志而共語言。佛言：我非但今世末後度，先世未得道時，亦末後度。乃往過去無量阿僧祇劫，有大林樹，多諸禽獸。野火來燒，三邊俱起，唯有一邊，而隔一水。衆獸窮逼，逃命無地。我爾時爲大身多力鹿，以前腳跨一岸，以後腳踞一岸，令衆獸蹈脊上而渡，皮肉盡壞，以慈愍力，忍之至死。最後一兔來，氣力已竭，自彊努力，忍令得過。過已，脊折，墮水而死。如是久有，非但今也。前得度者，今諸弟子，最後一兔，須跋陀是。佛世世樂行精進，今猶不息，是故言精進無減。有人難言，佛先世爲鹿事，此未足信。余曰：輪回問題，未可以理智解决，信者自信，不信者無可强。然汝於此，不須疑佛有無先世爲鹿事，當信佛度衆生悲願，决不徒托空言。又有人言，佛先世爲鹿，只是示現爲鹿身耳，與衆生墮輪回者自不同。余曰：依教義自如是。但輪回之事如無有，則佛亦無先世可説也。衆生有輪回，故可隨俗説佛有先世。

復次，佛智慧，以一切功德，持戒，禪定等助成故，慧無減。佛智慧，與凡夫所有知識不同者，即在其作諸功德以破小己之執，而涵養智慧，持戒修定，以收攝精神，而引發智慧。否則亦無由顯發真實智慧也。復次，世世求一切經書，世俗法，佛法，粗細，善不善，悉皆學知故，慧無減。佛無所不學，與孔子博學工夫亦同。復次，從十方無量諸佛所，聞法，讀誦，思惟，修習，問難故，慧無減。聞已必讀。又不止於讀也，必自用思惟。又不專恃思也，必修習而見諸實踐。猶不自是也，更與人問難，使衆理昭晰。復次，爲一切衆生故，爲增益一切善法故，破一切處無明故，慧無減。凡夫學問知識，稍有造就，後漸減退，而佛廣大智慧，終無有減。觀上述種種無減之由，則聖雖天縱，要亦先難後獲。且世俗法，與粗細善不善，悉皆學知。是佛法所以異於世間宗教也。學者宜知。復次，是智慧，實知諸法相，此中諸法相，謂一切法實相，猶云萬物之本體。不生不滅，不净不垢，無作無行。不分别是智非智，知諸法一等。唐奘師譯經，於此等處，每譯云平等一味，猶云無差别相。清净如虚空，無染無着。不以二法故，得入不二入法相。不二入法相，是實相。攝萬理歸一理，絶待，故云不二入。染净真俗等等，皆二法也。若會得不二入法相，則純净無染。即染相不存，而净相亦泯。一真無對，即欲諦不立，而真諦廢詮。故二法都亡。孟子云“夫道一而已矣”，焉得有二？如其有二，則未可得不二入法相也。不二入法相，無量無邊。以是故，慧無減。

按：智慧顯發到極處，即實知諸法實相。亦可云智慧即是實相。所謂不二入法相，元無能所可分也。然佛家畢竟於實相，只證會得無作無行，而不悟其無作而作，無行而行。此則出世思想爲梗，吾《新論》所由不得不作也。

知見或别者，如從人誦讀，分别籌量，是名知。自身得證，是名見。譬如耳聞其事，猶尚有疑，是名知；親自目睹，了了無疑，是名見。

復次，佛内常行無我智慧，外常觀諸法空，如是者，云何有惡口？是衆生不解佛心故，求佛語短。以疑心求佛語有短，如謂其惡口之類。惡口，猶今云作駡人語。若衆生解佛以深心憐愍者，假令教入大火，即時歡喜而入，如人熱悶入清涼池。何况但語而不受？衆生爲惡魔覆故，不知佛以深心念之，是故不受佛語。以是故，佛言汝是狂愚人。

復次，若人説無者爲有，有者爲無，如是人則是過罪。佛不答，則無咎。如日照天下，不能令高者下，下者高，但以顯現而已。佛亦如是，於諸法無所作。諸法，有者説有，無者説無。

佛法有二種空：一者衆生空，二者法空。説無我，示衆生空；説無有我所法，示法空。

佛處處説有我，處處説無我者，若人解佛法義，知假名者，説言有我。如某甲，依彼五藴法，自計爲是我。其實，五藴是有，而我確無。所謂我者，只是假名而已。若知我是假名，而不妄起執着，則佛與之説有我，固無妨。五藴，參看《佛家名相通釋》。若人不解佛法義，不知假名者，説無我。中略。問曰：若爾者，何等爲實？答曰：無我是實。如法印中説，一切作法無常，一切法無我。寂滅是安隱涅槃，法印名爲諸法實相。若人善根未熟，智慧不利，佛不爲説是深無我法。若爲説，衆生即墮斷滅見中。問曰：若爾者，如迦葉問中，佛説我是一邊，無我是一邊，離此二邊，名爲中道，今云何言無我是實？有我爲方便説？答曰：説無我有二種，一者，取無我相，着無我。取者，執取，亦執着義。執着無我之相，即於無我而生堅着，此着即是其過。二者，破我，不取無我，亦不着無我，自然捨離。捨離着我之一種堅執相。如先説無我，則是邊。先説無我者，於此起堅着相，故是計無之一種邊見。邊者偏義，偏著無我故。後説無我，是中道。後説無我者，既於無我而不妄起有我之執，亦復於無我而不更起所謂無的堅着，是即有無二相俱捨，故名中道。若於有無隨執其一，即皆是邊執，非中道也。復次，佛説有我無我，有二因緣。一者，用世俗説故有我；二者，用第一實相説故無我。第一實相，謂本體。若證得本體，則小己之執已除，云何有我？如是等，説有我，無我，無咎。

若了知無我，有如是人者，聞有法不喜，無法亦不憂。

問曰：佛何以故，多讚嘆空，而毀呰有？答曰：空，無所有，是十方諸佛一切賢聖法藏。如《般若波羅蜜·囑累品》中説，般若波羅蜜，是三世十方諸佛法藏。般若波羅蜜，即是無所有，空。佛或説有法，爲教化衆生故，久後皆當入無所有法藏中。

按：佛家雖説有法，久後皆當入無所有法藏中。此爲出世思想必然之歸宿。吾國玄奘大師西度，值有教正盛，如日中天。奘師亦盡得有宗之傳，印人尊之爲大乘天。然奘師晚年，歸心大般若。基師承其業，於《唯識述記》中，雖多闢清辨，然卒亦曰，清辨有言，應當修學。似見《唯識別抄》。此語確明記無誤。印度佛家本旨，唐賢猶謹守不失。後來談三教合一者，遂於三家根本精神，及其思想體系，都不窮究，而輕爲膚亂之談，甚可厭惡。昔人言合一，實是拉雜，不可妄附融通之業。余於《破破新唯識論》中，已有辨正。學者宜知。

卷二十七。大慈，與一切衆生樂；大悲，拔一切衆生苦。中略。大慈，遍滿十方三世衆生，乃至昆蟲，慈徹骨髓，心不捨離。

復次，爲引導衆生故，菩薩分別説是種種道，所謂世間道，出世間道等。問曰：云何菩薩住一相無相中，而分別説是世間，是出世間道？答曰：世間名，但從顛倒憶想虚誑二法生。如幻如夢，如轉火輪。凡夫人彊以爲世間。是世間，皆從虚妄中來，今亦虚妄，本亦虚妄。其實，無生無作，但從内外六情六塵和合因緣生。隨凡夫所著故，爲説世間。是世間種種邪見羅網，如亂絲相着，常往來生死中。如是知世間。以上明世間只是虚妄相。何等是出世間道？如實知世間，即是出世間道。所以者何？智者求世間、出世間二事不可得。若不可得，當知假名爲世間與出世間。但爲破世間故，説出世間。故非離世間而別有一境，名爲出世間也。世間相，即是出世間，更無所復有。破世間虚妄相故，説出世間。故知世間相，即是出世間。所以者何？世間不可得，虚妄相故，無實世間可得。是世間出世間相常空，世間相，虚妄無實，是常空也。破世間故，説出世間。而實無有出世間相，亦是常空。世間法定相不可得故。虚妄法，何有定相？如是，行者不得世間，亦不着出世間。若不得世間，亦不著出世間，愛慢破故，不共世間諍。何以故？行者久知世間空，無所有，虚誑故，不作憶想分別。前云世間相不實，但從六情六塵和合因緣生云云。六情，謂六識。眼識至意識爲六識。六塵，謂色聲香味觸法爲六塵，亦云六境。此言六境爲緣，而引生六識。六識復以六境爲所緣，而有分別。即由識分別境故，幻現世間相。此識與境纔起，即便謝滅，而有餘習潛存。後念現起，名爲憶想。此憶想妄現世間相，不應理實，故云顛倒。由顛倒憶想故，説世間是虚誑法。今知是虚誑，亦不作憶想分別，則世間與出世間相本空，昭然甚明。世間名五衆。五衆即五蘊。唐譯諸經論，並作五蘊，甚諦。五衆相假。五蘊都無定相。今十方諸佛求之亦不可得。無來處，無住處，亦無去處。若不得五衆來住去相，即是出世間。五衆來住去相，都不可得，是五衆相本空。世間即五衆之名。今五衆相空，即是世間相空。世間相空故，即是出世間。行者爾時觀是世間、出世間，實不可見。本來空故，何所可見？不見世間與出世間合，亦不見出世間與世間合。離世間亦不見出世間，離出世間亦不見世間，如是，則不生二識，所謂此世間，出世間。若捨世間，不受出世間，是名出世間。若捨世間，更有出世間可受，則是去一病又生一病也，何得名出世間？若菩薩能如是知，則能爲衆生分別世間出世間道。

按：昔聞俗士誤談佛家義，以謂佛氏言出世者，乃即世間即出世間，只是處世間而不淪溺之意。此似是而非之説也。佛家出世思想，在度脱生死海，其意義甚嚴格。此《論》云，但爲破世間故，説出世間。又云，是世間出世間相，常空。此其極詣在觀空，究歸度脱，自與儒者不言出世意義全殊。

【校記】

〔1〕“是相一相”,《大智度論》作“是三則一相”。

荊楚文庫

十力語要初續

劉依平　點校

目　録

卷頭語〔1〕

及門諸子舊輯有《十力語要》四卷，三十六年鄂省印一千部。昨年棲止杭州，次女仲光又輯《語要初續》一卷。余已衰年，而際明夷之運，懷老聃絶學之憂，有羅什哀鸞之感，間不得已而有語，其誰肯聞之而不拒？奚以存爲？客曰：先生語語自真實心中流出，不俟解於人，而人其能亡失此心乎？姑存之以有待可也。余笑頷之。己丑一月十五日漆園老人識。

【校記】

〔1〕“頭”，樂天本作“首”。

與人談易

吾少誤革命，未嘗學問。三十左右，感世變益劇，哀思人類，乃復深窮萬化之原，默識生人之性，究觀萬物之變，蓋常博考華、梵先哲玄文，而一歸於己之所實參冥會。雖復學無常師，而大旨卒與儒家爲近。平生學在《新論》，推原《大易》，陶甄百氏，所以挽耽空溺寂之頽流者，用意尤深也。儒學有六經，而《易》爲其原，漢儒相傳如此。竊玩《易》之藴，蓋深於數理。夫數立於虚，而相待相含以成變。《易》每卦三爻，由初而二而三。然則初於何而著？其有始乎、無始乎？曰初所由始，不可致詰，其冲虚無朕，而《易》之所謂太極者乎？言冲虚，則與空虚異。空虚即無有，冲虚非無有也，但以無形無相，而名冲虚耳。太極本無定在，無在而無不在。然群爻皆太極之顯，即群爻統體一太極，一爻各具一太極也。蓋太極冲虚而含萬有，此中含者，言其潛具種種可能。則初於此始，故曰數立於虚。有初則有二，有二即有三，自斯以往，而萬有不齊之數，不可勝窮，要皆不越奇、偶二數之變。《易》以乾、坤爲萬變之基數。乾陽，奇數也。坤陰，偶數也。三百八十四爻，皆奇、偶二數之變動爲之。故《繫傳》曰“乾、坤，《易》之門”，言其爲萬物之所從出。奇、偶二數相待而亦互相含，舉奇數即有偶數，舉偶數已有奇數，故是互相含，非可截然離異。由奇、偶演爲衆多數，悉循相待互含之則，故曰相待相含以成變也。大哉互含義！一微塵攝三千大千世界，三千大千世界入一微塵，此乃實理，非故作玄談。以是觀物，而衆妙之門可覩矣。互含故無盡，數之演至於零，極於無窮小，明無盡也，六十四卦終於未濟以此。使《易》以既濟終，則大化有止境，是盡也。推此義也，衰者盛之胎，相含故。死者生之始。自大化言，無死即無生。莊生云“方生方死，方死方生”，是徹了語。吾儕丁衰世，哀而不傷可也。《易》道廣大悉備，其於數理尤深。吾平生不通數學，深以爲憾。今年力就衰，無復可言。唯於《大易》，潛玩數理，雖少所獲，而已有深味。向者國人盛稱英儒羅素氏數理哲學，余覽時賢譯述及從人詢其概略，似不外解析關係，其於萬化大原，蓋全不涉及。《易》之數理，上窮化源而下詳物理人事，其以爻變明事物由互相關聯而有，亦復變動不居，精詣絶倫！惜乎今之學子以其爲吾數千年前舊物，莫肯措意！上哲證真之言，無時空之限，學者宜知。吾國數學發達最早，其所造當不淺。秦政一統，民各錮於窮鄉僻壤，無向時列國交通與競争之益，百家之學日以廢絶。數學典籍高深者，想秦漢之際已無人傳習，而散亡殆盡矣。古代數學重大發明，究有幾許，今日已不可詳。昔人有言，八卦與《九章》相表裏，故治《易》者須通數。然精數學者又不必長於搜玄以窮性命之藴也。

答杜生

來函云：《十力語要》卷一第五頁有云，如説窗前有一顆樹，這一顆樹，在吾人意計中，是與其他底東西分離而固定的，這樣分離而固定的東西，決不是事物底本相，只是吾人意計中一種執著的心相而已，云云。此心相二字何解？吾人日常所見各各互相分離而固定的物事，如一顆樹等，如何説是一種執著的心相？願聞其義。

答曰：心相者，心上所現之相，曰心相。此相非實有，但是意識上現似某種物相而執著爲有，故云一種執著的心相。吾子所由致疑者，正以一向妄執有各個固定的物事耳。今試就一顆樹言，汝以爲實有此物乎？吾且問汝：汝眼識但見青等色，何曾見有一顆樹？汝耳識但聞聲，何曾聞得一顆樹？乃至汝身識但觸堅，何曾觸得一顆樹？若夫綜合色、聲乃至堅等，而計爲與他物分離而很固定的一顆樹，則是意識虚妄分别所組成而繼執爲實有如是物耳。故此一顆樹相，純是一種執著的心相，原非離心實有，此事甚明。一顆樹如是，餘物可準知。若汝猶有疑者，吾更問汝：由科學家言，汝所計一顆樹，彼説爲一堆原子、電子，而一顆樹果何有乎？又復當知，談原子電子者至波動説，則質的觀念根本打消，物質的小顆粒已不存在，尚何有於一顆樹乎？波動之説猶復著相，哲學於此當更遣之。故吾《新論》於宇宙論方面，直明大用流行。學者脱然超悟，當了吾人在日用宇宙中所見各個固定的物事，都如捏目生華、竟無所有。非獨一顆樹如是，三千大千世界乃至吾身、汝身，無不如是。唯依妄心，妄有所執而已。如其照破妄心而真心顯發，亦不妨施設有一一物事，然以無妄執故，即皆見爲大用流行，亦云天理流行。即用顯體，故云。至此，則欲貪俱盡，攻取都亡，唯有天地萬物同體之愛油然不容已，孔之仁、佛之悲是也，此超理智境界。

來函云：《十力語要》卷一第七頁答劉生後一則，有真實流一詞，似費解。又有云：俗所見爲每一器之現，只是一真實流之過程中之一節序，而甲乙等等節序相互間莫不有則云云，亦不甚了。

答曰：本體顯爲大用流行，譬如大海水顯爲衆漚，參看《新論》卷上《明宗章》及卷中《後記》。從衆漚言，其起滅騰躍而不住，渾是一大流，吾所謂大用流行者，可由此譬而悟。然復當知，大用既是本體之顯，即非虛妄，故名真實流。章太炎以儒者天命流行擬之佛氏賴耶生相，正未了此。真實之流，超越時空，本不應置過程一詞。而言過程者，隨順俗諦，安立衆器故。衆器，猶言宇宙萬象或萬物。節序者，節目省云節，秩序省云序，俗所謂每一器之現，即是大流中一段節目，亦是自成秩序的，故云節序。此一段節序與其互相關聯的許多節序之間，都不是紊亂的，故云莫不有則。全宇宙只是秩然衆理燦著。《書》言天叙天秩，極有義味。天者，自然義。

略談新論要旨（答牟宗三）

《新論》《新唯識論》之省稱。一書，不得已而作，未堪忽略。中國自秦政夷六國而爲郡縣、定帝制之局，思想界自是始凝滯。參考《讀經示要》第二講。典午胡禍至慘，印度佛教乘機侵入，中國人失其固有也久矣。兩宋諸大師奮起，始提出堯、舜至孔、孟之道統，令人自求心性之地，於是始知有數千年道統之傳，而不惑於出世之教，又皆知中夏之貴於夷狄、人道之遠於禽獸，此兩宋諸大師之功也。然其道嫌不廣，敬慎於人倫日用之際甚是，而過於拘束便非，其流則模擬前賢行迹，循途守轍，甚少開拓氣象。

逮有明陽明先生興，始揭出良知，令人掘發其内在無盡寶藏，一直擴充去，自本自根，自信自肯，自發自闢，大灑脱，大自由，可謂理性大解放時期。理性即是良知之發用。程、朱未竟之功，至陽明而始著，此陽明之偉大也。然陽明説《大學》格物，力反朱子，其工夫畢竟偏重向裏，而外擴終嫌不足。晚明王、顧、顔、黄諸子興，始有補救之績，值國亡而遽斬其緒。

今當衰危之運，歐化侵凌，吾固有精神蕩然泯絶，人習於自卑、自暴、自棄，一切向外剽竊而無以自樹，《新論》固不得不出。是書廣大悉備，略言其要：一、歸本性智，仍申陽明之旨。但陽明究是二氏之成分過多，故其後學走入狂禪去。《新論》談本體，則於空寂而識生化之神，於虚静而見剛健之德，此其融二氏於《大易》而抉造化之藏、立斯人之極也。若只言生化與剛健，恐如西洋生命論者，其言生之衝動，與佛家唯識宗説賴耶生相、恒轉如暴流、直認取習氣爲生源者，同一錯誤。賴耶生相，參考《佛家名相通釋》。若如東方釋與道之只證寂静，却不悟本體元是寂而生生、静而健動，却不悟，至此爲句。則將溺寂滯静而有反人生之傾向，如佛。至少亦流於頹靡。如老、莊之下流。《新論》所資至博，非拘於某一家派之見。所證會獨深遠，其視陽明不免雜二氏者，根柢迥異。夫寂者，無昏擾義，非枯寂之寂。故寂而生生也；静者，無囂亂義，非如物體静止之謂。故静而健動也。是故達天德而立人極者，莫如《新論》。天者，本體之目，非謂神帝；德者，德性及德用。天德，謂本體具無量德，而寂静與生化或剛健等德，則舉要言之耳。佛、老祇見爲寂静而未證生生不息之健，則非深達天德之全也，宋、明儒以主静立人極，猶近二氏。人道繼天，繼天，謂實現本體之德用。在繼其生生不息之健，富有日新而不已也。若止於守静趣寂，人道其將窮乎！

二、《新論》歸於超知而實非反知。《明宗章》曰：今造此論，爲欲悟諸究玄學者，令知一切物的本體，非是離自心外在境界，及非知識所行境界，唯是反求實證相應故云云。《新論》本爲發明體用而作，理智思辨，不可親得本體，故云非知識所行境界。證者，即本體之炯然自識，惟本體呈露，方得有此，故云唯反求實證相應。此但約證量之範圍而言其非知識所及，證量者，證得本體故名。此義詳談，當在《量論》。實非一往反知。而讀者每不察，輒疑《新論》爲反知主義，此則不審《新論》立言自有分際，而誤起猜疑。或由《量論》尚未作，讀者不深悉吾思想之完整體系，其猜疑無足怪。《新論・明心下章》卷下之二第九章，叢書本一四頁右。云：性智全泯外緣，性智，即目本體。親冥自性。親冥者，謂性智反觀自體而自了自見，所謂内證離言是也。蓋此能證即是所證，而實無能所可分，故是照體獨立、迥超物表。此中所言，即證量境界，亦即超知之詣。斯時智不外緣，獨立無匹。易言之，即是真體呈露、夐然絶待，佛氏所謂非尋思境界，即非智識安足處所，正謂此也。又曰：明解、緣慮事物，明解，即性智之發用，此發用現起時，即以所緣慮之事物爲外境，所謂外緣是也。事物一詞，不唯有形之事物，即如思量義理時，此時心上現似所思之相，亦得名事物。明徵定保，必止於符，言其解析衆理，必舉徵驗而有符應。先難後獲，必戒於偷，知周萬物而未嘗逐物。世疑聖人但務内照而遺物棄知，是乃妄測，設謂聖人之知，亦猶夫未見性人之鑿以爲知也，則夏蟲不可與語冰矣。鑿者穿鑿，刻意求人而不順物之理，又乃矜其私智，求通乎物而未免殉於物也。聖人之知不如此。此明性智之發用，緣慮事物而成知識，是乃妙用自然不容遏絶者也。《語要》卷三談《大學》格物有云：若老、莊之反知主義，將守其孤明而不與天地萬物相流通，是障遏良知之大用，不可以爲道也。良知，即《新論》所云性智。故經言“致知在格物”，正顯良知體萬物而流通無閡之妙。格者，量度義，良知之明周運乎事事物物而量度之，以悉得其有則而不可亂者，此是良知推擴不容已而未可遏絶者也。余於《大學》格物，不取陽明，而取朱子，此即不主反知之明證。《語要》卷二《答任繼愈》有云：向來以尊德性、道問學爲朱、陸異同。中略。佛家有宗與教之分，教則以道問學爲入手工夫，宗則以尊德性爲入手工夫。西洋哲學家有任理智思辨，即注重知識者，亦有反知而尚直覺者。其致力處雖與陸、王不可比附，要之，哲學家之路向常不一致。而尚直覺者，雖未能反諸德性上之自誠自明，要其稍有向裏的意思，則與陸子若相近也；注意“若相近”三字。重知識者，比吾前儒道問學之方法更精密，然朱子在其即物窮理之一種意義上，亦若與西洋哲學遥契。人類思想大致不甚相遠，所貴察其異而能會其通也。哲學家路向，略分反知與否之二種，殆爲中外古今所同。《新論》本主融通，非偏於一路向者，學問之功始終不可廢思辨，是未嘗反知也。學必歸於證量、遊於無待，證量，即真體呈露，故無待。則不待反知，而畢竟超知矣。夫學至於超知，則智體湛寂，而大用繁興，所謂無知而無不知是也。《新論》附録《與張君》有曰：吾生平主張哲學須歸於證，求證必由修養，此東聖血脈也。然學者當未至證的境地時，其於宇宙人生根本問題，有觸而求解决，必不能不極用思辨。思辨之極，而終感與道爲二也，則乃反求諸己，而慎修以體之、涵養以發之，始知萬化根源無須外覓。宋人小詞云：衆裏尋他千百度，回頭驀見，那人正在燈火闌珊處，正謂此也。又曰：玄學者，始乎理智思辨，終於超理智思辨，而歸乎返己内證，及乎證矣，仍不廢思辨。但證以後之思思辨，省云思，后倣此。與未證以前之思自不同。孟子曰“如智者，若禹之行水也，行其所無事也”，爲證後之思言也。又曰：玄學亦名哲學，是固始於思、極於證，證而仍不廢思；亦可説資於理智思辨，而必本之修養，以達於智體呈露，即超過理智思辨境界，而終亦不遺理智思辨；亦可云此學爲思辨與修養交盡之學。又曰：若其只務修養者，喜超悟，厭支離，即在上賢脱然大澈，向下更有事在，其本之一原而顯爲萬事萬物者，律則井然，豈得謂一澈其源，便無事於斯乎？徵事辨物之知，要有致曲一段功夫，致曲，即分析與推求等方法。非可憑一澈而盡悉也。澈，只是洞識萬化之源，灼然證得自家與天地萬物同體之真際。譬如高飛絶頂，其下千徑萬壑未曾周歷，終不能無迷罔之感。證而仍不廢思，是義宜知。總之，哲學應爲思修交盡之學，余當俟《量論》暢發此旨。《新論》歸於超知而未嘗反知，此與前所説二種路向中，即知識的與反知的，亦云理智的與反理智。在吾國朱、陸二派，道問學即是知識的，尊德性則近於反知。無所偏倚，此亦與陽明作用大異處。

三、從來談本體真常者，好似本體自身就是一個恒常的物事，此種想法，即以爲宇宙有不變者，爲萬變不居者之所依。如此，則體用自成二片，佛家顯有此失。西洋哲學家談本體與現象，縱不似佛家分截太甚，而終有不得圓融之感。因爲於體上唯説恒常不變，則此不變者自與萬變不居之現象對峙而成二界。此實中外窮玄者從來不可解之謎。《新論》言本體真常者，乃尅就本體之德言，此是洞澈化源處。須知本體自身，即此顯爲變動不居者是，譬如，大海水之自身，即此顯爲衆漚者是。非離變動不居之現象，而别有真常之境可名本體。譬如，非離衆漚而别有澄湛之境，可名大海水。然則本體既非離變動不居者而别有物在，奚以云真常耶？《新論》則曰：真常者，言其德也。德有二義，德性、德用。曰寂静、曰生生、曰變化、曰剛健、曰純善、曰靈明，皆言其德也。德本無量，難以悉命之名，凡德通名真實，無虚妄故。通字恒常，無改易故。真常者，萬德之都稱。談本體者從其德而稱之，則曰真常。非以其爲兀然凝固之物，别異於變動不居之現象而獨在，始謂之真常也。非以其三字，至此爲句。凡讀《新論》者，若不會此根本義，雖讀之至熟，猶如不讀。《新論》卷中《後記》有“釋體用”“釋體常義”“釋理”三則，提示全書綱要，見三十六年所印叢書本。學者所宜盡心。又復應知，本體真常係就德言，則玄學之所致力者，不僅在理智思辨方面，而於人生日用踐履之中涵養功夫，尤爲重要。前言哲學爲思修交盡之學，其義與此相關。科學於宇宙萬象雖有發明，要其所窺，止涉化迹，“化迹”二字，宜深玩。非能了其所以化也。備萬德故，化化不窮。苟非體天德者，惡可了其所以化哉！天德，謂本體之德，非謂神帝。體天德之體，是體現義，謂實現之也。此則哲學之所有事，而非幾於盡性至命之君子，不足與聞斯義，淵乎微乎！盡性至命，解見《讀經示要》第二卷。東土儒、釋、道諸宗，於天德各有所明。世無超悟之資，置而弗究，豈不惜哉！

四、西哲談變，總似有個外在世界肇起變化者然，《新論》却不如此。略明其概：（一）以本體之流行，現似一翕一闢，相反而成化，此謂之變，亦謂之用。（二）本體無内外，不可妄計爲離自心而外在。吾人如自識本體，便見得自己兀是官天地、府萬物，更無内外二界對峙。斯理也，自吾人言之如是，自一微塵言之亦然。一切物皆從其本體而言，都無内外。（三）本體不可當作一物事去猜擬，至神而非有意也，非如人有意想分别，或圖謀造作也。實有，而無方所與形象也，故老云"玄之又玄，衆妙之門"。

五、《新論》之義，圓融無礙，若拘一端，難窺冲旨。

渾然全體流行，是云本體。依此流行，現似一翕一闢，假説心物。説翕爲物，説闢爲心。都無實物可容暫住，是稱大用。

右體用别説，用上又假分心物。

自體上言，渾然全體流行，備萬理、含萬德、德即是理，天則秩然，名之以理，是爲本體之所以得成爲本體者，故亦名德，德者得也。肇萬化。説之爲物，豈是物。説之爲心，亦不應名心。心對物而彰名，此無對故。

右體用分觀，心物俱不立。

如大海水現作衆漚，衆漚喻用，大海水喻體。故不妨隱大海水而直談漚相。全體顯爲大用，不妨隱體而直談用相，義亦猶是。

用不孤行，必有翕、闢二勢反以相成。翕者，大用之凝攝之方面，凝攝則幻似成物，依此假立物名。闢者，大用之開發之方面，開發則剛健不撓、清净離染，恒運於翕之中而轉翕以從己，己者，設爲闢之自謂。是爲不失其本體之自性者，譬如，漚相依大海水起，而不失大海水之濕潤等自性，闢依本體起，而不失其本體之剛健清净等自性，義亦猶是。依此假立心名。

右攝體歸用，心物俱成。

體用可分而究不二，故於用識體，則可於心之方面即闢之方面。而徑說爲體。以心即闢，確與其翕之方面不同。翕有物化之虞，而心却不失其本體之自性，故嚴格談用，心才是用。即用而識體，不妨直指心而名體，譬如於衆漚而知其體即大海水，便於漚相而徑名之曰大海水。

又復應知，翕雖物化，而不可偏執一義以言之，所以者何？翕非異闢而别有本事，畢竟隨闢轉故，則翕亦闢也，同爲本體之顯也。是故“形色即天性”，儒言不妄也；“道在屎尿”，莊談不虚也；“一華一法界，一葉一如來”，禪師家證真而有此樂也。

右即用識體，心物同是真體呈露。

如上諸義，異而知其類，睽而知其通，莊生所謂“恢詭譎怪，道通爲一”，其斯之謂也。

六、西哲總將宇宙人生割裂，談宇宙實是要給物理世界以一個說明，而其爲說，鮮有從人生真性上反己體認得來，終本其析物之知，以構畫而成一套理論，其於真理，不謂之戲論不得也。《新論》貫通東方先哲之旨，會萬物而歸一己，不割裂宇宙於人生之外，故乃通物我而觀其大原，會天人而窮其真際，合内外而冥證一如，融動静而渾成一片，即上即下，無始無終，於流行識主宰，於現象覩真實。是故迷人自陷於相對，悟者乃即於相對而證絶對。體斯道者，小己之見亡，貪嗔癡諸惑自泯，而天地萬物一體之仁發於不容已。

七、本體雖人人俱足，然人之生也，形氣限之，又每縛於染習，參看《新論》中卷。故本體不易發現，人生如不務擴充其固有之德用，是失其本體也。《新論》歸於創净習與成能，最有冲旨。《語要》卷三《答宗三難〈示要〉釋〈大學〉》一書，是承《新論》而作之一篇重要文字，宋、明學誤於二氏，當以此救之。

以上所言，皆關《新論》之根本旨趣旨者主旨，趣者歸趣。與其精神所在。凡所以鑒觀西洋、西洋哲學家談本體，大概任理智思辨而向外窮索，即看作爲外界獨存的物事而推求之。平章華梵、括囊大宇、折衷衆聖、不得已而有言者，其所蘊難以殫論，玆之所及，粗舉大意而已。若夫理論之條貫與其中甚多要義，或爲讀者所不必察者，是在勿以粗心逸智臨之而已。

與美國柏特教授

昨承枉過，獲悉尊意願將世界各派哲學及各宗教，觀其會通，冶於一爐，此意甚善。拙著《新唯識論》本主張哲學貴融通，不可存門户私見，不可入主出奴。玆略言二義：一者，理無窮盡。一派或一門之學，可有窺於斯理之一方而未可得其全也。故必各除偏見，睽而觀其通，如天上地下若睽隔矣，然實互相維繫成一整體，非不通也。異而知其類，譬如動植諸物，千差萬别，異亦甚矣，然會之於生物一類。乃於分殊而覩大全，亦於大全而見分殊，然後知各執分殊者，無當於窮理也。譬如人各以管窺天，而各以爲天乃如其所窺也，非迷謬之甚乎？

二者，昔人有言，人類之大苦有三：一自然之苦，二世人之苦，三内心之苦。自科學發明，自然之苦可救治者固多，而後之二苦，要非可僅恃科學，必須有哲學以救治之。此中有千言萬語，玆不及詳。世人相與之際不得無苦，内心常有衆苦，推其所以，恒由所見者小而不聞大道，所持者狹而莫獲曠觀，是故狹小成乎心，則頑强、偏激、猜忌、嫉妒、恐怖、排斥，種種之惡，日積而不自知，馴至毒焰熾於五中，戰禍彌乎大宇。故世人與内心二苦，係從兩方面言，而實爲一事。一事者，所見小、所持狹是也。哲學者，本所以對治小知而進之於大道，蕩除狹執而擴之以曠觀，世人與内心二苦，將賴此得拔。若使各派哲學皆門户自封、膠固不化，是使人習狹小而終成乎惡，人類永無寧日也。

余主張哲學貴融通之意，略如上述。先生昨詢及融通之方法，此事詳談，自非著專書不可，然遭時衰亂，實無斯興趣。但就原則上言之，則孔子所謂“博學於文，約之以禮”二語，實學者所當奉爲金科玉律。

云何博學於文？既曰融通，則凡治哲學者，必不可僅治一派一門之學，而必博治各派各門之學，雖云群書難盡讀，而各大派之根本巨典，苟爲力之所可及者，要不可不通及也。如中國人，於其國内各派不可不究，倘能習外學，自須博求。若學之不博，則於異派思想全没了解，何以融通？夏蟲不可語冰，井蛙不可語海，故博文至要。

云何約之以禮？此一語，從來注家或未得其旨，余以爲不若求徵於《禮經》。《禮經》明禮之大義，曰“毋不敬，儼若思”。毋不敬，言無時無地而不敬也。敬即不輕肆、不昏怠，常使清明在躬、志氣如神，絶非拘束之謂。儼若者，敬貌；儼若思，則敬以運思而不敢師其成心，成心謂素所習成也。不肯師之者，執一成之心，以測無窮之理，鮮有不失也。不肯安於淺見，所貴乎淺者，入深必由乎淺，淺之未達而求極乎深，鮮不虚妄也。然滯於淺而不肯極深，則闇於至理，無可救藥。不妄逞夫曲説。曲説者，偏曲之説，足以障大道也。逞曲説、安淺見、師成心，皆不能敬以運思之故也。毋不敬、儼若思，則曲説、淺見、成心三者之患去，而可以博文矣。故博文必須約禮，約者，言其所守者約，只是毋不敬而已，專一於敬而不紛，故云約也。

博文而能約禮，即是博治乎百氏之學，而一皆運之以敬慎之思。於彼於此，各求其真是真非，而後乃於彼此之是是非非，可任其各止一隅而大通之道自見。是故博文必歸約禮，而後可語融通之業。否則以輕心泛涉衆學，欲免於耳剽目竊、雜亂比附，其可得乎？孔子在吾國古代，即融通群經之學，故孟子稱其集大成，孔子之大博而有約故也。余平生治學，奉博約爲準繩。至欲語方法之詳，則非區區一函所可及。吾國昔時大將岳武穆論用兵，曰“運用之妙，存乎一心”，爲學又何獨不然？

與人論關尹與老子

早起得閲貴刊駁郭氏著《宋鈃尹文遺著考》，只匆匆瀏覽，未及細竅。吾姑略言己意。《天下篇》以關、老合叙，其撮述老旨，與今本《老子》適合，詳吾《讀經示要》。其述關氏，與老誠近，而境地似比老爲高。“在己無居”，居者藏義，無居謂無藏，空一切障也，障字義深，須究佛氏學。是體乎真空也。真實而空曰真空，此空非空無之空，乃以無形、無象、無作意、無惑染等義説爲空。“形物自著”，真空而妙有也。真空故成妙有，不空即是對礙，焉得肇群有、著形物乎？對礙一詞，借用佛籍。“其動若水，其静若鏡”二語，不可分析去理會，動静一原，若判而二之，則非其旨矣。宋、明理家，其學多緣於道而稍參以禪，往往求所謂静若鏡而失其所謂動若水，此其流弊甚大而實未聞關學也。老言“上善若水，水善利萬物而不争”，則就應物處説，與關氏“動若水”絶不同義。關氏則就心德言，心之體，原是動若水而静若鏡的，吾人不能保任與涵養之，則蔽於物欲而失其動静合一之本體，是孟子所謂放心，莊生所哀夫心死者也。夫心，動用不息者也，故言若水，是生生活躍之極也；然常動而常寂，非昏擾之動也，故又言其静若鏡。老氏言“致虚極，守静篤”，則偏於求静之意爲多，而於關學尚隔一層。“上善若水”云云，則從其在本體論上偏於處静之領會，與修行方面偏於求静之主張，而本之以因應事變，但取如水之順流而無所争，此雖不能謂之全無是處，此處須嚴辨[1]，兹不暇辨。而無《大易》健以動與開物成務之本領，則中國人之有今日，中老氏之毒已深也。余今此非欲闡明《管子》書中道家言之必出於關氏，但觸及素懷，而略言關尹尚有不必同乎老者，故隨筆之，以達於足下。宋、尹决非《管》書《心術》諸篇之學，當俟另談。爲學勿徒作考據工夫，尤所切盼。

紀念北京大學五十年並爲林宰平祝嘏

九年前，余欲作一文，紀念蔡孑老，將上下古今之變而論及孑老在革命黨時期與長北京大學時期，其影響於國家民族者爲何如，孑老之胸懷與志事及愛智之情趣，並其感人入深之所以，欲一一詳述之。此余所銘諸心而未忍一日忘者，然迄今未得作。余平生極喜汪大紳文，頃不憶題目，似歷述與羅有高並弟侯等平生之感。其文廣博浩蕩，氣盛而足以包絡天地，情與慧俱深，融萬理，運萬化，通萬類，極幽微繁雜之感，如死生、哀樂、世出世、名無名，衆生迷妄之所繫，一一照察。樂不淫，哀不傷，心不忘當世之務而放乎孤海，雖遊孤海而帝皇王伯之道運之宥密，待群情交喻，舉而措之亦易耳。余昔閱大紳文，興此感，嘗欲擬是作二三篇大文字，平生庶幾稱快，無稍憾矣。紀念孑老，當爲大文字之一，然而迄今未敢作也。其後歐陽大師示寂，余逃難在川，感懷萬端，亦思爲大文字以申哀仰，而復未作。今年有兩大文字應作，一爲北大五十周年，一爲《哲學評論》擬爲吾友林宰平先生七十哲誕出專號。

北大自孑老長校，領導諸青年教授，今校長胡適之先生及諸名賢首倡文學改革，其被及於思想界與社會政治各方面之影響者，不可謂不鉅，至其得失之端，欲詳論之，决非簡單篇幅可以了事。由歷史眼光論之，自秦政混一以迄於兹，稱明世者，漢、唐、宋、明四代。實則四代之中，皆治日短、亂日多，而二千餘年來，直是夷狄與盜賊交擾之局。先後出生於此等局面下之仁人哲士，或參佛道以耽玄，六代以來，文學聰明之士，鮮不雜二氏。或周旋於凶夷狗盜帝制之下，立補偏救弊、稍息生民之功。間有一二睿智者出，有抉破藩離之思，而在思想界長期錮蔽之下，亦無緣得同聲同氣之感應，而立就堙塞。余著《讀經示要》第二講，頗談及此。嗚呼！千歲睡獅，沈淪不醒，疲憊乏力，其亦可憫之甚矣！明世陽明先生令人反求固有無盡寶藏，自本自根、自信自足、自發自闢，以此激引群倫，可謂理性最開放時期，濂、洛、關、閩未竟之緒，至此蔚然可觀。梨洲稱明之理學遠過兩漢、唐、宋，有識之言也。及明之季，王、顧、顏、黄諸大儒輩出，其思想多與西洋接近，在當時雖矯王學末流之弊，而實承王學根本精神，則不容否認也。何圖生機甫啓，大運已傾，閻若璩、胡渭之徒，以考覈之業，錮智慧於無用，媚事東胡，以此率天下，而群然效之，有明諸儒之緒，斬焉殆盡。民智、民德、民力之墮没，亘二千年，至是而益頹矣。清之末葉，西化東漸，挾盪海排山之力，以臨疲敝之族，群情驟憤，清以不支，帝制更，而昏亂滋甚，禍患可以更端迭出，而創新無望也。北大諸青年教授，驟欲破除痼疾，效法西洋，一時熱情鋭氣，頗有揭天地以趨新、負山嶽而捨故之概，漪歟盛哉！然而黄炎貴胄經二千年之停滯不進，今不務掘發其固有寶藏、涵養其自尊自信之毅力，而徒以一切掃蕩是務，譬彼久病之夫，良醫必謹其攻伐而善護其元氣，攻治適度，足以消其鬱滯而止，則錮疾自除，而生命力乃日益充沛而不自知矣。若遇醫師缺經驗者，將横施攻泄，大傷根柢，病夫立斃，可哀孰甚！吾於五四運動以後菲薄固有、完全西化之傾向，竊有所未安焉！吾國自唐虞以迄晚周，有悠久高深之文化。《易》《春秋》二經，通天化、物理、人事，觀變動不居而隨時以各協於中道，天者，宇宙本體之目，天化，猶云本體之流行。執中之道自顓頊始明，《史記》稱其溉執中而天下平是也。《論語》堯命舜曰“允執其中”，舜亦以命禹，孟子言湯執中，春秋周室劉康公曰“民受天地之中以生”云云。易道隨時處中，孔門演《易》之旨，作《中庸》，故孟氏稱孔子集大成，其脈絡的然可尋也。下推之治理，極於位天地、育萬物之盛。視夫僅以矛盾法測變者，不亦得其似而未究其真乎？矛盾法者，易家别於老氏所云“反者道之動也”。然反，而未嘗不歸於冲和。冲和者仁也，仁也者中也。仁何以亦名爲中？須深玩劉子人受天地之中以生語。儒者之道，含弘萬有，究其極，不外中道而已。人類如有趣向太平之幾，必待儒學昌明而後可，此余所斷然不疑者。三十餘年來，六經四子幾投廁所，或則當作考古資料而玩弄之。疇昔以經籍爲常道所寄、崇信而不敢輕叛之觀念，迄今蕩然無存。學者各習一部門知識，或且稍涉雜亂見聞，而無經籍起其信守，無大道可爲依歸，身心無與維繫，生活力如何充實？此余所不能無憂者。晚周學術思想，已稱極盛，諸子百家，二者分塗。家者，專門之目，如算學、天文、物理、周公造指南針，古代已有物理知識。醫藥、古代發明最早。工程、秦時李冰，工程知識已高。機械、孟子稱公輸子之巧。地理鄒衍之説略存。等等知識是也。子學，即各派思想，猶今云哲學，儒、道、名、墨、法、農，皆大宗也，而儒者爲正統派。秦人殘暴，毁文物，民亦不安生，百家之業先亡，其書不易傳，子學書存者亦殘缺不全，然諸大宗略可尋究。百家之業雖亡，今可吸收西洋科學，則絶而復續也。哲學有國民性，諸子之緒，當發其微。若一意襲外人膚表以亂吾之真，將使民性毁棄、絶無獨立研究與自由發展之真精神，率一世之青年以追隨外人。時下淺薄風會，人雖不自愛，何可暴棄如斯？分析名詞與考覈之業，只是哲學家之餘事，萬不可僅以此當作哲學。哲學家不是鑽研某一家派之説，而當上下古今觀其會通；不僅是翻弄名詞，而當深窮真理；不僅是依據科學，而當領導科學，使科學知識得哲學之啓示與批判，而涉入宇宙真相；不僅是解釋宇宙，而當改造宇宙；不僅是思辨，而當如《禮經》所云“博學、審問、慎思、明辨、篤行”，陽明所謂“知行合一”之學。變更人類思想，激揚時代精神，涵養特殊人才，此等大責任全在哲學。昔年孑老出長北大，首重文哲，今者適之先生仍秉孑老精神。兹後，哲系師生之所努力，似當上追晚周諸子，名、墨取其辨，農、法通其變，法家主法治，農家社會主義，亦近無政府主義。道家用其長，道家談本體，只見爲虚静，固是其短，然未至如佛氏談體，絶不語生化，究有所長。道家言治，抨擊獨裁者宰割萬物之暴厲，而主自由，亦是其長。然後董理孫、孟，孫卿《天論》遥合西洋思想，然一歸於禮，則超於西化遠矣。孟子言性善而重民生，言王道而隆法守，非迂闊也。西洋之治宜折中於此。以仰宗於宣聖。造化之奥、天人之故、道德之宗、治化之原，一皆昭澈，而遠於迷亂。規矩設，而天下之方圓可裁也；尺度立，而天下之短長可衡也。至此，則旁搜外學，不患無主，博涉異方，自有指南。温故知新，含弘光大，深造自得，非隨他轉，大人之學，不當如是耶？清季迄今，學人盡棄固有寶藏不屑探究，而於西學亦不窮其根柢，徒以涉獵所得若干膚泛知解妄自矜炫。憑其淺衷而逞臆想，何關理道？集其浮詞而名著作，有甚意義？以此率天下而同爲無本之學，思想失自主，精神失獨立，生心害政，而欲國之不依於人、種之不奴於人，奚可得哉？天積衆剛以自强，董子《繁露》語。世界積無量强有力分子以成至治。有依人者，始有宰制此依者，有奴於人者，始有鞭笞此奴者，至治惡可得乎？吾國人今日所急需要者，思想獨立、學術獨立、精神獨立，一切依自不依他，高視闊步而遊乎廣天博地之間，空諸倚傍，自誠自明，以此自樹，將爲世界文化開發新生命，豈惟自救而已哉！聖人吉凶與民同患，佛氏大悲，亦同此精神。故裁成天地之道，輔相萬物之宜，以左右民。參看吾著《讀經示要》第三卷釋《易》處。此與西洋人主張征服自然、純爲功利動機者，截然異恉。吾先哲爲學之精神與蘄向，超脱小己與功利之私，此等血脈，萬不可失。哲學無此血脈，不成哲學；科學無此血脈，且將以其知能供野心家之利用，而人類有自毁之憂。吾人今日必延續此血脈，以爲群生所託命。哲學固應發揮吾固有偉大精神，科學尤須本吾偉大精神發展去。體現真理，擔當世運，恐非西洋人識量所及。吾黄、農、虞、夏之胄，不能不勇於自任也。在五四運動前後，適之先生提倡科學方法，此甚緊要。又陵先生雖首譯名學，而其文字未能普遍。適之鋭意宣揚，而後青年皆知注重邏輯，視清末民初，文章之習，顯然大變。但提倡之效，似僅及於考覈之業，而在哲學方面，其真知慎思辨明者，曾得幾何？思想界轉日趨浮淺碎亂，無可導入正知正見之途，無可語於窮大極深之業。世亂日深，需哲學也日亟，而哲學家不足語於己立立人、己達達人也，乃益堪浩歎。此其故安在？哲學者，智慧之學，而爲群學之源，亦群學之歸墟也。此等學問，純爲偉大精神之産物。學者從事哲學，必先開拓胸次，有上下與天地同流之實，則萬理昭著，不勞窮索。否則狹隘之衷，惑障一團，理道終不來舍。故學問之事，首在激發精神，而後可與講求方法。今之學者，似於一己之地位與温飽外，無四海困窮之實感，無虚懷納善之真誠，無遁世無悶、精進不已之大勇。其外日侈，其内日虧，其於小己得喪計較甚，其於大道無可入。精神墮落，莫甚於今之人。世運艱危，余以寡昧，願向天下善類盡忠告，言誠過當，聞者足戒，庶幾不以人廢言之義。北大自孑老長校以來，諸君子貢獻於國家民族者甚鉅。今兹哲系師生所處之時會，比以前更困，所負之責任，比以前更大，繼今爲學，其將隨順時風衆勢之所趨而漫無省覺乎？抑將怵目驚心而有無窮之感、不容不向至大至真處著力乎？余老鈍，無復長進，唯好學之意未衰，於同學深寄無限之希望。吾年三十八，始至北大，迄今向衰，始終未離北大。唯以疾患不常到校，而余之精神，固無一日不與同學相感召。此番紀念，本欲精心作一文字，而精力不給，終未能作，略進蕪詞，未堪達意。

余與林宰平先生，同在哲系，爲日良久。宰平行誼，居夷、惠之間，和不流，清不隘，夷、惠未之逮也。宰平學問，方面極寬，博聞而尊疑，精思而喜攻難。二十年前，余與宰平及梁漱冥同寓舊京，無有睽違三日不相晤者。每晤，宰平輒詰難横生，余亦縱横酬對，時或嘯聲出户外。漱冥默然寡言，間解紛難，片言扼要。余嘗衡論古今述作，得失之判，確乎其嚴。宰平戲謂曰：老熊眼在天上。余亦戲曰：我有法眼，一切如量。宰平爲學，首重分析，其術蓋得之印度唯識、法相，而亦浸染西洋邏輯。唯識之論，自唐以來號爲難究，宰平析其名相，詳其條貫，辨其思想脈絡，如大禹治水，千流萬派，窮源究委，疏壅解滯。余勸其述作，宰平謙讓未遑。蓋其中年後思想，漸由佛以歸於儒。自漢太史談已言“儒者勞而無功，博而寡要”，六經浩博，史談在漢初尚作是説，况後儒雜以二氏，推演益紛！儒學難窮，後生所苦。宰平嘗欲爲一書，闡明儒學，大概以問題爲主，列舉諸重要概念，釋其含義，究其根依，謂其立義所根據。析以類别，綜以統紀，庶幾宗廟之美、百官之富，粲然可觀。余曰：是將以法相家論籍之組織，達儒宗之冲旨，是書若出，後生其有賴乎！聞積稿已不少，不久當可公之於世。宰平少年好爲詩，詩人富神趣，其於物也，遇之以神而遺其迹。中年尚西洋實測之術，其窮理，務明徵定保，遠於虚妄。五十以後，踐履日純。晚而窮神知化，庶幾盡性。余與宰平交最篤，知宰平者，宜無過於余；知余者，宜無過於宰平。世或疑余爲浮屠氏之徒，唯宰平知余究心佛法，而實迴異趣寂之學也。或疑余爲理學家，唯宰平知余敬事宋、明諸老先生，而實不取其拘礙也。或疑余簡脱似老莊，唯宰平知余平生未有變化氣質之功，而心之所存，實以動止一由乎禮，爲此心自然之則，要不可亂也。宰平常戒余混亂，謂余每習氣横發而不自檢也。見吾《語要》卷四。世或目我以儒家，唯宰平知余宗主在儒，而所資者博也。世或疑余《新論》外釋而内儒，唯宰平知《新論》自成體系，入乎衆家，出乎衆家，圓融無礙也。余與宰平相知之深，欣逢七十哲誕，應有大文字爲祝，而復未能作。

凡吾之所欲作而皆未作者，非吾心之誠有所未至也。文章本乎情思，運乎氣勢。情思、氣勢二者，同發於精力。精力不裕，則情難活躍，而思易凝滯，氣勢不易充盈持久。如是而欲爲大文字，斷不可能。精力强盛者，操筆之前，稍一凝斂，恰恰無心用，恰恰用心時，忽然情如熱燄，思若湧泉，氣勢如天油然作雲，如長風鼓衆竅。凡大文字之成，未有不如此者也。文學之文與著書説理，其事有異。説理只要平日義精仁熟，臨寫出時，務求信達，雅其次也。故精力稍弱者，猶可積漸爲之。文學之文，興會爲主，精力貧乏則興會不生，雖生而不恒不盛，情思乍動而歇，氣勢弱而難舉，欲爲美文，不可得也。余於汪大紳三録之文，及其與羅有高等感懷之記，宏廓深遠，得未曾有。每有大感觸，思效之作一篇大文字，而終束手不一就。嗚呼！大文字，天地之真善美也，非唯個人不易成功，而文章盛衰，實世運升降所繫，吾雖孤陋，猶思獨握天樞，以争剥復。儻世運稍轉，老懷無苦，精力康復，雖不必能爲大文字，終不至以無物上慚前哲，此則余之所自矢也。此番筆語，煩自昭主任付北大紀念册及《哲評》祝宰翁哲誕專刊兩處發表，聊以志感。

答王星賢

來函謂“《語要》卷三、六九頁，謂‘朱子以柔訓仁，雜於佛老’。私意以爲聖人陰陽合德，剛柔有體，要而言之，不外仁之一字。是以發强剛毅，固爲仁之大用，而温柔敦厚，亦是《詩》之特長。《詩》教本仁，故婉而多諷，乃若過而成病，則剛柔維均，柔固違仁，剛亦失禮”云云。此段話，似是而實未徹其原也。《禮》云“温柔敦厚，《詩》教也”，此就已發處説。《論語》言：“《詩》三百，蔽以一言，思無邪。”無者，禁止辭，無字甚有力。儒言克治，佛言對治，皆此無邪之無字所含也。無字正顯剛健，有無邪之本，而後形諸咏歌，自然温柔敦厚，否則能温柔敦厚乎？又復須知，《易》明乾元始萬物，而曰乾爲仁，此漢師所存古義也。乾，剛健也，此云剛健，非與柔爲對待之辭。《新論·明心章》有“附記”一段，略言及此。生生不息，剛健也；變動不居，剛健也；中正純粹精，剛健也；含萬理，備萬善，藏萬化，貞恒而不可變易，皆剛健也。老只曰虛曰柔，佛只曰寂曰静，此皆耽空溺寂之病，《新論》中卷所以謂其不識性德之全也。剛健之剛，與常途以剛柔并舉之剛非同義。剛柔對舉者，是就已發處説。《繫傳》“立天之道曰陰與陽，立地之道曰柔與剛”，明明在天地剖判時説，故曰已發也。若夫陰陽剛柔雖已含藴而實未判之全體，則可以剛健言之，而不當以柔静言之。《詩》曰“維天之命，於穆不已”，不已，正是剛健。非處懷深體之，可識此義乎？如只見爲柔静，則生化息；體其剛健，則萬善之長，於是而存。《繫傳》曰“天下之動，貞夫一者也”，一者，陰陽未剖，剛柔未形，剛健之體也，是以主乎萬動而皆貞也。吾之學，與《易》同符，而矯二氏之偏，子猶疑乎？前引“思無邪”，非體剛健，其能無邪乎？明儒言“工夫即本體”，此語廣大精確。本體未得，工夫即失；工夫失，亦無由見本體。此中有千言萬語，無從説。

剛而失禮，仍是氣質未化，未能體乎剛也。真體乎剛健者，自有以勝物而不爲物勝，何失禮之有？吾到老，常自謂知及而不能仁守，自知明也。然吾工夫雖未至，而平生“不自欺”三字，則可質天地鬼神，斯猶體强健之效也。不爲私欲所蔽，即剛也、健也。若從柔字上用功，吾不知下流所極矣。

答徐見心

來函問：事物之理與天理分開，此説諦否？吾於諸公文字尚少見，但就來函度之，似未妥。天理豈與事物對立者乎？前儒言天理，[2]謂本心也，此主乎吾身之心，本心，省言心。即是萬物之本體，非可截成二界也。陽明講《大學》“誠意”處，談好惡確誤，吾《示要》已辨之；然只不應以此解《大學》“誠意”傳文，其義亦自有適當處。吾人自省，好惡得其正時，即是本心呈露；好惡失其正時，却是私情私欲或意見用事，而其本心早放失也。本心發用，無有私好，無有私惡，此時之心，應事接物，無往不是天理流行。心、物本非二界對立，《新論》談此義甚明。心是天理流行，即物是天理流行，故孟子云“形色即天性”，禪師家説“一葉一如來”，深遠矣哉！惜凡夫不悟耳！彼或滯於常識，以爲科學上事物之理與天理不相涉。殊不知天理周行而不殆，就其主乎吾身而言，則心即理也，就其顯爲萬事萬物而言，則物即理也。《新論》卷中《後記》有“釋理”一段文字，宜細玩。如心、物果爲對立而不相融之二界，則物之理何可以心知之乎？唯心物不二，故心是萬理皆備之心，即物是萬理皆備之物。就理上言，元無心物或内外等分别。人生溺於實際生活中，妄見有分，以爲内心研窮於外物而得其理，不悟心物成二、内外隔絶，吾心云何可得物理？又如陽明云“心在物爲理”，亦未安。此理之退藏於密者名心，其顯爲衆形名物，物不離心外在，陽明所知也。然心、物究是渾然一體流行不息之二方面，不可只許有心之一方面，而否認物之方面，則陽明似未注意及此也。若如我義，理固即心，而亦即物。是以心知之行於物也，而見斯理之澈内外、通心物而無間焉。離心而言物，則此心何可尋物則耶？否認物而偏言理即心，則但冥心於無用之地，而萬物之理不待推徵而自著，是陽明後學所以見惡於晚明諸子也。知識論上理性、經驗二派，要皆佛氏所呵爲邊見。二十年前，吾授《新論》於北大，關於理之問題，已略有所説，惜學者罕肯深究。余欲俟《量論》詳斯義。世亂，而年力日衰，憚耗心力，頗思依黄艮庸，度殘年於南海，理亂不關，修短隨化，以海上風光，消人天隱憾。昨答朱君箋云：園吏逍遥，庶幾肆志；宣聖坦蕩，樂以忘憂。微斯人，無以發予之狂言。

又有須提及者，陽明常言存天理、去人欲，其於天理下一存字，則天理非虚字眼可知也。孔子之仁、程朱之天理、象山之本心、陽明之良知，實是一物而異其名耳。《新論》之性智，亦此物也。此個根荄，千聖同尋到，但不無見仁見智、見淺見深之殊，則由各人入手工夫不同。此中有千言萬語説不盡者，只可與知者共會，難爲不知者談也。陽明言天理，本即良知異名。説向深處，則萬化之原，萬物之本，吾生之真，只是此個，無有多元，無有二本。陽明詩云，“無聲無臭獨知時，此是乾坤萬有基。”通中外古今哲學家，於此乾坤萬有基，各任知解去摶量構畫，戲論紛紛。陽明却反己，指出一個獨知，教人當下覿體承當，何等易簡！何等親切！獨知之體，是汝自身天君。今乃亡失自己，而以好惡爲天理，莊子哀心死，正爲此輩。夫好惡者情也，好惡之情，未便是善是正。好惡之得其正而善者，固是天理發用，好惡之失正而不善者，則是順軀殼起念之私情私欲，而其天理之心、即所謂獨知者，早已剥喪無餘矣。天理本不可剥喪，但蔽於後起之私，而不得顯發，便謂之剥喪。好惡如何得正而善？則須自反諸獨知之地。陽明向初學點指良知面目，總曰“知是知非是良知”或“知善知惡是良知”。今乃不肯反求此知，而但欲於好惡上認取天理，則其好惡之發於不正不善者，將不復反諸獨知之地，而悍然自欺以爲天理。滔天罪惡無出拔期，可不怖畏哉！天理正須反己求之，切忌弄文墨，〔3〕當作一番話説，誤己誤人，深可哀痛。

事物之理，如何可離開天理？天理者，本心也。本心之發用，其顯於人與人之交者，而有倫理；其顯於人與物之交者，而有物則。倫理不容紊者，固是天理；物則不可亂者，其得曰非天理乎？

以倫理言，孝之節文與慈之節文，皆理也。而此理，一方應云即心。如事父時，一念之孝起，即此是理，即此是心。一方應云即物。父子物也。試設想，無父而有孝之節文可言乎？無子而有慈之節文可言乎？故理亦即物。

又以物則言，如云太陽東出西没，此東西方分與出没規律，是物則也，而亦名爲理。吾人應知此理即物，所以者何？若離東西方分與出没規律，實無太陽可指目。而此方分與規律通名爲理，則太陽其物者，實即是理，何容否認！又復應知，此理即心，所以者何？東與西、出與没，要依心上分别顯現。此分别二字義寬。此分别顯現者是理，亦即是心，當念分别顯現的是心，即此當念分别顯現的便是理，虛懷體之自見。亦無可否認。

是故心物同於理，不可以心物爲二，不可説事物之理，外於天理而别有在。宇宙人生，元是渾全，不容分割。學究其原，思造其微，理見其極，而後戲論息。此等道理，宜詳究《新論》語體本。以三十六年鄂省所印《十力叢書》中之《新論》本爲善。

答某生

學問之境，約言以三：曰解，曰行，曰證。解，亦云見，佛家初地名見道。此對地前言，不妨名證。入觀證真如，故應言證。但對二地以往而言之，則初地猶只是見，未臻真證之境，以出觀未離染故，行未圓故，證未滿故。諸論疏皆言，有滿證與分證之別。《易·繫傳》有見仁見智、見深見淺之異，與《論語》言“知及之，仁不能守之”，此與佛氏分別見道、修道各位次，其義有融通處，但孔子不詳分之耳。至陽明言知行合一，乃别是一義。所謂言各有當，義匪一端，此姑不論。總之，通論學力所至，解亦云見。與行及證須别論，不能曰解到亦云見到。即行與證已圓滿也。解分高下，其層級自無量。然最高之解，猶只是解。若行與證未到家，此解猶未入實際境地。

行者，修行，儒者所云存養、亦云涵養。省察、克治種種工夫，皆行也。佛家言行，有地前及十地等等位次，分析極嚴密。

證者，功修純備，功修，猶言行也。惑障已除。至是，本體呈顯，炯然自知，故説爲證。證者，證知，此非知識之知，即本體炯然自明自識，謂之證。儒者盡人合天之候，即是證。天者，本體之目，盡人合天，則人即天也。故合之一字須善會，非以此合彼。

答某生

來函疑老夫不學印度之甘地，而欲以哲學家鳴，此大誤。人未到聖或佛，總有染污在，此吾之恒言也。然觀人須觀其胸中之所主，與其大端趨向，此又吾之恒言也。吾胸之所主與其所趨向，要在明先聖之道，救族類之亡，亦即以此道拯全人類。此吾六十餘年來所提撕警覺、嘗以之自熏而唯恐失之者也。吾病痛甚多，三毒則與生俱來，好名、好勝，實亦潛伏，此乃與一般人全同者。然却不肯向此發展，只雜染未盡耳。從來哲學家之偉大成就，固好學者所應向往，然若謂有慕於哲學家之名而後爲學，則其人必不足與共學也。學者，求所以爲人也，求所以明道也，惡有懷羨名之鄙私而可成學者哉？

至於吾之不能爲甘地，則余之德與才，誠有愧於彼矣。然尚有一條件未可忽者，即中國之社會難容善類發展是也。中國人缺乏虛懷、深慮、熱誠三大善根。不虛懷，則難捨己私以從是，難破錮習以求真。不深慮，則易浮動於淺薄之論，易被劫於時風衆勢之所勢。蟻智羊羶，投其好而煽之也易。治其病，而詔之以真理之所在，與至計之所存，則群昏弗辨也。無熱誠，即陷於私而聞公道不欣，安於小而赴公義不勇，狃於近而遇公利公害均不之省。中國民性，自秦漢以後，受帝制之毒與夷狄盜賊之摧殘，卑辱而圖苟全，早非三代直道之舊。孔子曰“斯民也，三代之所以直道而行也”。故善類當衰亂，欲自覺、覺他，其志恒不獲伸。民國二十九年，吾避寇於蜀之璧山來鳳驛，梁漱冥先生嘗過存，與言及甘地，彼慨然有振厲群俗之意。余曰：中國人非印度人之比。仁者孤懷宏願，姑以自靖，使後世知今日猶有巨人延生機於一綫，功不唐捐，又何餒焉？

答徐令宣

佛家之根本智、後得智，與吾先儒德性之知、聞見之知，及《新論》之性智、量智，義可相會，可者，僅可而未盡之詞。而底蘊大有別。佛言根本智所證真如，自大乘法相師言之，能所條然，甚不應理。此意須詳究《新論》語體本，以三十六年漢上所印《叢書》本爲善，雖增改之字極有限，而所增改者甚重要，商務館本惜未及改也。余謂智與如非二，即真如妙體之自明自證假説爲根本智，真如妙體四字，作複詞用，本之基師。非可以智爲能、如爲所，判成二物也。而唯識師處處欠圓融，《新論·附録》中已言之，須超然細玩其整個體系始得，護教之徒，固難與論此。德性之知即是本體，亦即是發用，非知與性爲二物也，此與以智與如分能所者，究隔天淵。《新論》性智與前儒德性之知，元非異物，但體認有淺深，發揮有詳略耳。量智與聞見之知，所指目者亦略近，但與佛家後得智，義有相通而究不同者。佛家法相於此截割太死，雖云依根本起後得，而終不説後得智是根本智之發用，譬如説依虚空起浮雲，終不可説浮雲是虚空之發用。依字義，極嚴格，讀佛書者不可不注意。《新論》以量智爲性智之發用，此義深微。須知量智一詞與知識一詞，其意義各别。量智依作用立名，而一言乎作用即有本體，譬如一言乎衆漚即有大海水也。人皆知無大海水不顯衆漚，而反求諸己，不知用由體顯，何耶？設問，誠如此説，則即用即體，云何於性智外别説量智？應知性智者，斥體立名，是剋就其超物的意義上説。超物者，謂其爲物之本體，而非即物，故云超物，非言其超脱於萬物之上也。量智是作用之名，而作用雖云即是本智流行，但其發現也，不能不以形軀或五根爲工具，因此便有爲工具所累之虞。詳玩《新論》下卷《明心章》談根處。又此作用之發，恒有無量習氣乘機躍現，與之緣附若一。故此作用依五根、緣習氣而發，乃易違其本體，言易違耳，非决定違。可以成爲另一物事，曰可以云云，亦非决定。而不即是性智也。違其本體時，即非性智。但若以之與性智截離，如佛氏所謂後得對根本，似無融會處者，則期期以爲不可。只要性智得恒爲主於中，其發而爲量智也，雖依根而不隨根轉，能斷染習而不受雜染，則量智即是性智之流行。體用異故，稱名不一，依本體而名以性智，依本體之發用而緣慮於事物，乃名以量智。而實非二物也。故所論量智，與佛家後得智，畢竟有不容混同處。佛家後得對根本，只有依之以起之義，而不可説即是根本智之發用，此不可無辨。至知識一詞與量智稍别者，量智作用、經驗於事物，始成知識，此不待繁説也。

答牟宗三

古今哲人對於宇宙人生諸大問題而求解决，其行思辨也，則必有實感爲之基。實感者情也，而德慧智。俱焉。情勝智，則歸於宗教信仰。智勝情，則趨於哲學思辨。大哲學家之思辨，由實感發神解。神解必是悟其全，而猶不以儻來之一悟爲足也。必於仰觀俯察、近取諸身、遠取諸物之際，觸處體認、觸處思唯與辯析，然後左右逢原，即證實其初所神悟者。至此，若表之理論以喻人，固亦是知識的，而實則其所自得者是超知的，但不妨説爲知識耳。

與酈君

昨答任君語，請勿忽視。專道學而輕一時之事功，宋學所以未宏，民族所以不可振也。事功固是一時，學問思想其隨時變遷者，又不知凡幾也，豈獨事功是一時乎？夫不變者，則大道耳。宇宙本體具常德故，爲萬物所由之而成，故名以大道。董子曰“天不變，道不變”。其言道不變是也。道者，本體之名，本體具常德，云不變。天不變一語却非。所以者何？孔孟言天，每用爲道之異語，如《論語》“天道”合用爲複詞，孟云“知性知天”，此天字，即目道體也。今仲舒别天於道之外，則所謂天者，乃目彼蒼之天，易言之，即太空諸星體也，諸天體畢竟非恒存者，何云不變？諸天體運行之軌則，亦不得言不變，如其彼此相互間之關係一旦有變，則今之太陽東出西落者，異時安知不西出東落耶？又如諸天體消散時，亦無運行規則可言，遑言天不變乎？唯大道真不變耳！事功雖屬一時，而萬世固一時之積也。堯、舜在上古一時之事業，即中國乃至大地文化之所根據以完成也。漢武、唐太、明祖之事業，永遠爲中國人所資藉以興起也。王陽明安集西南夷，其績之不朽，亦然。若輕視一時事功，將使有識者皆高坐而談道，置四海困窮、大地陸沉而不問，此是道否？宋學之迂拘在此，而當今之世，忍更揚其波耶？

通常事功一詞，本指國家政治上之建樹而言，實則師儒以道得民亦是事功，但此非有事功之念而爲之，故不以事功名耳。師儒無軍政等事功，非輕之而不爲也，其才不長於此耳。

答池際安

附際安來書：頃奉慈論，不勝感慰。竊慕盛德大業，居高聲遠，值兹衰亂，起居未寧，而接引後學，誨人不倦，備見至人濟世之悲願無盡。姪智慧羸劣，學行未修，實不堪承受教誨扶植，江流浩浩，蒹葭凄凄，雖欲從之，莫由也已。男女家室，易增煩惑，姪性寂静，夙不樂此。若生爲男子，須承繼宗祧，則不能免脱此累。姪常自慶幸生而爲女，可免此累，專心學業，庶有成立。惜生不逢時，值此世亂，虚有此心願而已。

憶昔在滬時，境況尚佳，終日無事。偶得《起信論》一册，閲之深感興趣，生大欣慕，當即如説修行，致力止觀。以發心之勇猛，進步甚速，興趣亦愈濃厚。終日默坐，廢寢忘食，夜以繼日，無事則修止，有事則隨順修觀。如是相繼九閲月，憶念未失。忽以一念清净，與真理相應，自是不假勉强而識自性常净、具足衆德。後覽諸經論，深相契合，如數家珍，其於禪宗公案、語録更覺親切，先德名著，讀之不忍釋手。先嚴見之，輒奪書去，恐傷生也。自此後，世局日危，境域日窘，塵勞日重，未及讀書，然此理終不泯滅，造次顛沛必於是。五六年來，存養保任，未嘗少息，而終以雜務紛紜，無暇治經籍以資印證，學力未至，心智無由啓發，故所悟亦未能深遠。學術之事，須資於環境、仰於指引，姪特無此環境耳。學術豈真若是其難而不可成者？然素患難行乎患難，素貧賤行乎貧賤，姪無能得此環境致力學術，日唯以雜務衣食所累，亦安而已，夫復何言？大人攝生有道，近来起居安否？飲食增否？倘姪日後生事可支，學術有望，願侍大師以盡天年。唯祈寬懷善御，健履輕安，日月常輝，則爲群生之幸也。

得汝函，具見德慧堅利，非凡才也。急東下就學，勿失時光。吾已函王孟老，欲汝遂爲吾子，雙姓熊池，未捨本宗，於義無悖，想孟老早達此意。汝體弱，須注意滋養，切勿自苦。留得此身，發明正學，以救斯人，事孰急於此？刻苦以速朽，甚無謂也。昔宜黄大師嘗言江西黎端甫居士解悟甚高，而自奉過苦，以此早殞，不竟所志。又云佛典有問：如菩薩行荒遠之域，絶無可得食，僅有同伴一人，殺之以食則生，否則死，此將如何？佛言菩薩爲續慧命故，續法命故，寧殺人食之，出此險已，力度衆生。此語出何經？吾近不憶，然宜黄斯言，吾誌之未忘。但此事唯菩薩可行之，凡夫不得藉口以自利而傷物，自造惡業也。聞汝過自苦，吾故舉此，冀汝有以自廣也。吾不耐杭州熱悶，本思赴滬，取海風較適，但一時未便離杭。

來函“無事則修止，有事則隨順修觀”二語，自是初學著力處，然不無失正。閒居無事時，一意收攝精神，不令馳散，此時心地炯然，不起虚妄分别，是謂之止。然但無虚妄分别而已，要非頑然無知。永嘉禪師云“自性了然故，不同於木石”。明睿所照，於境不迷，一切所知，通名爲境。是謂之觀。故止觀者，一時並運，非可有止而無觀或有觀而無止也。無事時修止，而觀在其中；有事時隨順修觀，而止亦在其中。無止而云觀，即墮妄情計度，不可云觀也。止觀法義，深遠無邊，自釋迦至後來大小乘共所修習。《大學》知止、定、静、安、慮、得一節，亦是止觀。知止至安，皆止義。慮、得，即觀義。諸句中而後字，係約義，言非有時間次第也，此等處切忌誤會。予一向强探力索，實不曾用過止觀法。吾兒天資純粹，尚望於學問思辨之外，〔4〕無墮此功。

命仲女承二姓記

仲女本姓池，名際安，安陸世家子也。本生父師周，績學敦行，楚士共推純儒。師周與余僚婿王孟蓀爲兄弟交，余雖未識師周，而從孟蓀聞其賢。孟蓀嘗爲余言：師周一男四女，直是個個聰明，而滿女尤奇特。滿女際安也，楚俗呼子女最幼者爲滿。際安之兄與姊並卒業上庠，成績優異。兄際咸，民國卅四年奉部派赴美實習，渡紅海時，以疫疾失救海葬。時母趙夫人、伯姊際怡已前卒。二姊際英與其父先後憂鬱以歿。尚餘第三姊際尚，獨留學美洲。際安夙潛心儒、佛諸學，至是益有超世之志，誓不字人。及鄂遭兵禍，安陸魚爛，際安無所託。孟蓀時向余稱際安有異禀，宜有以撫教之，余因函際安徵其意向。際安答書得體，深中理趣。余喜其穎悟，言皆有據，以示友人馬一浮先生。一浮許其有拔俗之資，余遂函際安，允撫爲吾女。以血氣相嬗者父，以精神與道義相授者亦父也，《禮經》在三之義，佛門法嗣之規，皆此心此理之不容泯者。因命際安自今承熊、池二姓而易名曰生，字以仲光，仲者，以其少吾長女，光者，欲其顯揚先聖賢之學也。自周秦以後，百家之姓各承其先，世遠支分而姓不易。譜學既興，姓氏益以固定，至今鄉邑民情，同姓遂興共本之思，異姓則形對峙之態，此愛道所由不廣，而民間不易養成社會性。萬物一原，胡爲多分畛域乎？宗法流弊，有不容不矯正者。余於仲女，命承二姓，稍示變易，或亦於古道無悖。自惟平生孤露，垂老析薪，子不克荷，何幸得仲女爲吾子！學慚伏老，傳經無待於男；道愧龐公，聞法居然有女。此又天心之不可測也。隆此天緣，遂爲之記。三十七年六月吉日。

與次女仲光

《老子》云“爲道日損，爲學日益”，此是定論。前有千古，後有無盡之年，無能外得此二句。爲道與爲學確要分開説。爲道者，只要涵養本原，儒、佛、老皆不外此四字。而無以惑染障之。佛家地前及地上無量修行，總是斷障，亦云斷二障，謂斷煩惱障與所知障，此二障無所不攝。總是斷惑，惑即是障。儒者工夫，要歸克己，己即惑障，克如克敵之克，亦斷義。此即老云“爲道日損”也。道家主損去物欲，與斷障、克己意思大概相同。

爲學與爲道對言，此則學字別有所指，與本原之學即爲道之學。涵養自別。凡即物窮理，本諸實測而爲推論，運其思維而盡精微，精練以成爲有系統的知識者，是老子之所謂學也。西洋科學正如是，吾國古者百家，亦皆此等學問，惜乎秦以後盡失之耳！學，則致力乎宇宙之散殊方面而求其理則。此則聚古今人類之智，發見不盡，而況一人乎？此真是日益也。積世積人，日有所益。至於一人之知，前前後後，日知所亡，月無忘所其能。日益之功，老死不容休歇，孔子所謂斃而後已也。

爲道與爲學不容兼歟？曰否否。從來爲道之大聖哲，未有不爲學者也，文周孔孟、老聃關尹，皆道高而學博。後儒若程朱陸王諸老先生，亦皆道與學兼修。但其末流則托於涵養本原之説，以自文其偷惰，不肯勤求知識，理學亦以此爲人所詬病。佛教大乘菩薩，無不精於物理。《經》言“菩薩勤學五明”，所謂五明，實多屬今之科學知識。大乘勤於求知，不捨衆生，不捨世間，所以爲大也。小乘只求斷煩惱而出生死，此乃自了漢。宋明儒斥佛家自私自利，確中小乘之失。凡人如能遺世獨立，真作斷惑工夫，其精神界將有一段光景發露，如所謂神通之類，當非不可能者。然此終不是正道，佛法亦不貴神通，况吾儒乎？此意不及詳也。今日爲學不當偏慕西人，亦不當偏迷印度之佛教，須詳玩吾《讀經示要》一書，再深研《新論》，久自知吾意也。

漆園記

國立浙江大學文學院近闢一園，築室如斗大，吾抱膝其間。鄭石君教授曰：先生何以名斯園？余曰：名以漆園。石君曰：先生之爲學，先生之用心，皆異乎莊生，此天下有識所共知也，何取於漆園？其以隱於庠序、托蒙吏之迹耶？余曰：非此之謂也，吾有痛也，吾有警也。人類方趨於自毁，無可納之正覺，而吾族勇於自亡，甘於鄙賤，使余所深痛也。痛而無以自持，因思莊生之言曰“知其無可奈何，而安之若命”，吾時念此以自遣，故有契於莊生。然吾以是緩吾痛則可，若姑安乎是，則將負吾平生之心與所學，而不免爲莊生之徒，是又吾之所以自警也。“知其無可奈何，而安之若命”，此其知與其安之之情，則已由厭而至玩，是莊生所以委心任化，爲鼠肝、爲蟲臂，而一切無自力可致，直自視其生爲造化之玩具耳。人能不修，人道且廢，此承老氏天地不仁、芻狗萬物之説而演之，以極成玩世之思。二千餘年來，文人名士頗中其毒，族類衰微，豈曰無故？聖人之學，體人道而立人極，成人能而贊天化，《易》曰：聖人成能。又曰：贊天地之化育。明於天下之險阻，詳玩《大易》坎、否、困、明夷、剥諸卦。健動以建鼎革之功，《易·説卦》云：革去故也，鼎取新也。無妄卦曰："動而健。"非有健動之力，何以革故取新歟？雖陷險中而不失其剛，履虎尾而無畏於咥，極知未濟而不捨傾否之宏願與强力，《易》六十四卦以未濟終，此義深微，詳吾《新論》。否卦之"上九"曰："傾否。"否運已極，必傾覆此局而更新之，人間世不得常泰而無否，即終古是未濟；而人類終古努力於傾否之大業，生命元是行健無息，唯其未濟，而生命乃健進不已也。惡容付之無可奈何，而安之若命，以生爲玩，甘自頹廢而不衈哉？《易》曰：安土敦乎仁，故能愛。安土者，安於所遇。如當否運，行健以濟，不震不沮，是謂安土。仁者，己欲立而立人，己欲達而達人。立達二字，意義深廣，詳吾《語要》卷三。君子自敦乎仁，以此化天下，使人皆敦乎仁，則人皆有以彊立而不靡、上達而不迷，世運自泰而否傾矣。夫能安所遇而敦乎仁，則情思俱暢，其視大宇爲衆理燦著，知萬物本互相維而成一體，如百骸五臟之在一身，故民胞物與之愛，油然不容已。[5]其有以異乎莊生無可奈何之知，將啓其厭且玩之偷心，亦明矣。振斯人之沉冥，扶乾坤於將熄，不亦隆哉！余平生之學，冥符《大易》，老當世亂，而托莊生無可奈何之云以自遣，是猶養之未至、學之未充，而未能自踐其所知所信也。今以漆園名吾居，明吾所據之實地，猶未越莊生之域，將於世道不足爲有無，是余之所恐懼而不容不自警者也。余之息焉游焉於斯園也，非敢安之也，直以是觸目而警心焉！世事已如斯矣，士君子不懷莊生無可奈何之見以偷安者，其誰乎？浙大爲東南學府，所負之責綦重，教於斯、學於斯者，其遠見高懷足以益老夫者不少。倘有獨抱漆園之警者，則余有德鄰之慶矣！余言未竟，而石君已惕然若有省。余遂畢其説而書之爲《漆園記》。民國三十七年七月望日。

與友人

前奉上《漆園記》，承惠函，辭婉而意懇，極感直諒。弟不滿莊生，非老而猶狂也，其學確有病在。拙著《讀經示要》論述莊生處，無論如何不能謂之誣解。莊生雖往，由其書以通其意，縱並世，似不當遽下之。釋迦道行誠高，究是出世之教。弟自中年以迄於老，唯覺堯、舜至孔門一脈，確是大中至正。吾實虛懷參究，而後有契於儒宗，而後乃歸於儒宗。此中千言萬語難説。古代各宗大哲，其獨到處，均非吾所敢忽視，亦非吾所忍忽視。然吾終不能易吾之所明見與自信者以全從之。

答仲光

吾兒問：止觀雙運，無容偏廢，義固誠然；但初學入手工夫，似非專注修止不可？此問甚好。李延平注重涵養，羅念菴、聶雙江並主歸寂，對初學言，皆甚切要。但諸公似不免始終著重修止，而觀解究疏。《大學》之慮與得，周通乎萬物與家國天下、萬事萬理，則後儒極疏略也，汝勿蹈此失。修止之功，朱子記延平語、念菴《文集》，俱須一看，雙江似較淺。

又問：余言《大學》知止、定、静、安、慮、得一節，似廢層次，恐唯上根能之，不可爲中人説法？此問亦切。余意知止至慮、得，工夫似有層次，實則此層次是一念齊攝，如一嚼含衆味，不足爲異。但初學有初學之知止、定、静、安、慮、得，乃至成聖時，有聖人之知止、定、静、安、慮、得，言乃至者，中間多略而不舉故。故約功候淺深言，仍非無層次。

與王伯尹

吾自三十四年，感懷世事，常有二心迭相起伏。二心者，曰悲、曰厭。悲心起，便思生存一日、講學一日，得一二善類而培之，爲未來世作善種子，此吾不容已之責也。吾非欺人之徒與而誰與？每玩及斯，未嘗不愴然欲泣也，吾何忍計較人罪過，而與之不相關耶？厭心起，便覺八表同昏，衆生顛倒，忿之恨之。願獨放乎孤海，聊乘化以待盡，自潔而羞與濁惡之衆爲緣。轉念古之隱逸與佛氏小乘皆如是，則又以自私自利爲可耻，吾不當效之。然觸處輒感人心死、人氣盡。欲與言成己成物之學，不唯無可言，適招侮辱。與言國亡種奴、蒼生涂炭，則漠然不欲聞，甚至報以冷笑，余益愴然增惱。余既未成聖成佛，厭心多於悲心，而性智未盡蔽，悲亦時起，以此陷於矛盾之苦，無可自解。夫恒於悲者，則如慈母之于蠢子，任何頑劣，扶持保育，不捨不惱，其心恒自泰然，聖與佛之於衆生猶是也。恒於厭者，辟世、辟人、辟地，雖非道，而可以自利。今余悲不能常，而厭起時多。既厭，而又知厭之不可，復不能無厭。此余老不進德，長陷苦境也。孤苦日衰，無可告語，爲汝傾吐。

與朱生

汝連來兩函，均收到。所云端居禪定爲第一著，此話自是，然若僅以禪定爲學，吾則期期以爲不可。昔閲《高峰語録》，當胡元蹂躪之時，彼入深山習定悟道，今觀其《語録》，悟則悟矣，而當群生慘痛之境，似與彼無關者。夫高言悟道、度衆生，而族類危亡之不卹，終歸自私自利而已。禪家發明心地，救教下馳務名言之失，吾所夙佩。但其骨子裏，確是小乘根器，此從來尊禪者所不悟也。王船山、顧亭林諸老先生遭亡國之運，雖未能以孤掌支大廈，而其不忍同類之戮辱，憂思人道之昏闇，與其爲天地立心、爲生民立命、爲往聖繼絶學、爲萬世開太平之悲懷弘願，至今有識者讀其書，猶感發興起而不容已。以此與禪師家對照，其爲道之是非，無待深辨矣！禪定自是徹始徹終工夫，而僅以是爲學，則未可盡性。性者，萬物之一原，非有反身而誠與强恕求仁之實修，則固有萬物皆備之體，終虧蔽而不得顯發。禪定所以發智，發者，顯發，智本性體所固具，必有禪定工夫乃顯發之耳。而盡性在乎求仁，求仁必得智。仁本賅智。而以求智爲務者，或明解有餘、易以孤往，而體物之誠不足也。知萬物本吾同體而不忍獨善自利，是謂體物。此中意義難言，千古幾人會得？孔門之學求仁，道家便從求智入手，佛家小乘亦是求智，大乘特提悲願，猶與尼山血脈相通也。教僻者妄卑孔子以人乘，非唯不知儒，又豈知佛者乎？汝有穎悟而真誠殊欠，一切知見俱從外鑠，膚膚泛泛，非唯所見不由中出，即所自以爲反省知過者，又何嘗自中出耶？辜負一生，深可悼惜！世愈衰亂，人不成人，區區不能不有望於吾子。己立立人、己達達人之學，非任重道遠、死而後已，不堪擔荷。吾衰矣，甚願吾賢憤悱日進，足爲老夫助興也。北碚藏書，聞亦不少，吾子只好將此身日益向裏鑽入，更勤治大哲名著。亭林居陝，船山守瑶洞，先賢遺範，猶可師法。吾昔居杭，雖覺氣候不佳，而因年力猶盛，未知所苦。今兹重遊，頗不耐熱悶與卑濕，極感疲困不可支。南海之遊，當期秋後。今之世局，離各大學無可棲，而任何大學都無可與語，此苦事也。

答敖均生

附來書：病中静思，朱子以心之德、愛之理釋仁，船山謂爲千捶百鍊、體用兼賅。愚意朱子之釋至矣，然尚不若先生以生生不已四字顯示仁體，尤爲真實明切。天地民物，皆以此爲體也。六經聖賢之道，皆此道也。天地之廣大，以此而廣大。天地之不息，以此而不息。萬物之各正，以此而各正。萬物之蕃衍，以此而蕃衍。雖天地民物若有形骸之間，然同此生生不已之仁體，實不因形骸而有間也。王陽明《大學問》頗明斯義。老氏不識仁體，而謂天地不仁，釋氏不識仁體，而務趣寂。惟吾孔子，發明仁體，先生《新論》，更盛弘之。惜乎時人習於膚雜知見，無有迴向本原者，此《大易》所謂天地閉，佛氏所云末法之運歟！

朱子釋仁語，甚好，吾《語要》卷二似亦曾稱之。但朱子於他處又以柔言仁，似猶不識仁也。《新唯識論》中卷以健德與生德言仁，見《功能章上》評佛家空宗處。雖本之《大易》，而確是自家體認得來。朱子以柔言仁，由其學夾雜道家、禪家成分太多，只向寂静處理會，却不曾於寂静中識生生不息之健，故誤以柔爲仁。柔者，寂静相。相，讀相狀之相，下同。明道《識仁篇》所謂“以誠敬存之，存久自明”云云，亦只認取寂静相爲仁體。宋明理學家，皆同此失，不獨朱子也。陽明雖亦識得生生不息真幾，然終著重寂静方面，取其《全集》而通觀之，自見。專從寂静處認取仁體，則遺其生生與健動之盛德大用。宋明理學之末流，至於空疏、迂拘、委靡不振，非無故也。

仲光記

頃見吾父《答敖均生先生書》云“柔者，寂静相”，殊不解，因問之。父曰：柔者，剛之反，剛便有强以動與闢發或生生等意義，柔只是寂静中有一種柔和而無惱、無惱亂也。柔緩而不迫之象，便無剛的意義，此須深心體之，自見。又問：該書舉程子“存久自明”云云，亦是認取寂静相爲仁體，何耶？父曰：此意難簡單言之，須取《語要》卷三《答牟宗三問〈大學〉致知格物義》一書，虚懷細玩。宋明諸老先生都只認仁體是個寂静的物事，故功夫只在一存字，存之久，自明識此體，故云“存久自明”。若知仁體不止是寂静的，却是寂而生生、静而健動的，是闢發而無窮竭的，便須以推擴之，使仁體充塞流行、無有虧蔽，非但存之而已。道家談體，只是虚静。佛家大小各宗説法無量，而印以三法印，三法印只歸於第三印，曰涅槃寂静，《大智度論》有明文可證。涅槃者，真如之别名，佛家真如即萬法實體之名，故其談體與道家相近。宋明儒雖宗孔子，好談仁體，但其説總不外於寂静處識仁，實與孔子不似也。孔子於《大易》，以乾元爲天地萬物所資始，乾元仁也，其德剛健而生生也。

答謝幼偉

《示要》一書，不僅解決讀經問題，而實於秦、漢以來二三千年間爲學術思想界闢一新路向。惜乎衰亡之世，士人習於浮淺混亂，無足語斯事者！

第一講首釋道，固是《新論》本旨。宗三於此中衡印化與西化之失處，最感痛快。

次言治化九義。《序》云“順常道而起治化”，此句吃緊，經言治化，確是本於常道。此九義宏廓深遠，法治之組織與功能，實亦攝於德治或禮治之中，[6]九義中於此等處極圓融，非若前儒迂談王霸之辨也。

世儒好言禮樂，而實不知禮樂。九義中言禮樂最好，序與和，發揮甚深遠。禮主讓，與今之西化似不相融，吾皆抉其根據：一、從科學上互助論；二、從哲學上生命論之全體性爲根據；三、從民治之精神亦在乎讓。理論與事實，面面均到。

西人言治，從欲上立基。經學言治術，則從性上立基。此皆見底之言、不易之論。

性與情之辨，前儒都欠清楚。九義中劈得極精極細。非字字反身體之，則且作文字看過去，哀哉！

人道有窮而願欲無窮，斯義廣大精微極矣！九義中談至此，文字亦浩浩無涯。

取《大學》之三綱八目，爲六經與儒學之總匯與要領，細思之，愈覺有味。天人之故實備於斯，粗心淺解人自不悟耳！明德宗陽明，確不可易；誠意則余之新解，正宋明諸師之誤；格物從朱，最有深意；結以《儒行》，而經之爲經，義無不備。總之，皆常道也，皆不可易也。

第二講首辨志，確是精要至極，惜乎今人不堪語此！繼砭名，而申之以三畏，字字皆聖賢血脈，今之學者如終不悟，萬世爲奴而已，可與學乎？

講西學而不能廢經，其間有三義，皆宏大真切，不可忽也。中國之衰在一統，中國人非弱於科學思想者，亦非無民主思想者，惜乎秦以後之環境囿之耳！近人徒據宋明學，而謂中西文化絶對分途，讀《示要》第二講，而後知其不必然也。

評老莊處，字字金言，不可忽略。二千餘年來，國人失其剛健創進之活氣，老莊與佛誤之也，此可不深究乎？

評佛之幾段文字，字字金言。二千年來，佛教徒固見不及此，反佛者全不究佛學，又如何道得半字？佛與道談本體，總溺於虚寂，而吾儒《大易》之道未嘗不虚寂，却要見到本體原來剛健，剛健即無一切染著、無一毫沾滯，未嘗不虚寂也。《新論》中卷《功能章》已盛發此義，吾子作評時，未及此耳。《示要》中於此等處，時言及之，都精要，不可忽。

剛健故變動不居、故生生不息。儒家哲學本可融攝西洋，而又迥異西洋者，則西洋人少反己工夫，未見到虚寂耳，徒務知解，而少在生活上着力耳。

評老佛處，是中國二三千年來學術思想的核心問題所在，不可忽。漢宋之辨，吾子既同情矣，可不再提。

第三講説《易》處，仍依《新論》，其發揮剛健與生生意思，及明宇宙開闢，不得謂無機物時代無有心靈，只是隱而未顯耳。乾卦中釋自强不息處與第二講中評莊子處，互相照應，此皆不可忽。説《易》中凡言治化并注重人各自治自主，亦復互相比輔而不相侵害。世界終歸自毁，則亦已耳。如其不然，則此義焉可反對？近世重集團生活，誠爲切要，而太損及個人之自由，則亦人道之憂也。吾經學可以救人類者，正在此耳。

講《春秋》變而不失其常，此義最宜會通看去。康有爲之徒，只以抄書之辦法拾取字面作話頭而已，何曾知得三世義乎？昔者張孟劬先生最鄙視有爲，誠具法眼哉！

講《尚書》，字不多，而義實深宏，據《論》《孟》《左傳》《中庸》，尋出二帝三王執中心法之傳，以見道統、治統所自，絶無附會，於是乎《書》之爲經而非史也可知矣。

講《詩經》處，一據孔子之言，而儒者人生思想於是可見，後代詩文家鮮有通經者。

講三《禮》處，最有深意，須發揮群理，以救知有家屬而不知有社會之流弊。然禮之根本義，見於《禮記》者甚精要，須吾自抉擇一番方好。世亂方殷，老懷愁慘，《量論》未能作，又何堪及此乎？而講《周禮》處，亦有遠旨，吾提其綱，而詳闡則有待於後之人耳。

答徐復觀

來函謂時人疑余談及西洋思想，輒以武斷之態度而輕有所抑，此乃於吾書不求甚解之故。西洋思想來源，一爲希臘思想，一爲希伯來宗教思想。其來自希臘者，在哲學方面，爲理智之向外追求。其來自宗教者，爲情感上有超越萬有之神之信仰。余平生之學，參稽二氏佛與道。而卒歸吾儒，體用不二之旨，實融天人而一之。須深究吾《新論》。此與宗教固截然殊途，以視西洋哲學專從思辨入手者，又迥乎不同。恃思辨者，以邏輯謹嚴勝，而不知窮理入深處，須休止思辨而默然體認，直至心與理爲一，則非邏輯所施也。恃思辨者，總構成許多概念，而體認之極詣，則所思與能思俱泯，炯然大明，蕩然無相，則概念滌除已盡也。概念即有相。余之學，以思辨始，以體認終。學不極於體認，畢竟與真理隔絶；學不證真而持論，總未免戲論。純憑知解構畫，何可與真理相應？凡哲學家著述，是否爲證真之言，唯明者能辨之，難與不知者論。時賢於先聖賢之意根本不求解，更無望其能解，而況於吾書？妄相訾議，置之可耳。夫不真知天人不二、神質不二、神者，謂上帝與心靈或精神。但此云上帝，與宗教家意義不同。質者，謂肉體及物質宇宙。體相不二，體，謂本體；相，謂現象界。上文不真知三字，一氣貫至此。及不了思辨與體認之詣有殊者，而欲其與於知言之選，何可得乎？夫謂中西哲學所有之問題不必同，吾何嘗有是言？但學人所至之境不必同耳。論學固須觀同，要須辨異而後求同，乃無病。此余一向所持也。

答某生

文化的根柢在思想，思想原本性情，性情之薰陶，不能不受影響於環境。中西學術思想之異，如宗教思想發達與否，哲學路向同否，科學思想發達與否，即此三大端，中西顯然不同。此其不同之點，吾以爲就知的方面説，西人勇於向外追求，而中人特重反求自得。就情的方面言，西人大概富於高度的堅執之情，而中人則務以調節情感以歸於中和。不獨儒者如此，道家更務克治其情，以歸恬淡。西人由知的勇追與情之堅執，其在宗教上追求全知全能的大神之超越感，特別强盛。稍易其向，便由自我之發見而放棄神的觀念，即可以堅持自己知識即權力，而有征服自然、建立天國於人間之企圖。西人宗教與科學形式雖異，而其根本精神未嘗不一也。中國人非無宗教思想。庶民有五祀與祖先，即多神教。上層人物亦有天地之觀念，即一神教。但因其知力不甚喜向外追逐，而情感又戒其堅執，故天帝之觀念，漸以無形轉化而成爲内在的自本自根之本體或主宰，無復有客觀的大神。即在下層社會祭五祀與祖先，亦漸變爲行其心之所安的報恩主義，而不必真有多神存在。故“祭如在”之説，實中國上下一致之心理也。中國人唯反求諸己，而透悟自家生命與宇宙元來不二。孔子贊《易》，首明乾元統天。乾元仁也，仁者本心也，即吾人與萬物同具之生生不息的本體。無量諸天，皆此仁體之顯現，故曰統天。夫天且爲其所統，而況物之細者乎？是乃體物而不遺也。孟子本之以言“萬物皆備於我”，參考《新唯識論》語體本《明心章》。莊生本之以言“獨與天地精神往來”，灼然物我同體之實，此所以不成宗教，而哲學上會物歸己。用僧肇語。陸子静言“宇宙不外吾心”，亦深透。於己自識，即大本立。此中己字，非小己之謂。識得真己，即是大本。豈待外求宇宙之原哉？此已超越知識境界而臻實證，遠離一切戲論，是梵方與遠西言宗教及哲學者所不容忽視也。《新唯識論》須參考。中國哲學，歸極證會。證會則知不外馳，外馳，即妄計有客觀獨存的物事，何能自證？情無僻執，僻執，即起見倒，支離滋甚，無由反己。要須涵養積漸而至。此與西人用力不必同，而所成就亦各異。

科學思想，中國人非貧乏也。天算、音律與藥物諸學，皆遠在五帝之世。指南針自周公，必物理知識已有相當基礎，而後有此重大發明，未可視爲偶然也。工程學在六國時，已有秦之李冰，其神巧所臻，今人猶莫能階也，非斯學講之有素，豈可一蹴而幾乎？張衡候地震儀在東漢初，可知古代算學已精，漢人猶未失墜。余以爲周世諸子百家之書，必多富於科學思想，秦以後漸失其傳。即以儒家六籍論，所存幾何？孔門三千七十，《論語》所記，亦無多語。况百家之言，經秦人摧毀與六國衰亡之散佚，又秦以後大一統之局，人民習守固陋，其亡失殆盡，無足怪者。余不承認中國古代無科學思想，但以之與希臘比較，則中國古代科學知識，或僅爲少數天才之事，而非一般人所共尚。此雖出於臆測，而由儒、道諸籍尚有僅存，百家之言絶無授受，兩相對照，則知古代科學知識非普遍流行，故其亡絶，易於儒、道諸子。此可謂近乎事實之猜度，不必果爲無稽之談也。中國古代，一般人嗜好科學知識，不必如希臘人之烈。古代儒家反己之學，自孔子集二帝三王之大成以來，素爲中國學術思想界之正統派，道家思想復與儒術並行。由此以觀，正可見中國人知不外馳、情無僻執，乃是中國文化從晚周發原便與希臘異趣之故。希臘人愛好知識、向外追求。其勇往無前的氣概與活潑潑地的生趣，固爲科學思想所由發展之根本條件，而其情感上之堅執不捨，復是其用力追求之所以欲罷不能者。此知與情之兩種特點如何養成？吾以爲環境之關係最大。希臘人海洋生活，其智力以習於活動而自易活躍，其情感則飽歷波濤洶湧而無所震懾，故養成堅執不移之操。中國乃大陸之國，神州浩博，緑野青天，渾淪無間，生息其間者，上下與天地同流，神妙萬物，無知而無不知。妙萬物者，謂其智周萬物而實不滯於物也。不瑣碎以逐物求知，故曰無知。洞澈萬物之原，故曰無不知。彼且超越知識境界，而何事匆遽外求、侈小知以自喪其渾全哉？儒者不反知，而畢竟超知，道家直反知，亦有以也。夫與天地同流者，情冥至真而無情，即蕩然亡執矣。執者，情存乎封畛也。會真，則知亡有知，則知與真爲二，非會真也。而情亦喪，妄情不起，曰喪。故無執也。知亡情喪，超知之境，至人之詣也。儒、道上哲，均極乎此，其次雖未能至，而向往在是也。

就文學言，希臘人多悲劇。悲劇者，出於情之堅執，堅執則不能已於悲也。中國文學以《三百篇》與《騷經》爲宗。《三百篇》首二《南》，二《南》皆於人生日用中見和樂之趣，無所執，無所悲也。《騷經》懷亡國昏主，托於美人芳草，是已移其哀憤之情，聊作消遣。昔人美《離騷》不怨君，其實亡國之怨，如執而不捨，乃人間之悲劇，即天地之勁氣也。後世小説寫悲境，必以喜劇結，亦由情無所執耳。使其有堅執之情，則於缺憾處，必永爲不可彌縫之長恨，將引起人對命運或神道與自然及社會各方面提出問題，而有奮鬥與改造之願望。若於缺憾而虚構團圓，正見其情感易消逝而無所固執，在己無力量，於人無感發。後之小説家承屈子之流而益下，未足尚也。要之中國人鮮堅執之情，此可於多方面徵述，兹不暇詳。

就哲學上超知之詣言，非知不外馳、情無僻執，無由臻此甚深微妙境界。然在一般人，並不能達哲學上最高之境，而不肯努力向外追求以擴其知，又無堅執之情，則其社會未有不趨於委靡，而其文化終不無病屬之存在。中國人誠宜融攝西洋以自廣，但吾先哲長處，畢竟不可捨失。

或問：西方文化無病屬乎？答曰：西洋人如終不由中哲反己一路，即終不得實證天地萬物一體之真，終不識自性，外馳而不反，只向外求知而不務反求諸己，知識愈多而於人生本性日益茫然。長淪於有取，以喪其真。有取一詞，借用佛典。取者，追求義。如知識方面之追求，則以理爲外在，而努力向外窮索，如獵者之疲於奔逐，而其神明恒無超脱之一境，卒不得默識本原，是有取之害也。欲望方面之追求，則凡名利、權力種種，皆其所貪得無饜而盲目以追逐之者，甚至爲一己之野心與偏見，及爲一國家、一民族之私利而追求不已，構成滔天大禍，卒以毁人者自毁，此又有取之巨害也。是焉得無病屬乎？中西文化宜互相融和，以反己之學立本，則努力求知，乃依自性而起大用，無逐末之患也。併心外馳，知見紛雜，而不見本原，無有歸宿，則其害有不可勝言者矣。中西學術，合之兩美，離則兩傷。

仲光記

父親云：德慧一詞，本《孟子》。德慧者，最高的智慧，無有倒妄，故以德慧名之。實則，德慧即是本體之發用，雜染盡而明體顯，非修養功深，不獲發現。若常途所云理智者，則由吾人於實際生活中，計有外在世界，因實用之需，乃向外逐物而生知解，此知解力以漸發展盛大，而成爲一種明辨作用，明者，明睿或明察。辨者，辨析。所謂理智是也。此緣實用陶鍊得來，未能離染，故與德慧截然殊異。《新論》卷上《明宗章》談量智處，可參考。此義詳説，當俟《量論》。哲學雖不遺理智，畢竟當超理智，而趣入德慧，方是極詣。

父親語諸生云：不通西學，難發揮吾先聖哲之學，此意不待詳説。然治西學者，如無特別慧解，無超出的眼光，則又驚炫於西哲理論之精嚴、條理之茂密，而不得穆然遐思、卓然曠觀，以察其根柢、詳其條貫、識其言外之意，而辨其得失、衡其短長。則又，至此爲句。如牧豎入五都之市，目眩於五光十色，其神遂亂。如此，則將陷於西哲之網羅，無可反求諸己，終不識固有家珍。自清末以來，吾國學子甘爲洋奴，無獨立研究之精神，此吾所痛。願汝曹立志，毋自菲薄。哲學有國民性，西洋學者嘗有是言。吾國人如欲發揚獨立精神，必賴哲學家首先發揚吾之固有之哲學精神。若如今日國内哲學界之東塗西抹，浮淺混亂，長此不變，中國人將萬世爲奴，深堪危懼！

新論平章儒佛諸大問題之申述（黄艮庸答子琴）

鄧子琴教授閲僧人評《新唯識論》之文，頗詫異其説，轉黄艮庸教授覆閲。僧人誣亂佛法，妄議儒學，甚可哀！艮庸遂與子琴一書，逐條辨析，約八萬字左右，並録副寄呈吾父改定。艮庸從遊吾父最久，閲此可見一家之學。仲光附記。

子琴吾兄：

承囑覆審僧人評《新唯識論》文字，謂其於《新論》平章儒佛至當不易處全没理會，囑爲辨正，非獨師門之學不容誤解，而儒佛本真，實亦未堪變亂。謹審正如左：

評文有云："《新論》體用説的根本假定，根源於滿足求知的願欲，爲了給宇宙以説明。然而釋迦説法，不是爲了如何説明宇宙、如何滿足求知者的願欲。相反的，遇到這樣的玄學者，照例是默然不答，讓他反躬自省去"云云。

審曰：《新論》開宗明義曰："今造此論，爲欲悟諸究玄學者，令知一切物的本體，非是離自心外在境界，及非知識所行境界，唯是反求實證相應故。"評者不通玩全書根本精神，而但摘一二語，謂其只是根源於滿足求知的願欲，如此輕率，殊可惜！又復應知，學者所以己達達人與成己成物也，佛氏亦云自度他度，因明則云自悟悟他，試問他度與悟他，是否宜因衆生求知之願欲而隨機開悟？如佛法完全斥絶知識，則浩浩三藏，皆衆生不可以知識去理會者，而諸佛菩薩果何所謂而説法乎？須知《新論》已明示本體非是知識所行境界，而欲衆生之反求實證，到此，則必隨順衆生求知之願欲而隨機開悟，即因衆生所有之知識而方便善巧，以袪其迷而使之悟。筌者，所以在魚，而筌非魚固也。使不設筌，則何由得魚乎？蹄者，所以在兔，而兔非蹄固也。使不循蹄，則何由獲兔乎？玄學上超知之詣，畢竟須從知識方面種種遮撥、種種開誘，而後有上達之幾。若一往反知，何由趣入超知境地？評者如於《新論》及《十力語要》《讀經示要》諸書果肯留意，當不至輕詆若是也。

評者又云：佛法的動機，不外乎爲己的"出離心"，爲他的"悲愍心"。所以釋迦的教化，不是爲了少數玄學者之玄談，而是普爲一切衆生的依怙。

審曰：評者言佛法的動機，却將爲己、爲他二心截成兩片，此若出自一般居士，猶無足怪，而出於披法服者之口，似未安。評者既鄙棄玄學者的玄談，則於諸佛發心處，應有深切感觸，而不爲猜度之浮詞。今如評文所云，爲己只是出離心，將一意爲己而無悲愍衆生心歟？又如爲他只是悲愍心，而不欲衆生同出離生死，則悲愍復何所濟？〔7〕《唯識述記》卷一，辨教時機有云“諸異生類，無明所盲，起惑造業，迷執有我，於生死海，淪没無依，故大悲尊，初成佛已，仙人鹿苑，轉四諦輪”云云。可見悲愍者，正欲拔彼淪没生死海之衆生同出離故。尤復須知，諸佛菩薩心中，原無爲他、爲己二種可分。《大論》説：“菩薩以他爲自，悲愍衆生，即是自悲，有一衆生不成佛，則我終不成佛。”決無有獨爲己而求出離之心。評者若於大乘法義聞熏有素，似不當以小乘自利之智猜測佛心。

> 評文又云：依佛法，此現實的苦迫，〔8〕惟有從察果明因中，正見苦迫的原因何在，而後給予改善，才能得到蘇息。所以佛法的中心論題，不是本體論，而是因果相關的緣起論。不僅世間的因果如此，就是無爲、涅槃，也是從依彼而有、必依彼而無的法則，指出“此無故彼無、此滅故彼滅”的。

審曰：“依彼而有、必依彼而無的法則”云云，此依彼而無一語，不知何解？倘云若此依彼而有，彼無故此無，例如行此。依無明彼。而有，十二緣生中，首無明緣行，謂由無明故，行乃得生，故説無明爲行之緣。無明滅故行滅，如此説者，即符經義。今如評者所謂法則，則當云此行依彼無明而有，必依彼無明而滅，此成何話？經論言，若法此依彼有，彼滅故此滅者，正顯緣起法無實自性。評者乃於其中妄立一依彼而有、必依彼而無的法則，此大迷謬。既云依彼而有矣，又云依彼而無，則是彼尚未滅，而此依之以無也。此已依彼而有，如何又依彼而無乎？

評文中所云“不僅世間的因果如此，就是無爲、涅槃，也是從依彼而有、必依彼而無的法則”云云。據此，即無爲、涅槃，亦有因果，亦是緣生法。則無爲與有爲何殊？涅槃與生死不異。評者果從何處得此妙義？夫生死是此岸，涅槃是彼岸，六度大義，極明白彰著也。生死未盡，評者所云世間因果，即屬生死。不可到涅槃彼岸，經義誠然。若云涅槃、無爲法亦有因果，亦是緣生，大小經論，何曾有如是胡説？無爲法自性，無造無作，不可説是緣生法也。涅槃自性寂滅，不可説是緣生法也。評者所云，指出此無故彼無、此滅故彼滅，不知何解？生死未盡，則不可證得無爲、涅槃，非無爲是有爲、涅槃同生死。而評者曰“不僅世間的因果如此”云云，何迷謬至是乎？

評者又云：如離此緣起的中道教説，即難免與神學同化。《新論》並不知此，離開了因果緣起，説本體、説勢用、説轉變、説生滅云云。

審曰：評者若果了解緣起説，應知佛家畢竟是神我論。《攝大乘論》所謂第一緣起，即是阿賴耶識中含藏一切種子。此阿賴耶識亦稱第八識，是衆生各各具有的。奘師《規矩頌》云“去後來先作主公”，謂人死時，此識最後捨去，故云去後，人生時，此識最先來投入胎中，故云來先。奘師實據諸經論之義而爲此頌。即小乘中所謂細意識與窮生死藴等，其義亦與賴耶同。《三十論》可參考，毋須繁説。據此，則佛家承認人本有不隨形骸俱死之神識，與外教之靈魂説實無所異，雖其對於神識之説明，不必同於外教，而其神識與靈魂之義相當，則不容否認，同計人生有不隨形骸俱盡之主公故。佛家雖破外道神我説，而骨子裏，則神識何殊神我？吾謂佛教亦是多神論者，義據甚明。而評者猶輕詆神學，此則承佛教一向排斥外道之門户見，而自忘其根柢與人同也。

評者視緣起説爲佛家思想之中心，此其所見似是。但評者竟不悟緣起説中，以第一緣起即阿賴耶識爲根底，如無此識，則所謂流轉與還滅，兩不得成。流轉與還滅，須詳十二緣生與四諦義，此本釋迦始唱，大乘各派思想皆根據於此。奉佛法者，若弗知注重，豈不違教？流轉者誰乎？當知有賴耶識故。還滅者誰乎？當知賴耶雖捨，而非無物，以轉得清净，即得無垢識故。諸論言轉依者，有二義：一轉捨離染，即捨賴耶；二轉得清净，即得無垢識。《攝大乘論》首明第一緣起，此宜深玩。無著菩薩特造斯論，授其弟世親，誘之棄小入大，斯論何等重要！而評者乃泛談緣起，不悟其中有根底在，釋尊有知，能勿心痛？佛教徒如泛談緣起，將其中根底如賴耶識者，置之不問，則緣起説與今西洋哲學家之關係論，雖持説有粗密之異，西洋學者出於學術發達之後，持説自密。而大旨要自無殊。果如此，則佛教之精神與面目剝喪殆盡，佛教徒不如皈依今人羅素輩，而無取爲佛弟子矣。余以爲，真佛教徒，當堅守其崇高之信仰，從教理之有所不可顛仆處，特加發揮，身體而力行之。其教理之不必是處，亦存其舊説，而無須曲解，但不必强人之信從。誠如此，則佛法自尊，而何慮乎人之攻難？

評者云"由於不覺時間的幻惑性，所以有尋求宇宙根源的願欲"云云。此語之上文及其下文，均有幾長段，實皆浮詞。時間與空間問題，在哲學及科學上，其解説甚繁，而各有極精博之論證。幻惑性云云，評者既未申明義據，何得妄説幻惑？評文有一段云"如時間現有前後相，但加以推究，如前而又前，落於無窮的前前中。無窮，即否定了最初的根源"云云。據此，則評者已肯定時間是無窮的存在。因爲無窮的意義，與無有的意義截然不同。若於本無有者而橫計爲有，如旋火輪之類，實無有輪，可云幻惑性。今説時間是無窮的，此無窮的便是橫盡虚空、竪窮永劫的物事，如此，則評者計時間是萬法實體，云何可説爲幻惑性歟？至云無窮，即否定了最初的根源，無窮既是萬法實體，〔9〕不可頭上安頭，再找根源，評者此語却是。印度古代有時計外道，評者如衍其緒，未嘗不可，惜乎又誤説爲幻惑性，則自教相違。

評文又云"如前而又前，到達前之邊沿，但這還是否定了時間，因爲時間是永遠向前伸展的，〔10〕没有以前，即不成爲時間，也即不成其爲存在了"云云。評者此段話又不妥。既曰前而又前，到達前之邊沿矣，依此義據而下斷案，只可曰更無有一法前於時間者。易言之，即時間之前更無前。如此，則時間已是最後的實在，云何可説没有以前，即不成爲時間，也即不成其爲存在了乎？依評者所説時間義，只可説更無有前於時間者，而時間之爲實在無疑矣。假如依俗諦義，而説時間是分位假法，本非實物，即不可計有前後相存在者，而世俗執取時間相，確是幻惑。如此說者，不違佛法。惜乎評者全不了此，而妄承認有前後相，並依妄計之前後相上，反覆申說，終於自陷。

評者拼命反對玄學家尋求宇宙根源，佛教徒有此愚談，殊堪詫異。根源與本始等字，皆本體之形容詞。如佛家真如，一名衆生界，由依真起妄故名。參考《大論·倫記》。詳玩斯義，是衆生妄相皆依真而起，則真如本體真如本體四字，作複詞用。對妄法或諸行言，即有爲其因源與本始等義，妄法或諸行，[11]即謂衆生。是諸妄法所依之以起故。注意。僧叡序《大智論》有云："變化兆於物始，而始始者無始。"詳此云物始者，謂諸行緣會頓起之相。始始者，謂物始之所依以始者，即謂真如。而此真如，更無有始，故復贊之以無始。《勝鬘經》言"徹法源底"，源者，具云本源。底者，具云根底。謂徹了諸法之根源，易言之，即徹了諸法實相。相字有二釋：一相狀義，二體義。此云實相，猶云實體，實體即本體之異語。略舉一二文證，則根源即本體之形容詞，稍有知者，於此當無疑。佛家真如，即本體之名，謂佛家不求證本體可乎？自地前無量修行，以至登地，見道位中，本智發現，始證真如，即爲證得本體之候。然染未盡故，猶須自初地以歷十地之終，斷染既盡，始得真體常現在前。此中真體，用爲法身之異語，法身亦即真如之别名。是故《經》言："非不見真如，而能了諸行，皆如幻事等，雖有而非真。"非不見，至此爲一長句。評者若解悟經文，自知尋求宇宙根源，是佛教徒最大願欲，而可曰根源不當求耶？《經》所云徹法源底，若不希求，云何得徹耶？地前迄地上，無量劫修行，果何爲耶？非求證真耶？玄學家求之而得徹與否，其求之方有誤與否，此皆别是一問題，而必向根源處希求，則是玄學所有事。佛教所由興，亦只爲此事。如不見真如，即不能了悟諸行皆如幻事等，幻有而非真。即不能，至爲此句。三藏十二部經，皆不得已而方便説法，只欲引衆生以求徹根源，見真如。令其無迷執諸行、淪没生死海、靡所依止。令其無三字，一氣貫下。今汝僧徒乃遮撥根源，此真怪事。佛法果爲不求根源之教乎？佛教徒固可不求根源，而率衆生以習於流浪而無所依歸乎？是而可忍，孰不可忍！

凡哲學家不談本體者，並非謂萬化無有根源，只恐談者各以意想猜測，故不如勿談耳。若夫徹法源底之希求，則是人智之最高發展。學者必欲斥絶之，若自甘墮没則可，以此託於佛門，釋尊能勿痛乎？

評者謂“由於玄學家不覺時間的幻惑性，所以有尋求宇宙根源的願欲”云云。不知何故有此妄想？古今玄學界大哲，在其始學時，對宇宙人生根本問題而希求解決，其智慧之超悟與心情之發越，極廣大、極幽深、極博究精窮之能事，何至如評者所云由於不覺時間的幻惑性云云乎？以凡愚而測上哲之智量，何異斥鷃槍榆枋之間而卑視天池乎？自來反對玄學者，只有從知識論或認識論方面而批評之，大概以爲專任理智與用思辨之術者，不必與真理相應而已。至其思想之誤在何許，則疏决而判别之者，非有宏通精奥之識者莫能爲。西哲如康德，吾國哲人如王船山先生，於此皆有特識。但船山之言皆散記，辭亦簡要，學子滑口讀過，每不覺耳。評者所謂由於不覺時間的幻惑性云云，不知於《新論》及古今玄學家有何相干？《新論》明示一切物相與時相、空相都無實故，始談體用。易言之，正以覺了時間的幻惑性，才明宇宙根源。使其不了時相等是幻，則將如素樸的實在論者，妄執現象界爲實在，豈復有根源可求、有本體可説乎？豈復，至此爲句。《新論·成物章》依大用流行之翕的動勢上，假説物相及時空相，此乃以方便善巧，隨順世間，安立俗諦，非謂物相及時空相爲實在也。入真諦故，無相可着；本無一切物及時空等相。順俗諦故，不拒諸相。此自龍樹迄於清辨，密意可尋。《新論》宏廓深達，如非有智，何易悟入！

評文力詆神學，似於神字未求解。神字之含義，略言以二。一曰“神者，造物主之謂”，即視爲具有人格者，凡宗教家所奉之神，即此義。二曰“體物不遺之謂神”，[12]此語出《中庸》。體物不遺者，言其偏萬物實體而無有一物得遺之以成其爲物者，此即深窮宇宙本體而嘆爲神。神者，讚其妙不可測也，故神即爲本體之形容詞。亦即爲本體之名。此神非超越於萬有之外而爲造物主，乃即於一一物而皆見爲神，故説體物不遺。佛經亦言，“一切法亦如也，乃至彌勒亦如也”，其義與《中庸》相和會。《易·繫傳》曰："神也者，妙萬物而爲言也。"從來注家於此悉無的解，實則體物不遺一語，全從此出，《中庸》本演《易》之書也。中國人治學好爲耳食，而不求實解，喜言佛教爲無神論，實則佛教之内容極複雜。一方面對死生問題，有個體的生命永恒之要求，賴耶雖捨，而轉成無垢識，是個體的生命無斷絶也。明明爲多我論；一方面在本體論上，遮撥作者，内典所云作者，猶言造物主。而承有諸法實性，猶言實體。所謂真如，又近泛神論。吾固知佛教徒恒推其教法高出九天之上，必不許泛神論與彼教相近。實則義解淺深及理論善巧與否，彼此當有懸殊，而佛之真如與儒之言天、言道、言誠、言理等等者，要皆含有泛神論的意義，謂之無相近處可乎？須知窮理至極，當承萬物必有本體，否則生滅無常、變動不居之一一現象或一一物，豈是憑空現起？《論語》"子在川上，喟然嘆曰：逝者如斯夫，不捨晝夜"，深遠哉斯言也！此於變而觀實相也。夫通晝夜而不已於逝者，可以喻大用流行之頓起頓滅而無息也。纔滅即生，故滅滅不停，即是生生不住，斯云無息。其所以無息者，則由有實體也；有實體故，方顯爲起滅無息之大用。如其無體，實體，省言體。則誰爲起滅無息者乎？譬如逝水，若無質，則誰爲不捨晝夜之逝者乎？輕二養一，合而成水，輕養者，逝水之質也。此中以逝水喻現象或一切物，以逝水之質喻本體。孔子之嘆，良有以也。夫言乎體，具云本體。則備萬理、肇萬化，不動而變，動者動作。本體無形無象，非可擬之於人，謂其有意志、能造作也，故云不動。然萬化由之以成，故曰不動而變。此《中庸》語。無爲而無不爲，無爲猶上云不動。無不爲者，謂其成爲萬物也。是乃至妙而不可測也，一切學術，莫非窮究萬物之理，然窮至極處，終歸不可測。不可測故謂之神。評者惡言神，試反求諸己，汝眼惡乎能視？汝耳惡乎能聞？乃至汝身惡乎能觸？凡人但迷執眼、耳、鼻、舌、身，以自成爲頑物，而自喪其視明聽聰之神，則妄計無神而已矣！

夫外道所謂神，未離其自所妄執之相，釋尊遮撥，吾無間然。若夫吾生固有之神，即是遍爲天地萬物實體之神，此若可遮，則乾坤毁、人性滅，有是理乎？哲學家之持泛神論者，自無儒佛致廣大、盡精微，與體神居靈之勝詣，體神之體，謂實現諸己也。人能體神，則人即神也。居靈，亦體神義，複詞也。而其變更宗教之神道思想，乃於萬有而皆見爲神，則亦於儒佛有可融通處。可者，僅可而未盡之詞。其推度所及，亦有足多者。晚世學術，專向外求理而無反諸自性之功，精以析物而拙於窮神，《易》曰“窮神知化，德之盛也”。窮神意義，深廣無邊，千古幾人識得？故淺夫昏子樂趨時尚，喜爲無神之論。學不究其真，理不窮其至，適使人生墮没、自甘物化，至於人類都無靈性生活，同爲猛獸，不相殘以俱毀而不止，豈不悲哉！佛家證得涅槃寂静圓明，涅槃，真如之别名。寂静者，離一切惑染相故。圓明者，澄明之至，無虧欠故，是一切知之源故，本來自明，非後起故。非神而何！真解佛法者，除在其死生觀念方面有不死之神識爲多我論而外，當知其在本體論方面，無彼外道所執之依他神，宗教家信有超越萬有之造物主，爲具有人格者，是謂依他。以他爲神，曰依他神，釋尊所遮撥者此也。而有自性神。就本體在吾人分上言之，則曰自性。性體清净圓明，至神者也，曰自性神。於此不辨，概曰無神，是障至真之極，極之爲言，萬化之宗，萬物之本，此至真至實者也，此理不容障蔽。滅生人之性，當墮無間獄，可不怖乎！

《新論》在本體論上，自性神的意義與儒佛皆有融會處，而究與佛氏有大相殊别者，佛家於性體寂静方面證會獨深，而不免滯寂，《新論》則明性體至静而健以動，至寂而生化無窮。此其所以歸宗《大易》，終與佛氏有判若天淵者在。此等義海，廣大淵深，學者須於了解文字或理論之外而别有致力處，方可領會。否則，如與盲人談色彩，何能相喻？

佛家對死生問題方面之多我論，即人各有不隨肉體俱死之神識，如所謂“去後來先作主公”者，此乃《新論》所存而不論。

猶復應知，就諸教有超越萬有造物主即依他神而言，是一神教，就一一物各各有自性神而言，是泛神論，二者不當歧視，而當融和。佛教自釋迦已明自性自度，無有外道之依他神，迄大乘空有諸菩薩，遮作者尤力。作者，謂外道之依他神。及净土宗興，雖有念自性佛之言，以融歸自教之了義，然實將自性神推出去而尊之爲他，乃依之以起超越感。人生唯賴此超越感，始有所向往，有所依歸，人生無上寶貴之虔誠嚴肅，於是乎存。此不唯人生之要求如是，而理實如是。經言“一切法亦如也”，舊譯真如，多只用一如字。則如爲萬有之大原。如爲一切法之本體，即可義説爲萬有之大原，以一切法由如而有故。又言“乃至彌勒亦如也”，則尅就彌勒本人分上説，而如爲彌勒之自性。由彌勒亦如言之，當知如者是吾人自性神。由一切法亦如言之，當知如者是吾人自性神，亦即是萬有大原。本無個體之拘限與分畛，實乃無定在而無不在，故有超越各個體而爲絶對義。由此義故，當説如者，不唯是吾人自性神而已，亦即是依他神。以此自性神，非限於吾之一身，即有他義，此乃吾之所依以有生者，亦名依他神。

佛教經典中破依他神者，蓋因外教解悟未透，不免以人之觀念而測神，故從其迷謬處破之，後學緣文言而起執，遂與外道成水火，門庭分立，真理日晦，甚可哀也！及禪家興，離語言文字而直反諸自性，此是佛門中一奇蹟。净土宗興，而着重依他，佛門更添一奇蹟。研佛法者，當由大、小教理，以窮至禪、净，而後見佛教之盛，日由内而融乎外，謂外道。日由淺而入乎深，日由狹而至乎廣，日由小而進乎大，日由表而逼乎裏，日由支離而歸乎易簡。佛法以善變遷、富容納成其偉大，與中土儒家之善變、宏納而偉大也相同。

中國佛徒自昔以來，好以尊法於九天之上而排斥固有學術爲能事，不知推至天外，便與人間絶緣。佛法到中國，除介紹者可勿論而外，其信向之者雖累世不絶，罕有精析之才，深望入其阻以會其通，而復遊於其外，以窺大道之全也。《新論》自是千餘年來特創之作，雖於佛法多所彈正，而其遮法相以顯法性，見法性已，仍不妨成立諸法相。其大旨，折儒佛之衷而建皇極。謂於佛法有匡正、有推演則可，謂爲佛法之敵，則大謬不然也。

儒者宗六經，而《易》爲五經之原。《易》明乾元始物，而曰“乃統天”，此言天者，謂太空諸天體也。諸天乃形氣之至大者，天且爲其所統，况物之細者乎？此即前釋體物不遺之義。是乾元即一神，一者，絶對義，非算數之一。亦即前所云依他神。又曰“萬物各正性命”，即一一物皆以乾元爲體，而一一物莫非乾元。乾元之象曰“群龍無首”，即此義。龍以象乾元。群龍之象，謂於一一物皆見乾元。無首者，非如外道計有超脱一切物而獨在之上神也，故尅就某物具有乾元而言，即乾元爲其自性神。

道家，儒之别子也。老之言道，道者，本體之目。曰“象帝之先”，是依他神也。莊生曰“道在屎尿，道在瓦礫”，是物各具自性神義。禪師家説“有物先天地，無形本寂寥，能爲萬象主，不逐四時凋”，是依他神義。又有曰“鬧市中有天子”，鬧市喻衆生妄識擾攘，而其本心未嘗不在，故云有天子。本心是吾身之主，《論語》所謂非禮勿視、聽、言、動者即此。是自性神義。孟子曰“夫道，一而已矣”，是依他神義；曰“形色天性也”，又曰“踐形”，是自性神義。孟子“踐形”一詞，妙極。道體之流行，而成乎衆形，此一一形，皆道體之所凝成，而藉以自表現者，故一一形，皆道體之所主宰與所流行，形色即天性者謂此。學者誠明乎此，不妄執其七尺之形以障道，而常保任道心，使得恒主乎形而流行不息，是形即道，方名踐形。以佛義通之，若於色身而證得法身，亦踐形義。老云“大患有身”，猶未徹在。以上略舉諸家，毋待繁稱博引。

夫神之爲義，可析言以二：曰依他與自性。但二者雖可分説，而究不可分；不可分，而又不妨分説。其妙在此，其難窮在此，其不可思議在此。印度外道之以天神爲作者，與西洋受自希伯來之一神教，皆於依他與自性二義，可分説而不可分、不可分而又不妨分説處，未能透悟，故不免差毫釐而謬千里。彼等以超越感盛揚依他，而忘却超越萬有之一神，爲吾所依之他者，乃即是吾之自性，元非外在，吾人更不可以擬人之觀念測神也。孟子言“盡心，則知性、知天”，《十力語要》卷三有一書談及孟子此義，須參看。彼等所不悟也。諸佛菩薩嚴遮作者，豈有私見！差若毫厘，謬逾千里，何忍不遮？又何忍不嚴？後嗣不識祖意，徒分門户，卒不悟依他或一神義，未可過非，但繩其失，則在己之自性神與超越的一神，元來不二。而末學無知，只持門户，弗求真理，必欲力拒外教，甚至流爲無神論。衆生迷妄可哀，至此而極。

外道崇依他，而未真了依他即其在己之自性，而未二字，一氣貫至此。爲佛所破，已如上説。若夫反識自性，而不知在己之自性，元是超越小己而徧爲天地萬物實體，此雖遍現爲各個體，而實不限於任何個體，是乃一真絶待。《易》云“首出庶物”，《老》云“獨立無匹”，禪師云“不與萬法爲侶”，皆明理實如是。學者倘於此無深悟，但粗能反己而識自性外無獨在之上神，却不悟自性元是越形骸的小己而徧爲萬法實體、夐然絶待，却不悟三字，一氣貫至此。此中萬法，即天地萬物之都稱。便以自性至大無外，而忘却形骸的小己雖本具有自性，亦可以墜退而障其自性，而忘却三字，一氣貫下。於是起大我慢，以爲自性外，無天無帝，無所嚴畏。以無所嚴畏，故卒陷迷妄，無所依歸。如吾國明季王學末流，“滿街都是聖人”，正中此病。若復深悟，即自性即依他，元是超越小己，若復，至此爲句。便覺常有一物，此是絶對的。不限於腔子裏，亦不離於腔子裏，腔子裏，借用宋儒語，謂胸懷。常赫然鑒臨，無斯須之間容吾規避。此物也，不謂之天不得，不謂之帝不得，此約依他言。不謂之我亦不得，此約自性言，是中我者，可云大我或真我，非是小己。是通自性神與依他神而不二者也，是通一神教與泛神論而不二者也。

《新論》首立能變爲萬化之大原、萬有之本體，此與上語，重複言之耳。參考語體本上卷《轉變章》。是依他義。即此能變妙體，能變妙體四字，亦複詞。物物各具，是自性義。《明宗章》舉大海水與衆漚喻，言每一漚皆攬全大海水爲其體，以喻物各具有本體之全，即此本體，每一物具有之，而爲其物自己性命，故就物言之，爲其自性神。自性與依他，可分説而究不可分，不可分而又不妨分説，此義在《新論》中已甚顯然。又復應知，《新論》在其即用顯體之方面，即用顯體一詞，其意義極難言，今以喻明，如已知衆漚無自體，其體即是大海水，便於衆漚相而目之爲大海水，即用顯體，義亦猶是。衆漚喻用，大海水喻體。即於大用流行之闢勢而説爲體，體字，具云本體。他處準知。此闢是萬物的統體，亦是一一物各具的，但一一物各具的闢，即是萬物統體的闢，而萬物統體的闢，也即是一一物各具的闢。參考語體本《功能》《成物》《明心》諸章。三十六年鄂省印行本略有改易字句。從一一物各具言，是物自性神；從萬物統體言，是超越乎一一物而絶待，是一神，亦即是依他神。由物對一神起超越感，便奉爲他，而依歸之，曰依他。《新論》本非無神論，但評者所譏刺之神的意義，決不是《新論》之神的意義，此望虛懷猛省。

熊先生近年嘗言，《新論》歸宿處在《明心章》。欲令人反識自性，自本自根，自信自肯，自肯，用宗門語。自發自造，此是第一義諦。但人生易役於小體，孟子云“從其小體爲小人”，小體謂身軀。萬惡皆由從小體而起，佛家破薩迦耶見，即身見，義與此通。每難自拔，須仗他力，如蓬生蔴中，不扶自直。頗思造《窮神論》，匯諸一神教、佛法、西洋哲學、道宗、儒學，一爐而冶，佑神立極，佑神者，近世人生墮没，失其神明，須佑助之，以復其神也。立極，猶言立人極，人能不自絶於神，始立人道之極，以拯生人。老當衰亂，無可與言，每當把筆，輒復寡興，終於不果。據此，可想見先生之苦。然吾儕猶望先生能成斯論，以與《新論》相爲表裏，天不喪道，來者難知，冀有孤燈，炳兹長夜。

評者身爲僧徒，而敢挾無神之念，至堪哀痛！評者既駁《新唯識論》，當擁護佛家舊《論》。舊《論》初頌云“稽首唯識性”，此語不知評者作何解？按基《疏》云：“稽首二字，顯能敬相。以首至地，故名稽首。此唯身業，義顯意、語二業亦敬。”意初發動，名意業。即此意念表出諸口，名語業。見諸身體動作，名身業。又曰：“起慇静心，策殊勝業，策者策動。最虔誠，最清净，名殊勝業。申誠歸仰。”又曰：“唯識相、性不同。相即依他，[13]相者相狀，猶云現象。此中依他一句，與吾前文云依他神者，詞同而義不同。此言他者，猶言緣。一切物唯依衆緣而起，都無實物，故言依他。詳熊先生《佛家名相通釋》。唯是有爲。一切法相，有生滅故，名有爲。性即是識圓成自體，唯是真如。唯識二字，當分廣義、狹義。狹義則對境彰名；廣則言識，便攝天地萬物在内，以不許有離識獨在之物故。性字作體字解，其義則看如何用法。此中性字，即以目識之圓成自體。言圓成自體者，圓成雖無形無相，而不是空無的物事，是有自體的，故云圓成自體。圓者圓滿，無虧欠故。成者現成，亘古現成，不同依他諸相有生滅故。此無生滅，故説名成。復言唯是真如者，此圓成即是真如。真謂真實，離虛妄故；如謂常如其性，無變易故。《百法疏》云“真即是如”，[14]此中則以識之實體，即是圓成，亦云真如。唯識之性，名唯識性。”識之實體，名唯識性。據此可見諸佛菩薩申誠歸仰真如，所以律己教人者如是。試問此與《詩》言“對越上帝”及文王“小心翼翼，昭事上帝”之心，有二致否？

一神教所謂上帝，若將擬人的妄執除遣，斯與真如有甚差別？當知萬有實體是超越一一物而獨立無匹的，畢竟有神的意義，但不可以擬人的妄執去理會耳。在吾人之自性神，與徧爲萬有實體之一神，就吾人對之起超越感而申誠歸仰言，則曰依他神。本無彼此。何以故？一神與自性神，不可説如父子，父子有彼此之分，究非一人，而神不爾。王船山《讀四書大全説》言“天大而命小，命大而性小”，則有彼此之層級大小，實不悟天、命、性也。亦無内外。何以故？物與物對，可分内外，而徧爲萬物實體之神，本無對故，即無内外。復無同異。何以故？由無彼此，即無異相可説，異相無故，同相亦無。復無能所。何以故？神非如人之有意志造作，不可説爲能造，雖現爲萬有，而此萬有亦神用自然之運，非如人造器具，其自身在器具之外。神雖徧現作一一物，實不離一一物而獨存，乃遍在一一物中而爲之主。“一一微塵，皆有佛性”與“道在瓦礫”諸語，非是玄談。故不可以萬有説爲神之所造。一即是多，神本至一，而徧在一一物，則一而多矣。多即是一，物物各具有自性神，是多也；而物物各具之神，元非各别的，並不隨物形而有分，則多即是一。至哉神也，無得而稱焉！人之申誠歸仰於神，即孟子所謂從其大體而爲大人，大人之意義至深廣。大者，絶對之稱，非與小爲對之詞。與神爲一，方是大人。否則從其小體，便自絶於神，而行屍走肉，不成爲人，是謂物化。物化者，神道隱，隱者，不得顯發，即喪其神。人道熄。以上，皆本諸熊先生近年之言。

僧徒悍然無神，試問真如不神，諸佛菩薩何故竭誠稽首，豈其智不汝若耶？王船山先生著書，詈陽明以洪水猛獸，晚而有悟也，與其弟子唐須竹曰：粥飯在盂，阿誰造匕箸入口？汝真行屍走肉，不知操匕箸者誰耶？

評者雖僧徒，似於内典絶不反己切究，其滿紙浮詞，都是由浸潤於洋本本者所中之毒。評者以反對神學化自旌異，而於神義，究何所了？余望僧人落實閉户，深研自教，少作外慕工夫，佛法或有昌明之望。

評文有云：儒家的文化代表庸衆的人生觀，缺乏出世思想，局限於平凡的淺近的現實云云。

審曰：佛家出世的動機，確是代表庸衆心理。庸衆起惑造業，既造惡業，而復怖苦，乃求出離。此等出世思想，元屬妄想，至少亦是幻想。妄者，迷惑過重，故與幻稍別。須知世間本無實物，何須求出？又出向何處？世間以外，有別處所可托足乎？如逃虚空，寧有逃所？故唯庸衆起兹妄想。然有須辨者，釋迦與諸大菩薩出世之想，雖云代表庸衆，但其内心深處專在怖畏生死。大小經論談佛發心處，總不外此。雖云庸衆亦同斯感，然其感易失，其情不專，現實之沉溺，易摇其生死之怖。故庸衆雖亦怖生死海苦，而終無修道之勇。證以吾國今日軍人、官僚、豪商、名士多皈佛奉僧，而於世間利樂貪求益甚，可見其怖生死念，與世情常相倚伏。釋迦與其後學諸大菩薩，於生死苦，所感至真至切，至深至專，故能毅然孤往，精進修行，其異於庸衆者在此。然必謂怖苦與畏生死、求出離之感，非庸衆心理所同然，則爲不通之論。妄欲推尊佛教，而實自暴露其無智之甚也。凡宗教思想之發生與流佈，無有不基於庸衆心理者，否則不能成爲宗教。假設有人欲創一教，而超脱於庸衆心之外，必爲庸衆所不接受，尚得成爲教乎？中國人最不肯捨財利，獨作佛事可募化，足證佛教植基於庸衆心理。而評者乃以代表庸衆薄儒家，不知何故發此妄語？

佛教由怖生死海苦而求出世，故走入反人生的路向。其於本體，亦但證會空寂，空非空無之謂。以無形相、無方所、無惑障故，名空。却不悟至空而健動也，至寂而生化不竭也。不悟至此爲句。釋迦氏道行誠高，惜其發心只着眼世間，世間，即彼所謂生死海。故墮偏見，而非大中至正之道也。若言道統，正朔自在尼山。

儒者之學，孔子始集大成。孔子天縱之聖，直從乾元始物而萬物各正性命處，萬物各得乾元大正之理，以爲其性命，即物物皆是乾元。詳玩熊先生《新論》及《讀經示要》。明示天人不二，天即乾元，亦即本體之目。天在人，而人即天，相對即是絶對，本來不二。物我無間。同體故無間。故率性而行，就天命在吾人分上言之，即曰性；人能率性，則人即天。朱子云“天理流行”，可深玩。則小己之相自捨。有己相，即是我執。孔子“四毋”，其一無我；孟氏云“上下與天地同流”，則無小己之執可知已。小己相捨故，即無生死；執小己故，方有生死。已無小己，生死相自空。小己與生死相空故，便無世間相，有小己生死流轉相故，方名世間。已無小己流轉之相，故世間相空。孟子“形色即天性”一語中，含無量甚深微妙義，證會至此，何有世間相可説？世間相已無，更於何處作求出想？《論語》：“子曰：‘朝聞道，夕死可矣。’”此語中亦含無量甚深微妙義。聞道之聞字甚吃緊，非乍聞之謂，乃念念不捨此聞，即六十耳順之聞，亦即耳根圓通之境。夕死可矣者，正顯無死。老云“正言若反”，此類句子是也。聞道即證入無待，生死海相畢竟空，何死之有？《論語》一書，秦、漢以來經生莫能讀，僧徒慧者挾門户見，亦莫能讀，況其劣者乎！

儒者之道，直從天德流行處着眼，天德謂本體，與佛言圓成或真如者相當。但佛氏偏領會其寂，故不於本體上説流行。而儒者則於寂而見其生生化化不息之健，二家遂殊途。《新論》乃納之同歸。將令有慧者一直超悟，悟個什么？是甚境界？勿粗心看去。遠離世相；世相謂小己與生死苦等相。而於庸衆，則因其所性之德，以天德之在人而言，則爲吾人所性之德。而制爲禮，上文因字吃緊。因其性德而制禮，即順其所固有之天則，而引發之於日用之中，非由他力制之以相劫持也。不識此意，未可與言儒者禮教，此義深微。使其視、聽、言、動，一切不入於非禮，節其爲己之私，《左傳》言禮主讓，所以節制己私。禮之意，總是時時在在於一己外，須顧及他人。易言之，即視人猶己。興其反始之感，反始，見《禮記》。始，謂本體，其在人也，則爲人所以生之理，亦名爲性。人之爲禮，實反諸其性德之不得不然。如與國人交，止於信；若謂失信，恐人不我與。然世蓋有專恃狡詐以馭衆者，唯反求其良知，則終不敢以狡詐爲是。良知者性也，故禮之重信，乃從反始而然也。舉此一例，可概其餘。而人道尊、天德顯矣。人道尊者，人能念念由禮，即肉身便是法身，至尊無上，孟子言天爵者此也。人能由禮，則人道即是天德顯現。宗門大德云“信手所把，莫非真如”，是此境界。有道之世，禮化大行，人間世即是常、樂、我、净。涅槃四德曰常、樂、我、净。何以言之？禮主反始，是真常之德，不隨物變易者也。如拜君之禮儀雖廢，而此禮儀之本意只是忠，此忠永無可廢。忠於立身，忠於應事接物，無往不有忠之禮意存焉！餘可準知。故禮意者，常德也。違禮即亂，人己俱苦；循禮則人皆得所，是至樂也。禮以節私，是主宰義，即我義。人人有禮，則全世界是天則秩然、文理粲然之禮世界，無有一毫濁亂，是净義。惡有捨世間而可求涅槃者哉！儒者之道，高矣美矣，至矣盡矣，誰復有智而妄見爲局於平凡淺近的現實乎哉！廣大悉備者儒，極高明而道中庸者儒，尊德性而道問學者儒，西洋人能道問學，而於尊德性太隔在。範圍天地、曲成萬物者儒，裁成天地、輔相萬物者儒。輔相意義極深，順萬物之自然而輔之，使其自樹自宜而已，非任獨裁者以己意宰物也。今之遏絶群衆自由者，不識此義。佛之教，欲衆生趣性海是也。而發心必厭生死海，即厭世間而求出離，《阿含》等經以厭離二字連屬成詞。則人海已枯，而性海何存乎？儒者之道，不呵人海以生死海，乃即於人海而見性海，故曰“道不遠人”。人之爲道而遠人，不可以爲道。佛氏畏人間世險苦，一直孤往，雖難矣，而能忍欲者，則爲之猶易。儒者明知人間世伏奇險大苦於平易之中，而安之不怖，反求其本，反求吾所以生之本原。乃識萬有皆真理之流行。小己相捨，即無世間相，險無不夷，苦復何有？其身不離庸衆，而實離群獨立；雖離群獨立，而實又不離庸衆。其於人倫日用，一切隨乎庸衆，而實有不隨者存；雖有不隨者存，而究一切隨乎庸衆。此其所爲，真難之又難，而無絶妙好詞可以形容此難。余故曰：若言道統，正朔當在尼山。佛氏究是偏統，能偏，故顯獨至，顯奇蹟。不觀於佛，無以知儒；不歸於儒，終未免有捨人海而求性海之蔽。偏正互顯，儒佛相需，會而通之，王道平平。胡爲僧徒曾是弗思，而妄詬儒？

評文又云：“儒家雖亦感到‘天地不與聖人同憂’，終究是不了了之——未濟。”此以俗腸而議聖量，不亦悲哉！熊先生《讀經示要·第一講》談治化九義中有曰：“是故《大易》終於‘未濟’，未濟，人道之窮也。《春秋》以西狩獲麟終，獲麟，嘆道窮也。嗚乎窮矣，而有無窮者存。無窮者，願欲也。當其窮，而有無窮之願欲，所以窮則變，變則通，通則久。《易》《春秋》所寄意，甚深微妙，其至矣哉！凡夫智小，處窮絶願，豈不悲哉！”又《新論》語體本中卷《功能章》有曰：“險阻不窮，所以徵其剛健；神化無盡，亦以有夫剥極。若有小心，覩宇宙之廣大，剥相不必厭，所以成其廣大。將恐怖而不可解。易道終於未濟，不爲凡愚説也。”綜上諸文，義旨深遠，聖人作《易》，終以未濟，而其仁天下萬世之心，終無已止。故於《易・繫傳》明其意曰：“天道鼓萬物而不與聖人同憂。”此義須詳熊先生《黄海化學社講詞》。又曰：“安土敦乎仁，故能愛。”天地萬物痛癢相關之憂與愛，此本體之流行也，此剥而必復之幾也。故又曰“窮則變，變則通”云云。此是何等境界！唯佛氏大悲弘願，與此相應，而曰以不了了之乎？佛言衆生具五種姓，其闡提種姓終不成佛，吾國慈恩宗承傳斯義，《法華五百問》嘗攻難不休。然闡提雖有佛性，理當作佛；而事實上，其障過重，畢竟不作佛，則無容否認。據此，衆生不得度盡，仍是《大易・未濟》之義也。試問佛氏亦是不了了之否？佛氏有悲願在：有一衆生不成佛，我終不成佛。其憂之切、愛之深，與吾聖人無二致。評者既披法服、誦經書，而於先聖、先佛深遠之觀照，及其誠切偉大之精神，竟一毫無所感悟，何哉？

評文引《大易》“天地之大德曰生”，以爲儒家是“覺得宇宙間充滿了生之和諧，因推想到擬人的天或天地”云云。此乃時下洋本本的論調。《大易》言生或仁，是實證乾元性海，吃緊。豈同凡夫情見，由貪着世間故，便覺宇宙間充滿生之和諧！評者本不悟乾元性海生生仁德，乃妄以自家痴見輕侮聖言，《大易》分明於“乾”著“亢龍有悔”，於“坤”顯“元黄血戰”，他處更不勝引，何曾只見宇宙間充滿生之和諧？評者於《易經》未曾讀過，何故妄議《易》？和諧必待有不和諧而後見，宇宙充滿和諧一詞，根本不能成立。既無不和諧處，則和諧又從何覺得？評者若平日果有此覺，當知是汝妄覺，無關實理。

性海大德曰生，天地所以象性海。漢儒言象者，譬喻義。凡人皆以爲天地生育萬物，故以爲性海生德之象，而意不在天地也。漢易家皆云：《易經》無一字不是象。此語甚吃緊。不知此事，絶不可讀《易》。《大易》顯乾元性體，是否有一神教擬人之嫌，稍有哲學頭腦者當自知之。如其不知，必是無頭腦者也，否則必挾私見以横議者也。

評者贊嘆老子天地不仁、芻狗萬物之言，又云“老子領會到滅滅不已的殺機”，並贊其有些出世的傾向。評者似甚怕滅，似受佛家怖死的影響。其實如尅就性體言，性之德只是生，只是和。此中生字，不與滅或死對，而是絶對生的義；和字非與不和對，而是絶對的和義。正如涅槃言常，非與無常爲相對之詞；乃至言净，非與不净爲相對之詞。評者如不悟，幸勿遽起反感，不妨苦參一番。若談到本體之流行，流行即是本體顯爲大用。有反始遂其和，老云“反者道之動”，確不錯。有生即有滅，大用流行必非一味平板板地。獨則不化，易家此義，最宜深玩。反者所以顯其和，無反則獨而不化，奚以見和？纔生即滅者，故不暫住故，一息守故，大化斯停，焉有新生？《新論》説滅滅不停即是生生不已。皇皇勝義，而汝弗喻；天發殺機，僞書妄談，胡可取是，以衡易道？評者引《陰符經》，不知其僞。須知儒者生生，尅就用言，吃緊。與佛言生死之生截然異恉。佛之言生，即十二緣生義，無明爲導首，後來大乘賴耶生相，即承十二緣生之旨，而别用一種方式即一套理論。以演之，其骨髓則一也。章太炎不悟賴耶生義，與儒家天命之性絶非同物，不悟，一氣貫至此。天者，本體之名；命者，流行義。天命，猶言本體之流行。性即天命，但以其爲人所以生之理，則曰性。竟混爲一談，章氏平生屢以賴耶生相，言儒之生生義，垂老不悟。熊先生嘗正其謬，見《十力語要》卷一。夫佛氏生死之生，明明就妄識流轉處説，非就清净性海上説；《大易》乾元生生仁德，即顯清净性海之德也。佛家着在出世，故於性海，只證其寂，而不會其生生盛德，此其根本差謬處。《新論》不得不救其偏，因而以歸宗於《大易》，非故與佛門立異也。《易》言“天地大德曰生”，正以象乾元性海，何可謬作一神教之擬人觀念會去？

老子天地不仁、芻狗萬物之論，是滯於物象，以測化理，此言化者，即謂大用流行。正墮凡情窠臼。從物象着眼者，必計有小己與萬物相對。在相對的世界中，小己有生死苦，又復以己逐物，即有求不得苦，乃至種種不可勝説苦。又物我對峙，遂發生種種罪行，人間成萬惡稠林，廣宇爲一大火宅。老子興嘆在此也。莊生祖述老氏，不得已而委心任化，委其心於無用之地，以任造化之自爾，故以我爲鼠肝、爲蟲臂，我皆任之而已，無自力可致也。成乎玩世。熊先生《讀經示要·第二講》評斥莊生，爲從來談莊者所不悟。先生近有《漆園記》，雖小文，而義據極深切。老、莊着眼處與佛家接近。故佛法東來，彼爲先導，確不偶然。然彼非能出世者，熊先生《十力語要》各卷中曾有説及。出世雖有反人生之嫌，雖偏，而偏得有氣力；老、莊玩世，其流便一毫氣力也無。評者欲引與釋尊同調，釋尊當不受也。

夫滯於物象而不得超悟者，則人生常限於苦逼與罪惡之中，《易》之坎、訟、剥、否、困等卦明知此事，然終不起厭離想者，則其着眼處在超物而直趣上達。《易·繫傳》曰："形而上者謂之道，此中形字是昭著義。無方無相，而非空無，故言昭著。絶待故言上。此乃徧爲萬物實體者，是謂道。形而下者謂之器。"此中形字，是形物義。本體顯爲大用流行，即有翕而成形之方面，形即退墜，故説爲下。以其形下，謂之器。《論語》言："君子上達，小人下達。"上達，謂證得本體也。下達，謂滯於物象，即執有小己而與物對峙，是甘於下墜而迷失其本體者也。子路問死，子曰："未知生，焉知死。"從來注《論語》者，於此章均茫然不會。夫子呵斥子路，令其反己，而求吾所以生之理，即上達天德，天德謂本體。《中庸》曰：苟不固聰明睿智，達天德者，其孰能知之。而不囿於器。小己相捨，伊誰有死？何須以死問哉？子路之問，正是迷情，夫子呵以"未知生"，則警之上達。船山詩所謂"拔地雷聲驚笋夢"者，似此氣象。《讀經示要》説子路所問之死，是十二支中老死之死，十二支亦名十二緣生。而夫子答未知生之生，則非十二緣生之生。此是宣聖、釋迦根本異趣處，惜乎迷者弗辨也！

夫於一一物象，而迷執爲實有如是器界者，則内而堅執小己，外而逐物，於是物慾之無饜足，與物我相角逐間，發生無量無邊罪惡，及小己之死苦，皆無可解免。此固厭離思想與玩世思想所由生。若其懷樂生之情，而實不足語於上達者，則雖歌頌帝力，讚造物之美麗，實亦由迷妄之情，固結於中，而不自知所以耳。總之，評者以厭離世間與玩世思想爲根據而批評儒家，是極大謬妄；以樂生思想猜測儒家，又是極大謬安。儒者之道，與庸衆同行而異情，所行同，而情實異也。異情而同行。其着眼處不在世間，即於一一物象，而不作一一物象想，即於，至此爲句。於器界，不作器界想。世間相捨故，一一物象或器界都無故，所執無而能執亦無。能執，謂小己。孟子“形色天性也”一語，天者，本體之名。性即天也，但以爲人物所以生之理而言，則曰性。直含佛氏《大般若》無量甚深微妙義，有其長處而無其流弊。《般若》破相以顯性，相者，即孟子所云形色，亦即本文所云物象或器界與小己相。何如不破相，而直於相顯性？何如，至此爲句。破之固以遮執，而亦易流於耽空，且有性、相不得融一之過，故孟子語更妙也。誠知形色即天性，則於世間直證爲天性流行，豈復有世間相乎？於一一物象或器界，直認爲天性顯現，豈復有物象或器界相乎？於小己直證入天性，豈復有小己相乎？孟子即相顯性，則不待破相，而相縛已無。相縛者，凡夫迷執於相，即爲相所縛，而不得見性也。譬如小孩臨洋岸，只認取一一衆漚相，而不知爲大海水之顯；有成年人語以衆漚即是大海水，則漚相不待破，而自無漚相之縛矣。《般若》破相顯性者也，孟子即相顯性者也。孟子此言，蓋從乾元始物與萬物各正性命處體認得來，一言而發《大易》之蘊，蓋孔門嫡嗣，孟氏去孔子未遠，而自稱願學孔子。儒學之大宗也。識得形色即天性，則盡性所以踐形，盡者，實現天性而無所虧欠也。於形而盡性，則形即性也，盡性即踐形也。踐形即是盡性。故孟子之人生觀，在集義、養氣，以究於至大至剛、充塞天地之盛，此中天地一詞，猶言全宇宙。是即人即天也，即世間即乾元性海也。孟子之學出于《易》，確然無疑。至此，則何有厭離？又何有於玩？若言樂生，則非樂其小己之生也，非樂其與物相待之生也，非安於現實之謂也。嗚乎！凡夫不識此境界，諸宗教、哲學家識此境界者亦罕矣。漢、唐迄清注疏之儒，名儒而實無預於儒也。宋以來義理之儒，則雜於佛與道，大概偏從虛寂測天命，其得孔、孟之意者寡矣。何況近世僧徒，可了真儒乎？

評者又云：“物種的‘仁’，即被解説爲道德的根源。”據此，評者於高深學術，似太缺乏素養。文字之初興，多是表示實物，其時人智尚淺，即抽象的作用尚不足。及學術以漸發達，則每沿用其原有之字，離其本義而引申之，以表達其最高之理念。如我之一字，原本身見，其後引申爲法我，則已甚抽象，更引申爲涅槃四德之我，涅槃本真如别名。設有攻佛者曰佛家以身見爲真如也，評者以爲然否？如若不然，休誤言仁。

評文又云“論到出離，佛家從‘生者必滅’而‘滅不必生’的定律，確信苦痛有解决的可能”云云。此一定律，自是評者代諸佛所立者，諸佛斷未肯承認。諸經論説緣生法，固云此生故彼生，此滅故彼滅。如十二支中，無明緣行，無明滅故行滅，餘準可知。此明緣生法，都無自性，似無須評者代諸佛别立一生者必滅而滅不必生的定律。須知有爲法一名生滅法，此是世間及佛法所共許，但生而必滅固已，而是否纔生即滅，乃别是一問題。今評者忽爲諸佛代立生者必滅而滅不必生的定律，則有無量過。所以者何？佛家大有談緣生法，有染分依他與净分依他之分。他者，緣義。依他衆緣而起，曰依他起。故依他即緣生義。於染分依他，應云纔生即滅，纔滅即生，但遇對治，則不續生。若泛云滅不必生，而不以對治簡，則無明遇净對治，亦非决定不生也。將佛之修行，一切唐捐，此豈小過！净分依他，若如評者滅不必生，則佛法將成斷見外道，又豈小過！經論尅就緣生説，而云此生故彼生，此滅故彼滅，正顯緣生法無自性，立言恰恰如量。評者泛立生滅定律，自應包通各方面的法義，何可如此糊塗？評者悍然侮老宿只讀佛家半部《唯識》，竊恐汝半部佛書未曾讀過。又汝好言定律，亦知佛經所談與科學説物理不同否？而可以定律亂解佛説乎？

尤奇者，評者於其所立“生者必滅而滅不必生的定律”下，緊接“確信苦痛有澈底解脱的可能”而爲一長句。據此，則佛氏之解脱，只依生者必滅而滅不必生的定律以得之，凡佛教三藏所説萬行，皆成廢話。所以者何？一切法既循生必滅而滅不必生之定律，則無事於修行，而自然澈底解脱故。無怪評者滿紙緣起，而不悟佛家緣起義，畢竟不同哲學家之關係論也。此不獨未通佛法，即就中國與遠西哲學言，人生超脱塵累之最高境界，豈是隨具自生自滅而得之者哉？〔15〕評者身爲僧人，何故若斯愚妄？念此不覺愴然。

評者又云："對於苦迫的世間，稱此解脱爲出世"云云。解脱果只如此，則何須高談佛法？匹夫匹婦自經溝壑，便已解脱衆苦。即不如此説，而鄉村渾樸老農，終生不作世間苦迫想，何嘗不解脱？何不可名出世？須知三藏十二部經，一方抉發衆生惑染相，何等深細，何等森嚴。一方闡明諸佛菩薩行願及果相，修行爲因，所證得之境名果。何等廣大，何等真切，何等清净莊嚴。評者於此等處若稍有觸，何敢如是而言解脱？諺云聾者不畏雷，以不聞故；不知有難説之境而敢説，亦以不聞故。至解脱是否離此世間而别有在？吾每遇人問及此。當知解脱亦不離此世間而别有在，衆生穢土，諸佛净土，同處各徧故。諸經論中已言之，兹不及檢舉。亦非即此世間，净穢雖同處，而實各别，互不相入故。要之，解脱境界終是宗教的神境，與吾聖人與天合德之詣，當不必併爲一談。吾人信之與否，别是一事，而其意義甚嚴格，萬不可以俗情妄作解也。

> 評文又云："由於正覺現前，情見與業習的治滅，開拓出明净心地，不爲世法苦樂等所惑亂。有此正覺，行於世間，才能釋迦那樣的如蓮花而不染，迦葉那樣的如虚空而不着。如此的出世，似乎不可以呵毁。否則，《新論》所標揭的"自證相應"，先該自動取消！不是這番出世的人生觀，《新論》從那裏去發見空空寂寂的窮於讚嘆！儒家能有此一着嗎？

此一段話，評者直將佛教根本精神完全掃蕩。須知佛教中，本富於哲學思想，其理境直是窮高極深，惟此土儒宗適與冥契，而遠西哲匠純恃理智思辨以見長者，解析雖精密，究無可攀援高深之理境。須知，至此爲長句。今日僧徒疑熊先生毁佛，實皆不通《新論》，真通《新論》，必不謂熊先生毁佛也。熊先生於佛教之哲學思想方面，確吸其真精實髓而變化之，以明體用不二之妙，空空寂寂而生化無窮、健動不已之神，以明，至此爲句。以救佛家耽空溺寂與性相不得融一之弊。後有達者，當識斯意。但余有一緊要語告評者：熊先生平日教學者，每謂佛氏發心，是對衆生淪溺生死海苦，[16]起大悲心，而其究極之希願，仍在度脱衆生，盡離火宅，而趣寂滅海。所謂度脱，即《阿含》所云“不受後有”。後者，後世。有之一詞，省言之，則謂衆生身及世間。不受者，謂滅度已，不復於後世來爲衆生也。非謂既得明净心，在世間而不染，便是出世。非謂二字，至此爲句。倘佛之出世，果如評者所云，則諸佛菩薩何故有厭離生死海等胡亂語，豈非自暴露其心地染污，竟於世間妄詬爲生死海耶？豈非，至此爲句。若止在世不染，即名出世，更無出世法者，則程子“廓然大公，物來順應”二語，廓然大公，非如虚空而不着乎？物來順應，非如蓮花而不染乎？已足抵消佛家三藏十二部經，而佛氏無量無邊説法，直可以老氏所云“多言數窮”者譏之。即付之秦火，無不痛快，惡用是紛紛者爲耶？佛家十二部經，與儒者六經四子，兩相比較，其於真理之無窮無盡，各有證會獨深處。吾人若求融會貫通，自别爲一事，但兩家骨子裏不同處，究不可亂。一爲出世之教，一爲融貫天人之學，天人不二，自無所謂出世。須各存其精神與面目。此熊先生論學主張，萬不容忽。

佛徒順俗而言入世，則諸佛菩薩立教根本精神完全掃蕩以盡，名爲護佛法，而適以毁法。不獨釋尊不願有此逆子，而佛法毁壞，亦是人類精神界一大損失也。熊先生並不反對佛教，嘗言佛氏照察衆生無量無邊惑染相及諸苦相，與其大悲大願，盡未來際不捨衆生，我不入地獄誰入地獄、大雄無畏精神，真乃念念服膺，而不敢失、不忍失。即其度脱衆生之願，不惜大地平沉、虚空粉碎，無論可作到與否，而人類無始時來，在長夜中，亦應有此超脱智慧與勝遠情懷、勇悍力量，何必順凡情而諱言出世乎？以上皆熊先生言。先生固常言出世之行，未免行怪；亦常言向何處出？此則就其融貫天人，不落世間想之義據上説，當有是言；若就衆生無始顛倒方面而談，佛家出世思想，自是昏城中忽燃智炬，〔17〕惡容毁熄？先生每云：天地間只儒、佛二家之學，足以表現宇宙精神。二者本有可融會，至理元無疆界；而二家思想出發處究有别，則有不當混亂者，切忌混亂。余嘗問：先生《新論》，終歸宗於儒家《大易》，何耶？先生曰：汝自會去。久之又曰：汝深玩《論語》“子曰：‘天何言哉！四時行焉，百物生焉，天何言哉！’”何言者，形容其寂也，寂寂而時行物生，此天之所以爲天也。聖人與天合德之旨，合之一字，只是措詞方便。實則説到合天，則人即是天，非以此合彼也。須善會。畢竟與佛家所謂證涅槃，自有不同者在。萬有之實體，儒者謂之天，佛家亦謂之涅槃。然佛證涅槃只是寂，天則不唯寂也。二家所證不全同。此間確有許多大問題，惜乎儒、佛二家學者，都是膠執文字，不可得忘言默會之人，與之窮極真際，恐言之徒惹無謂糾紛，不如含默。[18]世愈衰亂，獨學無神解之人。昔羅什門下，有三千四大之盛，什公有四大弟子。尚懷“哀鸞孤桐上，清音徹九天”之痛。而余之孤苦，則什公當日無從夢見也。先生此言，爲之心戚。

熊先生嘗言：出世之教與融貫天人之學，分明是對於宇宙人生根本問題，而各有看法不同。佛家以緣起説，緣起與緣生二詞本通用，[19]但亦有別義，見基師《述記》等。此中則據通義言。明諸法無自性，此中諸法，猶云萬物或萬有。至俗云宇宙者，本萬物之都稱。佛書雖無宇宙一詞，而諸法或諸行及有爲法或生滅法諸名詞，則亦概萬物或萬有而總稱之也。無自性者，即謂萬物都無實自體，萬有都不是實在的也。今之新物理學，幾窺見宇宙萬象皆空，已爲佛法張目。此中幾窺云云之幾字，甚吃緊。幾之爲言，以其未能深澈也。物理學只將有實質的觀念打消，而近於空，實則此解甚粗。佛家觀空，窮玄究妙而極微奥，非熟玩《大般若》而得言外意者，難與談此。物理學家何足語《般若》哉！至其抉發人生無量無邊惑相、苦相，可謂上窮霄壤、下達黄泉，無不究盡。此其所以普爲群生説法，欲令離生死海而趣入清净寂滅海，所謂離欲、一切惑染，總名爲欲。寂海則遠離諸欲也。滅、諸惑永滅名滅；寂海湛然，非諸惑所著處故，亦名滅。息没已。據十二緣生義，衆生之生也，緣惑而生，惑相滅盡故，即生相滅盡，云息没已。有亦不應説，無亦不應説，有無亦不應説，非有非無亦不應説，甚深廣大無量無數皆悉寂滅。嗚乎！無上甚深微妙難窮哉，清净寂滅海也！後來大乘雖言無住，大乘無住涅槃，則以衆生未度盡故，既不住生死，而亦不住涅槃，遂名無住涅槃。對治小乘自了之私，盛言不捨衆生、不捨世間，此是悲智輔翼，用而常寂，菩薩不住涅槃，常以悲智輔翼，發起無邊功用，而恒不失其自性之寂。要其本願，終欲令一切衆生皆入寂滅海，與釋迦主旨，元無二致。若曲解大乘，謂其變更出世教義，即以在世不染名爲出世，則順世外道之名，真可加於大乘，豈大乘所願受哉？綜觀三藏十二部經，總是悲愍衆生流轉生死海，起無量惑，造無量業，業，謂罪惡業。受無量苦，故乃誓願拔出，令趣寂海。一切外教，都無如是出世了義，了悟最高，無不究竟，故云了義。此乃人類思想界之最空脱、最奇亦最有趣者。陷溺現實之人生，亦應受此一番警覺。其可毁方爲圓，以變更佛法本旨哉？

儒者融貫天人之學，明萬有資始於備萬理、含萬德、肇萬化之一元，所謂乾元。備萬理云云，此雖《新論》之旨，而《新論》實發揮《易》義。乾元徧爲萬物實體，即於一一物而皆見爲乾元，是故於器而見道，器即道之著也。於氣而顯理，氣即理之顯也。於物而知神，物即神之顯也。於形下而識形上，形下即是形上，非可二之也。於形色而覩天性，形形色色，莫非天性著現，故睹天性，則形色之見已亡。於相對而證入絶對，於萬物而識其本體，即相對是絶對。於小己而透悟大我，若悟在己之自性，與超越萬有之實體，是一非二，則小己之相遣，而知天地萬物皆吾同體。是孟子所云萬物皆備之我，乃大我也。於肉體而悟爲神帝。上帝非超脱肉體而外在故。徹乎此者，不獨無生死海可厭離，實乃於人間世而顯天德。人生日新盛德，富有大業，一皆天德之行健不息也。範圍天地之化，裁成天地之道，此上言天地者，即謂自然界。曰範圍、曰裁成，即因自然力而改造之、利用之，以適於人生。曲成萬物，曲成者，順物之性而成之，使各自治自主，非有强力者宰制之也。輔相萬物，輔相者，但導物以相互助而已，不可箝束之，使失其自由。極乎天地咸位、萬物並育，一皆天德之行健不息也。人稟天德，以成人能，即於人道實現天德。天人本不二，非可求天道於人道之外也。《新論》體用不二之旨，亦是融貫天人，繼《大易》而有作，扶儒學於將墜。矧丁衰亂，昏弱托庇空王，魏、晉以來，每逢衰世，人心趨向空寂之教。今日軍人、官僚、商人、名士，其昏惡而不自安者，多虚慕佛法，其軟弱不自振者，亦稍拾佛書一二話頭以自遣。此爲最不良現象。雖於佛法本身實無關，然其假托，甚可惡。拯溺救焚，究非趣寂者所任。體天之健，儒學攸資。《新論》朋儒，非偶然也。

出世法，極高明而未能道中庸。其厭離生死海而高趣寂滅海之希願，可謂人類思想界最空脱之境。此等思想，非高明之資，不堪鑽仰。

而昏弱之徒托於此，則由其愚昧已甚，不解佛之法之真耳。

融貫天人之學，極高明而道中庸。唯其一直上達，上達，謂達天德，即人即天。覆玩前文。故乃德用充周，無虧欠曰充，無限量曰周。渾然與天地萬物同體，不作小己流轉想，即無生死海想。又其於庸衆之驟難上達者，則因斯人之性，人禀天德而生，即爲其性。而興禮樂之化，輔以政制法紀，養成群體生活良習，並育而不相害。故《論語》曰“人之生也直”，又曰“斯民也，三代之所以直道而行也”。此直字甚嚴格。理非倒妄，故以直言。佛家言真如，亦以理非倒妄故名。此義深微，切忌淺解。人之生也，本具直理而生。三代聖者，即因人性本具之直，而行直道之治。若夫梟桀之流，以野心與偏見宰割萬物，箝束生人，蠱惑衆庶，則是顛倒迷妄，違反人性者也。儒者實現天德於人間世，故不似佛氏以無明爲導首來説人生，以賴耶染污來説人生，賴耶骨子仍據十二緣生義，已如前説。德人叔本華之學，即受佛氏之影響而誤。故不似三字，至此爲句。亦不以世間爲罪惡稠林，爲火宅，爲生死海，爲大苦聚，爲如露如電、如幻如化。亦不以，至此爲句。體天德而成人能，即人道而實現天德，上二語，吃緊。故曰極高明而道中庸。佛氏終不免捨人道，而索天德於寂滅之鄉。雖復對彼衆生從無始來錮於形、囿於習，而不克顯其天德者，可以破其纏縛，雖復，至此爲一逗。而衡以天人不二之旨，則失之遠矣。

科學精於析物，畢竟不可以知天。曾遇一精研物理學者，彼云：今日物理學已明宇宙無有實物，即已接近於佛氏之空觀，但吾意則欲究明宇宙由空而現爲有之理，以此欲研佛經云云。彼亦曾向熊先生道此意。先生對彼之探索此一大問題，極感興趣。但謂此一問題之探索，已進入本體論，而佛家之本體論，决不能對彼有所啓發，佛家以真如爲萬有之本體，而其談真如，只是寂静，只是無爲，只是不變，只是不生滅。可參考《新論》中卷。必須由《新論》以探《大易》言外之意，復以《大易》與《新論》反復參證，而識體用之妙，則宇宙萬象雖有而未嘗不空，雖空而未嘗不有之故，可得而明矣。熊先生又言：科學純憑理智或知識去辨物析理，專從此用功者，决不可證得本體。儒者之學，非反理智，非廢思辨。孔子曰

“吾嘗終日不食，終夜不寢，以思”，孟子曰“心之官則思”，《易·繫傳》曰“智周萬物”，《大學》主“格物”，此皆可證也。但聖人知天、合天之詣，知天之知，是證會義，非知識之知。合天者，即人即天。見前注。必於人生日用中，有極深極純之修養工夫，極深云云之極字，吃緊。而後可上達天德，而後可與天爲徒。與天爲徒，借用莊子語，所以形容人即是天，非但爲徒而已。須善會。若恃理智思辨以窮玄，只是以己測彼，彼，謂天。終不與實理相應也。譬如未親觸火者，其思唯中構畫火相，而火之明相與熱度爲何等，究非其構畫所及也。《新論》卷下之二《附録》曾言，哲學爲思修交盡之學，熊先生嘗欲爲《量論》，暢發此義。此中意義廣大深微，非於東方聖哲之學有素養者，難與論此。又復應知，科學總以其所研究之對象爲外在世界，而所謂萬有之本體，從其爲吾人所以生之理而言，則爲吾人之自性，故不可妄計本體爲離自心而外在之境，誤以測物之方法推度之也。故不可，至此爲句。先生嘗言：學貴知類，不可以科學萬能，而輕毁儒者融貫天人之學。有科學而無儒學，則科學知識終不能探萬化之大原，將長陷於支離破碎之域。科學解析宇宙，由玄學家視之，則謂其支離破碎，而科學之長亦在是。科學必賴有儒學爲依歸，由思修交盡而底於窮神知化、盡性至命，盡性至命，見《新論》下卷《成物章》，《讀經示要》第二講解釋尤詳。此即聖人合天之詣。則天地萬物同體之仁油然不容已，而人類不至以科學知能爲自毁之具，此可斷言也。學不極於知天，天，謂本體。可覆玩前文。則天地萬物同體之愛愛即仁。終不顯發。佛氏唯證見真如，即知衆生同體，始起大悲，此與儒學合符處。然其道在出世，究非天人不二之旨，則前已言之。

哲學家談本體者，大概以其理智推求所得之最後實在，説爲宇宙本體。而不悟此實在者，是徧爲萬有實體，亦即是吾人所以生之理，而爲吾人之自性，固不待外求也。向外推求，徒滋疑眩，將如宗門所呵爲騎驢覓驢，是不自識之甚也。故儒者盡人合天之詣，人禀天德而生，故必實現其本具之天德，方是盡人道。能盡人道，則人即天也，故曰合天德。非徒任理智推求者所可至。儒者之學，不反理智，而卒達於超越理智之境，超越理智之境，謂聖人合天之境。則修養於日用踐履之地，至於純是天理流行，天理即天德。離形氣之縛，念念能循天理，則形氣皆天理之運用，故離縛；否則拘於形氣，而天理被障。如非禮勿視、聽、言、動，即離形氣縛也。亡小己之私，離形氣縛，即法執破；小己之私已亡，即我執盡。孔子四毋及語顏子“克己復禮”是也。是以即人即天也。熟玩六經四子，而得言外意，則聖學固非僅任理智者。斯與哲學家專力處不必同，其所造之境自迥別。學不歸於儒，終與真理爲二，真理一詞，《新論》時用爲本體之代語，此中亦謂之天，盡人合天，即天人不二。理智推求之功，未足語此。此儒學所以貫百氏而宏納衆流也。

一切學術思想，必以儒者融貫天人之學爲其依歸，人生始不陷於倒妄。出世之教，奇而失正，偏而不中。佛氏自稱爲大醫王，用其説以爲沉迷現實而不反者之攻伐劑，無論有效與否，治療不容已也。若有少數英資，熾然懷超世之感者，勇悍而逆造化，造化，謂本體之流行。高蹈寂海，則亦人生之孤詣，獨往焉可也。

評者自承佛家出世，而詆儒者無出世想。及覈評者之言，則以在世不染名出世，乃欲陰托於儒，以變亂佛家本義。又不悟儒者盡人道而合天德，其於世間有經綸之盛，而一本天德之流行，元來不存世間想，即無所謂入，更何所謂出？六經四子中，尋不着入世一詞，大可玩味。

評文又云“涅槃是什麼？還有什么生命去與涅槃冥合的”云云。異哉，僧人自叛佛教而至於斯！佛家如果不承認有個體的生命相續不絶者，則人死而即無，何有生死海淪没無依之可怖？且死而即無，又誰爲得大涅槃者乎？須知佛家得涅槃，與儒者合天大有不同者。儒言形色即天性，又言盡心則知性、知天，明心、性、天三名而實一也。心者，言其爲吾一身之主也；性者，言其爲吾所以生之理也；天者，言其爲吾人與天地萬物之統體也。同此本體，曰統體。故心即是性，性即是天。吾人能涵養與擴充其本心之德用而無虧蔽，是謂盡心，盡心即性顯，性顯即吾人當下便是天，即凡所感攝之一一世界、一一境物，亦莫非天理呈現，天是備萬理的，故亦言天理。故曰形色天性也。儒者言合天，理實如是。佛氏證涅槃，畢竟别有宗教意義。今引《成唯識論》四涅槃文，間引《述記》，如左：

一、本來自性清净涅槃。謂一切法相真如理，按，謂一切法相之真如理，是本來自性涅槃也。真如即本體之名。又言理者，真如亦名真理，此爲複詞。雖有客染，按，自外至曰客；染謂惑障等。此非真如性體上所本有，故名客染。而本性净。按真如之本性，恒清净無染。具無數量微妙功德，無生無滅，湛若虛空，按，無生故無滅，不生滅故，湛若虛空。佛家談本體，總是如此。一切有情，平等共有，與一切法不一不異，按，是一切之本體，〔20〕不異〔21〕；非即一切法，故云不一。離一切相，一切分別。尋思路絶，按，顯唯内證。名言道斷，按，非名言安足處故，異有爲法。唯真聖者自内所證。其性本寂，故名涅槃。

二、有餘依涅槃。謂即真如出煩惱障，雖有微苦所依未滅，而障永寂，故名涅槃。

《述記》：顯其因盡，苦依未盡，按，因謂煩惱。苦者微苦。苦依者，微苦之所依。此所依猶存，云未盡。異熟猶在，按異熟，謂第八識染業種未盡之位。參考《佛家名相通釋》。名有餘依，依者身也云云。據《記》所云，身是苦之所依，故《論》云微苦所依。異熟猶在，即仍須受衆生身，未得出離世間，不受後有也，故《論》云微苦所依未滅。

三、無餘依涅槃。謂即真如出生死苦，按，衆生共具有真如體，衆生淪溺生死海受諸苦，即真如未出生死海苦。今者衆生斷煩惱障既盡，已離生死苦，即是真如出苦。煩惱既盡，餘依亦滅，依，謂身，即上有餘中微苦所依也。上之有餘，以餘惑未盡，即微苦之所依身未滅，故云餘依。今此煩惱既盡，即不復墮世間受衆生身，云餘依亦滅。衆苦永寂，故名涅槃。

《述記》：有漏苦果所依永盡云云。按有漏者，染污義。苦果者，煩惱對所招苦而名因，苦對因而名果，苦果之所依，即身也。永盡者，惑因與苦果已盡，則永不墮世間，受衆生身，故云所依永盡。

四、無住處涅槃。謂即真如出所知障，大悲般若，常所輔翼，由斯不住生死涅槃。不住生死海，亦不住涅槃，二俱不住故，名無住涅槃。利樂有情，窮未來際，用而常寂，故名涅槃。

《述記》：出所知障者，顯唯菩薩得，謂得無住涅槃。非二乘，二乘不能出所知障。所知障，從所障而得名。基師云：言所知者，即一切法若有若無，皆所知故。由法執類，覆所知境，令智不生，名所知障。二乘雖斷煩惱障，猶未斷所知障。煩惱亦名惑，此惑相甚複雜而深細，衆生由惑故生。二乘能斷此，而所知障猶存，可見其難斷。

詳上四義，第一自性，則明一切法之本體，名真如理，此言一切法者，即通衆生或天地萬物而總目之也。亦名自性清净涅槃。自性之名，則尅就衆生分上而目之，宗門所云本心是也。涅槃是一，元來只此自性涅槃。云胡於自性外，復有三涅槃耶？理實涅槃本無四種。其後三者，則因衆生雖具有自性涅槃，而由有客染故，障蔽自性，結生相續，客染，謂煩惱等。結者結縛，亦目煩惱。由諸惑結，不可解故，生死流轉，[22]相續不絶。《二十論》即以相續名人，最有義味。於生死海淪没無依，故真如體亦隨衆生墮生死苦，難有出期。是故三乘因聞佛法，勤策修行，斷諸染障。由障斷故，如體方顯，如體，具云真如體。障斷盡否，如體出障亦因之，如雲障月，雲消多分，月出多分，雲全消，月亦全出。因此，説有後三涅槃，則從真如即自性涅槃出障之分位而别立三名。雖非如體可析以四，而依斷障所顯得言，却有四涅槃可説。

已明後三涅槃，依如體出障之分位而説，今次當知，二乘聖者，得二及三，謂有餘與無餘。其後三有餘、無餘及無住。通得者，唯菩薩。《述記》於第三無餘中云通三乘釋，可知菩薩非得無餘，不能無住。何以故？無住中云，於生死、涅槃，二俱不在。若菩薩不得無餘涅槃，何能不住生死乎？三乘功修吃緊處，全在無餘，無餘則惑盡也。有餘中，異熟猶在，尚受後有，謂於來世，受人身或其他衆生身。不得離生死海，即是住生死，障惑未盡也。及至無餘，則惑已盡，而不住生死，方是自度已畢。小乘至此，便爲止境。而菩薩不然，自度事畢，不忘他度，衆生同體故，他度亦自度中事。若只自了生死，不復度生，生者，具云衆生。即自度未得圓滿。是故菩薩得無餘已，不住生死，而仍不住涅槃。此所謂涅槃，即無餘涅槃也。有餘涅槃，未了生死；由得無餘，方乃不住生死。

而今復不住此無餘涅槃，是謂生死、涅槃，二俱不住。其所以二俱不住者，則以衆生未度盡故。菩薩常以悲智用，般若係譯音，其義即智慧。而不譯智慧者，以此云智慧，含義深遠，恐濫俗解故。利樂衆生，盡未來際，不復捨離，用而常寂，故名涅槃。據此，則無住涅槃，即是已得無餘，而不住無餘，常以悲智度生，不捨世間。大乘之異於小宗者在是。夫無餘而終以無住，猶《易》之既濟而終於未濟也。聖人體大明而能愛，此中體字，是體現義，即含有保任與擴充等義。乾曰大明，《繫傳》曰安土敦仁，故能愛。吉凶與民同患，亦見《繫傳》。猶無住之意也。

四涅槃義，略疏如上。今欲告評者以三事。一、佛經雖云不壞世間相而説實相，下相字，非相狀義。實相猶云實體。不壞云云者，即於世間相而見真實，佛書亦譯真如爲真實。究與孟子“形色即天性”意義不同。佛家是出世之教，菩薩必得無餘，真如離障，進而無住，不捨世間，始於世間相而見實相。此其宗教思想，與吾儒似有同，而實不同者也。儒者證真之談，無有宗教意義雜於其間。

二、佛之出世，決定是出離生死海，即斷苦依。依，謂身，如人身或其他衆生身。有餘涅槃，異熟猶在，微苦所依未滅，猶是住生死，必至無餘，方於生死而得不住，談何容易，妄以在世不染，名出世耶？在世不染，豈必佛教，稍能寡欲者，即可不染。以此等俗見而言出世，菩薩有知，能不心痛？儒者盡人合天，無世可出，更何所謂入？“等閒識得東風面，喻知天也。萬紫千紅總是春。”此喻一切物皆天也，一切動念處與舉足下足處，皆天理流行也。此等詩句，從孔門一貫、孟子左右逢源語得來，甚深微妙，非凡愚所了。無住菩薩，用而常寂，似此境界。然佛氏必出而後入，方能見得如此，却是宗教異儒學處。

然復當知，吾言出而後入者，指菩薩已得無餘，不住生死，而亦不住無餘涅槃言。其不住涅槃，即不捨世間，故謂其出而後入也。但此所云入，决不是變更佛教出世本旨，其入也，正所以完成其出世之希願耳。我已不住生死，此中我者，設爲菩薩之自謂，下準知。自度事畢乎？猶未也。衆生與我一體也，衆生未度盡，則我自度未完成也。是故不住涅槃，即仍入世，常以悲智，不捨衆生，盡未來際，我皆令入無餘涅槃而滅度之。此菩薩本願也。無住涅槃明明爲度衆生而施設，僧人奈何不悟！妄以世間情見改易出世教義，叛佛至是，大可惜哉！凡經論中每有不捨世間等語句，皆就菩薩道言，即就無住涅槃言。菩薩入世，乃所以完成其出世之希願，切忌誤解。

三、佛家確信吾人本有個體的生命，不隨形骸生滅。奘師言，賴耶“去後來先作主公”。曰來先，則汝形骸未生時，汝之個體的生命無始時來已有之；曰去後，則汝形骸滅時，汝之生命豈斷絶耶？賴耶一名，雖非大小各宗通用，而此詞所表者，即有個體的生命，則佛家皆不外此。如窮生死藴等，亦與賴耶大旨不異。汝試潛心深玩三藏十二部經，諸佛菩薩是爲何發心？爲何悲愍衆生墮生死海？爲何於地前地上無量劫修行？爲何得無餘涅槃而猶不住？托名佛子，而於世尊大事因緣全不求解、全不相信，妄臆入涅槃而苦依滅時，謂身滅時。即無所有。佛言：寧可我見如須彌山，不可空見懷增上慢。豈非預知來世有愚癡類將毁教法，乃嚴厲垂戒乎？夫有餘涅槃，苦依未滅，即猶受人等身，其有個體的生命在，固不待言。入無餘時，出生死海苦，煩惱既盡，餘依亦盡，依謂身，詳前。只是不復墮世間，受人等身耳，非謂其個體的生命斷絶也。生命之具，而非即是生命，故菩薩入無餘時，世間身已滅，《論》云苦所依者，世間身。而菩薩之生命非斷絶也。如其入涅槃而生命斷，則諸佛菩薩何故長劫苦修，以求得涅槃，而自絶其生命乎？佛菩薩果如此以求得涅槃，則與匹夫匹婦自經溝壑之情亦無異，豈不可痛而又可笑哉？又復當知，無住涅槃中，菩薩不住生死，即由其已得無餘故也。若未得無餘；何能不住生死乎？至不住涅槃之云，實即已得無餘而不住耳，爲度衆生而不住耳。[23]此義前文明示，無可狐疑。倘如評者所云“涅槃是什么？還有什么生命去與涅槃冥合的”云云，則菩薩得無餘時，其生命即已斷絶無所有，則後之無住涅槃是誰所得？豈呼虚空來得此涅槃耶？叫虚空來利樂有情耶？夫無住涅槃，自大乘空宗肇興，首先提唱，大之異小，端在於是。無著、世親力挽大空末流之弊，起而唱有。《成論》是世親以來十師之結晶。其末後談四涅槃，是佛家無量法義之總會處，是其精神與命脈所在處，是大、小根本不二處，小乘千言萬語，歸於得無餘涅槃；大乘千言萬語，亦必歸於得無餘，而後乃無住，否則無住無可談也。故大、小有根本不二處，即無餘涅槃。誰有智者而於斯不了乎？是龍樹、提婆、無著、世親同其大處，二家施設異，而此真歸宿處，不得有異。是自《阿含》以迄《大般若》，乃至《華嚴》等經有一貫處。詳玩上諸句義。評者有云："涅槃是什么？還有世間可出離的？"吾且問汝：曾讀佛書否？任取佛家一部經或論，其所破的迷執相是世間相否？其所厭離的生死海是世間否？六度明明捨生死此岸，到涅槃彼岸，是有世間可出離否？《成論》談有餘等三涅槃，明明曰真如出煩惱障，曰真如出生死苦，曰真如出所知障，是有世間可出離否？曰餘依亦滅，是有世間可出離否？佛法若不出離世間，還可説得涅槃否？評者若是在家人，亂談佛法，獨不足怪；[24]托名佛子，而知見如此，真堪悼惜！《新論》博大謹嚴，每下一義，都自其真實心中流出，無半字虚妄。評者竟絶不虚心，身在佛門，何可若是？評者復以《新論》此處所談，與外道"神我離繫獨存"，及"小我與大梵合一"相像，以謂誤解佛教。此實評者自誤。佛家破外道之我，只破其妄計或妄執之我，而其自宗實非無我論也。破大梵天，亦破其妄計，不如實知，不能如其實而知之也。而佛氏本來自性清净涅槃，實與大梵有融會處。佛教徒不識世尊與諸大菩薩本意，遂與外道競立門户，隔絶太過。而真理之在人心，本有同然者，遂不可見。吃緊。此實大道之巨障，而衆生迷妄與鬬争，所由不可解也。《新論》寄託高遠，自非超悟之資，何堪論此！

評者又云"大乘的不同儒家，即以出世的空慧，掃盡世俗仁愛的情見，而使之化爲不礙真智的大悲"云云。評者最令人痛惜者，即其染世間洋本本之毒過深，滿紙浮詞，無一明確觀念。如言緣生，而不知有第八識，元非無我。言涅槃，而墮空見，不知無餘涅槃，餘依亦滅，而非無物。使其無物，則後之無住而利樂有情者其誰乎？至言出世，則評者明明言"在世不染名出世"，又明明言"涅槃是什么？還有世間可出離的"，據此，可見評者不承認涅槃是由出世間而得，此已謬極。斷煩惱障，方得涅槃，大義炳然，如何不覺？煩惱障者，非佛氏所謂世間相乎？若不出離世間，何涅槃可得？評者於佛家出世本義，根本無正確之理解，今乃忽然推尊大乘的出世空慧，既不明了佛家出世本義，徒拈得出世二字而言出世空慧，究是如何的一個空慧乎？且評者後文，力主大乘空宗非是破相顯性，何爲於此妄説空慧？小乘人空，未得法空，故無空慧。大乘證法空，故云空慧。法空是何義？汝云空宗不破相，是空個什么？既不了何謂法空，云何妄言出世空慧？

評者以仁愛爲世俗情見，尤可痛傷。佛教與儒學，雖出發點各有不同，而儒之仁愛，與佛之大悲，謂之有異則不得。儒之仁民愛物是世俗情見，佛之大悲衆生非世俗情見乎？出世與否，確有同異，而人生本性之發用流行，爲萬物或衆生同體之仁愛或大悲者，則不可以門户愚見而妄分異同也。此處妄有異同，則人性將毁，佛種將斷。是而可忍，孰不可忍？且愛字義訓有二：仁愛之愛，是至善也；姑息之愛即貪愛，謂之情見可也。佛典談及染心所中之愛，則是貪愛，非仁愛也。字義未究，而誣儒、佛，未知其可也。

評文列儒家於人天乘，此承往昔僧徒之謬説，而不自知其非也。儒者所言天命或天道之天，非佛教所謂人天之天也。評者如能理解吾上文所説，則天字之義，無須復贅。若猶不了，則余更無多言之必要。真理自在天地間，能悟者片言而悟，不悟者終無如之何。

評者又云："儒家何處説仁是空寂的？"吾且問汝：三法印結歸涅槃寂静，寂義是静義，故連屬成詞。又佛典寂字亦與空字連屬成詞，曰空寂。此土道典，亦以静字與虚字連屬成詞，曰虚静。虚静之與空寂，二家意義縱有淺深，而大旨從同，則無可諱也。寂静即離欲，即無擾動相，故言寂静，即有空或虚義相連屬也。此等名詞，既已審定，試檢《論語》，子曰"仁者静"，非以空寂説仁乎？又曰"仁者樂山"，山者，無擾動相，所以象仁體寂静。孔子作《易》，字字皆象，此處亦然。又有天何言哉、時行物生之歎。歎者，讚歎。無言者，形容空寂也。時行物生，是空寂而能仁也。聖言高渾，非澄懷體之，未有能喻者也。

評者又詆《新論》“讚美空寂，而怕説出世，即是《新論》的根本情見”云云。此甚錯誤。熊先生嘗言：吾並不反對出世法，但不認爲大中至正之道。此中有無窮的意義，甚難與一般人言，佛教中人有教僻，更不好談。即如前文所云，儒者形色即天性，與佛氏不壞假名而説實相假名謂世間，世相不實，皆假名故。畢竟不同者，儒者只稱實而談，緣其一直超悟，無有小己之迷執，故於世間根本不曾作世間相想，即無生死海可怖，無世間相可厭離，盡心即知性、知天，本無客染，故乃直於形色而見天性，此是證量境界，始終不雜一毫宗教意義。佛氏起初發心，便同情庸衆，有小己淪溺生死海之熱烈感觸，開端便是宗教熱情，與儒家聖人直由智慧澈證自本自根者異轍。自本自根者，謂萬有之原不離自心而外覓。前云二家思想出發處不同者以此。但佛教有一特殊處，凡宗教家每任情感去皈向超越之上神，佛教則遮撥擬人的上神。不唯如此，而且戒、定、慧三學交修，由戒引定，由定發慧。其理智作用與思辨力之明睿，誠有超過世智辨聰處。然其空想與幻想處亦不少。佛教雖駁外道之神，而其自宗之神味確甚深。三界六趣諸天，自佛典説來，儼然親歷之境。人死而其生命非消滅，理所可有，儒者祭神如神在，恰到好處。而必曰諸天與諸鬼趣等世界如何如何，儼然一部信史，余以爲不如聖人六合之外存而不論最爲理智。此中理智一詞，形容其不作空想與幻想。凡言神者，應分以二，曰宗教家擬人之神，與哲學家所謂宇宙大心，亦名爲神。宇宙大心，即是吾人各具之心，實非二也。佛家畢竟宗教神味過重，不獨非無神論而已，其諸天與諸鬼趣，可謂多神論。縱云界趣等説，隨順民俗而談，不必與其中心思想有關，然從其教理方面衡之，頗覺其富於懸空的辨析，辨析極重要，但失之懸空即有病。要令採者有荆棘多於寶物之感。讀佛書，如入山採寶，必徧歷荆棘而後得寶。佛家窮大極深處，無可否認，而夾雜空想幻想，亦無可否認。佛法畢竟是宗教。宗教精神，吾人決不可少。但出世主張，如有畸俊，超然孤往，固無復反對，[25]要非斯人常道。儒學極高明而道中庸，致廣大而盡精微，通天人而一之，至矣盡矣！高矣美矣！無得而稱矣！《新論》終融佛以入儒，其寄意深遠矣哉！

評文有云“我以爲《新論》原期融會儒、佛，然彼於有意無意中始終有一情見存在，即揚儒抑佛的觀念”云云。

審曰：融會者，非於二者之中，擇其有可類比之語句，以相附會之謂也。附會則是拉雜，無可言學術。融會之業，必自有宗主，而徧徵百氏，集思廣益，取人所長，違人所短，以恢宏大道而無礙通途者也。譬如具有生命的人體，常吸收動植等養料而變化之，以創新其生命力，是爲融會。非自身本無生命，而東取一塊石，西拾一木頭，兩相堆集成垃圾桶可以謂之融會也。[26]非自，至此爲句。熊先生之學，據其自述，從少年以至中年，本經無數變遷。弱冠革命，曾毀宣聖、謗六經。中間曾歸心佛家唯識論。四十左右，復不滿於唯識師之一套理論，頗傾向空宗。其後對佛家出世思想，認爲是由厭離生死海之動機，而有反造化之異想。此等出世法，未免偏而失中、奇而失正，在熊先生本人頗不贊同。因此反己體認人生真性，歷有年所，漸悟天人不二之旨。忽然回憶少時所讀《易經》，始覺己所驚爲自得者，乃吾聖人所已寓之於《大易》，但卦爻之理不易明，其辭皆象，又非泥於象者所可喻。自此乃歸宗儒家《大易》，而毀其舊日依據世親迄十師遺教所造之《唯識學概論》，遂改作《新唯識論》，明體用不可分而又無妨分，雖無妨分而究不二，融貫天人，融佛入儒，本諸其所自見與自信，非故意抑揚也。

又復當知，熊先生在其自己立場，本不贊同出世法，故有所融攝，亦有所捨棄。在其對於思想界而說，並不反對出世法。先生認爲人類對於其自己的生命，有永恒之要求，同時有拔出其生命於塵海、以高趣寂海之希願。佛法於此確予人以强大之提振，而堅定其信念。但熊先生又謂：吾人如有合天之詣，則於塵海而證得寂海，更無所謂出世。然衆生根器不一，其思想與信仰接近佛教者自不少，當任人之信教自由云。

《新論》融會佛説處自不少。即如種子義，僧家只謂《新論》對此横施破斥，並有謂不應以種子爲多元論者。熊先生嘗面答某僧云：《攝大乘論》言：“於阿賴耶識中，若愚第一緣起，或有分别夙作爲因，如尼乾子等，計有先業，爲諸行之因。或有分别自在變化爲因”婆羅門等，計有大自在天，能變化故，爲諸行之因。云云。此中一大段話，明明將諸外道所自搆畫安立之本體一一破斥，而創明第一緣起即種子者，是爲諸法之因。諸法，猶言諸行，解見前注。參考《攝大乘論》無性、世親二釋，及《新論》中卷《功能下》。此有明文，何容否認？種子本爲多數，輕意菩薩云："無量諸種子，其數如雨滴。"不謂之多元，而將何説？《攝論》是無著親造，以授其弟世親，厥後世親盛宣唯識，始終未失此規矩。無著兄弟是唯識開山，此不可據，其又奚據？某僧無以難也。實則《新論》於本體論及宇宙論方面，取消種子説，而於人生論及心理學方面，仍融攝種子説。中卷《功能下》談染習、净習處，與《明心章》談心所處，宏深透闢，得未曾有。縛於染習，即物化而不人，亦即失其天性。捨染創净，所以成人能，即所以顯天性。人之創净不息，即是實現其在己本具行健不已之天也。嗚乎！斯理微矣。成人能便顯天德，天人豈有二乎？種子義，經《新論》融化，而意義頓異其舊，淺者莫之省耳。

評者謂《新論》"不曾虚心理解完整的佛法，而只是偏見到一些似是而非的"，《新論》以爲"大乘還是出世的，不知佛家的入涅槃，本與《新論》不同"等語。此一段話，吾前文本已破訖，可不復贅。評者身爲僧人，而於佛教竟絶不通曉，似是而非四字，猶談不到也。評者談緣生，不知有第一緣起，即含藏一切種子之阿賴耶識。賴耶之名詞且置，究竟佛家是否以爲人死後即無耶？如其無也，還有甚佛教可説？經論中亦時有呵斥凡夫作死後有、死後無等計度者，此乃别有密意，切不可胡亂作解，謂死後便無也。如其果無，佛菩薩何故悲憫衆生輪轉生死海？何故修六度，要捨生死此岸，到涅槃彼岸？今日佛法雖衰，恐佛門中猶不少净信賢達，未必悉與評者同其見解。假如佛法非謂死後果無，則入無餘涅槃時，菩薩餘依滅盡，餘依即身，已解見前。而其個體的生命可云消滅無所有耶？評者在前一段中，已攻擊《新論》，而謂"還有什么生命去與涅槃冥合的"云云，今在此段又胡亂輕詆一頓。禮之一字，吾無責於評者之必要。試問菩薩得無餘涅槃時，若如評者所計，根本無生命在，此時只是空空如也、一無所有。佛氏之空寂果如此乎？佛菩薩長劫修行，只求如此，則與愚夫愚婦自經溝壑之見何異？更可怪者，評者說得涅槃時，全無所有，而在此段中，再行申明“佛家的入涅槃，本與《新論》所説不同”云云。須知《新論》説三乘聖者入涅槃時，不是其生命隨身俱滅，即入涅槃不是斷見，不是空得無所有，因此大乘菩薩已得無餘涅槃，而爲衆生未度盡故，仍不住涅槃、不捨衆生。此在前文，本已引據《成論》，解釋明白。評者似一向少讀佛書，即讀，亦不求了解，滿紙是鄉諺所謂横扯。如評者此段有云“大乘涅槃，畢竟寂滅而悲智宛然，令一切衆生成佛”云云。夫評者談入涅槃，明明反《新論》，明明是斷見，而此中又説悲智宛然。試問斷滅而無所有之空寂中，尚有悲智可説否？評者只横扯一些話頭，而其胸中竟不問此等話頭當作何解，此真怪事！評者此段提及“完整的佛法”一語，亦知完整的骨髓在何許否？譬如人身，所以成其完整者，以有骨髓在故，若去其骨髓，則完整者立時消散矣。佛法之完整，自有骨髓在，否則何以别異於世間法？此個骨髓是甚么？緣生是同於哲學家之關係論，而無有所謂窮生死蘊或賴耶識乎？果真無我乎？菩薩入無餘涅槃時，便生命隨身俱盡乎？此個骨髓一空，則佛之教法，全盤俱毀。評者對佛法，尚得許有似是而非之解否？

評者此文，横扯不堪，實不必辨。但念世亂如斯，人人缺乏信仰，只迷執肉體，若佛教徒亦隨順世俗，而忽視自宗骨髓，則世道復何攸賴？余欲辨正之動機，實在乎此。甚願評者多作静慮工夫，擔當法運，毋自誤也。

評者謂“《新論》有取於台、賢，隱而不言，爲掠美或藏拙”云云。此不獨有意横誣，而亦太不了解學問之事。中外古今談哲學者，著述雖極多，綜其大要觀之，哲學上之問題何在，各家皆不約而同注意到，至其對於問題之解决，則各哲學家之見解不能一致。然此不一致之情形，並非極紛亂無緒，却可類别之爲若干流派。流者，類義。試檢幾部哲學史便可見。不論何地何時之學者，觀其著述，總可分屬之於某一流派。其在同流共派之中，各個之所見或所説，自有大體從同，或許多説法相合之處。至其從同與相合者，或後之於前，彼之於此，曾受影響；而亦有後未讀前之書，此未閱彼之籍，竟有遥契處者。此心此理，自有同然，孟子、象山之言，深可玩味。評者必謂《新論》有合於台、賢，即是有取於台、賢，而又坐以取則掠美、未取而不言即是藏拙云云，試問《新論》之體系，果與台、賢同否？《新論・附録》中答人書曾言，台、賢淵源所自，不能外於大空、大有。此語自是誠諦。一般人皆言台、賢是中國思想，此與詬理學實是禪宗者同一錯誤。凡一學派之思想，受時代影響或外來影響，而有變易於其所承接之古學，此另是一事。至其骨髓與所承接之古學爲相反，爲相承，此個分别極緊要。佛法是出世之教，儒者爲融貫天人之學，此是二家骨髓不同處。理學儘管受禪師影響，而其骨髓確與古儒學爲相承。台、賢儘管以中國思想附會佛法，而其骨髓確已反固有，而歸宗出世法。又復當知，佛教東來，宣譯之業，要以羅什之介紹大空，奘師之介紹大有，皆爲較有系統之傳譯，足資研討。奘師未出之前，真諦古學頗盛行，台、賢多資於是，後來亦受奘門影響。此中不暇討論及斯。但謂台、賢淵源所自，不外大空、大有，此語終無有錯。

《新論》體用不二義，一方由佛法中談真如，只是無爲，只是不生滅，只是寂静，其與有爲法或生滅法，無融會處。一方鑒於西洋談本體者，其於本體與現象亦多欠圓融。因此，潛思默識，歷年良久，而後斷然以體用不二立説。先生初欲求印度之真，先從奘譯唯識入手，後乃上探什師，此土諸宗實所未究。《新論》文言本出後，有人謂其近華嚴，先生嘗涉獵一過，謂其有甚好處，惜不免混亂。閱《疏抄》時，以老病，未及隨筆抉其得失，嘗以爲恨事。台宗則迄今未多翻閲，此實情也。華嚴理事圓融，以視大乘諸經生滅與不生滅折成二片者，誠有異，與《新論》體用不二義，本較接近。但其於本原處雖有見，畢竟失之渾淪，只説到理成事與事即理而止，事上欠解析，即不能施設宇宙論，此還是印度佛家本旨。宇宙是如何而有的？如何而顯現？在吾國之《大易》與《老》《莊》，均有精透説明，印度佛家獨不爾。評者在第二段中所云，“佛氏於此，照例默然不答”，此語却是。佛家何故不許問宇宙如何而有？在佛教中人，固以不可思議四字來神聖與莊嚴此種意趣。其實，如果要説宇宙如何而有，則宇宙即是依本體之流行而假施設。佛氏出世法，於本體只見爲寂滅，亦云寂静。終不許於本體説流行或生化也。《新論》明由體成用，用者，即依本體之流行而立名，本體是備萬理、合萬德而流行不息的物事，即於其流行中有一翕一闢之勢上而名爲用。詳在《新論·轉變》《功能》諸章。於用而設施宇宙，又即於用識體。而闢乃真體之顯，故不妨説心爲體，以心之名依闢立故。翕便物化，心則恒如其本體之自性，故於此識體也。此體用義，與台、賢相似有幾許？望評者且細心，若不會，姑置可也，何用相誣？全性起修，即元者善之長義，亦自誠明義。孟曰“誠者天之道也”，其在人則謂之性。明，即見性工夫，一切修爲，皆明也。自誠而明，是全性起修何疑？全修在性，率性之謂道也。此等句子，時見稱引。小大無礙，莊子有明文。主伴互融、一多相攝等義，華嚴家實自卦爻中體玩得之，然西洋哲學家亦多能言及，何用少見多怪，以爲華嚴獨發之秘乎？海漚等喻，既是譬喻，亦何足言？即物遊玄，便自見得，心同理同，互不相襲，此皆枝節，無關根底。若云襲取，則佛教自其肇創，以至後來小宗、大乘之發展，隨時皆有所取資於外道，而乃破斥外道不遺餘力。然世未有以此議佛氏者，何耶？老子後於孔，今人考據殆無異議。儒言道，老亦言道；儒言陰陽，老亦言陰陽。此乃根本大義相同，非枝節之合而已。然老攻擊儒家甚厲，從來未有詆老氏學非自得，亦未有疑其襲儒言而反抹煞之者，何耶？良知始見孟子，而陽明自謂其發明良知，爲千古之一快。世未有疑陽明襲孟子者，何耶？張人李人，五官百體無不似也，而世不謂張人即是李人者，何耶？伯樂相馬，得之於牝牡驪黄之外，得其藴藏故也。牝牡驪黄，天下之馬無弗同也。而馬各自有其藴藏，則不得而强同也。豈唯相馬，讀書者若只求之於文句或理論之間，而不了解其中之所藴藏，徒妄生異同，妄爲是非，則與著者本旨無干，亦無所損，只自誤而已矣。

評者又云：“《新論》繼承理學的傳統，以‘寂然不動’‘上天之載，無聲無臭’‘神無方而易無體’，説明儒家知道寂然的真體。此空此寂，即是佛家所見的，於是乎會通《般若》與禪宗。其實佛明空寂，彼此間也還有差別，淺深偏圓不等，那裏能憑此依稀彷彿的片言隻句，作爲儒、佛見體寂。同一的確證。”此段話，却是門户見。華、梵聖哲澈了大本大源之言，甲、乙不約而同言到。其所以同言到者，實由其同見到。其所以同見到者，實由心同理同。孟子、象山皆説同心同理，此是無上甚深第一義語，千聖莫能違。心有所不同者，必非大明之心，障染未盡也。《易》之乾言大明，佛曰圓明。理有所不同者，必所見非真，要非理果無實，令人不得同見也。儒者窮理盡性以至於命，參考熊先生《讀經示要》第二卷。即佛氏所謂澈法源底也。窮至此究竟處，説“寂然不動”，不動者，無昏擾義。説“無聲無臭”，説“神無方易無體”，神者，神化。易者，變易。此皆就本體之流行言。换句話説，即就本體之全現爲大用而言。無方者，無有方所。無體者，無有形體。此與佛氏見到空寂，無方所、無形體等義，名空，非空無之謂。確是於大本大源處，同有所見之一方。此中一方二字吃緊。[27]本體空寂，無方而化也神，無形而不窮於變易，所謂動而健、生化不測也。佛氏出世法於此一方，却不與儒者同其所見，然於空寂之一方，却是佛與儒同其所見。今評者必曰“此空此寂，即是佛家所見的”，而於聖人所言寂然不動與無聲無臭、無方無體等了義語，竟悍然詆爲“依稀彷彿的片言隻句”，此等門户見，實有未安。佛家浩浩三藏，蔽以三法印，三法印歸於一寂，《大智論》有明文。《大易》“寂然不動”一語，赫然確爾，與佛世尊心心相印，何得以私意抑揚？無聲無臭，無方無體，《大般若》千言萬語，無非密顯此義。上聖圓音，一字中含無量甚深微妙義，一句中表無量甚深微妙義。證真之言，何事於多？喋喋多言，徒令衆生緣名言而起執。佛家小宗、大乘諸論師，每有此失，宗門起而掃蕩，真是一摑一掌血、一棒一條痕，可不悟哉？夫辨異同者，辨之於理而已。明明證真之言，字字金科玉律，而曰“依稀彷彿”，虚懷究理者，何敢爲此言？何忍爲此言？評者甚至以無思、無爲、寂然等語爲談蓍龜，如斯戲論，未免侮聖言。明儒有詬佛家涅槃之寂，爲厭生死而逃之冥漠反成鬼趣者，評者亦以爲然否？

無思無爲，即非有意想造作之謂。此即異乎一神教擬人的觀念。佛與儒此處有何差別？稍有頭腦者，當不至謬想孔子言天，同於景教等也。評者疑《新論》談本體、談唯心，便與西洋學者混同。佛家真如，是徧爲萬法實體，又曰“三界唯心”云云，亦與西洋人混同否？《新論》談儒家修養，何曾説即是佛家的修養？明明謂佛家只證到空寂，而不悟生化之健，正由儒、佛修養有不同處，故所得成效異耳。評者有云“以此爲彼”，不知果何所謂？猶復須知，萬事萬理，總是同中有異，異中有同。尅就異點而言，固無可强同，尅就同點而言，亦無可立異。儒、佛修養，有其異點，自亦有其同點，若一往談異，必佛法全不是道，而後可云耳。

學字有多義。“學而章”之學字，是覺義，則漢儒古訓也。“五十知天命”之命，非神的意志，非神的賜予，則《易·無妄》之《象》有明證，評者横扯作甚？

評者又云“儒家説仁、説良知，都是人類異於禽獸的特性”，故仁或良知不是一切法所同的。此實不究儒學。《易》明乾元始萬物，故曰萬物各正性命。注家皆謂萬物各得乾元大正之理，以爲其性命也。儒言萬物，猶佛書云一切法。萬物之本性，皆是乾元。漢儒言乾爲仁，又曰乾知大始，言乾以其知而大始萬物也。此中知字義深，顯乾是明炤之體。大者贊詞。[28]據此，乾元即仁，亦即良知，可見仁或良知，即是萬物或一切法共有的本性，言萬物，而人類在其中。豈唯人類獨有之乎？程子言“仁者渾然與萬物同體”，[29]即據《易》義。評者全不求解，何耶？夫仁或良知，雖一切法同有，而植物及無生物則不能顯發之。動物已稍露端倪，互助論者所發見之事實，皆可證明動物已有仁或良知在，否則只有相噬，何能互助？《大易》之義，顯然不誣。但動物雖有此端倪，而畢竟甚曖昧，未能顯發。能顯發之者，厥惟人類。故從萬物本性上説，任何物通有仁或良知，不唯人類有之而已。從萬物不免受形氣之限而言，則唯人類能顯發其仁或良知，而可以謂之特殊。故儒學崇勉人道，使之盡己性以盡物性，達於天地位、萬物育之盛，而全體大用，畢竟呈露，無所虧蔽矣。至矣大哉，孰得而稱諸！《華嚴·性起品》云，[30]一切衆生皆具如來智慧德相。是從衆生本性言。然餘經又説闡提畢竟不成佛，又説修行唯在人道，諸天與地獄等衆皆難修。佛氏雖説得空闊，事實上還同儒者，人道爲本也。

評者又云："禪者不像儒者繳繞於倫常圈子裏的，理學家那裏理會得。"此等語，真可哀！王陽明常嘆佛氏出家，想逃人倫之累，却先已有累在心。儒家則不然，有父子，還他一個孝慈，何父子之累？有兄弟，還他一個友愛，何兄弟之累？有夫婦，還他一個有别，何夫婦之累？若以貪、嗔、癡三毒繳繞自心，即逃出倫常之外，畢竟造業受苦，有何好處？此可哀者一。儒者倫常，那有圈子可説？《大學》三綱八目，格致誠正，統於修身，自身推之家國以至天下。天下者，天地萬物之都稱。故儒者倫誼，不限於人類，極至範圍天地之化而不過，曲成萬物而不遺，裁成天地，輔相萬物，終成天地咸位、萬物並育。修齊治平之效已舉，而猶曰懼以終始，猶如佛位有不放逸數也。儒道至大無外，至高無上，而評者横計有圈子，作繭自縛，驢年出，此可哀者二。吾以誠心告評者，昭烈帝曰："勿以善小而不爲，勿以惡小而爲之。"今人渾是貪、嗔、癡，有甚倫常？出家人竟毁及此，忍不戒與！釋尊教人孝父母，度其弟及妻子，以及衆生，與孟子親親、仁民、愛物，果何差别？其敬念之哉！

評者此段，極詆禪與理之渾沌。凡不同流派的思想並行，終當有出而融會者，此爲中外古今之公例。拘門户者，不知觀其會通，而大道始喪矣。理學家於禪，融到好處與否，是别一問題，而其志業，則不容菲薄也。猶復須知，自魏、晉之衰，北中國全陷於鳥獸之俗，南朝亦失淳風。唐只太宗一代稱盛，藩鎮非胡帥者無幾。承以五代之主，又皆胡人。此長期中，人理殆絶，人氣殆盡，吾夏族之衰自此始。非以良心深研歷史，而不同考據家態度者，殆不能感覺此長期之黑暗與慘毒。佛之徒，皈命空王，忘懷世事，民生無所賴，此是事實。五代最慘，而禪學於時特盛。熊先生言：自唐至五代，佛門中許多過量英雄，若戮力世法，爾時世運或別是一局面。此説不爲無理。兩宋諸儒，承衰微之運，又承漢以來儒學久絶於經師之手，而佛教適乘機以入，取中國文化與學術之統而代之，如今日全盤西化之局。兩宋諸大哲，始董理堯、舜、湯、文以迄孔子之道統、學統、治統，自是而吾民族始知有人道之尊，人倫之重，中夏聖賢學術之可寶，數千年文明之可慕，於是興自信之念，有自大自立之風。雖元起漠北，掃蕩歐亞，曾不百年，因南宋昔在江浙，理學植根深厚，明祖卒藉之以興，成光復華夏之偉業。明代人才甚盛，晚明學術思想發達，則王學解放理性之所啓。此時本不當亡國，惜乎繼體之主皆昏庸，其亡國於邊區之東胡，則由其時民主思想未開，不知改革帝制，遂至群衆涣散而亡。故明季諸大哲，如船山、亭林、梨洲等，皆以理學家盛唱民治，而欲革帝制。不幸神州已臨厄運，而業考據者遂趨附胡主，斬理學之緒。中夏至今，民德日衰，民智日浮亂，社會無中心思想，危亡將甚於昔。稍有人心者，平心静氣思之，理學自是中華民族一綫血脈，何容輕侮？宋、明諸老先生之學，上究天人之故，下窮道德與治化之原，王伯義利之辨，正是今日帝國主義者與資本主義者之對症藥。根底深厚，踐履篤實，後生何忍過自輕狂，率意詆毁？論學術，求至道，無分於夷夏。外國有聖賢，吾人當敬奉，本國有聖賢，奈何欲鄙視？釋尊與宣聖，雖各有特異處，而必謂一在人乘，一高出三界之外，此有何種尺度可以量度？龍樹、提婆、無著、世親諸菩薩，與程、朱、陸、王諸大哲，所學不必同，而互有短長，亦有何種尺度可判其高下？吾儕當以平等心，敬禮中外聖賢，而學理異同與得失，則一衡以公明之心。熊先生嘗言：“至理無窮無盡，中外古今，乃至未來，任何上聖，其學之所造，總有異點，總有同點，乃至同中有異，異中有同，大同大異，小同小異，互相觀待，紛紜複雜，妙不可詰。唯無門户見而善觀會通者，乃可漸近於真理。惜乎千古學人，求有胸懷豁達者極不易。窮理之事，本乎神解。胸懷拘礙而神解得透者，星球余信其可毁，而獨不信有斯事。”先生此言，大矣廣哉！曾是有知，忍不服膺？先生又言：“禪宗諸大德，視教中諸大菩薩，論長則各有其長，求短亦各有所短，入主出奴亦不必，混沌自是未流之失。而且任何上哲，其明之所在，即其蔽之所伏，於此有所明，於彼即有所蔽故。此蔽處正是渾沌。誰能一口吞下真理之大全，絶無渾沌？”先生此言，又有趣也。又曰：“宋、明儒病在拘礙，頗欠活潑，此意難言。吾人宜承其志願，以上追孔門。”據此，可見評者議《新論》承理學傳統，太隔閡在。評者又云“《新論》雖然不同情籠統與附會，可是並没有離開這套作風”云云。吾告評者：離開與否，且讓後來具眼人判斷。評文此段末後，純是意見作祟，大義均詳於前，無須贅答。

評文談空宗與有宗，今摘其談空宗之要點如次：

（一）《新論》談空宗，一言以蔽之，曰“破相顯性”。然而我敢説：破相顯性不是空宗的空，决非《般若經》與龍樹《論》的空義，反而是空宗的敵論者有宗。

（二）《新論》根本没有懂得空宗，以爲空即破一切法相，於是想入非非，以爲緣生是遮詮，而不是表詮。龍樹是否破四緣，《新論》慢作主張。《智論》三十二論到四緣説：“但以少智之人著於四緣而生邪論，爲破著故，説言諸法空”，“般若波羅密中，但除邪見，不破四緣”。凡《中論》《智論》破蕩一切，都應作如此解。《新論》以空爲破相，可説全盤誤解。

（三）空宗的空，是自性空，當體即空，宛然顯現處即畢竟空寂，畢竟空寂即是宛然顯現。所以説：“色即是空，空即是色。”空宗的空，非《新論》遮撥現象的空，遮撥現象，即是破壞世俗，抹煞現實。也不是遮撥現象而顯實性，遮撥現象所顯的，即是神化，玄學的神之别名。《中論》説：“因緣所生法，我説即是空，亦爲是假名，亦是中道義。”即空即假的中觀論者，與有宗大大的不同。空宗是緣起論的，説緣起即空，不是説没有，所以與有宗唯識論不同。依此即空的緣起，在相依相待的因果論中，能成立一切法，所以不幻想宇宙的實體，作爲現象的根源。與《涅槃經》等不同，空宗也説即空寂的緣起爲現象，即緣起的空寂爲本性，但本性不是萬有實體，即此緣起的空性。《經》説：“一切法自性不可得。”自性不可得，即是一切法之自性。中略。真如、涅槃，非離緣起而别有實體。

（四）《新論》誤解《般若》爲只是發明生滅如幻，以爲必須有一不空非幻的實體。中略。如《般若經》説：爲初學者説生滅如化，虚妄，空寂。不生不滅不如化；真實，不空。爲久學者説生滅不生滅，一切如化。所以《新論》如要論究《般若》義，還得更進一步。

審曰：評者謂緣生不是遮詮，當是表詮，故又云空宗是緣起論的，説緣起即空，不是説没有。余望評者細心將《成論》與《中論》等，子細對讀。《成論》成立四緣，而説一切法仗因托緣而起，稍有頭腦者，知其是表詮。《中論》等却將一一緣遮撥得一無所有，如何不是遮詮？此真怪論。評者引《智論》“但除邪見，不破四緣”之語，以爲空宗是緣起論，此實誤解。《智論》於此語之前，有申明其密意之一段文云“汝不知般若波羅密相，以是故説‘般若波羅密中，四緣皆不可得’。般若波羅密於一切法無所捨，無所破，畢竟清净，無諸戲論。如佛説有四緣，但以少智之人著於四緣而生邪論，爲破著故，説言諸法實空，無所破”云云。案凡言捨者，必是執有實法，方言捨。凡言破者，必是執此實法，方言破。般若波羅密中，無有所執實法故，即無所捨、無所破。《論》文於此段下，又有云“菩薩行般若波羅密，如是觀四緣，心無所著。雖分别是法，而知其空，皆如幻化。幻化中雖有種種别異，智者觀之，知無有實，但誑於眼，爲分别知。凡夫人法，皆是顛倒虚誑而無有實，故有四緣。中略。菩薩於般若波羅密中，無有一法定性可取故，則不可破”云云。詳此《論》意，係據般若波羅密中，[31]無一法定性可取，即入第一義。無四緣相可取，即無四緣相可破，此無上了義也。愚者若起一毫誤解，便計空宗成立四緣，即住顛倒虚誑法中。此正《論》文所謂“凡夫人法，皆顛倒虚誑而無有實，故有四緣”。論主已預防誤解，而評者竟不慎思，何耶？

《智論》三十二所説“般若波羅密中，四緣皆不可得”云云，讀書務須注意“般若波羅密中”一語，此乃尅就般若波羅密中説。易言之，即尅就第一義諦説。讀書者從“四緣皆不可得”至“畢竟清净，無諸戲論”云云，細心玩味，當知是尅就第一義諦説也。若未入第一義諦者，尚住世間顛倒虚誑法中，便須爲之破除四緣，令離顛倒虚誑，而悟入真實。易言之，即須泯除緣生相而證入法性。此即《新論》所謂破相顯性。《智論》此段文，須與《中論・觀四諦品》中世俗諦與第一義諦，及《觀法品》《觀因緣品》參互詳究，求通神旨。如終不悟，務望存疑，慎勿尋章摘句，遇着《智論》三十二有“不破四緣”一語，便謂空宗是緣起論，不承有法性也。佛書難讀，空宗爲尤，理趣幽玄，辭旨奥折，淺智粗心者讀之或全無解，或執取單辭片説以爲解，甚可悼也！

評者云：“説緣起即空，不是説没有。”此中空字，是何意義？如是空無之空，何故又云不是説没有？如非空無之空，此是何義？但評者又有云：“空宗的空，是自性空，當體即空，宛然顯現處即畢竟空寂，畢竟空寂即是宛然顯現。中略。空宗的空，非《新論》遮撥現象的空。”據此，則評者所云空，畢竟無明確觀念。評者已云自性空，則是一切法之自體本來是空無的，不如此解，而將何解？下語又以宛然顯現處即畢竟空寂回互言之，則一切法自性幻有，畢竟不即是空無，是與句首自性空恰成矛盾，此於邏輯必不可通。假如云幻有之法即無自性，故可云空者，如此，必須了解《中論》所以施設真、俗二諦之故。《中論・觀四諦品》云：“諸佛依二諦，爲衆生説法。一以世俗諦，二第一義諦。若人不能知，分别於二諦，則於深佛法，不知真實義。世俗諦者，一切法性空，言諸法自性本空。而世間顛倒故，生虚妄法，於世間是實。諸賢聖真知顛倒性故，知一切法皆空、無生，於聖人是第一義諦，名爲實”云云。據此中第一義諦，則一切法自性本空，空無。但世間顛倒故，生虚妄法，評者所云宛然顯現者即此。吾前引《智論》談四緣義，所云“凡夫人法，皆是顛倒虚誑而無有實，故有四緣”者，即《中論》之世諦，評者妙悟所得者即此。其實，“諸聖賢真知顛倒性故，知一切法皆空、無生”，皇皇聖文，胡可不究？第一義諦中，無緣生相，吃緊。故言“一切法皆空、無生”。此與《智論》言般若波羅密中，無有四緣相可破者，密意吻合。《中論》又云："衆因緣生法，我説即是空。亦爲是假名，亦是中道義。"下文即自釋云："衆因緣生法，我説即是空。何以故？衆緣具足和合而物生，是物屬衆因緣，故無自性。無自性故空，空亦復空。如定執空，即毁世諦，故言空亦復空以遮之。但爲引導衆生故，以假名説。言空之爲言，亦是假名説也。夫言緣生法空矣，即非有也。今又言空亦假名，則非無也。故下言離有無云云。離有無二邊故，名爲中道。是法無性故，緣生法無自性。不得言有。亦無空故，不得言無。"無性故非有，此約第一義諦言。亦無空故非無，此約俗諦言。又上文有云："汝謂我著空故，爲我生過。我所説性空，空亦復空，無如是過。以有空義故，一切世間、出世間法，悉皆成就。若無空義，則皆不成就。"第一義空者，爲破相顯性故，即破世間顛倒相故，方假名説空耳。説空，即知世諦不無，如無世諦，爲甚説空？故知有空義，則世間、出世間法，皆悉成就。詳上述諸文，皆以方便善巧施設二諦。此是空宗大關鍵處，於此着不得一毫誤解。若有一毫誤解，便有差毫釐謬千里之患，可不慎乎？

評者以爲《智論》有不破四緣之文，便謂空宗是緣起論，於是不承認空宗有所謂本體。評文有云："也不是遮撥現象而顯實性。"又云："空宗是緣起論的，説緣起即空，不是説没有。依此即空的緣起，在相依相待的因果論中，能成立一切法，所以不幻想宇宙的實體，作爲現象的根源。空宗也説即空寂的緣起爲現象，即緣起的空寂爲本性，但本性不是萬有實體，即此緣起的空性"云云。評者之主旨在此，但未了解二諦義，則此論終不可通。評者所云空宗也説即空寂的緣起爲現象，此語不獨無義，而實顯違空宗。即就評者所引據《智論》三十二談四緣中文，明明言："凡夫人法，皆是顛倒虚誑而無有實，故有四緣。"而評者乃云空寂的緣起，以空寂的三字爲緣起之狀詞或規定詞，與《智論》言顛倒虚誑而無有實者，顯然違背。評者又云："宛然顯現處即畢竟空寂。"此與空寂的緣起一語，同犯大過。須知空寂一詞，决不可與顛倒虚誑無有實者同其含義，此意後談。稍有頭腦者，亦能辨此，如何可以空寂的緣起大癡見誣墮空宗？評者又説"即緣起空寂爲本性，但本性不是萬有實體，即此緣起的空性”云云。緣起法，根本屬世諦中顛倒虛誑法，於世間是實，何所謂緣起的空性？猶復須知，如認緣起法爲空寂者，即無所謂世間顛倒虛妄法，是破俗諦。《中論》云：“若不依俗諦，不得第一義。不得第一義，則不得涅槃。”皇皇聖文，如何可背？此處輕背，則佛教精神根本推翻。《中論》言：“若人不知分別二諦，則於深佛法，不知真實義。”此可深省也。

評者只欲反對《新論》以破相顯性言空宗，於是不承有實體，而不承有實體，又不好自圓其説，遂以空寂的勝義加入緣起法上，而曰“即緣起空寂爲本性，但本性不是萬有實體，即此緣起的空性”云云。如此，適以自陷。余初審正評文，至談緣生義，有爲、無爲不分，生死、涅槃無辨，已甚詫異，今閲至此，乃知評者迷謬所在。評者若自講其緣起論，而聲明不同佛教之舊，亦可不亂佛法。但必以己意説空宗，且自負爲空宗之解人，則佛菩薩有知，自不免心戚也。

評者不承空宗破相顯性，余望評者放下胡亂知見，細玩《中論·觀法品》。今節其扼要處如次：

> 爲度衆生，或説一切實，或説一切不實，或説一切實不實，或説一切非實非不實。
>
> 一切實者，推求諸法實性，皆入第一義平等一相，所謂無相。如諸流異色異味，入於大海，則一色一味。
>
> 一切不實者，諸法未入實相時，各各分别觀，皆無有實，但衆緣和合故有。
>
> 一切實不實者，衆生有三品，有上、中、下。上者觀諸法相，非實非不實；中者觀諸法相，一切實，一切不實；下者智力淺故，觀諸法相，少實少不實。觀涅槃無爲法不壞故實，觀生死有爲法虛僞故不實。
>
> 非實非不實者，爲破實不實故，説非實非不實。

綜上四門，第一門是密意説，第二門爲入第一義方便故説，第三門爲衆生於前二門中有執着故説，第四門爲破著故説。密意説者，爲衆生不了諸法實性故，方令推求，於一一法，皆入第一義。平等一相，所謂無相，然猶未能令衆生不着一切實相故，非了義故，云密意説。

其次，爲入第一義方便故説者，諸法未入實相時，實相，猶云實性。各各分别觀，皆無實，但衆緣合故有。欲令衆生於緣起法相，勿妄着故，方悟彼實相，如於繩相不妄着故，方於一一繩相悟知是麻，麻，喻實相。故云爲令入第一義方便故説。

衆生根器不一，觀諸法相，多有著故。此第三門，思之可知。

故第四門説非實非不實。非實者，推求諸法實性，入第一義時，若作實相想，亦是著相，爲破此著，故云非實。非不實者，若於諸法尚未悟入實性時，聞説諸法皆無實，便執一切不實，此復成著。應知説不實者，欲令於一一法悟入實性，非壞諸法。若見諸法實性已，即一一法皆實，譬如於一一繩相，皆了知是麻。故云非不實。又諸法相皆入第一義諦已，而俗諦中不妨施設諸法，故云非不實。如是非實非不實，方爲了義。

如上引《中論·觀法品》文，並爲略釋，當知空宗非是諸法無實性論者。佛家大乘諸經，無論依妄識以樹義，本真常而爲説，要皆未有持無體論者。體者，具云本體，亦云實性。空宗果如評者所云，只是緣起論，即住顛倒虚誑法中，[32]此成何説？有人言，吕秋逸居士謂佛家思想當作整個的去看，其説之内容如何吾不悉，但各派所宗之經，雖各有扼要之義，而大本大原處，總有血脈相通。如空宗果爲無體論者，即是隨緣外道，《大般若》直是戲論，與《華嚴》《深密》《楞伽》《勝鬘》《涅槃》諸經全無可通處，龍樹諸大菩薩，何足爲大乘開山？

評文中有云：“幻有二義，一宛然現義，二無自性義。真如、涅槃，非離緣起而别有實體，依相待施設安立的説，即具此幻的二義。依絶待離言非安立的説，即具幻的無自性義。”此等語不知從何説出？安立、非安立，即真、俗二諦之别名。真諦亦名非安立者，以心行路絶、語言道斷故，此唯證量所得，非言説安足處所，故云非安立諦。此必真知有實性故，有第一義故，乃於真諦名非安立。評者明明説緣起幻法無自性，即是《智論》所謂顛倒虚僞法，《中論》所謂世間顛倒故生虚妄法，如何可以顛倒法，説爲絶待離言非安立諦耶？如此侮聖言，終不自覺，佛法將如何？是可哀也。評者知絶待一詞作何解乎？唯諸法宛然幻現而無自性，故説諸法有實性，所謂真如、涅槃。吃緊。譬如説繩相，是虚幻無自性，故説繩有實性，所謂麻。繩，喻幻法。麻，喻實性。麻本非實性，乃設喻不得已而强爲之詞。評者已知幻法是相待的，而又不承有實性，則絶待二字作何解？須知絶待者，非離相待而妄想一個空洞之境，名爲絶待也。即由於幻法而透悟其實性，如於繩而透悟爲麻。便泯相待之相，直於一一幻法，皆見爲真如、涅槃，即是絶待。吃緊。若只執取幻法宛然顯現無自性者爲有，而絶不承幻法是依實性故有，則只是相待的幻法，而絶待之名，從何安立乎？宣聖曰："必也正名乎。"評者既用絶待之名，當求絶待之義，如何遮撥諸法實性成無體論？此真怪極。

空宗非無體論，已説如前，今次略明破相顯性。空宗《大般若經》，《大智》《中》《百》《十二門》四論，凡稍有頭腦者讀之，當知空宗一切掃蕩，而實非空見，非獨實性不空，即虚誑法亦不遮，二諦義宜玩。實非空見，而一切掃蕩。空宗根本意思，是欲令衆生見性，性者，諸法實性。方不墮顛倒虚妄法中。然欲見性，即非破相不可。譬如無知之孩，只執取繩相，必不能於繩而見其只是麻。成年人欲曉之，必示以繩相是依人工、時日、資具、造作等緣，而幻現其相，無實自性，方令彼孩即於繩相而頓悟是麻。繩相不破，麻性不顯。諸法之相不破，即不能見諸法實性。此義不悟，便如長夜昏眠。此義説穿，確是家常便飯，元無奇特。《心經》是《大般若》之撮要，開首便空五藴，非破相乎？破相，非以顯性乎？《新論》已釋得明明白白，而評者毫不求解，横持己見，不知果何所謂？《心經》且置，《中論·觀法品》云："問曰：若諸法盡畢竟空，無生無滅，是名諸法實相者，此中實相，猶云實性。剋就實性言，唯是一真絶待，無有所謂諸法之相，故云諸法盡畢竟空。云何入？問如何悟入諸法實性。答曰：滅我我所着故，破人我執。得一切法空，無我慧，破法我執。名爲入。"此中一切法空四字，不可滑口讀過。空者，破除義。一切法空，易言之，即破除一切法相也。法相不除，何可悟入諸法實性？空之爲言，非於世間顛倒虚僞法上，迷執爲空寂，故名空。非字，一氣貫下。佛法中無此邪見。乃於世間顛倒虚僞法相，直破除之，而顯其本來空，空者，空無。第一義諦中，一真絶待，諸法相本來空，非以意空之也。否則不名悟入實性。譬如孩兒未空繩相，終不能於繩而見是麻。《觀法品》又言："爲度衆生，或説一切實，或説一切不實。中略。一切不實者，諸法未入實相時，各各分别觀，皆無有實，但衆緣合故有。"此文不作破相解，將作何解？須知，此中所云將諸法各各分别觀，便見得皆無實，只是衆緣合故有，明明是破除諸法之相。各各分别觀之，便是其破相之方，方者，方法。析物至極微，則物相破矣，極微又析之，則極微亦破。又如分别諸法，知其但衆緣合故有，則諸法之相破，而四緣又各各分别觀之，便知一一緣皆非實有。《中論·觀因緣品》，即四緣一一破盡，文繁不引。還有甚諸法相？各各分别觀者，即解析術。用此術以破諸法相，如剥蕉葉，層層剥去，便無所有。諸法相剥落盡，都無所有，便乃豁然頓悟諸法實性，如孩兒聞繩相不實，便見麻也。破諸相故，説一切法自性不可得；自性不可得，即是一切法之自性。由捨相已，即顯其實性故。此義深微，凡夫難會。《論》文於各各分别之上，有"諸法未入實相時"一語，宜澄心體究。所以破相，正以未見實性故，若已見性，何相可破？《智論》説："般若波羅密於一切法無所捨、無所破。"與此可互明也。《中論·觀法品》明揭破相顯性密意，而評者不悟，且横攻《新論》，亦何傷於日月乎？

猶復須知，《中論》所以重視二諦者，即爲緣起義故。緣起法本是顛倒虚妄法，若不破之，則不可見實性。故欲令衆生入第一義，非破緣起法不可。此《觀因緣品》所由來也。若一往破除，則無顛倒虚妄法，亦無涅槃可説，無修證之事，還談甚佛法？故《觀四諦品》施設二諦，於緣起法，破與不破，兩無妨礙；第一義諦，非破相不可悟入，故緣起法在所必破。《觀法品》及《觀因緣品》，有明文可證。世俗諦中，顛倒虚妄法亦名爲實，即緣起法於俗諦非不許有。《智論》三十二説："譬如小兒，見水中月，心生愛著，欲取而不能得，心懷憂惱，智者教言：'雖可眼見，不可手捉，但破可取，不破可見。'菩薩觀知諸法從四緣生，而不取四緣中定相。四緣和合生，如水中月，雖爲虚誑無所有，要從水月因緣生，不從餘緣有。諸法亦如是，各自從因緣生，亦無定實”云云。詳此，謂四緣雖無定實，而未嘗破斥爲無有，即依俗諦義故。余亦嘗遇人言：“空宗談緣起法，或時决定破斥，或時似不破，甚似詭辨。”余曰：“非也！此中關捩子在二諦義。如不了此，便生眩惑，甚且尋章摘句，妄作主張，以爲如此如此，則微秕蔽目而天地全暗矣。可不慎乎！”

《新論》根本在明體用，首須識得體。其討論及於空宗者，特取其第一義諦破相顯性之方便法門。實則此方便法門即是究竟理趣，故可説空宗全部意思即在乎是，其餘千條萬緒，[33]要無不會歸於此者。《新論》不涉及宗教思想，故於顛倒虚妄與因果鈎連之緣起法，爲俗諦所不遮者，《新論》無論列之必要，學者求之空宗典册，可自得之。熊先生云：《新論》亦含二諦義，俟《量論》方詳。真諦則於認識方面，遮撥現象而識體。俗諦即現象界一一事物，皆隨順世間，不妨安立。《成物章》可考按也。評者謂《新論》遮撥現象，即是破壞世俗、抹煞現實，不知《新論》首先標明從認識方面而談識體，識者，認識。則於現象而見真體，自不執取現象，此非凡夫境界。肇公云：“悲夫人情之惑也久矣，目對真而莫覺。”此可味也！從認識上説，識取第一義，並無妨礙於俗諦之現實。《新論》微妙，評者弗思耳。

評者云“《般若經》説：‘爲初學者，説生滅如化，自注：虚妄，空寂。不生不滅不如化；自注：真實，不空。爲久學者，説生滅不生滅一切如化。’所以《新論》如要論究《般若》義，還得更進”云云。評者於此中，引《經》“説生滅如化”下，自注“虚妄，空寂”二詞，大有過患。空寂與虚妄，何可併爲一談？此不止差毫釐謬千里也。空寂是涅槃義，空非空無之空，亦非以幻現而無自性名空。幻現而無自性者，如依他法，固可言空，然與寂字連用成複詞者，則此空字亦是寂義，即涅槃義，空而不無，四德具備，所謂常樂我浄是也，如何可與虚妄一詞同解？虚妄是衆生顛倒法，屬俗諦。空寂是離世間顛倒法，所謂涅槃、真如，《經》云“不生不滅不如化”者即此。評者注云“真實，不空”，是也。此屬第一義諦。評者因不解《般若》，而誤想空宗是無體論，遂以空寂一詞視爲與虛妄同其含義，不獨毁壞《大經》，而佛教根本歸宿處，乃完全推翻矣。《般若》是群經之王、諸佛之母，果是持無體論，而安住顛倒虛妄中者乎？龍樹菩薩果如此，倘在吾前，當一棒打殺與狗吃。若不如此，此罪在誰？《經》云“爲初學者，説生滅如化”，即《中論·觀法品》説一切不實義；其云“不生不滅不如化”，即《觀法品》説一切實義；又云“爲久學者，説生滅不生滅一切如化”，即《觀法品》非實非不實義。此在前文已解釋明白。評者竟誤會經文“爲久學者，説生滅不生滅一切如化”句，遂妄主張空宗果是無體論，是一切如化論者，謬解經義。稍有識者，當能辨之。

熊先生嘗自言：弱冠時，一日登高，覩秋草零落，忽生悲感，推想天地萬物皆歸無何有之鄉。壬子，在武昌，一日正午，坐人力車過大街，天無片雲，白日朗然，車中無思無念。忽爾眼見街道石板如幻如化，形象與原見之石亦不異，但石體不實，猶如幻化。擬之浮雲尚不可，浮雲猶實在極矣！見房屋如此，見一切人坐者、立者皆如此，見人説話口動亦如此，仰視天、俯視地，一切如幻如化。平常視天，即所謂蒼然大圜氣界，並無不實在感。此時頓覺大圜氣界如幻如化、毫不實在。視車及車夫，皆如幻如化。但視自身猶如故，無幻化感。吾視商店兩人對話時，口動，面帶笑容，皆幻化人也。忽起念云：哀哉！人生乃如是耶？愴然欲泣，即視覺一切復其舊。爾後思此境，不可再得，迄今就衰，終不再現。當時曾告友人李四光仲揆，彼大笑云：我知此意。並云彼在日本東京市上，見群衆擾攘狀，亦起一種異感，覺塵世可悲。余曰：此與吾之感，恐不必同也。又曾告蔡孑老，孑老曰：此幻覺耳。語一老僧，曰：此夙生定境發現耳。先生自述此事，又曰：平生探窮宇宙人生諸大問題，就現象方面言，一切猶如幻化，於此確信不疑，但有無真實根源，苦參實究，老夫揮了許多血汗。求之宋、明，不滿；求之六經四子，猶不深契；求之老、莊，乍喜而卒捨之；求之佛家唯識，始好而終不謂然；求之《般若》，大喜，而嫌其未免耽空也。最後力反之自心，久而恍然有悟，始嘆儒家《大易》、佛氏《般若》，皆於真實根源甚深處確有發明。儒者窮神，而不深體夫寂然處，將慮滯有之患。佛法歸寂，而過喻幻化，反有躭空之累。《經》云：“設復有法勝涅槃者，我説亦復如幻如化。”幻化之喻，本謂空寂至極，不可作實物推測。然不悟者，或謂涅槃、真如只是假名，竟無所有，則幻化之喻適成大過，故云過喻。於寂而識夫生生健動之神，於生生健動之神而見其湛然冲寂，反求諸心，理實如是。自此，復探《華嚴》《楞伽》《涅槃》等經，更回思無著、世親之學，以及此土晚周諸子，逮於宗門大德、宋明諸老，衆賢群聖，造詣不齊，而皆各有得力處。乃至西哲所究宣者，亦莫非大道之散著。析其異而會其通，去所短而融所長，則一致而百慮之奇詭，殊途而同歸之至妙，乃恢恢乎備有諸己。而後信：證真，即妄法皆真；隨妄，則淪没無倚。感懷世變，亟欲宏儒，德治禮治，根源性地，所以挽失性者之慘酷，而使世間不異涅槃者，非可徒恃空教也。凡人爲學，眼光透上天去，還須徧視大平地上萬類始得。天在上乎？地面、地下，無非天也。仰視而不俯察，未可云見天也，况其未能仰視而妄臆見天者乎？先生此言，足爲拘守門户者戒，乘便書之於此，今當回復本文。

《經》爲初學説生滅如化，明是破相。説不生不滅不如化，明是顯性。爲久學説生滅不生滅一切如化，則慮人聞真實法，謂諸法實性，亦云本體。又復執實，故説一切如化，以遮其執，要非否定本體，成一切如化之論也。《大經》此文《大般若經》，亦稱《大經》。與前引《中論·觀法品》文，互相和會，是爲空宗所宗經論宏綱巨領所在。其説法雖變化萬端，不可捉摸，而執此綱領以刊定之，則如珠走盤，縱横移轉，而未嘗無所守之範域也。《新論》言：空宗一往破執，破即成執。生滅如化，不生滅亦如化，聞者遂作一切如化想，無有真實根源，將令衆生永墮顛倒虚妄中，豈不悲哉？清辨《掌珍》已云：“無爲無有實，不起似空華。”以彼聰明，猶惡取空，又何責於評者乎？朱子曰：“教學者如扶醉人，扶得東來西又倒。”大哉斯言，至有義味！

先生嘗言："佛書未易讀，讀者必具四條件：一、抽象力極高，天資低者，虛懷困學，亦可養成。否則於其高廣幽深之玄境，不可攀援。二、分析力極强，否則於其方方面面無窮的義藴，尋不着端緒與脉理。三、會通力極大，否則如盲人摸索大網罟，十指觸入百千孔穴，將縛於一孔或數孔之間，終不得其綱領所在，而猶自謂提挈全網也，不大可哀歟？四、必有廣大心、真實心，非徒在語言文字上作活計，以膚亂知解誑無知、趨勢途者。有此修養，方許了解文字，而終會意於文字之外，與十方三世諸佛相見。智慧之神，不會來舍於雜染心，此事宜知。上四條件，缺一不得，而第四爲根本。如條件不具而談佛學，只墮烟海中，自害害人，有何了局？自佛法東來，吾國思想界少有好影響，而世莫之省耳。"又曰："儒者之學，從人生日用中體現真理，六經四子，皆因事因人隨機紀録之詞，非有意述作也，非欲爲理論也，此與佛家根本不同處。佛家諸菩薩著書度衆，皆以工巧心經營一套理論，故於因明特爲遊意，而儒者不爾也。吾儕少時，輕堯、舜，薄文、周，非孔、孟，宋、明更不值一罵。中年而後，漸有所悟。老而日益親切。惜當衰亂，學絶道喪，此意無可與言。余相信，托於儒、托於佛者，始有儒佛高下之争；真儒、真佛，則異而知其類，睽而知其通，决不會起諍也。"先生此言，至爲沉痛，隨機觸及，述之於此。空宗成爲一切如化之論，余不覺愴然戚戚於懷。因念吾儕讀書，往往辜負聖賢心事。故引先生之言如右，所冀有實心作人、實心向學者，能勿以輕心遇古籍也。

將空宗説爲空的緣起論，説爲如幻如化，無有實體，無有根源，不顧《智論》有"凡夫人法，顛倒虚誑，故有四緣"之明文。不顧二字，至此爲句。大乘無上甚深微妙法毁壞至此，稍有慧者，何能不爲諸佛悲痛？哲學中有現象論者，其在知識與理論方面，自有精密可喜處，若就窮理而言，却甚淺薄，以不足語於徹法源底之事故。《勝鬘經》徹法源底語，含義極深廣。佛家緣起説與現象論及關係論者，其骨髓全無似處，何可誤解緣起一詞，便否認諸法實性，取消本體？評者勿托空宗，吾無怪焉。以此壞大乘法，是而可忍，孰不可忍？

佛法千言萬語，無非歸宿證真兩字。真之爲言，萬法實體也，人生真性也，萬有根源也。爲甚修一切行、斷一切障？求證真故。如無真實法，謂本體。則諸經論言修、言斷，如彼森嚴峻厲，如彼重複言之而不稍休，豈非瘋狂？《大經》與四論無量言説，只明個一切如幻化，只叫衆生永住顛倒虚妄中，是成甚佛？

《新論》談空，揭明從認識論方面破相顯性，此是正法眼藏。衆生所現見諸法相，猶俗云現象。確是《智論》所言顛倒虚誑而無有實。今之科學發明已足證實此理。例如瓶子，只是一聚白與堅等相，此即法相，此即現象。科學家分析此一聚堅、白等相，只是一聚元子、電子，而此一聚堅、白等相確是虚誑、無有實，然猶曰有元子、電子也。及科學進步，又知電子無實質，不可作小顆粒想，則元子、電子還是虚誑，無有實法。由此可知，空宗爲初學者説生滅如化，《大經》，見前引。生滅，即諸法相之通名，以一切物皆有生滅故云。説一切不實，《中論・觀法品》，見前引。令凡夫人破除虚誑不實諸法相，即無顛倒執着。往日視爲玄談，今已得科學爲之張目。但科學只做到破相初步，如佛法，則破相之意義甚深，此姑不談。而不知有諸法實性，即不見本體，此與佛法太隔遠在。科學家只是憑析物的方法，發見諸法相是虚誑不實，破相雖作到，而無可與之言顯性。空宗密意，却是令人勿認取此虚誑的法相，而當透悟其本體，亦云實性。所謂真如、涅槃。猶如成年人教小孩勿認取繩相，而當透悟其只是麻。此義深微，吾且借《中庸》語以明之。《中庸》引《詩》曰："'鳶飛戾天，魚躍於淵'，言其上下察也。"程子釋曰："上下察者，天地間皆實理昭著之謂。"〔34〕夫鳶、魚，法相也；天、淵，亦法相也；飛、躍，亦法相也。今於此一一法相，都不作一一法相想，即鳶、魚、天、淵、飛、躍等相俱破也。而直見爲實理昭著，即見性。此是何等理境！科學方法何能用到此處？科學知識何可湊泊得上？科學破相而不能顯性，此一問題非常重要，但此中不便討論，當還入本義。空宗一面破相，説生滅如化，説一切非實；一面即顯性，説不生不滅實性，亦云本體。不如化，真實。説一切實。均見前引。初學人聞此，始破相縛，凡夫人見鳶、魚只是鳶、魚，見天、淵只是天、淵，見飛、躍只是飛、躍，而不悟實理昭著，是爲諸相所縛。今聞佛説一切非實、如化，故相縛破也。乃即於諸相而悟入其實性。如破除鳶、魚、天、淵等相，即於此而見實理昭著，見其性也。故破相顯性者，只是認識的智性不受縛於虚誑之相，而透識其本體，所謂法空慧即此。佛爲初學人説諸法相即生滅法。不實如化已，復爲説諸法實性即不生滅法。真實不如化，所以啓發初學人法空慧，將自悟入實性，此其機權微妙，儒者所謂循循善誘也。佛明明説生滅虚誑相如化，而揭示有不生不滅法，即虚誑法之實體是不如化者，大義炳如白日。評者胡爲妄臆空宗是緣起論，無有本體，竟以空實性而不空妄相誣墮空宗乎？評者鑄此大錯，或因“爲久學人，説生滅不生滅一切如化”句，遂致眩惑。實則此末後語，正恐人於實性起執故，復來一番掃蕩。如吾國程、朱諸師談心性，較之涅槃，其拘礙立見，正由諸師不免將心性當作内在一實物事執持之，所以差失。觀此，佛爲久學人説一切如化，實有深意。“爲久學人説”五字，最不可忽。久學人已深悟入實性，但恐於此起執，故與之説如化，恰是當機。若與初學人説此，則法相已破，又無實性，而無真實根源可爲歸宿，永住顛倒虚誑中，則佛種斷、慧命絶矣，豈不悲哉？然佛雖爲久學人説，畢竟掃蕩太過，易滋衆生之惑，有宗起而矯之，誠有以也。《新論》衡空宗，洞見本原，字字不虚不妄，未容輕議。余於此往復申説，亦不憚煩，誠以大空之學，爲大有各派所承，即禪、净諸家亦須匯歸於是，否則未能無執。哲學家談形而上學，不究乎此，無以滌除情見。[35]空宗理趣幽玄，而其根底不容損壞。根底一失，即其無量言説，皆成膚亂。余懷無限意，難爲今人言。

評者謂《新論》解説《心經》似是而非，共舉三點：一、謂“析至極微，分析至鄰虚，僅是分破空，而不能真知自性空”。此等無知真可哀！試問佛典處處將五蘊一一分析，以明無我。今用評者之言以難之曰僅是分破我，而不能真知無我，諸佛受過否？

二、謂“對於空即是色，却不能反過來説此真如即是幻相宛然之色法，而增益爲離相寂然真理即是色法之實性”云云。此則本其癡想空宗爲空真寂實性，而不空顛倒妄相，因以曲解《心經》，而妄詆《新論》。

三、謂“《新論》言《心經》空五蘊而不空無爲，不知《心經》明明説‘無智亦無得’。無智即無能證得的現觀，無得即無所證得的真如無爲”云云。評者不承有實性，故以真如、無爲、涅槃等名，皆作爲假名説，因此，遂不許空宗有現觀。現觀，證解也，無實真如，即無證解可説。《大經》與四論，無一字本之現觀，即皆虚妄語。龍樹諸菩薩被汝一筆抹煞，而况《新論》乎？須知，無智者，無有能證得之相，非謂無現觀也。若果無現觀智，佛法成甚東西？無得者，無有所證得之相，非謂無有真如無爲法也。若於智證真如時，有所得相，即墮虚妄，經所以遮執，非遮智與無爲也。使遮智與無爲，即佛法根本推翻，汝何故爲僧？此真可哀！

評者謂“破相顯性不是空宗的空，反而是空宗的敵者有宗”。此等無知語，真屬創聞。余極力排除主觀，虚衷以逆索評者此種癡想之所由來，[36]久之，發覺評者却未解得一相字，故有此癡想，成大矯亂。在有宗唯識論，分别法相、有時或省言法，或省言相，或亦言諸法自性。法性，有時或省言性，或易文曰實性，或亦曰實相，或亦曰諸法自性，以於諸法而識真如，即可説真如是諸法之自性故，此與在法相上亦言自性者，意義絶不同。凡諸異名，可隨文求解，毋勞舉證。本甚明白。性、相二字，有時互用，並非淆亂，須求訓釋。《唯識述記》卷一疏釋頌文“稽首唯識性”處：“言唯識性、相不同。相即依他，唯是有爲。中略。性即是識圓成自體，唯是真如，無爲無漏。唯識之性，名唯識性。”本文前曾節引《記》文，並附注，可覆玩。又曰：“爲簡依他，故説識性。何故須簡？有漏依他，不可敬故。無漏依他，亦俗諦故，非最勝故，非諸聖法真實性故，此真實性，是聖者斷障之所顯得，凡夫雖具，而不得顯，故以聖法簡之。非所證故，略不敬也。”據此，則性、相二詞之義界，基《記》卷端便已訓釋明確。相即依他，唯是有爲。性即是識圓成自體，唯是真如、無爲。此中識字是廣義，舉能緣即攝所緣，故此言識，即無異言一切法也。相字之所指目者，即是依他、有爲法。基師親譯《唯識》，又經奘師審定，其説自是確據。如謂不可據，則中國譯籍只合一概推翻，還談甚佛教？

如評者以爲性、相之分，只在有宗唯然，則基師明言“相即依他，是有爲；性即圓成真如，是無爲”。據此，性、相之分，即是有爲、無爲之分，亦即是生滅、不生滅之分。生滅，即有爲之别名。不生不滅，即無爲之别名。豈止有宗分别性、相，佛教各宗皆同玆義據，基師此疏，可罵他謬誤否？余意，只有癡想《般若》爲只空法性真如無爲，而不空緣起虚誑相者，余意二字，一氣貫至此。可以大罵特罵基師無知胡亂。基師親稟奘師，空宗所宗之《大般若經》，即奘師所特别竭其全副心力以譯出者。〔37〕《般若》所説法，有生滅或有爲與不生不滅或無爲之分，猶之哲學上有實體與現象之分，《易》家有形上、形下之分。此等名詞之分别，皆非不根於實義者。若泯此類分别，必是於本體信不及而妄持説者，此輩唯依現象界構畫而成一套理論，即只談有爲，無所謂無爲；只談生滅，無所謂不生滅；只談法相，無所謂法性；只談現象，無所謂實體；只談形下，無所謂形上。此輩二字，一氣貫下爲句。此乃思想與理論之必然。吃緊。如其不解此意，便無法與談學問事，又談甚佛法？若果識此意，即基師説相是依他有爲、性是真如無爲，確是綜佛教各宗同稟之大義而通言之。佛教中絶無有以虚誑之依他法，爲立命之地者。故性、相之分，在佛教各宗皆然。惟第一義諦中是否破相，則大空、大有争端所在。評者於空、有兩無所知，並於一極重要之相字，尚未知是指目甚麽，豈不哀哉？

評者如知相即依他，唯是有爲，則何至有“破相顯性是空宗敵者有宗”之夢語？須知，依他即緣起義，他謂緣，依他衆緣而起曰依他起。故依他即緣起之别名。有宗經論有那一部曾如《中論·觀因緣品》之破斥四緣乎？稍有頭腦者，讀幾部有宗書，當不至癡想有宗曾破緣起義也。評者年力尚少，自居佛弟子，我慢異常，而於佛書字句竟不子細理會，出家一場，何苦如此？評文言“有宗有兩種類型：其一，虚妄爲本的唯識論，如無著、世親學”云云。如此妄誣菩薩，毫不畏罪，可乎？無著、世親何至以虚妄爲本而造論乎？以此自害害人，當墮地獄，尚足爲菩薩乎？唯識之論，明明歸於轉識成智。轉有二義，轉捨、轉得，謂轉捨雜染、轉得清净故。虚妄是其所必捨，而謂其以虚妄爲本，二菩薩受此不白之冤，於汝安乎？無著、世親學，只矯空教末流之弊，其骨髓仍在《大經》、四論。《成論》歸無所得，猶《般若》密意也。爲唯識正名，當曰明妄趣真宗，不可誣以虚妄爲本也。評者以空實性而不空顛倒虚誑法之癡想墮空宗，並復誣及有宗，今日佛教雖衰，而中國之大，賢比丘猶當不少，豈盡受汝誑乎？無著、世親短處，只在其種子論，一切錯謬皆緣此而生。種子論之最不可通者，莫如法爾本有種，二重本體之嫌疑在此。既立真如，又立本有種，且於二者之關係無所説明，非二重而何？又種子與果，俱時而有，評者既已承認，尚未至如粗涉佛典者，根本不了果俱有義而恣妄談。尚未，至此爲句。但評者必反對《新論》種、現對立之評判，則又挾私而自陷錯誤。評文中有云“我要指出，唯識宗是緣起論的，是以因果、能所成立一切的”云云。此處忽爾將破相二字忘却，既知是緣起論，何故道他破相？相即緣起，如前已説。此事且置。今應問：果俱有義，如何不是種、現對立？種子是能生者，故名因。現行是所生者，故名果。評者已言，唯識宗是以因果、能所成立一切，則能生之因法即種子者，與所生之果法即現行，既是同時並在，如何道種、現非對立？又就唯識種現説之體系而言，賴耶識亦有自種子，賴耶之種種子，省言種。與前七識之種，均藏在賴耶自體内，而爲賴耶之所緣相分。即爲賴耶所知之一種境相。賴耶於種爲能緣者，種於賴耶爲所緣，亦是能、所對立。又前七識從其自種生時，既自爲現行界，而其自種此時則猶眠伏賴耶自體中，故前七種與其所生前七現行識現行，即識之别名，今合用爲複詞。並不同處，非能、所對立而何？彼種現説之體系確如是，何必爲之曲諱？種、現對立既無疑，則其犯兩重世界之過失，又何容否認？不一不異，若就大海水與衆漚之喻上説，方爲恰當。舊唯識師種子，於俗諦是有實自體的，於真諦亦是幻有而非無。從種而生之現，是與其自種同時並在，此於俗諦是有實自體的，於真諦亦是幻有而非無。種、現明是一潛一顯兩重世界，種，藏伏賴耶中，是沉隱的世界。現行識，方是顯現的世界。雖强以不一不異言之，究是異而不一。佛家諸菩薩任何説法，總是要劈得極開，無融會處，而後又來説個不一不異。譬如將一小動物的生機體，切成幾段幾片，再將段段片片，説爲不一不異，終不與生機體相應。唐李泌謂德宗曰："陛下與濮固懷恩，譬如破葉不可復完。"吾於佛家諸大菩薩之説法，總不免有此感，非獨有宗如是，空宗亦然，例如生滅與不生滅開作兩片説去，却不肯説生滅即是不生滅的實性之顯現。非獨大乘如是，小乘無弗然者。此意兹不及詳，明者當自得之。

熊先生嘗言：舊唯識師談種現，如在心理學上説，此謂哲學的心理學，若科學的心理學則不涉及本體，而只依據生理與經驗，以説明精神現象，與哲學之談自有大不同者，此不及論。而不以之組成宇宙論，則有重大之價值。如依據《楞伽》《涅槃》《華嚴》《勝鬘》等經而談真常心，另以種現義作爲習氣或妄心之説明，而歸於順真常心以創净習，即融會孟子擴充義，救just空滯寂之流弊，儒、佛可一爐而冶。理實如是，反已體之自見。

《新論·明宗章》首揭出性智，即通《楞伽》等之如來藏，與《華嚴》之合毗盧遮那、文殊、普賢、觀音而爲一性海，並《成論》之四智，及《大易》之仁，宋儒德性之知，陽明良知，皆融會爲一。《功能章》談習氣及《明心章》説習心，則因舊師種現義而變通之。至本體論與宇宙論方面，則以體用不二爲宗極，即依本體之流行而立用名，用上説爲一翕一闢而成變化。

用由體現，不可離用而覓體。不可離用覓體故，即於用而識體，易言之，即於流行識主宰。然復須知，用有一翕一闢，翕即有物化之傾向，疑於不成爲用矣。嚴格談用，唯闢是用，以不失其本體之自性故。此云自性，猶言本體自具之德。德有二義，曰德性、曰德用。如空寂、虚静、空、虚，皆非空無之謂，以無形體、無方所、無作意故，名空，名虚。寂者，無迷闇、無擾亂之謂。静亦然。清净、剛健、純善、生生化化、流行不息、進進不墜，進而又進，曰進進。以其具向上之性，恒不墜退，云不墜。皆其德也。萬德咸備，萬理具足，不可勝舉，故總説言本體有其自性。是其流行不已，而自性恒不改易也。否則不成實體，云胡現用？

用具翕、闢二勢，翕勢物化，唯闢不捨失其本體自性，故可於闢而名爲心，亦不妨於闢而説爲本體。故内在於吾人之真常心或性智，即是宇宙實體。宇宙實體，亦即是内在吾人之性智、真常心。吾人與天地萬物本爲一體，無二本故。就吾人分上言，此性智、真常心，即是吾人之真己。《新論》所謂本心或性智，即真常心之異名。就一一物言，即一一物各各具有真常心。然尅就真常心徧爲萬有之實體而説，即真常心是超越天地萬物而獨立無匹。言天地萬物，猶云萬有，即攝吾人在内可知。本文前面曾言萬物各具之自性神，言萬物，即賅吾人在内。即是絶待之一神；絶待之一神，即是萬物各具之自性神。所謂一爲無量、無量爲一是也。此神即真常心之目，與宗教家言神而雜以擬人之觀念者絶不同。《新論》性智，即真常心。亦云本心。由即用見體義故，便於用上説體。夫心之名，本依闢而立。闢，用也。今以心而説爲真常者，真常，即本體之名。由即用説體故耳。《新論·明心章》首明此義。空寂而生化不測，虚静而健動不屈，不屈，謂無窮竭。是吾人所反求而自識者也。《新論》匯通《大易》與《般若》，自明自見而始言之，非取兩不相容之説而强求其通也。

翕之勢似與闢反，而實爲闢之具，故翕終從闢，即物隨心轉，而物莫非心也。

空宗只以不生不滅言體，以空寂言體，空，非空無之謂，詳《新論》。故不於體上説流行，即不能依真體之顯現而施設宇宙。《新論》譏其短在此，可謂精覈之評。空宗雖於俗諦不破緣起，然但視爲虚誑法，由衆生顛倒故有，第一義諦於四緣即破除。《新論》救此失，故明由體成用，而用上即可施設宇宙；復以由體成用義故，便可於用識體，即一一物皆是全真。此《新論》骨髓，所以有異乎空宗也。

有宗之學，即無著、世親學。其短處只在種現説。以阿賴耶識中一切種子亦名功能。説明宇宙人生，而遮撥外道之梵天、神我等説。參考《攝大乘》等論。彼計含藏一切種之賴耶識，亦從其自種而生，賴耶與其自種係同時而有，故賴耶能藏其自種。詳《成論》及《述記》等。彼又以器界即俗云自然界或天地。與吾人根身，均是賴耶識之相分，此根器相分各從其自種而生。至其分别八個識爲一切相分、見分，皆各從自種生。其説極繁瑣，今不及詳。有宗之宇宙論，確太穿鑿，《新論》廣破，無可曲諱。然《新論》雖彈正其種現説之失，並不以此減損有宗之價值。熊先生嘗言：印度人頗好爲鑿空之論。種現説，在吾人今日衡之雖不滿，然在當時，爲融攝各派思想與理論計，自爲精密而有力之偉論。種子義實從數論自性及外道極微説修改而成，賴耶識亦從外道神我説而修改得來，其間枝節之義又多與小乘對照而立，玆不暇論。且有宗之以種現成説，變更以前之緣起義，而寓構造之旨，雖不必應理，然試探其所以矯正空教之本意，〔38〕則有大不可忽者。空宗於第一義諦，破一切相，遮撥四緣，不遺餘力。《心經》爲《般若》撮要，首曰："照見五蘊皆空。"五蘊，有爲法也，亦即緣起法也。言空，即遣除盡净，竟無所有。《新論》斷爲破相顯性，確爾無疑。有宗之興，正爲空宗破相即破緣起。而矯其失，故盛演三性義，而成立依他。依他，即緣起之别名。二者相争之基地，即是依他有爲法，一破一成，顯然互不相容。《新論》語體本中卷。《功能下章》明明揭示此事，而評者竟絶不通曉，反謂有宗破相，豈不愚哉？

空宗重要關鍵在二諦。俗諦不破四緣，有世間顛倒法故，方有涅槃，亦由第一義中説空故，知有世、出世法。説空，即知有世間法，否則何所空？由空世間顛倒法故，知有出世間法。詳玩《中論·觀四諦品》。真諦即第一義。則破緣起法以顯性，而於性體亦不許作實物想，所以破執，非破性也。評者不了此勝義，乃謂空宗是無體論者，豈不哀哉？

有宗重要關鍵在三性，三性主要義在成立依他，此與空宗針鋒相對。但有一問題，空宗第一義中，破一切相，即得法空慧而不墮法執。今若成立依他而不破相，豈非自墮法執乎？有宗爲釋此難，故説三性，三性中初性即解決此問題。

三性者：一、遍計所執自性；二、依他起自性；三、圓成實自性。三性名義，《新論》語體本中卷。《功能章》已疏釋明白，但非字字注意，亦難解了，所望學者肯虚心耳。

遍計所執自性，應分三項以明之：

一、能遍計，謂意識周遍計度，是能遍計。

二、所遍計，謂依他法。依他起，省云依他。

三、遍計之所執，謂人我與法我。如依五蘊而執有實我，此是人我執。如於五蘊中一一法上，而堅執着此是實物，當知纔作是想，便名法執。

依他起自性者，即諸有爲法，省云有爲。亦名生滅法，省云生滅。其實即是五蘊法。五蘊中總分色、心二聚。色，猶云物。聚者，類義。五蘊法，總分心、物二類。此色心諸行，行者謂有相狀幻現，遷流不住，猶俗云現象也。有問：心無相狀。答曰：否。雖非如色法之可目見，而非無相狀，汝反體之自知。唯依衆緣合而現起故，衆緣，謂四緣。都無實自性故，性者，體義。無自體者，猶云不是獨立的、實在的物事。故以此色心法説爲依他起自性，亦云依他法，亦名緣起法。有宗説依他，於俗諦是實有，於真諦則謂之幻有而非無，此是與空宗根本不同處。空宗緣起，即依他。俗諦是顛倒虚誑法，詳前。第一義中即真諦。四緣則破除净盡。

圓成實自性，即是真如。此是一切法之實性。此中一切法，謂色心諸行，亦即依他。

詳此三性義，有宗之中堅思想在第二性依他，此與空宗恰恰相反。稍有頭腦者，一對照便可知。

空宗直下破相，相，即依他有爲法，詳前。所以顯性，而於性體又恐人作實物執着。原夫人生習於實用，其於一切事理，無往不堅執爲實。本此心習而猜度宇宙根源，即於一切法之實性，亦將當作實物而想像之，且堅執之。如此，則性亦成相，直是作繭自縛，其何以堪？故《經》復説“生滅不生滅一切如化”，見前。所以防人於性體上起執，其用意深微已極矣。而評者乃妄臆空宗是空法性，而不空緣起虚誑相，豈不哀哉？余昔遊熊先生門下，有人問：“空宗蕩一切相，似乎中外思想界罕有如是者，何耶？”先生曰：“佛家之學，自止觀來。空宗修空觀，自不容着一毫相，故於法性，不容起執，於性起執，即於性體之上增益妄相，此空宗所以力遮也。從來哲學家只作思辨工夫，不修觀行，行者，修爲義，觀即是行，曰觀行。宜不了此。昔馬大師言‘即心即佛’，後言‘非心非佛’，其門下梅子和尚聞之曰：‘這老漢又誤煞天下人，儘管他非心非佛，我只是即心即佛。’人以告馬祖，祖曰：‘梅子熟了也。’世之習空教者，烏可妄執一切如化而惡取空，以自害害人哉？”

有宗不破相，即成立依他。而妙演三性義，則以爲法執之起，正由能遍計意識。對於所遍計法即依他法。而妄起我法執。此我法執純依妄情上有，妄情，謂能遍計。理實無有。無有如妄情所執之實我實法也。但所遍計之依他法，不可説無。吃緊。即此依他法之實性，所謂圓成真如，一真絶待，理絶言思，不可於此着空見，自不待言。有宗以爲只破遍計所執，即是於依他法上無有執，亦即是於依他法而透悟其實性。圓成真如，都無妄執。此其所以不破相而自不墮法執也。空宗破相，即空法執。有宗分别執與相依他。是兩事。執，依妄情故有，照妄即執空。相，則真諦不無，去執乃於相而見性。此有宗矯正空宗之功，實有不容忽視者。三性確是有宗勝義，不必爲空宗所及。《新論》於有宗矯正空教之本旨，固極贊同。惜乎今日學子，莫知注意，乃妄疑《新論》詆毁無著、世親學，豈不癡哉？

然有宗矯正空宗之本旨雖善，惜其於法性真如，仍承空宗之舊。只是不生不滅，不許言生；只是無爲，不許言無爲而無不爲；只許言如如不動，不許言流行。而所謂依他法，究與實性真如爲如何之關係，終不可得而明。若唯以不問宇宙如何而有，爲佛氏密意所存，不容於此作批評者，則既已説依他法，又説實性真如，獨以何義而於依他法與真如之關係竟不許發問？豈非怪事？又有宗之言依他，只是種、現互爲緣，而首立法爾本有種，爲現法之因。一切現行相分、見分，得名現行界，亦得名現法。其於現法，又析得極零碎。則推求其種，自不得不極多。輕意菩薩言：“無量諸種子，其數如雨滴。”此無量種皆聚集賴耶識中，而與其所生現法，判爲潛、顯兩重世界。且既以本有種爲現法初因，又復承有法性真如，並不説明種與如之關係，如者，具云真如。則兩重本體之嫌，亦無可否認。况復種分染、净，新熏係後起，可云無關實性。本有種之染性者，是否與真如實性有關，此皆未有説明。若細覈之，其所謂依他，即種現説者，實含無量矛盾，難以言之成理，不徒有鑿空之患而已。自斯學東來，歷千餘祀，聰明睿智之儔，不知凡幾，皆驚其奥賾，苦其難通。《新論》出，而後肅清霾霧，此功何可没哉？

《新論》明由體成用，則用即是體之顯現，體與用本不二而究有分，可分而實不二，故不必問體與用之關係，以其本不二故。佛氏之依他法與真如，一爲不生不滅，即無爲。一爲生滅，即有爲。明明説成二片，即不能不問其關係。而佛氏畢竟未有説明，此可謂根本缺憾。《新論》發明體用，始徹法源底，無支離之病。又復由大用流行之迹象上，假説萬物。一方可隨順俗諦，説萬物倏然宛然、相依相待而有，融攝關係論。關係論與緣起説，貌似而實不同，則以緣起説之骨髓在有個體的生命，即妄識流轉故，《新論》不涉及此。一方可趣入第一義諦，乃即用而識體，即流行即主宰，即現象即真實，不待破相而性顯，此與空宗異。亦無性、相不圓融過。有宗相即依他，不可説由體現，性即圓成真如，不可説流行，性、相終欠圓融。《新論》即用而識體，便無此失。《新論》在宇宙論方面可善巧施設，而與本體論血脈相通。在本體論方面，不説本體是不流行的，即在宇宙論方面，可依本體之流行，即所謂大用之一翕一闢，而施設宇宙，故血脈相通。佛氏法性是不生滅，相是生滅，便説成隔絶。自有談玄以來，至易簡、至圓融無礙者，無如《新論》。誰是有知，而可妄毁？

> 評文談性相與體用，有曰："《新論》分辨性相與體用，貶抑佛家，是非常錯誤的。不知性與相對立的説明，以相爲現象，以性爲本體，在佛教經論中不是一般的。惟有在'能所證知'認識論中，才有'以相知性''泯相證性'的相對意義。在一般的因果、體用、理事、真俗中，或説性，或説相，二者可以互用，並無嚴格的差别。"

審曰：性相、體用，余在斥評文談空有中，已極分明，本無復贅之必要。惟念評者思想總不入軌範，又不忍無説。評文謂"以相爲現象，性爲性體，在佛教經論中不是一般的"云云，此甚錯誤。評者總由誣墮空宗是空法性而不空緣起虚誑相之妄相在中作祟，故作是説。須知佛家性、相二詞，各有所指目，決不是兩個空名詞。此處正須忘言默會。佛教小乘且勿論，大乘空、有兩輪，確由人生論發展而談實性，即相當於哲學上所謂宇宙本體。空宗施設二諦，而有第一義，即依實性而設。若只承認緣起虚誑相而無所謂實性，則何有第一義可言乎？《般若》明明分別説生滅與不生滅，或有爲與無爲。明明説涅槃，何可誤解《般若》爲無體論？有宗開山無著、世親二大菩薩，雖别唱有教，而與空宗根本不同處，只是三性中依他，一於真諦破而不立，一則認爲幻有非無而已。〔39〕其立净分依他，尤有深旨，此中不便申釋。關於法性真如，空宗破執之語氣過重，有宗雖意存矯正，然終不謂龍樹有空法性之邪見也。《成論述記》，自是基師親禀奘師之緒論，其攻擊惡取空者，只在空教末流之清辨，而絶不涉及龍樹、提婆。且空宗唯一根據之《大般若經》，實譯自奘師之手。倘《般若》果爲空實性而不空緣起虚誑相之妄説，奘師爲有宗大哲，何至宣譯此經，備極尊崇？降一步言之，《述記》何故攻惡取空者性、相皆空，只在清辨，而不及龍樹乎？《般若》明明爲初學人説生滅如化、不生不滅不如化，明明法性真實，其爲久學人説一切如化者，只是遮執，非破法性，不可誤解也。《中論・觀四諦品》説："因緣所生法，我説即是空，亦爲是假名，亦是中道義。"首二語，即空除緣起法。第三語，空亦假名，則緣起雖空，而非一切空無。於俗諦中非無緣起虚誑相，於第一義中明有實性。故空之一詞，亦應空除，不可妄計一切皆空也。此語意義深微，非深心體認，不得其旨。第四語，明中道者，緣起法空，故非有，第一義中諸法實性不空，故非無，所以爲中道也。大乘空、有二輪，都無空法性之淺見邪説，此乃無上根本大義，必須認定。王輔嗣説《易》云："會之有宗，統之有元。"斯義誠千古不磨。在知識上説，世間學術，如科學等。各部門的知識，在每一部門中雖自成體系，而對於宇宙之渾全以言，畢竟是各限於一部門。故一切知識之學，必須有其統會之宗與元，否則知識終陷於散殊之域，而無統會處，人生將無最高之蘄向，有日趨墮落之憂。此義非淺夫俗子所逮聞也。如欲暢言，當别爲論。猶復須知，人生具向上之要求，如無此要求，即不成爲人類。故常有一種超越感。超越感者，即恒自覺有超越小己與萬物之無上真實根源，爲其所申誠歸仰。一神教者，視此根源爲外在。儒者之言性，與佛家之言真常心，則視此根源是徧爲萬有實體，而亦是内在於吾人當躬，即爲一身之主者。此非靈魂的意義，須善會。儒者有殺身成仁，即爲平日富於超越感，其生活非虚浮空蕩而無所歸宿，故臨難有此勇氣。佛氏有投身飼虎，亦以此故。宗教與玄學雖分途，而窮究真實根源之精神，則有其大同，不容否認。但一由信仰，此就耶教言。佛教固篤於信仰，而極尚理智思惟。一任理智，此就西洋哲學家言。若吾儒之學，雖是理智的，而非僅以思辨爲能事。故有教與學之分耳。空宗首唱無住涅槃，不捨衆生，悲願弘大，豈不究真實根源者乎？求之《大經》、四論，本無此淺見邪說。區區之忱，唯望評者悔悟。

評者又謂："惟有在'能所證知'認識論中，才有'以相知性''泯相證性'的相對意義"云云，此誤不小。評者完全不解證量一詞。須知尅就證言，便無能、所相可分，如何可説以相知性？既云以相，即有相存，有相存矣，胡云知性？又云"泯相證性的相對意義"，太不成話！既云泯相，何有相對？評者於此大根本處，何乃絶無理會？證量是何境界，評者知否？《新論》説空宗在認識論方面破相顯性，此爲導引學者趣入證量，而非尅就證量立言，不當誤會。至云"説性、説相，可以互用"，則隨行文之便，而意義自當隨文領取，未堪淆亂。如實性，亦得云實相，則此相字是體相義，非相狀義。又如説識以了别爲自性，識即相也，則此自性是尅就識相而目之，此性雖亦作體字釋，却是自體之體，與實體之體字絶不同義。舉此二例，可概其餘。評者每於佛書辭義，不求真解，更無論言外之意，任在這裏涉獵得一義，那裏復涉獵得一義，終於真義，没理會處。古今學人不蹈此敗闕者無幾，真修行人，務須痛戒。

評者有云："佛法本來不以性、相爲對立的根本論題。"余則謂佛法是否以此爲根本論題，不妨暫置，望先了解性、相二詞。佛教三藏十二部經，謂其於哲學上所謂宇宙論無所涉及，則非教僻至深，未有以爲然者。今試從宇宙論以究佛之旨，則佛教如非安住虚妄法中而不究真實根源者，自不能不於法相而窮其實性。法相，略當於哲學上現象一詞。實性，猶云實體。基師《成論述記》分别性、相，非其臆説，亦非限於有宗一家之言，各宗皆可以義準。倘於此猶疑基師，則必其人頭腦不清，難與析義，置之可也。佛之徒有言："佛教不許有離心外在的宇宙，故無宇宙論，而只談人生。"余詰之曰："汝知佛教析觀五藴都不可得實人乎，爲甚有人生可談？"性、相二詞，如已解得，則是否根本論題，似不待論。

> 評文有云："佛以爲諸行是'虚誑妄取相'的，不可執爲實有，所以以幻化陽燄比喻他。"又云"流轉不已的諸行，觀爲無常、無我，而證得涅槃，説爲不生不滅的無爲"云云。

評者此段話，還是空法性的癡想横梗於中。今應問者，既云諸行是虚誑妄取相，却須知諸行者，色、心二法之都稱。色法且置，汝心既是虚誑妄取相的癡物，憑誰而修無常無我的正觀？又云："即於諸行，觀爲無常、無我，便是證得涅槃，説爲不生不滅。"據汝此言，則涅槃、無爲、圓成、真如、不生不滅等名，皆變爲虚用之詞，不得爲實性或本體之目。目者，名目。如仲尼即爲孔子其人之目。十二部經被汝一手推翻，吾疑汝頗大膽。然看到下文有云"有爲實性即無爲"，始知評者只緣不通辭義，而陷此罪過，是可哀也。須知有爲實性之云，本於有爲下、實性上，中涵一之字爲介詞，而佛書譯者求高渾，往往不用介詞，讀者非精通文理，便易誤會。夫言有爲之實性即無爲，則無爲是有爲之實性，而不即是有爲明矣。有爲是相，前引基師語"相即依他是有爲"，此義無可摇奪。空宗説有爲相純是虚誑無實，只言無實，不謂無此虚誑相也，俗諦不破四緣者以此。但評者竟只認取此緣起虚誑無實之相，而横欲空法性，妄計有爲即無爲，且疑性、相分别，只在有宗唯識爲然，其文中於實性一詞，全不求解，只滑口讀過，悍然以空宗爲無體論者，無體，謂無本體。豈不哀哉？夫法性一詞，具云諸法實性，猶云宇宙本體。或時亦省言性，圓成、真如、涅槃、無爲、不生不滅，皆其名字也，稍讀佛書者當知之。評者身爲僧人，於此無上甚深大根本處不能悟，而亦不求悟，且欲泯性、相之分，而即以相爲性，妄臆有爲即是無爲，却不悟有爲實性即無爲一語中，其實性二字萬不可忽，萬不可不求解。譬如説冰之實性即水，冰相只是虚誑無實，雖現此相，此相者，謂冰相，下同。而本來空，冰相無自性，即本來空，非以意空之也。但冰之實性即水，此非空無。有爲相不實，而有爲之實性即無爲，此不可説空，冰相，喻有爲相。水，喻有爲之實性無爲。應如理思。當如其理之實而思之，不可妄猜也。評者談空宗，只承認緣起有爲虚誑相，而空除有爲之實性，即所謂真如、涅槃，通觀評者全文意思，只是如此。以此誣空宗爲無體論。評文分量頗不少，其糾紛與浮亂，令人難閲，本不足辨。而卒反復以辨正之者，誠念佛法不當誣亂。今世之真志乎佛法者既少，能解佛書文字者益少，誤墮煙瘴，即損慧命。吾是以不忍無辨，而此苦則無可言矣。

《智論》卷三十一云："智者於有爲法，不得其相，有爲之相，虚誑無實，其自相本空，故云不得其相。知但假名。曰有爲法者，但假名耳。以此假名，導引凡夫，知其虚誑無實，無生無作，有爲本無自性，何生何作？心無所著。中略。復次離有爲，則無無爲，所以者何？有爲法實相，即是無爲，此中實相，猶云實性。無爲相者，則非有爲，但爲衆生顛倒故分别説。有爲相者，生滅住異。有爲法生起，名生相。生已而滅，名滅相。方住時，名住相。有變異故，名異相。是有爲法之四相。無爲相者，不生不滅，不住不異，是爲入佛法之初門。若無爲法有相者，則是有爲。"爲初學人分别説無爲相異有爲相。其實，無爲法不可以相求之也。若妄計無爲有相者，則無爲何殊有爲乎？又曰："第一義空者，第一義名諸法實相，不破不壞故，是諸法實相亦空。何以故？無受無着故。"以無受無着，名空，非空無之謂。又曰："一切有爲法及虚空，非智緣盡。智緣盡者，如説正智是能緣，真如是所緣者，則是猶有智緣之相。今智與如相俱泯，即能、所相俱空，是謂智緣盡，此明證量義也。《心經》云"無智亦無得"，即此義。云何無上法、智緣盡？智緣盡，即無上法也。智緣盡即是涅槃，涅槃中亦無涅槃相，涅槃空是第一義空。中略。貪等諸煩惱斷，〔40〕是名有餘涅槃。聖人今世所受五衆盡，五衆，即五藴。更不復受，是名無餘涅槃。不得言涅槃無。以衆生聞涅槃名，生邪見，著涅槃音聲而作戲論，若有若無。以衆，至此爲一讀。以破著故，説涅槃空。注意。若人著有，是著世間；若著無，則著涅槃。破是凡人所著涅槃，不破聖人所得涅槃，聖人於一切法中不取相故。聖人得涅槃，不於涅槃作有相或無相想，故云不取相。貪等諸煩惱，假名爲縛。若修道，解是縛，得解脱，即名涅槃，更無有法名爲涅槃。若已得解脱，而更計有法名爲涅槃，便是將涅槃當作一物事來猜想，便是取相，故《論》言"得解脱即名涅槃"云云。《論》只遮於涅槃取相，非謂涅槃空。此處須虛懷體究，切勿誤會。如人被械得脱，而作戲論：是械，是脚，何者是解脱？是人可笑，於脚、械外，更求解脱。衆生亦如是，離五衆械，更求解脱法。"五衆，即是虛誑法，亦即是械。離此械已，而更求解脱法，即又取相，又復被械。經論不許人於涅槃作有相想者以此。據《智論》此文，只遮於涅槃取相，實非空涅槃。《新論》談空，無一字妄下，而評者不善會經論文指，實爲可惜。《智論》卷三十七云："法性者，諸法實相。除心中無明結使，無明即惑，亦名爲結使。結縛人故名結；惑能役使人故，亦名使。除者，斷除之，猶儒者云克己也。以清凈實觀，得諸法本性，名爲法性。注意：緣起諸法，自有本性，若只認取虛誑相，而不見其本性，便妄欲空法性，〔41〕此自陷結使中也。性名真實，注意：只認取緣起虛誑相，而不承有緣起之實性，是無真實，明明違經論。以衆生邪觀故縛，正觀故解。"正觀，即解縛也，除無明結使，即得諸法本性，無有我法邪執，〔42〕是名正觀。據此，以清凈實觀，即得諸法本性，性名真實，則緣起虛誑相，不即是諸法本性甚明，何可執相而空性乎？

佛家在量論方面，量論，猶云認識論。就斷惑證真言，即於相而識性，故性、相不一不異。然從本體論方面衡之，佛家以相與性，剖作生滅相。與不生滅性。或有爲、無爲二片説去，其於體上，不許言生，不許言變，不許言流行，故不可説由體現用，即無以施設宇宙。有宗成立依他，已談宇宙論。但其圓成真如，與爲現界因緣之本有種，作何關係，未有説明。因此，佛家之量論與宇宙論，無融會處。宇宙論一詞，有廣義、狹義。狹義即謂現象界，廣義則通本體與現象而總言之。今此中宇宙論一詞，即廣義。《新論》謂佛家在本體論方面，由有出世情見故，不悟體用不二，此千年來闇室孤燈也。後有達者，當知抉擇。

評者謂法相一詞，不是斥指已成物象而名之，以此攻《新論》，却是自安迷霧。《智論》明言四緣“是顛倒虚誑無有實”。此虚誑相不實，而於世俗亦非無者，正是物象，汝不悟哪？且評文明言“緣即相依相待的關係性”云云。若未成物象，豈有相依相待的關係可説乎？以相依相待互相關係而有，説明物象不實，此則誠然。却須知，相依相待、互相關係而有者，正是尅就物象上説。如無物象，説甚相依相待？説甚關係？《新論》尅就用言，即無物象。佛家不説體現爲用，然説有爲之實性即無爲，此實性無爲，即第一義，是有物象否？第一義中破四緣，汝不悟哪？評文隨處引佛典，而皆不求解，又何怪不通《新論》乎？

評文又云：“佛法所説體用的體，與《新論》的‘自體’相近。”此是無端添一葛藤。《新論》體、用二詞，須從《新論》之整個體系中求解釋。此與佛書及他書中，有時用體、用二詞者不必同。稍有頭腦者，讀《新論》决不至誤會。而且《新論》中卷《功能章》，對此二詞特爲解説，鄂省三十六年印行本中卷末有《後記》，更闡發精詳。商務館本缺《後記》。若以《新論》體用義準諸佛法，則《新論》所云體者，相當佛家之法性真如，但弗説爲不生滅或無爲法；所云用者，略當佛家之生滅法。亦名有爲法。此中略字，注意。佛家生滅即緣起法，是染污性，有宗净分依他，當别論。彼不説體現爲用，其緣起法非真如現爲，故與《新論》所云用者異義。《新論》用由體現，即非染污。染污則是人生後起惡習，與用無干。據此，則《新論》用義，似與佛談生滅法者迥異，而復云略當者，何耶？應知《新論》於用上施設宇宙，佛家緣起法，俗諦實有，亦即於此説宇宙萬象，緣起法者，即色、心諸行，俗云宇宙，即色、心諸行之都稱。故云略相當也。評者於《新論》及佛法，兩無所解，而曰“佛説體用之體，與《新論》的自體相近”，不知果何所指。

評文又曰：“佛法是没有以體爲真如實性的。”此真愚極！實性之性在佛書中即作體字釋，汝未讀唐人注疏乎？如前所説，有爲之實性即無爲。此實性一詞，與哲學上言實體及明儒言本體者，其所指目者都無有異，但解釋不必同。所指目同而解釋不必同者，如桌子一詞，兩人説此詞時，所指目者全同，而一人據常識説桌子實有，一人據哲理説桌子不實，此解釋之異，而二人於桌子一詞所目者，未嘗有異也。各家於實體一詞，其所指目者無不同，但解釋不必同，亦猶此譬。有爲法者，色、心諸行之都稱，俗云宇宙萬象，即此有爲法是。故佛法中言有爲之實性，猶云宇宙實體，辭義分明，而汝不會，豈不惜哉？此義屢詳前文，兹復贅説，誠念佛法根本處不可晦也，余豈不憚煩哉？真如雖有十一名及七名，見諸經論，而皆以諸法實性爲言。如流轉真如一名，非謂流轉即是真如也。經論明曰："諸行無始世來流轉實性。"此實性一詞，實伏有之字爲介詞。而汝不會，妄意真如即目流轉，實則正顯真如是流轉法之實性，曰流轉真如，依主釋也。自餘諸名，皆應準知。辭義不通，誣亂大法，身托佛門，如何不戒？評者又有"佛法以爲存在的即流行的"云云，凡一大段話，無一語不浮亂。總由只認取虚誑相，而不知有實性，所以陷濃霧中，曾無一隙之明。

評者誤會《新論》遮撥現象，不悟《新論》明由體成用，即於用上施設現象，稍有頭腦者自知之。又謂《新論》神化，而神字作何解，評者尚不知。此則余已詳説如前，無復贅之必要。又謂《新論》離開常途的因果觀，此則誠然，《新論》不涉及宗教，故不談果報。然評者謂佛法中談緣起，只是相依相待的幻相，而絶口不談賴耶識，則因果何存？既無世間因果，即無涅槃，則勝義從何開顯？無怪評者抵死不承有實性。又復應知，《新論》明由體現用，則萬有無非勝義，即俗全真。又修正舊師種子義，而明業習流轉，並未毁壞世間因果之所依據。汝乃一無所知，何耶？

評者謂空宗决不是離用言體，此甚錯誤。須知空宗所謂顛倒虚誑的緣起法，不謂之用而何謂？評者文中曾引《阿含經》中，"佛稱世間法爲行，也稱爲有爲，行與有爲的字根，與作業及力用相同"云云，據此審定佛家有爲法，亦名生滅法，亦名緣起法。即屬《新論》所云用。評者原無異議。用字之所指目者，既已决定，再説體字。評文引述"推宗龍樹之天台學者談證悟，有見真諦及見中道二説”，“西藏所傳龍樹中觀見，亦有主絶無戲論及主現、有。空雙聚二家”，而自斷之曰“這可見離用契體，應説泯相證性，及即用顯體，應説融相即性”云云。評者於此處，明言離用契體，則一切法之本體不無可知；明言泯相證性，則諸法實性非空可知。如此，則評文中體字或性字，與哲學上本體一詞所指目者，亦不能有異。體、用兩詞義界都已覈定，今從宇宙論的觀點審察空宗。彼空宗。於體上，唯顯空寂，而無有生生化化不息之健，非離用談體而何？彼於用上，唯説顛倒虚誑，此虚誑法不可云由體現爲，是又離體而談用也。

自釋迦唱教，首説十二緣生，以宇宙從迷闇而開發，人生從迷暗而肇有。此乃不向真實明净源頭上理會，直從吾人有生以後，拘於形氣、成乎染習處着眼，以視吾《大易》直由乾元始物及萬物各正性命處開顯，孰得孰失？如有具慧眼者，自當明辨，不必期凡愚之共了也。《新論》歸宗《大易》，良不偶然。

至云“一切法即是畢竟空，畢竟空不礙一切法”，正是《新論》理趣。本體無形無象，無作意，無惑染，非畢竟空而何？由體現用，雖翕闢宛然，而都不暫住，無有定相可得，一切法即畢竟空，何消説得？然大用流行，雖不暫住而翕闢宛然，衆相俱成，却是畢竟空不礙一切法。

評者又舉經中“依無住本，立一切法”等語。佛家慣技，説一切法析成各個碎片，及知其不可通，又來説向圓通去，無如粉碎之各片，終究無法圓融。彼之無住本，元是空寂，是不生不滅。其一切法即諸行元是力用，是生滅。既已碎成二片，今却要説“依無住本，立一切法”等語，吾不知一片不生滅，與另一片生滅，如何融會？此一關捩子轉不得，休言“依無住本，立一切法”，休言“不動真際，建立諸法”，休言“我説空、緣起、中道爲一義”。評者不須忿詬《新論》輕議諸大菩薩，其實《新論》只救智者千慮之一失，而於其窮玄探微之理趣，未嘗不有所依據與推演也。禪與净諸大德不縛於教，而其所深造自得者，並不與教中言外之意相背。可惜束教之徒，死於句下，難與語斯事耳。評者又謂《新論》誤解虛空喻，彼義實如是，非執喻以相責也。

《心經》“色即是空，空即是色”，《新論》疏釋正確。而評者絕不留意，乃妄取以附會其空實性而不空緣起虛誑相之謬說，且以此證成佛說空寂即是生化，欲破斥《新論》評佛失當。不悟佛說，本性、相分清。空寂，是斥就性體而言，非謂本無實性，只於緣起法上說之爲性也。非謂，一氣貫下。緣起，是就虛誑相上言之，是染污性，與《新論》所云生化，絕不可相混。《新論》生化是用，即體之顯，前文曾略辨。如何可以緣起虛誑之生化，混同真體流行之生化？評者此說，於佛法及《新論》，兩皆無據，兩不可通。

評者有云“《新論》的根本謬誤，以佛法的泯相證性爲離用言體，即於佛法作道理會”云云。評者自陷根本錯誤而不自省，反誣《新論》。佛家浩浩三藏，明明說了許多道理，且用邏輯爲破他宗、立自義之工具，與儒者體現真理於人生實踐之中、不尚理論者，根本異趣，此事顯然。佛家本以說道理爲能事，故宗門不滿之，而首唱不立語言文字，以救其失。宗門雖矯枉嫌過，然諸菩薩及論師好說道理，則無可諱言。《新論》從其說道理之闕失處而繩正之，與宗門用心略同，而態度較好，以其不廢教理之探討，足爲實修之助也。道理且置。評者此中本意，似謂諸佛泯相證性之談，爲導引學人入證量之階梯，此即偏從量論的觀點來理會佛說。然有萬不容忽者，佛氏無量無邊言說，不限于量論一方面，還須從多方面去理會。如汝所舉《經》云“依無住本，立一切法”及“不動真際，建立諸法”等語，此則明明屬宇宙論方面之談，未可作泯相證性理會也。但試究其如何建立諸法，則見夫一片是不生不滅的空寂真際，亦云無住本。一片是生滅的緣起虛誑相，以《新論》衡之，分明體、用成二片。其於道理上有闕失，《新論·功能》兩章辨析精確，聖人復起，不能易也。《新論》明由體現用，而即於用上立一切法。大乘空、有二輪未竟之緒，至《新論》而始完成。《新論》本繼述大乘菩薩之志事，非違反大乘也。而佛門中必欲攻《新論》，誠所未喻。余閱至此，尤感興趣者，昔從遊熊先生門下，嘗叩體用義於佛經有所本否？先生即舉“依無住本，立一切法”及“不動真際，建立諸法”二語，曰：“此與乾元始物，意思可融會，惜空宗二諦，仍未圓融。先生意謂，雖説真、俗相依而有，但生滅、不生滅究是二片。有宗三性，成立依他，更由斷染而説凈分依他，以視空宗説緣起、不別説凈分依他者，用意較深。但其説真如不生滅，仍與空宗同。則本有凈種，即與真如成二重本體，云何可通？余潛思累年，始揭體用不二義，明由體現用，而於用上立一切法，緣起之義，但可於大用流行之迹象上施設，乃空宗所謂虛誑相也。如不明體現爲用，則如空宗俗諦中緣起承十二緣生之説，宇宙人生無有真實根源，只是無端而有一團迷暗現起，此成何説？有宗看透此失，故成立凈分依他，宇宙人生自有本有凈種爲因，不可説爲染污，其染污者客塵耳，非其本然也。有宗此處確正空宗之失，有功大法。惜其凈種生滅，與真如不生滅，終成兩片。余乃斬斷一切葛藤，直説由體現用，而依大用之一翕一闢，建立諸法。又修正種子義，純言習氣，染污則是客塵，凈習則率性以成人能，人極立而天道顯，天人實不二。此《新論》所以融儒佛而一貫也。”先生自明述作之旨如此，宏廓深遠，莫如《新論》，真切易簡，莫如《新論》。雖世道衰微，此學此理無可講於今日，真理自在天地間。老氏所以有下士聞道大笑，不笑不足以爲道之樂也。

又復應知，佛書中説泯相證性，此即《新論》評空宗處所云“破相顯性”，評者在前面反《新論》，今忽又與《新論》一致。泯者泯滅義，及泯除義，皆是破義。爲導引學人入證量故説，導引二字，注意。若剋就證量言，便無所謂相，更何所泯？此屬量論方面之談。若夫顯示性德，則屬本體論方面之談。佛家在本體論方面，總是以空寂或寂静顯性。顯者，猶言明示其爲如此如此也。一切宗派，説法無量，印以三法印，前二印會歸第三涅槃寂静。此與《大易》無方無體、寂然不動、而有生生化化不息之健者，此中不動，非静止之詞，乃無昏擾義。兩相對照，其於性德之證會有偏全，灼然可辨。佛氏爲出世教，宜其於空寂之領納特深，亦提揭獨重，無足怪者。《新論》融會儒佛，始無偏蔽。未見性人，只在言説上轉，終不喻斯旨也。評者讀佛書，不能從各方面去理會，乃謂《新論》評佛離用言體，是由誤解泯相證性、引歸證量之談，而妄有此評。自家讀書用思，不入軌範，而妄攻人，大可惜哉！易家曰：“辭也者，各指其所之。”此語涵邏輯上無量義。辭之所之，屬於何方面或何範圍，此不可不深辨也。於此不辨，一切大迷亂由兹而起，可不慎乎？評者此處一大段話，矯亂不堪，如諸佛菩薩有知，恐只合付之一嘆。

評文中有云“無爲與空寂，當然可説爲諸行的否定，但這不是自性的否定，當下含攝得否定之否定的”云云。余閲至此，適一佛學家至，見之，頗動悲憤，曰：“無爲空寂，奈何做諸行的否定説去？佛法乃至此耶？”余曰：評者本不承有諸法實性，無怪其然，但不應以此説佛法耳。否定之否定，此語原出馬學，馬學本之黑學，黑格耳學。而已異於黑。評者用此語，是否有當於馬氏，此中似不必談。惟評者用此語而演之曰：“説無生而更説無不生。”此言無生，是生之否定，但此否定當下含攝得否定之否定，所以更説無不生。評者以此爲妙之又妙。但據評者之主張，説無不生，當下又含攝得否定之否定，必更説無生，若依此式循環轉下去，如左：

生　　肯定

無生　　否定含攝否定之否定。

無不生　　否定之否定又含攝否定之否定。

無生　　否定之否定

依右式，無生又再否定，遞轉下去，還歸無生。如此循環演去，佛法談體，畢竟無生。《新論》所言，未堪揺奪。

佛家最初説五藴，色、心平列，近二元，《新論》似曾説過。一近字，甚吃緊，非謂佛氏持二元論也。就法相上言，色、心相依俱現，心非色之副產物，色亦非心之副產物，故近二元。但諸行之實性，即自性涅槃，諸行者，色、心二法之都稱。此乃本心，與色、法相依俱現之心，是依本心之發用故有，而非即是本心。不可謂之色法也。佛法究是唯心論，但與西洋唯心論者所唯之心不必同，彼等未能發見離染之本心耳。《新論》自是惟心論，但已融儒、佛爲一爐，即以空寂而有生生化化不息之健者，是諸行實性，名爲本心。《新論·明心章》融通仁寂而談，此乃從來所未有。惜乎今人以馳逞雜亂聞見爲學，而不務反己，難悟此理趣耳！

物質宇宙本來是無，此説何可否認？《易》曰“變動不居”，此不居二字甚吃緊。不居，那有物質存在？由科學言之，可以説宇宙是能力之發現。自《新論》言之，如計能力爲實有，尚是一種執着相。故應説言大用流行，有其翕之一方面，即此翕勢，漸轉而麤，可以謂之能力，但不可計執爲實在的物事。故科學上所云能力，猶不即是《新論》所云用，此義宜知。能力尚不可執實，而執有實物質，可乎？

神者，不測之稱，窮理至極，無復有上於此者，故説爲極。心行路絶，語言道斷，心行者，心之所游履曰行，如思辨或思考時，即謂心行。語言，即心行之表出諸口或文字者也。理之極處，思辨所不及，故云心行之路絶；言説形容不到，故云語言之道斷。故言不測，故説爲神。《新論》神義，是否宗教家擬人之神，稍有頭腦者自知。

五蘊之色或四大，皆就俗諦立言，即順世間情見而言。《新論》談生化，是就真體之德性與德用而言。世俗在實色上，見爲不滯礙、不凝固，自是俗見。名家云“鷄三足”，俗只見鷄兩足，行動無滯礙，那有三足？然名家曰三足者，有所以能行者，神也，其神亡，而兩足立成殭物，即滯礙而不行矣。執物而不能窮神，難與言哉！

《新論·成物章》後，談坎、離義，最有沖旨。須知萬物各具之生命，即是宇宙大生命。此大生命之顯發其自力也，不得不凝成爲一切物，以爲表現其自力之資具。然已成資具，即生命本身將有爲其所縛之患，是謂坎陷。自然界之無機物階段，其時生命或心靈，只是乾之初爻，隱而未見。後來生機體發展，而生命、心靈始盛著，却非本無今有，乃由隱之顯耳。如本無生命、心靈，焉得後來忽有？無能生有，决無此理。有、無二詞與隱、顯二詞，須分别理會，不容混亂。有而未顯，只是隱，不可謂無。顯而可見謂之有，不可謂無，人皆知之。隱而不顯，只是隱，不可説無，則人能知之者鮮矣。通乎隱、顯之義，則無機物階段，只是生命在其運用資具或通過物質之進程中必經之坎陷。然生命要是備萬德而健進不已，畢竟解縛而顯其主宰之勝用。如老子云，五色令人目盲，五聲令人耳聾，乃至馳逞發狂。此皆見吾人生命，有被縛於資具或物質之患。然儒經曰“視思明，聽思聰”，乃至“思曰睿”，又曰非禮勿視、聽、言、動，則又可見吾人生命或心靈，究是官天地、府萬物，而不失其主宰之勝能。唯人生若自墮没，如《禮經》所謂“人化物”，孟子所謂“從其小體爲小人”者，則乃錮蔽其大生命與心靈，而不得顯發，是則人能不修，所以致此。佛法在未得有餘涅槃以前，真如不得出煩惱障，亦是此理。評者乃疑心的本身不夠健全，然則真如未出障時，豈是真如本身不夠健全耶？[43] 斯理玄微，非可以凡情猜度，能悟斯貴，未悟何若存疑。

善惡問題，中外古今紛無定論。《新論》本已説得明白，而評者竟不體會。其實孟子性善，千古定論；孫卿復言性惡，似與孟水火，而實互不相妨。抉擇孫、孟，而知各有其所明，以孫還孫，以孟還孟，互不相礙者，清儒汪縉大紳其人也。世皆以汪子爲佛之徒，不知汪實儒者，玆不及論。然評者已不會《新論》，縱聞汪説，亦復何補？

法空慧及一切智智，豈可從雜染中得來？欲斷雜染，非定不濟，定力不深，智慧不生。熊先生《讀智論抄》有一段可考證。此處不容浮語虛詞諍論。武侯《戒甥書》猶曰：“才須學也，學須静也。”而況求得一切智智，可無定乎？爲佛之徒而輕視静、定，未知其可也。

《新論》所謂慧，相當於俗云理智，《新論》亦謂之量智，故别於智而言之，文言本《明宗章》已有自注申明。評者誤會爲觀察慧，則未審《新論》但據凡位立言，觀察慧必轉依而後有，得此則周通萬物，而無所謂逐外也。然非定力深、惑障盡、智體呈露者，不得有此，談何容易！《新論》注重静、定工夫，是就發現性智即得本體。而言。凡夫逐物之知，正是妄識，不可返識自性，千聖同此見地，非《新論》創談也。

評者所以棄絶禪定，由其不承有諸行實性即本體之根本謬誤而來。此根本謬誤不除，自無法與言禪定。評者極力反對廓然離繫、顯發性智、契會本體，以此爲“一般神學及玄學者，同一路數，如印度婆羅門教，及佛教末流——佛、梵同化與儒、佛一家者，大抵如此”云云。余以爲諸大學派，雖各各有互異處，然同歸於廓然離繫、顯發性智、契會本體，此根本處不容有異。唯各各所造，有淺深、偏全與實證、相似之分。諸大學派，間所以有異同或諍論，即因淺深、偏全與實證、相似等等不齊而起，但於根本處決無異論。因此，諸派學者有互相商討及攻難之餘地。今評者極力反對廓然離繫、顯發性智、契會本體，已將根本處推翻，還有什么深遠道理可説？理之極處，至大無外。極高無上曰遠，幽奥難窮曰深，凡愚不得攀援及此。民國以來學子，有打倒玄學鬼之聲，無怪其然。捨此根本而言學，唯依亂識，尋求世智，亂識一詞，見《攝論》等。凡夫雜染或散亂之心，名爲亂識。世智，亦佛書屢見之名詞，凡世間知識技能之學，通名世智。即凡爲知識之學者，其知識不成體系，技能未有專長，但務膚雜見聞者，亦世智所攝。自不感觸禪定重要。

評文有云“釋迦本教，不但不由静證體，而且還有不必深入的。如慧解脱阿羅漢，没有得到根本定，僅得未到定，甚至一刹間電光喻定，即能證得涅槃，與深入禪定者的俱解脱羅漢，在息妄體真的解脱方面，毫無差别。從定發慧，不過説真慧要在不散亂心中成就，那裏一定要‘静慮之功造乎其極’”云云。評者身在僧列，竟有“釋迦本教，不但不由静證體，而且不必深入”之言，此真愚極！稍有頭腦者，讀過半部佛書，恐不會贊同此言。評者所舉不必深入之例，大麤心在。得未到定、甚至一刹間電光喻定，一刹間之定力，喻如電光之一閃，其促不可形容，曰電光喻定。即證涅槃者，在其未證以前之未到定中，不知經歷若干長劫修持，始有此頓證之效。電光喻定，亦是此一刹以前，有無量功修，方獲頓證。頓之爲頓，實積漸而至，捨漸言頓，是末學未通教理之過，不宜襲之以自誤也。真慧，要在不散亂心中成就，評者已知，而又謂不要静慮功夫造極，此正病根所在。須知不散亂心，非就有漏心中暫時染緣不至，及遇勝緣妄念乍伏，可以謂之不散亂心也，非字，一氣貫下。佛家地前、地上無量修行是爲甚麼？如不散亂心毋須費大力而得到，則諸佛何故徒自苦爲？孔子言求仁必由克己，又曰“仁者先難而後獲”，此亦與佛法相印證。人生不可自甘墮没，幸勿以時俗知見自誤。

評者疑《新論》偏於定而略於觀，此甚錯誤。須知禪定與般若，雖分言之，而實際上不可分。禪定之義爲静慮，静即止，而慮即觀。止故無囂亂相，觀故照了一切法性、相。法性及法相，皆如實照了，而離虚妄分别，方是慮，亦云觀。此慮義與觀義極嚴格。非制其心於不用之地，可云禪定也。般若是智慧義。非禪定已深、亂識已捨，不得有此智慧。故言定，即有觀在；言觀，必由定發。不定之心，恒是虚妄分别，雖於俗諦知識有所當，終不可入真理，非佛法中所云觀也，此義宜知。

就證量言，能證之智與所證之理，本非二事。佛説無有如外智，無有智外如，此是了義語。證量中本無能、所之分，有能、所即不名證量，此義須認清。宗門説自己認識自己，此話老實，用不着許多閒言語。悟此者，可與談證量。

評者好談緣起論，其實佛家此義，是由破斥外道之神我説，而自成其另一神我説，始有此緣起義。余屢聞熊先生言及此，深思之極有味。余初研佛書時，見其破外道神我甚力，然就佛法本旨言，則確不謂人之生無所自、死無所有，却明明是爲吾身自有去後來先之主公，見前。淪溺生死海，期拔出之，此非神我而何？胡爲破外道乎？及聞先生言，乃知佛氏以緣起義來説明神我，確高明於外道者甚遠。此意如要説，便太麻煩，姑不論。評者將佛教之神我置諸勿論，而空言緣起，兹不論其違教與否，須知空言緣起，亦不過如哲學家之關係論。只在物象上着眼，發見一切事物互相關聯而有，絶没有獨立的固定的實物，即無自性義。其見地只及此而止。倘由此而進窮之，或可悟入本體之流行，即歸於《新論》之體用義，始識宇宙自有真源，人生自有真性，人生真性，即是宇宙真源。宇宙真源，即是人生真性。雖分别爲言，而實非有二。不空而空，體用真實不空，而一切物象，只依流行之迹象假爲之名，所謂化迹是也。化迹如旋火輪，此則是空。空而不空。一切物象，緣起不實，是空義。本體流行，即所謂大用不息，是不空義。老云“玄之又玄，衆妙之門”，吾無以名之，字之曰神。

評者言心，只認緣起法，即色、心相對之心，而不見真常心，是可哀愍。評者誤計空宗是空法性，不空緣起，遂執取緣起幻象爲立命之所。此如認賊作子，適以自害。評者因妄臆空宗是空法性，遂謂談真常心者，如《楞伽》《勝鬘》《涅槃》等經，屬有宗之另一派。其實空宗早談真常心。《大智論》卷四十一云：“心相常清净故。如虛空相常清净，烟雲塵霧假來覆蔽不净。心亦如是，常自清净，無明等諸煩惱客塵來覆蔽故，以爲不净；除去煩惱，如本清净。”此非真常心而何？此與《新論》所言性智或本心，亦非二物。評者必謂談真常，僅屬有宗之一系，是將空、有判爲絶不相通之二途，甚違教理。昔奘師爲有宗上哲，而空宗之根本大經，即由彼所宣譯，基師亦承宣空教，足見空、有雖各自成宗，各有獨到，要未可謂其根本處不一。誠宜辨其别異，以觀其會通，而後不至以一曲之見蔽大道。

評文有云“如佛教的唯心論者，從相分、見分而到證自證分，從六識、七識到如來藏識”云云。評者於四分義，似絶未索解，此真怪事！每一心、心所，各各有四分，只是以分析法，來分析每一心，爲此四分而已。言心，即攝心所可知。並非内向的工夫，由相見至第四分，一步一步的體驗進去。又如八識之談，亦是分析説來，不是内向的工夫，從眼等識一步一步體驗到賴耶或如來藏。

攝色歸心，並不壞色，只是色不離心獨在。攝智歸理，元不廢智用，良以智即是理，理遍現爲色心而無礙，故智周萬物而無閡。智即心，亦即理。色亦即理。故理周通乎萬物而無閡，爲其理之一也。評者於此不悟，余欲無言。

評文舉《新論》不大不小的錯誤共十項，今審决如左：

第一，謂《新論》不知經部師可以緣無生心云云。評者似指《新論》卷上第二章破經部師極微計處而言。不悟《新論》此處，只明和合色是假法，無有爲五識所緣緣義。《觀所緣緣論》頌云：“和合於五識，和合，具云和合色。設所緣非緣，設者，縱詞。縱許和合色是意識之所緣慮，而終非是引生眼等識之緣。彼體實無故，彼者，謂和合色，和合色是假法，無實自體。猶如第二月。”經部師亦不説五識緣第二月，故以爲喻。《新論》據此説和合色是假法，不得爲引發五識之緣，此緣，謂所緣緣。有何錯誤？汝自向善知識問《觀所緣緣論》去。陳那菩薩豈不知經部緣無生心，而説和合色於五識非是緣？此必有故，汝妄吠作甚？大乘非不緣無，而云變似無之相分爲所緣緣。

第二，色法無有等無間緣，據佛家各宗多數主張，及大乘論定之義而説，何容妄難？如説佛家破我執，縱有以犢子計我難之者，而説者終無過。

第三，刹那即妄念之異名，基師明文，《新論》引據之，以爲非時間義者，此有深義，汝自不了耳。妄念纔生即滅，無有暫住，詐現而非實，故假説刹那。而時間義，據佛家説，依諸行相續流轉，假立爲時。若法已生已滅，立過去時；此若未生，立未來時；已生未滅，立現在時。故時有過、現、未等分段。《瑜伽》及《百法論》中，説爲不相應行法之一，《雜集》等論，並可參考。佛家雖以時爲分位假法，而不妨隨順世俗，説有過、現、未等分段。故時間相，與妄念頓起頓滅之相，實有不同。因作時間解時，即計有分段，便成空間之變形故。空間是有分段的，今計時間有分段，即是空間之變形。妄念頓起頓滅，無有分段可得，故基師以妄念言刹那，方可表示生滅之無住與不息者，唯是妙用不測，不測之謂神。正未可作分段想。此中理趣深微，非達於化者，無可與語也。但如了解刹那本非世俗時間義，却亦不妨假説爲時間，唯此時間，是内自體認生生化化、健動而無住與不息之流，一向新新而起、故故不留，因假施設時間義，但不容以世俗時間觀念應用於此。自非超悟之資，深解《新論》，未有能識斯理趣者也，而於評者何尤？

第四，評者不承認空宗是站在認識論上説話，《新論》認爲空宗所説，雖包通許多方面，但主要的意思，在破除情見，導入證量，故如是云。

第五，賴耶見分説爲不可知，評者謂《新論》只説了一半。據《成論》云，不可知者謂此行相極微細故，難可了知，《述記》云“見分行相，難可了知”。或此所緣内執受境，《述記》，内執受境，即有漏種，及有根身。亦微細故，外器世間，量難測故，名不可知。詳此，則《論》文於所緣相分但置或言，實重在顯示見分爲不可知。《新論》即據《論》旨而談。此中尚別有解，兹不及詳。

第六，因緣種子。名爲作者，餘緣名作具，《成論述記》確可檢，此際不暇查卷數。

第七，評者謂無著無本有種義，確不然。《攝論》等談三法展轉、因果同時。三法者，本有種爲因，親生現行，現行復爲因，親薰生新種，此無著義也。彼計無始創起之現行，必有本有種爲其因故。

第八，佛家所謂根，雖通攝者多，畢竟以五净色根爲主要，佛説净色根，明明別於扶根塵，如何道他是物？六塵境方是世俗所謂物。五净色根，非心法，自不待言。

第九，成佛方捨賴耶，此佛氏究竟了義，《新論》據此而談，誰云錯誤？地上入觀雖無漏，出觀則否。如瘧根未斷，終不可謂無瘧人。十地未成佛，終不可謂無漏顯現。

第十，自性涅槃，既衆生本有，爲甚又立漏無漏種？且評文云“無漏種子，無始以來成就”，何故第七項中不承認無著立本有種？評者自相矛盾且不論，惟此無漏種，與自性涅槃作何關係，唯識師究未有説明。若細推之，其過甚多。總之，唯識師於本分事，畢竟不曾究了，徒恃聞熏，勤求外鑠，如木無根，雖外蒙雨露，何可滋生？《新論》繩正，其功甚大，百世俟聖而不惑可也。

附識：本文有一段云：智即是理，理遍現爲色心而無礙，故智周萬物而無閡。自注云：智即心，亦即理，色亦即理，故智周通乎萬物而無閡，爲其理之一也。熊先生攝智歸理，義極重要，而難索解人。可參玩鄂省印《新論》語體本中卷後，《附録》“釋理”一則，及本書答徐見心君言“心即理、物亦即理”諸文。

與馮君談佛家種子義

佛家派別甚繁，説法極多，非以思辨謹嚴之態度治之，未有不混亂也。種子義，《瑜伽師地論》頗採有古義，與後來無著兄弟唯識論之種子説全不相同。《瑜伽》爲類書，無著所總輯，其中收集材料甚富。然無著編輯此書，其每分之大意，分，猶篇章。則自有匠心運其間也。

古種子義，此土無專譯，今不可詳。余著《佛家名相通釋》部甲，於“種子”條下，曾採《瑜伽》五十二説“云何非析諸行别有實物名爲種子。言非分析諸行，而謂離諸行本身，别有一一實物，名爲種子也。非字，一氣貫下。亦非餘處。言非别有實物潛存他處可名種子也。然即諸行如是種姓，種姓，猶言種類。如是等生，如一葉，刹刹前滅後生，自類相續，曰等生。一葉如是，他物準知。如是安布，諸種類物，各各等生，現前顯現，曰安布。名爲種子，即依諸行種類、等生、安布諸相上，假名種子。亦名爲果。果，對種子而得名。種子既依諸行而假説，則果亦如之。果與種子不相雜亂。若望過去諸行，即此名果。現在諸行，望彼之過去而言，即此現在行相，名爲果，以現在從過去而生故。若望未來諸行，即此名種子”現在諸行，望未來而言，即此現在行相，又名爲種子，以現在爲未來續生之因故。云云。據此，種子與果均依諸行相上假爲之名，非異諸行别有實物可名種子。例如現前一顆樹，自其根言之，此根從其前前刹刹不住，謂無一刹那頃，有故物留住也。易言之，即刹刹滅故生新，是其前前恒爲後後作生因，故應説其前望後名種，後後恒續前前而生，故應説其後望前名果。此根一向刹刹前滅後生，而因滅果生恒在一刹頃，不可妄計從因滅至果生，中間尚有時分也。如前滅後生之間有時分，則後不續前而中斷矣。故此云前前與後後，皆不得已而爲之名，未容以世俗鐘表計算之時間觀念應用到此，是義宜知。就樹根言，此根前前爲後後作生因，假説其前爲後之種，已如上述。更就樹榦言，[44]義復同上，乃至樹葉及花與實，一一皆如上義。是故一顆樹，其根、榦、枝、葉、花、實，各各自類等生而安布者，皆非各别有實種子故生，只是各各刹刹續前而生。現在一刹頃之根，爲前一刹頃根之果。現在一刹頃之榦，爲前一刹頃榦之果。乃至現在一刹頃之實，爲前一刹頃實之果。凡言乃至者，中間略而不舉故。諸果同時並有，亦可云果俱有。但此與無著兄弟唯識論之種子義，决不可併爲一談。若見種子及果等名詞，便不管各派異義而混同作解，黑白不分，麥豆莫辨，此之謂大混亂。以此言佛學，未知其可。

上所引據《瑜伽》文，吾名爲古義。次説無著兄弟唯識論之種子義。彼等成立賴耶識，以含藏種子。賴耶一名藏識，以是種子所藏處故。種子在賴耶中，爲賴耶所緣之境，有宗經論，皆有明文。

種子是實有的，是個别的，易言之，即是異諸行别有一一實物名爲種子，並有其所藏之處，恰恰與古義相反。輕意菩薩《意業論》言："無量諸種子，其數如雨滴。"此印度菩薩明文，非吾臆造。八識各各不共種，甚至每一識更分心與心所，而每一心、心所，且各各不同種。又復每一心與其心所，各各析爲二分。雖有四分、三分之談，此有别義，可略之。二分者，相與見也。如眼識所緣色境，名相分，了色境者，名見分，餘可類推。護法諸師説每一心或每一心所，其相、見二分，各各不同種。據此可見種子爲無量數，輕意菩薩擬之雨滴無量，誠哉然也！

一切種子皆爲能生。一切相分、見分，皆是種子之所生。

種子既爲實物，已如前説。一切相分、見分，各各從其自種子而生時，即此一切相、見，各各爲實物。如眼識，相、見二分是實有，乃至賴耶識，相、見二分亦是實有。故一切相、見，通名現行。現者，現前顯著義。行者，遷流義。俗云宇宙萬有者，即此所云現行是。

既明定種、現各有自體，現者，謂一切相見。所以種生現時，現行已另成一個顯著的物事。故名現行。而其種子始終潛藏在賴耶識裏面，並非捨失其自體而轉變爲現行。此時種、現兩物，同時並有，一隱一顯。無着兄弟唯識論，談種子六義中之果俱有義，正謂此現果，與其因即種子，同時俱有，現行對其種而名果，故云現果。《成論述記》疏釋詳明。《新論》駁其如母生子爲兩人，自是的論。種、現各有自體，一隱一顯，明明成兩界，豈容曲辨？

此土唯識之學，唐以前真諦所傳，頗多不同於奘師所介。吾常欲董理之而鮮暇。奘師所宏，只是無著、世親一家之學，十師推衍世親學，愈以懸空解析爲能。吾《新論》所斥破者，奘師所介之學而已。印度有宗古師各派之説，今難詳徵。吾意，真諦學比奘師所傳宣者較好。惜乎今之作佛教史者，於此無考。

自抗戰結束，國家危機益甚，老夫無心談學，乘便寫此，冀供研治經論之功。〔45〕如不謂然，即可姑置。

與林宰平

前日哲學會，弟最後言推理之事，皆先有一全之觀測，次乃致察於分，終必徧察衆分，皆足以證實其全，而後其最初之觀測乃得成立；否則必捨棄之，又別設臆，但此時設臆，仍是先觀其全而後致察於分也。兄疑全之一字或可以言哲學，而於科學方法似不可通。此則由弟當時言詞簡略，致兄有此疑耳。弟所謂全之意義，本有簡别。就科學言，則某種公則或原理，對於其所統馭之許多散殊事物，自可説名爲全，而散殊事物則其分也。因明三支比量與三段論式排列不必同，而意義則一，兹舉因明比量五分法。爲例：

聲是無常。宗。

所作性故。因。

凡所作者，皆是無常，同喻體。如瓶等。同喻依。

凡非所作，皆是其常，異喻體。如虛空。異喻依。

聲是所作，故聲無常。合。

如上比量，當其設臆聲是無常時，實已有統馭一切所作法之一公則，即凡所作者、皆是無常之公則在，此即吾之所謂全。以此公則，對於其所統馭之一切所作法而言，可名爲全故。次則求同、求異，而見夫同品定有，如瓶等是所作，定是無常。異品徧無，如虛空非所作，皆是其常，而無無常。因以斷定聲是所作，故聲無常。據此比量，雖似先測衆分，而後歸納於一公則之下，始得其全，實則設臆聲是無常時，已有一凡所作者、皆是無常之全理，即公則。方據之以實測衆分。及其彙同簡異、一一不爽，而同類事物中之全理，乃的然昭著無疑耳。弟謂推理先觀全而後察於分，科學方法實亦不外是者，意只如此。倘設臆時無全理爲據，則於一一事物不取共相，如聞聲只知是聲，見瓶等只知是瓶等，而心上不作凡所作者、皆是無常的全理的觀測，即無有所據以分測瓶等一一所作法，而聲是所作、故聲無常之斷案，又如何得立？此中有甚多意思，玆不及詳。

弟所云全，自科學言，則全者對曲而得名，曲謂散殊。即依許多散殊事物之公則或原理而名之爲全，亦云全理，似無不妥。若就哲學言，此云哲學，實即形而上學。則全者乃無對之稱，所謂萬化之真源、萬物之本體是也。此言萬物，而人在其中可知。前在會中，東蓀兄似曾言人生有一根本要求，即我人與宇宙不可分離，而實打成一片，因此而小己之生死見，自然泯絶云云。東蓀在國難中，不以生死易節，其得力蓋在此。孟實繼起發問：哲學發端，如果是因有個總的要求，此總的是什麼？余因舉《易》之觀卦曰：觀我生，於此反己理會，自然一針見血。大凡哲學家如只任理智或知識去推求宇宙第一因，則層層推求，終不可得最後之因。《大智度》所謂“推求愈深，眩惑滋甚”。《般若經》掃蕩一切知見，寄意深遠，惜乎古今少人會得！惟超悟人，初亦未嘗不任理智推求，但迷途知返，於是不肯過分信任理智，乃返而觀我生。觀之爲言，神明離染，湛然睿照；生者，《易》所謂生生不息之元也，天地萬物統資始乎此一元。故觀我生則知天地萬物與我同體，無内外可分，無彼此之間，子玄所云稱性玄同是也。東蓀云打成一片，猶是强爲之詞，本來一片，何待打成？孟實問總的是什麼？反己自識而已矣。但此境界非理智推求所及，唯放捨推求而默然内證乃得之。宋人小詞云“衆裏尋他千百度，回頭驀見，那人正在燈火闌珊處”，正謂此也。回頭云云，喻反己自識；燈火云云，喻推求不起、默然内證時，正是本體呈露也。

玄學求見本體，本體自是全的，是不可剖分的。此唯證相應，非可以推度而得。故哲學之極詣是超理智的。

然則哲學必反理智歟？曰：否否！言超理智，非反理智之謂也。哲學求見本體，初未嘗不任理智推度，莊生《齊物》曰“若有真宰，而特不得其朕耳”，玩此語氣，似亦自述當初推度之情。及其悟到自本自根與“朝徹而後見獨”之云，獨謂本體。則已超理智而歸諸證會矣。從來哲學家由理智推度而達於超理智的證會境地者，自不乏人，但莊子進於超知之境而遂至反知，則吾所不許。此中有無限意思，玆不暇論。

觀與證有分，此意難言，證之詣極矣。觀者，智慧初啓也；證則智慧盛顯矣。

知識富者，不必有智慧，以其未離雜染故也。智慧盛者，知識皆轉爲智慧，不可曰求智慧者無事於知識也。

刻急理行裝，心緒紛亂，又時有客至，寫此不能達意。此民三十六年，吾父返北平，及冬初回漢時，與宰翁書。今於故紙中檢出，存之於此。次女仲光記。

仲光記

父囑同學研究船山書，語之云：船山在哲學方面之發明，余嘗綜以明有、尊生、主動、率性四義，見《讀經示要》第二講。此所以救宋、明溺於二氏之弊，功緒甚偉。其爲學之方面甚多，如哲學、本體論、宇宙論、人生論、認識論。政治、社會等學，多有獨闢之處，爲漢以來群儒所不逮。然其於各方面雖有許多精思妙語，但未能分别門類、詳細發揮。如虛君共和之論，船山明明説到，而只寥寥數字，不曾盛闡明之，諸如此類，不可勝舉。是不足爲船山病。中國學術界，自漢以後，諸子百家之業久廢，分類研究尚無其風，思辨之術更非素講。船山雖天縱，其能絶不爲時地所限乎？余平生於古今人，多有少之所歆、移時而鄙。獨至船山，則高山仰止，垂老弗變，其書感人之深如此。

又曰：船山不幸而宗横渠，故於本原處始終不透。余嘗欲取其《全書》中凡談及道體者，條列而辨正之，卒以心所欲爲而未得爲者極多，竟鮮此暇。

李仲强，粤梅縣人，從吾父問學，爲人樸實篤厚。嘗言其父國圻，少與程璧光同學。甲午日寇，我海軍失利。璧光時在某兵艦，曾向日軍遞降書。其後李鴻章起用璧光，入見時，李公大呼璧光名，斥責之曰：爾曾向日遞降書，知罪否？聲色俱厲。壁光抗聲曰：大帥勿提此役，大帥亦不得無罪。李公遽改笑容曰：程壁光，很好，很好！自此對壁光信任益專，壁光卒爲海軍名將。國圻亦海軍界耆德，與壁光至交，常道其遺事云。吾父曰：李少荃以雄才，學於湘鄉，明足以知人，智足以自反，大度足以容物，故爲一代鉅人。自昔衰世逞志者，昏狂自恣，喜用僕圉，朝夕獻諛，不聞己過，卒至危敗。少荃深於史，故成就卓然。

與友人

弟近來殊怕用心。然不用心時，雜染習氣亦易紛擾於中，憧憧擾擾者不可名狀。[46]内經云“種種諸識浪，騰躍而轉生”，此可畏也。欲得乾元性海流行無間，此事真難。六十餘年爲學，尚是凡夫，能無愧悚？

與某生

夫邏輯之所可貴者，以其術存乎解析故也。自家用思時，恒注意解析，則義理之條貫與底蘊，[47]一經精剖，自然昭著，而免於模糊與籠統之弊矣。《易・繫》所謂“精義入神”，至可玩也。審覈古今人立説之當否，亦莫妙於解析，[48]蓋凡浮妄不根之談，未有經解析而不立破者。雖然，苟非其人，道不虛行。既非天才，又未曾按步就班作過困勉工夫，或任一己浮亂思想，或涉獵書籍，而自無深根固蒂之道。任何學問都無倖成之理，邏輯何獨不然？吾望汝勿效世人輕談學問，且以少年寶貴光陰及有限之聰明與精力，找著一種學問死心踏地鑽研去。汝既卒業大學，普通知識應有相當基礎，今後便當開始專門研究。如其一意專精佛學，則聚精會神於此，日就月將，不求速獲，久道化成，必有深造自得之一日。至與佛學相關之諸學，如心理學、名學及中西哲學等等，亦皆隨時用心探究。英文勿曠廢。聞西洋書籍原文較易了解，譯本乃多不通。汝曾學過英文，則時時練習，無令生疏，不獨便於看西書，將來或可譯中爲西，豈非快事？汝且安心所業，每日公餘，静坐看書。汝勿謂事務牽擾，未能多讀書也。天下事只要勿間斷，今日看五頁書，了解若干義理，明日看五頁書，又了解若干義理，日日如此，行之十年，自當六通四闢，豁然貫通。此患汝不爲耳。汝今念念不安現狀而只欲求學，只此便是而耗心力於無用之地，[49]易言之，即自尋死路。若將不安現狀而欲求學之念放下，却落落實實，即在現狀之下安心所學，不急不迫，無怠無荒，日日行之，决不間斷，吾敢斷言，汝學問之進步將若决江河莫之能禦矣。人皆具有心力，而不知所以用之，此真可惜！吾久欲寫一信與汝，苦無精力。然不寫，却不安於懷。汝畢竟是誠篤人，吾故不能已於言也。某生於吾不相信，此不足怪，乃其可憐耳。其識不及此，非其心術有差謬也。新年見子，總有不通暢意思，望深切自省。心不通暢即與道理隔絶，不堪學問。務反求其不通暢之根，必努力拔去。

與李生

吾子勤於讀覽，習於思索，頗以爲慰。然此等工夫，只合以無怠無荒、不急不迫八字行之，若操之過急，不唯無益，而且害生，不可不慎也。

學問之要，儒曰立志，佛曰發心，今人視此爲閒言語，學之所由絶、道之所由喪也。吾已衰年，自計少時亦是狂妄度日，三十後漸有真懺悔，自是迄於衰境，猶是知及之、仁不能守之域，吾不敢欺天也。世之知我者，見吾一生未輕表襮，未謀名利，未涉官場，以爲吾亦庶幾不愧古人。其實，此但以迹論耳，若夫洗心藏密之地，出王游衍之中，《詩》："昊天曰明，及爾出王；昊天曰旦，及爾游衍。"中有主而不昧，外肆應而無窮，吾間有之，而實不能常也。顔子之三月，吾實不敢自許，程、朱、陸、王諸老先生之誠切謹嚴，吾有愧多矣，可自欺乎？所堪自慰者，一生不敢作僞以自欺、欺人天耳。夫吾爲學至老而自嘆尚如此，汝曹錮於時俗，但以聞見與思索爲務，尚不知有立志與發心之事，汝必自謂已志學矣，而非吾所謂志也。此吾所深懼也。夫心定不真誠，即私欲與惑染日益增長，私欲與惑染增長，即神智蔽塞，而欲悟至理與大道，此實不可得也。理道與神智非二也。吃緊。佛家唯識言真如是所證、正智爲能證，此戲論也。正智、真如，不可分能、所也。詳玩《新論》，當自得之。若就妄識分上言，則分能、所誠然。理見極時，是名證會，則非以能行於所、非以此知彼也。學至私盡惑斷，即真理顯現，自家身心渾是真理呈露，〔50〕由其自明自了，〔51〕謂之神智，實則非真理別爲一境，神智又別爲一物也。嗟夫！此學難言，於今尤甚。汝若悟及此，當知爲學於見聞思索外，更大有致力處也。若只是各以知解構畫組成一套理論，所謂言之成理、持之有故者，古今中外，實繁有徒。彼乃學其所學，非吾所謂學也。

與友人

世間學，只要天資不太蠢，血氣未衰，肯用功，便足期成。特別學術，特別人物，非恃尋常天資、尋常血氣之勇所能爲力，須有一副真願力。願力培養得厚，火然而光徹，鼓枻而舟行，浩然而天地塞，所謂大自在者此也。聰明知慮，器也。鑿之深入、斧之利斫，視用斧與鑿者之力量爲如何，此俗所知也。聰明而無大願力，則斧、鑿雖具，亦奚爲哉？老哥之病，在獨善而擔荷之願力不足，此所以常有老而學不成之懼。弟固亦兢兢焉，恐所願之不得達，然與兄之情乃大異。弟所慮者，非一已之學無所就，特欲深造而導無限無盡之人類於光明之域。終夜而徬徨，嚶鳴而求友，問何以然，不自知也。自反亦嘗有夾雜及浮泛不真切處，然棄暗就明、捨狹致廣、背小向大，則嘗以之自勵也。甚願老哥竪起兩肩，充其願而强其魄，一日千里，弟敢預祝。至於世間文籍，取捨宜嚴。昨歲以來，嘗投藥石，而兄似未大採用者，此亦吃虧之一端也。弟於學，最善用掉背不顧之精神，自省却不至走入粗疏。如兄看僧人緣論疏，弟則極不願以之入眼。此層友人亦多異於我者，彼等於僧俗雜志亦喜瀏覽，弟則斷斷乎不多閱也。不閱亦何害？如精力有餘而翻閱之，猶曰藉以覘庸俗之情懷；若忙如吾兄，則願自惜眼力可也。唯古今專家宏著，則當窮探力索而必不可畏難，優哉游哉，日日而探索之，久則自有豁然油然之樂矣。漱冥欲爲曲阜書院，不知果進行否？文化事業，定須倡自民間，一涉官場，便無絲毫效用。弟若在國立大學，講學有年，想不能有一毫影響於學風。國庠人物複雜，譬如阿賴耶識含藏無量無邊雜染種子，縱有一二清净種子儲蓄其間，而力微勢孤，終不能發起現行也。此札係由高君民國十二年日記中抄寄來者，非本年之稿，姑存之於此。三十七年冬，女仲光附識。

與林宰平

前得由寧轉杭一信，似問及諸友由學涉事之情況。據聞精神頗不差，此可慰，唯將來事功如何，不敢斷言。吾料二三君子，亦猶李剛主諸儒之所志而已。李氏承顏先生之學，以有用爲臬極，欲一矯兩宋已來儒者疏於濟世成務之短。會當胡虜盜據，不便入仕，因以游於在朝公卿，[52]下及州縣之幕，本三物之旨，欲佐主者以化民成俗。此就世儒言，其魄力不可謂不宏，其心願不可謂不偉。然吾若高懸一格以衡之，則不能不爲李氏惜也。夫就社會言之，其各方面相互影響之故，至蕃變隱約而難言也。凡一社會之生存，自外表以言，若專恃乎政治、生産等方面領袖倡導之人物坐而言者，似非所貴。又凡開導一世之人物，其學説或思想之傳播，亦必其爲一般人所共了。至若括囊萬有、超出物表，即與社會上現實問題無關之人物，其所實踐而獨喻者，不獨一世所不能了，甚至歷千百祀而不可得一遥契之人。此等人物、此等思想，縱可謂爲社會之寶物，究何所影響於社會耶？今之持此論者頗不少，實則此輩僅泛觀社會之外表，而不能深窺其根底也。凡社會所以生存之根底，即由超出物表之大人，有其實踐獨喻、衆所不知之偉大精神，無形中感觸庶類，有如春氣潛運、百昌昭蘇而不知其所以。莊生所謂“尸居而龍見，淵默而雷聲”者，正謂此也。大底衰亂之世，乾坤幾熄，將欲起死回生，必有此等出類拔萃之大人，獨凝生理，徐以感被衆槁，而反致諸同生之域，所謂剥極而復者以此也。言及乎此，則李氏之所短，可得而詳已。彼其汲汲皇皇於用世之術，而根底之學修之不深宏、養之不樸茂，講之於人人莫不相悦以解，其感人之效也淺，李氏所以無救於皇漢民族之傾覆。而當時甘心事虜、無復人氣者，反批李氏以爲名高，斯豈其本懷所及度，直由其根底尚欠深遠故耳。迹諸友用心，彷彿李氏。吾所望之者，本學以施之於事，即事而驗其所學，又且於應事外，尚有閒適而孤往之工夫，使根底强大而枝葉暢達，則遠非李氏之儕。即與吾輩行藏殊異，要自不害其爲同，但慮感觸多端，神解難期超拔。又書生善持大正，濟變之才不足，當世猶未有曾、胡，匡濟徒成虚願。此所云云，未審有一節之當否，乞兄審度見示。自來中央大學，忽忽二十日，不得好住處。神經衰弱最怕擾，而同住多男女生，日夜狂叫不堪。近移來杭州西湖廣化寺，高樓俯瞰明湖，前對吴山，後倚葛嶺，如星小島，孤峙湖中。憑欄而望，蒼蒼者天，明明者水，湖不波，如鑑明，故云。悠悠遠山，浩浩東海，目窮於望，遥感於懷。况復錢江若帶，帆舟往來，時有鳥聲，掠過虚空，獨如梵唱。會此衆妙，幾忘亂離。兄與漱冥皆不得偕，以此相思，何堪惆悵？

前信發後，昨又得由杭州轉來掛號信。對於南來，仍是尼父無可無不可之態，此大不可也。兄既無所取於寂寞之幽燕，來此尚有二三樂與數辰夕之人，奚爲其不決耶？興趣是生命，亦即是學問。滔滔天下，吾儕可與煦沫以相提撕激發而不孤寞抑塞、淪於退墜梏亡者，當世有幾？詩人伐木之歌，宣尼不孤之嘆，寄意深長，此豈可一旦忽哉？兄年將五十，弟亦四十餘，皆耿耿孤衷，不捨蒼生憂患，又臨天地玄黄之會，感物興懷。若非同契相助以精進，恐力量不充而易流於波動之情懷，將如昔人所謂憂能傷人者矣。以此相思，所關極大，吾儕何忍拆散，成爲勞燕分飛，寧不爲平生志願計耶？漱冥及平叔、艮庸二子，本約之共聚於寧。渠既留粤，則彼尚有四五人堪慰寂寞。若我兩人，則斷斷不容異處。弟之在寧也，氣味薰感，殊無多人。石岑迫於生計，不能離商務館而赴寧。若吾兄者，内抱孤貞而外不戾俗，誠不似弟之過僻，然孤寄於鳥棲獸走之荒城，所見者何事？所聞者何事？所與往還周旋者何物？稍一觸思，其能不黯然神傷而欲盡耶？弟不可無兄，而兄又何可無弟耶？又錫予渾含，兄嘗服其雅量，耦庚天真瀾漫，秋一爲學縝密、素履冲澹，宜黄一代大師，氣魄甚偉，兄皆當與游處。更有石岑，野氣縱横，兄雖與之神交有素，[53]尚未促膝共發狂嘯，久懷愛而不見之忱，空興在水一方之感，奚不翩然遵海而南、勷成盛會？江南地衍物博，值此新秋，天高氣爽，登鍾山遠眺，大江東注，海不揚波，上矚遥空，迥遠無極。我歟人歟，天歟地歟，渾兮浩兮，欲辯忘言！孰謂宰平不肯同此樂哉？以上與宰翁二信，似是民國十六年間事，亦宰翁交來者。女仲光記。

與林宰平

世事至此，真是民族存亡生死關頭。朋友中如有留心政治者，不必問其能力長短，只看他有無興會。若彼真有興會，即望肯去努力。都來談學問，亦是不得了也。弟與兄對政治鼓不起興會來，這個莫可如何；然憂時之念、救世之心，未嘗不切，只是性情不耐與政途爲緣。自問不合供疏附與後先奔走之任，而又無導引萬類之宏才，只合以書生終老而已。漱冥願力弘大，思想多獨到處，年來研究鄉村建設問題，不欲問政權，却慮迂緩難有濟也。

今年決心不念世事，恐念及有礙所學。政治爲大家利害所關，群力横衝直闖，總有闖出一條道路之日，但迷途與險難自所必經，無可倖免耳。學術有各人神解獨到處，不但并世賢豪未必同調，即千載而上、千載而下，或莫有測吾心之所偏至者，吾安可自捨自荒耶？今當把握此心，任他天翻地覆，吾不離學而從政。以上二信，由宰翁交來。民國十四五年間，吾父與梁漱冥、石蘅青、林宰平諸先生同在舊京，念北洋軍閥將傾，天下事不堪復壞，常商量出處。其後吾父與宰翁終不出。此即吾父當時與宰翁決定不出之二信也，姑存於此。三十七年冬女仲光記。

仲光記

父親舉《華嚴疏抄》四十八引《經》云：“佛性者，名第一義空。無形相、無惑障，故名空，非空無也。第一義空，即諸法實性之名。第一義空，名爲智慧，此二不一，以爲佛性。”第一義空，以其在人而言，則名爲智慧，故第一義空與智慧二名，實非有二也，總名佛性。又曰：“以性從相，則唯衆生得有佛性，有智慧故。牆壁瓦礫無有智慧，故無佛性。若以相從性，第一義空無所不在，在牆壁等皆是第一義空，云何非性？”愚按牆壁等從其本性而言，即是佛性，但不顯耳。

問《十力叢書印行記》中引大人語，似有融思辨入體認義，此何謂？父親舉《大論》八十三《攝異門分》云：“現量爲依，說名思唯，[54]比量爲依，說名分別。”此義宏深，難得解人。世間所云思辨，只是比量分別；如科學知識經證明不誤者，固是比量，而異非量。哲學家之推求與推論等，或是比量，甚至成乎非量者爲多。吾所云思辨，即佛氏所云思維。此以體認爲依據，體認猶云現量。遠離倒妄，《深密經》所云“如理作意，無倒思唯”是也。此等思辨，冥應實理，故云融入體認者，以其不同虛妄分別故，須善會。

《智論》卷九十二有云：“畢竟空，唯是一法實，餘者無性，故皆虛誑。”余讀至此，問父親云：此云一法實者，當指諸法實性，所謂真如、無爲而言乎？父親曰：汝已會得，但不可於實性作物想。

問：如瓶等物，依俗諦言，皆是實有，佛氏說爲假名，何耶？父親舉《成實論》卷十三云：“俗諦謂但假名，無有自體，俗諦中所認爲實在的事物，其實但是假名，非有一一獨立實在的事物也，是云無自體。如色等因緣成瓶，如以白色及堅度等因緣而成立瓶之名，實則無有實瓶，但假名瓶而已。五陰因緣成人。如以色等五陰爲因緣而成立人之名，實則無有實人，亦假名人而已。以上參考《佛家名相通釋》部甲。上古時人欲用物故，萬物生時，爲立名字，所謂瓶等；

若直是法，則不可得用，故説世諦。”汝熟味此段文義可也。又舉《成實》卷十《無明品》云：“隨逐假名，名爲無明。”命予小子終身細玩。凡夫日常生心動念以及一切學問知識，無往不是隨逐假名，可哀也！萬事萬物，無量名義，皆假名也。而人乃於諸假名種種分別，種種執着，種種追求，種種争論，是謂隨逐假名。

父親偶舉《疏抄》七十六引《經》偈云：“我今解了如來性，如來今在我身中，我與如來無差别，如來即是我真如。”謂此偈極親切，初學宜深體之。

父親序王伯尹《清聞齋詩稿》有云：余平生不能詩，亦未學詩。析物則强探力索，侈於求知；窮玄則深極研幾，究於無始。究無始則神歛而遺感，侈求知則思密而沉興。詩也者，感物起興，得天理自然之妙機，接乎外而動乎中，亦緣其素所存於中者裕，故其接於外也融融。余於詩味，非全無領納，獨惜所學異方，未及致力於此也。

問：體認一詞，後儒始言之，大人今以爲現量之異名，恐佛教徒不謂然。父親曰：哲學之術語，有可承舊名而更定其義者，即不須别創名。余談現量，不全同佛家本義，擬於作《量論》時特爲説明。《量論》雖未及作，而吾之意思於《新論》及《語要》中時有散見，若細心人自可看出。《新論》卷四《附録・答謝幼偉》曾略談體認一詞，《語要》卷三《王準記語》中談證會義，即是現量義，亦即是體認義。余以最高之體認即現量，亦名證量。《王準記》云：每日宜有一段時間凝神定氣，除浮思雜念及一切想像與推度，唯是澄然忘念，此中至虚至寂，而竟不同木石，〔55〕却炯然自了，即是證也，即本體呈露也。又曰：夫證會者，一切放下，不雜記憶，不起分别，此時無能所、無内外，唯是真體現前，默然自喻，而萬理齊彰者也。余所謂最高之體認即現量者以此。注意涵養工夫，久自識得。

仲光記語

父親與一人函，口授不肖代筆，未能達意，然於當世學風，足資警惕。略云：今宜發揚孔門之學，以爲吾國中心思想，此中有千言萬語難説，略明此意。人類進化，學問與知能方方面面日益複雜，誠如華嚴家言宇宙無量，然則紛紛岐歧可乎？王輔嗣云“統之有宗，會之有元”，此不刊之論也。徵之物理，八大行星各各自動固也，然皆以太陽爲其共繞之中心。假令八緯各各紛歧，還成甚宇宙乎？原子、電子之系統，亦如日系。足知物理界雖萬殊，而必有宗以統之，有元以會之。思想界又何獨不然？一國之學術與思想，總應有其宗元之所在，一國家之教育，必本此宗元而定爲宗旨。宗元既立，而後學子有共同信守，足以維繫身心，激揚志氣，淬厲風發，堪爲齊民矜式。今自清季以來，四五十年間，學校之教，唯日以稗販爲能事，不知宗旨何在。人習於卑下，而反盛自高賢。事之可痛，無逾於此。試考察各上庠名家學者之所成就，理工諸科，其專家之業深造至何等，吾儕門外漢，姑不妄論。法科之教者、學者，對世事研究，對國計民生諸實際問題，有能窮析條流、真知利弊、究了得失根源，而後定救治之方案，坐而言者可以起而行，如唐之姚、宋，足爲救時良相者，其誰乎？夫相曰救時，並不足言開物成務與百年大計，則其爲良，亦有限耳。今乃並此無之，稍有心者思之，能不痛耶？文科當爲一國思想之發源地，爲各科學之主幹，尤其中心思想之闡揚，必有賴於文科。今各大學文科，巨子顯學，最上不過考據之業，下者猶不敢與以考據之名，只是耳剽目竊，多所雜綴，擴大篇幅，出洋洋本本或騰報紙以馳聲譽而已。至其所考核而陳列之題材，尤瑣碎無謂，誠不知其居上庠而神遊目注者，如是之瑣碎卑陋！既不能窮神知化，又無一材一藝之長可資實用。若夫哲學有國民性，凡有高深文化之民族，其哲學上家派縱多，而其一國家或一族類特有之精神，必彼此不約而皆能盡量表現之，此之謂國民性。例如，印度佛家談本體，究極空寂，中國道家談本體，證會虛静，表面看來似相近也。然印度人有出世思想，奘師云“九十六道，並務超生”，超生者，超脱生死海，即出世，不獨佛家如是。中國人不爾。故老之言道，道者，本體之名。曰“無爲而無不爲”，佛氏談體，則只曰無爲而已，决不於真常體上説無爲而無不爲也。真常體，複詞。有則真常，即謂體也。此例不勝舉。道家無出世主張，故自老、莊迄宋、明之爲道者，多攻獨裁，倡自由，《十力語要》及《讀經示要》二書，曾略及之。吾國僧徒，從來遇夷狄盗賊爲帝，則依附以弘法，真正治道家學術者，却無此事。哲學不宜失國民性，於此可見。今海内爲哲學者，於本國學術既賤視之若無物，不知古人著書雖無體系，而其思想囊括大宇，窮深極幽，决非零碎感想也。善學者由其散著之文，以會其無盡之意，而因以自窺天地之純全，則道備於己，官天地，府萬物，富有日新而無窮盡，孰是有知而謂無物哉？今學子都不肯虚心求固有學術，本根盡剥，而唐慕外人。誠使有深造於外人，若玄奘於無著、世親學，吾猶俯首稱慶。不幸今人於外學絶不深求，甚至於中、外均無所究，而急欲以邏輯自標，以論道自貴。吾恐大道非淺薄可窺，邏輯亦不當如彼瑣碎。董子《繁露》，根本《易》《春秋》，以明邏輯旨要，有曰：“物莫不有凡號，案：凡號，謂玄名與公名。號莫不有散名，案散名者，謂於事物之散殊而以分析之術求之，乃隨物各爲之名，孫卿所云散名之加於萬物者是也。是故事各順於名。案事物萬殊矣，而有散名以舉其自相，有凡號以舉其共相，乃至賾而不可亂，故曰事各順於名。名各順於天，案天者，自然之理，理實如是，非吾人以私意妄構也。佛家窮理至竟，歸本法爾道理，法爾者，自然義，與此云順於天同旨。天人之際，合而爲一，案名發於人而應於天理，故天人合一。同而通理，案依於散殊而求其統類，觀其會通，即於散殊而得共相，是謂同而通理。動而相益，案先物而起判斷，徵之動用，而效益不爽，是謂動而相益。順而相受，案各個命題於其全體系中，互相順成而無相違反，是謂順而相受。謂之德道。”案德者，得也；道者，由義。思維所以得成規範而行爲所必由也，故云謂之德道。詳此云事各順於名、名各順於天與同而通理、動而相益、順而相受，皆邏輯上甚深宏大之義，中外談邏輯者，莫能外也。今人只鑽瑣碎，無有遠旨，學不宏通，思苦狹陋，故知任何學術，不窺古人堂奥，難啓新猷。後生崇尚浮虚，弗求深造，視名聲易得、學問易談，古人闇然日章之業永絶於今世，豈不悲哉？各上庠名教授，以哲學稱家者，孰是中外之學真正虚懷誠意樸實頭地下過工夫？吾年向衰，丁兹衰亂，實不忍媚世。浮淺混亂，無如哲學界，盲以導盲，醉以扶醉，中心思想從何得有？國民性焉得不斵喪以盡？人才從何養得？危亡雖不一因，而此則其主因也。不肖謹案：此段話切中時弊，自愧未能暢發，然此等意見具見《讀經示要》，當世竟莫之省，此誠無可如何者。父親嘗言：一個人必有自立之精神，而後可採納他人之長，若自甘暴棄，未有能學人者也。一個有高深文化之國家，歷史悠久，自有其特殊精神。此等精神之表現，固在其民群生活種種方面，難以概述。而凡一有文化之國家，其哲學思想界之主流，尤爲其特殊精神之寶藏。此等寶藏，可以隨時演變與擴充，斷無可根本遺棄之理。若根本遺棄，即無所據以爲演變，無所據以爲擴充。譬如園夫接木，必厚培其根本，而後可以他木之枝，接納於此木之莖，使之吸收異質，發榮滋長，別成一新物事。未聞此木根本摧殘無餘，而可接納他枝以自活也。今人之智不及園夫，妄欲完全毁棄其所固有，而唯學東施效西子之顰。自清末廢科舉、設學校以來，於今五十餘年，步步趨入全盤西化之路，實則西洋人之精神與學術思想及其行動，皆非今日擁上庠、稱名流者所得有其分毫。而固有之積累，則不分好壞而一切唾棄，乃至掃蕩以盡矣。而國人猶不自省，何耶？

父親丁亥返北庠，曾與胡先驌氏談及今之大學無可言學術及養才。胡氏謂今人知識實比民初進步，勿太悲觀。吾父曰：公所言者，我非不知，然真學術不是浮泛知識，首須脱去依傍，有獨立研究的精神，有宏遠的規模，有深沉的風範，有雄大的氣魄。若只以耳剽目竊之功，稍襲外人膚表，涉獵本國古書，都不窮源徹底、析條分流，都不二字，一氣貫下。更不尋言外之意，只管粗心浮氣、逞妄立説、洋本滿天下，果何當於理道？又曰：公言知識進步，却須明白知識之多於前，是時代的進步，如今鄉村婦孺皆知有原子彈，此等知識在民初爲老師宿儒所不聞，公以爲今之婦孺，其知識果高於昔之老師宿儒乎？今之一切刊物，自無識者觀之，驚嘆許多知識，自有識者見之，都是無根底的浮話而已。此意難爲今人言。佛説有法眼、慧眼，孟子曰我知言。今世如有佛氏或孟子出，其於今人之言，正不知作何感想？又曰：今日各大學教者、學者，知識似多於前，但與之論理、論事，便覺其理解力太差，説向深遠處與真是處，他便不會。許多浮雜知見梗塞其胸次，雖墨氏之辯、釋尊之廣長舌，恐也無如他何。言至此，胡氏頻點首。

仲光記語之二

父親避寇難於川時，常規設中國哲學研究所，卒無法募款，事遂罷。三十六年回北庠，頗有意商胡校長於北庠附設之。繼知其不必言，終未言。父親兹談及當時講學意思，記録如左。

今日各大學文科，皆習爲雜碎考據，哲學與文學方面，既不足言思想。歷史爲民族精神所繫，前代大政治家，其涵養身心之道與經綸世務之業，多由精研歷史，鑑觀往事，資其觀感，益其神智，養其氣魄，而後能據既往以測方來，不迷於得失成敗之故，不失其因革損益之宜，其於古今人物見賢思齊、見不賢而内自省，所以激揚其精神志氣而完成其偉大人格者，歷史教訓尤爲重大。近世曾、胡、左諸公，皆深於歷史，甚至千軍萬馬中，日必讀史，其成爲一代偉人，决不偶然。今日各大學法科，學政治、經濟者，只知讀外籍，[56]玩空理論，而於本國人情及當世利弊曾不留心考索，至其憤激現狀，往往因自身利害之私而不自覺，乃自居公憤，實無《大易》所謂“吉凶與民同患”之心。吾在清末，見革命黨志士，實未有以反己之意去研經史者。蓋清代漢學家，純是考據風氣，治學與其作人無關係。其治史不過以考定故事、自務博雅而已，於世務素漠不關心。雖熟讀百代之史，終不能開啓其德慧，不能引發其精神志願，故於歷史中不能得到政治、經濟等知識。其本既虧，一切無感觸。清末志士無救於國、無救於其自身，此事彰明，追原作俑，不能不歸咎於考據學風之爲害烈也。此等學風深入社會，使人失其爲學之本，而一般人終不悟也。今之學風士習，比清儒尤變本加厲，治歷史者，形形色色，吾不欲言，即欲言之，亦無從説起。

余欲籌辦中國哲學研究所，以哲學爲主課，而史學、文學及政治、社會諸科學皆須兼治。史學以廣義言，亦攝社會科學，今此别出之。哲學以中國哲學思想爲主，而西洋與印度皆須兼治。文、史、政治、社會諸學，竝須中外融通，不待言。

哲學方法，則思辨與體認須并重，余欲爲《量論》一書明此義，兹不及詳。體認非修養不能臻，故余常以哲學爲思修交盡之學。

哲學之至者，固期養成超世人物，如古所謂聖賢，而尤期養成各方面事功人才。捨事功而言理道，則理爲空理、道爲迂道。猶復須知，科學知識，其長在專門，而短亦在是，莊生所謂天下各得一察焉以自好，不覩天地之純全，科學家不免此病。唯哲學不限於某一部門的知識，故宜求通識。

史學以本國史爲主，而外國史須旁考。治史必有哲學家作人之精神，經世之志願，而後可運用考據方法，搜集史料，以窮究民群治亂并運會推遷之故，與一切制度、法紀、風習沿革之由，及個人對歷史上人物覺感所繫，在在運以精思，不可徒作故事玩弄。凡治史者，必以鄭所南《心史》、方正學《正統論》、王洙《宋史質》、顧亭林《日知録》、王船山《黄書》《讀通鑑論》《宋論》等書爲根本，然後可博覽歷朝專史及諸編年史與《通典》《通志》《通考》等書，旁及歷代名臣文集之類。中國自漢以來二三千年間，[57]長爲夷狄與盜賊交相宰割之局。吾自受書以至衰年，常痛心於此。此事，漢以後之史家須負責任，民族、民主二種思想，被歷史家毁棄盡净，完全失去《春秋》經旨。《春秋》三世義，歸趣太平，國界、種界終於泯除，人類一切平等，互相生養，猶如一體，無有相陵奪相侵害者。然在未入太平之前，則國家思想、民族思想必須涵養肫摯，不容捨棄。但其所謂民族，亦以同一國土、能敦義禮，而認爲同一族類，並非狹隘之血統觀念，此所以爲人道之隆也。國各自愛自立，族各自愛自立，則無强凌弱、智欺愚、衆暴寡之事，而世界乃大同，人類始太平。倘有一國一族不自愛不自立者，則人間世無可望平等，而弱者必見奪於强，愚者必見害於智，寡者必見侮於衆，世界惡乎大同？人道惡乎太平？《春秋》最高之蘄向在太平，而必以國家、民族思想爲達到太平之階梯，此義無可易也。但國族思想不容狹隘，自愛其國而不可侵他國，自愛其族而不可侵他族。若懷侵略之志，如今帝國主義者所爲，則世界終無由大同，而人類將趨於自毁。《春秋》於侵略者，斥之以夷狄，等之於鳥獸，其誅絶之嚴如此。聖人重人道而憂天下來世也無已，其仁矣哉！漢以後史家，受豢養於夷與盜之帝，即尊之如天，親之如父，爲之謳頌其鳥獸之行，而何有乎國家、民族思想？可痛哉，可耻哉，二十五史也！民族、民主諸思想不發達，漢以後史家賤猘，不容不負責也。二三千年間，有明聖間出焉，鄭所南《心史》，則民族思想上繼麟經也；方公《正統論》，黜夷狄，民族思想也，黜盜賊，民主思想也；王洙《宋史質》，以明朝贈皇，上承宋統，亦民族思想也；船山、亭林之書，並富於民族、民主思想，皆《春秋經》之羽翼也。有此數部書端其本，而後治群史，方可避史家污賤之惡毒，但取其材料而究明得失可也。史家之至鄙賤、至無知無耻者，無逾魏收。唐太宗雖得統於北庭之夷，而不直收之所爲，此其所以爲千古之英也。司馬温公《資治通鑑》，昔人推尊備至，足見奴隸思想入人太深耳。温公於民族、民主思想全無所有，純是以帝制思想爲根據而造此書，其大指不外希望爲帝者鑑過去成敗興亡，而致謹於用人行政之際，行政毋病民，用人唯賢，則以成以興，否則敗亡。《通鑑》之書，予人主以鑑者如此，至於人臣事君之道，尤其所致詳。故此書純爲帝制之書，揆之《春秋》，則聖人惡之，必不稍寬也。然其書終不可不讀。近世政體雖變，群治雖複雜萬端，然當一國行政之任者，於用人賢否、行政得失，必敬慎周詳而不敢忽，其可於歷史取鑑之處猶不少，凡夷與盜及愚賤、官僚、市獪等禍國禍民之姦謀與惡事，必不可容於今之世，能如是取鑑，則吾民國治定功成亦久矣，然則温公是書可輕棄乎？吾國吾族經二三千年夷與盜之摧殘，人民在暴力之下偷生，習於種種不幸之敗德，如效順外人爲虎作佷而無耻，初清，湯斌、陸隴其之徒皆然，况武人乎？自私而不知有公，偷避而不能見義勇爲，此皆在暴力下偷生必有之惡果。然中國人有唐、虞迄春秋、戰國之高深文化，民質甚優，其智力頗不低，高明俊偉之人物衰世猶不無，中華民族畢竟有優點。但須領導者能寬大以養之，而勿操之過急、束之太嚴，須如慈母之扶育小孩然。如此，不數十年，中國人必爲大地上最優良之民族，吾敢斷言。吾望今後歷史家能以愛國愛族之心而治史，幸勿自毁！

政治、社會諸學，須研西洋書籍，自不待言，然於六經、四子、諸史及歷朝名人文集，雖不克全讀，總宜擇要熏習，一則感受先聖賢成己成物之精神志願而不甘凡鄙，二則熟悉過去社會得失。如某家子弟對其家族先世至現在之一切情形，聞見愈親，關切益至，將如何興利除弊，如何革故鼎新，其下手必不鹵莽滅裂，而有實事求是之效矣。今各大學法科，教者學者，其心只爲利禄而來，其生活又深染於都市惡習，其所讀之書又只是遠西學者之理論，而於本國社會一切脱離，欲其卒業從政、可以爲治，不亦難乎？民國垂四十年，革命不知幾度，吾總覺革命不難，革命而能建設誠難之又難，此非注意養才不可也。猶復須知，吾國自清季以來，只是逐層崩潰，而實難言革命，吾人不可不自省。

文學自漢以後之詩文家，甚少有可道者。詩人除少數觸境抒情、表現其閒適悠遠冲澹之生活爲不容菲薄者外，自餘感遇之作，得君而喜，失官而戚。散文如序、傳、碑、誌諸作，亦以記述職官、讚揚榮寵，居其大半。中國人卑鄙之官僚思想，由於漢以下愚賤詩文家之養成者爲多。余於詩古文辭甚少賞玩。魏晋人詩文華而無實，氣勢復薄，尤所不喜。學者宜熟讀《三百篇》《楚辭》《左傳》《國語》及於《史》《漢》，能味其質實意味，亦大佳。至於練習著述之文，則諸子書、佛經、宋明大師語録，皆不可不讀。船山、亭林遺書，讀之意味深長。

余在川時，籌辦研究所，原想寫一文字詳述教學旨趣，後因其事不成，即不復寫。今閒談及此，殊略甚。當時意思自多，兹不盡憶。余年未二十，即投身兵營，以謀革命。三十左右，自審非事功之才，故專力於學術一途。老而感世變愈深，覺得今日中國人，過去之毒根未拔，一旦接觸外化，則又群習於浮淺混亂，依外力轉，而無自樹之道。抗戰時，吾作《讀經示要》一書，確甚重要，惜乎今人不省也！

答唐生

劉念台言“意”，係依《大學》“誠意”而言，吾故不能不就《大學》“誠意”而論。主宰是無爲，有爲者人功也。吾上次一信，來函若未寓目者，何耶？前言良知主宰是要致，良知主宰，作複詞用。致者，推擴之謂，推擴工夫即順良知主宰而着人力，人能弘道以此也。順主宰而推擴去，才無自欺，故曰欲誠意者先致其知也；誠只是毋自欺，《大學》明文。不能順良知主宰而努力推擴，鮮不陷於自欺者。《新論·明心章》特提揭即工夫即本體，此予苦心處。若無推擴之人功，主宰只是無爲，將被私欲隔礙，以至善善不能行，惡惡不能去，非道弘人故也。若吾子之意，良知善善惡惡之幾，常能主宰乎念慮之間，果如此，則人人不待修爲，自然都是聖人矣，誰無此良知善善惡惡之幾者？吾子又言：良知善善惡惡之幾，常有定向乎善而不容昧者，即名之爲意，由是，而意不特爲心之所發，亦即心之所存，存發只是一幾云云。似欲調合陽明、念台二家之説，以爲言之成理。殊不知良知善善惡惡而定向乎善之幾，既是所發與所存爲一，則何以人人不盡是聖賢，而幾乎皆是禽獸耶？孟子曰：“人之異於禽獸者幾希，庶民去之，君子存之。”庶民所去之幾希，即良知善善惡惡定向乎善而不容昧之幾也，君子所存之幾希，亦即良知善善惡惡定向乎善而不容昧之幾也。船山曰：“庶民者禽獸也。”然則庶民何故去其良知善善惡惡之幾而爲禽獸乎？吾子云，良知善善惡惡之幾，即名爲意，且申之曰存發一幾。今徵諸庶民，則其發與存却不是良知之意，縱如念台别名之曰念，然試問何以成乎禽獸之念而去其良知之意？此個原因安在？若於此不切實反勘，而空説道理、空談歷史，恐無所昭示於人，望虚懷切究一番是幸。

吾《新論》歸重人能，特提即工夫即本體，此是從血汗中得來，然爾時尚是大段見得此意。及作《讀經示要》，取《大學》首章以明六經之綱領旨趣，乃於誠意處改正朱、王在好惡之情上説誠之誤，而特注重“毋自欺”，又歸本致知之“致”，到此始親切。但在講《大學》處，只好依他之體系而立説，却未提出一“志”字。《大學》於此不提“志”字，因爲開端便曰“古之欲明明德於天下者”，其地位儘高，故不言志而志早已立定也。其工夫扼重在毋自欺與致知之致，已自謹嚴至極，發用無窮，乃真是賅費隱、徹體用也。但此地位太高，吾故於第二講首以立志。從來儒者都知志之一字最重要，而志字之義云何，似少深究。此吾《示要》所已剴切明辨者也。然《示要》中尚有一種意思未明白提出，因當時寫得急促。此種意思，蓋謂天人之間須有一個樞紐，即志是也。吾人之真性，固是得天之全，譬如每一漚皆攬全大海水以爲其體，人皆得天之全，亦猶此。應説人即天也。然從另一方面説，人雖禀天而生，但既生以後，便爲形氣之物，而不易復其本來禀受之天，所以良知主宰雖有善善惡惡及定向乎善而不容昧之幾，無奈人生不免爲形氣所限，終有如陽明所謂“隨順軀殼起念”之危險，即人每物化而失其天。孟子言庶民所以去其幾希而成乎禽獸者，以此也。學者誠反己而精察之，便自喻。

夫能反己而毋自欺者，必先有立志以爲之本。志且未立，則已物化而失其天，帝謂不通，帝謂，見《詩經》。帝或天，即吾人内在之性智或良知，非外在之上神也。謂者，性智知善知惡，若詔示吾人者然。不通者，良知已被障礙而不得顯也。渾是一團惑障，從何可得毋自欺乎？《大學》者，大人之學，根本就已立志者説，故於誠意處單刀直入而言毋自欺，此親切至極也。余以爲志者，天人之樞紐，天而不致流於物化者，志爲之也，志不立，則人之於天直是樞斷紐絶，將成乎頑物，何以復其天乎？孔子自言十五志學，《孟子》“養氣章”説“志，氣之帥也”，有志以爲之帥，則人之所以通乎天之樞紐在是，循此樞紐而動用一順乎天，久之則人即天而天即人。先儒所謂盡人合天，“合”之一字，猶是費詞，費者，虚費。天人畢竟不二，非以此合彼也。但就始學言，必以志爲天人之樞紐，此則吾平生親切體驗之言，垂老而益識之明、持之堅也。此樞紐樹不起，則毋自欺不能談；毋自欺作不到而言涵養操存，其不陷於惡者鮮矣！

念台言意有定向，不悟有定向者，乃良知之發用自然如是，非可於良知或心體之上別構一重意來説有定向也。念台曰："《大學》之言心也，曰忿懥、恐懼、好樂、憂患而已，此四者，心之體也。"此言明明違背經文，經曰"有所忿懥，則不得其正"，乃至"有所憂患，則不得其正"，今乃曰此四者心之體，此成何話？夫專以情言心體，則心乃佛氏所呵爲無明之心也。《大易·乾卦》以仁顯心體，而必曰大明，必曰知。豈有離知與明而言情，可以指目心體者乎？念台此語已罪過無邊。其下文即徑接曰："其言意也，其字，謂《大學》。則曰好好色、惡惡臭。好惡者，此心最初之幾，即四者之所自來。"此語尤邪謬。夫善言此心最初之幾者，孟子四端千的萬當，以其於性之見端處言情，則情爲隨順大明真體而顯發之情，故此情即性，而非好好色、惡惡臭之情也。好好色、惡惡臭之情，是與形骸俱起之習氣所成，非真性也。此等好惡，無有大明或良知爲之宰也，念台謂爲忿懥等四者之所自來誠是也。《大學》説此四者令心不得其正，念台乃謂此四者來自此心最初之幾，何其邪愚至是乎？以念台之説與孟子四端之説對照，稍有知者，孰忍朋念台而違孟子乎？

念台又承上而言之曰："故意蘊於心，非心之所發也。"彼既以忿懥等四者所自來之好惡之初幾言意，又即以意蘊於心而非心之所發，是其爲説明明將心與意區别兩層來説，蘊於心者方是意，則意不即是心也明甚。其下又徑接之曰"又就意中指出最初之幾，則僅有知善知惡之知而已，此即意之不可欺者也。故知藏於意，非意之所起也"云云。夫念台在上文明明誣《大學》而横計曰"其言意也，則曰好好色、惡惡臭。好惡者，此心最初之幾"云云，是明明以好惡之情言意，今却曰"就意中指出最初之幾，則僅有知善知惡之知而已"，夫好惡之情中而有知善知惡之知，則此知必是佛家隨惑中所謂不正知，必非良知之知也。

夫貞明而無障蔽者，心體也，《易》義如是，釋與道亦同證及此。

未有指好惡之情爲心體者也，好惡之情，形而後有者也，若認賊作子，則本明之心既失，好惡如何得正乎？王學末流至於念台，不堪設想矣！今日尚可張此迷霧乎？其曰知非意之所起却是，曰知藏於意便大迷謬。念台所謂意者，好惡之情也。好惡不失其正者，固是良知發用，不當曰此知藏於好惡中也。好惡失其正時，良知早已被障，而謂良知藏於好惡中可乎？念台談義理，不迷謬者甚稀，在好惡之情中而言知善知惡，此正是今日人心陷溺所在。今人喪盡良心，正在此，不謂念台衣鉢流傳至今也。

吾《讀經示要》所謂意者，是依本心即是良知之發用而得名。良知備萬理，無知無不知，是吾人内在主宰，不可於良知或心體之中又建一層主宰名意。

只認取虚寂、明覺之本體，畢竟靠不住者。人能弘道，非道弘人，宣聖此言，實爲義海。《新論》專提工夫即本體者，正以此故。黄宗羲嘗曰：象山以識得本體爲始功，而慈湖以是爲究竟，此慈湖之失其傳也。慈湖平生履踐無一瑕玷，在闇室如臨上帝，毫釐猶兢兢，未嘗須臾放逸，其工夫嚴密如此，獨其教人直下顯體，以爲不起意，即無往非真體流行，不必更有所事。其實，學者何堪語此？慈湖門下鮮有成才，正由其立教有失，不可無戒。工夫基於立志，志未立定，那有工夫？如木無根，那有莖幹枝葉？余言志爲天人之樞紐，此須留意。諸葛公《戒甥書》曰："使庶幾之志，揭然有所存，惻然有所感。"此志即是工夫，亦即是本體。《讀經示要》第二講，可熟玩。武侯之言，簡約而無所不包通，與孟子必有事焉、勿忘勿助之意相發明。工夫只在揭然有所存，孟子必有事焉，正是揭然有所存；惻然之感，則揭然而存者，自然不容已之幾也。若不存時，即本體已失，私情私欲用事，焉有惻然而感者乎？故曰工夫只在揭然有所存也。孟子言持志，陽明曰責志，此是工夫下手處，保任固有虚寂貞明健動之真，周行乎萬事萬物而不殆，工夫無懈弛，即是本體無窮盡。天人合一之學，如是而已。合一二字須善會，非以此合彼也。

答楊鈞

《新論》説翕故成物，則物是幻象可知。俗計物動，亦大誤。若知所以成物者爲翕之勢，則知動者非有實物故動，乃由幻現物象之翕勢遷流不住。而人於此不察，妄覩物動耳。

附：困學記

熊池生仲光撰

困學記自序

抗戰時，余方隨侍先嚴池公，字師周。羈棲古寺，日讀儒、佛諸籍。適先嚴劇病，余亦無人指授，但心好之而已。近侍嗣父，黄岡熊先生。專理舊業，時承誨諭，有所領悟，即便記録，其有修辭欠妥、説理未暢，輒由嗣父隨筆改定，彙而存之，曰《困學記》。余自有知以來，於人世滋味殊少快感，唯有尋樂於學問與義理之中。世方多難，倘得不廢所學，此《記》當與年俱增，不至輟也。

民國三十八年四月一日，熊池生仲光識於廣州郊外化龍鄉黄氏觀海樓

困學記卷一

熊池生仲光撰

成論四大要領

《成論述記》卷一，明《論》體以四義。此中“體”字，初學煞費解。體者自體義，如筆之爲筆，必有其自體，否則將何物名之爲筆乎？凡有形之物，固有自體。無形者，凡思議之所及，亦各有其自體，如言仁則别於義等，言義則别於仁等，是仁、義等理各有其自體也。準此而推，即著述言，如一部論决非以名句等文言集聚而名論，必文言之所表詮者有其實義，方爲此論成立之體。《述記》出示《成論》體，略舉四義，此不容忽。如其忽而不究，則雖讀《成論》千百篇，[58]與不讀同。此與《述記》本意，稍變更。

四義者：一攝相歸性，二攝境從心，三攝假隨實，四性用别論。或作性用别質。

父親云：此四義即賅括唯識哲學上諸大問題，以少文而攝無量義，治斯學者，首須注意。

第一，攝相歸性。相者相狀，具云法相，謂一切色法心法，即宇宙萬象是。性者體義，具云法性，即目諸法之實體。此性、相二詞必須確切了解，否則不可研此學，不可悟無上甚深微妙義。[59]世間依妄情分别，於諸法相只横計爲一一物事，仰視天即蒼然者耳，俯視地即塊然者耳，中觀萬物及與吾身並峙之人類，只是一一實物或一一實人耳。如此，便於條然宛然之諸法相上而起妄情分别，横加執着，如蠶作繭自縛而死其中，如蛛造網自錮於網羅之内。[60]釋尊嘆衆生無始顛倒、長夜沉淪，大悲所由起，大智因之以發也。是故菩薩承佛悲智而説唯識，欲令衆生於條然宛然諸法相而了悟其實性，即於一一法相不作一一法相想，而皆見爲真理呈現、一極如如，[61]是謂攝相歸性。真理即謂真如，亦即法性之目。詳諸經論。證及此者，超越情見，迷妄都捐，此唯識究竟宗趣也。但諸經論將法相説爲生滅，法性説爲不生不滅，由此將性、相剖成二片，相上但説緣生，性上但説無爲，竟無融會處，此當爲出世思想之誤。及《新唯識論》出，以體用不二立極，《新唯識論》，後省稱《新論》。法圓義成，始無遺憾。

第二，攝境從心。此明境不離心，心爲主故，境則從屬於心，不離心而獨在，故説識名唯。如《述記》云："由心分别，境相即生；非境分别，心得生故。"此皆就宇宙論上言，天地萬物，衆象森然，而皆依自識現起，非有離識猶在之宇宙。[62]此事分明，迷者不悟，良由衆生一向習於實用，總計有心外之境，從而追求不已，期有以滿足其需要，因此迷妄熏習力故，遂至本不離識之境而無端見爲外在。諸佛菩薩明證境依心現，故説三界唯心、萬法唯識。無著、世親弘兹勝義，廣造諸論，雖條理萬端，而攝境從心，固是其宇宙論方面之根本義也。

第三，攝假隨實。此就世諦中言，如方圓長短等，名爲假法。瓶等物，世俗亦名實法。假法無自體，必依實法而得有，若離瓶等，即無有方圓長短可説故。故攝假隨實，亦是俗諦中要義。

第四，性用别論。性者法性，即諸法實體。用謂法相，即色心諸行。二者不容相混。如《述記》云："相即依他，唯是有爲；性即是識圓成自體，是無爲。"此則分别性、相甚明。但此中名詞，初學每難解。依他之他是緣義，依他者，謂一切法相皆依衆緣幻現。譬如一棵樹，唯依種子及水、土、空氣、陽光、歲時、人工等緣而幻現樹相，若離上述諸緣，即樹相無有。樹相如是，其他法相皆然。故一切法相，通名依他法，亦云緣生法。或名緣起。此緣生法雖無實自體，而生滅滅生，遷流無息，有勢用故，斯名有爲。猶如雲氣本非實物，而刹那幻現，有大威勢。諸有爲法其相亦爾。父親云：若了緣生論，當知宇宙萬象皆非實在，凡情迷執，自生相縛，可哀之甚也！相縛者，凡情横計有實天地萬物，是謂之相，即凡思維中種種分别之相，亦皆是相，爲相所縛，曰相縛。古今哲學家不陷於相縛者，其誰乎？法相之意義略如上釋。

次談法性。《述記》云“性即是識圓成自體者”，識字下本伏有一之字作介詞。《馬氏文通》言，古書介詞每伏而不顯，以求整練。佛書更甚。性，謂識之實性，猶云實體或本體。譬如説麻喻性。是繩之本質，繩喻識，亦即喻法相。此不可忽。於此不清，即性、相莫辨。圓成一詞，即真如別名。圓者圓滿，謂此性體無在無不在，具足衆德，一切無虧欠故。成者亘古現成，非若生滅法有起盡故。此所云性，即是識之圓成實性，所謂真如。參考《解深密》等談三性處，《成論》至後，亦復詳説。故一切法，尅就相言，都非實物，即無自體。然若於法相而不執取其相，即於一一相而透悟其實性，便見諸法皆有圓成自體。誰謂一切皆空、竟無所有，是佛法哉？

父親云：依梵方大乘唯識師義，尅就相言，帝網重重，此借用《華嚴經》語，喻世界無量，法相條然宛然、千差萬別。儒者所謂分殊，義亦猶此。尅就性言，如如不動。此二語分顯性、相，含無量義，學者宜知。不肖竊謂法性之談，用今哲學上術語言之，屬本體論；談法相，則今所謂宇宙論、人生論並包含之。義理自有分際，不宜淆混，故性、相須別論，乃見夫至賾而不可亂。《成論》據《三十頌》析以境、行、果三分，境中性、相各爲釋，最宜精究。然梵方諸師於性、相實欠圓融，非虚懷以究《新論》，難識此意。此中與《述記》原意不同。

問：《述記》言識相，罕用法相一詞，何耶？父親云：所言識者，即是有爲法，餘色等法，不離識故，皆識所攝故。由是可知，言識相即攝一切法相，非舉識相含攝不盡。非字，一氣貫下。又曰：識之一名，有廣狹義。狹義即能緣心對所緣境而得名；緣者，緣慮義。廣義即所緣境，亦名爲心之一分，所謂相分。舉識便已攝境。唯識論者，不許有離識獨在之境故，故舉識相非不攝餘一切法相，思之可知。

主宰義

戊子秋末，隨父南遊，居番禺郊外黄艮庸家。耒陽李笑春來省，問及主宰義。父親曰：學貴宏通，不可守一先生之言。主宰義須從各方面去領會。宗教家所謂主宰，則目有人格之大神，爲超越萬有而獨在者，如耶教之上帝及印度外道之大梵天等皆是也。然佛教興於印度，雖亦是宗教，而甚富於哲學思想。其教義窮高極深，宗派複繁，要皆遮撥一切外道所謂擬人之神帝，即不取外道之主宰義。但佛家理論雖廣博，而印以三法印。三法印者，一諸行無常，二諸法無我，三涅槃寂静，前二會歸於第三。《智論》有文可證。故涅槃寂静爲佛家之究竟了義。涅槃四德，常樂我净，此中之我即主宰義，謂自性涅槃，本來清净，含藏衆德，雖遇客塵覆蔽，而如金在礦，終不受染。此與印度外道及耶教等計有超越萬有之神帝説爲主宰者，其意義迥别，决不可併爲一談。

老子言道，曰獨立無匹。莊生曰："若有真宰，而特不得其朕耳。"詳道家之説，本以道爲萬物所由之而成，參考王輔嗣《老子註》。故有主宰義。蓋道者，萬物之本體，故可説爲主宰，非謂其超脱於萬有之上而名主宰也。此與宗教家言主宰之意義截然不同，而與佛法却有可和會處。以道之在人而言，即是吾人自性，與自性涅槃義可融通也。魏晉玄家玄家宗主，實在道家。首迎合佛教，誠有以也。

儒者言乾元始萬物，又曰"天下之動，貞夫一者也"。一謂乾元，亦即宇宙本體之目；言天下之動貞於一，猶言萬化本於一而各得其正也，則一即主宰義可知。道家主宰義，即依本體而言之，其義實本之儒家《大易》。

佛、道二家，與吾儒畢竟有大不同者。孔子語顔淵以非禮勿視、聽、言、動，此處甚吃緊。四勿之勿，正由内有主宰，不敢違失，纔下此勿字；若中無主，如何言勿？人生息息感攝乎天地萬物，或經綸乎家國天下者，其作用流行，總不外乎視、聽、言、動四者。吾人本有内在主宰，陽明所謂良知，是即吾身之乾元，《易》云大明者即此。其於視、聽、言、動之幾，[63]禮與非禮，此主宰自然辨之明而監之嚴，吾人只須能敬事自家故有主宰，不敢違失，於非禮而勿視焉，於非禮而勿聽焉，乃至於非禮而勿動焉，如此行習之久，自然主宰恒安，肇萬化、歷萬變，皆有其不可亂不可摇者主乎其間，而化道以成，變通則可久可大。所謂官天地、府萬物者，此乃性分上切實事，非玄言也。儒者工夫，只於流行中識主宰，不待空天地萬物等法相以趣寂，而後證真宰，乃即於天地萬物息息流通處，慎吾視、聽、言、動之幾，不敢違吾内在主宰之明辨與監督，以陷於非禮。慎吾二字，一氣貫至此。即主宰常現在前，不待趣寂以索之也。家國天下事，皆吾性分内事，於吾視、聽、言、動之行乎國家天下者，而謹其非禮之萌，以此已立立人、已達達人，則齊治平之效自著。老氏唯務致虚守静，而於世務一切放任，不敢爲天下先，於是禮應動者而不動，則已廢主宰之大用。其戾於儒者之道，不亦甚乎？二氏覓主宰於空寂虚静，其流弊甚多，今此不欲詳談。儒者超悟自我與天地萬物同體，不可遏絶一體流通之機，故於視、聽、言、動之幾，在在不違主宰，而一循乎禮。此爲合内外、通物我、融動静，無往不是主宰周流遍運，非僅守其内在炯然明覺者，即可謂證得主宰也。

五蘊與八識及種子義

佛家自釋迦首説五蘊，及大乘有宗唯識論興，始説八識種現等義。凡研佛學者，於此等理論體系不可不先求明晰。

五蘊論，用今哲學上術語言之，即宇宙論、人生論或心理學等知識皆包涵於其中。

唯識論師之八識種現等義，除同有五蘊論之所包涵者外，更擴大而盛演本體論，並含有極精微之量論。家父據因明而造量論一詞，量者知義，猶云知識論。自無著、世親兄弟迄於十師之推演，而吾國玄奘、窺基師弟乃集其大成。基師所揉譯之《成唯識論》，省稱《成論》。規模宏闊，體系謹嚴，誠中外古今之一大鉅製也。

五蘊首色蘊，次受、想、行、識，凡四蘊。

云何色蘊？蘊者聚義。色之一詞，分廣義、狹義。狹義者，眼識所緣之青、黄、赤、白等境，是名爲色；廣義即一切物塵或物質宇宙，通名爲色。眼識所緣之青等色，亦廣義所攝。今此色蘊之色，正是廣義。

色蘊詳釋，莫如《通釋》一書，具稱《佛家名相通釋》，家父所著。今略談大旨。色蘊中，實以吾人根身與自身以外之天地或物界，總名色蘊。世俗恒計有內身，與外界或外物對峙，而五蘊中叙述色蘊之旨，初無內外對峙之見，易言之，决不以吾人一身與天地萬物判爲內外，只總名色蘊而已。《通釋》發明此旨，言簡而義精。後來唯識師主張人各一宇宙，非吾身與世界爲二，其根底實在五蘊論。父親云，此等脈絡，須探索分明。

次受蘊。受者領納義，謂於境而有苦或樂等領納，是名爲受，此屬情的方面。

三想蘊。取像之謂想，謂於境而取像，有分齊相現，如緣青時，計此是青，非非青等。由斯取像，即於境而有分別，是成知識，故想屬知的方面。

四行蘊。行者，造作義，謂於境起知已，即同時對境而有造作。此造作無論其顯發於外否，而在心中確已有造作之勢用生焉，故説爲行。《易》曰“幾者動之微”，蓋即察見行相之微萌處，此屬意的方面。

五識蘊。識者，了别義，謂於境而起了别故，即此了别，名之爲識，深遠無邊，心的現象所以截然與物異者，即此了别耳。近而見色聞聲之一聞一見，即了别也。其來不知所自，其神速不可度思。遠而智周萬物、發大宇之奥秘、徹萬化之根原，一切科學與哲學上廣大深微之創見或闡明日出不窮，乃至人群變動萬端，治亂興衰雖相倚伏而文物度制終期創新盡利，凡此皆足徵了别勢用之盛，浩浩乎無盡寶藏也。

如上五蘊，總爲色、心二法，如左表：

色蘊	——	色法
受蘊	——	心法
想蘊	——	心法
行蘊	——	心法
識蘊	——	心法

色蘊叙述色法，受等四蘊叙述心法，總爲心、物兩方面。

佛家小乘只説六識，即眼識、耳識、鼻識、舌識、身識、意識。至其談識，復分爲心與心所。心所，具云心所有法，即謂心上所有之一一作用。今稱心所，省詞也。受、想、行三法，均是心所。但行蘊之解説，前後頗不同。釋迦初説行蘊，并未言明此一蘊中包含有其他多數心所，而且自釋迦至小乘二十部所説心所法，多寡之數亦不一致，直至後來大乘有宗唯識始定爲五十一個心所。因此後來談五蘊者，於受蘊中只一受心所，於想蘊中只一想心所，獨至行蘊中，則於思心所外行，亦别名思。此思是造作義，與常途言思想者異議。却包含有多數心所法。易言之，即五十一心所，除受、想二心所各别爲一蘊外，其餘所有心所統屬行蘊所收，即次於思心所、而以次一一叙述之。五蘊名目雖仍其舊，而行蘊中兼收許多新發明之心所，後來大乘師之五蘊論已見之。父親云：據《唯識述記》卷一"經部師説，佛説五蘊，故離心外唯有三心所，一受，二想，三思，即行。更不説餘心所名蘊，故離三外，更無餘所"云云，詳此，則行蘊兼收多數心所爲後來變通之義可知。

六識中，每一識皆爲心與心所。後來大乘只於六識外另加第七末那識及第八阿賴耶識，而每一識分心與心所，則仍同小乘。

受、想、行三蘊皆是心所法，而識蘊則專言心。在小乘説六識，即有六個心，通屬識蘊；在大乘有宗説八識，即是八個心，通屬識蘊。故識蘊中只是談心，而心所則不屬識蘊也。

又心對所而言，亦曰心王，以是諸心所之統攝者故。此在《通釋》解説綦詳，可不贅。

佛家尚有十二處、十八界等説，實即以五蘊法而别作一種編排。初讀佛書，總苦名相紛雜，甚難了解。然細心理會去，久之得解，亦覺平常。

五蘊論色、心平列而談，以視《百法論》舉一切法攝歸唯識，顯然異致。歐陽大師嘗以此爲法相、唯識二宗不同之證。吾父則謂唯識並非根本旨趣有異法相而别爲一宗，只是法相宗即有宗别名。理論發展日臻完密，而始成唯識之論。

吾父曾言：五蘊色、心並列，頗似二元，而實不爾。五蘊以識蘊終，似有結歸唯識之意，蓋已爲《百法》導源。

有以五蘊證明釋迦至小乘不談本體論者，嘗過庭咨决，承誨曰：釋尊創説，不專在五蘊，若十二緣生，若四諦，及談功修處，並須扼重。四諦中滅、道二諦賅攝深廣，一切功修亦依四諦而起，後來大乘之法性論與量論法性，猶言諸法本體。皆從滅、道二諦推演而出。《雜阿含》尤須詳究。釋迦至小乘非不涉及本體論，只未深談耳。

已説五蘊，次談唯識。唯識論之體系，據基師《述記》卷二，初以相、性、位三分法明論之結構，次以境、行、果三分法明論之結構。

唯識論大成於基師揉譯之《成論》，《成論》依據世親《三十頌》而爲釋文，揉集十師之義，而折中於護法，故欲明瞭《成論》體系，則於基師之所自述者，非尋繹而牢記之不可。

初相、性、位三分者，《述記》卷二第五頁云："前二十四頌，宗明識相，即是依他。識相一詞，猶云法相，見前條。第二十五頌，明唯識性，即圓成實。識性，猶云一切法之實體，亦見前條。後之五頌，明唯識位，位者，修行位次。即十三住。"

次境、行、果三分者，《述記》卷二第六頁云："初二十五頌，明唯識境。此言境者，即所知義。識相，識性，並是所知，通名爲境。次有四頌，明唯識行。行者，修行。末後一頌，明唯識果。修行爲因，證得菩提、涅槃方成佛故，是爲修行所得之果。先觀所知，所知，即上所云境。方起勝行，行而曰勝，贊辭也。因行既備，果德乃圓。"

如上所述，前之三分可攝入後，如左表：

境——（初二十四頌）識相
　　　（第二十五頌）識性
行——（次四頌）
果——（末後一頌）

據境、行、果三分覈之，可見唯識之論，托體極大，極大即無外。併包無遺，五蘊所明，只是境門識相一項，門者，類義。境、行、果三，類別而談，於境言門，以此中所談自爲一類故。而於識相，初唯六識，心所復略，更未建立種子。今以《成論》與最初五蘊之談兩相對照，頗覺佛家思想演變由至簡而趨至繁，甚可玩味。

今將《成論》境門識相之談略提綱要，以與蘊論比較，而見其變遷之大概。

蘊論識蘊五蘊論亦省稱蘊論。原止六識，即眼、耳、鼻、舌、身、意六識，及大乘有宗始於六識外加第七、第八，共爲八識，列表如左：

眼識

耳識

鼻識

舌識

身識

意識

末那識

阿賴耶識

先從心理學之觀點，以考核兩論異同。

蘊論若依小乘僅六識，[64]《成論》則於六外增至八，此學者所共知；然内容甚不簡單，則從來學者似不甚注意。

一、五識通得識名，此自釋迦以至後來大乘皆無異説，由蘊論至《成論》，始終爲一貫主張。此與近代心理學頗不同，值得研究。據心理學而言，則佛氏所謂眼、耳、鼻、舌、身五識，皆現量證境。證者證知，但此知字之義極深細，非常途所云知識。現量一詞若欲詳談，必須專書討論，兹略言之，則五識現量相當心理學上所謂感覺。然感覺一詞，學者所講復不一。如杜威《思維術》一小册中，似曾説感覺有錯誤，如此言感覺，實是以知覺而名感覺，故説有錯誤。譬如見繩謂蛇，通常以此爲感覺錯誤，實則眼識正見繩時，並未喚起記憶，亦未起推求與想像等作用。此時能見之見與所見之繩渾然一體而轉，實無能、所可分，是謂現量。故當現量證境時，根本不起繩與非繩等分別，那有見繩謂蛇之錯誤可言乎？杜威所云感覺有錯誤，實則以知覺名感覺耳。感覺之經過甚迅疾，雖以一刹那言之，亦難形容其神速，故正感覺時，能、所不分之境，吾人實際上無從把捉，只可於理論上承認之耳。佛家所云五識現量，本與心理學上所謂感覺之意義相當。但此感覺一詞，須與知覺簡別清楚。心理學者以感覺歸之官能，且不承認感覺爲知識。佛家所言根即官能義，此根與識分别甚嚴，眼、耳、鼻、舌、身謂之五根，此根名曰凈色，謂其力用特殊、不同粗鈍之物塵，非即以肉眼、肉耳與肉體名根也。識是具有了别作用，此非根之副産物，但依根而發，易言之，識不從根親生，只依根而出生。譬如草芽依土出生，非由土親生。如佛家言，正感覺繩時，元是眼識依眼根而發識，才有此感覺，不可曰無眼識而唯根感覺之也。心理學者不獨行爲派否認有識，即在承認有心作用者，而其談感覺亦只歸之官能，不必如佛家有所謂眼等五識，故亦不以感覺爲知識。佛家既立五識，此識與五根只有相依之關係，不可曰識從根親生。五識現量證境時，不起分别，能證與所證渾然一體而轉，若按之心理學，只是正感覺時，記憶與推想等皆未起之候而已。在心理學不説此爲知識，而佛家乃説爲現量。量者知義，但此知字之義，不同意識上種種分别之知，而是甚深微妙、不可名狀之知。例如正感覺繩時，雖不作繩與非繩等分别，而此時眼識於當前正感之繩雖無粗動推想等，而能、所渾然俱轉之中，渾然者，無分别貌。自有冥會默喻處。非若兩塊頑石相關合，全無了别也。只此了别之相甚深細，似不自覺耳。現量中能、所不分之知，内外一如，才是真知。此中理趣深遠，非簡單可説。佛家立五識，謂五根雖能取境，而非能了境。了境者，畢竟是識非根。唯五識了境時，是能、所爲一體，渾然冥會，無有粗動分别，謂之現量，不可説爲無知。此或是佛家定中觀察所到，吾人不可輕反對也。父親昨在杭州浙大講説時，頗詳及此，今追憶略述，不能暢也。

二、自釋迦至小乘只立六識，此六識者，爲是一體而隨用異名耶？

爲是各各獨立、只相依而有耶？此確是一大問題，而釋迦當時蓋無分明之表示。後來宗派日繁，似不能長此渾含。在初立六識時，未明言各各獨立，後學自有趨於同體異用之一派。然當初既是六識並列，亦自有趨於各各獨立之一派。此二派之演變，在中國過去學者似不甚注意，即今日著佛教史者猶未考及此。小乘各部譯籍殊不全，而且唯識論之體系，各小部中尚未完成，則其於上述問題，或無顯著之分化。要至大乘有宗以下省稱大有。建立第八識，唯識理論漸以精密，而後對上述問題之解決自不容已，則諸識各獨立與諸識同體二派之論，自不期而成對峙之勢。吾國介紹大有唯識論者，前推真諦爲盛，後則玄奘最顯，奘學行而真諦之傳殆喪。雖晚唐以後，奘學亦絶弦千載，而典籍多在扶桑，清末已還中土，歐陽翁猶起而光大了。真諦殘篇，可搜無幾，此誠有幸不幸也。父親云：中土唯識之論，自基承奘命而揉譯《成論》，主張諸識各各獨立，一切心、心所各從自種生，一切心、心所各緣自所變相，不得外取。變相義，後詳。此二義者，並是《成論》根本大義。諸識各各獨立而相依以有，斯義決定，後學莫敢興疑。故自唐以來，談大有之學皆盛推奘師。吾獨惜奘師偏揚無著、世親而定一尊，遂令中土不窺大有之全，至爲可惜！吾意，梵方唯識不止無著、世親一派，諸識體同用異之論與無著兄弟異，奘師屏斥弗傳，今猶有可推迹者。如基師《成論述記》卷二疏釋《論》文“或執諸識用別體同”句，有云：“此即大乘中一類菩薩，依相似教，説識體一。”此謂諸識雖有八個名目，但隨其作用不同而多爲之名耳。諸識自體，究是渾然而一，非是各各獨立也。又引《攝論》第四“一意識菩薩計”，與一類菩薩主張頗同，基師云：“有云，一意識師但説前六識爲一意識，理必不然，此説八識體是一故。”據此文，頗有一大疑問。基師言“有云但前六識爲一意識”者，恐是小乘時代已有明白主張六識只是一意識，基發於眼根以了色塵，則名眼識，乃至發於身根以了觸塵，則名身識，故六識只是一意識，非六識各別有自體也。小宗中已有此説，後來大有立八識時，仍承小宗一意識師計，而説八識者其自體元是一意識，但隨作用有別而有八個名目耳。故基師云“此説八識體是一故”者，當是大乘承用小宗義。假使此推斷不誤，則諸識體同已始於小宗，不自大乘首唱也。然基師未有此説，吾不便臆斷。就基師此文測之，其舉“有云一意識師但説前六爲一意識”者，似謂一意識師原是大乘中學派，彼唯主張前六識是一意識，不通七、八兩識而言。基師以理斷其不然，乃謂此師主張八個識通是一意識，即只駁斥所舉有云之誤解，並不謂此有云者是小宗也，此與吾意迴别。吾無暇詳檢小宗譯籍，未便遽遮基師之説，故仍假定諸識體同之論肇於大有。唯吾由此斷定，梵方大有始唱唯識，尚有一類菩薩及一意識師並與無著、世親異派，且其創説在先，由無著《攝論》之徵引可見。惜乎此派學説，奘師全不宣譯。中國於奘師之前本有真諦學，據基師《中邊述記》言，真諦法師似朋一意識師，則真諦唯識確與無著兄弟不同派。無著派下明明攻擊一類菩薩依相似教云云，相似即謂其非正傳也。其於一意識師同例破斥，於真諦亦深不滿。奘師門下有圓測法師，本深於真諦學者，頗與奘門相攻難。然是時奘門所傳正爲新興顯學，測公終莫能敵，其著作多失傳。吾嘗欲從遊諸子搜集真諦遺帙與測公佚義散見者，董理而申論之，以存無著兄弟敵派之緒，卒未有專力於此者，是可惜也。以上皆吾父所言，姑記於此。大乘唯識論興，有兩派分歧，要皆自五蘊中六識並列，已伏分歧之勢，此實治唯識者所不宜忽。中土向傳大有以無著兄弟爲開始者，縱其説出自梵方，想是無著派下之詞。以理推之，大有開山當更有人也。

三、心、心所分説，蘊論與唯識同。然每一識中，注意每一二字。其對境而了别之者，是爲心，亦名心王。即此心上有對境領納與取像等作用，覆玩前談五蘊處。是名心所。蘊論於心、心所之相分别未精細，吾父《通釋》據《成論》則疏釋極詳，今此但據蘊論爲説。然諸心所爲離心外無别體乎？抑諸心所各各有自體而非即心乎？此一問題，在釋迦初説五蘊時，亦未及詳，後來略分二派。其一，主張心所只是隨心功用假立此名，如覺天等引《經》説三法和合名觸，觸者，心所之一也。三法者，一根、二境、三識，謂識依根而發，以趣現前之境，即於此時是根、境、識三法和合，而三和時，即有觸心所生。此義求詳，須考《通釋》。又説士夫六界，染净由心，士夫猶言人，六界謂十八界中六境，須考《通釋》。境隨心轉，故云由心。故無心所，覺天據上所引《經》，只説心，不曾説心所。但隨心功用，立心所名。覺天以爲但隨心有受及想等功用，而立諸心所之名，故説無心所。據此，則心所非是離心而别有者。此派之説與一意識師及一類菩薩主張諸識體是一者頗相通貫。復有經部師説，佛説五蘊，唯有三心所，一受，二想，三思，行亦名思。更不説餘心所名蘊，故離三外，更無餘所。據此，則經部稍異覺天者，只承認三心所離心别有，而其他心所必皆隨心功用假立之，固與覺天不異也，故應屬第一派。其二，無著兄弟派下之唯識論，主張心、心所上心字下伏有及字，他處準知。各各有自體。例如眼識，其心是有自體的，是獨立的，其諸心所亦是各各有自體的，各各獨立的，但心、心所互相依而爲一聚，故名眼識，非以一個單純體名眼識也。眼識如是，耳識乃至第八賴耶識皆可準知。所以然者，一種子不共故。每一心各從其自種子而生，每一心所亦各從其自種子而生。二相分各變故。如眼識心、心所，雖同取青相，而心之青相是心自變之親相分，其與心同取青之諸心所，均是各各自變青相分。眼識如是，耳識乃至第八識皆可類推。是故心不取自心外境，諸心所亦各各不取外之境，故説心、心所實是各各獨立。是故《成論》卷一之二有云："或執離心無别心所。"此即遮撥覺天、經部等計，所以樹立其心、心所各有自體之論。無著後學與覺天等派之紛諍，固釋迦初唱五蘊時所不料也。

四、蘊論雖已分説心、心所，而未談四分義。及無著兄弟派下之唯識論，始將每一心及每一心所皆析爲四分。四分者，一相分。如眼識緣青，緣者攀援思慮義，他處準知。此青即識所變相分。據唯識俗諦義，此相分是實有質礙者。而了别此青相分者，是爲見分。又復應知，相、見二分外，須立自體分，所以者何？二分倏然各别，義不應爾，必有第三分即自體分。爲相、見二分所依故。基師《述記》云："依自體上，而起相、見，二分。如一蝸牛，變生二角。"此喻二分依自體故生，宜知其意，不可泥執譬喻也。後至護法，更立第四分，則因量論方面理論之發展所致，當别爲論。據護法師義，一眼識中，其心析爲此四分，其諸心所亦各各析爲此四分，注意諸字及各各字，心所非一故。眼識如是，耳識乃至第八皆應類推。但四分義完成於護法，奘、基二師始奉爲定論。世親派下有十師，護法其一也。十師中有只立自體分者，亦有只立相、見二分者，兹不及詳。然基師論定四分義，亦可以第四攝入第三，即只三分；又可以第三攝入見分，而與相分對待成二，即只相、見二分；又復攝相歸見，即只一分。自體分。義指不一，宜由《通釋》以探《成論》。但既破成四分，又復拼合之，如求破葉復完，終無是處。四分名目如左：

相分
見分
自體分亦名自證分
證自證分

證者，證知，自體分是能證知見分故，亦名自證分。第四分是能證知自體分故，名證自證分。

相分，約當於俗所計外境或外物。唯識不許有離心外在之物，故説爲心或心所之一分，而名相分。

四分義，如活講，亦甚有義據。如吾心緣青相時，青相是境，第一分。見分是知此境者，第二分。同時自知已知青境，第三分。即此自知之知亦復明了自知。第四分。此在心理方面説，似同時有此等層累曲折可言，但不宜剖爲各個碎片而已。故四分義宜活講，護法諸師不免析得太死，此不及詳。父親云：四分義，可變通言之。人心之功用，本有外緣、返緣兩方面。外緣之用，如見分緣相分是，亦有返緣之用，如自體分緣見分及第三、第四分互緣，皆可作返緣講。心靈作用未發達時，只有外緣，而或未能返緣。及發達至高度，則外緣之力固增，而返緣之用益以盛大。宗教家内修之虔誠與哲學家高深之體悟，皆返緣所致也。外緣屬量智，返緣屬性智，量智、性智，俱見吾父《新論·明宗章》。性智原是萬理俱備，返求之自得，量智亦依性智而有，但因馳於外緣而未免失其本。返緣深者，即超越常途所云思辨工夫而達於觀察之境。但此觀察之察字，與常途言思察或考察等意義不同，此察字義極深，爲避免誤解，不如言觀照也。返緣之極詣，即全冥外緣而入證量，此時並觀照亦不足言之。佛氏所謂内證離言，《大易》所云不言而信、存乎德行，不言，即離言説相，離分别相；而信者，自明自了，即内證之謂。此必修養極至，性智全露，而後能之，故曰存乎德行。此中有千言萬語説不得，難期一般人共喻。哲學家講知識論者，如經驗派只從人心功用之外緣方面着眼，理性派似於返緣方面有窺，然大概猶是量智思辨之詣，其與儒、佛諸哲境地恐相隔太遠。此中有無量義，吾父原欲於《量論》中闡明之，惜未及作。父親以外緣、返緣二義，改造舊師四分之論，義藴無窮。

凡陷於知識窠臼不能超拔與惑障深重之人，其返緣作用均不顯，此意難與淺夫昏子言。

有問：據無著派下唯識論，雖云八識，而每一識均分析爲心及心所。如眼識並非單純體，更析之爲心及多數心所，是眼識爲一極複雜之集合體。眼識如是，而耳識乃至第八識皆可類推。如此則每一識均如碎片結集然，何成作用？答曰：汝所解釋誠不誤，每一識確是複合體，但每一複合體中，説心是一，心所乃有多數，心以一故乃統攝多數心所而爲之主，故心亦稱心王。因此，不同機械而得顯其作用，此其立義之妙，最宜深玩。吾父云：無著派下之唯識論是融會數論、勝論二大派之思想而成立，其方法極重分析，而其談心確似物理學家分析物質，極不應理。玄奘西遊時，值此派正盛，故偏推崇之。實則一類菩薩與一意識師之主張，遠勝無著兄弟一派，惜乎玄奘師絶不介紹。自唐二千年間，言大乘有宗學者皆爲奘師所誤，此可惜也云云。不肖謹按：《新論》談心，不取析物之方法，是與一類菩薩等計較爲接近，而無知無識之徒妄謗猶不足惜，歐陽翁亦極不謂然，或因奘師傳統之故歟？

無著兄弟敵派之思想雖未傳中土，然真諦朋一意識師，基師已有是言。此外，無著派下之典籍亦偶有引述者。今人作佛教史，乃於真諦學派全不研究，只於思想無關之事跡不厭求詳，此爲現時中國人作學術史之通病，非獨佛史爲然。老云“絶學無憂”，誠憂之極也。

識論只六識，至大有説八識，末那、第七。賴耶第八。皆極深細，頗與心理學家所云下意識者相近。然其陳義至爲深廣，則又非可徑作下意識理會。但確包含有下意識之意義，則無可否認。

唯識家熏習或習氣之論，若僅限於心理學與人生論方面，誠至殊勝，亦至切近。《新論》語體本中卷談習氣處，變更無著派下種子説之體系，而義藴深遠，讀者若肯虚懷體究，當知人生渾是一團習氣。凡夫起心動念，皆習氣流行也，其下意識，即無量無邊習氣潛伏，所謂識藏是也，亦可命之曰習海。人生即在習海中飄流，無所依止，此可痛也。法人柏格森以記憶證明意識獨立，其實記憶不可消失者，正由習氣相續流之故。柏格森不曾觀察到習氣，又不悟習氣現起即名妄識，《新論》亦謂之習心。此正佛氏所謂如幻如化、如蕉葉聚而無實，未可以此證明精神獨立。必克治妄識，而自證渾然與天地萬物同體之本心，始見獨立無匹，此則柏格森氏所不悟，而《新論·明心章》之所昭示者，至爲深切。

次從宇宙論與人生論之觀點，以考核兩論異同。

藴論色、心二法平列，《新論》謂其頗似二元論，讀者或不謂然。其實《成論》已破小乘二元説，如云“或執外境，如識非無”，見《成論》卷一之二。即是主張外境與内識並有，非色、心二元乎？《述記》疏釋此處云“薩婆多等，依佛説十二處密意言教，諸部同執離心之境，如識非無”云云。按十二處即六根六境。六境如色、聲、香、味、觸等塵，六根如五浄色，皆屬五藴中色藴。據此，則小宗諸部承認離心獨在之境爲與内心俱有者，其思想實導源於釋迦最初之五藴論，蓋不容疑，孰謂《新論》是臆説乎？

五藴以色、心平列，雖可演變爲二元論，然終之以識藴，則亦可演變爲唯心論，故大有肇興，首以唯識標宗。唯識家宇宙論與人生論方面之思想，其顯異於釋迦氏最初之説者，釋迦初不談宇宙人生本源，即其最初不談本體。似只談現象。如五藴之色、心平列，實只解析色、心現象，並不究詰根源。十二處、十八界諸説，則依五藴法而另作一種編排，别無沖旨。至其十二緣生之論，不究人生真性，只依衆生類生活現象而爲解析，固與五蘊論同一用意。四諦首苦、集，仍是從現象立論。滅、道二諦可以引起後來之本體論等思想，而在釋迦當初，似未曾肯深談也。十二緣生與四諦名義，可參考《通釋》，再研《阿含》等經。父親云：滅諦惑障已盡，道諦是聖智境，自不期而證真，故釋迦成道後，謂其無窺於本體固不得。後學因之以求證本體爲究竟，如《厚嚴經》云："非不見真如，而能了諸行，皆如幻事等，雖有而非真。"非不見至此爲句。真如即本體之名。此乃後來大乘師共同之宗趣，亦非於釋迦絶無所本也。此等大問題，須別爲專篇討論。今此但以無著派下之唯識，與釋迦最初五蘊説相對照，則唯識師在宇宙論方面，特着重於本體之探窮，此與釋迦元始教義顯然殊趣，兹略論之。釋迦五蘊平列，不以色攝於識，而後來唯識説則立三能變義。三能變者，初能變是第八識，第二能變是第七識，第三能變通目前六識。因謂諸識所緣境，是諸識各自所變之相分，如此則色蘊中大種等境，便爲第八識之器界相分及前六識之塵相分。佛書言四大種及器界，實相當於俗所謂自然界或物質宇宙。五識緣塵相，意識與五識俱時亦然，故塵相通前六識。由斯諸色境，不離諸識而獨在。識爲能變，色只是識之所變。此所變色，即識之一分，所謂相分。如此則色攝於識，不得別立色識，與心平列。此其首先變更五蘊論之旨趣，所以成立唯識之論，最不可忽。唯識家雖變更色識之義，而亦未否認色法。但説爲諸識之相分，即不許説色法爲離心獨在，易言之，即不以物界爲外在世界而已。

唯識家既以色攝屬於識，而復爲諸識尋求因緣，於是建立種子，爲諸識作因緣。種子亦名功能，以其具有生生之功能，故以種子名，取喻物種，有能生力用故。此與哲學家爲萬有現象尋求第一因實同一思路。思者思唯，路者路向，思之所至，即是路向。無著《攝論》成立種子義，而首取諸外道之談本體者，如自在天及神我與自性等論，一一破斥，并遮撥無因、外因等論。無因論者即否認本體，外因論者雖許有本體，而妄計本體是離吾心而外在者。此雖印度諸外道之迷誤，而遠西哲學家談本體者亦同此失。無著遮撥此等計，誠爲卓識。然評人之失雖極精當，而自家立義究與真理相應否，則又是一問題。彼既歷破外道，而後標揭種子義，自以爲妙顯真際，無諸過患。真際即目本體。無著異母弟世親，承兄之學，盛弘唯識。其後學在梵天者，十師爲盛。傳移東土，則有玄奘、窺基師弟。種子之論，自世親以逮奘、基，研討日益精密，具詳《成論》，然大旨猶秉無著之規也。

唯識之論出，既以色法攝歸於識，又爲諸識尋求根源，遂建立種子，以爲諸識因緣，易言之，即諸識非無因而得起，實各從其自種而生。種子亦省言種，後倣此。此中各從云云，須注意。欲知其種子之爲一元或多元者，則必先究明諸識是體同用别，抑各各獨立，而後可推尋其種子説是否爲多元。此實治無著派之唯識論者，所宜首先解决之問題。余於前文已甄明無著派下諸師，與一類菩薩等主張諸識體同用别者，恰恰相反。彼不唯以八識爲各各獨立，而且於每一識又剖得極零碎。兹析言之如左。

一、每人有八識。彼本主張一切衆生，各各有八個識，今但就人言。而所謂八識者，並非八個單純體，即將每一識析爲心、心所，心是一，心所乃有多數。如一眼識，即以一心及多數心所類聚，而名爲眼識，可云眼識聚。眼識如是，耳識乃至第八賴耶識，皆可例知。每一識聚中，其心是一者，以其對於多數心所而爲統攝者，故心亦號心王。

二、每一識聚中，凡言每一者，須注意。其心是有自體而獨立者，其諸心所多數故言諸。亦各各有自體而獨立者。然則各各獨立，不將如散沙乎？曰：彼許相依俱有，且於相依俱有之中，而以一心爲多心所之主，如各行星共繞太陽，即無横决之患。更有觸心所，爲同念諸心所之聯絡員，有作意心所，爲同念諸心所之激引者。其理論極精細，可考《通釋》。[65]

三、每一識聚，僅分爲心、心所而已乎？猶未也。更於每一心分作四分，或三分，乃至二分。於每一心所亦如是。

四、在宇宙論中，四分之説可約爲三分或二分。三分者，如《成論》談能變，則云識體轉似二分。所謂識體，即通指每一心或每一心所之自體分。二分者，相分及見分。如眼識心、心所，其所緣色境即相分，其了别色境者即見分。二分均由自體分上變現爲之，不可執爲定實，故言轉似。此言轉者，變現義。相分或有形、或無形，此以有質礙者説爲有形，無質礙者爲無形。如五識之五塵相，及第八識根器相，皆有形。意識思唯某種義理時，亦必變似所思之相，此相無質礙，可名無形。又如憶念昨見之梅花，意中變似梅花之相，此相亦無形。而皆隨俗説爲實有。以自體分攝入見分，即唯二分，曰相與見。自體可以攝入見者，相唯是境，但是所緣，見是能緣，自體與見同爲能緣，故可與見攝爲一體。

五、如上所説，八個識各各析爲心、心所，再將每一心、心所又各各析爲三分，乃至相、見二分。由此可悟，所謂宇宙，只是千條萬緒之相分而已，捨此無量無邊相見分，何所謂宇宙乎？唯識家如此解析宇宙，大有義味，學者宜會意於名相之外。

六、每人有八個識，而第八識曰阿賴耶，省之賴耶。故賴耶識非衆生所共，乃是衆生各具一賴耶識，此不可忽。賴耶識之專司，即在受熏持種。持種者，謂本有無量無邊種子，皆賴耶含藏之、任持之，永不散失。受熏者，前七識起時，雖刹那即滅，然皆有餘勢續生，刹刹遷流，無有斷絶。此等餘勢，熏入賴耶，是云熏習。凡諸熏習，無窮無盡，賴耶一一受而藏之，是名受熏。即此新熏衆勢，伏賴耶中成爲新種，與本有種雜居，其功用亦不異本有種。賴耶亦號種子識，即以其含藏無量種子故。或問：賴耶亦自有種子，彼賴耶。從其自種生，如何能藏其自種？答曰：據唯識義，賴耶與其自種是同時俱有，故賴耶能持其自種，不可説種子有孤存而未生賴耶之時也。假令一切種子有孤存而未生賴耶之時，則賴耶藏種之義無可立矣。唯其所同時而有，種子是能生，賴耶是所生，能、所同時，不相離隔。故可説賴耶藏種。

賴耶藏無量種，即是萬化根源，可借用老子之言，曰“谷神不死，是謂元牝，元牝之門，是謂天地根”云云。按谷者，虚而深潛之象。神者，生生不測之稱。牝者生義，元者大義，贊其生生之盛也。王輔嗣釋谷神曰“無形無影，無逆無違，處卑不動，潛隱故云處卑，無粗動相云不動，非静止之謂。守静不衰，深潛故謂之守静，能生故云不衰。此至物也。處卑而不可名，故謂天地之根”云云。父親嘗謂輔嗣以此數語注谷神，恰似形容賴耶識。

賴耶相分有三部分：一種子，種子藏賴耶自體中而爲賴耶見分之所緣，故亦得名賴耶之相分；二根身，亦賴耶之相分；三器界，如太空諸天體，及大地或色、聲等塵，通名器界。亦賴耶之相分。

賴耶亦名根本依，前七識必以賴耶爲依故。譬如八大行星，必以太陽爲依故。

由唯識師賴耶義詳玩之，則是衆生各一宇宙，某甲與某乙實非同一天地，此中天地，即用爲宇宙之别名。而只是彼此之天地同在一處，互相類似，宛然若一而已。唯識師雖將諸識剖得零零碎碎，而有賴耶爲根本依，所以宇宙不同散沙之聚，人生不至如碎片堆集、全無主動力。此其觀想精微，確有足稱者也。但其鈎心鬥角之巧，益見其純恃意想構畫，决不與實理相應。彼雖詆外道以戲論，而彼乃如此刻畫宇宙人生，如圖繪一具機械然，毋亦未免戲論乎？《新論》出而救其失，誠非得已。

識之異名甚多，曰心、曰意、曰了别、曰現行，皆其異名也。現行一名，係對種子而言。現者，顯著義，種子者深潜沉隱，若乃種子所生之識則别有自體而爲顯著之現象界，故識亦名現行。行者，遷流義，諸識現象遷流不息，故以行言之。一切識聚可總名現行界，亦可省云現界。參考《新論》。

唯識論者既將現界破析爲各各獨立之無量細分，勝論以極微名細分，今借用此詞。唯識師將諸識聚層層破析，最後析成無量相分、見分，故現界只是無量細分。因此推求現界之因緣，所謂種子者，佛書中因緣二字，有須分别解釋者，亦有時可作複詞。今此用爲複詞。當是一一個别的物事，當是無量數之多。輕意菩薩《意業論》言“無量諸種子，其數如雨滴”，可謂善於形容。據《成論》言，種子有體類之異，復有性類之别。體類異者，如眼識聚之種唯生眼識現行，複詞。不生餘耳識等現。現行，亦省云現，後倣此。耳識聚之種唯生耳識現行，複詞。不生餘眼識等現。餘識皆可類推。尤復當知，每一識聚更析爲相、見二分時，至此復有相、見别種之論。如一眼識聚，其心、心所各各相、見，並不同種，易言之，即相、分分别有自相種，不與見分共一種生。眼識聚中各各相、見種如是，餘耳識等皆可例知。據此可見種子體類各各不同。性類别者，一切有漏種子通三性，注意一切兩字，非每一種子可通三性。有唯是善性，有唯是惡性，有唯是無記性，非善非惡，名無記。故總舉一切種，便通三性。前儒言性，有善惡混之説，大旨頗與此近。綜上所述，可見種子説者，是多元論。

已説種子通三性，尤復須知，更分有漏、無漏二性。有漏是污染義，無漏是清净義。有漏性中，分爲善、惡、無記三性，如上所説者是。無漏性者，唯是純善，與有漏善絶不同類。故前云三性，實只就有漏性説，無漏性純善，無所謂三性。據唯識論，一切衆生，其賴耶識中均是有漏、無漏兩項種子雜居，而衆生從無始來，唯染種有漏。生現，具云生起現行。净種無漏。雖寄存賴耶，若非修行至登地上，終不發現云。登地，詳《通釋》。

種子復分兩大類：曰法爾種，法爾猶然自然，[66] 不譯自然而譯音者，恐濫常途所云自然故，是義深故。亦云本有種；法爾本有，不可詰其所由始。曰新熏種，謂前七現行起時，現行即識之别名，已見前。即有餘勢熏入第八賴耶識中，成爲新種故。

談種子者，頗有三句略提其要：一、種生種，謂前種生後種，易言之，即每一種子皆是前後自類相生。譬如張人由昨活至今，實非昨日之張人延持至今也，張人昨日之故吾方死，即已續生今之新吾，是即張人前後自類相生。每一種子自類相續，義亦猶是。此即不以種子爲恒常法，所以異於梵天、神我等計。

二、種生現，現行省云現。謂種子伏藏第八識中，若遇餘緣，餘者，猶言其他。旁處用餘字者倣此。便能親生現行。現行從種生已，即有自體，别爲現界，一能一所，隱顯對待。種是能生，而潛隱賴耶識中，現是所生，而相用顯著，儼然判爲隱顯二界。蓋種生現時，而此種自體猶在賴耶識中，並非種體轉變成現也，實乃從甲生乙，甲不是乙，乃與乙相對者。不同水轉爲冰。

三、現生種，謂現行從種生已，雖不暫住，然每一現行皆有餘勢續生，熏入第八識中成爲新種，等流不息。等者，相似義。每一種子皆非恒常法，却是刹刹生滅相續、前後相似而流轉下去，故云等流。譬如故我與今我，實是等流。而此新種與本有種雜居，其功用不異本有，已如前説。

問曰：現生種似是現行正起時，即有功用別生一新種投入賴耶，何以説新種爲現行之餘勢？答曰：現行起時，並不暫住，元是刹那生滅，而當其纔生即滅時，却有一種餘勢續生，即此餘勢投入賴耶爲新種。如汝今上午起一念，頓時即滅，並非此念永佔住汝心中。然此念雖纔起即滅，而汝明日猶可憶及，則知此念在今上午纔起即滅時，已有餘勢續生，〔67〕投入下意識中，等流不息也。汝但如此體會，便可悟新熏之理。須知所謂餘勢者，正是現行纔起即滅時親生的物事，但入賴耶便名新種耳。又復須知，現行是纔生即滅的，故有功用能續生一種餘勢，等流下去。若是不生不滅的恒常法，便如殭固的死物，那有功用續生餘勢乎？此非深於化者不能知也。

種子之説甚繁，茲不及詳。《成論》文詞過於高渾簡約，學者難通。基師揉譯《成論》而別爲《述記》以釋之，用意至善。惜乎《述記》文字理路不清，每記一義，往往不詳其原委，令人無從猜度；又於修詞太不經意，揆之文理，常不可通，似是匆忙中亂着幾字。故《述記》外，復有八種大著疏釋《述記》，卷帙極繁重，非詳徵八種，《述記》不可讀也。佛家無論任何宗派，其書皆名相紛繁，理趣幽遠，譯筆又傷渾簡，故索解人頗不易。吾父嘗言：哲學之事，貴乎能窮玄而不失之渾沌，能精析而不陷於淺近。學者貴乎由淺入深，從近致遠。中國漢以後學人，合此條件者太少，故凡喜談佛法者，非怵於來世果報之事，則文人之有浮慧，而托於空教，假於玄言，藉掩其陋，聊以摇蕩肆志耳。真能窮一宗之學，而析其條流，得其統系，且會意言外，而足以鑒了其所造之域，復能超然自得，不拘於一先生之言，不囿於一方之所趨尚，悠悠千祀，何可獲斯人乎？不肖習唯識，而感於其書之難讀，聊記趨庭之所聆，亦以自勗。今日差幸有《通釋》一書，《佛家名相通釋》。治斯學者，當以此爲寶笈。是書部乙綜述《成論》，綱舉目張，博而不繁，要而不略，引申觸類，悉有據依。熟讀斯籍，而《成論》可通矣。父親自謂《通釋》寫得匆遽，猶小有差誤，待删訂再版云。

唯識師承認有現界，乃進而求其因，爰立種子，以種子爲現界之因。故其種子説，實是一種本體論。此與藴論色、心平列，只談現象、不究根源者，其思想之出發點根本不同。此等變遷之迹值得研究。或問：種爲識因，應成唯種，何名唯識？無著既破外因，見前。何爲自犯此過？曰：彼建第八賴耶識以含藏種子，如此，則種子非離心而獨在，故不爲外因，種子不離本識，故唯識義成。賴耶，亦名本識。其理論精巧，頗足快意。但有一根本錯誤，即彼已立種子，而又依教義，説真如無爲是識之實性，真如無爲，作複詞用。實性猶云本體。是則有二重本體過。《新論》彈正，至明且確。有爲之救者曰：彼本主張種、現互爲緣生，覆玩前三句中種生現及現生種義，是種與現互爲緣生。非以種爲本體也。答曰：無著當初譏評諸外道之本體論，而後揭出種子説，參考《攝論》等。其種子即本體，意義甚明，何須爲之曲辨？且彼建立本有種，而未言此本有種是真如之發用，則本種與真如本有種省云本種。豈非二重本體？雖云種、現互爲緣生，而詳玩其義，不過謂現行從本種生，而復有功用，熏生新種，使本體日益擴充增盛，本體並非定型的物事，而常伸張不已。如此説來，似亦不無意義，在彼多元之本體論亦應有此主張。所可惜者，彼又承襲真如無爲實性，致有二重之失耳。又復當知，彼立賴耶，攝持無量種子，爲萬有根源。八識聚無量相分、見分，是謂萬有，種子是其根源。不謂種子爲本體，其將何以名之？且賴耶相分有三部分，其一曰器界，器界即諸天體與大地或自然界之總名。此器界是從賴耶相分器種而生。據此，賴耶中種子明明爲天地之根，而猶曰種子非本體耶？自無著兄弟迄後學十師，乃至此土奘、基，本皆信守教義，以真如爲諸法實性，此中諸法亦云諸行，即目諸識聚或無量相、見分，亦即現界。不必有意説種子爲本體。但從其理論以玩索其思路，確是以種子爲現界根源，不謂之本體不得。大乘初興，於色、心諸行只説爲緣起，明其非實，絶不爲諸行找來源，欲令人悟諸行性空，方證真如實性，欲令至此爲句。此無二重本體過。唯識立種子爲諸行根源，顯與龍樹諸菩薩異趣。夫異趣無傷也，有二重本體之嫌，斯爲缺憾。

父親云：後人求古哲之缺甚易，了解古哲之長却甚難。凡一學派之大著，常於其從前或並世之異派有所融攝與改造，在當時爲偉大之業。及時移世易，思潮大變，視之如腐朽。實則腐朽之中，神奇寓焉，視讀書感悟如何耳。唯識論之主旨，似甚注重於對破諸外道計有是常是一之作者，如梵天、神我等，故以種子爲現界根源，取消梵天等作者。種子是生滅法，不是恒常的作者，是待衆緣而生現，現即識之別名，此識字是廣義，即通目萬有。不可視爲具有人格之一作者，能生諸行。不可至此爲句。此其遮撥作者之迷執，可謂神解卓越。人類智慧愈發展，愈益印證其論旨之無可易，則謂之萬劫常新可也。至其種、現判爲二界，無量種子爲種子界，八識聚或一切相、見分爲現行界。而於現界中則建立第八現，爲二界之總樞。此第八現，一方面爲前七現即前七識聚。作根本依，一方面爲無量種子潛存之處，第八現自種及前七現之種，均藏於第八現自體中。故是二界之總樞也。種是能生，現是所生，從無始際，能、所法爾同時俱有，非是種子先時孤立，現行後生。非是二字，一氣貫下。故種子六義中，可説種子待衆緣而生現。六義甚重要，本文未述，可考《成論》及《通釋》。試玩四緣義，除第一因緣外，餘緣皆依現行立，若不許種、現二界俱時相倚，則種子待衆緣生現之義不可成。此中理趣奥折，欲曲達之，甚費辭説，此在能悟者自悟，不悟者説亦罔濟。種是潛藏，而望現爲能生，現則顯著，而爲種之所生。所生是現象，能生是現象根源，此在本體、現象析成二界，本不應實理，而思唯之巧，亦足驚嘆。假設將種子活講，不必析成各別之粒子，又不將種、現剖爲二界，只將第八現説爲宇宙大心，説一切種是大心中具足無量勢用，《新論》談本體，所謂備萬理、含萬德、肇萬化是也。此大心，從其徧爲萬有實體而言，則有超越義，從萬物各各具有大心而言，則一一微塵皆有佛性，不須向自心外尋求超越之真宰也。如此則於大心上不得説有漏，亦非離大心外別有所謂無爲真如，而習氣則爲後起之事，下意識只是習海非真心。如《新論》所説，庶幾斬盡葛藤，如理如量。世有達者，幸深詳之。

奘師門下相傳四緣義，括以四句，深堪玩味。治斯學者，欲識綱領，不可不了此四句。但四緣義須從《通釋》入手，進研《成論》及《述記》。

- 因　　緣
  - 種生種
  - 種生現
  - 現生種
- 等無間緣
- 所 緣 緣
- 增 上 緣
  - （以上三緣）現生現

唯識論中關於識相方面之要義，此中不及述者甚多，恐繁姑略。因緣中之生，是親生義，譬如種子生芽。現生現之生，是引生義，譬如水、土、空氣、陽光等於芽，爲導引扶殖而令其滋生，是名引生，非親生之也。須分別。

境中識性及行、果諸方面，《成論》提挈綱要，學者當由此以進窺群經衆論，此中未暇涉及。父親云：加行位中，四尋思、四如實智，已超過哲學家思辨境界，不獨地上工夫爲哲學家所未有也。六經四子中談思處，義蘊深遠，明儒間有觸悟而未能闡明，王船山了解較深而亦未宏也。融會儒、佛而出以新意，是《量論》所欲作。老當衰亂，此事遂廢，可勝嘆哉！小子記此，有無限憾。

儒書中言“心之官則思”及“思曰睿”與“君子思不出其位”，注家皆不通。夫心以思爲官，則有不專倚耳目等感官之效其用，而有夐然炯然獨運之明矣。獨運，故智周萬物，而未嘗滯於物，此聖者實證之事。凡人皆有此明體，惜自爲客塵所蔽耳。睿者，大明貌，遠離虛妄分別，超過籌度境地，故謂之睿。出位者，流於虛妄分別，即心失其官，便爲出位。不出位，即圓明遍照，正與“思曰睿”同義。此理詳悉發揮，須深探《大般若》。

本文至此已結，而復略言者如左。

八識析成各片誠不必，但如善會其旨，卻極有義趣。妙闡生命秘奥者，無如八識之談。《成論》謂五識唯外門轉，五根即是生命向外追求之工具，而五識則憑依此工具以緣慮於外也。第六意識，内、外門轉，意識能獨起思搆，其攀援於外也，則窮天際地，馳逞無所不至，其返而内緣也，則理不外求，化自我出。若乃無始習氣，潛若深淵，隨機騰躍，妄相紛綸，如雲蔽日，照之失據，亡照則鬱然不知其盡，妄念憧擾時，能覺照則妄自息，妄相本無根，故云失據。若覺照不存，即常爲妄習所驅，而此一團迷妄勢力無有盡期。真生命之疣贅也。第七末那識，唯是迷執自我，根深蒂固，堅執不破，甚深復甚深。凡夫以是沉淪習海，無出拔期，智者了知無我，浩然與天地同流。第八賴耶識，含藏萬有，恒轉如流，非斷非常，無住故非常，無息故非斷。無形無象，獨立不改，絶待故云獨立，恒如其性云不改。周行不殆，借用老子語。周遍流行，無窮無盡，隨其所成，常德弗渝，何殆之有？此則生命自性如是，唯智者覿體承當，而凡愚不識也。但此中雖承用賴耶之名，而義實依於《新論》本心之説。本段文首申明善會其旨，原非據《成論》作釋，諸有智者應善思擇。

《成論》思想雖取精用弘，而得力於勝論、數論二宗者尤多。能變之旨，實融數論。八識聚或一切相、見分等，解析極細，則由勝論剖析實、德、業等之方法脱胎而出。基揉《成論》，一宗護法，無著、世親之學，至護法而完成。奘師西度，正值此派方盛，持以東來，迄今弗墜，其亦有天數歟？若夫一類菩薩與一意識師遺緒，梵天今日似久絶而難尋，奘師當年竟弗傳而妄抑，《新論》肇興，千載遥契，此固數之自然、理不可易者乎？

法相宗種子義

父親《佛家名相通釋》部甲載有法相宗古師種子義，與無著、世親派之唯識論種子義全不相同。蓋古師種子，只依諸行上假立，謂諸行自身有能生功用，雖其自身刹那生滅、不曾暫住，然其前前刹刹皆望後後剎剎爲能生因，即是前望於後而名爲種子，其後望於前即爲前所生之果。如木之一葉，其前剎之葉生已不住，而當其生時，即有功用，能令後剎葉續生，即是前剎葉望於後剎葉而名爲種子。一葉如是，千萬葉各各皆然。故古學種子非離諸行有別自體另藏賴耶識中，如無著、世親派之唯識論所云也。非離二字，至此爲句。《十力語要初續》亦有與人書談及此。父親每謂無著、世親派之唯識論，變更法相古師之種子義，實弄巧成拙。法相宗即有宗之別名。唯識論可説爲法相宗之一支。不肖謹《成論述記》卷十八第二七頁，謂經部師主張“色心中諸功能用即名種子，前生後滅，此云前生後滅，約一剎那頃而言，不可誤計爲前剎生已而住，後剎方滅也。凡法於一剎頃纔生即滅，遂於其方生假説爲前，於其方滅假名爲後，故前生後滅皆約一剎頃言。初一剎是前生後滅，次一剎新生續前，亦纔生即滅，第三剎新生續前，亦不暫住，復如次剎，四剎以往皆準知。故每一剎那皆前生後滅。如大乘等，爲因果性，相續不斷”云云。經部以每一色法或每一念心法，皆前望後而名種子，即名因，後望於前，即爲其前所生之果，以此成立因果，説諸行相續不斷，亦如大乘。據此，則法相古義似是經部義。父親謂法相宗是大乘，經部是小乘，二家持論有相同處。

閱張稷若學案

張蒿庵，字稷若，明季大儒也，與顧亭林爲講學友。所著《儀禮鄭注句讀》一書，亭林特重之，嘗曰：“獨精三禮，卓然經師，吾不如張稷若。”又曰“炎武年過五十，乃知不學禮無以立。濟陽張稷若作《儀禮鄭注句讀》，根本先儒，立言簡當，以其人不求聞達，故無當世名，然書實可傳”云云。又著《周易説略》四卷，《春秋傳議》四卷，《蒿庵集》三卷，《蒿庵閒話》三卷。余思徧讀其書，而喪亂流離，不果所願。今偶閱其學案，復承父親指示，感發甚多，今略記大要云：蒿庵實思想家也，而其精力多耗於經師考核之業，甚可惜！蒿庵《學言》衡論漢以後各派思想有云：“綜核之説，可除蒙蔽，其病必至苛察。此評漢以來法家也，漢宣帝、明帝、張江陵皆苛察。權謀之説，可開昏塞，其失必爲機詐。漢文帝與蜀昭烈、諸葛武侯皆參用權謀，而不至失之機詐，由有儒學以端其本。文帝心契賈生，賈生儒學也。昭烈、武侯皆深於儒。曠達之説，可破拘攣，必至敗名檢。莊生之學，其流失必至此，魏晉人是也。清净之説，可息囂競，必至廢人事。道家者流如陳希夷、譚峭、鄧牧諸公，皆思想家也，而皆果於遺世。報應之説，可以勸善懲惡，必至覬倖而矯誣。顏之推《家訓·歸心篇》深信佛家報應説，其覬倖來生福利之情，與所述諸神異事，陷於矯誣而不自覺。今之皈佛者皆然。但之推實不爲惡，而今之人則作惡無已，却因怵於報應，乃以皈佛奉僧圖解免。其覬倖矯誣，當亦佛之所深惡也。緣業之説，可以寬忿寡怨，必至疏骨肉而怠修爲。深信業緣之説，則天屬之愛易弛，僧徒以此棄人倫。凡事悉由夙業，則自修易懈，尤其對社會、政治諸大問題每不措意。此與報應之説，皆佛教流弊。養生之説，可拯殉欲之害而已，必至貪天而違命。貪天者不祥，此等人形榦雖存，實爲廢物。”詳上所論列，綜核、權謀二種思想，屬法家、縱横家之遺，漢已來事功之徒固用其術，不肖者更以角逐于權利之途。曠達、清净二種思想，老、莊之遺，凡詩文家所謂名士或大夫階級鮮不由此。報應、緣業二種思想，佛教之遺，民間頗普遍，公卿與名士信者亦多。養生則道家枝流餘裔，亦盛於民間。蒿庵考察中國社會思想可謂詳悉。漢以後之中國人，其智、德、力各方面日以低落，鮮有涫德碩行，鮮有高深理想，鮮有偉大氣魄。東京以來二千餘年間，常爲夷狄與盜賊交相宰割之局，非天數也，中國人自造之悲運也。觀蒿庵所論列，中國社會流行之各派思想，即在閉關時代已是長劫委靡，况當西洋文化侵入，其何可支歟？蒿庵經儒也，其糾正各派而欲歸之儒家，用意甚是。然蒿庵雖傑出，究不能不爲二千餘年來漢學、宋學之所囿蔽，儒學之真，蒿庵究未窺也。枝枝節節處，蒿庵所深造自得者固不少，而源頭未清，則枝節之得力處終不能盡是也。儒者之學，内聖外王，包絡天地，所謂廣大悉備也。漢學考據之業，只於經籍中注意名物度數之訓釋，其於聖學王道之大全，茫然不知過問也。又自漢世承秦帝制之局，常以禄利誘儒生，使之安於瑣碎，而不暇玩心高明，其疏釋經訓，則一以隨順帝制爲主。綜群儒經注，其訓釋雖繁，撮舉大義，不過以三綱五常爲作人之寶訓。故凡君德、臣道，士大夫修身、行己、進退、出處、交遊、取予之節，皆其所隨處申説者。六經大義，果如是而已乎？三綱定而君權不可摇，以言乎倫理，則人只有服從君上之威權，長爲奴隸。父子之倫誠不可忽，然子之孝於其親，在養志怡情，而子之思想與行動，爲父者固不當一切束之也。妻之言齊也，經訓未嘗重男輕女，後儒便失此義。若夫言君德，而不思君人者不必有德則如之何，則民群不務自治，不求自主，而唯仰一人有德以臨乎上，恐堯、舜常生，亦難爲治。《帝典》載君臣之際如手足誼，《易》稱湯、武革命，順天應人，未嘗尊主而卑臣也。荀子言臣民如遇無道之君，則殺然後義、奪然後仁、上下易位然後貞，此與孟子同旨。後儒全失斯意，故莽、操之才遇昏庸主，而當儒生曲解經旨成爲風尚，乃不得不用極卑污陰險之術以篡帝位，而圖避天下後世之譏。自是政治之途，日習於污賤。君之得位，其情不可昭示於人。臣之事君，唯習於奴隸道德，而不求理之當否。二千餘年來，夷狄、盜賊乘機而竊大柄者，正利用此污習，豈不悲哉？士大夫修己之道，漢以來講者，要不外獨善其身四字。《論語》己立立人、己達達人，《中庸》成己成物，由、求諸子皆志乎爲邦，孟子有兼善天下之願，經師考核之業，於此漠然無所觸。宋、明諸大師深窮道體，高言爲天地立心、爲生民立命，然只見得道理當如是，而其爲學以主静涵養爲務，畢竟静存此理於己，却無形將天下國家悉遺之身外。《大易》參贊化育、裁成天地、輔相萬物與《中庸》位育等勝義，諸師只誦説經訓而已，實未嘗身體之以見於行動。西洋人對學術思想與政治、社會種種大改革之精神，足使天地翻新、宇宙變質，反與吾六經之道有合。聖人成己必成物，正爲成物所以成己。宋、明諸師畢竟成得一己，而遺天地萬物，所成之己非大己也。諸師力辨王伯義利，現代西洋思想實應以此爲對治。然其視君權爲不易之常經，而於悟解上雖云家、國、天下皆與吾身同體，但以事功爲末，即無形以治平之業屏諸修身以外，終不能擴大集體生活。故其王伯之略，徒寄望於君相，義利之分，只堪律己，未能以此等大義，實施於人群相生相養之一切度制憲紀之間。余平生嘆宋學拘礙，非苛論也。諸師修己之道，只成小己，而未能備天地萬物爲大己，故其嚴進退、出處、交遊、取予之節，只一身不同流合污而已。千言萬語，不外此旨。此固不容非難，但義止于此，便成個人主義，將與天地萬物隔絶，無裁成輔相之功。大己已病，而小己何安之有？若夫愛智求真，哲學與科學所探窮之對象不必同，而基於愛智及求真之精神則一。孔子學不厭，愛智也；孟子曰思誠，求真也。明物察倫，以其所真知明見求群衆共喻，而相與改造宇宙，即知見起行動，即行動證知見，此云證者，證實義。其知見不限於自得。不限二字，吃緊。若謂知見所及，可期一般人全喻，是又太淺於窺理也。仁智淺深，隨人所了，不期其全與吾同證，此云證者，知義。但總期一般人皆於此理有所得，要不可以獨得自封，故云不限。其行動先群衆而與爲一體，先，謂以身先之。此聖人所以成其人己也。孔子願天下老者安之、少者懷之，安與懷有無量事爲，非虛願而已，席不暇暖，夫豈無故？事爲之能就與否，是別一問題，其不捨事爲之精神，終古與天地萬物相流通，不容以近效相責也。孔子許由、求、赤皆有爲邦之志，而朱子《集注》乃謂二三子規規於事爲之末，明與聖意相左。此不唯朱子一人之誤，宋明理學家大概同此態度。諸儒之學，唯務涵養本原，而不免卑視事爲，以與群衆隔絶，即不能備天地萬物而完成大己，此與宣聖及孟、孫諸子精神均不似，善學者超然鑒觀之自見。宋學家有反己工夫，是與漢學根本異處。漢學家在帝制思想下訓釋經文，其投合世主而自以爲不謬於經者，宋學諸儒則一切承之，甚或變本加厲。孫復愚陋，誤以尊王説《春秋》，宋學家始終奉爲寶訓，夷與盜之帝者，得利用之以魚肉夏人。參考《讀經示要》。宋學承漢，而弊益甚，孫復之罪，不容末減。綜觀漢、宋群儒，孔氏六經亡失將三千年而不可覩其真，須參考《讀經示要》。漢以後社會流行思想，非獨蒿庵所舉法家與老莊、佛氏末流爲病而已，儒學早失其源，蒿庵蓋未之察也。然復當知，漢學雖於六經之底蘊與宏指少所探究，然經師篤實者，就其知解所及，頗能於經義中取其有關於修身與經世之大訓者，講明實踐，成爲風尚，社會賴以維繫，人道猶有所存。唯其所講明者，常有滯於一節而失其會通，便成弊害。如漢、宋諸儒，對於“天下有道則見，無道則隱”與“用之則行，舍之則藏”諸語極力弘揚，而不悟此爲一時感嘆之詞。至於“見義不爲，無勇也”，“吾非斯人之徒與而誰與？天下有道，丘不與易也”，“公山弗擾以費畔，子欲往”，“佛肸召，子欲往”，《十力語要》卷二謂春秋時大夫專政，公山、佛肸皆大夫宰臣，實農奴之長也。其叛大夫時，如真能爲農民謀公益，夫子必决往以參加農民革命之業。而卒未往者，必公山等之所爲反其所期也。此等宏願大勇，諸儒竟無所感發。二千餘年士大夫讀《論語》至此等語句，常若熟視無覩。余謂諸儒受帝制思想之影響，説經悉失本旨，此爲一例。若從多方面衡之，將不可勝説也。然而諸儒不苟合之精神，亦於世道有所濟，視晚世貪淫無耻、助桀爲虐以禍生人者，其相去奚止天壤乎？宋學諸儒玩心高明，篤實踐履，確承聖賢血脈。其差失處當予彈正，其得力處不可輕毁，其未至處當思擴充。宋學屢經變化，詳《讀經示要》。至晚明諸子如船山、亭林、習齋、二曲、梨洲諸老，庶幾上追晚周諸子之規，下足以吸納西洋科學與民主思想，而矯其功利與攘奪之弊。惜哉閻、若璩。胡、渭。惠、棟。戴震。之徒，以考據之業，猥托漢學，媚事東胡，斬絶晚明新宋學之緒，錮蔽頽靡，以迄於兹。西化東漸，而吾人自無根底，遂不堪抉擇外化，以供吾之融和創造，種種剽竊，彌失其據，生吞活剥，終成乖亂。國民黨秉政之結果，其失敗且甚於北洋。文化破産，精神破産，日甚一日。不得純委之外力，吾人當自反也。稍前於晚明諸子者，有海忠介，其經濟思想原本經義，爲縣官時，實行均田政策，擅令貧民奪富人田，爲之區分妥當，人各安業，無相侵害。華亭徐相國家之田亦被奪，其家屬莫敢抗也。使明季天下郡縣多得如海公者爲政，張、李之亂不作，東胡何自而入乎？儒學未明，儒風未振，故事事無與支也。今當闡明真儒學，由晚明新宋學以上追孔門，此其時矣，不可更自伐也。余因蒿庵衡論過去社會各種思想之弊，而未涉及儒學得失，傷時閔亂，有感於懷，故言之不覺蔓延云爾。上來直述吾父口説，記録有未暢者，頗承改正。

蒿庵《與亭林書》有云：“在愚見又有欲質者，性命之理，夫子固未嘗輕以示人，其所與門弟子詳言而諄復者，何一非性命之顯設散見者歟？苟於博學有耻，真實踐履，自當因標見本，合散知總，心性天命將有不待言而庶幾一遇者。故性命之理騰説不可也，未始不可默喻；侈於人不可也，未始不可驗諸已；强探力索於一日不可也，未始不可優裕漸漬、以俟自悟。如謂於學人分上了無交涉，是將格盡天下之理，而反遺身内之理也。恐其知有所未至，則行亦有所未盡，將令異學之直指本體，反得誇耀所長，誘吾黨以去。此又留心世教者之所當慮也。”父親謂此段大意甚好，但以直指本體歸之異端，則孔子以求仁教學者，非異端歟？仁非本體乎？《新論》語體本《明心章》發明仁體，足正漢、宋以來注《論語》者之失。蒿庵《中庸論》謂，言《中庸》者宜指名其物，此意極是。但其物爲何，蒿庵則以禮當之。夫禮者，一切典則之總稱耳。典則無定體也，隨時而制其宜也，於此言《中庸》，將以何爲準歟？蒿庵固云本之誠明以立事。此誠此明，即主乎吾身之本心也，是所謂性也、命也。以真體之流行言，則曰命。以其爲吾人所以生之理，則曰性。以其主乎吾身，則曰心。名三而實一也，非本體而何？此等處未可全反宋學。但宋學談本體而偏溺虚寂，則不得無病，是當矯正耳。

邵子觀物

偶閲邵子《觀物篇》，略録其精粹之言云：“氣一而已，主之者神也。神亦一而已，乘氣而變化，能出入于有無死生之間，無方而不測者也。”此段語，父親謂恐判神、氣爲二，便成大謬，須深玩《新論》體用及于用上分翕闢之義，方知康節根本未澈在。邵子有云：“時然後言，乃應變而言，言不在我也。”又云：“天之神，棲于日者是，案，此天字，謂彼蒼者是。人之神，發于目。人之神，寤則棲心，案，此心字，謂心臟，古醫家言如是，今謂當指大腦言。寐則棲腎，所以象天也，晝夜之道也。”又云：“能循天理動者，造化在我也。”又云：“學不際天人，不足以謂之學。”又云：“人必内重，内重則外輕。苟内輕，必外重，好利好名，無所不至。”又云：“金須百鍊然後精，人亦如此。”又曰：“學不至于樂，不可謂之學。”又曰：“人之神，則天地之神。人之自欺，所以欺天地，可不慎哉！”

讀胡石莊學案

胡承諾，號石莊，湖北天門人。明崇禎舉人。入清，謁選吏部，以老丐歸，閉户不出，窮年誦讀。所著書，最重要者《繹志》六十一篇。當時稱其學之所造，遠過顧亭林，至今言明季諸子者，猶盛稱石莊。北平及浙江圖書館，尚存《繹志》一書。《繹志》之目：《志學》第一，《明道》第二，《立德》第三，《養心》第四，《修身》第五，《言行》第六，《成務》第七，《辨惑》第八，《聖王》第九，《睿學》第十，《至治》第十一，《治本》第十二，《任賢》第十三，《去邪》第十四，《大臣》第十五，《名臣》第十六，《諫諍》第十七，《功載》第十八，《吏治》第十九，《選舉》第二十，《朋黨》第二十一，《辨姦》第二十二，《教化》第二十三，《愛養》第二十四，《税租》第二十五，《雜賦》第二十六，《導引》第二十七，《敕法》第二十八，《治盜》第二十九，《三禮》第三十，《古制》第三十一，《建置》第三十二，《祲祥》第三十三，《兵略》第三十四，《軍政》第三十五，《武備》第三十六，《名將》第三十七，《興亡》第三十八，《凡事》第三十九，《立教》第四十，《論交》第四十一，《人道》第四十二，《出處》第四十三，《取與》第四十四，《慎動》第四十五，《庸行》第四十六，《父兄》第四十七，《宗族》第四十八，《夫婦》第四十九，《祀先》第五十，《奉身》第五十一，《養生》第五十二，《經學》第五十三，《史學》第五十四，《著述》第五十五，《文章》第五十六，《雜説》第五十七，《兼採》第五十八，《尚論》第五十九，《廣徵》第六十，《自叙》第六十一。父親以石莊先生爲吾鄂先賢，命不肖讀此書，因請示其大旨。父親曰：汝作類書讀之，皆佳言也，視爲學術界之專著，斯無當焉。稍有識者，審厥品目，便知其如雜貨店然。其各目之分，亦多無精嚴義界，譬如里巷人語、米鹽布帛、鷄犬魚蔬、一切雜談，凡類書性質自如此，而學術界之著作斷無有如是者。學術著作必於廣大無涯之學術界中有其範圍，有其根本問題所在，其思想千條萬緒，必有根據、有體系、有宗要。如程、朱、陸、王諸大師語録，一覽而知爲哲學家言。顧亭林《日知録》，一覽而知爲政治思想之結晶。此書用讀書録之體式，甚不易看，須詳《讀經示要》第二講談宋學處。吾舉此二例，汝細心體究之，當可辨識學術性質，不爲古今俗書所眩，而自己爲學，亦知所用力矣。石莊先生此書，謂其每篇文字皆出自讀書之餘，反己體認，不爲浮語，則誠然也。謂其有所創發，足爲一家之言，余無可妄許。先生成就爲甚如此？想天資不甚高，亦未肯虚心求師友，果於自負，雖埋頭苦讀，終不得超越世儒彙輯典制與故訓之見地。此亦可爲後生鑒戒。余少年時，見梁任公談晚明諸子，推尊石莊甚至，中心向往。後來自家有進，才知任公短識。昨徐復觀因昔者吾郡老輩曾欲宣揚《繹志》一書，亦以爲問。余曰：作類書讀，甚有價值，《繹志叙》有云“空疏之極，必生迷惑，迷惑之極，至於反悖”，此語極切實，汝曹謹識之。然余有大不滿於石莊者，入清謁選吏部，雖丐老而歸，終虧大節。不肖謹案：父親《繹志》之評，永爲定論。然石莊先生終身枯槁，好學不倦，謁選一事，似可諒也。

賴耶與下意識

父親嘗言：古今中外之大思想家，雖時代懸隔，環境殊異，各自見地不必同，而其用思推理，亦必有期而然之相似處。蓋人類之思維，自有其共同之軌範。佛家所云衆同分，甚可玩。事物之演變，循乎自然之法則，吾人格物，不容妄臆，必如量而知。又曰：學問之事，若能於根源處體認透徹，自己先有正知正見，則縱覽各家派之學説，自能觀其會通，辨其淺深偏正，而非可膠滯於語言文字中，妄諍異同也。又曰：哲學中最富于想像力者，莫如印度佛家。余獨惜其空想、幻想處頗多，未可全信。然其究極玄微，解析妄相，大無不窮，細無不入，深之不測其底，高之莫探其極，確非小智浮慧者所能悟入。又曰：佛書中亦有許多思想，與西洋哲學及近世心理學相似處。如大乘之賴耶識、小乘上座部之細意識，或名細心。與心理學之下意識頗有相似處。相似之言，簡非全同。人生在實際生活中，欲望極複雜，如生存欲、男女欲、權力欲等等，形容不盡。凡諸無饜之欲，常求逞而不得遂者，即潛伏而爲下意識中種種潛勢力，乘機思躍。大乘唯識所謂習氣或種子，本説爲心物諸現象生起之因，即有宇宙論上爲現象界尋求根源之意義，似與心理學上所謂慾望潛伏而思逞的勢力不同。但如勿拘名言之迹，而推其思想之來路，大乘菩薩何以説心起時即有功用，能續生一種餘勢，所謂習氣，即此投入賴耶中，名爲種子？大乘此等思想，實由深切反觀到心理學上所謂下意識，其中伏藏無量潛勢力，因此談習氣而搆成宇宙論中之種子説。吾人如將習氣與種子等意義活講，以之應用於心理學，亦可説爲伏藏於下意識中種種被壓抑的欲望等潛勢力、常待機騰躍者。大乘説賴耶深細不可知，正與下意識深潛、常爲吾人所不自覺者相似。上座部之細意識，亦可準知。

種子古義與無著世親唯識義

無著、世親之種子説，蓋以宇宙萬象，紛紜錯雜，條緒萬端，如是衆象，决非無因而生故，欲覓其根源，遂建立種子。佛氏雖以真如爲萬物本體，但止説爲恒常、寂静，而無流行生長之用。基師《成論述記》卷十八第二十頁，破有部等執過去、未來是有自體，大乘時間是假法，無自體，有部等不然。而立量云："汝去來法，應是無爲，宗。許有法體，無作用故，因。如無爲法。此喻也，無爲即真如之異名。真如是有體法而無作用，故以爲喻。"蓋佛氏之生滅法，方有能生勢用。其言真如，則云是恒常法，不生不滅。故雖説爲萬法之實性，即萬物之本體。而終不肯説由真如現起爲色心萬象，彼計真如無有作用故。此實佛家理論之不可通處。真如既不能爲萬物生源，故須别立種子，以説明宇宙萬象之來由，乃取喻於自然界之穀禾等，皆有種子爲因，而推想宇宙亦從種子故起，由是成立種子説，而未計及種子與真如成爲兩重本體。《新論》彈正其失，誠千載暗室之孤燈也。詳《新論》語體本中卷及《通釋》。然法相家古師言種子者，只依諸行本身上有能生之勢用而假説種子義，並不謂種子有實自體。參考《佛家名相通釋》部甲。小乘經部等言色心持種，其種子義亦與古師相近。及至無著、世親唯識之説盛行，其種子義乃演變爲有實自體，潛藏在賴耶識中，而爲賴耶所緣之相分，種子與其所生之現行法，現行法，即心的現象與物的現象，所謂宇宙萬象。各有自體，此即顯然將宇宙剖分爲潛隱種界。與顯現現界。兩種世界，而種子遂有本體的意義。此實無著唯識派之一大缺失。然繼世親《三十頌》而起之十大論師，其主張似不一致，如安慧立義，則與護法有別。《成論述記》卷二十七叙安慧義有云："種子是現識功能，現識是複詞，識亦名現行，詳《述記》及《通釋》。非實有物，言非離現識而實有物名爲種子也。體是假有。"種子但依現識上有能生功用而假説之，故云假有。據此所述，安慧義頗與古師之種子義相近。惜窺基揉譯《成論》，獨宗護法，餘師之意，每附帶提及，大部則被遺棄，致令後學無從深悉，斯足憾也。復次安慧言識自體，亦不曾分爲二分、三分等，只言識體非無，依他性攝，後基師則指其爲自證分。此乃據護法等義以爲之名，並非安慧已有此名也。安慧大概近古師，殊不似護法之分析刻劃太甚。《述記》卷二記安慧義有曰："由識自體，虚妄習故，不如實故，或有執故，無明俱故，轉似二分。"據此，則安慧本不謂識體上有内、外或能、所之分，凡情計有内心、外物或能緣、所緣，只是無明妄習忽然執有内外、能所等相，非理實然也。護法等所立相、見二分，實已隨順凡情，雖本不直説相分爲外物，而確有外物之意義。又且以見分爲依自體分上而起之一種能緣用，而不即是自體分，此見與相兩相對待，同依識體現起，如一蝸牛變起二角，《述記》引此喻。即識體上固有内外、能所等相，非由凡情妄執所致。余竊不敢許護法等之説有符於實理，諸有智者，脱然超悟，當知安慧無實二分，最有冲旨。

先儒禪境

宋、明諸師皆從禪家轉手，或諱之而不言，亦間有載其事者。如陸象山之於楊慈湖，舉四端以發明本心。慈湖當下忽覺此心澄然清明，亟問曰：止於斯耶？象山曰：更有何也？於徐仲誠，令其思孟子“萬物皆備於我，反身而誠，樂莫大焉”。仲誠處槐堂一月，有悟，問之，云如鏡中觀花。象山謂其善自述，因與説云：此事不在他求，只在自己身上。仲誠因問：《中庸》以何爲要語？答曰：我與爾説内，爾只管説外。詹子南安坐冥目，半月操存，一日下樓，忽見此心澄瑩中立者，象山目逆而視之曰：此理已顯也。又慈湖在太學循理齋，夜憶先訓，默自返觀，已覺天地萬物通爲一體。王陽明在龍場，日夜端居，默坐澄心静慮，以求諸静一之中。一夕大悟，汗出，踴躍若狂。陳白沙静坐，久之，見此心之體隱然呈露。錢緒山静坐僧房，凝神静慮，倏見此心真體。蔣道林寺中静坐半年，一旦忽覺此心洞然，宇宙渾屬一身。羅念庵坐石蓮洞中有悟，恍惚大汗，灑然自得。羅近溪一日忽悟，心甚痛快，直趨父榻前陳之，其父亦起舞。清人陳拙夫深山静坐月餘，忽見此心光明洞徹，與天地萬物爲一體，一矜持便了不可見。宋、明儒此等故事甚多，未及詳徵徧舉。凡反對此等境界者，則謂其識取靈覺之心以爲至道，同乎禪師之妄，因舉以問父親。承誨曰：此等境界必於静中得之。静則妄念伏除，而本來靈覺之心呈露，謂此非道體固不得，徹乎此者，何可謂之妄？此理非禪師所獨有，儒者不見此理，非俗儒則鈍根耳。真儒皆深透此理，但其從入之功不必與禪師同，一旦澈悟心體，亦不以此爲妙境，更須大有致力處。如顏子之仰彌高、鑽彌堅、瞻之在前、忽焉在後與欲從末由云云，仰、鑽個甚麼？高、堅是甚物事？欲從莫由者是甚物事？夫至真之極，萬化之源，不謂之高不得也。是爲萬物主，亦即主乎吾身，炯然大明，私欲不得而干，不謂之堅不得也。無在無不在，故瞻前忽後，欲從而莫由也。鑽即鞭辟近裏工夫，仰即朱子釋《大學》“顧諟明命”處，所謂常自在之是也。此義甚深，凡夫不喻。武侯云“揭然有所存”，亦與仰之同旨。顏子此種境地，宗門大德最高之詣不過如此。今謂後儒識得心體，便同禪師之妄，然則開妄之端者，不遠在顏子乎？須知，儒與禪同一求識心體，而有判若天淵者。禪家是佛氏出世法，始終以悟得靈覺爲究竟。吾儒非不徹悟此靈覺，而要在視、聽、言、動之際與家國、天下之間，[68]或天地萬物酬酢處，極盡吾心之全體大用。此心條理萬端，與至誠生物不容已處，固無往不是靈覺，然工夫當在倫物之地，保任此靈覺而擴充之，如顏子非禮勿視、聽、言、動及爲邦之問，方見靈覺中萬理、萬化、萬物皆備之實，與油然沛然不容已之幾。孟子稱禹、稷、顏回同道，非真知儒門骨髓者不能知。孟子示人以靈覺，便指乍見孺子入井時怵惕惻隱之心，此是聖學血脈，千萬不容輕心作解。禪家作用見性，其所謂作用，便與顏、孟作用處絕不同。非禮勿視、聽等，與見孺子入井之惻隱，亦是作用見性，但此作用與禪師所指之幾不同，詳下文。如因裴休之不悟，而於其退出時忽大聲喚裴休，休即應聲曰諾，既諾已，即使大悟。休聞聲即諾，此時聞覺正是作用。此等作用現起時，元是天真自然之動，未雜入推想等，未作若何擬議，故休於諾已，便悟得此靈覺之心即是真性，非假安排，不由後起。是即禪師作用見性之一例。凡禪師家開示作用見性，雖隨機多術，而大旨不外此例。禪師識取視、聽等作用雖是靈覺，然以較之顏子四勿，其於視、聽、言、動之際，明於禮非禮之辨，而視、聽等作用自有不踰之矩。孟子指乍見孺子入井之心，自有同體之仁行乎不容已，此等處識取作用，方是涵萬理、肇萬化、備萬物，而於流行中有主宰之靈覺，於此等作用而言見性，方是真性。若泛取乍見乍聞之一覺、不由籌度擬議者，即謂之靈覺，便於此言作用見性，吾恐終是浮光掠影之見，未克盡此心之全體大用，即不可言見性也。儒者所云盡心盡性之一盡字甚吃緊。必任此心充塞流行於萬事萬物，而肇其化、通其變，全體大用畢現，無一毫虧蔽，是謂盡心，是謂盡性，是謂官天地、府萬物。若異乎吾儒之學，而以聞喚隨諾之靈覺，認爲靈光獨耀、迥脱根塵，以是爲道，吾懼夫莠之亂苗、紫之亂朱也。程、朱諸老先生雖於佛家教理無研究，而於禪法確曾用過工夫，故其闢禪而終反之儒，自有真實見地。

從來議程、朱者，其智既不足知此，復不肯虚心求其所以，乃謂陽儒陰釋，豈非至愚而無忌憚乎？廖子晦遊朱子之門，嘗極力尋研於日用事上，見所謂廣大虚静者，以爲大本。又閒居默坐，見所謂充周而洞達者，萬物在其中，各各呈露。而朱子以爲用心太過，思慮泯絶，恍惚之間，瞥見心性之影象，與聖賢真實知見、端的踐履、徹上徹下一以貫之之學，不可同年而語。朱子戒子晦語極精切。象山禪味較重，宜朱子之不與也。禪家不離靈覺而覓心體，儒者亦何曾捨得靈覺？但不以空靈爲依據，而必於倫物之交，求所謂始物之仁或通感之理而克盡之，如朱子所云端的踐履、徹上徹下一以貫之者，斯爲盡心盡性之學。禪師之靈覺，畢竟是空靈光景，吾儒之外道也。善學者反身參驗，較其得失，自無歧途之誤。若屏絶禪法而不究，亦異乎詩人資助他山之道，吾弗取也。父親之訓，謹録如上。不肖昔讀四子書無所得，今乃稍有悟。

郭善鄰

商邱郭善鄰，號春山。吾父稱其鄉居爲講會，頗有化民善俗之意。所爲《己説》一文，於性道頗有體驗。惜其天資不高，聞見寡陋，思想多錮於流俗。如門人舉於鄉，而贈序以勗之，且頌揚聖主，不悟其所謂聖主者，乃蹂躪神州之胡虜也。然善鄰直是無師友啓迪。陸隴其少時交吕晚村，頗聞民族大義，而終欲仕虜，真熱中小人也、胡奴也。湯斌尤狡獪。遊於孫夏峰以沽名，則尊陽明。及與僞宗程、朱者往還，則又隨之詆陽明。仕胡而貴顯，真鳥獸也。此二虜者，皆從祀孔廟。清世士習卑賤鄙陋，於此可見。

陳白沙先生紀念

陳應耀先生函吾父云：去年戊子。爲白沙先生五百二十年紀念，擬出一紀念集，請爲一文。吾父體氣不佳，授意不肖代爲寫出如左。

五月二十七日惠書，昨始由黄艮庸帶至鄉間。力于三十五年即有依艮庸終老南海之約，因年力已衰，又素患神經衰弱，冬不可衣裘與向火，故有來此作終焉之計。昔人言弱不勝衣，蓋非虚語。《朱子集》中有告來賓之文，言衰病不堪束帶，蓋其平生耗腦血過甚，亦神經衰弱之象也。力來此忽忽踰半年，頗不耐熱悶潮濕之苦。春間屢欲往滬，而滬友皆以戰事難免爲阻，故尚滯此間。入夏以來，恒覺熱悶，令人疲困，不得斂其氣而凝其神，用思不能，觀書亦不得。艮庸家距廣州四十餘里，力昨抵廣，即徑赴其家，未入城一次，鄉居言語多不通。艮庸教於中大，不便常聚。吾日危坐一樓，如老僧入定，雖雜念似伏，而藏識海中無量染種潛滋暗長，未易奏廓清之功，慚愧無已。兼以氣候苦人，此心每爲境緣所逼，不獲自在。平生修學，到老不脱凡夫，誠自憾也！承命爲白沙先生五百二十年誕辰紀念集寫一文字，論理論情，皆當竭盡心力而爲之。但文字本于神思，神思發于興會，興會不至，則神鬱而思滯，雖欲寫一小文，不可得也。此時此地，興會索然，實無可寫文字。唯因來命，觸及少時讀《白沙先生遺集》，其感發處猶可略憶，敬爲先生陳之如左。

余讀白沙先生書，約在十六七歲時。當時受感最大最深者，首在《禽獸説》。其文如左：

> 人具七尺之軀，除了此心此理，便無可貴，渾是一包膿血裹一大塊骨頭。飢能食，渴能飲，能著衣服，能行淫欲。貧賤而思富貴，富貴而貪權勢，忿而争，憂而悲，窮則濫，樂則淫。凡百所爲，一任血氣，老死而後已，則命之曰“禽獸”可也。

余乍讀此文，忽起無限興奮，恍如身躍虚空，神遊八極，其驚喜若狂，無可言擬。當時頓悟血氣之軀非我也，只此心此理方是真我。血氣一團，宛然成藐小之物，而此心此理，則周遍乎一切物之中，無定在而無所不在，是夐然絶待也。人生任血氣用事，即執藐小之物爲自我，其飢食、渴飲乃至窮濫、樂淫，一切與禽獸不異，此其人雖名之曰人，實乃禽獸也。若能超脱血氣之藐小物，而自識至大無匹之真我，則烱然獨靈，脱然離繫，飢食、渴飲、著衣、居室，皆有則而不亂、循理而不溺，不溺謂無貪着。乃至貧賤不移、富貴不淫，浩然大自在，此乃《易》之所謂大人。大人與天合德，即人即天也。天者，真我，非超越乎吾人與萬物而獨在，如宗教家所謂神也。非字至此爲句。

余因白沙《禽獸説》，頓悟吾生之真，而深惜無始時來，一切衆生，都不自覺。余曾以此説示人，似皆視爲平常語句，無復感觸，乃嘆衆生陷溺之深，雖仲尼、釋迦出世，亦救他不得也。余嘗語一友云：汝之此身，渾是一包膿血裹一大塊骨頭，白沙已説得明白。吾更進一言，汝之骨頭、膿血，息息變换，常由陽光、空氣、水火與動植等食料和集轉變，幻似七尺之形。此形確爾如露、如電、如陽焰、如芭蕉、如聚沫，一切無實。而汝乃的的確確有虚靈明覺，備萬理、含萬德之無盡寶藏。如汝初出母胎，啯地一聲，此一聲似已表示其對人間世有無限悲感。此感不可知其所從來，浸假而表現其對父母之愛。漸有敬長、親仁、信友、汎愛衆以至爲國家安危與民群休戚而不惜犧牲一己，其道德之崇高如此。又自日用知識逐漸推廣演進，至於哲學上廣大幽玄之理境，科學上精微奇異之發見，乃至政治社會各方面之創造，凡諸知識與智慧之神用不測，皆不可説爲從無而生有。余所謂人生本有虚靈明覺而備萬理、含萬德之無盡寶藏者，此爲確不容疑之事。白沙所云此心此理，即指此無盡寶藏而言。吾人當認識此無盡寶藏是爲真我，萬不可迷執血氣之藐小物爲我，因此起惑造業，而喪其可貴之寶藏。萬不可至此爲句。此是白沙苦心處，吾人奈何不悟？

陽光、空氣乃至動植等食料之幻化物，謂身。分明如露、如電、如陽焰等，而其間確有真真實實之無盡寶藏，是爲吾人真性，亦云真我。吾人何忍不好自護持，而可任血氣乘權以損害此真我哉？

有人難言：先生從人類之道德與智慧等方面，而徵明人生本有備萬理、含萬德之無盡寶藏，殊不知人類實有無量無邊罪惡，此非從無盡寶藏中流出乎？答曰：無盡寶藏中，决無罪惡種子，罪惡屬後起，只由迷執血氣之藐小物爲自我，遂有物我對峙，由計有自我故，同時即計有他人或外物。由此造作種種罪惡。孔門之學主克己，佛氏首斷薩迦耶見，身見。此等義趣，甚深廣大，難爲迷妄者言。

有問：無盡寶藏是一人獨有耶？抑萬物共有耶？答曰：一人獨有之無盡寶藏，即是萬物共有之無盡寶藏。譬如一漚獨具之大海水，即是無量衆漚同具之大海水。一爲無量，無量爲一，此非玄談，悟時自知。

黄梨洲《白沙學案》云："有明儒者不失其矩矱者亦多有之，而作聖之功，至先生白沙。而始明，至陽明而始大。"此實不刊之説。余嘗怪陽明平生無一言及白沙。昔人有謂陽明才高，直是目空千古，故於白沙先生不復道及。果如此説，陽明必終其身未脱狂氣也。陽明之賢，决不至是。湛甘泉在白沙門下，名位最著。陽明與甘泉爲至交，而論學則亦與之弗契，足見陽明於白沙必有異處。而終不道及者，正是敬恭老輩，非慢也。其異處安在，余亦欲論之而未暇，今更無此意緒也。

附記：此文寫就，因問父親云：血氣之形，如露、如電等，是爲幻形。虚靈而備萬理、含萬德之無盡寶藏，是爲真性，亦云真我。真幻分説，似是佛家義。且一真一幻，不可融和，此等宇宙觀及人生觀似不免衝突。小子所疑，願承誨示。父親曰：佛家分别真幻，誠然，彼爲出世思想。今俗所云血氣之形，屬彼五蘊中色蘊法，亦攝十二緣生中，十二緣皆屬流轉法，是幻不待言。若依大乘空宗，五蘊是緣起法，《大智論》説爲顛倒虚誑法，有宗則謂之有漏依他法，皆是幻義。佛家主出世，故其説爲幻或妄法者，即含劣義。説之爲幻妄，即是呵毁詞，令人對之起厭離與斷捨想，故云含劣義。今吾所云血氣之形如露、如電等者，雖亦是幻法，但此不含劣義，只言其不實在，無可怙守，亦無所厭捨，故於此讚毁兩忘。此是與佛法天壤懸隔處。又復當知，形以不實在故，説爲幻妄。無盡寶藏是一切形之本源，是無所從生，無生亦無滅，不生滅故名真實。真非超幻而獨存，幻亦不離真而别有。幻依真而得起故。吾人如迷執幻法，便喪其真我，若自識真我，直養毋害，日用間悉是真機流行，則幻法亦莫非真體之顯現也。此中真機謂真我之勢用，真體即謂真我。悟此，則真幻本自融和，何衝突之有？汝若精究《新論》，具云《新唯識論》。當可釋所疑。不肖聞之有省。

釋顯揚論法與法空俱非有無

《顯揚》卷十七“復次如是所説無分别者，於何等法説無分别耶”云云，此處文字費解。今析舉《論》文，略釋如左。

《論》曰：以下分行舉《論》文，不别標《論》曰。“法與法空，俱無二分别，二種戲論故，名無分别”。釋曰：法謂法相，即有爲法，或生滅法。法空顯一切法相非有非無，及法性非有非無故。

“云何爲二？謂有及無，何以故”。釋曰：何以者，問法及法空何故俱非有無二者也。

“色非是有，遍計所執相無故。亦非是無，彼假所依事有故”。釋曰：舉色者，例顯一切法故。遍計所執相，詳在《通釋》。家父所著《佛家名相通釋》。色法何以非是有？於色法上，無有如彼遍計所執相故，斯云非有。色法何以非是無？所執相者是假法。遍計所執相云云者，譬如桌子，是凡情於日用中所執之相，其實本無有獨存的實物，如所謂桌子者，故是假法。假法雖無，而彼假法。必有所依故起。譬如吾人當昏夜中，見杌而作人相想，人相雖無，人相喻假法。而人相必依杌相故起。杌相喻假法所依事。由此譬況，可知一切所執之相即假法者，桌子、杯子，乃至大圜氣界曰天，橢圓重濁曰地，以及吾人五官百體曰身，皆所執相也，皆假法也。其所依事定有；非無所依事，假法可無端突起故。非無二字一氣貫下。夫假法所依事者，其即《新論》《新唯識論》之省稱。所謂一翕一闢之大用刹那刹那新新而起者歟？愚者喪真而執物，智者即物而會真。道遠乎哉？愚者自安於愚，則無如之何耳。

“色空亦非有，遍計所執相無所顯故”。釋曰：即色明空，例顯一切法空。色空性者，亦明其非有，由於色法上無有遍計所執相，即是於色法實性上無妄執之相，故云非有。此之非有，正是遍計所執相無之所顯故。凡夫不悟遍計所執相本無，聞説宇宙萬象皆空或皆非有，必大驚怪。不悟當前桌子、杯子甚至吾身，皆緣吾人妄想堅執，謂是一一獨存實在的物事。若離妄執，此一一桌子、杯子或人身等皆不可得。即就科學言，將人身析至細胞，再析之還是元子、電子，而電子並非有質的小顆粒。由此可證，身相只是吾人遍計所執相，事實上本無實身相。夫身相且如是，況其他乎？當知色空性上亦云非有，以是所執相無之所顯故。理實如是，非以本有爲非有也。

“亦非是無，諸法無我有所顯故”。色空性者亦非是無，何以故？凡夫聞説諸法實性所謂真如，諸法實性亦省云法性。便將法性當作實物去推測，於是或計爲有，或計爲無，哲學家凡建立某種本體者皆屬計有，其否説本體者，[69] 即計無。此皆妄情倒計。諸佛憫彼無知，爲彼計有者説遍計所執相，而呵之曰汝所執相即是法我相，法我一詞，解見吾父《通釋》。此法我相本來空無，隨汝妄情故起，妄情空故，法我相俱空。是故《大經》、三論無量無邊言説，總明無我而已。法我亦省云我。然復須知，言諸法無我者，但明無有我而已，不可於無我之外，更作一切皆空或都無所有之想。當知了無我已，須悟無我而非無有。易言之，法性實有，但不如凡情所執之實物。吃緊。凡情所執之實物相，名法我相，而此法性，實非凡情猜度所及故。凡情所起法我相，終不與法性相應故。是以悟入法性，即明無我，豈復於此妄計法性亦無？法空性者，即謂法性。《論》文此處説“亦非是無”，正以諸法無我，而非無法性，是云“諸法無我有”。唯此無我之有，正顯法空非是無，故曰“諸法無我有所顯故”。此等句子含義深廣無邊，前人已費解，今人於古書文理更遠隔。且窮玄至此，已是究竟處，冀有慧者得悟，故略釋於上。

“如於色、色空如是，於餘一切法及一切法空，當知亦爾。非離諸法及法空外，更有餘境是可得者”。釋曰：舉色法例顯一切法，舉色空例顯一切法空，佛法之所知境盡於此矣。下文云“此上更無所知境故”，宜深玩。哲學窮究宇宙，亦區爲實體與現象。實體，佛書中亦云法性或實性等。現象者，相當於此所云一切法；實體者，相當於此所云一切法空。

“是故但説二無分別，非無分別，更無分別，有無窮過，此上更無所知境故”。釋曰：前問於何等法，説無分別耶？今已説明，於法與法空，俱無二分別云云。即已答訖，非無分別更無云云者，謂非是説無分別言，將欲顯更無可分別也。直以吾人所知，盡於法與法空之域，於法而窮至色空，非有亦非無，以明法性。法爾如是，法爾一詞，吾父《新論》《語要》間有解説。此義深微，須虚懷玩之。更無可復窮矣。倘於法性，更問所從來，將層層追詰，犯無窮過，故曰“此上更無所知境”。老子言道體而曰“不可致詰”，亦此意也。

“是故必有離言相取。中略。由此聖慧，雖不取如所言相性，而取離言相性故”。釋曰：佛書中凡言取者，多就妄情或妄識説。妄情分別之取，是取着義。着者，執着。迷妄分別而横執爲如是如是者，即取着相。亦有例外，如此云“離言相取”之取字，則是悟入義，非取着也。欲明離言云云，須先解言字。言者，謂心於境取像，王輔嗣《老注》所云“指事造形”，非無方無相也。雖無色等方相，而非無方相，深思之自知。此之取像，在心名想，出諸口或形諸文字則爲言。故言者，無形而有方，無象而有相。人心役於實用而起想，無可離於方相，易言之，無往不作實物來取着，然終是心上造作之物而已。是故以言顯事，不可得事之實，以言顯真理，真理謂法性。非獨顯不到，乃更加迷謬也。顯事不得實者，如口説火，口不被燒，火之能燃性，言不得而顯之也。以言顯理，如名法性以真如，便將真如作一實物去猜度，道他是如此如彼、這模那樣，此即隨言取執。《論》云“如所言相性者”，正謂此耳。聖者得法空慧，不取如所言相性，而取離言相性，大哉斯言！此大無外。至哉斯言！離言相性者，正目真如妙體，此非言説安足處所，唯證相應，言不得而擬之也。心行路絶，語言道斷，萬歲之遠，有證及斯者，猶旦暮遇之也。

“復次要先思議，方入現觀，是故應離不可思議處，方便思議”云云。釋曰：佛法所以兼融世間哲學及宗教，而有其特殊造詣者，當於此數語中，求其精神與面目。

【校記】

〔1〕“辨”，底本、樂天本俱誤作“辦”，據《東方與西方》一九四七年六月第一卷《論關尹與老子》一文改。

〔2〕“儒”，底本、樂天本俱誤作“需”，據《學原》一九四八年第一卷第十二期《論事物之理與天理答徐復觀》改。

〔3〕“忌”，底本、樂天本俱誤作“忘”，據同上改。

〔4〕“辨”，底本、樂天本俱誤作“辦”，據文意改。

〔5〕“容”，底本作“客”，據樂天本改。

〔6〕“禮”，諸本俱作“體”，據《讀經示要》第一講“以禮治之精神，而參用法治之組織”一語改。

〔7〕“所濟”至“俱死之神識與外”文字，東昇本缺此一葉，據樂天本補。

〔8〕“實”，樂天本作“時”，據印順《評熊十力〈新唯識論〉》改。

〔9〕“實”，底本、樂天本俱誤作“寶”，據文意改。

〔10〕“爲”，底本、樂天本俱作“然”，據印順《評熊十力〈新唯識論〉》改。

〔11〕“或”，底本、樂天本俱作“成”，據上文“對妄法或諸行言”改。

〔12〕“謂”，底本、樂天本俱作“精”，據《中庸》改。

〔13〕“依”，底本、樂天本俱脱。據下文“此中依他一句”及《成唯識論述記》補。

〔14〕“是如”，底本、樂天本俱誤作“如是”，據《大乘百法明門論疏》改。

〔15〕“具”，諸本同，疑當作“其”。

〔16〕“海苦”：樂天本作“苦海”。

〔17〕“城”：樂天本作“域”。

〔18〕“含”：樂天本作“緘”。

〔19〕下“緣”字，底本與樂天本俱脱，據文意補。

〔20〕“一切”下，疑脱“法”字。

〔21〕“不”上，疑脱“故”字。

〔22〕“轉”，底本及樂天本俱作“傳”，據十力叢書本《摧惑顯宗記》改。

〔23〕“爲度衆生而不住耳”凡八字，樂天本無。

〔24〕“獨”，諸本同，疑當作“猶”。

〔25〕“復”，諸本同，疑當作“須”。

〔26〕“垃圾”，東昇本、樂天本俱作“圾垃”，據文意改。

〔27〕“此中一方二字吃緊”八字，諸本俱作正文，疑當爲小字夾注。

〔28〕“此中知字義深，顯乾是明炤之體。大者贊詞”十七字，諸本俱作正文，疑當爲小字夾注。

〔29〕“萬”下，東昇本衍一“然”字，據樂天本删。

〔30〕“起”，諸本俱作“相”。考《大方廣佛華嚴經》無“性起品”。熊氏所引當出自《寶王如來性起品》：“奇哉！奇哉！云何如來具足智慧在於身中而不知見？我當教彼衆生覺悟聖道，悉令永離妄想顛倒垢縛，具見如來智慧在其身内，與佛無異。”據改。

〔31〕“般”，東昇本、樂天本俱脱，據文意補。

〔32〕“住”，底本、樂天本俱作“往”，據《摧惑顯宗記》改。

〔33〕“條”，樂天本作“頭”。

〔34〕“昭”，底本、樂天本俱作“始”，據《摧惑顯宗記》改。

〔35〕“情”，樂天本作“成”。

〔36〕“癡”，底本、樂天本俱作“實”，據《摧惑顯宗記》改。

〔37〕“其”下，東昇本、樂天本俱衍一“其”字，據文意删。

〔38〕“空”，底本、樂天本俱作“宗”，據《摧惑顯宗記》改。

〔39〕“無”，底本、樂天本俱作“常”，據《摧惑顯宗記》改。

〔40〕“貪”，諸本同。《大智度論》作“愛”。下同。

〔41〕“欲”，底本、樂天本脱，據《摧惑顯宗記》補。

〔42〕“法邪”，底本、樂天本俱作“邪法”，據《摧惑顯宗記》倒正。

〔43〕“本”，底本、樂天本俱脱，據《摧惑顯宗記》補。

〔44〕“幹”，底本、樂天本俱作“根”。據文意改。

〔45〕“功”，東昇本、樂天本同。據文意疑當作“助”。

〔46〕上“憧”，底本、樂天本作“幢”，據文意改。

〔47〕“義”，底本、樂天本俱作“意”，據文意改。

〔48〕“莫”，底本、樂天本俱脱，據文意補。

〔49〕“而”，底本、樂天本同，疑當作“虚”。

〔50〕“露”，底本、樂天本俱作“霹”，據文意改。

〔51〕“由”，底本、樂天本俱作“田”，據文意改。

〔52〕“卿”，底本、樂天本俱作“鄉”，據文意改。

〔53〕“與之”，原誤作“之與”，據文意倒正。

〔54〕“名”，底本、樂天本誤作“明”，據《瑜伽師地論》改。

〔55〕“竟”，原誤作“意”，據《十力語要》卷三《王準記語》改。

〔56〕“籍”，底本、樂天本俱作“藉”，據文意改。

〔57〕“千”，底本、樂天本俱作“十”，據文意改。

〔58〕“篇”，諸本同，疑當作“遍”。

〔59〕“微”，諸本俱脱，據文意補。

〔60〕“蛛造網”，諸本俱作“造蛛網”，據上文“蠶作繭”倒正。

〔61〕“如如”，樂天本作“真如”。

〔62〕“猶”，諸本同，疑當作“獨”。

〔63〕“言”字以下，至下篇“次受蘊”以前，底本脱去一頁，據樂天本補足。

〔64〕“蘊”，底本、樂天本俱脱，據文意補。

〔65〕“釋”，底本、樂天本俱誤作“譯”，據文意改。

〔66〕前一“然字”，諸本同，疑當作“云”或“曰”。

〔67〕“勢”，諸本俱誤作“力”，據文意改。

〔68〕“家國”，底本、樂天本俱作“國家”，據文意改。

〔69〕“説”，諸本同，疑當作“認”。

荆楚文库

韓非子評論

原題"正韓"

劉依平　點校

目　録

序　言

胡哲敷

抗日戰時，愚在川，曾撰《述熊正韓》一文。述熊者，黄岡熊先生十力之言也。正韓者，正韓非之謬也。戰前，先生在杭州西湖養疴，愚曾請面授《韓非子》。及入川，乃追述其語。先生命删“述熊”二字，題曰《正韓》。此文當年未發表，置行篋中頗久，因《學原》編者索稿，聊以公之於世，刊於《學原》第三卷第一期。嗣因人文出版社編印“人文叢書”，得《學原》社之同意，又以單行本形式，列爲“文化叢書”之一。

自《漢書·藝文志》列《韓子》五十五篇於法家，後之談晚周法家者，必首韓非。清季迄於民國，知識之倫誦言遠西法治者，輒緬想韓非，妄臆其道與憲政有合也，此殆未嘗讀《韓非書》。秦火以後，二三千年間，號爲祖述法家者，其上稍知綜覈，下者則苛察而已，顧未有真通韓非之旨，亦無與韓非思想全相類者。余故舉其要略，以備治韓學者參證焉。

一〔1〕

韓非之學本出荀卿。《史記》稱其與李斯俱事荀卿，李斯自以爲不如。黄岡熊十力先生曰："荀卿之學，由道家而歸於儒。韓非從荀卿轉手，乃原本道家而參申、商之法術，别爲霸術之宗。"熊先生此説，向未以文字發表，余聞之而求諸荀、韓之書，嘆其創見之明，立説之不可易也。荀學之始於道，今此不及論；韓之學於荀而歸本於黄、老，則《史記》有明文。史公時代與韓非猶接近，其所傳必不誤。即由韓非之書而求之，其歸本道家甚顯然，余將於後文别論。今人有疑《解老》《喻老》篇本不爲韓非作，但由簡册誤竄入者，此必於韓書旨意未能通曉，故有斯疑。熊先生《十力語要》曾言，《解老》《喻老》確是援道入法，或爲韓非後學所作。然先生近又斷定爲韓非本人作，因韓書中談及道家之旨者，甚多精到處，未可疑此二篇不出其手也。余甚讚同熊先生近年之説，《史記》"韓非歸本黄、老"之言，確有根據，非於韓學有深得者不能知。韓子援道以入法，雖與其師異，然荀卿言性惡，又專主隆禮，其言禮之原，要在養欲給求，與孔門推本性命之義自别。參看熊先生《讀經示要》。韓非變隆禮而尚法術，亦其師之教有以啓之也。

二[2]

韓非之學，不爲法家正統。熊先生謂當正名法術家，其説甚是。案《韓非書》隨處皆用法術一詞，且於法、術二字，分釋甚清。卷十六《難三》云[3]："法者，編著之圖籍，設之於官府而布之於百姓者也。術者，藏之於胸中，以偶衆端而潛御群臣者也。故法莫如顯，而術不欲見。是以人主言法，則境内卑賤莫不聞知也。[4]用術，則親愛近習莫之得聞也。"此言人主必兼持法術。卷四《孤憤》云："智術之士，必遠見而明察，不明察不能燭私。能法之士，必强毅而勁直，不勁直不能矯姦。"此言人臣亦有明術與能法之異其材，人主必量材而用之以輔治。能法，謂能執法不撓者。《韓非書》隨處用法術一詞，此詞實以兩義連屬而成。兩義，謂法與術。然雖法術兼持，而其全書精神，畢竟歸本於任術。稍有識者細玩全書，當不疑於斯言。人主無術以御群臣，則權移於下，姦盗之門四闢，而法何所存乎？故人主必有術，而後能持法。無術，則釋法用私，國之大柄旁出於群邪衆盗之門，斯法紀蕩然矣。《韓非書》雖法、術并言，而其全書所竭力闡明者，究在於術。凡其明人性之難與爲善，夫婦父子不足相信，人臣之奪君盗國者多端，皆可證人主必有術以御臣下，始能一繩以法。無術，則徒法不能以自行也。《韓書》稱引故事極富，皆所以徵明古今有術與無術者之得失成敗，將令爲國者鑒觀往事、增長經驗而善其術。此讀其書者所不可不知也。術不欲見，此其所以卒歸本於道家，俟後文别論。

三[5]

韓非絶無民主思想。熊先生謂其爲君主思想，爲列强競争時代之極權主義者，其志在致國家於富强以兼併天下，故又可謂爲侵略主義者。韓非本韓之諸公子，《史》稱："非見韓之削弱，數以書干韓王，韓王不能用。人或傳其書至秦，秦王見《孤憤》《五蠹》之書，曰：‘嗟乎！寡人得見此人與遊，死不恨矣！’李斯曰：‘此韓非之所著書。’秦因急攻韓。韓始不用，及急，乃使韓非使秦，秦王悦之，未任用。李斯害之於秦王曰：‘今欲并諸侯，非終爲韓，不爲秦，此人情也。不如以過法誅之。’秦王以爲然，下吏治非。李斯使人遺藥，令早自殺。秦王後悔，使人赦之，非已死矣。”據此，可見秦王深契韓非，受其影響頗鉅。董子謂秦行韓非之説，其時距秦極近，聞知自確。清季王先謙乃云：“考非奉使時，秦政立勢成。非往，即見殺，何謂行其説哉？”先謙所見太淺。非未使秦時，秦王已讀其書，至有得見此人死不恨之嘆，足徵秦人行極權之政，急兼併之圖，韓非之書所以啓之者深也。凡思想家之説，往往見採用於同時或異時甚至百世下之人。其本人即居位，亦不必能爲實行家也。

何謂韓非無民主思想耶？通觀《韓非書》，對君主制度無半言攻難，對君權不唯無限制，且尊其權極於無上，而以法、術兩大物，唯人主得操之，卷十六《難三》曰：“人主之大物，非法則術也。”此言法、術二者，皆人主之大物。人主持無上之權，操法術以統御天下，將使天下之衆如豕羊然，隨其鞭笞之所及而爲進止，人民皆無自由分，何自主之有？桓譚《新論》言秦之政如此，實韓非之教也。夫民主之法治，必於個人自由與群體生活二者之間斟酌其平。吾儒《禮經·中庸》一篇明其原則曰：“萬物並育而不相害，道並行而不相悖。”並行並育，則注重群體可知。萬物無可孤行或獨生者，故言並行並育。並者，有互相依持義。不相悖害，則不妨礙個人自由可知。聖言高遠，所以爲萬世準也。《春秋》一經，文成數萬，其指數千，太史公所謂“貶天子，退諸侯，討大夫，以達王事”云云。熊先生曰：王不謂君主也，王者，往義，天下人所共向往之最高理想與最適於共存共榮而極美備之法紀制度，是《春秋》之所謂王事也。《春秋》於法理之闡明與法條之創立，蓋極詳盡，故曰文成數萬、其指數千也。遭秦焚坑，又承漢氏帝制，兩京之儒皆畏禍而不傳。史公在漢初，於《公羊》家義猶有所承，故能言其大旨，而亦不敢詳説也。董生、何休亦略存孔子微言，其變易本義者當甚多。《穀梁》直全變爲史評之書，視董、何又全不似，後儒遂不覩《春秋》之真。民主法典，莫妙於《春秋》一經。熊先生《讀經示要》第三卷説《春秋經》取《禮運》“大同”加以疏釋，又採何《注》井田制，明其爲集體農場之良規，皆於《春秋》民主法典有所董理，厥功不細。《示要》《讀經示要》省稱。又謂：《淮南書》言“法原於衆”，又云“法籍禮義者，所以禁人君，使無擅斷也”，此當是晚周法家正統派之説，而《淮南子》采入之。又謂法家正統原本《春秋》，見《示要》第一卷。而商、韓之徒實非法家云云。此説雖創，而實不可易。《淮南》所存法家正統派“法原於衆”一語，實含無量義，可謂深得《春秋》之旨。《春秋》貶天子、退諸侯、討大夫，決不許居上位竊大柄者以私意制法，而强民衆以必從。决不至此爲句。其尊重人民之自由，而依其互相和同協助之公共意力以制法而公守之，此《春秋》本旨。而晚周法家有得乎此，故曰“法原於衆”也。今觀韓非之書，於法理全不涉及，只謂法爲人主獨持之大物，引見前。是法者，徒爲君上以己意私定、用以劫持民衆之具。秦之行法，即本於韓非，《韓非書》不言民主，無所謂民意，其非法家正統甚明。《韓非書》於社會組織等法制，及維護人民自由等憲章，皆未有半字及之，是何足爲法家？通玩《韓書》全部，只謂人君須嚴法以束臣下，使不得犯而已。《五蠹篇》曰：“明主峭其法而嚴其刑。”全書明法意者，不外此語，是其言法，猶是達其術之具耳。熊先生謂《韓非書》只是霸術家言，本不爲法家，以其主嚴法，不妨名法術家耳。韓非生於危弱之韓，故其政治思想，在致其國家於富强，以成霸王之業。其堅持尚力，吾國人當今日，尤當奉爲導師。熊先生亦以此特有取於韓子，但不以毁德、反智、趨於暴力爲然。霸王之業，即有兼併列國之雄圖，故韓非有侵略主義之色采。熊先生謂韓非蓋有激而然。夫强大者懷侵略之野心而不變，則人類之公敵也，斃人亦將以自斃。弱國之人能有霸王雄圖，則可以力抵力，所謂取法乎上僅得乎中也。韓非純是國家主義。其鞭策人民於耕戰，與今世霸國勠力生産與軍備如出一轍。但不惜禁錮人民思想，如廢文學等。摧抑人民節概，如禁俠義及惡賢良貞信之行等。此則不爲社會留元氣，未可爲訓。然當列强競争劇烈之世，總有崇尚霸術者興。霸術者必重國家之權力，而不免抑人民以聽命於國家，乃易富强其國而便於制敵。韓非之思想，古今中外競争之世所必有也。然重國輕民，要不可太甚。太甚，則民質被剥，而國無與立。"民爲邦本"，《尚書經》之明訓，千古不可易也。秦行韓非之説，雖併六國，然亦後六國十五年而自亡矣。故霸術用之審而無過甚，則當競争之世，此其良圖也。用之而過，至人民無自由分，則後禍不堪言。唐、虞、商、周含茹之天下，至秦斲喪而一切無餘，中夏族類自此弗振，念此不能不寒心也。

四〔6〕

韓非思想雖源出荀卿，〔7〕而其變荀卿之隆禮以崇法術，則亦兼融申、商。秦承商君之遺，而韓非有取於商君，此其説所以易行於秦，亦不偶然。卷十七《定法篇》，足徵韓非法術之論所從出。今出其文如左：

> 問者曰：申不害、公孫鞅，此二家之言孰急於國？應之曰：是不可程也。人不食，十日則死；大寒之隆，不衣亦死。謂之衣食孰急於人，則是不可一無也，皆養生之具也。今申不害言術，而公孫鞅爲法。術者，因任而授官，循名而責實，操殺生之柄，課群臣之能者也，此人主之所執也。法者，憲令著於官府，著者，謂編著之圖籍頒行官府也。憲令必由君上所定，玩下文臣之所師句可見。刑罰必於民心，賞存乎慎法，而罰加乎姦令者也，此臣之所師也。言臣皆以法爲師，不可離法而任私意以行事。君無術則弊於上，君無術，則授官將惑於群小之私而不知因任，凡百政事，衆邪以虛名欺上而不知責其實效。如民國各官府之議案與標語及報銷，皆欺誑之具，百弊叢生于上。臣無法則亂於下，此不可一無，法術二者，不可無其一。皆帝王之具也。

問者曰：徒術而無法，徒法而無術，其不可何哉？對曰：申不害，韓昭侯之佐也。韓者，晉之别國也。晉之故法未息，而韓之新法又生；先君之令未收，而後君之令又下。申不害不擅其法，不一其憲令，則姦多。中略。申不害雖十使昭侯用術，而姦臣猶有所譎其辭矣。故託萬乘之勁韓，十七年而不至於霸王者，十七舊作七十，從顧廣圻改。雖用術于上，法不勤飾于官之患也。勤飾者，飾謂修飾。謂當因時因事勤修法典以頒之官府，毋曠而不舉，毋紛而啟惑，使人不得詭詞以亂法也。公孫鞅之治秦也，設告坐而責其實，連什伍而同其罪，賞厚而信，刑重而必。是以其民用力勞而不休，逐敵危而不却，故其國富而兵强。然而無術以知姦，無術以知大臣之姦也。則以其富强也資人臣而已矣。及孝公、商君死，惠王即位，秦法未敗也，而张儀以秦殉韓、魏。張儀可以取韓、魏而不取者，因留之以自重於秦，又受韓、魏之賂故也。是秦之大業不成，由張儀之姦，竟以秦殉没於韓、魏也。秦惠王無術知姦，於此可見，下甘茂等事皆準知。惠王死，武王即位，甘茂以秦殉周。武王死，昭襄王即位，穰侯越韓、魏而東攻齊，五年而秦不益一尺之地，乃成其陶邑之封；應侯攻韓八年，成其汝南之封。自是以來，諸用於秦者，皆應、穰之類也。故戰勝則大臣尊，益地則私封立，主無術以知姦也。商君雖十飾其法，人臣反用其資。故乘强秦之資，數十年而不至于帝王者，法不勤飾于官，不字疑誤。上云商君雖十飾其法，今此不當有不字。主無術於上之患也。

問者曰：主用申子之術，而官行商君之法，可乎？對曰：申子未盡於術，商子未盡于法也。申子言："治不踰官，雖知弗言。"謂官守以外之事，雖有所知，亦弗言也。治不踰官，謂之守職也可，知而弗言，是謂過也。人主以一國目視，故視莫明焉；以一國耳聽，故聽莫聰焉。今知而弗言，則人主尚安假借矣？若人皆於凡百事知而弗言，則人主無所假借於國中之衆耳衆目，將長闇於各方之利弊得失也。商君之法曰："斬一首者爵一級，欲爲官者，爲五十石之官。斬二首者爵二級，欲爲官者，爲百石之官。"官爵之遷與斬首之功相稱也。上叙商君之法，下破之。今有法曰："斬首者令爲醫匠。"則屋不成而病不已。夫匠者手巧也，而醫者齊藥也，而以斬首之功爲之，則不當其能。今治官者，智能也；今斬首者，勇力之所加也。以勇力之所加而治智能之官，是以斬首之功爲醫匠也。故曰："二子之於法、術皆未盡也。"〔8〕

綜上所述，韓非修霸王之業，而特崇法、術，其於申、商，並有資取，明文可證。韓非責申之用韓，不至於霸王者，患在徒術而無法。其責鞅之用秦，不至於霸王者，亦曰帝王。患在徒法而無術。故彼以法、術兼持，爲帝王大業之所由立。韓非雖於申、商俱有所不滿，而其法術之學，憲章申、商，確不容否認。非之評申子曰"未盡於術"，評商君曰"未盡於法"，其所評似皆有當。然其評商也，以勇力之所加而治智能之官，確中所失。其評申也，謂人主以一國之耳目爲視聽，其言至宏大、極動聽。然細玩韓非思想之全體系，並無人民參政機關，其求言之法，似仍師商鞅"設告坐而責其實，連什伍而同其罰"。夫民意機關猶有被劫持之慮，而況告坐之法，使人心術日習於猜忍疑忌，欲其言之一一出於至明至公，恐未可恃！人君欲假借此等耳目，以爲一國之公視公聽，吾懼其適陷於聾盲也。商鞅之法，用今俗語表之，可謂偵探政治。亦云特務政治。偵探政治，必人君有雄武陰鷙非常之資者，有術以運用之，而可操縱自如，以内修其政、外制其敵。如秦之孝公、商君，以迄吕政，是其選也。秦法：偶語者棄市。其爲偵探政治無疑。韓非之説不用於韓而用於秦，固緣有孝公、商君之遺烈在，實亦吕政之才，過於孝公、商君，故能行韓非之説，而成一時之業也。然秦之元氣亦自此大傷，十五年而秦亡，猶不足惜，其害之中於國家民族者，二三千年而未拔也。古時有諸子百家之學。百家者，如天文、算學、張衡在東漢初著論，網絡天地而算之，又製候地震儀，可見古代天算之學極高深，故張衡得資之以興耳。音律、醫藥、蠶桑、工程、秦時李冰修成都灌縣之堤，至今工程學者莫能及，以此知古代有工程學。物理、指南針，一説始于黄帝，一説始于周公，二者皆甚遠，以此知古代物理知識極不淺。地理、鄒衍之説，猶可略考於《史記》。機械墨子與公輸般皆能作木鳶，已爲飛機之始。等等，皆科學也。諸子，如儒、道、名、墨、法、農等等，皆哲學也。自秦政毀棄一切，而永不可復。六藝經孔子之手，遂爲哲學思想界之大經，其言高遠，玄悟極於窮神知化，《大易》。治道究於太平大同，《春秋》及《禮經》。吉凶與民同患，《易·繫傳》。其於勞工勞農共休戚可知也。秦以後儒者，以帝制思想釋經，全失孔子之旨，遂令二三千年間，夷狄、盜賊迭起，得假君權以宰制中夏，民德、民智、民力每況愈下，黄、農、虞、夏之胄，永不可振，實自秦政肇開衰運。王船山《讀通鑑論》蓋有餘痛也。申、商思想，至韓非而大成。孝公、商鞅之烈，至吕政而已極。天乎？人乎？吾不得而知之矣！

附識：《韓非·定法篇》明徒法而無術之不可，因舉秦自孝公、商君死，其繼體之主如惠、武、昭襄皆無術，故皆不辨人臣之姦，不能至於帝王，雖商鞅之法存，猶無補也。蓋極權之政，爲應付非常時代而興，必人主有術，足以知臣下之邪正與異同，而一切以法繩之，使不得懷私挾異，不得離法而行，所以能齊一步驟而成帝業也。故法、術二者，不容缺一。

五〔9〕

韓非尚力，蓋其師荀卿之思想有以啓之。荀卿《天論》即强力之表現，其主張法後王，亦韓非所本。非之言曰："古人極於德，中世逐於智，當今争於力。古者寡事而備簡，樸陋而不盡，故有珧銚而推車者。王注：《管子·禁藏篇》云"推引銚耨，以當劍戟"，即此所本。推車，謂推引其車。古者人寡而相親，物多而輕利易讓，故有揖讓而傳天下者。以上明古之可以德化，下言當今不可倣古。然則行揖讓、高慈惠而道仁厚，皆推政也。謂如當今器用大進，乃欲返古之推車，愚者亦知其不可。今爲治而求返古之德化，是如棄利器而返求推車也，故云皆推政也。處多事之時，用寡事之器，非智者之備也；當大争之世，而循揖讓之軌，非聖人之治也。故智者不乘推車，聖人不行推政也。"《八説篇》。又曰："上古之世，人民少而禽獸衆，人民不勝禽獸蟲蛇；有聖人作，構木爲巢，以避群害，而民悦之，使王天下，號之曰有巢氏。民食果蓏蚌蛤，腥臊惡臭而傷害腹胃，民多疾病；有聖人作，鑽燧取火，以化腥臊，而民悦之，使王天下，號之曰燧人氏。中古之世，天下大水，而鯀、禹決瀆。近古之世，桀、紂暴亂，而湯、武征伐。今有構木鑽燧於夏后氏之世者，必爲鯀、禹笑矣；有決瀆於殷、周之世者，必爲湯、武笑矣。然則今有美堯、舜、禹、湯、武之道於當今之世者，必爲新聖笑矣。是以聖人不期修古，在扶世之急。不法常可，古今異宜，故無常可；若執有常可而法之，是以愚悖道也。論世之事，因爲之備。宋人有耕者，田中有株，兔走觸株，折頸而死，因釋其耒而守株，冀復得兔，兔不可得，而身爲宋國笑。今欲以先王之政，治當世之民，皆守株之類也。中略。古者文王處豐、鎬之間，地方百里，行仁義而懷西戎，遂王天下。徐偃王處漢東，地方五百里，行仁義，割地而朝者三十有六國，荆文王恐其害己也，舉兵伐徐，遂滅之。故文王行仁義而王天下，偃王行仁義而喪其國，是仁義用於古而不用於今也。故曰世異則事異。當舜之時，有苗不服，禹將伐之，舜曰：'不可。上德不厚而行武，非道也。'乃修教三年，執干戚舞，有苗乃服。共工之戰，鐵銛短者及乎敵，鎧甲不堅者傷乎體，是干戚用於古不用於今也。故曰事異則備變。上言世異則事異，今言事異則一切預備以應萬殊之事者，亦不得不隨事而變。上古競於道德，中世逐於智謀，當今争於氣力。齊將攻魯，魯使子貢説之，齊人曰：'子言非不辨也，吾所欲者土地也，非斯言所謂也。'[10]遂舉兵伐魯，去門十里以爲界。故偃王仁義而徐亡，子貢辨智而魯削。以是言之，夫仁義辨智，非所以持國也。去偃王之仁，息子貢之智，循徐、魯之力，循者，率由義。徐、魯當時恃仁智而不用其力，故削亡於齊、荆也。今若由其自有之力而發揮强大，夫何患於齊、荆乎？則齊、荆之欲不得行於二國矣。夫古今異俗，新故異備，如欲以寬緩之政，治急世之民，猶無轡策而御馬，此不知之患也。"見《五蠹篇》綜上所説，可見韓非確承荀卿法後王之思想，而持論轉激。韓非毁德、反智，而一以尚力爲主，注意。所謂"去偃王之仁，息子貢之智，循徐、魯之力"，此三語者，是韓非思想之根荄，其一切知見、一切論證、一切主張、一切作風，皆自毀德、反智，而一歸於暴力之大根荄以出發。韓非使秦，當在韓王安六年，即秦始皇十四年，《史記·秦本紀》及《六國表》，並以韓非使秦在始皇十四年。《韓世家》屬之王安五年，五字誤也，王先慎已辨正之。始皇未見非時，已讀其書而深好之，及非使秦，始皇大悦，李斯欲陷之死，始皇猶赦之。韓非雖未見柄用，而其思想竟實行於秦皇，殆有天意乎？使無秦皇其人，則韓非之書恐亦徒托空言耳。個人乘勢而顯其特殊力量，無論爲善爲惡，其足以影響世運，固歷史時有之事也。當時若無暴力之掃蕩一切，晚周以後之局或别是一面目，不至如秦以來二三千年之固陋、委靡，長爲夷狄、盜賊宰割之局也。韓非學於荀卿，卿固主張彊力者。然卿由道家而歸於儒，以禮輔世，是秉正義以自强，亦以强而達其義也。强力以行義者，人性之正，人道所由致太平也。孔子以三達德授七十子。三達德者，曰智、曰仁、曰勇，七十子後學著録之於《禮經·中庸篇》，〔11〕此其昭明如日月，不容息滅者也。智而不仁不勇，是小慧也，非大智也，是私智也，非真智也。仁而不智不勇，是陰柔之德也，婦嫗之慈也，非真仁也，非大仁也。勇而不仁不智，是虎狼之毒，洪水横流之暴也，非真勇也，非大勇也。三達德同體而異其方面，故曰智、仁、勇，無可孤修其一而捨其二也。剛健創新而無退屈曰勇，渾然與天地萬物同體曰仁，大明不息、周通萬物曰智。三德一體也，人性之正也。去仁息智而獨彊其力，則暴力而已矣，反人性也。韓非學於儒而卒毀儒，其亦不善變矣。世或以荀卿之徒有韓非，遂咎及卿之學，此亦過也。堯、舜有均、朱，何傷於堯、舜乎？天有浮雲，地産荆棘，何傷於天地乎？

六〔12〕

韓非之人性論，實紹承荀卿性惡説，此無可諱言也。荀卿由道而歸儒，其形而上學之見地，猶是道家也。韓非援道以入法，其形而上學之見地，亦猶是道家也。凡政治哲學上大思想家，其立論足開學派者，必其思想於形而上學有根據，否則爲淺薄之論，無傳世久遠價值也。韓非紹承其師之性惡說，殆由其形而上學未能融會天人。荀卿已有此病，故言性惡。韓非同其師之病，故紹承師說。此一大問題，容當別爲專篇，合荀、韓而論定之。今此不暇及，但徵明韓非爲性惡論者而已。通觀韓非之書，隨處將人作壞物看，如防蛇蝎，如備虎狼，雖夫婦父子皆不足信。卷五《備内篇》曰："人主之患，在於信人，信人則制於人。人臣之於其君，非有骨肉之親也，縛於勢而不得不事也。故爲人臣者，窺覘其君心也無須臾之休，而人主怠傲處其上，此世所以有劫君弒主也。爲人主而大信其子，則姦臣得乘於子以成其私，故李兑傅趙王而餓主父。爲人主而大信其妻，則姦臣得乘於妻以成其私，故優施傅麗姬殺申生而立奚齊。夫以妻之近與子之親而猶不可信，則其餘無可信者矣。且萬乘之主，千乘之君，后妃、夫人、適子爲太子者，或有欲其君之早死者。何以知其然？夫妻者，非有骨肉之恩也，愛則親，不愛則疏。語曰：'其母好者其子抱。'然則其爲之反也，其母惡者其子釋。釋，被棄也，不相抱持也。丈夫年五十而好色未解也，婦人年三十而美色衰矣。以衰美之婦人衰美，謂衰其美色也。事好色之丈夫，則身疑見疏賤，而子疑不爲後，此后妃、夫人之所以冀其君之死者也。唯母爲后而子爲主，則令無不行，禁無不止，男女之樂不減於先君，而擅萬乘不疑，此鴆毒扼昧之所以用也。扼昧，謂暗中絞縊也。故《桃兀春秋》曰：'人主之疾死者不能處半。'人主弗知，則亂多資。故曰：利君死者衆則人主危。故王良愛馬，越王勾踐愛人，爲戰與馳。醫善吮人之傷，含人之血，非骨肉之親也，利所加也。王良愛馬，利所在也。勾踐爲戰而欲士卒之死，故吮傷含血，亦爲戰之利也。故輿人成輿，則欲人之富貴；匠人成棺，則欲人之夭死也。非輿人仁而匠人賊也，人不貴則輿不售，人不死則棺不買。情非憎人也，利在人之死也。"卷十八《六反篇》曰："且父母之於子也，産男則相賀，産女則殺之。此俱出父母之懷衽，然男子受賀、女子殺之者，慮其後便，男子於後爲便也。計之長利也。男有養親之利也。故父母之於子也，猶用計算之心以相待也，而況無父子之澤乎！"卷十一《外儲說篇》曰：

“人爲嬰兒也，父母養之簡，子長而怨。明子之於父，無天性之愛也，隨利養豐簡爲恩怨而已。子盛壯成人，其供養薄，父母怒而誚之。明父之於子，亦無天性之愛也，計利養而已。子父至親也，而或譙或怨者，皆挾相爲挾爲己之私也。而不周於爲己也。不周於爲己，則譙之、怨之。皆挾至此爲句。夫賣傭而播耕者，主人費家而美食，請布而求錢易者，非愛傭客也，曰：‘如是，耕者且深，耨者熟耘也。’傭客致力而疾耘耕，[13]盡巧而正畦陌者，非愛主人也，曰：‘如是，羹且美，錢布且易云也。’此其養功力，有父子之澤矣，而心周於用者，皆挾自爲心也。故人行事施予，以利之爲心，則越人易和；以害之爲心，則父子離且怨。”

上來所述，足徵韓非以爲人之性本無有善，凡人皆挾自爲心，只知有利而已矣。韓非受學荀卿，卿言性惡，其所謂性，實就形骸而言，非孟子性善之性也。性善之性，則指吾人所得於天命以有生者，是乃至善無惡也。夫無聲無臭、備萬理、含萬德而爲萬有之原者，是謂之天。即於天之流行不息，名之以命。天命，名二而實一也。吾人稟天命以有生，譬如每一漚皆稟大海水以成漚形，每一漚之形雖小，而各各皆以大海水爲其體，人人、物物皆具有天命全體，義亦猶是。即於天命在人而言，則名曰性。故性即命也，即天也。《中庸》曰“天命之謂性”，“之謂”二字宜深玩。只天命在人謂之性，非性與天命有層級之分、內外之判也。故性者，即萬理、萬德咸備之實體，不可疑其有惡根也。然而人之生也，便成爲形氣之個別物事，俗云“我”者是也。此我乃與我以外之人或物對峙，且不能不迫於實際生活，於是挾自爲之私，而處處計利，因此難全其天命之本然。人生有失其本性而物化之虞，有墮没之險，《大易·震》之《象》曰“君子以恐懼修省”，正謂此也。佛氏臨歿，謂弟子曰“以戒爲師”，亦《震·象》義也。清儒郭善鄰春山，平實士也，其《己說》曰：“世以己與我皆對人而立名，而義實有別。謂己則剋就吾人性分而言，我則形骸也。故由己言之，天地萬物皆一體，《論語》“古之學者爲己”，此己乃大己，即指天命之性言，非目形骸的小我也。春山己與我之分，蓋從《論語》《中庸》會得。自我言之，膈膜之外，判不相屬矣。只愛護膈膜，猶云愛護一身也，一身之外，皆痛癢不相關。公也、正也、明也、覺也、厚也、寬平也、和愛也，皆己之發用也；偏也、私也、迷也、妄也、矯也、執着也、殘忍也、慘酷也、巧詐也、悍暴也，皆自我之見起也。充爲己之量，足以保四海；推爲我之盡，不足以事父母。《論語》言‘君子求諸己’，而孟氏斷楊朱之蔽則曰‘楊氏爲我’，其旨豈不深哉！”又曰：“己與人，對待之名也。己惟一，一者，絶對義，人能不役於形骸之私而全其己，則相對即是絶對，是人即天也。人則萬殊，此言人者，形骸之名。内外、親疏乃至智愚、善惡之不齊，此言人之萬殊。必處之各得、裁之各正，然後會衆人或衆小我爲一，而克盡其天己也。”此處頗改正原文。盡者即孟子盡性之盡，謂全體大用畢顯，無一毫虧蔽也。春山《己説》，言近而旨遠。唯真見性者，乃知性即是天，而所謂天者，非超越於吾人之上，蓋人即天也。人之性，本萬理、萬德咸備，不可疑人性有惡根也。惡者，緣形骸而始起，物我對峙，而實際生活迫之，則自爲之私不得不起，計利之念不得不熾。實際生活不可無也，不可輕鄙也。人無實際生活即不生，人不生即天不生也，故曰不可無也，不可輕鄙也。然而人或殉没於實際生活中，剥喪其天命之本然，是人不天也。人不天者，不成其爲人也。然則人道當如何？曰：人必自識其性，必保任其天命之本然，毋以形害性，即形亦性也，無以人害天，即人亦天也。人而復其天，即無物我對峙見；無物我對峙見，即無自爲之私；無自爲之私，則天下之利不欲擅于我；利不欲擅於我，則與人均之；利均於人，則實際生活無非天理自然，是會衆小我爲一，以克盡其大己也。唯人易以形害性、以人害天，致陷於物我對峙中，有自爲之私。我擅其利而剥人之利，故有教化。教之不率，故有政治與經濟制度。政之失平，經之不正，故有革命。革命者，雖着手於實際生活方面，平其不平，正其失正，其要歸於使人全其性、復其天，完成其大己也。今如韓非之説，只從人之形骸一方面着眼，專從壞處看人，本未嘗知性，而妄臆人之性惡，妄斷人皆唯利是視之天生惡物，是戕人之性，賊人之天，而人生永無向上之幾也。悲夫！

韓非所訾人之惡行，吾儒非不知也。然此惡行，非自性生也，人失其性，而後流於惡也。儒者之道，順人之性而爲政教，故禮樂以養德，政刑以輔德化之所不逮，常因人之善端而扶勉之，使自由發展，而無所禁錮、無所折撓，將令人皆由小我而會入大己，故不遺實際生活，而自超脱於實際生活，以發揚靈性生活。此人生之大樂，人道之至尊也。

韓非以爲人性本惡，無可以誠信相與，其實天下之爲夫婦父子者，雖遺棄、劫殺與計較等惡行不必無，要皆由人之失其大己，而任小我用事，以成乎惡，而孝慈、義順等常德，本於大己之發用者，固恒存於人心，而未嘗息也。父慈、子孝、夫義、婦順，此皆常德之存乎人者，何容否認？傭之功力，主之優遇，其間實有正義感在。傭盡功力，主人不酬以優遇，必其心之不安也。主人優遇，傭不酬以功力，亦非其心所可安也。縱云各有自爲之私夾雜其間，要不能完全否認正義感。使正義感全無，則人類決無可以一息通力合作者，而傭主之關係，何由構成乎？韓非偏從壞處衡人，即依此等偏見以言治道，則將不外於猜防、錮閉、誘詐、劫制四者。凡韓非所爲法術，與秦皇所奉行横暴愚民之政，盡於此而已，斯非人之慘劇乎？

七[14]

韓非之書，千言萬語，壹歸於任術而嚴法，雖法、術兼持，而究以術爲先。先者，扼重義，非時間義。術之神變無窮也，揭其宗要，則卷十六《難三篇》“術不欲見”一語盡之矣。[15]引見前。卷十七《説疑篇》曰：“凡術也者，主之所以執也。”此一執字甚吃緊。執有執持、執藏二義。藏之深，納須彌於芥子，須彌，大山也。芥子，極微之物也。納萬衆視聽於劇場之一幕，天下莫逃於其所藏之外，亦眩且困於其所藏之内，而無可自擇自動也，是謂執藏。持之堅，可以百變而不離其宗；持之妙，有宗而不妨百變，是謂執持。不了執義，則不知韓非所謂術也。卷一《主道篇》曰：“道在不可見，用在不可知。虚静無事，《難三篇》云[16]：“術者藏之胸中。”是虚静而無所事也。以闇見疵。闇者，執藏之深，使天下失其知見，故曰闇也。人以其闇也，必有不安於闇者，將或疵之。王先慎注大誤，此未取。見而不見，聞而不聞，知而不知。雖明見有疵者，吾猶若不見也；乃至明知有疵者，吾猶若不知也。知其言以往，勿變勿更，以參合閱焉。知天下疵者之言雖衆，吾仍不變更吾之所執，但取衆疵之言以參合閱，而悉天下之情，乃有以待之耳。官有一人，勿令通言，則萬物皆盡涵。人主因事而設官，各方面之事，必有主管之官一人，使各治其事。而勿令彼此得通言，即使彼此互相隔、互相伺、互相監，而後莫不各舉其職。由此，則臣下無敢以私相比合爲姦利者，是人主虚静無事於上，而萬物盡涵之也。掩其迹，匿其端，下不能原。禍福之加，忽焉不知其至。得失之故，茫乎莫知所由。故曰掩迹、匿端也。如此，則下無原以侵其主之所執。原者，因由義。去其智，絶其能，下不能意。不使人有其智，不使人有其能，故下不能有自由意志，唯從人主之所向而已。所謂天下皆遊於羿之彀中是也。保吾所以往而稽同之，人主保持其所以往者，稽之天下而責其同，不許有異動也。謹執其柄而固握之。握之固，則柄不失。絶其望，不使人有異動之望也。破其意，不使人有違我之意也。毋使人欲之。不使人得自行其所欲也。不謹其閉，不固其門，虎乃將存。虎謂叛者。不慎其事，不掩其情，賊乃將生。中略。大不可量，深不可測，同合形名，形名，後詳。審驗法式，以吾所素定之法式審驗之。擅爲者誅。”以上，舊注家皆莫解。《有度篇》曰：“順上之爲，從主之法，虚心以待令，而無是非也。故有口不以私言，天下臣民，若離其主之所執而發言，是私言也。必不可有私言。有目不以私視，若離其主之所執而有視，是私視也。必不可有私視。而上盡制之。天下衆口、衆目，盡爲人主所控制也。”卷十八《八經篇》曰：“明主不懷愛而聽，懷愛而聽，必爲所愛者惑，而聽失其聰矣。不留説而計。人臣因事進説者，雖其説似有當，人主亦勿遽留戀於心，必更集他方面之説以相參驗，而後得自用其智力，以取捨衆説而斷其事。若遽聞一説，便爲所動而留戀之，則智已囿於一隅，何堪計事乎？故聽言不參則權分乎姦，人主偏聽而不參各方之言，則姦臣得惑主而奪其權。智力不用則君窮乎臣。人主不知參驗群言，則自廢其智力，故爲臣下所窮也。故明主之行制也天，舊注：不可測也。大誤。行制，謂行其制度法令，則權力至尊無上，如天也。其用人也鬼。舊注：如鬼之陰密。天則不非，君權無上，故不可非。鬼則不困。舊注：既陰密，誰能困之？勢行教嚴，乘勢而行，教令必嚴。

逆而不違。時或因勢而易所行，變所教，與素行之教令若逆者，實則不違其一向固定之宗也。”綜上所述，韓非爲極權主義，其言術者主之所執，此執字含有執藏、執持二義，從上述諸文已可斷定，無謬解也。此亦夙聞諸熊先生者。晁公武謂韓非極刻覈，無誠悃。其言自是，而未免膚泛。彼於其大不可量、深不可測處，覆看前引《主道篇》。全無所窺，但言刻覈，豈知韓子乎？近世德國希魔，以極權震一世，而求其意量所含，“大無不包，深無不極，材略之運，遠無弗屆，邇亦弗遺，極天下之險阻幽深而不測”者，希魔實不足語此。夫圖遠略者，狡變而不可失舉世同情，横行而不可孤立無友，否則遠未得而邇已遺，希魔之失一也。德國民族優越感過狹隘，無以包含天下之大，狂逞而不知足，昧老聃危殆之戒，希魔之失二也。然中國人受外人侵凌太久，難與强大並存，更無可言平等互惠，則民族思想亟宜提醒。鳥獸猶愛其類，何況於人？智仁勇三德並進，是在吾國人自尊自愛。余讀韓子之書，想見其爲人，庶乎近之矣！韓子雄奇哉！惜其思想誤入歧途，致啓秦政暴力，遺害天下萬世。使其無逞偏見，而深究儒術，則經世之略，當有爲孟、荀所不逮者。熊先生曰：“韓子憤韓之積弱，思以强權振起，强權不便於民主，故韓子於《春秋》之民主思想弗受也。秦、韓近鄰，而秦自穆公以來，世用客卿，韓子所深知也。六國之才，或長於政，或長於軍，仕秦者衆矣，而韓子獨不入秦。彼本素不見用於韓王，及急，遣使秦，猶勸秦存韓，竟以此爲李斯致之死。可見其愛國情思深厚，其風節孤峻。使韓子生今日，余爲之執鞭，所欣慕焉。”熊先生此論至平允。韓子論政雖刻覈，其志節可謂誠悃極矣！

附識：有問：韓非之言術，似與共黨近。熊先生曰：韓非是霸王主義，與共産主義勢不兩立。使韓非於儒家《春秋經》之民主思想有得，而以彼之能用術，戮力向當時七國民衆作真民主運動，則秦自商鞅、孝公以來之兼併政策，必自毀無疑。惜乎韓非不悟及此，欲以弱小垂斃之韓而行霸術，殆不可能，竟以其術資秦人之成功也。孟子唱民貴之論，所以摧霸王，但其持論嫌簡，而又無韓非之術，孟子本人亦非實行家，世無文、武爲之主，故其説弗行耳。

共産主義本爲全世界無産大衆求均平，其宗在此，與儒家思想並無甚不合處。唯其推行之法，則異乎吾儒。[17]又曰：共産主義國家，如其策略近於韓非之霸王主義，便無異自毀，萬不可以韓非思想與共産主義相提並論也。

韓非之言術，可謂致廣大、極深微矣。然至欲盡其能事，使天下人有口不以私言，有目不以私視，而上盡制之，斯不亦危哉？術固可萬能至是乎？人主用術，何由而得無失乎？韓非已慮及此，是以歸本於道家也。卷一《主道篇》曰："道者，萬物之始，舊注：物從道生，故曰始。是非之紀也。凡事合道則是，違道即非，故道者，是非之紀。是以明君守始以知萬物之源，治紀以知善敗之端。始吾何守？守則虚静而已。紀於何治？治之以形名而已。自此以下，酌提行，並逐句爲注，以便讀者注意。

"故虚静以待令，人君發令者也，而曰待令何耶？君非有意於發令也，直虚静以待之耳。有意於爲令，則物情將窺吾之意而自雕琢，吾無從知物之情實。

"令名自命也，一事有一事之名，一事之爲得爲失、爲善爲惡等等，又有其名，推之萬事皆然。故名亦至繁矣。孰司其令，而命之名耶？無有發令者也，直令名自命耳。是非、得失、善敗諸名，吾人何嘗以意命之哉？直是名之自命耳。名善、名敗乃至種種名，皆其自命耳。彼自命之，故我不得以意亂之，善不得名惡，敗不得名成，其爲自命何疑？明夫名之自命也，而後可語邏輯正名之事，其旨深哉！此等處，從來讀者每不求甚解。

"令事自定也。此一事也，彼一事也，何以有彼此之異？事之好也曰好，事之醜也曰醜，何以有好醜之殊？則事各有定形也明矣。然則孰司其令，而使一一事各定而不可淆耶？無有發令者也，直是事之自定耳，此事彼事，好事醜事，乃至無量事，一一皆自定。易言之，即事各有定形也。明乎此，則無可變亂事實矣。此等處，從來讀者亦皆恍惚過去。凡文義或理道之難窮也，粗心人皆以不解爲解，及有爲之疏釋者，彼猶忽視，無復深玩，此可慨耳！

"虚則知實之情，静則知動者正。名本自命，即名自有實也。然而人主每不能循名以責實，何耶？其心不能虚故也。不虚即任私意，而名實淆亂矣。事本自定，則事之爲此爲彼、爲好爲醜，當可於其事之發動時即明知之，而無有迷妄，是謂知動者正。正者，不迷妄義。夫知之得正者，必由心静，不静即私欲憧擾。一涉變動紛繁之事，即迷妄分别，何有正知可言乎？俞樾謂知動之知當作爲，殊誤。

“有言者自爲名，上言名自命者，名必有實故也。如方之名方，圓之名圓，皆既命之而不可易者，以方名、圓名各有其實故也。名各如其實而不可亂，所以説名乃自命也。但有慮者，凡事善敗等名，雖本自命，而人則能言之物也，有言者可以不依于名之自命，而任私意以自爲名，如以鹿名馬、諱敗而名成等。如此，則名不應實，人主將奈何耶？

“有事者自爲形，上言事自定者，事之爲彼爲此，爲好爲醜，本各有定形，釐然不淆亂也。然而人之有其事者，可以不依於事之本形，而任意以自爲形，事之本形可以隱蔽而變亂之，人主又奈何耶？以上，舊皆不知其解。

“形名參同，君乃無事焉，〔18〕歸之其情。夫有言者可以自爲名，即違其名之自命；有事者可以自爲形，即違其事之自定。人君將無術以處此乎？曰：不然。夫名者，事之名也，事之形本自定，故事之名乃自命也。就事言之，〔19〕善事之形不同乎惡，是善形本自定也；敗事之形不同乎成，是敗形本自定也。就名言之，善事名善，不可名惡，是善名本自命也；敗事名敗，不可名成，是败名本自命也。明乎此，則人君但審合形名，便得其情實，夫何難處之有乎？（審合形名一詞，見卷二《二柄篇》。）執名以驗形，（形者，事之形，已見前。）考形以審名，形當名，（當者，符合義，下同。）名當形，是謂形名參同。（參者，參驗，參驗之而無不當，曰參同。）如姦人以敗事而冒成名，君循名以考形，則形名之當否可立辨。善類遭妒害而被惡名，君按形以審名，則形名之當否亦立辨。人君常守虚静，無私意，無偏聽，謹修形名，而萬物之情實無不得，故曰君乃無事，歸之其情。

“故曰：君無見其所欲，心常虚静，自無所欲予人以可見也。君見其所欲，臣將自雕琢；臣將因君欲而自雕琢以稱合之，則上所謂有言者自爲名、有事者自爲形，實由君自見其所欲，故臣得自雕琢以稱之也。下文可類知。君無見其意，君見其意，臣將自表異。故曰：去好去惡，臣乃見素；君無好惡形見於外，則臣不得飾僞以伺君，故云見素。素者樸素。去舊去智，舊者，習染。智者，機智。臣乃自備。備者，戒備。君有習染與機智，臣則可覘知而利用之。今君都無，臣乃無所施其技，故自戒備，莫敢爲非也。故有智而不以慮，使萬物知其處；君有明智而不自用，故云不以慮。唯君不自用其智慮也，故天下衆智皆得自獻於君，而萬物之情狀無所匿，故云使萬物知其處。有行而不以賢，有行，謂有賢行也。君有賢德之行，而無自賢之心，故云不以賢也。王先慎謂當作有賢而不以行，甚無義。古人字句雖間有對比，但乘文便，不似後人雕琢也。觀臣下之所因；因者，由義。君不自賢則心虛，而可以觀臣下之所由，得其賢不肖之情。有勇而不以怒，使群臣盡其武。不怒者，不自矜誇逞强也。大勇不怒，故天下勇健之士願歸心焉。以項羽與漢祖相較，項則勇而怒者也，漢祖則有勇不怒者也。當時天下雄猛悉歸劉而不歸項，項氏始終用一身之勇，以自亡而已矣。又復應知，唯有勇不怒者，方能養天下人以進于勇健。清末以來，乘勢而興者，大勇怒一身之勇，而不知養天下之勇，將才猛士，蕩然不可得矣。當競争之世，其國民若只有怒亂之習，而無雄武之風，其族類難存，可痛也夫！

“是故去智而有明，君去智，則集天下之智而有其大明。去賢而有功，君去自賢之心，則得天下之賢成大功。去勇而有强。君不自逞一己之勇，則能養天下之勇，而民莫不自奮於强。群臣守職，百官有常；因能而使之，是謂習常。故曰：寂乎其無位而處，居位而若無，寂故也。漻乎莫得其所。虛静無爲也。明君無爲於上，群臣竦懼乎下。明君之道，使智者盡其慮，而君因以斷事，故君不窮於智；賢者效其材，君因而任之，故君不窮於能；有功則君有其賢，君能用人以立功，不歸賢于君不得也。有過則臣任其罪，臣受君之委任，故有過則君必罪之。故君不窮于名。臣下有功，皆歸賢於君，故不窮於名也。是故不賢而爲賢者師，君不自賢，而爲賢臣師。不智而爲智者正，爲臣下所取正。臣有其勞，君有其成功，此之謂賢主之經也。”

詳上所述，韓子雖主極權，並非昏狂之徒所可用，亦非陰鷙沈雄、機智深阻、狡變不測者遂可行使極權而無害。亦非至此爲句。商鞅、孝公始用秦以開霸業，而韓子猶不許以用術，但稱其爲法而已。《定法篇》曰“商鞅爲法”，引見前。孝公已狠，吕政陰鷙，視孝公尤無道。韓子必心薄之，故同學李斯事政，而韓子不肯往。韓王安因迫於秦師，遣之使秦，韓子不得不往。觀韓子之志，視吕政當如腐鼠耳。然政卒妄襲其説，以遂兼併之欲於一時，終自亡而已矣。韓子極權之論，必有道者而後可行，無道而恃其陰鷙以用之，雖逞志當時，而禍害之中於蒼生者無也已。

熊先生曰：“有道之君自去智，而用天下之智以斷事矣，同時即使天下人亦不得自有其智。何則？天下之智，同赴於君之所執之宗與的，的，則射者之鵠的，言所以達其宗者也。無有敢離君所執，而私用其智者也。君去賢，而用天下之賢以成功矣，同時即使天下人亦不得自矜其賢。〔20〕君去勇，而用天下之勇以盡其武矣，同時即使天下人亦不得以勇而敢怒。天下之賢、勇共集於君所執之宗與的之前，無可貳心而易向也，此韓子之極權主義也。君去智、去賢、去勇，而有所不可去者，術也。術者，君之所執也。見前。若無所執，君其爲塊然之土或蕩然之空乎？若爾，則極權誰操之耶？去智，非滅智也。去一己私智或有限之智，而集天下之智，以成無限大智也。去賢、去勇，可以例知。”

“術之一詞，在《韓子書》中似未有定義。此等名詞，其意義寬廣無邊，本難下定義。然詳玩之，彼所言術，似含有宗主與謀略、機變等義。宗主亦省言宗。如倡導某種主義及某種政策，用以喚起群衆者，此術之宗也。其謀略、機變等，則術之隨時隨事運用不窮者也。機變一詞，通常用之，即含劣義。實則機變，如用以達於正當之目的，亦無劣義。唯詭變失正，乃劣義耳。

“難者曰：如熊先生言，君去智而用天下之智，乃至去勇而用天下之勇，不亦儒者尚賢之論乎？似非韓子本旨也。曰：否！否！韓子以爲儒者主人治，所謂尚賢是也。其用人也，則務求天下賢智而登庸之。韓子兼持法、術，其用人也，必一依於法以爲進退。法非許人無功妄進者也，亦不予無過而妄黜也，故不於法之外，而別有所謂尚賢之意，此韓子主張也。人君唯依法用人，而不自智、不自賢、不自勇，使臣下各得獻其智、賢、勇而舉其職，故曰：人君用天下之智、賢、勇也。是人君之所以能操術而行法也。”熊先生於此，只依上述《主道篇》一段文意而申說之，其於韓非本旨無失也。

卷二《揚權篇》曰：“權不欲見，素無爲也。操天下之大權，而用人圖治，要在虚以應物，不予人以窺測己之好尚，故曰不欲見。素，空也，心無所着曰空。無爲者，非真無爲作也，人君不以一己之私智或小智而爲作，使群工各舉其職，而萬物皆作焉，乃曰人君無爲耳。

“事在四方，要在中央；四方，謂臣民。中央，謂君主。聖人執要，四方來效。虛而待之，彼自以之。舊注：以，用也。君但虛己以待之，臣民則各自用其能也。四海既藏，道陰見陽。四海之大，皆藏於人主之一心。陰，謂君所執之術，密運諸心，故曰陰也。陽，動也。道，由也。由陰密之術而宰天下之動，故曰道陰見陽。舊注皆非。

“左右既立，開門而當。左右，謂左輔右弼也。韓子主極權之治，君獨裁於上，則政府不立總揆，但置左輔右弼二人，以承宣君命，而領百官、理萬幾。輔弼既立，則同聲相應，同氣相求，四方賢才畢來，君但開門而當之，無有壅蔽也。〔21〕

“勿變勿易，與二俱行；行之不已，是謂履理也。”人才既集，不得變易君所執之宗與的。（宗義、的義，皆見前。）二謂輔弼，輔弼爲君之所親信重任，中外百執事，但從輔弼以俱行，無敢懷異志。行之久而不已，則履理也。理，謂軌範；履理，猶俗云政治上軌道，即萬事不勞而理。

《揚權篇》又曰：上下易用，國故不治。舊注：上代下任，下操上權，則國不治。

“用一之道，以名爲首。一謂主權，主權不可分，是謂一。舊注皆非。上持大權以御下，其道何由？曰：必也正名乎。故名爲首。

“名正物定，審名以辨物，是非善惡，類別而不可亂，如黑白分明，是謂物定。名倚物徙。倚，不正也。徙者，物不定也。如指鹿爲馬及黑白不分之類。

“故聖人執一以靜，此中一者謂道。聖人守道以靜，靜則心虛明，無有私意私欲，故可審合形名也。使名自命，令事自定。執一以靜至此，見《群書治要》引《尸子·分事篇》，但“使名自命”句，使字作令。按使作令，是。韓非言術，本宗申子，《主道篇》云：“令名自命也，令事自定也。”此中使字當亦作令。《主道篇》引見前，已加注，可覆玩。令名自命，令事自定，則形名參同而名實不亂，治道成矣。不見其采，下故素正。不見采者，聖人守靜，意欲不形，臣下以故守素而趨於正。因而任之，使自事之；舊注：因其事而任之，彼則自舉其事。因而予之，彼將自舉之；舊注：因其事以予之，彼則自舉之。正與處之，使皆自定之。上以名舉之，〔22〕臣工所任之事，或成或敗等，皆彼自定之。在上者則從而舉其名以正之。正者，謂形名審也。如敗不名成，善不名惡，審合形名，無可淆亂，政所以成。不知其名，復修其形；不知其名者，是非未定，名無從正也。修，治也。名以表事，名未正，則謹治其形。形者，事之形，考定事形，則是非著明，而名可正矣。形名參同，用其所生。〔23〕名以表事，是名者，形之所生也。形待名詮，是形亦名之所生也。故形名參同，乃互用其所生，以審其同也。舊注甚不通。二者誠信，下乃貢情。二者，謂形名。參同，即名實不亂，〔24〕是謂誠信。如此，則臣下不敢欺上，而皆盡情以舉其職矣。謹修所事，待命於天。天者，自然之理，必至之勢也。毋失其要，要者，虚静也。乃爲聖人。聖人之道，去智與巧；智巧不去，難以爲常。用智巧，必背正道而行險賊，故不可以常。民人用之，其身多殃；主上用之，其國危亡。因天之道，反形之理，形者，事也。督參鞠之，終則有始。既去智巧，上因天道，更反而究事形之理，督考參驗鞠盡之，其事之終如此，必有所從始，非無因而至也。終猶言果，始謂因。

附識："因天之道"以下，舊注：上因天之道，下則反形之理，二者督考參驗鞠盡之云云。熊先生曰：天道爲體悟所及，非知識考驗之事。"上因天道"句宜截斷，"反形之理"至"終則有始"，不當連上爲解。舊注"二者督考"云云，大誤。天道以虚静而成化，萬物消息盈虚，一任自然，而天無私意也。聖人因天，故不肯爲狂風驟雨。德國希魔之徒不能悟此。"反形"至"有始"，宜作一句。形者事也，事之理，猶言物理，必督考參驗鞠盡之，以得其因果律或公則。誠能精析物理，則於群情與世變，必能數往知來，推顯至隱，舉類邇而見義遠，必不至迷妄無術也。舊注以"督參鞠之"，兼"上因天道"而言，不悟韓子於天道明明着一"因"字，是爲透悟者説，未悟則不知因也。事物之理，却要督考參驗鞠盡之，以得其律則。此等文義，萬不可誤。又曰：韓子言聖人去智巧，故其得力處，全在因天道、究物理。此其能術之所本也，能術，猶言能有術。可見用術之所以必出於正也。余謂吕政之徒如腐鼠，正從此處見得。後世陰鷙之流，純以智巧運術，而生人之禍亟矣。愚聞此，因叩曰：堯、舜、湯、武諸聖人，庶幾去智巧而能術者乎？先生曰：堯、舜時，天下纔由無數部落而進爲衆多國家，二帝却從政治、經濟、文化等方面力謀統一，而鞏固萬國共宗之王朝，此豈無術可能？湯、武時，群侯競争，世變已複雜，非有術，何能開治平之運？但用術不可憑智巧。漢以來儒者，只管説三代聖人以道爲治，而不言聖人有術，則聖人幾成笨物矣！其實聖人自有術，但其用術始終不違道，所以爲聖人之治。近世列强之才，於物理知識方面確有訓練，惜於天道不肯究。此個關係不小，余難倉卒言之。韓子“因天之道，反形之理”云云，近人有下一句，失却上一句，所以不堪擔荷世運。先生此段語，深可味。

虚以静後，未嘗用己。舊注：常當虚静以後人，未嘗用己而先唱。熊先生曰：此本道家主張，却須善解。漢以後之人受此影響，便一意全身遠害去，乃失老子本旨。政治、經濟等等，合要大改革時，而群迷猶多不悟，有道者明知之，何忍不用己先唱？但既投身天下，當事變之衝，却要因天道、察物理，不由得一己横衝直闖去。如舟行遇大風，隨波濤上下，完全不可用己而唱先、去强犯波濤，只有虚静以後，于波濤相機而進退以隨之。恰巧怪極，明明我隨順波濤，似我不勝他，然實以我隨順波濤，而令驚濤駭浪無法勝我，終是我改造了他。此一譬喻，最可形容道家意思。道家此等語，正爲身當大任者説，非是教人退避世外，作馴羊以待屠宰也。是爲大人御世者説，非爲細人藏身者説也。然虚静以後，于狂潮而乘其機以進退，此事大不易，非見幾遠者，不能乘幾，即不知進退。如第二次世界大戰，希魔一意用己先唱，知進而不知退。此由不能遠見於幾先，故有亡國覆族之禍。而英之張伯倫，又怯且偷，一意後人，養虎自貽患，英之危如累卵，其去亡也無幾。此亦不能遠見於幾先，與希魔同病也。《易》曰“知幾其神乎”，非虚静而不離于道者，何可知幾？韓子之學，足以語于知幾否，吾不能知，然能知致虚守静之要，斯可謂立本矣。知幾而後可言術，故術非智巧可能也。智巧者，陰鷙之狂慧，可以僥倖一時之利。以此謀天下事，終當禍蒼生以禍己也。秦政不得韓子之真而竊其似，卒蹈于凶，萬世之殷鑒也。

“夫道者，弘大而無形；德者，覈理而普至。德者，道之德用。夫言道者，亦言其德用而已，離德用，無以見道，故德即道也。覈字連理字爲詞，未詳其義。熊先生曰：覈當作覆，道之德用，布覆萬物，使萬物各成條理而不可亂，故曰覆理。德無不行，故曰普至。至於群生斟酌用之，群生稟德以生，日用一皆本其固有之德也。然有生者限於形，不克顯其全德。草木有生機，鳥獸有知覺運動，人乃有靈性，凡物各於所稟大道之全德而有所用，要未能盡量顯發之也，故曰斟酌用之。萬物皆盛而不與其寧。物之盛也，固皆稟道而生，以成其盛。然道德非有作意，故未嘗與物以寧，直物之自寧耳。故曰道不同於萬物，舊注：能生萬物。德不同於陰陽，故能成陰陽。衡不同於輕重，故能量輕重。繩不同於出入，故能正出入。和不同於燥濕，故能均燥濕。君不同於群臣。故能制臣民。舉臣，即攝民衆。凡此六者，道之出也。六者皆自道生。道無雙，故曰一。無雙猶云無對。是故明君貴獨道之容。舊注：道以獨爲容。按獨者，絶對義。君臣不同道，下以名禱，一法之布、一令之出、一政之行，皆名也。名者，上之所操，下不得自主，唯以此禱於上，而受之以供職。君操其名，臣效其形。形者，事也。臣守職以舉其事曰效。形名參同，上下和調也。

韓非主獨裁，主極權，其持論亦推本於道，故曰“道不同於萬物”乃至“君不同於群臣”，又云“道無雙，故曰一”，又云“明君貴獨道之容”，此則於本體論上，尋得極權或獨裁之依據。史公謂其大要皆原於道德之意，誠爲確評。極權之治，人主不可無術。無術，則不能督率臣下，使之各舉其職。術非苛察之謂也。苛察可偶行於細務，不可以持大體。人主好苛察，臣下將結其近習以營私而廢公，如是者，其政昏亂，其國危亡。故人主能術者，欲修其治，莫如形名參同。上持其名以參驗臣下之事形，而嚴責其效。不效，則重罰加之。故術與法不相離。務使形名審合，無有差失，如是而不治者，未之有也。《揚權篇》有曰：“黄帝有言：‘上下一日百戰。’下匿其私，用試其上；上操度量，以割其下。度量，謂法度。故度量之立，主之寶也；黨與之具，臣之寶也。臣下厚結黨與，便可奪上之權而行其私。有道之君，不貴其臣。不使臣得私結黨，成貴重之勢也。臣下黨與勢重，則主權將傾也。内索出圉，必身自執其度量。臣庶四面謀君，常欲使君在牢圉中，長受錮閉。今君求出圉，必身執度量，以割斷臣下之勢，使其陰私不得逞。毋使民比周，同欺其上。”又曰：“欲爲其國，必伐其聚。聚，謂背君而結黨者。不伐其聚，彼將聚衆。”韓子言治内之術雖多端，而要在統一臣民之思想與意志，使皆不得有異動，故有“爲人君者，數披其木，毋使木枝扶疏”“數披其木，毋使木枝外拒”“數披其木，毋使枝大本小”等語。外拒，謂枝之旁生者，將向外發展，而拒其本榦。案今之清黨，亦披木之旨。韓非殆以爲聖人獨裁於上，故天下不當有離異，頗有宗教意味。此説竟爲秦政所完全採用。夫極權之治，固須集中力量，然學術思想，不可束於一途。宇宙無量，理道無窮，各宗派之説，宜任其自由發展、互相觀摩，爲最合理。否則其民群思想凝滯，而活動力亦隨之消失。中國秦以後之歷史，已足證明此事。〔25〕政治上主張不必同者，如退而在野，不至有越軌破壞之舉，其持論或有當於當世利弊者，猶當採用。此爲諍友，何可不容其存在？社會本由各分子相集而成全體，如人身由百骸六臟集成全體，若有一部分虧損，必影響其全體，難以久支，此人人共知之事。韓非數披其木之術，徒爲秦政輩教猱升木，〔26〕而禍害中於國家民族，永不可拔也。明祖起寒微而陟帝位，行獨裁之政。漢以後開國之主，殺人最多者無如彼。元人入關九十年，慘毒與貪污之風，影響於社會者至深至大。明祖初興，既力革元政之污習，又猜防同起草澤之梟桀，其不能不辟以止辟，亦可諒也。然明祖自感殺人已多，而天下反側之圖與犯罪之行，並不少止，頗戚戚於心，思求其故。乃遍讀五經，而無所悟，不得已，復讀《老子》，至“民不畏死，奈何以死懼之”，乃惻然感悟曰：余欲以殺使人懼死而易念，是大誤也。自是專意政教，不復以殺爲治術。當時元人在塞外，勢力猶盛，而明祖卒能保固神州者，幸有此一念覺悟耳。否則殘殺不已，民之懦者日斃於刀斧，强者挺而走險，社會恐怖無止境，殘破無止境，元氣無恢復期，外禍將復深入，明祖不與族類同斃不得也。人生何樂而爲此乎？韓非數披其木之説，不獨非治道，實非人道也。中國經秦政之暴虐，迄今不振，韓非不得避作俑之愆也。韓非本學道者，胡慘酷至是乎？熊先生曰：道家下流爲申、韓，非無故也。儒者本誠而以理司化；老氏崇無，而深静以窺幾；墨子兼愛、兼利，依于正理，儒之别子也。墨子似未破統治，然主兼愛、兼利，則民主思想之根本也。老氏則去儒漸遠矣。夫深静以窺幾者，冷静之慧多，惻怛之誠少。又凡先天下而識幾者，不用世則已，如用世，自有天下皆芒之感，而果於獨用其明。果於獨用，未有不力排異已。韓子言術不覺慘酷，亦道家啓之也。

卷十三《外儲説》有曰："田子方問唐易鞠曰：'弋者何慎？'對曰：'鳥以數百目視子，子以二目御之，子謹周子廩。'廩谷，弋者所藏之以餌鳥，而因以獲鳥者也。弋者須周備此廩，而防鳥之偷取。田子方曰：'善。子加之邑，我加之國。'子方謂唐宜以謹廩之道推之於治邑，而自謂當以此道推之於治國也。鄭長者聞之，《漢·藝文志》道家有《鄭長者》一篇，[27]云六國時人，先韓子，韓子稱之。熊先生曰：長者當是列禦寇。曰：'田子方知欲爲廩，弋者欲獲鳥，必自爲廩。今欲治國，而可不自爲廩乎？長者言子方之智只及此。而未得所以爲廩。長者意云：無爲而無見者，是所以爲國之廩也。子方之智不及此。夫虛無無見者，廩也。'一曰：齊宣王問弋於唐易子曰：'弋者奚貴？'唐易子曰：'在於謹廩。'王曰：'何謂謹廩？'對曰：'鳥以數十目視人，人以二目視鳥，奈何其不謹廩也？故曰在於謹廩也。'王曰：'然則爲天下何以異此廩。今人主以二目視一國，一國以萬目視人主，將何以自爲廩乎？'對曰：'鄭長者有言曰：夫虛静無爲而無見也。'其可以爲此廩乎！"無見者，謂人君虛静無爲，即無意欲形見於外，國中臣民皆不得窺伺君心，以售其姦也。此事有兩説，一云田子方，一云齊宣王，韓子兩存之。

熊先生曰：韓非以爲人主之能術者，其要在虛静無爲而無見也。韓非於虛静無爲似曾用過工夫，非虛言其理而已。《解老篇》有曰："聰明睿智，天也；動静思慮，人也。人也者，乘於天明以視，寄於天聰以聽，托於天智以慮。故視强則目不明，聽甚則耳不聰，思慮過度則智識亂。目不明則不能决黑白之色，耳不聰則不能别清濁之聲，智識亂則不能審得失之地。目不能决黑白之色則謂之盲，耳不能别清濁之聲則謂之聾，心不能審得失之地則謂之狂。中略。書之所謂治人者，書，謂老子《道德經》。適動静之節，省思慮之費也。所謂事天者，不極聰明之力，不盡智識之任。苟極盡則費神多，費神多則盲聾悖狂之禍至，是以嗇之。嗇之者，愛其精神，嗇其智識也。故曰：'治人事天莫如嗇。'"又曰："衆人之用神也躁，躁則多費，多費之謂侈。聖人之用神也静，静則少費，少費之謂嗇。"又曰："知治人者，其思慮静；知事天者，其孔竅虛。思慮静，故德不去；孔竅虛，則和氣日入。故曰：‘重積德。’中略。積德而後神静，神静而後和多，和多而後計得，計得而後能御萬物，能御萬物則戰易勝敵。”詳此所云，韓非蓋嘗用致虛守静之功，以養其神。棲神於静而不妄費，是謂無爲。無爲也，則意欲不形於外，而天下莫得窺其藏，是謂無見。無見，則天下不得竊窺以制我，而我則守静以待天下之動而識其幾，乃以静制動，不患無術矣。故韓非之術，終不免出於陰深，流於險忍。熊先生此論，深入韓非骨髓。韓非從道家轉手之故，亦於此可見。

熊先生又曰：道家功夫，唯致虛守静。儒者非不虛静也，而要在思誠。思誠二字雖見於《孟子》，孟固學孔者也。孔子於《易》曰“立誠”，於《論語》曰“主忠信”，忠信，誠之異名也。說見《讀經示要》第一講。故思誠者，孔子之旨也。《孟》曰：“誠者，天之道也；思誠者，人之道也。”[28]此義得之《大易》。夫真真實實曰誠，是爲萬化之本、萬物之源，儒者則名之以天。老氏所謂道，亦就萬化之本、萬物之源而言。然老氏却以虛無言道體，其體悟及此而止矣。儒者言天，曰無聲無臭至矣，何嘗不虛無？然不於此處扼重，特於天而指名之曰誠，此是儒家體悟親切處。余年二十前後，厭儒書平易而深喜道。三十後，更探佛氏大乘法而酷嗜之。四十五十後，卒歸於儒。此中有千言萬語，難爲人說。世有智者，讀吾《新論》，《新唯識論》。當自知之。夫於虛無而見誠者，方是真本真源。徒悟虛無者，難爲依據。此意不可向浮慧者說。儒學主思誠，思誠者，盡人合天之學也。合天者，通物我爲一體。通物我爲一體者，其行政教，則因人生固具之天即所謂性。而涵養之、扶勉之，以進世界於大同太平，馴至天地位、萬物育之盛。儒者非不知人之生也，形氣限之，有迷執小我形氣之軀。而失其天德，以造作無量罪惡之趨勢，非不知至此爲句。然儒者終不持機詐以制馭人，要以養其天德爲主。韓非盛稱弋人謹廩之故事，則純恃機詐以馭人，是殘忍之術也。儒者決無事於此。儒者亦非無術，余固嘗言，儒者本誠而以理司化，言化，即不得無術，但其術非弋人謹廩之術。儒家經籍中，有一極精警之語，曰："未有學養子而後嫁者也。"夫女子未嫁時，從不學養子之術，及已嫁而有子，則其養子之術，至繁瑣，至周密，至微妙，皆不學而自能者，何耶？彼不知其子與己爲二也。彼之愛護其子者，一出於誠，而不自知所以也。誠之至而術自出，無事於學也。儒家經典謂"王者爲民之父母"，天下之所歸往曰王，聖人領導天下，故稱王，非必以爲君主方謂之王。[29]此中意義深遠，惜從來學者作平常語句，輕忽過去。父母於子，無彼我之分，愛護之，如其自護自愛也。唯然，故父母教養其子，盡心調順扶導，調順一詞，意義無窮。佛度衆生，特注重調順，亦取法父母之道。扶者扶助，導者引導。時或不便調柔，不堪隨順，則嚴加禁戒，納之正道。其子苟非生而氣質頑劣特甚者，當其受戒，立即感悟。子既長成，巍然獨立，秩然自由，完其天賦之良知良能，[30]一切不曾受損，一切無所阻遏。其所以如此者，則父母於子，無有我與非我之對峙觀念，非若霸者視天下群衆爲自我以外之物也。既無我、非我對峙，即無自視爲統治者之觀念。無自視爲統治者之觀念，即無宰制其子之觀念。父母知識劣者，或有於子施不適當之干涉，然此是智識問題，究非若霸王以群衆爲其所宰制之物也，此須嚴辨。無宰制其子之觀念，故有調柔隨順，有扶持引導，皆所以養成其子之獨立自由，與發展其子之天賦良知良能。即或嚴加禁戒，亦所以養成其子之獨立自由，與發展其子之天賦良知良能。何則？父母之禁戒其子，本於一體不容已之愛護，非有宰割劫制之意欲存於其間。故其子於精神、物質任何方面，不唯無壓抑之感，而只覺嚴父慈母春温秋肅氣象，其感發興起於無形，不能自明所以。如人不謝覆載於乾坤，而以七尺昂然挺立。實由乾坤浩蕩，覆而無已，載而不有，故人得昂然其間，[31]而相忘於無何有之鄉也。聖人責長民者以父母之道，此爲真民主自由之法治，人類如不自毁，必由此道無疑。真民主自由，今之英、美，何堪語是？《讀經示要》第一講以九義明治化，未可忽而不究。欲達到真民主自由，必如《春秋經》所謂天下人人有士君子之行，談何容易哉？方其未至天下人人有士君子之行，則對于民群保育之功萬不可無。[32]而一言保育，則唯取法父母之道，方不傷害人民之天賦良知良能，與其獨立自由。天地可毁，此理不可易！若如古今霸者以國家爲侵略之工具，而不惜用種種宰割劫制之術，以犧牲人民，將其心力、體力、物力，一切在侵略政策下，供富强其國家之用，而後展其侵略異國異族之雄圖，〔33〕如德國希魔與日軍閥之所爲。吾國聖人以國家爲一文化團體，决不利用國家爲侵略他國之工具，但亦决不受侵略者之侵略。弱國之民只爲世界上野心家而生，爲世界上野心家而死。老子“天地不仁”之言，上背《大易》“群龍無首”之訓，何其過甚耶？群龍者，群衆之象。無首者，雖互相和集而爲團體生活，但人人各得自由，各得獨立，無有獨操特權者，故云無首。韓非本霸王主義，其言術，祖道家，雖有黠智巧之説，足爲吾人矜式，然即其書而細玩其持論之條貫與精神所注，彼實與吾儒天地懸隔，雖高言黠智巧，畢竟坐智巧膠漆盆中，出脱不得也。弋人謹廩之術，爲韓非所深取，吾知韓非爲天下，其術皆此類而已。謹廩之術所以誑鳥而納之鼎鑊，且深防鳥之逸去也，是芻狗萬物之術也，是人類自毁之術也，是古今霸者不期而同用之術，唯用之有泰甚與否耳。去泰去甚，猶存幾分人性。泰甚，則余弗忍言矣。熊先生發明儒家保育主義，最有冲旨。蓋治道必以真正民主自由爲極則，《春秋》太平大同之隆，由此道也。然真正民主自由，必如《春秋》所謂天下之人人皆有士君子之行，而後可獲致，談何容易哉？方天下未至人人皆有士君子之行，則必須行保育政策。而保育則必以父母之道，斷不可取弋人之道。弋人以機巧、騙詐，使萬物墮其術中而不悟，乃以傷萬物之命。父母以真誠，與子爲一體，無宰制其子之私欲，故常隨順子之天性而扶勉之，使其自然發展而各正性命。弋者因物之求食，而遂以食餌之，因以制之。儒之道未嘗不使人足食，而必使人復其性，即充其靈性生活，而人不僅爲求食之下等動物。此儒者之道所以贊參化育，高明同天，博厚如地，而非凶猘之徒所逮聞也。夫以經濟改革號召當世者，是食道也。儒者固曰“民以食爲天”，非不注重乎此。《大學》以理財歸之平天下，而宗本於恕。絜矩即恕。〔34〕恕者，視人猶己，不私己以侵削他人或他國，不利己以芻狗萬物，天下全人類皆經濟平等，即各足其食，乃得有餘裕，以開通其神明而復其性矣。儒者爲人類解决食之一大問題，要在返諸本心之恕。恕即誠也。此與弋人以食誑鳥而制其命之術，截然不可同日而語。古今霸者皆弋人也。孟子願學孔，故爲人類倡均産井田。而必賤霸，其憂思人類之深也，仁且智矣哉！

余雖不取韓子之爲術，而深感其言有亟切於吾國當今之務者。略提二事。其一事，曰韓子生危弱之國，而於外交則斥盡當時合縱、連横二派之術，乃一以自恃而不恃人爲國策。卷五《飾邪篇》曰："亂弱者亡，人之性也。[35]治强者王，古之道也。越王勾踐恃大朋之龜，[36]與吴戰而不勝，身入臣於吴；反國棄龜，明法親民以報吴，則夫差爲擒。故恃鬼神者慢於法，恃諸侯者危其國。曹恃齊而不聽宋，齊攻荆而宋滅曹。邢恃吴而不聽齊，越伐吴而齊滅邢。許恃荆而不聽魏，荆攻宋而魏滅許。今者韓國小而恃大國，謂恃秦。主慢而聽秦。魏恃齊、荆爲用，而小國愈亡。故恃人不足以廣壤，而韓不見也。此皆不明其法禁以治其國，恃外以滅其社稷者也。臣故曰：明於治之數，則國雖小，逗。富；句。賞罰敬信，民雖寡，逗。强。句。賞罰無度，無論政軍等任何方面，貪污敗職者皆無罪，姦邪爲爪牙者，各結黨與而欺其上，以據重位、營私利，賞罰悉無法度。國雖大，兵弱者，地非其地，民非其民也。"卷二《八姦篇》曰："聽大國，爲救亡也，而亡亟於不聽，聽大國，則割去根本重地，不足滿其欲。一切誅求與束縛之來，將傾國爲奴而猶無止境。故聽命於大國以救亡者，其亡尤速於不聽。故不聽。句。群臣知不聽，則不外諸侯。"因人主聽大國，則臣民愈怯，必益務外結而相率以趨於自亡，而不知耻，是不止亡國，亡天下之痛也。又曰："其於諸侯之求索也，法則聽之，不法則距之。"兩國平等互惠，是爲法。割我領土，據我險要，奪我資源，奴我人民，是大不法。綜上所述，可見韓子於内政、外交，一以自恃而不恃人爲立國精神，爲堅强自信而絶不游移之國策。縱横之徒，或聯與國，或事一强，皆恃人而不自恃，自速其亡，韓子兩斥絶之。當時六國之天下，唯韓子一人獨延兩間生氣於衰絶之餘，其有功於造化者大矣哉！余確信古今有國者，苟自恃自愛而不自亡，則其並世任何强國，决無可以傾覆之者。《孟子》言"國必自伐，而後人伐之"，亦同此旨。弱國皆能自恃、能自樹立，而後可言世界主義。否則，有强權而無公理。

其二事，曰韓子思振危亡之韓國，首以治吏爲政本。卷十四《外儲篇》曰："人主者，守法責成以立功者也。聞有吏雖亂而有獨善之民，吏雖亂，賢人不改操，《論語》所稱逸民是也。不聞有亂民而有獨治之吏。民亂於下，必吏首亂於上也。吏導民者也。以民之習於亂，而知無獨治之吏也。故明主治吏不治民。"其《説》曰："搖木者，一一攝其葉則勞而不徧，左右拊其本而葉徧搖矣。臨淵而搖木，鳥驚而高，魚恐而下。善張網者引其綱，不一一攝萬目而後得，一一攝萬目而後得，則是勞而難，引其綱而魚已囊矣。故吏者，民之本綱者也。故聖人治吏不治民。"詳韓子所言，蓋謂聖人守法而選用大臣，大臣則奉法而督責群吏，使各率其民而舉其職，則治本立。故曰明主治吏不治民者，非不治民也，治親民之吏而民已治矣，是搖木拊本、張網引綱之説也。民國初建，袁氏欲反民主，昌言國民程度不足。在袁氏固以此爲僭竊之藉口，然民衆自治自主之力，必須扶持誘導，則不容忽視。國民黨有訓政計劃，不爲無見，可惜訓政徒托空言。夫訓政必群吏奉法，能率民衆以奉法，而舉其公務、修其私業。私業，謂私人職業。吏治成則民治成，民治成則民主成，此事理之必然也。民國垂四十年，全國守令號爲親民之長吏，其所事者，則唯承上意嚴行搜括、藉以分贓而已。此外則一無所知、一無所能、一無所事。訓政不能，適以訓亂、訓亡。袁氏迄今，相繼崩潰，夫豈偶然？古之循吏，必身親民間疾苦，與之痛癢相關，又深知人民情僞，養之而後教，教之不率而後有刑。今世大變，措施之宜，無可泥古，然親近民衆與扶導民衆者，必有慈祥之心、精明之識、通達之學、幹練之材、貞廉之守、勤勞之習，更其教而必合於人道，修其政而必切於民生，猛而不失其寬，鋭而勿操之過急，庶幾安定地方，使民有樂業安生之趣，治具漸張，而民主基礎始定。韓子重治吏，至今無可易也。如其以一切破壞之主張而言改造農村，吾恐衰弱遺黎，摧之太過，難存於强大之間也。

韓子云："術者，人主之所執也。"熊先生釋執字以二義，曰執藏，曰執持，詳前。可謂綜其體要。韓子固言大不可量、深不可測，然無論如何宏大深秘，韓子言術，要是弋人謹廩之類也。

八[37]

上來略論韓子之術，今次當談法。韓子言術本申子，而言法則宗商君，但其持論益恢宏。熊先生曰：韓子援道以入法，首於形而上學中求法理之根據。卷六《解老篇》有曰“道者萬物之所以成”“理者成物之文”云云。按文者，條理，言萬物以道而成，及其成也，即物自有其條理，唯條理燦者，方謂之物，故云“理者成物之文”也。詳此，以理説明現象界有則而不亂。其言道，即實體。又謂“道者，萬理之所稽”，[38]則以理雖分殊，而窮至於道，即萬理合於一理。一理，謂道。稽者合義，其爲説可謂上窮無極而下盡物曲者矣。又曰：“萬物莫不有規矩，聖人盡隨於萬物之規矩，故曰不敢爲天下先。”又曰：“慈於身者不敢離法度，慈於方圓者不敢捨規矩。”此皆以法理解《老》，而使法理於玄學及宇宙論中得有根據。如曰“理者成物之文”及“萬物莫不有規矩”，是以宇宙爲一大法界也。法界係借用佛家名詞，但與其本義全異。韓子釋老氏之言慈而曰“慈於身者不敢離法度”，此中意思深遠，惜乎今人不足與語也。韓子以爲守法者，乃自己對於自己之慈愛故然，絶非由强制而然，真善美哉，斯意也！今人亂法、毁法，太下賤，太不自慈愛。其釋《老》之“不敢爲天下先”曰“聖人盡隨於萬物之規矩”，一言而道盡民主法治精神，美哉洋洋乎！獨惜韓子未抱定此語去發揮。夫聖人盡隨於萬物之規矩，不敢爲天下先，是與霸王主義、極權政制截然相反也。而韓子不向民主主義去提倡，何耶？韓子亟於救韓之亡，思以極權振起，此其所以不言民主也。韓子不取韓王安而代之，何耶？讀韓子之書，其言人主昏闇，權移臣下，與大臣結黨與，上欺君、下私惠於民以竊國，凡此類事，言之痛，又重複言之，幾佔全書大半。當時六國情形皆如此，而韓國或更甚，姦臣樹私黨於朝，又以私惠要結民心，韓子欲取政權自不易，故著書發人臣之姦，欲百姓共喻，而後可行改革。民智未開，固無可如何也。韓子非不欲得王權以行所志，只時機未至耳。不圖吕政以陰鷙雄才，急併六國，而韓子無所措手矣。若是時秦無吕政，僅出一中主，六國當不至于亡。韓子之書漸爲國人所共了，其必起而操韓之王權無疑也。觀韓子負霸王大略而不入秦，此其志必有在。李斯忠於秦而殺韓子，亦有以也。熊先生此論，可謂創論，實確論也。

韓子仍承君主政體，又主極權，故人民無參政權，但供人主之驅策，以盡力耕戰而已。此與近世霸者，糾集其人民之智力、物力於生産與軍備二者，用意遥合。人民於爲其主供驅策外，一切無自由可言。韓子以爲不如此，即不足以應急世之需，其書之主指在是。然則人民立法機關，在韓子所持之政制下無有也？曰：是誠無有。然則唯人主得有立法權耶？曰：誠然。卷十七《説疑篇》曰："法也者，官之所以師也。"卷十九《五蠹篇》曰："故明主之國，無書簡之文，以法爲教。"據此，則臣民皆無立法權可知矣。韓子云"法者，憲令著於官府"。見前。何謂憲？人主身總萬幾，有其手定之國法朝章，是謂憲。亦有由内外臣工隨時隨事奏議，而人主自核定之，以爲一般通行之法，是謂令。憲令二者，總稱法，皆人主之所自出聖裁，或集衆議而核定者。故立法權操之人主，是古今獨裁政體之必然也。

韓子時，六國危亂，皆無法守，韓子憤韓國之將亡，故其持論一以嚴法爲主。卷五《飾邪篇》曰："鏡執清而無事，美惡從而比焉；衡執正而無事，輕重從而載焉。夫摇鏡則不得爲明，摇衡則不得爲正，法之謂也。法不可摇也。欲爲治而不守法，則失明失正，無可爲治。故先王以道爲常，以法爲本，本治者名尊，本亂者名絶。"卷二《有度篇》曰："國無常强，無常弱，奉法者强，强，謂不曲法從私。則國强，强，謂富强。奉法者弱，弱，謂守法觀念薄弱，常捨法行私。則國弱。"弱謂貧弱，甚至危亡。又曰："其國亂弱矣，又皆釋國法而私其外，則是負薪而救火也。"此言亂弱之國，其君臣不悟違法毁法之罪，將求庇外國，其人民亦不思所以自强而私結于外，是上下同捨法而趨于亡也。當時六國情形皆如此。

卷十四《外儲篇》有曰："椎鍛者，所以平不夷也；榜檠者，所以矯不直也。聖人之爲法也，所以平不夷、矯不直也。"詳此所謂聖人，即目虚静無爲之君。君心虚静故，無有偏蔽，能得天下之情；故能制法，以平天下之不夷、矯天下之不直也。故必聖人而後能制法，非昏亂之主可妄作也。韓子以平不夷、矯不直爲制法原則，可謂千古不易之論。

韓子言奉法之主，其用人一依于法，否則亂。《有度篇》曰：“今若以譽進能，則臣離上而下比周；謂用人如擇衆譽所歸，因以爲能而進之者，則臣將務比周於下，以邀虛譽，不復盡職以事上，故云離上。若以黨舉官，則民務交而不求用於法。官由黨舉，則人民務交結聚黨，可以非法見用。故官之失能者，其國亂。官由黨及虛譽而進，必無能；無能者在位，必致亂。姦邪之臣安利不以功，則姦臣進矣。姦邪者居高位，貪污致富厚、享安利，而非以功得之，懼不見容，必引同類以自固，故衆姦並進也。此亡之本也。若是則群臣廢法而行私重，姦黨互以行私相重。輕公法矣。重私圖，視公法如無物。數至能人之門，王注：能人即君之私人。如妾婦以善承寵爲能。[39] 在位者與求官者，皆奔走能人之門。不壹至主之廷；無有盡忠直言事於人主之廷者。百慮私家之便，不壹圖主之國。群臣日夕百慮，各爲私家之便。其於人主所主持之國事，皆置度外，曾不一圖，若國之治亂存亡，與己無關也。屬數雖多，非所以尊君也；官屬之數雖多，[40] 皆行私重，而陷君於危亡，故非尊君。百官雖具，非所以任國也。各慮私家之便。然則主有人主之名，而實托於群臣之家也。姦邪以中飽而擅國之財富，樹立私家之勢，下無人民而上亦無君，君但虛寄於私家爲僕隸耳。家務相益，不務厚國；小臣持禄養交，不以官爲事。小臣欲自結於大臣私家，故必竭俸禄以納交於私家門下。此其所以然者，由主之不上斷於法，而信下爲之也。以上皆若預見近世事。故明主使法擇人，不自舉也；非人主以己意舉人，直任法以舉之耳。使法量功，不自度也。擇人量功之法，明主開國，即有成典。繼體之君雖有因時損益，亦早著於方册，臨事但按據之，何復勞自度乎？能者不可弊，敗者不可飾，依法考覈，形名參同，故能者不可誣以弊，敗者不可飾爲成。譽者不能進，實敗而詭譽者，繩之以法，則不能進。誹者弗能退，以能而被誣誹者，繩之以法，則弗能退。則君臣之間明辨而易治，明辨，謂能者、敗者，不可淆混。故主讎法則可也。讎者校定，謂用人行政，一切以法校定之，是非不亂。夫爲人主而身察百官，則日不足，力不給。且上用目則下飾觀，上用耳則下飾聲，上用慮則下繁辭。先王以三者爲不足，故舍己能而因法數，舍其一己耳、目與智慮三者之能，而因法數以讎校百官之事。審賞罰。依法而審百官之事，其能者必賞，敗者必罪。先王之所守要，因法數，審賞罰，故所守者要。故法省而不侵。法省則明確而不可侵犯；條文愈多，則姦人得詭圖出入，輕重可亂。獨制四海之内，聰智不得用其詐，險躁不得關其佞，姦邪無所依。遠在千里外，不敢易其辭；近在郎中，不敢蔽善飾非。郎，近侍也。朝廷群下直湊單微，不敢相踰越。單微，隱微之極也。雖極隱微，而以法讎校，直與湊合，無有失者。後人多借用此語以形容唯湊入理奥。故治不足而日有餘，上之任勢使然也。圖治雖常若不足，而日有所餘，則治功舉矣，由在上者任用法數之勢使然。夫人臣之侵其主也，如地形焉，即漸以往，地形橢圓，故人由立足處前望，愈遠愈不可見，其形之由高而下以漸推移，故遠不可見也。人臣侵主之勢，亦以漸而成。使人主失端，東西易面而不自知。姦邪以漸得勢，人主不知其端。故先王立司南以端朝夕。司南，指南針也，以喻國法。有司南，可測日出没之方而端朝夕。有國法，可明是非而正百官。故明主使其群臣不遊意於法之外，不爲惠於法之内，吃緊。動無非法。峻法，所以遏滅外私也；此句依王注校正。外私者，謂法外之私，必遏滅之。嚴刑，所以遂令懲下也。威不貸錯，錯，置也。威權操之人主，不可由臣下貸借主威，以行錯置。制不共門。制者，制令。制自上出，不共臣下同門。若臣亦自爲制令，則君與之共門。威制共則衆邪彰矣，姦邪與人主共威制，以用私人，作貪污事。法不信則行君危矣，〔41〕文官貪污而外，一切無能，而顯赫如故，雖有文官懲戒法，具文而已。武官爲上所親者，貴盛富厚，無一能戰，將偷而士氣喪，軍法具文而已。國既亂亡，君豈不危？刑不斷則邪不勝矣。罪無大小，用刑必斷。姑息養奸，亡之由也。故曰：巧匠目意中繩，然必先以規矩爲度；匠之目意雖復中繩，要不可恃一己目意之力，當具規矩爲其度。捨規矩而用目意，何可常恃乎？上智捷舉中事，必以先王之法爲比。中事，合於事也。上智敏捷，善赴事機而無遺誤，亦不可自恃，當比度於法。故繩直而枉木斲，準夷而高科削，匠人爲器求平，於高處則依準而削之令下，以得平也。權衡懸而重益輕，減重益輕，以有權衡故也。斗石設而多益少。減多益少，以有斗石故也，否則多少無準。故以法治國，舉措而已矣。舉法而措之，治自平。法不阿貴，繩不撓曲。法之所加，智者弗能辭，勇者弗敢争。

刑過不避大臣，賞善不遺匹夫。故矯上之失，詰下之邪，治亂决繆，治其昏亂，决其邪繆。絀羨齊非。如豪富有羨餘，是社會之大不平，必依法絀削之。非者，凡不正之行、邪迷之説，爲害於社會，當齊之以法，使不得妄逞。一民之軌，莫如法。齊一其人民於正軌，唯以法耳。厲官威民，退淫殆，止詐僞，莫如刑。刑重則不敢以貴易賤，不敢以貴勢慢易於賤也。法審則上尊而不侵，人主行使國權法審，則國權尊，無敢侵犯者，故國治。上尊而不侵則主强而守要，故先王貴之而傳之。先王貴法而傳之於後世。人主釋法用私，則上下不别矣。”人臣侵國之權利，是上下無别，國必亡。《二柄篇》曰：“人主將欲禁姦之則、審合形名者，[42]言與事也。言謂名，形謂事。爲人臣者陳而言，君以其言授之事，專以其事責其功。功當其事，事當其言，是形名參同。則賞；形名審而賞不亂。功不當其事，事不當其言，則罰。形名審而罰不亂。故群臣其言大而功小者則罰，非罰小功也，罰功不當名也。群臣其言小而功大者亦罰，非不悦於大功也，以爲不當名也，害甚於有大功，故罰。不當名之害，甚於大功，故罰。欲令形名審合，使人習於功當其事、事當其言。而言不虚言，事應其言，功稱其事，則法行而國治。昔者韓昭侯醉而寢，典冠者見君之寒也，故加衣於君之上。覺寢而悦，寢悟而悦也。問左右曰：‘誰加衣者？’左右對曰：‘典冠。’君因兼罪典衣，殺典冠。其罪典衣，以爲失其事也；其罪典冠，以爲越其職也。非不惡寒也，以爲侵官之害甚於寒。故明主之蓄臣，臣不得越官而有功，不得陳言而不當。越官則死，不當則罪。守業其官，所言者貞也，守業以當官，守官以當言，如此者，貞也。則群臣不得朋黨相爲矣。”詳上所言，明法以任官，循名實而定是非，因參驗而審言辭，皆萬世不易之論。中國不由此道而欲救亡爲治，是猶以足搔頂，愈不幾也。

有難者曰：韓子之論雖善，然人主每惑於左右近習之相愛，故姦邪得緣之以進，徒法不能自行也，奈何？曰：是在人主明於術而執法嚴，則無患於左右近習矣。卷四《姦劫弑臣篇》曰：“人主誠明於聖人之術，而不苟於世俗之言，循名實而定是非，因參驗而審言辭。是以左右近習之臣知僞詐之不可以得安也，必曰：‘我不去姦私之行，盡力竭智以事主，而乃以相與比周、妄毁譽以求安，是猶負千鈞之重、陷於不測之淵而求生也，必不幾矣。’百官之吏亦知爲姦利之不可以得安也，必曰：‘我不以清廉方正奉法，乃以貪污之心枉法以取私利，是猶上高陵之顛、墮峻溪之下而求生也，必不幾矣。’安危之道若此其明也，左右安能以虚言惑主，而百官安敢以貪漁下？是以臣得陳其忠而不弊，下得守其職而不怨。此管仲之所以治齊，而商君之所以强秦也。從是觀之，則聖人之治國也，固有使人不得不爲我之道，人主當使臣畏我之嚴法，而不得不爲我也。而不恃人之以愛爲我也。不恃人之以相愛之故，而爲我也。恃人之以愛爲我者危矣，恃其以愛爲我，將爲所惑，故危。恃吾有使彼不可不爲者安矣。〔43〕使彼不可不爲者，法也。夫君臣非有骨肉之親，正直之道可以得安，則臣盡力以事主；正直之道不可以得安，則臣行私以干上。明主知之，故設利害之道以示天下而已矣。利害之道，術與法也。夫是以人主雖不口教百官，不目索姦邪，而國已治矣。”據此，則法之行也，必待明術而嚴法之明主，否則法治不可期。熊先生曰：韓子崇法術而誹尚賢。然人主不賢，則無術而廢法。韓子屢稱聖人，頌明主，其不得不歸本尚賢亦明矣，而力攻吾儒何耶？

韓子遮儒者尚賢，而融慎子之言勢以申法，其説頗有趣，今撮要引述如下。“慎子曰：‘飛龍乘雲，騰蛇遊霧，雲罷霧霽，〔44〕而龍蛇與螾螘同矣，則失其所乘也。賢人而詘於不肖者，則權輕位卑也；不肖而服於賢者，則權重位尊也。堯爲匹夫，不能治三人；而桀爲天子，能亂天下。吾以此知勢位之足恃，而賢智之不足慕也。夫弩弱而矢高者，激於風也；身不肖而令行者，得助於衆也。’以上叙慎子論勢。〔45〕應慎子曰：‘飛龍乘雲，騰蛇遊霧，吾不以龍蛇爲不托於雲霧之勢也。雖然，夫釋賢而專任勢，足以爲治乎？則吾未得見也。夫有雲霧之勢而能乘遊之者，龍蛇之材美也。今雲盛而螾弗能乘也，〔46〕霧醲而螘不能遊也，〔47〕夫有盛雲醲霧之勢而不能乘遊者，螾螘之材薄也。〔48〕今桀、紂南面而王天下，以天子之威爲之雲霧，而天下不免乎大亂者，〔49〕桀、紂之材薄也。夫勢者，非能必使賢者用己，而不肖者不用己也。兩己字，皆設爲勢之自謂。

賢者用之則天下治，不肖者用之則天下亂。人之情性，賢者寡而不肖者衆，而以威勢之利濟亂世之不肖人，則以勢亂天下者多矣，以勢治天下者寡矣。夫勢者，便治而利亂者也。故《周書》曰：‘毋爲虎傅翼，將飛入邑，擇人而食之。’夫乘不肖人於勢，是爲虎傅翼也。勢者，養虎狼之心，而成暴亂之事者也。而語猶云說者。專言勢之足以治天下者，則其智之所至者淺矣。夫良馬固車，使臧獲御之則爲人笑，王良御之而日取千里，車馬非異也，或至乎千里，或爲人笑，則巧拙相去遠矣。今以國位爲車，以勢爲馬，以號令爲轡，以刑罰爲鞭策，使堯、舜御之則天下治，桀、紂御之則天下亂，則賢、不肖相去遠矣。夫欲追速致遠不知任王良，欲進利除害不知任賢能，此則不知類之患也。夫堯、舜亦治民之王良也。’以上言勢可以便治，尤可利亂，故須任賢，乃可乘勢爲治，此儒者之說也。復應之曰：其人以勢爲足恃以治官。其人，謂慎子。客曰‘必待賢乃治’，客謂儒者。則不然矣。不以待賢爲然也。夫勢者，名一而變無數者也。勢之名雖一而實萬變，且有自然之勢，亦有人設之勢。勢必於自然，則無爲言於勢矣；吾所爲言勢者，言人之所設也。今曰‘堯、舜得勢而治，桀、紂得勢而亂’，吾非以堯、舜爲不然也。雖然，非一人之所得設也。夫堯、舜生而在上位，雖有十桀、紂不能亂者，則勢治也；桀、紂亦生而在上位，雖有十堯、舜而亦不能治者，則勢亂也。故曰：‘勢治者則不可亂，而勢亂者則不可治也。’此自然之勢也，非人之所得設也。若吾所言，謂人之所得設也而已矣，此句，舊本有誤，顧廣圻、王先慎皆誤解，今審定其文如此。賢何事焉！何以明其然也？客曰：‘人有鬻矛與楯者，譽其楯之堅，物莫能陷也。俄而又譽其矛曰：吾矛之利，物無不陷也。人應之曰：以子之矛，陷子之楯，何如？其人弗能應也。’以爲不可陷之楯與無不陷之矛，爲名不可兩立也。夫賢之爲勢不可禁，如賢者遇世亂而必爲，此不可禁也。而勢之爲道也無不禁，〔50〕如世亂，則賢者不可爲治，是勢禁之也。以不可禁之賢與無不禁之勢，此矛盾之說也。夫賢勢之不相容亦明矣。且夫堯、舜、桀、紂，千世而一出，中主是比肩隨踵而生也。仲光按：舊本是字上無中主二字，吾父謂當有，今據補。世之治者不絕於中，吾所以爲言勢者，中也。爲中主而言勢也。中者，上不及堯、舜，而下亦不爲桀、紂，抱法處勢則治，背法去勢則亂。去勢者，主背法，則勢奪於姦邪，是去勢也。今廢勢背法而待堯、舜，堯、舜至乃治，是千世亂而一治也；抱法處勢而待桀、紂，桀、紂至乃亂，是千世治而一亂也。且夫治千而亂一，與治一而亂千也，是猶乘驥駬而分馳也，相去亦遠矣。王注：驥駬並千里馬，乘而分馳，違背必速。夫棄隱括之法，《公羊》何休《序》云："隱括使就繩墨。"去度量之數，使奚仲爲車，不能成一輪；無慶賞之勸，刑罰之威，釋勢委法，堯、舜户説而人辨之，不能治三家。此言中主抱法處勢則治，若釋勢委法，〔51〕雖堯、舜無可爲治，以明恃法而不恃賢。夫勢之足用亦明矣，而必曰待賢，則亦不然矣。且夫百日不食以待粱肉，餓者不活。今待堯、舜之賢乃治當世之民，是猶待粱肉而救餓之説也。夫曰'良馬固車，臧獲御之則爲人笑，王良御之則日取千里'，吾不以爲然。夫待越人之善海遊者以救中國之溺人，越人善遊矣，而溺者不濟矣。夫待古之王良以御今之馬，亦猶越人救溺之説也，不可亦明矣。夫良馬固車，五十里而一置，使中手御之，追速致遠，可以及也，而千里可日致也，何必待古之王良乎？五十里一置，謂驛也。此即爲之法度，故中手可追速致遠也，所以尚法不尚賢也。此則積辯累辭，離理失術，兩失之議也，離理謂不合理。失術猶云不合邏輯。奚可以難夫道理之言乎哉？"詳此所云，總明乘勢而任法則治，不貴待賢，其説可謂辯矣。熊先生曰：韓子之言，亦自有矛楯也。〔52〕韓子貴任法，而徒法不能以自行也，故韓子必有取於中材之主。彼云中者，上不及堯、舜，而下亦不爲桀、紂，此其論似是而實未究理也。中材雖上不及堯、舜，而必有希堯、舜之志，與知人之明、爲善之勇，猶慮志不堅、明不繼、勇不足也，更力求賢能以自輔，如是者，方可抱法處勢而爲治。若僅以上不及堯、舜而下亦不爲桀、紂者便謂之中，則自有人類建國置君以來，比肩隨踵而生者皆中才也，真爲桀、紂者亦無幾耳，何故不皆能抱法處勢而治乎？何故背法廢勢而亂者多乎？周赧、漢獻及唐、宋、明衰世之君，雖上不及堯、舜，而下亦不盡如桀、紂之惡也，此亦韓子之所謂中也，何爲不能抱法用勢以治乎？故知韓子之言中，未究於理也。夫堯、舜，上聖也。中材之能抱法處勢而治者，雖才德不敢望聖人，而必爲賢者無疑也。雖不及堯、舜，而必能希堯、舜則無疑也。儒者尚賢，何嘗畫定一至高無上之格，必堯、舜而始爲賢乎？其尊堯、舜者，取其足爲希仰之標的耳。中材之賢，無所希仰，將無以自强自樹也，惜韓子不悟及此耳。韓子之所謂中，實即儒者之所謂賢。不賢則不能抱法用勢以治；不能抱法用勢以治者，由其無希堯、舜之志也；無希堯、舜之志者，必爲禽獸之歸，豈止爲桀、紂乎？夫能抱法用勢以治之中材，正是賢，而又曰不必待賢，何其自相矛楯之甚乎？夫儒者爲政，必求賢於當世，非欲起舜、堯於地下也，而曰待舜、堯之賢乃治當世之民，儒者有是論哉？御不必待王良，五十里一置驛，中手可致遠，固也。然驛法誠不可無，而御者究須中手，韓子終不曰使童昏御之，亦可恃驛法而致遠，則待賢之理自存。是則離理失術，韓子躬自陷。孟子曰："徒善不足以爲政；善謂賢人，有賢而無法度，不可爲政也。徒法不能以自行。"謂無奉法之賢，則法不自行也。二語道盡六經底藴。人治、法治，本以相待相須而成其治，若執一邊，終爲戲論。韓非之説，用於秦而流毒，有以也。素王修《尚書經》，首以堯、舜垂範後世。《春秋》制萬世法，首宗文王，文王承堯、舜者也。韓非以偏見詆尚賢，堯、舜血脈自此斬盡，人亡而法亦熄。近世襲法於遠西，乘勢者無復有自愛而希昔賢之志。外來法，雖紙上有之，而實不能自行，畢竟無法。夫無賢，乃無法而廢勢，則外禍乘之，而煮燃豆萁，族類將絶矣。哀哉，何忍言！熊先生正韓非之失而折中於孟子，此至論也。

熊先生又曰：韓子所謂自然之勢者，如"堯、舜生而在上位，雖有十紂、桀不能亂者，則勢治也；桀、紂亦生而在上位，雖有十堯、舜亦不能治者，則勢亂也。勢治者不可亂，勢亂者不可治，故謂自然"。其謂一人所得設之勢，即指中材可以抱法處勢而爲治者是也。余觀韓子言自然之勢，似欠分析。其開始言勢，只就君權威勢而言，至後文言"勢治者不可亂，勢亂者不可治"，以此爲自然之勢，則此勢字不止於君權威勢，而含義頗寬泛矣。其實，韓子所謂勢治不可亂與勢亂不可治，此中勢字，頗與後來陳同甫所謂“天下大勢之所趨，天地鬼神不能易也”之勢字意義相同。雖謂之自然，而實由群力交推，成其如此，本非自然。大人開治，英雄而能持正義者，猶爲希仰堯、舜之人，可謂大人，故能開治。衆賢從化，則治勢成而亂勢伏矣；伏字吃緊。人間世本相對，亂勢無可滅盡也。元凶搧亂，群猘共隨，則亂勢成而治勢伏矣。凡勢已成而不可遽易，則謂之自然，似無不可耳。夫群力交推，不可測其端緒，亦不可詰其終究。韓子云“勢者，名一而變無數者也”，此言亦有義味。勢之已成，不可遽易，要非不可易也。勢治易而亂，賢人道熄也。賢人道熄者，可以説天之吝於生賢，天者，自然義，非謂神帝。下倣此。實亦人之不自勉於賢。然咎天之吝於生賢也，不如責人之不自勉於賢。生而爲人，皆可勉於賢也，而陷於不賢，則人之自暴自棄也。勢亂易而治，賢人道長也。賢人道長者，人皆勉爲賢，積善以自强也。韓非云“賢勢不相容”，此但虚言，都無義據。勢之治也，賢人造之，奚不相容？如曰：“任法故治，而非賢則不能奉法。”韓非亦未嘗否認。今必詆尚賢，何耶？或曰：老氏不尚賢，其韓非之所師乎？曰：老之不尚賢，因春秋之世以霸者功利爲賢，故云不尚。此别是一意，韓非或誤解也。

韓非遮尚賢，遂力毁古聖之德謂不足慕。卷十八《八説篇》曰：“古者人寡而相親，物多而輕利易讓，故有揖讓而傳天下者。”其薄堯、舜至此。熊先生曰：韓非以偏見而爲無智之論。人類孳生之强，上古或甚於後來文化盛開之世。然韓非云“古者人寡”，以理推之，當亦可信。夫人寡者，非其孕生少也，嬰兒之生而能長成者少也，長成者少，則以物少而不足資生也。上古人智未啓，對於自然不知征服而利用之，只受其侵害而已，備物致用，在先民萬不可能，又有禽獸之逼，其難存活可知。上古之民，社會結構尚未形成，欲見相親自不易，物少則競存之欲熾，何云輕利易讓？韓非此論，無智已甚。上古草昧初開，唯賴聖哲挺生，以其智德，導領群衆，漸興政教，日進文明，此事理之必然也。今非薄古聖之德行，而又推尊初民道德，可謂自爲矛盾也。《五蠹篇》曰：“堯之王天下也，茅茨不翦，采椽不斲；糲粢之食，藜藿之羹；冬日麑裘，夏日葛衣：雖監門之服養不虧於此矣。禹之王天下也，身執耒臿，以爲民先；股無胈，脛不生毛：雖臣虜之勞不苦於此矣。以是言之，夫古之讓天子者，是去監門之養而離臣虜之勞也，是不足多也。今之縣令，一日身死，子孫累世絜駕，故人重之。是以人之相讓也，輕辭古之天子，難去今之縣令，薄厚之實異也。”又曰：“古之易財，非仁也，財多也；今之争奪，非鄙也，財寡也。輕辭天子，非高也，勢薄也；重争仕託，非下也，權重也。”仕託者，仕謂任官職，託謂寄食於諸侯或權門。此等謬論，皆爲濁世長惡。夫儒者之籍，頌古聖，尊先王，非泥古也，以爲人情不可無所歸仰，故道前哲舊德，以引人向往之心，而養其爲善之勇。此中義趣深廣，難爲昏世之民言。余見清季以來名士，首以浮辭譁世，侮聖人，毁經籍，一世士習，從風而靡。故今人心目中頽然無有歸敬，其精神日益墮没，其志氣日益消散，枵腹哆口而談西化，西化終移植不來，國危而族類相煎，不知所届。凡衰世之風，必侮賢聖、毁道德，中外皆然。韓非欲峻法以束縛群黎，肆志獨裁，不惜破壞德教。吕政效之，便自謂功高三皇、德邁五帝，遺害深且遠，可勝嘆哉！韓非之詆舜、堯、禹也，謂其讓天下不足多也。又曰：古時人寡財多，故易讓。然又言堯、禹當時爲天子，服養之苦等諸監門，勞役同於臣虜。夫人寡財多之世，天子何必勞苦若是乎？其持論矛盾，不自悟也。韓非欲毁古聖以天下讓之盛德，則謂其去監門之養、離臣虜之勞，故不足多，而忘却此説與其古者人寡財多之論相背，足徵挾私意以成説者，其心早昏，其説不可成也。吾儕由《尚書·帝典》詳玩唐、虞時政教文物，可謂盛矣。今西南山谷蠻民之長，諺云土皇帝，威權之大，服用之侈，設身處地，可輕讓乎？唐、虞時統一中夏之天子，决不可視同今日蠻區土司，余以此知韓非誣詞，直同犬吠耳。《忠孝篇》誣舜，不足駁。至謂“今之争奪，非鄙也，財寡也”，“重争士託，非下也，權重也”，而又謂其當時之人，有“糟糠不飽者不務粱肉，短褐不完者不待文繡”，又云“今世之所謂賢者，貞信之行也；所謂智者，微妙之言也”。均見《五蠹篇》。又謂“輕禄重身，謂之君子；離世遁上，謂之高傲”。見《八説篇》。可見韓非所處之世，非盡爲權重而求仕託、爲財寡而行争奪者。但韓非必欲將不争權利之人，與所謂貞信之行、微妙之言，一切摧毀務盡。揣其所以，則欲利用人類之劣根性，而誘之以利，劫之以威，方可隨吾驅策，罔不如志。卷十七《詭使篇》曰“聖人之所以爲治道者三：一曰利，二曰威，三曰名。此中名者，謂名號。下文有云“夫立名號，所以爲尊也”云云，足徵此名即爵位等。夫利者，所以得民也；威者，所以行令也；名者，上下之所同道也。非此三者，雖有不急矣”云云。韓非以此爲聖人之治道，豈不誣哉？《韓書》所云利，術誘之利也；所云威，術劫之威也；所云名，則行術之具也。聖人何用此術？《尚書》之言治道者三：曰正德，曰利用，曰厚生。而必以正德居先，所以立利用、厚生之本也。其言利用、厚生，皆爲民群相生相養之公利，與以術誘之趨利而隨吾鞭策者，截然不同旨。孔子之言政也有三，曰足食、足兵、民信之矣。又結之曰：“自古皆有死，民無信不立。”其言足食，所以遂民之生，而非有陰術於其間也。言足兵，所以禦侵略，而非若霸者將劫之以從吾所大欲也。至其視信重於死，則人道於是乎存，以騙詐爲事，人類其可久乎？聖人非不知人性雖善，而亦有心爲形役之患，易流於惡也。聖人至此爲句。故德教爲本矣，必輔之以刑威，匡其失，予其改過，非劫之以供吾鞭策也。人類畢竟有常道，向善其常也，爲惡其變也。人生不可無自由，獨裁切忌過甚，恐毁萬物之性也。古之言治道者，儒家其至矣。《韓書》中之聖人，非吾儒之所謂聖人也明矣。難者曰：韓子云“利者所以得民也”，公何故訾以術誘？曰：汝通玩《韓書》全部旨意，足知余言無誤解也。且不難舉證。《六反篇》曰：“霸王者，人主之大利也。人主挾大利以聽治，故其任官者當能，其賞罰無私，使士民明焉，盡力致死。富貴者，人臣之大利也。人臣挾大利以從事，故其行危至死，其力盡而不望。”不望，無怨也。韓非以利得民之旨蓋如此，不謂誘民之術而何謂？獨裁之主，私挾霸王大利，而以富貴誘其臣，使行危至死而不怨望，又以任官當能，信賞必罰，使士民明焉，盡力致死，是天下臣民，皆爲霸王者而生，爲霸王者而死，真微蟲螻蟻不若也。彼霸王者狂逞難填之慾鳌，畢竟如狂風不終朝、驟雨不終日，其靈性早已梏亡殆盡，徒留一凶猘猛獸之怨毒於人間，不知果何所爲？佛説“衆生顛倒”，莊子曰“人之生也固若是芒乎”，是可悲也。然韓子直揭霸王主義之面目，異乎晉文輩假攘楚之名，而實懷侵略野心，又始終愛國而不屈於秦，是則韓子之坦白弘毅，猶有可敬者也。

卷十六《難三篇》有曰：“葉公子高問政於仲尼。仲尼曰：‘政在悦近而來遠。’子貢問故，仲尼曰：‘葉都大而國小，民有背心，故曰政在悦近來遠。’中略。或曰：此韓非評孔子，而設爲或人之説也。仲尼之對，亡國之言也。葉民有背心，而説之悦近來遠，則是教民懷惠。惠之爲政，無功者受賞，則有罪者免，此法之所以敗也。法敗而政亂，以亂政治敗民，未見其可也。且民有背心者，君上之明有所不及也。不詔葉公之明，而使之悦近而來遠，是舍吾勢之所能禁，而使與下行惠以争民，非能持勢者也。中略。明君見小姦於微，故民無大謀；行小誅於細，故民無大亂。此謂“圖難於其所易”也，“爲大者於其所細”也。今有功者必賞，賞者不德君，力之所致也；賞者，謂受賞之人。有罪者必誅，誅者不怨上，罪之所生也。誅者，謂被誅之人。其誅爲己罪所生，故不怨上，與賞爲己力所致，故不德君同義。韓非以爲人皆守法，故然。民知誅賞之皆起於身也，故疾功利於業，言民於其所業而疾圖功利。而不受賜於君。“太上，下知有之。”此言太上之下民無説也，安取懷惠之民？上君之民無利害，言唯守法而已。法之所在，無可趨利避害也。説以悦近來遠，亦可舍已！”詳韓非此評，力反德化，而主法術。孔子答葉公問見《論語》，而無子貢問及答語，或《論語》有脱文未可知。熊先生曰：儒家自堯、舜迄文、武，皆爲政以德，存天地之性，反人道之正，莫大乎德化。此中反者，復義，非違反義。背德化者，必入霸王主義，近世列强帝國主義，即此類。决無中立之途。只行霸王主義者有泰甚與否耳。管仲、齊桓、晉文、楚莊、漢高、唐太、明祖及清之康、雍、乾諸主，以與近世希魔輩相較，獨裁而猶有開明意味，齊桓、楚莊尤賢。至韓非、吕政、希魔輩，則極權泰甚，毁棄一切，而生人之禍亟矣。韓非爲吕政先導，其反對德化宜也。孔子因葉民有背上之心，而語葉公以近悦遠來，正詔葉公以反省。民之近者猶背上，則遠益可知，此必上之所行，有大不利於民生者。孔子故語以近悦遠來，欲令葉公省悟耳。儒者德化，必居上者以身先之，上不自悟其失而徒恃勢，控以嚴法，欲民心歸向，不可得也。韓非曰“是舍吾勢之所能禁”，夫民也，而可恃勢以禁其不相背乎？人者，有理性、有仁義、有自由之物也。無論如何大勢，束以嚴刑，終當决破網羅，復其人性。吕政用韓非之説，已極勢禁之能事，其效何如？惜韓非早死，不親見耳。孔子語葉公爲政，須令近悦遠來，韓非駁曰“惠之爲政，無功者受賞，則有罪者免，此法之所以敗也”，又曰“使與下行惠以争民”，[53]此皆瞽説也。夫德化非小惠之謂也。孔子適衛，見其民之蕃庶也，則曰富之；既富矣，教之。又嘗曰“不患寡而患不均”。資本家壟斷財富，而平民患寡，貪官污吏壟斷，則上而國家、下而民衆皆患寡，皆不均之患也。以此推之，葉公聞近悦遠來之教，如自省過而更有問，孔子必示以如何爲民均田産、平賦役，使民皆富，而後徧爲庠序以教之，使民德、民智、民力充養日粹，如此則王道行而四裔慕化，豈唯一國之内近悦遠來乎？聖人德化，在爲人民普遍謀富教，使人類精神得完美發展，並非以物質生活爲滿足，而亦不忽視物質條件。《讀經示要》所謂“崇神而備物”，見第一講談治化九義中。正謂此也。聖人之道極高遠，亦極平易。民群生息於德化中而不謝恩於聖人，正如萬物生息於天地間而不謝生於天地。天地與萬物同體，本無心於生物；聖人與民群同體，亦非有意於惠民也。韓非疑聖人教民懷惠，何所見之下乎？韓非徒見時主皆劫盜之徒，間行小惠，縱容有罪而賞無功，或見權臣市民，市民者，謂以小惠買民心，如魯之季氏、[54]齊之田氏等。因亦以細惠結民而與之争，遂妄計聖人詔葉公之意亦此類。其獨鷦鷯已翔於遼闊，弋者猶視乎藪澤也。

《六反篇》有曰：“父母之於子也，産男則相賀，産女則殺之者，慮其後便，男有養親之便。計之長利也。而況無父子之澤乎？今學者之説人主也，皆去求利之心，出相愛之道，是求人主之過於父母之親也，此不熟於論恩詐而誣也，故明主不受也。聖人之治也，審於法禁，法禁明著則官治；必於賞罰，賞罰不阿則民用。民用官治則國富，國富則兵强，而霸王之業成矣。”《八説篇》曰：“慈母之於弱子也，愛不可爲前，俞樾曰：猶言無前於此者，正見其愛之至也。然而弱子有僻行，使之隨師，有惡病，使之事醫。不隨師則陷於刑，不事醫則疑於死，慈母雖愛，無益於振刑救死，則存子者非愛也。言所以存活其子者，非用愛也。子母之性，愛也；臣主之權，筴也。母不能以愛存家，君安能以愛持國？”《顯學篇》有曰：“夫嚴家無悍虜，而慈母有敗子，吾以此知威勢之可以禁暴，而德厚之不足以止亂也。夫聖人之治國，不恃人之爲吾善也，而用其不得爲非也。恃人之爲吾善也，境内不什數；用人不得爲非，一國可使齊。爲治者用衆而舍寡，故不務德而務法。夫必恃自直之箭，百世無矢；恃自圜之木，千世無輪矣。自直之箭，自圜之木，百世無有一，然而世皆乘車射禽者，何耶？隱括之道用也。隱括使就繩墨，喻法也。不恃隱括而有自直之箭、自圜之木，良工弗貴也。何則？乘者非一人，〔55〕射者非一發也。不恃賞罰而恃自善之民，明主弗貴也。何則？國法不可失，而所治非一人也。故有術之君，不隨適然之善，適然猶言偶然。而行必然之道。今或謂人曰：‘使子必智而壽。’則世必以爲狂。夫智，性也；壽，命也。性命者，非所學於人也。而以人之所不能爲者説人，此世之所以謂之爲狂也。今以仁義教人，是以智與壽説人也，有度之主弗受也。故善毛嗇、西施之美，〔56〕無益吾面；用脂澤粉黛，則倍其初。言先王之仁義，無益於治；明吾法度，必吾賞罰者，亦國之脂澤粉黛也。中略。故明主舉實事，去無用，不道仁義者故，俞樾曰：者字通諸，猶之也。不聽學者之言。今不知治者，必曰‘得民之心’。欲得民之心而可以爲治，則是伊尹、管仲無所用也，將聽民而已矣。民智之不可用，獨嬰兒之心也。獨當作猶。〔57〕夫嬰兒不剔首則復適，復適，謂加病也。不副痤則寖益。舊注：謂癰也，副，披而潰之也。剔首、副痤，必一人抱之，慈母治之，猶啼呼不止。嬰兒不知犯其所小苦，致其所大利也。今上急耕田墾草，以厚民産也，而以上爲酷；修刑重罰，以爲禁邪也，而以上爲嚴；徵賦錢粟，以實倉庫，且以救饑饉、備軍旅也，而以上爲貪；并力疾鬥，所以禽虜也，而以上爲暴。此四者所以治安也，而民不知悦也。昔禹決江濬河，而民聚瓦石；子産開畝樹桑，鄭人謗訾。禹利天下，子産存鄭，皆以受謗，夫民智之不足用亦明矣。故舉事而求賢智，[58]爲政而期適民，皆亂之端，未可與爲治也。”

綜上所言，韓非詆德惠，訾仁義，厭稱先王，又以民智不可用，而歸諸人主獨斷，以嚴法爲治。《韓非書》中似多抨擊孟子處，而未直指其名，今不暇引。孟子嘗游梁，三晉或受其影響甚盛，故韓非攻之力。熊先生曰：賈生《過秦》之論，謂“仁義不施”。秦自商鞅、孝公，嚴法而不務德。韓非思想，頗有承於鞅，而持論益閎肆。吕政讀《韓非書》而善之，遂用其説。秦之禍天下後世而自禍者，韓非不得無罪也。從來梟桀敢獨裁而無忌者，必以爲民智不可用也，而自計所見者大、所持者正，足爲斯民謀福利也。實則彼欲利之，正所以害之；彼欲福之，正所以禍之。其故何耶？天下之大，人類之衆，其情形複雜，雖精於析物、巧於運算者，不可得而推析也。《易・繫傳》曰“聖人有以見天下之動”，又曰“類萬物之情”，又曰“範圍天地之化而不過，曲成萬物而不遺”。此等語句，廣大無邊，甚深復甚深，微妙極微妙。夫見天下之動者，見之於事先也。動之爲言，其幾將萌，而事未形也。幾將萌者，衆流匯激，群力交推，其間必有新幾兆焉。新幾者，[59]群變之所胎。群變非遺任何個人而得成，但群變不即是任何個人，易言之，群變超越個人而獨在者也，故曰“天下之動”，明屬客觀也。群變而胎新幾，是其故故不留、新新而起，自然不容已也。聖人深觀群變而精於知幾，必不敢用私智而行獨裁，所以曰“類萬物之情”。萬物之情，極天下之至賾，極天下之至詭矣。此類而通之，非排我見者不能也。得萬物之情，則因物而裁成之，順物而輔相之，如父母之扶持導養其子，以至於成立，其子獨立發展而無所阻遏者。父母全順其子之意志與情思及其發展之可能而裁輔之，裁輔，具云裁成輔相。未嘗以己意宰割其子故也，故曰“範圍天地之化而不過，曲成萬物而不遺”。此非體神居靈而無意者不能也。無意，謂無私意與私欲等。夫見動即知幾。類情，知萬物之情。非聖者不能；至於範圍天地之化而不過，則聖而不可知之謂神矣。

太上知幾，其次迎幾，最下感幾而狂動，或昧幾而不知所爲，二者禍天下而終自禍者也。知幾者，知之於幾先，擇善而不蹈於凶危者也。迎幾者，幾將著而迎之以不失其宜者也。宜之爲言，義也，義在革故取新，舉措悉當，而不陷於大過也。感幾者，不知幾而有感以動，如應候之鳥也，是其動也，乘乎不得不動。幾已熟，事已著，彼且自詡爲時代之天使，然非先幾之哲，亦不能爲迎幾精義之君子，恃其陰鷙黠慧，妄冀以己見宰萬物。己見者，一偏之見，是未嘗類萬物之情也。任偏見而不求通萬物之情，是非從其好惡，取捨隨其權變，[60]必欲納天下於羿之彀中而不慮其後，是狂動而阻害群變之新幾者也。夫新幾之將萌也，只是窮則變而已，幾之爲吉爲凶，未判也。乘幾而動者，能範圍天地之化而不過，範圍者，取法之謂。如是而變則通、通則久、久則可大，是謂吉。參玩《易·繫傳》。乘機狂動，則不能通、久、大，是謂凶。夫法天地之化者，法其因物付物，而無私意私欲與其間也。無私意私欲與於其間，故不張己而輕萬物。張者張大。不張己而輕萬物，故可類通萬物之情。類通萬物之情，則於物之傾者覆之、栽者培之，《中庸》曰："天之生物，傾者覆之，栽者培之。"傾者，物既自傾，天不得不因而覆亡之。栽者，物方自殖，天不得不因而培養之。此義深廣無邊，推之群變，如今侵略主義者，即物之將傾者也，而天化於此可知已。皆因物自然也。其於萬物並育而不相害、道並行而不相悖者，天亦因物自然，而未嘗有愛憎於其間也。有問者曰：並育、並行，必其不相悖害而後可也；設相悖害，必不許並育、並行。應之曰：不相悖害，必化私爲公而後可衡定。如春謂秋曰：吾方生物，而汝肅殺之，吾不能容汝也。秋亦謂春曰：太空自寂，而汝使庶物怒生，何爲者？吾亦不可容汝也。實則春秋之争，皆各挾私見，若自大化之公言之，春生秋殺，所以相反而相成也。不有秋殺，則生者恒守其故，何以見大化生生不已之盛乎？故春秋從私言之，似相悖害；從大化之公而言，實不相悖害也。舉此一例，可概其餘。聖人法天地自然之化，故不肯用私智而行獨裁。其於萬物也，有裁成，有輔相，皆因物而成之，因物而相之，傾者覆，栽者培，與夫並育者、並行者，一皆輔萬物之自然而不敢稍過。

輔字吃緊，非一切放任也；然輔物之自然，非可以己意宰割之也。稍過，即將以己宰物，而物失其性矣。故不過，此聖人之所以爲功於造化，而使萬物得所也。若乃乘幾狂動者，不知法天地之化，將任己之偏見，而固持之以統馭萬物，雖可制勝於一時，其害之中於無形而發於後者，將不可勝言。韓非、吕政是也。

自春秋迄於戰國，列國競争日亟，群變已極而窮矣，窮則不能不胎新幾也。孟子於此蓋有知矣。其曰“天下定於一，知封建不可復爲也”，曰“民爲貴”，曰“聞誅一夫紂矣，未聞臣弑君也”，知民主思想當實現，而統治階級當芟除也。欲修井田，正經界，賤商人壟斷，知非均産不足以遂民生也。又言瞽叟殺人，不得以子爲天子而蔑視法律，其尊重民主法治之精神可見也。又言井田規制，曰“出入相友，守望相助”云云，其主張集體生活可知也。其非五伯，則惡其外冒美名而内實侵略，所以杜奸詐而扶正義也。其貶墨氏，則以倫理思想不合，故拒之甚力，然猶稱其摩頂放踵以利天下，則尊之至也。其詈楊氏爲我，鄙之曰“拔一毛而利天下不爲也”，則痛絶之固宜。孟子於墨，非全斥絶之，於楊、墨外，當時諸子百家之學，皆無所抵拒，其主思想自由可知也。使孟子在當時，能發揮其思想而作民主自由運動，戰國以後之局，當別是一種規模，別是一番氣象。惜乎孟子之論，皆引其端而不曾暢發，又非實行家，故於當時七國民衆無甚影響。而韓非乃以狂暴獨裁思想資之吕政，遂使中夏二千餘年，成爲夷與盜賊迭起宰割之局。韓、吕之徒，乘幾狂動，而不慮其後，論世者所爲寒心也。韓非以爲民智不足用，其所舉證，皆以苛察之能，從片面去摘發細民之情，此處吃緊，韓非根本病痛在此。遂以之爲根據，而妄斷凡民皆無知，以爲居上乘勢者，可鞭笞之而無不如意也。如彼所舉“上急耕田墾草”云云，皆不足一哂。夫一家之内，父兄日以耕墾教子弟，其子弟非不知耕墾之利也，然尚有偷惰而苦父兄之過嚴者。況一國之民，其於上令，焉得皆無苦乎？須知家或有不良之子弟，而爲父兄者終不曰“凡子弟皆無知，將皆不可任其獨立也”，但善爲誘導，使之勉事田疇，久之經驗漸多，不待勸而趨務。其獨立成家業，將有過於父兄者殊多也。使父兄輕鄙子弟，而終其身親操家務，不聽子弟自爲計，如此者，吾恐天下爲子弟者，將無一人可自立自存也。凡韓非之説，其不通皆此類。且夫一國之民，其數甚繁，分別求之，則智愚、賢不肖懸殊，不可勝計也。通觀之，則一國之群衆長短相資。智長者，其所知所見，自無形而有宣達於社會。注意有字，非謂可全達於人，而總有許多知見可以達出。智短者，亦因聞見所及，而明白許多道理。故凡一國大計，與夫公是公非，或真利真害所在，國民皆甚了然。公是即真利也，公非即真害也。利害之不合于公是公非者，必其迷于私而不知有公也。不知有公者，圖私利而終得其害。惜乎自私者不知也。《陸宣公奏議》有云："衆人者，雖愚而神。"富哉斯言！韓非之智不及此也。夫衆人，自一方面觀之似愚，今人多言群衆是盲目的者，即此意。自另一方面觀之，則其明智如神。國家用人行政而得也，雖成效未甚顯著，而衆人已確信爲當興之兆。用人行政而失也，雖覆巢之禍未即至，而衆人已决爲必亡無疑。此稽之歷史，驗之當今，而皆無或爽者。《管子》曰："政之所興，在順民心；政之所廢，在逆民心。"《牧民篇》。又曰："夫民，别而聽之則愚，合而聽之則聖。雖有湯、武之德，復合於市人之言。是以明君順人心，安性情，而發於衆心之所聚。是以令出而不稽，刑設而不用。先王善與民爲一體，與民爲一體，則是以國守國，以民守民也。"《君臣上篇》。嗚乎至矣！韓非豈識此哉？[61]故政體畢竟以民主爲大公之道、不易之規。民主，則群衆之公共意力可以發抒。獨裁，則一夫昏亂於上，而公論無權，甚至捏造公論，而群衆之真正公論，反消滅於無形。韓非之獨裁思想，呂政已試驗之，終以毁民性、害國命，禍延二千餘年，而夏人不復振也。哀哉！

韓非言"嚴家無悍虜，慈母有敗子，以此知威勢可以禁暴，而德厚不足以止亂也"云云。此即余前所云：以苛察之能，而片面去摘發細人之情，以作論據。是乃妾婦之智，不可與語人道而談治理也。夫赫日麗天者，其常也。而浮雲翳日者，其變也。有常必有變，無變何以知常？慈母不必有敗子，此以常理言也。慈母不得無敗子，則事之變也。今以慈母有敗子，遂欲廢德厚而專任威勢，若人類自其爲嬰兒時，果無母愛，而生長於威勢之下，吾不知人類尚能存在否耶？夫鳥獸不傷其類者，鳥獸自其出生至稺齡時，亦有母愛陶養其愛情，故長大猶能愛同類也。[62]若使鳥獸全無母愛陶養，則純以威勢相搏噬，將同類無所恤，鳥獸之絶其類也久矣夫。嗚乎！韓非智小而不足窮理，遂限於不仁也。嚴家無悍虜，固由主人剛明，奴虜無所售其姦。然主人能得虜之效忠也，亦必有德厚以感之；徒恃其剛，虜決不爲之用也。至云“爲治者用衆而舍寡”一段語，持論似是，而實不知治也。儒者之道，以德厚爲主，以威勢爲輔。德厚，常道也，萬物同由是而生，正如吾人不可一日離常食品，其珍異之味，則偶御者也。威勢，所以恐怖人者也，人不能常生存於恐怖中，猶珍味不可爲常也。唯人敢作惡犯罪者，乃以威勢怖之耳。故用衆則唯德厚宜遍用，其或被德惠而不知化者，則濟以威勢，使不敢逞，是用衆矣，而亦未嘗舍寡也。聖人之於民也，常以德化之，而亦有法刑以威其不率教，何嘗恃自直之箭、自圜之木？甚矣！韓非之愚不肖也。以上皆熊先生之論，蓋自悲智心中流出。後之治韓學者，所宜虛懷切究。

韓非主獨裁、尚威勢，故其爲法之主要作用，耑在賞告姦、嚴誅戮。此本商君之所用於秦者。韓非言法，蓋承商君而益闡明之。其説之異見採於吕政，亦以其與秦同道故也。《姦劫弑臣篇》曰：“古秦之俗，君臣廢法而服私，是以國亂兵弱而主卑。商君説秦孝公以變法易俗而明公道，賞告姦，困末作而利本事，末作，工商也。本事，耕織也。詳《史記·衛鞅傳》。當此之時，秦民習故俗之有罪可以得免，無功可以得尊顯也，故輕犯新法。於是犯之者其誅重而必，告之者其賞厚而信。故姦莫不得而被刑者衆，民疾怨而罪日聞。孝公不聽，遂行商君之法。民後知有罪之必誅，而告姦者衆也，故民莫犯，其刑無所加。是以國治而兵强，地廣而主尊。此其所以然者，匿罪之罰重，而告姦之賞厚也。此亦使天下必爲己視聽之道也。至治之法術已明矣，而世愚學者弗知也。且夫世之愚學，皆不知治亂之情；王注：情，實也。讘呹多誦先古之書，讘，多言也。呹，妄語也。以亂當世之治；智慮不足以避穽井之陷，又妄非有術之士。聽其言者危，用其計者亂，此亦愚之至大而患之至甚者也。”按吕政焚坑之禍，即本于此。又曰：“夫嚴刑者，民之所畏也；重罰者，民之所惡也。故聖人陳其所畏以禁其邪，設其所惡以防其姦，是以國安而暴亂不起。吾以是明仁義愛惠之不足於用，而嚴刑重罰之可以治國也。無捶策之威，銜橛之備，雖造父不能以服馬。無規矩之法，繩墨之端，雖王爾不能以成方圓。無威嚴之勢，賞罰之法，雖堯、舜不能以爲治。今世主皆輕釋重罰嚴誅，行愛惠，而欲霸王之功，亦不可幾也。”

如上所述，韓非主嚴誅重罰。其論雖過激，而治甚昏積亂之俗，確非如此不可。昔元人入關，九十年間，自其中央以至地方官吏，皆貨賂公行，胡性貪殘，無有饜足，腥膻廣被，漢人之不爲胡者幾希。及明祖光復，以嚴誅重罰，懲治貪污，一贓案或株連至萬人以上，稍涉嫌疑，有死無赦。元勛宿望，清約自守，有不軌者，窮治黨與，無或倖免。然天下賢能，未嘗不盡力羅致，量才授事。此明祖所以開一代之治，保固神州，與漢、唐並稱也。清人受東胡收買，盡詈明祖，熊先生頗爲申辨。見《讀經示要》第二講。使明祖在今日，諸豪門早已授首覆族，則政治修明，人心固結，一切改造與建設計劃，自可内度國情、外察世界潮流，穩健作去，何至造成慘劫？夫明祖嚴誅重罰，不避巨室，亦不遺下吏，此其法之所以行也。若竊鈎者誅，竊國者侯，則法毁而危亡無可倖免，今日之事已明驗。然韓非主嚴法而去惠愛，此則甚謬。熊先生謂其以苛察之能，而片面去摘發細人之情，以爲論證，確深中韓非之病。韓非有曰：“世之學者説人主，不曰乘威嚴之勢以困姦邪之臣，而皆曰仁義惠愛而已矣。世主美仁義之名而不察其實。夫施與貧困者，此世之所謂仁義；哀憐百姓，不忍誅罰者，此世之所謂惠愛也。夫有施與貧困，則無功者得賞；不忍誅罰，則暴亂者不止。國有無功得賞者，則民外不務當敵斬首，内不急力田疾作，皆欲行貨財，事富貴，爲私善。故姦私之臣愈衆，而暴亂之徒愈勝，不亡何待！”見《姦劫弑臣篇》。熊先生曰：韓非以爲仁義者，即施與貧困之謂也。惠愛者，即哀憐百姓、不忍誅罰之謂也。此乃習見戰國姦盜之臣，市小惠以收民心，而昏庸之主，亦效其術以與下争民，因此乃妄臆孟子之宗法孔氏、原本六經而言仁義惠愛者，亦與亂世君臣之所爲者相同，此韓非之愚妄也。儒者之仁義惠愛，乃參贊天地之化育，而使萬物並育者也。天地未嘗有意爲德於萬物，而萬物之自生自成，固皆天地之德也。聖人非有意爲功於萬物，與天地同，乃其參贊天地之化育者，則於萬物有裁成輔相之事，雖因物而裁之、因物而相之，未嘗以己宰物，然必有裁之相之之事，使其生也日富、其成也日盛。譬如慈母之扶攜幼孩以學步也，本因幼孩有步行之良能而裁輔之，以誘其自動，非如人之穿牛鼻、絡馬頸，以强力宰割之也。但幼孩雖有步行良能，若無慈母裁輔之功，此中裁輔謂扶攜。則其良能或易沮喪，縱不全喪，其困躓必多。故霸者宰物，固違天道而毁物性；道家之徒取放任主義，於萬物無有裁輔，參考《讀經示要》第二講。其自私與霸者不異也。道家之下流爲申、韓，有以也。是故聖人有裁成輔相，即聖人之參贊化育也。聖人參贊化育，是聖人之仁於萬物、義於萬物、惠於萬物、愛於萬物，知其與天地萬物同體，而無可自解者也。裁輔之事，精則有禮樂，麤則有政刑。禮樂者，通天人而一貫，爲政刑之原也。禮主序，樂主和。得序與和之意，上達天德，宇宙本體備萬理、含萬善，即序與和也。下盡物則，萬物皆有秩序，至頤而不可亂，亦是序與和。從一本達萬殊，會萬殊歸一本，至大無外，至神無方，禮樂之藴也。愚俗以禮樂二字爲老生常談，豈不悲哉？政之大者，莫如富、教。儒者推上世井田之意以行均産，參考《讀經示要》卷三説《春秋》處。備物致用，立成器以爲天下利，見《易·繫傳》。使民有爲疾用舒之樂，《大學》云“爲之者疾，用之者舒”，近世技術發明，便有此效。此皆富政之大者也。《周禮》以各職業分聯系，各舉其職，和同爲治，各業聯，互相和同。故其政制爲多元，複雜而不至紛歧，合作而不容獨斷，是以集體形式發展自由精神，爲人類社會生活最完美之型範。如其有不自由之集體，則是以人類爲束薪，不可常也。儒者教政，有學校教育，上自太學，下至鄉校，三代遺制，自素王至七十子後學皆有講説，散在經傳，可考也；有社會教育，《周禮》論之綦詳，方正學、王陽明皆有志乎此，惜乎二千餘年來，見厄于夷與盜，卒莫能行也。《春秋》三世義，由國家思想、民族思想而進入大同思想，此聖人權衡之妙。霸者利用人民之國族思想以發展野心，而逞侵略雄圖，則斥之爲夷狄，等之於鳥獸，必誅絶之，不容存在，此聖人之秉大義以大雄無畏也。愚賤之徒剥喪人民之國族思想，甘爲牛馬，效順於侵略者，魏、晉名流及清儒，至爲下賤。亦等之于獸類。如定四年《經》："夏四月庚辰，蔡公孫歸姓帥師滅沈，以沈子嘉歸，殺之。"沈子嘉平日無國族之愛，故政亂而不足自存，爲蔡公孫歸姓所滅。書曰"以歸""殺之"，猶曰獵得一獸，以獸歸殺之云爾。以者，賤極之辭也。此特一例。參考《讀經示要》説《春秋》處。聖人於無國族思想者，嫉且賤之如此其甚，何耶？如有甘爲奴，方有奴人者，而世界無可大同，人類無可平等也。有甘受侵略，方有侵略者，而世界無可大同，人類無可平等也。此聖人所以於受侵略及侵略者，與爲奴及奴人者，兩皆鳥獸之、誅絶之，兩皆不許存在，是聖人權衡至當也。聖人之仁義惠愛於萬物也，欲全人類共存共榮也，欲全人類同得平等自由也。有爲奴與奴人者兩階級存在，即無平等自由可言，即無共存共榮可言。聖人削除此兩階級，欲人各自愛自立，而後世界大同也。此聖人之仁義惠愛也。又復應知，儒者言治，極於草木鳥獸蟲魚各遂其生、各得其所，人之於物，不可非禮暴殺，此類章則，《禮經》詳載。近儒曾滌生猶言"一物未康，即虧吾性"，尚承經義。三代之制，民食也，菽粟爲主，肉類則於祭祀晏饗等外，殆罕用之。迄今民俗，猶未甚改。聖人治道，致廣大而盡精微，猶天地也。而韓非乃以亂世君臣行事，妄擬吾儒之仁義惠愛，此非獨不肖也，適見其下愚而已矣。更就刑言，有死刑，有囚繫，有流放，有體罰，有金贖，罰各當其罪，罪不得遁於法外。唯罰貴當而必，不可以重爲輕、以輕爲重，所以彰平信，罰平則罪人服，罰而信則罪人不敢再犯。使人悔過而興於善，故刑法所以輔禮教也，故犯之罪從重刑，則不肖亦有所警矣。《春秋》《尚書》、三《禮》，甚可考見聖人制刑之意，惜乎今人不肯究，乃一意抄襲外人。夫商、韓慘酷，固無理，而中外異情，則外襲非所宜也。韓非云："不忍誅罰，則暴亂者不止。"余求之六經，未見聖人任姑息之惠，而有不忍誅罰之義也。後王有赦典，聖人所不許，鄭玄習於六經故訓，猶能言此義。韓非去七十子後學未遠，乃妄誣何爲耶？至以施與貧困爲仁義，遂妄詬吾儒，不知儒者富民之政，根本不使社會上有貧困待施之民，其道極於大同太平，萬物並育。上文已廣明儒義，可覆按也。韓非攻儒，無一語不妄。上來歷述熊先生之論，可見儒道與霸術，不止天壤懸隔，今後人類如不自毀，則黜霸弘儒，其不可一朝緩也夫。

卷二十《心度篇》曰：“聖人之治民，度於本，不從其欲，期於民利而已。〔63〕故其與之刑，非所以惡民，愛之本也。刑勝而民静，賞繁而姦生。故治民者，刑勝，治之首也；賞繁，亂之本也。夫民之性，喜其亂而不親法。故明主之治國也，明賞則民勸功，嚴刑則民親法。勸功則公事不犯，親法則姦無所萌。中略。夫國事務先而一民心，專舉公而私不從，賞告而姦不生，明法而治不煩。能用四者强，不能用四者弱。”《制分篇》曰：“是故夫至治之國，善以止姦爲務，是何也？其法通乎人情，關乎治理也。然則微姦之法奈何？此句從孫貽讓校定。微姦之法，謂司察姦人之法也。其務令之相規其情者也。規，闚也。王注：務令人彼此闚察其隱情也。則使相闚奈何？曰蓋里相坐而已。一里之中有犯罪者，則一里之人同坐以其罪。禁尚有連於己者，里不得相闚，唯恐不得免。里中之人人，皆知禁尚連及己，如吾里有懷姦心者，若不得相闚，及早告發，則各懷恐懼，以爲己將不得免也。如此必各陰相闚察，則有姦心者終不得掩。有姦心者不令得忘，闚者多也。有姦心者不忘闚者之多，則其情不自安，必易敗露於外。如此則慎己而闚彼，人皆慎己而闚彼，則互相闚伺也。發姦之密。告過者免罪受賞，失姦者必誅連刑。必誅，謂姦人無可免於刑也。連刑，謂失姦，則同里皆與姦人同罪連刑，無得免者。如此，則姦類發矣。姦不容細，如一言偶露不平，一事偶爾失檢，此姦之極細者也，今亦不容。韓非主輕罪重刑故也。私告任坐使然也。”舊注：任，保也。同里相保之人皆與姦人同罪，故云任坐。里中有姦人，既許里人相闚而得私告，失姦則里人同坐，是姦人無可匿也。

如上所述，韓非爲法，蓋師商君，而以告坐法爲本要，即其術之所資，亦在是也。韓非嘗言：“明主者，使天下不得不爲己視，使天下不得不爲己聽。故身在深宫之中，而明照四海之内。”又曰：“此其所以然者，匿罪之罰重，而告姦之賞厚也。此亦使天下必爲己視聽之道也。”以上皆見《姦劫弑臣篇》。《主道篇》有曰：“官有一人，一人，謂如各部長官也。勿令通言，則萬物皆盡。”此則百官皆使之互相闚察也。《揚權篇》曰：“聽言之道，容若甚醉。凡聽言者，欲闇以招明，愚以求智，故其容有似乎醉也。容舊作溶，依俞樾校改。脣乎齒乎，吾不爲始乎；默然聽之而已，不先吐己意，云不爲始。齒乎脣乎，〔64〕愈惛惛乎。不言而惛，惛若無知也。彼自離之，吾因以知之；彼，謂百官。夫百官互相闚而互相離，其行事得失，自有告密者，故在上者因以知之也。是非輻湊，上不與構。”告坐之法立，則臣工或是或非，如輻之湊，皆從下上達，上但並聽之，不與講説，退而處之可也。王先慎曰構講古通，是也；但訓爲調解，便非。謂聽時不與講説，令其不測耳。此即本篇前節不見其采之意。以上注家失解。綜上所述，可見韓非治官、治民，以一告坐法爲主。韓非所云明主使天下必爲己視聽者，蓋恃告坐法也。然用此法而無失者，必須具三條件。一曰居上者必虚明如神。《揚權篇》曰：“主上不神，下將有因。”上既神而不可測，故下不敢造誣言以相欺也。二曰近臣勿與私親。同上篇曰：“欲治其内，置而勿親。”内者，近臣也。近臣雖置而勿私親之，彼乃無從探上意，而蔽上之姦心不敢生。三曰賞罰之權必操於上。《二柄篇》曰：“夫虎之所以能服狗者，爪牙也。使虎釋其爪牙而使狗用之，則虎反服於狗矣。人主者，以刑、德制臣者也。德謂賞。今君人者釋其刑、德而使臣用之，則君反制于臣矣。”夫以告坐法爲治者，是乃所謂偵探政治也。上之三條件不具，而使偵探成群，横行於天下，則將使鳥亂于上，魚亂于下，至於危亡而上猶不悟也。然使爲上者雖非虚明如神，而陰鷙黠慧、深阻不測，又能不私近臣，嚴操大柄，則亦可用偵探政治而收一時之效。大凡獨裁極權之政，將以一夫鞭笞天下、控馭萬物，則非使萬物失其自由不可。所以者何？如物各自由，則物得各奮其智、各盡其力。物各用其智力，則任何人不得臨乎其上，控馭而鞭笞之也。然則如何使萬物失其自由？曰：必使萬物互相離也。物互相離，即其智其力不得互通而合作也。物不得相合作，則其智其力皆消失。物之智力皆消失，則物皆死物也。物皆死物，故獨裁者可以控馭而鞭笞之也。如是，則獨裁者之宰萬物也，如匠運斧揮斤，隨所投之，無不如意也。如御者引衆騎，六轡在手，左馳右驅，靡不利也。然則如何使物互相離？曰：莫如告坐法，以利誘，以威劫，而使人互相鬩也。告姦有厚賞，利誘之也。失姦則連坐，威劫之也。如是，則人不得不互相鬩也。人互相鬩，即互相離矣。商鞅首創此法，而韓非更弘闡之。秦自孝公以後，世行此法，迄吕政而用之益厲。秦雖收一時之效，得併六國，然亦不旋踵與六國同亡耳。秦人内治用偵探，外交亦善用偵探，其使於六國者皆偵探也。張儀之徒，偵探良材也。獨裁政治與偵探政治，二而一者也。韓非所云使天下必爲己視聽之道，唯用偵探而已。天下皆爲獨裁者視聽，則天下之耳皆自失聰，徒爲獨夫作資具耳。天下之目皆自失明，亦徒爲獨夫作資具耳。天下之耳目皆自失其聰明，則天下殘毁，百世而難復活也。彼獨耳獨目者，其又能用之不竭乎？吕政極盛時，固已有知彼不能傳其子者，故托之讖而曰亡秦者胡。使政之年或永，其能不膏斧鉞乎？嗚乎！秦亡無可惜，而黄、農、虞、夏以來，聲明文物光輝爛然、諸子百家精彩焕如之天下，至秦而剥盡無餘矣。哀哉哀哉！鳥獸猶愛其類，何况於人？韓非、吕政而有知也，其又何忍如斯耶？

《六反篇》有曰："學者之言，皆曰輕刑，此亂亡之術也。凡賞罰之必者，勸禁也。必賞以勸功也，必罰以禁罪也。是故欲治甚者，其賞必厚矣；其惡亂甚者，其罰必重矣。今取於輕刑者，其惡亂不甚也，此非特無術也，又乃無行。是故决賢不肖愚智之筴，在賞罰之輕重。筴字，舊作美，俞樾校改。且夫重刑者，非爲罪人也，非爲罪人而重之也。明主之法也。殺賊非治所殺也，治所殺也者，是治死人也。殺字，舊作揆，從俞樾校改。刑盜非治所刑也，治所刑也者，是治胥靡也。胥靡，刑徒也。故曰：重一姦之罪而止境内之邪，此所以爲治也。重罰者盜賊也，而悼懼者良民也，欲治者奚疑於重刑！若夫厚賞者，非獨賞功也，又勸一國。受賞者甘利，未賞者慕業，是報一人之功而勸境内之衆也，欲治者何疑於厚賞！

按韓非主審合刑名，故賞厚而不濫，可以勸衆。西人於學術與技藝有發明者，皆奬勵甚優，亦合韓子之旨。今不知治者皆曰：‘重刑傷民，輕刑可以止姦，何必於重哉！’此不察於治者也。夫以重止者，未必以輕止也；以輕止者，必以重止矣。[65]是以上設重刑者而姦盡止，姦盡止則此奚傷於民也！所謂重刑者，姦之所利者細，而上之所加焉者大也。民不以小利蒙大罪，故姦必止者也。所謂輕刑者，姦之所利者大，上之所加焉者小也。民慕其利而輕傲其刑，故姦不止也。故先聖有言曰：‘不躓於山，而躓於垤。’山者大，故人順之；垤微小，故人易之也。今輕刑罰，民必易之。犯而不誅，是驅國而棄之也；[66]犯而誅之，是爲民設陷也。是故輕罰者，民之垤也。”《外儲篇》有曰：“秦昭王有病，百姓里買牛而家爲王禱。公孫述出見之，入賀王曰：百姓乃皆里買牛爲王禱。王使人問之，果有之。王曰：訾之人二甲。王注：量財貨曰訾。人，謂里人。計里買牛之力而令其出二甲，所以罰之也。夫非令而擅禱，是愛寡人也。夫愛寡人，寡人亦且改法而心與之相循者，是法不立；法不立，亂亡之道也。不如人罰二甲，而復與爲治。”

上述厚賞重刑之説，皆韓子爲法之精義也。熊先生曰：厚賞重罰，視用之如何耳。如以刺察異己，凡異己者之一言一行有不合於當道者，雖其言誠是，其行誠善，亦以叛逆待之，因厚賞告者而處叛逆以重誅。如是者，其法必敗，其社會必日腐壞，其國必亡。如其用人行政或諸事考績，皆審合刑名，職舉效著者，當厚賞則厚賞之。其有作惡亂紀，雖細惡小失，亦重罰之，以警效尤，以此治亂國浮滑之民，則適宜之道也。六經之言刑，本主罰當其罪，無可故輕故重，此以常理言也。然治亂國用重典，經亦有明文。民國以來，居上位者釋法而用私，大官承勢謀私利，國貧而家富。寵帥不能戰而皆善殖財，或且以貪詈人而自縱部屬爲之，無知而驕恣，敗國猶不失寵任。至於民、刑諸法，抄襲外人，本不適於國俗。法吏出自都市上庠，以取資地爲謀官求財之具，所學不過抄襲外説，於國法民習都不措意。一旦居官斷獄，則緣金錢與紳士酬應而任意出入，法毁而民日習於滑。地方多事，良民無可安生，如是而欲毋危亡，不可得也。繼今爲治，貪污溺職之文武大官，必酌古法滅族之例，而誅絶其寵室及子女與同謀者，先從中央大員實行。清律較近，今之民、刑諸法，宜依之以修正。官吏貪墨者，殺無赦；犯重貪者，夷其妻子及同謀。綜覈名實，信賞重罰，力行三年，中國大治，天下莫强焉，余敢斷言也。若乃信任偵探政治，以互相鬩之法而摧滅天下之異己者，則正氣將銷盡，族類將殄絶，不止亡國之痛也。後之人，其鑒於秦焉可也。熊先生此論，至爲切要，雖繩治韓子之短，而未嘗不擇取其長也。愚以爲秦昭王罰百姓之爲己而擅禱者，此意甚善。不緣愛己者而釋國法，此其法之所以行也。

九〔67〕

上來論次韓非明法之言，今將略述其一孔政策。韓非本自明爲霸王主義，志在致國家於富强，而後可帝天下。彼爲韓之王族。當時，秦國强暴，韓與秦爲近鄰，秦人割其土地，奪其資源，奴其人民，侵略無已止。韓非志在霸王之業，而其情則亟於救國。《姦劫弑臣篇》曰："正明法，陳嚴刑，將以救群生之亂，去天下之禍，使强不凌弱，衆不暴寡，老者得遂，幼孤得長，邊境不侵，君臣相親，父子相保，而無死亡係虜之患。"觀此，則韓子憤發圖强，以抗暴秦之意願，蓋情見乎辭矣。《安危篇》曰："安危在是非，不在於强弱；存亡在虛實，不在于衆寡。"《五蠹篇》曰："治强不可責于外，責者，求外援也。内政之有也。"能修内政以自强，何必倚外？古今爲國者，未有倚外而不亡也。此其所見甚明，自信甚强，宜可大有造於韓矣。然而韓子終不能得韓之政者，必其爲韓人所不戴也。《問田篇》："堂谿公規韓子曰：'夫舍乎全遂之道，而肆乎危殆之行，竊爲先生無取焉。'"堂谿公必韓之世臣舊家，殆見韓之重臣有嫉韓子者，故以危殆規之。余意，嫉韓子者不止重臣也，即在社會方面，當亦無同情於韓子之政策者。熊先生曰：韓子政論宗趣，約析以三。一曰人民屬於國家，即人民之一切，應爲國家而犧牲，國家有無限自由，而人民無自由。二曰個人屬於群體，即個人之一切，應爲群體而犧牲，群體有無限自由，而個人無自由。三曰基於上述二義，當令全國上下併力於耕戰。此與今之列强，戮力於生産與軍備者，完全遥合。韓非以爲全國上下併力耕戰一途，則國家富强可立致，而霸王之業必成也。其併力耕戰之主張，可以謂之一孔政策。如鑿金石，併力鑿一孔，金石爲開；力紛而無所集中，鑿木亦不可穿也，况金石乎？《飭令篇》曰：“利出一空者，其國無敵；顧廣圻曰：空讀爲孔。按《老子》“孔德之容”，王弼注：孔，空也。古孔、空通。注《老》者或訓孔爲甚，則失其旨矣。利出二空者，其兵半用；利出十空者，民不守。”據此，則韓非以併力耕戰，爲利出一孔，是無敵於天下之道也。唯其持一孔政策，故厲行統制，諸不直接參預耕戰之途者，均認爲與其國家富强思想有妨害。易言之，即與其霸王主義有妨害。凡認爲有妨害者，即非根本禁絶之不可。其統制範圍過寬廣，商君之狹隘殘酷，尚未至是也。今略述如後。

（一）反智而尚力，故以法爲教，而一切學術思想皆禁絶之。《五蠹篇》曰：“夫耕之用力也勞，而民爲之者，曰：‘可得以富也。’戰之爲事也危，而民爲之者，曰：‘可得以貴也。’今修文學，習言談，則無耕之勞而有富之實，無戰之危而有貴之尊，則人孰不爲也！是以百人事智而一人用力，事智者衆則法敗，韓非爲法，原本獨裁。今學者皆從事於智，則學術思想愈盛，而愈不肯守獨裁者之法也。用力者寡則國貧，此世之所以亂也。故明主之國，無書簡之文，以法爲教；無先王之語，以吏爲師；顧廣圻曰：王當作生，與下文吏對。非是。世之學者，所傳多先王之語，如儒、墨等皆然。今令人民以吏爲師，吏之所授者，法也，與上以法爲教相應。無私劍之捍，以斬首爲勇。以上皆吕政之所取法者。是境内之民，其言談者必軌於法，動作者歸之於功，爲勇者盡之於軍。是故無事則國富，有事則兵强，此之謂王資”云云。詳上之所謂文學者，蓋指儒家及墨氏等言，《顯學篇》以儒、墨並論。而其所禁絶者，猶不止此。同上篇有曰：同上者，同上引《五蠹篇》也。後倣此。“今境内之民皆言治，藏商、管之法者家有之，而國愈貧，言耕者衆，執耒者寡也。商、管，謂商君、管子，其書並言及農事，然爲其學者，但言耕而不執耒，則其學可廢也。境内皆言兵，藏孫、吴之書者家有之，而兵愈弱，言戰者多，被甲者少也。”言戰而不被甲，故孫、吴之學可廢。又曰“磐石千里，不可謂富；象人百萬，不可謂强。象人，即俑人也。磐不生粟，象人不可使距敵也。今商、管技藝之士，亦不墾而食，[68]是地不墾，與磐石一貫也。儒、俠毋軍勞而顯榮者，則民不使，與象人同事也”云云。據此，則商、管、孫、吴諸學，亦與儒、墨同譏。又以技藝之士與商、管並言，則技藝皆其所不貴也。古者百家之學，如天算、工程、物理、機械、醫藥等等，皆稱技藝。韓非以爲從事於此者，如不被甲執耒，即皆空談，故與商、管並斥之。《六反篇》有曰：“語曲牟知，僞詐之民也，而世尊之曰‘辨智之士’。”詳此云辨智，云語曲牟知，王注引《淮南·時則訓》高注：牟，多也。語曲者，如研究思想軌範、論議律則之學者，皆嚴析偏曲，究盡細微，故云語曲。而斥以僞詐，是名學在所必禁也。《顯學篇》曰：“夫冰炭不同器而久，寒暑不兼時而至，雜反之學不兩立而治。”據此，則古者諸子百家之言，自韓非視之，皆所謂雜反之學。雜者，紛雜而不一也。不一，即互相反，故云雜反。可見韓非以法爲教，以吏爲師，即一切學術思想皆在禁絶之列，並非獨毁儒家。但儒家爲其所最注目，而其書中幾無處不攻擊之。儒家之學極於窮神知化，而韓非有曰：“今世之所謂智者，微妙之言也；微妙之言，上智之所難知也。今爲衆人法而以上智之所難知，則民無從識之矣。”見《五蠹篇》。此所謂微妙之言，即指儒家《大易》而言，决非目道家。因韓非歸本道家，决不以此詆之也。韓非於儒家微妙之言，但謂其非民務，無可多置詞。惟儒者以崇德而事智爲治，則與韓非之狂暴極權不兩立，與其獨裁法不並容，此韓非所以念念不忘儒家而攻之不已也。然諸子百家之學，韓非固同一棄置，吕政承之而毁盡一切，自其善《五蠹》之篇，而已知所趨矣。吕政以法爲教，以吏爲師，明明用《五蠹篇》之説也。熊先生此論，發見韓非悍毒。韓非言“明主之國，無書簡之文，以法爲教”云云，則一切學術思想，皆當廢絶，爰止於儒。又言“事智者衆則法敗”，是其愚民之術，坦然直揭，可謂毒且悍矣。

（二）韓非之耕戰一孔政策，必使人皆執耒披甲，其所崇勉而稱美者，即此等人。《六反篇》曰：“赴險殉誠，死節之民也，而世少之曰‘失計之民’也。寡聞從令，全法之民也，而世少之曰‘樸陋之民’也。

力作而食，生利之民也，而世少之曰‘寡能之民’也。嘉厚純粹，整谷之民也，谷，善也。而世少之曰‘愚贛之民’也。重命畏事，尊上之民也，重命，謂尊君上之命令。作事敬畏，不敢離法，曰畏事。而世少之曰‘怯慴之民’也。挫賊遏姦，明上之民也，王注：明上謂奉揚法令。而世少之曰‘讇讒之民’也。此六民者，世之所毁也。”據此，則韓非以世所共毁之六民，皆耕戰有益之民，而又標舉姦僞無益之六民爲世所譽者。同上篇曰：“畏死遠難，降北之民也，而世尊之曰‘貴生之士’。遠難即免難之義。畏死遠難之人，用以當敵，必不耻降北之辱。學道立方，離法之民也，立方者，立方正之節也。此爲國法之所不得加，故云離法。而世尊之曰‘文學之士’。如儒、墨等是也。遊居厚養，牟食之民也，牟同謀。而世尊之曰‘有能之士’。遊居，如托於諸侯者。此不盡爲牟食，韓非却不別擇。語曲牟知，解見前。僞詐之民也，而世尊之曰‘辯智之士’。〔69〕行劍攻殺，暴傲之民也，而世尊之曰‘磏勇之士’。磏者，厲石，稜利義也。此言俠士。活賊匿姦，當死之民也，凡官法認爲姦賊，欲捕殺者，今謀活之匿之，亦應坐以死罪，故曰當死之民。而世尊之曰‘任俠之士’。俠字舊作譽，依盧文弨校改。此六民者，世之所譽也。”又曰：“姦僞無益之民六，而世譽之如此；耕戰有益之民六，而世毁之如彼。此之謂六反。”詳六反中，惟畏死遠難之民最可耻，其餘宜加別擇。若孟、荀二子，則不當與游居同譏。惠施、墨辯諸子牟知，詎同詐僞？行劍活賊，如奉正義、伸公憤，則任俠之行，至可尊尚。學道立方，大人之事，而乃與降北之民同科，可乎？耕戰有益之六民，君子當寄以同情，若使常受驅迫於主上，如人道何？韓非首忌者儒，次則俠。儒之文學，俠之强武，皆不服專横之法禁，故韓非惡夫儒者用文亂法，俠者以武犯禁也。俠亦儒之別子，《禮經·儒行篇》可證。名家則儒之支流。韓非所謂姦僞無益之六民，其積憾於儒者尤深也。韓非奬耕戰而賤行修。《八説篇》曰：“鮑焦、華角，天下之所賢也，鮑焦木枯，立死，若木之枯也。華角赴河，其事未詳。雖賢不可以爲耕戰之士。博習辯智如孔、墨，孔、墨不耕耨，則國何得焉？修孝寡欲如曾、史，曾、史不戰攻，則國何利焉？匹夫有私便，人主有公利。不作而養足，不仕而名顯，此私便也；不作，謂不耕作。息文學而明法度，塞私便而一功勞，此公利也。閉塞匹夫私便之路，而一歸於戰功與耕作之勞，息滅文學，以法爲教，則人安于無知，樂守法，此人主之公利。大貴文學以疑法，[70]尊行修以貳功，尊匹夫之行修，則民將不披甲執耒以務功勞，故云貳功。索國之富强，不可得也。”《五蠹篇》曰：“故不相容之事，不兩立也。斬敵者受賞，而高慈惠之行；拔城者受爵禄，而信廉愛之説；堅甲厲兵以備難，而美薦紳之飾；富國以農，距敵恃卒，而貴文學之士；廢敬上畏法之民，而養游俠私劍之屬。舉行如此，治强不可得也。國平養儒俠，難至用介士，所利非所用，所用非所利。是故服事者簡其業，謂耕戰者非上所用，民將不從事於此而簡慢其業也。而遊學者日衆，是世之所以亂也。”綜上所述，可見韓非主張以耕戰亟圖富强，不獨廢息學術，更輕賤行修，雖孔、墨之聖，曾、史之賢，亦以其勞異於田、功虧斬首，而侮之如象人、磐石，是則人皆習鬥趨利，雖返于鳥獸可也。

熊先生曰：韓非以併力耕戰爲利出一孔，不惜廢學術，賤行修，塞智慧之門，斷自由之徑，反人道於披毛戴角，侮同類猶圈豕驅羊，自昆吾、大彭以來，霸者用術之酷，未有若斯之甚也。夫耕以足食，而食者資生之具，生者固非爲食而生也。戰以禦侮，不可以樂殺而戰也。戰而有功，以除人類之公敵爲功，非可以能殺爲功也。耕而有勞，人生以不素餐爲樂，故勞，非謂人生之意義與價值唯在得食故勞也。人者，有靈性、有德慧、有自由之至物也。物之至靈，窮於稱讚，故曰至。故必充其剛健、純粹、升進而不物化之本性，升進者，向上義。人生雖爲具有形氣之物，而其本性畢竟不物質化。復其天地萬物一體之本然。語形，則吾人與天地萬物各别；語性，則吾人與天地萬物同體。故必有科學以明物察倫，儒者言明庶物、察人倫。察倫，即社會科學；明物，即自然科學。而後智周萬物；吾人之智識，必周通於萬物，譬如人身百骸衆竅互相貫通而無礙也。世之學者言科學之興，原於驚奇心與求真之欲，此猶未免於膚論。實則吾人之知性，本無己與物之隔，故盡己性，則盡物性，乃一體流通、自然不容已之幾也。有哲學以發揚理性，有文學以宣達情思，而後浩然與天地精神往來；此中天地，猶云宇宙。吾人之精神即是宇宙精神，本來不二，而曰與之往來者，吾人每迷執形氣之小我，便從絶對精神中墜退，而與宇宙隔離。今當復其一體流通之本然，故曰與之往來。有群性生活，荀卿曰“民生在群”。合群而不容孤立者，人之性也。亦有個人自由等要求，人生不可無自由，亦天性也。故於政治、經濟等制度，常有不安現狀而力求改進之高尚理想。韓非廢絶一切學術，又毀行修，行毀而失德，學絶而無智，是使人斷滅靈性生活也，人之類不已絶乎？且夫智、仁、勇三達德者，人性固有之也。德之目雖析以三，而實萬德皆備。言智，即神解與一切知識備焉。言仁，即義、禮、貞信、惠愛乃至真、善、美備焉。言勇，即雄健、悍鋭、强力等備焉。三達德者，同體而異其方面，俱有而不可一無。今韓非去智與仁，而唯力是尚，不智不仁之力，瘋狂如凶猘猛獸，盲動如驟雨疾風，摧毁則玉石俱焚，哀哉人類，何所爲而必出於斯乎？韓非嘗言“冰炭不同器而久，寒暑不兼時而至”，以此成其不相容之論，此乃格物未周，操術不審之過也。夫甜酸異味而同器，朝餐不盡，晚餐而兩味調和如故，豈非異味同器而可久乎？〔71〕炷爲因而生焰，炷者，以草浸油燃火則名炷。舊俗燈火用此。此言炷爲焰因。焰復爲因而燒炷，此言焰爲炷因。因果異物而同時俱至，佛經每用此喻。此例不勝窮也。况寒暑不兼時之説，尤非篤論。〔72〕大寒過而立春，謂三冬無暖氣固不得，謂春後無寒氣更不得。夏至暑偏勝而云無寒，非寒氣全消也；冬至寒偏勝而云無暑，亦非暑全消也。員輿温帶之區，絶少酷寒酷暑，則寒暑兼至者其常也。韓非云“不相容之事不兩立”，火透釜而親水，水盛釜而受火之熱，水火相反而相容相抱矣，豈止兩立乎？世界無量，衆生無量，佛氏言之矣。物之不齊，物之情也，孟子、莊生知之矣。智勝者竭其智，力强者盡其力。人之生也，禀受不齊，發展遂異，必欲萬姓千名之智與力，範以一型而齊之，此上帝所不能爲。仲尼、墨翟、蘇格拉底、亞里士多德、康德之倫，强之執耒披甲，皆無所能爲，任其獨立發抒，則學統堪垂萬世，行履足式天人。韓非雖欲絶聖棄智，若在今日，余命其身入瑶黎之鄉，親嘗滋味，將可忘聖智成己成物之功德否耶？蠻民非不耕戰也，而以視聖智裁成輔相之群，則耕戰利鈍之相去，奚止天壤隔乎？蠻民誠有樸質，然蠻俗崇尚之美行，其合于倫理者幾何？吾料韓非不願效也。不有聖人行修之尊，群俗何由變動光明？甚矣！韓非之陋也。韓非又言“斬敵者受賞，而高慈惠之行”云云，此以斬敵者爲天下之至高，不應復高慈惠之行。其實，人群以互相感而互進於善。賞斬敵之功，勸禦侮也，而慈惠者有感，則益切同仇。高慈惠之行，以善俗也，而斬敵者有感，則慈惠於同受侵害之人，益堅殺身成仁之志。韓非只欲以重賞與高名鼓勵人之好殺心，使其奮於斬首之功，而不悟人之勇於臨敵斬首者，非盡誘于重賞高名而爲之也。其慈惠同類之熱誠，激于不容已者，是人性本具之潛力也。韓非獎好殺而去慈惠，將退人類爲猛獸，人類不互相噬以底于盡不止也。韓非又譏世人“大貴文學以疑法”，韓非所謂文學，實兼今之所謂哲學、文學而通目之。凡政治、社會等理想，彼亦屬之文學範圍。此凶頑之論也。政治經濟諸法制，嘗隨人類智識之進步，而疑其不均、不公、不適，以期改造而底于均、公、適，文學之可大貴者在此。今韓非必欲絶學去智，使人受束于獨裁者之法，乃塊然如土而無有疑，非凶頑之極者，何忍出此？韓非謬論甚多，不及詳破，學者深思明辯，勿受其愚。總之，韓非偏重國家而輕人民，故亦偏重群體而輕個人。商、管之法，韓非所祖述也，今爲商、管之學者，如不被甲執耒，即當刑其人、毀其學。甚至孔、墨之聖，曾、史之賢，如敢疑法，即爲韓非所不容許。如是，則個人自由剥奪盡净。夫群體者，個人之集也。“有形之類，大必起于小；行久之物，族必起于少”，《喻老篇》。韓非既知之矣，今使群體組織過求嚴密，務將個人自由毀盡，則個人失其性，而群體能健全乎？車輪者，衆齒之集也。衆齒有虧折而車輪不敝者，未之有也。原于個人之尊嚴，本衆意以制群法，和同而化、毋相悖害者，《春秋》太平之教也，是百世以俟而不惑，質諸鬼神而無疑也。韓非以獨裁者制群法而侵損個人，則群體已失其自性，直是獨裁者之玩具耳。吕政用其説，乃爲害于群體，百世難復，豈不痛哉！韓非之重國家而輕人民者，欲竭民力，以事富强，國家富强，而後霸王之業可圖也。韓非直以國家爲驅策人民用致富强、以伸張于域外而逞侵略雄圖之工具。域外，謂異國異族。從來霸者爲術皆如此，今之列强尤甚。故由彼言國家者，不祥物也，侵略者之利刃也。吾先聖則以國家爲一文化團體，此意義甚深廣大，非深究于六經四子者，無可與語也；非超越世俗之慮而懷人道之憂，又深達天人之故者，亦不可與談勝義。嗚乎微矣！韓非志在用韓，憤重人專政，重人，權臣也。而圖改革，故曰："欲治其法而難變其故者，民亂不可幾而治也。法與時轉則治，治與世宜則有功。"《心度篇》。此亦精采之言。然終不悟民主，欲奪政權於重人之手而自爲獨裁，以暴易暴而加甚者，非算數所及也。聖人之爲革也，《易》有革卦。求均而已，損彼之有餘，益此之不足，均焉止矣。若此復求有餘於彼，即彼向所遇此者，今還以遇彼而更過之，則人群終不可均也。聖人之治，極於萬物得所，爲萬物普遍求均而已，是以變則通、通則可久可大也。韓非異於是，其箝束生民也已甚。三晉文化深遠，宜非其民所樂受。韓非終不得政於韓，而爲秦戮，哀哉！向使韓非有管仲之識量，持術明法，而兼綜儒者之道，毋以極權之論毀壞一切，則韓政可得，而全晉可復，天下不足定也，何憂乎秦？獨惜韓非主極權而持一孔政策，遂資吕政，而遺害無窮，可勝悼哉！夫古今人情不甚相遠，獨裁之風，今未已也。唯利用科學而技術日進，政制群法各方面組織加密，要其大體，不能有過於韓非。夫獨裁得助於科學，而萬物爲芻狗，水益深、火益熱矣。科學非害也，人類知見失其正，則亦可資科學以濟其惡矣。夫正知正見者多，則大盜盜衆不易也。知見何由而正哉？析物以窮其始，萬物之本始。綜事以觀其通，宇宙萬事，各依其類而通之，至於會衆類而觀其大通，則一也。莊生云"恢詭譎怪，道通爲一"是也。窮理而究其極，極者，萬理之會歸。察變則上下古今而操其衡量，實踐則反之人倫日用而歸諸素樸，智周而不滯於物，理之至者，本不遺於物，而實不滯於物。但陷於知識窠臼者，[73]則不能無滯也。唯明智湛然，則於物得理，而未嘗滯於物象，以爲理即限於此物，故嘗燭於微而會其通也。此義難爲世之學者言。思睿而無累其神，睿者，明照自然。離習染，去妄執，故神全。是以動順物宜，事循天理，何有知見偏詖之患歟？是道也，其必由哲學乎！尤莫切於儒學乎！毀科學，不可也；科學萬能，亦不可也。熊先生此論，可謂明且允。韓非古之怪傑也，惜其偏見過甚，雖嘗治儒學而實不知儒也。不知，故大毁之，乃挾偏見以禍世，而不自覺也。或問：熊先生言大盜盜衆，何耶？曰：以近世事言之，威勢可以劫衆而不可以盜衆，袁氏是也。威勢而佐以黨義宣傳，使群衆歸心，而實假以濟私，是謂盜衆。然盜之久，終無不敗者。又如名流盜虚聲，當其收效時，亦是盜衆。然決不可久。〔74〕故盜衆甚無謂。或問：熊先生謂吕政用韓非説，有徵乎？曰：有。《史記·秦始皇本紀》，二十六年，秦併天下。三十四年，丞相李斯言："今天下已定，法令出一。百姓當家則力農工，士則學習法令辟禁。非博士官所職，天下敢有藏詩書、百家語者，悉詣守尉雜燒之。有敢偶語、詩書，棄市。偶語、詩書，係兩事。偶語，兩人以上私語也。詩書，謂匿藏詩書及百家語也。文省耳。以古非今者族，吏見知不舉者與同罪。所不去者，醫藥、卜筮、種樹之書。若有欲學法令，以吏爲師。"制曰可。據此，明用《五蠹篇》之説也。吕政蓋早已禁學，直至三十四年，始以制令垂爲永久不易之成法。李斯首言"天下已定，士則學習法令辟禁"，可知六國既併，只許人民學法習令，不得從事詩書及百家語也。至此定爲成法，雖李斯倡言之，只是形式耳，吕政早已内自決定也，此吕政用韓非説之明證。後人多謂秦焚書，只焚民間私藏者，其博士官所職並未焚。此亦臆測之辭，恐當時博士官所職，亦只是醫藥、卜筮、種樹之書，故舉以示天下爲準則也，諸子哲學及天文、算數、〔75〕物理、音樂、機械等學，總稱百家語，一切焚燒盡净。韓非禁學之主張如此，吕政讀其書而喜之亦以此。〔76〕

韓非之説，用於吕政，流毒甚遠。董子、史公在漢初，皆欲矯其弊。董子作《春秋繁露》，張《公羊》義，以闡發民主思想。史公爲《史記》，亦稱《公羊》，並鑒於韓非毁百家語而集矢儒、俠爲最甚，於是尊孔子以世家，立仲尼弟子列傳，孟子、荀卿皆有傳，定孔子爲一尊，示儒家爲正統，與董子主張同也。王介甫謂仲尼之道，世天下可也，奚止世其家？此不思之甚。史公立孔子世家，即倣《春秋》王魯之意，非謂其以一家之學傳業也，實乃世天下也。又以游俠立傳，首引韓子“儒以文亂法，言儒者以文學而敢非毁世主之法，故云亂法。《正義》諸注皆誤解。而俠以武犯禁”，言俠者以强武敢違犯世主之禁。此及上語，見《五蠹篇》。皆與獨裁不相容。又曰“竊鈎者誅，竊國者侯”，言人民爲盜則誅，是小盜也，故受誅；而大盜竊國，乃爲侯王。此史公引《莊子》語。所以攻擊獨裁之帝王。又曰“自秦以前，匹夫之俠湮滅不見，余甚恨之”，可見史公獎游俠之意，所以振民德、昌民氣、扶民力，將使霸者芻狗萬物之技有所憚而不敢逞。又以項羽列本紀，陳涉列世家，以匹夫而抗暴秦，行革命之事，雖功業未就，而其志行足與殷、周聖帝明王争烈矣。伯夷行修孤峻，棄君位如敝屣，故列傳首之。管、晏原本儒家，而開法術之宗，孔子雖病其器小，不謂其學術全非也。管、晏之爲法，未戾於儒，亦足以周世變。申、韓以險譎爲術，專横爲法，是管、晏所必誅也。史公傳管、晏而次之伯夷，其識量宏遠哉！熊先生曰：《史記》用意，皆懲暴秦之弊，糾韓非之謬。二三千年來學者，都作故事與文辭玩弄去，甚至議其傳游俠、貨殖爲挾怨於武帝。哀哉！秦以後，中國遂無學術、無思想，雖韓非、吕政之遺毒，而漢以來經師、文士之鄙陋，亦不可道也。言之醜也，哀哉！

附識：今本《韓非子》，近人多疑其不可靠。如第六篇《有度》，於荆、齊、燕、魏四國皆云以亡，韓非死時，六國尚未亡，齊亡最後，距韓非之死已十二年，可見《有度篇》不出韓非手。[77]熊先生謂疑者誤。齊亡最後，其距韓非死時只十二年，亦甚暫耳。智者之覘人國也，覩其亡形已著，則直罪之曰以亡，以者用也，用之以亡也。韓非《難勢篇》言“勢亂不可治”，則勢亡不可存也。韓非審察群變，其眼光鋭利無匹，直從四國之亡勢已成而罪之曰以亡，又何疑乎？奚必待毁其宗廟、遷其重器，始謂之亡耶？故《有度篇》必出韓非無疑。[78]

《解老》《喻老》《揚權》《主道》《孤憤》《説難》《説林》，《内》《外儲》諸篇，[79]今人或疑非韓非作。此殆由今人以懷疑古書爲能事耳。余按韓非思想之全體系以求之，未見上述諸篇有甚矛楯處。唯《大體篇》有“不以智累心，不以私累己”，及“不逆天理，不傷情性，不吹毛而求小疵”等語，確非韓非境界，或雜引道家語，或由其聰明偶悟而侈言之。然此篇主旨，在“不引繩之外，不推繩之内”云云，必出韓非手筆無疑。《飭令篇》多引商君。古人著述，不以引前輩爲嫌，如孔子六經，皆因舊籍而寓以己之新意，此最著之例也，但此篇似有脱文。

《初見秦篇》，《戰國策》作張儀説，自當以《策》爲據。不知何人移入《韓書》之首？篇中指陳時事，與韓非所當之境已不合。韓非蓄抗秦之志，何至爲秦畫攻韓之策乎？《史記》言秦王讀《韓非書》，恨不得見，聞李斯言“此韓非之所著書”，因急攻韓。韓王始不用，及急，乃使韓非使秦。韓非勸秦存韓，遂以此致死。可見韓非前未入秦，亦决無以攻韓獻媚敵國之事。故此篇當據《國策》。此篇以外，都無可疑。今之後生好疑古書，輒曰“文字不類”。其實審核文字，談何容易？非天資高、學養深者，不得有眼力。今人何可談此事？又復應知，一人之書，其文字每前後有不一致者。義深博而術精嚴，術謂邏輯。辭峰悍利，此等處在一卷中不能常有。何則？文思本於精力，發於興會。人生亂世，精力裕時少，興會短時多，故一人之文，每有不類也。然作者之思路與神情，自有特點，如有其統一之人格在者然，其文字雖不一致，而識者不難鑑别其出於一手。又梁啟超謂太史公《自序》有“韓非囚秦，説難孤憤”，與《韓非傳》所記者頗相違。此由其作自序時，取聲韵諧協。故不妨顛倒事實，不可據序文以疑傳記也。且序文亦不須泥解，史公以爲古人雖遭困厄，而有述作可傳，明己受禍不可無作也。啟超必咬文嚼字去索解，亦自誤。

《史記·韓長孺列傳》云：韓安國嘗受韓子雜家説於騶田生所。此但以韓子與雜家説並提，非謂韓子是雜家也。今或疑韓子屬雜家，便大誤。凡古今大思想家，必於其前世及並時之學術思想，多所精究與涉獵，及其自家思想成熟而有述作時，亦必於其平生所取捨者形諸文字。至其爲雜家與否，則視其書之内容，是否自有根據、自有主宰、自成體系。是否至此爲句。吾未見《韓書》可目以雜家也。

【校記】

〔1〕"一"下，蘭臺本有"韓非之學本出荀卿"八字，作爲本節之標題。

〔2〕"二"下，蘭臺本有"韓非之學不爲法家正統"十字，作爲本節之標題。

〔3〕"三"，原作"四"，據蘭臺本改。

〔4〕"人"，蘭臺本作"明"。

〔5〕"三"下，蘭臺本有"韓非絶無民主思想"八字，作爲本節之標題。

〔6〕"四"下，蘭臺本有"韓非思想兼融申商"八字，作爲本節之標題。

〔7〕"出"，蘭臺本作"自"。

〔8〕"盡"下，蘭臺本有"善"字。

〔9〕"五"下，蘭臺本有"韓非尚力"四字，作爲本節之標題。

〔10〕"所"，蘭臺本作"之"。

〔11〕"子"，原脱，據蘭臺本補。

〔12〕"六"下，蘭臺本有"韓非之人性論"六字，作爲本節之標題。

〔13〕"致力"二字，原脱，據蘭臺本補。

〔14〕"七"下，蘭臺本有"韓非之術"四字，作爲本節之標題。

〔15〕"三"，諸本均作"四"，據《韓非子集解》改。下同。

〔16〕"三"，諸本均作"四"，據《韓非子集解》改。

〔17〕"唯其推行之法則異乎吾儒"十一字，原脱，據蘭臺本補。

〔18〕"焉"，原脱，據蘭臺本補。

〔19〕"事"，諸本同，疑當作"形"。

〔20〕"賢"，原作"實"，據學原本改。

〔21〕"壅"，原作"擁"，據蘭臺本改。

〔22〕"上以"，諸本俱作"以上"，據《韓非子集解》倒正。

〔23〕"用"，原作"同"，據學原本改。

〔24〕"實"，蘭臺本作"義"。

〔25〕"國"下，蘭臺本多一"自"字。

〔26〕“輩”，原作“輂”，據學原本改。

〔27〕“漢”下，蘭臺本多一“書”字。

〔28〕“孟”下，蘭臺本多一“子”字。

〔29〕“爲”，蘭臺本無。

〔30〕“完”，蘭臺本作“定”。

〔31〕“昂然其間”，蘭臺本作“昂藏於其間”。

〔32〕“民”，蘭臺本作“人”。

〔33〕“後”下，蘭臺本有“發”字。

〔34〕“即恕”，蘭臺本作“是也”。

〔35〕“飾”，原作“飭”，據三信本改。

〔36〕“朋”，原作“明”，據《韓非子集解》改。

〔37〕“八”下，蘭臺本有“韓非之法”四字，作爲本節之標題。

〔38〕“理”，原作“物”，據學原本及下文“萬理合於一理”改。

〔39〕“婦”，原作“歸”，據學原本改。

〔40〕“數”，原誤作“教”，據前文“屬數雖多”改。

〔41〕“行”，原脱，據《韓非子集解》補。

〔42〕“人主將欲禁姦之則、審合形名者”，《韓非子集解》作“人主將欲禁姦，則審合形名者”。

〔43〕“彼”，蘭臺本作“人”。

〔44〕“罷”，原作“龍”，據學原本、蘭臺本改。

〔45〕“勢”，諸本俱作“勞”，據下文“釋賢而專任勢”句改。

〔46〕“能”，諸本脱，據《韓非子集解》補。

〔47〕“醲”，諸本俱作“釀”，據《韓非子集解》改。下同。

〔48〕“螾螘”，原作“桀紂”，據蘭臺本改。

〔49〕“乎”，原作“平”，據學原本改。

〔50〕“不”字，原脱，據下文“無不禁之勢”及《韓非子集解》補。

〔51〕“抱法處勢”與“釋勢委法”二“勢”字，原誤作“世”，據學原本改。

〔52〕“有”，學原本作“爲”。

〔53〕“使”，諸本俱作“便”，據前文及《韓非子集解》改。

〔54〕“季”，原作“李”，據蘭臺本、三信本改。

〔55〕“乘者非一人”，原作“非乘者一人”，據學原本、蘭臺本倒正。

〔56〕“嗇”，蘭臺本作“廧”。

〔57〕“獨”，學原本、人文本同。蘭臺本作“猶”，并删去“獨當作猶”四字。

〔58〕“事”，諸本皆同，《韓非子集解》作“士”。

〔59〕“者”下，蘭臺本多一“也”字。

〔60〕“捨”，原誤作“拾”，據蘭臺本改。

〔61〕“識”下，蘭臺本多一“及”字。

〔62〕“愛”下，蘭臺本多一“其”字。

〔63〕“民利”，諸本同，《韓非子集解》作“利民”。

〔64〕“唇”，原作“齒”，據學原本、蘭臺本改。

〔65〕“以”，原作“於”，據學原本改。

〔66〕“驅”，諸本俱作“軀”，據《韓非子集解》改。

〔67〕“九”下，蘭臺本有“韓非之一孔政策”七字，作爲本節之標題。

〔68〕“墾”，蘭臺本作“耕”。

〔69〕“辯”，蘭臺本作“辨”。

〔70〕“大”，學原本、蘭臺本同，學生本作“夫”。

〔71〕“器”，原作“氣”，據學原本、蘭臺本改。

〔72〕“非”，原誤作“爲”，據學原本改。

〔73〕“窠”，諸本俱作“巢”，據文意改。

〔74〕“久”，蘭臺本作“見”。

〔75〕“數”，蘭臺本作“術”。

〔76〕“以”，蘭臺本作“如”。

〔77〕“手”下，蘭臺本有“矣”字。

〔78〕“篇”下，原衍“曰”字，據學原本、學生本删。

〔79〕“儲”下，蘭臺本多一“説”字。

荆楚文庫

熊十力集（六）

熊十力 著

郭齊勇 劉依平 主編

荆楚文庫編纂出版委員會
湖北教育出版社

荆楚文庫

十力語要

彭婷 點校

目　録

印行十力叢書記

黄岡熊十力先生所著書，已成者有《新唯識論》文言本及《破破新唯識論》各一部，《新唯識論》語體本一部，《讀經示要》一部，《佛家名相通釋》一部，《因明大疏删注》一部，《十力語要》一部，《讀智論鈔》一部。先生之學，規模宏遠，而精思果力，直湊單微。吾儕寡昧，難爲讚述。謹就所聞，援引一二。先生教學者治哲學，宜始乎西洋，中涉梵方大乘，而歸宿此土儒宗。其説曰：夫思辨精密，莫善於西洋；思想規範，論議律則，西人皆講之甚精。極論空有，印度佛家談空説有，厥爲二教。對世智於一切物事，迷執爲實有，則破其執而談空，如以緣生義，明宇宙萬象都非實在的，是空義也。又如析物至極微，即物皆無實質，亦空義也。對彼聞空，而誤墮空見，妄計一切皆空，則又説空者，空其妄執。不可云一切皆空。於是説有。蕩除知見，莫妙於印度佛法；西洋哲學，以析物之知見，而測萬化真源，何異作繭自縛。知見起於析物，難與真理相應。不聞佛氏空教，無由蕩除妄執。盡人合天，盡人道而合天德，此《易》義也。“合”之一字須善會，非以此合彼，實乃即人而天。體神化不測之妙於人倫日用之中，“體”字一氣貫下。此語廣攝六經四子無量義。莫美於中國。遊乎西洋，慎思明辨；思曰慎，辨曰明，《大學》有教，而未詳其方法。遊乎印度佛法，蕩一切執；蕩執意義，深廣無邊，非深究《大般若》及四論，難識此意。切忌滑口讀過。歸乎吾儒，默與道契。默者，不假思慮也。言與道契者，辭窮也。夫人能體道，則人外無道也，豈以此契彼之謂乎？學者須善會。三方者備，而學乃大成。夏蟲井蛙，學者宜戒。黄海化學社附設哲學部簡章，附説明。據此，則先生言學，植基廣大，取資宏博。管窺不可以言天，會通乃幾於見道。旁求不失其宗，自有宗主，故旁求雖博，而其言非雜也。取捨於斯弗亂。先生嘗自言其《新論》之體系，凡百家長處皆可攝，短處皆可捨。孟軻力拒楊墨，宋師禁窺二氏，方之於兹，何其狹隘。若乃習殊於一派或一家之説，而不究華梵先師弘旨，莊呵一察，《莊子·天下篇》云："天下各得一察焉以自好。"冉傷自畫。《論語》，孔子責冉求自畫，謂其不求進於大道，"如畫地以自限也"。此亦先生之所戒也。先生平生學術，具在《新論》。《新唯識論》省稱。而語體本，訂於蜀，尤精審。《新論》談本體，而以體用不二爲根極，陳義宏闊深遠，學者或難窺其要，先生與友人書頗有提示。其辭曰：《新論》語體本比文言本精密得多。此書極重要。科學總是各部門的知識。今人言綜合各科學之原理，以求得哲學上普遍之根本原理。此其説非無似處，而實不通哲學。哲學是智慧的學問，非僅在知識上用功，可悟一貫之理。佛家必得根本智，而後起後得智。後得智，即辨物析理的知識，乃依根本智而起者。此亦有資乎經驗，故云後得。兹不暇詳論。吾前儒主張先得一本，而後可達萬殊。此澈底語也。蓋哲學之究極詣，在識一本。而此一本，不是在萬殊方面，用支離破碎工夫，可以會通一本也。科學成功，却是要致力於支離破碎，此四字，吾先哲之所病，而科學正要如此。但哲學必不可只如此。下一"只"字者，哲學在知識方面，也須用過支離破碎工夫。但不可只是如此而已，必另有工夫在。若只如此，必不可識萬化根源。化源者，即所謂一本是也。此處不是各種知識貫穿得到的。正須反求自得。儒之體認，佛之内證，皆非今人所誚爲神秘，而是確實證會之境。所以於科學外，必有建本立極之形而上學，才是哲學之極詣。哲學若不足語於建本立極，縱能依據一種或幾種科學知識出發，以組成一套理論，一個系統，要其所爲，等於科學之附庸，不足當哲學也。哲學如依據一種科學以解釋宇宙，總不免以管窺天。如近人好據物理學中之相對論與量子論，而言宇宙爲如何如何。謂其無似處固不得，然謂作如是觀者，果已得宇宙之藴，毋乃太戲論乎！又如生物哲學，視宇宙爲一生機體。謂其無似處亦不得，然格以東方哲人之義，則猶見其尚未識生命之源，其不免戲論，則與根據物理學而解析宇宙者又同也。大凡哲學家多是以一隻眼去窺宇宙，無法避免戲論。

孔子於《易》，言"天下之動，貞夫一者也"。此言變動不居的宇宙，而有個至一的理，爲萬物所資始。故萬變而莫非貞正也。《老子》言"天得一以清，天者，無量星雲或星球也。清者，言天之德。無垢曰清。一者，絶對義。天何由成？蓋得至一的理，以成其清，而始名爲天。地得一以寧”云云，寧者，言地之德。地德安寧，故萬物生其中。地何由成？亦得至一的理，以成其寧，而始名爲地。故知天地乃至萬有，皆一理之所爲。亦本《易》義。《孟子》言：“夫道一而已矣。”《記》言：通其一，萬事畢。於萬化，而知其皆一理之流行；於萬物，而知其皆一理之散著。會之有宗，統之有元，故通一而萬事畢也。佛氏推萬法之原，亦云一真法界。一義見上。真者，至實無妄義。法界，猶云萬物本體。從來聖哲皆由修養工夫純熟，常使神明昭徹，而不累於形氣，即宇宙真體，默喻諸當躬，不待外求。慮亡詞喪，斯爲證會。吾人真性，即是宇宙真體，本來無二。一真呈露，炯然自喻，非假思慮，故云慮亡。此際不可以言詞表示，故云詞喪。須知思慮起時，便由能慮現似所慮相。斯時已是虚妄分别，而真體幾離失矣。幾之爲言，顯非果離失，然一涉思慮，又不得不謂之離失也。言詞所以表物。真體無相，故非言詞可表。真體無形無象，無内無外，此是證會所及，非知識所行境。學極於證，而後戲論息。

哲學不當反知，而畢竟當超知。超知者，證會也。知識推度事物，不能應真，虚妄分别故。知識對於宇宙萬象，只是一種圖摹，决不與實體相應。故云虚妄。知識總是有封畛的，不能冥契大全。至於證，則與真理爲一。易言之，證，即真理呈露，炯然自識也。

《新論》建本立極，而談本體。學不究體，自宇宙論言之，萬化無源，萬物無本。只認現前變動不居的物事爲實有，而不究其原，是猶孩童臨洋岸，只認衆漚爲實有，而不悟一一漚，皆以大海水爲其本源。兒童無知，不足怪，而成年人設如此，則可悲矣！《新論》浩博，學者或不易理會。《語要》卷一有答某君難《新論》篇後附識，談體用不二義，舉大海水與衆漚喻，詳爲分疏。《語要》卷三後有曹慕樊、王準兩記，其涉及體用義者，皆足發明《新論》，所宜詳究。

學不究體，自人生論言之，無有歸宿。區區有限之形，滄海一粟，迷離顛倒，成何意義？若能見體，即於有限，而自識無限，官天地，府萬物，富有日新。自性元無虧欠，本來無待，如何不樂？

學不究體，道德無内在根源。將只在己與人，或與物的關係上去講道德規律，是猶立法也，是外鑠也。無本之學，如何站得住？悲夫！人失其性也久矣。性即本體，以其在人言之，則曰性。殘酷自毁，何怪其然。

學不究體，治化無基。功利殺奪，何有止期。若真了天地萬物本吾一體者，科學知能，皆可用之以自求多福。

學不究體，知識論上無有知源。本體在人，亦云性智，純浄圓明，而備萬理，是爲一切知識之源。詳《新論·明宗章》。且真極弗顯，真極，猶云本體。證量不成。證量者，即本體或性智之自明自了。一極如如，炯然自識，而無外馳。佛家所謂正智緣真如，名爲證量，應如是解。非可以智爲能緣，如爲所緣，判之爲二也。二之，便是有對，是妄相，非真體呈露，何成證量？故知證量，依本體建立。若本體不立，證量無由成。宋人詞曰：衆裏尋他千百度，回頭驀見那人正在燈火闌珊處。學者無窮思辨，無限知見，皆燈火也，皆向衆裏尋他千百度也。“回頭驀見”云云，正是性智炯然自識。真理何待外求？知見熄時，此理已顯也。此言理智思辨，終必歸於證量，至爲剴切。學不知所止，學必至於證，方是《大學》所謂知止。理不究其極，陽明所謂無頭的學問，可勝慨哉！

《新論》明體用不二，此是千古正法眼藏。一真法界，是體之名；變動不居，是謂之用。哲學家談本體與現象，多欠圓融。現象一詞，即依用上而立名。《新論》以大海水喻體，衆漚喻用。即體而言，用在體；纔説體，便知體必成用。譬如説大海水，即此現作衆漚者是，不可離衆漚而别求大海水。體必成用，不可離用覓體，義亦猶是。即用而言，體在用；纔説用，便知用由體現。譬如説衆漚，即是一一漚，各各攬全大海水爲其體，不可只認一一漚爲實物，而否認一一漚各各元是大海水也。用由體現，不可執用而昧其本體，義亦猶是。妙哉！妙哉！

佛氏談本體，只是空寂，不涉生化；只是無爲，不許説無爲而無不爲；只是不生滅，不許言生。譬如，於大海水，只見爲淵深渟蓄，而不悟其生動活躍，全現作無量漚。此未免滯寂之見。其於生滅法，佛氏所謂生滅法，即指變動不居的萬有而目之也。相當《新論》所謂用。亦不許説由真如現爲如此。譬如，不許説衆漚由大海水現爲之。理何可通？詳覈佛氏根本大義，却是體用條然各别。譬如，將大海水與衆漚，離而二之，極不應理。此蓋出世法之根本錯誤。《新論》語體本，辨析嚴明。《功能》兩章，最不可忽。

西洋哲學，《新論》可攝通處自不少。如數理派哲學，以事素説明宇宙，其説似妙，而實未見本源。《新論》明功能顯用，功能，即本體之名。功能顯用，譬如大海水顯爲衆漚。漚，喻用。大海水，喻功能。有翕闢二極，頓起頓滅，刹那不住。即此翕闢二極，名之爲用。二極者，非如南北二極有分段之隔也。但言其有内在的矛盾，以相反相成而已。詳上卷《轉變章》。自翕極而言，翕勢刹那頓現，而不暫住。以此明物質宇宙，本無實物。與事素説，略可和會。即在其無實物的意義上，可和會。而有根本殊趣者，與翕俱起，爰有闢極。轉翕而不隨翕轉，即翕從闢，畢竟不二，而可説唯闢。闢勢，無在，無不在。無二，無别。絶待，故云無二。不可分割，故云無别。清净而非迷闇，所謂神之盛也。是名宇宙大生命，亦即物物各具之生命。譬如月印萬川，萬川各具之月，實是一月。所謂一爲無量，無量爲一是也。據此，則翕勢頓現，可略攝事素説。而與翕俱起者則有闢。又翕終從闢，反而相成。故乃於翕闢畢竟不二，而見爲本體之流行。尅就流行言，則新新而不用其故，真真實實，活活躍躍，非斷亦非常。刹刹不守其故，故非斷。刹刹新新而生，故非常。以上參玩《新論》。神哉神哉！此非談事素者所與知也。事素説者，不了體用，不識生命，但於翕之方面，刹那勢速頓現，則與事素説，有少分相似。"勢速"一詞，借用佛典。有勢猛起，曰勢速。此勢速刹那頓起，於事素亦稍似。即從其無實物的意義上，有稍似。然不了體用，於翕義稍似，非真了翕；且不知有闢，故未了用；又復不知本體之顯爲翕闢，是不悟萬化真源。總而言之，不了體用。不識生命，若了翕闢即是本體之流行，若了翕闢反以相成，而畢竟不二，即於此識生命。談事素者未堪語此。斯義深微，焉得解人而與之言？則不足語於第一義。"第一義"一詞，借用佛典。窮澈宇宙本源，方是第一義。宇宙人生，不是虚浮無根柢。學不證體，終成戲論。

至於生命論派之學者，大概體驗夫所謂意志追求，或生之衝動處。此蓋在與形骸俱始之習氣上，有所理會，遂直以習氣暴流，認爲生命。

佛家説衆生以勢如暴流之賴耶識爲主公。賴耶，即一團習氣也。西哲如叔本華、柏格森等，持説之根底不能外此。殊不知，必於空寂中識得生生不息之健，方是生命本然。而哲學家罕能見及此也。總之，言事素者，明物質宇宙非實在，《新論》可攝彼義；至於不達宇宙實相，則非進而求之《新論》不可也。生命論者，其所見足與《新論》相發明者自不少，然未能超形與習，以窺生命之本然。習依形起，亦形之流類也。人生成爲具有形氣之物，則欲愛發而習氣生，種種追求與衝動，其機甚隱，而力甚大。此緣形與習而潛伏之幾，陰蓄之力，殆成爲吾人之天性。吾人如不能超脱於此雜染物之外，而欲自識生命之真，殆爲事實所不可能者。無明所盲，借用佛典語。無明，謂迷闇習氣，此能令人成盲。覆蔽自性，常陷顛倒，可哀孰甚。佛説衆生無始時來，在顛倒中，由其不見自性，而心爲形役，故顛倒也。《新論》融會佛老，以歸於儒。明本體空寂，而涵萬理，備萬善，具生生不息之健。空者，無形無象，無分畛，無限量，無作意，故名空，非空無之謂。寂者，無昏擾，無滯礙，無迷闇，清浄炤明，故名寂。涵萬理，備萬善，本來如是，非妄臆其然也。萬化無非實理之流行，萬物無非真善之燦著。孟子道性善，非從形與習上著眼，乃造微之談也。具生生不息之健，《大易》扼重在此。二氏未免耽空溺寂，儒者蓋預隄其弊。雖然，不見空寂，而談生生，其能不囿於形與習而悟清浄炤明之性體乎？若只理會到生之衝動與盲目追求云云，則已迷其本來生生之健，而無以宰乎形，轉其習，因有物化之患矣。《新論·功能》兩章，學者宜玩。生命論者，未能窮究本源。則夫子呵子路以未知生，豈止爲子路下當頭棒耶！

牟生宗三，俊才也。前來函，談懷特海哲學甚有理趣。吾置之案頭擬作答，因循未果，忽忽失去，極悵惘。憶彼有云：西洋哲學總是一個知的系統。知讀智。自聞余談儒，而後知儒家哲學，自堯舜迄孔孟，下逮宋明，由其説以究其義，始終是一個仁的系統。《繫傳》曰：“智者見之謂之智，仁者見之謂之仁。”由中西學術觀之，豈不然歟？余以爲儒家根本大典，首推《易》。《易》之爲書，名數爲經，質力爲緯，非智之事歟？陽爲力，而陰爲質。質力非二元，但力有其凝之方面，即名爲質。此中質力，只約科學上的説法。《易》本含攝多方面的道理。若依玄學言，則陽爲闢，而陰爲翕。其意義極深遠。科學上質力的意義，只可總攝於翕的方面。當别爲論。漢人言《易》，曰乾爲仁，坤元亦是乾元。然則遍六十四卦，皆乾爲之主宰，即無往而非仁之流行也。據此，則《易》之爲書，以仁爲骨子，而智運於其間。後儒若宋明語録，則求仁之功殊切，而尚智之用未宏。《論語》記者，似只注重孔子言仁與實踐的方面，非是孔子之道有偏，只記者有偏注耳。漢以來經師，仁智俱失。宋明儒却知求仁。《新論》救後儒之弊，尊性智，而未嘗遺量智；量智，即理智之異名。性智是體，量智是用。量智推度，其效能有限。以其不得有證量也。存養性智，是孟子所謂立大本之道，陸王有見乎此。然未免輕知識，則遺量智矣。孟子尊思爲心。心者，言乎性智也；思者，言乎量智也。遺量智，則廢心之官。後儒思辨之用未宏，此《新論》所戒也。歸乎證量，而始終尚思辨。證量者，性智之自明自了。思辨，則量智也。學不至於證，則思辨可以習於支離，而迷其本。學唯求證，而不務思辨，則後儒高言體認，而終缺乏聖人智周萬物、道濟天下之大用。無可爲後儒諱也。余擬於《新論》外，更作《量論》，與《新論》相輔而行。老當衰亂，竟未得執筆。性智，即仁體也；證量，即由不違仁，而後得此也；仁體放失，便無自覺可言。此言自覺，即自明自了，其意義極深遠，與常途習用者不同。思辨，即性智之發用，周通乎萬事萬物，萬理昭著。如人體無麻木枯廢，血氣不運之患，則仁智雖可分言，而畢竟一體也。《新論》準《大易》而作，形式不同，而義蘊自相和會。

《新論》立翕闢成變義。翕，即凝以成物，而詐現互相觀待的宇宙萬象；闢，則遍運乎一切翕或一切物之中，而包含乎一一物。故闢乃無定在而無所不在，無二無别，夐然絶待。翕闢皆恒轉之所爲。恒轉，即本體之名。詳《新論》。翕闢，喻如衆漚；恒轉，喻如大海水。但從翕之方面言，則似將物化，而失其本性；本性，謂恒轉。從闢之方面言，則是不改易其本性，本性同上。常轉翕從己，而終不可物化者。己者，設爲闢之自謂。於此，而見翕闢畢竟不二。翕隨闢轉，只是一闢。故不二。亦即於此，而識恒轉。於翕闢不二，而知此即恒轉。譬如，於衆漚，而知其即是大海水也。本來無實物，而詐現物相。畢竟非有相，非無相。恒轉本無形，而不能不現爲翕闢。翕即現似物相，故知畢竟非無相。闢亦無形也，終不失恒轉本性，而翕終隨闢，則翕雖詐現物相，要非實在，故知畢竟非有相。神哉！神哉！非有非無，窮於稱讚，而歎其神也。

就闢之運乎一一翕或一一物之中以言，便是一爲無量。闢是一，已如前說。其運乎一一物之中，即本至一，而分化成多。譬如月印萬川，即本一月，而爲無量月。

就闢之至一而不可分、一一物各得其全以言，便是無量爲一。闢，是全整的一。故就其在甲物言，則甲物得其全；就其在乙物言，乙物亦得其全，乃至無量物皆然。譬如萬川之月，元是一月。

就萬物各具闢之全以言，則萬物平等一味。《大易》"群龍無首"，龍者，陽物，喻物之各具有闢，以成其爲物也。無首者，物皆平等，性分各足故。莊生"太山非大，秋毫非小"，皆此義也。若推此義以言治化，則當不毀自由，任物各暢其性。各暢者，以並育不相害爲原則。踰乎此，則是暴亂，非自由義。此不暇詳。

就一一物各具之闢即是萬物統體的闢以言，則自甲物言之，曰天地萬物皆吾一體；自乙物言之，亦曰天地萬物皆吾一體，乃至無量物皆然。理實如是，非由意想謂之然。是故《論語》言仁者，"己欲立而立人，己欲達而達人"，人己非異體故。《中庸》言"成己""成物"，物我無二本故。同體之愛，發不容已。孔氏求仁，佛氏發大悲心，皆從本體滚發出來。用李延平語。雖在凡夫，私欲蔽其本明，本明，謂本體。然遇緣觸發，畢竟不容全蔽。如孟子言"今人乍見孺子入井，皆有怵惕惻隱"，即其徵也。本此以言治化，《春秋》太平，《禮運》大同，豈云空想？人患不見己性耳。己性本與萬物同體。

《新論》原心於沕穆，沕穆，無形貌。推原心之本體，本無形也。動而闢也。動者，流行義。本體流行而有其顯爲闢之方面，即名爲心。闢，則至無而有。至無，謂無形也。闢不失其本體之自性，故無形。然無形而已，要非空無之謂，故又云有。至無而有，故是渾一而無封畛也。無形故無封畛。原物於沕穆，推原物之本體，則非物别有本也，固與心同一本體，同一沕穆無形者也。動而翕也。動義同上。本體流行，而有其翕之方面，即名爲物。翕，則不形而形，本體無作意，非欲自成爲形物也，故云不形。然其顯爲翕之勢，刹那勢速頓現，雖無實質，而似有形焉。如當前桌子，只是刹刹勢速頓現，宛爾成形。是其動以不得已。闢之流行，不可無資具故也。唯然，翕便現似各個千差萬别，宛然世界無量。世界約説以二：曰器世界，即自然界；曰有情世界，即於自然界中特舉衆生而目之。然復須知，翕成形，則只如其現似之形而已。若其周運與包含，且主宰乎翕者，則所謂闢是也。心物問題，古今聚訟，學者各任知見構畫，云何應理？《新論》以翕闢言之，初時良由儻悟，後來隨處體認，確信此理無疑。余年十八，讀《易·繫傳》，至闢户之謂乾，闔户之謂坤，神解脱然。頓悟虚靈開發者，謂之闢，亦謂之心；聚凝闔歛者，謂之翕，亦謂之物。心無内外，心是虚靈開發，無定在而無不在，本無形也，何内外可分？物者，心之所運用，所了别，亦非離心外在。當時頗見大意，只條理未析，意義不深耳。

談哲學，如不能融思辨以入體認，則其於宇宙人生，亦不得融成一片。此中義趣淵微，難爲不知者道也。體認極於證量。“體認”一詞，前儒或泛用之，然語其極，即是證量。《新論》下卷附録中，有《答謝君書》及此。非克己或斷障至盡，則性智不顯，不得有體認也。性智，即本體之名。見《新論·明宗章》。體認，即本體之炯然自識。故惟本體呈露，方得有體認也。儒者言克己，佛氏言斷障。障之與己，名異而實同。但佛家於此，發揮詳盡，儒者却不深析之。己不克盡，障不斷盡，則本體受蔽而不顯，如何得有體認？思辨本性智之發用，然己私與障染未盡，體認未得，則思辨易失其貞明之本然，思辨是性智的發用，則貞明是其本然也，元無迷亂。但人之生也，形氣限之。而己私以起，障染以生，則蔽其本體，而貞明以失，如雲霧起而蔽太陽。而有相縛之患。“相縛”一詞，本之大乘相宗，意義極深遠。相者，相狀；爲相所縛，曰相縛。人生不能離開實用，故理智常受實用方面的雜染，每取着境相。易言之，思辨之行，恒構畫成相。此相即成，還以錮縛自心，而不得脱然默契實理，故云相縛。如哲學家解釋宇宙，其實只是分析概念。此等概念在哲學家思辨的心中，無往不是相縛。故非克己斷障盡浄，性智顯而體認得，則思辨之行終不能遣相縛，而至於思泉紛湧而不取思相，辨鋒鋭利而不着辨相，直與實理親冥爲一。“故非克己”至此爲句。所謂不能融思辨以入體認者此也。向欲於《量論》中詳此意，惜未及作。不能融思辨以入體認，則其於宇宙人生不得融一者，爲其思辨心中所構畫之宇宙，只是相縛，真將人生本來與宇宙同體之真，無端隔截故也。既自繫於相縛，便不能有孟子所謂“萬物皆備於我”及“上下與天地同流”之實際理地。譬如手足一旦受縛極重，便與全體血脈不相通貫，而成隔截之禍。又如蛛造網，蠶作繭，而自縛其中，遂與向所生焉息焉、周通無礙之大自然隔截。此其可悲已甚，故謂宇宙人生不能融成一片也。

《新論》根本精神在由思辨趣入體認，亦云證量，或證會。即從智入而極於仁守。仁，即本體。佛老於虛寂顯體，《新論》則於虛寂而有生生不息之健處認識體。生生，仁也。故説仁即本體，此是儒家一脈相承。仁守，即體認之候。若私意私欲蔽其本體，即無體認可言。思辨，則智之事也。此或爲偏尚知的系統者所不得契。然理貞一是，學有正鵠，不可狗俗而喪吾所持也。自《新論》文言、語體兩本問世以來，十餘年間，輒欲以一得之愚，與當世明哲商所向。天下之大，豈無與我同懷者乎？然而所期適得其反。汪大紳《自序》曰：“學既成而日孤也。”余謂不孤不足以爲學，可毋傷也。

上來引述，係先生最近與友人書。《與黎邵西教授書》。《新論》浩博，衆義紛綸，誠不易理。學者由此書以會旨要，而後深察條理，當可豁如。

先生有云：“聖人言天，以天化攝歸人能。”《易》曰“聖人成能”。乾坤之全體大用，若以其在人而言之，則曰人能而已。《新論》談體用，所謂空寂生化之妙，剛健清浄之德，是天德也，天德，謂本體。而實即是吾人之真性也。吾人本其所固有而不可窮竭之真源努力發揮之，故曰“即工夫即本體”，詳《新論·明心章》。亦《大易》成能之旨。故吾人生活之源泉，極淵深而不虞其或竭，極富有而無憂其或匱。天在人，而人即天故也。《讀經示要》第二講。虎生等昔侍教北庠，嘗叩《南華》冲趣。先生愀然曰：“魏晉人標三玄，實不解《大易》，涉老亦淺，其篤嗜蓋在《南華》。漢以後名士，中《南華》之毒頗深，汝曹顧不察耳。《南華》根本迷謬處，即在視天化爲無上之威力，莊子雖不主有神，而實計有變化之大力超越萬有，可名天化，亦云大化，亦可説爲自然。而吾人之生，只是大化中偶然之化，如曇花一現耳。《大宗師篇》曰：‘偉哉造物，又將奚以汝爲，將奚以汝適？以汝爲鼠肝乎？以汝爲蟲臂乎？’又曰：‘浸假而化予之左臂以爲鷄，予因以求時夜；浸假而化予之右臂以爲彈，予因以求鴞炙；浸假而化予之尻以爲輪，以神爲馬，予因以乘之，豈更駕哉？’此等意思，在莊生書中隨處可見。莊生之宇宙觀與人生觀，只是委心任運，恭然無自在力。二千餘年名士中其毒以迄於兹。天下無生人之氣久矣，可不反哉？”虎生等聞之有省。自離函丈將二十年，而此訓未敢失也。近讀《示要》有曰：“造化在我，非我與造化真宰爲二也。知我之所以爲我，則存誠而其德不易，體健而其用不窮。位天地，育萬物，皆我之自化也。而况予之臂與尻，其有不自我制之者乎？惜乎莊生不悟及此也。”《讀經示要》第二講評《莊子》處。又釋《易·乾卦》“時乘六龍以御天”云：乘者，載而有之之謂；龍，喻本體；乾元，亦謂本體。言萬物資乾元以始。既始，即物有自相，則乾元遂爲物所載有而内足於己者。譬如衆漚，資於大海水以始。既始，即漚有自相，則大海水遂爲漚所載有而内足於己者。内足者，無待於外，而其充實不可以已。故日益上達，極乎實現乾元性體，而無所虧。於是德用無窮，若龍之乘雲氣以御天，而神變不測也。故曰“以御天”。《讀經示要》第三講説《易》處。此皆發揮《新論》體用義，至真切，至深遠。夫本體在人，即人之真性也，自我也。此乃真我，非小我之謂。變化皆我之變化也；富有日新，皆我自足之德用也。若計有自然之變化，超脱於我人之上，而我人則是大化中偶化之贅物，《莊子·大宗師》，明有附贅之言。人生全無意義，全無價值，全無力量。魏晉人頽廢之流波，迄今益甚，有以也哉。由《新論》之旨，則天在人，而人即天。獨化即是大化，獨化，謂各個人或各個物；大化，謂萬物統共之本體。大化非超越獨化而别存。一切即一，一切，謂各各獨化；一，謂本體。下倣此。一即一切。諸變化無常法，實皆徹體真常。就每一獨化而言，均是變化無常的；就每一獨化各各均具有大化之全體而言，即皆徹體真常。嗚乎！《新論》其至矣！先生嘗言，自幼喜發奇想，及長而回憶，皆哲學問題也。少年從戎，圖革命，時瀏覽科學常識書。如《格致啟蒙》之類。後涉諸子百家言，復專力於梵方無着、世親之學，晉求龍樹、提婆大經四論，大經，謂大般若。思唯空義，上稽《阿含》，推徵釋迦本旨。義海汪洋，遊焉弗倦。久之拋棄見聞熏習，反求諸己，於佛氏漸有異同。而回憶少時所習六經四子，深契儒言，且於《大易》得其根柢與條貫。《讀經示要》有曰："余早歲曾有一種思想，以爲宇宙只是一大生生不息真機。一者，絶對義；大者，無外義。生生不息真機，謂本體之流行。吾人稟此生生不息真機而生，是爲吾人之真性。而人之生也，形氣限之，即常苦於物化，而蔽其真性，遂致人間爲罪惡之叢，宇宙爲黑闇之府，悲莫甚焉。是故古之道術，有主張逆生生之流，寧可淪虛眈寂，而不惜大地平沈，虛空粉碎，以建清寧之極者，釋迦牟尼其此志歟。爰有覿體承當，謂自證本體，而保任勿失，即吾人能不爲形氣所累，而真性恒昭然呈現。於此立定，無有放捨，故謂承當。順吾所固有生生不息之機，虛而不屈者其神全，不屈，謂無匱竭；神全，即虛靈而含大生之德故。動而愈出者其誠至，真誠之至，故動而無窮。新新而不用其故，進進而無有所凝，此言凝者，留滯義。會萬物爲一己，滯於形，即失真性，而己與物對；見真性，即不私其形，而萬物皆與己同體。運形氣以從心，心主乎身，發而有則，感而恒寂。形氣乃心之所運用，何物化之患。即流行即主宰，即有待即無待，是乃體乾元而立人極，乾元者，生生不息之真體也。人得之爲真性，能實體之而勿失，則人極立。極者至也。人道之極至，在體現乾元。即人道而識乾元，人之真性即是乾元，故盡人道而乾元顯。其爲宣聖《大易》之旨歟。余生而孤露，早失怙恃，兄弟困窮，後先短折。且世運艱危，志存匡濟，弱齡投筆，坎險頻遭。久之自顧非才，於世復無所可。孤懷落寞，少接人間，既謝世緣，不復參加革命。冥搜荷岸，時而出世思想生焉。王介甫詩云："荷花十丈對冥搜。"先生云："嘗居近荷花池畔。"然而余終非釋迦氏之徒也。幼小趨庭，備聞《魯論》。長而多患，益自振拔，興言出世，輒復懷疑。三十而後，勤探大乘，初聞無住，倍增欣仰。小乘趣寂，自了生死，只是自利；大乘始言無住涅槃，謂生死涅槃兩不住着也。已斷惑染，雖故現生死，而非淪没，曰不住生死。已證寂滅，而不取寂，乃示現生死，不捨衆生，曰不住涅槃。繼而曰，見有生死，而云不住，何若不毁責生死，而直踐吾生？佛家以生死爲惑染，爲墜墮。儒者不作如是觀。直反己，而自了吾所以生之理。此理乃吾與天地萬物所共禀之以有生，至真至實，至善無染者也。吾人實修而顯發之，是即人即天也。既即人即天，則已超越物表，遠離小己生死相，何惑染之有？何墜墮之有？子曰："未知生，焉知死？"聖人只令人反己，自求其固有生生不息之真，而存誠以充之，積健以體之。富有日新，德盛化神。我即天也，天即我也，豈復滯於小己之形而有"死"之一字縈其慮哉？故聖人之所謂生，非佛氏生死之生；而佛氏之生死，聖人所不言也。學者不知此意，不堪論儒佛，亦不可通《新論》。見有涅槃，而云不住，何不悟生機至神以健，元自空寂？空寂，曾見前。實則空亦寂義，非空無之空。生生之實體，無昏擾，無迷闇，故云空寂。健者，生生之機，動而不可屈撓，不可窮竭，不容已止，故以健言。即生即寂，寂非枯寂，寂而生也。生機之動，元非盲動。虚靈沖湛，本來寂也。明儒頗有澈悟及此者。佛家説十二緣生，無明爲首，即謂衆生由迷闇勢力而生。叔本華承其説，皆大誤。豈果有無生之境，名爲寂滅，而云不住涅槃耶？《示要》原注太長，兹不全引。宜參考《示要》第二講評佛家處。君子思誠，所以存生之理；積健，所以順生之幾。此人道之貞常也。不此之悟，而仍妄分生死涅槃二境，雖高言兩不住，而實已有兩境在。則所云不住者，乃宗教之神話耳。故大乘者，欲變小宗，而未離其根底。龍樹、提婆、無着、世親諸公，倘生中國，得聞儒道，其必弘闡尼山之緒無疑也。"

先生嘗謂佛家大乘終未改易其反人生之傾向，《示要》第二講。此等思想，於中國人極不利。中國人缺乏宗教信仰，言中國人無宗教思想者確誤，然究薄於宗教信仰。當别論。雖聞出世法，而不易養成其超脱塵累之出世深情。中國人少堅定之情操，雖不必篤信出世法，而亦未免爲佛氏以人間爲生死海之説所動。則其人生態度將陷於疑似與徘徊之中，不能於人生有明白正確認識，其生活必難充實有力。從來士類，處昏暗之境，每習於苟偷，而無可發其同類胥溺之惻隱與犯難創進之彊力，此爲最不幸事！中國人自老莊思想引入佛法以後，其人生觀已近於迷殆。稍涉道家之虚静柔退而慕之，將逃實不能，屏動不得，柔亦缺，退亦蹩，終於浮虚自喪。魏晉人是其徵也。稍聞佛氏衆生淪溺生死海之説而怖之，以籠統之心習，而玩空餐玄，以三毒熾然，而托於懺悔奉佛，非自喪而何？故二氏之流，鮮不迷殆。《易》《春秋》詔人思誠以存生之理，積健以順生之幾。孟董而後，無識此意者。《易》《春秋》同其宗趣，《示要》已言之。孟子、董生皆《春秋》公羊家。孟子曰："誠者，天之道也；思誠者，人之道也。"此二語發明《易》旨，淵廣至極。董子曰："天積衆剛以自强。"亦本於《易》。剛亦曰健。誠與健，即仁也，天德也，即言乎本體之德也。吾人累於形，而障其性，若求復本體，則非思誠積健不可。誠與健是本體。思誠之思，積健之積，是工夫，而工夫即是本體。人失其誠與健，而人道絶，即天道熄矣。人外無天也。吾國自漢以後，儒生爲僞朝之僕隸，而儒學早絶其源。佛教寺宇遍閭巷，持法者間有高僧。吸其精，亦吸其糟，其大多數則吸其糟，而又變以成毒。佛法之真得真失，不獨信者弗辨，即毁之者亦未嘗是究，而徒爲無謂之抵拒。中國人無哲學以啓迪其人生思想，日淪乎污下，蓋二千年於兹矣。中國有儒佛之學，而廢置弗究，非獨中國人之不幸，而人類之憂也！道家言，其深者，皆儒佛之所可攝；其淺者，皆可以儒言格正之。故不另提。宋明諸老先生崛起，頗有所致力。然重陰未開，大明未啓也，其願則已宏矣。余當明夷之運，智小謀大，本平生之積測，欣一旦而貫通。因以平章華梵，抑揚儒佛，而造《新論》。於佛有抑，抑其所可抑，非盡抑之也；於儒有揚，揚其所可揚，非盡揚之也。尼山基業，大中至正，後儒可曰無失乎？尋鄒魯久墜之緒，竟宋明未逮之業。世親成《二十論》，而自慰云"已盡我能"，余亦云爾已。節録《與徐君書》。係輯《語要》時誤遺者。

如上所述，先生學術志事已可見。顧世猶疑先生任意毁佛，非獨不知先生用心深處，實亦罕能讀其書者。甚至有愚妄之徒，猖狂輕詆。人或攜其文字以來，先生一笑置之，終不寓目。然有問吕澂居士與先生異同者，則欣然曰："彼自與吾異趣。然佛門中何可無此人哉。"先生少慕陳同甫開拓萬古心胸，推倒一世智勇，以此自負。晚而悔之，曰："天不自高，地不自厚，故無物不覆載也。内嚴外温，平易近人，吾不如宰平。”閩侯林志鈞字宰平，先生摯友也。先生老而益孤。丁亥返北庠，憂時念亂，日危坐斗室，亦無可告語。嘗與薛君書云：“今日言哲學，宜向西洋理智思辨路數多用工夫，然後蕩之以佛老，嚴之以宋明儒，要歸於乾元行健、富有日新、擴充無已之盛。今人智劣，不足談斯事，幽居念此，仰屋咨嗟。星奎屢函，贊我之辭，適以謗我。茫茫斯世，知我者希！星奎何尤？子曰：‘莫我知也夫，知我者其天乎！’古今獨至之詣，曠百世難索解人，乃求默契於蒼昊。余誠不敢妄引宣尼，然自有獨獲。漢唐巨儒之業，皆不屑爲；宋明大師之學，何當墨守？矯首八荒，遊神千古。闔闢無礙，萬變皆貞，非窺大化之奇，詎測圓通之境。”《語要》卷一《答薛星奎書》。識者知其字字稱心而出。著作已成者，當推《新論》爲根本。《示要》與《新論》，互相發明。《讀經示要》，省稱《示要》。《通釋》《佛家名相通釋》省稱。爲研《新論》之參考。《語要》則隨機酬對，精義絡繹。《讀智論鈔》，別具手眼。諸書有戰前印行、早經絶版者，亦有未印者。虎生等伏念先生著作，於學術界關係甚鉅，而世無傳本。先生已屆高年，書未刊布，遭時衰亂，誠恐散佚。如付書局，則細字密行，紙料又劣，將不數年而壞。眷念及兹，惶然罔措。間與儕輩謀輯叢書付印。力薄則獻曝靡濟，人微則呼號寡應。因商請省市當道，樂與倡率。幸承萬主席耀煌、徐市長會之、王教長文俊、張議長瀾川、程參事發軔酌撥印費，先印出一二種，餘俟續籌。

昔南皮在鄂，三楚教育，爲天下先。民國以來，摧傷殆盡。近時鄂人頗思振起學風，恢復首義發源地之元氣，藉維邦本。而先生之書，適於此時印出。世亂方殷，物價過漲，此書未及雕版，每部各印一千份，分贈能留心斯學者，俾無失墜。先生原擬爲《量論》，即知識論。以西洋尚理智思辨，印度佛家雖任思辨，而要歸禪定止觀，中國則於實踐中體現真理。三方各有其特到之精神，當析其異，而會其通，毋拘一隅之見。此書若成，則於未來新哲學之發生，所關極鉅。先生輒嘆老當衰亂，未遑執筆。吾儕猶望杖履餘閒，略提綱領。此次籌印，王孟蓀、林逸聖、張番溪、姚芷孚、吴周欽諸先生，並勞清慮。而校對煩苦，則劉公純、李仲强兩先生偏任其難。甚可感焉！

中華民國三十六年十月朔

門　人	劉虎生　杜則堯 黄　焯　柯樹屏 丁實存　盧南喬 明無垢　周通旦	仝　記

附記：

記文成後，曾郵呈熊師賜教。兹承函示，謹録於左：

記文引吾與友人書，言翕闢二極，但言“其有内在的矛盾，以相反相成而已”。此語在《新論》語體本中亦嘗用之，取時俗通行語，期人易喻。然亦恐起誤解，以與外來思想比傅。《新論》以翕闢明本體之流行，故翕闢不可折爲二片，亦無先後可分，只是一個流行不息之整體，有此兩方面而已。兩，故含矛盾，老子所謂“反”是也。《老》曰：“反者，道之動。”道之動，猶吾云本體之流行。反，不自外生，故云内在的矛盾。措辭只合如此。然反以相成，翕終從闢，仍是一闢而已。闢，生生也；生生，仁也。大化究歸於冲和，萬物以是並育不害。《新論》所以繼《易》而立大中之極也。“支離破碎”一詞，先儒以是詆馳求知識之學者，正是宋明儒蔽處。知識成其精密之體系，所以謂之學術。吾云何隨先儒亦説支離破碎？求知之功，非於分殊散著者，周以察之，弗可貫通也；支離者，分散義。物之分殊，理之散著，貴乎周察。非於完整體，破碎以析之，思弗精也。科學分觀宇宙，却似將完整體予以破碎。然完整者，非無條理。知識之興，雖破碎完整，要因宇宙條理而始興。此中宇宙，即謂完整體。反知而歸於渾沌，莊生之過也。故“支離破碎”一詞，自先儒言之含劣義。自余言之，則是知識所由開發。有誤會者，示以此函可也。來記曾緘示宗三。彼覆云：“《新論》與西方哲學相發明、相對較者自不少。惟此除生命哲學外，仍當求之於正宗的理想主義或理性主義，蓋所言之層次及範圍有相應也。相應者，則相得而益彰，其價值亦顯。惟西方之正宗的古典哲學，中國今日之治西方哲學者多不解。北平方面尤甚。今日風氣之不能了解西方正宗哲學，亦猶其不能了解中國聖學及《新論》也。冀《新論》顯明於來日，非風會轉向中西正宗哲學有相當積累不爲功云云。”並以奉聞。十力寄於平寓。

虎生　曜如等謹録

增訂十力語要緣起

《十力語要》，始於乙亥在北庠時。雲、謝二子録吾筆語成帙，錫以斯名，爲第一卷。丙子至丁丑，舊京淪陷前，此類集稿又盈帙。避寇攜入川，旅居璧山，鍾生芳銘集諸同志，爲講習會。諸子隨時記録，及余手答者，又不少，併入北來稿，已輯成《語要》卷二至卷四。己卯夏，攜赴嘉州，燬於寇彈，余亦幾不免。是秋反璧，旋定居北碚金剛碑勉仁書院。世事日益艱危，問學者漸少，余手札亦稀。昨春由川返漢，復略有酬答。友人孫穎川學悟，擬於黄海化學社附設哲學研究部，請主講席。黄海舊在津沽，戰時移川之五通橋，尚未北遷。余重入川，棲遲橋上，迺取積年舊稿覆閲一過，多爲番禺黄艮庸所選存。因屬威海王星賢彙成兩卷，次第一卷之後。又以昔時高生所記《尊聞録》編入《語要》，爲卷之四。此四卷之書，雖信手寫來，信口道出，而其中自有關於哲學思想上許多問題及作人與爲學精神之砥礪者，似未容拋棄。今當返教北庠，友人桐廬袁道冲慫恿付印，余亦不忍遽藏吾拙。嗚乎！吾老矣！唯此孤心，長懸天壤間，誰與授者?

中華民國三十六年三月十五日黄岡熊十力

十力語要卷一

十力語要卷一印行記

病後返北庠，文昌雲生頌天、邵陽謝生石麟間來共處。吾每當筆札與人，值兩生在座，輒簡有關論學者，録副存之，積久盈帙，請付印。曰：“布帛之言，菽粟之味，此其庶幾。”余覆視之曰：“何敢云爾，但不妄語而已。”然當今之時，吾與同好所游意者，果爲何事，即此亦可略見，是不可棄也。遂如其請，命名《十力語要》，爲第一卷。他日如有續輯，當以次分卷云。

中華民國二十四年乙亥九月十日
熊十力記於舊京莽蒼室

答張季同

作文與讀覽，兩不能廢，兩不可廢。然真工夫實有在作文讀覽之外者。《論語》：“默而識之。”《易》曰：“默而成之，不言而信，存乎德行。”此是何等工夫，賢者大須留意。子曰：“學而不思則罔，思而不學則殆。”此“思”字，不是常途所謂思想；此“學”字，亦非讀書之謂。《論語》“博學於文”，“文”不謂書册也。凡自然現象皆謂之“文”，如云天文與鳥獸之文等。人事亦曰人文。《易・繫傳》言“仰觀於天，俯察於地，近取諸身，遠取諸物”，皆博文之謂，皆學之謂也。故學則不外感官經驗，而思則不限於感官所得，其默識於不言之地，炯然自明。而萬物之理，通於一而莫不畢者，故貞信而無所罔也。此思也，吾亦名爲證會。如唯限於感官經驗，則可以察物則之分殊，而萬化根源終非其所可窺也。令兄前有信來，以謂今人只知張目求見，不悟閉眼始有深會。見處甚高，時賢哪得語此。又東方學術，歸本躬行。孟子“踐形盡性”之言，斯爲極則。形謂身。身者道之所凝。修身以體道，此身即道之顯也，是謂踐形。性亦道也。人禀道以生，既生而能不拘於形氣之私，乃有以復其性，即弘大其道，而性分無虧欠，故曰盡性。故“知行合一”之論，雖張於陽明，乃若其義，則千聖相傳，皆此旨也。歐風東漸，此意蕩然。藐予薄殖，無力扶衰。世既如斯，焉知來者？前函令兄，欲賢者得暇且圖把晤，想尚未見此函也。

與張君

昨承枉過，深覺賢者有篤厚氣象，至爲欣慰。力蹉跎忽忽將老，稍有窺於此土先哲遺文，返在當躬體驗，益信此理昭然，無可置疑。遭時衰亂，吾先哲之緒，殆已垂絶。端居深思，若有隱痛。此種隱痛，初不能明其所以，直爲愛護真理，而恒怦然惻然，不能自已。宗門大德，傳授衣鉢，必勗其徒曰：“好自護持，毋令斷絶。”少時不知此意，今每展覽語録至此，未嘗不愴然悲從中來也。承屬撰一短文，略述東方思想與西洋思想根本異處。此事烏能以短文言之。即欲表以長文，又誰肯留意。此土先哲，深窮宇宙人生真際，其入處，要在反之身心踐履之間，却不屑衍爲理論。雖未始遺棄知識，儒家不反知，道家却反知。要其歸極，在體真理而與之爲一。所謂形色即天性者，固非徒事知識可臻斯詣。曾見一譯本，述羅素語，哲學不能爲禽獸講，亦不能爲一般人講。此可謂如語者，實語者。凡夫無深廣智慧，無卓特眼光，無高遠胸抱，便於無上無容真理至極絶待，故云無上無容。不生希求想，根本不能與之談此理。况欲其能相契入耶？今日學子，安於卑陋怠散，雖剽竊西學，而於知識方面實不曾作過有根據有體系的探求。彼對其所標榜所崇信者尚如此，若更欲引之以其所不及，則適爲彼所詬詈已耳。此正佛家所謂末法時代。吾儕唯有留心物色善類，相與護持，任重道遠，毫無恐怖。此自是久遠事業，不必規規於目前影響。報章何足言耶？來示所謂昏昏悶悶之苦，昏悶只是心爲物役之故。若此心不爲物役，即念念昭昭明明，昏悶從何而有？人心本自昭明，本轉物而不爲物轉。其所以爲物役，而至如莊子所呵“直爲物逆旅”云者，則緣習心用事，而全障其本心，即已失其昭昭明明之本體故也。仁者已精察到此。幸其深勘到底，抉發賊窩，用快刀斬亂絲手段，切莫隨順他去。君子無終食之間違仁，造次顛沛必於是。要在一念振起，不甘墮落而已。欲言不盡，諸維亮察。

答李生

前次談話，謂《論語》好處只是紀録孔子日常生活間事，不空談道理。然吾恐記者見地，亦只合及此。子貢曰：“夫子之言性與天道，不可得而聞也。”子貢且不得聞，况其他乎？但證以子貢之言，孔子未嘗不談高深的道理，只是能聞者少耳。《論語》底記者當是很老實的人，只是他聞得着的便爲記録，他所不可得聞的便不妄傳。他於夫子底態度和語氣很能作切實的描寫，似是不曾妄下一字的。吾人由《論語》底記録，亦可尋玩孔子哲學思想的根柢與體系。

楊仁山居士疑《論語》有後人攙加字句處，常舉“廄焚，子退朝，曰：‘傷人乎？’不問馬”。以爲“不問馬”句，後人妄增，記者必不無端置此閒語。蓋夫子入朝，必以馬駕車，今方退朝，馬不在廄可知，何須問馬？記者置“不問馬”一語有何意義？吾謂楊氏説未妥。此處正見記者記録必求詳實，其於夫子一言一動，直是仔細留心，樸實描寫。夫子不曾問馬，他便據當時情態記録。然已於上文記子退朝，則所以不問馬之故，自可見得，並非如朱注所謂“貴人賤畜”也。

《大學》《中庸》爲孔學總綱，蓋七十子後學所述，漢儒亦有攙雜。

二書言治理之部分，皆以太平大同爲歸趣，實《公羊》所本。來問"舉凡有血氣，莫不尊親"，疑尊親爲尊王。大誤。蓋謂大同之世，人莫不互相尊、互相親也。此章首"唯天下至聖"云云，非謂太平大同時，猶有王者君臨天下。儒者本以王道寓其至治之理想，必人人皆有王德，然後天下可言太平大同。

與張申府

胡煦之《易》，兹因謝石麟由北大借出，乃匆匆一讀。其人確具有哲學頭腦，而其立説則毛病極多，無從説起。此由當時環境所限，固難過責。渠主象數，而根本反對王輔嗣。實則王氏之"得意忘象"，是乃深於《易》者也。胡《易》宗邵氏先天圖，而更以己意補伏羲圖，似可不必。自漢以來，除輔嗣外，言象數者大抵承術數之遺，曲意穿鑿，勞苦而無功，繁瑣而無理。吾意《易》之始興，本緣占卜，及經孔子修定，則純爲哲學思想之書，永爲吾民族玄文鴻寶。今之言《易》者，但據《周易》，即辭以究義，毋取拘牽象數。六十四卦，以類萬物之情，以盡萬化之故。其根本原理，則以太極之一元，顯爲陰陽對待，相反相成而變動不居也。老子"一生二，二生三"之説，蓋本於卦。每卦皆以三爻明變，老氏申述此旨也。莊子尊孔而述老，其學淵源於《易》，又不待言。魏晉人推本《周易》《老》《莊》，謂之三玄，不爲無見。

與張君

前見某文，言中國哲學以"一"字或"本根""本原"等詞，爲本體之代語，此皆有據。但於此等字，似尚欠訓釋。"一"者，絶對義，顯無分别相。"本根"等者，則尅就現象而推原其實相之詞。實相猶云本體。此等處，大是困於言説，却須善會。若錯解時，便將現象本體打成二片，便成死症。從來哲學家談本體者，都於"體"字不求正解，而與原因意義相混。須知言因，則以彼爲此因；言體，則斥指此物之體，無所謂彼也。故體非原因之謂，即是現象之本體，固非立於現象背後而爲其原因也。自來談本體者，多與原因意義混淆，實足使人迷惑也。中國儒道諸書極難讀，須會通其整個的意思乃得之。至云向、郭是無體論，亦未諦。彼所謂“獨化”，特遮遣造物主耳，非遂謂無體也。無體即無用，何化之云？物各獨化於玄冥，有味哉斯語也！用則萬殊，故謂物各獨化也。玄冥者無物也。無物而非空無，只是不同於情見所執爲實物之有耳。物各獨化於玄冥，不是無中生有，實乃大用流行，歷然衆象，而實泊爾皆寂，故謂玄冥也。若果無體，如何杜撰得有來？魏晉人言《老》《莊》，大抵主從無肇有。原彼所謂無，亦不爲本體空無，大概計宇宙元始有個萬物都無的時候，故謂之無。其後萬象滋生，乃謂之有。此等意見，由其根本執著現實界，故有這般推論。若真見體者，則了一真現起萬變，宛然有物。萬變皆即一真。本無實物。於此説有説無，只是戲論，而况可云從無肇有乎？但如在科學上説，則假定宇宙萬象爲實有，而尋其發生，如由無生物以至生物，似亦可逆而推求，最初有一個無物時，即無生物亦未形成之時，而可謂之無矣。然世間知見可作此量度，玄學家却要超過這般見地，未知吾賢以爲如何？

答友人

《般若》空諸行相行者，如物的現象、心的現象，皆説爲行；行相者，謂諸行之相狀。參考《新唯識論》語體本《轉變章》。正爲執著行相而不了諸行實性者遮其執耳。故空者，空其所執也。所執既空，則悟即諸行相即真實相，更無可空。肇公云，覿目皆真。彼遊什公門下，已得正解，發語不妄。佛法原無多子，見到時亦惡用紛紛者爲耶。佛是遍智，及一切智智，謂其已究了一切法真實相，即謂本體。故以是稱之。若謂佛於萬事萬物無所不知，則今科學上所發明及佛滅以後世變，皆佛盡所預知，有是事耶？又云，護法、清辨之争，多少問題，俟諸異日。力亦未敢聞命。護、清兩公皆千年前陳死人，吾爲彼争個甚麼？吾唯自求此理之真而已。吾自求之，而誠得乎其真，則彼立説之是者，吾亦以爲是也；其非者，吾不忍謂是也。是非以理爲準，不容以人爲準。這家那家是非之争，此是考據家食古不化者所作活計，孰有智人究心理道，而肯爲此者耶？兄若疑弟未見到真處，則須將鄙説不合處，真指而痛斥之，敢不拜嘉。若不直指其失，而横斷爲妄見，何以服人？

文字般若是從清净心中流出。終古不見自心，終古翻弄文字，文字則文字矣，般若則未也。朋友之義，存乎直諒，採納與否，是在吾兄。

答敖均生

來函不主離器而言道，此説甚是。吾向閲譯籍，細玩西洋哲學家言，私懷以爲現象與本體，名言自不能不析，而實際則决不可分成二界。哲學家於此，總説得欠妥，由其見地模糊故耳。實則現象界即其本體之顯現，猶言器即道之燦著。苟於器而識道，則即器即道，而道不離器之言，猶有語病。夫唯即現象即本體，故觸目全真。宗門所謂“一葉一如來”，孟子所謂“形色即天性”，皆此義也。佛家《般若》，説“照見五蘊皆空”，五蘊通心物兩方面現象言之，亦現象界之異名。即來書所謂“呵形器爲虚妄”是也。然佛氏所以如此説者，正以衆生皆迷執形器爲實在的物事，而不悟形器無自體，皆道之所凝也。故於形器而不作形器想，即於形器而識道者，此唯大覺能爾，而衆生不知也。以是故，佛乃呵破形器，以除此妄執，欲衆生悟形器無實，只是道之燦著而已。“一葉一如來”，色色現成，頭頭真實，何不當下識取？豈可騎驢覓驢？此其歸趣，與儒宗亦自不二。唯儒家直下於形色顯天性，故不必呵形器爲虚妄，即俗詮真，融真入俗，所謂“極高明而道中庸”是也。釋子必欲卑儒崇佛，非唯不知儒，又豈得爲知佛者乎？

與張季同

前次與李君枉過，匆匆未盡欲言。嗣承李君寄《論山水畫》一册，撥冗展閲，見其擇精語詳，足以快意矣。但亦有極待商榷者，略舉二事。如第五段“畫境與真境”中有云：“但造物所造世界，都不如畫家所造世界之完全。蓋因造物所造之世界，即現實世界中，萬類均爲個體；畫家所造之世界，即藝術世界中，一切概屬共相。個體多具缺陷，共相則甚圓滿。”此一段話，頗覺不安。李君謂“造物所造之世界”，辭亦欠妥。宇宙豈真有造物者耶？然姑不深論，第以推原萬象，而不得其朕，乃假爲造物之名，則亦未始不可，但須知是假名耳。然李君謂造物世界即現實世界，萬類均爲個體，此則不應道理。須知現實世界與造物世界不可併爲一談。何謂現實世界？即吾人在實際生活中一切執著的心相是已。如説窗前有一顆樹，這一顆樹在吾人意計中是與其他底東西互相分離而固定的。這樣分離而固定的東西決不是事物底本相，只吾人意計中一種執著的心相而已。李君所謂現實世界即此是也。至於事物底本相，本非可以意想計度而親得之者。此處恕不及詳談。李君所謂“造物世界”當是指事物底本相而言，此即實理顯現，法爾完全，法爾猶言自然。本來圓滿。吾人必須蕩除執著，悟得此理，方乃於萬象見真實，於形色識天性，於器得道，於物遊玄。如此便超脱現實世界，而體合造物世界。雖無妨順俗，説有個體的東西，而實不執著有個體相，並共相之相亦復不執，蕩然泯一切執，更何缺陷可言？總之，真正畫家必其深造乎理，而不縛於所謂現實世界，不以物觀物，善於物得理，故其下筆，微妙入神，工侔造化也。豈唯畫家，詩人不到此境亦不足言詩。“鳶飛戾天，魚躍於淵”，《中庸》引此而申之曰：“言其上下察也。”“上下察”者，即實理昭著之謂。故未嘗滯於物，而乃妙得此理矣。如果畫師、詩人執著有現實世界，即妄計有個體的缺陷的世界，不能入理證真，此等人哪得創造藝術世界來？李君此處失不在小，願虚懷一究此事。又其第二段有云“國人思想向重二元”，而引《周易》“立天之道曰陰與陽”等文爲證。此復甚誤。《易》之乾元坤元，實是一元，非有二元。坤之元即乾之元也。自來《易》家言象者，以乾爲天，以坤爲地，然皆曰天包地外，地在天中，則坤非離乾而别有其元。此義甚明，如何不察？《繫傳》言：“立天之道，曰陰與陽；立地之道，曰柔與剛；立人之道，曰仁與義。”[①] 夫道，一而已。立天者此道，立地者此道，立人者此道。然道本不貳而至一，但其發現則不能不化而爲兩。陰陽、柔剛、仁義者，言乎道之發現耳，本非謂陰陽、柔剛、仁義之即道，然亦不妨説陰陽、柔剛、仁義爲道者，以其爲道之發現故也，不能外陰陽、柔剛、仁義而求道故也。若不明乎此，而遂謂陰陽爲二元，則道將成兩片死物，又安得有圓神不滯、變動不居之大用耶？至老子言“大道廢有仁義”，明與《繫傳》“立人之道曰仁與義”之旨相反。蓋以爲道之散著而爲仁義，則已失其渾全，此老氏之誤也。道非頑然的物事，隨在發見，皆其全體流行。其發而爲體物之仁，仁者會物爲己，無差别相，故云體物。仁即道也；其發而爲制事之義，義即道也。吾嘗言老子之學本出於《易》，而往往立異以反《易》，喜爲偏至，終乖至道，故併論之。昨日病發，意緒不佳，寫此未能達意，願賢者相與究明。

答劉生

《易》者象也。象義云何？吾嘗因此别有會心，欲俟作《量論》時别明象義。如吾意中觀想天上一顆星時，即現星相，而此星相明明非天上之星，只是彼星之一種徵符，應即名之以象。但此象者，實交綰意與物而爲之名，並不可分别爲在意之象或在物之象，又且不可分别執定有實意與實物。此義當别詳。總之，意與物無非依變化流行的全體之過程中所詐現爲二方面的能所相，而假名意及物。所以説到象，自然有能所相。無所相，能不獨構其象；無能相，所亦不自顯其象。故象是依能所

① 引文據《周易》屬《説卦》。

之交而成。但能者非有實意之謂，所者非有實物之謂，只是詐現爲此二方面。然雖詐現，却是能所宛然，非無力用。故當能所相詐現時，其所的方面，自有勢用引發能；而能的方面，即緣所的方面底接觸而起一種勢用，現似所的相狀，即此名爲象。故知象者是能所融一相，所以説象是交綰意與物而爲之名。

又來稿云："器未有時，已有其器之理在。"余以爲"理"字看如何説法。若尅就本體而名之以真理，則此理乃絶待，是爲器之所由成，王輔嗣《老子注》云：道者，萬物所由之而成。道猶言理也。萬物之本體，名爲理，亦名爲道，故曰"物由之以成"。備衆理而不窮。所謂一爲無量，一理含無量理，即無量器之所資始，其妙如是。一理謂本體。無量爲一，無量理統於一理，無量器資始於一理。其妙有如此者。若剋就本體之流行而言理，於此當云"理者器之理"，不可離理與氣而疑其有無不相俱也。於一真實流之過程中有衆相現，謂之器；相者，流行所現之迹象。相萬殊故，曰衆相。如燃香楮，猛力旋轉，有火輪相現。由此譬喻，可悟宇宙間衆相皆非實物，元是流行不住。器即衆相之稱。器有其則，謂之理。俗所見爲每一器之現，只是一真實流之過程中之一種節序，而甲乙等等節序，相互間莫不有則。蓋所謂流行，元非亂衝而無則者。無則即無以成其流行。易言之，無則即無以成爲衆相或器。《詩》云"有物有則"，其義深遠極矣！則亦名爲理。一真之體，含蘊無量理，即含蘊無量器之可能。此處吃緊。謂器未有而理先在，是離理與器而使之可不相屬也。其實器未形時，即其理俱隱；器之已形，而其理俱顯。然則器只有未形已形之分，不可云先無後有。器之理隨其器之未形已形而爲隱顯，故不可析理與器爲二，謂理先在而其器尚無也。無量理與無量器之可能，皆爲一真之全體内所含蘊而無或虧。器未形時，有將形之可能性在，不得曰先本無是器，但其理固在也。"不得曰"三字一氣貫下。須知尅就流行言，器之理與是器本不可離。即此真實流，現似衆相，則曰器；"現似"之"似"字吃緊。似有其相而已。實則流行不住，原無實物。衆相有則而不可亂，斯曰理。理與器安可離之，使或不相屬乎？余頗欲於作《量論》時更詳之。

與張君

李教授曾爲一文，就中國歷史甄明循環之理。此文吾未之見，唯吾意有與彼不同者。聞彼偏持循環論，吾則主張循環與進化交參互涵而已。進化論創自達爾文，然後之談進化者，猶以達氏爲堆集論，而以生源動力、創造不息明進化，生源動力特複詞耳。動力即是生源。此“動”字義即變化義，生生義，非是如物體依一定時間通過一定空間之謂動。此實合於吾《大易》之旨。吾言進化，義主《大易》。循環者，俗計萬象周而復始，所謂重規疊矩是也。此亦説得過於死煞。吾謂循環，只是事象推遷，有若一往一復而已。雖萬化之情，往必有復，然後之往復持較前期，自不必質量相等。此其所關甚大，不容忽視。

進化、循環兩辭涵義略加上述，今更略明二者交參互涵之妙。先徵自然現象。日月交推，寒暑迭更，此屬循環，莫爲異議。然前剎那日月未嘗延續至後，後剎那日月乃是創起，乃屬新生，特與前狀相似續流耳。故日月現象，實即動力新新健創之表現。即此日月，剎那剎那，恒是進化。若徒據循環一方面之觀察，將謂今兹日月猶是故物復現，云何應理？準此而談，循環法則實與進化法則交相參、互相涵。道以相反而相成也。日月如是。推之寒暑乃至萬象，成虧生滅，消息盈虚，化機往復，莫匪循環。往者未嘗暫留，復者創新而不用其故，則亦何適而非進化耶？

次徵人事。世間無絶對之美，善惡治亂，亘古相待。《易》言《既濟》而必終以《未濟》，斯義玄微，小知難喻。夫《未濟》者，《既濟》之始也；《既濟》則《未濟》之兆也。故積惡之世，善若不復，而善幾實潛焉。浸假惡往，而善來復矣。積善之世，惡若不復，而惡幾實隱焉。亡何善往，而惡來復矣。善惡往復，故謂循環；治亂相待，亦應準知。夫治亂善惡，恒相往復。此其往復，即率由乎循環法則，而萬象若無甚殊怪詭異者。然必謂後後之治亂與前前之治亂同其質量，後後之善惡與前前之善惡同其質量，則又審事甚膚，而無以察夫進化之理也。如今之黨治獨裁，或中央集權，亦可謂爲革命自由以後，仍復於專制之形式。又如蘇俄共産，亦得説爲原始社會共産制之復興。此皆受循環法則之支配，莫之預期而自爾者。然經過資本主義之技術及工場組織等等積累而復興之共産，其與原始社會共産制質量迥别，此稍有識者所共知也。革命自由以後之中央集權或黨治獨裁，與往昔君主專制異其質量，又不待煩言而喻也。則安得偏執循環之論，而不究其進化之實耶？此就人事推徵，亦足證成循環與進化本交參互涵而成其至妙。

循環之理，基於萬象本相待而不能無往復；進化之理，基於萬象同出於生源動力而創新自不容已。進化之中有循環，故萬象雖瞬息頓變，而非無常軌；循環之中有進化，故萬象雖有往復而仍自不守故常。此大化所以不測也。

答韓生

吾前日面譚，一般人不曾自察識他曾否有思維作用，吾子却不肯印可，以謂人都是善用思的，何可如此菲薄人！子之意固厚，然於“思”字未了在。王船山先生《讀四書大全説》云，只思義理便是思，便是心之官。思食思色等，直非心之官，則亦不可謂之思也。孟子曰“先立乎其大者”，元只在心上守定着用功，不許寄在小體上用，以耳目有不思而得之長技，一寄其思於彼，則未有不被其奪者。此段話精察入微，才分明顯出思之所以爲思了。須知思之發雖不能不藉耳目官能爲用，此中“用”言，猶云工具。但思確是一心内斂，主宰乎耳目官能，專一融攝義理才叫做思。若心外馳而不得爲主，即寄其思於耳目官能，便以小體役其心，而奪心之用，小體謂耳目官能。乃爲食色安佚等等是殉焉。此殉於食色安佚等等之思，據實則本不是思，只是耳目奪心之用，而自逞其技，所以成乎聾、盲、爽、發狂，如老氏所呵也。心不宰乎耳而任耳奪其用，則耳殉没於聲而失聰，故聾也；心不宰乎目而任目奪其用，則目殉没於色而失明，故盲也；心不宰乎口而任口奪其用，則口殉没於味而失其正，故爽也；心不宰乎四體而任四體奪其用，則四體殉没於散亂，故發狂。吾子諦察一般人的生活，幾曾把握得他底心住，使不被奪於耳目官能，外馳殉物，而能保任其心，以宰制耳目官能，顯發思底妙用，融攝萬理而無滯耶？“吾子諦察”至此爲句。所以，一般人大概没有思維作用，直不自察識耳。

再答韓生

聞吾説思，已有領悟。但於“心純屬内斂”之説猶乏深解。子能不以所未解者爲已解，此甚可喜。爲學最怕輕心人，遇事膚泛過去。只有明睿作用，專一内斂，這才是心，否即無心。内斂者，謂不隨耳目官能迷亂奔流故。唯然，故能主宰耳目官能，而神其用。此中“用”者，作用之謂。禽獸有知覺運動，而不得謂之有心，以其精神作用不能内斂故也。人禽幾希之異在此，其可忽哉！佛家《阿含》説“繫心正智正念住，守護根門”，與孔子告顔子“四勿”之旨，皆指示真切。即以心不隨五官流散，故成爲心也。《易·繫傳》曰：“仰觀於天，俯察於地，近取諸身，遠取諸物。”曰觀曰察等者，何常廢耳目等官能而不用，只是神明爲主於中，神明謂心官，即思也。發之於耳目等官能，而交乎天地萬物，盡其觀察之妙用。而復其性分上物我一體流通無礙之本然，此即“思不出位”之義也。若下等欲望之思，便是思出其位，而爲耳目等官能所役，以從乎欲，而殉没於物。故云思出其位，言其被役於小體，而不是心之官也。

答友人

嗣續觀念，在儒家視之，所謂“生生不息”之誠，“於穆不已”之實，即於此而顯著。故重嗣續者，非寶貴其氏族的形氣之蕃衍，而實於此見天理之流行。古者新婦廟見，必隆其禮；采蘋采藻，必潔其儀。有夫婦而後有嗣續，所以不可褻也。儒家倫理可謂致廣大而盡精微矣。但自印土佛家思想輸入，其徒始棄室家，而絶嗣續。聖人憂乾坤之熄，若有先見。又自西洋思想輸入，青年流蕩者，夫婦之離合既易，而嗣續觀念亦失去往日所持底神聖意義。實則人類之嗣續觀念，乃即於形氣之遞禪，而見爲實理之不容已。宇宙人生，所以爲至真而非妄也，至善而無惡也，至美而不可厭醜也。道家之言曰“子孫者天地之委蜕耳”，此以破私其子孫爲己有之執則可矣。若以理言之，子孫之繼繼繩繩，無有斷滅，是即道之不窮也，性之無盡也，而曰“委蜕”云乎哉？故道家者流，必卒訢合乎釋氏。又乃“委蜕”之云，不知形即理之昭著，亦將與唯物思想同其陋。荀卿謂莊周“蔽於天而不知人”，此正確之評。天與人不可二之也。儒者於人道見天德，深遠極矣！莊子於人生欠真切體認，故不了天理之實，而妄以哀死爲未達，將趣於無生矣。弟嘗謂老莊終不識得“天行健”的意義，此其根本差誤。儒家之學，確爲至理所在。惜乎後生靡於狂潮，無可與言斯事耳。

答某生

中國自漢以後學者，類皆無民族思想。蓋史家實播此毒。魏收諸賤豎，爲胡虜作史，諂頌凶猘，上擬虞夏，劉知幾雖嘗譏之，然亦謂其記載失實耳，非真能辨華夷之類也。大抵兩漢盛時，群胡内附，天下一家，學者喜張《春秋》太平之義，遂缺乏民族觀念。典午以降，士大夫屢屈於强胡，浸假則以豢養於外人爲樂，而自殘其類，此真吾民族之危機也。嘗謂世界未能遽躋大同，則民族思想無可遽泯，只須導之以正。大抵各民族間必各有其民族思想，即各能自愛其類，各圖自立自存，自强自創，乃能共進於太平。故民族思想善導之，乃所以促進太平，實與太平之理想不相背也。若使有甲民族焉，絶無民族思想，則必涣散亂亡，以招他民族之侵略；又或有乙民族焉，過持狹隘自私的觀念，專以侵略他民族爲事，終必有弗戢自焚之憂。甲本不及，乙又太過。過與不及，皆爲世界進化的阻礙，爲人類理性發達的障害，人類幸福的絶望即由於此。"《春秋》無義戰"，誅侵略也；《春秋》於征戰之事，無有以爲義而予之者。書梁亡，罪被侵略也。中國漢以後儒者不通《春秋》之義，而民族思想日益式微。南宋之儒嘗持《春秋》以呼號復仇。復仇者，復趙氏一姓之仇也，於民族何與？故民志終不振，則胡人又起而乘之矣。若乃明聖挺生，獨知民族思想之可貴，而以哀號於族類者，其唯衡陽王子，鄭所南、吕晚村亦其亞也。今外侮日迫，吾族類益危，吾人必須激發民族思想，念兹在兹。凡吾固有之學術思想、禮俗、信條，苟行之而無敝者，必不可棄；凡有利於吾身吾家，而有害於國家民族者，必不可爲；凡有益於公而有損於私者，必不可不爲。日常服用，除藥品外，有可不需外貨者，甯崇儉素，而誓不買外貨，以此誓於皇天后土，慎守終身，是則吾平生持奉《麟經》之志也。凡吾之所自期與期諸人者，皆人之所易知易行，然而人多莫之知莫之行也。

與湯錫予

看《大智度論》，鎮日不起坐，思維空義，豁然廓然，如有所失，如撥雲霧。如有所得。如見青天。起坐，覺身輕如游仙，惜此境暫而不常耳。

答王生

禮者履也。吾人踐履中無不由禮者，日常作止語默，何在非禮之表現。動作必不亂，不亂即禮。静止必不昏，不昏即禮。言語必成章無悖，成章無悖即禮。含默時必中心昭昭而不昧，昭昭不昧即禮。若動於游思妄想紛擾，即非禮。無在不實踐乎此禮也。故曰禮者履也，是吾人所日常踐履而無須臾違失者也。朱子以天理之節文、人事之儀則言禮，意義甚深。推禮之原，則本乎性矣，所謂"天理之節文"是也。禮之用，則顯於萬事而無不在，所謂"人事之儀則"是也。禮之原即天理，此不變者也。禮之用即儀則，此隨時而酌其宜者也。故曰“三王不襲禮也”。今後生無知，妄曰喫人的禮教而必欲打倒之，是既昧其原，又不知其用也，是將同人道於禽獸也，惡乎可？

與友人

承轉示曹君函，知彼謂宋儒末流近禪，或不免禁欲，要非程朱諸老先生之過。弟則請曹君將程朱諸大師遺書細玩一過，看他有禁欲意義否？弟雖粗妄，何故讀《論語》不起此感，而讀有宋諸大師書便起此感？如欲檢取文證，亦不難具舉，顧不必如是煩瑣耳。明儒陳白沙先生亦云：斯理也，宋儒言之備矣，吾惡其太嚴也。此言婉而深。夫束縛甚者，不足向上，而反益趨下。宋人委靡自私，終以覆亡。程朱諸大師所振救者幾何？又云，末流乖本，故不得以其末之失，爲其本之過。然何故成爲如此之末流，則自其本必已有不得不如此之趨勢。履霜堅冰，由來者漸，此義不可不知。獨謂矯弊不當爲過激之談，是見道語。嘗以爲老莊非禮，薄仁義，豈謂禮與仁義真可非可薄哉？亦惡夫禮與仁義之名立，而以之率天下，則人遂襲而取之以作僞耳。矯僞之弊，遂不惜過激而爲已甚之詞。故非禮，薄仁義，將使人盡去其一切可尚之迹而反之天性，自然莫非仁也，自然莫非義也，自然莫非禮也，老莊用心蓋亦如此。然而老莊過激之論，其影響卒至廢禮而滅絶仁義。如魏晉人之頽廢放縱，此豈老莊所及料哉？世人或以魏晉尚虛玄者，亦不盡可非，如王輔嗣之睿智，阮嗣宗之孤心，何可多得？不知任何衰俗中，總可得一二佳人。魏晉習老莊者，以其頽廢放縱，習爲風尚，傳播社會，自是當時事實。唯其薄仁，故流於麻木、昏闇、冷酷、無生理而頽放矣；唯其薄義，故流於委靡、汙賤、虛誑、無生氣而頽放矣；唯其非禮，故流於摇蕩、散亂、内容空虛、無以自固而頽放矣。魏晉人以頽放故，淪於胡虜，蔑能自振。此在歷史可按。安得謂其間有王輔嗣輩，遂飾稱爾時尚虛玄者無頽放惡俗耶？即就輔嗣輩而論，亦少惇大篤實氣象。嗣宗畏葸，而託放蕩以自免。君子居仁由義，吉凶與民同患，履虎尾而不懼，何至若是？要之，魏晉人之頽放，實爲老莊非禮薄仁義之過激主張所必有之影響，此可戒也。弟亦知當今之患，誠在縱欲，固宜誦法程朱以拯生人。然欲不可縱，亦不可禁。故弟自中年以來，於程朱諸大師拳拳服膺，不敢輕叛。雖謂禁欲主張稍過，然深以不許縱欲爲真理所在，實未敢攻擊程朱。如老氏所爲過激之論，終不忍效尤也。今人破壞固有的道德，社會上也是一種頽放現象，如魏晉人一般。有問，如袁世凱一輩人雖是作惡，却甚勇猛，似非頽放。曰：否否。看他勇於作惡，正似飛蛾奔火。他是無生命無理性的東西才忙迫胡亂去，此正是頽放，非勇猛。唯彊爲善者，才是勇猛。

曹君又云，飲食男女之欲，性也，此不可禁。外此則皆習氣耳。此說大有病在。宋儒有知，决不願聞。飲食男女之欲謂爲非性乎？則生人之欲，豈有不依天性而動者耶？而天性又豈是頑空耶？若謂飲食男女之欲即性乎，則紾兄之臂而奪之食，踰東家牆而摟其處子，是爲順其性耶？而謂宋儒見地乃如此乎？曹君本不識性，吾亦無從與之言性。必不得已而有言，則將曰：飲食男女之欲，自然有則而不可亂者，是所謂性之欲，即此謂之性可也。若飲食男女之欲，發而無則，以成乎亂，此即陽明所謂隨軀殼起念，全乖其性，而純成乎物之動。以其天性淪没殆盡，只是一團物質，故其動也，但爲物之動，而不得言性之欲也。此事須切己體會，不可徒作道理講説。至曹君别習氣於飲食男女之欲之外，亦復未審。欲動而失其則者，即染汙習氣現行也；欲之發而有則者，亦即清淨習氣現行，是順本性而起者也。凡欲皆是習，曹君殆未體究及此。

答雲頌天

中國人頭腦重實踐而不樂玄想，故其睿聖者，恒於人倫日用中真切體會，而至於窮神知化，是得真實證解，而冥應真理者也。然在一般人則拘近而安於固陋，其理智不發達，則明物察倫之工疏，欲不爲衰萎之群而不可得矣。西洋人頭腦尚玄想而必根事實，又不似中人但注意當躬之踐履，而必留神此身所交涉之萬物，故其探賾索隱，而綜會事物之通則者，乃無在不本諸經驗，根據事實。即凡上智之所創明，中才皆得尋其思路，循序而進。印度人頭腦尚玄想而過在蹈空，其智本足以察物，然乃厭患物質的宇宙而求滅度，此固不免於智之過。然窮玄，則至印度佛家大乘，而高矣！美矣！至矣！盡矣！此難爲不解者言也。佛家雖主滅度，要是從其大體言之耳，若如《華嚴》《涅槃》等經，其思想亦接近此土儒家矣。

講　詞

爲諸生講《逍遥游》，至“御六氣之辯”，因舉郭慶藩解云：“辯讀爲變。《廣雅》：辯，變也。《易・坤・文言》：猶辯之不早辯也。荀本作變。辯、變古通用。”大有精意。辯必有對。宇宙底變化也是有對這個道理。無對則何變之有？

答鄧君

來書云：“若無輪迴，生則桀紂，死則腐骨；生則堯舜，死則腐骨。何所憚而不爲惡耶？”此見甚劣，直是不堪酬答。昔宋儒有遇此類詰難者，彼應之曰：人性本善，誰教汝自家作賤來？此老實話，若深玩味之，其義無窮。吾人自性清淨，恒沙功德，萬善莊嚴，直從自性流出。其或有不善而至於惡者，則以心爲形役，而迷失其本性故也。君子盡性之學，一息尚存，即一息不容鬆懈，不使心爲形役以喪其真。故朝乾夕惕，所以擴充其在己之所固有，而爲生理之不容已者。豈復借助輪迴，以懲惡而勸善哉？若必待輪迴而爲勸懲，則其人已迷失本性，毫不知有人生價值。將見未來之禍福，終不勝其現在之私慾，雖篤信爲不善之無利於來生，而悍然縱惡，毫無忌憚，以取快當前者，無始時來衆生，大抵如此。足下又何説耶？世變以來，商人、軍人、官僚、名士鮮不念佛拜僧，奉持佛典者。而其人大抵罪惡貫盈，貪慾無饜，毫不自省，反以歸依佛法僧爲其藏身之固，若有所托庇者然。吾平生究佛法，而決不交接僧徒與居士，有以也。吾亦非必破斥輪迴，只以此理唯存在於信念之中。談哲學，不須惹此葛藤耳。朱子信根深厚，其集中許多祭文，讀之想見其精神直與幽靈感通者然。他人祭文，看來不必信神，只是奉行故事，朱子却不如此。想他未嘗不信輪迴，以既信有神靈，則人死而神必不亡，輪迴自可成立。朱子雖有反對佛家輪迴的話，自是他理智作用對信仰起個衝突。然而他底信仰畢竟潛伏着，是摇奪不了的，如主張無鬼論的人，到昏夜仍是怕鬼一般。讀朱子書，玩其生活，覺得他時時在在，如對神明。此種獨與天地精神往來的生活，直令我有雖欲從之莫由也已之感。

與賴生

南回後，得子兩函，無心作復。欲將《新唯識論》譯以英文，此意甚好，此事甚難。書不盡言，言不盡意。吾年三十以後乃知此義。子以爲《新論》易解耳，實則所解者，未必得吾意。子但求之區區言句之間，不知真解者，當求之言句所不能盡之意。吾四十餘年來辛苦，其間層累曲折，吾不能自言也。《新論》之所得表者，至有限也，然欲識吾意者，又不得不借《新論》爲敲門磚子。吾賢必由《新論》以通吾不盡之意，而與吾無間，方可譯《新論》，否則詈吾而已矣。欲通吾不盡之意，抑必旁求印土大乘空有諸宗及此土晚周儒道迄魏晉宋明諸子，夫而後有以得吾之意。且知吾與前哲所爲旁參曲證，而議論之間，雖有許多出入，終自有其大通而不相悖者，於此可見窮至真理，吾與前哲自有同符，即吾之意，果非私意也。至此而後可譯《新論》。否則字字而擬之，句句而解之，知其曲不知其全，見其表不見其裏，謂之然而莫通其所以然，妄謂得吾之意，吾又於何處呼冤耶？聞子將南行，果爾，可來杭小住數日。頌天亦甚望也。吾體氣虧虚。今年在平絶未看書，良用悼嘆。

生事又無良策，只合聽之。

答賴生

前函談譯事不易，得毋有未契耶？譯事且置。讀書又真不易言。須知東方高文典册，皆萬理昭晰，歸之渾括，故非學者涵養功深，自有甚深義藴，斷未可與之湊泊也。吾子勿謂某書我已得解也，即如此土《周易》，若通其訓詁名物，便謂得解可乎？又如龍樹《中論》，若通其名相及因明法式，便謂得解可乎？讀《易》而僅通訓詁名物，讀《中論》而僅通名相及因明法式，則其於《易》、於《中論》也，安見其有無窮無盡之義味耶？唯胸中自有甚深義藴者，其讀《易》、讀《中論》，乃感發萬端，而嘆其括囊大宇，果爲無盡寶藏也。此意古今幾人識得耶？《新論》亦自有含蓄，而人見而易之者，此必有故矣。願子且置之，而博求夫此土晚周儒、道迄魏晉宋明諸子學以及印土大乘性相諸宗，深窮其藴，反之當躬，加意涵養，至於真積力久，必有豁然油然，而與吾莫逆之一日也。九江私塾教書，初料子必不就，不意遂已允之。凡人若無志深遠，但以教書糊口，則隨地可居；若欲努力學術，則所居之處，必不容不擇。塵俗之地，斷無緣引發理想。吾每至武漢，頓覺市塵氣味，令人心中茅塞。自計足跡所經，唯北都荒廓，南京廣漠，最宜修學。南京今不可居。不得已而求其次，則杭州秀麗，差可懷也。九江比於武漢，又不及遠甚，其地直無一毫趣味也。爲子計者，南北兩都不得資生，則隨處覓一教席，度有一二好學者共事，亦足感發意趣，而相與向上，則神智自爾開豁。若私塾苦悶，恐於學人不宜。然子既有約，姑以半年爲期可耳。如過杭州，即徑來廣化小住數日，亦少慰闊懷矣。

答客問

佛學誠難言，流派太多，典册太繁。然扼要而談，則欲求元始釋迦氏之意思，宜以《阿含》爲據。四《阿含》中，而《雜阿含》更重要。及小宗廿部起，便已漸分空有兩派思潮。小空發展至龍樹、提婆而成大乘空宗，小有發展至無着、世親而成大乘有宗。大乘空宗根本大典，則有《智度》《中》《百》《十二門》四論，而《般若》爲其所宗之經；大乘有宗根本大典，則有六經、十一論，如基師《三十述記》所叙。是故大乘空宗，集小乘諸談空者之大成；大乘有宗，集小乘諸談有者之大成。準此，則《阿含》以後之思想，宜詳求大乘空有二宗學，即一龍樹、提婆學，一無着、世親學。故佛家思想之演變，雖極複雜而久長，然扼要言之，不妨假定《雜阿含》等四《阿含》爲元始佛家思想。大空龍樹、提婆，大有無着、世親，均爲後來新興的佛家思想。吾嘗據《雜阿含》等，以求元始佛家思想，而謂是期思想只是人生論，及大空大有分途成熟，大有便進而談宇宙論。空宗頗談本體論，此皆爲新興的佛家思想云。

《般若》及四論，專遮撥一切我法執，欲令人空其所執故，自見真實。真實，即是本體異語。後皆準知。真實理地，心行路絶，語言道斷，不可直表。故因人之妄識迷執，不能自見真實，而以種種方便，破其迷執。將見所執既空，而真理自喻於不言中。此中真理，本體代語。猶如撥雲霧，便見青天也。談本體者，東西古今一切哲學或玄學，唯大乘空宗遠離戲論。此真甚盛事也。

大乘有宗，初説五蘊。十二處，十八界，不過將五蘊色心法另變一種編排法耳。分析色心現象，而明無我，以此破外道之神我論，其義尚承空宗。及無着造《攝論》，成立阿賴耶，以授世親。世親復造《百法》及《二十》《三十》等論，於是建立阿賴耶，説爲種現緣起，而實任臆構造宇宙。吾所著《破破新唯識論》頗詳此義。蓋小乘談有一派之思想，至大乘師無着、世親而始完成其宇宙論。理論雖極精嚴，而其失空宗義旨則已甚矣。

佛家人生思想，自其元始以及後來大乘，皆主超脱生死海。《阿含》迄於大乘空有經論，都有此一貫精神。大乘雖有無住涅槃之説，較元始佛家思想爲進步，然只反對元始之獨善主義，故不許入無餘涅槃、作自了計。必求無上菩提，發大悲心，行菩薩道。雖不住生死，而亦不住涅槃。必度盡一切衆生；有一衆生不作佛，則我亦不成佛，此爲大乘特異之點。然要以度脱一切衆生，令出離生死海，爲最後蕲向。無論事實作得到否，而畢竟以度脱衆生令出生死爲歸趣，即以出世與寂滅爲歸趣，此或是印度民族性之特别處，吾人亦不必論其是非。

答某君

《新論》具云《新唯識論》。之出，解人甚鮮，或可謂之絶無。區區常有意於賢者，不圖來函又出意外。大抵吾子一向用力於西洋思想，與迂拙本不同路向，宜其隔膜乃爾。今就來簡，粗答如次。

一、來函云：“攝聚與離散相對，墜退與健行相對。攝聚與墜退，似無必然之關係。”

觀此所難，於吾書翕闢義，似絶不相干。翕闢義，首須細玩《轉變章》。《新論》二十五六等頁。此處純據宇宙論之觀點立言。余以爲哲學上之派别雖繁，要其解説宇宙之所以形成，其根底終不出唯心、唯物二派之論。如現代羅素雖云非心非物，實則其根底仍不妨説是唯物論。迂拙平生始於積測，終於反驗，確信宇宙本體不是世所唯之心，亦不是世所唯之物。易言之，本體是什麼，此非想所及、非言可表。然則畢竟無説乎？曰，只有在本體之流行處，假設言詮而已。不識此意，正是未曾讀過《新論》。本體不可撥無。若云無體，即是頑空，云何而有流行？又不可説流行即體，以流行唯是幻相，頓起頓滅故。《轉變章》談此義甚微，須於言外會意，若以忽心遇之，便不相應。流行無實自性；故説諸行性空。諸行者，色心萬象之代語。所謂色心萬象，即依流行幻相而假名之也。《般若》説“諸行性空”，即謂流行幻相本空，無實物故。説流行即體者，何異説體是空？此即還成無體論，義不應許。萬象泡幻，了無根據，不應理故。當知流行是用，用必有體，但體不可以知識推度而知；知識由經驗事物而起，於其所知，恒作物解。

今此云本體者，實不可作一物想。如作物想，即是倒妄，即成戲論。故前説言本體是什麼，非想所及，非言可表。無已，則唯即用顯體，庶幾方便，而得相應。用者流行之異語。蓋流行非即是體，而體要非超越流行幻相之外而別爲獨存之死體，此處端賴超然神會，而難以言議者也。體必有用，亦定不離用。定不離用者，即定不離流行故。定不離流行，故乃於流行中識體，是謂即用顯體。舊師亦未始不欲即用顯體，以其於用上建立，便將體用打成二片，於是陷於邪計。《新論・唯識章》末段，備詳此意。《破破新唯識論》發揮斯義尤詳盡，惜乎時人多莫之覽，即覽亦莫之識也。《新論》假説功能爲本體，内學院某君駁之。不知即用而言，體在用，語本陽明。故可假詮恒轉功能名體，以彰本體之流行，否則必如舊師將體用截作二片，又何可即用顯體乎？《新論》全部旨意，只是即用顯體。易言之，只是談本體之流行。此根本旨意，若忽焉不察，則此書直可覆瓿，尚何必較量於單詞片義之間耶？

若復了知《新論》唯是談本體之流行，應知流行定不是單純的勢用。流行即是勢用之謂，但此勢用非單純的。即此勢用，决定有一個翕。不翕，便莽蕩空虚，哪有宇宙人生？宇宙没有一刹那空虚過的，設想諸星體將有毁滅的，即宇宙便空虚，然方其毁滅時，必即生成相續。此種假定是合理的。即是翕的勢用這個翕便叫做一種勢用。没有一刹那間斷。若有一刹那間斷，即是空虚無物，亦即無所謂宇宙。如此却成印土古者空見外道之論，定不應理。故《新論》以恒攝聚言翕，自注，“恒”字吃緊。[①] 翕即幻成無量動點。而此動點幻似有質，實非固定的物質性。科學家計原子、電子等等爲實質的物事，在經驗底範圍内，固可云爾；在玄學或哲學中，必欲窮究所謂物質的小塊粒如原子、電子等等者是否果爲實質，則大是問題。依吾人之見解，分析物質至最終之小塊粒，實不應執爲固定的實質，只是一個翕的勢用所形成的動點而已。動點幻似有質，究無實質。此所謂幻，元是事實。一般人聞説“幻”字便作劣義會，此大錯誤。幻義是活

① 注文原作大字，今改作小字。

義，《轉變章》固言之矣。昔朱子亦嘗謂造化合有一個翕聚的道理，不然便是空洞無物。此説似見《語類》，玆不及檢。吾所參悟，質之彼説，適足印證。夫翕既即是本體之流行，易言之，即是本體所顯現底一種作用，而且是自爲矛盾的一種作用。因爲本體無方所、無形相，元不是物質的，但其作用顯現，不能不有所謂翕。翕即幻似成物，是則翕之用，翕即是用。疑與體不相順。易言之，即此翕者乃本體上顯現自相矛盾之一種作用。《新論》云，翕則疑於動而乖其本也。二十六頁左，《轉變章》。又曰，翕而幻成乎物，此所以現似物質宇宙，而疑於不守自性也。五十七頁右，《明心上》。又曰，翕則若將不守自性，而至於物化，此退義也。二十七頁左，《附識》語。凡此皆明其作用之自爲矛盾，即以其將至物化而不守自性故也。夫本體以不變爲義，豈果物化而不守自性者耶？理必不然。夫其翕也若故與其自性反。乃若其自性固具至健純净之力用，則正待翕而後顯。此處吃緊。誠以翕而成物，故所謂本體底自性力本體固具至健純净之力用曰自性力，猶《易》之乾也。得有所利用以表現。《新論》云，恒轉畢竟常如其性故。恒轉者，本體之代語。唯然，故有似主宰用，乃以運乎翕之中而顯其至健，有戰勝之象焉。即此運乎翕之中而顯其至健者，名之爲闢。第二十六頁左。據此，則所謂翕者，乃以顯闢。《新論》有言，造化之幾，不攝聚，則不至於翕；不翕亦無以見闢。第二十七頁左。又曰，一翕一闢，若將故反之，而以成乎變也。第二十六頁左。又曰，一翕一闢之謂變。自注云，兩"一"字，顯動力之殊勢耳，非謂翕闢各有自體，亦不可説先之以翕，而後之以闢也。[1]第二十六頁左。據此，則翕闢同爲純一之本體所顯現之兩種作用，乃相反相成，相待相涵，而爲萬化之源。《破破新唯識論》曰，闢必備翕，若令故反；翕實順闢，而非果反。初版七十三頁。此所謂"玄之又玄，衆妙之門"者歟。《破破論》又曰，徹内徹外，只此翕闢之流，而實無有内外可分。自此實悟無所謂小己，無所謂宇宙，只此翕闢之流，刹那刹那，頓起頓滅；刹那刹那，頓滅頓起。如此流行不息，猶如閃電，至

① 注文原作大字，今改作小字。

活無迹。初版七十六頁。至哉翕闢！造化之秘，天人之藴，盡此矣。所謂“妙萬有而爲言”，“冒天下之道如斯而已者也”。

是故翕闢之論出，而色心之執始空。《新論》有云，夫翕，凝而近質，依此假説色法；色即謂物。夫闢，健而至神，依此假説心法。以故色無實事，心無實事，只有此變。第二十六七頁。《新論·唯識》一章，先遮境執，彰無實色；非有實外物故。次遮識執，顯無實心；而後次之以《轉變》，明色心雖復無實，要依翕闢假立。依闢假立心，以爲其能；依翕假立色，以爲之所。攝所從能，故名唯識。科學泯能歸所，曲盡物則；玄學攝所從能，妙盡己性。《中庸》云“盡己性則盡物之性”，此己非小己之己。蓋滯形即物我區分，見性則物我同源，物莫非己也。佛説“萬法唯識”，孟氏説“萬物皆備於我”，皆攝所從能之謂。《新論》寄意深遠，雖時賢所棄，唯真理之所在，敢媚俗而内疚？

又復應知，翕闢同爲純一之本體所顯現之兩種作用。作用亦省言用。用之爲言，顯其非異本體而有別自體。《破破論》曰，頑空不可謂體，故必有用，假説流行。原注，流行即是用之代語。流行即體，元非異體有別實物。原注云，流行者，即是本體之流行，故不可説其異於體而別有實物。若認流行爲有實物者，便與體對待而成二片矣，此不應理。[①] 初版三十五頁。如稻依穀子起，乃異於穀子而別有自體，截然二片，體用切不可作如是理會。夫體用難言，强以喻明，或喻如波與水。波相幻生幻滅，而舉波是水，非異水而別有波之自體，非如稻異穀子而別有自體故。此略可喻用。水起用，即幻現波相，而水性恒自如常，定不變改自性，此略可喻體。如是舉喻，雖若易明，然至理迥超思議，理之至極，超出思議範圍。畢竟不容執喻以相猜卜，執即過患無邊。若執著譬喻，在喻上刻求全肖，即去所喻益遠。夫翕闢是用，故尅指翕闢，即不名體。猶如波不名水。用依體起，猶如波依水起。而非異體有別實物，猶如波非異水而有別自體也。故説即用即體。易言之，此翕闢相，即是生滅相，即是變動相，正復於中，證見實性。何以故？用無自體

① 注文原作大字，今改作小字。

故。實性者，本體之代語。翕闢相，即生滅相，即變動相，此是依體所起之用。然用非異於體而有别用之自體，故乃即用見體。《新論》有言，生即無生，以生而不有故；生者絶不暫住，故未始有物也，然則生相本幻，其本體無生。如波相幻現，實無自體。其本體即水，而水性恒自如如不變，實未曾有波。故萬象滋生，而實即無生。無生者，言其體也。滅即非滅，以滅而不息故；滅故生新，其用不息，於此見本體常昭矣。若無本體，滅便永斷，故曰“不誠無物”，誠即謂體。變即不變，以變而恒貞故；如水起用，即幻波相，然水性如常，是謂恒貞。夫山峙川流，鳥啼花放，寒來暑往，夜晦晝明，可謂極變化之致矣。然萬有現象及其法則，宛然各如其所如。此何以故？良由本體真實無妄，故大用流行，自然有則，所謂至賾而不可亂也。據此，則變化萬端而其體之恒貞者，固乃歷萬變而未始有渝，故云變即不變。動即不動，以動而不遷故；凡物幻現動相，然物本無實，只是刹那生滅相續，幻似動轉，其實物無暫住，前不至後，此不至彼，何遷之有？夫物無遷動，即於物不容作物想，而其本體真常已灼然矣。此皆應真之言，窮玄之極。《新論》了義，於斯略結。參考四十八九頁，《功能章》末段。《破破論》亦云，觀於流行，乃即用以識體。初版五十七頁。又曰，流者不流之流，萬有波騰而常寂；行者不行之行，衆象森羅而皆空。於衆象而見體，即衆象空；如於波而見水，即波相空。此與前所徵叙，互相發明。矧復默爾反觀，灼然有宰，聲色雜投，而應感寂然不亂。《破破論》曰，反之當躬，而得夫闢恒運翕而不肯物化者，於此見自性之恒如，而灼然於流行中識主宰，當下承當而無疑也。初版七十六頁。又案《新論·明宗章》所以權説心爲本體者，以於心識主宰故。然即心名體，究是權説，義當别詳。内學院有攻及此者，殊昧吾旨。持此勝解，印諸《般若》《涅槃》，一一吻合。世有不了吾旨，妄計《新論》以一翕一闢名真如，其厚誣亦已甚矣！總之，《新論》主張即用顯體，即變易即不易，即流行即主宰，即用即體。而其立論，系統謹嚴，實以翕闢二義爲之樞紐。若於翕闢義一有誤會，即全書便不可通，直可謂爲毫無價值之書。嘗欲别爲雜録，疏通其旨，而精力短促，苦無意緒，不知將來得便爲之否。特因來難，略述所懷。本義既明，其諸疑滯或可豁如。是在仁賢，不鄙芻蕘，降心加察。入理淺深，存乎往復體驗。如人交友，非相與至深，未容以泛泛遽定其賢否也。

覆審來難，謂“攝聚與離散相對”。常途訓釋名詞，固可云“攝聚者離散之反”。然哲學上之用語，其包含深廣，不當作一般名詞理會。又承難言：“攝聚與墜退似無必然之關係。”此或據《轉變章》附識引漢儒“陽動而進，陰動而退”一段文字而有是難。查該文中有云，翕則若將不守自性，而至於物化，此退義也。引見前文。此中文旨本甚明白，詞簡義賅，無須繁説。來難於此，且没干係。大凡不了翕之爲退義者，祇由不識本體故。此處吃緊。本體底力用亦云作用。誠不可思議，然强爲形似，則《易》所謂健行者爲近。言健則賅浄，無滯礙故浄也。凡染污相，都是滯礙相，都是緣形氣而後起之私。惟本體之流行至健，即無滯礙，法爾清浄故。夫其行之至健而純浄，是固不落形氣者矣，此處吃緊。乃以表現其自性力之故，不得不有攝聚之一種反作用。老氏云：“反者道之動。”是知化者也。然攝聚即翕而幻成乎物，便有重濁的意思。重濁即是墜退，以其與本體底自性力不相順故。自性力見前注。在此種意謂之下，即説攝聚得有退義。然義匪一端，不容邊執。《新論》本不曾言攝聚與墜退有必然關係，攝聚畢竟是健行之所資藉，所謂闢以運翕，翕以顯闢是也。全書實以此意爲骨子，賢者顧未之察，何耶？昔在杭州，與一二友好談及今人讀書大抵不務理解人家意思，只立意欲揀取人家壞處，而其結果，則見謂人家壞處者，倒成自家壞處了。迂拙不敢以此度賢者，然來難於著者意思，未免疏忽過甚，此何故耶？

二、來函有云：“山峙川流，鳥飛魚躍，莫非生命力之直接顯示。自性俱足，各無虧欠。若就分别論，則木石生命力，自是較低較弱。但就木石本身論，則未嘗不生機充盛而有絶對自由。自注，自由謂内有主宰故。《新論》六一頁謂生命力亦常淪於物質之中，膠固而不得解脱，此徵之植物與動物而可見者。私意頗不謂然。蓋健行不息，爲宇宙之自性，自注，就其分殊言之，可説爲萬物之通則。因本無束縛，故不得謂由束縛中求解脱。由本來自由，故所謂精進者，亦僅謂在自由中獲更大之自由而已。草木禽獸，一切活動悉任自然，雖無自覺，自注，但不得謂之無主宰。亦未有束縛，故無染淨可言。自注，就其悉順自然而言，謂之至淨亦可。及人類而自造束縛，自注，其故另詳。但有自覺，或云良知。因得憑其力量而超脱已成之束縛。”

如上一大段話，迂拙初不欲酬答，因彼此意思相距大遠，恐答辨徒勞。然復自念，心所不然，安於默爾，此雖高誼，要非與人之忠，故乃略申微意，不暇致詳。夫談義理者，貴在義界分明。來函談生命力，殊覺未洽。依佛家言，一真法界，本無差别，事法界即萬殊。事法界即謂現象界。儒者亦有理一分殊之論。來函似絶不注意及此。就其理之一而言，山峙川流，鳥飛魚躍，莫非生命力之直接顯示，自性具足，各無虧欠，夫何間然？徵諸故言，釋子説微塵、芥子都有佛性，莊子且謂道在屎尿，儒氏《玄經》亦曰物與無妄。言真實無妄之理，遍與萬物爲體故。道理見到真處，彼此都無異論，自昔已然。迂拙與吾賢，有何己見可執而不惟理之從耶？然吾賢徒見夫理之一，而忽其分之殊，遂於《新論》所謂動植物之生命力常淪於物質之中，膠固而不得解脱者，乃甚不謂然。不知吾賢何以有這般見地？動植物之所以停滯於一定底階段而不得進化至人類者，此正是分殊處。將他與人類一例看待不得。他底有機體，省云機體。其組織顯然不同乎人，因之其生命力之表現較難，而不得不受其機體即物質底錮縛。吾子縱欲躋動植與人並立，然試問人類生命力之表現，而爲極高尚的智德力，或高等精神作用者，其可求諸動植物否耶？此事本不成問題，可無深論。唯來函更有可商榷者。

一、以木石生命力並言，此殊未安。草木屬植物，在今日固視爲有生命者，然在印度古代，外道多説植物有生命，而佛家獨不許。佛家以植物與礦物同名無情，即同爲無生物。由今觀之，外道説是也。土石屬礦物，此則難説爲有生命。然若以萬物之本體説爲渾一之大生命，則土石亦是此大生命力之所顯現。易言之，土石即呈現着活潑潑地底生命。前所引“物與無妄”及“道在屎尿”等説，胥此意也。但須知此是尅就本體而言，即泯其分之殊而歸諸理之一以言之耳；若就作用顯現、成事法界、萬有分殊而言，則無生物與有生物顯然極端差别。土石一般視爲死物質。在哲學上，究實而言，亦不可説爲無生機，然他土石等無生物。尚未成爲生命力所可利用以自表現底生機體，故難得其有生命之徵，即不可説爲生命。此迂拙所未能苟同於吾賢者。

二、來函云："就木石本身論，則未嘗不生機充盛而有絶對自由。"此説尤所未喻。夫云植物生機充盛猶可也，若言絶對自由便難索解，而況於土石無生物亦復云爾耶？絶對自由一詞亦無義理。自由而果絶對，則又何所待而以自由名耶？絶對的自由直是無從想像之境，或宗教家所謂上帝者有之耳。草木固着於一定之土壤，是其絶對自由耶？設復就草木之生活力以言自由，則亦屬廢話。生活力底本身，只是個不容已，或説名神，神之爲言，不只是個具足衆妙的意思，却更有迅利的一直進進的意思。此無所謂不自由，却亦用不着加上他一個自由。又注云，自由謂内有主宰。此釋自由却好，然言主宰者必歸之内心，心托境生，而能適應或改造乎境，於此見心之有主宰義。即由如是主宰義故，見其不受環境限制而有自由可言。故自由待限制而後見，無所謂絶對。絶對自由只是一個幻想。然據此以談自由，則草木雖或許其有知覺等，但其作用曖昧，雖不得直謂之無心，要其去無心之程度亦不遠。故草木不得謂其有内心的主宰用。縱許其本性上儲有此用而不得發現故，即等於無。因此不得許草木有自由。動物容當另談。草木如是，土石更何論乎？

三、來函有"健行不息，爲宇宙之自性，本無束縛"云云。誰能發癡而胡亂道宇宙本體上着得束縛耶？但請吾賢認清觀點，《新論》那段文字不是直下顯體，却是在本體流行顯現萬類處甄明生命力之表現其自己，不得不發生一種反作用，即物質的作用，特别是其物質的身體，即植物底形幹等，也叫做身體。乃生命力之所利用以自表現者。然利之所在，害即伏焉。就是利之中涵着害。因此亦常淪於物質之中，膠固而不得解脱。故從植物以至人類，即生物底全體過程之中，而見夫生命力之一步一步從物質的錮縛中逐漸解脱。吾子若不肯承許植物動物之生命力受其物質的身體之束縛，而必以木石之生命力爲本無束縛、絶對自由，將必欲人類脱去人底官骸還原到木石去，此亦有趣味之極矣。

四、來函謂“草木禽獸悉任自然”。迂拙每謂“自然”一詞，談者多不求的解。竊謂言自然者略有數義：（一）在宇宙論上，大抵以無所待而然者謂之自然。但此一詞又各從其學説底全體之内容而得一定之涵義。如此土老莊之言自然，固即無所待而然之義，印度自然外道亦何常不是無所待而然之義。如云烏自然黑，鵠自然白，即不待造物主或他因而然也。但老莊學説與印度自然外道實際判若天壤。唐以來釋子每混視爲一致，極可嘆。因之，其無所待而然之涵義，宜視兩家學説底全體之内容而定。（二）在社會觀上，大抵以淳樸而不尚詐僞技巧等等者謂之自然。（三）在人生論上，大抵以純任天真謂之自然。來函所云“草木禽獸之自然”，或是第三純任天真義耶？草木本無所謂不天真，亦似用不着加上他一個天真。禽獸之天真，便極須分析，其良能之發現，如所謂虎狼之父子等等者，固是天性流露，可謂天真；如虎狼之父子等等良能，是超越個體底利害的；若捕食避害等等本能，便是爲着個體的利害而有的。凡超越個體底利害的才是天性，反之，如爲着個體底利害而有的，便屬後起，此個辨别却甚吃緊。又禽獸有良能而無良知，此義亦當别詳。若其牝牡之合，不知匹偶有倫，又互相吞噬乃至噬人，則是緣形氣而後起者。又凡捕食避害等等本能，據實亦即習氣，以從串習熟練而得故。然禽獸從習氣與形氣所發之意欲與動作，皆是任運而動，不有作意，不事隱匿飾僞，亦得假名天真，實則已不是天真也。來函並不分析，又烏可乎？自來文學的哲學家，大抵讚美野蠻人之天真。然野蠻人雖有羞惡、惻隱、是非、辭讓等等良知發現，可謂天真，而其識别事物之知識尚未發達，良知與知識確不是一事，此義别詳。即其良知不得擴充。如野蠻人之習慣、信條等等，自文明人視之，多不能認爲合乎道德，此固其知識不發達之咎，而即於此等處見其良知之未能推致也。至於開化之群，尤其有高尚文化者。其人知識特别發達，長處在遇事物有精審之識别，短處却在詐僞姦巧滋多，哲人多懷想太古者以此。是其知識發達，而固有虚靈不昧之良知反被鑿而亡失。故此土哲學家如老莊則欲屏知而反之天明，天明即謂良知。儒者乃不反知，但重涵養以全其誠明之本體。誠明亦即良知。大本既立，大本謂誠明之本體。却非守其孤明，必致其知於事事物物而得其理，乃知明而處當，於是而識别事物之知識，亦莫非誠明之用。此則良知擴充而可謂全其天真者矣。此與野蠻人之天真，奚止天壤之别？故重天真者，不當迴向野蠻人之天真。從來自然論派之哲人，罕有見及此者。是亦不思之過。今吾子更讚揚草木禽獸，何故作此怪迂？

三、來函云：“《新論》泯除心物之對峙，但似未能完全貫徹，至少文字上易引人誤會。如六一頁，其生命力幾完全物質化。又云，生命力受物質纏固。六二頁，既爲無生命力之物，似主張生命力之外仍有一物存在與之對抗，幾使人疑每一個體乃生命力與物質兩者之决鬥場。”

此段疑難，完全摘字句取義，如此理會人家文字又争得？查六一頁云，植物徒具形幹，其生命力幾完全物質化；動物則官能漸備，然其生命力受物質纏錮，竟未有以遠過植物也。此中大義，具如前説。若使通達大義，則上述文旨自無滯礙。至六二頁文中，首明生命力包宇宙，挾萬有，息息周流，不以形氣隔。後文言人私其形氣而小之，乃至生理剥極，而卒爲頽然之一物，縱其殘餘之形氣不即委散，而既爲無生命力之物，何如速朽之爲愈乎？云云。此呵責夫人之殉物而喪其生理。不圖賢者竟誤會到二元論去。須知談到本體，心物俱非。若言本體流行，即作用顯現，亦即所謂翕闢者是。闢即本體固有底大用，所謂健行者是；而大用流行勢必自起一種反作用，因而利用之以表現自力，此反作用即名爲翕。依闢，假説爲心，亦云生命力；詳《明心上》。依翕，假説爲色，色即物之異詞。《新論》根本意思約略如此。夫翕者，本即闢之自力所發生之一種矛盾作用，故其勢既成，則亦有對抗之情，此何足怪？又闢之自力發生反作用時，即成翕時。亦有物化之懼。若其根本無翕而物化之堪虞，則何以見夫闢之力用爲至健而神者乎？又從何得見生命力乎？唯其動而可以失其常，而畢竟不失其常，即可以物化而終不物化。所以謂之健而神也。闢必故翕，翕而幻成乎物，物成而疑於闢之不存矣，然闢終不捨其健，畢竟轉物而不爲物轉，於此見闢之即是生命力也。來函疑每一個體乃生命力與物質兩者之决鬥場，此不應理。個體之發展必與宇宙之發展相應。個人底生命與宇宙本來非二。夫闢以運翕，翕以顯闢，相反相成，畢竟不二，此爲宇宙之理法。吾人常有涵養本原工夫，即於此心之不物於物處，識得闢以運翕之主宰力，即是識得本體。却是於發用處識體。由此涵養保任，而勿放失，即生命力常活躍，而物質亦隨之順化。耳目聲色俱是聰明之用，即皆生命力之顯發，安有所謂物質與生命力决鬥者乎？若其心爲形役，即陽明所謂隨順軀殼起念，必漸梏亡其生命力，而成乎頹然之一物。《新論》六十二頁所云既爲無生命力之物者，以此。是即反乎闢以運翕、翕以顯闢之理法。此乃人生之變態，所謂失其恒性者也。

四、來函云：“詮釋轉變之三義，見《轉變章》。第一義爲非動義，似頗淺顯，不必特爲標出。活義中，交遍義似可併入圓滿義中。至無作者義，則論據似不甚充足，因所謂作者，本不必非净即染等。又本段先後次序似不甚妥。鄙意宜先以不可思議義開端作引論，然後列舉活義中各義，使各各獨立，而將活義總名除去。”

此一段話，本無關宏旨，可無須答，然賢者既肯如是仔細評議，則吾亦安得忽置？吾子謂非動義爲淺顯，迂拙則謂談道理只争個錯誤與不錯誤，或誠與妄。深的道理只是許多淺的道理底發見，都有根據，都有證驗，都不錯誤，由此層累曲折推將上去便就深奥了。然人情迷妄多端，却有以深爲淺、以淺爲深者，所以者何？凡夫各有見貪，見《新論》八十九頁右。恒喜以其所見得到的自矜爲深，而即以其所見不到的鄙之爲淺，甚且以爲不通，或云無道理。昔伊川見門下或交遊談道理中肯時，猶勗曰且好自涵養。迂拙少年讀語録至此，却完全不屑理會這般語句。後讀朱子書，見其時常稱道及此，便稍懷疑朱子是甚見地。迨後用過苦功，始覺得當初自謂明白底道理，到於今却别是一般意謂，翻憾當初明白不得。然則淺深之辨，何容易乎？大凡窮理，不論自己直下發悟，或讀書引發，但使一理儻得之後，總要隨處體認，直教在在證實，然後歡忻鼓舞，儼然此理現前，如親搛着相似。昔劉晏爲計相，見錢在地面流轉。學人用心，都要如此。今且析來疑，非動義如何説得過淺？人底理智總是在經驗範圍内或實際生活底世界裏練習增長，所以推窮道理，總是於無形中把做日常經驗底實物來籌度。假令與之談變化，他那慣用的理智，便把實際的物件底移動之觀念，即有實物由甲點底空間，經歷若干時間，通過乙丙乃至戊點底空間之觀念。結合到這裏所謂變化上去，他以爲變化應當是這樣。如果説變化不是實物的移動，不是有空間和時間性的，他便計此是不可捉摸的幻想。我昨過滬上，遇一友人讀《新論·轉變章》就如此難我。當時雖頗怪之，然今觀來函，滬友之不喻，或較賢者之淺視非動義，猶不失爲慎慮。如前所説，人之心習如彼，則所謂非動義者又何容易實落地澈底了解耶？讀書最怕依文生解，自謂見到，却完全没有親自體驗過。試問非動義中有云，猶如吾手轉趣前方，實則只有刹那刹那、別別頓轉、無間似續、假説手轉；而無實手由此趣前。此段話，賢者果解到恰好處否？信得及否？須知非動義必澈底了解方許窺變，故於變之三義中特標第一。活義爲甚要取消去？其中所列舉各義何故不應包含於活義之中？留待世間有眼目人抉擇。又交遍義不許併入圓滿義者，一、顯全體起用，用成萬殊，而各稱體，一一具足。一、顯用成萬殊，而重重無礙，故一真法界，非一合相。二義相關，不堪省略。如數一二，言一已有二，却不可説只須數一，不當及二；又不可説寧堪數二，不必及一。關於無作者義之論證，自覺只此便足。非浄即染，非常即無常，此於邏輯有何過患？至云本段先後次序不妥，宜先以不可思議義開端作引論，尤所難喻。開端已是不可思議，向下還説什麽。當知本段先之非動義，遮遣妄執，庶堪語變；次之活義，正顯神變無方；結歸不可思議義。明此理唯證相應，理解俗云理智。推度，終成隔膜，如盲人摸象，非無擬似，但不識真象也。如此次序怎生不妥？《新論》每下一義，累經秤量，願且降心加察，不然亦姑置之可也。

復次，來函謂功能習氣之區分，可以自然不自然爲準則。又鄭重申明草木禽獸之活動悉順自然，故純爲發於功能，即全屬生命力之自然顯现云云。賢者最喜談自然，迂拙却未知賢者所謂自然之意義云何？又云，《新論》謂吾人生活内容莫非習氣，似未允當。蓋生活内容恒能習相混，但不易辨耳，非盡爲習氣也。此段話却是。然於《新論》未了在。《明心》上、下談心，心所相應同行，賢者奚不察耶？然論本四十六頁左《功能章》有云，吾人生活内容莫非習氣。自注云，吾人存中形外者，幾無往而非習，此可反躬自明者。[①] 論文故甚其辭，正是欲人猛省。《詩》謂“周黎靡有孑遺”，豈果無孑遺耶？此類句法古書多有，然注中猶置一“幾”字，正恐今人誤解，奈吾賢終不留心何？《新論》文字，讀者總多不了解。大抵自語體文流行以後，文言文便遭厄運。平情而論，樸實説理底文字，用唐宋下底古文固絶對不行，即規倣晚周諸子及魏晉注疏，如王弼、向秀等之作。在今日亦難適用。佛家譯籍，其組織精嚴，極當取則，《新論》即規倣之。而屬文造語過於高渾簡重，又不宜學。高自可貴，過高則能領者希；渾便含蓄多義，過渾則失之晦；簡能提要，過簡則失之疏；重即深沈有力，引人沈思，過重則反令一般人不耐讀。但如今日流行底語體文却太不通順。今日譯本少價值，已是大家所公認。吾意欲改造一種文體，即文言白話隨意雜糅，不限一格。朱子論學書牘便多如此。實則宋明儒書牘皆如此。船山《讀四書大全説》亦復如此。病軀如得漸添生意，將來起草《新論》部乙之《量論》，即當試用新文體。惟文體既變更，則其書成，當離《新論》而别爲單行本。即書之題名亦俟屆時擬定。此意經多番審慮而後决，並曾質之林宰平先生也。伏暑困倦，强寫此信，聊貢悃忱，苦難達意。

附記： 此書前面談《新論》綱要即體用義，讀者仍多茫然。今更略爲闡述。治哲學者須於根本處有正確了解始得，若根本不清，即使能成一套理論，亦於真理無干，只是戲論。哲學上的根本問題就是本體與現象。此在《新論》即名之爲體用。體者具云本體，用者作用或功用之省稱。不曰現象而曰用者，現象界即是萬有之總名，而所謂萬有，實即依本體現起之作用而假立種種名，天地人物等名。故非離作用别有實物可名現象界，是以不言現象而言用也。本體現起作用，亦云體現爲用，或云由體成用。此語須善會，不可妄計體用爲二。哲學家往往誤計本體是超脱於現象界之上，或隱於現象界之背

① 注文原作大字，今改作小字。

後而爲現象作根原，此乃根本迷謬。《新論》談體用，正救此失。

體是無方所、無形象而實備萬理、含萬善，具有無限的可能，是一真無待。故説不易。

用者，言乎本體之流行，狀夫本體之發現。因爲本體是空寂而剛健，空寂之空，非空無義，以無方所、無迷闇，故名空；寂者寂静，極虚靈故，無昏擾相故；剛健則力用至大至强至神。故恒生生不已，剎那剎那，新新而生，不守其故。化化不停，剎那剎那，變化密移。即此生生化化，説爲流行，亦名作用或功用。

尅就體言，是一極絶待，無方無相。無方所，無形相。

尅就用言，是幻現相狀，宛爾萬殊。大用流行，有迹象現，如電光之一閃一閃，而似有物事如赤色者現，此赤色即是閃動之迹象，亦云相狀。本體之流行，幻現相狀，義亦猶是。既有相狀，便宛爾成衆多之相，非是一相，故云萬殊。所謂萬有，即依流行之相而假立種種名。

體喻如淵深渟蓄之大海水。

用喻如起滅不住之衆漚。

曾航行海洋者，必見大海水全體現作衆漚，不可於衆漚外别覓大海水；又衆漚各各以大海水爲其體，“各各”二字注意。非離大海水而各有自體。“非”字一氣貫下。

體與用，本不二，而究有分；雖分而仍不二。故喻如大海水與衆漚。大海水全成衆漚，非一一漚各别有自體，漚之體即是大海水故。故衆漚與大海水本不二。宗教家説上帝造世界，而以上帝爲超越於世界之上，即能造與所造爲二。哲學家談實體與現象，往往有説成二界之嫌，其失亦同宗教。然雖不二，而有一一漚相可説，故衆漚與大海水畢竟有分。體與用本不二而究有分，義亦猶是。漚相雖宛爾萬殊，而一一漚，皆攬大海水爲體故，故衆漚與大海水仍自不二。體與用雖分而仍不二，義亦猶是。

體用義至難言，如上舉大海水與衆漚喻最爲方便。學者由此喻應可悟入。哲學家或只承認有現前變動不居的萬象爲互相聯繫之完整體，即計此爲實在。如此計者實只知有現象界，而不承認現象之有其本體，是猶童稚臨洋岸，只見衆漚，而不知有大海水。

或雖計有本體，而不免誤將本體説爲超脱乎現象界之上或隱於現象界之後，致有二重世界之嫌。其於體用之本不二而究有分、雖分而仍不二者，從來哲學家於此終無正解。此《新論》所由作。

已説體用，再剋就用言之，則用非單純的動勢，必有兩方面，曰翕曰闢。翕闢只是方面之異，自不可看作截然二片的物事。闢乃謂神，神即心。翕便成物；現似物質，而非果有實質。物有分限，神無分限，心是無在無不在。《楞嚴經》"七處徵心，十番顯見"，形容得甚妙。神遍運乎物而爲之主，此理之常；物亦可以乘勢而蔽其神，此事之變。物成即不能無墜退之勢。無機物猶不得發現心神，植物似已發現心神而仍不顯著。乃至人類，猶常有心爲形役之患。物能障蔽心神，乃後天事勢所有，不容否認。但神終爲物之主，可以轉物而不爲物轉，究是正常之理。然神畢竟主乎物，宇宙自無機物而有機物，有機物由植物而動物，而高等動物，而人類，乃至人類中之聖哲，一層一層，見心神逐漸顯著盛大，確爾官天地，宰萬物。而事勢終亦不越乎常理矣。自《新論》問世以來，讀者每不尋其底蘊與條貫，輒爲不相干之攻難，故復撮要言之。

講　詞

《新論》與佛家元來意思根本異處，其略可言。佛家思想畢竟是趣寂的，是超生的，"超生"二字見《慈恩傳》。是出世的。如《阿含經》專以不受後有爲歸趣，不受後有即是不受後生。此爲本師釋迦氏之思想。後來小乘大乘各派諸師，始終不離此宗極。大乘以無住涅槃爲言，即謂生死、涅槃兩無住著，然此確不是達觀派的人生態度，却是他理想中一種神聖的境地。蓋以衆生未度盡，則菩薩必不捨衆生，故雖不住生死，而亦不住涅槃。如是，得隨類現化，故其願力，終以度脱一切衆生爲蕲向，即以出世爲蕲向。佛家哲學思想無論若何深廣，要之，始終不稍變其宗教的根本觀念，即爲生死發心，而歸趣出世的觀念，此是佛家宗旨，萬不可不認明者。《新論》則爲純粹的人生主義，而姑置宗教的出世觀念於不議不論之列，此其根本不同者一。佛家本師釋迦，其思想最精者，莫如十二緣生之説，此在《阿含》可見。是其爲説固屬人生論之範圍。及後來大小乘諸師，則始進而參究宇宙論，尤其本體論。舊著《破破論》《破破新唯識論》之省稱。述此變遷概略，頗爲扼要。至於大乘空宗，直下明空，妙顯本體；有宗至《唯識》之論出，雖主即用顯體，然其談用，則八識種現，是謂能變，現行八識，各各種子，皆爲能變。現行八識各各自體分，亦皆爲能變。是謂生滅。其談本體，即所謂真如，則是不變，是不生不滅，頗有體用截成二片之嫌。即其爲説，似於變動與生滅的宇宙之背後，别有不變不動不生不滅的實法叫做本體。吾夙致疑乎此，潛思十餘年，而後悟即體即用，即流行即主宰，即現象即真實，即變即不變，即動即不動，即生滅即不生滅，是故即體而言用在體，即用而言體在用，此其根本不同者二。

《轉變章》以翕闢與生滅兩義，曲盡玄微。一方面隨順俗諦，成立心物萬象，即所謂宇宙；一方面明翕闢與生滅都無暫住的實法，即無實宇宙，只是本體之流行幻現宇宙萬象而已。然復須知，流行者，用之異名。用者體之用，無體即無用，離用亦不可得體，故乃於流行無住之用，識此即是如如不動之體，而萬象又莫非真實。《功能章》末段，方承《轉變章》，而結歸真諦義趣。

《新論》以翕闢義，破舊師聚集名心之説，而於西洋哲家唯心、唯物之論，皆不蹈其蹊徑。心物本相對得名。順俗則心物兩皆成立，證真則境空而心亦俱空。其所以順俗而兩皆可成者，則依翕闢而假説爲心物云耳。翕闢便是本體之流行，這個流行的作用不是孤獨的，所以一翕一闢。

答薛生

唯識書料子未堪自究，不治法相而研三論，亦是無益。就治佛學次第言，未通小乘不可治三論。三論者，大空也。大空從小有小空而來，升堂循階，登梯歷級，烏容躐等。然在今日，學問知識如此其紛繁也，守一家言，所得亦隘，況所謂一家者，猶是數千年前古學。然則吾子縱精通三藏，由小入大，計其精力、復餘幾何？即以此博得一佛學家之名，亦衹是數千年前陳人而已。吾非謂古書可不讀，是在汝自定爲學趨向。若於佛學方面欲成功一考據家，則非博覽三藏而强識之，不足以窮原委、辨流别、析名相也。故於佛典，必專力終身。若有一籍未窺，一部未睹，便是大缺陷也。

如其平日對於宇宙人生諸大問題苦心參究，因此泛觀百氏，藉資證明，矯吾偏蔽，博考之餘，忽覺佛家義趣特有契合，遂於佛典寄懷深玩，自解資佛典而益開，佛典賴自解而可曉。此語吃緊。自家見地未到，讀書决不通曉。迨其學成之後，雖復精多物宏，超然自得，不囿一家，然以其熏染於佛家者深，其精神特有歆契，終爲佛家派下人。如此之流，方其披尋佛典，志在領會佛家真義。故其讀佛書，不必如考據家之博覽强識，要在訪求根本鉅典，潛心體玩。粗之，則識其旨歸，辨其脈絡，得其系統，窮其枝流；精之，則冥極於所謂語言道斷、心行路絶之地。或問此言識旨歸、辨脈絡、得系統、窮枝流，與前言考據家須窮源委、辨流别、析名相者，又何所異耶？曰：此二之判，不止天壤，非真知學者，難與言此。考據家所窮之源委，所辨之流别，所析之名相，衹依文訓釋，依文甄述而已。取材博而能審，釋詞有據而不臆説，叙述有條貫而能斷，能事盡於此矣。

若夫爲自得之學者，其精研古學，凡所以識旨歸、辨脈絡、得系統、窮枝流者，雖復即文字以妙會古人之意理，而其意理所由形著，實不可以守文而得。易言之，即通古人之意理者，必非徒在文字上着功，要自有所致力於文字之外者。唯其平日仰觀俯察近取遠觀之餘，反己以濬其源，即事而致其知，既已洞見本原，明察物理。是故讀古人文字，能以睿照而迎取古人意理。睿照故無主觀之蔽。古人真解實踐處，吾可遥會其所以；若其出於意計之私而陷於偏陋浮妄者，吾亦得推其錯誤之由來，而以吾之經驗正之。以故於古人之意理無不盡也。此其所以識旨歸、辨脈絡、得系統、窮枝流者，與考據家本領絶異，功用全殊。但此中義味難言，期人共喻，直是困煞。吾子果真志乎此學，則率由之塗，不能不辨。

子於佛學，如志不在考據，則佛家根本經典必不可不讀者，得略舉下方。先治四《阿含》。此爲元始思想。餘如本生、本事、因緣、譬喻，四分中共有經百餘部，可與《阿含》參看。或不必盡讀，但深玩四《阿含》亦得。小宗派别元有二十部，實則統爲空有二派，略見《異部宗輪論》。二十部之分係佛滅後四百餘年間事。爾後流變，又不必限於二十部，然終不外空有兩輪。小論東來者，談有一派較多，如《毗婆沙》《順正理》《六足》《發智》《舍利弗毗曇》《成實》《分别功德》等，並宜瀏覽。若乃小徑略涉，便入大空。大空本經唯《大般若》，群經之王，諸佛之母。此土什、奘同其所歸。大空論籍，四部居宗，曰《大智度》，曰《中論》，曰《百論》，曰《十二門》，義海深而無涯，玄峰峻而無極。大有宗經舊推六部：《華嚴》《深密》《功德莊嚴》《阿毗達磨》《楞伽》《厚嚴》。論則一本十支，羽翼六經。《瑜伽師地》是稱一本，《顯揚》《莊嚴》《集量》《攝論》《十地》《分别瑜伽》《觀所緣緣》《二十唯識》《辨中邊》《集論》等，是謂十支。五蘊、百法等等，亦十支攝。《成唯識論》糅集十師。此論之作，雖云以上述六經十一論爲依據，一本十支，名十一論。但其組織，可謂精嚴，觀厥旨歸，殊乖了義。斯固有宗之别派，抑乃釋氏之末流。然其規模恢擴，結構嚴整，要是一大學派。至於大經，有《涅槃》《寶積》等等，尤堪玩味。論有肇公《物不遷》，乃此土傑作。因明譯籍，《入論》《大疏》以及《理門》。詳其法式，諸論可讀。應知佛學問津，因明攸始，未了因明，難治諸論。如《中論》等，純以形式邏輯憑空建立，因明未習，此何可通？又有聲明，吕君有《略》，釋辭毋滯，初學攸資。至於佛史，中土記載材料雖多，尚待搜集。綜前所述，必讀而不可不讀諸佛書，已揭其目。若求了解，凝神静慮，二三年功應可豁然；若言深造自得，則如朱子之於四書，終身由之而不能盡其藴。此非朱子故示謙懷，體究道理，確爾如是。譬如《百法》開端一語曰："一切法無我。"語其平易，則隨人理解，淺深廣狹，各有所會。語其幽遠，縱有智人，終身學問，畢竟於斯義趣領會無有窮盡。今人讀書，能速爲賢，遍翻三藏，自矜易事，輕心讀過，何殊未讀？讀書要在深心體玩，"深心"二字煞是難言。神凝氣聚，洞然無己。唯其無己，方乃有己。明鑒當空，無幽不燭。書册所言，吾以虚明沈思其義，假彼真是，吾必得其來歷；彼有謬誤，吾亦察其因由，其是其非，從不輕斷。由其是而深求之，而義理日出不窮矣；由其非而深求之，而義理亦日出不窮矣。彼淺嘗粗解、輕斷是非者，惡在其能析義窮理耶？夫學之難講，佛學爲尤。聰明之士輒喜摭拾玄言，而不肯留心經論，求其實解。昔人如蘇軾之於禪，今人如章太炎之於法相，皆是也。愚鈍之人，莫名其妙而信仰，非不治經，非不習論，然其無知自封，混亂拉雜，不堪救藥。吾十餘年來教書經驗，深感青年頭腦，少有宜於治佛學者。憶十一二年間選課最多，及閲試卷，僅有某生文辭稍爲簡適，亦無當於題旨。自昔迄今，從未得一可與共學者。吾總覺教書之無趣，每對人言，爲吃飯故方作是事。若不爾者，吾不教書。雖屬憤詞，亦是事實。大抵治佛書者，最低限度須具二種條件：一、必其抽象的作用高而强；二、必其分析的作用精而鋭。佛學理境極高，先儒以窮大失居譏之，實則唯佛學能窮其大。談理到至大無外處，即其理無在而無不在，謂不可以定居求之固也，謂之失居便非。因其不可以定居求，故短於抽象作用者常若不可捉摸，而眩惑起矣。又凡玄學所表者，只是概念與概念之關係，而佛學尤爲玄學之極詣。故短於分析作用者，於各個概念間相互的關係，即義理分劑之不可淆混者，乃常不能明辨，而陷於混沌狀態矣。昔者屢與林宰平先生言，佛學所以超絶古今者，以其大處、深處令人鑽仰無從耳。西洋哲學隨科學之進步，經驗日富，根據日强，理論日精。其始乎徵實，而終乎遊玄，豈不極堪寶貴。然而徹萬化之大原，發人生之内蘊，高而莫究其極，深而不測其底，則未有如佛氏者也。世之言哲學者，孰不曰研窮宇宙人生諸大問題，然試究其所發明者，則於宇宙之體原，或恣爲種種戲論，或復置而不求，其於人生之體察尤爲膚淺。雖復極其理智之能事，於日常經驗的宇宙多所發明，而返諸吾人真理的要求，則哲學家所紛紛其説者，實不足以饜吾人之望。宇宙果無真理耶？人之生也固若是芒耶？自吾有知，恒困於無量無邊之疑問而不得一解，然吾終因佛學而漸啓一隙之明焉。汝誠有志於此，吾豈不思得一同調以寄余之孤懷？然汝求學之心則誠矣，汝之聰明果宜於此學否？吾又不能遽斷也。吾更有須言者，子誠嗜佛學，則於未研小乘以前，且準備科學常識，而西洋哲學亦必有相當素養。縱厄於家境不能入學校，然關於科學常識未始不可以自力求之也。西洋哲學，訪購稍好之哲學大綱及哲學概論一類譯本細心循玩。哲學所研究之對象爲何？是否與科學同其範圍？其中之大問題有幾？古今哲人對於哲學上諸大問題之解釋總有幾派？哲學的方法究應如何？此皆必須經過甚深之苦心焦慮而不容疏略過去者。至於某一學派、某一名家之專著，坊間亦多譯本，無論好壞，總須購閲。"舜好問而好察邇言"，即令譯本甚壞，總有原著幾分意思，從而察之，詎不足比於邇言耶？觀汝前後來書，其於佛學，蓋亦篤於宗教方面之信仰而慨然繫念乎生死之故。信仰極可貴，但汝既有信仰，吾則不必與汝談信仰，却須爲汝進知識。汝且留意求知的方法，先立定無妄的基礎，而後可爲大膽的玄想，將來深窮大乘經論，談空説有，一任縱横，庶幾遠於謬迷矣。

又汝深信佛學，却未知中國儒家哲學尤可貴也。往嘗與林宰平先生言，當今學哲學者，應兼備三方面：始於西洋哲學實測之術、分析之方，正其基矣，但彼陷於知識窠臼，卜度境相，終不與真理相應。是故次學印度佛學，剥落一切所知，蕩然無相，迥超意計，方是真機。然真非離俗，本即俗而見真。大乘雖不捨衆生，以衆生未度故，而起大悲，迴真向俗，要其願力，畢竟主於度脱，吾故謂佛家人生態度别是一般，即究竟出世是也。故乃應學中國儒家哲學，形色即天性，日用皆是真理之流行，此所謂居安資深，左右逢源，而真理元不待外求，更不是知識所推測的境界。至矣盡矣！佛家大處、深處不能外是，其智之過，而求出離，以逆本體之流行，吾儒既免之矣。天可崩，地可裂，吾儒之道，“範圍天地之化而不過”，是無可崩裂者也。學哲學而不蘄至乎是，是安於小知間間，暴棄而無可救藥者也。吾又何言？陽明子所以言“知行合一”，其哀思人類也深哉！

吾年來極苦教書乏趣，而支生無術，只好靦顔其間。雖然，亦有一説。學無可講，固也。但存此科目，亦是告朔餼羊之意。又此學更非登講臺作演説式可以講得。吾欲商於主者，授之私室，倘得半個有心之士可與言談，即此理在天地間亦有所寄。而不相干之學子亦不願其與於斯課，是則吾近來教學之意也。人之所貴者誠也，一誠而天地以之立，萬事以之成。吾於子之信，而見子之遠於虛浮矣。伏暑無聊，不得看書，不得作想，濡毫伸紙，答子之信，感爾綢繆，觸吾誠悃，不覺道出心事如此之多。子其三思，反是不思，亦已焉哉。

答謝石麟

來問謂見答薛生書，頗有疑滯。今酬對如左。一、伊川《易傳》頗詳士夫進退之節，足爲世人貪殘競進之戒，固也。然試問貪殘者何由競進，豈非賢士無道則隱，不合則去，乃讓此輩横行耶？漢以後儒者，其言進退之義，大抵以個人立場，視君主與朝政昏明，而衡其進退之當否。至於個人不能離社會而獨存，必期改造社會，以適於共同生活，而不容昏亂勢力之存在者，此當有進無退，而後儒罕有能申此義者也。同人一卦明明不取個人主義，革鼎二卦顯示唯真革命而後有新創建。彼矜持小己，伺陰陽否泰之機運消長以爲進退者，其不足與於革鼎明矣。易道廣大精微，後儒雖不無獨得，而能會通以盡其隱者誰歟？

二、疑吾讀佛書，或任己見。此乃妄臆其然。吾嘗言，凡讀書者，須有主觀方面之採獲，有客觀方面之探求。先言主觀。讀者胸中預有規模，有計畫，則任讀何書，隨在有足供吾之觸類而融通者；若無規模、無計畫而茫然讀古人書，讀一書即死守一書之文義，讀兩書即死守兩書之文義，是謂書蠹，何關學問？次論客觀。某一學派之大著，必自有其獨到之精神，必自有其獨立之系統，讀者既有主觀之採獲，遂謂得彼之真，窺彼之全也，於是必以主蔽客也。故必屏除一己所觸類融通者，而對彼之宏綱衆目，爲純客觀之探求，方見吾與彼之異及吾與彼並其他諸家之異，益徵理道無窮，宇宙無量，而免入混亂或管窺之誚矣。吾任讀何書，只是如此。

三、《中論》涵義，廣遠無邊，幽隱無盡，所謂“冒天下之道，如是而已者也”。須將外宗見解及佛家整個意思，完全了了於胸中，讀去才有領悟。不然，只感覺空洞一無所有。“空洞”與“空脱”二詞，意義全殊。空脱者，《易》之所謂“妙萬物而爲言者也”。今日治哲學的人，如有超出眼光能理會《中論》玄旨於文言之外，必另有一般樂趣。宋人詞云：衆裏尋他千百度，回頭驀見那人正在燈火闌珊處。此言雖近，可以喻遠。

四、世親、護法唯識，所以爲有宗别派，釋氏末流者。此派學説，實多從數論、勝論脱胎而出，吾於《破破論》中已略明之。如賴耶中種與現行互爲緣起之説，種子即由數論自性、勝論極微兩相比較而立。勝數二宗並許有我，賴耶即變相之神我論，此其脈絡相通，歷然可辨者也。基師《述記》叙勝數二宗特詳，蓋隱索其源云。佛家初説賴耶，不過表明習氣沈隱而爲一團潛勢，實爲晚近心理學家言潛意識者導其先河。此就心理學之觀點而言，極有價值，但自世親迄護法一派，乃將賴耶説爲神我，遂爲其宇宙論上所建立之根本依。舊説賴耶名根本依，以宇宙依賴耶及彼所藏種子而現起故。此如何不是别派？如何不是末流？至其爲繁瑣而無據之分析，亦吾所不取。

五、來書舉章太炎先生與吴生論宋明道學書數端。一云：“陽明所謂良知者，以爲知是知非也，此即自證分。八識皆有自證。知是知非，則意識之自證分也。”此説甚謬。舊唯識師四分義，其無當於理，吾已於《新論》及《破破論》略明之，此姑不辨。彼所謂四分者，就眼識言，色即相分；了色之了，即見分；相見二分所依之體，即自證分；此能證知自見分故，名自證，依自證體上而別起用，是能證知自證者，名證自證分。眼識如是，耳識乃至第八賴耶，亦各各有四分云。至其所謂四分者，又有内緣外緣之不同。見分緣外，不緣内心。自證緣見，見即内心；證自證與自證二分互相緣，此皆内緣自心，不緣外相。又就意識言，見分緣相，容通三量；自證緣見，及與第四互緣，唯是現量，不起籌度分別。義見論疏，非吾臆説。今章氏乃指良知爲自證分，則是良知不得外緣。吾人於應接事物時，對於是非之分辨作用，應只是見分，決定不是自證分。易言之，即應不是良知。何以故？良知即自證分，是乃内緣見及第四，不得外緣事物故。又唯是現量無有籌度分別故。如何説它知是知非？章氏既不解四分，又不了何謂良知，是真章實齋所謂“横通”者。

二云：“羅達夫稱，當極静時，覺吾此心，中虚無物，旁通無窮云云，此亦窺見藏識之明徵。其所謂主宰即流行，流行即主宰者。王學諸儒，大抵稱之。而流行即恒轉如暴流，主宰即人我法我。其執爲生生之幾者，亦是物也”等語。此一段話，章氏平生筆語蓋亦屢見。章氏根本迷謬在此，殆無望其能悟，但後生不可爲其所惑耳。賴耶恒轉如暴流，只是習氣流轉，以此擬之吾儒所謂流行，其過不止認賊作子，其罪實當墮入泥犁。儒者所謂流行，是生生不息真機，若視此爲賴耶染法，而爲應斷且可斷者，則墮斷見與空見。《繫傳》蓋云，《易》不可見，乾坤幾乎熄。聖人之憂患妄可謂切矣！至云主宰即人我法我，就有漏妄執一方面言，執之異名爲我，我即主宰義。章氏之説，固亦有當。然佛家破我後，復成立有我，義在《涅槃》，章氏豈未讀耶？《涅槃》所説之我，是何義趣？豈可與二執之我混作一談耶？儒家於流行中識主宰，即於流行之健而有則處見主宰義。運而不息者其健也，遍爲萬物實體而物各如其所如者，乃見其有則而不可亂也。驗之吾心，流行不息，應感萬端，而莫不當理，無有狂惑者，即此識得主宰，非别有物爲之主宰也。此乃廓然無執，而後識主宰，云何以彼之所謂執而擬此之所謂主宰耶？即主宰即流行，即流行即主宰，此爲無上甚深了義，須深玩《大易》而實體之於心。老莊爲《周易》之别派，亦多可參玩者，吾當别論。做過苦參實踐工夫，方有幾分相應，此非猜度所及也。佛家《涅槃》談主宰而不説即主宰即流行，西洋哲學亦有談流行而不悟即流行即主宰。通變易流行。與不易主宰。而一之者，是乃吾先哲之極詣。此固非章氏境界，而實余之所欲無言者也。《新唯識論》一書在今日尚不堪覆瓿，固其宜耳。

三云："意有意識意根之異。諸儒未能辨也。獨王一庵知意非心之所發。自心虚靈之中確然有主者，名之曰意，此爲知意根矣。而保此意根，即是不捨我見，此一庵所未喻也。"章氏此段話，直是無可救藥。大乘意根即第七末那識，此其所由建立，固自成系統。其根本主張則八識爲各各獨立之體，以各從自種生故。第七恒執第八見分爲我，是謂染污。王一庵不曾分析此心爲七個八個也，其所謂意與心之名，乃依義理分劑，而多爲之名耳。實則心意非有二體也，於心之有主宰義，而别立意名。主宰於何見？吾常令學者玩顔子四勿，曰"非禮勿視，非禮勿聽，非禮勿言，非禮勿動"。就在此四勿上識主宰也。依此主宰義，而名之爲意，是一庵真實見地，而章氏奈何以染污末那擬之耶？此而不辨，則是斷絶性種，不止瞎却天下人眼目，自餘無一字不妄，以無關宏旨，可置勿論。

佛學，頭腦不宜者勿習爲佳。今日少年，稍涉佛書，名相既多，固足供其獵取，言無固宜。而不知抉擇者，則適增其混亂。夫學子用思，窒塞不通者，無傷也。一涉混亂，便誤終身，其可不戒歟！

與賴振聲

佛書中"法"字底意義，本略當於中文"事物"字義。"略"字注意。如瓶等名法，即人造器具名法也；色聲等亦名法，即一切物質現象通名法也。心亦名法，即一切精神現象名法也。推之一切爲思維中之所構畫，不論爲實義，爲虚名，如龜毛兔角等者，但有虚名，《大論》亦說名假法。但爲心上所現相，而皆可得法之名。即言有無之無，亦名無法，乃至宇宙實際亦云本體。亦得法名，所謂無爲法是也。“法”字意義，在思維方面，總是表示好似有個物事的，這個意義僅據在思維方面說，才普遍適用於一切“法”字。若必就“法”字所指目者而言，則除色聲等實境而外，大都在事實上却不曾如有個物事的那樣存在着。故“法”之一詞，是至大無外之公名。然復當知上來所說，是就“法”字底一般通用之意義而言，此本不含勝義，而亦不含劣義。至於諸經論中所説破我法二執之“法”字，便含有劣義，與在一般通用底情形之下其意義截然不同。此等處極須辨别，稍一含混，雖讀破三藏，或高談佛法，其實於佛家道理絶無絲毫入處。夫法執之“法”字，亦是表示有個物事的意義。然於此獨謂其含劣義者，則以“法”之一詞，在一般通用底情形之下，雖以之指目實境如色聲等。與實義，如諸所作性者，皆是無常，是實有此義也。或思維中之所構畫，但因思想與言説方便假施設故，此語吃緊。故無有過。若乃法執之“法”字，此則特就凡夫情識計度而言。凡夫情計，情識計度，省云情計。總是於一切心行處，都隱然看作有個物事的，心行者，心之所游履曰行。而且其意義甚是呆板，甚是固定，不獨執着現前境界如瓶等者是如此，即其推求事物底共相時，他亦本其執着現前境界底迷謬觀念，以推諸一切，而無往不是妄執凝然。他底思維如此執滯，將以推度真理，哪得與真理相應？直似春蠶作繭，重固自縛，無可解脱。故所謂法執底“法”字，乃是含有此種意義。世尊十二部經何止千言萬語，其要只是破法執。我執也是從法執中别出來説，此意當别談。

寫此已竟。有問：如來説法之“法”字何解者？答曰：如來爲諸愚夫不了一切法相、法性而起妄執故，故假言説，令於諸法性相，如其實義而了知之，除迷妄計。是名説法。故此“法”字，即指一切法相義理乃至諸法實性，即無上了義而言之也。

附誌：法相即謂色心諸行，略當俗云宇宙萬象；法性者猶云萬物實體。

上來釋“法”字義，乃融會佛家底大意而談。若必引據故訓，則應以軌持二義訓釋“法”字。論云：法謂軌持是也。何謂軌持？疏云：軌謂軌範，可生物解；持謂任持，不捨自性。此二句殊費解。今釋上句云：軌範者，略當於法則底意義。可生物解之物，即人之異語。蓋法之爲言，即明其所目事物之本身具有一種軌範，可以令人對之而起解也。如名白色以法，即此色法具有可變壞性底種種軌範，才令人對彼生起如是色法之解。上句之義略如此。復釋次句。性者，體之異詞。自性猶云自體。“任持”二字底意義，在讀者潛玩，似不好再下訓釋，若必强爲訓釋，任是保任，持是持守。誰保任之？只是它自己保任着；誰持守之？只是它自己持守着。不捨猶言不失。蓋凡言法者，即明其本身是能自任持，而不至捨失其自體也。如前舉白色是一種法也，此白色必能任持其白色自體而不捨失，方名白色；設若不能任持，則於彼白色。才作白色解，而彼同時却已捨其自性而忽爲紅爲緑。如此，即白色完全是不可捉摸的東西。易言之，只是没有物事了，還説甚白色？故持之一義最要緊。綜合軌持二義，即名爲法。中文“物”字略含持義，前所謂有個物事的云者，即略通於持義也。中文“物”字亦是至大無外之公名，不論有形無形，皆得以物名之。王静菴文集中似有一文，不憶是《釋理》否。謂玄學中表示本體之詞，“物”字不合用，只好用個“有”字。其辭吾不能全憶，而意似如此。静菴此説殊未安。如《中庸》云：“其爲物不貳，則其生物不測。”此中“物”字斷無有作經驗界底物事去解者。又如《老子》云“道之爲物”。此“物”字乃是道之狀詞，稍有智者斷不因此將道作呆板東西解去，孰謂“物”字不合用爲表示本體之詞耶？中文“物”字底用法最普遍，佛書中“法”字的用法亦最普遍。若乃以“有”字用爲表示本體之詞，在佛家亦説真如名實有，然唯大乘先説空而後顯有，此處吃緊。故爲善巧，故爲誠諦。西洋哲家之所謂有者，吾惡知其所有之非妄執耶？張申府教授讀《中論》，美其空脱。吾函之曰，見到空脱了，須見實際始得。渠甚然之。此説當與上言空有者參看。不悟空脱，難言實際。

軌持説竟。一生發問：“所言法者即軌持義，如此則色聲等等固可名之以法，以皆具軌持義故。心識亦可名之以法，一念心生，亦有無形之形，不妨謂其有任持自體義。心的現象亦自具有軌範，即軌義得成，所以心識可説名法。至於吾人一切思維中底東西，如空華，如龜毛，如兔角，如上帝，如神我等等者，云何亦得名法耶？”余曰：善哉問也。子思維中搆畫一個物事，不妨説爲一個概念。雖非如外色等有實物，色境本無所謂外，姑隨俗假説名外。然在汝思維上却是有個物事的了。此事汝自當承認。今隨舉龜毛爲例。汝口説龜毛時，即汝心中已起了一個龜毛之想，然汝於作龜毛想時，分明是龜毛相，不是鱉毛相，豈非龜毛相上具有任持自體義耶？又豈非兼具有軌範義耶？故龜毛等亦名假法，論説爲無體假故。思維上底龜毛相，本無自體，故謂之無體假法。推之有無、一多、因果、遷流等等範疇，在《大論》及《百法論》中並名分位假法。凡此一一假法，亦皆具軌持義。若不爾者，如汝作無想時，分明此是無，不是有，即此無，具有任持自體義，亦兼具有軌範義，故無亦名法也。餘準可知。

“法”字訓釋如上，殊嫌煩瑣，然爲使人瞭解起見，欲簡之而不得也。吾每遇人問“法”字何解，有時簡答，則彼且滯於一隅；有時詳答，則彼又眩惑而不知分析，更不知綜會。在私室晤對多遇此等，在學校講授尤感此困。今日學子之頭腦，不知何故如是窒礙，此番又因諸生問及，因與詳説，且懼其遺忘，隨筆如右。吾見許多高談佛法者，於佛書中“法”字多未曾解，即有賢者亦不免模糊。大抵隨文讀去，如見色法字句，便模糊還它一個色法，乃至見無爲法字句，便模糊還它一個無爲法，正如中文作文，只是習慣用法，初不能言其文法之何以如此也。

附誌：吾講“法”字時，每遇人因軌範義，遂誤會此“法”字爲指萬有通具之法則而言，此則差錯太遠，令人氣憤。論云“法謂軌持”，明明以軌持二義作此“法”字底訓釋。易言之，只以軌持義來訓詁這個“法”字，何曾談到萬有底法則上去？

答沈生

中國的哲學不似西哲注重解析。此個問題甚難置答。據我推測，大概中國人生在世界上最廣漠清幽的大陸地方，他底頭腦深印入了那廣漠清幽的自然，他底神悟直下透徹了自然的底藴而消釋了他底小我。易言之，他底生命與自然爲一。儒家“與天地合其德，與日月合其明”，老子底“返樸”，莊子底“逍遥游”。這些話都是表示他人澈悟大自在的真實境界。因此他不願意過計算的生活，不肯把本來渾全的宇宙無端加以解析，不肯把他本來渾一的生命無端分作物我，別了内外。他見到分析是因實際生活方面而起的一種支離破碎的辦法。他並不是故意反知，却是超出知識猜度的範圍而握住了真理。因此，應該説他是超知識的。我總覺得哲學應該別於科學，有他獨立的精神和面目。科學之爲學，是知識的；哲學之爲學，是超知識的。《白虎通》説：“學者覺義。”覺者，自明自見自證，這是爲哲學的“學”字下個確切的訓釋。哲學和科學底出發點與其對象及領域和方法等等根本不同。哲學是超越利害的計較的，故其出發點不同科學。他所窮究的是宇宙的真理，不是對於部分的研究，故其對象不同科學；他底領域根本從本體論出發而無所不包通，故其領域不同科學；他底工具全仗着他底明智與神悟及所謂涵養等等工夫，故其方法不同科學。一般人都拿科學的眼光來看哲學，所以無法了解哲學，尤其對於東方的哲學更可以不承認他是哲學。因爲他根本不懂得哲學是什麽，如何肯承認東方的哲學？我覺得在今人底眼光裏，好似東方硬没有學問。本來哲學上的道理，能見到的人便見得這道理是無在無不在，不能見到的人也就没有什麽。先哲説得好：“百姓日用而不知。”可惜這句話底義味少人領得。

所謂超知識的也者，本無神秘，亦非怪迂。知識所以度物。而理之極至，不屬於部分，乃萬化所資始，則不可以物推度，唯反其在己，自識本來。情蔽祛，則物我之障都除。識想亡，則内外之執頓盡。識想謂虚妄分別。内外之界，起於分別故。一真無待，當下炯然，瞞昧不得，起想便乖，此非知識所行境界，何消説得？向秀云，知生於失當。狗物故有知，可不謂之失當乎？人生役於實際生活，不得不狥物，而知於此起焉，然至狥物而性命虧矣。

又哲學與美學及宗教不同者，美學是由情感的鑑賞而融入小己於大自然，此興趣所至，畢竟不自識本來面目。宗教是由情感的虔信而皈依宇宙的真宰。這個真宰完全是他底意想所妄構。哲學則是由明智，即最高的理性作用，對於真理的證解。實則這種理性的證解就是真理自身的呈露，故無能所可分，故離意想猜度，故真理不是妄構的境界。

與賴生

子篤實人也。忠信可以習禮，篤實可以爲學，盡力所至，莫問收獲，只問耕耘。著書是不得已。如蠶吐絲，如蜂釀蜜，非有所爲而爲之也。陳白沙詩云："莫笑老傭無著述，真儒不是鄭康成。"得此見地，方許通過要津。

與燕大明

朱九江先生涵養深厚，德性純懿，潛不遺世，清不絶物，真醇儒也。生平著述多未卒業，臨没悉取焚之。康有爲雖嘗稱其師，顧其智實不足以窺師門之藴也。吾頃讀九江書牘，想見其胸懷潔浄，意思深遠。

與余生

魏晉以後，道家思想漸失其獨立性。蓋窮玄之徒，若果於孤往，則一涉道家，必以爲未足，而之於佛矣；若窮玄而不肯遺世者，則一涉道家，必以爲未足，而歸於儒矣。儒者自有窮神知化與窮理盡性至命之學，道家又不及也。宋以後之儒與釋莫不兼攝道家，但不能以道家名之。

答王維誠

昨燈下得來函，不便展閲。頃方開函。《老子》書作者，古鮮確徵。然吾意即《莊子·天下篇》所稱之老聃也。詳此篇以老子與關尹同爲古之博大真人，其師承在此可見。後人以老莊同列道家，自是定案。來函舉嵇中散《卜疑》，以老聃清浄，守玄抱一，莊周齊物變化，洞達放逸，明老莊不同。其説老尚合，其説莊則甚未妥。順變化者存乎守玄，不得其玄，何能知變？物萬不齊，任之而皆齊者，唯得一故。不貞於一，物云何齊？老子云："天得一以清，地得一以寧，神得一以靈，谷得一以盈，萬物得一以生，侯王得一以爲天下貞。"夫天也、地也、神也、谷也、萬物也、侯王也，物之至不齊也，乃其以清、以寧、以靈、以盈、以貞者，同於得一，則不齊而齊矣。莊周《齊物論》從是出也。故乃"舉莛與楹，厲與西施，恢恑譎怪，道通爲一"。若使無見於一，而徒曰彼此之别，是非之競，縱而任之，不齊斯齊，此成何義？夫《老子》言天地萬物皆得一以清以寧乃至以貞者，即凡物各各皆得此一以成。然任物之各成乎清寧靈盈生貞等等者，要莫不皆一焉。故莊子本之，以泯小大之見，息封畛之患，玄同彼我，雙遣是非，而休乎天鈞。天鈞者，一之謂也；一也者，非混同一一物以作一，乃即於一一物而皆見一，於屎見一，於尿見一，而香臭之情捨，故曰"道在屎尿"，否則其能謂屎尿爲非屎尿乎？於泰山見一，於秋毫見一，而巨細之見亡，故曰"泰山非大，秋毫非小"，否則其能謂秋毫與泰山等量乎？理窮其至，現前皆一理平鋪，事究其真，萬有是一真顯現，未有不能守一而可言齊物者。莊生其遠矣！不達於一，猥言不齊故齊，清談家無知之膚詞，而章太炎猶拾之。其獨吾子能勿妄信耶？總之，老子開宗，直下顯體，莊子得老氏之旨而衍之，便從用上形容。《老》《莊》二書合而觀之，始盡其妙，師資相承，源流不二，嵇中散何能窺二氏底藴？其所説，特文人揣摩形似之詞耳。老氏致虛守静，其言體但寡欲以返真，所謂"爲道日損"，損只是寡欲，寡得盡，真體便顯，其旨如此。儒家主張成能，詳《易·繫傳》。盡人之能，以實現其所固有之天真，欲皆理而人即天也，此老氏所不喻也。老氏談體，遺却人能而言。故莊周言用，亦只形容個虛莽曠蕩，全没有理會得天行健的意義，儒道見地根本異處在此，然此中意義深微，昔儒罕見及此。所以儒家説他不知人。其實莊子錯處都從老子來，皆不免滯虛之病。然老子清净，及其流，則以機用世；莊周逍遥，及其流，則入頹放一路。二氏影響又自不同。學老子之清净而無其真知實踐，其深沉可以趨機智；學莊周之逍遥而無其真知實踐，其不敬，必歸於頹放。魏晉玄家皆學莊子而失之者也。莊子言治術，本之《春秋》太平義，而亦深合老氏無爲之旨，蓋主自由，尚平等，任物各自適，而歸於無政府。來問疑其與老氏有異，非是。

答謝石麟

函來多日，欲復屢止，意興總不佳故也。哲學上之宇宙論、人生論、知識論，在西洋雖如此區分，而在中國哲學似不合斠畫太死。吾心之本體即是天地萬物之本體，宇宙人生寧可析爲二片以求之耶？致知之極，以反求默識爲歸，斯與西洋知識論，又不可同年而語矣。總之，中土哲人，其操術皆善反，孔子言反求與默識，孟子言“萬物皆備於我”，則以反身而誠得之。張子曰“善反則天地之性存焉”。莊子云“自明自見”，亦此旨也。其證解極圓融。即物即心，即外即内，即動即静，即器即道，即俗即真，即多即一，即現象即實體。西洋則難免莊子所謂“小知間間”，不睹天地之純全。間間者，分析貌。然西洋所以發展科學，其長亦在此。吾子新年仍能留平習學否？生事不至窘迫無可耐否？吾今年畏冷特甚，血氣遂衰，病軀仍是弱不勝衣，此極令人無生趣也。振聲想聚處如故。爲學當深心體玩道理，不可徒任膚泛見聞。佛典難通，寧可暫置，若妄從人授，爲害實多。

戒諸生

中國學人有一至不良的習慣，對於學術根本沒有抉擇一己所願學的東西，因之於其所學無有不顧天不顧地而埋頭苦幹的精神，亦無有甘受世間冷落寂寞而沛然自足於中的生趣。如此而欲其於學術有所創闢，此比孟子所謂“緣木求魚”及“挾泰山超北海”之類，殆尤難之又難。吾國學人總好追逐風氣，一時之所尚，則群起而趨其途，如海上逐臭之夫，莫名所以。曾無一刹那，風氣或變，而逐臭者復如故。此等逐臭之習，有兩大病。一、各人無牢固與永久不改之業，遇事無從深入，徒養成浮動性。二、大家共趨於世所矜尚之一途，則其餘千途萬轍，一切廢棄，無人過問。此二大病都是中國學人死症。吾且略舉事例。遠者姑置勿論，前清考據之風盛，則聰明才俊之士，群附漢學之幟，而宋明義理之學則鄙棄不遺餘力。民國洪憲之變以後，時而文學特盛，則青年非爲新文學家不足自慰。時而哲學特盛，則又非哲學不足自寵。時而科學化之呼聲過高，則青年攷大學者，必以投理工棄文哲爲其重實學去浮虛之最高表示。實則文學、哲學、科學，都是天地間不可缺的學問，都是人生所必需的學問。這些學問價值同等，無貴無賤。我若自信天才與興趣宜於文學，則雖舉世所不尚，吾孤往而深入焉，南面之樂不以易也。乃至自信我之天才與興趣宜於哲學或科學，則雖舉世所不尚，吾孤往而深入焉，南面之樂無以易也。如此則於其所學必專精而有神奇出焉。試問今之學子，其習業果非逐臭而出於真正自擇者有幾乎？又試就哲學言，西洋諸名家思想經紹介入中國者，如斯賓塞，如穆勒，如赫胥黎，如達爾文，如叔本華，如尼采，如柏格森，如杜威，如羅素，以及其他都有譯述，不爲不多，然諸家底思想不獨在中國無絲毫影響，且發生許多駁雜、混亂、膚淺，種種毛病，不可抓疏。此何以故？則因諸家之學，雖經譯述其麟爪，或且迻陳其大旨，然當其初入，如由一二有力者倡之，則大家以逐臭之態度而趨附，曾未幾時，倡者已冷淡，而逐者更不知有此事。夫名家顯學既成爲一派思潮，則同情其主張而迻譯之者，必有繼續深研之努力，方得根據其思想而發揮光大，成爲己物。今倡之者，既出於率爾吹嘘；逐之者，更由莫名其妙之隨聲附和。若此，則諸哲學家之精神如何得入中國耶？夫學者之於理道也，不恬淡則胸懷不得沖曠，而與理道絶緣矣；不寂寞則神智不得無擾，而與理道絶緣矣；不專一則思慮不得深沉，而與理道絶緣矣；不恒久則考索不得周遍，而與理道絶緣矣。逐臭者，趨時尚，苟圖媚世，何堪恬淡？隨衆勢流轉，僥倖時名，何堪寂寞？逐臭之心，飄如飛蓬，何能專一？自無抉擇之智，唯與俗推移，無所自持，何能恒久？故一國之學子，逐臭習深者，其國無學，其民族衰亡徵象已著也。中國人喜逐臭而不肯竭其才以實事求是；喜逐臭而不肯竭其才以分途並進；喜逐臭而不肯竭其才以人棄我取。此甚可憂！

與張東蓀

北大轉到惠書並大著《認識論》一册，縱主張與我不同，而在我自有了解之必要。平生服膺《大易》“天下殊途而同歸，一致而百慮”兩語，謂治哲學者不可無此理趣。賤體病虧日久，貧患加侵，居常鎮日不能事事，宰平蓋稍悉此情。自前冬即欲閲書數種，再作《新論》未完部分。荏苒迄今，竟未知何日可能着手，草玄之願徒懸，自强之氣似餒，幼安危坐，猶因事導人；船山孤往，有著書遺後。吾當衰世，云何自靖？念此泫然，仰屋嗟語，公其有以教我耶？哲學年會亦自難言。若得數十篤志好學人，以時嘉集，各抒心得，振起玄風，本屬盛舉。如其悠悠浮士，招以虚聲，聚如鄒魯之鬨，散便各不相謀，此復成何事體？弟刻住漱溟宅，還須覓寓。俟覓定，當以奉聞。

答張東蓀

弟以病軀，常有神傷不敢窺時報之感，故未閲《晨報》。昨聞人言，兄有一文，題曰“中西哲學合作的問題”，登在《北平晨報》思辨欄，係對弟前登天津《大公報》之文而發者。弟固素喜聞吾兄之言論，因覓取一讀。關於“合作”一詞，弟前文中尚未用及，只有如下數語：愚意欲新哲學産生，必須治本國哲學與治西洋哲學者共同努力，彼此熱誠謙虛，各盡所長；互相觀摩，毋相攻伐；互相尊重，毋相輕鄙，務期各盡所長，然後有新哲學産生之望云云。

兄或即由此段文字而判爲主張合作，實則與尊意所謂中西分治元是一致也。分治之説，自社會言之，却是完成合作。如造針廠然，鍛鐵乃至穿鼻等等，人各分工而治，恰恰以此完成合作之利。但就個人治哲學而言之，是否應當中西兼治？弟頗因尊論而願有所言。常以爲如有人焉，能盡其誠，以兼治中西之學，而深造自得以全備於我，則真人生一大快事，更有何種理由能言此事之不應當耶？如兄引《荀子》書云：“君子之學也，入乎耳，著乎心，布乎四體，形乎動静。端而言，蝡而動，一可以爲法則。小人之學也，入乎耳，出乎口，口耳之間則四寸耳，曷足以美七尺之軀哉！古之學者爲己，今之學者爲人。君子之學也，以美其身；小人之學也，以爲禽犢。”此段話確足代表東方各派哲學底一致的根本的精神。中國儒道諸家如是，印度佛家亦如之。佛家經典形容佛身一一毫端放大光明，表示宇宙底清浄就在他身上實現着。易言之，他就是真理顯現。所以他説真如一名法身，不是當作所知的外在境界。特各家所造自有淺深，此姑不論。然此等實踐的精神，即把真理由實踐得到證明，人只要不妄自菲薄，志願向上，則從事此等學問，用一分力，有一分效；用兩分力，有兩分效。誰謂治西洋哲學者對中國哲學便當捨棄不容兼治耶？

尊論云：“中國人求學的動機是求善而不是求真；西方人底求知，志在發掘宇宙的秘密，便和開礦一樣，其所得是在外的，與得者自身不必有何關係。所以西方能成功科學。這個態度是以求知道實在爲目標，不是當作一個價值來看。總之，西方人所求底是知識，而東方人所求的是修養。換言之，即西方人把學問當作知識，而東方人把學問當作修養，這是一個很可注意的異點。”此段話是真見到中西文化和哲學根本不同處，非精思遠識如吾兄者，何能道及此？但吾兄必謂中西可以分治而不堪融合，則愚見適得其反。吾儕若於中國學問痛下一番工夫，方見得修養元不必屏除知識，知識亦並不離開修養，此處頗有千言萬語，當别爲詳説。唯於兄所謂西學求真、中學求善之旨，是以真善分説，弟不必同意。兄云“西人態度以求知道實在爲目標”，則所謂真者，即實在之異語，然“實在”之一詞，或“真”之一詞，似宜分别其用於何等領域之内，方好判定其涵義。而西洋哲學家真善分説之當否，亦將視“真”字之意義爲何，然後可論。弟意哲學實只玄學。所求之真或實在，與科學所求之真或實在本不爲同物。科學所求者，即日常經驗的宇宙或現象界之真。易言之，即一切事物相互間之法則。如凡物皆下墜，凡人皆有生必有死，地球繞日而轉。此等法則即事物之真，即現象界的實在，科學所求之真即此。但此所謂真，只對吾人分辨事物底知識的錯誤而言。發見事物間必然的或概然的法則，即得事物底真相，没有以己意造作，變亂事物底真相，即没有錯誤，故謂之真。是所謂真底意義，本無所謂善不善。此真既不含有善的意義，故可與善分别而説。西洋人自始即走科學的路向，其真善分説在科學之觀點上固無可議。然在哲學之觀點上亦如之，則有如佛家所斥爲非了義者，此不可不辨也。哲學所求之真，乃即日常經驗的宇宙所以形成的原理或實相之真。實相猶言實體。此所謂真是絶待的，是無垢的，是從本已來自性清浄，故即真即善。儒者或言誠，誠即真善雙彰之詞。或但言善孟子專言性善。而真在其中矣。絶對的真實故無有不善，絶對的純善故無有不真。真善如何分得開？真正見到宇宙人生底實相的哲學家，必不同科學家一般見地把真和善分作兩片説去。吾兄謂中人求善而不求真，弟甚有所未安，故敢附諍友之末，略爲辨析。總之，中國人在哲學上是真能證見實相，所以他總在人倫日用間致力，即由實踐以得到真理的實現。如此則理性、知能、真理、實相、生命，直是同一物事而異其名，此中“理性”“知能”二詞與時俗所用不必同義，蓋指固有底而又經過修養的之明智而言。中人在這方面有特别成功。因此却偏於留神踐履之間，如吾兄所謂本身底修養，便不能發展科學。吾前言修養元不必忽視知識，須知不必云云，則已不免有忽視知識的趨勢。周子曰：“天下勢而已矣。勢，輕重也。”富哉斯言！古今幾人深會得？凡事勢流極，至於天地懸殊者，其肇端只在稍輕稍重之間，非析理至嚴者莫之察也。《易》云：“差之毫釐，謬以千里。”有味哉斯言也！羅素常説，喜馬拉雅山頭一點雨，稍偏西一點，便落入印度洋去；稍偏東一點，便落入太平洋去。中人學問，起初只是因注重修養，把知識看得稍輕，結果便似屏除知識，而没有科學了。西人學問，起初只因注重知識，所以一直去探求外界的事物之理。他也非是絶不知道本身的修養，只因對於外物的實測工夫特别着重，遂不知不覺的以此種態度與方法用之於哲學，他遂不能證得實相，而陷於盲人摸象的戲論。因此，他底修養只是在日常生活間，即人與人相與之際，有其妥當的法則，此正孟子所譏爲外鑠，告子義外之旨即此。後儒所謂行不著、習不察，亦謂此等。中人底修養是從其自本自根，自明自了，灼然天理流行，即實相顯現。而五常百行，一切皆是真實，散殊的即是本原的，日用的即是真常的。如此，則所謂人與人相與之際，有其妥當的法則者，這個法則底本身元是真真實實、淪洽於事物之間的，可以説事物就是由他形成的，若反把他看作是從人與人底關聯中搆成的，那法則便是一種空虚的形式。這等義外之論是不應真理的。所以言修養者如果不證實相，其修養工夫終是外鑠。所以站在東方哲學底立場，可以説西人的修養工夫還夠不上説修養，只是用科學的知識來支配他底生活，以由外鑠故。或謂康德一流人，其言道德似亦不是外鑠的，可謂同於東方哲人的修養否？此則不敢輕斷。然康德在談道德方面亦承認神的存在，此爲沿襲宗教思想，且與科學計度外界同其思路，斯與東方哲學復不相類。總之，西人學問縱不無少數比較接近東方者，然從大體説來，西人畢竟偏於知識的路向，而距東方哲人所謂修養，不啻萬里矣。有謂吾兄以修養專屬中人爲不必當者，是乃粗疏之見也。如上所説，可見中西學問不同，只是一方在知識上偏著重一點，就成功了科學；一方在修養上偏著重一點，就成功了哲學。中人得其渾全，故修之於身而萬物備。真理元無内外。西人長於分析，故承認有外界，即理在外物，而窮理必用純客觀的方法。中西學問不同，舉要言之，亦不過如此。弟數十年來感於國人新舊之争，常苦心探索其異處，常聞明季哲人方密之遺書謂中學長於通幾，西學長於質測。通幾由修養而得，質測乃知識所事。其與吾儕今日之論猶一轍也。弟唯見到中西之異，因主張觀其會通而不容偏廢。唯自海通以來，中國受西洋勢力的震撼，中學精意隨其末流之弊，以俱被摧殘，如蒜精之美，不幸隨其臭氣而爲人所唾棄。因是惶懼，而殫精竭力以從事於東方哲學之發揮。《新唯識論》所由作也。是書今人蓋鮮能解者。吾兄一向用功亦不同此路數，或不必同情此書。弟因觸及素懷，便及此事，要不欲多所旁論。竊以爲哲學與科學，知識的與非知識的，即修養的。宜各劃範圍，分其種類，辨其性質，别其方法。吾儕治西洋科學和哲學，儘管用科學的方法，如質測乃至解析等等。西洋哲學從大體説來，是與科學同一路子的，雖亦有反知的哲學，較以東方，仍自不類。治中國哲學必須用修養的方法，如誠敬乃至思維等等。孔孟恒言敬、言誠。程子《識仁篇》云“以誠敬存之”。朱子所謂“涵養”，即誠敬也。孔孟並言思，孟云“不思即蔽於物”，甚精，孔云“思不出位”者，此猶佛家所謂思現觀。不流於虚妄分别，不涉戲論，是謂思現觀。是謂“思不出位”。宋以後儒者言修養，大抵雜禪定，而思維之功較疏，宜反諸孔孟。“道並行而不相悖”，正謂此也。修養以立其本，則聞見之知壹皆德性之發用，而知識自非修養以外之事。智周萬物，即物我通爲一體，不於物以爲外誘而絶之，亦不於物以爲外慕而逐之也。孔孟之精粹，乃在是耳。孔孟主修養而未始反知也。當此中西衝突之際，吾儕固有良好模型，又何必一切唾棄之哉？

尊論有云：“若以西方求知識的態度來治中國學問，必定對於中國學問覺得其中甚空虚，因而看得不值一錢。”此數語，恰足表示今人對於中學的感想。老子絶學無憂之嘆，殆逆料今日事矣！憶弟年事未及冠，似已得一部《格致啓蒙》，讀之狂喜。後更啓革命思潮，六經諸子，視之皆土苴也，睹前儒疏記，且擲地而詈。及長而涉歷較廣，綜事比物，自審浮妄，轉而讀吾古書，曠觀群學，始自悔從前罪戾，而不知所以贖之也。中國學者，其所述作，不尚邏輯，本無系統。即以晚周言之，《論語》《老子》皆語録體，《莊子》書則以文學作品發表哲學思想，《易》之“十翼”特爲後儒傳疏導先路，即法家、墨家故籍稍存者，條理稍整，亦不得稱爲系統的著作。故有志中學者，恒苦古書難讀，非徒名物訓詁之難而已，其文無統紀，單辭奧義，紛然雜陳，學者只有暗中摸索，如何不難？此其難之在工具方面者也。至於儒道諸家所發明者，厥在宇宙真理，初非限於某一部分底現象之理。這個道理，“範圍天地之化而不過，曲成萬物而不遺”，《繫傳》形容得好。“語大，天下莫能載焉；語小，天下莫能破焉”，《中庸》形容得好。故高之極於窮神知化而無窮無盡，近之即愚夫愚婦與知與能。至哉斯理！何得而稱焉？赫日麗天，有目共見，有感共覺。感謂熱度之感。無目無感者，不見不覺，遂詈人稱陽宗之顯赫。今之謂中國學問不值一錢者，何以異是？尤復當知中國學問所以不事邏輯者，其所從入在反己，以深其涵養而神解自爾豁如，然解悟所至，益復驗之踐履。故陽明所謂“知行合一”，實已抉發中國學問之骨髓。其視邏輯爲空洞的形式的知識，宜所不屑從事。但此與西洋學問底路子，既絶異而無略同者。今人却自少便習於西學門徑，則於本國學問自不期而與之扞格，此其難之在於學子之熏習方面者也。雖有諸難，然只將中西學問不同處詳與分别，則學者亦可知類而不紊，各由其塗而入焉。久之則異而知其類，睽而知其通，何樂如之。

尊論又云：“倘使以中國修養的態度來治西方學問，亦必覺得人生除爲權利之争以外，毫無安頓處。”此段話，弟亦不無相當贊成，然終嫌太過。兄只爲把知識看作與修養絶不相容，所以有這般見解。在西人一意馳求知識，雖成功科學，由中國哲學的眼光觀之，固然還可不滿足他，謂之玩物喪志，甚至如兄所云權利之争等等。然若有一個不挾偏見的中國學者，他必定不抹煞西人努力知識的成績，並不反對知識，只須如陽明所謂識得頭腦，即由修養以立大本，則如吾前所云，一切知識皆德性之發用，正於此見得萬物皆備之實，而何玩物喪志之有？西人知識的學問底流弊，誠有如吾兄所謂權利之争，要其本身不是罪惡的，此萬不容忽視。如自然對於人生底種種妨害，以及社會上許多不平的問題，如君民間的不平，貧富間的不平，男女間的不平，如此等類，都緣科學發展乃得逐漸以謀解決。此等權利之争，即正誼所在，正如佛家所謂煩惱即菩提，現代卑劣的中國人，萬不可誤解此義而謬托於此。千萬注意！何可一概屏斥？東方言修養者，唯中國道家反知識，惡奇技淫巧，此在今日不可爲訓。儒家元不反知，弟前文已説過。印度佛家本趣寂滅，然及大乘，始言無住涅槃，生死涅槃兩無住著，名無住涅槃。小乘只是不住生死，却住着涅槃。及至大乘説兩無住，即已接近現世主義。又不棄後得智，彼説後得智是緣事之智，即分辨事物的知識，此從經驗得來，故名後得。斯與儒家思想已有漸趨接近之勢。然趣寂之旨，究未能捨，此吾之《新論》所由作也。《新論》只把知識另給予一個地位，並不反知。儒家與印土大乘意思都是如此。弟於《大學》，取朱子《格物補傳》，亦由此之故也。朱子是注重修養的，也是注重知識的，他底主張恰適用於今日。陸王便偏重修養一方面去了。

弟於此一大問題研索甚久，自有無限意思，唯以五十病軀，略無佳趣，提筆便説不出來，拉雜寫此，不知吾兄於意云何？尊意有所不然，即請盡情惠教。又此信以東方之學爲哲學，自時賢觀之，或不必然，但弟素主哲學只有本體論爲其本分内事，除此多屬理論科學。如今盛行之解析派，只是一種邏輯的學問，此固爲哲學者所必資，然要不是哲學底正宗。時賢鄙棄本體論，弟終以此爲窮極萬化之原，乃學問之歸墟。學不至是，則睽而不通，拘而不化，非智者所安也。見體則莫切於東方之學，斯不佞所以皈心。此信請與張申府先生一看。吾與彼主張本自不同，但同於自家主張以外，還承認有他。

與張東蓀

前答書，承佈之《晨報》思辨，弟已見過，稍錯落幾字，亦無關宏旨。頃奉惠書，敬悉尊意亦復印可。昨宰平過此，謂西人“哲學”一詞本爲知識的，而弟以中國學問爲哲學，却主張知識與修養一致，此恐爲治西洋哲學者所不許，盍若不用哲學之名詞爲得云云。弟以此問題要詳細討論便極麻煩，若扼要而談，亦自易易。數年前，吾兄似嘗言，於宗教、哲學外宜有一種東西，非宗教，非哲學，而亦兼此二者之性質。弟當時曾佩服兄之此説，以爲東方學問當屬此類。然最後卒不贊同，蓋以爲學術只宜分科哲兩途。孔德謂哲學興而宗教便成過去，此説欠妥；至謂科學興而哲學便成過去，尤爲無理。關於本體之參究，當屬諸學問，而無可屬諸宗教，此意他日當另詳。本體論既是學問的，非宗教的，而科學確不能奪取此一片領土，則哲學終當與科學對立，此又不待煩言而解。弟堅决主張劃分科哲領域，科學假定外界獨存，故理在外物，而窮理必用純客觀的方法，故是知識的學問。哲學通宇宙、生命、真理、知能而爲一，知能解見前答兄信。本無内外，故道在反躬，《記》曰："不能反躬，天理滅矣。" 此義深嚴。非實踐無由證見，故是修養的學問。如此説來，則不必於哲學外，另立一種非宗教非哲學的名目。分類貴簡而能賅，毋取過爲煩瑣。宰平謂西人形而上學亦是知識的，與中國人修養的學問畢竟不類，如何可通稱哲學？弟以爲哲學之領域既經劃定，即以本體論爲其領域，而中西人對於本體底參究，其方法與工夫，各因境習而有不同。境者環境，習者習染。因之其成就亦各不同。此足徵夫一致而百慮，終無礙於殊途同歸。馳求知識者，反己自修，必豁然有悟"衆裏尋他千百度，回頭驀見那人正在燈火闌珊處"。喻意尋思熄處冥證真理。專事修養者，大本既立，毋須"絶聖棄智"，老云聖智，即謂知識。將見一切知識皆是稱體起用，所謂左右逢源是也。嚴又陵云：行履五洲，學窮千古，亦將但見其會通而統於一而已矣。又陵尚有此識量，不審今人何故自狹自小乃爾？又今人知識在枝節處似有進步，但絶無宏通深遠之慮，日趨浮淺，此甚可憂。若輩動誚人開倒車，實則若輩所倡導者，在今日西洋人視之，又何一不是倒車？又弟嘗以爲哲學上凡能自成其爲一家言者，必有確實見到處，亦必有許多錯誤處。真理之旁隱有錯誤，錯誤之中伏有真理。吾人不能如今日青年一般見解，以爲過去底哲學思想都應打倒。須知真理無古今，而一切錯誤又恒爲真理之伴侣。真理常繁複的不絶的在錯誤之中發現。故古人錯誤處，由今觀之皆有可貴。而古人確實見到處，則其理萬劫常新而無可易也，安得謂過去悉可捨棄，而唯時尚是崇耶？今人對舊學觀念，除唾棄不顧外，只有玩古董之心理，此所以無"温故知新"之效。雖讀吾先哲古書，究與躬行無與，如此士習，未知他日有轉機否？暑熱腦悶，語無倫次，唯兄教之。

與沈生

孔家經籍研究底程序，在哲學或元學思想方面，《大易》爲根本鉅典，誠不宜忽。《論語》、三《禮》、《詩》《書》《孟子》，《學》《庸》仍屬《禮記》。俱當參互以求。老莊則《易》之別派，並宜搜討。至於社會政治倫理等等思想方面，《春秋》爲根本鉅典。《論語》《易》、三《禮》、《詩》《書》《孟子》，均當參互以求。《莊子》《荀卿》，皆《春秋》之支流，亦須並觀。傳《春秋》者，《左》《國》《公》《穀》乃至董、何，不治《左》《國》，不明其事；不治《公》《穀》、董、何，不明其義。下逮漢以後諸家，如唐啖、陸，宋孫、胡等，皆有所明。文成數萬，其指數千，洋洋乎大哉，歎觀止矣！《春秋》本素王改制之書，漢儒猶能紹述，宋儒程伊川亦言之，至近人康有爲而益張。然有爲雖揚三世義，但虚張條例。張孟劬先生譏其浮淺，誠然。故學者於康氏書可以涉獵，然必習群經、諸子並三傳及諸儒著述。總之，孔學廣大精微，學者不易研尋。漢儒雖略存古義，要是守文之徒。宋明諸大師於義理方面孔子哲學方面。雖有創獲，然因浸染佛家，已失却孔氏廣大與活潑的意思。故乃有體而無用，於物理、人事少所發明，於社會政治唯誦説古昔。今欲董理孔氏之學，談何容易！後生可畏，唯拭目俟之爾。又今人每詆儒家爲封建思想，此不通《春秋》故也。《春秋》有三世義，與《禮運》小康大同説、《易》革鼎二卦革故取新説，皆相互發明，誰謂其限於封建思想耶？以經濟言，則《論語》曰"不患寡而患不均"，《大學》言理財，歸之平天下；以倫理言，則孔子由孝弟而擴之汎愛衆，孟子由親親而擴之仁民愛物，

“老吾老以及人之老，幼吾幼以及人之幼”。至《論語》言“自古皆有死，民無信不立”，尤爲千古言治者之金科玉律。人而無信，則終古無太平大同之希望。觀方今五洲事變，益徵聖言高遠，其可忽耶？孔子之理想在太平大同，然不可驟及，故於《易》特著隨時之義。時猶未至，則衛國寧人，而足食足兵，不爲敵侮，此尤爲吾國今日所宜自覺也。

與友人

得惠書，吾兩人意思，本無多隔閡，只是兄講格致，必欲不取朱王二説，而别爲之釋，致有向册子上尋圖則之過，實則不須如此。兄既贊同格爲量度之義，緣致吾之良知，要就事情上去致，其量度之準則，一歸之良知。兄於弟之説已莫逆於心，但謂須歸重在誠意上。弟於兄此旨，固始終不相背也。經曰：“欲誠其意者，先致其知。”審經文，自“古之欲明明德於天下者先治其國”起，以下逐層用一“先”字，唯於致知則曰“在格物”，不曰欲致其知者先格其物，此處大須玩味。陽明講《大學》，大旨甚諦，而釋文義乃多差，由其於朱子格物之説，預存一反對之心，所以自成顛倒。明翁云：“《中庸》工夫只是個誠身，《大學》工夫只是個誠意。”兄亦贊同其説，弟亦何曾立異？顧經文明明曰“欲誠其意者，先致其知”。這一“先”字，與上文各層“先”字是一樣用法，大不可忽視。據此則誠意必先致知，此知即良知，斷不是常途知識之知。如不是良知之知，如何得説爲誠意底先一着工夫耶？兄釋意爲端、爲幾，固是，却要將良知推致得出來，方無非幾之萌，無邪端之干，而意始誠。兄總慮一般人不能識得自家固有家珍即所謂良知者，故欲補充敬恕一段工夫。若爾，是在《大學》文義之外另找個敬恕來補充。前人已以此譏朱子，而兄又何爲蹈其故轍耶？弟意致良知“致”字甚吃緊，明翁後來禪味太深，似抛却“致”字，大是可惜。緣明翁也恐一般人不自識得良知，所以對初學説法，總指知善知惡、知是知非之知爲良知。無論如何陷溺的人，他雖良知障蔽已久，然他若對人説一句欺心的話，他底本心總知道他是欺了人，此一個知，便是知是非、知善惡之知，便是他的良知。這是根本的，自明的，不待推求的，非由外鑠的。他是本來明明朗朗的，不能瞞昧的。人底生命就是這一點，除却這個還有甚麼叫做生命？只是一塊死物質而已。兄總怕人不自識得良知，實則人既非是無生命的東西，他底生命的自然的流行如何瞞昧得了？所以夫子說："斯民也，三代之所以直道而行也。" 此中意味深厚。吾兄不要把道理說得太高而輕蔑人類，須知良知在人，不患他不自識，而人之患只是分明自識，却不肯致其良知。先儒云，人有知道事父當孝却不孝。此何故？緣他知孝的良知被私欲起來作障，他不能用力將他底良知推致出來，所以順從私欲而陷於不孝。《大學》說個知就是良知，此是人人本有而且自識的東西，但是工夫吃緊在一"致"字。《大學》下這一個"致"字，表示多大的力量。知孝之知，知愛國之知，知廉潔爲美德之知，知抑私利群爲人生本分之知，乃至種種底知，人人都不假外求，只是他狗於口體，溺於私欲，一向柔靡，而不能推致其良知，積習日久，遂亦不復識得良知。哲學家用許多思考來推求良知底起源。愈推愈謬，良有以也。這個要用力去致才識得，不致便無法識得，故"致"字即是工夫。纔知道要廉潔，即將這一知推致出來，不爲私欲所阻礙，便是即知即行，便謂之致，這工夫何等嚴毅！是何等氣力！良知萬善具足。知敬知恕，還是良知。如兄慮人不識良知，却教人做敬恕，是謂敬恕非良知，而有襲義於外之過矣。弟屢說兄只是未見本體，良知即本體，不用更爲他覓源頭。若更覓，却是頭上安頭。此話要說便長。明翁咏良知詩"此是乾坤萬有基"，甚可玩。所以講《大學》總不免節外生枝。

以上說致知確是誠意底先一着工夫。然經云"致知在格物"者，要講此義，須先說一段話。我常云，《大學》首言止定靜安，却與道家一味虛静的主張不同。老子便呵斥色聲等物令人盲聾爽發狂，莊子七篇亦本此意。所以他們致知，只是致個虛靈的知。莊子謂之"靈台"。王船山先生說老莊是守其孤明，此語極有見地。緣他總要絶物，他務排除人欲盡浄，却剩下一個虛靈的知。所謂"靈台"即是一個孤明的狀態。儒者却不如此，他根本要識得自家良知，而他很有氣力的把他底良知推致得出來，不爲私欲阻礙。他得着這個把柄却不絶物，而正要行乎事事物物，悉量得其理，如所謂知明處當者，此與道家天淵不同了。“格”字訓爲量度，見《文選·運命論》注引《倉頡篇》。《玉篇》及《廣韻》亦云：格，量也，度也。朱子訓格，不知取量度義，而以窮至言之，於字義固失，然即物窮理之意猶守大義。陸王議其支離，此乃錯誤。如不能致得良知，而言即物窮理，是徒事知識，而失却本智，本智即謂良知。謂之支離可也。今既言致知，則大本已立，何支離之有？“致知在格物”者，即以此知而行乎事事物物，悉量得其理。事父而量度冬溫夏清與晨昏定省，固是格物；任職而量度其職分之所當爲與得爲，以見之實行，亦是格物；入科學試驗室而量度物象底必然的和或然的變化及法則等等，亦是格物；當夏而量捨裘，當冬而量捨葛，當民權蹂躪而量知改革，當强敵侵陵而量知抵抗，亦都是格物。凡所事於格物者，即致吾之良知於事事物物而量得其理，即以顯良知之全體大用，即一切知識莫非良知。而反知與絶物底主張，徒見其廢掉此心之全體大用，故夫淪虛溺寂之學，吾儒所不取也。故曰“致知在格物”也。凡百事物，既本吾之知，以爲量度而得其理，即吾之良知不是空洞的，不是孤明的。下文云“物格而後知至”，“至”字，《説文》，鳥到地也。行而到焉謂之至，逼近不離謂之至。此言知必行至事物之中，元不是離却事物而孤存的物事。故曰“物格而後知至”。言於物量度，而後知不離物，此謂知之至也。夫知之至云者，即知與物全相應，而非用私意矯揉造作，以違物之真，失物之宜。如此，故動念皆應理。程子所謂“循物無違之謂信也”。故意無不誠，乃曰“知至而後意誠”。此下易解，姑從略。依弟愚見，《大學》八條目，其關鍵却在致知格物，若詳細發揮，義極深廣。程朱諸大師特從《禮記》中出之，以爲其建設新儒學底根本典籍，而格致之説尤爲攻擊釋道二家思想底基本觀念。直至近世，西洋科學思想輸入，其初皆譯爲格致學，是又爲西洋思想開其端。《大學》在中國哲學思想界價值甚大。從來疏記雖繁，而當理者少，尤以明儒最爲蕪亂。張申府詈宋明儒烏烟瘴氣，詆諸老師誠無理，若其末流確有如申府所云。弟頗欲於晚年作《大學》傳疏，此際殊不暇及。偶因來書而略抒其意。病困，辭不能達，乞裁察爲幸。

與劉生

行唐尚君《焦氏易詁》，前由申府介紹之於《大公報》。近承季同贈閱。吾北旋，疲勞未復，匆匆展覽一過。覺其以《易林》與《易》並《左傳》等互證，而破斥東漢以來群儒誤解，皆饒有義據，不爲妄説。蓋自西漢以後，談易象者，果未有斯人。然吾亦只觀大體，却未細詳，因一向不肯究心象數。今五十病夫，精力無多，姑置之已耳。尚君書釋象，其樹義有四：曰對象，曰覆象，曰半象，曰中爻。互卦。持此四義而以《易林》所用之象與《易》互證，並援《左傳》等以相參稽。而易象失傳，自東漢以來爲群儒所誤解，甚至如虞翻之强命卦再三變，以成其曲解者，今乃一一可得正詁，如撥雲霧而睹青天，此豈非大快事哉！吾尤感興趣者，厥爲所釋對象義。少時讀王船山《易傳》，其説以爲六十四卦皆陰陽純備之全體，無有有陰而無陽，無有有陽而無陰。試舉乾坤二卦言之。乾非孤陽，有隱而未顯之六陰也；坤非獨陰，有隱而未顯之六陽也。故乾坤皆有十二位。餘卦準知。吾嘗玩其説，以爲孤陽不生，獨陰不化，故一言陽而即有陰，一言陰而即有陽。然亦竊疑船山十二位之説，徒以己意於每卦增益六位，未有所據，且將乾坤看作對待而不能融和的物事，必待船山於陽爻外增陰爻，於陰爻外增陽爻，恐非《大易》本義。今得尚君對象之説，則不須於每卦另增六位爲十二位，而每卦本象與其對象，如乾以坤爲對象，坤亦以乾爲對象。乃相對待而實相融和。吾嘗以爲六十四卦，壹是皆本於陰陽相反相成與變動不居之義，而特從多方面以形容之。故有許多卦，許多爻。只一氣看去，不當視六十四卦爲互相離隔，而妄臆有其孤陽獨陰之窮於生化也。今得尚君説對象而益信。按尚君云，對象者，陽與陰相對，陰與陽相對。陰陽既相對，即常往來流通，合而爲一，不能分析。如《乾·彖》云“萬物資始”“品物流形”，又曰“首出庶物”。夫曰萬物，曰品物，曰形，曰庶物，皆坤象也，而《乾·彖》言之。《坤·彖》云“含弘光大”，夫曰弘，曰大，則皆乾象，而坤能含之，光而大之。杭辛齋云，如咸、恒則坤含乾之證，如損、益則乾得坤始光之證。然則陰陽二氣實不能分、不能離。見陰即知陽，見陽即知陰，《易·彖》已如此。此由《易林》視本象與對象相通而推得之者也。尚君此説甚精。船山已明此理，但不以對象爲釋，而虚構十二位，所以失之耳。杭辛齋書吾絶未之見，屬鄭石君覓之，亦不曾得也。尚君時引杭説，想其書必有可觀也。然尚君於所樹四義中，獨以中爻爲《易》之根本。《易詁》卷二。吾則取對象爲根本義。何則？對象者，明陰陽之相反相成，尚君所謂陰陽常往來流通者是也。此義立，而後有覆象，如不往來流通，焉有正覆。有半象，卦不往來相互，亦無半象。有互體，互體即中爻，亦由往來流通故。故謂對象爲根本義也。然《繫辭》云：“若夫雜物撰德，辨是與非，則非其中爻不備。”尚君重視，有以也。今但以對象爲根本，餘三義皆得貫穿，仍本《繫傳》乾坤易之藴耶之旨。六十二卦皆不外乎乾坤，皆由陰陽相盪故也。相盪即往來流通之謂，亦即相反相成義。又尚君有云，愚嘗即“十翼”考之，是否爲孔子所作則不敢知。然爲一人之文無疑也。《易詁》十卷第八頁。尚君似疑“十翼”非孔子作，並不言出於孔氏之傳。吾謂尚君過矣。“十翼”縱不全爲孔子之手筆，要出於孔子之傳授，則確無疑義。何以徵之？《論語》爲孔門記録最可靠之書，其所記“五十知天命”與“五十學易”恰相合。又記子貢曰“夫子之文章可得而聞也，夫子之言性與天道不可得而聞也”。據此則孔子確常言性與天道，而子貢自憾其不可得聞矣。然《論語》所記皆人生日用之常，罕有及於性道者，自餘《詩》《書》《禮》《春秋》亦多詳於人事。然則孔子性道之言，其必著之《易》也無疑。吾向主此説。昔者高贊非常記之《尊聞録》中，而交遊間囿於時賢疑古之習，猶有不以爲然者，真是怪事。“十翼”辭義斷爲孔子口授七十子。古者簡策繁重，傳寫爲難，學者常賴口説流傳，其或七十子後學中，有依口説記録，而文字容有修正，恰似出於記者之手。尚君謂爲一人之文，所見亦近似，但絶不言出自孔子，吾則期期以爲未可。證以《論語》所記，則必出於孔子無疑。嘗謂《易》無“十翼”，則象數雖流傳不失，亦只是占卜之書，有何價值？唯自“十翼”出，而後《易》爲哲學思想之書。孔子所以爲哲學之宗，蓋亦在此。尚君重象數而略義理，其於“十翼”既疑其不必出於夫子，而亦只從象數理會，又乃於輔嗣、伊川掊擊太過。輔嗣知象，而掃象以言理，未足爲病。孔子“十翼”爲言義理之祖，雖即象而引申觸類，而《易》自此已成爲孔子之創作，非復占卜之舊典。漢以後儒者治《易》，又莫能闡孔氏之旨。輔嗣起而擴之以玄言，猶孔氏之枝流也。伊川不知象而説《易》，固下於輔嗣，然不能謂其於孔門之大義無實得處，如其説“體用不二，顯微無間”，尚君詁象，何曾外得此理？昔儒有言，伊川一部《易傳》是他平生踐履。此語萬不可忽。詁象雖不必符，豈盡損其價值？亭林所以推崇，不爲無見。吾於尚君之書，深佩其精思果力，振兹絶學，獨惜其抑輔嗣、伊川太過，乃至“十翼”亦疑其不出孔氏。此讀其書者所不可不辨也。其他疑難，以未暇精研，姑從蓋闕。

與某報

經書難讀，不獨名物訓詁之難而已。名物訓詁一切清楚，可以謂之通經乎？此猶不必相干也。此話要説便長，吾不願多説，亦不必多説，只述吾少年讀《詩經》之一故事。

我在少年讀《詩經》之先，已經讀過四書，當然不甚了解，但是當讀《詩經》時，便曉得把孔子論《詩》的話來印證。《論語》記孔子曰：“《關雎》樂而不淫，哀而不傷。”我在《關雎章》中，仔細玩索這個義味，却是玩不出來。《論語》又記夫子説：“詩三百，一言以蔽之，曰思無邪。”我那時似是用《詩義折中》作讀本，雖把朱子《詩傳》中許多以爲淫奔的説法多改正了，然而還有硬是淫奔之詩不能變改朱子底説法的。除淫奔以外，還有許多發抒忿恨心情的詩。變雅中許多譏刺政治社會昏亂之詩，其怨恨至深。如《巷伯》之忿讒人，曰“投畀豺虎，豺虎不食”云云。昔人言惡惡如《巷伯》，謂其恨之深也。夫讒賊之徒固可恨，然恨之之情過深，恐亦失中和而近於邪。《論語》又記子謂伯魚：“汝爲《周南》《召南》矣乎？人而不爲《周南》《召南》，其猶正牆面而立也歟？”朱注：正牆面而立者，一物無所見，一步不能行。易言之，即是不能生活下去的樣子。人而不爲二南何故便至如此？我苦思這個道理，總不知夫子是怎生見地。朱注也不足以開我胸次，我又悶極了。總之，我當時除遵注疏，通其可通底訓詁而外，於《詩經》得不到何種意境，就想借助孔子底話來印證，無奈又不能了解孔子底意思。

到後來，自己稍有長進，彷彿自己胸際有一點物事的時候，又常把上述孔子底話來深深體會，乃若有契悟。我才體會到孔子是有如大造生意一般的豐富生活。所以讀《關雎》，便感得樂不淫哀不傷的意味。生活力不充實的人，其中失守，而情易蕩，何緣領略得詩人樂不淫哀不傷的情懷？凡了解人家，無形中還是依據自家所有的以爲推故。

至於“思無邪”的説法，緣他見到宇宙本來是真實的，人生本來是至善的，雖然人生有很多不善的行爲，却須知不善是無根的，是無損於善的本性的，如浮雲無根，畢竟無礙於太虚。吾夫子從他天理爛熟的理藴去讀詩，所以不論他是二南之和、《商頌》之肅以及《雅》之怨、《鄭》之淫、《唐》之嗇、《秦》之悍等等，夫子却一概見爲無邪思。元來“三百篇”都是人生的自然表現，貞淫美刺的各方面稱情流露，不參一毫矯揉造作，合而觀之，畢竟見得人生本來清净。夫子這等理境，真令我欲贊歎而無從。宋儒似不在大處理會，反説甚麽善的詩可以勸，惡的詩可以懲，這種意思已不免狹隘。朽腐即是神奇，貪嗔癡即是菩提，識此理趣，許你讀“三百篇”去。

再説人而不爲《周南》《召南》，何故便成面牆？我三十以後漸漸識得這個意思，却也無從説明。這個意思的豐富與淵微，在我是無法形容的。向秀《莊子注》所謂“彰聲而聲遺，不彰聲而聲全”，就是我這般滋味。如果要我强説一句，我只好還引夫子底話：“道不遠人，人之爲道而遠人，不可以爲道。”這話意義廣大精微。孔子哲學底根本主張，就可如此探索得來。他確是受過二南的影響。話雖如此，但非對孔子底整個思想有甚深了解的人，畢竟不堪識此意味。我又可引陶詩一句略示一點意思，就是“即事多所欣”。試讀《葛覃》《芣苢》《兔罝》諸詩，潛心玩味，便見他在日常生活裏，自有一種欣悦、和適、勤勉、温柔、敦厚、莊敬、日强等等的意趣，這便是“即事多所欣”。緣此，見他現前具足，用不着起什麼恐怖，也不須幻想什麼天國。我們讀二南，可以識得人生的意義與價值，大步走上人生的坦途，直前努力，再不至面牆了。這是孔子所啓示於我的。

孔子論詩，是千古無兩。唯孔子才能以他底理境去融會三百篇詩底理境；唯三百篇詩是具有理境的詩，才能引發孔子底理境。這兩方面底條件缺一不行。

我想我個人前後讀《詩經》和《論語》的經驗，我深信讀經之難，不僅在名物訓詁。訓詁弄清了，還不配説懂得經，這是我慇懃鄭重向時賢申明的苦心。

關於中學生應否讀經的問題，此亦難説。吾意教者實難其人。假設有好教員，四書未嘗不可選讀。如我所知，杭州私立清波中學，經裘冲曼、袁心燦、蔡禹澤、張立民諸君選授四書，於學生身心很有補益。

答德國李華德

來函由鄧君交胡生子康轉來，知大駕已赴東邦，島上多和風，想足樂也。力前云：“煩惱是生死因緣。”聞尊意尚有所疑，實則此非力之臆説，乃確據佛家本義而談。此不必單舉某經某文爲證，却須融會佛家整個的意思，便深信得及。如必欲舉某經某文以資證明，則力亦不妨略舉，如大乘《涅槃經》卷四十第四頁云：“善男子，一切衆生，身及煩惱，俱無先後，一時而有。雖一時有，要因煩惱而得有身，終不因身有煩惱也。如炷與明，雖一時有，炷者燈炷。古時用一種草漬油燃之而發光明，其所燃草名炷。此中譬喻，只取炷與光明同時而有之意。明要因炷，易言之，即炷是明之因緣，喻煩惱是身之因緣。終不因明而有炷也。”此謂炷不是因明而有的，喻煩惱不是因身而有的。此經言因煩惱而得有身，即是因惱煩得有生死，亦即吾前所謂“煩惱是生死因緣”也。經文“身”字義，即吾所謂生死，有身即有生死故。吾意譯者用“身”字，似不如用“生”字爲好。今不可得梵本，無從對照。以上引經，申明前説。

又經言生死者，本斥指雜染法言之，亦即業識流轉義。故此生死，無始而有終。小乘證無餘涅槃，大乘斷阿賴耶識，其時雜染法或業識伏滅，即此生死終斷也。

煩惱無始而有終，不可説煩惱無終。假其無終，則佛法不必修行，以煩惱無終故。唯其有終，所以貴用修行，以折伏此煩惱而令其終斷也。

先生意謂煩惱從何而來。佛家於此問題從不解答。此中意義深微，難以言顯。煩惱本不實在，經論説爲客塵。無所依據，故名爲客。如何可追問來由？須知追問來由，便已是執著之心，即是煩惱發現也。此意不知先生能契否？

來書謂吾説煩惱，由吾人自離失其清浄本然之性故有。易言之，即由人類之墮落故有。力前次説過此話否，今亦不能全憶。姑承認是如此説，則此説亦無過失，却亦只與“煩惱”一詞展轉相訓，終未曾説及煩惱來由。蓋所謂離失清浄本然，正是煩惱現行故。所謂墮落，亦是煩惱現行故，仍未曾説煩惱從何處來也。

答朱生

佛家不談本體之流行，但假説緣生，以空現象界，而令證實相。然佛氏亦未嘗不見到流行，只因出世的主張，便似要逆着流行的大用，而體其不變之體，恐他也是智者過之。吾少時讀《老子》，至“天地不仁，以萬物爲芻狗”，慨然遐想，以謂世間無情有情，動植靈蠢，只是一場慘劇。是誰造化，何不把他遏絶？及讀佛書，此種意思時在懷抱。無情無生物，有情者衆生。迄中年以後，重玩《大易》，始悟生生不息真機，本無所爲，爲讀去聲。實不容已。無所爲者，德之盛也；不容已者，化之神也。由此，故於流行識性。性者本體。流行是用，用必有體。然離用不可得體，故於用識體。一切物相，不容取着；取着猶言執着。無情有情，動植靈蠢，物相萬殊，要皆依流行不息，幻有相現，而假名爲物耳。若於流行識性，即一一物相皆空，即此流行不息，便是實體顯現，何可執着有所謂物界耶？一切慘劇，本來清净。諸惡諸苦，都如幻化。人物本性，畢竟清净，無諸虚妄。吾人唯反己思誠，與物各正。吾與物，皆得至誠無妄之理，以各成其性命之正，故《易》曰“各正性命”。至誠無妄者，本體也。人生囿於形氣，漸失其本體之誠，故孟子曰“反身而誠”。又曰“思誠者，人之道也”。盡性其至矣，性不可逆也。别紙所云，推窮宇宙人生，畢竟是黑漆一團，豈唯吾子與吴君有此嘆？佛説十二緣生，無明爲首，數論説三德，闇居其一。衆生不見自性，所以如此。

佛書意在言外，善讀者須言外會意，如善聲者能領弦外之音也。讀《易》亦然。

與雲頌天

近始真知精力衰者不堪静坐。凡古人所謂磅礴大宇等言，無他奇特，只是精神常凝聚得住耳。精神凝聚時，即湛然虚明而不作意。此時真是天地萬物同體境界。纔覺精神散漫，便已“憧憧往來，朋從爾思”，自家始覺從宇宙大生命中墜退下來，而成乎頽然之一物了。此事甚可畏也！

與讀書週刊

讀者須預定終身趨向。有一種人，樂以事功表見，所謂事功，非專就政治言，凡社會上各方面的業務，皆事功也。是必早定某種事功的趨向，而對於某種事功所必儲備之學問，必堅其意志，鼓其興趣，竭其才力，孜孜以求，不容鬆懈。如此則其所讀之書，亦與其所治之學問有關，庶幾讀書有補於學問，而學問又與事功相應，則人無廢才而國無廢事。

又有一種人，性情不近事功，願以書生的生活終其身，是必早定專門學問的趨向，而對於其所專治之學，亦必堅其意志，鼓其興趣，竭其才力，孜孜以求，不容鬆懈。如此則其所讀之書亦與其所專之學問有關，而無泛涉不精之病。

前者可以説是持應用的態度而求學問，後者可以説是本純粹求知的態度而求學問。後者屬專門家，以其所造有精密的系統故；前者所學未嘗無限域，而不得名專門家者，以適用而止故。今日學子不預定趨向，讀書漫無抉擇，故卒業大學之後，作事則無可勝任。其委身學校者，亦多是混飯吃，而不肯努力學問，此真吾國青年莫大之危機。吾願有志者各自早定終身趨向，勿以有用精神作無意識的浪廢。此讀書所應注意者一。

讀書必先有真實的志願。前云須定趨向，然若無真實志願，則不足以達其所趨向。凡人無志願者，則其生活虚浮無力，日常念慮云爲無往不是苟且，無往不是偷惰，無往不是散漫，如是而欲其讀書能有所引發以深造自得，此必不可能之事也。

人必有真實志願，方能把握其身心，充實其生活，如諸葛武侯所謂“使庶幾之志，揭然有所存，惻然有所感”，王陽明所謂“持志如心痛”。一心在痛上，豈有工夫説閒話，管閒事？人果能如此激發志願，則胸懷廣大，鄙私盡消。象山所謂“才一警策，便與天地相似”，誠非虚語。如此，則神明昭徹，而觀物慮事，必能極其精而無蔽，綜其全而不亂。其於讀書也，必能返之己所經驗而抉擇是非，洞悉幽隱，曲盡書之内容，而不失吾之衡量。故其讀書集義，乃融化的，而非堆集的；乃深造自得的，而非玩物喪志的。如此讀書，方得助長神智，而有創造與發明之望。若其人茫無志事，渾身在名利膠漆桶中，雖好博覽載籍，增益見聞，要爲浮泛知識，不可得真知正解，只是小知，不堪大受。社會上若只有此輩，其群必日益昏亂以趨於亡。故學者不徒貴讀書而已，必先有志願以立其本。

然復當知，“志願”二字極不易了解。凡人高自標舉我欲如何如何，以爲此即其志願，此正是狂妄之私耳，有志願者所必克治也。志願是從自覺自了的深淵裹出發的，是超越物我底計較的，是極其灑脱而無俗情沾滯的，是一種向上的努力，自信自肯而不容已的。自肯是借用宗門語，意義甚深。唯真有志願的人，才識此意味，一般人如何識得？

有志願即有真力量，故其對於學問或事功的趨向，能終始貫澈而無所輟。譬若電之走尖端，電，喻志願力量；尖端，喻所趨向。行所無事，而勢不容已也。

或問：朱子《論語集註》釋“十五志學”之“志”字曰“心之所之謂之志”，是則志即趨向也，而此以志願與趨向分言之，何也？曰：朱子以心之所之言志，此朱子之失也。王船山《讀四書大全說》“志者心之所存主”，斯爲正義。孟子曰：“人之所以異於禽獸者幾希，庶民去之，君子存之。”船山存主之義，從是出也。諸葛武侯所謂“使庶幾之志，揭然有所存”云云，亦此旨也。故人而無志，即去其幾希而同於禽獸，甚至不如禽獸。今日中國人貪汙淫侈，卑賤虚誑，甘爲亡虜，毫不知恥，尚不如怒蛙之有鬥志、有生氣也。此何以故？以其靦然人面而中無存主，人理絶而生意盡也。《莊子》曰：“哀莫大於心死。”心死者，無所存主故也，無所志故也。唯中無所存主，故種種競逐於外，競貪，競淫，競利，競名，競權，競勢，競種種便利嗜好，競争其私而背大公，國已亡而無所覺知，種將滅而不關痛癢，人氣滅絶，一至此極。然則今人必須變而成人，始可與言讀書，此老懷所日夕願望者也。

答張生

來問舉《新論》第一頁第十行《明宗章》内小注云：“‘此言慧者，相當於俗云理智或知識。’按《新論》分别智慧，智爲固有的明覺，慧則由經驗而得。據此，知識屬慧，自可無疑。唯西洋哲學上理智或理性等詞，自是指心之知的作用而言，與《新論》所謂智或亦異名而同物。”云云。吾子能發此問，足見用心甚細。昔者林宰平先生亦嘗言及此。然吾作注時，又何曾不慮及此耶？《新論》百零二頁左至百零五頁左，説無癡數中，如留心研析，則此疑亦可釋然。須知《新論》所謂智者，是斥本體而名之也。西洋哲學所謂理智與理性等詞，自不涵有東方哲家所謂本體的意義，此不容混淆。如謂性智是本體，則理智即是性智之作用，而體用畢竟不二，亦可説俗云理智，即是《新論》所謂智。奈何《新論》以理智別屬之慧耶？如此作難，似亦有理。吾亦知將有興是難者，故於無癡數中有云：“人生常拘於形氣，造諸染習，遂使固有性智，恒受障蔽而不得顯發，故其固有性智之作用發現於障蔽中者，既雜夫形氣與染習之私，而其緣境，遂成乎物交物之勢。此慧所以不得名爲智之用也。”此一段話，是東方哲家精意所在，而正爲今人所不肯注意，且不知有此問題者。料讀者至此，亦不過腦悶短趣而已。夫理智、理性等詞，自是指心之知的作用而言。既曰作用，則分明不是外於《新論》所謂性智而別有的。今《新論》所謂智，必不肯與理智等詞併爲一談，此何故耶？元來吾人底理智，雖是依着固有的性智而起之作用，但其發展確是從實際生活裏面滋長出來的。故云雜形氣與染習之私。他雖有先天的根據，而畢竟成爲後天的東西，所以可與知識一例看，而不能説他即是《新論》所謂智。至若《新論》之智，元是固有的靈明的真體，清淨離染，無定在而無不在，無知而無不知。此雖一般人所固有，然常受障蔽而不得顯發，則等於亡矣。注文意義，大略如此。

與陳生

凡人神凝與否，必現於眼；氣充與否，必形於威儀動静之間。

向見吾子眼光欠凝聚，其氣亦似不盛，此或保養未至之過也。心竊欲言之，而懼夫謂某也以老大自居而喜教人。繼念吾子之賢，或未至此，故函達吾意，而以二事相規。

一事，曾文正獨宿之説。此是養神養氣之本，要在能堅守力行。

二事，讀書之説。最精透者，莫如孟子“理義悦我心，猶芻豢悦我口”之言也。真領略此味者，其生活較常人必另是一般。讀書多，積理富。只此蓄積義理，足以悦心，便是對於吾人生命直接加以滋養料。視飲食之滋養肉體，其效益大小，豈不天壤懸隔哉？凡人真能蓄積義理以悦心，使其生活内容日以充實，即神澄而明，氣盛而暢，人格日以莊嚴偉大，窮足以善身，達足以善天下。不然則日就委靡銷耗以終，同於塊土頑石無生命之物。人生何可遽如是乎？

與高硐莊

凡學問家之創見，其初皆由儻然神悟而得。但神悟之境，若由天啓，其來既無端，其去亦無蹤，瞥爾靈思自動，事物底通則，宇宙底幽奥，恍若冥會。然此境不可把捉，稍縱即逝。必本此靈感，繼續努力，甄驗事物，精以析之，而觀其會通。又必遊心於虛，不爲物掛，掛者滯礙。凡夫心思常滯礙於現前物事，而不得悟真理。方令初所儻悟得以闡發，得以證實，而成創見，且推衍爲系統的知識。如其雖有靈機，恒任乍興乍滅，而無所努力，久之心能亦漸弛廢，尚有何發現可言耶？向懷此意，惜可與語者殊少耳。

答鄧念觀

《楞嚴經》是否爲中國人所僞造？吾意就文體上看，此經所設施张羅者甚大，其組織又甚謹嚴，極不似中國人手筆。中國人一向不喜講邏輯，因之其著作亦不成系統，其文章又專以清簡渾易勝，清者清靈；簡者簡要；渾者渾含，而少條析層累，不似印人著作，分條析理而又層折迴環累積上去；易者平易近人。極少長風鼓衆竅的氣概。中人譯佛經，雖多能翻出原書浩蕩之致，然至其所自作，則又不如此。唯其譯經時，竭力以求忠實，又有所據依，所以能爾。及其自作文字，仍是中國人面目。觀《楞嚴經》組織及其文氣，中國人決僞造不來，其網羅甚宏富，復不類中國人好爲精簡。論者或謂其抄撮衆説而成，此甚不諦。抄撮則雜亂無統紀，此書確有系統，何可等諸類書雜録？至男佛女佛、真佛假佛諸名詞，在經文叙述爲出自魔口，此與佛家本義無關，不能以此爲中人僞造之證。若疑此等譯名於梵文無本，則譯名亦時有改變原文之事。經中雖有《掌珍論》語，然經與論孰爲先出而被稱引，今頗難爲質斷。吾意此經或是印度外道入佛者所爲，頗有攝取外道材料以會歸於佛而自成一家之言。雖不無微疵，要其大端甚精，無背佛旨，是在具眼者詳之。弟讀此經，已是二十餘年前事，如欲詳覈，必須重習，又當參攷他籍，病軀不耐此煩，至希諒宥。

以上皆民國廿四年以前録。

重印《周易變通解》序

《易》之爲書，廣大悉備，所謂“範圍天地之化而不過，曲成萬物而不遺”是也。《乾鑿度》説《易》有三義，余竊取變易不易二義。不易而變易，是舉體成用；於變易見不易，是即用識體。此義深談在《新唯識論》。持此以抉擇梵歐玄學，如秤在手，不可與物低昂。大哉《易》也！孰得而違諸？夫《易》書至“十翼”而始備。“十翼”義理，則孔子所發明也。故言作《易》者，必歸之孔子。微孔子，則《易》猶濫於占卜，而焉得爲哲學界萬世永賴之根本大典耶？孔子既作《易》，七十子後學遞相傳述，遂爲儒者宗。老聃得孔氏之旨而别有會心，乃創立道家之幟，以自異於儒。故《易》自孔子後，始分二派，曰儒家之《易》，此正統派也；曰道家之《易》，此别派也。舊説孔老同時，老氏爲孔子師，今人多考覈其説之不足據，而謂老後於孔，但無謂老氏之學出於《易》者。余謂老氏當稍後於孔子，而前於孟子，其學實本於《易》。曾略説見《語要》卷二答意大利人書中。儒家體乾而貴剛健，故説行健不息；老氏法坤而守虚静，故曰綿綿若存。此儒道二家所爲異也。道家之《易》，其後浸微，僅得王輔嗣爲能衍柱下之緒。周元公則援道以入儒也。儒家之《易》，其流甚廣，綜陳大别，約分漢宋。漢儒務守師説，有保存古義之功，後來學者每病其雜讖緯。顧緯非讖比，時有微言大義，足資深究，蓋“十翼”之支流。讖則純爲誣妄。漢儒治《易》，其思想蓋有大部分雜入晚周陰陽家，容當别論。唯揚雄子雲著《太玄》，超然獨步。張衡平子神解俊拔，爲吾國天算大發明家，而酷嗜子雲書，每自謂讀《玄經》，使人難論陰陽之事，其崇信篤深可見。顧子雲從數理闡易，學者非通律歷，則難讀其書。《玄經》於後儒無甚影響，職是故也。輔嗣神解卓特，獨出兩漢經師蹊徑之外，秉智炬而叩玄關，堪與子雲異曲同工。唐代義疏，雖宗輔嗣，鮮有發明。爰及炎宋，儒風丕變，濂、洛、關、閩諸大師迭起，爲學貴創獲而不以墨守傳注爲賢，務實踐而亟以馳逞虚玄爲戒。故其治《易》也，一方面超脱漢師，一方面排斥輔嗣，其精神氣魄，不可不謂之偉大。唯然，故人自成説，家各爲學，如周濂溪、邵堯夫、張横渠、程伊川、朱漢上、朱晦翁，皆精思力踐，各有獨到。夫漢世諸師，無弗雜陰陽家言者，迹其繁瑣名相之排比與穿鑿，於“十翼”本旨可謂無關。但間存古義，斯足珍貴。宋之諸師，其言皆根於踐履，雖復不無拘礙，要其大較，歸本窮理盡性至命之旨，而體天地神化於人生日用之中，則“十翼”嫡嗣也。自宋迄明，言《易》者大概無出周程諸賢之軌範，而《易》家自是有漢學、宋學之分。晚明有王船山作《易内外傳》，宗主横渠，而和會於濂溪、伊川、朱子之間，獨不滿於邵氏。其學尊生以箴寂滅，明有以反空無，主動以起頽廢，率性以一情欲，論益恢宏，浸與西洋思想接近矣。然其骨子裏自是宋學精神，非明者不辨也。其於漢師固一切排斥，不遺餘力也。當有明季世，諸大儒並出，悲憤填膺，爲學期活潑有用，而亟懲王學末流空疏之弊，浸以上及兩宋。清儒繼起，本無晚明諸老精神，而徒以抨擊宋學爲幟志，用漢學高自標榜，則諸老所不及料也。於是治《易》者，上稽漢籍，俯視宋明諸師，以謂非誣則陋耳。濂溪與邵氏之圖尤受攻詆。蓋自清以來，學者尊漢抑宋之積習牢不可破，不獨於《易》學爲然，其治群經皆然。風會遷變，一往一復，當其遷變之勢已成而不可禦，乃若有大力者負之而趨也。非夫豪傑之士，曠懷孤往，孰能岸然拔出於時風衆會之外，自抒所見，自行其是，而一無所錮蔽耶？同縣萬澍辰先生著有《周易變通解》，不肖兒時聞先父其相公常讚揚先生潛德睿思，謂其治《易》不囿於當時風會，頗參稽漢宋，而一證以己之所神悟獨得，未嘗謬於經恉者。此其命世獨立者乎！惜其書爲當時漢學風氣所掩，罕行於世，鄉里後生，或莫能舉其姓字，可悲也已！予小子聞而識之，不幸早失怙恃，流離四方，顧未得讀先生書。丁丑夏，先生從曾孫耀煌武樵始重印先生《易》書於漢臯，羅田王葆心爲之序，只印千册。余時講學北庠，亦未得見。今冬，武樵函余，將再重印先生書於成都，謂余不可無一序。余追憶趨庭音旨，忽忽四十餘年，泫然不知涕之所自。又念武樵能守其家學，一再重印先生遺著。昔船山幽晦，曾公以鄉邦後學傳其書，而先生更有賢裔，視船山尤幸矣！天之眷斯道，以無負明哲，其所以酬之者，寧可度哉。余是以忘其固陋而序之云爾。

中華民國三十一年十二月十五日
同縣後學熊十力序於陪都近區北碚寓廬

答諸生

《史記》大謬者，莫如《世家》。漢世諸侯王皆受封國，傳之子孫，名義似同古諸侯，而實質乃截然不相類。古代諸侯，乃各爲獨立國之君長，各國人民之習性、思想、學術以至政治制度、社會組織、道德信條，殆莫不各有特點，莫不各有其上下一致之建國精神。《史記》於春秋及戰國時代之諸國，自當國别爲記，如云魯國載記、齊國載記之類，方符其實。當時諸國本各有史，如魯《史記》等。古代諸侯國，蓋由上世部落演進。諸部之間，大併小，强兼弱，漸成爲多數分立之小國家，是爲諸侯國。又因世運漸開，諸國中有强盛者獨出，漸成爲各侯國之共主，所謂帝或王是也。帝王者出，始於列國之上建立王朝，而列國仍各爲獨立國，只奉王朝之公法耳。王者新興之際，固有廢除舊侯國而另行分封其子弟功臣，如周之初興，其封建之侯國爲最多。然新封之國仍承古代侯國之遺規，因其人民之習性與願欲而爲治。群衆相保，有其組織；土地世守，固其疆域。其國既建，歷世久遠，政治經濟文化各方面，各有其特殊精神。試鈎稽故籍，猶不難窺見一二。史遷之《史記》，通史也。自當於古之侯國，國别爲記；於古代神州萬國，各詳其政俗文物與文野强弱之異。當遷之時，列國史料猶可搜集，惜其見不及此，乃以漢初諸侯王之制而例視古代諸侯，遂作《世家》，以爲受爵分土，世傳家業而已。不知古代侯國各爲獨立之國家，諸侯僅爲其國之君長，君統以外，其宜搜考記述之事甚多。而遷立《世家》，則以一姓傳家之業爲主，實因習見漢初諸侯王制度而妄謂古之侯國亦如是。此大謬也。漢之封諸侯王，承秦郡縣制之後，雖有封國之名，而民間已無國界之觀念，實無由造成國家。雖齊魯晉楚始封之英主，若生漢初而受封爲魯王、吴王等，縱其身及子孫賢能，可以擁土稱雄，終不能以其受封之魯地造成魯國及以吴地造成吴國也。自秦一統而後，天下之人人無復有古代列國並立時之國界觀念，故後王雖慕封建之名，而受封者終不能有建國之實。史遷《世家》之標目，其觀念實緣漢初諸侯王之制而起，只以爲諸侯王受封傳業而已，不悟古之侯國各爲獨立國家，諸侯是其國之君，不即是其國，史遷於此全不辨，奚其可哉?《史記》之書，以郡縣大一統之眼光而忽視古代列國之史實，遂使列國之民性、國故與學術、政俗或文化不可詳考。遷之用心甚粗略，不務訪求列國文獻，精思詳述，以垂諸後。其識過短，非良史也。

因論生論，因論此事，而引生旁論也。此用佛典語。中國自秦以後，大一統之局既開，不獨封建侯王不能各自建國也，即有梟傑之資，力征經營，割據土地以立國號者，或及身而覆，或不數傳而覆，卒不能建立國家。蓋建國本於人民之公共意念，人民只知有大一統之中國而已。彼有位或有力者，雖乘權處勢，可以宰制若干地區，而實爲人民所不與，則欲不覆亡而不得矣。雖漢季三國之英，僅可據地稱尊，猶不能謂之各自建國，况夷狄盜賊之乘時竊據，其不能分崩我中國也，歷史事實昭然矣！

春秋列國紛争。戰國時，衆小國已亡，只餘數大國相煎益急。故諸子思想多趨向大同。六國政亂，秦人以武力夷之，而大一統之局成。惜乎帝制日固，而民治思想被摧，人民無有表現其公共意力之機構，漫無組織，朝政昏亂，則任其所爲，而夷狄盜賊，反得乘機劫持天下以禍蒼生。悲夫！

答王生

章太炎先生平生不肯任大學教席，馬一浮氏亦然。雖或失之隘，要未可厚非。今之大學教育茫無宗旨，政府奴畜師儒，而教授流品亦極猥雜，不學無行，濫竽者衆。自好者宜視庠序爲污途。然吾獨在其間者，一等於世尊行乞之義，二爲自修與冀接引一二善類計。吾寧隨俗浮沉，期有以自盡也。君子當濁世，雖隨俗，亦當有一尺寸在。吾常閉户，不敢妄謁學校當局，不敢交接諸名流，守其孤介，無所攀援，無所争逐，兢兢業業，不敢負所學，以獲罪於先賢聖也。和光同塵，別有義在。假以媚俗，老氏能無痛乎？

談墨子

張溥泉君常欲提倡墨學。民國以來，墨學由新人物之宣揚，早已成爲顯學，而溥泉猶欲加提倡何耶？新人物之所弘揚者，邏輯也。墨子注重邏輯之精神，誠爲後人所當承續而不容忽視，其在邏輯上之所發明，亦有可與印度西洋古代邏輯家言互相參稽比較之處。但古學畢竟簡略，要不過歷史上之價值而已，若謂墨學精采只在此，則毋乃太悖。吾悼墨學之大全，久湮而不彰也，常欲爲專篇以發之，其目略如下：一、墨學淵源；二、墨子之天志説與倫理思想；三、墨子之政治與社會理想；四、墨子之邏輯；五、墨家團體組織與其運動塗徑並其流派。以上五目余雖擬定，但今猶不能着筆，一則余方有極重要之工作未曾下手，不暇遽及此事；二則亂離中參考書籍太缺乏；三則老來顛沛，意興又太不足也。

吾於此有欲略提及者，則墨子平生願力所在，實即第三目中所謂政治社會理想，其根本原則即"兼相愛""交相利"六字盡之。墨子生競爭之世，悼人相食之禍，而謀全人類之安寧，固承孔子《春秋》太平、《禮運》大同之旨而發揮之。謂墨子於儒學爲異端，則非知墨者也。世儒徒見孟氏闢墨，不悟孟子只於倫理思想方面力闢之。儒家以孝弟爲天性之發端處特別着重，養得此端倪，方可擴而充之，仁民愛物，以至通神明光四海之盛。若將父兄與民物看作一例而談兼愛，則恐愛根已薄，非從人情自然之節文上涵養擴充去。"人情自然之節文"一語宜深玩。人情未即是天理，於人情上而有自然之節文方是天理。易言之，乃於情見性也。而兼愛只是在知解上認爲理當如此，却未涵養得真情出，如何濟得事？不唯不濟事，且將以兼愛之名而爲禍人之實矣。世界上服膺博愛教義之民族，何嘗稍抑其侵略之雄心耶？王船山先生《四書義》，於"有子孝弟爲仁之本"一章中，痛闢佛家外人倫而侈言大悲，教人在念慮中空持大願，却不從人倫日用或家國天下事爲之際切實去陶養，只空空懸想無量衆生淪溺生死海中而作意去發大悲大願。其行出世，故不露破綻；使其涉世，則敗闕立見。船山所云，確有至理。余老來教學者，只依四書，雖研佛學，而不敢輕取其大悲大願之文以騰諸口説。德性須於天倫處立根基，於日用踐履中陶養，不可於心上空作大悲大願想，自居救主而卑視衆生，反損其本來萬物一體之性分。悲願非不當談，却須如孔孟談仁談志始得。吾懷此意久，未及發抒，他日當别爲論。孟子闢墨之兼愛，船山闢佛之空談悲願，佛經中談悲願，多托爲神話，造作種種故事，如馬鳴《莊嚴經論》中可見一斑。均有深旨。非於人生有深切領會及於生活真留意者，難與論此義。孟子以能言距墨爲聖人之徒，其自任如此之重，誠不偶然。但孟子融攝墨義處却亦不少，如云“天下定於一”，云“善戰者服上刑”，此皆與墨氏主張相通。其曰“國必自伐而後人伐之”，與墨子抵抗侵略之意亦近。其稱墨子曰“摩頂放踵以利天下則爲之”，亦可謂尊仰之極已。莊子僅嘆爲“天下之好也”“才士也”夫，則猶未道得墨子之精神也，孰謂孟子一概闢墨耶？道家本放任主義，其於墨氏救世之積極精神，故不深體之，而孟子遠矣。墨子蓋深受儒家思想之影響，而卒與之反。其於老氏或亦不無關，如非樂節葬等等主張，與反樸守儉意思皆相通。老子當稍後於孔子，但相距决不遠。道家之徒僞托老爲孔子師，可見其時代較接近。孔老皆於玄學或哲學特有發明，墨子却不談玄哲，而唯依信仰，獨崇天志。其所謂天志，非必謂大神也，蓋一極超越的理念，而爲一切道德規律之所自出耳。墨子並未常以天志來説明宇宙，只以全人類兼相愛交相利之一大原則爲本於天志，其倫理思想之根據在此，其政治社會思想之根據皆在此。墨子之天志，既不是宗教家之神，又不同玄學或哲學家要組成一套理論，彼直訴諸其超脱知識與計較之最高純潔信念而承認之，此等信念簡單而有力，其能摩頂放踵以利天下，非偶然也。然墨子當各種思想發達之世，單提此等信念，又恐人之莫我從也，故又提倡邏輯，欲使人類思想避免錯誤，使皆得到正確的知識，即知兼相愛交相利者爲順於天志，爲人生合理的生活，是爲真知，否則悖。在《墨辨》中隨處可見此等密意。

墨子不唯言兼愛，而必益以交相利，此最切實有用。世界經濟問題，唯依此一大原則乃有大同太平之休。只要人類的思想能免除自私自利的錯誤，此事並不難作到。

墨子極富於信仰的宗教精神，又具有極理智的科學態度，此在世界思想史上是一個最奇特的人，不獨在中國爲僅見而已。

然今欲提倡墨學，不僅在其邏輯，而在其具有堅實深厚的信仰。對於真理無信仰，只搬弄浮泛知識，此爲人生墮落而不成乎人之一種衰象，尤以吾國人今日爲更可哀。墨學如何提倡得起？吾不禁感慨係之。

答袁道冲

所論聖人求治出於内在的自覺云云，真千古正法眼藏。方今人類自毁，渾是佛氏所云無明。安其危，利其災，樂其所以亡者，何可自覺？何可以求治望之乎？大著《官與師》一篇，明政教合一，乃中國治化之本，所見甚的。古者儒家政治理想，本爲極高尚之自由主義，以個人之尊嚴爲基礎，而互相協和，以成群體，期於天下之人人各得自主而亦互相聯屬也，各得自治而亦互相比輔也。《春秋》太平之旨在此。然太平未可驟幾，民德未進，民質未優，豈可遽期至治？故必在官者以師道自尊，以身作則，生心動念，舉足下足，悉由乎禮與法之中，然後億兆知所向風，天下莫不隆禮奉法，而世乃太平，師道畢矣。今言訓政，似亦張官師合一之幟。顧其實，則國敗官邪，强貪巨污，剥削百姓，以成乎官僚資本主義，而族類危矣！世道至斯而慘極，不忍言矣。思惟古義，孤坐黯然。

答周生

重陽來信，吾精力短，倦作函。“父母在，不遠遊，遊必有方。”玩下一語，仍非不可遠遊也。男子生而懸弧矢，豈當守一邱之壑耶？孝之道廣矣，年少力强，問學四方，真積力久，超然自得，將以“爲天地立心，爲生民立命，爲往聖繼絶學，爲萬世開太平”，非孝之至歟？硜硜自守，雖無敗行，何補人群？賢者可造才，何自畫如是？吾子勿以爲已看古今書，已能明了當世名流。其實吾子恐猶未得真眼目。此意難言，子之聞此也，縱不吾怒，决不得無疑於斯。然若能共處，困學一番，當漸見此意耳。佛學最難得解人，談有談空，説玄説妙，其不模糊籠統者無幾人。讀書談何容易。鄉下蒙師教“學而時習章”，字字講得來，經師則以爲不通也。經師自負講得好，程、朱、陸、王諸老先生又必以爲未通也。鄉塾窮竪不通訓詁，而經師非之；經師無神解，無理趣，不得言外意，而理學諸大師又非之。“學而”一章書，元是那幾字，而各人隨其見地以爲領會，則千差萬別也。凡人無真見，無底藴，讀天地間大著，反鄙爲尋常，讀無知之談，反驚爲神奇或富有。海上有逐臭夫，千古學人不陷此慘者有幾耶？産業直須漸捨，向後此爲禍根。

與薛星奎

來信收到。聞近讀理學書，不知如何讀法。若不善抉擇，恐難獲益也。治宋明儒學，於其反己體驗之真切處，固宜以之自勘；於其許多精理名言，却宜再三尋繹，得其條貫與體系而後衡其得失。理學究是禪與老氣味重，棲神虚寂，而難語於孔子乾元行健、富有日新及孟子擴充之妙。其思想方面亦往往過拘於身心之間，而於《易》所云仰觀於天、俯察於地、近取諸身、遠取諸物數語，則只有近取諸身一句，而失先聖智周萬物之神。今日言哲學，宜向西洋理智、思辨路數多用功夫，然後蕩之以佛老，嚴之以宋明儒，要歸於乾元行健、富有日新、擴充無已之盛。今人智劣，不足談斯事。幽居念此，仰屋咨嗟。星奎屢函，贊我之辭，適以謗我。茫茫斯世，知我者希，星奎何尤。子曰：“莫我知也夫。”“知我者其天乎？”古今獨至之詣，曠百世難索解人，乃求默契於蒼昊。余誠不敢妄引宣尼，然自有獨獲，漢唐巨儒之業，皆不屑爲；宋明大師之學，何嘗墨守？矯首八荒，遊神千古，闓闢無礙，萬變皆貞，非窺大化之奇，詎測圓通之境。

答劉公純

治哲學者，研窮宇宙人生根本問題，有所解悟，便須力踐之於日用之間，實見之於事爲之際。此學此理，不是空知見可濟事。若只以安坐著書爲務，以博得一世俗所謂學者之名爲貴，知與行不合一，學問與生活分離，此乃淺夫俗子所以終身戲論，自誤而誤人。吾子何慕於斯，必以業務爲厭患哉！

答韓裕文

信、思、證，此三方面之功，不可少其一。始乎思，終於證，徹終始者，信也。人無信不立，自信有力，能得能成。《新論・明心章》談信心所處宜細究。思者思辨，或思索、思考，皆謂之思，此理智之妙也。極萬事萬物之繁賾幽奥，而運之以思，無不可析其條貫，觀其變化。思之功用大矣哉！心之官則思，繫於日常實際生活者，情識也，非心也。情識之役於境，是繫縛也，不能思也。離繫而後能見心。心不爲情識所障，而後思無不睿也。證者，本體呈露，自明自喻之謂也。學至于證，乃超越思辨範圍而直爲真理實現在前。《論語》所謂"人能弘道"，《阿含》所謂"身作證"是也。思辨則與理爲二。佛家所呵爲有所得心，非獨體透露也。獨體即謂本體。無對名獨。哲學極於證。至於證而猶不廢思。周通萬物，亦神用自然不容已之幾也。

與周生

士先器識而後文藝，此定論也。考覈之長，切勿自熹。宇宙無量，理道無窮。古今大哲人、大科學家所知皆有限，即綜古今來各大學者之知識而總計之，仍是有限。莊生知也無涯之嘆，可謂明智。然以其無涯而遂不求知，則小器也，廢物也。知無涯，吾求之之力亦與之爲無涯。君子自强不息，學不厭，誨不倦，發憤忘食，樂以忘憂，不知老之將至，人生所以體天行之健也。吾望汝爲大人，爲君子儒。

以上係近年通旦手録，姑存於此。時在川也。

附録傳文六首誌一首

王漢傳

王漢，字怒濤，一字竹菴，湖北圻水人也。少從姊夫同里何焜閣孝廉問《易》。焜閣學於同縣熊太晶孝廉。太晶講姚江學，踐履純篤，焜閣能傳其學。漢學有淵源，而深嗜《易》，所至恒持《易》書一卷，未嘗須臾去手。嘗與黄岡何自新、熊十力等爲講習會于圻黄間。漢同宗有老儒王經在者，治《易》精術數。咸同間，鄉人避兵者，未知東西等方何走爲利，請經在卜，吉凶輒驗。事爲府縣官所聞，言之胡文忠，召卜兵事，亦驗。文忠欲留之。經在固有道者，堅請還鄉，且曰："術數不可爲訓，若淹留軍中，恐騰笑於外。"文忠笑而遣之。漢嘗聞老輩道經在舊事。一日與自新、十力燕談曰："《易》故有數理，奈何流於術？"十力曰："漢世《易》家已多方術，宋邵子猶然。吾不解術數，亦不欲知之。吾唯據本經以求數理。夫數原於虛，立於一，太極是也。一變而爲二，虛者將實，坤之 -- 是也。《易》曰'坤作成物'，成物故實。物成而有對，故 --。-- 者二也。二與一反，既成乎實，則乖其虛之本然故也。然一終不予二之反，復變而成三，乾之'保合太和'是也。太和者，虛以運實而無相反也。故《老子》曰'一生二，二生三'，造化之秘，如是而已。夫數以奇偶相生，無窮無盡，此貞常之理，於術數何與哉？"漢聞而然之。自新以童稺補博士弟子員，天資豁達，豪邁不可一世。讀《易》至"群龍無首"，悠然若有會心，即試問漢、十力曰："此何義耶？"漢曰："人各自立，人各自主，則群龍也。天下不得有君，故無首也。"三人者相與撫掌大笑。漢學《易》初宗程傳。自新、十力讀王船山書，極感奮，以語漢。漢取讀之，至《易内外傳》曰："此足以補伊川之不逮矣。然伊川切於踐履，船山固未離此本根也。"自新曰："漢學貴笨功，宋學尚超悟。吾將求悟而無廢笨可乎？”十力曰：“審若是，可以爲通儒矣。”漢曰：“言之易，學不厭難也。”會清政不綱，外侮日亟。漢、自新同師何君。何君走京師，知天下將大亂，歸語漢、自新。漢、自新憂之曰：“亭林有言：‘天下興亡，匹夫有責。’吾忍安坐以書生自了乎？”十力兒時觀劇，見漢衣冠而美之，曰：“今何不然？”父老告之故。十力曰：“胡人與漢人孰多？”曰：“漢人多。”曰：“奈何以多制於少？”父老不能對。十力極憤悶。稍長，聞父談歷代史事，至衰亡慘狀，輒痛心泣下。至是，十力從漢、自新赴武昌。武昌聞見較廣，三人者益熟知中外情勢，以爲清室不去，則民權無可伸張，何以禦外侮？慨然有革命之志。漢、自新共居旅舍，十力獨入軍營爲兵。時科舉未廢，人皆怪三人爲瘋狂。未幾，漢、自新多結納諸豪俊，相與組織科學補習所，未久而敗。十力在營中，潛通諸悍卒。清光緒三十年，鐵良以欽差大臣南下考察。漢謂桃源胡瑛曰：“天下之禍已亟，而士大夫猶昏昏無所覺知，此可奈何？清廷派親貴重臣南下，其以吾民爲奴，而猜防之無已也。吾欲與此獠俱死，恐獨力不勝，子能與吾共事乎？”瑛慨然許之。初擬待鐵良於武漢。潛江劉敬菴曰：“不可。此事一發，恐當道禁網日嚴密，吾儕欲有所經畫於武昌，難立足矣。盍於省外行之？”漢曰：“吾有老母在，亦懼牽累，因決赴河南彰德，候鐵良乘車至，邀擊之。”既抵彰德，漢語瑛曰：“吾不敢強君俱死也。君可别寓一旅舍，待吾死後，設法收吾屍，以死狀告於武昌同志足矣。”未幾，鐵良抵彰德。漢獨持槍伺站上，猛擊之。時天下承平久，書生故不習兵，槍連發不得中。衛兵來捕，漢急馳道旁井自溺。鐵良仍乘車去，命彰德知府根究。吏發其屍井中，得漢絶命書數千言，皆闡明民族、民權大義及憤親貴亂政，願以身殉，爲天下倡。胡瑛貌爲行商，向彰德紳商交涉，收漢屍殮葬之。年纔二十有二。漢之行刺也，新婚僅一月，竟無子。漢死後，劉敬菴等聞耗，即成立日知會於武昌，自新、十力皆與焉。自漢刺滿清權貴大臣，士人聞其風，多峻厲敢死。吴樾、徐錫麟皆繼漢之後而以一死褫清廷之魄，作天下之氣，其功顧不偉哉！民史氏曰：“王怒濤之精神與功德，皆從《易》學中得來。兩湖學者如王圻水、譚瀏陽，皆以身命實踐其所學，昭然與日月争光矣！”

附記：王公在彰德就義後，胡瑛即回漢，轉赴日本。曾於東京報紙登載中國王漢在河南彰德刺清大臣鐵良不中自殺。國内僅江蘇某報載其事，被官廳查封，後遂無敢道及者。故當時社會上多不知。民國初元，滬報載章太炎與民黨人閒談，謂宜調查清末志士殉義者，請政府表揚並優卹。時太炎隨手書出名單，王漢居首列。蓋王公爲黨人之最初就義者也。然當時民黨曾向政府提出否，殊不可知，僅好事者以太炎手書名單宣布報紙而已。初元之際，王公從兄子書訪余武昌。余爲之草呈文，請於副總統領鄂都督黎元洪表揚王公烈行，卹其家屬，並行文彰德，查明墓地，立碑紀念，或遷棺武昌，舉行公葬。時饒漢祥居黎幕，頗抑民黨，竟批云：候呈請中央。遂無結果。民國五年，余在南昌遇彰德一青年，問王公事。彼云：童年受書，屢聞父老談清末有王漢刺鐵良事。今年歲已遠，墓地不可知。子書民元北上訪胡瑛。胡云：無暇赴彰德查。略贈子書車費，子書不受而歸。余平生孤露，於世無緣，未能表彰亡友，耿耿之心，要不忍忘。今王公之事，日益湮没。余已年衰，恐後更無知王公姓字者，故爲之傳。王公夫人高氏守節，立兄子爲後。夫人尚存，極貧苦。竊念武昌日知會、當時實加入同盟會、民黨老輩能憶王公之事者，猶當不少。國史不詳其行實，武昌及彰德無紀念，似非所以慰忠烈而勵人心也。王公生前少交遊，孤寂如余者，無力宣揚，終生抱痛而已。

民國三十一年十一月二十二日十力謹記

吴崐傳

吴崐，字壽田，號吼生，湖北黄岡人。縣城東有茶村故里，晚明杜濬于皇先生所居也。崐少時遊眺其間，慕于皇風義，慨然有光復之志。壯遊武昌，與王漢、何自新、劉敬菴、宋遯初、張難先等，規設日知會，印行革命宣傳文籍，分佈軍營及學校。旋東渡扶桑，追隨孫公，參預同盟會，被選爲評議員兼《民報》社幹事。丙午五月，奉孫公命，偕法人歐幾羅來鄂視察黨務。十月，湖南萍醴發難，崐與日知會同志謀舉義，不克，劉敬菴等九人被逮。崐回原籍。家故濱大江，捕者乘兵輪至，崐適在家，薙髮及半，不動聲色，紿之曰："吴崐剛外出。"捕者急返奔尋覓，崐乃從後户趨江濱，乘漁舟，經兵輪旁上溯，以示不疑。人服其鎮静，能應變。丁未春，與宋教仁、白逾桓密赴關外，集合李逢春、金壽山諸馬俠，設同盟支部於遼東。及夏，遍通關東大俠，衆益盛。欲襲據遼寧，逼榆關，窺燕京。事洩，白逾桓被逮，崐亡走日本。時孫公、黄公俱赴南洋，同盟會本部事無大小，悉委於崐。民國肇建，被選爲國會議員。時當選者，多由餽送得之，崐獨以勳望爲衆所推。袁世凱擅貸善後借款，又賊殺宋公教仁。崐提案彈劾，遂引去。六年，段祺瑞解散國會。孫公南下護法，崐與參衆兩院議員同赴粤。後漸厭倦政治生活，貧乏不能自存。會居覺生出長司法院，月致常廪。迄抗日軍興，中央核減政費，乃免。崐復困餓。張難先乃以鄂省銀行董事職讓崐。武漢陷，攜妻子走恩施。三十一年十月三日，歿於恩施旅舍。家貧不能殮，屍且腐。浠水王孟蓀聞而傷之，爲募資收葬。居覺生哀之，請於中央，明令褒揚，卹其子女。崐平生與宋教仁漁父交最篤。漁父洞悉世界大勢，有經國長略。民國肇創，漁父以内閣制呼號南北，初不爲人所注意，獨章炳麟太炎知漁父政治懷抱，甚推重焉。未幾，民黨亦以袁氏漸專横，决推漁父組責任内閣。漁父擬以崐長交通，約崐北上。頗與袁氏左右周旋，冀解其羽翼。袁氏識漁父有雄才，乃急煎之。崐自是恒鬱鬱不得意，以酒色自放。同縣熊十力嘗憾之。鄂城劉芬伯垂曰："壽田，天下才也，然不足爲第一流。使漁父而在，彼當以功名自見。漁父喪，自度世無能用之者，亦不願碌碌以取富貴，寧葬身花叢中。其志可謂苦哉！”十力曰：“伯垂，壽田知己也。然人生何可頽廢如是乎？世日益下，蠅營狗苟以致通顯，恣貪殘者，滔滔皆是。求如壽田之死而腐其屍者，何可得哉？何可得哉？”十力蓋追思壽田不置也。

何自新傳

何自新，字季達，一字醉俠，湖北黄岡人。黄岡大縣也，科舉時，應試者常數千人。南皮張文襄公常按試吾黄，嘆爲多才。自新以童年預試得第一，居榜首，文名動一郡。少與圻水王漢同師何炳藜焜閣。炳藜以孝廉北上，知康有爲上書事，念世變，歸與漢、自新言之。漢、自新嘆曰：胡文忠之在鄂也，江岸見英輪駛至，驚而昏蹶仆地，慮西夷之難敵也。前輩憂國之忱如此，吾儕敢不自勉乎？康有爲欲擁清廷以圖强，清室素内猜，非覆清不足自樹立。遂與十力共遊江漢，欲物色四方豪俊，而與之圖天下事。十力徑入軍營充一卒，自新、漢居旅舍，常往來各學堂與新軍間。未幾，識宋遯初於文普通學堂，識吕大森於武備學堂，識劉敬菴於某軍，識張難先、胡瑛等於工程營，又由胡瑛以與其師黄克强通音問。一時志士畢集，合謀創立科學補習所於武昌多寶寺街，武漢之有革命黨團自此始。時有疑武昌不易發難者，十力、自新並闢其謬，謂武昌據長江上游，南北關鍵，天下安危所繫。張彪以庸竪握兵柄，吾曹默運行伍，不數年可行大事矣。未幾，黄克强規取長沙。事洩，湘撫電鄂督查封科學補習所，黨人稍散。光緒三十一年春，王漢刺清親貴鐵良於彰德，不中，死之。語在《漢傳》。是年夏，自新與前補習所同志假武昌聖公會堂成立日知會。及冬，十力由行伍考入陸軍特别學堂。明年，十力與諸同志創設黄岡軍學界講習社，聯絡各軍營兵士及各學堂學生，名爲黄岡一縣旅省人士之結集，以避警吏注目故也。久之，張彪偵悉，密令捕十力，營務處陰令十力先遁。張彪遣密探嚴緝，自新設法藏匿，備極勞頓。是年秋，湖南萍醴發難。事敗，鄂督派軍警圍武昌日知會，捕劉敬菴等九人下獄，自新亦在名捕中，乃亡走江南，數年，以病還黄岡，卒年二十九。自新英挺有大志，穎悟過人，少負時望，有劉青田之目。爲學尚博通。及居武漢，以結納豪俊爲務，不免荒棄所學。自負有知人鑑。嘗謂十力曰："君弱冠能文，奮起投筆，可謂有英雄之氣，然解捷搜玄，智窮應物，神解深者機智短也。學長集義，才愧經邦，學問與才猷不必合也。夫振絶學者，存乎孤往，君所堪也。領群倫者，資乎權變，君何有焉？繼往開來，唯君是望。事業之途，其可已矣。"十力怫然曰："天下第一等人，自是學問事功合轍，兄何薄吾之甚耶？"自新默然不復言。民國既建，亂靡有定。自新固死於辛亥前一歲，十力孤存天壤間，荏苒不自立。久之，從軍湘鄂，浪遊兩粤，默察人心風會，益知來日大難，於是始悟我生來一大事，實有在政治革命之外者，痛悔已往隨俗浮沈無真志，誓絶世緣，而爲求己之學，每有荒懈，未嘗不追思吾自新之言，以自愧自勵也。嗚乎！吾老矣，所學猶在知解間，知及而不能仁守，其負吾友也深矣。自新稍長於吾，體弱多病，嘗戲謂曰："書生結習，難亡百世名。我將以傳文累君。"十力聞之而懼。德業不進，己則無聞，而可傳自新耶？三十餘年來，未忍忘此囑，而不敢一執筆。今以鄂人徵集先烈事蹟，以自新傳見責。老懷棖觸，輒搔首望天，而不知淚之所自也。

附記：自新夫人杜氏，貧苦守節，與怒濤夫人高氏同一艱辛備歷，大節凛然。自新有一子，杜夫人教之成立。民三十五年春，余由川回漢上。適全椒王東原主鄂政，始以王、何二公崇祀案提交省府會議公决，就武昌抱冰堂側建王公專祠，以劉公敬菴、何公自新配享。議既定，王君適奉命調主湘政，此案或復擱置。姑志此以待後之人，夫崇德報功，風化之原也。鄂中先烈湮没如此，可以觀世變矣！

彭太公傳

貴谿彭凌霄程萬有峻節孤誼。辛亥武昌首義，贛省諸郡縣率先響應，而各建軍府，不相統屬。凌霄始定全贛，綏民庶，厚軍實，推李烈鈞率師北伐。滔滔江漢，波濤不驚，革命大業，於是粗定。凌霄之功，可謂鉅矣！及南北統一，曾主江西省政。維時黨囂士譁，無復深慮。袁氏盜柄，違反民治。凌霄憂大亂將至，扶傾無力，潛焉高蹈，終守窮約，不易其操。志定而節苦，行晦而憂深，視富貴如腐鼠。余與凌霄爲昆弟交。嘆美至行，而知其先德貽謀遠也。凌霄嘗以太公狀來，屬爲之傳。余曰："義不敢辭也。"謹按狀。公姓彭氏，名興邦，後改名大興，字楨祥，世居江西貴谿縣北鄉流嶺村。曾祖大年，始習儒術，舉茂才，文章書法，時人推重。屢應鄉試不遇，家資中落。父松林，讀書未成，亦不事生産。母劉氏，本出豪宗，未堪操作，常倚外家爲活。公生而赤貧，不能就學，自幼與諸弟並習農業，勤苦備至。力田之餘，旁及副業。天才恢豁，億度屢中。性行强毅，足以幹事。開源節流，靡不精究，雖衛公子荆善居室，殆無以過之。家業既豐，不務私殖。濟困扶危，施捨無吝。閭里無告，呼爲善人。橋樑道路，斥資修舉，歲歲踵行，衆享其利。邑中金沙鎮故有十方叢林一所，佛像塑以金身，爲費頗鉅，終無伐善之心。平生篤於信仰，禮神祀祖，必誠必敬。外出遇婦女輒折回，人以迂固議之，不稍變也。事父母能孝。母年至八十餘，常畏寒，冬春必伴母眠食，奉養不忍儉。性豪邁，好客。詞峰峻利，邑之名士，多所交納，嘗以辯才周旋，莫或能屈之也。平居嚴毅，衣履整潔，坐不歪邪，行必端正，昂首直視，岸然自尊，於人鮮當意者。邑俗故趨武科，武舉人及官侍衛者頗衆。公顧欲興文教，自以幼時貧苦失學，年二十以後，便令諸弟從塾師受經，習章句。入夜，遂與諸弟篝燈共讀，以故粗通文義。立身行事，多本經訓，非舉業之徒所及也。娶朱夫人，籍安徽涇縣。其祖父某，商於貴谿，遂家焉。朱氏之門，多以詞林至大官。夫人歸于公，渾忘華貴，事姑盡禮。與家人及鄰里處，數十年從無疾言遽色，族黨稱之無間言。蓋公有乾剛之美，而夫人承之以坤順，此其家道所由成也。公兩子，長克勤，入武庠。次克亮，册名程萬，字凌霄，以茂才留學日本，辛亥光復，都督江西。而公已前卒，不及見矣。

傅以平墓志

余昔以《新唯識論》講授於北京大學。鎮寧傅生以平方肄業師範大學，每遠來參預講會，未嘗曠廢。旋與其同學閩侯李生景賢來謁。察其貌，欿然恒若不自足，而奮厲之志，潛蓄於中者已甚深也。默然不敢逞其辭於人前，而明慧内蘊，於當世少所可，人益感覺其不可輕也。隱然民物在抱，而汲汲焉吾斯之未能信，人益知其所自待者不薄也。温然不言，而飲人以和，使人親之不敢狎，敬之而毋或憚也。竊嘆生之年方少，而卓爾有遠致。自是約課暇即來，來則寂然相對，少所語。興之所發，談言微中，而生自以爲天地萬物之理，上下古今之變，若有相喻於幽默中，視課堂所得，乃真粗迹耳。余喟然曰："生勉乎哉！"未幾，生以父喪回黔。適抗戰軍興，余亦來川，遭逢多難，無緣合併。忽報生不幸短命死矣，年不及而立，遺孤纔半歲。嗚呼哀哉！天之生才，既予之厚，而奪之速，其可問耶？不可問耶？生之友好，集賻公葬生於貴陽禹門外虎峰之原。其妻袁孟英乞余一言誌其墓，不忍却也。中華民國三十一年十一月。

鄧彦芬小傳

鄧彦芬，字晴皋，四川古藺人。父禮堂，學宗程朱，持身嚴峻。彦芬少承家學。清光緒丁酉，以拔貢舉於鄉。入太學六年，學成，授博野知縣，派赴日本考察。居大學時，值庚子之變，同舍有議懸白旗於學宫以免外兵蹂躪者，彦芬力持不可，議卒寢。宰博野，廉讓爲治，士民化之。以課最膺荐，大府陰索賄，彦芬峻拒，即告終養而歸。是時清政已腐壞，彦芬知清運將終，無仕進意。民國既建，彦芬憫政俗益敝，鄉居三十餘年，不一接新貴與軍閥。老而好學，日親經史，於《易》《詩》尤耽玩。與井里後生言，援引古訓，以繩時俗，辭氣婉和，聞者感動。好爲詩，有《默聲堂集》，余未之見也。古藺之學者，昔在舊京，多從余遊，皆稱其鄉有鄧先生，潛德弗曜。余詢諸子，鄧先生方古之高隱，可與誰匹？潘從理曰："先生解悟所至，視管幼安何如？不敢知。然其胸次蕭然世外，其行履平實，無絲毫矯異乎鄉人，恐幼安無以遠過也。"余曰："有是哉！清而不激，和而不流，可謂安且成矣。"及余避寇入川，古藺許息卿來問學。其母鄧先生姪也。時稱説鄧先生孝友之行爲難能云。

劉慧凡小傳

劉慧凡，湖北羅田人。少與麻城嚴重立三同學保定軍官學校。立三誠摯，念念與生民痛癢相關。慧凡謹厚，有"行一不義雖得天下弗爲"之守。立三曾任文武大官，自度才具不足濟一世，恥不義而富貴，棄官隱廬山，躬耕自給，長服菜羹，竟以苦至死。所著書有《大學考釋》《通論中國學術流變》，自出心裁，識者重焉。人或疑立三矯激，然獸蹄鳥迹盈天下，世顧有矯激如立三者乎？立三與陽新石蘅青瑛、沔陽張難先義癡，天下號爲鄂中三怪。人失其性非一日，見有人焉者，安得不群相駭以爲大怪哉！慧凡亦嘗任軍職，人皆稱其材兼文武，將大用。顧憤舉世習於狼貪虎噬，乃謝交絶遊，閉户讀書。晚居黄州城隅，租地自耕。民國二十四年冬，余自舊京南歸度歲，與番禺伍庸伯遊赤壁，同訪慧凡。黄城僻在荒江，不當孔道，居人稀少，廬舍蕭條。慧凡室大如斗，頹垣敗瓦，不蔽風雨。日以菜羹稀粥果腹，怡然自得，别有天地非人間。余甫坐定，慧凡問曰："昔訪公杭州，問《大學》致知，朱王二義，孰得孰失？雖承剖析，猶未釋然。"余曰："君何不超然朱王二家之外，反諸自心，斯理豈遠乎？"慧凡忽有省。立三與余同寓杭州近一年，慧凡纔兩面。余知慧凡，自立三也，今兩人皆逝矣。然立三有盛名於天下，慧凡姓字不出鄉里，余尤哀慧凡也。

十力語要卷二

與周開慶

昨秋君毅來函，論及羅整菴薄陽明知心而不知性。此一問題在程朱陸王諸師派下所争至劇。吾昨欲詳答之，當時意思極多，會《語要》卷一校刊亟，遂置不答，爾後遂無執筆興致。久之，此等意思亦消失於無形。大抵此問題亦是儒佛所由分。儒者即心見性，尼父“五十知天命”，而其功效所極，則曰“七十從心所欲不踰矩”。心即性也，於此徵矣。孟子曰“盡心則知性知天”，猶孔氏之旨也。佛氏亦何能於心外覓性？然其言性，終偏於寂静，則宗門作用見性，似猶是權詞。而性體真寂，不即是虚靈知覺之心也。程朱猶近於佛，陸王反合於儒，此前儒所不審耳。

不朽之問題，若以知解推論，自可敷陳十義百義至無量義，實則都是閒言語。吾年三十以往迄于四十，追求此問題至切，然終以其求之而不可得真實解，愈索解而愈迷離，卒乃止息追求，任之自爾，而無不適矣。尤復須知，人之不甘心於死而遂朽者，其根本要求畢竟在靈魂永存而已。靈魂是否永存？其本仍在有無靈魂。果其有之，是否即永恒？猶有問題在。然靈魂有無一大問題，古今聚訟。由科學言之，則完全無徵，而可斷言其無；可斷者，科學家以爲可也。由哲學言之，則事不可徵，而理不必無，因此而信以爲有者，在哲學家中亦不乏其人；由宗教言之，則根於信仰，而堅執爲有。三占從二，其唯虚懷而默於所不可知，雖不能信，亦勿遽遮撥焉，斯可矣。總之，人皆有要求靈魂永存之觀念似不容疑，即其以知解作主張而否認靈魂者，恐其持論是一事，而其骨子裏對於靈魂永在之要求未必能掃除淨盡也。人果無死而不亡之要求，則其生活必無力，而且不欲以瞬息生矣。須知有生之物，其生活力量皆由陰驅潛率之勢力使之然，非知解所得爲功，此非深於反觀者每不自知也。反觀工夫唯人得有。人之尤靈而爲聖哲，則此工夫更精透，一般人則不足以語此，禽獸更不得有此。近世學術，重客觀而黜反觀，雖於物理多所甄明，而於宇宙真理、人生真性之體驗，恐日益疏隔而陷於迷離狀態矣。吾不欲斷言靈魂之爲有爲無，但確信人皆有靈魂永存之要求。此等要求恒伏于潛意識，而人或不自覺；正唯其不自覺，其勢力乃極大無垠；又以其屬於不自覺也，故終是信仰上之事，而不是知解可以解析之事。開慶必欲知吾對於不朽之觀念如何，吾之所可言者，止此而已。

又今日中國人之生活力最貧乏，其生活内容至空虚，故遇事皆表見其虚誑、詐僞、自私、自利、卑怯、無耻、下賤、屈辱、貪小利而無遠計。蓋自清末以來，浮囂之論，紛紜而起，其信仰已摧殘殆盡。宣聖曰："人而無信，不知其可也。"

復張東蓀

北大轉到來教一封，係弟未抵平時所發。本日又得惠書，兹略答如左。一、前函謂宋明儒實取佛家修養方法，而實行儒者入世之道，其内容爲孔孟，其方法則係印度云云。弟於此微有異議。果如來教，則宋明儒學乃兩相搭合而成，如此拉雜，成何學術？爲學方法與其學問内容，斷無兩相歧異之理。向來攻宋明諸師者，皆謂其陽儒陰釋，此真横議。吾兄不謂宋明學全出釋氏，但謂其方法有採於彼，是其持論已較前人爲公而達矣。然弟猶有異議者，何耶？則以孔孟儒學之内容，必不能全用印度佛家方法故也。夫孔曰"求己"，曰"默識"，孟曰"反身"，曰"思誠"，宋明儒方法皆根據於是，雖於佛家禪宗有所參稽兼攝，要非於孔孟無所本而全由葱嶺帶來也。朱子譏陸象山之學由葱嶺帶來。今借用其語。凡一學派之傳衍，恒緣時代思潮而使舊質料有所蜕變，新質料有所參加，此中外所莫不然。宋明之世，佛家禪宗思想已盛行，諸儒不能不受其影響，亦何足怪？實則宋明儒於孔孟之形而上學方面確屬深造自得，而有偉大之成績，其思想皆自成體系，但散見語録，非深心體玩則莫之能知耳。至若甄驗物理人事，足以利用，則晚周儒生之學所爲廣博，而不偏於玄學一途，宋明儒則不免疏於實用，亦參融禪學之過也。陸王之徒既反對程朱《大學》格物之訓，而程朱以即物窮理言格物，又但有主張，而未嘗詳究方法。其平居體驗人事物理，蓋不外暗中摸索與憑穎悟所儻獲，既無精核之方法，則雖明物察倫，亦往往冥會其通，而未嘗解析部分、明徵定保，以構成某一部門系統的知識，此科學所由不發達也。兄疑其方法全採印度，或以此歟？然弟則以爲宋明儒本偏於玄學一途，其玄學方法仍承孔孟，雖有所資於禪，要非純取之印度，故於尊論微有異議也。夫孔門注重六藝，禮、樂、射、御、書、數，即簡單的科學。孟子精研政治與社會問題，特有發明，非但爲鞭辟近裏之功而已。及宋明儒則一意反身默識，以充其德性之知，而於徵事析物，即所謂聞見之知則不免視爲外馳，雖此言容稍過，至少亦有此傾向，是其視晚周儒家已變而狹矣。大抵東方哲學與西洋科學各有範圍，各有方法，並行則不悖，相詆終陷一偏。科學以由感官所得經驗爲依據，非用客觀的方法不可。哲學所窮了者爲本體，而宇宙本體實即吾人所以生之理，斯非反求與内證不爲功。故東方之學終非科學所能打倒。明知此論爲時賢所不許，但不妨向吾兄一傾吐耳。

二、第二函謂英人懷特海之哲學與弟之《新唯識論》頗有相通之點，囑余生撰一文以相比較。余生於懷特海既未知所得如何，其於《新論》至多不過粗通文句。文句有限也，而文句所詮之意義乃無限。余生目前尚未了解《新論》，又何從比較耶？今學子習於膚淺，吾儕從事論述，唯此孤心長懸天壤耳，若欲索解人於當世，恐爲自苦。

三、前夕尊寓暢談，孟劬先生略及今之治史志者，異執朋興，此誠無可如何。弟以爲今日考史者，皆以科學方法相標榜，不悟科學方法須有辨。自然科學可資實測，以救主觀之偏蔽；社會科學則非能先去其主觀之偏蔽者，先字是着重的意思，非時間義。必不能選擇適當之材料以爲證據，而將任意取材，以成其僻執之論。今人疑古，其不挾私心曲見以取材者幾何？真考據家亦須有治心一段工夫，特難爲今人言耳。

附張東蓀答函云：復書拜悉。所論宋明儒學與佛學之關係一段，細繹之，與弟所見亦無大差。特弟前函太略，未將所欲言者充分説出耳。弟以爲反身、思誠等，在孔孟本人或有此種體驗，但當時並未釐爲固定之修養方法。自宋明諸儒出，有見於禪修，乃應用印度傳統之瑜伽方法從事於内省，由敬與静而得。遂得一種境界。此境界雖同爲明心見性，然與佛家不同。蓋佛家所得者爲實證真如，而宋明儒家所得者爲當下合理。二者所達不同，而其爲内修則一也。以西方術語言之，則一爲玄學的，一爲倫理的；一爲求見宇宙之本體，一爲體合道德之法則。潛修以窺破本體，其結果得一“寂”字。一切皆空，而空亦即有。於是事理無礙，事事無礙。潛修以體合道德，“道德”二字似太狹，不如直呼爲做人較妥。其結果得一“樂”字。宋明儒者之詩如有云“萬物静觀皆自得”與“時人不知予心樂”者，不可以尋常句子看待也。故印度之文明始終不離爲宗教的文明，而中國之文明則始終不失爲倫理的文明。宗教的文明，無論其本質何似，而總不免有出世色彩。至於倫理的文明則純粹爲入世之物。此點可謂宋明儒者在人類思想史上一大發明。弟將爲長文以闡明之，不知公亦贊成否？漱溟於此似已稍稍窺見，特不知與弟所領會者果相同與否耳？

再答張東蓀

答教拜悉。弟以爲儒家與印度佛家同爲玄學，其所不同者，一主入世，一主出世而已。真如不是一件物事，除却當下合理，又何所謂真如？《涅槃經》乃最後了義，即於心之“常樂我静”而説爲如。具云真如。故“樂”之一字不必爲儒佛之判也。唯佛主出世，故其哲學思想始終不離宗教；儒主入世，故其哲學思想始終注重倫理實踐。哲學不止是求知，而是即知即行，所謂體神化不測之妙於庸言庸行之中，此儒術所爲可貴也。總之，儒佛二家之學均廣大淵微，淺智所不能了，今人亦無肯肄習者。尊論何時脱稿，甚願得一讀也。

又“當下合理”一詞，若深究其涵義便甚難言。其所以爲當下合理者，以是本體呈顯故耳。若不見體，又何當下合理可言？夫子“七十從心所欲不踰矩”，才是當下合理之極致。佛位亦不過如此。凡夫本有此種境地，但習染所蔽，不克發現，不自證得耳。吾兄以求見本體歸之佛，而謂儒者爲體合道德之法則，似謂當下合理即緣體合道德法則之效果，此弟所未能印可者。須知若不見體，則所謂道德法則便純由外鑠而無内在的權度，此告子義外之論，所以見斥於孟子也。唯見體故，斯有道德之法則可言。孟子所謂居安資深，取之左右逢源者，乃無往不是天則，無時無在而非當下合理。宋儒詩所謂“等閒識得東風面，此喻見體。萬紫千紅總是春”，可謂善於形容。到此境地，佛謂之“大自在”，儒者謂之“樂”，《涅槃經》亦謂之“樂”。

儒者的然實證本體，而不務論議，專在人生日用間提撕人，令其身體力行，而自至於知性知天。知性知天即證體之異語。故儒家之學，自表面觀之，似只是倫理學，而不必謂之玄學，實則儒家倫理悉根據其玄學，非真實了解儒家之宇宙觀與本體論，則於儒家倫理觀念必隔膜而難通。

儒家注重踐履，此其所長，而由此不務敷陳理論則了其精義宏旨者，僅少數哲人，而大多數人乃無從探索，而不見其有何物，此亦儒術所以衰也。

《華嚴》四法界，歸於事事無礙，到此與儒家無二致，會通四子、六經，便見此意。

弟每欲有所論述，顧衰世百艱，苦無意趣，若有少數同志隨時短簡商榷，必不無所解發。朱子詩云“舊學商量加邃密”，至有味也。

附張東蓀答函云：二次復書拜悉。弟意尚有未伸者，請再爲公陳之。弟以爲所謂玄學的與道德的云云，甚至於本體論、宇宙論、認識論之分別，皆基於西方學術重分析之精神而出，遂有此種分別部居之事。至於東方則根本上爲渾一的，故謂宋明儒學爲道德的一語，却决不包含有宋明儒學爲非玄學的之義在內。以在西方所謂道德的與玄學的二義可以互相排斥，而在東方中國。則此二義非但不相排拒，且常併爲一義，不可强分。尊函論及本體一層，弟自西洋哲學之觀點以觀，覺稍有伸論之必要。蓋弟始終以爲本體論爲西方哲學之特色。有人謂認識論爲西方所獨有，殊不知印度哲學上之認識論實甚精微。印度哲學亦講本體，但其本體即是所謂如，並不是一件東西，以西方術語言之，乃係以宇宙論代替本體論也。中國思想亦然。中國最古之玄學自是《易經》。《易經》只講宇宙論，而無本體論。若以不甚正確之言表之，則可謂西方確有本體論，印度只是以宇宙論當本體論講，中國又只是以人生論當本體論講。吾謂宋明儒者修證之結果得一“樂”字者，其玄學的背景當然根據於《易》，此即生生不息之理。以大宇宙之生生不息，遂致小宇宙即個人。能有此心活潑潑地之一境也。因其玄學的背景不同，故佛家之修證與宋明儒者亦不同。弟嘗謂佛家之修證在于得見，其爲見也，猶如庖丁解牛；宋明儒者之修證在于所行，其爲行也，恰似行雲流水。因其爲見，故爲當下直指；因其爲行，故爲遍體流行。其結果，得見者只能得一“澈”字；而得行者乃可得一“樂”字。此二者之别也。且弟始終覺得西方之道德觀念與宇宙見解、本體主張可以相關聯，但仍必爲三者，不可混而爲一。中國不然，其道德觀念即其宇宙見解，其宇宙見解即其本體主張，三者實爲一事，不分先後。此種態度，在西方則統名之曰神秘主義而鄙視之。弟則以爲中國思想之優點亦正在此，特如何以保留此種優點而仍能卓然自立於西方文明大昌之今日，則頗爲問題。誠以東方之自得之樂與西方之馭物之智，如何融合並存，不得不大費苦心矣！弟極思有以解决之，而深感一人之力有限，此則非區區短箋所能盡述者也。

答朱進之

寄漢寓函早收到。吾南還忽忽一月，家居擾攘不寧，精神散亂。老來歲月如此虚度，惶懼可知。頃率池生來黄州赤壁寺中。黄州係故郡城，今爲縣治，但距吾故宅尚九十里。赤壁雖由蘇軾得名，然江山之勝，確足以千古矣。余坐卧讀書於危樓之上，俯瞰大江東去，真乃海闊天空，西湖無此勝也。故鄉風月宜人，冬暖如春。早起江干緩步，生趣油然。病軀得此，樂可知矣。自平同來者，老友伍庸伯先生亦於兹共處，可謂不孤，唯念賢輩不得相聚，是一憾耳。

來函謂東西文化各有毒質，其説自是。世相，一切相待者也。優質所在，即毒質所存，天下皆知美之爲美，斯不美矣；皆知善之爲善，斯不善矣。老氏所以爲達也。東方文化，其毒質至今已暴露殆盡，然其固有優質之待發揚者，吾不忍不留意也。西方文化之優質既已顯著，然率人類而唯貪嗔癡是肆，唯取是逞而無饜足，取者，向外追求。殺機充大宇，既造之而亦畏之，既畏之而又力造之，飛蛾投火，猛虎奔阱，猶曰無毒質也，自非小知溺俗，其誰肯信？夫無超世之量者，必無超世之識；無超世之識，則不足與究真理。昧真理故，斯眩於目前得失，苟且隨俗，不敢違衆而獨有所主。無所主故，即偷活人間，而無所謂願力。吾子疑余有終身之憂，而意不謂然，因以獨善爲得計，以杜門講習爲清醒合理之生活。夫杜門講習，子如是，吾亦如是。清醒合理則子恐未然也。正法淪亡，衆生惑染，吾不知憂，是謂昏擾，何清醒之有？是謂濁亂，何合理之有？哀哉群生顛倒而不知憂也！無始時來，已如此矣。吾正懼夫陷於顛倒而不知憂也，子且以有憂爲吾慮哉！

來函意謂大法已衰，勢無可挽。不知衰故須挽。法若不衰，則世尊出世亦了無意義矣。見其衰也而靡然隨之，則化育於此熄。昔者釋尊懸記：過千載後，我教法滅。時當有非法出於世間，十善悉壞。其後果如佛所預言。諸邪見輩諍競，佛法索然頓滅。爾時佛母摩訶摩耶夫人天上來，下詣諸衆僧所，號咷啼泣，嗚呼苦哉！是我之子，經歷阿僧祇劫，修諸苦行，不顧勞體，積德成佛。今者忽然消滅，而説偈言：我是佛親母，我子積苦行，經歷無數劫，究竟成真道，悲泣不自勝，念法忽磨滅。爾時世尊語釋提桓因、四大天王、諸天世人，於我滅度之後，法盡之相，如上所説。是故汝等今者不可不以勤力，加於精進，護持正法，久令在世。爾時諸天世人聞佛所説，各各悲顔，以手揮淚，頂禮佛足，各自退去。詳見《雜阿含》卷二十五。夫世相無常，佛之教法亦不得無滅時，然有不可滅者，即此法之本真與夫佛之願力，此皆不可滅者也。當佛法滅盡時，佛母啼泣悲苦，而佛猶語諸天曰：不可不以勤力，加於精進，護持正法，久令在世。嗚呼！斯言也，斯心也，非本於至真至實而不容已者，其得有是歟？推此志也，國雖亡必圖强，種雖危必保世滋大，豈惟正法不終微而已哉！願吾進之，反諸此心，而得其不容已之真實，必將與吾同憂，以共相策勵而不懈也。夫儒之論學，始於立志；釋之論學，始於發心。志趣不正，心願不宏，縱勤求世智辯聰，終爲細人之歸耳。進之夙聞正法，其忍自居劣俗，虚負此生哉？吾得來書而愀然不怡，屢欲函進之，顧不獲撥冗以凝神。心所欲言，難於暢達，執筆而停者數矣。然與其含忍不言也，盍若言之而不達。故仍略申吾意，唯進之加察焉。

答均毅〔1〕

來函所説二端，其前一端，固吾夙所主張也。體會之功，所以自悟。論辯之術，雖爲悟他，而自悟亦資之。此土儒道均尚體會而輕論辯，其得在是，失亦在是也。測物之知畢竟欠缺也。印土佛家自悟悟他，雙方兼顧，誠如所云。然諸大論師畢竟尚玄悟而不基實測，與遠西學者論辯之術又不同途。至云根本道理與各部門散殊的知識，本非睽而不通，此則誠諦，吾何間然？宣聖曰“一以貫之”。《般若》説“如”，非一合相。如者具云真如。唯如非一合相，所以非混條然萬法而爲如，乃即此條然萬法而皆是如也。故一貫之旨，非混萬爲一，正於萬見一。唯其如此，故智者依本智而起後得，佛家依根本智，起後得智。德性之知既擴充，而聞見之知亦莫非德性之用。儒家認識論中以此爲極則，實與佛家本後二智義相通。故學者求知，雖不遺散殊，而要在立本。來書所舉第二端與第一義自相關，毋須别答。

吾賢次難，似於《語要》卷一未嘗措心。卷一答張東蓀先生書中曾言所以作《新論》之意。此土著述，向無系統，以不尚論辯故也。緣此而後之讀者求了解乃極難。亦緣此而淺見者流不承認此土之哲學或形而上學得成爲一種學。《新論》劈空建立，却以系統謹嚴之體製而曲顯其不可方物之至理。學者誠肯虚心、細心，熟習此論，必見夫此土晚周儒道以迄宋明，旁及印土大乘，其諸哲學家中，對於宇宙人生諸大問題無不網羅融合貫穿於《新論》之中。旁皇周浹，無所遺憾。又其針對西洋哲學思想以立言，而完成東方哲學的骨髓與形貌。若治西洋哲學者而頭出頭没於其推論設證之間，不獲昂首網羅之外，一究真理藴奥，則於《新論》寄意亦必漠然，謂爲無物。此誠無可如何之事，而亦無所用其計較者也。《新論》只是完成東土哲學或形而上學，其立言自有領域，然未嘗排除知識，即非不爲科學留地位。須知講哲學者只不反對科學與知識，其爲書也，非必取世間各種知識而悉叙説之也。

儒者何嘗專講一本而遺萬殊？假設陰陽，以明變易不易之理，而天道之奥天道者，本體之代語。與夫人事物理之至動至賾而不可亞、不可亂者，莫不究明焉。《易·繫》曰："言天下之至賾而不可惡也。"案荀爽惡作亞，次第也。設舉一事一物而推尋其因果關係，實無窮無盡，乃展轉相緣以俱有。莫窮其始，莫究其端，何可爲之次第耶？荀説是。此《大易》所以與天地準也。《春秋》本玄以明化，[2]董子《春秋繁露·重政》云："元猶原也。"何休《公羊注》云："元者氣也，無形以起，有形以分，造起天地，天地之始也。"深察百國政俗與人群變端，因推三世以明大同太平之休美，甚盛哉！制割萬有而贊襄大化者，是所以文成數萬，其指數千也。《易》與《春秋》，其義皆在辭外，宜乎守文者所不與知。若乃《禮》《樂》之隆，原本性情，周行萬物萬事而莫不暢。《詩》則極人情之真，而人生意義之豐富，於兹可識。儒者之道，如此其廣大悉備也。而吾賢乃謂其專論一本而遺萬殊，何哉？夫學者讀古書貴通其意。六經之言，雖運而往矣，若其微意所存，則歷劫常新，而未嘗往也。學者求之六經而得聖人之意，則學不當陋，而道豈容拘？智周萬物而後不陋，易簡理得乃始無拘。善學者，博約兼資，約以造微，微者單微。理之極至，則易簡也，故謂單微。又微者微妙，所謂“衆妙之門”是也。約者，實踐實證，實有諸己之謂。博者徒務多知，縱上究乎玄，而仍不離知見也。約則極玄，而體之日用踐履之間，心與理冥爲一，不只是一個空洞的知見。博以盡物。盡物者，謂窮盡萬物之理。夫物理不可勝窮也，而精鍊於或種部分之知識者，勿以一曲之見而衡一切，足以知類不紊，又必觀其會通而究其玄極，其斯之謂盡物矣。均毅有才氣而能精思，吾所屬望至切，倘得緣會，析諸疑義，則孤懷寥寂之餘，良得所慰已。

答滿莘畬

來教久稽裁答，因聞鄉間匪患，心緒總不寧帖，今略酬如下。

一、來函云：“唯識舊師建立種子，爲一切現行之因，處處皆死煞，真如幾等贅物。而《新論》具云《新唯識論》。則以刹那頓變義顯諸行相爲流行不住，此即到處皆是活的，始見真如之大用。”

舊師關於宇宙論方面之見地，則建立種子以爲萬有肇始之説明，此與西洋談本體者有建立一元或多元等同一戲論。《新論·功能章》及《破破論》具云《破破新唯識論》。辨之已詳，而守文者多不悟，非吾兄之明睿，何能及此？

二、來函云：“舊師關於心理方面之見地，則以一切心及心所皆由種子生，而於種子，復許有染净混集之本有種。夫染污種子既屬本有，則何須斷之乎？如謂去染留净，如淘金沙然，去渣滓而存純金，則將心理看作礦物一般，而心其果如是耶？况與染污雜居之净種，自非絶對的純净。然已許其爲法爾本有，則又從何覓本心？即如何見所謂常樂我净之真心耶？因此染净二種本有之上，不能更建立本心，義不應爾故。且種子既曰本有，則是無因而生，亦自違緣起正理。總之，舊師建立本有種子，最不可通。

《新論》既遮撥舊師種子義，而亦變通其旨，以言習氣。習氣潛伏沉隱，亦得名種子。其現起即名心所。凡今心理學上所謂心作用者，其全部幾皆是習，其屬於不自覺之潛意識，亦皆習氣之潛隱而爲種子者也。《語要》卷一第五十六頁答謝石麟書内有一段亦言及此。其發明古義，糾正後來大乘師之失，可謂功不在禹下。

《新論》以心所即是習，亦得云習心，此與本心同行。本心即性也，是乃固有之也；即是功能，即是本體顯現也。染習乘權則蔽其本心，然本心未嘗不在，順之以起淨習，則本心力用增長，而固有之全體大用畢彰矣。本心者，隨義差别而多爲之名。以其雖主乎一身，而實渾然與天地萬物同體，則謂之心；以其爲吾人内在的生活力，有主宰用，則謂之意；以其發現爲意知思慮見聞臭觸等等了别作用，則謂之眼識、耳識乃至意識。如此真切，令人直下覿體承當，真是千古正法眼藏。舊師既分八個識，又且一向是染污現行，不知從何覓得本心來，豈不斷絶佛種？”

此中彈正舊師，抉擇新義，字字金玉。自《新論》問世以來，如此精鑿，得未曾有。舊唯識師建立種子，實乖釋迦本旨。考釋尊説法，以見於《阿含》者爲最可依據。《雜阿含》卷二第二十頁，佛告婆羅門：我今問汝，隨汝意答，婆羅門於意云何？色本無種耶？答曰：如是。世尊：受想行識本無種耶？答曰：如是。世尊：詳此，則色法、心法，本無自種，所以説諸行性空。《般若》猶承圓音而盛演之，至《唯識》則浸乖勝義矣。近常爲韓生鏡清説《阿含》，推尋釋尊創見與後來佛家思想關係，頗有所獲。惜乎隨得隨忘，未及條而理之。衰世百艱，不得暢心素業，此無可如何也。

三、來函云：“翕闢之義，初未敢深信。竊以爲非真見體後，不敢輕置可否故也。今每静心體察，乃於吾心之不物於物處，識得闢以運翕的道理，而豁然無疑矣。”

吾兄能於生活上體會此理，甚善。然翕闢義，就宇宙論方面言之，其待闡之義蘊甚多。弟常欲别爲一書，以相輔翼，總苦精力不給。大抵此等處最感困難者，爲科學知識之缺乏。吾儕不幸少年無治科學機緣，今已老大，夫復何言？每有思維所及，自驚神解，却未能搜檢各種科學上之材料以爲推證之助。即令筆述所懷，反懼單詞奥義，無以取信於人，故提筆而又輟者屢然也。然思解以寫述而愈精，不寫不述則亦忘失，而甚至晦塞以殆盡。平生少成功，亦由此之故也。吾常謂後生不可輕發表文字，要不可不多作文字耳，老兄當同兹感耶？

四、來函云：“《新論》能習之分，精義入神，舉中國千餘年來言性命者所未能言者，和盤托出。非真實見體，哪能道得隻字？”

難言哉習也。佛家所謂賴耶一大識藏，充盈法界只是習而已矣。釋尊千言萬語，無非破除染習，豈有他繆巧哉？談哲學者，於此自勘不清，還説甚宇宙人生，皆戲論耳！皆虚妄分别耳！《新論》談習氣處，字字精貼，顧讀者若不澄懷反察，則亦看作閒言語耳。世親菩薩《二十論》曰：“我已盡我能。”弟亦假以自慰。又《新論》“習氣”一詞，涵義至廣博，人生所有一切經驗皆成爲習，具云習氣。遺傳亦習也，即心理學家所謂本能，亦無非習也。

五、來函云：“《新論·明宗章》‘心者不化於物’一語，若能體會得真，覿體承當，當下即是，千言萬語皆贅辭也。妙極！”

一言心，便與境對。或亦云與物對。故心非即是本體，然心之可説爲體者，正以此心虚靈而不物化故耳。若心爲形役者，則其人之放失其心也亦已久矣。操存舍亡，君子所以弗忘戒懼。

附記：滿莘畬先生，吾同縣人。天資豁達。民二十七年，倭寇陷吾黄之前數日，悲憤去世。嗚乎慘矣！十力補注。

答唐君毅

來書云：“毅覺徒謂玄學與科學領域不同、方法不同、分工而治，尚不能完全解决哲學之問題。蓋玄學之真理與科學之真理，既同爲真理，則人不能不問此種真理與彼種真理間如何流通。若玄學真理爲究極的真理，則人不能不問科學之真理如何可匯歸或依附於玄學真理。自此點而言，西洋哲學實有其獨特之價值，以西洋哲學之主要問題，實即此問題。即如康德、黑格爾、柏格森、懷特海等，均係自分析科學中之概念、假設，以指其必匯歸或依附於玄學真理者。”云云。此等問題太大，殊難簡單作答，若詳言之，必須成若干册，至少亦一巨册，焉得有此氣力。無已，仍本吾意略答。玄學、科學，皆緣吾人設定有所謂宇宙甚麽叫做宇宙，自是一種設定。而試行窮究其中真理，即由窮究故，不得不方便善巧，姑爲玄學科學之區別。科學尚析觀，析觀亦云解析。得宇宙之分殊，而一切如量，即名其所得爲科學之真理。於一切法，稱實而知，是名如量。玄學尚證會，得宇宙之渾全，而一切如理，即名其所得爲玄學之真理。於一切法，不取其相，冥證理體，而無虚妄分别，是名如理。實則就真理本身言，元無所謂科學的與玄學的這般名字，唯依學者窮究之方便故，則學問不限一途，而或得其全，或得其分，由此假説有科學之真理與玄學之真理，於義無妨。

來函謂“科學之真理如何可匯歸或依附於玄學真理”。余以爲就宇宙論言，善談本體者，一方面須掃相以證體，相者謂現象界。若執取現象界爲實在者，即不能見體，故非掃相不可。然另一方面却必須施設現象界，否則吾人所日常生活之宇宙，即經驗界，不得成立。因之吾人知識無安足處所，即科學，爲不可能。佛家説五蘊皆空，五蘊謂現象界。似偏於掃相一方面。《新論》説本體之流行，即依翕闢與生滅故，翕闢、生滅，皆謂流行。現象界得成立；亦復依翕闢與生滅故，説現象界無實自體。易言之，便於現象界而不取其相，即於此而見爲真體之呈顯，是即掃相證體。

由成立現象界之一方面而言，科學上之真理已有依據；由遮撥現象界之一方面而言，遮撥云云，即上所謂掃相證體。玄學上之真理即有依據。

設問：何故成立現象界同時復遮撥現象界？答言：成即涵遮，否則成立之名不立；遮即涵成，否則遮撥之名亦不立。

談至此，君毅必猶謂科玄兩種真理雖各有依據，但科學上之真理如何可匯歸或依附於玄學真理，仍未解答。吾復詰汝，汝道真理是個什麼東西，他既不是呆板的東西，何須以此一種理匯歸或依附於彼一種理？但學者探索真理，則有由科學之途，析觀宇宙，得其分殊，而竟昧其全者，似其所得之真理，猶不免支離破碎，而須要有所匯歸或依附。若爾，則賴有玄學明示宇宙之爲渾全的；其所以爲渾全的者，乃於分殊相上不執取此分殊相。易言之，即於分殊相而見實相。實相即實體之異名。强以喻明：如於一一漚相不執取爲一一漚相，而直於一一漚相皆見爲大海水；此一一漚相雖復萬殊，而一一漚相都無自性，其實體即是大海水故。故於衆漚見大海水，即離分殊而得渾全，一味平等。前所云於分殊相而見實相者，義亦猶此。

如上所説，渾全不是離開一一分殊的而别爲空洞之一境，又不是混合這些分殊的而作成一個總體，却是即此一一分殊的而直見其皆即實體之呈顯。易言之，即於宇宙萬象而不計著爲物界，但冥證一極如如，一者言其無待；極者言其爲理之極至；如如者，常如其性故。蓋於分殊而識其本體，當下即是真常。其微妙如此。

總之，體則法爾渾全，用則繁然分殊。科學上所得之真理，未始非大用之燦然者也，即未始非本體之藏也。用者體之用，故《易》曰“藏諸用”。“藏”字義深。如本體是頑空的而没有用，即現象界不能成立，科學亦不可能，焉有所謂科學之真理？唯體必有用，所以科學有可能，而其所得之真理亦可説是依實體顯現故有。所以從本體方面説，此理亦是他所内涵的，故謂之藏。如此則玄學上究明體用，而科學上之真理已得所匯歸或依附。余自視《新論》爲一大事者，以此而已。君毅猶有疑焉何也？西洋哲學家何曾識得體用，其談本體只是猜卜臆度，非明睿所照，故往往墮於戲論。

以上略明吾所主張。以下就來函疏誤處稍事解析。

來函云：“玄學之真理與科學之真理，既同爲真理，則人不能不問此種真理與彼種真理間如何流通。”此段話，於科玄真理直下斷定之詞，未有說明，似覺不妥。吾於此將提出二問：一、玄學之真理果以誰家所見爲真理乎？二、科學上之真理果與玄學真理同爲真理乎？舉此二問，仍自作答如下，聊以奉質。

答一問曰：玄學上之真理，果以誰家所見爲真理？此自有哲學以來截至現在，常爲不得解決之問題。即由現在以趨未來，其永遠不得解決，當一如今昔之狀態可知也。然則玄學上之真理果皆無據而不成爲真理乎？非也。玄學家者，其根器利鈍與熏修疏密，彼此相較，不止千差萬别也。而玄學之對象又甚深微妙，非如日常經驗界的事物可以質測也。故古今恒不乏少數之玄學家得到真理，而大多數不堪了達真理之學者，反與之爲敵而不肯信，非獨不信而已，又自以其迷謬之知見而爲真理。於是朱紫淆而莫辨，雅鄭亂而失鑑，此玄學上之真理所以難有一致印許者也。此事如欲詳談，便如一部《二十五史》，從何處説起？吾亦唯有本吾個人見地而略言之。

吾確信玄學上之真理决不是知識的，即不是憑理智可以相應的，然雖如此，玄學决不可反對理智，而必由理智的走到超理智的境地。吾常求此而有契於佛家。佛家對於世間所謂宇宙萬象確曾作過很精密的解析工夫，决不是糊塗的漫然否認現前的世界。所以在稍聞佛法的人，都承認佛家是憑理智來解决他對於宇宙人生諸大問題，不僅靠情感上的信仰作安慰。一般人對佛家這種看法似乎没有錯，然或者只看到如此而止，則不同小小錯誤，却是根本不了解佛家。須知佛家唯一的歸趣在證會，而其所以臻於證會之境地，在行的方面有極嚴密的層級，如十信等等乃至十地。許多專門名詞今略而不談。在知的方面則任理智而精解析，至其解析之術，精之又精，則將一向情識計著，不期而自然掃蕩，於是不見有少法可取。猶云無有些少實物可得。友人張東蓀嘗言，今日新物理學的趨勢，反不承認有物。吾謂此無足奇，科學上解析之術愈精故耳。然佛家若只是解析，則可以有科學之貢獻，佛家誠然富有極精深的科學思想。或不必成功玄學。就令本解析之術建設一種玄學，亦不過分析概念，構成許多理論，以建立某種本體。某種者，如心或物及一元與多元等。雖復持之有故，言之成理，然其所成立的真理畢竟是其腦筋中構畫的一副圖案，猶如一架機械，此與實際的真理決定不能相應。相應義深。能證入所證，冥合爲一，方得名相應。佛家所呵爲戲論者，正謂此輩。故在佛家雖精解析，但以之爲掃相之一種方便，掃相説見上文。將情識中所計著的實在的宇宙，一經解析，如剥芭蕉，一層一層的剥去，便不見有實物了。他不獨對物界來解析，就是對内心的觀察亦用精嚴的解析術，所以他在心理學上很早就打破了神我或靈魂的觀念。他更精於解析概念或觀念，發見他是些虚妄分别或意計構畫的東西，意計者，意識周遍計度曰意計。所以剥落這般僻執的知見。總之，佛家利用解析來破分别法執，佛家説執有二種，一俱生，二分别。凡日常思想見聞與學問上的思想及理論並主張等等，一切不依正智而生，只從妄識籌度而自堅執不捨者，總名分别法執。舊亦言我執，而此不及者，據實我執亦法執攝，故但言法執可也。然分别執，尚粗，可以解析，作相當對治。俱生執便深細難斷，恃解析而無修養，則不能斷執。每有學問家終不透悟真理者，無養故也。隨順入法空觀，法執不空，無有見體。佛家"觀"之一字，其意義幽奥難言。到了修法空觀的時候，便超過了解析的工夫。這時，理智作用便開始轉化成正智，但未純耳。觀法亦可叫思維法。《解深密經》所謂"如理作意，無倒思唯"是也。此不是常途所謂思維或思想，不可誤會。又叫思現觀，其功候淺深，極難言。爲趣入證會境地之一種開導。但是知行須合一並進，如果只務解析而缺乏修行或涵養，决定無從達到證會的境地，所以證會是很不容易談的。後來宗門喜言頓悟，不獨不小乘空有二派罕言之，即就《阿含》考察釋迦氏的思想，便可見他注意解析與修養的工夫，哪可輕言頓悟？如果要説頓，除非一頓以前經過許多漸悟，譬如春雷，轟然一聲，陽氣之積以漸故也。佛家確是由理智的而走到一個超理智的境地，即所謂證會。到了證會時，便是理智或理性轉成正智，離一切虚妄分别相，直接與實體冥爲一如，所謂正智緣如。此時即智即如，非有能所，後來唯識師説正智以真如爲相分，便非了義。通内外、物我、動静、古今，渾然爲一，湛寂圓明，這個才是真理顯現，才是得到大菩提。佛家學問，除其出世主義爲吾人所不必贊同外，而其在玄學上本其證會的真實見地而説法，因破盡一切迷執，確給予人類以無限光明，無論如何不容否認。

其次，儒家底孔子，尤爲吾所歸心。孔子固不排斥理智與知識，而亦不尚解析，此其異於印度佛家之點，然歸趣證會則大概與佛家同。孔子自謂“默而識之”，默即止，而識即觀也。止觀的工夫到極深時，便是證會境地。《論語》記子曰：“天何言哉？四時行焉，百物生焉。天何言哉？”非證見實相，何能説得如此微妙？實相即實體異名，亦即真理之異名。孔佛同一證體，然亦有不似處。佛氏專以寂静言體，至於四時行百物生的意義，彼似不作此理會。緣他出世主義，所以不免差失。本體是寂静的，孔子若不親證到此，便不會有“天何言哉”之嘆。唯其湛寂，無爲無作，故以無言形容之。然大用流行，德健化神，四時行而百物生，以此見天理之不容逆，夫子其至矣乎！然孔子下手工夫與佛家又各有不同，當别爲論。

《新論》發明實相，見前。融會華梵，斯於玄津，實作指南，所冀仁賢，降心加察。

答二問云：科學真理果與玄學真理同爲真理與否？此在主張科學萬能者與哲學上之唯物論者，必絶對的肯定科學上之真理而唾棄玄學或哲學不值一錢，以爲玄學上之真理只是幻想。今欲審核科玄兩造之真理，必先將兩造所謂“真理”一詞其涵義各爲何等加以刊定，然後科學真理與玄學真理爲同與否，不辨自明。

“真理”一詞，在玄學上大概有如下之意義：一、是遍爲萬法實體。亦云宇宙本體。二、是其爲物也，真理非物也，而此云物者，不得已而强爲指目之詞。如《老子》云：“道之爲物。”法爾本然，法爾，佛書中名詞，猶言自然；而不譯自然者，意義深故。本謂本來，然謂如此，本來如此，曰本然，不能更問理由。不由想立，哲學家多任思想構畫以安立本體，不悟此理周遍圓滿，默而存之，炤然現前，豈假想立？一涉乎想，便構成一件物事，所謂捏目生華，早自絶於真理矣。不依詮顯。此理不可以言詮顯，言者所以表物故。《易》曰“默而成之，不言而信”。三、是唯證相應，智與體冥，無有内外、物我等等對待之相，離分别故，離戲論故。具此三義，方名玄學上之真理。《易》曰“易簡而天下之理得”，即謂此也。

“真理”一詞在科學上意義如何？姑且略説如下：一、必設定有客觀的存在之事物，即所謂日常實際生活的宇宙或經驗界，此理科學上之真理。方有安足處所。程子説“在物爲理”，此理誠是在物的，不是由心所造的。易言之，即是純客觀的。二、此理之發見必依據感官經驗得有證據。雖各科學上許多真理之發明常由玄想，然玄想與空想及幻想等不同，必其經驗甚多，而神智開豁，不拘一隅，縱心於虚，妙觀幽奥。及其發見之後，又可於經驗界得其左證。三、如上所説，則此理之獲得，必由純客觀的方法，又能爲一般人所公認。四、此理之自身，在其所以存在之條件下，必有不變性，除非其條件因或種變故而更革或消失，則此理亦隨之消失。如現時各科學上之許多真理，雖依經驗界的事實爲據，但這些經驗的事實以何爲標準而測定其相互關係與法則，此在吾人總不外以其所在之地球爲標準。設一旦地球粉碎或失其常軌，則不獨地質學與生物學等等之真理頓時喪失其真的性質與價值，即天文學上之真理亦起變革，即理化等等科學上之真理將無一不隨地球粉碎而與之俱碎。如今日所測定電子之性質與振動速度及其相互關係等等，在今日視之爲真理，然或一旦值地球運行失軌時，則今日所測定電子之速度等等或不能不起變異。如地球完全粉碎，則其時電子之波動爲何狀甚難設想，即令其時宇宙不能停止動力，而其動力仍將有形成電子之趨勢，此或可以吾《新論》所謂形向者名之，然此形向之動勢，不必與今日科學所測定於電子者相同，而今日所有關於電子之種種真理，爾時或不存在。然如其條件不曾有更革或消失，則此理仍自有不變性。如設想將來世界，太陽系統之關係一如今日，則太陽從東方出之真理一定如今日而不變。此爲真理自身存在所不可缺之一義。如其無此，則一切事物都是不可捉摸的，更有何真理可言。五、此理雖有不變性，而非絶對無變易性。非絶對故，即是分殊的，因此理托足於經驗界，而經驗界的事物都是對待的現象，都是無量無邊各種互相關聯的事情。此理非他，就是存在於無量無邊各種互相關聯的事情中之法則或規律。就理對事情説，便是理存在於事情之中；就事情對理説，便是事情具有此理。須知理不是空洞的形式，事情不是雜亂無章，事情與理實際上是分不開的，但言詞上又不能不别説。然復當知“事情”與“關聯”兩詞只是言語上不能不分，實則關聯非别爲空架子，事情不是有如獨立之一支柱。除了事情，固找不着關聯；除了關聯，也尋不着事情，只好説事情就是互相關聯的。這樣看來，事情自然不是絶對的無變易性，事情既是無量無邊各種互相關聯的東西，所以存在於其中之理是千條萬緒而分殊的了。六、此理雖説是在物的，是純客觀的，實亦離不開主觀的色彩。如物理學上之粒子説與波動説，畢竟不可徵知世界的實相，而只是吾人主觀上對於世界之一種圖景。但科學總是力求避免主觀的偏蔽與妄臆等等，而完全注重外在世界的事實的發見，所以説爲純客觀的。舉此六義，而科學上所謂“真理”一詞，其意義已可瞭然。

科玄兩造所謂“真理”，既分别刊定如上。玄學上“真理”一詞乃爲實體之代語，科學上“真理”一詞即謂事物間的法則。前者玄學真理。爲絶對的真實，後者科學真理。之真實性只限於經驗界。此其不同可知。

又科學上之真理，上來略以六義刊定，然第一義中設定有客觀的存在之事物，即所謂經驗界，以爲其真理之安足處所，此即其根本義，自餘諸義皆依此得成。據此而談科學真理得所托足，實賴玄學給以穩固的基地。玄學唯以窮究實體爲其本務。須知一言體便攝用，無用即是頑空，體義不成故；一言用便攝體，無體即是頑空，作用義不成故。所以有體必有用，大用流行，幻現衆相。幻義是活義。詳見《新論·轉變章》。科學便把住流行的幻相，而設定爲客觀的存在之事物即經驗界，科學真理才有安足處所，换句話説，即是吾人的知識有了安足處所。假使没有玄學真理，則誠有如來函所慮，科學真理將無所匯歸或依附。《新論》發明體用，可謂誠諦，而學者多不了。《破破論》與《語要》須參看。科學真理雖依玄學真理爲基地，然不得與玄學真理同爲真理。他的本身是站在一種設定之上的。或問：大用流行，有物有則，科學依此建立，如何説科學真理不得與玄學真理同其真實？答曰：從一方面言，宇宙萬象“至賾不可亞”，亞義見前函。繁然萬象，不可爲之次第，正以其互相關聯，而又向前擴張不已，所以説不可次第也。“至動不可亂”。繁然萬象，實非静物，故次言至動，雖不可爲之次第，而非無法則。佛家言增上緣法，所謂由此有故彼有，而互相關聯與擴張不已之中，自有則而不可亂焉，則又未常不强爲之次第也。《繫傳》此二語，其義相互發明，廣博浩汗。於此見大用流行，即於此知科學上之真理皆玄學真理的内涵。所謂一爲無量，一謂玄學真理，無量爲科學真理。下準知。無量爲一是也。但從另一方面言，科學把住流行的幻相，當做存在的物事去探尋，就因爲吾人在日常實際生活方面一向享用實物的觀念，不期然而然的要如此。雖説科學不斷的進步，對於物理世界的觀念並不是如常識一般的看作很固定的物事，然而無論如何，科學總要設定外界的獨立存在，外界亦云物理世界，亦云自然界，亦云日常生活的宇宙或經驗界。始終脱不開看静物的方法，所以在科學上無法體會流行的真際。就令談變動，總要做一件物理的現象來解釋。而流行的真際，除非證體時才可得到。友人馬一浮《新論序》曰："窮變化之道者，其唯盡性之功乎。"此意從來幾人會得。我常説，科學上安立了物，而玄學上雖一方面隨順科學，予他安立物界的基地，但其根本態度和方法却要把一切物層層剥落，乃至剥落净盡，才識得科學真理的基地之真相。談至此，科學之真理不得與玄學真理同爲真理，當可豁如。

玄學所以要歸諸證會，這個道理儒家儘管去做工夫而不肯説，佛家却費盡千言萬語，種種破執，無非欲引人入證會之路。佛家所謂執者何？就是一個計著有物的觀念。《十力語要》卷一有一書談佛書中"法"字義，值得深玩。

科學不應反對玄學，哲學家更不宜置本體而不究，除去本體論亦無哲學立足地。《新論》刊行之一部分只是談體，但此書孤行，讀者總多隔閡，誠如來函，須完成《量論》爲佳。然衰世百艱，又且忽焉老至，精力實不堪用，此誠無可如何。

科學家或有輕視玄學、哲學家或有非薄本體論者，此無他故，大抵人情封於成見，則難與窮神；滯於有取，則無緣證真。玄學上之真理，體萬物而非物，故不可以物相求；體萬物者，謂此真理遍爲萬物實體。肇群有而不有，故莫得以有形遇。有形者域於形。真理雖爲群有所肇始，而真理不即是有。若執有之形貌以擬真理，則乖違已甚矣。雖復曰希曰夷，未脱視聽；老云

“視之不見名曰夷，聽之不聞名曰希”。實則不可見聞之理，初未常遺脱見聞之物而獨存。故體玄者一聞一見，莫非希夷之存，豈常拘於聞見，取物而遺理哉？無聲無臭，不離日用。準上可知。而有礙之心，終不達夫神旨；下士之智，恒自絶於天德。天德用爲真理之形容詞。按《中庸》云：“苟不固聰明聖知達天德者，其孰能知之？”此玄學所以難言也。

寫至此，吾已倦極，即當截止，唯有所附及者。前答張東蓀先生談宋明儒書，彼最後有一答函，佈在《哲刊》，吾未作復。東蓀常考慮中國學術思想如何能得今後治西洋學術者之了解，而使中西有融通或並存之益。此誠極大問題，吾雖有些意思，但猶待研討，未欲發表。東蓀最後答吾函，以本體論爲西方哲學之特色。吾謂西洋學者探索本體之精神固可佩，但其本體論大概是戲論。又云：《易經》只講宇宙論而無本體論。此説殊不然。本體不可直揭，故就用上形容。若會《易》旨，即其中辭義，無非顯體。“易有太極”與“一陰一陽之謂道”云云，《繫傳》固已分明指出。然玄奘法師亦謂《易》不談體，奘師挾門户之見，本不能了解《易》義。不獨東蓀有此説。至謂佛家之修證在於得見，儒者之修證在於所行，揣其意，言見自不遮行，彼决不謂佛家是空洞的見解故；言行亦不遮見，彼决不謂儒者是冥行故。要之，儒佛異同，暫可不問。自家尋着落，却是要緊。總望吾賢虚懷大受，不獨私衷之幸，而此學、此理將有所寄。吾同郡老儒畢斗山先生云：中國學人二大劣性，不肯服善，不肯細心。是可爲戒。

答馬格里尼

惠書至，適有兵事，又冬來賤體極不適，勉强作答，既有意思鬱塞之困，兼有言不盡意之患。自慚無以酬明問，惟希諒之而已。按來問，略有四事：一、問吾對於老子哲學之解釋。二、問道教在中國所影響於各方面者如何。三、問中國現代道教之教義、信條等等。四、問現代道教之信徒多寡與寺宇多寡。綜觀四問，其第一問，力當略答；第二問以下，則治民俗學者所專研，力不能詳也。唯在答第一問之前，有須略言者如次。

吾聞歐人言及中國哲學，輒與宗教併爲一談。各國大學於哲學科目中並不列入中國哲學，或則於神學中附及之。此則於中國學問隔閡太甚，而爲中西文化融通之一大障礙。私懷所常引爲遺憾者也。中國民族之特性即爲無宗教思想，此可於中國遠古之《詩經》而徵之。《詩經》以二南冠者，首篇曰《周南》，次篇曰《召南》，名爲二南。其所詠歌，皆人生日用之常與男女室家農桑勞作之事，處處表現其高尚、和樂、恬淡、閒適、肅穆、勤勉、寬大、坦蕩之情懷。不絕物以專求之內心，故無枯槁之患；亦不逐物以溺其心，故無追求無饜之累。日常生活皆順其天則，暢其至性，則自一飲一食以及所接之一花一木乃至日星大地，無在非真理之顯現。故不必呵斥人間世而別求天國。難言哉！《詩經》之旨也。孔子《論語》中談《詩》者最多，其語伯魚曰："汝爲《周南》《召南》矣乎？人而不爲《周南》《召南》，其猶正牆面而立也歟？"朱子《集注》：正牆面而立者，謂"一物無所見，一步不能行"。人而不治二南之詩，便不能生活，猶如面牆。孔子之尊二南如此，非以其表現人生最極合理之生活而不邇於神道故耶？孔子之哲學思想實本於《詩》，故儒家學說在中國常爲中心思想，而莫有能搖奪者，以其根據於中華民族性，有至大至深至遠之基礎，而於吾人真理之要求，確能使自得之而無所誕妄。此孔子所以爲大也。《詩經》所載多屬古代民間之作品，古者太史陳詩以觀民風，是其徵也。《詩經》中絕無神道思想，雖二南以外亦間有天帝等名詞，然所云天者，即謂自然之理；所云帝者，謂大化流行，若有主宰而已。非謂其超越萬有之外而爲有意志有人格之神也。故《詩經》中之天與帝，不能與景教經典中之天帝等詞同一解釋。即此可見中華民族之特性。至其無宗教思想之爲長爲短，自是別一問題，此不欲論。唯中國人一向無宗教思想，縱云下等社會不能說爲絕無，要可謂其宗教觀念極薄弱，此爲顯著之事實。歐美人士傳教中土者，凡所交接，多無知之官僚紳士與入教之徒來自下等社會者，中國人入教者多來自下等社會。故罕能瞭解中國文化之內蘊，而或以宗教觀念解釋吾國哲學思想之書，此其附會亂真，至爲可懼。力願歐人留心中國哲學者當於此注意。

中國哲學有一特別精神，即其爲學也，根本注重體認的方法。體認者，能覺入所覺，渾然一體而不可分，所謂内外、物我、一異，種種差別相都不可得。唯其如此，故在中國哲學中，無有像西洋形而上學以宇宙實體當作外界存在的物事而推窮之者。“無有像”三字，一氣貫下讀。西洋哲學之方法猶是析物的方法，如所謂一元、二元、多元等論，則是數量的分析；唯心唯物與非心非物等論，則是性質的分析。此外析求其關係則有若機械論等等。要之都把真理此中真理即謂宇宙實體。後皆同此。當作外界存在的物事，憑着自己的知識去推窮他，所以把真理看作有數量、性質、關係等等可析。實則真理本不是有方所有形體的物事，如何可以數量等等去猜度？須知真理非他，即是吾人所以生之理，亦即是宇宙所以形成之理。故就真理言，吾人生命與大自然即宇宙是互相融入而不能分開，同爲此真理之顯現故。但真理雖顯現爲萬象，而不可執定萬象，以爲真理即如其所顯現之物事。此中意義難言。真理雖非超越萬象之外而別有物，但真理自身並不即是萬象。真理畢竟無方所，無形體，所以不能用知識去推度，不能將真理當作外在的物事看待。哲學家如欲實證真理，只有返諸自家固有的明覺，亦名爲智。即此明覺之自明自了，渾然内外一如而無能所可分時，方是真理實現在前，方名實證。前所謂體認者即是此意。

由體認而得到真理，所以没有析別數量性質等等戲論。由此而中國哲人即於萬象而一一皆見爲真理顯現。易言之，即於萬象而見爲渾全。所以有天地萬物一體的境界，而無以物累心之患，無向外追求之苦。但亦有所短者，即此等哲學，其理境極廣遠幽深，而以不重析物的方法故，即不易發展科學，若老莊派之哲學即有反科學之傾向。唯儒家哲學則自孔子以六藝教學者，皆有關實用的知識。六藝者：一曰禮，凡修己治國與綱維社會之大經大法皆具焉；二曰樂，製樂器，正音律，譜詩歌，於是而樂備，人心得其和樂，禮樂相輔而行，推禮樂之意，則通乎造化之奥妙，究乎萬有之本原，而使人暢其天性，其緒論猶略可考於

《禮記》之書；三曰射，修弓矢而教人習射，所以講武事而禦外争也；四曰御，車乘之用，平時則利交通，戰時則爲軍備；五曰書，即語言文字之學；六曰數，即算學。孔門七十子後學於社會政治的理想尤多創發。下逮宋明儒，注重格物窮理與實用及實測之學者，若程朱諸子迄船山、習齋、亭林諸儒，代有其人。設令即無歐化東來，即科學萌芽或將發於中土儒家之徒，亦未可知也。然儒者在其形而上學方面，仍是用體認工夫，孔子所謂"默識"，即體認之謂；默者，冥然不起析别、不作推想也；識者，灼然自明自了之謂。此言真理唯是自明的，不待析别與推求，而反之本心，恒自明自了。孟子所謂"思誠"，所謂"反身而誠"，所謂"深造自得"，亦皆體認也。思誠者，誠謂絶對的真理；思者，體認之謂，非通途所云思想之思。思誠，謂真理唯可體認而得也。反身而誠者，謂真理不遠於人，若以知解推求，必不能實見真理，唯反躬體認，即灼然自識。深造自得者，所謂真理必由實踐之功，而後實有諸己。由儒家之見地，則真理唯可以由體認而實證，非可用知識推求，但吾人在日常生活的宇宙中，不能不假定一切事物爲實有，從而加以析别，故又不可排斥知識。宇宙間的道理本是多方面的，本是無窮無盡的，若執一端之見、一偏之論，必賊道而違理。儒家於形而上學主體認，於經驗界仍注重知識。有體認之功，以主乎知識，則知識不限於瑣碎，而有以洞澈事物之本真；有知識，以輔體認之功，則體認不蹈於空虚，而有以遍觀真理之散著。萬事萬物皆真理之所顯。故真理者，從其爲事物之本真而言，即説爲絶對；從其顯現爲萬事萬物而言，即絶對便涵相對。由此而説事物之理即真理之散著。故知識不可排斥，爲其遍觀事物，而真理之散著可徵也。然則儒家其至矣乎！

中國哲學以重體認之故，不事邏輯，其見之著述者亦無系統。雖各哲學家之思想莫不博大精深，自成體系，然不肯以其胸中之所藴發而爲文字，即偶有筆札流傳，亦皆不務組織，但隨機應物，而托之文言，絶非有意爲著述事也。《論語》書中記孔之詞曰："天何言哉？四時行焉，百物生焉。天何言哉？"於此可窺孔子之胸抱。老子亦曰："道可道，非常道。"後詳。又曰："俗人昭昭，昭昭馳辯智也。我獨昏昏；自得於冥默也。俗人察察，察察，務别析也。我獨悶悶。"欲無言也。莊子曰："大辨不言。”自來中國哲人，皆務心得而輕著述。蓋以爲哲學者，所以窮萬化而究其原，通衆理而會其極，然必實體之身心踐履之間，密驗之幽獨隱微之地。此理昭著，近則炯然一念，遠則彌綸六合，唯在己有收攝保聚之功故也。不使心力馳散而下墜，名收攝保聚。如其役心於述作之事，則恐辨説騰而大道喪，文采多而實德寡。須知哲學所究者爲真理，而真理必須躬行實踐而始顯，非可以真理爲心外之物，而恃吾人之知解以知之也。質言之，吾人必須有内心的修養，直至明覺澄然，即是真理呈顯，如此方見得明覺與真理非二。中國哲學之所昭示者唯此。然此等學術之傳授，恒在精神觀感之際，而文字記述蓋其末也。夫科學所研究者，爲客觀的事理。易言之，即爲事物互相關係間之法則。故科學是知識的學問，此意容當别論。而哲學所窮究者，則爲一切事物之根本原理。易言之，即吾人所以生之理與宇宙所以形成之理。夫吾人所以生之理與宇宙所以形成之理本非有二，故此理非客觀的，非外在的。如欲窮究此理之實際，自非有内心的涵養工夫不可。唯内心的涵養工夫深純之候，方得此理透露而達於自明自了自證之境地。前所謂體認者即此。故哲學不是知識的學問，而是自明自覺的一種學問。但此種意義極深廣微奥，而難爲不知者言。須知哲學與科學，其所窮究之對象不同，領域不同，即其爲學之精神與方法等等亦不能不異。但自西洋科學思想輸入中國以後，中國人皆傾向科學，一切信賴客觀的方法，只知向外求理，而不知吾生與天地萬物所本具之理元來無外。中國哲學究極的意思，今日之中國人已完全忽視而不求了解。如前所説，在吾國今日歐化之學者聞之，殆無不誚爲虚玄與糊塗，想先生與歐洲之學者得吾此信，亦將視爲糊塗之説也。然真理所在，吾寧受誚責而終不能不一言，是在先生諒之而已。

如上所説，中國哲學之特别色采已稍可窺見。今將略談老子。老子書中之“道”字最難解説，必須完全了解老子思想之整個的、博大深微的體系，然後纔能了解其所謂道。然欲了解老子思想之整個的、博大深微的體系，雖在讀其書而求之其文字之間，但切不可泥執文字，而必會其意於文字之外，即必虚懷以體會老子之思路，而又必於老子所用之工夫有相當盡力，始能體會老子之思路。否則，徒執着其文字而妄以己意訓釋，必與老子真意全不相干。

吾欲與先生談老子，亦不知從何説起。但既承下問，又不能不强爲之説，但期説得一分，便算一分，毋大謬戾，便爲厚幸。

《老子》首章最爲重要，中國從來學者爲之注釋不下數百家。但多失傳。大抵各本其所見以説《老》，而其言之較有理致者，獨推魏晉間人王輔嗣氏。今吾欲先取首章而爲之解，亦不必主輔嗣也。兹以首章文字分段列出，而各爲解説如次。《老子》文皆低二格，解説提高二格。

道可道，非常道；名可名，非常名。

句首“道”字，即前所謂真理也，此目宇宙實體。但西洋哲學談實體似與現象界分離，即計現象之背後有其本質，説爲實體。而中國哲學上則無持此等見解者。即如老子所謂道，决不是超脱現象界之外而别有物，乃謂現象界中一切萬有皆道之顯現。易言之，一切萬有皆以道爲其體。强以喻明，如一切冰相皆以水爲體，非離水而别有冰相之自體。既冰以水爲體，則水固非離冰而别有物。一切萬象，以道爲體，則道固非離一切萬有而别有物。理之極至，微妙難言，不得已而舉喻以明，欲使學者善會其指，但不可緣譬喻而妄起執着。設將至道作呆板事物一般理會，則其人終不可與語道已。若謂道果超越於一切萬有之外者，則道亦頑空，而何得名爲宇宙實體耶？老子之後學莊周曾有妙語云“道在屎尿”，可見道不離一切萬有而獨在也。

可道之“道”，猶言説也；常道之“道”與句首“道”字同義。常者真常。此道真實，無有虚妄，不可變壞，故説名常。

真常之道本非言説所及。言説所以表詮物事，而道不可説是一件物事，使道而可言説，則必非常道矣，故曰“道可道，非常道”。下句首“名”字，謂依道而立道之名也，可名之“名”，詮召之謂也。詮者詮釋，召者呼召。如白紙之名即呼召白紙之物，而且詮釋其爲此物也。道之一名，原是假立，非名可應其實也，故道畢竟不可名。緣名之起，必由知與物接，乃斥指事物，造作形象，遂從而制之名。故名之所可詮召者，唯物象耳，必非真常之名也。此真常道，無物無象，何可執名以求之乎？故曰“名可名，非常名”。

上言道之得名，亦是假立，不可緣名而起執也。

無名，天地之始；有名，萬物之母。

此言道之發用。無名者何？謂精神是也；精神者，運而不已，而未始有形，故説爲無。以無形故，名無，非空無之無也。然不但言無，而曰無名者，凡有形者可名，名生於形。無形者不可名，精神無形，故謂之無名。“無名”一詞，其意義仍是一“無”字。有名者何？謂由精神凝攝而顯現爲形本是也。形本者，形之始成而微者也。形本生而衆形已具，異無形故，應復説有，緣有起名，故云“有名”。“有名”一詞，其意義仍是一“有”字。

精神寂寞無形，寂寞者，虚無義。故全。有形則滯於一方，而不得全矣。全，故萬化而未始有屈，屈者窮義。天地資始焉。

形本者，形之造端而微者也。由微至著，故爲萬物母。母者，因義。物之衆著，莫不因於微也。

從來注《老子》者，於有無義都無確解，雖以輔嗣之睿智，亦衹浮游其詞曰：“凡有皆始於無。”終不明依何而言無。至唐陸希聲輩，或以無爲體，以有爲用，其説近是而猶欠精審。當别爲論。

今此以無言精神，以有目形本，此非吾之臆説也。按《莊子·知北遊》云：“夫昭昭生於冥冥，有倫生於無形，精神生於道，生者發現義。下倣此。形本生於精，而萬物以形相生。”以上諸“生”字，皆約義言之，非有次第。精神非異道而有自體，即道之發現也。形本依精神而有，即與精神同爲道之發現，自非後精神而生也。非《老子》首章之的解耶！夫道一而已，一者絶對義，非算數之一。使其唯一而不化，化者變化及分化，即發起作用之謂。即不能顯現萬有，而何得説爲天地萬物之始母乎？故知道之發用，一方必發現爲精神，所謂寂寞無形而謂之無名者是也；一方又由精神而發現一種反作用，即凝成形本。形本者，形之初凝而極微者也。形之造端，而爲衆形之本，故名形本。與今云元子電子者不必同，以其異於已成的物事故也。以其成形將著，故謂之有名。莊子所云精神，根據老氏之言無；所云形本，根據老氏之言有，至“萬物以形相生”，則明物種嬗變，義亦徵實，而衍老氏未盡之旨矣。然則以莊説證老，而有無皆有實義，無謂精神，有謂形本，故云皆有實義。世或以有無爲玄談，豈其然乎？

又即《老子》本書徵之，第四十二章云：“道生一，一生二，二生三，三生萬物。萬物負陰而抱陽，冲氣以爲和。”按“道生一”者，謂道之發現爲精神也。生者發現義，下言生者準此。夫即神而言，便謂之一。然言神則涵形，神者精神，形者形本。下皆倣此。其與精神俱時發現者，則爲形本。俱時猶言同時。形神對待成二，故曰“一生二”也。有二則有三。此“三”者，非一非二，而有一二，故有三。下文云“萬物負陰而抱陽，冲氣以爲和”。陽則一，陰則二，冲和三也。夫陽爲神，而陰爲形，陰陽和，萬物生焉。故知首章所云始萬物之無，即是精神，其母萬物之有，即是形本也。第四十章云：“天下萬物生於有，有生於無。”夫有者，形之始凝者也。其始雖微，而萬物資生焉，微所以成著也。無者神也，神虚而形實，虚能生實，實不能生虚也。第十一章云：“故有之以爲利，無之以爲用。”夫神至虚，而謂之無，明其無滯迹也。此雖道之發見，然即於此而道存焉。所謂即用而言，體在用也。神即無，乃道之用。體者實體，即道是也。言乎神，而道即神矣，離神不可得道也；言乎用，而體即用矣，離用亦不可得體也。形之始成，而謂之有，雖依神故有，但已爲形本，則與神之無滯迹者相反而既成爲物矣。雖推原而言，亦可説形與神同爲道之發現，然形之既成，畢竟自成爲物，而離失道之本然矣。故成形之有，但爲精神作用所憑藉之具，故云“有之以爲利，無之以爲用”。如人視之明，必藉於目及色；聽之聰，必藉於耳及聲。夫耳目聲色等形皆謂之有，而視之明、聽之聰等等精神作用則虚而無形，故謂之無。唯無乃能用有。夫神，以其至虚而無，故能用有而無不利也。然則體無而全神者，其至矣乎！體無之體，是體合義，謂反之自心而去其逐物之累，即體合於無而神全矣。

故常無，欲以觀其妙；常有，欲以觀其徼。

此言體道之功。體者體認。斯道非思度所及，故必有體認功夫而後證得之也。

吾心之本體，即是宇宙之本體，非有二也，故不可外吾心而求道。吾心與宇宙之本體，即道是也。本體元無内外可分，故不可於吾心外而求道。吾心發用處，即是道之發用。故善體道者，體者體認。下同。體之自心而得矣，豈外求哉？按“故常無”云云者，謂於此心常無之相而欲以觀其始物之妙。“常無”，注家多主作一逗，今從之。下“常有”倣此。神用不測名妙。故“常有”云云者，謂於此心常有之相而欲以觀其徼物之幾。“徼”字，輔嗣訓“歸終也”，非是。按“徼”有希求義。《左傳》“徼福於太公丁公”，是其證也。夫神之必資於形也，無之必待乎有也。此徼求之不容已者。如無徼求，則形物之成，但由偶爾。真知化者，必不云然。

常無而常有，常有而常無，此道體之本然也。其在於人，則謂之本心。此心不住諸相，住者住着。泯絶一切攀援妄想，於所緣相都無堅執，都無留礙，名爲不住。故常無；離相寂然，故無。行一切相，此心無不起時，而心起必有所緣境相，心於一切相無所不行。故常有。所謂冲寞無朕而萬象森然。

心常無，即神全，心不能無，即非其本心；非其本心，則喪其神也。故可觀始物之妙。始物之妙者，神也。

心常有者，神之不得不顯也，必待形有，神乃顯發。於此觀物之成，以有徼求故也。

此兩者同，出而異名。同謂之玄，玄之又玄，衆妙之門。

兩者，有與無也，“同”字逗。從嚴又陵點本。形神畢竟不異，即有無畢竟不異，以同體故，故説爲同。云何同體？謂形神皆道之發用故。出者别出。雖形神同體，而相用差别故，故於神言無，於形言有，其名異也。下“同”字一頓。由同體言之，則謂之玄。玄者冥也，默然無有也。絶諸戲論。玄之又玄，極贊之而又無可形容之詞也。神用周遍，周者充周，無窮盡也；遍者圓滿，無限量也。説名衆妙。衆妙從同而出，故曰“衆妙之門”也。

上來解第一章已訖。以下當擇取數章而略釋之。

道，冲而用之或不盈，淵兮似萬物之宗。挫其鋭，解其紛，和其光，同其塵，湛兮似或存。吾不知誰之子，象帝之先。

此第四章，專形容道體。道體非言説所及，故强爲形容之詞。“冲”字一頓。冲，深也，虚也。道體深而不可測，虚而不可象。其大用流行，雖無處不遍，而似“或不盈”，“或”亦“似”義。下文“似或”二字連用可見。夫似不盈者，謂其運而無所積也。運者運行，遷流不息。積者，留滯義。無所積者，謂刹那刹那，滅故生新，無有過去實物留滯至今，即今亦無實物留滯至後，故云無積。以其無積，故云“或不盈”。有積即盈，盈於此者虧於彼，將使萬物一受其成型而莫之變，則化幾息矣。妙哉其用之不盈也。唯其妙用充周六合而似不盈，故萬化而未有窮極，所以淵兮爲萬物之宗也。宗者，主義。然用之流行，任運而已，任自然而行，曰任運。未嘗有心於爲作也。喻如物之挫去鋒鋭，而處鈍以示無用，故云“挫其鋭”。夫無用之用，所以爲大用歟！“解其紛”者，“曲成萬物而不遺”，隨物差别，而曲與成之。天成其爲天，地成其爲地，人成其爲人，物成其爲物，皆道與之爲體，而曲成之也。道固未嘗遺一物而不與爲體，故無物不成也。如解衆紛，令物各成也。夫道之散著而爲萬物，即與物隨行，如人謙光逮物，故曰“和其光”，又如金處礦，故曰“同其塵”。然“鋭挫而無損，無用之用，焉可損減？紛解而不勞，任物各正，何勞之有？和光而不污其體，如太空顯現衆象，雖與衆象和光，而空體自爾不受染污。道之成物，其理亦爾。又如水凝冰已，而不失水性。道之成物，其理亦爾。下同塵準知。同塵而不渝其真，不亦湛兮似或存乎？”借用王輔嗣語。夫道爲因，無名有名，皆從道生，故假説道爲因。而道更無因，故曰“不知誰之子，象帝之先”也。象者，似義；帝，天帝也。世俗或計有天帝先萬物而存在，今此則説道又似在天帝之先，其意即不許有天帝也。

谷神不死，是謂玄牝。玄牝之門，是謂天地根。綿綿若存，用之不勤。

此第六章。以其冲虚，曰“谷”；以其用之不盈，曰“神”；以其湛兮或存，曰“不死”。三者皆道之相用。玄，冥也。牝，生也。冥然無作而生生不息，故謂“玄牝”。門，玄牝之所由也。本其所由，一極無上，故謂天地之根也。體離常斷，故曰“綿綿”。若言是常，則豈頑然故物。若言是斷，則豈滅盡不生。故知真體遠離常斷。理絶存亡，故謂“若存”。王輔嗣云：“欲言存耶，則不見其形；欲言亡耶，萬物以之生。”虚而不屈，至虚而備衆妙，不可窮屈。故曰“用之不勤”。大用流行，無爲而爲，何勤之有？

此章所言，皆從反躬體認得來，非推度所及。章末曰“用之不勤”，尤宜深玩。蓋已除其浮動之習心，而於虚静中，有以自見夫本心流行之妙，故曰“用之不勤”也。

附識：按道書分析吾人之心，略有二種：一曰道心，二曰人心。見《荀子·解蔽篇》所引。人心即吾《新論》中所謂習心是也。吾人有生以來，一切經驗皆成爲慣習力，亦名習氣。即此習氣種類無量無邊，互相結集，勢力極大，而成爲支配吾人生活之機括。易言之，此無量無邊習氣直成爲吾人之生命力。吾人意識中，無論自覺的部分與不自覺的部分，要皆此習氣之衆多體系互相結集，或潛或顯而已。顯的部分爲意識的，即自覺的；潛的部分爲下意識的，即不自覺的。此義詳在《新論》，不及備述。凡《新論》所謂習氣或習心，即是道書所謂人心，此屬後有，其性質爲機括的，亦可云物理的。故其發動極粗猛，而常具向外追求之鋒鋭，人心狀態如是。道心者即是吾人所以生之理，亦即是宇宙所以形成之理。此心即道，故曰道心。就此心言，即吾人與宇宙同體，本無内外，但即其流行於吾身之中而爲吾身之主宰以言，則名之爲道心。此心是本有，而非機括性。諸葛公所謂“揭然有所存，惻然有所感”者，即此心之相用。此心無有内外，恒時自明自了，自識自證。吾人對於道之體用，或宇宙實體之認知，唯在此心呈現時乃得期諸此心之直接自證。若人心或習心用事，而障礙其道心，令不現起，則體認工夫乃萬不可能。晚世哲家有言盲目的意志者，有言生之衝動者，此皆内觀習心而見爲如是，其去東土哲人體認之功，奚啻萬里。

視之不見名曰夷，聽之不聞名曰希，搏之不得名曰微。此三者不可致詰，故混而爲一。

曰夷，曰希，曰微，非超絶於視聽搏之外而獨存也。特執色相以求之，則不可目見；執聲相以求之，則不可耳聞；執形相以求之，則不可恃四體搏得。何則？其所以成色成聲成形者，固非色非聲非形也，故以曰夷、曰希、曰微言之。夷者，無狀之謂；希者，無響之謂；微者，無象之謂。三者謂視不見，聽不聞，搏不得也。既感知之所不及，故總言“不可致詰，混而爲一”也。“不可致詰”，則與云不能致詰者異，亦與云不必致詰者殊，真是不可也。致詰即成戲論故也。混者混然無差別相。一者絶對義。以其混然絶待，故不可以情見推度，此明“不可致詰”之由。

其上不皦，其下不昧。繩繩不可名，復歸於無物。是謂無狀之狀，無物之象，是謂恍惚。迎之不見其首，隨之不見其後。

此反諸本心而體認之也。本心即道心也。唯“不可致詰”，故必體認而後得之。上之不至於皦，下之不至於昧，此即心平等相。凡夫之心，或時虚妄分别勝，其相粗浮，即名爲皦；或時昏没暗劣，即名爲昧。皦即心力上浮而失其平，昧即心力下墜而失其平，習心之相狀如此。若道心現起時，恒無粗妄分别，是其上不皦；恒寂恒照，照者，觀照；寂者，湛寂。恒湛然而寂，恒朗然而照。是其下不昧。故是平等一如之相也。此心即道體之本然也。繩繩，無始終也。道心無窮，故曰繩繩。無形，故不可名，然不可名，即其名也。無物者，至虚至明而無方相，無方所，無形相。“復歸無物”，即由虚極静篤之功，以全其至虚至明之本體。“無狀之狀，無物之象”，顯體非空無。王輔嗣云：“欲言無耶，而物由以成；欲言有耶，而不見其形。故曰‘無狀之狀，無物之象’也。”恍惚，輔嗣云：“不可得而定也。”“無狀之狀，無物之象”，本無時分方分，焉有定形可執耶？求其始，則無始，故“迎之不見其首”；究其終，則無終，故“隨之不見其後”。

以上皆言道之體相，實由反諸本心而體認得之，學者所宜深玩。

執古之道，以御今之有。能知古始，是謂道紀。

此言修道於日用踐履之間也。古者，古始。道之已然而不可易者，所謂樸是也。樸者，真義，無矜無尚，率乎其真。以道爲美名，從而矜尚之，則其爲道，實作僞也。今，猶現前。有者，“有其事”。用輔嗣語。一切日用云爲皆現前所有事，是名“今之有”。執其真樸而勿失之，是謂“執古之道”。以其真樸而行乎日用云爲之際，是謂“御今之有”。能知古始，是謂“道紀”。喪其真樸，則道紀毁裂，可畏也哉！道紀者，紀者綱紀，言道之流行於日用間，所以綱紀萬事者也。即道即紀，故曰“道紀”。

以上釋第十四章。

孔德之容，惟道是從。

王輔嗣云：“孔，空也。惟以空爲德，然後乃能動作從道。”此釋極是。吾人有生以來，一切妄執習氣，深藏固縛，皆爲道心之障。空者即空其妄習染污。

道之爲物，惟恍惟惚。惚兮恍兮，其中有象；恍兮惚兮，其中有物。窈兮冥兮，其中有精；其精甚真，其中有信。自古及今，其名不去，以閲衆甫。吾何以知衆甫之狀哉？以此。

“道之爲物”，此“物”字用爲指目此道之詞耳，非謂道果是一物也。恍惚，見第十四章。“無狀之狀，無物之象”，故謂“恍惚”。

窈冥，深遠之嘆。“其中有象”，“其中有物”，“其中有精”，皆顯道體真實，雖無形相，而非空無也。“其精甚真，其中有信”，純浄離染曰精，内證離言曰信。此承上文，返復贊嘆。欲學者反諸本心而深切體認之也。至真之極，湛然無有動相，故云“自古及今，其名不去”。去者動義，由此之彼曰去。道體恒自如如，如如者，不變義。故自古及今，唯道名爲不去。“衆甫”，物之始也。唯道無去，故萬物以之而始，若有去，則道亦物耳，何能始萬物耶？“吾何以知衆甫之狀哉？以此”，言吾何以知萬象所由盛顯哉？以其爲道之散著也。此，謂道也。右釋第二十一章。

有物混成，先天地生。

王輔嗣云：“混然不可得而知，而萬物由之以成。故曰‘混成’也。”天地者，萬物之都稱也。萬物皆以道爲體，故説道“先天地生”。道本無生，以其恒存，假説爲生耳。凡物本無今有，方説爲生。道本有而非無，故無所謂生也。

寂兮寥兮，獨立不改，周行而不殆，可以爲天下母。

寂寥，無形相也。無物與匹，故曰“獨立”。用輔嗣語。常如其性，故云“不改”。凡有對待之物，即無實自性，皆改變不恒者也。唯無對待者，乃有恒性而無改易。大用流行，隨處充周，隨所成物，無不各足，何殆之有？故曰“周行而不殆”。萬物以之成，故説“爲天下母”。

攝心歸寂，内自反觀，即由自心照了自心，故云内自反觀。炯然明覺，孤特無倚，是謂“獨立”。孤特猶言獨立。無倚者，無所偏倚。使其有倚，則明覺將囿於一端，見色便不能聞聲，思此更不能慮彼，有倚故也。今吾之明覺，既因應無窮，故是無倚。以其無倚，知此明覺迥然獨立也。物感未至，而恒不昧；物感紛至，而恒不亂，是謂“不改”。赴感無窮，一無所繫，是謂“周行不殆”。物之來感也，無窮；心之赴感也，無窮。而心恒不繫於物焉。使心有所繫，則何能赴無窮之感耶？道遠乎哉？反求諸己而得矣。

吾不知其名，字之曰道。

輔嗣云：“名以定形。混成無形，不可得而定，故曰‘不知其名’也。夫名以定形，字以稱可。言道取於無物而不由也，是混成之中，可言之稱最大也。”

右釋第二十五章。

以上各章皆言道體。凡上所説，皆屬本體論方面之談也。此下將擇取一二章，就其有關於入道之修行與方術者而略釋之。關於入道之修行與方術，亦可謂屬於認識論或方法論中之問題。

不出户，知天下；不闚牖，見天道。其出彌遠，其知彌少。

出户、闚牖，皆況喻詞。以知能爲務者，必用客觀方法，故以出户喻之。出户名外，即設定外界事物，而行質測之術，此求知者之所尚也。闚牖，一隙之明也，此喻致曲之功。曲者部分也。致曲者，即於各部分致其精析，以爲綜觀會通之地也，此又求知者所必由之術也。

今曰“不出户，知天下”，是不待外求，即不由客觀方法而自知天下之大本也。此知非是知識之知，乃自證之謂。下言“見”準此。天下之大本，即謂道。“不闚牖，見天道”，是不待向事物散殊處作解析，而自見天道之渾全也。道，曰天道者。至真之極，無以名之，因贊之曰“天道”。天者，自然義。自然者，無待而恒然。夫知能，緣析物而起。即由其衆著，以綜觀通理。要所謂通理，終限於對待之域。若夫至真之極，獨立絶待，寂兮寥兮，無方無相，此可以向外析物之術求之耶？世之求知者，莫不向外析物，以爲其知足任而日益多也，不悟其出愈遠，出謂外求。其知反愈少。何則？彼自計外求而多知者，役心趣外，而轉迷其本，疲神逐物，而莫知爲己。此云己者，非小己之謂。吾人與天地萬物本屬同源，即約同源，名之爲己。夫失己迷本，則惑之至也，雖自詡多知，其足多乎？

是以聖人不行而知，不見而名，不爲而成。

行者，用心於外，而起籌度析別也；“不行”，謂攝心虛静，攝、收斂也。收斂其心，歸於虛静。而毋外馳，即不起籌度析别，默然冥契道真，故謂“不行而知”也。知，冥契也，自明自了，而無知解之相，故云冥契。非知識之知。“不見”，謂真常理，不可感官接知，而灼然可證故，故可得而名也。所以字之曰道。衆妙之門，無爲而無不爲，以虛静守之而已。若任知而有爲作，必違道而無成也，故曰“不爲而成”。

右釋第四十七章。老氏反知，其説詳在此章，義指深微，學者所宜切玩。

為學日益，爲道日損，損之又損，以至於無爲，無爲而無不爲。

習於辨析事物，而成爲有統系之知識，是謂之學。故以爲學之功而爲道，必無當也。何則？爲學必用功於外，方於事物致其精析，而知識日以增多，故曰“爲學日益”也。爲道必用功於内，損去私欲，務期盡浄，然後復歸無爲，故曰“爲道日損，損之又損，以至於無爲”也。無爲者，冲寂虛無，任運而無所爲作，因任自然而運行，曰任運。故曰“無爲”。然妙用無邊，故曰“無爲而無不爲”也。夫無爲者，至真之極也，以萬物由之而成言之，則曰“道”。此言萬物，即攝人類在内可知。若約在人而言之，則亦曰“心”。即心即道，故曰道心；是本有故，又曰本心。

取天下常以無事，及其有事，不足以取天下。

此一節，注家皆以王侯之治化爲言，輔嗣亦然。與上文便絶不相屬，此何可通？愚謂取者，即《易・繫傳》“近取諸身”之取。“取天下”，猶言通天下之理；“天下”，猶言萬物。無事者，不以私意或偏見矯揉造作而亂物之真也。“不以”至此爲句。有事者反是。夫所以通萬物之理者，唯不以意見造作變亂物理之真，唯不，一氣貫下。虚懷因物，而衆理畢昭，故曰“取天下常以無事”也。若不能因物而覈其實，將徒任意見造作，即無以通天下之故，故曰“有事不足以取天下”。

右釋第四十八章。

古之善爲士者，微妙元通，深不可識。夫唯不可識，故强爲之容。豫焉若冬涉川，猶兮若畏四鄰，儼兮其若容，涣兮若冰之將釋，敦兮其若樸，曠兮其若谷，混兮其若濁。

此章言修行功力及其所至也。“微妙元通，深不可識”，孟子所謂“大而化之之謂聖，聖而不可知之謂神”，義亦近此。君子修道之功，自始學以至成德，無一息而可忘戒慎，故曰“豫焉若冬涉川”。雖中恒有主，而猶慮外誘易入，如國雖安，猶畏四鄰，敬之至也。儼兮若容，恪然無懈，而若有所思也。此思不同世俗所謂思想，乃離倒妄而冥符正理故。涣兮若冰將釋，至明四達，無迷無惑也。敦兮者，止貌。心不浮動名止。樸，真也。曠兮若谷，虚寂也。混兮，無分别貌。若濁，凝聚也。心力能自收攝，不浮亂，不散動，名爲凝聚。自“儼兮”，至“若濁”，皆形容此心虚静明達之相。第十章云：“明白四達。”今省云明達。此明達之境界甚深，猶言大澈大悟。

孰能濁以静之徐清？孰能安以久動之徐生？

濁，承上混兮若濁而申之也。心浮散，即不静，必凝聚而後静，故曰“濁以静之”。此不獨在人爲然，即造化亦必有收攝凝聚作用，始静而成物。若一味浮動而無凝聚者，宇宙焉得有物？清，虚也，明也，純也，净也。不雜曰純，離染曰净。心恒静，即虚明澄静，故曰“静之徐清”。宇宙全體大用，只是虚明澄净。相因而至曰“徐”。安，静且清之極也，脱然離繫也。斷一切雜染故，故離繫縛。久者，恒久，無間斷也。安安而恒無間，安安，重言之，形容其安之至也。故曰“安以久”。夫安以久，則恐其溺於虛静，而廢生生之大用也。故必於動用中致涵養之功，而後見生生不息真機，故曰“孰能安以久動之徐生”？“孰能”，言其難也。修道之士，至於“濁以静之徐清”“安以久動之徐生”，即功緒究竟，而道得於己矣。

附識：真體起用，真體猶言宇宙實體。老子則謂之道。不外“濁以静之徐清”“安以久動之徐生”十三字，此中義藴無窮無盡，安得知道者而與之言耶？夫修道者，盡其功力所至，亦復其本來之體用而已矣，非能有所增也。

保此道者不欲盈，夫唯不盈，故能蔽，不新成。

保者，保任之而勿失也。“盈”，輔嗣云：“心溢也。”按心本虛無，以其無形而無所滯，謂之虛無，非空無也。而至於溢者，私欲盛也。私欲非本有，皆後起之染污習氣也。修道在損去私欲，復歸於無，故曰“不欲盈”也。“蔽”，輔嗣云：“覆蓋也。”“夫唯不盈”，而復於無，以全其神。故德盛而能蔽覆萬物，皆固有妙用，非新作成之也。不由後起，故曰固有。道無可增，故不新成也。

右釋第十五章。

致虛極，守静篤，萬物並作，吾以觀復。

夫虛不離有也，言虛而有在其中矣；静不離動也，言静而動在其中矣。若夫執有者，狥物而失其虛；浮動者，從欲而捨其静，此道之所以喪也。故知道者，明知虛不離有，而必以虛爲本；明知静不離動，而必以静爲本。故曰“致虛極，守静篤”。致虛不極則猶未能虛也，守静不篤則猶未能静也。“萬物並作”，至虛而妙有，至静而善動也。動而不滯，故善。復，返之虛静也。有焉而未嘗不虛，何物之繫？動焉而未嘗不静，何欲之累？故曰“萬物並作，吾以觀復”也。

夫物芸芸，各復歸其根。歸根曰静，是謂復命。復命曰常。

萬物芸芸，各復歸根。根者始義，明物各返其所始。始，謂人所以生之理。若失其所始，則生理絶矣，何以歸根？曰唯守静耳。浮動而捨其静，即從欲狥物，以失所始，可不哀乎？夫物各受命於道。所謂道者，性恒虛靜而動用不窮，本非廢然之靜也。然正惟靜必涵動，故說靜爲動本，否則浮散之動，其本不固，而用亦將窮，道其如是乎？故體道者，體道，謂心與道合，而與之爲一。必返之虛靜，而性命乃全，故謂靜則復命。若逐動而流，流者流散。則乖乎道之本然，即失其所始，而無以復命矣。常者，真常。夫道，淵兮爲萬物之宗，“獨立不改，周行而不殆”，故謂常道也。物能守靜而復命，物謂人也。即與極同體，極明道，復命即與道爲一，乃云同體。故言“復命曰常”也。

知常曰明。不知常，妄作凶。

知者證知，非知識之知，以其爲萬物所共由，曰道；以其爲至真之極，曰常；以其爲吾心之明覺，曰知。故知常之知，即真常之用，非與常爲二也。此明覺顯現時，即斷盡一切惑染，故云“知常曰明”。若未知常，即未得明覺，便爲染習纏縛，動作皆妄，故云“不知常，妄作凶”。

附識：“知常曰明”之“知”即吾心之明覺。東方學者即於此明覺，認識本體。蓋此明覺即道心呈顯，捨此無所謂本體。吾人所以生之理，即此明覺昭顯者是；宇宙所以形成之理，亦即此明覺昭顯者是。何以故？就明覺的本體言，吾人與宇宙無内外可分故。此明覺憑吾人之官能而發現，以感通乎天地萬物。天地萬物待此明覺而始顯現，足徵此明覺爲一切形物之主宰。所以説，明覺即是吾心與萬物之本體，非可捨吾心而别尋造物主也。

知常容，容乃公，公乃王，王乃天，天乃道，道乃久，没身不殆。

知常，即與極同體，乃能包通萬物，無所不容，故曰“知常容”。無所不包通，則乃至於蕩然公平也，故曰“容乃公”。蕩然公平，則乃爲萬物之主也，故曰“公乃王”。王者主義，心公平，故其感於物，自有主宰，而不爲物所亂。能爲萬物主故，則乃無爲而無不爲，同乎天也，故曰“王乃天”。天者，自然義，非謂天帝也。無爲而無不爲，則乃體道大通，體道，見前。究極真常，故曰“天乃道”。得其真常，即無窮極，故曰“道乃久”。

久者，無窮極義，非對暫而言也。既歸於無窮極，即無所謂一己之身，乃渾然與宇宙常道同久，所謂死而不亡者壽是也，故曰“没身不殆”。

右釋第十六章。此章明工夫吃緊處，即在“歸根曰静”句。後來周子言主静立極，延平一脈相承，乃至聶雙江、羅念菴俱信歸寂，皆從是出也。

以上關於老子哲學，即形而上學方面，大體可窺。至《老子》書中發抒社會與政治之理想，其言宏廓深遠，並包萬古，本欲詳爲疏釋，質諸同好，顧以病軀，又苦俗冗，憚於用思，故付闕如。異時得暇，或有申述，亦未可知。

《老子》之書，文辭雖約，而理趣奥博，廣大如天，博厚如地。吾國歷來學者雖多留意鑽研，然罕能追其宏通微妙，但各有所窺而已。又凡中國發抒哲學思想之文字，皆詞約義豐，其意理廣遠，恒寓諸文言之外，善讀者必於言外得意。故非深識精思之士，則讀孔老諸氏之書，必漠然無所得也。即中土學人，求了解先哲之書，已屬鳳毛麟角，而况學術思想素不同途之西洋人士乎？聞西洋有《老子》譯本多種，往往謬誤不堪，此甚可惜！吾甚願有高瞻遠矚而能留意中西文化者，設法培植中西兼通之人才，爲未來世界新文化植其根，以馴至於吾孔子所蕲向之大同主義。人類同歸至善，共臻至治，豈不休哉？

寫至此，本欲截止，然又若有不能已於言者：一則《老子》書之作者與其時代，次則老子之後學，皆當略爲提及。

老子爲何許人？《史記》尚無定論，然當以《莊子·天下篇》所稱之老聃爲近是。至若老萊子與李耳等，則或爲老聃之門人與後學耳。《韓非子·六反篇》、《淮南·原道訓》及《道應訓》所引《老子》書，皆稱爲老聃之言。史稱老子爲楚人，其生長地大抵在今河南、山東間，故習聞儒言，且熟知古帝王之事。楚之盛也，拓地最廣，今豫、魯二省與蘇、皖、鄂鄰接之地，當時多入於楚。老子之先或出自小國，後爲楚所併，故爲楚人。

老子之時代大抵稍後於孔子而先於孟子。老子之學源出於《易》，而又别異於儒術，以自成一家之學。《易》之爲書，固孔子之大義微言，而七十子後學展轉傳授，其文字雖不必皆由孔子親手寫定，而其義理固孔子所創發也。此事吾當別論。《易》以陰陽對待，相反相成而明變化，《老子》亦然。《易》以三畫成卦，而《老子》則云："一生二，二生三。"《易》之旨，於變易見不易，而《老子》即於變知常。老氏於《易》，其根本大義未有改也。至老氏與《易》義不同處，則非深於孔老二家之底蘊者，又不便與之言。兹且從略。

老子之時代後於孔子，今人多已言之。此等主張吾大概贊同，唯至遲不當後於戰國時期之孟子。其文字高渾，比於孟荀諸子書，氣習較古。又《老子》書中侯王並稱，足徵其時列强猶未盡稱王也。春秋時，周之王室早夷爲群侯之列，楚以諸侯淫王號，故《老》以侯王並稱。又孟子自稱所處之時，上無禮，下無學，賊民興，喪無日。蓋是時六國已敝於暴秦，中原文物，銷損略盡。今觀《老子》書，諄諄然訾文而欲返之樸，足徵其時文物尚盛，與孟子所處時代自不同。或謂孟子言仁義而老氏非之，不悟仁義乃孔子所雅言，詳見《論語》與《易傳》，以此徵老子之後於孔子則可，不足爲孟先於老之證，以仁義之談非始於孟氏故也。

老子之後學，自昔推莊周。然莊周而外，厥有二家書僅存者，雖篇章缺略，不如《莊》書尚較完具，然其宏博淵微，皆足敷揚老氏之旨。二家者，一見於《管子》書中之《心術》《白心》《内業》三篇。《管子》書，世以爲僞，然必晚周法家所托。此《心術》《白心》《内業》之言，皆衍《道經》之藴奥，《道經》謂《老子》書。與本書謂《管子》書。不相類。唐房玄齡《心術篇注》云："今究尋文理，觀其體勢，一韓非之論。而韓有《解老》之篇，疑此《解老》之類也。"按玄齡説非是。此三篇與《解老》雖同爲老氏之學，而復各成系統。蓋此三篇精於談心，其言與梵方佛家大乘頗有可通者。又且融會儒術，如《内業》云："止怒莫若詩，去憂莫若樂，節樂莫若禮，守禮莫若敬，守敬莫若静。内静外敬，能反其性，性將大定。"此與《解老》明明不類。《解老》云："禮者所以情貌也。"又云："所謂處其厚不處其薄者，行情實而去禮貌也。"

是固絶無儒家氣味。要之,《心術》等三篇本老氏之徒,而亦稍參儒術。其持論成統系,而義旨宏遠,固老氏之宗子也。惜乎著者姓名無從考定。其全書當不止此,不幸散佚,唯此三篇雜入《管子》書中以傳,而自昔以來亦無人焉能詳其義者,是可嘅也!異時有暇,當爲作解。

二曰見於《韓非》書中之《解老》。此篇後人疑非韓非子之言,謂爲簡策誤入。按此篇不必韓非所作,但必出於老氏之徒而融會法家言者之手。故法家之徒取之以入韓非之書,斷非簡策誤入。其爲説頗綜會法家,如云:“萬物莫不有規矩。”“聖人盡隨於萬物之規矩,故曰‘不敢爲天下先。’”又曰:“慈於身者不敢離法度,慈於方圓者不敢舍規矩。”皆深於法理之言。此篇最精處,在分别道與理之一段文字。其言“道者,萬物之所以成”“理者,成物之文”云云,按“文”者條理,言萬物以道而成,及其成也,即物自有其條理。唯條理燦著,方謂之物,故云“理者成物之文也”。詳此,以理説明現象界有則而不亂。其言道即實體,又謂“道者萬理之所稽”,則以理雖分殊,而窮至於道即合。稽者合義,其爲説可謂上窮無極而下盡物曲者矣,故其謂“萬物莫不有規矩”者,即物有理之謂。其言慈身必守法度者,亦從物有理之觀念而來。由此,法家思想於玄學上得其根據。此篇義旨奥博,當非韓非所能爲,必老氏之徒而融會法家言者著爲此篇。其全書亦當不止此,或簡策殘缺,僅得此數。韓非之後學因取以編入《韓非》書中,要非誤入之比。然此篇自是老學之一大支派也。此篇亦向無解者,暇當作釋。又漢有《淮南子》,高誘稱其旨近《老子》淡泊無爲,蹈虚守静,出入《道經》。按《淮南》書爲其賓客所輯録,乃雜家者流,所收材料皆晚周諸子之遺也,其間自得處蓋鮮。然所集道家説間與《莊子·外篇》以下相近,辭尚浮華而少實得,殆莊周之支派歟!《莊子·外篇》以下有爲其後學所攙雜者。

如上所説,老子之後學,以《莊子》書及見於管、韓二子書中者爲最可考信。自餘若關尹,僅見於《莊子·天下篇》所稱述,當爲《老子》之同調,然單詞奥義,難可究詳;《列子》見《吕覽》等書,亦道家者流,《漢書·藝文志》有《列子》八卷,今所傳《列子》書,考據家皆以爲僞托，非《漢志》所稱之《列子》也。屈原以文學而衍道家之旨，流風益廣，其書見存。戰國時，道家之學與儒術堪稱兩大，《吕覽》有道家言，《荀子》亦稱道書。惜其書策多散亡，而諸學者之姓字亦罕得而考云。

上來略説《老子》已訖。來問道教數事，力不能詳也。中國古無宗教之名，晚周諸子各以學術稱專家，如孔氏之徒曰儒家，儒之名，亦不始於孔。老氏之徒曰道家是也。自印度佛教入，而世俗始以儒道與佛並稱三教。然儒道二家之學者並不自承爲宗教也。印度佛家思想本以宗教與哲學相融匯，然其哲學思想實廣大淵微，淵者淵深，微者微妙。卓然自成統系。中人治佛家言者，雖不遺其宗教精神，而於其哲學方面特有創獲，史實可徵。故以中國之儒、道、佛並稱爲教，此乃世俗相沿之失，而非學術界所認可，不能無辨。民初有以儒家孔子爲教主請定爲國教者，一時士論大譁，皆謂孔學非宗教云。

中國民間流行之一種邪術，有所謂道士者，亦謂之天師道，俗稱此爲道教，實與道家全無干涉。兹不欲談。

又有方士一流，以修僊之術僞托老莊，俗亦謂之道教。其鍊丹與鍊金術，以之修養求長生，雖可哂，然爲化學之起源。静坐調息諸法，深有當於衛生之理，要不可薄也。自唐以下，此派亦漸遠於方士而有學術可稱，如宋初陳希夷輩托於此道，孤往山林，冥思獨會，未易測其所詣，惜著述失傳耳。此派之思想於中國學術、政治各方面，不能謂其絶無影響，如宋儒哲學，陳希夷實啓其端。濂溪自有淵源，恐不止太極之圖，其敦大淳實，亦似希夷也。《宋史·希夷傳》雜謡俗誕妄之辭，殊乖其實。宋末道士鄧牧，原本莊子而爲抑尊之論，寄民治之思。至明季，而黄梨洲張之。迄清末葉，言民權謀改革者，皆祖述焉。是其彰著可述者也。此派在宋明間，時有孤遯清修之士，清世則未聞有異材。降及今日，流風歇絶，無復可言。凡棲處寺宇，服道士服者，皆無知之氓，無職業以自活而藉寺産以游手坐食者也。中國版圖遼闊，民國以來，喪亂頻仍，社會調查，尚難周遍，道教寺宇數量及其徒屬多寡，無從置答。

來函屬以英文作覆。力不能爲英文，特以中文寫定，而屬錢學熙君爲吾迻譯。錢君於吾之思想雖嘗留意，但翻譯之事，要難全達吾旨，此力所深爲抱歉。即希諒察。抑更有言者，中西學術，各有特色，凡中國哲學上特别獨至之理境，或爲西洋哲學家一向所忽視者，往往而有，故翻譯者於此必感困難。但此等困難非決定不可避免，若精熟於中國哲學之理解，其大無所不窮，其微無所不究，而又深通西洋哲學思想與其文字，能神明變化之，則中國哲學亦未嘗不可以英文傳譯，且盡其信與達之能事。然此要非旦夕之功，必其養之有素而不蘄以速效，是在中西人士能向此而努力。

馬格里尼君名羅雪亞諾，意大利米蘭省大學教授。

答劉樹鵬

得來書久，因《佛家名相通釋》一書未脱稿，精力短促，未能寫信。昨始完成，而猶有疲倦之感。天寒日短，又不堪作事，念來書曠答，姑寫此以報。來書各條均深愜下懷，唯問欲不可全屏，如何處置始免泛濫爲患。賢者於《新論》，尚未免在文字上轉，故有此一重大障礙。若細玩文字，精熟條理，得其會通，而因以自反諸心，則必無疑於此矣。按《新論·功能章》分别性習，《明心章》分别心心所。蓋心即性，而心所則習也。自識本心，即是見性。便能順其良知良能而起净習，故欲皆從理矣。如戴震之説，則欲當即爲理。其所以爲邪説者，正以不識性，即不識本心故耳。夫不見本心，則欲便從物，陽明所謂“隨順軀殼起念”是也。唯本心淪没，即一身無有主宰，遂縱任小己之私，乘形氣之動，而成乎私欲，私欲如何得當？如何爲理耶？若見性，即本心恒自昭明，而私欲萌時，自然瞞昧不得，即此瞞昧不得時，便一念向上，順從昭明之本心，而後所欲皆當。如“非禮勿視”，即克去其非禮之私欲，非絶吾目視色之欲也；視而無非禮焉，欲即理也。《記》曰：“禮者理也。”“非禮勿聽”，即克去其非禮之私欲，非絶吾耳聞聲之欲也；聽而無非禮焉，欲即理也。乃至“非禮勿動”，即克去其非禮之私欲，非絶吾心動應萬變之欲也；動而無非禮焉，欲即理也。準此，則欲之所可當，而不至流於私者，由其一準乎禮故也。《記》曰：“禮者理也。”以其發見而有條理，故謂之理或禮；以其爲吾一身之主，則謂之心；以其爲吾所以生之理，則謂之性。故《論語》言“克己復禮”，其所謂禮者，非就儀制度數言，乃即禮之本質而言。“本質”二字或不必妥，然難得下一恰好之詞，讀者須善會。禮之本質，即心也，此謂本心，非心理學上所謂心。亦即性也，是吾所固有，故於此而言復也。若以儀制度數爲禮，則禮是後起，是末節，如何言復耶？夫唯本質即心即性。具備萬善之條理，所謂固有。本此以爲主宰，而後萬變不恒之物感，凡足以起吾之欲者，一切不能眩亂此主宰，而所欲皆循其天則。天則即固有之條理。夫如是，始云欲當即爲理也。《新論》所謂浄習亦此旨也。戴震既不識性，不識心，則主宰既失，欲動而無節，如何能去私而皆當耶？故學在識本心。非欲之可患，迷其本心而後有私欲泛濫爲患也。

答李景賢

來函談《論語》“四勿”章有云：究竟何者是禮？何者非禮？似屬理智知識中事。此大誤。知禮與非禮之知即《新論》所謂智。《語要》卷一《答張生》談及俗云理智與《新論》所謂智者不同。陽明良知即《新論》所謂智，《尊聞録》云明智。此信可細玩。智是本有，是先天的。理智即《新論》初版《明宗章》所謂慧，是從經驗發展出來，是後天的，但後天的並不是别有來源，實即依智故有。唯後起乘權而恒迷其所本有，則如長江之水，離開源頭以後，沿途夾雜泥沙而成濁流，猶謂是源頭之水，則萬不可得矣。《新論》之智，今之學者不能了，將疑吾爲妄説，由其於東方先哲意思從不體會，所以至此。知禮與非禮之知，此即是智。這個知發現時，必怵然有動於中，自覺一毫瞞昧不得。此種意味唯曾留心作自反工夫者才能識得親切。若果喪其本有之智而但任所謂理智知識者，如何有此？

人能涵養其本有之智而勿放失，則後起之理智作用與一切知識亦皆是智之發用。《語要》卷一固常言此，吾子乃不曾理會何耶？至云邏輯，雖吾先哲不曾於此留意，但在今日亦何至不相容納？來函欲自任東西學術融通之責。須知凡百學問欲以一身備之，不獨吾等地球上無此怪人，即他星球如有人類，當亦不能以一身而遍治天地間各種學問。汝用功不專不切，徒懷種種奢望，將何所成？吾今所望於國人者無他，凡講習吾固有哲學思想者，宜發揚精要，並勤治外學，博采新知，更致力踐履，求思想與行爲之一貫，陽明所謂“知行合一”是也。以此養成一種學風，而吾學術始有獨立發皇之希望。至研窮西洋學術者，宜各自由研究，力求精到，但於本國學問如六經諸子等等，若有致力之暇，自當隨分參稽，否則亦無妄言輕詆。今後學術界如有此氣象，當無絶學之憂。民族雖危，終當奮起，而以自淑者拯全人類。魯本積弱，而孔子謂可“一變至道”，齊之强於魯豈止百倍，而孔子猶謂須一變乃能至魯也。孔子妄言歟？西人狃於物競之習，始終未離獸性。夫人與動物，其本雖不異，但人既進化而能發展其秉彝之良，則惡可不致力於性分之涵養，而偏逞其種種侵略之獸性耶？東方人向注意於性分之自得自樂，今雖不振，然經此世變，倘能本正德、利用、厚生與足食、足兵、民信之旨，彊力奮進，則“一變至道”，非吾神州華胄，其將誰屬？吾於世事，只是一時憤慨，要不甘爲淺衷狹量悲觀之徒也。

中國哲學明“天地萬物一體”之義，已普遍浸漬於中華民族之心髓。曾聞猶太人來吾國者云，若適歐洲諸國，則常有異國孤羈、時見猜防之感。若入德國，此感尤甚。即至東方之日本，其猜防多忌，亦甚於德人。獨至中國則如久客還鄉，爰得我所，交其人，如飲醇酒，使人之意也消。猶太人此言，確足證明吾華人博大含宏之德量，實由其哲學思想所陶育而成。繼自今，此種美德固應發揚，然同時必養成剛强威猛之風，期有以立己而立人。任重道遠，是在吾人好自爲之而已。

與友人

《佛家名相通釋》部甲大意中有小注一段，謂陸象山兄弟並有民治思想，有疑爲無徵者，此未深考之故耳。按象山《語録》，嚴松所記有云：“松常問梭山云：有問松‘孟子説諸侯以王道，是行王道以尊周室？抑是行王道以得天位？’當如何對。梭山云：‘得天位。’松曰：‘如何解後世疑孟子教諸侯篡奪之罪？’梭山云：‘民爲貴，社稷次之，君爲輕。’先生再三稱嘆曰：‘家兄平日無此議論。’良久曰：‘曠古以來無此議論。’松曰：‘伯夷不見此理。’先生亦云。松又曰：‘武王見得此理。’先生曰：‘伏羲以來皆見此理。’”見《象山集》卷三十四。據此則象山兄弟確有民治思想，但其辭旨隱約，不欲深論，或恐觸當時禁網及世儒攻擊，故引而不發，是可惜耳！至云“伏羲以來皆見此理”者，則以《易》之爲書首明民主自由。《乾》曰“群龍無首”，即其義也。無首謂不立政長也。晚世無政府主義者説亦近此。又象山狀其兄子壽有云：“湖之南有寇侵軼，將及郡境。先是建炎寇虜之至，先生族子謂嘗起義應募。是後寇攘相次犯州境，謂皆被檄，保聚捍禦，往往能却敵，州里賴焉。至是謂已死，舊部伍願先生主之，以請於郡。時先生適在信之鉛山，聞警報急歸。抵家，請者已盈門，却之不去，日益衆。先生與兄弟門人論所以宜從之之義甚悉。會郡符已下，先生將許之。或者不悦，謂先生曰：‘先生海内儒宗，蹈履規矩，講授經術，一旦乃欲爲武夫所爲。衛靈公問陳於孔子，孔子不答。今先生欲身爲之乎？’先生曰：‘文事武備，初不可析。古者有征討，公卿即爲將帥。比閭之長，則伍兩之長也。衛靈公家國無道，三綱將淪。既見夫子，非哲人是尊，社稷是計，而猥至問陳，其顛荒甚矣，故夫子答以俎豆而遂行。夾谷之會，三都之墮，討齊之請，夫子豈不知兵者？或者又曰：‘禮别嫌疑，事有宜稱。使先生當方面，受邊寄，誰復敢議？此閭里猥事，何足以累先生？今鄉黨自好者不願尸此，尸此者必豪俠武斷者也。今先生尸之，人其謂何？’先生曰：‘子之心殆未廣也。使自好者不尸此，而豪俠武斷者卒尸此，是時之不幸也。子亦將願之乎？事之宜稱，當觀其實。假令寇終不至，郡縣防禦之計亦不可已。主者或非其人，乘是取必於閭里，何所不至？是其爲慘，蓋不必寇之來也。有如寇至，是等皆不可用，無補守禦，因爲剽劫，仁者忍視之哉？吾固以許之爲宜。’先生於是始報郡符，許之。已而調度有方，備禦有實，寇雖不至，而郡縣倚以爲重。”詳此所云，則當時士大夫視地方自治自衛之大計，爲閭里猥事，相率耻而不爲，此實吾民族衰微之原因也。子壽當時獨與兄弟及門人謀，而力排盲俗之非難，毅然身任其事。兩漢以來，士大夫具此識力者，可得幾人耶？今雖效法民主之治，而知識分子猶無肯身入農村者。友人桂林梁漱冥獨提倡村治，而身入窮苦鄉邑，以實行其主張。漱冥固爲陸王之學者，故有此一段精神。

又《通釋》大意中有魏晉融佛於三玄，其失則縱云云。賢者以爲未妥，湛翁亦有是言。竊思後漢已有天竺及西域僧徒攝摩騰、竺法蘭、安世高等先後來中土。梁慧皎《高僧傳》稱摩騰中天竺人，善風儀，解大小乘經。法蘭亦中天竺人，自言誦經論數萬章，爲天竺學者之師，譯經五部。近人梁任公等考漢明無求法之事。《僧傳》稱摩騰、法蘭二人皆在明帝之世，尚難確信。然二人必於後漢時代來華，當無可疑。安世高則安息國王之子，精阿毗曇學，諷持禪經，備盡其妙，所出經論，凡三十九部。又有支讖者，本月支人，志在宣法，傳譯《般若道行》《般舟》《首楞嚴》等三經。自餘若佛朔、安玄之倫，並有宣譯，見稱後世。由漢末迄於六代，梵藏高僧來華宣法者，蓋不勝數。然則魏晉間談玄之風，自當感受佛家影響，不爲臆測。縱云羅什以前，釋宗學理猶未闡明，然由僧徒之儀軌與少數譯述，未嘗不沾被玄風，别有啓悟。輔嗣之談《易》《老》，向、郭之注蒙《莊》，雖妙悟獨得，毋亦其時玄風已啓，應運而興者歟。然縉紳擅清談者若王衍輩，本無學術，與輔嗣等玄家不當並論。若晉世僧徒多以玄旨而談佛法，皆踐履高潔，無所謂縱也。其陷於縱者，乃在清談之縉紳，是亦曹魏之遺穢也，此與佛家無關。總之，謂魏晉玄家便已參入佛家思想，此説似稍過，但若謂其完全不有佛家影響，恐又不得無過。

與湯錫予

華嚴諸師，似以真諦爲宗主，於《起信》特別尊崇。謂其學問，即以《起信》爲骨子可也。《疏抄》中關於《起信》之部分，頗有講得好處，若囑鏡清諸子彙抄成册，亦足爲參考之資。《起信》縱是地論師僞托真諦，然其主張確與真諦一致，容當別論。《疏抄》亦時引慧遠説，似不必有關宏旨。又於三論及天台、禪宗，往往有所稱引，顧於吉藏不多提及。法藏主要思想，即在教義分齊中判教之説，自吾儕今日視之，實無意味。

杜順之法界玄鏡，理事圓融。龍樹、無着兩家，於此似都未及詳。龍樹與其弟子提婆依據《大般若》而演《智度》等四論，大抵欲令學者明諸法無自相，方好悟入實性。無着晚年説唯識，安立法相，而實欠方便。世親承之，益復乖謬，致有性相打成二片之嫌。此須大着眼孔，能於空有二家學各會其總要，注意"各"字。於空宗能會其總要，又於有宗能會其總要，則兩家面目自無混亂。今見某雜誌有評吾書者，於吾《新論》評斥有宗處每不肯服，由其於有宗立説之系統未能總持故也，否則無疑於吾説矣。然後知理事圓融之旨。有家無着一派。固遠不逮，即在空宗，龍樹一派。其立説又別有機宜。爲於法相起執而不了法性者，乃種種遮撥其執，其應機方便在此。雖則由其説可以悟即性即相，即相即性，然却總在相上遮撥，欲以方便顯性，與杜順等説法固自不同。要至中土杜順諸師圓融理事，理即法性，事即法相。然後玄旨暢發無餘矣。其《理遍於事門》云：謂能遍之理，性無分限；所遍之事，分位差別。一一事中，理皆全遍，非是分遍。何以故？以彼真理不可分故。是故一一纖塵，皆攝無邊真理，無不圓足。又《事遍於理門》云：謂能遍之事，是有分限；所遍之理，要無分限。此有分限之事，於無分限之理全同，非分同。何以故？以事無體，還如理故，是故一塵不壞而遍法界也。言即於一微塵中而不壞此一微塵之相，却即此已是全法界也。此義深微，學者宜忘懷體之。於一塵如是，一切法亦爾。略舉此門，已足會意。誰有智者玩心高明，而於此等妙義，乃不能契入耶？豈莊生所謂"至言不止於里耳"耶？西洋哲家談現象與本體者，哪得會此意思？吾少年時，曾閲《華嚴經》文，蔽於老宿之論，以爲杜順宗下諸作與奘門不合，未欲瀏覽。今始遍閱一過，覺其中自有許多勝義，甚可推崇。惜未爲札記，欲復檢取，又不勝此勞，即置之已耳。總之，華嚴宗立説確已粗具系統，但其所短者，即有許多混亂處及無謂煩瑣處。他日有暇，或擇要條舉，以告後之留心此宗者。又竊謂杜順真是開山人物。法藏、清涼，其智稍短，然尚能張大一宗之學，亦未易得。至宗密則等諸自檜矣。

佛家著述過繁，亦頗有不必要者。今後學術門類已多，吾人所必需之新知識又不知多少，如欲此後研求哲學思想者皆得讀佛書，以濬其神解而博其理趣，則非選擇幾部根本重要之經論不可。但擇定之後，又必有人分任注疏之責，否則仍是難讀。此等人材至不易得，必須學術機關注意培養。若北大研究院能收納此等青年而予以資給，令其專治一經，學成之後始下筆爲書，務期以今日活的語言詳釋古經名義，勿如昔日和尚之所爲。和尚爲疏者，皆雜取經論中文字而編綴之，故不可解。如此，則有益後學不淺。然此等人才既難得，而又必養之以漸，不可責以速成，未知他日有留心此事者否？

答張德鈞

函悉。讀佛書，須一面弄清名相法數並理其系統，一面須於文言之外識得旨趣所在。前者是經師或考據家之事，後一層方上窮理盡性路途。若僅有前項工夫，只是讀書人，不名爲知學也。佛家“真如”一詞，其異名不下十餘，而每一名各有其特別涵義。以其至真至實，不可變異，而爲萬法實體，則曰真如等。等者，等實際，與一真法界諸名。剋就吾人當躬而言，即直指本心而名之，則曰涅槃。本心何以説名涅槃耶？此本心是固有的，非後起的，是照體獨立，非依他的。妄識遷流無常，本心恒是寂静圓明，離無常相，故説名常。妄識種種攀援，種種纏擾，故苦。本心離如是等苦相，故樂。妄識逐境起縛，無有主宰。本心隨緣作主，不隨境轉，故説爲我。妄識是無量惑相，是雜染相。本心則離諸倒妄，湛然冲寂，故説爲浄。如上四德常樂我浄。須反之自心，切實體認。

答李生

來書謂念菴“天地萬物一體”語，先輩以此教人則可，後生以此自任則近於妄。此正病根所在。“當仁不讓於師”，何等真切！此處退讓，則終其身爲禽獸之歸矣。夫天地萬物一體云者，易言之，即不自私云耳。不自私者，本心也。自私者，後起染污習氣也。陽明先生《大學問》，直就人心同然處言之，本自平易。而人固捨其平易，而不知自反，故曰“中庸之爲德也，民鮮能久矣”。賢者無志作人，無志此學，則亦已耳，否則於此等處豈可不勇於自任耶？

來書又云：佛氏不放逸，似與儒者主敬相似。先儒言敬，是徹上徹下工夫，又言常惺惺法，疑皆謂此。所以致此，將何由乎？”此段話總緣賢者平日爲學只在名詞上翻轉，未曾返在自家身心上致力耳。既知敬是徹上徹下工夫，毋不敬，自然常惺惺。佛氏不放逸，亦只是敬之極致。賢者果能用功於敬，便一了百當，又胡爲有何由致此之問耶？玩吾賢語意，似謂如何才得到敬，殊不知欲得到敬，却只是敬。譬如學生讀書不肯用功，却問如何才得用功，賢者所以答之者，必仍不外教以用功而已。如肯着實去用功，便改正其一向不用功之壞習，工夫即已得手。初學未能敬，只好着實去下敬的工夫，如夫子所謂“居處恭，執事敬”。常能如此，自然下學上達。即如賢者與吾寫信時，若有一字不根於心，便是虚誑，便是不敬。若字字根心而出，便無虚誑，便是敬。又如讀書時，絶無貪多鬥美之念，亦無淺嘗輒止與曲意誤解及畏艱阻而倦於求通等等之念，只一味虚懷，静觀此理，如此便是敬，反是者皆不敬也。敬的工夫是活潑潑地，不是强制其心，一味死板，可以謂之敬也。“執事敬”三字最妙。心不離事而存，日用間，語默動静，無非事也，語固有事矣，玄默之中亦非無事，《莊子》所謂“淵默而雷聲”是也。動固有事矣，寂静之中亦非無事，《莊子》所謂“尸居而龍見”是也。即無非此心之大用流行。厭棄事爲，而孤守其心以爲敬，是鬼道也，而可謂之敬乎？賢者細玩《論語》，當知所從事矣。

來書又云："先儒言用功之方，不出涵養、省察二途。二者宜何主？省察當於動之端，非昏沉之心所堪任；涵養須先見本心，又如何可以執持？"此段話亦緣不曾用過敬的工夫，故歧涵養省察爲二。須知工夫只是涵養，涵養中自有察識，亦云省察。不可離涵養而言察識也。離涵養而言察識，不唯天良乍露於慾念偶歇之頃未堪爲主，且恐陷於自欺而不覺矣。此中欲詳談，適行路疲困，未能盡所欲言，願賢者自反求之。其實，察識自是涵養中所有事，而涵養又只是主静。但所謂主静者，非兀然內守其孤明之謂也。静之實際只是敬，通語默動静而毋不敬，此中動静之静，係以時言，與主静之"静"字意義自别。即恒無私意私欲之萌，而恒是静矣。賢者誠能用力於敬，則涵養、察識皆在其中，又何患不能執持？又何至流於昏沉耶？

來書又云："平時讀書，皆用心於剖析事理，自覺此心已傷，鮮柔嫩之象，未審如何可以反其天真。"又問明道讀書不至喪志，上蔡便喪志，其故安在？此緣不識本原，故生疑惑。陽明云："學問須是識得頭腦。"象山平生言學，主張"先立乎其大"。何謂立大？何謂識頭腦？即不喪失其本心而已。只要時時在在是此本心發用，則讀書時剖析事理皆本心自然之用也，何傷之有？動於私意、私欲，斯傷矣。本心至健，健而無不勝，故和。雖宰百爲，通萬變，析衆理，而無或失其健且和焉，此方是立大本，方是識頭腦。若不了此而欲屏棄事理以求心，其結果必至以意見爲天理，而害不可勝言矣。宋明理學家末流之病，非殷鑒哉！

來書有不宜置萬物於我心之外云云。夫言心，則已備物，無物而心之名奚立？但物本不在心外，使其在外，則心何由知物？又何能用物耶？故夫智周萬物者，未嘗置物於心外也。唯愚夫一向沉溺現實生活中者，則視萬物爲心外實有，而追求不已耳。

復性書院開講示諸生

吾以主講馬先生之約，承乏特設講坐，得與諸生相聚於一堂，不勝欣幸。今開講伊始，吾與諸生不能無一言。唯所欲言者，决非高遠新奇之論，更不忍爲空泛順俗之詞，祇求切近於諸生日用工夫而已。朱子《伊川像贊》曰："布帛之言，菽粟之味，知德者希，孰知其貴？"願諸生勿忽視切近而不加察也。

書院名稱雖仍往昔，然今之爲此，既不隸屬現行學制系統之内，亦决不沿襲前世遺規。論其性質，自是研究高深學術的團體，易言之，即扼重在哲學思想與文史等方面之研究。吾國年來談教育者，多注重科學與技術而輕視文哲，此實未免偏見。就學術與知識言，科學無論發展至若何程度，要是分觀宇宙，而得到許多部分的知識。至於推顯至隱，窮萬物之本，澈萬化之原，綜貫散殊，而冥極大全者，則非科學所能及。世有尊科學萬能而意哲學可廢者，此亦膚淺之見耳。哲學畢竟是一切學問之歸墟，評判一切知識而復爲一切知識之總匯。佛家所謂一切智智，吾可借其語以稱哲學。若無哲學，則知不冥其極，理不究其至，學不由其統，奚其可哉？故就學術言，不容輕視哲學，此事甚明。次就吾人生活言，哲學者，所以研窮宇宙人生根本問題，能啓發吾人高深的理想。須知高深的理想即是道德。從澈悟方面言之，則曰理想；從其冥契真理、在現實生活中而無所淪溺言之，則曰道德。陽明所謂"知之真切篤實處即是行，行之明覺精察處即是知"，亦此意也。吾人必真有哲學的陶養，注意一"真"字。有高遠深微的理想，會萬有而識其原，窮萬變而得其則，極天下之至繁至雜而不憚於求通也，極天下之至幽至玄而不厭於研幾也，極天下之至常至變而不倦於審量也。智深以沈，思睿曰聖。不囿於膚淺，學之蔽，真理之不明，皆由人自安於膚淺故也。膚淺者不能窮大，不能通微，其智力既浮薄，即生活力不充實。智短者，於真是真非缺乏判斷。生活力貧乏者，必徇欲而無以自持，則一切之惡自此生矣。故人之惡出於膚淺，易言之，即出於無真知。不墮於卑近，沉溺於現實生活中，從欲殉物而人理絶，卑近者如是。以知養恬，恬者，胸懷澹泊，無物爲累，此必有真知而後足以涵養此恬澹之德也。無知者，則盲以逐物，而胸次無曠遠之致，是物化也。此與《莊子》"以恬養知"義別。其神凝而不亂，恬故，精神凝聚而不散亂也。故其生活力日益充實而不自知，孟子所謂"養浩然之氣"者是也。哲學不是空想的學問，不是徒逞理論的學問，而是生活的學問，其爲切要而不容輕視，何待論耶？又次就社會政治言，哲學者，非不切人事之學也。孔子曰："道不遠人，人之爲道而遠人，不可以爲道。"孰有哲學而遠於人事可謂之學哉？人者不能離社會而存，不能離政治而生。從來哲學家無不於社會政治有其卓越的眼光、深遠的理想。每一時代的大哲學家，其精神與思想恒足以感發其同時與異世之群衆，使之變動光明，此在中外史實皆可徵也。或謂自科學脱離哲學以後，關於社會與政治方面的發見，亦是科學家所有事，何必歸之哲學。此説似是而實非。哲學、科學本息息相關，而要自各有其領域，如形而上學，則科學所不及過問是也。即在所研究之對象無所不同者，易言之，即無領域之異者，如對於社會政治諸問題，而哲學與科學於此，仍自各有其面目。夫綜事察變固科學所擅長也，哲學則不唯有綜事察變之長，而常富於改造的理想。故科學的理論恒是根據測驗的，哲學的理論往往出於其一種特别的眼光。哲學與科學相需爲用，不當於二者間有入主出奴之見，更屬顯然。上來略説三義，可見哲學思想不容忽視。至於文學與歷史諸學，在今日各大學屬諸文科之範圍，而爲究心文化者所必探討。今兹書院之設，本爲研究哲學與文史諸學之機關，但研究的旨趣自當以本國學術思想爲基本，而尤貴吸收西洋學術思想，以爲自己改造與發揮之資。主講草定書院簡章，以六藝爲宗主，其於印度及西洋諸學亦任學者自由參究。大通而不虞其睽，至約而必資於博，辨異而必歸諸同，知類而必由其統，道之所以行，學之所以成，德之所由立也。諸生來學於此，可不勉乎？綜前所説，則書院爲何種研究機關，既已言之甚明，來學者當知所負之使命也。至書院地位，則相當於各大學研究院，而其不隸屬於現行學制系統之内者，此有二意：一欲保存過去民間自由研學之風；二則鑑於現行學校制度之弊，如師生關係之不良，與學生身心陶養之缺乏，及分系與設立課目並所用教材之龐雜，其弊多端，難以詳舉。至於教育宗旨之不一，學風之未能養成，思想界之不能造成中心思想，尤爲吾國現時嚴重問題。頗欲依古準今，而爲一種新制度之試驗。書院雖襲用舊稱，而其組織與規制實非有所泥守於古。書院地位雖準各大學研究院，而亦不必採用時制。總之，書院開創伊始，在主講與吾等意思，亦不欲專憑理想以制定一切規章，唯欲隨時酌度事宜，以爲之制。如佛家制戒，初非任一己一時理想以創立戒條强人就範也，唯因群弟子聚處而隨其事實，因機立戒，久之乃成爲有統系的條文。故其戒條頗適群機，行之可久也。書院創制立法，亦當如是。今後教者通指主講與諸教職員。學者肄業生及參學人。俱各留心於學業及事務各方面之得失利弊等等情形，隨時建議，毋或疏虞，庶幾吾人理想之新制度將有善美可期矣！外間於書院肇創之際，多不明瞭，或疑此制終不可行，主講與吾等時存兢業，亦望諸生厚自愛，期有所樹立。豈惟書院新制得以完成，不負創議與籌備諸公之盛心，而發揚學術，作育人才，保固吾國家民族以化被全人類者，皆於是乎造端矣。諸生勉旃。

昔人有言，士先器識而後文藝。古者“文”字、“藝”字，並謂一切學術，如六籍乃備明天道、治法、物理之書，而號曰六藝，又曰六藝之文是也。漢以後始以詞章名文藝，其意義始狹，非古也。今謂宜從古義。今學校教育，但令學子講習一切學術，易言之，即唯重知識技能而已。“知識技能”一詞以下省稱知能。至於知能所從出與知能所以善其用者，則存乎其人之器識。器識不具，則雖命之求知能，其知能終不得盡量發展。必有其器與識，而後知能日進，如本固而枝葉茂也。抑必器識甚優，始能善用其知能，不至以知能爲濟私之具也。苟輕器識而唯知能是務，欲學者盡其知能以效於世，此必不可得也。今之弊在是，奈何其不察耶？夫器識者何？能受而不匱之謂器，知本而不蔽之謂識。器識非二也，特分兩方面以形容之耳。以受則謂之器，以知則謂之識也。器識之義，最爲難言，今略明之。“先難後獲”者，器也，識也；欲不勞而獲者，非器也，無識也。“可大受而不可小知”者，器也，識也；“可小知而不可大受”者，非器也，無識也。“毋欲速，毋見小利”者，器也，識也；“欲速不達，見小利則大事不成”者，非器也，無識也。顏子“以能問於不能，以多問於寡，有若無，實若虛，犯而不校”者，器也，識也；反是者，非器也，無識也。虛己以容物，故犯而不校。此言君子宅心之廣，蓄德之宏，乃就私德言，非就國家思想言也。或有誤解此者，以謂國土受侵，不與敵校，便踰論軌。“敏而好學，不耻下問”者，器也，識也；反是者，非器也，無識也。“志於道，據於德，依於仁，游於藝”者，器也，識也；藝謂一切知識技能之學。亡其道德與仁而唯藝之務者，非器也，無識也。“行有餘力則以學文”者，器也，識也；此中“文”字，同上“藝”字解。馳逞於文而不務力行者，非器也，無識也。“過則勿憚改”“人告之以有過則喜”“聞善言則拜”者，器也，識也；文過遂非，拒諫而絕善道者，非器也，無識也。“尊德性而道問學”者，器也，識也；只知問學而不務全其德性，則失其所以爲人，非器也，無識也。“見賢思齊焉，見不賢而内自省也”，器也，識也；妒賢忌能，見惡人而不知自反，或攻人之惡而不内省己之同其惡否，此爲下流之歸，非器也，無識也。人一己十，人十己百，人百己千，器也，識也；自暴自棄者，非器也，無識也。“或生而知之，或學而知之，或困而知之，及其知之一也。或安而行之，或利而行之，或勉强而行之，及其成功一也”，器也，識也；甘於不知，而不肯困以求通，怠於行而不務勉强以修業，非器也，無識也。任重道遠，器也，識也；無所堪任，非器也，無識也。己立立人，己達達人，器也，識也；獨善而無以及物，非器也，無識也。“士志於道，而耻惡衣惡食者，未足與議也”，此有器識與無器識之辨也。夫器識有無，其徵萬端，不可勝窮也，然即前所述者一字一句，反而驗之身心之間、日用之際，則將發見自己一無器識可言，而愧怍惶懼，自知不比於人類矣。昔王船山先生内省而慚曰：“吾之一髮，天所不覆，地所不載。”其懺悔而無以自容，至於若此之迫且切也。我輩墮落而不自知罪，豈非全無器識之故耶？夫器識，稟之自天而充之於學。人不學，則雖有天稟，而習染害之。故夫人之無器識者，非本無也，直蔽於後起之污習耳。擴充器識，必資義理之學涵養德性而始能。主講以義理爲宗，吾夙同符。諸生必真志乎此學，始有以充其器識，器識充而大，則一切知識技能皆從德性發用。器識如模，知能如填彩，模不具，則彩不堪施。諸生顧可逐末而亡本乎？

學者進德修業，莫要於親師。師嚴而後道尊，師道立則善人多，舊訓不可易也。學校興而師生義廢，教授與諸生精神不相通貫，意念不相融洽，其上下講臺，如塗之人相遇而已。夫學者之於理道，非可從他受也，唯在自得之耳。其自得之者，亦非可持以授人，理道不是一件物事故也。然則爲學者，何貴於有師耶？師之所益於弟子者，則本於其所自得者，而隨機引發弟子，使之有以自得焉。弟子所賴於其師者，方其未至於自得，則必待師之有所引發焉。唯然，故師與弟子必精神、意念相融通，而後有引發之可能。若夫神不相屬，意不相注，則如兩石相擊，欲其引發智慮而悟入理道，天下寧有是事耶？故弟子必知親師而後可爲學。且人之所以爲人也，親生之而師成之。成之之恩，與生均矣。在三之義，古有明訓，而忍不相親耶？雖然，語乎成，又當有辨。非尋常知識技能之相益便足謂之成也，必其開我以至道，使吾得之而成爲人焉，不得則吾弗成爲人也。有師如是，其成我之恩，均於生我矣。在三之義，正謂此也。其次則如章實齋氏所云，專門名家之學，雖不足語至道，要亦有得於道之散殊。吾從而受其學，亦不敢不尊之親之，而嚴其分、盡其情。嚴其分者，己之於師，退居子弟行，不敢抗也。否則於情未協，於義爲悖也。自此而下，若傳授課本，口耳之資益，學無與於專家，人未聞乎至道，但既爲吾所從受課之師，有裨於聞見，則亦以長者事之，以先進禮之，不得漠然無情誼也。親師之義，雖有差等，畢竟不失其親愛。古之學者未有不求師也，弟子之名位、年事過於其師者，往往有之，而退然以下其師者，道之所在故也，學之不可無所就正故也。今之學者耻於求師，不以其所未得爲可耻，而耻其所不當耻，直無器識故耳。古之人有先從師遊，不必有得，而後乃自得，反以其道喻師，而自展其事師之誠者，釋迦牟尼是也，鳩摩羅什於其戒師亦嘗行之也。有弟子先從師説而後與之異者，後之所見誠異，非私心立異也。亞里士多德曰：吾愛吾師，吾尤愛真理。有如是弟子，非師門之幸哉？！親師者，非私愛之謂也。然非有真知真見而輕背師説焉，則其罪不在小，學者所當戒也。

次於親師而談敬長。凡年輩長於我者，必以長者禮之，年輩長於我而又有學行可尊者，吾禮敬之不盡其誠，又何忍乎？清末以來，學風激變，青年學子習於囂暴，而長幼失其序矣。有一老輩，平日與少年言議，皆非毁禮教者也，退而與人言，則又忿後生遇己之無禮。吾性褊狹，不欲輕接少年，偶遇之，勿多與言，亦無飾貌周旋之事，孤冷自持而已。夫所以敬長者，約有二義：少不凌長，後生不與先進抗，存厚道也。長者經驗多於少年，少年勇於改造，而辨物析理不必精審，使其無輕侮前輩之心習，則將依據前輩之經驗以爲觀摩考覈之資者，必日益而不自知矣。西洋各國皆有年老教授居上庠，與吾國古時太學尊禮老師之意適合。明季有一儒者，自言其少時遇長德，輒以兄事，中年而後，自知無禮，於昔所稱爲兄者，今改稱以先生，而自稱晚生或後學焉。昔之視在等夷者，今知其德之可尊，學之可貴也，則不復等夷視之，而對之自名焉。此人可謂善補過矣。諸生來學於此，於親師敬長，自宜留意，不可染時俗也，此亦培養器識之一端也。

學者以窮理爲事，然其胸懷一向爲名利聲色種種惑染之所纏縛，其根株甚深細隱微，恒不自覺，本心全被障礙，如何而得窮理？“本心”一詞，原於《孟子》，宋明儒者亦言之。“本”字宜深玩，但非可徒以訓詁爲得其解也，必切體之於己，而認識其孰爲吾本具之良知良能而不雜夫後起染污之習者。窮理工夫，非深心不辦。真理雖昭著目前，而昏擾粗浮之心，終不得見，必智慮深沉冲湛，而後萬理齊彰。深湛則神全，神全故明無不燭，而天下之理得矣。又非大心不辦。大故不滯於一隅，觀其散著，抑可以遊其玄也；析其繁賾，抑可以會其通也；辨其粗顯，抑可以窮其幽也；知其常行，抑可以盡其變也；見其煩瑣，抑可以握其簡也。故唯大心可以窮理。狹礙之心，觸途成滯，泥偏曲而不悟大全，墮支離而難言通理，習膚淺而不堪究實，明者所以致慨於橫通也。狹礙之心非本心也，乃以染習爲心故耳。又非耐心不辦。人心恒爲染習所乘，安於偷惰而一切無所用心，慣於悠忽而凡百都不經意，蘋果墮地與壺水熱則漲澎，古今人誰不習見之，却鮮能於此發見極大道理者，必待奈端、瓦特而後能之，則以常人不耐深思故耳。夫事理無窮，要在隨處體察，於其所未曾明了者，不憚强探力索，四字吃緊。毋忽其所習聞習見而不加察也；毋略其所不及見、不及聞而以爲無復有物、無理可求也；毋狃於傳説，必加評判，亦毋輕議舊聞，必多方考索，其果是耶，無可立異，其果非耶，自當廢棄；毋病夫瑣碎而不肯窮也；毋厭其艱阻而不肯究也。時時有一副耐心，真積力久，自然物格知至，而無疑於理之難窮矣。綜前所説三心，曰耐，曰大，曰深，皆依本心而別爲之名耳。耐之反爲忽，忽者疏忽或忽略。大之反爲礙，礙者狹隘或滯礙。深之反爲淺，淺者淺陋或浮淺。有一於此，皆不足與於窮理之事，其所以成乎忽與礙且淺者，則以無量惑染根株盤結於中，而本心障蔽故也。學者必有克己工夫，己者謂一切惑染，亦云私欲或私意。常令胸懷灑脱，神明炯然，則能耐，能大，能深，“耐”字意義甚深，即健也。切宜深玩。而可以窮理盡性矣。王陽明先生云：“學問須是識得頭腦。”存心、養心、操心之學，於一切學問實爲頭腦。今之學子，顧皆舍其心而不知求，豈不蔽哉？就學術言，華梵哲學與西洋科學原自分途。東學賅華梵哲學言。必待反求内證，舍此無他術矣。科學純恃客觀的方法，又何消説得？西洋哲學與其科學，大概同其路向。明儒所謂“向外求理”是也。西洋思想與東方接近者恐甚少。學者識其類別，内外交修，庶幾體用賅存，本末具備，東西可一爐而冶矣。昔朱子言學，以居敬窮理並言。窮盡事物之理，合用客觀方法，居敬即反求内證下手工夫也。敬是工夫，亦即於此識得内在的本體。明代治朱學者，詬王學遺物理而不求。王學之徒則又病朱學支離破碎。近世中西之争亦復類是。曷若同於大通之爲愈耶？吾與主講俱無所偏倚，諸生來學於此，須識得此間宗旨，無拘曲見，務入通途。

昔吾夫子之學，内聖外王。老氏崇無，亦修南面之術。老氏之無非空無也。本性虛寂，故説爲無。儒者亦非不言無，《中庸》言天性曰“無聲無臭，至矣”。但儒者不偏着在無上，與老氏又有別。此姑不詳。顏子在孔門擬以後世宗門大德氣象，頗相類似，然有爲邦之問，則孟子所謂“禹、稷、顔回同道”，誠不誣也。吾嘗言，佛家原主出世，使世而果可出也，吾亦何所留繫，其如不可出何？如欲逃出虚空，寧有逃所？世之言佛者，或謂佛氏非出世主義，此但欲順俗而恐人以此詬病佛法耳。實則佛家思想元來自是出世，彼直以衆生一向惑染、淪溺生死海中爲可怖畏，而求度脱。經論具在，可曲解耶？但佛家後來派别甚繁，思想又極繁雜，如大乘學説漸有不捨世間的意思，華嚴最爲顯著。《金光明經》亦歸於王者治國之道云。是故智者哀隱人倫，要在隨順世間，彌縫其缺，匡救其惡，所謂裁成天地之道，輔相天地之宜，本中和而贊化育，建皇極而立蒸民，古詩云：“立我蒸民，莫匪爾極。”此吾夫子之道所以配乾坤而同覆載也。莊子曰：“春秋經世，先王之志。”可謂知聖心矣。漢世經儒並主通經致用，不失宗風，故漢治尚可觀。魏晉以後，佛家思想浸淫社會，曹氏父子又以浮文靡辭導士夫爲浮虚無用，儒生經世之業不可復睹，遂使五胡肇亂，慘毒生民。延及李唐，太宗雄偉，僅振國威於一時，繼體衰亂，迄無寧日。唐世士人，下者溺詩辭，上者入浮屠，儒業亡絶，猶魏晉以來之流風也。世道敝而無與持，有以也哉！唐世僅一陸宣公以儒術扶衰亂。禍極於五代。宋興而周程諸老先生紹述孔孟，儒學復興。然特崇義理之學，而視事功爲末，其精神意念所注，終在克己工夫，而經國濟民之術或未遑深究。雖述王道、談治平，要亦循守聖文，非深觀群變、有所創發也。至其出處進退大節，自守甚嚴，誠可尊尚。然變俗創制、一往無前之勇氣，則又非所望於諸老先生矣。然而宋儒在形而上學方面實有甚多發見。當别爲論。晚世爲考據之業與託浮屠者，並狂詆宋儒，彼何所知於宋儒哉！唯宋儒於致用方面實嫌欠缺，當時賢儒甚衆而莫救危亡，非無故也。及至明季，船山、亭林諸公崛起，皆紹述程朱而力求實用。諸公俱有民治思想，又深達治本，有立政之規模與條理，且皆出萬死一生以圖光復大業，志不遂而後著書。要之皆能實行其思想者也，此足爲宋儒幹蠱矣。顔習齋名爲反對程朱，實則其骨子裏仍是程朱。所攻伐者，但是程朱派之流弊耳。勝清道咸間，羅羅山、曾滌生、胡林翼諸氏又皆宗主宋學，而足寧一時之亂。諸公扶持清廷，殆非本志，直是現實主義耳。洪、楊既不足輔，又懼同類莫能相下，故仍擁清以息一時之亂耳。曾氏刊佈《船山遺書》，雖昌言民族革命之《黄書》而佈之無忌，其意念深哉。故由宋學演變觀之，浸浸上追孔氏，而求内聖外王之全體大用，不復孤窮性道矣。明季大儒與咸同諸公所造高下淺深，爲别一問題。然其内外交修，不欲成爲有體而無用，則猶孔氏之遺規也。今世變愈亟，社會政治問題日益複雜，日益迫切，人類之憂方大，而吾國家民族亦膺巨難而瀕於危。承學之士，本實既不可撥，本實謂内聖之學。作用尤不可無。作用謂外王或致用之學，與俗以機智名作用者異旨。實事求是，勿以空疏爲可安，深知人生責任所在，必以獨善自私爲可耻。釋迦牟尼爲一大事因緣出世。王船山先生自題其座右曰“吾生有事”。此是何等胸懷！吾人可不猛省！置身群衆之外而不與合作，乃過去之惡習；因任事勢所趨而不盡己責，尤致敗之原因。西洋社會與政治等等方面，許多重大改革，而中國幾皆無之，因中國人每順事勢之自然演進，而不以人力改造故也。此等任運自然的觀念，未嘗絶無好處，但弊多於利，當别爲文論之。諸生研求實用，尤貴於舊日積習得失，察識極精，而遷善必勇，否則雖有技能，不堪致用，况缺乏技能者乎？或曰：今世言致用，必須專門技術，此等人才必出自各學校之爲專科研究者。書院係養育通材，恐徒流爲理論家而不必可以致用也。此説只知其一，未知其二。夫專材與通材，專門技術省言專材。互相爲用而不可缺其一也。專材恒是部分之長，雖其間不無卓越之士，然終不能不囿於所習，其通識終有限也。通材者，測遠而見於幾先，窮大而不滯於一曲，能綜全局而明了於各部分之關係，能洞幽隱而精識夫事變之離奇。專材的知識是呆板的，通材的知識是靈活的；專材的知識是由積聚而得的，通材的知識多由超悟而得的；超悟本自天才，然天才短者，積學亦可致。專材的知識是顯而易見的，通材的知識是運於無形的。專材與通材之辨略如上説。而通材實關重要。能用專材者，通材也。若無通材，則專材亦無所依附以盡其用。選任各種專材而位之各當其所，此則通材所有事也。凡理論家固可謂之通材，而通材不必悉爲理論家。通材者，恒是知行合一之人物也。通材與專材，時或無定稱，如一個工廠的領袖比於廠中技師等等則爲通材，比於實業界中更大的領袖則又成專材矣；實業界中大領袖雖號通材，而對於主持國柄之大領袖則又成專材矣。凡求爲通材者，必有寬廣的胸量，遠大的眼光，深沉的思考，實踐的勇氣，謙虛的懷抱。若不具此素質而求爲通材，未之有聞也。查本院簡章分通治别治二門：通治門，以《孝經》《論語》爲一類，孟荀董鄭周程張朱陸王諸子附之。别治門，《尚書》、三《禮》爲一類，名法墨三家之學附之；《易》《春秋》爲一類，道家附之。凡此皆所以養通材也。

附識：或問：本文有云，中國人每順事勢之自然演變而不以人力改造。此意未了。答曰：吾舉一例明之，如數千年來君主政治，時或遇着極昏暗，天下自然生變，到變亂起時，也只任互相殺伐，俟其間有能者出來才得平定，仍然做君主，此便是順事勢自然，不加人力改造。若是肯用人力改造局面時，他受了君主政治許多昏暗之禍，自然會想到民治制度，同來大改造一番。西洋人便是這樣，中國人却不如此。即此一例，餘可類推。

國家設學校以養人才，人才雖出於其中，而就學者固不能皆才也。書院雖欲養通材，又何敢過存奢望耶？然在諸生，則不可妄自菲薄，必努力以求爲通材，而後不負自己，不負所學。諸生縱不得勝國家棟梁之任，吾亦望其行修而學博，足以居庠序而育群材。今各大學於本國學術方面缺乏師資，此足見吾國人之不力學，不求認識自己。昔拿破侖自謂其失敗，根本不由於外力與刀槍，而在於德國理想家的抵抗力。諸生三復此言，當知所奮發矣。

本院簡章，舉一切學術，該攝於六藝。故學者選修課程，應各擇一藝爲主，而必兼治其相類通者。如所主在《易》，則餘藝如《春秋》等，等者謂《詩》《書》、三《禮》及四子書等。諸子學如道家等，等者謂自漢迄宋明諸師。及印度佛學與外道，皆所必治，即西洋哲學與科學，尤其所宜取資。如所主在《春秋》諸藝，則其所應兼治之諸學，亦各視其所相與類通者以爲衡。夫學術分而著述衆，一人之力，何可窮搜？故治學者，有二義宜知。每一種學問皆有甚多著述，唯擇專家名著而詳加玩索，其餘可略，此一義也。博學者，非無書不讀之謂，乃於不可不讀之書，必須熟讀耳。依據自家思想根荄，因取其與吾相近者特别研尋，以資發揮，此二義也。如吾治《易》而好象數，則於數理邏辑必加詳究；如吾治《易》而主明變，則凡哲學家之精於語變者，必加詳究；如吾治《易》而於生生不息真機特有神悟，則凡依據生物學而出發之哲學，必加詳究；如吾治《易》而注重明體及生活與實踐方面，則於佛家及宋明諸師，必加詳究。如吾治《周禮》而欲張均産與均財之義，則於吾先儒井田、限田諸説及西洋許多社會主義者關於經濟的思想，必加詳究。如吾治《春秋》而欲張《公羊》三世義，則於吾六經、諸子及西洋哲學許多政治理想，必加詳究。如上所説，略示方隅，學者觸類旁通，妙用無窮。本院主張自由研究，不取學校教師登臺强聒、學生呆坐厭聽之方式。亦無一定講義，主講及講座、教授、都講，簡章尚未立教授，以開創伊始，規模尚狹故也。實則教授爲正常負責之師，决不可無。至簡章有講友，相當各大學名譽教授，但馬先生不欲仍時俗教授之名，俟將來酌定。時或聚諸生共語，得爲語録而已。分系辦法雖本院所無，但簡章一宗六藝而分通治、别治二門。諸生入院修學，自應先通後别。其别治門，各專一藝而兼治其相與類通之諸學，則分系之意存焉，至各門所應研習之書目，擬分必讀與博覽二類，容緩酌定。必讀一類，貴精不貴多，如孔門之於六藝，魏晉學者之於三玄，兩宋諸師之於四子書，又如佛家空宗主《大般若經》與四論，《大智度》及《中》《百》《十二門》。相宗亦有六經、十一論。詳基師《唯識述記》等。凡此諸家，其所專精之書並不多，唯有所專主而聚精會神於其間，久之而神明變化，受用無窮矣。至博覽一類則不嫌其多，然學者資性有利鈍，精力有衰旺，要在各人隨分盡力，選擇其萬不容不涉及者而目治心營焉，求免於孤陋寡聞之患，而有以收取精用弘與引申觸類之益，斯爲得之。若夫不量自力而一意涉獵求多，其弊也，或則神昏目眩而一無所得，或則雜毒攻心而靈臺長蔽，思想長陷於混亂，此爲人生至苦之境。吾意將來規定各門應行博覽之書，雖名目不妨多列，而學子於其間儘可留心選擇，務令游刃有餘，毋以貪多自害。唯必讀之書則非終身潛玩不可。

學問之道，由淺入深，由博返約。初學必勤求普通知識，將基礎打疊寬博穩固，而後可云深造。其基不寬則狹陋而不堪上進，其基不固則浮虛而難望有成。初學若未受科學知識的訓練，而欲侈談哲理與群化治術等等高深的學問，便如築室不曾拓基，從何建立？登梯不曾循級，必患顛蹶矣。吾國學術雖未曾發展爲科學，然吾先聖賢於哲學思想方面所以有偉大的成功者，非獨天才卓越、直超頓悟、冥會真理而已，亦因其窮玄而不遺事物。如所謂“仰觀於天，俯察於地，近取諸身，遠觀諸物”，又如孟子稱舜“明於庶物，察於人倫”，後儒亦屢言須體驗物理人事，又曰從人情事變上磨練，其精於綜事辨物，可見矣。吾固有之學術不曾發展爲科學，此是别一問題。然吾古之學者自有許多許多的科學知識，則不容忽視。《易》之爲書，名數爲經，質力爲緯，非有豐富幽深的科學思想，則莫能爲也。而其書導於羲皇，成於孔氏，創作之早，至可驚嘆。後生偷惰，知識日益固陋，今西洋科學發達，學子誠當努力探求。諸生若自大學卒業而來者，於科學有相當素養，今進而研華梵高深學術，不患無基。至其未受學校教育者，本院徵選肄業生細則，不限定大學卒業一途者，原欲廣造就耳，但其人若非具有天才而缺乏科學訓練，恐終爲進學之礙。今次徵選生徒辦法只可作一種試驗耳。務望於科學方法及各科常識，尤其於生物學、心理學、名學及西洋哲學與社會政治諸學，必博採譯述册子，詳加研索。今之譯述，大抵出於稗販，而不詳條貫，鮮有旨要，其於所介紹之學説實未有精研故也，又復模倣西文文法而未能神明變化，故其辭甚難通，加之白話文於素讀舊書者氣味最不合，以上諸因，譯述册子每爲人所不喜閱，然諸生未受學校教育者，要當於譯述册子勉强玩索，勿病其膚雜，勿畏夫艱阻。須知學者涉獵群書，譬之入山採寶，初入深山，所歷幾盡屬荆棘，及遇一寶則獲益無窮矣。讀雜書亦復如是，往往有意外之獲。孟子謂“舜好問，而好察邇言”，[①] 理道無窮，隨在足資解發故也。譯述雖劣，詎不足比於邇言耶？

吾國學術，夙尚體認而輕辯智，其所長在是，而短亦伏焉。諸生處今之世，爲學務求慎思明辨，毋愧宏通，其於邏輯，宜備根基，不可忽而不究也。然學問之極詣，畢竟超越尋思，歸諸體認，則又不可不知。

《論語》有言：“工欲善其事，必先利其器。”文字者，發表思想

① 引文據《中庸》爲孔子語。

之器也。凡理論的文字，以語體文爲最適宜，條理詳明，委曲盡致，辭暢達而無所隱，義精確而無所淆，此語體文所擅長也。但有時須雜用文言文，談理至幽玄之境，凌虚着筆，妙達神理，則或賴文言以濟白話之窮。如程子《語録》中所謂“冲寞無朕，萬象森然”，以整練之辭，善敷玄旨，含蓄無盡。此等處若用白話，便無義味。此語體參用文言之妙也。學子如欲求工語體文，必須多讀古書，能作文言文，始無不達之患。今學子爲白話文，多有不通者，此可戒耳。

讀書須有三到，曰手到，圈點。目到，心到。手之所至，而目注焉，而心凝焉，則字字句句無有忽略過去者。讀書不求甚解，在天才家眼光鋭利，於所讀書，入目便能抉擇，足資一己創發之用，若在一般人，則雖苦思力索，猶懼不盡其條理，不識其旨要，而可不求甚解乎？讀書切忌忽略過去，學之蔽，理之難明，只緣自心隨處忽略故耳。忽略者，萬惡之源也，所謂“不誠無物”是也。吾寫至此，吾意甚苦，願諸生自反而力戒此病。細玩《論語》，則知聖賢日用間，只是一真流行，一切無有忽略。

今之少年，習爲白話詩，以新文學自標榜，其得失則當世有識者多能言之，毋俟余喋喋也。余生平不能詩，間諷誦古之名作，略識其趣，以爲聲音節奏，終不可忽而不講，若不求協韻，只爲白話而已，其可謂之詩乎？諸生於六藝中倘有專《詩》者，將欲創作新體，亦必沉潛於舊文學，謂由“三百篇”、楚漢迄近世，詩騷賦詞等作品。遺其貌而得其神，或能融會衆體，别創一格，未可知也。如於舊文學未有深厚涵茹，而以淺躁之衷，急謀更張，終必無成。“子曰：‘仍舊貫，如之何？何必改作。’”[①] 更張而不及其舊，勿輕更焉可也。

每聞少年能讀西人詩，驚服其長篇鉅製，輒謂中國詩不足觀，此真膚論也。余未讀西人詩，但聞人言，想見其氣象雄放，情思暢茂，然中國詩，妙在辭寡而情思悠然，含蓄不盡，清幽之美，如大化默運，不可以形象求也。中西詩但當各取其長，勿妄分優劣也。

① 引文據《論語》爲閔子騫語。

間聞人言，通經致用之説，在今日爲迂談。今之政事，當有專門技術，豈得求之六藝而已乎？此其説甚誤，有見於末，無見於本也。如欲辨正此等謬見，自非可以簡單言之。雖著書累帙，猶難達意，吾於此不暇深論，但慮諸生移於時俗，終不能不略明吾旨也。夫繕群致治，必有經常之道，歷萬變而不可易也；亦必有張弛之具，隨時而制其宜也。專門技術只爲張弛之具，而所以爲張弛者，要不可離經常之道。姑舉一義言之。《大易》革卦，著改革之象，必歸之誠信。革，變易也；誠信則通萬變而不可易之常道也。改制易度而果以誠信行之，毋假新法之名而陰違之以逞其私慾，毋藉新興之事而私便之以恣其淫貪。以誠信宰萬變而不渝，則任何改革無不順天應人，行之盡利矣。嗟爾諸生，更歷世變，亦已不淺，其猶無悟於此耶？即今國際糾紛至於人類自毁，而不知禍之所底，諸霸者莫不聲稱正義，而所爲適得其反，不誠不信，戾於常道，生人之禍，何時已乎？“自古皆有死，民無信不立”，聖言深遠，人類如終不自毁，其必率由吾六藝之教焉無疑也。夫六藝之旨，廣大悉備，所謂“範圍天地之化而不過，曲成萬物而不遺”。唯智者真有得於六藝，則見其字字句句，皆切於人生實用，而不可須臾離也。無識者視爲陳言，所謂“至言不止於里耳”也。謂通經致用爲迂談，此乃細人之見耳。且學者誠能服膺經訓而反之自心，將於萬化之本、萬事之綱無不洞達，則其於人群事變之繁複奇詭，自可秉樞要以御紛雜，握天鈞而涉離奇。陽明所謂“規矩誠設，而天下無數之方圓皆有以裁之矣；尺度誠立，而天下無數之長短皆有以裁之矣”。然則運用專門技術者，必待湛深經術之醇儒。世有善知識，必無疑於吾言也。又凡治六藝者，非但習本經而已，如治《尚書》、三《禮》者，於吾諸子、歷史及諸文集並西洋社會、政治諸學，皆博覽而取材焉。餘藝可類推。夫學術者，古人詣其大，而後人造其精；古人窮其原，而後人竟其委；委者，委曲。事理之散殊，至纖至悉難於窮了者，謂之委曲。古人以包含勝，後人以解析勝。學者求知，若但習於細碎，則智苦於不周，而應用必多所滯。六藝者，吾國遠古之大典，一切學術之淵源。學子欲求致用而不習六藝，是拘於偏曲而不求通識也，惡可致用乎？今各大學法科，只習外人社會及政治諸書而已，故勦襲外人法制以行之吾國，終不適用也。故夫研究西洋社會及政治法律諸學者，必上宗六藝而參稽歷朝史志與諸文集，博而有要，雜而有本，庶幾通古今之變而可權時致用矣。尤復須知，吾國著述不肯敷陳理論，恒以散殊而簡單之辭寓其冲旨，所謂引而不發是也。善讀者，於單詞奥義悟得無窮道理，如《周禮》言經國理民之規，一以均平爲原則；《大學》言理財，歸之平天下，本之絜矩；絜矩者，恕道也。今列强不知有恕，故互相殘。《論語》言“不患寡而患不均”；《孟子》言民治端在制産，曰“民有恒産，斯有恒心”；《書》曰“正德、利用、厚生”。盡大地古今萬國談群化究治道之學者，著書千萬，要不過發揮上述諸義而已。治今日之中國，道必由是；爲人類開萬世太平之基，道必由是。又如《論語》“道千乘之國”一章，尤爲今日救時聖藥。時時存敬事之一念，無實之議案與夫徒供官吏假借濟私而有害民生之政令，必不忍行、不肯行。至其敬慎以出之事，自然實行收實效而可信於群衆，非有實益於公家，即一毫不浪費，如此節用，何慮艱危？當飲食而思天下飢餓者衆，處安全而思天下慘死者衆，有此愛人一念，自必達之事業。程子曰：一命之士，苟存心於愛物，於人必有所濟。况乘權處要者乎？征役出於不得已，而於人民生事所關，必加顧惜審處，則所全者多矣。當今上下一心，果能實體“敬事而信”“節用而愛人”諸義而力行之，又何憂乎國難？聖訓洋洋，無一語不切實用，奈何以迂談視之？夫六藝之旨，廣大淵微，欲有稱舉，終嫌掛一漏萬，吾揭示一二，以便諸生讀經時知所留意而已。經術誠足致用，諸生到深造自得時，方信得及耳。此與前談通材與專材一段可參看。儒家教學者，必先立志；佛家教學者，首重發心。所發何心？所立何志？即不私一己之心之志，易言之，即公一己於天地萬物之心之志而已。羅念菴先生有云：近來見得吾之一身，當以天下爲己任，不論出與處，莫不皆然。真以天下爲己任者，即分毫躲閃不得，亦分毫牽係不得。躲閃與牽係，皆私意私欲之爲。古人立志之初，便分蹊徑。入此蹊徑，乃是聖學；不入此蹊徑，乃是異端。陽明公萬物一體之論，亦是此胚胎。此方是天地同流，此方是爲天地立心、生民立命，此方是天下皆吾度内，此方是仁體。孔門開口教人，從此立脚跟。力案：此須善讀《論語》，能於言外會意，方得之耳。孔子隨事示人，無不使之率由常德，如孝弟忠信篤敬等等，皆常德也。率由常德，即是通人己爲一體處，失其常德，即成自私自便而不能與物同體矣。學者於此，宜深切察識。後儒失之，只作得必信必果硜硜小人之事，而聖學亡矣。力案：此是念菴大眼孔處。《西銘》一篇，稍盡此體段。所謂大丈夫事，小根器不足以當之。識得此理，更覺目前别長一格。又曰：今人言學，不免疏漏，雖極力向進，終無成就，是不達此理。以此與他人言，絶不見有一人承當，即不承當，亦不見有一人聞之生嘆羨者，不知何也？力案：衆生可悲以此。又曰：區區不足法，只此一蹊徑，似出於天之誘衷，却非有沿襲處，吾身縱不能至，願諸君出身承當。承當處，非屬意氣興致，只是理合如此。力案：此處吃緊。此方是做人底道理，此方是配天地底道理。能有諸己，何事不了？真不係今與後、己與人也。念菴此一段話，至爲警切，吾故舉以示諸生。諸生能發心、立志而公一己於天地萬物，與爲一體，如此方是盡人道也，亦必如此而後見得天下事皆己分内事，而任事之勇自生。

孔門教學者，唯尚躬行。“子路有聞，未之能行，唯恐有聞。”其刻勵如是。後來學人便侈談空理而輕視事爲，學風所由替，民族所由衰也。諸生其念之哉，勿以空談了一生也。天下事，無大無小，量己才力所勝任者，以真實心擔任作去。才作事，便是學，否則只是浮泛見聞或空想，不足言學也。

寫至此，便欲止，然猶若不能已於言者。學問之事，唯大天才或可以不信天、不信地而唯自信、自成。中人之資，未有不篤信善知識而可以有成者也。超悟之明不足，則推度易滋疑眩，而古今偏至與浮淺之言，亦皆足亂其神明。故必有善知識爲之師，而己又能篤信其師之説，由篤信而求深解，瞭然於其師之所見。一義如是，衆義皆然。久之養成自家識力，便可縱横自在矣。今之學子，才識不踰中人，或且不及中人，而果於自信，不知擇師，任其膚亂浮囂之見衡量一切，無所取準，惑以終身，不亦悲乎！《論語》曰：“篤信好學，守死善道。”諸生來學於此，願辦一個信心，毋輕自用也。

前月十九日，寇機來襲嘉，吾寓舍全燬於火，吾幾不免。幸所傷僅在左膝稍上，一僕擁持，得脱於難。然痛楚纏綿，已歷多日。兹值開課，念天未喪予，益不得不與諸生共勉。以上所言，本無倫次，然要皆切於諸生日用，譬之醫家治病，每下毒藥，然其出於救人之真心，則無可疑也。諸生幸諒余之心焉。

中華民國二十八年九月十七日熊十力

附記：復性書院創建於二十八年夏，院址在四川嘉定烏尤寺。余應聘不多日，以病辭職，然存此講詞，以備來者參考。十力記。

與賀昌群

才發一信，附轉陶生求入院函。鹿場又送到惠書，文字甚好。馬先生過渝時，爲吾稱美左右不已。得此函，益信其然也。所云簡章、細則等件均未見到，郵遞稽遲，尤以包封之件爲甚，未是失落耳。吾與馬先生所商，不必就目前辦法而言，足下似未深察也。吾豈欲於此時弄一大的架子者乎？草創之初，不能多集生徒，吾何嘗不知耶？顧吾儕始事之精神，總不宜以寺院遺規爲是，必務順時之宜，得羅高下大小之材，使一般人不以是爲畏途而皆願至。材之下與小者多至，而較高較大者，行將出於其間。天道不遺靡草薄物，化育所以宏也。觀佛家戒律，皆因人因事而制。從其所制之戒，察其犯戒之情，其門下猥雜，抑可謂賴耶含藏一切染污種矣。不如是，又焉得有菩薩出其間耶？吾欲予學生以研究院同等資格者，庶幾可以聚天下之才耳。即此時不欲遽更章則，要當蓄意徐圖之，否則如少數和尚住廟。吾雖老而顛沛，敢忘溝壑，不容不捨去也，誰復能於死灰中過活耶？雖曰此時不及拓開，要當宏兹意願，具個萌芽，作始也簡，將畢斯鉅。始之簡者，造端也，而所以造端之心，未始簡也，故畢也鉅焉。如其始之之心也簡，則欲求將鉅之效而不可得矣，是以舉事貴謀始也。夫精神所注，爲廣爲狹，影響便自天淵，吾舉一事證之可乎：陽明之才、之力、之智、之德，其大於曾滌生也，不甚懸遠乎。觀其接納群賢，隨機施化，量宏而能攝，教亦多方，更非滌生所敢幾也。滌生羅一世之才，陽明門下亦盡當時之彦矣。然滌生所造之才皆足濟時用，身死數十年而有清朝局，猶賴其支流以扶危濟困，如張文襄、劉坤一，或以後進向風興起，文襄。或以小校積資貴顯，坤一。皆曾氏之支流也。而其繫清末大局安危，則人思之至今不能忘。文襄在鄂省之建設事業，民國以來，反摧毁而莫能復，其僅存者，如兵工廠，如平漢路，如張公堤，皆百世之利。吴汝綸在曾門下，號爲小後生耳，及清末，獨以卓識爲嚴又陵所倚重，開新學一線之光。康、梁膚淺譁世，而吴公未曾假以辭色也。學風頽弊，於曾氏之門無罪焉。滌生造士之功，顧不偉耶？上窺陽明門下，人才輻湊，皆禪客耳。禪之下流，認意見爲天理、爲良知，於是而鄒元標之徒，構成吾家襄愍之禍，邊氓入主而文明俊庶盡爲奴矣。乾隆嘗曰：明朝不殺熊廷弼，我家不得入關。百世下猶存兹公論。而當時心學派，不知其良知何在？黄宗羲，黨人而竊名理學者也，其大著《明儒學案》推尊元標甚重，猶故存元標之狗吠曰：熊廷弼欠一死字。此得爲有人之心者乎？劉念臺非所謂聖賢一流耶？而其遺書中猶存一悖逆語，即以袁崇焕爲罪應死也，何其良知受東林黨人之誣亂而不覺耶？衡陽之聖有云，及明之季，賣國者皆王學也。衡陽親見亡國之人，親嘗亡國之慘，其言豈得無據？《遺書》隨處詆陽明以洪水猛獸，謂非有激而然乎？陽明之智德才力高於滌生也，疑若天淵，其善於攝衆也，又非滌生所及，然而造士之效，相反若此。從來無人肯思其故者，實則欲説此故，亦甚簡單。陽明一生精神，畢竟理學家的意味過重，其所以自修而教人者，全副精神都只在立本，而不知本之不離末也；都只在明體，而不知體之不離用也；都只在修身，而不知身之不離家國天下與一切民物也。此其所以敝也。或曰：公所云云者，豈陽明所不嘗言耶？豈彼所不知耶？曰：子之難也固然。無通微之識者，可與論古今一切得失哉？陽明非不知本末、體用，乃至一身與民物皆不相離，然而其全副精神，畢竟偏注在立本，乃至偏注在修身。這裏稍偏之處，便生出極大的差異。有人説，喜馬拉雅山一點雨，稍偏東一點，落在太平洋，稍偏西一點，可以落在大西洋去了。[3]《易》所謂“差之毫釐，謬之千里”，亦是此意。此乃至微至微之辨，非具通微之識者，何足以知之？或又曰：陽明事功赫然，今置而不論，何耶？曰：陽明之神智，其措諸事業固有餘，但其精神所注終在此，不在彼，故其承學之士，皆趨於心學，甚至流爲狂禪，卒無留心實用之學者。若乃滌生《三十二聖哲畫像記》，以義理、考據、經濟、詞章四科並重。其爲學規模，具見於此，其精神所注，亦具見於此。但雖主四科並重，而自己力之所及，終貴乎專。滌生於經濟，蓋用功尤勤，其詔諸子，恒以農桑、鹽鐵、水利或河工、海防、吏治、軍事、地理、歷史等等專門之業，諄諄然督之以博學。此皆屬社會科學的範圍，皆實用的知識。自其爲諸生以至官京師，皆孜孜研討，並與其子弟以及朋友、學生互相淬勵。一旦領軍，又留心四方可造之士，置之左右，幕府而兼學校，將帥而兼師道。其全副精神都在致實用、求實學，故其成就者衆，足以康濟一時，而收效與陽明迥異者，唯其精神所專注不同故也。宋儒雖談政事，大抵食古不化。二程、朱子委之吏事，不患無濟，唯其能以誠心作實事故也。但欲其翻天動地，創制易俗，開物成務，以前民用，則其學與識皆不足。何以故？其精神所注終不在此。西洋改造之雄與夫著書立説、談群理究治術之士，皆以其活潑潑的全副精神，上下古今與歷觀萬事萬物，而推其得失之由，究夫萬變之則，其發明真理，持以喻人，初若奇説怪論，久而知其無以易也。如君民問題、貧富問題、男女問題乃至種種皆是也。中國獨有《春秋》公羊家言爲得孔門宗旨，而宋儒何足語於是耶？雖辨王伯、明義利，未始不通太平義，然但誦法陳言耳，非精察群變之紛紜奇詭，終不足與言真常道理。宋儒反身工夫甚密，其於察世變，皆極膚也，至今誦其政談，鮮不感其迂鈍。有一王荆公較爲奇特，而不能容。温公執拗無識，尤爲可笑。二程、朱子皆不滿荆公，其識不足以及之故也。周元公嘗曰：天下勢而已矣。可謂精識。然而其精神不屬於世務方面，故於群理終無所發抒。永嘉諸人雖談經制、抗程朱，然其細已甚，不能博以察物而窮其原，不能密以綜事而通其變，徒矜矜焉以事功虛侈於當世。同父雖狂，猶復天真可愛。陳傅良自視甚高，徒見其小耳。水心聰明，亦不奈伊小何。其他更何足論？永嘉本理學派之反動，原動力欠活躍，反動力亦纖弱也。象山兄弟，天才卓越，頗有民治思想，惜其精神亦不屬此，終無所發明也。宋儒於事功方面，自是無足稱者。《論語》記“曾點諸子言志”一章，夫子於由、求、赤等，一一以爲邦許之，可見孔門師弟精神，非如後儒忽略事功。而朱子《集注》釋此章，乃獨許曾點，而謂“三子規規於事爲之末”。朱子此種意思，完全代表宋明理家，非特爲其一人之見而已。孔子内聖外王的精神，莊子猶能識之。至宋明諸師而外王之學遂廢。自此，民族愈益式微，此非我輩今日之殷鑒耶？夫以學業言之，人生精力自有限，長於此者短於彼。然識量所涵，則不當拘此而遺彼也。宋明諸師識量不免有所拘而有所遺。今茲書院，宜上追孔門之規，一切兼容並蓄。是在吾儕造端時，有此博大精神，方免後來流弊。前談陽明與滌生故事，至堪玩索。吾頗有許多意思，患精力不給，未得盡所欲言，拳拳之心，唯期賢者相與究心大業。馬先生道高識遠，吾非慮其有所拘也。前見所擬書院草案，歸本六藝。吾國諸子百氏之學，其源皆出六藝，馬先生所見甚諦。今後如欲新哲學及新文化之啓發，雖不得不吸收歐化，要當滋植固有根荄，方可取精用物。吾於馬先生大端上無甚異同，唯書院應採何種辦法始堪達到吾儕期願，恐馬先生猶將執古之道以御今之有，未得無礙耳。關於學生資格問題之諍，吾《答劉公純》一函，極爲扼要，馬先生以世情議之，過矣。此信仍便陳馬先生一看。

附記：此書讀者切勿誤會。吾儕講學精神，立本不宜遺末，明體必須達用，修身必可以施之天下國家，却非教人逐末而捨本，求應用而昧其大體也。曾滌生所以能造人才者，正以其宗法程朱，平生兢兢業業於躬行踐履之間，涵養本原，不敢放失，確然爲不自欺之學，此所以能陶鑄一世之才而相與以有成也。陽明天資過高，他自己却是本末一貫，體用兼備，但其教人確未嘗於實用方面留神，故王學之徒滿天下，非獨不堪濟世，而反以意見害天下事。船山諸儒之論，未可全抹煞也。陽明每謂良知是無所不知，只要良知不受私慾障蔽，其於天下事物自然無不通曉，這個意思並無不是處。昨在嘉州，蕭化之似曾疑及此。余語之曰：陽明未嘗非也，化之所疑亦未嘗非也。良知是心之本體，是一切知識之源，致此良知於事事物物，他良知。自然會明白事物之理，故陽明之説是也。然篤信良知學説者，若謂一切事物之理只求之吾心良知。而無不得，遂專守其孤明而不復推致此良知於事事物物上去，則謂事物之理自足於吾心，而吾人對於一切事物的知識，皆不待經驗，不待博徵之事物也，如此畢竟是不通之論。化之所疑正在是也。其精思而善疑，可喜也。然陽明自己用功，却未嘗遺棄事物，他常説爲學要識得頭腦，所謂頭腦即致良知工夫是也。一般人確是以私意私慾種種壞的習氣障礙了良知，故作惡而不自知，自欺而反得意。陽明所痛在此，故平生教人，專着重在此。無奈對實用的知識方面不免於無形中有所忽視，緣此又生弊害。朱子説，教學者如扶醉人，扶得東來西又倒。此言深可玩味。吾願有志之士，於陽明所謂識頭腦的意思，宜終身痛切自警，於滌生注重實用知識的意思，亦終身精進不懈。如此則可爲本末兼修、體用賅備之人物。

陽明深達治本。吾國歷來對於邊民，只知對其内侵時予以撻伐，絶不知注意教養。陽明於西南諸夷，汲汲爲鄉約及學校以教之，又爲區處其農田水利以養之。凡中朝被謫之官吏，皆訪其賢者而隨宜起用；凡地方敦品勵行之儒生，皆優禮存問，以揚風化；凡廉吏告老在籍，貧不能存活，反爲人所笑者，則命州縣官親臨致敬，並贍其生事，以勸廉節。陽明深知治起於下，故其鄉約，極有精意。世儒第知陽明善用兵，而不知其爲吾國有數之政治家也。

今日各大學文科研究所，其課目純爲無聊之考據，教者學者之間更無精神相貫注。國難至此，將有悟焉否耶？庚辰夏補記。

與劉冰若

學者究理，常是儻然悟得。然若恃儻悟便足，則不足以成學術也。必於儻悟之理，仍博求之事事物物而究其千頭萬緒分殊之理。既甄明分殊之理，而仍會歸於儻悟所得之通理，則儻悟者始徵實，而學術由此成，知識由此精矣。中國先哲都缺却儻悟以下仔細工夫，此宜鑒戒。

韓裕文記

一友舉先生語，謂儒佛有不能相異處，頗不謂然。先生曰：儒者見到即真常即流行，佛家般若雖不說及流行，亦不曾硬道他本體。是死物，是不流行也。吾雖主張在談本體處融佛入儒，而立言要自有分際，非將儒佛一切比附，一切混同，而謂之無有異處也。仁者若截取此語而不察此語是就何處說，便誣罔已甚。夫佛家談本體，有曰空理。此詞須善解，非以空洞的名爲理也，乃謂二空所顯真理耳。易言之，即空妄識所執相時，所顯真理，名爲空理。而陽明先生云：佛家說到空，聖人於空上何曾添得一毫實？此言至可深玩。《中庸》談到聲臭俱泯，視般若又何異耶？但言之詳略有殊耳。故謂儒佛談本體，自有相通處，非牽合也。凡言學者，宜求析異，亦不可忽於觀同，但此二種工夫須用到恰好處。譬如說張人之目與李人之耳相似也，人必笑之，以其混亂故也。若曰張人之眼與李人之眼爲同類也，人亦何得不印許耶？又如說張人李人同是人類，則無可別持異論以攻之者，但如謂張人李人之內部生活完全同一，則至愚亦知其不可。然若持張人李人之生活與禽獸之生活相較，則謂張人李人畢竟同是人的生活，則又無可別持異論以攻之者。故知言同不能無異，言異不能無同。學人談理，苟於大本及分殊處誠有真見，因以綜攬百家，而持吾之所見以衡量百家之說，於此或同或異，皆可資吾之佐證而觀理之大通，此方是通途之學，而非拘礙於一家言者所可幾及也，更非比附之徒所可僞托也。如其小智自矜，蔽於一曲，以爲析異而無可同於大通，莊生所爲病夫“小知閒閒”，道之所由虧也。今世之學，正坐此弊，吾子何弗察焉？

先生嘗語任繼愈云：陽明良知即現量體，良知緣境，皆現量也。此中“境”字，通境物與義理而言，詳在《通釋》部甲。現量分真俗。俗現量即五識等證境，是現量，此中“等”字，謂俱意。吾於《因明删注·揭旨》中説此甚明。真現量略言之，有定中現量，如菩薩入定時心，其緣境是現量。有佛位現量。佛恒在定，緣一切境，恒是現量。真現量境界，佛家本不許凡夫得有，其意義至爲神密，吾不必論。但吾欲稍變更佛家真現量之義，以爲定中與佛位所以説爲現量者，無非斷除虚妄分别，稱境而知已耳。“稱”，字宜深玩。相應如如之謂稱。此等境界，不要説得過於神秘，徒成宗教上的玩具，而宜爲人生所固有者。良知即是正智，此智於自所緣，如實冥證，無有迷惑，無有邪謬，亦不由推求籌度而得者，斯即現量。《解深密》所謂“如理思唯”，諸論所説思現觀，殆即此意。吾《量論》若得起草，必發明斯旨。又如良知反緣時，即是自明自證，何得不許爲現量？此中意義幽深，然虚懷體之，亦不難自得。必如大乘所説，唯佛位方得正智現前，方得緣如，緣如即是自證本體。方起後得無分别智。後得無分别智亦是現量。良知則通正智及後得無分别智而渾言之。凡位俱不得有此，則真斷絶佛種，不知又從何修行而得成佛？豈非不通之論耶？若信得良知即是正智，直須保任，直須擴充，不令惑染障礙他，即是保任。推致此良知或正智於事事物物而悉得其理，是謂格物，亦即是擴充此智也。若孤守其良知而不推致之於事物，便不是擴充。理學家末流之弊蓋如此。則日用思慮云爲間，自多有現量境界，而不必視爲宗教方面之神話矣。吾雖沿用現量一詞，而意義不必同其舊，但恐吾子從來便走西洋哲學路向，於儒佛諸學尚少體究，則於吾之微意終成隔膜。尚望將此義姑置腦海，勿遽生是非可耳。唯有一言奉勸者，誠欲了此義，直須反躬體究，不可效經師家技倆，在名言中作解也。

先生語余云：《易》曰“寂然不動，感而遂通”。感通者，物來順應之謂也。周子所謂誠神幾也。嚴又陵猶知此義甚妙。今之從西洋入手者，則不復知此矣。其所以異乎妄識取境者，正以其雖感而無所執耳。若感而有分毫執的意味，便成佛家所謂相縛。此意甚深。孟子所謂物交物則引，此爲物所引之意義，亦即是相縛意義也。須反之身心而切體之才見。

余問《易·咸卦》：“天地感而萬物化生。”先生曰：天地者，所以象陰陽也。一陰一陽而始交感，否則無所感。萬物生起與變化，皆陰陽交感之爲也。離陰陽交感即無有生化，即無有萬物也。

先生嘗答某君云：真如，本體之名也。“本體”一詞，賅萬有而言其原也，所謂遍爲萬法實體是也。“遍”字注意。此中萬法猶云一切物。若剋就吾人當躬而言，則所謂本心是已。正智者，即此本體或本心昭昭明明，無有虧欠，無有昏蔽，而爲一切知識之原，爲萬善之所自者，是以謂之正智也。如談正智而不在自心上尋着落，只在名相上弄把戲，釋迦有知，能不寒心？談正智而能在自心上尋着落，則吾不知佛家所云正智與陽明所云良知，果可看作兩物否也？縱云達到之塗術不同，但既已達到乎同一之地，又烏容立異耶？如汝由滬到昆明，吾將由蜀到昆明，所經塗術有陸海舟車等等之異，固也，然俱到昆明，則吾不能以昆明爲渝都，汝亦不能以昆明爲上海，其爲共見昆明無可異也。汝引吾《語要》卷一所云：見到真實處，彼此不能有異同。此其譬也。不管儒與佛，只要見自本心，遠離虚妄分別，還有什麼正智、良知等等名詞可容立異耶？昔人言：“筌者，所以在魚，得魚而忘筌；蹄者，所以在兔，得兔而忘蹄。”宗門以言説爲敲門磚子，得其門矣，而猶有執着磚子者乎？華梵哲人證真之談，俱是一種方便，切忌緣名言而生執着，轉失其所以言者，而不知所用力。此處吃緊。吾嘗言，此土先哲意思，如今有兩等人會不着。一是經生家技倆會不着，二是習染於西洋哲學家言而不能超脱者會不着。障真理之途，絶生民之慧，士之淪没於俗學，非一日也。人生無深根寧極之道，一切向外追求，以成乎人相食之局，有自來矣。吾念此而不能無憂也。

又語某君云：於本體上不可增減。群聖云然，吾亦云然。但擴充義則與增減之説不當混視。增減皆待外力。於内所有而或損焉，謂之減；於内所不足而或益焉，謂之增。擴充則純由内發，不與外相待也。此心即是無增無減的本體，萬善具足，但拘於形、囿於習，則不得顯發，必於其善端發見處，引而長之，推而行之，久之則全體大用無不彰顯，一皆擴充其所本有也。譬之一粒穀子，生機全具，自其胚胎萌芽以至開花結實，漸次擴充，皆由穀子内部本具生機之擴充不已也。佛家説有十種真如，六種無爲。無爲亦真如别名。真如豈有十，無爲可分以六耶？其間差别相，只緣有擴充得開與否及擴充得多少與否耳。佛家分别滿證、分證。真如别名涅槃。涅槃，本心也。經義具存，吾寧誣解？本心若不待擴充，豈是一定呆板之物耶？又豈不衆生個個不假修爲，自然都是佛耶？此等道理，實不容依名言作解，要在自己身心間切實用過功來，方可討論，勿疑老夫亦是隨人説空話也。汝於吾言，不必遽存鄙賤心，即不贊同，亦且存之胸際。區區之誠，以相與之日較深，故不忍不一發，否則吾亦不便有所言矣。

先生嘗燕談云：凡立説者，若其是非得失，可令人開口評判，此必其爲説有條理可尋，亦必有所由之思路也。但或據一端之偏見，或失之粗疏淺躁，故成謬誤耳。若夫未知用思之人一向耳剽目竊，東塗西抹，養成混亂昏雜之頭腦，則其所爲文字，便使人無可開口而議矣。

真理恒在天地間，明者自見，昧者終不察也。宇宙廣大，不能有明而無昧。君子樂與人同明，而無庸期必於其間也。

答任繼愈

向來以尊德性、道問學爲朱陸異同，而吾子否認之，却是錯誤。陳建、陸隴其之徒，本不足與言此中意思，只見儒先舊説如此，故亦云云。羅整庵則於此中意思領會較深。佛家有宗與教之分，教則以道問學爲入手工夫，宗則以尊德性爲入手工夫。西洋哲學家有注重知識者，亦有反知而尚直覺者，其致力處，雖與陸王不可比附，要之，哲學家之路向常不一致，而尚直覺者，雖未能反諸德性上之内照，要其稍有向裏的意思，則與陸子若相近也。注意“若相近”三字。重知識者，比吾前儒道問學之方法更精密。然朱子在其即物窮理之一種意義上，亦若與西洋哲學遥契。人類思想大致不甚相遠，所貴察其異而能會其通也。此語吃緊。

汝似將尊德性、道問學二語作一種話頭看過，便覺無關宏旨。實則必須真正作過尊德性工夫如陸子者，然後識得“尊德性”一語；必須真正作過道問學工夫如朱子者，然後識得“道問學”一語。朱陸確是二種路向，各由其路向而下真實工夫，其各自所得，自是整個不同。未嘗到其境者，從何知得？昔在孔門已有此二種路向，顏子即尊德性一路向也，子貢即道問學一路向也。夫子謂子貢曰：“汝以予爲多學而識之者歟？”曰：“然！非歟？”曰：“非也！吾道一以貫之。”則子貢終當悟入德性矣。汝不須如陳建等等妄人，空拾過去話頭，以辨朱陸同異，且擇一路向，真實用功。

解孟子口之於味章

孟子曰：“口之於味也，目之於色也，耳之於聲也，鼻之於臭也，四肢之於安佚也，性也。有命焉，君子不謂性也。”

朱《注》：“程子曰：‘五者之欲，性也。然有分，不能皆如其願，則是命也。不可謂我性之所有而求必得之也。’愚按：不能皆如其願，不止爲貧賤。蓋雖富貴之極，亦有品節限制，則是亦有命也。”云云。程朱之説甚迂陋。《孟子》此章，道理極廣大深微，程朱全失其旨。夫命與性，本非二也。以其爲生生不息之理，則曰性；以其流行而成生機體，則曰命。命者，流行義。原夫性者，萬物之一原，雖復無聲無臭，而萬善萬德無不具足，故謂之理。此理之流行，而賦予吾人，吾人稟受之，遂自成爲獨立的生機體，即有生命而具一切意欲。所謂聲色臭味安佚等等之欲，推其原皆自性生。孟子是以謂之性也。但雖自性生，畢竟非性之本然，此語吃緊。要自流行而成生機體，乃始有之耳。孟子故曰“有命焉，君子不謂性也”。

“仁之於父子也，義之於君臣也，禮之於賓主也，智之於賢者也，聖人之於天道也，命也。有性焉，君子不謂命也。”

仁、義、禮、智、天道，後儒皆以爲性所固有。其説雖是，顧未識孟子此處意思，則其失不小。自性之本然以言，雖萬德具足，然仁義禮智等德，則待有倫類之交而始見。有父子，則顯其仁焉；無父，而事父之仁無有矣；無子，而慈子之仁無有矣。有君臣，則顯其義，復同前例。推之，有聖人，則克盡天道；無聖人，而天道亦隱矣。故仁義禮智天道者，若迹其發見，要自一原之性，流行成物而後，張子云：性者，萬物之一原。有物有倫，倫，類也。物莫不有類，如父子、君臣、賓主等是也。而仁義等等始顯現焉。孟子故曰命也。假若性體只是洞然空無，而無流行可言，即無物可言，更從何説仁義等等耶？然仁義等等，雖於凝命以前無可説，要是自性固有，不是本性上元無之却從有生以後外鑠得來。孟子故曰“有性焉，君子不謂命也”。此中解釋，亦與程朱異。命是氣質之始，自天化言，則曰命；天者，本體之别稱耳，非謂神或帝也，語本體之流行，亦云天化。自吾人稟之而成獨立的生機體言，則曰氣質。聲色臭味等等之欲，莫非氣質上事，但如推其原，則亦自性生，以欲緣氣質而發。氣質者，性之所凝成，故云欲亦自性生也。然欲，要非性之本然，究屬氣質凝成而始起，即是後有的，故不謂之性也。仁義禮智天道，皆一心之全體大用，即皆自性固具，然若無這氣質，則性德如何顯現？當命之流行而吾人稟之以有生時，流行即命，而曰命之流行者，凡言語須有主詞故。上一“命”字用爲主詞，實則命即流行。即體仁、行義、復禮、發智與證知天道等等的可能性，便與氣質俱時始起，故孟子曰命也。然此理謂仁義等。畢竟不限於氣質，故復曰性也，非命也。

《孟子》此章是融貫天人之際而談，易言之，即在他的人生論裏面包含着宇宙論在内。他以爲人的食色等欲雖是氣質方面後起的事，而氣質之凝成則本於天化。由此，把欲推原到性上去。佛家便不如此説。宋明儒雖宗孟氏，後來也失掉這意思。然而欲畢竟是氣質成功以後方有的，畢竟非性之本然，故終不可謂之性。此是千古正法眼藏。晚世西人便不識性，就認食色等欲爲本來的了。

孟子以爲，命者正是氣質肇始之際，即生機體肇始之際。而仁義禮智天道雖皆自性固有，性者何？即本心是也。此心顯爲惻隱者，即性之仁德也，仁莫切於父子之際，故於此言之。此心顯爲制事之宜者，即性之義德也，義莫大於君臣之際，故於此言之。此心顯爲辭讓者，即性之禮德也，禮莫隆於賓主之間，故於此言之。此心顯爲抉擇一切義理之大用，即性之智德也，智則凡愚難以充分發展，故於賢者言之。此心之全體大用，即所謂天道是也，亦即性之全德而爲言也。必有反觀内證之功，自明而自喻之，即此通達物我同源之體，是爲證知天道。但此必聖人而後能，否則惑染障蔽其心，不能有此勝用也。要必於凝命之際，即氣質肇始之際，始可説爲具有仁義等等性德。試設想命之未降以前，即氣質生機體。未有以前，仁義等等性德果在何處？所以道不離器，形色即天性，其義至矣！盡矣！無以復加矣！孟子言仁義禮智天道必於凝命之際言之，意深遠哉。然命則氣質之始也。孟子又恐人沾滯在氣質上難以見性也，故復謂仁義等等畢竟是本性固有，而不可謂之命也。

《孟子》此章，真是微妙至極！可惜程朱諸老先生不識他“命”字，竟將“命”字作世俗定命論的意義去理會。所謂一飲一啄，都由前定，即是皆有分限而無可如何。由其説，則自食色等欲言之，吾人一身飽與不飽等類，皆是命定而有分限故。又自仁義等等言之，如父於子，仁有所未至，子於父，仁有所未至，也都是命定而有分限故。朱《注》就是如此説。此復成甚道理？

附識：昔與某生説此義時，即由某生記録，余稍爲點定如右。由今觀之，尚有未盡意處。流行之謂命，此中意義極難言。流行本即天理之流行，但吾人於此際稟受，而始成有生之物，即生機體實肇胎於此際，先儒所謂氣質清濁之分，亦正在此際。故凡仁義等性德易顯發與否，及食色等欲易循理與否，都須向命上理會。吾人立命工夫只在率性，以變化氣質。

答鄧子琴

中國舊學家向有四科之目：曰義理、考據、經濟、詞章。此四者，蓋依學人治學之態度不同與因對象不同而異其方法之故，故別以四科，非謂類別學術可以此四者爲典要也。

一、義理者，窮萬化之源，究天人之故。故者所以義，謂探究天地人物所以生成之理也。其方法雖用思維，而要以體認爲主，於日用踐履之間隨處體認，默識本源，所謂精義入神，至於窮神知化，德之盛者，是此派學者之極詣也。此其所治之學在今即所謂哲學思想是已。治斯學者，其精神必迴出流俗，即决不能苛安於塵凡生活中也。否則以偷陋之心而苟襲之以自文，則無與於此學。

二、考據者，依古文籍而欲從事於某種之考覈，必博搜證據，而後下斷案。此其方面甚多，如名物度數等等，各畫範圍而專攻焉。其類別亦難悉舉。此等學者爲學之態度，皆注重客觀事實，隱然有科學家精神。

名物度數者，文字、聲音、訓詁之學，皆屬於名。雖一切事物皆有名，而此中但舉文字音訓。凡經史中關於天文、地理與草木鳥獸乃至一切器用之研究，通謂之物。度則法度、制度之稱，而其涵義甚廣，即社會組織與風習流變，無一不攝於此。凡一風習之成，即人人受範於其中，隱然爲無形之法度。史家無一不注意於風習者。數即算數。凡考據之學，其所治之對象，無有離於數者，不獨類別名物有其數而已。《周官》三百六十，體國經野，纖細畢具，必詳於數。音律亦與數理相關。乃至禮儀三百、威儀三千，凡精神表象，無不可以數量求也。

吾國考據之業不能發展爲科學者，以其但依古文籍所記録之事物而彙詳之、博徵之，不知於親所經驗之自然界去觀察，此所以但成爲考古學之一種，畢竟不能發展爲科學也。又不知措意於社會、政治與文化等方面之大問題，而但爲零碎事件之搜考。學者相習成風而成爲無頭腦之人。前清漢學家已有此病，今則更成牢不可破之習矣。

三、經濟者，爲講求實用之學。古人“經濟”一詞，其涵義極寬，本經世濟民之義。今以計學而繙爲經濟，則其義已狹，而與此中所云經濟殊不相當。又古人爲經濟之學，亦有通識與專長之分。依據歷史與文集及其他專篇而博考典章、制度與軍事、邊務、賅外交。吏治、律例乃至河工、海防、農桑、鹽鐵、荒政等等，分門研究，以備當世之用，是謂專長。原本六經，旁及子史，下逮群儒之籍，博考參稽，因以達天化而通群變，古今之遷流，治亂之條貫，人倫之常紀，如信義之不可渝，是謂常紀。興革之體要，靡不瞭然於心中，是謂通識。三代之英勿論已，秦漢以來賢相名儒所以佐世成化，未有不具通識者也。明季若王船山、顧亭林諸老先生，有其識而無可用。禍亂循環，又迄於茲，可勝痛哉！

四、詞章者，其源出於孔門文學之科。文學所以抒寫人生思想，内實則感真，感真故發之自然，自然故美也。孔子定“三百篇”爲文學之宗，其論詩之辭，皆深妙絶倫，見於《論語》。孟子亦善言《詩》。“三百篇”皆直抒性情，無有矯揉造作，情深而文明，如天地自然之美，一真之流行故耳。及楚騷出，乃變爲宏博恣肆，然其真自不漓，故可尚也。漢以下，乃有模擬字句，揣習聲律者，其中情遂已稍衰。又騷之流變而爲賦、頌及駢體文等。漢賦辭極典雅，而無思理可言，缺其質矣。六代人詩與其駢文，華而失真，日趨靡薄。不囿於時而獨有千古者，其唯陶令之詩耶。唐人詩，雖經心造語，而自有渾成意味，所以可貴，晚唐頗趨險澀，稍失纖小。唯渾成與平易，方是廣大氣象耳，然較以後來宋詩，猶自遠過。若夫小説、詞曲、戲劇，唐以下代有作者，其短長非此所及論。然核其流别，要屬詞章之科。蓋以廣義言詞章，本即文學，非僅以駢四驪六名詞章也。或曰：韓愈以後之古文非詞章歟？曰：此亦詞章家之枝流。人情不能無酬酢，稱情而抒懷，即事而紀實，誠亦有可貴者。惟傳、狀、銘、贊、書、序等品，恣爲浮詞諂語，自壞心術。又或標題立論，而淺薄無據，空疏無理，猥以論名，果何所當？韓愈、蘇軾之徒，皆不學無知，雖擅末技，要是大雅所諱。

總之，四科標名雖由近代，其源實自孔門。義理則相當德行之科，經濟則通政事、言語二科，言語即外交辭令。詞章即文學科。唯孔門考據不別立科。蓋諸科學者，無一不治六藝，即無一不有考據工夫故耳。後世別有考據之科，於是言考據者乃有不達義理及昧於經濟、短於詞章之弊。然學問之事，畢竟古人爲其簡而後人日習於繁。考據之業，求其博審，欲勿擅精而不得也。

答任繼愈

仁者心之德。德字何解？汝未之思，粗心如此，可乎？德者得也。如言白紙，白紙之所以得成爲白紙者，以具此白故也。朱子言仁者心之德，心之所以得成爲心者，以具此仁故耳。不仁，即私欲用事而物化，是乃喪其心者也。只有仁才是心，心之所以得成爲心者，仁也，須反自體認。

汝解愛之理，以由近及遠、由親及疏爲言，是以差等的意義釋理。“理”字雖有條理之意，差等亦含有條理意思，然萬不可忽者，理是真實的東西。此之發現則爲仁義禮智乃至萬善，隨所發而莫不各當，秩然有條不紊。如發之事父則爲孝，發之衛國則爲忠等，故又名之以理也。唯其是真實的物事，故隨發各當而有條不紊耳。而或者不察，僅以空洞的形式爲理，是但從其發現之有條理處觀察而昧於其本身是絶對真實也，惡乎可哉？汝以差等釋理，正墮世儒之失，所宜痛省。須知此云愛之理者，理即天理，異乎情欲之屬於後起者也。夫言愛，即是發爲情欲者也，此若本乎天理而起，則情欲亦即天理之用也。若違乎天理，則此愛即私情私欲矣。如男女之愛，若隨肉慾衝動，便非愛之理。若超脱肉慾之感而别有真愛者存，則愛之本乎天理者也。父母於子，姑息之愛，亦不是理。朋友之愛，不能輔仁而唯標榜是務，皆不是理。朱子以愛之理言仁，此義精微。汝等反之身心，則知平日陷於不仁也久矣。

至云以忠恕釋仁，亦看如何説法。《易》之乾卦以元言仁，而曰“元者善之長也”。易家或以元字連乾讀，蓋以乾即萬有之原，衆善之長。程明道《識仁篇》即本斯義。仁具萬善，故忠恕莫非仁之發用。且“忠恕”二字，淺講也可，深講也可。若從淺處講，强恕而行，可以求仁，主忠信，即可不違仁。若從深處講，“忠恕”二字，做到不待勉而中時，即仁之全體已呈露，而萬化之原，萬善之本，無待外求矣。曾子以忠恕契一貫之旨，可玩。

韓裕文記

某先生謂孔佛二家實不同，但佛之道大，可以包孔，而孔則不足與佛並論云云。先生曰：凡論學者，須辨其異，亦須觀其同。佛家宗教方面的話，誠爲孔子所不談，儒者終爲哲學，而佛家畢竟歸趣宗教也。吾人若承認生命果不隨軀體而消散，又或承認佛家三界及超越三界而有所謂涅槃的境界，即應許生命不僅表現於欲界中之人類或衆生，而在某種神秘的境界中如所謂色界、無色界乃至涅槃。當更有生命存在。如是則佛家所謂禪定等等修行方法自甚嚴格，儒者於人倫日用間，種種道德行爲與涵養省察等等工夫，自不足以了生死而趣彼岸也。彼岸謂涅槃。是故據宗教之觀點，則嚴辨孔佛之異，並且小孔氏而尊釋迦，亦無怪其然耳。但佛家確富於哲學方面的思想，且具偉大精密的哲學體系，有高深的理境。若只視佛家爲宗教，未免太不了解佛家。就此言之，則謂儒佛絶無可融通處，吾則期期以爲不可。須知儒佛二家之學，推其根極，要歸於見性而已。誠能見自本性，則日用間恒有主宰，不隨境轉，此則儒佛所大同而不能或異者也。

先生又曰：宜黄大師嘗言佛家談體，孔氏談用。吾竊未安。須知體用可分，而畢竟非二。孔子只是即用顯體，不是只滯於用而不見體。若只談用，則孔子便與俗學一般見解，豈其然乎？至佛家談體，是不生不滅不動不變，不免有將體與用截成二片之嫌。無着、世親之學顯然有此失，何可與吾孔氏《大易》比論。

又曰：宋明儒都以静屬體，以動屬用，此等處亦有病。體自是静的，但也不能道他是兀然凝固不動的物事。若果無動，他如何顯現爲大用流行呢？用自是動的，但也不能道他是嚻然浮動的物事。若果動中沒有静，這用便是離異其本體而别爲一種浮虚的物事了。如此，則體也不成爲用之體，如何講得通？吾人於用上而識其本體，則知用之相雖是變動不居，而用之體畢竟真常寂静。所以就用上説雖是動的，而確是即動即静的。驗之吾心，當動應萬端時，原自湛然虚静，此理豈待外求？

某先生注重佛家小乘出世的主張，以爲此等修行法才是究竟清浄，此等人物才有不言而化的力量。先生曰：此個意思也好，但出世的修行法必須於佛家宗教方面的理念都深信持得，而吾於此只是存疑。以故吾無所謂出世，亦無所謂入世，唯日孳孳於孔門所云成己成物之學而已。

先生與某公談生命問題，其説甚幽微而難記，姑俟異日。

某先生憤慨於今日社會之污濁與腐敗，而深冀有宗教上潛修之偉大人物，但有不重視學問與知見的意思。某先生去後，裕文問先生對某公此種意思何如？先生曰：無本的學問，膚雜的知見，都是淺夫昏子之所以自害而害人。但矯枉不宜過直，《中庸》説“尊德性而道問學”，如此才無弊。

先生又曰：佛家三界，在他確是作事實來説，絶不同於莊子的寓言，更不是形容人間世的狀況有多般，如哲人遊心冥漠，便是無色界，乃至貪濁之極，便如地獄餓鬼等，“更不”二字，一氣貫至此。他確是以爲有三界六趣。近來談佛法者，多胡亂講去，甚乖其真。

又曰小乘涅槃却是寂滅的一種境界，這是超越三界的。後來大乘所謂涅槃，便斥指本心而名之，乃極親切。他只以四德説明涅槃。四德即謂本心也。《涅槃經》宜詳玩。又引窺基《雜集論述記》卷二十三第十頁云：正智是心，真如亦名心，如説智及智處，智處謂真如。皆名爲般若。此亦如是。詳此，則本心即是真如，即是萬法本體，乃大乘了義。

又曰：佛家宗教方面，其根本信念有二：一曰業力不散失，二曰因果不可撥無。自小宗至大乘，此二根本信念始終無改變。

答敖均生

“一貫”章述義，自可存。但評道佛諸家處，不免宋明儒習氣，謂足以針治其病，則未必然也。此中意思很複雜難言，恨無機緣面論耳。

孔子語曾子及子貢，皆以一貫之旨，此兩章宜合併看。尤不止此，並須依據“十五志學”章。此章不透，則所謂“吾道一以貫之”者，幾無從找根原也。嘗怪儒先解一貫，憑空講許多道理，其實是解者自家的一貫，而於吾夫子不必相干也。若求之“十五志學”章，豈不明明白白，何須自出己見乎？學問元自分途。成己成物之學，所謂己立立人，己達達人。須於日用踐履中做工夫。孔子十五志學，以至三十而立，四十不惑，由其志定而不厭倦於學，故日進不已也。此學不是知識技能之學。學者覺也，《白虎通》猶存古義。日用間無非明覺之泛應，居處恭，執事敬，與人忠，乃至格物與博文，無非此覺。任持此覺而存主於中之謂志，推致此覺於事事物物而一切處恒無昏昧之謂學，時時加功而無休止間歇之謂習。夫子自十五志學以往，蓋終其身焉如此也。當其五十知天命，乃由功夫純熟，直透本原。此個本原，無以名之，名之曰“一”。得此本原，始信形形色色莫非這個，時時在在罔不左右逢原，《記》所謂“通其一，萬事畢”也。一貫者，此之謂也。爾後耳順、從心，乃一貫之極詣。夫子不是先求一，再執一以貫，却是先立定此志，不失其本心之覺，於人倫日用中落落實實行去，久之自爾透宗，始曰一貫也。故談一貫之旨，不必論述儒先許多見解，確須於自身覓下落。曾子“忠恕”二字，亦道得切實。孟子言萬物皆備，而必本之强恕，其猶曾門之旨也。子貢以性與天道不可得聞，其境地亦不甚淺。故夫子曰：“汝以予爲多學而識之者歟？曰：‘然。非歟？’曰：‘非也，予一以貫之。’”子貢究悟否？要是難言。子貢似未能放下知見也。

知識技能之學，孔門原有六藝，禮樂射御書數是也。凡講求實用，亦自不外今日科學方法。只古人於此不能如晚世西人之精，時會不同故耳。觀孔子曰：“知之爲知之，不知爲不知。”又主缺疑、缺殆，則與科學家實事求是之精神豈有異耶?

吾儕須知，孔門雖重在本原之學，而同時不輕知能之學，但在講一貫時，却不必將一切學術悉拉入裏面。道理越欲説得闊，越是膚泛不切，此可戒也。

答任繼愈

陽明言：天地鬼神的主宰，也即是我的靈明，以本體不二故。《新論·唯識章》闡明心境不離，亦是於現象上識體。若不能於現象上見體者，則心物便分内外而對立起來，須深思。

陽明云：人死則精靈遊散，天地萬物即亦不在。此誠然之言。汝於此有疑者，由執定有恒常存在的天地萬物故也。須知天地萬物没有恒存的，這層意義須先認清。如某甲有生以來便同他有生以來之天地萬物是同體的，但是某甲與他同體的天地萬物都是刹那刹那、生滅滅生而不息的。一旦某甲已死而不復續生，則某甲所與同體的天地萬物確也是和某甲一同死過了，那有存在的呢? 此中義藴，須詳《新論》。至於新生的天地萬物，則有他人與之同體而俱生，實與已死之某甲無干也。總之，自現象上説，某甲乃至某乙某丙等等，各各與其同體的天地萬物幻生幻滅，不可執常。自本體言之，則本體之流行是至誠無息的，是無所謂某甲某乙某丙等等和天地萬物種種差别的。《易傳》所謂“天下之動，貞夫一者也”。此意甚深，須細究。但此與佛家不同者，無有個體永存耳，此儒佛之辨也。儒者要在與天合德、本不執我，天即本體之名。佛言無我而實有我故也。佛家以爲人死後，其生命仍不亡，實際上他是把他的生命看作有個體永存的，不然也無輪迴可畏，無佛果可證了。

韓裕文記

某先生來函，談大乘法，盛讚般若歸無所得，並引經言，涅槃如幻如化云云，以爲了義。先生怒而斥之曰：大乘説無所得，乃真實有所得，而後能説及此耳。今在凡夫全無知識，如何空拾話頭而言無所得耶？涅槃本真如之異名，此乃萬法實體，絶對真實，如何可説如幻如化？若計此爲幻化，則墮空見邪計，非佛法矣。印度有空見外道，佛家所力破。然而經言涅槃如幻如化者，所以破執也。須知於涅槃起執，必登地菩薩而後能之，此等境界，豈凡夫所可夢見？初地菩薩入觀時，乍證真如，生極喜心，此即於涅槃起執，由此至八地，安住不動，猶是貪執涅槃之相。此貪執相甚微細。佛爲此等菩薩，妙演涅槃如幻如化，蕩滌其執，乃其絶大方便，非地上菩薩不可聞，非對地上菩薩亦斷不可與説。今爾凡夫，本不知何謂涅槃，更何望其能於涅槃而起執耶？執且無有，遑言破執，而可妄談涅槃如幻如化耶？

裕文問：先生謂陽明教學者只求明體而不求達用，其末流遂至陷於罪惡，何耶？先生曰：良知是心之本體，是一切知識之源，但若内守其孤明而不推致此良知於事物上去，即缺乏辨物明理的知識。而此一念之明，未經磨練亦靠不住，乃任意見起而蔽之，亦即以意見爲天理。如是，欲其知明處當，毋横决以陷於罪惡，此必不可得也。《論語》記“公山弗擾以費畔，召，子欲往”。又“佛肸召，子欲往”。佛肸，晉大夫趙氏之中牟宰也，以中牟叛。弗擾，魯大夫季氏宰。二者皆叛其主，子欲往就，事雖不果，而夫子欲往之意，則千載難明。裕文以問先生。先生曰：古者大夫有家，役其人民盡爲農奴，大夫之宰臣則農奴之長耳。春秋時，諸侯之國柄移於大夫，大夫又移於其宰，是政權逐漸下逮之兆也。夫子於《春秋》，著三世義，將使民衆各得自主自治、自由自立，任大公而廢統治，故於公山、佛肸之召欲往，冀其能代表民衆而行改革之事也。然卒不往者，則以彼等終將違民衆而濟其私，不可與同惡也。太平之治，不可遽期，故退而修《春秋》以詔來世。不知《春秋》，則《論語》不可通者多矣。又曰：吾欲爲一書，以公羊《春秋》與《論語》互證，惜當顛沛，未能執筆。

先生謂黄艮庸云：今日人類漸入自毁之途，此爲科學文明一意向外追逐、不知反本求己、不知自適天性所必有之結果。吾意欲救人類，非昌明東方學術不可。惜乎吾國人亦自不争氣，吾儕留得一口氣，當時時刻刻有船山、亭林諸老的精神，慎勿稍怠。今日比諸老時代所負責任更大得無比。

先生答錢學熙有云：世俗反對主静，實是胡談，不了何謂静也。《語要》卷一有示頌天一段，甚好。現無此書。凝定收攝之極，絶不散亂，精神凝一，直與造化爲一，此才是静，才無欲。與化爲一，即超小己，無陽明所謂隨順軀殼起念之患。私欲不萌，故云無欲。老莊境界甚高，世俗以絶欲之説攻之，所謂鷦鵬已翔於遼闊，弋者猶視夫藪澤也。《易》義廣大，非證體不能會通，從來談者，只墮枝末。

先生答張東蓀有云：弟《新論》本爲融貫華梵之形而上學思想而自成一體系，又實欲以東方玄學思想對治西洋科學思想。略言之，科學無論如何進步，即如近世物理學，可謂已打破物質的觀念，然總承認有外在世界，他們畢竟不能證會本體，畢竟不能通内外、物我，渾然爲一。他們所長的還是符號推理，還是圖摹宇宙的表層，不能融宇宙人生爲一，而於生活中體會宇宙的底蘊。不能二字一氣貫至句末。新物理學無法證會本體，旁的科學亦然。繼今以往，各科學雖當進步，然其無法證會本體，當一如今日，科學的方法與其領域終有所限故也。西洋哲學從其科學思想出發，與東方根本精神究不相同，縱理論有相通處，而底源要自别。弟翕闢之論乃由反對印度佛家思想而出。近翻語體文稿，比原本較詳，惜乎顛沛中仍未能盡所欲言也。誠欲别寫一部《量論》，恐環境益厄，精力日差，終是難寫出也。此可奈何！

與牟宗三

飛函接到。子琴、艮庸均在坐得讀。世愈下，而人日失其性，相趨於卑，相導於暗，相獎以愚且賤，是誠無可如何者。吾好駡人，只可駡其能受駡者。如其非器，雖不忍，又何可遽駡耶？吾精神比昨已衰矣，輒苦心血不給用。江西家屬，愚懦不知自計。老來思骨肉，無一日可去懷，以是難寫文字。今日淒風苦雨，忽感而愴傷不自已，乃提筆與汝作書。上思群聖，吾其可如是而無述耶？吾念吾骨肉也，其可念者，不又有在耶？群生顛倒，有已時耶？吾幸而有覺也，其忍不續此覺以延之未來世耶？文字般若，顧可已耶？念此，吾當開吾胸次，仍從事述作耶？莊生曰："知其無可奈何而安之若命。"吾其以此自遣耶？

汝暑中呈四句，時心緒不帖，得月餘聚而未及談，然總在念也。四句不盡愜，似有由思顯理、由理起能云云，若思與理與能成次第，非一事然者。如非解謬，則修辭未洽。吾子自謂儒也，儒者之學，唯陽明善承孔孟。陽明以天也、命也、性也、心也、理也、知也、良知之知，非知識之知。物也打成一片，此宜深究。程朱支離，只在將心性分開，心與理又分開，心與物又分開。陽明大處、深處，不獨攻之者不識也，即宗之者又誰識其全耶？佛家若善解空宗義，與陽明無所背。子其苦參陽明，而後自知其所持之誤。汝所謂思，亦宜簡別。如理之思，其本身即理也，亦即是能也，亦即攝所歸能，無心外之物可名所也。認識論，在如何求得如理之思耳，此處吃緊。在分別如理之思與不如理之思，勿混作一談耳。《量論》欲作者，此也。然《新論》繙本實重要，子或猶忽視耳。吾無精力多寫，汝好自作人。宏斯學者，吾不能無望於汝與唐君毅。裕文亦能自強，可喜。大事因緣出世，誰不當有此念耶？

答張默生

夙聞負雋才奇氣，文章閎肆。魯國多儒，由來舊矣。來書感拳拳之孤意，於吾書閱寫勤劬。力老而孤露，得雅契如君，私衷慶慰，可勝言耶？迂陋之學，始於思考，終歸體認，乃其本則在一心之誠，非爲見聞知解而學。《易》之《觀》曰："觀我生。"自悲而亦悲群生之昏冥也，將求得真理爲依歸焉。始固多方，博稽之天地萬物，久之，豁然確信此理不待外求，反諸己而得矣。此中經歷，自有千言萬語道不出，願自此與吾相遇於文字之外焉可也。

某君謂心理變化循力學公例。此等主張，在今世根據唯物思想而談心理者，皆如是，無所奇也。近世心理學，本是一種科學。科學之言心也，元不談心之本體，即所謂本心，此屬哲學範圍。而但依據生理如神經系統。以研究精神現象或心作用。所率循之法則，故心理學講成物理學，亦有由也。

大著《異行傳》，閱之，興趣勃然。先生之文可謂於時獨步矣。今人小品文字，氣力不堪馳放，此弱象也，得先生起而振之，有裨世運。力猶欲獻一言者，願責志貴嚴，積誠不懈。德蓄於中，則其發爲文也，自然言中有物。文之質曰理與氣。理御氣而行之也如天化，氣載理而運之也如地凝。天地合而成章，文之所以參造化也。積理存乎思與學並進，養氣在於積義。文學畢竟不離躬行，至於詞藻之美，亦須別有一番功力。如《文選》《弘明集》《漢魏叢書》，時置案頭，不時諷玩，極於詞藻有助也。

答敖均生

老不進德，與君同感。昨上宜黄箋云：日月易逝，輒觸於懷。淵明冲曠，每有人生幻化之悲；放翁豪邁，難消嘆老嗟卑之念。高下雖殊，其於未有真安頓處，均也。力今不肖，下之不欲爲放翁，而老至或時乍感；上之不願同陶令，而智及彌難仁守。失今不圖，伊於胡底？念兹惶懼，常終夕以難安；矢向精勤，又逾時而退轉。幾曾責志，故知朽木難雕；誰實發心，而任瘧根潛伏。平生枉費推求力，到老方知此事難。此吾近來供狀也。

此卷前半部，有丁丑戊寅間稿數則，係陳仲陸偶存者，合諸庚辰後之稿，爲卷二。貴陽周生封岐曾印四百部，防空襲。書此以誌亂離之感。十力記。

附録勉仁通訊

熊先生哲學釋疑

周通旦撰

某刊物載有《評熊十力氏之哲學》一文，亦標名《論東方哲學不必遮撥西方科學》。驟閱之頗駭異。在中國今日一般人開口科學閉口科學之際，而評者以反科學之罪名加諸《新論》，《新唯識論》，省稱《新論》。後倣此。自甚惹人注意。吾儕平日極少得暇看刊物，前承魯實先君惠寄此文於書院，余細閱一過，殊覺評者對《新論》似未曾讀過而便下批評。余以質之黄艮庸、張俶知、雲頌天諸先生，亦覺評者大誤會，謂余不妨辨難。余故不揣冒昧，而欲一質於評者。

在詰難評者本文之前，余當提出二義請評者注意。一，凡用思與持論，必合邏輯規範。而邏輯規範非憑空施設，必依義理分際而有。“義理分際”一詞，説來甚平常，其實真解此意者恐不多。古今哲學家許多争論，雖有時因被攻者不免錯誤，予人以進攻，而就大體言之，往往被攻者實無錯誤，只是進攻者不了義理分際便曲解人家意思而横施攻擊。如果哲學家都注意義理分際，而於他人的説法，能如其分際以了解之，則許多無謂之争自然不起。余且不在哲學上舉例，即就科學來説，我曾見一個老頑固與一個有科學常識者争論。

甲有科學常識者。對乙老頑固。宣傳科學知識，便指當前的桌子來説，此桌子，你乙。不要看作實在的東西，而只是一大堆元子電子，這些元子電子相互的關係，檢直如太陽系統一般。

乙老頑固。便忿然作色曰：豈有此理！果如汝説，此桌子是一大堆元子電子，並且其間距離如太陽系統一般，汝何故不墜落其中，而能憑依之，且置書册及杯盂於其上耶？

甲責乙曰：汝太蠢，不可與講義理。

乙怒起而揮拳，幾乎將甲打倒。

忽而另有丙先生來，待乙怒息氣平，乃徐謂之曰：你二人不必争，不要打。你們所説都有義理，但義理自有分際，你們於此不辨清，所以相争。須知説到桌子，不能執定一種義理來説。乙先生從實用的方面來説，桌子本是很實在、很堅固的一件東西。甲先生從科學解析的觀點來説，桌子確不是如世間所執爲堅固的實在的東西，易言之，並没有桌子，只是一堆元子電子而已。你們要討論桌子之空無與不空無，須將兩方面各持的義理劃清分際。甲先生不必駡乙先生蠢，乙先生從實用去看桌子，有他的義理；乙先生不要怒打甲先生，甲以解析方法來測桌子，也有他的義理。兩方所持關於桌子的義理，確有分際不同。析而觀之，乙不可以實用眼光去否認甲所持之義理，甲雖以科學眼光，並不妨礙乙所持之義理，是故析兩説而觀其通，則桌子可以説非空非不空。非不空者，據科學解析，實無有如世間所執定之桌子故，而只有元子電子故，故説桌子非不空。非空者，據實用説，桌子是實在的，故説非空。

丙之説如是。余因此而悟義理分際之不可不辨，辨清分際而後可觀其通。分際不清則甲乙相悖；分際若清，則甲在其所持之分際内説，乙不必攻之，乙在其所持之分際内説，甲不必管。若通而觀之，可以説桌子非空非不空。正莊生所云“不齊而齊”也，斯非邏輯之最高原則乎?

要辨清義理分際，首須核定立義者所從出發之觀點。如甲乙二義相攻而分際不清，只因一從實用，一從科學解析，兩種出發之觀點不同。若將觀點核定，則義理分際自明，何至淆亂起争?故凡批評人家學説者，須注意人家曾標明其持説所由之觀點與否，如其觀點提揭分明而不加注意，妄行攻擊，則非學者居心所宜。

二,《新論》主旨在談本體。而一言乎體，即知體之必現爲用，否則體之名不立。何以故?體者，用之體故。體現爲用一語，切忌誤解體用爲二。若起一毫誤解，便與實理不相應。《新論》每用大海水與衆漚喻，最有苦心，讀者切忌粗心看過。凡曾渡洋海者，必見大海水全現作衆漚。體現爲用，故不可用外覓體。由體用義故，遂以方便，假立真俗二諦，此在《新論》屢有明文。讀者不容忽略左之二義。

一、由體現用，譬如大海水全現作衆漚。即依用相而施設增語，增語係借用佛經名詞，如天地人物等名詞，只是依用相而假立之名，故名增語。用相者，謂大用流行，非無相狀，如電光一閃一閃，雖無實質，而非無相，故云用相。於是假立俗諦。

二、即用顯體，譬如於衆漚不作衆漚看，而直見其是大海水呈現。易言之，即只見爲大海水而已。即用顯體，義亦如是。即於一切用相或宇宙萬有而皆見爲真如，真者真實。如者言其德性恒常，無改變故。真如乃本體之名，本佛典。宗門古德有云：信手所扪，莫非真如。此義深遠至極。譬如當前桌子，世俗見爲一種器具，而自證體之哲人觀之，此即真如妙體呈現耳。此中義味無窮，《新論·轉變》《功能》諸章多明此義。故假立真諦。

由真諦義言之，乃即體而言，用在體。非言體時，便無用也。

由俗諦義言之，乃即用而言，體在用。非言用時，便無體也。

真俗二諦，此是兩種觀點，不可不認清。讀《新論》者若於此忽略，即於義理分際茫然不辨，勢必發生種種誤解。

須知今日言哲學，實際上只是玄學，即本體論，爲科學所不能過問，而特爲哲學之所有事者。玄學談理，不可滯一邊之見。真俗二諦，分而不分，不分而分，若有慧者能會入深處，當知妙味無窮。西洋談玄之家，未有臻斯妙也。

由體現用，即依用相而立俗諦。即用而言，體在用。

即用顯體，便依本體而立真諦。即體而言，用在體。

真俗二諦，雖本佛家，而《新論》取義不同。學者宜知。

二諦分而不分者，依用相立俗諦，是即用而言體在用，則一言乎俗諦，固已攝真諦矣，是分而不分也。

不分而分者，依本體立真諦，是即體而言用在體，則一言乎真諦，固已攝俗諦矣，是不分而分也。

如上所説，確是玄學上最上最深了義。義究極故，極顯了故，斯云了義。若讀《新論》而終不悟此，則亦莫如之何矣。

上來略提綱要，今依評者之文，逐難如次。

評文分五段，先難第一段。

評者云：《新唯識論》的要旨，首在説明純一寂静的本體，次在説明生化不已的妙用。中略。熊先生匯通儒佛，於寂静的本體上加以生化的妙用，於是體用合一。體用合一了，於是體外無用，用外無體，即體即用，即用即體，體是用之體，用是體之用。

此段文字是評者首先叙述《新論》大旨者，真可謂奇極、怪極。評者果未讀《新論》而妄以己意爲《新論》之意歟？如其讀過，何乃謂《新論》的要旨首在説寂静的體，次在説生化的用，將體用截作兩片？又説於寂静的體上加以生化的用，於是體用合一云云。一“加”字更下得妙，孰謂《新論》是如此要旨乎？熊先生是自家理會得體用不二的道理，然後著此書，以救正從來談玄學者之根本迷謬。如卷上四一頁《唯識章》下有云：許多哲學家談本體，常常把本體和現象對立起來，即是一方面把現象看做實有的，一方面把本體看做是立於現象的背後而爲現象的根原的。這種錯誤，似是由宗教的觀念沿襲得來。因爲宗教是承認有世界或一切物的，同時又承認有超越世界或一切物的上帝。哲學家談本體者，很多未離宗教觀念的圈套。雖有些哲學家知道本體不是超脱於現象之上的，然而他的見地終不能十分澈底，因之其立説又不免支離，總有將本體和現象説成二片之嫌云云。按《新論》有時從由體現用而説，即全體成爲一切用，如大海水全現作衆漚，非衆漚與大海水爲二也。有時就即用顯體而説，即於一切用相而見爲皆是真體呈現，譬如於衆漚不作衆漚相之想，而見爲皆是大海水，豈有衆漚與大海水爲二之理？陽明云：見得到時，横説豎説皆是。《新論》之謂也。又附録三三一頁云：宗教與哲學雖分途，而哲學家中頗有與宗教相通處者，即同具有超越感是也。自注：例如黑格爾氏之絶對精神與宗教家上帝，雖精粗異致，其爲興起超越感則同。由此超越感，不知不覺而將本體世界與萬變的世界劃鴻溝，於是體用不得融成一片云云。又中卷《功能章》評空宗一往破相，不免耽空；按不免有體無用。評有宗之種子與真如，不免有二重本體之嫌及體用截成二片等過。其文甚繁，不勝引述。又附録三二六頁云："問曰：'體用云何不一不異？'答曰：'體無形相，其現爲用，即宛爾有相，自注：宛爾，不實而似有之貌。下倣此。乃至體無差别，其現爲用，即宛爾差别，故不一。自注：譬如水非堅凝，其現爲冰，即成堅凝，由此譬喻，可悟體用不一也。體即用之體故，自注：如假説水，即冰之體，以喻體成用，而非超脱於用之外。用即體之顯故，自注：顯者顯現，如云冰，即水之顯，以喻用非異體而别有自性。故不異。由不異義故，即於相對見絶對。而從來哲學家每於形上形下不能融會者，其誤可知矣。由不一義故，當即相以會性，自注：相者法相，猶云宇宙萬象。性謂本體。不可取相而迷其真也。自注：此中取者，執著義。真謂本體。取著乎相，則不可於相而識其真體。按譬如執著冰相爲實，則不知冰無自體，其本體即水也。《新論》全部可説只是發揮體用不一不異意思。'"如上所引，《新論》要旨元是體用不二，所以救正從來哲學家之根本謬誤。讀者若將全書細玩一過，尤其《轉變》《功能》《成物》諸章更吃緊。何至發生誤解，而以張冠李戴者厚誣《新論》哉？夫即體而言，用在體；即用而言，體在用。詳《新論》一五三頁《功能章》下。反覆相明，而皆見體用不二，文義明白至極。今評者乃謂首在説明寂静的本體，次在説明生化的妙用，是體用折成二片。説體時，只説寂静，無生化用也；説用時，只説生化，與寂静本體了無干涉也。《新論》何曾有此荒謬絶倫之説哉？

尤奇者，於寂静的體上加以生化的用，於是體用合一云云。一塊石頭加上一株木，能合一否？一釜飯加上一粒鼠屎，能合一否？而以是謬解誣《新論》，奚其可哉？體用本不可分，寂静與生化又豈是强合得來？《中庸》演《大易》生生之旨而歸之無聲無臭，唯寂静，故生化也。《新論·功能章》上有云：善學者，如其有超脱的眼光，能將佛家重要的經典一一理會而通其全，綜其要，當然承認佛家觀空雖妙，而不免耽空，歸寂雖是，而不免滯寂。夫滯寂則不悟生生之盛，耽空則不識化化之妙。此佛家者流所以談體而遺用也。儒者便不如是。夫空者，無礙義，無質礙，無方所，非謂空無。無礙故神。神者，言乎化之不測也。寂者，無滯義，滯者，昏濁沉墜而不得周遍，不得自在。無滯反此。無滯故仁。仁者，言乎生之不竭也。故善觀空者，於空而知化，以其不耽空故；妙悟寂者，於寂而識仁，以其不滯寂故云云。詳《新論》初版一一七頁。如上所述，字字皆從體認而出，讀者非有體認之功而徒以浮雜知見去索解，何可相應？評者謂於寂静的體上加以生化妙用，是猶以種芽喻生化。投加太空，評者所謂静寂的體本無生化，而須由外加以生化，則所謂寂静的體只是空無，故可以太空喻之。可加入否乎？空界不可栽植種芽，喻如評者所謂寂静空無的體不能加上生化。評者於《新論》所謂空寂與生化意義全不理會，而擅以己意曲解，如何其可？

評者第一段首叙《新論》要旨，恰恰相反，而只是評者以其意見栽誣《新論》。世間總不乏有識，果皆承認評者所述爲《新論》要旨乎？夫學術不同，攻難斯起，此本平常事，然不求了解人家意旨而遽爲駁議，此則不能不爲評者惋惜。

> **評者云：**更於生化的妙用上施設一個物理世界或外在世界，以爲科學知識的安足處，於是西方的科學在東方的哲學中也有地位了。不過，物理世界或外在世界，熊先生始終認爲是假的，不是實有的。因此，他替科學所設的一個安足處，自己又一筆勾銷。其言云云。中略。我以爲，科學世界實在不必予以遮撥，如要遮撥科學或科學的安足處，則熊先生的整個哲學體系都要重新加以考慮。

評者一口斷定《新論》將自己替科學所設的一個安足處又一筆勾銷，此實不了義理分際，故有此誤解。須知玄學談理不容墮邊見。邊見猶云偏見。《易》所謂“妙萬物而爲言者”是也。夫言匪一端，義各有當，執一必將賊道，不齊所以爲齊。《功能章》下有云：如實談用，稱實而談，無謬誤故，故云如實。他用。是非空非不空的，已如前説。詳《新論》初版一五四頁。我們從非空的一方面來談，大用流行，雖本無實物而有迹象詐現，按迹象即所云用相。依此迹象。可以施設物理世界或外在世界，如此便有宇宙論可講，亦可予科學知識以安足處。後略。又從非不空的方面來看，大用流行，雖復生滅宛然，自注：生滅不已之迹象，現似形物，故云宛然。按生滅不已，而有迹象者，《新論》云：如燃香楮，迅轉不已，則見火輪。此火輪本非實有，而宛如實物。由此譬喻，可悟流行迅疾，便現物相也。而實泊爾空寂。何以故？如實談生滅義，極於刹那，纔生即滅。詳《新論·轉變章》。夫纔生即滅，是本無有生也，既無有生，即亦無滅。若爾，生滅性空，自注：没有生起一件物事，是生無自性。無生便無滅，是滅無自性。故云生滅性空。此中“空”字是空無義。便應於生滅宛然，澈悟本來空寂。自注：此中“空”字非空無之空，乃以無形礙等名空。寂者清浄義。此中空寂，謂本體。意云由了生滅的法相，本空無故，即於法相而澈悟其本來空寂的真如妙體也。以上詳《新論》初版一五五頁。

如上所述，由大用流行非空故，即依用相假立外在世界，此是俗諦義。

由大用流行非不空故，即於一切用相而見其生滅性空，生時不曾暫住，便無有生也，是生性空。無生亦無滅，是滅性空。於是徹悟實體澄然。譬如衆漚，頓起頓滅，愚夫不悟，見漚相爲實有，即不悟大海水元自澄平。達者知衆漚頓起頓滅，不曾暫住，即起而實無起，滅亦無所滅，如是衆漚，起滅性空，即於衆漚而徹悟其本爲澄平之大海水也。生即無生，滅亦無滅，生滅二相都空，即世界非世界，萬有非萬有，一切皆是真體呈現而已。孟子云：“形色即天性。”義亦通此。此中理趣甚深微妙，若不静心深心去體會，必將妄疑而興謗也。即用而識體，義亦猶是，此乃真諦義。

《新論》立言，有約真諦義者，有約俗諦義者。二諦名義，略見《唯識章》上。《新論》二五頁。熊先生原擬别爲《量論》一書，與《新論》互相發明。在《量論》中當詳談二諦義。但《量論》先生猶未起草，想其老年顛沛，精力與興趣都成問題也。

真諦、俗諦兩種觀點不同，即義理分際不容不辨。評者引據《新論》遮撥宇宙萬有諸文，在論主本約真諦而談，論主猶云著者。而評者則唯執俗諦義以相攻，是猶老頑固者堅執桌子爲實在，而對於科學家説桌子相空者乃必欲痛毆之而後快也。其實依真諦義，説萬有性空，此中性者體義。此“體”字非本體之體，猶俗云自身也。萬有性空者，凡人皆計萬有的自身是實在的，不知據真諦義則萬有自身竟是空無，故云萬有性空。前云生滅性空之性亦同此解。此等造句皆依佛書。佛家造詞甚精細，如表示一事理或觀念，即此一事理或觀念必有其自身可言，故每着一“性”字。中文句法甚簡，如生滅性空一語，在中文則曰生滅皆空無而已；萬有性空一語，則曰萬有皆空無而已。中文畢竟欠精。《新論》造句多倣佛書，讀者不可不知。並不妨礙俗諦之承認有物理世界或外在世界。猶之科學家談元子、電子，其於實用方面的桌子之存在決無妨害。或有難言：二諦各别，究不合理。答曰：《易》不云乎："一致而百慮。"當知百慮無礙於一致也。《新論》有云：然則一真常寂，不礙萬變繁興；自注：一者絶待義。體恒空寂，曰常寂。按萬變繁興是用，此言由體現用也，即依用相而有俗諦。萬變繁興，元是一真常寂。詳《新論》一五六頁。按"元是"二字須玩。正以即用即體故，如言衆漚，而每一漚實皆以大海水爲體故。此言即用而識體，便依本體立真諦。詳斯理趣談真諦，乃即真而俗；談俗諦，乃即俗而真。百慮終歸一致，大道畢竟亡詮，談理至極，只是不可思議而已。其斯爲玄同之通軌，衆妙之極則歟。

評文第二段中共舉五義，以攻難《新論》遮撥宇宙萬有，正如從實用的觀點堅執桌子爲實在者遂拚命反對科學家説桌子相空。此等錯誤，如前破訖，本不必再辨，但其五義中頗有迷謬處，不得不稍辨者。查第二義有云：變化與空無並非同義的形容之字；變化的並非就是空無的，正因現前的種種都是變化的，故我們認之爲實有的；唯實有的始有變化可言，若空無則不可以言變化等語。按《新論》本未以變化與空無爲同義的形容之字。變化一詞是表詮，即表示有一種作用現起；作用謂翕和闢。現起即是生義。闢只是《易》云健以動的一種作用，依此假説心。世俗以對境起分别者爲心，其實心的自身只是個健以動。若説到分别，則已是從闢的迹象去着眼，而把他看做是能緣的東西，如鏡能照物一般。此義頗深微，非真了《大易》乾元者，不堪語此。翕只是收凝的一種動勢，本無實質，但收凝之勢用極迅疾，便現似物質而已。因此，説物質只是動而翕的迹象，故依翕假説物。空無一詞是遮詮，凡不許爲實有者，即謂之空無。二詞有遮表之分，誰謂其爲同義的形容詞耶？不知評者何故無的放矢。如自未嫻於析詞而以誣人，尤爲不安。評者謂現前的種種都是變化的，故我們認之爲實有的。此在俗諦可作是説。若推入真諦，則唯能變是實有，能變謂本體。詳在《新論·轉變章》。而剋就變化言，則變化本無自性，不得不説爲空無。能變喻如大海水，變化喻如衆漚起滅。衆漚畢竟非離大海水而有自性者，故大海水是實有，而衆漚無自性故，即不得許爲實有。凡言空無者，略有二義：一、本無是事，即説空無。如空中華，如石女兒，皆無是事，應説空無。二、凡物無自性故，亦説空無，如衆漚非離大海水而有自性可得，應説大海水是有，而衆漚却是空無。此等義趣，稍治名理者當易領悟。昔嚴又陵傷吾國學人疏於名理，不謂今日猶然。更有誤於政治宣傳，其腦袋中貯滿物質觀念，尤難與之談名理。《新論》説大用流行非空非不空者，俗諦故非空，真諦故非不空。可謂玄談之極致，中道之權衡矣。空與不空兩非之，故是中道。評者又云：唯實有的，始有變化可言，若空無則不可以言變化。據此，評者應承認有能變的實體矣。《新論》有云：變不從空無起。詳《轉變章》。評者似有會於斯。又查第三義中有云：今即承認萬有常在變化之中，則必承認刹那刹那之相連不隔；刹那刹那之相連不隔，實即等於常住。評者此等論證甚爲奇怪。變化與常住二種意義，如何可視爲同一？變化即不常住，常住即不變化，三尺童子當知之。且評者自命擁護科學，當於科學有得，電子之理論發展至何程度，評者應有所聞。電子之跳動是連續的抑是突躍的，此是一大問題。如果説爲相連，則是以有定數之電子各各相連下去，誠有如評者所云常住之説。果爾，世界便是一副死的機械，談甚變化？余望評者還請教科學家再談不妨。第四義留在後面再説。第五義有云：生化的妙用，是中國儒家講得最通暢的，是熊先生拿來加在印度空宗所謂寂静的本體上的等語。評者此種曲解，已於難第一段中説過，本不須再費辭。熊先生平生主張，哲學宜去偏見而尚會通。孔子集大成。佛家大乘亦融會當時外道與小乘。此是不易之論。然其言會通也，則曰體真極而辨衆義，真極謂本體。哲學之極詣在求見本體。而本體則非可以知解向外去推尋，要在反己體認，故曰體真極也。此中有無窮義藴，吾儕唯望熊先生能草《量論》，一發揮之。夫惟體認真切，而後可以辨百家之義爲得爲失。若自己根本無真得，而欲辨他人得失，則愚妄而已矣。故必體真極而後可辨衆義也。《新論》没有半字無根據、無含蓄，何可以輕心抹煞過去？辨衆義而會真極。熊先生嘗言：古今學者於真理各有所見，而皆不能得其全，故辨衆家之義，别其得失，而會通於己之所深切體認者，則真極可見矣。根據强而統類明，是故謂之會通。又曰：夫窮理之事，析異難矣，而會通尤難。析異在周以察物，小知可能也；會通必其神智不滯於物，非小知可能也。私門户而薄會通，大道所由塞，學術所由廢也。《新論》一二七頁《功能章》上。此等博大深微之論，何可輕心讀過，而妄議《新論》立異，爲以此加彼耶？《功能章》上有云：夫至静而變、至寂而化者，唯其寂非枯寂，而健德與之俱也；静非枯静，而仁德與之俱也。《新論》一〇七頁。又曰：不空則有礙，而何化之有？不寂則成滯，而何生之有？性空寂始具生化，而生化仍自空寂。《新論》一一七頁。又云：凡談生化者，必須真正見到空寂，乃爲深知生化。此下文字甚長，不便引述。其評柏格森及唯物論與數論等失處，真是獨闢之慮，不磨之論。惜乎學者各囿於所聞，各淪於有取，“取”字之義甚深。《新論》時用此字，頗有解釋，今不暇引，大概可以説是有所執着的意思。於此等理境未易湊泊耳。參考《新論》一二〇至一二三頁。《功能章》上又云：如印度佛家見到性體空寂，便乃耽空滯寂，至於逆遏生化，這個固不免智者之過。但是談生化者若非真正見到空寂的本體，剥盡染習，染習，宜細玩《功能章》下談習氣處。則其於無生之生生而不有，不化之化化而不留，如斯其神者，終乃無緣窺見。亦將依據有生以來逐物之染習以爲推測，僻執戲論而已矣。如叔本華所謂盲目追求的意志只是從染習理會得來，而不見本體。又曰：見到空寂，必求免於耽空滯寂之弊，然後知空者不容已於生，但生而不有，仍不失其空之本然耳；寂者不容已於化，但化而不留，仍不失其寂之本然耳云云。《新論》一二〇至一二三頁《功能章》上。凡《新論》談空寂與生化處，均出自深切之體認，而後平章儒佛，以歸一是，稍有哲學頭腦者，當可識得大意。

評者第三段，熊先生謂寂静的本體是實有而非空無，但從事實及理論兩方面尋證，始終只能證明寂静的本體是空無而非實有云云。評者“寂静的本體”一語，根本未了解《新論》。據《新論》意思，本體是空寂的，亦即是生化的，何曾謂本體只是寂耶？不了解而遽攻擊，總不甚妥。評者此段共舉六義以遮撥本體。第一義云：現前所有的衹是森羅萬有的宇宙，衹是物理世界，衹是外在世界，並不見有所謂純一的寂静本體；物理世界或外在世界中所森羅的衹是個别的、具體的、衆多的東西，如桌子、几子乃至日星大地與夫元子電子等等是也，凡此等等，並不是純一寂静的本體等語。殊不知《新論》正以凡此等等不可説爲本體，於是發明體用。惜評者不深究耳。又查第二以下諸義，皆評者自行設想，全與《新論》無關，余無費辭之必要。古今談本體者，孰有以爲空無所有一極端到森羅萬有的另一極端之間，可以由想像推出一個純一寂静的本體者乎？評者此段中幾番妙想，不知從何而起？

評者第四段共舉四義，以駁《新論》體用同在，更可付之一嘆。如果評者别主張一派思想來攻《新論》，此固思想界常有之事，不足爲怪。但有一重要條件萬不可忽者，即攻者對於被攻者之主張，必先了解明白，斷不可以自己之謬解誣賴在被攻者身上，而憑空想出一二三四等條目，以興攻難。此不獨於攻者本身有欠缺，而以此成爲學風，尤堪憂懼。"體用同在"一語，如何可施諸《新論》？凡言同在者，必是二而非一，始可言同。如兩人偕行，曰同行；筆與硯池、書册本非一物，可説同在一桌；乃至兩匹馬同在一廐，此皆可説同在，以其是二而非一也。《新論》明明主張體用不二，以救正從來哲學家截體用爲二片之失，如何着得"同在"二字？評者雖常舉體者用之體等語句，似絶未索解，只從字面上瀏覽過去。若果經心索解，何至以"體用同在"一語加諸《新論》耶？《新論》談體用，每舉大海水與衆漚爲喻，此最有苦心，正恐人誤想體或在用之背後，或超脱乎用之上，即體用成爲二界，故取譬於大海水與衆漚，大海水喻體，衆漚喻用。庶由此譬，可以超悟體用不二。評者絶不深心理會，乃以體用説爲兩物同在，竟以自己之謬解作根據，又添出許多妄想，不知何爲如此？

評者或見《新論》中有即體而言用在體、即用而言體在用云云，遂疑爲體用同在歟？果爾，則評者讀《新論》未免太不留心。此二語祇是更端言之，以顯體用不二，且包涵無窮意義。

即體而言用在體者，蓋因古今哲學家或有將本體説成在生化的妙用或萬有之上，或説爲在萬有之背後，爲萬有作根源，如此則體用截成二界。方其談體時，便只説個空洞的體，而不涵有用義在，此便大謬。爲簡異此等，故說即體而言，用在體；即用而言，體在用。此蓋因一般人只承認生化的世界或萬有爲實在，如此便似只知有用，而不知用由體現。正如小孩觀海，只以起滅不息的衆漚相爲實在，而不知一切漚皆以大海水爲其本體。“皆”字吃緊。每一漚皆以大海水爲體也。詳《新論·明宗章》。此中本體係借作譬喻詞。如此，則談用時，便只説個生化的世界，初不涵有體義在，如小孩説漚時，却只説漚，初不含有大海水在。爲簡易此等，故說即用而言，體在用。《新論》恐人誤解“在”字，曾下一注解，見一五三頁《功能章》下。

又查此段四義，係以同在爲根據而設難，但其所根據者，既是評者自己之誤解，元與《新論》無關。即其依誤解而演出之四義，自應置之不問，然余猶有不容已於言者。評者要高談哲學，似於哲學猶乏素養。君子虛懷若谷，想不以爲忤也。昔者梁任公先生最能謙冲納善，其盛德爲今人所不及，最可念也。夫哲學果何學乎？扼要言之，不外對宇宙人生的意義别有一番認識而已，此不可不知者一。又本體論及宇宙論與認識論雖分别言之，而談認識論時，自不能與本體及宇宙論無關，談本體及宇宙論時亦離不得認識論，此不可不知者二。查四義中第一義有云：熊先生於森羅萬有的物理世界或外在世界始終予以遮撥，唯恐不到極端，其目的在要得到本體。我們於此姑無論本體能否得到，但物理世界或外在世界既已遮撥盡净了，則體與用之同在，終不可得云云。評者此處確有一大錯誤。須知在量論中而談真諦，熊先生所云量論相當於認識論。即期於本體而得證會，則於俗諦方面所認識於物理世界或外在世界的意義，不可不掃蕩盡净。否則於桌子、几子只是一種器具的意義。乃至於元子、電子只是一種小顆粒或波粒的意義，則何能於桌子、几子乃至元子、電子而見其一一皆是真如妙體，如孟子所云“形色天性”、宗門云“一葉一如來”耶？說到此，真有無窮義藴，非語言文字所能宣達，是在解人相喻於言外而已。評者或將興難，謂果如此説，則哲學只隨各人主觀的意義，竟無客觀真理可言。此難又非。須知談到本體，哪有主客可分？現象界方是有對的。如爲講説的方便計，或不妨將認識假説爲主觀的，將本體假説爲客觀的。而所謂意義，要是主客交符，否則，由妄想而有之意義，與真理不符，則其學術之謬也。今就桌子舉例。世俗從實用的觀點來看桌子，便以爲很實在的，這樣認識桌子的意義却甚呆板。科學家有解析的方法，始發見一堆元子電子，於是遮撥了桌子。而元子電子的意義便較桌子爲靈活，至此便悟從實用觀點而起之意義不符事實，無當於學術。然若就《新論》言之，則依俗諦來説桌子，於此尚不可作一堆元子電子想，而只是一種勢用，這種勢用的意義比元子電子的意義更絶不相同。元子電子説之進步至波粒説，其意義雖已靈活，然猶未免於滯迹。至説到勢用，則微妙而難言矣。但此只依俗諦而談，則並元子電子亦皆無實，而只有勢用的意義。若推入真諦，則勢用亦非實有，元是真體呈現而已。如衆漚非實有，只是大海水呈現。故於此勢用，不作勢用想，而只見一一勢用皆是真體直露，所謂“山色無非清淨身”者可以表示此義。夫山豈有實哉？只是依一聚勢用，而假立之名耳。清淨身即本體之形容詞，此言於一切勢用而皆見爲真體呈現，即勢用已被遮撥，而一切生生化化的勢用只見其皆是真體。這個真體的意義便無窮無盡，妙不可言。曰空者，言其無方無相也；曰寂者，言其無染無障也。無方無相，故化化不測也；無染無障，故生生不竭也。備萬理，含萬德，孰可測之乎？由此應知體用不二。迷者用外索體，智者則知即用即體。然由即用即體故，一存用相，則萬有繁然。若欲趣真，趣真謂見體。則必掃除用相，而後冥應玄同。不知此意，難讀《新論》。夫哲學要歸證體，不獨洗滌常識中種種意義，即於世智所有辨物析理之一切意義，世智如科學等知識。亦妙能留捨，依俗諦故，如桌子几子乃至元子電子等等意義，皆不掃除，是名爲留。依真諦故，俗諦一切意義必伏除盡淨，是名爲捨。有捨而後可以證真；有留故可以智周萬物。留而不捨，長溺於俗；捨而不留，有體無用。是故趣入隆高極深，而意義無窮無盡。則且不可以意義言之矣。

評者謂《新論》要得到本體，竟將物理世界或外在世界遮撥盡淨，因深致不滿，若起大恐怖者。其實何曾弄到天翻地覆，不過别有一種看法，别是一般意義而已。科學家發見元子電子即已遮撥了桌子，而於實用方面的桌子終無妨害。假若科學家同於一般人之見解，死死執定桌子爲實在的，更不作別的看法，則何可於此處桌子。而發見其爲一堆元子電子耶？真理是無盡藏，吾人之認識透過一層又一層，山窮水盡疑無路，柳暗花明又一村，何可持一孔之見而塞超悟之門、蔽大觀之目乎？

評者有云：本體如能在遮撥世界之後而得到，則所存者僅有體而無用。此則完全不了《新論》所云即體而言用在體之根本義，故有如此滯礙之想。夫《新論》之遮撥世界，只是於世界而不執爲如是世界相，乃更深透而得其真相。譬如於麻織之繩而不執爲如是繩相，乃更深透而知其只是麻。《新論》遮撥之意只如此耳。不遮撥世界，即死死執定世界相，何可識本體？夫言遮撥世界乃可識體，此是一義。體是否爲無用之死體，則又是一義。二義不當混雜而談。評者還有幾番幻想，以難破體用同在，其實《新論》根本反對同在之見，已說如前，不知評者何故作霧自迷？余已疏通大義，則一二瑣碎糾紛，當不待辨而自明。

評者又云：至於我們所講的真正的體用同在之關係，其説明另是一番云云。據評者舉三義，其一曰：

體之爲體，衹能綜攝萬有而構成，不能遮撥萬有而另行尋覓。萬有不是掩蔽本體的，而是表現本體的。

評者此段話，既不能自成其義，又謬解《新論》。評者如不承認有本體，則當守現象論之立場，而偏又談體。既談體，云何可説綜攝萬有而構成？綜攝萬有云者，即以各部分相加而求其總和之謂。如果把桌子、几子、日星、大地乃至元子、電子一個一個的相加起來，可以得個總數，而决不可得全體。因爲全體是渾一的，萬有是個别的、衆多的，如何可由衆多的、個别的而構成渾一的全體之觀念？評者蓋未之思也。全體爲各部分相加之和，已爲近代西洋學者所駁斥，評者何竟不知？故是不能自成其義也。

遮撥萬有者，乃於萬有而不取萬有之相，斯即於萬有而見其只是真體呈露耳，何曾説遮撥萬有而另行尋覓本體耶？《新論》每下一字，皆有分寸，朱子自言其《四書集注》字字皆經秤量。《新論》亦然。獨惜評者不能虛懷以究其旨。

評者又云：萬有是表現本體的。此種語氣又似承認有本體。因爲萬有是資始乎本體而有，故亦可説萬有是表現本體的。譬如衆漚是資始乎大海水而有，故亦可説衆漚是表現大海水的。如此，則評者已承認有本體，全符《新論》。

又第二義云：

> 用之爲用，是包括森羅萬有的物理世界而言的，並非衹是空洞抽象的生化之妙用，故體雖是抽象的，用則是具體的。

評者此段話，正是深中唯物論之毒。生化的妙用是由真體呈現。據《新論》意思，生化妙用非空非不空。何故非不空？攝用歸體，用相便空，唯體真實。譬如攝衆漚歸大海水，衆漚相空，唯大海水真實。何故非空？剋就用言，雖由體現爲，譬如衆漚由大海水現爲。而用相條然宛然，條然，分殊貌；宛然，現起貌。有大威勢，生生不已，化化不窮，威勢大極。何可云空？譬如衆漚條然宛然，起滅奔馳，不可言空。今評者乃謂生化只是空洞抽象的名詞，而欲以具體的物事名用，此則完全是素樸的實在論，尚何哲學可談乎？須知森羅萬有皆生化的妙用之迹象耳。具體的物事，大者如星體，小者如桌子、几子乃至元子、電子，此皆依生化的妙用之迹象而爲之名耳。豈真有實物哉？評者如不肯承認具體的物事是空無的，而必以《新論》爲怪妄乎，則自科學家發明元子電子而具體的桌子几子乃至諸天體，何曾實在耶？自電子説進步至波粒説，而具體的電子又何曾實在耶？評者必欲死死執定具體的物事爲實在，而科學上之發見適得其反。辨物析理至最深處，只是《新論》所云生化的妙用而已矣。所謂森羅萬有，或一一具體的物事，則皆依生化的妙用之迹象而假爲之名。宇宙實際何曾是一一具體的死東西填塞堆集？如是其無意義耶？程子説“鳶飛魚躍，活潑潑地”，最有深旨。評者奈何不理會而乃以生化爲空洞抽象的名詞哉？必欲執具體的東西爲用，則世俗功利之見，其不足與言哲學宜矣。

又第三義云：

> 抽象的體是全體，具體的用是部分。下略。

評者此段話，可謂莫名其妙。前段以空洞抽象相連成詞，而此又云抽象的體是全體，下句緊接以具體的用是部分。然則於部分的具體的用之外，别有一個空洞抽象的體而説爲全體。殊不知空洞抽象的只是空洞而已，從何立體之名？評者似亦知無體論是説不通。如第二段中第四義有云：生化云云如果不是空洞抽象的，則必有實物爲表現之具。後結云，如果爲空無，則無法顯出生化的妙用。余以爲，本體至真至實，所以現爲生化，譬如大海水至真至實，所以現爲衆漚。如果無體，説甚生化？評者或責余曲解大文，將曰：吾所云須有表現之具者，謂生化須造成一實物，方可表現生化之妙用耳。其實生化的妙用，析言之，則有兩方面，而翕之方面則是表現之具也。妙用元具翕闢二勢，即已有具，若無具，如何名用？評者以擬人的觀念而測生化的妙用，擬人者，如人必仗器具而後表現其動作。評者意謂生化之行必有實物爲表現之具，如人手持筆者然。毋乃迷執太甚。其實，評者應理會生化的妙用如何而起，窮究及此，則必知用自有體，决非空無。譬如窮究衆漚由何故起？當知衆漚以大海水爲體。此“體”字係譬喻詞，非謂大海水爲萬有之本體也。他處用此類之詞者皆準知。評者已言，如果爲空無，則無法顯出生化的妙用。是明知無體論之不可持，而又妄攻《新論》何哉？評者之病，只是眼光拘死於實用的世界而不務向上參究，故難與言真理。察評者之意，似是主張時下流行之辯證的唯物論。其實辯證的即不可曰唯物。物而可唯，便不是辯證。今人實誤講馬學。言生即有死，言動即有静，此是辯證的；言物即有心，言用即有體，此是辯證的；言非空非不空，此亦是辯證的。談辯證法者，以吾國大《易》一書爲最早，始於羲皇，盛衍於孔老，至熊先生《新論》又益張之。評者不務深究而妄以時下之膚談相攻擊，果何所謂哉？

或難：既不可言唯物，如何又可言唯識？應知熊先生於《新論》中明明有言：唯者，殊特義，非唯獨義云云。《新論》攝用歸體，則體是絶對，物與識之名兩喪。若即用而言，則物與識爲妙用之二方面，但識爲主，故説唯識耳。

評者第五段排斥《新論・明心章》反本之論。其言有曰：如言反本，則必遮撥科學，使我們的行爲趕快退到純一寂静的空無，這一點是我們所要從新考慮的。《新論》明明主張即用顯體，何曾説有空無的本體？不知評者是如何讀法，真奇怪至極。《明心章》談即工夫即本體，至深遠，至切實，想評者全不理會也，此可惜也。西哲康德《純粹理性批判》等書大概言知識只能得現象，不能得本體，謂本體必由實踐而後可得，此甚有見地。由康德氏之主張亦可趣入反本之路。反本只是實踐工夫不懈，即本體不爲私欲所錮蔽，而生活之源泉乃日益盛大流行而無匱乏。不能反本者，則外馳逐物，即叔本華所云盲目追求。困於私欲而喪其本體。本體爲私欲所蔽，不得發現，故云喪。此等人乃陷於生活空虚之慘劇。評者竟妄駁反本，於生活上毫無體察，以此自害縱不惜，其如害人何？

評者於"逐物"一詞之含義，亦全不解，尤可駭怪。"物"字不必限於可觸可摸之物也，如名利，如權勢等等，乃至一切於吾人有便利者，不論有形無形，凡爲吾心之所欲者，無不謂之物。夫物固非可絶也，欲亦非可遏也。順理之欲，體物而不滯於物，用物而不溺於物，應物而不蔽於物，格物而不迷於物，"格"字，量度義。見熊先生《讀經示要》。斯乃爲反本之學者能之。不知反本，則逐物矣。"逐"字含劣義最重。追求義是逐義，而"追求"一詞亦可略分二義：一含極劣義者，如私欲狂發，追求無饜者是；二不必含劣義者，如思考時之追求是也。然伊川議横渠之學爲强探力索，非明睿所照，此義甚高甚深。據此，則思考時之追求亦不得曰全無劣義。但學者未至明睿境地，則强探力索的追求工夫仍不可無，故曰不必含劣義矣。"不必"二字，甚有分寸，固非絶無劣義。《新論》所云逐物，自是就私欲言者爲重，而亦未嘗不攝思考。蓋《新論》乃據本體論之立場而言。本體不可向外追求，須反己實踐而後得之。逐物者自不能契此。玄學畢竟不可與科學同其方法，此意熊先生欲於《量論》詳談。恐文繁廣，姑止於此。

【校記】

〔1〕“均毅”，疑當作“君毅”，即唐君毅。後同。

〔2〕“玄”，據後文疑當作“元”。

〔3〕“大西洋”，據文意疑當作“印度洋”。

十力語要卷三

答某生

二十九日長函，今午收到。午後倦時，略作此復。約提數點。一、謂舊答足下書，陳義太高，無入手處。此却未解，是書所言正是切實入手工夫，而云無之，何耶？純在日用常行處説，何等真切！而云無入手處耶？工夫爲何？即敬是已。細玩《論語》，何處不是説敬？敬是工夫，即是克治昏擾之方法，程朱以此自修，以此教人，猶孔門的髓也。動時静時毋不敬，猶有墮於非幾者耶？吾嘗遇人以理不勝欲及種種紛擾，不得作主與自在等苦，以爲學之未得其方，吾子似亦同此嘅。其實此學謂之無方固不得，若謂有方，得免上述諸苦，則惑之甚也。注意。人之生也，形氣限之，此等困難，以無量心行、無量筆舌思之議之，不能盡也。談何容易，得何巧方可超脱形氣之累，不勞而爲聖賢耶？汝將人生看得如是簡單耶？非吃苦，無從離苦；非十死，不得一生。君子以自强不息，配天之健，如何其難？佛家地前乃至登地以上迄於成佛，猶不放逸，如何其難？一言蔽之，道在力行而已。除却敬，更有何妙方？

二、凡人以聖賢自命，其有不爲禽獸者乎？凡人不志於聖賢，其有得免於禽獸者乎？人不得無短，直言之，不得無罪也，豈直短而已耶？自省深則自知之，而忍責人乎？雖然，罪惡發於脾氣者，可諒也；色取仁而陰行險者，斯不可恕也乎！凡險皆緣一念自私而起，不自私安用險爲？自私與否，須自反勘。

三、内外畢竟不可分。世儒以“德性之知”反己自識，爲用力於内；“聞見之知”馳求事物，爲用力於外，故謂學分内外。其實，成己成物之學，本無内心外物可分也。“德性之知”爲主，即“聞見之知”皆德性之用也。後得智，亦名爲智，根本智之等流故也。悟此何内外可分？

四、清人中縱不力攻宋儒者，其言及義理之學，則亦只謂於身心修養有補而已。果爾，則所謂宋學只是訓條或格言而已，其足謂之學耶？須知宋學上承孔孟，於天人之故、造化之原、萬事萬物之理則，皆文理密察而會歸有極。淺者無所窺，乃以格言視之耳。夫斯學必歸本身心修養，吾何間然？若只視爲有關修養之格言，則對牛鼓簧，昔人歎之久矣。時賢言孔老者，至以處世列爲一目。謂哲學無關於處世固不可，然謂其只是處世的哲學，則孔老又何足道耶？清末以來，國人恒自卑，視固有學術都不成爲學術，甚至以爲歷世諸子書中所表見者，只有簡單的感想而已，不足成爲學術。掌教上庠者皆如是眼光，欲青年不如是，何可得耶？

又宋儒拘礙，誠亦有之，他日有暇，容當别論。其長處久爲無識所攻詆，吾不忍没之也。

吾老矣，唯覺人生不自欺誠難。居常恒反照自家隱微中作祟處，明察自家各方面的短處，絲毫不自欺瞞，時時如此用功，雖未得遽免於罪過，而未至不可救藥也夫。吾老來只堪説及此，望賢者勿忽也。

答牟宗三

中土華嚴、天台、禪三宗皆自創，各有短處，各有比印度人好處。而禪爲最親切，最微妙，然掃語言文字，又滋流弊。又其人生觀畢竟未完全變過來。周程張諸老先生初皆學禪，終復矯異之，而回到孔孟。孔門顔子真是禪家最上境地。孟子亦有類禪處，但所造不及顔子。宋明諸師不宗顔而宗孟，未能取法乎上也。吾子欲申明康德之意，以引歸此路，甚可着力。但康德所謂神與靈魂、自由意志三觀念太支離，彼若取消神與靈魂而善談自由意志，豈不妙哉！叔本華之意志，無明也，吾所謂習氣也。康德之自由意志，若善發揮，可以融會吾《大易》生生不息真機，此就宇宙論上言。可以講成内在的主宰，此可名以本心。通天人而一之，豈不妙哉！

與陶生

凡初學有進境時，如迷者得路，有大步前往之樂；又如幽室久蟄之人，一旦出遊，睹海闊天空，妙不可言；又如少年初膺家務，歷事漸深，自信足以擔當。此皆進境之徵也，汝試反之何如耶？

與薛偉猷

來函所談羅素主張。彼昔來吾華講演，吾曾閲其講詞。先儒病支離破碎，彼正欲作此功夫。吾於先儒意見不完全贊同。蓋現象界之繁賾幽隱，非有一番支離破碎之功，即無以解析衆理也。然先儒此説亦自有其不可非處，萬化之大原，人生之本性，汝謂不當窮耶？若欲窮此，其可以支離破碎功夫得之耶？苟真有得於此，而欲方便顯示此理，以期人之共喻，則仍成爲一套理論。此等理論即成一種學術，此等學術即欲以方便顯示大總相法門者也。大總相法門即本體之代語。參看佛典。子以爲是强爲籠罩一切者乎？不知者或以爲如是；其知者則曰易簡而天下之理得矣，曰通其一萬事畢矣，曰原來佛法無多子矣。雖然，子勿又生誤會。“天下殊途而同歸，一致而百慮”，斯言也，其至矣乎！使未歷殊途，而何自言同歸耶？未經百慮，而惡可言一致耶？但滯於殊途而終不得所歸之同，逞其百慮而終不見夫致之一，仍是“小知間間”也，奚取焉？

答鄺衡叔

十五日來函才到，即復。春來精力弛緩，欲寫《新論》下卷總不得，此衰象也。答函恕不及詳。情欲亦原於性。《記》曰："感物而動，性之欲也。"《孟子》"口之於味章"，其於嗜欲等則曰"性也。有命焉，君子不謂性也"。此比《禮記》尤説得透密。吾解在《語要》卷二中，不妨細究。男女之欲，非不本於生化之機，"本於"二字吃緊。徑在此上説是真機則不可。上述《孟子》之意可見。若絶此欲，則生化真機亦熄矣。佛家出世而斷人倫，終非道也。夫情欲率性而行者，欲亦即性，性其可斷乎？率性者何？順理之謂也。夫婦有别，禮也；禮即理也，亦即性也。"踰東家牆而摟其處子"則非禮也，即違理拂性也。夫婦居室，燕私之情不形於動静，此禮也，順理率性也。衛莊姜遇昏淫之夫則非禮也，違理拂性者也。以此思之，則欲非可患，患在人自縱欲耳。夫婦之交不可視爲垢穢，只在日用平常之地，不亂、不溺。夫婦有别，不亂也。《關雎》之意以此。夫婦之愛，在精神上互相助，古謂婦曰内助是也，非可墮於肉慾也，故謂不溺。或亂或溺甚至亡生徇欲，則不比於人類矣，夫婦之交有節，則生理之常也，何垢穢之有？

《大易》感應之義甚不簡單，看就何處説耳。天道之運，治化之行，人心之相通，物類之相吸引，無一不可説爲感應。吾子云《新論》不言。須知《新論》自有領域，非泛談一切也。然《轉變章》談翕闢施受義，施非感耶？受非應耶？如何云不談耶？

又吾書反對印度佛家，亦從其根本旨趣上立論，不可枝枝節節，爲彼各宗派作論文也，此點須認清。佛家自小迄大，只分空有兩輪，吾《通釋》中已言之矣。小空不及大空，小有不及大有，故吾只扼住大乘而談也。雖中土自創之宗如台、禪等，其淵源所自，能外於大有大空乎？凡著書者，如評判其所從出或所欲改造之學派，則必綜覽該學派之全體，而後抉其本根，撮其要最，加以衡斷，始抒己見。至其支流可勿具論。吾書乃自成一家言，自有體系，非爲佛家作概論或歷史也，焉得一一取而論定之乎？賢首一宗之學，《語要》卷二有一書答湯錫予者，甚扼要。其他都不暇論。

與蒙文通

承寄《圖刊》。《談周官》一文，大體甚好，然立言似有仍須審慮者。如云：周之井田，事至卑陋不足觀。又有農民不得自由離其土地，故爲農奴云云。大抵原始社會曾有此等共産制度，然由周初以上溯殷夏，井田是否爲普遍可行之制？吾總覺以缺疑爲好。當時之井田制，自難盡善，然直以卑陋視之，似未見其可。制未盡善，時代所限。若夫井田之美意推而廣之，是研古制者之責也，必以卑陋不足觀一語了之，似亦未安。吾以爲古之制度與習俗，其確屬無理者，不容追慕。若夫創制之意果在學理上有其可以引申觸類之價值，則惡可以卑陋斷之，與當世後生同一塵視經典之心理乎？成俗之有不可叛者，亦然。

古者農民不得離其地，此在當時環境或有出於此等政令之必要。然農奴與否，吾意不必與此等法令有連帶關係。古者君公大夫，有國有家，其在治化未進以前，視其所有土地内之農民，當然爲奴隸無疑。及治化日進，猶得奴畜之乎？恐未可也。“先民有言，詢於芻蕘”，其不輕牧豎也如是。徵之《詩經》，農民反抗亂政之詩已甚多，謂其長處奴隸之地位，吾未能信也。

又謂周公之處殷人，事至慘刻，不足取，昔人以此爲致太平之書，誠爲誣云云。夫武之覆紂也。封其子武庚而使三叔監之，其初未始欲徙之也。及管、蔡以武庚叛，殷頑蠢動，則不得不用移徙政策以散其勢。想當時所徙殷民亦只限於今之所謂反動份子者，非必舉殷國之民而全徙之也。紂雖暴，然殷之先王，賢聖六七作，戀舊者當有其人，又周與殷非純爲君臣關係。劉止唐先生曾言之：及周滅殷，而殷人猶有國家思想，將圖恢復。孔子稱文王至德，武未盡善，可知决定滅殷者武也。武既已滅殷有天下，周公不得不因其成功而固其基，其徙殷民亦有以也。

兄直以慘刻罪之，似無佐證。設止於一徙而未有其他種種苛待之法，固不得罪以慘刻。孔子本殷後，《論語》則曰："久矣夫吾不復夢見周公。"其精神之相感也如是。使周公而如今之帝國主義者，或如希忒拉及倭奴，則孔子於周公何慕焉？觀孔子思想，固非崇拜帝國主義之人，兄隨便誣前哲，未免時下習氣過重。是非之心，人皆有之，凡所當非，不容不非。前哲行事，有未可遽以迹求之者，何得不深思而妄斷之乎？

古代學校之教，欲其普遍於全民自不可能。然大學教育或唯貴遊子弟得享。若謂農民完全無教，恐亦不然。衛詩《干旄》序云："衛文公臣子多好善，賢者樂告以善道也。"其詩曰："孑孑干旄，在浚之郊。"毛傳："浚，衛邑。古者臣有大功，世其官邑。郊外曰野。"據此則卿大夫建旄，而見浚郊之賢者，此賢者必爲其邑中有學問之人民，非在朝之官也。以鄭箋、孔疏考之，意亦如此。然則謂民間無學可乎？當時農民子弟，欲與貴族子弟同入成均似不可能，然農民有學當無疑。但其受學之情形如何？今不可考矣。《論語》記子適衛，嘆其既庶，而以富教爲言，豈曰民庶無教耶？孔門三千七十之徒，有自今江浙而至者，其爲貴游子弟者幾何？則知周世平民，早有向學之風矣。兄若狥時俗，必欲以未開化視周代社會，宜其取單辭下斷案矣。總之，吾儕於《周禮》，當研究其教育旨趣所在，其與現代功利思想或法治思想、國家思想等等教育旨趣，有其相通之點否？此真可注意者也。至於學制之可普遍與否，自當以古代還古代。吾儕生今日，既不得復採其制，亦無所短長於其間也，唯當時學校教育旨趣乃大可研討者也。今人治古經，研古學，好毛舉細故，又無往而不欲以未開化視之。國之將傾，人争自侮。吾懷苦意，無可如何。賢如吾兄，誠不當在時彦中，故拉雜寫此，未能盡意。

答梅居士

日昨寄上《新論》中卷勘誤表補，不知可達否？阿賴耶識，以舊師立説體系言之，明是拆得零零碎碎，又再拚合，如何足取？若略其説法而領其大義，則賴耶生義，乃即船山所云習氣所成，即爲造化者是也。吾豈不懂阿賴耶識乎？子未之思耳。子以賴耶爲生義，不知賴耶之生是染着相，非清净本然之生理也。《新論》中卷辨功能、習氣處，望留意。吾非根本取消賴耶，蓋以謂只是習氣之集團耳。儒佛之辨，詳在中卷。中卷包含極大，寄託極遠，艮庸、頌天頗見此意。吾子此信，不卜是否看完中卷而後寫耶？如看完而猶寫此信，即與吾遠隔在。世其滔滔，天其夢夢，舊京朝夕之歡，可再得否？來者悠悠，知復如何？然重陰閉塞，太陽總遍照天壤間。念此，無往而不怡然。

又依真起妄，即妄亦真，是義深微。要須真妄察識分明，而後可説貪嗔癡即是佛性，煩惱即是菩提，無常即常。要須至此爲句。否則此義不可輕談也。

談阿賴耶識，須詳玩佛家經論，析其條理，得其統系，然後可衡其持説之是非。縱云略其名相，而識其大意，却須見真，方能辨妄。吾子以賴耶爲生義，不知賴耶生相，正是惑染相。諸佛菩薩誓願必斷者，賴耶也。而吾子執之以爲精義何耶？

來函舉《孟子》“理義之悦我心，猶芻豢之悦我口”二語，謂悦禮義之心是無生，悦芻豢之心是生。吾子自謂悟道，不知何爲有此言也？悦禮義之心，謂之生而無生可也，何以故？禮義之心即生生不息之真也，人而失此心，即喪其生理，而爲死物，所謂行尸走肉是也。然又謂之無生者，於諸物欲，無所染着，念念生動，而念念無染，故曰生而無生也。若夫芻豢之心，則是於生活中嘗起染着者也。此處不辨而談心，豈諸佛所許耶？老來精力短，甚怕寫信，如猶不謂然，可勿報。幸相念，願簡單互訊興居，毋涉理道，起紛諍也。

又《新論》談心境渾融，正顯大用流行之相，無有條然二物可容剖别也。而子同之阿賴耶識，不審何義？賴耶是諸妄根本，妄心逐境，分明對待，如何渾融？

又《新論》中談體用，輒以麻與繩或水與冰喻，此正對治用外覓體之病。至理，言説不及，强以喻顯。《因明》有言：凡喻只取少分相似，不可求其與所喻之理全肖。吾書中亦屢加注明。吾子不察，乃謂吾以因果言體用，亦怪事也。

與某雜誌社

大刊十三期“學術通訊”欄内載有翁君之論，頗觸素懷。魏晉以後，中國學術思想幾被印度佛家排斥殆盡。有宋諸儒起而恢復儒家思想，於是中國人始認識自己。自典午之禍，北中國全淪於胡虜，唐太宗起而振之。未幾而天寶之亂，浸淫成藩鎮之局。藩帥又多胡人。自是迄五代與夫遼金夏之割據，中國之危亡也久矣。宋儒於衰絶之餘，提倡孔孟，躬行力踐，拔人於鳥獸之中，試閲《南北史》及《五代史》，當時吾民族悉染胡風，人皆懷禽心也。欲别爲文論之而無暇也。使民族精神團聚，外有强夷，内無叛變，間有小寇賊，然一起即滅，無能爲大患者，以群衆所不與故。其功不可謂不大。論者輒咎宋儒無救於國之弱，不知自典午以迄於五季，中國無生人之氣也久矣。若夫元人崛起，如大颶風，掃蕩歐亞，無敢當者。此殆有氣運，難爲解釋。而謂諸儒不能挽救中夏之危弱，何責之苛乎？然宋儒亦有二失：一曰只定孔孟爲一尊而排斥諸子過甚，則思想不宏放，即力量終欠活躍也。二曰宋儒只言復仇，復仇者，復趙氏之仇耳，何足鼓舞群情？若能如鄭所南、王船山、吕晚村、顧亭林諸先生盛倡民族思想，則兩宋局面或當不致如彼也。儒家祖述堯舜，憲章文武，其道之大，則“範圍天地之化而不過，曲成萬物而不遺”，所謂“致廣大而盡精微，極高明而道中庸”。又諸子百家所自出，本爲中華民族的中心思想，今誠宜發皇光大，但不可如宋儒之拘礙。道、墨、名、法，兼容並包，去短採長，即外化亦所不拒，吸取其優。思想不限於一途，而未嘗無中心，譬如五官百體，各各發展無礙，而腦爲中樞。若僅護頭目而不顧四體，未有能生存者。吾嘉宋儒之功而病其礙，永懷當今，遠資殷鑑。翁君所舉墨法二家優點，吾均贊同。然《墨子》邏輯謹嚴，則《大易》正名定辭之學也；其精製造，則《大易》制器尚象之遺也；兼愛兼利，即《易》所謂“利者義之和”也；兼利之旨，又即《大學》以理財歸之“平天下”與夫“絜矩之道”也。人類欲免於自毀，舍此道無由。《墨子》言大同，《春秋》太平義也；其抗禦侵略，則《春秋》無善戰及書“梁亡”之旨也；書梁之自亡，罪其不能自存也。其“摩頂放踵，以利天下”，與殺身成仁不異也。墨之通於儒者豈一端哉？此略言之耳。《孟子》曰“徒善不足以爲政”，則已兼採法家思想。然又曰“徒法不能以自行”，則儒家主張畢竟有不可顛撲者。商君以法治，致秦於富强，唯其立法之初，躬自行之，是以其法有效。武侯尚法治也，而本之開誠心、布公道，故能以法治而開蜀漢之基。以儒術融法家而爲治者，吾於武侯無間然矣。

答謝幼偉

兩函均到。前一函云：治新學者多迷信西説，以辭理之分析爲能事，其結果，分析雖精而了無生氣。此非卓識不能道也。然老迂所感，時人於辭理分析工夫，恐不無稍欠耳。學問之事，畛域分明，而後得以專精，以邏輯還邏輯，而勿輕逶邏輯上之概念，以結構哲學，或較妥當耶？邏輯無論有若何派别，要之不外爲慎思明辨之術而已，是固哲學之所必資。然哲學家之所自得，畢竟由脱然超悟，神妙萬物，初不由思辨之術。但如僅止於神悟，則恐務本而遺末，弊不勝言。中哲之失在此。故透悟矣而猶必精研事物，窮散著以觀會通，始證實其所超悟者，夫而後爲本末賅備之學。方其精研事物，則慎思明辨之術不可以不精也。惟其有超悟立於先，則思辨不至流於紛碎與浮亂。辨之明，思之慎，則超悟益引發而無窮。至此則事事物物皆真也，一切知識皆智也，哲學所以爲活潑有用者在此。承示生不容住，則生與滅等，將不可言生。今已言生，則生當有住，如電光之一閃一閃，就此一閃言，必有前後可分，必有住之可言，否則此一閃即不能實現也云云。此一問題極緊要，看就何處説耳。《新論·轉變章》是就本體流行上立言，明其生而不有。則不容住者，乃實際理地也。使其有住，則是依本體而産生别一物事，仍與體對立矣。電之一閃，纔閃便滅，何曾留住得刹那頃耶？其一閃一閃自是電之實現。然就彼一閃一閃的本身言，根本無有物事留住，雖灼然妙有，而確爾空無，既亦有亦空，則時間觀念於此本無安頓處。其以一閃一閃分前後者，乃吾人結習所爲也。生滅之理，惟閃電一喻最切。吾子似疑纔生便有住，實則造化微妙，生而無生，無生而生，竟是生不容住，此未可以日常緣物之習心去推測也。然雖説生不容住，並無礙於吾人所見有住之萬物。自俗諦言，不妨依生滅滅生相續流故假説有物，纔説有物，即是物得住也。此意在上中兩卷亦時説及，下卷《成物章》更加推闡。談理到究極時，總不可説向一偏去，分明是矛盾，而又分明是同於大通；分明是可説，而又分明是不可説。住與不住，兩可言而兩不可言，默識焉可也。

吾書中所説生生化化意思，是就本體流行上説。易言之，即超脱物的觀念而言。如以生物發展的觀念而推衡吾所謂生化之義，自不能相應，望更詳之。

十月十三日來函收到，即復。承示數點：第一，謂吾平生非孤恃性智而無事於量智者，此則誠然。第二，謂玄學純恃性智，此“純恃”二字危險極大云云。吾子用意甚善，但吾前信，倉卒間少説一段話，故賢者有此慮耳。吾前信云：見體以後，必依性智而起量智，即昔儒所謂不廢格物窮理之功是也。此但爲耽虚溺寂者防其流弊。如陽明後學盛談本體，而於綜事辨物之知則忽焉而不求，此可戒也。夫量智者，緣物而起也。一切物皆本體之流行也。於流行或萬象而推度其本，本謂體。終止於推度之域，非本體呈露也。夫見體云者，即本體呈露時自明自見而已，非以此見彼也。量智推度時，則以本體爲所度之境，如度外在的物事然。故量智起時，本體不得呈露，而何有見體可言？前信云純恃性智者，意正在此。此中義藴淵微至極，孔子所云默識，從來注家均是膚解，雖朱子亦未得臻斯詣也。寂默者，本體也。識者，即此本體之昭然自識也。

若於佛經有深澈了解，又必自己有一番静功，方可於此理有悟。不然，談見體總不能無誤會也。西哲畢竟不離知解窠臼，吾故不許其見體也。難言哉，斯義也。但見體雖純恃性智，而量智並非可屏而不用。萬物既皆本體之流行，則即物窮理之功，又惡可已哉？所患者，逐物而亡其本耳。有智者悟量智之效用有限，而反諸性智，以立大本，則智周萬物而不爲逐物，一皆性真流行，豈謂量智可屏棄哉？學問須本末兼賅，求本而遺末，不免蹈空之病，非吾所謂學也。自量論言之，“量論”一詞，見《新論》上卷《緒言》中。見體之見，佛家謂之真現量，言真者，簡別五識等現量。亦云證量。若於經驗界或現象界求其理則，依據實測而爲種種推度，證驗畢具而後許爲極成，佛家説之爲比量。證量屬性智，比量屬量智，二者不可偏廢。此中千言萬語説不盡，冀有機緣，得與吾子面論。第三點，西哲見體與否？不妨且置。此等問題非憑知見可以判决，須放下知見，别有一番工夫，才可辨其得失。

答毛君

《中庸》曰：“天命之謂性。”“之謂”二字可玩。非天命之外别有性也，亦非性與天命可判層級也。無聲無臭曰天，流行曰命。《詩》云：“維天之命，於穆不已。”不已即流行義。流行者，即無聲無臭之真體顯成大用也。譬如大海水，舉體成衆漚，非衆漚外别有大海水在。非可如佛氏真如不生滅，種現自爲生滅，其生滅流行與不生滅不流行之真如體截成二片也。非可至此爲句。大用流行，人禀之爲性，故性即命也，即天也。孟子言盡心則知性、知天，此了義語也。天命在人則名性，以其主乎吾身則曰心。此本心也，非心理學所謂心。心理學之心固非離本心而别有源，但不可以此爲即是本心。此義非反省功深者不能自知也。故心、性、天、命，名異而其實則一。是以盡心則知性知天也。如張人、李人本非一人，而言知張人即知李人，則三尺之童必笑詈其迷妄矣。曰知孔丘即知孔仲尼，人無非者；曰知張人即知李人，人無許者。明乎此，則盡心即知性知天而三名之爲一實審矣。

儒者證見真體，烏可與無着、世親種子之戲論併爲一事乎？《新論》文語各本破種子義甚詳，先生必輕鄙之，以爲不足注意耶？諸菩薩究是人而不是神也。真理當虛懷體之，何必印人方是耶？宜黄先生《唯識抉擇談》以種子即吾儒所謂性，余竊未安。

答周通旦

來函云：當道頃開禮樂館。異哉！禮樂豈今日所可言？不獨凡民死喪之未遑言此也，在位者非一言一動準乎禮，正其心以不失於和，而敢言禮樂耶？夫唯君子秉禮以自治，而後可順億兆之情以制禮；非可以己意制禮而期人守之也。自去其私而得其和，乃與萬物共嬉遊於太和之宇，故可以作樂。漢高帝之不足以言此也，魯兩生羞與之言而自匿，非真得於先王之道者，有如是深識與定力哉？

答陳亞三

《論語》云："三人行，必有我師焉。"須與"見賢思齊，見不賢而内自省"參看。夫如是，則無往非吾師也。若謂遇得三個人，其中必有我師者，是焉得爲通《論》乎？佛説"天上地下唯我獨尊"，是全宇宙無一人可爲吾師者，豈譽言乎？蓋求師於外，則得師難矣；注意。求師於内，則萬物皆吾師也，萬善皆吾師也，萬惡皆吾師也，萬醜皆吾師也。惟我獨尊者，不自暴棄之謂也，此自得師之基也，豈妄自尊大之謂乎？佛教徒解此者鮮矣。

答張君勱

聞主張書院制較學校爲優。弟則謂兩者不容偏廢。凡自然科學之研究，需有宏大之規制與設備，自非有大學及研究院不可。若文哲、歷史、政治、社會諸學科，則儘可於大學文法諸學院之外，得由踐履篤實、學術深醇之儒別立書院，以補大學教育之不及。蓋今之大學，教授與生徒之關係太疏膜，此爲根本病。向在《復性講詞》中曾略言之。又今各大學研究所及中央研究院皆尚考據之風。向者宰平云：今之業考據者，比乾嘉諸老尤狹隘。如江慎修先生雖精考據，而必以義理爲宗，今則無此風也。昨有徐生過此，與談及斯，亦深不以時俗爲然。弟嘗謂清儒自標榜其業爲漢學，實乃大謬。漢學非清儒所可貌襲也。西漢經師，其長略説以四：一、於義理雖無所發揮，而保存古義確屬不少。二、諸經儒之於古義也，非但爲供訓説而已，而確見之身體力行，皆有敦龐樸重之風。三、通經致用爲諸師一貫精神，朝廷政令及疑獄，多以經義折衷。故公卿、循吏，無不深於經術者。四、經師有實行經説中天下爲公之旨，於君權極盛時代，悍然據經義上書皇帝，請其退位。如眭孟、蓋寬饒等當昭宣之世，朝無莽操，野乏伏戎，其人又本無私黨，而執經義以求賢禪位責天子，至殺身而不悔。以上四端，皆可證漢師非如清儒只事考據而已，其精神特别注重在服膺經義而實踐之，内以立己，外以治世，無不由乎經義，此豈清儒所得有者乎？而以漢學自鳴可乎？今之爲考據者，又且不若清儒。民族衰敝，振起之道當由學術。吾欲於大學教育外，别設書院者，以此也。又今大學法學院，在學生只有終南捷徑之心，冀得文憑爲仕進地；在教者亦只授以求仕進之資具而已。至於克己奉公與仁民愛物，及犧牲身命以利國家之精神，凡古代賢將相及循吏之所終身持循，賢師儒之所終身切磋而不敢背所聞者，當其少年就學師傅時，所讀之書與所聞諸師，其熏染已甚久且深故也。今法學院有是乎？吾意大學法科卒業生若能入書院自修數年，隨侍道德崇高之師，於國學加以精究，則其獻身社會必有可觀。總之，書院之優點甚多，今不暇深論。唯有難者，一則苟非其人，道不虚行；二則有其人矣，今之生活情形不同往昔，雖朱子、陽明復生，不能以私人聚徒講學也，必政府知所提倡，社會有識者能盡力扶持，相與成立一有經濟基礎之學團，而後教者、學者得盡心力於其間。此事在今日蓋難言之，不卜戰事結束後有可圖否?

附記: 抗倭戰事期間, 曾有試辦書院者。其初頗爲社會所屬望, 後以其少成績也, 遂甚漠視之。近時至不喜談書院二字。吾謂書院之名, 今或不必沿用, 然其意義, 則不外民間自由講學而已。今之私立學術機關如黄海化學工業研究社之類, 亦與古者書院意義相近, 未嘗無成績也。是在主其事者堅苦不拔, 而又必社會各方面有以扶助之耳。復性書院近注重刻書, 此事極重要, 亦望其能支持永久。

答謝子厚

講學不可拘成見。《新唯識論》中卷叙空宗義, 哪有半字誤解與曲解耶? 若謂弟爲誤解者, 則有宗菩薩謂空宗談空寂而不説真實, 豈不更誤解乎? 不更曲解乎? 實則弟未嘗貶空宗, 兄恐未細玩耳。凡於道體真有得者, 亦自覺無可言説, 如其不得已而强有言焉, 則無非遮撥古今人之偏與蔽而已。空宗一往談空, 在當時已引起有宗不滿。若與中土《大易》之旨對照, 更覺空寂之旨與生化之妙, 必兩相融貫, 而後全體大用始彰。若執一往談空之見, 終不免有所偏、有所蔽也。此等處, 非大着眼孔不行, 非中虛無物亦不能領悟。

答沈有鼎

日來天氣甚壞, 老夫病又作, 亦不了也。來函提及《阿含》"不受後有"之"有"字。須知此處"後有"二字, 明指結生相續。釋迦十二緣生, 即其義也。所謂順流, 則無明緣行, 乃至生老死, 終古如此流轉; 即其流轉, 謂之後有耳。此義須認定, 不容作異解。緣生義, 只是十二支, 分析不清。大小乘説法雖多, 要無一可當意處。吾《通釋》所説, 似無淆雜之弊。吾子不取十二緣生, 却不必諦, 略其名相, 而識其大旨，則極有義味矣。四諦與十二緣生相關，何可存其一而去其一耶？明儒信佛者，亦有以輪迴爲權教，此乃以己意解佛耳。倘深切體認十二緣生義，則知此即輪迴義，釋迦所以發心趣道者，由此故耳。談佛法，還他本來面目，切忌以己意援附。

前人多持三家合一之論，其見唾於人者，略説有二故：一則自家未入實際理地，即毫無根據，而徒持膚雜見聞，妄爲比附。二則於各家根據及其立説之條理與系統，未能各各辨清，而欲於各家之書斷章截句，以求會通。此其所以可唾也。真正會通，則不如是，《新唯識論》中卷有一段及之。

儒者由人倫日用中實踐工夫，隨處體認，以至窮神知化，盡性至命，此乃上根所得爲耳。佛家每從知見方面重重剥奪，重重開示，令人自得解悟。得解，起修。因修，實解。修至而解絶，真理現前，是謂證真如。至此，與儒者窮神知化、盡性至命果有異乎？佛之徒以儒爲天乘，乃大謬也。談佛者，若以真如爲外於變易法，而别爲恒常之體，即真如是殭固死物耳，宜不以窮神知化爲止境也，玄奘所由不了《大易》也。《新論》中卷是根本大義所在，望有智者詳之。

答友人

五一來函，頃到，即復。兄謂太極實指氣之初生。太易乃爲絶待本體。太極即是太一，故《老子》曰“道生一”云云。又兄前信，易變而爲一，名之曰太極，云係《乾鑿度》原文。緯書，先儒多不取。吾於讖則絶斥之。然緯書當是七十子後學流傳，其義之是非當折衷於聖。此間無《乾鑿度》，弟不能盡憶，姑就來信言之。兄此信云：太極即是太一，故《老子》曰“道生一”，《繫傳》亦曰“易有太極”云云。玩來論意思，既謂太極即太一，即老子所云“道生一”之“一”，而兄當承認老子之道即本體。若然，則夫子《繫傳》曰：“易有太極，是生兩儀。”此與老言“道生一，一生二”云云者，有何差别？兄何以獨謂太極非本體而只是氣耶？船山解“易有太極，是生兩儀”之“生”，謂發現之謂生，非産生名生，義最精當。老子“道生一”云云之生，亦同此解。“道生一”，謂道之發現爲陽也。有一則有二，二，陰也，即道之發現爲陰也。故“道生一”云云與“太極生兩儀”，辭稍異而旨大同。太極即道之異名。兩儀，陰陽也。夫太極發現爲兩儀，是謂即體成用，兩儀用也，其本體則太極也。即體成用，喻如大海水成衆漚，非可二之。豈可用外覓體哉？故曰“一陰一陽之謂道”，聖言不可易也。《老子》四十二章“道生一，一生二，二生三”，一者陽，二者陰，三者冲和。此三不可作三片物事會去。既不是三片物事，即不是有次第的生去，與《繫》云“是生兩儀”云云，當相通貫。吾嘗謂老學實本之《易》也。夫老子“道生一”之“一”，即是兩儀中之陽，此無可别作異解者。《易》云“太極生兩儀”，而兄謂太極即是其所生之兩儀中之一，此成何説？周子《圖説》未妥，吾於《破破論》已駁之，兄何未看耶？來書於“易有太極”語，在“易有”二字上加圈，蓋謂“易有太極”之“易”即太易，而太易乃絶待本體，太極則從太易生，故曰“易有太極”也。果爾，則夫子於絶待本體即易之上不言一“太”字，反待後來緯書加一“太”字始曰太易，此已難通。且易上既不言太，而從易生之氣乃着一“太”字，又如何通？氣即有對，而可云太乎？太者，至高無上義，絶待義也。阮籍《通老論》曰：道者，法自然而爲化。按《老子》“道法自然”，非道之上别有自然也。説見《新論》下卷。侯王能守之，萬物將自化，《易》謂之太極，《春秋》謂之元，《老子》謂之道。嗣宗去漢近，漢與晚周近，嗣宗亦深於《易》者。吾兄奈何以太極爲道之所生耶？又李鋭《虞易略例》云：“‘易有太極，是生兩儀。’注云：‘太極，太一也。’，”詳此云太極即太一，本即道體之目，而兄誤解此太一爲“道生一”之“一”，是鑄九州鐵不足成此大錯。“道生一”之“一”，即兩儀中之陽也。兄於《老子》本文及各注俱不究，何耶？鄭康成云：“太一者，北辰之神名也，居其所，曰太一。”按鄭以北辰喻太極，其所謂居其所，即明寂然不動之義。《論語》曰“北辰居其所”，亦顯不動之義。曰居所，曰寂然不動，非目道體而何？可以此言氣耶？康成詁經，多存古義。虞氏亦有不失古義處。兄不肯研《繫傳》聖文，又不信漢詁，而乃誤據緯書，反謂吾主宋儒之説，亦過矣。周子於太極上置“無極”二字，先儒疑其以太極爲氣。然漢儒亦多以太極爲氣者，此自漢儒之誤耳。

再答友人

《繫傳》曰“夫《易》彰往察來”，又“《易》之爲書也”云云，又“《易》與天地準”云云，此類“易”字，皆就《易》書言。“《易》有太極”之“易”，亦以《易》書言。蓋《易》之爲書，建立太極，爲萬物實體，故云“《易》有太極”也。今兄解云：易者，太易。太易有太極，太極再生兩儀。夫兩儀者，陰陽也。陰陽即乾坤也。“《易》之爲書”，即用顯體。故假設乾坤即陰陽。以明變易，而不易之體，即於斯可見。“大哉乾元”云云，“至哉坤元”云云，非有二元，實一元也。一元者，言其體也，即用而識體也。故《繫》曰：“一陰一陽之謂道。”又曰：“《易》有太極，是生兩儀。”知“一陰一陽之謂道”，則道之下，更無有所謂太極之一階段介乎道與陰陽之間，而所謂太極，即是道之異名也。知“《易》有太極，是生兩儀”，則陰陽即太極之發現，太極即陰陽之本體，不可頭上安頭，架太易於太極之上。吾故曰：“太易即太極也。”來函引《莊子·大宗師》談道體一段文，有“在太極之先而不爲高”一語，證明太極非道體。殊不知正惟易立太極，爲宇宙本體，至高無上，故莊子談道體而以“在太極之先”形容之。如《老子》書中有“象帝之先”一語，亦是形容道體至極，更無有先之者。兄若據此謂古代神教不以上帝爲至高無上之主宰，可乎？想神教之徒必不承認。古人每喜爲極端形容詞，如佛經云：設更有法過涅槃者，我説亦復如夢如幻。兄將謂世尊果設想有過涅槃法耶？夫唯儒家以太極爲萬化之原，爲萬物之先，原與先，皆謂體。故莊生形容道體，乃曰“在太極之先而不爲高”也。如儒家本不以太極爲體，而但置之太易之下，則莊生此語毫無意義矣。應知太極與道皆本體之名，但《莊子》書只承用道之一名，而於太極一名不復沿用，故其言道，則以先太極形容之。且莊生言道體，本承老氏。《老子》言“道法自然”，上篇二十五章。豈謂道之上更有自然爲道所取法而道猶非宇宙本體乎？稍通《老子》者，必不作是解。《莊子》言“道在太極之先”與《老子》言“道法自然”，同一極端形容詞，正須善會，不可妄添葛藤也。

答牟宗三

六日來函，吾當以爲座右之銘。吾對於思想，本主自由，但於立本一着，頗有引歸一是之意。孟子云：“夫道，一而已矣。”實發孔門一貫之旨。佛家大乘亦有一乘之説，歸源不二，非强衆生以同己也。若夫從入異路，則不可執一徑以納群機。至於世智千差萬別，又不容執一以廢百也。吾於思想主自由者，在此耳。吾識量不欲隘，而性情過褊急。先公生我時，困厄萬端。吾自幼長於窮苦逼迫中，弱冠從事革命，已深感覺當時之人無足倚者。既而自顧非才，遂絶意事功，而凝神學術。鼎革以還，默察士習學風，江河日下，天下無生人之氣，吾益思與後生有志者講明斯學斯道，上追先聖哲之精神，冀吾族類庶幾免於危亡。佛言救衆生，吾覺族類且未能救，遑言衆生乎？吾識量不欲隘，而德度實未弘，憂世之思深，憤世之情急，憂憤激而亦不忍離世，故求人也殷，責人也切。而原人、容人、因勢順誘之權，全無所有。求之殷而人愈不相喻，責之切而人益復相疏。吾之情且激，而無以自安，有時甚失慈祥意思，此則余之所以智及而不能仁守，是余所長負疚於先聖賢者也。吾清夜自省，常自痛恨，而習氣難移，信乎變化氣質之不易也。寬以居之，仁以行之，此境真不易。吾欲從事於斯，冀收桑榆之效，吾子可直言闕失，使老境不至日趨乖戾耳。通旦昨來，即回合川。此子要自可造，明年終當聚之而使其得有所立。期望過高，天下將無成人。《論語》，孔門常問成人。南充楊生不日當至。余之書物，業已移還山居。

答胡世華

聞於邏輯深造，至足慰。近體氣何如耶？斷欲是養生之本，滋養亦不可忽，精神振作又爲最根本者，夫何待言？振作一詞，含無量義，勿泛泛作解。此心常虛，不昏不昧，纔有一念偷放，即時自覺，勿隨轉去。即不聽其偷放下去之謂。如此乃是振作。常保得虛明而不昏不昧之心體，以之讀書用思，自然分明不亂；以之應事接物，自然各當其理。《大易》所云“寂然不動，感而遂通”與佛之般若，只是此境。凡夫自有生以來，恒是妄想流注，不見本心。前云虛明而不昏昧者即本心，凡夫實不見此。其讀書用思與應事接物者，無非妄識作主。上云妄想流注者，即妄識也。汝若不向自身切實勘破此事而讀佛經，但於文字中稍作空脱意味領會，藉以止息想念，得入睡鄉，以佛典爲催眠之藥，乃是千載沉淪，豈不痛哉！思慮不當廢，要須調節，然調節甚不易。真作專門學問工夫者，當初元是自家用思考，乃至思想漸有路向，將成體系時，乃欲罷不能，而思考乃用我，他常在腦中自由活動。非是我去用思考也。至此便非吾可以用自力調節也。然此不必厭苦，此等犧牲正是必經之階段。孔子曰：“吾嘗終日不食，終夜不寢，以思。”聖人如是。汝之思頗嘗終日夜不食寢否？如何便以思爲苦也？前書教汝作根本之學。如何是根本學？汝如有志，當不能隨便作空名詞看過也。昔年風雨一堂之誼，吾豈云忘？但願汝儕真能立志耳。

與某生

爲學須具真實心。真實心者何？即切實做人之一念恒存而不放也。《詩》曰：“夙興夜寐，毋忝爾所生。”心不存時，最好誦此，庶幾慚愧中發，而有以自警矣。吾老來念平生所見老輩、平輩、後輩甚至後後輩，其有聰明，可望於學問或事業有所就者，未嘗無之，然而卒無成，其故惟何？即根本無做人之一念耳。無真實心，便無真實力。無真實力而可以成人、可以爲學立事者，古今未嘗有也。富貴可苟取也，浮名可苟取也，人生而爲人矣，奚可如是了此生耶？

答沈有鼎

來函所云，略答如下。實際理地是超越的，非感想所及。甚是！甚是！但若不更深辨，恐差毫釐而謬千里。吾子所云，在佛家確是如此；在西洋謂只浪漫派以超越爲感，而作一種意趣玩弄者，恐不必然。凡哲學家談實相，未能泯思議相者，皆吾子所云意趣玩弄也，即感想也。

般若蕩一切相，雖詣極超越，而實無超越之相存。夫唯無相，故不拒諸相。超越與不超越兩忘，謂之真超越固可。而息情忘慮，冥應如如，實無超越之感想存也。

基督教，吾向未注意，是否臻仁體流行、活潑潑地境界？吾姑不贊一詞。

不依他之最高境界，唯自反乃得之。顏子仰高鑽堅，瞻前忽後，欲從莫由，只是形容本分上事，非依他也。《太極圖説》，吾所不契，然開首一言却有妙趣。吾子所謂二之則不是，乃正法眼藏。

又云：破相中是否見得體？恐有些子人信不及。此義看如何説法。就知見上言，構畫泯絶，真理方顯，不曰破相以見體，而又何云？然此要是説法初機。必也激厲躬行，使行解合一，馴至滌除虛妄知見，冥入真實知見，即已無相可破，只是真體呈露，畢竟見字亦着不得也。

答友人

函謂大政治家之風度，貴乎大氣斡旋，不貴玄默自處云云。此説甚誤。未有大氣斡旋而不由玄默自處者也，未有玄默自處而非大氣斡旋者也。玄默自處，涵處深宏也；大氣斡旋，發用盛大也。養之不厚，將何所發？今世無才，人皆習於蠅營狗苟，機巧變詐，毫無所養故也。

漢文帝庶幾玄默自處，亦可謂大氣斡旋。當文帝時之天下，使無彼含茹養育之澤，則自六國與亡秦之衰亂，又經呂后臨朝，百度廢弛，民生耗敝，其足以凝民志、遂民生而措天下於磐石之固耶？文帝自有一番造化之功，謂非大氣斡旋可乎？三代後無王道。吾於文帝，謂其猶具幾分王道，此外蓋難言矣。兩漢賢臣奏議皆稱高帝與武帝之功，而特尊文帝之德，此不可忽。

與某生

佛家大德，高趣一切智智，發心爲群生作父師，其長在是，而短亦伏焉。夫超然物表者，要不遺乎物；作育群生者，要在同乎人。若視人皆昏昏，而我乃父之師之，是豈《大易·同人》之義？遺物以希寂，視群生夢夢而孩畜之，大悲如慈母。此宗教精神，余雖高之，而不願學也。夫遺物、希寂，則識囿於孤往；昔有問儒佛優劣者，余曰：佛家畢竟是孤往。視群生夢夢而孩畜之，則識窮於獨用，《中庸》曰："以人治人，改而止。"朱注：謂即以其人之道還治其人之身，期其能改過而已耳。故聖人不貴獨用其所自造自得者，以取必於人也。故識量難免於隘也。儒家《大易》曰：智周萬物。周萬物而後乃真爲一切智智。《論語》記夫子曰"吾非斯人之徒與而誰與"，曰"見賢思齊焉，見不賢而内自省也"。《孟子》稱"舜明於庶物，察於人倫"。反躬以體物，無心爲萬物之父師而萬物皆子之矣。

答林同濟

中國哲學思想，歸於《易》所云窮理盡性至命。理者，至極本原之理。即此理之在人而言，則曰性；即此理之爲萬化之大原，是爲流行不息，則曰命。窮者，反躬而自識之謂；盡者，實現之而無所虧欠之謂；至者，與之爲一之謂。《新論》所談本體，即此理也，性也，命也，名三而實一也。窮也，盡也，至也，則《新論》所云見體或證體之謂也。

《新論》確是儒家骨髓。孔孟所言天，既不是宗教家之天，更不是理想中構畫一崇高無上之一種理念，或一種超越感。彼乃反諸自身，識得有個與天地萬物同體的真宰炯然在中，《新論》所云性智是也。吾人實證到此，便無物我、内外可分，此乃即物而超物，即人而天。《孟子》所云盡心則知性知天者，此之謂也。中國哲學亦可以《莊子》書中“自本自根”四字概括。因此，中國人用不着宗教。宗教是依他，是向外追求。哲學家雖不建立大神，而往往趣向有最上的無窮無限的終極理境。或亦云理念。此固有好處，但亦是向外，亦是虚構，正墮佛家所云法執，而絶不了自本自根。人生畢竟在迷妄中過活，始終不見自性，始終向外狂馳。由此等人生態度而發展其知識技能，外馳不反，欲人類毋自相殘殺而何可得耶？自吾有知，恒念及此而不容已於悲也。《新論》之作爲此也。賢者主張祀天，吾亦贊同。祀天者，祀其在己之天也。《詩》曰：“小心翼翼，昭事上帝。”吾人祀天之禮，可一念一息而忽哉？

説　食

戰事雖云結束，吾國人似少生氣，最可傷痛。余以爲國人生命上缺乏營養，此不可不注意也。佛家有四食之説，願爲國人陳之。四食者：一曰段食，二曰觸食，三曰思食，四曰識食。段食者，謂人所食動植等品是物質故，物有分段，名以段食。觸食者，感通之謂觸。天地感而萬物化生，聖人感人心而天下和平，宇宙萬有皆互相通，無有隔礙，故《易》曰：“六爻發揮，旁通情也。”感通之義大矣哉！人而無感，則拘於四體，與禽獸不異，《禮記》所謂“人化物也”。人化物則生命絶。是故君子不徒注重段食，而貴觸食，觸食即感通之謂食。一日無感通爲食，雖段食醉飽，而實頑然一物。四海困窮，生民疾苦，皆所不喻，塊然而尸居，冥然而罔覺，是即無感通，是謂缺觸食。

思食者，造作之謂思，佛家心所法中，一曰思，以造作爲義，非常途所云思想。即以創造爲食。鳥獸營巢聚糧，但是佔有衝動。人類則自市井匹夫匹婦，田疇貨幣，種種斂聚，乃至姦狡大盜，載狂心，執蕩志，乘權處勢，劫持衆庶，以逞其兼並之慾，細者爲一己，如吕政等。大者爲一國家、一族類，將横噬六合，終亦自斃，如今之希特勒輩。此皆佔有衝動，無所異於鳥獸。夫人爲萬物之靈，裁成天地，參贊化育，皆人之責。人道極尊，當轉化佔有衝動而爲創造勝能。如學術上之靈思獨闢，宗教上之超越感，哲學家亦有此。道德上極純潔崇高之價值，不期而引人起瞻天仰日之信念。政治與社會上重大之革新，使群衆同蒙其福利。凡此皆謂之創造。人生一息而缺乏創造勝能，即佔有衝動乘機思逞。佔有衝動横溢，人則物化，而喪其生命。故創造者，資養生命之糧，不可一日不具。思食所以次觸食而言之。

識食者，了别之謂食。[1]云何了别？"明於庶物，察於人倫"，而上澈萬化之源，是故知一己之生命與宇宙大生命是一非二。了於此者，常能置一身於天地萬物公共之場，不以私害公，不以形累性。孔子坦蕩蕩，佛氏大自在，唯其了别故也。了别以爲食，而生活乃富有日新，放乎無極。故次思食而以識食終之。余説四食，與佛書本義不必全符，讀者勿泥。

四食者備，而人乃得全其生命，而人乃成爲人。今人唯貪段食，乃至貪淫，貪利，貪權，貪勢，皆段食之推也。觸、思、識三食，今人皆不是務，生命無滋養，則行尸走肉而已，豈不哀哉？

答牟宗三

正初接吾子與張遵騮來信，提及《量論》，爲之悵然。此書實有作之必要。所欲論者，即西洋人理智與思辨的路子、印人之止觀及中國人之從實踐中澈悟。吾常想，佛教來中國雖久，而真了解之者，恐不必真有其人。因佛家特别處在修止觀，其與止並運之觀，是如何工夫？如何境界？從來譯者與講持佛典者，或莫名其妙而索解。吾近於此極注意。《量論》於中印西洋三方面，當兼綜博究。此誠當今哲學界極偉大艱鉅之業。吾雖發願爲此，然年既老衰，世局又如此昏擾，恐不必能從事也。

附來函： 西人理智思辨路子，自蘇格拉底師徒即奠定。他們以爲用邏輯的理性即所謂純粹理性。可以把握實在，而其所謂實在即理型或型式，或幾何與數學的秩序。這些都是變滅不常的具體事物所依據的理地。他們用純思的辦法、邏輯、界説的歷程，想把這個理型世界顯示出來，而且懸離起來，以爲靈魂的安頓所，並爲知識可能的根據，是非的準則。柏拉圖以善的理型來統馭一切理型所成的理世界，以爲理世界的歸宿，並主張靈魂可以脱離這個軀殼而歸於理世界，與之爲永在。近人不由此講善的理型與靈魂歸趣兩層意思，只向知識可能的根據一義上求發揮，此其變遷概略也。今吾師弘闡變易不易二義而盛宣生生化化之妙，以爲不變而變，即於變識不變，此個實體誠非理智思辨所能相應。西人用邏輯理性所把握的理型，是從生生化化的真實流中抽出而言之。單言此一面，此是一種抽象，離開了生生化化的真實流；既離之，而或欲掛之於真實流之上，要不能與滿盈的真實流相應如如。總之，不能體認此整全而具體的化育流行，便到處是殘缺。現在的問題似乎就是如何能將離掛的理型世界混融於生化的流行中，而爲一具體而真實的滿盈流。西人言變爲實體者，則每死於變而不知有不變者在，是以其所謂變，亦不必即《新論》與《大易》之生化；例如柏格森。言不變爲實體者，則每毀滅變而忽之，是以其所謂不變亦不必即《新論》與《大易》之不易。如所謂理型世界。然無論如何，即依《新唯識論》，以《大易》爲宗，而理智思辨乃至其所把握的理地，總須予以安頓與維繫。蓋知識是生命之呼吸，不能維繫之，生命有窒死之虞，有浮游無據之困，此即所謂蹈空。予之以安頓與維繫，則知識之理即是形上之理之展現。吾師所謂自實踐而實現者，實同時亦即自實踐而予知識以安頓與維繫矣。此則本末、體用、虛實俱圓矣。對滿盈流言，誠非理智所能相應，然理智總有所符應，批判它亦得成就它。此中意思，宗一時説不清楚。蓋西人在知識的路子上掀發的問題太多，須個個弄明才行。佛家于緣生法而觀空，决不肯于緣生法觀理，無論屬本屬末。是以其緣生義决非即生化之謂。記得昔年傍晚陪吾師坐，師指庭前樹曰：此間根莖枝葉花果等等，是一理平鋪，亦是衆理燦著；既衆理燦著，仍即一理平鋪。汝儕識得否？宗當時有悟，所悟或不必契，然無論如何，依宗觀之，佛家决不肯如此觀、如此悟，蓋與其無餘涅槃相違故也。衆理燦著即是一理平鋪，雖是成就了此葉子，亦可以説遮撥了此葉子。佛家宗趣在涅槃，其修止觀自是不輕易的大事。今如吾師之旨，自實踐而實現言止觀，則其意義之尊嚴與重大，恐又别是一番也。宗去年告君毅，言將有實踐理性之止觀論一詞之提出。去冬讀《明儒學案》，有李見羅之《止修論》，此恐亦隱用佛家名詞言理學。惜此人並未成熟，然確有霸氣。吾師《量論》總望寫出，成此一大事是幸。

來函深獲我心。生生化化的真實流，乃是真體顯現。真體喻如大海水；生化的真實流喻如衆漚。生化之流亦説爲真實者，從其本體而言之也。真體無形無象，無作意，無雜染，而實備萬理，含萬善。先儒所謂“冲漠無朕，萬象森然已具”，此義深微，千載幾人落實會得？夫冲漠無朕而萬象已森然，則所謂理型，本非意想安立，乃法爾如是，法爾猶言自然，但其義甚深，世俗習用自然一詞，無深解，故譯音曰法爾。烏容遮撥。《詩》曰：“有物有則。”物者，依生生化化的真實流而立斯名。生化之流詐現種種迹象，即假名爲物。有物即有則，無是則即無是物。可見真體顯爲生化之流，元是富有無窮之則，故曰備萬理也。理亦則義。夫理或則元是真體自身中所備具，先儒直名此真體曰理或實理，最有深義。其顯爲生生化化的真實流，是所謂衆理燦著也。然即此衆理燦著，便是一理平鋪；所云一理，以真體無待故名。無待名一，非算數之一。一理爲無量理，故一即是多；無量理本爲一理，故多即是一。一不礙多，多不礙一，一爲多，多爲一，均無妨礙。所謂“玄之又玄，衆妙之門”。吾子於斯深體之，則知識界之理，即理智思辨所謂之理型。正來函所謂，即是形上之理之展現，豈待强爲安頓與維繫耶？但吾學與西哲有天壤懸隔者，吾以一真絶待之體一即無待義，非算數之一。非一合相，混然同一，無有分殊，謂之一合相，借用佛氏《金剛經》語。無形而有分。分者，分理。真體無形相而有分理，所謂“冲漠無朕，萬象森然已具”是也。萬象森然即是衆理秩然，亦云分理。故剋就真體而名之爲理，是所謂理乃由證量而得之。孔云默識。默者，冥然無分别貌，不起分别而非無知，故復云識。此相當於佛氏所云證量。證者證會，量者知義，非常途所云知識之知。證會的一種知，名爲證量，此乃修養功深，至於惑染克去盡浄，而真體呈露。爾時真體之自明自了，謂之證量，此非理智推度之境不待言。吾嘗云超知之詣，正謂此。孔子曰：“天何言哉？四時行焉，百物生焉。天何言哉？”天者，本體之名；何言者，嘆其寂然無形，冲寞無朕，所謂一理是也。時行物生，言其顯爲大用，生生化化，無窮竭也。所謂萬象森然，即衆理燦著是也。來函所謂體認此整全而具體的化育流行，此正是證量境界，非稍窺孔子默識之旨，何堪及此？默識即證量。總之，吾所謂理，乃直目無爲而無不爲、不易而變易、無窮之真體。因其以一理而涵衆理，雖復衆理紛綸，而仍即一理，故即此真體而以理名之。此理是一真實體，一者無對義。非是思維中之一概念，非是離真實而爲一空洞的型式，此與西洋人理型的觀念，自是判若天淵。吾學歸本證量，乃中土歷聖相傳心髓也。理型世界則由思維中構畫而成。來函謂是從生生化化的真實流中抽出言之云云，實則彼未得證會此真實流，而只依生生化化之流的迹象所謂萬物或大自然，只是生化的真實流之迹象。強爲構畫，以圖摹之而已。此等圖摹的理型世界，謂其於生生化化的真實流之理根全無似處，未免過當。“理根”一詞，借用郭子玄《莊注》。真實流的本身是具有理則的，故謂之理；對圖摹的理型而言，則云理根。然復須知，此等圖摹，謂其遂與生化之流之理根得相符應，則稍有識者已知其不可。譬如畫師圖摹山水，無論如何求逼真，終不可得山水之真也。若知理智思辨之功用止於圖摹，則哲學當歸於證量，萬不容疑。但圖摹究不可廢。人生囿於實際生活，漸迷其本來，即從全整的生化大流中墜退而物化，至於與全整體分離，尚賴有理智之光與思辨之路以攀緣本來全整體的理則，“理則”二字，複詞，則亦理義。而趣向於真實，追求理型世界便有超脱現實的意義，故云趣向真實。此其可貴也。故反理智與廢思辨之主張，吾所極不取。欲言甚多，此不暇及。如世事稍快人意，雖衰老，《量論》或當爲之。

答胡生

子通才也，但望養之以深，成之以久。哲學之功，中聖深於體認，西賢極其思辨，由今言之，則二者不容偏廢，偏斯病矣。余年垂暮，若精力不衰，可爲《量論》，當盛明斯意也。余之學，要在《新論》。西洋近世，罕言本體，其昔之談本體者，皆以思構而成戲論，良由始終向外推尋，故如盲人摸象耳。《新論》鑒觀西洋，無蹈其失，始乎辨析，而終於反己。反己即體認。所以體神居靈，而萬有之藏與生生化化之妙，的然無可外求矣。得此無盡藏，發之爲道德，推之爲政治，淵淵不竭，有本者如是。此自堯舜迄尼山相傳之緒，非余獨得之秘。惜哉！不可喻於今之人也。船山尚有隔在。擬吾於衡陽，實不似也。秋涼能一過，是所至望。

與陳從之

向不喜象數。每閲漢人易書，覺其繁瑣至極，而鮮當於理。印度法相、唯識，亦甚繁瑣，迷者驚其精密，識者病其虚構。西洋學術亦以精密擅勝，雖亦不免瑣碎，然能徵實。獨中土六藝，持體要，契道真，然經師或考據家又病在支離破碎。甚矣學術之難言也！

《易》之象，本譬喻義，漢儒已有言之者，而先生不謂然。吾頗承認其説之有所當。《易》興於占卜。占者自是誠至幾動，即於當前法象而興感，及卦爻畫而辭立，辭非離象而虚構也。然自孔子修定以後則意義全變。如乾卦六爻之辭皆龍也，龍者象也。孔子便假此象以明夫生生不息、健動無竭之真元。立辭之意，乃異占卜，而别有所在，此象所以爲譬喻也。重象者每曰《大易》無虚字，無一字不是象。殊不知《易》

之取象，欲人因象而悟理耳。使其執象而不悟所象之理，則一部《易》書，乃無覆瓿之價值矣，而謂夫子窮理盡性至命之學在是耶？故謂象者，譬喻義，使人由譬而啓悟也。子曰：“能近取譬，可謂仁之方也矣。”

答謝隨知

《新唯識論》勿粗心看過便了，須理會吾用心深細處。此等書乃妙萬物而爲言，與西哲從某一科學爲基礎而出發以推演成論者，迥乎不同。非超悟之資，深微之思，未能讀之而不厭也，望汝細心臨之。吾少弱且病，而迄六十餘年猶未甚衰者，平生强遠婦人，此全神第一着也。胸際廓然，於世罕所追求，即有拂逆，中無所隱，憤戾立形於辭色，一洩即無事矣。四十二三以後，夜不然鐙，滋養之物，特加注意。早起，大恭後餐，不解即不餐，必解乃已，行此數十年如一日。被褥每晨起必掀抖，以散汗滌塵，件件如是。又每飯後，卧二十分鐘，必起散步，歸來，凝神危坐，喘息定，血脈舒，而後觀書用思。時有新悟，便脱然自得，萬理來集，固是樂境。有時且沕穆無形，渾忘自我也。此境難常有，却時或有之。解粘去縛，向於富有日新，而後實證生命無窮矣。吾子勉之。

與陳亞三

昨與亞三書，人須有神味。如何是神味？須是將習心或意氣、己見與好惡之私，一切一切，剥落盡净。易言之，即想念不行，知慮都亡，而有一顆明珠灼然内在，這個却是不存而存，不識而識。望勿隨便看過。到此境地，切勿滯寂而已，却要任他日用流行，自然物理人事，一切昭澈，無僻固之弊。陽明先生其至乎此矣，朱子似未能也。

答某生

余平生痛惜清末以來學人尚浮名而不務實修，逞游譚而不求根柢，士習壞而族類危，故常發誓言，不爲名流，不爲報章雜誌寫文字，不應講演之約。吾五十以後，始稍有筆札流露刊物，然終不爲刊物作論文也。即筆札亦散布甚稀也，講演則從未行之。今年逾六十，本無妨與諸青年談心事，然因素未與稠人講説，故拙於口才。又劇專諸生於本國哲學，若儒、道、釋諸家之書，或乏素養，吾亦不知與之作何說法。凡言學，必聽者素養深，方得機感相應，否則“言者諄諄，聽者藐藐”，甚無謂也。此事以罷論爲是。

與陶闓士

弟月來於講説之餘，稍閱魏晉諸史，頗增無限感傷。向見嚴又陵與人書，言吾華民質與國力至南宋而始爲一大變，殆未嘗讀史之過。實則吾華民質之劣，國力之弱，乃自魏晉始耳。曹氏司馬氏以狗盜之徒，用極卑賤殘酷之術，毀天地生人之性。五胡承其敝而入，取吾夏人而殺戮淫擄，凡鳥獸所不能爲者，而無不皆爲之。其慘毒之事雖在一時，而其慘毒之習則充盈大宇而熏染乎後世之人心，數百年而不可滌也。不獨吾北方華胄胥化於夷而忘其所自出也，即南中號爲正朔相承，其在廷之君臣與談玄之士夫，能保持舊德而不染胡習者，有幾人耶？梁武之困於台城也，猘胡侯景擁飢疲之卒，本不堪一戰，而梁之諸子乃坐待君親之危，莫之肯救，更無論諸鎮帥矣。梁武、簡文，其死與辱，猶不足論，而當時蒼生所受逆胡之慘酷，則令千百世下讀史者，至此觸感傷心，不知人間何爲奇慘如斯？當時梁人若有人氣，豈令天下事至是耶？劉宋之諸子，皆非人類，又不待言。至於朝爲君臣，暮相攘奪背叛者，則又習爲故常，絶無足異。其居位乘勢者，貪淫殘暴，視蒸黎若犬羊不如，而忘其爲己之同類也。六代之間，習此爲常，倘非中於胡俗之深，何爲人喪其心至此極耶？李唐貞觀之治雖盛極一時，然太宗與房、魏諸臣勵精之效，僅於凋敝之餘，有以整齊其政刑，使天下臻於富庶。又當時五胡族類新同化於漢族，中夏民族之氣質，自起一種新的變化。太宗雄才大略，能導率民衆，以征討四夷，而盛著其武功，此所以稱盛也。然唐承六代之敝，儒學衰微，太宗於倫常之地已虧，雖兄弟相殘，其罪不盡在太宗一方面，乃娶弟婦而絶兄弟之嗣，則非胡俗不至是。太宗所躬行者如此，故於化民成俗之本，絶無所知，房、魏之徒亦無足語治本者。是以貞觀之政，人亡政息。其後藩鎮之禍，黄巢之變，皆慘毒無人理。浸淫及於五代，一如六朝之世。要皆獷胡凶習中於人心至深，其根株不可驟拔故也。有宋肇興，諸大儒相繼出，始追孔孟之緒，使人有以自反而自别於禽獸，於是人性可復，人道始尊，此誠剥極而復之幾。今東夷獸習污我神州。禦侮之功，不僅在以殺制殺而已，而於人心風習之間，所以固吾本而閑其邪者，其必有知所用力者焉。吾儕不負此責，而又何望耶？

附記：民二十六年冬入川。值抗戰之初，人心大壞，比戰前且不如，故與陶君慨嘆及此。君巴縣人，少通經術，晚而學法相於宜黄大師。宜黄深禮之。二十八年逝去，蜀學其微矣。

示菩兒

古代封建社會之言禮也，以别尊卑、定上下爲其中心思想。卑而下者，以安分爲志，絶對服從其尊而上者。雖其思想、行動等方面受無理之抑制，亦以爲分所當然，安之若素，而無所謂自由與獨立。及人類進化，脱去封建之餘習，則其制禮也，一本諸獨立、自由、平等諸原則，人人各盡其知能、才力，各得分願，雖爲父者，不得以非禮束縛其子，而況其他乎？禮之根本意義既已變古，故儀文節度之間，亦省去古時許多無謂之繁文縟節，唯以簡而不失之野爲貴耳。今西人之於禮也，簡則簡矣，然不野則未也。吾國古禮，極其文矣，而未免繁縟。今人效西俗，又太野。後有制禮者，當求損益之宜。

獨立、自由、平等諸名詞，最易誤解，今爲汝略釋之。

獨立者，無所倚賴之謂也。明儒陳白沙先生曰：天自信天，地自信地，吾自信吾。唯自信者，能虛懷以求真理。一切皆順真理而行，發揮自家力量，大雄，大無畏，絶無依傍，絶無瞻徇，絶無退墜，堂堂巍巍，壁立萬仞，是謂大丈夫，是謂獨立。然復須知，此云獨立，即是盡己之謂忠，以實之謂信；唯盡己，唯以實，故無所依賴而昂然獨立耳。同時亦尊重他人之獨立也，而不敢以己陵人，亦與人互相輔助而不忍孤以絶人。故吾夫子曰“德不孤，必有鄰”也。古代隱遁之士獨善其身，猶不得謂之獨立也。

自由者，非猖狂縱欲，以非理非法破壞一切紀綱可謂自由也；非頽然放肆，不自奮、不自制可謂自由也。西人有言，人得自由，而必以他人之自由爲界，此當然之理也。然最精之義，則莫如吾夫子所謂“我欲仁，斯仁至矣”。言自由者，至此而極矣。夫人而不仁，即非人也；欲仁而仁斯至，自由孰大於是，而人顧不争此自由何耶？

平等者，非謂無尊卑上下也。天倫之地，親尊而子卑，兄尊而弟卑。社會上有先覺先進與後覺後進之分，其尊卑亦秩然也。政界上有上級下級，其統屬亦不容紊也。然則平等之義安在耶？曰：以法治言之，在法律上一切平等，國家不得以非法侵犯其人民之思想、言論等自由，而況其他乎？以性分言之，人類天性本無差别，故佛説一切衆生皆得成佛，孔子曰“當仁不讓於師”，言仁德吾所固有，直下擔當，雖師之尊，亦不讓彼之獨成乎仁也。孟子曰“人皆可以爲堯舜”，此皆平等義也。而今人迷妄，不解平等真義，顧乃以滅理犯分爲平等，人道於是乎大苦矣。

答謝君

平生辛苦所獲，大體雖見之《新論》，《新唯識論》。而所未發揮者甚多。常自傷切於心，無可奈何。《量論》未作，極大憾事。吾有一願，願本《春秋》三世歸趣太平之旨，以《大易》與《春秋》互相發明，旁及群經諸子，貫穿和會，制割大理，冥極萬化，原生人之性，窮天地之本，類庶物之情，極古今升降、萬有不齊之運，融帝皇王霸、禮樂刑政之意，通至變而握貞常，本貞常以馭至變，當爲一書，以明人道終歸至治。十餘年來，胸中備有條貫，以《新論》及《量論》須先就，方可經營及此。而維摩示疾，忽忽二十餘年。迄今歲事已過花甲，遭時昏亂，血氣倍衰，鴻篇鉅製，殆不可能。自惟年三十後，誓以身心奉諸先聖，而所就不過如此。老來何所冀？唯於人類之憂患不能無繫念。然亦以此，信真理無一息或亡也。病中不盡欲言。

答謝幼偉

九月一日函頃到，即復。來函字字的當，甚喜甚慰。西洋人談博愛，是外鑠之愛，此方聖哲談孝乃出乎本心，爲内發之愛。自東西接觸以來，名彦都無此的見，獨賢者與吾心有同然。常謂西洋倫理由男女之戀愛發端，吾人倫理由親子之慈孝發端，此是東西根本異處，每欲爲文而未暇也。老來精力甚乏，願賢者振作精神，肩繼往開來之任。戴東原以著作未竟，嘗嘆曰：世豈無助我者乎？此傷心語也。吾衰矣，乃念念有此感。願吾子時加反己之功，唯虚可以納善，唯謙可以進德，唯誠可以爲天地立心、生民立命，唯寂寞可以獨立不懼、遁世不見是而無悶，區區以此進之左右。

《新論》生滅義，須依真俗二諦分别看。真諦即於萬物而顯大化流行，故説萬物纔生即滅，實無有物。此其立言，雖就物上明化之不住，而意實不係於物也，所謂方便説法也。

答張生

國立編譯館擬編經史教科書。此事甚重大，館中切不可期其速成。

而編者自己尤貴有較長之歲月，從容涵泳，必義精仁熟，而後立言無弊。大凡爲學之功，緩急並用。急者，謂有時須强探力索，如獵人之有所虜掠，勢甚緊張，否則思力不彊，未足深入理窟也。緩者，吾昨所謂天游，將一向見聞知解悉令放下，胸際毫無留繫，自爾神思焕發。此不唯哲學家應有之境，凡爲考覈之學者，如有遠大之規模，重要之發見，亦非有此境不可。緩急二功，更迭爲用。《禮經》云："文武之道，一張一弛。"豈獨治化，爲學亦然。編譯館在清末甚不隨便，嚴又陵嘗在其間。吾甚願諸君子凝神壹志，以學術爲生命，爲各大學樹先聲，國家其有賴矣。今之學者，心地少有清虚寧静，讀書不過記誦與涉獵，思想又甚粗浮，只顧東西塗抹，聚集膚亂知識，出版甚易，成名更速，名位既得，亦自忘其所以，淺衷薄殖，誑耀天下，以此成風，學如何不絶？道如何不喪？人如何有立？此自清末康、梁諸公導其先，今遂成滔滔不可挽之勢，吾實有餘痛焉。人或議吾好駡人，吾亦何樂乎人之厭惡哉？誠有所不得已也。

國史從文化上着眼，自是正當，然於民族思想，必發抒一本之義而糾正血統不同之誤解。今之滿、蒙、回、藏，大概古時五胡之遺。古史稱五胡同出黄帝，其記載必有依據，非附會也。歷史課本中，凡漢族與夷狄之稱，似可改用中原人與邊疆人。《春秋》稱夷狄者，以其凶頑而失人道則夷狄之，非謂其血統與諸夏即中原人。不同而謂之夷狄也。楚則鬻子之裔，吴則周之宗室，而皆斥以夷狄，豈謂異種耶？齊、晉、秦，均嘗隨事而夷狄之，經文可考。故夷狄之義，宜加論正。則叙述過去事，如五胡、遼、金、元、清等事，亦不必避夷狄之名而不用，以其在當時實未脱夷狄之道也。正統之論，吾意猶不可廢，容得暇詳談。

《經學通論》，極不易作。清儒諸經解，只是於名物訓詁等方面搜集許多材料耳，於經旨果何所窺？清末則有皮錫瑞之《通論》頗名於世，然覈其實，只是經書傳授源流之考辨，謂之經學，則吾未知其有何相關也。治經之同學，如肯虚心過從，吾亦不妨與之討論。吾記憶素不如人，今更差矣，但於群經旨要，平生用過一番苦功，非是浮泛見聞知解之學，甚願與有志者共相講習。今上庠治哲學者，壹意襲西人膚表，以混亂吾先哲意思，究義不根於實，立言浮亂無紀，教者學者更相授受，向後將成何局？吾不能無憤悶也。夫理道必究其真，而後於真理自發生一種不容已於實踐之信力。吃緊。吾人所以充實生活、發揚人格者，皆從真知正見而來。若如今士子，以從事於膚泛駁雜之見聞爲學，則乃學其所學，而非吾所謂學。以若所爲，欲其人格增進，如何可能？今後講明經術，宜潛玩先聖哲本旨，精思而力踐之，思之精，自然踐之力；踐之力而思乃益精。一挽當世頽風。人皆可爲堯舜，孟氏豈欺我哉？一切衆生皆可成佛，釋迦豈欺我哉？個個人心有仲尼，陽明豈欺我哉？

答周通旦

真諦、俗諦二詞，勿向艱澀處索解。佛家談真諦，亦名第一義諦，此義最上，曰第一義。亦名勝義諦，義最殊勝故。即就形而上言之也。《易》曰“形而上者謂之道”，西洋本體論，今譯爲形而上學，皆相當於佛氏所云第一義諦。

佛家俗諦在因明，即所謂世間極成是也。世間共許爲實有，曰世間極成。參考《瑜珈·真實品》及《因明大疏》。如科學上假定物質宇宙爲實有，即與俗諦義相當。《易》曰“形而下者謂之器”，此亦屬俗諦。

依《新論》言，《新唯識論》省稱《新論》。他處倣此。真諦與俗諦本非析爲二片，而義理自有分際，又不容不分別言之。如世間承認物質宇宙或云外在世界。爲實有，此是俗諦義。若於物質宇宙而直徹悟其爲一真顯現，一者，絶待義。真者，真實，非虚妄故，此謂宇宙本體。不起物界想，此即融俗入真，唯是真諦義。故順俗則萬有不齊，證真則一極如如。一義，見上。極者，至極，謂本體。如如義，極深廣。蓋法爾本然，非思議所及故。法爾猶言自然。自然者，無所待而然。本者，本來。然者，如此。本來如此，無可詰問所由。

《新論》所言用義，最宜深玩。世俗見有天地萬物，其實天地萬物皆依大用流行而假立之名。如當前桌子，實即一團作用現起，似有迹象。作用譬如電光，而所謂迹象譬如電光之一閃一閃，儼然有一道赤色之相狀連續不絶，若爲一件物事者然。世間即依如是迹象計爲實桌子，而不悟桌子本無，元來只是一團作用。桌子如是，萬有皆然。全宇宙只是大用流行，倐然宛然，現種種相，都無實物。倐然者，分殊貌。宛然者，詐現貌。大用流行，現種種相，其相萬殊，故云種種。相者，相狀，猶云迹象。世所謂萬有，實即依大用流行所詐現之種種相而得名，都無實物。故《新論》只言用，便見得宇宙唯是生生不已，變動不居，此神之至也。一言作用，作用亦省云用。必有本體。本體亦省云體。用若無體，何得憑空突起？無能生有，不應理故。《新論》以大海水喻體，以衆漚喻用。大海水自身全現作衆漚，曾航洋海者，必見全是衆漚，起滅不住。衆漚都無自體，而實各各攬大海水爲體。各各二字注意。每一個漚皆攬大海水爲體。由此譬喻可悟用相萬殊，要是一真顯現。用相者，上言大用流行，現種種相。一真謂本體，已見前注。哲學家或只承認有變動不居的世界而不承認有本體，即是有用無體。譬如小孩臨洋岸，只知有起滅不住之衆漚而不知一一漚皆無自體，其本體元是大海水也，其倒妄不已甚乎！

《新論》談體，雙顯空寂與生化二義。詳在語體本中卷《功能章》。空非空無之謂，以其無形象、無作意、無染污，故謂之空耳。寂者，清淨，無昏擾也。空寂即無滯礙，無染污，所以備萬理，具衆德，而生生化化無窮竭也。汝疑儒者只言生化，不言空寂，此未深究耳。《易・乾》之《象》曰："剛健中正，純粹精也。"夫剛健，明生化之盛；中正、純粹精，則空寂之義存焉。中，無偏倚也；正，無惑障也；惑者，迷闇義。惑即是障，故云惑障。純，無雜染也；"雜染"一詞本佛籍。雜者，雜亂；染者，染污。本體純善，故無雜染。粹，至美也；精，微妙之極也。此與佛氏空寂義足相發明。《繫傳》曰："寂然不動。"寂者空寂。不動者，無昏擾之謂，亦申言寂義也。此"動"字非與静止爲相反之詞，勿誤會。《中庸》演《大易》之旨，首明天命。命者，流行義，即生化義也。而結云無聲無臭，則是空寂義也。生化本空寂，無滯礙故，生生不息，變動不居。空寂自生化，無染污故，德盛化神。此非體道者不能知也。體者，體認，默然冥契也。哲學家談生化者，如佛家説十二緣生，即以無明爲導首；數論三德明宇宙所由開發，亦本於闇；西洋叔本華之言意志與柏格森言綿延與生之衝動，皆與印度人言無明或闇者相近。此皆從有生以來，一切欲取習氣上理會得之，欲取二詞本佛家。欲者，希求義；取者，追逐無饜義。未能克治惑習而見自本性，“未能”二字，一氣貫下。吾人之本性，即是宇宙本體，非一己與萬物異本也。故不悟生化大源本來空寂也。西哲談本體，均不曾證得空寂，故其談生化，終在與形俱始之習氣上理會，不識生化之真也。夫無生之生，生而不有；不化之化，化而弗留。本體亘古現成，本來無生，然其神用不窮，其自身却是生生不測的物事，故曰無生之生。雖現生相，而纔生即滅，纔滅即生，故生生不已，終無一物留住，故曰生而不有。唯其不有，是以大生、廣生而不窮，使其有之，則生機滯矣。又復當知，本體常如其性。常如云者，謂無改易。譬如水，雖或蒸爲汽，或凝爲冰，終不改其濕性。本體之德性恒無改易，以水譬之，可悟此理。性無改故，即無變化，故云不化。然正以其德性真常故，而乃神變不測，故云不化之化。雖復萬化無窮，終無有刹那頃守其故者，故云化而弗留。弗留所以見變化之至神也。此《新論》究極造化真際之談也。造化謂本體之流行，非有造物主。夫無生與不化，言其本空寂也。“其”字乃本體之代詞。無生而生，不化而化，是空寂即生化也。生而不有，化而弗留，則生化仍自空寂也。天人之際，微妙如是，天謂本體。人之一詞，實賅萬有而言，是乃依生化妙用而假立之名也。非超然神悟者，難與語此。

來問有云：佛家見到空寂，亦不謂空爲空無，寂爲枯寂也。然其談真如，佛家真如即本體之名。乃純以無爲、無造爲言，絶不許説無爲而無不爲。無造見《大般若》。無造即無生義。蓋佛家確不於本體上説生化，而只是談空寂，其故何耶？儒家雖見到空寂，而於此却似談言微中，畢竟盛顯生化，與佛氏精神面目要自截然不同，又何故耶？

答曰：此在《新論》中卷固已説得明白。詳語體本《功能章》。佛家以出世思想，故其談本體，只着重空寂的意義；儒家本無所謂出世，世俗每言儒者主入世，此乃以儒與佛對論，而妄有是言。儒者於世間根本無所謂入，故亦無所謂出。曰入曰出，皆妄見耳。故其談本體，唯恐人耽空溺寂，而特着重剛健或生化。大凡古今言道者，總不免各因其所趣向而特有着重處，如儒佛兩家之人生態度各不同，是其趣向異也，故一則着重空寂，一則着重剛健或生化。各從其着重處而發揮之，則成千差萬別，互不相似。《大易》所謂差毫釐，謬千里，此言宏富深微至極，學者不可不察也。儒佛二家談本體，一偏顯空寂，《大般若》爲群經之母，其妙顯空寂，至矣盡矣，高矣美矣，無得而稱矣！一偏顯生化。《大易》爲五經之原，其妙顯剛健與生化，至矣盡矣，高矣美矣，無得而稱矣！其實佛家見到處，儒者非不同證，然於此但引而不發，却宏闡生化之妙；儒者見到處，佛家亦非不知，然終不肯於真如妙體談生化，唯盛彰空寂而已。真如妙體係複詞，唐基師嘗用之。偏重之端，其始甚微，其終乃極大，而判若鴻溝，故曰差毫釐，謬千里也。英人羅素有言，喜馬拉雅山一點雨，稍微偏東一點，可到太平洋去，稍微偏西一點，可到印度洋去。此亦善譬。吾主張今日言哲學，當曠覽中外，去門户而尚宏通，遠偏狹而求圓觀。觀去聲。《新論》之旨，難求證於時賢，孤行其是而已。參看語體本《功能章》。

汝言有某僧難《新論》云：若吾人與天地萬物同體者，則一人解脱，應一切解脱，否則不能説萬物同體。某僧此難不獨難了《新論》，實未讀佛書。佛家真如即本體之名。其經曰：一切法猶言一切物。皆如也，真如遍爲萬法實體，故云一切法皆如。衆生亦如也，乃至彌勒亦如也。彌勒，佛弟子。又諸經言：衆生皆有佛性。言諸佛同體者，其文甚多。某僧欲難《新論》，適以自難其宗耳。須知衆生與佛雖同體，而衆生迷執其形氣之軀，不能超脱小己而澈悟本來，故無由解脱。孔子曰："人能弘道，非道弘人。"斯言深廣至極，諸有智者，所宜深玩。愚夫終難與語。

《新論》中時有冥然自證語，此係證量境界，乃超過理智與思考及推論之詣，而與反理智之説絶不相干。反理智者，只是不信任理智或知識。《新論》確無此意，但謂實際理地非理智所及，實際理地謂本體。當別加修養功夫，亦云修行。直到自性呈露時，便有證量境界。自性亦謂本體，賅天地萬物而言其本原曰本體，剋就吾人而言其本原曰自性。吾人與天地萬物元是同體，非可二之也。此與反理智者根本異趣。人生在日用宇宙，本與天地萬物相流通，何可不信任理智而狂馳如瞎馬？故反知主義，"反理智"一詞亦省云反知。《新論》所不取也。人生當超越小己而直達天地萬物同體實際，故不能純任理智，須別有求得證量之無限功修，此《新論》所以重超知之詣也。《新論》下卷《明心章》談心所處，皆超知工夫。超知與反知截然不相似，余本欲於爲《量論》時暢發之，惜遭時昏亂，不暇及也。

佛家經論言證量處，每云冥證境故，境謂所證。夫證量本無能所，而云境者，此爲行文之便爾。實則證量中渾然無能所可分，若有所證之境與能證之心相對，則不名證量矣。讀者切勿以辭害意。或云冥冥證故。冥者無分别貌，非昏冥也。從來佛家法相諸師談證量，每言正智爲能證，真如爲所證，智如分開，乃成大謬。此實玄奘以來之誤，宜黄歐陽先生亦承之。《新論·明宗章》談證量，則云是本體即性智。呈露時，炯然自明自了，此救法相師之失。夫本體呈露時之自明自了方名證量。故學者功夫，只在克去己私，斷除惑染，使本體得以發現，爾時自性了然自識，自性謂本體。是名證量。孔云“默識”，《易》云“默而成之，不言而信”，皆證量也。陽明咏良知詩：“無聲無臭獨知時。”亦是證解。證解猶云證量。

答鄧子琴

十月十四夜來函，今午才到。吾自十月初來北碚，精神不寧。近數日，始寫信。明日寫信或可減，後當閲書數種。冬臘間不卜可起草下卷否？今愈覺思力遲鈍，老至而衰，心境太不閒静也。人生當亂世，苦可得言乎？汝上年談史諸文，吾未許可，其中甚有難言處。汝欲馳驅於考據、義理之間，此非更加涵養工夫不可也。義理貴創獲，脱然超悟，怡然獨得，有諸己矣，乃徵之天地萬物，而識夫衆理粲然者，無不左右逢源。所謂“殊途同歸，一致百慮”，所謂“一以貫之”，所謂“通其一，萬事畢”，皆澈底語也。雖未嘗不資於書册，而讀書但爲引發神思之助耳。世固有以經師之見而薄通儒或思想家者，於思想家何與哉？此段話，淺見者或不謂然，實則不唯哲學憑超悟，即科學上之創發亦往往得之玄想，而後證驗不爽也。

考據尚積累，據文籍以按索名物度數，舉例而博求其徵，亦或集證而始發其凡。讀書不多且審，則積累不富，無以爲推斷之具。此其用心在致曲，在考迹，故恒縶於曲而闇於通理也，恒泥夫迹而喪其神解也。

從來學者欲兼考據、義理而並有之，吾實罕見。言義理而評判古學，不陷於曲解謬論者，若王輔嗣治《易》，通象而始掃象，可謂有考據工夫矣。伊川則未也。然輔嗣之於考據也，亦領其大體而已。若果困於此，用細碎工夫，則又何可成其爲輔嗣耶？吾之於佛家，亦若輔嗣之於《易》焉已耳。

汝誠志於義理之學，則每日必於埋頭書册之外，得以若干時間瞑目静坐，或散步幽清曠遠之地，庶幾穆然遐思。所謂遐思，正是宗門云"恰恰無心用，恰恰用心時"也。真理著現恒於此時遇之。若終日鑽營書册，精疲神敝於名物度數之搜求，豈有神解可言耶？

又學問之事，須自審資分。作之謂聖，述之謂明，前聖已言之矣。汝非創作才也，無已其從事於述乎？夫子之聖，猶自謙曰"述而不作"，此業談何容易？程朱諸老師門下雖乏宏才，其於紹述之業，猶有相當能力。不然，則諸老師没世而此學遂絶，此道無傳矣。吾忽忽已老衰，平生心事，付與何人？常中夜念此，不勝危懼。

來函云：董仲舒未見性。自是確論。仲舒言天，頗有宗教家意味；其談性，則猶秉荀卿也。

王充《論衡》以開時俗壅蔽，或有當處。要其自身無所建白，於至道更茫然，不得成爲一家之學。此在今日，何容過分提倡耶？至云《論衡》雜儒道兩家言，《問孔》《刺孟》，不過摘其書中可議處，非根本反其主張也。斯亦諦論。然以《論衡》作學術討論，究可不必。夫學術之事，上者智周萬物，洞達本根，理極亡言，權宜立論，蓋應化無方，畢竟離言説相。下者則見有所偏，但於彼偏端，非無實見，即據其偏端之見，竪推横擴，遍覆一切，如數理哲學唯以數學概念解釋宇宙。由生物哲學之見地，宇宙又似一生命有機體。此例不勝舉。故其持論有據而不窮於應，有統而不失之濫，所謂"持之有故，言之成理"。雖其明之所在即其蔽之所成，注意。然能獨闢一境界，自成一體系，要有理致可觀，學術之功能與價值正在此。古今中外，凡治哲學思想而能自成一家言者，無論規模廣狹，其實際大都不過如是。過此以往，則有通俗之學，駁雜之論，本無關於學術。唯其無可據之實，無自得之處，無經綸創造之本領。雖復涉獵百家，有所採獲，有所主張，而一切都無深造，唯任浮泛的聰明，耳剽目竊，侈談思想，抉擇時俗得失，每有快語激動流俗心情，若爲社會之前識者然。實則每倡一主義或論一事理，却不能窮原究委，極深研幾，無可導人於正當之途。如此流輩，世世有之，且恒不少。王充在東京合入此類。是等著作，在歷史家眼光，欲考察其時代思潮，不可不注意，學問家無妨瀏覽及之，要無可多留意處。人生無真實見地，輒被古今淺夫昏子欺弄，此甚可哀。孟子曰“我知言”，佛家說有五眼，慧眼、法眼等。非其學與識臻絶頂，得爲具眼人耶？而敢曰知言耶？吾生今世，元自苦極，無可告語。願汝精進，毋受人欺。若梁先生有辦法，勉仁書院可期成，吾不離是，子盍歸來？

餘杭章氏，小學要自成家，於經於史，博覽有之，名家未也。若乃義理或哲學思想，彼則假大乘以通諸子，而於佛氏又實未通曉，可謂兩失。雖然，聰明博聞哉其人也，大雅君子哉其人也。

揚子雲“人不天不因，天不人不成”之説，宜從各方面會去，若直以天人感應言之，恐非子雲本意。《新論·明心章》亦引此語。

《天泉證道記》，當時已有疑案，“無善無惡心之體”云云，梨洲《學案》辨正不一次。吾意與惡對待之善，即與惡同屬後起，非本體原來有此。本體只是虚寂，只是清浄，佛家説爲無漏善，《大學》謂之至善，元無所謂不善。而今云無惡亦無善者，此與惡對待之善，是以其發現言，即以迹言。本體是無漏善，是至善，是不與惡對者，此能出生萬善，或發現萬善。而實不留萬善之迹，吃緊。於此言之，故亦無善。此語是否陽明所説，要自無病，但不善解，則爲病不淺。

循環與進化，宜細玩《語要》卷一中答人書。

湯先生函問吾尚堪用思否？凡人早熟者，或難再進；晚成者，老當不替。吾進學也遲，似思力未減，但作文較難耳。

答鄧子琴

前云董仲舒猶秉荀卿者，《繁露·深察名號篇》云："今世闇於性，言之者不同，胡不試反性之名？性之名，非生歟？如其生之自然之資謂之性。性者質也。詰性之質於善之名，能中之與？既不能中矣，而尚謂之質善，何哉？"又曰："栣衆惡於内，栣一作袵。弗使得發於外者，心也。故心之爲名，栣也。人之受氣，苟無惡者，心何栣哉？吾以心之名得人之誠，人之誠，有貪，有仁。仁貪之氣，兩在於身。身之名取諸天，天兩有陰陽之施，身亦兩有仁貪之性。"又曰："性比於禾，善比於米。米出禾中，而禾未可全爲米也。善出性中，而性未可全爲善也。"又曰："民之號，取諸瞑也。使性而已善，則何故以瞑爲號？中略。性有似目，目卧幽而瞑，待覺而後見。當其未覺，可謂有見質而不可謂見。今萬民之性，有其質而未能覺，譬如瞑者，待覺教之然後善。當其未覺，可謂有質而不可謂善，與目之瞑而覺，一概之比也。"此仲舒性説之大略也，兹不暇具引。仲舒與荀卿同反對孟子性善之論，實則董、荀皆未得孟子意。孟子所謂性，董、荀未見及也；董、荀所謂性，實非孟子之所謂性也。性字同，而兩性字之所指目，確不爲一事，此其争辨所以無當也。夫孟子所謂性者，天命之謂性也。"天命之謂性"一語始見於《中庸》，朱《注》未妥，宜依陽明意思解之爲是。天、命、性此三名者，其所指目則一，如某甲對父母則名子，對兄則名弟，乃至隨其關係而有種種名。然子與弟及種種名，皆以目某甲也。明乎此，則不可以名之不一而遂生支離之解。天、命與性雖有三名，切忌解入支離。萬化之大原，萬物之本體，此中"萬物"一詞，賅人而言。非有二也。其無聲無臭無所待而然，則謂之天；以其流行不已，則謂之命；以其爲吾人所以生之理，則謂之性。故三名所指目者，實無異體，只是隨義而殊其名耳，猶某甲本無别體，而隨關係異故，有多名耳。人生不是如空華，天命之謂性，此個真實源頭，如何道他不是至善至美？孟子言性善，其性是"天命之謂性"也，其所言善，則賅真與美也，廣矣大矣，深矣遠矣。孟子性善說，其可非乎？若人妄謗真理，當墮無間地獄，可不畏哉？董、荀所謂性，非是“天命之謂性”也，吾爲之核實而定其名，則當曰材性之性耳。宋儒所謂“氣質之性”，義與此通。仲舒云：“性之名，非生歟？如其生之自然之質謂之性。”此則明就材性言之也。“材性”一詞，難以簡單詞語解釋，無已而姑簡言之，其所別於“天命之謂性”者，彼義指“天命之謂性”。則剋就斯人所以有生的真實源頭而言，此義材性。則剋就斯人受生之初、肇形之際，合下形成某種氣質而言。如或通或塞，或清或濁。此氣質既成，即其所稟賦之真實源頭天命性。或精神真實源頭之在人，便爲一身之主，是謂精神，亦云本心。亦不能不受此氣質之影響。蓋氣質雖從真實源頭發現，非氣質別有本原故。而氣質既成，則自有權能。易言之，真實源頭之流行既現爲氣質，以爲自己表現的工具，而工具已成，則自任其權能，而真實源頭之運行於氣質中者，遂有反爲工具所使之憾。氣質成於不齊之化，其通、塞、清、濁等等千差萬別，故凡人一生之昏明、强弱、仁貪等等可能，實於其受生之初、肇形之際，便已法爾各具。法爾猶言自然。仲舒所云“如其生之自然之資謂之性。性者質也”。正就氣質上説，不似孟子於氣質中特別提出真實源頭來說。據《中庸》“天命之謂性”而言，則此“性”字最嚴格，只此處可名爲性。材性之性或氣質之性，只應名爲材質或氣質，實不當與“天命之謂性”意義相混。向者函孟實、石蓀曾略言及此，不審彼等留意否耳？此中頗有千言萬語，一時道不出，若將古人論性者一一疏决評判，則又非專書不可也，今安得此暇耶？昔儒於上述二性多不分曉。即如《論語》“性相近也”章，此“性”字本非“天命之謂性”之性，却是材性。如是“天命之謂性”，即人與天地萬物無不同此一性，焉得下一“近”字？又下文有“上智與下愚不移”，在此性分上，又如何着得此語？下愚不移，正謂其材性生成如此耳。如商臣生而蠭目豺聲，是下愚不移之證也。若就“天命之謂性”上說，則程子所謂“不爲堯存，不爲桀亡”是也，何移與不移可論？從來注家於此“性”字多混沌無分別，朱《注》於此猶不無病，經師輩更無論矣。吾子談性，恐亦未有分析。仲舒未見性，只是混材質與

“天命之謂性”爲一，故未見性耳。

答江易鏵

來函論文，汝可謂能知文矣。雖然，百尺竿頭，猶須再進。韓愈文章，古今稱其氣勢，愈之得名在是。然文章有氣勢可見，是其雄奇處，亦是其細小處也。睹喜馬拉雅山而群情仰止，以其高大也。天之至高無上，至大無外，則人忘其驚嘆。以是而知，喜馬拉雅山之高大也，猶不及滄海一粟耳。六經、《語》《孟》之文，平淡如布帛菽粟，人皆資生焉，而忘其味。文之至也，可得而論乎？《南華》神化，《騷經》則元氣流行也，雖渾質不似六經，不能使人忘其讚嘆，然能使人雖欲讚嘆之而難以置辭也。此亦文之至也。宋儒懲六代之華辭而矯以順俗，人皆以不文視之。然明道作堯夫傳，伊川狀其父母及狀明道諸文，朱子爲延平等傳，及黃勉之狀朱子，皆從其真實心中流出。俗士寡昧，不足窺其中所存與言外之蘊，則以爲無文焉耳。作文固不易，衡文益復難。文章之氣勢浩衍，雄奇蒼鬱，有本於天，有本於人。本於天者，精力强盛，賦於生初故也；本於人者，復分誠僞。誠者，集義以養浩然之氣，其文則字字樸實，不動聲色，六經、《語》《孟》是也；或字字虚靈，神奇譎變，不可方物，《莊》《騷》是也。僞者，缺乏誠心，或知求誠爲貴而未能克己；血氣盛而其詞足以逞，智雖小而讀書足以識故事、侈聞見，儼若胸羅今古，筆走風雲，便謂天下之道果在乎是；存之心，發於言，張皇狂大，一切不慚，天下皆孩之而我爲其父師、爲其慈母，儼若仁覆諸天，德侔千聖，其驕盈之氣，亦馳驟有光怪。天下有目者少，無目者多，則群相驚駭，以爲文之盛也，而識者則知其浮而無根，華而不實，誇而無據，肆而不斂，奇而已細。其精神意氣畢露乎辭也，韓愈之流是也，此習僞者也。

吾平生不願爲文人，不得已而有論述，有筆札，但稱心而談，期於義有根依，詞無浮妄，以是持之終身，庶幾寡過。

仁人之心，須與群生痛癢相關，否則麻木不仁，非人類矣。然此心不麻木，談何容易？要在隨事反省，非可騰諸言說。佛家經籍盛談悲願，讀者以此反省諸心果麻木與否，方是自修之實。若直以經中悲願之談當作自家懷抱中之所具，居之不疑，因以形諸文學，儼若慈育人天，此則不足欺人而實欺己矣。

附記：江生，四川梁山人。梁漱溟先生設鄉村建設研究院於山東鄒平，生從之遊，於梁門爲高材生。余以抗戰入川，生得同居請學。其人甚自愛，服膺宋明理學家言，吾方期其有所成，不幸短命死矣。

答諸生

西洋學人將理智與情感劃分，只是不見自性，即不識本性。吾先哲透明心地，即謂本心。即從情之方面而名此心曰仁。仁之端曰惻隱，惻隱即情也。然言仁便已賅智，姑息與貪愛並非仁，以其失智故。故知言仁而智在其中矣。或從智之方面而名此心曰知。如《易》曰“乾以易知”，曰“乾知大始”，孟子曰“德慧”，程子曰“德性之知”，陽明曰“良知”，皆是也。然言智便已賅仁義禮信等等萬德。《易·繫傳》言窮理便已盡性至命，可知言智而萬善無不賅也。識得本心元是仁智不二之體，名之以智也得，以其非染汙之智也；向外追逐與計較利害得失之智，是染汙智，非本心也，故不賅萬德。名之以仁也得，以其非惑亂之情也。俗所謂盲目衝動之情，儒者謂之私情、私欲，亦通名己私。佛家說名煩惱，煩惱即惑亂義。己私與煩惱，便非正常之情。正常之情即中節之和也，即性也。性情無二元，宜深體之。西洋學人不了自性而徒爲理智與情感之分，其所謂智，終是佛家所云有所得心。有所得心，此語含義深廣，如向外追求之心，此即有所得心，畢竟不與真際相應。即在哲學、科學等等方面之創造家，其理智之發展已迥超越一般人之所有較量利害得失等等低度理智作用，其明辨與洞達萬事萬物之理則，無迷謬之愆，其於人生之了解亦較高於庸俗。此等理智作用，可謂本心呈露乎？

恐未必然也。世固有不透本原本原即謂本心或自性。而轉捨其下等追求，以從事於高等創造，則由用志不紛，古云用志不紛，乃凝於神。而無下等雜染即謂下等追求。障礙其神思故。因此有極精微之明解力，即徒有緣事智，緣者，緣慮義。事者，事物。能了解萬事萬物之理則者，謂之緣事，即以此智名緣事智。而不能證會一切物之本體，以外緣故，有所知相故。外緣者，謂以所知事理視爲外境，而了知之。所知相正由有所得心故起。證體則泯内外，無能所，斯乃至人超越理智之境，非學者事。又前謂其於人生之了解，僅較高於庸俗者，彼之所了解，只是其一種知見。若證體者，即滌除玄覽此中玄覽謂知見，蓋借用老子語。而一任真性流行矣。或問：如公所言，有高等創造者即有緣事智，而又謂其不必透悟本原。既不悟本，云何得有緣事智？答曰：人自有個本原，雖一向外馳，不復自識，然本原何曾消滅？緣事智畢竟依本心而起，若無本心，其可憑空幻起耶？但至人悟本，則緣事智亦是本來妙用，不至逐物而自迷其本。不悟本者，則緣事智只是逐物，只是外緣，便喪失自己，此中自己非謂小己，勿誤會。陽明所謂“抛却自家無盡藏”，此可哀也。

此方先哲，千言萬語，只要知本、立本，只要知性、盡性。性者即是本心。若不悟此而徒分别理智、感情，而曰以理智駕馭感情，殊不知未識自性，未澈本心，則其所言之智，何曾離得染污而可恃此爲主宰耶？其所斥爲盲目狂馳而不足任之情，正是惑亂，又豈是吾之所謂情乎？由昧本故，無端生出許多葛藤，遂令先哲正義晦而不明。

又復應知，於情上指性，須於“情”字認得分明。世間一般人口語中之所謂情，往往是己私而不是情也。孟子以四端顯性，即於情上指性也。然其言惻隱，則於今人乍見孺子入井，當下一念，非所以納交於孺子之父母，非要譽於鄉黨朋友，非惡其聲而然。指此當下之惻隱乃是真性，乃是正常，乃是中節，過此以往，納交、要譽，百僞叢生，則謂之情，而實成惑亂，不應謂之情矣。真情即是真性，非二元也。惻隱如是，羞惡、是非、辭讓諸端皆可準知。讀此等書，非反躬察識分明，其有不辜負聖賢心事者哉？

答友人

十五日函才到，可謂遲矣。玆答者：一、謂中國自古及今唯孔、莊二人，吾不贊同。孔子無得而稱矣。莊生才力高於道力，其學實原本於老而自成一家，其慧雖高，而不免玩世，至少有此傾向。兄謂其偏，是也，而不能如佛氏之偏得有氣力。佛氏精進勇悍，悲願宏大，若悟其出世之偏而歸之中正，則與宣聖併力而綱維大宇，無須言度脱矣。莊周終是冷然扁舟孤海人也，非聖人之徒也。老氏守樸，其慧深而不露，要自勝於莊，而孔門求仁之旨，非其所及，一轉手便成漆園之學，非偶然也。二、謂子玄《注》幾勝於莊，亦不然。子玄之善，約有三端：窮神知化雖不能如《易》，《易》歸本剛健，莊則於虚寂處有體悟，而不知至虚至寂者即是至剛至健也。《新唯識論》中卷宜玩。而所冥會者已深矣，此其一；自然之妙，子玄時發其機，而猶不免雜以膚談，忙中不暇舉證。但子玄以外，確未有能及之者，故可尚也，此其二；體神居靈，非是知解境界，子玄於此實有深會，此其三。若乃至治之休，要在群情歸於中正，毫無矜尚。周濂溪《太極圖説》，吾不甚取之，然其提出“中正”二字，確有會於老莊去矜尚之旨。人心纔起一毫矜尚，便失其中正，此非深於内省者不能知。老莊薄仁義，惡夫伯者揭仁義之名以相矜尚，使天下競托仁義之迹而亡其真，人類之禍自此劇，故乃薄仁義而絶其矜尚之情也。子玄於此，亦頗得老莊意思，斯可貴耳。夫群情之惑也，將自造禍亂，而必假於美名以相矜尚。矜尚益熾，而憤盈之氣、殺奪之機乃日益盛而不可止，久之則昔時所矜尚者，後亦無所有，而公然以凶毒爲務矣。春秋時，伯者矜尚仁義，以文其功利之圖。至於戰國，則已不復假托仁義而直如猛獸狂逞。秦以是噬六國，不旋踵而自毁焉。故知矜尚之流極，將必去其矜尚而一切不顧，物我俱毁。是以老莊戒履霜之漸，而嚴絶矜尚之萌也。近者第一次世界大戰，列强猶侈言爲人道而戰，爲文明而戰，是其所矜尚，與吾春秋時伯者揭櫫仁義之情不異也。然至最近二次大戰，則公然毁滅一切，無所謂人道，無所謂文明。今戰事暫停，而殺機醞釀益烈，人類自毁之憂，更不止如吾戰國七雄之局而已。夫人情有所矜尚則失其中正，而暴亂必至於不可戢。仁義也，人道也，文明也，或其他美標幟也，假其名以相矜尚，必流爲凶毒，此亦言群化者之深戒也。老莊皆謹乎此，而子玄亦得之矣。

答張君

來函引李君談讀書三漸次，初以古人爲師，繼以爲友，終以爲敵。李君何許人，愚妄至是耶？李君如每讀一書皆如是，則以迷惑終其生，甚可哀矣！世間浮亂之書自不少，初讀即師之，毋乃愚賤太過。若夫高文典册，如此土六經、諸子與梵方釋宗三藏洪文，吾讀之，無論完全贊同與否，要是終身之師，何可與之爲敵？即其立義有反之吾心而不合者，吾以敬慎之心矯其弊，而自求一個是處，猶賴前哲之激發也，而敢敵乎？讀書而存終敵之心，則必故意挑剔，故意狐疑，而初讀時未挾敵意，或有正解，轉因後之敵意而消失，豈不可痛？古今大智人，其於讀書所獲心處，恒反覆體認，愈印愈深，而後所見益六通四闢，小大精粗，其運無乎不在。孟子義精仁熟之言，大有深趣。始師之，中友之，終敵之，觀念以次低降，義可精乎？仁可熟乎？人生實難，爲學不易，何得如此誤過一生？令友幸加忠告。

今日上庠之教，專以知識技能爲務，而不悟外人雖極力注重科學，同時亦必於文哲方面特别提倡，使各部門的知識得有其統宗。而凡所以啓導社會與發揚時代精神及培植個人生活力量者，尤賴有致廣大而盡精微的哲學與文學。吾國人不幸忽略此意。抗戰以來，雖稍注意文哲，然各大學文學院殊乏獨立創獲與極深研幾及困知强行的精神，此爲事實之無可諱言者。

示諸生

二三子爲學，宜多看歷代大人物之文集。唯看此等書時，須自身先提起一段精神，即切實做人，不甘暴棄的精神。有此精神，則讀古代大人物文集時，方能於其字裏行間體察彼之精神。凡其胸懷之超曠，願力之宏大，立身行事之謹嚴不苟，並其擔荷天下憂樂與萬物痛癢相關處，及在當時審幾慮變、綜事應物之智略，在在可以理會得到，而有以激發吾之志氣，增益吾之明慧。《易》曰："君子多識前言往行，以畜其德。"蓋前聖經驗語也。余少時讀楊忠愍及吾家襄愍公集，感發極大，終其身有委靡時，便思二公以自振。今人讀書，只是考板本，搜徵古人零碎事蹟，以自矜博聞，如此讀文集，何如不讀爲幸。

學者勿偏尚考據工夫而忘其所以爲學之意，勿只注重學問的工具而忽略學問的本身，勿馳騖膚泛駁雜的知識而不爲有根據、有體系之探究，當切實求自得，以悦諸心，研諸慮。

與友人

學術多門，遣相而後爲至。遣相者，非可如佛氏末流，不務功修而侈言掃知見也。行極其純，解歸於證，至於證則不着諸相，而亦不拒諸相，是乃真遣相者也。"天何言哉？四時行焉，百物生焉。天何言哉？"深味之十二部經，得外此乎？否乎？得超此乎？否乎？願公尋向上一關，勿長役法相之間也。拙著《新唯識論》，不卜公看過否？此與昔之言融通者根本不同，惟根極理要而貫穿諸方，故不敢拘門户以礙大道耳。悠悠斯世，可與言斯事者幾人哉？近作《讀經示要》一書，已由南方書館付印，數千年學術源流得失，頗有所發，不止痛方今之弊而已。時賢皆稗販是務，思想日趨浮雜混亂，全無維繫身心之道。人心死，人氣盡，人理亡，至今日而極矣。群一世之爲學者，思不造其微，理不求其真，學不由其統，知不足以導其行，膚膚泛泛，虛妄而終不反，吾族類其危哉！老當斯世，痛不可言，聊爲吾兄一抒憤氣。

答賀自昭

先哲矩範不可失，此吾所深望於時賢者。清末以來，談新知者，無一不附會，如以格物致知引歸科學態度，以考據家重在明徵定保引歸科學方法，以孟子民貴及《周官》義符合民治精神，此皆無害。若乃探窮中土哲學思想而亦襲取西洋皮毛，以相牽合，則彼己兩方根本精神俱失，而其害有不可勝言者矣。老來每念及斯，時深惶懼，願賢者毅然振起頹風，則數千年聖哲遺緒，將賴之以存。而所以衣被人類、參贊化育者，皆有資乎是，其所關豈不大歟？心理學家有持行主知從説者，彼據生理即物理。以説明心作用，固可如是看去。印度唯識論師談心所，亦以諸惑之力用爲最勝。諸惑皆屬行。釋迦最初説十二緣生，無明實爲導首。無明爲緣而有行，此中行者，造作義；無明者，迷闇義。行雖以無明爲緣而有，但無時間上之先後。下言行緣識，準知。行爲緣而有識，此與行主知從之義頗相合。蓋諸惑皆緣形而起，感物而動。佛家修觀，首察及此，故與科學家談心作用而依據生理以施質測者，乃不謀而合也。陽明談良知則非依據生理以言心，乃剋就吾人與天地萬物同體處説心，所謂本心是也。其詠良知詩曰："無聲無臭獨知時，此是乾坤萬有基。拋却自家無盡藏，沿門持鉢效貧兒。"此心乃科學所不容涉及者也。自此心而言，此心即良知，或本心。則知主行從，確無疑義。本心元自昭明，無有迷闇。萬化之起，萬物之生，萬事之成，皆從昭明心地流出，此心亦云宇宙的心。詳《新唯識論》。非由盲目的衝動而然也。此中實有千言萬語説不得，非有盡性工夫，則不能覿體承當也。吾之《新論》，骨子裏只是此義，未審高明察及否？徵之《大易》曰："乾知大始，坤作成物。"乾坤本無異體，而即用爲言，則乾坤不容淆亂。乾爲主，而坤則從。坤曰順承天，明是從義。知屬乾，而行屬坤。於乾言知，而即爲行之始；於坤言行，所謂作成物。而即爲知之成。就天化言之固如是，反之吾心，知行合一的體段本來如是。孟子云盡心則知性知天，學者如無反己工夫，自無緣信及耳。陽明之學確是儒家正脈，非襲自禅師。然佛家登地以後，漸至究竟，轉識成智，無邊妙用，皆自圓明心地生。知主行從，仍與《大易》同歸。此又不可不知。大抵依據生理即物理。立論，行主知從，其説有當。若見到本體，即本心。則知主行從，是爲勝義。但凡夫一向放失本心，則真正知行體段每不易識得。此真理所以難言也。

答牟宗三

附來函：昨奉《讀經示要》第一講油印稿，喜甚！細讀一過，大義昭然。據六經之常道，遮世出世法之僻執，曰：耽空者務超生，其失也鬼；執有者尚創新，其失也物。遮表雙彰，可謂至矣！繼陳九義，始於仁以爲體，終以群龍無首，規模宏闊，氣象高遠。蓋吾師立言，自乾元着手，會通《易》《春秋》及群經而一之，固若是其大也。第九義中講願欲依性分而起，不必其償，令人警惕贊歎不置，頓覺精神提高萬丈。人類學術之尊嚴胥由此起。孔孟立人極，贊化育，本以此爲其根本精神。理學家雜以釋老，此義漸隱没不彰。德國哲人立言庶幾乎此，而英人則全不能了此。時下人心墮落，全無志氣，聞之必大笑，然非聖賢心思不能道之矣。後面講《大學》，宗微有不甚了然者，即“致知在格物”一語，據吾師所演釋，似不甚順妥。致知之知，若取陽明義，指良知本心。言，而“格物”一詞復因顧及知識，取朱子義。今細按“致知在格物”一語，則朱王二義，實難接頭。朱子義甚清楚，然即物而窮其理，以成知識，與誠意正心究無若何必然之關係。朱義於“物格而後知至”可講通。然知至而意不必誠，此其義終難通。陽明即把住此點，將朱子向外一行全轉過來，知定爲良知，物訓爲意之所在，格物則成爲正念頭，亦即成爲致良知之工夫。此則與正心、誠意步步緊逼，有必然之關聯。然陽明之系統大體雖順，而其中之“致”

字，似有歧義。試返諸吾儕所意謂，致良知即是復良知。良知即是本心，然爲習心所蔽，故須復。復之工夫即格物，良知完全呈露，則事事自然合理。致若作復義解，則此段工夫即爲内向歷程。然陽明之言致良知，常是兼内外而爲一整個，一來往。若作復義解，則是内向。若是外向，則致字當是推擴義。試就“致吾心之良知于事事物物”一語而言之，此語可解爲在事事物物上復吾心之良知，此即是内向，亦可解爲推擴吾心之良知于事事物物而皆得其理，此即是外向。陽明之言致究是何義，並未表明清楚。然無論如何，總持言之，内向、外向，義雖有别，次序亦異，而總不衝突。惟關鍵在復，立言之着重處亦在復。而外向則是其委也，亦可兼内外同時而言之。内向之復同時即是外向之推擴，成爲同時俱起之一整個一來往。若揆之“致知在格物”，則内向義爲順。吾師所講者，則似爲外向之推擴義。致知之知既是良知或本心，則“欲誠其意者先致其知”一語，便是内向之最高峰。是則此語中之致知，以復義爲重。然本體非只是虚寂，亦不可以識得本體便耽虚溺寂而至于絶物，亡緣返照，而歸于反知，此經之所以結歸于“致知在格物”也。吾師訓格爲量度，下舉諸例如事親，如入科學試驗室等，皆明本良知以量度事物。凡量度事物，皆爲良知之發用，是則“致知在格物”一語中之“致”字，全成外向之推擴義，既與前語中之致知不相洽，不一致。而按之經文，宗總覺其不順妥。一切知識莫非良知之妙用，在一獨立系統中自無可疑。知識如何安頓，亦自可由此而解答之。然凡此諸義，皆不必牽合于“致知在格物”一經句，或吾師欲托《大學》經文以立教，則非所敢議。

來函謂“欲誠其意者先致其知”，此“致”字當作復義解，復便是内向，而以吾解“致知在格物”一語中之“致”字全成外向之推擴義，以此疑其不順妥。吾子此段議論，恐推求太過。夫心，無内外可分也，而語夫知的作用，則心有反緣用焉，緣者，緣慮義。參考《新唯識論》上卷。反緣謂心之自明自了，亦云自知。似不妨説爲内向；有外緣用焉，外緣謂緣慮一切境。夫一切境，皆非離心而外在者，今此云外何耶？境本不在心外，而隨順世俗，不妨説爲外耳。心於所緣境起解時，便似作外境想，故假名爲外。似不妨説爲外向。但内外二名，要是量論上權宜設施。量論猶俗云認識論。實則境不離心獨在，雖假説外緣，畢竟無所謂外，且反緣時，知體炯然無繫；知體猶云心體。無繫者，心反緣時，只是自知自了而已，不起外境想，故云無繫。外緣時，知體亦炯然無繫。外緣時，雖現似外境相，而知體澄然，不滯於境，故亦無所繫。知體恒自炯然無定在，而實無所不在，何可横截内外而疑其内向外向之用有所偏乎？《中庸》曰："合内外之道也，故時措之宜也。"辭約義豐，切宜深玩。

函云"欲誠其意者先致其知"一語中之"致"字當作復義解，此亦未審。經文從"欲修其身者先正其心"逐層推到誠意在致知，所説本是一事，而分許多層次，只以義理自有分際，不得不别析言之。身之主宰是心，此身若爲私欲所使，即私欲侵奪天君之位，是爲心不在而身不得修。故正心即心在之謂。可詳玩《示要》解正心處。易言之，即是復其本心。來函云：良知既是本心，然爲習心所蔽，故須復。此義甚諦。但已於正心一語中見之，不當於致知處説。

意是心之發用，本無不誠。而曰誠意者，吾人每當本心發用，即真意乍動時，恒有私欲，或習心起而用事，障礙真意，此謂自欺，此謂不誠。故誠意工夫是正心關鍵所在，易言之，即復其本心之關鍵所在。然誠意工夫如何下手？此是一大問題，若非立大本，持養於幾先，僅於私欲或惡習萌時欲致克治之力，則將有滅於東而生於西之患，而終不免於自欺。故立大本爲最要。

大本非他，即良知是也。良知者，意之本體，即前云正心之心是也。前但出心之名，而未説及心是甚麽，此則切示心體即是知。知即良知之知，非知識之知。知是清淨炤明，雖私欲熾然時，此知亦瞞昧不得。吾人只依此内在固有之知而推擴去。"誠意先致知"之"致"字是推擴義。下文"致知在格物""致"字亦推擴義。知是大本，推擴則大本方立定。大本既立，則私欲不得潛滋，而意無不誠矣。

問：何故推擴方是立大本？答曰：此等處非可空思量，須切實反己體認。夫知爲良知，即是本體。本體亘古現成，何待推擴？欲釋汝疑，須先分別二種道理：一、法爾道理。此借用佛典名詞。法爾猶言自然，儒者言天，亦自然義。自然者，無所待而然。物皆有待而生，如種子待水土、空氣、人工、歲時始生芽及莖等。今言萬有本體，則無所待而然。然者，如此義。他自己是如此的，没有誰何使之如此的，不可更詰其所由然的，故無可名稱而强名之曰自然，或法爾道理。二、繼成道理。《易》云：繼善成性。此言吾人必繼續其性分中本有之善，以完成吾之性分。蓋本體在吾人分上，即名爲性。而人之既生，爲具有形氣之個體，便易流於維護小己之種種私欲或惡習而失其本性，易言之，即物化而失其本體。故人須有繼成之功，以實現其本體。《論語》曰："人能弘道，非道弘人。"道即本體之名，弘即推擴之義。吾人能弘大其道，繼成義也。道不能弘大其人，人不用繼成之功，則人乃物化而失其所本有之真體故也。就法爾道理言，本體無待，無對待也。法爾圓成，法爾圓滿，無有虧欠；法爾成就，不從他生。似不待推擴。然所謂圓成者，言其備萬理，含萬化。易言之，即具有無限的可能，非謂其爲一兀然堅住的物事也。故其顯爲大用，生生化化，無有窮竭，即時時在推擴之中。王船山釋"太極"一詞曰："太極者，無有不極也，此是法爾圓成義，是具有無限可能義，此似不待推擴。無有一極也。"是時時推擴義。則似不待推擴者，而實恒在推擴。《詩》曰："維天之命，於穆不已。"天謂本體，命謂本體之流行。於穆，深遠義。不已即推擴無終極。《易》以天行健象乾元，即有推擴義。故吾儒言本體與佛氏以無爲、無造顯本體者無造即不生不滅義，是常守其故而無新生，本體便成殭固的死物。天壤懸殊。吾人不當虚構一兀然堅住之本體，妄起追求，唯應體現其所本具推擴健進之本體，以立人極。

就繼成道理言，本體在吾人分上，即名爲心，以其爲吾身之主宰，故曰心。亦名爲知。知即是心，唯以其清浄炤明，故名爲知。心之自相只是知，除却知更有什麽叫作心？此知是無知無不知。無知者，非預儲有某種知識故，如無子女者決不會預備有若何顧復嬰孩之知識；乃至自然科學上一切知識，若非用其知力於自然界去徵測，即此等知識亦不會預有之，故云無知。無不知者，此知是一切知識之源，如婦人初生子女便有善爲撫育的一切知識；乃至自然科學的知識，只要推致吾之知力於大自然，則此等知識亦自開發，故曰無不知。余之此説，在宋明理學家及禪家聞之，必多不滿。今此不及辨。申言之，知體只是具有無限的知之可能，吾人必須保任此知體，此知即是本體，故云知體。或問：一言乎知，便是作用，如何徑説爲本體？答曰：此問甚善。然須知即用見體，不妨説知即本體。譬如於衆漚，識其爲大海水之顯現，不妨於衆漚直説是大海水。今説知即本體，義亦猶是。“保任”二字須善會，保者保持，任亦持義，保任此知體，勿令私欲或習心得起而障之。吾人日常生活中，不論動時静時，常是知體昭然爲主於中，却賴保任不鬆懈。保任便是推擴中事。因其明而推擴之，使日益盛大。明者，知體之發用。如孟子言是非之心爲智之端。端如絲之緒，至微者也。蓋以知體之明，在凡不減，凡夫何曾損減得，只爲私欲或染污習氣所障蔽而不甚顯發耳。其日用之間，於應事接物，或能明辨是非，不至迷亂，此正是其知體微露端倪。但凡夫不知保任此端倪，端倪即知體之明。常保任之，則知體透露矣。顔子卓爾如有所立是也，惜凡夫不悟。每有初念頃，是非不惑；及稍一轉念，便爲私欲所使而障蔽其本明。故學者求自遠於凡夫，必於一念是非之明處引其端而擴之，至於窮萬理，達至道，得大智慧，庶幾知體展擴，漸近極度。言漸近者，實無有極度也。佛家以成佛爲究竟位，是有極度。《詩》曰：“維天之命，於穆不已。”文王之德之純，純亦不已，便無究竟位可言。夫渴想極度者，妄情也；不歆極度而行健不息者，真達天德也。使果有極度，則本體將爲凝然堅住之物而大用息，是孔子所以嘆“夫《易》不可見而乾坤息也”。佛家説真如是無爲無造，此其妄也。嗚呼！安得解人與之論儒佛乎？故曰：“是非之心，知之端也。”孟子之言擴充，其義韙矣。或問：先生言推擴，究須有保任工夫，而解“致”字却似偏取推擴一義，何耶？答曰：保任自是推擴中事，非可離推擴工夫而别言保任也。推擴者即依本體之明而推擴之耳；“依”字是順從義，即保任之謂。吾人只念念順從吾知體之明而推擴去，則私欲或習心自不得起。推擴工夫稍歇，則習心便乘間而横溢。反省深者，當知此事。保任亦只是依從知體之明推擴去，非是别用一心來把住此知體可云保任也。如别用心來把持，便是無端添一執着的私意，即知體或本心已受障蔽。理學與禪師末流多中此毒。

經文致知“致”字，本是推擴義，保任意思自在其中，然經直以推擴標義，隱含保任却不直標保任者，此中大有深意。試詳玩後儒宋明儒。語録，大抵以爲知體或本心是本來具足，吾亦承認本來具足，但是具有無限的可能，而禪與理家不必同此。本來現成，故其談工夫，總不外保任的意義爲多。程朱居敬工夫只是保任，不獨明儒昌言保任也。單提保任，則可以忽略推擴義，以爲現成具足之體，無事於推擴也。明道《識仁篇》云：此理不須窮索，以誠敬存之，存久自明。存即保任義。格以經文致知之“致”字，即推擴義者，乃見明道純是道家之徒。道家不言推擴，其旨與佛氏爲近。宋明儒始終奉《識仁篇》爲寶訓，其於仁體仁體亦即知體。仁與知非二也，特所從言之方面不同。實只有保任，而無推擴工夫。充其保任之功到極好處，終近於守寂，而失其固有活躍開闢的天性。其下流歸於委靡不振而百弊生。宋明以來，賢儒之鮮有大造於世運，亦由儒學多失其真故也。故言推擴，而保任義自在其中，單提保任則可以忽略推擴工夫，而其弊有不可勝言者。總之，知體是主宰，依從知體之明而推擴去，便是工夫。即工夫即本體，本體亦云知體。如充一念是非之知，可以進至極高的智慧境地。工夫推擴不已，不令此知體被私欲障礙，引而伸長之，即是本體展擴不已，此乃人道之所以繼天成己天者，本體之名。人繼續其所固有之本體而不至物化，是名繼天。己謂性分，非小己之謂，人完成其性分曰成己。而立人極也，是謂繼成道理。

經文於修身先正心處已明復義，因爲此“正”字即是《易》言正位之正，即明心爲身之主宰，當正其天君之位而不可爲私欲或習心所侵奪，故是復義。但此處只作一番提示，並未説到如何用功去復。繼言誠意，便顯意是心之發用，於此却要用功，必勿以私欲或習心來自欺其意，如此方是誠意，而心不致放失。然不自欺工夫即誠意工夫。不是僅在發用處可着力，必須立大本。大本非他，還是要認明自家主宰的頭面。主宰即上所云心。此個頭面即是知。所謂良知。陽明詩云：“而今説與真頭面，只是良知更莫疑。”如此覿體承當，得未曾有。然自識得此大本已，大本即知，亦云良知。必須依從他良知。推擴去，如淵泉時出不竭才是。淵泉喻如良知。時出者，淵泉隨時流出，喻如良知之明隨時推擴。本體良知，原是推擴不容已，工夫亦只是推擴不容已，即工夫即本體，吃緊。焉有現成具足之一物可容拘隘而堅持之乎？佛家説到知體，佛所云智，亦相當於《大學》經文致知之知。喻如大圓鏡，此便無有推擴。吾謂以鏡喻知體，不如以嘉穀種子喻之爲適當。須知一顆穀種，原具備有芽、幹、枝、葉、花、實等等無限的可能，非如鏡之爲一現成而無所推擴之物也。後儒言知體，皆受二氏影響，故其工夫偏於單提保任，其去經言致知之推擴義蓋甚遠。夫不言推擴，則工夫只是拘持，將爲本體之障，無異堤防淵泉而欲斷其流也。大本不立，害莫甚焉。推擴工夫，方是立大本之道，譬如通淵泉之流，源源不竭，沛然莫禦，所謂有本者如是也。本立而後發用時，倘有非幾之萌，自如紅爐點雪，故曰"欲誠其意者，先致其知也"。

陽明於推擴義極有見,《語録》有曰："我輩致知，只是各隨分限所及。今日良知見在如此，見讀現。只隨今日所知擴充到底；明日良知又有開悟，便從明日所知擴充到底。如此方是精一工夫。"此段話好極，惜乎一向無人注意。誠深會於此者，當識得知體不可視猶明鏡，而當喻如穀種，時在推擴發展中也。陽明後學已失此意。

推擴工夫正是良知實現，私欲、習心無由潛伏，正如太陽常出，魍魎全消。上文正心處所示復義，至此乃見。故致知之致即推擴義。是復之下手工夫，與前但虛提復義者，不容混視。義有分劑，言有次序。

復義只是對心不在而説，此心爲私欲所障蔽而失其君位，故須復，如人君失位而復辟之復。明乎復義只如此，則復義並未涉及下手工夫，何所謂内向？工夫若内外一片，則内向只是堤防著本體，其害將如吾前所云，焉有如此而可復其知體者乎？知體亦本體之異名。

"致知在格物"之"致"字，元承上文來，自是推擴義。知者，心之異名。一言乎知，便已攝物。攝者，含義。心、物本爲渾然流行無間之整體，不可截成二片。内外之名，隨俗假説固無妨，若果以爲内心、外物，劃若鴻溝，則愚夫作霧自迷，其過不小。夫良知非死體也，其推擴不容已。而良知實通天地萬物爲一體者也。故《易》言"智周萬物"，正是良知擴推不容已。若老莊之反知主義，老子絶聖棄智，其所云聖智，即就知識言之，非吾所謂智慧之智也。莊子亦反知。將守其孤明而不與天地萬物相流通，是障遏良知之大用，不可以爲道也。故經言“致知在格物”，正顯良知體萬物而流通無閡之妙。格者，量度義。良知之明，周運乎事事物物而量度之，以悉得其有則而不可亂者，此是良知推擴不容已而未可遏絶者也。須知吾人工夫是隨順本體，而本體亦即於工夫中實現，明儒説“即工夫即本體”，此語妙極，惜乎學者不肯深心理會。夫推擴吾良知之明去格量事物，此項工夫正因良知本體元是推擴不容已的。良知本體四字作複詞。工夫只是隨順本體，否則無由實現本體，此不可不深思也。哲學家有反知者，吾甚不取。明乎此，則吾言致知格物，融會朱王二義，非故爲强合，吾實見得真理如此。朱王各執一偏，吾觀其會通耳。

推致吾良知之明向事物上去格量，此是良知隨緣作主，無所謂外向也。格物之格即是良知之用，知之流通處即是物，非物在心外，故格物實非外向。俗計爲外，而實無外。知之流通處即是物，而知之格量作用周遍於其流通處，即物。而得其有則而不可亂者，是謂格物。格物工夫不已，即是吾良知之流通無息，展擴不已。

《大學》言格物，只予知識以基地，既許格物，即知識由此發展。却非直談知識。

莊子以内聖外王言儒者之道，其説當本之《大學》。然内外二字，但是順俗爲言，不可泥執。《大學》經文只説本末，不言内外。前言物有本末，後結歸修身爲本。修身總攝誠正格致以立本，由身而推之家國天下，皆與吾身相繫屬爲一體，元無身外之物。但身不修則齊治平無可言，故修是本而齊治平皆末。本末是一物，如木之根爲本，其梢爲末，元是一物。不可剖内外。通乎本末之義，則三綱、八目無論從末説到本或從本説到末，總是一個推擴不已的整體，不可横分内外。

“物格而後知至”者，至，極也。言於物能格量而得其則，然後良知之用乃極其盛也。《示要》於此疏釋甚明白。讀者不肯反己切究，故以朱子之解爲通，而疑吾之説欠順。孟子曰：“舜明於庶物，於衆物之理必格量明析而悉得其則。察於人倫，即於父子、兄弟、夫婦乃至天下人，互相關繫間有其倫理，必格量不迷。由仁義行，孟子言仁義，即就本心或良知之德而目之也。由者，率順義。明物，察倫，即於物理已無不格量，而無所迷謬，故乃率順其仁義等德具足之良知而行之，自無冥行之患。非行仁義也。”非依古人仁義之事而假行之以襲美名，所以異乎功利之徒。詳此云明物察倫即於物理無不格量而無所迷謬，所謂物格是也。物格即是良知行乎事事物物而大明遍照，其力用日益增盛，故曰“物格而後知至也”。知至則私欲或習心不得相干，而意無不誠可知。孟子云“由仁義行”，正意誠之徵也。世或以爲原人時代，其民天真未離，即良知現成，無有不善，老莊遐想淳古之風蓋如此。其實原人尚未能推致其良知以格量事物，即知識甚陋。唯其於物有未格，不足語於明物察倫，故其所行當理者甚少而終不自知其迷謬。即偶有是處，亦不由自覺，此與鳥獸之頑冥幾無甚殊異。故其良知全不顯發，無可與之言誠意不待言。陽明後學多喜享用現成良知而忽視格物，適以自誤，此亦陽明講格物未善所至也。

《大學》經文從“欲明明德於天下”一層一層追本到致知上去，即隨結云“致知在格物”；却又由物格知至以下一層一層歸於天下平，文義往復如環。細玩之，致良知是立大本工夫，而格物正是致良知工夫吃緊處。道家致虚，老子曰“致虚極，守静篤”，莊子及他道家皆不外此。佛氏歸寂，佛家三法印，而涅槃寂静一印實前二印所會歸處，此其無上了義也，大小乘皆於此印定。同一反求自性而不免遺物，其流皆有反知之弊。佛家雖尚理智分析，然實以爲修法空觀之方便，與《大學》格物主張確不同。《大學》特歸重“致知在格物”與“物格而後知至”二語，此實聖學與二氏天壤懸隔處。至西洋學術精於格物，却又不務致良知，便是大本不立。陸子教學者“先立乎其大”，陽明云“學問須識得頭腦”，不可僅以馳求知識爲能事也，《大學》之教方無流弊。

答韓裕文

年來籌設中國哲學研究所者，因吾深感今日著書决不濟事。今人從小學至大學，所見所聞皆與大道背馳，其日蔽於浮雜知見者太深，此語勿作駡人語句看，非真了然於時下學風者，不知此痛。欲其看吾書，談何容易？今誠欲學者敦素業，求真理，則非可徒事著書而已，必身親教人焉，而後可冀此學此道之大明而不至於晦也。昔吾夫子，杏壇聚三千七十之衆，此豈不憚煩哉？誠有所不容已也。故曰“我學不厭而教不倦”也。若只學不厭而已，則自私自利者皆優爲之，豈足爲聖乎？釋迦牟尼菩提樹下固其專精自得之時，其後來悠長歲月，只以全副精力爲衆生説法，與吾夫子誨人不倦又未嘗不同也。今之愛我者，皆勗吾以著書，不知斯人陷溺已深，先聖哲之遺訓喪亡略盡，區區著書豈足揮魯陽之戈以反墜日乎？吾痛心及此，而不能無意於講學也。今時社會組織不同前世，生活情形迥異古昔，學術之複雜又日益甚，雖孔孟程朱復起於今，亦不可以鄉塾之規而講學也。此中有千言萬語，吾憚於筆述，明者可自思之。吾欲規設中國哲學研究所，冀聚若干有志士得與吾共朝夕，專而不紛，期以數年，精神通，思理達，夫而後此學此道不失其真。斯所以上對千聖百王，下爲無量人群廣植善種子，則吾之心盡，而天地生民其亦有所與立、有所與托矣。雖然，研究所之經費，非窮書生可辦也，必資乎有權勢者籌募於有錢階級，而後可集事也。吾性孤冷而不能與權勢接觸，縱有一二留心學術者爲達此意於數輩大官，彼固漫然諾之，其實亦漠然若不聞而已。然吾終不易吾素守，决不苟且周旋於勢利之途，爲枉尺直尋之計也。

與陶君

老子研幾而順化，其源出《大易》《春秋》，儒之别子也。清净無爲，惡夫以私智宰物，將任物之自正，此其所長也。然物類不齊，若無輔相裁成，而期物各自正，如何可能？且純持個人主義而缺乏集體生活，將使物各孤立而不相互助，終無以爲治，此老氏所以見斥於吾儒也。莊生更申放任之旨，極於剖斗折衡，度制盡廢，其論近於無政府，又惡文而欲返之於野，將有激而然乎！

答張德鈞

駁皮氏文，頃閱過。卦爻辭爲繫辭，此説不爲無理。但皮氏謂孔子始作之，以前無辭，此甚謬。然孔子集羲皇乃至文王以來之占辭與筮法等而新定其義，則謂卦爻辭爲孔子繫之辭可也。如魯史之辭經孔子取義而謂《春秋》之辭，非孔子作可乎？《示要》説得甚明，汝何疑焉？重卦之人不必争論誰何，汝意極是。吾意，言八卦即是六十四卦備舉之，羲皇一手演成，本自然之序，無可疑者。然漢儒多稱文王重卦，或因其於占法有所整理而云然，羑里演《易》之説，必非無據，《論語》子曰“文王既没，文不在兹乎”，此所謂文，蓋指文王之《易》而言也。孔子取其文而董理之，乃别有新義，故曰在兹也。

與孫穎川

鍾兄仲襄有静趣，無塵俗情，故欲激之。其胸抱似有不拓者，豈有人倫之感耶？有子無子何相干？諸聖賢猶父兄，群生猶子弟，萬物皆吾手足，何樂如之？

與韓裕文

吾欲汝來者無他。仲尼無常師而不曰無師也。求師不限一方面，此儒道開端便廣大也。若無師，何以爲聖乎？陽明云：“吾嘗求師於天下，而天下莫予師也；吾嘗求友於天下，而天下莫予友也。”痛哉斯言！今之世正是此悲境也。吾雖不德，然先聖賢一線之延，實在乎是。汝所得於吾者，究無幾何。去之太早，恐不濟事，彷彿一空輪廓，終無可填實；又如略具骨格，無法生精血。今之後生，侈言獨立發展，實乃自暴自棄。昔者康有爲從朱九江一年急離去，終成一浮亂名流，康氏之學實浮亂。向者張孟劬先生嘗言之，而時賢每不辨也。晚而推尊九江，究何得於九江乎？若果長與九江處，薰陶加深，或不至太不成樣也。吾告汝，凡上上資質，無師自得；上中之資，得師而長相依，可以青出於藍，冰寒於水，顏子如不早喪，當不止亞聖之地也；中中之資，得師而長相依，雖難希上哲，而必遠於凡庸。凡人精神志氣，必待夾持輔養，蓬生麻中，不扶自直，此有至理。吾儕不幸無師，而尚友古代聖哲，讀其遺書，索其冲旨，亦以提振自家神志。然如得良師而常親謦欬，究比尚友爲親切也。船山從其兄介之學，而於其歿也，爲之狀云："咳唾皆神之所行，逡巡皆氣之所應。"其所得者深矣哉。子曰："吾無行而不與二三子者，是丘也。"古今會斯意者少。輕淺怠慢之毒中乎身，必欲遠老成以自鳴得意。學之絶，道之喪，良有以也。人日與流俗處，精神志氣日靡乎流俗，欲無下達，其可得乎？汝違吾久，至少須得數年聚。吾非狹隘規模，汝學西洋哲學，每年規定看何家之書，即專心看去，吾不汝禁；中土儒家及諸子學、印度佛學，亦須擇要熟習。學問之道，於此深造自得，於彼亦可深研；於此粗浮作解，於彼亦是粗浮。粗浮者，即一無所知、一無所得也。汝曹返諸良心，曾受何種嚴格訓練，免於粗浮，而遽欲違吾以自立乎？汝非天才也，吾望之者，取其篤實也。甘受和，白受采，忠信可以學禮，篤實可以成學。吾年六十以上，一向無人可語，聰明過汝者，非無一二，然恐終不離粗浮之痛耳。吾舍汝，其誰望矣！汝不自發真心，只作得一世俗所謂好人，吾之學其已矣！此方先哲意思無可託矣！吾年已至衰境，向前日月能有幾多？此可念也。學者必養成挺然絶俗之資，必具有囊括大宇之概，規模宏拓，志意深遠，不貪小成，不甘凡近，然後能下極深研幾之功，任繼往開來之業。否則隨俗翻幾家書，得些膚泛知識，詡詡然摇筆弄舌，盜得浮名，居然一代學者，古今淺夫昏子，自害害人，鮮不出此，此斯世所以長迷而不返也，悲夫！

答李四光

《論語》："仁者己欲立而立人，己欲達而達人。"立與達之義，深遠矣哉！知識技能之學不足云立與達也。卓然樹立，不倚於天，不倚於地，萬物無足以擾我者，嶽峙淵渟，八風吹不動，如是之謂立。孔子曰"三十而立"，是其真有所立也。濂溪曰"立人極"，不立未成爲人也。《書》曰"唯皇建極"，皇者大也，大哉立極之道也。達非今世科學知識之足言也。吾非反對科學知識，只應還他一個地位而已。明萬化之原，究天人之故，觀我生而不迷於生，《易》之《觀卦》曰"觀我生"，有味哉！盡吾性而弗疑所行，率性而行，悉由天則，何疑之有？《易》言大明，佛氏大澈大悟，達之謂也。不立不達，是如糞土，何可爲人？哀哉！吾之族類頹然弗可立，冥然未有達也。中略。數十年來教育，只務販入知識技能，真有知能可言者，未知幾何？而大多數則習於浮淺混亂之見聞而已，學不究其原，理不窮其極，思不造其微，知不足以導其行，夙植惡因，成兹孽果。往已不諫，來尚可追，今之司上庠教育者猶復茫然，未知所覺，始終只欲販入知識而忽視其固有立人達人之大道。嗚呼！天其夢夢，世其滔滔，吾既年衰，兄亦老至，我輩復何所計？唯族類可憂耳！鳥獸猶愛其類，何況於人乎？昨奉《讀經示要》一書，不卜得一看否？此苦心所寄也。

答郭君

《讀經示要》第一講有云："聖哲不世出，而庸衆則滔滔皆是。"先生不以爲然，謂人性皆善，不當有聖哲庸衆之殊云云。尊論只見得一偏耳。夫性者，言乎人所以生之理也，聖人庸人固同此一原，不當有異。横渠云：性者，萬物之一原。原謂理。然理肇萬化者也，其顯而爲氣，氣即理之顯。理體也，氣用也。乃以凝聚而成物。氣者，勢用之謂。釋見《新論·功能章》。勢用猛疾，故凝聚成物，譬如水流迅疾則見波狀，故知動疾則詐現凝象。氣之凝，本無作意，非有上帝爲工宰，立一定之模而冶之一爐，使其畢肖而無不齊也。“非有”二字至此爲句。故凡人或物之禀氣以成形者，初無定型，而靈蠢與强弱等等之不齊，乃出於氣化自然之幾。氣化亦可説名造化。人物雖欲以自力勝造化，要之其自力發展最優者，或仍本諸其所得於天之厚。天謂造化。所謂得天厚者，即其禀氣化以成形時，而所禀受有獨優者也。人類之祖與猿同類，其一已進而爲最高之人類，其一則傳之無量劫子子孫孫而仍如其朔，此何故耶？當知凡物雖種源不異，而每一物之生，其各禀於天者，不能分量齊均，其軀體結構雖互相似，而亦不能全肖。故同類之物，有守其故步而無所更進，亦有發展日益新新而全異其元始。孟子曰："物之不齊，物之情也。"此言深可玩味。世之談生物進化者，徒注意環境而忽略生物自身因素，即其所得於天者果何如？於此全不計及，終是一蔽。環境之影響誠重要，而生物自身因素究不可忽。物有奮其自力以争造化之功，而其能事終有所限，然不可以能事之有限也而不盡其自力，正以能事有限而自力乃益不容已。使有息肩之地可容偷安，則萬物之生，將皆平淡無意義，何足貴哉？據此而論，造化不齊，則人類不能皆聖哲而無庸衆。聖哲扶勉庸衆，常爲不斷之努力，扶勉者，因彼之自力而扶勉之，使其自立自達耳，非宰制乎彼，使失其自力而從吾之所使也。庸衆亦奮其自力而以困知勉行爲務，雖不必遽躋上智，要自有相當成功。人類從無始時來迄至今日，聖與庸之不齊，未嘗一日而可泯；聖與庸之各盡其力以求進，亦未嘗一日而可已。但其進也非直線，有時若登高然，迴旋曲折，將上而反下之，將前而故後之，終於前進而已矣。然前進未有極頂可休，則進亦疑於不進也。從古迄今，人類如是其進而不已。繼今以往，聖與庸在進進之長途中終古不齊，聖與庸之各盡其力以求進者，亦終古無已。人道之憂樂相交，實存乎是。《大易》所以終未濟歟？夫聖哲庸衆不可齊，本於造化之無有作意，吾子奈何欲强不齊以爲齊？假使齊其不齊，則聖功與衆力俱隳，無庸衆矣，説誰困勉，是衆力隳；聖哲無所用其扶勉，是聖功隳。人類亦何幸之有乎？

再答郭君

來函謂經濟制度改善，人人得遂其生，即人人皆可成學，無聖人庸人可分。如此立論，完全注重環境，而不悟人性雖同，但其氣質有昏明、强弱等等差别，則原於造化任運所致。任運者，謂任自然之運行，非有意安排故。氣質美者，得以顯發其天性之彝；彝，美也，如智仁勇等等美德，皆天性所固有。氣質不美，即足以障蔽其天性而有物化之患。孔子言“唯上智與下愚不移”，上智决不退下，是不移；下愚終自暴自棄，不可向上，亦是不移。佛氏説有五種姓，其闡提決定不得成佛，與下愚不移義相合，此深可玩也。環境一切改善，民群相生相養之局日益完美，庸人皆可進學而興於善，吾固信爲理所應然。但必謂爾時全人類無一平庸之資，人人皆聖如仲尼、釋迦，智如亞里士多德，人人之德智力諸方面皆一味平等，即人人皆聖哲，更無庸衆可言，此等理想，不卜佛家净土宗所謂極樂世界與耶教所謂天國之社會有是事否？若吾儕地球上自有生物以來，雖進化未已，而原形質猶與生物界最高之人類並存。人類哲學、科學、宗教、文藝與夫政治、社會等等方面之創造，均見人類之睿聖、廣大、崇高、奇偉，而與吾人同宗之猿類，則迄今猶如其朔。據此而論，人類之中，自昔迄今，有聖哲，有庸衆。聖人之資，拔類出萃，恒不易得，而庸衆則滔滔皆是，此自昔已然。來日無窮，恐無以甚異於今耳。然吾並不菲薄庸衆。庸人如肯自强自克，克治私欲等錮蔽。未嘗不可變化氣質而成聖，此視其能否立志耳。

答某生

古今正知、正見都從一生血汗中得來，夫子所謂“仁者先難而後獲”是也。《大學》首章三綱領、八條目，其間處處有無窮義藴，世儒只是悠忽過去。程朱、陽明確於大頭腦處有所認識，而猶欠仔細，差毫釐便謬千里。此篇確是聖學提綱，於此不通，六經未許講也。望更詳之。

示張德鈞

吾衰矣！當兹危運，無所效於當世，老來只念寡過二字較親切耳。後生真當努力，年一過往，何可攀援？爲學須是自家有真實心，心不虚則理不來舍，心不真則一切浮妄皆足爲理之障，如此而欲有成於斯學，古今未之聞也。學在自己，師若友只堪輔益。忘其在己，雖登洙泗之堂，猶無補也。悟此則於師友之間無苛求，亦無失望矣。

來字甚好。汝能處處不忽，何幸如之！然余謂程朱欠分曉，亦自有故。《集注》此所謂性，兼氣質而言者也，此其頭腦處却將二性不分，所以許多人就以此章打倒性善。須知義理之性不可兼在氣質中說，一兼便糟了。氣質之性實不是性也，兩下分清纔是。汝對看吾文可也。

午間來字，吾方進膳，頃略寫此。俗所謂思想是情識不待言，即科學的思想亦然。科學必假定有外在世界，正是有取。格以法空正智，即情識也。然法空智顯，仍現情識，其不同未悟之情識者，以不執着故耳，只是隨俗假設而不執實耳。妄法，聖人亦現者以此，用外覓體者，不悟即用即體，却於用之外去覓體，所以成過。

曹慕樊記語

一夕，慕樊侍坐，問孔子"操則存，舍則亡。出入無時，莫知其鄉。惟心之謂歟"數句之義。先生曰：此節朱子《集注》原講得不好，楊慈湖又講了一番，却更差謬。

朱《注》云："孔子言心，操之則在此，捨之則失去，其出入無定時，亦無定處如此。孟子引之以明心之神明不測，得失之易，而保守之難，不可頃刻失其養。"又引程子曰："心豈有出入？亦以操捨而言耳。操之之道，敬以直内而已。"《或問》：程子以爲心無出入，然則其有出入者，無乃非心之正耶？曰：出而逐物者，固非本心之正，然不可謂本心之外別有出入之心也。但不能操而存之，則其出而逐物於外與其偶存於内者，皆荒忽無常，莫知其定處耳。然所謂入者亦非此心既出而復自外入也，亦曰逐物之心漸息，則此心未嘗不在内矣。學者於此苟能操而存之，則此心不放，而常爲主於内矣。《語録》有曰：此四句但言本心神明不測，不存即亡，不出即入，本無定所，如今處處常要操存，安得有定所？

詳上諸文，朱子大意主操存，甚是。但本心不存即亡，習心便乘機而起，所謂“出入無時，莫知其鄉”，正是習心憧擾之相。朱子於此不辨，而以“出入無時”云云，亦就本心上説，此其差毫釐謬千里者也。朱子以出爲逐物，入者逐物之心漸息，即此心未嘗不在内，以此言本心，毋乃未識本心乎？本心清浄炤明，雖智周萬物而未嘗逐物，雖涉萬變而隨緣作主，不爲物引，本無有外，不得言出，不出即亦無入，程子云“心豈有出入”是也。然此中出入一語究何所指，程子畢竟未尋下落，模糊過去。《或問》中云“出而逐物者，固非本心之正”，此語謬極。既是本心，焉有不正？又云：“不可謂本心之外別有出入之心。但不能操而存之，則其出而逐物於外與其偶存於内者，皆荒忽無常，莫知其定處。”此一段話尤謬極。試問吾人不能操存時，其逐物於外與偶存於内之荒忽無常者，還是本心歟？“從心所欲不踰矩”者方是本心，荒忽無常者决不是本心也。朱子於此，殊未透在。《或問》多朱子未定之論，趙順孫《纂疏》採此條入集注而無辨正，其誤人不小。

楊慈湖《家記》卷八：“孔子言：‘操則存，舍則亡。出入無時，莫知其鄉。惟心之謂與？’此言蓋謂操持則在此，不操持而舍之則寂然無所有。忽焉而出，如思念外物外事，則遠出直至于千萬里之外，或窮九霄之上，或深及九地之下；又忽焉而入，如在乎吾身之中。然而心無形體，無形體則自然無方所，故曰‘莫知其鄉’，言實無鄉域也。聖人此旨未嘗貴操而賤舍。孟子誤認其語，每每有存心之説，又有存神之説，失之矣。使果有所存，則何以爲神？”

詳慈湖所言出入之狀，正是朱子所云荒忽無常，明是習心狀態，而慈湖以此爲本心，豈非認賊作子？至云“聖人未嘗貴操而賤舍”，且詆孟子操存之説爲誤，直墮罪惡叢中。慈湖誤認荒忽無常之習心爲本心，故欲縱任之，乃貴舍而賤操，以成其不起意之謬説。其實操存元非起意，只是任本心爲主於中，而勿令習心或私意得起而障蔽之，是謂操存，並非另起一意以控制此心之謂也。慈湖謂聖人不貴操存，試問：《書》言“顧諟天之明命”，朱《注》：顧，常目在之也。此形容操存工夫之嚴。天命，參考《讀經示要》。天命在人，則謂之性，以其主乎身，則謂之心也。顧即操存勿失，而習心或私意不得相干也。《詩》言“不顯亦臨，不顯，幽隱之處，言雖居幽隱，亦常若有臨之者。無射亦保”，射音亦，與斁同，厭也。保，猶守也。莊敬日强，無所厭患，私欲已盡矣，而亦常有所守焉，是其存養之密也。詳《大雅·思齊》。又曰“昊天曰明，及爾出王。王，往也。此言本心之明，不容瞞昧，譬如昊天在上，人仰之皆謂之明，凛然天監在上，常與汝出入往來，視汝所行善惡，可不慎乎？昊天曰旦，及爾游衍”，旦，亦明也。言游行衍溢之際，天常監及之。與上句意同。天非外在之神，蓋借以形容本心之明，不容自欺如此。詳《大雅·板》。又曰“夙夜基命宥密”，基，始也。宥，宏深也。密，静密也。心之德，宏深静密，無浮囂昏擾等相，無私欲之累故。此頌言文武早夜不敢放逸，所爲持之以宏深静密而克全心德者，斯其所以立命而體天道於已也。詳《周頌·昊天有成命》。此皆言聖人一生學力只是操存，而謂不貴之可乎？《論語》開宗明義曰“學而時習之”，學者覺義，見《白虎通》。本心之明是覺；擴充本心之明，勿令習心或私欲得起而障之，即此是學。擴充之功，不容一息間斷，“君子無終食之間違仁，覺即仁。造次必於是，顛沛必於是”，斯云時習。然則時習非操存歟？慈湖僻執“不起意”三字，妄謂聖人未嘗貴操而賤舍，可謂無忌憚矣。舍與操存相反，即放縱之謂。一念纔放，即習心或私意竊發，而本心已失，《大學》所云“心不在焉”是也。孔子明戒舍則亡，而慈湖乃導人以舍何耶？慈湖《家記》每妄詆前哲，其識解頗固陋而偏，雖不無妙悟處，而迷謬太多，學者不可爲其所惑。

今謂孔子此數語，只操存舍亡二句，主旨已盡，末後“惟心之謂歟”，乃遥承操存舍亡二句，以嘆詞作結，而明操存之不可忽，至出入無時二句，則直承舍則亡一句下來，正形容本心亡失，而習心乘權之狀。習心者，凡過去一切欲與想等，皆有餘習不絕，潛伏而成一團勢力，總名習心，所謂下意識是也。此無量習心，殆如滚滚伏流行於地下，鼓盪跳動，一有罅隙，即噴薄而出。當吾人本心亡失之際，正是習心乘機争出之機。入者謂無量習心，既各争出，則有其得便而出現於意識界者，亦必有被排擠而不得逞者。故有出必有入，入者謂其争出不得而仍被壓抑於識閾之下也。其出其入，無有定時定處，朱子所謂"荒忽無常"，正是其象。夫人皆有本心，而不知操存之，則天君亡，天君謂本心。而無量污濁習心縱横出入，方寸間爲群魔競技之地，其苦可知，舍則亡之狀乃如此，則操存之功不可頃刻舍也甚明。

先生講説迄，慕樊謹記之如上。竊謂此爲定論，有功聖學不淺。

慕樊問："不顯亦臨"，似可解；"無射亦保"，殊不甚了然。先生曰："無射亦保"，此境地極高。汝在人倫日用之地深切省察，於人於事有稍不適意者便起厭患否？對曰：自不能無。先生曰：汝見慈母於子，無論若何勞累，甚至子極不肖，人見之實難爲懷，而彼母曾厭其子、捨慈念否？將至不相顧復否？對曰：無有也。先生曰：母愛純自天真，故子極無賴猶勤慈護不起厭患。今汝於人於事而易厭患，是汝真誠之心早不存也，汝不覺歟？慕樊聞之悚然。先生曰：日常厭人厭事及一切不耐煩處，俱是本心放失，私欲作祟，而人於此恒不自覺，甚可哀也！豈唯庸衆如是？凡古之號爲哲人而因厭世之念竟以獨善爲道者，要皆亡失本心而不自覺，遂以非道爲道。如佛家小乘自了生死即是此病。老氏已近冷腸，園吏不免玩世，此皆仁心微薄，未能無射。吾國魏晉以來詩文家與名士及以隱逸鳴高者，大抵皆受老莊影響。此輩於人類無同體之愛，無經世之熱誠與勇氣，唯虚僞自私而已。中國之有今日，自魏晉以來積漸而至也。故聖人之學，養心以克己，克治其只爲一己之私者曰克己。莫難於無厭射。學至於無厭射而猶常保慎，唯恐失之，此仁之至也。孔子求仁之學，從是出也。佛家大乘悲願深宏，亦近乎是。《頌》以"無射亦保"稱文王，蓋深得文王之學。孔子學不厭，誨不倦，憂心當世而席不暇暖，猶文王"無射亦保"之心也。後儒失此血脈，而聖學亡矣。

同學有問：今人有言，道體是萬變之總名。又云道體即是所謂大用流行，亦稱大化流行，從此方面看，每一事物的變化都是大用流行或大化流行中底一程序，亦是道體中底一程序。此說然否？先生曰：道體是絶待，是真實，可以説爲萬變之大原，而不即是萬變之總名。萬變皆道體之顯現，離萬變固不可覓道體。譬如大海水，顯現爲起滅不斷的衆漚，大海水可以喻道體，衆漚可以喻大用流行或大化流行。大海水不在衆漚外，謂於衆漚而識大海水則誠然；謂大海水即衆漚之總名，則是執衆漚爲實有，而大海水但是虚名，無實自體矣。其實，唯大海水有實自體，而衆漚非離大海水别有自體也。明乎此喻，則知道體雖不是超越萬變而獨存，然亦不可説道體即是萬變之總名。若識得道體顯爲大用流行，或云大化流行。則於大用流行而説此即道之顯著，遂於流行而不取流行之相直見爲道，此則應理之談。若不知大用爲道體之顯現，而横計道體即是所謂大用流行，是則不識用之本體，大用流行亦省言用。本體即所謂道。而妄計用爲實有，即於用而假立道體之名，其實無所謂道體也。譬如小孩臨洋岸，於大海水與衆漚本茫然不辨，只認衆漚爲實有，而以大海水爲衆漚之總名，則以視成年人能知大海水與衆漚雖不二而畢竟有辨者，其明暗相去奚啻天淵？

黎滌玄記語

先生杖履餘閒，玄隨侍，請其略述平生。師隨便談説，而即記之如次：

余先世士族，中衰。先父其相公學宗程朱，一生困厄，年亦不永。余年十歲，先父已患肺病，衣食不給。余爲人牧牛，先父常嘆曰：此兒眼神特異，吾不能教之識字，奈何？乃强起授館，帶之就學。初授《三字經》，吾一日讀背訖。授四書，吾求多授，先父每不肯，曰：多含蓄爲佳也。求侍講席，許之。時先父門下頗有茂才，余自負所領會出其上。父有問，即肅對，父喜而復有戚色。是年秋，吾即學作八股文一篇。八股文有法度，不易馳逞，先父頗異之。踰年，先父病深，竟不起。臨終撫不肖之首而泣曰：汝終當廢學，命也夫！然汝體弱多病，農事非所堪，其學縫衣之業以自活可也。余立誓曰：兒無論如何，當敬承大人志事，不敢廢學。父默然而逝。余小子終不敢怠於學，蓋終身不忍忘此誓也。先長兄仲甫先生讀書至十五歲，以貧，改業農。農作則帶書田畔，抽暇便讀。余亦效之。曾從遊何先生半年，見《示要》二講。此外絶無師。年方弱冠，鄰縣有某孝廉上公車，每購新書回里，如《格致啓蒙》之類，余借讀，深感興趣。旋閲當時維新派論文與章奏，知世變日劇，遂以范文正“先天下之憂而憂”一語書置座右。余少喜簡脱，不習禮儀，慕子桑伯子不衣冠而處之風，夏居野寺，輒裸體，時出户外，遇人無所避。又喜打菩薩。人或言之長兄，長兄亦不戒也。有余先生者，先父門下士，呼余痛責曰：爾此等行爲，先師有知，其以爲然否？余悚然懼，自是不敢復爾。時國事日非，余稍讀船山、亭林諸老先生書，已有革命之志，遂不事科舉，而投武昌凱字營當一小兵，謀運動軍隊。旋考入陸軍特别學堂，漸爲統帥張彪所偵悉，將捕余，聞訊得遁走。張彪猶懸賞以購，余逃回鄉里。時兄弟六人，食指衆，饔飧每不繼。冬寒，衣不足蔽體，雖皆安之，而意興俱索。聞南潯鐵路開工，德安多荒田，兄弟同赴德安墾荒。然流民麇集，艱險又多出意外，日益憂懼。及民六七，桂軍北伐，余曾參預民軍。旋與友人天門白逾桓先生同赴粤，居半年，所感萬端，深覺吾黨人絶無在身心上作工夫者，如何撥亂反正？吾亦内省三十餘年來皆在悠悠忽忽中過活，實未發真心，未有真志，私慾潛伏，多不堪問。賴天之誘，忽爾發覺，無限慚惶。又自察非事功之材，不足領人，又何可妄隨人轉？於是始决志學術一途，時年已三十五矣。此爲余一生之大轉變，直是再生時期。他日當爲文，一述當時心事。未幾，兄弟喪亡略盡，余愴然有人世之悲，始赴南京，問佛法於歐陽竟無先生。留寧一年餘，深究内典，而與佛家思想終有所不能苟同者。讀吾《新論》當自知之。佛教中人每不滿於吾，是當付諸天下後世有識者之明辨。流俗僧徒與居士於佛法本無所知。吾總覺佛教思想之在吾國，流弊殊不淺，學者閲《讀經示要》第二講，當自思之。吾並非反對佛法，唯當取其長，汰其短耳。

余自卅五以後，日日在彊探力索之中。四十左右，此工夫最緊，而神經衰弱之病亦由此致。五十後，病雖漸愈，然遇天氣熱悶，作文用思過緊，則腦中如針刺然，吾之性情即亂，或易駡人，不知者或覺吾舉動奇怪。其實，神經衰即自失控制力，偶遇不順意之感觸，即言動皆亂也。余平生不肯作講演，若説話多則損氣甚，而神經亦傷，言語將亂發，不知者聞之，又若莫明其妙也。余每日作文用思，必在天氣好及無人交接時行之，蓋神經舒適，頭腦清寧，而吾之神思悠然，義理來集，若不召而至矣。余四十後，大病幾死。余誓願盡力於先聖哲之學，日以此自警，而精神得不墜退。余非無嗜欲者，余唯以强制之力克服之，到難伏時，則自提醒平生誓願所在，而又向所學去找問題，於是而慾念漸伏。余自問非能自强者，唯在末俗中，差可自慰耳。余感今之人皆漠視先聖賢之學，將反身克己工夫完全拋却，徒恃意氣與淺薄知見作主張，此風不變，天下無勘定之理。余視講學之急，在今日更無急於此者。今人只知向外，看得一切不是，却不肯反求自家不是處，此世亂所以無已也。先聖賢之學，廣大悉備，而一點血脈，只是“反求諸己”四字。聖學被人蔑棄已久，此點血脈早已斷絶。余年踰六十，值兹衰亂，唯念反己工夫切要。汝曹識之。

與劉晦九

見兄深感温厚慈祥，豈弟君子也。弟於斯道雖有所窺，而涵養實不逮吾兄，所謂智及而未能仁守也。兄去後，猶繫思不已，望時來函，匡吾不足處，乃幸耳。毓琭謹厚可愛，須勤求學問，毋自沮喪。毓瓚學爲詩詞，然少年勿作凄涼語，須如春花怒發，生趣油然，大海潮音，雄烈震盪，此非可强爲之，須養得充實，便誠中形外耳。昔曾滌生有一聯銘座右云：“養活一團春意思，撐起兩根窮骨頭。”語質而意味殊深，瓚當以之自勗，時念父兄之攜以見我者何心，而吾之促席告語者何事，其將有欲罷不能者在耶！

附記：晦九名壽曾，安徽巢縣人。少習儒術，研精經史；晚而念佛，明解内融。吾閲此稿本時，適聞晦九逝世，哀哉！

王準記語

科學各有其研究之對象與領域，而方法則嚴於實測。每有臆説初興，未經十分證實，而鼓動衆聽，幾無異詞。及至有後説反前，測之於物界而徵驗不爽，則衆捨彼而就此，奉爲定論，堅立不摇，此科學有明徵定保之效也。獨至哲學談本體，則與科學迥異。本體無形相可見，即無實物可測，大抵各逞所見，而爲一家之言。人見其紛然無定也，乃退而探究人類之知識是否足以探討本體。故暫置本體論而從事於知識論之研究，此哲學界之一大轉變也。夫知識論固爲探求本體者所必資，然後人却專在知識論上玩弄，遂至諱談本體。西人有警語云：磨刀所以宰羊。今磨刀霍霍而無羊可宰，豈非怪事！今之喜玩弄知識論而不承認有本體者，其迷謬正如磨刀之喻。

科學方法以實測爲本，即玄想所及，特有發明，仍須驗之於事物，方足取信於人，否則亦難自信也。但一言及於實測，即有物矣。若談到宇宙本體，則無形無象，一切科學儀器所不能見，不可以實測求也。然雖無形象，而實爲宇宙萬物之源，不得目以爲無。若無本體，則萬物何自而形成乎？科學只能研究事物互相關係間之法則，故此等知識只屬於表層的而不能證會實體。《勝鬘經》曰："澈法源底。"“法”字猶此土云事物。此言佛之爲教，澈了萬物之根源底蘊，即證會實體之謂。此則非科學所能也。

"本隱之顯，推顯至隱"二語，包羅無限，究其根極，亦曰體用而已矣。隱謂體也，顯謂用也。體具衆理，備萬德，而無形象可見，故謂之隱。"本隱之顯"是謂即體成用；"推顯至隱"是謂即用識體。

宇宙萬象即大用流行之迹象耳，不可於此分層級。若謂先有大用而後作成宇宙萬物，則謬誤甚矣！當知即萬象是用，即用是真體之顯現，用外無體。但於用上而不泥其迹，直悟其爲真體之顯，便是即用識體，如衆漚是大海水所現。知此者，即於衆漚見是大海水，言即用顯體，必如此方無過。歐陽先生據唯識義，其真如純是無爲，其宇宙萬象實皆生於賴耶識中一切種子。體用條然各别，而言即用顯體，豈不異哉？

吾之心即是天地之心，而凡夫不悟者，因凡情承認有一己之個體與天地萬物相對待。如是則分内外、彼此、同異種種差别，而一真法界此借用佛經名詞，與原義不必符，此中猶云全宇宙。乃破碎爲無量沙粒，吾人亦是沙聚中一微粒，其然，豈其然哉？故必遣除凡情妄執而後知物我同體，吾身之主宰謂心。即天地萬物之主宰也，故曰“官天地，府萬物”，理實如是，非意之也。

西洋談本體者，大抵本其向外求理之心習，直以本體爲客觀獨存的物事而推求之。其實宇宙人生非可剖析，云何可於吾性命外别尋本體？科學於現實世界，必設定爲客觀獨存，故必任理智，作客觀的研究，而哲學窮究本體，則不當與科學同其態度與方法。

變易指宇宙萬象言，亦即大用流行之謂。然吾人難了流行之妙，却見有實物者，則由吾人於實際生活中妄起執着所致。

執着不能憑空而起，必有其可執着之迹焉。原夫大用流行，勢極猛疾，動之疾便凝聚而似有物。此物非實有，但動勢之迹象耳。而人情妄執，則計此迹象以爲實物。如燃香楮，猛力轉之，見旋火輪，雖知非實，而輪相固在。設問何以成此輪相？則全由力之猛疾續運而成。又如閃電，雖一瞬即逝，亦現似有一物事，即電光是也。此光何自而來？亦力之運行使然也。可見物質本無，但因力而詐現其相，妄情執之以爲物耳。

窮神知化，化亦神也，此意最爲深遠。《論語》“子在川上”一章宜細玩。夫前水方逝，後水即生，是不斷也；前水纔生即逝，未曾留住，是不常也。不斷不常，即刹那滅義。方生即滅，方滅即生，化化之妙，滅滅不停，即生生不已，非神而何？逝者如斯，是生滅義。不舍晝夜，是恒常義。雖滅故生新，而實恒久不已，於變易見不易，乃無生而生也，窮神知化之意，至此極矣！無生而生之義殊難言。天地大物也，誰生之乎？凡情計有上帝造生萬物，此乃虚妄構想。如實而談，上帝本無此物而宇宙非無真宰，但此真宰不可以擬人之觀念相推度，不可説爲具有人格之大神，是乃獨立無匹，無形無象，亦虚寂，亦剛健，既不從他生，亦復無所生，故曰無生。然以虚寂而剛健故，其自體却是生生化化，無有窮竭，故乃現似宇宙萬有，故曰無生而生。奇哉奇哉！無生而生，世有能言其故者乎？

學者既聞無生而生，更當知生而不有之義。夫生生者，大用之謂，本無實物，即無時間空間可言。生生之流，刹那刹那，滅故生新，無物暫住，故知生而不有，則於生而已識其本無生矣。

刹那滅義，不必驚疑。如生理學者言新陳代謝，七日之間而全身盡易其故，此與刹那滅相距雖甚遠，然可從此悟入。非此則七日代謝之事，何自而起乎？故知刹那滅義非是玄談，於此不生執着，即悟生而不有也。生生化化即是空空寂寂，神乎神乎！

萬物皆備於我，乃唯識義。漢以來儒者不知發明此旨。夫内外分畛，物我對峙，此經驗界中之事也。如此則宇宙只是一盤散沙，人生不過沙聚中之一微粒，此凡情之大迷也。若了萬法唯識則無此失。如眼識看色，愚者認色爲外物，其實色不離於眼識，即色非身外之物；耳識聞聲乃至意識緣一切法，皆可準知。天地萬物皆不離吾心而外在，故説萬物皆備於我。楊仁山居士尊佛家唯識之論而薄孟子，非獨不解孟子，恐於唯識亦極疏也。

萬物繁然，固有待矣。若於一一物而識其本體，則無待矣。故知言無待即有待，言有待即無待，此妙之極也。

體用不二義，自《新唯識論》出，始圓融無礙。吾國先哲於此實欠明了。如横渠乾坤父母之説，則天地與其所生之人或物畢竟兩相對待，非體用不二之旨也。然體用雖不可分，要亦不能無辨，如吾所舉衆漚與大海水喻，形容最當。衆漚本非離大海水而有自體，但漚相不無，故衆漚與大海水雖不二，而不能不分言之。體用分言，理亦猶是。

《特輯》云：萬物皆天命之顯。命字義訓甚繁。朱子《中庸章句》言“命猶令也”，殊不可從。命乃流行義。《詩·周頌》云：“惟天之命，於穆不已。”流行故言不已，若是恒常而不流行的物事，如何着得“不已”二字？故命者即謂本體之流行。顯者直接呈顯，如衆漚是大海水呈顯，非有二也。若以爲天地出生人物，則説成二片矣。剋實論之，無所謂萬物，其所謂萬物，衹是本體呈顯而已，玩漚海喻自見。俗情誤在計執現象界，遂生種種臆説，如上帝造人物之類，其影響及於後之哲學家，亦紛紛以爲本體超於萬物之上或藏於其後爲之根據，雖不一其詞，總有打成兩橛之病。學者若能不滯於物，不執於相，便見得事事物物莫非天命之顯。莊生言“道在矢溺，道在瓦礫”，孟子言“形色天性”，其説至精妙。蓋宇宙之大，形形色色，萬有不齊，莫非天性，雖矢溺之賤，瓦礫之微，若遺其迹而識其本體，即皆道也。“呈顯”二字宜深玩。

物物各相屬，亦各自爲主，此義深微。宇宙萬有蓋無有不互相屬者也。近世各科學之發明，皆以萬有爲整體，如天文家謂太陽系乃至一切星雲却是互相聯屬而爲一完整體；生物學家亦謂每一生物非孤立者，乃與全宇宙相聯屬爲一整個之生機體。楊慈湖《己易》言“萬物一體”，其説已得證明。若以爲一切物各獨存獨立，則成散沙矣。

物物各自爲主者，與上舉相屬之説正復相成，唯萬有爲一完整之全體，而無有首出庶物爲主宰者。足知一切物皆是本體呈現，即一切物各各具有圓滿無缺之本體。易言之，一切物皆平等，一切物皆神，一切物各自主，《華嚴》“光光相網”義與《大易》“群龍無首”義，可互相發明。西哲泛神論亦有意思，但所見未能透底。

二氏以虛寂言本體，老氏在宇宙論方面之見地，則從其本體虛静之證解，而以爲宇宙只是任運，任自然之運行曰任運。無所謂健動也，故曰“用之不勤”。佛氏在宇宙論方面之見地，則從其本體寂静之證解，而以爲五蘊皆空，五蘊實即心物二方面的現象。宇宙者，本心物諸現象之總稱。心物空，即無所謂宇宙。唯欲泯宇宙萬象而歸諸至寂之涅槃。涅槃，真如之别名，即謂本體。老、釋二家之人生觀，從其本體論、宇宙論之異，而其人生態度，一歸於致虚守静，一歸於出世，故其流極，至於頹廢或虚僞，參考《讀經示要》第二講談二氏處。而人道大苦矣！儒者於本體，深證見爲剛健或生化，故其宇宙觀只覺萬有皆本體剛健之發，即萬有皆變動不居、生生不已、活潑潑地，無非剛德之流行也。雖云於萬有而識其剛健之本體，亦可説萬有之相已空。譬如於衆漚而知其本體即大海水，則漚相已空。但此與佛家意思天壤懸隔。佛氏空萬有之相以歸寂滅之體，吾儒則知萬有都無自體，而只是剛健本體之流行也。故儒者之人生觀，要在自彊不息，實現天德，天德即謂本體。如是乃即人而天矣。

吾儒以《大易》爲宗。易道剛健，剛健非不虚寂也。無形無象、無染污、無作意曰虚。寂義亦然。虚寂故剛健；不虚寂則有滯礙，何剛健之有？但以剛健爲主而不耽溺於虚寂，故能創進日新，而無頹廢與虚僞之失。横渠“易道進進也”一語，極堪玩味，非剛健，則無以言進進也。孔孟之學皆以剛爲主。《論語》“剛毅木訥近仁”，木訥亦剛也，但就剛毅之形於外者言之。唯剛乃得爲仁也。仁體呈現時，私欲不得干之，此可見乾德剛健，故易家言乾爲仁，此七十子授受無失者也。

《論語》《大易》同以剛健言仁。《朱子語類》以柔訓仁，便雜於佛老，失《易》旨矣。

宇宙之心非超脱於衆生或萬物之上，乃即物物各具之心便是宇宙之心。何以徵之？如一人向隅，滿座爲之不歡，此何故耶？唯人人同此心體，乃有此感耳。彼此之分，乃習氣使然，非性分本然也。孟子言“心所同然”，莊子言“自其同者觀之，則萬物皆一”，皆見性之談。如“乍見孺子將入於井，皆有怵惕惻隱之心”，此時之心，將孺子與一己毫無分别，乃天機自動而不容自已者，隨感顯發，莫非此心也，中國學術之神髓在此。

余少時讀嚴又陵譯《天演論》。又陵按語解釋佛家“不可思議”一詞有云：“智者則知由無常以入長存，斷煩惱而趣極樂，正如渴馬奔泉，久客思返。真人之慕，誠非凡夫所及知也。”當時不知何謂長存，豈謂修養功深，庶幾靈魂永存歟？然殊難置信。又陵“長存”一詞究作何解？亦不得知，想彼只是作文章也。後讀陽明《詠良知》詩，“無聲無臭獨知時”云云。始憬然有省，却不管又陵意如何、佛氏本旨如何，而吾自悟當下便是長存。此意極不易言，係乎見性與否。凡夫迷執軀殼，只墮溺無常之生死海中。至人超越形氣，直得本體，則時空内外等見無自而起，禪家所謂澈體真常者是也。夫無常乃相對也，見性則即於相對而見絶對，固非於相對之外别求絶對。所謂“由無常以入長存”，實非在無常之外更有長存之境，如浄土宗之所謂西方極樂世界及耶教之天國也。孟子“形色即天性”“與天地同流”之言，皆此旨。

以涵養、察識工夫孰爲主要互相研討者，朱晦庵、張南軒二人煞費苦心。朱子首問學延平，延平教之涵養。朱子初未能信，其後乃深知涵養之要。然察識自是涵養中事，二者本不可分。以涵養爲主，而輔之以察識，斯可矣。若舍察識而言涵養，則流弊甚大。常有自居無過而不知反省者，是空言涵養之失也。無論有事無事，常保任此心，揭然有所存，惻然有所感，而無放失，此涵養之謂也。然幾微之間稍有不慎，而主人公即不在，此時若不有察識之功，則正所謂養奸耳，可不懼哉？又慈湖專主不起意，亦不可盡從。當知涵養無間於動静，須濟之以察識，否則模糊度日，不知其失矣。

人倫日用間，隨處致力於涵養本源，省察得失，使隱微之地無纖芥染汙之根，將神明日盛，而本體彰顯，始悟神化之妙皆自性出生。此儒家根本精神，無待别求途徑者。宋明儒猶秉此心傳而時雜禪機，不免滯寂。其流至於委靡無生氣，此所當矯正也。

“真體”一詞，言其爲萬有之實體也。“自性”一詞，則剋就真體之在吾人分上而言也。吾人自性即是萬有實體，本非有二，但取義各有分際，名稱遂爾不同，勿泥勿淆乃可。

曹慕樊問：理智與知識二詞有異否？先生曰：理智就心上知的作用而名之，此作用必經驗於事物，而後知識始得構成，故有異。問：云何性智？先生曰：性智即是本心，亦即是本體，理智却是性智之發用。

儒者“體認”一詞，有時可與“證會”一詞同解，有時又似泛言之。朱子常有“親切體認”之語，即讀書窮理之際時時尋繹玩索之謂。此固切要，然與吾所舉“證會”一詞殊不相似。今云證會者，謂本體之自明自了是也。佛氏謂之證量，亦云現量。陽明《詠良知》詩“無聲無臭獨知時”，此無聲無臭而獨知者，正是吾之本體即本心炯然自知也，斯即證會之謂。至程子云“天理二字却是自家體認得來”，此“體認”一詞如作證量解，似亦可通。但程子本意，似是於日常踐履中，用涵養察識等工夫體認得天理流行之妙，此似在發用處説，而與證量似微有不同。證量則真體獨立，冥然自證，乃於泯絶外緣時見之耳。此意難言。

佛書每稱内證離言，内證即自知之謂。言者，宣達心之所思；離言即離思想，不起推度，不雜記憶與想像等作用，此證會也。但佛氏視此爲神聖之極，非凡夫所能有。果爾則是謂凡夫無聖種矣。實則吾人於神志清明之時，澄心静慮，遊思不起，而靈明固在也。蓋人人皆有自明自了之體，一念熄染，當下便是也。然佛氏不許凡夫有證量者，蓋以爲凡夫只是妄識，而其真體不曾呈現，其説亦自謹嚴。但謂凡夫全無真體發露時，則凡夫用功將以何爲把柄？豈不長隨妄識流轉？故曰無聖種也。今如靈曜當空，雲翳悉盡，此可以喻真體發見。然陰雨之天仍不無照物之明者，雲翳雖起而太陽固在，只未完全顯現耳。若以其未曾盡顯而即視爲全不得顯，則失之遠矣。言凡夫絶無真體呈露、純是妄識者，其不應理，何異謂陰雨中絶無陽光耶？無着、世親唯識之學，根本錯誤。

内證離言者，真體呈露時之自明自了，不雜絲毫想象與推求也。一涉想象，便成言説相，不是内證之候。

夫證會者，一切放下，不雜記憶，不起分别。此時無能所、無内外，唯是真體現前，默然自喻，而萬里齊彰者也。思辨則於不自覺中設定有外在世界，而向外尋求，測於一曲，遺其大全，滯於化迹，昧其真相。此證會與思辨不同也。

每日宜有一段時間凝神定氣，除浮思雜念及一切想象與推度，唯是澄然忘念，此中至虛至寂，而竟不同木石却炯然自了，即是證也，即本體呈露也。陽明所謂“無聲無臭獨知時，此是乾坤萬有基”，乃證見自性之言。

真體亦虛寂，亦生化，所謂天道不言而四時行、百物生之妙，唯證量中自得之，非思想猜度所可相應。

準問：云何得證量？先生曰：《新論·明宗章》曾言及之。此須有修養工夫，真積力久，惑染盡浄，真體呈現，爾時主人公自明自了，謂之證量。主人公係宗門語，即真體之代詞。故問題不在如何是證量，而在如何得到真體呈現。故儒家重修養，佛氏嚴於地前及入地等萬行也。

私欲浄盡，雜念不起，即見性之候。湛然虛明，乃是真體當下呈露，其生生不息與惻悱不容已之幾，油然暢然。明儒羅念菴已近此境地矣。

佛家言轉意識成妙觀察智，最有意義。念慮澄清，不雜妄想，大明遍照，活潑潑地，妙之至也。

準問：儒者言存心之功，每曰保任何耶？先生曰：保者，操存之謂。諸葛公云“使庶幾之志揭然有所存”是也。此項功夫一有疏懈，則本心亡失，而染習便乘權矣。故當有以操持此本心而使之常存不放也。然操存非以此心視作一物而把持之，若如此着意即私也。故保任之“任”字甚妙。任者，任其自然流行之謂也。有保任之功，則弛懈與迫促之弊可免。

孟子言操存，此義深微至極，而不悟者以爲用心操持之於此，好似別用一心來持此心，乃大謬也。操持只是依着本心而聽其爲主於中，毋令私意或染習得障蔽之而已。不論有事無事時，操持工夫須恒勿間斷。有事時而操持得本心在此，他自然知之必於明，處之必其當，不肯安於迷謬；無事時而操持得本心在此，他炯然虛明，不昏不亂。孟子云“操之則存”者，只是如此。如不操持之，即本心便亡失，而私意或習心起來作主，有事時固是習心乘權，不能知明處當；無事時也是習心佔據，憧憧擾擾。孟子云“舍則亡”，謂舍其操持之功而本心亡，其患乃至此也。

西洋人嘗有一種猛厲闢發之力，隨在發見，若不可禦者，與吾人性情大有不同之處，且自古已然。往歲曾見希臘人物畫及吾西漢人物畫像，較其氣象，吾信中西人由來便異。希臘像爲人踞地作勢，縱身欲前，如鷙鳥之將舉，猛獸之思搏，其活潑潑地，富有生氣，生龍活虎猶難喻之也。西漢造像若昂首天外，挺然獨立，此種超然岸然之風度亦自可貴，而絶不現猛獸鷙鳥氣象，此其異西人處也。

吾國先哲，重在向裏用功，雖不廢格物，而畢竟以反己爲本。如孟子所謂“君子深造之以道，欲其自得之也”，又言“萬物皆備於我”；程子言“學要鞭辟近裏切着己”，此皆承孔子“古之學者爲己”之精神而來。老莊虚静之旨，其爲用力於内不待言，此皆與西人異趣者。西人遠在希臘時代即猛力向外追求，雖於窮神知化有所未及，而科學上種種發明，非此無以得之也。今謂中西人生態度須及時予以調和，始得免於缺憾。中土聖哲反己之學，足以盡性至命，斯道如日月經天，何容輕議？至於物理世界，則格物之學，西人所發皇者，正吾人今日所當挹取，又何可忽乎？今日文化上最大問題，即在中西之辨。能觀異以會其通，庶幾内外交養而人道亨、治道具矣。吾人於西學，當虚懷容納，以詳其得失。於先哲之典，尤須布之遐陬，使得息其臆測，睹其本然，融會之業，此爲首基。《大易》正是融會中西之學。

中西學者皆有反理智一派。中土如老莊即是也；老云“絶聖棄智”，此所謂聖智，即指理智與知識。羅素於康德、柏格森亦目爲反理智，則甚誤。康、柏二子之意，似只謂理智不可以得本體，故理智之效用有限，而非謂理智可屏斥也。柏氏且自言非反理智者，何可妄誣之乎？但柏氏言直覺不甚明瞭，時與本能混視。本能即是習氣，習氣纏縛於人，茫無涯涘，不可窮詰，隱然爲吾身之主人公，非有極深静定工夫，不能照察而克除之也。柏氏猶在習氣中討生活，實未證見自性也。其言生之衝動，衝動即習氣也。自科學發達，物理大明，而人事得失亦辨之極精。不道德之行爲改正者多，如男女平等及民主政治與社會平均財富，此等大改革皆科學有補於人類道德行爲之大端也。然此但就道德發現之形式上説，固賴科學知識進步，而見後勝於前。若夫道德之根荄，終非科學所能培養，唯有反求諸己而自識其所固有之真源，保任勿失，擴充不已，然後其發現於日用云爲之地，乃有本而不匱耳。

佛氏一方談生滅，一方談不生滅，此與《新論》發揮《大易》之不易、變易二義，似近而實絶不同。佛氏於體上絶對不許言生化，於變易法即所謂諸行或八識及其種子，却不許説由真如現爲此，故生滅與不生滅截成二片，分明與體用不二之旨相背。

本體不只是虚寂而已，乃純善、剛健、進進不已者。唯其如此，故非一成不變之死物。其自身是備萬理、具萬德而含有無限的可能，故生生化化無窮竭也。佛家説真如，只是無爲而已，不生不滅而已，非一成不變之死體乎？

《繫傳》言："以體天地之撰。"韓康伯注：撰，數也。朱子謂撰猶事也。均不可從。撰有具義。此中"撰"字，當作功用講，乃"具"字之引伸義也。"天地"一詞，非目蒼然之天，塊然之地也，蓋爲真體之代詞。真體肇萬化而無息，是其功用。吾人能反己而實體之，則知真體元非外在，即我之自性也。其無量功用，皆我所固有之也。此是親證之旨，非意想也。

佛氏言生滅，實則言生便足，其必舉滅爲説者，亦有其故。以一般人總以爲變化之際，每由故物轉易爲另一新物，或故物由過去傳來，時時加上新的分子。佛氏欲對治此失，故方便説一滅字，明無故物暫住，亦是不得已之詞。然《大易》只言生生，其義更美。言生生便無故故也。孫穎川先生亦見到此。

無機物實非無情。一切物皆原子電子所聚而成。原子電子者，動力耳。其動也，亦如有意志者然，但其相甚隱微難見耳，以爲無情則非也。

窮理至極，存乎信念，真知與正信常相伴。窮到最上之理，推論與索證均用不着，只自明自信。

近見林宰平志鈞。先生與師一信，談及《新唯識論》語體本云：兄此作，立義、用意皆極好。立義則握住體用不二之絶對一元論，絶對、相對，一元、多元，當然不能分開看。中西及印度哲學説不通處，此能通之，而更透出一關。在中國則前人非不依稀彷佛似達此境，而見之未透，故握之不堅。兄獨玄珠在抱，横説竪説，百變不離宗。《新論》如是，《示要》亦如是。《讀經示要》省稱《示要》。《示要》更成熟，不知兄自謂如何？至用意之好，則懃懇敦摯，惟恐讀者不曉，此確是立人、度衆、絶大志願云云。師得此信，以示準等。準曰：西洋人談實體與現象，畢竟未得圓融；印度佛家生滅即現象界。與不生滅即實體。説成兩片去，其失亦同西哲，都是根本障礙。根本不通，縱其立説能成體系，有許多精思處可玩，然與真理究不相應，終是戲論。《新論》出而真理如日中天，此真人天盛事也。師笑曰：真理没有隱蔽，古今許多哲人偏見不得，只爲各雜情見去推求，轉增迷惘。師嘗云：不獨哲學家未離情見，佛氏以人間世爲生死海而生厭離想，何嘗不是情見？宋人詞曰：衆裏尋他千百度，回頭驀見那人正在燈火闌珊處。此可玩也。

慕樊曰：心物問題，西洋人一向聚訟不休。《新論》明由體成用，譬如由大海水成衆漚，本體絶待，喻如大海水；用則萬殊，喻如衆漚。大海水舉其自身成爲衆漚，故不可於衆漚外覓大海水。本體全現爲大用，故不可於用外覓體。若計本體超脱於現象界之上或隱於現象界之後，而爲現象作根據者，皆大謬。故體用本不二譬如大海水與衆漚豈可二之乎？而亦未嘗無分也。譬如衆漚，雖各以大海水爲體，而非無一一漚相可説。體用不二而非無分，義亦猶是。自體上言，本無所謂心與物。何以故？本體絶待，備萬理，含萬善，至虚至靈，具有無限的可能，然實無形無象，無有作意，非如人起意造作故。唤作物固不得，唤作心亦不是。心對境彰名，此體無對，何有心名？

然自用上言，翕則爲物，闢乃爲心。翕闢本一體流行，而現爲相反相成之二勢。在此等意義上説，隨俗則心物俱成，《新論》有真俗二諦義，俗諦依用上建立，即心物俱成。不可以心消歸於物而説唯物，"不可"二字一氣貫下。不可以物消歸於心而説唯心。於二勢用翕闢或心物。隨執其一爲第一因，皆屬謬誤。唯心論者説心爲第一因，唯物論者説物爲第一因，其實二宗皆過。對待法故，心物依俗諦言，是相對待。不得執取任何一方而言唯。剋就心或物言，並不得説爲實體，是相對故。《新論》明翕闢成變之義，不執任何一方爲第一因，無世間唯心唯物等過。《新論》依用上立俗諦義，則心物平等，不執任何一方爲第一因，極應正理。

佛家唯識論，其八識與種子之一套説法，却是一種堆集論，八識拆得極零碎，種子亦是衆多顆粒，非堆集論而何？其不應理無待言。

慕樊以爲，心物問題，惟《新論》解決最圓滿，翕闢成變之義，可借用伊川語"真洩盡天機"，然非深心體之，則亦莫知其妙也。

又復當知，《新論》即用顯體，則翕闢二勢雖由一實體現爲如是用，本體現爲大用流行，而此大用必有兩方面，曰翕，曰闢。易言之，即此翕闢二勢名爲大用。"闢"之一詞只表示一種剛健、虚靈、純善、清浄、升進、開發的勢用，此勢用是無在無不在，没有封畛的。"翕"之一詞，只表示一種似凝聚而有成爲形物的傾向，並且似分化而成衆形。其實，翕也是一種勢用，並非果成實物也，但有成爲衆形之傾向而已。翕勢與闢並非有根本異處，但因其有成形之傾向，而别立翕名。據《新論》的説法以爲，本體要表現他自己，必須現爲與其自身相反的一種翕勢，否則只是蕩然空洞無物的世界。然如全成爲翕而無闢，便是本體完全物化了，全宇宙只充滿了物質，而生命與心靈終不發現。所以翕闢成變，就是老子所謂自然的道理。自者自己，然者如此。本體之顯爲翕闢，是他自己如此，没有使之如此的，也不可説他是有意造作的，是無理由可問的，窮理至極，還歸無理。然翕之方面，已有物化之虞。唯闢乃是稱體起用，稱，去聲。闢的勢用全不改易其本體之德性，如剛健、靈明、純善、清浄、升進等德是也，故云稱體，謂不失其本體故。若夫翕，則將物化而似失其本體矣。故於闢而可以識其本來面目。本來面目即本體之代詞。申言之，不妨説心是宇宙實體。由是義故，雖於俗諦方面，心物平等，而攝用歸體，即融俗入真，真諦依體上建立，俗諦依用上建立。攝用歸體，即融俗諦以入真諦。乃於心而識體，故説唯識。唯者殊特義，識者心之異名，於心識體，故稱殊特，而置唯言。斯所以異乎世間唯心之論者。彼不辨清體用而誤執心爲第一因，譬猶童稚臨洋岸，不知大海水與衆漚雖不二而有分，"不知"二字一氣貫下。竟謬執衆漚爲實在，此過豈得云小？若成年人知衆漚實以大海水爲體，且知衆漚皆不失水性，遂於衆漚而説此即大海水也，如是説者，亦無有過。以彼既辨清漚與水，大海水省言水。乃復攝漚歸水，遂於漚而目以水，是則應理，何過之有？《新論》發明體用，即心顯體，心即是用。此言即心顯體，猶云即用顯體。故無世間唯心論者所有諸過。如前取譬，思之可知。

準曰：哲學家有持非心非物之論者，其失云何？慕樊曰：哲學上根本殊途，無過唯心唯物二宗，諸持非心非物之論者，骨子裏或近唯物，或近唯心。格以《新論》，明體用不二而有分，雖分而不二，與言用而申翕闢成變之旨。則非心非物之論，固與唯心唯物同一根本錯誤，何須別論。

準曰：嘗聞諸師，西哲談本體，大抵視爲離自心而外在之境，不知吾人生命與宇宙大生命元是渾一不可分，吾身之主宰主宰即心之異名，心是主宰乎身者，如《論語》言“非禮勿視聽言動”足見心是身之主宰。即是天地萬物之主宰，非可二之也。《新論》主旨在此。哲學不僅是理智與思辨的學問，尤在修養純篤，以超越理智而歸乎證量。證量，見前。《新論》根本精神在是，中土聖哲相傳血脈亦在是，吾儕當好自護持。

通旦曰：《新論》發揮不易變易二義，雖云依據《大易》，然經文偏就人事立言，其於形而上之理，但引而不發。《乾鑿度》雖標不易與變易諸義，然不過簡單數語。漢以來儒者只存其文而絶無發揮。至“乾元始物”之義，象數家釋此，便與哲理無關。義理之儒，大抵以乾父坤母爲言。理學開宗最重要文字無過《識仁》《定性》《西銘》三篇。朱子雖力尊《太極圖説》，然實際無甚影響。《西銘》乾坤父母之説，宋以來言《易》者，大抵不出其範圍。“父母”一詞的意義，本謂萬化之源。然所謂“萬化之源”一語，又看如何説法。在見到體用不二義者，有時不妨説此語。而未了體用不二義者如説此語，則其涵義自別。因爲彼可以將萬化之源與依據此源而起之萬化析成二個，譬猶父母與其所生子女究是各別，不可合而爲一也。在先儒書中，涉及形上之理時，總覺其於體用不二義尚有滯礙在，即《乾鑿度》談不易與變易，似與《新論》意思亦不全相似。《新論》雖以《易經》爲宗主，而其根本大義，體用不二。實擴前聖所未發。玩宰翁來函，亦此意也。

準曰：《新論》主張哲學當融會各方各派思想，不可以門户之見自囿，《新論》中卷《功能章》有一大段文字發明斯意。此甚重要。師近訂定黄海化學社附設哲學研究部《簡章》第一章課程條下附記，略明中、印、西洋三方學術思想之優點，須觀其會通，甚有深意。

慕樊曰：《新論》談體，取佛氏之空寂、道家之虚静、《大易》之剛健與生化融而爲一，詳《新論》語體本中卷。此自有形而上學以來，無此盛事。本體固是寂静，佛家宗派雖多，然印以三法印，莫有外此，若異此者，不名佛法。三法印畢竟會歸涅槃寂静一印，三藏無量義悉入此中。中土道家之虚静亦與佛氏同符，佛之徒輕視道家，未免門户見太甚。雖佛道人生觀不必同，彼此造詣淺深容有異，然二家對於本體寂静的證會則有符契處，不容否認。此則師所嘗言者也。而亦何嘗不是剛健與生化？佛氏必將生滅與不生滅横截成二片，其談真如即本體之名。只是不生滅，不許言生；只是無爲，不許説無爲而無不爲。《易》之太極，老子之道，皆本體之目。老曰“道生之”，又曰“道生一”云云，又曰“道常無爲而無不爲”，《易》曰“太極生兩儀”，皆未嘗於本體只言寂静而不言生化也。唯道家不言剛健，此其與儒家異處。佛氏談體乃偏彰空寂，此不獨異儒，而與道亦有異。蓋道家原出於儒，究與佛不同根底也。道家亦不免耽虚滯静，故不言剛健。此皆與儒者本原處相隔礙。夫於本體，證到空寂，則其人生態度亦傾向空寂去，而末流將不勝其弊。於本體證到剛健與生化，則其人生態度亦傾向剛健去，而免於委靡。實則本體元是亦空寂亦剛健。言剛健即攝生化，故生化不别言。空寂者，言其無迷闇，無方所也；剛健者，言其生生之盛，升進無墜也。本體是生化無窮竭，而確不是盲動的。吾人證得本體亦空寂亦剛健而自我實現之，觀空而不住於空，佛家大乘修法空觀，於一切法無所執着，蕩除迷惑，是之謂空。然亦不可住著於空。若持空見，妄計一切皆空，便成大病。體健而克盡吾性，則德盛化神，維皇建極矣。皇者大義，嘆詞也。建極，立人極也。極者，至極無上之稱。人能實現其固有之本體而不至於物化，是乃遊於無待，與極爲一，更無有出其上者，是謂人極。

準曰：由大用流行之翕勢言，大用流行亦可云大化流行。則所謂自然界之每一事物或每一現象，實即翕的動勢之迹象而已，參考《新論》中卷《功能章》及下卷《成物章》。師嘗云化迹者是也。化者造化。翕的動勢即大化流行中之一方面，其異乎另一方面之闢勢者，則以其有成物之傾向而已。此翕的勢用甚大，不可究詰，故以造化形容之，謂若造作變化也。迹者迹象，造化之行，宛爾有迹，故云化迹，俗所謂事物，即此化迹也。科學研究所及，似猶不越化迹範圍。至於翕闢二勢或大化流行之神妙與其真際，真際謂大化之所由成，即指本體言之也。殆非科學所能過問。師嘗言，真理當由證量得之，孫穎川先生極同意。

通旦曰：《新論》下卷《明心章》談根義處，實是一大發明。心爲形役之故，於此乃有説明。陽明所云“隨順軀殼起念”，亦須參研及此，而後可得一解釋，否則人皆有本心，胡爲隨順軀殼起念乎？《新論》發明根義，最極淵微。昔者林、鄧二君讀《新論》後，猶疑人生何故起惡。殊不知萬惡只是心爲形役，而心何故爲形役則《新論》談根義處已説得明白。惜乎讀者不深體之也。

因宰翁與師談《新論》之信，吾儕不免觸發一番議論，未知有當宰翁意否？孫穎翁嘗言，《新論》理趣幽博，宜作一提要，以便讀者。先生曰：提要最難作。《大學》是六經之提要，《中庸》是《易》《春秋》之提要，佛家《心經》是《大般若》之提要，《百法》《五蘊》《顯揚》並是《大論》之提要，《瑜伽師地論》亦名《大論》。此事豈易言哉？準問：宰翁函云《示要》更成熟，不知宰翁何所指？師曰：《新論》經五年，不是一氣呵成，處境又極窘束，殊未能暢達，然今不及修改，年力衰，世亂益劇。又曰：《示要》發揮剛健等意義，確然立人極，純粹儒家精神，宰翁或指此。然《新論》究是根本，孫穎翁亦云《新論》最重要。

通旦問：今佛門居士，多推尊宜黄大師《説教》文中以龍樹般若之學是唯智學，無着、世親法相之學是唯識學，分別最精。師意云何？師曰：大師此文作於衰暮時，似不必以是爲準。識者，虚妄分別之異名，論有明文。空宗如不辨清妄識，何能得智？有宗説明妄識而畢竟歸於轉八識成四智，本與空宗同歸，何得説一唯識一唯智乎？夫言唯智自無悖，但恐聞者忽略照察妄識之工夫，則爲害不淺。言無着、世親純是唯識，却恐二公未服在，彼若只一直唯識去而不知歸趣於智，則未免魔道矣。須知龍樹、無着二家之學，不可以唯智、唯識對破爲二途。唯識之論未嘗不歸於智，般若蕩一切執，豈其不解唯識乎？大師昔年亦嘗説空有同歸，其晚年之論猶不必爲定論也。

與友人

兩接廢名信，知雅意甚盼吾籌立書院聚講，將來得一人算一人等語。此事吾計之已久，非籌募充足基金不可。以書生而與汙賤豪商語，則與虎謀皮，適自取辱。固須號呼於權勢之途，然衰世顯達豈知有國家民族危亡之可痛？又豈知學風士習之所繫者爲何如？吾若欲得其匡助，則非可僅以大義相勗，以骨氣自持，必習於善柔，樂與周旋，夷爲清客，甘作爪牙，相與既久，彼或可資之以成一機構。講學其名，實供利用，如斯行徑，枉尺直尋猶不足云，只是自投於糞溷耳。天下無生人之氣久矣，余設出此，適以助長昏亡之氣，將何以對越先聖賢乎？吾明知大學教育迷亂不堪，故抗戰八九年中，嘗欲本民間講學之風，籌設一哲學研究所，而世既滔滔，天亦夢夢，卒無可圖成。去夏，吾不欲北旋，而重遊久經厭倦之蜀土，以就友人之約者，亦冀聚人之效，略償萬一。然友人厚意雖可感，其卓識雖可敬，惜彼所主持之學術機關，其基金僅可支持，而吾欲聚人講學，在如斯物價之下，實無可爲，自是始有復還北庠之意。少時讀《孟子》“我亦欲正人心”一語，不感何種意味。三十而後，深歷世變，始知此言直抉本根。萬化生於人心，人心正則萬事萬物莫不一於正，人心死則乾坤息，尚何事物可言？中國至於今日，人理絶，人氣盡，人心死，狼貪虎噬，蠅營狗苟，安其危，利其災，樂其所以亡者，天下皆是也。舉一世之人而皆喪其心，所冀能反諸本心者，士大夫耳。上庠教者、學者皆士大夫也，設問此輩終日終夜所孳孳者何事？除爲其一身名聲與地位及温飽而外，其胸際果有揭然而存、惻然而感、念念與斯人痛癢相關否？其有玩心高明、萬理昭晰之一境否？或則憤政俗之弊，動激昂之情，投足黨團，高自標舉，隨順時風衆勢所趨，以改造之英自負，而是否出於惻怛之誠，公明之識，沈毅之勇，則稍有識者當知不類。如萍無根而生，如蓬依風而轉，如菌因腐而發，終於魚爛而亡，一任彊者宰割。自清季以來，士大夫無真識定力，無實肝膽，狂昏浮亂，以迄於今，而莫知所底，吾痛心久矣。説者或謂今學校之教，重知識而無德行之涵茹，此説雖是，而未深悉時弊也。方今學者何足以言知識？理工諸科，吾誠門外漢，文科法科之得失，老眼未曾花也。《易》曰："君子言有物而行有恒。"故觀其言行而其有無知識可知矣。試一檢時下論撰，其不爲浮淺混亂者幾何？惜乎八表同昏，無有能辨之者耳。余兒時聞庭訓曰：凡觀人文字，須逐字按去，若是有根據之言，重按亦不可摇奪；浮詞亂語，一按即覺其無一字也。然"按"之一詞，亦未易言，非自身具有真識力，如何下手去按？此自昔所以多海上逐臭之夫，而衰世尤甚。先公此言，極其宏富，余小子自幼迄今，終身思之，覺意味日深一日。今之大言炎炎者，吾誠難發見其中果何物事。夫言之無物，由中無真見也。胸無真見，即出言浮亂，而欲其行之有恒，不可得也。恒之爲言，恒於公而不雜以私也，恒於明而不雜以闇也，恒於健而不雜以偷也，恒於敦厚而不雜以涼薄也。一有雜，即失其真常之體而不恒。世俗不了恒義，第以爲恒久而不已耳。若僅以此名恒，則恒作惡者，亦可謂恒乎？行有恒，必本於言有物，故言有物一語極重要。有物之言，斷未有無恒之行。行而無恒，必其言之本無物也。今人言不成言，而欲其行之成行，何可得乎？正學亡，大道廢，胥一世之人而無言行可按，種類可倖存乎？余年逾六十，復何所私冀？惟於人類之愛，自莫切於其近者，種族垂危，尤所深痛。余雖寡昧，猶期獨握天心，以争剥復。私人講學既不可得，乃不能不遄返北庠。刻正候船東下，將由海道北行。蝸角横争，旅人阻梗，孤羈蜀道，我勞如何？吾自昨年體氣大衰，食量甚減，失眠甚劇，面部微胖，中虚之象，極思回平静養。教課不得多，諸生質美者，可來私室析疑設難，引發神思，輔益情趣，是吾所望。風燭餘光，丁兹衰亂，誠不敢高言講學育才，惟願遇一二善類而相與夾持之，得以成就嘉種，遺之來世，爲幸無量。丁亥中春渝州旅次。

【校記】

〔1〕“食”，疑當作“識”。

十力語要卷四

此卷原爲郯城高生贊非從其日記中録出，輯爲《尊聞録》。首語録，次手札，共四萬餘言。語録在高生日記中，當時經余稍改字句。孝感張生立民請付印，並任校對。時余病危，幾不起，遂印五百部，稍存平生心事。計此中録存，始自民國十三年，至十六七年止。余時年四十餘，病困殊久。初居舊京，旋養痾杭州。静觀世變，深切隱憂，願力密持，幸未遽隕，覆覽斯録，感慨萬端。頃諸生請輯語要付印，因念斯録體式，無殊語要，又字數無多，不必單行，遂收入《語要》，爲卷之四。昔郯城高礀莊頗喜此中手札，謂字字出肺腑，載直方剛大之氣以行。余自問，惟與人以心相見而已。礀莊遇倭寇殉難，遺音宛在，無限悽愴。

中華民國三十五年十二月九日

熊十力記於黄海化學社附設哲學研究部

《尊聞録》卷端原載吾手札一則，今仍存如左：

立民：録中輪回問題，所記甚粗略。此事在吾心理上經過極曲折，極繁複。吾近來意思，只是存而不論。佛家净信之士見此録，必大詈我。然吾終望有善根人能發心努力現世，努力做個人，便是菩薩道。《論語》孔門弟子多問成人，可見生得五官百體不必爲人，須有成人之道。吾不知成人與成佛果何異耶？十力。

高贊非記語

十三年秋，謁先生於曹州，始稟學焉。先生曰：爲學始於辨志，志者心之所存主。心存主乎詑耀勢利，則小人之歸也；心存主乎發强剛毅，則大人之基也。是其界劃甚明，而人恒忽忽焉習熟於卑近而不之察也。汝切須内省而辨之於微，勿安於習而貪狥物之易，以率性爲難，則辨之必明，而毋入於卑近矣。

一友説《莊子》曰："人之生也，固若是芒乎？"芒，惑也。生與惑俱。人遇事求知，而生不可知，有知其所以生而始生者乎？先生曰：子之説非是。夫生不由知，固也，若乃知生不由知，則已是知也。

先生嘗曰：吾人窮理，觸處求解，便觸處成疑。疑復求解，困而莫捨。一事求解，關繫無量，條件未具，不堪遽釋，故解待疑，其解方確。事事相關，解此一事，又引他事，展轉相引，事則無窮。求解無窮，疑亦無窮。解底範圍推廣，疑底範圍與之俱廣。

先生自言，始爲輪回論者之信徒，其初所作《唯識》書，雖於護法諸師之理論多所破斥，而對於佛家根本觀念即輪回觀念，固與護法同其宗主而莫之相悖也。《唯識》書第三稿中有一段首揭此義云：竊有古今之一大謎焉，不可不先揚榷之者。曰：諸有生物，其生也，原各各獨化，都無終始，不隨形以俱盡乎！抑宇宙有大生焉，肇基大化，品物流行，故生物禀此成形，其形盡而生即盡乎！原注：此言宇宙者，外界之異名，乃隨俗假説耳。大生者，不必謂宗教家所立之神，凡哲學家計有外界獨存之實體者皆是也。由前之説，則生界爲交遍；原注：交遍者，無量生命各爲獨化，同在一處，各各遍滿，而不相障礙，仍爲互相聯貫之全體焉。由後之説，則生界爲同源。原注：計有大生之實體爲一切有生所從出故。由前之説，則有生皆無待而自足；由後之説，則有生將外藉而憑虚。原注：如吾之生，若非自有而藉外界獨存之大生偶爾分賦者，則吾生直等於石火之一瞥已耳。謂吾生非自有而索源於外矣，外源之有，吾又何從徵之哉？前説佛家主之，後説世間多持之。吾嘗徘徊兩説之間，累然而不釋也。轉復寧息推求，曠然自喻，吾生之富有，奚由外鑠？原注：《易》曰"富有之謂大業"，言乎生活力之深固與盛大也。息騎驢覓驢之妄，原注：吾之生也，獨化已耳。不自明而尋來源於外，非騎驢覓驢而何？悟懸的投矢之非，原注：納群生於虚立之大原，與投衆矢於故懸之鵠的，有以異乎哉？遂乃印持前説，略無猶豫。事不可以物徵，理實在乎自信。據此則先生對於輪回説之堅持可見矣。一日忽毀其稿，悵然曰：吾書又須改作矣。時居北京西郊萬壽山大有莊，腦病已劇。值寒雪，驅車入城就醫，余隨侍。林宰翁來視。先生曰：吾打破輪回觀念矣。宰翁曰：尊書那段文字説得恁地好，如何又打破了？先生怫然曰：且莫説閒話，吾急待商量。今若依據佛家而言生命，則一切有情之生命各各無始無終，即各各有迥脱形骸之神識。輪回之義以此建立。若誠爾者，則植物與下等動物將有神識焉否耶？設許有者，則復生現象如何解釋？復生者，謂如某種生物若切斷其體爲數段，則每段皆成獨立之生機體，此名復生。何者？一物之生命既無始無終，即有獨立之神識，則將其機體割去一部時，其所割去之部應不得自成一生機體。以每一物之神識，必不隨機體割裂而分化故。設云無量神識遍滿宇宙，當將某物之機體割去一部，即時另有神識附著其間，故仍别成一生機體者，此則視神識之發現過於忽然，誠難印許。佛家雖不許植物有神識，然其謂胎卵濕化四生皆爲有情，則固許下等動物有神識也。既許下等動物有神識，則下等動物中有復生現象，將如何解釋耶？吾以此對於輪回之信仰完全失其所據，兄能釋此難否？宰翁笑曰：新生復生，新生謂如結胎而生者是。同是忽然。吾人於新生不謂無神識，乃致疑於復生之不當另有神識何哉？此事要信只合篤信下去，不信亦由人。仔細推求，極是自苦。因此事萬不可以理智解決也。先生曰：不妨細理會。宰翁曰：吾夙昔對此極苦過心來，情感上總覺信得及，亦足安慰，理智推求，又没證據。初與兄會面，猶好提出此問題，亦頗憶否？年來將此付之不問，問了終無答案，何必虚問？又吾儕有一日之生，盡一日之人道，亦不必待有輪回而後安慰也。先生曰：言有輪回，不過將我之生命上推之至於無始，下推之極於無終。誠如其説，則長劫輪回，不知曾幻作許多衆生身，是即有無數之我。若無輪回，則我獨出長劫中之某一期，更無第二之我。如是則我之價值，豈不更重大？我之生活意義豈不更優美？宰翁笑曰：誠然，誠然。

吾因先生變更輪回觀念，恐其《唯識》書不復作，乘間致問。先生曰：將另造《新唯識論》也。復問：近來主張如何？曰：只是方便顯示本體。本體無從直揭，故須方便。問：或言先生之學，乃融會貫穿於此土三玄及梵天般若之間，然歟？先生曰：亦説得似。又曰：唯識更張，是一大事，若精力不虧，得就此業，極於真理有所係也。又問：般若之旨，可得聞歟？先生曰：此難爲汝言也。般若只是破執，然徒在知解上做工夫亦不相干，須是自見本心。禪家實通般若。不了禪而學般若，不會有入處。但對汝説此，亦是閒言語。然汝且置之腦中，將來若能進而用力於禪家與般若，好自理會，或於吾今者之説有默契也。不然者，吾終是閒言語。

暑假隨師南下，寓杭州西湖法相寺。師病中不得執筆，猶時運思。一日問之曰：師昔不主衆生同源説，今若作《新唯識論》將如何？師曰：吾舊宗護法唯識，則以實體爲交遍，而非是一體。由今思之，此不應理，只是一體，哪得多元？吾今者仍持同源説也。復問：同源之説可徵乎？曰：此固可於生物學上舉其徵，如柏格森哲學是已。我却不用拿生物學來做根據。我是直接反求諸心，見得此意。記得我少時看王陽明《大學問》，自以爲解得。由今思之，當時確是以不解爲解，如今倒是真解得。《大學問》篇云："大人之能以天地萬物爲一體也，非意之也，其心之仁，本若是其與天地萬物而爲一也。豈唯大人，雖小人之心亦莫不然，彼顧自小之耳。是故見孺子之入井，而必有怵惕惻隱之心焉，是其仁之與孺子而爲一體也。孺子猶同類者也，見鳥獸之哀鳴觳觫而必有不忍之心焉，是其仁之與鳥獸而爲一體也。鳥獸猶有知覺者也，見草木之摧折而必有憫恤之心焉，是其仁之與草木而爲一體也。草木猶有生意者也，見瓦石之毀壞而必有顧惜之心焉，是其仁之與瓦石而爲一體也，是其一體之仁也。雖小人之心亦必有之，是乃根於性而自然靈昭不昧者也。"詳此，則同源之義有明徵矣。所謂與萬物而爲一體之仁者，仁即源也，我與萬物所同焉者也，是無形骸之隔、物我之間，故痛養相關也。否則根本互不相通，見孺子入井乃至見瓦石毀壞，其有惻隱與顧惜之心也哉？至理只在當身，人乃由之而不著焉，習矣而不察焉。道在邇而求諸遠，事在易而求諸難，所以爲學者之大患也。吾乃今日於此見得真切有味，同源之説，無復疑矣。復問：師今日見地，果自陽明入乎？曰：難言也。謂吾自陽明入，不若謂吾自得，而後於陽明之言有深入也。程子曰：“吾學雖有所授，而天理二字却是自家體認出來。”古今幾人會得此意？

問：先生初不主同源説，以謂若由其説，則吾人生命將外藉而憑虚，引見前文。今日意思云何？先生曰：我昔時極是錯誤，如今自不是那般意思。問：近來意思可得聞歟？先生曰：這道理好難説。在人情計度，則以爲説到同源，好像是外於萬物而别建立一個公共的大源，叫他做宇宙實體，我與一切人和物都從他分賦而出生，如大海中幻起許許多多的浮漚一般，每一浮漚是大海水所分賦的，所以浮漚自己不實，乃外藉大海水而暫時幻現者。所以我底生命不是我元來自具自足。舊稿外藉而憑虚之説蓋即此意。如上所説，若道那般話竟是麼，則已墮入邪見，不可救藥了。欲道那般話不是呢，我也没有好語言來説明我今者之所謂是，以别於那般話之不是了。因爲語言是實際生活的工具，是表示死物的符號。這道理是迥超實際生活的，是體物不遺而畢竟非物的，如何可以語言來説得似？雖復善説，總不免把他説成呆板的物事了。大抵同源云者，雖已承有萬物公共的大源，而他謂公共的大源。下皆準知。畢竟不是外於萬物而别爲空洞獨立之一物，他是遍爲萬物實體無有一物得遺之以成其爲物者。萬物皆以他而成其爲萬物，我固萬物之一，即亦以他而成其爲我。所以我與一切人和物雖若殊形，而語及實性則是渾然一體。性者體之異名。一體故無内外，無内外故，亦無彼此。無奈人生來便把形骸執着了，執即是惑。易言之，即起我執了。此處吃緊。既執有我，同時即妄分别有與我對待之一切人和物，於是内我而外人，内我而外物，則忽爾有内外矣。我也、人也、物也，互相對待，即忽爾有彼此矣。從兹已往，封畛釐然，遂不能返會到本來一體上去。若是除去計我之執，這内外彼此等疆界便一齊打破，立時了悟本來一體，並無奇怪。即如前舉漚海喻，只是把浮漚分别執之爲一個一個，即妄執有漚之相，遂以爲無量漚外有大海水，所以成邪見。若是不執漚相，便於無量漚而洞見舉體是大海水，了無内外彼此可以分劃，這豈不是正見麽？所以吾今者之見與昔日那般話，所辨只在毫釐。總之，吾人若能破妄執，返會到本來一體上去，即是安住於實體。安住者，自守而不遷之意，非謂我與實體爲二，以我安住在他裏面，此須善會。吾人由妄執故，遂物化而失其本體，便是遷了，安住則反是。到此，自本自根，尚何外藉之有？尚何憑虚之有？若不了此，抛却自家無盡藏，將弱喪而不知歸。此等人生活浮虚，直是救他不得。

問：人生設有輪回，似亦足慰。先生曰：吾學在見體。人能安住於實體，超越個體的生存，即没有爲達個體生存之目的而起之利害計較，易言之，即不爲生存而生存，如此無恐怖，無掛礙，何待有輪回爲之安慰？輪回觀念却是要求個體恒存的觀念。宰平先生昨又説，這便是要求自我生存的不斷，即所謂計常之見。吾亦曰：佛家言無我，其實大有我在。

問：人情總難抛却個體觀念，若無輪回，則個體的生命等於曇華一現，奈何？先生曰：個體本是實在的，如我和你在此是分明顯現着，哪是夢幻泡影的？問：其如死後没有何？先生曰：是須談三世義。過去、現在、未來。三世説有便都有，説無便都無。説無者，謂過去已滅故無，現在不住故無，未來未生故無。若爾三世都無，輪回亦是虚立。説有者，謂過去實有於過去，現在實有於現在，未來實有於未來。如此則汝個體的生命實有於現在世中，是亘古不磨的。準此以談，死後有無不必與輪回有關。

先生曰：自省思慮不易放下，或發一問題不得解決，即留滯胸中，左右思維，旁求之事事物物，冀得其徵。然理之至者非可離於事物而求之，更非可泥於事物而求之。人但知不可離事物而求理，惡知其不可泥事物而求理哉？吾嘗因一疑問，多端推徵，往復不決，心力漸疲，而游思雜慮乘之以起。然有時神悟焕發，不慮而得。亦有推徵既倦，不容不休，久之措心於無，忽爾便獲。更有初機所遇，本無差謬，後漸推求，轉生疑惑，旋因息慮，偶契初機。總之，窮理所病，唯一泥字，泥則神累而解不啓。泥者全由吾人在現實生活方面所有知識早於無形而深遠之途徑中組成複雜之活動體系，爲最便於現實生活之工具。此工具操之已熟，故於不可應用之處，亦陰用之而不覺，此所以成乎泥而爲真理之賊也。

“易有太極”，太極即乾元也，非更有爲乾元之所從出者名太極也。乾道進進也，變動不居也，生生不息也，故謂之元。坤實非元，其體即乾也。

乾爲神，坤爲器。以在人者言之，形體器也，屬坤；心則神也，屬乾。神者固器之體，器成則神即器而存，故不可離器而求神。凡有質，皆器也，即皆神之運行也。然器有畛域，神則無畛域。一器別具之神與宇宙統體之神，實不可得而分隔也。昧於此者，乃以器之有畛域而疑神之亦有畛域，此神我神識諸説所由作也，是大惑也。器成而礙，不能不毁。然器有成毁，無斷滅，如花有凋謝而花之類不絶。神者，萬物之統體，乃生生無熄，時時捨其故而更新也。一器之成也，即資於統體之神而成其體焉，既成則猶息息資於統體之神以相續，及其頑鈍而不能復資於神以續成，則毁矣。故器之既毁，而猶冀有個别之神不隨此器俱毁者，則未知此器未毁已前，雖若有别具之神，而實即是統體之神。固不可以器之成其個别而疑神之亦爲個别矣。神必著見而成乎器，宇宙未有蕩然無器之一日也，然執器者，則昧乎神。

老氏言“玄牝”，與《易》言“太極”義通。

《論語》記孔子“五十而知天命”，又曰“五十以學《易》，可以無大過矣”，足徵孔子到五十知命，故其治《易》也，實足以發明此理，無復過誤也。子貢曰：“夫子之言性與天道，不可得而聞也。”非聞之而真有得者不能出此言也。然則夫子固嘗言性與天道，子貢既聞之而有得矣。今考之《論語》罕載性道之言，豈其絶無紀述歟？以理推之，當不其然。蓋性與天道之談，别載《易傳》故也。《繫詞》等作當是孔子親筆，七十子或有附益耳。自夫子贊《易》而後《易》始爲哲學思想之書，故求孔子學者必於《易》。

莊子深於《易》者也，實孔學之支流。莊子談變化極精，直自《易》出。

一友極能注意自家生活，然未免失之緊迫。時或追尋人生有無意味，或自苦究何爲而生。先生慮其成病也，乃語之曰：在生活上追求意味，此是由於有我之私無形在裏面作祟，務須放下一切追求，不然，被他糾纏到死，不得解脱。若問何爲而生，此問無理。生豈有所爲乎？有所爲者，是人意之私，不可以推求生理也。至生活之安定不安定，此大須注意。汝之本心自是安定，如何而有不安定耶？吾不欲向汝深談理道，但勸汝自見本心，順本心而行即安，違其本心即不安。若問何謂本心，則汝不須窮索。我責汝飽食終日無所用心，汝即時羞惡起來，只此羞惡之端是汝良知，是汝本心，是汝生理，亦是天地之根。汝自見得透，自信得過，便隨順行去，日用間吃飯、穿衣、看書、散步、應事接物，乃至臨難處危，一一順此本心行去，平平穩穩。《禮》所謂“臨財毋苟得，臨難毋苟免”，《論語》所謂“居處恭，執事敬，與人忠”，陽明所謂“事父便知孝，事兄便知弟”，皆此心也。誠如是，尚何危殆不安之有耶？又吾每教汝看書，汝便自較量云看了某書，彊索些空洞知識，毫無趣味，是於吾生活有何干係？汝這種見地大是謬戾。須知汝心不是一件事物，而亦不離開事物以獨存。事事物物都是仗托汝心而成其爲事物，汝心復是仗托事物而現起，方名爲心。一物之理未究，一事之理未窮，汝便將自家元來廣大底心剥蝕了，狹小了，如之何其可哉？空洞也，没趣味也，無干係也，都是喪心之病，猶不悟耶？

陳聚英初見師，請示看何書。師語之曰：且勿遽説看何書。汝欲堂堂巍巍作一個人，須早自定終身趨向，將爲事業家乎？將爲學問家乎？如爲學問家，則將專治科學乎？抑將專治哲學或文學等乎？如爲事業家，則將爲政治家乎？或爲農工等實業家乎？此類趨向決定，然後萃全力以赴吾所欲達之的，決不中道而廢。又趨向既定，則求學亦自有專精。如趨向實業，則所學者即某種實業之專門知識也；趨向政治，則所學者即政治上之專門知識也。大凡事業家者所學必其所用，所用即其所學，此不可不審也。如趨向哲學，則終身在學問思索中，不顧所學之切於實用與否，荒山敝榻，終歲孜孜。人或見爲無用，而不知其精力之綿延於無極，其思想之探賾索遠，致廣大，盡精微，灼然洞然於萬物之理，吾生之真，而體之踐之，充實以不疑者，真大宇之明星也。故寧静致遠者，哲學家之事也。雖然，凡人之趨向，必順其天才發展。大鵬翔乎九萬里，斥鷃搶於榆枋間，各適其性，各當其分，不齊而齊矣。榆枋之間，其近不必羨乎遠也；九萬里，其遠不必驕於近也。天付之羽翼而莫之飛，斯乃不盡其性，不如其分，此之謂棄物。吾向者欲以此意爲諸生言之，又懼失言而遂止也。汝來請益，吾故不憚煩而言之。然吾所可與汝言者止此矣，汝能聽與否，吾則以汝此後作何工夫而卜之也。若猶是昏昏懂懂，漫無定向，徘徊復徘徊，蹉跎復蹉跎，歲月不居，汝其虚度此生矣。

有柳君者問曰：先生屢教人於學問或事業求一成，得毋功利之見耶？先生曰：是何言哉！功利者，有所爲而爲也，學問與事業之期成，則人自充實其生活之力量，只盡己而已，豈有所爲而爲哉？先儒云：盡己之謂忠。凡人無一成者，只是不忠。

學人即以學問爲其興趣，作事者即以事業爲其興趣，努力於學問或事業之場，勤奮增愉快，愉快增勤奮，此謂嘉興美趣，此謂豐富之生活。若人求學作事而有競名趨勢逐利等念，則是有所爲而爲之，即心溺於鄙細，便没興趣，而淪於枯槁之生活，是可哀已。

劉念僧問：聲生論師説聲從緣生已便是常住，此何所據？先生曰：以今日留聲機驗之，聲生家言，似有相當理由。然格以大乘之義，則留聲機中之聲亦非常住，只是刹那刹那，生滅相續。此聲於前刹那生已便滅，後刹那有似前聲相續而起，非前聲能住至後。俗不了此，乃計常住，故聲生説畢竟不符正理。

附記：念僧，四川涪陵人。與同縣鍾伯良、石砫張俶知、巴縣王平叔同學，皆有超俗之趣。伯良、念僧教學誠切，視諸生如子弟。今皆逝世。

先生曰：人謂我孤冷，吾以爲人不孤冷到極度，不堪與世諧和。

事不可意，人不可意，只有當下除遣。若稍令留滯，便藏怒蓄怨而成爲嗔癡習氣，即爲後念種下惡根，永不可拔。人只是自己對於自己作造化主。可不懼哉？

偶見師於案頭書紙云：説話到不自已時，須猛省而立收斂住。縱是於人有益之話，但説到多時，則人必不能領受而自己耗氣已甚。又恐養成好説話之習慣，將不必説不應説不可説之話，一切縱談無忌，雖曰直率，終非涵養天和之道，而以此取輕取侮取忌取厭取疑於人，猶其末也。吾中此弊甚深，悔而不改，何力量薄弱一至是哉。

漱師閲同學日記，見有記時人行爲不堪者，則批云含蓄爲是。先生曰：梁先生宅心固厚，然吾儕於人不堪之行爲，雖宜存矜憐之意，但爲之太含蓄，似不必也。吾生平不喜小説，六年赴滬，舟中無聊，友人以《儒林外史》進，吾讀之汗下，覺彼書之窮神盡態，如將一切人及我身之千醜百怪一一繪出，令我藏身無地矣。準此，何須含蓄？正唯恐不能抉發痛快耳！太史公曰：不讀《春秋》，前有讒而不見，後有賊而不知。亦以《春秋》於讒賊之事無所不言，言無不盡，足資借鑒也。吾惡惡如《春秋》，不能爲行爲不堪者含蓄，故與梁先生同處多年而言動全不一致。汝儕亦各自行其是可也。

一日，師聞人言，將買鷄而殺之。師曰：買已殺者可也，取一生物而殺之，不必也。其人曰：此不澈底之殺生也。師默然久之曰：設責吾不澈底戒肉食，則吾唯有自承其罪，拊胸沉痛而已。若以不澈底殺生爲可非笑者，此何忍聞？使殺生而可澈底做去，則人之類其絶久矣。留得一分殺生不澈底之心，即宇宙多一分生意。願與世人共策勵也。

一友讀李恕谷書，師過之。某因問先生對恕谷有無批評。先生曰：吾看船山、亭林諸先生書，總覺其惇大篤實，與天地相似，無可非議。他有時自承其短，而吾並不覺他之短。看李恕谷書，令我大起不快之感，説他壞，不好説得；説他不壞，亦不好説得。其人馳騖聲氣，自以爲念念在宏學，不得不如此。然船山正爲欲宏學而與世絶緣。百餘年後，船山精神畢竟流注人間，而恕谷之所以傳，乃附其師習齋以行耳。若其書則不見得有可傳處。然則恕谷以廣聲氣爲宏學者，毋亦計之左歟？那般虜廷官僚，胡塵名士，結納雖多，惡足宏此學？以恕谷之聰明，若如船山絶跡人間，其所造當未可量，其遺留於後人者當甚深遠。恕谷忍不住寂寞，往來京邑，揚譽公卿名流間，自荒所業。外托於宏學，其中實伏有馳騖聲氣之邪欲而不自覺。日記雖作許多懇切修省語，只是在枝節處留神，其大本未清，慧眼人不難於其全書中照察之也。恕谷只是太小，所以不能如船山之孤往。吾於其書，覺其一呻一吟、一言一語，無不感覺他小。習齋先生便有惇大篤實氣象，差可比肩衡陽、崑山。凡有志根本學術者，當有孤往精神。

師語雲頌天曰：學者最忌懸空妄想，故必在周圍接觸之事物上用其耳目心思之力。然復須知宇宙無窮，恃一己五官之用，則其所經驗者已有限，至妄想所之，又恒離實際經驗而不覺。船山先生詩有云“如鳥畫虚空，漫爾驚文章”，此足爲空想之戒。故吾儕必多讀古今書籍，以補一己經驗之不及，而又必將書籍所發明者反之自家經驗而辨其當否。若不爾者，又將爲其所欺。

頌天可謂載道之器，惜其把知識看輕了，他也自責不立志，却没理會志非徒立，必見諸事。少年就學時，則窮理致知是一件大事，此却靠讀書補助，於此得著門徑，則志氣日以發舒。否則空懷立志，無知能以充之，畢竟是一個虚餒的漢子。吾觀汝儕平日喜談修養話頭，而思想方面全未受訓練，全未得方法，並於無形中有不重視之意，此吾所深憂也。觀頌天昨日所書，仍是空説不立志，而於自己知識太欠缺，毫不感覺。充汝輩之量，只是做個從前那般道學家，一面規行矩步，一面關於人生道理也能説幾句懇切語、穎悟語，談及世道人心，亦似惻隱滿懷，實則自己空疏迂陋，毫無一技之長。尤可惜者，没有一點活氣。從前道學之末流只是如此，吾不願汝儕效之也。

先生戒某君曰：吾一向少與汝説直話，今日宜披露之。汝只是無真志。有真志者不浮慕，腳踏實地，任而直前，反是則昏亂人也，庸愚人也。汝於自家身心，一任其虚浮散亂而不肯作鞭辟近裏工夫。頌天知爲己之學，而汝漠然不求也。嘗見汝開口便稱羅素哲學，實則汝於數學、物理等知識毫無基礎，而浮慕羅素，亦復何爲？汝真欲治羅素哲學，則須在學校切實用功，基本略具，始冀專精。爾時近於數理哲學，則慕羅素可也，或覓得比羅素更可慕者亦可也。爾時不近於數理哲學，則治他派哲學或某種科學亦可也。此時浮慕羅素何爲耶？汝何所深知於羅素而慕之耶？君子於其所不知，蓋闕如也，至其所篤信，則必其所真知者矣。不知而信之，驚於其聲譽，震於其權威，炫於社會上千百無知之徒之展轉傳説，遂從而醉心焉，此愚賤汙鄙之尤。少年志學，寧當爾哉？天下唯浮慕之人最無力量，決不肯求真知。吾不願汝爲此也。汝好名好勝，貪高騖遠，不務按步就班着工夫，一日不再晨，一生不再少，行將以浮慕而畢其浮生，可哀也哉。

先生一日立於河梁，語同學云：吾儕生於今日，所有之感觸，誠有較古人爲甚者。古之所謂國家興亡，實不過個人争奪之事耳；今則已有人民垂斃之憂，可勝痛乎？又吾人之生也，必有感觸而後可以爲人。感觸大者則爲大人，感觸小者則爲小人，絶無感觸者，則一禽獸而已。曠觀千古，感觸最大者，其唯釋迦乎？以其悲願，攝盡未來際無量衆生而不捨，感則無涯矣。孔子亦猶是也。“鳥獸不可與同群，吾非斯人之徒與而誰與？”何其言之沉切也！“老者安之，朋友信之，少者懷之”，程子謂其量與天地相似，是知孔子者也。

爲學，苦事也，亦樂事也。唯真志於學者，乃能忘其苦而知其樂。蓋欲有造於學也，則凡世間一切之富貴榮譽皆不能顧，甘貧賤，忍澹泊，是非至苦之事歟？雖然，所謂功名富貴者，世人以之爲樂也。世人之樂，志學者不以爲樂也，不以爲樂則其不得之也，固不以之爲苦矣。且世人之所謂樂，則心有所逐而生者也，既有所逐則苦必隨之。樂利者逐於利，則疲精敝神於營謀之中，而患得患失之心生，雖得利而無片刻之安矣。樂名者逐於名，則徘徊周旋於人心風會迎合之中，而毀譽之情俱，雖得名亦無自得之意矣。又且所逐之物必不能久，不能久則失之而苦益甚。故世人所謂樂，恒與苦對，斯豈有志者所願圖之乎？唯夫有志者不貪世人之樂，故亦不有世人之苦，孜孜於所學而不顧其他，迨夫學而有得，則悠然油然，嘗有包絡天地之概。斯賓塞氏所謂自揣而重，正學人之大樂也。既非有所逐，則此樂乃爲真樂而毫無苦之相隨，是豈無志者所可語者乎？

有張君者，謂佛家教人禁欲。先生曰：此大謬之言也。欲可禁乎？欲能禁而絶乎？人心者，非頑然一物，其間前念方滅，後念即起，遷流不息，亦如河海之流而無窮也。今欲人欲之不起，惟務抑之遏之，不知欲之起也無已，抑之遏之亦無已，是非如治水之壅塞其流，終將使之決於一旦，滔天而不可挽乎？吾意佛家教人，不應如此。蓋不在禁欲，惟務轉依。轉依者，轉移此心之傾向也。知欲之不可禁，惟移此心之傾向而令其依於善，則念念向上，將邪欲不禁而自伏除。譬之治水者，順流疏決以就正道，則流既暢而泛濫之禍自免也。他日，先生又曰：儒者亦有把人欲看做是天理之敵而必欲克去之者，此亦大錯。夫欲曰人欲，則亦是人之欲也。人之欲，其可盡去乎？使人之欲而可盡去，除非人不生也。人既有生，便不能無人欲，如何盡去得？大抵人欲所應去者，只是不順理之欲。吾人見得天理透，只是良知不汩没耳。使天理常作得吾身之主，則欲皆從理，而飲食男女莫非天理中事矣。

佛以大雄無畏，運其大悲，見種種顛倒癡愚衆生，種種苦惱逼迫境界，都無憤激，都無厭惡，始終不捨，而與之爲緣，盡未來際，曾無息肩，其悲也，其大雄無畏也。吾儕憤世嫉俗，不能忍一時之亂，幽憂愁苦，將荒其業，此實淺衷狹量之徵。故知抱悲心者，必先養大雄之力。不能大雄無畏而徒悲，則成爲陰柔鬱結，而等乎妾婦之量已。

社會只是各種勢力匯聚而相激相蕩，這邊勝了，那邊便負，難道他好壞。好壞之見，出於自家主觀。遇着利害衝突的方面，以主觀而判斷他底好壞，如何靠得住？人類不齊，智愚、善惡、廉污、靈蠢種種差别，萬不能盡納於至善之境。然而聖哲之心，總期一切人趨歸至善，要其用力之方，則亦只就當躬所及接者，積誠以動之，其所不接者，以心量涵之而待其自感，有效與否，要自不計。

凡人言動間，自覺俗情流露，自知慚愧，此則無害。若自己流露於不覺而爲他人所覺者，則他人代爲慚愧而自己反不知，斯可畏耳。人非力學，難言去俗。知識道德高一分，俗情方去一分。

人生本來是好的，絶没有夾雜一點壞的，其所以有不好者，因爲他梏於形，囿於習，才與宇宙隔絶，把本來的好失掉了。

人生在社會上呼吸於貪染、殘酷、愚癡、污穢、卑屑、悠忽、雜亂種種壞習氣中，他的生命純爲這些壞習氣所纏繞，所蓋覆。人若稍軟弱一點，不能發展自家底生命，這些壞習氣便把他底生命侵蝕了。浸假而這些壞習氣檢直成了他底生命，做他底主人翁，其人縱形偶存，而神已久死。

凡人當自家生命被侵蝕之候，總有一個創痕。利根人特别感覺得。一經感覺，自然奮起而與侵蝕我之巨賊相困鬥，必奏廓清摧陷之功。若是鈍根人，他便麻木，雖有創痕，而感覺不分明，只有宛轉就死於敵人之前而已。

馮炳權問：每聞人説，有時心中理欲交戰，豈一念中理欲並起而交抗耶？先生曰：一念無理欲並起，乃是前後念迭起，人不之察，以爲仍是一念中事耳。如初念本循理，次念計較生，即欲之動也；又次念或不以從欲爲然，此即天理偶現；又次念或憚於從理，即欲復熾。如是理欲迭起，至最後一念，或理勝欲，或欲勝理。常人心情，大抵如是，但念之起滅甚速，彼往往以多念爲一念也。

凡人敬慎之畏不可無，怯弱之畏不可有，自審有一分怯畏，須將根拔去。

聖賢自有至情。大奸雄亦復多情，奸雄如不多情，何能收籠群倫爲之效命哉？其多情非盡僞也，盡僞必不能使人。曹操既貴，不忘死友之女；《祭喬玄文》，感懷知己，一往情深，其他吊舊之詞，亦令百世下讀者可歌可泣，豈可以僞爲哉？特不能率性以治情，其情日以流於雜妄，故不得爲聖賢耳。以是知人未有無情而足爲人者也，唯昏惰人乃斲其情。

智大者必富幽情，探賾索遠，極深研幾，解悟所至，情味俱永。情薄則無以資解之深到。

爲學最忌有賤心與輕心，此而不除，不足爲學。舉古今知名之士而崇拜之，不知其價值何如也，人崇而己亦崇之耳，此賤心也。輕心者，己實無所知，而好以一己之意見衡量古今人短長，譬之閲一書，本不足以窺其藴，而妄曰吾既了之矣，此輕心也。賤心則盲其目，輕心且盲其心，有此二者，欲其有成於學也，不可得矣。

先生嘗自言，當其爲學未有得力時，亦曾盲目傾仰許多小大名流，言已而微笑。予因問曰：先生對昔日所盲目傾仰者，今得毋賤之惡之耶？先生曰：只合憐他，賤惡都不是。

潘從理問：有某君者，言任事者必愚，智深者利害分明，即不肯任事。先生曰：不知某君所謂智者爲何如之智？其所謂愚者爲何如之愚也？仲尼謂寧武子愚不可及，武子之愚，非世俗所謂愚，以其不作一己利害計較，對凡人之小慧而言，乃假説爲愚，所謂正言若反也。武子之愚實乃超出俗情，無私無礙，神全而鑒無不周，故可任重而不疑，履危蹈難而不避。若乃世俗愚夫，直任凡情衝動，於事理毫無了别，但憑其血氣方剛，因緣時會，亦得奮躍以有功。漢高所謂功狗，正謂此輩。然名之爲功狗，則功不由己，而當歸諸發蹤指示者亦明矣。發蹤指示者人也，大智者也。高帝但以之許蕭何，近之矣。亡友劉子通曰：大事業家之頭腦與大哲學家及大科學家之頭腦一般複雜，只應用不同。可謂知言。若不辨乎此，將以武子之愚與諸兵子之愚並論。自非無目，孰有睹大明而擬諸爝火之微茫也哉？

世俗所謂智者，大抵涉獵書册，得些膚泛知識，歷練世途，學了許多機巧。此輩元來無真底藴，無真知見，遇事只合計較一己利害。其神既困於猥瑣之地，則不能通天下之故，類萬物之情，只是無識之徒。凡人膽從識生，今既無識，便無膽，如何做得大事？

唯不計利害，纔能看得利害分明。常人計較利害，其神已昏，那得分明？不計利害底人亦有差等。略言之，仁人以至誠任天下之重，死生以之，更計甚利害？諸葛公便是此等人。光武、宋祖亦近於仁。次則英雄豪傑，雖無仁人之至誠，要其大體上總是趨向正路坦途，不過功名心重。所謂伯者一流人，他却富於責任心，敢以身任天下之重，故亦將死生置之度外，所以不眩於利害，神解超脱，明燭萬幾。漢高、唐太、明祖輩皆此類也，蕭何、張子房之徒亦其次也。唐太宗是晚周已後第一有大規模有大雄圖底人物。即漢高、明祖初舉事時，亦俊偉不易及，迄成功後，血氣衰而慮患又深，始多敗行。然明祖却狹小，不敢望漢高。

中國古來之道德信條，其繫於人心者，常使賢者不忍干，不肖者不敢犯，蓋數千年來所積之勢力中於人心之深如是。乃近日歐風東來，舊有之道德信條，國人視之廢然無足重，遂使不肖者有所借口，公然冒大不韙而不顧，是其不敢之情絶，浸假習僞以爲正，而賢者不忍之心亦將窳乎無存。樊籬决而人欲肆，天下滔滔，日趨於禽獸而不知，可無痛乎？今人動口説舊道德不足保存，此緣不辨道德與倫理之分，故無知而横决。夫倫理有隨時制宜者，可云有新舊。如夫婦之倫，古者丈夫擄掠婦女爲淫樂而已，無所謂匹偶之重也。後聖制禮以明人道，始尊伉儷，此隨時制宜，有新舊之異也。古者有朋友一倫，師弟之誼，未聞特異。中世聖人隆道術而尊師教，遂著在三之義，此又制時之宜而新舊異也。至於人權明，帝制革，而君臣之倫以廢，今日居官任職，長屬之分，必不可擬於古之君臣。舉此數例，以徵倫理實分新舊。若夫道德則異是，乃貞於性而通萬變以不易焉。如忠之爲道德也，古者以之忠於君，今可謂其舊而不適用乎？毋自暴棄，所以忠於己；執事敬，所以忠於識務；爲國民争得平等自由，所以忠於民衆；爲人類倡明真理，所以忠於人類。準此以談，忠之爲道德也，其可謂古之所以事君者，今不宜存乎？先儒云：發己自盡之謂忠。如此訓忠甚好。“發”字大有力，兼生發與發散兩義。而所謂己者，言乎己之所存也。發己者，發其所存也，本乎己所固具之良知良能，與凡學之所得，知之所及，思之所通，心之所信，當其不得不發，如草木底生力發不自已一般。沛然發之而無所餒。易言之，直是盡他一己生得與繼長底整個的生活力，油然暢發，極充實而無所虚，無所僞，無所餒，所以謂之忠也。忠之道德，如有一息之絶於人，則人類滅矣，此何所謂新舊之異耶？曾子“任重道遠，死而後已”，諸葛“鞠躬盡瘁，死而後已”，都是發己自盡，都是個忠。一友問曰：大哉先生之説忠也！然曾子曰“爲人謀而不忠乎”，爲人謀者，不必盡關鉅計，遇一細事，亦矜矜求忠耶？先生曰：汝誤矣。吾所謂忠者，只是自家生活力充實不已，而其著見於日用酬酢者，自然隨其所感，無鉅無細，而莫非充實不已之全體流行，絶無些子虛餒。這個體段，已是内外融一，元來不曾立心在事上去較量。於事無較量，即不以事爲外來。事既非外，則心亦不名爲内。這便是内外融一的全體，讓他隨在迸發，渾是個忠。若不到此境界，自然要在事上去較量鉅細，纔於事起較量，却已内外隔礙，辦不得忠來。即在他認爲鉅計，勉强做得濟事，亦是依仿揣摹，貌似忠而實不由乎忠也。然初學且未要説到内外融一，最好學曾子底三省。曾子只是把他認爲要緊的三件事時時警醒此心，存之於豫，久存而熟，即便擴充得開。問：曾子却以忠爲三省之一，與先生言忠自不同。曰：義有廣狹，儘可會通。交友之信即忠也，傳習亦忠也，乃至萬善皆忠也。

賴典麗云：嘗聞諸先生曰，吾人做學問是變化的、創造的，不是拉雜的、堆積的。此如吾人食物，非是拉雜堆積一些物質而已，食後必消化之，成爲精液，而自創新生機焉。若拉雜堆積之物則是糞渣而已。學問亦然。若不能變化創新，則其所謂學問，亦不過糞渣的學問而已。

附記：典麗，川人。肄業國立清華大學。性行敦篤，天資穎悟，不幸短命，師甚惜之。

先生因事責某友，遂誡同學云：對人不可隨便看作無意思無主張。被人作如是看者，亦不宜輕受。凡人隨時隨事總要有力量，一言一行不可苟且，有苟且便當知改，不如是而能成人者，未之有也。來此共學，大家醜處錯處，不妨公開，互相磨勵，以底於成。人未至聖，孰能無過？在相諒相戒而已。

先生昨在曹州，因一事誤疑梁漱溟先生，大怒。梁先生亦不辯。先生蓋久之而後自知其誤，以告陶開士先生。開翁曰：疑而不匿，悟而能改，觀過知仁矣。

天下有真愚人，無真惡人，所以無明是萬惡之首，佛家説無明，即愚之異名。此意深微，千古幾人真會得？他要説會得，只是他底會得。問：不見古今惡人都是愚人。先生曰：如袁世凱不爲華盛頓，却學朱温，你道他是大惡是大愚？聞之豁然有省。

“惡莫大於俗，俗莫偷於膚淺”，這是船山真知實見語，只此求解人不易。清末以來，許多名流以其膚淺的知識胡亂鼓吹，胡亂倡導，真正造惡不細。梁任公頗自承有些誤人，亦是不可及處。

先生游圓明園故址，吾隨侍。先生語我曰：昔余不信人生有自由，因爲一個人在未生已前，早經旁的東西把他底生命規定了。你若不信，試想你底一切知慮、情感及行爲，哪有一點一滴不受社會上學藝、政教、風俗、習慣與其他各種固有的勢力底陶鑄？易言之，你底整個的人生都是社會造就的，社會是一個鴻爐，也是一個造化主，他在你未生已前，早先安排了種種模型，使你生來便投入模型中，你底種種活動，無非依着這模型做些填實工夫，如此説來，人生哪得有自由？問：先生今日意思如何？先生曰：如今又覺得人生真自由，何以故？自由是相對的名詞，在限制之中，而有自彊自動自創以變更不合理的限制底餘裕，這纔叫自由。若是無限制，又從何見出自由？社會底種種模型，固然限制了我人底生命，但是我人如果不受他底固定的不合理的限制，儘可自彊起來，自動起來，自創起來，破壞他底模型，變更他底限制，即是另造一個新社會，使我和我底同類都得展擴新生命。如此豈不是人生有大自由麼？又曰：中土聖哲是主張人生有自由，如《易》與《中庸》説聖人範圍天地、曲成萬物及位育參贊等功用，你看他主張個人自由的力量多麼大！晚近諸儒也嘗道個人有轉移風會的能力和責任，亦是主張自由。我們若是把個人屈伏於社會，使得大家湊成一副死機器，便與宇宙變動不居的生機大相違戾，是大不幸的事。

問：若極端主張個人自由，莫亦有弊否？先生曰：且如汝一身五官百體，哪可有一部分失掉他的作用？社會元來是複雜的，是千差萬别的，不是單純的，各個人任他底意志和思想技能自由的充分發展，即是各方面都無欠缺，成功一個發育完全的社會，如何不好？又曰：如果抹殺了個人的自由，則社會裹之各分子，其最大多數變成機件，將由一部分特殊勢力崛起而擺弄之，芻狗萬物，莫此爲甚。又曰：社會每爲暴力劫持之，以轅轢個人，使個人敢怒而不敢言，是極悲慘事。

問：先生既主張個人自由，却贊許聖人曲成萬物及儒先轉移風會等説。在聖人或哲人有如此偉大底功用，誠哉其自由矣，而被曲成、被轉移者，得毋爲芻狗耶？先生曰：就人底本性説，元無差别。然人之形則各自天成而不能齊等，天者自然之謂。故智愚仁不肖各因形限，如智愚即由腦筋襞積繁簡分。千差萬别。人類中，大智大仁不常出，下愚極不肖亦不必過多，唯中材居大多數耳。無論人類若何進化，這種差等係根據於造化無心而法爾不齊之生理以成區别，終是無從去掉的。法爾猶言自然。若以爲將來進化時代之愚不肖比於現在之愚不肖有進焉，則理之所可。設謂將來進化時代，其人皆大仁大智、一味平等，而無所謂中材及愚不肖者，是非癡人説夢乎？據此以談，則總總人類之中，竟未得有泯除差等之一日，而所謂愚不肖或中材之人即皆賴有聖哲爲之曲成焉轉移焉，此事理之所固然而無容疑也。要其所以曲成之轉移之者，其道如何？則《中庸》一語盡之，曰“以人治人，改而止”。朱子《集注》曰：“君子之治人也，即以其人之道，還治其人之身。其人能改，即止不治。蓋責之以其所能知能行。”《語録》曰：“人人本自有許多道理，只是不曾依得這道理，却做從不是道理處去。今欲治之，不是將他人底道理去治他，又不是分我底道理與他。他本有此道理，我但因其自有者，還以治之而已。”又曰：“未改已前，是失却人道。既改便是復得人道了，更何用治他？”朱子解釋此義極爲精審。準此，則所謂曲成之轉移之者，不是以一已私意去作弄他或宰制他，只是以其人自有底道理還以治其人之身，能改則止。如此，何曾芻狗萬物？若是以已意去作弄他宰制他，使得他没有自已，那才是芻狗他了。至如被曲成被轉移者，雖藉他人提撕扶助，而確是以自力尋得自有底道理而自踐之，及其成功，與聖哲無殊。這是多大的自由，又何曾做過芻狗來？問：人既限於形，何以治之而能改？先生曰：人底本性元不因形之偏而有差失。先生又云：形之所以成其爲形者，性也。形既成矣，便是性之所表著，而形不即是性。然性自在形中，與相默運。離形無别性在。如稻禾之所以成其爲稻禾者，以穀核中一點生機也，稻禾既成矣，便是生機之所發見，而稻禾不即是生機。然生機自在稻禾中，與相默運，離稻禾無别生機在。形性之分極難會，故强取譬以明之。只要人能努力，他底本性是好的，是可以改其愚不肖而進於仁且智的，形自然限他不得。唯中材已下之人，很容易安於暴棄，難得不受形限，所以須要有人治他。問：人既有形限，何以得相感通？先生曰：形雖有限，性是一體，不曾爾我性上可分疆界，一體如何不感通？先生又曰：歷史上底英雄思想，是以一已私意或野心去作弄或宰制他人，這才叫做芻狗萬物，是進化時代所不應有的。

問：極端的個人自由主義恐流於爲我而不知有社會，如何？先生曰：社會即各個人的總體，個人與個人之間無形地默默地有一種鈎鎖，所以聚總得攏而成功一個社會。這鈎鎖就是人的天性，或曰本性。元來無形骸之間，無爾我之分，社會賴有此鈎鎖作他成立的根本條件。雖則許多學者底眼光裏不肯承認有此鈎鎖，然這道理不因人的承認才有，亦不因人的不承認便無。我也不説社會所以成立，除此根本條件外，再不得有其他的條件。人生來有實際生活，利害問題非常重要，也是驅率他去做合群的勾當。所以利害問題亦是社會成立的條件之一，但不是社會成立的根本條件。如稻禾之成，須具種子水土空氣日光人工等條件，而種子獨爲根本條件。故根本條件之意義極嚴格。然而許多學者的眼光只看利害，不曾思量有超越利害的天性，這樣隳棄人生之所固有，低減人生之無上價值，生心害政，適足陷社會於混亂或分崩的慘運。話到此，似牽遠了。我以爲個人只要不汩没他底天性，儘管自由，决不至流於爲我之私，害及社會。須知自由便順着他底天性去發展，所以他底生活力充實，不受任何逆理的阻遏。至如爲我之私，正是生活力欠充實才落到小己底利害上作計較，這是因爲不自由才顯現出來的。故汝所慮個人自由其流爲我，决無是處。

先生曰：印度外道有説植物有生命、有知覺，佛家力破之。實則外道所説近是。一友曰：佛家戒傷生，設許植物有生命，便非絶食不可。此其所以不許之故歟？先生笑曰：莫須有此意。又曰：佛家不肉食自好。若謂植物有生命，將亦不可食，則未免太不近理。天下事哪可推類至盡？推到盡頭，便没行處。又曰：植物供動物滋養，也是造化之妙。先生徐曰：不是有造化者。問：人食動物，畢竟不合歟？先生曰：看他和人一般感覺痛癢，似不應食之。且人食動物之習慣，自是從獸性遺傳得來。

今人都不感覺他底本心陷溺已深的痛癢。

今人都失掉了本心，只一味逞嗜慾，奢淫無度，貪求無厭。使意氣。安其危，利其災，樂其所以亡者。

問：昨聞先生講唯識，説人各一宇宙。此理初聆之似茫然，後來静思得之，却甚平常。如甲乙二人同時比肩並立看着一杯子，實則甲看的是甲底杯子，乙看的是乙底杯子。因甲和乙雖同時站在一列的空間，但左右底距離已不同，而各人神經感觸的速率亦不同，光綫的接觸互相差殊，所以甲乙兩人的杯子實在不爲一個。只此便是人各一宇宙底道理，先生以爲如何？曰：這段話自是，却須知吾所謂人各一宇宙，是據染識分上説。此識受了染污故名。染識便各不相通，所謂人心不同如其面者即此。若論清浄本心，便是一體流通，哪得互相隔障，成許多宇宙？且如稷思天下有飢者，猶己飢之也；禹思天下有溺者，猶己溺之也，汝道禹稷是與天下人爲各一宇宙否？

一友問：佛書言，成佛則五官可以互用，似太神話。先生曰：理亦平常，何神之有？且如眼之爲官利於視，不利於聽；耳之爲官利於聽，不利於視。官之有所利，有所不利，非天然也。只是生物發達到能用視聽的時候，因色聲關係於他的實際生活太密切，所以專用眼視色，專用耳聽聲，同時眼耳兩官亦遂各如其所專用而構成之。實則眼有視能，即有聽能乃至觸能；耳有聽能，即有視能乃至觸能。鼻舌身官以此類推。

林宰平先生曰：希臘至今二千年，一個心物問題鬧得不休。先生曰：盡未來際，還鬧不休。宰翁去，一友問：先生對心物問題有解决否？先生曰：吾自有解。曰：可得聞歟？先生曰：俟《新唯識論》出，讀過此書，方好商量。問：先生既已解得，剛纔却與宰翁説永遠鬧不休，何故？先生曰：豈只我今日解得，古來自有多少人解得，却有一般不得解的人還在那邊狐疑、猜想，胡亂地鬧個不休。我自信我解得了，却不敢必人之相信。問：哲學家談本體者，其説紛紜不定，足見本體並没有客觀性的實在，只憑各人腦筋杜撰出來。先生曰：哲學家杜撰另是一事，本體却是實在的。然而不是一物，未可説爲客觀性；不依想立，亦未可説爲主觀性。哲學家用知識去探尋本體，畢竟我們知識的能力可否得着他，這裏大是疑問。如果因爲知識得他不着，便道他不是實在的，這樣未免太粗心了。又曰：哲學家若徒用知識去推度實體是如何如何，自然錯誤了。又曰：説到實體，元無内外可分。把他看作外面底物事從而推求他，自不相應。雖始學不能不在知識路上轉折幾番，要未可長自誤，却須做鞭辟近裏切己工夫，到深造自得、居安資深、左右逢源的時候，才忽然見得自身有一個主宰，不是神識的意義，勿誤會了。這個意義，向深處説，便深之極；若就淺處説，亦復尋常。只人不肯居下流一念，便是這主宰發現。渾然與物同體，不見天地萬物是外，不見己身是内，此内外兩無，不是以意爲之，直是事實如此。且如開眼見着山河草木，他元不離眼見，故非外。既無外，則無内。健行不息。實體即是健行不息的，天以此而成其爲天，地以此而成其爲地，一切有形無形的物事，皆以此而成其爲物事，乃至孔子亦以此而成其爲孔子，所以“發憤忘食，樂以忘憂，不知老之將至”。孔子是見得他底實體，自然如此。尋常人只是物化了，把他底實體汩没了，和他道孔子這般生活，他也不理會。所謂“等閒識得東風面，萬紫千紅總是春”者，差可形容。這種真理，是人人固有的，只爲百姓日用而不知，學者求知而每不得其用力之要，故能自知而自信者亦寡矣。“不識廬山真面目，只緣身在此山中。”汝計爲没有客觀性的實在者，亦有以也。立民按：此段却是東土哲學正法眼藏。

一友問：哲學家每有反對知識者，尊意云何？先生曰：哲學不應取反知主張。生物進化至人類，知識才發達，如欲反知，是將率人類而爲混沌氏，未見其可也。張立民因問云：昔嘗聞先生曰，哲學科學各有領域。科學站在經驗的範圍内，把一切事物看作客觀獨存的，用理智去摹準他，率循他底定律法則等等而甄明之，猶如摹繪準確不妄。剖析他，所以是純粹知識的。哲學所有事者，要在剥削經驗界的一切雜染而證會實體，證會者，蓋吾之良知即是實體。良知炯然自知，便云證會。此知無分别相，不於實體作外想故，所知能知是一事而不可分故，故陽明指良知爲實體，此體是自明的故。斯則知識在所必擯，以知識從經驗界發生，是行於物理世界的，不得冥極實體故。冥極實體者，謂若證會實體時，即已蕩然離一切相，無内無外，無我無物。蓋通物我内外，冥會一源，至極無待，故言冥極。雖世有主張哲學是綜合各科學的原理進而爲實體之探討，故亦是知識的云云，然而爲此説者不辨哲學科學之異趣，却把實體看作外界物事，用知識去推尋，如何能證會得實體？極其能事，不過竊取各科學底材料，以意穿鑿，而組成一個系統，自圓其説，著之文字，號爲一家之學而已。這段話乃我所舊聞諸先生者，今乃謂哲學不應取反知主張，然則今是而昨非歟？先生曰：言説隨機，異其詳略，未嘗是今而非昨也。夫冥極實體，廓然無物，此蓋明智之極詣，決非知識所臻。於此言之，反知可也。而學者不到此詣，便不信有此詣，輒在知識窠臼宛轉自足。人生徒淪陷於經驗界，恒物化而不得超脱，乃困而不求通，迷而不知復。則且聞人言有迥超知識之明智境地，而即詆之以爲神秘，其以反知爲大駭，固其所也。記得李延平稱道吕與叔《中庸解》一段甚好，頗足發明這個道理。吕云："謂之有物，則不得於言；謂之無物，則必有事焉。不得於言者，視之不見，聽之不聞，無聲形接乎耳目而可以道也。必有事焉者，莫見乎隱，莫顯乎微，體物而不可遺者也。此不可求之於耳目，不可道之於言語。然有所謂昭昭而不可欺、感之而能應者，正惟虚心以求之，則庶乎見之。"學者且熟玩這段話。大抵學者一向爲知識蔽塞，無緣識得這個道理，却要教他莫將知識來推度這裏。須知這裏正是不可求之於耳目，不可道之於言語，哪是知識所及的物事？我所謂反知者，就是在這裏説反知，然而我底反知也便止於這裏。所以，反知有個限度，不同老莊極端反知的。何故不可極端反知？現在要把這意思説明。我們須知，本體非他，即是吾人固有的明智。説到明智，似乎已是作用，不得目以本體。然作用即是本體之顯，故於此而説爲體。宗門云作用見性是也。此義深長，姑勿論，今直談明智。這個明智固是渾然虛明，無知而無不知。無思，無爲，寂然不動，故謂無知。能發萬善，能肇萬化，能應萬感，故謂無不知。如此説來，好似只返求諸固有的明智而已一切具足，何待要後起的經驗得來底知識去填補他？黄梨洲譏朱派學者全靠外來聞見以填補其靈明。殊不知纔作如是解，便已墮入偏見去，説明智無不知者，只道他有這個功能。若是我們孤守這個智，正使保聚凝攝，令其常惺惺而却不向經驗的世界裏去徵驗推度許多事物之理，如此無所事於知識，不審明智對於這許多事物之理自然會知道否？明智雖有其無所不知的功能，而辨析事物之理畢竟要靠經驗得來底知識，這是毫無疑義的。所以極端反對知識是大謬特謬的主張。不過吾人若不曾識得明智而徒事知識，則不免玩物喪志之病。若已見得明智，即一切知識也是明智固有的功能所應物而發的，易言之，知識便是明智之用了。他日，先生又語予云：孫卿批評莊子，説他“蔽於天而不知人”，可謂一語道破。莊子纔於本體有所見，便玩弄光景去，莊子言天，即謂本體。却未將這個道理融浹到人生日用裏來。知識不可得着本體，莊子於此見得甚徹，此其明之所在，亦即其蔽之所在。人生在經驗的世界内少不得知識，如果孤恃着固有的明智，不去窮盡事物之理，即本體上亦有障塞不可通行處，這便是他不知人。晚世物理明而人道亦多新發見，皆知識所創獲，否則猶如塞陋之世，將視貧之受制於富、女之受抑於男爲人道之當然，豈非斯人明智的本體尚有所障塞而不可通行者乎？問：陽明反知否？曰：陽明言致良知。他下一“致”字，是要致之於事事物物的。如此却未棄知，只是由本及末。智是大本，將這智推致之事物上而得其理，便成知識，而此知識却是末。不過陽明弟子便失掉師門宗旨，都走入反知路向去。聰明者爲狂禪，謹厚者亦只務踐履而憚於求知。這是王學底大不幸事。

哲學大别有兩個路向：一個是知識的，一個是超知識的。超知識的路向之中也有二派：一極端反知的，如此土道家是；一不極端反知的，如此土晚周儒家及程、朱、陽明諸儒是。西洋哲學大概屬前者，中國與印度哲學大概屬後者。前者從科學出發，他所發見的真實，只是物理世界底真實，而本體世界底真實他畢竟無從證會或體認得到。後者尋着哲學本身底出發點而努力，他於科學知識亦自有相當的基礎，如此土先哲於物理人事亦有相當甄驗。而他所以證會或體認到本體世界底真實，是直接本諸他底明智之燈。易言之，這個是自明理，這個理是自明的，故曰自明理。不倚感官的經驗而得，亦不由推論而得，所以是超知識的。又復應知，屬於後一路向底哲學家，有用邏輯做他底護符，如佛家大乘空有兩宗都如此。更有一意深造自得而不事辨論，竟用不着邏輯的。中國哲學全是如此。

莊生云："知止乎其所不知，至矣！"此謂本體是知之所不知處，知即止於此而不可妄求也。這話説得好。"吾生也有涯而知也無涯，以有涯求無涯，殆矣！"此話易引人入惰廢，殊醜差。

李笑春問：王陽明言心即理，此義如何？曰：伊川首言性即理也，至陽明乃易其詞而唱心即理之論。其時爲朱子之學者則宗朱子《大學格物補傳》而主理在物，非即心，以詆陽明。於是陽明益自持之堅，以與朱派之學者相非難。實則朱子《格物補傳》亦宗伊川。伊川嘗説在物爲理，陽明却道這話不通，要於"在"字上添一"心"字，説心在物爲理才是云。原來伊川言性即理，自與認識論無關。伊川謂性即實理，便就本體説。後來陽明説心即理，才涉及認識論。而他却嚴密有組織。他説心之發動名意，意之所着處爲物，既無心外之物，焈有心外之理？照他底説法，物是與心俱在的，不是離心獨存的。《語録》時見此意。心寂則物與之俱寂，心起則物與之俱起。心寂時無分别，心即是渾然純一的理，同時令物成爲有此純一的理底物；心起時有分别，心即成功了這一起底分殊的理，同時令物成爲有此分殊的理底物。立民按：這段話引申得煞好，不可粗讀過。所以他不許外心而求物理，因爲在物之理即是心，除了心便没有理。陽明壁壘森嚴，雖不肯作理論的文字以發表其思想，而我們由他底《語録》中可考見他底哲學是有精整偉大的系統的。他底學説雖不免有缺憾，而朱派的攻擊都是胡塗地亂嚷，全不中他底病。在他底哲學上不許物離心獨存是當然的，但物只不離心，而仍非無物，他底極端的心即理說未免太過。没有心，固無以見物之理；然謂心即理，則理絶不因乎物，如何得成種種分殊？即如見白不起紅解，見紅不作白了，草木不可謂動物，牛馬不得名人類，這般無量的分殊，雖屬心之裁别，固亦因物的方面有以使之不作如是裁别而不得者也。而陽明絶對的主張心即理，何其過耶？又講哲學者，應該認定範圍。物不離心獨存，此在哲學另是一種觀點。若依世間底經驗説來，不妨承認物是離心獨存的，同時不妨承認物自有理的。因爲現前事物既不能不假定爲實有，那末不能説他是詭怪不可把捉的，不能説他是雜亂無章的，他自有定律法則等等令人可以摹準辨析的，即此定律法則等等名之爲理。所以物自有物之理而非陽明所謂即心的。伊川在物爲理之説，按之物理世界，極是極是，不須陽明於“在”字上添一“心”字。心不在而此理自是在物的。陽明不守哲學範圍，和朱派興無謂之争，此又其短也。吾今日因汝之問而答之嘵嘵不已者，則以心即理與理在物直是朱子、陽明兩派方法論上之一大諍戰。主心即理者，直從心上着工夫而不得不趨於反知矣。主理在物者，便不廢致知之功，却須添居敬一段工夫，方返到心體上來。朱學以明體不能不有事於格物，主張甚是。王學力求易簡直捷，在哲學上極有價值，惜不爲科學留地位。

立民問：先生嘗言明智雖是人固有的，却因形拘習囿，錮蔽甚深，不得顯發。然立民以爲明智之存乎人者，固未嘗有一瞬之或熄，似不當謂其絶無顯發時也。如太陽爲陰曀所蔽，然陰曀中亦非絶無陽光者。先生曰：此説固是。然陰曀中底微陽與皎日較，這個差别太遠了。顯發云者，如皎日麗天，更無些子蔽障。取喻不能盡符。陽光顯發之後，仍屢有蔽障起，若明智顯發，則不再受錮蔽矣。陰曀中底微陽不曾顯發，畢竟是陰曀世界。明智乍動於錮蔽之中，如夢寐不相接續，如何説得顯發？佛説衆生無始已來顛倒，凜凜可畏。只爲將固有的明智錮蔽了，所以如是顛倒。

立民問：知識的來源自是先天底理性的活動力，先生純歸之經驗，何也？曰：先天底理性的活動力，本不可否認，他當然是明智的功能，没有他，不會成功知識，我非不解此事。然而我以知識來源歸之經驗者，此必有故。汝試設想，若把我們底日常經驗剥奪得乾乾浄浄，空賸下先天底理性的活動力，看他會發生知識否？須知經驗的材料喻如模型，材料謂所經驗的，詳後注。知識便依着這模型摹寫出來。没有經驗的模型，哪能憑空制造知識？至於先天底理性的活動力，可以説是摹寫的畫師，不過畫師摹寫底時候，他底自身也没入模型中去了。易言之，他也化作模型了。所以絶不是明智之本然。在理論上，經驗似應分能所，能經驗的，可説即理性的活動力；而所經驗的，就是客觀事物底自相或共相。此即前云經驗的材料。而事實上，則能隨所轉，直是有所無能。或曰：吾人對於經驗的材料，不過是一種意義，此言不是事物底自相共相親現於腦際故也。何不可説經驗唯是能知？殊不知這種意義完全物化了，謂此意義全現似物之相，即其自身已物化。畢竟是所非能。總之，知識是從經驗而發生，並隨經驗擴張而滋長，若乃理性的活動力，固埋没於經驗所有的模型之中，不曾超脱於其外，所以説經驗是知識底唯一來源。問：知識既是從經驗得來的，是不能超物的，如此豈不爲明智之障？曰：這個障是事勢所不能免的。人底理性何曾甘埋没於經驗界？不過他在實際生活方面，不得不順應周圍底事物，元來只合恰恰順應，却因順應而遂埋没於其中，便是人生底大不幸了。然而人自有本來的明智，只要錮蔽不過於深重者，便時有一種曠觀游履高明，能照見他底知識是物化了的，是限於經驗界的。這個曠觀就是明智的乍現，只惜暫而不常，不是明智顯發的境地。若涵養有素，常得明智現前，則不妨於經驗界極盡其知識之能事，而亦自有超脱的氣味。

先生曰：《論語》“君子無終食之間違仁，造次顛沛必於是”，這是何等精進的工夫！何等充實的生活！人不宜妄自菲薄，要振作起來亦無難事。立民因問仁即明智否？曰：仁智不二，只是本心顯現。從其無私説爲仁，從其不惑説爲智，其實一也。

笑春問明智與良知説不異否？曰：本無異旨，彼此見到真處，何堪立異？然吾不仍良知之説而言明智者，則亦有故。良知一詞，似偏重天事，明智則特顯人能。《易》曰“聖人成能”，這個意義非常重要。人只要自成其爲人之能，此語吃緊。不可説天性具足、只壹意撥除障蔽就夠了。先儒以爲良知本來自足，但把後天底染污滌盡，而其本體之明自然顯現。宋明儒者都是偏於這般主張，此與晚周儒大不同處，當别論。我也承認天性是具足的，是無虧欠的，無奈人之生也，形器限之。他既限於形，就難把他具足的性顯現出來。你看自然界，從無機物到生物乃至從動物到人類，從人類到其間底聖智，一步一步漸漸改造他底形，解放他底形之限，完成他自己底能，才得顯現他底性。如果没有成能工夫，從何處見性來？老實説，成能才是成性。性之顯乎人者具足與否，就看其人成能之小大强弱。成能小而弱者，其性分便虧損；成能大而强者，其性分便充實。此中言强者，不是强暴之强，乃日進於高明而不退墜之謂。若强暴之强，正是顛倒退墜，正是弱也。這是從自然界底進化可徵明的。先儒多半過恃天性，所以他底方法只是減。明道説，學者今日無可添，只有可減，減盡便没事。此雖明道一人之言，實則宋明儒大概都作這種工夫。他們以爲只把後天底染污減盡，天性自然顯現。這天性不是由人創出來。若如我説，成能才是成性，這成的意義就是創。而所謂天性者，恰是由人創出來。此非我之私見，上稽晚周故籍，《易》曰“聖人成能”，又曰“成之者性也”，又曰“成性存存，道義之門”，乃至孟子言性善而主擴充，荀卿言性而曰“善者僞也”，僞，爲也，非虚僞。都可與吾説相印證。夫天性是固有的，何可説由人創得？且是具足的，又何待人創得？不知固有具足云者，原夫人之所以生之理，初非有待於外而誘焉自生，不謂之固有具足焉不得也。若乃當其有生而即性以成形，形既成矣而日趨於凝固，性且受範於其所成之形而流行或滯，則形有餘而性若不足矣。况復人有是形，而其惑也忽與形俱起，則又聽役於形體以與物相靡，目靡於色，耳靡於聲，口靡於味，意念靡於貨財等等，由此而物化，將他固有具足的天性剥喪了。雖剥未至盡，也不過保留一綫殘餘，如草木摧折之餘，僅有一點萌蘖。所以《大易》立乾坤，以陽顯天性，以陰顯形體，陽數奇，陰數偶，陽少陰多。蓋人生總受限於形體，形累日甚，結果把他所以成是形者之天性剥喪到最少，甚或等於零了。人只有一副頑固的形，他底天性、本心、明智，不過是殘餘的萌蘗，所以唯物論者不承認有心了。吾人若不積極的利用這點萌蘗去努力創生，若火始然，若泉始達，而徒消極的減去染污之足爲害者，則安可望此萌蘗之滋長盛大，若火勢燎原，若泉流洋溢成江海乎？減的工夫亦不可少，然一味注意減則不可。或問：宋明諸大師豈徒用力於減而不知創者乎？曰：此固難言。若全不解創，他如何生活得下去？即以其文言考之，自有時説到創的意思。不過他們底根本主張總是偏於減的。所以他們的末流不免空虚、迂固抑或狂廢，絶少活氣。吾儕今日求爲己之學，只有下創的工夫。凡言創者，皆有所依據憑藉以爲創也，不是突然憑空撰出甚物事而始謂之創也。汝自有殘餘的天性底萌蘗幸未斬絶，此便是汝所可依據憑藉以爲創者。這個萌蘗如絲之端緒，握着這端緒，便創出無限經綸來。若不去創，則端緒雖具，也没有經綸。創只要不懈怠。若問何得不懈怠？且思如何是懈怠。當知懈怠即無心也。心者即前所説萌蘗，無心即無這萌蘗了。纔覺得心亡失，没感發，没新機，即已物化而成乎槁死，便努力振作，直從枯木生華、死灰發燃一般，將令新新不竭，有施於四體不言而喻之樂矣。故夫人之有是天性也、本心也、明智也，自人創之而已。若過恃固有具足而徒以減除物欲爲功，則夫物欲者亦斯人生生之具，豈其皆惡害而皆可減哉？縱減到至處，亦非體天立極之道。故吾之爲學也，主創而已，此乃吾所切驗而亦徵之孔孟遺訓以得其符者也。故吾言明智，與陽明良知説有不同者。彼以良知爲固有具足，純依天事立言，而明智則亦賴人之自創，特就人能言也。故陽明可以説草木瓦石有良知，而吾不能謂草木瓦石有明智也，此其與陽明異也。然吾之説明智又有與陽明不異者何也？明智之端緒，即斯人殘餘的天性底萌蘗。此在陽明謂之良知。陽明言致良知，蓋亦見其爲萌蘗，故言致也。後來他却説向深處去了。故據端緒而言，亦可曰明智與良知殊名同實也，吾不能與陽明異也。昔者陽明自謂見到良知"爲千古之一快"。見《書魏師孟卷》。以其理之至近而神，故人恒易忽而難悟也。近故易忽，神故難悟。嗚乎！人有生而顧昧於其所以生之理而不知求之，有亡其鷄犬則知求之，是獨何心哉？立民按：宋已來儒者，用功多著意於消極方面。先生揭明形之累性而歸於創性，却不須絶欲以見性，真發前賢所未發。

先生常教人努力向上。立民因問曰：如何是向上？曰：且思如何是向下？夫過狥軀殼之欲以喪其心者，是謂向下。軀殼之欲，未即是惡，未即成喪心之害，而其終於惡，終於爲喪心之害者，則以過狥故耳。過狥者，自溺而無節，亦必損人傷物以求逞無饜之欲，乃以自戕其生理而不覺也。則不累於軀殼而有以識其本心萌蘖處，常使之展擴得開者，斯爲向上。學者未遽識得本心，且努力將自家胸量放開。放開胸量，才識本心。又曰：須是本心作得主，則欲皆從心而一裁於義以莫不至當。戴氏言欲當爲理，却未省欲如何當。

本心雖是一點萌蘖，擴充得開，天地變化，草木蕃。

一日，先生語同學曰：日常用力，涵養得凝聚清肅氣象，即見萌蘖的心息息滋長。一人問：誰見得？曰：心自見。曰：刀不自割，指不自指，如何心自見？曰：刀不自割，指不自指，所以心自見。其人益惑。先生曰：汝道心是頑然一物否？

李笑春問：先生所言本心，心理學家却不承認，奈何？曰：本心者，生生不息的實體也，是人之所以生之理也，是人之一身之主也，人人固有之而不能自發見之。昔者朱子蓋亦辛勤用力，年三十七而後稍有以自明，《與張欽夫書》曰："驗之於日用之間，則凡感之而通，觸之而覺，蓋有渾然全體應物而不窮者，是乃天命流行生生不已之機。雖一日之間，萬起萬滅，而其寂然之本體則未嘗不寂然也。"又曰："而今而後，乃知浩浩大化之中，一家自有一個安宅，正是自家安身立命主宰知覺處。"先生曰：此言一人之心自是一個完整的實體，無有虧欠，切莫誤會到神我或神識上去。又曰："通天下只是一個天機活物流行發用，無間容息。"又曰："即夫日用之間，渾然全體，如川流之不息，天運之不窮耳。"朱子懇切言之如此，學者以其言而反之於己，抑其粗心浮氣而驗之於操存之間，當不難自見之而自信之矣。然此所謂心既即本體，自屬哲學範圍，殊與心理學不相涉，其不能承認也固宜。問：先生言心主乎身，然自心理學觀之，則所謂心者，似是腦筋底副產物，何其相反太甚耶？

曰：心底發見，固必憑藉神經系統，未可即以心作用爲腦筋底副産物也。腦筋只是物質已耳，心力何等靈妙。深廣的思想，精嚴的論理，幽邃的情感，這些形容不到的神秘，豈是一塊物質産得出來？尤可異者，愚夫愚婦都知道他不過數十寒暑底生涯，而他總有充盈的生意，作無窮無盡的計劃。許多學問家、事業家、藝術家等等相信天地終歸毁壞，人類一切偉大莊嚴的創造將與天地同毁，然而他並不以此灰心，仍努力創造不已，滿腹無窮無盡的希望。這種古怪，又豈是物質發生底？如果物質是這樣玄之又玄，衆妙之門，那末物質真是大神，便不成爲物質了。人人有個心爲他一身底主宰，這是絶對不容疑。心理學家預先拿定神經系統以爲説明心作用底根據，而用治物理的方法來甄驗他、分析他，結果自然把心作用講成物質作用了。學問殊塗，須各認他面目，不要作無謂抵觸。

友人或疑明智之説。先生曰：明智者，元來只是萌蘖的心底一點微明，却因日常存養工夫精純不懈的長養，他底勢用便逐漸增盛以至圓滿無虧。如西沉之日漸升自東，初小如盤，漸達中天，大明遍照，這不是無而忽有、儻然突來的東西。人人有這家珍，只是不曾發掘，所以不敢自信。又曰：吾人亦間有絲毫不假推度、直下明白那事理的時候，這也可説是明智的乍現，只不得繼續。這個就是前所説底微明。尚未成功爲明智，却也不妨叫做明智，因爲明智便是從他擴大的。記得象山《語録》有云："某昔見人，一見便知其是不是，後又疑其恐不然，最後終不出初一見。"王船山《易傳》説人底初念是最明了的。章實齋也説，道理有最初突然識得，及經多番思考，轉益昏眩，後來還覺入識最初，終不可易。他三人所説底話，我自家也覺得如此。那個最初之知，以是創起，初念之動，故云創起。或距創起不遠，過去憶念未甚參入，亦無粗動推想，直是明白純浄，燭理照境，自爾分明。這個相貌，不妨强説爲明智底相貌，只未擴展得開，故不能繼續。或曰：佛家根本智亦是這個否？曰：佛家似説得高玄，不欲援擬。又曰：我已説過最初之知了，還要附説一句，你們要得到那最初之知，須先理會得自家嘗有個初念没有。若是清明在躬底人，他底心是念念皆新，即念念皆初，所以神解明利，對於已前未發見底或種道理，或種事情，如今碰着了，就在最初碰着底一會兒，把他迎刃而解。這個最初之知，就是由他念念皆初，故能如此。至若一般人底心，念念是舊習纏縛，即没有初念，哪得有最初之知呢？言已，聞者悚然。立民按：末段難得解人。

先生語立民、笑春曰：日常每覺得精神散漫，即没有心在，只是完全物化了。所以收斂精神是爲學切要工夫。這工夫雖少不得静坐，然而好用思想底人，静坐反不妙。纔坐着，腦筋裏便有許多思慮紛紛跳躍起來，不由人制伏得。我嘗以此爲苦，始知静者不是討個静境便得。往往静室瞑目端坐底人，實住在甚囂塵上底世界。後來轉向動中理會静的意思，始有入處。每日把静坐的時間改用之於動，或臨流觀水，或登高蒼茫望天，漸覺思慮澄清，煞有滋味，時有所悟，却不曾勞索，從此確信《大易》變動不居底道理，可以應用無窮。學者如果屏動求静，便成大錯。須知静者只是動之静，動而不紛不亂之謂静也，絶不容有屏動之静也。周濂溪説："動而無静，静而無動，物也；動而無動，静而無静，神也。"這話極透，却向你們道，還要解釋。濂溪意謂物件是死的東西，如使他動時，他只是動，便没静；如使他静時，他只是静，便没動。至若動而無動，則是即動即静也；静而無静，則是即静即動也。此動静合一之妙，非可以物推測，乃神之不可度思者也。然而我要解釋的却是動静字義。物底動，是依使他動底力之大小，經歷若干時間，通過若干空間，才叫動。物底静，是依地心吸力使他安止於其所佔據的空間而不移，才叫静。至若以神言動静，則此動静兩字與在物上説底動字静字，其意義完全不同。凡字底引申義與本義，往往有絶對的不相侔者，此語言演變之勢也。這動字静字都不含有時空的意義，更没有旁底力使他動静，他就是自己如此而即動即静、即静即動的，所以謂之神。動以言其非固定的物事，直是變化不窮；静以言其極變化不窮，而又有則而不可亂也。順自然之則而不亂故静。只此謂之神。這神不是宗教上底神，蓋即形容吾心之妙而已。若乃動静乖分，隨有所滯，則是喪其心而失其所以神，故下同乎物耳。又曰，記得張東所叙陳白沙先生爲學云："自見聘君歸後，静坐一室，雖家人罕見其面，數年未之有得，於是迅掃夙習，或浩歌長林，或孤嘯絶島，或弄艇投竿於溪涯海曲，捐耳目，去心智，久之然後有得焉。蓋主静而見大矣。"白沙即於動中得静。

問：儒先言變化氣質，大抵從偏處下自克之功，先生以爲然否？曰：如令自克，亦未必佳，何不從他偏處引令向上？如偏處在剛，此屬血氣之剛，不是道義之剛。也是他體質上底一種長處，正不須消磨，只使他利用這偏長底剛去進德修業便佳。若偏處在柔，亦是他生來底長處，叫他矯拂這柔去學剛强，却恐失其故步，亦不濟事，儘教他努力德業，成就一個温柔敦厚底人，豈不甚善？總之，先儒處處有減的精神，所以對於氣質偏處，要克要矯，這樣極有弊。

問：好名心極難克去，如何？曰：好名心底本質就是個好美，正是天性底發現，不容説壞得。"見賢思齊焉，見不賢而内自省也"，這個才是真好美的心，亦即是真好名的心。如此直須擴充，豈容克去？若夫不務實而求炫於外者，這不是能好名底人，只是庸凡卑屑人，力量不足，虧乏於内，誑耀於外。這個正是一種虧空的表現，迹似好名而實不知好名者也。好名近於知恥，知恥由於有力，故曰"知恥近乎勇"。

窮理到極處，説爲不可名，却已名了他；説爲不可道，却已道了他；説爲不可思議，却已思議了他。

問：《易》曰"不疾而速，不行而至"，何義也？先生以手上下指之曰：天地空中一大物也，你以爲他是漸長底麼？實則他是刹那刹那、别别頓起，就和那電光一閃一閃似的了。他起得這般速，却不曾着力，故曰"不疾而速"。他纔起就是至了。常識以爲凡言至者，必行而後至，行者，歷如干時，通過如干空間之謂。他這個頓起，元不曾有所經行，不可夾雜時空底觀念去推想他，故曰"不行而至"。莊子曰："變化密移，疇覺之歟？此蓋神之不測也。"

先生欲俟《新唯識論》成書後，次爲書評判佛學。大抵先勘定佛家根本主張，而後其系統雖博大，而無不可窮其藴也；其條理雖紛繁，而無不可究其歸也；其議論雖圓妙，而無不可測其向也。先生嘗言，唐已後言佛者，務爲八面玲瓏，而實陷於浮泛亂雜。玆舉其根本迷謬之點。佛家主張有迴脱形骸之神識，因欲超生，超生見《慈恩傳》。推其歸趣，本屬非人生的，而佛者之徒則恣爲圓融之論，以謂不捨世間。不知佛氏固亦不捨世間，要其義則以成佛已後須度衆生云爾，豈即人生主義之謂耶？於此主旨，一有模糊，則其他言説莫不可任意圓融，四通八達。此言佛者所以爲有識者所厭棄也。夫各家學説自非絶對無相通處，吾亦豈不云然？但系統不堪紊亂，未可以節取之同而忽其全體之異。若乃博涉諸家之後而融會貫穿於無形，此正古人所謂別有會心之境，如動植等養料入口後，經胃消化而成爲體中精液，斯則自有創新，而非雜取各家陳言以爲比附勾通者所及喻也。今日言古學者，無不樂爲浮亂，而佛學尤甚。且佛家之弊，不自今始，唐已下則皆然矣。先生蓋深惡之，殆欲一掃其弊。

次爲書論述中國哲學思想，大抵以問題爲經，家派爲緯。問題則隨時代而有初民先發及後來繼續進展，抑或向不經意而後應境創發，皆一一窮其所以焉，則此土哲學之根柢與其進展之序，大端可睹矣。先生嘗言，凡人思想，大抵先具渾淪的全體，而後逐漸明瞭，以及於部分之解析。故哲學發端，只是一個根本問題，曰宇宙實體之探尋而已。方其探尋不獲而欲罷不能，孜孜求進，却因此一個根本問題而劈分無數問題來。若其人善疑，富於勇氣，不肯輕捨者，則其所劈分之問題必愈多，及夫析理入微，豁然大通，纔把元來一個根本問題解決了。到此便見得道理平鋪地，顯現地，不勞探尋，前此直是枉費氣力；然欲不枉費，却没奈何。又曰：哲學家談實體者，各有所見，仁智淺深，千差萬別。此等差別不須厭棄，直大可玩味。各人所見，雖錯誤亦必有其所以錯誤之故，須理會得來。又曰：凡人對於實體之探尋，其動機則有二：一曰求真之欲，主乎知也；二曰人生之感，發乎情也。情之至而真知出，則足以究極真理而踐之不貳。至其失也，則易以接近於宗教，如佛家大乘學，實哲學上最高之詣，而不能脱宗教思想。否則亦流於偏重倫理觀念。如中國哲學，若三玄可謂致廣大，盡精微矣，然其言無不約之於人事。即程、朱、陸、王諸大師，其思理亦莫不廣淵深邃，蓋亦博涉物理事變而後超然神解，未可忽視。然而彼等絶不發抒理論，只有極少數深心人可由其零散語録理會其系統脈絡及其精微之藴而已。蓋彼等不惟不作理論文字，即其語録亦只肯説倫理上底實踐工夫，此等精神固甚好，然未免過輕知識，則有流於偏枯之弊。若乃純粹主知者，則又徒逞空洞的和形式的理論與浮泛的知識，而毫不歸宿於人生所日用踐履之中，則吾不知人間學術必於科學外而另有所謂哲學者，其本務果何在也？故私懷嘗謂中國他無見長，唯有哲學比於西人獨爲知本，誠當捨己之短，求人之長；抑宜以己之長，救人之短。又曰：時人好言方法，後生唐慕而卒莫知所運用。余以爲學者須自發問題，不徒能發之已也，若旋發旋失，與不發等，直須一發便成爲問題，不容放下。如此認真，則解決問題之方法自出，否則日日空言方法，終不於自家相干。然則先生之書雖未及作，而玩其自得之辭，可知其於此土先哲必有獨見而不容已於言者矣。

又次爲書略論中國文化，依據歷史，不侈空談，大旨期於復活晚周精神而擴大之，冀將有所貢獻於世界。凡先生所苦心自得，欲布之書，以俟來者。意念誠摯，固非外人所及喻。近年病苦，忽患腦部及背脊空虚，時覺思想滯塞，以此鬱鬱，恒悼所志將不獲申。是秋復病瘧，卧德國醫院。先生慮將不起，因友人來省視，先生與語，以不及著述爲懼。立民曰：學之顯晦，亦有其時，任之可也。先生曰：此理吾亦了然。吾即著書，天地間何嘗增得些子？吾不著書，天地間又何嘗減得些子？

問：偏重知識底人，他底生活上亦自有意味，何必如先哲所謂涵養本原而後爲是耶？先生曰：無知識底田夫野老，他底生活或者比富於知識底學問家更好得多。然則我們何不推尊田夫野老，去從他遊，而還在這裏講甚涵養工夫？須知這個道理是人人固有的，只是一般人行不著、習不察耳。譬如醉人也同醒人一般舉手動足，却於自家舉動不著不察。在他醉時，並不自覺得昏迷之苦，及一旦醒來才知自憐了。又曰：這道理不可向不見底人開口，須你自家有個見處，才好商量。人只是被許多知識錮閉，不曾超脱得開，易言之，即被許多見網籠罩住，見網者，見即是網故。無緣見得本來面目。

一人言於先生曰：科學尚實驗，佛家道理何嘗不經實驗？先生曰：安得出此鄙言！若單言佛家道理不由虚構，他自有實驗的工夫，此話却不妨説；若必以之與科學的實驗比並爲言，則吾不知何所取義。他兩個底實驗明明不同，毋庸較量。如説牛羊吃草，人却也吃飯，這個比並語有何意味？今人多有這般胡亂話，此病不小。

問宗教。先生曰：人類思想由渾而之晝。宗教在上世，只是哲學科學文學藝術等等底渾合物，後來這些學術發達，各自獨立，宗教完全没有領域了。如今還有一部分人保存着他底形式，只是迷信神與靈魂，和原人底心理一般，這也無足怪。天地間有進化的現象，亦有保持原狀的現象，如生物進化到人類，却還有原生物存在。問：宗教何以是哲學等等底渾合物？曰：宗教底神與靈魂便屬本體論上底一種説法。後來哲學進步，則談本體者始有唯心或唯物或非心非物等等説法，故哲學實自宗教出來。宗教底解釋事物，大抵歸於神的創造，這個即果求因的觀念便是科學思想底發端。宗教有事神底種種儀文，如祭器等莊嚴具及舞蹈，即藝術底起源。宗教有贊頌禱祝之詞，則文學自此始。如上所説，宗教是哲學科學等等底渾合物明白無疑。

鍾伯良治中國文化史。先生語之曰：漢魏及李唐兩次大變端，極須注意。漢魏之際是中國文化寖衰而將變底時機，李唐之世是印度佛化統一中國成功底時期。兩漢承周秦餘烈，民德不偷，是時民俗任俠尚義，故武帝、衛、霍能用之以夷胡虜。國力極盛。北逐强胡，西通西域，西南拓地亦復廣遠。推迹政治，則地方制度之良，吏治之美，饒有民治精神。器不楛惡，工藝足稱，商旅遠涉異域，不避險難，可謂盛矣！獨以大一統之故，天下習於一道同風，朝廷又開禄利之塗以奬經術，於是思想界始凝滯而少活動，則衰象已伏於此時矣。又自光武宏奬名教，士大夫皆思以氣節自見，始於激揚，終於忿矜，氣宇日以狹小。晚周先民各用其思而莫不淵廣，各行其是而莫不充實，不尚衆寵，不集一途，浩蕩活潑，雄於創造之風，於斯盡矣！夫標名教而使人矯拂天性以奔赴之，歷久則非人之所能堪也。故曹氏父子興，始倡文學，恣情欲，尚功利，求不仁不孝而有治國用兵之術者，其爲漢氏之反動思想也甚明。文學者，本以摇蕩情感，倡之者既主於邪僻，絶無深根寧極之道，則率一世以爲猖狂混濁，逞獸欲而失人性者，勢所必然，而莫之能禦也。故五胡乘中夏無生人之氣，得入而據之，以恣其殺戮，所以招致者漸也。故夫中國文化自兩漢盛時已伏衰象，迄於曹魏而破壞遂不堪矣。是時中國民性固已稍頽，然奮厲之氣猶有存者。則魏晉間文學披靡之餘，乃復有上探晚周思想，玄言宏廓深遠，名、數、禮典、音律、醫術，精擅者亦衆，工藝復極其巧。魏馬鈞爲木人，能令跳丸擲劍，緣絙倒立，出入自在；嘗試作指南車；又爲發石車，飛擊敵城，使首尾電至；又作翻車灌水，更入更出。鈞巧若神變，惜未盡試所作，傅玄序而嘆之。見《魏志·杜夔傳》。又魏世爲陵雲台，先平衆木輕重，無錙銖相負，揭台高峻，常隨風動摇，終無傾倒。見《世説·巧藝篇》。略徵一二事，足見當時製造已極精矣。至其社會政治思想，則盛倡自由。鮑生之論，則爲無政府主義者導先路。郭象《莊注》亦曰："伯夷之風，使暴虐之君得恣其毒而莫之敢亢也。"見《讓王篇》。向秀明治道之極在於物暢其性，而惡夫爲治者之自任而宰物，其言閎深，異乎嵇康輩衹爲憤辭者矣。郭象《莊注》原出向秀。漢世帝制之勢已高嚴。自漢已降，而奸雄草竊迭起不窮，生靈塗炭，慘酷已極，此自由之聲所爲疾呼。然内亂未弭，五胡又乘之，真人道之大厄也。要之，六代衰亂，實漢氏之結果，而曹魏亦助長焉。中國文化在漢世頓呈凝滯不進之狀，思想界已殭固而無活氣，空以名教寵章牢籠天下，其積弊之深，必將發泄於後，固事理所必至者。曹操雖反名教，然彼實生於思想涸竭之世，而純爲名教陶鑄之人物。值漢德衰，不能明白以自樹立，乃僞托文王之迹，故雖富於機智，而識見不能超特，局量不能寬宏，氣魄不能偉大，畢生精力盡耗於猜忌與掩飾之途。其卑小如是，比於新室，已不足當僕圉。及司馬氏效之，其細益甚，故石勒小胡猶得竊笑於其後。識者觀魏晉開基，已卜世運升降之機矣。魏晉已下，大領袖人物遂不多見，故民質日以脆弱。是時所幸者，則思想界承兩漢積衰之後，而忽呈奇偉之觀。自玄家逮於衆藝，紛紛崛起，辨物理，達神旨，浸淫返於九流，是《易》所謂窮則變之兆。蓋中夏民族本偉大之民族也，所資者深，所蘊者厚，宜其剥極而必復也。此轉變之機勢雖經胡塵蹂躪，不少衰息。延及隋氏，遂一南北而紓禍亂。迄乎初唐，威武廣被於四夷，文教普及夫群蠻，固泱泱大風也。此豈一二君相之力驟致於一旦者？蓋六代已來，哲人藝士之努力所蘊蓄於社會者，深且大故也。夫自漢魏之際肇始變化，爰及隋唐，國力既盛，宜其文化日益發展，不至夭殤。然而初唐之盛未幾，社會復歸混濁，政治亂於武夫。六代已來之學藝，造端雖宏，至此而一切斬焉絶迹，此何以故？則印度佛教思想正於初唐之世而告統一中國之成功，是以舉中國之所固有者而盡絶之也。此治中國文化史者所萬不可忽視之一大變也。佛法東來，本在季漢之世。僧徒多來自西域，初亦不能盛行。唐窺基法師《〈唯識述記〉序》："在昔周星閟色，至道鬱而未揚；漢日通暉，像教宣而遐被。多覿葱右之英，罕聞天竺之秀。音韻壤隔，混宫羽於華戎；文字天懸，昧形聲於胡晉。"據此可想見推行之困難矣。及羅什來華，以其精通三藏，又門下多材，盛事翻譯，玄風始暢。然猶乘三玄餘談，附之以彰，未能獨旺也。蓋佛法東來，得饜乎國人之心者，雖原因不一，而主要之因則以玄家喜談形而上，三玄於形而上之理只是引而不發，魏晉玄家才偏重及此耳。極與佛家接近，故迎合甚速也。如遠公著《法性論》曰："至極以不變爲性，得性以體極爲宗。"羅什見論而嘆曰："邊國人未有經，便闇與理合，豈不妙哉？"遠公故玄家，而特歆浄土，以逃於佛，其理解固未嘗得力於佛也，羅什之言可證。又僧肇著《般若無知論》，羅什覽之曰："吾解不謝子，文當相揖耳。"肇公此論，亦不出玄家見地。當時玄家既接近乎佛，而佛者亦樂援玄以自進，故佛法未遽獨盛也。時國内釋子，頗多艱苦卓絶，隻身渡窮塞，犯瘴癘，履萬險，求法天竺者甚衆，然發生重大影響於祖國者，蓋亦罕見。及唐玄奘西渡，研精群學，在印土已有大乘天之稱，回國已後，而太宗以英偉之帝，竭力贊護，於是聚集英俊，大開譯場，高文典册，名理燦然，沃人神智，況復死生問題，足重情懷。則自漢魏已來，緩兵進攻於中國思想界之佛法，至此得玄奘與太宗之雄略，大張六師，一鼓作氣，遂舉中國而統一於印度佛化之下。自此儒道諸家，寂然絶響，此蓋中國文化中斷之會也。佛法既盛，不獨士大夫翻然景從，而其勢力直普遍齊民，愚夫愚婦莫不嚮風而化，禱祀殷勤。蓋社會觀感所繫，不在學校而在寺宇，不在師儒而在僧徒矣。漢魏之際，方變而上復晚周，萌芽驟茁，遽折於外來之佛教，此固當時華梵間不可思議之遇合，不可阻遏之潮流。佛法急圖東展，而中國之玄學與其環境又恰與之應合。然佛教徒亦未免過於傾向外化，而將固有學術思想摧抑太甚。如佛道論衡，詆毁老莊，其詞多頑鄙不足一笑。僧徒既不習國學，又妄以褊心嫉異己，此所以造成佛教大一統之局。由今觀之，不得不謂爲吾國文化史上之大不幸也。夫佛家雖善言玄理，然其立教本旨，則一死生問題耳。因怖死生，發心趣道，故極其流弊，未來之望强，現在之趣弱；治心之功密，辨物之用疏；果以殉法，忍以遺世；六代僧徒多有焚身殉法者，然莫肯出而救世。淪於枯静，倦於活動；渴望寄乎空華，求生西天。盲修絶夫通感；近死之夫，不可復陽。此猶有志苦修者也。若夫托僞之流，競權死利，患得患失，神魂散越，猶冀福田，拜像供僧，誦佛修懺，其形雖存，其人已鬼。復有小慧，稍治文學，規取浮名，自矜文采，猥以微明，涉獵禪語，資其空脱，掩其鄙陋，不但盗譽一時，抑乃有聲後世，蘇軾、錢謙益、龔自珍皆是此流，今其衣鉢授受未已也。至於不肖僧徒，游手坐食，抑或粗解文辭，内教世語，胡亂雜陳，攀緣勢要，無復廉耻，等諸自檜，亦無譏焉。是故自唐已來，佛教流弊普遍深中於社會，至今方蔓衍未已。民質偷惰，亦有由來。凡在有知，宜相鑒戒。然則佛法可絶乎？曰：惡！是何言？昔者佛法獨盛，故其末流之弊愈滋，今則勢異古昔，扶衰不暇，而可令其絶乎？佛家卓爾冥證，萬事一如；事事皆如，故曰一如，所謂一葉一如來也。蕩然無相而非空，寂然存照而非有。智周萬物，故自在無掛礙；悲孕群生，惟大雄無恐怖。雖悲而無怖於險難。仰之莫測其高，俯之莫極其深，至哉佛之道也！是故會通其哲學思想而滌除其宗教觀念，則所以使人解其縛而興其性者，豈其遠人以爲道也哉！

中國文化既被佛家傾覆了，直到兩宋時代，大儒輩出，才作中國文化復興運動。他們都推本於晚周底儒家，定孔子爲一尊，却無形地踵了董仲舒、漢武帝底故步。魏晉人上追晚周，派别却多，後人提及六朝，便以清談家了之，而不肯細察當時學術流别。宋人比之似覺規模狹隘，然而他們所以宗主儒家，也有道理。儒家有兩個優點：一是大中至正，上之極廣大高明而不溺於空無，下之極切實有用而不流於功利；二是富於容納性，他底眼光透得遠大，思想放得開闊，立極以不易爲則，應用主順變精義，儒家根本思想在《易》。規模極宏，方面儘多，善於採納異派底長處而不專固，不傾軋，他對於道家法家等等都有相當的攝受，這也是不可及處。《大學》格物的主張與名家不相忤。《荀子》言禮治亦有法家影響。《周禮》言政治經濟也有法家精神。《易·繫傳》談治理，大致在輔萬物之自然，絶不自任以宰物，儒家各派都守這個原理，是與道家相通的。我和宰平在北海快雪堂曾談到儒家這兩個優點，他也和我同意。所以宋儒特别提出儒家來做建設中國文化底基礎，他們在破壞之餘，要作建設事業，自然須有個中心勢力，不容如魏晉思想那樣紛歧。因此宗主儒家尚不算他們規模狹隘之徵。

自佛教入中國已來，輪回之説普遍於社會，鬼神和命運的迷信日益强盛，佛教分明是多神教，不過他底説法很巧妙。他把旁底神教如大自在天等極力撥倒，所以人説他是無神論。殊不知人家底神打倒了，他底神又出來。試問十方三世諸佛非多神而何？又如人人有個不死的神識，非多神而何？所以信佛教者必信鬼神，其教義固如是。若乃三世因果之談，則爲世俗命運觀念所依據，這個影響極壞。人生屈伏於神權，沉淪於鬼趣，僥倖於宿定，貪求世間利樂者，則妄計命運或可坐致。人情僥倖大抵如此。這不能不説是佛教之賜。“三百篇”是中國先民底思想的表現，都是人生的、現世的，無有迷於神道者。如二《南》於男女之際及凡日常作業、習勞之間寫出和樂不淫與仁厚清肅勤厲之意，表現人生豐富的意義、無上的價值。孔子曰：“人而不爲《周南》《召南》，其猶正牆面而立也歟？”其得力於是者深矣。故迷信鬼神之風，非吾先民所固有也。古時雖重祭祀，特由慎終追遠與崇德報功，以致其仁孝不容已之心耳。戰國迄漢世方士始假神怪以騙人主，然民間不必被其風。自佛教東來，而後迷信普遍於社會。幸有宋諸先生崛起，倡明儒家之學，以至誠立人極，《通書》

闡發此旨。形色不得呵爲幻妄，日用壹皆本於真實。念慮之微，事爲之著，無往非至誠所發見。原吾生之始，則此生非用其故，若有神識，則是故物傳來。是生本創新，而新乃無妄而皆誠。故君子至誠無息，以其日新而日生。迄夫形盡於百年，則雖生隨形盡，而曾有之生、曾有之誠，其價值則亘古常新而不以百年盡也，又何待有個别的實物遺於當來而後爲快乎？神識即個别的實物。若果有之，則生生者將皆用其故而莫或創新，造化亦死機爾。豈其然哉？是故杜絶神怪以至誠建人極，道盡於有生，未知生焉知死。知止於不知，生何自來？此不可説，所謂不知也。然已曰不知，豈真不知哉？故冥會於斯而存誠以踐形，則生之所自，即生是已，知至此而止矣，何必以私意推求，妄執有個别的實物若神識者，以爲吾生之所自哉。物我同乎一體而莫不各足，物各足於其性。顯微徹夫一實而無有作僞。仰不愧，俯不怍，至誠塞乎天地。飲食男女，凡生人之大欲，皆天則之實然。循其則而不過不流，故人欲即天性而不可醜惡。尼父曰："道不遠人。人之爲道而遠人，不可以爲道。"至哉斯言乎！自周、張、二程諸儒崛興，紹宣聖之緒，而後知人生之尊嚴而不可褻侮也，人生之真實而不爲幻化也，人生之至善而不爲穢濁也，人生之富有而無所虧欠也。本性具足，故發爲萬善而通感不窮。故鬼神既遠，人性獲伸，這是諸儒莫大的功勞。然而他們却有短處，現在不妨略爲説及。他們涵養本原的工夫，雖説紹述孔氏，却受佛家禪宗影響太深，不免帶着幾分絶欲的意思。實則欲亦依性故有，不一定是壞的東西，只要導之於正便得。如孟子教齊宣王好色好貨，都可推己及人，使天下無曠夫，無怨女，及使百姓同利。這欲何嘗不可推擴去做好的？如果要做絶欲工夫，必弄得人生無活氣，却是根本錯誤。或謂今人縱欲已極，正要提倡絶欲以矯之。不知講學唯求其理之真而已，如何存得一個矯弊的意思？矯又成弊。俟鳥獸之風息，人道反諸正，將皆投諸真理之懷抱而何至縱欲無已乎？我輩服膺儒先，不要漫無揀擇。他們因爲主張絶欲，故用功亦偏於主静。如伊川見人静坐便嘆其善學。静坐本是他們共同的主張，後來李延平更看得重要，嘗曰："學問之道，不在多言，但默坐澄心體認。天理若見，雖一毫私欲之發，亦退聽矣。久久用力於此，庶幾漸明，講學始有力耳。”在他們底理論，動静是一致的。所謂即動即静，即静即動的，他們根本不承認是廢然之静。這個理論我也未嘗否認。不過道理是很古怪的，往往差之毫釐，謬以千里，這個差謬大須注意。静中固然不是没有動，但吾人纔多著意在静，便已把日常接觸事物底活動力減却許多。此語吃緊。所以他們雖復高唱格物致知，而其弟子已沈禪悦而憚於求知；他們雖復不忘經世致用，而卒以養成固陋偷敝的士習。因爲他們把主静造成普遍的學風，其流弊必至委靡不振，這個是不期然而然的。後來陳同父葉水心一輩人才起來反抗他們底學説。同父思想雖粗，却甚可愛。那時候確少不得同甫一派底功利思想。同父云：“禹無功何以成六府？乾無利何以具四德？如之何其可廢也？”同父和朱晦翁辯論底幾篇書極有價值，最要緊的是兩個意思：一是反對他們尊古卑今而否認進化的思想。二是反對他們自信未免於狹，而又把道理説得太高，所以誤視三代已下底人都是盲眼。同父是個文學家，只惜氣力太虚浮，畢竟振作不起來。水心思想較同父精細，而不及同父開張。他是一個批評家，頗似漢王仲任之流，然本領不大，雖博辯而無宏規足以自樹，故雖有一時摧陷之功，終亦不能别闢生路。總之，周、程諸儒雖復樹立儒家赤幟，而實受禪宗影響太深，未能完全承續儒家精神。雖則學術不能不受時代化，亦不能不容納異派底思想，而他們却於儒家有未認清處，所以骨子裏還是禪的氣味多。他們主静和絶欲底主張都從禪家出來的。這兩個主張殊未能挽救典午以來積衰的社會。因爲群衆是要靠士大夫領導的，而當時士大夫都去做絶欲和主静底工夫，玩心無形之表。用超世的眼光看他，誠然超越人天，大可敬服；用世間的眼光看他，不能不説是近於枯槁了。

問：宋明儒絶欲工夫却能保持非功利的生活，於此見得人生無上價值，似未可反對也。先生曰：此須識我立言意思。我不是主張縱欲的，但用功去絶欲，我認爲方法錯誤。只要操存工夫不懈，使昭昭明明的本心常時提得起，則欲皆當理，自不待絶了。如果做絶欲工夫，勢必專向内心去搜索敵人來殺伐他。功力深時，必走入寂滅，將有反人生的傾向。否則亦好執意見以爲天理。因爲他一向孤制其心，少作格物的工夫，結果自非拿他底意見來做天理不可。宋明末葉底理學家都是好鬧意見，至國亡而猶不悟。舉一個例子，如吾家襄愍公，清乾隆帝常思之曰，明朝不殺熊廷弼，我家不得入關。可見襄愍在當時是關係中國存亡底一個人。而黄宗羲《明儒學案》上良知大家鄒元標等就是甘心亡國以殺害我襄愍公底主要犯。元標頑猘不足責，宗羲以遺老自命，於此事亦爲元標文其姦，可見宗羲把意見做天理了。宗羲最不光明，《原君篇》係竊人之説以爲己説。孔孟都没有教人絶欲。孔子舉克己復禮之目，曰“非禮勿視，非禮勿聽，非禮勿言，非禮勿動”，只是教顔子在視聽言動間操存此心，不流入非禮處去便是了。這工夫何等切近！何等活潑！至於孟子教人集義以養浩然之氣，集義便是致知，便於事事物物知明處當。分明不是離事物而孤求之心。只集義養氣，則欲不待絶而自無違理之欲。所以我覺得宋明儒底方法不對，還是上求之孔孟爲好。以上評宋明儒絶欲實太過，理學諸儒尚未至絶欲。但節欲工夫不可無耳，欲不可絶而不可不節也。今仍存舊説者，誌吾過故。十力記。

一人言：世界終有末日，人類終當傾向佛家寂滅之説。先生曰：汝見一切人都死否？其人曰：自古皆有死。先生曰：人當死時，他底世界還存在否？其人默然。先生曰：汝底世界底末日已不遠，何不早去求寂滅？時座中有李君者言曰：佛家寂滅却不是斷盡了也，先生恐亦多饒舌。先生斥之曰：我不解寂滅的意義，汝却會解得？寂滅本是污染斷盡，不是教本體也都空了。然而他這個境界切不可和宋儒人欲净盡，天理流行之説一般理會。他却是超脱輪迴而證得佛果底境界，易言之，便是非人生的境界。我們本人生主義底眼光看去，他這個寂滅恰似斷盡了之謂也。所以儒先反對佛家寂滅，亦有道理。

先生登杭州南高峰，慨然曰：六代雖衰亂，猶能産出唐太宗如許偉大局量、偉大材略底人物。太宗即位已後，本大公之心，求人共治，不私不忌。當時本無甚人才，他却善陶鑄而用之，又能謙虚而盡人之善，故能創一代盛治。唐季迄五代雖復凌夷，而宋祖出於其間，其寬和謹畏，猶可敬服，所以收拾五代昏亂之局。兩宋迄元，中夏鮮雄才，然明祖奮起，猶能安定神州。不圖今日如此衰耗。余因問：伊川却痛詆太宗何也？先生曰：伊川極狹小，用一孔之見衡人。孔子稱管仲以仁，許齊桓以正，便是大氣象。伊川又不取《禮記·儒行篇》，不知此正是儒者精神。所謂俠者，即是儒之分派。伊川却要士大夫都奄奄無生氣便好。

近來社會上有一種流行的議論，以爲政界底領袖人物必定是狡詐險譎卑劣的，否則不能任天下事。如歷史所載聖帝明王，實則没有如他所頌諛的那樣明聖。遠者勿論，即如漢、唐、宋、明諸祖，哪個不是狡譎卑劣的東西？這般議論，我時聞諸相識之口。他們全是根據衰世底頑猘以推論歷史上成功底人物，而敢於武斷政界領袖必定出於狡詐險譎卑劣的。這樣不僅是推理的錯誤，而實有生心害政之憂。因爲這般議論既流行於社會，即已無形的成了社會底信條。而狡狠卑劣之狗盜一旦因緣時會而盜據領袖的地位，將依據此信條而以無所不爲者，爲事勢之當然，乃至凶於國、凶於家，災及其身而猶不悟其失。又凡屈服於狗盜之下者，亦將依據此信條而視狗盜之狡詐險譎卑劣爲彼應有盡有之長技，毫不足怪，因甘受宰割而不思反抗。這是何等可憂的事？須知人群不能一息離政治而生活。吾嘗説，世界將來進化到無政府時代，仍不能説無政治。因爲人群相生相養，總要有一種組織，這種組織就叫做政治。在群品未進，政制尚低，倚望領袖底時代，而居領袖地位的人如果只要狡詐險譎卑劣而不必需要道德，則政治何得不敗壞？人群亦何所賴以維繫？故孔子删《書》，稱述二帝三王之德業，蓋乃信而有徵，不僅欲爲後人樹之模範也。老莊目擊列强殘民以逞，因極詆前王，無所許可，是徒憤於時主，故武斷一切，斯與今人議論同一錯誤。儒者何嘗不非桀紂、輕五伯？然卒不泯賢聖之績。若謂人主皆壞物，則是天下真可以無道馭之，非教猱升木而何？漢、唐、宋、明諸祖所以開基致治，自非偶然。漢高欲易太子，及老衰將死，謀實行之，卒因四皓而不果。夫其衰竭之餘，猶敬服善類，顧畏天下清議而毅然取消其生平深藏之一念而不敢恣，此豈恒人所可能者？唐太宗勵精圖治，求諫以防私意之漸，周諮以悉閭閻之情，陸宣公奏議多述其行事，故當時國威之隆，文化之盛，後莫能繼，其領導之功不可忘也。宋祖寬仁，嘗一日罷朝坐便殿，不樂者久之。左右請其故。曰："爾謂爲天子容易耶？適乘快指揮一事，故不樂耳。"其兢兢業業，不敢有恣肆，類如此。明祖能率吾民以脱離蠻族壓制，功德不細，然以不學之故，卒流於狹小，其立政規模便差，然晚世頑猘之所爲，又明祖之所不屑爲也。

某君云：先儒言人者天地之心，此即人類中心觀念。自達爾文進化論出，其説已不能成立。先生曰：汝未之思也。人類中心觀念本不可摇奪，只是舊的解釋錯誤，自達氏進化論出，乃予以新解釋耳。今站在進化的觀點上説，自然界從無機物而生物，而動物，而人類，層層進化。人類進至最高級，他漸減却獸性而把宇宙底真善美發展出來。易言之，宇宙底真理在人類上才表現得完足，所以説人者天地之心，所以人類中心觀念得進化論而益有根據。

同學請説"克己復禮"一章。先生曰：人方越乎禮，即此便是己。克己則已復於禮矣。故克己、復禮是一回事，却分做兩層來説，意義才完足。下文請問其目，並沒有分别是克己之目，抑是復禮之目，可見克、復是一回事，不可打做兩截了。這章書，先儒解得很糟，今將字句一爲分疏。伊川説："須是克盡己私，皆歸於禮，方始是仁。"實則克之義爲勝，元來不含盡義。《朱子語録》：聖人下個"克"字，譬如相殺相似，定要克勝得他。此云相殺，便與伊川言盡者同。"己"字，朱子訓爲"身之私欲"，伊川説爲"私意"，愚謂意欲未即是私，必意欲爲習所移、物所引而流於邪僻，方是私意、私欲。記者詞雖略，然證以下文非禮勿視等言，則可反會得非禮之視聽言動便是意欲爲習移物引而流於邪僻，只此叫做私意、私欲，只此謂之己。克己者，只是此心恒時操存而不放逸，有以克勝乎這個己，令他不得乘隙而起，故名克己。不是待他起來方克殺去，朱子克殺之云，必是起了方殺。亦不曾説向寂滅處去，要照察這個己的根苗將他克殺浄盡。伊川説克盡己私，勢必除斷欲根而入於寂滅。夫子指出克復的條目就是"非禮勿視，非禮勿聽，非禮勿言，非禮勿動"，分明教顏子在視聽言動間着工夫，不要流入非禮處去，這工夫就是個操存，極切近，極活潑。若如程朱之説，勢必收視返聽，向心窩裏搜殺敵人，令其浄盡。孔子分明没有説到此。此條不妥。向心窩搜殺敵人，此工夫不可無。復禮之説，宜參考卷二《答李景賢》。十力再記。

佛化東來，經過三期變化。初期以附會中國固有者爲吸收之便利，六朝人托於三玄，以此也。如肇公《般若無知論》，純以道家爲骨子，而傅以佛典中語耳。《物不遷論》可謂極有價值之創作，文約義深，廣大備矣，然亦原本《大易》，不必盡從佛典來也。次期極端求佛家真面目。奘公西度而後，廣出諸經論，大乘空有兩宗，鉅典略備，學人研尋，始有準繩，不事附會。三期求華儒道。梵佛家。融和而别爲創造，禪宗首啓其機，至宋明儒而此種運動益劇，然其結果不必好，因吾儒底人生態度參不得佛家意思故。

清季學人都提倡王船山民族主義。革命之成也，船山先生影響極大。然船山民族思想確不是狹隘的種界觀念，他却純從文化上着眼，以爲中夏文化是最高尚的，是人道之所以别於禽獸的，故痛心於五胡、遼、金、元、清底暴力摧殘。他這個意思，要把他底全書融會得來，便見他字字是淚痕。然而近人表彰他底民族主義者，似都看做是狹隘的種界觀念，未免妄猜了他也。他實不是這般小民族的鄙見。須知中夏民族元來没有狹隘自私的種界觀念，這個觀念是不合人道而違背真理且阻礙進化的思想，正是船山先生所痛恨的。

船山志在中夏文化之復興，而以蠻族暴力與印度佛教思想視爲有一致排斥之必要。

邱希明先生曰：孟氏有言，《春秋》作而亂臣賊子懼。彼已公然冒大不韙而爲亂賊，豈以文士摇筆而加誅貶爲懼耶！先生曰：太史公云，不知《春秋》，前有讒而不見，後有賊而不知。可謂達聖心者。聖人所以作《春秋》，蓋明著讒賊之詭謀穢術，使其纖悉畢露，盡人知之，然後其技無可售，其姦不得逞。孟氏所謂亂賊懼者，殆亦此意，特辭略耳。《春秋》文成數萬，其指數千，今之所傳，蓋非其本。夫子當時已不便筆之於書而散爲口説，公、穀之徒蓋多傳之，顧輾轉授受，不能無變易耳。道家刺前王，非禮而薄仁義，則取王者所假托以號召天下之美幟而毁之已耳，其劇烈過《春秋》。蓋儒道二宗並深詳人間黑暗，勿使得匿。不得匿故不得逞也。夫非以搏擊爲快也，是其惻隱之仁，堅貞之志，聰睿之慧，足以爲大宇之智炬，人類之福音，非晚世曲謹小儒所及測也。希明先生曰：大哉言乎！史遷已後，未有達斯旨者。朱元晦作《綱目》，書莽大夫揚雄死，悻悻而施筆伐，何當於前聖作史之本意哉？先生曰：子雲《劇秦美新》，意存諷刺，故懼而投閣耳，其心則猶可諒也。

附記：邱先生名蘗，字晞運，一字希明，江西宜黄人。詩文有奇氣。孤峻，修諸苦行。少與歐陽竟無大師同稟佛法於石埭楊文會居士。後復皈依竟師，通大小乘學，兼綜世典。民二十八年夏卒，葬四川樂山烏尤寺山下。

明季王船山、顔習齋、顧亭林諸鉅儒，都是上溯晚周儒家思想而不以宋明諸師底半傾佛化爲然，這個精神極偉大。吾儕當繼續努力。

手　札

與林宰平

上午寫一紙未郵。午後得來書，甚喜！大端清得，弟未以之自喜。謂不欲改混亂，此語半是半不是。十力並無真實力量，只是感情作主，此等藥石之言，非吾兄誰肯發者？弟正在此處自省耳。感情所以易動者，習氣鼓於中故也。多一分習氣，便減一分力量。吾兄之所云，誠有以也。矜勝則悟至而不能實體之以使理爲己有，憤甚則悲心乍動而易間，無以擔蒼生之罪福，此弟所時以自懼，而世人豈識之哉？連年隱念時艱，終徘徊審顧，不敢輕圖天下事，仍決意作學人者，此意兄或未窺也。即就學問方面言，弟亦勉强自持。唯識舊稿，輟而弗出，亦恐出後則無心於改造矣。凡此勉强而不輕試之念，唯自察其力量之有未實，而徐徐求所以充實之耳。混亂之在根本者，指習氣言。弟確已發見，而未始不欲改之。兄言不欲改，此半不是也。混亂之形於枝節者，弟確不欲在此處對治。兄言不欲改，此半是也。弟邇來爲學，自信不拘文字而求道理，誠有其可自信，而不必自喜。兄或未察也。敝書十二葉小注，諒兄弗肯同意。午節在北海白塔下嘗言之。此意自是弟所珍重，雖一世誚爲頑固所不敢辭。

與梁漱溟

胸中時若有千言萬語急欲迸發，纔把筆則已呼唤不出，靈機鼓動，氣力不足以申引暢發之也。賤體太虧，如何如何。

真正人生之感，不是凡夫所有。其感是悲情，不是凡情。如來當初出家之感與其最後成佛時情感，仍是一般，所謂徹始徹終也。如當初一感未真，哪會幾年工夫便爾成佛？我往者之感，兄向者之感，頌天近者之感，都是凡情。不過此等凡情大不易得，蓋由外緣有所引發，回向真處。但是向真不是真機勃爾自露，猶如浮雲裏透露日光耳。此等情機發動，若得著路，便一直向上，生機不絶；不遇著路，則宛轉間不激而狂，必流於萎。頌天昨秋已來憤鬱不解，如尚聽其自然，必萎敗矣。

連年病廢，心情昏亂。昨與孑老及某輩緘，偶述近況及已前所經，頗露窘苦難堪之狀。已發而悔。繼思之，此又何足深悔？平生心事皎如白日，只堪自信，何須求諒於不相干之人？然孑老自足知我，未堪一例抹煞也。世事至此，已如船山所云，害已成而不可挽，挽則横流。在此惡勢周流六虚之會，於此於彼，形式雖殊，惡流則一。即有善良加入一方，恒隨流轉，勢不自由。惟有超然静立乎惡流之外而隱有所持，雖哀矜而不容驟挽，藏之於慎密而持之以悠久，則造化在我，而默運於無形矣。此力之所志而實未能逮，終必顛連倒跌而强起以疾赴之者也。吾兄今日自居局外，但盡友誼，可謂得宜。任潮、真如與吾儕夙抱原自不同，即其經過以言，亦只好努力始終撐拄其間，結果只是做一日和尚撞一日鐘，成敗利鈍不能計爾。

手示敬悉。公開二字，是我生來之良能。然我慢之重，亦積習太深。黄河萬里，拖泥帶水而行，本素所自喻。然今且將老矣，又病矣，病益爲拖帶之緣。今欲自行克治，尤以養好此病爲先着，否則一切修養説不上。黄梅前身見四祖，四祖以其年老乏精力，囑再來。此雖神話，然修養須精力好才辦得，自可於此故事中會意也。頌天得力處當有之，但恐易緣時又復故態。此事大不易言，須此心從事上磨練得勿忘勿助，方是到家。若現在養病期間，屏除一切外誘，借典册警惕，引發静氣，才得一段清明，此未足據。吾年來病困，兼以時事刺激，引起心緒惡劣，然屏棄書籍已久，静觀萬事萬物之變，亦時有所得，倉卒不能言也。

昨訊有欲言未言，終覺不合。承示頌天函，似有念念不遷之説，真自欺語也。尼父七十不逾矩方是不遷之實，后生談何容易？又引先儒收放心之談而云只不放便收。不知吾儕有生已來，此心便嘗放失而不覺，對治已放，故説收。終古是收字工夫，豈容掉以輕心，高談妙悟？吾所努力，唯欲先做到不自欺一段工夫，以圖復我久放之心。凜然求孟氏所謂視民如傷、望道未見之念，看吾心真實有此痛癢否？不此之務而高言禪悦，猥以浮明，托於竊似，居以不疑，此晚世狂禪與陸王末流，所以獲罪而不自逭也。此片務轉頌天。

與嚴立三

凡人心思若爲世俗浮淺知識及膚濫論調所籠罩，其思路必無從啓發，眼光必無由高尚，胸襟必無得開拓，生活必無有根據，氣魄必不得宏壯，人格必不得擴大。力一切言論總是要人反省，承認自家無知，必將平日所習見習聞於世俗名流之一切浮泛知識、膚濫理論剥得乾乾浄浄，才可由此努力，以接近善知識，而深研真實學問。力所以説話便好駡人，全是悲心行乎不容已，非吾兄所疑爲褊心嫉俗之謂也。然力亦只是口頭便及之，却决不於文字上批評時賢，此正不敢不自重之意，賢者察之。立三名重，湖北麻城人。他日有暇，當爲作傳。力記。

答友人

去家難，兄其有細人之情耶？否耶？吾以兄之所難爲細人之情也，恐局外高談，而不了兄之處境，則將謂棄其骨肉，是而可忍，孰不可忍哉！足下若自謂非細人之情也，則須返檢念慮之微，其果有妻子之私而願爲之鞠躬盡瘁歟？抑實逼處此，且任坦蕩之懷，盡所得爲，毋相棄，亦毋過慮歟？又於家人兒女外，此心更有痛癢相關處歟？明明在上，赫赫在下，鳶飛戾天，魚躍於淵，何拘何礙？而以有生之年，盡於禽犢之愛，古今衆生，皆如此矣。吾不敢謂兄其然，吾不敢信兄之不盡然。弟秋節後，爲侄輩亦大有所苦。若瑣瑣奉告，又太累耳，不如無言。

與彭雲谷

別來，時於從理處藉悉近况。得來書，更諗其詳。吾無以教子，唯即前所欲譚而未盡者鄭重明之。所謂人群，所謂社會，無實物也，只是無量勢力摩蕩運行而已矣，質言之，只是變而已矣。此意在寧時已略談一度。吾儕一方在萬變中旋轉，而行乎其不自知，推於其不容已，固若機械矣。一方又爲變化之原動力，而於萬變之大流中，恒得以吾之力左右其間，故吾人又有自由而非純然機械也者。先世仁人任士，毅然惻然，以擔荷天下轉移風會爲己任，豈唐大無稽，侈陳志事哉？誠有其實效也。吾子若識得此意，固將履變化之途而充惻隱之仁，裕宏毅之智以期於不撓不惑。《傳》曰：“取法乎上，僅得乎中；取法乎中，斯爲下矣。”吾與子語上而不語下，幸勿妄自菲薄。居常總宜留心體察人情事變，尤當抽暇讀書，藉作指導。讀書又略分兩面：一關於應用之知能，若政治經濟種種問題，非有精研則不能致用。一關於立己之德慧，欲自培植，必資觀感，故須留心偉人文集。若近代曾、胡及前世陸宣公、諸葛武侯、王陽明、熊襄愍、楊椒山、張江陵之倫，其仁心誠意之所昭宣，精神毅力之所流布，明慧剛斷之所垂示，莫不散在簡篇，可以探索。苟能會心於文字之外，則德慧之薰發，有不知其所以然者。《易》曰“君子多識前言往行以蓄其德”，《論語》“温故而知新”，皆此意也。足下勿以作事不暇讀書自諉。曾文正在軍中，猶日必讀史寫字，足下事務縱繁瑣，較彼身爲大將者，整暇冗忙之相去，豈可以道里計哉？《記》曰“君子不使其躬儳焉如不終日”，今人無論作事或閒居，皆令其身心惰散，無安頓處，即“儳焉不可終日”之謂也，曾有志士而忍如此？吾與人相與無久暫，以平等心，説老實話，吾子其熟察之也。

答陶開士

得贊非轉到惠書，知又被火。天下遭際之奇，固有如是古怪者耶？審觀書辭，雖在艱困中，不曾改其坦蕩之度，足徵學有得力處也。船山《俟解》有云：“堂堂巍巍，壁立萬仞，心氣自爾和平，如强壯有力者，雖負重行赤日中，自能不喘，力大氣必和也。王龍溪家爲火焚，其往來書牘言之不置。平生講良知，至此躁氣浮動，其所謂良知者，非良知也。”吾謂龍溪大抵未能破除迷信，以謂失火殆由神譴，此亦與佛家業報之説相通。在凡夫中無所主，平日自省不切，自勘不明，故未能自信而炫於禍福。若夫中有主而自修密、自知明者，則不邇於神道矣。子疾病，子路請禱。子曰“丘之禱久矣”，自了自信，堅固熾然，不可摇奪，細人何足測其情哉？來書業重天譴之云，弟以爲不須作此説。火能爲災，物理之常，何得有天？何所謂譴？平叔頃在此，並主兄出門教學，聞見較闊，心機較活，壽命較易延長。弟已五年不回家，中心藏之，何日忘之？一兄、一弟、兩姊皆窮病。欲濟其厄，不獨無力，縱設法解其困，又恐以此害之。鄉間得一飽者，幾能免於匪禍乎？今之世變，往代所無，不知古人處此，更有何道？愴然獨念，亦只有付之無可奈何，“知其無可奈何而安之若命”，莊生先獲我心歟！爲吾兄計，若拳拳手足而不忍遠離，徒以憂鬱厚自傷損，終無補於彼，何若珍重擔當道義之身，屏絶家鄉煩苦，出門因聲氣應求而廣善以延其生理？若有大心，當知得失取捨，仁者慎勿自誤。

毁人不當，於人無干，自形其陋；譽人不當，於人無干，自彰其淺。譽人不當者，復有過不及之殊。彼其實不足，而吾譽之太甚，斯過譽也；彼其實有餘，而吾譽之不稱，斯又不及之譽也。過與不及，皆君子之所恥，以其識淺不足以衡人故也。孟子自命知言，他是何等識力？伊川輩論人，便往往差誤。何況今日凡夫眼孔瑣瑣如蚊者乎。

與梁任公

秘魔巖傾談方樂，適爲游客所阻，未免敗興。《唯識》書經北大印至四十五葉，頃托宰兄轉致，便中省覽，幸有以教也。書中談變義處，宰兄初嘗有疑，以爲心法可云刹那生滅，色法或不爾。如此見解，正是滯迹，不知色法亦是變化密移，唯有新新，都無故故。力與宰兄議論數番，渠近亦見得此理。不審先生於此有疑否耳？

與陳真如

前囑看各書，不審實行否？自來擔天下大事者，必有渾含之氣象，深沉之思慮，廣大之規模，整暇之情致。老弟書詞嘗露褊急浮淺態度，此殆心不自主而爲事所牽也。弟本樸實人，才略殊不足，唯當裕之以學。《傳》曰“物有本末”。爲學有本，發皇志願，此其本也。志不虛大，願不虛立，日用云爲動静語默之際，須時時有心在。覺得浮，便收拾；覺得躁，便鎮攝；覺得有一毫虚僞，便皈誠；覺得有一毫畏葸顧忌，便發强剛毅。心也者，與萬物萬變相酬酢者也，不於此處加培養，縱有知識技能，亦不濟事。願留心陽明之學，作一番立本工夫，或堪投大遺艱。吴康齋詩曰："佇看風急天寒夜，誰是當門定腳人？"唯心定而後腳立得定耳。

贊非案：先生此札似在十三四年間。其後真如先生有與先生論良知書略云：良知之在於人人之心，是斷無不知是，非斷無不知非。知是知非既人人之所同，其爲周遍顯易如此，宜乎人生日用所踐履之中無不能順其良知之本然者，而實乃不爾。蓋人恒放失此良知之心而莫或操存，則失其所以易矣。放失者，非謂其遽泯滅也，謂其錮蔽之深而不得發現也。既不得發現，則失其所以顯矣。錮蔽者，以人各有其習氣，即各有其僻執，如是而人各以其習氣或僻執者爲心，則千差萬别，所謂人心不同如其面，而所同然之良知之心遂致汩没，則失其所以周遍矣。由是乃知良知雖至周遍顯易，而其致知之功實天下之至難能至難行也。非有真實切己之志，則不足與言此學云云。先生得此書，謂其把致良知"致"字看得吃緊，甚善。故附存之。

與或人

《新唯識論》須從頭另造，原稿可就者甚少。吾十年來精力盡萃此書，在此歐化時代，唯物思潮洶涌之際，吾所爲者，極不合時宜。然掉背孤行，以亢乎往古來今而無所悔，則吾志也。

夫學必博求之而後大，實踐之而後深，後生何敢妄自矜持？來函疑余孤寂，尤不相干。八寶莊嚴，宗廟之美，百官之富，吾既皆備，何孤寂之有哉？若乃宇宙無量，群生異習，咸其自己，不齊故齊，莊義葳蕤，吾所夙契者矣。然曠懷言理，固自爾爾。至誠通物，恒欲云云。斯理之玄，古今聖智莫能自解，尼父欲無言，又曰：吾黨小子，莫知所裁，此何心哉？佛説吾是如語者、實語者、不誑語者，反復自明，唯恐人之不見信，是何心哉？愛我若慈父，教我若嚴師，晉世清流，用譏儒者，不知此正儒家真切處也。吾病劇矣，性不絶人，來無不談，能虚能受，馳驅坦途，不受不虚，彼自有以，吾亦任彼。洪河載舟，堂坳載芥，用法眼觀，同其有載，何所判於大小哉？吾有事在，夏令不宜吾病，愛我者不來。

與或人

護法《唯識論》近於機械，此説固是，然出於足下之口，則全不相干。凡反對古代大人物之説者，必始也於其人之苦心孤詣與其學説之大綱衆目，一一理會清晰，且咀嚼有味，興高采烈，直與其人之思想合而爲一。到此境矣，忽然百尺竿頭，頓不滿於前之所欣，則此反對爲有價值，而亦無負於古人，自己方是真得力，真受用處，此何易言哉？今人粗心浮氣，才了人家一二皮毛，便已開口批評，試問自己有何見地？胸中有何生涯？寡淺不若堂坳，且欲蕩芥爲樂，以測大海泛舟之事，此可哀而不足鄙也。此習不戒，將欲入學，吾未前聞。

足下一向少作真實工夫，故於物情事理猶欠分曉，只落在世俗拘礙與惰散路徑去，此吾所爲深憂者也。吾昔所期望於子者甚遠，不幸今已墮落而無一成。以吾年來函牘提撕，而子之狹陋褊淺如故，毫未有感發興起，然且以良民自許。良民者庶民也，庶民者禽獸也，飢則思食，渴則思飲，血氣旺則思排洩，此外無感觸，無藴蓄，故於禽獸無別也，此豈大丈夫所願爲者乎？凡暴棄已甚之人，只有反而自覔其心。諸葛武侯《誡外甥書》曰，“使庶幾之志，揭然有所存，惻然有所感”。此非大菩薩不能爲此語，非志希大菩薩者不能如實了解此語。此未可以了解文字者了解之也，須灼然發現自己淵深惻隱，包絡天地，孕育群物，廣大無邊，不可思議之心體，乃識得此中理趣。凡夫心靈，一向汩没，昂然七尺之軀，息息與物爲構，即是一塊硬物質，與許多硬物質相攻取，孟子所以謂之物交物也。若此烏知所謂“揭然有所存，惻然有所感”者乎？此吾子所以萬劫沉淪也。

答湯錫予

細勘佛家神識之義，明是個體輪轉，不必爲之作圓妙無着之説，以避人攻難。世俗靈魂觀念蓋亦與此相近。無論陳義精粗，其爲死後猶有物，均也。力嘗不契此説，欲主大化流行之義，以功能爲萬物之統體，而無所謂個人獨具之神識。唯人生所造業力，則容暫時不散，此世俗幽靈之事實，所以不盡無耳。

答張俶知

吾向者望人亦太過。望人過者，其失望愈多；失望愈多，則内將無以自堪而外將輕人以至乎絶人，斯人己皆病矣。吾每見人，與之言，刺刺不休。言之無效，又自苦。且多言損氣，嘗引起身體上之疾病。率是以往，恐遂自損其生，而此道一綫之幾，更屬何人？念此不寒而慄。繼自今，唯務澹放天懷，自得而不必私之於己，愛人而勿流於沾滯之情。太和涵攝，人己相得於無形，此道也，吾所未能而勉企也。

吾自兒時多病，嘗起怕死之念。三十左右，此念又經一度熾然。大約此念起時，能轉一新方向，便可無虞，所謂死中得生也。若此念牽纏而不能放於日新自得之場，其死必矣。吾望共學諸子，時以一種新鋭之氣，互相感召，將必有開拓無窮之新生命。

答馬乾符

與子别後，訊問極稀，胸間總少閒適趣味，無所足告耳。來書每欲屏事以養心，此大不可。心非是孤孤另另獨立之一物，事之著見，即心之著見也。屏事而求心可乎？静坐，事也，只任昭昭靈靈之心而静坐，即事即心也。讀書，事也，只任昭昭靈靈之心而讀書，即事即心也。教課，事也，只任昭昭靈靈之心而教課，即事即心也。吃飯穿衣，事也，只任昭昭靈靈之心而吃飯穿衣，即事即心也。一切仰觀俯察，純任昭昭靈靈之心以通萬象之感。是故天下莫非事也，即莫非心也，惡可屏事而求心乎？酷熱寫此，不能盡意。

來書收到。日常涵養工夫，切忌收斂太緊，總宜時時有活氣，坦然直往。不怕有壞念起，只要覺得，便當下斬斷，切勿隨順。至於求知之功，不蘄捷獲，不厭煩瑣，不憚强探，循序無躐等，析理無籠筒，真積力久，不患不忽然貫通也。贊非按：乾符先生，太原人。天資甚高，自勵極切，不幸短命死矣，先生深痛惜之。

示張立民

立民昨談，現在從不知天高地厚傲然自足裏，忽然起了一個空虚與恐慌，此中是生死關頭，能向上求進便生，否則死。此段話大有意思。中外古今學者，殆無不經過從不知天高地厚傲然自足之中忽起空虚與恐慌，然後向上求進以成就其人格與學問者。唯在空虚與恐慌之階段却甚危險，非有大量，即不能向上求進以生，只有陷於空虚恐慌以死。你既感覺到此，便須萬分努力，生死之機，自操而已。

凡人若非下愚，中資已上，即各有天才。世間各種學問，其難易標準，唯隨學人之天才而定。有某種學問，自一輩人看來若絶非難事者，而却有他方面底大聰明人硬不了解。又有某種學問，在許多人看來以爲神秘奇怪，而却有人看得易入。故人之爲學，必自審其天才近於何學，不可胡亂幹去，亟須留意也。古人有言，士别三日，便當刮目。或曰，一日千里。此皆實話。唯擇其天才所近而努力焉，自有此效。汝雖欲治哲學，却未知汝天才近於哲學否？且哲學派别亦複雜，又宜自度天才近於何派。佛學須神解卓特。章太炎謂爲貴族之學，可謂知言。世人喜談佛法，猥以糊塗，托於玄妙，有識所厭也。

凡科學上之大發明家，皆屬上智，不消説得。然其理既經發明之後，則凡在中資皆可循其方法，一步一步經實驗與推理而逐漸了解，但患不肯用笨工耳。若哲學家所窮究者，其理不離乎事事物物，而實不滯乎事事物物，故非神解卓特，則未有不終其身於膚泛支離的知識中而無以窺真理之奧也。

與黄存之

凡人當時時有策勵振作氣象，不可有一毫瞢懂散漫，此在自己留心反省也。健行者，生命之本然。吾人纔有一息不上進，便化於物而瞢懂散漫矣。每日須常有清明意趣，超然神解，直凑單微。有所不能究了，則懸爲疑問，隨時隨地研索。讀書必返諸自家經驗，有所抉擇。如不爾者，雖讀萬卷書無益也。存之，北平人。篤實好學。惜年事不永。

答王平叔黄艮庸

平叔懷鬱而有疾，時或彊力掙扎而不能有恒，激發興趣則怡悦進趣，操之過急又忽焉傷沮，此大可慮也。艮庸今年來訊，屢表疾痛。以子懷抱清簡，未更世務，此行盡目所見，盡耳所聞，皆刺心事，固不能無悶苦也。人間世本來如此，知之而不能無憂，憂之而不可或過。顔之推曰："楊朱之徒，世謂冷腸；墨翟之流，世謂熱腹。腸不可冷，腹不可熱。要當以仁義爲節制耳。"此言極有理趣。

附記：平叔，四川巴縣人。少有奇氣，穎悟甚高，聞梁漱溟講學北庠，走京師從之遊。旋問學於余。素行脱略，觸及世事，輒慷慨泣下。合浦陳真如與爲至交，約居幕府，多所贊畫。余方期其有成，不幸短命。十力記。

示郝心亮李敬持

讀書必心有所存，然後於古人精意之流於文字者，能觸目而起深切之感。或遇指着自己病痛處而惻然傷，怵然懼，惶然羞；或遇觸發平日所絶不能窺，抑或略窺而不能深透底道理，忽焉不覺手之舞足之蹈。如此方是能讀書者。汝儕且漫讀書，須先理會此心。

與高赒莊

大作看過，其中精透語雖不少，然以云論，則難言也。若不作論文看，尚有可取。倘欲名論，便没意趣。梵天論體，博大深沉，包羅萬象。吾土周秦諸子，其文皆論，一本衆幹，枝葉扶疏，方之梵製，蓋無讓焉。賈生《過秦》，稱名爲論，實則當列雜文之儕。自爾已來，作者不興，鴻論遂絶。韓愈之徒，思理短淺，適比牧豎，雜文薄有氣勢，妄自驚寵。後來迂儒小生，無知逐臭，更相崇尚，始開古文之宗。單篇鄙制，競冒論名。吾嘗以爲中土學術思想，自唐已下，日就堙塞，推求其故，雖不一端，而文體劣陋，實乃最大之因。《語》曰“工欲善事，必先利器”。文字者，發表學思之利器也。累世之人，相習於油腔滑調之古文，詞無容納，議乏條貫。方其舉筆，不必平日夙有問題，實事求是，精以周察，廣以總攬，深以達微，率爾吐詞，繳繞字句之間足以尸文宗、傳後世，夫誰不願爲如此者乎？故古文風行，而晚周六代盛唐學術思想之盛，曠乎其不可聞焉！盛唐儒家無人，而佛家乃如日中天。韓愈輩蟻智羊羶，實始作俑，此罪不可逭也。吾兄志正而好學，宜深惟流俗之所以失。學未成熟，有所偶獲，隨時筆札，勿庸襲名爲論，必力戒苟且，而後可幾於大人之學矣。酷熱甚倦，不能多陳。

附記：赒莊，山東郯城人。貧苦好學，胸懷高曠。初聞梁漱溟講學北庠，通函請益。漱溟介之晤余，問《大易》及佛學唯識論。余以《新唯識論》稿本與之，欣然有得。蔡孑民先生薦之審計部。復參宜黄大師，亦時請益丹陽吕秋逸。其爲學不拘門户，參訪無虚日，與吾通信，月必數至。晚而篤好船山，思傳其學。民國二十七年，倭寇陷郯城，赒莊攜夫人投水死。次子佩經從之死。佩經與兄贊非俱從吾遊甚久。佩經沉静有慧，好哲學。其死也，余有喪予之慟。一門偉烈，可謂盛矣！十力記。

示高贊非

汝與某生年事相懸，不能以同門之故而妄作兄弟稱呼也。昔見一後生致函長者，自稱以弟，乃曰忘形。不知人倫有禮，忘形而不容泯分。心情無礙，是謂忘形。先後無序，則爲泯分。忘形故宇宙太和，泯分即社會混亂。末俗滅禮，不可不知。

昨與伯良、從理談及交遊間稱謂之宜頗關禮數，今以示子。先進後進，相爲嬗續，人道所以弗替也。凡有齒長於我，雖不必有盛德可稱，而其行己亦無虧辱者，則我宜以先進禮之。縱彼謙光下逮，不以長者自居，而在我切不可有一毫苟且，當呼彼以先生，而自稱名焉。如此不亢不卑，分之宜也。今後生無恥，苟遇無名無勢者，不顧齒德懸殊，輒以同等稱之，此自形其汙賤也。魏晉人恣爲通脱，交遊略無少長分際，然卒甘臣妾於胡虜。

後進守分而不敢犯，先進亦忘分而不敢亢焉。故長者對年少稱之以兄，而自稱曰弟也。即在姻戚，除舅甥等直接親屬外，自餘尊長對卑幼，書函皆可自稱弟而呼彼以兄也。長不凌幼，下同而相濟，人道之和也。

同志曰朋，同道曰友。古人朋友之義極爲嚴格，所以預在五倫。晚世朋友之交，或不必志與道之同符也，往往因同學、同事等關係而情感投契，誼均手足，始終無間，此亦人情之至，人道之樂耳。朋友互相稱以兄，禮也。然有初交即序齒，而長者對年少直以弟畜之，則親極而文殺也。

朋友之義，繫於兩人相與之際。然推恩好以上禮其親、下逮其子者，情之隆也，義所予也。然上禮必有辨，友之親，齒在父行，德又可尊，則以父執視之，稱爲世伯可也。忽齒德而不親，則同人道於牛馬。

齒德二者，若缺其一，則不得用伯父之稱，相見以賓禮遇之可也，與友函問，曰尊大人可也，毋自褻也。今人訂交，向友問其親，輒不辨其德，遽稱曰老伯，此所恒見也。稱之者，愛敬不自中心，受之者又何以自安？市道也，不可行。

凡往來相識而實不必有朋友關係者，只宜泛稱彼以先生而自具名焉，似不必遽作兄弟稱呼。

示高佩經

讀書時須自得。吾有解處，却是真解；吾不解處，是真不解。如此方是能讀書人。若似解似不解，一任含糊過去，則不治之病也。

與鄧子琴宋莘耕張詩言

每見青年問學，開口必曰方法，此極可惜。須知學問方法必待學成而後能明其所以。至求學時代，則全仗自家一副精心果力暗中摸索，方方面面不憚繁難，經歷許多層累曲折，如疑惑、設計、集證、決斷、會通、類推等等，其間所歷困難與錯誤，正不知幾許，窮年屹屹，而後有成。一旦豁然，回思經歷，方自見有其所循之方法可舉於告人者。然亦略舉大端而已。至其甘苦隱微，終不能揭示於人，莊子斲輪之説是也。今日後生開口便問方法，至於自家是否具有真實心力，則一向怠慢，不會反省。譬如懦夫，自無能行之力，空訪路途，其能舉步否耶？吾每遇人詢吾學方法，皆默然不答。彼昧吾旨，轉相誚訕，吾亦任之。世間妄人可教誡耶？又在京時曾與諸君談及讀書，冗忙苦未盡意，今且重申。凡讀書者，須有主觀方面之採獲，有客觀方面之探求。先言主觀。讀書胸中預有模範，如作屋者，棟梁未建，基局已定，是謂模範。有計畫，則任讀何書，隨在有足供吾之觸類而融通者。若無模範，無計畫，而茫焉讀古今人書，讀一書即死守一書之文義，讀兩書即死守兩書之文義，是謂書蠹，何關學問？次論客觀。某一學派之大著，必自有其獨到之精神，必自有其獨立之系統。讀者既有其主觀之採獲，遂謂得彼之真，窺彼之全也，如是必以主蔽客也。故必屏除一己所觸類融通者，而對彼之宏綱衆目爲純客觀之探求，方見吾與彼之異及吾與彼並其他諸家之異，益徵理道無窮，宇宙無量，而免於混亂或管窺之誚矣。讀書不即是學問，而學問必有待於讀書，此意自是二三子所知，願各努力而已。吾來杭，忽忽二十餘日，每夜分十二時大咳不已，略無佳趣，此病不知何日得轉機也？

附記：張詩言，江蘇無錫人。豪邁不可一世。於西洋哲學，獨推德國人能深到，嘗欲貫穿中德之間。不幸短命死矣。十力記。

與侄非武

非武：汝尚在做夢乎？不看新舊書，不作日記，汝知識全無，長成一副小流氓樣子，汝將來何以立身？何以吃飯？吾教汝課外暫將《曾文正公集》《資治通鑑》各買一套，苦心攻讀，請雲谷講。於此二書，通其文字，解其義理，則於持身涉世之常經，審事察變之弘軌，皆可以資興發矣。現在之世事，根據過去之世事演變得來，不能鑒古，何足知今？凡古代大人物之精神流露於其著作中，後人讀古書而默會古代大人物之精神，則於不知不覺之間感懷興起，力求向上，不甘暴棄，而以與小人或禽獸爲伍者爲最痛心事。使心胸開拓，魄力偉大，日用間，事事是精心毅力流行，則已上追古代偉大人物，而與之爲一矣。吾最恨汝好修飾，柔弱委靡，成女人模樣。吾見汝面，則痛不能言。汝在雲谷處，讀書不懂，儘可請問，雲谷斷不至厭煩，斷不至疏外。書中典故，雲谷縱有不了處，而典故所表示之意義，雲谷自可按索上下文而得之。無論如何，雲谷總足以教汝，汝當虛心請教，謹守規矩。我家幾世治學守禮，若至汝而墜，真傷心事也！吾思汝父一生行善，將何以報之乎？吾兄弟六人，汝父居長，六爺早逝，五爺又已逝且十年。汝親兄弟六七人，汝兄居長，未讀書。自汝而下，大者十歲八歲，小者二三歲，目前窮困已極，衣食爲難，皆有不能讀書之勢。吾又病夫，精力短促，念先人之遺芳，睹子侄之零落，吾心戚戚有餘痛也。吾先文學府君，孤寒勵學，講程朱學於舉世陷溺八股之代，以作紳士、行敲詐爲子弟及生徒戒，至今鄉人誦其風範。吾平生恭守先訓，幸未有大辱也。吾長兄仲甫處士，初治宋學，繼讀《金剛經》而好焉，即戒肉食，體弱不堪素食，憔悴以死。此真難行之事，吾愧吾兄也。吾仲兄及諸弟皆以貧故不能學，仲兄深達物情，四弟天資較鈍，五弟六弟皆有大聰明，發言卓特，惜以貧苦早喪。蓋嘗嚴冬衣被不完，體力受創，故死之速也。吾年來若稍服暖衣，則默念亡弟，中心飲泣，不敢告人。汝習奢侈，不了吾心之痛，何其喪心若是哉？汝年亦二十零耳，已往之失不足校，及今改行，足成完人。吾年十六七，便以革命從戎，狂野不學。三十左右，因奔走西南，念黨人競權争利，革命終無善果，又目擊萬里朱殷，時或獨自登高，蒼茫望天，淚盈盈雨下，以爲禍亂起於衆昏無知，欲專力於學術，導人群以正見，自是不作革命行動，而虚心探中印兩方之學。自恨前此一無所知，至遇人不敢仰首伸眉，其衷懷之愴痛甚深也。余信學問之事不由天啓，不由人授，唯自心之誠，發不容已，將夙昔習染痛切蕩除，而胸無滯礙，則天地萬物之理自爾貫通，而不知其所以。古人所謂至誠所感，金石爲開，至此始信其非妄語也。汝其念哉！及今憤發，其成就可限量哉！但患汝不發真心耳。吾所欲爲汝説者，萬千心事，但恐汝難了解。又病體未健，不能多寫，姑止於此。《傳》曰“我欲托之空言，不如見之行事也”，故上述先德，下道吾之歷練，冀汝有所感焉。人之異於物者，以其能感也，汝而不感，則草木禽獸矣，余復何言！亦已焉哉！

與文德揚

入院已來，覺得如何？汝好用思，病困，亟須減省。學問成否，姑置度外。天下道理無窮，盡古今哲人所知者而通計之，亦不過爾爾。學者唯本其平平淡淡，落落實實之心，而盡力所及，不迫不倦以求知，切勿慕學問家之名。人之所以自尊自樂者，唯其在己有實得於心者而已。

與鄧子琴

昨台城之遊，子琴問吾不令贊非治哲學之故。適吾病困，不耐説話。念此意不可終秘，聊裁數行，以酬前問。吾嘗言，哲學思想，夫人而有之也，不待學也。哲學則不必夫人而能之也。學之不善，不唯自害，亦社會上之臭穢物也。人生而有知，非草木之頑然，非土石之塊然，即其對於宇宙人生，莫不有相當之解釋，而隱然自視其生活爲有價值、有意義。七八齡之牧童，登高而發其天籟，静心聆之，則哲學思想於是乎在，而且比學人所推度者爲純實而無妄。故曰哲學思想夫人而有之也，不待學也。至若條達綜貫其思想以爲哲學，此則天才睿智之事，必其仰觀俯察，近取遠觀之餘，知顯而不昧於隱，索隱亦必據夫顯；析微而不闇乎大，窮大亦必盡其微；迹邇而以推之遠，致遠要不泥乎邇；極天下之至有而蕩其執，有而無也；無者，無迷執也。會天下之至變而貞於一，變亦常也；體神化不測之妙於日用踐履之中，無所襲於古今，無所異於庸衆，而自巍然爲宇宙真理之擔負者。如是則可謂能治哲學者已。今世學子，徒終日搜求中外哲學書籍而攻讀焉，辨析其文字，推明其論證，空襲糟粕，都無精英，治哲學愈久，聞見愈駁雜，思想愈糊塗。此輩胸羅雜亂知識，生活上既無根據，又不能練習世事以濟時用，故此類哲學家，實社會上之穢臭物也。今者禽獸横行，民無死所，稍有人心，仰視天，俯視地，何以爲懷？與其馳逞於雜亂知識之中而無當於哲學，何不樸實頭地求一材一藝之長，期效用於社會？贊非者，爲當世之哲學家自無不足，而吾不忍其爲此。子琴若得吾不忍之心焉，則亦慎擇所學也夫。

與胡炯

爲人之道，志必欲高，而腳必欲低，兩者不可任失其一。志欲高者，不暱於世間榮華，而常存乎遠大，不爲物引，不爲境移，超然萬物之表。腳欲低者，審才智之所堪，得自處之善道，盡性安分，循實而行。唯有超然之志，故無出位之思焉。

答或人

名物度數，固亦有賴於考據之學。至於玄覽而妙物爲言，不限於一部分之事理故。深造而歸於自得，則其學必有在於考據之外者。先生又舉陳蘭父調和漢宋，則與力意殊不必合。蘭父雖潔行，通聲律，要自於思想界無能爲役。若簡竹居先生者，力固欽其高誼，惜未見其書。

與余越園

來教敬悉。尊書《龍游縣志》創見極多，而物價表尤爲可貴。任公序稱卓識有過實齋章氏，無溢美也。然弟猶思略貢芻蕘，則以爲縣志之作，宜於地方政治制度有專篇爲系統之論列，稱之爲政制考。如鄉鎮區市各有長，由民間公選，稟請縣官札委，其行政組織，釐然不紊。又時因公共利害，有紳耆會議之舉，更有許多不成文之公共規約，並當詳訪而著之此篇，爲言自治者鑒觀焉。愚者千慮，或有一得，願兄俯察。比得來書，倉卒寫報，未能盡意。

《政制考》名稱不甚妥，弟亦有此感想。唯“典制”二字，復有未能包舉者。定名之不易也如是夫。近欲改名《治法考》，未知尊意云何？如猶不可，須再熟思也。且縣志所當注意者，不獨地方行政組織及各種會議並一切公共規約而已，如人民對於貪官污吏及政府苛稅用暴力抵抗或採和平辦法以相拒絶者，各縣時有其事，修志者務須博採詳徵，紀載其事之本末。又如時平則有豪强兼併之酷，如侵佔田地及放債苛息等等。世衰則有流民暴亂之慘，亦不可不分别調查詳確，悉心記注。凡此都須各爲作考，但名稱尚待酌。使留心經濟問題者得以覽焉。其他或更有當措意者，倉卒不能細也。

與胡展堂

逕啓者。黄梅宛君思演，年十五六，補博士弟子員。始遊江漢，頗治船山、梨洲諸大儒書。又窺世變，苦思焦慮，密圖改革。辛亥已前，曾在漢口規設《商務》《大江》諸報，灌輸革命思潮，鄂軍兵士人手一紙，受影響至深。故武昌首義，易於反掌。至今峙立舊督署前之紀念豐碑起義烈士劉堯澂及前駐漢軍政分府詹大悲，並該報主筆，自餘有功之人，鮮不與該報有關係者。而蕩盡家産，以創辦《商務》《大江》諸報之宛思演，竟始終不爲世所知。元二之交，袁世凱叛形未著，舉世且爲所欺。思演與張芸天樾等早識朱温，乃就漢口規設《震旦民報》，持讜論，昌正氣，大揭袁逆陰私，並力攻附逆之黎元洪。張方遇害一案，世凱除異己，爲盜國計，跡已著矣，天下方瞶然莫之抗，獨《震旦報》聲其罪。黎元洪以是封閉《震旦》，芸天憤鬱下世，思演遂潛迹田里，絶足城市，忽忽將二十年矣。家資既盡，妻子窮餓，甘之如飴。最近世變愈劇，黄梅地方糜爛，士人不堪立足，思演益無生理。在思演誠能安命，而社會待遇仁賢，要自不宜冷酷。竊謂湖北省立圖書館儘可添設指導員一名，備閲覽者之詢問，月薪定爲二百元，聘請思演充任。思演堅苦卓絶，其身長隱，其名長晦，求之前世，蓋介之推、陳仲子之倫。圖書館本學人聚集之所，思演常在其間，可爲士林矜式，其所補益甚大。爲此函請台端函屬湖北教育廳長將此議提出省政府，爲省立圖書館增加此項薪俸。唯他人不得援例加入，以杜浮濫之弊。事屬養賢，義關諷俗，敢瀆高明，尚希垂察。

與韓伴生

吾子自離北庠，一意田居，絶無向外馳逐念頭，此正爲學有得力處，堪勵末俗，何慰如之？今日青年都不耐處鄉間，紛紛出門圖禄利，乃大可慮耳。吾連年病苦，頃來杭州，暫寓西湖香山洞，亦無客中飄泊之感，不足勞念。

峰頭夕照，松濤怒號，此境奇絶，使人樂而不能言其樂也。吾子山居，想常得此佳趣。

答友人

所舉時人迻述唯物思想之小册子，暇時當購閲。弟固喜留心反對方面之議論者。大抵學問家各欲完成其系統，則不能不偏，而宏通者，則嘗留心偏見之減除，而於自家系統之中，勢又不能泛濫，則唯有慎重立言之分際，常留餘地以處人，此其所以爲通也。小智者則務在某種學問底系統之下拾其膚表，而持之以武斷一切，此正今日俗子之蔽。弟之《新唯識論》雖從印土嬗變出來，而思想根柢實乃源於《大易》，旁及柱下漆園，下迄宋明鉅子，亦皆有所融攝，囊括萬有，要歸於認識本心。而此所謂心，固與西洋唯心論者之心截然不爲同物。此意未可以簡單言之也，更難爲不知者道也。此學不能向禽獸講，亦難爲一般人講，唯中材而能有志者乃可期之共學耳。吾有生，而固有所以生之理，此理在日用間流行不息，即所謂主乎身而不爲形役之本心。昧於此者，則失其所以爲人。賢兄長此紛擾於世俗知識之中，於本原處更没理會，此大可懼耳。弟近數年來，對於佛家思想追求益切，故於其根本主張即所謂輪回問題者，深心參究，不肯放鬆。蓋於此没理會而徒籠統談些玄理，佛學家者大抵如此。抑或於法相唯識之統系與條貫及夫一名一義之微，無不條達綜明，要皆是在文字言説中頭出頭没而已，謂已參透真理而約之於己，則誰欺乎？其欺天乎？前語蒙君文通云：輪回問題不可看輕，當知輪回雖就染識而

附録周通旦記

先生云：第一次世界大戰，梁任公、湯濟武諸人都無先見之明，獨嚴又陵謂德國必敗，且預言戰後世界必有一番群衆運動，吾國地大人衆，如非自覺自主，則國覆種奴之痛，殆難免云。第二次大戰，當倭人肇禍時，英美皆置若罔聞，美且以資源助倭弗輟，吾儕頗引爲憂。其時胡適之於《獨立評論》有一文，謂美人性情刺之亦不易動，及刺之過深，必一動而不可禦。爾時閲者多不注意，後乃果驗。竊嘆適之與又陵同一前識。

先生當抗戰時，盛稱汪大紳《繩荀》之論。其文曰：賈子之論秦也，秦以强兼天下，二世而亡，雖併六國，僅後六國十五年而同亡耳。非强之辜，强而不審於本末之辜也。古之天下，未有不得之强失之弱者。强者百治，以喜則懷，執政者所喜樂，必其利於國而顧及人民之生活者，故民懷之。以怒則威，以令則行，以禁則止，以守則完，以攻則破，以禮樂則雍，以政刑則肅。弱者百亂，以喜則狎，執政者害國病民，其所喜樂，人皆以狎邪視之。以怒則離，以令則梗，以禁則匿，以守則削，以攻則疲，以禮樂則飾，以政刑則玩。得失之數可睹矣。詳此所説弱者之象，恰是吾國今日狀態。

汪子又曰：强於本者植，强於末者折。强於本者，開無盡之藏，塞無隙之竇；强於末者，盡其藏矣，隙其竇矣，此本末之效也。秦之强，本耶？末耶？刑賞農戰，强之具也；今日强者所持以號召之工具與其挾持群衆之嚴密組織及其生産績效並軍備等等，亦皆强之具也。道德仁義，强之本也；今之强者全不用此。剛決刻急，强之末也。强之具，藏之深則愈完，暴之深則速敗。剛決刻急，所以暴之也。觀德與倭之事，已有明徵。而强者不知戒。道德仁義，所以藏之也。今之强者不知此義。古者藏刑賞農戰於道德，道德威；藏刑賞農戰於仁義，仁義張。吾三代盛時皆然，此後如文、景休養而武帝收功，隋文、唐高休養而太宗收功，皆非僅從事於强之具者。秦孝公、商鞅知有强之具，不知有藏，以强立强，勢已易竭。德、倭皆以强立强，而不得不竭也，猶不監諸。始皇、李斯更從而暴之，暴之不已而具竭。强之具既暴而無藏，何能不竭？希將勒之亡其國，猶吕政、李斯也。蓋其始也，以强立國，以民力立强，以刑立民力。此刑字義寬。凡今强者之法制、威令與組織等等，凡所以驅策、鼓舞與挾持民衆之具，皆刑也。德、倭强時，皆以刑立民力。凡强者罔不如是。其繼也，以强竭强，以民力竭民力，以刑竭刑。其卒也，以强敗强，以民力敗民力，以刑敗刑。宜深玩。强之所由立者刑，並民力於農戰；刑字注見上。秦以刑威，並民力於農戰。今之强者以刑威並民力於生産與戰備。其事同也。所由竭者刑，並民力於恣睢；向者德、倭之民恣睢已甚。所由敗者刑，並民力於昏虐。人人習於殘酷、侵略、猜刻、争鬥，全無理性。立於孝公、商鞅，竭於始皇、李斯，蓋失其本也久矣，此藏之不深之禍也。余觀汪子論秦之得失，而實通億萬世，舉大地上凡有國者之得失，皆已燭照而數計之，未有能外其定則者也。德、倭之事既驗，後有爲德、倭者，可知也。以强立國，以民力立强，以刑立民力，古今之强者嘗以此致一時之强。而其繼也，以强竭强，以民力竭民力，以刑竭刑，終於以强敗强，以民力敗民力，以刑敗刑。凡古今强者所以毁人國而卒自毁者，罔不如是。人類何故如斯昏愚、慘毒，豈不痛哉？其愚且慘之端，實在其妄冀以强立國。將以强立國也，自不得不以民力立强。將以民力立强也，自不得不以刑立民力。凡强者所以驅策、鼓舞與劫持民衆之一切具，皆刑也，雖有所持之美名，亦成幌子，而變爲强之具，易言之，變爲刑。皆所以立民力也，而終無可逃於以强敗强，以民力敗民力，以刑敗刑之歸宿。古之秦，今之德、倭，非其明效大驗歟？繼今之爲國者，若壹意以强立國，則其得失之數可知。昔者子貢問爲國之政於夫子，子曰："足食足兵，民信之矣。"子貢曰："必不得已而去，於斯三者何先？"曰："去兵。"子貢曰："必不得已而去，於斯二者何先？"曰："去食。自古皆有死，民無信不立。"大哉聖言！真千古治術之大準也。一切生産皆足食之政，一切軍備皆足兵之政，此與以强立國者未始有異，而其與强者天壤懸隔處，則歸本民信是已。信者，誠信。孟子曰："誠者，天之道也。誠只是實理，生天生地，生人生物，只是一誠。思誠者，人之道也。"人禀實理而生，必思所以存其誠、盡其誠而後乃盡人道合天德，否則不成爲人。民皆盡其誠信而遠於狡變、猜疑、凶暴等等惡德，則人極立而太平之休可致也。以民信言於足食足兵之後者，倉廪實而武備修，然後教化可行，所以異乎後世迂儒之論。朱子《集注》釋民信，以民信於君上爲言，此則帝制思想誤之。下文“自古皆有死，民無信不立”，則信乃人之所以立，即謂人必存其誠信，盡其誠信，始得樹立爲人，否則不成爲人。此“立”字與《雍也篇》“仁者已欲立而立人”之立同。朱注殊失聖意。夫曰“自古皆有死，民無信不立”，則是以誠信立國，而與以强立國者根本截異。以誠信立國，則不待以民力立强，而實以誠信結集民力，自無不强，而不至爲凶狡、猜刻、暴戾之强。刑措弗用，民力充實，無待驅策，更無可劫持，民皆自由於誠信之中。食足而將導養其靈性於美善的創造，非可淪溺於食之中以厚自利而食人也。兵足則以禦强暴侵略，非以殺人而動兵也。故以誠信立國者，將率人類而皆暢其天性。以强立國者，將率人類趨於自毀。二者覺與不覺之分，善惡之辨，得失之數，吉凶之應，昭然判矣。今日世界人類所急需者，孔子之道。惜乎吾國人莫之究，而外人又無從傳習六經四子也！

後生有爲文妄攻《新唯識論》語體本者，徐君以示通旦。取閲未竟，則皆摘字摘句而議之，不解上下文意，不究立言根底，又且以膚淺知識爲依據而詆毁玄義，迷離倒妄，不可究詰。因乘間言之於先生。先生笑曰：“哲學本不可爲一般人言，必有穎悟而又能虚懷窮理者，始可會吾意耳。凡著書者如期庸俗之共喻，則其書無著可也。老氏曰“下士聞道大笑之，不笑不足以爲道”，此至言也。《春秋》之義，微者不責，賤者不書，任之可也。

丁亥秋通旦記

荆楚文庫

吳慶燾集

吳慶燾 著
尉侯凱 董恩林 點校

荊楚文庫編纂出版委員會
湖北教育出版社

荆楚文庫

吳慶燾集

WUQINGTAO JI

圖書在版編目（CIP）數據

吳慶燾集/ 尉侯凱，董恩林點校.
—武漢 : 湖北教育出版社 , 2018.8
（荊楚文庫）

ISBN 978-7-5564-2584-6

Ⅰ. ①吳…

Ⅱ. ①尉… ②董…

Ⅲ. ①詩詞-作品集-中國-清代 ②地方史-史料-襄陽-清代

Ⅳ. ①I222.749 ②K296.33

中國版本圖書館 CIP 數據核字 (2018) 第199440號

責任編輯：裴曉雷

整體設計：范漢成　曾顯惠　思　蒙

美術編輯：牛　紅　張岑玥

責任校對：朱鳳玲　黄　慧

責任印製：李　楓　張遇春

出版發行：湖北教育出版社（中國・武漢）

地址：武漢市雄楚大街 268 號

電話：（027）83630679　　郵政編碼：430070

録排：武漢偉創偉業廣告有限公司

印刷：湖北新華印務有限公司

開本：720mm × 1000mm　1/16

印張：39.25

字數：548千字

版次：2018 年 8月第 1 版　2018 年 8月第 1 次印刷

定價：158.00元

ISBN 978-7-5564-2584-6

《荆楚文庫》工作委員會

主　　任：蔣超良

第一副主任：王曉東

副 主 任：王艷玲　梁偉年　尹漢寧　郭生練

成　　員：韓　進　楊邦國　劉仲初　喻立平　龍正才
雷文潔　張良成　黄曉玫　尚　鋼　黄國雄
陳義國　吴鳳端

辦公室

主　　任：張良成

副 主 任：胡　偉　馬　莉　陳　明　李耀華　周百義

《荆楚文庫》編纂出版委員會

顧　　問：羅清泉

主　　任：蔣超良

第一副主任：王曉東

副 主 任：王艷玲　梁偉年　尹漢寧　郭生練

總 編 輯：章開沅　馮天瑜

副總編輯：熊召政　張良成

編委（以姓氏筆畫爲序）：朱　英　邱久欽　何曉明
周百義　周國林　周積明　宗福邦　郭齊勇
陳　偉　陳　鋒　張建民　陽海清　彭南生
湯旭巖　趙德馨　劉玉堂

《荆楚文庫》編輯部

主　　任：周百義

副 主 任：周鳳榮　胡　磊　馮芳華　周國林

成　　員：李爾鋼　鄒華清　蔡夏初　鄒典佐　梁瑩雪
黄曉燕　朱金波

美術總監：王開元

出版説明

湖北乃九省通衢，北學南學交會融通之地，文明昌盛，歷代文獻豐厚。守望傳統，編纂荆楚文獻，湖北淵源有自。清同治年間設立官書局，以整理鄉邦文獻爲旨趣。光緒年間張之洞督鄂後，以崇文書局推進典籍集成，湖北鄉賢身體力行之，編纂《湖北文徵》，集元明清三代湖北先哲遺作，收兩千七百餘作者文八千餘篇，洋洋六百萬言。盧氏兄弟輯録湖北先賢之作而成《湖北先正遺書》。至當代，武漢多所大學、圖書館在鄉邦典籍整理方面亦多所用力。爲傳承和弘揚優秀傳統文化，湖北省委、省政府决定編纂大型歷史文獻叢書《荆楚文庫》。

《荆楚文庫》以“搶救、保護、整理、出版”湖北文獻爲宗旨，分三編集藏。

甲、文獻編。收録歷代鄂籍人士著述，長期寓居湖北人士著述，省外人士探究湖北著述。包括傳世文獻、出土文獻和民間文獻。

乙、方志編。收録歷代省志、府縣志等。

丙、研究編。收録今人研究評述荆楚人物、史地、風物的學術著作和工具書及圖册。

文獻編、方志編録籍以 1949 年爲下限。

研究編簡體横排，文獻編繁體横排，方志編影印或點校出版。

《荆楚文庫》編纂出版委員會

2015 年 11 月

前　言

《吳慶燾集》，是清末民國初年吳慶燾的詩文彙編，包括《籜珠仙館詩存》《陶陶集》《詞》《襄陽四略》。

吳慶燾，榜名慶恩，字寬仲，號文鹿，別號孤清炯然，湖北襄陽人。生於清咸豐五年（1855），卒年不詳，觀其《陶陶集》自序作於丁卯，則當卒於民國十六年（1927）之後。光緒八年（1882）舉人，屢上公車不第，循例官内閣，後主講襄陽鹿門書院、邛州鶴山書院等。湖北諮議局成立，任議長。後官江西贛南道台。晚年蟄居上海，以鬻字爲業。

慶燾少負雋才，善詩文，爲向時鳴、劉恭冕、張之洞等所激賞。《籜珠仙館詩存》共七卷，收詩三百餘首，數量雖然不多，但内容較爲豐富，涉及兄弟友愛、夫妻情篤、友朋唱和、科場失意、時政民生、個人感懷等，充分展示了他的情感細膩和才思敏捷。其詩蓋以杜甫爲宗，如《城北嫗》《奇災嘆》《東門火》《猛虎行》《聞大司馬衡山公督師粤東》《背鹽謡》《書中外保薦人才各摺後》《得緬甸消息》《悲平壤》《悲田莊》等，表現了他關心時政民生的現實主義風格。又如《舊事八十韻》《廣雅尚書師六十壽詩一百韻》等，所用五言排律即爲杜甫首創，聲律工整，辭藻華麗，堪稱佳作，《感舊詩》則專效杜甫《八哀詩》而作。王潛序謂“五律一體純乎杜法，尤多傑作”，其實不止律詩這種體裁，吳慶燾的詩在整體風格上都與杜甫相近。當然，集中也偶有一些作品，如《瞿唐行》效仿李白《蜀道難》，《遊仙詩》效仿郭璞《遊仙詩》等，體現了他轉益多師的詩學特點。《陶陶集》不分卷，收詩一百餘首，則專效陶詩，因其大半皆晚年所作，故風格轉爲平淡，與陶詩確有相似之處。末有詞二十餘首，多集前人句成篇者，因數量太少，尚未形成鮮明的風格。

《襄陽四略》，包括《襄陽金石略》《襄陽沿革略》《襄陽藝文略》《襄陽兵事略》四種，原係單行，後人合稱爲《襄陽四略》。其中，《襄陽金石略》十二卷，撰於光緒三十三年（1907）。收録自周迄元襄陽金石二百餘種，按其年代順序編排，各金石下，仿《經義考》例，備注存、佚、未見。如金石傳世較少者，則全録其文，並臚列歷代金石志書所記，間下案語討論是非褒貶，是一部輯録歷代襄陽金石的名著。《襄陽沿革略》不分卷，光緒二十六年（1900）撰於杭州。此時正值兩宮西幸，柯逢時等主張遷都襄陽，故吳慶燾仿照李兆洛《歷代地理志韻編今釋》之例，對自秦漢至明清涉及襄陽的地名按平水韻編排，各地名下，列舉其設置朝代、行政區劃、隸屬、今址等，有疑義處，則臚列各家舊說，間下案語予以辨析，是一部考證襄陽地理沿革的文獻。《襄陽藝文略》五卷，光緒二十三年（1897）撰於邛州。收録自周至清有關襄陽的著作三百餘種，按照撰者年代順序編排，其中前四卷所收著作均爲襄陽人所撰，共二百七十餘種；後一卷爲長期居住襄陽的外籍士人所撰或内容涉及襄陽事迹的著作，共七十餘種。所録每種著作之下，標注卷數、著者等，並徵引歷代書志如《隋書·經籍志》《新唐書·藝文志》《宋史·藝文志》、晁公武《郡齋讀書志》、陳振孫《直齋書録解題》、鄭樵《通志·藝文略》、馬端臨《文獻通考·經籍考》《四庫全書總目提要》等書中的有關記載，間下案語進行考證。《襄陽藝文略》是一部輯録歷代襄陽藝文的集大成之作。《襄陽兵事略》六卷，光緒二十七年（1901）撰於丹徒。是時既有遷都之議，吳慶燾認爲襄陽位居天下之中，便於徵輸，且地勢險要，易於防守，較北京被列强環伺者爲善，遂從史傳中輯録自春秋至明末涉及襄陽的兵事二百餘條，按其年代順序編排，有疑義處，亦附案語予以辨析，是一部匯集歷代襄陽兵事的文獻。總的來説，《襄陽四略》對襄陽歷史上的金石、沿革、藝文、兵事資料進行輯録，爲後人研究襄陽提供了有利條件，由於其搜羅齊備，考證嚴謹，問世不久即得到同仁的稱許和引用，是一部具有較高學術水準的佳作。

慶燾另有輯補《襄陽耆舊記》一種，王潛《簳珠仙館詩存序》所謂“著有襄陽五種”，蓋合《襄陽四略》與輯補《襄陽耆舊記》而言。又《襄陽金石略》所收梁普通三年（522）《三絶碑》案語中言“見余所述《蘇領野聞録》”，則慶燾尚有《蘇領野聞録》一種，唯不知其成書與否，姑記於此。

此次點校，《簳珠仙館詩存》《陶陶集》《詞》所據底本爲《清代詩文集彙編》（上海古籍出版社 2010 年版）第 782 册所收影民國鉛印本，《襄陽四略》所據底本爲《中國地方志集成·湖北府縣志輯》（江蘇古籍出版社 2001 年版）第 64 册所收影光緒刻本。由於底本存在少量漫漶不清之處，因别無其他版本參校，故暫以“□”代替。新編目録中篇題之後的小注，除保留干支、“有序”“并序”等外，其餘均予删除（正文不作改動）。由於點校者水平有限，書中可能存在不少失誤，請讀者指正是盼。

總目録

荆楚文库

簳珠仙館詩存

目　録

序

炯然先生七齡時，聞諸兄誦《木蘭詩》，心好，默識之，翌日誦於口，先贈公喜，因兼授詩學，嗣復戒之曰："毋躭此荒正業，當志其遠大者。"故先生自幼能詩，然謂生平不苦吟，未嘗期以鳴世也。頃輯所存詩草，凡若干首，將付印，以濳同蟄滬濱，督爲序，曰："吾仕宦無濟於時，著述不足垂後，今老矣，人間何世，獨此區區者非我志，然亦不忍終棄耳。"濳不能詩，於先生詩夙亦少見，辭不獲，乃受而讀之。

蓋先生自少作即清雋圓美，雅贍而無雕飾，有初日芙蓉之槩。壯年游蜀後，體格益宏，不規摹前人，專一家，而高處時逼於古。五律一體純乎杜法，尤多傑作。夫詩者藝事，非其性與質不能學。學矣，而爲之者千百，翹然傑出者，代不數人。淺深高下，易一世而觀之，又不知品題爲何如。故歐陽公有"勤一世以盡心於文字，皆可悲"之歎也。先生早慧，勤學至今，手不釋卷。年十六入泮，爲某鉅公激賞，才名藉藉江漢間。今集中詩起庚午，即其歲也。既困公車，援例官内閣，都下勝流咸酬接，無所下，顧不屑競聲氣標榜弋時譽，所自守甚嚴。某鉅公負重名，世趨之如登龍門，先生受知早，從無干謁，後以不慊所爲，愈疏絶焉。抑塞無所試，以養親乞外，改官江右，濳時亦嘗守撫州，知先生志操甚悉，所任事咸建殊績，顧落落不與時諧，久之膺一職，而國步移矣。故使先生於詩如所謂勤一世而盡心焉者，所得蓋不止此，而有所不爲，亦無所於悔也。

吾觀昔賢稱杜子美，謂此老詩外大有事在，而邵子之《擊壤集》，本不求工於詩，後人重之，轉相傚仿，誦其詩想見其爲人，重其人亦珍異其爲詩耳。且士君子生當末造，苟重視其身，方汲汲焉擴其器，淬其識，求所以維世運之大，毁譽榮辱，窮通得喪，皆適然之數，無可惑易，何有於語言文字之末足汩没心志者。就吾目擊，數十年間，始朝廷嘗破格用人矣，被寵擢者，虚憍成習，試事輒敗，重以大節泯然，爲世詬厲。自是用人途塞，讜論不聞。逮國勢一變，莪冠之倫，又羣焉結社召徒，競談時務，號曰救亡。奸人乘之，簧鼓邪説，以至覆國。當事以浮士爲賢才，儒流以虚聲當幹濟，一代社屋之禍，謂非階厲於此，不可也。

襄陽古名郡，山川雄秀，自漢晉六朝暨唐間，賢傑輩出。先生生是邦，所稟氣厚，又嘗輯彦威《耆舊記》，搜括金石勝蹟，著有襄陽五種。蓋往復於古先哲之遺風，浹洽寤寐，歸於自淑其躬，以孤寄其意，故雖偃蹇不遇，能卓然自立，拔乎時流，而出其餘藝，亦斐亹足動於人羣。自今日觀之，當爲《耆舊記》中人已無疑。是編之不可泯滅，亦無疑已。

宣統丙寅仲春，同歲生中江王濳拜手序。

粹珠仙館詩存卷一

早春即景庚午

雪賸園林淺，雲添院宇深。人幽親日色，地僻厭春陰。爛漫初花態，縈迴寸草心。躬耕吾未學，抱膝學長吟。

登黄鶴樓

鶴飛仙去我初來，亂後江山望眼開。健筆擬將滕閣序，少年漸愧子安才。

城北嫗辛未

寥天朔風緊，四野寒雲稠。朅來北城角，有嫗哭啾啾。皴手拾墜薪，鶉衣行傴僂。剪刀裂垢面，雙淚紅冰流。自言有二子，一子盜所仇。鷙雄掠其雌，巢覆無卵留。一子夙羸弱，敢洒反兵羞。老身苦陳詞，州縣不見收。憤欲訴大府，遮道怖鳴騶。帝閽九萬里，誰更呼籲投。吏役目我癇，鄰里勸我休。骨肉長離散，微生良贅疣。凍餒非所恤，遺恨埋壑溝。我時聞嫗言，嗚咽鯁在喉。風雲爲慘惻，仰視天悠悠。縛鷄手無力，太息下城陬。深井人不作，寂寂懸吳鈎。

薄　　倖爲某老尼作。壬申

薄倖青樓事可哀，平康身更辱輿臺。蓬萊方丈尋常到，一出紅塵不再來。

水田衣换鬱金帬，鐘磬諸天静夜聞。滴盡碧桃花上露，一甌香茗供朝雲。

鍼神妙手似眉孃，佛日長添弱綫長。懺盡綺情空色相，度人不復繡鴛鴦。工繡。

連日風霾口占

漠漠黄沙鎮日過，封姨肆虐待如何。幽人自惜閒花落，麥豆花輕落已多。

美人風筝斷句季遠述，余已忘矣

燕子去來隨盻盻，蛾眉深淺畫真真。　流水桃花人近遠，夕陽芳草路西東。　楚雨暮歸銷粉黛，秦雲曉出炫衣裳。

癸酉嘉平家大人應山左督學黄漱蘭先生體芳之聘將便道視叔父言堂先生於曹州河防工次伯兄夔甫以試禮部隨侍北行同時余赴經心書院肄業扁舟東下黯然可知

臘鼓聲催换歲華，朝來骨肉各辭家。勝游遥指明湖柳，佳氣徐看上苑花。千里分張逢雨雪，孤帆濡滯向天涯。竹林悃悵金隄路，情話憑誰夜煮茶。

漢口又雪

十日舟千里，期年客再游。去來心向雁，孤冷影隨鷗。酒比尋常貴，花還頃刻留。漫天飛别緒，慘淡不能收。

上元夜同劉夢徵登黄鶴樓甲戌

江上高樓入杳冥，江邊風水聚浮萍。金杯竹葉難成醉，玉笛梅花乍可聽。佳節異鄉分皓月，春燈隔岸鬬明星。笙歌漸歇人將散，悽絶空中語塔鈴。

暮春漢口送友

落花飛絮不勝愁，匣劍囊琴又遠游。芳草恨餘正平墓，垂楊春隔仲宣樓。夢魂世路風波險，日夜鄉心江漢流。搔首夕陽看鳥度，何時天際認歸舟。

武昌雜興

黄鶴高樓上入雲，樓頭歌管日紛紛。煙花信美非吾土，酒盡春江總不醺。

忽逢銀膾淚沾裳，縮項槎頭味獨長。二月河豚三月鱖，教人鄉夢繞魚梁。

習家池館足風荷，羽扇延涼六月多。笑殺花隄名浪得，夕陽無語長青莎。花隄去經心書院最近。

峴雲迢遞岱雲通，兩地登高望眼同。何日草廬安隱住，釣游長是憶隆中。

江上樓臺蜃氣迷，鬮園荒寂白華題。桑田滄海尋常事，崇福山頭日又西。

紅桃碧柳月湖隈，畫舫笙歌結隊來。流水依然山色在，落花誰爲掃琴臺。

雪後灄口道中甲戌

短晝促長征，綈袍犯凍行。平沙湖潦盡，斜日戍樓明。冰裂迷人迹，風號斷雁聲。程門迴首處，殘雪不勝情。時歸自黄陂，謁鹿岑師。

續厂史句答寄乙亥

夜涼如既雨，秋早不知寒。冰簟難成夢，銀釭已向殘。美人隔千里，相望碧雲端。清咏幸能續，摇摇星斗闌。

雪中登仲宣樓

寂寞風流歷歲年，呼鷹臺圮一樓傳。殘碑剔蘚寒侵手，新竹窺牆短及肩。喪亂依人聊嘯傲，奸雄知己亦因緣。生平吾恰慚通侻，暇日登臨爲惘然。

蠟屐雙攜一徑斜，高寒雲樹未容遮。《七哀》長寫孤羈恨，三《雅》難逢六出花。賓客應劉誰再世，江山吳蜀等無家。景升荒冢迷東郭，松柏蕭蕭噪晚鴉。

買燈後一日新野道中微雪丙子

磷磷冰碎響輕車，剪剪風寒試散花。驛路春猶遲白草，征衣色已變黄沙。雲連博望天低樹，夢返檀谿客離家。元夜華燈留謎語，聰明誰鬭更烹茶。

朱仙鎮謁岳鄂王祠

萬古傷心地，行人雪涕過。功名悉塵土，冤獄竟風波。父老悲猶昔，精忠字不磨。汴京行只尺，甯復舊山河。

天地英靈氣，巍巍一廟堂。豐碑昭日月，老樹戰風霜。鐵像空追戮，金牌自速亡。書生知叩馬，獨不悟康王。

百戰餘諸將，今從享苾芬。黃龍宜痛哭，汗馬擲高勳。老退騎驢路，嫌開縱鴿軍。同時多憾事，搔首對斜曛。

和某女史題壁均

滿地黃沙厭久晴，大家辛苦賦東征。一般客舍青青柳，朝雨何人唱渭城。

阿妹蓮花小字留，芳名猶待訪妝樓。前身疑是黃崇嘏，合喚人間女狀頭。原題名已漫滅不可識。

附原作　懷蓮皓二妹

黃沙眯目曉霜晴，塵鬢蕭蕭事遠征。楊柳不知離緒惡，東風吹綠許昌城。

朱輪輾夢三千里，翠袖凝寒十二樓。料得故園諸姊妹，日高鸜鵒喚梳頭。

黃　　河

一綫茫茫萬里來，昆侖深處費疑猜。地天直接中流迴，南北平分兩戒開。環帶封疆終古壯，乘槎蹤迹幾時回。擬將賦向龍門勒，愧乏昔人江海才。

日薄無光浪駕空，宣房塞後少哀鴻。時山東賈莊河決，已合龍。半天風色孤帆健，大地波瀾九曲通。迢遞金隄迷故蹟，艱難砥柱感神功。澄清誰道人何俟，只在包公一笑中。

游大明湖李華廷軍門招飲

暫駐東藩蓋，言開北海尊。大風疇昔仰，名士幾人存。脩竹原無暑，羣荷偶一暄。湖山吟興發，聊與客兒論。時新與謝莠山、文翹訂交。

闈中喜晤關季華棠

名珠出海動潛虯，萬馬無聲走赤騮。胸次空明光奪月，眉棱聳緊氣横秋。寰中落落看餘子，海外茫茫話九州。季華與黄小魯争議洋務，余出與立談，大旨相合，遂訂交。最是丹心孤迥處，高寒相對望瓊樓。

盧生祠

富貴浮雲一夢休，黄粱熟後怕開眸。衆生都要仙人度，可有工夫借枕頭。

落日西風動石塘，蓮花世界亦淒涼。可憐蕞爾槐安國，一例荒唐事蟻王。

道中雜感

朔風獵獵班馬嘶，車聲轆轆長途馳。夜來微雪曉出日，夢過邯鄲人不知。春秋不瞬相代謝，憶我初游山左時。古廟丹青英雄淚，野店粉墨姝麗詩。柳隄沙暖晴調馬，蓮幕燈紅夜著棊。太平漫投定遠筆，哀怨誰續《離騷》詞。就中黄河更奇絶，風雷白晝奔蛟螭。胡牀容我坐箕踞，手中羽扇隨指麾。瓠子已塞鴻雁少，宣房一奏天人怡。岱宗絶頂小天下，日觀高插何厜㕒。秦松漢柏各森列，金泥玉檢多狐疑。相如空有封禪藁，東封不到興嘆噫。尼山闕里聖居近，車服禮器盛威儀。遺文科斗餘斷簡，壞壁何處聞金絲。高山景行心向往，遺憾未將宫牆窺。火雲五月過稷下，槐黄催我踏京師。蓬萊瀛洲近只尺，弱水横阻剛風吹。明湖荷柳一回首，氍毹使我長相思。吁嗟乎李杜文章竟何用，荆高意氣空爾爲。科第無分劉蕡拙，關河忽秋宋玉悲。敝裘蘇季羞金盡，迴車阮生泣路歧。遠游不如且歸去，白雲高卧三峴陲。

是詩無稿。癸巳出都，於某店壁上見之，有季遠題後云："此吾友文鹿弱冠時作也。於菟三日，已有食牛之氣。客路無聊，讀之奇快。"余乃手抄以去。今季遠墓木拱矣，四十餘年影事，存之以志故人相愛之意。追述之餘，不覺泫然。自記。

豐樂鎮有賣銅雀瓦硯者戲賦二絶

漳水東流日夜哀，離離疑冢莽蒿萊。香銷履盡文王没，片瓦何來獨未灰。

編年細字認荒唐，漢故將軍語竟忘。鼎足山河猶破碎，誰從真贋辨香姜。

曉發富村驛

驚起鄉關夢，征人計日歸。秋聲萬樹動，離緒五更飛。沙月寒隨馬，霜花重墮衣。問津前可渡，曉色正熹微。

渡滹沱

杳絶真人跡，倉黄唤渡河。荒亭餘麥飯，故老指滹沱。九月寒冰少，孤村大樹多。吾鄉鄰白水，佳氣近如何。

到家示諸友

不作人間第二流，衡量玉尺相公收。北榜例取南人列第二，謂之南元。邑地山相國見余闈中作，評有“元氣元神，可得南元”云云。及聞被放，慨然謂家君：“郎君不第，吾從此不敢復言文矣。”聯鑣走馬誇京兆，張春叔叔慶與其兄仲炘先後登科。試手剸蛟讓孝侯。周伯晉錫恩是科優選。得意漫希屠赤水，屠星若義炳同自山左入都應試，闈中相遇，誦所作，意不謂然，竟高第。齊名誰識宋黄州。季遠時亦落解。觚稜雙闕空回首，落木燕山氣正秋。

多謝諸君慰藉情，元龍豪氣尚縱横。章縫豈遂無奇福，科第何嘗即令名。爛漫異花秋晚好，團欒皓月夜深明。胸中塊壘消容易，料理詩囊佐酒鎗。

青　帝丁丑

青帝無情隕國香，融風一夕變嚴霜。蚌胎未剖珠星碎，鸞翼孤飛鏡月涼。早向河間疑姹女，終應天壤恨王郎。佳人遺世真難再，莫怪哀蟬動漢皇。

東風桃李正芳時，空谷幽蘭幾淑姿。冉冉暗傷春去盡，姍姍空盼夜來遲。碧幢目斷仙郎貴，黄土魂依小妹癡。剩有綺牕紅豆種，年年花發結相思。

秋居雜詩

商飆何莽蕩，蕭條響深林。金氣彫萬物，白晝天爲陰。高秋日苦短，碧雲冷遥岑。美人棲空谷，黄昏調素琴。坐待涼月上，露華纖手侵。曲終蜚鴻杳，寂寞焦桐心。

晨興入小圃，衆芳秋摇落。籬菊獨見采，凌霜峭吐萼。豈伊秉氣殊，結根别有托。卓彼後彫姿，實堅歲寒約。唐花嚴冬茂，五色紛的爍。惜非造物心，寧勝剪綵作。

南山有虎穴，嘯聚霾風沙。行旅急跋涉，歲時糜毒牙。所殺日以多，壯士相與譁。石弩伏阱擭，烈火熢蓬葭。瞬息醜類絶，皮骨歸篝車。兩大富胎孕，並育量無涯。蠢物不自愛，仁人爲嘆嗟。

腐儒耆奇古，金石供消磨。豈無三代物，歲遠狐疑多。昨游長安市，尊彝紛列羅。一器千金直，貴人手摩挲。道旁睨而笑，真贋苦舛譌。自昔歐薛趙，久迷斗與科。流傳四千載，空言審磔波。矧乃僞相市，得無識者訶。

深宵不能寐，寒蟲絮牕響。攬衣出中庭，裵裒窺天象。風吹月色黄，流雲恣來往。清輝只尺隔，碎螢攬虚幌。繁星頭上摇，觸目森然朗。文園病消渴，苦戀承露掌。北斗渺難即，望望馳遐想。

題畫蒲桃

不見高昌破，居然大宛來。龍珠鮮露滴，鸞翼好風開。筆勢横欹杖，杯痕淡潑醅。年時曾飽食，爲爾憶金臺。

采蓮曲

采蓮復采蓮，池水清可涉。花好争似郎，水清能照妾。
采蓮復采蓮，蓮花隨左右。郎只采蓮花，防著刺傷手。
采蓮復采蓮，鴛鴦蓮葉邊。但得雙雙宿，自然個個圓。
采蓮復采蓮，風颭蓮房裏。妾爲結子難，怕見秋風起。

酬季遠時在棗陽

蘅芷飄零久，何人接楚《騷》。王郎夙所愛，詩筆冠吾曹。紫塞行歌壯，青衫對酒豪。章陵家只尺，聊復事游遨。

誰肯奇才拔，因君感慨深。蹉跎一卷裏，蘊結百年心。歲月彫塵鬢，風雲鬱遠襟。前修慎自愛，幾見夜珠沈。

附原作

失喜因君至，真堪當我歸。一尊情話久，百里故人違。天地頻搔首，風塵兩布衣。下闕。

公府稀干謁，門庭簡送迎。風前側烏帽，醉後擘金橙。讀史愛隻眼，繙書録小名。下闕。

愛莫離

愛莫離，果名也，產滇南，苗女每以售於市，見貌潘安仁者輒廉其值，左太冲至則否矣。棗陽令殷召南象賢爲余言，曩在滇時親見之，謂可入樂府，因戲成此篇。

愛莫離，離别苦相思。相思那得復相見，蕉萃青春桃李姿。青春有嘉樹，日日和風吹。九九飽雨露，結實何離離。離離復離離，擔頭市上隨。金錢非妾意，要郎識妍媸。妍媸顛倒妾心苦，愛憎是非郎心知。郎心知，妾情癡。與郎期，跳月時。

將之上庸贈别内子薏生戊寅

曉來清淚濕鮫綃，怪底魚梁欲上潮。病骨何堪紅豆刻，離心已逐緑波摇。百花春孅歸應了，一葉身輕去易遥。莫向漢皋樓外望，依依楊柳正垂腰。

亂石灘夜泊

一夜灘聲枕上流，黄沙白草月如秋。夢魂縹緲風波險，替載深閨萬斛愁。

奇災嘆閔晉豫之旱也

洪爐熾炭昆崙燒，火雲張繖炎帝驕。十二萬年幾浩劫，我聞此劫心骨焦。太行遠接嵩高趾，平原無草四千里。黄河不潤汾晉枯，螟蟘踊躍魚龍死。傷心造物真不仁，坐使旱魃横攫人。山邱突兀積白骨，羣鬼夜哭驚無鄰。何來少年助魃虐，狙伏伺人刀暗著。破涕葅醢勸加餐，遲待明日填溝壑。偶逢村市尤慘悽，權人輕重如豚雞。斗米千錢易而退，老父棄兒夫棄妻。多少名門嬌小女，紛紛宛轉健兒許。狂猋吹墮藩溷花，菜色背人咽酸楚。長官心惻籌振飢，善士動色争醵貲。車薪杯水遠莫致，涸轍幾人待肉糜。南來道路聞搶呼，慘淡難爲鄭俠圖。湯旱七年今三載，青苗涼法况今無。嗚呼青苗涼法今則無，屏翳失御寧非辜。

舟行阻雨己卯

天地苦無情，风波復此行。文章科第重，貧賤别離輕。南國抛紅豆，西川長紫荆。季弟遊蜀已數年，今春叔弟復往。何年家食吉，擾擾愧吾生。

蕭瑟荆門外，威遲沔水濱。梨花縈别夢，萍梗瘦吟身。短燭昏摇夜，孤衾冷失春。江湖故寥闊，蜀爾遠征人。

舉足行無地，當頭漏有天。岸花濃綻雜，檣燕溼飛偏。琴劍幾長物，蓬瀛多少年。泥塗吾已慣，未便取人憐。

晚泊見隣舟有野祭者

蒙泉衍衆派，喬木綿叢枝。相彼烏鳥微，反哺貢其私。翳人靈萬物，本原而忍遺。奈何輕去國，死别生復離。有酒釃非地，有食薦非時。紙錢雜榆莢，惻惻寒飈吹。傷哉雞豚祭，何似菽水怡。我亦遠游子，新從膝下辭。匆匆違邱墓，耿耿戀庭帷。對此懷悲悽，淚下如綆縻。

黄莘答嗣翊輓詩

荒遠天難問，驚疑信已真。哀鳴來鵩鳥，聞其卒於長沙。健步失騏驎。舊日原狂瘦，重泉孰比鄰。癸酉秋試，余寓白雲深處，與君鄰，始訂交。優曇同一現，寂寂舜華春。

早歲黄童譽，高才楚望攀。弟兄自师友，文采满江山。君與兄嗣東皆經心書院高材生。鳳翮芭初振，龍淵繡遂斑。洞庭如可注，清淚與潺湲。

怯竟終三戰，哀應踵四生。孝達師督學楚北時事。奇才騷辯絶，遺憾别離輕。甲戌與君别，後遂不復相見。天帝虬胡召，神仙蠹倘成。淒其屋梁月，猶似鶴樓明。

聞劉叔俛先生秋捷

一第居然恩老成，飛來消息喜分明。青藜夜火傳家學，白首泥金露姓名。不恨登科無我輩，會看華國有經生。漢庭竚奏天人策，接迹江都董相聲。

回首春風隔絳帷，奇才歲久負深知。胭脂北地眉難畫，風月南樓手獨詩。江夏無雙慚並駕，孝侯多藝夙同時。黄仲弢、周伯晉皆以是科中式，家大人每謂仲弢才調名譟一時，然以爾視之，無不及。先生每云："使我有荐士□，文鹿與伯晉皆當以奇才異能荐。"祇今廿四橋邊望，肯信檀溪理釣絲。

奉懷鹿芩師竹谿

眼界青城出，心源錦水開。師嘗賜恩聯云："眼界高時無物礙，心源開處有波清。"一官徵學道，百里寄非才。秫酒山田熟，桃花野縣栽。篋中團扇在，明月共褰裒。恩遊泮時，師賜扇題詩，并叙所以賞拔之意。

旅食溯江漢，雲天無限情。到門奴識貌，入座客知名。師爲恩延譽，一時同官鮮不知有襄陽吳某其人者。所在無形迹，相關到死生。甲戌卧病經心書院，師輿至寓齋，手處方藥醫之，月餘始瘉。東坡失方叔，今爲恨難平。癸酉秋闈，師分校，而余不第，每引爲恨。

離索渾閒事，浮生感慨多。物情薄蟲蟻，淚眼注江河。短日垂荒屋，驚猋撼勁柯。余懷故渺渺，何處託微波。

東門火庚辰。時邑東有焚掠冤獄，此詩所爲作也

東門火，西門災。西門胡災，東門火來。火來門開，門外池中揚劫灰。一解。

池之水，清以深。魚所宅，深以沈。朱雀夜號池上林，池魚朝就釜與鬵，吁嗟祝融爾何心。二解。

祝融曰嘻無予疑，唯火之令實余司。謂予不信，夫固有所受之。東西門何罪，咄哉爾魚甯不知。三解

猛虎行爲某酷吏賦

有虎有虎人震驚，白晝攫人何縱横。鋸牙鉤爪怒相伺，出林一嘯狂風生。壯士下車莫敢攖，老婦泣血哽無聲。我乃手無縛鷄力，去去寧復與虎争。眼前荆棘滿天地，怪爾騏驎何處行。

飢鳳行

鳳兮鳳兮丹山陽，文采九苞何煌煌。昆侖元圃遥相望，弱水横阻無由航。翠竹不實梧葉黄，朝吸清露暮元霜。高岡一鳴傳歸昌，下視衆鳥紛蜩螗。逝將鸞鶴相羮羊，天風吹送阿閣旁。

重九游習池遂至谷隱寺暮歸

百年塵世幾佳節，萬事今朝一放懷。多恐黄花憎俗客，且排青嶂勸深杯。者番失喜無風雨，若箇招要共往來。欲傚東籬陶靖節，南山相對獨裴裒。

高秋雁陣羽書傳，絶塞龍沙戍壘連。時方以與俄議界事備戰。何處一尊還樂此，得逢諸子各依然。在山泉足清泠味，出世僧留定慧緣。到寺鐘聲歸路月，接䍦倒著未妨顛。

讀史偶述 共五首

楚漢逐秦鹿，重瞳亦英雄。失計都彭城，草草擲關中。建瓴大勢去，鴻溝難爲功。義帝何人賊，或云隆準公。證以分羹語，飾詞良所工。天下誠大器，肯以易若翁。不義覬苟得，君父皆雞蟲。奈何婦寺仁，不解聲罪攻。至竟困垓下，楚歌四面從。虞舞騅不逝，夜帳號悲風。天亡戰非罪，流恨烏江東。惲子居《項王都彭城論》不爲無見，予究以爲失計。

亭長胡然帝，三傑各題目。淮陰少未遇，曾甘胯下辱。一飯報漂母，千金意未足。同時惡少年，放手不肯毒。施異報略同，厚誼激薄俗。沛公號豁達，胡忍鍾室戮。報施持相較，天道疑反覆。請苑疑受賕，酇侯亦入獄。殘生幸苟免，法網漏夷族。良也貌婦人，托疾長辟穀。圯上彼何人，吾欽赤松躅。

嬴秦并六合，峻法行衛鞅。漢始寬約法，磊磊懸三章。繼起文與景，選吏崇循良。厥術參黄老，卧治民壽康。信知古有道，非霸亦非王。執兩用其中，一弛必一張。後世武健吏，牛毛紛毫芒。枝葉一以盛，根實立見傷。曹相醉醇醪，蓋公涖正堂。炎劉祚四百，以斯卜靈長。

子文昔紓難，毁家非所計。國存家固在，相關豈云細。武皇重開邊，朘民取快意。卜式牧羊兒，輸財行側媚。濫觴粥勛爵，相市利三倍。未聞國庫充，已病官常敝。此曹毒天下，苛甚猛虎噬。無論林野人，末由振幽滯。羊頭關内侯，羊胃騎都尉。末流决江河，痛心積深喟。

三代無毀譽，直道行斯民。毀譽兩不置，何來怨與恩。叔季寖衰薄，報復滋紛紜。豫讓感國士，所持非無因。不知千金軀，何以酬君親。荆卿較爽列，爲燕圖暴秦。心布安足數，朱郭更非倫。腐遷傳游俠，憤激不遑甄。徇名與徇財，導世以不仁。筆削風千古，要使澆俗醇。所以《春秋》義，衮鉞長嶙峋。

雪　夜

閉户深無迹，登樓碎有聲。窮邊方鐵甲，清夜獨瓶笙。落葉隨風下，虚牕誤月明。梅花新著未，羌笛劇關情。

怨　詩

結髮爲夫婦，行樂日相逐。置酒銷金帳，夜闌燈花簇。沈醉抱郎眠，郎夢就人宿。夢醒述向儂，囁嚅色滋恧。衾枕梗鄉縣，雲雨恣翻覆。安得剖儂心，寸寸置郎腹。披衣背燈坐，瓊瑰落盈掬。

熒熒牕前鏡，芙蓉出秋水。妾貌不自妍，曉妝爲君理。粉褪黄亦銷，今貌非昨比。感此却鉛華，本色天然綺。君意别有屬，津津豔桃李。春風誰主持，萬千鬬紅紫。妾貌非君意，錯對明鏡裏。

劍俠行

有客有客豹隱而龍游，猿其臂，虎其頭，河其口，電其眸。入門問主人，若其未忘仇。主人色變氣結不得語，再拜留客呼酒陳庶羞。酒具客弗顧，風雨出門去。天陰月黑杳不知處，翩然飛鳥墮頭顱。擲地血猶注，喚取主人認不誤。若勿驚，余方怒，會排浮雲向天訴。

辛巳春正月二日紀異

浮雲沈沈來西北，六合刹那天容墨。羲輪頓轡纖烏匿，紫微深垣星晝黑。火筆誰手工篆刻，一綫劃開天眼赩。風縱沙石相攻逼，介休王車戞金勒。坤軸動搖昆華踣，遠聞海鼇身反側。推挽苦費龍虎力，坐覺江山黯無色。列缺漸微海潮息，庶女叫天淚沾臆。銀河下注支機蝕，簷溜紅冰餘啾唧。欽哉天怒赫斯彰，異國無雷殊荒唐。朱電奕奕萬丈芒，太平寧炫鼠目光。固知垂象昭天常，龍蛇潛蟄魑魅藏。即今帝澤流汪洋，風人雨人願各償。旦晚沴厲消八荒，星雲糺縵歌明良。野人矯首長相望，杲杲曉日騰扶桑。

春日戲爲俳體

春風綺帳三千户，曉日珠簾十二樓。裙帶草熏金夾膝，鏡臺花顫玉搔頭。飲香蛺蝶歸應醉，照水鴛鴦避作羞。絲竹更看宵夜啟，畫堂銀燭鬭藏鈎。

酬會稽施望雲山兼懷杜仲丹保定

長麗去後宛虹來，青眼相逢次第開。雷雨神龍隨健筆，風塵駿馬老奇才。感均滄海頻年市，夢冷黃金舊日臺。惆悵燕山雲樹外，漢南春盡雁飛回。

附原作

巴陵杜老説君先，瀟灑襄陽美少年。把酒習池同酩酊，看雲峴首共留連。驚人老氣横天下，憂國深情極海邊。吾喜相逢如舊識，卻因離索話幽燕。

題畫美人

日長漏静壁月開，曲檻幽逕生蒼苔。花枝亞紅桐陰碧，妝成羞暈明鏡臺。卷簾孤坐情脈脈，五銖衣重帶圍窄。紈扇玉手招香風，淚痕湘竹愁輕擲。何物畫師牙管春，疑是疑非疑笑顰。漢家枉殺毛延壽，至竟王嫱委敵人。

雪中過楊襟珊茂才紹時宅看楳

東風柳條初冶金，漠漠春城三日陰。天公作意釀密雪，農夫望眼詩人心。去年雨稀麥遲種，今年花晚春寒重。一朝珠玉唾地蘇，故人齋裏饒清供。昨來綺席尊酒招，春色微露千金宵。盈盈十五人未嫁，孤皇不許琴心挑。失喜春回十二時，五出六出連理枝。朱霞欻然射明鏡，新妝半面羞焉支。萼緑仙人更絶俗，瑶臺女伴淡結束。翠羽明璫晝下空，蛾眉展入遠山緑。好事點綴矜化工，珊瑚翡翠交簾櫳。平生夢墮香雪海，意外香界酣雙瞳。黄昏歸來屐折齒，一枕繩牀夜睡美。仿佛心醉趙師雍，月落參横曉未起。百花從此消息真，萬里江山草木春。玉龍鹽虎鬬吟興，媿爾太平調羹人。

悼韓孺人

十二萬年多少恨，一朝絡繹寸心來。嫁衣重疊封金綫，妝鏡淒涼揜玉臺。塵世幾人歌栲栳，仙居苦自覓蓬萊。青衫點點西風淚，漢水東流日夜哀。

杜鵑啼血上窗紗，彩鳳鳴簫散綺霞。爛漫科名餘小草，彫零姊妹泣空花。申情少日悲南郡，孺人少孤，女兄弟無一存者。女誡前塗失大家。女子福才三歲。嬴得芳聲流衆口，鐫名應不數苕華。

辛勤五載事尊章，温凊晨昏半寄將。琴劍貫傷夫子别，羹湯曲得小姑嘗。病魔雕琢堅牢玉，潔癖消除時世妝。張碩惟應嗟福薄，人間肯住杜蘭香。

夜語尋常花睡遲，情緣私訂許燈知。雙星大似長生殿，五日偏無續命絲。以五月朔生，七月卒。題葉他生應踐約，負薪往事怕尋思。月難修滿天難補，恨海茫茫未有涯。

閏七夕

今夕復何夕，重看會女牛。墜歡寧可拾，小别已生愁。河漢懸雙淚，神仙渺十洲。鵲橋吾感汝，幾度白人頭。

中秋夜

皎皎碧天月，今夜何團欒。笙歌沸城市，顧我摧心肝。紈扇秋未老，半臂淒已單。菱花中破碎，寧用羡玉槃。蘭缸焰易歇，五更風色寒。披衣步庭院，瞻彼茅簷端。北斗斜欲墮，露棠泣幽欄。蟋蟀鳴更急，助我興長歎。

螢　火

梧葉初黄荷尚青，夜深流火亂明星。更無玉手纖羅扇，風露淒清到畫屏。

將之江陵舟中感賦

辛苦登長道，漂流任短篷。死生離別後，形影夢魂中。暮色孤帆雨，秋聲萬樹風。余懷故渺渺，堪此大江東。

見　燕

日夕秋風起，海禽胡不歸。分明驕獨客，宛轉故雙飛。玳瑁雕梁在，烏衣曲巷非。無情衰柳外，煙雨暮霏霏。

荆門道中

喔喔鷄啼人束裝，騾鈴一一聲郎當。嶺雲漸白曉復雨，木葉微紅秋未霜。燕子欲隨客騎去，稻孫時共泉流香。老農簑笠事晚穫，笑殺征夫胡太忙。

聞　蟬

衰草長堤柳數行，馬頭回首剩斜陽。一聲落葉哀蟬曲，不爲征人始斷腸。

九日荆州試院懷故鄉諸友

去年此日登高會，雲散風流感不禁。紫蟹黃花還在眼，哀蟬落葉總傷心。客秋子□悼亡，季遠以詩唁之，訊及余，今三人者同病已。應憐吹帽踪難續，剩有煎茶味可尋。佳節易逢偏易負，滿城風雨夜來深。

有　感

慷慨無端涕淚零，夜深殘醉爲誰醒。仰天搔首看東斗，復地關心到北庭。慘澹蘆灰填滏水，荒唐杯酒勸長星。秋來幾處嗷鴻集，并入蟲吟不忍聽。

雨中陸壽民大令維祺招同豫章毛石君郎中慶蕃杭州朱巽齋孝廉光謙游龍山寺

試院煎茶重九日，龍山想像欲登臨。此來忽漫乘風雨，興到寧須判古今。杯酒蟹螯寬佛法，菊花楓葉急鄉心。醉中懶弔桓宣武，脱帽聊爲放浪吟。

范蔭棠出其尊人所書張長史傳魯公十二筆法屬爲書後

結繩轇轕書契作，紛紛文字蟲鳥忙。湯槃孔鼎駴俗目，耳食論書先鍾王。元常臣魏多媿色，蔡法實竊韋塚藏。王家父子世并貴，誓墓志節殊慨慷。後有作者顔魯國，常山兄弟名航航。大義凜然露楮墨，衣鉢寧用希顛張。漏痕釵股會衆妙，東縛十二非精詳。兵曹授受今寡述，疑此贋作災縹緗。范家老子偶寄興，乞米一跋意深長。鸞飄鳳泊蜕京國，此卷與魂歸故鄉。奇物不受兵火厄，小范抱之泣包漿。咸同之際世多故，建業武昌橫跳梁。江樓三圮黄鶴去，鱗介蹈隙淆冠裳。是時七鬯驚失墜，金題玉躞誰復裝。楚弓楚得良不偶，友仁審定存元章。蓬振沙飛未足辨，天寶離亂心滋傷。自非毅皇軼靈武，劫運坐愁移紅羊。我幸無事弄柔翰，時訪壞碑橅毫芒。草聖遺規自千古，權衡大節誰低昂。自笑野鶩不足嗜，一舡今欲歸襄陽。嘉惠敢拜《岳樓記》，後先憂樂矢不忘。君以張文敏所書《岳陽樓記》爲謝。

荆州秋望

形勝東南一重關，登臨風物晚秋間。渚宫花盡腸俱斷，玉壘雲來手欲攀。往事孫劉紛割據，高文屈宋埒江山。錦官城隔青天遠，時兩弟在蜀。紅葉蕭蕭落照殷。

寄兩弟蜀中

忽忽三年别，營營百慮煎。郢歌寒白雪，蜀道梗青天。寶剑鳴長鋏，瑶琴裂素絃。寧堪書近事，淚迸薛濤箋。

予季故材武，少年輕别離。新昏今有日，行役苦相思。劍閣看雲近，峨眉祝雪遲。江關劇蕭瑟，豈况雁來時。

贈别石君

紵衣縞帶渾無奈，廬阜鄱湖大有靈。循吏子孫能繼述，君先公官蜀，没後大吏奏請事蹟宣付史館，入《循吏傳》。才人蹤跡例飄零。曾隨猿鳥嬉南嶽，去年游衡山。待挾鵾鵬擊北溟。我亦隆中歸卧去，劇憐狂眼爲誰青。

歸舟三首

昔我往矣秋之中，樊城覓舟西復東。風雨波浪拍天惡，生死鴻毛委孤蓬。今我曰歸冬之初，有吏捉舡持官符。得錢縱舡道舡無，須我江干相招呼。噫嘻爾吏不足責，艱難異地隻身客。

朝辭主人門，暮就扁舟宿。歸急私祝南風競，夢魂烏鵲相馳逐。寒雨颯然天半來，攢眉坐看湖水緑。江神勢利誠有之，黿尾泥塗辱敢辭。齊燕舊游已陳迹，毛陸贈言空新知。卻憐負薪貧翁子，謂巽齋。殘杯冷炙聊復爾。

山之險，虎與豹。水之險，蛟與鼉。山行水行無一可，矧魚則網鳥則羅。太行千尋起人面，人海風波逐時變。方艫聯轂恣往來，道路顛危尋常見。勞人草草苦不知，何物能令性命賤。輸爾簑笠白髮翁，樵歌漁唱邱壑中。

夜泊聞隣舟歌聲不自知其涕之無從也賦此寫哀

仿佛潯陽江上舡，青衫涕淚忽潸然。帆牆兩岸人無語，風露三更月在天。我已瑟琴埋永夜，誰將絲竹寫中年。曲終坐對千峰冷，欲弔湘靈何處邊。

簳珠仙館詩存卷二

春　　感壬午

恨海千尋漲不消，愁峯萬疊黛難描。春歸南國添紅豆，人倚東風泣翠苕。玉貌長教抛月鏡，瓊漿無復乞雲翹。垂楊賺取休文瘦，又向遺宫鬬细腰。

鶼翼分張蝶翅慵，香閨綺帳冷芙蓉。夢雲曉膩相思枕，淚雨春冥長樂鐘。縹緲舊遊青尾鳳，低回新曲白頭龍。暗中流水芳年换，怪底風光最懊儂。

荳蔻梢頭二月春，春心如草草如茵。日高金粉消蘭雪，風急羅紈散麴塵。獨夜惜花寒料峭，孤窗破悶酒逡巡。夭桃欲放簷梅落，腸斷年時索笑人。

影單蘭穗夜燈深，吟苦蓮壺曉漏沉。自怯春寒添半臂，休徵往事結同心。茫茫人海虚求劍，寂寂天風謬學琴。恰是豔陽情緒惡，蕭騷緑鬢不勝簪。

清明上韓孺人墓

紅粉成黄土，青春欲白頭。鵑啼花濺血，蝶化草縈愁。寶髻輕雲失，山眉遠黛留。榆羹將麥飯，寧入夜臺幽。

聞孝達師巡撫山西

日下聲名泰斗齊，雲中屯戍井疆迷。乍看紫誥翔鸞鳳，喜試青萍淬鷵鶟。使節直標熊耳峻，邊雲横壓雁門低。離心無限依依柳，一夜隨風盡向西。

禁中頗牧更無倫，窮塞荒寒定作春。昨歲和戎終有憾，祇今守土得斯人。九龄帝眷旌風度，三晉民生患寡貧。暇日籌邊樓上卧，龍堆馬邑掃荆榛。

晓行萬山

侵曉命筍輿，出郭就村路。初日穿林黄，積潦澄沙素。雨後平疇蘇，空際遠帆鶩。河水清涼接，潭碑蛟龍護。曲澗鳴風泉，靈巖蓄煙霧。傍嶺嬉犢行，躋巔逐鳥度。翠濃溼征衣，徑窄容危步。峯態乍有無，雲蹤各去住。愔愔大堤花，冥冥檀溪樹。鹿門眷遥迹，羊峴迴近顧。昨懷洽自今，新景狎如故。隆中一布衣，千載動遐慕。

櫻　桃

荳蔻光陰一瞬中，茘枝風味略應同。鶯含朱實空如火，蛛網青絲尚有籠。倭墮坐抛雲髻緑，斑斕都作淚珠紅。摘花人去花磚静，手疊羅裙泣蕙叢。

田　家

坐愛田家好，籃輿爲久停。鳥鳴深樹緑，雨過亂峯青。大麥春先熟，狂花晝欲冥。農歌倚牧笛，肯與世人聽。

戎馬昔年事，桑麻今日村。園蔬翦曉露，杯酒話春温。浩劫沈滄海，高眠枕石根。桃源路咫尺，珍重到兒孫。

危　　語

何處傳危語，花門復動摇。然灰原未死，候月故應驕。戊校屯空在，丁靈舋易挑。立功誇絶域，今爲憶班超。

鳥卵虚東界，鯨牙厲北溟。彎弓欺漢月，策馬伺妖皇。戰守都難决，傳聞倘不經。陰符吾欲廢，中夜吼青萍。

生日二首有序

余生於五月端五前一日，其月朔則韓孺人生日也。往客春陵，有“扇市光陰速，錦標科第遲”之句，兼用續命縷故事，全篇已忘，惡讖斯兆，感念愴懷，衍長句云。

扇市光陰駛雀風，誰將甲子別雌雄。命宫牛斗曾何憾，泉路魚燈尚未通。冰簟涼侵瞑菜緑，羅裙碎裂石榴紅。生離死别緣都盡，地久天長恨不窮。

仲寶風流媿色多，余今年二十有八。傷心忍更鼓盆歌。幾經斷梗悲生計，卻對靈瓜感病魔。孺人去年以余生日食瓜而病。壽縷竟教成獨繭，錦標何意戀高科。纔過端一還端五，淚盡香囊溼紫荷。

寄伯兄燮甫郎山講舍

大水雙魚至，深山五月寒。沙田羈雁羽，世味飽豬肝。塗炭衣冠苦，糟醨醒醉難。白雲三峴近，寧止客中看。

堂上久離别，人前多是非。皋比肯相市，天馬未應鞿。夜雨猶能樂，秋風胡不歸。陶家松菊在，稚子候荆扉。

九月廿日大雨夕得鄉舉消息

簷溜聲喧倒漏壺，飛來吉語夜模糊。老親杖屨驚排闥，新婦羹湯恰退廚。衣鉢敢希和魯國，姓名疑道范純夫。阿兄自是滕元發，笑我終應一著輸。癸酉伯兄燮甫鄉舉第三，今余名列第十三。

知己歎有序

重陽前一日，繼室以楊子宜梧，其夕鄉舉榜發，越十有二日報至，距韓孺人之歿十有五月。去年春，襟珊招飲，其家人捉宜梧登樓闚客，宜梧退而曰："吴生瞻視不凡，座中客對之，神氣盡矣！厥後必達。"時韓孺人方病，及秋竟歿。不三日，襟珊亟贊宜梧於余，求爲昏姻，不可。久之，議者日衆，則又趣友人王子光志謙、雷壽芝致福并力作合，遂委禽焉。余故貧士，宜梧有嫂稔前言，偶揶揄之，宜梧低首面赭，噤不能聲，不與言笑者數月，余初弗知也。至是盡得其情。記己卯下第歸，韓孺人厚慰余曰："君豈長貧賤者，顧戚戚争一第得失哉！"今孺人已矣，房敖知己，乃有替人，感新傷故，爲賦斯篇。

翻手覆手不可數，一秋作雲復作雨。元夜沉沉扃天塗，老親意外色飛舞。伯兄燮甫登科時，榜發不五日報至，比以阻雨，故遲至，蓋絶望久矣。花燭燒殘蓮漏深，大呼兒出看泥金。兒足趦趄進復卻，手把花燭心沉吟。十二年來艱歷試，余自庚午始，六赴秋試。緣何風送泥金至。龍蛇奮蟄良有時，恍然妙不關文字。可憐舊日瓊閨人，毷氉幾浣青衫塵。桂樹不芳芙蓉老，蓬瀛望斷魂猶顰。蘭心蕙質抱香死，苦語分明長在耳。願君珍重千金軀，高才貧賤非恒理。巾幗達識千古難，此意悠悠泉臺寒。紅葉飄零流水急，御溝注淚雙闌干。玉斧辛苦修月手，赤繩日逐老人走。仙姝第一星眼明，真氣許我驚户牖。焦桐居然爨下知，漆以爲琴膠素絲。我本檳榔不解乞，金柈卻哂劉穆之。噫嘻乎！人生得一知己死不恨，是龍信否安足論。我乃閨中知己相後先，始吾戰北寧非天。天乎天乎工顛倒，織縑織素能雙好。縑素新故亮不殊，巨源佳對今更無。安得唤取香魂蘇，姍姍歸來衣五銖，一笑碧鸖竟何如。

題余紫波□□小照即送其偕弟筱軒□返鄱陽

朗朗玉山色，相看無限情。不才羞一第，與爾實三生。豈有長貧賤，如斯好弟兄。扁舟莫輕發，愁殺夜潮鳴。

江雨曉霏霏，君今何處歸。寒雲帆影重，疏柳雁行稀。無酒心先醉，因風淚滿衣。鏡中人不見，入夢是耶非。

石君招同易實甫郎中順鼎小飲別後卻寄癸未

荆州官閣燈夜紅，毛生對酒論英雄。心折易氏名父子，夢魂時墮瀟湘中。瀟湘阻深不可迹，東風吹我長安陌。老成已荷屏藩任，年少虚陳治安策。氍毹同踏燕市樓，座中客盡非凡流。烏衣公子更殊絶，玉貌天人相匹儔。春曉百鳥儀丹鳳，秋空萬馬騰赤騮。毛生毛生別兩載，荆州夜語今猶在。莫倚修竹怨瀟湘，且凭高樓望遠海。波濤蕩蕩翻南溟，天風吹黑島嶼青。雲昏佛迹罔兩嘯，潮滿富良蛟蜃腥。寸地尺天競偷奪，妖腰亂領輕神靈。越裳坐看阻王會，文雉幾時來周廷。君不見醜虜歲久稽天討，道謀决策苦不早。絶域立功豈無人，吾曹棄置安足道。金樽酒盡羣花飛，公等故在吾應歸。炎風驅馬吹短衣，金臺迴首夕照微。吾聞易氏父子富兵甲，爾亦天馬不任韉。何不相從屠封豨，再標桐柱宣皇威。男兒要有澄清略，小技莫受雕蟲譏。

海舟二首

天馬排雲蹶，神魚卓浪回。水天飛日月，晝夜走風雷。尚覺斯遊壯，無勞怪物猜。汪洋爾許大，何處着涓埃。

四顧忽不樂，天南方用兵。風波苦重疊，淚血與縱横。鰲足山能撼，龍泉夜獨鳴。扶桑看日出，氛祲豁秋晴。

感事四首

雄略虬髯後，巖疆象郡西。鬥争自蠻觸，得失豈蟲鷄。直合屏藩寄，應無黑白迷。憑誰策前席，懷遠與招攜。

板屋窮年戍，戈舡異域求。金多虚牝擲，醫未國孱瘳。淫巧防心蕩，脂膏逐淚流。管商今亦少，得勿至尊憂。

纔過桃花漲，驚聞瓠子歌。蛟龍争赤地，金幣委黄河。力盡千夫築，寒生六月波。聖朝勤振恤，早晚降恩多。

銀漢紅牆迴，瑶池翠水深。舊聞璇室織，肯費露臺金。夜火狐鳴幻，江樓蜃氣侵。衹應杜陵老，破屋苦低吟。

漢口七夕

岸上笙歌水上螢，深閨幾處拜雙星。天風夜半吹私語，回首三郎不忍聽。

酒闌歌罷涕沾裳，露下鍼樓月似霜。風枕舡窗人定後，夢歸川路怨無梁。

舊事八十韻

舊事何堪説，新人尚欲詳。零星難次第，鎮日爲思量。少小初相識，因緣實始彰。伯休工藻鑑，季重舞荷裳。豈謂搜述切，翻教作合忙。聯交嗤子玉，奪婿似瑶光。玉潤歸東郭，冰人揜北邙。申情湘管賦，未字繡閨藏。一旦規前議，三春送嫁殤。余原聘東郭康氏女，寔康挽韓翁華亭先生作伐，未幾翁卒，康氏女亦以戊辰春病殤，遂聘韓夫人，聞翁初欲婿予，而爲康所强，卒乃成翁志也。黄花寧節晚，紅葉得媒良。憶論鄉邦秀，虛誇世業昌。人師仰金鑑，謂孝達師。家學勵青箱。桐茂延陵後，芹芬泮沼旁。垂髫人豔羨，偷眼道形相。佳語傳雙璧，高懷志四方。拾原輕芥紫，舉苦滯槐黄。電駛丁年届，風流甲帳張。余四赴鄉試，丁丑春始婚。筮占歸妹吉，嘲付秀才康。洗手調羹進，齊眉舉案莊。相攸粗慰姑，謫降獨憐剛。憂患埋無地，温柔寄有鄉。翱翔羞燕雀，歡喜學蜩螗。草碧休除牖，梅青慣遶牀。冬爐圍獸炭，春酒命鸞觴。香霧籠鬟髻，疏星綴耳璫。蘭心融夜露，杏臉暈朝陽。消夏蓮池浄，延秋桂苑香。披圖看蛺蝶，問字識鴛鴦。並蒂芙蓉枕，奇温荳蔻湯。悠悠堪畢世，歷歷此歡場。玉勝方徵夢，金萱猝遘殃。乍驚神慘淡，從此日悽惶。壺唾凝紅淚，琴絲咽素商。北堂哀未已，南浦遠還望。卷耳頻傷别，灰心孰攝尪。韓夫人無胞兄弟。香桃銷瘦骨，弱柳縮離腸。暮雨催山槿，春寒困海棠。侵尋纏二豎，荏苒悴孤芳。姊妹花先盡，君臣藥徧嘗。無緣求絳雪，有恨是丹瓤。夫人以食瓜病肺，遂亟。長記時流火，中宵味乍涼。女牛明隔水，客燕戀辭梁。楊閏終然厄，蘭英遂以亡。夫人七月卒，是歲七月閏。芟龍來仿佛，卒時自謂有輿馬來迎。鸚武話荒唐。内外言誰間，初終禮自將。淑儀標荇藻，令範記珩璜。雲想衣垂桁，風猜屧響廊。黄門悼遺挂，白傅泣空房。形影銀釭弔，年華寶瑟僵。夫人卒年二十有五。窗虛窺坐客，書斷寄仙郎。歌謝蒙莊達，神慚奉倩傷。春蠶拼獨繭，幺鳳忍求皇。雁隻銜蘆宿，鸞孤對鏡翔。掌珠嬌女小，髩髮老親蒼。足繫繩偏急，肝摧鐵欲創。焚芝真歎蕙，逃墨竟歸楊。厚意孤張負，高才愛叔庠。張式諄先生欲以少女妻余，因其長女先歸於□山尊人星垣姻丈，輩行參差，不得已罷議，每爲余言之，以爲恨。閨房傳獨秀，詩句讓新粧。昨歲三星夕，深秋九月霜。團欒憑玉斧，辛苦醉瓊漿。一第登差幸，重泉願豈償。强臺期直上，弱水梗難航。墓木歸潛長，曇花現不常。替人勞慰藉，知己淚淋浪。堂指三鱣集，樓欹五鳳荒。花開春寂寂，月過夜茫茫。緑暗陶潛柳，紅頹宋玉牆。飄零移芍藥，韓氏故宅苑木，今都荒廢。輕薄到檳榔。賴有縑工織，懸知劍吐芒。前身同相馬，此日補亡羊。先後均符契，端居足激昂。紅顔幾宿草，滄海况栽桑。藩貢稀珠翠，皇威戒斧斨。坐看鯨浪跋，尚許蝶風頏。世變誰能料，多情恨自長。雁行禮應執，鸛雀誚何妨。伏櫪閑騏驥，提壺典鸘鷞。德終南紀感，窶早北門忘。聲價争鸞掖，神仙渺鹿娘。待偕鄉里隱，懺業仗空王。末句竟成詩讖，自記。

聞大司馬衡山公督師粵東

朱維銅柱漢時標，兵火千年不動摇。早日牛羊知内首，何來魚鼈覬成橋。黄龍清酒渝秦誓，翡翠明珠梗越朝。中外安危關此舉，使星夜夜望三霄。

江漢中興仗老成，白頭戎馬一書生。公有私印，文曰“戎馬書生”。帝心特重長城寄，臣志先隨諫草行。公奏主戰甚壯。修我戈矛增激發，蠢兹鱗介敢縱横。樓舡旗鼓從天下，指顧波濤海上平。

夫餘意外起虬髯，鶴唳風聲賊膽寒。鬬比連鷄須樹敵，收來功狗許登壇。莫疑成敗判孤注，但涉要求絶可汗。太息金繒頻歲盡，何心玉敦復珠槃。

珠江遠接洞庭波，羽檄紛如北雁多。旌節寧辭衝雨雪，甲兵徐待洗天河。艱難故國營芻粟，公奏轉餉以湖湘爲根本。夢想空山老薜蘿。尚有劍南飛將在，枕戈意氣近如何。同時鮑提督超亦奉命募師，以備調遣。

甲申上元前三日楊子端楷招飲

門前轉眼插楊枝，爲爾多情盡一巵。塊壘難消中酒後，風光無奈試燈時。陰晴未保誰能樂，山海能來大可疑。最是雲韶咸泰殿，魚龍曼衍繫人思。

飢驅出門去

飢驅出門去，堂有衰白親。朝出暮則望，矧玆遠游身。昔別不敢哭，今玆淚沾巾。食貧義固爾，菽水潛悲辛。念之灼心骨，行役遂及春。春和萬物蟥，余亦趨峨岷。峴雲白浩浩，漢波碧粼粼。倚櫂發長喟，嗚咽氣不伸。

鮑叔輕財利，夷吾感知己。腐遷傳貨殖，憤激寓微旨。悠悠千載上，嬈薄已如此。吾生少孤峭，脂韋清夜恥。囁嚅無媚舌，孅趍無靡趾。以斯與世迕，雅俗互嗔喜。跖穢東陵壽，夷清西山死。善人爽報施，謬悠非恒理。頑廉懦能立，吾將聞風起。

去鄉不十日，草色萋以緑。王孫何日歸，威遲春江曲。吾楚芳澤藪，逆風散馨馥。左徒心君國，荃蓀致往復。日月虛昭昭，中情竟莫暴。至今行吟處，夜聞湘靈哭。鬱鬱離人心，迢迢傷春目。痛飲吾未能，《離騷》差可讀。

短篷苦束縛，眼中蛙井天。方寸匯六合，忽馳南海邊。南海富珠翠，貢納難計年。國孱勢積漸，旁睨蛟鱷涎。籬藩且就墮，主人寧晏然。坐想朱門裏，幾輩方高眠。仙人世外歎，滄海今桑田。

行役日以遠，塗危意無窮。五溪非淫毒，孟門横宇中。譚笑起波瀾，心腹荆棘叢。豈無先覺者，射覆難爲工。吾聞辰沅地，蠻俗太古同。樸野事耕耨，甯用希華風。好事鑿混沌，侵尋機械攻。過客爲太息，搔首翹鴻濛。

荆州謁鹿芩師别後寄呈一首

客子傷遠别，宦游思故鄉。相逢道心事，天地俱茫茫。我家倚三峴，吾師家銅梁。通籍二十載，廬墓松楸荒。登高望玉壘，落帽龍山狂。一官渚宫贅，欲歸無由杭。而我以貧逐，忍淚辭高堂。匆匆謁絳帳，蜀道青天長。花柳慘不舒，驛路孤春陽。行行近師里，迴首甯可望。兩足傅之翼，有時雲中翔。乞漿或得酒，亦足澆枯腸。世事難可料，尺寸天與量。静言探元化，得失應兩忘。瞿塘天下險，何必非康莊。

郝穴阻風

玉瓶沽酒過沙頭，楊柳千條絆客舟。翠袖亂翻金鏤曲，花時離别替人愁。

春江苒苒夕陽低，何處飛花似大隄。欲放紙鳶風太緊，玉人腸斷畫樓西。

雨　　泊

暮雨忽紛紛，征人不可聞。江村明獨火，野樹暗重雲。漂蕩危漁艇，飛呼失雁群。夜潮應更長，惆悵賦湘君。

冒雨過湖

曉枕鳴殘雨，春帆趁好風。汀洲亂芳草，煙水駛孤篷。竹樹微茫外，湖天浩淼中。螺青無一點，虚擬洞庭同。

常　　德

星占鶉尾舊分畺，池湧龍泉尚兆祥。枉渚煙波悲正則，義陵縞素動高皇。青春古洞桃花遠，緑水孤洲杜若香。我有故人家漢壽，易實甫。蠡湖惆悵對斜陽。

桃　　源

鷄犬桑麻入望間，風光隔斷五溪蠻。緑隄柳暗真迷路，上水舟遲忽破顔。已忘嬴劉何魏晉，卻憑衣服共雲山。漁郎去後桃花落，太息重來鬢易斑。

題伏波宫

石窟春寒似暮秋，虚傳鄉里勝壺頭。男兒裹革沙場裏，肯羨家居馬少游。

武威没後事傷心，潦霧猶能冒毒淫。何物門生工倚笛，溪流嗚咽武陵深。

落照翻江百丈遲，靈旗風颭杏花枝。廟門人少神鴉集，何似飛鳶墮水時。

不見雲臺畫像留，蠻溪空復走扁舟。祇今淚眼交州望，銅柱消磨萬古愁。

辰沅雜詩

客舟真險絶，日走萬山中。下瞰魚龍窟，旁穿虎豹叢。陰崖虚日月，高浪入雷風。世路有如此，吾心任化工。

路逆鎗崖上，人争椎髻迎。漏天隨石破，毒水挾山行。瘴厲晴常晦，星河夜欲鳴。灘聲長卧聽，鬱怒故難平。

石穴棲槃瓠，荒墳揜善卷。降昏嗤佶女，高蹈緬堯年。種蔓因成俗，山深妄説仙。洞天吾未信，卻羨西陽編。

丹碧昭靈廟，馨香屈左徒。空山喧鬼鼓，夜火走村巫。哀嘯猿聲徧，行媒鴂鳥無。邅迴竟何事，溆浦夕陽孤。

水衍三亭急，坡争五峴高。乞靈慕葱嶺，驅怪寶杉刀。溪口懸橋峻，峰腰鬭屋牢。由來阻聲教，族落各能豪。

僻地滋荒怪，夷風樂戰争。恩仇尋報復，溪洞莽縱横。淫祀偏求福，貪饕總射生。萬年悲弱肉，造物故無情。

西略秦張若，南征漢伏波。城傳蜀郡守，笛和武陵歌。歲賦輸斑布，軍聲過緑蘿。艱難籌控馭，幾度奮干戈。

烽火三城接，荆榛十洞荒。無人薄莊蹻，有子愛田彊。絶地争烏速，飛山啓馬王。吾宗誇審禮，守土亦堂堂。

聖代行寬大，王師豈不勞。高低森虎檻，擒縱妙龍弢。勁旅摧偏架，姎徒習索陶。至今息争戰，無事許遊遨。

一例銘銅柱，登臨亦壯哉。砂坑知早獻，楠木喜全裁。江近多星出，灣環半月開。媿非劉夢得，學唱竹枝來。

太息龍標尉，曾聞過五溪。望深黄鵠舉，魂斷子規啼。草毒幇腰積，泉腥石眼迷。謫仙應更苦，真到夜郎西。

亂後祈豐歲，年來共太平。鬼棺營夜葬，田火督春耕。清酒葡萄熟，丹砂箭簇明。閒中好歌舞，聒耳鬧壺笙。

隨意尋安土，聊同賦樂郊。萬家能種芋，三脊試徵茅。火食忘蛇肉，雲屯結鶻巢。此中留太古，過客漫相嘲。

學校何年復，臨風憶宋均。約應更木鐵，氣未識金銀。驛路幽蘭晚，江洲杜若春。新民諒依舊，能不荷陶鈞。

赤脚登山婦，斑衣近水兒。負薪朝暮慣，刺艇去來嬉。雨後魚苗長，風前鴃舌遲。問年忘甲子，阿段逐阿夷。

殊俗甯須矯，中原本逕庭。莫徭大歡喜，浮洞自神靈。村市奇柑富，峰巒苦竹冥。瞿真竟何處，巖屋料長扃。

鼊背江心伏，鵜籠石脚高。死生相上下，晝夜足風濤。怒馬千篙進，哀猿萬木號。迴頭成破涕，三鳳幸能逃。鼊背、鵜籠、三鳳，皆惡灘之尤，顧不見於紀載。

久客粗相習，行行變好溪。採金稀射虎，問渡不迷犀。旱禱騰湫雪，鄰招疊石梯。壺頭虚設險，廢壘草萋萋。

旅食甘蝦菜，舟行侶鷺羣。石痕春落漲，樹色暮留雲。異境詩難狀，離懷酒不醺。茲行未孤負，苦樂許平分。

雨發秀山

路險歧無地，峰多迸作雲。寒潮添夜半，細雨過春分。竹樹千村合，風泉萬壑聞。看山吾不厭，嶺外漏斜曛。

背鹽謡

五里一山，十里一溪。溪水深淺，山高以低。
十步一肩，百步一顛。吁哉可憐，不知日得幾錢。
十日一來，五日一去。日晡不可得食，暮無宿處。
三日一風，兩日一雨。風風雨雨，日日辛苦。

由龔灘至彭水龔灘，據《方輿紀勝》，疑是“關灘”之訛

舊説天下山，半在黔中青。又聞天下泉，半在黔中鳴。用孟郊句。始吾掉頭不肯決，一落黔江方寸平。黔江首尾六百里，五十八節名灘起。龔灘鑫腰小小耳，篙師坐愁蛟龍喜。蛟龍喜怒曾何常，横卧江心鱗甲張。有時卓立露一爪，攫舟無慮千尺强。羣峭摩天日不午，排石作雲浪作雨。鵶飛不到鬼關深，疏鑿誰敢信神禹。鴻毛抛擲良可憐，我生性命天無權。且試咒使蛟龍眠，著翅一飛千斛舡，好采玉芝使我妍。

羊角磯

後艱脱虎口，前危觸羊角。石根轉鳴雷，浪花散寒雹。我來近昏夜，萬斧驚鬼斲。侵曉覓舟出，一葉愁蛟嚼。人間多畏途，身試見已

數。作賊尚習膽，片帆聊復卓。

涪　州

筍青魚白迎舡來，溪瘴慚消鹽煙開。土腦四裂石粉潰，木梭一擲雲崔嵬。出死入生魂猶悸，朝名市利心都灰。旦日獲飲黿陵水，青蝲磨茶塵襟恢。山谷老人古賢者，玉堂小謫吁悲哉。撐拄厓谷螋蛇螫，昏塞耳目魑魅猜。玉溪天授許把臂，北巖伊川相追陪。四海一家强作達，囚人夢赦醒還咍。我來弔古心默媿，才人鬼妬天所災。聖朝本無鉤黨禍，浮蹤胡到涪江隈。夜深峽天見星少，春盡鴻鴈驚風催。且喜松屏足徙倚，賴有荔枝解嘲詼。何當幽尋石甕磧，玉環招手仙人回。

戲詠石魚

望斷雙魚出水遲，曉來新漲綠參差。石間多少劉忠順，爲謝煙波隱惡詩。

重　慶

插天雉堞暮山青，形勝江州一建瓶。三面樓臺高近水，萬家燈火亂如星。客中渝酒隨緣醉，月下巴歌帶恨聽。明發佛圖關外路，誰同劍閣并垂銘。

榮　昌

嫋嫋東風過客愁，匆匆香國小勾留。誰將便郡昌州易，惹得淵才笑不休。

幽巖燒藥幾千春，棊散琴孤不見人。何日乞將勾漏令，胸中龍虎一時馴。

資陽弔王子淵

漢武踵秦溺求仙，曾孫病已時復然。神爵五鳳侈嘉瑞，賢臣輕重寧知權。傷哉作誦王子淵，羽獵詔使從甘泉。差第詞賦比博弈，諫大夫秩久乃遷。洞簫太子亦解誦，青宮花月虛爲妍。碧鷄金馬竟何寶，崎嶇鳥道魂夜旋。硯池歲久蛟螭纏，故宅榛莽堆荒烟。墓前石碣大字滅，落日松楸啼杜鵑。中和樂職宣布篇，詩歌零落今千年。當時刺吏差解事，逸才一薦名俱傳。嗚呼！逸才一薦名俱傳，如此刺史良復賢。

送伯兄燮甫赴應城校官任

宦海茫茫一冷官，桑田今日正波瀾。眼中肉食人多少，珍重先生苜蓿槃。

酒盡郫筒促畫橈，錦江春漲夜來消。桓山鳥翼分飛急，腸斷垂楊萬里橋。

暮游浣花草堂宿焉感賦

興來走古寺，一徑叢竹深。石氣森毛髮，空翠飄衣襟。暮煙起近郭，落日斜在林。聞鐘忽已暝，秉燭窮幽尋。太息杜陵老，許身稷契任。拾遺竟何補，栖栖君國心。喪亂百經歷，熱淚雙浪淋。老作諸侯客，白頭日低吟。我生公同里，來弔馳遐忱。中夜不能寐，濁酒聊孤斟。晝省想伏枕，短髮均難簪。南海正氛祲，風雲愁塞陰。兵馬何日洗，慷慨寧可禁。起舞醉易醒，出視星横參。池波動潛魚，林響驚棲禽。悠悠梵唄作，冉冉斜月沈。眷此一溪勝，空懷三峴岑。世有挺之兒，亦復今所欽。

七夕雨有感

飄忽經三載，蒼茫隔九泉。緒風彫緑鬢，淚雨濕青天。解事憐嬌女，餘哀到壯年。天孫羞障面，瓜果避芳筵。

井臼勞新婦，琴書悵遠游。何從窺劍閣，莫漫上鍼樓。巧罷金梭乞，工虚寶月修。死生總孤負，錦水日悠悠。

重有感

碧玉花冠紺玉衣，姍姍入望是耶非。雙星空自翹銀漢，一夢何曾到翠幃。團扇已抛螢火冷，長橋易壞鵲飛稀。此生休矣他生再，待取瑶臺月下歸。

謁武侯祠

錦官城外多樹桑，桑外古柏何蒼蒼。我來祠堂下馬拜，鼎足往事心徬徨。當時君臣盛際會，三顧禮數真非常。馳驅盡瘁報知己，池魚得水龍就僵。阿瞞豈無厚幣聘，冥鴻莫篡寥天翔。奸雄猜忌號愛士，早殺邊禰孔與楊。先生一心支炎祚，正統日月能再光。吴虎魏狗世并唾，不如瞻尚猶堂堂。綿竹一戰死忠孝，遺教豈不由義方。吾鄉先生舊隱處，城西竹樹環高岡。樵山漁水致足樂，學稼隴畝無不臧。我乃浪作諸侯客，南山路隔青天長。滄海横流苦無補，烏乎管樂今已亡。聞達辛苦易性命，俯仰棖觸衡行藏。逝將一覽峨嵋青城勝，高吟梁父歸故鄉。

謁惠陵

檜柏森森石馬涼，曾經王氣鬱樓桑。少年知己劉元起，何似中山兩大商。

嗣武高皇解愛才，能將寛厚勝雄猜。劉平不識平原相，空遣深宵刺客來。

阿瞞對酒亦多情，説到英雄匕箸驚。今日震雷鳴未已，寢園過雨長蕪菁。

卧龍魚水舊君臣，俎豆祠堂尚比隣。終古東征遺恨在，不知孝直竟何人。

恩紀綢繆事變更，孫郎小妹枉能兵。千年穆后猶同穴，怪道蟂磯浪不平。

玉殿虛無野寺迷，永安誰復翠華隨。長人埋後無蹤跡，咄咄神仙李意其。

公嗣曾教誦管商，增修智量望非常。騾車竟用譙周策，幹蠱堪悲北地王。

魏國山河夕照孤，誰知典午易當塗。可憐漳水多疑冢，繐帳香消片土無。

幽　　齋

幽齋客已去，荒園蟲亂鳴。露下竹梧浄，孤坐夜氣清。七夕今幾日，望望河漢横。烏鵲飛已杳，一水長盈盈。雲裳未可涉，黄姑苦難并。神仙且如此，下界空復情。戛林落葉響，窺窗斜月晶。迴身拚燭卧，歸夢雙翼輕。

中元日游昭覺寺

籃輿風送袷衣涼，雨後平田刈稻忙。未到行人先指點，緑雲深處露紅牆。

溪水門前一帶横，無風無浪日盈盈。小橋笠影人垂釣，卻怪游魚尚世情。

修竹芭蕉總緑陰，四時花木佛堂深。游人空飽青精飯，未解山僧出世心。

新秋無限好風光，烏帽黄塵笑客忙。瀹茗從容談解夏，不知滄海欲栽桑。

齋日盂蘭百味馨，元都大獻會仙靈。泉臺應厭公家饌，且向瑶壇聽道經。由甫爲其亡姊貞一子作道場。

鵲駕銀河事渺然，張星已换女斗躔。夜歸一覺游仙夢，應爲多情更悟禪。

懷广史

斯人吾鄉傑，所苦家世貧。與余故同病，無人識其真。邂逅視而笑，離别魂與親。關河一以隔，文酒疇復倫。讀書鬱古抱，樹義羞凡民。黽勉事父母，甘旨多酸辛。强顔就流俗，作意忘怒嗔。有時忽感激，乃爾驚嶙峋。泥塗溷緑駬，霜雪摇碧筠。人物有如此，窮達寧非因。恩也竊一第，均之有二人。飢驅背鄉國，夢逐同隱淪。猪肝豈不飽，龍性誰可馴。峨眉高不極，岷江浩無垠。白雲望峴首，落日愁漢濱。雙魚聊復寄，千秋幸自珍。

秋　感

萬里風煙動地來，徵兵火急羽書催。益梁沃野脂膏盡，衛霍威名道路猜。鵑響巴山空有血，魚殃閩海已成災。憑高搔首天南望，落日樓舡畫角哀。

丹徼由來列戍連，同時萬帳卷秋煙。包容共識堯天大，翻覆偏誣漢過先。口血未乾忘玉帛，髑髏已擲索金錢。何當京觀鯨鯢築，破涕滄溟一快然。

昇平將相各雍容，五等酬勳并絶崇。争説功名經汗馬，肯辭辛苦試屠龍。秋山斥堠狼烽急，海市樓臺蜃氣濃。珍重乘槎新使者，尋常博望已侯封。

青袍錦水足婆娑，卻爲愁時喚奈何。難報主恩嚴武節，誰回天意魯陽戈。年華未老諸侯客，摇落堪悲壯士歌。便擬撥雲瞻北極，峨眉山色鬱嵯峨。

書　憤

鼎沸滄溟立，烽嚴赤幟張。周旋在尊俎，倉卒失艅艎。漏網魚尋壑，驚雷燕避堂。馬江嗚咽水，終古淚淋浪。

一炬成焦土，千家痛火人。黄頭紛爛額，赤艦化飛塵。子弟陳陶盡，泉刀陸海貧。鬼雄傳殺賊，空復聚青燐。

猛虎矜私鬥，飛鵬少異材。聖恩優魏絳，時論戮王恢。蓋海揚帆出，聞風棄甲來。英雄成敗定，青史費疑猜。

餘燼收三翼，虚聲總十連。早時膺節鉞，無計護樓舡。坐視師光弼，臨危陷介然。風煙隣五管，更使客心懸。

時事急矣孝達師方權粤督詩以危之

夫子今賢者，《春秋》責備多。受恩苦深重，老事詎婞阿。向日心原壯，秋風鬢早皤。越王臺畔路，誰與定驚波。

哭錦官侄

花冥月黑秋無聲，螗蛄驚寒不能鳴。官閣銀燈夜穗碧，小窗孤客雙淚横。有姪有姪今六歲，天予心性何聰明。子雲草《玄》多奇字，童烏一一知其名。意薄蕭家鳳尾諾，塗鴉不肯隨諸兄。孩提愛敬古所有，異哉儀度如老成。嬉戲偶學陳俎豆，大父肩笑隣兒瞠。狡童黠婢不敢暱，知仁用禮非恒情。方春我將來錦城，乃父送我登舟行。峴雲寡色襄水泣，爾亦慘淡摇魂精。别後時時入鄉夢，神骨清炯摩瑶瓊。眼前恃予髪尚漆，私心祝爾頭峥嶸。五車買就歸可讀，白首谷隱同短檠。谷隱寺，余舊讀書處。豈謂此别成永訣，芝蘭玉樹彫春英。乃父多病大父老，哭爾將毋戕厥生。即余明珠落在掌，撫弄坐覺輪光晶。吁嗟乎紛紛世上多公卿，無災無難簪且纓。豚犬芻豢於菟死，造化小兒誰與争。造化小兒誰與争，此淚浩浩岷江盈，杜鵑爲我啼三更。

病中笏公數過賦呈四首

岷峨直下大江遒，天府巍然重益州。奇險何人能鏁鑰，傳聞此老故風流。東山素志耽吟嘯，天下蒼生共樂憂。公有小印，曰“意在謝安石、范希文間”。肯略功名言道德，龍門今日識君侯。

策馬年時走玉京，爲瞻雛鳳已心傾。片帆浩蕩歸蘇嶺，一剌飄零到錦城。自惜青衫塵黯淡，驚看白髪淚縱横。塞鴻昨夜來消息，魏絳和戎説又行。

孱國難醫事可傷，心肝誰與奉君王。威名空噪劉都護，邊事全資李贊皇。藩衛千年甘墮壞，輸赢一局太匆忙。周家赫赫明堂會，執雉從今失越裳。

貧賤憂時髀肉磨，牧之慚愧罪言多。讀書獨爲開精舍，好士斯真設禮羅。青眼分明容嘯傲，滄溟悵望定風波。蹉跎自笑原非病，慷慨因公更放歌。

述　　夢甲戌，客林遠齋方伯幕中事

玉貌囊琴夜夢清，十年薇署事分明。鈍根難證三生石，摇落蓉城石曼卿。

聞黄鶴樓災

無復辛家舊酒樓，珠簾繡柱一時休。仙人亦墮紅羊劫，遷客誰仍白鳳游。橫海火攻方下策，大江瀾倒恰中流。赤眉銅馬留餘燼，可奈今朝玉笛愁。

簳珠仙館詩存卷三

易由甫公子順豫李秋農茂才君芊陳魯詹大令炳泰招同徐琴舫學士昌緒伍嵩生編修肇齡游浣花草堂和琴老嵩生由甫之作

聞説遨頭十載前，琴老言不至成都十二年矣。依然勝地草堂偏。重來城郭能無感，肯信蓬瀛盡合仙。老向林泉消歲月，秋深嶺海莽風煙。金尊何處還同醉，獨對黄花一喟然。

送琴老返東川講舍

珥筆承明舊事非，白頭猶得侍庭闈。封公雲舫先生尚在。不堪宫女譚天寶，曾見黎侯賦式微。教授空山聊送老，神仙大藥剩當歸。望雲我亦思親切，愁絶緇塵點舞衣。

送别程康侯同年恩晋

鄂渚初相識，高才各妙年。絳帷今已矣，初交康侯於經心書院，時叔俛先生主講，去年没。青鬢亦蕭然。鯉尾燒仍在，康侯壬午副榜。猪肝累未捐。朔風吹錦水，無那又離筵。

海國纏兵氣，仙樓换劫灰。吾親都健在，能不望歸來。離合曾何定，行藏尚自猜。浮雲横劍閣，惆悵勒銘才。

山　　林

山林文字價爭高，湖海元龍氣尚豪。回首不堪傷白髮，歧王故宅鬱輪袍。

瑣瑣昏姻附晉公，罵人劉四未應同。拂須一例顔都汗，西第原難薄馬融。

一門兒女總談經，坐論居然筆舌靈。信是半山家法在，草元寂寞子雲亭。

書中外保薦人才各摺後

歲寒知有後凋松，大厦原須萬木供。待價黄金多駿馬，降庭白晝幾真龍。蛾眉翻恐交相妒，猿臂應無怨不封。如此風雲千載會，莫孤雨露九霄濃。

成都雜興

秋盡峨岷客未歸，西風瘦減舊腰圍。黄金何貴家書少，白日能馳世事非。雨過仍添宫草長，江清遠見塞鴻飛。羈棲怪底紛多感，不爲嚴霜賦授衣。

閑中風物渺愁余，祥異應煩太史書。市上争呼山弔鳥，城門貫見火殃魚。血啼望帝哀難述，燼合燒甍信不虚。皆夏秋間事。衹有清溪無恙在，白沙翠竹浣花居。

草間狐兔忽縱横，苦向潢池盗弄兵。容易流民尊李特，寧知猛將盡花卿。四山火色疑秋獵，一片笳聲又夜鳴。米賊燼餘張魯在，萑苻多恐暗中生。匪首張濠義者迄未獲。

側身南望意無窮，滄海妖氛淚眼中。破浪乘風虚大願，焦頭爛額詫奇功。高談王濬樓舡下，遠慮張騫竹杖通。天竺非遥阿瓦近，漫將天險恃鼉叢。

羽檄徵兵曉夕催，臨淮晚節亦堪哀。更無壯志匈奴滅，誰是軍門揖客來。暖老愁辭桃葉舫，延年徐進菊花杯。瞿塘上下尋常事，坐看中流一柱摧。

書生無計補時艱，作客何如更放閑。把釣檀溪供鯽膾，看雲蘇嶺繪螺鬟。壓裝圖史誇新富，入夢庭闈省舊顏。終是扁舟歸去好，朝來錦水急潺湲。

簷梅篇有序

余既居百梅亭數月，時物衰變，旅懷無懽。一日晨興，散髮未櫛，小窗負曝，馨烈盎然，急起幽索，寒梅數點，近出簷際。始余嘗與笏公散步亭中，俛而思，仰而歎，以謂亭號百梅，今一之無，名實相去，豈不遠哉！既獲此梅，走告笏公，明花神作意解嘲，亦訟余之實未索梅而薄其名，弗可訓也。詫歎之餘，爲賦斯篇。

國色生長瓊閨中，眉目不許常人通。行媒鶴鳥未易致，盛顏桃李羞春風。淑姿窈窕名花比，百梅結亭誰所始。林逋一去八百年，藐姑射仙喚不起。我來荒逕横榛蕪，鹵莽不解求麗姝。雙眼坐使輕雲蔽，掉頭卻説傾城無。元冬朔風送急景，錦城何似羅浮嶺。醉眠長羨趙師雄，翠羽啁啾斜月耿。朝來窗日黄棉温，幽馨一縷春無痕。風來隱隱通鼻觀，何處招歸冰雪魂。仙人有藥真不死，簷前數點無乃是。乾端坤倪偶軒豁，水部忸怩廣平恥。呼童狂走聞主人，主人驚笑天爲春。交臂之失過誰補，嘲花無語花有神。君不見王嬙昔日春風面，和親始得君王見。解殺畫師嗟已遲，春風寂寞昭陽殿。梅乎梅乎香有時，巡簷不愁雙鬢絲。我本道人莽可住，歲寒珍重胎瓊枝，蘇嶺有客今相知。

後簷梅篇有序

客有見前詩而難余者曰：“亭之名其梅百，今子獲一梅而以詑主人名實之乖，其究奚辭？”余曰：“微子言，吾敢忘其百哉！昔之梅百，吾愳其淆而以爲名也。今之梅一，吾幸其僅而幾乎實也。雖然，其僅可幸，抑必有悲其孤者。吾求夫百之實，顧不可得，則重其一，不啻百焉爾。且百者一之積也，必欲求百，宜自一始，而又奚疑於名之乖其實？”客意解，請更賦詩廣之，爲《後簷梅篇》云。

君不見，西京上苑經營初，胭脂麗友黄紫朱。羣臣拜手進嘉種，貢妍鬥媚無差殊。又不見，南唐後主工豔曲，紅羅四面悦心目。一朝去國改朱顏，雕闌玉砌空躑躅。亮哉物罕人斯珍，紛紛枝葉愁洩春。六宫魚貫饒粉黛，玉環一笑誰能嗔。飄飄遺世人獨立，冰肌玉骨天風襲。搜逑索偶良復難，黄昏月下暗香泣。夜寒皴玉無人温，同心零落標格存。詩人知非工晚蓋，琢句慰藉幽怨魂。陽春調古世寡和，朝暾上窗曾雲破。冰霜坐閲凡卉多，高寒不怕雪花大。蜀王舊日鬭池臺，花時日日園官來。十分難得五分報，好春消息人驚猜。烏乎此意費斟酌，孤吟我亦情落落。寒香容易充肺腑，尋味幾見逢鐵脚。人間健步多驊騮，牝牡驪黄非所求。莫羨燕昭致千里，且須駿骨黄金收。

嚴雁峯贈章刻水經四種並以詩送行賦此爲謝

鄭公門第長孫枝，雁峯爲渭春中丞從孫。十萬牙籤各等差。詩酒交情聯楚漢，君籍漢中。山川新説出桑酈。異書寧止荆州借，藏書甚富，遠近許借觀，每月以兩人司其收發。厚貺還勞蜀刻隨。歸去青衣江上路，開編爲憶古須眉。

眉　州

客舟迫歲臘，嚴風玻璃凍。艤榜眉州郭，古懷鬱深痛。三蘇賢父子，長公尤麟鳳。天子詫奇才，蹉跎格不用。便殿金蓮燭，有淚攢夜慟。不恨瓊惠遷，奈何洛蜀閧。大兵有時息，大獄乃能中。北歸竟何曾，一棺嵩趾瘞。我行經公里，遺編刺史送。州牧傅君以笏公書先期訂《三蘇全集》百本爲贈。煙海盪幽魂，冰雪消春夢。玉焚不可灰，弦斷疇復弄。吁嗟今多事，中外勞羈鞚。贊普未易招，夷情孰云洞。以斯海水飛，世少河清誦。六鰲撼山岳，雙丸翳昏霧。卻憶公在杭，道假高麗貢。書幣嚴甲子，正朔尊大統。庸猾痛加懲，金塔寧所重。賜予量裁損，市交妙操縱。此事今誰幾，大義激微諷。日暮望峨眉，雲巒一色共。太古留蒼雪，萬壑深無縫。我欲絶頂游，鸞鶴末由控。城中紗縠行，崇祠煥榱棟。咫尺梗門管，尋幽艱鑿空。髯翁信已仙，芬芳長可誦。歷劫莫贊揚，行路況倥偬。棖觸聊孤吟，寒鳥不成哢。

夔關歌

愁雲凍結江潺湲，落日入城城入山。楚檣吳舶各林立，黄昏聽我歌夔關。夔關初設無歲年，百貨徵榷唯所專。千里萬里上下舡，到此都辦三日懸。始到帆棹停關前，挂號鱗次相後先。久乃查艙先生至，至再至三相蟬聯。早至遲至先生便，先生亭午方高眠。眠熟起呼開芳筵，醉飽來與舡周旋。其來小艇旗翩翩，峨冠輕裘都且妍。大聲咤舡舡客出，拱手先致規例錢。先生得錢若固然，手筆手尺手衡權。前艙後艙過眼畢，詰爾舡貨何淤填。一查未能徹中邊，去却復來待明日，舡客聞之心沸煎。低首欲語先生還，明日更乞先生憐。朱提在袖錢在肩，先生色霽若固然。不筆不尺不衡權，爾艙昨日都過眼，許爾畫票無遷延。舡客聞之喜欲顛，可酒入喉食下咽。明日亭午索票至，開舡伐鼓聲闐闐。聲闐闐，歌扣舷，我歌未罷涕泗漣，夜火更看鹽竈煙。

徵榷之弊徧天下，吾獨歌夔，夔其尤乎？篇中所言各名目，悉從俗，明其相沿已久，所由來者漸也。清其源而釐革之，是在有康濟之責者。文鹿自記。

瞿塘行

噫嘻吁危乎，瞿塘之險天下無。始我來蜀工趍避，今歸乃終出此途。我聞灩澦如象不可上，齒牙森竦天門仗。灩澦如馬不可下，奔注分明汗血赭。坐談何如身試真，到眼一瞥驚嶙峋。將無馬迴立，居然象轔囷。猿猱路絶鳥飛不敢近，矧爾來往扁舟人。乍疑媧皇補天腕力弱，卷石下墜裂井絡。又疑鼉叢魚鼂塞夔門，屏風上觸青天痕。不然五丁到此植一斧，磔人如蝟血腥腐，斵柯不爛長終古。危乎險哉，水折天迴，地搖山摧，孤雲一握，岧嶤崔嵬。日月不可得見，晝夜但聞風與雷。風雷無時止，天半萬波起。中流黝黑深無底，盤渦左右頳壁倚。瘦蛟僵立龍掉尾，篙師魄動客心死，嗟我胡爲至於此。短景搖搖嚴風寒，大壑雪積，水厓冰攢，虎豹伺人蝮蛇蟠。日暮山鬼泣，哀響隨急湍。子規啼血灑山竹，元蝯夜嘯交悲酸。交悲酸，摧心肝，歌一曲，蜀道難。或云瞿塘未爲險，蜀道亦非難，大海今方興波瀾。長鯨肆出没，巨鼇來蹣跚，縱横島嶼紛無端。人生有情原有淚，嗟爾雙淚何時乾。

巫山雪

歲暮歸舟水驛漫，黑貂裘敝錦衾單。夢迴不覺啼猿曉，消受巫山一夜寒。

陽臺雲雨故荒唐，神女應無時世粧。十二煙鬟工點綴，一時齊著縞衣裳。

寄伯兄燮甫應城乙酉

去年送別東風裏，青衫淚逐錦江水。今年望遠南山顛，玉女泉隔蘇嶺煙。人生離合寧由算，客中光陰鄉里換。東風依舊楊柳歸，南山幾處浮雲飛。相思一夕滿芳草，鳩燕坐愁青春老。念君玉堂何時貢，卧牀春雨來入夢。

春　蠶

到死春蠶尚吐絲，欲成匹鳥少連枝。冰清玉映閨房秀，魂斷涼風夜起時。

瓊樹霜凋璧月寒，紅顏寂寞淚闌干。雲容一去無消息，誰乞仙人絳雪丹。

插架芸編粉墨零，簪花小字剩《黄庭》。閑中莫向瓊閨過，鸚武淒涼尚誦經。

題越南輿圖後附劉提督永福畫像

嚴風蕩白日，歲晏愁易昃。端居無好懷，盱目營八極。乾維中不張，坤軸旁就副。藩衛日以頹，疆畫非疇式。遥遥古越裳，星緯夙拱北。文雉通周貢，朱鳶列漢職。胡爲殺鱗介，坐看失卵翼。伸腳疑夢中，鼾睡容榻側。偉哉豢龍氏，別具屠鯨力。皁旂動風雲，丹徼翦荆棘。蛟鼉竄溟避，罔兩昏夜匿。衆口詫奇才，傷心淪異域。大籐非所覬，都護亦良得。奈何雲臺上，不著斯人墨。昨有海客來，欲言長太息。阿瓦既西夷，平壤復東賊。匈奴未斷臂，王會日無色。安得猛士守，一快杞人臆。我聞客語悲，仰視屋梁默。肝腸憤中燒，脣齒審外逼。鐵鑄竟成錯，絲繡空復識。君看滄海水，寧許精衛塞。

游仙詩三十首

山精一服便長生，旌蓋從容謁上清。石室寄聲炎帝女，赤松燒後道初成。

黃金緑玉舊經編，讀罷焚香枕石眠。夢醒自攜鴉嘴去，新移瑶草向瓊田。

長桑公子日相過，天鼓泥丸祕語多。無上正真能活國，人間誰解采薪歌。

雨過蓬池翠萬重，緑波如鏡漾芙蓉。興來斫取崑崙竹，試理長綸釣赤龍。

中條山頂翠雲連，卵色長留混沌天。信手拈來白蝙蝠，侍中猶解説堯年。

桃李冰天發故枝，笑看孔甲殺龍師。侵晨野外來風雨，迎到空中駕六螭。

鳳羽紛遮碧玉冠，龍駒不用紫金鞍。朝來八極都游徧，衹有丹泉眼細看。

滿路紅雲繞玉清，蒼龍鼓瑟虎吹笙。分明記得鈞天樂，不似尋常竹肉聲。

八駿金羈頓不前，觴開王母降瓊筵。白雲謡罷山川邈，下界囂然萬口傳。

敲開璧月弄瓊枝，吸取霞漿入玉卮。醉過閬風臺下路，飛來青鳥道相思。

秋雲羅帕裹丹行，天盡雲迴鶴背平。乞與一丸償酒價，西湖花釀日盈盈。

碧桃紅柳路雲扶，虎口巖高白日孤。少室未歸拋麥飯，卻緣木火悟陰符。

橘裹輸贏象戲忙，玉换塵紫得綃涼。飢虚且削龍根脯，約到青城問草堂。

鳳軺鸞鞅白鹿車，九霄春色未全賒。東皇特下封姨詔，一夜吹開碧玉花。

于闐河水日潺湲，曉掬清流一洗顔。天上無緣逢白首，戲將玉屑灑人間。

千樹琪花萬樹桃，望中樓閣五雲高。等閒欲把瑶階洗，手挈銀河當桔槔。

蓬萊海水易風波，衹許安期把臂過。赤玉舃留千歲在，阜鄉亭下更婆娑。

風幢霧節各玲瓏，前導無煩喚雨工。聞道劉郎配龍女，洞庭閑訪碧雲宫。

麟脯鸞胎辦咄嗟，瓊筵偶集蔡經家。紅塵兒女徧相問，曾見蟠桃幾度花。

扶桑轡急桂輪馳，怪底襄王兩鬢絲。一夢高唐容易醒，朝雲暮雨弔瑶姬。

藍橋辛苦搗元霜，入耳聲聲玉杵忙。爲愛多情聊作合，雲英昨夜嫁裴航。

七夕銀河望渺然，年年烏鵲苦橋填。何時小試黄金術，莫遣黄姑欠聘錢。

珠斗瑶星綴滿衣，乘槎新自絳河歸。袖中攜得支機石，不許君平道是非。

鷄犬從風並上昇，全家高住碧雲層。芝田可種須天雨，卻笑癡龍喚未膺。

日日瑶林戲鶴羣，百花一氣異香薰。凌風不覺颺裙帶，散作天邊五色雲。

金銀宫闕九天開，雲擁虚皇解愛才。欲記玉樓親授簡，詔宣長吉駕虬來。

嬾作天仙愛地仙，中宵忽失歲星躔。飢來逞貫偷桃技，卻得瑶池阿母憐。

唱徹天鷄日上遲，海田又見種桑時。羣仙醉裹天魔舞，碎卻珊瑚十丈枝。

芙蓉寶劍倚崆峒，吐氣森然貫白虹。割取乖龍雙耳後，更裁雲母疊衡嵩。

浩浩天風控紫鸞，迴頭弱水失波瀾。修成七寶團欒月，玉宇瓊樓未覺寒。

此詩非一時所作，且不止此數，大半有爲而言，既多散佚，姑彙録於此。寬仲自記。

得緬甸消息

巴蜀天下腴，崎嶇道路惡。互市盡中外，輪舶茲難薄。虜人貪漢利，擇肥恣嚵嚼。妙奕苦深算，熟睨無騤攫。奇想通陸海，滇池綰厥鑰。阿瓦實比隣，一氣窺井絡。面勢遠乃邇，中病健能弱。高鷹掠走兔，不瞬雲中落。昨得昆明鯉，五城漸就縛。蒲甘足憑陵，葉榆易疏鑿。投鞭渡戛鳩，岷江近可酌。蠶叢愁失險，象貢空復索。誰實秉國鈞，捍城不用郭。玉壘未云高，金沙有時涸。父老非所料，諸葛今不作。安能工縱擒，坐使遵束約。傷哉卅六州，鑄鐵多成錯。

丙戌下第二首

天半剛風破曉寒，瓊花吹墮碧雲端。三山路隔神仙失，千佛經虚姓字刊。異事無端儕短李，故事：登科者先一夜得題名紙，曰“紅録”，是科紅録已報余登第矣，榜發無名。湖南李君最高，事與余類，皆向來所無。狂名恰早動長安。九州鑄鐵尋常錯，科第區區已慣看。

肯信文章乏賞音，卻緣家國一沈吟。艱難精衛填滄海，多少棲烏借上林。竹册芬芳知己淚，紫波謂余：“君豈以科第重者，顧世事多不平。”因慷慨泣下。桑榆慘淡老親心。玉堂金馬知無分，漫道閑雲嬾作霖。

送伯兄燮甫偕紫波航海歸應城校官任

芙蓉淚盡秋江水，帝里春光豔桃李。兩樹紫荆空欲花，飄零無那狂飆起。生平意氣元龍豪，兒女别離羞鬱陶。蹈海願隨魯連死，問天直廢屈平《騷》。廿載蹉跎不得志，强顏低就春官試。鴞原虎榜彼何人，軾轍郊祁皆盛世。牛斗不神箕獨靈，浪傳吉語夜深聽。楚金已恨艱雙舉，和璧寧知阸再刑。朋輩竊譏僮僕醜，袖中坐縮拏雲手。門牆慚愧外經神，兄與余同爲鄭編修思賀所薦。道路誰何識金友。補闕諸昆號軼倫，傷心等有不如人。齊名早噪鸞龍貴，失意尤憐酪乳真。紫波弟筱軒與余留京師。劍會延津何日躍，素衣塵怕緇京洛。絳趺華在且還鄉，玉女泉清堪共酌。長安四月落花時，並馬悠悠去故遲。露盡金莖防善病，兄病肺。風摧緑竹罷談詩。笑我何心仍戀闕，漢南塞北神飛越。鷓鴣曲裏夕陽低，鶗鴂聲中芳草歇。迢遥望眼白雲孤，烏哺終應勝狗屠。滄海桑田原有日，莫抛苜蓿怨遺珠。兄卷以額滿見遺。

同吳筱村德瀟喬茂萱樹枬方長孺孝傑劉鎬仲孚京陳伯嚴三立顧印伯印愚胡硯蓀延羅鵬孫珍材陳次亮熾勒元俠深之諸子泛舟南河泊遂集天寧寺餞石君

龍山高會後，余始交石君荆州。把袂指春明。失意復言别，臨歧何限情。鄉心縈骨肉，宦味冷公卿。歸路經滄海，風波暫已平。

心醉聊攜酒，人勞合放舡。杯荷酣雨後，笛柳咽風前。孤塔危初地，斜陽耿别筵。終憐麋鹿性，難得老林泉。寺□鹿。

觸痛思前事，匡時望數公。朝廷寧士薄，臣子總天功。憂國忘貧賤，方人恥下中。長安多吏隱，夫子未應同。

送客吾仍去，重逢事未期。庭闈珍晚歲，書劍負清時。昨夢從游釣，無心看奕棋。暮雲各揮手，勞燕正差池。

雨中飲十刹海酒樓示筱村諸子

一雨香風透芰荷，鳳城清景此間多。倚樓縹緲招紅袖，隔樹空濛湧翠螺。六月寒生侵水檻，五湖秋近理煙簑。唐家枉自傳遺事，解語淒涼太液波。

軟紅塵裏幾歡場，難得持螯佐碧芳。席中有蟹。玉井喜人談華頂，筱村爲談遊華之勝。瑶津無路望宫牆。神仙荒島蓬萊遠，煙雨空江杜若涼。故里習家池館在，安排宵夢返漁梁。

雨夕排悶六首

科第劉蕡拙，離憂正則工。寒燈秋卧雨，孤帳夜吟風。白首庭闈遠，青雲徑路窮。浮生多感慨，未許問天公。

恥索東方米，虚懷北闕書。四維醫國急，五餌馭夷疏。臺省甘朝隱，閭閻困澤漁。何心尋好夢，安穩息蓬廬。

少日登樓恨，悲風擊筑歌。家貧爲客早，秋至憶鄉多。長楫移吴會，笏山方伯。高臺緬趙佗。孝達師。重陰方四塞，渺渺阻微波。離別兼生死，憂愁付地天。星河昏七夕，涕淚溢重泉。舊約環長裹，新涼扇忍捐。秋棠幽怨絶，碧血灑啼鵑。

薄命論文賤，多情去國遲。閑中流故態，意外得新知。駿骨無輕市，鷄鳴欲賦詩。御溝嗚咽水，煙柳尚絲絲。

蘇領名山在，長安大道非。幾人開口笑，久客減腰圍。酒罷花將盡，秋初燕已稀。不須更惆悵，終息漢陰機。

出都遇雨口號

鳳城楊柳尚依依，和雨和煙送客歸。莫唱秋孃金縷曲，再來應爲試春衣。

通州道中

潞水西風短棹遲，荒村煙樹暮參差。行人自愛斜陽好，恰有蟬聲出柳枝。

野岸平沙落漲痕，人家臨水遲黄昏。依稀認作檀溪路，便擬垂竿月到門。

九日游味蒓園

寶馬香車滿路旁，青衫烏帽足清狂。喜無風雨孤佳節，且爲煙波狎異鄉。園門有“煙波小築”四字。樓閣空中迷蜃氣，關河秋後夢漁梁。白衣送酒人何處，獨領黄花細細香。

海上天高雁影孤，乍辭京國落江湖。隨緣泥雪留蹤跡，入望林泉展畫圖。故里風光三徑隔，遠游骨肉五方殊。叔父領軍成都，伯兄官應城，季弟官廣元。思家無奈翻成笑，吟興應難敗索租。

日本人北條鷗所直方索題函館竹枝詞絶句三首

海天秋盡水雲涼，異國相逢弼四郎。一卷袖來冰雪句，風流仿佛見西堂。

市舶遥遥五港通，日本通商五港，函館其一，屬北海道。横濱新瀉各殊風。奚囊待取都收拾，應勝題詩徧浙東。

萬里煙波識面遲，漁鄉風味野鷗姿。詩卷署曰《鷗所小漁》。生平愛把檀溪釣，媿少家山播掿詞。

重遊味蒓園

客中好景易蹉跎，强向名園一再過。浪跡未能棲水石，高懷終擬託煙蘿。磴移芳草茵猶碧，舟破寒塘鏡欲波。頻倚危樓窮遠目，故山惆悵白雲多。

詠　懷

亭亭山上松，汎汎水中萍。託地固殊勢，得天乃異形。晝陰海風黑，夜冷星火青。豈無鷗鳥下，愁絶蛟龍腥。墜絮怨楊柳，結根慕伏苓。佳實亮可待，波浪何時停。咄哉化工力，萬品咸受扃。我欲叩之問，大圜方冥冥。

少年盛意氣，天馬不任勒。馳驟脱風電，取快無危仄。與人共生死，不解論力德。未信邱垤間，能令霜蹄踣。傷骨冰作稜，浴身汗流赩。奄忽神駿姿，泥塗黯無色。伯樂没千齡，疇知顧冀北。坐使困鹽車，櫪伏安可得。

驅車長安道，面目塗黄塵。桑田出人海，不計秋與春。燕雀侶鴻鵠，結巢東西隣。朝來好風力，坐致青雲身。鴻鵠惜毛羽，蹭蹬絓荊榛。相見故相識，情疏貌何親。貌親難可恃，分飛且逡巡。仰視浮雲色，俛首不敢嗔。

幽人在空谷，日逐無懷游。天機足浩蕩，焉知塵世憂。禍始立文字，儒實章句囚。鋭欲脱桎梏，薰沐差可酬。位禄豈天共，王者相餌鉤。一念嬰世罔，旦出清夜羞。衣冠浼塗炭，清濁揚波流。我思漢陰叟，千載心悠悠。

客懷鬱不樂，去之南海濱。南海信美土，滿眼殊方人。帆蓋溢川陸，羅綺驕冬春。却笑韋布子，誤慁京洛塵。樓閣截雲出，輿衛凌上真。咳唾盡珠玉，萬佛從癡嗔。行樂永無極，長夜寧可晨。所惜神仙居，乃有夔罔隣。

海外各九州，斯言古云迂。六合九萬里，孰與尋尺長。昔聖嚴夏夷，微意期兩忘。毛角日爲羣，鬬牛勢無讓。涓流積江河，肉食失周防。道謀五餌試，市賈三倍償。妖狐據城窟，長鯨跋溟浪。寂寂屠龍手，哀哀小海唱。

尾閭不可塞，脂膏日夜流。黄河一虚牝，擲金齊岱邱。讓策今用下，禹蹟空復求。誰能就東軌，迂迴西北舟。登高望齊魯，鴻雁鳴啾啾。荒野亘白骨，日暮飢烏愁。棠發亦已數，輿濟靡日休。小惠殊未徧，得無堯舜憂。

左徒去國吟，賈傅上書哭。所眷非一室，悄然動心目。糟醨世方醉，瘇□病滋伏。行媒誰託鴆，哀鳴坐對鵩。中情竟莫鑒，年命愁易促。靳鄭未足譏，絳灌將毋恧。感此傷余懷，且可安飲啄。千金自珍重，百歲電光速。

無事還讀書，隻眼洞千古。窈窕如尋壑，中有仙蜕羽。仙去丹經留，至道馴龍虎。中夜發玉函，環座百靈舞。奇光不能閟，星月頂上吐。顧之聊自怡，閔彼衆生苦。釀澤福無方，大藥活萎腐。長生會有期，終擬試花雨。

夢厂史卒大慟而蘇書此訊之

高樓獨夜五更初，好友離羣半載餘。歲月龍蛇驚惡讖，江湖鴻雁少來書。爲勞魂魄成因想，似有煩寃待懺除。折取瑶華聊寄訊，雲龍居士竟何如。

一掬瓊瑰墮枕邊，殘燈細雨更無眠。題糕佳節應相憶，荷鍤狂懷故自賢。萬事人間歸旅寄，三生世外悟仙緣。前身媿煞曾修月，誤謫紅塵已卅年。

松江夜泊時赴外伯舅華亭君之召

渺渺松陵水，蕭蕭楓樹林。潮來聞夜語，月上見鄉心。身世浮孤艇，關河阻萬金。不得家書久矣。梅花官閣近，故里話堪尋。

雨至華亭

蒲帆獵獵曉風催，昨夜寒潮尚未回。夢醒蓬牕推客枕，一行鴻雁臈聲來。

白雲漸合雨霏霏，黃葉村前遠岫微。霧鬢煙鬟應笑客，征袍何日換簑衣。

蘆葦蕭蕭散鴨茵，經秋細雨長湖蒓。故鄉風味多孤負，怪煞機雲慁洛塵。

普照寺訪二陸故宅

崑山鬱晚翠，谷水鳴寒漪。客心眷往迹，言叩松逕扉。菩提翳榛莽，龍象無精輝。華屋歸山邱，梵宇亦云夷。當時好兄弟，連牀弄塤篪。蒓羹與鹽豉，樂事寧其微。世將道家忌，文士流俗譏。胡不雲間老，而乃游洛爲。犬瘞生同盡，據縣志，黃耳塚在機宅旁。鶴唳死含悲。浄土疇復闢，寒蕪相因依。涼風一夕起，鱸魚秋正肥。我思張季鷹，知退或庶幾。

舟過漢陽游琴臺作

頹日戀遥岑，寒煙赴叢薄。背郭不七里，招客茲一蠡。崇臺立邈然，天風動寥廓。山水日悠悠，知音何落落。仰秣號六馬，俛唳舞元鶴。在物乃有之，伊人寧不若。知希古所貴，精感諒非約。銅山應鐘鳴，豐城識劍躍。達人抱藝游，真賞視人託。固哉戴安道，苦餔伯牙粕。漱齒咽湖碧，酣耳戛林籜。仿佛桐緌張，萬一鍾期作。中散《廣陵》悲，彭澤無絃樂。吾且刺舡去，扣舷爲旁魄。

見雁懷伯兄應城

塞北天高勁翮摩，漢南木落斷行過。歲豐寧計饜粱稻，地僻差能避網羅。澤國蒲騷秋易老，雲霄蓬島路偏多。鴿原矯首應惆悵，何日雙飛太液波。

江行即景

衰柳寒煙拂岸斜，霜清水落露汀沙。老漁背網蕭閑甚，手指江天數亂鴉。

詠　霜

冷透寒衾旅夢回，滴殘孤漏曙光催。霞然楓葉臨江醉，風卷蘆花作雪堆。刀尺窮邊衣待寄，關河過客迹難猜。最憐漢殿鴛鴦瓦，悽斷寒鴉日影來。

和季遠歲暮感懷韻三首

雪花如掌撲貂裘，湖海游蹤一棹收。且試寒温澆魯酒，終應銛鈍決吳鉤。猪肝味好寧非累，猿臂功多故不侯。蘇領老梅開未晚，暗香私惜爲誰留。

斯人詩似孟夫子，家近南山差可尋。一卷應隨天地老，百年無那雪霜侵。長貧亂後輕儒術，多病閑中長道心。卻感白頭張太守，名場爲爾久沈吟。謂式諄先生。

鄉國論交幾老蒼，乾坤搔首劇茫茫。孝標身世多孤憤，广史。子敬人琴已兩亡。子光。裘馬輕肥年少貴，魚龍曼衍海天荒。憑誰憂樂關天下，短日窮簷朔吹涼。

䊵珠仙館詩存卷四

輓王君子光志謙，丁亥

竟使斯人死，直應吾道非。風颸寒馬帳，涕淚盡牛衣。叔世儒能賤，高才命與違。夜長更無旦，寧怪曉星稀。

回首勝衣日，文場兩少年。名齊蜚漢上，我媿出王前。君與余同受知於孝達師，補弟子員，余第一，君第二。蹭蹬青雲翼，酸辛緑綺絃。依人遂没世，遺恨此緜緜。

文字根憂患，身家苦賊戕。怪鴟風雨急，謂君叔父某。斷雁稻粱荒。君五弟，今止二人矣。春冷彫瓊樹，塵昏揜夜光。生平饒酒德，爲爾覆椒漿。

獨行砭頹俗，浮生溺古愁。蓋棺供一慟，載筆庶千秋。广史擬以君事蹟入邑志。夢覺華胥樂，仙歸脈望留。嫠孤吾輩事，莫更九京憂。

寄懷鹿芩師荆州

絳帳春風寤寐勞，西山爽氣曉來高。鶴因不舞羞羊傅，人問何官滯馬曹。京兆匆匆過五日，去年攝荆州守。鄉關鬱鬱夢三刀。眼前一事差堪慰，繞膝超宗有鳳毛。

角逐名場少壯時，瓊林曾擢最高枝。花能試手栽都活，雲本無心出故遲。坐閲風波忘宦海，閑操冰鑑稱人師。鹿門舊有甘棠舍，又見垂楊緑萬絲。

電火光陰十八年，鯫生知己屬公先。垂髫早許千人冠，下筆曾經萬口傳。青眼嘯歌孤遠望，素心憂樂媿前賢。師在襄時，縣試拔恩第一，批恩卷有“范文正做秀才時便以天下爲己任”云云。玉堂金殿同時语，孝達師批恩卷有“勉力學殖，自是玉堂金殿人物”云云。一種離魂爲黯然。

青衫落拓悔風塵，白首優游祝老親。横海怕逢多事日，凌雲自惜少年身。開樽花鳥俱爲壽，環坐圖書未覺貧。近事述將供一哂，漢皋春水正鱗鱗。

中秋夕雨霽月皎出訪厂史不值得贊臣與登昭明臺雙影褰裒寡侣興歎遐想未極子端忽至俛仰流連自以少耽幽勝長嬰世故廿餘年來此樂不數覯也歸途復登北門城樓觀漢水秋漲風子某横出其間陽狂送客歸作長歌簡二子並質厂史

今夕何夕新鏡磨，緑鬟不邀羞嫦娥。檀溪别業營未得，長恐無分棲煙蘿。高齋風流差可跡，眼前突兀俱巖阿。咄哉公幹竟奚適，一笑德祖來婆娑。有客相待取月出，子温周翁先在。放千光明質多羅。南山當檻夜唾碧，繚以白雲摇空波。霓裳隱隱衆仙舞，耳厭下界喧笙歌。笙歌漸歇客將散，北門衛詩今欲哦。已弄清輝鬬蟾兔，更看洪流走蛟鼉。漁梁星火半明滅，隔岸樓臺霜瓦皤。街鼓沈沈萬家睡，沾衣露溼荒城莎。徙倚不覺夜過半，卻遭風漢愁制科。年時我阻蓬萊水，乘槎欲問天無河。比聞鴻雁集中澤，授時得勿乖作訛。滄溟不飛瓠子决，桂輪倒行疇則呵。我輩菰蘆玩清景，天予奇福良已多。瓊樓玉宇未易到，水調且復謳東坡。歸來七星斜在户，虚牕落盡青銅荷。明朝新詩傳萬口，安得選樓付維摩。

赴光化道中口號

漢上秋晴畫不如，蘆花楓葉雁飛初。籃輿趁取風光好，一路青山讀《漢書》。

曉　　行

河漢無聲星斗稀，霜林作色晨光微。寒莎一道蟋蟀急，殘月半鈎烏鵲飛。山長稻孫溪過雨，村迴松逕露霑衣。五更忽聽鳴鐘動，何處山僧與息機。

試院夜雨

殘更到枕響分明，冷雨敲牕夢不成。曉起空廊飛落葉，怪來一夜盡秋聲。

九月朔寄厂史有序

畢吏部有言："左手持蟹螯，右手持酒杯，足了一生。"此老胸中別具玄解，非直徇口腹也。秋光向暮，風雨颯然，將早日歸，與厂史諸子作重九，顧不能不以無蟹爲念。去年重九時客滬，瀆玉液金膏，日日飽與黄花相對，今昔乖迕，缺陷滋多，作絶句三首寄厂史，聊訂鳳領之游。

高館商飈釀薄霜，關心佳節近重陽。團臍不見松陵蟹，輸與黄花占晚香。

秋雨相如客裏驚，文章入夢枉横行。憐才誰似文君切，不食螯蜞過一生。

峴山爽氣入秋高，拈筆題糕便自豪。罷卻監州還得蟹，九州何處着吾曹。

重九日紫波留登馬頭山飲登雲寺寺祀歐陽文忠公宋光化軍領縣乾德即今光化縣治公嘗自夷陵遷此集中有登馬頭山詩山以得名故祀焉寺將就頽圮得好事者妥公靈并泐公詩亦光化一大故事也

三峴成孤負，廛襟異地開。天清見參嶺，武當最高處。日落指雲臺。雲臺落照，相傳爲光化八景之一。緑酒不愁盡，黄花誰解栽。無菊。登臨何限意，望古重裵裒。

故蹟留乾德，前賢有醉翁。馨香千古在，酩酊一尊同。用公詩末句意。細逕當門水，秋聲敗壁風。張園更何處，煙樹晚濛濛。公集中復有《題光化張氏園亭》詩。

臘雪式諄先生枉過子端先在留共小飲呈醉歌一首并簡季遠時季遠子端并謀入資爲校官故篇末調之云爾

中興列宿雲臺高，少微一星江漢逃。竹木尺寸皆入貢，荆郢杞梓竟何用。先生少壯經亂離，時平無那雙鬢絲。愛才一縷心不死，鏡舫鹿門書院舊齋名。劣可容經師。我本率爾人，讀書略識字。次公醒而狂，犀首日無事。挾策例同博簺嬉，刈蘭苦遭當門忌。生平結交半老蒼，知我相許正娬媚。諸君數舉此語爲笑。朔風獵獵吹龍鱗，子雲相就沽青春。先生攜屐鬭腳健，一時笑聚振奇人。雙眼長冷肝腸熱，濁醪灌透洪鑪鐵。世事游戲付天公，萬花飛舞供一瞥。歲寒幸無滄海波，雲凍不愁大河裂。吾師痛飲矯如龍，吾愛清標白勝雪。玉山頹後梅花顛，忽憶王郎尤可憐。苜蓿一盤飽未得，殘杯冷炙相周旋。烏乎殘杯冷炙相周旋，奇字亦復值幾錢。何時卻乞酒泉郡，羅致諸子浮觥船。大塊陽春回寒氈，先生聞歌笑歸去，待看射虎娛殘年。

題丁烈女沁雲傳後

芙蓉城裏茁情苗，紅杏枝頭撼勁飈。烈女爲宋大令聘爲子婦，未嫁，壻没，祕不以聞，女廉得之，竟以身殉。才共梅清偏福薄，命從箆短任香銷。女貞霜雪吳江冷，聳水風波楚澤遥。丁、宋並吳人，同官於鄂。裹革阿爺均不死，應隨化鶴戲煙霄。女父咸同間官粵西，以勦賊陣亡。

送雨農弟迎叔父諸姬及弟妹蜀中戊子

曉色動林薄，門外號征騑。臨岐與君别，東風吹我衣。春和百鳥喜，君獨分以飛。爲憐鶴骨瘦，何日芝田肥。三峴多白雲，出岫心依依。不怨離别遠，所望行早歸。

微雲不作雨，二月春尚寒。老親意慘惻，念子征衣單。蠶叢古天險，水惡山百盤。舊游迹未陳，惝恍非昔觀。雨農嘗客蜀四年。大義關骨肉，蜀道寧所難。嗟余豈無淚，不敢臨風彈。

送君不能遠，余亦將北征。人生孰百歲，傷哉各有營。君馬走梁益，余舟東流輕。耿耿竹林誼，迹乖方寸并。余謀由京師省叔父山左。庭闈髮日白，欲别情尤縈。來歲還鄉里，願言長躬耕。

過谷隱寺舊讀書處寺爲習彦威宅故址

四海高名豈浪傳，半人遺跡足流連。青燈長戀兒時味，白足難逃世外禪。畫壁年深蛛網結，經壇春晚燕泥填。凋零耆舊何堪數，只對僧雛已悵然。

海舟生日三首

男兒少壯不稱意，佳節幾回孤重四。長風萬里海上來，宗慤壯懷何曾試。鹹浪峨峨天茫茫，龍舟迴首喧漁槳。錦標奪得尋常事，島嶼尺寸誰短長。

老父六十有七歲，邦人相詑今所稀。吾視親年將及半，遠游耿耿晨昏違。人生奔走計良左，造物顛倒苦無我。君看風波滄海中，舟師笑語舵樓坐。

疇昔孺人生端一，謂韓孺人。縞衣相樂祝百吉。盛年桃李凋淑姿，一別八載羲輪疾。浮生亦知四大空，展轉苦被情絲蒙。碧海無邊貯雙淚，散作珊瑚千尺紅。

洗象行

黃塵漲天日卓午，炎帝乘權赤熛怒。游龍流水何縱横，聯袂成帷汗成雨。萬口一聲譁象來，宣武城南門大開。雲堞森森勢巃嵸，河橋擾擾人喧豗。一象齒長似持重，大敵當前定應勇。徐行自息煙塵囂，屹立不愁波濤涌。一象少年肆水嬉，入水仍煩蠻奴騎。快若蛟龍得雲雨，羞與犬馬供鞭箠。斯時觀者齊叫絶，堵牆都忘火雲熱。長鼻雙垂卷白波，拳毛一色浮蒼雪。不知其一更後勁，馴擾誰能識情性。蜀漢割據埒魏吳，叔孫周旋交季孟。壯哉斯物誠恢奇，我聞産自天南陲。列藩得之貢上國，滇洱萬里來威遲。善陳讋服罷夷戰，立仗從容嫻漢儀。當日熙朝際全盛，師子天馬同受羈。一自荒服非疇昔，越裳中裂阿瓦擲。翡翠明珠久寂寥，此物坊間今幾隻。雲黑欲雨人盡歸，我呼象語象無違。幸向天家飽芻豆，好教鹵簿增光輝。

通州遇雨

黃葉聲如江上潮，西風吹樹晚蕭蕭。天邊一段長虹出，急雨催人過石橋。

九日天津雨泊

三年九日俱爲客，萬里扁舟苦憶家。歲月庭闈添白髮，道途風雨負黃花。秋陰近海天逾暗，旅夢還鄉路總賒。向夜篷牕燈炧後，商歌無那怨琵琶。

懷季遠

風雨蕭晨急，雲霄蕊榜開。奇才久抑塞，高望爲裵裒。晚節黃花貴，鄉書白雁猜。酒徒吾有約，遲爾訪金臺。

德州道中和友人下第

殘月迴鄉夢，長途促客車。沙蘆晴弄雪，霜葉曉烘霞。科第世爭鶩，關河秋正賒。憐君摇落意，余亦走天涯。

曉發晏城

喚起荒鷄夜五更，殘燈敧壁耿微明。塵摇箏柱歌難續，香散車茵夢不成。村路沙平秋漲落，遠山峰出曉霜晴。渡河莫漫求魴鯉，多少哀鴻集澤鳴。

濟南感事四首有序

春風小别，易换緑陰；秋氣多悲，偏逢翠袖。蕩明湖之雙槳，楊柳如煙；數歷下之七橋，蘆花已雪。則有青樓大道，碧玉小家，語弄鶯簧，聲參羯鼓。九天珠唾，謝絲竹之歌喉；一種琴心，洗箏琶之俗耳。綜其絶藝，可得言焉。

當夫酒消卯飲，茶潑午香，掠雲鬟而姊妹來，含星睇而神仙出。一聲乍吐，百槁皆蘇。時則龍象不驕，海天無際，或猿鶴怨夜，訝空山之早秋；或鳳鸞嬌春，疑阿閣之初曉；或窮冬霰集，灑碎玉於竹樓；或炎夏雨來，濺跳珠於荷蓋。或喧闐車馬，游塵市而百囂；或寂寞鐘魚，入梵天而一静；或瓶笙火活，夷甫霏其清言；或炙輠瀾翻，鄱陽縱其暴謔。凡兹彷佛，已曰恢奇，至乃附會因緣，温存兒女。壺漏微咽，䆫絮寒蟲；湘簾乍鉤，梁交乳燕。觸將響板，誤鸚母之唤人；睡起紗䆫，恨鶯兒之驚夢。李義山工於寫怨，錦瑟無端；韋節度未免鍾情，玉簫再世。雲英杵臼，搗盡玄霜；月華箜篌，彈成緑水。同心罷結，泣小小之孤墳；畫手通靈，呼真真以百日。黑夜而來紅拂，烏帽叩門；黄壚而遭紫珪，玉壺贈别。金釵鈿合，尋南内之私盟；待月迎風，赴西廂之密約。徵人徵鬼，疑佛疑仙，是耶非耶，茂矣美矣。用能翕張萬籟，啼笑一時，雖復子建感甄，屈平哀郢，儷彼騷賦，蔑斯加已。

古調獨彈，知音殊尠。近方郭女，同治時人。雅鄭已殊；遠比柳生，謂柳敬亭。雌雄莫决。張平子之玉案，粗解言愁；王子淵之洞簫，故應乞謚。其爲真賞，不過數人。同年張采南頡輔、王夢湘以敏皆賞之，王有《濟城篇》紀其事。嗟乎！歌彈長鋏，憐齊客之歸來；韻繞雕梁，問韓娥其焉往。稗史九百，將毋寓言；蓬山萬重，何處仙迹。棖觸往事，輒賦新詩。知僕恨人，非緣私感云爾。

風轉雙輪箭激絃，流光彈指十三年。照人湖水緑依舊，着意霜花紅可憐。曼衍魚龍原近海，飄零鸞鳳尚談天。無端客淚青衫溼，錯認琵琶送别船。

蜨粉籨黄褪却微，鵲華眉黛是耶非。六銖冰縠凌寒弱，一翦秋波隔坐飛。定有仙根移妙想，莫教胡語學明妃。寶釵紫燕應珍重，好向烏衣巷裏歸。

王家曇首妙能歌，我爲聞歌唤奈何。修竹最難斜日倚，破瓜已負盛年過。簾衣風緊花如雪，鏡檻春深月欲波。便擬扁舟迎接去，衹今桃葉亦無多。

紅葉凋殘御水凉，鈞天廣樂苦荒唐。何來佛座蓮花舌，能亂吴兒木石腸。下里幾人酬白雪，上清無計覓玄霜。三生豔福誰修得，消受雲璈奏八琅。

岳鄂王銅印歌庚寅

繡旗色變風波起，痛飲黄龍何日抵。新詞淚盡《滿江紅》，故印痕留土花紫。三十建節古所稀，君王手勑生光輝。甯計功名付塵土，墨莊陳迹今已非。憶昔荆湖資坐鎮，襄樊復後收唐鄧。密籌蠟彈動三河，待捧鑾輿迎二聖。此時此印應相隨，露布争翹馬上飛。慷慨武侯《出師表》，先聲曾伯摩厓碑。金牌十二無端至，鐵錯休言恢復事。終古傷心莫須有，空傳涅背精忠字。歌舞西湖事渺然，印臺風月尚無邊。却憐玉琢格天閣，遺臭居然一例傳。秦檜有一“德格天閣”玉印。此孝廉堂課作，南皮師謂詩絶佳，而手易“玉琢格天閣”五字爲“秋壑胡盧印”，微覺與鄂王事無關會，故仍原稿而附録管見於此。自記。

武昌謁曾文正公祠庚寅

一代澄清業，三湘俊偉人。東山家學舊，南紀廟堂新。間氣鍾衡岳，奇材貢楚珍。功言真不朽，豪傑更無倫。憶昔逢危劫，中興仗老臣。家憂要墨絰，寇亂熾黄巾。蟻穴疏梧桂，鴻猷奮渭莘。鄉兵投袂起，水戰借籌頻。幕府翹材切，樓船潑喜陳。東南收半壁，昆季照千春。茅土開先路，風雲動後塵。掃除殘寇浄，燮理泰階鈞。安治彌危悚，冠裳苦介鱗。北門曾卧護，西海盡强隣。易簀留餘憾，騎箕本夙因。付兒扶日月，感帝泣星辰。手澤傳文字，神交念苦辛。郎君今又弱，時局待誰振。祀合聯喬梓，誠聊薦藻蘋。秋風斜日路，涕淚滿江濱。

題長孺布帆安穩圖送家筱村返蜀

漢陽雲樹武昌城，疊疊烟波盪别情。太息高樓黄鶴去，無人吹笛送君行。

嘉陵江色碧如油，絶勝東南放客舟。尺幅烟綃三百里，勸君歸後畫中收。

聞説江州市舶通，佛圖關外感游蹤。何時攜手浮東海，一試乘槎萬里風。

筱村屬題長孺秋山小幀

紅樹青山瀑布聞，居然小李故將軍。樓臺金碧分明見，不信蓬萊間白雲。

蘆溝烟水接丁沽，鴻雁流離鄭俠圖。何處樓臺容坐對，莫將畫手負方壺。

謁姜孝子祠辛卯

一棹渡江去，别有溪山勝。沿溪不深入，登山已得徑。春暄花照巖，雲濕絮幓磴。山門豁松竹，清晝閟鐘磬。肅然拜遺像，静似僧入定。神往如有覿，坐久忽已瞑。小人亦有母，望雲起歸興。

游三游洞

輕舟不怯溯江難，健步還欣得路寬。載酒遠勞賢主待，留題先覓故人看。洞有實甫題詩石刻。溪流雨少經春涸，石屋雲深入夏寒。輸與眉山名父子，當年文采照烟巒。時佩芝姪侍。

題方筱泉都轉希孟海上推枰天山返轡二圖壬辰

大樹飄零一局殘，邊城白日欲消難。東山墅在賓僚散，北海尊空劍舄寒。魂魄劇悲關塞黑，風塵誰識地仙丹。年來世事真如奕，重到長安忍更看。

知己長懷國士恩，雪山輕重復誰論。未容屯戍銷金甲，且幸生還入玉門。馬上蒲桃催倦客，鬻初芳草遲王孫。袖中攜有燕然筆，淚揜征袍醉墨痕。

初直内閣感賦

花落長安客未還，西臺低首點朝班。尋常佛出人間世，只尺仙迷海上山。事到平章知不易，房分機速故相關。鳳池照影波清淺，何似青春鏡裏顏。

珥筆居然列禁林，讀書多恐負初心。紫薇月上無人伴，紅藥春歸何處尋。幾見法言陳處厚，誰將今事問崔琳。雙清才地吾滋媿，空對松牕弄素琴。

贈張南湖□□前輩

海角天涯十七年，余以丙子識君京師。憐君狂瘦尚依然。等身著作成何用，過耳聲名苦浪傳。風月淒涼三影幻，烟雲激宕五花顛。瓊樓剩有寒侵骨，却笑紅塵少謫仙。

團扇相逢逐後塵，入門一笑坐生春。制科會許收風漢，解事終應屬舍人。且向金門師大隱，待尋黄石證前因。吾鄉水竹檀溪勝，別業他年願結隣。

賦得海上生明月同王仲午榮先吏部

海上生明月，天涯照獨愁。星隨螢火出，河近鳳城流。玉鏡虚當檻，珠簾暗下鈎。清輝無那減，夜夜望瓊樓。

新秋夜直

宿鳥歸宫樹，流螢出苑牆。月中金闕迥，雨後玉池涼。大隱今西掖，微忱舊北堂。天風應有意，吹夢好還鄉。

獨坐香消久，深宫漏滴遲。時清封事少，秋近冷官知。棲鳳憐毛羽，聞蟬感鬢絲。趨朝吾分隔，仍問夜何其。

秋宫詞

珍重新涼半臂加，西風昨夜透牕紗。玉階幾陣蕭蕭雨，落盡宫槐無數花。

重九日謁顧亭林先生祠祠在彰儀門大街慈恩寺内

緇塵漲人海，横流決衆瀆。奮欲排枝翳，一豁千載目。今朝好風日，登臨古懷觸。廢寺鳳城西，中有昔賢躅。隙地勝國留，瓣香逸民獨。再拜瞻遺像，氣與金天肅。

昭代盛才傑，漢宋互標襮。先生具體用，脱然迂瑮梏。吾繹論學書，鄒魯可私淑。吾籌郡縣論，三代今可復。名字冠儒林，亮哉色無恧。以斯廁宫牆，寧當後言卜。《國史·儒林傳》舊次先生第一，後爲某公所抑，有請以先生從祀孔廟者，某公亦梗議，不果行。石洲附驥尾，銘志詞可讀。祠有張石洲木主及墓志。聞風庶興起，高尚激薄俗。修禊傳故事，道光時石洲及何子貞諸先生曾修禊於此。來年倘能續。枯井渫不食，聊此薦寒菊。祠前一井欄刻有“開成”字。

送宋可亭南旋兼訊季華

秋氣劇可悲，飄然故人至。聞斥博進錢，萬口詫異事。君嘗博，贏萬金，數日揮霍殆盡。劉毅何足多，君仍不稱意。浩蕩狎白鷗，蹈海思一試。驅車燕市中，日日從人醉。炯然中獨醒，夜燈見夙志。抵掌復何道，君看江河逝。

朔風吹鴻雁，曉夕紛南征。君家鄂江渚，能無鄉里情。余歸計未得，寧復尼君行。所惜别太速，何時重合并。人生蝨天地，誰能百不營。一官可敝屣，長戀千載名。玉體幸珍重，前路霜雪盈。

與子同歲生，嗟余獨瓠落。强顔侍青瑣，東方米空索。長安萬人海，眯目風塵惡。頗悔清虚身，誤插塵中脚。季子素心人，一别更裘葛。於君亦莫逆，見君離緒縛。歸去爲傳語，兩大竟何著。會指江邊樓，舉杯下黄鶴。

除夕季遠寓齋分賦次東坡守歲韻

康成昔大暮，歲月丁龍蛇。我今已出險，隙駒疇復遮。意當縱之去，莫問夜如何。主客强慰藉，坐聽春聲譁。

帝里百花早，羯鼓不用撾。翦綵娱衆目，冶遊紛狹斜。芳心鬱孤抱，緑鬢久蹉跎。誰能鬪春色，紅紫從人誇。

前詩成後不能無故鄉之感復有是作

客舍明燈照影孤，歲華驚又换桃符。綢繆情話勞良友，棖觸時艱媿腐儒。爐火怕添商陸盡，清尊何似郢醪沽。鹿門舊有梅千樹，今夜天寒鶴在無。

白髮衰親色笑違，天涯無地竟當歸。已驚去日尋常過，應念人生七十稀。老母今年正七十矣。客裏殘年餘飽飯，春來决計理征衣。擬來春歸省。何時手進敷於散，長率諸孫四坐圍。

涿州道中癸巳

蘆溝渡後駛輕車，觸目荒寒爲歎嗟。水利更誰復畿輔，民生今欲廢桑麻。蛟鼉出没隣滄海，鴻雁歸飛散白沙。蠲賑居然成故事，年年施惠望天家。

姜村口號村在保定西

立春經月不知春，車馬朝朝陌上塵。此地麥苗剛一寸，長安多少買花人。

明月店題壁和季遠曉發十里鋪韻

北顧塵沙惡，西征道路長。客中枉風月，春半尚冰霜。羸馬愁難策，歸鴻詫太忙。勞人真草草，玉署媿含香。

弔馮唐墓

好文臣獨武，好少臣已老。九十歷三朝，一身誰干好。傷哉白首郎，墓門今荒草。吾欲薦白蘋，北寒春尚槁。却憶唐張王，鄉賢吾所禱。投老丞清源，微意浮生了。一朝梁公薦，浴日感池杲。人生命宿定，千金慎自保。風雲會有時，富貴寧須早。

順德道中

小麥新抽緑，垂楊漸著黄。春寒風料峭，曉色樹微茫。溪水縈官道，雲陰露女牆。朝來動吟興，作意遣韶光。

春分日即事

生無清福卧松雲，農圃樵漁未易羣。慚愧道旁人種樹，客中今又過春分。

沙河遇雪

掃壁題詩墨未乾，催人一飯上征鞍。無端雨雪霏霏濕，怪底春風陣陣寒。鴻爪偶然留印易，貂裘可奈浣塵難。阮生漫灑窮途淚，且把天公玉戲看。

邯鄲又雪

前來九月中宵雪，余丙子秋遇此夜雪。此度春來雪又飛。始信天公愛游戲，貫將珠玉唾人衣。

鵝黄初洩柳條春，低舞腰支翠黛顰。落絮從風誰料得，君看廝養壻才人。

重過盧生祠戲作

十八年中一再過，封侯事業尚蹉跎。浮生自笑難成夢，借枕仙人奈爾何。

雪次杜郵

荒野白於海，暮天蒼不煙。泥塗催馬急，寒色落鴉偏。行李從霑濕，村醪取醉眠。平生飽艱苦，風雪未須憐。

杜郵曉發

一夢東方白，荒鷄尚亂鳴。披衣窺曉色，隔牖喜新晴。鳥語穿林好，溪流夾道明。上膏蘇欲徧，馬上看春畊。

鄴中作歌弔魏武

銅雀臺圮漳流東，繐帳香歇歌吹空。迷離疑冢七十二，窟宅狐貉生蒿蓬。憶余總角賦瓦硯，少時傅雅三明府曾以銅雀瓦硯命賦詩，稿今佚。弱冠來訪當塗宫。是時年少恣嘲譃，意氣居然横槊同。嗟哉阿瞞誠英雄，所處乃丁炎運終。不然匡合倡霸業，後代誰薄夷吾功。無端袁劉供驅掃，豎子譚尚琦與琮。坐收河朔下襄鄧，侈然宇宙歸牢籠。口師周文覬九鼎，三分未聞服事忠。子桓粗淺不更事，處謚曰武證若翁。固知狐媚竊神器，蒼天發覆誰能蒙。虚名實禍苦計較，斯語設想差由衷。世人謾駡比莽懿，平心未若吾論公。嗟哉阿瞞徒英雄，當日使君苦相窮。我壯西游復到蜀，惠陵松柏長葱蘢。武侯祠堂比隣近，君臣一體馨香通。西陵回首竟何在，白楊日暮號悲風。

望太行雪

曉日天清遠岫重，山靈媚客若爲容。他時銀海誇奇絶，千里蜿蜒見玉龍。

懷厂史疊沙河遇雪韻

征途漸喜雪泥乾，髀肉消磨强據鞍。脱劍論交誰烈士，典裘買醉任春寒。故山孤負期偕隱，來日思量信大難。卻幸制科今浩蕩，要收風漢與人看。

寧國驛曉發憶内再疊沙河遇雪韻

燒殘紅燭淚痕乾，扶夢沈吟上玉鞍。鏡匣月昏孤影瘦，翦刀風緊五更寒。傷春滋味新昏別，入世心情行路難。西去漸遥歸漸近，故園婪尾好同看。

洛陽過賈生祠詩以弔之

洛陽天下中，八方會風雨。地靈挺人傑，更僕未易數。賈生一少年，盛名揭霄宇。遭逢漢孝文，豈不號明主。奈何阨絳灌，《治安策》終沮。一朝適長沙，卑濕非吾土。投書弔靈均，自寫忠愛腑。賦服同死生，甞蘗中良苦。宣室虚再徵，傅梁遂終古。墮馬事尋常，痛哭心以剖。遺廟今黯淡，俊姿疇誰覩。里人有餘悲，聊此豆與俎。吾宗昔循守，門下羅英輔。弱冠通百家，菲質寧所樹。公卿竟無分，鬼神復焉取。知己生一遘，君憾此差補。我行劇匆匆，胸中奇莫吐。伊管今何人，日暮爲延竚。

前詩成後憶去年季遠贈詩有洛陽年少信奇才句不覺悵然三疊沙河遇雪韻寄季遠

一從策馬渡桑乾，日日風沙送客鞍。鏡裏朱顏驚黯淡，天邊玉宇苦高寒。時艱淚逐沅湘遠，宦達身儕絳灌難。欲策治安長太息，感君猶作少年看。

附季遠作

壬辰喜文鹿至都，將謀同居，因拈君家梅村句，聯綴成詩二首爲贈，君覽之，當忻然一笑也。

紅塵紫陌日暄豗，閉户蕭然葛與懷。不好詣人貪客過，偶因移宅有鶯來。吟聲互起東西屋，歸計平分上下洄。昨得家書新報取，南泉已買萬松栽。

洛陽年少信奇才，龍性難馴翮任摧。每值相思將駕命，慣遲作答愛書來。中年覺我情懷惡，見子令人顔色開。車馬長安空擾擾，高歌青眼爲誰迴。

夜雨不寐四疊前韻

窮途熱淚幾時乾，一夕郵亭暫卸鞍。京國塵多須滌蕩，名園花盡劇荒寒。周家仁厚中興易，宋代耆英再見難。南渡最憐餘五馬，銅駝荆棘忍重看。

望洛水戲作

費盡陳王八斗才，感甄賦罷思裵裒。驅車盼斷淩波韈，空遣驚鴻入夢來。

函　　關

斗絶孤關起，森然萬堞齊。直登愁馬蹶，偷度笑鷄啼。一綫路中出，四圍天盡低。承平虛設險，無復策丸泥。

澠池懷古

强秦横噬六國肉，納土獻城日不足。盟會禮數誰抗顔，紛紛卑事臣妾僕。壯哉藺生人中豪，氣懾虎狼嚴邦交。吾君鼓瑟王擊缶，義憤上薄蒼天高。始知立國儲才急，趙不被兵實誰力。奇謀完璧未須誇，佳話負荆尤難得。君不見，藺生當日氣凌雲，私鬬却避廉將軍。

靈寶口號

楊柳條垂雨後絲，棠梨花發水邊枝。怪來錢紙飛胡蝶，又是清明上冢時。

和某女史題壁韻寄内

紅杏花濃碧草萋，分明好景付輪蹏。閨中莫上高樓望，風柳隨人正向西。

附原作

離亭芳草色萋萋，馱得紅妝襯馬蹏。身似流雲難自主，又隨明月到關西。

曉發盤豆驛

客眠易醒聽鷄鳴，催上征車又早行。殘月漸斜煙未起，中條山色向人迎。

無數落花河岸飛，迴風點雪舞征衣。二分春去客知否，西上長安猶未歸。

僕僕風塵改舜顔，客心何似岫雲閑。今朝一事聊相慰，洗眼安排看華山。

潼　關

千古説奇險，單車今放歌。枕函憑太華，衣帶束黄河。路折羊腸入，雲低馬首過。終軍繻早棄，吾壯尚蹉跎。

䓓珠仙館詩存卷五

謁華嶽廟登萬壽閣有作癸巳

昔我驅車岱宗麓，殘年夜抱冰霜宿。今我驅車太華陰，高閣晝懸星斗臨。勝迹東封長已矣，眼前突兀三峰起。仙人高掌勢拏雲，巨靈卓立青霄裏。奇絶尤誇玉井蓮，玉女洗頭相對妍。高髻雲鬟靚粧坐，芙蓉出水秋娟娟。古今游賞知無數，昭代上邀仁皇顧。仙露豐碑宸翰流，廟有聖祖御筆“露凝仙掌”碑。神孫筆更揮靈澍。“嶽蓮靈澍”石額在御書樓，爲高宗御筆。百年滄海愁桑田，廟祝爲言人事遷。曩際咸同世多故，此間殺氣花門纏。嶽嶽左侯奠西域，關隴咸資廓清力。煙塵洗盡蓐收府，廟有蓐收之府石坊。手揞高閣扶辰極。我聞此語心茫茫，侯没於今才幾霜。丁令渾窳恣翻覆，蠶食頻年非舊疆。昨經河内聞籌運，夜店客談玉關訊。妖氛長恐逼昆崙，防秋誰領祁連鎮。是時俄羅斯方争帕米爾界，議未决。烏乎時事方大難，客路何心詑壯觀。搔首夕陽空自好，金天輦路迷春草。聖祖西巡時，至金天宫。

驪山湯池歌

驪山突兀阿房起，山鬼俄傳祖龍死。一炬倉皇付楚人，唐家却蹈前車軌。明皇初治頗勵精，手夷大難迴昇平。開元全盛媲貞觀，明月三五清輝盈。瞥然壽邸來傾國，一笑六宫無顔色。詔傳賜浴初承恩，禍水分明救不得。華清宫裏拓湯池，鸂鶒鴛央並鬬姿。阿兄柄用諸姨貴，更擲金錢洗禄兒。禄兒生長羌胡種，賜浴同時邀特寵。反相無人更進規，波濤坐看豬龍涌。漁陽鼙鼓一朝來，蜀道蒙塵阸馬嵬。袂揜蛾眉從宛轉，棠梨花下事堪哀。堯日再中仰靈武，迴鑾怕聽淋鈴雨。南内風月總淒涼，玉蓮花在誰爲主。猶憶當年乞巧時，夜深私語無人知。生生世世談何易，自是君王未免癡。我來夜向池邊宿，長恨舊歌今欲續。曉星殘月去匆匆，海棠春睡苦難足。行人莫漫説興亡，昨日曾過戲水傍。赫赫宗周褒姒滅，玉環差不負三郎，終古傷心第二湯。

灞　橋

灞橋柳色欲藏鴉，萬縷千條拂岸斜。折取一枝休怨别，個儂從此要還家。

馬上望終南口占

祖生佳句尚如新，林霽城寒妙寫真。山有殘雪，故及之。今日此中無捷徑，清時徵不到山人。

杜曲謁少陵祠

萬古一詩聖，荒祠今幾春。城南亦桑梓，亂後苦荆榛。我媿生同里，無緣見此人。陳芳迷處所，誰與證前因。

贈榮仲華將軍禄

百二河山控馭勞，帝咨勳舊建旌旄。日當四扇關門近，天與三峯華嶽高。宿衛早經嚴武庫，來賓還擬固神皋。公在神機營有年。來賓，館名，苻秦時以西虜乞没渾邪遣子入侍，爲置此館，見《長安志》。忠貞世篤承恩久，公祖、父見没於王事，御賜有"世篤忠貞"額。幸及昇平肄六弢。

腐儒虚抱杞人憂，策馬西來詫壯游。借箸私籌家國計，建瓴終屬帝王州。九邊迢遞排羣障，八水縱橫截衆流。牖户綢繆桑土急，知公早晚進深謀。

過七盤山

言歸客心喜，履險不遑恤。茲山千百盤，胡曰其數七。或云十二絳，杜典仍未悉。乍登頗意輕，屢進始神慄。人逐蟻磨旋，天擁螺鬟櫛。流雲脚底轉，飛鳥耳邊馱。巖樹作萬狀，顛倒相怒暱。谷風時一鳴，春夏各温凓。吳牛不及喘，蜀馭强復叱。躋顛幸相賀，迴顧驟若失。長安墮微茫，八水混清泌。羣峯拱太華，天都接太乙。藍田近在眼，輞川今誰逸。嶢柳萬堞碎，玉山兩點崒。壯哉古帝州，屏户斯其一。九閽上欲叩，千尋下逾疾。小山互孳乳，三五承跗密。窄徑才容足，尺寸防趾溢。嶺合曲通道，峯危斜礙日。置屋苦難牢，無門誰能栿。稍喜藍關近，却憶昌黎黜。居然佛骨靈，能令大賢厄。高名東岱侔，命宫箕口嫉。文比日月懸，遇傷風雪窒。余命似公窮，余文媿公筆。謫宦誰逆覩，起衰竟何術。崎嶇非所憚，出處私自律。寫臆聊成詠，畏途焉足述。

雨中舟發龍駒棊時立夏前一日，故有“春盡”句

車馬行將倦，風波尚不辭。故鄉忻漸近，歸路辨無歧。雨急祝河漲，裝輕餘篋詩。匆匆春易盡，又到緑陰時。

西溝夜泊

燈火出疏林，田家傍近岑。灘聲醒客夢，人語訝鄉音。雨過溪仍涸，峯高月易沈。計程近蘇嶺，應慰倚閭心。

甲午元日是日以本年慈禧太后六旬萬壽，恩賞中外大臣爵秩有差

曉日扶桑黯淡紅，客懷如醉眼朦朧。爐香尚剩通宵火，花信微聞隔院風。鰲背春雲雙闕迴，馬蹄殘雪六街融。今朝聖澤流無限，感激何人肯效忠。

題靄園圖應劉寶丞維善

西風落葉長安路，楚客征衣慁緇素。三年一諾今索逋，畫裏名園早非故。憶余童年試棘圍，老父攜登黄鵠磯。承平勝蹟親指點，靄園回首餘斜暉。壯歲浪作諸侯客，南樓久虛風月席。芒鞋踏徧崇福山，蜃氣中横白華額。園門"靄園"二字石額，爲吳白華學使所題。年來東海争栽桑，大隱吾亦儕省郎。艮嶽花石渺何許，金谷那復關興亡。今古茫茫恨何極，槐黄往事不堪憶。刻燭詩成君起看，鳳城秋夜月陰黑。

金臺四首

金臺秋盡換征衣，舉目河山涕淚揮。東海鯨鯢驕日出，西風鵝鸛損天威。五陵佳氣今猶在，八道遺封昨已非。太息至尊宵旰切，甘泉望斷捷書飛。

長甯準擬進千觴，送喜無端沮萬方。咸泰魚龍收曼衍，新豐鷄犬去倉皇。偷桃狡獪容方朔，辟穀從容泥子房。慧海壽山添悵望，白鷗舫外水雲涼。

上相身兼上將高，北門卧護擁旌旄。廿年江海輸膏血，一戰雲霄失羽毛。局外從人騰篋謗，軍前無意奮鞾刀。滔滔析木津邊水，坐看三韓咽暮濤。

棄置寧真糞土臣，流求往事共酸辛。噬臍悔竟容山鼠，攘臂虛誇射

海人。狼燧晝昏迷碣石，鶻啼夜苦噪天津。舢稜矯首斜陽裏，手把龍淵暗愴神。

泰安道中見東征將士感賦

霜重風尖涷日晴，搴帷山色向人迎。信知泉石抽身好，忍看戈鋋照眼明。東海桑田烽火急，北堂萱草夢魂驚。我歸尚道鄉關遠，媿爾沙場萬里行。

露筋祠

料峭風帆十幅輕，蘆花岸雪少人行。女貞樹長神鴉散，一片湖冰分外明。

謁式諄先生墓乙未

一滴椒漿淚滿襟，别來幾日墓門深。江山勝迹今如昨，笠屐風流逝莫尋。夢想經神祠北海，寂寥佳士重南金。九京幸不關時局，直爲中旗欲碎琴。

海上風煙暗十洲，老成零落揜山邱。從今知己傷丁掾，先生嘗欲以季女妻余，未果而女卒。長歎家風似敬侯。謂贊臣文。儒術未知何日貴，恩私無望此生酬。林逋不解言封禪，幾許遺書尚待求。

鹿門書院聘主講席書此志感

人師古難遭，經師亦豈易。昧道而懵學，胡敢竊師位。束髮趨鯉庭，讀書略識字。忠孝勗大節，閑檢無敢肆。及今年歲强，中外苦多事。郎潛亦已久，尺寸不一試。乾蔭彫七載，長揜青箱淚。母年逾古稀，忍背白華義。千里營升斗，一病梗夢寐。客冬老母病肿良苦，久之始瘉。菽水信所甘，富貴寧須致。以斯中裘裹，重違鄉人意。抗顔皋比擁，私心斑衣戲。奪牛三島横，逐鹿五洲伺。絳帳豈云尊，黄鍾不嫌棄。峴首雲可怡，鏡湖波正媚。作詩示吾徒，吾亦言吾志。

余晉珊給諫聯沅京師書來倭事平奉母命仍赴禮部試

芳草入春蘇，看花動色初。顯揚慈母意，珍重故人書。夷夏防寧潰，江湖氣久除。往還期百日，一戰定何如。

高平鎮雪

廟算勞東顧，公車逐北征。更堪冒風雪，苦説弋科名。才大古難用，時艱今未平。四方吾已倦，昨復夢春明。

茌平口號

鐵板銅琶動客筵，太平歌舞想當年。年來莫話滄桑感，紅袖青衫已泫然。

静海舟中次前所見唐守素和良老茌平南關題壁韻

朔風灑急雪，深春疑歲晏。客艇横野渡，夜枕何時旦。東瀛正揚波，軍中孰韓范。六弢今又廢，莫詑蜃樓幻。

附原作

大瀛揚詭波，朝士拱清晏。豈無濟川才，吐握孰公旦。嗟哉晉霸微，膺戎尚欒范。人心將陸沈，魚龍八溟幻。

右詩末署守素兩字，不知何許人，過新店，見查玉階雙綬題壁，稱“唐守素先生以孝友爲根本，以朋友爲性命，以誘掖後進爲己任，以教導鄉里爲急務”云云，因知其人唐姓。玉階爲余壬午房師陳容叔先生延益之壻，閣長查蔭階福綏從弟，在京曾與一面，此題在庚寅春，去守素題詩時已五年。自記。

悲平壤

三島烽逼三韓路，兵端只坐一言誤。虚者不實實者虚，敵師日夜東溟渡。韓事起，倭使問我駐韓觀察某：“貴國調兵幾何？”答以三萬，實尚不及三之一。倭聞，亟增兵，我之敗自此始。長鯨跋浪一朝來，燭龍炫赫扶桑開。我軍棘門本兒戲，秋山破竹驚崩雷。海水飛立陣雲黑，金飇作聲殺氣塞。四圍瀾倒中豈支，一腔血灑全軍墨。舊時淮軍護北門，紛紛士馬翹風雲。可憐教養三十載，死事今傳左將軍，烏乎死事今只左將軍。

悲田莊

長沙中丞人中豪，談兵氣壓雲臺高。侯封意薄管城子，身請殺賊試六弢。中興湘軍天下勁，臨淮前後相輝映。部民義合効馳驅，東征誰敢撓軍令。况有相公中主持，南人奮起文武資。唾手會看射日落，要使島夷歸鞭笞。成敗寧知不由算，出車未戰轍先亂。馬謖貪天街亭失，張浚專己符離散。吁嗟湘軍三十營，八公一樣草木兵。昨夜告急羽書至，明朝玉帛議行成。

印伯寓齋有紅白丁香各一花
時過訪留飲其下輒有是作

滾滾傷時淚，寥寥慰客花。可憐春向盡，猶幸酒能賒。嫩日融香雪，微風散綺霞。明朝定何似，誰爲養丹砂。

將出都門晤實甫即效其體志别

天兄日弟劇猖狂，猿鶴沙蟲費品量。血戰陳陶房次律，情怡多寶賈平章。輸贏國手圍棊倦，來去于思棄甲忙。唧唧處堂巢燕雀，紛紛沸鼎聚蜩螗。前軍失律誅仍枉，下策和戎决未妨。閩嶠已聞容剖豆，韓藩得勿任栽桑。歃盟辱甚臨城下，築室謀空塞道傍。整頓乾坤無日了，峥嶸科第幾人强。河山破碎須收拾，十月光華又拜颺。玉帛行人冠蓋盛，金繒市舶税租償。盧龍可賣知心喪，范蠡難追孰膽嘗。白雪淒涼黄竹曲，青春慚愧紫薇郎。上書痛哭曾何益，蹙地分明未覺創。萬一帝秦甘蹈海，尋常誑楚漫沈湘。敢言北極朝廷小，私冀南陔歲月長。報國文章抛鳳閣，躬畊蹤跡慕龍岡。許身稷契今雌伏，教授河汾倘雁行。從此鹿門專一席，深山理亂料應忘。

五月移居鹿門講舍有述

南風驅車出上都，北闕從此休陳書。遲遲去國歸已晚，父老子弟環吾廬。吾廬湫隘獨寐寤，不如鏡舫隨緣住。鏡舫，舊日鹿門齋名，見陳氏大文《留别劉生殿颺》詩注。院宇風來静不囂，湖橋雨過閑容步。景行堂深晝下簾，尼父遺像窮毫纖。吾家畫手傳妙筆，肅然四序無涼炎。回憶去年東走魯，北風雨雪不知苦。曲阜林廟謁都徧，車服禮器詳可數。時危大道荒荆榛，鄉里講學愁無隣。聖居絶遠心嚮往，得此何殊朝夕親。况有藏書許觀略，堂名黄子壽先生題額。葛侯故訓揭孔鐸。要知萬事無容心，何必六經非注脚。海國波濤事等閑，歸禾往蹟桂馨攀。桂馨，余家書屋舊名。歸禾，式諄先生家書屋舊名，先生嘗主鹿門講席數年。父師舊學淵源在，腸斷郥山與鳳山。先世父實君先生曾主講南漳之鳳山，伯兄燮甫曾主講郥陽之郥山，今皆先後卒矣。

送别張子苾祥齡之官秦中

十載忽相見，西行將入秦。低回京國事，珍重宰官身。涕淚横時局，須眉照古人。儒冠寧盡誤，莫漫惜風塵。

把袂春明路，知名錦水年。鳳池移白日，鶴市隔青天。聞寄梁鴻廡，言尋范蠡船。滬游吾甚恨，陳榻未同眠。

戀戀違雙闕，栖栖挾二橋。玉堂憐夢短，羅薦惜香銷。花月青春駛，關山黑水遥。邊烽忻漸静，到日聽歌鐎。

幾輩名山老，斯人俗吏驚。行藏吾未决，聚散若爲情。花事雨中盡，榆林天外横。習池杯酒在，何日復同傾。

廣雅尚書師六十壽詩一百韻丙申

日月中興朗，星辰上界移。生申襄郅治，見丙應昌期。玉燕徵佳夢，珠犀挺異姿。家傳忠孝印，學本帝王師。探杏巍科早，苞桑盛業基。治安紓賈策，風雅擷周詩。璧頖清飈扇，輶軒化雨滋。冤曾昭井絡，患久切戎彝。泰斗名齊峻，風雷會與資。雲中先試割，天下信如斯。地脈蘇三晉，天威布二垂。秋烽熊耳浄，春澤雁門熙。南海無端沸，西隣苦肆欺。越裳珠翠梗，嶺嶠羽書馳。特荷楓宸簡，言移穗石麾。令嚴新壁壘，色變舊旌旗。象郡藩籬敝，龍江格鬥疲。誓將甘苦共，無慮應援遲。金粟懷羞入，黄柑敵可遺。雲屯諸將合，霆擊九天奇。一戰鷄陵勝，三江蜃氣披。銅鉦聲日壯，鐵網勢全規。天意茫難料，兵機逝莫追。馬江方恥雪，鱷族復恩縻。槃敦從和議，綵綸降聖慈。深知殫赤悃，且喜奠朱維。管桂論功最，湘籐錫壽宜。斯時公五十，已繫國安危。及是圖强富，相期振蹶痿。臣扶銅柱立，帝重鐵官咨。大冶雄三楚，枯棊待一措。鯤溟濤漸息，鵠岫節教持。漢利夷争嗜，唐風世久嗤。金錢文幕雜，火毳介鱗嬉。昕夕籌全局，經營塞漏卮。洪爐開造化，寒杼拯煢嫠。堅埒昆吾石，華分吉貝枝。軍聲驩潑喜，民氣煦牽離。龍馬交爲用，蠶桑詎受飢。非徒充武庫，還冀拓康逵。五載功垂竟，三韓變忽罹。傳烽侵馬紀，聘幣絶鷄彌。氛祲扶桑熾，風波碣石迷。五神空設禱，半壁坐愁欷。徙鎮金陵急，周防鐵鏁施。火瓠排虎落，冰草結犀鞶。雲旝供徵發，天潢備指撝。艫銜輸白粲，箸借注朱提。黽勉同舟濟，從容小市劑。近形屏罨畫，遠勢角瑯琦。飛鳥潛通使，連鷄聳共埘。深交聯北海，密策復東陲。遥助榆關壯，徐乘鬱島巇。計寧同顧犬，功欲陋調獅。餌以金繒了，愀然玉帳嘻。卧薪陳藥石，力穡聚鎡錤。見鬬應師蟻，驅邪合象魖。氣驕褫日弟，身健選冰兒。隼習營開闔，鴛嫻陳偶奇。異軍新創就，深旨自强貽。冉冉彫塵髩，兢兢竊國脂。百年参兩大，一息軫千思。鄂渚今重到，燕公夙衆知。馳驅甘報主，俛仰苦調時。矍鑠聞猶昔，黔黎樂不支。荆湘叨湛濊，旦晚活瘡痍。造士情尤切，求賢老不衰。平量掺玉尺，雅奏辨瑶絲。記入公超市，争窺華嶽碑。萬間開廣厦，千頃濬深陂。澤被珠江滸，風行錦水湄。燕臺呈駿馬，越海獻文鯤。維楚材何有，因公術敬蕲。經心先務抉，治道已無疵。講舍更新構，繁葩引秀蕤。高標攀屈宋，瓌寶貢荆隨。用啓山林陋，潛消霧雨瀰。二三豪俊出，萬一國孱毉。德業真無量，年華甫届耆。仙方慵辟穀，物瑞愛原芝。月仰天香近，雲瞻睿藻摛。尚方珍疊拜，遐域誦紛怡。燕飫蓬池膾，鴻分漢畤禧。烏衣羣繞膝，鶴髪幾伸眉。鼎藥疏丹汞，庭花茂緑琪。身兼三不朽，天賦一何私。薄海良辰祝，窮鄉賤子羈。垂髫承盼睞，回首重吁噫。萬選慚宗篤，孤寒懔附鵾。玉堂虚見許，花判敢辭卑。鶴久羞羊傅，鴉終去鳳池。心酸餘寸草，顔汗擁臯比。蘇嶺馳瓊想，松喬景玉儀。六年違北面，千里夢南皮。所冀瀛寰静，咸欽社稷裨。手成金鑑録，乳勝玉杯飴。氣海温常滿，華顛盛弗凘。歲難和璞算，恩定富平推。福禄膺雙備，周旋卜萬朞。他年登鼎鼐，還與慶期頤。

宜城道中

鹿門鄉樹白雲遮，私揣浮生計總差。古驛相逢聞善謔，舊臺何處覓章華。雨多水漫依山徑，歲歉郫稀賣酒家。苦憶靈均高弟子，秋來荒冢暮啼鴉。

山　行

隱隱江聲送白沙，筍輿登岸夕陽斜。山田一片堆如雪，蕎麥新開雨後花。

黎陽驛逢紫波口占爲别

斜風細雨溼征衣，我正遠行君却歸。回首鳳林關外路，幾行煙柳尚依依。

望鄉關雨宿

一夜茅簷雨，征人枕上鳴。遠游方萬里，歸夢誤三更。前路愁泥滑，連朝作淚横。老親憂更切，先祝故鄉晴。

鴻橋書所見

碧玉分明出小家，琅玕翠袖晚風斜。匆匆未得通眉語，孤負深山一樹花。

當陽道中

漠漠平田水欲波，牧童飲犢背煙蓑。稻孫得雨抽新緑，點綴分明倩白鵝。

葉家坪夜店不寐悽然成詠

出門歷旬日，日日風雨遒。泥塗不堪辱，鳥道今方脩。昨夕見星喜，夜起見雲愁。沈思忽自悔，胡爲輕遠游。蟲鳴四山急，螢火深樹幽。旅懷未能寫，悲哉矧復秋。

天門坡

螺鬟蒼翠四時迷，蟻磨迴旋萬象低。頗訝山靈容鬼斲，始知天險要人梯。勢隨雕鶚盤雲上，影入籐蘿扃日西。呼吸微聞通只尺，乾坤吾欲敂端倪。

喜　晴

溪水一灣山四圍，白雲漸盡露斜暉。木棉花裏黄胡蝶，也解嬉晴自在飛。

宿燈草灣

昏夜入孤店，柴門臨小溪。風來驚過虎，月落不聞鷄。倦枕偏無夢，殘燈只自悽。施州行漸近，應許謝塗泥。

南里渡曉發

玻瓈泉碎徹宵鳴，玳瑁雲開破曉晴。好鳥寒猶能作語，奇峯高每不知名。隨身煙霧衣裳溼，夾道松杉石磴明。羡爾山家人未起，嗟余何苦事長征。

將至施州柬楊子端廣文

去年梅訊見君心，天際冥鴻未可尋。蹤迹一朝風水合，歲華雙鬢雪霜侵。揚鑣誰信馳王後，謂季遠。抱甕仍聞似漢陰。莫道廣文官獨冷，征途薜荔且開襟。

子端留宿學舍招王岱青學博宗渙貴州人石哲卿孝廉盛明王价卿拔萃維藩寶筱坪椿王冰如維鑑兩茂才饒獻之公子鳳珪來同劇飲酒罷作歌贈子端

與君不相見，屈指七載强。人生百歲孰可券，那堪如此參與商。魚鳧蠶叢四千里，假道來飲六六水。入門一笑萬山春，老鳳將雛各驩喜。君子孟在嘗從余游，是時隨侍。坐我雙桂堂，浮我五加觴。飽我墨池膾，六六井并雙桂堂及墨池皆在學舍中，五加皮酒亦施産。蘇我將枯腸。坐客新知雜舊識，慰我窮途相激昂。高秋日短懽易促，夕陽好倩新月續。酒闌客散玉鉤斜，小牕話舊燈花簇。山城夜半寒颷來，摇蕩征人無好懷。年來骨肉雕欲盡，東海揚塵事更哀。家國茫茫無一可，浮生奔走計良左。何似先生苜蓿盤，收納羲娥消電火。

施州懷古

萬山深處客來遲，風雨羈愁爲減詩。蔓子更誰追勁節，竹王猶自賽荒祠。憂天怪底窮秋扃，問月空餘謫宦悲。却憶陳言張道古，至今忠讜幾人知。

重九日岱青學博招登問月亭以雨不果留飲寓齋賦此爲謝

年來久負登高節，客裏仍添苦雨詩。無限白雲勞遠望，漫憑明月寄鄉思。催租興敗同邠老，插菊情豪讓牧之。莫話夜郎遷謫恨，主人相慰有金巵。

登石板頂頂有女牆，倚山爲之，有門，題曰“利川要隘”

徑鎖攀援絶，山屏曲折開。猿猱人鬬捷，泉石雨生災。峭壁眉間出，流雲脚底來。睥睨竟何事，草竊漫相猜。

七藥山

曉披雲霧見青冥，便擬昂頭上摘星。虵綫微茫縈石徑，鶴笙縹緲接金庭。居然嶽鎮交相許，不信風門獨有靈。山一名齊嶽，相傳與風門山近，過客不可輕言風，犯者每遇狂風驟雨。大藥未知何處采，逢人且復訪都亭。都亭山與七藥近巴蔓子葬處。

山行時見紅葉感賦

木葉先紅未著霜，客頭欲白尚奔忙。御溝題句人何處，淚血隨風滿翠裳。

夜宿譚家岩

茆店荒寒石道旁，征人一夕苦思鄉。夢回蘇嶺醒何易，路入巴山夜正長。枕上泉聲猶作雨，窗前月色漸疑霜。鳳皇池客飄零慣，只恐蘐闈爲斷腸。

登佛耳崖

絶頂諸峯合，穿腰一綫分。黑沈深箐雨，白漏斷厓雲。稍覺籃輿立，翻嫌籜石紛。耳根漫清浄，瀑布定應聞。

蓬州道中紀異

何處青旗賣酒家，牆頭忽見一枝斜。秋光孤負東籬菊，愁絶山村對杏花。

寫　雲

山行旅懷惡，乃頗得雲奇。有奇弗克賞，造物空爾爲。太清始空闊，溟渤無淪漪。茫茫共一白，邱壑誰能差。島嶼中乍見，金碧樓閣迷。仙人恣來往，龍象相娱嬉。山城鬧曉市，人物殽漢夷。不辨牛與馬，擾擾各奔馳。遥嶺偶露脊，扁舟横水湄。居然蕩一葉，無慮剛風吹。漸看霜林出，列陳排屜㢄。堂堂復正正，前導嚴旌麾。寂如行大漠，砂磧荒草披。飛將愁失道，萬馬無敢嘶。羣氣鬱既久，忽聞大塊噫。波濤走脚底，海溢不可治。詫絶水四散，乘槎欲何之。

王魯薌方伯毓藻招飲賦贈

十年前寄百梅亭，萬里重來露客星。少壯書成頭漸白，崎嶇相見眼還青。冰霜閲歷閑身在，家國憂危熱淚零。尊酒勞公情話久，錦城絲管不堪聽。

過先叔父舊寓書示從弟蕃弟以壬午生於上升街，乙酉移玉帶橋

電火光陰十二年，褱褢陳迹爲潸然。縱横舊日喧車馬，寂寞秋風咽管弦。空徙河橋誇玉帶，曾聞湯餅散金錢。竹林蕉萃荆花減，淚溼青衫聽杜鵑。先兄燮甫亡，弟泉如皆嘗游蜀。

臨邛有懷司馬長卿

典册高文薦達遲，凌雲終竟九重知。愛才空説臨邛令，恐被當年狗監嗤。

典得鷫裘酒自澆，當壚豔福儘堪消。俗腸應冷文君齒，千古成都駟馬橋。

曾博長門買賦金，閨中翻遣白頭吟。遺書封禪能長守，不負求凰一曲心。

名　山

日短天寒欲雪時，上清峰影碧參差。汲泉試領山茶味，何處吾家甘露師。師吴姓，名理真，□頂種茶自師始。

過漢高孝廉故里

客路愁將鬢雪添，霜淒日薄曉風尖。匆匆未訪殘碑讀，心媿西京兩孝廉。

雅　州

嶺壑重深草木幽，冬來風物只如秋。生憎一綫青衣水，不爲征人浣別愁。

天全漫興

登臨難把客愁降，冰雪碉門弄楚腔。永夜谿聲寒到枕，窮冬山色碧横牕。景蘇亭遠慵攜屐，懷葛樓高慨建幢。賴有從游余季在，宵來霜月影俱雙。

重至邛州

風緊愁雲鬱不開，無多陳迹苦裴褱。牽衣怕遣臨邛去，我向臨邛已再來。

文君井

臉際芙蓉豔影遥，遠山眉黛更誰描。情波千尺深於井，怪底文園渴未消。

訪司馬琴臺故址得之人家廢圃中作歌弔之

茂陵一去春秋老，遺書苓落封禪藁。緑綺塵埋不可求，寂寞舊臺委荒草。長卿彬彬世所稀，家貧四壁將誰依。文君心挑肯相就，愛才乃蒙越禮譏。俗眼王孫不解事，上慚王吉次楊意。嬌女無多佳對難，坐使犢鼻親滌器。人生遇合良有時，《子虛賦》奏武皇知。馳檄諭蜀尋常事，負弩前驅迎者誰。薄倖一朝忘新寡，《白頭吟》罷淚如瀉。下箸妾自愁蟛蜞，題橋君獨驕騧馬。消渴可憐多病身，荒園日暮客傷神。君王不賜金莖露，應悔輕抛識曲人。

長至日書感

客裹逢長至，川南感物華。蠟梅已滿樹，蠶豆盡先花。雪散琴臺冷，雲昏珮渚遮。征衣記添綫，歸恨北堂賒。

夜　雨

枕上苦分明，難爲遠客情。竹寒聲淅瀝，燈暗影淒清。歲暮歸無日，宵長夢不成。關山正霜雪，莫更聽鷄鳴。

酬戴吉雙學博綸喆

照眼驪珠一串投，天涯歲暮破羈愁。舊游錦水春風路，新换山陰雪夜舟。宦味不妨甘苜蓿，鄉心無奈寄箜篌。當壚唤取文君酒，醉遣年光萬事休。

除　夕

今夜思親淚，天涯更不乾。青袍長綫在，白髮正燈寒。敢恨窮途滯，深維禄養難。年光真電火，昨强報平安。

舟次彝陵聞季華卒大慟無已寫之以詩

惡耗曾傳蜀道荒，去成都時，有傳君已卒者，吾以爲東坡海外故事，不之信。失聲真箇子明亡。雲龍東野虚追逐，風月南樓墮杳茫。百里一官依舊泠，二宗微旨更誰商。君顏所居爲“師二宗館”，謂郭有道、阮步兵也。遺書剩有孤兒在，抱向名山且暫藏。

生平落落寡交親，諸子應推髯軼倫。先達時無張太岳，君與予抗論時事，輒及江陵，而以予可與爲比。後生誰識李元賓。高才苦被書名掩，狂態彌徵酒德醇。大局輸贏資國手，因君妙奕更傷神。君善飲，未嘗及亂，工弈，官京師時，人推爲第三手。

訂交長記風簷底，萬衆争看楚兩生。丙子試京兆，遇君闈中，相與縱横上下，時咸目爲狂，兩人之交，實自兹始。年少憂天心共苦，時危蹈海氣難平。薦賢一再輶軒使，勸駕尋常故舊情。君兩爲督學使者所薦，戚某爲納資，改官知縣，迄未赴補以殁。今日漢陽煙樹外，可堪回首望瑶京。

治安無策媿長沙，慘淡招魂聽楚些。逝者如斯行自念，天乎難問令人嗟。客多至喜翻添恨，地倘埋憂可棄家。贈墨尚存磨未盡，衫痕莫怪淚交加。甲午君下第南歸，舉所有松煙墨及策卷悉以相贈，遂成永訣。

肅毅刀歌爲家儀堂將軍賦刀爲合肥相國所贈，上鑄款識，造於德國格魯森廠

緑雲張幕槐龍舞，赬虬弄珠赤日吐。炎天何處覓洞壑，清晝無事聞鐘鼓。高牙大纛戟門開，夾道傳呼揖客來。將軍延客倒屣出，浮瓜沈李交尊罍。酒半將軍談往事，扶桑未遂挂弓志。沙場無分裹馬革，行篋至今偃龍氣。我聞此語心鬱陶，當筵對酒不能豪。將軍作意更娱客，頤使健兒來寶刀。是時四座方苦熱，停觴不御動顔色。須臾肝膽怒槎枒，左右鬚眉瑩冰雪。大食冶金遠同致，昆吾切玉幾曾試。摩挲細字認分明，知是合肥相公賜。相公疇昔總戎機，中興赫赫時所歸。淮軍接踵海軍起，樓船伏波供指揮。高麗一役何乖迕，外牽諸將中師傅。斂手長日看奕棊，三十六州鐵錯鑄。將軍時亦預東征，家世雲臺漢廣平。慷慨短衣隨射虎，蹉跎長劍漫屠鯨。成敗由來不容算，馬關盟後更無戰。横海空餘炬燼飛，臨淮未覺旌旗變。太息此刀今獨存，顛倒日夜韜風雲。當日

相公肯先敵，納韡寧不策殊勳。我今酬刀酒一尊，殺氣從此銷南薰，將軍早晚終報恩。

喜聞門人施仲魯烾秋捷

眼望生兒作校官，事見《通雅堂詩》中。乃翁當日劇悲酸。高才終老蓮花幕，清味甘求苜蓿盤。今幸故人真有子，尚餘阿母可承驩。淵源授受吾多媿，竚爾煙霄翥鳳鸞。

鹿門書院花木詩丁酉

吾家有老屋，命之曰桂馨。仰繹先人旨，復聖心所傾。或云剛與質，故事吾家鳴。兩義各有取，語詳貴擇精。金粟斧不落，萬古天香盈。吾無隱乎爾，一笑山谷迎。桂。

廣院分植柏，根自隆中移。意欲追蜀廟，黛色凝霜皮。三年細拱把，氣已喬松夷。遷地豈弗良，材大成故遲。吾嘗再至蜀，親見参天姿。萬牛勢並重，百年人與期。香葉宿鸞鳳，後來幸護持。柏。

龍門有嘉樹，百尺高無枝。丹山路萬里，能使鳳來儀。吾鄉孟夫子，中書昔敲詩。疏雨人閣筆，萬口傳清詞。一葉當階落，瑟瑟金飈吹。伊人靈萬物，春秋胡不知。梧桐。

沂公昔布衣，巍科意所望。宰相容安排，斯言得非迂。不知古賢達，方寸高難量。風雪驢子背，寧獨恣吟唱。調羹事偶然，百花春先放。不辭守歲寒，坐對心神王。梅。

聞喜存舊碣，觀略題新楣。上下各千古，眼中吾誰師。嘉魚張夫子，昔焉此棲遲。手種萬千個，大索門人詩。式諄先生主講時，嘗以“聞喜亭種竹”命題。虛心寓微旨，典型今在茲。盛暑蔭其下，猗猗繫我思。私祝結秋實，無使雛鳳飢。竹。

三千年一花，五千年一實。斯言滋怪誕，未容深究詰。吾謂瑶池仙，别具金石質。豈其度索種，可以尋常律。小人幸有母，新陰庭前密。果熟願以獻，持比陸郎橘。桃。

有木應列星，嘉平甲暗拆。春回百槁蘇，絲絲繡廣陌。王恭遜風姿，張緒比標格。孰云望秋零，魂銷漢南客。門外三五株，蕩漾湖陰碧。先生何許人，葛懷陶彭澤。柳。

非竹名以竹，象形渾不似。厥産自身毒，諧聲名所始。循名吾核實，略形試徵理。歲寒友松梅，非竹孰可儗。燦燦頳虬珠，游戲雪霜裏。以是錫嘉名，俾光琅玕史。天竹。

蓮爲君子交，梅與高士耦。草木初何知，附人以不朽。淩雪梅自芳，出淤蓮無垢。人或不如物，顔厚得毋忸。吾慕陶靖節，東籬作重九。王弘彼何人，[1]白衣解送酒。頽齡未易制，晚節庶無負。菊。

纖葉翦碧玉，勁枝削青銅。着花更冰潔，凡卉羞雷同。眉娥虢國淡，面粉何郎融。取譬無一似，琢句難爲工。孤芳自開謝，四序無春冬。同心亮可結，小山有桂叢。四季梔子，時余盆供中有四季桂，故末句云爾。

本非丹穴種，亦豈閬苑葩。盛名一不副，流俗相與譁。華陀昔有作，留意培根芽。采以療癰毒，朝試暮可瘥。乃知物雖薄，濟世同丹砂。婦孺但染指，國醫良所嗟。鳳仙。

世人有恒言，紅顔苦命薄。君看春日花，能容幾日著。舜英朝不夕，海棠今非昨。此花獨矜異，四時自榮落。小家有碧玉，賦質不嫌弱。窈窕抗冰雪，何必讓緑萼。月季。

有葉别無枝，不花卻非草。異哉微薄質，晚節能自保。嬋娟曉霜清，爛漫夕陽好。蕭然九秋中，不與衆芳槁。酡顔對西風，青袍慰潦倒。絶似晚達人，富貴未須早。愛此比春華，金丹骨不老。老少年。

【校記】

〔1〕“弘”，原作“宏”，爲避清高宗諱，今改爲本字，以下徑改，不再出校。

簳珠仙館詩存卷六

哭宋可亭戊戌

海内幾知己，眼中無此人。長才淹百里，小别歷三辰。穗石飛難到，梅花慘不春。嗟余奇氣盡，擾擾尚風塵。君嘗謂余有真氣、有奇氣，深用自愧。

民社資良吏，科名網異才。風簷勞薦士，冰鑑幻生災。精豈銷盧雉，心原判槁灰。孤寒應一哭，哀動越王臺。君以秋闈分校積勞致疾，爲秀才時好博，頗有以爲言者。

屢抱哲兄痛，能成猶子名。君教諸侄皆成名，爲守令、列校庠者數人。親知多緩急，豪舉各分明。君曾以博進錢數百萬，周戚友之貧者，數日立盡。無嗣疑天道，因君念友生。焉支山下路，去去淚縱横。故宅在焉支山下，余舊嘗主君所。

季子去年没，謂季華。心傷無奈何。如君今又弱，腹痛忍重過。鷄黍因緣少，鶯花感慨多。春明腸斷處，遥指舊行窠。甲午春闈，與君同寓。

天　　縱

天縱何多聖，風頹儼樂從。六經都可僞，兩大料難容。上客嗤羊鶴，中朝好葉龍。辨姦吾未敢，結納苦疏慵。

題王佑遐前輩除夕祭祠第二圖

割取黄羊媚竈難，騷人着意薦椒盤。不緣五斗將腰折，惹得長安萬户看。

竹石荒寒又一時，翻新花樣謝陳詩。精神耗卻誰能補，要與長恩例護持。

陽羨填詞舊有圖，風流笠屐似髯蘇。何當着箇雲兒侍，紅袖添香更不孤。

三絶名流老鄭虔，圖爲鄭叔問文焯筆。爲君着筆更翛然。碧鷄金馬渾閑事，且把新圖海内傳。

蘇州謁五人墓

廢墟明社劇堪悲，正氣居然市井遺。手爇名香真拜倒，未須荒冢訪要離。

落日清江薦藻蘋，流傳婦孺尚酸辛。茄花委鬼今何處，愧殺生祠創建人。

虎　邱

横塘十里夕陽低，斷壁山門仰御題。寺有聖祖御筆題牓。曾是六飛巡幸地，荒涼蹕路草萋萋。

采蓮歌散水雲涼，曲徑悽迷罷采香。太息苧蘿人去後，卻留抔土弔真孃。

沼到吴宫霸氣消，劍池猶自鬱風飈。屬鏤莫怪留遺恨，終古胥江吼怒潮。

頑石點頭原偶然，衆生歡喜各隨緣。生公饒舌成何事，知否媧皇要補天。

東　　市

蕭瑟西風入禁闈，倉皇東市委朝衣。譁傳正卯終嬰戮，少似申屠獨見幾。方幸青雲能立致，未成白首已同歸。吞舟漏網鰻魚杳，多恐榑桑海又飛。

重陽日與季遠登昭明臺

良朋攜手一憑欄，百感登臨强自寬。天外呼號聞塞雁，雨餘重疊見煙巒。嚴霜有信驚何急，是日霜降。來日無多苦大難。藜火道人長不返，素琴誰更爲君彈。謂劉乙舟煉師。

雨宿隆中同季遠

悲秋觸撥登高興，弔古低回命世才。管樂時人猶莫許，崔徐幾輩更偕來。尊前星斗三更墮，池底魚龍萬壑豗。亂世苟全寧易得，躬畊相約翦蒿萊。

螢　　火

一陰生此物，近夜亦高飛。乍覺風燈亂，旋驚星火微。前身亡腐草，幻影出書幃。淒絶扶桑曉，飄零竟不歸。

得茂蘐都中書感賦

堯幽舜死盡無稽，明日黄花忍更提。事異吕劉安用袒，賢如韓富已難齊。治絲浪擬刀能斷，聯榻寧知夢各迷。來書云某某相黨，里中兩君同牀各夢，亦及於難。回首天津橋上望，可堪還聽杜鵑啼。

落葉和贊丞

一夕嚴霜急，蕭然動客驚。隴雲隨上下，溝水各縱横。煮茗添薪續，開軒遠岫明。劇憐雙鬢雪，坐對不勝情。

聞蟲和贊丞

烏咽亦良苦，低回無奈何。虚牕人影獨，深夜客愁多。卧聽誰高枕，流光總擲梭。斷腸花下立，爲爾費吟哦。

九月十九日與院中諸生補作重陽於高齋議後即以重陽爲昭明作生日 己亥

蹉跎風雨鬱遥情，盛會商量局小更。地藉維摩傳故事，天教楚望放新晴。惱人華鬢催霜緊，明日霜降。娱客黄花對酒明。卻憶劉郎歸未得，題糕何處滯行旌。聞厂史歸耗。

送季遠入都

落葉西風感萬端，因君搔首到江干。分明歲稔仍多盜，躑躅家貧强復官。老圃黄花芳自賞，夕陽紅樹好誰看。前途漸窄應珍重，霜雪貂裘幸耐寒。

聞説長安似奕棋，用杜句。行藏無計決狐疑。蓬瀛縹緲神山隔，鱗介縱横海市嬉。四顧何人堪共濟，扁舟此去更傷離。南泉他日終偕隱，簑笠相期理釣絲。

喜厂史歸留飲用送季遠韻一首

中年哀樂信無端，纔覺傷離又見驩。白酒淺斟防醉死，厂史在潼關道幕，以病畏死急歸，故調之。黄花遲放待同看。河聲嶽色添談助，燕去鴻來换歲寒。行盡中原四千里，惜君仍未到長安。

雪中過贊丞視以雪夜次東坡聚星堂韻之作此體舊作絶少輒效爲之

煮茶掃罷風廊葉，着屐出衝梅市雪。鶴氅孤行縱所如，驪珠一串驚奇絶。笑口世難知己遣，君以口創，齒盡脱，今三年矣。灰心福易才名折。得句能敵冰壺清，浮生肯隨火井滅。大地瓊瑶山海炫，萬古羽毛雲霄掣。剛愁華髮霜盈顛，頓覺醉顔霞散纈。秀才蕭寺甘虀粥，州督吴船備木屑。吾曹出處雲無心，佛法去來電一瞥。寒香細嚼太憨生，熱憤滿腔不可説。笑我久埋不祥金，因君更碎如意鐵。

中寒閉門卧贊丞再過不能一出談病榻無聊疊前韻奉簡變七言而五小作狡獪欲學少年

人海舟脱葉，齋居浪飛雪。下測龍宫深，高摩鳥道絶。珊瑚誰實網，琅玕苦易折。輪帆瞬往還，羲娥坐明滅。異事巨鼇翻，奇想長鯨掣。摇摇心懸旌，黯黯眼蹙纈。朔飈夜凌厲，衰鬢寒騷屑。一病三日卧，卌年六出瞥。只尺不相見，大千復何説。徑須破洪爐，安用糜青鐵。

贊丞和前詩並訂東坡生日之會倒疊前韻奉答

壯志欲銷鬼國鐵，龍淵太阿誰能説。有人望氣斗牛間，羞殺空空鳥飛瞥。倒身天地信悠悠，放步往來何屑屑。怪事紛争日貫輪，是月初七日事。異聞仿佛冰鋪纈。寸丹在心火憤燒，雙丸出掌虹奔掣。惜哉繡蹬棄不用，何日腥膻掃都滅。茗椀藥爐同歲寒，蹇驢破帽逢花折。緣君偶感天籟清，多病更愁地維絶。無聊一再鬥尖叉，太息尋常飽風雪。坡有"要飽風雪輕山川"句。我亦命宫磨蝎人，星者以丑爲磨蝎，余生日乙丑，與坡命宫同。相期判醉三蕉葉。

東坡生日擬懸公遺像招贊丞厂史及諸門人瞻拜於韡珠仙館以眼疾不果復爲五言倒疊前韻志憾

鑄錯九州鐵，成事復奚説。慧業幾生修，流光百年瞥。今朝日著綿，前夜雲遺屑。盆橘綴團金，檜梅破細纈。好景眼無福，盛筵肘都掣。輕雲苦多蔽，奎宿終難滅。笠屐遺像存，余藏有綿津山人《東坡笠屐圖》。詩龕寸心折。法時帆先生事。梅竹分兩圖，坡□梅竹各一石刻，余皆有之。合并詫三絶。文采壯峨岷，鬚眉瑩冰雪。何日薦香茗，一爲浮銅葉。

武昌感念季華可亭悽然有作

雪後煙波一葉催，客中懷抱向誰開。中年荏苒偏傷逝，時局艱難正乏才。重過南樓餘涕淚，幾回東道具尊罍。故人零落英雄老，江漢雙流日夜哀。

單楊兩丈招同遊隆中庚子

荏苒春將盡，登臨興乍飛。雜花晴滿樹，空翠曉沾衣。無恙名山在，同遊舊侶稀。長安車馬客，應更惜芳菲。謂季遠。

庚子七夕後一日張次山納言仲炘過訪爲道都中近事出日望樓餞圖索題即送之金陵

尺幅新圖萬斛愁，西山佳氣黯然收。高賢去國能無戀，獨處憂天孰與謀。史册待傳金鑑録，仙蹤且覓赤松遊。漢南摇落相逢處，斜日垂楊又早秋。

忍看神州付陸沈，雲霄耿耿揭丹心。避人罷走天街馬，銜石孤飛海國禽。黄鶴煙花鄉夢苦，銅駝荆棘客愁深。澆胸杯酒都難得，莫怪危冠醉不簪。

小别三年望眼賒，新經百變鬢毛華。幾聞赤手屠蛟蜃，多恐黄巾伏爪牙。季輔未歸留子舍，君與高理臣京兆燮曾同去官，理臣以子需次保定，往就養。伯桃相送隔天涯。謂笏卿侍御。今朝淚雨生奇想，那得銀河共一槎。

薇郎生意久婆娑，蜷伏哀時唤奈何。風月幸餘三影在，滄桑未覺四愁多。及身有母甘偕隱，把臂因君更放歌。此去白門秋色裏，可堪回首憶靈和。圖中楊柳彌望。

書　感

道喪儒方賤，刑淫吏獨尊。狂飈摧聖域，濁浪撼清門。家國滋妖妄，關山駭夢魂。褰裳欲安往，八表正同昏。

漢口晚泊懷印伯酬其春日見贈之作

江漢滔滔感逝川，扁舟飛鳥夕陽邊。新詩何意編長慶，故事今應溯奉天。元作有“新詩長慶要同編”之句。平地風波紛墮劫，中天日月坐移躔。河山多少新亭淚，只對南樓已泫然。

誰信飄零自不歸，用君集中句。秋高吾更理征衣。令原痛絶家多難，貝錦囂然世與違。急景暗傷慈母在，窮途方悟友生稀。輸君吏隱無人覺，何處滄波著釣磯。

揚州訪柯巽庵都轉逢時下榻署中夜談有作

秦雲黯淡翠華愁，回首燕臺氣正秋。眼底河山唯涕淚，客中風雨小句留。三分明月寧須剖，百二雄關怕再遊。形勝論都勞借箸，吾鄉今比帝王州。君有建都襄陽之議。

無端真見海羣飛，教授空山夙願違。歲晚高堂生計迫，時危大厦異材稀。乾坤整頓心難壯，出處商量事總非。公未歸田吾小草，何時得息漢陰機。時知交多勸余改官於外者，君亦亟贊之。

遊平山堂

出郭不十里，夷然逢此山。此山一蟻垤，胡名天地間。僉云六一老，昔焉此往還。以兹動遐慕，後來相追攀。我昔兩過此，窮冬清遊慳。兹來世多故，嗟我乃獨閑。風雨昨吹灑，木葉紛斑斕。樓閣出霜曉，金焦列雙鬟。有僧六一後，寺僧心悟，姓歐陽。延客敞雲關。酌我泉第五，一洗風塵顔。茶半索我書，墨痕袈裟斑。書畢具蔬筍，風味非市闤。羡彼遊方外，不知今世艱。猿鳥共嬉戲，雲石偕癡頑。黄花擁丈室，異種偷仙寰。安用廁卿相，局脊隨朝班。醉翁没千載，吾生多憂患。欲去爲三歎，夕照楓林殷。

梅花嶺謁史閣部墓

譁然四鎮舊京休，悽絶衣冠土一抔。取義成仁文信國，鞠躬盡瘁武鄉侯。不堪殘局亡鉤黨，况有驕兵潰上游。賸得梅花三百樹，忠魂吟嘯自千秋。

金山寺

茲山昔在水，今乃騎馬尋。半帆風無用，不愁弱水沈。高岸互陵谷，千載幾登臨。種桑徧東海，躑躅傷客心。塔鈴作悲語，寂寂鸞鶴音。碧眼比邱杳，妙高空暮岑。下飲中泠水，聊復湔塵襟。江神不吾怪，落日歸滿林。

滬上逢黃筱魯觀察兄嗣東拉飲酒肆酒罷觀劇夜歸有作

萍聚春明閲歲時，南樓勞燕各差池。汪洋依舊陂千頃，離亂相逢酒一巵。屈指故人多不壽，傷心大局竟誰支。干戈兒戲今都慣，黃葉聲中醉肯辭。

少年意氣薄煙霄，驚坐狂言萬口囂。四十無聞真轉瞬，尋常有債况今宵。天寒鴻雁流離苦，時有濟急會，以救東南在京被亂者，君預其事。海沸魚龍曼衍驕。北斗闌干迴望處，不堪雙淚翠華遥。

訪晉珊前輩留飲值其新拜湘藩之命賦贈

乍見從何説，多情爲盡觴。五年原小别，萬變詫非常。孽作天寧醉，妖興國太狂。及今籌補救，得勿費平章。

横索平原首，譁然鄜塢臍。懸知孤注左，坐使六飛西。瓜豆從分剖，金繒任取攜。秦關形勝地，慘淡策丸泥。

中外千夫指，東南半壁危。吳淞愁可覊，胡賈苦難羈。重以屏藩寄，應勞柱石支。抽簪知未得，感激貢微私。

於世毫無補，嗟余一腐儒。何時了昏嫁，仲兒頤芝爲令弟紫波學博壻。且自放江湖。神駿憑誰賞，羣龍敢試屠。孤山梅放處，合讓訪林逋。

雨後登吳山口號

不見當年富子明，開軒何處有餘清。趙公祠裏樓高處，爲望西湖試一行。

難得頑雲撥漸開，從容立馬勢崔嵬。尋詩有美堂前路，誰讀仁皇御製來。

金碧樓臺幾處新，東偏萬瓦屋鱗鱗。梵宮琳宇尋常有，易額應防細作人。

訪林和靖墓

絶好湖山竟寂寥，客來無鶴更沖霄。李諮痛哭傷知己，應爲詩人唱《大招》。

抔土孤山刼火餘，寒梅萬樹稱幽居。相如遺藁羞封禪，卻有殷勤薦士書。

義士曾聞唐與林，冬青陵樹劇傷心。珠襦金椀抛多少，莫怪流傳白玉簪。

放鶴亭邊徑蘚荒，巢居閣下水雲涼。梅花伴侶今何在，小冢無人問菊香。

謁朱文公祠

正學曾將道統肩，當時僞學網羣賢。靈芝寺裏飄然去，相送誰偕李木川。

謁岳鄂王墓

吾少曾謁朱仙廟，先後再過湯陰里。只尺山河未收拾，長教父老哀桑梓。夢想西湖幾歲年，一朝飛墮王墓前。南枝宰樹西風急，再拜低頭心慘然。兔死狗烹古所歎，兔在胡爲狗先爛。奸檜逢君不足責，忘親媚敵真顔汗。異數曾聞賜繡旗，精忠心事宫中知。寸紙死王竟不問，長城自壞誰能支。覆盆終古莫須有，生世可憐三十九。五國空悲白雁霜，諸君無望黄龍酒。萇弘碧血聚精靈，殘菊新梅各薦馨。獨有諸陵惆悵絶，夕陽何處認冬青。

弔小青墓

冷翠零膏不忍聞，未須絶塞痛昭君。意中蘇小墳三尺，夢裏揚州月二分。簾捲簾垂情悄悄，鏡潮鏡汐淚紛紛。劇憐豔福誰修得，女弟還從聘紫雲。

寂寥西閣緑陰床，寫照空煩寃業郎。玉腕珠顔就塵土，蘭因絮果任風霜。慈雲稽首依三竺，溘露甘心伴六孃。對影好臨湖水語，他生祝爾化鴛鴦。

趙公隄口號

小隱園荒草不春，仙韶何處菊夫人。遊人莫按梁州曲，未必陳源解愴神。

葛　嶺

湖山風月賈平章，後樂園空蔓草荒。一去木棉庵外路，可堪回首半閒堂。

湖上過行宮敬賦

芳草芊芊輦路平，誰尋黄牓許遊行。清時鐘鼓渾如夢，斜日樓臺劇有情。山色蒼茫疑太乙，湖光淡蕩似昆明。書生空抱無窮感，擬乞文瀾了此生。

退省庵外芙蓉數本凌霜獨茂娟静可喜書二十八字以寵之

生來原不屬東風，桃杏從他碧間紅。對岸孤山剛只尺，梅花知己故應同。

謁張勤果公祠

光緒中，公撫山東，戊子夏，余客京師，有同鄉某令乞余書詩扇遺公，九月，余省先叔父濟南，某令爲言："公見詩扇，讚歎不置，詢君狀甚悉，曷一往見？"不可。久之，某令復言："公聞君來，知與某同鄉，問者數矣，即不往，幸一言以塞其意。"不得已，余乃舉山左吏治、海防、河工諸大政，開陳要旨，爲書上之，詞絶戇。公得書，乃大喜，手自裁畣，首云："奉讀惠書，崇論閎議，欽服無量。"中大致述其虚懷好士之誠，而幕中仍有乏才之歎。末引《詩》"未見君子，惄如朝飢"，期以某日奉訪云云。屬某令轉致，會余得先君子病耗，倉皇歸里，奉諱家居。某令寄書，猶道公意，欲相招致，未幾而公卒矣。展謁崇祠，其能無言。

大厦將傾需木支，求賢古昔如朝飢。目不識丁肯好士，異哉公乃蒙斯淇。公初官布政使時事。嗟予年少事奔走，不見諸侯亦何有。東山北渚甘閉門，枉尺直尋良所醜。迫切上書聊自陳，勞公手畣琳琅珍。先施已訂高軒過，殘臘一去隔千春。十三年來萬事變，知己因緣慳一面。遺愛遥知稷下留，遺像卻從聖湖見。祠後無端結蜃樓，長安不見使人愁。唐句。吾曹飄泊尋常事，莫向明湖感舊遊，關山金鼓今未休。

南　園

别墅東郝往事休，南園苦把放翁留。鷄鳴犬吠都寥落，輸與兒童暮飯牛。

高莊追和高文恪公聖駕臨幸西溪山莊賜五言詩並御書竹牕二字恭紀詩韵

黄葉疏林一徑深，當年此地翠華臨。落花萬點溪橋静，修竹千竿石磴陰。今剩竹牕留御筆，爲過花港泣沾襟。花港觀魚御碑去莊不半里。遭逢不世真難再，寧獨恩暉愴客心。元作有“恩暉振古真難並”語，其五言詩復有“感此不世遭”句。

浙藩幕中晤陳藍洲大令豪有贈

十年一相見，萬事復何言。予以庚寅、辛卯間與君别於武昌。誰使家居壞，真疑醉夢昏。辭官甘客老，學道信儒尊。君官吾楚漢川令，以修墓請開缺。幸住湖山美，愁時減淚痕。

過西園故址

水色天光聚景園，舊時亭榭竟何存。御舟零落垂楊覆，學士橋名。經過暮雨昏。南渡兩宮傳屢幸，清都一夢了無痕。野梅只當官梅發，銷盡湖邊楚客魂。

石屋洞

一雨釀薄霜，清曉豁塵目。小徑叢榛莽，失喜輿人熟。浮螺何自來，頗訝滄海粟。洞口有摩厓四字，額曰“滄海浮螺”。寧知納大千，只視山靈腹。幽境世不顧，浮雲苦相逐。此石自終古，誰肯下結屋。懸乳滴碎響，積蘚襯寒緑。松短枝竄鼠，崖静壁黏蝠。别院殊窈窕，奇情遞起伏。旁一小洞有摩厓“石别院”三字。嗟予亦勞人，那許此中宿。

水樂洞

琤瑽琴筑出烟蘿，可奈有聲無耳何。秋壑老奸偏好事，雕鎸妙語布東坡。

楊王别墅曉啼鴉，净化休將舊院誇。地本錢氏净化院，見《臨安志》。最是倦翁回首處，烟霞清夢隔京華。

烟霞洞僧索書賦此予之

清霜脱黄葉，初日烘蒼巒。霜薄尚沾衣，日暄能悦顔。遊客力自拔，尋勝寧偷閑。洞天未易得，那容交臂慳。筍輿躡磴上，慚愧腰脚頑。宛轉見真面，一笑仙可攀。題名覬不朽，凌雜羅趙間。不悟佛手底，坡書掩苔斑。佛手厓有坡老題名，今徧求不可得。山僧解好客，松扉冬不關。視我各妙墨，異寶光塵寰。范文正公書蘭亭、徐青藤畫荷、八大山人畫菊、芙蓉。就中希文册，尤應壽此山。秀才憂天下，痼疾將非孱。幸哉山中衲，脱略人世艱。急就應子乞，灑翰吾所嫺。安得宿桑下，白雲暮忘還。

飛來峯

奇峯只合唤飛來，浄土蓮花面面開。靈鷲峯遥何處證，呼猿洞闃費人猜。諸天鐘磬摇仙梵，平地金銀幻寶臺。我欲凌風嬉絶頂，斜陽斷雁不勝哀。

一綫天

飛來峯上有一孔微明，天光下漏，自洞中窺之，乃有佛相，止見其首。山僧言遊人千萬，所見各異，洞外摩厓三字曰“一綫天”，戲爲賦之。

井坐已云小，管窺兹更細。日月側出入，烟霞碎點綴。中有莊嚴相，俯許衆生睇。娟娟滿月面，巍巍寶雲髻。低眉徵慈悲，合眼具定慧。妙踞不二門，默照大千世。俗目苦不識，色身坐生翳。種桑揚海塵，偷桃失年歲。缺待媧皇補，遠煩月老繫。吾欲四大空，徑把諸天閉。

九江訪笏公能仁寺側賦呈二首

幾回滄海變桑田，才遂初衣十二年。松柏歲寒身健在，江湖地僻屋蕭然。不堪白首長憂國，爲賸丹心强學仙。他日從遊公合許，雪中今有剡溪船。

天涯歲暮任飄零，我亦消磨鬢欲星。亂世人才誰有福，甲申，公見予代某提督擬上某相公書，嘆賞不置，評語有“青眼高歌，唯視才人有福”云云。古來儒術久無靈。刼成棊局愁何急，淚溼琵琶怕更聽。那得讀書還似舊，錦城回首百梅亭。公亦以余及今出山爲言。

大風欲訪琵琶亭不果聞亦
荒穢久矣口占一絶弔之

荻花楓葉不勝愁，我亦青衫淚欲流。一夕頓生遷謫感，何人解聽四弦秋。

李伯虞侍郎紱藻招飲静香
齋時公將赴行在賦此志别

寒漲激彫年，章江艤客船。時危人老大，别久話纏綿。萬變誰能料，孤芳敢自憐。感公杯酒意，未肯絶牙弦。

少賤遊京國，論交慕老蒼。雲龍容角逐，風雅謝張皇。劍外肝腸熱，塵中翰墨香。寧知今一瞬，幾度見滄桑。

特簡星軺出，中朝弈局翻。干戈更兒戲，頂踵悉天恩。勇退無長策，蒙塵痛至尊。白頭憂國淚，只合灑金門。

何地堪終老，伊予尚遠遊。江湖蕩漁艇，風雪犯貂裘。母在安仍懼，官閑改當休。雲泥知早定，萬里付浮鷗。

滕王閣口號

西山涷雨日凄凄，薄霽忻將蠟屐攜。畫棟珠簾無恙在，此來吾欲傲昌黎。

落霞孤鶩水天中，嬌客詞輸過客工。畢竟閻公能好士，輕帆不負馬當風。

東湖謁蘇雲卿祠

荒祠獨爲布衣留，土銼無烟竹几收。二客才辭人已去，百花都謝水空流。湖地今率呼爲百花洲。張公大業誰能濟，徐孺高風儻可求。抱甕灌園吾輩事，漢陰何日竟歸休。

同次山襟山游焦山宿自然庵辛丑

潮平風定艣聲柔，浮玉今輸勝概收。搜石幸猶存瘞鶴，結廬虛擬傍蝸牛。春來蔬筍饒僧飯，亂後江山逭客愁。難得閑人還説鬼，夜燈青處足勾留。次山自云目能見鬼，爲道少時見鬼事。

謁孝陵

金陵王氣有無間，唐宋而還未易攀。聖祖御題“治軼唐宋”碑尚存。亡國詞箋傳燕子，舊家圖畫識龍顔。守陵人藏太祖畫像，視衍聖公府所藏尤精。玉魚寂寞隨蕪穢，石馬蒼凉積蘚斑。頗怪崇祠方正學，遺宫忍對夕陽殷。方祠在明故宫殿中，故云。

臺城弔梁武帝

南朝諸帝最年長，詑絶荷荷一夕亡。回憶捨身同泰寺，虚將懺悔事空王。

過景陽宫故址

廢井焉支蔓草迷，樓鐘無復曉妝齊。臨危未肯抛張孔，猶勝西施葬濁泥。

欲遊半山寺不果

地下閻羅事有無，夢中元澤語模糊。傷心捨宅資冥福，省否流民鄭俠圖。

咄咄書空福建子，終緣執拗誤蒼生。霜筠雪竹應無恙，投老歸來儻近情。

莫愁湖

石城謁到石頭西，玳瑁梁空燕亦迷。笑殺英雄空賭墅，河山原只一枰攜。

春寒過雨水雲涼，寂莫南豐一瓣香。小閣分明遺像在，何曾占得鬱金堂。勝棊樓下爲鬱金堂，傍閣奉曾文正小像。

武昌訪楊致存同年承禧值君方悼亡書此以廣其意

一載不相見，怪變千百端。握手復何道，五月方寸寒。北辰久失次，西笑無故驩。吾曹切憂辱，忍營一席安。君將宦遊蜀，予亦將改官。誰能爾我測，局促天地寬。館閣豈不貴，腥膻傷摧殘。皋比豈不尊，口舌生波瀾。廬山未云高，蜀道非所難。甘心小草腐，寧惜孤芳單。夗央在河渚，飛宿雙盤桓。中宵斷彩翼，吾昔同悲酸。豈知今鳳鳥，棲食梧竹艱。杜鵑春心苦，啼血太乙殷。昨歲金臺圮，銅駝荆棘攢。邱山積白骨，行路無人看。爾我早乞便，身家均苟完。鄉里遽薤露，猶勝仳離嘆。匈奴滅未易，滄海桑田乾。丈夫萬古淚，安用兒女彈。進君下轉語，鼓盆勸加餐。至尊吾所奉，留此心與肝。

題李仲壺郎中本方小照即訂焦山之遊

草草三年别，茫茫萬事非。海天一握手，風景各沾衣。尚有江山勝，相逢故舊稀。朱顔知漸改，怊悵對斜暉。

避暑焦山四首

白日去滔滔，仙巖結構牢。拂衣山翠重，捲幔海雲高。方外誰栖隱，人間正鬱陶。偷閑殊未易，暍暑況能逃。

江上經旬雨，山中六月寒。黄粱貪午熟，白苧怯晨單。潮長魚龍戲，峯懸鸛鶴盤。夜來新月好，還爲獨憑闌。

枕倚江聲壯，軒開樹色横。索詩僧好事，讀畫客移情。蔬筍寧非福，林泉尚有營。祇應焦處士，終古占山名。

古戍何年置，前聞靡可詳。即今嚴壁壘，已覺閲滄桑。劫火紅羊扇，炎天白鳥藏。鶴銘詑真逸，欲更訪朱陽。

自然庵僧六澥求題石谷畫卷石谷自題云生平最愛雲林子貫寫江南雨後山我亦閑中聊點染淡烟疏竹有無間讀此詩即其畫可知矣

十株五株樹，三竿兩竿竹。烟薄散欲無，翠流浄於沐。娟娟雨後山，曖曖林間屋。伊誰雲壑居，具此林泉福。畊烟信妙手，清閟儼在目。中有倪迂魂，呼之出犀軸。

題方環山行庵古樹圖行庵爲馬秋玉家别業高宗南巡時規入行宫在揚州天寧門外

勝地曾經駐翠華，百年喬木鬱烟霞。天寧門外今回首，幾樹垂楊點暮鴉。

玲瓏寂寞更秋聲，當日山樞淚已傾。滄海桑田多少恨，傷心豈獨是蕪城。吳山尊先生題有“玲瓏山館秋聲館，爲詠山樞太不聊”之句，兩館皆當時馬氏賓客觴咏地也。

畫手方壺舊擅場，詩家題咏費平章。穀人不作山尊逝，只數吾家已斷腸。家穀人祭酒亦有題詠。

戴文節公秋山蕭寺圖六瀞索題

名山如異書，百回不厭讀。名山遘名畫，雙眼真奇福。生平愛畫尤愛山，恨不埋頭泉石間。讀書無用還讀畫，萬一妙境開心顔。花時曾踏三山路，到眼此圖屢迴顧。桑下未能三日留，桃源多恐再來誤。赤日炎風海上舟，謫仙相見約尋幽。謂仲壺。難得合并資遊賞，天然圖畫延清秋。自然菴有明人趙祥所題“天然圖畫”小額。秋山平遠秋波澹，畫裏不知風景换。員嶠方壺儻可求，琳宫紺宇從君看。分明三石梁，只尺白雲鄉。彈指現樓閣，沁骨生清涼。點筆誰追戴進後，結廬便擬焦巖旁。嗟我勞人殊草草，出山心媿在山好。山僧持畫泥我題，白髮坐愁畫中老。偷閑染翰吾不辭，但願鹿門歸去早。

六瀞視所仿藍田叔秋山無盡圖爲題兩絶

庵門江邊白雲關，難得浮生日日閑。解識禪家清淨旨，春山不畫畫秋山。

平遠秋光著意描，江南落木正蕭蕭。若將尺幅論千里，方丈蓬萊未覺遥。菴中觀瀾閣有曾文正公書“蓬萊方丈”額。

題雲松仙館圖六澥所作以示其弟子勺源者

仙人高館隱芙蓉，路入蓬萊定幾重。輸與老僧彈指見，居然白首對雲松。

畫家宗派似談禪，南北分流各後先。珍重苾蒭好衣缽，烟雲供養即神仙。

安慶謁余忠宣公墓

初意青陽老，公原第一流。艱危肯再出，生死總千秋。大節堂應復，羲經注待捜。寒飈宰樹晚，雪涕向江樓。

哭季遠

與君别一歲，誰謂倏千古。失聲一出涕，哀哉季遠甫。荆峴無顔色，漢沔日以腐。造物何不仁，珠樹縱尋斧。昔在同治初，出手試張弩。吾兄與君狎，君三冠其伍。先兄燮甫與君同時府縣院試，入邑庠，名皆前茅，君三試皆第一。人倫邑相國，齒牙妙鼓舞。南皮尤擊賞，杞梓貢天府。予時年十六，一見相爾汝。同出南皮門，旁觀道如堵。少壯各意氣，文采争纂組。旦夕致青雲，一蹴嗤傴僂。罡風鎩羽毛，婬女妬眉嫵。蓬瀛近只尺，褰裳弱水沮。慷慨遊木蘭，紫塞奇一吐。歸來卧烟霞，風月鹿門主。君居去鹿門最近。非主亦非客，顛倒困羣竪。有時干諸侯，嘯歌恣仰俛。有時伏鄉井，釣遊雜屠酤。荏苒二十年，一戰勝豈武。所喜玉堂裏，得君差可拄。寧知訓注輩，胎禍甚巫蠱。踵事彌妖妄，乾象摇九五。西幸勞兩宫，六飛幾人扈。去年閏八月，斯時正危苦。都市横犬羊，道路□豺虎。百官鳥獸散，十洲鱗介侮。王孫路隅泣，列卿醜類虜。間行君脱歸，相見强相撫。我更速之行，大義激君父。麻鞵走長安，忠悃鬱老杜。君去我亦行，微意恥懷土。南北偶殊轍，短長無違矩。天地祝再清，昇平會共覩。猶憶宦京日，宣南同賃廡。春宴出妻孥，夜談貢肺腑。君廣吾則隘，吾戇君不怒。我醒君或醉，樂忘憂相煦。甲午東海波，綢繆亟牖户。松蘿締婚姻，相依一脣輔。是後三分張，勞燕尚堪數。奈何薤露悲，翻輸萍水聚。吾兄先君歿，白楊將作柱。君更先我逝，青鬌那復縷。今茲慶迴鑾，湛恩海天普。瘦骨南泉掩，新官西臺補。君卒，旋得旨，授浙江道監察御史。誦失河清撰，書儻封禪取。人琴均此痛，痼疾誰當瘉。茫茫萬事休，淒淒隻影踽。忍更作重陽，滿城夜風雨。

登武當天柱峯

宫闕金銀聚，峯巒日月陰。九天神縹緲，萬古氣蕭森。信有孤標在，誰當大樂尋。向來誇五嶽，此地幾登臨。

紅梅和周少璞侍御樹模

天教豔福幾生修，一笑巡簷且破愁。烏咽鏡潮清淚盡，黄昏牕月暗香留。關山滿目横羌笛，歌舞何心鬥酒籌。記得西湖遊賞處，美人高士總千秋。

調羹鼎鼐事全非，卻領羣芳戀夕暉。淡掃蛾眉羞虢國，私拋鳳舄笑江妃。嬌姿不數黄金屋，奇服從誇紺玉衣。舊日夢飛香雪海，扶桑今恐海還飛。

亭子香羅又斬新，曾從茅舍識天人。金丹换骨良多術，緑萼連枝别造因。鐵石心腸寧自媚，胭支顔色若爲顰。一般翠羽啁啾處，誰占羅浮醉後春。

羽衣縞帶幻霞裳，幾輩風流玉照堂。竹外一枝偏爛漫，琴中三弄任低昂。冰霜幸未朱顔改，仙佛都難絳雪忘。安得海棠容待聘，更燒高燭對凝粧。

京口喜晤杜雲秋觀察俞因懷章勤生儀慶江叔海瀚蜀中

章江二子説君賢，勞燕分張各歲年。江上乍逢寧率爾，客中回憶轉悽然。銅梁玉壘青天隔，鐵甕金山白日懸。那得合并一傾吐，太阿橫處躍龍泉。

雲秋招飲甘露寺

風物蕭條霸氣沈，卻緣高會復登臨。柳舒梅放占春令，歲暮天涯蕩客襟。歷劫江山仍第一，寺中家雲壑所書“天下第一江山”石刻尚存。前因海嶽尚堪尋。君名所居軒與米老菴同。夜歸涷雨寒燈裏，幽夢還期訪竹林。

粹珠仙館詩存卷七

早春同襟山遊竹林寺壬寅

景風欲變柳，凍雷早驚籜。觸撥羈客懷，蠟屐春一著。入谷聞初鸎，過溪徑略彴。山村散落梅，餘香尚可嚼。幽境人蹤稀，到門喧鳥雀。始知陽和布，能令微生樂。老僧不厭客，試茗泉與酌。在山良可味，尋常意不薄。坐久淡忘歸，奢願專邱壑。那便作高士，兩大聊自托。君其張長史，吾媿戴仲若。眷兹林澗美，人海甘一勺。歸路趁夕陽，城門指放鶴。何時服野服，同踐招隱約。

題四菊圖應吳穎函觀察昌言

簾卷西風劇斷腸，無端孤負好秋光。人間苦少黄衫客，薄倖偏容李十郎。

名士傾城願已違，畫圖空復喚崔徽。泉明賸有閑情賦，老向東籬弔落暉。

茂先枉過拉飲酒肆仲午後至遂爾酣淌夜歸賦贈茂先並視仲午

紫陌東風二月寒，何期把袂又長安。六年講席彫雙鬢，九死危城贅一官。已分生涯同潦倒，可堪時局日艱難。酒家保似曾相識，只當尋常買醉看。

奇才抑塞久難伸，爲見王郎更愴神。好友重泉新故鬼，高官九等下中人。家居已壞誰收拾，花事相尋任比隣。扶醉籠燈翻破涕，金臺今日始青春。

仲午招飲卜艮齋

皇皇重踏六街塵，楚楚相憐二月春。已换鶯花誰主客，似非城郭尚人民。貞元朝士尊前恨，天寶宫娥劫後身。擊碎唾壺判一醉，詩腸爲爾特輪囷。

陶然亭口占

一醉陶然尚此亭，新蒲細柳若爲醒。傷心尺五城南路，祇有西山似舊青。

雨夕左笏卿侍御兄紹佐送詩元韻奉答

失喜新詩至，燈花報與知。京華自冠蓋，臭味苦差池。獨子共衰晚，與余甘拙遲。生平堅白質，老肯受磷緇。

近事不堪説，長吟心慨然。干戈經浩劫，絲竹失中年。未别愁天末，無聊戀日邊。陽春知和寡，簷雨夜來懸。

莒州祭酒師命題鳳山堂集

鱗介横上國，芻狗供酣嬉。異學倡十誡，方言殺侏㒧。頖壁積榛莽，青衿心狐疑。儒術日陵替，風雅誰主持。吾師師國子，微意師退之。盱衡滋危懼，所學百不施。無聊作大隱，歲忍金門飢。吟嘯未能廢，俛仰中含悲。弱冠擢高第，生秉玉雪姿。石渠肆探討，星軺三載馳。南遊始雲夢，芳馨擷蘭芝。西遊歷汾晉，樞蟀陳風詩。中原盛才傑，嵩洛鍾瑰奇。近復操玉尺，一網賢無遺。故國接鄒魯，美富宫墻窺。仁術儻一試，一匡孰敢卑。世變苦難料，歧路迷夏夷。鳳麟世不識，寂寞皋與伊。名山别有業，沈吟千秋期。性情得自適，不朽應在兹。賤子初見賞，頗蒙羊鶴嗤。粗解事聲律，卓爾無由追。薄宦行遠别，章貢天一涯。漁洋不獲見，鳳山幸可儀。文章未報國，落拓孤恩慈。慚愧湜與籍，聊寫方寸私。

陳少渠舍人培庚之官貴州賦詩留别時予亦以改官將赴南昌和答二首

無計金門避世氛，有人参井識天文。悲歌慷慨辭燕趙，交誼纏綿附紀羣。一例鳳池甘奪我，幾時鵠渚更逢君。始識君於兩湖書院，時尊公方爲監院，壬辰後乃與君同官内閣。生憎五月牂牁水，催渡滄溟逐火雲。

白日金臺戰骨高，身經喪亂氣仍豪。匆匆此去遊龍里，落落何人問馬曹。銅鼓森嚴欽葛相，碧鷄隣近謝王褒。天涯今後東湖月，萬里相思首重搔。

雨　過

雨過銀塘弄素秋，竹梢涼月轉西樓。鴛鴦飛去蓮衣落，莫怪珠簾懶上鉤。

聞紫波卒書此當哭

嚴霜殺百物，黄隕蒲柳姿。何哉傳噩耗，瑶林同一萎。古昔重六行，士先孝友推。詩人誦張仲，賢聖無異詞。寥落千載後，翳君有遺規。據理無死法，天道誰能知。曩予少遊學，逢君江漢湄。君弟時方病，湯藥君手持。酷暑致祈禱，盛服森威儀。彌月誠無間，見者心忸怩。未幾奉嚴諱，戴星急奔馳。負土復廬墓，泣血皋魚追。此己卯歲事。厥後弟蘭折，相見恒涕洟。苦謂戕第五，吾家無白眉。君弟筱軒行五，與君乙酉同鄉舉，壬辰病卒。比更失慈母，啜粥面瘠黧。朿芻吾往弔，鷄骨嬰麻衰。重以哲兄喪，聲斷塤與篪。去年丁太夫人憂，未幾晉珊卒於浙撫任。宜君殉骨肉，瞑目甘如飴。東陵跖富壽，西山夷朝飢。顛倒古如此，故事原非奇。獨我與君習，姻好無差池。顧有老母在，一堂差怡怡。去年哭季遠，觸我人琴悲。今又弱一个，感舊情豈支。忍聞山陽笛，待寫林宗碑。斯人老苜蓿，甚矣吾亦衰。君由校官改知府，未就而卒。

漢單于和親甎程稻邨太守道存索題甲辰

范文傳自漢文年，當日河山已瓦全。何似犂庭窮瀚海，雄詞奮筆勒燕然。

王姬麗館久成塵，不見琉璃碎大秦。封禪八分何處訪，陵霞玉璧字麟麟。

一從翁主換閼氏，荏苒王嬙誤畫師。高閣騏驎遺像杳，長懷甘露入朝時。

題家白广先生畫竹竹止一枝而倒垂應稻邨

一筆居然萬丈芒，梅花庵主意昂藏。自題云："用家仲圭筆意。"吾宗畫手多前輩，肯讓湖州獨擅場。

鳳尾迴旋信有神，不枝不葉具天真。使君吟嘯終朝對，慚愧檀溪别業人。

題劉維誠葆善莫愁湖卷子

秣陵陳迹百茫茫，一角湖山惹恨長。私語虛傳天子誓，出遊寧忍故驩忘。夢魂春曉驚黄鳥，音信秋深盼白狼。艇子摇摇何處覓，石城西畔斷人腸。

勝固忻然敗豈憂，年來時局怕登樓。時日俄方有戰事，吾國中立。河山金粉餘雙淚，兒女英雄共一邱。南國代移生尚小，東家王好嫁應羞。丹心寸意無人識，莫更青溪弄坎侯。

行路難

江漢之水日夜流，鹿門之客乘歸舟。夜擁冷鐵之布被，日披黑貂之敝裘。終朝瑟縮頸如蝟，烏篷一出愁打頭。北風雨雪涼到骨，熱淚作冰紅不收。生平讀書破萬卷，識字信知多煩憂。世間萬事寧非命，彼日皇皇將焉求。

吾聞西王母，所居在瑶池。池水日清淺，侍兒相與嬉。有時旌幢降帝所，鐘鼓酣晏樂不支。偷桃小兒怙恩寵，玉女唾面不敢辭。消息往來獨青鳥，大雪鶴語無聞知。白雲黄竹歌斷絶，山川遐阻令人思。周穆漢武均無賴，怪底衆生貪復癡。

小艇天寒日貪睡，窮陰日短不知午。夢魂作意自怡悦，展轉跐離相齟齬。狂飈一旦捲地來，狂叫南山白額虎。鋸牙鈎爪怒相尚，乍可馴之氣已沮。驚定張目見白日，失聲醒難睡仍苦。彼虎入夢能怖人，横行都市況其真。

座上客滿孔文舉，荆南饒士劉景升。景升坐談取喪敗，文舉乃死阿瞞憎。夷甫身誤晉天下，深源再出亦何稱。古來盛名鮮克副，前後覆轍紛相仍。嗣宗高懷吾所慕，差勝中散慚孫登。窮途那便值一哭，履霜躑躅愁堅冰。

河源導葱嶺，積雪横玉岑。白嶽遠相望，下帶鴨緑深。我欲奮飛不能至，側身低首長沈吟。鷄蟲得失寧足較，鱗介冠裳傷我心。屠龍技成置不用，洴澼虚擲千黄金。流水高山豈無志，世無中旗孤此音。

舟行逆風水，客子舟子相聚謀。舵師如覽轡，篙師如奮矛。百丈前驅各努力，一心寧懼風水道。指揮偶弗慎，顛仆不轉眸。顛者仆者相怒羞，羞者嘲詈怒者毆。觀者議者滿汀洲，風波未息日將暮，舟子暗泣客子愁。

疾痛呼父母，例如窮呼天。我今白頭一孤兒，念此烏咽涕泗漣。鳳林沮遥雪滿地，蛟渚紆迴冰塞川。使我父母及聞見，九京猶恐生憂煎。生存不逮升斗禄，松楸虚墓委荒烟。今兹歲臘違祭掃，杯酒無由滴重泉。烏呼不孝復何道，東西南北人固然。

王謝子弟各風氣，坡穎父兄自師友。烏衣門巷易夕陽，眉山文字差長久。昔我伯與季，望秋零蒲柳。叔兮今無恙，新夢占炊臼。廿年骨肉太多故，寧我頑鈍獨黄耇。卯君貴壽豈易幾，正如老坡命宫丑。余生於咸豐乙卯，今年五十歲矣。歸去見叔應相慰，人生幾何且進酒，安用苦心焦思希不朽。

河洲有匹鳥，雙飛雙宿東復西。中道忽失儷，秋夜哀鳴春晝啼。朝啼暮復啼，悽悽復悽悽。孑然弔影，悄焉以悲。旁皇四顧，求我故鵠。故鵠那可求，故物儻可理。覓得鸞膠聯素絲，臨風一奏人天喜。喜極翻作變徵聲，依稀嗚咽御溝水。織縑織素誰短長，生别死别皆可傷。

少年愛結客，傾身無所惜。分金安足齒，知心矢莫逆。意氣自信干雲霄，立談日月照肝膈。豈謂塵世多變幻，魚龍曼衍工作劇。昨時貧賤今利達，朝來促膝暮眼白。乃知物態作冷暖，誰言忠信涉蠻貊。君看漢家嚴子陵，五月羊裘行大澤。

五十無聞身已老，自惜千秋好懷抱。沈思猛省誰怨尤，推膍嘿嘿視蒼昊。弱冠飢驅遠作嫁，壯慕高第娱親好。嗟跎四十不早悟，一刻坐失千金寶。變計低顔營禄養，春暉一逝餘寸草。即今顯揚嗟已晚，令名兢兢庶自保。歲暮曰歸歸有期，敢嫌上水舟行遲。

羈客思鄉里，白頭計身後。恒情非一端，於我獨何有。年來傷心大事畢，創深痛巨久卧疾。親知閔我不自振，牽率扁舟偶一出。一出却復歸，再出心更違。人海風波故難料，江湖亦有鷗鷺飢。坤維鰲背正轉側，嗟爾倦鳥何地飛。

乙巳五月遇實甫武昌招同王感蒓仁俊程子大誦萬黄小魯嗣東陳士可毅飲於借園次實甫韻並遲由甫

百年何日見澄清，四海猶存好弟兄。忽漫遊蹤來夏口，可堪回首憶春明。金臺麥秀無涯戚，玉笛梅花未了情。江上相逢良不易，酒龍詩虎一時并。

昨聞蹤跡徧閩甌，文采依然錦帶鉤。出岫閑雲難作雨，照人明月自當樓。塞翁得失寧争馬，海客浮沈且狎鷗。醒醉長留真面在，匡廬有伴待同遊。聞由甫亦將改官江西。鷗韻一作“雙飛不羨差池燕，萬里誰馴浩蕩鷗”，時實甫攜有姬人同居園中，故云。

紀香聰舍人鉅維周彝廷孝廉從煊先後招飲並餞别陳仁先農部曾壽感賦

黄鶴高樓迹已陳，春明舊夢更傷神。十年滄海都成淚，五月江城苦送人。莫向竹林尋小阮，謂伯晉。未忘蕉葉醉迂辛。謂季華，時人或以迂目之，仁先，其門人也。市朝悽舊誰能覺，我亦東湖理釣綸。

重九與夢湘由甫登滕王閣歸飲致爽樓

五年輟登高，往事怕回首。杜陵老自寬，悲秋亦何有。晨起風物美，招我素心友。道術羲皇初，才名子安後。聯轡出城闉，乍喜身脱杻。攬衣上傑閣，彌覺心闢牖。南浦島嶼近，雲定帆徐走。西山岡巒遥，雨霽嵐全受。横帶約章貢，危冠觸牛斗。未寒雁遲來，非霞鶩何偶。好景滿眼前，尋常苦易狃。滅頂塵海中，萬態都忘醜。疇昔探馬窟，仰止六一叟。亦嘗假高齋，補作昭明壽。故人半已鬼，謂季遠、紫波。故山誰能守。一官聊復爾，千秋幾不朽。歸塗興未盡，小樓凭亦久。拄笏還看山，隔隣試呼酒。莫恨菊未華，晚節肯相負。

明日夢湘以追感詩相示所云幼遐給諫伯唐駕部子黻庶常皆故人也次韻答之悽愴竟日

生死無端痛别離，椒漿一滴覆金巵。登高未忍孤佳節，傷逝何堪付小詩。東海栽桑人去後，西風折柳雁來時。燕昭臺畔休回首，若對新亭更淚垂。

雨過沈子培太守曾植夜話太守索贈二首丙午

滾滾雙江日夜流，坐銷春晝使人愁。無端風雨妨花事，那得煙波逐釣舟。徐孺曾聞懸榻待，蘇翁偶爲灌園留。浮生慙媿前賢躅，塵海重來已白頭。

聞聲十載久相思，交臂春明覿面遲。一髮猶存商舊學，尺柯都爛换新棊。儒林黯淡無緣飾，國是分明要主持。落盡簷花燈火冷，鷄鳴賦就有誰知。

送余堯衢廉訪同年肇康返長沙

緑陰换好春，積雨晴應喜。章江日夜漲，苦催去颿駛。少壯難爲懷，英雄今老矣。短歌不成什，聊以述吾旨。

摩醯起歐美，表裏具楊墨。流毒糅鶩粟，標幟壓默特。槃敦森戟矛，日月坐虧蝕。傷哉南昌令，杯酒何人賊。萬衆駭而詫，一人那可嘿。邦交不足論，亭獄寧非職。

金隄潰蟻穴，濫觴無歲年。津門昔失策，湘鄉恨難湔。君獨投袂起，緐鉅一身肩。玄冥恣百怪，温犀逐時然。罔兩逡巡避，始知金剛堅。

坤軸摇東南，斷鼇企誰奠。廬鄱高以深，大勢嶺嶠面。得人内固圉，外可東南援。使君屏是邦，妖孽孰能煽。身去輿誦存，芬流芷蘭徧。

叔季重高隱，宦遊思故鄉。曰歸豈不樂，有母況壽康。賤子所忻慕，無爲迴剛腸。却顧牛與斗，中宵減騂芒。心知面中隔，素軫愁孤張。何日卜嶽麓，結隣事耕桑。

堯衢歸過武昌，謁張文襄，文襄聞予有詩，索閲嘆賞，謂予詩境稍變而日進。堯衢近於申江相見，爲予言之，予竊自傷以文字見賞於公垂四十年，不得謂其不知我，顧相知有未盡耳。自記。

胡中丞輓詩公名廷幹，字鼎臣，河南光州人

士得一知己，身死可無恨。知己死更稀，方寸疇與論。昨吾再出山，臆測塵海溷。一見公刮目，倚畀不少靳。春雷魚龍躍，秋飆鷹隼奮。感激出尋常，黽勉效尺寸。謂可同舟濟，無慮輕車僨。禍福伏無門，大獄興自近。鱗介敝冠裳，碔砆抵瑕璺。吾謀適不用，乃公無爲慁。應變良非才，去官固其命。公本孟公綽，廉謹躬持正。次則劉士安，理財民弗病。騎鯨一朝去，老驥中途頓。長記臨别時，贈言援古訓。君子道日消，宜法健而巽。吾生性孤直，所歷任拾捃。浮雲等閑蔽，霽月不愁暈。公方下鍼砭，吾彌懔緇磷。銘刻入心骨，脱略忘勢分。蠡湖送旌麾，鵠渚隔音問。忽驚噩耗來，失聲涕淚迸。奮筆聊寫哀，蓋棺庶論定。牙弦自兹絶，吾其將行遯。

湖口送别襟山赴金陵

雙鐘揮手賸斜陽，一棹隨波入混茫。亂定湖山閑戍壘，春回烟水活枯楊。中年作惡難陶寫，前路相期正阻長。此去烏衣舊時巷，幾多巢燕尚雕梁。

林貽書學使開謩於署後構一竹齋索賦此詩

和靖處士有遠孫，孤山梅鶴標格存。一辭玉堂墮塵海，桃李十萬春蒙温。古來樹人比樹木，眼前何處萬間屋。道大只合師虚心，官清不厭食無肉。蠡湖匡阜富胚胎，滚滚雙江資灌培。早晚豫章動白日，只尺平地驚崔嵬。膚寸岱雲澤千里，使者寸心寓微旨。烟霄清晝引鸞吟，風雨深宵祝龍起。胸中日日勞經營，留客忻看不日成。黄岡小樓未足羡，藍田别館誰復争。陶公頭屑君儲久，桑土綢繆新户牖。美花聊證愛才心，佳士應歸活國手。明堂今正需楩楠，長短棟梁榱桷兼。大匠從容引繩墨，五雲樓閣排莊嚴。天生萬物信無棄，裁成範圍隨所置。凌雲奇質況難掩，異地借才苦多事。年來笑我似鮎魚，孤負檀溪舊草廬。何日一竿却歸去，琅玕深處卜幽居，嗟呼吾其檀溪漁。

明　河

耿耿明河見兩星，畫廊風定駐流螢。玉顔羞取冰蟾照，雙鬢都非舊日青。

賦榷舍竹有序。戊申

湖口榷舍小院中，短竹一叢，風霜蕉萃，予於暇日吟嘯其旁，以彼凌雲之姿，偃蹇於湖山寂寞之區，意常閔之。今年春，忽茁數筍，一夕雷雨，曉起視之，高已簷齊。予居此年餘矣，感夫萬物屈伸，殆各有時，前兹閔竹，特余多事，竹或不任受也，爲賦此詩。

大圜萬態誰能料，集菀集枯各啼笑。舜華幾見歷晦朔，蓬蓽孰與窺壺嶠。江湖流落吾所安，何代留此青琅玕。忍飢待實丹山鳳，珍重香巢護歲寒。

聞石鐘牡丹爲風雨所敗

風雨三春急，樓臺百寶閑。浮雲消富貴，勝日負湖山。人少同心賞，天教識面慳。蹉跎凋國色，搔首夕陽殷。

湖樓坐雨

拋書隱几學偷閑，送客登樓當閉關。長日炎天多變態，坐看飛雨到前山。

雲蒸水氣漫湖白，嶺障霞光漏日紅。海燕往還爭覓壘，江豚上下任呼風。

山僧托鉢剛投寺，估客收帆亂入塘。輸與老漁登岸早，一竿舒卷釣絲涼。

誦清重赴美洲訪予南昌書此爲别己酉

魯變立至道，禮失或求野。遠遊非子誼，學海無中舍。曩别歲六周，玆幸杯重把。會少離苦多，積感猝難寫。舊學日榛蕪，異端肆讙譟。有材昔維楚，變夷欲用夏。湘鄉始創議，長技從外假。大去彼徐福，敂端誰陸賈。孔耶糅等夷，崙頓困撏撦。朱紫相熒炫，蚊蚤紛醜覩。今子再適美，有如求般若。所戒以儒戲，慎勿與物且。大千任殊塗，方寸在故社。磨礱成國器，陊剥楷巨廈。嗟予迫衰老，虛名少沾惹。宦學俱蹉跎，浮沈貌喑啞。子姑吾伉儷，吾女子婭姹。疊戚非恒泛，贈言肯侈哆。炎天值五月，薄餞浮三雅。趨名比秋賦，冒暑謝夏庌。天璞琢更瑩，神駿汗無赭。七尺輕五洲，萬寶合一冶。會屠滄海鯨，看緤閬風馬。異時歸鹿門，爲我致龍鮓。

題宋徽宗畫鷹應謝遐尚大令鴻舉

零落人間《博古圖》，汴京花石久榛蕪。萬幾當日何多暇，筆底依稀艮嶽呼。

絹素模糊天水碧，瑶華淒切孟家蟬。相臣公媪吾無責，禍始天津叫杜鵑。

蟲幻琵琶上御衣，風沙五國竟無歸。南來望斷傳書雁，却讓西湖鵓鴿飛。

回首青城去路遥，海東羈羽日翛翛。傷心一箭穿心處，直把君王當射鵰。

雨行湖上柳色如許口號庚戌

駸駸駒影隙中過，又到青春感逝波。一樣風流好標格，教人回首憶靈和。

勝事年來畫舫添，春衣水碧閒雲藍。無端烟雨供描寫，潑盡蒲桃客未酣。

廢圃荒寒小結亭，菜花寥落亦星星。魏公大業憑誰濟，若箇雲卿眼最青。

節近清明似上河，西江珍怪乍駢羅。鵝黄鴨緑尋常見，輸與銀花火樹多。時方舉行物産會，薄暮湖上電燈齊然，視上元尤勝。

花作香泥路絶塵，眉低翠黛若爲顰。田園松菊不歸去，至竟先生何許人。

嫩條春冷不容攀，金縷歌成惜舜顔。朝去暮來忙底事，卷簾新緑上西山。

伯嚴寄贈所著散原精舍詩集寒宵展讀中有安慶舟中見贈之作次韻答寄

臘鼓聲攙市語譁，驚心赴壑走驚蛇。危時豪氣消湖海，少日浮名付咄嗟。寥闊江天勞問訊，蹉跎詩卷送生涯。一編讀罷寒燈燼，起視檐梅儻著花。

題盧明之所藏味雪軒圖長卷圖爲何詩孫維樸筆子貞先生孫也貞老有題戴雲帆寒齋味雪圖詩詩孫書於卷中讀之感嘆辛亥

人蹤徑絶鳥飛藏，中有盧鴻一草堂。鐵脚貪癡殊未了，清寒肺腑嚙梅香。

同雲四幕敞柴關，便了提壺獨往還。塵世黃粱容易熟，何如買醉對溪山。

桑田幾度海羣飛，乘興山陰事久違。賸有風流猨叟句，祖孫三絶古來稀。

展卷虚堂六月寒，居然畫裏見袁安。高人未必忘薪膽，要與餐氈一例看。

贛南道中有懷故鄉諸友

地名皇恐泣孤臣，坡句。坡老南遷事苦辛。已往尚留千古恨，今來我亦二毛人。扁舟却被圖書累，遠宦彌思故舊親。且向虎頭城小住，三年歸結鹿門隣。余年已五十有七，擬六十必挂冠歸營菟裘。

初至甓園作園中花木有聚八仙一種，相沿以爲瓊花，詩中所言，亦從衆云爾

江公昔巡贛，貽我瓊花種。江□吾廉訪毓昌，今宦蜀。自云官廨分，千里相矜寵。昨歲息園翁，巽庵尚書。寓書更珍重。五年不一花，頗疑園官冗。我今踐斯園，到門神危悚。詳味名園義，瓣香陶公奉。分陰千金惜，一花胡璧拱。今春聞花盛，閧觀傾城動。我來已失時，自笑材臃腫。花中祠巋然，名賢仰接踵。苟無棠可懷，安用花坐擁。陽明三不朽，題額字森聳。王文成祠有"三不朽"額。懷棠祠祀歷任官斯土之賢者若干人，皆在園内東偏。人生草木腐，得勿羞闒茸。良知瀹虚靈，習勤厲大勇。微志師兩賢，勿作阿麼俑。

過陳竹薌檢討師廢園感賦

廿載違前檠，雙江訪舊鄉。樓曾百尺卧，人已二難亡。師兄弟皆以進士起家，爲贛所罕。相對羊曇淚，鍾孝廉鏘鸞，師外孫也，時居園中。長悲陸氏莊。宣南莫追憶，絲竹許登堂。

感舊詩時局日艱，一官孤寄，慨念平生心知寥落，疇昔師友鮮有存者，棖觸凄惻，爲賦是詩

更無桃李長新陰，何限榛蕪塞蘋林。舞象曾邀英俊目，登龍始見老成心。冷官仿佛傳蠻語，陳迹蒼茫付越吟。前輩典型彫謝盡，不堪白水憶分襟。王鈞卿廣文元秉。同治八九年間，予年十三四，應鹿門書院課，廣文時爲監院，居與張式諄先生隣，見予課藝，輒共欣賞。初未往謁，忽一日廣文招飲，坐中只張先生及樊城崔春瀑先生。其致先君小簡有"前輩典型，後來英俊"云云，見者驚異。廣文，崇陽舉人，方言頗難曉，後移官棗陽卒。崔先生名洤，邑拔貢生，時與式諄先生年皆六十餘，以學行爲楚望。

閑將知己數從前，没齒鏤心首茂先。鱸美難歸甘苜蓿，鹿鳴重赴見桑田。吾慚經世承家學，誰似憐才到暮年。南郭墓門空再拜，長教丁掾爲潸然。張式諄先生。先生既見予於王廣文所，語曰："來年府縣院試，不知此生占幾第一也。"已而果然。余葬先君時，乞先生題主，俗例有贊主詞，先生贊曰："經世之學，傳諸令子"云云。光緒己丑秋事也。前一年戊子，先生重宴鹿鳴，以候選知府，恩賞三品銜。年八十餘卒於襄。原籍嘉魚，咸豐初爲襄校官，解任後主襄、鄖兩郡書院最久。喜宏獎，予與季遠，尤所愛重。嘗欲以季女妻予，因親串中輩行參差罷議。

荷衣赴試記髫齡，琴閣相看眼最青。落拓馬曹偏大耐，峥嶸犀角晚甯馨。夢魂故國銅梁梗，絲竹高臺絳帳扃。孤負秀才天下望，白頭涕淚爲公零。向鹿芩師。師諱時鳴，宰襄時，縣試拔予第一，批其文有"范文正做秀才便以天下爲己任"云云，所以期許者至矣。師四川銅梁人，同治乙丑進士，中年喪偶，續娶王夫人，得子甚遲。後擢荆州同知，嘗兼書院講席，卒於任。

一代高名海外知，曾張鐵網盡珊枝。人才利用參桑孔，治術張皇變夏夷。燕國文章原大筆，曲江風度有前規。玉堂金殿吾無分，太息如公竟止斯。張文襄公。

相業從人論是非，樓臺無地乞身歸。百年世變三朝速，一姓門生兩代稀。及見老成嚴耳食，知憂時局減腰圍。墓銘誰把丹心寫，改作應煩大手揮。單文恪公。公同治甲戌致仕，甫數月，毅皇帝賓天，德宗嗣位，公家居閉門，常若有深憂者。己卯夏薨。道咸之際，主鹿門講席，先君與世父賓君先生最所器重。同光間，予兄弟復以文字受知。薨時，予適赴鄉試，猶眷念不置。門人某爲公墓志，於生平犖犖大者未能揭述，并總裁癸亥會試亦漏叙。公疊司文柄，若張文襄、沈文忠、吴敏惠、黄侍郎體芳、殷侍郎兆鏞諸公，皆所取士，於世局多有關繫。至其清德□光，則世所共知者耳。

董相遺墳蔓草荒，無緣一拜奠椒漿。高郵隣近聲相應，中壘家傳澤故長。絲竹未容喧絳帳，淵源殊愧志青箱。齊年弟子周郎死，説到奇才我亦傷。劉叔俛師。主講經心書院，嘗以予爲奇才，與周伯晉并稱，世遂有周吴之目。季遠《懷人》詩："文場年少敏周吴。"予見之，謂恥居王後。季遠云："吾敢於君有所軒輊？以《百家姓》一書人人童而習之，故沿用，且趁韻耳。"相與一笑。

黄鶴樓灰久化烟，紫薇行署榻空懸。文章風義兼師友，老病心情涉醉顛。登滕佳兒娱晚歲，解頭族子證前緣。竹林聞説都蕉萃，落木淮南爲惘然。林遠村方伯之望。同治甲戌，公課經心書院，得余卷，置第一，遂訪叔俛師，商邀予教其嗣子介蘧、猶子介文。乙亥秋，以老病罷歸皖，年七十餘始得子。壬午江南解元林君介弼，後與予同官内閣，其族子也。公初亦以解元成進士，入翰林，洊至開藩。

鳥道無端驚惡耗，羊城旋復愴離悰。九京踵接成千古，一瞬心知失兩雄。事業蹉跎張太岳，人倫寂寞郭林宗。南樓風月還誰主，顔色惟應夢裏通。季華、可亭。二君每以予爲張江陵，予謝不敢承，而季華所云師二宗者，予於阮生猶有所不滿，然二君要有其□者大者在，殆非流俗所知。無二君，吾楚爲減色矣。

身無七尺氣嶙峋，送抱推襟誼特親。名溯外家黄叔度，學承先德李元賓。一門兒女躭圖史，四海交遊習賤貧。西畝臺前論詩處，南樓别話記猶真。季鶴笙布衣。湘人，其尊人夫婦皆能詩，有《二友山房集》，嘗索予序以行。母夫人爲黄虎癡先生之侄。季遠與君亦交契，曾有句云："西畝臺前風月夜，記從短李論詩回。"即爲君作。西畝臺，君客樊城時貨廡所在。

薑露庵前苦望雲，孝思沈爵發高文。幾先偶揭時賢隱，亂後長懷故舊恩。大節何緣偏許我，小詩無地更酬君。巴陵杜老平生契，碧落遊應白雪聞。施濤伯布衣山。年少客游遭亂，與母隔絶若干年，不能迎養，故一字望雲，以名其詩集。中年於舊稿多所刊落，改名《通雅堂集》，著有《薑露庵雜記》。客荆州時，與某君唱和，某君旋入翰林，改知縣，才名籍甚，偶談及，頗有微詞，今其人果以附某相致通顯矣。光緒庚辰、辛巳間，君客館兵使署，聞杜仲丹貴墀言，與予訂交，時予館邑令所，君嘗語其友曰："文鹿年少而秋氣高，異時大節，必非時流比。"贈詩有"驚人老氣横天下，憂國深情極海邊"之句。未幾君卒，予在荆州，因輓以聯云："小别遽作陳人，悔浪射渚宫，執手何曾言契闊；大節獨能知我，嘆招魂禹穴，傷心豈止爲風騷。"君卒後，二子長旋殤，次子煃從予游，能世其學，今爲令，需次江南，嘗權六合事。仲丹與君曾同客荆州，《郢中酬唱集》多載其詩。客襄與予交，才數月，去時鈔予駢文兩首，并索贈詩爲别，今稿并佚。

風前玉樹竟彫霜，驃騎名輪第五良。路擁羊車看衛玠，座驚獅吼詎陳常。收書不惜黄金散，愛客能容白眼狂。今我九州無意氣，征裘墨化淚淋浪。余筱軒舍人聯潢。君爲晉珊中丞、海谷觀察、紫波太守之弟，行第五，與紫波同舉光緒乙酉孝廉，官内閣，年甫壯而卒，知交惜之。君美風姿，喜藏書，好客。婦張極妒，君出游，家中一妾，張遣嫁之，君歸，無如何也。與予交最早，嘗有懷予詩云："意氣凌雲横九州，淋漓醉墨滿征裘。孝章要自聲名大，一任蚍蜉撼不休。"予薄負時名，頗有忌之者，故筱軒及之。

肯爲恩私涕泗流，滔滔江漢不勝愁。馨香合慕鄉先輩，疾苦常廑楚上遊。薄視寒蟬優杜密，驚聞舐犢病楊彪。似公悃愊今無幾，南國甘棠孰爲留。譚敬甫中丞繼洵。公撫鄂，憲心吏治。余主講鹿門六年，公詳咨地方利病，約以密函往返，免漏言。余感公誠，知無不言，言無不盡，如貪酷吏某某，縱容盜賊蠹役，妄改徵糧舊章，無不參撤拿辦，襄屬聞風悚息，境内小安者十年。予以是爲某令所忌，百端摭拾，公去，乃□一佃户租債案飾詞當事，肆行誣詆，冀以傾予。某撫爲所惑，意叵測，張文襄批郡守提案研訊，事乃大白。予既有戒心，復遭家難，遂出游避禍。某令旋亦因他事去職，或疑文襄入予言，不知某令以貪酷作僞，事多敗露，文襄久始劾罷之，并非爲予事左袒也。公因子嗣同預於戊戌之變，自劾歸，卒於家。其課孝廉堂詩，曾以謁曾文正祠命題，雖不能至，心嚮往之。邇日疆吏，能虚心受盡言者何人哉，故特表而出之。

定亂捐軀恥苟完，閨人殉節更悲酸。英雄肝膽原恒事，巾幗鬚眉出異觀。民誦鄭僑防水慓，客忘蜀道上天難。蓮依净土葵傾日，圖贈長留揾淚看。鳳威愍公全字茀堂，荆州駐防舉人，與先兄燮甫癸酉同年，光緒末以駐藏大臣死亂，事詳邸報。官邛州時，予以天全周某負先叔父四千金事涉訟，往返數月，承王魯薌中丞將案批交公訊結，追獲千四百金以歸。予改官，公寄金二百爲助，今不知其郎君所在，日久未歸趙也。公爲政尚嚴，所至宵小斂迹。繼室文夫人季筠名佩，公殁後，治喪葬畢，於建祠成栗主奉入之夕，投池水殉，其從容如此。夫人工畫，公曾以所繪蓮花絹幅、秋葵紈扇相贈，精潔異常，足覘其品。每展視，爲之雪涕。

臨邛風雪歲云徂，意外相逢卓氏壚。人出舊家能力學，天矜廉吏爲存孤。高才肯老蓮花幕，離緒常披芍藥圖。意氣如君横四海，阮生何事泣窮途。章勤生大令儀慶，會稽實齋先生同族。尊人官蜀，早卒，家貧不能歸。君乃習申韓之學，嘗佐威愍幕。與予一見如舊識，有鮑叔之惠。能詩善畫，喜收藏金石，工篆刻，曾手拓所得金石□蹟爲四屏幅，以佳石鎸二小印贈予。别時復畫白芍藥便面相貽，題有“寫到將離魂欲斷”之句，予至今寶之。聞其已改官知縣，消息浮沈久矣，存殁不可知，念之憫然。

題韓夫人遺扇扇畫牡丹，立白頭翁其上

富貴亦何戀，白頭良獨難。淚痕淹楚竹，素影裂齊紈。寧待秋風棄，長留異日看。入懷明月在，那似舊檀欒。

重陽雨中登鬱孤臺辛亥

章貢滔滔舊阻深，乾坤莽莽此登臨。滿天風雨哀時淚，萬里江湖望闕心。寂寞黄花誰送酒，蕭騷白髮待抽簪。十年前事空陳迹，回首高齋感不禁。

異事用前韻

異事争傳諱特深，孤懷自信迴難侵。一官敝屣何輕重，四序循環自古今。未解夷言聊祝首，祇緣忍事豈灰心。如來坐閲興亡速，不管英雄淚滿襟。

夜寒不寐有作

地老天荒迫歲寒，孤眠無旦夜漫漫。鷄鳴誰著先鞭舞，蝟縮空偎布被單。待漏夢魂迷紫極，還山蹤跡滯黄冠。襄陽他日傳耆舊，悽絶彌天釋道安。

遊青原山

亂離那得恣清遊，名勝猶傳軼故邱。出世何心莽獨笑，傷時有淚瀑争流。日斜墖影仍孤直，路轉林陰更邃幽。回首春明塵夢醒，文山寺牓照千秋。笑菴傳爲昔日山寺高僧，余官内閣時曾夢至一精舍，積扁重疊，其一末露文信國名，今此山寺額爲信國題名，宛然夢中所見。

荆楚文库

陶陶集

目　録

序

辛亥後，流徙江漢間者五六年。行篋苓落，幸存陶詩，長日與俱，寤寐皆適。時王病山同年來自黔，晨夕過從，於其齋中見有陶雲汀尚書所刊陶集，假歸參較，彌資忻賞。竊以淵明千載人也，非詩所得短長。即以詩言，亦直高揖漢魏，俯視齊梁，三唐兩宋，無與抗手。東坡居士海外和陶，識者謂終不類。下此自《鄶》，復何譏焉。

孤清不能和，顧尚能讀。玩索既久，形神與化。葛天無懷，都忘何世。隨事棖觸，罔非五柳。因之綴緝，遂得百篇有奇，命曰“陶陶”。厥有二義：以陶陶我，其樂不改。以我陶陶，與古爲新。所見各本既有異同，以故所采間涉緟複，而無杜撰。針綫之迹，未必盡滅。要其成章，似亦斐然。不知所裁，俟諸來者。若以儗之《香屑》《飣餖》諸集，殆非其倫。嗟乎！澤畔行吟，不辭蕉萃。郢中曲高，自然和寡。白雲在山，祇堪自怡。草木本心，詎求人折。是又淵明所云此中人語不足爲外人道者已。病山更名，希蹤栗里，使見是編，其相視而笑乎？吾將出而質之。

丁卯八月，孤清炯然書於海上金粟行菴，時年七十有三。

四言十九首

榮木四首

采采榮木，景茈清陰。翩翩飛鳥，熙熙令音。欣及舊棲，鳳隱于林。不有同愛，何以寫心。

采采榮木，和風清穆。童冠齊業，襲我春服。千里雖遥，載欣載矚。歡心孔洽，傲然自足。

稱心易足，濁酒半壺。先師遺訓，有琴有書。豈思天路，脂我名車。黄唐莫逮，眷然躊躇。

投跡高軌，繒繳奚施。沮溺耦耕，今始遇之。歲莫奚冀，念茲在茲。嗟余寡陋，如何不思。

停雲二首

靄靄停雲，洋洋平津。山川阻遠，棟宇維隣。相彼賢達，抱朴含真。歲月眇阻，敬茲良辰。

猗猗原陸，有風自南。依依舊楚，游不曠林。我求良友，近憩雲岑。敬讚德美，凡百有心。

衰周一首

漠漠衰周，桓桓長沙。天集有漢，書誓山河。禍福無門，運因隆窊。玄髮未久，抱恨如何。

歸鳥二首

翼翼歸鳥，息我庭柯。負景隻立，衆條載羅。人之所寶，晨耀其華。慨獨在余，時節易過。

翼翼歸鳥，言息其廬。淡焉虚止，儋石不儲。誰其瞻之，人世易疏。放驩一遇，樂是幽居。

有酒二首

有酒有酒，揮茲一觴。我之懷矣，遥遥三湘。之子云遠，遇雲頡頏。何以寫心，清琴横床。

人生若寄，既醉還休。伊余懷人，翩彼方舟。霰雪飄零，奔鯨駭流。願言不獲，遐路誠悠。

倉庚二首

穆穆良朝，倉庚載鳴。花藥分列，卉木繁榮。斂翮閑止，日夕氣清。雖不懷游，以怡余情。

紛紛士女，見林情依。競朋新好，殆勝如歸。嘉游未斁，邈不可追。能不懷媿，乃著新詩。

有客二首

有客有客，運當攀龍。繁華朝起，在長忘同。遠之八表，舟車靡從。敬哉離人，以保爾躬。

邈邈遐景，肅肅其風。同源分流，啓土開封。和澤難久，逝焉西東。臨路悽然，平陸成江。

道德二首

孔躭道德，董樂琴書。晨風清興，夕偃蓬廬。顧慙華髩，日居月諸。悠悠上古，念茲厥初。

厥初生民，民生在勤。進簣雖微，于茲托根。智巧既萌，八表同昏。趨時競逐，良話曷聞。

西雲二首

邈邈西雲，紛紛戰國。誓將離分，實曰播植。幽人在邱，時有語默。慨然寤嘆，安得促席。

慘慘寒日，渾渾長源。撫劍夙邁，銜觴無歡。我愛其静，静寄東軒。顧爾疇列，貽茲話言。

五言古詩

去　　去

去去當何極，乃在崟山陽。常恐霜霰至，不怨道路長。素驥鳴廣陌，荒草何茫茫。鴻雁乘風飛，代謝歸北鄉。我行未云遠，厚恩固難忘。西南望崑墟，員邱足我糧。白玉凝素液，何時更能嘗。俱至虞淵下，此因既難常。鼎鼎百年内，枯瘁未遽央。

成　　功

成功者自退，羲農去已久。借問商周來，當復如此否。天運苟如此，傾河焉足有。淹留自無成，遂令此言負。閑居非陳厄，汲汲魯中叟。何事立空言，千秋萬歲後。

人　　生

人生無根蒂，弱質與運頹。少時壯且厲，稟氣寡所諧。辭家夙嚴駕，塹爲人所羈。驚鳥尚未還，倏忽日月虧。今朝真止矣，當樂行復哀。仰想東户時，田父有好懷。桑麻日以長，鄰曲時時來。我唱爾言得，氣力不及衰。徒設在昔心，當復何及哉。高柯擢條榦，嫋嫋松標厓。森散覆暘谷，聊得從君栖。

憔　　悴

憔悴由化遷，投冠旋舊墟。山河滿目中，歸子念前塗。前塗當幾許，綿綿歸思紆。春風扇微和，草木縱橫舒。草木得常理，歲月共相疏。淹留忘宵晨，榮華難久居。主人諧余意，春醪解飢劬。不覺知有我，誰謂形迹拘。人當解其表，賢哉豈常譽。三皇大聖人，每每多憂慮。天地長不没，此人皆焉如。

六經二首

擁懷累代下，遊好在六經。黽勉四十年，遠與塵事冥。願言誨諸子，庶以善自名。如何舍此去，爲山不及成。桃李羅門前，四座列羣英。邈然茲道絶，倏忽若星沈。

重華去我久，一日難再晨。充此歲月駛，六藉無一親。高舉尋吾契，言笑難爲因。疇昔苦長飢，顔生稱爲仁。簞瓢謝屢設，憂道不憂貧。終懷在歸舟，不見所問津。仁者用其心，奚覺無一人。

甲寅五月六十生日有述

總髪抱孤介，歷覽千載書。弱齡寄事外，登陟千里餘。猛志逸四海，在世無所須。盛年不重來，客養千金軀。未謂事已及，似爲飢所驅。飢來驅我出，逝將理舟輿。彈冠乘通津，揚檝越平湖。黽勉從茲役，婉孌憩通衢。荏苒經十載，余以壬寅由内閣改官江西，至辛亥正十年。規規一何愚。夸父誕宏志，轉覺日不如。有志不獲騁，計日望舊居。忽值山河改，風波起中塗。吾駕不可回，日暮巾柴車。昔欲居南村，新疇復應畬。巨猾肆威暴，桑竹殘朽株。衆蟄各潛駭，門庭久荒蕪。壬子夏，里中有稱北伐軍統者，[1] 縱兵肆掠，城内被劫者四百餘家，余家亦爲一空，遂不能歸。登高望將歸，值歡無復娱。星紀奄將中，指景限西隅。故老贈余酒，過門更相呼。醒醉遞相笑，問子爲誰歟。存生不可言，壑舟無須臾。零落同草莽，昔爲三春蕖。大象轉四時，慨然念黄虞。廢置且莫念，終返班生廬。

是　非

舉世少復真，誰知非與是。是非安能覺，粲然有心理。養真衡茅下，當年詎有幾。擺落悠悠談，掩耳每不喜。遥遥從羈役，巖巖顯朝市。違已詎非迷，楊歧所以止。

榮　辱

一世皆尚同，誰知榮與辱。過足非所欣，何幽不見燭。好味止園葵，神州獻嘉粟。傾身營一飽，豈期過滿腹。嚴霜殄異類，勁風無榮木。屢空既有人，多謝綺與甪。

取　　舍

取舍邈異境，逝止判殊路。終古謂之然，但恨多謬誤。古來功名士，賢愚無復數。終日馳車走，淒戾歲云莫。徘徊無定止，清言曉未悟。咄咄迷所之，遲遲將回步。奄去靡歸期，餘榮何足顧。一生亦枯槁，念此使人懼。

善　　惡

立善有遺愛，爲惡不可履。善惡苟不應，雷同共譽毁。夷叔居西山，志意多所恥。既没傳無窮，奚止千萬祀。民生鮮常在，久在樊籠裏。天道幽且遠，老少同一死。死没無復餘，達士似不爾。且有後世名，素心正如此。

春　　秋

春蠶收長絲，秋菊有佳色。即事多所欣，大鈞無私力。百年會有役，四時相催逼。飢者歡初飽，耕者有時息。順流追時遷，貧居依稼穡。豈不實辛苦，未嘗異悲悦。時復墟曲中，載醪去所惑。春秋多佳日，被褐欣自得。

黄　　綺

落葉掩長陌，寒竹被荒蹊。感物願及時，時駛不可稽。白髮被兩鬢，年饑感仁妻。寒餒常糟糠，嬌兒索父啼。萬族各有托，念此懷悲悽。昔聞長老言，計議初無虧。投來去學仕，願君汩其泥。拙生失其方，荏苒歲月頹。斯濫豈彼志，何以慰吾懷。且當從黄綺，戮力東林隈。

貧　居

貧居事畊稼，苗生滿阡陌。萍光寫時雨，鳥哢歡新節。吾亦愛吾廬，取足蔽床席。虚室有餘閑，階除曠遊迹。時復墟里人，樂與數晨夕。提壺挂庭柯，濁酒聊自適。應盡便須盡，傾壺弛餘瀝。

對　酒

對酒絶塵想，得酒莫苟辭。止酒情無喜，有酒斟酌之。一士長獨醉，日夕驩相持。知有來歲否，懷此貞秀姿。粲粲三珠樹，清朝起南颸。亭亭明玕照，獨樹衆乃奇。松柏爲人伐，黄鳥聲正悲。開荒南畝際，寧似東陵時。鶣鵯見城邑，離鵾鳴清池。重雲蔽白日，旋駕悵遲遲。聖賢留遺迹，在昔余多師。道喪向千載，已矣當告誰。酒中有深味，千載非所知。

野　外

野外罕人事，山中饒霜露。春醪生浮蟻，御冬足大布。試攜子姪輩，親戚共一處。銜觴念幽人，秉耒歡時務。力田春有秋，無樂自欣豫。浪莽林野娱，幾人解其趣。問君亦何爲，一朝出門去。門前握手時，登車何時顧。荒塗無歸人，歲月有常御。虚舟縱逸棹，引我不得住。山川一何曠，行行失故路。來徑遂蕪廢，安得不相語。榮榮牕下蘭，蒼蒼谷中樹。多謝諸少年，君其愛體素。

北　園

枯條盈北園，嘉穟養南疇。霜露榮悴之，日月環復周。緑酒開芳顔，素標插人頭。今日從茲役，明日非所求。中觴縱遥情，吾生行歸休。不知去何之，方與三辰遊。

西　　廬

挈杖還西廬，重離照南陸。良辰入奇懷，迴澤散遊目。駟馬無貰患，隻鷄招近屬。得驩當作樂，山中酒應熟。

灌　　園

道喪向千載，醇薄既異源。賢達無奈何，甘以辭華軒。華軒盈道路，重華固虛墳。神景一升天，日暮天無雲。掩淚汎東逝，曖曖遠人邨。得失不復知，於今定乃聞。鷄犬互鳴吠，一遇盡殷勤。茅茨漸就治，芻藁有常温。情欣新知驩，傾蓋定前言。素襟不可易，白髮一以繁。苟得非所欽，且遂灌我園。

荷篠翁

灌木荒余宅，遶宅生蒿蓬。盥濯息簷下，弊廬交悲風。托身已得所，曲肱豈傷沖。老夫有所愛，陵岑聳逸峰。崎嶇歷榛曲，因值孤生松。年年見霜雪，見別蕭艾中。南圃無遺秀，聊得長相從。去去百年外，遥想荷篠翁。

在　　己

在己何怨天，在數竟不免。守拙歸園田，當年竟未踐。久去山澤遊，分散逐風轉。一朝辭吏歸，驩來苦夕短。秋日淒且厲，澗水清且淺。挈壺相與至，試酌百情遠。翳然絶交遊，撿素不獲展。誠願遊崑華，悠然不復返。

息　　駕

息駕歸閑居，窮巷寡輪鞅。露淒暄風息，道狹草木長。林鳥喜晨開，哀蟬無留響。寢遊衡門下，得知千載上。濁酒且自陶，奇文共忻賞。靈府長獨閑，敝廬何必廣。

去　　來

寒雲没西山，素月出東嶺。歸鳥趍林鳴，往燕無遺影。去來何依依，趣舍邈異境。投策命晨裝，暮止不安寢。栖栖世中事，蕩蕩空中景。一盼周九天，且共歡此飲。

南　　山

十載去還歸，南山有舊宅。菽稷隨時藝，梅柳夾門植。詩書塞户外，弱子戲我側。或有數斗酒，是咨無不塞。此事真復樂，正爾不能得。伊懷難具道，如何不嘆息。

榮　　叟

榮叟老縈索，袁安困積雪。宇宙何悠悠，了無一可悦。寒風拂枯條，柯葉自摧折。灼灼月中華，曖曖空中滅。自值孤生松，時時見遺烈。蔓草不復榮，荆扉晝常閉。所以貴我身，胡可不自竭。

閑　　居

閑居持蕩志，真想初在襟。豈忘遊心目，羈鳥戀舊林。息交遊閑業，酒熟吾自斟。數斟已復醉，清歌暢商音。商歌非吾事，凱風負我心。

秋　夕

靡靡秋已夕，亭亭月將員。促席延故老，取琴爲我彈。氣澈天象明，悠然見南山。青松冠巖列，白雲宿簷端。達曙酣且歌，邈然不可干。伯牙與莊周，路遐無由緣。知音苟不存，賴古多此賢。

老　至

少無適俗韻，老至更長飢。衆鳥欣有托，日暮猶獨飛。黄花復朱實，閑雨紛微微。所懼非飢寒，何時見餘暉。我願不知老，但使願無違。

素　秋

清涼素秋節，迢遞棲江嶺。良日登遠遊，日暮燭當炳。感彼柏下人，有酒不肯飲。猖狂獨長悲，揮杯勸孤影。

春　燕

春燕應節起，雙雙入我廬。緬然睇層邱，依依昔人居。精衛銜微木，慰情良勝無。我欲因此鳥，直至東海隅。平原獨茫茫，空嘆將焉如。

幽　蘭

密密牕前柳，灼灼葉中華。長風無息時，蕭條隔天涯。幽蘭生庭前，一條有佳葩。寄言酣中客，各自返其家。

采　　菊

采菊東籬下，挹露掇其英。酒云能消憂，菊解制頹齡。忽與一觴酒，悲淚應心零。今生幾叢菊，空視時運傾。千載撫爾袂，吁嗟身後名。

高　　嘯

高嘯返舊居，前途漸就窄。歸人望烟火，寒氣冒山澤。久遊戀所生，安得久離析。披榛歷荒墟，步步尋往迹。弱湍馳文魴，清飈矯雲翮。求我盛年驩，黯爾俱時滅。冉冉星氣流，迢迢新秋夕。園林無世情，耕種有時息。踠轡憩通衢，方茲詎不劣。我不踐斯境，素抱良可惜。登高賦新詩，量力守故轍。歸去來山中，卓霜山下傑。

日　　夕

山氣日夕佳，日没獨何炳。荆薪代明燭，觴來爲之盡。歲月不待人，氣力漸衰損。今作秋蓮房，昔在高堂寢。持此感人多，悲風愛夜静。晨鷄不肯鳴，去燕無遺影。杳然天界高，夜中枕席冷。

知　　音 陳仁先侍御自海上寄詩枉贈集此奉酬

舉世無知音，但畏人我欺。鍾期信爲賢，孟公不在茲。年始三五間，卓然見高枝。根株浮滄海，壯節忽失時。迢迢百尺樓，舉日情悽洏。山川千里外，不知竟何之。興言在茲春，初與君别時。清謡結心曲，言咏遂賦詩。春時與君遇於溪口，曾賦詩爲别。形迹憑化往，離别情所悲。誰言客舟遠，閑暇輒相思。寄意一言外，遺贈豈虚期。贈詩有過譽語，不敢當，然不敢不勉。即理愧通識，縱心復何疑。銜戢知何謝，愁人難爲辭。

意氣一首悼章勤生大令詒原名與御名同，故改詒。慶也。勤生會稽人，開敏爽列，余丙申、丁酉間客蜀，與訂交，嘗約爲西湖之遊。後聞其由幕而官，蹤跡靡定，音問遂疏。頃有客自蜀歸，言勤生官某縣，以匪亂死矣。語焉不詳，莫可究詰。方余改官時，君曾以百金寄余京師，今竟不知所報，感念愴惻，爲成是篇

意氣傾人命，早終非命促。祖江遂獨死，良人不可贖。峽中納遺薫，鼓棹路崎曲。遊魂在何方，杳然望楨木。徒役在昔心，早晚發天目。何意爾先傾，今且登鬼録。我無騰雲術，恨不及周穆。腆贈意莫酬，漸離擊悲筑。

今日崇福山麓舊有道院，曰白雲深處。余少時以鄉試至省，曾寓其中，後數數至，至或留寓數月不能去也。今茲走訪，人室俱非，路人相謂其地嘗改農務學堂，亦已荒廢。俯仰陳迹，悵然成咏

今日天氣佳，露凝無遊氛。去去欲何之，眷彼品物存。當時數來止，閑居離世紛。遊好非久長，亦知當乖分。奈何五十年，今朝復斯聞。新葵鬱北墉，青松在東園。桑麻日以長，林室頓燒燔。隣老罕復遺，歲暮余何言。行行循歸路，遥遥望白雲。日没星與昴，長吟掩柴門。

一去

高莽杳無界，結廬在人境。軒裳逝東厓，延目識南領。馬爲仰天

鳴，鳥弄新節冷。萬物自森著，一去終年醒。履運增慨然，中曉不能静。

衆　　鳥

涼風起將夕，夕露霑我衣。鳳鳥雖不至，衆鳥相與飛。稱心固爲好，斂翮更來歸。靈化無窮已，奈何當復衰。

故　　人仁先枉過，爲招致存壺菴諸子寓齋小集

淹留自無成，委懷在琴書。草廬寄窮巷，頗迴故人車。故人賞我趣，未忍言索居。相見無雜言，言盡意不舒。漉我新熟酒，摘我園中蔬。園蔬有餘滋，春酒解飢劬。引滿更獻酬，過此奚所須。人生歸有道，指景限四隅。田家豈不苦，少許更有餘。衣食當須幾，無復獨多慮。我今始知之，君心定何如。

去　　去

去去轉欲遠，仲理歸大澤。請從余所之，非爲卜其宅。九域甫已一，人生少至百。天地共俱生，歲月好已積。念之動中懷，日入羣動息。心遠地自偏，路暗光已夕。眷眷往昔時，寂寂無行迹。秋草雖未黄，鬢邊早已白。何必升華嵩，徒使生迷惑。

五言律詩

行　止

行止千萬端，余襟良已殫。清風脱然至，即日棄其官。焉測塵囂外，庶無異患干。啓塗情已緬，斗酒散劬顏。

丹　木

丹木生何許，洪柯百萬尋。三年望當採，八榦共成林。清氣澄餘滓，回飈開我襟。卓爲霜下傑，聊用忘華簪。

叩　枻

叩枻新秋月，泫然沾我衣。田園日夢想，風水互乖違。渺渺孤舟逝，遥遥萬里暉。素顏斂光潤，飢食首陽薇。

風　雪

風雪送餘運，飄飄吹我衣。良晨詎可待，未夕復來歸。目倦修途永，情追萬化遺。我無騰化術，白日掩荆扉。

洙　泗

洙泗輟微響，哀哉亦可傷。談諧終日夕，回顧慘風涼。語默自殊勢，盛衰不可量。詩書敦夙好，壽考豈渠央。

撫　　劍

撫劍獨行遊，慨然知已秋。傾家時作樂，夕死復何求。遷化或夷險，顧瞻無匹儔。燕丹善養士，宇宙一何悠。

當事有敦勸出山者書此言志

豈不寒與飢，惻愴多所悲。一生復能幾，千載不相違。所保詎乃淺，願言從此歸。息交遊閑卧，孰敢慕甘肥。

中道逢嘉友，負痾不獲俱。榮華誠足貴，貧賤有交娛。事事悉如昔，時時見廢墟。栖遲詎爲拙，吾亦愛吾廬。

在　　昔

在昔聞南畝，田人相與歸。江山豈不險，邑屋或時非。三季多此事，一觴聊可揮。代畊本非望，投義志攸希。

在昔聞南畝，不爲好爵縈。四時自成歲，千載有餘情。命室攜童弱，臨流別友生。問君何爲爾，但顧世間名。

在昔聞南畝，遥遥沮溺心。開春理常業，中夏佇清陰。菽麥實所羨，藜羹常乏斟。悠悠待秋稼，卧起弄書琴。

在昔聞南畝，終身與世辭。窮通靡攸慮，顧盼莫誰知。井竈有遺處，山川無改時。達人解其會，何事紲塵羈。

流寓武昌時得致存相過從有贈

荆扉終日閉，疑我與時乖。有客常同止，倒裳往自開。相知不忠厚，顧侶正衰裒。茲契誰能別，自從分別來。與致存別十餘年。

流落成兄弟，此言真不虛。披衣共來往，緩帶盡歡娛。願留就君住，時還讀我書。先廬故尚在，深谷久應蕪。

舉世無知者，悲風激我懷。自言獨見爾，其事未云乖。賜也徒能辯，姜公乃見猜。酒中有深味，觴至輒傾杯。

氣變悟時易，如何淹在茲。中情謬獲露，親識豈相思。今我不爲樂，因君作此詩。前塗漸就窄，遠望復奚爲。

寢　迹

寢迹衡門下，北林榮且豐。衛生每苦拙，任道或能通。自我抱茲獨，實由罕所同。正宜委運去，流幻百年中。

濳木移居海上賦詩留別走送弗及書此奉寄

念彼窮居士，飄如陌上塵。形骸久已化，道路邈何因。俯仰終宇宙，江湖多賤貧。抗言談在昔，願與爾爲隣。

白日淪西阿，無妨時已和。物新人唯舊，世短意恒多。寒暑有代謝，賢達將奈何。念之五情熱，慷慨激悲歌。

去歲家南里，蕤賓五月中。提壺接賓侶，負杖肆遊從。癸丑五月，夢湘來主濳木所，與楊錫侯諸君有聯句之作。流淚抱中嘆，清言止宿容。未知從今去，當往志無終。

一往便當已，此行誰使然。衰榮撫定所，收斂不盈廛。雲鶴有奇翼，池魚思故淵。情通萬里外，來會是何年。

淒戾歲云暮，紛紛飛鳥還。弦觴肆朝日，形迹滯江山。咄咄俗中惡，厭厭閭里驩。此生豈再值，千載乃相關。

離隔復何有，我行淹已彌。喬柯何可倚，衆草没其姿。若不委窮達，永爲世笑嗤。及時當勉勵，遺贈副虚期。

兩湖書院舊經心書院地而加廣者同光間余嘗肄業其中後季華爲經心監院與可亭及其門人謝石欽朱强甫陳仁先諸子講學余至武昌所主非季華則可亭今大半苓落季華可亭先後卒幾廿年矣偶經故址棖觸寫哀

羲農去我久，祖謝嚮然臻。賢聖留餘迹，市朝悽舊人。詩書復何罪，禮樂蹔時新。余亦何爲者，聊爲隴畝民。

今　日

今日復何悔，一心處兩端。不言春作苦，求我盛時驩。人事固以拙，歲功聊可觀。諒哉負霜柏，風氣亦先寒。

今日復何悔，斯人樂久生。晨興理荒穢，夜景湛虛明。邊雁悲無所，寒花徒自榮。於何勞智慧，終以翳吾情。

今日復何悔，有時不肯言。空庭多落葉，短褐曝前軒。竟此歲月駛，而無車馬喧。我心固非石，每每顧林園。

今日復何悔，寄生赤水陰。嚴霜結野草，微雨洗高林。飲酒常不足，問金終寄心。百年歸邱壠，懷古一何深。

過紫波己卯舊寓初訂交處也紫波以是年夏丁外艱歸後於辛丑秋丁内艱明年以毁卒今十餘年距訂交時蓋三十有餘年矣哀而弔之

邈與世相絶，汎隨清壑迴。銜哀過舊宅，撫己有深懷。在毁竟不免，憩陰若暫乖。長枯固已劇，三四火星頹。

紫波爲仲兒頤芝婦翁大兒鼎芝婦翁則季遠也己卯秋試與余同寓而先紫波一歲卒因用前韻並悼季遠

向夕長風起，猿聲閑且哀。伊人亦云逝，真想在襟懷。懶惰故無匹，寄聲與我諧。平生不止酒，塵爵恥虛罍。季遠□□叔夜而嗜同子雲，嘗以“真想”顔其齋。

榮　公

榮公言有道，仲蔚愛窮居。地爲罕人遠，人乘運見疏。沈陰擬薰麝，臨水愧遊魚。化去不復悔，身名同翳如。

明　旦

明旦非今日，融風久已分。中宵貯遥念，晨出肆微勤。蕩蕩空中景，悠悠東去雲。楊岐何以止，荆棘籠高墳。

杜　門

杜門不復出，寥落將賒遲。同物既無慮，無爲忽去茲。義風都未隔，世俗久相欺。我實幽居士，興言遂賦詩。

南　牕

我屋南牕下，時忘四運周。望雲慚高鳥，閑谷矯鳴鷗。爰以履霜節，終懷在壑舟。此中有深意，非道故無憂。

有勸就史館志局之聘者書此爲謝

紆轡誠可學，校書亦已勤。重華去未久，安樂不爲君。翳翳終日雪，行行停出門。發言各不領，三趾顯奇文。

固　　窮

謬得固窮節，躬耕非所歎。春秋作美酒，采莒足朝餐。但願常如此，從今至歲寒。家爲逆旅舍，焉得不爲驩。

山　　澤

心念山澤居，人乖運見疏。何嘗失顯默，爲我少躊躇。被褐守長夜，投冠還舊廬。居常待其盡，不樂復何如。

虚　　室

虚室絶塵想，離憂悽目前。隻鷄招近局，驟驥感悲泉。元鬢早已白，弱豪多所宣。酒能消百慮，放意樂餘年。

吾　　心

藹藹堂前林，回飈吹我襟。伊懷誰與道，貧士世相尋。君子死知己，古人惜寸陰。招招天宇闊，乃不見吾心。

逍　　遥

被服常不完，十年著一冠。逍遥自閑止，惆悵念長餐。遂盡介然分，弗獲辭此難。厭聞世上語，清吹與鳴彈。

閑　飲

在己亦何恐，矧伊愁苦纏。安貧守賤者，閑飲自懽然。斯濫豈攸志，任真無所先。悠悠顯朝市，於我若浮烟。

嘯　傲

嘯傲東軒下，君當恕醉人。清顔止宿客，傾耳聽司晨。歲月相從過，彭殤非等倫。安知物爲貴，不見所憑津。

過復園感懷示次山

一世異朝市，倏如流電驚。新葵鬱北牖，荒草没前庭。開徑望三益，懷人在九冥。伊懷難具道，弱質與頹齡。曩歲乙亥，復園文會八人，先後登科第者七，今存者獨次山與余而已。

長公曾一仕，未復見斯儔。忽值山川改，固爲兒女憂。前歲次山喪子，深以爲戚。窮通靡欣慮，慷慨憶綢繆。桑竹垂餘蔭，司田眷有秋。

舊　居

營己良有極，相將還舊居。谷風轉淒薄，夏木獨森疏。静念園林好，流觀《山海圖》。怡然有餘樂，咄咄俗中愚。

丈　夫

丈夫志四海，在昔曾遠遊。步步尋往迹，悠悠迷所留。未知明日事，惟见古時邱。終死歸田里，薔薇葉已抽。

賢　　者

賢者避其世，分明望四荒。天容自永固，日醉或能忘。死去何所道，歸來良未央。既來孰不去，何氏獨靈長。

人　　事

人事固已拙，鬼神茫昧然。鷦鵶違帝旨，螟蛾恣中田。一宅無遺宇，重觴忽忘天。運生會歸盡，惟酒與長年。

老　　翁

驅役無停息，區區諸老翁。豈無一時好，直在百年中。皎皎雲間月，淒淒歲莫風。前途當幾許，往復遂無窮。

萬　　化

萬化相尋繹，吾生夢幻間。山陽歸下國，夷叔在西山。立命有遺愛，高操非所攀。紫芝誰復采，常有好容顏。

【校記】

〔1〕“稱”，原重“稱”，今删。

荊楚文庫

詞

目　録

題王佑遐侍御前輩除夕祭詞圖　金縷曲戊戌

短煞英雄氣。儘消磨、日月雙丸，雕蟲小技。又是一年將盡夜，忍負流光水逝。况玉友、相逢燕市。詩虎酒龍都寂寞，且翻新、生把詞靈祭。應勝乞，洞簫謚。　橫流坐看滄桑徙。苦低回、鳳池陳迹，烏臺新壘。諫草年來焚欲盡，仍賸傷時熱淚。算博得、屠蘇一醉。千古癡騃誰賣却，會有時、先墓甘心誓。聽爆竹，正兒戲。

題王佑遐前輩春明感舊圖次其游龍樹寺均　南浦

回首總魂銷，看泥仍爪印愁難眉掃。陳迹付新圖，傷心是，蓬萊水淺天小。當年玉局，鶴飛高出風塵表。儘有命宮磨蝎恨，也算幾生修到。　而今一夢槐安，剩宣南，荒屋竹圍松繞。春色二分空，誰相約，更與數花尋艸。憑闌放眼，遠山皴碧摩空峭。讀罷《離騷》隣笛咽，腸斷舊游人少。

玉兔泉

《建康志》："秦檜未仕時宿學，夜見白兔入地，使人掘之，丈許得泉。檜既貴，設井闌，鐫石篆'玉兔泉'三字。"辛丑秋七月，余訪次山金陵尊經閣，下榻閣中。一日散步，偶於明德堂前小院得之，闌篆已模糊，泉尚清甘，可供茗事。次山因填《轆轤金井》一闋索和，輒次其韻。

滴天雲髓，試煎來、玉宇瓊樓初啟。璧沼延秋，趁新凉如水。頹闌漫倚，怕只見、月輪斜墜。好事青田，銘詞蝕盡，空餘鉛淚。《江寧志》云："明劉基有《玉兔泉銘》。"今未見。　牧牛一抔早圮。任工營狡窟，遺穢難洗。檜墓在江寧牧牛亭，人呼爲"穢冢"。二聖龍沙，問誰能堪此。臨安竟徙，莫須有、覆盆三字。萬古狐悲，東牕祕計，風波亭裏。

青谿夜泛遇雨和次山疊前韻

玉漿冰髓，沁新涼、江令宅邊筵啟。璧月難窺，悵烟籠秋水。烏篷試倚，恰點滴、碎珠衣墜。一棹艤舡，分明載得，六朝情淚。　　齊梁故宮盡圮。剩頹垣斷瓦，苔繡輕洗。玉樹歌殘，竟淒涼如此。桑田海徙，聽箏響、怕調銀字。界甚鴻溝，教人夢斷，昆明池裏。

望江南四首　集南唐李後主句辛丑

多少恨，回首恨依依。悄悵落花風不定，片紅休掃儘從伊。腸斷更無疑。

多少恨，長恨水流東。夢裏不知身是客，所思還在別離中。宴罷又成空。

多少淚，和淚倚闌干。心事莫將和淚説，留連光景惜朱顏。簾外雨潺潺。

多少淚，不惜更沾衣。一片芳心千萬緒，子規啼月小樓西。無語枕頻欹。

菩薩蠻五首　同前

風迴小院庭蕪緑，新聲慢奏移纖玉。南國正芳春，相看無限情。　　春愁過恰病，趁拍鸞飛鏡。儂爲出來難，黄昏獨倚闌。

亭前春逐紅英盡，一鉤斜月臨妝鏡。何事下巫峯，夢迷春睡中。　　雨雲深繡户，笑裏輕輕語。鬢亂晚粧殘，教郎恣意憐。

秦樓不見吹簫女，櫻桃落盡春歸去。往事只堪哀，朦朧入夢來。　　尋春須是早，往事知多少。揮淚對宫娥，夜長人奈何。

轆轤金井梧桐晚，緑牕冷静芳音斷。南國正新秋，眼波横欲流。　　畫堂南畔見，啼散餘花亂。如夢嬾思量，繡衣聞異香。

瓊牕春斷雙蛾皺，金爐次第添香獸。獨自莫憑闌，一簾風月閑。　　依依香暗度，好向郎邊去。眼色暗相鉤，無言獨上樓。

虞美人二首　同前

銅簧韻脆鏘寒竹，雲鬢裁新緑。金牕力困起還慵，怕被楊花鉤引嫁東風。　　笙歌未散尊罍在，只是朱顏改。風情漸老見春羞，別是一般滋味在心頭。

春光鎮在人空老，往事知多少。笙簫吹斷水雲間，依舊竹聲新月似當年。　　花明月暗飛輕霧，漸覺傷春暮。待歌凝立翠筵中，無奈朝來寒雨晚來風。

臨江仙又一體　同前

蓬萊苑閉天台女，蝶翻輕粉雙飛。蔭花樓閣漫斜暉。別來春半，留待舞人歸。　　雕闌玉砌應猶在，新愁往事無窮。莫翻紅袖過簾櫳。暫時相見，昨夜夢魂中。

浪淘沙二首　同前

往事只堪哀，苑閉天台。緑牕冷静印成灰。砌下落梅如雪亂，舞點金釵。　　剗韈下香階，待月池臺。雙眉不放暫時開。多少淚珠多少恨，斜托香腮。

花月正春風，轉燭飄蓬。人生長恨水流東。細雨夢回鷄塞遠，欲起還慵。　　回首月明中，院静庭空。林花謝了太匆匆。記得倉皇辭廟日，何事巫峯。

重九日登昭明臺偕贊丞文舫及諸門人談燕竟日因填此解　摸魚兒

一憑闌、動人心眼，寒楓剛遞霜信。是日霜降。浮生幾度逢佳日，萬事苦堆方寸。天孏問，知我輩、蹉跎已没封侯分。清觴未盡，且醉倒高台，格翻葉子，琴奕鬬清興。　回首認，舊日梁藩逸韻。樊城外氏鄉井。黄花點綴傷岑寂，何處六朝金粉。風色冷，忽聽取、阿香送雨雲成陣。陰晴莫準。更夜月微茫，南山影裏，歸路雁聲緊。

偕江孝濤同年隆中謁武侯祠次前韻

指高岡、古懷棖觸，霜華催到寒信。伏龍隱處俱陳迹，莫怪心灰一寸。搔首問，公底事、三分一統偏無分。英雄氣盡。剩故宅留銘，滄桑不改，梁父動吟興。　尋碑客，别有高情遠韻。題名欲徧荒井。烏甑雀瓦都苓落，遺像不隨藊粉。炎運冷，猶相見、綸巾羽扇堂堂陣。行藏没準。悵一去名山，斜陽野寺，風物忒淒緊。

岱麓訪碑圖孝濤索題　一枝春

紀號東封，問消沈、幾載别風淮雨。新圖乍展，倦眼豁開烟霧。池臨玉女，指秦篆、石函深處。應勝似、衡鹿岣嶁，破荒妄談神禹。嗟予昔逢歲莫。竟匆匆策馬，三番虚度。徘徊闕里，一到東山小魯。持將禮器，較奇福、總將君妬。千八百、妙蹟誰存，尚煩細數。

送别孝濤歸江西　踏莎行

蘇嶺將梅，漢南飛葉。扁舟遠趁蘆花雪。珮皋杯酒太匆匆，相逢幾月還相别。　杜米詩書，嬴劉碑碣。生平嗜好詩誇奇絶。差池臭味笑無多，思君合在蠡湖月。

四時閨情詞　菩薩蠻回文

雨牕聽罷啼鶯語，語鶯啼罷聽牕雨。風攪落花紅，紅花落攪風。　綠陰苔經曲，曲經苔陰綠。難見再來歡，歡來再見難。春。

綠槐高處蟬鳴促，促鳴蟬處高槐綠。長晝困空床，床空困晝長。　晚荷香水遠，遠水香荷晚。單影對飛鴛，鴛飛對影單。夏。

雨過涼月隨雲吐，吐雲隨月涼過雨。秋早訝螢流，流螢訝早秋。　見郎羞障面，面障羞郎見。明鏡忒多情，情多忒鏡明。秋。

屑雲搓絮飄茵疊，疊茵飄絮搓雲屑。開處幾枝梅，梅枝幾處開。　凍花瓶墮重，重墮瓶花凍。寒夜怯孤眠，眠孤怯夜寒。冬。

荊楚文庫

襄陽四略

目　録

襄陽金石略

襄陽沿革略

襄陽藝文略

襄陽兵事略

襄陽金石略

襄陽金石略叙

金石之學，漢魏以前多可証經而旁通《説文》，晉唐以下多可証史而兼資書法，故自《金樓》《碑英》，濫觴六代，歐趙溯洄，後學踵起，迄今千載，莫之廢也。《湖北通志》既列斯門，《襄陽府志》因之，任其役者率爾畢事。王季遠編修時在局中，官京師日，同居道及，引爲深疚，每屬余別爲一書，以希不朽。心感其意，遂於閣直之暇，廣爲蒐輯。未幾以事匆匆出都，稿多散佚。

客歲家海豐侍郎去贛時，爲道其舊藏金石文字萬餘種，同治中不戒於火，悉付一炬。獨其先公所録各稿幸存，將來當以校訂相屬。又言："聞君頗有纂述，成書想有日矣。"聞言棖觸，不勝感喟。既至湖口，稍稍得理故業，乃取是編，手自甄録。中所討論，是非褒貶，略寓《春秋》之旨。竊謂《春秋》一書，其義則經，其事與文則史，後世志乘宜據爲衡，庶所筆削有裨世道。金石者，不朽之迹。而人之所以不朽，非金石也。學者之取証經史，亦欲于世有裨，而非徒矜奇炫博，比於玩物喪志者之所爲也。流芳遺臭，讀者其奚擇焉。迂陋之見，異時質之侍郎，不知云何。而世變滄桑，塵骸易蜕，吾書之成，季遠已不及見。求如京師同居時風雨一椽，上下千古，烏可得耶？

丁未九月十有一日，去季遠之生後五日，吳慶燾書於雙鐘榷舍。

襄陽金石略卷一

周

格伯鼎存

惟王正月初吉癸子，王在成周，各伯受艮馬乘于朋生，厥作鼎，用作朕皇考龏伯餴鬻，用蘄貴壽萬年，子子孫孫永寶用。蓋文闕“用”字。

熹案：是鼎王季遠編修萬芳得之南陽，攜入都。嘉魚劉幼丹廉訪心源時官御史，爲之釋文，詫爲瓌寶。嘗手拓贈余兩本，而古文審與。《奇觚室吉金文述》所收有格伯敦，獨無是鼎，殆偶遺侻歟？季遠歿後，其子爲夫己氏所迋，久假未歸，或謂夫己氏以獻某制府矣。然本爲季遠所得器，録之以存其實。《府志》引《墨莊漫録》載有虬敦，余以其無銘不録。

漢

楚王鼎存

光緒戊戌，季遠得是鼎于南泉，出以示余。有文可辨者，曰“楚王藥鼎”，字體在篆隸之間。形製似洗而小，無他花紋。决非周秦器，但不知楚王何人。余考《漢書·楚孝王囂傳》，成帝河平中入朝，時有疾，天子閔之，下詔曰“蓋聞天地之性人爲貴，人之行莫大于孝。楚王囂素行孝順仁慈”云云，是鼎其囂因受詔褒奬而作歟？惜銘詞不具，未敢遽定。又《後漢書·楚王英傳》，“晚節更喜黄老學，爲浮屠齋戒祭祀。又大交通方士，作金龜玉鶴，刻文字以爲符瑞”云云，則是鼎又似英作。此外别無可徵，要是漢物無疑，存俟博雅者考定焉。今藏季遠家。

王逸碑佚

侍中王逸碑，在宜城縣南三里。《天下碑録》。

燾案：逸字叔師，其爲順帝時侍中，見《後漢書·文苑本傳》。是碑湖北舊通志引之，今《通志》獨無，不可曉。

張來君碑佚

在均州。《輿地紀勝》。

燾案《寰宇記》：“均州女思山，漢武當長來郡女，“郡”字疑訛。嫁爲河内張德子婦，隨夫還，至此山南望其父，思慕而死，即葬此山。女即來歙曾孫也。”碑蓋述此事。考《後漢書·歙傳》，歙孫棱，尚顯宗女武安公主。曾孫歷字伯珍，少襲爵征羌侯，以公主子爲侍中，延光元年尊歷母爲長公主。據此，則樂氏所云嫁張德子者即棱女，而歷之女兄弟也。其母爲長公主，則女或有封號，如縣君之類，謂之張來君者，婦人無專制之義，故冠以夫姓也。元姚燧有《故提刑趙公夫人楊君新阡碣銘》，蓋從此例。

黄公闕佚

沔水又南過邔縣東北，縣故楚邑也，秦以爲縣。漢高帝十一年，封黄極爲侯國。縣南有黄家墓，墓前有雙石闕，雕制甚工，俗謂之黄公闕。黄公名尚，爲漢司徒。《水經注》。

燾案：尚，南郡邔人，其爲司徒，見《後漢書·順帝紀》。初爲大司農，李固爲宋阿母及宦官等所陷，尚與黄瓊等捄之，得釋。見《通鑑》。

尚方鏡存

熹平三年正月丙午，吾造作尚方明竟，廣漢西蜀，合湅白黄，冃利無極，世得光明，買人大富，長子孫，延年益壽，樂未央兮。

燾案："黄"字下銘作"冃"字，劉幼丹《吉金文述》闕而不釋，余疑即"太"字，而其文小泐，不敢臆斷。是物光緒丁酉出土，在吾邑南鄙某農民家。錢大令葆青時佐提督幕，聞而亟往，攫爲己有，徧徵題咏。漢竟多而紀年者少，故可貴也。

玄儒先生婁壽碑佚

先生諱壽，字玄考，南陽隆人也。曾祖父攸《春秋》，以大夫侍講，至五官中郎將。祖父太常博士，徵朱時司馬。親父安貧守賤，不可營以禄。先生童孩多奇，岐嶷有志，捥髮傳業，好學不厭。不攸廉隅，不飭小行，温然而恭，慨然而義。善與人交，久而能敬。榮且溺之耦耕，樂山林之杳藹。遯世無悶，恬佚浄漠。徲徥衡門，下學上達。有朋自遠，冕紳莘莘。朝夕講習，樂以忘憂。郡縣禮請，終不回顧。高位厚禄，固不動心。麄絺大布之衣，糲餈蔬菜之食。蓬户茅宇，棬樞甕牖。樂天知命，榷乎其不可拔也。是以守道識真之士，高尚其事，鄉鄙州隣，見親愛懷。年七十有八，熹平三年正月甲子不禄，國人乃相與論德處謚，刻石作銘，其詞曰：

皇矣先生，褱德惟明。優于春秋，元嘿有成。知賤爲貴，與世無争。徲徠衡門，禮義滋醇。窮下不苟，知我者天。身没聲暢，千載作珍。綿之日月，與金石存。隸書。

碑　額

玄儒婁先生碑篆書。

碑　陰

故五官掾婁缺。伯三百，故守長史掾夏光淵二百，故從事缺二字。張千故府掾缺。子缺。二百，故五官掾陳季高三百，故府掾終伯衆五百，故督郵終仲行千，故從事終紂嚮二百，故督郵終伯康千，故督郵范仲隱二百，故府掾婁伯胤五千，故校官祭酒婁伯就、故府掾陳德賢四伯，故府掾終叔興二百，下缺一人。處士夏仲高二百，處士夏幼高二百，處士婁元缺。三百，處士終永梁二百，處士婁元缺。三百，處士婁紂都三百，故守葉令終文勝二百，故督郵陳瑋公二百，故督郵婁紂生五百，故府掾婁仲絢百，故府掾婁敬缺二字。百，處士缺。仲順二百，處士吕和考二百，下缺。處士豐子能三百，處士婁宣卿二百，處士夏伯明四百，處士陳子讓二百，處士婁幼碧、故從事南郡許孔俊三百，故從事缺。陽，下缺。故五官掾缺。都尹紂缺。五百，故督郵缺二字。仲儀二百，故督郵缺四字。百，故督郵，下缺。處士鄧超，下缺。處士缺。郁，下缺。處士友趙文弘三百，處士汝南缺四字。百，處士，下缺。處士缺三字。二百，處士，缺三字。處士，缺二字。君缺。百，下缺兩人。處士缺二字。舉缺。百，處士缺二字。明百，處士缺三字。二百。

右玄儒婁先生碑，今光化軍乾德縣圖經載此碑。景祐中余自夷陵貶所再遷乾德令，按圖求碑，而壽有墓，在穀城界中。余率縣學生親拜其墓，見此碑在墓側，遂據圖經遷碑還縣，立於敕書樓下，至今在焉。治平元年六月十三日。《集古録》節。

右隸書不著書撰人名氏。先生隱居不仕，以教授爲業，碑延熹中立。《集古録目》節。"延熹"爲"熹平"之訛。

玄儒婁先生碑,《圖經》爲翟先生碑,歐公以書問王洙原叔,証以李陽氷篆文,方知先生婁姓也。《漢隸字原》節。燾案:《墨池編》作"玄儒晏先生碑",亦誤。

右婁先生碑,在今光化軍。婁君卒,國人謚之曰玄儒先生,猶陳實之文範、法真之玄德也。忠惠父魯峻碑,亦非謚于朝者。羣下私相謚,非古也。末流之弊,故更相標榜。三君八顧之目紛然,而奇禍作矣。《西漢紀》:"從官給事宮司馬中者。"注云:"宮之外門爲司馬門。"蓋今之皇城門也。《東漢志》:"宮掖門凡七,每門一司馬。"考之于碑,玄賓爲蒼龍司馬,沈君爲北屯司馬,則主南宮門者。劉曜爲朱爵司馬,《靈臺碑》管遵爲東明司馬,則主北宮門者。婁君之祖爲朱爵司馬,作"朱时"者,猶《帝堯碑》以"繼"作"㡭",《校官碑》以"剗"作"戔",省文也。又兩"脩"字皆作"攸",亦類此。夫不修廉隅,不飭小行,居今則爲過舉,作文者乃以爲婁君之美,何也?《書》不云乎:"不矜細行,終累大德。"漢儒其何擇焉?碑陰可見者五十四人,漫滅者四人,其稱南郡、汝南者二人,餘蓋南陽人也。此碑歐、趙不云有陰,初若可疑,漢人立碑者多有陰,往往椎拓者略而棄之,好古之士身在他壤,無自而知也。婁先生南陽人,而此有葉令,又其間姓婁者十有二人,以前碑合之,大小與中穿適相等,知爲婁君碑决也。諸人所書皆其字。《隸釋》節。

婁先生碑篆額一行文在暈下,穿在文中,三行之内所廢者六字,凡十三行,行二十五字,碑陰十五行,行四人。《隸續》。

婁壽碑在當時得免于毀棄者,歐公之力也。《隸釋》"國人私謚"云云,余謂漢人之好標榜,其罹禍固宜,然自漢至今千有餘年,而私謚不廢,亦未聞有罹禍者,此又不可執一論也。《金薤琳琅》節。

漢南陽處士婁壽碑,歐陽氏、趙氏、洪氏均著於録其曰玄儒先生者,國人之私謚也。易名之典,禮官主之,太常博士議之,廷臣得以駮正之,其後但請于朝,不考德行,惟爵得謚,失制謚之本矣。至于私謚，多出鄉人門弟子之私，極詞肆意，未有限量，然稽之于古，若展禽之謚惠、黔婁之謚康，降而東漢，見諸碑闕者，故友易名，不盡加以上謚，玄儒先生其一也。是册爲吳中齊女門顧氏所藏，雖非足本，而古意淋漓于楮墨之表，余先後見漢碑約三十種，老年復覩此，幸矣。《曝書亭集》。

玄儒先生婁壽碑，完好無一字刓剥，真漢刻之僅存者。《隸釋》“州隣”下闕一字，此碑乃是“見”字，或當日偶闕此字耳。此碑自歐陽公遷立于乾德縣敕書樓下，于今越六百餘年，碑石不知在否，而拓本之流傳人間者甚少。竹垞先生嘗跋顧氏不全本，深以老年得見爲幸，使其觀此，不知如何嘆賞矣。此碑兩“攸”字義皆作“脩”，書“朱爵”爲“朱时”，皆省文也。又以“且溺”爲“沮溺”、“犀徲”爲“栖遲”，疑當時經師所傳不同有如此者。《金石存》。

歐作“後漢玄儒婁先生碑”，趙作“漢玄儒先生碑”，洪作“玄儒先生婁壽碑”，《隸續》載碑圖云“玄儒婁先生碑”。篆額一行白文，吳山夫《金石文存》亦載此篆額，第未知山夫果見此額否也。今愚所得雙鉤本，則額已不可見矣。《兩漢金石記》。

漢玄儒先生婁壽碑，《輿地碑目》引《集古録》云在光化軍乾德縣壽墓之側，今立于縣門下。方綱案：宋光化軍領乾德縣，熙甯中軍廢，改乾德爲光化縣，今與穀城縣俱屬湖廣襄陽府。聞諸官斯土者云：“碑石尚存，今在某廟中，泐蝕幾無字矣。”又云：“今有某巡道重刻其文。”方綱皆未之見也。豐道生《真賞齋賦》云：“《夏承》《婁壽》漢碑，《樂毅》《東方》晉刻。”牙籤錦笈，以爲藏天球、河圖而比重，賦爲無錫華東沙所藏。婁壽碑宋拓本，後有道生題識，後歸邵僧彌，又歸顧維岳，後又歸何義門，云碑首闕四十八字，此本聞今尚在吳中，惜未得見。顧南原云：“曾見一拓本于鬻古者之家，翦而帖之，每行四字，失去首二行，今不知所歸。此與吳山夫所收足本及朱竹垞所跋中吳齊女門顧氏不全本，皆各自一本也。”南原又云：“余家有雙鉤本，得之寒山趙氏。”吳山夫云：“碑本完好，無一字刓剥，真漢刻之僅存者。《隸釋》‘州隣’下闕一字，此本乃是‘見’字。”方綱所得，正是寒山趙氏雙鉤本，而“州隣”下“見”字完好，又與山夫本同。後有小篆書二行云：“甲戌四月廿二日，書于小宛堂，時清和新緑繞筆端上。”前後有金孝章俊明印。此本今長洲顧文鉷勒石于濟甯。所謂近日重刻者，今訪得之，乃是“婁先生之墓”一語耳，非全碑也，附記于此。碑云“曾祖修《春秋》，以大夫侍講”，又云“優于《春秋》”，知玄儒世傳《春秋》之學，而撰碑者未言其師承某氏耳。又其曾祖之名没而不彰，爲足惜也。方綱謹據是碑補書“玄儒”于《經義考補》師承條《春秋》三傳之後，“且”之爲“沮”、“榷”之爲“確”，此皆漢碑之借體，至若“不可營以禄”，《隸釋》作“榮”則非也。李鼎祚《周易集解》否卦象詞：“君子以儉德辟難，不可營以禄。”虞翻曰：“君子謂乾。坤爲營，乾爲禄。”謂避遯入山，故不可營以禄。“營”或作“榮”，“儉”或作“險”，碑作“營”字，正可見漢時讀本如此。洪氏見今本皆作“榮”，而并改碑文，誤矣。歸安丁小雅進士杰曰：“兩漢南陽屬縣無名‘隆’者，宋乾德、穀城二縣在兩漢爲‘陰’縣地，疑是陰字之譌。”方綱按此説甚辨，然今見雙鉤本確是隆字，闕疑可矣。小雅又云：“秦會稽誦‘德惠攸長’，《史記》作‘脩長’，《容齋隨筆》引《史記》亦同，婁氏作‘攸’，本張徽所録始皇碑文，‘攸’即‘脩’之省文。《張表碑》‘雅藝攸載’、《婁壽碑》‘攸《春秋》’可証。”方綱按婁氏《字原》漢碑“脩”字皆作“攸”，顧南原《隸辨》亦引《古文尚書》“脩”皆作“攸”，是也。今見此雙鉤本作“攸”字，中間直畫作二筆，尤可以証秦篆也。《兩漢金石記》。

婁先生南陽隆人，漢《地里》及《郡國志》南陽並無隆縣，反覆推校，亦非由避殤帝諱遂没其名，疑是地特鄉邑聚落之附屬南陽者。考《漢晉春秋》，亮家于南陽之鄧縣，在襄陽城西二十里，號曰隆中。《蜀記》：晉永興中，鎮南將軍劉弘至隆中，觀亮故宅，立碣表閭，命太傅掾犍爲李興爲文，有云“登隆山以遠望，軾諸葛之故鄉”。然則隆中亦因隆山得號。今碑云南陽隆人者，其謂此歟？碑載曾祖父徵朱时司馬，《百官志》，朱时司馬主南掖門，《古今注》，永平二年十一月，初作北宫、朱时、南司馬門。悉與符合。下載“親父安貧守賤，不可志，捥髮傳業”，疑“不可志”句有脱文。又其下載“樂且溺之耦耕”，今《論語》作“沮”。古名且者，《國語》有閻且，《莊子》有余且，《史記》作豫且，《列子》又有蒲且子。《漢書・趙充國傳》：“欲沮解之。”師古曰：“沮，壞也。”“沮”蓋與“阻”同。《大射儀》：“且左還。”注云：“古文且爲阻。”是“沮”“阻”“且”皆一字，古文從省，漢人所書往往如此。《金石三跋》節。壽案：范雎，《楚策》注原作“且”，《説苑》亦作“且”，然則“且”“阻”“沮”“雎”古皆通用矣。

徲徺，栖遲也。徲即遲，《説文》从辵之字或从彳也。“遲”字从犀，《説文》：“犀，遲也。先稽切。”徐鍇曰：“犀，遲不進也。”“遲”蓋以犀爲義，亦以犀得聲，而自爲一字，音義並與“栖”同。又與籀文筆迹無異。《説文》闕“遲”本字，而誤以籀文“遅”爲“遲”之籀文。《費鳳碑》“栖遅歷稔”，寔沿其誤。《六書正誤》云：“漢人遲字作遅，承習已久，蓋誤自《説文》。”其説良是。《鐘鼎欵識》周鐘銘有遅父者，薛氏釋爲“遲”，亦承《説文》之誤也。徺即遲字，《説文》“遲”或从𡰥，𡰥，古文夷。徺则𡰥作夷，又从彳。《説文》“徺”字當爲“遲”之或文也。諸碑“栖遲”字惟此碑得之。《漢書・楊雄傳》：“靈遲迡兮。”師古“遲”音“栖”，“迡”音“又第反”。李善《文選注》：“遲迡，即栖遲也。可証。至于《繁陽令楊君碑》“徲伲”，《孔彪碑》之“徲徺”，“徲”“徲”即“遲”之从彳者。《説文》“徲”字亦當爲“遲”之或文。彼《費鳳碑》“遲”誤用“遅”，此二《碑》“遅”又誤用“遲”矣。諸書及字書尤多舛錯。《隸篇》。

首書先生，尊之也。國人相與論德，處謚曰玄儒，先生碑詞不載，以有題額也。故與《魯峻碑》不同。《魯峻》不題私謚，而此書私謚，以無官爵可題，又一例也。碑陰所書諸人皆其字，與《王純碑》同。《漢魏六朝墓銘纂例》節。

碑舊在光化縣，石已佚，余在都門，有碑賈以宋拓本求售，直過高不能得，乃雙鉤一本歸諸插架。長洲蔣氏、無錫華氏所藏，皆有闕文，此獨完善，惟失篆額耳。天一閣有此碑，惜未得見。漢陽葉東青得一完本，亦云宋拓，余反復審觀，未能定之。《鐵橋金石跋》。

碑陰共五十八人，漫滅者四人，南郡、汝南止二人，餘皆南陽人，而有葉令，蓋當時仕者不避本籍，如朱翁子之爲會稽太守也。諸人皆書字，似非所以尊婁先生者，豈以其爲鄉里而字之耶。《金石録補》。

碑額有稱私謚稱先生不繫以字者，玄儒婁先生碑。《漢石例》。

載私謚，必載作謚之人，此定例也。《婁碑》云："國人乃相與論德處謚。"渾舉國人，以示公議，亦無害于例也。《漢石例》。

有稱處士友者，見《玄儒婁先生碑》，蓋壽之友也。《漢石例》。

玄儒先生碑，蓋山林栖遁之士，鄉黨愛之，論德處謚，而志銘寥寂，反有"不攸廉隅，不飭小行"之語。竊意當時附勢趨炎，習以成俗，有人焉翛然高尚，則相與追慕而標榜之，亦風厲末世之一端也。洪氏僭用私謚云云，按郭正以友謚法真爲玄德先生，朱穆以子謚父暉爲貞宣先生，蔡雝等以門人謚朱穆爲文忠先生，廣漢鄉人謚楊厚爲文父，蓋當時習俗然也。漢碑用經傳，率多歇後語，此曰有朋自遠，與《孔彪碑》"可以托六"同。《金石録補續跋》節。

此碑相傳明季光化令某鑿斷石去，後歸吳江顧氏，近傳摹本"州隣"下闕一字作"責"。翁覃谿跋云："'州隣'下一字洪釋所闕。"据此，作"責"上半亦不分明。何義門疑"睦"之省，當存考也。其中"麄"字即"麤"字。考經典多以"麤"爲"粗"，碑則以"麤"爲"粗"而省去兩"鹿"字。《類篇》别有"麄"字訓草名，與此字異矣。舊《襄陽府志》。

燾案：此碑《輿地紀勝》引《集古録》云："先生字玄老。"近人《行素草堂金石叢書》所刻《集古録》作"九考"，注："一作玄考。"親父安貧樂賤，《紀勝》無"親"字。《金石古文》"親父"作"親夫"，似誤。"不飭小行"作"不節小行"，"且溺耦耕""溺"字亦無水旁，"守道識真之士""士"作"生"，注："音士。"皆與今本異。《金石索》載此碑尾有"貞明四年十二月廿四日偶因行過"十四字，蓋五代時梁人題識也。又有明豐道生跋云："此刻與《禮器》《張遷》等筆法相似，二碑尚存，而此刻傳者甚少，中父所藏乃宋搨耳。册首闕文，則都太僕《金薤琳瑯》可考也"云云。南陽隆人，《貧士傳》作"隆中人"，武氏説與之暗合，即《史記·陳平傳》陽武户牖鄉人，《老子傳》苦縣厲鄉曲仁里人，《聶政傳》軹深井里人之類。丁氏疏于史例，又未見《貧士傳》，遂望文生義耳。漢碑傳世日希，玄儒潛德，寂寞身後，故茲録各家題跋不厭求詳。《通志》據《隸續》摹有碑圖，字無一損，其即吾家山夫本耶。

南陽太守秦頡碑佚

上闕。胄伯益下闕。佐成禹績下闕。曰下闕。以下闕。邦奕世載德，乃篤生君，稟堅和之行，秉賢明明下闕。施不求報，惠子闕二字。然而質性剛毅，温恭以將之，勇闕。以守貞下闕。有全闕。之事，三司來上，爲會稽府丞下闕。三闕。光和三年，拜下闕。宣威，齊其教不易其俗下闕。交闕二字。降萬有闕。人下闕。可下闕。久下闕。之後下闕。作下闕。子道焉下闕。之方下闕。

孝廉宛闕二字。子仁，孝廉安衆，下闕。孝廉安衆劉略子達，孝廉安衆，闕四字。孝廉安衆張儉子約，孝廉章陵，闕四字。孝廉新野陰剛子直，孝廉犨，闕四字。孝廉順陽郭儀文卿，孝廉葉虞，闕三字。孝廉宛史琬子俊，孝廉章闕二字。能茂升，上計掾平氏朱諒季平，上計掾闕二字。育子和，上計掾卓韶闕。伯，上計史宛闕。艾，闕二字。上計下闕。

碑　額

漢故南陽太守秦君之碑篆書。

漢碑今存者少，此篆亦與今文小異，勢力勁健可愛，蔡君謨題。徐㘭《蔡忠惠别記》。

右漢熹平中碑，在南陽界中，字已磨滅，獨其碑首字大僅存，其筆畫頗奇偉，蔡君謨甚愛之。此君謨過南都所題，乃皇祐三年也，今一紀矣。嘉祐八年九月十七日書。《集古録》。

文字已磨滅，惟其額十大字尚完好，名字歲月皆莫可考，或云此即頡碑也。《水經注》載頡墓及碑，皆在宜城，此碑乃在南陽，或是郡人所立德政誦爾。《金石録》。

右漢南陽太守秦君碑，歐、趙皆云碑已磨滅，惟存其額十大字，余所得者猶有九十餘字，其後有孝廉十二人、上計掾史五人題名。《靈帝紀》：中平元年三月，南陽黄巾張曼成攻殺郡守褚貢。六月，南陽太守秦頡擊曼成，斬之。三年二月，江夏兵趙慈反，殺南陽太守秦頡。《水經》云："宜城有南陽太守秦頡墓，墓前有二碑。頡，鄀人也，以江夏都尉爲南陽守，道過宜城，見一家東向，頡駐車視之，曰：'此可作冢。'後頡卒於南陽，喪還至此，車不肯進，故吏因市此宅葬之。"則知此爲頡碑也。其間有"光和三年"字，蓋是述其前事。《天下碑録》云："碑在宜城，熹平年立。"非也。《隸釋》。

秦頡碑中有篆額兩行，其暈兩重，皆至額而止，不相接，文字多漫滅，後有題名數行。《隸續》。

中平三年立，在襄陽府宜城縣故墻。《漢隸字原》。

余昔從事總幕，奉餉荊楚，道出古郡，于荒煙落日，弔所謂秦君冢者。有碑巋然，剥蝕殆盡，徘徊其下，親視臨搨，僅得數十百字而止，其名字除拜俱不可考。《天下碑録》載秦君之碑有二：一在宜城，一在南陽。歐、趙二《録》，止得碑首，俱南陽本也。余歷走邊陲四惟，南陽之機，探古索隱，無所不到，訪南陽之石，無有矣，惜哉！《集古後録》節。

燾案：是碑《金石略》作"熹平五年立"，與歐《録》合。蓋亦指南陽之石。《寶刻叢編》以在宜城者爲熹平中立，則大誤。竊謂在南陽者當是所謂德政誦，熹平中立，歐、趙所録是也。在宜城者乃其墓碑，中平中立，則婁氏所録者也。洪氏據光和三年語，以《碑録》謂碑在宜城熹平年立者爲非，所得必亦宜城之碑，故所存有若干字，與歐、趙所云字已磨滅者異耳。惟《御覽》引《襄陽耆舊記》載頡相冢事，亦言頡墓前有二碑，與《水經》略同，則《碑録》所言一在宜城者尚闕其一，豈二碑初皆在宜城，後移其一于南陽耶？《金石録補》篆額“十大字”譌作“十六字”，今《通志》據《隸續》摹刻篆額，又據《隸韻》摹刻殘字“十六”，余以圈識，又據《字原》摹有“俊柔殂”三字，爲《隸釋》所無，疑有譌。《通志》引《集古後録》，於“惟”“機”二字疑譌，余决其爲“維”“檝”二字，形近故也。

荆州從事苑鎮碑佚

漢故荆州從事苑君諱鎮，字仲弓，南陽筑陽人也。其先出自苑柏何，爲晉樂正，世掌朝禮之制，失其官次，侈以自僭，闕。采替絀。《春秋》録微，譔祖諸世。有苑子園，寔能紀陰陽之理，其稱微而顯缺。名著遂兹盛建功，子孫爰居，來宅筑陽，君即其胄也。君肇建仁義之基，始創五福之衢。韜律大杜，綜皋陶、甫侯之遺，故《易》稱“師出以律”，五用是綱，平不枉理，政以憲脩，須律定紀，功績希闕。德闕。州里。水蓄流速，行著即休，先公門之忠，盡節君父，遂登朝階，爲郡督郵列掾，膺姿管蘇，靖共衛上，方平不阿，嚴而不闕。清介之闕。皦然發越。州伯是聞，備禮招納，自部江夏。過郡歷縣，莫不雲披風靡，畏威懷德，垂芳遺藻，紀歌于今。當陟泰階，配燿岳嵩，壽不極旄，早世隕終。景祚之胤，二葉州郡，官有世功，位即絶倫。于是乃欽樹玄石，甄德表勳。其詞曰：

於惟從事，茂德翔羊。構基崇業，俟室俟堂。挈擬季文，仁若春風。義以繼志，禮爲宗臣。虔闕。慈愛，與世無傷。上德不德，身翳名章。靈永邁矣，享斯榮光。

右苑鎮碑，按姓氏書，皆云苑氏出于《左傳》所載齊大夫苑何忌之後，今此碑所謂苑柏何與子園，《左傳》《國語》皆無其人，故録之，以俟知者。《金石録》節。

荆州從事苑鎮碑，無歲月，金石不載，或云在襄州。《漢隸字原》。

右漢故荆州從事苑君之碑，篆額苑君名鎮碑，無所終歲月，其云“韜律大杜，綜皋陶、甫侯之遺風”，蓋法家者流。范史云“律謝皋蘇而制令數易”，注以蘇爲司寇忿生，此云膺姿管蘇，謂夷吾與忿生也。《隸釋》。

苑鎮碑十五行，行二十四字，穿在第八九十行之間，第一字之下各廢兩字。《隸續》。

碑言“韜律大杜，綜皋陶、甫侯之風”，《隸釋》“大杜蓋法家者流”而未詳所指。余竊証之《後漢・郭躬傳》云：“父弘，習《小杜律》，太守寇恂以弘爲決曹掾。”章懷太子注：“《前書》杜周武帝時爲廷尉、御史大夫，斷獄深刻，少子延年亦明法律，宣帝時又爲御史大夫，對父故言小。”然則小杜爲延年，今此碑所言大杜即爲周。又《車騎將軍馮緄碑》“兼律大杜”，是必漢時指其父子俱以法名家，故以大小別之。《南史・崔祖思傳》：“漢來習律有家法，子孫並傳其業。”是也。而史闕不書，得於是碑案之，益歎博徵爲有資也。《金石三跋》節。

碑云“膺姿管蘇，靖共衞上”，洪景伯以爲管仲、蘇忿生，非也。案《新序》，楚恭王有疾，告諸大夫曰：“常侍管蘇犯我以義，違我以禮，與處不安，不見不思，然而有得焉。吾死後，當爵之于朝。”即用此事。漢人“筦”“莞”通，其實“管”“莞”二也。管蘇，《吕氏春秋》作“莧譆”。《養素堂文集》。

首書“漢故荆州從事”，與《費汎碑》首書“梁相”同例。卒不書年壽歲月，與《楊震碑》同例。《漢魏六朝墓銘纂例》。

熹案：五用，疑爲“五刑”之譌。管蘇，意碑文原作“莞蘇”，或“筦蘇”，故張氏澍有漢人“筦”“莞”通之説。《晉武帝紀》有吳將莞恭，竊疑因“管”音而轉爲“筦”，又因“筦”形而譌爲“莞”。張氏所引《吕氏春秋》“莧譆”，亦形聲相近而譌。季文，《府志》作“季友”，未詳孰是。他若“綱”作“剛”、“燿”作“要”、“虔”作“度”，則皆可決其誤者。《通志》據《隸韻》摹殘字廿七，又據《字原》摹刻一“膺”字，凡圈識者皆是也。

襄陽金石略卷二

漢

司徒掾梁休碑佚

上闕二字。休字元堅，蓋闕二字。之苗裔也。下闕。載踵勛業，文武相濟。君曾號稱三下闕。郎中早終。君纂考鴻軌，體履宏懿，敬下闕。爲主，動以禮讓爲先，每在同儕，推人抑己，下闕。而後流，馨香播越，名實先登。仕郡歷五官下闕。淑瑋，遂察孝廉，除郎中，光禄主闕。昭德塞違下闕。韜光翳耀，隱身殉道，隘窮不悶。匪闕。今始實下闕。通四海之門涂。禁防既釋，辟司徒府，秉忠蹈挈。下闕。勞滿奏上，拜新都令。謙寫自劾，寢疾于家，年下闕。有二闕。月戊寅卜葬。太守安平趙府君，嘉厥高藐下闕。尼父之美，宋叙三命之伐。存有立名，没宜見旌，下闕。守節曰貞，博聞曰文，請謚休爲貞文子。爾乃祏下闕。詞曰：

闕二字。文，允垂棘。勤典素，精孔墨。高難隱，深不測。下闕。素極。遐罻罔，退潛伏。靈闥張，闕。鼎式。掌既盈，下闕。玄石勒。立堂祠，跱神德。没不朽，傳兆億。

右司徒掾梁君碑，在穀城縣東四里，建安二十七年，文字磨滅。《天下碑録》。

右碑篆額惟存"掾碑"二字。《碑録》云："建安二十七年立。"此黄武前一年也，豈吴人尚用漢曆乎？否則誤字也。梁君終于邑宰，而以公府掾書其額者，重内也。東都光禄雖有主簿，而《戴就傳》"舉孝廉，光禄主事”，注引《風俗通》“光禄奉肸上就爲主事。”此碑“光禄主”下闕一字，未可斷以爲“簿”也。其云“禁防既釋”，則鉤黨也。又有“韜光翳耀，隱身殉道，隘窮不悶”之句，銘則云“遐罻罔，退潛伏”，皆謂黨事。當是時，天地閉塞，邪枉熾結，闗三木，錮五族者，盡天下之名流，其得幸免者鮮矣。中平初，黨禁始解，久幽之士信眉而復起，梁君遂從聘召，更二十餘年而卒。郡將至于累行論謚，宜不在夏恭、范丹之下，史榮既没而弗傳，集古如歐、趙又遺而不録，幾不得比于婁壽、魯峻，因碑碣以著見，石雖斸存，賴他書而得其姓，士之澡身厲操，而能垂光于後者，亦難哉。《隸續》節。

梁君終于新都令，而以公府掾書額者，重内也。與《魯峻碑》同例。諱字、官閥、卒葬並書，後載太守趙君請謚貞文子，銘詞三言，亦通例也。《漢魏六朝墓銘纂例》。

碑文載私謚例，梁休稱子者，蔡中郎《朱公叔謚議》曰：“古之以子配謚者，皆諸侯之臣。”休爲司徒掾，比于古諸侯之臣，是以稱子。《漢石例》節。

焘案：此碑《通志》引《隸續》，謂“挈”即“絜”字，是也。謂“祏”即“拓”字，則應存疑。蓋“祏”字从示，與“拓”字从手文義懸殊，且“祏”字與立碑義較近，未可輒斷爲“拓”字也。《府志》“謙”字下闕一字，《通志》則有“寓”字，姑存俟考。《通志》據《隸韻》摹得殘字十，又據《字原》摹一“釋”字，悉爲圈識如右。

中部碑佚

上闕二字。祭酒謝俊下闕。主記闕三字。叔規，主簿闕二字。予闕。門闕。史李慈世，闕二字。曹掾任下闕。右下闕。水曹下闕。周下闕。祭下闕。武功下闕。史下闕。伯下闕。臺下闕。盛舉下闕。王元陽，下闕。長尊下闕。門下功曹下闕。門下游徼下闕。主記史下闕。門下賊曹下闕。史闕。球下闕。掾卓下闕。掾闕三字。宣下闕。曹掾黄闕三字。章，右金曹掾慶咼元，下闕。甫下闕。

法曹闕。周順下闕。曹掾闕二字。子能，右賊曹掾下闕。胡真下闕。兵曹掾文雒闕二字。功曹史謝陽闕二字。右户曹史陳闕三字。右金曹史王闕三字。法曹史闕二字。子慎，右賊曹史王闕。叔闕。兵曹史下闕。功曹史下闕。尉曹史下闕。中倉曹史任烝下闕。曹史闕二字。舉下闕。史張闕。元下闕。曹史闕二字。元才，嗇夫鄭憲德量，校官主闕。師周闕。子堅，校官祭酒闕。爵升舉闕。部闕。書掾闕。任定英茂闕。里祭酒任下闕。陽里祭酒李元升，下闕。新安闕。里祭酒闕。郡闕二字。卓下闕。威闕。里祭酒卓世，下闕。明闕二字。里祭酒解下闕。永安里祭酒下闕。安昌里祭酒楊邦下闕。宜遷里祭酒韓子下闕。中東里祭酒闕。海明下闕。西賈里祭酒任仲禮，下闕。高陽里祭酒王暢德，下闕。營里祭酒闕。德下闕。中文營里祭酒周升下闕。營里祭酒張永下闕。

右中部碑，今在均州，凡題名五十餘人，如漢世碑陰，而有額謂之中，殊不可曉。石理漫滅，名字僅有存者，所稱曹掾史、功曹、主簿，與他碑同，其間游徼、嗇夫各一人，祭酒十六人，其一人曰校官祭酒，餘則里祭酒。游徼、嗇夫，漢時皆有之，凡此諸曹，蓋縣吏也。成都左右生碑有文學祭酒，則此之校官祭酒也。如淳曰："祭祠時唯尊長者以酒沃酹。"胡廣曰："古者賓客得主人饌，則老者一人舉酒以祭地。"凡官名祭酒，皆一位之元長也。西京以宗室爲劉氏祭酒，著節老臣如蘇武亦有此稱。東京擇博士聰明有威重者一人爲祭酒。此碑所書里祭酒，雖未詳所出，殆是閭里高年如鄉三老之類者。《隸釋》。

中部碑隸額一行，偏，其左額上有日暈一重，其右復有兩暈，不帀，字在暈下，穿在字中，所廢者三行，各四字。《隸續》。

右碑洪氏謂"中部"不可曉，按漢官都尉屬自三輔外各分部治，如會稽有西部，回浦有東部，陰平有北部，臨洮有南部，而北輿、成宜、且如、渠搜、武皋、侯成，則皆爲中部都尉治。闞駰《十三州志》：原亭城南，中部都尉治。司馬僚屬皆不治民，此碑則中部所治之地，嗇夫、游僥與掾曹等吏誦德之碑陰也。《晉護羌校尉碑陰》有"中部都督""中部都郵""都郵"當即"督郵"。"中部勸農"之名，洪氏云不曉，何耶？今陝西延安府有中部縣，漢翟道地，姚秦爲中部，後魏爲内部，而元明仍中部，非此碑之中部也。《金石録補》節。

《漢隸字原》云：“在均州，額三字曰‘中部碑’。‘中部’未曉。”《隸釋》同。余以《後漢·百官志》証之，縣有五部，鄉亦有五部，則以四方爲四部，而四鄉之中宜爲中部，此碑所題是也。《張納碑陰》“中部督郵安漢陳胤”“中部案獄閬中弧有”，《北海相景君碑陰》“中部督郵都昌羽忠字定公”，《隸續》又有“中部勸農督郵”，漢時勒石稱此者最多。胡身之《通鑑辨誤》：“漢之督郵，掌監屬縣，各郡有東、西、南、北、中部，謂之五部督郵。”益可推據如是，是以學者貴乎博考。《金石三跋》。

熹案：是碑府志譌脱甚多，然“烝”字不从草，據《通志》所摹《隸韻》殘字，則《府志》不誤，而今《通志》所刊殘碑作“蒸”者誤也。惟“臺”字《府志》作“壹”，“文雒”《府志》作“文維”，無他本可考，未詳孰是。《通志》據《隸韻》摹得殘字十五，又據《字原》摹得“簿”“嗇”“遷”三字，其圖則據《隸續》摹刻者也。

華君銘佚

漢水又東南逕武當縣城，城北世祖封鄧晨子棠爲侯國，内有一碑，文字磨滅，不可復識，俗傳是華君銘，亦不詳華君何代之士。《水經注》。

闞林山碑佚

闞林山東有一碑，即記闞林山道，文曰：“君國不躋高堙下，先時或斷山岡，以通平道，民多病，守長冠軍張仲瑜，乃與邦人築斷故山道，作此銘。”《水經注》。

筑陽侯景豹碑佚

在襄州。《金石略》。

在筑陽縣西一里。《天下碑録》。

在穀城縣西一里，文字磨滅。《訪碑録》。

山陽太守碑佚

在襄州。《金石略》。

在縣西一里，古筑城東，文字磨滅。《天下碑録》。

在穀城縣北二十里。《訪碑録》。

石人銘一佚

摩兜鞬，摩兜鞬，慎莫言。

樊城西北有鄾城，西百餘里有穀城，穀伯綏之國。城門有石人焉，刊其腹云"摩兜鞬，摩兜鞬，慎莫言"，疑此亦周太廟金人緘口銘背之流也。《藝文類聚》引《荆州記》。

石人銘二佚

已及，未市。

筑陽城門外道旁有石人，缺剥，腹上有字云"摩兜堅，慎勿言"，是金人之流也。距縣四五十里有石人二，相偶而立，腹上題刻一云"已及"，一云"未市"，不可得而詳也。《輟耕録》，一見《悦生隨抄》。

燾案：《寰宇記》引《南雍州記》云："摩鞬慎莫言。"證以《酉陽雜俎》各書，皆有"兜"字，則《樂記》有脱文也。惟《偃曝餘談》云："鄧州西有穀城，城門石人，刊其腹云：'摩兜鞭，慎莫言。'李敦立揭三字于座隅曰'摩兜堅'，宋學士續以箴亦曰'磨兜堅'。摩、磨義不同，鞭、堅韻不同，不知誰爲正。"考《説文》："兜鍪，首鎧也。""鞬，所以戢弓矢。"二者皆兵事所用，銘詞取此，蓋以口出興戎，因摩挲是物以示戒。鞬，或作“堅”作“鞭”，形聲相近而譌，以“鞬”爲正，所云宋學士者，濂也，其箴亦見《輟耕録》，今附于此：“磨兜堅，慎勿言。口爲禍門，昔人之云。磨兜堅，人各有心，山高海深。磨兜堅，高不知極，深不知測。磨兜堅，言出諸口，禍隨其後。磨兜堅，鐘鼓之聲，因叩而鳴。磨兜堅，不叩而鳴，必駭衆聽。磨兜堅，惟口之則，守之以默，是曰玄德。磨兜堅，慎勿言。”又案《讀書鏡》云：“武王問五帝之誡于尚父，尚父曰：‘黄帝之誡曰，吾居民上，摇摇恐夕不至朝，鑄金人，三封其口，磨兜堅，慎勿言。’”此説未詳所出，前人鮮道之者，並録備考。

金城縣南門古碑佚

夷水又逕金城縣，南門有古碑，猶存。《水經注》。

熹案：晉孝武帝嘗于襄陽僑置秦州，見《宋書·州郡志》。《齊·州郡志》：“泰元十四年，雍州刺史朱序始督秦州，寄治襄陽，未有刺史。是後雍州刺史常督之。”據此，則秦州所屬有金城。郡縣宋齊後大率相沿，《宋書·海陵王休茂傳》有出金城殺庾深之事，時休茂在雍州。《太平廣記》載吕休蒨、蕭騰事，在襄陽金城。《襄沔記》載金城内刺史院有高齋云云，今《府志》謂其地當在宜城境，而疑歷代沿革無金城名，未詳考也。

冠蓋里銘佚

宜城縣有太山，山下有廟，漢末名士居其中，刺史二千石卿長數十人，朱軒華蓋，同會于廟下。荆州刺史行部見之，雅嘆其盛，號爲冠蓋里，而刻石銘之。此碑永嘉中始爲人所毁，其餘文尚有可傳者：“峩峩南嶽，烈烈離明。實敷儁乂，君子以生。惟此君子，作漢之英。德爲龍光，聲化鶴鳴。”《水經注》。

荆州文學記佚

有漢荆州牧劉君，稽古若時，將紹厥績，乃曰：“先王之爲世也，則象天地，軌儀憲極，設教導化，叙經志業，用建雍泮焉，立師保焉。作爲禮樂，以復其性，表陳載籍，以持其德。上知所以臨下，下知所以事上，官不失守，民聽無悖，然後太階平焉。夫文學者，人倫之守，大教之本也。”乃命五業從事宋忠所建文學，延朋徒焉。宣德音以贊之，降嘉禮以勸之，五載之間，教化大行。耆德故老綦毋闓等，負書荷器，自遠而至者，三百有餘人。于是童幼猛進，武人革面，總角佩觿，委介免冑，比肩繼踵，川逝泉湧，亹亹如也，兢兢如也。遂訓六經，講禮物，諧八音，協律吕，修紀理刑，六路咸秩，百氏備矣。天降純嘏，有所底授。臻于我君，受命既茂。南牧是建，荆衡作守。時邁淳德，宣其丕繇。厥繇維何，四國交阻。乃赫斯威，爰整其旅。虔夷不若，屢戡寇侮。誕啟鴻範，敦崇聖緒。典墳既章，禮樂咸舉。濟濟搢紳，盛兹階伫。祁祁髦俊，亦集爰處。和化普暢，休徵時叙。品物宣育，百穀蕃蕪。勳格皇穹，聲被四宇。

王粲撰。乾隆《府志》。

燾案：《府志》所引，未詳所本。考《御覽》引此作《文學官志》，“用建”句作“明道雍泮”，無“焉”字，無“立師保”句，“作爲禮樂”下無“以復其性”句，“民聽”句末有“逆”字，“太階”句下有“故曰物生而蒙，事屯而養，天造草昧，屯而養之，利有攸適，猶金之銷爐，水之從器也。是以聖人實之于文，鑄之于學”一段，應補入此志。今少傳本，《御覽》所引古書多可據，獨非全篇，又字句以展轉抄寫，多譌脱，爲可惜耳。

雙魚洗銘存

宜侯王。

燾案：右銘三字在洗中，隸書，方整堅潔，斷非後人所能僞爲。兩旁各作魚形夾之，季遠得之南泉，以予兒子鼎芝。鼎芝，季遠婿也。今藏余家。

日光鏡銘存

見日之光，天下大明。

燾案：此銘與《吉金文述》所載濮氏器同，而隸法小異。又中有花兩重，爲彼鏡所無。壬寅冬，仲兒頣芝得之豫章市中，古光油然，殆與前熹平尚方鏡埒，今藏余家。

魏

曹仁記水碑佚

樊城西南有曹仁記水碑，杜元凱重刊，其後書伐吳之事也。《水經注》。

燾案：《府志》載《通志》引《荆州記》，魯城南有曹仁記漢水溢碑。又注云："《水經注》作平魯城。"考今府境内各城，未聞有平魯之名，故闕不録。

魏襄州刺史劉君碑佚

高貴鄉公正元三年。《金石録》。

正元三年，有碑陰，在襄州。《金石略》。

燾案：趙《録》于此碑後列有魏劉君碑陰，觀鄭《略》，即一碑。

魏故襄陽太守虎威將軍平都亭侯劉府君碑佚

其字甚偉，高貴鄉公三年四月二十日辛丑建。《復齋碑録》。

燾案：右碑立年與上劉君似是一人，惟稱太守與刺史異稱，府君與稱君異稱，將軍亭侯則又前碑所無，且不言有碑陰，故别出之。

襄陽太守胡烈碑佚

襄陽太守胡烈，有惠化，補塞隄决，民賴其利，景元四年九月，百姓刊石銘之。《水經注》。

東漢襄陽太守胡烈碑，《皇朝郡縣志》：在南漳縣之固城。《輿地紀勝》。

燾案：《襄陽耆舊記》："胡烈字武賢，咸熙元年爲荆州刺史，有惠化，補缺隄，民賴其利，銘石曰：'美哉明后，儁哲惟嶷。陶廣乾坤，周孔是則。我武播揚，威振遐域。'"《御覽》引作"襄陽太守胡烈，有惠化，百姓歌曰"云云，"儁哲"作"儁乂"，"我武"作"文武"，"播揚"作"播暢"。《寰宇記》載："襄陽有古隄，皆後漢胡烈所築，烈嘗爲襄陽太守，惠化及人，塞補决隄，民因歌曰：'譬春之陽，如冬之日。耕者讓畔，百姓豐溢。惟我胡父，恩惠難置。'"此與上"美哉"六句相韻，疑即一碑。今《通志》《府志》皆止引"春陽"數語，似未見彦威記也。咸熙與景元皆魏元帝紀年，王氏以爲東漢，樂氏以爲後漢，均誤。惟"明后"《圖書集成》引作"明碩"，"周孔"句作"周化是力"，皆形近而譌。"胡父"《府志》作"胡公"，"難置"作"難及"，則當以樂《記》爲得。

劉熹學生冢碑佚

穀城縣東有冢，縣令濟南劉熹字德怡，魏時宰縣，雅好博古，教學立碑，載生徒百餘人，不終業而夭者，因葬其地，號曰生墳。《水經注》。

劉熹學生冢碑，在今穀城縣界中。余爲乾德令時，嘗以公事過穀城，見數朽冢在草間，旁有古碑傾側，半埋土中，問其村人爲何人冢，皆不能道，而碑文磨滅，不暇讀而去。後思向所見，疑爲漢碑，求之數年，乃獲。按《襄州圖經》云："學生冢在縣東北。"今碑雖殘缺，而熹與生徒名字往往尚可見，蓋余昔所見乃學生冢，而碑魏時碑也。熹，穀城令也，治平元年正月十日書。《集古録》節。

隸書文字磨滅不完，其間有稱大魏者，後有學生名百餘人，并列其所授諸經。《集古録目》節。

魏學生冢碑，在今襄州之穀城。乾道初元春三月，余督饟穀城，槭得此墨本，凡授《尚書》者二人，授《禮記》者七人，授《孝經》《儀禮》者各一人，授《左傳》者六人，授《易經》者四人，授《詩》者十七人，各書州里姓氏，字之而不名。祭酒一人，故吏二人，生三十有八人，童八人，書姓字書名而不書邑里。孔子作《春秋》，視人之賢否爲褒貶，或以名或以字，或書爵邑，或不書，豈亦《春秋》之法乎。《集古後録》。

燾案：此碑《輿地紀勝》引《南雍州記》"魏時陰城令劉喜好古博雅，開設學校，學生百餘人，有不終業而夭者，收而葬之，號曰學生墓"云云，與《水經注》略同。惟吾郡所屬穀城，立縣始于隋開皇十八年，則述魏事，應以陰城爲正。"熹"之作"喜"，字有脱畫，歐公之以熹爲穀城令者，蓋當時語。若《水經注》所云穀城東者，恐亦非道元語。酈書多爲後人所羼改，不止此一事也。《金石録目》載此碑有陰，當即歐《録》所謂學生名耳。

郭先生碑佚

先生諱輔，字甫成，其先出自有周王季之中子，爲文王卿士，食采于虢，至于武王，錫而封之，後世謂之郭。春秋之時爲晉所并，遭戰國秦漢，子孫流分，來居荆土，氏国立姓焉。《傳》云“聖賢之後，必有達者”，先生應焉。其少也孝友而悦學，其長也寬舒如好施，是以宗親歸懷，鄉鄙高尚，直己而行，年五十有二，遇疾而終。有四男三女，咸高賢姣孋，富貴顯榮，可謂子孫繁者已。其季女明文，潁川之夫人，感惟考妣克昌之德，登山采石，致于墓道，邑人搢紳，刻石作歌，昭示來嗣，其詞曰：

實惟先生，虢仲之裔。盛德遺祀，休矣亦世。孝友貞信，仁恕好惠。直己自求，不於榮勢。綽綽令人，獲道之至。篤生七子，鍾天之祉。堂堂四俊，碩大婉敏。娥娥三妃，行追太姒。蕖蕖昆嗣，福禄茂止。克昌厥後，身去烈在。鐫石作歌，昭示萬祀。

碑　額

郭先生之碑篆書。

右不見書撰人名氏，碑在襄州穀城縣界中。其文字古質，蓋漢碑也。其用“鄉鄙”字，與漢《婁壽碑》同。其曰“寬舒如好施”，蓋以“如”爲“而”也。春秋時“星隕如雨”，釋者曰“如，而也”。然施于文章，以“如”爲“而”，始見于此也。《集古録》節。

右郭先生碑，《集古録》以爲漢，按後魏酈道元注《水經》具載此碑，云碑無年號，不知何代人，然則歐陽公何所據以爲漢人乎？余以字畫驗之，疑魏晉時人所爲。既無歲月可考，姑附于漢碑之次云。《金石録》節。

右郭先生碑，今在襄陽，歐陽以爲漢，趙以爲魏晉字畫，今碑有兩“昭”字，晉人所諱，疑此是魏刻。郭君有四子，此碑乃其季女所立，何也？碑云“娥娥三妃，行追太姒”，漢碑嘗以孔宙比禹湯矣，此以太姒比郭氏諸女，擬人不于其倫如此。《隸釋》節。

郭輔碑篆額一行，其書首亦偏左方，右暈三重，左一重，字接暈下，凡十一行，行三十字，穿在第一字之下，銘後三行各廢三字，自額之左，皆文之餘。《隸續》。

碑載輔有四男三女，咸高賢姣孋。考“姣孋”云者，著其三女婦容也。漢人質直，不以色爲諱詞，亦猶詩人窈窕之謂也。窈窕，《毛詩》舊訓爲幽閑，朱子《詩集傳》從之。按《法言》："或曰女有色，書亦有色乎？曰有。女惡華丹之亂窈窕也，書惡淫詞之淈法度也。"窈窕與華丹對舉，而又取證女之有色，揚子説可備采。又桓譚《新論》："武帝有所愛幸姬王夫人，窈窕好容。"釋文引王肅云："善心曰窈，善容曰窕。"皆足見幽閒之訓取義不盡也。石刻著女子色容者始見于此，余故類舉之，其他如唐《吴文碑》云"夫人李氏，員姿替月，潤臉呈花"，亦與此碑正同。《集古録》謂是碑"寬舒如好施"，施于文章，以"如"爲"而"，始見于此。余案碑無歲月，不審永叔何據以爲漢碑？《金石文字》：孟郁修堯廟碑，在桓帝永康元年，其詞云"無爲如治"，又"高如不危，滿如不溢"，太尉劉寬碑在靈帝中平二年，其詞亦云"去鞭拊如獲其情，弗用刑如緝其姦"，並以"如"爲"而"，永叔于輔碑不詳其年代，獨云以"如"爲"而"見于文章者自此始，其信然耶？《金石三跋》節。

文云有四男三女，乃季女獨任立碑之事，蓋諸兄讓爲之也。《金石廣例》節。

首稱先生，與《婁壽碑》同。詳叙先世而輔僅數語，以其未嘗歷仕，無他事可述也。卒不書歲月，略也。詳書男女，并銘詞亦及之，書季女及壻，以其立石也。《漢魏六朝銘誌纂例》。

燾案：碑有"遭戰國秦漢，子孫流分，來居荆土"云云，歐《録》作"歷戰國秦漢"云云，可見非漢人，有兩"昭"字，可見非晉人。三國時荆治于襄，所云荆土者，實襄而非荆，是爲魏人無疑，故直列于此。其字甫成，近人《金石叢書》所刻《集古録目》作"輔成"，似誤。《通志》據《隸韻》摹得殘字二十有一，又據《字原》摹得"業嗣後"三字。考碑中無"業"字，或"葉"之譌。又有"壇"字，《通志》亦云據《字原》摹，而《隸釋》所載碑中實無此字，疑有誤。《墨池編》載此石於唐碑，注云不知時代，朱伯原是編於寶藏門嘗引歐《録》，豈不知六一固以此爲漢石，若不以六一爲然，亦豈應列之唐碑中，又爲之注如彼耶？此亦事之不可曉者。

襄陽金石略卷三

晉

南鄉太守碑佚

碑　額

宣威將軍南鄉太守司馬府君紀德誦。

碑　陰

主記史武當趙會欽元，門下賊曹武當張禮仲文，議曹掾陰㬟武偉文，議曹掾析吕系仲嗣，議曹掾陰吳音惠聲，議曹掾酇毛端元平，議曹掾李紀元生，議曹掾筑陽文機永度，議曹掾武當頓甫康，闕。議曹掾酇王舍建闕，議曹掾武當王和凱明，議曹掾丹水馮嶷林元，議曹掾筑陽趙獎時助，議曹掾順陽郝獎令緒，議曹掾武當樊廣令之，議曹掾丹水張僉令宗，議曹掾酇厲温顯相，議曹掾酇何彌奉聲，議曹掾酇張代叔融，議曹掾筑陽梁習休伯，議曹掾南鄉夏勃士平，議曹掾南陽郭㬰仲泰，議曹掾南鄉應昂光闕，議曹掾陰虞方宏伯，議曹掾順陽董彦邵聲，議曹掾郭沐叔宏，議曹掾順陽樊珍永闕，議曹掾順陽潘澮偉靚，議曹掾順陽祭造始平，議曹掾陰何永臣宗，議曹掾南陽夏怡士奕，户曹掾酇李肅季穆，倉曹掾南鄉黄种道思，金曹掾陰陳惲行元，賊曹掾陰鄧嘉孔仁，右兵曹掾陰終祈叔英，科曹掾丹水張悝宣第，中部督郄下闕。又闕一人。北部督郄順陽闕。和穎季，監江督郄順陽王寶偉興，中部勸農筑陽闕。斐令元，南部勸農南鄉閻沃泰宗，北部勸農掾陰代竫公密，從掾位闕二字。季齊，從掾位南鄉王皓景林，從掾位陰潘立偉業，從掾位武當晉厚季闕，從掾位陰陳良偉之，從掾位酇富虞偉仲，從掾位丹水杜儉温恭，從掾位武當楊誕廣明，從掾位筑陽趙拔泰英，從掾位武當樊宫建興，從掾位順陽郭夏惠時，從掾位順陽郭真惠聲，從掾位酇邵審元度，從掾陰終敞建明，從掾位酇晁軌令真，從掾位陰終恢偉然，從掾位南鄉應景元先，從掾位順陽何旻偉之，從掾位武當趙凱景伯，從掾位武當王的淵泰，從掾位陰婁綜子業，從掾位酇張爽文烈，從掾位順陽何闕。德配，從掾位順陽杜衮建伯，從掾位順陽張羲叔宗，從掾位筑陽王審士元，從掾位筑陽趙審文固，從掾位酇厲明顯闕，從掾位陰馮兆惠林，從掾位丹水闞祇元威，從掾位南鄉謝林長茂，從掾位南鄉夏載闕。文，從掾位順陽宋，闕三字。從掾位丹水張揚延列，從掾位酇吕善元甫，從掾位析傅儀顯則，從掾位酇李羨闕。休，從掾位南陽郭闕。長先，從掾位武當樊闕。長興，從掾位陰闕二字。林之，從掾位筑陽闕。勍獻之，從掾位析朱邵長闕，從掾位順陽馬僚元友，從掾位順陽程闕。尤宗，從掾位陰潘韶偉武，從掾位武當闕武偉慈，從掾位丹水蔡仁令伯，從掾陰婁偉興伯，從掾位順陽王本長元，從掾位順陽王休宣林，從掾位析謝邵季甫，從掾位陰婁文興仲，從掾位武當謝冲長，闕。又闕一人。從掾位酇張肅泰恭，從掾位酇魯良武和，從掾位武當張粲元盛，從掾位筑陽張秀和明，從史位順陽王肅士元，從史位析鍾釋景良，從史位陰陳永建宗闕一人。從史位筑陽胡憲偉章，從史位順陽杜和建穆，從史位武當李他文子，從史位築陽李紈臣先，從史位陰鄭邵顯伯，從史位順陽龔宏宣林，待事掾武當王宗長謀，待事掾陰申定士則文，下闕數字。文學史武當韓冀泰博，文學史酇周緝令熙，文學史陰冕超公叔，文學史酇樊斐宗明，文學史順陽郝元凱明，文學史筑陽張弼季輔，文學史南鄉樊紹士先，闕一人。文學史武當謝闕。子闕二字。曲將闕。部司馬鄭旻康葉，部曲將裨將軍，下闕。部曲將武猛中郎將順陽何興偉林，部曲將闕二字。校尉，下闕。部曲將裨將軍武當張始元闕，部曲將武猛都尉南鄉趙立公始，部曲將闕二字。校尉南鄉闕二字。承，闕。又闕一人。部曲將闕六字。陽胡訢延伯，部曲將武猛中郎將陰李章孔文，部曲將武猛校尉順陽闕。邵偉元，部曲將裨將軍武當魏端文闕。騎闕。將裨將軍筑陽胡襲闕。業，部曲將軍司馬，下闕。部曲將武猛中郎將闕四字。英闕，部曲將武猛都尉酇張銓叔行，部曲將廣野將軍酇周鈞宣代。

右南鄉太守碑，不著撰書人名氏，題曰宣威將軍南鄉太守司馬府君紀德誦。碑云："君諱整，字孔修，太宰安平王之孫，太尉義陽王之子。"按《晉書》，宣帝弟曰安平獻王孚，孚次子曰義陽成王望，望第三子隨穆王整，整先望卒，後武帝分義陽之隨縣封整爲王，謚曰穆。整以太始三年自南鄉太守徙南陽，而南鄉人共立此碑，今在光化軍，軍即襄州穀城縣之陰城鎮。案《晉志》不列南鄉郡。據此碑所載縣令名氏，有武當、筑陽、丹水、陰城、順陽、析六縣，此蓋南鄉郡所治也。《晉志》但云南鄉魏時屬荆州，武帝平吳，改爲順陽郡，而不著順陽治所興廢、屬縣之名，獨此碑可見。又《整傳》但云歷南中郎將，封清泉侯，薨，贈冠軍將軍，亦不言其爲宣威將軍，南鄉、南陽二郡守，皆所漏略也。《集古録》。

碑陰南鄉太守將吏三百五十人，其摩滅者猶有二十餘人，皆有邑姓名字而無次叙。其名號有令有長，有南閤祭酒、門下督、主簿、部督郵、監江督郵、部勸農、五官掾、營軍掾、軍謀掾、府門亭長、主記史、待事掾、待事史、部曲將、部督，又有賊曹、功曹、議曹、户曹、金曹、水曹、科曹、倉曹、鎧曹、左右兵曹，曹皆有掾，又有祭酒、有史、有書佐、有修行、有從掾位、有從史位、有史、有小史，魏晉之際太守官屬之制蓋如此，他書或時見一二，不能如此之備也。《集古録》。

右晉南鄉太守司馬整碑，云初仕魏，拜郎中、中郎、議郎、諫議大夫、騎都尉、給事中，轉拜治書侍御史，咸熙二年出臨鄙郡，加宣威將軍。又云："謁者就郡拜君世子，執節四讓，推與兄嗣，固辭懇誠，泰伯三美，君又加焉。"又云："泰始三年十一月，使者奉詔册命君南中郎將，牧就統宛都。"按晉史，整事蹟附見《安平獻王孚傳》後，云：

“兄奕卒，以整爲世子，歷南中郎將，封清泉侯，早卒。”其餘官閥皆不載。據史言兄奕卒，以整爲世子，而碑言推與兄嗣，二説不同，當以碑爲正。《金石録》。

南鄉太守司馬整誦，泰始四年己巳建，書爲隸古，氣質渾厚，與鴻都石經可一二校也。漢之衰，文物隨敝，至晉不勝淺陋，殆無前人。一言一語，雖政教汙隆，文章與時高下，然自是氣質卑薄。整在當時蓋公族一少年，名爵未立，誦至謂“稟乾坤之純靈，並聖賢而誕興”，其在南鄉，謂“洪恩淪乎不測，覆養包乎無外，巍巍之功，揚于仄陋。其受册命，慶雲隨之”。夫儗人必于其倫，非其倫者，人亦不得而受之。文字之壞，如此可嘆也。《廣川書跋》節。

《容齋隨筆》：金石刻有晉南鄉太守司馬整碑，其陰刻掾史以下姓名合三百五十二。以晉史考之，南鄉本南陽西界，魏武平荆州，始分爲郡，至晉泰始中所管八縣才二萬户耳，而掾史如是之多，掾史既然，吏士又可知矣，民力安得不困哉。《輿地紀勝》。

《隸續》第二十一卷前有闕葉，以《集古録》証之，知其爲南鄉太守，碑陰而又有闕略也。所列將吏有武當、陰、酇、筑陽、丹水、析、順陽、南鄉八縣，與晉順陽郡領縣同。《集古録》謂南鄉但領六縣，又以武當爲武陵，非也。《金石存佚考》。

燾案：是碑歐《録》言其將吏三百餘人，今所存實止百數十人，所云南閤祭酒、門下督、主簿、營軍掾、軍謀掾、府門亭長、書佐、脩行小史等名，今悉無存。容齋謂議曹祭酒十一人，掾二十九人，諸曹掾史書佐循行幹百三十一人，從掾位九十六人，從史位三十一人，部曲督將三十六人，其人數既無從考定，所謂循行幹，疑即歐《録》之脩行小史，他所存人名字傳寫亦有小異，如“何彌”《府志》作“何珍”，“張悝”作“張惲”，“惠林”作“惠休”，“長茂”作“常茂”，“延列”作“廵列”，“王仕”作“王休”，今從《通志》。惟“王肅”《通志》作“五肅”，以五姓雖有而世不多見，故從《府志》。若第二“待事掾”《府志》作“行事掾”，則歐《録》所未舉，他處亦不概見，闕疑可也。

南鄉建國碑佚

右晉南鄉郡建國碑，已斷裂不完，其額題南鄉郡建國之碑，其大略云："嘉平五年，漢水滔溢，毁壞舊城。"又云："正元二年城。"此其餘文字可識處，大略述遷郡事，而銘文有"與晉常存"之語，知其爲晉碑也。按《晉地里志》，建安十三年，魏武帝盡得荆州之地，分南陽西界爲南鄉郡。及晉武平吴，太康中，改南鄉爲順陽，而不載遷郡事。此碑蓋太康以前立，故仍稱南鄉也。碑有云河南司馬府君者，整也，嘗守是郡，自有碑。此碑既無建立年月，因附于整碑之次焉。《金石録》。

燾案：嘉平爲魏邵陵厲公紀年，正元爲魏高貴鄉公紀年，碑中所叙城之毁立皆魏時事，而立碑則在晉時，故有"與晉常存"之語。又所言遷郡而非改郡，故仍題南鄉耳。余嘗得古甎一方于武當，武當魏南鄉屬縣也，上有"嘉平年"字，當是魏時物。今藏余家，附記于此。

順陽王碑佚

固王古城在乾德縣東五里，穀城縣圖經云："晉咸甯中，封扶風王子暢爲順陽王。城内有順陽王碑。"《寰宇記》。

燾案：此碑歐、趙諸家皆未著録，《輿地紀勝》亦載此碑在固王古城，與樂《記》同。《方輿紀要》云："固封山在光化縣西北十里，山之東舊有晉順陽城，俗譌爲順陽王城。"考《晉書・扶風王駿傳》："暢字玄舒，改封順陽王，拜給事中、屯騎校尉、游擊將軍。永嘉末，劉聰入洛，不知所終。"據此，則暢封順陽，俗遂以其城爲王城，不足深怪。惟固王之名不可曉，豈因山名而譌歟？暢改封在太康十年，見《晉書・武帝紀》。

順陽太守丁穆碑佚

南鄉城南有晉順陽太守丁穆碑，郡民范寧立。《水經注》。

燾案：穆字彦遠，譙國人。苻堅寇順陽，被執至長安，稱疾不仕。堅傾國南寇，穆謀襲長安，事泄遇害。臨死作表付妻周，周後得至京師上之，孝武帝下詔褒卹，事見《晉書·忠義傳》。范甯字武子。《晉書》附其父汪傳。彦遠以忠義稱，則其德政可知。武子嘗以“王弼、何晏之罪，深于桀紂”，著論非之，則其學術亦可知。是碑所言，必有異于世俗之所爲德政誦者，而獨不傳，可惜也。

諸葛武侯故宅碣佚

天子命我，于沔之陽。聽鼓鼙而永思，庶先哲之遺光。登龍山以望遠，軾諸葛之故鄉。蓋神物應機，大器無方。通人靡滯，大德不常。故谷風發而騶虞嘯，雲雷升而潛鱗驤。摯解褐于三聘，尼得招而褰裳。管豹變于受命，貢感激于回莊。異徐生之摘寶，釋臥龍于深藏。偉劉氏之傾蓋，嘉吾子之周行。夫有知己之主，則有竭力之良。固所以三分我漢鼎，跨帶我邊荒。抗衡我北面，馳騁我魏疆者也。英哉吾子，獨含天靈。豈神之祇，豈人之情。何思之深，何德之清。異世通夢，恨不同生。推子八陣，不在孫吴。木牛之奇，則亦般模。神弩之弓，一何微妙。千井齊甃，乃何秘要。昔在顛夭，有名無迹。孰若吾子，良籌妙畫。臧文既没，以言見稱。又未若子，言行並徵。夷吾反坫，樂毅不終。奚比于爾，明哲守冲。臨終受寄，讓過許由。負扆莅事，民言不流。刑中于鄭，教善于魯。蜀民知恥，河渭安堵。匪皋則伊，寧彼管晏。豈徒聖宣，慷慨屢嘆。昔爾之隱，卜惟是宅。仁智所處，能無規廓。日居月諸，時殞其夕。誰能不没，貴有遺格。惟子之勛，移風來世。咏歌餘典，懦夫將厲。遐哉邈矣，厥規卓矣。凡若吾子，難可究已。疇昔之乖，萬里殊塗。今我來思，覿爾故墟。漢高歸魂于豐沛，太公五世而返周。想罔兩以仿佛，冀影響之有餘。魂而有靈，豈其識諸。

燾案：龍山，據《蜀記》與《忠武志》皆作“隆山”，是也。“豹變”兩句“于”字，《忠武志》皆作“以”字，豈人之情，“情”，《忠武志》作“精”，“何德”作“而德”。《府志》譌舛甚多，以無拓本可校，姑仍之。

故使持節侍中太傅鉅平成侯羊公碑佚

公諱祜，字叔子，泰山南城人也。其先晉羊舌大夫之胄，當漢中興，始自南陽家于岱野，纓冕相繼，九世于兹矣。顯祖南陽太守、考上黨太守，咸有能名。公承俊烈之高風，應明哲之盛代，德擅規模，仁成慈惠，其器量宏深，容度廣大，浩浩乎固不可測已。其志節言行，卓爾不羣，游神玄默，散志青雲，宏之以道籍，博之以藝文，于是仁聲遠耀，芳風遐流。年十有七，上計吏，察孝廉，州郡不肯就，羣公休之，四府並命，盤桓累載。及公車徵拜中書侍郎、秘書監，于時當晉之盛，明揚英俊，乃引公爲相國從事中郎，遷中領軍。遇革命之期，任受禪之會，秉文經武，以集大晉之祚。皇采增輝，帝威遠邁，偉絶代之風，宏唐虞之緒，帝嘉厥庸，酧以大國，公乃逡巡固讓，裁居小邦。天子俞咨，仍復公中軍將軍、散騎常侍，内釐王度，外綏區域，嚴恭寅畏，帝命允飭。運國威于鈎陳，總皇樞于紫極，于時之盛，未有上公者也。拜衛將軍、尚書僕射，以揆天機，崇成大業，帝道緝熙，泰階永肅。以江寇未夷，乃命公都督荆州諸軍事、侍中、車騎將軍，開府辟命。乃養民募財，開斥國界，創築五城，以防寇衛境。然後闡旉皇風，懷遠以德，知大同之業，思王道之則。齊其土人，均其利澤，軍無虞警，民不疲勞，農功盈疇，百姓布野，羣黎被德，殊俗望風，吳人感服，襁負而至者，四萬餘口。進位征南大將軍。公雖享有茅土，歷登台階，吐飧下士，貳于姬公。方將殪彼戎吳，經國弔民，然後偃甲戢兵，辭功退身，以優游乎初好，此公之素志也。會遘篤疾，春秋五十有八，咸甯四年十有一月庚寅，薨于京邑。天子痛悼，遣使持節追贈侍中、太傅、南城侯印綬，賻弔加于常也。及其葬，上親臨過車騎，謚曰成侯。天子以公德高勛大，而屢辭封爵，故復建南城之國，特以封公。公哲讓終始，上未之許。及其薨也，夫人夏侯氏追公克讓之德，遂不以歛。公自出身以至于終，忠言不輟于口，嘉謀不廢于心，成其業不處其功，勤其勛不榮其禄，儀型言行，動爲世範。暨六年春平吳，策詔曰："故太傅鉅平侯羊祜，建造平吳之規，潛謀遠略，與衆殊慮，勛業不遂。然蕩滅之計，悉如祜策。固能夷曠世之寇，拯黎民之患，勛烈弘著，而寵不逮身，其遣使以克定之功策告祜廟。昔漢室封蕭何夫人爲侯，以崇顯元功，亦古之令典，其封祜夫人爲萬歲鄉君，食邑五千户，賜絹萬匹。"于是故吏高文、奚廉等，僉以公德高而志卑，位優而行恭，徽猷被于江漢，懿德及于羣生，涉其風者，貪夫廉，懦夫立，雖夷惠之操，奮乎百世，曷以尚之。奇謀潛略，清功遺緒，靡所寘心，乃共揭石，刊勒盛軌，永表風烈焉。其辭曰：

天臨有晉，乃降皇輔。猗歟惟公，應期協矩。聰哲神睿，乃文乃武。曰唐曰虞，淵淵其度。翼翼其明，孝思以形。乃耀高風，辭爵讓榮。爲而不有，志凌太清。如何不弔，中年殞下闕十二字。未闕三字。刊闕五字。是表是旌。

李興字雋石，有文才，劉弘立諸葛孔明、羊叔子碣，使興俱爲之，文甚有辭理。《晉書·孝友傳》。

羊祜卒後，襄陽百姓于祜平生憩游之所建碑立廟，歲時饗祭焉。望其碑者，莫不流涕，杜預因名"墮淚碑"。文，蜀人李安所撰。安一名興，初爲荆州諸葛亮宅碣，其文善，及羊公卒，碑又工，時人始服其才也。《襄陽耆舊記》。

熹案：右碑《通志》據明弘治四年重立時拓本，僅闕銘中十九字。齊其土人，《府志》作"齊其土入"，義亦可通。今弘治本亦不可得，無從校定也。

杜元凱碑佚

萬山下潭中有杜元凱碑。元凱好身後名，作兩碑，並述己功，一碑沈之峴山水中，一碑下之此潭，曰："百年之後，何知不深谷爲陵也。"《水經注》。

燾案：《晉書》元凱本傳，預好爲身後名，常言高岸爲谷，深谷爲陵，刻石爲二碑，紀其勳績，一沈萬山之下，一立峴山之上，曰"焉知此後不爲陵谷乎"云云。是二碑一在山下，一在山上，酈注所言，與傳不合。

襄陽城南門三碑佚

襄陽城南門道有三碑，一是晉太傅羊祜碑，一是征南將軍杜預碑，一是安南將軍劉儼碑，並是學生所立。《水經注》。

燾案：儼事不概見，此碑皆學生所立，亦他處所少，俟考。

諸葛武侯宅銘佚

達人有作，振此頹風。雕薄蔚采，鴟闌惟豐。義範蒼生，道格時雄。自昔爰止，於焉盤桓。躬耕西域，永嘯東巒。迹逸中林，神凝巖端。罔窺其奥，誰測斯歡。堂堂偉匹，婉翮揚朝。傾巖搜寶，高羅九霄。慶雲集矣，鸞鳳亦招。

車騎將軍沛國劉季和之鎮襄陽也，與犍爲人李安共觀武侯宅，命安爲宅銘。後六十餘年，永平之五年，習鑿齒又爲其宅銘焉。《水經注》。

李雋石撰宅銘，據《蜀記》在永興中。考永興元年，歲在甲子，後六十餘年，習彦威重撰宅銘，當在興寧、太和間，《水經注》作"永平五年"，非也。永平，惠帝年號，在永興前十三年。《湖北金石存佚考》。

惠帝永興元年甲子，距穆帝升平五年辛酉五十八年，意酈注"永平”或即“升平”之譌，六十餘年，“六”字當作“五”字耳。光緒《府志》。

焘案：“鴟闌”《初學記》作“竭瀾”，“盤桓”作“龍盤”，孫氏星衍《續古文苑》從《藝文類聚》作“鴟闌”，作“盤桓”。末句《初學記》作“鸞駕三招”，孫氏從之。“鴟闌”字不可解，因舊志如此，仍之。

征南將軍胡羆碑佚

峴山上有征南將軍胡羆碑。《水經注》。

焘案：羆爲胡威弟，字季象，附見《晉書·威傳》，稱羆有幹用，仕至益州刺史、安東將軍，不言其爲安南將軍。《晉陽秋》稱羆以絜行著名，與此碑並可以補史闕。

征西將軍周訪碑佚

峴山有征西將軍周訪碑。《水經注》。

焘案：訪字士達，本汝南安城人，後家潯陽。以梁州刺史屯襄陽，平杜曾之難，進位安南將軍、持節、都督刺史如故。欲圖王敦，既在襄陽，務農訓卒，勤于采納，守宰有缺輒補，然後言上。敦憚其强，不敢有異。威風既著，遠近悦服。智勇過人，爲中興名將。太興三年卒，詔贈征西將軍，謚曰壯。立碑于本郡，見《晉書》本傳。

桓宣碑佚

峴山上有桓宣所築城，又有桓宣碑。《水經注》。

焘案：宣，《晉書》有傳，不言其字，亦無謚，但云譙國銍人，始以南中郎將與李陽平襄陽，陶侃使鎮之，以其淮南部曲立義成郡。宣招懷初附，勸課農桑，簡刑罰，略威儀，十餘年間，石季龍屢遣騎攻之，宣能得衆心，每以寡弱距守，論者以爲次于祖逖、周訪云云。據本傳，宣嘗爲梁州刺史，以功封竟陵縣男，庾翼鎮襄陽，使宣進伐季龍將李羆，軍敗翼怒，貶宣爲建威將軍，使移戍峴山。此城必移戍時所築，碑則不知何人何時立耳。

郗恢碑佚

萬山上有郗恢碑，魯宗之所立也。《水經注》。

燾案：《晉書》，恢字道胤，高平金鄉人。孝武深器之，朱序去職，擢恢雍州刺史，假節，鎮襄陽，甚得關隴之和，降附者動有千計。事附見其父曇傳。宗之以南陽太守，于義熙元年安帝在江陵時起義兵，襲破襄陽，後爲雍州刺史，與司馬休之並舉兵，貳于劉裕，爲裕所敗，奔姚泓，見《安帝紀》。《府志》此碑後載《通志》引《金石略》有魏興太守覃毅德政碑，在均州。考《輿地紀勝》均州有魏興太守碑，列漢、隋之間，在豐利縣。又有舊魏興太守譚義德政碑，列唐碑中，在鄖鄉縣。覃毅與譚義疑音近而譌，魏興立郡，劉宋時尚仍舊名，既末由定其爲何代人，而豐利、鄖鄉又皆在今鄖陽府境，故削不録。

張西陵甎文存

義熙五年己闕。襄陽張西陵。《通志》。宜都李氏家藏。

燾案：義熙元年爲乙巳，則五年爲己酉，此甎闕文爲“酉”字無疑。

范堅妻墓甎銘佚

順陽范啟母喪當葬，前母墓在順陽，往迎之，既至而墳壟雜沓，難可識别，不知何許。袁彦仁時爲豫州，往看之，因云："聞有一人見鬼。"范即如言令物色之，其北墓中有一人衣服顔狀如之，即開墓，棺木皆爛，冢中灰壤深尺餘，意甚疑，試令人以足撥灰中土，冀得舊物，果得一甎，銘曰："順陽范堅之妻。"然後信之。《續搜神記》。

燾案：堅字子常，子啟字榮期，並附見《晉書·范汪傳》。堅，汪叔也，永嘉中避亂江東，父子並有文筆傳于世。此銘當以亂時匆匆營葬，不及立石，姑以甎志其處，然竟以此存，且因以傳，堅妻之鬼靈矣。

襄陽金石略卷四

六　　朝

宋傅僎碑佚

僎字子成，仕宋爲襄陽令，有善政。舊多虎患，人嘗追虎入城，僎誡厲之，虎不復爲害，人立碑誦焉。舊府志。

熹案：僎事不見於《宋書》及《南史·良吏傳》，不知舊志何本，故光緒《府志》不録。然誡虎一事，漢魯恭無以尚也，姑存之，以俟考定。

范蔚宗龐德公贊佚

龐德公宅刻范蔚宗贊。《通志》引《名勝志》。光緒《府志》節。

熹案：此贊不著書人姓名，亦不知何時所刻，以蔚宗六朝人，姑存俟考。

梁檀溪寺禪房碑佚

梁信威主簿劉之遴序，記室參軍鮑炯銘，前輔國郡都曹參軍許璠書。檀溪寺者，東晉人張殷捨宅所立，咸安中沙門道安重修。宋元嘉廿五年，有西域浮屠又建禪房于池水之東。其地逼隘，梁天監四年，勅別給池西之地，移而立之。碑于天監十一年四月立。《集古録目》。

熹案：之遴，《梁書》有傳，字思貞，南陽涅陽人。起家寧朔主簿，不言信威，以才學爲梁元所忌，鴆殺之。有前後集五十卷。其被鴆事，見《南史》紀傳，而《梁書》無之。舊《通志》引《寶刻叢編》作“之迺”，引《集古録》作“建之”，今《府志》引《寶刻彙編》亦作“建之”，近人朱氏記榮《金石叢書》中所刻《集古録目》作“之逦”，並誤。《輿地紀勝》引《集古録》云：“梁劉建之撰，沙門道安重建。”其作“建之”既誤，“沙門”句尤欠分曉。《唐藝文志》載之遴前集十一卷，後集三十卷，與本傳小異。又有《神録》五卷，則本傳所無。炯、璠事皆無考，朱氏記榮疑璠官“參軍”上“郡都”二字有誤，余考輔國爲將軍之號，與信威同，六朝時多以將軍領郡，郡有諸曹，將軍有參軍，其曰都曹參軍者，蓋總諸曹事，如晉西朝有中都督曹、外都督曹之類，見《宋書・百官志》。又梁徐勉嘗爲臨海王田曹行參軍，俄徙署都曹，見《南史》本傳。吕文祖嘗爲外都曹，奏事中散，見《北史・吕洛拔傳》。則“都曹”非譌字也。

三絶碑佚

劉孝儀文，蕭子雲書，普通三年立。《寶刻叢編》引《諸道石刻録》。

在襄州。《寶刻彙編》。

熹案：孝儀名潛，以字行，《梁書》有傳，此碑即本傳所謂“勑令製雍州平等寺金像碑，文甚宏麗”者也。子雲字景喬，《梁書》附其兄子恪傳，高祖稱其書“筆力勁駿，心手相應，巧踰杜度，美過崔寔，當與元常並驅争先”云云。所著有《五十二體書》一卷，見《唐藝文志》。《圖書集成》載有《潛雍州金像寺無量壽佛碑文》，疑即此碑，以寺名不同，未敢遽定。其文抄存《襄陽文徵》附録中，茲不具録。金像事，詳《法苑珠林》，見余所述《蘇領野聞録》。時人以釋道安所造像與孝儀文、子雲書爲三絶，後世遂相沿有此稱。《宣和書譜》，魏受禪碑，劉禹錫云："王朗文、梁鵠書、鍾繇刻石。"劉有定《衍極注》：曹魏孔廟碑，曹植文、梁鵠書、鍾繇刻。屠隆《考槃餘事》：唐茅山元静先碑，柳識文、張從申書、李陽冰篆。當時並號三絶碑，惜皆不傳。孝儀傳有集三十卷，並見《唐藝文志》。

梁重立羊祜碑佚

大同十年九月。《金石録目》。

梁大同十年，以舊碑殘闕，再書而刻之，碑陰載其事。《金石録跋尾》。

晉故使持節侍中太傅鉅平成侯羊公之碑，篆額正書，無姓名，字畫亦類劉靈書，年月同下碑。《復齋碑録》。

梁改墮淚碑佚

劉之遴撰，劉靈正書。《金石録目》。

大同十年，太常卿劉之遴撰，今在羊祜碑陰。《輿地紀勝》。

羊公墮淚碑，不著書撰人名氏，《襄陽耆舊傳》謂李興初撰也。梁大同十年，雍州刺史以故碑闕落，命别駕從事劉伯推模立此本。故碑一丈一尺，開元間尚無恙，李翰林有"龜頭剥落生莓苔"之句，今不存矣。《集古後録》。

熹案：羊公墮淚，趙《録》既分爲二，鄭《略》亦然，以後金石家大都仍而不改，似非事實，審《襄陽記》自明。《府志》謂墮淚爲杜元凱所名，雋石所作者羊公碑，非墮淚也。又以《通志》標目稱墮淚碑爲誤。余謂《府志》糾《通志》標目之失是也，以元凱所名與雋石所作爲二則仍非也。蓋重立者，刊雋石之文。所謂改者，乃之遴所撰記重立事，書于重立碑之陰。文有兩首，碑實一石。各家誤會，遂爾歧出。余亦因循，不欲輒改。附辨于此，俟博雅君子訂正焉。之遴官太常，見本傳，碑與傳合。劉靈嘗爲鄱陽王範咨議參軍，見《通鑑》。雋石名“興”，作“興初”者，由未細讀習《記》而誤。

蕭恭政德碑佚

恭字敬範，爲寧蠻校尉、雍州刺史，至州政績有聲，百姓請于城南立碑誦德，詔許焉，名爲政德碑。《南史》恭本傳，《梁書》略同。

燾案：郡邑爲守令立碑，漢時已有之，然立于生存者尚少。此與前胡烈、司馬整諸碑，皆今德政碑之濫觴，特請于朝，俟詔許而後立，猶爲彼善于此，視夫上以私恩要結，而下以飾詞貢諛者，庶有間歟。

鳳林寺碑佚

庾信撰。《輿地紀勝》。

燾案：此碑《紀勝》引《集古録》，今檢歐《録》無之，又列之隋代，尤誤，蘭成未嘗仕隋。考《高僧傳》有一則云：“鳳林寺庭前有碑，庾信撰，蕭子雲書，世稱冠絶。”又一則云：“勅召僧明誕送舍利于襄州鳳林寺，誕至起塔，掘得石銘云：‘大同三十六年以後，開仁壽之化。’依檢梁曆，有號大同，至今歲紀，仿佛符會”云云。據此，則寺碑爲梁時所立無疑，但不知明誕所掘，與所云庭前之碑是一是二耳。

興業寺碑佚

庾元威撰。《諸道石刻録》。

九曲靈龜池在縣東北三里，徧學寺東。古城舊有興業寺，今并入徧學寺。唐景龍元年，有陳留阮氏舍財，于此寺東院創造堂宇。時歲旱池涸，即掘廣深之，忽暴雨池溢，乃是一大龜，高數尺，如半張床大，岸側而行，衆驚呼，龜遂躍入池中。寺僧靈岫云：“院有折碑，云興業寺碑，碑文梁散騎常侍庾元威撰，其文可傳者云：‘此寺有靈龜一，頭長三尺五寸，冬潛春見，多歷年所，隨衆上堂，應時而食。刺史安陸王照頻遇此龜。’其壞碑因即扶豎。”今在徧學寺東院，阮氏所修寺堂庭中，浮居前池見在，深五尺方二十步。《襄沔記》。

燾案：安陸王照，疑“安陸昭王”之譌。《南齊書》，安陸昭王緬嘗爲雍州刺史，見本傳。若梁安陸王則名大春，無由與“照”字混也。

平等剎下碑佚

庾元威撰。《諸道石刻録》。

燾案：《圖書集成》載有劉孝儀《平等剎下銘》，與此當各爲一碑，因未言所在，故不别出。元威有集三卷，又有《坐右方》三卷，並見《唐藝文志》。其論書今《墨池編》尚存其説，焦竑《經籍志》載其《字府》，今未見。

前陳伏波將軍驃騎府咨議參軍陳府君墓志序佚

儀同三司周彪撰。

君諱詡，字孟和，潁川許昌人也。鴻基浚序，有虞之苗闕。若夫姚墟誕聖，潙汭降神，四門穆穆，八表光禪。商均不嗣，周聳胡公，封建于陳，因闕。命氏。鴻臚元方，榮書魏策，徵士季方，高著先賢。自下蟬聯，並聲繡言史。祖僧亮，神情淡遠，素風高奇，齊輔國府行佐。父敭，風儀峻整，雅有綱格，歷至前梁儀同。君幼而聰敏，長而好學，博覽百家，漁獵九部，懸梁刺股，書不釋手，天才儁拔，思若有神，文章闕二字。動成部帙。景純五色之筆，江淹用之麗藻。王充五行俱下，都市稱爲闕二字。有集廿卷，爲世所重。起家爲岳陽王雍州西曹，轉府記室，梁國藩周，將佐送欵。武成元年，授帥都督。衞州東征，王師失律，軍潰陷陣，同旅督將七十二人，並囚俘檻。屬陳相王曇頊初秉朝政，虚示國威，縱情好殺，于望國門並殺諸士。君於刑所，附啓自陳，蒙答貰死，漏刃獲生。俄而釋禁，策名預宦，授招遠將軍，加伏波將軍，俄遷驃騎府諮議。闕。國云亡，總管秦王招賢慕士，迎還并州，客禮厚遇，辭老還鄉。第二息孝騫，昆季男女，久違膝下，忽奉慈顔，悲喜不勝，如從天落，相率盡養。日膳常珍，則儀狄九醖，何曾百品。恣口適心，意恬如也。同畢卓之酣歌，慕阮孚之任放。達無遣有，識假歸真。所製終制，非秦始之高墳，是王孫之羸葬。乃遺命送終，唯令儉薄，不許立銘。開皇二十年九月廿四日，卒於檀溪里，時年七十有六。五男五女，男則孝弟著聞，居喪過禮，女則柔和顯稱，婉娩聽從，以其闕二字。十二月丙辰朔十八日癸酉，歸葬高陽鄉之舊山，式鎸序志，用傳不朽。

碑　陰

君第二叔爽字實明，州祭酒從事，妻太原王氏。第三叔子暢字彦舒，法曹從事，妻滎陽吴氏。第五叔孝薳字祥敷，梁鎮北府法曹參軍，使持節，驃騎大將軍開府儀同三司，闕。江闕三字。妻故章施氏。並未入此山。第二弟言字仲厚，第三弟譯字孝辯，未入此山。孝騫所生李夫人，長息孝柴早亡，未入此山。第二息字裕閔，第三息君卿字闆護，第四息曜闕字宏奐，第五息五敏字稚文，第六息思岵字幼集，長女禮閨，適梁故儀同郭仲方息元預，第二女藏閨，適陽平郡守大都西門忠息瑱，第三女敏閨，適明威將軍文昇，第四女四閨，適江東長沙王府法曹參軍王不嚴，第五女善才，心願出家，安居大嚴淨寺，君妻琅玡諸葛氏。《古刻叢抄》。

詡身歷四朝，在隋立碑，題曰前陳，可見古人待蕃國之厚，故宦之寛。元世祖時，中書檄諭中外，江南既平，宋宜曰亡宋，何也？詡有集二十卷，爲時所重，而《唐藝文志》不録其姓名，古今抱才之士，湮没無聞者，可勝數哉。《金石録補》節。

燾案：詡事不概見。考《周書・武帝紀》，天和二年六月閏，陳華皎率衆來附，遣襄州總管衛國公直與大將軍元定等援之，因而南伐。九月，王師失利，定以步騎數千先度，遂没江南。《陳書·廢帝紀》，光大元年九月，周拓跋定率步騎二萬入郢，與華皎水陸並進，淳于量、吳明徹等與戰，大破之，禽定，俘獲萬餘人云云。當即志中所言“王師失律”一事。是時陳宣帝以司徒秉政，未幾代立。宣帝諱頊，作者不敢斥言，故謬悠其詞，而曰陳相王曇頊耳。不然，位至宰相，且秉朝政，不應紀傳都無其人也。秦王者，隋秦孝王俊，伐陳之役，爲山南道行軍元帥，督三十總管，事見《隋書》本傳，略與碑合。此碑據誳卒年當列之隋，兹列之梁後者，從碑題也，碑題或誳志也。文中“預宦”或作“預官”，誤。“章施”《通志》作“鄣施”，“孝辯”《通志》與《平津館叢書》並作“季辯”，疑誤。“宏奂”或作“宏奧”，亦非。《金石録補》所引碑文頗有譌脱，朱氏未能訂正，當由未見古刻故也，兹故于葉氏説節録之。

後周儀同碑佚

周元年碑，在今襄陽民董氏家。按《通鑑》，宇文周立國之初，但稱王，不稱年號。至陳武帝永定三年，崔猷建議，請稱皇帝，建年號，改元武成，故此碑但稱元年，則此碑之立，當在武成之前。《輿地紀勝》。

鄭樵《通志》，漢殤帝延平元年，以鄧騭爲車騎將軍，儀同三司，儀同之名自此始。後周建德四年，改開府儀同三司爲儀同大將軍，兹當即其官職而名之，“儀同”下有闕文也。光緒《府志》。

燾案：北周改元，始武成元年秋八月，見《周書·明帝紀》。其爲崔猷所請，則見猷傳。《府志》疑“儀同”下有闕文，不爲無見，但引儀同大將軍之説則非。此碑之立既在武成前，則武帝建德紀年在武成後已十餘年，未可據後以駁前也。

故儀同陳毅志佚

保定三年癸未十一月辛卯朔，十九日己酉日，在襄州。《復齋碑録》。

後周席肅公神道碑佚

保定四年卒，碑今在襄陽府治。《輿地紀勝》。

燾案：此與前儀同碑《通志》注並引《輿地碑目》，而與今《紀勝》傳本文小異。碑題《紀勝》今皆有“後周”字，《通志》無之。肅公名固，其先安定人，高祖衡因姚氏之亂，寓居襄陽，仕晉爲建威將軍，遂爲襄陽著姓。固少有遠志，内文明而外質朴，梁元帝時爲興州刺史，欲自據一州以觀世變。魏大統十六年，以地來附，進爵静安郡公，拜昌州刺史。固居家孝友，爲州里所稱，涖官之處，頗有聲績。保定四年卒，年六十一，贈大將軍，謚曰肅，敕襄州賜其墓田，事具《周書》及《北史》本傳。

常樂寺浮圖碑佚

周保定四年立，州人治記室曹胡逵撰，其辭云：“襄州刺史王秉字孝直，建長樂寺磚塔七層。”其碑今仆，在襄州開元寺塔院，其文字書畫無過人者，特以後周時碑文少見于世者，故存之。《元豐類稿》。

常樂寺于唐爲偏學寺，宋爲開元寺。按《襄沔記》在東北三里，今其遺跡不可考矣。秉爲周大將軍思政子，入隋爲襄州總管，附見其父傳中。《湖北金石存佚考》。

燾案：胡逵，今《通志》引作“胡達”，未詳孰是。磚塔，《府志》作“碑塔”，似誤。

襄州静真觀碑佚

在今襄陽府中。《輿地紀勝》。

大周鉅魏君之神道字佚

在鄧城縣南十二里張相公墓前。《訪碑録》。《通志》疑“鉅”下脱“鹿”字。

刺史豆盧公德政碑佚

在襄陽縣三里。《訪碑録》。

燾案：豆盧公不知何許人，《隋書·豆盧勣傳》，魏大統時，以勣勳臣子封義安縣侯，周武帝時拜卬州刺史，轉渭州刺史，甚有惠政，華夷悦服，德澤流行，大致祥瑞。後丁父艱，天和二年，授邵州刺史，襲爵楚國公云云。考魏義安縣在襄陽境，此碑或即爲勣而立，傳不言其刺襄州，或偶失載，闕疑可也。

襄州司馬陳府君德政碑佚

在襄陽縣西五里。《訪碑録》。

隋興國寺碑佚

内史李德林撰，襄州祭酒從事丁道護書。隋文帝父忠，當魏、周之際，嘗將兵南定襄漢。及帝即位，建此寺以祈福。碑以開皇六年正月立。《集古録目》。

興國寺，今爲延慶寺，在望楚山。歐陽永叔云不知所在，特見其摹本於太學官楊褒家。而此碑陰又有道護書“襄陽鎮副總管府長史柳止戈”而下十八人官號姓名，其字尤可喜，得之自余始，世蓋未有傳之者也。《元豐類稿》節。

右碑丁道護書。道護所書啓法、興國兩寺碑皆在襄陽，歐公嘗得啓法寺碑，列于《集古録》中，而于太學官楊褒處見此碑，以不得入《録》爲恨。今碑陰字畫完好，歐公所未見也。蔡君謨題其後云：“在杭州日，坐有客曰：‘小説稱丁真永草，永固知名，丁何人也？’余謂道護豈其人耶？”按《法書要録》丁覘與智永同時，善隸書，世稱丁真永草，非道護也。《金石録》。

隋開皇間，以襄州鳳林寺爲大興國寺，至唐會昌五年，武宗用道士趙歸真説，大毁佛寺，復僧尼爲民，而寺廢。懿宗朝，蔣係請改爲延慶寺，從之。建炎初，寺爲灰燼，此碑獨巋然露立。今府城東南十里，歐陽公頃嘗見墨本于學官楊君家，欲求其本，不知碑所在。曾南豐以爲延慶寺在望楚山，非也。城西三里有山聳然曰尖山者，其上可以見鄢城。宋元嘉中，武陵王駿更名望楚。余登望楚屢矣，烏睹所謂延慶者哉。《集古後録》。

興國寺碑，蔡君謨題後云：“在杭州日，坐有客曰：‘小説稱丁真永草，永固知名，丁何人也？’道護豈其人耶？”趙德夫案《法書要録》曰非道護，丁覘與智永同時，世稱丁真永草。德夫之言是矣。余謂丁覘在時，未必得此聲，西臺既陷，簡書湮散，丁尋卒于維揚，妙蹟日爲難得。已而智永師盛以草書名江東，然後人以永草配丁真也。覘洪亭人，梁孝元在荆州，凡書記俱其筆，時嘗爲之語曰：“丁君十紙，不敵王褒一字。”獨顔推之愛重而寶持之。蕭子雲問典籤惠編曰：“君王賜書，殊爲佳手，姓名爲誰？”編以覘對。子雲嘆曰：“不爲世所稱，亦奇事。”事見《顔氏家訓》。恐忘之，附記于此。此條《通志》引作《集古録目》，有誤。叔弼不應引德夫語也，姑存俟考。

熹案：楊忠，魏恭帝曾賜姓普六如氏，小名奴奴，史不傳其字。嘗都督三荆、二襄、二廣、南雍、平、信、隨、江、二郢、浙十五州諸軍事，其定襄漢事並見《周書》本傳及《南史》《隋文帝紀》。惟“六如”《隋書》及《南史》作“六茹”。

啓法寺碑佚

儀同三司樂平縣子汝南周彪撰。

州前從事譙國丁道護書。

若夫恬淡無爲，本無變易。名言形有，乃有興亡。故如如不動，蓋波若之滿法；諸行無常，乃涅槃之半偈。是以半滿無方，示頓示漸；正像有法，有成有壞。成則須達布金，壞則婆門毀寶。況乃真君廢教，爰在閼茂之年；建德毀法，當乎敦牂之歲。自四海別波，九州分長，法橋遞壞，舟舸不息。否終則泰，運屬太平。我大隋皇帝之有世也，至德闕。功，梴植區宇，錬石補天，闕。鰲紐地。拔沈船于巨浪，混六合之同文。拯塗炭于倒懸，闕。八佐之共軌。南日之至，北陰之北，陽谷初煇，虞日反景。章亥步不窮，盧敖闕。不至，莫不梯山航海，重譯賓王。不識之奇，未聞之異，闕。心摩踵，獻其方物。方邦庭賀，史不絶書。四表告祥，府無虚月。于是大興之寶，闕。像畢修；紹闕二字。之衆，度人無限。襄陽闕。龍闕。鄉闕二字。閭士闕二字。故張闕。等闕二字。人率五戒士女，九闕。清信，闕。造禪林闕。爲闕。薩堂闕。僧持道六時菩薩闕。戒八關無闕。開皇八年歲戊申，上將悉撤小邑，入于大寺。時刺史上開府吏部尚書上庸公京兆韋世康，魏司空文惠公之長孫，周高士逍遥公之元子，累代重光，聯闕。鼎鉉，爲行臺僕射，見此精廬，地則喧悝，而伽藍幽静。門臨交道，北望游女之隈；堂負神林，南眺香爐之頂。東引的盧之溪，西通武侯之路。上連鳳領，綿亘峒嶒之山。旁接闕。水。公乃出晉烈宗之世，前金像寺道安法師所造丈八金銅無量壽像，像身闕。段，石趺獨存，形像夜游，莫闕二字。容靈跡送寺西堂闕三字。師。神惟不測，至寶難量。赴齋一闕，分身三等。乘一駘闕，日行千里。晉太闕。四年，苻丕之陷襄樊也，法師與習鑿齒俱送長安，秦王嘆曰：“昔晉氏平吳，利得二陸，今討襄宛，獲一人有半。”半當鑿齒，一人謂法師也。所鑄之像，屢有靈異，闕。記金像之碑見毁之初，亦有神響。襄州前副防主開府慕容哲，以周建德四年蕤賓之月，總率軍闕二字。倒不動，哲乃披甲震吼，經時方踣，羣工鑿壞于左腋，闕。人見處，有銘三行，記滅之年。哲其日得病，至夕便殞。告僧法亘法師，資黄精之智，洞赤闕。之解，詮譯言理，襄部居城一十二鄉，僧尼一十五寺，道士東西兩館，民吏數千，以公潔清戒業祭奠之禮，理不害牲，其歆維何，筍蒲而已。寺館則當寺當館，設齋追福，大闕。令丞率佇貽士女，一日罷市，諸鄉諸坊闕。學闕。學並攀輪挽紼，遞日建無遮大會，闕。請法師講説。公第四息民部員外郎福嗣、第五息福獎，昆季二人，至性過禮，侍喪居此，見父平昔前民故吏吁闕。感慟，殆不自勝，乃于大會之所，捨父衣貲服玩廿四件，並見闕二字。寺成，此尊像庶安養寶臺，栖靈不絶，祇恒日闕。般若常明闕。以金銅有待闕四字。爲利易滅，原夫闕二字。無用之用，貪者無心，庶爲難闕。總管大將軍千金公，奉上厲勤，率下霜潔，愛惠臨民，臥治自理。長史前東宫内書舍人南陽趙祐，少傷杞梓，儲僚正直，畋漁墳典，闕。術多闕，贊闕。襄蕃，明如水鏡。府屬大都督弘農楊士政，四知英裔，七步俊才，夢鳥啓文，圭璋間出。襄陽縣令楊詢，槐棘分枝，治輔孫侄，選才治劇，綏善肅姦，州縣羣司，並理維治。送相闕。勤王，助成福業，彪以庸訥，詢諸同志，共建高碑，爲銘云爾。

森羅萬象，造化氤氲。形有即俗，色無即真。真俗在物，興滅由人。真君法毁，建德儀湮。剥極則復，否極則泰。聖拯導盲，鑽仰繫賴。靈刹金幡，雕堂寶蓋。闕。美九齋，闕。譽五戒。闕四字。龍鳳爲羣。禪闕二字。木，闕三字。文。綱維慧命，抽資構造。闕兩字。是營，模範勝寶。闕四字。聖餘身成。創草方藉，妙緣莊嚴。相好承安，聖闕。光闕三字。十輪，滿曜七處。員光如闕，摩頂似避。真床闕兩字。元率，我州前後。德澤滂流，仁闕。飛走。荆稟來蘇，襄思去久。檀忍化物，竹願爲首。如人辭世，遽已闕四字。漢曲。若喪慈親，兩雁闕。來，四馬踡跼。如戀佳城，闕兩字。躑躅。民吏數千，建齋追福。哀哀孝子，叔連季連。

傾貲嚴闕，天中之天。以申願復，等施闕三字。陽闕。政，民歌闕兩字。總讚福田，宰官隨喜。僧祇有量，德音無已。

趙勵，施地主胡闕，施地主熊濬，鳳皇主宋贇、吳霍願、蔣綸高祖太尉公、親祖荆州長史容縣令、邑主蔣綸、闕三字。張闕三字。公兒、闕兩字。之、李祠、吳公兒、闕四字。于都、代敬、劉起、吳寶、胡寄生、華龍、黄蠻子、裴坦、趙闕、胡龍父、直閤將軍使殿主帥闕。土縣令下闕若干字，不甚明了。朱彦、趙盛、阮信、趙碩、李智、闕二字。鍾主闕數字，不明了。吳公兒、李成、王闕兩字。陳養、張成、俞神寶、趙粲、馮玖。大隋仁壽二年，歲次壬戌，十二月甲戌朔，十五闕。建。

開皇四年四月一日創立此寺。

隴西李寶鎸。

此書兼後魏遺法，與楊家本微異。隋唐之交，善書者衆，皆出一法，道護所得最多。楊本開皇六年，去此十七年，書當益老，亦稍縱也。《蔡忠惠公集》。

右啓法寺碑，丁道護書。蔡君謨，博學君子也。于書尤稱精鑒，余所藏書，未有不更其品目者，其謂道護書如此。隋之晚年，書學尤盛，吾家率更與虞世南，皆當時人也，後顯于唐，遂爲絶筆。余所集開皇仁壽大業時碑頗多，其筆畫率更精勁，而往往不著姓名，每執卷惘然，爲之嘆息。惟道護皆自著之，然碑刻者尤少，余家集録千卷，止有此爾。太學官楊褒者，喜收書畫，獨得其興國寺碑，是梁正明中人所藏，君謨所謂楊家本者是也。欲求其本，而不知其本所在，然不難得，則不爲佳物，古人亦云，百不爲多，一不爲少，正謂此也。《集古録》。

隋開皇初，詔後周所毁佛寺皆復建之。州人共建此寺，刺史韋世康名之曰光福禪房，後又改爲啓法。碑以仁壽二年十二月立，並有邑人趙勵等題名。《集古録目》。

啓法寺碑，仁壽三年建。曾南豐以爲開皇中立，誤也。道護之書見于世者，獨興國寺碑與此爾二碑，俱在襄州。前年春訪碑于寺，止得興國寺碑，而啓法寺碑無有，此可珍也。《集古後録》。

道護書啓法寺碑最精，歐、虞之所自出，無晉逸雅，謂之氊裘氣。蓋骨格者，書法之祖也。態度者，書法之餘也。氊裘之喻，謂少態度耳。北方多樸而有隸體。《墨池璅録》。

晉、宋而下，書分南北，北有丁道護襄陽啓法寺、興國寺二碑，啓法最精，歐、虞之所自出。興國粗甚，如出兩手，天不壽精而壽粗，良可嘆也。《書法句玄》。

孫茂叔爲曹侍郎壻，故研山齋所藏有歸倦圃者，如丁道護所書啓法寺碑，皆人間少有，去年春于京師見之，今復見于檇李云。《金石録補》。

右啓法寺碑，予于京師孫氏見之，精采奪目，在率更、河南以上。後至嘉興訪曹侍郎，一見即語余曰："新得啓法寺碑，天下惟此一本。"開卷見研山齋圖記，知爲孫氏物。余惜此碑既爲希世之珍，歐陽公雖愛其書，不著立碑始末，趙氏有目無跋，特略其文而存之。《金石録補續跋》節。

《集古録》謂所集丁道護書止此一碑，而《輿地碑目》亦第援歐公此條爲據，則在宋時此碑拓本已絶少矣，宜義門何氏之寶貴勿諼也。余聞此碑之名三十餘年，去年春，吳門陸謹庭爲余鉤摹一本，已足見其概矣。此拓本即義門所藏者，今歸臨川李春湖宗丞，持來屬爲題識。唐以前正書若此者，世已罕有，自蔡君謨、歐陽永叔已嘆美之，况今日乎？吳中金石舊拓秘本多在陸謹庭松下清齋，惟此本在謹庭一親眷處，極珍秘，不肯示人，今竟爲春湖所得。春湖博雅耆古，若虞永興《廟堂》唐石本，魏栖梧書《善才寺碑》，藝文所不可得見者，今皆聚于春湖齋，而余亦得附名題記所見歲月于其贉側，虹月夜光，照我屋壁，何啻共此墨緣耶？嘉慶十七年壬申春二月二日，北平翁方綱，時年八十。

趙子固論書，右軍一搦直下之法，《化度》《離堆》而外，惟丁道護《啓法寺碑》有之，前人觀書之秘如此。乙亥三月，復借至吾齋諦觀，八十三叟方綱又書。

憶昔庚辰，余年二十，爲館甥于武陵，時侍外舅復莽先生側。先生富藏書，並蓄古金石。一日，于案頭展隋《啓法寺碑》，因詔恭曰："此義門太史舊物也。”前後有研山堂暨孫承澤印，殆太史官京師時得之北平孫氏者。最後有魏國公印，是爲賈秋壑鈐記。此碑之流傳有自矣。時余方攻舉業，心識其語，于此碑之難得，書法之高古，均未審也。既閲《集古》《金石》二録，始知道護書傳世者絶無，是碑爲希世有。丁巳冬日，從武陵借歸，朝夕諦賞，其用筆淬厲，仍歸渾穆，洗六朝之餘習，開歐褚之先聲，昔人評書，丁真永草，洵不虚也。因識數語還之，時距外舅辭世已十有九年矣。壻陸恭謹跋，嘉慶戊午寒食，書于松下清齋。

右陸謹庭跋所稱丁真永草者，蔡君謨語也。然丁真者非道護，乃丁覘耳。此碑借至小齋，晨夕諦賞，已經兩月有餘，備析其微，與自藏何異。乙亥五月廿九日，將歸帖時，方綱。

昔以龍藏碑與陸謹庭兼論，頗覺此碑純趨坦迆，及以趙子固“右方直下”之語驗之，乃知山谷云“學者每易豐左病右”，右方不整峙，有關全勢也，知此然後得陰陽向背、相關明麗之秘，直欲据《化度》之上游矣。此實前人未申之緒耳。嘉慶乙亥五月廿九日，八十三叟方綱。

《隋書》罕署名，道護碑傳二。開皇仁壽年，興國啓法寺。後來信居上，書老筆亦恣。六一得其精，胡乃楊本嗜。一夔殊已足，觀樂他且置。骨體肖龍藏，倍溢妍華致。《化度》雖後塵，右方闡緘秘。悦生堂不録，《消夏編》不記。兩家印篆留，近入義門笥。氣壓《集古》干，源導貞觀四。其文誦金像，頗説佛靈異。我聞菩提法，妙具手千臂。法法皆員通，始耳第一義。丁真合同參，誰問伽藍字。道光壬午仲夏，題于圭隱山齋，臨川李宗瀚。

此拓義門所藏，今爲春湖中丞所得。字經翦裝，中多脱失。碑之得名，以道護書也。余平心論之，南朝碑既絶少，惟北魏、北齊碑志多流傳者，而字體蕪雜，多所譌失。至隋時，若此碑及《龍藏寺碑》，皆足開唐賢之法。然隋碑如《常醜奴墓志》，實在此碑之上，不得因道護有書名，遂以爲獨絶也。即如其中“館”字書爲“舘”，已開俗書之漸。“狐兔”作“狖菟”，亦六朝之餘習。然行筆清勁，則超出北朝諸碑，是足傳耳。趙子固論書云：“書字當立間架牆壁。右軍一搦直下是也。《化度》得此法，左右陰陽極明麗。《啓法寺碑》右方直下，即是此法。”子固所見必更是古拓，盡見行筆之訣，此可爲書家問津者也。《復初齋文集》節。

熹案：韋世康蓋以字行，觀其兄弟如洸字世穆、瓘字世恭、藝字世文、壽字世齡之類，可爲的證。其爲襄州刺史在開皇七年，見《隋書》與《南史》本傳，而無爲行臺僕射事，碑可以補史闕。《世康傳》，長子福子，官司隸别駕。次子福嗣，仕至内史舍人。楊玄感之亂，兵敗被禽，令作檄詞，不遜，尋背玄感歸東都，帝銜之不已，車裂于高陽。少子福獎，通事舍人，與玄感戰歿。據《傳》，止有子三人，而碑作第四息、第五息，當以碑爲正。魏太平真君七年三月，詔諸州坑沙門，毁佛像，見《魏書·世祖紀》。周建德三年五月，斷佛、道二教經像，悉毁罷沙門、道士，見《周書·武帝紀》。碑中廢教毁法兩事，悉與史合。“晉太”下所闕一字，當是“元”字。太元四年，苻丕陷襄陽，見《晉書·孝武帝紀》。其他如“薩堂”上所闕爲“菩”字，“西堂”下所闕爲“道安法”三字，皆可臆决。“中書舍人”作“内書”者，避隋文父忠嫌名也。“無量壽像”葉九成作“尊像”，下二句作“像身既毁，石趺猶存”。竊以“段”字上所闕必是數目字，或即數字，故尚可出以送西堂，若既毁，何得復言出耶？“施地主胡”字下所闕葉氏作“粲”，“熊濬”作“熊璿”，與余所見本均異。余所見爲臨川李氏所藏，與《善才碑》《廟堂碑》《孟法師碑》謂之海内四實。春湖先生孫翊煌字博孫，曾以泰西法石印公諸同好。余官内閣時，識翊煌，因乞得之，而以余所得唐碑若干種爲報。覃溪前兩題在卷首，謹庭跋在後。是編自覃溪第一題至春湖先生詩，皆依原次録之，俾後之見此本者有所參考。其覃溪文一則因論書法，有爲前題所未及者，故復節録，以資印證。《府志》所載文多譌闕，後止引道光二十三年嘉興張廷濟一跋，謂春湖侍郎自蘇州購歸江右，而南海吳荷屋中丞又以移往桂林，因鉤以寄湖州顧先生云云。末又謂文依鉤本録入，不知《府志》所據何本。若即廷濟所鉤本，不應與此文迥殊。且如廷濟言，似李本又歸于吳，而今實仍在臨川，豈廷濟所鉤别爲一本，非義門所得孫氏本耶？觀葉氏續跋，知孫本初曾爲曹氏所得，後始歸李氏，而翁、陸各跋均未道及。翊煌今官河南知府，其弟翊煩，余壬午同年生也。異時相見，當更一詳詢之。近人朱氏所刻《金石録》"啓法"作"起法"，注引《金石文字記》作"啓法"，似未詳考。

羅處士志佚

處士羅君墓志，字畫勁楷，類褚河南。然父子皆名靖，爲不可曉。拓跋魏安同父名，屈同之子亦名屈，祖孫同名，胡人無足言者，但羅君不應爾也。《容齋隨筆》。

辛應仲云，婦翁陸少卿在襄陽修城，得一碑，字頗佳，而父子同名曰靖。出其墨本示余，碑額云大唐羅君墓志，文前復題云"隋處士羅君夫人志銘。君諱靖，字禮，襄陽廣昌人，春秋三十有一，隋仁壽四年五月卒"，則羅君隋人也。繼云"夫人年八十四，龍朔二年六月終"，則夫人唐人也。今題羅君曰唐，夫人曰隋，已大謬。碑乃靖之子紹嗣善祐所立，而呼其父爲君，所書三代，目靖爲父，又類己所立碑，故辛有父子同名之疑，因知文章工拙，初無古今。《雲麓漫抄》。

羅君碑字畫可喜，而不載書人名氏。初余至襄州，刺史館余于州治之東，地有木龕，塵网如積，掃滌而視之，此碑也，遂槌得之。去年春，復有荆襄之行，訪此碑，則曰卒吏輩寶持不虔，碎而棄之矣，可謂不幸也。昔林邑王楊邁死，子咄立慕其父德，改名楊邁，昭穆兩世而一名，余每笑嘆謂天下事何所不有。今羅君父名靖，而君亦名靖，殊不可曉。羅君以仁壽四年卒，夫人以龍朔二年葬，自隋仁壽四年訖唐龍朔二年，則夫人之守志蓋五十有九年，以壽終，亦可尚矣。《集古後録》。

右隋處士羅君墓志。云君諱靖，字禮，襄陽廣昌人。高祖長卿，齊饒州刺史。曾祖弘智，梁殿中將軍。祖養、父靖，學優不仕，有名當代。"字禮"下闕一字。《金石録補》節。

燾案：名靖，《輿地紀勝》作"名清"，與各本異。觀趙彦衛《漫抄》所言，則處士固非父子同名，各家皆誤疑。然趙氏言處士子善祛，“祛”字今字書無之，惜原石既佚，拓本今亦不可得見，末由考定也。龍朔，《府志》作“龍翔”，誤。

十二辰鏡銘存

規逾璧水，綵艷蘭釭。銷兵漢殿，照膽秦宮。龍生匣裏，鳳起臺中。桂舒全白，蓮開半紅。臨莊並笑，對月分空。式圍貞吉，君子攸同。

熹案：此鏡余於乙未得之襄陽市中，大可徑周尺一尺許，圍可三尺許。花紋三層，第一層碎花，第二層十二辰各形，形内爲銘，銘内爲第三層，作獅子天馬等物，乃雜花，緑色如繡，古光黝然，玩其銘詞，的非唐以後物，故列于此。今藏余家。“莊”疑“粧”譌，以元文如此，未敢輒改。

襄陽金石略卷五

唐

紀王李慎碑佚

慎貞觀中遷襄州刺史，以治當最，天子璽書勞勉，人爲立石誦德。《唐書》本傳。

襄州刺史鄒襄公張公瑾碑佚

釋法琳撰，蘇敬稚正書，貞觀七年七月立，在襄州。《寶刻類編》。

焘案：公瑾，據《新唐書》本傳，應作“公謹”。字弘慎，封鄒國公，改襄州都督，以惠政聞。卒官，謚曰襄。傳又云：“貞觀十三年，追封郯國公。永徽中，加贈荆州都督。”此碑以七年立，故仍稱鄒襄公也。法琳，《唐藝文志》注姓陳氏。太史令傅奕請廢佛法，琳諍之，放死蜀中。所著有《辯正論》八卷、《破邪論》二卷、《廬山記》一卷，又有集三十卷。

重修金枝寺記佚

金枝寺殘碑，岑文本撰，正書，貞觀十年，襄陽。《寰宇訪碑録》。

馬案：右金枝寺殘碑，題重修金枝寺記，末題唐貞觀十年丙申歲中和月，岑文本撰，正書，字徑九分。碑久湮没，乾隆五十七年冬，江陵東南百二十里，土人掘地，得殘碑七小塊，共存九十字，又不全四字。按《梁書》《南史》，梁無胡后，昭明太子母爲丁貴嬪，碑云胡太后，不知所指。書碑人姓名亦闕。然結體雅勁，有當時虞褚之風。《湖北金石詩注》節。

燾案：此寺蓋創建于梁，原碑所述，必有昭明母事，故馬氏以胡太后爲疑。今殘石亦不知所在，考定爲難。丁貴嬪樊城人，梁武鎮襄陽時納之，生昭明，事見《梁書》與《南史》本傳。寺在襄陽，殘碑乃得之江陵，亦不可曉。馬氏名紹基，《金石詩注》見《通志》。

法門寺記佚

沈季範正書，唐貞觀十一年二月十五日立。《復齋碑録》。

在襄州。《寶刻類編》。

延福寺浮圖碑佚

沈長卿撰，張元靚書，上元三年正月，均州。《寶刻彙編》。

燾案：此寺《輿地紀勝》云咸甯五年創，考咸甯爲晉武紀年，則此寺固不自唐始明甚。惟唐高宗、肅宗皆有上元年號，肅宗上元二年九月即去上元號，止稱元年。高宗於上元三年十一月始改元儀鳳，並見本紀，則此上元三年正月所立，爲高宗時碑無疑，故列於貞觀各碑之後。

闕嚴寺西德義社浮圖銘佚

儀鳳二年四月八日立，在鳳林山。《復齋碑録》。

燾案："嚴"字上所闕疑是"華"字。

啓法寺金銅無量壽佛碑佚

張昌齡文，永淳二年建，今在襄陽龍興寺。《輿地紀勝》。

張昌齡撰，吴知禮書，永淳元年四月八日建。《寶刻類編》。

燾案：昌齡事見《唐書·文苑傳》，冀州南宫人，與兄昌宗皆以文名。昌宗蓋不幸與武后弄臣同姓名者。昌齡嘗爲襄州司户，後爲北門修撰，卒。有集二十卷，見《唐書·藝文志》。是碑之立，《府志》據《通志》引《類編》亦作元年，豈《紀勝》本是"元"字而有脱畫歟？

孔子廟堂碑佚

垂拱元年，于敬之撰。其前題"魯大司寇贈太師宣尼孔某廟堂碑銘"。《春秋》之法，或書名，或書字，所以寓褒貶之義。今敬之爲孔子廟碑，而斥其名，何哉？《金石録》。

燾案：敬之，《全唐文》小傳："河南人，官江甯縣令。"《集古録》："道士王軌碑，江甯令于敬之撰。"即《全唐文》所載《桐柏真人茅山華陽觀王先生碑銘》也。此碑今《圖書集成》作于正之撰，似誤。又云："正書，無姓名"。

唐襄州刺史封公碑佚

撰人姓名殘闕，宋之悉正書，垂拱元年十月立。字畫頗佳。之悉，之問弟也，兄弟皆小人。之悉奴事武三思，三思五狗之一，以此知書特小技，苟非其人，亦何足貴哉。《金石録》。

宋之悉書，垂拱元年十月立，在襄州。《寶刻類編》。

燾案：之悉事附見《唐書·之問傳》。其父令文，富文詞，工書，有力絶人，世稱三絶。之悉精草隸，世謂得其父一絶。然爲三思狗，辱乃父矣。

故唐益州大都督府功曹參軍事張君墓志銘存

右張玄弼志，張氏《世系表》多闕譌，分識于諸志之後而統係于此，以資補正。玄弼曾祖弘策，梁岳陽王咨議參軍。祖玠，後周宣納上士、隋巴州録事參軍。父則，隋比陽、澧陽二令。玄弼六子：長柬之，字孟將，相武后、中宗，漢陽王，謚文貞，贈司徒。次景之，字仲陽。次慶之，字仲遠。次失名。次敬之，字叔謇，將仕郎。次晦之，左率府兵曹參軍。柬之二子：長漪，著作郎。次嶧。漪四子：長孚，字孟信，鄎城縣丞。次岦，左補闕。《志》作邠王府掾，或非最後之官，當仍其舊稱。次緦，荆府倉曹參軍。次軫，字季心，河南府參軍。孚子銚，軫子繟紹，改名縉。銚子迪。嶧二子：長愿，吴郡太守，江南東道采訪使。次點，字子敬。愿八子：煦，殿中侍御史。第八子曛，字繼明，穀城令。曛子珣、瑀、珍、璟。景之子嶠，嶠子遜。晦之子朏，新定太守，子回。又《表》載柬之子有晉州刺史琪者，以珣、瑀等名例之，當是柬之玄孫行。又載漪之子有某，户部郎中，異，大理評事者，亦誤。據志，漪無是二子也。又載有名纁者，當即曛之誤耳。志云“閥閱游宦之資，詳之碣文别傳”，則玄弼固有墓碑，此其埋之土中者也。碑碣不存，或踣毁于神龍年間。趙德甫書載有柬之碑，係貞元十二年所追立。谷那律，新、舊《書》有傳，魏州昌樂人，嘗爲國子博士，遷諫議大夫，兼弘文館學士。卌四家，“四十”作“卌”，黄山谷《澹巖》詩“二十”作“廿”，瞿氏謂詩體七字，欠一字便不成句，此志“卌四家”與上“五十五部”爲對偶，亦欠一字，可見古人不拘拘于是也。篔即簀字，箱類，與篋同義。委亹，疑即委宛。李行廉官司元大夫，考龍朔元年，改諸司郎中爲大夫，二年改户部爲司元。光宅元年，改地官。此尚稱司元者，蓋行廉撰銘尚在窆南山之時，故無一語及其夫人，迨移與夫人合葬，仍用前銘，而柬之自加序文，故云不敢改易，謹刊李銘也。景之志云“以大周天授之三年𠀌月六日，改卜先墳于安養縣之西相城里”，則此志之立在天授三年無疑。永昌無三年，永昌三年即天授二年辛卯，夫人卒於辛卯九月，葬于十一月，時用周正，以十一月爲明年正月也。武后以天授元年改國號曰周，志書永昌，不書天授，標題稱唐不稱周，復唐之意，已蓄于此時矣。《湖北通志》節。

燾案：張氏墓志自玄弜以下至朏共十種，其石皆存，流傳甚廣，茲故不録其文，止取《通志》所考訂者，以資印證。

唐處士張君墓志銘存

處士景之，玄弜仲子，文貞公弟也。天授三年。

唐孝廉張君墓志銘存

孝廉慶之，玄弜第三子。天授三年。

唐將仕郎張君墓志銘存

將士郎敬之，玄弜第五子。天授三年。

以上三石，皆文貞所撰，無書人姓名，與玄弜志出一手，或即文貞所書未可知。其風格不在虞、褚下也。

静真觀碑佚

何彦先撰，正書，無姓名。萬歲登封元年二月立。《金石録》。

何彦先撰，登封元年立。碑在府中。武后時碑也。《輿地紀勝》。

燾案：《紀勝》載周静真觀碑有二，此特言武后時碑，蓋以別于北周也。觀祀蔡女仙，《仙傳拾遺》云："蔡女仙者，襄陽人也。幼而巧慧，善刺繡，隣里稱之。忽有老父詣其門，請繡鳳眼，畢功之日，自當指點。既而繡成五采光焕，老父觀之，指視安眼，俄而功畢，雙鳳騰躍飛舞，老父與女仙各乘一鳳，昇天而去。時降于襄陽南山林木之上，時人名爲鳳林山。後于其地置鳳林關，南山側有鳳臺。勑于其宅置静真觀，有女仙真像存焉。云晉時人也。”據此，則觀不始于唐，是其明證。彦先爲王義方門人，與員半千同事義方，義方卒，爲之行喪，見《新唐書》義方及半千傳。

杜并墓志佚

杜審言，襄陽人，坐事貶吉州司户。司馬周季重、司户郭若訥構其罪，繫獄，將殺之。季重等酒酣，審言子并，年十三，袖刃刺季重于坐，左右殺并，蘇頲傷并孝烈，誌其墓。《新唐書·杜審言傳》節。

尹氏闕佚

在襄州，題曰“唐孝子尹仁恕闕，萬歲通天二年旌表”。萬歲通天，則天之年號也，可謂昏亂之世矣。然尹氏猶見旌表，孔子謂“忠信可行于蠻貊”，信矣，孝弟見尊于昏亂也。《集古録跋尾》。

唐尹仁恕闕文并旌表記，不著書撰人名氏。闕文凡十二字，曰“大唐孝子四葉旌表尹仁恕闕”，其後有記。仁恕曾祖養伯字嗣宗，祖怦字守忠，父慕先字冬�，仁恕字南金，皆以孝行，被旌表仁恕闕，以天寶五年立，在襄陽。《集古録目》。

唐孝子君仁恕旌表闕文，行書，無姓名。《金石録目》。

尹孝子旌表文佚

唐之致治之意深矣。烏乎，不得而見矣。此碑尤可惜也。《集古録跋尾》。

唐尹氏孝德記，吏部尚書同中書門下三品張柬之撰，不著書人名氏。怦字守忠，襄陽人，事親居喪，皆以孝稱。貞觀、龍朔中，再有詔褒美，旌表門閭，碑以天寶五載立。《集古録目》。

張柬之撰，正書，無姓名。《金石録目》。

襄陽尹氏，世以孝聞天下。嗣宗生怦，怦生慕先，慕先生仁恕，一門四闕，而此記又張柬之作，忠臣孝子萃于一碑，可尊也。《集古後録》。

尹氏四世孝德，《唐書》弗載，其見于諸書者，亦互有異同。“養伯”他書皆作“嗣宗”，“守忠”一作“守均”，“慕先”一作“恭先”，“南金”一作“兩金”，未詳孰是。又元人《重建尹氏孝德記》及《襄陽府志》止載怦以下三世事蹟，惟《萬姓統譜》首列嗣宗，始備四世，惜不得張文貞記一考證之也。《金石存佚考》節。

燾案：右兩石，歐跋于旌表文下注云歲月闕，《録目》則並作天寶五年，《輿地紀勝》則云萬歲通天二年立，下引歐《録》云天寶五年立，計其間相去五十有四年，歐跋尹氏闕明謂萬歲通天二年旌表，何以遲數十年而始立石？且則天好名，此舉實踵貞觀、龍朔之後，尤不應爾。《紀勝》所云萬歲通天二年立者，似得事實。其引歐《録》，蓋疑以傳疑之義。否則歷年稍久，不免毁泐。天寶中重立，亦未可知。余故從《紀勝》，列兩石于此。近人朱氏記榮于《金石録目・尹氏孝德記》下注云“四世孝子，皆武后時旌表，天寶五年刻石”。則並叔弼所言貞觀、龍朔事亦未詳檢。叔弼于孝德記止及守忠一人事，殊不可曉。襄陽馮氏子嘗割股醫親疾，見《新書・孝友傳叙》，而尹氏四世《孝子傳》竟不之及，若非此兩石，則泯滅無聞矣。金石可補史闕，不其信歟？養伯，《小學紺珠》引之或脱“伯”字，當以歐《録》爲正。仁恕，朱氏記榮或作“仁述”，亦誤。

孝義井記佚

井在城内孝義坊，孝子尹怦家故井，張柬之爲之記，立石道左。《襄陽縣志》。

襄陽李公碑佚

景龍三年立，在襄州。《金石略》。

唐故朝散大夫金州西城縣令息梁君墓志存

題書父官，志不復叙，與長安三年尚直甎壙銘同例。《舊唐書·地理志》，山南西道金州舊領縣六，西城，漢縣，州所理。山南東道襄州舊領縣七，襄陽，漢縣，州所理。鄧城，古樊城也，故安養縣，天寶元年改爲臨漢，貞元二十一年乃改鄧城。《元和郡縣志》："臨漢本鄧縣地，古樊城，仲山甫之國，西魏於此立安養縣，屬鄧城郡。周天和五年改屬襄州，天寶元年改臨漢縣。"此志景龍三年尚爲安養縣，志云"字子安定人也"，"定"乃"定"字别體。《元和姓纂》："梁氏，安定望。""安定"連讀，則"字子"二字殊不成文。或作"字子安安定人"，有兩"安"字，而書者脱其一耶？《金石續編》。

按：總章三年三月乙亥朔，則廿一日值乙未，非乙酉，乙酉乃十一日。廿一日乙酉，則朔當乙丑，非乙亥。考《通鑑目録》，是年月朔二甲辰、四癸卯，高宗紀是年甲戌改元咸亨，是甲戌爲三月朔，乙亥乃是二日，志誤也。又《通鑑目録》，景龍三年十月癸未朔，與此亦不合。此志與趙夫人夏侯氏志同時出土，月日幹枝均有舛錯，何耶？"質茂寒松"陳氏《續編》作"茂質"，"定"作"定"，从古文，正合六書之旨，與"是"同。"駒"作"駒""葺"作"葺""傑"作"倸"，均俗。"僧"作"僧"，俗省。"易"作"易"，殊謬。《湖北通志》注。

譱案：此與趙夫人墓志均存世多拓本，故其文亦不録。《續編》引《唐地志》"襄陽漢縣"句，《通志》引之而脱"縣"字，今補。

襄州徧學寺碑佚

黄門侍郎韋承慶撰，太子詹事越國公鍾紹京書，將仕郎阮弘靖建禪院于徧學寺，以開元二年立此碑。《集古録目》。

鍾紹京行書。《金石録》節。

徧學寺禪院碑，黄門侍郎脩國史韋承慶撰，太子少詹事鍾紹京書。其文云："襄州人，將仕郎阮弘静與其屬人建徧學寺禪院，故立此碑，承慶有詞。"張易之敗，時承應以附托方待罪，衆推令草赦書，援筆而成，衆壯之。紹京景龍中，以苑總監從討韋氏有功，性嗜書，家藏王羲之、獻之、褚遂良書至數十百卷，以善書直鳳閣。武后時榜諸宫殿、明堂及銘九鼎，皆紹京書也。其字畫妍媚，遒勁有法，誠少與爲比。然今所見，特此碑完好爲可愛也。徧學寺于宇文周爲常樂寺，今爲開元寺。《元豐類稿》。

在襄州，今在轉運司愛峴閣下。《輿地紀勝》節。

按《姓纂》，紹京，鍾演十五世孫，繇十五世姪孫，當時呼爲小鍾。以誅韋氏，拜中書，朝廷稱其功勛、忠鯁、筆翰爲三絶。《集古後録》節。

徧學寺，即周常樂寺。《襄沔記》："陳留阮氏寓居襄陽，于景龍元年舍財創造堂宇，即弘静也。去城東三里。"今遺址不可考矣。《金石存佚考》。

蘉案：《新唐書·承慶傳》："長安中，拜鳳閣侍郎、同鳳閣鸞臺平章事，張易之誅，以累流嶺表。歲餘拜辰州刺史，未行，以秘書少監召，兼修國史。詔撰《武后紀聖文》，中宗善之，遷黄門侍郎。"《紹京傳》："玄宗即位，拜户部尚書，改太子詹事。後以怨望得罪，貶果州刺史。又坐事貶懷恩尉，遷温州别駕。十五年，入朝自陳，帝惻然，授太子右諭德。久之，還太子少詹事。年逾八十，卒。"此碑蓋作于中宗時，至玄宗時始立。承慶官宜從《類稿》所稱，而紹京官則宜從歐《録》，與史乃合。紹京雖與誅韋氏有功，然不得竟以忠鯁許之。觀其撰書中官楊思勗父楊歷碑，自稱義男，趙德夫謂其略無愧恥，而新、舊史皆闕，故詳録之，以見小人苟可以得利無不爲也云云。則紹京之可議，特視元常臣魏爲差勝耳。阮氏名，歐、曾各異，當以音近傳寫而譌。

偏學寺禪師碑佚

鍾紹京書，在襄州。《金石略》。

熹案：此與前同爲紹京書，而無撰人姓名，又標目爲禪師，故别出之。

尹孝子妻韋夫人墓志佚

開元二年，正書，無書撰人姓名。《金石録》。

題云："三代孝子尹府君妻韋夫人墓志，開元二年十一月立。"《復齋碑録》。

熹案：尹氏以孝旌者，自嗣宗至仁恕爲四世。韋夫人墓志，趙《録》止以孝子妻標題，末由决爲尹氏何人妻。據復齋所録，則爲仁恕母，今《通志》直題爲尹仁恕妻，似未審也。

裴觀德政碑佚

唐賈昪撰，僧湛然八分書，開元八年，在峴山。《寶刻彙編》，《復齋碑録》同。

裴觀，洗馬裴敬忠子，官荆州按察使，見《唐書・宰相世系表》。《孟浩然集・送賈昪主簿之荆州》詩有云"觀風隨按察，乘騎度荆關"，昪殆觀之掾屬歟？湛然即李嗣真《續書評》所稱子雲之後，難與比肩者也。《金石存佚考》。

熹案：《輿地紀勝》有唐裴公碑，開元八年建，在峴山。當即此碑，不别出。觀嘗由左衛將軍爲滄州刺史，見《新唐書・許景先傳》。開元十三年，帝自擇諸州刺史十一人，觀其一也。李嗣真著有《書後品》《畫後品》等書，見《唐藝文志》。《存佚考》所云《續書評》，乃吕總著，見《墨池編》。所載"釋子之言，難可比肩"，與此亦異。

襄州刺州靳恒遺愛幢佚

江漢間州以十數，而襄陽爲大。舊多三輔之家，今則一都之會，故在晉稱南雍，在楚爲北津，厥繇龐雜，亦云難理。而前此領郡，鮮能安人，或寬或猛，或拘或抗，跡多弗類，俗亦弗寧。是以天子念與我共理，而公受頒條之寄矣。公名恒，字子濟，其先西□人也。祖師，幽州長史。父禮庭，奉天尉、監察御史。代不苟合，義在難進，雖充量之位，而有積善之烈矣。公性持重，有器望，即温而聽厲，動敬而居簡，度量可以軌物，德義可以服人。而先王遺言，率由好學，君子行道，必本忠恕，浚源水潔，厲翼雲翔，故一舉爲拾遺，已有遠致，三入爲御史，侃然正色，當時知音謂且大用，而尚書理本，郎官選才，亟踐諸曹，克壓羣議。及出典外郡，遂佐益州，攝御史中丞，都督西南軍事。原軫超將，豈唯上德？翁歸中立，實兼文武。先是，兵連蠻徼，歲轉軍儲，擾我公私，費以巨億。公乃急其所病，思有以易之，建大田于雲南，罷餽糧于巴蜀。向之踰重阻，冒毒癘，負擔以踣斃，垂餌于剽掠者，每十五六，及公底積，盡境賴全。至于是邦也，政實有素，今也推行，不違其方，以索其極，莫不教之誨之，優之柔之，從者善之，否則威之。先德後刑，端本肇末，物知所勸，事則有經。率訓者衆多，變薄爲厚，感惠者深遠，既和且均。夫然，人斯恥格，庭少争訟，參佐閑拱，屬城晏如。其始也一年而政成，其終也三年而誦盈，愛之如父母，畏之如神明。開元十一年，以理迹尤異，廉使上達，天子嘉之，稍遷陝州刺史。暨解印去，郡攀車盈途，或借留無緣而人吏遮道，或瞻望弗及而老幼啼呼，如是者五里已終朝，十日乃出界，而皆有言曰："舍我何之？"及聞公之喪，哀可知矣，市爲之罷，舂爲之輟，惠愛之結深，古今之感一，蓋爲仁由己，而遺德在人者，其若是乎。郡中士大夫，與門生故吏，聚族而議譔德，是以刻石立紀，彼鮦陽之陋。墮淚成碑，比峴山之績。誦曰：

英英靳公，宣哲秉彝。爲我髦士，作人元龜。倜儻大節，磊落瑰詞。人亦有言，天實資之。御史直繩，郎官高選。動必兼遂，能皆再踐。糾遏邦慝，彌綸事典。遂及我人，化流樊沔。激厲素風，抑揚善政。約己爲法，急人所病。物固推誠，事匪忘敬。感被于下，仁明在咏。舉德不鮮，涉道載深。穆然清風，慕其遺音。緊公既没，厥迹可尋。勒石是圖，以慰甿心。

張九齡撰，高恒慈書，開元十一年立，在襄州。《寶刻彙編》。

靳恒遺愛誦，張九齡撰，高慈正書，開元十一年立，碑陰述羣官陪靳使君登峴山紀文。《復齋碑録》。

《池北偶談》記峴山一石幢臥地上，其文可辨者十字，曰“石于山巔播清芬而不已”，末云“開國男張九齡撰”。乾隆乙卯，移植羊公祠中。搨而視之，即遺愛誦也。此幢凡八面，六行，行四十字，而此文才七百四十一字，殆是全書，而阮亭所辨之字不在焉。後四面漫漶，無一字存者，豈阮亭但見其後而不見其前耶？靳公，《文苑英華》誤作“蘄”，他書亦有沿其誤者。今在羊公祠西廡壁間。《金石存佚考》。

此文凡七百二十字，可辨止四百三十二字，今據《文苑英[1]華》補其闕文。其先西□人，《英華》作“其先某人也”，“代不苟合”“代”作“世”，“豈唯上德”“唯”作“爲”，“每十五六”“十”下多“有”字，“物知所勸”“知”作“加”，“夫然人斯恥格”“然”下多“後”字，“屬城晏如”“如”字作“和”，“暨解印去”“暨”作“既”，“或借留無緣”“或”下多“願”字，“而皆有言曰”無“有”字，“惠愛之結深”無“愛”字，“哀可知矣”“矣”作“已”，“動必兼□”作“選動必兼”，“勒石是圖”“勒”作“斲”，今皆以石本爲正。立幢年月及撰書人姓名皆泐，藉《寶刻類編》以顯，其全文則藉《英華》以傳。王新城所見之十字，此幢所無，當别是一幢，未可强合爲一。案《寶刻叢編》載此碑目云唐刺史靳恒遺愛誦並陰，又引《復齋碑録》陰述羣官陪靳使君登峴山紀文，幢凡六面，其五六兩面文字殘泐不可辨，殆即《叢編》所謂陰面也。《筠清館金石記》：“今驗誦在幢前四面，記當刻後四面，非碑陰也。"《通志》注。

靳恒遺愛誦石幢凡八面，審録之，得三百八十一字，嗣見《淵鑑類函》載此文，自"公名恒"至"其若是乎"而止，並闕"其先"以下四十四字，而"先王"以下七十九字，"原軫"以下十六字，"至于是邦"以下百十七字，"五里已終朝"五字，又"十一年"作"十二"，"曁解印"作"既解"，"弗及"作"不及"，"皆有言"作"皆言"，竊憾其文之不全。續閲嘉慶《通志》所引，誤"推行"爲"惟行"，"遺音"爲"遺言"，並脱"誦曰"之"誦"字。吳氏所得止六面，又"内聞公之喪"句脱"之"字，並據石正之。高恒慈，《叢編》作"高慈"，《補訪碑録》沿其誤，第二行"恒"字尚存，可決其非。王新城所辨不存一字，相去不百年，此幢世不多拓，不應磨滅已盡，峴山石幢亦無此數字，此外不聞復有石幢，殊不可解。《通志》節。

燾案：此石《輿地紀勝》作碑，今依《通志》録其全文，其中大字蓋可辨者，惟"三輔之家"《全唐文》"家"作"豪"，"共理"作"之理"，"頒條"作"煩卿"，"其先"下無"西"字，"祖師"作"祖帥"，"奉天尉""尉"作"討"，"充量"句"充"字上有"無"字，"即温"句無"聽"字，"動敬"句作"居敬而簡"，"代不苟合""代"字不應作"世"，唐人避太宗諱，凡"世"多作"代"，作"世"者誤也。"出典"作"再典"，"癘"作"瘴"，"餌"作"耳"，"争"作"諍"，"盈"作"興"，"十一"作"十二"，"借留"作"願借"，"春爲"作"春以"，"高遷"作"高選"，下句作"動必兼遂"，《通志》注所引似有誤。靳公事不概見，《全唐文》小傳止稱其開元初由拾遺爲御史，出佐益州，攝御史中丞，歷襄州、陝州刺史，仍據此碑言之也。

唐故朝散大夫著作郎張府君墓志銘并序存

君諱漪，字若水，范陽方城人。四代祖策，從後梁宣帝入西魏，子孫遂家襄陽焉。隋澧陽令諱則，府君之曾孫，皇都督安、隨、郢、沔四州諸軍事。安州刺史諱元弼，府君之嫡孫。特進中書令漢陽王諱柬之，府君之冢子。天縱明達，家傳孝友，質而能史，文而不華，周舉成均，進士擢第。聖歷封事，一命懷州武陟尉，後應長材廣度科，再轉洛州登封主簿。糺肅畿甸，望雄臺省，累遷左補闕，擢維樊侯，緝我衮職，而狡童怙寵，碩人之蔿，多士側目，莫之敢指。君疾彼蠹政，上害苗書，帝嘉其言，且未能用，除著作佐郎，恩示累加，實遠之也。尋而盜有巨力，將生大變，故我王父昇堂秉鈞，勦其凶邪，有以興復，狐鼠何有，城社維艱。蓋老智謀之，少壯決之，内有獻納，外有糺合，匡定之力，君參半焉。洎王父錫券受封，恩欲别開封邑，王父辭曰："天飛聖也，利見時也，臣且饕竊，漪何力之有焉？"帝曰："曩在春闈，嘗見卿子敢言時事，朕實拒之，今乃同升諸公，果集是績，真其兆也，卿奚讓焉？"對曰："同室協謀，父子偕邑，非典也。父執政，子開封，重嫌也。恩實天啓，人謂臣何？"頓首固辭，然後乃已。于是稍轉朝散，授大著作，循厥資也。爾後王辭廟堂，恩拜本郡，君表乞扶侍，采蘭樊沔，無幾而太妃薨，棘人欒欒，哀毁滅性，未卒哭，終于倚廬。烏乎痛哉！壯年四十有七。君丕承烈光，克禀彝訓，虎變詞囿，翰飛天衢。自祖及身，皆秀才觀國，遥源巨浪，三葉一枝，故七涖官秩，六承恩拜，而典要有禮，變通適宜，所居之政，皆爲後式。雖光塵混物，而雅素恒真，口絶薰味，心多禪悦，非夫體合道而行中權歟？是蓄希聲，將樂大用，天實冥昧，降此鞠凶，凡百君子，靡不震悼。夫人成紀郡君李氏，皇朝司法參軍昭佶之女也。洵淑且都，柔嘉維則，咏采蘋而服禮，示斷機而流訓。隙有流駟，澤無藏山。以開元廿年十一月廿五日寢疾，怛化于靖安里之私館，春秋六十有二。越明年孟冬月才生魄，與君合窆于相城舊塋王墳之甲，從先也。子孚、崈、勰、軫。勰歷荆府倉曹。軫參河府庫軍事，不幸早世，先夫人云亡。孚，鄾城縣丞。崈，邠王府掾。白華半落，綵衣長罷，陟屺奚望，風枝結哀。愿不夭，早歲無怙。伯父垂訓，嚴君若存。惸生孤藐，以至成立。恩深罔極，思報無階。茹血申哀，務傳家政，禮也，銘曰：

在昔雲雷，遘屯華夏。王祖伯父，克勤宗社。翼戴飛龍，肅清天下。君臣一合，名器無假。讒構于朝，忠棄于野。惟伯扶侍，除官告罷。太妃俄薨，血淚又灑。荼苦過制，因淪大雅。今則有之，古所無也。未謚忠孝，空營松櫝。非斯慟兮，孰可悲□。

右張漪墓志并篆蓋，蓋在襄陽，志石藏桂林唐氏。撰文者張愿，漪從子也。《新唐書》以愿爲柬之子，《宰相世系表》以愿爲漪子，二者互異，而皆誤也。漪四子，《表》失載孚名。志云“四代祖築，從後梁宣帝入西魏”，《表》作“弘築字真簡，衛尉卿，洮陽閔侯”，志僅言“築”者，避太子弘諱，猶袁弘機之稱袁機也。《表》不言魏者，當是未受魏官之故。《張點志》又云：“六代祖築，去西魏，自南齊遷宦奕葉，因家樊沔。”《表》不言齊，與不言魏同。《張曛志》又云：“五代祖築，梁岳陽王諮議參軍，贈持節，蔡州諸軍事、蔡州刺史。”則與《表》不符，當以志爲正。漪舉長材廣度科，見于《玉海》。終唐之世，膺是選者，止漪一人。志中“狡童”云云，即誅二張事。柬之引疾，在神龍元年。《新唐書》傳漪以著作佐郎侍父襄陽，志與史合。惟據志已授大著作，而傳猶稱佐郎，是《新書》之誤。《舊書》無“佐”字，志云“無幾而太妃薨”，又云“未卒哭，終于倚廬”，是漪之卒當在玄宗初年，此志立于開元廿一年者，因其夫人李氏合葬而追述之也。志用《詩》“碩人之薖”，考《毛詩》作“邁”，《韓詩》作“濄”，此或本齊、魯兩家，可補引經異文之一條。《説文》無“薖”字，又可知“邁”“薖”同字，當用“邁”爲之也。“劵”當即“券”字。“口絶薰味”“薰”“葷”字古通，《儀禮·士相見禮》“膳葷”，注云：“古文葷又作薰。”《漢書·霍去病傳》“所獲葷允之士”，注云：“葷與薰同。”《文選·養生論》“薰辛害目”，注：“薰與葷同。”又《禮記·内則》注：“一熏一蕕，即一薰一蕕。”釋文云：“熏，本作葷。”亦一佐証。《通志》節。

燾案：右石據《通志》所載，蓋篆書，爲“唐故著作郎張公墓志”九字，首行標題爲“唐故朝散大夫著作郎張府君墓志銘”十五字，旁注“并序”二字，次行止“姪子愿述”四字。惟文中“聖歷封事”句疑中有脱字，“澤無藏山”“山”疑“舟”字之譌，“參河府庫軍事”，疑“河”下脱“南”字，而“庫”字衍文，是皆抄胥之過。弘策《梁書》有傳，其字真簡，爲梁衛尉卿，封洮陽侯，與《唐書》表合。惟《梁書》謚愍，與《表》小異，而古實通。據本傳，弘策於梁高祖爲雍州刺史時爲録事參軍，帶襄陽令，是蓋爲居襄之始。天監初從高祖在建康，東昬餘黨作亂，被害，贈車騎將軍。子緬嗣、緬傳，齊永元末義師起，弘策從高祖入伐，留緬襄陽。天監元年，弘策任衛尉卿，爲妖賊所害。緬痛父之酷，喪過于禮，高祖戒喻之。服闋，襲爵襄陽縣侯云云。觀此，則點志較合。滃、嘸兩志所言策事，均有舛誤，殊不可曉。《通志》所云當以志爲正者，亦欠分晰。滃志在桂林，余屢托人訪之，俟得拓本，當與《通志》一相印證。

【校記】

〔1〕“英”，原訛“清”，今改正。

襄陽金石略卷六

唐

唐故河南府參軍范陽張府君墓志銘并序存

右張軫墓志，鍽字不見于字書，蓋即扃之俗體。爲寵爲光，即《詩》之“爲龍爲光”也。《通志》節。

翯案：軫志吕巖説撰，巖説頗能文，所撰《唐封孔子弟子詔碑記》及李適之碑陰記，並見《金石録》。

唐故秀士張君墓志存

右張點墓志，《宰相世系表》不載其名。志云九代祖貞，從西晉入東晉，《世系表》載點九代祖名輿，《張軫志》亦云九代祖貞，仕宋南徙，然此云入東晉，彼云仕宋，據《表》所載，仕爲濮陽太守者名次惠，於點與軫爲八世祖，亦不合，闕疑可耳。志又云六代祖築，《表》作弘築，爲點之五代祖，漪志稱四代祖，軫、嘌二志並稱五代祖，此作六者誤。又《表》載仕齊爲鎮西將軍者，乃弘籍，非築也。“瘞于私第”之“瘞”，當是“卒”字之誤。《通志》節。

翯案：點志，其兄愿撰，開元廿一年十月立。《梁書·太祖張皇后傳》：“祖次惠，宋濮陽太守。曾祖輿。父穆之，晉司空華六世孫。穆之子弘籍，字真藝，齊初爲鎮西將軍。”據此，則由輿而次惠，而穆之，而弘籍，弘籍與弘㮚爲從兄弟，則貞必亦興之兄弟行。《張后傳》言興坐華誅，意貞當以避禍入宋，故次惠、穆之父子相繼仕宋。是此志所云六代祖㮚者不誤。漪、軫兩志乃誤，漪志亦出愿手，當由書者偶誤，未詳校耳。《梁書·弘㮚傳》："起家齊邵陵王國常侍，遷奉朝請、西中郎、江夏王行參軍。"《通志》疑㮚未嘗仕齊，亦失檢。

金剛經石幢佚

開元廿六年建，在龍興寺。《輿地紀勝》。

韓公碑佚

韓思復碑，在襄州。《諸道石刻録》。

熹案：思復字紹之，長安人，襲祖倫長山縣男爵，由滁州刺史徙襄州。開元中歷吏部侍郎，復爲襄州，治行名天下，代還，卒，謚曰文。天子親題其碑曰"有唐忠孝韓長山之墓"，故吏盧僎、邑人孟浩然立石峴山，事見《唐書》本傳。

唐故豫州郾城縣丞張君墓志并序存

右張孚墓志，姪繟撰。孚，漪之子，繟，軫之子，孚子絩，絩子迪，《世系表》均失載。《地理志》郾城屬許州，此云豫州郾城縣者，長慶元年始以郾城屬許州也。志于郾城下注："武德四年，以郾城、邵陵、北舞、西平置道州，貞觀元年州廢，省邵陵、西平入郾城，隸蔡州。"案：貞觀間尚稱豫州，至寶應元年始改爲蔡州。此志立于開元廿八年，故稱豫州郾城縣焉。《通志》節。

熹案：繟天寶中與封演在太學，先後成進士，見盧雅雨《封氏聞見記序》。《聞見記》載繟初落第，頭頂《登科記》曰："此千佛名經也。"

王定保《摭言》亦載其事，而誤“繟”爲“倬”。志中劉商，《全唐詩》小傳字子夏，彭城人，工文善畫，登大歷進士第，官至檢校禮部郎中、汴州觀察判官，有集十卷，豈其人歟？《集古録》有孚所作《館陶令徐君遺愛誦》，爲開元廿四年事，在孚殁前五年。

宣聖遺像碑存

右碑在宜城鄢郢書院，高五尺四寸，寬二尺五寸二分，上兩旁篆書。

宣聖遺像左角下書“吴道子筆”四字。聞曩有直指過郭外鯉魚橋，馬驚不前，遂拂拭得之于橋下，歷年久遠，埋没於荒階斷礎間。乾隆壬寅，宜人修書院，復于墀道掘出，像高五尺，衣冠俱常服，腰佩劍，通身完好，信奇筆也。《湖北金石詩注》節。

齋案：曲阜衍聖公府有孔子遺像大小數碑，中有一碑高寬款識與此碑同，意此當自曲阜摹刻上石者也。今鹿門書院亦摹有此碑。

韓公井記佚

不著書人名氏，八分大書三字曰“韓公井”，其記真書。舊傳井有靈，人不敢汲，采訪使韓朝宗酌而飲之，由是汲者無患，故以爲名。碑以開元中立，在宜城。《集古録目》。

開元廿二年，初置十道采訪使，韓朝宗以襄州刺史兼山南東道。襄州南楚故城有昭王井，傳言汲者死，行人雖暍困不敢視，朝宗移書諭神，自是飲者無恙，人更號韓公井。楚故城今謂之故牆，即鄢也。此記今移在郡廨中。故城改爲牆者，梁太祖父烈祖名誠，當時避之，故至今猶然。《元豐金石跋尾》。韓公井記，闊六寸許，在驛東三十里楚昭王廟西，神嘗恡焉，古今莫敢窺者，近日山南采訪使韓公誓責其神，親酌而飲，自爾汲者一無災癘，遂號韓公井。《古刻叢抄》。

燾案：朝宗即思復子，《唐書》有傳，曾南豐跋所引皆傳中事，父子相繼爲襄刺史，亦佳話也。

道德經碑佚

在襄州。《諸道石刻録》。

燾案：唐尊老子，明皇嘗注《老子》，詔天下藏其書，貢舉人減《尚書》《論語》策，加試《老子》。《集古録目》有玄宗御注《道德經》碑，經玄宗書，注皇太子紹及慶王琮等書。開元廿四年，道士司馬秀等奏請兩京及天下應修官齋等州，造立石臺，刊勒經注云云，則此碑之立，當在開元中無疑。

孟浩然石像碑未見

在五龍宫，自題其名。《太和山志》。

襄陽令厙狄履温遺愛誦佚

周擇從撰，蕭誠書，天寶三載三月。《金石録目》。

襄陽令河南厙狄君遺愛誦，天寶中周擇從撰，蕭誠書。石已中斷，僅存其半，云履温峙之後。按《北史・厙狄峙傳》："其先遼東人，段匹磾之苗裔，以避亂變姓厙狄。"《集古後録》。

《唐書・宇文融傳》："融奏厙狄履温等二十九人爲勸農判官，假御史分按州縣，括正邱畝，招徠户口。" 履温有《夏晚初霽南省寓直》詩，注云："時兼尚書郎節度判官。" 厙狄本複氏，《寶刻類編》直以爲狄履温，非也。《金石存佚考》。

蕭誠，蘭陵人，起家奉禮郎。開元初，時尚褚、薛，誠爲之最。拜右司員外郎。《述書賦》注。

壽案：厙狄，《金石略》亦無“厙”字，《存佚考》所引《宇文融傳》“户口”句下有“而分業之，又兼租地安輯户口使”云云，應存元文，於義始完。《全唐文》載有履温《讓起復表》，誠搦管清婉，所書碑多李陽冰篆額，吕總評其書云：“舞鶴交影，騰猿在空。”見《墨池編》。《容齋隨筆》載南岳真君碑，荆府兵曹蕭誠書，開元二十年立，則誠又嘗官兵曹矣。此石舊府志云在縣西三里，未詳所據。

河南參軍張君與妻邵氏合祔志存

辛丑春，道出樊城，適門人張子黼司鐸襄陽，夜渡漢水過訪，出唐碑拓本九紙見貽，皆張漢陽先世曁裔孫墓志。蓋張氏族葬漢岸，道光十二三年間漢水齧塌岸址，土人獲九石，移之漢陽王祠，字跡完好，未經椎拓也。故自來收藏金石家皆未著録，此三紙乃其中幅之最小者，無書丹人姓名，而筆法遒勁，唐碑之絶佳者，可寶也。吳文鎔跋，《通志》引。

案：安養縣隋屬襄陽郡，即今之襄陽縣也。碑以“度”作“慶”“宍”作“肉”，與《史晨後碑》之“香酒美肉”之“肉”又異。《十二硯齋金石過眼録》節，《通志》引。

按：張軫志已編録，此其夫人合葬之志也。事蹟略同。惟此志云進士甲科，前志云擢秀才爲異耳。前志云嗣子繟、紹等，此志云嗣子曰繟曰縉，縉當即紹之改名者。《世系表》均不載。《地里志》襄州鄧城下云：“本安養，天寶元年改曰臨漢。”此志刻于天寶六載，猶稱安養，則謂天寶元年改者未確矣。宍，古“肉”字，見《淮南子》《吳越春秋》諸書，《漢書》又作“宊”。“本州”下闕一字，據史知是“刺”字。《補訪碑録》載軫志不著撰人名，而以此志爲軫第二志，標題復以軫志撰文之吕巖説注此志下，而顛倒其名，誤之誤者也。《通志》注。

壽案：右志鄉貢進士丁鳳撰。文中“慶”實作“度”，《通志》所引《過眼録》疑有脱畫。“世”字皆缺筆作“廿”，太宗諱故也。吳文節公跋所云張司鐸黼字下疑脱“華”字，爲嘉魚張式諄先生名，嘗爲吾邑校官，今其子孫皆寓襄陽。張氏墓志共十種，吴跋云九石，殆所藏偶遺其一歟。

放生池碑佚

唐襄州太守山南東道采訪使李憕撰，八分書，不著名氏。天寶十載，憕以城下漢水爲放生池，立此銘，不著年月。《集古録目》。

燾案：憕，并州文水人，事蹟具《新書·忠義傳》。《傳》言憕爲襄州，兼采訪處置使，此碑但言采訪，當是省文。憕後爲東京留守，死安禄山之難，謚忠懿。《全唐詩》小傳云謚忠烈，與本傳異，未詳孰是。憕之忠義，其文難得，而今不傳，可惜也。

放生池石柱銘佚

放生池，唐世處處有之，王者仁澤及于草木昆蟲，使一物必遂其生而不爲私惠也。《易大傳》曰：“庖犧氏之王也，能通神明之德，以類萬物之情，作結繩而爲罔罟，以佃以漁。”蓋言其始教民取物資生，而爲萬世之利，此所以爲聖人也。浮屠氏之説，乃謂殺物者有罪，而放生者得福，苟如其言，則庖犧氏遂爲人間之聖人，地下之罪人也。《集古録跋尾》。

不著書撰人名氏。天寶十載，李憕爲襄陽太守，父老，李君秀等請以襄陽、臨漢兩縣江水近城者爲放生池，止人漁釣，立石柱于東西境上以表之，因以君秀等狀及州符刻于柱上。《集古録目》。

燾案：右石，鄭《略》作石柱文。《輿地紀勝》引《集古録》，天寶十載，李憕記在府城小北門外。今考歐《録》明言不著書撰人名，其言天寶十載憕爲太守，亦不言其撰此銘，王氏蓋誤以前碑爲一石也。《墨池編》又以此石爲天寶六載，“六”字疑譌。近人《金石叢書》中《集古録》以“臨漢”爲“臨溪”，亦誤。

唐故大中大夫守新定郡太守張公墓志銘存

右張朏墓志，叙先世云“曾祖則，隋阰陽令”，與《世系表》及漪志稱澧陽令者不同。曛志又稱比陽、澧陽二縣令，蓋先令比陽後令澧陽，此稱阰陽，于例不合。比，“阰”之本字。《楚詞》：“朝搴阰之木蘭兮。”謝朓詩：“阰山起朝日。”《廣韻》：“阰山在楚南。”《説文》無“阰”字。今得此及曛志，知“阰”古作“比”，後人加阜旁耳。又云“父晦之，桂方正字、左率府兵曹參軍”，《世系表》失載。柬之贈越州都督，亦不見于史傳，當是後來追贈，莫考其時，或即在賜謚文貞時也。又云“夫人隴西李氏，相州堯城縣令昭禮之女”，《世系表》乾祐下失載昭禮，可據此補之。《表》稱丹陽李氏，此稱隴西者，從其朔也。隴西四房：一武陽，二姑臧，三燉煌，四丹陽也。又云“嗣子回等”，則朏子不獨一回，故銘詞有“如鳲之育”語，然不可考，但補回于《表》而已。《通志》節。

燾案：朏志無書撰人姓名，晦之名已見玄弼志。桂方，當作“桂坊”。《新唐書·百官志》東宫官屬有正字二人，原注唐改太子正書曰正字，龍朔三年改司經局曰桂坊，又改司經大夫爲桂坊大夫。觀此，知作“桂方”者誤矣。其曰“再太子僕寺丞、太子文學”，並東宫官屬，“再”字下當有脱字。李乾祐事見其子昭德傳，言乾祐爲司刑太常伯，不言爲刑部尚書。據《百官志》注，龍朔二年改刑部爲司刑，傳蓋當時語也。昭德傳亦止言昭德鳳閣鸞臺同平章事，後贈司空，無爲中書令事，與志異。

唐獨孤府君碑佚

李邕撰，蕭誠書。誠書世多有，而此尤佳。碑在峴山亭下。余自夷陵徙乾德，嘗登峴山讀此碑，碑爲四面，而一面字完，今人家所傳只有一面，而余所得有二面，故其一面頗有譌闕也。府君諱册，字伯謀，河南人，其文不完，故不見其終始。《集古録跋尾》。

襄陽牧獨孤册遺愛誦，李邕撰，蕭誠行書，天寶中立。《金石録》。

按：獨孤氏出自劉氏後，度遼將軍進伯擊匈奴，被囚于孤山下，生尸利，單于以爲谷蠡王，號獨孤部，後以其部爲氏，在《唐書》九十八族之中，而册之名不見于《世系表》。考《孟浩然集》有《陪獨孤使君同與蕭員外証登萬山亭》詩，“同”字疑即“册”之譌，而蕭員外証即誠歟？《金石存佚考》。燾案：册，《墨池編》又譌作“用”。

燾案：誠爲人軟美，事見《唐書·李泌傳》。《封氏聞見記》載李邕不許蕭誠書，蕭乃詐爲古帖示李曰：“右軍真蹟。”李嘆以爲真，蕭以實告，李復取視曰：“細看殊未佳。”此説近謔。北海人品詞翰，非俗手所能望其萬一，其爲鑒賞，顧謬悠無定識乃爾耶？《海岳名言》稱御史蕭誠太原題名，唐人無出其右，其爲司馬係南嶽真君觀碑，極有鍾王趣，餘皆不及。海岳非妄諛人者，則略誠之爲人而節取其書可耳。

襄陽牧衛玠遺愛誦佚

李邕撰，蕭誠書，天寶中立。《寶刻彙編》。

按：《寶刻叢編》作“衛玠”，《寶刻類編》脱“玠”字。《通志》注節。

燾案：衛君事無考，但晉洗馬之名，衛君似不應不知，同姓者復與同名，何耶？

襄陽令盧僎遺愛碑佚

唐太子正字閻寬撰，伊闕尉集賢院待制史惟則八分書。僎字守成，范陽人，爲襄州長史，此蓋去思碑也。碑字多殘闕，不見所立年月。《集古後録》。

襄陽令盧君德政碑，閻寬文，史惟則八分書。《金石録》。

按：僎，臨漳人，從愿從父，自聞喜尉入爲翰林學士，終吏部員外郎。閻寬爲醴泉尉。史惟則名浩，以字行，天寶中嘗爲伊闕尉，後至殿中侍御史。《金石存佚考》。

燾案：僎事見《新唐書·儒學傳》，不言何處人，《存佚考》蓋據從愿傳，以爲臨漳人，碑中稱范陽，從其朔也。本傳寥寥數語，止言自聞喜尉入爲學士，據《趙冬曦傳》言開元集賢學士，又有尹愔、陸堅、鄭欽説、盧僎名稍著，《褚无量傳》言王擇從與盧僎等校理秘書，則僎所官似非翰林學士矣。其字本傳不載，以其名審之，疑“守”字爲“介”字之譌。本傳亦無爲襄陽令事，惟《韓思復傳》有故吏盧僎語，是其一證，可補本傳之闕。《唐藝文志》有《盧公家範》一卷，注盧僎，則僎之爲人可見一斑。《宋藝文志》有《盧僎家範》一卷，似竟以爲僎著，與《唐志》小異。閻寬，《全唐詩》載其詩五首。史惟則名浩，未知《存佚考》所本，亦不詳其事蹟，惟其爲吳郡人，官至殿中侍御史，在唐中葉，以八分名家，亞于韓擇木，或評云：“雁印平沙，魚躍深淵。”説見《墨池編》。其歷官之見於各石刻者，如《萬回神迹記》則稱太子右内率府録事參軍、集賢院學士，《宋公神道碑》則稱陽翟令、集賢校理，《御書春申廟碑》則稱前廣陵大都督府户曹參軍，《能大師碑》則稱河南陽翟丞，《王仁忠碑》則稱都水使者，《大照禪師碑》則稱集賢院待制兼校理。稱殿中侍御史者，獨此碑耳。此碑近人朱氏記榮于歐《録》下引趙《録》云天寶中立，而所刻趙《録》中無此語，不可曉。

山南東道樓碑佚

李陽冰篆“山南東道”四字，宋淳祐辛亥，[1]程士元爲守，創立層樓。端平中，襄陽失守，碑篆蕪没。《府志》。

前刺史李適之德政誦

唐州。《金石略》。

焘案：適之《唐書》有傳，言刺陝州，無刺唐州事。唐州今棗陽境，惜碑已佚，末由采其事以補史闕。以其與李陽氷皆開、寶時人，故列於此。

王粲石井闌記佚

節度參謀甄濟撰，襄州判官彭朝儀書。魏侍中王粲故宅在襄陽，其石井闌至唐猶存。上元二年，山南東道節度使來瑱移之于刺史官舍。碑以上元二年七月立。《集古録目》。

參謀太子舍人甄濟撰，判官彭朝議書。濟者，韓愈所謂陽瘖避職，不汙禄山父子者也。其文得之爲可喜，而朝議書尤善，皆可愛者也。《元豐金石跋尾》。

焘案：甄濟字孟成，定州無極人，以不受禄山父子僞職，肅宗拜濟太子舍人，來瑱辟爲襄陽參謀，後官著作郎，兼御史，卒。事蹟具《唐書·卓行傳》。瑱爲潁川守時，禄山嘗使降將招之，亦不應，見瑱本傳。

廣習池記佚

虞允中撰，大曆二年立。《訪碑録》。

節度使梁崇義碑佚

在襄陽縣東二里。《訪碑録》。

焘案：崇義列《唐書·叛臣傳》，以彼其人，而有爲之立碑者，無怪後世貢諛者之多也。存之以徵世變。

梁將軍碑佚

在穀城縣北二十里。《訪碑録》。

燾案：此與崇義是否一人，無可考，以原録分列，又在兩地，故仍之。崇義爲山南東道節度，又嘗爲山南東道兵馬使，在代宗時。代宗紀年盡于大曆，故列此碑于廣習池記後。

襄陽新學記佚

盧羣撰，羅讓行書，貞元五年六月。《金石録目》。

在府學。《輿地紀勝》。

貞元五年六月建，碑陰題“山南東道節度嗣王皋”等十三人名。《復齋碑録》。

盧羣字載初，嘗爲曹王皋判官。羅讓字景宣，父珦亦在曹王皋幕府。讓書《襄陽學記》最有名。米元章始效其作，後乃超邁入神。宋人避英宗本生父濮安懿王諱，或作羅遜，他書遂列之宋人書中，失之矣。《金石存佚考》。

燾案：羣《唐書》有傳。讓附見其父珦傳，會稽人。珦嘗爲山南東道副使，以功封襄陽縣男，故他書或誤以讓爲襄陽人。元章學讓書，説見周必大《平園集》。觀《書史》謂“王仲修收唐湖州刺史楊漢公書，有鍾王法，與襄州羅讓行書碑同”，可得其淵源微旨也。讓有文集三十卷，見《唐藝文志》。

新修劉景升廟記佚

羅讓書，在襄州。《金石略》。

盧羣撰，羅讓書，貞元中立。《訪碑録》。

襄陽北樓記佚

天時有晦明，人情有舒慘。或感悴交構，鬱凝不發，非登高遠眺望，則無以疏達其氣，導冲和之性焉。藹藹襄陽，山水之鄉，征南興峴亭之賞，賢王造北樓之勝。緬邈千載，遐襟一致。静操其旨，得不根柢于是乎？然勢勝則同，制作乃異，請得本末而言之。先前之人，公舍之内，特建危榭，以瓌碩之材，樹窒雜之地，左右翳薈，顧視生熟，人莫能登，甚無光輝。我公懷之，會日官府無事，攜鄒生、枚叟之客，高步縱觀于城之墉，次于北隅，大獲偉地，公竟符曩意，據陴不去，玄機一發，樓在吾目。由是振陳爲新，拔卑爲高，經營鼓智，才力什一，笑抃之下，峩峩横空。襄人駭之，謂靈物佐助，不然者，何以不憚貨，不峻程，不罷民，而成不朽之績，容易若此之甚也。夏五月辛巳，公欲亟逞遐矚，亦既樂只，爲食有酒，聚賓而登之。異其勢隱，軫氣崇融，上乘百雉，旁壓萬井，飛陛虹指，長檻雲截，凌昭回而永睇，闞萬態之糾紛。楚山無際，漢水遠去，郢門商維，微茫天外。當是時，大火炎炎，里閈如燔，更箄驟盥，熮灼不解。及其燕也，即窈藹静深，端和肅清，輕猋四來，衝闥動扃，坐賓相顧，如在顥氣，况乎春之發舒，秋之泬寥，固不言而勝矣。壯而不侈謂之範，作而不費謂之智，登降有序謂之禮，享宴有惠謂之仁，道崇者聲輝，位大者物舉，搢紳君子，咸谓此樓與羊公峴亭不没矣。若掘客土，斬異材，襲他山之石，奪齊人之力，肆浩蕩之觀，窮靡曼之樂，實曰涼德，賈謗不暇，亦文者何述焉。野人鯫劣，備詳公明白之實，敬揭休休，爲來者大猷。五年六月十五日記。《文苑英華》。

貞元五年符載譔。《金石存佚考》。

熹案：符載字厚之，蜀人，初隱廬山，後辟四川掌書記，加授監察御史。集十四卷，今存詩二首，見《全唐詩》小傳與《唐藝文志》所録，載集卷數合《宋志》，則止作二卷，蓋不久已散佚多矣。貞元五年，其時爲山南東道節度者，當是樊澤。記中“王造”句上據《全唐文》補“賢”字，“特建”“建”字《全唐文》譌作“達”，“窐”作“窪”，“懷之”下有“思有所致”句，“會”字下有“異”字，“爲新”作“成新”，“憚貨”作“殫貨”，“有酒”作“肴酒”，“闞”譌“關”，“襲”作“礱”，“曼”作“嫚”。

孟浩然碑佚

在襄陽縣東南十二里。《寰宇記》。

唐故襄州處士孟君墓碣銘佚

樊澤撰，正書，無姓名。《金石録》。

在今谷隱寺。《輿地紀勝》。

唐處士孟君墓碑，余嘗親拜墓下。碑劖兩面，極磨滅，首行有“江南風景”四字，墨工謂之江南風景碑。余反復玩味，乃同一碑爾，遂語諸人，其後得全碑者自余始。此碑不著書人姓名，《襄陽耆舊傳》謂亦樊澤書，其間“可以言詩”及“詩語樂和”，“詩”字俱從旨從寺，此字于他書無所見，聊記之。《集古後録》。

羅隱、張蠙、陳羽、釋貫休、齊己諸人詩，皆以浩然墓在鹿門山，而《唐書》則云鳳林一在縣南十里，一在縣東三十里，亦傳聞之異詞也。《金石存佚考》。

燾案：《唐書》浩然本傳，樊澤爲節度時，浩然墓庳壞，符載以牋叩澤，澤乃更爲刻碑鳳林山，封寵其墓云云。考澤初代賈耽爲節度，在德宗建中時。貞元三年，徙荆南，未幾曹王皋卒，軍亂，以澤威惠著襄漢間，復徙山南。是碑之立，非建中即貞元，自不待言。惟載復有寄于尚書書云“朱校書至，猥辱書問，并示孟處士碑篆端由，捧讀彌日，忭躍無次”云云。見《圖書集成·贈答部》,《全唐文》亦載之，所稱于尚書者，頔也。頔以貞元十四年始爲山南東道節度，審載書旨，似碑撰于澤而立于頔，又碑正書，頔時始補爲篆額也。谷隱寺去鳳林甚近，與樂氏所記亦不相遠，以標目各異，恐非一碑，故分著之，然與羅、張諸詩皆不合，意處士墓或先後有遷徙耶?《集古後録》所引之《耆舊傳》不知爲何人作，彦威書無由道樊成公事也。

【校記】

〔1〕“淳”，原作“純”，避清穆宗諱，今改爲本字。

襄陽金石略卷七

唐

漢陽王張柬之碑佚

李邕撰，瞿令問八分書，貞元十二年十月。《金石録》。

張漢陽碑，在縣西二里。《寰宇記》。

中書令張柬之碑，瞿令問八分書，在襄州。《金石略》。

閲所曝碑册，見李邕所作《張柬之碑》，讀之終篇。五王與劉幽求等，皆有社稷大功，然五王沈勇忠烈，非幽求輩險譎貪權，偶能濟事者比。其間桓彦範與柬之尤奇才，可與姚崇相先後，蓋皆本於學術，不幸不能自免於禍，亦坐書生習氣，仁而不能斷也。若以柬之、彦範之才而輔之幽求之决，豈特卒保其身，安得更有景龍事乎？《避暑録話》節。

燾案：此碑趙《録》較詳，而與樂、鄭兩家標目各異。今《通志》謂嘉慶《通志》分爲二種之誤，余不敢遂以爲然，蓋此碑之立去漢陽没已久，以漢陽勛德，景龍初既復官爵，不應遲數十年其家始爲立碑，疑此碑必有非一時所立者，特其石已佚，末由訂正耳。《新唐書·邕傳》："五王誅，坐善張柬之，出爲南和令。"考北海被害在天寶時，年已七十，此碑不能决其作於何時，然其不以死生禍福易節，即此可見。令問事無考，惟元結《窪尊銘》與《陽華巖銘》皆令問書，元結墓碑中有故吏江華令瞿令問等，感念恩舊云云，見《中州金石記》，意亦非俗吏也。

張端公西園記佚

南雍州地靈氣爽，號爲雄勝，峴山漢水，環抱里閈。東西主人有問於我，我或致讓其地荆揚淮楚之不侔也。由是侍御史張公，得風景之高朗，依連帥之仁愛，遂此一廬，作爲宅居。居有園，園在萬山東五六里，檀溪西三百許步，南直漢高廟，正當佛宫數四，與岑巒迤邐，蒼蒼松檜，盡爲前庭木。前有名花上藥羣敷族秀，霞鋪雪灑，瀲灩清波，後有含桃朱杏，的皪蔭藹，殊滋絶液，甲冠他囿。每天清雲凈，雨霽風息，山僧羽客，洎簪纓好事者，亟來從之。開軒設簟，耳目祛曠，煮茶摘果，動至酣樂。出門爲人寰，燕居成山林，適自中得，萬累何遠。故公用是上才，草聞風聲，舊齒曩曹，翰飛青冥，令手操財賦之柄，心寓希夷之際，人謂官薄，我有浩氣，屈伸通塞，頹如也。即西園之地，實張公營造之塲也，是何棲心拔俗之遐曠也如此。載匡廬遁客，目游履踐，故輒書衆美于素壁之上，使異日造辟畺者，即用之爲導人云。丁丑歲六月庚午，推曆者以爲金畏火而伏之日，符載之記。《文苑英華》。

張端公西園記碑，符載譔，貞元十六年六月。《金石存佚考》。

熹案：《唐書・百官志》，侍御史六人，或謂之雜端，或謂之臺端，或謂之副端，故當時多稱御史爲端公。又各道節度有支使、支度使，此碑所云“手操財賦之柄”，當是以御史出爲支度使者。碑中“正當佛宫”句，詳其文義，“正”似爲“北”之譌，否則當從《全唐文》“正”下有“相”字。族秀，《全唐文》作“簇秀”，非。“營造”作“營道”，“導人”無“人”字，“載”字下有“厚”字，是也。貞元以乙丑改元，丁丑爲貞元十三年，《存佚考》作“十六年”，殆作記後又三年始上石歟？

重立王粲石井欄記佚

上元二年，來瑱移石闌于州治，立石作記。貞元十七年，于頔爲節度，又爲之記。掌書記胡證八分書。後又題記頔進封燕國公事，隨軍屈賁書，是年六月立。《集古録目》。

碑在都統司。《輿地紀勝》。

燾案：頔、証《唐書》皆有傳，証字啓中，河東人，嘗爲頔掌書記。《唐百官志》節度屬官有隨軍四人，此碑後題屈賁，蓋頔隨軍之一。

大唐故試左武衛率府兵曹參軍清河張府君夫人琅玡王氏合祔墓志銘并序，存

府君諱惟，字部本，望清河，先祖徙居范陽，今爲范陽人也。曾祖諱皋。祖諱均，前試太常寺奉禮郎。父諱璋，前試太常寺太祝。并英華外發，道德内融，貽宴孫謀，克昌後裔。府君即太祝第三子也。忠厚廉平，温和□性。矜孤恤寡，濟弱扶危，先以禮義。立身謙讓爲本。長開東閣，不易孟□，四遠英才，賢良畢集。家大梁，後移楚漢，寄住襄陽，閑居養性，怡然自樂，得其志道。烏乎！梁木其壞，天奪其壽，以貞元十九年時染風疾，異藥名醫，竟無痊退，以七月六日奄終于襄陽縣殖業鄉崇教里之私第，春秋六十有六。緣時月未便，遂權厝在堂。夫人王氏，笄丱之年歸于府君。窈窕容華，禮事君子。有男女數人，並皆成名，出仕孝行，聞于鄉閭。夫人不幸以貞元五年七月，先公而歿，遂從權也。今則尅兆龜筮吉辰，以二十一年乙酉歲春二月辛丑廿日庚申啓發，合祔歸葬于襄陽東津鄉榮村白沙里，禮也。府君有男四人，女四人：長曰貞古，前試太常寺協律郎。仲曰貞遂，季曰貞亮、貞和等，並文武之材，温良其性，咸奉嚴訓，恭儉承家，和顔以睦親，禮義以接下，執喪過禮，數日絶漿，泣血苫廬，號天叩地。長女適濟南淳于元亮，餘皆並幼，閨門令淑，上奉母儀，痛尊顔之永隔，五内崩傷。夫人范陽盧氏，孟門軌範，育女訓男，撫恤徧孤，哀號晨夕，營辦喪事，罄竭家資，哀禮合儀，閭里稱歎。孝等泣血匍匐，負土爲墳，恐陵谷改易，見託爲志，勒銘貞石。乃爲銘曰：

皇帝之係，間生我唐。英華冠蓋，盛族傳芳。太祝之子，柱國榮昌。温和爲性，濟弱撫强。移家楚漢，第宅襄陽。閑居養性，志道爲良。天奪其壽，生死是常。猗歟夫人，先公而亡。今尅吉日，合祔玄堂。千秋萬歲，地久天長。孝子順孫，福祚無疆。刻石爲誌，松柏青蒼。親賓嗟嘆，行路讚揚。

昭武校尉守左武衛翊府左郎將河東屈賁述并書。

壽案：右誌光緒丁酉始出土，爲一武人所得，匿不示人，故金石家鮮著録。惟雖范陽人，而與漢陽王不同族。其祖與燕公子同名，誌中“不易”“易”字疑爲“巽”字之譌。“孟”字下所闕疑是“嘗”字，尋上下文義可見。賁事别無可考，其書風神駘盪，於虞、褚爲近。此石止闕二字，雖角小裂，固而存之，無傷也。

唐故山南東道節度右廂步軍使左金吾衛大將軍員外置同正員試殿中監上柱國食邑二千户王公墓志銘并序，存

府君諱大劍，太原郡人也。曾祖渾，涇原節度衙前兵馬使，兼同節度副使，驃騎大將軍，試鴻臚卿，平原郡王，仙姿善政，雅振厥聲，在公秉直，綽有餘裕。祖釴，朔方防秋兵馬使，守左金吾衛大將軍，試太常卿，上柱國，賜紫魚袋，器宇澄明，識量端敏，衣纓領袖，人倫模楷。烈考令均，左神策兵馬使，開府儀同三司，檢校太子賓客，上柱國，賜紫金魚袋，温雅有譽，貞素立節。公即左神策兵馬使之長子也。公性本温克，質惟貞嚴，鶚立于羣，猿臂善藝，頗以勇略。會知己之薦，有詔拜驃騎大將軍，仍封太原郡開國公，食邑二千户。其爲人也，弱齡强學，中歲從戎，立操緝綏，軍之紀綱。相國公念其宿將多在焉，舉賢用能，公以全才。烏乎！壽不永，位不崇，有志何哉促耶？以元和四年八月卅日寢疾，啓手足于襄陽郡縣春臺鄉漢陰里之私第，春秋六十有七。相國公見危壽命，哀動久之，思命衙前虞候李梅監助喪，仍給贈錢五十

萬，絹五十端匹，卜兆于漢陰東津鄉之平原，用其年十月十三日。有先夫人安氏，撫而泣曰："生女如是，可謂隆家。"徧告姻聯，以爲楷則，不幸之悲，先公三年而終。乃娶曹氏夫人、盧氏夫人，稟訓德門，以歸于我，輔助君子，動叶禮經。公有兒女六人：嗣子義温，署荆南節度散將。次子洎仲子惟明、季子惟能，並承習先志，克全家風，不競不趨，以道自首。幼子重陽。女八娘，皆幼而聰敏。泣在苫蘆，號叫無時，蓬首罾兒，念慈天縱，非庭訓之所及，切恐陵谷遷易，刻石記德。銘曰：

天道不問，人生若浮。黄壚杳杳，玄夜悠悠。楚雲易滅，孫電難留。文德既修，武功厥成。爪牙是寄，繡衣其榮。天不假壽，永謝芳名。

燾案：右志不著書撰人姓名。曾祖渾脱"祖"字，"臚"譌"驢"，今爲增改。鈛名見《唐書·宰相世系表》，而不載其官，其上水旁名甚多而無渾名。其"勇略全才"兩句與"有先夫人"句下，似均有脱句。"以道自首""首"字疑"守"之譌。文不甚佳，字亦時有俗體。其款式如曾祖、祖、烈考上皆空兩字，"長子"上空一字，"勇略"上空兩字，"詔拜"上空八字，"相國公"上空四字，亦他碑所罕見。特以古物日稀，又其書法頗近歐、柳，故存之。是時于頔以司空同中書門下平章事爲山南東道節度，所謂相國公者，當是頔也。

唐故文貞公曾孫穀城縣令張公墓志銘并序，存

右張曛墓志，張氏諸志叙述先世，此爲最詳。玠，《世系表》作"紑愿"，官江南東道采訪使，《表》無"南"字。曛爲愿第八子，其諸兄名無考。《表》載有煦，官殿中侍御史者，當是曛兄。《表》以愿爲漪子，故以煦爲漪孫，誤也。志叙曛懷表詣闕一事，卓卓可傳，而不見于史册。據志所叙，在貞元録舊臣子弟之後，而《柬之傳》云："景雲元年，謚曰文貞。"失實矣。柬之贈司徒在建中年間，《傳》亦不載。志首行標題云"文貞公曾孫"，此爲創例。尚直甄、豆盧遜志皆冠父爵于

上者，以其無爵也。曛有爵矣，而冠以曾祖之謚，殆以文貞謚因曛抗表而始錫，故特加于官爵之上，以表其行蹟耳。暴鰓即“暴腮”。臬，“臭”之俗，見《玉篇》。《通志》節。

熹案：曛志鄉貢進士崔歸美撰，節度擊討副使屈賁書并篆。其先世據《梁書》，弘策有子緬，緬弟纘、綰，名旁字皆作糸，則《世系表》作“紑”者似合，而志云生玠，不可曉。賁書不多見，此志駘盪中加以方嚴，有六朝魏碑遺意，可爲張氏諸志之冠，視前張惟志尤勝。曛事可補史闕，賁書因附以傳，可寶也。

唐故隴西李府君墓志銘存

將仕郎錢吉州太和縣尉孫忠幹撰。

府君姓李，諱景逸，隴西人也。先祖光，即老氏之後。曾祖已來，不事王侯，樂則行之，憂則違之，遁世而已，所謂時人高尚者矣。景逸乃光之嫡子也。府君玉白天姿，皎皎如月，孚信重諾，藴習儒風，行在堅貞，志閑養性，聞過則改，見善則遷，府君之德也。烏乎！天與其限，神奪其壽，以元和七年五月廿五日寢疾，藥餌無徵，殁于襄陽漢津鄉漢池坊第宅之邑，享年七十有八。夫人秦氏，夙夙母儀，三從早著，有蓋姜之德，習曹誡之功，温良可恭，節操之志。夫人生李公之二子：長曰伯潛，次曰伯宥，伯潛年餘廿，好翫《周易》考至命之書，仰觀天文，察知地理，閭巷謂之一寶，世上謂之英賢。聰侔過於顏回，孝行曾參不侍。何圖積善無應，妙年先没，權卜于楚墓之東南，後擇良年，同遷塋域。次子伯宥，性行純柔，傳尋詩禮，好習古今，與朋友交言而有信。哀哀罔極，終身號天，泣血連連，柴毁骨立，禮制三載，心喪不忘。新婦富春孫氏，敬順舅姑，能和九族，晨昏涕泣，六禮無虧，内外嗚噎。府君以其年歲次壬辰孟冬之月廿四日，葬于楚山之東，漢水之南，官路之北，東津之西。慮恐陵谷變，封樹無依，乃爲銘曰：

寒風起兮煙樹間，人之聽兮慘容顏。東津月照新墳處，漢水茫茫流不還。

燾案：右志聞亦爲一武人所得，不肯示人，搨工止抄文見寄。茲依碑中年月録于此。景逸不見于《世系表》，忠幹文亦不甚工，中如“嫡子”句“子”字、“第宅”句“邑”字、“蓋姜”句“蓋”字、“温良”下“可”字、“節操”下“之”字、“聰”字下“侮”字、“不侍”“侍”字，均疑有譌，俟得拓本，當更訂正。

樊公遺愛碑佚

中書舍人平章事李絳撰，太子少保鄭餘慶書，山南東道節度袁滋篆額。滋鎮山南，言故貞元中節度使樊澤在州有善政，請立遺愛碑。絳奉敕撰。澤字安時，南陽人，終于荆南節度，謚曰成。碑以元和八年十二月立。《集古録目》。

元和八年立，在子城中。《輿地紀勝》。

碑云相國賈公，時鎮漢南，以公爲行軍司馬，明年召賈公，公代其鎮。賈公者，耽也。初，耽以德宗在梁，使樊奏事，俄有急詔，以澤代耽。大將張獻甫曰：“天子播越，行軍以公命問，乃反利公土地，可謂事人不忠矣。軍中不平，請爲公殺之。”耽曰：“是何謂也，朝廷有帥命，即爲帥矣。”碑稱詔始下而情悦，毁譽之不可信如此。《集古後録》。

燾案：澤、絳、滋、餘慶，《唐書》皆有傳。絳傳謂其以直道進退，聞望傾一時，此碑乃有不能取信于後世者，何耶？《藝文志》有絳集二十卷。《通鑑》，澤奏事行在，既復命，方入宴，有急牒至，以澤代耽。耽内牒懷中，顔色不變。宴罷，召澤告之，且命將吏謁澤。牙將張獻甫怒曰：“行軍自圖節鉞，事人不忠，請殺之。”耽曰：“天子所命，則爲節度使矣。”即日離鎮，以獻甫自隨，軍府遂安。《後録》所引與《通鑑》合，獨誤以“牙將”爲“大將”。然唐時藩鎮如耽者爲難得矣。餘慶傳稱其善屬文，《藝文志》有集五十卷。《墨池編》《續書斷》稱其爲樊澤書神道碑，遒熟可喜。滋傳稱工篆隸，有古法。此碑皆當時名人，今竟不傳，可爲痛惜。絳於元和四年爲興元亂軍所戕，則撰碑後數年而碑始立也。

彭城劉公故夫人崔氏墓志銘存

右劉公崔夫人墓志。志中第二子弘復即劉志之彝復，後改名耳。崔出于博陵，十一代祖懿爲燕秘書丞，八子分爲六房。按《宰相世系表》，崔懿字世茂，五子：連、琨、格、邈、殊。又三子：恰、豹、偘。八子爲六房，與志同。連字景遇，此云異，未知誰之字。《通志》節。

燾案：右志爲劉夫人外甥鄉貢進士辛劭譔，元和十年十月立。弘復當因其先世有弘度、弘昇諸人，故改名。

宜城驛記佚

元和十四年韓愈撰。《輿地紀勝》。

唐朝散大夫檢校太子詹事襄州節度押衙兼管內諸州營田都知兵馬使及車坊使卜府君墓志銘并序，存

鄉貢進士盧子政撰。

子政少習典誥史傳，聞前賢有御衆濟時之才，匪不三復而嘆尚者。長而志于天地四方，耳目聞有含忠履潔之士，未嘗不攝衣整容，贊揚敬事，以才難也。自旅于襄，於衆口得河東卜君之德，僉曰地無大荒，軍儲既富，使我雄藩獲安，庶士不辱，非卜君而誰？君之先河東人，曾王考怡、王考隣，並高尚不仕。君諱璀，字無質，性質而毅，行潔而高，聞正直多懌懌之容，斥姦邪有懍懍之色。我唐貞元末，司空于公節制漢南，爲諸侯師，凡所奬用，非碩才宏略，固無階而進矣。署君以節度總

管充車坊使及知征馬五屯鈐轄，是固駿逸是滋，二十年餘，日有能事。及司空嚴公主是邦，復重其才，補充同押衙防城及車坊都知兵馬使，並勾當官園馬禾等，州府以肅，城隍無虞，三軍足蔬，萬馬常秣。其大略也，奉公如私。元和十一年，蔡師反側，王命以尚書高公充唐鄧等州節度使，時所任使實難其才，君以職屬尚書，補君充三城都虞候，部署兵馬。公仁庶在中，威稜於外，所謂文武不墜者也。克勤在職，星歲數周，元戎有委任之誠，逆黨無窺覦之路。及僕射李公領襄陽，以君勳績昭著，寬猛適中，又補宜陽栅都知兵馬使，備辦戰具，委令部署歸降將士，及招恤蔡州百姓，孜孜懇懇，事無不善。至元和十三年節度使尚書孟公又補充襄唐兩州營田兵馬使，管長院四所軍健三千人，每歲出斛斗三十萬石，或驕陽旱時，歲謂不稔，必潔誠具牲，躬禱靈祠，無不沛然有應，瘁苗復蘇，使漢南諸郡無凶年憂，非君之德歟？及蔡平，節使以殊績聞奏，惟帝念功，授朝散大夫，檢校太子詹事，充節度兼管内營田都知兵馬使及車坊使，前後節制委用，悉如左右手，非公幹仁賢，孰可致此？涖於職以忠誠，居于家以仁孝，九族六親，恩惠必及。每以容衆禮賢，敬奉釋道爲事，經曰居家理，故治可移于官，卜君是矣。嘗暇日，顧夫人子女曰："吾聞崇山有崩，大川有竭，萬物草木，既榮必枯，死生之理，昭然可見。吾不同鄙俗者，貪生而惡死哉！前典所稱，有始有卒，吾聞斯語矣。願及生前得備葬事。"夫人子女，號叫嗚咽，不得已而營築墳闕于襄陽縣清平鄉招賢里之原，從宜也。後十年，以長慶二年九月十四日疾終于襄陽私第，享年六十六。夫人吴興沈氏，子一人曰期，女一人猶室。嗚乎！德厚位卑，古今所嘆，如君知足達道，貴賤齊觀，長事旌旄，殁啓手足，乃知修身防患，事無苟求，亦古今所尚也。子政幸游于襄，於辯論者熟君之名節，願以不腆之文紀述盛業，得以成四方之志也。咏嘆不足，復以爲銘。銘曰：

赫赫諸侯，雄雄大藩。二十年事，委任于賢。其生以榮，其殁以全。利富公家，業盛私門。名垂身後，墳覩生前。君子于歸，千秋此原。

長慶二年歲次壬寅十一月丁巳朔闕三字。壬申。

燾案：右志無書人姓名，書不甚工而文不俗，獨其述卜君先世止及曾祖、祖而不言其父，疑有脱文，否則於例未協。志中所云于公者，頔也，嚴公者，綬也，高公者，霞寓也，李公者，愬也，孟公者，簡也，其時代悉與史合。惟《簡傳》不言其爲尚書，言簡爲山南東道節度而不言何年，此皆可補史闕。

襄陽文宣王廟記佚

裴度撰，崔倬正書，盧弘宣篆額，太和六年四月。《金石録目》。

燾案：倬見《世系表》，爲太常卿溉子。《全唐文》載倬《石幢叙》，自云幼習魯公書法，小傳言倬官宋州刺史。弘宣字子章，元和中擢進士第，鄭權帥襄陽，辟署幕府。李愬代權，二人交憾，弘宣謁愬，愬敕左右謹衛，既與語，見其冲遠，不覺洗然。晉公以太和四年爲山南東道節度，八年徙東都，表弘宣爲判官，事並見《唐書》裴度及弘宣本傳。《唐藝文志》有弘宣所著《家祭儀》，即本傳所云“合十二家法，損益其當，次以爲書”者。此碑立于太和六年，時弘宣正在晉公幕府，與史合。

唐朝請大夫試絳州長史上柱國趙郡李君故夫人京兆杜氏墓志銘并序，佚

從弟將仕郎守弘文館校書郎宣猷撰。

夫人諱瓊，字瓊，本京兆杜陵人，後因家邢州，遂爲邢之堯山人焉。曾祖知慎，皇將仕郎，守南宫縣尉。祖昌運，守忻州定襄，左果毅，上柱國。父栖巖，皇散大夫，試左武衛長史。夫人長史之叔女，笄年歸于李君，明正清劭，輔以才能，落落焉有賢能之操。閒歲李君隨牒襄陽，夫人亦來漢上，宣猷與夫人闕。連得叙宗族，日漸月深，情同

密親。始余隨進士貢，路出漢濱，時寓夫人里第，稅駕之後，徒御如歸，開筵拂辶，主禮甚渥。李君賢厚少事，以儒書自適，門内之治，實夫人主之。其奉夫也以敬，其訓子也以義，其睦親也以誠，其接下也以德，吹惠布明，家政焕然，舉是而言，雖賢丈夫無以過也。烏乎！才智方遠，光景不借，以太和五年十二月三十日薨于襄州旌孝里之私第，春秋六十有五。明年十月十一日，安厝于襄陽縣習池鄉之西把里。夫人生二女二男：長女適太原王儀，次女適扶風馬寧。長男德元，次男德章。德元幼奉擇隣之訓，明經擢第，釋褐隨縣尉。德章休休然，亦以詩禮光業。今則泣血崩心，若無所容，光遠有期，託余志德，濡毫寫悲，不羞不能。銘曰：

杜氏之先，陶唐同源。遠派摇漾，爲傑爲賢。夫人體之，令範昭然。身同朝露，門閉幽泉。刻銘片石，千年萬年。《古刻叢抄》。

唐絳州長史李君夫人京兆杜氏墓志，後記李公諱齊用，太和九年卒，附于夫人塋，孫亞夫記。《復齋碑録》。

燾案：右志所言李杜諸人事皆無考，惟《宰相世系表》襄陽杜氏有知謙，邢州刺史，與知慎當是兄弟行。其家邢州，當即以知謙宦游于邢之故。宣猷嘗爲監察御史，以不稱職，爲高元裕論罷，見《新唐書·元裕傳》。《金石録》載有宣猷所書《杜中立碑》，又跋宣猷《潛溪記》，引《唐書·宦者傳》，宣猷爲福建觀察使，中官多閩人，宣猷每歲時遣吏爲上冢，時號爲敕使墓户云云，此事並見《通鑑》，可證其不稱職之一端，其人亦可知矣。

唐故朝請大夫唐州長史兼監察御史彭城劉府君墓志銘存

右唐州長史兼監察御史劉密墓志，碑云“皇祖姑爲睿宗皇帝正后，誕讓皇帝、唐昌公主”。按《新唐書·皇后傳》，睿宗肅明順聖皇后劉氏，劉德威之孫女，生寧王、壽昌、代國二公主，爲武后所殺。寧王即讓皇帝，壽昌公主下嫁崔貞，代國公主下嫁鄭萬鈞，志不言代國者，疏也。代國公主碑今尚存，開元廿二年立，亦載母爲肅明順聖皇后劉氏，與《傳》同，“唐昌”“壽昌”則小異。樊澤、于頔、裴均，俱先後爲山南東道節度，與志合。志又稱“淮寧阻命”云云，按《通鑑》，貞元十五年，淮西吴少誠阻命，襲唐州，掠潁，攻許州，皆在是時。于頔繕甲厲兵，有保據漢南之志，或假勸降互相鉤結，未可知也。《通志》節。

燾案：右志無撰書人姓名，太和六年七月立。

唐故山南東道節度押衙光禄大夫檢校太子賓客前行鄧州長史兼侍御史弘農縣開國男楊公墓志銘并序，存

試太常寺奉禮郎潘聿譔。

公諱孝直，其先姬姓，伯禽之後，封爲楊侯，因命氏焉。自秦漢至周隋，其衣冠英偉，代不乏人。近年家于燕，垂因職業在斯。曾祖模、祖翰，皆委身盧龍軍，名居列將，或勳致柱國，或官榮憲司。考達，成德軍節度征馬野牧使，兼中軍都兵馬使，御史中丞，上柱國，弘農郡開國伯。公既生于將門，幼悉武略，故王令公武俊臨鎮之歲，從事戎旃，獲居將校，公天與忠勇，洞精戰陣，其或隣境不庭，戎馬生郊，由是有詔興師，元戎命公董而征之，無不勢如破竹，烟塵底寧，故得河朔知名，時人方之張飛、關羽。自令公至司空，服事三代，終始如一。勳績既著，知遇亦厚。故以元和十二年權深州刺史，至十四年改攝冀州刺史，皆班列牙門，官帶郡守，故時論多之。元和末，王司空承元遭讒言萋菲，憲宗見疑，司空乃剖心歸朝，聖恩尋宥公，首末陪從，義若魚水。司空重拜滑臺，公亦在焉。又蒙奏滑州長史，軍職仍舊。長慶二年，牛尚書元翼解深州圍歸闕，路出于滑，與公舊知，此日相遇，何歡如之。洎鎮漢南，即日奏公鄧州長史，仍隸軍府，詔可其薦，焕乎綸言，寵光斯甚。由是脱身河朔，移家漢陰。自隴西薨，逮今逾一紀，

會四海無虞，此藩皆台衡重鎮，公已日暮途遠，雖名在散職，連帥重焉。不幸以太和九年三月廿五日遘疾，終于襄州襄陽縣鳳林鄉南津坊之私第，春秋八十有五。以其年夏四月廿五日，還葬于通泉鄉招賢里之原。夫人男氏，成德軍衙前左廂步射兵馬使、檢校國子祭酒承嗣之女也。昔年物故，葬于鎮州，今則不獲同穴。嗣子瞻，本道王司空授滑州節度使，後除鳳翔充押衙肘腋驅使，不幸終于鳳翔。次邈，鎮州衙前兵馬使，身且在遠，奔赴未期。喪事不可以無主，以其孫方立爲後，則太史公所謂緣情而制禮之義也。卜筮皆吉，窀窆戒期，方立恐異日陵谷必遷，故刊石以誌云。銘曰：

河朔漢南兮隔千里，英雄冥漠兮長已矣。寶劍歸泉兮閉秋水，伉儷乖離兮終天地。

燾案：右楊孝直志，中所述官爵多當時藩鎮私相授受，故不見於史册。所言王承元于元和末歸朝事，則見於《穆宗紀》。惟重拜滑臺之説，止《鄭覃傳》有承元徙鄭滑節度事，《紀》與承元本傳皆無之，此可補紀傳之闕。所云牛元翼事，據《穆宗紀》，長慶二年四月，成德軍節度使牛元翼奔于京師，與此志亦略同，此不言奔，爲牛諱也。孝直祖達，《全唐詩》有楊達《塞下曲》《明妃怨》詩兩首，似即其人，以無世次爵里可考，未敢遽定。夫人男氏，“男”字疑譌。此志無書人姓名，書法乃具有顔柳風格，昔賢謂唐人能書者十常八九，其信然歟。

唐山南東道節度總管充涇源防秋馬步都虞候正議大夫檢校太子賓客上柱國趙公亡夫人譙郡夏侯氏墓志銘存

按：夏侯氏墓志題列趙公官職，而不著其名，開成五年，回鶻款塞，防秋正警，志中趙公總戎涇上，式遏西蕃，即是時也。《舊唐書·地里志》，深州樂壽，漢樂城縣，後魏改爲樂壽，隋屬河間郡，永泰中屬深州。又襄州治襄陽鄧城，漢縣，屬南陽郡，即古樊城，宋故安養縣，天寶元年改臨漢，貞元廿一年改鄧城，代宗三年改元永泰，貞元廿一爲德宗末年，夫人當文宗開成五年年五十，則生于貞元六年，時樂壽已屬深州，而終于臨漢改鄧城之後，碑志與史悉合。《金石續編》。

右上柱國趙公夫人夏侯氏墓志銘。志稱考諱蕚，試太常卿，充冀州南宫鎮遏兵馬使，《新唐書·百官志》，上鎮、中鎮、下鎮各有將一人，鎮副二人，每鎮又有使一人，副使一人，此稱鎮遏兵馬使，其即鎮使歟。《平津館讀碑記》。

按：碑有誤，癸酉朔則廿四日是丙申，非甲申，廿四日甲申則朔日辛酉，非癸酉。《通鑑目録》，是年十月癸卯朔，則十一月癸酉朔，是也。“甲申”乃“丙申”之誤。篆蓋九字，續編失載。瓜時，《續編》作“瓜期”，傳寫亦譌。“宏”作“宊”，“底”作“𢍁”，“壼”作“臺”，“岡”作“崗”，皆别體。“瑑”疑即“琭”字，餘不悉記。《元和姓纂》，後魏左光禄夏侯道謙爲譙郡太守，子孫因家焉，夫人蓋道謙之後也。《通志》注。

燾案：右志鄉貢進士唐辭譔，無書人姓名，開成五年十一月立。

襄陽金石略卷八

唐

唐文宣王廟庭松記佚

鄭處晦書，開成中立，在襄州。《寶刻類編》。

熹案：處晦，應作“處誨”，滎陽人，《唐書》附見其祖鄭餘慶傳。其字廷美，《宰相世系表》作字“延美”，未詳孰是。《唐藝文志》有處誨《明皇雜録》二卷，《宋志》有處誨《天寶西幸略》一卷，《裴休碑》亦處誨所譔，見《集古録》。《休碑》稱處誨官宣武節度，與本傳合，《世系表》止稱吏部侍郎，爲本傳所無。

王粲石井闌别記佚

盧鈞譔，正書，會昌二年四月。《金石録目》。

李液書，前武功縣尉。《寶刻彙編》。

李掖書，會昌二年。《金石略》。

石井闌記，共三首，其一盧鈞，趙《録》于鈞記下，不著書人姓名。余考此記，乃京兆府武功縣尉李掖書也。《金石録補續跋》節。

熹案：鈞字子和，初爲均州刺史，後爲山南東道節度。《新唐書》鈞本傳：“會昌中，漢水害襄陽，拜鈞山南東道節度使，築隄六千步，以障漢暴。”《牛僧孺傳》：“會昌元年，漢水溢，壞城郭，坐不謹防，下遷太子少保。”據此，則鈞實代僧孺爲節度，即作此記之前一年也。盧肇因鈞築隄事，有漢隄詩，詩皆四言，凡百有三句，見《全唐詩》及《圖書集成》，未聞立石。乾隆《府志》載肇詩止二十句，題作銘，似誤。余故采入《襄陽文徵》附録，而兹略之。李掖，《彙編》作“液”，葉氏从鄭《略》，今考《墨池編》亦作“掖”，疑《彙編》誤。

高廟詩碑佚

會昌五年立，碑在府治。《輿地紀勝》。

燾案：高廟，疑當作“漢高廟”。符載《西園記》所云南直漢高廟者是也。惜碑已佚，不知詩爲何人所作，暇當取《全唐詩》一詳考之。

蜀丞相武鄉忠武侯諸葛公碑佚

大中三年，李景遜譔，今在隆中。《輿地紀勝》。

李景讓撰，正書，無名氏篆額，大中十年三月建。《復齋碑録》。

大中二年，李景遜撰，在隆中。《金石存佚考》。

燾案：景讓字後已，憕孫，大中時爲山南東道節度，後拜西川節度使，卒謚曰孝。《唐書》有傳。或作“景遜”者，宋人避諱改，如羅讓之作羅遜也。立碑之年，三説各異，疑當從《紀勝》，《存佚考》“三”字脱一畫耳。此碑陰有孫樵文，載乾隆《府志》。樵字可之，大中時進士第，所著有《經緯集》，見《唐書・藝文志》。大中六年，嘗上言請罷修寺度僧事，載《通鑑》。《宋藝文志》載樵集三卷，《書録解題》作十卷，並引東坡謂學韓愈而不至者爲皇甫湜，學湜而不至者爲孫樵。

三聖蘭若鏡燈記佚

楊知遠撰，屈師穆八分書，并古文篆額，大中五年七月建，襄州。《寶刻彙編》。

燾案：知遠字明之，絳州刺史，見《宰相世系表》。《唐書·李景讓傳》："性獎士類，拔孤仄，如李蔚、楊知退，皆所推引。"知退字先之，與知遠兄弟也。

漢光武新廟祝文佚

大中八年，李景遜撰，今在襄陽之八疊山。《輿地紀勝》。

改墮淚碑佚

大中九年，李景遜重立，在峴山。《輿地紀勝》。

燾案：《紀勝》有唐羊公及改墮淚碑云云，似景遜所立亦有二碑，蓋沿梁大同故事，今以王氏既未分列，亦不複出。

唐信州玉山縣令范陽盧府君墓志銘并序，存

内表兄将仕郎守滄州司法參軍鄭慤撰。

府君范陽人也，諱公則，字子真。曾祖允載，瀛州平舒令，賜緋魚袋。祖休彩，舒州司馬，賜緋魚袋。父清，吉州太和令，賜緋魚袋。君齋郎出身，解褐夔州雲安尉，轉襄州文學。時屬仕故相奇章牛公頻委之刑獄，君不施鞭捶而實得其情，公深器焉，罷秩之後，累攝諸司，涖官守事，終始如一，而公嘗語曰："余即再踐中書，必狀公能聞于天子，以爲自代之賢也。"不幸相府將薨，而君選授江陵府公安主簿，府主鄭公尚相府知見，嘗以不決之務輒狀君理焉。兩遷承乏，事皆至當。君以

子幼，數請還舊第。君喜客，交親滿室，有酒賓客醉之，有肉賓客飽之，未嘗私室一飯也。又選授信州玉山縣令，州將以吏理有六，三申上考，廉使皆奏而成，方赴常調，遂遘氣疾，君春秋甲子十有一焉。以大中十三年己卯歲夏四月癸巳七日，終于襄陽故里。烏乎！君立性惟仁，志樂修善。得色空之妙理，常讀仙經。識究竟之真源，不忍損生。爲念孝乃敦于親族，義常著于交友。必誠必信，可大可久。孰謂上天福善，神監昭然，何乃良木亟壞，哲人云頹。惜哉！往古流今，物無不盡，賢亦終焉，愚亦終焉，覩斯事惑，余欲無言。君前夫人太原王氏，膳部員外池州刺史傅之女，未逾一紀，夫人云亡，權葬襄陽鳳林關西。有子男一人曰肱，年未弱冠，志勤修舉，有望鱗成。一女適太原郭愿符，見任左金吾衞録事參軍。君又娶夫人姑臧李氏，撫州臨川縣令夔之女焉，有女一人，年未十歲，哀號過禮，亦天然也。其年冬十月十二日甲午，卜兆縣東故里大隄之南，臨漢水之西，復啓王氏之櫬，歸此而合祔焉。銘曰：

務善崇德，高明柔克。涖官輔政，沈潛剛克。惟孝惟仁，是效是則。貽厥孫謀，垂世之式。

南陽張甫鐫。

燾案：右志公則等事皆無考。《宰相世系表》有鄭慤、盧清、李夔三人名，皆不言何官，此可補《表》闕。志中"府主鄭公"句"尚"字下疑脱"書"字，所謂"奇章牛公"者僧孺，所謂"鄭公"者肅也。肅爲山南東道節度、檢校尚書右僕射、同中書門下平章事，在會昌五年，見《唐書·武宗紀》。

三乘典秘之藏佚。典秘，《墨池編》作"遺典"

裴休書，在襄州。《金石略》。

燾案：休，《唐書》有傳，字公美，大中六年進同中書門下平章事。本傳稱其書遒媚有體法。米顛《書史》云："廬山多裴休題寺塔諸額，雖乏筆力，皆真率可愛。”本傳又言休嗜浮圖法。《藝文志》有休所著《希運傳心法要》等書，今世傳休所書圭峰碑最有名。

延慶禪院碑佚

蔣係撰，今在延慶寺。《輿地紀勝》。

延慶院記，唐蔣係撰，魏修正書，咸通三年八月立。碑陰勅牒二，咸通二年，趙韜正書。《復齋碑録》。

延慶院記碑陰勅牒二，趙韜書，咸通二年，襄州。《寶刻彙編》。

燾案：此碑咸通三年立，碑陰乃二年書，蓋書牒在前，作記在後，非倒置也。係以懿宗初節度山南東道，事附見其父乂傳，稱其善述文，得父典實。

延慶洞行記佚

唐咸通中，蔣係、盧滔等游山所題，碑今在延慶寺。《輿地紀勝》。

燾案：盧滔名見《宰相世系表》，不言何官。

漢廣亭記佚

漢廣亭，在城南，一名北顧亭，唐襄州刺史徐商建，李騭撰記，宋曾鞏有詩，今廢。乾隆《府志》節。

東海徐公德政誦佚

李騭撰，咸通六年，在峴山。《輿地紀勝》。

徐商德政碑，李騭撰，李曉八分書並篆額，咸通六年十二月建，襄州。《寶刻彙編》。

商字義聲,《舊唐書》附其子彦若傳,不載政績,《新書》附其五世祖有功傳,所舉襄陽山栅及韋宙徵兵事,即采此碑第五條語也。《金石存佚考》。

燾案:德政碑之立,今日沿爲惡習,唐時殆已不免,兹故不録其文。考《通鑑》,商以咸通六年同平章事,而是碑即立于是年,其爲時人貢諛可知。《新書》據碑以入傳,其可信耶?商字義聲,一字秋卿,碑止言秋卿,蓋略也。李騭與曉,《宰相世系表》並有其名。騭爲華子,曉則華兄弟行,《全唐文》小傳:"騭開成時爲荆南判官,咸通中擢太常少卿、弘文館學士,出爲江南西道都團練觀察處置等使,檢校左散騎常侍,兼洪州刺史、御史中丞。"而崔嘏有《授騭祠部員外郎制》,亦見《全唐文》。此碑有云"襄之父老請詞於公之舊軍副使、太常少卿、弘文館學士李騭"云云,所歷官略具於斯矣。

相國徐公辭立碑表佚

咸通九年立,在峴山。《輿地紀勝》。

延慶院經藏記佚

裴光遠八分書,在襄州,咸通九年。《金石略》。

趙璘撰,國子博士裴光遠八分書,咸通九年六月建。《寶刻彙編》。

裴光遠書並篆額。《復齋碑録》。

燾案:光遠龍紀己酉爲滑州渭南縣尉,性貪酷,暑月擊鞠,斃其駿馬。又殺里長王表而奪其子大順。辛亥光遠病,見表及馬來請命,遂卒。事見《三水小牘》。《太平廣記》引之,其卒在書此碑後廿餘年矣。璘字澤章,大中時官衢州刺史,著有《因話録》六卷,見《唐藝文志》。又嘗爲漢州刺史,見《藝文志》"棲賢法雋"注。《通鑑》:"大中八年,中書門下奏諫官闕員請補,上曰:'諫官要在舉職,不必人多,如張道符、牛叢、趙璘輩數人，使朕日聞所未聞，足矣。’”則璘蓋博學而有風節者。《北夢瑣言》載有璘爲裴坦漢南從事事，此記與後《聞喜亭記》當皆其爲從事時作。《集古録》有璘《戒珠寺記》，官稱衢州刺史璘。又有《登科記》十三卷，見《廣川書跋》。

唐故雲麾將軍宋公墓志佚

咸通九年立，在張王廟。《輿地紀勝》。

聞喜亭記佚

趙璘撰，在子城上。《輿地紀勝》。

趙璘撰，咸通十一年四月五日作。《復齋碑録》。

㠯案：《明一統志》：“聞喜亭，太守裴坦建。”考坦字知進，相僖宗，《唐書》有傳，不言其爲襄陽守。《宰相世系表》，南來吳裴令業房下亦有名坦者，官太平令。計其輩行，視知進爲尊，知進爲中眷裴訢房，而與前人同名，不可曉。《宋真宗紀》：“大中祥符九年，以唐裴度、孫坦爲鄭州助教。”則宋又有一裴坦矣。

新創池臺六咏佚

裴坦撰，正書，無名氏，咸通十一年立，刻於《聞喜亭記》碑陰。《復齋碑録》。

唐雲麾將軍宋戎墓志佚

從孫程撰，劉雯古書并篆額，咸通十一年八月。《復齋碑録》。

㠯案：《通鑑》：“咸通四年七月，復置安南都護府于行交州，以宋戎爲經略使，發山東兵萬人鎮之。”當即此人。此與前宋公疑爲一人，而立年各異，故分著之。

社稷壇記佚

唐容管經略推官皮日休譔，國子監書學博士裴光遠八分書，山南東道節度使裴坦新修州之社稷壇，以咸通十二年刻此記。《集古録目》。

燾案：坦爲山南東道節度，《唐書》紀傳所無，可補史闕。《全唐文》與《皮氏文藪》皆遺此記，知襲美文散佚者多矣。

襄州孔子廟記佚

天地吾知其至廣也，以其無所不覆載，日月吾知其至明也，以其無所不照臨，江海吾知其至大也，以其無所不容納。料廣以寸管，測景以尺圭，航大以一葦，廣不能逃其數，明不能私其質，大不能亡其險。偉哉夫子，後天地而生，知天地之始，先天地而没，知天地之終。非日非月，光之所及者遠，不江不海，浸之所及者溥。三代禮樂，吾知其損益，百王憲章，吾知其消息。君臣以位，父子以親，國家以肥，鬼神以享。道未可詮其有物，釋未可證其無生，一以貫之，我先師夫子，聖人也。帝之聖者曰堯，王之聖者曰禹，師之聖者曰夫子，堯之德有時而息，禹之功有時而窮，夫子之道久而彌芳，遠而彌光。用之則昌，舍之則亡，昔否于周，今泰于唐，不然，何被衮而裳，垂旒而王者哉！《圖書集成》。

燾案：此記亦襲美作，並見《全唐文》，《文藪》遺之，應補。

劉棗强碑佚

歌詩之風，蕩來久矣。大抵喪于南朝，壞于陳叔寶。然今之業是者，苟不能求古于建安，即江左矣，苟不能求麗于江左，即南朝矣，或過爲艷傷麗病者，即南朝之罪人也。吾唐來有是業者，言出天地外，思出鬼神表，讀之則神馳八極，測之則心懷四溟，磊磊落落，真非世間語者，有李太白。百歲有是業者，雕金篆玉，牢奇籠怪，百鍛爲字，千鍊成句，雖不追躅太白，亦後來之佳作也，有與李賀同時有劉棗强焉。先生姓劉氏，名言史，不詳其鄉里，所有歌詩千首，其美麗恢贍，自賀外，世莫得比。王武俊之節制鎮冀也，先生造之，武俊性雄健，頗好詞藝，一見先生，遂加異敬，將署之賓位，先生辭免。武俊善騎射，載先生以貳乘，逞其藝于野。武俊先騎，驚雙鴨起于蒲稗間。武俊控弦，弦不再發，雙鴨聯斃于地。武俊歡甚，命先生曰："某之伎如是，先生之詞如是，可謂文武之會矣。何不立一言以讚耶？"先生由是馬上草《射鴨歌》以示武俊，議者以爲禰正平《鸚武賦》之類也。武俊益重先生，于是奏請官先生，詔授棗强令。先生辭疾不就，世重之，曰："劉棗强亦如范萊蕪之類焉。"故相國隴西公易簡之節度漢南也，少與先生游，且思以見命，列將以襄之鬃器千事賂武俊，以請先生，武俊許之，先生由是爲漢南相府賓冠，隴西公日與之爲筆晏，其獻酬之歌詩大播于當時。隴西公從事或曰："以某下走之才，誠不足于辱重地，劉棗强至，衆必以公賓劉于幕吏之上，何散之如是？"公曰："愚非惜幕間一足地不容劉也，然視其狀有不足稱者，諸公視某與劉分豈有間然哉，反爲之惜其壽爾。"後不得已，問先生所欲爲，先生曰："司功掾甚閑，或可承闕。"相國由是掾之。雖居官曹，宴見與從事儀埒。後從事又曰："劉棗强縱不容在賓署，承乏於掾曹，詘矣，奚不疏整其秩？"相國不得已而表奏焉。詔下之日，先生不恙而卒，相國哀之慟，曰："果然止掾曹，然吾愛客。"葬之有加等。墳去襄陽郭五里，曰柳子關。後先生數十歲，日休始以鄙文稱于襄陽。襄陽邑人劉永，高士也，嘗述先生之道業，嘗咏先生之歌詩，且嘆曰："襄之人只知有孟浩然墓，不知有先生墓，恐百歲之後埋滅而無聞，與荆棘凡骨溷。吾子之文，吾當刊焉。"日休曰："存既摭實，録之何愧？"烏乎！先生之官卑不稱其德，宜加私謚，然棗强之號世已美矣，故不加焉。是爲劉棗强碑。銘曰：

已矣先生，禄不厚矣，彼蒼不誠。位既過于趙壹兮，才又逾于禰衡。既當時之有道兮，非没世而無名。烏乎襄陽之西，墳高三尺而不樹者，其先生之故塋。《皮子文藪》。

燾案：《全唐詩》小傳：言史，邯鄲人，與李賀同時，又與孟郊友善。今觀言史《泊花石浦》詩云："舊業叢臺廢苑東，幾年爲梗復爲蓬。杜鵑啼斷回家夢，半在邯鄲驛樹中。"則其爲邯鄲人固可信。碑中言不詳其鄉里，殆偶未考耳。"有與李賀同時"句下第二"有"字疑衍。

山南東道左押衙韓玫志佚

正書，無書撰人姓名，乾符己亥九月。《復齋碑録》。

燾案：乾符元年，歲在甲午，則己亥者六年也。《通鑑》：後唐明宗天成中，吴越王錢鏐嘗遺安重誨書，詞禮甚倨。唐遣供奉官烏昭遇、韓玫使吴越，還，玫奏昭遇見鏐稱臣舞蹈，重誨奏，賜昭遇死，制鏐以太師致仕，自餘官爵皆削之。事在乾符後六十餘年，《五代史》亦載此事，以玫爲重誨嬖吏，譖昭遇死，與此人同姓名。

新修後漢荆州劉公廟碑佚

陵州刺史劉權撰並書。劉表字景升，山陽高平人，後漢末爲荆州牧。唐僖宗時，山南東道節度使劉巨容嘗夢見之，故爲立廟，自稱爲表裔孫。碑以廣明二年立。《集古録目》。

劉權撰，廣明二年劉巨容所立，在城中廟前。《輿地紀勝》。

景升廟碑，劉權書，在襄州。《墨池編》。

前碑陰

碑陰劉巨容題記，書與碑同。巨容既立廟，因于墓側構水亭，爲游宴之所。復記表僚屬蒯越、韓嵩等，及蜀先主在荆州事迹，末有表所作《山道口亭銘》。《集古録目》。

新立鎮南將軍劉表墓志佚

劉權撰並書。《寶刻彙編》。

劉表碑題名佚

劉巨容書，與廟碑同。《寶刻彙編》。

燾案：廟碑歐《録》言權撰並書，《墨池編》言權書不言撰，《紀勝》言巨容立不言其書，此題云巨容書與廟碑同，殊不可曉。權，晏曾孫，《新唐書·藝文志》有權所著《劉氏洞史》二十卷。《宰相世系表》止言權官平輿令，廟碑可補表闕。巨容乾符中爲山南東道節度，嘗破黄巢，後以燒藥爲黄金，田令孜求其方不與，殺之，滅其族，事見《通鑑》及《唐書》巨容本傳。《宋藝文志》有巨容《漢書纂誤》二卷。

大唐威武公廟記佚

乾道三年，翁姚撰，山南東道觀察使趙凝立。《輿地紀勝》。

武當山神武威公新廟記佚

翁兆譔，魏缺。書并篆額，乾寧三年六月立，均州。《寶刻彙編》。

燾案：右兩碑疑即一碑，而各有脱誤。唐無"乾道"年號，應作"乾寧"。趙凝即趙匡凝，《新唐書》有傳，其傳贊中有"昭宗嘗有意都襄陽，依趙凝"云云，蓋宋人避諱去"匡"字，如吳越王錢弘俶之但稱錢俶、僕射沈義倫之但稱沈倫是也。匡凝，德諲子，昭宗時曾爲山南東道節度，此云觀察，當是兼官。威武，應作“武威”，觀後改封廟記可見。惟“兆”則應作“洮”，洮，僖宗光啓三年進士，見《全唐詩》小傳。《萬姓統譜》載洮字子平，壽昌人，舉進士，授主客員外郎，不仕，徵之不起，作《枯木》詩答詔。僖宗復遣使以曲江魚賜之，宋理宗追謚爲善慶公。

改封武威王新廟記佚

徐礪正書，無名氏篆額，光化二年六月，在襄陽縣。《諸道石刻録》。

唐改封諸葛亮爲武靈王廟記佚

光化五年，封諸葛孔明爲武靈王，碑今在隆中。《輿地紀勝》。

延慶寺重修法堂碑佚

碑皆殘闕，今在延慶寺。《輿地紀勝》。

祖堂字碑佚

在襄州。《金石略》。

石橋記佚

在武當山落帽峯。《金石略》。

棗陽縣普照寺毗沙門神素像誦并序，佚

在棗陽軍。《輿地紀勝》。

驌驦橋石刻佚

"驌驦橋"三字，在唐城鎮。《輿地紀勝》。

燾案：唐城鎮，今棗陽境。唐人胡曾有《驌驦陂》詩，當即其地。

唐故弘農楊氏之志佚

此志蓋出自襄陽，志石久佚。《通志》。

唐阿陀經碑佚

無年月，在襄陽龍興寺。《輿地紀勝》。

燾案：此碑《圖書集成》引《紀勝碑目》作"阿難經"。《通考》言唐阿彌陀經，陳仁稜所書，刻于襄陽，似非石本，而《圖書集成》列之法帖中，《寶刻彙編》又作"彌陀經"，是否一碑，末由考定。自延慶寺重修法堂碑至此，以皆無年月及書撰人姓名可考，類列于此。

五　代

修峴山亭記佚

無書譔人姓名，篆額，貞明二年十一月。《諸道石刻録》。

後梁新修峴山亭記，正明二年，在峴山。《輿地紀勝》。

新創臥龍山武靈王學業堂記碑佚

李光圖譔，正書，無名氏篆額，天福三年七月記。《復齋碑録》。

熹案：《紀勝》亦載有此碑，堂在城南二里，傳爲諸葛武侯讀書處，今廢。見乾隆《府志》。

筆冢甎佚

趙光逢薄游襄漢，濯足溪上，見一方甎類碑，上題云“禿友退鋒郎，功成鬢髮傷。冢頭封馬鬣，不敢負恩光。獨孤貞節立”。碑後積土如盎，微有苔蘚，蓋好事者瘞筆所在。《清異録》。

熹案：光逢，趙隱子，第進士，以中書舍人爲翰林學士，見《新唐書》隱傳。《世系表》：“光逢字延吉，官太常卿。”今考《五代史》，光逢于昭宗時爲翰林學士承旨、御史中丞，以世亂棄官，居洛陽，杜門絶人事者五六年。柳璨爲相，與光逢有舊，起爲吏部侍郎、太常卿。唐亡，事梁爲中書侍郎、同中書門下平章事，累遷左僕射，以太子太保致仕。後唐天成中，即其家拜太保，封齊國公。卒，贈太傅。《唐書·世系表》蓋僅據其在唐時官書之，其仕梁以後各官皆略而不書，似爲光逢諱。然歐史稱其在唐以文行知名，時人稱其方直温潤，謂之玉界尺。而晚節不終，則余所深爲光逢惜矣。

襄陽金石略卷九

宋

延慶寺僧惠廣壽塔碑銘

東海潘平撰，北嶽信天書，淳化五年六月。

馬案：右碑高七尺三寸，寬三尺八寸，題“大宋襄州鳳山延慶禪院傳法惠廣大師壽塔碑銘”，又題“東海潘平撰，北嶽信天書”，末行下題“淳化□年，歲次甲午，六月壬午朔”下闕。共三十九行，行六十七字。正書，字徑九分。碑“師生于闕。光元年，清泰年字四月八日，年十□，欒城延慶禪院，禮清遇和尚”。又云“大晉天福五年暮春月十六日，向開元寺授戒，始達毗净闕。”。又云“端拱元年，師壽六十六”云云。以是推之，師蓋生于後唐同光元年，禮清遇和尚時年十四也。此碑立于宋淳化五年，迄今七百餘年，殘缺字不及十分之二，洵難得也。碑今在襄陽城南峴山西三里許延慶寺内。《湖北金石詩》注。

延慶寺，曾南豐以爲在望楚山，而此碑自署鳳山，豈今昔異名歟？舊志直云在峴山後，失考甚矣。碑詞駢儷，尚沿五代之習，文多記上堂問對語，亦釋子本色也。《金石存佚考》。

案：惠廣壽塔銘，僅見于《訪碑録》，而誤作“廣惠”。惠廣字信天，不詳里貫，書碑人北嶽信天，豈惠廣自書壽塔耶？文云“□光元年，歲在癸未”，後唐之同光也。王太師者，溥也。張永德，《宋史》有傳，字抱一，并州陽曲人。王承衍字希甫，史附其父審琦傳。又有趙普者，不署官爵，非丞相趙普也。《通志》。

熹案：右碑文載《通志》甚詳，《府志》譌脱甚多，惟《訪碑録》云："僧信天正書，有碑陰，亦正書。"《通志》不言，稍涉疏略。又《通志》所引《金石詩》注，"清泰年字"《府志》作"清泰三年"，"毗净"下《府志》作"威儀"云云，不言有闕，俟覔得元本，當一校其是非。襄陽城南諸山，古人皆名爲峴，故有三峴之名。《存佚考》疑鳳山、望楚爲今昔異名，可也，至以舊志云在峴山後爲失考，則未審矣。

夏竦等題名存

知襄州夏竦與同官張□、董□已、□□□孫禹錫、□□□弈、王崇及長老孫藴聰、□本□□，天禧辛酉歲冬至後三日同下闕。

熹案：右題在襄陽城南谷隱寺後，俗呼爲蠻王洞者。光緒甲申修《府志》時，始有人訪得之。竦嘗兩知襄州，一在真宗時，一在仁宗時。明道三年，竦罷樞密使，再知襄州，尋改潁州，蓋未到襄，是題在真宗時。真宗天禧元年丁巳，則辛酉爲天禧五年。《文獻通考》載是年五月襄州鳳林鎮地側湧起，高三尺許，長三丈，闊六尺，知州夏竦以聞。此題正地湧事後數月矣。是時鄧城令爲張逸，"張"字下所闕疑是"逸"字。逸見《宋史·循吏傳》，字大隱，滎陽人。

蹇温故墓表佚

温故字士範，輕財濟急，不吝千金。漢水兩溢，漂没屍數萬，温故咸市藁葬之。水後歲飢，發粟數千石，爲粥以振。郡守宋庠上其事，朝廷徵辟不就，卒，夏竦爲之表墓。《宜城志》云："萬曆甲申冬，樊村洲崩，出公墓表，始知其事。"乾隆《府志》。

熹案：此表不知所立年月，姑以竦官襄時爲斷，録竦等題名後。

乾明寺重刊經藏記佚

上元二年建，張士遜述，黄通書。《輿地紀勝》。

燾案：唐高宗、肅宗皆有上元紀年，宋止有寶元紀年，無上元，意此寺爲唐時所建，鄧公時重修而復刊其經藏，故其記曰述，否則“上元”當是“寶元”之譌。鄧公有《題乾明寺》詩，末云“蕭寺門前題粉壁”，又書“丁巳對壬辰”，壬辰爲淳化三年，丁巳則天禧元年，皆與此不合。羊公祠慶曆七年石幢有黄通詩，則去此恰十年，鄧公康定元年致仕，皇祐初始卒也。通有集三卷，見《宋藝文志》。

寶嚴和尚丈室詩存

泉邊開丈室，岩下鏁金經。舉目閑雲冷，揚眉衆岫青。百途皆有礙，一户獨無扃。誰學嵩林者，齊腰雪滿庭。

燾案：右石在均州，無年月。前云“四十言，書寶嚴和尚丈室，前襄陽令張士遜上”共三行，詩則每兩句爲一行，書法不甚佳，意詩爲鄧公題，衲子乃倩人書之，刻石以取重耳。

峴山亭額佚

王礪書。《王氏談録》。

臨芳亭額佚

王礪書。同上。

羊太傅廟額佚

王礪書。同上。

華嚴寺額佚

王礪書。同上。

燾案：礪事不概見，惟《黄氏日抄》引石徂徠《孝行録》“礪，南京人，策名起家，歷典八郡。爲性至孝，五子登科。二十孫，自狀元堯臣而下，及第務學者相繼”云云。堯臣爲王洙兄子，則礪爲洙父，當爲真宗時人，故列于此。

尚書屯田員外郎李君墓表佚

漢水東至乾德，滙而南，民居其衝，水悍暴而岸善崩，然其民尤富完。其下南山一作“山南”。之材，治室屋聚居，蓋數千家，皆安然易而自若者，以有石隄爲可恃也。景祐五年，余始爲其縣令，既行漢上，臨石隄問其長老，皆曰吾李君之作也。于是喟然而嘆，求李君者，得其孫厚。厚舉進士，好學，能自言其世云：李氏，貝州清河人，君舉進士，中淳化三年乙科。鎮州真定主簿齊化基，爲吏以强察自喜，惡君廉直不爲屈，多求事可釀爲罪者，責君理之，君辨愈明，不可污，卒服其能，反薦之威虜軍判官。秩滿，一無二字。河北轉運使，又薦爲冀州軍事判官。逾年，一無二字。吏部考一無此字。籍，凡四較考者，外皆召還，公考當召，是時契丹侵邊，冀州獨乞留君督軍餉，爲最多，遷大理寺丞。乘傳治一作“理”。壁州疑獄，既還，轉運使。又請通判冀州，督旁七縣軍餉，課尤多而民不勞。遭歲飢，悉出庾粟以貸民，且曰：“凶，豐甚必復，使豐而歸諸庾，是化吾朽積而爲新，乃兩利也。”轉運使以爲然，因請君益貸貝、魏、滄、冀諸州。後歲果豐，飢民德君，粟歸諸庾，無後者。蓋賴而活者數十萬家。一本有“居三年”。轉運使上冀人言乞留，許留一歲，就拜殿中丞。歲滿將去，冀民夜私入其府，塹其居，若不可出，君諭之乃得去。通判河南，一有“府”字。未行，契丹兵指邢、洺，天子擇吏之能者，改君通判邢州。其守一無二字。趙守一當守邢以扞寇，辭不任邢事，天子曰：“李某佐汝，可無患。”守一至邢，悉以州事任君。御史中丞王嗣宗辟推直官，遂薦爲御史，以疾不拜，求知光化軍，作所謂石隄者。孫何薦其才，拜三司户部判官，改知建州，皆以疾辭。又求知漢陽軍，居三歲，而漢陽之獄空者二歲。卒以疾解，退居于漢旁。大中祥符六年五月某日，卒于家，遂葬縣東遵教鄉之友于村，子孫因留家焉。君諱仲芳，字秀之，享年五十有三。一作“二”。官至尚書屯田員外郎。君爲人敦敏而材，以疾中止。一有“善不享其厚，用不既其能”二句。余聞古之有德于民者，没則鄉人祭于其社，今民既不能祠君于一作“於”。漢之一無二字。旁，而其墓幸在其縣，余今也又不表以示民，烏乎其何以章乃德，俾其孫刻石于隧，以永君之揚。一作“賜”。《歐陽文忠公集》。

燾案：右表《通志》引《金石存佚考》作“景祐三年”，誤。《歐陽公年譜》“公以景祐四年十二月移光化軍乾德令，寶元元年三月赴乾德”，其云五年始爲其縣令者，是年十一月改元寶元，作表時或尚未奉改元詔耶？然《存佚考》若竟作“五年”而譌爲“三年”，亦有未協。《宋史·仁宗紀》與《續通鑑》于景祐四年後即稱寶元元年，皆無景祐五年，不止《歐譜》也。《府志》載此表間有譌脱，然云“齊化基爲典吏”，又云“因請君益貸貝、魏、澄、易諸州”，“澄”爲“滄”之譌，“易”字則似不譌，惜無原拓本一爲考定。《續通鑑》化基後知秦州，坐贓抵法。秦州，《真宗紀》作“晉州”，《歐陽公集》作“絳州”。王嗣宗，史有傳，字希沅，汾州人。開寶八年進士，爲御史中丞時，嘗欲傾王文正。本傳謂其强妄，又謂其尤傲很，務以醜言抵挫羣類者也。孫何，史亦有傳，字漢公，蔡州汝陽人，咸平中官右司諫，嘗疏户部事，其薦李君爲三司户部判官，或在是時。

永春縣令歐君墓表佚

君諱慶，字貽孫，姓歐氏。其上世爲韶州曲江人，後徙均州之鄖鄉，又徙襄州之穀城。乾德二年分穀城之陰城鎮爲乾德縣，建光化軍，歐氏遂爲乾德人。修嘗爲其縣令，聞其故老鄉閭之賢者，皆曰有三人焉：其一人曰太傅贈太師中書令鄧文懿公，其一人曰尚書屯田郎中戴國忠，其一人曰歐君也。三人者，學問出處，未嘗一日不同，其忠信篤于朋友，孝弟稱于宗族，禮義達于鄉閭。乾德之人初未識學者，見此三人，皆尊禮而愛親之，既而皆以進士舉於鄉里。一無“里”字。而君獨黜于有司，後二十年始以同三禮出身爲潭州湘潭主簿、陳州司法參軍，監考城酒税，遷彭州軍事推官，知泉州永春縣事。而鄧公已貴顯于朝，君尚爲州縣吏，所至上官多鄧公故舊，君絶口不復道前事，至終其去，不知爲鄧公友也。君爲吏廉貧，宗族之孫，幼者皆養于家。居鄉里，有訟者多就君决曲直，得一言遂不復争，人至于今傳之。嗟夫！三人之爲道，無所不同，至其窮達，何其異也！而三人者未嘗有動于其心，雖乾德之人稱三人者，亦不以貴賤爲異，則其幸不幸，豈足爲三人者道哉！然而達者昭顯于一時，而窮者泯没于無述，則爲善者何以勸，而後世之來者何以考德于其先，故表其墓以示其子孫。君有子世英，爲鄧城縣令。世勣，舉進士。君以天聖七年卒，享年六十有四。葬乾德之西北廣節山之原。一有“云”字。《歐陽文忠公集》。

燾案：右表《通志》引《金石存佚考》亦作“景祐三年”，仍誤。戴國忠，事未詳。鄧文懿公，疑當作“鄧國文懿公”，張士遜封謚也。世英爲令時，歐公嘗贈詩，並見集中。

重立羊公碑佚

景祐中，晏肅立。《通志》。

案：李興所撰《羊公碑》久漫滅，再書於梁大同，重立于唐大中，一鎸于宋景祐，而元人又摹而樹之。今之存者，則弘治十四年重立者。《府志》以碑爲李與初撰，蓋由誤讀《耆舊傳》，又譌“興”爲“與”耳。《金石存佚考》。

燾案：《輿地紀勝》：“燕肅景祐中知襄州，重鎸墮淚碑。”燕肅，《宋史》有傳，字穆之，本傳無知襄州事，然象之宋人，必有所本。史稱穆之嘗造指南，記里鼓二車及欹器，又上蓮花漏法，與歐陽圭齋所云“創物之智”合。此作“晏”者，疑音近而譌。“興”作“與”，則形近而譌。至誤讀《耆舊傳》，《集古後録》已然，固不自《府志》始也。

穀城縣夫子廟碑佚

釋奠、釋菜，祭之略者也。古者士之見師，以菜爲贄，故始入學者必釋菜以禮其先師。其學官四時之祭，乃皆釋奠。釋奠有樂無尸，而釋菜無樂，則其文略也，故其禮亡焉。而今釋奠幸存，然亦無樂，又不徧舉於四時，獨春秋行事而已。《記》曰：“釋奠必有合，有國故則否。”謂凡有國，各自祭其先聖先師，若唐虞之夔、伯夷，周之周公，魯之孔子，其國之無焉者，則必合於隣國而祭之。然自孔子没後之學者莫不宗焉，故天下皆尊以爲先聖，而後世無以易。學校廢久矣，學者莫知所師，一有“則”字。又取孔子門人之高弟曰顔回者而配焉，以爲先師。隋唐之際，天下州縣皆立學，置學官生員，而釋奠之禮遂以著令。其後州縣學廢，而釋奠之禮，吏以其著令，故得不廢。學廢矣，無所從祭，則皆廟而祭之。荀卿子曰：“仲尼，聖人之不得勢者也。”然使其得勢，則爲堯舜矣。不幸無時而没，特以學者之故，享弟子春秋之禮，而後之人不推所謂釋奠者，徒見官爲立祠而州縣莫不祭之，則以爲夫子之尊由此爲盛，甚者乃謂生雖不得位，而没有所享，以爲夫子榮，謂有德之報，雖堯舜莫若，何其謬論者歟！故曰祭之略者。其事有樂舞授器之禮，今又廢，則于其略者又不備焉。然古之所謂吉、凶、鄉、射、賓、燕之禮，民得而見焉者，今皆廢失，而州縣幸有社稷、釋奠、風雨、雷師之祭，民猶得以識先王之禮器焉。其牲酒器幣之數，升降俯仰之節，更多不能習，至其臨事，舉多不中，而色不莊，使民無所瞻仰，見者怠焉。因以爲古禮不足復用，可勝嘆哉！一無此四字。大宋之興于今八十年，天下無事，方脩禮樂，崇儒術，以文太平之功，以謂王爵未足以尊夫子，又加至聖之號以褒崇之，講正其禮，下于州縣，而吏或不能喻上一有“之”字。意，凡有司簿書之所不責者，謂之不急，非師古好學者，莫肯盡心焉。穀城令狄君栗，爲其邑未逾時，脩文宣王廟，易于縣之左，大其正位，爲學舍于其旁，藏九經書，率其邑之子弟，興于學，然後考制度，一作“圖記”。爲俎豆、籩篚、尊爵、簠簋凡若干，一作“凡百餘事”。以與其邑人行事。一本“大宋之興”至“謂之不急”一段載于此下。穀城縣政久廢，狄君居之，期月稱治，又能載國典，修禮興學，急其有司所不責者，諰諰然惟恐不及，可謂有志之士矣。《歐陽文忠公集》。

熹案：狄君，長沙人，字仲莊。幼孤，事母孝，好學自立。年四十，始以兄棐蔭得官。在穀城有善政，遷大理丞，知新州，以慶曆五年卒，事蹟具歐陽公所爲《狄君墓志》。棐字輔之，史有傳，稱其爲政豈弟，不爲表暴，死之日，家無餘資，亦廉吏也。是碑不著立時歲月，文中有“大宋之興於今八十年”云云，則是碑之立當在寶元、康定之間，以太祖建隆元年庚申至仁宗康定元年庚辰計之，數正合也。

羊公祠石幢存

羊公祠有石幢，凡八面，高六尺，每面闊九寸，有蓋有座，一面直書，下第一行刻“使帖襄陽縣”。第二行“准慶曆七年十一月六日中書劄子，襄州奏當州城南五里，有峴山一所，上有古祠碑，又有晉太傅”，以下俱磨滅，僅存“聖旨”字，末行上存“帖到，速采石”大字書刻上件。其六面界作六層，上作五層，刻詩，下一層題名，又一面大書題名。《池北偶談》。

羊太傅祠内有石幢，刻宋慶曆七年十一月六日中書劄子，及尚書工部員外郎直龍圖閣知襄州事王洙原叔《重建羊侯祠廟》詩，和者范文正公，端明殿學士兼翰林侍讀學士李淑，尚書禮部侍郎知光化軍事李宗易，提點河東路刑獄尚書屯田員外郎張去惑，太常博士孫抗，大理寺丞韋不伐，給事中知蔡州事吳育，太子府率致仕李康伯，大理寺評事通判蔡州事劉敞，將作監丞通判襄州事賈黯，河陽節度推官裴昱，滄州觀察推官馬雲，均州鄖鄉縣尉黄通，守宜城令連庠。《蜀道驛程記》。

諸詩自《驛程記》所録十五人外，尚有著作佐郎范微之，凡十六人。《池北偶談》謂詩可辨者三首，王洙、李宗易、吳育。而萬曆《襄陽志》載十首。王洙、范仲淹、劉敞、賈黯、裴昱、連庠、李康伯、馬雲、韋不伐。康熙《志》載六首，王洙、范仲淹、劉敞、賈黯、裴昱、連庠。乾隆《志》載十二首，王洙、范仲淹、吳育、李宗易、張去惑、李康伯、韋不伐、賈黯、裴昱、馬雲、連庠、劉敞。

今考李淑詩字畫完好，孫抗詩闕十二字，黄通詩闕廿五字，其文爲不具耳。《金石存佚考》。

右復羊公祠帖，嘉慶《通志》未載全文，第一行"六日"之"六"據《驛程記》補，"襄州奏當州"五字據《池北偶談》補。羊公碑始于晉，此因規復祠廟土地，奏奉準行，給付使帖，并勅刻石，是時爲慶曆七年，奏請者蓋即王洙，觀後詩刻可知。碑云上有古跡碑文數座，考其時墮淚碑已三易石矣，他如胡羆、周訪、桓宣諸碑，或亦猶在。《通志》。

右詩刻三百四十四行，存二千四百五字，嘉慶《通志》云："王洙，宋城人，仁宗時知襄州。"案史附見其子堯臣傳，云"應天府虞城人"，則作"宋城"誤。洙字原叔，石刻或作"源叔"。李淑字獻臣，徐州豐人，附其父若谷傳。吳育，待問子，附充傳，字春卿，建州浦城人，傳不載爲給事中。賈黯，史有傳，字直孺，鄧州穰人，初除將作監丞，通判襄州，《通志》引《驛程記》誤"將"爲"匠"，脱"丞"字。劉敞，史亦有傳，字原父，新喻人，傳不載其爲大理評事，亦史之漏也。連庠，舜賓子，字元禮，安州應山人，史附其兄庶傳，僅云庠亦登科，敏于政事，號良吏，終都官郎中而已，其累歷官位弗詳。今石多殘闕，尋繹再三，依次編録。據《通志》補詩字，據《驛程記》補銜名。范微之詩“自表表□”，《形勢志》亦闕如。《志》載王洙詩“卑隮”之“隮”作“墮”，“爲亹”“爲”作“其”，“屓”作“贔”，“箕踵”作“箕踞”，“蔡洲”“洲”作“州”，“詮”誤作“診”，“意超豁”“意”作“竟”，“嘆顧潤甫”“嘆”作“數”。范仲淹詩“王原叔”“原”作“源”，“忽感慨”“忽”作“思”。李淑詩“俗淪”“淪”作“論”，“篆楹舄采”“舄”作“寓”，“曠貴”“貴”作“首”。李宗易詩“南夏”作“南紀”。孫抗詩“退詢”“退”作“追”，“盼飾”作“粉飾”，“戚藩”作“慼藩”，“營”作“榮”，“千旟”作“千旗”，“公當”下闕“左”字，“預倫□”闕“倫”字，“共仰羊王”闕“共”字。李康伯詩“赤帷”“帷”作“惟”。范微之詩“峴首”作“漢首”，“雲□織纖纊”闕“雲”字，又闕“歲月推姓王悲各座所名所”十一字。劉敞詩“曰與來者期”“曰”作“正”，“慰此”“此”作“彼”。裴昱詩“盡以忠烈”闕“盡”字。馬雲詩“忝清雄”闕“忝”字，“選命”作“選令”，“森木”闕“木”字。連庠詩“嘉致”作“佳致”，“直是”作“只是”，“昆重鎮”“昆”作“曰”，“江之清”“江”作“水”。黄通詩“明年”作“前年”，“强忍”“忍”作“亦”，“邦土”作“邦本”，“用”上闕“時”字，“言不輕發”闕“言”字，“士民歡笑□□詔”闕“詔”字，“□□日□新宫垣”闕“日”字，“方獨尊”“方”作“古”，“放目”作“收目”。又張去惑銜名“河東”下多一“路”字，玆悉據石正之。《通志》注節。

肅案：右幢諸詩具載《通志》與《府志》，字多不複録。惟《通志》注於作詩諸人事蹟頗有疏舛，今亟補正。王洙史自有傳，宋城人，嘉慶《志》不誤。堯臣爲洙兄子，亦非洙子。洙本傳，坐赴進奏院賽神與女妓雜坐，爲御史所劾，黜知濠州，徙襄州。洙好古博學，歐陽公爲洙墓志，極爲稱許。然其知制誥時，於劉貴妃之喪，與内侍石全彬“彬”，一作“斌”。附會時事，令孫沔讀册，宰相護葬，以是爲陳執中所引，爲員外翰林學士，事見本傳與《執中傳》。《李淑傳》，諫官包拯、吳奎等言淑性姦邪，嘗請侍養父而不及其母，罷翰林學士，以端明、龍圖二學士奉朝請。丁母憂，服除，爲端明侍讀二學士。淑又嘗排擠二宋，不得志，抑鬱以死。此幢所列官，正其母憂服除後事也。吳育史亦自有傳，非附充傳，本傳，育數與賈昌朝争議上前，值大旱，高若訥以大臣喧争爲不肅，故雨不時若，遂罷昌朝而育歸給事中班，出知許州，徙蔡州。《通志》注乃云育傳不載爲給事中，事不可曉。張去惑嘗由著作佐郎爲秘書丞，見《歐陽公集》。孫抗由太常博士爲監察御史裏行，見《通鑑長編》。《宋史·章得象傳》，得象無所建明，御史孫抗數言之，即此人也。《萬姓統譜》言抗字和叔，黟人，未詳所本。李康伯仁宗時曾爲均州都監，見《宋史·宦者盧守懃傳》。《葉清臣傳》亦載康定元年延州之圍，守懃欲使康伯見元昊，康伯有"寧死難，不可出城見賊"語。其爲均州都監，蓋以延州安撫都監左遷矣。康伯又嘗爲閤門祗候，見《李垂傳》。《涑水紀聞》，慶曆四年，康伯知瀘州，令人招淯井叛蠻酋長出降，梓州路轉運司奏乞旌賞，康伯與提點刑獄事在此幢前三年。黄通，《歐公集》中有《送通之郎鄉》詩。連庠爲宜城令，《歐公集·連處士墓表》亦言之。並與幢合。惟李宗易、韋不伐、裴昱、馬雲諸人，事全無徵。梅聖俞有《寄光化退居李晉卿》詩，乾隆《府志》録之藝文中，晉卿或宗易字耶？《事文類聚》前集有宗易《静居》詩一首，新集秘書丞門引有范徽之制，"徽之"或"微之"譌歟？存考。

石幢題名存

京西提點刑獄尚書職方員外郎張遵，同提點刑獄東頭供奉官閤門祗候康遵度，因按部經峴山，登覽焉，尚書屯田員外郎通判襄州黄孝立、太常博士知襄州縣事王嘉錫偕從。皇祐癸巳重九日，嘉錫題記。

《萃編》卷一百三十四載此及下截孫頎等題名，云未詳是何碑側，蓋僅見此一面也。癸巳爲皇祐五年。《通志》注節。

燾案：黄孝立，閩人，見《集古録跋尾》福州永泰縣無名篆一條，嘗爲太常博士。

天章閣待制知郡事劉元瑜、新保倅虞部郎中路綸、比部員外郎朱适、都巡檢崇班王世良、長林令何異、穀城令張唐英、襄陽尉李旭同游峴山，置酒賦詩。嘉祐六年辛丑十月四日，竹山令權襄陽縣安宗奭奉命書。

案：劉元瑜，史有傳，云河南人。又有祈真巖題名，稱劉元瑜君玉，在此刻前一年，其字君玉，史所不載。路綸，見其父路振傳。又重修仙鶴觀記碑末有路綸銜，云禮部員外，知河南府緱氏縣事，上輕車都尉，賜緋魚袋，則在此刻前十一年。朱适名見《馮京傳》。張唐英字次功，羅郡新津人，史附其弟商英傳，但言擢殿中侍御史，不言爲穀城令。《通志》載其政績，云縣圃歲畦薑，貸種與民，還其陳，復配取息，銓曹指爲富縣。唐英至，空其圃，植千株柳，作柳亭其中，聞者咨羨。蓋矯矯自好者，録以諷世。《通志》注節。

熹案：元瑜字君玉，見本傳，《通志》注何以謂史所不載？元瑜爲御史時，嘗受王拱辰指使，劾蘇舜欽、王益柔，以傾杜祁公，又嘗欲附范文正，後見文正迹危而背之，此則本傳不載，而見之《續通鑑》者。《續通鑑》，治平元年，路綸以駕部郎中，獻其父振所撰《九國志》，在此題後一年。朱适爲朱昂孫，見《昂傳》。《通志》注止引《馮文簡傳》事，亦失檢。張唐英爲穀城令，事並見《續通鑑》。

太守孫頎景修，同湖南運使苗時中子居、通判唐義問君益游此。熙甯丙辰仲春十六日。

案：孫頎，長沙人，成象之長子。咸平中進士，官至太常少卿，自號拙翁。英宗時知桂陽監，嘗爲拙翁銘，刻于鹿頭山，劉摯《忠肅集》有和其闢鹿頭山詩。時中，宿州人，史有傳，載其爲廣西運副，而不及湖南，《湖南通志》亦失載。唐義問，江陵人，史附見父介傳，字士宣，與石不符。《通志》注節。

熹案：《曾南豐集》有《襄州與交代孫頎啓》，啓中有“伏惟知府少卿”云云，所謂少卿，蓋即太常少卿也。頎有《杪齋唱和集》一卷，見《宋史·藝文志》。丙辰爲熙甯九年。《續通鑑》，熙寧十年春，有義問請復建荆門軍事，本傳所無。時義問方爲荆湖南路轉運判官，在此題後一年。此題止稱通判，承上湖南運使言，省文耳。義問本傳，知潁昌府，卒。考《范正平傳》，會赦得歸潁昌，唐君益爲守，表其所居爲忠直坊云云。《宋史》每録人行狀、墓志、家傳之屬，或稱官稱字而不加改正，此類頗多，則義問一字君益，固不必以與史不符爲疑。惟忠直坊事《墨莊漫録》亦載之，作唐彦猷君益知潁昌云云，或義問一名彦猷，故一字士宣歟？

黄堯允元之，提刑湖南。石璘子文，奉使襄廣。胡宗回淳夫，别于峴山之亭。元豐庚辰仲冬癸巳，宗回謹令男義修題。

案：宗回字醇夫，常州晉陵人，史附其從父宿傳。《湖南通志》不載黄堯允，當據補於神宗朝。《通志》注。

燾案：右題堯允與璘書職事，宗回獨略，於例未協。宗回本傳亦無官襄事。元豐元年戊午，三年當爲庚申，此作“庚辰”，誤。

畢之進代歸，賀君儀、趙德麟、李仲益、馬汝楫、董君序、魏道輔、周共叔同餞。紹聖丁丑二月五日。

燾案：之進疑爲畢漸字，漸，紹聖元年進士第一，此云代歸，不知爲何官。丁丑爲紹聖四年，以其時考之，似爲漸也。漸對策主熙、豐，爲楊畏所拔，事並見《續通鑑》。李仲益名友諒，《侯鯖録》載襄陽時同官李友諒仲益《贈張子齊思仲家歌人團茶予題其封》云“色映宫姝粉”云云。《鄒道鄉集》有《戲仲益約游廷慶寺不至》詩，末句“回首幕中英，文書正拘束”，則仲益當時蓋居襄幕職矣。魏道輔名泰曾，布婦弟，流寓襄陽，人品頗可議，所著有《東軒筆録》等書，見《宋藝文志》。周共叔名行己，永嘉人，元祐六年進士。嘗師事程伊川，著有《浮沚先生集》十六卷，後集三卷，見《書録解題》，與《藝文志》卷數同。《潤泉日記》謂行己文字温淡，但時有老莊，與程氏之説相背。詩亦好。今皆未見，不敢臆斷也。《事文類聚》後集有共叔娶瞽女事。

郡太守岑巖起飲餞前熙帥鍾弱翁于此，吴周臣、趙德麟、魏道輔、李方叔俱至。元符元年六月六日。

右題名在襄陽，謝樸園手摹寄余。案《直齋書録解題》，《德隅堂畫品》一卷，李廌方叔撰。趙令時德麟官襄陽時，行囊中諸畫，方叔皆爲評之，元符元年也。此題正方叔在德麟幕時矣。《通志》引《授堂金石文字續跋》。

案：巖起名象求，梓州人，終寶文閣待制，入黨籍。《全蜀藝文志》載其《游定林院》詩。趙德麟，太祖次子燕王德昭玄孫。元祐中簽書潁州公事，坐與蘇軾交通，罰金，入黨籍。紹興初，襲封安定郡王，同知行在大中正，皆見《宋詩紀事》。鍾弱翁名傳，樂平人，以集賢修撰知熙州，以所奏乖異褫職，見史傳。《通志》注。

熹案：象求，陳祐嘗與豐稷、張耒、黄庭堅、晁補之等同薦，稱其人才可用，見《宋史·祐傳》。又王回死，象求上章請録其子，以奬勸忠義，見《鄒浩傳》。宋有兩王回，此人字景深，仙游人，與浩友勸浩諫立劉后者也。《澗泉日記》言象求爲韓維門下士，可略見其淵源所自。所著有《吉凶影響録》八卷，見《宋藝文志》。鍾傳紹聖中由熙帥褫職，未幾以白草原詐增首虜事覺，責監永州税，此題當即在赴永時。傳本傳，傳從布衣致通顯，所行事大抵欺妄，故屢起屢僨云。方叔事具《宋史·文苑傳》，無貶詞，《墨莊漫録》所載，乃至與田衍、魏泰同譏，何耶？令時有《安樂集》三卷，亦見《宋藝文志》。

吳周卿、趙德麟、趙君度、謝公定、魏道輔、魏承老同來。庚辰二月六日。

熹案：黄山谷有《送謝公定作竟陵主簿》詩，起句云“謝公文章如虎豹，至今班班在兒孫”，是公定爲師厚子，山谷内弟。此題當在官竟陵時矣。《侯鯖録》有師厚爲襄倅事，或公定從宦時事，亦未可知。《陳后山詩集》中有《和謝公定雨行逢賣花》詩，又有《和謝公定觀秘閣文與可枯木》詩，中亦有“謝侯名家子，感慨形苦詞”之句。

范準夫沿檄覆檢襄陽，邂逅李子昂、蔡昌期，同宿鹿門别院，次早再登此。崇寧壬午仲春初二日。

熹案：壬午爲崇寧元年。

淳熙乙巳，臨川王厚之順伯被命指，置郵傳至襄陽，孟冬二日還轅，朐山高仲一、永嘉劉義山、中山閻缺。英，餞别于峴首，天宇清肅，北望中原，慨然久之。

峴山石幢題名，自皇祐癸巳至淳熙乙巳，凡九則，相去一百三十三年，蓋先後上石者。古人立碑，不必盡刊于此可見。《金石存佚考》。

右題名《萃編》止載其二，餘未之見，間有磨泐。據嘉慶《通志》補之，其可考証者分載于各段之後，《池北偶談》以爲七則，殆未細審耳。《通志》注。

燾案：厚之名在慶元黨籍中，爲王安禮曾孫，見《書録解題》。仲一即高夔，《府志·職官》誤列入徽宗時，注云朐山人，见《文獻通考》。今考《續通鑑》，淳熙十二年知襄陽府高夔等奏襄漢之間麥稻熟云云，淳熙元年甲午，則十二年乙巳，與此題正合。《事文類聚》新集引《周益公集》，高夔字仲一，上親擢爲司農少卿云云，未知在此題先後也。又《續通鑑》載同時具奏者，爲京西運判劉立義、鄂州江陵副都統閻世雄，似即此題之劉、閻兩人，觀其名字皆相應可見。

聞喜亭詩碣存

聞喜亭，舊志在城南三里，唐太守裴坦建，趙璘撰記。國朝康熙中，有僧于城東北隅掘得石刻，歐陽修和韓學士欽登聞喜亭韻，知府沈五杲即其地建亭，勒諸和作，久之亭圮。道光十七年，守道楊以增移建于鹿門書院，仍嵌諸石刻于壁。《襄陽縣志》。

燾案：歐詩今存其集中，題云《和韓學士襄州聞喜亭置酒》，注云“一作《和欽聖學士聞喜亭置酒即事》”。考《歐集》復有《嘉祐二年答韓欽聖彦書》，稱欽聖爲提刑學士，書有云：“辱寵佳篇，欽誦不已，旦夕和得，遞中附上。”又云：“嘗説襄陽山水，一經真賞，果如鄙言否？”據此，則右詩爲嘉祐中所作無疑，故列此。《金石存佚考》言石刻存吕祖閣，由不知以增移亭嵌石事耳。欽聖，舊志多脱“聖”字，或譌作“登”，今據《歐集》補正。

滄浪亭磨厓題名存

尚書下闕五字。昉叔下闕五字。判王毅下闕四字。捍江臺下闕四字。捍所徑抵闕三字。處艤舟于闕二字。下以志之，時大宋治闕。歲直甲辰春三月戊午日，軍事判官景况書，香巖山僧下似有闕。

熹案：右題“治”字下是“平”字，宋紀年别無用“治”字者，可决也。甲辰爲英宗元年。

寄薛紹觀詩未見

米元章撰，行書，治平元年，湖北襄陽。《寰宇訪碑録》。

熹案：右詩不見于《寶晉英光集》。“觀”字疑爲“彭”字之譌。紹彭，《宋史》附其父向傳，云有翰墨名，米老集中亦屢見之。

木渠碑記佚

木渠，《襄沔舊記》所謂木里溝者也。出于中廬之西山，擁鄢水走東南四十五里，徑宜城之東北而入于河。後漢王寵守南郡，復鑿水與之合，於是溉田六千餘頃，遂無饑歲。至曹魏時，夷王梅敷兄弟於其地聚民萬餘家，據而食之，謂之柤中，故當時號柤中爲天下膏腴。吳將朱然嘗兩提兵争其地不得，其後渠益廢，老農輟耒而不得畊。治平二年，淝川朱君爲宜城令，治邑之明年，按渠之故道，欲再鑿之，曰：“此令事也，安得不力？”即募民治之。凡渠所漸及之家，皆授功役鍤杵，呼躍而從之，惟恐不及，公家無束薪斗米之費，不三月而數百歲已壞之迹俄而復完矣。其功蓋起于靈堤之北，築巨堰障渠而東行，蠻、鄢二水循循而并來，南貫于長渠，東澈清泥潤，附渠之兩涘，通舊陂四十九，渺然相續如聯艦，高蓄下洩，其所治田與王寵時數相若也。餘澤之所及，浸淫中廬、南漳二邑之遠。異時之畊者窮力而耨之，不得槁苗，則得稗穗，今見其苕然嶷然，皆秀而并實也。刈熟之日，囷廥莫容，則委而爲露積。雖然，此猶未足以見惠也。至於歲大旱，赤地焚裂而如赬，則木渠之田猶豐年也。於是民始知朱君之惠爲深也，穫而食之，曰："此吾朱令之食我也。"以其餘發之于他邑，亦曰："此吾朱令之食汝也。"然而朱君之爲是纔踰歲而去，經始之作，其美利未盡發，如其來者善繼之，則地可無遺，而襄沔之間厭食香稻矣，則將委積而有不及斂者矣，則將腐朽而燔燒之矣。夫如是，木渠之利，尚可較耶？余既爲之作記，且將鑱之于石，則又條其事附于圖書王寵之下，庶乎其後世復有修木渠之利者，於此又可考也。朱君名紘，字某，嘉祐中登進士第。《鄖溪集》，《通志》引。

燾案：《鄖溪集》，鄭獬撰。獬，史有傳，字毅夫，安陸人。嘗言青苗新法之害，而引疾去者。其集五十卷，見《宋藝文志》。《宋史·河渠志》，"熙寧三年十月，權三司使吳充言前宜城令朱紘治平間修復木渠，不費公家束薪斗粟，而民樂趨之，溉田六千頃，數邑蒙其利，詔遷紘大理寺丞束薪"云云，即采此記中語。紘名後列元祐黨籍，在秦觀等一百七十六人内，見《續通鑑》注。

峴山亭記佚

歐陽修撰，熙寧三年十月廿有二日。《歐陽文忠公集》。

燾案：記中之史中煇名炤，神宗四年，炤言修古純河一百六里，灌田六千六百餘頃，慮州縣遽欲增税，詔三司應修水利，墾開荒梗，毋得增税，見《宋史·河渠志》。在此記後一年，正炤守襄時事。《續通鑑》："興元府有山河堰，世傳蕭何所作。嘉祐中，提舉史炤上修堰法，降勅書刻之堰。"則炤固究心水利者。宋有兩史炤，其著《通鑑釋文》三十卷，見《宋藝文志》。記中者乃南渡後人，非此人也。此記膾炙人口，學者多童而誦習，故不録其文而略舉史君事蹟如此。

宜城長渠記佚

荆及康狼，楚之西山也，水出二山之間，東南而流，春秋之世曰鄢水。《左氏傳》魯桓公十有三年“楚屈瑕伐羅，及鄢，亂次以濟”是也。其後曰夷水，《水經》所謂“漢水又南過宜城縣東，夷水注之”是也。又其後曰蠻水，酈道元所謂“夷水避桓温父名，改曰蠻水”是也。秦昭王二十八年，使白起將攻楚，去鄢百里，立碣壅是水爲渠以灌鄢，鄢，楚都也，遂拔之。秦既得鄢，以爲縣，漢惠帝三年改曰宜城。宋孝武永初元年，築宜城縣之大隄爲城，今縣治是也，而更謂鄢城曰故城。鄢入秦，而白起所爲渠因不廢，引鄢水以灌田，田皆爲沃壤，今長渠是也。長渠至宋至和二年，久隳不治，而田數苦旱，州飲者無所取，令孫永曼叔率民田渠下者，理渠之壞塞，而去其淺隘，遂完故碣，使還渠中。自二月丙午始作，至三月癸未而畢，田之受渠水者皆復其舊。曼叔又與民爲約束，時其蓄泄而止其侵争，民皆以爲宜也。蓋鄢水之出西山，初棄於無用，乃白起資以禍楚，而後世顧賴其利。酈道元以謂溉田三千餘頃，至今千有餘年，而曼叔又舉衆力而復之，使並渠之民足食而甘飲，其餘粟散于四方。蓋水出於西山諸谷者其源廣，而流于東南者其勢下，至今千有餘年，而山川高下之形無改，故曼叔得因其故蹟，興於既廢，使其源流於地之高下一有易于古，則曼叔雖力亦莫能復也。夫水莫大於四瀆，而河蓋數徙，失禹之故道。至於濟水，亦王莽時而絶，况於衆流之細，其通塞豈得如常，而後世欲行水溉田者，往往務躡古人之遺跡，不考夫山川形勢古今之同異，用力多而收功少，是亦不思也歟。初，曼叔之復此渠，白其事於知襄州事張瓌唐公，公聽之不疑，沮止者不用，故曼叔得以有成，則渠之復，自夫二人者也。方二人者之有爲，蓋將任其職，非其求於世也。及其後言渠堨者蠭出，然其心蓋有求，故多詭而少實。獨長渠之利較然，故二人之志愈明也。熙寧六年，余爲襄州，過京師，曼叔時爲開封，訪余于東門，爲余道長渠之事，而諉余以考其約束之廢舉。余至而問焉，民皆以爲賢君之約束，相與守之，傳數十年，如其初也。余爲之定著令，上司農。八年，曼叔去開封，爲汝陰，始以書告之。而是秋大旱，獨長渠之田無害也。夫宜知其山川與民之利害者，皆爲州者之任，故余不得不盡以告之後人，而又使之知夫作者之所以始也。八月丁丑記。《曾南豐集》。

案：記以荆及康狼二山爲鄢水之源，今荆山在南漳縣界中，而康狼之名無聞焉。《府志》以南漳之司空山當之，然未有以証也。字書言㠉㟉，山空皃，又言康、空一聲，同在溪母，則知康狼即㠉㟉譌字，而司空乃山本名，無可疑矣。《通志》注。

燾案：永、瓌，史俱有傳。永，長社人，冲之孫，後官資政殿學士，兼侍讀，未拜卒，贈銀青光禄大夫，謚康簡。永外和内勁，論議常持平，事或悖理，雖逼以勢，亦不爲屈，未嘗以矯亢形于詞色。范純仁、蘇誦皆稱之爲國器。瓌，洎之孫，嘗爲知制誥，後官翰林侍讀學士。當官遇事輒言，觸忤勢要，至屢黜終不悔。其知襄州，本傳失載。永本傳止言爲宜城令而不及修渠事，此記可補史闕。

真孃墓詩未見

米元章行書，元豐八年。《寰宇訪碑録》。

燾案：右詩載《寶晉英光集》，題作《真孃墓歌》。

東坡帖佚

在高齋。《輿地紀勝》。

東坡詩碑佚

學宫蘇碑舊存郡學，元何文淵詩云：“自接文忠後，王郎會讀書。”明盧中人有《學宫蘇子王郎碑無恙寄訊》詩云：“蘇公快筆立宫牆，留得千年墨寶光。”則是碑爲蘇玉局書，明季猶存郡學，何以萬曆修志時竟不載？今已隨學宫燬于賊，幸兩詩存舊志，故增紀焉。乾隆《府志》。

燾案：東坡過襄詩甚多，此兩詩未知何題，與前高齋帖爲何時作，皆不可考矣。

襄陽金石略卷十

宋

襄州遷學記佚

學舊在城外，慶曆四年詔天下皆立學，明年春遂移建於城中，至是蓋五十年。襄陽自古爲鎮，重山擁其西南，長江繚其東北，物象蕭爽，冠絶荆楚。鍾其氣以生者，世有特立不羣之士，後生取法，如仰山斗，宜其教化之宫，有以對仁聖長育之意，而乃狹隘卑溼，不與州稱，因循不問，識者歎焉。今直秘閣知荆州府吕公嘉問守襄之明年，紹聖元年也，思所以改作者。會提刑遷治於鄧，委舊寓久弗居，議請以爲學，時左朝議大夫胡公宗炎方提點刑獄事，欣然曰："此吾衷也。"遂相繼以聞，詔從之。於是委兵馬監押東路供奉官徐平董其役，又委襄陽縣右通直郎田衍總其事。因以基趾，革以制度，自四月之乙丑至七月之己未，一百十有四日，而百九十有八楹焕然一新矣。由重門而入殿，據其前講堂，次其後議道堂，又次其後直堂，爲閣以藏書籍，分廡爲齋以舍多士，祭器錢穀悉皆有庫，庖厨浴室莫不得宜。又即其西所謂鳳山堂，廣之以爲教官之居，即其東所謂射圃者，規之以爲燕息之地，其恢宏偉麗，雖東南之學最盛者不能過也。竊維國家稽古右文，累聖相授，至神宗皇帝時備矣。故施於學者，本以經術，輔以三舍，率用黨庠遂序書考賢能之制，今天子灼見本源，遹追前烈，洋洋乎道德之澤，與乾坤並流未艾也。二公早被識擢，久踐臺省，深知上心之所存，故能相與奉承，曾不勞費，而學已成矣。昔文翁以郡守變全蜀之風，常衮以部使者成閩之俗，凛然功名，皆自學始。安知後之視今，不猶今之視昔乎！士之自處，不以陋巷改其樂，當如顔淵，不以環堵謂之病，當如原憲。然公不以其自處者處人焉，既使安其居如此，則士烏乎待哉！自其不可得而貴賤者以持養之，以盡夫修身之道，以達乎閨門鄉黨之間。由此輔世，必有如隆中之勳業者出焉，由此就閒，必有如鹿門之節義者出焉，蓋可以指日俟也。然則士之所以報公，與公之所以報國，於是乎無愧。《通志》引《道鄉集》。

燾案：《道鄉集》，鄒浩撰。《輿地紀勝》云："鄒道鄉碑，在府治。"疑即此記，兹不别出。浩，史有傳，字志完，常州晉陵人。嘗以直諫兩謫嶺南，高宗時贈寶文閣直學士，賜謚忠，有集四十卷，見《藝文志》。記中之吕嘉問，史有傳，公弼從孫，嘗爲王安石門客。公弼具疏將論安石，嘉問竊其稿示安石，安石先白帝，出公弼，時人以嘉問爲家賊。元豐中，以前提舉市易爲言官所劾，削三秩，貶知淮陽軍。此記云"守襄之明年，爲紹聖元年"，蓋自淮陽移守，與所云"直秘閣知荆州府"，皆本傳所不載。然以嘗薦志完，故此記詞多假借，將毋以是時章、蔡新復柄用故耶？志完諫立劉后一事，論者謂其不能力諫，於廢孟后之時，而徒盡言於立妃爲后之後，曾誕至爲《玉山主人對客問》以譏之，識者以比韓昌黎之《諍臣論》，亦《春秋》責備賢者之義也。胡宗炎，史附其父宿傳，字彦聖，其爲提點刑獄，亦本傳所無。乾隆《府志》："今府學址，即吕所卜移在府治東南文教坊學旁，故老猶有得見宋殘碑者。"

襄州光化縣重修學記碑佚

飲則祭先酒，食則祭先飯，一飲一食而不忘其先，矧修身治民，可忘先聖人乎？孔子載道，欲濟天下，而時君不能用，故祖述堯舜，憲章文武之實，不試於當年，然金聲玉振之德，發乎一身，刑於萬世。萬世之下，六合之間，如天地之覆載，日月之照臨，尊爲王公，卑爲庶士，凡圓冠方履者，皆仰之以爲師。大而治天下，小而治一己，凡進德修業者，皆資之以爲法。蓋人無貴賤，莫不爲其徒，事無巨細，莫不用其道。烏有爲其徒而寢廟之奉不虔，用其道而教化之宮不飭者乎？浮圖、老子之道，敢與吾聖人抗衡，則以習其説者，皆能嚴其君、尊其師，故塔廟參差，緇黄雜遝，彌滿天下。孔子弟子，乃顧學校興廢，恝然於心，可無愧乎？酇，漢相國蕭侯之故封，其山川秀潔，井邑豐富，民氣純雅，爲士者敬慎尚節義。鄱山洪侯初至，謁孔子廟祠，怪其堂序失次，而風雨鳥鼠侵敗屋室，土摧木腐，瓴飄甓裂，貌像欹殘，器用缺折，乃喟然嘆曰："有土有民，不可不視者三：曰社、曰稷、曰孔子廟。酇，通邑也，何爲乃爾？"召耆舊而詢焉，皆曰嘗爲軍，昔之爲守與夫前爲令者，春秋釋菜，纔一至焉。文具苟簡，以應故事，或有營繕者，不過補漏撦傾而止。三歲鄉舉，會於督府，饔飧之田，督府取之，故褒博之士不復講肄於其間，絃歌之音不嗣久矣，久則浸衰而浸弊也。洪侯曰："噫！欲爲政令，必先教化，欲用教化，必尊聖人。使民回心向道，我輩所務。"乃咨部使者暨荆州牧請新之，曰然。財用所給，不能取具酇之士民，相與議曰："洪侯欲惠民於無窮，學校成於酇，酇士子居之，酇之利也，洪侯何有焉？吾屬盍共成之。"乃衆請於庭，侯曰："縣官之貲，亦可苟完，諸生因欲壯大，尤所願也。"於是願獻貲以助用者，願獻地以益基者，願新繪塑者，願按圖指位則治財董工自作某處者，板築樸斲，塗泥丹雘，惟恐或後。門堵肅然，殿陛隆然，貌像考於秩，爵齒徵於書，服章珪珮各稽於禮，籩豆尊彝皆合於制，所以奉先聖先哲者恭而嚴。重堂沈然，扇闔洞然，藏書有府，藏粟有庾，廡序門牖，一皆從便，藩垣庖湢，一皆有法，所以待先生弟子者備而潔。故歷堦過位，則人人有畏聖人之心，竦然而起敬。升堂處奥，則人人有崇道德之心，亹然而自勸。酇之士民，舉欣欣然相賀，且謂鳳曰："廟學之廢久矣，非洪侯何以至此之巨麗也。"鳳曰：昔張老誦趙武之寢，曰美哉輪焉，美哉奂焉，歌於斯，哭於斯，聚國族於斯，而獻文子喜，以謂是使武得全要領，以從先大夫於九京。烏乎！高明之家，方傾貲治第，而基傾池平之嘆已興身外之感，誠以寵辱在人，而禍福無常，故歌於寢，不敢自慶，哭於寢，然後以牖下爲幸。孰若居輪奐之美，而通經於斯，著書於斯，求道窮理，則爲聖爲賢，爲大君子亦於斯，砥行礪名，爲公爲侯，爲卿大夫亦於斯，有樂而無哀，有得而無失也哉！凡今鄮人與其子孫，無忘洪侯之德。洪侯名中孚，字思誠，歙之休寧人。熙寧、元豐間居太學，有盛名，擢進士，所居見稱，鄮課爲最。庶幾古所謂三不欺者。鄮民蒙仁，其績甚衆，匪獨學校而已。蓋王佐才也。元符三年二月十四日記。《通志》。

李廌撰，元符三年，今已佚。《金石存佚考》。

燾案：廌有文集三十卷，見《宋史・藝文志》。洪中孚，崇寧四年爲河東轉運判官。嘗言錢雜錫鉛，脆不可用，因請置陝西、河東、河北、京西監鑄當二夾錫鐵錢，在此記後五年，見《續通鑑》。

臨川廣陵二先生詩碑存

宣和元年，歲在己亥，仲春乙巳，錢唐薛昂題額，錢唐吳説書丹。

碑在谷隱寺前，臨川先生詩今見《王荆公集》中。廣陵先生王令字逢原，有《廣陵集》。吳説字傅朋，令之外孫也。《府志》以臨川爲吳澄，且以於忽操爲龐德公自作，他書亦有沿其誤者。金石可資考證，信矣。《金石存佚考》。

此碑立谷隱寺前田塍間，大書深刻，鋒穎如新。其背之額有篆書，大三寸許，云"襄陽谷隱寺碑"。碑文漫滅，僅有存者，或因石材堅厚，後人即其陰以刻二王詩也。光緒《府志》。

燾案：《宋史・孫侔傳》："王回、王令、常秩與侔皆有盛名，回、令不壽。"《藝文志》有令《孟子講義》五卷，集二十卷，又《廣陵文集》六卷。今《四庫書》作《廣陵集》三十卷，拾遺一卷。《甕牖閑評》云："詩有讖，信然。王逢原少俊有才，荆公酷愛之，然官竟不顯，壽亦止二十九。觀其《孤雲》詩云：‘旁人莫道能爲雨，惟恨青山未得歸。’其官之不顯可知矣。《送周秀才》詩云：‘爲語青山幸相望，壯夫終不白頭歸。’其壽之不長又可知矣。”逢原本元城人，幼隨其叔祖乙居廣陵，遂爲廣陵人。初字欽美，後王荸字之曰逢原。其於忽操三章，明馮惟訥編《古詩紀》誤收入古逸詩中。見《四庫書提要》。《府志》蓋沿馮誤。薛昂，史有傳，與余深林攄附蔡京，以致通顯，至舉家爲京避私諱，一無恥小人也。又嘗請毁《資治通鑑》，真無忌憚之尤者。重和中，昂奏承詔編集王安石遺文，乞差檢閲文字官三員，則其篆此碑，皆附和時相意耳。説有編《古今絶句》，見《宋藝文志》，師禮子也。師禮，史有傳，言工翰墨。曾幾《茶山集》有《吴傅朋送惠山泉並所書石刻》詩，《行都紀事》載高宗稱説所書九里松碑事，《貴耳集》載席光大以母碑銘求説書，儲六千緡潤毫，則説亦工書者。《書録解題》：《廣陵集》二十卷，又《古今絶句》二卷，言説所書杜子美、王介甫詩，與《宋志》異。逢原妻吴爲荆公姨，其女嫁師禮，故傅朋爲逢原外孫。

崇山厓園亭記碑佚

求勝概者，必在於深山窮谷，人跡之所罕至，然後以爲怪特而玩之，至於跬步之近，有湖山千里之觀，人所易而弗貴者有焉，崇山厓是也。崇山距鄮北九里，在晉順陽王城之右。按《圖經》，唐天寶六年改爲固封山，土人襲舊名而不之改也。山之厓闖然特出於漢江之滸，江外皆環山茂林，堅峭蓊欝，錯立交峙，望之莫知其際焉。山之上多穢草惡木，狐狸所居，豺狼所嘷，居民陋之，欲易而不售者積數歲矣。族兄彦遠一日往游，喜其景而售之，既乃平易道路，疏竹出石，剔穢草，誅惡木，心營目顧，因高就下，而作堂於中，掖以兩廡，步簷回環，周若一舍。直東爲菴，以棲雲霞，臨厓爲亭，以釣溝瀨，而又樹以青松，間以雜花，工不罷人，作不費財，舟車上下，談笑即至，不待勞形於鄙遠，而山水之秀畢缺。於是邑人見之，咸以爲忽生頓出，而不以爲故所有也。

余因謂曰：凡物之大情，莫不駭異習常，忽近而慕遠，惟賢者而後能因其同而得人之所異，因所近而得人之所遠。然則是山也，昔嘗見輕於樵夫牧兒，與培塿同列矣，一旦取於彦遠登焉而望遠，若天之益高，地之加闊，而異者遠者出焉。夫山豈改於故哉，特以所遭之人異焉。彦遠之識，其與庸衆亦遠矣。彦遠爲人閑曠怡愉，居常蹇然，有臨民之志。春秋鼎盛，他日故未可量。使識士之賢智愚不肖如山之美惡，則當有清曠發秀，貢奇效珍於前者矣。吾之族將由之以復振興，其爲悦於目，適於心，又不止如山之樂也。余既叙其登臨之美，而又以是告之。宣和二年三月七日，弟峴爲記，奉國軍承宣使帶御器械樞密副承旨知東上閤門事鄭成之書。《通志》引《紫微集》。

焘案：《紫微集》三十卷，見《宋藝文志》，張峴撰。峴字巨山，襄陽人，《宋史·文苑》有傳。其集尚存，見《四庫書目提要》。右碑據《金石存佚考》，在光化縣。巨山並工書，朱子文集有《巨山帖跋》，謂近世之爲詞章字畫者，争出新奇，以投世俗之耳目，求其蕭散澹然絶塵如張公者，殆絶無而僅有。然公晚以事業著，故其細者人無得而稱云云，則傾倒於巨山者亦至矣。其帖不知是否石刻，並録於此，以俟訪求。

陸愷等題名存

宣和四年正月中澣，闕。州守陸愷、倅劉範率闕。録宋邦光、權武當宰張彦遹、户曹張濤、儀曹張裕民，自滄浪亭泛舟，東沿江岸，因留題石壁間。巡檢劉軫、尉張況同至。

在均州滄浪亭下磨厓。光緒《府志》。

焘案：愷，乾隆《志》作“凱”，誤。《黄氏日抄》引《龜山文集》，陸少卿愷既第，薦試學官，公曰，“吾困科舉二十餘年，晚得一官，朝廷不吾知，欲使之裹飯復入場屋，吾不能也”云云。觀此，則愷固志節之士，龜山言必不妄。張彦遹，靖康元年爲隆德府司録，金人破隆德，彦適死之，見《宋史·欽宗紀》及《續通鑑》。右題前人未著録，光緒甲申、乙酉間修《府志》時始訪得之。他人事多無考，特附彦適名以不朽。意忠義之氣，雖偶然留題，神靈亦爲呵護歟？“瀞”字下所闕疑是“均”字，“率”字下所闕疑是“司”字。

宗海樓記佚

宗海樓，在均州東一里，下臨漢水，宋宣和中建，陸愷有記。《府志》引《通志》。

鹿門燈禪師塔銘存

靖康三年，釋惠洪撰。同治間此碑出土，居人並得其銅瓶、爐鼎數事。光緒《府志》。

燾案：《府志》載此銘文，中脱“登大洪謁楷禪師”至“東林之獲存，師之力也，既至漢上”云云數百言，注云《通志》引《石門文字禪》，今《通志》固有此數百言，不知《府志》所據何本。《宋藝文志》，《石門文字禪》三十卷，即惠洪所著。《書録解題》云：“僧高安喻德洪覺範撰。一作惠洪。其在釋門得法于真净克文，而於士大夫則與黨人皆厚善，誦習其文，得罪不悔，爲張商英、陳瓘、鄒浩尤盡力。其文俊偉，不類浮屠。韓駒子蒼爲塔銘云爾。”《朱子語類》：“覺範，本醫人。”《玉照新志》則云：“洪嘗爲縣小吏，山谷喜其慧，教令讀書。”今考洪復有《冷齋夜話》《物外集》《天厨禁臠集》，並見《宋志》。

唐授杜甫左拾遺詔石刻佚

右敕襄陽杜甫，爾之才德，朕深知之，今特命爲宣義郎，行在左拾遺。授職之後，宜勤是職，勿怠。中書侍郎張鎬齎符告諭。至德二載五月十六日行。蓋用黄麻紙，高廣皆可四尺，字大二寸許，年月有御寶，寶方五寸許。今藏湖廣岳州府平江縣裔孫杜富家，見錢謙益《杜詩注》。而余所見石刻，則宋紹興中也。按少陵《年譜》，至德二載在賊中，五月歸鳳翔，拜左拾遺，上疏捄房琯，上怒，召三司推問，張鎬捄之，乃放就列，與此勅年月同。《金石録補》。

贈少保王公墓志銘佚

王十朋撰，乾道五年，在穀城。《金石存佚考》。

燾案：王公名綱，字振翀，其先自閩徙錢唐，又徙襄陽，遂家穀城。登元符進士第，通判徽州，即解綬歸，事蹟略見乾隆《府志》。之望父也。十朋，《宋史》有傳。

襄陽玉泉寺碑未見

玉泉寺在城東五十里霸山，南宋時建，淳熙二年，開山智海立墖碑。光緒《府志》。

諸葛武侯贊佚

張栻撰，在府治。《輿地紀勝》。

宏慶寺廢鐘存

紹熙三年造，凡三層，上中記鑄鐘之由與題名，下層銘詞。字半剥落。道志著爲萬斤鐘者，其上有萬斤云云也。光緒《府志》。

程九萬詩并記存

闕二字。山舊有陽廣洞壺天閣，戎帥新加葺脩，復搜抉兩旁巖穴之秀，爲棲霞，爲嘯月，爲琴几棋臺，盡發兹山之秘，既成約漕。及余來觀，相與嘆賞久之，但恨未能引泉耳。戎帥欲余著語，因成五十六字附行記，并題厓壁。帥守池陽程九萬鵬飛書，漕桐鄉朱致知仲格，戎帥河陽趙純清老，時慶元丁巳端午日。其詩曰：

蒼厓絶頂俯晴川，佳處潛開小洞天。琴几棋臺誰是伴，霞棲月嘯恍如仙。鑿山見骨雅多石，巡澗闕二字。盍引泉。留取摩厓今始闕，勒銘他日似燕然。

峴石寺摩厓，慶元三年五月，知襄陽府程九萬書。舊府志稱峴石寺後有棲霞洞、嘯月亭，不言始自何代與作者姓名，得此書乃悉其始末。九萬以慶元二年募工修築鄧城永豐堰，見《宋史·河渠志》。其所謂漕者，轉運使也。乾道八年，湖北京西轉運置司襄陽，見《韓世忠傳》。趙純以開禧二年兼知襄陽府，事跡見趙萬年《襄陽城守録》。其稱戎帥，意是時但爲都統與？舊志職官並遺此三人失考。《金石存佚考》。

𡨕案：趙純於開禧二年以鄂州都統兼京西北路招撫使，見《寧宗紀》，不言知襄陽府。其爲襄陽都統，則見《薛叔似傳》，不言在何年，疑即鄂州都統一事。朱致知，慶元五年使金，賀正旦，在此題後二年，亦見《寧宗紀》。九萬，《萬姓統譜》，“青陽人，知武康縣，下車首訪儒術”云云。青陽，池州屬，此題稱池陽程九萬，當即一人。時有同姓名者，淳祐七年太學生程九萬脱身北歸，條上邊事，賜迪功郎，見《理宗紀》，在此後五十餘年。後又有程鵬飛降元者，亦别一人，非此九萬也。九萬有《歷陽志》十卷，《三老奏議》七卷，並見《藝文志》。

程趙題名與楚厓字存

池陽程鵬飛、河陽趙清老，慶元丁巳重九日同來，在郡城南望楚山，亦摩厓書，凡三行，行七字，又有“楚厓”二大字，河陽趙清老刻石。光緒《府志》。

修大堤記存

襄陽自昔有大堤，迴環重複，踰四十里，歲久不繕，日就隤削。慶元丁巳秋七月，漢水暴至，隄不没者纔一二尺，由罅漏而入者數十處。未幾水平，安撫徽猷程公用是力請於朝，願增築之，且屬都統領衛趙公專總是役。十二月命下，即相與選闕。鳩工，度材計闕四字。經始於明年正月八日丙午，訖事於二月二十八日丙申，凡用工一十五萬有奇。闕。公欽承上旨，日往程督，口授手畫，拊勉勞來，而闕。公復與闕。軍闕。中許公時加闕二字。故士樂爲用，闕五字。曰前此闕五字。以隄防闕六字。其廣闕五字。重城吾闕五字。矣。闕四字。成之日，饗闕五字。董二官闕四字。兵馬鈐轄闕五字。王享、王闕四字。黄隆、范選闕四字。王欽、覃忠、闕三字。計議官陳謙闕以紀歲月闕五字。始末闕。

慶元四年，摩厓凡四十行，行八字，後十六行。石理皴裂，行闕三四字，或五六字。以志修隄歲月，即今所謂救生土隄者也。《宋史·河渠志》：“淳熙八年，守臣郭杲築捄生隄，爲二牐，一通于江，一通于壕，水涸時導之入壕，水漲時放之于江。”至是十六年復增築之。《金石存佚考》。

案：安撫徽猷程公，即九萬。都統領衛趙公，即純也。《通志》。

摩厓在郡城南三里謝公巖下。光緒《府志》注。

熹案：此隄之脩，蓋九萬所請，而趙許諸人董其役，作記者則陳謙也。謙，《宋史》有傳，字益之，永嘉人。乾道八年進士，嘗爲湖廣總領，除宣撫司參謀官，此記云計議官，與傳小異。史浩嘗以謙與薛叔似、楊簡、陸九淵等並薦，見《孝宗紀》。開禧二年嘗爲京西宣撫副使，見《寧宗紀》，未幾即罷。本傳言謙早有儁聲，爲善類所予，坐僞禁中廢，晚至稱韓侂胄爲我王，士論薄之。右記謙名下所闕一字當是“書”

字，或“記”字，審其文義可見。謙所著有《永寧編》等書，見《宋藝文志》。

趙純野祭題名存

慶元己未寒食日，率兵將官以下，徧祭戰歿將士於巖亭之野，酹酒焚幣，成禮而去。清明日，復携家來此，遥睇松楸，用修時祀。河陽趙純題。

慶元五年摩厓，趙純書，在謝公巖南山麓。凡六行，第五行八字，餘九字。光緒《府志》。

絳帖石刻佚

單炳文，博雅君子也，其論絳帖，至爲精密。頃刻石襄州，有云：“淳化官本法帖，今不復見，其次絳帖最佳，而舊本亦已難得。煒家舊本第九卷大令書一卷第四行内‘面’字右邊轉筆正在石破缺處，隱然可見，今本右邊轉筆全不成字，其‘面’字下一字與第五行第七字亦不同，又第七行第一字舊本乃行書‘止’字，今本乃草書‘心’字，筆法且俗，以此推之，今所見多非。”余既見炳文辨証，恨未識真本，而襄州所刻第九卷大令帖亦毀于王旻之變，慮其遂至泯絶，因以舊所藏本摹刻于家，頗傳詒好事者。淳熙甲辰，始獲觀真帖于滄洲毛監丞所，第九卷大令帖正與單炳文襄州所刻石本纖微弗差，故家所藏未有其比。曹士冕《譜系·雜説》節。

吾宋城南有幸山堂，宋高宗南渡駐蹕之所。明崇禎中，沈氏濬池得片石，如墨玉，鎸有字數行，乃淳化帖九卷第一版王獻之書。此石失去始末，曹士冕《法帖譜系》載之頗詳，其爲襄州原刻無疑。董文敏嘗欲以百金購之，主人益大珍惜之，別刻一石，以應求者。明末寇變，並瘞兩石蔬圃中，後覓不可得。數年前余見此石原搨一紙於友人處，精光炯炯，果異他本。《筠廊偶筆》。

燾案：炳文事不概見，所刻絳帖不知在何年，然毁于王旻之變，則在理宗端平中。張世南《游宦紀聞》，“慶元間，單璐公煒字丙文，雖西班，乃中原故家，居黔陽，好古博雅，學小王書筆法尤妙。有《絳帖評》二十卷，惜未之見”云云。當即此人。“炳”作“丙”，傳寫偶異耳。茲據世南説列於慶元時，以俟考。《西陂類稿》復有《宋刻淳化帖第九卷跋》，載沈氏得石一片，兩面刻字，乃淳化帖九卷，第一二兩版王獻之書，旁有“陳懷玉鐫”四楷字，與《偶筆》所載不同。又言“寇亂失去。康熙丁丑，余姪壔偶掘地復得，搨以寄余，筆畫遒勁，精采弈弈，爲北宋刻無疑。閣帖本用棗版，而陳簡齋謂太宗刻石寵錫下方，則閣帖固自有石刻也。余曩撰《筠廊偶筆》，即以此石爲襄州所失，不知以地以時相去甚遠，且既毁矣，安得復出，今爲正之，别刻一石附帖後”云云。燾意王旻之變，石刻未必全毁，時地之説，更不能拘。今漢魏金石四方尚有流傳者，寧獨此石，故録前説而辨其跋語於此。少時於外舅韓華亭先生家見一絳帖本劇佳，旋往借閲，内兄以亡佚對，今止記其上有枝指生印，蓋嘗爲明人祝枝山所藏者，餘印不能悉記，不知即炳文所刻否也。

楊輔等楚巖題名存

嘉泰二年重陽日，郡太守楊輔嗣勳、轉運使蒲叔獻勉道、都統制毛致通亮之，曉登漢皋，憩楚巖，晚飲洞前，東望鹿門，西俯紫蓋諸峰，漢水繞出其左右，撫昔人之遺蹟，知茲游之爲勝也。

楊輔等題名，在襄陽南三里山之王蟒洞，未見著録。輔，史有傳，遂寧人，乾道二年進士甲科，官至建康府兼江淮制置使，謚莊惠。史言以顯謨閣待制知江陵府，移襄陽，而不詳何年。考嘉泰元年嗣勳上泉寺題名云“余守江陵之四年，徙襄陽。”是其知江陵在慶元四年，徙襄陽在慶泰元年也。蒲叔獻，南部人，舉進士，爲成都曹，百姓歌曰：“運使姓蒲，民力可蘇。”召爲宗正卿。韓侂胄用事，遂請去，時論偉之。見《萬姓統譜》。侂胄用事在開禧間，叔獻爲湖北轉運使，當在成都之前。《通志》。

燾案：《續通鑑》“紹定元年，賜輔謚曰恭惠”，與本傳異。其守襄陽，見本傳。上泉，疑是“玉泉”之譌。毛致通，見《宋史・華岳傳》。岳於侂胄當國時，上書言時事，有“皇甫斌、魏友諒、毛致通、秦世輔之彫瘵軍心，創夷士氣”等語，其人可知。“成都曹”之“曹”當作“漕”。此題《府志》作《蠻王洞摩厓題名》，云在郡城南谷隱寺後山。考谷隱寺距城十里，其後山雖近峴石寺，去城實不止三里，“王蟒”亦“蠻王”之譌，《通志》蓋沿俗稱耳。

應謙之等題名存

嘉定丁丑後清明三日，郡太守東陽應謙之亨甫、貳車九江蕭必蔄季然，因房陵廣文東陽張畏與可以檄過郡，越江小飲于滄浪亭，晚闕。馳登迴鑾寺，武當宰三闕。木 冠奠 伯四闕。郎扌闕。文闕。金 闕。王琛子方、張廣文子闕三字。日 馬録参嘉禾李翱亻闕。理東陽鄭伯永闕兩字。續至。

滄浪亭摩厓題名，在均州滄浪亭下。光緒《府志》。

燾案：嘉定元年戊辰，則丁丑爲嘉定十年。《宋史・寧宗紀》：“嘉定十一年，金人圍棗陽，軍游騎至漢上，均州守臣應謙之棄城走。”正此題後一年事也。

南漳縣御書閣記存

恭聞古昔盛時，黨有庠，鄉有校，弦歌之聲，蓋洋洋乎盈耳也。周衰學校廢弛，青衿佻達于城闕，詩人譏之。漢唐號善政，而及於化者，文翁興學于蜀，私遣學者詣京，齎蜀物以遺博士。昌黎興學于潮，自命進士趙德爲之師。郡未設學，况一邑乎？皇朝藝祖開基，五星聚奎，識者以爲文明之會。慶曆間，詔郡皆立學，邁漢越唐，藹如三代之風。然詔書時下郡國，而雲漢之章猶未昭回于萬里也。聖上纂承丕緒，作新斯文，訓告丁寧，黜浮崇雅，粤自首善之地，繇郡若縣，而堯言布天下矣。縣或左支右吾，摩挲他務，聖謨普頒，往往藏諸夫子廟，登受弗專，未足以奉揚休命也。南漳古稱壯縣，後兼中廬，而治之承平，密邇畿甸。南渡以來，始距行在所四千里，中更開禧邊烽俶擾，稽古禮文之事多闕焉。制使大學侍郎陳公，選辟屬吏，以陳君治平來令兹邑。下車未幾，首飾先聖、先師、十哲之像，且繪七十二賢于兩廡，修明倫堂，闢進德、復禮二齋，請没入官田以贍生員。今又從公校之堂，新宸奎之閣，輪奂翬飛，過者肅敬。夏五月經始，冬十一月告成，費錢一百一十萬，米三千斛。是舉也，分閫制者體九重之意，分邑寄者體十連之意，第第相承，以躋登兹。繼自今肄業于學之士，當知文約于禮，識先于藝，宿道嚮方，粹然一出于正，則斯閣之建，所以相淑者甚厚，豈徒爲一學觀美而已哉！君沅人也，父安民，擢乾道己丑進士，有《芷鄉詩文》行于時。君家傳其學，三仕爲令，君能以儒雅飾吏治，知所先後如此，可尚也夫。

馬案：右碑高四尺六寸五分，寬二尺七寸七分，額分書，雙龍環其上，及兩旁前書記，記畢即接書“紹定三年十月旦，迪功郎襄陽府南漳縣尉李嗣伯謹記并書，進義校尉襄陽府南漳縣西尉兼司學糧趙申題，蓋學長度時行輸巨本，直學喬必大闕。羣闕。叢器闕。叔道董督役”，共二十二行，行廿九字，字徑九分。《通志》引《湖北金石詩》注節。

御書興國州學亦有之，記中所稱“黜浮崇雅”，即御書中語。《金石存佚考》節。

燾案：嗣伯，乾隆、光緒《府志》皆作“詞伯”。光緒《志》云：“碑今在南漳縣學，明人所重立。”《通志》引《金石詩》注“趙申題”下復有一“申”字，疑衍。巨本，疑爲“巨木”之譌。乾隆《府志》無“制使大學侍郎陳公”句，亦無末“君沅人”一段。考是時制使當爲陳晐，《續通鑑》：“寶慶二年三月，以京湖制置使陳晐經理屯田有緒，詔獎之。”在此記前四年。觀《寧宗紀》，史嵩之以紹定五年爲京湖安撫制置使，可決也。“學長”以下諸人名《府志》無之，應補。

王庚題名存

端平乙未小陽月，三峴進士王庚至此。光緒《府志》。

燾案：右題在楚巖楊輔題名之後，舊與輔題並列，今以端平紀年在紹定後，故録於此。乙未，端平二年。

習池館記佚

襄陽城北枕漢水，商賈連檣，列肆殷盛，客至如林。惟城南出關而騁，長衢直道，東通于日畿。然傍漢數里，居民鮮少，士大夫息肩橐，率不免下榻葦舍。自嘉定、寶慶後，屯田既成，官吏絡繹阡陌，凡宵征而且趨衙，與朝發而暮至大隄者，或假爨桑門之居，騶走弗謹，坙井唾緣，縮屋而炊，庡庨可厭也。於是議者請建候館于南關外，制帥閣學陳公然之，命其屬尹焕往度地。越峴凝眺，適田舍讙言，發地得碑，將獻諸郡。就視之，則前守習池詩也。因訊池何許，曰蕩于兵矣，而故蹟猶在，在白馬寺之荒圃。至則崇山聯抱，一水涓涓，自岩竇注于漢。循流而上，坡麓曼衍，水迴旋渟滀，洋演淪曲，奇石磊塊，激發琮珮，青林媚篠，蔭映光景，窈乎靚，沈乎清，蓋殊境也。而泥垣棘籬，荒茀埋没，焕刊治而加位置焉。負茲麓而面鹿門，横陳通川，平瞰驛道，於館宜。先是，制府斥堠兵鋪在其東可五六十步，俯岸嵌空，鴻濤舂嚙，雨甚則憂墊，因議并徙堠鋪于新館之左，於守館又宜。歸白于公，乃捐鏹市地，築堂二十八楹，扁曰習池。爲寢舍二十八楹，扁曰懷晉。浚地引泉，壓以飛梁，外繚以垣，矗門臨衢，扁曰習池館。皆語實也。椽不斲，甓不磨，節費也。既成，公謂焕盍爲之記。謹按習氏以鑿齒而名，池以習氏而名，山公游焉，池益以名。久廢而復，今又名矣。噫！山川顯晦，時也，世故興廢，人也。士習有勤惰，而興廢繫焉，世故有變遷，而顯晦關焉。方晉不競，士行、士雅輩運甓擊楫，堇堇扶持。季年何時，顧放情高逸，酣湎不屑事事，上宇下宙，夫復奚賴。今公生聚教訓，士勇而知恥，民樂而康，乃公且蹙頞遠慮，晨興夜寐，孜孜如羽檄交馳，時屬吏受命，奔走無射，星言夙駕，莫敢興從事獨賢之嘆。夫厭浥行露，小吏事上之勤也，閔勞叙情以憩之，上之人念下之仁也。繼今以往，咸仰習上，勺之瀹之，濯之湘之，流風千載，尚可遐想。公方爲國倚重，丐閑未遂，然一邱一壑，不能忘情于太湖、苕溪之上，托斯池以寄興，焕知公心蓋在彼而不在此也。《府志》。

燾案：右碑光緒《府志》但云尹焕撰，無年月。觀記中有“屯田既成”語，又有“制帥閣學陳公”云云，則所云陳公者名晐，即前御書閣碑中之制使大學侍郎陳公也。寶慶紀元止三年，晐于二年詔獎，而紹定五年春則史嵩之爲京湖安撫制置使，是此碑之立在紹定五年前明矣。獨記中之前守詩碑今已佚，以其時揣之，當是趙方，方，賢者也。其詩顧不傳，可爲深惜。

李曾伯紀功銘存

大宋淳祐十一年四月廿有七日，京湖制置使李曾伯奉天子命，調都統高達幕府王登，提兵復襄、樊兩城，越三年正月元日銘于峴。其銘曰：

壯哉峴，脊南北。翳墉壑，幾陵谷。乾能夬，剥斯復。千萬年，屏吾國。

馬案：右銘共七十一字，自宋寶祐元年至今五百有餘年，僅闕末一字，爲宋碑所難得者也。按《宋史》，嘉熙三年正月，劉全復襄、樊。及端平三年，襄陽主將王旻、李伯淵等焚城郭、倉庫，相繼降北，襄、樊陷敵，凡十有六年而後復。《理宗紀》：“淳祐十一年十一月丙申，京湖制司表都統高達等復襄、樊，詔立功將士三萬二千七百有二人，各官一轉，以緡錢三百五十萬犒師。”是功爲曾伯表上，而史失載。又王登與達同功而無其名，皆藉是碑以補正之也。《湖北金石詩》注。

案末句馬紹基以爲闕一字，新拓本實是“國”字，稍模糊耳。釋“屏”作“斯”，“吾”作“五”，均誤。《存佚考》“屏”字不誤，“吾”仍作“五”，亦未審也。馬氏首行闕“大”字，又闕“日”字，皆抄刻轉譌耳。曾伯、王登，史均有傳。曾伯字長孺，覃懷人，淳祐九年爲京湖安撫制置使。登字景宋，德安人，出孟珙幕府。淳祐四年舉進士，調興山主簿。曾伯經理襄陽，登在行間，積功升至軍器少監、京西提點刑獄。《弘簡録》：“登以功升將作監丞。”較史爲詳。高達屢見于本紀，淳祐十一年四月，達帶行遥郡刺史、權知襄陽府、管内安撫、節制兵馬。寶祐三年，録襄陽功，達帶行環衛官、遥郡團練使。銘刻于寶祐二年，稱都統不言權知襄陽府，殆以遥授之職故也。《通志》注節。

在襄陽城西龜山麓。光緒《府志》。

燾案：淳祐襄、樊之復，《宋史》紀傳頗涉漏略。《理宗紀》“淳祐十一年六月丙申，高達帶遥郡刺史”云云，《通志》誤作“四月”，以是銘證之，是收復在四月，賞達功在六月，至十一月制司表上，賞各將士之詔乃下，其賞高達蓋特奬，各將士則彙奬，當日情事灼然可見。《紀》于四月不書收復事，達之遷官，未免突如。《曾伯本傳》止載其疏言襄、樊新復，請蠲租三年一事，無收復年月。《王登傳》：“淳祐四年舉進士，調興山主簿，總領賈似道檄修江陵城，條畫有法。明年，李曾伯經理襄陽，登在行以積功升，尋以母憂去”云云。所謂明年，不知何年，且無一字及復襄、樊事。《續通鑑》于淳祐十一年十一月載京湖制置使李曾伯調遣都統高達晉德入襄、樊，措置經理云云，亦欠分曉。曾伯，史稱其初與賈似道俱爲閫帥，邊境之事知無不言，似道卒嫉之，使不竟其用。《登傳》言登後爲馬光祖參謀官，爲余思忠等所傾，才略不能施，前後一轍，可勝浩嘆。高達後爲制置副使，因賈似道忌其功，怨望，德祐元年四月，以荆州降元，元以爲參知政事。淳祐紀年十二，此銘刻于十一年之後三年，實爲寶祐二年，馬氏以爲元年，亦失檢。是年六月，曾伯改四川宣撫使，兼荆湖制置大使，十月，命曾伯進司重慶，其京湖職事遂歸吕文德主之矣。

武當山桂花曲石刻未見

仙女侍，董雙成，桂殿夜凉吹玉笙。曲終却從仙官去，萬户千門空月明。河漢女，玉練顔，雲軿往往到人間。九霄有路去無際，裊裊天風吹珮環。此曲《許彦周詩話》謂是李衛公所作，《湘江詩話》謂是均州武當山石壁上刻之，云神仙作，未知孰是。《苕溪漁隱叢話》。

燾案：武當在宋名已著，真宗、寧宗均有加封。元嶽碑余曾抄其文而稿軼，今姑存其目於此。

襄陽金石略卷十一

元

元懷遠將軍萬户唐公死事碑

天下有酗戰之士，拳勇絶人，捐軀徇國，雖一時之短，其烈烈言言，超千人而挺生，奮百世而獨存者，誰乎？南陽唐公其人也。公諱琮，世居鄉淅川之白亭。伯祖諱皋，金季以鄉豪署峽口鎮將。父諱慶，仕亡宋，用邊功起身，自保乂郎、京師副將，累遷至左領軍、上將軍、諸軍統，歸附皇元，後終江淮軍民安撫使。惟襄、鄧自昔爲用武地，唐氏世鍾材武，繼領韜鈐，剛毅奮發，馳聲疆埸，稱山南名將家。公軀幹魁傑，而善于騎射，黝色鷹視，氣吐鐘鋐，然環甲横槊，出入行陣間，人愕而聳之。至元十三年，襲父爵，授武略將軍，明年轉武德，復安撫使，仍佩金符。十六年，進階宣武，授金虎符，管軍總管。十八年，陞懷遠大將軍、萬夫長。二十年，改授唐州軍府萬户。二十五年，移鎮泉道，屯駐春陵。時安南保蕞爾域，負固不庭，聖上赫怒，詔諸道兵以討之。公到鎮甫二旬而檄至，即閱數軍實，申嚴節制，明日大讌羣僚叙别，或以期遠緩發爲言，公曰："不可。征討國家重事，忠勤臣子大節，况吾家三世迭將，迨不肖之身，分符專閫，備具爪牙，恩寵深厚，畢力邊陲，以揚天子威命，則死之日，猶生之年也。尚敢以顧忌爲計哉！"詰旦啓行，旌旆精明，鼓角清亮，識者壯之。遂會諸將，屯靖海境，谿嶺湍險，艱于馳逐，北兵不習地里，與鱗介争利于舟楫叢薄間，已非所長，加以瘴癘流毒，海飈騰炎，吏士觸冒疾疫者過半。島夷幸我師不利，乘便突入，次年三月，大戰于塩場之三口，公率兵先入，所向披靡，賊兵開而復合者數四，麾下散失，公力戰，手剸數十人以歿，年四十九。訃聞，部曲至割股肉致祭，朝廷嗟惜之。公天姿雄峻，沈摯有將略，號令精明，撫循有素，期于恩威兼濟。當戰陳際，奮勇敵愾，不自顧藉，有古烈士風槩，故所向克捷。自筮仕不十年，正位帥閫。平居與人交，氣怡詞温，謙恭惟勤，未嘗以厲色待物，人視之，儒素也。其死生義利，權衡素定，非奮不慮死、徼取美名者，故周崇死政、漢寵死事，然皆有等級以叙，未若皇元即以父祖之爵禄，有崇無降，其報恤激勸之典，視前代爲重，公可謂得死所矣。夫人李氏，亦内鄉大家，資度純懿，克媲公德。孝以奉舅姑，慈以鞠幼稺，生三子：孟曰世忠，仲曰世英，季曰和尚。孫二：長靈童，次保保，世忠子也。世忠嗣奉世爵，奉公衣冠葬襄陽穀城縣鳳谿鄉丙山先塋之次，遂介秘書監丞申敬來請，某以風化所在，有不獲辭者，輒論列而係之銘。其詞曰：

武當西來萬馬驤，漢水東注爲滄浪。鳳谿之里穀伯邦，盤盤四野開荆襄。丙山衣冠唐所藏，惟茲唐侯百夫防。佩服義烈南方强，三世崛起參戎行。幢牙茸纛金節煌，王常鐵石我所將。惟南有交伐用張，一軍來伐心靡遑。萬甲夜卷趨敵場，桓桓不憚天戎攘。誓此一去批其亢，春陵謙訣何琅琅。山谿失勢臣分當，蛟鱷肆毒紛蜂螳。落落銅柱鷹孤揚，海霧翻瘴霾三江。奄奄戰鼓聲則鏜，一債不捄千夫僵。蛟匣零亂劍有光，臣維有賁甘自戕。一日之短百世長，恨以鱗介易我裳。又存又亡臣節昌，勝負況復兵家常。恤典昭報恩澤滂，嗣侯孝思亦不忘。葬而從祖享有堂，巫陽下招爲悲傷。羈棲胡爲滯此荒，魂兮歸來安故鄉。牲牷肥腯羅酒漿，部曲儼侍備兩廂。鼙鼓鐃鐸聲鏗鏘，子孫歲時供蒸嘗。銀鉤翠琰勒我章，忠傳孝繼溯大泱。陵遷谷變事亘常，英聲載世永不亡。

王惲撰。《圖書集成·南陽藝文部》。

燾案：右碑無書人姓名，所言征安南事，略與史合，惟《世祖紀》征安南之議始于至元廿三年春。廿四年冬，鎮南王托歡等軍渡富良江，敗其守兵，安南王陳日烜與其子棄城走。廿五年春正月，鎮南王遣軍追日烜于海，不及，引兵還交趾。二月，諸將以糧盡師老，宜全師而還，鎮南王從之。三月，鎮南王以諸軍還，張文虎遇賊，擊之，所殺略相當。費拱辰、徐慶以風不得進，皆至瓊州。凡亡士卒二百二十人。鎮南王次内傍關，賊兵大集，遏歸師，王由單已縣趣盝州，間道以出，次魚明州。日烜遣使來謝。四月，日烜遣使貢方物云云。不言疾疫事。考《續通鑑》，廿五年春三月，托歡遣兵追日烜于海，不知所之。阿巴齊謀以兵分定其地，日烜遣使請降，以款師，久之不降，擁衆據海口，將士多被疫，謀引還，日烜集散兵三十萬，守東關遏歸路，諸軍且戰且行，日數十合，賊據險發毒矢，將士裹瘡戰，樊楫、阿巴齊皆死云云。與碑合。意琮之死即在此時，但碑中之“廿五年”當爲“廿四年”之誤，否則其次年三月爲廿六年，與《史》《鑑》均不合。惲，《元史》有傳，字仲謀，衞州汲縣人。官至翰林學士，知制誥，卒贈承旨，追封太原郡王，謚文定。著述甚多，合詩文爲集百卷，見本傳。

魏國忠懿公神道碑存

馬案：右忠懿碑，赫赫在襄五年，禁戢兵士，通商撫農，民受其利，稱爲名臣，明善奉敕爲銘。《元史》不爲立傳，此可以補史闕矣。碑于乾隆丙子、丁丑城西民家曾得之，仆臥土中，篆額碎裂，文字殘闕尚少，知府陳鍔修府志時録其文志中，兹奉檄訪求，則爲村農所毁滅矣。《湖北金石詩》注。

《松雪齋集》有《章佩丞黑黑封贈三代制》，碑作“赫赫”。曾祖父曰札馬剌丁，追封魏國公。祖父曰阿里罕，祖母兀魯温迷失氏、完顔氏。父曰亦不剌金，母阿术剌氏。即此碑所載世系也。《金石存佚考》。

元明善撰，趙孟頫書，在郡城西里許。光緒《府志》。

壽案：元明善，史有傳，字復初，大名清河人。官翰林學士，卒謚文敏。有文集，見本傳。此碑同治中好事者爲小亭覆之，額其上曰“藏碑處”，馬氏乃謂爲村農所毁滅，當日采訪不實乃爾。

重刻羊公碑陰記

右晉太傅羊公碑重刻善本。襄陽鎮帥楊君廷臣洎郡侯吕君蒙甫屢登峴山，追懷叔子盛德，慨念古所謂墮淚碑，今不可復見。楊君之宗人志卿稔聞王君君實家多先代碑帖，暇日相過，語及羊公碑，君實適有本，欣然以授志卿。時宣文閣監書博士周君伯温號曉古人法書，尤精臨摹，志卿以屬之，乃構得闕。山貞珉，又得善工，刻之崇真宫。車載至潞，上舟涉濟，達江及漢，復樹之峴首。京師大夫士以爲盛舉。按羊公故碑漫滅，梁大同、唐大中、宋景祐重鎸者三，證以吾宗文忠公，生于襄、鄧間，蹤跡最密，其自夷陵遷乾德，正景祐過峴山，讀蕭誠書内所選獨孤册碑，愛之，收入集中，不應遺羊公碑而獨取此，意者景祐新刻斯時尚未備也。景祐乃晏肅所作，肅有創物之智，爲之必精，第恐歐公未之見耳。此本學書之古疑爲梁刻。昔羊公游峴，謂從事中郎鄒湛等曰：“自有宇宙，便有此山。古來賢達勝士，登此遠望，如卿與我者多矣，皆湮没無聞，令人悲傷。如百歲後，魂魄有知，猶應登此。”湛曰：“公德冠四海，令聞令望，必與此山俱傳。”由昔距今，幾及千載，元車書，混同文，治日盛，好古君子萃于輦轂，于是典午遺文，南城遺烈，復傳不朽，豈無數存乎其間哉！使公魂魄過峴，倏見故碑，寧不追憶湛言，而德諸君之懷賢，益信夫秉彝好德，雖百世如一日也。《圭齋文集》。

宋景祐間晏肅重書羊公碑，至元又毁。周伯琦以梁本摹刻，楊廷臣重立，歐陽玄撰陰具載其事。《金石存佚考》。

熹案：歐陽玄，史有傳，字原功，其先家廬陵，與文忠公修同所自出。至曾祖新遷瀏陽，故玄爲瀏陽人。官至學士承旨，卒贈大司徒，追封楚國公，謚文著。有《圭齋文集》。記中之吕蒙甫名流，太原人，嘗爲襄陽總管，興文教，釐祀典，理冤抑，復侵地，見《府志·宦績》。

並祀名宦祠。王君實名守誠，史有傳，太原陽曲人。曾官奎章閣監書博士，後爲河南行省左丞，卒謚文昭。有文集若干卷。周伯温名伯琦，史亦有傳，饒州人。工書法，嘗奉命篆宣文閣寶及摹右軍《蘭亭》、智永《千文》刻石。閣中記中所謂尤精臨摹，殆非虚語。楊廷臣，事無考。史有楊剛中字志行，上元人。官至翰林院待制，著有《霜月集》，附見《儒學楊載傳》，不知即志卿否？存考。晏肅，據《輿地紀勝》當作“燕肅”，觀記中有創物之智語，則作“燕穆”之者是也。

襄陽路重修廟學記佚

聖元爲制，凡士其名而儒其服，不糅之民而殊其籍，惟責田租商徵，自外身庸户調，無有所與者，將百年于此矣。世祖詔即闕里聚孔、顔、孟之族，置官而教之，以俟其成德達材者，垂三紀焉。是皆無聞歷古，而獨見之今者也。陛下繼聖，恢前皇之遠猷，舉厥未修之典，封衍聖公，屢下明詔，還正貢莊學田，俾完廟養老，資廩師生，其於世聖人之胄，學聖人之徒，覆毓漸涵，德澤至矣。府州縣邑爲之牧守令長者，率以作新廟學爲政務先，而恐風行聖化之後也。襄陽，宋之鄙城也，金社既墟，當歸吾元，由于忽棄不戍，故宋竊築，爲荆北門，殆四十年。世祖徵兵天下，不忍徼利一旦，以鬬吾民，包漢峴而戍之，視猶虎圈，待其自斃，五年乃下，則其受大兵也爲最久。城門鬭矣，廟學前火，閫帥武臣，因陋就簡而爲之，不稱神居，勢宜改爲。田之在郊，籍既失存，民亦廢耕，主吏去之，無有知其在所，不敢視江南他州之有夙儲者，其施力又若甚艱，此前政所以苟于其事者。惟總管陳衎經度之，已而受更，今總管陳義謀之吏民曰：“明詔如是，吾方權輿，表田募民，覬利何時，使是學媿他州，則二千石爲不職，且受譴失。不衆爲之，就緒無日，吏此者割若俸，户此者捐若財。”應者讙然，辭出若一。帥守兵家，亦勸赴功，猶不足用，取餘公帑。治之二年，聖哲中殿，賢儒旁序，門堂齋庖，楹礎林立。朔望春秋，皆奠荐講肄，籩豆鐘鼓，有踐與節，人之戾止，新視易聽，起所墮習而祗畏矣。燧嘗過之，拜其下庭，猶有可憾焉者。自唐開元配食顔子，拔曾子于諸子，以足十哲。前宋則躋孟子與顔子並，雖經百年，未之或改。後宋則益以曾子、子思，進子張于曾子之舊，故江之南位十哲上亞聖人者四焉。宋平，北方學者安顔、孟而異曾、思，閩憲曾請黜之，當國之臣不然之也。其後一侯爲憲河南，是時襄陽未入山南，猶其所涖也，不請而遂黜之，由是廟配止顔、孟。自今以觀，顔、曾之于夫子，同見而知，伯魚前死，則子思亦見而知者。惟孟子後百餘歲，爲聞而知，子思學曾子，孟子學子思，而得其道統之傳，則曾、思之功果不優於孟氏乎？顔氏前死，有聖人者存，未嘗爲書，質之于經，事十九見，質夫子者纔一，問仁與爲邦二焉，一以修己，一以治人，他皆見稱于夫子，與不待問而自謂之者也。曾子述《孝經》《大學》，子思作《中庸》，孟子則自著七篇之書，學者賴之，至今爲書三子。二子獨見黜，是外其師而弟子是尊，于聞而知者仍祀不變，而顧後所見而知者焉，皆不知爲何説也。或曰："子記汴學，已譏立顔、路、曾、皙、伯魚于序，而坐三子堂上，今何云然？"燧曰：嚮所疑者，以崇子而抑父，弗安順於倫理，非曰可并去之也。今江之南已配享者不可請而黜之，則江之北有功曾、思者不可請而配享乎？燧故嘗曰，人臣有見，列而上之則可，若制度考文之事，天子司之，以宰國家，逴于稽古之事，雜天下學禮之臣，羣然議之，必得所當義者而後可也。侯礱石求銘，奉議大夫山南江北道肅政廉訪副使馬公煦分刺是郡，亦以侯嘗勤心，宜若可言。燧曰：烏乎，是豈可易而爲乎哉！孟子稱智足以知聖人者，宰我、子貢、有若。子貢、有若則以爲自生民以來未有，宰我則以爲賢于堯舜遠，猶未曉言聖人之所由以然。孔子語堯曰："蕩蕩乎民無能名焉。"則遠賢堯舜者愈難名矣。然自孔子没，迄漢之世，將八百年，廟焉而不碑，其見之金石者，孝桓元嘉許魯相瑛置百石吏領禮器，與孝靈元興魯相晨奏依社稷出穀王家共禋祀二詔，魏曹植始碑之，唐則作廟之州必碑，最盛以衆，就其善言者，韓愈氏處州、柳宗元柳州，處州曰："自天子至于郡邑，通祀徧天下，惟社稷與孔子。”又曰：“仲尼之道，與王化遠邇。二帝三王，無以侔大。”不敢一言以贊其道，無他，蓋聖人之道，天也，善言者，繪工也，於山川、鳥獸、草木之爲物，與人執事，或可圖而肖之，以語繪天設色而得其仿佛萬一者，古今人無能爲者也。故爲著其始媮而今完者，以告夫後之人。銘曰：

維襄形勢，終始一地。視時屯亨，而爲險易。昔焉畫守，負而江山。動天下兵，五稔悖頑。時匪無學，士日介胄。以扞天刑，遑事俎豆。皇輿既邈，江南海涯。顧爲上中，襟帶安施。猶爲名城，於漢之域。惟廟弊軋，不堪瞻視。帝奮文教，誕告優優。於學須材，不如穫穮。是邦承流，其陳兩侯。衎也經畫，義成其積。桓桓新宫，實教所基。嗟我襄士，佻達何爲。聖人遺言，具在方册。口誦心維，奚異親炙。朝趨斯庭，夕休斯廬。亦奚以間，闕里即居。行見接武，賓興成德。作之君師，實帝之力。刻詩麗牲，用示無極。

馬案：右碑首行題“襄陽路重修廟學碑銘并序”，第二行“翰林學士朝請大夫知制誥同修國史姚燧撰”，第三行“大中大夫襄陽路總管兼管本路諸軍奥魯總管營内勸農事王良嗣”，第四行“資善大夫中書左丞行荆湖北道宣慰使史杠篆額”，文後銘八十字，後題“大德六年二月既望，襄陽路總管府題控案牘程、將仕佐郎襄陽路總管知事李、徵事郎襄陽路總管府經歷張、承務郎襄陽路總管府推官任、承務郎襄陽路總管府判官郝、武略將軍同知襄陽路總管府事管領元來人匠句當、懷遠大將軍襄陽路總管府達魯花赤兼本路諸軍奥魯總管府達魯花赤兼同勸農事”，以上所列之官，有姓無名者五，又有官無姓名者二。案《元史》姚燧有傳，字端肅，謚曰文。碑大德六年稱翰林學士朝奉大夫知制誥同修國史，史失書。《湖北金石詩》注。

燾案：史杠，天澤子，見《天澤傳》，言其爲湖廣行省右丞。其宣慰荆南，則見《謝端傳》。《續通鑑》，至元六年，劉秉忠、鄂囉奉詔命趙秉温、史杠訪前代知禮儀者肄習朝儀，亦即其人。《府志》作“史杜”者譌也。元代復有加聖號詔碑，《通志》云在興國，又引《金石詩》注云在襄陽府學大成殿月墀西向南，今亦佚，附記於此。

襄城縣學廡記佚

劉必大撰，孛术魯翀正書，至大元年二月，湖北襄城。《寰宇訪碑録》。

燾案：襄城，當作“襄陽”，否則與河南襄城混。孛术魯翀，《元史》有傳，作“富珠哩翀”，字子翬，鄧州順陽人。嘗從新喻蕭克翁學，克翁夢大鳥止所居，明日翀至。翀始名思温，字伯和，克翁爲易今名字。大德十一年，以薦授襄陽縣儒學教諭，此記蓋其爲教諭之第二年所作。後官翰林侍講學士，至元四年卒，追封南陽郡公，謚文靖。其官國學久，論者以比許衡。有文集六十卷，見本傳。

大天一真慶萬壽宫碑存

皇慶元年春三月，京師不雨，徧走羣望，詔武當道士張守清禱雨，而雨，明年春不雨，禱而雨，又禱又雨，既霑既渥，仍大有秋，兩宫大悦。初，均、房之間有山曰太和，又曰仙室，以玄武神居之，名武當，踞地八百里，峰七十有二，最高者紫霄之峰，峰之最勝者南巖，巖前有洞天二，曰太安皇巖天、顯定極風天，上出浮雲，下臨絶澗，猿啼烏嗥，豺虎所家，人可投足者，僅尋丈許。道家言，龍漢之年，虚危之精，降而爲人，修道此山，道成乘龍天飛，是爲玄武之神。至唐貞觀益顯，天下尊祀。宋理宗詔道士劉真人住南巖宫，不克。漢東異人魯大宥隱居此山，草衣菲食四十餘年，捄災捍患，預知禍福，時人神之。天兵破襄、漢，去渡河，訪道全真，西絶汧隴，北踰陰山，至元十二年歸，與道士汪真常等修復五龍紫霄壇宇，獨結茅南巖，或請作宫庭，曰：“非爾所及也，其人將至矣。”二十一年秋九月，師自陝西來，年三十有一，願爲弟子，大宥欣然曰：“吾遲子久矣。”即授道要。明年春正月，大宥先法師躬執畊爨，墾山鑿谷，種粟而食，繼率其徒翦檜翳，驅鳥獸，通道，東自山趾絞闕。七十里至紫霄宫，五里至南巖，巖北下三十里五龍官，又四十里抵山趾蒿口。三月三日，相傳神始降之辰，士女會者數萬，金帛之施，雲委川赴。乃構虛夷峻，拔木窮谷，刊石窮巖，即巖爲宫，廣殿大廷，高堂飛閣，庖庫寮次，既嚴且備，炫晃丹碧，轇葛雲漢，像設端偉，鐘鼓壯亮，引以石徑，蔭以杉松，積功累貲巨萬計，歷二十餘載乃成。墾田數百頃，養衆萬指。至大元年，今上皇帝儀天興聖慈仁昭懿壽元皇太后聞師道行，遣使命建金籙醮，徵赴闕，及禱雨輒應，賜宫額天一真慶萬壽宫，置提點甲乙住持，制加神父號啓元隆慶天君明真大帝，神母號慈甯至德天后瓊真三仙，賜號體玄妙應太和真人。延祐改元春二月，大司徒臣羅元奉皇太后旨，命師乘騎奉香幣還山致祭。冬十月，集賢大學士臣陳灝請加賜宫額大天一真慶萬壽宫。竊惟聖天子端玄清之本，躬垂拱之化，父天母地，懷柔百神，陶我萬類，子育羣姓，宵衣旰食，可謂至德也已。師以雲棲霞舉之侶，而能振道濯德，焦心苦志，奮樹堂壇，以承天庥，亦可謂豪傑之士矣。師闓疏果毅，方嚴質茂，雖大祠祭，不待沐浴更衣，所感必應。雖身被顯寵，如始居山，其有道者耶。若神之德，廣大混沌，變化無方，謂列宿所鍾，詎不信然。臣鉅夫謹拜手稽首，而獻詩曰：

翼軫之墟均房間，白雲峩峩武當山。根盤千里阻且艱，七十二峰羅煙鬟。帝遣元戎驅神姦，披髮仗劍衣黰黰。穹龜脩蛇猛且閑，乘雲而來御風還。跂余望之杳莫攀，真人學道鐫堅頑。飛上千仞誅榛菅，斡旋天機啓天關。瓊樓珠宫闕。迴環，霞披霧映黄金鐶。湛恩大兮帝所頒，神來居之佩珊珊。寒風蕭騷水潺湲，飛香滿空馥蕙蘭。願神永永哀民艱，汎掃穢濁無恫瘝。我皇萬歲御九寰，興聖怡怡長朱顔。

程鉅夫撰，延祐元年十月，在武當。《金石存佚考》。

壽案：鉅夫，史有傳，名文海，避武宗諱，以字行。其先自徽州徙京山，後家建昌，官翰林學士，卒。泰定二年贈大司徒，柱國，追封楚國公，謚文憲。碑中禱雨事，《仁宗紀》皇慶二年三月，以亢旱既久，帝於宫中焚香默禱，遣官分禱諸祠，甘雨大注云云。《鉅夫傳》亦稱其皇慶二年旱，鉅夫應詔陳桑林六事一節，皆與碑合。獨無元年春旱事，碑可以補史闕。魯大宥，應山人，能點墨片紙以療疾，見光緒《府志》。汪真常名思真，宋相彦伯之後，其開復五龍時，有黑虎爲之引導，能預知吉凶，後無疾蜕去，見乾隆《府志》。皆不詳所本。羅元，史作“源”。陳灝，史作“顥”。有傳，字仲明，清州人。仁宗時爲集賢大學士，仁宗崩，辭禄家居者十年。文宗即位，復起爲集賢大學士。卒，謚文忠。

重修武安靈溪堰記未見

堰以武安、靈溪名，尚矣。考其地皆故中廬縣界，始秦將武安君白起攻楚，斷鄢水灌城，拔之。鄢後改曰夷水，晉避桓温父彝名，改曰蠻水，迄今稱焉。堰因其故堨，則長渠之源也。溉田三千頃。唐大曆四年己酉，節度使梁崇義嘗修之，仍建祠宇。宋至和二年乙未，宜令孫永理渠之壞基，俾復其舊，爲民約束，時其蓄洩。南豐曾鞏知襄州，遂定著令，且爲之記。紹熙改元庚戌都統率公、淳祐十二年辛亥荆南制置李曾伯，兩命屯田官葺而完之。靈溪之爲堰，首受清涼河，下通于木渠，即古之木里溝也，灌田六千頃。渠始開於楚漢南郡太守王寵，又鑿之宋治平二年乙巳宜城令朱紘。淳熙十二年，總領蔡戡等凡兩濬治，具載貞珉。二渠之爲利廣矣。宋李后粧奩田在是。我朝至元十年癸酉，既平襄、漢，又六年戊寅，舊屯田官劉漢英其屬丁思明、劉興、黄漢臣等建議，圖而上之，東抵江漢，北亦如之，南際安陸、荆門界，西則南漳白羅、消溪也。有命作恒業于大護國仁王寺，以爲隆福宫，焚修之資，官以提領歲課所入之租。大德二年己亥，改營田提舉司。逮六年壬申，中政院同僉李英奉旨出内府金募民修築，斬伐竹木，藁梩土石，立隄防，障横潰，完崩缺，瀹壅閼，心計手授，略無寧暇，是以不數月而告成，若神明有以陰相之者。所謂鍤雲渠雨之謡，亦無愧德于鄭國也。時爲使之副，則有大都民匠總管乞台、含山縣尹井居仁。任簿書之責，則有院掾高奎贇。佐其役，則有襄陽總管王良嗣、提控案牘鄭謙、監營田也里、都目蕭興祖。奔走供億，則有提領王從龍、張明義、秦文彬等。庀其徒，則前提領丁思明也。至大庚戌夏六月，大水，堰復决，官爲葺理。延祐改元甲寅，文淵來守襄、漢。越四年丁巳春二月，提舉趙琦偕都目王鞏、吏黄伯榮、蕭恭來，曰："兩堰之修，厥績甚茂，乃吾元之勝事，苟不紀之，以至落莫無聞，我輩實任其責。子司文衡者，敢不屬筆？"至再至三而愈篤。謹按志書，襄之西南諸堰，獨武安靈溪爲大。跡其始所作，戰國之世，距今一千七百五十餘年，其間起廢更新，爲利國便民之舉，而所可知者才數人爾，其不可知而同草木湮腐者夥矣，何則？漢召信臣、杜詩相繼爲南陽，開通溝瀆，以廣灌溉，脩治陂池，以拓土田，民遂有父母之稱。厥後征南將軍杜預鎮襄陽，修召之故蹟，引溠淯以浸田萬頃，衆庶賴之，亦號杜母。且召之故蹟在南陽，預猶爲之，矧茲二渠，適屬襄土，反無其功耶？烏乎！史籍無傳，則亦已矣。後之涖是職者，不墜李侯之功，而踵父母之稱于召杜者，豈無其人哉！既以所聞而第之，識其歲月，仍係以銘焉。銘曰：

惟水于田，利實至大。蓄洩以時，人力是賴。武安之功，蘊鄢作埭。瀏之長渠，發源所在。伊溪而靈，湜湜其派。木里載通，龍興靡礙。宋粧籔田，以灌以溉。襄樊既平，歸我昭代。爲祝釐資，塵清國泰。矯矯李侯，辦而能裁。出内府金，不視功載。木石即功，脉溝絡澮。井井塍塍，萬頃其界。輸租于公，民亦大賚。伐□勒銘，俾永無壞。

武安、靈溪二堰記，何文淵撰，趙世禎正書，延祐四年，湖北襄陽。《寰宇訪碑録》。

馬案：右碑連額高六尺五寸，寬二尺九寸，題"武安靈溪堰記，提領趙世禎書丹，前襄陽等處水陸地産人户提領丁思明篆額"，書"重修武安靈溪堰記"八篆字，文後系銘三十句，句四字，又題延祐四年十一月日立，末後書官階姓名。二堰蓋楚北水利之大者，文淵記載一時官職頗詳。考《元史》，至元八年，立護國仁王寺鎮遏提舉司。十九年改鎮遏提舉司爲鎮遏所，又改諸色人提領所，後改爲仁王營膳司。今記云大德三年改營田提舉司，則《元史》失載此制也。又至大中陞都總管府爲會福院，置院使五員，掌仁王寺及昭應宫事。天曆後改爲會福總管府，定置達魯花赤一員，總管一員，同知一員，治中府判一員，經歷、知事、提控案牘各一員。今記所載經歷、提控案牘與史制同，其同知與史制同知、府判各一員者異。又有僉事、提舉、都目之類，皆史文所無。蓋僅據天曆以後之制。延祐中亦載院使，而不及其屬，得此記足以補元代會福院官秩。今以各銜名具列於左，以備參証。

中政院同僉李英　大都民匠總管乞台　含山縣尹井居仁　院掾高奎贇　襄陽總管王良嗣　提控案牘鄭謙　兼屯田也里　都目蕭興祖　提舉王從龍　張明義　秦文彬

右大德。

武德將軍僉會福院事李彦　中憲大夫僉會福院事余洪　大中大夫同知會福院事李伯顔察兒　武德將軍同知會福院事塔海　資善大夫會福院使洪溥　資善大夫會福院使甕吉剌德　資善大夫會福院使忽馬兒不花　銀青榮禄大夫司徒會福院使輦真吃剌思　金紫光禄大夫徽政使章慶使中都威衛使領隆禧院殊祥院羣牧監甄用監事提調左都威衛使司事會福院使識烈門　將仕郎會福院照磨管句發闕。架閣事卞君瑞　將仕佐郎會福院都事張恕　承事郎會福院都事王克諧　從仕郎會福院經歷張榮祖　敦武校尉會福院判官魏珍　武略將軍會福院判官章寶　司吏劉榮祖　張嗣壽　張復　柯瑄　徐文彬　吕宏仁　許紹達　黄伯榮　蕭恭　李世榮　閻益　庹應祥　典史符　宗信　李守德　都目王翬　提控案牘陳行琇　襄陽等處營田副提調趙琦　提領廧李榮　副提領史楨　同提領劉從明　武安靈溪等堰提領趙世楨　監造碑襄陽管民提領丁燁　監修堰前本司都目洪甫　南漳縣地産提領郝道甯　黄州路繡梓萬安泰鎸

右延祐。《湖北金石詩》注節。

碑在南漳縣東六十五里方家堰。消溪，志作“瀟溪”，在縣北三里，

至清泥灣閘口入鑾河。白羅，志云未詳，考縣西北有白駱河，源出縣北三十里之柏香庄，南流至縣，西入鑾河。白駱，疑即“白羅”音近之譌也。《金石存佚考》。

碑云李后粧籢田，不見於史。案后爲襄陽都統制李道仲女，所云粧籢田，當由於此。大護國仁王寺者，至元七年，世祖皇后弘吉剌氏所建，内設總管府，外置提舉司提領所，詳見虞集所撰本寺恒産碑。寺在大都西直門外一里高梁河。《湖北金石録》。

燾案：梁崇義修長渠事，不見于唐史志。其人不足取，其有功于民者，固不能以人廢也。此記可補史闕。孫永、朱紘等事，略見《宋史》，惟“都統率公”句疑有脱字，而“總領蔡戡”云云亦不見于《宋史》志。《宋史·孝宗紀》：“淳熙十年五月，詔疏襄陽木渠。”據《續通鑑》，蓋因都統郭杲言而有是舉，後十一年，杲復言木渠事，十二年，杲又言木渠屯田二麥事，無一語及戡。觀記中貞珉語，是當時必有碑足據。考戡爲君謨四世孫，著有《定齋集》。據其集中表啓，知嘗爲京西運判、湖廣總領等官，見《四庫書提要》。此亦可補史闕。《萬姓統譜》言戡字定夫，《定齋集》未見，未詳所本。《元史》載至元十六年，《世祖紀》八月置大護國仁王寺總管府，以賽音札拉爲達嚕噶齊，李光祖爲總管。記中恒業云云，當即其事。核其歲月，正相脗合。《成宗紀》：“大德七年，罷營田提舉司。”其改司事，則《成紀》所無。宋李后者，光宗后也，在位時驕奢用事，封其先三代爲王，家廟踰制，衛士多於太廟，歸謁家廟，推恩親屬二十六人，使臣一百七十二人，下至門客，亦奏補官。以是證之，則粧籢田雖不見於史，亦事之所有，非野語也。碑中所列各官，如“乞台”史作“奇爾台”，“塔海”史見《阿爾哈雅傳》，又《徹爾傳》有“實勒門”，注云“原作失列門”，疑即此碑之“識烈門”，特《元史》譯音展轉滋譌，此類甚多，闕疑可也。

襄陽金石略卷十二

元

封火神制存

泰定二年十二月，在武當山。光緒《府志》。

大五龍靈應萬壽宫碑存

至元二年，歲在丙子，武當山大五龍靈應萬壽宫武當殿成，玄教大宗師、特進上御、總攝江淮荆襄等處道教吴全節，爲集賢院言：翼軫之墟，襄、漢、均、房之間，有山根盤八百里，峰之高者七十有二，巖之幽者三十有六，澗之深者二十有四，天垂地接，陽噓陰噏，不可名狀，名曰太和之山。玄武神得道其中，改號武當，謂非玄武不足當此山也。山多神宫仙館，其大者有三，曰五龍、紫霄、真慶，而五龍居其首。貞觀中，均州守姚簡禱雨是山，五龍見，即其地建五龍祠。宋真宗時，陞祠五龍觀，賜額曰五龍靈應之觀。其後廢於靖康之禍，孫真人元改興之，又廢於金烏珠之兵。皇元受命，與天地合德，大興老氏之教，扶運翼世，以迎休祥。山之有道之士汪思真，奮然特起，披草萊，翦菑翳，悉舉而興之。先大宗師、上卿張留孫初總攝江淮荆襄道教，奏以其山葉希真朝覲，天子大信其道。至元二十三年，詔改其觀爲五龍靈應宫，以希真主之居。八年而侯道懋繼之，又二十年而續道成繼之。仁宗皇帝天壽節，實與玄武神同，遂加賜其額曰大五龍靈應萬壽宫，仍甲乙住持，歲遣使以是日建金籙醮祝釐其山。自是累朝歲遇天壽節，一如故事。此後大建玄武殿，宜得詞臣文而勒之石，以彰國家之美，以重此山。明年三月二日，集賢以聞，詔以命臣傒斯。臣傒斯竊謂名山大川，能出雲雨以澤萬物，産財用以利萬民，毓英賢以輔萬世，必宅天地之奧，當陰陽之會，磅礴融液，與大化終始。故必有神出幽入冥，此感彼應，如風之在谷，所觸皆通，水之在地，無往不達，况此山葆乎中和，統乎陰陽，應變合行，與神俱藏，羣山四朝，而特起乎中央，非玄武焉足以當之。則其宫室之崇，享祀之嚴，應國家之運，爲生民之依者，固有在矣。殿之建，玄教大宗師臣全節實出私錢萬緡爲之倡，而住山續道成、張道真、吳明復、邵明庚、李明良先後贊而成之。其屋壯麗嚴峻，洞達高廣，蓋與茲山相雄，世所稱神仙曰殷長生、房長須、馬明生、田蓑衣之徒，皆成道於此，是以人傑必本於地靈也。其辭曰：

虚危之精玄武君，上臨玄天貴且尊。穹龜贔屭騰蛇蜿，手指北斗酌乾坤。武當之上號太和，神君居之降百魔。五龍守衛嚴不訶，冷氣自少玄氣多。神君生在天地先，谷神自養天地根。二十四氣如環旋，七十二候無頗偏。四十二載昇玄天，玄天之樂不可言。身著玄衣坐紫府，蒼龍在左右白虎，朱方翼翼朱鳥舉，騰精攝景我爲主，百靈守之誰敢侮。或按長劍坐横庭，吐納日月含風霆，五龍冉冉隨降升，倏而去之若流星，忽而來兮雨冥冥。鬼車九頭匝火屋，山鬼倚樹惟一足，飛蝗蔽天食百穀，長蛟鼓浪沈平陸，神君一顧赤爾族。神君自居武當山，人能學之盡得仙。前有殷房後馬田，陳摶尹軌相攀援。新開大殿凌紫煙，璿題藻井相鉤連。神君居之樂無邊，保我聖曆億萬年。

揭傒斯撰，至元三年三月，在武當山。《金石存佚考》。

燾案：傒斯，史有傳，字曼碩，龍興富州人。官至侍講學士。至正四年六月卒，贈護軍，追封豫章郡公，謚文安。有勳爵而無官階，有司失之也。元代尊崇二氏，張留孫、吳全節輩，皆濫厠特進、上卿之列，見於史者不可勝數。惟續姓世不多見，《元史・仁宗紀》有宦者中尚卿續元暉，授昭文館大學士，與此碑之續道成爲宗人否，未可知也。

臣下碑未見

長生天氣力裏、大福蔭護助裏皇帝聖旨：軍官每根底、軍人每根底、城子裏達魯花赤官人每根底、來往的使臣每根底，宣諭的聖旨，成吉思皇帝、窩濶台皇帝、薛禪皇帝、完澤篤皇帝、曲律皇帝、普顔皇帝、格堅皇帝、忽都篤皇帝、札牙篤皇帝，亦璘真班聖旨裏。和尚、也里可温、先王、答失蠻，不揀甚麽差發休當，告天與咱每祈福祝壽者麽道，襄陽路均州有的福地武當山，大五龍靈應萬壽宫裏，有的甲乙住持、領宫事，兼領本路諸宫觀事，教門高士崇玄冲遠法師邵明庚，住持提點教門高士通，玄靈應明德法師李明良，爲頭兒先生每根底，執把行的聖旨與了也。這的每宫觀裏、房舍裏、他每的使臣休要安下者，鋪馬祗應休拏者，商税地税休與者。但屬這宫觀裏的莊佃、田地、水闕。磨闕。典、庫店、鋪席、浴堂、船隻、竹葦、醋麯等，不揀甚麽差發休要。更這蒿口、蒿坪、梅溪、雙谷、白浪、平堰等處村子裏有闕三字。地水土，不揀甚麽物件，不以是誰休倚氣力者休奪要者。更這先生每有聖旨，麽道無體例的句當做，阿陀每更不怕那闕六字。至元三年牛兒年三月二十日，大都有時分寫來。

臣下碑，正書，至元三年三月，在均州五龍宫。碑用蒙古語，而以漢字譯之，與《石墨鐫華》所載盩厔縣重建萬壽宫碑及《山東考古録》所載嶽廟碑體式一同。成吉思，太祖尊號，今譯青吉斯。臥濶台，史作窩濶台，太宗名，今譯諤格德，依上也。薛禪，世祖尊號，今譯色辰，聰明也。完者都，史作完澤篤，成宗廟號，今譯諤勒哲圖，有壽也。曲律，武宗廟號，今譯庫魯克，超衆之謂也。普顔篤，仁宗廟號，今譯布延圖，布延，福也，圖，有也。傑堅，史作格堅，英宗廟號，今譯格根，明也。忽都篤，史作護都篤，明宗廟號，今譯胡土克圖，再來人也。札牙篤，文宗廟號，今譯濟雅圖，濟雅，天命之命也，圖，有也。

亦璘真班，史作懿璘質班，寧宗名，今譯伊埒哲伯，伊埒，明顯也，哲伯，梅針箭也。也里可温，今譯伊嚕勒，福分也，昆人也。答失蠻，今譯達實密，唐古特語，達實，吉祥也，密，人也。《金石存佚考》。

燾案：右碑從《通志》抄出，何以題名“臣下”，不可曉。《存佚考》所釋臥闊台、完者都、傑堅等語，今皆不見於碑。審其文義，似碑中原作臥闊台、完者都、傑堅，而《通志》爲可疑。又“昆人也”句不知所釋何語，疑亦碑中所有，而《通志》奪之。牛兒年，則順帝至元丁丑年也。

南平樓記佚

昔我國家之經營四方也，嘗以重兵戍襄、樊，臨制東南，既而困襄六年而克之，遂以取宋，南薄嶺海，莫不率服。區宇既定，撤兵以息民。其留鎮襄陽者，兩萬户之兵也。於是其帥楊侯珪，以至元五年，即故山南東道節度之牙門，作新樓于其上，戎幕治焉。姚文公名曰“南平”，而爲之記。落成之日，作楚人之歌以相之。至于今六十有餘年矣，其爲樓也屹然中郡而高起，風雨旋薄，歲久不支。今萬户明威將軍完者禿、懷遠將軍楊克忠、武略將軍也先帖木兒，葺而新之，則仍改至元之六年庚辰歲也。既成，以書抵江南，求余記之。烏乎！襄在荆豫之交，水陸之會，自古形勝之國也，世祖皇帝神武制勝之迹在焉。非文公之雄文震蕩，悲歌慷慨，殆不足以當其山川，而集文何足以言之哉！今夫襄之爲城，頜頟千里，北出方城，渡沔水，達乎周、鄭、晉、衛之郊，東出平皋，徬徨乎陳、蔡、齊、宋之野。大車之彭彭，駟馬之洋洋，攘攘紛紛，爲利禄而往來者，塵相及而袂相接，則昔者戈甲之所趨，芻餉之所輸也。湯湯江漢之流，布縷漆革，禾麻菽麥，衣被乎東南湖海之間，則又皆昔日竭其民賦、疲于奔命以自捄之徒也。原田晦晦，十千其耦，林樹邑屋，參伍鱗次，比隣昏姻，飽食以嬉，燕息而歌者，則皆前日深池高墉，晝戰夕守，不能一朝居之地也。嗟夫！天下之治平久矣，海内一家，偏方下國，恃險阻以自固者，悉以剗削消磨而復遺跡，况夫襄之爲郡，蔚爲内地涵煦聖化、休養生息之深厚者哉！士大夫鞅掌王事之餘，馳驅之暇，樂其風俗之純美，土力之完復，于是有逸居安食之思。而四方游士賓客以相後先，他郡蓋莫之及也。而爲之民者，幼者壯，壯者老，老者日以盡矣，徒知其長子老孫、養生送死之樂，豈復知有祖宗經理之功、師武臣力之故哉！想夫元戎當歲時之豐樂，軍士之休寧，與其守臣、賓佐、吏士飲酒作樂於斯樓也，憑高望遠，徘徊四顧，觀夫人民城郭、山川草木於烟雲晻藹之間，道先世之功烈，以詔其子孫，使無忘警戒於無虞，而世世保茲樂土，以奉國家威德於無窮，則自三將軍始也。峴山之崇，檀溪之深，視彼異代之士慨，盡瘁於一時，使遺名于後世，而自託于茲者，則可以一慨也已。

燾案：此樓即南宋淳熙時齊慶胄所建之文選樓，陳琪有記，《府志》"古蹟門"載其文。余以非事實，故不録。乾隆《府志》載之《藝文》中，魯之裕云："琪記未始質言其爲著文選之地。"而引東坡詞賦赤壁事爲証，則過而存之之義也。此記虞集撰，見乾隆《志》，蓋據《道園集》録出。記中言姚文公已先有記，今惜不傳。集，宋丞相允文五世孫，字伯生，史有傳。完者秃，疑即完者都，史作諤勒哲圖，亦有傳。克忠嘗爲襄陽萬户，見《文宗紀》，又嘗爲安豐路總管，附見其父楊湜傳。也先帖木兒，史作額森特穆爾，嘗爲襄陽萬户，見《博羅特穆爾傳》。

穀城縣學記碑未見

穀城隸襄陽爲僻縣，其學在治之左，有旁舍藏九經俎豆。當天兵下襄時，廟舍典籍，蕩爲灰燼。至元己丑，主簿于諒始因舊址構葺精完。至大己酉，徒單公政自翰林出除穀上，爲治有冰蘗聲，興利除害，無善不爲，公暇數引羣吏課習經史，又擇編氓子弟之俊秀者，蠲其庸調，使之就學，由是彬彬焉民日遷善，至今化之。至正壬午夏，公之胄子嘗邴以秩進階，繼於兹土。下車之初，首謁廟，睇瞻兩楹將傾，忽大驚懼，顧判官馬傑曰："上雨旁風，閱五十四稔，吾先子嘗有志於經營矣。"於是勸民以義，皆大感悦，各相率助財。是歲九月告廟改作，十月落成，工不計勞，民不知疲。抑嘗論之，夫子之道，如日之明，庸人孺子仰而見之。夫子之教，待日而興，非聖主賢臣不能以行之。東漢以來，務講正學，迄於今千五百年，垂學校之政，端風化之源。設科取士，進用儒雅，制禮作樂，萬世太平之業，駕唐虞，軼三代，無逾我天朝人文之盛也。故自日都月窟之表，桂海冰天之垠，莫不衣冠華夏，懷歸臣服。是皆聖主寬仁厚德有以來之，而吾夫子之道教在其中矣。矧兹穀在太府版圖之内，《春秋》嘗著其名矣，來守穀者，固宜宣明教化，勉道激勸，以承上教養之美。繼志述事，作新斯廟，陳其宗器，使斯民有所觀感而興起。人生有三事之則，一是有大功於名教也，徒單令其庶幾焉。

燾案：右碑白景亮撰。景亮字明甫，南陽人，嘗爲沔陽府尹、衢州路總管，儒風大振，搢紳稱誦，見《元史·良吏傳》。乾隆《府志》作穀城人，注云舊志未詳所本。于諒與徒單政父子事，並見《府志·宦績》。諒事又見《萊陽縣志》，不言其爲穀城主簿。政，衞輝人，政子邴，據《圖書集成》所引舊志，知今作"嘗邴"者，"嘗"字誤衍。壬午，至正二年也。

大五龍靈應萬壽宫瑞應碑存

世祖皇帝初營燕都，歲十有二月，龜蛇見于高梁河之上。召問諸儒臣，翰林學士承旨臣孝祺等對曰："國家受命朔方，上直虚危，其神玄武，其應龜蛇，其德惟水，水勝火，國家其盡有宋乎？此水德之徵應也。"詔即其地建大昭應宫，以祠玄武。後七十有四年，復以今上天壽節見于均州之武當山大五龍靈應萬壽宫。武當相傳黄帝時，玄武以三月三日降于此山，仁宗天壽節適與神所降日同，歲遣使建金籙醮祝釐其山之五龍，後以爲常。歲四月十有七日，是爲今上天壽節。至正二年，集賢院以玄教大宗師臣全節言，奏以法師陳斯與行使事時，均、房之間久旱，入山而大雨。及竣事之旦，焚章嚴陛之東，有赤蛇緑龜見，其所盤回久之，忽不見，自郡縣陪祭官以下數百人，莫不驚觀，以爲禎祥，皆呼萬歲。襄陽守臣上其事集賢及玄教大宗師集賢，遂聞之天子，且請勒石本宫，以昭神庥。乃詔臣傒斯爲之文。臣聞天地之應，必於其類。惟于我朝默成世祖，而龜蛇於冰凝霜沍水德行令之時，見于定鼎之地，不十年而宋亡，天下爲一，此所以示天子受命之符也。今復以雲行雨施水德布澤之時，見于天壽節祝釐之所，必將復中統之世如世祖時也。矧皇上自即位以至于今，罷游畋，遠聲色，日進儒雅，講求聖學，聞一言之善、一諫之切，未嘗不嘉奬采納，宵衣旰食，憂勤天下，思復中統、至元之治，蓋十年於兹。若以時則可矣，以其象固已兆矣，是祥也，必不虚應，天下何幸即日見之。宫舊有閣，在玄武殿，至正元年夏，本宫住持邵明庚、李明良節歲計之羸，會檀施之積，重建之。累土爲臺，崇二尋有半，樹二甍之閣而三。其臺之崇，上六楹以奉玄武像，下十楹列爲三祠，中以祀神父母，左以棲蓬萊十真，右即蜀之梓潼神，總名之曰玉像閣。閣方落成，而使者至，神人若交焉。臣傒斯謹拜稽首而作歌曰：

聖人作兮百神依，水德集兮應虚危。指靈山兮祝皇釐，玉虹拖兮紫蜺飛。笙磬合兮斗柄垂，冠七星兮九霞衣。進有秩兮退有儀，緑章騰兮啓天扉。風蕭蕭兮雲披披，永介帝壽億萬期。赤蛇蜿兮遶緑龜，外不驚内不疑。來莫知所從兮去何之，神皇皇兮憺忘歸。斾元旍兮劍陸離，嘉祥見兮大慶隨。吾皇永兮繼黄羲，如世祖兮御九圍，神降祥兮無已時。

燾案：右碑揭傒斯撰。《通志》《府志》皆未著録，今從《圖書集成》抄出。元世祖以至元元年營燕京城池及宫室，號爲中都。五年，宫城成。七年，築昭應宫于高梁河。碑中所云築大昭應宫以祠玄武者蓋即此。自至元七年至至正二年，計之爲七十五年，正與史合。惟順帝即位後災異迭見，嘗獵柳林，凡三十五日，又嘗立高麗女奇氏爲第二皇后，皆至正二年以前事，見于史紀。碑乃以罷游畋、遠聲色諛之，曼碩賢者，似不應爾，將以奉敕譔文，不敢質言，諛之固諷之耶？曼碩以至正四年卒，先一年嘗致事去，詔追還，命丞相託克託等諭勿行。曼碩謂使："揭斯有一得之獻，諸公用其言而天下蒙其利，雖死于此何恨？不然，何益之有？"則曼碩固知言之不行，而順帝之不足有爲矣。

棗陽光武廟記未見

帝王肇興盛德者必百世祀，窮天地、亘古今者不可易之理也。在漢中葉，新室竊柄，呼號者連響，攖城者相望，光武天錫義勇，神運機智，戡定禍亂，削平天下，海内蒙恩，德至渥也。是以三輔吏士見司隸僚屬，皆懽忻不自勝，故老或垂淚曰："不圖今日復見漢官威儀。"其拯民水火之功，爲何如哉！輿情推戴，雖百世可也，況所謂之故鄉者乎！原其所自，實由舂陵節侯買，厭地蒸濕，乞移内郡，由是作邑乎棗陽之白水，地靈人傑，篤生賢哲，果有以驗蘇伯阿望氣之讖。及帝握赤符，乘六龍，十有七年，乃過故里，修園廟，祠舊宅，觀田廬，置酒作樂，大會宗戚，改縣爲章陵焉。帝心之眷乎茲土者審矣，民之報效者，理固宜然。古城距白水十里餘，故宅有廟，後廢。有元混一區宇，詔天下名山大川、聖帝明王，特舉祀典，于是里之耆宿慨焉。鼎新祀事，遂以至正三年三月三日，徵土工、木工、石工修器備用，來會祠下，斬枝幹，礱柱礎，陶瓦甓，築垣墉，恢復舊制，克獲就緒，以禱祠祭祀，如響斯答，是能易歉爲豐，易沴爲和，被霑惠澤者。乃復鑱石爲爐，輦來於庭，以永供養。民心之眷眷于帝，亦云至矣。民之仰帝也如是，帝之念民也如彼，交契于冥冥之中，祠之所以作也。余嘉其居帝里而能篤崇報之意，以示不朽，爰述其大概，俾歲時便觀覽焉。

王泰來撰。乾隆《府志》。

燾案：泰來事無考。南宋時有與同姓名者，華亭人，以詩名寶祐、開慶間，見《萬姓統譜》。

棗陽重修廨宇剏建譙樓記未見

棗陽隸襄，稱上邑。昔爲金、宋戎馬蹂躪之墟，天兵平亂後，官舍草創，廳事隘陋，涖政官屬，每有寒暑凌爍之憂。至元六年庚辰秋，朔庭啓台不花清卿公來監是邑，治事廉平，庶務無不經意，任爲己責，欲謀新之，且謂經始勿亟，恐以非時傷民力。邑士何豫通君安願悉輸其材植，監邑欣然禮之，明年四月，筮以伐木爲良，肇工徐圖，捐貲以運之，止期構廳事爲謀，未他及。適太原王君麟輔應内職，以清白端正選尹是邑，下車之初，顧其前後棟宇零落，案牘棼亂，胥吏羈縻，噫眙良久，憤然有志。于治郡開之以仁義，律之以敬勤，從宜處約，民蠹頓息，良善受職，威信風行，僅三月而誦聲作。即諗於監縣清卿公曰："嘗聞治官如治家，缺者補之，舊者新之，盡心焉耳矣。尸位苟禄，所不忍爲。今庶事之墮久矣，且以廳事之湫隘，日就頹圮，非惟不足崇觀瞻于下，且分憲按治而爲寒暑凌逼，殆非所以盡吾事上之道。去故更新，孰曰非吾輩分内事？"清卿公曰："余爲此謀久矣，力不足也。公念及此，期必有成。"二公協謀捐俸，命吏經營。邑士周明、駱毅、牛福、石如寶、葉景等有餘力之家，聞之欣然，各以其私錢來助。吏勤工善，衆力具舉，椓之丁丁，築之登登，崇廣舊基，盡闞。頹弊，柱石堅良，比舊宏麗，斲礱黝堊，焕然一新。建廳事七楹，高明爽塏，有左右室，扁曰帥正。北建後廳五楹，有左右室，帷帳茵褥，鼎新舊製，一時俱成，以分憲至止，扁曰肅清。西北建幕司五楹，軒牕虚明，既深且邃。東北建庖庫，百須器備。東建幕廳五楹，扁曰資始。西建架閣五楹，左右司房仍舊貫。儀門外築台二丈有奇，上建譙樓五楹，鐘鼓、滴漏、晝角咸具，扁其外曰明遠，内曰揆時。吏不知勞，民不知怨，價給其值而不科，夫受其傭而不歛，作以至正二年壬午，越明年癸未三月丙辰告成。尹介余曰："夫事功作之雖難，而守之亦難，子儒士也，能文善記，其事於左，俾後相繼者知其作創之難而不輕毁焉。"余按古制，縣地方里，懸于郡國。周之時王制已壞，後及楚莊始霸，滅陳得地，因其廣狹，生類族夥，置官監牧，後因其制莫易。漢唐置官，有令、主簿、尉，其于令選尤慎重焉。歷我皇元官制品秩，于是職益謹嚴。中統迄今八十餘載，稱是任者無幾。廨宇之堙圮，因循而往者非一。波頽風靡，欲求其能苟且修葺以塞其責已鮮矣，尚望其他哉！于是益信斯舉之難也。且邑舊無尉司，官吏每就民居鞫覈盗事，二公倡謀于縣治之東營廳事以居司房，囹圄咸完，亦皆嘉謨之所及也。斯時以監縣慈惠忠勤令尹之廉明果斷，繼之以主簿張君元長之剛勁毅達，相與恢宏其量，則豈徒協謀于是而已哉！將見囿斯民於太和之域，黄童皓叟，含哺鼓腹，而誦太平弦歌溢耳。則斯邑誠爲衆表其芳名遺愛，流于後世，非斯民之幸歟？至正三年歲在癸未仲秋之月，前江都縣教諭瑞陽王泰來記。至正四年五月吉日，從事郎襄陽路棗陽縣達魯花赤兼管本縣諸軍奥魯勸農事朔庭啓台不花、從事郎襄陽路棗陽縣尹兼管本縣諸事奥魯勸農事太原王騏、將仕佐郎襄陽路棗陽縣主簿河南張彌遠立石。

馬案：右碑上半截字尚完好，下半盡行磨滅。錢辛楣先生云："清卿即不花字，元人多有此稱，非别一人也。"《湖北金石詩》注節。

承務郎、襄陽路總管府推官、燕山進士、前秘書監典簿韓璵篆石，從仕郎、襄陽路棗陽縣尹兼管本縣諸軍奥魯勸農事王騏書丹，至正四年五月立。《府志》。

燾案：右碑中"能文善記"句，《通志》作"能聞"，似誤。末行《通志》脱"河南張"三字。記中之張元長，蓋彌遠字也。王騏，《府志》録入《宦績》，言字鄰輔，未詳孰是。

南漳臥龍山靈泉禪寺修造記碑未見

國家初用兵襄、樊，南漳臥龍山靈泉寺廢，天下既定，其寺僧覺如歸自江陵之報恩寺，修其牆屋，復其田疇，于是僧之散者稍稍復聚。大德闕。年秋闕。禪師没，其徒瑩禪師嗣，乃建正殿四楹，崇四尋有三尺，廣五筵，法堂六楹，崇視殿而去一尋有三闕，廣去其筵有二尺，藏殿四楹，崇廣皆視其堂。嗣五年而去爲僧判，其徒昇禪師繼之。自至治元年，至後至元六年，建普堂殿四楹，崇三尋有四尺，廣四筵。庫堂八楹，崇視殿而去其一尋，廣視其筵有二尺。僧堂之楹及其崇廣皆視庫堂，堂三門，六楹，崇二尋有二尺，廣二筵有二尺。環方丈諸室兩廡諸僧房及庖湢闕。外三門，以門計凡餘，門之外礱石爲橋，而屋其上，曰伏龍之橋，以聰禪師嘗闕。虎自隨也。橋之外甓通道一里餘，以闕。於市，市即古中廬縣治。諸殿皆朱甍碧瓦，諸像設皆端好妙麗，諸鐘鼓器物皆精雅堅良，凡所以致崇極于佛者無不盡，蓋合六十五年之功而後備焉。至正元年春，介余從子沆請記。按東晉時郡之白馬寺僧聰禪師過闕。山闕。心好之，山有古井，曰："吾道若興于此，井即自湧。"井泉三湧，遂建寺居焉。而井與清涼河通，故世號清涼三湧，遇旱而禱雨輒應，故寺以之名。名夫寺者闕二字。以至於今，凡歷代十有四，歷年千餘。以宋末之兵，當襄、樊之間，而不入于煨燼，復遭聖朝大興其教，如、瑩、昇三老相繼作而新之，一木一石，不資于舊，一錢一楮，無待于人，蔚然爲大叢林于當世，此固出于其人，亦其寺之當興也。然因其興而悖夫道，戾夫行，其可恃以爲久哉！故賢者必於是而致慎焉。昇禪師，郡人，屈氏子，有道有德，爲人所敬禮。自延祐三年主寺事，居廿有二年而讓于珉禪師，今則珉主之也。寺有不滅壽尊者，磨衲袈裟及戒刀，乃宋末寺僧心禪師所得。寺初有闕二字。千畝，稻地七十畝，瑩禪師復出私錢買稻田三百五十畝以益之，諸營造費，皆出於此，不足，又以私錢益之。烏乎！後之人尚無忘前人之勤哉。昇之徒曰提點惟勤、監守惟鎮，珉之徒曰惟福，同致詞請余文者，其鄉之長老周才叔、秦桂崇及弟桂發、韓異，白鶴觀住持蕭文純也。

揭傒斯撰，從子沆飛朱入石，至正九年十二月，在南漳縣。《金石存佚考》。

燾案：右碑從《府志》録入。"惟勤"《通志》作"惟欽"，"監守"作"監寺"，"韓異"作"韓弁"，未詳孰是。其以"戒刀"爲"戒力"，則《通志》之譌。惟《府志》先録年月，後列撰人姓名，則欠分曉。曼碩卒於至正四年，不得以立碑年月誤作撰碑年月也。

楊從仕去思碑

劉希敬撰。乾隆《府志》。

燾案：去思、德政之類，元後彌多，茲存其有撰人姓名者，文仍不録。

朱澤政績碑

薛簡撰。乾隆《府志》。

重建尹氏孝德記碑

尹怦字守均，其先天水人，六葉祖懷順，爲宋宣威將軍、新野太守，爰居襄，族以蕃。怦性淳，至恪于敬，養母卒，啣戚踰禮。貞觀中，特蒙旌表。時年十三，結廬墓側，志將終焉。厥父嗣宗嘗處于外，乃嚴葺堂宇，奉以歸。殫力農畝，任勤茹辛，昕晡怡愉，就養彌篤。及疾，怦巾裳不解，罷羸弗憚，既没，廬墓以棲，畚土成墳，蓬首單衣，塩酪弗烝，擗踊號慟，哀毀柴立。天降禎異，紫芝産塋，州將楊弘奏乞表其門，朝廷嘉之，詔曰："怦事親盡禮，誠敬著于鄉閭。居喪盡哀，淳孝通于幽顯。"賜帛粟有差。其子恭先，字冬�，孫仁恕，字兩金，胥有孝行，均沐旌異，令譽四聞，南土薦紳推爲稱首。時銀青光禄大夫、漢陽郡開國公張柬之爲讚，雄文深刻，炫映楚峴，在今郡治東孝義坊之左。繼烈于火，刻文漫漶，巋然獨存者三分碑之二。其下有井，如坊之名，衆汲以飲，歲遐事殊，軍民潛侵，環井地隘，土崩而堙，汲者病之。時監郡鑾禿等閔其殘陋，歸其侵疆，浚而甃之，甘洌如初。余嘗閲上下古今數千年間，克以孝德名世者，可指數焉，厥惟艱哉！今怦祖父、子、孫淳孝一門，光啓四世，碑復井完，澤流名著，何慶之深而孝之多，猗歟盛哉！亘古所未見也。

燾案：右碑乾隆《府志》節録，失撰書人姓名。文雖不具，以倫常風化所關，仍録之以諗來者。光緒《志》遺之，殊爲失檢。

襄陽沿革略

叙

兵有學焉，輿地其一端。輿地有學焉，沿革其一端。輿地之準望，道里有定者也，沿革則無定者也。惟其無定，故史册必詳，而兵家者流所宜究心乎。襄陽居楚上游，四戰之地，自三國以來，若東晉，若六朝，若宋元，南北紛争，邊烽迭警，疆場之間，一彼一此，其時沿革最爲轇葛。《府志》於此搜討頗勤，表以約之，説以析之，可謂精能矣。然仍不免于疏漏，則信乎著書之難，雖古專家不能無毫髮憾，未可以是爲《府志》病也。

余嘗欲考求襄陽兵事，勒爲一編，因仿李氏兆洛《地志韻編》例，先爲是書。務取簡明，俾讀者軌轍易尋，無或迷路。將欲證今，必先稽古。而於《府志》疏漏黽勉補苴，其各家舊説間有參差，則悉臚列，以資考索，無敢臆斷。昔賢戒學者勿妄言兵，余欲學者勿輕蔑古。疑殆從闕，聖有明訓。矧涉軍旅，可弗慎歟?

是書屬草時，同邑劉厂史明經德樹方有事於《府志》，曾以相示。自後廢置，積有歲年。今者海水羣飛，兩宫西幸，當事論都，頗及吾襄。在揚州時聞之柯巽菴都轉，實有是説。偶檢行篋，叢稿故在，理而董之。冀當途萬一下問，庶備財擇。客舍寒宵，萬端棖觸，筆削既竟，不自知其涕泗之横集也。

光緒庚子冬十月，吳慶燾寬仲書於杭州行館。

襄陽沿革略

一　　東

漢　　東

五代縣，未詳所屬，今棗陽境。

扶　　風

晉僑立郡，雍州屬，今府境，劉宋、南齊同。

顧氏祖禹曰：“在今穀城東北。”李氏兆洛曰：“今穀城東。”

豐

西魏州，後周同，今均州境。

新　　豐

劉宋縣，雍州京兆郡屬，南齊同，今府境。

武　功

劉宋縣，雍州始平郡屬，今府境。

上　洪

西魏縣，德廣郡屬。隋縣，荆州襄陽郡屬。

顧氏祖禹曰："在今宜城東南。"李氏兆洛、洪氏亮吉並云："在今宜城東。"

二　冬

弘　農

劉宋郡，雍州屬，南齊同，今襄陽縣境。

重

唐州，今南漳境。

四　支

郿

劉宋縣，雍州扶風郡屬，南齊同，今府境。

五　微

思　歸

劉宋縣，寧蠻府安定郡屬，今府境。

六　魚

沮

後周州，今南漳境。

臨　沮

漢縣，南郡屬。晉縣，襄陽郡屬。劉宋縣，南郡屬，南齊同。

顧氏祖禹曰：“今南漳縣西南。”李氏兆洛云：“在今當陽縣西北。”錢氏坫云：“在今遠安縣西北。”

中　盧

西漢縣，南郡屬。南齊縣，雍州襄陽郡屬。

顧氏祖禹曰："在今南漳東北。"李氏兆洛曰："在今襄陽縣西南。"

燾案：顧、李二説似異而同。

七　虞

中　盧

西漢縣，南郡屬。東漢侯國，荆州南郡屬。晉縣，荆州襄陽郡屬。劉宋縣，雍州襄陽郡屬，南齊同。即中盧地改名。宋縣，京西南路襄陽府屬，今南漳縣東北。

山　都

秦縣，南陽郡屬。西漢同。東漢侯國，荆州南陽郡屬。晉縣，荆州襄陽郡屬。劉宋縣，雍州新野郡屬。南齊同，又改寧蠻府義安郡屬。西魏郡，今襄陽西北。

《後漢書》注："山都，舊南陽赤鄉，秦以爲縣，故城在義清縣東北。"《通典》在義清縣東南。《寰宇記》：在中盧縣東北。

涉　都

漢縣，未詳所屬，今穀城境。

湖

西魏州，今府境。

長　湖

西魏郡，今府境。

八　齊

厥　西

晉縣，義陽郡屬。劉宋縣，南義陽郡屬。今棗陽縣境。

漷　西

後魏縣，義陽郡屬，今棗陽縣境。

十　灰

淮

西魏州，今棗陽境。

惠　懷

南齊縣，新野郡屬，今府境。梁縣，武寧郡屬。隋縣，鄀州屬，今宜城境。

十一真

秦

晉州，今府境。

均

隋州、唐州，山南東道屬。宋州，京西南路屬，今均州北。元州，河南省襄陽路屬。明州，湖廣省襄陽府屬。皆今均州治。

十三元

灅　源

西魏縣，千金郡屬，今棗陽縣西南。

十四寒

新　　安

南齊縣，寧蠻府南襄郡屬，今南漳縣治。又縣，寧蠻府安定郡屬，今南漳西北。又縣，寧蠻府蔡陽郡屬。今府境。

樂　　安

南齊縣，寧蠻府蔡陽郡屬，今府境。

義　　安

南齊郡縣，寧蠻府屬。西魏縣，長湖郡屬，今府境。

思　　安

後周縣，南襄陽郡屬，今南漳境。

齊　　安

南齊郡，雍州屬，今府境。

南　　安

南齊縣，寧蠻府西新安郡屬，今府境。
李氏兆洛作“義寧郡屬”，未詳。

邯　　鄲

劉宋縣，雍州弘農郡屬，南齊同，今府境。

十五删

華　　山

劉宋郡縣，雍州屬，南齊同，今宜城境。

秀　　山

西魏郡，今光化境。

武　　山

西魏縣，武寧郡屬。隋州，鄀州屬，今宜城南。

荆　　山

唐縣，襄州屬，今南漳境。

一　先

鄢

秦縣，南郡屬。

《括地志》："故城在安養縣北。" 顧氏祖禹曰："在今宜城西南。"

燾案：安養舊在襄陽北，即樊城，考《元和志》諸書自見。宜城在襄陽南，漢南郡嘗治宜城，則鄢斷無在襄陽北之理，顧説是也。

藍　田

劉宋縣，雍州華山郡屬，南齊同，今宜城境。

雙　泉

西魏縣，千金郡屬，今棗陽境。

武　泉

梁縣，南郡屬，後周郡，今宜城境。

萬　年

劉宋縣，雍州義成郡屬，南齊同，今府境。

編

南齊縣，寧蠻府懷化郡屬，今南漳境。

洪氏亮吉曰："漢編縣，故城在今南漳西。"顧氏祖禹云："在荆門州東。"錢氏坫云："在今遠安東北。"

五　歌

平　阿

晉縣，義成郡屬，今府境。

六　麻

下　溠

西魏縣，未詳所屬，今棗陽境。

七　陽

陽

南齊縣，未詳所屬，今光化境。

洛　陽

劉宋縣，雍州北河南郡屬，南齊同，今穀城境。

沮　陽

晉郡，今南漳境。

平　陽

劉宋縣，雍州始平郡屬，南齊同，今均州北。

蔡　陽

西漢縣，南陽郡屬。東漢縣，荆州南陽郡屬。晉縣，荆州義陽郡屬。劉宋縣，新野郡屬。南齊郡，寧蠻府屬，梁同。隋縣，荆州舂陵郡屬，今棗陽西南。

南　陽

西魏縣，千金郡屬，今棗陽境。

洪氏亮吉曰："梁南陽縣故城在今棗陽西南。"未詳。

筑　　陽

漢縣，南陽郡。晉縣，荆州順陽郡屬。劉宋縣，雍州扶風郡屬。南齊同，今穀城東。

河　　陽

劉宋縣，雍州南天水郡屬，今宜城境。

武　　陽

南齊縣，雍州始平郡屬，今府境。

略　　陽

劉宋縣，雍州南天水郡屬，今宜城東。

順　　陽

晉郡，荆州屬，今光化境。
顧氏祖禹曰："故城在光化縣西北，固封山東。"洪氏亮吉曰："在縣北。"

汎　　陽

劉宋縣，雍州扶風郡屬，南齊同，今穀城西。

案：齊義寧郡復有汎陽，殆如新安縣，或屬安定，或屬蔡陽之類。

重　　陽

西魏縣，南襄陽郡屬，今南漳西。

均　　陽

梁縣，始平郡屬。隋縣，均州屬，又改淅陽郡屬，又改武寧郡屬。

顧氏祖禹曰："故城在今均州西北。"李氏兆洛曰："在今均州東北。"

襄　　陽

漢縣，荆州南郡屬。晉縣，荆州襄陽郡屬。劉宋縣，雍州襄陽郡屬。南齊同。隋縣，荆州襄陽郡屬。宋府縣，京西南路屬。元縣，河南省襄陽路屬。明府縣，湖廣省屬。並今縣治。

案：今《别下齋叢書》中《東漢會要》於南陽郡下亦載有襄陽，似誤。

南襄陽

西魏郡，今南漳境。

棗　　陽

隋縣，舂陵郡屬。唐縣，顯州屬，又改山南道隨州屬。宋縣，京西南路隨州屬，後陞爲軍，縣爲軍屬。元縣，河南省襄陽路屬。明縣，湖廣襄陽府屬。並今縣治。

東蔡陽

南齊縣，寧蠻府蔡陽郡屬，今棗陽西南。

襄　鄉

東漢縣，義陽郡屬，一作南陽郡屬。曹魏同。劉宋縣，河南郡屬。南齊同。今棗陽東北。

沶　鄉

晉縣，荆州新城郡屬，今南漳西。

案：沶，或作“沛”，誤。《晉太康三年地記》或止作“沶”，當是脱字。

祁　鄉

劉宋縣，梁州新城郡屬，即沶鄉地改名。

南　鄉

曹魏郡，晉郡，今光化境。

郊　鄉

南齊縣，寧蠻府義安郡屬，今府境。

昌

西魏州，隋州，今棗陽境。

安　昌

曹魏縣，晉縣，義陽郡屬。劉宋、南齊同。梁郡，西魏郡，今棗陽境。

廣　昌

南齊郡，寧蠻府屬，今棗陽境。

建　昌

劉宋郡，雍州屬。南齊同。又縣，雍州襄陽郡屬，今府境。

武　昌

南齊縣，寧蠻府南襄郡屬，今南漳境。

梁

晉僑立州，今府境。

襄

西魏州，總管府屬。周、隋同。唐州，山南道屬。宋同。今縣治。

南　襄

南齊郡，寧蠻府屬，今南漳縣治。

穰

梁縣，未詳所屬，今南漳境。

唐

唐州，五代州，今棗陽境。

齊　康

南齊郡，雍州屬，今府境。

武　當

漢縣，荆州南陽郡屬。曹魏縣，南鄉郡屬。晉縣，荆州順陽郡屬。劉宋縣，雍州始平郡屬。南齊同，又改寧蠻府義寧郡。隋縣，豫州淅陽郡屬，又改置郡。唐縣，山南道均州屬。宋縣，京西南路均州屬，今均州北。元縣，河南省襄陽路均州屬，今均州治。

南　漳

隋縣，襄州屬。唐縣，山南東道襄州屬。宋縣，京西南路襄陽府屬。元縣，河南省襄陽路屬。明縣，湖廣襄陽府屬，今南漳縣治。

上　黄

晉縣，襄陽郡屬。劉宋縣，雍州華山郡屬。南齊同，今南漳東南。

南　錫

南齊縣，寧蠻府義安郡屬，今府境。

豐　良

後魏縣，未詳所屬，今棗陽西。

八　庚

廣　平

晉僑立郡，雍州屬，今府境。劉宋郡，雍州屬。南齊同，今光化北。

武　平

南齊縣，寧蠻府南襄郡屬，今南漳境。

始　平

晉僑立郡，雍州屬。劉宋郡縣，雍州屬。南齊同，今均州境。

常　平

西魏縣，長湖郡屬。隋縣，荆州襄陽郡屬，今襄陽西。

東　荆

西魏州，今棗陽境。

案：西魏復有南荆州，或云亦在今棗陽境。

永　明

南齊縣，寧蠻府義安郡屬，今府境。

義　成

晉僑立郡縣，雍州屬，劉宋、南齊同。

顧氏祖禹曰："在今穀城境。"李氏兆洛曰："劉宋郡縣，今光化西北。南齊郡縣，今穀城東。"

燾案：《宋書·州郡志》：義成太守，孝武帝立治襄陽，今治均州。又《隋志》：梁亦有義成郡，廢入穀城。

義　清

南齊縣，寧蠻府義安郡屬，今府境。西魏縣，歸義郡屬。隋縣，荆州襄陽郡屬。唐縣，山南東道襄州屬，今南漳東北。

宜　城

西漢縣，南郡屬。東漢縣，侯國荆州南郡屬。晉縣，荆州襄陽郡屬，今宜城南。西魏郡，今宜城境。唐縣，山南東道襄州屬。宋縣，京西南路襄陽府屬。元縣，河南省襄陽路屬。明縣，湖廣省襄陽府屬，今宜城縣治。

穀　城

隋縣，荆州襄陽郡屬。唐縣，山南東道襄州屬。宋縣，京西南路襄陽府屬。元縣，河南省襄陽路屬。明縣，湖廣省襄陽府屬，今穀城縣治。

鄧　城

晉縣，荆州襄陽郡屬，今府境。唐縣，山南東道襄州屬。宋縣，京西南路襄陽府屬，今襄陽縣北。

陰　城

西魏縣，酇城郡屬。隋縣，荆州襄陽郡屬，今光化西。

酇　城

梁郡，西魏郡，今光化境。

樊　城

西魏縣，河南郡屬，今棗陽縣北。

唐　城

隋縣，唐縣，漢東郡屬。宋縣，山南東道隨州屬，今棗陽境。

金　城

晉僑立郡縣，雍州屬。宋、齊同，今府境。

九　青

皋　亭

南齊縣，寧蠻府安定郡屬，今府境。

旱　亭

西魏縣，未詳所屬，今府境。

咸　甯

西魏郡，今府境。

永　甯

劉宋縣，雍州建昌郡屬，今襄陽縣境。

安　甯

劉宋縣，雍州建昌郡屬，南齊同，今府境。

義　甯

南齊郡縣，寧蠻府屬，又縣，寧蠻府義安郡屬，今府境。

十　蒸

春　陵

漢侯國，南陽郡屬。隋郡，荊州屬，今棗陽縣治。隋縣，荊州春陵郡屬，今棗陽縣東。

顧氏祖禹曰："故城在今棗陽縣南三十里。"洪氏亮吉云："在今棗陽縣東三十里。"

平　陵

隋縣，武當郡屬，今均州境。

章　陵

漢縣，荆州南陽郡屬，又改置郡，今棗陽縣東。

興

梁州，今均州境。

永　興

劉宋縣，雍州建昌郡屬，今府境。

齊　興

南齊郡縣，今均州境。

十一尤

黎　邱

漢縣，未詳所屬，今宜城北。

鄾

晉縣，荆州襄陽郡屬，今襄陽縣東北。

十二侵

陰

漢縣，南陽郡屬。晉縣，順陽郡屬。劉宋縣，雍州廣平郡屬。南齊同。梁縣，南陽郡屬。周縣，襄陽郡屬，今光化西。

華　陰

劉宋縣，雍州南天水郡屬。南齊同，今宜城境。

千　金

西魏郡，今棗陽境。

十三覃

清　潭

西魏縣，昌州屬。隋縣，荊州舂陵郡屬，今棗陽南。

顧氏祖禹曰："故城在今棗陽南六十里。"洪氏亮吉曰："在今棗陽南九十里。"

河　南

晉僑立郡，雍州屬，今襄陽縣北。

漢　南

西魏縣，宜城郡屬。後周縣，武泉郡屬，今宜城北。隋縣，荆州襄陽郡屬，今宜城治。

秦　南

梁郡，今宜城北。

三　講

士　項

南齊縣，寧蠻府安定郡屬，今府境。

四　紙

南天水

劉宋郡，雍州屬，南齊同，今宜城東。

揚　子

南齊縣，寧蠻府蔡陽郡屬，今府境。

東　里

南齊縣，寧蠻府義安郡屬，今府境。

西　里

南齊縣，寧蠻府義安郡屬，今府境。

邔

秦縣，南郡屬。漢同。晉縣，襄陽郡屬。劉宋縣，襄陽郡屬。

顧氏祖禹曰：“在今宜城北。”洪氏亮吉、李氏兆洛、錢氏坫並云：“在今宜城東北。”

七　麌

建　武

南齊縣，寧蠻府南襄郡屬，今南漳境。

北建武

南齊郡，寧蠻府屬，今府境。

杜

晉縣，雍州京兆郡屬。劉宋、南齊同，今襄陽縣境。

十七篠

京　兆

晉僑立郡，雍州屬。劉宋、南齊同，今襄陽縣北。

十九晧

率　道

西魏縣，威寧郡屬。隋縣，荆州襄陽郡屬，今宜城北。案：《隋志》梁時亦有率道縣，未詳所屬。

二十一馬

新　　野

梁郡，今宜城境。

二十二養

安　　養

西魏縣，鄧城郡屬。周縣，襄州屬。隋縣，荆州襄陽郡屬。唐縣，山南道襄州屬，今襄陽縣北。

德　　廣

梁郡，今宜城境。

二　　宋

雍

晉州，劉宋、南齊同，今府治。

南　　雍

梁州，今府治。後魏州，今棗陽境。

四　　寘

招　　義

南齊郡，雍州屬，今府境。

五　　未

魏

南齊縣，雍州京兆郡屬，今府境。

九　　泰

蔡

西魏州，今棗陽境。

下　蔡

晉僑立縣，義成郡屬，今府境。

十四願

武　建

後周郡，今宜城北。

十五翰

酇

西漢縣，侯國南陽郡屬。東漢縣，荆州南陽郡屬。晉縣，順陽郡屬，又改雍州廣平郡屬。劉宋、南齊同。梁縣，酇城郡屬。唐州，今光化境。

李氏兆洛曰："在今光化北。"錢氏坫曰："在今光化東北。"《後漢書》注、《通典》《寰宇記》並云："故城在穀城東北。"

燾案：此爲蕭何封邑，《漢志》所云侯國是也，前人辨之甚詳。錢氏大昕謂何封在沛酇，其後嗣封在南陽酇，蓋本姚察《漢書訓纂》之説，不可從。

士　　漢

南齊縣，寧蠻府安定郡屬，今府境。

臨　　漢

唐縣，山南道襄州屬，今襄陽縣北。

二十二禡

歸　　化

南齊縣，寧蠻府安定郡屬，今府境。

新　　化

南齊縣，寧蠻府蔡陽郡屬，今棗陽境。

光　　化

宋軍縣，京西南路屬。元縣，河南省襄陽路屬，今光化西。明縣，湖廣省襄陽府屬，今光化縣治。

通　　化

宋軍，即光化地改名，未幾復故。

二十五徑

鄧

漢縣，南陽郡屬。晉縣，義陽郡屬。劉宋縣，雍州京兆郡屬。南齊同。

顧氏祖禹曰："在今襄陽縣東北。"李氏兆洛曰："在今襄陽縣北。"錢氏坫與顧説同。

一　屋

廣　福

梁郡，西魏同，今均州西。

安　福

隋縣，均州屬，又改豫州淅陽郡屬，今均州西。

筑

南齊縣，義寧郡屬，今穀城境。

六　月

厥

晉縣，義陽郡屬，今棗陽境。

十　藥

北上洛

南齊郡，雍州屬，今府境。

若

秦縣，南郡屬，西漢同。

顧氏祖禹、李氏兆洛並云："在今宜城東南。"錢氏坫云："在今宜城西。"

鄀

東漢縣，南郡屬。晉縣同。劉宋縣，雍州馮翊郡屬。南齊同。唐州，即若縣地改名。

十三職

馮　翊

劉宋縣，雍州屬，齊、梁同，今宜城境。

昌　國

劉宋郡，今府境。

興　國

梁郡，今穀城境。

乾　德

宋縣，京西南路光化軍屬，今光化西。

襄陽藝文略

叙

自班《書》志藝文，爲史家所不廢。後世郡邑志乘踵起仿效，或僅以詩文篇什當之，非班旨也。《襄陽府志》舊有《藝文》，蓋亦沿詩文篇什之習。近時重纂，始革前弊，顧同官書局中人不免苟焉從事，乃至人物本傳亦多不暇檢校，牴牾闕漏，往往而有，殊非徵考文獻、桑梓敬恭之義。

余自乙未謬居鹿門講席，暇日搜輯，勒爲是編。以方隅所囿，學少專家，不能如班《志》區分流派，各以類從。姑仍《府志》例，次其時代以爲後先，取便尋檢。極知譾陋，復乖班旨，然視摭拾一詩一文相枝梧者，固應稍别，亦以見郡邑志乘不得比於國史，玆其一端，勢實爲之也。

去年來蜀，携槀自隨。逆旅無憀，藉用遣日。行篋書少，不無疏舛。然耆舊著述，流傳日希，末學後生，未見其人，甚且不知其書。是編於桑梓文獻，不無小補，異時修史者或有取焉。若云求多於官書，亦非鄙意也。其人非襄産，而所居爲襄地，所言爲襄事者，别爲一卷，曰附録。

光緒丁酉春，吴慶燾寬仲甫書，時客邛州鶴山講舍。

襄陽藝文略卷一

周

宋玉子一卷

楚大夫宋玉撰。鄭《通志》。

燾案：是書鄭氏列之小説家，疑出後人僞托。明人《諸子彙函》托爲歸有光所編，其中以宋玉爲鹿谿子，殊不足信，見《四庫書提要》。然以未見元書，末由折中，故過而存之。《湖北通志》引《七録》有録一卷，今亦未見。

楚大夫宋玉集二卷鄭《通志》《通考》作一卷

陳氏曰：《史記·屈原傳》言楚人宋玉、唐勒、景差之徒，皆原之弟子也，而玉之詞賦獨傳，至以屈宋並稱於後世，餘人皆莫能及。按《隋志》集三卷，《唐志》二卷，今書乃《文選》及《古文苑》中録出者，未必當時本也。《通考》節。

燾案：考訂諸書，晚出者彌較詳碻。是書《隋》《唐志》卷數小異，既見於陳氏《解題》，故不録《隋》《唐志》，以省繁文，後放此。《府志》據《湖北通志》引《七録》有賦十六篇，意當並列集中，茲亦不複出。

漢

春秋旨義終始論

劉睦撰。《後漢書·齊武王傳》。

釋名三十篇

劉珍撰。《後漢書》本傳。

燾案：是書明周履靖《夷門廣牘》止一卷，胡文焕《百名家書》及《格致叢書》皆作八卷，鄭明選稱爲二十七篇，《提要》引《珍傳》云五十篇，疑"五"爲"三"之譌。然《提要》所録作劉熙撰八卷二十篇，謂珍書久佚，不得以熙書當之。又謂别本或題作《逸雅》，蓋明郎奎金所改。錢氏大昭《補續漢書藝文志》有珍《釋名》八卷，凡三十篇，而畢氏沅《釋名疏証》仍題熙名。竊以熙撰《釋名》，見於《三國志》《隋志》諸書，固不得謂無其事，然熙去珍時代相近，珍書未必已佚，或熙因珍書從而增益，見者遂止知有熙而不知實創于珍，今刊本似題作珍撰熙補較允。

建武以來名臣傳

劉珍與劉騊駼撰。《後漢書》珍本傳。

燾案：是書錢氏大昭作《名臣列士傳》，未詳所本，今仍從《珍傳》。

東觀漢記

陳氏曰：漢謁者僕射劉珍、校書郎劉騊駼等撰。初，班固在顯宗朝，嘗撰《世宗本紀》《功臣列傳》《載記》二十八篇。至永初中，珍、騊駼等著作東觀，撰集《漢記》。其後蔡植、蔡邕、馬日磾等，皆嘗補續。《唐藝文志》著録者一百二十卷，今所存唯吴漢、賈復、耿弇、寇恂、馮異、祭遵及景丹、蓋延八人列傳而已。其卷第凡十，而闕第七、八二卷，未知果當時之遺否也。《通考》。

羅鄂州序曰：願聞之上蔡任汾文源曰："汾家舊有《東觀漢記》四十三卷，丙子渡江亡去。後得蜀本，錯誤殆不可讀，用秘閣本校讎，删著爲八篇。洎見唐諸儒所引，參之以袁宏《後漢紀》、范曄《後漢書》，粗爲完具。其疑以待博洽君子。"按顯宗命班固爲蘭臺令史，遷爲郎，撰光武功臣、平林、新市、公孫述事，作列傳、載記二十八篇。永寧元年，太后又詔劉珍與劉騊駼作建武以來名臣傳。今此記所存，皆建武事，豈固及珍、騊駼等所述耶？其文間類《前漢書》，又傳後所題有太史官曰、有序目者，燾案：此"目"字疑"曰"字之訛。此班、劉之所爲也。然固與珍傳不載成書卷目，《隋書·經籍志》稱劉珍所撰《漢記》百四十三卷，《新》《舊唐志》皆百廿七卷，吴兢所藏與官書卷同，劉知幾所有僅百十四篇，本朝歐陽公嘗欲求之海外，後復散亡，今所存才此耳，豈不惜哉！然後漢成書自劉珍、謝承、薛瑩、司馬彪、華嶠、謝忱、袁崧、劉義慶、蕭子顯，凡九家，唯華嶠專述《漢記》，逮范曄總載諸家而成書，亦以華嶠爲主，後之欲考《漢記》者，於范氏之書猶有取焉。文源之言，願以爲此書乃漢世史臣親記見聞，而袁、范出魏晉後，以世揆之，不得爲此，觀高密侯一傳而綱領見矣。書雖不全，當共存録，因刻板於江夏郡。篇中往往有唐武后時字，不欲輒改。《通考》。

燾案：是書《初學記》引《後漢書》作凡百二十篇，《宋志》作八卷，南宋《中興書目》有《鄧禹傳》，與羅序合，而與陳氏所見本異，亦止八卷。姚之駰《後漢書補逸》所輯與《宋志》同。國朝開四庫館時，諸臣蒐補爲二十四卷，詳余所著《考異》。《提要》以是書創自班固等，而珍等續之，伏無忌等再續之，馬日磾等三續之，但卷帙繁多，既不能斷某卷爲某撰，則自隋以來，題爲珍等所撰，相沿已久，固不如仍舊題之爲愈矣。錢氏大昭《補續漢志》作《漢記》，無“東觀”二字，蓋本《隋志》諸書也。

劉珍集二卷録一卷《隋志》

燾案：《唐志》無録一卷，鄭《通志》同。

劉騊駼集一卷録一卷《隋志》

燾案：《唐志》作集二卷，而無録，鄭《通志》同，題作“校書郎劉騊駼集”。騊駼嘗與崔駰、崔瑗補楊雄《百官箴》十六篇，意當在全集中。錢氏大昭於典章類别出《百官箴》，然末由知某箴爲某作，姑存其名於此。

楚詞章句

王逸撰。《後漢書》本傳。

鼂氏曰：“後漢校書郎王逸叔師注。”楚屈原名平，自傷忠而被謗，作《離騷經》。襄王立，又放之江南，復作《九歌》《天問》《九章》《遠游》《卜居》《漁父》《大招》，自沈汨羅以死。其後宋玉作《九辯》《招魂》，漢賈誼作《惜誓》，淮南小山作《招隱士》，東方朔作《七諫》，嚴忌作《哀時命》，王褒作《九懷》，劉向作《九嘆》，皆擬其文，而哀平之死於忠。至漢武時，淮南王安始作《離騷傳》。向典校經書，分爲十六卷。東京班固、賈逵各作《離騷章句》，餘十五卷，闕而不説。至逸，自以爲南陽人，燾案：南陽，當是“南郡”之譌。與原同土，悼傷之，復作十六卷章句，又續爲《九思》，取班固二序附之，爲十七篇。按《漢志》原賦二十五篇，今起《離騷》至《大招》凡六，《九章》《九歌》又十八，則原賦存者二十四篇耳。并《國殤》《禮魂》在《九歌》之外十一，則溢而爲二十六篇，不知《國殤》《禮魂》何以繫《九歌》之末，又不可合十一爲九，然則謂《大招》爲原詞可疑也。或曰景差，蓋近之。其卷後有蔣之翰跋云："鼂美叔家本也。"《通考》。

陳氏曰：逸之注雖未能盡善，而自淮南王安以下爲訓傳者，今不復存，其目僅見於《隋》《唐志》，獨逸注幸而尚傳，興祖又從而補之，於是訓詁名物始詳矣。《通考》。

初，劉向裒集屈原《離騷》《九歌》《天問》《九章》《遠游》《卜居》《漁父》、宋玉《九辯》《招魂》、景差《大招》，而以賈誼《惜誓》、淮南小山《招隱士》、東方朔《七諫》、嚴忌《哀時命》、王褒《九懷》及向所作《九歎》，共爲《楚詞》十六篇，是爲總集之祖。逸又益以己作《九思》與班固二叙，爲十七卷，而各爲之注。其《九思》之注，洪興祖疑其子延壽所爲，然《漢志》地理、藝文即有自注，事在逸前，謝靈運作《山居賦》亦自注之，安知其非用逸例也？陳振孫《書録解題》載有《古文楚詞釋文》一卷，其篇第首《離騷》，次《九辨》《九歌》《天問》《九章》《遠游》《卜居》《漁父》《招隱士》《招魂》《九懷》《九諫》《九嘆》《哀時命》《惜誓》《大招》，迥與今本不同。興祖據逸《九章注》稱皆解於《九辯》，知古本《九辯》在前，《九章》在後。振孫又引朱子之言，據天聖十年陳説之序，謂舊本篇第混併，乃考其人之先後，重定其篇第，知今本爲説之所改，則自宋以來已非逸之舊本。又黄伯思《東觀餘論》謂逸注《楚詞》，序皆在後，如《法言》舊本之例，不知何人移于前，不但篇第非舊，並其序亦非舊。然洪興祖考于《離騷經》下注曰"釋文第一"，無"經"字，而逸注明云"離，别也。騷，愁也。經，徑也"，則逸所注本有"經"字，而與《釋文》不同。如謂《釋文》爲舊本，亦未可信，姑存其説可也。逸注雖未詳賅，而去古未遠，多傳先儒之訓詁，故李善注《文選》全用其文。《抽思》以下諸篇，注中往往隔句用韻，如“哀憤結緝，慮煩寃也。悲哀太息，損肺肝也。心中結屈，如連環也”之類，不一而足。蓋仿《周易》象傳之體，亦足以考漢人之用韻，而吳棫以來談古韻者，皆未徵引，是尤宜表而出之矣。《四庫全書提要》節。

燾案：是書《隋志》作十二卷，并目録，《唐志》作十六卷，《宋志》作十七卷，鄭氏《通志》、馬氏《通考》卷數與《宋志》同，而題無“章句”二字。

正部論八卷

王逸撰。《七録》《隋志》同。

燾案：是書山東馬氏國翰《玉函山房輯佚書》中有一卷，似多闕漏。《襄陽府志》復引《隋志》，逸有《齊典》五卷，考撰《齊典》之王逸乃六朝時人，著有《喪服世行要記》，與《齊典》並見鄭《通志》中，《齊典》列於吳均《齊春秋》下，今以爲叔師書，非也。

王逸集二卷録一卷《隋志》

燾案：《後漢書》逸本傳謂逸著有賦、誄、書、論及雜文廿一篇，漢詩百廿三篇，似不止於二卷，今世《百三家集》中有《叔師集》，篇數亦與本傳不合，知其散佚多矣。《唐志》與鄭《通志》並無録。

王延壽集三卷

燾案：文考集，《隋志》與鄭《通志》皆作三卷，《襄陽府志》止載《靈光殿賦》《夢賦》各一篇，而注其集於下，殊乖體例。錢氏大昭作集二卷，而出此二賦于别集類，亦未協。蓋文考逸文復有《王孫賦》之類，二賦恐不足以盡之也。

宋忠周易注十卷《唐志》

《三國志》注，劉表爲荆州牧，開立學宫，博求儒士，使綦毋闓、宋忠等撰《五經章句》謂之後定。《釋文·叙録》及《隋經籍志》皆有劉表《易章句》五卷，《釋文》又引《中經簿録》云：“《易注》十卷，《七録》云九卷，録一卷。”疑即所謂後定者也。宋忠復自有著書，《釋文·叙録》云：“宋衷《易注》九卷。衷字仲子，南陽章陵人。後漢荆州五等從事。”又引《七録》《七志》云十卷，《隋志》則云梁有漢荆州五業從事宋忠注《周易》十卷。忠與衷、五業與五等，形聲之殊，蓋《釋文》成于隋，其時宋注猶在，陸元朗得見之，《隋志》據唐時見存，則知此書亡於唐初矣。然李鼎祚、史徵皆詳引之，則似未亡者，疑不能明也。虞仲翔表云：“北海鄭玄、南陽宋忠，雖各立注，忠小差玄，而皆未得其門。”今以殘文推之，仲子言乾升坤降，卦氣動静，大抵出入荀氏、虞君，以爲差勝康成者。或以此景升《章句》，尤闕略難考。案其義，於鄭爲近，大要兩家皆費氏《易》也。然費氏《易》無變動，而仲子注《革五》云“九者，變爻”，則其異於鄭、荀者，不可得而聞云。張惠言《茗柯文集》。

壽案：是書玉函山房輯有一卷，平湖孫氏堂所輯亦止一卷，見《續彙刻書目》。五等從事，張氏澍據《督郵碑》定爲“五業”，引《魏略》云“樂詳五業並授”，即五經也。衷定《五經章句》，故立此官，官之從事，今《書録解題》作“主事”，疑譌。

七經讖緯注

宋忠撰。玉函山房輯忠《周易注序》。

壽案：仲子緯注，見于《初學記》諸書，所引不過數條，今所傳諸經緯注皆題宋均，鄭漁仲謂隋煬帝嘗搜天下書籍與讖緯相涉者，皆焚之，豈忠書焚而均獨幸免耶？明時陳氏繼儒《枕談》猶引《春秋感精符》宋忠注云云，亦足徵馬氏語不謬，特散佚已久，蒐輯爲難耳。

世本注四卷

宋衷撰。《隋志》。

燾案：是書今張氏澍所輯作五卷，因有補注故也，其本校訂甚精，可仿刻。《新唐書志》有《世本别録》一卷，未知誰著，存考。

法言注十三卷

宋忠撰。《隋志》。

燾案：是書《唐志》止作十卷，玉函山房輯佚一卷，缺。

太玄經注九卷

宋忠撰。《隋志》。

燾案：陸績述玄自序："章陵宋仲子爲作解詁。"《通考》於温公集注《太玄經》下引《讀書志》："司馬君實集，漢宋衷解詁，吳陸績釋文"云云。疑忠注初名解詁，而《通考》於郭元亨《太玄經疏》下又引《讀書志》："元亨謂宋忠爲訓，陸績爲解。"皆未明白。似忠注又有《太玄經訓》之名。此書卷數，《舊唐志》、鄭《通志》皆與《隋志》同，惟《新唐志》有宋仲孚《太玄經注》十二卷，意"仲孚"即"仲子"之譌。《宋志》有宋衷《解太玄義經訣》十卷，原注、《李沂集》卷數與此略同，當即一書，故不複録。

玄測解一卷

宋忠撰。《宋志》注。

左氏謝氏釋

謝該撰。《後漢書》本傳。

灥案：宋程端學《春秋傳名氏考》有襄陽謝氏，列趙鼎、吕大圭之間，其爲該否，末由臆决。以時代言，則與趙、吕並列，似非該矣。姑志於此，以俟考定。

晉

漢晉春秋五十四卷

習鑿齒撰。《晉書》本傳。

灥案：是書《唐志》與鄭《通志》皆作五十四卷，《隋志》止四十七卷，今無傳本，無從校訂。余蒐輯尚未成書，近人《漢學叢書》中所輯不免遺漏也。

襄陽耆舊記五卷

鼂氏曰："習鑿齒撰。前載襄陽人物，中載其山川城邑，後載其牧守。《隋經籍志》曰《耆舊記》，《唐藝文》曰《耆舊傳》，觀其紀録叢脞，非傳體也，名當從《經籍志》云。"《通考》。

灥案：是書《崇文書目》作三卷，今任氏兆麟《心齋十種》所存亦止人物、牧守三卷，其山川、城邑二卷不知佚于何時。觀陸氏長庚序，知宋吳氏琚曾有刊本，吾郡胡玉如少司寇得於臨海，梓以歸，即任氏所本，而少司寇又本之雲壑，則二卷之佚當在宋時。《讀書志》之作五卷，恐亦沿《隋》《唐志》舊題，非事實也。明袁褧《廣四十家小説》與

《説郛》正續合刊，均載是書，而未見，今任本所闕漏，余於他書蒐補，釐爲五卷，以復其舊。

高人逸士傳八卷

習鑿齒撰。《唐志》。

燾案：《御覽》引作《逸民高士傳》，《唐志》蓋避諱改也。

習鑿齒集五卷《隋志》《唐志》同

南北朝

龜經秘要二卷

柳世隆撰。《齊書》本傳。

燾案：是書鄭《通志》作《龜經》三卷，與《唐志》同。《唐志》所載柳彦詢、劉寶真、王弘禮、莊道名諸人，皆有《龜經》。今《藝海珠塵》有《龜經》一卷，闕名，末由定爲誰作矣。

韋瞻集十卷《隋志》

燾案：是書鄭《通志》題作“雍州秀才韋瞻集十卷”，蓋因《隋志》注中語也。

稽神異苑十卷

晁氏曰："題云南齊焦度撰。雜編傳記鬼神變化及鳥獸草木妖怪譎詭事。按度質訥樸戇，不能著書，又卒於建元四年，而所記有梁天監中事，必非也。《唐志》有焦路《窮神秘苑》十卷，豈即此書而傳譌歟？"《通考》。

蕭案：晁氏説不爲無見，但古人之書不必盡出己手，如《吕氏春秋》《淮南子》之屬，皆其客所爲，非吕、劉筆也，度書安知非沿此例？若以其中有梁事爲疑，則《本草經》有朱厓、豫章等郡名，《山海經》有零陵、長沙等郡名，《春秋》書孔子卒，《世本》有漢高事，古書爲後人所羼亂者多矣，玆故仍存其目，俟博雅者考定焉。至"焦路"今《唐志》作"焦璐"。璐事見《新書·崔彦曾傳》。《唐志》復有璐所著《唐朝年代紀》等書，原注："徐州從事龐勛亂，遇害。"晁氏似亦未考。《宋志》與鄭《通志》又皆作"潞"，亦譌。《宋志》別有焦璐《搜神録》三卷，人同而書又異，闕疑焉可也。

仁政傳

柳惔撰。《南史》本傳。

柳惔集二十卷《七録》

蕭案：鄭《通志》題作"撫軍將軍柳惔集"，卷同。

棊品三卷

柳惲撰。《南史》本傳。

蕭案：鄭《通志》作"天監棊品一卷"，《説郛》亦有"天監"二字。

十杖龜經

柳惲撰。《南史》本傳。

柳吴興集一卷

陳氏曰："梁吴興太守柳惲文暢撰，僅有十八首。"《通考》。

燾案：《七録》載《文暢集》十二卷，而宋時所存止此，余嘗留意搜羅，並此十八首尚未悉獲。史稱帝謂惲分其才藝，足了十人，今著述零落殆盡，可嘆也。

柳憕集六卷《七録》

燾案：鄭《通志》題作"豫州刺史柳憕集"，卷同。

柳忱集十三卷《七録》

燾案：鄭《通志》題作"尚書令柳忱集"，卷同。

後漢音二卷

韋闡撰。《隋志》。

漢書續訓三卷

韋稜撰。《梁書·韋叡傳》。

燾案：此書《南史》作二卷，鄭《通志》題作"梁北平諮議參軍韋稜撰"，其名"續訓"，疑稜先當有書，如《後漢音》之類，是時諸韋鼎盛，蔚爲家學，惜其書今多不傳耳。

後漢紀四十卷

張緬撰。《梁書》本傳。

晉抄三十卷

張緬撰。《梁書》本傳。

張緬文集五卷《梁書》本傳

鴻寶一百卷

張纘撰。《梁書》本傳。

張纘文集二十卷《梁書》本傳

隋

晉王北伐記十五卷

柳䛒撰。《隋志》本傳。

法華元宗二十卷

柳䛒撰。《隋志》本傳。

史記音義

柳䛒撰。《通考》。

燾案：《通考》："《史記音義》二十卷。陳氏曰：唐崇賢館學士劉伯莊撰。貞觀初，奉敕講授鄒誕生、徐唐及隋柳顧言《音義》，而爲此書。"據此，是䛒先有《音義》一書，其佚已久，故諸家不著録。"顧言"乃"顧言"之譌，䛒字也。

韋氏譜七卷

韋鼎撰。《南史》本傳。

燾案：是書凌迪知《萬姓統譜》作十卷，與《唐志》同。又有《京兆韋氏譜》《韋氏家傳》，不著撰人姓名，存考。

襄陽藝文略卷二

唐

杜審言集十卷

鼂氏曰：“杜審言，必簡也，襄陽人，預之後裔。擢進士，恃才傲世。嘗對武后賦《歡喜》詩，后嘆重其文，與李嶠、蘇味道、崔融爲文章四友。集有詩四十餘篇而已。”《通考》。

肅案：是集馬氏列之别集類，其詩集類復有《杜必簡集》一卷，引陳氏曰：“唐著作郎襄陽杜審言必簡撰，工部之祖也。唐初沈、宋以來，律詩始盛行，然未以平仄失眼爲忌。審言詩雖不多，句律極嚴，無一失粘者，甫之家傳，有自來矣。然遂欲衙官屈宋，則不可也。”又引楊誠齋序略曰：“必簡嘗爲吉州司户，今户曹趙君彦清旁搜遠摭，得其詩四十二首，將刻棗以傳好事，且以爲户廳之寶玉大弓屬余叙之。余觀必簡之詩，若‘牽絲紫蔓長’，即‘水荇牽風翠帶長’之句也，若‘鶴子曳童衣’，即‘儒衣山鳥怪’之句也，若‘雲陰送晚雷’，即‘雷聲忽送千峯雨’之句也，若‘風光新柳報，宴賞落花催’，即‘星霜玄鳥變，身世白駒催’之句也，余不知祖孫之相似，其有意乎，抑亦偶然乎？至若‘往來花不發，新舊雪仍殘’，如‘日氣抱殘虹’，如‘愁思看春不當春，明年春色倍還人’，如‘飛花攬獨愁’，皆佳句也。三世之後，莫之與京，宜哉！”竊以此一卷者，本在全集十卷中，明晉安鄭氏能刊本作二卷，詩並未聞加多。辛文房《唐才子傳》謂“必簡集十卷，今不存，但傳詩四十餘篇”，與鼂氏説合。兹故存陳、楊二家論詩之説，其目不復别出云。

彈棋經一卷

陳氏曰：“張柬之撰。”《通考》。

晁氏曰：“未詳撰人。序稱《世説》魏武帝好彈棊，宫中皆效之，難得其局，以粧奩之，蓋形狀相類，就蓋而彈之，俗中因謂魏宫妝奩之戲。按《西京雜記》云劉向作彈棊，《典論》云前代馬合卿、張公子皆善彈棊，然則起於漢，非自魏始，《世説》誤矣。”《通考》。

燾案：是書《説郛》一作“晉徐廣撰”，而鄭《通志》與《通考》同。《宋志》有梁冀《彈棊經》一卷，《鄭志》復有《彈棊經》一卷，不著撰人姓名。意出兩手，故從陳氏而附記其異同於此。觀梁冀一事，則彈棊之起於漢時益信。

孟浩然集四卷

孟浩然撰。前有天寶四載宜城王士源序，稱凡二百一十八首，又有天寶九載韋滔叙。士源叙稱浩然卒于開元二十八年，年五十有二，凡所屬綴，就輒毁棄，無復編録，鄉里購采，不有其半，敷求四方，往往而獲。今集其詩二百一十七首，分爲四卷。此本四卷之數，雖與叙合，而詩乃有二百六十三首，較原本多四十五首。洪邁《容齋隨筆》嘗疑其示孟郊詩，時代遠不相及。今考《長安早春》一首，《文苑英華》作張子容，而《同張將軍薊門看燈》一首，亦非浩然游迹之所至，則後人竄入者多矣。士源叙又稱詩或闕逸未成，而製思清美，及他人酬贈，咸亦不棄，而此本無不完之篇，亦無唱和之作，其非原本，尤有明徵。排律之名，始於楊弘《唐音》，古無此稱，此本乃標排律爲一體，其中《田家元日》一首，《泊潯陽望香爐峰》一首，《萬山潭》一首，《渭南園即事貽交上人》一首，皆五言近體，而編入古詩。《臨洞庭》詩舊本題下有“獻張相公”四字，見方回《瀛奎律髓》，此本亦無之，顯爲明代重刻，有所移改。至叙中丞相范陽張九齡等與浩然爲忘形之交語，考《唐書》張説嘗謫岳州司馬，集中稱張相公、張丞相者，皆爲説作，若九齡則籍隸嶺南，以曲江著號，安得署曰范陽？亦明人以意妄改也。以今世所行别無他本，姑仍其舊録之，而附訂其舛互如右。《提要》。

燾案：浩然集，《唐志》作詩集三卷，《宋志》、鄭《通志》並同。《通考》詩集類作《孟襄陽集》三卷，引陳氏《解題》：“唐進士孟浩然撰，宜城王士源叙之。凡二百一十八首，分爲七類。太常卿韋綌爲之重叙。”别集類復有《孟浩然詩》一卷，引鼂氏《讀書志》，謂“詩二百一十首，王士源叙，次爲三卷，今併爲一”云云。視所謂《襄陽集》者止少詩八首，則其分列爲複出矣，今削之。又所引陳氏語，“進士”當是“處士”之譌。“綌”與“滔”亦小異。《唐志》原注謂弟洗然與士源所次，今各序略不及洗然，不可曉。

亢倉子一卷衍聖公孔昭焕家藏本

舊本題庚桑楚撰，唐柳宗元嘗辨其僞，鼂公武《讀書志》曰：“案唐天寶元年詔號《亢桑子》爲《洞靈真經》，然求之不獲。襄陽處士王士元謂《莊子》作‘庚桑子’，《太史公》《列子》作‘亢倉子’，其實一也。取諸子文義類者補其亡。今此書乃士元補亡者，宗元不知其故而遽詆之，可見其鋭于譏議也。”今考《新書・藝文志》載王士元《亢倉子》二卷，所注與公武所言同，則公武之説有據。又考《孟浩然集》首有宜城王士元叙，自稱修《亢倉子》九篇。又有天寶九載韋滔叙，亦稱宜城王士元藻思清遠，深鑒文理，常游山水，不在人間，著《亢倉子》數篇，傳於代云云，與《新書》所言合，則《新書》亦爲有據。宋濂作《諸子辨》，乃仍摘其以“人”易“民”，以“代”易“世”，斷爲唐人所僞爲，亦未之考矣。惟是庚桑楚居于畏壘，僅見《莊子》，而《史記·莊周列傳》則云莊爲書，如畏壘亢倉子，皆空言無事實，則其人亦鴻濛雲將之流，有無蓋未可定。其書《漢志》《隋志》皆未著録，至于唐代，何以無所依據，憑虚漫求，毋亦士元先有此本，而出入禁中之方士，如葉法善、羅公遠者，轉相煽惑，豫爲之地，因而詔求歟？觀士元自叙，天寶四載，徵謁京邑，適在書成之後，亦明証也。劉恕《通鑑外紀》引封演之言曰："王巨源采《莊子·庚桑楚》篇義補葺，分爲九篇，云其先人於山中得古本，奏上之，敕付學士詳議，疑不實，竟不施行。今《亢倉子》三卷是也。"原注："此條《封氏聞見記》不載。"蓋今本乃殘闕之餘。其以士元爲巨源，以亢倉子爲亢桑子，以二卷爲三卷，則傳聞異詞也。然則士元此書，始猶僞稱古本，後經勘驗，知其不可以售欺，乃自承爲補亡矣。然士元本亦文士，故雖雜剽《老子》《莊子》《列子》《文子》《商君書》《吕氏春秋》、劉向《説苑》《新叙》之詞，而聯絡貫通，亦殊亹亹有理致，非他僞書之比。其多作古文奇字，與衛元嵩《元苞》相類，晁公武謂内不足者必假外飾，頗中其病。《宋志》别有《亢倉子音義》一卷，殆即釋其奇字歟？《崇文書目》作九篇，晁、陳諸家皆同，《宋志》作二卷，宋濂《諸子辨》則作五卷，此本僅有一卷，而篇數與《崇文總目》合，蓋又明人所并云。《提要》。

　　燾案：《通考》引高氏《子略》曰，"開元、天寶間，天子方鄉道家者流之説，尊表《老氏》《莊》《列》，又以《亢桑子》號《洞靈真經》，既不知其人之仙否，又不識其書之可經，一旦表而出之，固未始有其書也。處士王褒乃趨世，好迫上意，撰而獻之"云云。褒或士元名耶？《亢倉子注提要》謂高似孫誤以士元爲王褒，紕繆殊甚，黄諫未能考正，未詳所據。

杜甫集六十卷小集六卷《唐志》、鄭《通志》同 又集外詩一卷《通考》《宋志》作外集，卷同

燾案：杜集卷數，自宋以來，注家林立，互有異同，不能悉數。暇當蒐輯，别爲一編，以資考証。兹僅舉《唐志》《通考》所録，存杜集真面目。其紀注家所分卷數，如《通考》所引鼂、陳之説，亦概不録。

柳渾集十卷《唐志》、鄭《通志》同

燾案：渾文，今《全唐文》止載《請禁田季羔貨宅奏》。詩則《全唐詩》止載《牡丹》絶句，亦非高唱。《唐書》渾本傳謂其善屬文，而所傳止此。且渾兄識並有文名，今其文亦止存數首，皆不幸也。

張子容詩一卷《全唐詩》

子容，襄陽人。開元元年常無名榜進士，仕爲樂城令。初與孟浩然同隱鹿門山，爲死生交，贈答詩篇頗多。後值亂離，流寓江表，有詩集。興趣高遠，吐棄凡庸，當時哲匠咸稱道焉。《唐才子傳》節。

燾案：子容，《全唐詩》小傳不言何處人，但云先天二年擢進士，爲樂城尉，與孟浩然友善。今考子容《送孟浩然》詩，有"因懷故鄉意，歸與孟家隣"之句，浩然《除夜樂城逢張少府》詩有"得見故鄉親"之句，則子容爲襄陽人無疑。惟其擢進士，則開元與先天紀年互異。其貶樂城尉，見其詩集中。辛氏謂官樂城令，似誤。又辛氏《王灣傳》以爲開元十一年常無名榜進士，今《子容傳》無名於開元元年已成進士，亦小牴牾。

祠部集一卷

張繼撰。席啓寓《唐詩百名家全集》。

繼字懿孫，襄州人。天寶十二年禮部侍郎楊浚下及第，與皇甫冉有髫年之故，契逾昆玉。早振詞名，來長安，頗矜氣節。嘗佐鎮戎軍幕府，又爲鹽鐵判官。大曆間入内仕，終檢校祠部郎中。繼博覽有識，好談論，知治體，亦嘗領郡，輒有政聲。詩情爽激，多金玉音。蓋其累代詞伯，積襲弓裘。其于爲文不雕自飾，丰姿清迥，有《道風集》一卷，今傳。《唐才子傳》節。

燾案：《唐志》注繼大曆末檢校祠部員外，分掌財賦于洪州，與《才子傳》郎中之説小異。《全唐詩話》繼嘗分掌財賦於洪州，高仲武謂其“累代詞伯，秀發當時，詩體清迥，有道者風”云云，辛氏謂“有《道風集》一卷，今傳”，當是述仲武語而脱“者”字，竟似集名“道風”矣。繼有《塞孤》詩，集中無之，《老學菴筆記》存其名。

張季心集三卷

張軫撰。《襄陽府志·金石》。

朱山人詩二卷

朱放字長通，襄陽人也。初居臨漢水，遭歲飢南來，卜隱剡溪、鏡湖間。嘗著白接䍦，鹿裘筍屨，盤桓酒家。時江浙名士如林，風流儒雅，俱從高義，如皇甫兄弟，皎、徹上人，皆山人良友也。大曆中，嗣曹王皋鎮江西，辟爲節度參謀，未幾不樂，扁舟告還。貞元三年，詔舉韜晦奇才，聘左拾遺，不就。其詩風度清越，神情蕭散，集二卷，行於世。《唐才子傳》節。

燾案：山人詩，《唐志》、鄭《通志》皆作一卷，《宋志》作二卷，與辛氏《傳》同。惟辛《傳》“襄陽”譌作“南陽”，據《唐志》及《全唐詩話》，皆以放爲襄陽人，輒改正之。放，《通考》作“倣”，未詳所據。

微訣一卷

荷澤禪師撰。《宋志》、鄭《通志》同。

荷澤顯宗記一卷

會神撰。《宋志》。

燾案：荷澤禪師，襄陽高氏子，名神會，唐時傳六祖曹溪頓教，事具六祖大師《法寶壇經》。王右丞嘗爲神會大師作《祖師記》，意其開元、天寶間人也。神會，今《宋志》作“會神”，似誤。

鮑防詩五卷《宋志》

燾案：防集，《通考》引南豐曾氏，謂宋敏求以見於《文粹》及《唐詩類選》者，皆稱鮑溶，遂以爲溶集，然《崇文總目》與《宋志》同，《宋志》又别有溶集五卷，代遠無徵，未見彼是而此皆非也，故從《宋志》而姑存其説于此。

雜感詩一卷

鮑防撰。《宋志》。

龐藴語録一卷《宋志》原注，唐于頔編

晁氏曰：唐龐公，襄陽人，與其妻子皆學佛，後人録其言成此書。《通考》。

燾案：是書《通考》作十卷，鄭《通志》卷與《宋志》同，《述古堂藏書目》有《龐居士語録》二卷，宋板與各本異。《唐志》有《龐藴詩偈》三卷，原注“字道元，衡州衡陽人，貞元初人。詩三百篇”，與晁説亦異。大率二氏之徒，流行四方，無定跡，其稍異者，所在爲人所稱道，不能盡詳所從來，此類皆是也。

龐居士謌一卷

龐藴撰。鄭《通志》。

檀谿集

無願撰。《齊己集》。

燾案：《宋志》、鄭《通志》皆有《無願集》一卷，焦氏《經籍志》同，當即此集。鄭《志》詩總集類又有《連璧詩集》三十二卷。檀谿子道民集，《宋志》作“檀谿子道民連璧詩集”，疑亦吾襄人，而名氏無考，今附見於此。

致理書十卷

晁氏曰：“唐朱朴撰。乾甯中爲國子博士，論述時務五十篇上之。詞如近時策斷之類，迂緩不切，與馬周所建明不啻霄壤矣。昭宗善其言，用太宗擢周故事，拔爲相，徒以益亂，可嘆也。《通考》。

燾案：是書馬氏列之雜家類，蓋沿《唐志》之舊，《宋志》亦然。

《通考》别集類又有朱忭《致理書》十卷，引《讀書志》“唐朱忭，襄陽人，以三史舉爲石門令”云云，“忭”當即“朴”之訛，馬氏未及詳考，以故複録朴書。今既不傳晁氏所謂迂緩不切者，末由折中王道仁義之治，世每目爲迂闊而遠於事情，自孟子時已然，晁氏語恐亦非定論也。

雜表一卷

朱朴撰。《唐志》。

日曆一卷

朱朴撰。《宋志》。

荆山子詩集四卷

朱朴撰。《宋志》、鄭《通志》同。

燾案：《崇文總目》有朱卜詩四卷，即朴詩。秦氏鑒輯釋謂《唐志》作朴，是也。《宋志》復有牛朴《登庸記》，列于王坤《僖宗幸蜀記》後，疑“牛”爲“朱”字脱畫，存考。

皮氏鹿門家鈔九十卷

皮日休撰。《唐志》。

燾案：是書鄭《通志》注“唐皮日休編，作五言詩類事”，蓋誤以《鹿門家鈔詩咏》與此爲一，詳見後。

皮子三卷

皮日休撰。《北夢瑣言》。

胥臺集七卷

皮日休撰。《唐志》《宋志》作“滑臺集”。

弔江都賦一卷

皮日休撰。《宋志》。

别集七卷

皮日休撰。《宋志》。
燾案：是書盧文弨《補遼志》作一卷。

支干定命圖一卷

皮日休撰。鄭《通志》。

皮子文藪十卷浙江鮑士恭家藏本

皮日休撰。是編乃其文集，自序稱咸通丙戌不上第，退歸州墅，編次其文，發篋叢萃，繁如藪澤，因名《文藪》，凡二百篇。宋晁公武謂其尤善箴銘，今觀集中書序論辨諸作，亦多能原本經術。其《請孟子立學科》《請韓愈配饗太學》二書，在唐人尤爲卓識，不得僅以詞章目之。集中詩僅一卷，蓋已見《松陵唱和集》者，不復重編，亦如《笠澤叢書》之例耳。王士禎《池北偶談》嘗摘其中鹿門隱書一條，與元徵君書一條，皆“世”“民”二字句中連用，以爲不避太宗之諱，今考之信然。然後人傳寫古書，往往改易其諱字，安知日休原本非“世”本作“代”、“民”本作“人”，而今本易之耶？是固不足爲日休病也。《提要》節。

燾案：是書有《春秋決疑》十篇，《續通考》誤作十卷，列爲專書。《説郛》有《文藪雜著》，今合肥李氏蘭雪堂影宋本第三卷、七卷、八卷皆曰雜著，亦非專書。《全唐文》所載《皮子世録》《鹿門隱書》，今皆在《文藪》中。《唐志》有《日休集》十卷，今未見，未知是否即《文藪》。觀《提要》所言詩僅一卷，與《唐志》合，似即一書，故從《宋志》録其別集。《唐志》遂不複録，至《宋志》以此書爲一卷，亦誤。

松窗録

皮日休撰。《圖書集成》引《全唐詩話》。

燾案：《通考》有《松窗録》一卷，引《讀書志》作唐韋叡撰，記唐朝故事，鄭《通志》亦有是書，而不著撰人名，其爲一書與否，今不可考矣。

松陵集十卷編修汪如藻家藏本

皮日休、陸龜蒙等倡和之作。其時崔璞爲蘇州刺史，辟日休爲從事，而龜蒙適以所業謁璞，因相贈答，同時顏萱、張賁、鄭璧、司馬都、李縠、崔璐、魏朴、羊昭業等亦相隨有作。日休序稱共詩六百八十五首，今考集中日休、龜蒙各得往體詩九十三首，今體詩一百九十三首，雜體三十八首，又聯句及問答十有八首，外萱詩三首，賁詩十四首，璧四首，都二首，縠三首，璐、朴、昭業各一首，璞二首，他如清遠道士、顏真卿、李德裕、幽獨君等五首，以追録舊作，不在數内，尚得詩六百九十八首，與叙不符。明濟南劉濟民重刊，都穆跋尾，歲久漫漶。

毛晉得宋本重校刻之，今所行皆毛本。唐人裒倡和爲集者凡三，《斷金集》久佚，王士禎記湖廣莫進士有《漢上題襟集》，求之不獲，今亦未見，傳本其存者惟此一集，録而存之，尚可想見一時文雅之盛也。《提要》節。

燾案：是集爲數人之作，似不應録入《襄志》，特以襲美詩幾居其半，不能不過而存之，以慰後世學者好古之思。《通考》引《讀書志》作六百五十八首，"五"爲"九"譌無疑。

五　代

皮氏見聞録十三卷

晁氏曰："五代皮光業撰。光業，唐末爲餘杭從事，記當時詭異見聞，自唐乾符迄晉天福二年，自號鹿門子。"《通考》。

燾案：是書《宋志》與鄭《通志》皆作十三卷，而《通考》獨作五卷。

妖怪録五卷

皮光業撰。《宋志》、鄭《通志》同。

啓顔録六卷

皮光業撰。《宋志》。

陳氏曰："不知作者。雜記詼諧調笑事。《唐志》有侯白《啓顔録》十卷，未必是此書，然亦多有侯白語，譌謬極多。"《通考》。

燾案：是書《通考》作八卷，而鄭《通志》與《唐志》同。

三餘外志三卷

皮光業撰。《宋志》。

鹿門家鈔詩咏五十卷

陳氏曰："鴻臚少卿襄陽皮文燦撰。以羣書分類事爲詩而注釋之，以其祖日休有書名《鹿門家鈔》，故述其名。"《通考》。

燾案：詩咏，《宋志》作"籍咏"，而《十國春秋》亦作"詩咏"，故不從《宋志》。文燦，據《老學菴筆記》及《江南通志》各書皆無"文"字。燦，亦作"璨"。

襄陽藝文略卷三

宋

藉田記

張士遜撰。《宋史·仁宗紀》。

謝廟記

張士遜撰。胡宿《文恭集·張鄧公行狀》。

燾案:《宋史·仁宗紀》:“明道二年,命宰臣張士遜撰《謝太廟》及《躬耕藉田記》。檢討宋祈言皇太后謁廟非後世法,乃止撰《藉田記》。”今《文恭集·鄧公行狀》謂撰集則有明道《謝廟》《藉田》兩記,蓋此記已成書,因宋言未進呈也,故仍録之。“祈”當是景文名之譌。《景文傳》有預修《藉田記》之説,然不言爲檢討,闕疑可也。

張鄧公全集

鄧公文集十,曰應制、曰春坊、曰舊帚、曰江嶺、曰許洛、曰歸政、曰過家、曰小集、曰雜文、曰表章,内七集自序冠其前。胡宿《文恭集·張鄧公行狀》。

資善録

張友直纂。《宋史·張士遜傳》。

張友直文集十卷

熹案：此集不見於《宋志》，胡宿《文恭集》所作《友直墓志》中載之。

張友正文一卷《宋志》

熹案：友直、友正，皆鄧公子。友正尤工草書，神宗以爲宋代第一者也。其文《崇文書目》作雜編，或又作雜文，或又作文集，今《宋志》實止作文，秦氏鑒輯釋謂《宋志》作文而列之唐人集中，誤也。

易　義

米芾撰。今闕，僅存真蹟書二條。朱彝尊《經義考》。

熹案：是書今《寶晉英光集》止存一條，未審即竹垞所見否，俟考。

山林集拾遺八卷

米芾撰。《宋志》。

熹案：《山林集》一百卷，見《宣和書譜》，此蓋在《山林集》外者，故曰"拾遺"。

寶晋英光集八卷浙江鮑士恭家藏本

米芾撰。其集南渡後已佚，紹定壬辰，岳珂官潤州時，既葺芾祠，因摭其遺文爲一編，并爲之序。序中不言卷數，而稱《山林集》舊一百卷，今所薈萃附益，未十之一。似即此本。然陳振孫《書録解題》稱《寶晋集》十四卷，與此不同。又此本有張丑跋云“得於吴寬家，中間詩文或從《英光堂帖》增入，或從《羣玉堂帖》增入”，則必非岳珂原本。又有注從《戲鴻堂帖》增入者，則並非吴寬家本。考寶晋乃芾齋名，英光乃芾堂名，合二名以名一書，古無是例，得勿初名寶晋，後人以《英光堂帖》補之，改立此名歟？芾以書畫名，而文章亦頗不俗。曾敏行《獨醒雜志》載其嘗以詩一卷投許冲元云：“芾自會道，言語不襲古人，年三十爲長沙掾，盡焚燬以前所作，平生不録一篇投王公貴人，遇知己索一二篇，則以往元豐至金陵識王介甫，過蘇州識蘇子瞻，皆不執弟子禮”云云。其自負殊甚，殆猶顛態。然吴可《藏海詩話》引韓駒之言，謂芾詩有惡無凡，岳珂叙引《思陵翰墨志》曰：“芾之詩文，語無蹈襲，出風煙之上。覺其詞翰同有凌雲之氣。”敏行又記蘇子瞻嘗自海南歸，舟中聞諸子誦元章所作古賦，始恨知之之晚。蓋其胸次既高，故吐言天跋，雖不規規繩墨，而氣韻自殊也。《提要》。

燾案：此集若以卷數觀之，與前《山林集拾遺》似即一書。然觀岳序張跋，則實非一書，故復存之。今蔣光煦《涉聞梓舊叢書》中有此集，後有補遺一卷，考吴孟舉《宋詩鈔》有《襄陽集》一卷，《四庫書存目》有范明泰編《襄陽遺集》一卷，疑皆具此集，或《山林集拾遺》中，不復録。

畫史一卷兩江總督采進本

米芾撰。芾字元章，史浩《兩抄摘腴》曰：“芾自號鹿門居士。”黄溍《筆記》曰：“元章自署姓名，米或爲芈，芾或爲黻，又稱海岳外史，又稱襄陽漫士。”周必大《平園集》有《章友直畫蟲跋》曰：“後題無礙居士，即米元章。”蓋芾性好奇，故屢變其稱如是。《宋史》本傳作吴人。都穆《寓意編》曰：“米氏父子，本襄陽人，而寓居京口，嘗觀海岳翁表吾郡朱樂圃先生墓曰：‘余昔居郡，與先生游。’則海岳又嘗寓蘇。修《宋史》者直云吴人，而後之論撰者遂以爲吴縣人，失之遠矣。”據其所考，則史稱吴人誤也。芾初以其母侍宣仁后藩邸舊恩，補浛洭尉，官至禮部外郎，知淮南軍。史稱其妙于翰墨繪圖，自名一家，尤精鑒裁。此書皆舉其生平所見名畫，品題真僞，或間及裝背收藏，及考訂謬謬，歷代賞鑒之家奉爲圭臬。中亦有未見其畫而載者，如王球所藏兩漢至隋帝王像，及李公麟所説王獻之畫之類。蓋芾作《書史》，皆所親見，作《寶章待訪録》，别以目覩的聞，分類編次，此則已見未見相雜而書，其體例各異也。他如《渾天圖》及《五聲六律十二宫旋相爲君圖》，自爲圖譜之學，不在丹青之列，芾亦附載，殆張彦遠《歷代名畫記》兼收《日月交會》《九道》諸圖之例歟？芾不以天文名，而其論天，以古今百家星曆盡爲妄説，欲以所作《晝夜六十圖》上之御府，藏之名山，已爲誇誕。又不以韻學名，而其論韻，謂沈約只知四聲，求其宫聲不得，乃分平聲爲上下，以欺後世。考《約集》載《答陸厥書》，雖稱宫商之音有五，而《梁書》約本傳及《南史》厥本傳並云四聲，《隋志》亦稱沈約《四聲》一卷，芾所謂求其宫聲不得者，不知何據，殆誤記唐徐景安《樂書》以上下平分宫商歟？元注：案景安書今不傳，其説見王應麟《玉海》。卷首題詞，謂唐代五王之功業，不如薛稷之一鶴，尤爲誕肆。是亦以顛得名之一端，存而不論可矣。《提要》。

　　燾案：《書録解題》：“元章母閻氏，與宣仁后在藩時有舊，故以后恩補試銜入仕。其上世皆武官，國初勳臣米信後也。”

書史一卷浙江鮑士恭家藏本

　　米芾撰。是編評論前人真跡，皆以目歷者爲斷，故始自西晉，迄於五代，凡印章、跋尾、紙絹、裝褙俱詳載之。中如《言叙帖》，辨爲右軍書，而斥柳公權之誤作子敬，智永《千文》，驗爲鍾紹京、歐陽詢書，魏泰收、虞世南草書，則又定爲智永，類皆辨别精微，不爽錙黍。所録詩文，亦多出於見聞之外，如許渾詩"湘潭雲盡暮山出"句，此載渾手寫烏絲欄墨蹟内，"暮山"實作"暮烟"，知今世所行《丁卯集》爲誤。楊慎作《丹鉛録》嘗攘其説而諱所自來，是亦足資考証，不但爲鑒賞翰墨之資也。惟卷末論私印一條，謂印關吉凶，歷引當時三省印、御史臺、宣撫使印，皆以篆文字畫卜官之休咎。考《隋書·經籍志》有魏征東將軍程申伯《相印法》一卷，《三國志》注《夏侯尚傳》末附許允相印事，引《相印書》曰："相印法本出陳長文，以語韋仲將，印工楊利從仲將受法，以語許士宗，原注：案士宗即許允字。利以法術占吉凶，十可中八九。仲將又問長文從誰得法，長文曰本出漢世，有《相印》《相笏經》，又有《鷹經》《牛經》《馬經》。印工宗養以法語程申伯，於是有十二家相法。"是古原有此法，然芾未必能得其傳，亦徒爲好異而已矣。《提要》。

寶章待訪録一卷同上

米芾撰。皆紀同時士大夫所藏晉唐墨蹟，成於元祐元年丙寅。《書録解題》作《寶墨待訪録》二卷，與此異，疑陳振孫誤也。自叙謂太宗混一天下，圖書皆聚，而士民之間尚有藏者，懼久廢忘，故作此以俟訪。分目睹、的聞二類：目睹者，王羲之《雪晴帖》以下凡五十四條，内張芝、王翼二帖注云："非真，蓋與張直清所藏他帖連類全載之。"的聞者，唐僧懷素《自序》以下凡二十九條。大概與所撰《書史》相出入，然《書史》詳而此較略。中如王右軍《來戲帖》，此書謂丁氏以一萬質於鄆州梁子志處，而《書史》則謂質於鄰大姓賈氏，得二十千，今十五年，猶在賈氏。又懷素三帖，此書謂見於安師文家，而《書史》則謂元祐戊辰，安公攜至，留吾家月餘，今歸章公惇云云。驗其歲月，皆當在此書既出之後，知《書史》晚出，視此更爲詳備也。然其間如謝奕、謝安、桓温之帖，《書史》祇載寶蒙審定，而此書又載有鍾紹京書印，陳僧智永《歸田賦跋》，《書史》作開成某年，而此書實作開成五年，亦有可互相考証者。今故悉著於録，備參考焉。同上。

海岳名言一卷同上

米芾撰。皆其平日論書之語，於古人多所譏貶，如謂歐、柳爲醜怪惡札之祖，徐浩肥俗，更無氣骨，薛稷大字用筆如蒸餅，顔魯公真字便入俗品，皆深致不滿。其所記對徽宗之語，於蔡襄、沈遼、黄庭堅、蘇軾、蔡京、蔡卞，尤極意詆訶。史稱芾翰墨得王獻之筆意，而書中於子敬顧不置議論，但云吾書取諸家長處，總而成之，人見之，不知以何爲祖，殆亦不免放言矜肆之習。然其心得既深，所言運筆布格之法，實能脱落蹊徑，獨湊單微，爲書家之圭臬，信臨池者所宜探索也。其書原載入左圭《百川學海》中，篇葉太少，今以類相從，附諸《書》《畫史》《寶章待訪録》之末，都爲一帙焉。同上。

硯史一卷同上

米芾撰。是書首冠以用品一條，論石當以發墨爲上。後附性品一條，論石質之堅軟。樣品一條，則備列晉硯、唐硯以迄宋代形製之不同。中記諸硯，自玉硯至蔡州白硯，凡二十六種，而於端、歙二石辨之尤詳。自謂皆曾目擊經用者，非此則不録，其用意殊矜慎。末記所收青翠叠石一、正紫石一，皆指爲歷代之瓌寶，而獨不及所謂南唐硯山者，或當時尚未歸寶晉齋中，或已爲薛紹彭所易歟？芾本工書法，凡石之良楛，皆出親試，故所論具得硯理，視他家之耳食者不同。其論歷代製作之變，考據尤極精確，皆足爲文房鑒古者之助焉。同上。

大宋五音正韻

米芾撰。《畫史》。

燾案：是書《提要》云：未成，蔡肇《海岳墓誌》有之。《誌》並有《宣己子》《聖度録》《雜説》數十卷，今皆佚，録俟訪求。

秘閣法帖跋一卷

米芾撰。《東觀餘論》《書録解題》同。

海岳題跋一卷

米芾撰。毛晉《津逮秘書》。

燾案：元章題跋甚多，《寶晉英光集》所載甚少，《山林集拾遺》既不得見，則所幸存者尤可寶貴，故亟録，而不以複出爲疑。

壯觀類編一卷

米芾、劉燾、楊萬里等作。《宋志》。

陽春集一卷

米友仁撰。《知不足齋叢書》。

史氏譜一卷

陳氏曰：“奉直大夫米憲撰，蓋國初勛臣米信之後，五世爲芾，又三世爲憲。”《通考》。

臨漢居士集七卷

陳氏曰："南豐曾紘伯容撰。其父阜子山，于子固爲從兄弟。"《通考》。

江西續宗派詩集二卷

曾紘撰。《宋志》。

懷峴居士集六卷

陳氏曰："曾思顯道撰。紘之子也。阜嘗將漕湖南，[1]後家襄陽，父子皆有官，而皆高亢不仕。楊誠齋叙其詩以附詩派之後。"序略曰：伯容詩源委山谷先生，[2]顯道得其父句法。伯容放浪江湖間，與夏均父諸詩人游從唱和，其題壁與韻，燾案：此當是"次韻"或"和韻""步韻"而脱一字。見於均父集中者三十有二篇。予每誦均父之詩，云曾侯第一，又云五言類元度，又云秀句無一塵，想見其詩，而恨不見其人。行天下五十年，每見士大夫，必問伯容父子詩，[3]無能傳之者，今日忽得故人尚書郎江西漕雷公朝宗，寄余以二曾集二編，屬序之。披誦三過，蔚乎若玉井之蓮，㬋月露之下也，沛乎若雪山之水，寫瀲灩而東也，琅乎若岐山之鳳，鳴梧竹之風也，望山谷之宫庭，蓋排闥而入，歷階而升者歟。《通考》。

孟子注

㬇淵撰。曹學佺曰："淵字亞夫，號蓮蕩，晉中郎將㬇清之後，世居襄陽，後徙居蜀，家培坪山，受學於晦菴。"翁注《困學紀聞·雜識》門引《經義考》。

陽恪夏正辨

晏淵撰。程端學《春秋本義》。

燾案：襄陽之有晏姓，其來已久。晉南鄉太守碑陰有議曹掾晏武，字偉文，又有文學史晏超，字公升，皆陰人，陰，今光化也。武超疑即淵同族，宋楊枋嘗從晏淵游，其《易象圖説》一篇，多參卦氣、納甲之法，不盡與朱子《本義》合。案李性傳《朱子語録叙》稱諸書答問之際，多所異同，而《易》爲甚。晏淵所録一編，與《本義》異者十之三四，枋殆述淵之所授，故持論不同云云。此一節見《四庫書提要·字溪集》條，則淵固又曾學《易》，惜所録今不可考矣。

滄浪集十卷

石濮撰，陳與義去非爲作集引。《輿地紀勝》。

紫薇集三十六卷《永樂大典》本

張嵲撰。嵲爲陳與義之表姪，少時嘗從受學，故劉克莊《後村詩話》謂其詩句法與簡齋相似，而於五言古詩尤極賞。其語意高簡，意味深遠。又克莊所摘七言絶句，如“故園墳樹想菁葱”諸篇，尤能以標格見長，而集中似此者尚多。大抵絶句清和婉約，較勝與義，其他雖未能遽相方駕，而氣體高朗，頗足以自名一家。至古文典雅沈實，亦有北宋諸家矩矱。所上奏議，如《論和載守》《論攻取》等篇，史皆采入本傳，於當時事勢尤條析詳明。《宋史·藝文志》載《紫薇集》三十卷，《書録解題》則作《張巨山集》，亦三十卷。自明以來，久無傳本，今據《永樂大典》所録裒輯排比，諸體咸備，當已尠所闕遺，以其篇帙較富，析爲三十六卷，仍依《宋史》題作《紫薇集》，復其舊目焉。《提要》節。

燾案：《朱子語録》載有巨山爲秦檜畫策一事，陳振孫據以筆之，

《書録解題提要》引之。考朱子文集有《張巨山帖跋》，謂公晚以事業著，故其細者人無得而稱云云。推許甚至，與《語録》絶異。竊疑《語録》多朱子門人所爲，其中以好惡爲是非者，實所不免。今取文集以正《語録》之誤，刊去《提要》此段，亦可爲巨山雪謗於地下也。

漢濱集十六卷《永樂大典》本

王之望撰。錢溥《秘閣書目》載有是集，而佚其册數，焦竑《經籍志》作六十卷，然趙希弁、陳振孫兩家俱未著録，則宋代已罕傳本，後遂散佚不存。今從《永樂大典》中采撮裒綴，所存十之三四而已。之望當秦檜柄國時，落落不合，人咸稱其有守。其歷官亦頗著政績，惟在隆興時力主和議，與湯思退相表裏，專以割地啖敵爲得計，而極沮張浚恢復之計。考宋南渡之初，自當以北取中原爲務，然惟岳、韓諸將可冀圖功，張浚狠愎迂疏，但急於立功以固位，實非可倚以恢復之人，一敗於富平而喪師三十萬，再衂于淮西而逃叛者七萬，三挫于苻離而喪師又十三萬，僨轅誤國，其驗昭然。講學家以張栻之故，迴護其父，未免顛倒是非。之望之沮浚，不可謂之不知人。至其論和戰之策，以爲南北之形已成，未易相兼，惟當移攻戰之力以自守，然後隨機制變。又以爲金人制勝之謀，舉無遺策，加以器械之利，形勢之便，雖漢唐全盛之時，猶未能輕此敵，而况於今日。其斟酌時勢以立言，與史浩意頗相近，亦不可謂之不知時務。特其朋比小人，附和權倖，與浩之出於老成忠藎不同。又湯思退所主者乃六國賂秦之計，與浩之持重俟釁者亦復迴異，故當時重爲人所抨擊，而《宋史》亦極不滿之誅其心也。至其詩文，則皆疏暢明達，猶有北宋遺矩。諸劄子亦多足以考見時事，與正史相參，未可遽廢。謹釐爲十六卷，著之於録，庶其人其文是非得失，各不相掩焉。《提要》。

燾案：《通考》載此集六十卷，與焦《志》同。又載周益公序略曰，“公生於羊、杜成功之地，慕其爲人。博學能文，智略輻輳。學根于經，故有淵源。文適于用，故無枝葉。奏劄甚多，皆可行之言。内制雖少，得坦明之體。酷嗜吟咏，詞贍而理到。近世論文章事業，公實兼之。豈與一偏一曲之士較短量長”云云。益公者，必大也。此叙於贍叔極爲傾倒，則當時贍叔爲人抨擊，未必非迴護張魏公者之所爲，蓋既以其于魏公有所沮，遂疑其于思退有所附耳。贍叔不肯與檜求合，豈肯失身於思退？思退氣焰何如檜？此尤事之易明者也。史册之所不滿，可盡信歟？

西事記

王之望撰。《續通鑑考異》記吳玠和尚原事。

龍州集十四卷附録二卷浙江鮑士恭家藏本

劉過撰。過當宋光宗、甯宗時，以詩游謁江湖，韓侂胄嘗欲官之，使金國而輕率漏言，卒以窮死。蓋亦陳亮之流，而跅弛更甚者也。當其叩閽上書，請光宗過宫，頗得抗直聲，然其時廷臣已交章論奏，非廊廟不言，待於草野言之者。何必屋上架屋，爲此嘵嘵，特巧于博名耳。又屢陳恢復大計，謂中原可不戰而取，更不過附和時局，大言以倖功名，北伐之役後竟何如耶？楊維楨弔其墓詩云：“讀君舊日伏闕疏，唤起開僖無限愁。”文人標榜之習，非篤論也。其詩文亦多粗豪抗厲，不甚協于雅音，特以跌宕縱横，才氣坌溢，要非齷齪者所及，故今猶傳焉。集凡十四卷，後附宋以來諸人所題詩文二卷，合十六卷。岳珂《桯史》記過始末甚詳，稱其開僖乙丑過京口，相與摭奇弔古，多見于詩。其《多景樓》一篇，廣漢章以初升爲之大書，詞翰俱卓犖可喜，屬爲刻樓上，會兵起不果。今集中詩以此篇爲冠，蓋由於此。然伏闕一疏，今竟不見于集中，其尚有佚篇歟？至蔣子正《山房隨筆》載其《辛棄疾席上賦羊腰腎羹》絶句，及爲張栻作《張浚挽詩》，以集中不載，爲遺珠之憾，核岳珂《桯史》，蓋小说之附會，非脱漏也。《提要》。

龍洲詞一卷安徽巡撫采進本

劉過撰。陳振孫《書録解題》載劉改之詞一卷，此本爲毛晉所刊，題曰《龍洲詞》，從全集之名也。黄昇《花菴詞選》謂改之乃稼軒之客，詞多壯語，蓋學稼軒。然過詞凡贈辛棄疾者則學其體，如“古豈無人，可以似吾，稼軒者誰”等詞是也。其餘雖跌宕淋漓，實未嘗全作辛體。陶九成《輟耕録》又謂改之造語贍逸，有思致，《沁園春》二曲尤纖麗可愛。今觀其中咏美人指甲、美人足二闋，刻畫猥褻，殊乖大雅。九成乃獨加推許，不及張端義《貴耳集》獨取其《南樓》一詞，爲不失賞音矣。《渚山堂詞話》云：“改之《沁園春·緑鬢朱顔》一闋，係代壽韓平原。”然在當時，不知竟代誰作，今亦無從詳考。觀集中《賀新郎》第五首，注曰平原納寵姬，奏方響，席上賦。則改之且身與南園之宴，不止代人祝嘏矣。蓋縱横游士，志在功名，固不能規言而矩行，亦不必曲爲之諱也。又《沁園春》第七首注曰“寄辛承旨，時承旨招不赴”，此元注也，其事本明。又注或作“風雪中欲詣稼軒，未能一往，賦此以解”，此毛晉校本注也，已自生譌異。《樂府紀聞》乃謂幼安守京口日，改之即敝衣曳履，承命賦詩，是兩人定交在幼安未帥越之前。《山房隨筆》載此詞，又稱稼軒帥越東時，改之欲見，辛不納，藉晦菴、南軒二人爲之地，始得進見云云。考岳珂與過相善，珂所作《桯史》第二卷載此事云：“嘉泰癸亥，改之在中都時，辛稼軒帥越，聞其名，遣介招之，適以事不及行，因效辛體《沁園春》一詞。”與集中自注相合，則諸説之誣審矣。珂又稱過誦此詞，掀髯有得色，珂乃以白日見鬼調之。其言雖戲，要亦未嘗不中其病也。《提要》。

燾案：改之，《提要》作廬陵人，《通考》有改之詞一卷，引陳氏曰：“襄陽劉過改之撰。廬陵、襄陽，形聲懸絶，斷非刊刻之譌。”振孫必有所本。《提要》引《書録解題》此事付之不論，殊不可解。意南宋時襄陽數被兵，改之避亂流寓廬陵，世遂以爲廬陵人。如米元章寄跡潤州，史竟以爲吳人是也。兹從《通考》録之，以俟考定。改之詩，曹廷棟《宋百家詩存》作《龍洲道人集》，重訂《函海》有《龍洲集》十卷，讀畫齋重刻《羣賢小集》有《龍洲集》一卷。十卷者當是詩文，一卷者詞也。

警心易贊

孟珙撰。《宋史》本傳。

燾案：是書本傳無卷數，《經義考》作一卷，佚。

蒙韃備録一卷

孟珙撰。焦竑《經籍志》。

燾案：是書《述古堂藏書目》作二册，與焦《志》小異。明豐城李栻嘗編入《歷代小史》，陸楫亦收入《古今説海》。近人《出使四國日記》言洪文卿侍郎鈞欲爲之注，今侍郎卒已久，不知果成書否？言東北邊事者所宜留意也。

勸孝文

釋宗頤撰。《襄陽府志》。

葦江集

釋宗頤撰。《襄陽府志》。

坐禪箴

釋宗頤撰。《襄陽府志》。

元

易　注

陶元幹撰。錢大昕《補元史藝文志》。

燾案:《經義考》: 元幹《易注》, 佚。

倡隨集

魏鵬與其妻鄭國夫人所撰, 貫雲石爲之序。《圖書集成》魏鵬傳。

【校記】

〔1〕"漕", 原脱, 今據《直齋書録解題》補。

〔2〕"容", 原誤作"宏", 今據《文獻通考》改。

〔3〕"子", 原誤作"之", 今據《文獻通考》改。

襄陽藝文略卷四

明

任尚書遺稾二卷

任亨泰撰。《襄陽府志》。

燾案：此所引《府志》皆據光緒新志《藝文》而言，後倣此。

尊生稾

鄭達撰。《府志·人物》本傳。

學庸要旨

王綸撰，未見。《經義考》。

燾案：綸有同姓名者，此人是否襄籍，不能决，姑存備考。

裒珍集一百卷

邵濟撰。《府志》。

燾案：是書《府志·人物》本傳作“百餘卷”，與《藝文》小異。

襄陽府志二卷

曹璘撰。《府志》。

光化縣志

曹璘撰。《府志》。

西泉存稿二卷

曹璘撰。《府志》。

熹案：西泉，《府志·人物》本傳作“西田”，未詳孰是。

西峰類稿

何宗賢撰。《府志》。

王鳳林文集四卷詩三卷浙江汪汝瑮家藏本

王從善撰。是編乃從善子之瑞所編，多牽率酬應之作。《千頃堂書目》不著録，殆偶未見歟。《提要》。

擇精集

沈瀛撰。《府志·人物》本傳。

熹案：是集《府志·藝文》作“精澤”，似誤，故從本傳。

觀藝録

沈瀛撰。《府志》。

西臺奏議

劉存義撰。《府志》。

抱甕園集

劉存義撰。《府志》。

詩經解

鄭繼之撰。《府志》。

四書解

鄭繼之撰。《府志》。

生二集

柯維蓁撰。《府志·人物》本傳。

醒世名言

歐陽照撰。《府志》。

先進遺風

歐陽照撰。《府志》。

熹案：《提要》有《先進遺風》二卷，題耿定向撰，毛在增補，與此書同名。

名蹟録二卷

馮舜臣撰。劉青藜《馮五餘先生小傳》。

小有閣爻集五十二卷

馮舜臣撰。劉青藜《馮五餘先生小傳》。

熹案：是集以八卦分名。官京師時，聞秦鴻軒大令應逵得之濟南市中，作書往求，遂以相贈。詩文有清俊可喜者，亦頗多可删者。前有萬曆戊午吳撝謙、張壽朋、周其和、易應昌、李希哲諸人序，崇禎二年己巳五餘子鼎金校梓。第一葉中有“八名家選攬勝堂鐫”八字，又有朱印“文在堂藏板”，今此板存否不可知，擬爲擇録改刊，收入《龤珠仙館叢書》。《府志》有《馮五餘文集》五十二卷，卷數與此同，疑“文”爲“爻”之譌。

襄陽縣志

馮舜臣撰。同上。

十一草二卷

馮舜臣撰。同上。

竹樓集二卷

馮舜臣撰。同上。

毛氏春秋一卷

馮舜臣撰。同上。

自新記一卷

馮舜臣撰。同上。

孄齋十二集

馮舜臣撰。同上。

坻案：五餘著述，據小傳言皆梓行，惟是書貯副以待。今爻集僅存，他書則《府志》並失其名。青藜親炙五餘，言必可信，故亟録之，以俟留心文獻者訪求焉。

衣帶集三十二卷

馮舜臣撰。《府志》。

坻案：是集不見於小傳，當出自《孄齋十二集》後者，故劉氏不之及。考劉氏作小傳時五餘年已八十，而著書不倦，其耄而好學可知也。

馮鼎金詩集三卷

坻案：鼎金，五餘子，附見《府志・五餘傳》。

疑始軒稿

賈廷試撰。《府志》。

活水墓田録

賈廷試撰。《府志》。

詩經曠覽

徐澤撰。《圖書集成》引《襄陽府志》，今《府志》無。

易經依義

蔡思繩撰。《府志》。

四書尊注

蔡思繩撰。《府志》。

鹿門山草十二卷

蔡思繩撰。《府志》。

盛唐遺音

尚冕撰。《府志》。

榮壽異數

胡價撰。《府志》。

考工記評一卷

周夢暘撰，未見。郭正域序。林兆珂曰："襄陽周啓明氏，本依謝叠山《批點檀弓》，旁用小圈標出章法、句法、字法，以便童子誦習。"《經義考》。

燾案：《提要》有《批點考工記》一卷，題郭正域撰，疑即此書，以有正域序而誤。

水部備考十卷浙江巡撫采進本

周夢暘撰。夢暘官工部都水司郎中，以工曹職掌冗雜，又前後多所更革，難於稽考，因檢校案牘，以類編次，分爲《職官》《河渠》《橋道》《舟車》《織造》《器用》《權量》《徵輸》《供億》《叢事》，凡十考，末附典吏承行事件。書成于萬曆丁亥。《提要》。

南漳縣志

周夢暘撰。《府志》。

常談考誤四卷浙江鮑士恭家藏本

周夢暘撰。卷首皆題"常談考誤"，而其書題曰"青谿山人文集"，以常談考誤爲子目，蓋其初別行後，又編入文集也。其言皆辨世俗引典故之譌，而援據頗爲寒窘，亦有不必辨而辨者。《提要》節。

青谿詩集

周夢暘撰。《府志》。

四書淡索

羅宰撰。《府志》。

齊雲山志五卷浙江汪啓淑家藏本

魯點撰。點官休寧知縣。齊雲山在休寧縣，名齊雲巖，蓋白嶽西北分支也。上有北極佑聖真君神祠，明代數經修葺，嘉靖中始有齊雲山之號。茲志因雲巖舊本而重輯之，分三十七目，卷末又有順治中告示二道，乃後人刊入，非本書之舊矣。《提要》。

澹齋草

魯點撰。《府志》。

杜詩類韻

魯點撰。《府志》。

黄樓集二卷兩淮馬裕家藏本

魯點編，胡廷宴補。點書成于萬曆甲辰，廷宴補刊則在丁未。宋蘇軾守徐州，值河决澶淵，南溢於泗，城幾没。軾捍禦百方，城以無恙，乃取土剋水之義，即東門爲樓，堊以黄土，名曰黄樓。其弟及秦觀皆爲之賦，陳師道爲之銘，軾亦有《九日黄樓》《黄樓觀月》諸詩，遂爲古蹟。點官徐州，因裒軾詩文作于徐州者爲一集，題曰《黄樓集》，實非皆爲黄樓作也。《提要》節。

紫塞編四卷

魯憲學撰。《府志》。

瀟谿詩集四卷

魯憲學撰。《府志》。

煙波江上草

魯憲學撰。《府志・人物》本傳。

楚　　乘

韓應嵩撰。《府志・人物》本傳。

存笥録

韓應嵩撰。《府志・人物》本傳。

太室山人文集

韓應嵩撰。《府志・人物》本傳。

草訣法帖

韓應嵩撰。《府志・人物》本傳。

光化縣志

韓應嵩撰。《府志・人物》本傳。

掖垣疏草

韓光祜撰。《府志》。

撫豫疏檄

韓光祜撰。《府志》。

四書辨真

簡時登撰。《府志・人物》本傳。

講易堂文稿

簡時登撰《府志・人物》本傳。

四然齋集十卷兵部侍郎紀昀家藏本

黄體元撰。體元字長卿，穀城人。萬曆甲辰進士，官至山東按察司副使。是集體元所自編，取《中和集》“身心世事謂之四緣：委身寂然，委心洞然，委世混然，委事自然”之語，故以“四然”名齋，因以名集。蓋明季士大夫躭二氏者十之九也。《提要》。

燾案：體元不見於《襄陽志》，明以來别無穀城縣，非《志》漏略，則有譌字。未見原集，末由臆決，闕疑而姑存之，俟得其書考定焉。

國瑋集六十一卷

方岳貢撰。是編乃其官松江知府時所編，故徐孚遠、李雯、陳子龍、宋徵璧共爲校讎，而張采爲之叙，皆松江人也。據其凡例，蓋所録自秦漢，以迄南宋，即《公》《穀》二傳，及陸賈《新語》、賈誼《新書》、桓寬《鹽鐵論》，諸子書，班、范以下諸史贊，亦皆摘録，而此本僅有唐文二十八卷，宋三十二卷，殆刊刻未全之本，或有散佚歟。《提要》。

太岳志

徐鏖撰。《府志·人物》本傳。

方月斯詩集

月斯佚其名，穀城人，明輔臣方岳貢之子。甲申亂後，賣卜吴門。夏節愍完淳有《贈方穀城遺孤流落郡中》詩，亭林先生序謂“與方子訂交，自單閼之歲，今六年矣。余客鐘山，方子亦僑居雲間，不數數見，頃冬春之際，余以仇家之訟至雲間，逆旅中困不自聊，而方子時時相過慰藉，與余周旋兩月，因出其詩草示余讀之”云云。張穆《顧亭林年譜》。

燾案：月斯鼎革後隱卜肆以終，故繫之明，從其志也。夏存古贈月斯詩，見《藝海珠塵》中。《夏内史集》亭林序，《年譜》所載止此，而今傳《顧集》竟佚此叙，尤爲可惜。

襄陽藝文略卷五

國　　朝

稽古堂詩一卷存

賈若愚撰。《府志》。

花當菴草一卷存

賈若愚撰。《府志》。

耕雲閣草

賈若愚撰。《府志》本傳。

半樵居詩

賈若愚撰。《府志》本傳。

襄陽縣志稿存

賈潤撰。《府志》。

峴山志實考存

賈潤撰。《府志》。

峴山志坿記存

賈潤撰。《府志》。

燾案：附記，《府志·人物》本傳作“附紀”，與《藝文志》小異。

學步集存

賈潤撰。《府志》。

賈澤遠古文存

賈潤撰。《府志》。

襄陽遺話

凌哲撰。《府志·人物》本傳。

知非集

黎嘉會撰。《府志·人物》本傳。

焦氏易林原務

黎嘉會撰。《府志·人物》本傳。

墨莊詩文集

劉體式撰。《府志・人物》本傳。

易　　會

李芳撰。《府志》。

書　　説

李芳撰。《府志》。

燾案:《府志・人物》本傳有《詩説》,無《書説》,未見其書,未由據定。

中庸衍太極圖説

李芳撰。《府志》。

意　　鏡

李芳撰。《府志》。

四書婉商

王謹微撰。《襄陽後耆舊傳》。

峴椒詩文集

王謹微撰。《襄陽後耆舊傳》。

漢皋詩話二卷

王謹微撰。

燾案：是書余家舊有抄本，少時嘗觀見之。記似衍鄭交甫遇神女事，蓋游戲之作，非説詩也。與《説郛》所載闕名者亦異。此種筆墨，前代文人亦多有之，故著録。

萬采六詩文集

萬瑄撰。《府志·人物》本傳。

姓氏彙吟

郭治撰。《襄陽後耆舊傳》。

襄陽後耆舊傳一卷

劉滋生撰。《府志》。

襄南詩集二卷

劉滋生撰。《府志》。

襄南文集一卷

劉滋生撰。《府志》。

教思堂文稿

劉選撰。《府志·人物》本傳。

清溪詩鈔

吕律撰。《府志·人物》本傳。

曲尺軒詩集二十四卷

顧夔璋撰，沈文慤公序。《府志·人物》本傳。

半畝山房詩存十卷

樊雄楚撰。《府志·人物》本傳。
燾案：是書《府志·藝文》作八卷，應校定。

竹亭詩草二十卷

張其舉撰。《府志·人物》本傳。

諸經札記

樊應棨撰。《府志·人物》本傳。

經訓堂文稿

張載道撰。《府志・人物》本傳。

峴皋詩草一卷

汪照撰。《府志・人物》本傳。

膚言一卷

王述文撰。《府志・人物》本傳。

襄陽縣志稿

崔洤撰。《府志・人物》本傳。

易經心學問渠

楊步瀛撰。《府志・人物》本傳。

重彩堂詩集

李爲柯撰。《府志・李蓁傳》。

鹿門草

袁奐撰。《府志・人物》本傳。

續蟬吟

袁奐撰。《府志·人物》本傳。

二陟堂詩古文集

袁奐撰。《府志·人物》本傳。
燾案：二陟，《府志》作“二涉”，似誤，故從本傳。

兵法集鑑

史策先撰。《府志·人物》本傳。

射義詳説

史策先撰。《府志·人物》本傳。

夢餘偶鈔

史策先撰。《府志·人物》本傳。

思有濟齋文集

史策先撰。《府志·人物》本傳。

寄雲館詩抄

史策先撰。《府志·人物》本傳。

潤心堂集

孫長紱撰。《府志・人物》本傳。

九州天星分野臆説一卷

劉峩撰。《府志・人物》本傳。
燾案：是書《府志・藝文》作“九州星野臆説”。

關隴山川紀略一卷

劉峩撰。《府志・人物》本傳。
壽案：是書《府志・藝文》作“關隴山川形勝略”。

棗陽禦寇記一卷

劉峩撰。

棗陽山水記一卷

劉峩撰。

襄隨兵事抄一卷

劉峩撰。未完。

河隴山水鈔一卷

劉峩撰。

我山詩文集

劉峩撰。卷次未編定。

袁寥嵐先生詩文輯録

劉峩編。

燾案：我山先生留心時事，髦而好學，年逾八十，猶手自抄録，日數千言，以爲常。窮老空山，迄無能振之者，槁餓以卒，可傷也。修《府志》時，僅得其遺書三種著録。頃詢其同里王仲午吏部榮先，乃復得《棗陽山水記》以下數種，雖或爲人竄去，而加意訪求，固後死者之責也。聞其日記亦多散佚，並志於此。

段園詩文集

關寧撰。《府志》。

木香吟

關寧撰。《府志》。

忠節録一卷

邱天明撰。《府志》。

齊魯歌吟二卷

邱天明撰。《府志》。

燾案：《府志·人物》宜城有邱天民傳，瑜五世孫，不言其著有此二書，疑"天明"乃"天民"之譌，而傳漏略耳。

指南集

李明英撰。《府志》。

史　　評

黄元吉撰。《府志·人物》本傳。

雲溪隨筆

黄元吉撰。《府志》。

覺齋詩集

范鐸撰。《府志·人物》本傳。

劍池草詩文集

李斌撰。《府志》。

陽信政蹟二卷

李斌撰。《府志》。

三傳知歸録

蕭峰撰。《府志》。

反切歸一

蕭峰撰。《府志》。

所見天文録折衷八卷

魯桂元撰。《府志》。

鄢都采訪記三十卷

魯桂元撰。《府志・人物》本傳。

鄢蹟題考

周輝先撰。《府志・人物》本傳。

詩揀金集

周輝先撰。《府志・人物》本傳。

左傳分類淺解

曾大勇撰。《府志·人物》本傳。

性理便讀

曾大勇撰。《府志·人物》本傳。

四書典略

龔照撰。《府志·人物》本傳。

五經輯説

龔照撰。《府志·人物》本傳。

案牘偶存二卷

周籌撰。《府志·人物》本傳。

慎獨齋稿

李文鳳撰。《府志·人物》本傳。

四書講義折中

姚國搢撰。《府志·人物》本傳。

通鑑輯要

姚國揺撰。《府志·人物》本傳。

易義聚星

姚國揺撰。《府志·人物》本傳。

娛我集

劉登科撰。《府志·人物》本傳。

四書正義

舒安撰。《府志·人物》本傳。

存存齋文集

舒安撰。《府志·人物》本傳。

南漳縣志草十卷

馬政撰。《府志》。

光化縣志稿二十七卷

李正幹撰。《府志·人物》本傳。

肅案：是書本傳以爲存，而《府志·藝文》以爲佚，應考定。

武經精華

徐超撰。《府志·人物》本傳。

行軍切要録

徐超撰。《府志·人物》本傳。

�集

徐克昌撰。《府志·人物》本傳。

梅岑文集

徐克昌撰。《府志·人物》本傳。

唾餘草

徐克昌撰。《府志·人物》本傳。

光化志稿

徐克昌撰。《府志·人物》本傳。

墨山講義

王照撰。《府志·人物》本傳。

穀志補草

王照撰。《府志·人物》本傳。

韻　　學

郭牢恢撰。《府志·人物》本傳。

環山樓集

鍾岳靈撰。《府志·人物》本傳。
焘案：鍾岳靈，乾隆《府志》作“岳鍾靈”，未詳孰是。

嗣斯集

郭憲莽撰。《府志·李濟傳》。

葩經賦

吳克温撰。《府志·人物》本傳。

學庸解

吳克温撰。《府志·人物》本傳。

襄陽藝文附録一卷

何顒傳一卷

燾案：是書《唐志》不著撰人姓名，而列于郭冲《諸葛隱没五事》及《曹瞞傳》之間，豈即冲作歟？

南雍州記

晉王韶撰《説郛》。

南雍州記

郭仲産撰。《御覽》。

燾案：《府志·藝文》有仲産《襄陽記》，注出《通考》。今考馬氏實無此目，惟《襄沔記》下引《書録解題》中有郭仲産《襄陽記》一語。考《唐志》有仲産《荆州記》，陳氏殆誤記，以《荆州記》或《南雍州記》爲《襄陽記》，故他書所著録皆無仲産《襄陽記》之名也。《府志》又有釋道安《四海百川水源記》《江圖》及庾仲雍《漢水記》等書，道安寓襄未久，其書又與襄無涉，漢水不得止屬之襄，今並删之。

捄襄陽上都督府事一卷

王愆期撰。《通志》。

南雍州記三卷

梁鮑堅撰。《宋志》。

燾案：是書《唐》《宋志》皆作鮑堅撰，三卷，鄭《通志》與《唐》《宋志》同。獨《隋志》作鮑至撰，五卷，今從衆。《御覽》所引書目，於郭、鮑兩家外，復有《南雍州記》，不著作者姓名，豈即王韶書耶。

百行章一卷

唐杜正倫撰。《通志》。

春坊要録

唐杜正倫撰。《通志》。

燾案：是書《唐志》作四卷。

杜正倫集十卷

燾案：正倫封襄陽公，爲諸杜郡望之始，故附其著作於此。

襄沔記三卷

陳氏曰：唐吴從政撰。删宗懔《荆楚歲時記》、盛弘之《荆州記》、鄒閎甫《楚國先賢傳》、習鑿齒《襄陽耆舊傳》、郭仲産《襄陽記》、鮑堅《南雍州記》，集成此書。其記襄漢事跡詳矣。景龍中人，自號栖閑子。《通考》。

燾案：鄒閎甫，疑爲“鄒潤甫”之譌，鄒湛字也。《宋志》“記”上有“雜”字，《崇文書目》同。

襄陽外編無卷數，浙江巡撫采進本

明顧道洪編。作于萬曆中，首繪孟浩然像，並録采史書本傳，暨諸家題咏之作，復以古今詩話附列於後。所采上起于唐，下迄乎明。然王士元《浩然集叙》近在耳目之前，乃反佚之，何也？《提要》節。

杜工部年譜一卷江蘇巡撫采進本

宋趙子櫟撰。中辨吕大防謂甫生于先天元年之誤。考宋人所作甫年譜又有蔡興中、黄鶴二家，皆以甫五十九歲，爲大曆庚戌，獨子櫟持異議，以爲辛亥之冬。不知甫年六十矣，且子櫟以五年庚戌《晚秋長河送李十二》爲甫絶筆，甫生平著述不輟，若以六年冬暴疾卒，何至一年之内竟無一詩，此又其不確之証也。其援引亦簡略，以舊本存之，備考云爾。《提要》節。

杜工部年譜一卷江蘇巡撫采進本

宋魯訔撰。訔嘗注杜詩，今存者惟此譜。篇首有訔編次杜詩序，末有王士禎跋，謂甫年譜創始于吕汲公大防，訔以甫生于睿宗先天元年壬子，卒於大曆五年庚戌，蓋承吕《譜》之舊也。考甫生卒之歲，諸書往往錯誤，《舊唐書》謂甫暴卒於永泰二年，永泰在大曆之前，甫詩有大曆以下諸作，則《舊書》爲誤，王觀國辨之是也。然觀國謂甫生于先天元年癸丑，卒於大曆五年辛亥，不知癸丑乃先天二年，即開元元年，辛亥乃大曆六年，則觀國亦未深考矣。元稹作《甫墓志》云享年五十九，王洙原叔注子美詩序曰大曆三年，甫下峽，入湖南，游衡山，寓居耒陽，五年夏，一夕醉飽卒。大曆五年庚戌，上距先天元年壬子，適五十有九年，則甫生于壬子無疑。訔此譜根據吕《譜》，未嘗誤也。姚桐壽《樂郊私語》云："《杜少陵集》自《游龍門》至《過洞庭》詩目次第爲季卿編定，一循少陵平生行蹟，可以見其詩法。近時滏陽張氏、吳江朱氏所注杜詩，其年譜大率仿此而推拓之，知密於趙《譜》多矣。雖間有附會，又烏可以一眚掩乎。《提要》節。

漢上題襟集十卷《唐志》

陳氏曰：段成式、温庭筠、崔皎、余知古、韋蟾、徐商等唱和詩什，往來簡牘，蓋在襄陽時也。《通考》。

熹案：《府志》載《漢上題襟集》三卷，段成式從事襄陽徐商幕府時，與温庭筠、崔皎、余知古、韋蟾、周繇等唱和詩什及往來簡牘也云云，注《通考》引《玉堂閑話》。今檢《通考》引陳氏云云，無周繇卷數，與《唐志》亦異。及檢《書録解題》，“崔皎”作“逢皓”，與今《通考》所引又異。《宋志》則直作段成式《漢上題襟集》十卷。《玉堂閑話》今未見，姑附識其異同於此。

漢南真稿十卷

温庭筠撰。《宋志》、鄭《通志》。

劉言史詩十卷《宋志》

熹案：言史，邯鄲人，《府志》列入襄陽人物者誤也。惟言史卒於襄，墓在城西，故其集可附録。《唐志》作《言史謌詩》六卷，鄭氏《通志》亦然，與《宋志》異。

謝亭詩一卷

李遜鎮襄陽，以所送行詩筆於襄陽謝亭。鄭《通志》。

燾案：《宋志》作許孟容《謝亭詩集》一卷，與此異。遜、孟容，《唐書》皆有傳，遜嘗爲山南東道書記，後爲節度，並見本傳。孟容本傳無在襄事，似《通志》爲信。

峴山唱咏集八卷

裴均撰。《唐志》、鄭《通志》同。

襄陽故事十卷

盧求撰。《宋志》。

燾案：《唐志》有求《成都記》三卷，原注："西川節度使白敏中從事。"考《唐書·敏中傳》，敏中後由西川徙荆南，意求仍相從，是書殆即此時作歟？

鹿門詩一卷

鼂氏曰："唐彦謙字茂業，并州人。咸通末進士。才高負氣，無所摧屈。詩師温庭筠，故體格類之，世稱'耳聞明主提三尺，眼見愚民盜一抔'，蓋彦謙句也。自號鹿門先生，有薛廷珪序。"《通考》。

後村劉氏曰："楊、劉諸人師李義山，可也。又師唐彦謙，唐詩雖雕琢對偶，然求如'一抔''三尺'之聯，惜不多見。叙亂離云'不見泥函谷，俄驚火建章。剪茅行殿溼，伐柏舊陵香'。語猶渾成，未甚破碎。若《西崑酬唱集》對偶字面雖工，而佳句可録者殊少，宜爲歐公取厭也。《通考》。

燾案：《書録解題》有《彦謙集》一卷，直題爲"唐河中節度副使襄陽唐彦謙茂業撰"。考彦謙事附見《唐書·唐儉傳》，爲儉裔孫，工詩。咸符末避地漢南。則彦謙雖非襄人，而其詩以鹿門名，有自來矣。

惟《唐志》載《彦謙詩集》三卷，與此異。

指玄篇

陳摶，譙郡真源人，與老聃同鄉里。嘗舉進士不第，去隱武當山九室巖，辟穀鍊氣，作詩八十一章，號《指玄篇》，言修養之事。《五代詩話》引《談苑》。

燾案：是書《宋志》作《九室指玄篇》一卷。

襄陽題咏二卷

魏泰撰。《宋志》。

襄陽形勝賦

魏泰撰。《續通考》。

臨漢隱居詩話一卷編修程晉芳家藏本

魏泰撰。泰有《東軒筆録》，已著録。泰爲曾布婦弟，故嘗托梅堯臣撰《碧雲騢》以詆文彦博、范仲淹諸人。及作此書，亦黨熙寧而抑元祐。如論歐陽修，則恨其詩少餘味，而於“行人仰頭飛鳥驚”之句，始終不取。論黄庭堅，則譏其自以爲工，所見實僻，而有“方其拾璣羽，往往失鵬鯨”之題。論石延年，則以爲無大好處。論蘇舜欽，則謂其以奔放豪縱爲主。論梅堯臣，則謂其乏高致。惟于王安石，則盛稱其佳句。蓋堅執門户之私，而甘與公議相左者。至“草草杯柈供笑語，昏昏燈火話平生”一聯，本安石詩，而以爲其妹長安縣君所作，尤傳聞失實。然如論梅堯臣《贈隣居》不如徐鉉，則亦未嘗不確。他如引韓愈詩証《國史補》之不誣，引《漢書》証劉禹錫稱衛綰之誤，以至評韋應物、白居易、楊億、劉筠諸詩，考王維詩中顛倒之字，亦類有可采，略其所短，取其所長，未嘗不足備考証也。《提要》。

燾案：泰人可議，而著述頗多，《東軒筆録》十五卷外，復有《續東軒雜録》《書可記》《訂誤集》等書，並見《宋志》。

演聖通論六十卷

《崇文總目》："胡旦撰。以《易》《詩》《書》《論語》先儒傳注得失糅雜，故作論辨正之。《易》百篇，《書》五十六篇，《詩》七十八篇，《論語》十八篇，凡二百五十二，天聖中獻之。"《通考》節。

鼂氏曰："其論《易》十六卷，《書》七卷，《詩》十卷，《禮記》十六卷，而《春秋論》別行，博辯精詳，學者宗焉。"《通考》節。

陳氏曰："《易》十七，《書》七，《詩》十，《禮記》十六，《春秋》十。其第一卷爲目録。旦太平興國三年進士第一人，恃才輕躁，累坐擯斥，晚尤黷貨，持吏短長，爲時論所薄，然其學亦博矣。"《通考》節。

燾案：陳氏言《易》十七，與鼂氏殊，蓋其一卷，即目録也。《崇文總目》載《春秋論》，旦撰多摭杜氏之失裨經旨，馬氏嘗引之。此處所引通論，則有《論語》而無《春秋》。鼂氏謂《春秋論》別行，似矣。又無《論語》，陳氏亦然，而卷數悉合，不可曉。

漢春秋一百卷

胡旦撰。鄭《通志》。

燾案：《宋史》旦本傳載是書，無卷數。

漢春秋問答一卷

胡旦撰。《通志》："與門人郄羽問答。"

唐乘七十卷

胡旦撰。《宋志》，元注："一作策。"

𧸘案：《續通考》有旦《唐三宗傳》三百餘卷，疑即《唐乘》之異名，而卷數懸絶，存考。

五代史略四十二卷

胡旦撰。《宋志》。

將帥要略

胡旦撰。《宋志》。

胡旦集十六卷《宋志》

𧸘案：《宋史》旦本傳以秘書少監致仕，居襄陽，再遷秘書監，卒。又云"既死，貧甚，寓柩民間。皇祐末，知襄州王田爲言于朝，得錢二十萬以葬"。則旦固終身於襄者，故所撰述悉爲著録，其家傳無卷數，亦附其名于此。

德隅堂畫品一卷

李廌方叔撰。趙令畤德麟官襄陽，行橐中諸畫，方叔皆爲評品之，元符元年也。《書録解題》。

春秋邦典二卷

唐既濟潛亨撰。原注："案原本脱'濟'字，今據《宋史·藝文志》增入。"質肅之姪，自號真淡翁。與其子慦問答而爲此書，鄒道鄉爲之序。《直齋書録解題》。

燾案：既，《宋志》作"既濟"，故今武英殿聚珍本《書録解題》輒據以增入。馬氏《通考》引《解題》亦無"濟"字。《圖書集成》引《墨莊漫録》："唐暨潛亨，質肅公猶子，余母之舅也。早退，隱居襄陽，著《春秋政典》，以用官定臧否，鄒志完爲序。"今《襄陽縣志》引此事，仍作"唐既"，"政典"仍作"邦典"，與《通考》同。或又引《通考》于"既潛"字下注云："疑落'濟'字。"意此注當在"既"字下，不應在"潛"字下也。質肅爲唐介謚，《宋史·介傳》，子淑問、義問，孫恕。"恕"與所云"慦"者字形相近，而既濟與淑問等名絶不相類，何耶？

倚松老人集二卷兩淮馬裕家藏本

宋饒節撰。節字德操，撫州人。嘗爲曾布客，後與布論新法不合，乃祝髮爲浮屠，更名如壁，拄錫靈隱。晚主襄陽之天寧寺，嘗作偈云"閑攜經卷倚松立，試問客從何處來"，遂號倚松道人。集中詩大半爲僧後所作，《紫薇詩話》稱其蕭散似潘邠老，《老學菴筆記》亦稱爲當時詩僧第一。《宋志》載《倚松集》十四卷，今止存抄本二卷，末有"慶元己未校官黄汝嘉重刊"一行，蓋猶沿宋刻之舊。又今所傳本與謝邁、韓駒二集行款相同，卷首標目下俱別題"江西詩派"四字，與他詩集不同，或即宋人所編《江西詩派集》一百三十七卷内之三種，舊本殘闕，後人析出單行歟。《提要》。

焘案：節集，《通考》載有《饒德操集》一卷。又引陳氏《解題》，謂其詩名《倚松集》，二卷，卷數與《提要》合，豈一卷者其文，而詩則二卷耶？以無確證，故馬氏所云一卷，不别出云。

漢南酬唱集一卷

許份撰。《宋志》。

襄陽風景古蹟詩一卷

王祐撰。《宋志》。

使北日録一卷浙江巡撫采進本

宋鄒伸之撰。理宗紹定六年癸巳，史嵩之爲京湖制置使，與蒙古會兵攻金。會蒙古遣王檝來通好，因假伸之朝奉大夫、京湖制置使參議官往使，以是歲六月偕王檝自襄陽啓行，至明年甲午二月始見蒙古主于行帳。尋即遣回，以七月抵襄陽。因取所聞見及往復問答，編次紀録，以爲此書。案《理宗紀》，宋與大元合圍汴京，金主奔蔡州，大元再遣使議攻金，史嵩之以鄒伸之報謝。特史稱檝來議攻金，[1]而此録止言通好，又史載伸之出使在紹定五年十二月，而此録實以六年六月出疆，皆當以此録爲實。時孟珙已會蒙古滅金，廷議遂欲出師取河南，蒙古復遣檝來責敗盟，因再進伸之二秩報謝。史載同使爲李復禮、喬仕安、劉溥等。據此録，皆先爲副行之人。復禮假京西路副總管，溥京西兵馬都監，仕安以東南第七正將神勁馬軍統制充防護官，其官爵亦史所未詳云。《提要》。

襄陽志四十卷

郡守朐山高夔命教授吳興、劉宗、幕官上蔡任涉編纂爲書，既詳備，而刊刻亦精緻，圖志之佳者。《書録解題》。

燾案：宗，或作“忠”，今《通考》及焦氏《經籍志》等書並作“宗”，是書爲劉、任兩人所編纂，《府志》止題作“劉宗”，似未審。《容齋四筆》，“高夔守襄陽，命僚屬作一書，其敘歷代沿革云‘在周爲楚、鄧、鄾諸國’。據《左傳》，鄾乃鄧邑，後巴人伐楚，圍鄾，蓋楚滅鄧，故亦來屬，元非列國”云云。觀洪氏此言，則陳氏以爲圖志之佳者未可信矣。

襄陽守城録一卷兩淮馬裕家藏本

趙萬年撰。開禧二年，元兵二十萬圍襄陽，趙純新知府事，以萬餘人禦之。自十一月至次年二月，大戰者十二，水陸攻劫者三十有四，措置多出奇制勝，元兵竟解去。萬年時爲幕僚，詳録其事，後附戰具諸法頗詳，惟文多殘缺，不盡可辨，爲足惜耳。《提要》。

無名氏跋云：“按史，開禧用兵，止載畢再遇數有功而詳其事，趙純止有焚樊城而遁之説，及魏友諒突圍而去事。今幕客記注乃如此，然則魏當何如紀之耶？豈史臣多遺逸而不及見此耶？抑以爲誇張失實而不之取耶？皆不可考也。”《居易録》。

《宋史·寧宗本紀》：“開禧二年十一月辛巳，金人破棗陽軍，甲申，犯神馬陂，江陵副都統魏友諒突圍趨襄陽。乙酉，趙純焚樊城。辛丑，金人圍襄陽。三年二月庚午，金人去襄陽。六月，賞襄陽功。”與此録日月皆合。而録中言純令江北清野，盡渡樊城内外軍民，又抽江北諸處把截官兵及戰退卒相繼入城，蓋不欲分其兵力，得以專守襄陽。其焚樊城，初非遁也。無名氏之言，殆不足信。《湖北通志》。

燾案：南宋時襄以樊爲屏蔽，無樊則無襄，觀後元人取襄必先破樊，其明驗也。純之焚樊，不可謂非失計，特不能自守，固不如焚之而勿資敵之爲愈耳。《宋史·吴獵傳》："是時獵曾招集潰卒，分援襄陽，又督孟宗政等解襄陽之圍。"則襄之幸而不失，非盡純守禦力也。又考《續通鑑》："開禧三年二月，金完顏匡以久圍襄陽，士卒疾疫，引還。"是金人若能持久，則襄必危，故守襄者必以守樊爲先務。

養生必用方十六卷

晁氏曰："皇朝初虞世撰。序謂古人醫經行于世多矣，所以别著者，古方分劑，與今銖兩不侔，用者頗難。此方其証易詳，其法易用，苟尋文爲治，雖不習之人，亦可無求于醫也。虞世本朝士，一旦削髪爲僧，在襄陽，與十父游從甚密。"《通考》。

燾案：《書録解題》有"《養生必用書》三卷，靈泉山初虞世和甫撰，紹聖丁丑序"。疑即此書，而卷數絶殊，襄陽今尚有靈泉寺，當即此山所由名也。

尊生要訣二卷

即初虞世《四時常用要方》，有廬山陳淮者復附益焉。《書録解題》。

均州圖經五卷

段子游撰。《宋志》。

燾案：《襄陽府志》引《通考》："《春陵圖志》十卷，淳熙六年教授臨江章穎茂憲撰。"今檢《通考》，《春陵圖志》與《九疑考古》並列，《書録解題》謂《九疑考古》爲道州主簿吴致堯格甫撰，取《春陵志》所記而爲詩以紀，則章氏書之春陵非漢侯國，不得與段氏書並録矣。段書亦見《輿地紀勝》。

米海岳遺事一卷

元陸友仁撰。倪瓚補遺。《遼金元藝文志》。

燾案：是書爲盧文弨所刊，抱經堂《羣書拾補》之一，蓋倪所著而盧刊之，《襄陽府志》引作盧書，誤。

武當山總真事蹟三卷

元劉洞陽撰，有息剌忽序。《圖書集成》。

啟聖實録

劉洞困撰，有趙孟頫序，見《太和山紀略》。《圖書集成》。

嘉慶圖

劉洞困撰，有虞集序。《圖書集成》。

米襄陽外紀十二卷江蘇巡撫采進本

明范明泰撰。紀米芾遺事，分《恩遇》《顛絶》《潔癖》《嗜好》《塵談》《書學》《畫學》《譽羨》《書評》《雜記》《考據》十二門，多不著出典，未足依據。亦時有舛譌，如《恩遇》第一條："皇祐二年，詔米芾以《黄庭》小楷作《千字文》。"考米芾生于皇祐三年辛卯，則所稱寫《千文》在生前一年矣，有是理乎？《提要》。

米芾志林十六卷江西巡撫采進本

亦題范明泰撰，與《襄陽外紀》並同，後附刻《襄陽遺集》一卷，爲明泰所輯。蓋未見《寶晉英光集》，故有是刻。又《海岳名言》《寶章待訪録》《研史》各一卷，則皆芾遺書，然《書史》《畫史》不編入，亦疏漏矣。《提要》。

海岳志林

明毛晉撰。《日月籛叢書》。

熹案：明郭化復有《蘇米談史》一卷、《蘇米談史廣》六卷，見《四庫書目》。竊意言米事者，如范、毛諸書，已云詳備。郭書必不能復駕其上，且其書兼及東坡，故不録。

觀物吟

鄧青陽撰。《襄陽府志》。

警世文

鄧青陽撰。《襄陽府志》。

萬曆襄陽志五十一卷兩淮鹽政采進本

不著撰人名氏。卷首宜城胡價叙，稱郡守吳公勒成，凡爲目二十有六。明封襄藩于襄陽，故叙歷代藩封，别爲《襄世家》一卷，於例應爾。至以孔子曾適楚國，遂于古蹟之外别出《聖蹟》一門，則冗碎甚矣。《提要》。

熹案：是書據乾隆《府志》，所謂吳公者，名道邇，福建龍溪人。隆慶三年進士，萬曆初修是書，甫成即遷擢去。越五年，訓導高可作補修。《宜城志》載胡序作目三十有六，未見其書，末由訂正。

宗藩訓典十二卷江蘇周厚堉家藏本

明馮柯撰。柯字貞白，慈谿人。以薦舉，侍襄靖王書堂，是編即奉襄王令所作。取史書中諸藩封行事可爲勸戒者，摘録其略，各係以評。起秦漢，迄金元，得宗屬七百二十三，附與事之臣八十六，共爲評一千一百三十八。萬曆壬寅，其子瑛進之王府，命工刊刻。《提要》。

均州志八卷

謝瀗撰。《襄陽府志》。

太嶽太和山志十七卷江蘇巡撫采進本

田玉撰。玉不知何許人，萬曆中宦官也。太和山即湖廣均州之武當山，相傳爲北極玄武修真地。明成祖即位時，自謂得神之佑，因尊爲太嶽，勅建宫觀，常遣内臣司其香火。嘉靖間，提督太監王佐始創爲志，太監吕評續增之。萬曆癸未末，玉復增廣爲此本。前載修建廟宇始末實事，並仙蹟、徵應、物産，後載唐宋元明叙記詩賦等作。《提要》。

星平會海十卷通行本

不著撰人名氏。黄虞稷《千頃堂書目》載有其名，蓋明人所編。前有自題“武當山玉虚宫三逢甲子日金山人”，如果甲子三逢，則年已一百八十矣，術家故爲虚誕，以惑人聽，不足憑也。其書兼論子平五星，所撮取者不一家，而亦有合有不合，如加盤、喬廟諸法，持論非不詳密，而推衍家宗之，往往十失其九。且印行既久，模糊舛譌，幾不可句讀，在坊本中又出《星平大成》之下矣。《提要》。

太嶽太和山志十五卷

任自垣撰。乾隆《襄陽府志》。

太嶽志

方升撰。《湖北通志》。

熹案：《述古堂書目》有《太嶽太和山志》十五卷，又《太嶽太和山志》十九卷，又《太和志蒐遺》三卷，又《太和志略》四卷，皆不著作者姓名。中有一種，與任書卷同，並附于此，以資博訪。

順治襄陽府志

趙兆麟修。兆麟字聖居，富平人。崇禎己卯舉人，順治初官鄖襄撫，治當軍務倥偬之際，亟事纂修，惜秉筆者文氣滯澀，考據亦未精詳。《府志》引《湖北通志》。

康熙襄陽府志

杜養性修。養性，瀋陽拔貢，康熙初官襄陽知府，仍趙《志》之舊，稍爲增補。《府志》引《湖北通志》。

荆南道志二十八卷

魯之裕撰。《襄陽府志》。

燾案：此書所言不止襄事，而襄事不少，故録之。

穀城水運紀略一卷陝撫采進本

楊素藴撰。素藴官荆南道時，會大軍勦逆藩吳三桂，兵儲陸運頗艱，因訪明季楊嗣昌勦張獻忠時水運故道，修復縴路，裒其文移，以成是編。《提要》節。

康熙棗陽縣志

劉嗣煦修。《府志》。

康熙宜城志八卷

胡允慶修。《府志》。

康熙均州志四卷

江闓修。《府志》。

太嶽太和山紀略八卷江蘇巡撫采進本

王概撰。概字成木，諸城人。雍正癸丑進士，官至兩廣鹽運使。是編乃概官分守安襄鄖荆兵備道時所作，凡爲十類，曰《星野》，曰《圖考》，曰《山川》，曰《聖紀》，曰《宫殿》，曰《祀典》，曰《仙真》，曰《物産》，曰《拾遺》，曰《藝文》，較舊志蒐輯頗富，而不免于蕪雜。《提要》。

乾隆襄陽府志四十卷

陳鍔修。鍔字白厓，浙江錢塘人。乾隆乙丑進士，官襄陽知府。是書凡目二十又六，又附子目九。考據史傳，在湖北諸志中差次荆州而較他府爲勝。惜其閉户著書，未經目見，於見存金石、碑帖靳于摩搨，如《乳泉銘》近在府署前，本係嘉靖中，亦漫不一視，而誤以爲萬曆，則其他可知矣。至於山川、市鎮、方向、里數，亦多未確，且有彼此互異之處，蓋由隨文點竄，而未嘗身涉其地故也。光緒《府志》引《湖北通志》。

乾隆棗陽縣志二十四卷

甘定遇修。光緒《府志》。

襄陽必告録一卷

周凱撰。光緒《府志》。

同治襄陽縣志七卷

同治四年，知縣楊宗時屬邑人崔淦創編。稿初成而淦卒。十一年，知縣吳耀斗重排纂之，爲門七，爲目三十有二，附子目七。光緒《府志》。

同治棗陽縣志三十卷

知縣張聲正，即咸豐中邑令陳子飭所撰而重纂之，爲目三十，附子目二十有一。光緒《府志》。

同治宜城縣志十卷　光緒續志四卷

前志知縣程啓安修。據邑人魯桂元《鄢都采訪記》而增益之，爲門十，爲目四十有八，附子目十有二。續志成于光緒七年，爲門七，爲目二十有七，附子目一。光緒《府志》。

同治南漳縣志二十八卷

知縣沈兆元修。初，嘉慶中縣吏胡正楷采《湖北通志》《襄陽府志》暨縣中官文書裒爲志稿，曰《搜遺集》。兆元因其書而附益之，爲門十，爲目二十有四，又各分以子目。光緒《府志》。

同治穀城縣志八卷

知縣承印修，爲目二十有八，附子目十有六。光緒《府志》。

光化縣志八卷

光緒九年，知縣鍾桐山修，爲目五十有四，附子目十。光緒《府志》。

均州志十六卷

光緒十一年，知州馬雲龍修，爲目十六，附子目十有四。光緒《府志》。

【校記】

〔1〕“特”，原誤作“時”，今據《四庫全書總目提要》改。

襄陽兵事略

序

世之言形勝者，荆州而外，必及襄。其用兵萌于春秋，茁于東漢，枝于三國，蔓于東晉六朝，而樛于宋之南渡，史策具在，可坐而稽也。自漢以來，起中原而争天下者，唯晉以樓船出巴蜀，沿江東下取吴，外此則出師之途無過二，曰淮北，曰漢南，而江不與。淮北不得志，則漢南重，而襄重，起東南者亦然。故魏武既取劉琮，志吞江左，小有驕溢，敗衄赤壁，乃置重兵守襄，以成鼎足之勢。時則孫、劉交驩，瑜、亮協趣，東風之便，既得天時人和之力，尤勝地利，非偶然矣。漢壽關侯由荆取襄，因襄得樊，威震華夏，魏武至議遷都以避其鋒，而迄無濟者，曹仁前拒，加以阿蒙之後躡，究其取敗，蓋視赤壁爲甚。東晉之季，劉裕能上克關中者，亦以襄屢失屢復，終非秦有故也。梁蕭詧同室操戈，北附而南抗，用能崛强一隅，楮柱没世。元之圖宋，舉全國之力，圍攻襄、樊者七年，僅乃克之，襄克而漢南以下無留行，不數稔亡宋。非形勝之驗歟?

大率襄之爲地，一統則小醜跳梁者易以平，分裂則重鎮屹立者難與争，知此可與言襄之用兵。有唐末造，朱朴論都，欲舍秦而就襄。朴，襄人也，或疑其有鄉里之私，又其人無足重，故議革不行。至南宋李忠定踵朴議，爲主和者所沮，卒以臨安尾閭之區，易襄陽中樞之要，偏安既定，恢復無期，忠定囊策，令人隕涕。

我朝因元明之舊，定鼎燕京，資奉天爲拱衛，列朝鮮爲藩服，南面而制四裔者，二百餘年。海禁一開，隄潰螘穴，五洲只尺，輪舶猋至。文皇木蘭之狩，曾文正天津之役，皆以投鼠懷忌，痛心疾首，頫從和議，而莫之敢恤。乃者妖邪召亂，强敵羣起，兩宫西幸，憊甚於文皇。百官星散，無加于文正。關中王氣，秦漢迄唐，澌滅殆盡。扈從諸公，有以忠定之説進者，疏遠小臣，聞之怦然。

舊嘗欲取鄉里兵事輯爲一書，今亟成斯略，止於勝國，參之府志，芟夷固多，補正亦復不少，録存行篋，以俟知者。竊謂襄在今日，大似周之洛陽，所謂居天下中，道里均而徵輸便者也。又其輪舶不通，有險可設，上阻河朔，下控江介，以視島夷東逼而羅刹西伺者，相去絶遠，防守較易。是用附于忠定之説，以申其管窺之見，世或與荆山子同類而共譏之，所不敢辭。

光緒二十有七年春正月，吳慶坻寬仲書於丹徒客舍。

襄陽兵事略卷一

周

桓王十七年，巴子使韓服告于楚，請與鄧爲好。楚子使道朔將巴客以聘於鄧，鄧南鄙鄾人攻而奪之幣，殺道朔及巴行人。楚子使薳章讓于鄧，鄧人弗受。楚使鬬廉帥師及巴師圍鄾，鄧養甥、聃甥帥師救鄾，三逐巴師，不克。鬬廉衡陳其師於巴師之中，以戰而北，鄧人逐之，背巴師而夾攻之，鄧師大敗，鄾人宵潰。《左傳》桓九年。

二十年，楚伐絞，師分涉於彭，羅人欲伐之，使伯嘉諜之，三巡數之。《左傳》桓十二年節。

二十一年，楚屈瑕伐羅，及鄢，亂次以濟，遂無次，且不設備。及羅，羅與盧戎兩軍之，大敗之，莫敖縊于荒谷。《左傳》桓十三年節。

僖王四年，楚滅鄧。

燾案：《史記·楚世家》："文王十二年，伐鄧，滅之。"考是年爲僖王之四年，魯莊公十六年也。《左傳》不載其事，不可曉。

襄王三十年，秦人入鄀。

燾案：《左氏傳》："初，鄀叛楚即秦，又貳于楚。五年夏，秦入鄀。"是爲魯文公五年，即襄王三十年也。前此僖公二十有五年秋，秦、晉嘗伐鄀，時鄀尚在商密，未遷入今宜城境。《襄陽府志》録之，似誤。又文十二年《傳》有楚子伐麇事，《府志》亦引之，防渚、錫穴，其地皆在今鄖陽境，茲不録。

匡王二年，楚大饑，戎伐其西南，至于阜山，師于大林。又伐其東南，至于陽邱，以侵訾枝。庸人帥群蠻以叛楚。麇人率百濮聚于選，將伐楚。于是申息之北門不啟，楚人謀徙于阪高，蔿賈曰："不可。我能往，寇亦能往，不如伐庸。夫麇與百濮，謂我不能師，故伐我也。若我出師，必懼而歸。百濮離居，將各走其邑，誰暇謀人。"乃出師，旬有五日，百濮乃罷。自廬以往，振廩同食，次于句澨。使廬戢黎侵庸，及庸方城，庸人逐之，囚子揚窗，三宿而逸，曰："庸師衆，羣蠻聚焉，不如復大師，且起王師，合而進。"師叔曰："不可。姑又與之遇以驕之，彼驕我怒，而後可克。先君所以服陘隰也。"又與之遇，七遇皆北，唯裨、鯈、魚人實逐之。庸人曰："楚不足與戰矣。"遂不設備。楚子乘馹，會師于臨品，分爲二隊，子越自石溪，子具自仞，以伐庸，秦人、巴人從楚師，羣蠻從楚子盟，遂滅庸。《左傳》文十有六年。

燾案：此事《府志》所録，至"百濮乃罷"而止，其實句澨、臨品、石溪、仞等處皆在今均州境。蓋庸在今鄖陽境，楚人用兵，則大半在均州，一至鄖陽，則庸事不可爲矣。兵家最重地形，故備録之，以資考證。

景王七年秋七月，楚子以諸侯伐賴，遷賴于鄢。《左傳》。

四十三年，巴人伐楚，圍鄾，楚公孫寧、吴由于、薳固敗巴師于鄾。《左傳》。

赧王三年，韓、魏南襲楚，至于鄧。《史記·楚世家》懷王十七年事。

二十八年，秦與齊、韓、魏共攻楚，殺楚將唐眛，取重邱。《史記·楚世家》。

燾案：重邱疑即西魏之重陽，唐之重州所由名，今南漳境。

三十五年，秦伐楚，楚軍敗，割上庸、漢北地予秦。同上。正義曰："謂割房、金、均三州，及漢水之北。"

三十六年，秦大良造白起攻楚，取鄢、鄧，赦罪人，遷之。《史記·秦本紀》。

三十七年，秦白起伐楚，拔郢，楚徙都陳。秦置南郡，封起爲武安君。《通鑑綱目》。

燾案：是爲今南漳武安堰所由名。

漢

新莽地皇二年，南郡秦豐兵起。《通鑑綱目》。

燾案：豐，南郡邔人，此事《後漢書·岑彭傳》注引《東觀記》作"起兵於更始元年"，《通鑑》不從，惟於更始二年復言豐起兵于黎邱云云，胡身之注辨之，則《綱目》是也。今酌書之。

地皇三年，漢宗室劉縯及弟秀起兵舂陵，興復帝室。縯使族人嘉招説新市、平林兵，與其帥王鳳、陳牧西擊長聚，進屠唐子鄉，拔棘陽，李軼、鄧晨皆將賓客來會。《通鑑》，參《綱目》。

王常與成丹、張卬入南郡藍口，號下江兵，與荆州牧戰于上唐，大破之。《後漢·王常傳》節。

燾案：王鳳、陳牧，《漢書·王莽傳》作"朱鮪、陳牧"，與《後漢書·光武紀》小異，《通鑑》蓋從《光武紀》，惟《紀》以陳牧爲陳收，"收"當作"牧"，見殿本考證，今從《通鑑》。

更始元年八月，析人鄧曄、于匡起兵南鄉以應漢。《通鑑》。

燾案：南鄉，胡身之注云析縣鄉名，竊以魏晉南鄉郡之設當以此。

二年，秦豐據黎邱，自號楚黎王，略有邔、宜城、若、編、臨沮、中廬、襄陽、鄧、新野、穰、湖陽、蔡陽十二縣，兵合萬人。《後漢書·岑彭傳》及《彭傳》注引《東觀漢記》。

燾案：《襄陽記》云："豐，黎邱鄉人，故稱楚黎王。"黎邱，蓋邔縣屬地也。

建武三年六月，延岑與秦豐合，其護軍鄧仲況擁兵據陰縣，劉歆、孫龔爲其謀主，前侍中扶風蘇竟以書説之，仲況與龔降。《通鑑》。

七月，征南大將軍岑彭率傅俊、臧宫、劉弘等三萬餘人，南擊豐，拔黄郵。豐與其大將蔡宏、拒彭等于鄧，數月不得進。帝怪，以讓彭，彭懼，于是夜勒兵馬，申令軍中，使明旦西擊山都，乃緩所獲虜，令得逃亡，歸以告豐。豐即悉其軍西邀彭，彭乃潛兵渡沔水擊其將張楊于阿頭山，大破之。從川谷間伐木開道，直襲黎邱，擊破諸屯兵。豐聞大驚，馳歸救之，彭與諸將依東山爲營，豐與蔡宏夜攻彭，彭豫爲之備，出兵逆擊之，豐敗走，追斬宏。豐相趙京舉宜城降，拜爲成漢將軍，共圍豐于黎邱。《後漢·光武紀》《岑彭傳》。

燾案：《後漢書·公孫述傳》："岑字叔牙，南陽人。"注引《東觀記》曰："筑陽縣人。"劉歆孫龔，《後漢書·蘇竟傳》作歆兄子龔。蔡宏，《紀》作獲而《傳》作斬，未詳孰是。

四年二月，延岑復寇順陽，遣鄧禹護復漢將軍鄧曄、輔漢將軍于匡，擊破岑于鄧，追至武當，復破之，岑走漢中，餘衆悉降。遣劉隆屯田武當。田戎將兵泝沔上黎邱，刻期當降，其妻兄辛臣盜戎珍寶先降，戎疑賣己，不敢降，反與秦豐合。彭攻戎數月，大破之，其大將伍公詣彭降，戎亡歸夷陵。帝幸黎邱勞軍，封彭吏士有功者百餘人。彭攻豐三歲，斬首九萬餘級。豐兵裁千人，城中食且盡，十二月，帝幸黎邱，遣使招豐，豐不肯降。帝以豐轉弱，令朱祐代彭守之，祐率破姦將軍侯進、輔威將軍耿植，圍黎邱，破其將張康于蔡陽，斬之。《後漢書》鄧禹、劉隆、岑彭、朱祐各傳。參《通鑑》。

五年五月，朱祐急攻黎邱。六月，秦豐窮困出降，檻送洛陽。吳漢劾祐廢詔受降，上誅豐，不罪祐。祐還，與騎都尉臧宫會，擊延岑餘黨陰、酇、筑陽三縣賊，悉平之。《通鑑》，參《後漢書·朱祐傳》。

燾案：朱祐即朱福，以安帝名祜，改作福，亦作祐，見《漢書》殿本考證。田戎，汝南人，初起兵夷陵，後及延岑合于秦豐，豐敗，降公孫述，見《述傳》。《岑彭傳》注引《東觀記》："田戎，西平人，與同郡陳義客夷陵，爲盜。更始元年，義、戎將兵陷夷陵，義自稱黎邱大將軍，戎自稱掃地大將軍。"《襄陽耆舊記》曰："戎號周成王，義號臨江王。"

十一年，臧宫將兵至中盧，屯駱越。時公孫述將田戎、任滿與岑彭拒于荆門，彭戰數不利，越人謀畔從蜀，宫兵少不能制。會屬縣送委輸車數百乘至，宫夜使鋸斷城門限，令車聲回轉出入至旦，越人候伺者聞車聲不絶而門限斷，相告以漢軍大至，其渠帥乃奉牛酒勞軍，宫擊牛釃酒，饗賜慰納之，越人遂安。《後漢書·臧宫傳》節。

初平元年，以劉表爲荆州刺史。時江南宗賊大盛，表單馬入宜城，請南郡人蒯越、襄陽蔡瑁與共謀畫。使越遣人誘宗賊帥，至者十五人，皆斬之，而襲取其衆。唯江夏賊張虎、陳坐擁兵據襄陽城，表使越與龐季往譬之，乃降，江南悉平。諸守令聞表威名，多解印綬去，表遂理兵襄陽。《後漢書·劉表傳》節。

燾案：請南郡人蒯越，《通鑑》作請南郡名士蒯良、蒯越，而無襄陽人蔡瑁。十五人，《通鑑》作“五十五人”。考《三國志·表傳》注引司馬彪《戰略》：“表初到，延中廬人蒯良、蒯越，襄陽人蔡瑁與謀。”是蓋范《書》所本。温公以瑁未聞建策而良言可徵，故去瑁録良，視范爲審。惟五十五人彪《略》實作此數，范《書》顧與彪異，不可曉。宗，何焯曰：“恐與‘巴賨’之‘賨’同義。”陳坐，焯改作“陳生”，見《後漢書》殿本考証。

二年，袁術使孫堅擊劉表，表遣其將黄祖逆戰于樊、鄧之間，堅擊破之。遂圍襄陽，表夜遣黄祖潛出發兵，堅逆與戰，祖敗走，竄峴山中。堅乘勝夜追祖，祖部曲兵從竹木間暗射堅，殺之。《通鑑》。

燾案：堅之歿，范《書·獻紀》與陳《志·堅傳》並作初平三年。《通鑑考異》據張璠《漢紀》、胡冲《吴曆》作二年，今《府志》仍作三年，當由未檢《通鑑》故也。至堅被射，范《書·表傳》注引《典略》，復引《英雄記》，載表將吕介將兵，緣山向堅，堅輕騎尋山討介，介下兵射中堅頭，應時物故。二説不同，《通鑑》從《典略》，今從《通鑑》。

建安元年，票騎將軍張濟自關中走南陽，引衆入荆州，賈詡隨之，歸劉表。襄陽城守不受，濟因攻之，爲流矢所中，濟從子繡收衆而退。表自責，以爲己無賓主禮，遣使招繡，繡遂屯襄陽，爲表北藩。《後漢書·劉表傳》注及《傳》注引《獻帝春秋》。

燾案：范《書》、陳《志·劉表傳》皆云濟攻穰城，中流矢死，《通鑑》從之，故以繡屯宛爲言。然穰爲南陽郡屬，温公既從陳《志》上文云入荆州界，則已過穰矣，是所攻實襄地，屯襄之説正與入荆相應，今故録《表傳》注所引而附辨于此。《府志》引此注但云《後漢書》注，欠合。

六年，劉備自袁紹奔荆州，表厚相待結，而不能用。《後漢書·劉表傳》。

十三年，曹操自將征表。八月，表疽發背卒，子琮嗣。九月，操至新野，琮舉州降。時劉備屯樊，琮不敢告備，備久之乃覺，將其衆過襄陽，琮左右及荆州人多歸備，備辭表墓，涕泣而去。琮將王威説琮曰："操聞備走，必懈弛無備，若奇兵徼之于險，操可獲也。"琮不納。《後漢書·劉表傳》，參《通鑑》。

樂進留屯襄陽，擊關羽、蘇非等，皆走之。又討劉備臨沮長杜普、旌陽長梁太，皆大破之。《魏志·樂進傳》。

燾案：操得襄後，必以人留守，荆、襄隣境，勢必相争，豈能十年無事？《魏志》於建安十三年冬十二月但云公至赤壁，與備戰不利，引軍還，備遂有荆州江南諸郡。此後十年，不復載荆、襄兵事。《進傳》此數事，可補紀闕，獨年月無徵，以情勢揣之，當在十三年後二十三年前，故録于此。旌，當作"旍"。

二十三年冬十月，宛守將侯音反，時征南將軍曹仁屯樊，以鎮荆州，魏王操命仁還討音。《魏志·樂進傳》節。

二十四年春正月，曹仁屠宛，斬侯音，復屯樊。秋七月，關羽攻曹仁於樊，仁使左將軍于禁、立義將軍龐德屯樊北。八月，大霖雨，漢水溢，平地數丈，禁等七軍皆没。禁與諸將登高避水，羽乘大船就攻之，禁等窮迫，遂降。龐德在隄上，被甲持弓，箭不虚發，自平旦力戰，至日過中，羽攻益急，矢盡，短刀接，德戰愈怒，氣益壯，而水浸盛，吏士盡降。德乘小船欲還營，船覆，爲羽所得，罵羽，羽殺之。急攻樊城，城往往崩壞，仁乃沈白馬，與軍人盟誓，同心固守，城中人馬纔數千，城不没者數板。羽乘船臨城，立圍數重，内外斷絶。又遣别將圍吕常于襄陽，荆州刺史胡脩、南鄉太守傅方，皆降于羽。羽以舟兵盡虜禁等步騎二萬，送江陵。十月，陸渾民孫狼等作亂，殺縣主簿，南附關羽，羽授狼印，給兵，還爲寇。自許以南，往往遥應羽，羽威震華夏。魏王操議徙許都以避其鋭，使徐晃屯宛，助曹仁。晃至陽陵陂，羽遣兵屯偃城，晃詭道作都塹，示欲截其後，羽兵燒屯走，晃得偃城，連營稍前，距羽圍三丈所，作地道，及箭飛書與仁，消息數通。孫權牋與魏王操，請討羽自效，乞不漏，令羽有備，董昭言露之便，操敕晃以權書射著圍裏，及羽屯中，圍裏聞，志氣百倍，羽果猶豫，不能去，晃擊之，退走。羽圍塹鹿角十重，晃追羽，與俱入圍中，破之。傅方、胡脩皆死，羽遂撤圍。然舟船猶據沔水，襄陽隔絶不通，羽聞南郡破，南還。《通鑑》，參《吴志·孫權傳》。

三　國

魏黄初二年春，孫權遣將陳邵據襄陽，詔曹仁討之，仁與徐晃攻破邵，遂入襄陽，使將軍高遷等徙漢南附化民於漢北。《魏志·曹仁傳》。

熹案：此事他處無徵，《仁傳》亦未言何年，觀下文帝即遣使拜仁大將軍云云，計其時必魏已受禪而權未稱臣，故有是舉。考《魏志》，文帝以仁爲大將軍，在黄初二年四月，今輒增“魏黄初二年春”六字，以醒眉目。

黄初七年八月，吴將諸葛瑾、張霸等寇襄陽，撫軍大將軍司馬懿討破之，斬霸。《魏志·明帝紀》。

熹案：七年，《府志》作“元年”，誤。或疑爲太和元年，亦非。是役徐晃亦在行間，《晃傳》：“明帝即位，拒吴將諸葛瑾於襄陽。”魏文以七年五月崩，明帝是月即位，時尚未改元也。

青龍二年，吴主使陸遜與諸葛瑾攻襄陽，遜遣韓扁奉表詣吴主，邏者得之，瑾懼，書與遜，言水乾當急去，遜未答，方催人種葑豆，與諸將奕棋射戲如常。瑾自來見遜，遜言“賊知大駕還，得專力于吾，兵將意動，當自定以安之，今便示退，賊來相蹙，必敗”。乃密與瑾計，令瑾督舟船，遜悉上兵馬向襄陽城，敵遽還赴城，瑾便引船出，遜徐整部伍趨船，魏人不敢逼。《通鑑》。

燾案：此事《吳志·陸遜傳》作嘉禾五年，今考《吳主權傳》，是年無此事，惟嘉禾三年有遣陸遜、諸葛瑾等屯江夏沔口事，略與此合。嘉禾三年，即青龍二年也。又是年爲建興十二年，諸葛公卒。《蜀志》與《魏志》同。是《遜傳》“五”字爲“三”之譌，毫無疑義。《府志》不加詳考，竟從《遜傳》，非也。

魏正始二年四月，吳朱然、孫倫圍樊城，諸葛瑾、步騭攻柤中。朱異建計，與吕據破樊外圍，荆州刺史胡質以輕兵救樊。或曰賊盛不可迫，質曰：“樊城卑，兵少，故當進兵，爲之外援，不然，危矣！”遂勒兵臨圍，城中乃安。五月，吳兵猶在荆州，太傅懿曰：“柤中民夷十萬，隔在水南，流離無主，樊城被攻，歷月不解，此危事也，請自討之。”六月，督諸軍救樊，以南方暑溼，不宜持久，使輕騎挑之，然不敢動，乃簡精鋭，募先登，申號令，示必攻之勢，吳軍夜遁，追至三州口，大獲而還。《通鑑》，參《吳志·吕範朱桓傳》《晉書·宣帝紀》。

燾案：據，範子，附見《範傳》。異，桓子，附見《桓傳》。赤烏四年，異隨朱然攻魏樊城，《通鑑》所無。赤烏四年，即正始二年，兹據補。又《吳志·朱然傳》“赤烏五年，征柤中，魏將蒲忠、胡質各將數千人，忠要遮險隘，圖斷然後，質爲忠繼援。時然所督兵將先四出，聞問，不暇收合，便將帳下見兵八百人逆掩，忠戰不利，質等皆退”云云，注引孫盛《異同評》謂此事當在景初元年，陳壽誤以嘉禾六年爲赤烏五年。若赤烏五年，爲魏正始三年，《魏少帝紀》及《孫權傳》是歲並無事。今考《魏志》，景初元年秋七月，孫權遣將朱然等二萬人圍江夏郡，荆州刺史胡烈等擊之，然退走。此事《孫權傳》亦不載。彼因《魏紀》不載而疑無其事，此亦可因《吳志》不載而謂無其事矣。况所圍明言江夏郡，柤中非江夏屬，可混爲一耶？兵事夥頤，史家疏漏，勢所難免，讀史者當統觀情勢，詳加參考，不可以一孔之見妄生異同。

據、異及蒲忠等，雖《通鑑》所不取，今所録事止一郡，不厭求詳，附志於此，俟博雅君子訂正焉。

三年春二月，吴車騎將軍朱然寇柤中，魏將李興等聞然深入，率步騎六千斷然後道。然夜出，逆之，斬獲數千。柤中吏民萬餘家渡沔，司馬宣王言宜權留之，曹爽不聽，卒令還，然襲破之。袁淮復言于爽，遂不從。《通鑑》，參《吴志·朱然傳》《魏志·齊王芳傳》注引《漢晉春秋》。

燾案：此事亦《魏志》所無，今補。

景元二年春三月，襄陽太守胡烈表言吴將鄧由、李光等十八屯同謀歸化，遣將張吴、鄧生并送質任，欲令郡兵臨江迎拔。司馬文王啟聞，詔征南將軍王基部分諸軍，使烈督萬人徑造沮水，荆州義陽南屯宜城，承書夙發，若由等如期到者，便當因此震蕩江表。基疑賊詐降，馳驛陳書，説由等可疑之狀，文王累得基書，敕諸軍權停，須後節度，基又言之，文王遂罷軍嚴後，由等果不降。《通鑑》，參《魏志·王基傳》注引司馬彪《戰略》。

晉

泰始四年十月，吴將萬彧寇襄陽，詔義陽王望統中軍步騎二萬屯龍陂。《通鑑》。荆州刺史胡烈擊敗彧。《通鑑》，參《晉書·武帝紀》。

燾案：彧，《晉紀》作郁，《通鑑考異》據《吴志》作彧，今從之。

太安二年，新野莊王歆，爲政嚴急，失蠻夷心。義陽蠻張昌聚黨數千人爲亂，更姓名曰李辰，得山都縣吏邱沈，更其姓名曰劉尼，詐云漢後，奉爲天子，建元神鳳。江沔間所在應昌，旬月間衆至三萬。至樊城，歆出拒之，衆潰，爲昌所殺。詔以劉弘代歆爲鎮南將軍，都督荆州諸軍事，弘以南蠻長史陶侃爲大都護，參軍蒯恒爲義軍都護，牙門將皮初爲都戰帥，進據襄陽。昌攻襄陽不克，侃等與昌苦戰累日，大破之，前後斬首數萬級。昌竄于下儁山，其衆悉降。《通鑑》，參《晉書·張昌傳》。

燾案：《晉書·惠帝紀》："太安二年八月庚申，劉弘及張昌戰於清水，斬之。"《昌傳》云："昌竄于下儁山。明年秋乃禽之，傳首京師。"《通鑑考異》據弘斬張弈表云："張昌奸黨初平，昌未梟首。"故從昌本傳是也。山都縣吏，《惠紀》作縣人，今亦從《昌傳》。

永嘉四年九月，雍州流人王如舉兵反，新平人龐實、馮翊人嚴嶷、京兆人侯脱等應之，自號大將軍，領司、雍二州牧，稱藩于漢。征南將軍山簡遣督護王萬將兵入援，軍于涅陽，爲如所敗。如遂大掠沔漢，進逼襄陽，簡使將趙同擊之，不克，嬰城自守。荆州刺史王澄獨以衆進，至沶口，聞簡敗，衆散而還。簡爲嚴嶷所逼，自襄陽徙屯夏口。石勒至南陽，如與脱不協，重賂勒，結爲兄弟，使攻脱，勒斬脱囚嶷，盡并其衆，遂寇襄陽，攻陷江西壁壘三十餘所。留刁膺守襄陽，如後連年種穀，皆化莠，軍中大飢，計無所出，歸于王敦。《通鑑》，參《晉書·懷帝紀》《王如傳》《石勒載記》。

燾案：《王如傳》："杜蕤悉衆，戰于涅陽，大敗，山簡不能禦，移屯夏口。"與《懷紀》所言蕤等及如戰于宛似涉牽混。温公言王萬爲如敗，與簡爲嶷逼，必有所據，今從《通鑑》。惟石勒既留刁膺守襄，則襄已爲勒所得，不知何時收復。據《懷紀》，勒至宛，王浚遣鮮卑文鴦帥騎救之，勒退，浚又遣王申始討勒于汶石津，大破之。又《勒載記》"時勒欲雄據漢南，張賓以爲不可，勸勒北還，不從，旋以軍糧不繼，死疫大半，納賓策"云云，則膺當日蓋守襄而不能固，其不久棄去，史失載也。

建興三年，第五猗爲荆州刺史，賊帥杜曾迎猗于襄陽，爲兄子娶猗女，遂聚兵萬人，與猗分據漢沔。陶侃新破杜弢，乘勝進擊，輕曾，司馬魯恬諫之不從，侃敗，曾將趨順陽，下馬拜侃而去。既而致箋于平南將軍荀崧，求討丹水賊自效，崧許之。侃遺崧書諫之，不從，曾復帥流亡二千餘人圍襄陽，數日不克而還。王敦以王廙爲荆州刺史，荆州將吏鄭攀、馬儁等上書留侃，敦不許，攀等憤惋，西迎曾，曾與攀等北迎第五猗以拒廙，廙督諸軍討曾，復爲曾所敗。《通鑑》節。

燾案：猗之反，《晉書》載于《元帝紀》建武元年八月，今參觀《曾傳》，《通鑑》爲得，故不從《元紀》。

建武元年八月，杜曾請擊第五猗于襄陽以自贖，豫章太守周訪擊之，定漢沔。曾走保武當，王廙始得至荆州。訪以功遷梁州刺史，屯襄陽。《通鑑》節。

太興二年夏，周訪潛遣人緣山開道，出不意襲杜曾，大破之。曾遁走，馬儁等執曾以降。訪部將蘇温收曾詣軍，訪斬之，并獲第五猗、胡混、摯瞻等，送于王敦，斬之。時魏該爲胡寇所逼，自宜陽率衆南遷新野，助訪討曾有功，拜順陽太守。《晉書·周訪傳》《杜曾傳》，參《通鑑》。

四年冬，石勒寇邊，勒征虜石他敗王師于酇西，執將軍衛榮而歸。《石勒載記》。

燾案：此事不見于《元帝紀》。《勒載記》上云“時祖逖卒”云云，考逖之卒在是年九月，故增“四年冬”數字而録于此。

襄陽兵事略卷二

晋

咸和元年十月，劉曜將黄秀、帛成寇酇，順陽太守魏該帥衆奔襄陽。《晉書·成帝紀》，參《通鑑》。

燾案：《成紀》作“平北將軍魏該”，今從《通鑑》作“順陽太守”，以與前相應。十月，《府志》引作“十一月”，誤。

三年，南陽太守董幼叛，率襄陽之衆降於石堪。《石勒載記》。

五年九月，石勒荆州將軍郭敬、南蠻校尉董幼寇襄陽，勒驛敕敬退屯樊城，戒之，使偃藏旗幟，寂若無人，曰：“彼若使人觀察，則告之曰：‘汝宜自愛堅守，後七八日，大騎將至，相策不復得走矣。’”敬使人浴馬于津，周而復始，晝夜不絶。偵者還，以告南中郎將周撫，撫以爲趙兵大至，懼奔武昌。《石勒載記》，參《通鑑》。

七年夏四月，勒將郭敬陷襄陽，軍無私掠，中州流民悉降于趙。魏該弟遐，率該部衆自石城降敬，敬毁襄陽城，遷其民于沔北，城樊城以戍之。秋七月，敬南掠江西，太尉陶侃遣子平西參軍斌與南中郎將桓宣乘虚攻樊城，破之。侃兄子臻及竟陵太守李楊攻拔新野，敬懼，遁去，宣遂拔襄陽，因使宣鎮襄陽。《晉書·成帝紀》《石勒載記》，參《通鑑》。

咸康元年夏四月，石季龍將石遇寇中廬，遂圍平北將軍桓宣于襄陽。輔國將軍毛寶、南中郎將王國、征西將軍王愆期等率荆州之衆救之，屯於章山。賊三面爲地窟攻城，宣募精勇，出其不意，殺傷數百，多獲鎧馬，賊解圍退走。久之，宣遣步騎收南陽諸郡没賊者八千餘人以歸。《晉書·成帝紀》，參《桓宣傳》《石季龍載記》。

建元元年秋七月，庾翼爲征討大都督，遷鎮襄陽。胡賊五六百騎出樊城，翼遣冠軍曹據擊于撓溝北，破之，死者近半，獲馬百匹。《晉書·康帝紀》，參《庾翼傳》。

永和八年三月，符健别帥侵順陽，太守薛珍擊破之。《晉書·穆帝紀》。

十年二月，桓温統步騎四萬，發江陵水軍，自襄陽入均口，至南鄉，自淅川以征關中，軍糧不屬，九月，收三千餘口而還。《晉書·桓温傳》節。

燾案：此事《温傳》無年月，《府志》列于十年，蓋據《穆紀》。惟《穆紀》是年二月，温帥師伐關中，九月，糧盡引還，今仍據補。

太和元年冬十月，苻堅將王猛、楊安攻南鄉，荆州刺史桓豁救之，師次新野，而猛、安退。《晉書·海西公紀》。

太元三年二月，苻堅遣其尚書令苻丕率司馬慕容暐、苟萇等步騎七萬，寇襄陽，使苻融寇樊、鄧，楊安將樊、鄧之衆爲前鋒，慕容垂與姚萇出自南鄉，苟池等與彊弩王顯將勁卒四萬從武當繼進，四月，師次沔北。南中郎將梁州刺史朱序，以丕軍無舟楫，不以爲虞。石越帥騎五千，浮渡漢水，序惶駭，固守中城。越攻陷外郛，獲船百餘以濟軍。序母韓聞秦兵將至，自登城履行，謂西北隅當先受獘，帥百餘婢及城中女丁斜築城二十餘丈於其内，賊攻西北隅果潰，衆移守新城，襄陽人謂之夫人城。慕容垂拔南陽，與丕會襄陽，丕督諸將攻中城，師老無功，秦御史中丞李柔劾之，堅使其黄門侍郎韋華持節切讓丕，賜丕劍曰："來春不捷，汝可自裁，勿復持面見吾也。"丕于是促圍攻之。《通鑑》，參《晉書》桓沖、朱序傳，《苻堅載記》。

四年春正月，苻堅欲自將，攻襄陽，以苻融、梁熙諫而止。詔南郡相劉波帥衆八千救襄，波不敢進。朱序屢出戰，破秦兵，引退稍遠，序不設備。二月，督護李伯護密遣其子送款于秦，爲内應，襄陽遂没。丕執序送長安，堅以序能守節，拜度支尚書，以伯護爲不忠，斬之。慕容越拔順陽，執太守譙國丁穆，堅欲官之，固辭不受。堅以其中壘梁成爲南中郎將，都督荆揚諸軍，荆州刺史，領南蠻校尉，配兵一萬，鎮襄陽。選其才望，禮而用之，以征南府器仗給之。同上。

五年春，荆州刺史桓沖，率前將軍劉波，及兄子振威將軍石民、冠軍將軍石虔等，伐苻堅，拔堅筑陽，攻武當。堅遣慕容垂、毛當寇鄧城。沖既憚堅衆，夏又疾疫，還鎮。《晉書·桓沖傳》。

燾案：此事《沖傳》無年月，但載于朱序被執，沖自咎疏請解職，不許，遣張玄之詣沖咨謀軍事之後。而《孝武紀》是年四月大旱，五月大水，水旱之餘，是生疾疫。以情勢度之，四年既失地失將，必不能遽再興師，則沖此舉當在五年春，其還鎮當在五六月間，茲酌書之。

六年冬，桓沖使桓石虔伐苻堅襄陽太守閻震，擒之，及大小帥二十九人，送于京都。《晉書·桓沖傳》。

燾案：此事《通鑑》作“秦荆州刺史都貴遣其司馬閻振”云云，與《晉書》紀傳皆不同。又《晉書·桓石虔傳》，石虔禽震後，進據樊城，逐堅兖州刺史張崇，納降二千家而還。據《沖傳》，張崇之走，乃石虔攻武當時事，非六年事。今從《沖傳》。《石虔本傳》，是時官南平太守，而《孝武紀》作“襄陽太守”，《通鑑》從《石虔傳》，今略之。

七年秋九月，桓沖使揚威將軍朱綽擊秦荆州刺史都貴于襄陽，焚踐沔北屯田，掠六百餘户而還。《通鑑》。

燾案：此事《晉孝武紀》作“都貴焚燒沔北田穀，略襄陽百姓而去”，與《沖傳》全乖。《沖傳》言苻堅使郝貴守襄陽。“都”“郝”形近亦譌，[1] 今從《通鑑》。《府志》載此事於六年，非也。

八年夏五月，桓沖帥衆十萬伐秦，攻襄陽，遣前將軍劉波等攻沔北諸城，鷹揚將軍郭詮攻武當。六月，沖别將攻萬歲、筑陽，拔之。苻堅遣其征南將軍鉅鹿公苻叡、冠軍將軍慕容垂等率步騎五萬救襄，兖州刺史張崇救武當。垂軍于鄧城，沖退屯沔南。秋七月，郭詮及桓石虔敗張崇于武當，掠二千户以歸。叡遣慕容垂爲前鋒，進臨沔水，垂夜命軍士

① “亦”，據文意當爲“易”。

人持十炬繫于樹枝，光照数十里，沖懼，退還。《通鑑》節。

燾案：此事《孝武紀》止載敗張崇事，以爲郭洽，《苻堅載記》作郭詮，他處亦多有詮名，今從《通鑑》。

九年四月，桓沖遣竟陵太守趙統伐襄陽，桓石民遣兵助之。秦荆州刺史都貴奔魯陽。《晉書・桓石民傳》，參《通鑑》。

隆安二年秋七月，南蠻校尉楊佺期等舉兵反。十二月，京兆人韋華、譙郡夏侯軌、始平龐眺等，率襄陽流人一萬叛奔于姚興。《晉安帝紀》，參《姚興載記》。

燾案：韋華，《紀》作“韋禮”，而《載記》有興與華問對語甚詳，今從《載記》。

三年，秦人寇襄陽，雍州刺史郗恢求救于魏常山王遵。冬十二月，謝玄討楊佺期，先攻殷仲堪江陵，佺期援仲堪，與其弟廣共擊玄，大敗，單騎奔襄陽。仲堪出奔酇城，玄遣將軍馮該追佺期及廣，皆獲而殺之。《通鑑》。

元興二年，順陽太守彭泉以郡降姚興，興遣楊佛嵩率騎五千與其荆州刺史趙曜迎之，遂寇陷南鄉，禽建威將軍劉嵩。《晉書・姚興載記》。

燾案：此事不見于《安帝紀》，《通鑑》亦失載。以袁虔之等奔興，與禿髮傉檀送王松忽各節參之，泉等降興當在是年。

秋九月，新野人庾仄，殷仲堪之黨也，聞桓玄受九錫，桓偉死，桓石康代偉，未至，乃起義兵，襲雍州刺史馮該于襄陽，走之。仄有衆七千，設壇祭七廟，云欲討桓玄，南蠻參軍庾彬、安西參軍楊道護、江安令鄧襄之謀爲内應，江陵震動。石康至，與南蠻校尉羊僧壽共攻襄陽，仄敗，奔姚興，彬等皆遇害。《晉書・桓玄傳》，參《通鑑》。

燾案：新野人，《安帝紀》作“南陽太守”，《通鑑》從《玄傳》。

三年閏五月，桓玄故揚武將軍桓振以桓蔚爲雍州刺史，鎮襄陽。《晉安帝紀》，參《通鑑》。

義熙元年春正月，南陽太守魯宗之起義兵，襲破襄陽。三月，桓振復襲江陵，荆州刺史司馬休之奔襄陽。《晉書・安帝紀》。

二年，梁州刺史劉稚反，劉毅遣將討禽之。《通鑑》。

八年冬十月，劉裕破劉毅，毅兄模奔襄陽，魯宗之斬送之。

十一年春正月，荆州刺史司馬休之舉兵貳于劉裕，魯宗之與其子竟陵太守軌應休之，遣使求援于姚興。二月，裕使參軍檀道濟、朱超石將步騎出襄陽。三月，裕率諸將濟江，克江陵，休之、宗之俱北走，留軌石城，裕命閬中侯趙倫之、參軍沈林之攻之，五月，破石城，休之、宗之救之不及，遂與軌奔襄陽，宗之參軍李應之閉門不納，及譙王文思等俱奔于興。宗之素得士民心，争爲之衛送出境，王鎮惡等追之，盡境而還。《通鑑》，參《晉安帝紀》《姚興載記》。

十二年正月，姚興使魯宗之將兵寇襄陽，未至而卒。其子軌引兵入寇，雍州刺史趙倫之擊敗之。《通鑑》。

燾案：此事《晉安帝紀》作"姚泓使其將魯軌寇襄陽"云云。據《通鑑考異》，興以是年二月卒，《安紀》以興爲十一年二月卒者，誤也。

南北朝

宋元嘉十九年冬，雍州刺史劉道産卒，羣蠻大動，征西司馬朱修之討之，不利，詔建威將軍沈慶之代之，殺虜萬餘人。《通鑑》節。

二十二年春，以武陵王駿爲雍州刺史，帝欲經略關河，故以駿鎮襄陽。秋七月，駿將之鎮，時緣沔諸蠻猶爲寇，水陸梗塞，停大隄不得進。駿分軍，遣撫軍中兵參軍沈慶之掩擊，大破之，降者二萬口。《通鑑》，參《宋沈慶之傳》。

燾案：此事略見于《宋文帝紀》。《府志》引此事，而以孝武之鎮襄陽爲二十一年事，注云《孝武紀》。今檢《孝武紀》云，"二十一年，加督秦州，進號撫軍將軍。明年，徙都督雍、梁、南北秦四州，荆州之襄陽、竟陵、南陵、順陽、新野、隨六郡諸軍事，寧蠻校尉，雍州刺史"

云云。《府志》蓋未審有“明年”二字而誤。

二十五年，蕭思話復監雍、梁、南北秦州，荆州之竟陵、隨二郡諸軍事，寧蠻校尉，雍州刺史，啟蕭道成自隨戍沔北，討樊、鄧諸山蠻，破其聚落。《宋書·蕭思話傳》，參《齊書·高帝紀》。

燾案：此事《齊紀》作二十三年，《宋書》紀傳不載山蠻事，而載思話之復爲雍州，實在二十五年，疑《齊紀》“三”“五”形近而訛，今從《宋書》。

二十六年秋七月，以廣陵王誕爲雍州刺史，以廣陵彫弊，改封隨郡王。上欲大舉北討，以襄陽外接關河，欲廣其資力，乃罷江州軍府文武悉配雍州，湘州入臺租税雜物悉給襄陽。冬十二月，雍州諸山蠻又爲寇，建威將軍、南濟陰太守沈慶之復與隨王誕入沔，既至襄陽，率後軍中兵參軍柳元景、隨郡太守宗慤、振威將軍劉顒、司空參軍魯尚期、安北參軍顧彬、馬文恭、左軍中兵參軍蕭景嗣、前青州别駕崔目連、安蠻參軍劉雔之、奮威將軍王景式等二萬餘人討之，八道俱進。先是，討蠻者皆營山下，蠻得據山，發矢石擊官軍，故屢無功。慶之會諸軍謂曰：“去歲蠻田大稔，積穀重巖，不可與曠日相守也。若出其不意，衝其腹心，破之必矣。”乃命諸軍斬木登山，鼓譟而前，羣蠻震恐，因而擊之，所向奔潰。《通鑑》，參《宋書·文帝紀》《竟陵王誕傳》《沈慶之傳》。

二十七年，沈慶之自冬至春，屢破雍州蠻，因蠻所聚穀以充軍食，前後斬首三千級，虜二萬八千餘口，降者二萬五千餘户。《通鑑》節。

孝建元年二月，南郡王義宣反，移檄州郡，雍州刺史朱脩之僞許之。義宣知脩之貳于己，使魯秀將萬人擊之，脩之斷馬鞍山道，據險自守，秀攻之不克，屢爲脩之所敗，乃還江陵。《通鑑》。

大明五年四月，雍州刺史海陵王休茂舉兵反。休茂年十七，司馬新野庾深之行府事，休茂性急，欲自專處決，深之及主帥每禁之。左右張伯超多罪惡，屢被責説，休茂夜率夾轂隊殺典籤楊慶於城中，出金城，殺深之及典籤戴雙，徵集兵衆，建牙馳檄，使佐吏上己爲車騎大將軍，開府儀同三司，加黄鉞。侍讀博士荀説諫，休茂殺之。伯超專任軍政，生殺在己。休茂左右曹萬期挺身斫休茂，不克而死。休茂出城，行營諮議參軍沈暢之率衆閉門拒之，義成太守薛繼考爲休茂盡力攻城，克之，[1]斬暢之及同謀數十人。[2]參軍尹玄慶復起兵攻休茂，禽斬之。《通鑑》，參《宋書·海陵王休茂傳》。

燾案：此事《宋紀》作“薛繼考討斬之”，蓋是時襄陽擾亂，衆推中兵參軍劉恭之行府事，繼考以兵脅恭之作啟事，言繼考立義，自乘驛還都，孝武以爲北中郎諮議參軍，賜爵關内侯，事泄，伏誅。《紀》初據恭之啟事書之，後忘更正也。是時張敬兒官寧蠻府行參軍，隨同郡人劉胡領軍伐襄陽諸山蠻，深入險阻，所向皆破，見《南齊書·張敬兒傳》。無年月，《紀》亦不載，《府志》書作六年，無確證，今從闕。

泰始二年夏四月，鄧琬以晉安王子勛之命徵袁顗至尋陽，顗悉雍州之衆馳下。琬以侍中孔道存行雍州事，上庸太守柳世隆乘虛襲襄陽，弘農人劉僧驎聚衆應之，合萬人，至萬山，爲道存所破，衆皆奔散，僅以身免。《通鑑》，參《南齊書·柳世隆傳》。

三年夏五月，薛安都子令伯、環龍亡命梁、雝二州之間，聚黨數千人，襲廣平，執太守劉冥虬。攻順陽，克之，略有義成、扶風，置立守宰。雝州刺史巴陵王休若遣南陽太守張敬兒、新野太守劉攘兵擊破，禽斬之。《宋書·薛安都傳》，參《通鑑》。

燾案：令伯，《安都傳》作“伯令”，《張敬兒傳》作“柏令”，温公作“令伯”，當有本，今從之。

昇明元年冬，荆州刺史沈攸之舉兵反，遣使報張敬兒，敬兒勞接周至，爲設酒食，謂曰：“沈公那忽使君來，君殊可命。”乃列仗于廳事前斬之，集部曲襲江陵。《宋書·順帝紀》及《南齊書·張敬兒傳》。

齊建元二年春正月，魏師入寇，南襄城蠻秦遠乘虚寇潼陽，縣令焦文度戰死。秦遠又破臨沮百方砦，殺略百餘人。北上黄蠻文勉德寇汶陽，太守戴元孫棄戍歸江陵。荆州刺史豫章王嶷遣中兵參軍劉伾緒討之，至當陽，勉德請降，收其部落，使戍汶陽所治城子，令保持商旅，付其清通，秦遠遁去。《通鑑》，參《南齊書·蠻傳》節。

燾案：元孫，《通鑑》作“元賓”，疑因同時荀元賓而訛，今從《南齊書》。

永明十一年春二月，雍州刺史王奂惡寧蠻長史劉興祖，收繫獄，誣其構扇山蠻，欲爲亂。敕送興祖建康，奂于獄殺之，詐云自經，上大怒，遣中書舍人吕文顯、直閤將軍曹道剛收奂，敕鎮西司馬曹虎從江陵步道會襄陽。奂子彪素凶險，奂不能制，奂納其婿長史殷叡之言，將録文顯等啟聞，彪輒發兵拒守。奂門生鄭羽乞出迎臺使，奂言恐曹、吕小人相陵藉，故且自守。彪遂出與虎戰，敗歸。三月，司馬黄瑶起、寧蠻長史河東裴叔業於城内起兵，攻奂，斬之，執彪及其弟爽、弼、殷、叡皆伏誅。兄融、琛死于建康，琛弟秘書丞肅獨脱，奔魏。五月，襄陽蠻酋雷婆思等帥户千餘求内徙于魏，魏人處之沔北。《通鑑》節。

建武元年十月，魏以上廢海陵王謀大舉入寇，雍州刺史下邳曹虎遣使請降于魏。十一月，魏遣行征南將軍薛真度督四將向襄陽，以尚書僕射盧淵爲安南將軍，督襄陽前鋒諸軍，淵辭以不習軍旅，不許，淵曰：“恐曹虎爲周魴耳。”魏主欲自將入寇，其相州刺史高閭、鎮軍將軍李冲、任城王澄皆諫，獨司空穆亮以爲宜行，後虎果不降。《通鑑》節。

四年，魏荆州刺史薛真度勸魏主先取樊、鄧。八月，魏主引兵向襄陽。冬十月，遣太子中庶子蕭衍、右軍司馬張稷救雍州。十二月，雍州刺史曹虎頓軍樊城，詔復遣度支尚書崔慧景救雍州，假慧景節，帥衆二萬。騎千匹，向襄陽，雍州各軍並受節度。《通鑑》。

永泰元年春正月，魏李佐攻拔新野，沔北大震，南鄉太守席謙等相繼南遁。命太尉陳顯達救雍州。三月，崔慧景至襄陽。時五郡已没，分兵助戍樊城。慧景與蕭衍及軍主董仲民、劉山陽、裴颺、傅法憲等五千餘人進行鄧城，魏數萬騎奄至，慧景據南門，衍據北門，令諸軍登城拒守。時將士皆蓐食輕行，有飢懼之色，軍中有北館客，走投魏軍，具告之。魏都督中軍大將軍彭城王勰，分遣武衛將軍元虬趣城東南，斷慧景歸路，司馬孟斌向城東，右衛將軍播正屯城北，交射城内。衍欲出戰，慧景言虜暮自當去，既而魏兵轉盛，慧景拔軍去，衆軍不相知，相繼皆遁。魏兵自北門入，劉山陽與部曲數百人斷後死戰，且戰且卻行。慧景過鬧溝，軍人蹈藉，橋皆斷壞，魏軍夾路射之，殺傅法憲。山陽取襖仗填溝，乘之得免。魏主將大衆追之，晡時至沔北，山陽據城苦戰，至暮魏兵乃退。諸軍恐懼，是夕皆下船還襄陽。魏主將十萬衆圍樊城，曹虎閉門自守，魏主臨沔水，望襄陽乃去。《南齊書·崔慧景傳》，參《通鑑》。

永元元年春正月，太尉陳顯達督平北將軍崔慧景軍四萬，擊魏，欲復雍州諸郡，魏遣前將軍元英拒之。二月，顯達與元英戰，屢破之，攻馬圈城四十日，城中食盡，食死人肉及樹皮，突圍走，斬獲千計。顯達入城，將士競取城中絹，遂不窮追。顯達又遣軍主莊邱黑進擊南鄉，拔之。崔慧景攻魏順陽，太守清河張烈固守，魏遣振威將軍慕容平城將騎五千救之。魏主至馬圈，命荆州刺史廣陽王嘉斷均口，邀齊兵歸路。陳顯達引兵渡水，西據鷹子山築城，人情沮恐，戰屢敗。魏武衛將軍元嵩嘗免胄陷陣，將士隨之，齊師大敗。軍主崔恭祖、胡松以烏幔盛顯達，數人擔之，間道自分磧山出均水口南走，魏收顯達軍資億計，班賜將士，追奔至漢水而還。左軍將軍張千戰死，士卒死者三萬餘人。始顯達北伐，軍入汋均口，廣平馮道根説顯達曰："汋均水迅急，易進難退，魏若守隘，則首尾俱急，不如棄船酇城，陸道步進，列營相次，鼓行而前，破之必矣。"顯達不從，道根以私屬從軍。及顯達敗，夜走，軍人不知山路，道根每及險要，輒停馬指示之，衆賴以全。崔慧景亦棄順陽走還。《通鑑》節。

燾案：《通鑑考異》："張千，《魏書》作'張于達'，今從《齊書》。"

二年十一月，魏東荆州刺史桓暉入寇，拔下笮戍，歸之者二千餘户。《通鑑》。十二月，雍州刺史蕭衍起義兵於襄陽。上庸太守杜陵韋叡帥兵二千，華山太守藍田康絢帥兵三千，馮道根帥鄉人子弟勝兵者悉赴之。梁南、秦二州刺史柳惔亦起兵應衍。《通鑑》，參《南齊書·東昏侯紀》。

中興元年春正月，蕭衍發襄陽，留弟偉總州府事，憺守壘城，府司馬莊邱黑守樊城，以韋愛爲壯武將軍，冠軍南平王司馬，帶襄陽令。衍既行，州内空虚，魏興太守裴師仁、齊興太守顔僧都並不受命，欲襲襄陽。韋愛沈敏有謀，素爲州里信服，乃推心撫御，曉示順逆，率所募千餘人與僧都等戰于始平郡南，大破之，州境以安。《通鑑》，參《梁書·韋愛傳》。

梁天監元年四月，魯陽蠻圍魏湖陽，魏撫軍將軍李崇將兵擊破之。《通鑑》。

三年春二月，遣平西將軍曹景宗、後軍王僧炳等，帥步騎三萬救義陽，魏元英遣冠軍將軍元逞等據樊城以拒之。三月，大破僧炳于樊城，俘斬四千餘人。《通鑑》節。

四年八月，魏中山王英寇雍州，雍州蠻沔東太守田青喜叛降魏。《通鑑》節。

八年三月，魏荆州刺史元志率衆七萬寇潺溝，驅迫羣蠻，羣蠻悉渡漢水來降。議者以蠻累爲邊患，可因此除之，雍州刺史、吳平侯景曰："窮來歸我，誅之不祥，且魏人來侵，吾得蠻以爲屏蔽，不亦善乎？"乃開樊城受降，命司馬朱思遠、寧蠻長史曹義宗、中兵參軍孟惠儁等擊志于潺溝，大破之，斬首萬餘級，流尸蓋漢水。景命中兵參軍崔績率軍士收而瘞焉。《梁書·蕭景傳》，參《通鑑》。

燾案：景，《通鑑》作"昺"，《梁書》蓋唐人避諱改。

普通六年春正月，雍州刺史晉安王綱遣安北長史柳渾破魏南鄉郡，司馬董當門破魏晉城，又破馬圈、彫陽二城。冬十二月，曹義宗等取魏順陽、馬圈，與魏裴衍等戰于淅陽，義宗等敗退。衍等復取順陽，進圍馬圈，洛州刺史董紹以馬圈城堅，衍等糧少，必敗，未幾，義宗擊衍等，破之，復取順陽。《通鑑》節。

燾案：柳渾，《梁書》作"柳津"，《通鑑》他處亦有津名，謂仲禮之父，此獨作"渾"，存考。

大通元年春正月，秦州羌莫折天生寇雍州，蕭寶夤部將羊侃往討之，潛身巡塹，伺射天生，應弦而斃，其衆遂潰。《通鑑》，參《梁書·羊侃傳》。

燾案：莫折，《梁書》作“莫遮”，《通鑑》從《魏書》。

二年夏四月，魏南荆刺史李志以地降。《梁書·武帝紀》。

中大通元年六月，魏淮陰太守晉鴻以湖陽來降。《通鑑》。

燾案：淮陰，胡身之云：“當作‘淮安’。”

五年十二月，魏荆州刺史賀拔勝寇雍州，拔下溠戍，禽其戍主尹道珍等。又使人扇動蠻王文道期，率其種落歸款。雍州刺史蕭續擊道期，不利，漢南大駭。勝遣魏大都督獨孤信、軍司史寧歐陽、酇城，南雍州刺史長孫亮、南荆州刺史李魔憐、大都督王元軌取久山、白洎，都督拔略昶、史盱龍取義城、均口，禽莊思延，攻馮翊、安定、沔陽、酇城，皆拔之。軍於樊、鄧之間，續城守不敢出，遣電威將軍柳仲禮屯穀城以拒之。勝攻之不克，乃還。《周書·賀拔勝傳》，參《通鑑》。

燾案：下溠，《通鑑》作“下迮”，即前之“下笮”，胡身之云：“亦作笮。”是也。“歐陽”與“取久山”等句，疑皆有譌脱，故《通鑑》不取，然上游險要，攻取爲難，備録之，始見當日情勢，不敢以其譌脱遂概闕如，兹多仍《周書》元文，以俟考定。文道期嘗爲淳于量所破，不知其年月，附見于此。

【校記】

〔1〕“之”，原脱，今據《資治通鑑》補。

〔2〕“斬”，原脱，今據《資治通鑑》補。

襄陽兵事略卷三

南北朝

太清二年，徙湘州刺史張纘爲雍州，代岳陽王詧。時元帝入援，令所督諸州皆發兵，詧遣司馬劉方貴將兵出漢口。方貴先與詧不協，潛與元帝相知，剋期襲詧，未發，會詧以他事召方貴，方貴疑謀泄，遂據樊城拒命。詧遣魏益德、杜岸等攻之，方貴乞援，元帝厚資，遣張纘若將述職而密援方貴，纘至大隄，詧已拔樊城，斬方貴。纘至襄陽，詧推遷未去，以城西白馬寺處之。三年四月，詧聞臺城陷，遂不受代，以纘構其兄弟於元帝，將密圖之，纘懼，請元帝召之，詧留不遣。杜岸兄弟紿纘往西山避禍，纘與岸等結盟，又要雍州人席引等于西山聚衆，與親信十餘人出奔。引與岸等馳告詧，詧中兵參軍尹正共岸等率兵追討，並禽之。纘乞爲沙門，詧囚之軍中。八月，詧留參軍蔡大寶守襄陽，率衆伐江陵，會大雨，平地水四尺，衆頗離心。杜岸、岸弟幼安及其兄子龕等降於江陵，詧衆大駭，殺纘而退。器械輜重，多没於湕水。杜岸既降，請以五百騎襲襄陽，去城三十里，城中覺之，蔡大寶乃輔詧母保林龔氏登陴拒戰。詧夜至，龔氏謂爲賊也，曉見詧，乃納之。岸等以詧至，奔其兄巘于廣平。十一月，詧遣尹正、薛暉等攻拔之，獲岸、巘等，並其母妻子女于襄陽北門殺之。詧既與元帝爲敵，遣使求援于魏，請爲附庸，魏丞相泰令東閤祭酒榮權使襄陽。元帝使柳仲禮鎮竟陵，圖詧。仲禮率衆一萬趣襄陽，魏遣楊忠及長孫儉將兵擊仲禮，以救詧。楊忠至義陽，太守馬伯符以下溠城降忠，以爲鄉導。詧雖稱藩附，尚有貳心。忠自樊城，觀兵於漢濱，易旗遞進，實騎二千，詧登樓望之，以爲三萬，懼而服焉。《通鑑》，參《周書·蕭詧傳》《楊忠傳》。

燾案：以上各節，《通鑑》多載之三年。據《蕭詧傳》，則徙纘爲雍州實在二年，今酌書之。

大寶元年正月，楊忠敗柳仲禮于漴頭，獲仲禮及其弟子禮，盡俘其衆。《通鑑》。

燾案：漴頭，《周書》作"淙頭"，《通鑑考異》曰："《太清紀》作'潼頭'。"今從《典略》。

承聖三年九月，魏遣柱國常山公于謹、中山公宇文護、大將軍楊忠，將兵五萬入寇。十月，謹至樊、鄧，梁王詧率衆會之。襄陽蠻帥向天保等萬有餘落恃險作梗，宇文護討平之。十二月，魏立梁王詧爲梁主，資以荆州地三百里，取其雍州之地。《通鑑》，參《周書·晉蕩公護傳》。

陳永定元年春正月，齊南安城主馮顯請降于周，周柱國宇文貴使豐州刺史太原郭彦將兵迎之，遂據南安。《通鑑》。

太建十二年秋七月，周襄州總管内諸蠻各率種落反，焚燒邨驛，攻亂郡縣。《通鑑》，參《周書·静帝紀》。

燾案：此事在周爲大象二年，今從《通鑑》例繫之陳。

隋

開皇八年冬十月，伐陳，秦王俊出襄陽。《隋書·文帝紀》節。

大業十一年十二月，譙郡人朱粲擁衆數十萬寇荆、襄，漢南諸郡多爲所陷。《隋書·煬帝紀》節。

義甯二年二月，太常卿鄭元璹定樊、鄧，左領軍府司馬安陸馬元規徇荆、襄。《唐書·高帝紀》，參《通鑑》。

燾案：此事《唐紀》在義甯二年，《通鑑》載武德元年。考隋恭帝以五月禪唐，此事既在二月，自應書作義甯，乃爲實録。《府志》作"義甯元年"，亦誤。

唐

武德三年秋七月，王世充以其太子太保、行臺右僕射蘇世長，與世充兄子魏王弘烈，及其將豆盧行褒鎮襄陽。九月，世充顯州總管以所部二十五州來降，自是襄陽聲問與世充绝。十月，命金州總管府司馬涇陽李大亮安撫樊、鄧。十一月，大亮攻樊城鎮，拔之，斬其將國大安，下其城栅十四。《通鑑》，參《唐書·蘇世長傳》。

四年秋七月，王世充行臺王弘烈、王泰、左僕射豆盧行褒、右僕射蘇世長，以襄州來降。《通鑑》。

六年秋八月，詔襄州道行臺僕射趙郡王孝恭爲行軍元帥，以舟師趣江州，討輔公祏。將發，大饗士，命取杯水，忽變爲血，坐皆失色，孝恭自若，曰："此公祏授首之徵也。"飲而盡之，衆心爲安。《通鑑》，參《唐書·河間元王孝恭傳》。

七年秋七月，突厥入寇，或説上焚長安不都，上以爲然。遣中書侍郎宇文士及踰南山，至樊、鄧，行可居之地，將徙都之。太子建成、齊王元吉、裴寂皆贊成其策，蕭瑀等不敢諫，秦王世民諫，乃止。《通鑑》節。

至德元年七月，置山南東道節度使，領襄陽等九郡。《通鑑》節。

乾元二年八月，襄州防禦將康楚元、張嘉延反，逐其刺史王政，楚元自稱南楚霸王。使將軍曹日昇往襄州慰諭楚元，以司農少卿張光奇爲襄州刺史，楚元不從，南襲江陵，绝漢沔餉道。十一月，楚元等衆至萬餘人，商州刺史、荆襄租庸使韋倫發兵討之，厚撫降賊，賊怠乃擊，禽楚元，得所掠租庸二百萬緡以獻。十二月，楚元伏誅，荆襄皆平。《通鑑》，參《唐書·肅宗紀》《韋倫傳》。

燾案：南楚霸王，《倫傳》作"東楚義王"，《杜鴻漸傳》亦作"南楚霸王"，《通鑑》蓋從《鴻漸傳》。

上元元年四月，襄州將張維瑾、曹玠殺節度使史翽，據州反，以來瑱爲山南東道節度使，瑱至襄陽，維、瑾等皆降。《通鑑》。

燾案：此事《舊書》作乾元三年，以是年閏四月始改元上元故也。今從《通鑑》。《唐紀》無"曹玠"。

寶應元年建辰月，召山南東道節度來瑱赴京師，行軍司馬裴茂謀奪瑱位，密表瑱倔彊難制，請以兵襲之，密勑茂代瑱。建巳月，代宗即位，五月，復以瑱爲山南東道節度。六月，茂屯穀城，帥麾下二千人沿漢趣襄陽，會日入，候者白瑱，瑱與帳下謀，其副薛南陽曰："公奉詔留鎮，而茂以兵脅代，是無名也。茂智勇非公敵，而衆心不附，若乘我不虞，縱火夜攻，誠可憂。若須明，則破之必矣。"明日，茂陳穀水北，瑱以兵逆之，問所以來，曰："公不受命，故中丞伐罪。"瑱曰："詔還瑱此州。"以詔書示之，皆曰僞也，射之，瑱走。薛南陽曰："請公勒兵勿戰。"乃以三百騎爲奇兵，旁萬山，出其背夾擊之，其衆幾盡，追禽茂申口，送京師賜死。《通鑑》，參《唐書·來瑱傳》。

廣德元年三月，山南東道兵馬使梁崇義自南陽入襄州。初，瑱入朝，命諸將分戍諸州。行軍司馬龐充將兵二千至汝州，聞瑱死，還襲襄州，左兵馬使李昭拒之，充奔房州。崇義自鄧州引兵歸，與昭及副使薛南陽相讓爲長，衆推崇義爲帥，崇義尋殺昭及南陽，以狀聞，帝不能討，以崇義爲襄州刺史，山南東道節度留後。《通鑑》，參《唐書·代宗紀》。

大曆九年正月，澧、朗鎮遏使楊猷擅出境至鄂州，詔聽入朝，猷遂泝漢江而上，復、郢皆城守，山南東道梁崇義發兵備之。《通鑑》。

建中二年六月，御史張著齎手詔徵梁崇義，崇義不受詔。進李希烈爵南平郡王，加漢南漢北兵馬招討使，督諸道兵討之。時運路皆絶，人心震恐。八月，劍南西川節度使張延賞、東川節度使王叔邕、山南東道節度賈耽、荆南節度使李昌巙、陳少游討崇義，以希烈爲諸軍都統。崇義發兵攻江陵，敗歸，殺希烈臨漢屯兵千餘。希烈怒，引軍循漢而上，與諸道兵會。崇義遣其將翟崇暉、杜少誠逆戰于蠻水，折北至涑口，大敗，二將請降。希烈使部降兵徇襄陽，約百姓按堵，崇義閉門拒守，守者斬關出，不可止，崇義乃與妻赴井死，傳首京師。九月，以李承爲山南東道節度使。希烈既得襄陽，據爲已有，承以單騎赴鎮，希烈置之外館，迫脅萬方，承誓死不屈。希烈乃大掠闔境所有而去，留牙將守所掠財，數有使者往來，承亦遣臧叔雅往來許、蔡，結希烈腹心周曾等，陰圖希烈。《通鑑》，參《唐書·德宗紀》《叛臣傳》。

燾案：《唐紀》以崇義之反在二月，據《通鑑》遣張著在四月，六月始至，胡身之謂著蓋亦疑崇義，故遲遲不進，於情事頗合。且紀載使希烈討崇義在六月，不應崇義反已數月始遣人致討，則著徵崇義事作六月爲得。惟翟崇暉，《崇義》《希烈傳》與《通鑑》後叙圍陳州事皆有“崇”字，此處作“翟暉”，輒補“崇”字。《唐書·賈耽傳》，是時爲山南西道節度，屯穀城，取均州。三年始徙東道。鄭餘慶所作《賈耽神道碑》與《傳》合，《紀》蓋據其後官書之，不知與《傳》牴牾也。

四年十一月，神策兵馬使尚可孤討李希烈，將三千人在襄陽，自武關入援。《通鑑》節。

興元元年，以樊澤代賈耽爲山南東道節度使，耽牙將張獻甫請殺澤，耽即日離鎮，以獻甫自隨，軍府遂安。《通鑑》節。

貞元二年正月，李希烈遣將杜文朝寇襄州。二月，山南東道節度使樊澤擊禽文朝，及希烈戰於泌河，敗之。《通鑑》，參《唐書·德宗紀》。

八年三月，山南東道節度使曹成王皋薨。判官李實知留後事。性刻薄，裁損軍士衣食，鼓角將楊清潭帥衆作亂，夜焚掠城中，獨不犯曹王皋家，實踰城走免。都將徐誠縋城入，號令禁遏，收清潭等六人斬之。《通鑑》節。

乾符四年八月，王仙芝陷隨州。山南東道節度使李福遣其子將兵救隨州，戰死。福奏求援兵，忠武大將張貫等四千人與宣武兵援襄州，自申、蔡間道逃歸。詔忠武節度使崔安潛、宣武節度使穆仁裕遣人約還。《通鑑》。

五年春正月，荆南楊知溫告急于李福，福悉其衆，自將救之。時有沙陀五百在襄陽，與之俱至荆門，遇賊，大破之。《通鑑》。

六年十一月，黄巢北趣襄陽，山南東道節度使劉巨容與江西招討使淄州刺史曹全晸合兵，屯荆門拒之。《通鑑》。

燾案：此事《舊書·僖宗紀》作“廣明元年”。

中和三年十一月，忠武大將鹿晏弘帥所部自河中南掠襄、鄧，所過屠滅。《通鑑》。

四年十一月，鹿晏弘引兵東出襄州，秦宗權遣其將秦誥、趙德諲將兵會之，共攻襄州，陷，劉巨容奔成都，晏弘引兵轉掠襄、鄧、均、房。十二月，均州鄉豪孫喜聚衆數千人謀攻城，都將武當馮行襲伏士江隩，以單舟迎喜曰：“州人思得將軍久矣！顧將軍兵多，必剽掠，若留衆江北，以輕騎進，我爲鄉導，城可下。”喜信之。既渡江，吏出迎，伏甲興，行襲擊喜斬之，其衆皆潰。行襲乘勝逐刺史吕燁，據均州，山南東道節度使因上其功，詔以行襲爲均州刺史。帝在蜀，均州西有長山，當襄、漢貢道，有劇賊據險劫貢賦，行襲討平之。《通鑑》，參《唐書·馮行襲傳》節。

燾案：上兩事《唐書·僖宗紀》均載之光啟元年四月。吕燁，《紀》作“李燁”，或作“李煜”，今並從《通鑑》。

文德元年五月，趙德諲舉山南東道降。《通鑑》。

光化元年七月，忠義軍節度使趙匡凝聞朱全忠有清口之敗，陰附于楊行密，全忠遣氏叔琮、康懷英攻之，敗襄州兵于鄧城。《通鑑》，參《五代史·梁紀》。

天祐[1]二年八月，朱全忠以趙匡凝東與楊行密交通，西與王建結昬，遣武寧節度使楊師厚將兵擊之，全忠自將大兵繼之。師厚攻下均、房等州，全忠屯臨漢。九月，師厚取穀城西童山木，作浮梁于陰谷口，引兵渡漢。匡凝以兵二萬陳于漢濱，師厚與戰，大破之，遂傅城下。匡凝焚府城，帥其族及麾下士奔廣陵，師厚入襄陽，全忠繼至，表師厚爲山南東道節度使。《通鑑》，參《五代史·楊師厚傳》。

---

① “祐”，原作“佑”，今改。

五　代

梁開平二年夏四月，淮南遣兵寇石首，襄州兵敗之于瀺港。《通鑑》。

三年秋七月，襄州軍亂，殺其留後王班。初，楊師厚屢爲班言牙兵王求等凶悍，宜備之，班自恃左右有壯士，不以爲意，每衆辱之。求作亂，殺班，推都指揮使雍邱劉玘爲留後，玘僞許之，與指揮使王延順逃詣洛陽。亂兵奉平淮指揮使李洪爲留後。八月，均州刺史張敬方奏克房州。李洪寇荆南，詔馬步都指揮使陳暉將兵討洪。暉至襄州，李洪逆戰，大敗，王求死。九月，拔其城，斬叛兵千人，執李洪等送洛陽斬之。《通鑑》，參《五代史·梁紀》。

燾案：此事《五代史·劉玘傳》載其"饗士于庭，伏甲幕中，酒半禽爲亂者殺之"云云。既殺亂者，何以復有奉李洪爲留後之事，與《紀》不相應，故《通鑑》不采。今《府志》録之，非也。惟《梁紀》陳暉官行軍招討使，左衛上將軍，與《通鑑》異。

乾化三年冬十二月，高季昌出兵，聲言助梁伐晉，進攻襄州，山南東道節度使孔勍擊敗之。《通鑑》。

燾案：季昌後以避唐獻祖廟諱改名季興，此時尚應稱"季昌"，《府志》引《南平世家》作"季興"，且無年月，今從《通鑑》。

後晉天福二年秋七月，山南東道節度使安從進，遣行軍司馬張朏將兵會復州兵，于要路邀王暉，暉將奔吴，部將胡進殺之。《通鑑》節。

六年冬十一月，安從進舉兵反，遣宣徽南院使張從恩、武德使焦繼勳、護聖都指揮使郭金海、作坊使陳思讓，將大梁兵就申州刺史李建崇兵于葉縣討之。以西京留守高行周爲南面軍前都部署，前同州節度使宋彦筠副之，張從恩監焉。又以郭金海爲先鋒，陳思讓監焉。從進攻鄧州，不克，至花山遇張從恩兵，不意其至之速，合戰大敗，從恩獲其子牙内都指揮使弘義。從進以數十騎奔還襄州，嬰城自守。十二月，以高行周知行府事。詔荆南、湖南兵共討襄州，高從誨遣都指揮使李端將水軍數千至南津，楚王希範遣天策都軍使張少敵將戰艦百五十艘入漢江，助行周，各運糧以饋之。從進遣其弟從貴將兵逆均州刺史蔡行，遇焦繼勳、邀擊敗之，獲重貴，斷其足而歸之。《通鑑》節。

七年秋七月，高行周圍襄州，城中食盡，奉國都虞候曲周王清言于行周曰："賊城已危，我師已老，民力已困，不早迫之，尚何俟乎？"與奉國都指揮使元城劉詞率衆先登，八月，拔之，安從進舉族自焚。同上。

後漢天福十二年八月，高從誨聞杜重威叛，發水軍數千襲襄州，山南東道節度使安審琦擊却之。同上。

宋

乾德元年春正月，遣酒坊副使河間盧懷忠、氈毯使洛陽張勳、染院副使康延澤等，率步騎數千人赴襄州。以山南東道節度使兼侍中慕容延釗爲湖南道行營都部署，樞密副使李處耘爲都監，發兵會襄陽，以討張文表。以成算授處耘等，處耘至襄州，先遣閤門使臨洺丁德裕諭荆南節度高繼沖假道，請薪水給軍。十月，令襄州盡索湖南行營諸軍所掠生口，遣吏分送其家。《續通鑑》節。

慶曆三年十月，知光化軍韓綱性苛急，不能拊循士卒，會盜張海剽劫至境上，綱率禁兵乘城，給餅餌多不時，民具酒食犒軍，輒收其羊豕，市錢製兵器，士皆憤怒。又嘗命軍校作陣圖，不成將斬之，衆益駭。員僚邵興因率衆盜庫兵，欲殺綱，綱攜妻子踰城逃，興等遂焚掠居民，劫其指揮使李美及軍士三百餘人，趨蜀道。美自縊死。十一月，興等遇提舉捉賊使上官珙，殺之，捉賊使陳曙追擊興及其黨，皆就禽，斬之。綱坐除名，編管英州。兵馬監押許士從，追三官舒州編管。《續通鑑》，參《宋史·韓億傳》。

靖康二年夏四月，郭京自都城走，沿路稱撒豆成兵，假幻惑衆。至襄陽，有衆千餘，屯洞山寺，欲立宗室爲帝，錢蓋、王襄及張思正等止之，不從。會有自汴來者，具說京欺罔事，思正囚京殺之。《續通鑑》。

建炎元年夏五月，賊李孝忠破襄陽府，守臣直徽猷閣黄叔敖棄城遁。孝忠入城，肆焚掠，盡驅强壯爲軍。秋七月，孝忠擾西郡，李綱以范瓊反側不自安，因命瓊討孝忠，八月，瓊將至襄陽，孝忠聞之，率兵犯荆南，瓊敗之。《續通鑑》《宋史・高宗紀》。

燾案：叔敖既遁六月，猶以守境捍賊，遷秘閣修撰，事見《續鑑》，頗涉矛盾，當以喪亂之際，南北沮隔，傳聞異詞故也。

二年春正月，金尼楚赫破均州，守臣楊彦明遁，添差武當縣丞任雄翔以城降，蘇瑪拉入襄陽。二月，遷襄陽、均、房等州之民于河北。《續通鑑》，參《金史・太宗紀》節。

燾案：是年爲金天會六年，《宋紀》載此事甚略。《金史・太宗紀》與《尼楚赫傳》皆作巴爾斯入均州，且先有蘇瑪拉入襄事。畢氏集諸名手成《續鑑》，其書録蘇瑪拉事，而以巴爾斯爲尼楚赫，當必有本。然《金史》亦不容廢兹，故兼采之。尼楚赫，一作“銀术可”。蘇瑪拉，一作“薩謀魯”。巴爾斯，一作“拔离速”。《金史・巴爾斯傳》叙此事於天會四年後，微欠分曉。

三年閏八月，張浚次襄陽，留二十日，招官軍義兵分屯襄、郢、唐、鄧，以程千秋、李允文節制。十一月，程千秋既軍襄陽，招劇盜曹端屯城下，桑仲屯漢北。始范瓊討李孝忠至襄陽，留東南第五將徐彦領兵五百戍之，仲故識彦，遺之刀。千秋怒彦通寇，冬至日諸將入賀，數彦罪斬之，仲怒，引兵犯襄陽，千秋命端出師，並檄知鄧州譚兖爲援。端擊敗仲于高車，會兖遣騎兵策應，千秋賞其精鋭，端愠，遂率衆軍于中廬、南漳之間。仲復進至孛羅岡，與兖軍遇，岡地坡仰而有低林，非騎兵之利，兖兵大敗，仲遂薄襄陽。千秋公安親隨兵無器甲，未嘗歷行陣，輕跳，欲出戰，再三，千秋乃許令戰。仲以馬軍數百伏路兩旁，俟其過未盡，突出大呼，令坐以杖，次第敲殺之。千秋棄城奔中廬，仲遂據襄陽。千秋密遣人説端將王闢，使殺端，端衆多潰，惟後軍李忠寨差遠，獨不散，與其徒寇白巾，聲言爲端報仇，千秋乃入蜀。李允文在郢，亦不能守，于是京西列城皆爲仲所據。《續通鑑》，参《宋史·高宗紀》。

四年，紅巾賊屢犯均州，知武當縣奉議郎王焕率邑人保山寨，賊軍大至，焕與一家俱死之。《續通鑑》節。

燾案：是年九月，有桑仲陷均、房州事，又有荆、襄賊趙延壽犯德安事，並見《宋紀》。此所云紅巾賊，不知何人，以王焕事不可没，故舍彼録此。意當時盗賊蠭起，所陷城邑，大率飽掠而去，官軍失守，收復初無定時，史家亦姑據所聞書之，不能彼此無異也。

襄陽兵事略卷四

宋

紹興元年二月，桑仲自棗陽引兵還襄陽，十二月詔桑仲、王彦釋怨體國，不得自相侵擾。仲雖受命，遣李横復寇金州，王彦拒戰于馬郎嶺，大破之，均州平。《宋史·高宗紀》，參《通鑑》。

二年春三月，命襄鄧鎮撫使桑仲收復陷没諸郡，仍命諸鎮撫使互相應援。《宋史·高宗紀》。

三年冬十月，襄、鄧、隨、郢等州鎮撫使李横棄襄陽，奔荆南。時僞齊將李成既得鄧州，而劉豫之衆有歸襄陽者，横以爲寇至，且軍食不繼，隨引軍遁，成入襄陽。《續通鑑》。

四年二月，羣盜田政自襄陽引兵破夷陵，解潛命峽州統制王恪往擊斬之。政，宜城人也。夏五月，江西制置使岳飛率統制官王萬等，自鄂渚趨襄陽，命軍士毋得殘民禾稼，皆秋毫不敢犯。既復郢州，遂引兵攻襄陽，僞齊將李成迎戰，飛笑曰："步兵利險阻，騎兵利平曠，成左列騎河岸，右列步平地，雖衆十萬，何能爲！"舉鞭指王貴曰："爾以長槍步卒擊其騎兵。"指牛臯曰："爾以騎兵擊其步卒。"合戰，賊馬應槍而斃，後騎皆擁入江，步卒死者無數，成夜遁。飛進軍據守，遂復唐州。秋七月，飛遣統制王貴出光化，張憲出横林，復鄧州及信陽軍，襄、漢悉平。《續通鑑》，參《宋史·高宗紀》《岳飛傳》。

五年春閏二月，詔襄漢州軍先因盜賊并僞齊占據日劫掠殘殺等罪，一切不問。元劫人見在者，許其家經官識認，驗實給還，即撫定，後來再犯者治罪。《續通鑑》。

六年春正月，岳飛言太行山忠義社梁青百餘人欲徑渡河，自襄陽來歸。時金人并兵攻青，故青將精騎突至飛軍。二月，命飛屯襄陽，以圖中原。三月，名均房民兵曰保勝，又命招刺三千人，賜名曰必勝軍。同上。

三十一年夏四月，詔新知襄陽府吳拱以西兵三千人戍襄陽。六月，諭吳拱嚴備襄陽。秋九月，金人攻通化軍，通先未有守臣，吳拱以游弈軍統制張超權軍事，超才入城，忽報金鐵騎數百入門，超閉譙門，令從者率邦人巷戰，金人死者數十，乃引去。時拱被朝命，襄陽或有變，不能自保，則退守荆渚。拱遺書大臣，言"荆南爲吳蜀門户，襄陽爲荆州藩籬，欲保荆州，合以襄陽爲捍守。計當得兵馬一萬，脩置小寨，保護禦敵，營闢屯田，密行間探"。議者以拱意在棄城不守，閉關自固，而不以兵接戰。先是，宣諭使汪澈至襄陽撫諸軍，聞議者欲置襄陽，併力守荆南，亦奏襄陽重地，不可棄。秋高，澈乃還鄂州調軍食。拱至襄陽，置南山寨，寨無水無薪，師徒勞役，時人不以爲便。冬十月，金人侵樊城。先是，拱欲屯萬山小寨，金將劉萼擁衆十萬，聲言欲取荆南。朝廷令拱遣兵護武昌一帶津渡，拱將引兵回鄂，汪澈聞之，馳書止拱，拱還襄陽，嘗褊躁不自已。會劉萼取通化軍，前一夕，牛首鎮莊家三人縋城入襄陽，告以金人且至，拱疑之，不爲備。翼日，金騎三千忽至樊城，欲奪浮橋，逕至城下。自講好後，樊城不修築，多缺壞，副將翟貴、部將王進時以兵二百戍焉。統制官張順通以百騎巡逴，與敵遇，擊之。會繫浮橋未成，敵不得濟，二將引兵出戰，拱登城，漸出兵禦之，敵少卻。金人三卻，至竹林下，鐵騎突出，官兵遂敗。拱以四舟渡師助之，沮風不至，二將俱死，士卒半掩入水中，至晚金兵退。是役也，以大捷聞，武功大夫張平未出兵，亦以奇功遷中衞大夫，軍中謂之樊城功賞。十二月，金人以舟師攻茨湖，湖在漢水之南，與光化軍相對，有鄂州副都統制李勝、荆南副都統制張進之軍在焉。金人以舟渡師，欲攻襄陽，會風勢不利，不得著岸。鄂州府軍旗頭史俊麾旗涉水，直登一舟，呼曰："前軍得功矣，諸軍宜速進！"金人初不虞其登舟，大驚失措，行隊不整，有墜水死者。俊殺其千户一人，諸軍繼進，奪舟數十。劉蕚屯光化，李道掩擊，焚其舟，蕚遁去，軍無行陳，多失路，爲鄉民所殺，復通化軍。均州忠義統領昝朝等復據鄧州，均州鄉兵總轄莊隱等入河南府。《續通鑑》，參《宋史·高宗紀》《李道傳》。

纛案：通化之復，《高紀》作十一月。李勝，《紀》作"李滕"。莊隱，《紀》作"杜隱"。李道敗劉蕚事，本傳無年月，考乾道二年八月，立中興以來十三處戰功格目，並依紹興三十二年指揮中有道光化茨湖事，《續通鑑》録之《孝宗紀》。《高紀》是年乃失載，玆據補。

隆興二年春三月，詔荆襄帥臣嚴邊備，勿先事妄舉。冬十二月，罷荆、襄諸軍招軍。《宋史·孝宗紀》節。

乾道元年春三月，命荆襄帥臣措置屯田，復置榷場。秋九月，洪适等言均州守臣戴之邵自請討賊，帝以其人誕妄，召赴行在，别與差遣。《宋史·孝宗紀》，參《續鑑》。

五年夏四月，修襄陽城。《宋史·孝宗紀》。

七年夏五月，遣知閤門事王朴點閱荆襄軍馬。秋八月，復修襄陽城。九月，命措置襄陽寨屋，議徙荆南之屯。虞允文請先移軍馬，餘續議之。《宋史·孝宗紀》，參《續鑑》。

九年夏六月，禁荆襄諸州籍民户馬。《宋史·孝宗紀》節。

淳熙六年夏五月，給襄陽歸正忠義人田。《宋史·孝宗紀》。

十年夏五月，鄂州都統郭杲，言"襄陽屯田廿餘年，人力未至，且無專任。或謂戰士屯田，恐妨閱習，不知分番耕作，所以去其驕。或謂耕作勞苦，恐其不樂，不知分給穀米，人自樂從。請給耕牛農具，俾屯軍開墾荒田"。詔疏襄陽水渠，以渠旁地爲屯田。尋詔民間侵耕者就給之。《續通鑑》節。

十一年夏四月，以興元義勝軍移戍襄陽。《宋史·孝宗紀》。

纛案：《府志》引諾爾布事，載于是年二月。考《元史·張榮傳》，乃淳祐四年事。《府志》蓋以《榮傳》，是年之甲辰誤作淳祐甲辰也。其下引諾布爾淳祐戊申事，列于淳熙十五年，又引寶祐戊午張好古攻樊城事，誤作慶元四年之戊午，今悉刊正。

嘉泰三年秋八月，增置襄陽騎軍。是冬，以李奔爲荆鄂副都統，兼知襄陽府，聲言備金人啓釁，其實韓侂胄欲用兵北伐也。時金國多難，亦懼朝廷乘其隙，詔邊聚糧增戍，且禁襄陽榷場。邊釁之開，蓋自此始。《宋史·寧宗紀》，參《續通鑑》。

燾案：金人聚糧增戍云云，《續通鑑》不取，《考異》以爲宋人之託詞。以情勢論，彼此相疑，恐均不免，今兩存之。

開禧二年夏四月，皇甫斌遣兵四萬規取鄧，以金叛人田元爲鄉導，三萬人規取唐，以張貞、張勝爲鄉導。五月，簡荆襄田卒，以備戰兵。十一月，金完顏匡破棗陽軍，侵光化軍，及神馬陂，江陵副都統魏友諒突圍趨襄陽，招撫使趙淳焚樊城，完顏匡攻破襄陽外城。十二月，完顏匡破宜城，吳獵爲湖北京西宣撫使，招神馬陂潰卒，得萬人，分援襄陽。孟宗政率義士據險游擊，奪其輜重，遂解襄陽之圍。《宋史·寧宗紀》《吳獵傳》《孟宗政傳》，參《金史·章宗紀》。

三年春正月，金完顏匡進攻襄陽，取穀城。二月，完顏匡以士卒疾疫，引師還。六月，賞守襄陽功。《宋史·寧宗紀》《金史·章宗紀》，參《續通鑑》。

嘉定十年夏四月，金將高琪烏庫哩慶壽攻樊城，江陵副都統王守中引兵拒之。慶壽分兵圍棗陽光化軍，詔京湖制置使趙方措置，聽便宜行事。金人侵襄陽，方親往襄陽，檄統制扈再興、陳祥、鈐轄孟宗政等禦之，仍增戍光化、均州，以聯聲勢。金人來自團山，勢如風雨，再興等分一陳設伏以待，既至，再興中一陳復卻，金人逐之，宗政與祥合左右兩翼掩擊之，金人三面受敵，大敗，血肉枕藉山谷間。尋報棗陽圍急，宗政午發峴首，遲明抵棗陽，馳突如神，金人大駭。棗陽守趙觀敗金人于城外，再興、宗政至，與觀夾擊，又敗之，棗陽圍解。趙方申飭諸將，當遏之境外，不可使入而拒之城下。五月麥熟，方遣兵護民刈之，清野以俟。方請下詔伐金，遂傳檄招諭中原官吏軍民。六月，詔厲將士，募京西忠義人進討。戰議既定，金將完顏賽不入境，兵號十萬，犯棗陽者，宗政敗之于尚家川。《續通鑑》，參《宋史・寧宗紀》《趙方傳》。

燾案：《宋史・趙方傳》載有“金樊快明謀歸宋，追兵至襄陽，方遣孟宗政、扈再興以百騎邀之，殺千餘人，金人遁去”云云。《府志》引作是年事，觀《方傳》此下有“諜知金人決意犯境，乃下防夏之令”語，則此事當在十年夏以前明甚。然其事雖未由定其年月，要不可没，故存其事而附辨於此。又趙觀、潘景伯等戰事，《府志》皆列之十二年，亦不甚合，今據《趙方傳》詳審而分著於此。《金史・宣宗紀》是年五月有敗宋人于泥河灣，又敗之樊城兩事，《續通鑑》不取，今亦不録。烏庫哩，《趙方傳》作“烏古論”。賽不，《金史》作“薩布”，《續鑑》亦與《金史》同。

十一年春二月，金人圍棗陽，游騎至漢上，均州守臣應謙之棄城走。三月，金額爾克犯光化軍。時孟宗政權棗陽軍，初視事，愛僕犯令，立斬之，軍民股栗。于是築堤積水，修治城堞，簡閲軍士。完顔薩布擁步騎圍城，宗政與扈再興合兵角敵，歷三月，大小七十餘戰，宗政身先士卒。金人戰輒敗，忿甚，周城開濠，列兵濠外，以綯鈴吠犬自警。宗政募壯士，乘間突擊，金人不能支。盛兵薄城，宗政隨方力拒，隨州守許國援師至白水，鼓聲相聞，宗政率諸將出戰，金人奔潰。光化守潘景伯亦設伏敗金人于趙家橋。《續通鑑》，參《宋史・寧宗紀》《趙方傳》《金史・宣宗紀》。

十二年春正月，金人攻光化軍，進逼均州。二月，金完顔額爾克復大舉圍棗陽，塹其外，繞以土城。趙方遣扈再興等引兵三萬餘，分道出攻唐、鄧，命其子范監軍，葵爲殿。秋七月，額爾克擁步騎傅棗陽城，孟宗政囊糠盛沙以覆樓棚，列甕潴水以防火，募礮手擊之，一礮輒殺數人。金人選精騎二千，號弩子手，擁雲梯天橋先登，又募銀礦石工，晝夜陷城，運茅葦直抵圜樓下，欲焚樓。宗政先毁樓，掘深坑，防地道，刱戰棚，防城損，穿穽才透，即施毒烟烈火，鼓鞴以薰之。金人窒以溼氊，析路以刳土，城頹樓陷。宗政撤樓益薪，架火山以絶其路，列勇士，以長鎗勁弩備其衝。距樓陷所數丈，築偃月城，袤百餘丈，翼傅正城。金摘强兵，披厚鎧、氊衫、鐵面具而前，又溼氊濡革，蒙火山，覆以冰雪，擁雲梯，徑抵西北團樓。登城，城中以長戈揕其喉，殺之。敢勇軍自下夾擊，金兵墜死燎焰。宗政激將士血戰，凡十五陣。金人連不得志，會扈再興、許國兩道並進，掠唐、鄧境，焚其城栅糧儲。金屯兵棗陽城下八十餘日，趙方知其氣竭，乃召國、再興，還并東師，隸于再興，剋期合戰。再興敗金人于瀼河，又敗之城南，宗政自城中出擊，内外合勢，士氣大振，賈勇入金營，自晡至三更，殺其衆三萬。孟珙取他道劫金人，破砦十有八，斬首千餘級，大俘軍器以歸。金軍大潰，額爾克單騎遁。金人自是不敢窺襄、棗。中原遺民來歸以萬數，發廩贍之，給田創屋，籍其勇壯，號忠順軍，俾出没唐、鄧間。宗政由是威振境外。冬十二月，趙方以金人屢敗，必同時來攻，當先發制之，遣扈再興、許國、孟宗政帥師六萬，分三道伐之，戒毋深入，毋攻城，第潰其保甲，燬其城砦，空其貲糧而已。《續通鑑》，參《宋史·寧宗紀》《孟珙傳》。

燾案：額爾克，《宋史》一作"訛可"。

十三年春正月，扈再興攻鄧州，許國攻唐州，不克而還，金人追之，遂攻樊城，趙方督諸將拒卻之。是月，孟宗政敗金人於湖陽。《宋史·寧宗紀》，參《續通鑑》。

十五年秋七月，詔荆襄制置監司條畫營田。《宋史·寧宗紀》節。

紹定元年，史嵩之以經理屯田，襄陽積穀六十八萬，加其官權知棗陽軍。《宋史·史嵩之傳》。

三年春正月，知棗陽軍史嵩之剏置屯田，以勞賞官兩轉。《宋史·理宗紀》。

燾案：前一事不見於《紀》，《續鑑》三年四月桂如琥言屯田事，有"荆襄才行數年，得穀已踰百萬斛"語，則嵩之本傳可信，故録之。後一事《續鑑》載於是年冬十月，云"進嵩之官一等"，考嵩之本傳亦云"轉兩官"，與《紀》合，今從《宋史》。

四年冬十一月，蒙古圖類以三千人破金兵十餘萬于武當山，趨均州，乘騎浮渡漢水。金哈達布哈召諸將議曰："由光化截漢與戰，及縱之而後戰，孰愈？”張惠、阿達茂皆曰：“截漢便。縱之，則我腹空虛，必爲所潰。”布哈不從，曰：“使彼在河磧，且當往求之，况自來乎？”遂次順陽。十二月，蒙古兵畢渡，其明日，蒙古兵車不見，邏騎還，始知在光化對岸棗林中，晝作食，夜不下馬，望林中往來不六十步，而四日不聞音響。布哈議入鄧州就糧，到林後蒙古兵忽至，哈達布哈迎戰，方交綏，蒙古兵以百騎邀輜重而去。《續通鑑》，參《元史・睿宗列傳》。

燾案：此事《元史・太宗紀》載在四年壬辰春，《睿宗傳》繫之三年辛卯，即紹定四年也。《續鑑》從《傳》不從《紀》，當有所本，今從《續鑑》。圖類，舊作“拖雷”，《續鑑》作“圖壘”，今從《元史》。

五年春正月，以孟珙爲京西路兵馬鈐轄，棗陽軍駐劄。初，珙父宗政知棗陽，招唐、鄧、蔡州壯士二萬餘人，號忠順軍，命江海統之，衆不服，制置司以珙代海，珙分其軍爲三，衆皆帖然。珙又刱平堰于棗陽，自城至軍西十八里，由八疊河經漸水側，水跨九阜，建通天槽八十有三丈，溉田萬頃，立十莊三轄，使軍民分屯，邊儲豐牣。又命忠順軍家自畜馬，官給芻粟，馬益蕃息。冬十二月，蒙古遣王檝來議夾攻金，史嵩之以聞，命嵩之報使，嵩之遣鄒紳往報。《續鑑》，參《宋史・理宗紀》。

燾案：平堰等事，《珙傳》言在紹定元年，史嵩之以此加官，其功殆爲嵩之所攘矣。

六年夏四月，金唐、鄧州行省武仙與其守將武天錫、伊喇瑗謀迎金主入蜀，遂侵光化，鋒甚鋭。孟珙逼天錫壘，一鼓拔之，壯士張子良斬天錫首以獻。是役獲首五千級，俘將士四百餘人，户十二萬二千有奇。又敗金人于吕堰，俘獲不可勝計。秋八月，蒙古都元帥塔齊爾使王檝至襄陽，約攻蔡州。冬十月，孟珙、江海帥師二萬，運米三十萬石，赴蒙古之約。《續鑑》，參《宋史・孟珙傳》。

端平元年春正月，史嵩之露布告金亡。孟珙還屯襄陽，命王安國守棗陽，蔣成守光化，楊恢守均州，並益兵飭備，經理唐、鄧屯田。冬十月，孟珙招中原精鋭之士萬五千餘人，分屯樊城、新野間，以備蒙古，名鎮北軍。十一月，詔以襄陽府駐劄御前忠衛軍爲名，命珙兼領之。《宋史·理宗紀》，參《續鑑》。

二年冬十月，蒙古塔斯破棗陽，庫春徇襄、鄧。《續鑑》。

燾案：此事《元太宗紀》作“庫春圍棗陽，拔之，遂徇襄、鄧”。又《元史·石天禄傳》：“乙未，從札拉固和爾齊攻隨州，至襄陽夾河寨，戰敗宋兵。”亦是年事，宋時棗陽屬隨州，故史即以隨州爲言耳。

三年春三月，詔前知光化軍扈斌特與貸命，追毁出身以來文字，廣東摧鋒軍拘管，以其棄城也。京湖制置使趙范在襄陽，以北軍主將王旻、李伯淵、樊文彬、黄國弼等爲腹心，朝夕酣狎，民訟邊防，一切廢弛，既而南北軍交争，范失於撫御，旻、伯淵焚襄陽城郭倉庫，降于蒙古。時城中官民尚有四萬七千有奇，財粟在倉庫者無慮三十萬，軍器二十四萬，金銀鹽鈔不與焉，皆爲蒙古所有。南軍大將李虎，因亂劫掠，襄陽一空。自岳飛收復以來，百三十年，生聚繁庶，城池高深，甲於西陲，一旦灰燼。范削三官落職，仍舊任。秋八月，蒙古破棗陽軍，特穆爾岱欲坑士人，姚樞力與辯，得脱死者數十。《續鑑》。

嘉熙二年，京湖制置使孟珙檄江陵節制司擣襄、郢。十二月，劉全戰于樊城，以捷聞。《宋史·孟珙傳》。

三年春正月，劉全復樊城，遂復襄陽，遣譚深復光化軍。孟珙因上奏取襄不難而守爲難，襄、樊爲朝廷根本，今百戰而得之，當加經理，如護元氣。非甲兵十萬不足分守。與其抽兵于敵來之後，孰若保此全勝？上兵伐謀，此不争之争也。乃以息、蔡降人置忠衛軍，襄、郢降人置先鋒軍，舊將晉德自光化來，珙獎用之。十二月，諜知蒙古塔爾海等帥衆號八十萬南下，珙增置營砦，分布戰艦，遣兵間道抵均州防遏，設策備禦。《續鑑》，參《宋史·孟珙傳》節。

燾案：《元史·太宗紀》：“八年丙申冬，襄陽來附，以游顯領襄陽、樊城事。十年戊戌春，襄陽别將劉義叛，執游顯降宋。宋兵復取襄、樊。”《續鑑考異》以戊戌爲嘉熙二年，與《宋史》不合，故不取。惟復襄、樊要事，不見于《宋紀》，殊不可解，豈以其復而不守略之歟？

四年，孟珙諜知蒙古兵於襄、樊、隨、信陽，招集軍民布種，積船材于順陽，乃遣張漢英出隨，任義出信陽，焦進出襄，分路撓其勢，遣王堅潛兵，燒所積船材。冬十一月，詔荊鄂都統制張順以私錢招襄漢潰卒，創忠義、虎翼兩軍，有功，與官兩轉。《宋史·孟珙傳》，參《理宗紀》。

淳祐二年，孟珙諜知蒙古也可那延以騎兵三千出房州、竹山，遣焦進自江陵、荊門出襄，檄劉全齎十日糧，取道南漳入襄，與諸軍合。《宋史·孟珙傳》。

四年春二月，蒙古諾爾布領蒙古漢軍守均州。《元史·張榮傳》。

燾案：前端平元年，曾命楊恢守均州，嘉熙三年，孟珙復有遣兵至均州防遏事，不知何時爲元所得，史失載。

六年秋九月，京湖安撫制置大使孟珙卒。初，珙招中原精鋭萬五千人分屯樊城、唐、鄧間，皆百戰之士，號鎮北軍，駐襄陽。及王旻、李虎軍亂，鎮北亦潰，珙更厚招之，降者不絶。蒙古行省范用吉亦密通降款，以所受告命爲質，珙白於朝，不從，珙嘆曰："三十年收拾中原人心，今志不克伸矣。"遂發病卒。《續鑑》。

八年秋九月，京湖制使遣兵襲均州，爲蒙古諾爾布所敗。《元史·張榮傳》。

九年冬十一月，襄陽軍復攻均州，與蒙古諾爾布戰，流矢中其右臂。同上。

十年春正月，蒙古以李禎爲襄陽軍馬萬户。先是，禎言于定宗曰："襄陽乃吴蜀之要衝，宋之喉襟，得之則可爲他日取宋基本。"定宗嘉其言，此授，從定宗遺意也。《續鑑》。

十一年冬十一月，京湖制置使李曾伯言調遣都統高達、晉德入襄、樊，措置經理，漢江南北，並已肅清，積年委棄，一旦收復，詔立功將士，各進官給賞。同上。

燾案：嘉熙三年已復襄、樊，不知何時復失，史亦無考。

十二年夏四月，詔襄、郢新復耕屯爲急，以緡錢百萬，命京閫措置，給種與牛。冬十月，都省言襄、樊既復，宜措置屯田，修渠堰，詔守臣高達任責，前德安守臣程大元督役。《宋史·理宗紀》，參《續鑑》。

寶祐元年冬十一月，詔奬諭襄陽守臣高達。《宋史·理宗紀》。

二年冬十一月，蒙古董文蔚城光化舊治。謝方叔言增築光化，在江漢北，欲以温和守光化，令在鬲奴堡對江與之相持。均州據光化上流，已令增兵爲備，詔温和知光化軍。是歲，均州總管孫嗣遣人齎蠟書乞降于蒙古，蒙古命史權以精甲援嗣，敗高達于樊城。其後驍將鍾顯、王梅、杜柔、袁師信等，各帥所部降于蒙古。《續鑑》，參《元史·憲宗紀》《董文蔚傳》《史權傳》。

三年春正月，帝諭均州城築糧餉既艱，宜先築龍山。謝方叔等言龍山高險，下瞰舊均，已趣京湖留司調兵修築。二月，命李長庚措置襄陽屯田。《續鑑》。

四年夏四月，董槐言敵有謀攻棗陽軍者，吳淵已焚其所立寨舍。五月，襄、樊閫臣奏捷。冬十二月，蒙古董文蔚城棗陽。《續鑑》，參《宋史·理宗紀》。

五年春正月，蒙古董文蔚既城光化、棗陽，儲餱糧，會攻襄陽、樊城，南據漢江，北阻湖水，卒不得渡。文蔚夜領軍，於湖水狹隘處伐木拔根，立於水，實以薪草爲橋，頃之即成，至曉兵悉渡，圍已合，城中大驚。文蔚復統兵前奪外城，守將高達力戰，至白河乃還。二月，布衣余一飛、高杞陳襄陽備禦策，命宣撫使趙葵行之。夏四月，高達以白河戰功進右武大夫遥郡防禦使，王登以阻河督戰官一轉，升直秘閣，並職任依舊。秋八月，光化軍奏捷。九月，蒙古塔齊爾率諸軍圍樊城，霖雨連月，乃班師。是歲，趙葵運糧于襄，有三年之積。《續鑑》，參《宋史·理宗紀》《元史·憲宗紀》。

六年，蒙古行軍千户張好古攻樊城。五月，詔襄、樊解圍，高達、程大元應援，李和城守，皆有勞績，將士用命，深可嘉尚，議行賞激。《宋史·理宗紀》，參《元史·張好古傳》。

襄陽兵事略卷五

宋

景定元年秋七月，立互市于光化軍。《元史·世祖紀》中統元年。

四年，劉整言于蒙古主曰："南人惟恃吕文德，然可利誘也。請以玉帶餽之，求置榷場襄陽城外。"從之。使者至鄂，請築土牆以護貨物，文德不許。或言榷我之利，且可因以通好，文德請于朝。秋七月，置場樊城外，築土牆于鹿門山外，通互市，内築堡壁，蒙古又築堡于白鶴山。由是敵有所守，以遏南北之援。時出兵哨掠，兵威益熾。文德弟文焕知爲蒙古所賣，以書諫止，文德始悟，然事無及，徒自咎而已。《續鑑》。

五年，京湖制使遣兵攻均州，蒙古均州總管李玉山敗走。《元史·張禧傳》。

燾案：此爲元至元元年事，當景定之五年，《府志》列于四年後，不書年月，似誤。

咸淳二年，蒙古均州總管張禧與吕文焕戰于高頭赤山，乘勝復取均州。《元史·張禧傳》。

三年秋七月，權鄂州都統汪政焚光化城外積聚。八月，蒙古都元帥阿珠侵襄陽，遂入南郡，軍還，南師邀之襄、樊間。阿珠乃自安陽灘以濟，留精騎五千陳牛心嶺，立虚寨，設疑火，夜半南師至，伏發，大敗，死者萬餘人。冬十一月，賞知房州李鑑調遣路將夏喜、統領馮興等均州武陽壩戰功，劉整言于蒙古主攻宋方略，宜先從事襄陽，若得襄陽，浮漢入江，則宋可平。蒙古主詔徵諸路兵，命阿珠與整經略襄陽。

《續鑑》，參《宋史·度宗紀》。

四年春正月，吕文德言，知襄陽府吕文煥、荆鄂都統制唐永堅，蠟書報白河口、萬山、鹿門山北師興築城堡，檄知郢州翟貴、兩淮都統張世傑申嚴備禦。初，阿珠駐馬虎頭山，指漢東白河口曰："若築壘于此，襄陽糧道可斷也。"至是整亦議築白河口與鹿門山，遂城其地。文德初見蠟書，怒詈曰："襄、樊城池堅深，兵儲支十年，令吕六堅守，果整妄作，春水下，吾往取之。"識者笑之。秋九月，蒙古築白河城成。冬十一月，襄陽軍攻蒙古，沿山諸寨爲阿珠所敗，被殺甚衆。十二月，賞荆湖總管張喜、趙萬等石門坂堰戰功。《宋史·度宗紀》，參《續鑑》。

燾案：蠟書事，《續鑑》繫之是年九月，蓋據《劉整傳》也。然謂"九月整至軍，與阿珠計"云云，整既以去年十一月經略襄陽，不應朞月始至軍。《元史·世祖紀》作"七月整至軍，建議築白河口"云云，亦不甚的。意各城堡當以春興築，九月畢工，《宋紀》據其始事書之，情事甚合。今從《宋史》。又習水兵及築實心臺皆六年事，《續鑑》亦繫之是年九月，今不從。

五年春正月，京湖策應司參謀呼延德領諸將張喜等遇北兵，戰于鑾河，蒙古主敕史天澤與駙馬呼喇珠董師襄陽。天澤築長圍，起萬山，包百丈山，令南北不相通。又築峴山、虎頭山爲一字城，聯亘諸堡，爲久駐計。二月，蒙古簽民兵二萬赴襄陽。三月，阿珠自白河以兵圍樊城，遂築堡鹿門山。京湖都統制張世傑將兵拒蒙古圍樊之軍，戰于赤灘浦，敗績。夏六月，阿珠率兵萬五千阨萬山、射垛岡、鬼門關樵蘇之路。荆鄂都統唐永堅，爲蒙古水軍千户邢立德、張志等所禽。秋七月，夏貴襲阿珠于新郢，敗績。初，貴率衆援襄、樊，乘春水漲，輕兵部糧，至襄陽城下，懼蒙古兵掩襲，與吕文煥交語而還。及秋，大霖雨，漢水溢，貴分遣舟師，出没東岸林谷間。阿珠謂虚形不可戰，宜備新城，明日，貴果趣新城，至虎尾洲，爲蒙古萬户解汝楫、李庭等所敗，被俘殺二千餘人，戰艦五十艘皆没。范文虎以舟師援貴，至灌子灘，亦敗，文虎輕舟遁。八月，詔襄、樊將士戰禦宣力，以錢二百萬犒師，趣上其立功姓名，補轉官資。冬十月，遣人餽糧鹽入襄，爲蒙古所獲。十二月，以錢二百萬命京湖帥臣給犒襄、郢等處水陸戍士。《宋史·度宗紀》《元史·世祖紀》，參《續鑑》。

六年春正月，以李庭芝爲京湖制置大使，督師援襄、樊。時夏貴、范文虎相繼敗，聞庭芝至，文虎遺書賈似道，求無聽命於京閫，似道即命文虎爲福州觀察使，其兵從中制之。庭芝屢約進兵，文虎但與妓妾嬖倖擊鞠飲宴，以取旨未至爲辭。統制朱興祖等與蒙古均、房州孫嗣戰，被禽。二月，襄陽出步騎萬餘人，兵船百餘艘，攻蒙古萬山堡，爲其萬户張弘範、千户託克託所敗。三月，劉整與阿珠計圍襄陽，當以水軍爲先務，于是造戰艦五千艘，練水軍七萬人，雖雨不能出，亦畫地爲船以習之。築實心臺于漢水中流，上置砲弩，下爲石囤五，以扼敵船。夏六月，詔以襄、郢水陸屯戍將士隆暑露處，出錢二百萬，命京湖制司給賜。八月，蒙古築環城以逼襄陽。秋九月，范文虎以兵船二千艘夾援襄陽，與蒙古阿珠哈達、劉整兵戰于灌子灘，被殺千餘人，失船三十艘，文虎引退。冬十月，遣范文虎總統殿司兩淮諸軍，往襄樊會合備禦，賜錢百五十萬犒師。十一月，詔襄、郢屯戍將士隆寒可閔，賜錢二百萬犒師。十二月，詔唐全、張興祖等齎蠟書入襄陽，往返甚艱，各轉三官，賜錢二千緡。蒙古張弘範言于史天澤曰："規取襄陽，周於圍而緩于攻者，待其自斃也。然夏貴乘江漲送衣糧入城，我無禦之者，而江陵歸峽，行旅休卒，道出襄陽者相繼，寧有自斃時乎？若築萬山以斷其西，立柵灌子灘以絶其東，則速斃之道也。"時築堡萬山，其將隋世昌、李恒守之，建言修一字城，遂城萬山。弘範徙鹿門，吕文煥以漁舟渡漢窺軍形，恒設伏敗之。自是襄、樊道絶，糧援不繼。《宋史·度宗紀》《元史·世祖紀》《劉整傳》《隋世昌傳》《李恒傳》，參《續鑑》。

七年夏四月，范文虎與蒙古阿珠及其萬户阿嘍罕等戰于湍灘，軍敗，統制朱勝等百餘人爲蒙古所獲。六月，范文虎率蘇劉義、夏松等衛卒，及兩淮舟師十萬，進至鹿門山。時漢水溢，阿珠率諸將夾漢東西爲陳，擊奪戰船百餘艘。平章哈達又遣萬户解汝楫等邀擊，會于丹灘，總管朱日新、鄭皐被禽，文虎棄旗鼓夜遁，蒙古俘獲不可勝計，遂圍襄陽。以隆暑，給錢二百萬賜襄、郢屯戍將士。秋七月，樞密院言吳信、周旺齎蠟書入襄陽，往復效勞，詔各補官三轉。襄陽遣將米興國攻蒙古百丈山營，爲阿珠所敗，追至湍灘，殺傷二千餘人。蒙古以孟古岱治水軍于萬山南岸。《宋史・度宗紀》《元史・世祖紀》《孟古岱傳》，參《續鑑》。

燾案：米興國，《元史》作“來興國”，兹從《續鑑》。

八年春二月，以錢二百萬給犒襄、郢水陸戰戍將士。三月，元阿珠等督其將孟古岱、輝圖等攻樊，拔古城，斬韓撥發，禽蔡路鈐，繼戰于安陽灘，鄭高被禽，樊城守將閉内城堅守，阿珠等增築長圍以困之。夏五月，襄陽城中乏鹽薪布帛，張漢英守樊城，募善泅者，置蠟書于髻，藏積草下，浮水而出，謂鹿門既築，勢須赴荆、郢求援，至隘口，元守卒見薪草多，鉤爲薪，泅者被獲，荆、郢路亦絶。時詔李庭芝屯郢州，將帥悉駐新郢及均州河口，以守要津。庭芝闖知襄陽西北一水曰清泥河，源于均、房，即其地造輕舟百艘，每三舟聯爲一舫，中一舟裝載，左右舟則虚其底而掩覆之。重賞募死士，得襄、郢山西民兵之驍悍善戰者三千人，求得民兵部轄張順、張貴，貴時號矮張，順號竹園張，俱智勇，素爲諸將所服，俾爲都統，出令曰：“此行有死而已，汝輩或非本心，宜亟去，勿敗吾事。”人人感奮。漢水方生，發舟百艘，稍進團山下，又進高頭港，結方陣，各船置火槍、火砲、熾炭、巨斧、勁弩，夜漏下三刻，起矴行，以紅燈爲號。貴先順殿，乘風破浪，徑犯重圍。至磨洪灘，元舟師蔽水，無隙可入，順等乘鋭斷鐵絚，攢杙數百，轉戰百二十里，元軍皆披靡。黎明抵襄陽，城中久絶援，聞順等至，踴躍過望，氣百倍。及收軍，獨失順，越數日，有浮屍溯流而上，被甲胄，執弓矢，視之，順也，身中四槍六矢，怒氣勃勃如生，諸軍驚以爲神，結冢歛葬之。六月，發錢十萬緡，命京湖制置司糴米百萬石，轉輸襄陽積貯。秋八月，吕文焕留張貴共守，貴恃其勇，欲還郢，乃募死士二人，能伏水中數日不食，持蠟書赴郢求援于范文虎。時元軍增圍益密，水路連鎖數十里，列撒星樁，雖魚蝦不得度，二人遇樁即鋸斷之，竟達郢，還報，許發兵五千駐龍尾洲，以助夾擊。刻日既定，九月東下，貴帳前一人亡去，乃有過被撻者，貴驚曰："吾事泄矣！亟行，彼或未即知。"乃舉礮，鼓譟發舟，乘夜斷絙，破圍冒進。夜半天黑，至小新河，阿珠、劉整分率戰艦邀擊，貴以死戰拒，沿岸束荻列燭如晝。至勾林灘，漸近龍尾洲，遥望軍船旗幟紛披，貴兵以爲郢軍來會，喜躍，舉流星火示之。軍船即來迎，及近欲合，則皆元軍也。蓋郢軍前二日以風水驚疑，退屯三十里，而元軍得逃卒之報，先據龍尾洲，以逸待勞。貴力已困，出不意，復戰，所部殺傷殆盡，貴身被數十創，被執，誓不屈，遂見殺。阿珠命降卒四人舁貴屍至襄陽城下，曰："識矮張乎？"守陴者皆哭，城中喪氣。文焕斬四卒，以貴祔葬順冢，立雙廟祀之。十一月，李庭芝計間劉整，所遣永寧僧入元境，事覺，元主敕問整，整自軍中入見元主曰："此宋人患臣用兵襄陽，欲以此殺臣耳。"元主賞整，使還軍，永寧僧被殺。阿爾哈雅奏言襄之有樊，猶齒之有脣也，宜先攻樊，樊下則襄可不攻而得，元主以爲然。會回回獻巨石礮，命送襄陽軍前用之。劉整復築新門于鹿門山，使隋世昌總其役，樊城出兵來争，且拒且築，不終夜而就。整授軍二百，使世昌立礮簾于樊城攔馬牆外，夜大雪，城中矢石如雨，軍校多死傷，達旦而礮簾立。南師列艦江上，世昌乘風縱火，燒其船。樊城出兵鏖戰攔馬牆下，世昌流血滿甲，氣愈壯，南師退入城。是冬，探司總管劉儀、盛聰，總制趙鐸，領精鋭至均州文龍岩立砦。《續鑑》，參《宋史·度宗紀》《元史》孟古岱、輝圖、隋世昌等傳。

九年春正月，元阿爾哈雅以回回新礮攻樊城，張弘範流矢中肘，裹創見阿珠，約水陸夾攻。初，吕文焕植大木漢水中，鎖以鐵絙，上造浮橋，以通援兵。至是，元水軍總管張禧言于阿珠，以機鋸斷木，以斧斷絙，燔其橋，襄不能援。乃以兵截漢，出鋭師薄樊城，豎雲梯北岸，索多、李恒等先登，孟古岱由櫃子城奪西南角入，命部將據倉粟，樊城遂破。荆湖都統制范天順嘆曰："生爲宋臣，死爲宋鬼！"即所守地縊死。部將牛富率死士百人巷戰，元兵死傷者不可計，渴飲血水，轉戰遇居民燒絶街道，富身被重傷，以頭觸柱，赴火死。裨將王福見之，嘆曰："將軍死于國事，我豈宜獨生！"亦赴火死。二月，阿爾哈雅率索多等移攻樊具以向襄陽，一礮中其譙樓，聲如震雷，城中洶洶，諸將多踰城降者。劉整嘗因躍馬，獨與呂文焕語，爲文焕伏弩所中，欲碎城執文焕以快意，阿爾哈雅不可，乃身至城下，宣元主所降招諭文焕詔，文焕狐疑，折矢與誓，文焕乃出降。三月，元敕呂文焕率將吏赴闕，熟券軍仍居襄陽，給其田牛，生券軍分隸各萬户翼。文焕發襄陽。夏四月，元主以史天澤、阿珠、阿爾哈雅行荆州等路樞密院事，鎮襄陽。天澤等陛辭，詔諭以襄陽之南多有堡砦，可乘機進取。五月，京湖制司言呂文焕既降，均州受敵，知郡劉懋偕劉儀等捍禦宣勞，詔懋等各官三轉。六月，元造戰船千艘于襄陽。秋七月，元敕襄陽生券軍無妻子者發至京師益兵衛，送其老疾者遣還家。《續鑑》，參《宋史·度宗紀》《元史·世祖紀》、索多、李恒、孟古岱等傳。

十年秋九月，元兵大會于襄陽。

德祐元年春正月，元遣拜珠、唐永堅齎詔招諭郢州，敕襄陽統軍司調兵三千人衞送永堅等。夏四月，元阿爾哈雅命朱禩孫檄所部歸附。五月，行均州事徐鼎等相繼降元。六月，元命史樞率襄陽熟券軍二千、獵户丁壯二千，同范文虎招安豐軍，各賜馬十匹。秋九月，元置襄陽統軍司。《元史·世祖紀》，參《續鑑》。

二年秋八月，元罷襄陽統軍司。冬十一月，元隳襄、漢諸城。《元史·世祖紀》。

祥興元年冬十一月，元襄陽萬户府以李均收撫大洪山寨，爲朱統制所害，言于元主，命賜銀千兩賙其家。《元史·世祖紀》。

元

至元十六年夏六月，以襄陽屯田户七百代軍當驛役。《元史·世祖紀》。

燾案：七百，《元史》作“四百”，茲從《續鑑》。

十七年冬十二月，以熟券軍還襄陽屯田。《元史·世祖紀》。

二十九年春二月，從樞密院安巴等請，就襄陽給察遜塔拉哈喇婁六百三十七户田器種粟，俾耕而食。《元史·世祖紀》。

元貞二年秋九月，給襄陽府哈喇婁軍未賜田者糧。《元史·成宗紀》。

大德元年春三月，免武當山新附軍徭賦。《元史·成宗紀》。

天曆元年冬十月，河南行省平章阿爾哈雅策禦西兵，以芍陂等屯兵本自襄、鄧諸軍來田者，還其軍，益以民之丁壯，使守襄陽諸隘，别遣塔海以備自蜀至者，括荆、襄等處馬以給之。時特默格過武關，殘鄧州，直趨襄陽，攻破郡邑三十餘所，過殺官吏，焚廬舍。且西結囊嘉特，以蜀兵至，阿爾哈雅諜知之，益督餉西行，遣塔海攻特默格。十一月，特默格兵入襄陽，本路官皆遁，襄陽縣尹谷廷珪、主簿張德獨不去，西兵執之使降，不屈死之。荆王伊蘇布十遣使傳檄至襄陽，特默格引兵走。《續鑑》，參《元史·文宗紀》。

燾案：伊蘇布十，《元史》作“伊蘇額布根”，茲從《續鑑》。

二年春二月，囊嘉特分兵逼襄陽。《元史·文宗紀》。

至順元年冬十一月，振襄、鄧輝和爾民被西兵害者六十三户，户給鈔十五錠，米二石。被西兵掠者五百七十七户，户給鈔五錠，米二石。《元史·文宗紀》。

至正十年，汝、潁之間妖賊聚衆反，以紅巾爲號，襄、樊、唐、鄧皆起應之。《元史·託克託傳》。

燾案：《元史·順帝紀》，“至正十一年夏五月，潁州妖人劉福通爲亂，以紅巾爲號”云云，當即此事，而年月小異，且無襄、樊事，略之。

十一年，均州鄖縣人田端子等聚衆殺官吏，襄陽達嚕噶齊博囉特穆爾將民兵捕斬之。未幾，行省廉訪司同檄博囉特穆爾，以所領兵會諸軍於均、房，同討賊，賊始退。而光化、穀城以急告，即率兵趨穀城，而分遣樊城主簿託音等趨光化。一再遣使求糧於襄陽，不應，軍乏食，不能行，駐柴店，復遣從子瑪哈實哩往，詞甚苦切，廉訪分司王僉事、本路總管柴順禮怒其責望，械之。適努爾章來獻光化所獲首級，且言博囉特穆爾在穀城與賊相持，未知存没，宜急濟其糧，緩恐弗及，於是脱使者械，遣還，命額森布哈與萬户額森特穆爾率數千人會博囉特穆爾討賊。是年秋九月，四川行省參政達實巴圖爾請自攻襄陽。《元史·博囉特穆爾傳》《達實巴圖爾傳》。

十二年春正月，鄖縣、竹山等賊陷襄陽路，總管柴肅死之，同知額森布哈等驚潰。博囉特穆爾領義兵二百人，且戰且引去，道阻不得前，仍趨襄陽，命宣政院同知僧格領伊都輝和爾軍與荆湖北道宣慰使多爾濟巴勒同守襄陽。二月，以河南廉訪使哈喇多爾濟爲荆湖北道宣慰使，都元帥，守襄陽。《元史·順帝紀》《博囉特穆爾傳》節。

閏三月，詔四川行省平章政事耀珠以兵東討荆襄賊，復命諸王琳沁巴勒安班、參知政事額森特穆爾，與陝西行省平章政事伊嚕特穆爾討襄陽賊。夏四月，命伊都呼伊嚕特穆爾領輝和爾軍馬，同豫王喇特納實哩、知樞密院事婁章討襄陽賊。時達實巴圖爾至荆門，賊十萬，官軍止三千餘，遂用宋廷傑計，招募襄陽官吏及土豪避兵者，得義丁二萬，編排部伍，申其約束。行至蠻河，賊守要害，兵不得渡，乃令屈萬户率奇兵間道出其後，首尾夾攻，賊大敗，追至襄陽城南，大戰，生禽僞將三十人，腰斬之，賊自是閉門不敢出。達實巴圖爾相視形勢，内列八翼，包絡襄城，外置八營軍峴山、楚山，以截其援，自以中軍四千據虎頭山，瞰城中。署從征人李復爲南漳縣尹，黎可舉爲宜城縣尹，拊循其民，以賦軍饋。城中之民受圍日久，一人縋城，叩營門具告虚實，願爲内應，達實巴圖爾與定約，以五月朔日四更攻城，授之密號而去。至期，民垂繩以引官軍，先登者近千人，其賊船百餘在城北，陰募善水人鑿其底，天將明，城破，賊巷戰不勝，走就船，船壞，皆溺水死。僞將王權領千騎西走，遇伏兵被禽，襄陽遂平。《元史·順帝紀》《達實巴圖爾傳》。

燾案：《續通鑑考異》："《庚申外史》云：'是年正月，孟海馬陷襄陽。’孟海馬蓋即竹山賊渠姓名也。”今從《本紀》，但言竹山賊。考《博囉特穆爾傳》“討賊”句下直接“明年襄陽失守”云云，則此賊即爲田端子之黨。竹山與鄖毗連，海馬爲竹山賊渠端子，則郢縣賊渠當時必同爲亂，史家各據所聞載之，故紀傳不無參差，今酌書之。又《順紀》：“五月，達實巴圖爾趨襄陽，與賊戰，大敗克之。十二月，復襄陽。”據《達實巴圖爾傳》，五月既克襄陽，不應至冬始復，《紀》似矛盾，今不從。

十三年秋九月，達實巴圖爾率兵略均、房，平穀城，攻開武當山寨數十，獲僞將杜將軍。冬十二月，陝西行省平章政事博囉與達實巴都爾復均、房等州，詔博囉等守之。《元史・順帝紀》《達實巴都爾傳》。

十四年冬十月，達實巴都爾復苗軍所據均州。《元史・達實巴都爾傳》。

燾案：此事《續鑑》作“十一月”，據本傳十月詔達實巴都爾討安豐，則十一月必已去襄矣，則作“十月”爲得。惟去年冬已復均州，不知何月復爲苗軍所據，史失載。

十五年春三月，徐壽輝兵陷襄陽路。夏五月，復襄陽路。秋七月，命湖廣行省平章政事僧格伊特袞及託克託守禦襄陽。《元史・順帝紀》。

十六年春三月，徐壽輝復寇襄陽。夏四月，命安班太子與陝西行省官同討均、房。《元史・順帝紀》。

燾案：均州復才年餘，此時不知何人爲亂，史亦失載。

十七年，賊出襄、樊，陷商州。《元史・察罕特穆爾傳》。

十九年春三月，陳友諒遣兵陷襄陽路。《元史・順帝紀》。

二十年冬十月，以張良弼爲湖廣行省參知政事，討襄、樊。《元史・順帝紀》。

二十二年春正月，詔張良弼平襄、漢。同上。

二十三年夏六月，博囉特穆爾奉詔進討襄、漢。同上。

二十五年夏四月，吴王命平章常遇春取湖廣襄陽諸郡。遇春既行，復調鄧愈爲湖廣平章，領兵繼其後。五月，遇春至襄陽，守將棄城遁，遇春追擊之，俘其衆五千。僉院張德、羅明以穀城降，遇春送之建康。吳王以章溢爲湖廣按察僉事，溢以荆襄多廢地，議分兵屯田，王善之，賜鄧愈書曰："汝戍襄陽，宜謹守法度，山寨來歸者，兵民悉仍故籍，小校以下，悉令屯種，且耕且戰。地鄰庫庫，若汝愛加于民，法行于軍，則彼所部皆將慕義來歸，如脱虎口就慈母，勉之！"愈于是披荆棘，立軍府，營屯練卒，拊循招徠，威惠甚著。秋七月，吳命降將張德山歸襄陽招諭未附山寨。《續通鑑》。

燾案：張德與張德山疑是一人，止作"德"者，疑脱字。二十七年秋八月，以少保圖魯爲陝西行省左丞相，總本部及張良弼、孔興國、魯卜各枝人馬進取襄、樊。《續通鑑》。

燾案：圖魯，一作"禿魯"。圖魯卜，一作"脱列伯"。

襄陽兵事略卷六

明

洪武元年春正月，鄧愈爲征戍將軍，帥襄、漢兵，取南陽以北未附州郡。授吳復懷遠將軍、安陸衛指揮使，悉平均、房諸山寨之未附者。《通鑑明紀》，參《明史・吳復傳》。

二十二年春二月，湖廣安福所千户夏德忠誘九溪洞蠻爲寇，葉昇同胡海等討禽之，昇因留屯襄陽。同上。

燾案：此事亦見昇本傳，而無年月。

天順八年，荆襄盗賊大起，道路不通。同上。

成化元年春三月，王恕爲右副都御史，撫治荆、襄流民。夏四月，流民聚荆、襄間，西華人劉通竄入，爲妖言，潛謀倡亂。石龍者，號石和尚，聚衆剽掠，通遂與起兵，僞稱漢王，建元德勝，流民從者四萬人。冬十月，李震討賊，屢敗之，乘勝追及于梅溪賊巢，官軍不利，都指揮以下死者三十八人。十二月，朱永爲靖虜將軍，充總兵官，太監唐順監軍，工部尚書白圭提督軍務，討荆襄賊。《明史・憲宗紀》《白圭傳》，參《通鑑明紀》。

二年春三月，朱永、白圭進師南漳，賊迎戰，大破之，擊斬九百有奇。永有疾，留鎮南漳，圭與王恕、李震等分道進兵，逼賊巢。劉通謀走陝西，圭遣兵扼其道，通乃退保大市，與苗龍合。閏月，官軍進破荆、襄賊于雁坪，斬通子聰及其黨苗虎等。賊據後巖山險，下木石如雨，諸軍四面攻，圭往來督戰，士皆蟻附登，賊大敗，禽通及其衆三千五百餘人，獲其子女萬一千有奇，焚其廬舍，夷險阻而還。石龍與劉長子逸去。九月，永、圭分道蹙賊，長子縛石龍降，餘寇悉平。《通鑑明紀》。

燾案：此事《府志》載有圭與唐慎等分道進兵情形甚詳，而未注所出，疑出《明史稿》或《明外史》之類。行篋書少，無可檢校，姑闕俟補。

四年春三月，改侍郎楊璿副都御史，撫荆、襄流民。《通鑑明紀》。

六年冬十月，荆、襄流民屯結如故，劉通黨李原者，號李鬍子，與小王洪、王彪等掠南漳諸縣，流民附賊甚衆。原僞稱太平王，署其黨爲總兵、先鋒等，又立一條蛇、坐山虎等號，官軍屢剿不利。十一月，詔項忠總督河南、湖廣軍務，會李震兵討之。《通鑑明紀》。

燾案：太平王，《明史·項忠傳》無"太"字。

七年，項忠至襄，奏調永順、保靖土兵，而先分軍列要害，多設旗幟鉦鼓，遣人入山，招諭流民，歸者四十餘萬，王彪就禽。時白圭爲兵部，遣錦衣百户吳綬贊參將王信軍，綬欲攘功，不利賊瓦解，縱流言，圭信之，止土兵勿調，忠疏争，且劾綬罪。帝召綬還，聽調土兵如故。忠合兵二十五萬，分八道逼之，流民歸者又數萬。

賊潛伏山砦，伺間出劫，忠命副使余洵、都指揮李振擊之，禽李原、小王洪等，復招流民五十餘萬，斬首六百四十，俘八百有奇，家口三萬。户選一丁，戍湖廣邊衛，餘令歸籍給田。冬十一月，賊平，忠陳善後十事，悉允行。《通鑑明紀》，參《明史·項忠傳》。

八年，項忠盡遣荆、襄流民還鄉，有司一切驅逼，不前即殺之。民有自洪武中占籍者，亦在遣中，戍者舟行，多疫死。湖廣僉事尚褫以先有詔，許流民所在附籍，陳牒巡撫吳琛，請進止。琛以報忠，忠怒劾褫。廷議以褫意在恤民，申令流民聽附籍，不願乃遣。給事中梁璟因星變求言，劾忠妄殺，白圭亦言流民已成業者宜隨所在著籍，又駁忠所上功次互異，帝皆不聽，進忠左都御史，廕子，諸將録功有差。六月，忠上疏言："臣先後招撫流民，復業者九十三萬人。賊黨遁入深山，招諭解散自歸者五十萬人。俘獲百人，皆首惡耳。今言皆良家子，則前此屢奏猖獗難禦者伊誰也？賊黨固當死，正因不忍濫誅，故令丁壯謫發遣戍。其久附籍者，或乃占山四十餘里，招聚亡賴千人，争鬭劫殺，若此者可以久居故不遣乎？臣揭榜曉賊，謂已殺數千，蓋張虚勢怵之，非實事也。且圭固嘗身任其事，今日之事又圭所遺，先時中外議者謂荆、襄之患何日得寧，今幸平靖而流言沸騰，以臣爲口實，願賜骸骨。”帝温詔答之。《明史·項忠傳》，參《通鑑明紀》。

十二年，項忠之平荆、襄盗也，增設營堡，巡司責成鄰近守巡官禁流民越界入山。不數年，禁漸弛，聚復數十萬，朝議以爲憂。祭酒周洪謨著《流民圖説》，謂當增置府縣，聽附籍爲編氓，可實襄、鄧户口，俾數百年無患。都御史李賓以聞，帝善之。夏五月，命副都御史原傑往撫治流民，傑引河南按察使何喬新自助。初，忠驅流民過當，至是聞傑至，或竄山谷，喬新躬往招之，得六萬餘户，傑徧歷山谿，宣朝廷德意，諸流民欣然願附籍，乃大會湖廣、河南、陜西撫按籍之，得户十一萬三千有奇，口四十三萬八千有奇。其初至無産及平時頑梗者，聽還其鄉，而附籍者，用輕則定田賦，民大悦。傑相地勢，以襄陽所轄鄖縣去襄陽五百餘里，山林阻深，將吏鮮至，猝有盗賊，府難遥制，乃拓其地，置鄖陽府，析置竹谿等縣，皆擇良吏爲之，流民得所，四境乂安。《通鑑明紀》，參《明史·項忠傳》。

弘治十八年夏四月，刑部侍郎何鑑撫輯荆、襄流民。《明史·孝宗紀》。

燾案：此事《通鑑明紀》作“往河南、湖廣、陜西閲實户口，撫輯流民”，今從《明史》。

崇禎六年冬十一月，流賊入棗陽，偪湖廣，巡撫唐暉歛兵守境。《通鑑明紀》，參《明史·流賊傳》。

燾案：此事《府志》引《流賊傳》作“是年春”，誤。

七年春正月，賊由鄖陽金魚口渡漢，至界山，犯襄陽。一斗粟、蝎子塊等焚掠穀城張村、石花街，破穀城西關。近穀城置營，其均州老營，次自鄧州九重院至光化境，又次自雙溝至新野境，而棗陽之寇至襄陽蔡村渡，且逼宜城，六處齊集，襄兵四應難支。賊又自淅川入鄖，犯南漳、宜城，圍均州。唐暉以棗陽陵寢門户，發辰兵百五十人防禦，胡家河一戰，十損八九。三月，張應昌擊賊均州五嶺山，敗績，身中一矢，退還河南。時以賊盡入鄖、襄，命總兵鄧玘援勦。張獻忠攻南漳五日，同知范汝梓堅守，玘兵至，圍始解。玘尋敗賊胡地冲，斬闖天王、九條龍、草上飛、抓山虎、雙翼虎，勦房縣、竹山、南漳賊，戰獅子厓、石漳山，斬一隻虎、滿天飛。《明史·莊烈帝紀》《鄧玘傳》《通鑑明紀》，參《圖書集成》所引舊府志，及光緒《府志》所引方其敬詩注、《綏寇紀略》。

坻案：《府志》引《綏寇紀略》，"胡家河一戰"上有"初五日"三字，而不言何月，今删。"百五十"字疑亦有譌，存考。

八年夏四月，洪承疇合鄧玘戍樊城，防漢江。玘部將王允成以克餉鼓譟，殺其二僕，玘懼，登樓越牆墮地死。玘由小校大小數百戰，所向克捷，以久戍觖望，恣其下淫掠，殺良冒功，爲御史錢守廉所劾，大學士王應熊以鄉里庇之，益無所憚，其死也，人以爲逸罰云。《明史·鄧玘傳》，參《通鑑·明紀》。

九年春三月，盧象昇躬帥諸軍蹙賊，遣使告湖廣巡撫王夢尹、鄖陽撫治宋舜祖曰："賊疲矣，東西邀擊，前阻漢江，可一戰殲也。"兩人竟不能禦賊，遂自光化之羊皮灘、均州之沙陀營潛渡漢江，入鄖、襄。象昇命祖寬、祖大樂與秦翼明、雷時聲等，由南漳、穀城入山搜討。翼明以步卒逐賊于南漳，深入山中，轉戰浹旬，不能一大創均州土寇，爲賊鄉導焚武當山太和宫，會于襄陽。寬、大樂部下皆邊軍，性强憨，異他卒，不可繩以法。往時官軍多關中人，與賊鄉里，臨陳相勞苦，拋生口，棄輜重，即縱之去，謂之打活仗。邊軍不通言語，逢賊輒殺，故多勝，然所過焚廬舍，淫婦女，恃功不戢。又騎軍利野戰，不利阻隘，且見賊遠竄，非旬朔可定，自以爲客將，無持久心。寬卒方過河，譟而逸，象昇激勸再三，始聽命。至黨子口，仍按甲不行。總兵李重鎮素恇怯，冀卸責，衆益思歸。夏四月，副將王進忠軍譁，羅岱、劉肇基兵多逃，追之則彎弓内嚮。象昇乃調四川及筸子土兵搜捕均州賊，而力陳入山搜勦之難。五月，象昇趨襄陽進兵，而賊多兵少，會河南大饑，餉乏，邊軍益洶洶。象昇議關中平曠，利騎兵，請令祖寬、李重鎮等隸洪承疇，寬等遂移軍入陜，而襄陽、均、宜、穀城、南漳環山皆賊。秋七月，象昇入襄陽，時大清兵入關，連下近畿州縣。八月，象昇入援。象昇去，撫治鄖陽苗胙土不知兵，賊遂大逞。冬十月，張獻忠自均州，老猽猽自新野，蝎子塊自唐縣，並犯襄陽，衆二十餘萬。秦翼明兵寡不能禦，湖廣震動。王家禎遣兵救襄陽，大戰牌樓閣，賊入襄陽郛者七營，營萬人。賊初僞言降，胙土命郡守祝錫範偕一經歷、一主簿抵賊營，賊倨坐受書，留不遣，謾謝曰："若治浮梁于漢上，俾我全軍濟，而後議之，可也。"胙土猶幾幸其真開城門爲互市，賊陽陽出入貿易，守者莫敢譏。宜城令盡撤弓刀礮矢，藏諸庫，曰："無令疑我。"十一月，秦翼明於漢江淺處設防，以李同陽、劉大歸之五百人守廟灘，賊竟于羅漢灘深處以渡，順流東下。《通鑑明紀》，參《明史·莊烈紀》《盧象昇傳》《流賊傳》《綏寇紀略》。

十年春正月，老猽猽諸賊趨江北，張獻忠、羅汝才自襄陽東下，與江北賊革裏眼等合，犯安慶，南京大震。冬十二月，張獻忠由鍾家灘渡河，圍穀城。《明史·莊烈帝紀》，參《通鑑明紀》及《府志》所引方其敬詩注。

十一年春正月，張獻忠假官軍旗號，襲南陽。左良玉適至，獻忠倉皇走，前鋒羅岱射之中額，良玉馬追及，復揮刀擊之，面流血，其部下救以免。未幾請降，良玉知其僞，力請擊之。熊文燦方刊檄撫賊，不許，獻忠遂逃至穀城，創甚，不能戰，其下飢困，多散去，獻忠大恐。偵知陳洪範隸熊文燦麾下，因遣間齎重幣獻洪範乞降。洪範爲告文燦，文燦許之。湖廣巡按林嗚球僉事王瑞枬謀于左良玉，將俟其至執之，文燦固以爲不可，瑞枬言："賊以計愚我，我不可爲所愚。今良玉及諸將賈一選、周仕鳳之兵俱在近境，合而擊之，何患不克！"文燦怒，以爲撓撫局，瑞枬曰："賊未創而遽撫，彼將無所懼，惟示以必勦之勢，乃心折，不敢貳，非相撓，實相成也。"文燦不從。夏四月，受獻忠降，獻忠遂據穀城。瑞枬復上從征、歸農、解散三策，文燦亦不用。瑞枬自爲檄諭獻忠，獻忠恃文燦芘，不聽。穀城知縣阮之鈿上疏，言“獻忠叵測，所要求二地，實兵餉取道咽喉，秦蜀交會脈絡，今皆爲所據，奸民甘心效用，善良悉爲迫脅，乃廟堂之上，專主撫議，臣謂撫勦二策可合言，未可分言，致損國威，而挫士氣”。時皆不能用，獻忠請十萬人餉，文燦不敢决，惟大發檄撫賊。六月，湖廣巡撫余應桂以文燦刻其後期誤軍，疏陳撫勦始末，言“獻忠在穀城招納亡命，買馬置器，人人知其叵測，文燦顧欲借之爲前茅，遣兵調之，非惟不應，更留解餉之官，求總兵湖廣，今已造浮橋，跨漢水矣。文燦前既誇張而敘功，後復掩匿而不報，可不謂欺君乎？”帝不省，逮應桂下獄。初，應桂貽書文燦，言獻忠必反，可先發圖之。書爲獻忠邏者所得，獻忠騰牒鄖陽撫治戴東旻，言“撫軍欲殺我”，東旻以告文燦，文燦再糾應桂，竟遣戍。九月，文燦次襄陽，賊分踞鄖、襄各險，諸將請戰，文燦議分兵，盧九德曰：“兵分則力弱，一失利，全軍摇矣，莫若厚其力而合擊之。”衆曰善，乃以張大經監左良玉、陳洪範軍，以通判孔貞會監副將龍在田軍，戰於雙溝，大破之。羅汝才、惠登相等率九營走均州。冬十一月，京師戒嚴，洪承疇、孫傳庭入衛，汝才以爲討己也，懼而叩太和山監軍太監李繼政乞降，文燦許之。處羅汝才、一丈青、小秦王、一條龍四營于鄖縣，惠登相、王國寧、常國安、楊友賢、王光恩五營于均州。汝才等雖降，與張獻忠皆據邑自固。獻忠部賊時出行劫，阮之鈿執之，以告其營將，始猶稍置之法，再告皆不應，曰：“官司不給餉耳，得餉自止。”野民徙亡殆盡，遂掠及闤闠，稍拒輒挺刃相向。文燦令張大經鎮撫之，亦不能禁。張任學以入衛道謁文燦，言“獻忠狼子野心，終爲國患，我以勤王爲名，出其不意，可立縛也”。文燦不能用。《明史》左良玉、王瑞枏、余應桂、張任學、阮之鈿、熊文燦、流賊各傳，參《通鑑明紀》。

燾案：張獻忠襲南陽，《流賊傳》載之十年冬，與左良玉、熊文燦各傳皆不合。據方其敬詩注，彼時獻忠方圍穀城，亦不暇謀襲南陽也，今從陳氏《明紀》。獻忠之降，左良玉等皆知其僞而力争之，獨熊文燦信之，文燦庸闇不足責，其主撫議時，莊烈帝固嘗譙讓之矣，楊嗣昌亦嘗心非之矣，心非之而仍庇之，譙讓之而復任之，卒之養癰遺患，流毒無窮，豈其果天意耶？人謀之不臧，抑亦不得辭其咎也，故於瑞枏、之鈿、應桂諸人之言，特詳著之。

十二年，張獻忠在穀城近兩年，城下有河，漢沔所滙處，獻忠立關梁榷其税。所部萬人，輒索十萬人餉，熊文燦及中外要人白與之，復爲請官請地。陳洪範軍士獲義武軍關防于草中，請即以給獻忠，兵部都給事張縉彦持不可，獻忠嘗列軍狀，請備遣，既而三檄不應，言者頗疑其必反，帝方信楊嗣昌言文燦能辦賊，不復憂也。于是獻忠益驕，要挾無厭，阮之鈿諭以禍福，獻忠素銜之鈿，極口駡之，之鈿憂憤成疾，誓必死。夏五月初六日，獻忠遂反，劫庫縱囚，毁其城，之鈿仰藥未絶，獻忠遣使索印，堅不予，遂殺之。陳洪範所遣將馬廷寶、徐起祥助防穀城者，獻忠脅之去，約羅汝才等同反。去時留書于壁，言己之叛，總理使然，具列上官姓名取賄日月而題其末曰："不納我金者，唯王兵備一人耳。"謂瑞枏也。獻忠既劫汝才等于房縣，均州五營懼見討自疑，又以獻忠强，慮爲所并，相與歃血歛衆，據要害以拒之，無何亦叛去。于是十三家降賊，一時並叛。王光恩始不從，久之亦去。秋八月，楊嗣昌自請督師，九月抵襄陽，入文燦軍，文燦言勦餉不至者六十餘萬。初，所加餉本以勦賊，文燦悉以資撫，帝既不復詰，廷臣亦無言及之者。冬十月朔，嗣昌大誓三軍，方孔炤、左良玉、陳洪範、劉元斌等畢會，移張伯鯨駐襄陽，表左良玉平賊將軍。十一月，興世王、王國寧以賊衆千人歸降，嗣昌受之，處其妻子樊城。獻忠等八營逃掠南漳、穀城。十二月，獻忠等將走竹山、竹谿，嗣昌令周遇吉至化石街草店扼其要害。《通鑑明紀》，參《綏寇紀略》《明史》楊嗣昌、熊文燦傳。

燾案：獻忠之叛，《明史》紀傳多作"五月"，獨《左良玉傳》作"七月"。良玉之爲平賊將軍，據《莊烈紀》在十月甲午，《楊嗣昌傳》作十一月，《良玉傳》作十三年春，今並不從。化石街，疑爲穀城石花街之譌。草店在今均州。

十三年春，羅汝才、惠登相等十營竄漳、房、興、遠間。楊嗣昌乃大計兵食，規形勝之地，以襄陽爲根本，于城外仞深溝方洫而三環之。造機橋，列横枑以啓閉，每門設一副總兵，文移出入，譏訶驗問，非符要合者不得渡。立軍府監，以道臣張克儉儲備甲仗累億萬，諸道餉皆輸之。江漢間列城數十，倚襄陽爲天險。以諸將積驕玩無鬬志，申嚴號令，大會師襄陽之射堂，鞭刁明忠，斬後期者興安路監軍僉事殷太白以徇。夏四月，汝才、登相等復求撫，張獻忠持之，汝才等斂兵南漳、遠安間，殺安撫官姚宗中。秋七月，惠登相等降，惟汝才逸去。八月，楊嗣昌命張克儉安輯諸降賊，時河南北大饑，流民就食襄、漢者日數萬，降卒多闌入其中，克儉深以爲憂，上書極言可慮，嗣昌不以爲意，謂楚地無賊，以留務委克儉，而躬帥師入川。九月，官軍圍李自成于巴西、魚腹諸山中，自成大困，盡焚輜重，輕騎走鄖、均。

十四年春二月，張獻忠由蜀道攻當陽，犯荆門，使羅汝才與袁繼咸相持，而自以輕騎一日夜馳三百里，殺督師使者于道，取軍符，以二十八騎于十一日詐入襄陽城，夜分焚襄王府，從中起，城遂陷。張克儉被執，大罵死。襄王翊銘及貴陽王常法遇害，妃妾輩死者四十三人。福清王常澄、進賢王常貴走免。推官番禺鄺曰廣中刃死，妻子女俱被害。攝襄陽縣事穀城知縣金谿李大覺聞變，繫印于肘，縊死堂上。大覺同縣游擊黎民安率所部千餘人搏戰，矢盡被縛，抗罵死。初，獻忠敗于瑪瑙山，其妻敖氏、高氏及其軍師潘獨鰲被獲，皆繫襄陽獄，知府王承曾年少輕佻，每夕託問賊中情形，與獻忠二妻笑語，獄吏又多納賊金，禁防盡弛，獨鰲等脱桎梏恣飲。嗣昌以獻忠飄忽，移牒戒之，承曾曰："是豈能飛至耶？"及是獨鰲果從獄中起，承曾遁免，獻忠復得所失妻妾。又去陷樊城，犯宜城，知縣陳美偕守備劉相國迎擊，賊中伏敗走。楊嗣昌聞襄陽破，驚悸，上疏請死，又聞洛陽陷，益憂懼不食，三月朔自裁。夏六月，撫治都御史王永祚以襄陽急，移師鎮之。《通鑑明紀》，參《明史·襄王傳》《陳美傳》《流賊傳》《綏寇紀略》。

燾案：嗣昌之卒，本傳袁繼咸與河南巡按高名衡以自裁聞，其家以病卒報，《梅村紀略》作服毒，陳氏書亦作自裁，審其情事，當以自裁爲得。

十五年春三月，左良玉自朱仙鎮爲李自成所敗，走襄陽。秋九月，自成引兵西，謀拔襄陽爲根本。時良玉壁樊城，大造戰艦，驅襄陽一郡人以實軍，諸降賊附之，有衆二十萬，然親軍愛將大半死，而降人不奉約束，良玉亦漸衰多病，不復能與賊角。冬十二月，自成攻良玉，良玉退兵南岸，結水寨相持。以萬人扼淺洲，賊兵争渡，不能遏，良玉宵遁，自成遂陷襄陽。王永祚及知府以下俱遁，鄉官羅平、知州蔡思繩、福州通判宋大勛殉節。賊分兵寇襄陽屬邑，陳美守宜城，固拒八晝夜，城陷，抗罵不已，爲賊磔死。訓導陽城田世福亦死之。棗陽知縣郭裕，清江舉人，甫視事，時張獻忠至，左良玉屯近邑，裕單騎邀與共禦，賊卻去。至是賊將劉福來攻，裕發礮石擊傷多，賊憤攻益力，城陷，身被數槊，大駡，賊支解之，闔門遇害。光化知縣萬敬宗，南昌貢生，到官以死自誓。賊薄城，遂自盡。賊引去，城獲全。鄉官舉人韓應龍，歷長蘆鹽運使，不受僞職，自縊死。穀城知縣周建中殉節。均州知州胡承熙被執不屈，與其子爾英俱死。承熙有能聲，永祚課屬吏列上上，遷刑部員外郎，未行遇難。

十六年春三月，李自成據荆、襄，改襄陽曰襄京，修襄王宫殿居之。牛金星教以創官爵名號，大行署置，田見秀、劉宗敏爲權將軍，李巖、賀錦、劉希堯等爲制將軍，封張鼐、黨守素等爲威武將軍，谷可成、任羅榮爲果毅將軍，凡五營二十二將。又置上相、左輔、右弼、六政府、侍郎、郎中、從事等官。要地設防禦使，府曰尹，州曰牧，縣曰令。封崇由樻襄陽伯，邵陵王在城棗陽伯，保寧王紹玘宜城伯，其餘僞職甚衆。使高一功、馮雄守襄陽，令由樻諭降州縣之未下者，不從，并其弟河陽王由材、世子慈輝等殺之。秋七月，自成自稱新順王。冬十月，按察使高斗樞令王光恩復均州，劉調元下光化，躬率將士復穀城，將襲襄陽。聞孫傳庭敗，旋師，均州復爲賊有。十二月，左良玉偵知荆、襄賊因李自成入關，盡懈，乃遣副將盧光祖上棗、隨，惠登相等自均、房犄賊後，收空虛地以自爲功。《明史·流賊傳》《高斗樞傳》，參《通鑑明紀》。

燾案：復均州各事,《斗樞傳》書於五月下，微欠分曉，考孫傳庭之敗在是年秋八月，則斗樞聞信自當在秋後，今從陳氏，繫之十月。

十七年春正月，李自成遣將路應標等以三萬人攻鄖陽，高斗樞遣人入均州，燒其蓄積，賊乏食而退。《明史·高斗樞傳》。

燾案：此事《府志》誤擊于十六年冬，今據本傳改正。